| | | | | | | | |
|---|---|---|---|---|---|---|---|
| 疒 | 71 | 耳 | 82 | 里 | 89 | 【十画】 | |
| 礻 | 72 | 臣 | 83 | 貝☞贝 | 67 | 鬥 | 94 |
| 示(示☞60礻) | 73 | 西(覀覀) | 83 | 見☞见 | 67 | 髟 | 94 |
| 瓦☞瓦 | 66 | 頁(頁) | 83 | 足(⻊) | 89 | 馬☞马 | 57 |
| 石 | 73 | 虍 | 84 | 豸 | 90 | 骨☞骨 | 93 |
| 龙(龍) | 74 | 虫 | 84 | 谷 | 90 | 鬼☞鬼 | 93 |
| 业 | 74 | 缶 | 85 | 釆 | 90 | 【十一画】 | |
| 目 | 74 | 舌 | 85 | 身 | 90 | 麻 | 94 |
| 田 | 75 | 竹(⺮) | 85 | 角(角) | 90 | 鹿 | 94 |
| 罒 | 75 | 臼 | 86 | 【八画】 | | 麥☞麦 | 88 |
| 皿 | 75 | 自 | 86 | | | 鹵☞卤 | 89 |
| 钅(釒) | 76 | 血 | 87 | 青(靑) | 90 | 鳥☞鸟 | 80 |
| 矢 | 79 | 舟 | 87 | 其 | 90 | 魚☞鱼 | 91 |
| 禾 | 79 | 羽 | 87 | 雨(⻗) | 90 | 【十二画以上】 | |
| 白 | 79 | 聿☞⺺ | 71 | 齿(齒) | 91 | | |
| 瓜 | 80 | 艮(⺕) | 87 | 黾(黽) | 91 | 黑 | 94 |
| 鸟(鳥) | 80 | 糸 | 87 | 食☞饣 | 52 | 黽☞黾 | 91 |
| 用 | 81 | (糹糸☞55纟) | | 金(釒☞76钅) | 91 | 鼠 | 94 |
| 氺☞水 | 71 | 【七画】 | | 隹 | 91 | 鼻 | 94 |
| 矛 | 81 | 辛 | 87 | 鱼(魚) | 91 | 齒☞齿 | 89 |
| ⺕☞⺕ | 87 | 言(訁☞21讠) | 88 | 門☞门 | 35 | 龍☞龙 | 74 |
| 疋(⺪) | 81 | 麦(麥) | 88 | 【九画】 | | | |
| 皮 | 81 | 走 | 88 | 音 | 93 | | |
| 母☞毋 | 71 | 赤 | 88 | 革 | 93 | | |
| 【六画】 | | 豆 | 88 | 頁☞页 | 83 | | |
| 衣 | 81 | 車☞车 | 64 | 骨(骨) | 93 | | |
| 羊(⺶⺷) | 82 | 酉 | 88 | 食(飠饣) | 93 | | |
| 米 | 82 | 辰 | 88 | 鬼(鬼) | 93 | | |
| 耒(耒) | 82 | 豕 | 89 | 風☞风 | 70 | | |
| 老 | 82 | 卤(鹵) | 89 | 韋☞韦 | 61 | | |

# 現代 中韓辭典

文學博士 朴 永 鍾 編著

(株)教學社

## 現代中韓辭典 編纂室

顧　　問 : 洪淳孝
主執筆 : 金億燮　都惠淑　羅潤基　安贊淳　李廷植　峻冰
副執筆 : 朴錫弘　白鍾仁　吳允淑　李順亨　李靜熹　甘瑞瑗　李霞
　　　　　朱彤　郭宏
主監修 : 金京善
副監修 : 金哲　李鐘順　許鳳子
校　　閱 : 金炅南
編　　輯 : 玄熹喆　金壽貞　李英美　金載升　郭靜燕　李香憲
　　　　　洪志娟　李惠元
組　　版 : 신흥미디어　尹鍾睦　許春行
擴張漢字開發 : 신흥미디어　尹鍾睦
디자인 : (주) 교학사 개발실
地　　圖 : (주) 교학사 지도표현연구소
印　　刷 : (주) 교학사
製　　本 : (주) 신우프레스
題　　字 : 柳薰

# 머리말

지금 중국은 '세계의 시장'이라고 불릴 만큼 국제 경제에 지대한 영향력을 미치고 있다. 국제 사회에서 중국의 위상은 나날이 높아지고 있으며, 따라서 세계는 중국의 정치·경제·사회의 변화에 예의 주시하게 되었다. 최근 한·중 양국의 관계 또한, 한국 붐이라는 '韩流'와 중국 붐이라는 '汉流'가 신조어로 생겨날 정도로 역사상 유례없이 활발한 교류를 하고 있다.

중국이 한국의 제1교역국이 되었듯이, 이제 중국어는 우리에게 영어 못지않은 중요한 의미를 지닌 외국어가 되었다. 중국어 교육 기관과 교육자, 그리고 학습자 수는 폭발적으로 늘어났으며, 급기야 수년 전부터 중국어능력시험(HSK)을 치르는 한국인이 세계에서 가장 많은 수를 기록할 정도로 중국어에 대한 관심이 증대되었다. 이에 발맞추어 중국어와 관련된 학습 자료들이 학습자들에게 다양하게 선을 보이고 있다.

이러한 상황에서 특히 중국어사전 편찬은 후학들의 중국어 학습을 위해 묵묵히 헌신한 선배 학자들의 노고가 깊이 담겨 있다. 한 권의 사전이 한 편의 논문만도 못한 대접을 받는 학문 풍토 속에서도 고된 작업을 마다하지 않았던 것은, 후학들에 대한 인문학자로서의 도의적 책임감이 크게 작용하였기 때문이다. 이는 기존의 중국어사전 편찬 학자들에게는 물론 우리가 사전을 편찬하게 된 직접적인 동기였으며, 편찬 과정에서 온갖 어려움을 견뎌 낼 수 있게 한 원동력이기도 하다.

최근 한·중의 기초 학문 수준이 양국의 문화적 차이를 해소시킬 수 있는 정도에 이르렀다는 것은 매우 기쁜 일이다. 또한 중국학자들과의 학문적 교류가 진지하고 원활하게 이루어질 수 있다는 현실이 반갑다. 본 사전 편찬이 가능했던 또 하나의 이유는 바로 이러한 변화들이 유익한 자양이 되었기 때문이다.

본 사전이 지닌 특징은 다음과 같다.

### 1. 표준화된 어휘 수록

본 사전은 최근에 중국에서 출판된 10여 종의 권위 있는 사전을 참고하여 상용 어휘를 대량 수록했을 뿐만 아니라, IT·경제·법률 등 자연과학과 사회과학 영역의 전문 용어까지 광범위하게 수록하였다. 이와 동시에 사장된 어휘를 배제하고 실제 널리 사용되는 어휘를 수록하여 뚜렷한 표준성과 보편성을 갖추었다.

### 2. 실용적인 신조어 수록

본 사전은 신조어를 수록하여 현대 중국어 어휘의 새로운 면모를 충분히 반영함으로써 시대성과 실용성을 두루 갖추었다.

### 3. 풍부한 예문

본 사전은 고유명사·성어·속담 외의 거의 모든 상용 어휘에 예문을 마련함으로써 해당 단어의 의미와 쓰임새를 정확하게 파악할 수 있도록 하였다.

### 4. 생동적이고 실용적인 예문

본 사전은 생동적인 예문을 실어 현대 중국어의 실제 쓰임을 잘 구현하도록 하였으며, 실용적인 예문을 통해 중국의 문화를 실질적으로 반영할 수 있도록 하였다.

# 머리말

### 5. 정확한 뜻풀이

　본 사전에 수록된 어휘의 뜻풀이는 최근 중국에서 출판된 권위 있는 사전 및 연구 성과를 참고하여 가장 정확하고 적절한 우리말로 표현하였다.

### 6. 새로 생성된 의미의 추가

　본 사전은 최근 중국에서 출판된 권위 있는 사전 및 연구 성과를 참고하여 기존 어휘에 새로 생성된 의미를 추가함으로써 현대적 감각을 갖추었다.

### 7. 바른 품사 분류

　본 사전의 품사 분류는 전적으로 실제 쓰임과 표현 습관을 중점적으로 다루는 한편, 최근 중국에서 출판된 권위 있는 사전과 연구 성과를 참고하여 정확성을 제고하였다.

### 8. 품사별 의미풀이

　본 사전은 한 단어가 여러 의미를 가질 경우 품사별로 배열하였으며, 이를 통해 동일 품사 내에서의 의미 차이를 비교적 쉽게 이해하도록 하였다.

### 9. 풍부한 동의어·반의어·유의어 수록

　본 사전은 동의어·반의어·유의어를 풍부하게 수록하여 연관된 어휘까지 두루 익힐 수 있도록 하였다.

### 10. 역순 찾기 기능

　본 사전은 주요 올림자에 역순 찾기 기능을 추가하여, 해당 표제자의 전체적인 쓰임새를 살펴볼 수 있도록 하였다.

### 11. 형성자 읽기 기능

　형성자의 기본 성부(聲符)에 해당하거나 기본 성부가 노출된 올림자에는 성부가 같은 형성자를 모아 배열하여 형성자의 발음을 익히는 데 도움이 되도록 하였다.

### 12. 이체자(異體字)의 표준화

　이체자는 중국의 해당 기관에서 공포한 이체자 정리표와 최근 출판된 중국의 권위 있는 사전 및 연구 성과를 참고하여 표준화하였다.

### 13. 이형사(異形詞)의 표준화

　발음과 의미는 같지만 자형(字形)이 다른 이형사의 경우에는, 최근 중국에서 출판된 권위 있는 사전 및 연구 성과를 참고하여 표준화하였다.

**14. 손쉬운 검색**

올림자와 올림말을 한어병음자모의 순서대로 배열하고, 동음일 경우 획수에 따라 배열하는 등 검색에 편리하도록 하였다.

사전의 생명은 정확성이다. 본 사전을 편찬하는 과정에서 내용의 정확성을 최우선으로 삼았다. 그렇지만 정확성을 기하는 것이 자못 어렵다는 사실을 새삼 깨달았다. 한 어휘를 가지고 몇 날 며칠을 고민하는 경우가 허다했고, 각 분야의 전문가들에게 수많은 자문을 구해야 했다. 또 중국어의 풍부한 어감을 최대한 실감나게 살려 내기 위해 고심에 고심을 거듭해야 했다. 그럼에도 불구하고 사전 작업 자체가 워낙 방대한 데다 일천한 경험으로 인해 편찬에 있어 미진한 부분이 적지 않음을 자인한다. 그나마 독자들이 중국어를 배우고 중국을 이해하는 데 일조하게 될 것이라는 마음으로 본 사전을 세상에 내놓게 되었다. 앞으로 중국어 학습자뿐만 아니라 중국어문학자 제현의 질정(叱正)을 고대한다.

끝으로 그동안 만사를 제쳐두고 사전 편찬에 몰두하신 모든 집필진과 감수진, 무시로 자문에 성심성의껏 응해 주신 각 분야의 전문가 여러분, 그리고 꼼꼼하게 교정을 해 주신 교학사의 현희철 과장님과 김수정 양, 이영미 양에게 진정으로 고마운 마음을 전한다.

2006. 8.
박 영 종 쓰다.

# 일러두기

## 일러두기

### I 올림자

 본 사전은 간화자(簡化字)와 이체자(異體字)를 포함하여 약 13,000여 올림자를 수록하였다. 수록된 간화자는 中国国家语言文字工作委员会가 1986년에 공포한 〈简化字总表(新版)〉 및 中国国家语言文字工作委员会와 中国教育委员会가 1988년에 공포한 〈现代汉语通用字表〉를 기준으로 하였다. 이체자는 中国文化部와 中国文字改革委员会가 1955년에 공포한 〈第一批异体字整理表〉에 선정된 글자를 채택하였다. 올림자는 약간 큰 글자체로 수록하였고, 이들 올림자에 근거해서 색인을 편성하였다.
 1988년 발표한 〈现代汉语常用字表〉와 〈现代汉语通用字表〉에 근거하여 상용자 2,500자에는 '*'를, 차상용자 1,000자에는 '*'를 표시하고 색으로 표시하였다.

### 1. 번체자와 이체자

번체자와 이체자는 간화자 뒤의 '[ ]' 속에 두었다.

1.1 번체자와 이체자가 모두 있는 경우, 번체자를 앞에 두고 이체자를 뒤에 놓았다.

> 예 馆[館, 舘]

1.2 번체자만 있는 경우, 직접 표시하였다.

> 예 妈[媽]

1.3 이체자만 있는 경우, 따로 '( )' 속에 넣어 표시하였다.

> 예 雕[(鵰)]

1.4 이체자가 둘 이상일 경우에는 이들 이체자를 모두 '( )' 속에 넣고 '·'으로 나누었다.

> 예 戚[(慼·慽)]

1.5 번체자와 다수의 이체자가 함께 있을 경우 이들은 모두 '( )' 속에 넣었는데, 번체자는 앞에 두고 뒤의 이체자들은 '·'으로 나누었다.

> 예 绒[(絨, 羢·毧)]

1.6 이체자의 의미가 한 의미풀이에만 적용될 때에는, 그 이체자의 오른쪽 상단에 해당 의미풀이의 번호를 표시하였다.

> 예 搜[(蒐²)] sōu 찾을 수
> 동 1 수사하다. 수색하다. 검색하다. 검사하다. ¶~山=산을 수색하다. 2 찾다. 모으다. ¶~集信息=정보를 모으다.

### 2. 배열

2.1 올림자는 한어병음자모의 순서대로 배열하였다. 성모(聲母)와 운모(韻母)가 동일한 올림자는 제1성·제2성·제3성·제4성·경성 등의 성조(聲調) 순으로 배열하였다. 올림자가 성모·운모·성조 등이 완전히 같은 동음자(同音字)인 경우에는 획수가 적은 것부터 많은 것의 순서로 배열하였다. 동음

자인 올림자가 획수도 같은 경우에는 글자 첫 필획의 모양에 따라 '一'··'丨'··'丿'··'丶'··'┐'의 순으로 배열하였는데, 필획 '┐'는 '亅'··'ᄀ'··'乚'··'〈' 등을 포함한다.

2.2 올림자가 경성으로도 발음될 경우, 본래 성조의 바로 뒤에 따로 배열하였다. 경성으로만 발음되는 올림자는 해당 병음의 제4성 올림자 뒤에 두었다.

## 3. 자형(字形)이 같은 글자

3.1 올림자 가운데 자형은 같으나 그 발음 및 의미가 다른 글자는 따로 배열하였다.

⑩ 长 cháng 과 长 zhǎng
重 zhòng 과 重 chóng

3.2 자형(字形)과 의미는 같으나 그 발음이 다른 글자는 따로 배열하였다.

⑩ 薄 báo 와 薄 bó
血 xuè 와 血 xiě

3.3 자형(字形)과 음은 같으나 의미가 다른 글자는 차례로 배열하고, 글자의 우측 상단에 숫자로 순서를 표시하였다.

⑩ 胶¹ báo 작은 오이 박
胶² báo 새박 박

## 4. 儿化

준음절(準音節) 형태소인 명사형 접미사 '儿'이 어떤 올림자 뒤에 첨가되어 별개의 특정 의미를 나타내는 경우에는 해당 의미풀이의 번호 뒤에 '(~儿)'을 붙였다.

⑩ 事 shì 일 사
   **图** 1 (~儿) 일. ¶私~=사적인 일. / 天下大~=천하대사. ……

## 5. 우리 식의 훈(訓)과 음(音)

한자 학습에 편리하도록 올림자의 한어병음 뒤에 우리 식의 훈(訓)과 음(音)을 표기하였다.

⑩ 见[見] jiàn 볼 견

올림자의 음훈(音訓)에 있어 한국어 음이 명확하지 않은 글자인 경우에는 반절(反切) 표기에 근거하여 음을 달았다. 훈은 해당 올림자의 상용(常用) 의미를 취하였다.

⑩ 板²[(闆)] bǎn 상점 주인 판

5.2 올림자의 형체가 같아도 의미 또는 발음이 다른 것은 별도의 훈과 음을 해당 위치에 표기하였다.

⑩ 背[(揹)] bēi 질 배

# 일러두기

    背 **bèi** 등 배

**5.3** 올림자가 여러 개의 번체자를 대표하는 경우에는 해당 간화자를 별도의 올림자로 두고, 간화(簡化) 이전의 번체자가 가지는 원래의 훈과 음을 따로 표기하였다.

   ⑩ 复¹[復] **fù** 돌아올 복
      复²[複] **fù** 겹옷 복

**5.4** 올림자의 훈은 현대식 우리말 어휘로 표기하였다.

   ⑩ 三 **sān** 셋 삼

## Ⅱ 올림말

본 사전은 약 10만 여 올림말을 수록하였고, 그 중에는 2천여 개의 신조어가 포함되었다. 올림말 수록에 있어서는 中国国家对外汉语教学领导小组办公室에서 펴낸 《高等学校外国留学生汉语教学大纲》을 참고하였다. 올림말은 머리글자에 따라 해당 올림자의 다음에 배열하였고, '【 】' 속에 넣어 표기하였다.

### 1. 자형(字形)이 다른 낱말

**1.1** 올림말 가운데 발음과 의미는 완전히 같으나 글자 모양이 다른 낱말은 中国教育部와 中国国家语言文字工作委员会에서 2001년에 공포한 〈第一批异形词整理表〉를 기준으로 하여, 이 표에서 추천한 표준 자형의 낱말을 먼저 쓰고, 이와 다른 자형의 낱말은 'ㅣㅣ' 속에 넣어 표준 자형 뒤에 두었다.

   ⑩【成分】[成份] **chéngfèn**

**1.2** 〈第一批异形词整理表〉에서 표준 자형이 확정되지 않은 낱말인 경우에는 상용 자형의 낱말을 앞에 두고 다른 자형의 낱말은 그 뒤에 두었다.

   ⑩【刹车】[煞车] **shāchē**

**1.3** 자형이 다른 경우에는 별도의 풀이 대신 '☞【 】'로 표기하였다.

   ⑩【煞车】**shāchē** ☞【刹车】**shāchē**

**1.4** 〈现代汉语频率词典〉과 〈汉语水平等级标准和等级大纲〉에 근거하여 2,000여 중요 올림말에는 【 】을 색으로 표시하였다.

### 2. 배열

**2.1** 올림말이 둘 이상일 때, 제2음절 글자의 한어병음자모의 순서대로 배열하였다. 제2음절 글자의 발음도 같은 경우에는 제3음절 글자의 한어병음자모의 순서대로 배열하였다. 그 이상의 음절에서도 동음인 경우에는 이와 같은 방식으로 배열하였다.

**2.2** 자형은 같으나 발음·의미가 다른 올림말은 따로 배열하였다.

   ⑩【差事】**chàshì** 와【差事】**chāi·shi**

**2.3** 자형은 같으나 그 뜻을 따로 처리할 필요가 있고 발음표기 방식 또한 다른 올림말은 따로 배열하였다.

   ⑩【生意】**shēngyì** 와【生意】**shēng·yi**

## 일러두기

### 3. 儿化

3.1 입말에서 반드시 '儿化'하여 발음하고 글말에서도 '儿'을 첨가할 수 있는 낱말은 해당 낱말 뒤에 '儿'을 붙여 단독으로 배열하였다.

　　예 【小孩儿】 **xiǎoháir**
　　　　【嗓门儿】 **sǎngménr**

3.2 입말에서는 보통 '儿化'하여 발음하지만 글말에서는 일반적으로 '儿'을 첨가하지 않는 낱말의 경우에는 해당 올림말의 한어병음자모 바로 뒤에 '(~儿)'을 표기하였다.

　　예 【上面】 **shàng·mian**(~儿)

### 4. 중첩식 다음절 올림말

입말에서 대개 '的'나 '儿的'를 수반하는 중첩식 다음절 올림말은, 한어병음자모 뒤에 '(~的)'나 '(~儿的)'을 표기하였다.

　　예 【亮闪闪】 **liàngshǎnshǎn**(~的)
　　　　【乖乖】 **guāiguāi**(~儿的)

## Ⅲ 발음

본 사전에 수록된 올림자와 올림말은 모두 중국의 언어정책에 근거하여 표준화된 현대표준중국어(普通话)의 발음 표기 원칙에 따랐다. 또한 성조는 〈汉语拼音正词法基本规则〉 및 〈汉语拼音方案〉에 근거하여 표기하였다.

**1.** 자형과 의미가 같은 낱말이지만 발음이 두 가지 이상인 경우에는 中国国家语言文字工作委员会·中国教育委员会·中国广播电视部가 1985년에 〈普通话异读词审音表〉에서 규정한 표준 발음을 채택하여 표기하였다. 전통적으로 두 가지 또는 그 이상의 발음이 모두 통용되는 경우에는 해당 발음들을 모두 표기하고 ' / '로 구분하였다.

　　예 【惝】 **chǎng / tǎng**
　　　　【惝怳】 **chǎnghuǎng / tǎnghuǎng**

**2.** 자형은 같으나 발음과 의미가 다른 경우에는, 의미풀이 뒤에 '☞'표시를 한 후 기타 발음을 표기하여 찾아보기에 편리하도록 하였다.

　　예 【好】 **hǎo** ☞ **hào**
　　　　【调拨】 **tiáobō** ☞ **diàobō**

### 3. 경성

3.1 경성으로 발음되는 음절은 해당 음절 앞에 '·'을 표기하였다.

　　예 【房子】 **fáng·zi**

3.2 일반적으로 경성으로 발음하지만 간혹 본래의 성조대로 발음하는 경우에는 원래의 성조를 표기함과 동시에 해당 음절 앞에 '·'을 다시 표기하였다.

# 일러두기

例【醋心】cù·xīn

### 4. 儿化

올림말 속의 '儿化' 음은 기본 발음 뒤에 'r'만 더하였다.

例【小孩儿】xiǎoháir

### 5. 'a'·'o'·'e' 로 시작되는 음절이 앞의 다른 음절과 바로 이어져 표기되는 경우, 음절의 명확한 구분을 위해 각 음절 중간에 격음부호(隔音符號) ' ' '를 더하였다.

例【答案】dá'àn
【名额】míng'é

### 6. 올림말의 발음 표기는 띄어쓰기 없이 이어 쓰는 것을 원칙으로 하였다.
4자 성어는 두 자씩 끊어 읽을 수 있는 경우는 두 자씩 이어 쓰고 가운데 '-'로 표시 하였다.
4자 이상의 올림말과 고정구의 경우에는 원칙상 띄어 쓰고, 의미로 묶이는 경우에만 이어 썼다.

例【成千上万】chéngqiān-shàngwàn
【富在深山有远亲】fù zài shēnshān yǒu yuánqīn

### 7. 음절 중간에 부가성분을 삽입할 수 있는 '이합사(离合詞)'는 음절 중간에 '‖'를 넣어 표시하였다.

例【吃饭】chī‖fàn

### 8. 성씨·인명·지명·역사적 사건 등과 같은 고유명사의 경우에는 한어병음표기상 첫 영문 글자를 대문자로 표기하였다.

例 张 Zhāng
【辛亥革命】Xīnhài Gémìng

### 9. 실제의 중국어 발음에 있어, 제3성 앞의 제3성은 제2성으로 발음되고, 제1·2·4성 및 경성 앞의 제3성은 반3성으로 발음되는 변조(變調) 현상은 따로 표시하지 않았다.

## Ⅳ 의미풀이

### 1. 배열

올림자 또는 올림말은 각 품사별로 의미항목을 배열하여 의미를 풀이하였다. 해당 올림자 또는 올림말이 동일 품사 내에서 여러 개의 의미항목을 가질 경우에는 '❶❷❸' 등의 순으로 다시 하위 개별 의미항목을 두어 풀이하였다. '❶❷❸' 등의 개별 의미항목들 중 세분이 더 필요한 경우에는 다시 '①②③' 등의 순으로 해당 의미항목을 두어 풀이하였다.

### 2. 올림자가 단 하나의 다음절 단일어(單一語)를 갖는 경우

2.1 해당 올림자로 구성되는 단일어를 '【 】' 속에 넣어 의미를 풀이하였다.

例 蟋 xī 귀뚜라미 실
【蟋蟀】xīshuài 명(動) 귀뚜라미.

2.2 해당 단일어 안의 다른 올림자의 의미풀이는 '☞【 】'로 대신하였다.

# 일러두기

예 蟀 shuài 귀뚜라미 솔
☞ 【蟋蟀】 xīshuài

## 3. 용례

의미풀이와 용례는 '¶'로 구분하였고, 용례 속의 해당 올림자 및 올림말은 '~'로 대신하였다. 해당 용례가 두 가지 이상일 경우에는 '/'로 구분하였다. 중국어 용례와 해당 우리말 번역 사이에는 '='를 넣었다.

예 攒[攢] zǎn 모을 찬
동 쌓다. 모으다. 저축하다. 비축하다. 저장하다. 축적하다. ¶积~=조금씩 모으다. / ~钱=돈을 저축하다.

## 4. 유의어·반의어

유의어 및 반의어는 의미풀이 및 용례 뒤에 제시하고 각각 '≒' 와 '↔'로 표기하였다.

## 5. 의미풀이 속의 중국어

5.1 의미풀이 속의 중국 인명이나 지명은 우리의 〈외래어 표기법〉중 중국어 발음 표기법을 따랐다. 단, 1912년 신해혁명(辛亥革命) 이전의 인명 및 지명은 우리식 음(音)으로 표기하였다.

예 【毛泽东】 마오쩌둥
【李白】 이백

5.2 우리말 풀이 중의 한자어는 번체자로 표기하였다.

예 【贺电】 hèdiàn 명 축전(祝電).

## 6. 품사

6.1 품사는 명·동 등과 같은 약호로 해당 뜻풀이 앞에 표기하였으며, 비교적 상용되는 품사를 우선 순위로 배열하였다. 어떤 명사 뒤에 부가성분이 첨가되어 품사가 바뀌는 경우에는 해당 품사들을 모두 나란히 표기하였다.

예 【罢工】 bà‖gōng 명동 동맹파업(하다). 스트라이크(strike)(하다).

6.2 품사별 해당 약호는 다음과 같다.

| 실사 | | | | 허사 | |
|---|---|---|---|---|---|
| 약호 | 의미 | 약호 | 의미 | 약호 | 의미 |
| 명 | 명사 | 수 | 수사 | 개 | 개사 |
| 동 | 동사 | 양 | 양사 | 접 | 접속사 |
| 형 | 형용사 | 대 | 대명사 | 접두 | 접두사 |
| 부 | 부사 | 감 | 감탄사 | 접미 | 접미사 |
| 의 | 의성어·의태어 | | | 조 | 조사 |

# 일러두기

## 7. 언어 용법·외래어

**7.1** 〖문〗·〖방〗·〖외〗 등으로 표기된 것은 각각 문어·방언·외래어 등을 나타낸다. 해당 약호가 모든 뜻풀이에 적용되는 경우, 첫 번째 뜻풀이 앞에 표기하였다. 특정 뜻풀이에만 적용되는 경우에는 해당 뜻풀이의 번호 뒤에 표기하였다. 이들 약호는 품사 약호의 뒤에 두었다. 음역한 외래어 또는 소수민족어는 일반적으로 해당 원어를 표기하였고, 해당 원어 앞에는 관련 외래어 또는 소수민족어의 종류를 표기하였다.

예 【沙发】 **shāfā** 〖명〗〖외〗 소파(sofa).

**7.2** 각종 약호는 다음과 같다.

| 약호 | 의미 | 약호 | 의미 | 약호 | 의미 | 약호 | 의미 |
|---|---|---|---|---|---|---|---|
| 〖문〗 | 문어 | 〖겸〗 | 겸어 | 〖위〗 | 위구르어 | 〖프〗 | 프랑스어 |
| 〖방〗 | 방언 | 〖비〗 | 비유 | 〖만〗 | 만주어 | 〖라〗 | 라틴어 |
| 〖구〗 | 구어 | 〖폄〗 | 폄하어(貶下語) | 〖티〗 | 티베트어 | 〖아〗 | 아랍어 |
| 〖성〗 | 성어 | 〖낮〗 | 낮은말 | 〖몽〗 | 몽골어 | 〖독〗 | 독일어 |
| 〖속〗 | 속담 | 〖약〗 | 약칭 | 〖영〗 | 영어 | 〖스〗 | 스페인어 |
| 〖옛〗 | 옛말 | 〖외〗 | 외래어 | 〖일〗 | 일어 | 〖그〗 | 그리스어 |
| 〖경〗 | 경어 | 〖범〗 | 범어 | 〖러〗 | 러시아어 | | |

## 8. 전문용어

**8.1** (心)·(物) 등과 같은 약호로 특정 분야별 전문용어를 표기하였다. 이들 약호는 품사 약호 뒤에 두었다.

예 【语汇】 **yǔhuì** 〖명〗(言) 어휘.

**8.2** 각종 약호는 다음과 같다.

| 인문·사회과학 분야 | | | | 자연과학 분야 | | | | | |
|---|---|---|---|---|---|---|---|---|---|
| 약호 | 의미 | 약호 | 의미 | 약호 | 의미 | 약호 | 의미 | 약호 | 의미 |
| (心) | 심리학 | (道) | 도교 | (數) | 수학 | (化) | 화학 | (礦) | 광물 |
| (法) | 법률 | (體) | 체육학 | (物) | 물리 | (生) | 생물·생리 | (金) | 금속·도금 |
| (經) | 경제 | (映) | 영화·텔레비전 | (電) | 전기·전자 | (動) | 동물 | (工) | 공학 |
| (藝) | 예술 | (劇) | 연극·중국전통극 | (宗) | 종교 | (植) | 식물 | (土) | 토목 |
| (言) | 언어학 | (音) | 음악 | (海) | 해양 | (農) | 농업 | (建) | 건축 |
| (哲) | 철학 | (美) | 미술 | (機) | 기계 | (醫) | 의학·약학 | (컴) | 컴퓨터 |
| (論) | 논리학 | (印) | 인쇄 | (天) | 천문 | (紡) | 방직 | (地) | 지리·지질 |
| (敎) | 교육 | (林) | 임업 | (氣) | 기상 | | | | |
| (歷) | 역사·고고학 | (政) | 정치 | | | | | | |
| (佛) | 불교 | (軍) | 군사 | | | | | | |

## Ⅴ 기호설명

|  |  |
|---|---|
| 【 】 | 올림말 |
| [ ] | 1. 번체자 및 이체자 |
|  | 2. 자형(字形)이 다른 어휘 |
|  | 3. 의미풀이에 대한 보충설명 |
| 〔 〕 | 의미풀이에서 대체 가능한 우리말 |
| ( ) | 1. 올림자가 이체자만 갖는 경우의 별도 표시 |
|  | 2. 특정 뜻풀이에서의 '儿化' 표시 |
|  | 3. 중첩 올림말이 '的' 나 '儿的'를 동반하는 경우 |
|  | 4. 의미풀이에 대한 한정설명 |
|  | 5. 우리말의 생략 가능한 부분 |
|  | 6. 품사 표시 |
|  | 7. 우리말에 해당하는 한자 |
| / | 발음이 두 가지 이상인 경우에서의 병음 구분 |
| ☞ | 1. 다음자의 기타 발음 및 해당 페이지 표시 |
|  | 2. 해당 단일어 제시 |
|  | 3. 자형이 두 가지 이상일 때의 상용 자형 제시 |
|  | 4. 동의어 제시 |
| · | 1. 경성의 발음표기 |
|  | 2. 이체자가 여럿일 경우의 구분 |
| ' | 격음부호 |
| ∥ | 이합사 |
| **123** | 동일 품사 안의 뜻풀이 항목의 구분 |
| ①②③ | **123**에 대한 하위(下位) 의미항목의 배열 |
| ¶ | 뜻풀이와 용례 사이의 구분 |
| ~ | 용례 속의 해당 올림자 및 올림말의 생략 |
| / | 용례 사이의 분할 |
| = | 1. 중국어 용례와 우리말 번역 사이의 구분 |
|  | 2. 동의어 |
| ≒ | 유의어 |
| ↔ | 반의어 |
| … | 생략 혹은 중단 |
| 〈 〉 | 편명(篇名) |
| 《 》 | 서명(書名) |
| ' ' | 일반적인 인용 |
| " " | 직접인용 |

部首索引

## 部首目錄

**【一画】**

、 18
一 18
丨 19
丿 19
乙(一乛乚) 19

**【二画】**

亠 20
冫 20
冖 21
讠(言) 21
二 23
十 23
厂 23
匚 23
卜(卜) 23
刂 24
冂 24
八(丷) 24
人(入) 24
亻 25
勹 27
⺈☞刀 29
儿 27
几(几) 27
厶 27
又(又) 27
廴 28
卩(㔾) 28
阝(阜)左 28

阝(邑)右 28
凵 29
刀(刂) 29
力 29
巴☞卩 28

**【三画】**

氵 29
忄(小) 33
宀 34
⺍(⺌) 35
广 35
门(門) 35
辶(辶) 36
工 37
土 37
士 39
艹(艹⺿) 39
大 42
廾 42
尢 42
寸 42
弋 43
扌 43
小(⺌) 45
口 45
囗 49
巾 49
山 49
彳 50
彡 51

夕 51
夂 51
犭 51
饣(食飠) 52
彐(彑彐互) 52
尸 53
己(巳) 53
弓 53
女 53
幺 54
子(孑) 54
纟(糸糸) 55
马(馬) 57
巛 58

**【四画】**

灬 58
斗 58
辶☞辶 36
文 58
方 58
火 58
心 59
户(戶戶) 60
礻(示) 60
王 60
韦(韋) 61
艹☞艹 39
木 61
犬 64
歹 64

车(車) 64
戈 65
比(比) 65
瓦(瓦) 66
止 66
支 66
日 66
曰(冃) 67
贝(貝) 67
见(見) 67
父 68
牛(牛牜) 68
手 68
毛 68
气 68
攵 68
片 69
斤 69
爪(爫爫) 69
月(月) 69
欠 70
风(風) 70
殳 71
小☞小 33
聿(聿聿) 71
肀☞聿 35
毋(毋母) 71
水(氺) 71

**【五画】**

穴 71
立 71

| | | | | | | | |
|---|---|---|---|---|---|---|---|
| 疒 | 71 | 耳 | 82 | 里 | 89 | 【十画】 | |
| 衤 | 72 | 臣 | 83 | 貝☞贝 | 67 | 鬥 | 94 |
| 示(礻)☞60礻 | 73 | 西(覀) | 83 | 見☞见 | 67 | 髟 | 94 |
| 瓦☞瓦 | 66 | 頁(頁) | 83 | 足(𧾷) | 89 | 馬☞马 | 57 |
| 石 | 73 | 虍 | 84 | 豸 | 90 | 骨☞骨 | 93 |
| 龙(龍) | 74 | 虫 | 84 | 谷 | 90 | 鬼☞鬼 | 93 |
| 业 | 74 | 缶 | 85 | 采 | 90 | | |
| 目 | 74 | 舌 | 85 | 身 | 90 | 【十一画】 | |
| 田 | 75 | 竹(⺮) | 85 | 角(角) | 90 | 麻 | 94 |
| 罒 | 75 | 臼 | 86 | | | 鹿 | 94 |
| 皿 | 75 | 自 | 86 | 【八画】 | | 麥☞麦 | 88 |
| 钅(釒) | 76 | 血 | 87 | 青(青) | 90 | 鹵☞卤 | 89 |
| 矢 | 79 | 舟 | 87 | 其 | 90 | 鳥☞鸟 | 80 |
| 禾 | 79 | 羽 | 87 | 雨(⻗) | 90 | 魚☞鱼 | 91 |
| 白 | 79 | 聿☞聿 | 71 | 齿(齒) | 91 | | |
| 瓜 | 80 | 艮(㠱) | 87 | 黾(黽) | 91 | 【十二画以上】 | |
| 鸟(鳥) | 80 | 糸 | 87 | 食☞饣 | 52 | 黑 | 94 |
| 用 | 81 | (糹☞55纟) | | 金(釒☞76钅) | 91 | 黽☞黾 | 91 |
| 氺☞水 | 71 | | | 隹 | 91 | 鼠 | 94 |
| 矛 | 81 | 【七画】 | | 鱼(魚) | 91 | 鼻 | 94 |
| 艮☞艮 | 87 | 辛 | 87 | 門☞门 | 35 | 齒☞齿 | 89 |
| 疋(⺪) | 81 | 言(訁☞21讠) | 88 | | | 龍☞龙 | 74 |
| 皮 | 81 | 麦(麥) | 88 | 【九画】 | | | |
| 母☞毋 | 71 | 走 | 88 | 音 | 93 | | |
| | | 赤 | 88 | 革 | 93 | | |
| 【六画】 | | 豆 | 88 | 頁☞页 | 83 | | |
| 衣 | 81 | 車☞车 | 64 | 骨(骨) | 93 | | |
| 羊(⺷⺶) | 82 | 酉 | 88 | 食(飠飣) | 93 | | |
| 米 | 82 | 辰 | 88 | 鬼(鬼) | 93 | | |
| 耒(耒) | 82 | 豕 | 89 | 風☞风 | 70 | | |
| 老 | 82 | 卤(鹵) | 89 | 韋☞韦 | 61 | | |

## 部首索引

| | | | | | | | | |
|---|---|---|---|---|---|---|---|---|
| 【丶】 | | ‖·xia | 2094 | 击 jī | 890 | 严 yán | 2246 |
| 义 yì | 2320 | 上 shàng | 1692 | 【擊】 | | 【嚴】 | |
| 【義】 | | ‖·shàng | 1692 | 未 wèi | 2027 | 巫 wū | 2046 |
| 丫 yā | 2234 | ·shang | 1692 | 末 mò | 1371 | 丽 lí | 1186 |
| 丸 wán | 1997 | 丈 zhàng | 2469 | 丕 pī | 1471 | 【麗】 lì | 1200 |
| 之 zhī | 2504 | 兀 wū | 2044 | 正 zhēng | 2493 | 甫 fǔ | 606 |
| 为 wéi | 2016 | 兀 wù | 2064 | zhèng | 2498 | 更 gēng | 667 |
| 【爲】wèi | 2026 | 万 Mò | 1371 | 甘 gān | 630 | gèng | 669 |
| 头 tóu | 1954 | 万 wàn | 2003 | 世 shì | 1761 | 束 shù | 1801 |
| 【頭】·tou | 1954 | 【萬】 | | 册 xì | 2086 | 两 liǎng | 1217 |
| 主 zhǔ | 2552 | 【三画】 | | 且 jū | 1045 | 【兩】 | |
| 半 bàn | 49 | 丰 fēng | 580 | qiě | 1566 | 求 qiú | 1593 |
| 州 zhōu | 2544 | 【豐】 | | 可 kě | 1098 | 【七画】 | |
| 农 nóng | 1429 | 天 tiān | 1912 | kè | 1101 | 表 biǎo | 112 |
| 【農】 | | 夫 fū | 594 | 丙 bǐng | 121 | 事 shì | 1764 |
| 良 liáng | 1214 | fú | 596 | 册 cè | 183 | 枣 zǎo | 2443 |
| 举 jǔ | 1049 | 开 kāi | 1073 | （冊） | | 【棗】 | |
| 【舉】 | | 【開】 | | 东 dōng | 465 | 隶 jié | 990 |
| 叛 pàn | 1454 | 井 jǐng | 1026 | 【東】 | | 亟 qì | 1536 |
| | | 无 mó | 1366 | 丝 sī | 1831 | 【八画】 | |
| 【一】 | | 【無】wú | 2048 | 【絲】 | | 奏 zòu | 2603 |
| 一 yī | 2288 | 专 zhuān | 2562 | 【五画】 | | 韭 jiǔ | 1038 |
| 【一画~二画】 | | 【專】Zhuān | 2563 | 夹 gā | 620 | （韭） | |
| 七 qī | 1514 | 丐 gài | 624 | 【夾】jiā | 925 | 甚 shèn | 1723 |
| 与 yú | 2386 | 廿 niàn | 1418 | jiá | 931 | 巷 hàng | 768 |
| 【與】yǔ | 2393 | 不 dǔn | 499 | 业 yè | 2285 | xiàng | 2135 |
| yù | 2397 | 五 wǔ | 2058 | 【業】 | | 柬 jiǎn | 943 |
| 才 cái | 163 | 丏 miǎn | 1343 | 亘 gèn | 666 | 歪 wāi | 1990 |
| 丁 dīng | 454 | 不 bù | 137 | （亙） | | 虺 wù | 2067 |
| 三 sān | 1659 | 卅 sà | 1658 | 再 zài | 2434 | 昼 zhòu | 2547 |
| 干 gān | 626 | 冇 mǎo | 1313 | 吏 lì | 1199 | 【晝】 | |
| 干 gān | 626 | 丑 chóu | 271 | 百 bǎi | 37 | 【九画~十一画】 | |
| 【乾】 | | 【醜】 | | 而 ér | 515 | 艳 yàn | 2259 |
| 干 gàn | 637 | 屯 tún | 1978 | 尧 Yáo | 2274 | 【艷】 | |
| 【幹】 | | zhūn | 2576 | 【堯】 | | 韯 gòu | 689 |
| 于 yú | 2385 | 互 hù | 822 | 丞 chéng | 238 | 哥 gē | 654 |
| （於） | | 牙 yá | 2237 | 【六画】 | | 鬲 gé | 658 |
| 于 Yú | 2386 | 【四画】 | | 来 lái | 1150 | lì | 1203 |
| 下 xià | 2094 | 平 píng | 1494 | 【來】‖·lai | 1151 | 孬 nāo | 1400 |

| | | | | | | | |
|---|---|---|---|---|---|---|---|
| 焉 | yān | 2244 | 出 | chū | 273 | [長] zhǎng | 2467 | 卵 luǎn | 1276 |
| 棘 | jí | 909 | ∥·chū | 273 | 币 bì | 93 | 龟 guī | 731 |
| 奡 | ào | 21 | 师 shī | 1741 | [幣] | | [龜] jūn | 1069 |
| 皕 | bì | 97 | [師] | | 反 fǎn | 541 | qiū | 1591 |
| 隤 | tuí | 1974 | 曳 yè | 2286 | 丹 dān | 378 | 系 jì | 918 |
| [穨] | | | 曲 qū | 1596 | 氏 shì | 1760 | xì | 2087 |
| [十四画 以上] | | | 曲 qū | 1596 | zhī | 2506 | 垂 chuí | 303 |
| 奭 shì | 1773 | [麯,麴] | | 乌 wū | 2044 | 乖 guāi | 711 |
| 赜 zé | 2448 | 曲 qǔ | 1600 | [烏] wù | 2064 | 秉 bǐng | 122 |
| [賾] | | | 肉 ròu | 1642 | [四画] | | 质 zhì | 2525 |
| 齑 zī | 2584 | 串 chuàn | 297 | 乎 hū | 814 | [質] | |
| 黇 tiān | 1918 | [七画 以上] | | 生 shēng | 1726 | 周 zhōu | 2544 |
| 噩 è | 513 | 非 fēi | 563 | 乍 gǎ | 621 | (週) | |
| 橐 tuó | 1985 | 畅 chàng | 212 | 失 shī | 1738 | 拜 bài | 43 |
| 整 zhěng | 2497 | [暢] | | 乍 zhà | 2454 | 重 chóng | 263 |
| 臻 zhēn | 2489 | 临 lín | 1231 | 丘 qiū | 1591 | zhòng | 2542 |
| 黼 fǔ | 608 | [臨] | | 乕 zhī | 2507 | 复 fù | 613 |
| 殨 huì | 872 | 禺 yú | 2389 | (厔) | | [復] | |
| [殨] | | | | | 甩 shuǎi | 1807 | 复 fù | 613 |
| 櫜 gāo | 650 | 【丿】 | | 氐 dī | 416 | [複] | |
| 夔 kuí | 1138 | [一画～二画] | | dǐ | 422 | 禹 Yǔ | 2395 |
| 蠥 xìn | 2180 | 乂 yì | 2320 | 艹 guàn | 721 | [九画 以上] | |
| 蠹 nāng | 1399 | 九 jiǔ | 1036 | 乐 lè | 1175 | 乘 chéng | 242 |
| náng | 1399 | 乃 nǎi | 1391 | [樂] yuè | 2420 | shèng | 1736 |
| 蘸 dào | 406 | (廼) | | [五画] | | 虒 sī | 1835 |
| | | | 匕 bǐ | 89 | 兆 zhào | 2476 | 夔 kuí | 1137 |
| 【丨】 | | 千 qiān | 1539 | 年 nián | 1415 | 弑 shì | 1772 |
| [三画～六画] | | 乇 tuō | 1979 | 朱 zhū | 2547 | 甥 shēng | 1733 |
| 中 zhōng | 2531 | 川 chuān | 291 | 丢 diū | 464 | 粤 Yuè | 2422 |
| zhòng | 2540 | 么·me | 1317 | 乔 qiáo | 1561 | 舞 wǔ | 2063 |
| 内 nèi | 1404 | [麽] | | [喬] | | 毓 yù | 2405 |
| 北 běi | 73 | 幺 yāo | 2272 | 乓 pīng | 1493 | 睾 gāo | 649 |
| 凸 tū | 1961 | 久 jiǔ | 1037 | 兵 pāng | 1454 | 孵 fū | 596 |
| 旧 jiù | 1039 | 及 jí | 902 | 向 xiàng | 2133 | 靡 nài | 1393 |
| [舊] | | | [三画] | | 向 xiàng | 2133 | 疑 yí | 2313 |
| 甲 jiǎ | 931 | 爻 yáo | 2274 | [嚮] | | 靠 kào | 1093 |
| 申 shēn | 1713 | 乏 fá | 530 | 凶 xīn | 2178 | 鏊 táo | 1897 |
| 电 diàn | 437 | 午 wǔ | 2061 | 后 hòu | 809 | 馦 fēn | 576 |
| [電] | | | 壬 rén | 1630 | [後] | | 馧 huò | 888 |
| 由 yóu | 2366 | 夭 yāo | 2272 | 用 lù | 1266 | 黉 hóng | 807 |
| 冉 rǎn | 1617 | [殀] | | [六画～八画] | | [黌] | |
| 史 shǐ | 1757 | 升 shēng | 1725 | 我 wǒ | 2042 | 爨 cuàn | 328 |
| 央 yāng | 2262 | [昇] | | 每 měi | 1323 | | |
| 凹 āo | 19 | 长 cháng | 203 | 囱 cōng | 319 | 【乙(一乛乚)】 | |

| | | | | | | | | |
|---|---|---|---|---|---|---|---|---|
| 乙 | yǐ | 2314 | [亅] | | | 彦 | yàn | 2259 | 嬴 | yíng | 2351 |
| [一画~三画] | | | 乩 | jī | 894 | 停 | tíng | 1935 | [贏] | | |
| 刁 | diāo | 445 | 乱 | luàn | 1276 | 亮 | liàng | 1220 | 羸 | léi | 1178 |
| 了 | ·le | 1177 | [亂] | | | 哀 | āi | 3 | 蠃 | luǒ | 1284 |
| | liǎo | 1225 | 肃 | sù | 1854 | [八画] | | | 亹 | mén | 1329 |
| 乜 | miē | 1351 | [肅] | | | 旁 | páng | 1455 | | wěi | 2025 |
| | Niè | 1422 | 乳 | rǔ | 1646 | 亳 | Bó | 131 | | | |
| 习 | xí | 2081 | 承 | chéng | 239 | 衰 | cuī | 328 | 【冫】 | | |
| [習] | | | 亟 | jí | 906 | | shuāi | 1807 | [三画~五画] | | |
| 也 | yě | 2283 | 癸 | guǐ | 735 | 衷 | zhōng | 2539 | 江 | Gāng | 638 |
| 飞 | fēi | 560 | 咫 | zhǐ | 2522 | 高 | gāo | 643 | 冯 | Féng | 590 |
| [飛] | | | 胤 | yìn | 2345 | 衮 | gǔn | 737 | [馮] | píng | 1498 |
| 乞 | qǐ | 1525 | 豫 | yù | 2405 | 离 | lí | 1186 | 冱 | hù | 824 |
| 乄 | jué | 1061 | | | | [離] | | | 冲 | chōng | 259 |
| 孑 | jié | 988 | 【亠】 | | | [九画] | | | (衝) | chòng | 266 |
| 乡 | xiāng | 2120 | [一画~五画] | | | 商 | shāng | 1689 | 沧 | chuàng | 302 |
| [鄉] | | | 亡 | wáng | 2006 | 亳 | háo | 769 | [滄] | | |
| 予 | yú | 2386 | 卞 | biàn | 105 | 烹 | pēng | 1467 | 次 | cì | 317 |
| | yǔ | 2393 | 六 | liù | 1253 | 孰 | shú | 1797 | 决 | jué | 1061 |
| 尹 | yǐn | 2339 | | lù | 1266 | 袤 | mào | 1316 | (決) | | |
| 夬 | guài | 712 | 亢 | kàng | 1090 | 率 | lǜ | 1274 | 冰 | bīng | 118 |
| 尺 | chě | 223 | 市 | shì | 1762 | [十画~十一画] | | | (氷) | | |
| | chǐ | 255 | 玄 | xuán | 2214 | 亵 | xiè | 2164 | 冻 | dòng | 471 |
| 弔 | diào | 447 | 产 | chǎn | 200 | [褻] | | | [凍] | | |
| (吊) | | | [產] | | | 脔 | luán | 1276 | 况 | kuàng | 1134 |
| 巴 | bā | 24 | 交 | jiāo | 965 | [臠] | | | (況) | | |
| 孔 | kǒng | 1112 | 亦 | yì | 2322 | 就 | jiù | 1042 | 冷 | lěng | 1182 |
| 书 | shū | 1790 | 充 | chōng | 261 | 裒 | póu | 1507 | 泽 | duó | 505 |
| [書] | | | 酼 | hǎi | 755 | 禀 | bǐng | 123 | [澤] | | |
| [四画以上] | | | 亩 | mǔ | 1379 | 亶 | dǎn | 384 | 冶 | yě | 2284 |
| 司 | sī | 1830 | 亨 | hēng | 796 | | dàn | 387 | [六画~八画] | | |
| 民 | mín | 1352 | 弃 | qì | 1535 | 雍 | yōng | 2358 | 冽 | liè | 1228 |
| 弗 | fú | 596 | [棄] | | | [十二画~十四画] | | | 洗 | Xiǎn | 2112 |
| 疋 | yǎ | 2239 | [六画~七画] | | | 豪 | háo | 770 | 净 | jìng | 1029 |
| 发 | fā | 522 | 变 | biàn | 105 | 膏 | gāo | 649 | (淨) | | |
| [發] | | | [變] | | | | gào | 653 | 涂 | Tú | 1964 |
| 发 | fà | 533 | 京 | jīng | 1017 | 裹 | guǒ | 743 | 凉 | liáng | 1215 |
| [髮] | | | 卒 | cù | 326 | 褒 | xiù | 2204 | (涼) | liàng | 1221 |
| 买 | mǎi | 1296 | | zú | 2605 | 襃 | bāo | 59 | 清 | qìng | 1588 |
| [買] | | | 兖 | Yǎn | 2253 | 亸 | duǒ | 506 | 凌 | líng | 1238 |
| 丑 | dū | 479 | 夜 | yè | 2286 | [嚲] | | | 凇 | sōng | 1847 |
| | | | 氓 | máng | 1308 | 嬴 | Yíng | 2351 | 凄 | qī | 1516 |
| 尽 | jǐn | 1007 | | méng | 1330 | [十五画以上] | | | 准 | zhǔn | 2577 |
| [儘] | | | 帝 | dì | 430 | 襄 | xiāng | 2129 | [準] | | |
| 尽 | jìn | 1010 | | | | | | | | | |

| | | | |
|---|---|---|---|
| 凋 diāo 445 | [訐] | 许 xǔ 2208 | [謠] |
| [九画以上] | 讧 hòng 807 | [許] | 译 yì 2325 |
| 凑 còu 323 | [訌] | 讹 é 508 | [譯] |
| (湊) | 讨 tǎo 1897 | [訛] | 诒 yí 2309 |
| 减 jiǎn 945 | [討] | 讽 fěng 591 | [詒] |
| (減) | 让 ràng 1618 | [諷] | 词 cí 312 |
| 寒 hán 760 | [讓] | 设 shè 1709 | [詞] |
| 澌 sī 1836 | 讯 xùn 2231 | [設] | 诐 bì 95 |
| 凛 lǐn 1235 | [訊] | 诀 jué 1062 | [詖] |
| 凝 níng 1424 | 讪 shàn 1684 | [訣] | 诏 zhào 2476 |
| | [訕] | | [詔] |
| 【冖】 | 议 yì 2322 | 【五画】 | 【六画】 |
| 冗 rǒng 1640 | [議] | 评 píng 1498 | 诧 chà 194 |
| (宂) | 讫 qì 1534 | [評] | [詫] |
| 写 xiě 2162 | [訖] | 诠 jiàn 952 | 该 gāi 621 |
| [寫] xiè 2162 | 训 xùn 2230 | [諓] | [該] |
| 军 jūn 1067 | [訓] | 证 zhèng 2502 | 详 xiáng 2129 |
| [軍] | 记 jì 915 | [證] | [詳] |
| 罕 hǎn 762 | [記] | 诂 gǔ 697 | 浑 hùn 875 |
| 冠 guān 718 | 讱 rèn 1633 | [詁] | [諢] |
| guàn 722 | [訒] | 诃 hē 778 | 诓 kuāng 1131 |
| 冢 zhǒng 2540 | 【四画】 | [訶] | [誆] |
| (塚) | 讵 zhǔ 2555 | 诘 zhé 2481 | 诔 lěi 1179 |
| 冥 míng 1363 | [訏] | [讋] | [誄] |
| 冤 yuān 2406 | 访 fǎng 556 | 诅 zǔ 2605 | 试 shì 1767 |
| 幂 mì 1341 | [訪] | [詛] | [試] |
| (冪) | 讲 jiǎng 960 | 识 shí 1752 | 诖 guà 708 |
| | [講] | [識] zhì 2523 | [詿] |
| 【讠(言)】 | 讳 huì 869 | 诇 xiòng 2197 | 诗 shī 1743 |
| 【二画】 | [諱] | [訶] | [詩] |
| 计 jì 914 | 讴 ōu 1439 | 诎 qū 1597 | 诘 jí 906 |
| [計] | [謳] | [詘] | [詰] jié 990 |
| 订 dìng 459 | 讵 jù 1052 | 诊 zhěn 2489 | 诙 huī 858 |
| [訂] | [詎] | [診] | [詼] |
| 讣 fù 609 | 讶 yà 2242 | 诈 zhà 2454 | 诚 chéng 239 |
| [訃] | [訝] | [詐] | [誠] |
| 认 rèn 1631 | 讷 nè 1404 | 诋 hé 784 | 诿 náo 1400 |
| [認] | [訥] | [詆] | [譊] |
| 讥 jī 890 | 诒 yí 2309 | 诠 quán 1608 |
| [譏] | 论 Lún 1279 | [詒] | [詮] |
| | [論] lùn 1280 | 诉 sù 1853 | 诛 zhū 2548 |
| 【三画】 | 讼 sòng 1848 | [訴] | [誅] |
| 讦 jié 989 | [訟] | 诋 dǐ 422 | 诜 shēn 1716 |
| [訐] | 讻 xiōng 2194 | [詆] | [詵] |
| 讦 xū 2204 | [訩] | 诌 zhōu 2544 | |

| 话 huà | 838 | [誼] | | 谚 yàn | 2260 | [謠] | |
|---|---|---|---|---|---|---|---|
| [話] | | 谅 liàng | 1221 | [諺] | | 谟 mó | 1366 |
| 诞 dàn | 385 | [諒] | | 谜 mèi | 1326 | [謨] | |
| [誕] | | 谆 zhūn | 2577 | [謎] mí | 1337 | 谠 dǎng | 393 |
| 诟 gòu | 688 | [諄] | | 谝 piǎn | 1483 | [讜] | |
| [詬] | | 谇 suì | 1864 | [諞] | | 谡 sù | 1857 |
| 诡 guǐ | 734 | [誶] | | 谎 huǎng | 856 | [謖] | |
| [詭] | | 谈 tán | 1882 | [謊] | | 谣 yáo | 2275 |
| 询 xún | 2229 | [談] | | 谋 móu | 1377 | [謠] | |
| [詢] | | 请 qǐng | 1587 | [謀] | | 谢 xiè | 2164 |
| 诣 yì | 2326 | [請] | | 谌 chén | 230 | [謝] | |
| [詣] | | 诸 zhū | 2549 | [諶] | | **[十一画]** | |
| 诤 zhèng | 2502 | [諸] | | 谍 dié | 452 | 谪 zhé | 2482 |
| [諍] | | 诹 zōu | 2600 | [諜] | | [謫] | |
| 诩 xǔ | 2208 | [諏] | | 谏 jiàn | 956 | 谫 jiǎn | 949 |
| [詡] | | 诺 nuò | 1438 | [諫] | | [譾] | |
| **[七画]** | | [諾] | | 谐 xié | 2160 | 谩 mán | 1300 |
| 说 shuì | 1819 | 读 dòu | 478 | [諧] | | [謾] màn | 1304 |
| [說] shuō | 1823 | [讀] dú | 483 | 谑 xuè | 2226 | 谵 yǐn | 2344 |
| yuè | 2420 | 诼 zhuó | 2580 | [謔] | | [讔] | |
| 诌 zhōu | 2545 | [諑] | | 谒 yè | 2288 | **[十二画]** | |
| [謅] | | 诽 fěi | 567 | [謁] | | 谰 lán | 1157 |
| 诫 jiè | 999 | [誹] | | 谓 wèi | 2029 | [讕] | |
| [誡] | | 淑 chù | 288 | [謂] | | 谱 pǔ | 1512 |
| 诬 wū | 2047 | [諔] | | 谔 è | 513 | [譜] | |
| [誣] | | 课 kè | 1105 | [諤] | | 谭 tán | 1884 |
| 语 yǔ | 2395 | [課] | | 谖 xuān | 2213 | [譚] | |
| [語] yù | 2400 | 谂 shěn | 1723 | [諼] | | 谮 zèn | 2449 |
| 诮 qiào | 1564 | [諗] | | 谕 yù | 2403 | [譖] | |
| [誚] | | 诿 wěi | 2024 | [諭] | | 谯 qiáo | 1562 |
| 误 wù | 2067 | [諉] | | 谖 xiǎo | 2152 | [譙] | |
| [誤] | | 谁 shéi/shuí | 1712 | [謏] | | 谲 jué | 1066 |
| 罚 fá | 531 | [誰] | | 谗 chán | 198 | [譎] | |
| [罰] | | 谀 yú | 2389 | [讒] | | **[十三画~十四画]** | |
| 诰 gào | 653 | [諛] | | 谞 xū | 2207 | 谳 yàn | 2261 |
| [誥] | | 调 diào | 448 | [諝] | | [讞] | |
| 诱 yòu | 2384 | [調] tiáo | 1924 | **[十画]** | | 谴 qiǎn | 1551 |
| [誘] | | 谄 chǎn | 201 | 谤 bàng | 56 | [譴] | |
| 诲 huì | 870 | [諂] | | [謗] | | 谖 xuān | 2214 |
| [誨] | | **[九画]** | | 谥 shì | 1733 | [譞] | |
| 诳 kuáng | 1133 | 谛 dì | 432 | [諡,謚] | | 谵 zhān | 2459 |
| [誑] | | [諦] | | 谦 qiān | 1543 | [譫] | |
| **[八画]** | | 谙 ān | 13 | [謙] | | 谳 dú | 484 |
| 谊 yì | 2327 | [諳] | | 谧 mì | 1341 | [讟] | |

| 谶 chèn 231 | [七画～十画] | 厢 xiāng 2128 | 匮 kuì 1138 |
|---|---|---|---|
| [讖] | 南 nā 1385 | (廂) | [匱] |
| | nán 1394 | 厣 yǎn 2254 | |
| 【二】 | 真 zhēn 2486 | [厴] | 【卜(⺊)】 |
| 二 èr 518 | 啬 sè 1671 | 厩 jiù 1042 | 卜 ·bo 134 |
| 亍 chù 288 | [嗇] | 厥 jué 1066 | [蔔] |
| 亏 kuī 1135 | 博 bó 131 | 厨 chú 285 | 卜 bǔ 134 |
| [虧] | [十一画 以上] | 厦 shà 1677 | [三画～四画] |
| 五 wǔ 2058 | 臷 zhì 2531 | Xià 2102 | 卡 kǎ 1072 |
| 丌 Qí 1518 | 幹 wò 2044 | 雁 yàn 2261 | qiǎ 1537 |
| 元 yuán 2407 | 兢 jīng 1023 | [十一画 以上] | 占 zhān 2458 |
| 云 yún 2423 | 嘏 gǔ/jiǎ 701 | 厮 sī 1835 | zhàn 2461 |
| 云 yún 2423 | 翰 hàn 765 | 靥 yè 2288 | 外 wài 1991 |
| [雲] | 矗 chù 290 | [靨] | 卢 Lú 1264 |
| 些 xiē 2156 | | 餍 yàn 2261 | [盧] |
| 叆 ài 9 | 【厂】 | [饜] | 贞 zhēn 2484 |
| [靉] | [二画～六画] | 魇 yǎn 2258 | [貞] |
| 叇 dài 378 | 厅 tīng 1932 | [魘] | [五画 以上] |
| [靆] | [廳] | 赝 yàn 2262 | 卣 yǒu 2381 |
| | 厌 zè 2448 | [贗] | 卦 guà 708 |
| 【十】 | 历 lì 1195 | 黡 yǎn 2258 | 卧 wò 2043 |
| 十 shí 1745 | [歷] | [黶] | 卨 xiè 2163 |
| [二画～六画] | 历 lì 1195 | | [离] |
| 支 zhī 2505 | [曆] | 【匚】 | 桌 zhuō 2578 |
| 卉 huì 866 | 厄 è 510 | [二画～五画] | |
| 古 gǔ 695 | 厉 lì 1196 | 区 Ōu 1439 | 【刂】 |
| 考 kǎo 1091 | [厲] | [區] qū 1596 | [二画～四画] |
| 华 huá 831 | 压 yā 2234 | 匹 pǐ 1477 | 刈 yì 2321 |
| [華] Huà 836 | [壓] yà 2242 | 巨 jù 1051 | 刊 kān 1083 |
| 协 xié 2157 | 厌 yàn 2258 | 叵 pǒ 1503 | 刌 cǔn 334 |
| [協] | [厭] | 匝 zā 2430 | 刘 Liú 1246 |
| 孛 bèi 75 | 厍 shè 1709 | 叵 yí 2308 | [劉] |
| bó 129 | [庫] | 匡 kuāng 1131 | 刑 xíng 2184 |
| 芈 mǐ 1338 | 励 lì 1200 | 匠 jiàng 963 | 刓 wán 1997 |
| 克 kè 1101 | [勵] | 匣 xiá 2092 | 列 liè 1227 |
| 丧 sāng 1667 | 厔 zhì 2523 | 医 yī 2306 | 划 huá 831 |
| [喪] sàng 1668 | 厕 cè 183 | [醫] | [劃] huà 836 |
| 卓 zhuó 2579 | [厠] ·si 1845 | [六画 以上] | 刚 gāng 638 |
| 直 zhí 2511 | [七画～十画] | 匦 guǐ 734 | [剛] |
| [直] | 厘 lí 1186 | [匭] | 则 zé 2446 |
| 卑 bēi 71 | (釐) | 匼 kē 1095 | [則] |
| 阜 fù 612 | 厚 hòu 813 | 匿 nì 1413 | 创 chuāng 298 |
| 卖 mài 1298 | 厝 cuò 336 | 匪 fěi 567 | [創] chuàng 301 |
| [賣] | 原 yuán 2408 | 匾 biǎn 105 | 刖 yuè 2420 |

## 24 刂冂八人

| 刎 wěn | 2037 |
|---|---|
| [五画] | |
| 判 pàn | 1453 |
| 刬 chǎn | 201 |
| [剗] chàn | 202 |
| 别 bié | 115 |
| 别 biè | 117 |
| [彆] | |
| 利 lì | 1200 |
| 删 shān | 1682 |
| 刨 bào | 67 |
| páo | 1457 |
| 刭 jǐng | 1027 |
| [剄] | |
| 刜 fú | 598 |
| [六画] | |
| 剂 jì | 919 |
| [劑] | |
| 刻 kè | 1102 |
| 刲 kuī | 1136 |
| 刵 èr | 521 |
| 刺 cī | 312 |
| cì | 318 |
| 刳 kū | 1120 |
| 剐 bāi | 32 |
| 到 dào | 400 |
| 刿 guì | 736 |
| [劌] | |
| 剀 kǎi | 1082 |
| [剴] | |
| 刽 guì | 736 |
| [劊] | |
| 刹 chà | 194 |
| shā | 1675 |
| 制 zhì | 2524 |
| [製] | |
| 刮 guā | 706 |
| 刮 guā | 707 |
| [颳] | |
| 剁 duò | 506 |
| 刷 shuā | 1804 |
| shuà | 1806 |
| [七画] | |
| 前 qián | 1544 |

| 剃 tì | 1911 |
|---|---|
| 荆 jīng | 1021 |
| 剋 kēi | 1106 |
| 剅 lóu | 1260 |
| 剌 lá | 1148 |
| 削 xiāo | 2137 |
| xuē | 2220 |
| 剐 guǎ | 707 |
| [剮] | |
| 剑 jiàn | 954 |
| [劍] | |
| [八画] | |
| 剜 wān | 1996 |
| 剖 pōu | 1506 |
| 剡 Shàn | 1685 |
| yǎn | 2253 |
| 剒 cuò | 336 |
| 剚 zì | 2595 |
| 剞 jī | 896 |
| 剕 fèi | 570 |
| 剔 tī | 1904 |
| 剟 duō | 504 |
| 剥 bāo | 59 |
| bō | 128 |
| 剧 jù | 1054 |
| [劇] | |
| [九画～十二画] | |
| 副 fù | 615 |
| 割 gē | 655 |
| 剩 shèng | 1737 |
| 蒯 kuǎi | 1126 |
| 剽 piāo | 1484 |
| 剿 chāo | 217 |
| jiǎo | 977 |
| 劂 jué | 1066 |
| 劄 zhā | 2453 |
| 劁 qiāo | 1560 |
| 劀 guā | 707 |
| [十三画 以上] | |
| 劐 huō | 877 |
| 劓 yì | 2330 |
| 劗 jiǎn | 949 |
| [劖] | |
| 劘 mó | 1370 |

| 劙 lí | 1189 |
|---|---|
| 【冂】 | |
| 冈 gāng | 638 |
| [岡] | |
| 同 tóng | 1943 |
| 同 tòng | 1951 |
| [衕] | |
| 网 wǎng | 2007 |
| [網] | |
| 冏 jiǒng | 1034 |
| 罔 wǎng | 2009 |
| 【八(丷)】 | |
| 八 bā | 23 |
| [二画～五画] | |
| 兮 xī | 2070 |
| 公 gōng | 673 |
| 分 fēn | 570 |
| fèn | 578 |
| 兰 lán | 1154 |
| [蘭] | |
| 只 zhī | 2506 |
| [隻] | |
| 只 zhǐ | 2516 |
| 兴 xīng | 2181 |
| [興] xìng | 2190 |
| 关 guān | 713 |
| [關] | |
| 并 Bīng | 120 |
| bìng | 123 |
| 共 gòng | 682 |
| 兑 duì | 498 |
| 兵 bīng | 120 |
| 弟 dì | 429 |
| [六画～八画] | |
| 卷 juǎn | 1058 |
| [捲] | |
| 卷 juàn | 1059 |
| 具 jù | 1053 |
| 单 chán | 198 |
| [單] dān | 379 |
| Shàn | 1685 |
| 典 diǎn | 434 |

| 养 yǎng | 2269 |
|---|---|
| [養] | |
| 酋 qiú | 1594 |
| 首 shǒu | 1783 |
| 兹 cí | 313 |
| zī | 2582 |
| 益 yì | 2327 |
| 兼 jiān | 941 |
| [九画～十四画] | |
| 黄 huáng | 851 |
| 兽 shòu | 1789 |
| [獸] | |
| 普 pǔ | 1511 |
| 奠 diàn | 444 |
| 曾 céng | 186 |
| zēng | 2449 |
| 巽 xùn | 2233 |
| 舆 yú | 2392 |
| [輿] | |
| 冀 jì | 923 |
| [十五画 以上] | |
| 馘 guó | 742 |
| 冁 chǎn | 202 |
| [囅] | |
| 蠲 juān | 1058 |
| 【人(亻)】 | |
| 人 rén | 1624 |
| 入 rù | 1647 |
| [一画～三画] | |
| 个 gě | 660 |
| [個] gè | 660 |
| 今 jīn | 1002 |
| 从 cóng | 320 |
| [從] | |
| 介 jiè | 997 |
| 仑 lún | 1279 |
| [侖] | |
| 以 yǐ | 2315 |
| 仓 cāng | 176 |
| [倉] | |
| 令 líng | 1236 |
| lǐng | 1241 |
| lìng | 1244 |

| | | | | | | | |
|---|---|---|---|---|---|---|---|
| 仝 tóng 1943 | 㮾 Bó 132 | [佇] | 仔 yú 2386 |
| 丛 cóng 322 | 龠 yuè 2422 | 仿 fǎng 555 | 伊 yī 2305 |
| [叢] | | 伉 kàng 1090 | [五画] |
| [四画~五画] | 【亻】 | 伙 huǒ 884 | 佗 tuó 1984 |
| 伞 sǎn 1664 | [一画~二画] | 伙 huǒ 885 | 位 wèi 2028 |
| [傘] | 亿 yì 2320 | [夥] | 住 zhù 2557 |
| 全 quán 1605 | [億] | 伪 wěi 2022 | 伴 bàn 52 |
| 会 huì 867 | 仁 rén 1630 | [僞] | 伻 bēng 85 |
| [會] kuài 1126 | 什 shén 1719 | 忈 xīn 2178 | 佞 nìng 1426 |
| 合 gě 660 | 什 shí 1747 | 伕 fū 595 | 佉 qū 1597 |
| 合 hé 779 | 仃 dīng 455 | 传 chuán 293 | 估 gū 690 |
| [閤] | 仆 pū 1507 | [傳] zhuàn 2568 | gù 701 |
| 企 qǐ 1525 | 仆 pú 1509 | 伟 wěi 2021 | 体 tī 1904 |
| 众 zhòng 2540 | [僕] | [偉] | [體] tǐ 1909 |
| [衆] | 仇 chóu 268 | 休 xiū 2197 | 何 hé 783 |
| 氽 tǔn 1979 | Qiú 1592 | 伎 jì 916 | 佐 zuǒ 2614 |
| 汆 cuān 327 | 仍 réng 1635 | 伍 wǔ 2061 | 伾 pī 1472 |
| 含 hán 758 | 化 huā 825 | 伏 fú 596 | 佑 yòu 2383 |
| 佥 qiān 1541 | huà 834 | 伛 yǔ 2394 | 佡 lǒng 1258 |
| [僉] | 仅 jǐn 1007 | [傴] | [儱] |
| 余 Shé 1707 | 僅 jìn 1010 | 优 yōu 2362 | 攸 yōu 2364 |
| 余 yú 2386 | 仂 lè 1175 | [優] | 但 dàn 384 |
| 巫 wū 2046 | [三画] | 伐 fá 530 | 伸 shēn 1714 |
| [六画~九画] | 们 mén 1329 | 佤 Wǎ 1990 | 佃 diàn 442 |
| 舍 shě 1708 | [們] | 伢 yá 2238 | tián 1919 |
| [捨] | 仨 sā 1656 | 仲 zhòng 2540 | 伶 líng 1236 |
| 舍 shè 1710 | 仕 shì 1762 | 价 jià 934 | 佚 yì 2324 |
| 命 mìng 1364 | 仗 zhàng 2469 | [價] • jie 1001 | 作 zuō 2612 |
| 肏 cào 183 | 代 dài 372 | 伦 lún 1279 | zuò 2614 |
| 臾 yú 2388 | 仙 xiān 2102 | [倫] | 伯 bǎi 40 |
| 俞 shù 1803 | 仪 yí 2308 | 份 fèn 578 | bó 129 |
| yú 2389 | [儀] | 仓 cāng 177 | 佟 Tóng 1947 |
| 弇 yǎn 2253 | 仟 qiān 1541 | [傖] • chen 231 | 佣 yōng 2357 |
| 俎 zǔ 2606 | 仡 gē 653 | 忤 wǔ 2061 | [傭] yòng 2362 |
| 衾 qīn 1571 | yì 2322 | 件 jiàn 952 | 低 dī 416 |
| 拿 ná 1385 | 仫 mù 1382 | 任 Rén 1630 | 佝 gōu 685 |
| 龛 kān 1084 | 伋 jí 903 | rèn 1633 | 㑇 zhòu 2546 |
| [龕] | 他 tā 1872 | 伥 chāng 202 | [傷] |
| 盒 hé 789 | 仞 rèn 1633 | [倀] | 你 nǐ 1412 |
| [十画 以上] | 仔 zǎi 2433 | 伤 shāng 1687 | 伺 cì 318 |
| 禽 qín 1572 | zī 2582 | [傷] | sì 1843 |
| 舒 shū 1793 | zǐ 2585 | 仰 yǎng 2268 | 伲 nì 1412 |
| 畲 shē 1707 | [四画] | 似 shì 1764 | 佛 fó 593 |
| 翕 xī 2078 | 仜 zhù 2556 | sì 1843 | fú 598 |

| 亻 | | | | | | | | | | | |
|---|---|---|---|---|---|---|---|---|---|---|---|
| 佊 | bǐ | 91 | 佺 | quán | 1608 | 俗 | sú | 1852 | 俳 | pái | 1445 |
| 伽 | gā | 620 | 侩 | kuài | 1128 | 俐 | lì | 1203 | 俶 | chù | 288 |
| | jiā | 926 | [儈] | | | 俄 | é | 509 | 俶 | tì | 1911 |
| | qié | 1566 | 佻 | tiāo | 1922 | 侮 | wǔ | 2063 | 倬 | zhuō | 2578 |
| [六画] | | | 佾 | yì | 2326 | 俛 | miǎn | 1344 | 倏 | shū | 1793 |
| 侘 | chà | 194 | 侏 | zhū | 2548 | 甬 | yǒng | 2360 | 俱 | Jū | 1047 |
| 佼 | jiǎo | 974 | 侁 | shēn | 1716 | 俊 | jùn | 1070 | | jù | 1053 |
| 侪 | chái | 196 | 侹 | tǐng | 1937 | 俟 | qí | 1522 | 倮 | luǒ | 1284 |
| [儕] | | | 侨 | qiáo | 1561 | | sì | 1844 | 倡 | chàng | 212 |
| 伙 | cì | 319 | [僑] | | | 侵 | qīn | 1569 | 俛 | mǐn | 1355 |
| 依 | yī | 2306 | 侜 | zhōu | 2544 | 侯 | hóu | 808 | [僶] | | |
| 佯 | yáng | 2266 | 佫 | Hè | 789 | | hòu | 814 | 候 | hòu | 814 |
| 侬 | nóng | 1430 | 侈 | chǐ | 256 | [八画] | | | 㑩 | luó | 1283 |
| [儂] | | | 佩 | pèi | 1463 | 倌 | guān | 719 | [儸] | | |
| 侠 | xiá | 2092 | 侊 | guǐ | 734 | 倥 | kōng | 1112 | 倭 | wō | 2041 |
| [俠] | | | 侔 | móu | 1377 | | kǒng | 1113 | 倪 | ní | 1411 |
| 侹 | kuāng | 1131 | [七画] | | | 倍 | bèi | 78 | 俾 | bǐ | 93 |
| 佳 | jiā | 926 | 信 | xìn | 2178 | 倞 | jìng | 1030 | 倜 | tì | 1911 |
| 侍 | shì | 1766 | 侻 | tuì | 1975 | | liàng | 1221 | 倨 | jù | 1054 |
| 佶 | jí | 906 | | tuō | 1982 | 倅 | cuì | 330 | 倔 | jué | 1065 |
| 佬 | lǎo | 1174 | 俤 | dì | 430 | 俯 | fǔ | 606 | | juè | 1067 |
| 佴 | èr | 521 | 俍 | liáng | 1215 | 倦 | juàn | 1060 | [九画] | | |
| | Nài | 1392 | 俦 | chóu | 269 | 倓 | tán | 1882 | 偁 | chèn | 231 |
| 供 | gōng | 679 | [儔] | | | 俸 | fèng | 593 | [儭] | | |
| | gòng | 683 | 俨 | yǎn | 2253 | 倩 | qiàn | 1552 | 停 | tíng | 1935 |
| 使 | shǐ | 1758 | [儼] | | | 俵 | biào | 114 | 偻 | lóu | 1260 |
| 侂 | tà | 1874 | 俪 | lì | 1203 | 㖄 | yē | 2282 | | lǚ | 1273 |
| 侉 | kuǎ | 1125 | [儷] | | | 借 | jiè | 999 | 偏 | piān | 1480 |
| 佰 | bǎi | 40 | 便 | biàn | 107 | 借 | jiè | 1000 | 偾 | fèn | 579 |
| 侑 | yòu | 2383 | | pián | 1483 | [藉] | | | [僨] | | |
| 例 | lì | 1202 | 俩 | liǎ | 1204 | 偌 | ruò | 1654 | 做 | zuò | 2620 |
| 侄 | zhí | 2514 | [倆] | liǎng | 1220 | 值 | zhí | 2514 | 偃 | yǎn | 2257 |
| 侥 | jiǎo | 974 | 俅 | qiú | 1594 | 倷 | nǎi | 1392 | 偭 | miǎn | 1345 |
| [僥] | yáo | 2274 | 俏 | qiào | 1564 | 倴 | bèn | 84 | 偕 | xié | 2159 |
| 侦 | zhēn | 2485 | 修 | xiū | 2198 | 倚 | yǐ | 2319 | 偿 | cháng | 210 |
| [偵] | | | 俚 | lǐ | 1192 | 俺 | ǎn | 14 | [償] | | |
| 侣 | lǚ | 1272 | 俣 | yǔ | 2395 | 倒 | dǎo | 398 | 脩 | xiū | 2200 |
| 侗 | Dòng | 472 | [俣] | | | | dào | 401 | 偶 | ǒu | 1440 |
| | tóng | 1947 | 保 | bǎo | 62 | 倢 | jié | 993 | 偈 | jì | 921 |
| | tǒng | 1949 | 俜 | pīng | 1494 | 倾 | qīng | 1578 | | jié | 993 |
| 侃 | kǎn | 1085 | 促 | cù | 326 | [傾] | | | 偲 | cāi | 162 |
| 侧 | cè | 183 | 俘 | fú | 601 | 倘 | cháng | 208 | | sī | 1835 |
| [側] | zè | 2448 | 俭 | jiǎn | 943 | | tǎng | 1892 | 偎 | wēi | 2014 |
| | zhāi | 2456 | [儉] | | | 倡 | chāng | 203 | 偁 | chēng | 233 |

| | | | | | | | | |
|---|---|---|---|---|---|---|---|---|
| 偷 | tōu | 1953 | 僧 | sēng | 1672 | 允 | yǔn | 2426 | | mù | 1382 |
| 俅 | chǒu | 272 | 僖 | xī | 2079 | 兄 | xiōng | 2194 | 县 | xiàn | 2115 |
| 傀 | guī | 733 | 儆 | jǐng | 1027 | 光 | guāng | 723 | [縣] | | |
| | kuǐ | 1138 | 僳 | sù | 1857 | 尧 | Yáo | 2274 | 矣 | yǐ | 2319 |
| 偶 | yǔ | 2397 | 僚 | liáo | 1223 | [堯] | | | 参 | cān | 170 |
| 偬 | zǒng | 2599 | 僭 | jiàn | 957 | 先 | xiān | 2103 | [参,叄] | | |
| (傯) | | | 僬 | jiāo | 972 | 兕 | sì | 1843 | 参 | cēn | 185 |
| 假 | jiǎ | 932 | 僝 | chán | 199 | 兒 | Ní | 1410 | | shēn | 1716 |
| | jià | 936 | [十三画] | | | 党 | dǎng | 392 | 畚 | běn | 84 |
| 偓 | wò | 2044 | 僵 | jiāng | 960 | [黨] | | | 能 | néng | 1408 |
| [十画] | | | 僎 | xuān | 2214 | 兜 | dōu | 473 | | | |
| 傧 | bīn | 117 | 僽 | zhòu | 2547 | | | | 【又(乂)】 | | |
| [儐] | | | 儋 | Dān | 383 | 【几(幾)】 | | | 又 | yòu | 2381 |
| 傍 | bàng | 56 | 僻 | pì | 1479 | 几 | jī | 890 | [一画~六画] | | |
| 储 | chǔ | 287 | 儒 | rú | 1645 | 几 | jǐ | 890 | 叉 | chā | 187 |
| [儲] | | | 儓 | tái | 1877 | [幾] jǐ | | 912 | | chá | 190 |
| 傕 | jué | 1066 | 儡 | lěi | 1180 | 凡 | fán | 537 | | chǎ | 193 |
| 傣 | Dǎi | 372 | 儴 | ráng | 1617 | 凤 | fèng | 591 | | chà | 194 |
| 傲 | ào | 21 | 儽 | léi | 1179 | [鳳] | | | 友 | yǒu | 2373 |
| 傤 | zài | 2437 | | | | 夙 | sù | 1853 | 双 | shuāng | 1809 |
| [儎] | | | 【勹】 | | | 凫 | fú | 597 | [雙] | | |
| 傎 | diān | 433 | [一画~四画] | | | [鳬] | | | 邓 | Dèng | 416 |
| [傎] | | | 勺 | sháo | 1703 | 壳 | ké | 1097 | [鄧] | | |
| 傅 | fù | 616 | 匀 | yún | 2425 | [殼] qiào | | 1564 | 劝 | quàn | 1610 |
| 傈 | lì | 1204 | 勿 | wù | 2064 | 秃 | tū | 1961 | [勸] | | |
| 傉 | nù | 1434 | 勼 | jiū | 1035 | 凯 | kǎi | 1082 | 圣 | shèng | 1735 |
| 傥 | tǎng | 1892 | 勾 | gōu | 684 | [凱] | | | [聖] | | |
| [儻] | | | | gòu | 687 | 凭 | píng | 1500 | 对 | duì | 493 |
| 傻 | ài | 8 | 句 | gōu | 685 | [憑,凴] | | | [對] | | |
| [儍] | | | | jù | 1052 | 凰 | huáng | 854 | 戏 | hū | 815 |
| 傒 | xī | 2078 | 匆 | cōng | 319 | 凳 | dèng | 416 | 戏 | xì | 2086 |
| 傩 | nuó | 1438 | 包 | bāo | 56 | | | | [戲,戱] | | |
| [儺] | | | 旬 | xún | 2227 | 【厶】 | | | 观 | guān | 715 |
| [十一画] | | | 匈 | xiōng | 2194 | 厶 | sī | 1830 | [觀] guàn | | 721 |
| 僄 | piào | 1488 | [五画以上] | | | 去 | qù | 1602 | 欢 | huān | 841 |
| 僑 | xiāo | 2141 | 匋 | pēng | 1467 | ‖·qù | | 1602 | [歡] | | |
| 催 | cuī | 329 | 匋 | diàn | 443 | 弁 | biàn | 105 | 取 | qǔ | 1601 |
| 傻 | shǎ | 1677 | 匋 | táo | 1894 | 台 | tāi | 1875 | 叔 | shū | 1792 |
| 傺 | chì | 259 | 匐 | fú | 603 | 台 | tái | 1875 | 受 | shòu | 1785 |
| 像 | xiàng | 2136 | | | | [臺] | | | 艰 | jiān | 940 |
| 僇 | lù | 1270 | 【儿】 | | | 台 | tái | 1875 | [艱] | | |
| [十二画] | | | 儿 | ér | 515 | [颱] | | | [七画以上] | | |
| 僮 | zhuàng | 2572 | [兒] | | | 员 | Yùn | 2426 | 爱 | yuán | 2408 |
| 僦 | jiù | 1045 | 兀 | wù | 2064 | 牟 | móu | 1376 | 叙 | xù | 2209 |

| | | | | | | | | |
|---|---|---|---|---|---|---|---|---|
| 难 | nán | 1396 | 阴 | yīn | 2332 | [险] | | |
| [難] | nàn | 1399 | [陰] | | | 除 | chú | 283 |
| 曼 | màn | 1304 | | 【五画】 | | | 【八画】 | |
| 叠 | dié | 453 | 陀 | tuó | 1984 | 陪 | péi | 1461 |
| [疊] | | | 陆 | liù | 1254 | 陵 | líng | 1238 |
| 燮 | xiè | 2166 | [陸] | lù | 1266 | 陬 | zōu | 2600 |
| 矍 | jué | 1066 | 际 | jì | 918 | 陲 | chuí | 305 |
| | | | [際] | | | 陴 | pí | 1477 |
| | 【夊】 | | 阿 | ā | 1 | 陶 | táo | 1896 |
| 廷 | tíng | 1934 | | ē | 508 | | yáo | 2275 |
| 延 | yán | 2245 | 陇 | Lǒng | 1258 | 陷 | xiàn | 2119 |
| 建 | jiàn | 953 | [隴] | | | | 【九画】 | |
| | | | 陈 | chén | 228 | 隋 | Suí | 1861 |
| | 【卩(㔾)】 | | [陳] | | | 随 | suí | 1861 |
| 卫 | wèi | 2025 | 阽 | diàn/yán | 443 | [隨] | | |
| [衛] | | | 阻 | zǔ | 2605 | 隅 | yú | 2390 |
| 卬 | áng | 18 | 阼 | zuò | 2619 | 隈 | wēi | 2014 |
| 叩 | kòu | 1118 | 陁 | tuó | 1984 | 隤 | tuí | 1974 |
| 卯 | mǎo | 1313 | 附 | fù | 611 | [隤] | | |
| 危 | wēi | 2013 | 陉 | xíng | 2189 | 隍 | huáng | 854 |
| 却 | què | 1612 | [陘] | | | 隗 | Kuí | 1137 |
| 即 | jí | 905 | 陂 | bēi | 70 | | Wěi | 2025 |
| 卲 | shào | 1705 | | pí | 1476 | 隆 | lōng | 1255 |
| 卺 | jǐn | 1008 | | pō | 1501 | | lóng | 1258 |
| 卸 | xiè | 2163 | | 【六画】 | | 隐 | yǐn | 2342 |
| 卿 | qīng | 1580 | 陔 | gāi | 621 | [隱] | | |
| | | | 陕 | Shǎn | 1684 | | 【十画】 | |
| | 【阝(阜)左】 | | [陝] | | | 隘 | ài | 8 |
| | 【二画~四画】 | | 陋 | lòu | 1261 | 隞 | Áo | 19 |
| 队 | duì | 493 | 陌 | mò | 1372 | 隔 | gé | 659 |
| [隊] | | | 陔 | gài | 624 | 隙 | xì | 2090 |
| 阢 | wù | 2065 | [隑] | | | | 【十一画 以上】 | |
| 阡 | qiān | 1541 | 降 | jiàng | 963 | 障 | zhàng | 2470 |
| 阧 | dǒu | 475 | | xiáng | 2130 | 隧 | suì | 1865 |
| 防 | fáng | 553 | 限 | xiàn | 2117 | 隩 | ào | 21 |
| 阱 | jǐng | 1027 | | 【七画】 | | | yù | 2405 |
| 阮 | ruǎn | 1650 | 院 | yuàn | 2417 | 隰 | xí | 2082 |
| 阵 | zhèn | 2490 | 陡 | dǒu | 476 | 㒩 | huī | 860 |
| [陣] | | | 陛 | bì | 96 | | | |
| 阳 | yáng | 2265 | 陟 | zhì | 2527 | | 【阝(邑)右】 | |
| [陽] | | | 陧 | niè | 1422 | | 【三画~四画】 | |
| 阪 | bǎn | 47 | 陨 | yǔn | 2426 | 邝 | Kuàng | 1133 |
| 阶 | jiē | 982 | [隕] | | | [鄺] | | |
| [階] | | | 险 | xiǎn | 2113 | 邙 | máng | 1307 |

| | | | | |
|---|---|---|---|---|
| 邗 | hán | 757 | | |
| 邛 | qióng | 1589 | | |
| 邡 | fāng | 552 | | |
| 祁 | Qí | 1519 | | |
| 邦 | bāng | 53 | | |
| 邢 | Xíng | 2184 | | |
| 邪 | xié | 2158 | | |
| | yé | 2282 | | |
| 邠 | Bīn | 117 | | |
| 邬 | Wū | 2046 | | |
| [鄔] | | | | |
| 那 | Nā | 1385 | | |
| | nǎ | 1387 | | |
| | nà | 1388 | | |
| | nè | 1404 | | |
| | nèi | 1407 | | |
| | 【五画】 | | | |
| 邲 | Bì | 95 | | |
| 邯 | hán | 758 | | |
| 邴 | Bǐng | 122 | | |
| 邳 | Pī | 1472 | | |
| 邶 | Bèi | 75 | | |
| 邺 | Yè | 2286 | | |
| [鄴] | | | | |
| 邮 | yóu | 2367 | | |
| [郵] | | | | |
| 郍 | Nà | 1390 | | |
| 䣓 | chū | 281 | | |
| 邻 | lín | 1230 | | |
| [鄰, 隣] | | | | |
| 邱 | qiū | 1591 | | |
| 邹 | Zōu | 2600 | | |
| [鄒] | | | | |
| 邸 | dǐ | 422 | | |
| 邰 | Tái | 1876 | | |
| 邵 | Shào | 1705 | | |
| | 【六画】 | | | |
| 郊 | jiāo | 969 | | |
| 郑 | Zhèng | 2502 | | |
| [鄭] | | | | |
| 郎 | láng | 1160 | | |
| | làng | 1162 | | |
| 郓 | Yùn | 2428 | | |
| [鄆] | | | | |

| 郏 | Jiá | 931 | 郴 | Chēn | 225 | 刃 | rèn | 1631 | [動] | | |
|---|---|---|---|---|---|---|---|---|---|---|---|
| 邦 | Guī | 732 | 鄌 | Qī | 1516 | 切 | qiē | 1565 | 劣 | liè | 1228 |
| 耶 | yē | 2282 | 鄲 | Pí | 1476 |  | qiè | 1566 | 劫 | jié | 989 |
|  | yé | 2283 | [九画~十画] | | | 召 | Shào | 1705 | 劳 | láo | 1163 |
| 郁 | yù | 2399 | 鄢 | yǎn | 2254 |  | zhào | 2475 | [勞] | | |
| 郁 | yù | 2399 | 鄄 | Juàn | 1060 | 刍 | chú | 283 | 励 | lì | 1200 |
| [鬱] | | | 鄂 | È | 512 | [芻] | | | 助 | zhù | 2556 |
| 郅 | zhì | 2523 | 鄃 | Shū | 1793 | 负 | fù | 610 | 男 | nán | 1393 |
| 郐 | Kuài | 1128 | 郿 | Méi | 1321 | [負] | | | 劬 | qú | 1599 |
| [鄶] | | | 鄗 | Hào | 778 | 争 | zhēng | 2493 | 劲 | jìn | 1014 |
| 郃 | Hé | 786 | 鄌 | táng | 1890 | 色 | sè | 1670 | [勁] | jìng | 1029 |
| 郄 | Qiè | 1567 | 鄚 | mào | 1316 |  | shǎi | 1678 | 劭 | shào | 1705 |
|  | xì | 2088 | 鄣 | Zhāng | 2466 | 初 | chū | 281 | 努 | nǔ | 1433 |
| 邾 | Zhū | 2548 | 廓 | yōng | 2358 | 奂 | huàn | 846 | 劾 | hé | 786 |
| 郇 | Xí | 2081 | 鄜 | Fū | 595 | 免 | miǎn | 1343 | 劻 | kuāng | 1131 |
| 郈 | Hòu | 813 | 鄠 | Hù | 825 | 券 | quàn | 1610 | 劼 | jié | 990 |
| 郋 | Huán | 844 | 鄢 | Yān | 2245 |  | xuàn | 2219 | 势 | shì | 1766 |
|  | Xún | 2229 | 鄞 | Yín | 2339 | 兔 | tù | 1969 | [勢] | | |
| 郡 | xún | 2230 | 鄙 | bǐ | 93 | [七画以上] | | | [七画~九画] | | |
| [鄠] | | | 鄯 | Shàn | 1687 | 剪 | jiǎn | 946 | 勃 | bó | 131 |
| [七画] | | | 鄱 | pó | 1503 | 象 | xiàng | 2135 | 勋 | xūn | 2226 |
| 郝 | Hǎo | 775 | 鄹 | Zōu | 2600 | 梦 | fén | 576 | [勛,勳] | | |
| 郦 | Lì | 1203 | 酂 | Cuó | 336 | 劙 | lí | 1188 | 勉 | miǎn | 1344 |
| [酈] | | | [酇] | Zàn | 2439 | 赖 | lài | 1153 | 勇 | yǒng | 2360 |
| 部 | wú | 2057 | 酃 | Líng | 1241 | [賴] | | | 勍 | qíng | 1584 |
| 郢 | Yǐng | 2351 | 酆 | Fēng | 590 | 詹 | Zhān | 2459 | 勚 | gè | 660 |
| 郧 | Yún | 2426 | 酂 | quān | 1604 | 夐 | xiòng | 2197 | 勐 | měng | 1332 |
| [鄖] | | | 【凵】 | | | 劈 | pī | 1473 | 勘 | kān | 1084 |
| 郭 | fú | 601 | 凶 | xiōng | 2193 |  | pǐ | 1478 | 勔 | miǎn | 1345 |
| 郗 | Chī | 251 | 击 | jī | 890 | 【力】 | | | 勖 | xù | 2210 |
|  | Xī | 2074 | [擊] | | | 力 | lì | 1194 | (勗) | | |
| 郤 | xì | 2090 | 凷 | kuài | 1126 | [二画~六画] | | | [十画以上] | | |
| 郜 | Gào | 653 | 凼 | dàng | 394 | 办 | bàn | 49 | 募 | mù | 1383 |
| 郡 | jùn | 1070 | 画 | huà | 836 | [辦] | | | 勤 | qín | 1572 |
| [八画] | | | [畫] | | | 功 | gōng | 677 | 勰 | xié | 2161 |
| 部 | bù | 159 | 函 | hán | 759 | 夯 | bèn | 84 | 勷 | ráng | 1617 |
| 郭 | guō | 739 | 幽 | yōu | 2364 |  | hāng | 766 | | | |
| 郸 | dān | 382 | 鬯 | chàng | 213 | 励 | mài | 1297 | 【氵】 | | |
| [鄲] | | | 圏 | Bīn | 118 | [勱] | | | [二画] | | |
| 郯 | Tán | 1882 | 【刀(⺈)】 | | | 加 | jiā | 923 | 汁 | zhī | 2507 |
| 都 | dōu | 473 |  | | | 务 | wù | 2065 | 汀 | tīng | 1932 |
|  | dū | 479 | 刀 | dāo | 395 | [務] | | | 汇 | huì | 866 |
| 鄀 | Ruò | 1654 | [一画~六画] | | | 动 | dòng | 469 | [彙] | | |
| | | | | | | | | | 汇 | huì | 866 |

| | | | | | | | | |
|---|---|---|---|---|---|---|---|---|
| [滙] | | | 洴 | jǐng | 1027 | 没 | méi | 1317 |
| 氿 | guǐ | 733 | 沅 | Yuán | 2408 | | mò | 1372 |
| | Jiǔ | 1038 | 沅 | Wǔ | 2061 | 泐 | lè | 1176 |
| 汉 | hàn | 762 | [潕] | | | [五画] | | |
| [漢] | | | 汻 | tuán | 1971 | 泞 | nìng | 1426 |
| 氿 | Diāo | 445 | [漙] | | | [濘] | | |
| 氾 | Fán | 538 | 沄 | yún | 2425 | 沱 | tuó | 1984 |
| [三画] | | | 沄 | yún | 2425 | 泣 | qì | 1536 |
| 汗 | hán | 757 | [澐] | | | 注 | zhù | 2558 |
| | hàn | 763 | 沩 | wéi | 2019 | (註) | | |
| 污 | wū | 2046 | [潙] | | | 泫 | xuàn | 2219 |
| 江 | jiāng | 957 | 沐 | mù | 1382 | 泮 | pàn | 1454 |
| 汛 | xùn | 2231 | 沛 | pèi | 1463 | 泌 | Bì | 96 |
| 汏 | dà | 371 | 沔 | Miǎn | 1344 | | mì | 1339 |
| 沥 | wàn | 2005 | 汰 | tài | 1879 | 泻 | xiè | 2163 |
| 汕 | Shàn | 1685 | 沤 | ōu | 1439 | [瀉] | | |
| 汔 | qì | 1535 | | òu | 1441 | 泳 | yǒng | 2359 |
| 汐 | xī | 2073 | 沥 | lì | 1202 | 沫 | mò | 1372 |
| 汍 | wán | 1997 | [瀝] | | | 浅 | jiān | 940 |
| 汲 | jí | 904 | 沌 | dùn | 500 | [淺] | qiǎn | 1550 |
| 汊 | chà | 194 | | Zhuàn | 2568 | 法 | fǎ | 531 |
| 汜 | Sì | 1843 | 沘 | bǐ | 91 | 泔 | gān | 631 |
| 池 | chí | 252 | 沏 | qī | 1515 | 泄 | xiè | 2162 |
| 汝 | rǔ | 1646 | 汦 | zhǐ | 2518 | 沽 | gū | 692 |
| 汤 | shāng | 1689 | 沙 | shā | 1674 | 沭 | Shù | 1802 |
| [湯] | tāng | 1888 | | shà | 1677 | 河 | hé | 786 |
| [四画] | | | 汨 | mì | 1339 | 泷 | lóng | 1257 |
| 汴 | Biàn | 105 | 汩 | gǔ | 697 | [瀧] | Shuāng | 1811 |
| 汶 | Wèn | 2040 | 汭 | ruì | 1652 | 沾 | zhān | 2458 |
| 沆 | hàng | 768 | 泛 | fàn | 548 | 泸 | Lú | 1265 |
| 沩 | Wéi | 2019 | [汎·氾] | | | [瀘] | | |
| [潙] | | | 汹 | xiōng | 2194 | 泪 | lèi | 1180 |
| 沁 | qìn | 1573 | 汾 | Fén | 576 | [淚] | | |
| 沪 | Hù | 825 | 沦 | lún | 1279 | 沮 | Jū | 1046 |
| [滬] | | | [淪] | | | | jù | 1053 |
| 沉 | chén | 226 | 沧 | cāng | 178 | 油 | yóu | 2368 |
| 沈 | chén | 226 | [滄] | | | 泱 | yāng | 2262 |
| 沈 | shěn | 1722 | 汽 | qì | 1535 | 泂 | jiǒng | 1034 |
| [瀋] | | | 沃 | wò | 2043 | 泅 | qiú | 1594 |
| 沈 | Shěn | 1722 | 沂 | Yí | 2309 | 泗 | sì | 1844 |
| 沣 | Fēng | 586 | 沟 | gōu | 685 | 泠 | lì | 1202 |
| [灃] | | | [溝] | | | 泱 | yì | 2326 |
| 汪 | wāng | 2006 | 沨 | fēng | 586 | 泊 | bó | 130 |
| 汧 | qiān | 1541 | [渢] | | | | pō | 1502 |

| | | | | | |
|---|---|---|---|---|---|
| 泃 | Jū | 1046 | | | |
| 沿 | yán | 2250 | | | |
| 泖 | mǎo | 1314 | | | |
| 泡 | pāo | 1457 | | | |
| | pào | 1459 | | | |
| 泺 | mǐ | 1338 | | | |
| [瀾] | | | | | |
| 泺 | Luò | 1284 | | | |
| [濼] | | | | | |
| 泽 | zé | 2447 | | | |
| [澤] | | | | | |
| 泾 | jīng | 1018 | | | |
| [涇] | | | | | |
| 治 | zhì | 2525 | | | |
| 泥 | ní | 1410 | | | |
| | nì | 1412 | | | |
| 泯 | mǐn | 1355 | | | |
| 沸 | fèi | 569 | | | |
| 泓 | hóng | 805 | | | |
| 波 | bō | 127 | | | |
| 沼 | zhǎo | 2475 | | | |
| 泼 | pō | 1502 | | | |
| [潑] | | | | | |
| [六画] | | | | | |
| 浐 | Chǎn | 201 | | | |
| [滻] | | | | | |
| 浏 | liú | 1246 | | | |
| [瀏] | | | | | |
| 洨 | Xiáo | 2142 | | | |
| 济 | Jǐ | 913 | | | |
| [濟] | jì | 919 | | | |
| 洲 | zhōu | 2545 | | | |
| 洋 | yáng | 2266 | | | |
| 洴 | píng | 1501 | | | |
| 洣 | Mǐ | 1339 | | | |
| 浑 | hún | 874 | | | |
| [渾] | | | | | |
| 浒 | hǔ | 822 | | | |
| [滸] | xǔ | 2208 | | | |
| 浓 | nóng | 1430 | | | |
| [濃] | | | | | |
| 沩 | Wéi | 2019 | | | |
| 浃 | jiā | 927 | | | |
| [浹] | | | | | |

| | | | | | | | | | | | |
|---|---|---|---|---|---|---|---|---|---|---|---|
| 洭 | Kuāng | 1132 | | pài | 1448 | 涡 | Guō | 739 | 湴 | bàn | 53 |
| 洼 | wā | 1988 | 洚 | jiàng | 964 | [渦] | wō | 2041 | 淡 | dàn | 385 |
| [窪] | | | 洺 | míng | 1363 | 涢 | Yún | 2426 | 深 | shēn | 1716 |
| 洁 | jié | 990 | 洛 | Luò | 1284 | [溳] | | | 清 | qīng | 1580 |
| [潔] | | | 洵 | xún | 2230 | 浥 | yì | 2327 | 渍 | zì | 2595 |
| 洱 | ěr | 518 | 津 | jīn | 1006 | 涔 | cén | 186 | [漬] | | |
| 洪 | hóng | 806 | 浔 | xún | 2230 | 浮 | fú | 601 | 添 | tiān | 1918 |
| 洹 | Huán | 844 | [潯] | hǎixún | | 洺 | hán | 759 | 渚 | zhǔ | 2555 |
| 洒 | sǎ | 1657 | 浕 | Jìn | 1015 | 涂 | tú | 1965 | 鸿 | hóng | 806 |
| [灑] | | | [濜] | | | [塗] | | | [鴻] | | |
| 达 | tà | 1874 | 洳 | rù | 1650 | 涂 | Tú | 1965 | 淇 | Qí | 1523 |
| [澾] | | | | [七画] | | 浠 | Xī | 2075 | 淋 | lín | 1233 |
| 洿 | wū | 2047 | 浣 | huàn | 848 | 浴 | yù | 2400 | | lìn | 1235 |
| 洧 | wěi | 2024 | 流 | liú | 1248 | 浩 | hào | 777 | 淞 | sōng | 1847 |
| 洏 | ér | 516 | 润 | rùn | 1653 | 涐 | é | 509 | 淅 | xī | 2075 |
| 洌 | liè | 1228 | [潤] | | | 海 | hǎi | 752 | 渎 | dú | 484 |
| 浕 | tì | 1911 | 涧 | jiàn | 955 | 浜 | bāng | 55 | [瀆] | | |
| 浇 | jiāo | 969 | [澗] | | | 涤 | dí | 421 | 淹 | yān | 2244 |
| [澆] | | | 涕 | tì | 1911 | [滌] | | | 涯 | yá | 2239 |
| 洸 | guāng | 727 | 浪 | làng | 1162 | 涣 | huàn | 848 | 涿 | zhuō | 2579 |
| 泚 | cǐ | 316 | 涞 | lái | 1153 | 浼 | měi | 1325 | 渐 | jiān | 942 |
| 浈 | Zhēn | 2486 | [淶] | | | 涌 | chōng | 262 | [漸] | jiàn | 955 |
| [湞] | | | 涛 | tāo | 1893 | | yǒng | 2360 | 渠 | qú | 1599 |
| 浉 | Shī | 1744 | [濤] | | | 浚 | jùn | 1071 | 淌 | tǎng | 1892 |
| [溮] | | | 浡 | bó | 131 | | Xùn | 2232 | 淑 | shū | 1793 |
| 浊 | zhuó | 2579 | 浭 | Gēng | 668 | 涘 | sì | 1844 | 淖 | nào | 1403 |
| [濁] | | | 涝 | lào | 1174 | 浸 | jìn | 1015 | 淏 | hào | 778 |
| 洞 | dòng | 472 | [澇] | | | 涨 | zhǎng | 2468 | 混 | hún | 875 |
| 测 | cè | 184 | 浦 | pǔ | 1511 | [漲] | zhàng | 2470 | | hùn | 876 |
| [測] | | | 涑 | Sù | 1856 | 涊 | niǎn | 1418 | 涸 | guó | 742 |
| 浍 | Huì | 870 | 浯 | Wú | 2058 | 涩 | sè | 1671 | [涸] | | |
| [澮] | kuài | 1128 | 酒 | jiǔ | 1038 | [澀,澁] | | | 淠 | Pì | 1479 |
| 洽 | qià | 1538 | 涟 | lián | 1208 | | [八画] | | 淟 | tiǎn | 1921 |
| 洮 | Táo | 1895 | [漣] | | | 淙 | cóng | 322 | 涸 | hé | 789 |
| 洙 | Zhū | 2548 | 浙 | Zhè | 2484 | 淀 | diàn | 444 | 渑 | miǎn | 1345 |
| 洗 | xǐ | 2083 | 消 | xiāo | 2137 | 涫 | guàn | 722 | [澠] | Shéng | 1733 |
| | Xiǎn | 2113 | 涉 | shè | 1711 | 涴 | wò | 2044 | 淫 | yín | 2338 |
| 活 | huó | 878 | 涅 | niè | 1422 | | Yuān | 2407 | 淦 | Gàn | 638 |
| 洑 | fú | 601 | 浬 | hǎilǐ | 752 | 涪 | Fú | 603 | 渚 | xiáo | 2142 |
| | fù | 615 | | lǐ | 1192 | 淳 | chún | 309 | 渊 | yuān | 2406 |
| 涎 | xián | 2110 | 浘 | wěi | 2020 | 淬 | cuì | 330 | [淵] | | |
| 洎 | jì | 919 | [瀰] | | | 液 | yè | 2288 | 淮 | Huái | 840 |
| 洫 | xù | 2210 | 浞 | zhuó | 2580 | 淤 | yū | 2385 | 淝 | Féi | 567 |
| 派 | pā | 1442 | 涓 | juān | 1058 | 淯 | Yù | 2402 | 渔 | yú | 2390 |

| | | | | | | | | |
|---|---|---|---|---|---|---|---|---|
| [渔] | | | 湜 | shí | 1757 | 溯 | sù | 1857 | 滩 | tān | 1881 |
| 淘 | táo | 1896 | 渺 | miǎo | 1350 | 溟 | míng | 1364 | [灘] | | |
| 淴 | hū | 817 | 湿 | shī | 1745 | 滘 | jiào | 982 | 滪 | yù | 2405 |
| 渗 | shèn | 1724 | [濕] | | | 滟 | yàn | 2261 | [澦] | | |
| [滲] | | | 渴 | kě | 1101 | [灔] | | | 溺 | nì | 1414 |
| 渌 | Lù | 1268 | 渭 | Wèi | 2030 | 溱 | qín | 1573 | | niào | 1421 |
| 涮 | shuàn | 1809 | 溃 | kuì | 1138 | | Zhēn | 2489 | 滃 | Yōng | 2358 |
| 涵 | hán | 760 | [潰] | | | 溘 | kè | 1106 | **[十一画]** | | |
| 淄 | Zī | 2583 | 湍 | tuān | 1970 | 滢 | yíng | 2351 | 演 | yǎn | 2257 |
| **[九画]** | | | 溅 | jiān | 942 | [瀅] | | | 漳 | Zhāng | 2467 |
| 渲 | xuàn | 2220 | [濺] | | | 溋 | Shè | 1712 | 滴 | dī | 419 |
| 湾 | wān | 1996 | 滑 | huá | 833 | [涉] | | | 漉 | lù | 1270 |
| [灣] | | | 湲 | yuán | 2413 | 满 | mǎn | 1301 | 漩 | xuán | 2217 |
| 渟 | tíng | 1937 | 溆 | xù | 2211 | [滿] | | | 漾 | yàng | 2272 |
| 渡 | dù | 487 | 渝 | yú | 2391 | 漭 | mǎng | 1309 | 潋 | jiào | 982 |
| 游 | yóu | 2371 | 溢 | pén | 1467 | 漠 | mò | 1374 | 潆 | yíng | 2351 |
| 湉 | tián | 1920 | 湃 | pài | 1449 | 滇 | Diān | 433 | [瀠] | | |
| 溠 | Zhà | 2455 | 湫 | jiǎo | 977 | [滇] | | | 潢 | huáng | 855 |
| 渼 | měi | 1325 | | qiū | 1592 | 溥 | pǔ | 1512 | 潇 | xiāo | 2142 |
| 溇 | Lóu | 1260 | 湟 | Huáng | 854 | 滆 | Gé | 660 | [瀟] | | |
| [漊] | | | 溲 | sōu | 1851 | 溧 | lì | 1204 | 潋 | lǎn | 1158 |
| 渐 | jiān | 942 | 溉 | gài | 625 | 溽 | rù | 1650 | 漆 | qī | 1518 |
| 滋 | zī | 2583 | 渥 | wò | 2044 | 源 | yuán | 2413 | 漕 | cáo | 180 |
| 渤 | Bó | 132 | 湣 | mǐn | 1356 | 滤 | lǜ | 1275 | 漱 | shù | 1804 |
| 渱 | hòng | 807 | 湑 | Xū | 2207 | [濾] | | | 漂 | piāo | 1485 |
| [澒] | | | | xǔ | 2208 | 滥 | làn | 1159 | | piǎo | 1487 |
| 渍 | fén | 576 | 湄 | méi | 1321 | [濫] | | | | piào | 1488 |
| [漬] | | | 滁 | Chú | 285 | 滉 | huàng | 857 | 潩 | chún | 310 |
| 湛 | zhàn | 2464 | **[十画]** | | | 溻 | tā | 1873 | 漼 | cuǐ | 330 |
| 港 | gǎng | 642 | 滓 | zǐ | 2587 | 溷 | hùn | 877 | 滹 | hū | 817 |
| 溇 | xiè | 2164 | 溶 | róng | 1639 | 滍 | Zhì | 2531 | 淲 | biāo | 112 |
| 滞 | zhì | 2529 | 滨 | bīn | 118 | 溦 | wēi | 2016 | 漫 | màn | 1304 |
| [滯] | | | [濱] | | | 滔 | tāo | 1894 | 潔 | Luò | 1288 |
| 溚 | tǎ | 1874 | 滂 | pāng | 1454 | 溪 | xī | 2078 | 漶 | huàn | 849 |
| 溁 | yíng | 2351 | 滦 | Luán | 1276 | 滏 | Fǔ | 608 | 漖 | liàn | 1214 |
| [濚] | | | [灤] | | | 滃 | Wēng | 2040 | [瀲] | | |
| 湖 | hú | 820 | 滈 | Hào | 778 | | wěng | 2040 | 潧 | gàn | 638 |
| 湘 | Xiāng | 2128 | 漷 | huǒ | 885 | 滗 | bì | 97 | 潔 | jì | 923 |
| 渣 | zhā | 2453 | 滚 | gǔn | 737 | [潷] | | | 潴 | zhū | 2550 |
| 湢 | bì | 97 | 漓 | lí | 1188 | 滫 | xiǔ | 2202 | 漪 | yī | 2308 |
| 湮 | yān | 2245 | 溏 | táng | 1891 | 溴 | xiù | 2203 | 漻 | liáo | 1224 |
| 湎 | miǎn | 1345 | 潴 | chù | 290 | 潋 | yīn | 2337 | 潋 | gǎn | 637 |
| 湝 | jiē | 988 | | xù | 2212 | 溜 | liū | 1244 | 漏 | lòu | 1262 |
| 湨 | Jú | 1049 | 溢 | yì | 2329 | | liù | 1255 | 潍 | Wéi | 2021 |

| | | | | | | | |
|---|---|---|---|---|---|---|---|
| [灘] | | 激 jī | 900 | 忙 máng | 1307 | 怛 dá | 342 |
| [十二画] | | 澹 dàn | 387 | 忏 gān | 631 | 怏 yàng | 2271 |
| 潼 tóng | 1949 | Tán | 1884 | 忖 cǔn | 334 | 怜 lián | 1207 |
| 澈 chè | 225 | 澥 xiè | 2165 | 忏 chàn | 202 | [憐] | |
| 澜 lán | 1157 | 澼 pì | 1480 | [懺] | | 性 xìng | 2192 |
| [瀾] | | [十四画] | | 伋 jí | 904 | 怍 zuò | 2619 |
| 潽 pū | 1509 | 濠 háo | 771 | [四画] | | 怕 pà | 1444 |
| 潾 lín | 1234 | 濡 rú | 1646 | 忭 biàn | 105 | 怤 zhòu | 2546 |
| 潖 pá | 1443 | 濮 Pú | 1511 | 忱 chén | 226 | [懰] | |
| 潜 qián | 1549 | 濞 bì | 100 | 忝 tiǎn | 1921 | 怿 yì | 2326 |
| 澍 shù | 1804 | 濯 zhuó | 2581 | 忨 wàn | 2006 | [懌] | |
| 澎 pēng | 1467 | [十五画] | | 忤 wǔ | 2061 | 怪 guài | 712 |
| 澌 sī | 1836 | 瀍 Chán | 200 | [憮] | | 怡 yí | 2309 |
| 撒 sǎ | 1658 | 瀌 biāo | 112 | 忮 zhì | 2523 | 怩 ní | 1411 |
| 潮 cháo | 219 | 瀫 Gǔ | 701 | 怄 òu | 1441 | 怫 fú | 600 |
| 潸 shān | 1683 | 瀑 Bào | 70 | [慪] | | 怊 chāo | 215 |
| 潓 Huì | 872 | pù | 1513 | 怀 huái | 839 | [六画] | |
| 潭 tán | 1884 | 瀔 guó | 742 | [懷] | | 恢 hài | 755 |
| 潦 lǎo | 1174 | 瀣 xī | 2080 | 忧 yōu | 2364 | 恼 nǎo | 1400 |
| liáo | 1224 | [瀟] | | [憂] | | [惱] | |
| 漱 Jué | 1066 | [十六画] | | 忳 tún | 1979 | 恽 Yùn | 2428 |
| 潘 Pān | 1449 | 瀛 yíng | 2351 | 怅 chàng | 212 | [惲] | |
| 潲 shào | 1706 | 瀚 hàn | 766 | [悵] | | 侬 náo | 1400 |
| 澳 ào | 22 | 瀣 xiè | 2166 | 忡 chōng | 262 | [憹] | |
| 潟 xì | 2090 | 瀱 zàn | 2439 | 松 sōng | 1845 | 恇 kuāng | 1132 |
| 潞 hào | 778 | [十七画] | | zhōng | 2536 | 恸 tòng | 1951 |
| 澄 chéng | 244 | 瀽 jiǎn | 949 | 怆 chuàng | 302 | [慟] | |
| dèng | 416 | 瀼 ráng | 1617 | [愴] | | 恃 shì | 1771 |
| 潏 yù | 2405 | Ràng | 1619 | 忾 wǔ | 2061 | 恭 gōng | 680 |
| 潺 chán | 199 | 瀵 fèn | 580 | 忾 kài | 1082 | 恒 héng | 796 |
| [十三画] | | 灌 guàn | 723 | [愾] | | 恓 xī | 2074 |
| 澶 chán | 199 | 淪 yuè | 2423 | 忻 xīn | 2173 | 恢 huī | 859 |
| 濂 lián | 1210 | [十八画] | | 饮 xiān | 2106 | 恹 yān | 2242 |
| 瀨 lài | 1154 | 灊 Qián | 1550 | 快 kuài | 1126 | [懨, 懕] | |
| [瀨] | | 灏 hào | 778 | 忸 niǔ | 1428 | 恍 huǎng | 856 |
| 濒 bīn | 118 | [灝] | | [五画] | | 恫 dòng | 473 |
| [瀕] | | 灞 Bà | 32 | 怦 pēng | 1467 | tōng | 1938 |
| 濠 Jù | 1057 | 灅 Lěi | 1180 | 怔 zhēng | 2495 | 恺 kǎi | 1082 |
| 濉 Suī | 1861 | | | zhèng | 2502 | [愷] | |
| 潞 lù | 1270 | 【忄(小)】 | | 怯 qiè | 1567 | 恻 cè | 185 |
| 澧 Lǐ | 1194 | [一画～三画] | | 怙 hù | 825 | [惻] | |
| 澡 zǎo | 2443 | 忆 yì | 2322 | 怵 chù | 288 | 恰 qià | 1538 |
| 濊 Huán | 845 | [憶] | | 怖 bù | 159 | 恬 tián | 1919 |
| 澨 shì | 1773 | 忉 dāo | 396 | 怗 tiē | 1929 | 恤 xù | 2210 |

小 33

| 恪 | kè | 1103 | 惭 | cán | 174 | 愎 | bì | 97 | 宁 | níng | 1423 |
| 恂 | xún | 2230 | [惭,慚] | | | 惶 | huáng | 855 | [寧] | nìng | 1425 |
| 恟 | xiōng | 2194 | 惝 | chǎng | 211 | 愧 | kuì | 1139 | | Nìng | 1425 |
| 恨 | hèn | 795 | | tǎng | 1892 | 慨 | kǎi | 1082 | 穴 | xué | 2220 |
| [七画] | | | 悱 | fěi | 567 | [十画] | | | 究 | guī | 733 |
| 悯 | mǐn | 1355 | 悼 | dào | 404 | 慊 | qiàn | 1553 | 它 | tā | 1872 |
| [憫] | | | 惘 | wǎng | 2010 | | qiè | 1568 | 宇 | yǔ | 2394 |
| 悦 | yuè | 2421 | 惧 | jù | 1055 | 愫 | sù | 1857 | 守 | shǒu | 1781 |
| 悌 | tì | 1911 | [懼] | | | 慑 | shè | 1712 | 宅 | zhái | 2457 |
| 悢 | liàng | 1221 | 惕 | tì | 1911 | [懾] | | | 安 | ān | 9 |
| 悱 | chóu | 269 | 惦 | tiǎn | 1921 | 慕 | mù | 1384 | 字 | zì | 2594 |
| [情] | | | 悸 | jì | 921 | 慎 | shèn | 1725 | 灾 | zāi | 2432 |
| 悖 | bèi | 78 | 惟 | wéi | 2020 | 慥 | zào | 2445 | [災] | | |
| 悚 | sǒng | 1848 | 惆 | chóu | 269 | [十一画] | | | 完 | wán | 1997 |
| 悟 | wù | 2068 | 惛 | hūn | 874 | 慵 | yōng | 2358 | 宋 | Sòng | 1848 |
| 悭 | pī | 1473 | 惚 | hū | 817 | 慷 | kāng | 1089 | 宏 | hóng | 805 |
| 悄 | qiāo | 1560 | 惨 | cǎn | 175 | 慓 | piāo | 1485 | 牢 | láo | 1165 |
| | qiǎo | 1563 | [慘] | | | 慢 | màn | 1305 | [五画] | | |
| 悭 | qiān | 1543 | 惙 | chuò | 311 | 憏 | chì | 259 | 实 | shí | 1753 |
| [慳] | | | 惯 | guàn | 722 | [十二画] | | | [實] | | |
| 悍 | hàn | 765 | [慣] | | | 憧 | chōng | 262 | 宓 | mì | 1339 |
| 悝 | kuī | 1136 | [九画] | | | 憱 | cù | 327 | 宝 | bǎo | 60 |
| | lǐ | 1192 | 愔 | yīn | 2337 | 憎 | zēng | 2451 | [寶] | | |
| 悃 | kǔn | 1140 | 惼 | biǎn | 105 | 懂 | dǒng | 468 | 宗 | zōng | 2595 |
| 悒 | yì | 2327 | 惵 | dié | 453 | 憭 | liǎo | 1226 | 定 | dìng | 460 |
| 悕 | xī | 2075 | 愤 | fèn | 580 | 憯 | cǎn | 176 | 宕 | dàng | 394 |
| 悔 | huǐ | 865 | [憤] | | | 憬 | jǐng | 1027 | 宠 | chǒng | 265 |
| 悛 | quān | 1604 | 慌 | huāng | 850 | 憔 | qiáo | 1562 | [寵] | | |
| [八画] | | | | ·huang | 850 | 懊 | ào | 21 | 宜 | yí | 2309 |
| 悾 | kōng | 1112 | 愊 | bì | 97 | [十三画] | | | 审 | shěn | 1722 |
| 惋 | wǎn | 2002 | 惰 | duò | 507 | 懍 | lǐn | 1235 | [審] | | |
| 惊 | jīng | 1021 | 愐 | miǎn | 1345 | 憷 | chù | 290 | 宙 | zhòu | 2546 |
| [驚] | | | 愠 | yùn | 2428 | 懒 | lǎn | 1158 | 官 | guān | 717 |
| 惇 | dūn | 498 | 惺 | xīng | 2183 | [懶] | | | 宛 | wǎn | 2000 |
| 悴 | cuì | 331 | 愒 | hè | 790 | 憾 | hàn | 766 | 宑 | jiào | 980 |
| 惦 | diàn | 444 | | kài | 1082 | 懆 | cǎo | 183 | [六画] | | |
| 倦 | quán | 1609 | | qì | 1536 | 懁 | xuān | 2214 | 宣 | xuān | 2212 |
| 惮 | dàn | 386 | 愦 | kuì | 1139 | 懈 | xiè | 2165 | 宦 | huàn | 846 |
| [憚] | | | [憒] | | | [十四画以上] | | | 宥 | yòu | 2383 |
| 惬 | qiè | 1568 | 愕 | è | 513 | 懦 | nuò | 1438 | 宬 | chéng | 242 |
| [愜,慊] | | | 愲 | zhuì | 2576 | 懵 | měng | 1334 | 室 | shì | 1771 |
| 情 | qíng | 1584 | 愣 | lèng | 1185 | | | | 宫 | gōng | 680 |
| 悻 | xìng | 2193 | 愉 | yú | 2391 | 【宀】 | | | 宪 | xiàn | 2119 |
| 惜 | xī | 2075 | 愀 | qiǎo | 1564 | [二画～四画] | | | [憲] | | |

| 客 | kè | 1104 | 寥 | liáo | 1224 | 床 | chuáng | 299 | 瑰 | Guī | 733 |
|---|---|---|---|---|---|---|---|---|---|---|---|
| [七画] | | | 寤 | wù | 2069 | [牀] | | | | wěi | 2025 |
| 宰 | zǎi | 2433 | [十二画] | | | 庋 | guǐ | 734 | 赓 | gēng | 668 |
| 害 | hài | 756 | 寨 | xiān | 2107 | 库 | kù | 1123 | [賡] | | |
| 宽 | kuān | 1128 | [騫] | | | [庫] | | | [十画] | | |
| [寬] | | | 寮 | liáo | 1224 | 庇 | bì | 95 | 廓 | kuò | 1143 |
| 宧 | yí | 2310 | 寯 | jùn | 1071 | 序 | xù | 2209 | 廉 | lián | 1210 |
| 宸 | chén | 229 | 襄 | qiān | 1544 | [五画] | | | 廒 | áo | 19 |
| 家 | jiā | 927 | 寰 | huán | 845 | 庞 | páng | 1455 | [十一画~十二画] | | |
| 家 | jiā | 927 | 謇 | jiǎn | 949 | [龐] | | | 廑 | jǐn | 1010 |
| [傢] | | | 蹇 | jiǎn | 949 | 店 | diàn | 443 | | qín | 1573 |
| 家 | •jie | 1001 | 瘙 | yì | 2331 | 庙 | miào | 1351 | 廙 | yì | 2330 |
| 宵 | xiāo | 2140 | | | | [廟] | | | 腐 | fǔ | 608 |
| 宴 | yàn | 2260 | 【 丬(爿) 】 | | | 府 | fǔ | 606 | 廖 | Liào | 1227 |
| 宭 | qún | 1614 | 片 | piān | 1480 | 底 | •de | 410 | 廛 | chán | 199 |
| 宾 | bīn | 117 | 壮 | Zhuāng | 2569 | | dǐ | 424 | [十三画 以上] | | |
| [賓] | | | [壯] | zhuàng | 2571 | 庖 | páo | 1457 | 廪 | lǐn | 1235 |
| 密 | mì | 1340 | 妆 | zhuāng | 2569 | 庚 | gēng | 668 | 廨 | xiè | 2165 |
| 寇 | kòu | 1119 | [妝,粧] | | | 废 | fèi | 568 | 鹰 | zhè | 2484 |
| 寅 | yín | 2339 | 状 | zhuàng | 2572 | [廢] | | | 膺 | yīng | 2348 |
| 寄 | jì | 921 | [狀] | | | [六画] | | | 鹰 | yīng | 2348 |
| 寂 | jì | 922 | 戕 | qiāng | 1554 | 庠 | xiáng | 2130 | [鷹] | | |
| 宿 | sù | 1856 | 斨 | qiāng | 1554 | 庤 | zhì | 2527 | 麋 | mí | 1338 |
| | xiǔ | 2202 | 牁 | kē | 1096 | 度 | dù | 486 | 麈 | áo | 20 |
| | xiù | 2203 | 牂 | zāng | 2439 | | duó | 505 | | | |
| [九画] | | | 将 | jiāng | 958 | 庭 | tíng | 1935 | 【 门(門) 】 | | |
| 富 | fù | 616 | | jiàng | 964 | 庥 | xiū | 2200 | 门 | mén | 1327 |
| 寓 | yù | 2404 | [將] | qiāng | 1554 | [七画] | | | [門] | | |
| 寐 | mèi | 1326 | | | | 席 | xí | 2081 | [一画~三画] | | |
| 寝 | qǐn | 1573 | 【 广 】 | | | (蓆) | | | 闩 | shuān | 1809 |
| [寢] | | | 广 | ān | 9 | 庯 | bū | 134 | [閂] | | |
| 塞 | sāi | 1658 | | guǎng | 727 | 座 | zuò | 2619 | 闪 | shǎn | 1683 |
| | sài | 1658 | [二画~四画] | | | 唐 | táng | 1889 | [閃] | | |
| | sè | 1672 | 庀 | pǐ | 1478 | [八画] | | | 顸 | hān | 756 |
| 骞 | qiān | 1544 | 庄 | zhuāng | 2569 | 廊 | láng | 1161 | [頇] | | |
| [騫] | | | [莊] | | | 庶 | shù | 1803 | 闭 | bì | 94 |
| 寞 | mò | 1374 | 庆 | qìng | 1588 | 庹 | tuǒ | 1986 | [閉] | | |
| 蜜 | mì | 1341 | [慶] | | | 庵 | ān | 13 | 问 | wèn | 2038 |
| 寨 | zhài | 2458 | 应 | yīng | 2346 | 厩 | qǐng | 1588 | [問] | | |
| 赛 | sài | 1659 | [應] | yìng | 2353 | [廎] | | | 闯 | chuǎng | 300 |
| [賽] | | | 庐 | lú | 1264 | 庾 | yǔ | 2397 | [闖] | | |
| 搴 | qiān | 1544 | [廬] | | | 庸 | yōng | 2357 | [四画~五画] | | |
| 寡 | guǎ | 707 | 庞 | wǔ | 2061 | 康 | kāng | 1089 | 闵 | mǐn | 1355 |
| 察 | chá | 193 | [廡] | | | [九画] | | | [閔] | | |

| 门 | | | | | | | |
|---|---|---|---|---|---|---|---|
| 闶 kāng | 1089 | 阅 yuè | 2420 | [十画] | | [運] | |
| [閌] | | [閲] | | 阙 quē | 1612 | 违 wéi | 2018 |
| 闶 kàng | 1091 | 阆 láng | 1161 | [闕] què | 1613 | [違] | |
| 闷 mēn | 1326 | 阆 làng | 1162 | 阖 hé | 789 | 还 hái | 751 |
| [悶] | | 阃 kǔn | 1140 | [闔] | | [還] huán | 842 |
| 闰 rùn | 1653 | [閫] | | 阗 tián | 1921 | xuán | 2215 |
| [閏] | | 闱 chuài | 291 | [闐] | | 连 lián | 1205 |
| 闱 wéi | 2019 | [闖] | | 阘 dá | 343 | [連] | |
| [闈] | | 阄 jiū | 1036 | [闥] tà | 1874 | 迍 zhūn | 2576 |
| 闲 xián | 2107 | [鬮] | | [十一画以上] | | 迓 yà | 2242 |
| [閑,閒] | | [八画] | | 阚 Kàn | 1089 | 近 jìn | 1013 |
| 闳 hóng | 805 | 阏 è | 513 | [闞] | | 返 fǎn | 545 |
| [閎] | | [閼] yān | 2244 | 阛 huán | 845 | 迎 yíng | 2348 |
| 间 jiān | 939 | 阐 chǎn | 201 | [闤] | | 迟 chí | 253 |
| [間] jiàn | 952 | [闡] | | | | [遲] | |
| 闹 nào | 1402 | 阁 dū | 479 | 辶(辶) | | [五画] | |
| [鬧,鬧] | | [闍] | | [二画~三画] | | 述 shù | 1801 |
| 闵 bì | 96 | 阇 shé | 1708 | 边 biān | 100 | 迪 dí | 420 |
| [閟] | | 阈 yù | 2402 | [邊] | | 迥 jiǒng | 1034 |
| 闸 zhá | 2453 | [閾] | | 辽 liáo | 1222 | 迭 dié | 452 |
| [閘] | | 阉 yān | 2244 | [遼] | | 迮 zé | 2447 |
| [六画] | | [閹] | | 迂 yū | 2384 | 迤 yǐ | 2319 |
| 阂 hé | 787 | 阊 chāng | 203 | 达 dá | 341 | 迫 pǎi | 1448 |
| [閡] | | [閶] | | [達] | | pò | 1503 |
| 闺 guī | 732 | 阌 wén | 2037 | 迈 mài | 1297 | 迩 ěr | 518 |
| [閨] | | [閿] | | [邁] | | [邇] | |
| 闻 wén | 2036 | 阋 xì | 2090 | 过 Guō | 739 | 迨 dài | 374 |
| [聞] | | [鬩] | | [過] guò | 744 | 迦 jiā | 927 |
| 闼 tà | 1874 | 阍 hūn | 874 | ·guo | 744 | 迢 tiáo | 1924 |
| [闥] | | [閽] | | 迅 xùn | 2231 | [六画] | |
| 闽 Mǐn | 1355 | 阎 yán | 2252 | 辿 chān | 197 | 迹 jì | 919 |
| [閩] | | [閻] | | 迁 qiān | 1541 | 送 sòng | 1848 |
| 闾 lú | 1272 | [九画] | | [遷] | | 迸 bèng | 86 |
| [閭] | | 阔 kuò | 1143 | 迄 qì | 1534 | 迷 mí | 1335 |
| 阃 kǎi | 1082 | [闊,濶] | | 巡 xún | 2229 | 逆 nì | 1412 |
| [闓] | | 阑 lán | 1155 | [四画] | | 迺 Nǎi | 1392 |
| 阀 fá | 531 | [闌] | | 这 zhè | 2482 | 逃 táo | 1894 |
| [閥] | | 闰 yīn | 2337 | [這] zhèi | 2484 | 选 xuǎn | 2217 |
| 阁 gé | 657 | [闉] | | 迓 háng | 767 | [選] | |
| [閣,閤] | | 阒 qù | 1603 | 进 jìn | 1011 | 适 shì | 1771 |
| 阐 zhèng | 2504 | [闃] | | [進] | | [適] | |
| [閛] | | 阓 huì | 872 | 远 yuǎn | 2414 | 适 kuò | 1142 |
| [七画] | | [闠] | | [遠] | | 追 zhuī | 2573 |
| 阌 yín | 2337 | 阕 què | 1613 | 运 yùn | 2426 | 逊 xùn | 2232 |
| [閶] | | [闋] | | | | | |

| | | | | | | | | | | | |
|---|---|---|---|---|---|---|---|---|---|---|---|
| [遜] | | | [遺] | yí | 2311 | 汞 | gǒng | 681 | [壞] | | |
| | [七画] | | 遄 | chuán | 297 | 差 | chā | 187 | 坜 | lì | 1200 |
| 递 | dì | 430 | 逾 | yú | 2391 | | chà | 194 | [壢] | | |
| [遞] | | | 遑 | huáng | 854 | | chāi | 196 | 址 | zhǐ | 2518 |
| 逦 | lǐ | 1192 | 遁 | dùn | 501 | | chài | 197 | 坚 | jiān | 938 |
| [邐] | | | 遐 | xiá | 2093 | | cī | 312 | [堅] | | |
| 逗 | dòu | 478 | | [十画] | | 项 | xiàng | 2134 | 坝 | bà | 30 |
| 逋 | bū | 134 | 遨 | áo | 19 | [項] | | | [壩] | | |
| 速 | sù | 1856 | 遘 | gòu | 690 | | | | 坋 | zōng | 2595 |
| 逐 | zhú | 2551 | 遢 | tā | 1873 | | 【土】 | | [縱] | | |
| 逑 | qiú | 1594 | 遣 | qiǎn | 1551 | 土 | tǔ | 1966 | 坐 | zuò | 2617 |
| 逝 | shì | 1772 | 遢 | tà | 1874 | | [二画～三画] | | 坨 | lǔn | 1280 |
| 逞 | chěng | 245 | 遥 | yáo | 2276 | 去 | qù | 1602 | [壋] | | |
| 途 | tú | 1965 | 遛 | liú | 1252 | ‖·qù | | 1602 | 坌 | bèn | 84 |
| 造 | zào | 2444 | | liù | 1254 | 圹 | kuàng | 1133 | 坋 | fèn | 579 |
| 透 | tòu | 1960 | | [十一画～十二画] | | [壙] | | | 圻 | qí | 1519 |
| 逢 | féng | 590 | 遮 | zhē | 2479 | 圩 | wéi | 2018 | | yín | 2337 |
| 逭 | kuò | 1142 | 遭 | zāo | 2440 | | xū | 2204 | 坂 | bǎn | 47 |
| 逖 | tì | 1911 | 遴 | lín | 1234 | 圬 | wū | 2046 | 坍 | tān | 1880 |
| 逛 | guàng | 729 | 遵 | zūn | 2612 | 圭 | guī | 731 | 均 | jūn | 1069 |
| 通 | tōng | 1938 | 遥 | xiān | 2107 | 在 | zài | 2435 | 坎 | kǎn | 1084 |
| | tòng | 1951 | 遥 | yù | 2405 | 寺 | sì | 1843 | 坞 | wù | 2065 |
| 逡 | qūn | 1613 | | [十三画 以上] | | 至 | zhì | 2522 | [塢] | | |
| | [八画] | | 遭 | zhān | 2459 | 尘 | chén | 225 | 块 | kuài | 1126 |
| 逭 | huàn | 849 | 遽 | jù | 1057 | [塵] | | | [塊] | | |
| 逵 | kuí | 1137 | 邀 | yāo | 2274 | 圪 | gē | 653 | 坠 | zhuì | 2575 |
| 逴 | chuō | 310 | 邂 | xiè | 2165 | 圳 | zhèn | 2490 | [墜] | | |
| 逻 | luó | 1283 | 避 | bì | 99 | 圾 | jī | 892 | | [五画] | |
| [邏] | | | 邃 | suì | 1865 | 圯 | yí | 2309 | 坨 | tuó | 1984 |
| 逶 | wēi | 2014 | 邈 | miǎo | 1350 | 地 | ·de | 410 | 垃 | lā | 1144 |
| 逸 | yì | 2327 | 邋 | lā | 1148 | | dì | 425 | 坢 | bàn | 52 |
| 逮 | dǎi | 372 | | | | 场 | cháng | 207 | 幸 | xìng | 2191 |
| | dài | 378 | | 【工】 | | [場] chǎng | | 210 | 坪 | píng | 1500 |
| 逯 | Lù | 1268 | 工 | gōng | 670 | | [四画] | | 莹 | yíng | 2349 |
| | [九画] | | 左 | zuǒ | 2613 | 坟 | fén | 576 | [塋] | | |
| 逎 | qiú | 1595 | 巧 | qiǎo | 1563 | [墳] | | | 坩 | gān | 631 |
| 道 | dào | 404 | 圣 | jīng | 1017 | 坊 | fāng | 552 | 坷 | kē | 1094 |
| 遂 | suí | 1863 | [堅] | | | | fáng | 554 | | kě | 1101 |
| | suì | 1864 | 式 | shì | 1764 | 坑 | kēng | 1107 | 坯 | pī | 1472 |
| 遍 | biàn | 108 | 巩 | gǒng | 681 | 坛 | tán | 1882 | 坳 | bù | 159 |
| 逼 | bī | 87 | [鞏] | | | [壇] | | | 垄 | lǒng | 1259 |
| 遇 | yù | 2403 | 贡 | gòng | 683 | 坛 | tán | 1882 | [壟] | | |
| 遏 | è | 513 | [貢] | | | [罎] | | | 坫 | diàn | 443 |
| 遗 | wèi | 2030 | 攻 | gōng | 678 | 坏 | huài | 840 | 垆 | lú | 1264 |

## 38 土

[壚]
坦 tǎn 1885
坤 kūn 1139
坰 jiōng 1034
坼 chè 224
坻 chí 254
　 dǐ 423
坭 ní 1409
坡 pō 1501
坳 ào 20
坶 mǔ 1379

[六画]
垞 chá 190
垴 nǎo 1400
垓 gāi 621
垍 jì 919
垟 yáng 2266
型 xíng 2189
垚 yáo 2274
垭 yā 2236
[垤]
垩 è 510
[垩]
垣 yuán 2408
垯 ·da 371
[墶]
垮 kuǎ 1125
城 chéng 241
垤 dié 452
垫 diàn 443
[墊]
垱 dàng 394
[壋]
垌 dòng 472
　 tóng 1947
垲 kǎi 1082
[壋]
垡 fá 531
垧 shān 1682
垧 shǎng 1691
垢 gòu 689
垕 hòu 814
垛 duǒ 506
　 duò 506

埚 guī 734
垒 lěi 1179
[壘]
垠 yín 2337
垦 kěn 1106
[墾]

[七画]
垭 yìn 2345
垸 yuàn 2417
埒 xù 2210
埌 làng 1162
埔 bù 159
　 pǔ 1511
埂 gěng 668
捍 hàn 765
埕 chéng 242
埋 mái 1295
　 mán 1300
埘 shí 1757
[塒]
埙 xūn 2226
[塤]
埚 guō 739
[堝]
埒 liè 1228
埝 zào 2444
埆 què 1612
埃 āi 4

[八画]
培 péi 1462
埻 zhǔn 2578
埴 yù 2402
埤 shàn 1685
[墠]
埮 lèng 1185
堵 dǔ 484
基 jī 898
埴 zhí 2514
埝 chěn 230
域 yù 2402
埼 qí 1522
埯 ǎn 14
堑 qiàn 1553

[堅]
堂 táng 1889
埸 yì 2327
堌 gù 705
埝 niàn 1419
埵 duǒ 506
堆 duī 493
坭 nì 1413
埤 pí 1477
　 pì 1479
埠 bù 160
棚 péng 1467
堍 tù 1970
埽 sào 1670
埭 dài 377
堀 kū 1121
堕 duò 507
[墮]

[九画]
堍 wān 1996
[塆]
堍 gèng 670
堵 chūn 308
塃 huāng 850
堪 kān 1084
堞 dié 452
塔 ·da 371
　 tǎ 1873
堰 yàn 2261
堙 yīn 2336
堖 yāo 2273
堉 tuó 1985
堧 ruán 1650
堤 dī 419
塄 léng 1181
塅 duàn 492
堡 bǎo 65
　 bǔ 137
　 pù 1513
堠 hòu 814
塈 jì 922

[十画]
塝 bàng 56
塘 táng 1891

塑 sù 1857
塃 lǎng 1162
堽 gōng 681
墓 mù 1383
填 tián 1920
塥 gé 660
塬 yuán 2413
塌 tā 1873
塂 gāng 641
塕 wěng 2040
塮 xiè 2165
塍 chéng 244

[十一画]
墚 liáng 1217
境 jìng 1033
墒 shāng 1691
塾 shú 1797
墉 yōng 2358
墙 qiáng 1557
[墻,牆]
墈 kàn 1089
墐 jìn 1017
墘 qián 1549
墘 shuǎng 1813
墟 xū 2207
墅 shù 1804
墁 màn 1304
墕 yàn 2261
墼 xié 2161
揭 qiè 1568
墜 dì 432

[十二画]
墩 dūn 499
墡 shàn 1687
增 zēng 2449
墨 mò 1374
墦 fán 539
墀 chí 255

[十三画~十四画]
壈 lǎn 1158
壅 yōng 2358
壑 jī 900
壁 bì 98
壕 háo 771

| | | | | | | | | |
|---|---|---|---|---|---|---|---|---|
| 壑 | hè | 791 | 芝 | zhī | 2507 | 芮 | Ruì | 1652 | 茉 | mò | 1372 |
| [十五画 以上] | | | 芋 | yù | 2398 | 苋 | xiàn | 2115 | 苷 | gān | 631 |
| 疆 | jiāng | 960 | 芏 | dù | 485 | [莧] | | | 苦 | kǔ | 1121 |
| 壤 | rǎng | 1618 | 芊 | qiān | 1541 | 芩 | qín | 1571 | 苯 | běn | 84 |
| | | | 芍 | sháo | 1703 | 苁 | cōng | 319 | 苛 | kē | 1094 |
| 【士】 | | | 芃 | péng | 1467 | [蓯] | | | 苤 | piě | 1489 |
| 士 | shì | 1760 | 芨 | jī | 892 | 芥 | gài | 624 | 若 | rě | 1620 |
| [三画~五画] | | | 芄 | wán | 1997 | | jiè | 998 | | ruò | 1654 |
| 吉 | jí | 903 | 芎 | xiōng | 2194 | 芬 | fēn | 575 | 茇 | bá | 27 |
| 志 | zhì | 2523 | 芑 | qǐ | 1525 | 苍 | cāng | 177 | 茂 | mào | 1314 |
| 壳 | ké | 1097 | 芗 | xiāng | 2121 | [蒼] | | | 茏 | lóng | 1257 |
| [殻] | qiào | 1564 | [薌] | | | 苎 | mào | 1314 | [蘢] | | |
| 声 | shēng | 1731 | | | | 苌 | cháng | 207 | 苫 | shān | 1682 |
| [聲] | | | [四画] | | | [萇] | | | | shàn | 1685 |
| 毐 | ǎi | 6 | 苎 | zhù | 2556 | 芘 | pí | 1476 | 苜 | mù | 1383 |
| [六画~九画] | | | [苧] | | | 花 | huā | 826 | 苴 | jū | 1046 |
| 壶 | hú | 819 | 苄 | biàn | 105 | 芹 | qín | 1571 | 苗 | miáo | 1348 |
| [壺] | | | 芳 | fāng | 552 | 芪 | qí | 1520 | 苒 | rǎn | 1617 |
| 壸 | kǔn | 1141 | 芶 | Gǒu | 686 | 芡 | qiàn | 1552 | 英 | yīng | 2346 |
| [壼] | | | 苇 | Wěi | 2022 | 芴 | wù | 2065 | 苢 | yǐ | 2319 |
| 壹 | yī | 2308 | [葦] | | | 芟 | shān | 1682 | 苘 | qǐng | 1587 |
| 喜 | xǐ | 2084 | 芯 | xīn | 2173 | 苡 | yǐ | 2319 | 茁 | zhuó | 2579 |
| [十画 以上] | | | | xìn | 2178 | 芋 | xù | 2209 | 苓 | líng | 1237 |
| 鼓 | gǔ | 699 | 芦 | lú | 1264 | | zhù | 2556 | 茶 | nié | 1422 |
| 嘉 | jiā | 930 | [蘆] | lǔ | 1265 | 芭 | bā | 26 | 苲 | zhǎ | 2454 |
| 嚭 | pǐ | 1479 | 芙 | fú | 597 | 苏 | sū | 1851 | 茌 | chí | 254 |
| 馨 | xīn | 2178 | 芫 | yán | 2246 | [蘇, 甦] | | | 苻 | fú | 599 |
| 鼙 | pí | 1477 | | yuán | 2408 | 苏 | sū | 1851 | 苽 | gū | 691 |
| 懿 | yì | 2331 | 芜 | wú | 2057 | [囌] | | | 苑 | yuàn | 2416 |
| 鼟 | tēng | 1902 | [蕪] | | | 苡 | kōu | 1114 | 茚 | yìn | 2345 |
| | | | 芸 | yún | 2425 | [五画] | | | 苟 | gǒu | 686 |
| 【艹(艹)】 | | | 芸 | yún | 2425 | 范 | fàn | 549 | 茆 | máo | 1313 |
| [一画~二画] | | | [蕓] | | | [範] | | | 苞 | bāo | 59 |
| 艺 | yì | 2321 | 苇 | wěi | 2022 | 范 | Fàn | 549 | 茎 | jīng | 1017 |
| [藝] | | | [葦] | | | 苧 | níng | 1423 | [莖] | | |
| 艾 | ài | 6 | 苤 | jì | 918 | [薴] | | | 苔 | tāi | 1875 |
| | yì | 2322 | 苻 | fú | 597 | 茓 | xué | 2221 | | tái | 1876 |
| 艽 | jiāo | 965 | 苯 | fú | 597 | 苕 | chú | 283 | 茅 | máo | 1313 |
| 艿 | nǎi | 1391 | 苈 | lì | 1200 | [芻] | | | 茛 | mín | 1354 |
| 节 | jiē | 982 | [藶] | | | 苾 | bì | 95 | 苻 | fú | 599 |
| [節] | jié | 988 | 苊 | è | 510 | 茕 | qióng | 1590 | 苕 | sháo | 1703 |
| 芍 | lè | 1175 | 苣 | jù | 1053 | [煢] | | | | tiáo | 1924 |
| | | | | qǔ | 1600 | 苹 | píng | 1500 | 茄 | jiā | 926 |
| [三画] | | | 芽 | yá | 2238 | [蘋] | | | | qié | 1566 |
| 芒 | máng | 1307 | 芷 | zhǐ | 2518 | | | | | | |

| | | | | | | | | |
|---|---|---|---|---|---|---|---|---|
| [六画] | | | 草 | cǎo | 181 | | suō | 1867 | [蓏] | | |
| 茫 | máng | 1308 | (艹) | | | 莞 | guān | 719 | 菌 | jūn | 1070 |
| 茳 | jiāng | 958 | 茧 | jiǎn | 943 | | guǎn | 719 | 莼 | chún | 309 |
| 荡 | dàng | 394 | [繭] | | | | wǎn | 2001 | [蒓] | | |
| [蕩] | | | 茼 | tóng | 1947 | 茕 | qióng | 1590 | [八画] | | |
| 茭 | jiāo | 968 | 莒 | Jǔ | 1049 | [煢] | | | 萍 | píng | 1501 |
| 荠 | jì | 919 | 茵 | yīn | 2334 | 莘 | shēn | 1716 | 菏 | hé | 789 |
| [薺] | qí | 1522 | 茴 | huí | 865 | | Xīn | 2174 | 菹 | zū | 2604 |
| 茨 | cí | 313 | 荞 | qiáo | 1562 | 莹 | yíng | 2349 | 菠 | bō | 129 |
| 茺 | chōng | 262 | [蕎, 荍] | | | [瑩] | | | 菪 | dàng | 395 |
| 荒 | huāng | 849 | 荃 | quán | 1608 | 莨 | làng | 1162 | 菀 | wǎn | 2001 |
| 荄 | gāi | 622 | 荟 | huì | 870 | | liáng | 1215 | | yù | 2402 |
| 荧 | yíng | 2349 | [薈] | | | 莺 | yīng | 2347 | 菩 | pú | 1510 |
| [熒] | | | 茶 | chá | 191 | [鶯] | | | 萃 | cuì | 330 |
| 荣 | róng | 1637 | 茱 | zhū | 2548 | 莱 | lái | 1153 | 菼 | tǎn | 1885 |
| [榮] | | | 莛 | tíng | 1935 | [萊] | | | 萤 | yíng | 2349 |
| 荤 | hūn | 873 | 荳 | guā | 707 | 荸 | bí | 88 | [螢] | | |
| [葷] | Xūn | 2226 | 茯 | fú | 600 | 莰 | kǎn | 1085 | 营 | yíng | 2350 |
| 荩 | liáo | 1223 | 荏 | rěn | 1631 | 菹 | chǎi | 197 | [營] | | |
| [藎] | | | 荇 | xìng | 2193 | 莆 | Pú | 1510 | 萦 | yíng | 2347 |
| 荦 | luò | 1284 | 茗 | míng | 1363 | 莽 | mǎng | 1309 | [縈] | | |
| [犖] | | | 荟 | gé | 657 | 莲 | lián | 1208 | 萘 | běng | 86 |
| 荥 | xíng | 2189 | 荀 | Xún | 2230 | [蓮] | | | 菁 | jīng | 1021 |
| [滎] | yíng | 2349 | 荚 | mǎi | 1297 | 莫 | mò | 1373 | 萋 | tián | 1919 |
| 荚 | jiá | 931 | [蕒] | | | 莳 | shí | 1757 | 菱 | líng | 1239 |
| [莢] | | | 荨 | qián | 1544 | | shì | 1772 | 著 | zhù | 2559 |
| 舜 | chuǎn | 297 | [蕁] | xún | 2230 | 莴 | wō | 2041 | 萁 | qí | 1522 |
| 萱 | huán | 844 | 茛 | gèn | 667 | [萵] | | | 菻 | lǐn | 1235 |
| 茸 | róng | 1637 | 荩 | jìn | 1015 | 荽 | suī | 1861 | 菘 | sōng | 1847 |
| 茜 | qiàn | 1552 | [蓋] | | | 莩 | fú | 601 | 堇 | jǐn | 1009 |
| | xī | 2074 | 荫 | yīn | 2334 | | piǎo | 1487 | 萘 | nài | 1393 |
| 荙 | dá | 342 | [蔭] | yìn | 2345 | 莶 | xiān | 2106 | 萋 | qī | 1516 |
| [蓬] | | | 茹 | rú | 1645 | [薟] | | | 菝 | bá | 28 |
| 荃 | chá | 190 | 荔 | lì | 1203 | 荼 | tú | 1964 | 萚 | tuò | 1986 |
| 荐 | jiàn | 954 | 荭 | hóng | 805 | 莉 | lì | 1203 | [蘀] | | |
| [薦] | | | [葒] | | | 荷 | hé | 787 | 菲 | fēi | 565 |
| 荑 | tí | 1905 | 荮 | zhòu | 2546 | | hè | 790 | | fěi | 567 |
| | yí | 2310 | [葤] | | | 莜 | yóu | 2371 | 菽 | shū | 1793 |
| 荛 | ráo | 1619 | 药 | yào | 2278 | 萘 | diào | 448 | 菖 | chāng | 203 |
| [蕘] | | | [藥] | | | [蓧] | | | 萌 | méng | 1330 |
| 荜 | bì | 96 | 荪 | sūn | 1865 | 荻 | dí | 421 | 萜 | tiē | 1930 |
| [蓽] | | | [蓀] | | | 获 | huò | 887 | 萝 | luó | 1283 |
| 苤 | cí | 313 | [七画] | | | [獲, 穫] | | | | | |
| | zǐ | 2586 | 莎 | shā | 1676 | 莸 | yóu | 2371 | | | |

| | | | | | | | | | | |
|---|---|---|---|---|---|---|---|---|---|---|
| [蘿] | | | | fèng | 593 | 萠 | jiān | 942 | 藺 | lìn | 1235 |
| 菌 | jūn | 1070 | 葚 | rèn | 1634 | 蒴 | shuò | 1829 | [藺] | | |
| | jùn | 1071 | | shèn | 1724 | 蒙 | mēng | 1330 | 蔽 | bì | 98 |
| 菜 | cài | 169 | 葫 | hú | 820 | [矇] | méng | 1331 | 蔼 | ǎi | 6 |
| 棻 | fēn | 576 | 葙 | xiāng | 2128 | 蒙 | méng | 1331 | [藹] | | |
| 萎 | wěi | 2024 | 葳 | wēi | 2015 | 濛 | méng | 1331 | 蕙 | huì | 872 |
| 萑 | huán | 844 | 萵 | chǎn | 202 | [濛] | | | 薔 | qiáng | 1557 |
| 萸 | yú | 2390 | [萵] | | | 蒙 | méng | 1331 | [薔] | | |
| 萮 | dì | 430 | 葬 | zàng | 2440 | [懞] | méng | 1333 | 蔫 | niān | 1414 |
| 菥 | xī | 2075 | 蒈 | kǎi | 1082 | 蒙 | Měng | 1333 | 蓺 | yì | 2330 |
| 菊 | jú | 1048 | 葺 | qì | 1536 | 蓂 | míng | 1364 | 萑 | tuī | 1974 |
| 菔 | fú | 603 | 葛 | gé | 658 | 蓥 | yíng | 2351 | 蔌 | sù | 1857 |
| 菟 | tú | 1966 | | Gě | 660 | [鎣] | | | 暮 | mù | 1384 |
| | tù | 1970 | 蒉 | xǐ | 2086 | 蓁 | zhēn | 2488 | 摹 | mó | 1367 |
| 萄 | táo | 1896 | 萴 | kuì | 1138 | 蒜 | suàn | 1859 | 蔓 | mán | 1300 |
| 萏 | dàn | 385 | [萴] | | | 蓍 | shī | 1745 | | màn | 1304 |
| 萧 | xiāo | 2140 | 萼 | è | 513 | 蓐 | rù | 1650 | | wàn | 2006 |
| [蕭] | | | 葶 | gū | 694 | 蒲 | pú | 1510 | 蔂 | léi | 1178 |
| 菉 | lù | 1268 | 董 | dǒng | 468 | 蓝 | lán | 1156 | [蔂] | | |
| 萨 | Sà | 1658 | 萩 | qiū | 1592 | [藍] | | | 薨 | méng | 1332 |
| [薩] | | | 葆 | bǎo | 65 | 幕 | mù | 1383 | 蔑 | miè | 1352 |
| 菇 | gū | 694 | 蒐 | sōu | 1850 | 幙 | mò | 1374 | 衊 | miè | 1352 |
| 菌 | hàn | 765 | 葩 | pā | 1442 | [驀] | | | [衊] | | |
| 菰 | gū | 694 | 葎 | lǜ | 1275 | 蒽 | ēn | 514 | 蘡 | yīng | 2347 |
| 菑 | zī | 2583 | 葡 | pú | 1510 | 薆 | ài | 8 | [蘡] | | |
| | | | 葱 | cōng | 319 | [蔓] | | | 敛 | liǎn | 1212 |
| [九画] | | | 萩 | mào | 1316 | 蓊 | wěng | 2040 | [蘞] | | |
| 蓤 | hóng | 807 | 葵 | kuí | 1137 | 蓓 | bèi | 80 | 蓰 | Tiáo | 1926 |
| 蒎 | pài | 1449 | 葭 | jiā | 930 | 蔈 | bì | 97 | 蓰 | xǐ | 2086 |
| 落 | là | 1148 | [十画] | | | 蓏 | luǒ | 1284 | 蔡 | cài | 170 |
| | lào | 1174 | 蒗 | làng | 1163 | 蓬 | péng | 1468 | 蔸 | dōu | 474 |
| | luò | 1285 | 蒲 | pú | 1510 | 蓟 | jì | 922 | 蓼 | liǎo | 1226 |
| 萱 | xuān | 2213 | 容 | róng | 1638 | [薊] | | | | lù | 1270 |
| 葵 | tū | 1963 | 蒡 | bàng | 56 | 蓣 | yù | 2404 | 蔚 | wèi | 2030 |
| 蒂 | dì | 432 | 蒟 | jǔ | 1051 | [蕷] | | | | Yù | 2405 |
| 蒋 | Jiǎng | 962 | 蓑 | suō | 1867 | 蒻 | ruò | 1655 | [十二画] | | |
| [蔣] | | | (簑) | | | 蒸 | zhēng | 2496 | 蕰 | wēn | 2032 |
| 葶 | tíng | 1937 | 蒿 | hāo | 768 | [十一画] | | | 蕲 | qí | 1524 |
| 蒎 | shī | 1745 | 蒺 | jí | 911 | 蘷 | qú | 1600 | [蘄] | | |
| 蒌 | lóu | 1260 | 蘺 | lí | 1188 | 獐 | hàn | 765 | 蕊 | ruǐ | 1652 |
| [蔞] | | | [蘺] | | | 蔻 | kòu | 1119 | 嫂 | sǎo | 1670 |
| 萹 | biān | 102 | 蒼 | cí | 314 | 蓿 | ·xu | 2212 | 蕙 | huì | 872 |
| | biǎn | 105 | [蒼] | | | 蔗 | zhè | 2484 | 蕈 | xùn | 2233 |
| 葜 | qiā | 1537 | 蓄 | xù | 2211 | 蔟 | cù | 326 | 蕨 | jué | 1066 |
| 葑 | fēng | 589 | | | | | | | | | |

| | | | | | | | | |
|---|---|---|---|---|---|---|---|---|
| 蕤 | ruí | 1652 | 藂 | cóng | 323 | 夹 | jiá | 931 | 爽 | shuǎng | 1812 |
| 蕞 | zuì | 2611 | 藏 | cáng | 178 | [裌] | | | 敕 | qī | 1518 |
| 蕺 | jí | 911 | | zàng | 2440 | 夸 | kuā | 1124 | 奋 | hǎ | 751 |
| 蕾 | méng | 1332 | 薿 | nǐ | 1412 | [誇] | | | 奥 | ào | 21 |
| 蕃 | bō | 129 | 藐 | miǎo | 1350 | 夸 | kuā | 1124 | 【十一画以上】 | | |
| | fān | 534 | 薰 | xūn | 2227 | 夺 | duó | 505 | 樊 | fán | 540 |
| | fán | 539 | 薛 | xiǎn | 2114 | [奪] | | | 奰 | bì | 100 |
| 蕉 | jiāo | 972 | [薛] | | | 尖 | jiān | 936 | 奲 | duǒ | 506 |
| | qiáo | 1562 | 蔓 | qióng | 1591 | 夷 | yí | 2309 | [奲] | | |
| 蕷 | yù | 2405 | 【十五画】 | | | 夼 | lián | 1205 | | | |
| 蔬 | shū | 1796 | 藩 | fān | 534 | [奁] | | | 【廾】 | | |
| 蕴 | yùn | 2429 | 藨 | biāo | 112 | 奀 | ēn | 514 | 弁 | biàn | 105 |
| [蘊] | | | 藕 | ǒu | 1441 | 奄 | bā | 26 | 异 | yì | 2323 |
| 【十三画】 | | | 爇 | ruò | 1655 | 【五画】 | | | [異] | | |
| 薄 | báo | 60 | 蕲 | yì | 2331 | 奉 | fèng | 592 | 弄 | lòng | 1259 |
| | bó | 133 | [蕭] | | | 奈 | nài | 1392 | | nòng | 1431 |
| | bò | 134 | 蘆 | lěi | 1180 | 奔 | bēn | 80 | 弃 | jǔ | 1049 |
| 薪 | xīn | 2178 | 藜 | lí | 1189 | | bèn | 84 | 弈 | yì | 2326 |
| 薏 | yì | 2330 | 藠 | jiào | 982 | 奇 | jī | 896 | 昇 | biàn | 107 |
| 蕹 | wèng | 2040 | 藤 | téng | 1904 | | qí | 1520 | 异 | yú | 2389 |
| 薮 | sǒu | 1851 | 【十六画】 | | | 奄 | yǎn | 2253 | 羿 | Yì | 2326 |
| [藪] | | | 藻 | zǎo | 2443 | 奋 | fèn | 579 | 弊 | bì | 98 |
| 蕗 | lù | 1270 | 蘑 | mó | 1370 | [奮] | | | 彞 | yí | 2314 |
| 蕾 | lěi | 1179 | 藿 | huò | 889 | 奅 | pào | 1459 | | | |
| 蕻 | hóng | 807 | 蘧 | qú | 1600 | 【六画】 | | | 【尢】 | | |
| | hòng | 807 | 蘖 | niè | 1423 | 奖 | jiǎng | 962 | 尤 | yóu | 2366 |
| 薤 | xiè | 2165 | 蘅 | héng | 799 | [獎] | | | 尥 | liào | 1226 |
| 蘋 | pín | 1491 | 【十七画】 | | | 奕 | yì | 2326 | 尪 | wāng | 2006 |
| [蘋] | | | 蘘 | ráng | 1617 | 美 | měi | 1323 | 尬 | gà | 621 |
| 薨 | hōng | 801 | 蘼 | mí | 1338 | 牵 | qiān | 1542 | 尴 | gān | 632 |
| 薯 | shǔ | 1800 | 蠚 | hē | 779 | [牽] | | | [尷] | | |
| 藊 | biǎn | 105 | 蘩 | fán | 541 | 契 | qì | 1536 | | | |
| 薐 | léng | 1182 | 蘖 | niè | 1423 | | Xiè | 2163 | 【寸】 | | |
| 薛 | Xuē | 2220 | 【十八画以上】 | | | 奎 | kuí | 1137 | 寸 | cùn | 334 |
| 薇 | wēi | 2016 | 蘼 | mí | 1338 | 奓 | dā | 339 | 【三画~六画】 | | |
| 薜 | bì | 98 | 蘖 | niè | 1423 | 奓 | Zhā | 2453 | 寻 | xún | 2227 |
| 蕎 | hāo | 768 | | | | | zhà | 2455 | [尋] | | |
| 【十四画】 | | | 【大】 | | | 【七画~十画】 | | | 导 | dǎo | 396 |
| 藻 | piáo | 1487 | 大 | dà | 354 | 套 | tào | 1898 | [導] | | |
| 藁 | gǎo | 651 | | dài | 372 | 奚 | xī | 2075 | 寿 | shòu | 1784 |
| 蕾 | rú | 1646 | 【一画~四画】 | | | 奘 | zàng | 2440 | [壽] | | |
| 藉 | jí | 911 | 太 | tài | 1877 | | zhuǎng | 2571 | 封 | fēng | 586 |
| | jiè | 1001 | 夹 | gā | 620 | 奅 | páo | 1458 | 耐 | nài | 1392 |
| 臺 | tái | 1877 | | jiā | 925 | 奢 | shē | 1706 | 辱 | rǔ | 1647 |

| 射 shè 1711 | [掃] sào 1670 | 捐 yuè 2420 | 拈 niān 1414 |
| 尉 wèi 2029 | 扬 yáng 2262 | 抵 zhǐ 2518 | 担 dān 379 |
| 尊 zūn 2611 | [揚] | 投 tóu 1957 | [擔] dàn 385 |
| | **[四画]** | 抑 yì 2324 | 押 yā 2236 |
| **【弋】** | 抖 dǒu 475 | 抛 pāo 1456 | 抻 chēn 225 |
| 弋 yì 2320 | 扑 biàn 105 | 拟 nǐ 1411 | 抽 chōu 266 |
| 式 èr 521 | 扨 wěn 2037 | [擬] | 拐 guǎi 711 |
| 弎 sān 1664 | 抗 kàng 1090 | 抦 chuāng 299 | 拙 zhuō 2578 |
| 忒 tè 1899 | 扐 huī 858 | [摐] | 拎 līn 1230 |
| tēi 1902 | [撝] | 扨 sǒng 1847 | 扶 chì 258 |
| tuī 1971 | 护 hù 824 | [擻] | 㧗 zhǎ 2454 |
| 甙 dài 374 | [護] | 抒 shū 1792 | 拖 tuō 1981 |
| 鸢 yuān 2405 | 扶 fú 597 | 抉 jué 1062 | 拊 fǔ 606 |
| [鳶] | 抏 wán 1997 | 扭 niǔ 1427 | 拍 pāi 1444 |
| 贰 èr 521 | 抚 fǔ 605 | 把 bǎ 28 | 拆 cā 161 |
| [貳] | [撫] | bà 30 | chāi 195 |
| | 抟 tuán 1971 | 报 bào 65 | 拥 yōng 2357 |
| **【扌】** | [搏] | [報] | [擁] |
| **[一画～二画]** | 技 jì 917 | **[五画]** | 抵 dǐ 423 |
| 扎 zā 2430 | 抠 kōu 1115 | 扡 kuǎi 1126 | 拘 jū 1045 |
| [紮] zhā 2452 | [摳] | [擓] | 挡 chōu 268 |
| zhá 2453 | 抔 póu 1507 | 拧 níng 1423 | [搊] |
| 打 dá 341 | 扰 rǎo 1619 | [擰] nǐng 1425 | 抱 bào 67 |
| dǎ 343 | [擾] | nìng 1426 | 择 zé 2447 |
| 扑 pū 1507 | 扼 è 510 | 拉 lā 1144 | [擇] zhái 2457 |
| [撲] | 拒 jù 1052 | lá 1148 | 拚 pàn 1453 |
| 扒 bā 26 | 扽 dèn 411 | lǎ 1148 | 抬 tái 1877 |
| pá 1442 | 找 zhǎo 2475 | là 1148 | 抿 mǐn 1355 |
| 扔 rēng 1634 | 批 pī 1471 | 拄 zhǔ 2555 | 拂 fú 598 |
| 扩 kuò 1142 | 扯 chě 223 | 拦 lán 1155 | 披 pī 1472 |
| [擴] | 抄 chāo 214 | [攔] | 招 zhāo 2471 |
| 扪 mén 1329 | 抡 lūn 1279 | 拌 bàn 52 | 拨 bō 126 |
| [捫] | [掄] lún 1279 | 抨 pēng 1467 | [撥] |
| 扞 hàn 763 | 扮 bàn 52 | 抹 mā 1289 | 拗 ǎo 20 |
| 扛 gāng 638 | 抢 qiāng 1553 | mǒ 1370 | ào 20 |
| (摃) | [搶] qiǎng 1557 | mò 1372 | niù 1429 |
| 扛 káng 1090 | 折 shé 1707 | 拓 tà 1874 | 拇 mǔ 1379 |
| 扤 wù 2065 | zhē 2478 | tuò 1986 | **[六画]** |
| 扣 kòu 1119 | zhé 2480 | 拔 bá 27 | 挖 wā 1988 |
| 扦 qiān 1541 | 折 zhé 2480 | 拢 lǒng 1258 | 挓 zhā 2452 |
| 托 tuō 1979 | (摺) | [攏] | 按 àn 14 |
| 执 zhí 2510 | 抓 zhuā 2561 | 拣 jiǎn 943 | 挤 jǐ 912 |
| [執] | 扳 bān 45 | [揀] | [擠] |
| 扫 sǎo 1669 | pān 1449 | 拤 qiá 1537 | 拼 pīn 1489 |

| | | | | | | | | |
|---|---|---|---|---|---|---|---|---|
| 挥 | huī | 858 | 拯 | zhěng | 2496 | 接 | jiē | 983 | 挦 | shǎn | 1684 |
| [揮] | | | 拶 | zā | 2430 | 掠 | lüè | 1278 | 掇 | duō | 504 |
| 挟 | xié | 2159 | | zǎn | 2438 | | lüè | 1278 | 捎 | xiāo | 2140 |
| [挾] | | | [七画] | | | 捽 | zuó | 2612 | [捎] | | |
| 拭 | shì | 1769 | 挩 | tuō | 1982 | 掂 | diān | 433 | 据 | jū | 1047 |
| 挂 | guà | 708 | 捞 | lāo | 1163 | 掖 | yē | 2282 | 据 | jù | 1054 |
| 挂 | guà | 708 | [撈] | | | | yè | 2288 | [據, 据] | | |
| (掛) | | | 捕 | bǔ | 136 | 掷 | zhì | 2528 | 掘 | jué | 1065 |
| 持 | chí | 254 | 捂 | wú | 2057 | [擲] | | | 掼 | guàn | 722 |
| 拮 | jié | 990 | | wǔ | 2063 | 掸 | dǎn | 384 | [摜] | | |
| 拷 | kǎo | 1093 | 振 | zhèn | 2491 | [撣] | Shàn | 1685 | [九画] | | |
| 挜 | yà | 2242 | 捎 | shāo | 1701 | 掞 | shàn | 1685 | 搅 | jiǎo | 977 |
| [挜] | | | | shào | 1706 | 掭 | liè | 1229 | [攪] | | |
| 拱 | gǒng | 681 | 捍 | hàn | 765 | 掮 | qián | 1549 | 揎 | xuān | 2213 |
| 挞 | tà | 1874 | 捏 | niē | 1421 | 探 | tàn | 1886 | 搿 | ké | 1098 |
| [撻] | | | 捉 | zhuō | 2578 | 捧 | pěng | 1469 | 揞 | ǎn | 14 |
| 挎 | kuà | 1125 | 捆 | kǔn | 1140 | 掭 | tiàn | 1922 | 搁 | gē | 655 |
| 挝 | wō | 2040 | 捐 | juān | 1057 | 揶 | yé | 2283 | [擱] gé | | 658 |
| [撾] | zhuā | 2562 | 损 | sǔn | 1866 | 措 | cuò | 336 | 搓 | cuō | 335 |
| 挠 | náo | 1400 | [損] | | | 描 | miáo | 1349 | 搂 | lōu | 1259 |
| [撓] | | | 挹 | yì | 2326 | 捺 | nà | 1391 | [摟] | lǒu | 1261 |
| 挡 | dǎng | 391 | 捌 | bā | 27 | 掎 | jǐ | 913 | 揃 | jiǎn | 946 |
| [擋, 攩] dàng | | 394 | 捋 | lǚ | 1272 | 掩 | yǎn | 2253 | 揳 | xiē | 2156 |
| 拽 | zhuāi | 2562 | | luō | 1281 | 捯 | dáo | 396 | 揍 | zòu | 2603 |
| | zhuài | 2562 | 授 | ruá | 1650 | 捷 | jié | 993 | 揕 | zhèn | 2491 |
| 拴 | shuān | 1809 | | ruó | 1654 | 排 | pái | 1445 | 揲 | dié | 453 |
| 拾 | shè | 1710 | 捡 | jiǎn | 944 | | pǎi | 1448 | | shé | 1708 |
| | shí | 1755 | [撿] | | | 掯 | kèn | 1107 | 搽 | chá | 193 |
| 挲 | sà | 1658 | 挫 | cuò | 336 | 掉 | diào | 450 | 搭 | dā | 339 |
| [挲] | shā | 1676 | 捣 | dǎo | 398 | 掳 | lǔ | 1266 | 揸 | zhā | 2453 |
| 挑 | tiāo | 1922 | [搗, 擣] | | | [擄] | | | 揠 | yà | 2242 |
| | tiǎo | 1926 | 换 | huàn | 846 | 掴 | guāi | 711 | 捌 | lá | 1148 |
| 栳 | lǎo | 1174 | 挽 | wǎn | 2001 | [摑] | guó | 742 | 搋 | wēi | 2014 |
| 挺 | tǐng | 1937 | (輓) | | | 授 | shòu | 1788 | 搔 | wǎi | 1991 |
| 括 | guā | 707 | 捅 | tǒng | 1951 | 捻 | niǎn | 1418 | 揩 | kāi | 1081 |
| | kuò | 1142 | 挨 | zùn | 2612 | 捶 | chuí | 305 | 揽 | lǎn | 1157 |
| 挢 | jiǎo | 974 | 挨 | āi | 4 | 推 | tuī | 1972 | [攬] | | |
| [撟] | | | | ái | 5 | 捭 | bǎi | 40 | 提 | dī | 419 |
| 指 | zhǐ | 2519 | 捃 | jùn | 1070 | 掀 | xiān | 2106 | | tí | 1905 |
| 挣 | zhēng | 2495 | 捐 | jū | 1047 | 掬 | jū | 1047 | 揖 | yī | 2308 |
| | zhèng | 2504 | [八画] | | | 揪 | zhōu | 2545 | 揾 | wèn | 2040 |
| 挦 | xián | 2110 | 控 | kòng | 1114 | 掐 | qiā | 1537 | 揭 | jiē | 986 |
| [撏] | | | 掊 | póu | 1507 | 掺 | càn | 176 | 揌 | sāi | 1658 |
| 挪 | nuó | 1437 | | pǒu | 1507 | [摻] | chān | 197 | 揣 | chuāi | 290 |

| | | | | | | | | |
|---|---|---|---|---|---|---|---|---|
| 揣 | chuǎi | 290 | 摆 | bǎi | 40 | 撑 | chēng | 233 | | shào | 1705 |
| | chuài | 291 | [擺] | | | 撮 | cuō | 335 | 尔 | ěr | 516 |
| 搰 | hú | 819 | 摇 | yáo | 2275 | | zuǒ | 2614 | [爾] | | |
| 援 | yuán | 2413 | 携 | xié | 2161 | 擒 | qín | 1573 | 尕 | gǎ | 621 |
| 揄 | yú | 2390 | 搋 | chuāi | 290 | 播 | bō | 129 | 光 | guāng | 723 |
| 揿 | qìn | 1573 | 搬 | bān | 46 | 摇 | qiào | 1565 | 当 | dāng | 388 |
| [撳] | | | 摊 | tān | 1881 | 撸 | lū | 1263 | [當] | dàng | 394 |
| 揪 | jiū | 1036 | [攤] | | | 撰 | zhuàn | 2569 | 肖 | Xiāo | 2137 |
| 插 | chā | 188 | 搡 | sǎng | 1667 | [十三画] | | | | xiào | 2153 |
| [挿] | | | 搌 | zhǎn | 2461 | 擅 | shàn | 1687 | 赀 | suǒ | 1868 |
| 搜 | sōu | 1850 | 搦 | nuò | 1438 | 擞 | sǒu | 1851 | [貲] | | |
| 搀 | chān | 197 | [十一画] | | | [擻] | sòu | 1851 | [五画～八画] | | |
| [攙] | | | 摘 | zhāi | 2456 | 擂 | léi | 1178 | 尚 | shàng | 1700 |
| 搔 | sāo | 1668 | 摭 | zhí | 2516 | | lèi | 1181 | 尝 | cháng | 208 |
| 揆 | kuí | 1137 | 摔 | shuāi | 1807 | 擀 | gǎn | 637 | [嘗] | | |
| 揉 | róu | 1641 | 撇 | piē | 1488 | 憾 | hàn | 765 | 杂 | gá | 620 |
| 㧐 | bìng | 126 | | piě | 1489 | 操 | cāo | 179 | 省 | shěng | 1734 |
| 握 | wò | 2044 | 㧑 | chū | 283 | | cào | 183 | | xǐng | 2189 |
| 掾 | yuàn | 2417 | 摽 | biāo | 112 | 擐 | huàn | 849 | 党 | dǎng | 392 |
| [十画] | | | | biào | 114 | 撒 | qiào | 1565 | [黨] | | |
| 搳 | huá | 834 | 摺 | liào | 1227 | 擗 | pǐ | 1478 | 常 | cháng | 208 |
| 摈 | bìn | 118 | 㩃 | luò | 1288 | [十四画] | | | 雀 | qiāo | 1560 |
| [擯] | | | 摧 | cuī | 329 | 擦 | zhài | 2458 | | qiǎo | 1564 |
| 搒 | bàng | 56 | 撄 | yīng | 2347 | 擦 | cā | 161 | | què | 1612 |
| | péng | 1468 | [攖] | | | 擿 | tī | 1905 | [九画～十画] | | |
| 搞 | gǎo | 650 | 撖 | Hàn | 765 | | zhì | 2531 | 掌 | chēng | 233 |
| 摛 | chī | 251 | [十二画] | | | 擩 | rǔ | 1647 | | chèng | 245 |
| [攡] | | | 撺 | cuān | 327 | 擤 | xǐng | 2190 | 掌 | zhǎng | 2468 |
| 搪 | táng | 1891 | [攛] | | | 擢 | zhuó | 2581 | 辉 | huī | 859 |
| 搐 | chù | 289 | 撞 | zhuàng | 2572 | [十五画～十七画] | | | [輝] | | |
| 搛 | jiān | 942 | 墩 | dūn | 499 | 攉 | huō | 878 | [十一画 以上] | | |
| 搠 | shuò | 1830 | 撤 | chè | 224 | 颠 | diān | 434 | 裳 | cháng | 210 |
| 搧 | shān | 1683 | 撙 | zǔn | 2612 | [攧] | | | 耀 | yào | 2282 |
| 搢 | jìn | 1016 | 捻 | niǎn | 1418 | 攒 | cuán | 328 | | | |
| [搢] | | | [撚] | | | [攢] | zǎn | 2438 | 【口】 | | |
| 摄 | shè | 1712 | 撷 | xié | 2161 | 攘 | rǎng | 1618 | 口 | kǒu | 1115 |
| [攝] | | | [擷] | | | [十八画 以上] | | | [二画] | | |
| 摸 | mō | 1365 | 撕 | sī | 1836 | 攫 | jué | 1067 | 叶 | xié | 2157 |
| 搏 | bó | 132 | 撒 | sā | 1656 | 攮 | nǎng | 1399 | 叶 | yè | 2285 |
| 摅 | shū | 1796 | | sǎ | 1657 | | | | [葉] | | |
| [攄] | | | 搞 | kā | 1072 | 【小(⺌)】 | | | 右 | yòu | 2382 |
| 摁 | èn | 514 | 撅 | juē | 1061 | 小 | xiǎo | 2142 | 叮 | dīng | 455 |
| 摆 | bǎi | 40 | 撩 | liāo | 1222 | [一画～四画] | | | 可 | kě | 1098 |
| [擺] | | | | liáo | 1224 | 少 | shǎo | 1703 | | kè | 1101 |

口

| | | | | | | | | | | |
|---|---|---|---|---|---|---|---|---|---|---|
| 号 | háo | 769 | 吸 | xī | 2072 | 吵 | chāo | 215 | 呸 | pēi | 1461 |
| [號] | hào | 775 | 吆 | yāo | 2272 | | chǎo | 219 | 咙 | lóng | 1257 |
| 卟 | bǔ | 135 | 吗 | má | 1290 | 呗 | bài | 42 | [嚨] | | |
| 叭 | bā | 26 | [嗎] | mǎ | 1294 | | •bei | 80 | 咑 | dā | 339 |
| | •ba | 32 | | •ma | 1295 | 员 | yuán | 2408 | 咔 | kā | 1072 |
| 兄 | xiōng | 2194 | [四画] | | | [員] | yún | 2425 | | kǎ | 1073 |
| 叱 | chì | 256 | 吝 | lìn | 1235 | | Yùn | 2428 | 咀 | jǔ | 1049 |
| 句 | gōu | 685 | 吭 | háng | 767 | 呙 | Guō | 739 | | zuǐ | 2608 |
| | jù | 1052 | | kēng | 1108 | [咼] | | | 呻 | shēn | 1716 |
| 叹 | tàn | 1886 | 吣 | qìn | 1573 | 呐 | nà | 1390 | 呷 | gā | 620 |
| [嘆,歎] | | | 启 | qǐ | 1526 | | nè | 1404 | | xiā | 2091 |
| 台 | tái | 1875 | [啓] | | | | •ne | 1404 | 咒 | zhòu | 2546 |
| [臺] | | | 呈 | chéng | 238 | 吟 | yín | 2337 | (呪) | | |
| 台 | tái | 1875 | 呋 | fū | 595 | 吩 | fēn | 575 | 咄 | duō | 504 |
| [颱] | | | 吴 | Wú | 2057 | 呛 | qiāng | 1553 | 吟 | lìng | 1244 |
| 叼 | diāo | 445 | 吞 | tūn | 1978 | [嗆] | qiàng | 1559 | 呼 | hū | 815 |
| 叫 | jiào | 978 | 吭 | ḿ | 1289 | 告 | gào | 651 | 知 | zhī | 2508 |
| 叨 | dāo | 396 | 呓 | yì | 2324 | 吡 | é | 509 | 咋 | zǎ | 2432 |
| | dáo | 396 | [囈] | | | 听 | tīng | 1932 | | zé | 2447 |
| | tāo | 1893 | 呆 | dāi | 371 | [聽] | | | | zhā | 2452 |
| 叻 | lè | 1175 | 吱 | zhī | 2507 | 吹 | chuī | 302 | 和 | hé | 784 |
| 另 | lìng | 1243 | | zī | 2582 | 吻 | wěn | 2037 | | hè | 789 |
| [三画] | | | 吾 | wú | 2057 | 呜 | wū | 2047 | | hú | 817 |
| 吖 | ā | 1 | 呔 | dāi | 372 | [嗚] | | | | huó | 878 |
| 吁 | xū | 2204 | 呔 | tǎi | 1877 | 吮 | shǔn | 1820 | | huò | 886 |
| | yū | 2385 | (畣・噠) | | | 君 | jūn | 1069 | 咐 | fù | 612 |
| 吁 | yù | 2398 | 呕 | ǒu | 1440 | 呎 | yīngchǐ/chǐ | 2346 | 呱 | gū | 691 |
| [籲] | | | [嘔] | | | 吲 | yǐn | 2342 | | guā | 706 |
| 吓 | hè | 789 | 呸 | bù | 159 | 吧 | bā | 26 | | guǎ | 707 |
| [嚇] | xià | 2101 | 否 | fǒu | 594 | | •ba | 32 | 咚 | dōng | 468 |
| 吐 | tǔ | 1968 | 吰 | hóng | 805 | 邑 | yì | 2324 | 咎 | jiù | 1041 |
| | tù | 1969 | 呖 | lì | 1200 | 吼 | hǒu | 808 | 鸣 | míng | 1362 |
| 吋 | yīngcùn/cùn | 2346 | [嚦] | | | [五画] | | | [鳴] | | |
| 吕 | lǚ | 1272 | 呃 | ē | 508 | 咛 | níng | 1423 | 咆 | páo | 1457 |
| 吊 | diào | 447 | | è | 510 | [嚀] | | | 哈 | hāi | 751 |
| (弔) | | | | •e | 513 | 呃 | è | 510 | 呢 | •ne | 1404 |
| 吒 | zhā | 2452 | 吨 | dūn | 498 | 咏 | yǒng | 2359 | | ní | 1409 |
| 吃 | chī | 245 | 吡 | bǐ | 91 | (詠) | | | 呶 | náo | 1400 |
| 向 | xiàng | 2134 | | pǐ | 1478 | 味 | wèi | 2028 | 咖 | gā | 620 |
| [嚮,曏] | | | 咋 | chē | 223 | 哎 | āi | 3 | | kā | 1072 |
| 名 | míng | 1356 | [唓] | | | 咕 | gū | 691 | 呦 | yōu | 2364 |
| 各 | gě | 660 | 呀 | yā | 2236 | 呵 | hē | 778 | 咿 | ḿ | 1289 |
| | gè | 662 | | •ya | 2242 | | kē | 1095 | | m̀ | 1289 |
| | | | | | | 咂 | zā | 2430 | [六画] | | |

口 47

| 咤 | zhà | 2455 | [噦] | yuě | 2418 | [唻] | | | | ǎ | 2 |
|---|---|---|---|---|---|---|---|---|---|---|---|
| 咬 | yǎo | 2277 | 哙 | kuài | 1128 | 唛 | mài | 1300 | | à | 2 |
| [敵] | | | [喻] | | | [唠] | | | | •a | 2 |
| 咨 | zī | 2582 | 哈 | hā | 750 | 啵 | bō | 128 | [八画] | | |
| 咳 | hāi | 751 | | hǎ | 750 | 哇 | dōu | 473 | 啵 | •bo | 134 |
| | ké | 1097 | | hà | 751 | 唝 | Gòng | 684 | 啶 | dìng | 463 |
| 咩 | miē | 1351 | 咷 | táo | 1894 | [嗊] | hǒng | 807 | 嗄 | shà | 1677 |
| 咪 | mī | 1335 | 咮 | zhòu | 2547 | 哧 | chī | 251 | 啐 | cuì | 330 |
| 哝 | nóng | 1430 | 咻 | xiū | 2198 | 哮 | xiào | 2153 | 唷 | yō | 2357 |
| [噥] | | | 哦 | •fa | 534 | 唠 | láo | 1165 | 啴 | chǎn | 201 |
| 哐 | kuāng | 1131 | 哗 | huā | 831 | [嘮] | lào | 1174 | [嘽] | tān | 1881 |
| 哇 | wā | 1988 | [嘩] | huá | 832 | 哺 | bǔ | 137 | 啖 | dàn | 385 |
| | •wa | 1990 | 咱 | zá | 2432 | 哽 | gěng | 668 | | Dàn | 385 |
| 咭 | jī | 896 | | zán | 2437 | 唔 | wú | 2057 | 啷 | lāng | 1159 |
| 者 | gǒu | 687 | | •zan | 2439 | 唡 | liǎng/ | 1220 | 唳 | lì | 1204 |
| [耉] | | | 咿 | yī | 2308 | [啢] | yīngliǎng | | 啌 | fěng | 591 |
| 哉 | zāi | 2433 | 响 | xiǎng | 2131 | 哒 | dā | 339 | 啧 | zé | 2447 |
| 哑 | yā | 2237 | [響] | | | [噠] | | | [嘖] | | |
| [啞] | yǎ | 2239 | 哌 | pài | 1448 | 唇 | chún | 309 | 哼 | hēng | 796 |
| 哄 | hōng | 800 | 咯 | gē | 654 | (脣) | | | | hèng | 799 |
| | hǒng | 807 | | kǎ | 1073 | 唗 | zhā | 2453 | 啛 | zé | 2447 |
| | hòng | 807 | | luò | 1284 | 哲 | zhé | 2481 | 喏 | nuò | 1438 |
| 哂 | shěn | 1723 | 哆 | chǐ | 256 | (喆) | | | | rě | 1620 |
| 咴 | huī | 859 | | duō | 504 | 哨 | shào | 1706 | 喵 | miāo | 1348 |
| 咸 | xián | 2110 | 哚 | duǒ | 506 | 哩 | lī | 1185 | 啉 | lín | 1233 |
| 咸 | xián | 2110 | 哞 | mōu | 1376 | | lǐ/yīnglǐ | 1192 | 唵 | ān | 13 |
| [鹹] | | | 哥 | xún/ | 2230 | | •li | 1204 | | ǎn | 14 |
| 咧 | liē | 1227 | [噚] | yīngxún | | 哭 | kū | 1120 | 啄 | zhuó | 2580 |
| | liě | 1227 | 哏 | gén | 666 | 喎 | wāi | 1991 | 啦 | lā | 1147 |
| | •lie | 1230 | 哪 | nǎ | 1388 | [喎] | | | | •la | 1150 |
| 咦 | yí | 2310 | | •na | 1391 | 啮 | yì | 2327 | 喹 | wāi | 1991 |
| 哓 | xiāo | 2137 | | nǎi | 1392 | 唏 | xī | 2074 | 欧 | ōu | 1440 |
| [曉] | | | | né | 1404 | 唑 | zuò | 2619 | [噢] | | |
| 哔 | bì | 96 | | něi | 1404 | 哦 | é | 509 | 啪 | pā | 1442 |
| [嗶] | | | 哪 | bāng | 54 | | ó | 1439 | 啭 | zhuàn | 2568 |
| 咣 | guāng | 727 | 哟 | yāo/yōu | 2273 | | ò | 1439 | [囀] | | |
| 呲 | cī | 312 | [喲] | | | 唣 | zào | 2444 | 啡 | fēi | 565 |
| 咝 | zǐ | 2586 | 咡 | èr | 521 | 唤 | huàn | 848 | 啃 | kěn | 1107 |
| 虽 | suī | 1861 | [七画] | | | 唆 | suō | 1867 | 啮 | niè | 1422 |
| [雖] | | | 唁 | yàn | 2260 | 唉 | āi | 5 | [嚙] | | |
| 品 | pǐn | 1492 | 哼 | hēng | 796 | | ài | 7 | 唬 | hǔ | 822 |
| 咽 | yàn | 2259 | | hèng | 799 | 唧 | jī | 896 | | xià | 2102 |
| | yè | 2287 | 唪 | lòng | 1259 | 啊 | ā | 2 | 唱 | chàng | 213 |
| 哕 | huì | 870 | 咪 | •lai | 1154 | | á | 2 | 啰 | luō | 1281 |

# 口

| | | | | | | | | | | | |
|---|---|---|---|---|---|---|---|---|---|---|---|
| [囉] | luó | 1283 | 喓 | yāo | 2273 | 嗝 | gé | 660 | [嘦] | | |
| | ·luo | 1288 | 喹 | kuí | 1137 | 嗄 | á | 2 | 嘄 | jiào | 982 |
| 唫 | jìn | 1016 | 喊 | hǎn | 762 | | shà | 1678 | 嘚 | dē | 406 |
| 啥 | shá | 1676 | 喱 | lí | 1188 | 嚍 | pèi | 1465 | | děi | 411 |
| 唾 | tuò | 1986 | 喈 | jiē | 987 | [嘫] | | | 嘝 | hú | 820 |
| 唯 | wéi | 2020 | 啙 | zǐ | 2586 | 嗣 | sì | 1845 | **[十二画]** | | |
| 售 | shòu | 1788 | 啰 | zhōu | 2545 | 嗯 | éng | 514 | 噇 | chuáng | 300 |
| 啤 | pí | 1477 | 喁 | yóng | 2358 | | ěng | 514 | 噌 | cēng | 186 |
| 啁 | zhāo | 2473 | | yú | 2391 | | èng | 515 | | chēng | 234 |
| | zhōu | 2545 | 喝 | hē | 779 | 嗤 | chī | 251 | 噎 | yē | 2282 |
| 啕 | táo | 1896 | | hè | 790 | 嗳 | ǎi | 6 | 嘭 | pēng | 1467 |
| 唿 | hū | 817 | 喂 | wéi | 2021 | [嗳] | ài | 9 | 嘻 | xī | 2079 |
| 啜 | Chuài | 291 | | wèi | 2030 | 嗲 | diǎ | 433 | 嘶 | sī | 1836 |
| | chuò | 311 | 喟 | kuì | 1138 | 嗡 | wēng | 2040 | 嘎 | gá | 621 |
| 啸 | xiào | 2155 | 喘 | chuǎn | 297 | 嗅 | xiù | 2203 | 嘲 | cháo | 219 |
| [嘯] | | | 喻 | yú | 2391 | 嗥 | háo | 769 | | zhāo | 2474 |
| 嗖 | sōu | 1851 | 啩 | ·bai | 45 | 嗵 | tōng | 1943 | 嘹 | liáo | 1224 |
| **[九画]** | | | 啾 | jiū | 1036 | 嗓 | sǎng | 1667 | 嘮 | zǎn | 2438 |
| 喾 | Kù | 1124 | 喤 | huáng | 854 | 嗈 | yōng | 2358 | 噗 | pū | 1509 |
| [嚳] | | | 喉 | hóu | 808 | **[十一画]** | | | 嘿 | hēi | 794 |
| 喧 | xuān | 2213 | 喔 | wō | 2041 | 嘧 | mì | 1341 | | mò | 1374 |
| 喀 | kā | 1072 | 喙 | huì | 872 | 嘀 | dī | 419 | 嘪 | ·me | 1317 |
| 啼 | tí | 1908 | **[十画]** | | | | dí | 422 | 嘬 | chuài | 291 |
| 啻 | chì | 259 | 嗨 | hāi | 751 | 嗻 | zhē | 2479 | | zuō | 2612 |
| 喑 | yīn | 2336 | 嗐 | hài | 756 | | zhè | 2484 | 噙 | qín | 1573 |
| 喭 | yàn | 2261 | 嗙 | pǎng | 1456 | 嘛 | ·ma | 1295 | 噏 | xī | 2079 |
| 喨 | liàng | 1222 | 嗷 | mǔ | 1379 | 嗾 | sǒu | 1851 | 噍 | jiào | 982 |
| 善 | shàn | 1685 | | yīngmǔ | 2347 | 嘽 | dàn | 387 | 噢 | ō | 1439 |
| 嗟 | jiē | 987 | 嗌 | ài | 9 | [嘽] | | | 噜 | lū | 1263 |
| 喽 | lóu | 1260 | | yì | 2328 | 嘒 | huì | 872 | [嚕] | | |
| [嘍] | ·lou | 1263 | 嗛 | qiǎn | 1551 | 嘞 | lē | 1175 | 噔 | dēng | 413 |
| 嗞 | zī | 2583 | 嗍 | suō | 1867 | 嘏 | jiǎ | 934 | 嘱 | zhǔ | 2556 |
| 喷 | pēn | 1465 | 嗪 | qín | 1573 | 嘈 | cáo | 180 | [囑] | | |
| [噴] | pèn | 1467 | 嗷 | áo | 19 | 嗽 | sòu | 1851 | 噀 | xùn | 2233 |
| 喋 | dié | 453 | 嗉 | sù | 1857 | 嘌 | piào | 1488 | **[十三画]** | | |
| | zhá | 2453 | 嗦 | suō | 1867 | 嘁 | qī | 1518 | 噫 | yī | 2308 |
| 嗒 | dā | 341 | 嘟 | dū | 479 | 嘎 | gā | 620 | 噷 | hm | 799 |
| | tà | 1874 | 嗜 | shì | 1773 | | gá | 621 | 噦 | huō | 877 |
| 喃 | nán | 1398 | 嗑 | kē | 1096 | | gǎ | 621 | | huò | 888 |
| 喳 | chā | 189 | | kè | 1106 | 嘡 | tāng | 1889 | | ǒ | 1439 |
| | zhā | 2453 | 嗫 | niè | 1422 | 嘘 | shī | 1745 | 噤 | jìn | 1017 |
| 喇 | lā | 1148 | [囁] | | | | xū | 2207 | 嘚 | lēng | 1181 |
| | lá | 1148 | 嗬 | hē | 779 | 嘣 | bēng | 86 | 嚬 | pín | 1491 |
| | lǎ | 1148 | 嗔 | chēn | 225 | 嘤 | yīng | 2347 | | | |

# 口 巾 山

| | | | | | | | | | | |
|---|---|---|---|---|---|---|---|---|---|---|
| [噚] | | | 因 | yīn | 2331 | 巾 | jīn | 1001 | 帻 | zé | 2447 |
| 嘴 | zuǐ | 2608 | 回 | huí | 860 | [一画～四画] | | | [幘] | | |
| 噱 | jué | 1066 | 囡 | nān | 1393 | 市 | fú | 596 | 帼 | guó | 742 |
| | xué | 2223 | 囝 | nān | 1393 | 布 | bù | 157 | [幗] | | |
| 器 | qì | 1536 | | jiǎn | 943 | 帅 | shuài | 1808 | 帷 | wéi | 2020 |
| 噪 | zào | 2445 | 囥 | kàng | 1091 | [帥] | | | 幅 | fú | 603 |
| 噯 | tā | 1873 | 园 | yuán | 2408 | 帆 | fān | 534 | 帽 | mào | 1316 |
| 噬 | shì | 1773 | [園] | | | 帉 | hū | 815 | 幈 | píng | 1501 |
| 噭 | jiào | 982 | 围 | wéi | 2018 | [幠] | | | 幄 | wò | 2044 |
| 噼 | pī | 1474 | [圍] | | | 帏 | wéi | 2019 | 幎 | mì | 1341 |
| [十四画] | | | 困 | kùn | 1141 | [幃] | | | 幌 | huǎng | 856 |
| 噻 | sāi | 1658 | 囤 | dùn | 500 | 希 | xī | 2073 | [十一画～十二画] | | |
| 嚓 | cā | 161 | | tún | 1979 | 帐 | zhàng | 2470 | 幛 | zhàng | 2471 |
| | chā | 190 | 囵 | lún | 1279 | [帳] | | | 幖 | biāo | 112 |
| 嚎 | háo | 771 | [圇] | | | 帊 | pà | 1443 | 幔 | màn | 1304 |
| 嚊 | hǎn | 762 | 囮 | é | 509 | [五画～七画] | | | 幢 | chuáng | 300 |
| [嚐] | | | 囫 | hú | 817 | 帘 | lián | 1208 | | zhuàng | 2573 |
| 嚅 | rú | 1646 | [五画～七画] | | | [簾] | | | 幮 | chú | 285 |
| 嚏 | tì | 1912 | 国 | guó | 739 | 帖 | tiē | 1929 | 幞 | fú | 605 |
| [十五画～十六画] | | | [國] | | | | tiě | 1930 | 幡 | fān | 534 |
| 嚚 | yín | 2339 | 固 | gù | 701 | | tiè | 1932 | [十三画 以上] | | |
| 嚣 | áo | 20 | 囹 | líng | 1237 | 帜 | zhì | 2523 | 幪 | méng | 1332 |
| [囂] | xiāo | 2142 | 囷 | qūn | 1613 | [幟] | | | 幧 | qiāo | 1561 |
| 嚯 | huò | 889 | 图 | tú | 1963 | 帙 | zhì | 2523 | 幨 | chān | 198 |
| [十七画 以上] | | | [圖] | | | 帕 | pà | 1443 | 幰 | xiǎn | 2115 |
| 嚷 | rāng | 1617 | 囿 | yòu | 2383 | 帛 | bó | 130 | | | |
| | rǎng | 1618 | 圃 | pǔ | 1511 | 帮 | yuān | 2405 | 【山】 | | |
| 囅 | tuó | 1985 | 圄 | yǔ | 2397 | 帚 | zhǒu | 2546 | 山 | shān | 1679 |
| [矙] | | | 圂 | hùn | 876 | 帔 | pèi | 1463 | [三画～四画] | | |
| 嚼 | jiáo | 973 | 圆 | yuán | 2411 | 帑 | tǎng | 1892 | 屼 | wù | 2065 |
| | jiào | 982 | [圓] | | | 帣 | juǎn | 1059 | 屿 | yǔ | 2394 |
| | jué | 1066 | [八画 以上] | | | 帡 | píng | 1501 | [嶼] | | |
| 囁 | qū | 1599 | 圈 | juān | 1058 | 帮 | bāng | 53 | 屾 | shēn | 1714 |
| 囔 | nāng | 1399 | | juàn | 1060 | [幫] | | | 屹 | gē | 653 |
| | | | | quān | 1604 | 带 | dài | 374 | | yì | 2322 |
| 【口】 | | | 圊 | qīng | 1580 | [帶] | | | 岁 | suì | 1863 |
| 〇 | líng | 1235 | 圉 | yǔ | 2397 | 帧 | zhēn | 2486 | [歲] | | |
| [二画～四画] | | | 圌 | Chuí | 305 | [幀] | | | 岌 | jí | 904 |
| 囚 | qiú | 1592 | 圐 | luán | 1276 | 帨 | shuì | 1819 | 屺 | qǐ | 1525 |
| 四 | sì | 1840 | [圞] | | | 帱 | chóu | 269 | 岂 | qǐ | 1525 |
| 囝 | tuán | 1970 | 圜 | huán | 844 | 帱 | dào | 401 | [豈] | | |
| [團] | | | | yuán | 2414 | 峭 | qiào | 1564 | 岍 | Qiān | 1541 |
| 囝 | tuán | 1970 | | | | [八画～十画] | | | 岐 | qí | 1522 |
| [欗] | | | 【巾】 | | | 帵 | wān | 1996 | 岖 | qū | 1597 |

| | | | | | | | | |
|---|---|---|---|---|---|---|---|---|
| [嶇] | | | [巒] | | | 崖 | yá/ái | 2238 | [十三画～十六画] | | |
| 岈 | yá | 2238 | 岐 | jiāo | 968 | 崭 | zhǎn | 2461 | 嶮 | yǎn | 2258 |
| 岗 | gāng | 640 | 峡 | xiá | 2093 | [崭] | | | [巘] | | |
| [崗] | gǎng | 641 | [峽] | | | 崮 | gù | 705 | 嶰 | xiè | 2165 |
| 岘 | xiàn | 2115 | 峙 | shì | 1771 | 崟 | yín | 2337 | 嶷 | yí | 2314 |
| [峴] | | | | zhì | 2527 | 崤 | Xiáo | 2142 | 巅 | diān | 434 |
| 岑 | cén | 186 | 炭 | tàn | 1886 | 崔 | cuī | 329 | [巔] | | |
| 岔 | chà | 194 | 峣 | yáo | 2274 | 崩 | bēng | 85 | [十七画 以上] | | |
| 峊 | ào | 20 | [嶢] | | | 崶 | lù | 1268 | 巇 | xī | 2080 |
| 岛 | dǎo | 397 | 峒 | dòng | 472 | 崛 | jué | 1066 | 巍 | wēi | 2016 |
| [島] | | | | tóng | 1947 | [九画] | | | 巉 | chán | 200 |
| 岚 | lán | 1155 | 峤 | jiào | 979 | 嵯 | cuó | 335 | | | |
| [嵐] | | | 崂 | qiáo | 1562 | 嵝 | lǒu | 1261 | 【彳】 | | |
| 岜 | bū | 26 | 峋 | xún | 2230 | [嶁] | | | 彳 | chì | 256 |
| [五画] | | | 峥 | zhēng | 2495 | 嵫 | zī | 2583 | [三画～五画] | | |
| 岇 | Xué | 2221 | 幽 | yōu | 2364 | 嵘 | róng | 1639 | 行 | háng | 766 |
| [嶨] | | | [七画] | | | [嶸] | | | | hàng | 768 |
| 岵 | hù | 825 | 崀 | Làng | 1162 | 嵌 | qiàn | 1553 | | héng | 797 |
| 岢 | kě | 1101 | 崃 | lái | 1153 | 嗒 | •da | 371 | | xíng | 2184 |
| 岸 | àn | 14 | [崍] | | | 嵽 | dié | 453 | 彷 | fǎng | 556 |
| 岩 | yán | 2250 | 崞 | lòng | 1259 | [嵽] | | | | páng | 1454 |
| (巖) | | | 崁 | kàn | 1089 | 嵖 | chá | 193 | 役 | yì | 2325 |
| 岽 | Dōng | 468 | 崂 | Láo | 1166 | 崴 | wǎi | 1991 | 往 | wǎng | 2009 |
| [崬] | | | [嶗] | | | | wēi | 2015 | 征 | zhēng | 2494 |
| 岿 | kuī | 1136 | 峬 | bū | 134 | 嵎 | yú | 2391 | 征 | zhēng | 2494 |
| [巋] | | | 輋 | Shē | 1706 | 崽 | zǎi | 2434 | [微] | | |
| 岬 | jiǎ | 932 | [崋] | | | 嵛 | yú | 2391 | 徂 | cú | 326 |
| 岫 | xiù | 2202 | 崄 | xiǎn | 2114 | 嵚 | qīn | 1571 | 径 | jìng | 1029 |
| 岭 | lǐng | 1241 | [嶮] | | | [嶔] | | | [徑] | | |
| [嶺] | | | 岽 | xiǎn | 2114 | 嵬 | wéi | 2021 | 佛 | fú | 599 |
| 岝 | zuò | 2619 | [嵐] | | | 嵋 | méi | 1321 | 彼 | bǐ | 91 |
| 岳 | yuè | 2420 | 峪 | yù | 2400 | [十画～十二画] | | | [六画] | | |
| (嶽) | | | 峨 | é | 509 | 嵩 | sōng | 1847 | 衍 | yǎn | 2253 |
| 岱 | Dài | 374 | 峰 | fēng | 589 | 嶅 | áo | 19 | 徉 | yáng | 2266 |
| 峂 | tóng | 1947 | (峯) | | | 嵊 | Shèng | 1738 | 衎 | kàn | 1089 |
| 峋 | gǒu | 686 | 峻 | jùn | 1070 | 嵲 | niè | 1422 | 待 | dāi | 372 |
| 峁 | mǎo | 1313 | [八画] | | | 嵴 | jí | 911 | | dài | 376 |
| 峄 | Yì | 2326 | 崇 | chóng | 265 | 嶂 | zhàng | 2471 | 徊 | huái | 840 |
| [嶧] | | | 崆 | Kōng | 1112 | 嶍 | xí | 2082 | | huí | 865 |
| 峆 | Mín | 1355 | 崞 | Guō | 739 | 嶙 | lín | 1234 | 徇 | xùn | 2232 |
| 峘 | tiáo | 1924 | 崒 | zú | 2605 | 嶒 | céng | 187 | 律 | lǜ | 1274 |
| 峈 | mǔ | 1379 | 崚 | léng | 1181 | 嶓 | Bō | 129 | 很 | hěn | 795 |
| [六画] | | | 崎 | qí | 1523 | 嶕 | jiāo | 973 | [七画] | | |
| 峦 | luán | 1275 | 崦 | yān | 2244 | 嶝 | dèng | 416 | 徜 | háng | 767 |

# 彳夕夂犭

| | | | | | | | | | | |
|---|---|---|---|---|---|---|---|---|---|---|
| 衒 | yuàn | 2417 | 尨 | máng | 1308 | 【犭】 | | | 狮 | shī | 1744 |
| 徕 | lái | 1153 | | méng | 1330 | [二画～四画] | | | [獅] | | |
| [徠] | lài | 1153 | 辵 | chuò | 311 | 犰 | qiú | 1593 | 猗 | yì | 2326 |
| 徒 | tú | 1964 | 彤 | tóng | 1947 | 犯 | fàn | 546 | 独 | dú | 481 |
| 徐 | xú | 2207 | 衫 | shān | 1682 | 犷 | guǎng | 728 | [獨] | | |
| [八画] | | | 钐 | shān | 1682 | [獷] | | | 狯 | kuài | 1128 |
| 鸻 | héng | 797 | [釤] | shàn | 1685 | 犴 | àn | 14 | [獪] | | |
| [鴴] | | | 须 | xū | 2204 | | hān | 756 | 狰 | zhēng | 2496 |
| 徛 | jì | 921 | [須] | | | 犸 | mǎ | 1294 | 律 | lù | 1274 |
| 徜 | cháng | 210 | 须 | xū | 2204 | [獁] | | | 狠 | hěn | 795 |
| 徘 | pái | 1447 | [鬚] | | | 狄 | Dí | 420 | 狲 | sūn | 1865 |
| 徙 | xǐ | 2084 | 彧 | yù | 2400 | 狂 | kuáng | 1132 | [猻] | | |
| 得 | dé | 406 | 彬 | bīn | 117 | 犹 | yóu | 2368 | [七画] | | |
| | •de | 410 | 彪 | biāo | 112 | [猶] | | | 狺 | yín | 2337 |
| | děi | 411 | 彩 | cǎi | 167 | 狈 | bèi | 75 | 狼 | láng | 1160 |
| 衔 | xián | 2110 | 彭 | Péng | 1468 | [狽] | | | 狎 | hān | 757 |
| [衘,御] | xián | 2111 | 彰 | zhāng | 2466 | 狁 | yǔn | 2426 | 㺍 | Xiǎn | 2114 |
| [九画] | | | 影 | yǐng | 2351 | 狃 | niǔ | 1428 | [玁] | | |
| 街 | jiē | 987 | | | | 犼 | hǒu | 809 | 猘 | zhì | 2528 |
| 衖 | xiàng | 2136 | 【夕】 | | | [五画] | | | 猈 | bì | 96 |
| 御 | yù | 2403 | 夕 | xī | 2070 | 狞 | níng | 1423 | 狸 | lí | 1186 |
| [禦] | | | 舛 | chuǎn | 297 | [獰] | | | 狷 | juàn | 1060 |
| 徨 | huáng | 854 | 多 | duō | 501 | 狖 | yòu | 2383 | 猃 | Xiǎn | 2114 |
| 循 | xún | 2230 | 罗 | luó | 1282 | 狉 | pī | 1473 | [獫] | | |
| [十画～十二画] | | | [羅] | | | 狙 | jū | 1046 | 猞 | yú | 2389 |
| 衙 | yá | 2239 | 梦 | mèng | 1334 | 狎 | xiá | 2092 | 猁 | lì | 1204 |
| 微 | wēi | 2015 | [夢] | | | 狌 | shēng | 1733 | 狻 | suān | 1858 |
| 徭 | yáo | 2276 | 飧 | sūn | 1866 | | xīng | 2182 | 猫 | Náo | 1400 |
| 徯 | xī | 2078 | 夤 | yín | 2339 | 狐 | hú | 817 | [八画] | | |
| 德 | dé | 409 | 夥 | huǒ | 885 | 狗 | gǒu | 686 | 猄 | jīng | 1021 |
| (惪) | | | | | | 狍 | páo | 1457 | 猝 | cù | 326 |
| 徵 | zhǐ | 2522 | 【夂】 | | | 狝 | xiǎn | 2112 | 猜 | cāi | 162 |
| [十三画以上] | | | 冬 | dōng | 467 | [獮] | | | 猪 | zhū | 2549 |
| 衠 | zhūn | 2577 | 冬 | dōng | 467 | 狒 | fèi | 568 | (豬) | | |
| 徼 | jiǎo | 977 | [鼕] | | | 狓 | pí | 1476 | 猎 | liè | 1229 |
| | jiào | 982 | 处 | chǔ | 286 | 狘 | jiā | 927 | [獵] | | |
| 衡 | héng | 799 | [處] | | | [六画] | | | 猫 | māo | 1309 |
| 徽 | huī | 860 | 条 | tiáo | 1923 | 狩 | shòu | 1788 | | máo | 1313 |
| 衢 | qú | 1600 | [條] | | | 狡 | jiǎo | 974 | 猗 | yī | 2308 |
| | | | 备 | bèi | 75 | 狱 | yù | 2400 | 猇 | xiāo | 2140 |
| 【彡】 | | | [備] | | | [獄] | | | 猖 | chāng | 203 |
| 形 | xíng | 2187 | 夏 | xià | 2102 | 狭 | xiá | 2093 | 猡 | luó | 1283 |
| 杉 | shā | 1674 | 惫 | bèi | 80 | [狹,陿] | | | [玀] | | |
| | shān | 1682 | [憊] | | | 猀 | róng | 1638 | 猞 | shē | 1707 |

| 猰 | tān | 1881 | [飣] | | | 饼 | bǐng | 122 | 馅 | xiàn | 2119 |
|---|---|---|---|---|---|---|---|---|---|---|---|
| [猰] | | | 饥 | jī | 891 | [餅] | | | [餡] | | |
| 猊 | ní | 1411 | [飢] | | | 饵 | ěr | 518 | [九画] | | |
| 㹴 | hū | 817 | 饥 | jī | 891 | [餌] | | | 馇 | chā | 189 |
| 猕 | mí | 1337 | [饑] | | | 饶 | ráo | 1619 | [饝] | ·zha | 2456 |
| [獼] | | | 饦 | tuō | 1981 | [饒] | | | 馈 | kuì | 1138 |
| 猛 | měng | 1332 | [飥] | | | 饼 | bì | 96 | [饋] | | |
| [九画] | | | 饧 | táng | 1889 | [饆] | | | 馉 | gǔ | 699 |
| 猰 | yà | 2242 | [餳] | xíng | 2187 | 蚀 | shí | 1757 | [餶] | | |
| 猢 | hú | 820 | [四画] | | | [蝕] | | | 馆 | huáng | 854 |
| 猹 | chá | 193 | 饨 | tún | 1979 | 饸 | hé | 787 | [餭] | | |
| 猩 | xīng | 2183 | [飩] | | | [餄] | | | 馊 | sōu | 1851 |
| 猲 | hè | 790 | 饩 | xì | 2087 | 饴 | tiǎn | 1921 | [餿] | | |
| | xiè | 2164 | [餼] | | | [餂] | | | 馋 | chán | 198 |
| 猥 | wěi | 2025 | 饪 | rèn | 1634 | 饷 | xiǎng | 2131 | [饞] | | |
| 猬 | wèi | 2030 | [飪,餁] | | | [餉] | | | [十画] | | |
| 猾 | huá | 833 | 饫 | yù | 2399 | 饹 | gē | 654 | 馐 | xiū | 2201 |
| 猶 | yǔ | 2397 | [飫] | | | [餎] | ·le | 1177 | [饈] | | |
| [獝] | | | 饬 | zhāng | 2465 | [七画] | | | 馌 | yè | 2288 |
| 猴 | hóu | 808 | [餦] | | | 馎 | bō | 128 | [饁] | | |
| 猱 | náo | 1400 | 饬 | chì | 258 | [餺] | | | 馍 | mó | 1366 |
| 猸 | méi | 1321 | [飭] | | | 馇 | dòu | 478 | [饃] | | |
| [十画~十二画] | | | 饭 | fàn | 548 | [餖] | | | 馎 | bó | 132 |
| 獉 | zhēn | 2489 | [飯] | | | 铺 | bū | 134 | [餺] | | |
| 猿 | yuán | 2413 | 饮 | yǐn | 2342 | [餔] | | | 馏 | liú | 1252 |
| 猺 | yáo | 2277 | [飲] | yìn | 2345 | 涑 | sù | 1856 | [餾] | liù | 1254 |
| 獐 | zhāng | 2466 | [五画] | | | [餗] | | | [十一画 以上] | | |
| 獍 | jìng | 1033 | 饯 | jiàn | 952 | 馁 | něi | 1404 | 馑 | jǐn | 1010 |
| 獂 | cuī | 330 | [餞] | | | [餒] | | | [饉] | | |
| 獠 | liáo | 1224 | 饳 | duò | 506 | 馀 | yú | 2389 | 馒 | mán | 1300 |
| 獗 | jué | 1066 | [飿] | | | [餘] | | | [饅] | | |
| [十三画~十四画] | | | 饰 | shì | 1766 | 饿 | è | 512 | 馔 | yì | 2330 |
| 獴 | měng | 1334 | [飾] | | | [餓] | | | [饐] | | |
| 獭 | tǎ | 1874 | 饱 | bǎo | 60 | 馂 | jùn | 1071 | 馓 | sǎn | 1666 |
| [獺] | | | [飽] | | | [餕] | | | [饊] | | |
| 獬 | xiè | 2165 | 饴 | yí | 2309 | [八画] | | | 馔 | zhuàn | 2569 |
| 獯 | Xūn | 2227 | [飴] | | | 馆 | guǎn | 719 | [饌] | | |
| [十五画 以上] | | | 饲 | sì | 1844 | [館,舘] | | | 馕 | zhān | 2459 |
| 獲 | huò | 889 | [飼] | | | 馃 | guǒ | 743 | [饘] | | |
| 獾 | huān | 842 | [六画] | | | [餜] | | | 馕 | náng | 1399 |
| | | | 饺 | jiǎo | 974 | 馄 | hún | 875 | [饢] | nǎng | 1399 |
| 【饣(食飠)】 | | | [餃] | | | [餛] | | | | | |
| [二画~三画] | | | 饻 | xī | 2074 | 馃 | luó | 1283 | 【彐(彑 彐 互)】 | | |
| 饤 | dìng | 460 | [餏] | | | [饠] | | | 归 | guī | 729 |

| [归] | | | [七画~八画] | | | 弧 | hú | 818 | [四画] | | |
|---|---|---|---|---|---|---|---|---|---|---|---|
| 灵 | líng | 1236 | 展 | zhǎn | 2460 | 弭 | mí | 1335 | 妸 | ē | 508 |
| [靈] | | | 屉 | qiú | 1594 | [彌] | | | 妨 | fáng | 554 |
| 录 | lù | 1267 | 屑 | xiè | 2164 | 弪 | jìng | 1030 | 妫 | Guī | 731 |
| [錄] | | | 屠 | dū | 479 | [弳] | | | [嬀] | | |
| 彖 | tuàn | 1971 | [九画] | | | 弩 | nǔ | 1433 | 妒 | dù | 486 |
| 彗 | huì | 871 | 屡 | lǚ | 1273 | 弨 | chāo | 215 | (妬) | | |
| 彘 | zhì | 2530 | [屨] | | | [六画~九画] | | | 妍 | yán | 2250 |
| 彟 | yuē | 2418 | 屣 | xiè | 2165 | 弯 | wān | 1996 | 妩 | wǔ | 2061 |
| [彠] | | | 属 | shǔ | 1798 | [彎] | | | [嫵] | | |
| 蠡 | lí | 1189 | [屬] | zhǔ | 2555 | 弮 | quān | 1604 | 妘 | Yún | 2425 |
| | lǐ | 1194 | 屩 | juē | 1061 | 弭 | mǐ | 1339 | 妓 | jì | 918 |
| | | | [屩] | | | 弱 | ruò | 1654 | 妪 | yù | 2399 |
| 【尸】 | | | 屪 | càn | 176 | 弶 | jiàng | 964 | [嫗] | | |
| 尸 | shī | 1738 | | chán | 199 | 弹 | dàn | 386 | 妣 | bǐ | 91 |
| [二画~四画] | | | [十一画 以上] | | | [彈] | tán | 1883 | 妙 | miào | 1350 |
| 尻 | kāo | 1091 | 屧 | xǐ | 2086 | 弸 | fú | 603 | 妗 | jìn | 1014 |
| 尼 | ní | 1409 | 屦 | jù | 1057 | 弸 | péng | 1468 | 妊 | rèn | 1634 |
| 层 | céng | 186 | [屨] | | | 粥 | yù | 2404 | 妖 | yāo | 2272 |
| [層] | | | 履 | lǚ | 1273 | | zhōu | 2546 | 姊 | zǐ | 2586 |
| 屁 | pì | 1479 | 屫 | chàn | 202 | 弼 | bì | 97 | (姉) | | |
| 屃 | xì | 2088 | | | | 强 | jiàng | 964 | 姒 | sì | 1844 |
| [屭] | | | 【己(巳)】 | | | (強·彊) | qiáng | 1555 | 妤 | yú | 2387 |
| 屎 | sóng | 1847 | 己 | jǐ | 912 | | qiǎng | 1559 | 妞 | niū | 1426 |
| [㞞] | | | 已 | yǐ | 2315 | | | | [五画] | | |
| 尾 | wěi | 2022 | 巳 | sì | 1840 | 【女】 | | | 妾 | qiè | 1567 |
| | yǐ | 2319 | 包 | bāo | 56 | 女 | nǚ | 1434 | 妹 | mèi | 1325 |
| 屄 | bā | 30 | 忌 | jì | 918 | [二画~三画] | | | 姑 | gū | 693 |
| 局 | jú | 1048 | 巷 | hàng | 768 | 奶 | nǎi | 1391 | 妻 | qī | 1515 |
| 尿 | niào | 1421 | | xiàng | 2135 | 奴 | nú | 1432 | | qì | 1535 |
| | suī | 1861 | | | | 妄 | wàng | 2010 | 姐 | dá | 342 |
| [五画] | | | 【弓】 | | | 妁 | shuò | 1829 | 姐 | jiě | 994 |
| 屄 | bī | 87 | 弓 | gōng | 673 | 奸 | jiān | 937 | 妓 | jī | 896 |
| 屉 | tì | 1911 | [一画~五画] | | | 奸 | jiān | 938 | 妯 | zhóu | 2546 |
| 居 | jū | 1046 | 引 | yǐn | 2339 | (姦) | | | 姓 | xìng | 2192 |
| 屈 | jiè | 999 | 弘 | hóng | 801 | 如 | rú | 1643 | 委 | wēi | 2013 |
| 屈 | qū | 1597 | 圹 | guō | 739 | 妇 | fù | 611 | | wěi | 2023 |
| [六画] | | | [彉,彍] | | | [婦] | | | 姁 | xǔ | 2208 |
| 屏 | bīng | 121 | 弛 | chí | 253 | 妃 | fēi | 563 | 姗 | shān | 1682 |
| | bǐng | 122 | 张 | zhāng | 2465 | 她 | tā | 1872 | 始 | shǐ | 1759 |
| | píng | 1501 | [張] | | | 好 | hǎo | 771 | 妮 | nī | 1409 |
| 屎 | shǐ | 1760 | 弝 | bà | 30 | 好 | hào | 776 | 姆 | m̄ | 1289 |
| 屋 | wū | 2047 | 癹 | tāo | 1893 | 妈 | mā | 1289 | | mǔ | 1379 |
| 屌 | diǎo | 447 | 弦 | xián | 2110 | [媽] | | | [六画] | | |

| 姹 | chà | 195 | 娠 | shēn | 1716 | 媒 | méi | 1321 | [十二画~十三画] | | |
|---|---|---|---|---|---|---|---|---|---|---|---|
| 娇 | jiāo | 969 | 娌 | lǐ | 1192 | 媟 | xiè | 2165 | 嬉 | xī | 2079 |
| [嬌] | | | 娱 | yú | 2389 | 媢 | mào | 1316 | 嫽 | liáo | 1224 |
| 姣 | jiāo | 970 | [娛] | | | 媪 | ǎo | 20 | 嬔 | fàn | 550 |
| 娈 | luán | 1276 | 娉 | pīng | 1494 | 媛 | yuán | 2413 | 嬗 | shàn | 1687 |
| [孌] | | | 娖 | chuò | 311 | | yuàn | 2417 | 嬛 | huán | 845 |
| 姿 | zī | 2582 | 娟 | juān | 1058 | 嫂 | sǎo | 1670 | 嬖 | bì | 99 |
| 姜 | jiāng | 959 | 娲 | wā | 1989 | 嬃 | xū | 2207 | [十四画 以上] | | |
| [薑] | | | [媧] | | | [嬃] | | | 嬷 | mó | 1370 |
| 姜 | Jiāng | 959 | 娥 | é | 509 | 娿 | Wù | 2068 | 嬲 | niǎo | 1421 |
| 姘 | pīn | 1490 | 娩 | miǎn | 1345 | 婿 | xù | 2211 | 嬿 | yàn | 2262 |
| 娄 | lóu | 1260 | | wǎn | 2001 | (壻) | | | 孀 | shuāng | 1812 |
| [婁] | | | 娭 | āi | 5 | 媚 | mèi | 1326 | | | |
| 契 | jié | 990 | | xī | 2075 | [十画] | | | 【幺】 | | |
| 娀 | Sōng | 1847 | 娓 | wěi | 2024 | 嫁 | jià | 936 | 幺 | yāo | 2272 |
| 娃 | wá | 1989 | 娫 | ē | 508 | 嫔 | pín | 1491 | 乡 | xiāng | 2120 |
| 姞 | Jí | 908 | [八画] | | | [嬪] | | | [鄉] | | |
| 姥 | lǎo | 1174 | 婆 | pó | 1502 | 嫉 | jí | 911 | 幻 | huàn | 846 |
| | mǔ | 1379 | 婶 | shěn | 1723 | 嫌 | xián | 2111 | 幼 | yòu | 2383 |
| 娅 | yà | 2242 | [嬸] | | | 媾 | gòu | 690 | 畿 | jī | 900 |
| [婭] | | | 婉 | wǎn | 2002 | 嫫 | mó | 1367 | | | |
| 姮 | héng | 797 | 婵 | chán | 198 | 嫄 | yuán | 2414 | 【子(孑)】 | | |
| 要 | yāo | 2273 | [嬋] | | | 嫒 | ài | 9 | 子 | zǐ | 2584 |
| | yào | 2279 | 娜 | láng | 1161 | [嬡] | | | ·zi | | 2595 |
| 姱 | kuā | 1125 | 婧 | jìng | 1031 | 媳 | xí | 2082 | [二画~四画] | | |
| 威 | wēi | 2013 | 婊 | biǎo | 114 | 媲 | pì | 1479 | 孕 | yùn | 2426 |
| 耍 | shuǎ | 1805 | 婷 | xìng | 2193 | 媵 | yìng | 2357 | 存 | cún | 332 |
| 姨 | yí | 2310 | 娶 | qǔ | 1602 | 媸 | chī | 252 | 孙 | sūn | 1865 |
| 娆 | ráo | 1619 | 婼 | chuò | 311 | [十一画] | | | [孫] | | |
| [嬈] | rǎo | 1619 | 媖 | yīng | 2347 | 嫜 | zhāng | 2467 | 孖 | mā | 1289 |
| 姻 | yīn | 2336 | 婪 | lán | 1155 | 嫡 | dí | 422 | 孝 | xiào | 2152 |
| 姚 | Yáo | 2275 | 婳 | huà | 839 | 嫳 | piè | 1489 | 尶 | yàn | 2259 |
| 姝 | shū | 1792 | [嫿] | | | 嫠 | lí | 1188 | [尷] | | |
| 姤 | gòu | 689 | 婕 | jié | 993 | 嫱 | qiáng | 1557 | 孚 | fú | 598 |
| 姽 | guǐ | 735 | 婥 | chuò | 311 | [嬙] | | | 孜 | zī | 2582 |
| 娜 | nà | 1391 | 娼 | chāng | 203 | 嫣 | yān | 2245 | [五画~八画] | | |
| | nuó | 1438 | 婴 | yīng | 2347 | 嫩 | nèn | 1408 | 学 | xué | 2221 |
| [七画] | | | [嬰] | | | 嫖 | piáo | 1487 | [學] | | |
| 娑 | suō | 1867 | 婗 | ní | 1411 | 嫕 | yī | 2308 | 享 | xiǎng | 2130 |
| 娴 | xián | 2110 | 婢 | bì | 96 | 嫦 | cháng | 210 | 孟 | mèng | 1334 |
| [嫻, 閑] | | | 婚 | hūn | 874 | 嫚 | mān | 1300 | 孤 | gū | 692 |
| 娣 | dì | 430 | 嫠 | nǔ | 1433 | | màn | 1306 | 孢 | bāo | 59 |
| 娘 | niáng | 1419 | [九画] | | | 嫘 | léi | 1178 | 孥 | nú | 1433 |
| 姬 | jī | 898 | 婷 | tíng | 1937 | 嫪 | lào | 1175 | 孪 | luán | 1276 |

| [孿] | | | [纴] | | | 绂 fú | 600 | [絞] | | |
|---|---|---|---|---|---|---|---|---|---|---|
| 孩 hái | | 752 | 纬 wěi | | 2023 | [紱] | | | 统 tǒng | | 1950 |
| 孰 shú | | 1797 | [緯] | | | 练 liàn | | 1212 | [統] | | |
| [九画以上] | | | 纮 hóng | | 805 | [練] | | | 绑 bǎng | | 55 |
| 孳 zī | | 2583 | [紘] | | | 垆 lú | | 1265 | [綁] | | |
| | | | 纯 chún | | 308 | [纑] | | | 绒 róng | | 1638 |
| 【纟(糹糸)】 | | | [純] | | | 组 zhàn | | 2462 | [絨] | | |
| [二画～三画] | | | 纰 pī | | 1472 | [組] | | | 绀 guà | | 711 |
| 纠 jiū | | 1035 | [紕] | | | 组 zǔ | | 2606 | [絓] | | |
| [糾] | | | 纱 shā | | 1675 | [組] | | | 结 jiē | | 983 |
| 纩 kuàng | | 1133 | [紗] | | | 绅 shēn | | 1716 | [結] jié | | 991 |
| [纊] | | | 纲 gāng | | 640 | [紳] | | | 绐 ·da | | 371 |
| 纡 yū | | 2385 | [綱] | | | 细 xì | | 2088 | [綃] | | |
| [紆] | | | 纳 nà | | 1390 | [細] | | | 绔 kù | | 1124 |
| 红 gōng | | 678 | [納] | | | 䌷 chōu | | 268 | [絝] | | |
| [紅] hóng | | 801 | 纳 jiǎn | | 943 | [紬] | | | 绖 dié | | 452 |
| 纣 zhòu | | 2546 | [縓] | | | 织 zhī | | 2509 | [絰] | | |
| [紂] | | | 纴 jīn | | 1002 | [織] | | | 绕 rào | | 1619 |
| 纤 qiàn | | 1552 | [紟] | | | 䌹 jiǒng | | 1034 | [繞] | | |
| [縴] | | | 纵 zòng | | 2599 | [絅] | | | 绕 kuàng | | 1135 |
| 纤 xiān | | 2105 | [縱] | | | 绌 chù | | 288 | [絖] | | |
| [纖] | | | 纶 guān | | 717 | [絀] | | | 䋐 yīn | | 2336 |
| 纥 gē | | 653 | [綸] lún | | 1279 | 纩 zhěn | | 2490 | [絪] | | |
| [紇] hé | | 783 | 纷 fēn | | 575 | [紾] | | | 绘 huì | | 870 |
| 纠 xún | | 2229 | [紛] | | | 铁 zhì | | 2526 | [繪] | | |
| [紃] | | | 纴 rèn | | 1634 | [紩] | | | 给 gěi | | 663 |
| 约 yāo | | 2272 | [紝] | | | 绝 shī | | 1744 | [給] jǐ | | 913 |
| [約] yuē | | 2417 | 纸 zhǐ | | 2518 | [絁] | | | 绗 háng | | 767 |
| 纨 wán | | 1997 | [紙] | | | 终 zhōng | | 2537 | [絎] | | |
| [紈] | | | 纾 shū | | 1792 | [終] | | | 绛 jiàng | | 964 |
| 级 jí | | 904 | [紓] | | | 绉 zhòu | | 2546 | [絳] | | |
| [級] | | | 纼 zhèn | | 2491 | [縐] | | | 络 lào | | 1174 |
| 纪 Jǐ | | 912 | [紖] | | | 绎 yì | | 2326 | [絡] luò | | 1285 |
| [紀] jì | | 916 | 纽 niǔ | | 1428 | [繹] | | | 绚 xuàn | | 2219 |
| 纫 rèn | | 1634 | [紐] | | | 经 jīng | | 1018 | [絢] | | |
| [紉] | | | [五画] | | | [經] jìng | | 1030 | 绝 jué | | 1063 |
| [四画] | | | 绊 bàn | | 53 | 绐 dài | | 374 | [絕] | | |
| 纻 zhù | | 2558 | [絆] | | | [紿] | | | [七画] | | |
| [紵] | | | 线 xiàn | | 2118 | 绋 fú | | 600 | 继 jì | | 920 |
| 纹 wén | | 2036 | [綫, 線] | | | [綍] | | | [繼] | | |
| [紋] | | | 绀 gàn | | 638 | 绍 shào | | 1706 | 绨 tí | | 1905 |
| 纺 fǎng | | 556 | [紺] | | | [紹] | | | [綈] tì | | 1911 |
| [紡] | | | 继 xiè | | 2163 | [六画] | | | 缡 lí | | 1188 |
| 纭 yún | | 2426 | [継, 綫] | | | 绞 jiǎo | | 974 | [纚] | | |

| 绠 gěng 669 [綆] | 续 xù 2210 [續] | 编 biān 102 [編] | 缟 gǎo 650 [縞] |
| 纲 liǎng 1220 [緉] | 绮 qǐ 1531 [綺] | 缂 kè 1106 [緙] | 缡 lí 1188 [縭] |
| 绡 xiāo 2140 [綃] | 绱 shàng 1701 [緔] | [九画] | 缠 chán 199 [纏] |
| 绢 juàn 1060 [絹] | 绯 fēi 565 [緋] | 缃 xiāng 2128 [緗] | 缢 yì 2330 [縊] |
| 绹 guā 707 [緺] | 绰 chāo 215 [綽] | 缄 jiān 942 [緘] | 缣 jiān 943 [縑] |
| 绥 suí 1861 [綏] | 绰 chuò 311 [綽] | 缅 miǎn 1345 [緬] | 缙 jìn 1017 [縉,搢] |
| 绨 chī 251 [絺] | 绲 gǔn 737 [緄] | 缆 lǎn 1158 [纜] | 缜 zhěn 2490 [縝] |
| 绤 xì 2090 [綌] | 绳 shéng 1733 [繩] | 缇 tí 1908 [緹] | 缚 fù 618 [縛] |
| 绣 xiù 2203 [綉,繡] | 绶 shòu 1789 [綬] | 缈 miǎo 1350 [緲] | 缛 rù 1650 [縟] |
| 绦 tāo 1893 [縧] | 绥 ruí 1652 [緌] | 缉 jī 899 [緝] | 缙 tā 1873 [縚] |
| [八画] | 维 wéi 2021 [維] | 缉 qī 1518 [緝] | |
| | | 缊 yūn 2423 | 缝 féng 591 [縫] |
| 综 zèng 2451 [綜] | 绵 mián 1342 [綿] | 缊 yùn 2428 | 缝 fèng 593 [縫] |
| 综 zōng 2596 [綜] | 绺 liǔ 1253 [綹] | 缌 sī 1835 [緦] | [十一画] |
| 绽 zhàn 2464 [綻] | 绷 bēng 85 [繃] | 缋 huì 872 [繢] | 缤 yǎn 2258 [縯] |
| 绾 wǎn 2003 [綰] | 绷 běng 86 [繃] | 缓 huǎn 845 [緩] | 缩 sù 1857 [縮] |
| 综 cuì 331 [綷] | 绷 bèng 87 [繃] | 缎 duàn 492 [緞] | 缩 suō 1867 [縮] |
| 綮 qǐ 1531 [綮] | 绸 chóu 269 [綢] | 缏 biàn 109 [緶] | 缥 piāo 1485 [縹] |
| 绻 quǎn 1609 [綣] | 绹 táo 1897 [綯] | 缏 pián 1483 [緶] | 缥 piǎo 1487 [縹] |
| 绮 qiàn 1553 [綪] | 缀 zhuì 2576 [綴] | 缑 gōu 686 [緱] | 缦 màn 1306 [縵] |
| 绩 jì 922 [績] | 绿 lù 1268 [綠] | 缒 zhuì 2576 [縋] | 缧 léi 1178 [縲] |
| 绫 líng 1239 [綾] | 绿 lǜ 1274 [綠] | 缗 mín 1355 [緡] | 缨 yīng 2348 [纓] |
| 绪 xù 2210 [緒] | 缁 zī 2583 [緇] | 缘 yuán 2413 [緣] | 缫 cài 170 [縩] |
| 缁 zōu 2600 [緅] | 缔 dì 432 [締] | [十画] | 缪 Miào 1351 [繆] |
| | 缂 gēng 668 [縆] | 缤 bīn 118 [繽] | 缪 miù 1365 [繆] |
| | | | 缪 móu 1377 [繆] |
| 綝 chēn 225 [綝] | 缕 lǔ 1273 [縷] | 缞 cuī 329 [縗] | 缫 sāo 1669 [繅] |
| 綝 lín 1233 [綝] | | | [十二画] |
| | | | 缮 shàn 1687 |

# 马 57

| | | | |
|---|---|---|---|
| [繒] | 驴 lú 1271 | 骁 xiāo 2137 | 骕 sù 1857 |
| 缯 zēng 2451 | [驢] | [驍] | [驌] |
| [繒] zèng 2451 | 驱 qū 1597 | 骂 mà 1295 | 骆 lù 1268 |
| 缬 xié 2161 | [驅] | [罵,駡] | [騄] |
| [纈] | 驲 rì 1637 | 驷 yīn 2336 | [九画] |
| 缭 liáo 1224 | [馹] | [駰] | 骗 piàn 1484 |
| [繚] | 驳 bó 130 | 骕 shēn 1716 | [騙] |
| 繙 fān 534 | [駁] | [駪] | 骞 huō 877 |
| [繙] fán 540 | 驶 jué 1063 | 骄 jiāo 970 | [騞] |
| [十三画～十四画] | [駃] | [驕] | 骒 tí 1908 |
| 缰 jiāng 960 | [五画] | 骅 huá 833 | [騠] |
| [韁] | 驼 tuó 1984 | [驊] | 骘 zhì 2530 |
| 缱 qiǎn 1552 | [駝] | 骆 luò 1285 | [騭] |
| [繾] | 驻 zhù 2558 | [駱] | 骙 yú 2391 |
| 缲 qiāo 1561 | [駐] | [七画] | [騟] |
| [繰] | 驱 bì 96 | 骍 xīng 2183 | 骚 sāo 1668 |
| 缳 huán 845 | [駓] | [騂] | [騷] |
| [繯] | 驵 zǎng 2440 | 骊 lí 1187 | 骛 wù 2068 |
| 缴 jiǎo 977 | [駔] | [驪] | [鶩] |
| [繳] zhuó 2581 | 驶 shǐ 1760 | 骋 chěng 245 | 骙 kuí 1137 |
| 缥 xū 2207 | [駛] | [騁] | [騤] |
| [繻] | 驷 sì 1844 | 骒 guā 707 | [十画～十一画] |
| 缢 yǐn 2344 | [駟] | [騧] | 骟 shàn 1687 |
| [繼] | 驹 jiōng 1034 | 验 yàn 2260 | [騸] |
| 缥 xūn 2227 | [駉] | [驗] | 骛 ào 21 |
| [纁] | 驸 fù 613 | 骏 jùn 1071 | [驁] |
| [十五画 以上] | [駙] | [駿] | 骝 liú 1252 |
| 缰 mò 1376 | 驹 jū 1047 | 骑 ái 5 | [騮] |
| [纆] | [駒] | [騃] | 骠 biāo 112 |
| 缵 zuǎn 2608 | 驺 zōu 2600 | 骒 qīn 1571 | [驃] piào 1488 |
| [纘] | [騶] | [駸] | 骦 shuāng 1811 |
| | 驿 yì 2326 | [八画] | [驦] |
| 【马(馬)】 | [驛] | 骐 qí 1523 | 骡 luó 1283 |
| 马 mǎ 1291 | 骀 dài 374 | [騏] | [騾] |
| [馬] | [駘] tái 1877 | 骑 qí 1523 | 骢 cōng 320 |
| [二画～四画] | 驽 nú 1433 | [騎] | [驄] |
| 驭 yù 2398 | [駑] | 骓 fēi 565 | [十二画 以上] |
| [馭] | 驾 jià 935 | [騑] | 骪 dūn 499 |
| 驮 duò 506 | [駕] | 骒 kè 1106 | [驐] |
| [馱] tuó 1984 | [六画] | [騍] | 骣 chǎn 202 |
| 驯 xùn 2232 | 骇 hài 755 | 骓 zhuī 2575 | [驏] |
| [馴] | [駭] | [騅] | 骤 zhòu 2547 |
| 驰 chí 253 | 骈 pián 1483 | 骖 cān 172 | [驟] |
| [馳] | [駢] | [驂] | 骥 jì 923 |

| | | | | | | | | |
|---|---|---|---|---|---|---|---|---|
| [驤] | | | 熹 | xī 2080 | [旗] | | 炬 | jù 1053 |
| 驤 | xiāng | 2129 | 燕 | Yān 2245 | 施 | shī 1744 | 妪 | ǒu 1440 |
| [驦] | | | | yàn 2261 | 斿 | yóu 2371 | [嫗] | |
| 骦 | shuāng | 1812 | | | | [六画] | 炖 | dùn 500 |
| [驪] | | | **【斗】** | | 旆 | pèi 1465 | 炒 | chǎo 220 |
| | | | 斗 | dǒu 474 | 旄 | máo 1313 | 炅 | Guì 736 |
| **【巛】** | | | 斗 | dòu 476 | 旃 | zhān 2459 | | jiǒng 1034 |
| 甾 | zāi | 2433 | [門, 鬥] | | 旅 | lǚ 1272 | 炝 | qiàng 1560 |
| 邕 | Yōng | 2357 | 料 | liào 1226 | | [七画 以上] | [熗] | |
| 巢 | cháo | 218 | 斜 | xié 2159 | 旌 | jīng 1021 | 炘 | xīn 2174 |
| | | | 斛 | hú 819 | 族 | zú 2605 | 炙 | zhì 2525 |
| **【灬】** | | | 斝 | jiǎ 934 | 旎 | nǐ 1412 | 炊 | chuī 303 |
| [四画~七画] | | | 斟 | zhēn 2488 | 旋 | xuán 2216 | 炔 | quē 1610 |
| 杰 | jié | 990 | 斠 | jiào 982 | | xuàn 2220 | | [五画] |
| (傑) | | | 斢 | tiǎo 1927 | 旐 | zhào 2476 | 炷 | zhù 2559 |
| 炁 | qì | 1536 | [斛] | | 旒 | liú 1252 | 炫 | xuàn 2219 |
| 点 | diǎn | 434 | 斝 | jū 1048 | 旗 | qí 1524 | 烂 | làn 1158 |
| [點] | | | | | 旖 | yǐ 2320 | [爛] | |
| 羔 | gāo | 649 | **【文】** | | | | 炳 | bǐng 122 |
| 烈 | liè | 1229 | 文 | wén 2032 | **【火】** | | 炻 | shí 1757 |
| 热 | rè | 1621 | 齐 | jì 916 | 火 | huǒ 881 | 炼 | liàn 1212 |
| [熱] | | | [齊] | qí 1518 | | [一画~三画] | [煉, 鍊] | |
| 烝 | zhēng | 2496 | 忞 | mín 1355 | 灭 | miè 1351 | 炟 | dá 342 |
| 焘 | dào/tāo | 403 | 斋 | zhāi 2456 | [滅] | | 炽 | chì 258 |
| [燾] | | | [齋] | | 灰 | huī 857 | [熾] | |
| [八画~九画] | | | 虔 | qián 1548 | 灯 | dēng 411 | 炯 | jiǒng 1034 |
| 煮 | zhǔ | 2555 | 紊 | wěn 2037 | [燈] | | 烀 | hū 817 |
| 焦 | jiāo | 971 | 斑 | bān 46 | 灶 | zào 2444 | 炸 | zhá 2453 |
| 然 | rán | 1616 | 斌 | bīn 117 | [竈] | | | zhà 2455 |
| 煎 | jiān | 942 | 斐 | fěi 567 | 灿 | càn 176 | 炮 | bāo 59 |
| 煦 | xù | 2212 | 扁 | bān 47 | [燦] | | | páo 1458 |
| 照 | zhào | 2476 | 斋 | jī 900 | 灸 | jiǔ 1038 | | pào 1460 |
| 煞 | shā | 1676 | [齎] | | 灼 | zhuó 2579 | 烁 | shuò 1829 |
| [十画 以上] | | | 斓 | lán 1157 | 灺 | xiè 2162 | [爍] | |
| 熬 | āo | 19 | [斕] | | 炀 | yáng 2266 | 烃 | tīng 1934 |
| | áo | 19 | | | [煬] | | [烴] | |
| 熙 | xī | 2079 | **【方】** | | | [四画] | 炱 | tái 1877 |
| 罴 | pí | 1477 | 方 | fāng 550 | 炆 | wén 2036 | | [六画] |
| [羆] | | | | [四画~五画] | 炕 | kàng 1091 | 烫 | tàng 1893 |
| 熏 | xūn | 2226 | 房 | fáng 554 | 炎 | yán 2250 | [燙] | |
| | xùn | 2233 | 於 | wū 2047 | 炉 | lú 1264 | 烊 | yáng 2268 |
| 熊 | xióng | 2197 | | Yū 2385 | [爐] | | | yàng 2272 |
| 熟 | shóu | 1777 | | yú 2389 | 炜 | wěi 2024 | 烤 | kǎo 1093 |
| | shú | 1797 | 斿 | yú 2389 | [煒] | | 耿 | gěng 668 |

| | | | | | | | | |
|---|---|---|---|---|---|---|---|---|
| 烘 | hōng | 800 | 焮 | xìn | 2180 | 燔 | fán | 540 | 怠 | dài | 377 |
| 烜 | xuǎn/xuān | 2219 | 颎 | jiǒng | 1034 | 燠 | yù | 2405 | 怒 | nù | 1433 |
| 烦 | fán | 538 | [潁] | | | 燃 | rán | 1616 | [六画] | | |
| [煩] | | | 焰 | yàn | 2261 | 燏 | yù | 2405 | 恋 | liàn | 1213 |
| 烧 | shāo | 1701 | [九画] | | | [十三画 以上] | | | [戀] | | |
| [燒] | | | 煊 | xuān | 2214 | 燥 | zào | 2446 | 恣 | zì | 2595 |
| 烛 | zhú | 2551 | 煸 | biān | 103 | 燹 | xiǎn | 2114 | 恙 | yàng | 2271 |
| [燭] | | | 煤 | méi | 1322 | 爊 | āo | 19 | 恝 | jiá | 931 |
| 烟 | yān | 2243 | 煳 | hú | 820 | 爆 | bào | 70 | 恚 | huì | 870 |
| (煙) | yīn | 2336 | 煜 | yù | 2404 | 爔 | xī | 2080 | 恐 | kǒng | 1113 |
| 烩 | huì | 871 | 煴 | yūn | 2423 | 爉 | kào | 1094 | 恶 | ě | 510 |
| [燴] | | | | yùn | 2429 | 爝 | jué | 1067 | [噁] | | |
| 烨 | yè | 2288 | 煨 | wēi | 2016 | 爚 | yuè | 2423 | 恶 | è | 510 |
| [燁] | | | 煖 | xuān | 2214 | | | | [惡] | wū | 2048 |
| 烙 | lào | 1174 | 煅 | duàn | 492 | 【心】 | | | | wù | 2068 |
| | luò | 1285 | 煲 | bāo | 59 | 心 | xīn | 2166 | 恼 | nǎo | 1436 |
| 炽 | jìn | 1015 | 煌 | huáng | 855 | [一画~三画] | | | 虑 | lǜ | 1274 |
| [熾] | | | 煣 | róu | 1642 | 必 | bì | 93 | [慮] | | |
| [七画] | | | 煺 | tuì | 1978 | 忘 | wàng | 2011 | 恩 | ēn | 514 |
| 烷 | wán | 2000 | [十画] | | | 闷 | mèn | 1329 | 恁 | nèn | 1407 |
| 焖 | mèn | 1330 | 熔 | róng | 1639 | [悶] | | | | nín | 1423 |
| [燜] | | | 煽 | shān | 1683 | 忑 | tè | 1899 | 息 | xī | 2074 |
| 烺 | lǎng | 1162 | 熄 | xī | 2079 | 忍 | rěn | 1630 | 恕 | shù | 1803 |
| 焐 | wù | 2068 | 熘 | liū | 1245 | [四画] | | | [七画] | | |
| 焊 | hàn | 765 | 熥 | tēng | 1902 | 态 | tài | 1879 | 悫 | què | 1612 |
| 焓 | hán | 760 | [十一画] | | | [態] | | | [愨] | | |
| 烯 | xī | 2075 | 熵 | shāng | 1691 | 忠 | zhōng | 2536 | 悬 | xuán | 2215 |
| 烽 | fēng | 589 | 熰 | yàn | 2261 | 怂 | sǒng | 1847 | [懸] | | |
| 焕 | huàn | 848 | [燜] | | | [慫] | | | 患 | huàn | 848 |
| 焌 | jùn | 1071 | 熯 | hàn | 765 | 念 | niàn | 1418 | 悉 | xī | 2075 |
| | qū | 1598 | 熛 | biāo | 112 | 忿 | fèn | 579 | 悠 | yōu | 2365 |
| 焗 | jú | 1049 | 熳 | màn | 1307 | 忽 | hū | 816 | 您 | nín | 1423 |
| [八画] | | | 熜 | cōng | 320 | [五画] | | | 恿 | yǒng | 2360 |
| 焙 | bèi | 80 | 熠 | yì | 2330 | 总 | zǒng | 2597 | [八画] | | |
| 焱 | yàn | 2261 | 熨 | yù | 2405 | [總] | | | 惎 | jì | 922 |
| 欻 | chuā | 290 | | yùn | 2429 | 毖 | bì | 96 | 惹 | rě | 1620 |
| | xū | 2207 | [十二画] | | | 思 | sāi | 1658 | 惠 | huì | 871 |
| 焚 | fén | 576 | 燧 | suì | 1865 | | sī | 1834 | 惑 | huò | 888 |
| 焯 | chāo | 217 | 燚 | yì | 2330 | 怎 | zěn | 2449 | 悲 | bēi | 72 |
| | zhuō | 2579 | 熺 | xī | 2080 | 慝 | tān | 1881 | 怒 | nì | 1413 |
| 焊 | chǎn | 202 | 燂 | tán | 1884 | 怨 | yuàn | 2416 | 惩 | chéng | 244 |
| [燀] | | | 燎 | liáo | 1225 | 急 | jí | 906 | [懲] | | |
| 焭 | jiǒng | 1034 | | liǎo | 1226 | 怼 | duì | 498 | [九画] | | |
| 焜 | kūn | 1140 | 熸 | jiān | 943 | [懟] | | | 意 | yì | 2328 |

| | | | | | | | | |
|---|---|---|---|---|---|---|---|---|
| 慈 | cí | 315 | 扈 | hù | 825 | [禎] | | |
| 想 | xiǎng | 2131 | 扅 | yǎn | 2257 | 祷 | dǎo | 399 |
| 感 | gǎn | 635 | 雇 | gù | 705 | [禱] | | |
| 愚 | yú | 2392 | Gù | | 705 | 祸 | huò | 887 |
| 愈 | yù | 2404 | | | | [禍] | | |
| 愁 | chóu | 270 | 【礻(示)】 | | | 裖 | jìn | 1016 |
| 愆 | qiān | 1544 | [一画～三画] | | | 禅 | chán | 198 |
| (諐) | | | 礼 | lǐ | 1189 | [禪] | shàn | 1686 |
| 愍 | mǐn | 1356 | [禮] | | | 祾 | líng | 1239 |
| [十画] | | | 礽 | réng | 1635 | 祺 | qí | 1524 |
| 慝 | tè | 1902 | 礼 | jī | 894 | 裸 | guàn | 723 |
| 愿 | yuàn | 2417 | [禨] | | | 禄 | lù | 1268 |
| [願] | | | 社 | shè | 1710 | [九画～十一画] | | |
| 慁 | hùn | 877 | 祀 | sì | 1844 | 禘 | dì | 432 |
| 憋 | biē | 114 | 祃 | mà | 1295 | 禊 | xì | 2090 |
| 慭 | yìn | 2345 | [禡] | | | 福 | fú | 604 |
| [憗] | | | [四画] | | | 裡 | yīn | 2337 |
| 慧 | huì | 872 | 祊 | bēng | 85 | 禚 | Zhuó | 2581 |
| 憃 | chōng | 262 | 袄 | Xiān | 2106 | 禛 | zhēn | 2489 |
| 慜 | mǐn | 1356 | 祎 | yī | 2308 | 禤 | Xuān | 2214 |
| 慁 | hān | 757 | [禕] | | | [十二画 以上] | | |
| 慰 | wèi | 2030 | 祉 | zhǐ | 2519 | 禧 | xǐ | 2086 |
| [十二画～十三画] | | | 视 | shì | 1768 | 襌 | dàn | 388 |
| 憝 | duì | 498 | [視] | | | 禳 | ráng | 1617 |
| 憙 | xī | 2080 | 祈 | qí | 1522 | | | |
| 憩 | qì | 1537 | 祇 | qí | 1522 | 【王】 | | |
| 懑 | mèn | 1330 | [五画] | | | 王 | wáng | 2007 |
| [懣] | | | 祛 | qū | 1598 | | wàng | 2010 |
| 懋 | mào | 1317 | 祜 | hù | 825 | [一画～三画] | | |
| [十四画 以上] | | | 袚 | fú | 601 | 主 | zhǔ | 2552 |
| 戆 | gàng | 643 | 祖 | zǔ | 2606 | 玉 | yù | 2397 |
| [戇] | zhuàng | 2573 | 神 | shén | 1719 | 玎 | dīng | 455 |
| | | | 祝 | zhù | 2559 | 玑 | jī | 892 |
| 【户(戶 戸)】 | | | 祚 | zuò | 2619 | [璣] | | |
| 户 | hù | 823 | 祔 | fù | 615 | 玏 | lè | 1176 |
| 戽 | jí | 905 | 祗 | zhǐ | 2510 | 玕 | gān | 631 |
| 戽 | hù | 825 | 祢 | Mí | 1337 | 玙 | yú | 2386 |
| 戾 | lì | 1202 | [禰] | | | [璵] | | |
| 扁 | biǎn | 104 | 祠 | cí | 313 | 玖 | jiǔ | 1038 |
| | piān | 1480 | [六画～八画] | | | 玚 | chàng | 212 |
| 扅 | yǐ | 2319 | 祥 | xiáng | 2130 | [瑒] | yáng | 2266 |
| 扆 | yí | 2310 | 祫 | xiá | 2093 | 玘 | qǐ | 1526 |
| 扇 | shān | 1683 | 祧 | tiāo | 1923 | 玛 | mǎ | 1294 |
| | shàn | 1685 | 祯 | zhēn | 2488 | [瑪] | | |
| | | | | | | | | |
| | | | | | | [四画] | | |
| | | | | | | 玞 | fū | 595 |
| | | | | | | 玩 | wán | 1998 |
| | | | | | | 玮 | wěi | 2023 |
| | | | | | | [瑋] | | |
| | | | | | | 环 | huán | 843 |
| | | | | | | [環] | | |
| | | | | | | 玭 | pín | 1490 |
| | | | | | | 玡 | yá | 2238 |
| | | | | | | 现 | xiàn | 2115 |
| | | | | | | [現] | | |
| | | | | | | 玱 | cōng | 319 |
| | | | | | | [瑲] | | |
| | | | | | | 玠 | jiè | 999 |
| | | | | | | 玢 | bīn | 117 |
| | | | | | | | fēn | 576 |
| | | | | | | 玲 | qiāng | 1553 |
| | | | | | | [瑲] | | |
| | | | | | | 玫 | méi | 1320 |
| | | | | | | 玥 | yuè | 2420 |
| | | | | | | 玦 | jué | 1063 |
| | | | | | | [五画] | | |
| | | | | | | 珌 | bì | 96 |
| | | | | | | 珏 | jué | 1063 |
| | | | | | | 珐 | fà | 534 |
| | | | | | | 珂 | kē | 1095 |
| | | | | | | 珑 | lóng | 1257 |
| | | | | | | [瓏] | | |
| | | | | | | 玷 | diàn | 443 |
| | | | | | | 珅 | shēn | 1716 |
| | | | | | | 玲 | líng | 1237 |
| | | | | | | 珍 | zhēn | 2486 |
| | | | | | | 玳 | dài | 374 |
| | | | | | | 珀 | pò | 1504 |
| | | | | | | 皇 | huáng | 851 |
| | | | | | | 珊 | shān | 1682 |
| | | | | | | 珠 | lì | 1203 |
| | | | | | | [瓅] | | |
| | | | | | | 珉 | mín | 1355 |
| | | | | | | 玻 | bō | 128 |
| | | | | | | 珈 | jiā | 927 |
| | | | | | | [六画] | | |
| | | | | | | 珓 | jiào | 979 |
| | | | | | | 班 | bān | 45 |

| | | | | | | | | | | |
|---|---|---|---|---|---|---|---|---|---|---|
| 珲 | huī | 859 | 琫 | běng | 86 | | [十一画] | | [躃] | |
| [琿] | hún | 875 | 琵 | pí | 1477 | 璋 | zhāng | 2467 | 韫 | yùn | 2428 |
| 珪 | guī | 733 | 斌 | wǔ | 2063 | 璇 | xuán | 2217 | [韞] | | |
| 珥 | ěr | 518 | 琴 | qín | 1571 | 瑾 | jǐn | 1010 | 韛 | bài | 45 |
| 珙 | gǒng | 682 | 琶 | pá | 1443 | 璜 | huáng | 855 | [韝] | | |
| 顼 | xū | 2204 | 琪 | qí | 1523 | 璀 | cuǐ | 330 | 韬 | tāo | 1894 |
| [頊] | | | 瑛 | yīng | 2347 | 璎 | yīng | 2348 | [韜] | | |
| 珰 | dāng | 139 | 琳 | lín | 1233 | [瓔] | | | | | |
| [璫] | | | 琦 | qí | 1523 | 璁 | cōng | 320 | | 【木】 | |
| 瑶 | yáo | 2275 | 琢 | zhuó | 2581 | 璆 | qiú | 1595 | 木 | mù | 1379 |
| 珠 | zhū | 2548 | | zuó | 2613 | 璅 | suǒ | 1871 | | [一画～二画] | |
| 珖 | guāng | 727 | 琥 | hǔ | 822 | | [十二画～十三画] | | 术 | shù | 1801 |
| 班 | tǐng | 1938 | 琨 | kūn | 1140 | 璘 | lín | 1234 | [術] | | |
| 珩 | héng | 797 | 珞 | luó | 1283 | 璞 | pú | 1510 | 术 | zhú | 2550 |
| 珞 | luò | 1285 | [玀] | | | 璟 | jǐng | 1027 | 本 | běn | 81 |
| 珣 | xún | 2230 | 璐 | lù | 1268 | 璠 | fán | 540 | 未 | wèi | 2027 |
| 珵 | chēng | 232 | 琚 | jū | 1047 | 璥 | huán | 845 | 末 | mò | 1371 |
| 玺 | xǐ | 2084 | | [九画] | | [璵] | | | 札 | zhá | 2453 |
| [璽] | | | 瑄 | xuān | 2214 | 璨 | càn | 176 | 朽 | xiǔ | 2201 |
| 珣 | xún | 2230 | 瑟 | sè | 1671 | 璩 | qú | 1600 | 朴 | Piáo | 1487 |
| [璕] | | | 瑚 | hú | 820 | 璐 | lù | 1270 | | pō | 1501 |
| | [七画] | | 瑊 | jiān | 942 | 璪 | zǎo | 2443 | | pò | 1503 |
| 琉 | liú | 1251 | 瑁 | mào | 1316 | | [十四画 以上] | | 朴 | pǔ | 1511 |
| 望 | wàng | 2012 | 瑞 | ruì | 1653 | 璧 | bì | 100 | [樸] | | |
| 琅 | láng | 1161 | 瑗 | yuàn | 2417 | 瓒 | zàn | 2439 | 机 | bā | 26 |
| 琎 | jìn | 1016 | 瑜 | yú | 2391 | [瓚] | | | 杀 | shā | 1672 |
| [璡] | | | 瑰 | guī | 733 | 璺 | wèn | 2040 | [殺] | | |
| 球 | qiú | 1594 | 瑀 | yǔ | 2397 | 瓤 | xiāng | 2129 | 朱 | zhū | 2547 |
| 琏 | liǎn | 1210 | 瑕 | xiá | 2093 | 瓘 | guàn | 723 | [硃] | | |
| [璉] | | | 瑑 | zhuàn | 2568 | | | | 机 | jī | 892 |
| 琐 | suǒ | 1870 | 瑙 | nǎo | 1402 | | 【韦(韋)】 | | [機] | | |
| [瑣] | | | | [十画] | | 韦 | wéi | 2016 | 朵 | duǒ | 505 |
| 理 | lǐ | 1192 | 瑢 | róng | 1639 | [韋] | | | 杂 | zá | 2430 |
| 琀 | hán | 760 | 璃 | lí | 1188 | 韧 | rèn | 1634 | [雜] | | |
| 琇 | xiù | 2203 | 瑭 | táng | 1891 | [韌] | | | 权 | quán | 1604 |
| 珺 | jùn | 1071 | 璈 | áo | 19 | 韔 | chàng | 212 | [權] | | |
| | [八画] | | 瑨 | jìn | 1017 | [韔] | | | | [三画] | |
| 琮 | cóng | 323 | 璊 | mén | 1329 | 韨 | fú | 600 | 杧 | máng | 1308 |
| 琯 | guǎn | 719 | [璊] | | | [韍] | | | 杆 | gān | 631 |
| 琬 | wǎn | 2003 | 瑱 | tiàn | 1922 | 韪 | wěi | 2024 | | gǎn | 632 |
| 琼 | qióng | 1590 | | zhèn | 2491 | [韙] | | | 杠 | gāng | 640 |
| [瓊] | | | 瑷 | ài | 9 | 韩 | Hán | 760 | | gàng | 642 |
| 琰 | yǎn | 2257 | [璦] | | | [韓] | | | 杜 | dù | 485 |
| 琛 | chēn | 225 | 瑶 | yáo | 2277 | 韪 | wěi | 2025 | 杕 | dì | 429 |

| | | | | | | | | | | | |
|---|---|---|---|---|---|---|---|---|---|---|---|
| | duò | 506 | (菓) | | | 柿 | shì | 1769 | (栢) | bó | 130 |
| 杕 | zhàng | 2470 | 果 | guǒ | 742 | (杮) | | | | bò | 134 |
| 朷 | wù | 2065 | 梖 | bèi | 75 | 栏 | lán | 1155 | 柝 | tuò | 1986 |
| 村 | cūn | 331 | [根] | | | [欄] | | | 柢 | zhī | 2510 |
| 杙 | yì | 2324 | 枘 | ruì | 1652 | 样 | bàn | 53 | 柢 | dǐ | 425 |
| 材 | cái | 164 | 枫 | gāng | 640 | 枰 | píng | 1501 | 枸 | gōu | 685 |
| 杏 | xìng | 2191 | [棡] | | | 柲 | bì | 96 | | gǒu | 687 |
| 束 | shù | 1801 | 枧 | jiǎn | 943 | 栈 | zhàn | 2462 | | jǔ | 1049 |
| 杓 | biāo | 110 | [梘] | | | [棧] | | | 栅 | shān | 1682 |
| 极 | jí | 904 | 采 | cǎi | 165 | 标 | biāo | 110 | | zhà | 2455 |
| [極] | | | 枞 | cōng | 319 | [標] | | | 柳 | liǔ | 1252 |
| 权 | chā | 187 | 樅 | zōng | 2595 | 柰 | nài | 1392 | 枹 | bāo | 59 |
| | chà | 194 | 松 | sōng | 1845 | 柑 | gān | 632 | | fú | 600 |
| 杞 | Qǐ | 1526 | 松 | sōng | 1845 | 某 | mǒu | 1377 | 柊 | zhōng | 2538 |
| 杝 | lí | 1185 | [鬆] | | | 枻 | yì | 2326 | 栎 | lì | 1203 |
| 杨 | yáng | 2266 | 枪 | qiāng | 1553 | 枯 | kū | 1120 | [櫟] | yuè | 2420 |
| [楊] | | | [槍] | | | 柃 | líng | 1237 | 柽 | chēng | 231 |
| 李 | lǐ | 1190 | 杵 | chǔ | 287 | 栉 | zhī | 2526 | [檉] | | |
| 杩 | mǎ | 1294 | 枚 | méi | 1320 | [櫛] | | | 树 | shù | 1802 |
| [榪] | | | 枨 | chéng | 239 | 柯 | kē | 1095 | [樹] | | |
| **[四画]** | | | [棖] | | | 柄 | bǐng | 122 | 枲 | xǐ | 2084 |
| 枓 | dǒu | 476 | 析 | xī | 2073 | 柘 | zhè | 2484 | 柔 | róu | 1641 |
| 枋 | fāng | 552 | 板 | bǎn | 47 | 柩 | jiù | 1041 | 枷 | jiā | 927 |
| 杭 | Háng | 767 | 枭 | xiāo | 2137 | 栊 | lóng | 1257 | 架 | jià | 935 |
| 枕 | zhěn | 2489 | [梟] | | | [櫳] | | | **[六画]** | | |
| 枉 | wǎng | 2009 | 枫 | fēng | 586 | 栋 | dòng | 472 | 桉 | ān | 13 |
| 林 | lín | 1231 | [楓] | | | [棟] | | | 案 | àn | 15 |
| 枝 | zhī | 2507 | 构 | gòu | 688 | 栌 | lú | 1265 | 栾 | luán | 1276 |
| 枢 | shū | 1792 | [構] | | | [櫨] | | | [欒] | | |
| [樞] | | | 杭 | àng | 18 | 查 | chá | 190 | 栐 | yī | 2308 |
| 杯 | bēi | 70 | 杼 | zhù | 2558 | (查) | zhā | 2452 | 桨 | jiǎng | 962 |
| (盃) | | | 杻 | chǒu | 272 | 相 | xiāng | 2122 | [槳] | | |
| 枥 | lì | 1202 | | niǔ | 1429 | | xiàng | 2135 | 校 | jiào | 979 |
| [櫪] | | | 杷 | pá | 1442 | 柙 | xiá | 2093 | | xiào | 2153 |
| 柜 | guì | 735 | **[五画]** | | | 枵 | xiāo | 2137 | 桩 | zhuāng | 2570 |
| [櫃] | jǔ | 1049 | 柒 | qī | 1515 | 柚 | yóu | 2371 | [樁] | | |
| 枇 | pí | 1476 | 染 | rǎn | 1617 | | yòu | 2383 | 核 | hé | 787 |
| 杶 | hù | 825 | 柠 | níng | 1424 | 枳 | zhǐ | 2521 | | hú | 819 |
| 杪 | miǎo | 1350 | [檸] | | | 柷 | chù | 288 | 样 | yàng | 2271 |
| 枣 | zǎo | 2443 | 柂 | yí | 2310 | 柮 | duò | 506 | [樣] | | |
| [棗] | | | 柁 | tuó | 1985 | 柞 | Zhà | 2454 | 桊 | juàn | 1060 |
| 杳 | yǎo | 2277 | 亲 | qīn | 1569 | | zuò | 2619 | 栟 | bēn | 81 |
| 呆 | gǎi | 650 | [親] | qìng | 1588 | 柎 | fū | 595 | | bīng | 121 |
| 果 | guǒ | 742 | 柱 | zhù | 2559 | 柏 | bǎi | 40 | 框 | kuàng | 1135 |

| | | | | | | | | | | |
|---|---|---|---|---|---|---|---|---|---|---|
| 梆 | bāng | 54 | [桦] | | | 梅 | méi | 1321 | 椒 | jiāo | 971 |
| 栻 | shì | 1772 | 桁 | héng | 797 | 桷 | jué | 1065 | 棹 | zhào | 2476 |
| 桂 | guì | 737 | 桀 | jié | 993 | 桶 | tǒng | 1951 | 棵 | kē | 1096 |
| 桔 | jié | 993 | 桋 | yí | 2310 | 梄 | yóu | 2373 | 棍 | gùn | 739 |
| | jú | 1048 | 格 | gē | 654 | 梭 | suō | 1867 | 椤 | luó | 1283 |
| 栲 | kǎo | 1093 | | gé | 657 | 棂 | líng | 1239 | [欏] | | |
| 栳 | lǎo | 1174 | 桅 | wéi | 2019 | [檽] | | | 棰 | chuí | 305 |
| 栽 | zāi | 2433 | 栒 | xún | 2230 | 椁 | qǐn | 1573 | 椎 | chuí | 305 |
| 栱 | gǒng | 682 | 栩 | xǔ | 2208 | 椆 | jū | 1047 | | zhuī | 2575 |
| 桓 | Huán | 844 | 桑 | sāng | 1667 | [八画] | | | 集 | jí | 909 |
| 栖 | qī | 1515 | 根 | gēn | 664 | 棕 | zōng | 2596 | 棉 | mián | 1343 |
| (棲) | | | [七画] | | | 棺 | guān | 719 | 椑 | bēi | 72 |
| 栗 | lì | 1203 | 桫 | suō | 1867 | 棓 | bàng | 56 | | pí | 1477 |
| 栶 | zhuā | 2562 | 梁 | liáng | 1216 | | bèi | 79 | 棚 | péng | 1468 |
| [樝] | | | (樑) | | | 椋 | liáng | 1216 | 楗 | jiàn | 956 |
| 桎 | zhì | 2527 | 梓 | zǐ | 2586 | 椁 | guǒ | 743 | 棣 | dì | 432 |
| 桡 | ráo | 1619 | 梳 | shū | 1793 | 棬 | quān | 1604 | 椐 | jū | 1047 |
| [橈] | | | 梲 | zhuō | 2579 | 椪 | pèng | 1470 | 棔 | hūn | 874 |
| 桄 | guāng | 727 | 梯 | tī | 1904 | 椰 | láng | 1161 | 椭 | tuǒ | 1986 |
| | guàng | 729 | 桹 | láng | 1161 | 桼 | qī | 1531 | [橢] | | |
| 档 | dàng | 394 | 梾 | lái | 1153 | 棪 | yǎn | 2257 | 棋 | jǔ | 1051 |
| [檔] | | | [棶] | | | 棒 | bàng | 55 | [九画] | | |
| 柴 | chái | 196 | 梼 | táo | 1896 | 棱 | lēng | 1181 | 榉 | jǔ | 1051 |
| 桢 | zhēn | 2488 | [檮] | | | | léng | 1181 | [欅] | | |
| [楨] | | | 械 | xiè | 2164 | | líng | 1239 | 楦 | xuàn | 2220 |
| 桐 | tóng | 1947 | 桲 | •po | 1506 | 楮 | chǔ | 287 | 楪 | chèn | 231 |
| 栔 | qī | 1516 | 梽 | zhì | 2528 | 棋 | qí | 1523 | [櫬] | | |
| [檉] | | | 梵 | fàn | 550 | 椰 | yē | 2282 | 椸 | yí | 2313 |
| 栓 | shuān | 1809 | 梗 | gěng | 669 | 楛 | hù | 825 | 榈 | lú | 1272 |
| 桧 | guì | 737 | 梧 | wú | 2058 | | kǔ | 1123 | [櫚] | | |
| [檜] | huì | 870 | 梿 | lián | 1208 | 植 | zhí | 2515 | 楂 | chá | 193 |
| 桃 | táo | 1895 | [槤] | | | 森 | sēn | 1672 | 楼 | lóu | 1260 |
| 株 | zhū | 2549 | 桂 | bì | 96 | 琴 | shēn | 1719 | [樓] | | |
| 梃 | tǐng | 1938 | 梢 | shāo | 1702 | 椟 | dú | 484 | 楔 | xiē | 2156 |
| | tìng | 1938 | 桯 | tīng | 1934 | [櫝] | | | 楸 | èr | 521 |
| 栝 | guā | 707 | 棃 | lí | 1188 | 棫 | yù | 2403 | [櫄] | | |
| | kuò | 1142 | 桭 | chén | 230 | 椅 | yī | 2308 | 椿 | chūn | 308 |
| 栴 | zhān | 2459 | 桜 | ruǐ | 1652 | | yǐ | 2319 | 椹 | shèn | 1724 |
| 桥 | qiáo | 1562 | 桴 | fú | 603 | 椓 | zhuó | 2581 | | zhēn | 2488 |
| [橋] | | | 检 | jiǎn | 944 | 椠 | qiàn | 1553 | 楠 | nán | 1398 |
| 栿 | fú | 601 | [檢] | | | [槧] | | | 楂 | chá | 193 |
| 柏 | jiù | 1041 | 桼 | qī | 1516 | 棠 | táng | 1890 | | zhā | 2453 |
| 臬 | niè | 1422 | 梏 | gù | 705 | 棑 | pái | 1447 | 榃 | tán | 1884 |
| 桦 | huà | 839 | 梨 | lí | 1188 | 棐 | fěi | 567 | 楚 | chǔ | 288 |

| | | | | | | | | |
|---|---|---|---|---|---|---|---|---|
| 楝 | liàn | 1214 | 模 | mó | 1367 | [十二画] | | 【歹】 |
| 楷 | jiē | 988 | | mú | 1378 | 樟 tóng | 1949 | 歹 dǎi 372 |
| | kǎi | 1082 | 槫 | fú | 605 | 樽 zūn | 2612 | [二画～五画] |
| 榄 | lǎn | 1158 | 榎 | jiǎ | 934 | 槮 shēn | 1719 | 死 sǐ 1836 |
| [欖] | | | 樏 | míng | 1364 | 樾 yuè | 2422 | 夙 sù 1853 |
| 楫 | jí | 911 | 槅 | gé | 660 | 檠 qíng | 1587 | 歼 jiān 938 |
| 榅 | wēn | 2032 | 槚 | jiǎ | 934 | 橛 jué | 1066 | [殲] |
| 楬 | jié | 993 | [檟] | | | 橱 chú | 285 | 殁 mò 1372 |
| 楼 | wēi | 2015 | 槛 | jiàn | 957 | 橘 qín | 1573 | 残 cán 172 |
| 榀 | pǐn | 1493 | | kǎn | 1085 | 橇 qiāo | 1561 | [殘] |
| 楞 | léng | 1181 | 槐 | huáng | 857 | 樵 qiáo | 1562 | 殂 cú 326 |
| 榾 | gǔ | 701 | 榻 | tà | 1874 | 橹 lǔ | 1266 | 殃 yāng 2262 |
| 榆 | yú | 2391 | 桦 | sǔn | 1866 | [櫓] | | 殄 tiǎn 1921 |
| 楸 | qiū | 1592 | 檇 | zuì | 2611 | 橙 chéng | 244 | 殇 shāng 1689 |
| 椴 | duàn | 492 | [檇] | | | 橘 jú | 1049 | [殤] |
| 楩 | pián | 1483 | 槔 | gāo | 649 | 樨 xī | 2080 | 殆 dài 376 |
| 槐 | huái | 840 | 榭 | xiè | 2165 | 橼 yuán | 2414 | [六画～八画] |
| 槌 | chuí | 305 | 槃 | pán | 1452 | [櫞] | | 毙 bì 96 |
| 楯 | dùn | 501 | 榴 | liú | 1252 | [十三画] | | [斃] |
| | shǔn | 1820 | 楣 | xiè | 2165 | 檩 lǐn | 1235 | 殊 shū 1792 |
| 榮 | yíng | 2351 | [十一画] | | | 檀 tán | 1884 | 殉 xùn 2232 |
| 概 | gài | 625 | 樟 | zhāng | 2467 | 檑 léi | 1178 | 殒 yǔn 2426 |
| 楣 | méi | 1322 | 橘 | dī | 420 | 檬 méng | 1332 | [殞] |
| 椽 | chuán | 297 | 槺 | kāng | 1089 | 檄 xí | 2083 | 殍 piǎo 1487 |
| [十画] | | | 樗 | chū | 283 | 檞 kuí | 1138 | 殓 liàn 1213 |
| 榕 | róng | 1639 | 槥 | huì | 872 | 檐 yán | 2253 | [殮] |
| 榨 | zhà | 2455 | 樯 | qiáng | 1557 | 檗 bò | 134 | 殚 dān 383 |
| 榨 | zhà | 2455 | [檣] | | | [十四画～十六画] | | [殫] |
| (搾) | | | 槷 | niè | 1422 | 檫 chá | 193 | 殖 ·shi 1774 |
| 槟 | bīn | 118 | 槿 | jǐn | 1010 | 檮 bó | 133 | zhí 2516 |
| [檳] | bīng | 121 | 横 | héng | 797 | [十七画以上] | | 殛 jí 909 |
| 榜 | bǎng | 55 | | hèng | 799 | 櫼 jiān | 943 | [九画以上] |
| 榱 | cuī | 329 | 槽 | cáo | 180 | 櫸 qú | 1600 | 殢 tì 1912 |
| 槁 | gǎo | 650 | 樕 | qì | 1536 | 欞 léi | 1179 | [殢] |
| 槊 | shuò | 1830 | 樘 | táng | 1891 | | | 殨 huì 872 |
| 槀 | Lǎng | 1162 | 樱 | yīng | 2348 | 【犬】 | | [殨] |
| 楮 | zhǔ | 2550 | [櫻] | | | 犬 quǎn | 1609 | 殡 bìn 118 |
| [櫧] | | | 槲 | hú | 820 | 畎 quǎn | 1609 | [殯] |
| 榷 | què | 1613 | 橡 | xiàng | 2136 | 臭 chòu | 272 | 殠 chòu 273 |
| 榛 | zhēn | 2489 | 槧 | zhū | 2550 | | xiù | 2203 | 殣 jìn 1017 |
| 榧 | fěi | 568 | 樛 | jiū | 1036 | 猋 biāo | 112 | 殪 yì 2330 |
| 椪 | nì | 1414 | 橄 | gǎn | 637 | 猷 yóu | 2373 | |
| 楒 | zhī | 2510 | 槊 | yǐn | 2344 | 獒 áo | 19 | 【车(車)】 |
| 槛 | kē | 1096 | [欒] | | | | | 车 chē 221 |

| [车] jū 1045 | 轶 yì 2326 | 辈 | 辂 gé 660 |
| --- | --- | --- | --- |
| [一画~三画] | [軼] | 辋 wǎng 2010 | [輅] |
| 轧 gá 620 | 轱 gū 694 | [輞] | 辚 lín 1234 |
| [軋] yà 2241 | [軲] | 辊 gǔn 737 | [轔] |
| zhá 2453 | 轹 lì 1203 | [輥] | 轗 kǎn 1085 |
| 轨 guǐ 733 | [轢] | 輗 ní 1411 | [轗] |
| [軌] | 轳 | [輗] | 轘 huán 845 |
| 轩 xuān 2212 | 轻 qīng 1576 | 辍 chuò 311 | [轘] |
| [軒] | [輕] | [輟] | |
| 轪 dài 374 | 轺 yáo 2274 | 辎 zī 2583 | 【戈】 |
| [軑] | [軺] | [輜] | 戈 gē 653 |
| 轫 yuè 2420 | [六画] | [九画] | [一画~三画] |
| [軏] | 较 jiào 980 | 輶 yóu 2373 | 戋 jiān 936 |
| 轫 rèn 1634 | [較] | [輶] | [戔] |
| [韌,靭] | 轼 shì 1772 | 辏 còu 323 | 戊 wù 2064 |
| [四画] | [軾] | [輳] | 戎 róng 1637 |
| 转 zhuǎi 2562 | 载 zǎi 2433 | 毂 gū 694 | 戍 shù 1801 |
| [轉] zhuǎn 2565 | [載] zài 2437 | [轂] gǔ 701 | 戌 ·qu 1604 |
| zhuàn 2568 | 轮 ér 516 | 辐 fú 604 | xū 2204 |
| 轭 è 510 | [輛] | [輻] | 成 chéng 234 |
| [軛] | 轾 zhì 2527 | 辑 jí 911 | 戒 jiè 998 |
| 轮 lún 1279 | [輊] | [輯] | [四画~五画] |
| [輪] | 辁 quán 1608 | 辒 wēn 2032 | 或 huò 885 |
| 斩 zhǎn 2459 | [輇] | [輼] | 戗 qiāng 1554 |
| [斬] | 轿 jiào 980 | 输 shū 1796 | [戧] qiàng 1560 |
| 软 ruǎn 1650 | [轎] | [輸] | 战 zhàn 2462 |
| [軟] | 辀 zhōu 2545 | 輴 chūn 308 | [戰] |
| 轰 hōng 800 | [輈] | [輴] | [六画~八画] |
| [轟] | 辂 lù 1267 | 輮 róu 1642 | 戛 jiá 931 |
| [五画] | [輅] | [輮] | 戚 qī 1516 |
| 轱 gū 694 | [七画] | [十画~十一画] | 戟 jǐ 914 |
| [軲] | 辄 zhé 2481 | 辖 xiá 2093 | 戡 jí 909 |
| 轲 kē 1095 | [輒,輙] | [轄] | [九画 以上] |
| [軻] kě 1101 | 辅 fǔ 607 | 辕 yuán 2414 | 戡 kān 1084 |
| 轳 lú 1265 | [輔] | [轅] | 戥 děng 416 |
| [轤] | 辆 liàng 1221 | 辗 zhǎn 2461 | 戤 gài 626 |
| 轴 zhóu 2546 | [輛] | [輾] | 戣 kuí 1138 |
| [軸] zhòu 2546 | [八画] | 辘 lù 1270 | 戬 jiǎn 949 |
| 轵 zhǐ 2522 | 辌 liáng 1216 | [轆] | 截 jié 993 |
| [軹] | [輬] | 轇 jiāo 973 | 戮 lù 1270 |
| 轷 Hū 817 | 辁 guǎn 719 | [轇] | 戴 dài 378 |
| [軤] | [輨] | [十二画 以上] | 戳 chuō 310 |
| 轸 zhěn 2490 | 辇 niǎn 1418 | 辙 zhé 2482 | |
| [軫] | [輦] | [轍] | 【比(比)】 |
| | 辈 bèi 78 | | |

## 瓦 止 支 日

| | | |
|---|---|---|
| 比 | bǐ | 89 |
| 毕 | bì | 94 |
| [畢] | | |
| 皆 | jiē | 983 |

### 【瓦(瓦)】

| | | |
|---|---|---|
| 瓦 | wǎ | 1989 |
| | wà | 1990 |

[三画~九画]

| | | |
|---|---|---|
| 瓯 | ōu | 1439 |
| [甌] | | |
| 瓮 | wèng | 2040 |
| 瓴 | líng | 1237 |
| 瓷 | cí | 313 |
| 瓶 | píng | 1501 |
| 瓻 | chī | 251 |
| 瓿 | bù | 160 |
| 甂 | cèi | 185 |
| 甄 | zhēn | 2489 |
| 甃 | zhòu | 2547 |

[十画以上]

| | | |
|---|---|---|
| 甑 | zèng | 2452 |
| 甏 | bèng | 87 |
| 甔 | dān | 383 |
| 甓 | pì | 1480 |
| 甗 | yǎn | 2258 |

### 【止】

| | | |
|---|---|---|
| 止 | zhǐ | 2516 |
| 正 | zhēng | 2493 |
| | zhèng | 2498 |
| 此 | cǐ | 316 |
| 步 | bù | 158 |
| 武 | wǔ | 2061 |
| 肯 | kěn | 1106 |
| 耻 | chǐ | 256 |
| (恥) | | |

### 【支】

| | | |
|---|---|---|
| 敊 | tǒu | 1960 |
| 敲 | qiāo | 1560 |

### 【日】

| | | |
|---|---|---|
| 日 | rì | 1635 |

[一画~三画]

| | | |
|---|---|---|
| 旦 | dàn | 384 |
| 早 | zǎo | 2442 |
| 旬 | xún | 2227 |
| 旯 | lá | 1148 |
| 旮 | gā | 620 |
| 旭 | xù | 2209 |
| 旷 | kuàng | 1133 |
| [曠] | | |
| 旰 | gàn | 638 |
| 旱 | hàn | 764 |
| 时 | shí | 1749 |
| [時] | | |
| 旸 | yáng | 2266 |
| [暘] | | |

[四画]

| | | |
|---|---|---|
| 旻 | mín | 1354 |
| 昉 | fǎng | 556 |
| 昋 | Guì | 736 |
| | jiǒng | 1034 |
| 旺 | wàng | 2011 |
| 昊 | hào | 777 |
| 昙 | tán | 1882 |
| [曇] | | |
| 昍 | wěi | 2023 |
| [暐] | | |
| 昔 | xī | 2073 |
| 昃 | zè | 2448 |
| 昆 | kūn | 1140 |
| 昆 | Kūn | 1140 |
| (崑) | | |
| 昌 | chāng | 203 |
| 睍 | xiàn | 2117 |
| [晛] | | |
| 昕 | xīn | 2173 |
| 昀 | yún | 2426 |
| 明 | míng | 1358 |
| 昏 | hūn | 872 |
| 易 | yì | 2325 |
| 昂 | áng | 18 |

[五画]

| | | |
|---|---|---|
| 昱 | yù | 2400 |
| 昡 | xuàn | 2219 |
| 昶 | chǎng | 211 |

| | | |
|---|---|---|
| 春 | chūn | 305 |
| [旾] | | |
| 昧 | mèi | 1325 |
| 是 | shì | 1769 |
| (昰) | | |
| 昺 | bǐng | 122 |
| 昽 | lóng | 1257 |
| [曨] | | |
| 显 | xiǎn | 2112 |
| [顯] | | |
| 映 | yìng | 2354 |
| (暎) | | |
| 星 | xīng | 2182 |
| 昳 | dié | 452 |
| | yì | 2326 |
| 昨 | zuó | 2612 |
| 昝 | zǎn | 2438 |
| 昫 | xù | 2209 |
| 昴 | mǎo | 1314 |
| 昵 | nì | 1412 |
| 昭 | zhāo | 2473 |

[六画]

| | | |
|---|---|---|
| 晏 | yàn | 2260 |
| 晕 | yūn | 2423 |
| [暈] | yùn | 2428 |
| 晖 | huī | 859 |
| [暉] | | |
| 晋 | jìn | 1015 |
| 晅 | xuǎn | 2219 |
| 晒 | shài | 1678 |
| [曬] | | |
| 晟 | Chéng | 242 |
| 晓 | xiǎo | 2152 |
| [曉] | | |
| 晁 | Cháo | 218 |
| 晃 | huǎng | 856 |
| | huàng | 856 |
| | Huàng | 856 |
| 晔 | yè | 2288 |
| [曄] | | |
| 晌 | shǎng | 1691 |

[七画]

| | | |
|---|---|---|
| 晾 | làng | 1163 |
| 匙 | chí | 255 |

| | | |
|---|---|---|
| | ·shi | 1773 |
| 晤 | wù | 2068 |
| 晨 | chén | 230 |
| 晢 | zhé | 2481 |
| 晗 | hán | 760 |
| 晞 | xī | 2075 |
| 晦 | huì | 871 |
| 晚 | wǎn | 2001 |

[八画]

| | | |
|---|---|---|
| 晾 | liàng | 1222 |
| 景 | jǐng | 1027 |
| 晬 | zuì | 2610 |
| 晴 | qíng | 1586 |
| 暑 | shǔ | 1798 |
| 晰 | xī | 2076 |
| (晳) | | |
| 量 | liáng | 1216 |
| | liàng | 1222 |
| 晻 | yǎn | 2257 |
| 暂 | zàn | 2438 |
| [暫] | | |
| 晶 | jīng | 1023 |
| 智 | zhì | 2528 |
| 晷 | guǐ | 735 |

[九画]

| | | |
|---|---|---|
| 暄 | xuān | 2214 |
| 暗 | àn | 16 |
| 暅 | gèng | 670 |
| 暕 | jiǎn | 947 |
| 暍 | yē | 2282 |
| 暖 | nuǎn | 1436 |
| 暌 | kuí | 1137 |
| 暇 | xiá | 2093 |
| 暋 | mǐn | 1356 |

[十画~十一画]

| | | |
|---|---|---|
| 暠 | gǎo | 651 |
| 暝 | míng | 1364 |
| 暧 | ài | 9 |
| [曖] | | |
| 㬎 | xiǎn | 2114 |
| 暵 | hàn | 765 |
| 暴 | bào | 68 |

[十二画~十三画]

| | | |
|---|---|---|
| 燠 | yù | 2405 |

## 日贝见

| | | |
|---|---|---|
| 瞳 | tóng | 1949 |
| 暾 | tūn | 1978 |
| 曀 | yì | 2330 |
| 曚 | méng | 1332 |
| 曙 | shǔ | 1800 |

[十四画 以上]

| 曛 | xūn | 2227 |
|---|---|---|
| 曜 | yào | 2282 |
| 曝 | bào | 70 |
| 曦 | xī | 2080 |
| 曩 | nǎng | 1399 |

### 【日(曰)】

曰 yuē 2417

[二画～七画]

| 旨 | zhǐ | 2518 |
|---|---|---|
| 者 | zhě | 2482 |
| 沓 | dá | 342 |
| | tà | 1874 |
| 冒 | mào | 1314 |
| | mò | 1372 |
| 曷 | hé | 787 |
| 耆 | qí | 1522 |
| 曹 | cáo | 180 |
| 冕 | miǎn | 1345 |

[八画 以上]

| 替 | tì | 1911 |
|---|---|---|
| 最 | zuì | 2609 |

### 【贝(貝)】

贝 bèi 75
[貝]

[二画～四画]

| 财 | cái | 164 |
|---|---|---|
| [財] | | |
| 饴 | yí | 2309 |
| [貽] | | |
| 贻 | yì | 2324 |
| [貽] | | |
| 贮 | zhù | 2558 |
| [貯] | | |
| 责 | zé | 2446 |
| [責] | | |
| 贪 | tān | 1880 |

[貪]

| 贬 | biǎn | 104 |
|---|---|---|
| [貶] | | |
| 贫 | pín | 1490 |
| [貧] | | |
| 败 | bài | 42 |
| [敗] | | |
| 货 | huò | 886 |
| [貨] | | |
| 贩 | fàn | 549 |
| [販] | | |
| 购 | gòu | 688 |
| [購] | | |
| 贯 | guàn | 721 |
| [貫] | | |
| 账 | zhàng | 2470 |
| [賬] | | |

[五画]

| 贱 | jiàn | 954 |
|---|---|---|
| [賤] | | |
| 贲 | bēn | 81 |
| [賁] | bì | 96 |
| 贳 | shì | 1769 |
| [貰] | | |
| 贴 | tiē | 1929 |
| [貼] | | |
| 贵 | guì | 736 |
| [貴] | | |
| 贶 | kuàng | 1135 |
| [貺] | | |
| 贷 | dài | 376 |
| [貸] | | |
| 贸 | mào | 1315 |
| [貿] | | |
| 贻 | yí | 2310 |
| [貽] | | |
| 费 | fèi | 569 |
| [費] | | |
| 贺 | hè | 789 |
| [賀] | | |

[六画～七画]

| 赃 | zāng | 2439 |
|---|---|---|
| [贓] | | |
| 资 | zī | 2582 |

[資, 貲]

| 赅 | gāi | 622 |
|---|---|---|
| [賅] | | |
| 贼 | zéi | 2448 |
| [賊] | | |
| 贾 | gǔ | 699 |
| [賈] | Jiǎ | 932 |
| 贿 | huì | 870 |
| [賄] | | |
| 赀 | zhì | 2527 |
| [贄] | | |
| 赁 | lìn | 1235 |
| [賃] | | |
| 赂 | lù | 1268 |
| [賂] | | |
| 赆 | jìn | 1015 |
| [贐] | | |
| 赉 | lài | 1153 |
| [賚] | | |
| 赈 | zhèn | 2491 |
| [賑] | | |
| 赇 | qiú | 1595 |
| [賕] | | |
| 赊 | shē | 1707 |
| [賒] | | |

[八画]

| 赔 | péi | 1462 |
|---|---|---|
| [賠] | | |
| 赕 | dǎn | 384 |
| [賧] | | |
| 赋 | fù | 616 |
| [賦] | | |
| 赌 | qíng | 1586 |
| [賭] | | |
| 赌 | dǔ | 485 |
| [賭] | | |
| 赍 | jī | 899 |
| [賫] | | |
| 赎 | shú | 1797 |
| [贖] | | |
| 赏 | shǎng | 1691 |
| [賞] | | |
| 赐 | cì | 319 |
| [賜] | | |

| 赑 | bì | 97 |
|---|---|---|
| [贔] | | |

[九画 以上]

| 赗 | fèng | 593 |
|---|---|---|
| [賵] | | |
| 赚 | zhuàn | 2568 |
| [賺] | zuàn | 2608 |
| 赘 | zhuì | 2576 |
| [贅] | | |
| 赙 | fù | 618 |
| [賻] | | |
| 赟 | yūn | 2423 |
| [贇] | | |
| 赠 | zèng | 2451 |
| [贈] | | |
| 赕 | dàn | 387 |
| [賧] | | |
| 赞 | zàn | 2438 |
| [贊, 賛] | | |
| 赡 | shàn | 1687 |
| [贍] | | |

### 【见(見)】

| 见 | jiàn | 949 |
|---|---|---|
| [見] | xiàn | 2115 |

[二画～四画]

| 观 | guān | 715 |
|---|---|---|
| | guàn | 721 |
| 规 | guī | 731 |
| [規] | | |
| 觅 | mì | 1339 |
| [覓, 覔] | | |
| 觉 | jiào | 979 |
| [覺] | jué | 1063 |
| 觇 | chān | 197 |
| [覘] | | |
| 览 | lǎn | 1157 |
| [覽] | | |
| 觊 | sì | 1844 |
| [覗] | | |
| 觊 | jì | 920 |
| [覬] | | |
| 舰 | jiàn | 955 |
| [艦] | | |

| | | | | | | | | |
|---|---|---|---|---|---|---|---|---|
| 觋 | xí | 2082 | 牸 | zì | 2595 | 擘 | bò | 134 |
| [覡] | | | 特 | tè | 1899 | 攀 | pān | 1449 |
| [八画 以上] | | | 牺 | xī | 2074 | | | |
| 靓 | jìng | 1031 | [犧] | | | 【毛】 | | |
| [靚] | liàng | 1222 | [七画～八画] | | | 毛 | máo | 1310 |
| 觌 | dí | 422 | 牾 | wǔ | 2063 | [五画～九画] | | |
| [覿] | | | 牻 | máng | 1309 | 毡 | zhān | 2458 |
| 觍 | miǎn | 1345 | 犁 | lí | 1188 | [氈] | | |
| [覥] tiǎn | 1921 | 犊 | dú | 484 | 耄 | mào | 1316 |
| 觎 | yú | 2392 | [犢] | | | 毨 | xiǎn | 2114 |
| [覦] | | | 犋 | jù | 1055 | 毪 | mú | 1378 |
| 觏 | gòu | 690 | 犍 | jiān | 942 | 毦 | rǒng | 1641 |
| [覯] | | | | qián | 1549 | 毰 | péi | 1463 |
| 觐 | jìn | 1017 | 犀 | xī | 2078 | 毯 | tǎn | 1886 |
| [覲] | | | [九画 以上] | | | 毳 | cuì | 331 |
| 觑 | qū | 1599 | 犏 | piān | 1482 | 毵 | sān | 1664 |
| [覰] qù | 1604 | 犒 | kào | 1093 | [毿] | | |
| 觊 | guī | 733 | 犛 | lí | 1188 | 毽 | jiàn | 956 |
| [覯] | | | 犡 | léi | 1178 | 毷 | mào | 1316 |
| | | | 犟 | jiàng | 965 | 毸 | sāi | 1658 |
| 【父】 | | | 犨 | chōu | 268 | 毹 | shū | 1796 |
| 父 | fǔ | 605 | | | | [十一画 以上] | | |
| | fù | 609 | 【手】 | | | 麾 | huī | 860 |
| 爷 | yé | 2282 | 手 | shǒu | 1777 | 氆 | pǔ | 1512 |
| [爺] | | | [六画～九画] | | | 氅 | chǎng | 212 |
| 釜 | fǔ | 607 | 挛 | luán | 1276 | 氇 | ·lu | 1271 |
| 爹 | diē | 451 | [攣] | | | [氌] | | |
| | | | 拳 | quán | 1608 | 氉 | sào | 1670 |
| 【牛(牜 牛)】 | | | 挈 | qiè | 1568 | 氍 | qú | 1600 |
| 牛 | niú | 1426 | 挚 | zhì | 2527 | | | |
| [二画～四画] | | | [摯] | | | 【气】 | | |
| 牝 | pìn | 1493 | 挲 | sā | 1656 | 气 | qì | 1531 |
| 牟 | móu | 1376 | | shā | 1676 | [氣] | | |
| | mù | 1382 | | suō | 1867 | [一画～五画] | | |
| 牤 | māng | 1307 | 掰 | bāi | 32 | 氕 | piē | 1488 |
| 牡 | mǔ | 1379 | 掣 | chè | 224 | 氘 | dāo | 396 |
| 牣 | rèn | 1634 | 掱 | pá | 1443 | 氖 | nǎi | 1392 |
| 牦 | máo | 1313 | [九画 以上] | | | 氙 | xiān | 2106 |
| 牧 | mù | 1383 | 摹 | yán | 2252 | 氚 | chuān | 291 |
| 物 | wù | 2065 | 摩 | mā | 1290 | 氛 | fēn | 576 |
| [五画～六画] | | | | mó | 1368 | 氡 | dōng | 468 |
| 牯 | gǔ | 699 | 搿 | gé | 660 | 氢 | qīng | 1578 |
| 牲 | shēng | 1733 | 擎 | qíng | 1587 | [氫] | | |
| 牮 | jiàn | 954 | 攀 | mó | 1370 | 氟 | fú | 600 |

| | | | | | |
|---|---|---|---|---|---|
| [六画 以上] | | | | | |
| 氨 | ān | 13 | | | |
| 氦 | hài | 756 | | | |
| 氧 | yǎng | 2270 | | | |
| 氩 | yà | 2242 | | | |
| [氬] | | | | | |
| 氤 | yīn | 2336 | | | |
| 氪 | kè | 1106 | | | |
| 氮 | dàn | 387 | | | |
| 氰 | qíng | 1587 | | | |
| 氲 | yūn | 2423 | | | |
| | | | | | |
| 【攵】 | | | | | |
| [二画～五画] | | | | | |
| 收 | shōu | 1774 | | | |
| 改 | gǎi | 622 | | | |
| 放 | fàng | 557 | | | |
| 攽 | bān | 45 | | | |
| 政 | zhèng | 2502 | | | |
| 故 | gù | 702 | | | |
| 致 | yì | 2326 | | | |
| [敎] | | | | | |
| 畋 | tián | 1919 | | | |
| [六画～七画] | | | | | |
| 效 | xiào | 2155 | | | |
| 敖 | áo | 19 | | | |
| 致 | zhì | 2527 | | | |
| 敓 | duó | 505 | | | |
| 敝 | bì | 96 | | | |
| 赦 | shè | 1712 | | | |
| 教 | jiāo | 971 | | | |
| | jiào | 980 | | | |
| 敕 | chì | 259 | | | |
| 敔 | yǔ | 2397 | | | |
| 救 | jiù | 1041 | | | |
| 敛 | liǎn | 1210 | | | |
| [斂, 歛] | | | | | |
| 敏 | mǐn | 1355 | | | |
| 敢 | gǎn | 634 | | | |
| [八画～九画] | | | | | |
| 敩 | xiào | 2156 | | | |
| [斅] xué | 2223 | | | | |
| 敦 | duì | 498 | | | |
| | dūn | 498 | | | |

| 散 | sǎn | 1664 |
| --- | --- | --- |
| | sàn | 1666 |
| 敬 | jìng | 1031 |
| 敞 | chǎng | 212 |
| 数 | shǔ | 1799 |
| [數] | shù | 1803 |
| | shuò | 1830 |
| 敫 | Jiǎo | 977 |

**[十一画以上]**

| 敷 | fū | 596 |
| --- | --- | --- |
| 镦 | duì | 498 |
| [鐓] | dūn | 499 |

### 【片】

| 片 | piàn | 1483 |
| --- | --- | --- |
| 版 | bǎn | 48 |
| 牍 | dú | 484 |
| [牘] | | |
| 牒 | dié | 453 |
| 牌 | pái | 1448 |
| 牖 | yǒu | 2381 |

### 【斤】

| 斤 | jīn | 1001 |
| --- | --- | --- |
| 斥 | chì | 257 |
| 斧 | fǔ | 606 |
| 所 | suǒ | 1868 |
| 欣 | xīn | 2173 |
| 颀 | qí | 1522 |
| [頎] | | |
| 断 | duàn | 490 |
| [斷] | | |
| 斯 | sī | 1835 |
| 斫 | zhuó | 2579 |
| 新 | xīn | 2174 |

### 【爪(爫)】

| 爪 | zhǎo | 2474 |
| --- | --- | --- |
| | zhuǎ | 2562 |
| 妥 | tuǒ | 1985 |
| 采 | cǎi | 165 |
| | cài | 169 |
| 爬 | pá | 1442 |
| 爱 | ài | 7 |

| [愛] | | |
| --- | --- | --- |
| 舀 | yǎo | 2278 |
| 舜 | Shùn | 1823 |
| 虢 | Guó | 742 |
| 爵 | jué | 1066 |
| 繇 | yáo | 2277 |
| | zhòu | 2547 |

### 【月(月)】

| 月 | yuè | 2418 |
| --- | --- | --- |

**[一画～三画]**

| 有 | yǒu | 2374 |
| --- | --- | --- |
| | yòu | 2383 |
| 肌 | jī | 894 |
| 肋 | lē | 1175 |
| | lèi | 1180 |
| 肓 | huāng | 849 |
| 肝 | gān | 631 |
| 肟 | wò | 2043 |
| 肛 | gāng | 640 |
| 肚 | dǔ | 484 |
| | dù | 486 |
| 肘 | zhǒu | 2546 |
| 肜 | róng | 1637 |
| 肠 | cháng | 207 |
| [腸] | | |

**[四画]**

| 肪 | fáng | 554 |
| --- | --- | --- |
| 肮 | āng | 18 |
| [骯] | | |
| 育 | yō | 2357 |
| | yù | 2399 |
| 肩 | jiān | 940 |
| 肤 | fū | 595 |
| [膚] | | |
| 肼 | jǐng | 1027 |
| 阮 | ruǎn | 1652 |
| 肫 | zhuān | 2565 |
| [膞] | | |
| 肢 | zhī | 2509 |
| 肺 | fèi | 568 |
| 肽 | tài | 1879 |
| 肱 | gōng | 680 |
| 肫 | zhūn | 2576 |

| 朒 | miǎo | 1350 |
| --- | --- | --- |
| 肯 | kěn | 1106 |
| 肾 | shèn | 1723 |
| [腎] | | |
| 肿 | zhǒng | 2539 |
| [腫] | | |
| 胁 | nà | 1390 |
| 胫 | xī | 2074 |
| 肴 | yáo | 2274 |
| 胀 | zhàng | 2470 |
| [脹] | | |
| 朋 | péng | 1467 |
| 肷 | qiǎn | 1550 |
| 股 | gǔ | 697 |
| 肥 | féi | 565 |
| 服 | fú | 599 |
| | fù | 612 |
| 胁 | xié | 2159 |
| [脅, 脇] | | |

**[五画]**

| 胖 | pán | 1451 |
| --- | --- | --- |
| | pàng | 1456 |
| 脉 | mài | 1299 |
| (脈) | mò | 1373 |
| 胠 | qū | 1598 |
| 胡 | hú | 818 |
| 胡 | hú | 818 |
| [鬍] | | |
| 胚 | pēi | 1461 |
| 胈 | bá | 28 |
| 胧 | lóng | 1257 |
| [朧] | | |
| 胨 | dòng | 472 |
| [腖] | | |
| 胩 | kǎ | 1073 |
| 背 | bēi | 71 |
| | bèi | 76 |
| 胪 | lú | 1265 |
| [臚] | | |
| 胆 | dǎn | 383 |
| [膽] | | |
| 胛 | jiǎ | 932 |
| 胂 | shèn | 1724 |
| 胃 | wèi | 2029 |

| 胄 | zhòu | 2546 |
| --- | --- | --- |
| 胐 | fěi | 567 |
| 胗 | zhēn | 2486 |
| 胜 | shèng | 1736 |
| [勝] | | |
| 胙 | zuò | 2619 |
| 胍 | guā | 707 |
| 胝 | zhī | 2510 |
| 胠 | qú | 1599 |
| 胞 | bāo | 59 |
| 胫 | jìng | 1030 |
| [脛] | | |
| 胎 | tāi | 1875 |
| 胥 | xū | 2204 |

**[六画]**

| 胺 | àn | 16 |
| --- | --- | --- |
| 脐 | qí | 1522 |
| [臍] | | |
| 胶 | jiāo | 970 |
| [膠] | | |
| 脊 | jǐ | 913 |
| 脑 | nǎo | 1401 |
| [腦] | | |
| 朕 | zhèn | 2491 |
| 胼 | pián | 1483 |
| 脒 | mǐ | 1339 |
| 朔 | shuò | 1829 |
| 朗 | lǎng | 1161 |
| 脓 | nóng | 1431 |
| [膿] | | |
| 胯 | kuà | 1125 |
| 胹 | ér | 516 |
| 脂 | chī | 251 |
| 胰 | yí | 2310 |
| 胱 | guāng | 727 |
| 胴 | dòng | 473 |
| 胭 | yān | 2242 |
| 脑 | nù | 1436 |
| 脍 | kuài | 1128 |
| [膾, 鱠] | | |
| 脎 | sà | 1658 |
| 脁 | tiǎo | 1927 |
| 脡 | tǐng | 1938 |
| 胳 | gā | 620 |

| | | | | | | | | | | | |
|---|---|---|---|---|---|---|---|---|---|---|---|
| | gē | 654 | 腓 | féi | 567 | 膣 | zhì | 2531 | 欲 | yù | 2402 |
| | gé | 658 | 腘 | guó | 742 | 滕 | Téng | 1903 | 欸 | āi | 5 |
| 脆 | cuì | 330 | [膕] | | | | téng | 1904 | | ǎi | 6 |
| 胸 | xiōng | 2195 | 腆 | tiǎn | 1921 | 膵 | cuì | 331 | | ē/ēi | 513 |
| 脂 | zhī | 2510 | 胰 | yí | 2391 | 膝 | xī | 2079 | | é/éi | 513 |
| 能 | néng | 1408 | 脾 | pí | 1477 | 臕 | biāo | 112 | | ě/ěi | 513 |
| [七画] | | | 腱 | jiàn | 956 | 膛 | táng | 1891 | | è/èi | 514 |
| 脘 | wǎn | 2002 | 腒 | jū | 1047 | 膪 | chuài | 290 | 款 | kuǎn | 1130 |
| 脖 | hēng | 796 | [九画] | | | 膪 | chuài | 291 | 欺 | qī | 1517 |
| 脱 | tuō | 1982 | 腤 | ān | 13 | 瞳 | tóng | 1949 | 歁 | qī | 1518 |
| 腻 | ·de/·te | 411 | 腾 | téng | 1903 | 膳 | shàn | 1687 | [九画以上] | | |
| 脬 | bó | 131 | [騰] | | | 膦 | lìn | 1235 | 歆 | xīn | 2177 |
| 脚 | jiǎo | 975 | 腻 | nì | 1413 | 膯 | tè | 1902 | 歅 | yīn | 2337 |
| 胆 | dòu | 478 | [膩] | | | | téng | 1903 | 歇 | xiē | 2156 |
| 脯 | fǔ | 608 | 腠 | còu | 323 | 膨 | péng | 1469 | 歟 | yú | 2392 |
| 豚 | tún | 1979 | 腩 | nǎn | 1399 | 膰 | fán | 540 | 歃 | shà | 1678 |
| 腡 | luó | 1283 | 腷 | bì | 97 | 䏰 | jiǎng | 963 | 歉 | qiàn | 1553 |
| [膈] | | | 腰 | yāo | 2273 | [十三画] | | | 歌 | gē | 656 |
| 脝 | pāo | 1457 | 腤 | dā | 341 | 臆 | yì | 2331 | 歔 | xū | 2207 |
| 脸 | liǎn | 1211 | 腼 | miǎn | 1345 | 膻 | shān | 1683 | 歙 | Shè | 1712 |
| [臉] | | | 腽 | wà | 1990 | 臁 | lián | 1210 | | xī | 2080 |
| 脞 | cuǒ | 336 | 腥 | xīng | 2183 | 臌 | gǔ | 701 | 歜 | chù | 290 |
| 脢 | méi | 1321 | 腮 | sāi | 1658 | 朦 | méng | 1332 | 歠 | chuò | 311 |
| 朘 | juān | 1058 | 腭 | è | 513 | 臊 | sāo | 1669 | | | |
| | zuī | 2608 | 腧 | shù | 1803 | | sào | 1670 | 【风(風)】 | | |
| 脲 | niào | 1421 | 腹 | fù | 617 | 臀 | tún | 1979 | 风 | fēng | 581 |
| [八画] | | | 腺 | xiàn | 2120 | 臂 | ·bei | 80 | [風] | | |
| 腙 | zōng | 2597 | 腄 | zhuì | 2576 | | bì | 100 | 飒 | sà | 1658 |
| 腚 | dìng | 463 | 腯 | tú | 1966 | [十四画以上] | | | [颯] | | |
| 腔 | qiāng | 1554 | [十画~十二画] | | | 臇 | téng | 1904 | 飐 | zhǎn | 2460 |
| 腕 | wàn | 2006 | 膑 | bìn | 118 | [臙] | | | [颭] | | |
| 腋 | yè | 2288 | [臏] | | | 臑 | nào | 1404 | 飑 | biāo | 112 |
| 腑 | fǔ | 608 | 膀 | bǎng | 55 | 臜 | zā | 2430 | [颮] | | |
| 脊 | qí | 1531 | | bàng | 56 | [臢] | | | 飓 | jù | 1055 |
| 腈 | jīng | 1023 | | pāng | 1454 | 【欠】 | | | [颶] | | |
| 期 | jī | 899 | | páng | 1456 | 欠 | qiàn | 1552 | 飔 | sī | 1835 |
| | qī | 1517 | 膂 | lǚ | 1273 | [三画~八画] | | | [颸] | | |
| 腊 | là | 1149 | 膗 | huò | 889 | 欤 | yú | 2386 | 飕 | sōu | 1851 |
| [臘] | | | 膜 | mó | 1367 | [歟] | | | [颼] | | |
| 腊 | xī | 2078 | 膑 | chēn | 225 | 欧 | ōu | 1439 | 飖 | yáo | 2277 |
| 朝 | cháo | 218 | 膊 | bó | 132 | [歐] | | | [颻] | | |
| | zhāo | 2473 | 膈 | gé | 660 | 欸 | kài | 1082 | 飗 | liú | 1252 |
| 腌 | ā | 2 | | gè | 663 | 欷 | xī | 2075 | [飀] | | |
| | yān | 2245 | 脾 | pí | 1477 | | | | 飘 | piāo | 1485 |

## 殳 丰 毋 水 穴 立 疒

| [飙] | | | 觎 | jiě | 995 | 窅 | yǎo | 2278 | 翊 | yì | 2328 |
| --- | --- | --- | --- | --- | --- | --- | --- | --- | --- | --- | --- |
| 飚 | biāo | 112 | 毒 | dú | 480 | [六画～七画] | | | 翌 | yì | 2328 |
| [飆] | | | 【水(氺)】 | | | 窒 | zhì | 2528 | [七画以上] | | |
| | | | | | | 窕 | tiáo | 1927 | 竦 | sǒng | 1848 |
| 【殳】 | | | 水 | shuǐ | 1813 | 窑 | yáo | 2275 | 童 | tóng | 1948 |
| 殳 | shū | 1790 | [一画～五画] | | | (窯·窰) | | | 竣 | jùn | 1071 |
| [四画～八画] | | | 永 | yǒng | 2358 | 窦 | dòu | 479 | 靖 | jìng | 1032 |
| 殴 | ōu | 1440 | 求 | qiú | 1593 | 窜 | cuàn | 328 | 竭 | jié | 994 |
| [毆] | | | 氹 | dàng | 394 | [竄] | | | 端 | duān | 487 |
| 段 | duàn | 490 | 泰 | tài | 1879 | 窝 | wō | 2041 | 赣 | Gàn | 638 |
| 羖 | gǔ | 699 | 泵 | bèng | 86 | [窩] | | | [贛] | | |
| 般 | bān | 46 | 泉 | quán | 1608 | 窖 | jiào | 982 | | | |
| | bō | 128 | [六画以上] | | | 窗 | chuāng | 299 | 【疒】 | | |
| | pán | 1451 | 浆 | jiāng | 959 | (窓) | | | [二画～三画] | | |
| 殷 | yān | 2242 | [漿] | | | 窘 | jiǒng | 1034 | 疔 | dīng | 455 |
| | yīn | 2336 | 颖 | Yǐng | 2351 | [八画～九画] | | | 疖 | jiē | 983 |
| | yǐn | 2342 | [穎] | | | 窣 | sū | 1852 | [癤] | | |
| [九画以上] | | | 黎 | lí | 1188 | 窥 | kuī | 1136 | 疗 | liáo | 1223 |
| 彀 | gòu | 690 | 黐 | chí | 255 | [窺] | | | [療] | | |
| 骰 | tóu | 1960 | | | | 窦 | dòu | 479 | 疠 | lì | 1202 |
| 毁 | huǐ | 866 | 【穴】 | | | [竇] | | | [癘] | | |
| 殿 | diàn | 445 | 穴 | xué | 2220 | 窠 | kē | 1096 | 疟 | nüè | 1437 |
| 榖 | gǔ | 701 | [一画～五画] | | | 窟 | kū | 1121 | [瘧] | yào | 2278 |
| 毅 | yì | 2330 | 穵 | wā | 1988 | 窨 | xūn | 2227 | 疝 | shàn | 1685 |
| 榖 | gǔ | 701 | 穷 | qióng | 1589 | | yìn | 2345 | 疙 | gē | 653 |
| 觳 | kòu | 1120 | [窮] | | | 窭 | jù | 1057 | 疚 | jiù | 1041 |
| [觳] | | | 究 | jiū | 1035 | [窶] | | | 疡 | yáng | 2266 |
| 觳 | hú | 821 | 空 | kōng | 1108 | 窬 | yú | 2392 | [瘍] | | |
| 觳 | hú | 821 | | kòng | 1113 | [十画以上] | | | [四画] | | |
| | | | 穸 | xī | 2074 | 窕 | yǔ | 2397 | 疢 | chèn | 230 |
| 【丰(聿聿)】 | | | 穹 | qióng | 1590 | 窿 | lóng | 1258 | 疣 | yóu | 2371 |
| 聿 | yù | 2398 | 突 | tū | 1962 | 窾 | kuǎn | 1131 | 疠 | lì | 1203 |
| 隶 | lì | 1202 | 窀 | zhūn | 2576 | | | | [癘] | | |
| [隸,隷] | | | 窃 | qiè | 1567 | 【立】 | | | 疭 | zòng | 2600 |
| 肆 | sì | 1844 | [竊] | | | 立 | lì | 1197 | [瘲] | | |
| 肄 | yì | 2328 | 窆 | biǎn | 104 | [四画～六画] | | | 疥 | jiè | 999 |
| 肇 | zhào | 2478 | 穿 | chuān | 291 | 竑 | hóng | 806 | 疮 | chuāng | 299 |
| 蠡 | xī | 2090 | 窍 | qiào | 1564 | 竖 | shù | 1802 | [瘡] | | |
| | | | [竅] | | | [竪,豎] | | | 疯 | fēng | 588 |
| 【毋(毌母)】 | | | 窅 | yǎo | 2278 | 站 | zhàn | 2463 | [瘋] | | |
| 毋 | wú | 2057 | 窄 | zhǎi | 2457 | 竞 | jìng | 1030 | 疫 | yì | 2326 |
| 毌 | guàn | 721 | 窊 | wā | 1989 | [競] | | | 疤 | bā | 27 |
| 母 | mǔ | 1378 | 窎 | diào | 448 | 章 | zhāng | 2466 | [五画] | | |
| 毑 | nǎ | 1388 | [窵] | | | 竟 | jìng | 1031 | 疰 | zhù | 2559 |

| 疒 | | | 疒 | | | 疒 | | | 衤 | | |
|---|---|---|---|---|---|---|---|---|---|---|---|
| 痃 | xuán | 2215 | 痞 | pǐ | 1478 | [十画] | | | [二画～四画] | | |
| 症 | zhēng | 2496 | 痤 | cuó | 336 | 瘠 | jí | 911 | 补 | bǔ | 135 |
| [癥] | zhèng | 2504 | 痢 | lì | 1204 | 瘛 | chì | 259 | [補] | | |
| 疳 | gān | 632 | 痗 | mèi | 1326 | 瘼 | mò | 1375 | 衬 | chèn | 230 |
| 疴 | kē | 1096 | 痪 | huàn | 849 | 瘝 | guān | 719 | [襯] | | |
| 病 | bìng | 124 | 痛 | tòng | 1951 | 瘜 | xī | 2079 | 衩 | chǎ | 194 |
| 痁 | shān | 1683 | 痾 | ē | 508 | 瘪 | biē | 114 | | chà | 194 |
| 疸 | ·da | 371 | [八画] | | | [癟] | biě | 117 | 袆 | huī | 859 |
| | dǎn | 384 | 痯 | guǎn | 719 | 瘢 | bān | 47 | [褘] | | |
| 疽 | jū | 1047 | 瘁 | cuì | 331 | 瘤 | liú | 1252 | 衲 | nà | 1391 |
| 疹 | zhěn | 2490 | 瘅 | dān | 383 | 瘫 | tān | 1882 | 衿 | jīn | 1006 |
| 疾 | jí | 909 | [癉] | dàn | 387 | [癱] | | | 衽 | rèn | 1634 |
| 痄 | zhà | 2455 | 痰 | tán | 1884 | [十一画] | | | (袵) | | |
| 疼 | téng | 1902 | 痳 | tú | 1966 | 嶂 | zhàng | 2471 | 袄 | ǎo | 20 |
| 痈 | yōng | 2357 | 瘄 | cù | 326 | 瘭 | huáng | 855 | [襖] | | |
| [癰] | | | 痳 | má | 1291 | 瘭 | biāo | 112 | 袂 | mèi | 1326 |
| 疱 | pào | 1461 | 瘃 | zhú | 2552 | 瘰 | luǒ | 1284 | [五画] | | |
| 痉 | jìng | 1030 | 痱 | fèi | 570 | 癭 | yǐng | 2353 | 袢 | pàn | 1454 |
| [痙] | | | 痹 | bì | 97 | [瘦] | | | | pàn | 1454 |
| 疲 | pí | 1476 | (痺) | | | 瘵 | zhài | 2458 | 袜 | wà | 1990 |
| 痂 | jiā | 927 | 痼 | gù | 705 | 瘳 | chōu | 268 | [襪] | | |
| [六画] | | | 痴 | chī | 251 | 癃 | lóng | 1258 | 祛 | qū | 1598 |
| 痎 | jiē | 986 | (癡) | | | 瘾 | yǐn | 2344 | 袒 | tǎn | 1885 |
| 痒 | yǎng | 2271 | 痿 | wěi | 2025 | [癮] | | | 袖 | xiù | 2203 |
| [癢] | | | 瘐 | yǔ | 2397 | 瘸 | qué | 1612 | 袗 | zhěn | 2490 |
| 痔 | zhì | 2528 | 瘆 | shèn | 1724 | [十二画～十三画] | | | 袍 | páo | 1458 |
| 痖 | yǎ | 2240 | [瘮] | | | 癍 | bān | 47 | 被 | bèi | 78 |
| [瘂] | | | [九画] | | | 癌 | ái | 5 | 袯 | bó | 131 |
| 痏 | wěi | 2025 | 瘥 | chài | 197 | 癔 | yì | 2331 | [襏] | | |
| 痍 | yí | 2311 | | cuó | 336 | 癞 | là | 1150 | 袎 | yào | 2281 |
| 疵 | cī | 312 | 瘘 | lòu | 1261 | [癩] | lài | 1154 | [六画] | | |
| 痊 | quán | 1609 | [瘻] | | | 癗 | lěi | 1180 | 裈 | kūn | 1140 |
| 痕 | hén | 795 | 瘦 | yì | 2330 | 癙 | shǔ | 1801 | [褌] | | |
| [七画] | | | [瘞] | | | 癜 | diàn | 445 | 祮 | jié | 993 |
| 痧 | shā | 1676 | 瘈 | chì | 259 | 癖 | pǐ | 1478 | 裆 | dāng | 391 |
| 痫 | xián | 2111 | | zhì | 2531 | [十四画 以上] | | | [襠] | | |
| [癇] | | | 瘩 | dá | 343 | 癣 | xuǎn | 2219 | 袷 | qiā | 1537 |
| 痣 | zhì | 2529 | | ·da | 371 | [癬] | | | 袱 | fú | 603 |
| 痨 | yuān | 2407 | 瘌 | là | 1149 | 癫 | diān | 434 | 袼 | gē | 655 |
| 痘 | dòu | 478 | 瘟 | wēn | 2032 | [癲] | | | 裉 | kèn | 1107 |
| 痞 | fū | 595 | 瘦 | shòu | 1789 | 癯 | qú | 1600 | [七画] | | |
| 痦 | wù | 2068 | 瘊 | hóu | 808 | 癰 | lěi | 1180 | 裤 | kù | 1124 |
| 痨 | láo | 1166 | 瘙 | sào | 1670 | | | | [褲, 袴] | | |
| [癆] | | | 瘕 | jiǎ | 934 | 【 衤 】 | | | 裥 | jiǎn | 947 |

| | | | | | | | | |
|---|---|---|---|---|---|---|---|---|
| [襽] | | | 褥 rù | 1650 | 矻 kū | 1120 | [礱] | |
| 裋 shù | 1803 | 襤 lán | 1157 | 矽 xī | 2074 | 砧 zhēn | 2488 |
| 裲 liǎng | 1220 | [襴] | | 矾 fán | 538 | 砷 shēn | 1716 |
| [褊] | | 褟 tā | 1873 | [礬] | | 础 chǔ | 287 |
| 裢 lián | 1210 | 褫 chǐ | 256 | 砀 Dàng | 394 | [礎] | |
| [褳] | | 褾 biǎo | 114 | [碭] | | 砼 tóng | 1948 |
| 裎 chéng | 244 | 褦 nài | 1393 | 码 mǎ | 1294 | 砟 zhǎ | 2454 |
| chěng | 245 | 褶 zhě | 2482 | [碼] | | 砥 dǐ | 425 |
| 裣 liǎn | 1212 | [十二画] | | [四画] | | 砾 lì | 1203 |
| [襝] | | 襕 lán | 1157 | 砉 huā | 831 | [礫] | |
| 裕 yù | 2404 | [襴] | | xū | 2204 | 硁 kēng | 1108 |
| 裙 qún | 1614 | 襖 xié | 2162 | 砆 fū | 595 | [硜] | |
| [八画] | | [襖] | | 研 yán | 2251 | 砩 fú | 601 |
| 禅 dān | 383 | 襆 fú | 605 | yàn | 2259 | 砮 nǔ | 1433 |
| [襌] | | 襁 qiǎng | 1559 | 砖 zhuān | 2565 | 破 pò | 1504 |
| 裱 jī | 900 | [十三画以上] | | [磚] | | [六画] | |
| [襀] | | 襟 jīn | 1007 | 砗 chē | 223 | 硖 Xiá | 2093 |
| 裱 biǎo | 114 | 襜 chān | 198 | [硨] | | [硤] | |
| 褂 guà | 711 | 襦 rú | 1646 | 砘 dùn | 500 | 硎 xíng | 2189 |
| 褚 Chǔ | 288 | 襫 shì | 1773 | 砒 pī | 1473 | 硅 guī | 733 |
| zhǔ | 2556 | 襮 bó | 133 | 砌 qì | 1536 | 硭 máng | 1309 |
| 裸 luǒ | 1284 | 襄 ráng | 1618 | qiè | 1567 | 硒 xī | 2075 |
| 裼 tì | 1912 | 襶 dài | 378 | 砑 yà | 2242 | 硕 shuò | 1829 |
| xī | 2078 | 襻 pàn | 1454 | 砂 shā | 1676 | [碩] | |
| 裨 bì | 97 | | | 砚 yàn | 2259 | 硗 qiāo | 1560 |
| pí | 1477 | 【 示 】 | | [硯] | | [磽, 墽] | |
| 裯 chóu | 271 | 示 shì | 1760 | 砭 biān | 101 | 砦 Zhài | 2458 |
| 裰 duō | 505 | 祟 suì | 1864 | 砜 fēng | 588 | 硐 dòng | 473 |
| 裾 jū | 1047 | 票 piào | 1487 | [碸] | | 硙 ái | 5 |
| [九画] | | 祭 jì | 921 | 砍 kǎn | 1085 | [磑] wéi | 2020 |
| 褛 lǚ | 1273 | Zhài | 2458 | 砄 jué | 1063 | 硚 qiáo | 1562 |
| [褸] | | 禁 jīn | 1007 | [五画] | | [礄] | |
| 褊 biǎn | 105 | jìn | 1016 | 砣 tuó | 1985 | 硇 náo | 1400 |
| 褡 dā | 341 | | | 砬 lá | 1148 | 硌 gè | 663 |
| 褙 bèi | 80 | 【 石 】 | | 砫 zhù | 2559 | luò | 1285 |
| 褐 hè | 790 | 石 dàn | 384 | 砰 pēng | 1467 | 硊 guì | 737 |
| 褯 kuì | 1139 | shí | 1747 | 砝 fǎ | 533 | [七画] | |
| [襀] | | [二画～三画] | | 砹 ài | 7 | 硫 liú | 1251 |
| 褕 yú | 2393 | 矶 jī | 894 | 砵 bō | 128 | 硠 láng | 1161 |
| 褓 bǎo | 65 | [磯] | | 砢 kē | 1096 | 硬 yìng | 2354 |
| 褪 tuì | 1978 | 矿 kuàng | 1134 | 砸 zá | 2432 | 硝 xiāo | 2140 |
| tùn | 1979 | [礦, 鑛] | | 砺 lì | 1203 | 硷 jiǎn | 946 |
| [十画～十一画] | | 矸 gān | 631 | [礪] | | [鹼] | |
| 褴 jiè | 1001 | 矼 gāng | 640 | 砻 lóng | 1257 | 硪 wò | 2044 |

| 确 | què | 1612 | 磅 | bàng | 56 | 尨 | máng | 1308 | 省 | shěng | 1734 |
| --- | --- | --- | --- | --- | --- | --- | --- | --- | --- | --- | --- |
| [確] | | | | páng | 1456 | | méng | 1330 | | xǐng | 2189 |
| | [八画] | | 磙 | gǔn | 738 | 垄 | lǒng | 1259 | 眙 | xì | 2090 |
| 碇 | dìng | 463 | 磏 | lián | 1210 | | [壟] | | 眨 | zhǎ | 2454 |
| 碗 | wǎn | 2003 | | qiān | 1544 | | [五画～七画] | | 盼 | pàn | 1454 |
| 碚 | bèi | 80 | 硊 | kuǐ | 1138 | 砻 | lóng | 1257 | 看 | kān | 1083 |
| 碎 | suì | 1864 | 磕 | kē | 1097 | | [礱] | | | kàn | 1085 |
| 碰 | pèng | 1470 | 磊 | lěi | 1179 | 袭 | xí | 2082 | 眊 | mào | 1314 |
| 碑 | dī | 419 | 磎 | xī | 2079 | | [襲] | | 盾 | dùn | 500 |
| [碑] | | | 磐 | pán | 1452 | 聋 | lóng | 1257 | 眉 | méi | 1320 |
| 碔 | wǔ | 2063 | 磔 | zhé | 2482 | | [聾] | | | [五画] | |
| 碛 | qì | 1536 | 磉 | sǎng | 1667 | 龚 | Gōng | 681 | 眚 | gǔ | 699 |
| [磧] | | | 碾 | niǎn | 1418 | | [龔] | | 昽 | lóng | 1257 |
| 碏 | què | 1613 | | [十一画] | | 龛 | kān | 1084 | | [矓] | |
| 碍 | ài | 8 | 磲 | qú | 1600 | | [龕] | | 胪 | lú | 1265 |
| [礙] | | | 磨 | mó | 1368 | 詟 | zhé | 2481 | | [矑] | |
| 碘 | diǎn | 437 | 嘈 | cáo | 181 | | [讋] | | 眘 | shěng | 1735 |
| 碓 | duì | 498 | 磬 | qìng | 1588 | | | | 眢 | yuān | 2405 |
| 碑 | bēi | 73 | 磡 | kàn | 1089 | | 【业】 | | 眙 | chì | 259 |
| 硼 | péng | 1468 | 磺 | huáng | 855 | 业 | yè | 2285 | | yí | 2310 |
| 碉 | diāo | 446 | 磧 | qì | 1536 | | [業] | | 眠 | mián | 1342 |
| 碜 | chěn | 230 | | [十二画] | | 邺 | Yè | 2286 | | [六画] | |
| [磣] | | | 礅 | dūn | 499 | | [鄴] | | 眬 | chòng | 266 |
| 碌 | liù | 1254 | 磷 | lín | 1234 | 凿 | záo | 2442 | 眷 | juàn | 1060 |
| | lù | 1268 | 礃 | Tán | 1884 | | [鑿] | | 眯 | mī | 1335 |
| | [九画] | | 礃 | zhǎng | 2469 | 黹 | zhǐ | 2522 | | mí | 1337 |
| 碹 | xuàn | 2220 | 磻 | pán | 1452 | 黻 | fú | 605 | 眶 | kuàng | 1135 |
| 碲 | dì | 432 | 礁 | jiāo | 973 | 黼 | fǔ | 609 | 眭 | Suī | 1861 |
| 磋 | cuō | 335 | 磴 | dèng | 416 | | | | 眦 | zì | 2595 |
| 磁 | cí | 315 | | [十三画～十四画] | | | 【目】 | | 眺 | tiào | 1927 |
| 碥 | biǎn | 105 | 礌 | léi | 1178 | 目 | mù | 1381 | 眿 | mò | 1374 |
| 碶 | qì | 1536 | 礞 | méng | 1332 | | [二画～四画] | | 眵 | chī | 251 |
| 碡 | •zhou | 2547 | 礓 | jiāng | 960 | 盯 | dīng | 455 | 睁 | zhēng | 2496 |
| 碟 | dié | 453 | 礤 | cā | 162 | 盲 | máng | 1308 | 眸 | móu | 1377 |
| 碴 | chā | 189 | 礤 | cǎ | 162 | 盱 | xū | 2204 | 眼 | yǎn | 2254 |
| | chá | 193 | | [十五画以上] | | 眈 | dān | 382 | | [七画] | |
| 碜 | zhà | 2455 | 礌 | mò | 1376 | 相 | xiāng | 2122 | 睛 | rún | 1653 |
| 碱 | jiǎn | 949 | 礴 | bó | 133 | | xiàng | 2135 | | [睏] | |
| 碣 | jié | 994 | 礵 | shuāng | 1812 | 眄 | miǎn/miàn | 1344 | 睍 | jiàn | 956 |
| 碨 | wèi | 2030 | | | | | miàn | 1348 | | [睍] | |
| 碍 | è | 513 | | 【龙(龍)】 | | 眍 | kōu | 1115 | 睇 | dì | 432 |
| 碳 | tàn | 1888 | 龙 | lóng | 1255 | | [膒] | | 睐 | lài | 1153 |
| 碫 | duàn | 492 | | [龍] | | 眈 | dǔn | 499 | | [睞] | |
| | [十画] | | | [二画～三画] | | 眇 | miǎo | 1350 | 睆 | huàn | 849 |

| | | | | | | | | | | | |
|---|---|---|---|---|---|---|---|---|---|---|---|
| 睒 | shǎn | 1684 | 瞥 | piē | 1489 | 畑 | sī | 1834 | \[三画～五画\] | | |
| 睄 | shào | 1706 | 瞟 | piǎo | 1487 | 畎 | quǎn | 1609 | 罗 | luó | 1282 |
| 睅 | hàn | 765 | 瞠 | chēng | 234 | 畏 | wèi | 2029 | \[羅\] | | |
| 睊 | juàn | 1061 | 瞰 | kàn | 1089 | 毗 | pí | 1476 | 罚 | fá | 531 |
| 睑 | jiǎn | 946 | \[十二画\] | | | 胃 | wèi | 2029 | \[罰\] | | |
| \[瞼\] | | | 瞳 | tóng | 1949 | 禹 | yú | 2389 | 罘 | fú | 600 |
| 晞 | xī | 2076 | 瞵 | lín | 1234 | 界 | jiè | 999 | 罡 | gāng | 641 |
| 睃 | suō | 1867 | 瞫 | shěn | 1723 | 畋 | tián | 1919 | 罢 | bà | 30 |
| 鼎 | dǐng | 458 | 瞭 | liào | 1227 | 畈 | fàn | 550 | \[罷\] | ·ba | 32 |
| \[八画\] | | | 瞬 | shùn | 1823 | 昀 | yún | 2426 | 罟 | gǔ | 699 |
| 睟 | suì | 1865 | 瞧 | qiáo | 1563 | \[五画～六画\] | | | 罝 | jū | 1047 |
| 睛 | jīng | 1023 | 瞪 | dèng | 416 | 畜 | chù | 288 | 罛 | gū | 694 |
| 睦 | mù | 1384 | 瞩 | zhǔ | 2556 | | xù | 2210 | \[六画～八画\] | | |
| 睖 | lèng | 1185 | \[矚\] | | | 畔 | pàn | 1454 | 罣 | guà | 711 |
| 睹 | dǔ | 485 | \[十三画以上\] | | | 畛 | zhěn | 2490 | 罥 | lì | 1204 |
| 瞄 | miáo | 1350 | 瞽 | gǔ | 701 | 畖 | wā | 1988 | 罥 | juàn | 1061 |
| 睚 | yá | 2239 | 瞿 | jù | 1057 | 留 | liú | 1246 | 罦 | fú | 604 |
| 睫 | jié | 993 | | Qú | 1600 | 畚 | běn | 84 | 署 | shǔ | 1799 |
| 睨 | zhǎn | 2461 | 瞻 | zhān | 2459 | 畦 | qí | 1522 | 置 | zhì | 2530 |
| \[睍\] | | | | | | 畤 | zhì | 2528 | 罭 | yù | 2404 |
| 督 | dū | 479 | 【田】 | | | 略 | lüè | 1278 | 罨 | yǎn | 2257 |
| 睬 | cǎi | 168 | 田 | tián | 1919 | 累 | lěi | 1179 | 罪 | zuì | 2610 |
| 睡 | shuì | 1819 | 甲 | jiǎ | 931 | \[纍\] lèi | | 1181 | 罩 | zhào | 2478 |
| 睢 | suī | 1861 | 申 | shēn | 1713 | \[七画～十画\] | | | 蜀 | Shǔ | 1799 |
| 睨 | nì | 1413 | 由 | yóu | 2366 | 富 | fù | 616 | \[九画～十一画\] | | |
| 睥 | pì | 1479 | 电 | diàn | 437 | 畴 | chóu | 269 | 罴 | pí | 1477 |
| 睩 | lù | 1268 | \[電\] | | | \[疇\] | | | \[羆\] | | |
| \[九画\] | | | \[二画～三画\] | | | 畲 | shē | 1707 | 罱 | lǎn | 1158 |
| 瞍 | lōu | 1260 | 亩 | mǔ | 1379 | 畬 | shē | 1707 | 罳 | sī | 1835 |
| \[瞜\] | | | \[畝\] | | | | yú | 2391 | 罶 | liǔ | 1253 |
| 睿 | ruì | 1653 | 町 | dīng | 1025 | 番 | fān | 534 | 罹 | lù | 1270 |
| 瞅 | chǒu | 272 | | tǐng | 1937 | | pān | 1449 | 罹 | lí | 1189 |
| 瞍 | sǒu | 1851 | 叭 | kē | 1094 | 畯 | jùn | 1071 | 簌 | sù | 1857 |
| 睽 | kuí | 1138 | 畓 | lā | 1144 | 畹 | wǎn | 2003 | 蔚 | wèi | 2030 |
| 瞀 | mào | 1316 | 甸 | diàn | 443 | 畯 | tán | 1884 | \[十二画以上\] | | |
| \[十画\] | | | 男 | nán | 1393 | 畸 | jī | 900 | 罿 | chōng | 262 |
| 瞃 | liū | 1245 | 畀 | bì | 95 | 畿 | jī | 900 | 罾 | zēng | 2451 |
| 瞎 | xiā | 2091 | 备 | bèi | 75 | \[十一画以上\] | | | 羁 | jī | 902 |
| 瞑 | míng | 1364 | \[備\] | | | 疃 | tuǎn | 1971 | \[羇,羈\] | | |
| 瞌 | kē | 1097 | 罢 | jī | 896 | 鹍 | niǎo | 1421 | 羉 | jì | 923 |
| 瞒 | mán | 1301 | 甾 | zāi | 2433 | 疊 | léi | 1179 | 嬰 | bì | 100 |
| \[瞞\] | | | \[四画\] | | | | | | 蠲 | juān | 1058 |
| 蕢 | méng | 1332 | 畎 | gǎng | 642 | 【四】 | | | | | |
| \[十一画\] | | | 思 | sāi | 1658 | 四 | sì | 1840 | 【皿】 | | |

| 皿 | mǐn | 1355 |
|---|---|---|
| [三画~四画] | | |
| 盂 | yú | 2387 |
| 孟 | mèng | 1334 |
| 忠 | zhōng | 2538 |
| 盆 | pén | 1466 |
| 盈 | yíng | 2349 |
| [五画] | | |
| 益 | yì | 2327 |
| 盏 | zhǎn | 2460 |
| [盞] | | |
| 盐 | yán | 2251 |
| [鹽] | | |
| 盍 | hé | 787 |
| 监 | jiān | 940 |
| [監] | jiàn | 955 |
| 盎 | àng | 18 |
| 盉 | hé | 789 |
| [六画] | | |
| 盗 | dào | 403 |
| 盖 | gài | 625 |
| [蓋] | Gě | 660 |
| 盔 | kuī | 1136 |
| 盛 | chéng | 243 |
| | shèng | 1736 |
| 蛊 | gǔ | 699 |
| [蠱] | | |
| 盒 | hé | 789 |
| 盝 | qiáo | 1562 |
| [蠡] | | |
| 盘 | pán | 1451 |
| [盤] | | |
| [七画~十一画] | | |
| 盟 | méng | 1331 |
| 盨 | xǔ | 2208 |
| [盨] | | |
| 盬 | gǔ | 701 |
| 盦 | ān | 14 |
| 盩 | guàn | 723 |
| [十二画 以上] | | |
| 鼗 | zhōu | 2546 |
| 鹽 | gǔ | 701 |
| 蠡 | lì | 1204 |
| 蠲 | juān | 1058 |

【钅(金)】
[一画~三画]

| 钇 | yǐ | 2318 |
|---|---|---|
| [釔] | | |
| 钆 | gá | 620 |
| [釓] | | |
| 针 | zhēn | 2485 |
| [針, 鍼] | | |
| 钉 | dīng | 455 |
| [釘] | dìng | 460 |
| 钋 | pō | 1501 |
| [釙] | | |
| 钊 | zhāo | 2471 |
| [釗] | | |
| 钌 | liǎo | 1226 |
| [釕] | liào | 1226 |
| 钔 | mén | 1329 |
| [鍆] | | |
| 钍 | tǔ | 1969 |
| [釷] | | |
| 钢 | gāng | 640 |
| [釭] | | |
| 钎 | qiān | 1542 |
| [釺] | | |
| 钏 | chuàn | 298 |
| [釧] | | |
| 钐 | shān | 1682 |
| [釤] | shàn | 1685 |
| 钓 | diào | 448 |
| [釣] | | |
| 钒 | fán | 538 |
| [釩] | | |
| 钗 | chāi | 196 |
| [釵] | | |
| 钕 | nǚ | 1436 |
| [釹] | | |
| 钖 | yáng | 2266 |
| [鍚] | | |
| [四画] | | |
| 钭 | Tǒu | 1960 |
| [鈄] | | |
| 钫 | fāng | 552 |
| [鈁] | | |
| 钪 | kàng | 1091 |

| [鈧] | | |
|---|---|---|
| 钬 | huǒ | 885 |
| [鈥] | | |
| 铁 | fū | 595 |
| [鈇] | | |
| 钘 | xíng | 2189 |
| [鈃] | | |
| 钙 | gài | 624 |
| [鈣] | | |
| 钛 | tài | 1879 |
| [鈦] | | |
| 钚 | bù | 159 |
| [鈈] | | |
| 钪 | hóng | 806 |
| [鈜] | | |
| 钜 | jù | 1053 |
| [鉅] | | |
| 钝 | dùn | 500 |
| [鈍] | | |
| 钯 | pī | 1473 |
| [鈈] | | |
| 钞 | chāo | 215 |
| [鈔] | | |
| 钟 | zhōng | 2538 |
| [鐘] | | |
| 钡 | bèi | 78 |
| [鋇] | | |
| 钠 | nà | 1390 |
| [鈉] | | |
| 钢 | gāng | 640 |
| [鋼] | gàng | 643 |
| 钤 | qián | 1544 |
| [鈐] | | |
| 钫 | cōng | 319 |
| [鏦] | | |
| 铖 | chǎng | 211 |
| [銀] | | |
| 钣 | bǎn | 49 |
| [鈑] | | |
| 钧 | jūn | 1070 |
| [鈞] | | |
| 钥 | yào | 2281 |
| [鑰] | yuè | 2420 |
| 钦 | qīn | 1568 |

| [欽] | | |
|---|---|---|
| 钩 | gōu | 685 |
| [鈎,鉤] | | |
| 钨 | wū | 2047 |
| [鎢] | | |
| 钮 | niǔ | 1429 |
| [鈕] | | |
| 钯 | bǎ | 30 |
| [鈀] | | |
| [五画] | | |
| 铊 | tā | 1873 |
| [鉈] | | |
| 铈 | shì | 1772 |
| [鈰] | | |
| 铉 | xuàn | 2219 |
| [鉉] | | |
| 铋 | bì | 96 |
| [鉍] | | |
| 钰 | yù | 2400 |
| [鈺] | | |
| 钱 | qián | 1548 |
| [錢] | | |
| 钲 | zhēng | 2496 |
| [鉦] | | |
| 钳 | qián | 1548 |
| [鉗] | | |
| 钴 | gǔ | 699 |
| [鈷] | | |
| 钶 | kē | 1096 |
| [鈳] | | |
| 铢 | shù | 1803 |
| [銖] | | |
| 钵 | bō | 128 |
| [鉢] | | |
| 钷 | pǒ | 1503 |
| [鉕] | | |
| 铂 | bó | 131 |
| [鉑] | | |
| 钺 | yuè | 2420 |
| [鉞] | | |
| 钻 | zuān | 2607 |
| [鑽] | zuàn | 2608 |
| 钼 | mù | 1383 |
| [鉬] | | |

| 钼 | chú | 285 | [銩] | | | [銚] | yáo | 2275 | 铹 | láo | 1166 |
|---|---|---|---|---|---|---|---|---|---|---|---|
| [鉏] | jǔ | 1051 | 铗 | jiá | 931 | 铢 | zhū | 2549 | [鐒] | | |
| 钽 | tǎn | 1885 | [鋏] | | | [銖] | | | 铺 | pū | 1508 |
| [鉭] | | | 铏 | xíng | 2189 | 铣 | xǐ | 2084 | [鋪] | pù | 1513 |
| 钾 | jiǎ | 932 | [鉶] | | | 铣 | xiǎn | 2114 | 铺 | pù | 1512 |
| [鉀] | | | 铑 | lǎo | 1174 | 铥 | diū | 465 | [舖] | | |
| 钿 | diàn | 444 | [銠] | | | [銩] | | | 铻 | wú | 2058 |
| [鈿] | tián | 1919 | 铐 | kào | 1093 | 铤 | dìng | 463 | [鋙] | | |
| 铀 | yóu | 2371 | [銬] | | | [鋌] | tǐng | 1938 | 铱 | qiú | 1595 |
| [鈾] | | | 铓 | máng | 1309 | 铦 | xiān | 2106 | [銶] | | |
| 铃 | líng | 1237 | [鋩] | | | [銛] | | | 链 | liàn | 1213 |
| [鈴] | | | 铒 | ěr | 518 | 铧 | huá | 833 | [鏈] | | |
| 铁 | tiě | 1930 | [鉺] | | | [鏵] | | | 销 | xiāo | 2141 |
| [鐵] | | | 铁 | hóng | 806 | 铭 | míng | 1364 | [銷] | | |
| 铂 | bó | 131 | [鈜] | | | [銘] | | | 锁 | suǒ | 1871 |
| [鉑] | | | 铕 | yǒu | 2381 | 铬 | gè | 663 | [鎖] | | |
| 铅 | qiān | 1542 | [銪] | | | [鉻] | | | 铿 | kēng | 1108 |
| [鉛] | yán | 2252 | 铚 | zhì | 2528 | 铮 | zhēng | 2496 | [鏗] | | |
| 铆 | mǎo | 1314 | [銍] | | | [錚] | zhèng | 2504 | 锃 | zèng | 2451 |
| [鉚] | | | 铙 | náo | 1400 | 铯 | sè | 1671 | [鋥] | | |
| 铄 | shuò | 1829 | [鐃] | | | [銫] | | | 锂 | lǐ | 1194 |
| [鑠] | | | 铘 | yé | 2283 | 银 | yín | 2337 | [鋰] | | |
| 铎 | duó | 505 | [鋣] | | | [銀] | | | 锄 | chú | 285 |
| [鐸] | | | 铛 | chēng | 233 | | [七画] | | [鋤, 耡] | | |
| 铌 | ní | 1411 | [鐺] | dāng | 391 | 锌 | xīn | 2174 | 锅 | guō | 739 |
| [鈮] | | | 铝 | lǔ | 1273 | [鋅] | | | [鍋] | | |
| 铍 | pī | 1473 | [鋁] | | | 锎 | kāi | 1082 | 铬 | lüè | 1279 |
| [鈹] | pí | 1476 | 铜 | tóng | 1948 | [鐦] | | | [鋝] | | |
| 铍 | pō | 1502 | [銅] | | | 锏 | jiǎn | 946 | 锉 | cuò | 336 |
| [鏺] | | | 铞 | diào | 451 | [鐧] | jiàn | 956 | [銼, 剉] | | |
| 姆 | mǔ | 1379 | [銱] | | | 铛 | hǎn | 762 | 锆 | gào | 653 |
| [鉧] | | | 铟 | yīn | 2336 | [鋰] | | | [鋯] | | |
| | [六画] | | [銦] | | | 锐 | ruì | 1652 | 锈 | xiù | 2203 |
| 铵 | ǎn | 14 | 铠 | kǎi | 1082 | [銳] | | | [銹, 鏽] | | |
| [銨] | | | [鎧] | | | 锑 | tī | 1905 | 锇 | é | 509 |
| 饧 | táng | 1889 | 铡 | zhá | 2453 | [銻] | | | [鋨] | | |
| [錫] | | | [鍘] | | | 锒 | láng | 1161 | 锋 | fēng | 589 |
| 铲 | chǎn | 201 | 铨 | quán | 1609 | [鋃] | | | [鋒] | | |
| [鏟, 剷] | | | [銓] | | | 铼 | lái | 1153 | 锓 | qǐn | 1573 |
| 铰 | jiǎo | 975 | 铩 | shā | 1676 | [錸] | | | [鋟] | | |
| [鉸] | | | [鎩] | | | 铽 | tè | 1902 | 锔 | jū | 1047 |
| 铱 | yī | 2308 | 铪 | hā | 750 | [鋱] | | | [鋦] | jú | 1049 |
| [銥] | | | [鉿] | | | 铸 | zhù | 2560 | 锕 | ā | 2 |
| 铳 | chòng | 266 | 铫 | diào | 451 | [鑄] | | | [錒] | | |

| | | | | | | | |
|---|---|---|---|---|---|---|---|
| [八画] | | [錐] | | 锹 qiāo | 1560 | [鐏] | |
| 锭 dìng | 463 | 锦 jǐn | 1009 | [鍬] | | 镌 juān | 1058 |
| [錠] | | [錦] | | 锸 chā | 189 | [鎸] | |
| 锫 péi | 1463 | 锧 zhì | 2530 | [鍤] | | 镍 niè | 1422 |
| [錇] | | [鑕] | | 锻 duàn | 492 | [鎳] | |
| 锩 chún | 309 | 锨 xiān | 2106 | [鍛] | | 镏 liú | 1252 |
| [錞] duì | 498 | [鍁] | | 锼 sōu | 1851 | [鎦] liù | 1254 |
| 锬 tán | 1884 | 锪 huō | 877 | [鎪] | | [十一画] | |
| [錟] | | [鍃] | | 锽 huáng | 855 | 镜 jìng | 1033 |
| 锒 láng | 1161 | 缀 zhuì | 2576 | [鍠] | | [鏡] | |
| [鋃] | | [綴] | | 锾 xiàn | 2120 | 镝 dī | 420 |
| 锖 qiāng | 1555 | 键 jiàn | 957 | [鍹] | | [鏑] dí | 422 |
| [錆] | | [鍵] | | 锿 fèi | 570 | 镛 yōng | 2358 |
| 锗 zhě | 2482 | 锯 jù | 1055 | [鐨] | | [鏞] | |
| [鍺] | | [鋸] | | 锚 méi | 1322 | 镞 zú | 2605 |
| 锞 jī | 900 | 锰 měng | 1333 | [鎇] | | [鏃] | |
| [錤] | | [錳] | | [十画] | | 镯 zhuō | 2579 |
| 错 cuò | 337 | 锱 zī | 2584 | 镓 jiā | 931 | [鐯] | |
| [錯] | | [錙] | | [鎵] | | 镜 huáng | 855 |
| 锘 nuò | 1438 | [九画] | | 镔 bīn | 118 | [鐄] | |
| [鍩] | | 锵 qiāng | 1555 | [鑌] | | 镖 biāo | 112 |
| 锚 máo | 1313 | [鏘] | | 镑 bàng | 56 | [鏢] | |
| [錨] | | 锿 āi | 5 | [鎊] | | 镗 tāng | 1889 |
| 锳 yīng | 2347 | [鎄] | | 镐 gǎo | 651 | [鏜] táng | 1891 |
| [鍈] | | 镀 dù | 487 | [鎬] Hào | 778 | 镘 màn | 1307 |
| 锛 bēn | 81 | [鍍] | | 镒 yì | 2330 | [鏝] | |
| [錛] | | 镁 měi | 1325 | [鎰] | | 镚 bèng | 87 |
| 锜 qí | 1524 | [鎂] | | 镊 niè | 1422 | [鏰] | |
| [錡] | | 镂 lòu | 1261 | [鑷] | | 镠 liú | 1252 |
| 锝 dé | 409 | [鏤] | | 镆 mò | 1375 | [鏐] | |
| [鍀] | | 镃 zī | 2584 | [鏌] | | 镡 suǒ | 1871 |
| 锞 kè | 1106 | [鎡] | | 镇 zhèn | 2492 | [鏁] | |
| [錁] | | 锲 qiè | 1568 | [鎮] | | [十二画] | |
| 锟 Kūn | 1140 | [鍥] | | 镈 bó | 133 | 镩 cuān | 327 |
| [錕] | | 锗 dā | 341 | [鎛] | | [鑹] | |
| 锡 xī | 2078 | [鎝] | | 镉 gé | 660 | 镦 duì | 498 |
| [錫] | | 铠 kǎi | 1082 | [鎘] | | [鐓] dūn | 499 |
| 锢 gù | 705 | [鎧] | | 镋 tǎng | 1892 | 镧 lán | 1157 |
| [錮] | | 锶 sī | 1835 | [钂] | | [鑭] | |
| 锣 luó | 1283 | [鍶] | | 镌 lù | 1275 | 镨 pǔ | 1512 |
| [鑼] | | 锷 è | 513 | [鑥] | | [鐠] | |
| 锤 chuí | 305 | [鍔] | | 镪 bī | 88 | 镈 Chán | 200 |
| [錘] | | 锾 huán | 844 | [鎞] | | [鐔] Tán | 1885 |
| 锥 zhuī | 2575 | [鍰] | | 镎 ná | 1387 | xín | 2178 |

## 矢 禾 白

| | | | | | | | | |
|---|---|---|---|---|---|---|---|---|
| 镣 | liào | 1227 | 矩 | jǔ | 1049 | 秦 | Qín | 1571 |
| [鐐] | | | 矫 | jiáo | 973 | 秣 | mò | 1374 |
| 镤 | pú | 1511 | [矯] | jiǎo | 975 | 秫 | shú | 1796 |
| [鏷] | | | 矧 | shěn | 1723 | 乘 | chéng | 242 |
| 镥 | lǔ | 1266 | 短 | duǎn | 488 | | shèng | 1736 |
| [鑥] | | | 矬 | cuó | 336 | 租 | zū | 2603 |
| 镫 | dēng | 413 | 矮 | ǎi | 6 | 秧 | yāng | 2262 |
| [鐙] | dèng | 416 | 雉 | zhì | 2530 | 积 | jī | 896 |
| 镢 | jué | 1066 | 疑 | yí | 2313 | [積] | | |
| [鐝] | | | 矰 | zēng | 2451 | 盉 | hé | 789 |
| 镪 | qiāng | 1555 | 矱 | yuē | 2418 | 秩 | zhì | 2528 |
| [鏹] | qiǎng | 1559 | | | | 称 | chèn | 231 |
| **[十三画]** | | | **【禾】** | | | [稱] | chēng | 232 |
| 镱 | yì | 2331 | 禾 | hé | 779 | **[六画]** | | |
| [鐿] | | | **[二画～三画]** | | | 秾 | nóng | 1431 |
| 镰 | lián | 1210 | 利 | lì | 1200 | [穠] | | |
| [鐮] | | | 秃 | tū | 1961 | 秸 | jiē | 986 |
| 镭 | léi | 1178 | 秀 | xiù | 2202 | 稆 | lǚ | 1273 |
| [鐳] | | | 私 | sī | 1831 | 移 | huì | 871 |
| 镬 | huò | 888 | 秆 | gǎn | 632 | [穢] | | |
| [鑊] | | | 和 | hé | 784 | 桃 | táo | 1896 |
| 镯 | jù | 1057 | | hè | 789 | 移 | yí | 2311 |
| [鐻] | | | | hú | 817 | **[七画]** | | |
| 镯 | zhuó | 2581 | | huó | 878 | 税 | shuì | 1819 |
| [鐲] | | | | huò | 886 | 稂 | láng | 1161 |
| **[十四画～十五画]** | | | 秉 | bǐng | 122 | 稘 | Jī | 899 |
| 镲 | chǎ | 194 | 委 | wēi | 2013 | 稍 | shāo | 1702 |
| [鑔] | | | | wěi | 2023 | | shào | 1706 |
| 镳 | biāo | 112 | 季 | jì | 918 | 程 | chéng | 243 |
| [鑣] | | | **[四画]** | | | 稃 | fū | 595 |
| 镴 | là | 1150 | 科 | kē | 1095 | 稀 | xī | 2076 |
| [鑞] | | | 秋 | qiū | 1591 | 黍 | shǔ | 1798 |
| **[十六画 以上]** | | | 秬 | jù | 1053 | **[八画]** | | |
| 镶 | xiāng | 2129 | 秕 | bǐ | 91 | 稖 | bàng | 56 |
| [鑲] | | | 秒 | miǎo | 1350 | 稙 | zhī | 2510 |
| 镵 | chán | 200 | 香 | xiāng | 2126 | 稞 | kē | 1096 |
| [鑱] | | | 种 | Chóng | 263 | 稔 | rěn | 1631 |
| 镬 | jué | 1067 | 种 | zhǒng | 2539 | 稚 | zhì | 2530 |
| [鑴] | | | [種] | zhòng | 2541 | 稗 | bài | 45 |
| | | | 秭 | zǐ | 2586 | 稠 | chóu | 269 |
| **【矢】** | | | **[五画]** | | | 颓 | tuí | 1974 |
| 矢 | shǐ | 1757 | 秘 | bì | 96 | [頹] | | |
| 矣 | yǐ | 2319 | | mì | 1339 | 颖 | Yǐng | 2351 |
| 知 | zhī | 2508 | 秤 | chèng | 245 | [穎] | yǐng | 2351 |

| | | | | | |
|---|---|---|---|---|---|
| 稣 | sū | 1852 | | | |
| [穌] | | | | | |
| 穇 | cǎn | 176 | | | |
| [穇] | | | | | |
| **[九画]** | | | | | |
| 稨 | biǎn | 105 | | | |
| 秘 | bì | 98 | | | |
| 稳 | wěn | 2037 | | | |
| [穩] | | | | | |
| 概 | jì | 923 | | | |
| **[十画～十一画]** | | | | | |
| 稼 | jià | 936 | | | |
| 稿 | gǎo | 651 | | | |
| 穀 | gǔ | 701 | | | |
| 稹 | zhěn | 2490 | | | |
| 稽 | jī | 900 | | | |
| | qǐ | 1531 | | | |
| 稷 | jì | 923 | | | |
| 稻 | dào | 406 | | | |
| 黎 | lí | 1188 | | | |
| 穌 | bó | 133 | | | |
| 颓 | tuí | 1974 | | | |
| [頹, 穨] | | | | | |
| 穆 | mù | 1384 | | | |
| 穄 | jì | 923 | | | |
| **[十二画～十三画]** | | | | | |
| 穜 | zhòng | 2544 | | | |
| 穗 | suì | 1865 | | | |
| 穗 | suì | 1865 | | | |
| 黏 | nián | 1417 | | | |
| 馥 | fù | 619 | | | |
| **[十四画 以上]** | | | | | |
| 穮 | biāo | 112 | | | |
| 穰 | ráng | 1617 | | | |
| 穋 | tǎo | 1898 | | | |
| **【白】** | | | | | |
| 白 | bái | 32 | | | |
| **[一画～三画]** | | | | | |
| 百 | bǎi | 37 | | | |
| 皂 | zào | 2444 | | | |
| 帛 | bó | 130 | | | |
| 的 | ·de | 410 | | | |
| | dí | 420 | | | |

|   |   |   |   |   |   |   |   |
|---|---|---|---|---|---|---|---|
| 靮 dì | 430 | [鷄,雞] | | 鴛 yuān | 2405 | 鵓 bó | 132 |
| [四画~九画] | | 鸢 yuān | 2405 | [鴛] | | [鵓] | |
| 皇 huáng | 851 | [鳶] | | 鸱 chī | 251 | 鹀 wú | 2058 |
| 皆 jiē | 983 | 鸣 míng | 1362 | [鴟] | | [鵐] | |
| 皈 guī | 732 | [鳴] | | 鸲 qú | 1599 | 鹂 lí | 1188 |
| 泉 quán | 1608 | 鸤 shī | 1743 | [鴝] | | [鸝] | |
| 皋 gāo | 643 | [鳲] | | 鸧 chú | 285 | 鹐 bǔ | 137 |
| 皎 jiǎo | 975 | 鸩 zhèn | 2491 | [鶵] | | [鵮] | |
| 皑 ái | 5 | [鴆] | | 鸶 sī | 1835 | 鹃 juān | 1058 |
| [皚] | | 鸬 shī | 1744 | [鷥] | | [鵑] | |
| 皖 Wǎn | 2003 | [鷗] | | [六画] | | 鹒 chén | 230 |
| 皕 bì | 97 | 鸥 ōu | 1440 | 鸿 hóng | 806 | [鶊] | |
| 皓 hào | 778 | [鷗] | | [鴻] | | 鹆 yù | 2404 |
| 魄 bó | 132 | 鸦 yā | 2237 | 鸾 luán | 1276 | [鵒] | |
| pò | 1506 | [鴉] | | [鸞] | | 鹄 gǔ | 699 |
| tuò | 1987 | 鸧 cāng | 178 | 鹁 jiāo | 971 | [鵠] hú | 820 |
| [十画以上] | | [鶬] | | [鴷] | | 鹅 é | 509 |
| 皝 huàng | 857 | 鸨 bǎo | 65 | 鹅 gōng | 681 | [鵝] | |
| 皠 cuī | 330 | [鴇] | | [鳱] | | 鹫 kuáng | 1133 |
| 皞 hào | 778 | 鸩 jué | 1063 | 鸱 chī | 251 | [鵟] | |
| 皤 pó | 1503 | [鳩] | | [鴟] | | [八画] | |
| 皦 jiǎo | 978 | 鳅 jué | 1063 | 鸸 ér | 516 | 鹓 yuān | 2407 |
| 皭 jiào | 982 | [鳅] | | [鴯] | | [鵷] | |
| | | [五画] | | 鴷 liè | 1229 | 鹑 chún | 309 |
| 【瓜】 | | 鴥 yù | 2400 | [鴷] | | [鶉] | |
| 瓜 guā | 705 | [鴥] | | 鸷 zhì | 2528 | 鹒 gēng | 668 |
| 瓝 bó | 130 | 鸵 tuó | 1985 | [鷙] | | [鶊] | |
| 瓟 wā | 1988 | [鴕] | | 鸽 gē | 655 | 鹉 wǔ | 2063 |
| 罛 gū | 694 | 莺 yīng | 2347 | [鴿] | | [鵡] | |
| 瓞 dié | 452 | [鶯] | | 鸹 guā | 707 | 鹊 jīng | 1023 |
| 瓠 hù | 825 | 鸪 gū | 694 | [鴰] | | [鶄] | |
| 瓢 piáo | 1487 | [鴣] | | 鸺 xiū | 2201 | 鹊 què | 1613 |
| 瓣 bàn | 53 | 鸫 dōng | 468 | [鵂] | | [鵲] | |
| 瓤 ráng | 1617 | [鶇] | | 鸻 héng | 797 | 鹋 miáo | 1350 |
| | | 鸬 lú | 1265 | [鴴] | | [鶓] | |
| 【鸟(鳥)】 | | [鸕] | | 鸼 zhōu | 2545 | 鹌 ān | 13 |
| 鸟 diǎo | 447 | 鸭 yā | 2237 | [鵃] | | [鵪] | |
| [鳥] niǎo | 1420 | [鴨] | | [七画] | | 鹍 kūn | 1140 |
| [二画~四画] | | 鸮 xiāo | 2137 | 鹇 xián | 2111 | [鵾] | |
| 凫 fú | 597 | [鴞] | | [鷴] | | 鹭 lí | 1188 |
| [鳧] | | 鸯 yāng | 2262 | 鹈 tí | 1908 | [鷲] | |
| 鸠 jiū | 1035 | [鴦] | | [鵜] | | 鹓 yì | 2328 |
| [鳩] | | 鸰 líng | 1238 | 鹉 lái | 1153 | [鶃] | |
| 鸡 jī | 894 | [鴒] | | [鶆] | | 鹎 bēi | 73 |

| [鶍] | | | [鷇] | | | [鷹] | | | 疑 | yí | 2313 |
|---|---|---|---|---|---|---|---|---|---|---|---|
| 鵬 | péng | 1468 | 彀 | kòu | 1120 | 鸏 | méng | 1332 | | | |
| [鵬] | | | [彀] | | | [鸏] | | | 【皮】 | | |
| 鵩 | fú | 604 | 鷊 | yì | 2330 | 鸌 | hù | 825 | 皮 | pí | 1474 |
| [鵩] | | | [鷊] | | | [鸌] | | | 皱 | zhòu | 2547 |
| 鹐 | qiān | 1544 | 鷃 | yàn | 2261 | 鹭 | lù | 1270 | [皺] | | |
| [鵮] | | | [鷃] | | | [鷺] | | | 皲 | jūn | 1070 |
| 鷫 | sù | 1857 | 鹞 | yào | 2281 | 鹮 | huán | 845 | [皸] | | |
| [鷫] | | | [鷂] | | | [鹮] | | | 颇 | pō | 1502 |
| [九画] | | | 鹟 | wēng | 2040 | 鹛 | pì | 1480 | [頗] | | |
| 鹚 | cí | 316 | [鶲] | | | [鸊] | | | 皴 | cūn | 332 |
| [鷀] | | | 鷉 | tī | 1905 | 鹴 | shuāng | 1812 | | | |
| 鹕 | hú | 820 | [鷉] | | | [鸘] | | | 【衣】 | | |
| [鶘] | | | 鹠 | liú | 1252 | 鹳 | guàn | 723 | 衣 | yī | 2305 |
| 鶒 | chì | 259 | [鶹] | | | [鸛] | | | | yì | 2322 |
| [鶒] | | | [十一画~十二画] | | | 鸜 | qú | 1600 | [二画~六画] | | |
| 鵙 | jú | 1049 | 鹧 | zhè | 2484 | [鸜] | | | 表 | biǎo | 112 |
| [鵙] | | | [鷓] | | | | | | 表 | biǎo | 113 |
| 鶗 | tí | 1908 | 鹫 | zhuó | 2581 | 【用】 | | | [錶] | | |
| [鶗] | | | [鷟] | | | 用 | yòng | 2360 | 衰 | cuī | 328 |
| 鹖 | hé | 789 | 鹴 | shuāng | 1811 | 甩 | lù | 1266 | | shuāi | 1807 |
| [鶡] | | | [鷞] | | | 甩 | shuǎi | 1807 | 衵 | yǐ | 2319 |
| 鹗 | è | 513 | 鹭 | yī | 2308 | 甫 | fǔ | 606 | 衷 | zhōng | 2539 |
| [鶚] | | | [鷖] | | | 甬 | Yǒng | 2359 | 衾 | qīn | 1571 |
| 鹘 | gǔ | 701 | 鹥 | yīng | 2348 | 甭 | béng | 86 | 袅 | niǎo | 1420 |
| [鶻] | hú | 820 | [鷪] | | | 甮 | fèng | 593 | [裊,嫋] | | |
| 鹙 | qiū | 1592 | 鹨 | liù | 1255 | | | | 袭 | xí | 2082 |
| [鶖] | | | [鷚] | | | 【矛】 | | | [襲] | | |
| 鹫 | yuè | 2422 | 鹫 | jiù | 1045 | 矛 | máo | 1312 | 袋 | dài | 377 |
| [鸑] | | | [鷲] | | | 柔 | róu | 1641 | 袤 | mào | 1316 |
| 鹜 | wù | 2069 | 鹩 | liáo | 1225 | 矜 | guān | 719 | 架 | jiā | 930 |
| [鶩] | | | [鷯] | | | | jīn | 1006 | 装 | zhuāng | 2570 |
| 鹛 | méi | 1322 | 鷭 | fán | 541 | | qín | 1571 | [裝] | | |
| [鶥] | | | [鷭] | | | 矟 | shuò | 1829 | 裁 | cái | 165 |
| [十画] | | | 鹪 | jiāo | 973 | 矞 | yù | 2404 | 裂 | liě | 1227 |
| 鶱 | xiān | 2107 | [鷦] | | | 蟊 | máo | 1313 | | liè | 1230 |
| [鶱] | | | 鹬 | ǎo | 20 | | | | 裒 | xiè | 2164 |
| 鹡 | jí | 911 | [鷔] | | | 【疋(正)】 | | | [褻] | | |
| [鶺] | | | 鹬 | yù | 2405 | 胥 | xū | 2204 | 裒 | póu | 1507 |
| 鹢 | yì | 2330 | [鷸] | | | 疍 | dàn | 385 | [七画 以上] | | |
| [鷁] | | | [十三画 以上] | | | 蛋 | dàn | 387 | 裟 | shā | 1676 |
| 鹣 | jiān | 943 | 鹯 | zhān | 2459 | 疏 | shū | 1794 | 裘 | qiú | 1595 |
| [鶼] | | | [鸇] | | | 楚 | chǔ | 288 | 裔 | yì | 2328 |
| 鹤 | hè | 791 | 鹰 | yīng | 2348 | 疐 | zhì | 2531 | 裳 | cháng | 210 |

## 羊米耒老耳

| | ·shang | 1701 |
|---|---|---|
| 裴 | Péi | 1463 |
| 裹 | guǒ | 743 |
| 褎 | xiù | 2204 |
| (褎) | | |
| 褒 | bāo | 59 |
| 褰 | qiān | 1544 |
| 襄 | xiāng | 2129 |
| 襞 | bì | 100 |

【 羊（⺶ ⺷）】

| 羊 | yáng | 2264 |
|---|---|---|
| [一画～四画] | | |
| 羌 | Qiāng | 1553 |
| 养 | yǎng | 2269 |
| [養] | | |
| 差 | chā | 187 |
| | chà | 194 |
| | chāi | 196 |
| | cī | 312 |
| 美 | měi | 1323 |
| 羑 | yǒu | 2381 |
| 姜 | jiāng | 959 |
| [薑] | | |
| 姜 | Jiāng | 959 |
| 羔 | gāo | 649 |
| 恙 | yàng | 2271 |
| 羖 | gǔ | 699 |
| 羞 | xiū | 2200 |
| 羚 | zāng | 2439 |
| [五画～六画] | | |
| 着 | zhāo | 2473 |
| | zháo | 2474 |
| | ·zhe | 2484 |
| | zhuó | 2580 |
| 盖 | gài | 625 |
| [蓋] | Gě | 660 |
| 羚 | líng | 1239 |
| 羝 | dī | 419 |
| 羟 | qiǎng | 1559 |
| [羥] | | |
| 羡 | xiàn | 2120 |
| 善 | shàn | 1685 |
| 翔 | xiáng | 2130 |

[八画 以上]

| 羧 | suō | 1867 |
|---|---|---|
| 群 | qún | 1614 |
| 羞 | zhǎ | 2454 |
| [羞] | | |
| 羯 | jié | 994 |
| 羰 | tāng | 1889 |
| 羱 | yuán | 2414 |
| 羲 | xī | 2080 |
| 羹 | gēng | 668 |
| 羸 | léi | 1178 |

【 米 】

| 米 | mǐ | 1338 |
|---|---|---|
| [二画～四画] | | |
| 籴 | dí | 421 |
| [糴] | | |
| 类 | lèi | 1180 |
| [類] | | |
| 籼 | xiān | 2106 |
| 娄 | lóu | 1260 |
| [婁] | | |
| 籹 | nǚ | 1436 |
| 屎 | shǐ | 1760 |
| 籽 | zǐ | 2586 |
| 料 | liào | 1226 |
| 粔 | jù | 1054 |
| 粎 | xiàn | 2119 |
| [粇] | | |
| 粉 | fěn | 576 |
| 籹 | mǐ | 1339 |
| 粑 | bā | 27 |
| [五画] | | |
| 粒 | lì | 1204 |
| 粝 | lì | 1204 |
| [糲] | | |
| 粘 | zhān | 2459 |
| 粗 | cū | 323 |
| 粜 | tiào | 1927 |
| [糶] | | |
| 粕 | pò | 1506 |
| [六画～八画] | | |
| 粢 | cī | 312 |
| | zī | 2583 |

| 粪 | fèn | 579 |
|---|---|---|
| [糞] | | |
| 粞 | xī | 2078 |
| 粟 | sù | 1857 |
| 粤 | Yuè | 2422 |
| 粥 | yù | 2404 |
| | zhōu | 2546 |
| 粱 | liáng | 1217 |
| 粮 | liáng | 1216 |
| [糧] | | |
| 粳 | jīng | 1023 |
| 粲 | càn | 176 |
| 粽 | zòng | 2600 |
| 粹 | cuì | 331 |
| 精 | jīng | 1023 |
| 粼 | lín | 1233 |
| 糁 | sǎn | 1666 |
| [糝] | shēn | 1719 |
| [九画] | | |
| 糍 | cí | 316 |
| 糊 | hū | 817 |
| | hú | 821 |
| | hù | 825 |
| 楂 | chá | 193 |
| 糇 | hóu | 808 |
| 糌 | zān | 2437 |
| 糅 | róu | 1642 |
| 糈 | xǔ | 2208 |
| [十画] | | |
| 糖 | táng | 1891 |
| 糕 | gāo | 649 |
| 糒 | bèi | 80 |
| 糙 | cāo | 180 |
| 糗 | qiǔ | 1595 |
| [十一画 以上] | | |
| 糜 | méi | 1323 |
| | mí | 1337 |
| 糠 | kāng | 1090 |
| 糟 | zāo | 2441 |
| 糨 | jiàng | 965 |
| 颣 | lèi | 1181 |
| [纇] | | |
| 糯 | nuò | 1438 |
| 鬻 | yù | 2405 |

【 耒（耒）】

| 耒 | lěi | 1179 |
|---|---|---|
| [三画～五画] | | |
| 耔 | zǐ | 2586 |
| 耕 | gēng | 668 |
| 耘 | yún | 2426 |
| 耖 | chào | 221 |
| 耗 | hào | 777 |
| 耙 | bà | 30 |
| | pá | 1443 |
| 耜 | sì | 1844 |
| [六画～十画] | | |
| 耠 | huō | 877 |
| 耢 | lào | 1175 |
| [耮] | | |
| 耥 | tāng | 1889 |
| 耧 | lóu | 1261 |
| [耬] | | |
| 耦 | ǒu | 1441 |
| 耪 | pǎng | 1456 |
| 耩 | jiǎng | 962 |
| 耨 | nòu | 1432 |
| [十一画 以上] | | |
| 耰 | yōu | 2366 |
| 耲 | huái | 840 |
| 耱 | mò | 1376 |

【 老 】

| 老 | lǎo | 1166 |
|---|---|---|
| 考 | kǎo | 1091 |
| 耇 | gǒu | 687 |
| [耈] | | |
| 耆 | qí | 1522 |
| 耄 | mào | 1316 |
| 耋 | dié | 453 |

【 耳 】

| 耳 | ěr | 516 |
|---|---|---|
| [二画～四画] | | |
| 耵 | dīng | 455 |
| 取 | qǔ | 1601 |
| 耶 | yē | 2282 |
| | yé | 2283 |
| 闻 | wén | 2036 |

| [闻] | | | 粟 | sù | 1857 | [预] | | | [颀] | | |
|---|---|---|---|---|---|---|---|---|---|---|---|
| 耷 | dā | 339 | 覃 | Qín | 1572 | 硕 | shuò | 1829 | 颗 | kē | 1097 |
| 耿 | gěng | 668 | | tán | 1884 | [碩] | | | [顆] | | |
| 耽 | dān | 382 | 勔 | fiào | 593 | 颅 | lú | 1265 | [九画～十画] | | |
| 耻 | chǐ | 256 | 覆 | fù | 618 | [顱] | | | 额 | é | 510 |
| 耸 | sǒng | 1847 | | | | 颉 | dí | 422 | [額] | | |
| [聳] | | | 【页(頁)】 | | | [頔] | | | 颜 | yán | 2252 |
| 聂 | Niè | 1422 | 页 | yè | 2286 | 领 | lǐng | 1241 | [顏] | | |
| [聶] | | | [頁] | | | [領] | | | 颟 | kǎn | 1085 |
| [五画～六画] | | | [二画～三画] | | | 颈 | gěng | 669 | [顲] | | |
| 聍 | níng | 1424 | 顶 | dǐng | 456 | [頸] | jǐng | 1027 | 题 | tí | 1908 |
| [聹] | | | [頂] | | | 颇 | pō | 1502 | [題] | | |
| 聓 | xù | 2210 | 顷 | qǐng | 1587 | [頗] | | | 颙 | yóng | 2358 |
| 聋 | lóng | 1257 | [頃] | | | [六画] | | | [顒] | | |
| [聾] | | | 顸 | hān | 756 | 颏 | è | 513 | 颚 | è | 513 |
| 聃 | dān | 383 | [頇] | | | [頞] | | | [顎] | | |
| 职 | zhí | 2514 | 项 | xiàng | 2134 | 颏 | kē | 1096 | 颛 | zhuān | 2565 |
| [職] | | | [項] | | | [頦] | ké | 1098 | [顓] | | |
| 聆 | líng | 1239 | 顺 | shùn | 1820 | 颊 | jiá | 931 | 颞 | niè | 1422 |
| 聊 | liáo | 1223 | [順] | | | [頰] | | | [顳] | | |
| 联 | lián | 1208 | 须 | xū | 2204 | 颉 | jié | 993 | 颟 | mān | 1300 |
| [聯] | | | [須] | | | [頡] | xié | 2161 | [顢] | | |
| 聒 | guō | 739 | 须 | xū | 2204 | 颐 | yǐ | 2320 | 颠 | diān | 433 |
| 聘 | pìn | 1493 | [鬚] | | | [頤] | | | [顛] | | |
| [八画～十二画] | | | [四画～五画] | | | 颌 | gé | 659 | 颡 | sǎng | 1667 |
| 聚 | jù | 1056 | 颃 | háng | 768 | [頜] | hé | 789 | [顙] | | |
| 聪 | cōng | 320 | [頏] | | | 颋 | tǐng | 1938 | [十一画以上] | | |
| [聰] | | | 烦 | fán | 538 | [頲] | | | 颥 | cù | 327 |
| 聩 | kuì | 1139 | [煩] | | | 颎 | jiǒng | 1034 | [顬] | | |
| [聵] | | | 项 | xū | 2204 | [熲] | | | 颣 | lèi | 1181 |
| 聱 | áo | 20 | [頊] | | | 颎 | wěi | 2025 | [纇] | | |
| | | | 顽 | wán | 2000 | [頠] | | | 颢 | hào | 778 |
| 【臣】 | | | [頑] | | | 颖 | Yǐng | 2351 | [顥] | | |
| 臣 | chén | 225 | 顾 | gù | 703 | [穎] | | | 嚣 | áo | 20 |
| 卧 | wò | 2043 | [顧] | | | [七画～八画] | | | [囂] | xiāo | 2142 |
| 臧 | zāng | 2440 | 顿 | dú | 483 | 颐 | yí | 2313 | 颤 | chàn | 202 |
| | | | | dùn | 500 | [頤] | | | [顫] | zhàn | 2465 |
| 【西(覀覀)】 | | | 颂 | sòng | 1850 | 频 | pín | 1491 | 颥 | rú | 1646 |
| 西 | xī | 2070 | [頌] | | | [頻] | | | [顬] | | |
| 要 | yāo | 2273 | 颁 | bān | 46 | 颔 | hàn | 765 | 颦 | pín | 1491 |
| | yào | 2279 | [頒] | | | [頷] | | | [顰] | | |
| 栗 | lì | 1203 | 颀 | qí | 1522 | 颖 | yǐng | 2351 | 颧 | quán | 1609 |
| 覂 | fěng | 591 | [頎] | | | [穎,頴] | | | [顴] | | |
| 票 | piào | 1487 | 预 | yù | 2400 | 颓 | qī | 1518 | | | |

## 【虎】

| | | |
|---|---|---|
| 虎 | hǔ | 821 |
| | hù | 825 |
| 虏 | lǔ | 1266 |
| [虜] | | |
| 疟 | nüè | 1437 |
| [瘧] | | |
| 虔 | qián | 1548 |
| 虑 | lǜ | 1274 |
| [慮] | | |
| 虒 | sī | 1835 |
| 虓 | xiāo | 2137 |
| 虚 | xū | 2205 |
| 彪 | biāo | 112 |
| 虡 | jù | 1055 |
| (簴) | | |
| 虞 | yú | 2391 |
| 虢 | Guó | 742 |
| 虩 | xì | 2090 |

## 【虫】

| | | |
|---|---|---|
| 虫 | chóng | 263 |
| [蟲] | | |

### [一画~三画]

| | | |
|---|---|---|
| 虬 | qiú | 1594 |
| 虮 | jǐ | 912 |
| [蟣] | | |
| 虱 | shī | 1743 |
| 虻 | méng | 1330 |
| [蝱] | | |
| 闽 | Mǐn | 1355 |
| [閩] | | |
| 虾 | há | 750 |
| [蝦] | xiā | 2091 |
| 虹 | hóng | 805 |
| | jiàng | 964 |
| 虿 | chài | 197 |
| [蠆] | | |
| 虺 | huī | 859 |
| | huǐ | 865 |
| 虽 | suī | 1861 |
| [雖] | | |
| 虼 | gè | 663 |
| 蚁 | yǐ | 2319 |

| | | |
|---|---|---|
| [蟻] | | |
| 蚤 | zǎo | 2443 |
| 蚜 | zǐ | 2586 |
| 蚂 | mā | 1289 |
| [螞] | mǎ | 1294 |
| | mà | 1295 |

### [四画]

| | | |
|---|---|---|
| 蚪 | dǒu | 476 |
| 蚊 | wén | 2037 |
| 蚌 | bàng | 55 |
| | bèng | 86 |
| 蚨 | fú | 601 |
| 蚕 | cán | 174 |
| [蠶] | | |
| 蚍 | pí | 1476 |
| 蚜 | yá | 2238 |
| 蚰 | zhòng | 2544 |
| 蚋 | ruì | 1652 |
| [蜗] | | |
| 蚬 | xiǎn | 2114 |
| [蜆] | | |
| 蚧 | jiè | 999 |
| 蚣 | gōng | 680 |
| 蚧 | fén | 576 |
| 蚝 | háo | 769 |
| 蚓 | yǐn | 2342 |
| 蚩 | chī | 251 |

### [五画]

| | | |
|---|---|---|
| 蛇 | shé | 1707 |
| [虵] | yí | 2310 |
| 蛀 | zhù | 2560 |
| 蚿 | xián | 2110 |
| 萤 | yíng | 2349 |
| [螢] | | |
| 蚶 | hān | 757 |
| 蛁 | diāo | 446 |
| 蛄 | gū | 694 |
| | gǔ | 699 |
| 蛣 | jié | 993 |
| [蠘] | | |
| 蛎 | lì | 1204 |
| [蠣] | | |
| 蛛 | dōng | 468 |
| [蝀] | | |

| | | |
|---|---|---|
| 蛆 | qū | 1598 |
| 蚰 | yóu | 2371 |
| 蚺 | rán | 1616 |
| 蛊 | gǔ | 699 |
| [蠱] | | |
| 蛉 | líng | 1239 |
| 蚱 | zhà | 2455 |
| 蚯 | qiū | 1592 |
| 蛏 | chēng | 233 |
| [蟶] | | |
| 蛋 | dàn | 387 |
| 蚴 | yòu | 2384 |

### [六画]

| | | |
|---|---|---|
| 蛇 | zhà | 2455 |
| 蛩 | gǒng/qióng | 682 |
| 蛮 | mán | 1300 |
| [蠻] | | |
| 蛟 | jiāo | 971 |
| 蛴 | qí | 1524 |
| [蠐] | | |
| 蛘 | yáng | 2268 |
| 蛱 | jiá | 931 |
| [蛺] | | |
| 蛙 | wā | 1989 |
| 蛋 | qióng | 1591 |
| 蛭 | zhì | 2528 |
| 蛰 | zhé | 2481 |
| [蟄] | | |
| 蛲 | náo | 1400 |
| [蟯] | | |
| 蛸 | dāng | 391 |
| [螳] | | |
| 蛳 | sī | 1835 |
| [螄] | | |
| 蛐 | qū | 1599 |
| 蛔 | huí | 865 |
| 蛤 | gé | 658 |
| | há | 750 |
| 蛛 | zhū | 2550 |
| 蜓 | tíng | 1937 |
| 蛞 | kuò | 1142 |
| 蜒 | yán | 2252 |
| 蛸 | xiǎng | 2131 |
| 蜅 | fù | 616 |

| | | |
|---|---|---|
| [蜆] | | |
| 蛑 | móu | 1377 |

### [七画]

| | | |
|---|---|---|
| 蜣 | qiāng | 1555 |
| 蜕 | tuì | 1977 |
| 蜐 | jié | 993 |
| 蜽 | liǎng | 1220 |
| [蛹] | | |
| 蜃 | shèn | 1724 |
| 蜇 | zhē | 2479 |
| | zhé | 2482 |
| 蛸 | shāo | 1703 |
| | xiāo | 2142 |
| 蜈 | wú | 2058 |
| 蜎 | yuān | 2407 |
| 蜗 | wō | 2042 |
| [蝸] | | |
| 蜉 | fú | 604 |
| 蜍 | chú | 285 |
| 蜊 | lí | 1188 |
| 蛾 | é | 510 |
| | yǐ | 2320 |
| 蜂 | fēng | 590 |
| 蛹 | yǒng | 2360 |

### [八画]

| | | |
|---|---|---|
| 蜜 | mì | 1341 |
| 蜿 | wān | 1997 |
| 蜷 | quán | 1609 |
| 蝉 | chán | 199 |
| [蟬] | | |
| 螂 | láng | 1161 |
| 蜻 | qīng | 1584 |
| 蜞 | qí | 1524 |
| 蜡 | là | 1149 |
| [蠟] | zhà | 2455 |
| 蜥 | xī | 2079 |
| 蜮 | yù | 2405 |
| 蜚 | fēi | 565 |
| | fěi | 568 |
| 蜽 | wǎng | 2010 |
| 蜾 | guǒ | 743 |
| 蝈 | guō | 739 |
| [蟈] | | |
| 蜴 | yì | 2330 |

| | | | | | | | | |
|---|---|---|---|---|---|---|---|---|
| 蝇 | yíng | 2351 | 螯 | áo | 20 | **[十四画以上]** | | |
| [蠅] | | | 螓 | qín | 1573 | 蠕 | rú | 1646 |
| 蜘 | zhī | 2510 | 螨 | mǎn | 1304 | 蠹 | hé | 779 |
| 蝂 | bǎn | 49 | [蟎] | | | 蠛 | miè | 1352 |
| 蜺 | ní | 1411 | 蟒 | mǎng | 1309 | 蠢 | chǔn | 310 |
| 蜱 | pí | 1477 | 蟆 | má | 1291 | 蠡 | lí | 1189 |
| 蜩 | tiáo | 1926 | 融 | róng | 1640 | | lǐ | 1194 |
| 蜢 | měng | 1333 | 螈 | yuán | 2414 | 蠧 | dù | 487 |
| **[九画]** | | | 蟠 | xiū | 2201 | 蠵 | xī | 2081 |
| 螀 | jiāng | 960 | 螅 | xī | 2080 | 蠷 | qú | 1600 |
| [螿] | | | **[十一画]** | | | | | |
| 蝣 | yóu | 2373 | 螾 | yǐn | 2344 | **【缶】** | | |
| 蝼 | lóu | 1261 | 螲 | dié | 453 | 缶 | fǒu | 594 |
| [螻] | | | 蟑 | zhāng | 2467 | 缸 | gāng | 641 |
| 蝤 | qiú | 1595 | 蟅 | zhè | 2484 | 缺 | quē | 1610 |
| | yóu | 2373 | 蟀 | shuài | 1809 | 釪 | zhǎi | 2457 |
| 蝙 | biān | 103 | 螫 | shì | 1773 | 缿 | xiàng | 2136 |
| 蝽 | chūn | 308 | | zhē | 2479 | 罂 | yīng | 2348 |
| 蝾 | róng | 1640 | 蟥 | huáng | 855 | [罌,甖] | | |
| [蠑] | | | 蟏 | xiāo | 2142 | 磬 | qìng | 1588 |
| 蝶 | dié | 453 | [蠨] | | | 罅 | xià | 2102 |
| 蝃 | dì | 432 | 蛴 | qí | 1518 | 罍 | léi | 1179 |
| [蝃] | | | 螬 | cáo | 181 | 罐 | guàn | 723 |
| 蝻 | nǎn | 1399 | 螵 | piāo | 1487 | | | |
| 蝴 | hú | 820 | 螳 | táng | 1892 | **【舌】** | | |
| 蝘 | yǎn | 2258 | 螺 | luó | 1283 | 舌 | shé | 1707 |
| 蝲 | là | 1150 | 蟋 | xī | 2080 | 乱 | luàn | 1276 |
| 蝠 | fú | 605 | 螽 | zhōng | 2539 | [亂] | | |
| 蝰 | kuí | 1138 | 蝥 | máo | 1313 | 舍 | shě | 1708 |
| 蝎 | xiē | 2157 | **[十二画]** | | | [捨] | | |
| 蝌 | tè | 1902 | 蟮 | shàn | 1687 | 舍 | shè | 1710 |
| [蟣] | | | 蟢 | xǐ | 2086 | 舐 | shì | 1772 |
| 蝓 | yú | 2393 | 蟛 | péng | 1469 | 甜 | tián | 1920 |
| 蝌 | kē | 1097 | 蟪 | huì | 872 | 鸹 | guā | 707 |
| 蝮 | fù | 618 | 蟫 | yín | 2339 | [鴰] | | |
| 蝗 | huáng | 855 | 蟠 | pán | 1452 | 舒 | shū | 1793 |
| 螋 | sōu | 1851 | **[十三画]** | | | 辞 | cí | 314 |
| 蝥 | máo | 1313 | 蠊 | lián | 1210 | [辭] | | |
| 蝠 | míng | 1364 | 蠃 | luǒ | 1284 | 舔 | tiǎn | 1921 |
| **[十画]** | | | 蠓 | měng | 1334 | | | |
| 螃 | páng | 1456 | 蠖 | huò | 889 | **【竹(⺮)】** | | |
| 螭 | chī | 252 | 蠋 | zhú | 2552 | 竹 | zhú | 2550 |
| 螗 | táng | 1891 | 蟾 | chán | 200 | **[二画~三画]** | | |
| 螠 | yì | 2330 | 蟹 | xiè | 2166 | 竺 | zhú | 2551 |

| | | | | | |
|---|---|---|---|---|---|
| 竿 | gān | 632 | | | |
| 竽 | yú | 2389 | | | |
| 笈 | jí | 906 | | | |
| 笃 | dǔ | 484 | | | |
| [篤] | dǔ | 484 | | | |
| **[四画]** | | | | | |
| 笄 | jī | 897 | | | |
| 笕 | jiǎn | 944 | | | |
| [筧] | | | | | |
| 笔 | bǐ | 91 | | | |
| [筆] | | | | | |
| 笑 | xiào | 2154 | | | |
| 笊 | zhào | 2476 | | | |
| 第 | zǐ | 2586 | | | |
| 笏 | hù | 825 | | | |
| 笋 | sǔn | 1866 | | | |
| 笆 | bā | 27 | | | |
| **[五画]** | | | | | |
| 笠 | lì | 1204 | | | |
| 笺 | jiān | 942 | | | |
| [箋] | | | | | |
| 笻 | qióng | 1590 | | | |
| 笨 | bèn | 84 | | | |
| 笴 | gǎn | 634 | | | |
| 笸 | pǒ | 1503 | | | |
| 笼 | lóng | 1257 | | | |
| [籠] | lǒng | 1259 | | | |
| 笪 | dá | 342 | | | |
| 笛 | dí | 422 | | | |
| 笭 | líng | 1239 | | | |
| 笙 | shēng | 1733 | | | |
| 笮 | Zé | 2447 | | | |
| | zuó | 2613 | | | |
| 符 | fú | 603 | | | |
| 笱 | gǒu | 687 | | | |
| 笤 | chōu | 268 | | | |
| [籀] | | | | | |
| 笫 | niè | 1422 | | | |
| [籬] | | | | | |
| 笞 | chī | 251 | | | |
| 笥 | sì | 1844 | | | |
| 筀 | mǐn | 1355 | | | |
| 第 | dì | 430 | | | |
| 笾 | biān | 102 | | | |

| | | | | | | | | | | |
|---|---|---|---|---|---|---|---|---|---|---|
| [籩] | | | | yún | 2426 | 猕 | mí | 1337 | 篼 | dōu | 474 |
| 笤 | tiáo | 1926 | 筮 | shì | 1773 | [彌] | | | 簋 | guǐ | 735 |
| 笳 | jiā | 930 | 筻 | gàng | 643 | [九画] | | | [十二画] | | |
| [六画] | | | 筘 | zhé | 2482 | 篓 | lǒu | 1261 | 籣 | lán | 1157 |
| 筊 | jiǎo | 977 | 笆 | pá | 1443 | [簍] | | | [蘭] | | |
| 筴 | jiā | 930 | 筲 | shāo | 1703 | 箭 | jiàn | 957 | 簠 | fǔ | 608 |
| [筴] | | | 筼 | yún | 2426 | 篇 | piān | 1482 | 簟 | diàn | 445 |
| 筐 | kuāng | 1132 | [篔] | | | 箬 | ruò | 1655 | 簪 | zān | 2437 |
| 等 | děng | 414 | 签 | qiān | 1543 | 箱 | xiāng | 2128 | 簝 | liáo | 1225 |
| 筑 | zhù | 2560 | [簽] | | | 箯 | sī | 1836 | 簰 | pái | 1448 |
| [築] | | | 筱 | xiǎo | 2152 | 箴 | zhēn | 2489 | 簦 | dēng | 413 |
| 笙 | guì | 737 | [八画] | | | 箐 | xīng | 2184 | 簨 | sǔn | 1867 |
| 筹 | kǎo | 1093 | 箔 | bó | 132 | 篑 | kuì | 1139 | [十三画] | | |
| 笔 | lǎo | 1174 | 管 | guǎn | 719 | [簣] | | | 簿 | bù | 160 |
| 策 | cè | 185 | 箜 | kōng | 1112 | 篁 | huáng | 855 | 簸 | bǒ | 134 |
| 筘 | kòu | 1119 | 箢 | yuān | 2407 | 箯 | biān | 103 | | bò | 134 |
| 筚 | bì | 97 | 箙 | fèi | 570 | 篌 | hóu | 808 | 籁 | lài | 1154 |
| [篳] | | | [廢] | | | 篨 | chú | 285 | [籟] | | |
| 笪 | dāng | 391 | 箪 | dān | 383 | 篆 | zhuàn | 2569 | 籀 | zhòu | 2547 |
| [簹] | | | [簞] | | | [十画] | | | [十四画 以上] | | |
| 筛 | shāi | 1678 | 箧 | qiè | 1568 | 篰 | bù | 160 | 籍 | jí | 911 |
| [篩] | | | [篋] | | | 篙 | gāo | 649 | 纂 | zuǎn | 2608 |
| 简 | tǒng | 1951 | 箐 | qīng | 1588 | 篱 | lí | 1189 | [籱] | | |
| 筥 | jǔ | 1051 | 箦 | zé | 2448 | [籬] | | | 籯 | yíng | 2351 |
| 筌 | quán | 1609 | [簀] | | | 篝 | gōu | 686 | 籧 | qú | 1600 |
| 答 | dā | 341 | 箸 | zhù | 2561 | 篚 | fěi | 568 | 籥 | yuè | 2423 |
| | dá | 342 | 箕 | jī | 900 | 篥 | lì | 1204 | | | |
| 筅 | xiǎn | 2114 | 箬 | ruò | 1655 | 篮 | lán | 1157 | 【臼】 | | |
| 筈 | kuò | 1143 | 箑 | shà | 1678 | [籃] | | | 臼 | jiù | 1041 |
| 筏 | fá | 531 | 箣 | cè | 185 | 篡 | cuàn | 328 | 臾 | yú | 2388 |
| 筵 | yán | 2252 | 箍 | gū | 694 | 簉 | zào | 2445 | 舁 | yú | 2389 |
| 筋 | jīn | 1006 | 箨 | tuò | 1987 | 篦 | bì | 98 | 舀 | yǎo | 2278 |
| 筝 | zhēng | 2496 | [籜] | | | 篪 | chí | 255 | 舂 | chōng | 262 |
| [七画] | | | 算 | suàn | 1859 | 篷 | péng | 1469 | 舄 | xì | 2090 |
| 筦 | Guǎn | 719 | 箅 | bì | 98 | [十一画] | | | 舅 | jiù | 1045 |
| 筷 | kuài | 1128 | 箩 | luó | 1283 | 簏 | lù | 1270 | | | |
| 简 | jiǎn | 947 | [籮] | | | 簇 | cù | 327 | 【自】 | | |
| [簡] | | | 箙 | fú | 605 | 簖 | duàn | 493 | 自 | zì | 2587 |
| 筹 | chóu | 270 | 箴 | yuè | 2422 | [斷] | | | 息 | xī | 2074 |
| [籌] | | | 剳 | zhā | 2453 | 篥 | lè | 1177 | 臬 | niè | 1422 |
| 筭 | suàn | 1859 | 箫 | xiāo | 2142 | 簧 | huáng | 855 | 臭 | chòu | 272 |
| 笕 | lǒng | 1259 | [簫] | | | 簌 | sù | 1857 | | xiù | 2203 |
| [籠] | | | 箓 | lù | 1270 | 篾 | miè | 1352 | 齅 | niè | 1422 |
| 筠 | jūn | 1070 | | | | 簃 | yí | 2314 | | | |

## 【血】

| | | |
|---|---|---|
| 血 | xiě | 2162 |
| | xuè | 2224 |
| 衃 | pēi | 1461 |
| 衄 | nǜ | 1436 |
| 衅 | xìn | 2180 |
| [釁] | | |
| 衋 | xì | 2090 |

## 【舟】

| | | |
|---|---|---|
| 舟 | zhōu | 2544 |

### [三画~四画]

| | | |
|---|---|---|
| 舡 | chuán | 296 |
| 舢 | shān | 1683 |
| 舣 | yǐ | 2319 |
| [艤] | | |
| 舫 | fǎng | 557 |
| 航 | háng | 767 |
| 舰 | jiàn | 955 |
| [艦] | | |
| 舱 | cāng | 178 |
| [艙] | | |
| 舭 | bǐ | 93 |
| 舨 | bǎn | 49 |
| 般 | bān | 46 |
| | bō | 128 |
| | pán | 1451 |

### [五画]

| | | |
|---|---|---|
| 舵 | duò | 507 |
| 舷 | xián | 2111 |
| 舻 | lóng | 1258 |
| [艫] | | |
| 舸 | gě | 660 |
| 舳 | lú | 1265 |
| [艫] | | |
| 舳 | zhú | 2552 |
| 盘 | pán | 1451 |
| [盤] | | |
| 舲 | líng | 1239 |
| 舴 | zé | 2448 |
| 舶 | bó | 131 |
| 舟周 | zhōu | 2545 |
| [鵃] | | |
| 船 | chuán | 296 |

(舩)

### [六画~九画]

| | | |
|---|---|---|
| 舾 | xī | 2078 |
| 艇 | dá | 343 |
| [艢] | | |
| 艄 | shāo | 1703 |
| 艇 | tǐng | 1938 |
| 艅 | yú | 2392 |
| 艉 | wěi | 2025 |
| 艋 | měng | 1334 |
| 艖 | chā | 189 |
| 艏 | shǒu | 1784 |
| 艎 | huáng | 855 |
| 艘 | sōu | 1851 |

### [十画 以上]

| | | |
|---|---|---|
| 艕 | bàng | 56 |
| 艚 | tà | 1875 |
| 艚 | cáo | 181 |
| 艟 | chōng | 263 |
| 艨 | méng | 1332 |

## 【羽】

| | | |
|---|---|---|
| 羽 | yǔ | 2394 |

### [三画~七画]

| | | |
|---|---|---|
| 羿 | Yì | 2326 |
| 扇 | shān | 1683 |
| | shàn | 1685 |
| 翅 | chì | 258 |
| 翃 | hóng | 806 |
| 翀 | chōng | 262 |
| 翁 | wēng | 2040 |
| 翊 | yì | 2328 |
| 翌 | yì | 2328 |
| 翎 | líng | 1239 |
| 翔 | xiáng | 2130 |
| 翚 | huī | 859 |
| [翬] | | |
| 翘 | qiáo | 1562 |
| [翹] | qiào | 1565 |
| 翙 | huì | 872 |
| [翽] | | |
| 翕 | xī | 2078 |
| 翛 | xiāo | 2141 |

### [八画~九画]

| | | |
|---|---|---|
| 翠 | cuì | 331 |
| 翥 | zhù | 2561 |
| 翡 | fěi | 568 |
| 翟 | dí | 422 |
| | Zhái | 2457 |
| 翦 | Jiǎn | 949 |
| 翩 | piān | 1482 |

### [十画 以上]

| | | |
|---|---|---|
| 翯 | hè | 791 |
| 翰 | hàn | 765 |
| 翮 | hé | 789 |
| 翱 | áo | 20 |
| 翳 | yì | 2330 |
| 翼 | yì | 2331 |
| 翻 | fān | 534 |
| 翾 | xuān | 2214 |

## 【艮(⺄)】

| | | |
|---|---|---|
| 艮 | gēn | 666 |
| | gèn | 667 |
| 良 | liáng | 1214 |
| 艰 | jiān | 940 |
| [艱] | | |
| 即 | jí | 905 |
| 垦 | kěn | 1106 |
| [墾] | | |
| 很 | hěn | 795 |
| 恳 | kěn | 1107 |
| [懇] | | |
| 既 | jì | 920 |
| 暨 | jì | 923 |

## 【糸】

### [一画~五画]

| | | |
|---|---|---|
| 系 | jì | 918 |
| [繫] | xì | 2087 |
| 系 | xì | 2087 |
| [係] | | |
| 系 | xì | 2087 |
| 紊 | wěn | 2037 |
| 素 | sù | 1854 |
| 索 | suǒ | 1869 |
| 紧 | jǐn | 1008 |
| [緊] | | |

| | | |
|---|---|---|
| 萦 | yíng | 2350 |
| [縈] | | |
| 累 | léi | 1177 |
| [纍] | | |
| 累 | lěi | 1179 |
| | lèi | 1181 |

### [六画~九画]

| | | |
|---|---|---|
| 絜 | xié | 2161 |
| 絷 | zhí | 2515 |
| [縶] | | |
| 紫 | zǐ | 2586 |
| 絮 | xù | 2211 |
| 綮 | qǐ | 1531 |
| | qìng | 1588 |
| 綦 | qí | 1524 |

### [十画 以上]

| | | |
|---|---|---|
| 縠 | hú | 821 |
| 縻 | mí | 1338 |
| 繄 | yī | 2308 |
| 繇 | yáo | 2277 |
| | yóu | 2373 |
| | zhòu | 2547 |
| 繁 | fán | 540 |
| | Pó | 1503 |
| 纂 | zuǎn | 2608 |
| [纘] | | |
| 累 | léi | 1177 |
| [纍] | | |
| 纛 | dào | 406 |

## 【辛】

| | | |
|---|---|---|
| 辛 | xīn | 2173 |
| 辜 | gū | 694 |
| 辞 | cí | 314 |
| [辭] | | |
| 辟 | bì | 97 |
| | pī | 1473 |
| 辟 | pì | 1479 |
| [闢] | | |
| 辣 | là | 1149 |
| 辨 | biàn | 109 |
| 辩 | biàn | 109 |
| [辯] | | |
| 辫 | biàn | 110 |

## 【言】

| | | |
|---|---|---|
| [辧] | | |
| 瓣 | bàn | 53 |

**【言】**

| | | |
|---|---|---|
| 言 | yán | 2248 |
| 訇 | hōng | 800 |
| 訄 | qiú | 1594 |
| 誾 | yín | 2337 |
| [誾] | | |
| 詈 | lì | 1204 |
| 誉 | yù | 2405 |
| [譽] | | |
| 誊 | téng | 1903 |
| [謄] | | |
| 訾 | zī | 2584 |
| | zǐ | 2587 |
| 詹 | Zhān | 2459 |
| 誓 | shì | 1773 |
| 謇 | jiǎn | 949 |
| 謷 | áo | 20 |
| 雟 | wèi | 2031 |
| [讐] | | |
| 謦 | qǐng | 1588 |
| 警 | jǐng | 1027 |
| 譬 | pì | 1480 |

**【麦(麥)】**

| | | |
|---|---|---|
| 麦 | mài | 1297 |
| [麥] | | |
| 麸 | fū | 595 |
| [麩] | | |
| 麨 | chǎo | 221 |
| [麨] | | |
| 麰 | móu | 1377 |
| [麰] | | |

**【走】**

| | | |
|---|---|---|
| 走 | zǒu | 2600 |
| [二画～五画] | | |
| 赴 | fù | 613 |
| 赵 | Zhào | 2476 |
| [趙] | | |
| 赳 | jiū | 1036 |
| 赶 | gǎn | 632 |

| | | |
|---|---|---|
| [趕] | | |
| 赸 | shàn | 1685 |
| 起 | qǐ | 1527 |
| •qǐ | | 1527 |
| 越 | yuè | 2421 |
| 趄 | jū | 1047 |
| | qiè | 1568 |
| 趁 | chèn | 231 |
| 趋 | qū | 1599 |
| [趨] | | |
| 超 | chāo | 215 |
| [六画 以上] | | |
| 趑 | zī | 2584 |
| 趔 | liè | 1230 |
| 趣 | qù | 1603 |
| 趟 | tāng | 1889 |
| | tàng | 1893 |
| 趯 | tì | 1912 |
| 趱 | zǎn | 2438 |
| [趲] | | |

**【赤】**

| | | |
|---|---|---|
| 赤 | chì | 257 |
| 郝 | Hǎo | 775 |
| 赦 | shè | 1712 |
| 赧 | nǎn | 1399 |
| 赪 | chēng | 233 |
| [赬] | | |
| 赫 | xì | 2090 |
| 赫 | hè | 790 |
| 赭 | zhě | 2482 |
| 赯 | táng | 1892 |

**【豆】**

| | | |
|---|---|---|
| 豆 | dòu | 477 |
| 剅 | lóu | 1260 |
| 豇 | jiāng | 959 |
| 豉 | chǐ | 256 |
| 壹 | yī | 2308 |
| 逗 | dòu | 478 |
| 短 | duǎn | 488 |
| 登 | dēng | 412 |
| 豌 | wān | 1997 |
| 皓 | chǎi | 197 |

**【酉】**

| | | |
|---|---|---|
| 酉 | yǒu | 2381 |
| [二画] | | |
| 酋 | qiú | 1594 |
| 酊 | dīng | 455 |
| | dǐng | 458 |
| [三画～四画] | | |
| 酒 | jiǔ | 1038 |
| 酐 | gān | 632 |
| 酎 | zhòu | 2547 |
| 酌 | zhuó | 2580 |
| 配 | pèi | 1463 |
| 酝 | yùn | 2428 |
| [醞] | | |
| 酞 | tài | 1880 |
| 酗 | xù | 2210 |
| 酚 | fēn | 576 |
| 酰 | qiāng | 1554 |
| [醃] | | |
| 酘 | dòu | 478 |
| [五画] | | |
| 酡 | tuó | 1985 |
| 酣 | hān | 757 |
| 酤 | gū | 694 |
| 酢 | cù | 326 |
| | zuò | 2621 |
| 酥 | sū | 1852 |
| 酦 | fā | 530 |
| [醱] | pō | 1502 |
| [六画] | | |
| 酱 | jiàng | 964 |
| [醬] | | |
| 酬 | chóu | 269 |
| 酿 | nóng | 1431 |
| [醶] | | |
| 酮 | tóng | 1949 |
| 酰 | xiān | 2106 |
| 酩 | mǐng | 1364 |
| 酪 | lào | 1175 |
| 酯 | zhǐ | 2522 |
| [七画] | | |
| 酿 | niàng | 1419 |
| [醸] | | |
| 酵 | jiào | 982 |

| | | |
|---|---|---|
| 酽 | yàn | 2261 |
| [釅] | | |
| 酾 | shī/shāi | 1745 |
| [釃] | | |
| 酺 | pú | 1510 |
| 酲 | chéng | 244 |
| 酹 | lèi | 1181 |
| 酴 | tú | 1966 |
| 酷 | kù | 1124 |
| 酶 | méi | 1322 |
| 酸 | suān | 1858 |
| [八画] | | |
| 醅 | pēi | 1461 |
| 醇 | chún | 310 |
| 醉 | zuì | 2611 |
| 醋 | cù | 327 |
| 醌 | kūn | 1140 |
| 醄 | táo | 1897 |
| 醊 | zhuì | 2576 |
| 醁 | lù | 1270 |
| [八画～十画] | | |
| 醚 | mí | 1337 |
| 醛 | quán | 1609 |
| 醐 | hú | 821 |
| 醍 | tí | 1909 |
| 醒 | xǐng | 2190 |
| 醑 | xǔ | 2208 |
| 醡 | zhà | 2456 |
| 醨 | lí | 1189 |
| 醢 | hǎi | 755 |
| [十一画～十三画] | | |
| 醪 | láo | 1166 |
| 醯 | xī | 2080 |
| 醰 | tán | 1885 |
| 醭 | bú | 134 |
| 醮 | jiào | 982 |
| 醵 | jù | 1057 |
| 醴 | lǐ | 1194 |
| [十四画 以上] | | |
| 醺 | xūn | 2227 |
| 醾 | mí | 1338 |
| 醽 | líng | 1241 |

**【辰】**

| 辰 | chén | 226 |
| 辱 | rǔ | 1647 |
| 唇 | chún | 309 |
| 晨 | chén | 230 |
| 蜃 | shèn | 1724 |

**【豕】**

| 豕 | shǐ | 1758 |
| 家 | jiā | 927 |
| 家 | jiā | 927 |
| [傢] | | |
| 家 | ·jie | 1001 |
| 豗 | huī | 859 |
| 象 | xiàng | 2135 |
| 豝 | bā | 27 |
| 豢 | huàn | 849 |
| 豪 | háo | 770 |
| 豨 | xī | 2079 |
| 豵 | zòng | 2600 |
| 豮 | fén | 576 |
| [豶] | | |
| 豭 | jiā | 931 |
| 豫 | yù | 2405 |
| 豳 | Bīn | 118 |
| 燹 | xiǎn | 2114 |

**【卤(鹵)】**

| 卤 | lǔ | 1265 |
| [鹵] | | |
| 卤 | lǔ | 1265 |
| [滷] | | |
| 舡 | gǎng | 642 |
| [舡] | | |
| 鹾 | cuó | 336 |
| [鹺] | | |

**【里】**

| 里 | lǐ | 1191 |
| 里 | lǐ | 1191 |
| [裏,裡] | ·li | 1204 |
| 厘 | lí | 1186 |
| 重 | chóng | 263 |
| | zhòng | 2542 |
| 理 | lǐ | 1192 |

| 野 | yě | 2284 |
| 量 | liáng | 1216 |
| | liàng | 1222 |

**【足(𧾷)】**

| 足 | zú | 2604 |

**[二画~四画]**

| 趴 | pā | 1442 |
| 趸 | dǔn | 499 |
| [躉] | | |
| 趵 | bào | 68 |
| | bō | 128 |
| 趿 | tā | 1872 |
| 趺 | fū | 595 |
| 趼 | jiǎn | 945 |
| 跂 | qí | 1523 |
| | qǐ | 1531 |
| 距 | jù | 1055 |
| 趾 | zhǐ | 2522 |
| 跂 | chēn | 230 |
| 跄 | qiāng | 1554 |
| [蹌] | qiàng | 1560 |
| 跃 | yuè | 2421 |
| [躍] | | |

**[五画]**

| 跎 | tuó | 1985 |
| 践 | jiàn | 956 |
| [踐] | | |
| 跖 | zhí | 2516 |
| 跋 | bá | 28 |
| 跕 | diē | 451 |
| 跌 | diē | 451 |
| 跗 | fū | 595 |
| 跅 | tuò | 1987 |
| 跅 | zhī | 2510 |
| 跔 | jū | 1047 |
| 跚 | shān | 1683 |
| 跑 | páo | 1458 |
| | pǎo | 1458 |
| 跞 | lì | 1204 |
| [躒] | luò | 1288 |
| 跛 | bǒ | 133 |
| 跏 | jiā | 930 |

**[六画]**

| 跻 | jī | 900 |
| [躋] | | |
| 跤 | jiāo | 972 |
| 跰 | pián | 1483 |
| 跬 | kuǐ | 1138 |
| 跫 | qióng | 1591 |
| 跨 | kuà | 1125 |
| 跶 | ·da | 371 |
| [躂] | | |
| 跷 | qiāo | 1560 |
| [蹺,蹻] | | |
| 跸 | bì | 97 |
| [蹕] | | |
| 跐 | cī | 312 |
| | cǐ | 317 |
| 跩 | zhuǎi | 2562 |
| 跲 | jiá | 931 |
| 跳 | tiào | 1927 |
| 跹 | xiān | 2106 |
| [躚] | | |
| 跣 | xiǎn | 2114 |
| 路 | lù | 1268 |
| 跺 | duò | 507 |
| 跪 | guì | 737 |
| 跟 | gēn | 665 |

**[七画]**

| 踉 | liáng | 1217 |
| | liàng | 1222 |
| 踌 | chóu | 271 |
| [躊] | | |
| 踅 | xué | 2223 |
| 踊 | yǒng | 2360 |
| [踴] | | |
| 踆 | cūn | 332 |
| 跽 | jì | 923 |

**[八画]**

| 踪 | zōng | 2597 |
| 踣 | bó | 132 |
| 踮 | diǎn | 437 |
| 踯 | zhí | 2516 |
| [躑] | | |
| 踖 | jí | 911 |
| 踦 | yǐ | 2320 |
| 踧 | cù | 327 |

| 踔 | chuō | 310 |
| 踝 | huái | 840 |
| 踢 | tī | 1905 |
| 踩 | cǎi | 168 |
| 踟 | chí | 255 |
| 踒 | wō | 2042 |
| 踬 | zhì | 2531 |
| [躓] | | |
| 踺 | jiàn | 957 |
| 踞 | jù | 1057 |
| 踏 | tā | 1873 |
| | tà | 1874 |

**[九画]**

| 蹄 | tí | 1909 |
| 蹉 | qiāng | 1555 |
| [蹡] | qiàng | 1560 |
| 踱 | duó | 505 |
| 蹉 | cuō | 335 |
| 蹁 | pián | 1483 |
| 蹅 | chěn | 230 |
| 蹀 | dié | 453 |
| 蹅 | chǎ | 194 |
| 蹉 | dì | 433 |
| 踹 | chuài | 291 |
| 踶 | bāi | 32 |
| 踵 | zhǒng | 2540 |
| 踽 | jǔ | 1051 |
| 蹂 | róu | 1642 |

**[十画]**

| 蹇 | jiǎn | 949 |
| 蹐 | jí | 911 |
| 蹎 | diān | 434 |
| [蹞] | | |
| 蹑 | niè | 1422 |
| [躡] | | |
| 蹒 | pán | 1452 |
| [蹣] | | |
| 蹋 | tà | 1875 |
| 蹈 | dǎo | 400 |
| 蹊 | qī | 1518 |
| | xī | 2080 |
| 蹓 | liū | 1245 |
| | liù | 1255 |
| 蹍 | niǎn | 1418 |

## 【十一画】

| | | |
|---|---|---|
| 蹜 | sù | 1858 |
| 蹢 | dí | 422 |
| | zhí | 2516 |
| 蹩 | bié | 117 |
| 蹰 | chú | 286 |
| 蹙 | cù | 327 |
| 蹦 | bèng | 87 |

## 【十二画】

| | | |
|---|---|---|
| 蹿 | cuān | 328 |
| [躥] | | |
| 蹴 | cù | 327 |
| | ·jiu | 1045 |
| 蹲 | dūn | 499 |
| 蹲 | cún | 334 |
| | dūn | 499 |
| 蹭 | cèng | 187 |
| 蹽 | liāo | 1222 |
| 蹶 | jué | 1066 |
| | juě | 1067 |
| 蹰 | chú | 286 |
| 蹼 | pǔ | 1512 |
| 蹯 | fán | 541 |
| 蹬 | dēng | 413 |
| | dèng | 416 |

## 【十三画～十四画】

| | | |
|---|---|---|
| 躁 | zào | 2446 |
| 躅 | zhú | 2552 |
| 躈 | qiào | 1565 |
| 躄 | bì | 100 |
| 躏 | lìn | 1235 |
| [躪] | | |

## 【十五画 以上】

| | | |
|---|---|---|
| 躔 | chán | 200 |
| 躐 | liè | 1230 |
| 躜 | zuān | 2608 |
| [躦] | | |
| 躞 | xiè | 2166 |

## 【豸】

豸 zhì 2523

### [三画～七画]

| | | |
|---|---|---|
| 豺 | chái | 197 |
| 豹 | bào | 68 |
| 貂 | diāo | 446 |
| 貆 | huán | 844 |
| 貊 | Mò | 1374 |
| 貅 | xiū | 2201 |
| 貉 | háo | 770 |
| | hé | 789 |
| | Mò | 1374 |
| 貌 | mào | 1316 |

### [八画 以上]

| | | |
|---|---|---|
| 貘 | mò | 1376 |
| 貔 | pí | 1477 |

## 【谷】

| | | |
|---|---|---|
| 谷 | gǔ | 696 |
| 谷 | gǔ | 696 |
| [穀] | yù | 2398 |
| 郤 | xì | 2090 |
| 欲 | yù | 2402 |
| 鹆 | yù | 2404 |
| [鵒] | | |
| 豁 | huá | 834 |
| | huō | 877 |
| | huò | 888 |
| 谿 | xī | 2080 |
| 豀 | xī | 2080 |

## 【采】

| | | |
|---|---|---|
| 悉 | xī | 2075 |
| 番 | fān | 534 |
| | pān | 1449 |
| 釉 | yòu | 2384 |
| 释 | shì | 1772 |
| [釋] | | |

## 【身】

| | | |
|---|---|---|
| 身 | shēn | 1714 |
| 射 | shè | 1711 |
| 躬 | gōng | 681 |
| 躯 | qū | 1598 |
| [軀] | | |
| 躲 | duǒ | 506 |
| 躺 | tǎng | 1892 |

## 【角(甪)】

| | | |
|---|---|---|
| 角 | jiǎo | 973 |
| | jué | 1062 |

### [四画～六画]

| | | |
|---|---|---|
| 觓 | hú | 819 |
| 觖 | jué | 1066 |
| 觞 | shāng | 1691 |
| [觴] | | |
| 觚 | gū | 694 |
| 觥 | gōng | 681 |
| 觜 | zī | 2584 |
| | zuǐ | 2608 |
| 触 | chù | 289 |
| [觸] | | |
| 解 | jiě | 995 |
| | jiè | 1001 |
| | xiè | 2165 |

### [七画 以上]

| | | |
|---|---|---|
| 觫 | sù | 1857 |
| 觯 | zhì | 2531 |
| [觶] | | |
| 觭 | jī | 900 |
| 觱 | bì | 98 |
| 觳 | hú | 821 |
| 觲 | yí | 2314 |
| 觿 | xī | 2081 |

## 【青(靑)】

| | | |
|---|---|---|
| 青 | qīng | 1573 |
| 靓 | jìng | 1031 |
| [靚] | liàng | 1222 |
| 靖 | jìng | 1032 |
| 鹊 | jīng | 1023 |
| [鶄] | | |
| 静 | jìng | 1032 |
| 靛 | diàn | 445 |

## 【其】

| | | |
|---|---|---|
| 其 | jī | 895 |
| | qí | 1520 |
| 甚 | shèn | 1723 |
| 基 | jī | 898 |
| 斯 | sī | 1835 |
| 期 | jī | 899 |
| | qī | 1517 |
| 欺 | qī | 1517 |
| 綦 | qí | 1524 |

## 【雨(⻗)】

| | | |
|---|---|---|
| 雨 | yǔ | 2394 |
| | yù | 2399 |

### [三画～五画]

| | | |
|---|---|---|
| 雩 | yú | 2390 |
| 雪 | xuě | 2223 |
| 雯 | wén | 2037 |
| 雱 | pāng | 1454 |
| 雳 | lì | 1204 |
| [靂] | | |
| 雷 | léi | 1177 |
| 零 | líng | 1239 |
| 雾 | wù | 2068 |
| [霧] | | |
| 雹 | báo | 59 |

### [六画～八画]

| | | |
|---|---|---|
| 霁 | jì | 922 |
| [霽] | | |
| 需 | xū | 2207 |
| 霆 | tíng | 1937 |
| 霂 | mù | 1384 |
| 霈 | pèi | 1465 |
| 霅 | Zhà | 2455 |
| 震 | zhèn | 2491 |
| 霄 | xiāo | 2142 |
| 霉 | méi | 1322 |
| [黴] | | |
| 霉 | méi | 1322 |
| 霎 | shà | 1678 |
| 霙 | yīng | 2348 |
| 霖 | lín | 1234 |
| 霏 | fēi | 565 |
| 霍 | huò | 888 |
| 霓 | ní | 1411 |

### [九画～十一画]

| | | |
|---|---|---|
| 霜 | shuāng | 1811 |
| 霡 | mài | 1300 |
| 霞 | xiá | 2093 |
| 霪 | yín | 2339 |
| 霭 | ǎi | 6 |
| [靄] | | |

| | | | | | | | | |
|---|---|---|---|---|---|---|---|---|
| 霫 | xí | 2083 | [醋] | | | 隹 | zhuī | 2573 | 鱮 | xù | 2210 |
| 霨 | wèi | 2031 | 齮 | yǐ | 2320 | [二画～四画] | | | [鱮] | | |
| [十二画以上] | | | [齮] | | | 隼 | sǔn | 1866 | 鲚 | jǐ | 914 |
| 霞 | xiàn | 2120 | 齯 | ní | 1411 | 隽 | juàn | 1060 | [鱭] | | |
| 霸 | bà | 31 | [齯] | | | | jùn | 1071 | 鲂 | fáng | 555 |
| 露 | lòu | 1263 | 齲 | qǔ | 1602 | 难 | nán | 1396 | [魴] | | |
| | lù | 1270 | [齲] | | | [難] | nàn | 1399 | 鱿 | yóu | 2371 |
| 霹 | pī | 1474 | 齷 | wò | 2044 | 雀 | qiāo | 1560 | [魷] | | |
| 霾 | mái | 1296 | [齷] | | | | qiǎo | 1564 | 鲀 | tún | 1979 |
| | | | 齼 | chǔ | 288 | | què | 1612 | [魨] | | |
| 【齿(齒)】 | | | [齼] | | | 售 | shòu | 1788 | 鲁 | lǔ | 1266 |
| 齿 | chǐ | 255 | | | | 焦 | jiāo | 971 | [魯] | | |
| [齒] | | | 【黾(黽)】 | | | 雇 | gù | 705 | 鲃 | bā | 27 |
| [二画～五画] | | | 黾 | miǎn | 1344 | | Gù | 705 | [鮁] | | |
| 龀 | chèn | 231 | [黽] | mǐn | 1355 | 集 | jí | 909 | [五画] | | |
| [齔] | | | 鼋 | yuán | 2413 | 雁 | yàn | 2261 | 鲎 | hòu | 814 |
| 啮 | niè | 1422 | [黿] | | | 雄 | xióng | 2195 | [鱟] | | |
| [嚙,齧] | | | 鼍 | tuó | 1985 | 雅 | yā | 2237 | 鲆 | píng | 1501 |
| 龁 | hé | 789 | [鼉] | | | | yǎ | 2240 | [鮃] | | |
| [齕] | | | | | | [五画～十画] | | | 鲅 | bà | 31 |
| 龉 | xiè | 2164 | 【金】 | | | 雍 | yōng | 2358 | [鮁] | | |
| [齘] | | | 金 | jīn | 1002 | 雎 | jū | 1047 | 鲇 | nián | 1417 |
| 龂 | yín | 2339 | 崟 | yín | 2337 | 雉 | zhì | 2530 | [鮎] | | |
| [齦] | | | [崯] | | | 雊 | gòu | 690 | 鲈 | lú | 1265 |
| 龂 | bà | 31 | 滢 | yíng | 2351 | 雏 | chú | 285 | [鱸] | | |
| [齞] | | | [鎣] | | | [雛] | | | 鲉 | yóu | 2373 |
| 䶮 | qiā | 1537 | 鉴 | jiàn | 956 | 雌 | cí | 315 | [鮋] | | |
| [齥] | | | [鑒,鑑·鋻] | | | 雒 | Luò | 1288 | 鲊 | zhǎ | 2454 |
| 龃 | jǔ | 1051 | 銮 | luán | 1276 | 翟 | dí | 422 | [鮓] | | |
| [齟] | | | [鑾] | | | | Zhái | 2457 | 稣 | sū | 1852 |
| 龄 | líng | 1241 | 銎 | qióng | 1591 | 雕 | diāo | 446 | [穌] | | |
| [齡] | | | 鋈 | wù | 2069 | 雠 | chóu | 271 | 鲋 | fù | 618 |
| 龅 | bāo | 59 | 錖 | yún | 2426 | [讎,讐] | | | [鮒] | | |
| [齙] | | | 鋬 | pàn | 1454 | 瞿 | jù | 1057 | 鲌 | bó | 132 |
| 龆 | tiáo | 1926 | 錾 | zàn | 2438 | | Qú | 1600 | [鮊] | | |
| [齠] | | | [鏨] | | | | | | 鲫 | yìn | 2345 |
| [六画以上] | | | 鍪 | móu | 1377 | 【鱼(魚)】 | | | [鮣] | | |
| 龇 | zī | 2584 | 鎏 | liú | 1252 | 鱼 | yú | 2388 | 鲍 | jū | 1047 |
| [齜] | | | 鳌 | áo | 22 | [魚] | | | [鮈] | | |
| 龈 | yín | 2339 | 鏖 | áo | 20 | [二画～四画] | | | 鲍 | bào | 68 |
| [齦] | | | 鐾 | bèi | 80 | 鱽 | dāo | 396 | [鮑] | | |
| 龋 | yǔ | 2397 | 鑫 | xīn | 2178 | [魛] | | | 鲐 | tái | 1877 |
| [齬] | | | | | | 红 | hóng | 806 | [鮐] | | |
| 龌 | zé | 2448 | 【隹】 | | | [魟] | | | 鲄 | fú | 604 |

| | | | | | | | |
|---|---|---|---|---|---|---|---|
| [鮍] | | | [鮨] | | | [鯡] | |
| 鲏 | pí | 1477 | 鲟 | xún | 2230 | 鲱 | fēi | 565 |
| [鮁] | | | [鱘] | | | [鯡] | |
| 鲅 | bō | 129 | | [七画] | | 鲲 | kūn | 1140 |
| [鱍] | | | 鲨 | shā | 1676 | [鯤] | |
| | [六画] | | [鯊] | | | 鲳 | chāng | 203 |
| 鮟 | ān | 13 | 鲩 | huàn | 849 | [鯧] | |
| [鮟] | | | [鯇] | | | 鲴 | gù | 705 |
| 鲛 | jiāo | 972 | 鲡 | lí | 1189 | [鯝] | |
| [鮫] | | | [鱺] | | | 鲵 | ní | 1411 |
| 鲫 | jì | 923 | 鲠 | gěng | 669 | [鯢] | |
| [鯽] | | | [鯁] | | | 鲷 | diāo | 447 |
| 鲜 | xiān | 2107 | 鲢 | lián | 1210 | [鯛] | |
| [鮮] | Xiān | 2107 | [鰱] | | | 鲹 | shēn | 1719 |
| | xiǎn | 2114 | 鲾 | cān | 172 | [鯵] | |
| 鲝 | zhǎ | 2454 | [鯵] | | | 鲮 | lù | 1270 |
| [鮺] | | | 鲣 | jiān | 943 | [鯪] | |
| 鲞 | xiǎng | 2133 | [鰹] | | | 鲺 | shī | 1745 |
| [鯗] | | | 鲤 | lǐ | 1194 | [鯴] | |
| 鲑 | guī | 733 | [鯉] | | | 鲻 | zī | 2584 |
| [鮭] | xié | 2161 | 鲥 | shí | 1757 | [鯔] | |
| 鲒 | jié | 994 | [鰣] | | | | [九画] | |
| [鮚] | | | 鲦 | tiáo | 1926 | 鳉 | jiāng | 960 |
| 鲕 | ér | 516 | [鰷] | | | [鱂] | |
| [鮞] | | | 鲍 | miǎn | 1345 | 鳊 | biān | 103 |
| 鲔 | wěi | 2025 | [鮸] | | | [鯿] | |
| [鮪] | | | 鲧 | gǔn | 738 | 鳍 | chūn | 308 |
| 鮆 | cǐ | 317 | [鯀] | | | 鲼 | fèn | 580 |
| [鮆] | | | 鲬 | yǒng | 2360 | [鱝] | |
| 鲺 | shī | 1745 | [鯒] | | | 鲢 | liàn | 1214 |
| [鯴] | | | 鲪 | jūn | 1070 | [鰊] | |
| 鲖 | tóng | 1949 | [鮶] | | | 鲽 | dié | 453 |
| [鮦] | | | 鲫 | jì | 923 | [鰈] | |
| 鳜 | guì | 737 | [鯽] | | | 鯻 | là | 1150 |
| [鱖] | | | | [八画] | | [鯻] | |
| 鲗 | zéi | 2448 | 鲸 | jīng | 1026 | 鲾 | bī | 88 |
| [鯽] | | | [鯨] | | | [鰏] | |
| 鲻 | zhào | 2478 | 鲭 | qīng | 1584 | 鳀 | tí | 1909 |
| [鮡] | | | [鯖] | zhēng | 2496 | [鯷] | |
| 鲙 | kuài | 1128 | 鲮 | líng | 1241 | 鳁 | wēn | 2032 |
| [鱠] | | | [鯪] | | | [鰮] | |
| 鲌 | wéi | 2021 | 鲯 | qí | 1524 | 鳃 | sāi | 1658 |
| [鮠] | | | [鯕] | | | [鰓] | |
| 鲐 | yì | 2330 | 鲰 | zōu | 2600 | | | |

| | | | | | |
|---|---|---|---|---|---|
| [鰃] | | | 鳂 | wēi | 2016 |
| [鰃] | | | | | |
| 鳄 | è | 513 | | | |
| [鰐, 鱷] | | | | | |
| 鳇 | huá | 834 | | | |
| [鰉] | | | | | |
| 鳅 | qiū | 1592 | | | |
| [鰍] | | | | | |
| 鳆 | fù | 618 | | | |
| [鰒] | | | | | |
| 鳌 | jì | 923 | | | |
| [鱀] | | | | | |
| 鳇 | huáng | 855 | | | |
| [鰉] | | | | | |
| 鳈 | quán | 1609 | | | |
| [鰁] | | | | | |
| 鰕 | xiā | 2092 | | | |
| [鰕] | | | | | |
| 鰇 | róu | 1642 | | | |
| [鰇] | | | | | |
| | [十画] | | | | |
| 鳑 | páng | 1456 | | | |
| [鰟] | | | | | |
| 鳒 | jiān | 943 | | | |
| [鰜] | | | | | |
| 鳌 | áo | 20 | | | |
| [鰲, 鼇] | | | | | |
| 鳍 | qí | 1524 | | | |
| [鰭] | | | | | |
| 鳎 | tǎ | 1874 | | | |
| [鰨] | | | | | |
| 鳏 | guān | 719 | | | |
| [鰥] | | | | | |
| 鳐 | yáo | 2277 | | | |
| [鰩] | | | | | |
| 鳓 | wēng | 2040 | | | |
| [鰴] | | | | | |
| 鳑 | téng | 1904 | | | |
| [䲢] | | | | | |
| | [十一画] | | | | |
| 鳙 | yōng | 2358 | | | |
| [鱅] | | | | | |
| 鳚 | kāng | 1090 | | | |
| [鱇] | | | | | |

| 鳖 | biē | 115 | 鱲 | liè | 1230 | 鞓 | tīng | 1934 | 髅 | lóu | 1261 |
| [鰲,鼈] | | | [鱲] | | | 鞔 | mán | 1301 | [髏] | | |
| 鳕 | xuě | 2224 | | 【音】 | | 鞚 | kòng | 1114 | 髃 | yú | 2393 |
| [鱈] | | | | | | 鞟 | kuò | 1143 | 髋 | kuān | 1130 |
| 鱼勒 | lè | 1177 | 音 | yīn | 2334 | 鞡 | ·la | 1150 | [髖] | | |
| [鱼勒] | | | 章 | zhāng | 2466 | 鞞 | bǐng | 123 | 髌 | bìn | 118 |
| 鳔 | biào | 114 | 竟 | jìng | 1031 | 鞠 | jū | 1047 | [髕] | | |
| [鰾] | | | 韵 | yùn | 2428 | 鞬 | jiān | 943 | 髈 | pǎng | 1456 |
| 鳗 | mán | 1301 | 歆 | xīn | 2177 | | [九画] | | 髆 | bó | 133 |
| [鰻] | | | 韶 | sháo | 1703 | 鞧 | qiū | 1592 | 髎 | liáo | 1225 |
| 鳘 | mǐn | 1356 | | | | 鞯 | jiān | 943 | 髓 | suǐ | 1863 |
| [鰵] | | | | 【革】 | | | [韉] | | 髑 | dú | 484 |
| 鱼咸 | xián | 2111 | 革 | gé | 657 | 鞨 | hé | 789 | | | |
| [鱼咸] | | | | jí | 906 | 鞥 | ēng | 514 | | 【食(飠 饣)】 | |
| 鰶 | jì | 923 | | [二画～四画] | | 鞭 | biān | 103 | 食 | shí | 1755 |
| [鰶] | | | 靪 | dīng | 456 | 鞫 | jū | 1048 | | sì | 1844 |
| 鳛 | xí | 2083 | 靰 | jī | 899 | 鞣 | róu | 1642 | | yì | 2326 |
| [鰼] | | | [鞿] | | | | [十画以上] | | 飧 | sūn | 1866 |
| 鳚 | wèi | 2031 | 勒 | lè | 1176 | 鞲 | gōu | 686 | 饟 | xiǎng | 2131 |
| [鰃] | | | | lēi | 1177 | 韂 | bèi | 80 | [饗] | | |
| [十二画～十三画] | | | 靬 | qián | 1549 | 韂 | wēng | 2040 | 餍 | yàn | 2261 |
| 鳝 | shàn | 1687 | 靰 | wù | 2068 | 鞶 | pán | 1453 | [饜] | | |
| [鱔] | | | 靸 | sǎ | 1657 | 韂 | chàn | 202 | 餐 | cān | 172 |
| 鳞 | lín | 1234 | 靴 | xuē | 2220 | | | | 饕 | tiè | 1932 |
| [鱗] | | | 靳 | jìn | 1016 | | 【骨(骨)】 | | 饔 | yōng | 2358 |
| 鳟 | zūn | 2612 | 靷 | yǐn | 2344 | 骨 | gū | 694 | 饕 | tāo | 1894 |
| [鱒] | | | 靶 | bǎ | 30 | | gǔ | 697 | | | |
| 鳙 | xǐ | 2086 | | [五画～六画] | | | [二画～八画] | | | 【鬼】 | |
| [鱚] | | | 鞁 | bàn | 53 | 骭 | gàn | 638 | 鬼 | guǐ | 734 |
| 鳜 | guì | 737 | 鞋 | mò | 1374 | 骫 | wěi | 2025 | 魁 | kuí | 1137 |
| [鱖] | | | 靼 | dá | 343 | 骱 | jiè | 1001 | 魅 | mèi | 1326 |
| 鳝 | zhān | 2459 | 鞅 | yāng | 2262 | 骰 | tóu | 1960 | 魂 | hún | 875 |
| [鱣] | | | | yàng | 2272 | 骷 | kū | 1121 | 魃 | bá | 28 |
| 鱯 | hù | 825 | 鞁 | bèi | 80 | 鹘 | gǔ | 701 | 魆 | xū | 2207 |
| [鱯] | | | 鞘 | yào | 2281 | [鶻] | hú | 820 | 魄 | bó | 132 |
| 鳡 | gǎn | 637 | 鞍 | ān | 13 | 骶 | dǐ | 425 | | pò | 1506 |
| [鱤] | | | 鞋 | xié | 2161 | 骸 | bèi | 80 | | tuò | 1987 |
| 鲤 | lǐ | 1194 | 鞑 | dá | 343 | 骸 | hái | 752 | 魇 | yǎn | 2258 |
| [鯉] | | | | [七画～八画] | | 骺 | hóu | 808 | [魘] | | |
| [十四画以上] | | | 鞒 | qiáo | 1562 | 骼 | gé | 660 | 魉 | liǎng | 1220 |
| 鳤 | guǎn | 721 | [鞽] | | | 髁 | kē | 1097 | [魎] | | |
| [鱞] | | | 鞘 | qiào | 1565 | 髀 | bì | 100 | 魍 | wǎng | 2010 |
| 鱵 | zhēn | 2489 | | shāo | 1703 | | [九画以上] | | 魏 | Wèi | 2030 |
| [鱵] | | | | | | 髂 | qià | 1538 | 魑 | chī | 252 |

| | | | | | | | | | | | |
|---|---|---|---|---|---|---|---|---|---|---|---|
| 魔 | mó | 1370 | 髻 | tuǒ | 1986 | 麂 | jǐ | 914 | 黩 | dú | 484 |
| | | | 鬏 | jiū | 1036 | 麀 | yōu | 2366 | [黷] | | |
| | **【鬥】** | | 鬓 | bìn | 118 | 麈 | zhǔ | 2556 | 黧 | lí | 1189 |
| 鬥 | dòu | 476 | [鬢] | | | 麗 | lù | 1270 | 黪 | cǎn | 176 |
| | | | 鬐 | lián | 1210 | 麇 | jūn | 1070 | [黲] | | |
| | **【髟】** | | 髻 | qí | 1525 | | qún | 1615 | 黯 | àn | 18 |
| | [三画～五画] | | 鬒 | zhěn | 2490 | 麚 | jiā | 931 | 黵 | zhǎn | 2461 |
| 髡 | kūn | 1140 | 鬀 | tì | 1912 | 麋 | mí | 1338 | | | |
| 髢 | dí | 422 | 鬘 | mán | 1301 | 麏 | jīng | 1026 | | **【鼠】** | |
| 髧 | dàn | 387 | 鬙 | sēng | 1672 | 麒 | qí | 1525 | 鼠 | shǔ | 1799 |
| 髦 | máo | 1313 | 鬟 | huán | 845 | 麓 | lù | 1270 | 鼢 | fén | 576 |
| 髯 | níng | 1424 | 鬣 | liè | 1230 | 麈 | áo | 20 | 鼧 | tuó | 1985 |
| [髯] | | | | | | 麑 | ní | 1411 | 鼫 | shí | 1757 |
| 髯 | rán | 1616 | | **【麻】** | | 麝 | shè | 1712 | 鼥 | bá | 28 |
| 髳 | Máo | 1313 | 麻 | mā | 1289 | 麟 | lín | 1234 | 鼬 | yòu | 2384 |
| 髲 | bì | 98 | | má | 1290 | | | | 鼪 | shēng | 1733 |
| 髫 | tiáo | 1926 | 麽 | mó | 1367 | | **【黑】** | | 鼩 | qú | 1600 |
| | [六画～八画] | | 麾 | huī | 860 | 黑 | hēi | 791 | 鼯 | wú | 2058 |
| 髻 | jì | 923 | 摩 | mā | 1290 | 墨 | mò | 1374 | 鼱 | jīng | 1026 |
| 髭 | zī | 2584 | | mó | 1368 | 黕 | dǎn | 384 | 鼹 | yǎn | 2258 |
| 髹 | xiū | 2201 | 磨 | mó | 1368 | 默 | mò | 1375 | 鼷 | xī | 2081 |
| 鬇 | zhēng | 2496 | | mò | 1376 | 黔 | qián | 1550 | | | |
| 髽 | zhuā | 2562 | 糜 | méi | 1323 | 黜 | chù | 290 | | **【鼻】** | |
| 鬏 | dí | 422 | | mí | 1337 | 黛 | dài | 378 | 鼻 | bí | 88 |
| 鬁 | lì | 1204 | 縻 | mí | 1338 | 黝 | yǒu | 2381 | 劓 | yì | 2330 |
| 鬃 | zōng | 2597 | 靡 | mí | 1338 | 黠 | xiá | 2094 | 鼽 | qiú | 1595 |
| 鬈 | quán | 1609 | | mǐ | 1339 | 黟 | yǎn | 2258 | 鼾 | hān | 757 |
| 鬅 | wǒ | 2043 | 魔 | nún | 1437 | [黶] | | | 齁 | hōu | 807 |
| 鬋 | péng | 1469 | 魔 | mó | 1370 | 黟 | Yī | 2308 | 齇 | zhā | 2453 |
| | [九画 以上] | | | | | 黢 | qū | 1599 | 齉 | nàng | 1400 |
| 鬋 | jiǎn | 949 | | **【鹿】** | | 黦 | yuè | 2423 | | | |
| 鬎 | là | 1150 | 鹿 | lù | 1268 | 黥 | qíng | 1587 | | | |

# 現代 中韓辭典

中華鞀典 九

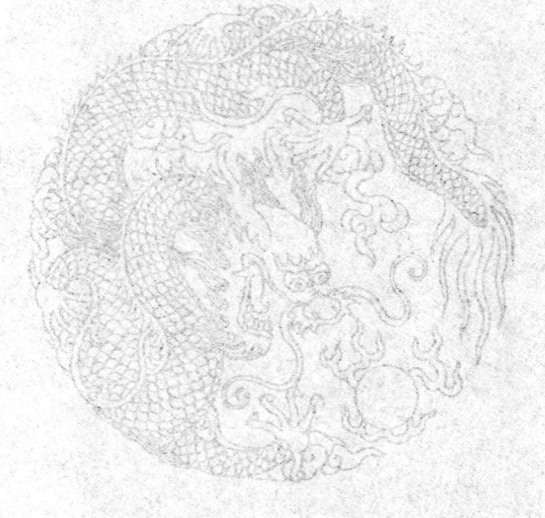

# A

## a

**吖** ā 아진 아
【吖嗪】 āqín 명외(化) 아진(azine).

**\*\*阿** ā 언덕 아
접두 방 **1** 친인척 관계가 있는 사람의 호칭 앞에 쓰임. ¶~妈=어머니. 엄마. / ~爸=아버지. 아빠. **2** 형제 자매의 순서나 아명, 성씨 등의 앞에 붙어 친밀함을 나타냄. ¶~大=맏이. / ~毛=우리 마오. / ~李=이씨.
☞ **ē**

➡ 阿 ā
啊 á
锕 ǎ
娿 ě
屙 ē

【阿爸】 ābà 명방 아버지. 아빠.
【阿鼻地狱】 ābí dìyù 명(佛) 아비지옥. [불교에서 말하는 여러 지옥 가운데 가장 고통스러운 지옥] 방 avīci.
【阿波罗】 Ābōluó 명외 아폴로(Apollo). [고대 그리스 신화 속의 태양신]
【阿昌族】 Āchāngzú 명 아창족. [중국 소수 민족의 하나로, 주로 윈난(云南)성에 분포함]
【阿斗】 Ā Dǒu 명 **1** 아두. [삼국 시대 촉한(蜀漢)의 후주(後主) 유선(劉禪)의 아명] **2** 비 나약하고 무능한 사람. ¶你真是个扶不起的~。=너는 정말이지 도와 줘 봤자 소용 없는 나약하고 무능한 인간이야.
【阿尔巴尼亚】 Ā'ěrbāníyà 명외(地) 알바니아(Albania). [수도는 '地拉那(티라나 : Tirana)' 임]
【阿尔卑斯山脉】 Ā'ěrbēisī Shānmài 명(地) 알프스 산맥(Alps).
【阿尔法】 ā'ěrfǎ 명외 알파(α). [그리스어 자모의 첫(번째) 글자 'α' 의 음역]
【阿尔法粒子】 ā'ěrfǎ lìzǐ ☞ 【甲种粒子】 jiǎzhǒng lìzǐ
【阿尔法射线】 ā'ěrfǎ shèxiàn ☞ 【甲种射线】 jiǎzhǒng shèxiàn
【阿尔及利亚】 Ā'ěrjílìyà 명외(地) 알제리(Algérie). [수도는 '阿尔及尔(알제 : Alger)' 임]
【阿凡提】 Āfántí 명외 **1** 위구르족 민간 설화속의 노인. **2** 비 기지가 있고 선량하며 유머러스하고 낙관적인 사람.
【阿飞】 āfēi 명 (차림새가 괴상하고 행동이 불량한) 건달. 무뢰한. 부랑아. 불량 청소년.
【阿芙蓉】 āfúróng ☞ 【鸦片】 yāpiàn

【阿富汗】 Āfùhàn 명외(地) 아프가니스탄(Afghanistan). [수도는 '喀布尔(카불 : Kabul)' 임]
【阿根廷】 Āgēntíng 명외(地) 아르헨티나(Argentine). [수도는 '布宜诺斯艾利斯(부에노스아이레스 : Buenos Aires)' 임]
【阿公】 āgōng 명외 **1** 어르신. 영감님. [남자 노인에 대한 존칭] ¶~, 村子里晚上有演出, 一定去看啊。=어르신, 저녁에 마을에서 공연이 있으니 꼭 보러 가세요. **2** 외할아버지. 외조부. ¶妈, 舅舅打电话来说~生病了。=엄마, 외삼촌한테서 전화가 왔는데, 외할아버지께서 편찮으시대요. **3** 시아버지. ¶~, 给你老人家拜年。=아버님, 새해 인사 드립니다.
【阿訇】 āhōng 명외(宗) 이맘(imam). [이슬람교의 예배 인도자. 원래 아랍어로 지도자·모범이라는 뜻]
【阿混】 āhùn 명방 (하는 일 없이) 세월을 헛되이 보내는 사람.
【阿基里斯腱】 ājīlǐsī jiàn 명외(醫) 아킬레스건(Achilles腱). 아킬레스힘줄.
【阿基米德原理】 Ājīmǐdé yuánlǐ 명외(物) 아르키메데스(Archimedes) 원리.
【阿拉】 ālā 대외 **1** 나. 저. ¶~知道了。=나는 알았다. 알았습니다. 알겠습니다. **2** 우리. 저희. ¶可别把~忘了。=제발 우리를 잊지 마세요. **3** ☞ 【安拉】 Ānlā
【阿拉伯】 Ālābó 명외(地) 아라비아(Arabia). 아랍. ¶~人=아라비아 인.
【阿拉伯国家联盟】 Ālābó Guójiā Liánméng 명 아랍 국가 연맹. 약【阿盟】 Āméng 명 Arab League
【阿拉伯联合酋长国】 Ālābó Liánhé Qiúzhǎngguó 명외(地) 아랍에미레이트 연방(The United Arab Emirates). [수도는 '阿布扎比(아부다비 : Abu Dhabi)' 임]
【阿拉伯数字】 Ālābó shùzì 명 아라비아숫자.
【阿曼】 Āmàn 명외(地) 오만(Oman). [수도는 '马斯喀特(무스카트 : Muscat)' 임]
【阿猫阿狗】 āmāo-āgǒu 명방 어중이떠중이. ¶这肯定是~之流所为。=이는 분명 어중이떠중이들의 소행이다.
【阿门】 āmén 명외(宗) 아멘(amen).
【阿盟】 Āméng ☞ 【阿拉伯国家联盟】 Ālābó Guójiā Liánméng
【阿米巴】 āmǐbā 명외(動) 아메바(amoeba).
【阿摩尼亚】 āmóníyà 명외(化) 암모니아.
【阿片】 āpiàn 명외(醫) 아편. [마약으로 쓰일 때

는 대개 '鸦片(yāpiàn)'이라고 불림] ⑤ opium

【阿婆】**āpó** 몡㋱ **1** 할머니. ¶~, 您知道邮局怎么走吗? = 할머니, 우체국에 가려면 어떻게 가는지 아세요? **2** 외할머니. ¶昨天, 她和妈妈一起去看望~。 = 어제 그녀는 엄마와 함께 외할머니를 뵈러 갔었다. **3** 시어머니. ¶~, 您身体还好吧? = 어머님, 건강하시죠? **4** 나이 든 여자에 대한 존칭.

【阿Q】**Ā Qiū** 몡 아큐. [중국의 유명 작가 루쉰(鲁迅)의 중편 소설인 《阿Q正傳(아큐정전)》의 주인공. 아큐는 감히 자신의 굴욕을 직시하지 못하고 도리어 승리자라고 여기며 자위하던 당시 중국인의 이른바 '정신승리법'의 전형적인 인물로 묘사됨]

【阿司匹林】**āsīpǐlín** 몡㋱(醫) 아스피린(aspirin).

【阿嚏】**ātì** 읜 (재채기 할 때 나는 소리로) 에취. ¶一股寒风吹来, 她一声打了一个喷嚏。 = 한 줄기 찬바람이 불어 오자, 그녀는 '에취' 하고 재채기를 하였다.

【阿托品】**ātuōpǐn** 몡㋱(醫) 아트로핀(atropine).

【阿姨】**āyí** 몡 **1** 아주머니. ¶~, 请问现在几点了? = 아주머니, 지금 몇 시쯤 되었나요? **2** 유아원 혹은 유치원의 보육 교사. ¶~带着孩子们去公园了。 = 보육 교사는 아이들을 데리고 공원에 갔다. **3** ㋱ 이모. ¶~, 妈妈马上就回来了。 = 이모, 엄마가 금방 오실 거예요.

**啊 ā** 사랄할 아

㊀ **1** (놀람을 나타내어) 야! 이크! 이런! ¶~, 下雪了! = 야, 눈이 내렸다! **2** (찬탄을 나타내어) 와! 아! ¶~, 这儿的风景真美! = 와, 이 곳의 경치는 정말 아름답구나!
☞ **á, ǎ, à, ·a**

【啊哈】**āhā** ㊀ **1** (감탄을 나타내어) 야! 와! 허허. ¶~, 风筝飞得多高啊! = 야, 연이 높이도 나는구나! **2** (득의하여 내는 소리로) 거봐. 흥. ¶~, 你承认错了吧! = 거봐, 이제 네가 틀렸다는 걸 인정하겠지?

【啊呀】**āyā** ㊀ **1** (놀람을 나타내어) 우와! 와! ¶~, 她的普通话说得真地道! = 우와, 그녀의 중국어 솜씨는 정말 본토박이 수준이야! **2** (불만·곤혹스러움을 나타내어) 에이. ¶~, 他怎么走得这么慢! = 에이, 그는 왜 이리도 걸음이 느린 거야!

【啊哟】**āyō** ㊀ **1** (놀람·기이함 등을 나타내어) 아야! 저런. 에고. ¶~, 今天的风真大呀! = 야아, 오늘 바람이 굉장한데! **2** (아픔·고통 등을 나타내어) 아야. ¶~, 好疼! = 아야, 아파라!

**锕[錒] ā** 가마솥 아

몡㋱(化) 악티늄(Ac, actinium). [원자 번호 89, 방사성 금속 원소의 일종]

**腌 ā** 절인 고기 엄〔업〕
☞ **yān**

【腌臢】**ā·zā** 혱 **1** 더럽다. ¶卫生间太~了! = 화장실이 너무 더럽다! **2** 기분이 나쁘다. ¶跟人吵了一架, 想起来真~! = 말다툼을 했는데, 생

각만 하면 정말 기분 나쁘군! ⑤ㄷ **1** 기분 나쁘게 하다. ¶那情景~得我想吐。 = 그 장면은 토하고 싶을 정도로 기분 나쁘게 한다. **2** 난처하게 만들다. 거북하게 만들다. 난감하게 하다. ¶吃饭时说那些话~人死了! = 밥 먹는 자리에서 그런 말을 하다니, 거북스러워 죽겠군!

**啊 á** 사랄할 아

㊀ **1** (반문의 어기를 나타내어) 어? 응? ¶~, 你不是说我吧? = 어, 너 지금 나한테 뭐라는 거 아니지? **2** (추궁의 어기를 나타내어) 뭐? ¶~, 你刚才说什么? = 뭐, 너 지금 뭐라고 했어?
☞ **ā, ǎ, à, ·a**

**嗄 á** 목쉴 사

㊀ '啊(á)'와 같음.
☞ **shà**

**啊 ǎ** 사랄할 아

㊀ (의혹·의아함 등을 나타내어) 아니! 음. ¶~, 怎么搞成这样! = 아니, 어떻게 일을 이 지경으로 만들었어!
☞ **ā, á, à, ·a**

**啊 à** 사랄할 아

㊀ **1** (경탄·감탄 등을 나타내어) 오! ¶~, 风景太美了! = 오, 경치가 정말 아름답구나! **2** (어떤 사실이나 상황을 깨달았음을 나타내어) 아하! 어허. ¶~, 是你, 老同学! = 아하, 너 내 동창이구나! **3** (대답·응답하는 소리로) 응. 네. ¶~, 我就来。 = 응, 곧 갈게.
☞ **ā, á, ǎ, ·a**

**啊 ·a** 사랄할 아

㊁ **1** 문장 끝에 쓰여 ① 긍정을 나타냄. ¶他的意见对~。 = 그의 의견이 맞아. ② 의문을 나타냄. ¶她怎么没来~? = 그녀는 어째서 오지 않는 거지? ③ 감탄·찬탄을 나타냄. ¶这个球踢得真棒~! = 이번 슛은 정말 좋았어! ④ 강조를 나타냄. ¶老师说的对~, 我们一定要努力学习! = 선생님 말씀이 맞아, 우리들은 열심히 공부해야 해! **2** 문장 중간에 쓰여 잠시 문장을 끊어 주는 역할을 하여 ① 구체적인 사물이나 사실 등을 열거함. ¶梨~、香蕉~, 她买了很多。 = 배랑 바나나랑, 그녀는 아주 많이 샀다. ② 다음 구절을 위해 주위를 환기시킴. ¶这些年~, 中国确实发展得很快。 = 최근 몇 년 동안 중국은 정말 매우 빠르게 발전하고 있다. **3** 반복되는 동사 뒤에 쓰여 ① 동작의 반복을 나타냄. ¶跳绳比赛开始了, 她跳~、跳~, 竟然跳了一百多下! = 줄넘기 시합이 시작되자, 그녀는 넘고 또 넘어 결국 100여 번이나 넘어 버렸다. ② 동작이 오래 지속됨을 나타냄. ¶她走~、走~, 终于走到山脚。 = 그녀는 걷고 또 걸어서, 마침내 산기슭에 도착하였다. / 走~走的, 天色可就黑下来了。 = 걷고 또 걷는 도중에 하늘이 어두워졌다.
☞ **ā, á, ǎ, à**

| 앞글자의 끝 발음 | [啊]의 발음 | 대용한자 | 예문 |
|---|---|---|---|
| -a -e -i -o -u | ya | 呀 | 老大呀 |
| -ao -u | wa | 哇 | 眞高哇 |
| -n | na | 哪 | 求人哪 |
| -ng | nga | 啊 | 救命啊 |

# ai

*哎[(噯)] āi 애통해하는 소리 애
【갑】 1 (놀람·반가움 등을 나타내어) 어! 야! ¶~, 老同学来了!=어, 동창생이 왔네! 2 (불만을 나타내어) 원. 에이. ¶~, 你为什么现在才说呢?=나 원, 왜 이제야 얘길 하는 거야? 3 (어떤 일을 일깨워 주거나 주위를 환기시키는 뜻으로) 저기. 자. ¶~, 明天老师要口试。=저기, 내일 선생님께서 구술 시험을 보겠다고 하셔.

【哎呀】 āiyā 【갑】 1 (유감을 나타내어) 아이고! 저런! 아차! ¶~, 今天看不成电影了!=아이고, 오늘 영화 보기는 틀렸네! 2 (놀람을 나타내어) 와! 야! ¶~, 那条鱼这么大!=와, 생선이 크기도 하네! 3 (원망이나 불만을 나타내어) 이런! 젠장! ¶~, 客厅怎么搞得这么乱!=이런, 거실이 왜 이렇게 지저분한 거야!

【哎哟】 āiyō 【갑】 1 (아픔·고통을 나타내어) 아야! 아이고! ¶~, 我的脚好疼!=아야, 내 발 아파 죽겠네! 2 (놀라움을 나타내어) 야아! 에구머니! 우와! ¶~, 天上出了彩虹!=우와, 하늘에 무지개가 떴네!

*哀 āi 슬플 애
【형】 슬프다. 비통하다. 애달프다. ¶~号=목놓아 슬피 울다. / 喜怒~乐=희로애락. 【동】 1 불쌍히 여기다. 가엾게 여기다. ¶~怜=(타인의 불행을) 가여워하다. 2 애도하다. ¶默~=묵념하다. ≒悲 悼 ↔喜 乐

○○ 节哀, 举哀, 志哀

【哀哀】 āi'āi 【형】【문】 (몹시) 슬프다. 서글프다. ¶~自吟=슬피 흐느끼다.
【哀兵必胜】 āibīng-bìshèng 【성】 비분강개한 군대는 반드시 전쟁에서 승리를 거둔다.
【哀愁】 āichóu 【형】 슬프다. 우수에 젖다. 애수에 잠기다. ¶~睹物思人, 他顿时~起来。=그는 (남은) 물건을 보고 (그) 사람이 생각나자, 불현듯이 우수에 잠겨 들었다.
【哀辞】 āicí 【명】【문】 조사(吊辞). [주로 운문으로 이루어지며 죽은 사람을 애도하는 글] ¶~凄切, 闻之动容。=조사가 처절하고 슬퍼, 듣는 이들의 얼굴에 감동의 빛이 역력했다.
【哀悼】 āidào 【동】 애도하다. ¶肃立~过世的长者。=숙연히 서서 고인이 된 어른을 애도하였다. ≒伤悼
【哀而不伤】 āi'érbùshāng 【성】 슬프지만 심신을 해치지는 않는다.

【哀告】 āigào 【동】 간청하다. ¶~施舍=은혜를 베풀기를 간청하다. ≒哀求
【哀歌】 āigē 【동】 슬프게 노래하다. 슬픈 노래를 부르다. ¶~阵阵=슬픈 노래를 간간이 부르다. 【명】【외】 엘레지. 슬픈 노래. ¶悲曲~=슬픈 곡조와 슬픈 노래.
【哀号】【哀嚎】 āiháo 【동】 통곡하다. 목놓아 슬피 울다. ¶久久地~。=오래도록 목놓아 슬피 울었다. ↔欢呼
【哀嚎】 āiháo 【동】 1 ☞【哀号】 āiháo 2 (짐승이) 슬프게 울부짖다. ¶四处觅食的野狼在山野~。=사방으로 먹이를 찾아다니는 늑대가 산과 들에서 울부짖는다. ≒哀鸣
【哀鸿】 āihóng 【명】【문】 1 슬피 우는 기러기. 2 【비】 이재민. 피난민.
【哀鸿遍野】 āihóng-biànyě 【성】 1 도처에 슬피 우는 기러기가 가득하다. 2 【비】 갈 곳을 잃고 유리걸식하는 피난민이 도처에 가득하다. ≒饿殍遍野 ↔安居乐业
【哀呼】 āihū 【동】 울부짖다. 통곡하다.
【哀毁骨立】 āihuǐ-gǔlì 【성】 지나친 슬픔 때문에 바싹 야위어 뼈만 앙상한 모양.
【哀家】 āijiā 【명】 황제의 어머니 또는 황후가 남편이 죽은 후에 자신을 일컫는 호칭.
【哀叫】 āijiào 【동】 슬피 외치다. 비참히 부르짖다. ¶他边跑边恐怖地~。=그는 도망치며 공포에 차 부르짖었다.
【哀矜】 āijīn 【동】【문】 불쌍히 여기다. ¶~动情=연민의 정이 솟다.
【哀恳】 āikěn 【동】 애원하다.
【哀哭】 āikū 【동】 슬피 울다.
【哀苦】 āikǔ 【형】 슬프고 고통스럽다. ¶父母的去世使她顿时陷入~无依的境地。=부모의 별세는 한때 그녀를 고통스럽고 의지할 곳이 없는 지경에 빠져들게 했다.
【哀乐】 āilè 【명】 슬픔과 즐거움. (삶의) 애환. ¶喜怒~, 乃人之常情。=희로애락은 인간의 일반적인 감정이다.
☞ āiyuè
【哀怜】 āilián 【동】 가엾게 생각하다. 불쌍히 여기다. ¶~灾民=난민을 불쌍히 여기다. ≒怜悯
【哀悯】 āimǐn 【동】 불쌍히 여기다. 가엾게 여기다.
【哀鸣】 āimíng 【동】 슬피 울다. ¶孤雁~着飞过浩远的天空。=외기러기가 슬피 울며 넓고 먼 창공을 날아간다. 【명】 비명. 슬피 우는 울음소리. ¶一声~=외마디 비명. ≒哀嚎
【哀戚】 āiqī 【형】 슬퍼하다. ¶长歌当哭, ~如斯。=긴 곡조로 울음을 대신하니, 슬픔이 이와 같도다.
【哀启】 āiqǐ 【명】【구】 죽은 이의 가족들이 죽은 이의 생애·병력·사망 등의 상황을 기록한 짧은 글.
【哀泣】 āiqì 【동】 슬피 흐느끼다. ¶禁不住低头~。=참지 못해 고개를 숙이고 슬피 흐느꼈다.
【哀切】 āiqiè 【형】 애절하다. 몹시 비통해하다. ¶言辞~动人。=언사가 애절하여 사람을 감동시켰다. ≒凄切
【哀求】 āiqiú 【동】 간청하다. 애걸하다. 애원하다.

¶百般~=백방으로 애걸복걸하다. ≒哀告

**【哀劝】āiquàn** 통 간곡하게 타이르다. 눈물어린 목소리로 타이르다.

**【哀荣】āiróng** 명문 죽은 후에 얻은 영예. ¶备享~=사후에 영예를 한껏 누리다.

**【哀伤】āishāng** 통 슬퍼하다. ¶人死不能复生, 请不要太过~。=사람은 죽으면 다시 살아날 수 없으니, 너무 슬퍼 말아라. ↔喜悦 欢乐

**【哀思】āisī** 명 애도의 마음. ¶语言已无法表达人们的~。=사람들의 애도의 마음을 말로는 표현할 길이 없었다.

**【哀诉】āisù** 통 슬피 하소연하다. 간곡히 호소하다. ¶~悲惨的遭遇=비참한 처지를〔사정을〕하소연하다.

**【哀叹】āitàn** 통 애탄하다. 한탄하다. 슬피 탄식하다. ¶~不已=슬퍼 애탄해 마지않다.

**【哀恸】āitòng** 통 애통하다. 비통하다. ¶~欲绝=몹시도 애통하다.

**【哀痛】āitòng** 형 애통하다. 슬프고도 가슴 아프다. ¶她~不止, 茶饭不思。=그녀는 애통함을 이기지 못하여 입맛조차 잃었다. ≒悲痛

**【哀婉】āiwǎn** 형 슬프고도 구성지다. ¶歌声~, 如泣如诉。=노랫소리가 슬프고도 구성지어 마치 흐느끼며 하소연하는 듯하다.

**【哀艳】āiyàn** 형문 (글이) 애절하고도 화려하다. ¶词句~婉转, 催人泪下。=구절마다 애절하고도 화려하며 구성지어, 듣는 사람의 눈물을 자아낸다.

**【哀怨】āiyuàn** 억울하고 원망스러움. 한. ¶幽怨的笛声倾诉着他的满腔~。=원한에 사무친 피리 소리가 그의 가슴속 깊은 한을 털어놓고 있었다.

**【哀乐】āiyuè** 명 진혼곡. 장송곡. 만가(挽歌).
☞ āilè

**【哀子】āizǐ** 명 고대에 어머니를 여읜 아들을 지칭. [주로 부문(訃聞)에 쓰임]

# *埃 āi 티끌 애

명 먼지. 티끌. 분진. ¶尘~蔽日。=티끌이 해를 가리다. 양외(數) 옹스트롬(angstrom). [길이의 단위로, 빛의 파장이나 원자의 배열을 잴 때 쓰임. 1억 분의 1센티미터]

0-0 涓juān埃

**【埃博拉】āibólā** 명외(醫) 에볼라(Ebola). [콩고 북부의 강 이름인데, 에볼라 바이러스에 의한 출혈열 전염병을 뜻함]

**【埃菲尔铁塔】Āifēi'ěr tiětǎ** 명외 에펠탑.

**【埃及】Āijí** 명외(地) 이집트(Egypt). [수도는 '开罗(카이로: Cairo)'임]

**【埃塞俄比亚】Āisài'ébǐyà** 명외(地) 에티오피아(Ethiopia). [수도는 '亚的斯亚贝巴(아디스아바바: Addis Ababa)'임]

# *挨 āi 맞댈 애

통 인접하다. 붙어 있다. 접근하다. ¶他的家紧~着那所大学。=그의 집은 그 대학과 인접해

있다. 개 순서대로. 차례대로. …에 따라. ¶清洁工一家~户清运垃圾。=미화원은 집집마다 다니며 쓰레기를 깨끗이 치웠다.
☞ ái

**【挨挨挤挤】āi'āi jǐjǐ** 붐비다. 북적대다. ¶跳舞的人~, 纵情狂欢。=춤추는 사람들은 서로 북적대며 마음껏 흥청거렸다.

**【挨边】āi‖biān**(~儿) 형 접근해 있다. 가깝다. ¶他说的与这件事一点也不~儿! =그가 하는 말은 이 일과 너무 동떨어진다. 통 가장자리에 접근하다. ¶小船慢慢地挨着边儿了。=작은 배가 천천히 물가에 다다랐다.

**【挨不得】āi·bu·de** 통 접근〔가까이〕해서는 안 된다. ¶那电线漏电, ~! =그 전선은 누전 상태이니 접근해서는 안 된다.

**【挨不着】āi·buzháo** 통 접근하고 싶지만 할 수 없다. 닿지 않다. ¶那放得太远了, 我~。=그것을 너무 멀리 놓아서 나는 닿지 않는다.

**【挨次】āicì** 부 순서대로. ¶人们~登船。=사람들은 순서대로 배에 올랐다. ≒依次 顺次 ↔间隔

**【挨得上】āi·deshàng** 통 접근할 수 있다. 가까이하다. ¶她又年轻又漂亮, 咱哪能~。=그녀는 젊고 아름다운데, 내가 어떻게 접근할 수 있겠어.

**【挨个儿】āigèr** 부(구) 순서대로. 차례대로. ¶人们~走进电影院。=사람들은 차례대로 극장으로 들어갔다.

**【挨户】āihù** 부 집집마다. ¶~登记=집집마다 등록하다.

**【挨挤】āijǐ** 통 붐비다. 북적대다. ¶商场里买年货的人十分~。=상가에는 설맞이 용품을 사는 사람들로 매우 붐볐다.

**【挨家】āijiā** 부 집집마다. ¶~通知=집집마다 통지하다.

**【挨家挨户】āijiā-āihù** 성 집집마다. 가가호호. 한 집 한 집. ¶他~地询问情况。=그는 집집마다 상황을 물었다.

**【挨肩擦膀】āijiān-cābǎng** 성 사람이 많아 매우 붐비는 모양. ¶广场上的人们~, 高兴地欣赏五颜六色的焰火。=광장에는 사람들로 북적거리고, 흥겹게 화려한 불꽃놀이를 구경하고 있다.

**【挨肩儿】āijiānr** 형(구) 터울이 적다. 연년생이다. ¶他们俩是~兄妹。=그 두 사람은 터울이 적은 남매이다.

**【挨近】āi‖jìn** 통 가까이 다가가다. 접근하다. ¶请~着坐, 给老年人腾个位子。=붙어 앉고 어르신께 자리를 내드리세요. / 挨爸爸近点儿。=아빠 옆으로 가까이 와라. ≒靠近 靠拢 ↔远离

**【挨门】āimén**(~儿) 부 집집마다. 한 집 한 집씩. ¶~打听=집집마다 알아보다.

**【挨门挨户】āimén-āihù** 성 집집마다. 가가호호. 한 집 한 집. ¶管理员~查查验电表和气表。=검침원은 한 집 한 집 전기계량기와 가스계량기를 검침하였다.

**【挨着大树有柴烧】āi·zhe dàshù yǒu chái shāo** 속 큰 나무 곁에 살면 땔나무 걱정은 하지 않는다. 기댈 바에야 큰 나무 그늘. 같은 값이면 다홍치마.

**哎** āi 대답할 애

[감] **1** (탄식하는 소리로) 후. 에그. ¶~, 他叹着气走了。=후, 하고 그는 한숨 쉬며 떠났다. **2** (대답하는 소리로) 예. 네. 응. ¶~, 我记住了。=예, 명심하겠습니다.
☞ **ài**

【哎声叹气】āishēng tànqì 〈成〉 가슴이 답답하거나 슬프거나 고통으로 인해서 한숨을 쉬다.

**娭** āi 계집종 애
☞ **xī**

【娭毑】āijiě 〈名〉〈方〉 **1** 나이 많은 여자에 대한 존칭. **2** 조모. 할머니.

**欸** āi 한숨쉴 애

[감] '哎(āi)'와 같음.
☞ **ǎi, ē, é, ě, è**

**锿[鎄]** āi 아인슈타이늄 애

〈名〉〈化〉 아인슈타이늄(Es, einsteinium). [원자번호 99, 방사성 금속 원소의 일종]

**挨[捱]** ái 때릴 애

〈动〉 **1** …을 받다. …을 당하다. ¶~批评=비평을 받다. **2** 어렵게 살아가다. ¶他在病魔的折磨下~日子。=그는 병마에 시달리며 하루하루 어렵게 살아간다. **3** 지체하다. 꾸물거리다. ¶他速度那么慢, 纯粹在一时间! =그 사람 왜 그렇게 느려? 순전히 시간만 끌고 있잖아!
☞ **āi**

【挨板子】ái bǎn·zi 〈方〉 **1** 체벌을 받다. 매를 맞다. ¶不做作业, 小心你又要~。=숙제를 안 했으면 조심해라, 너 또 매맞을라. **2** 〈喩〉 꾸중듣다. 야단맞다. 혼나다. 처벌받다. ¶今天真倒霉, 上班就挨了上司的板子。=오늘은 정말 재수가 없군, 출근하자마자 상사에게 혼났어.

【挨呲儿】ái∥cīr 〈方〉 꾸중듣다. 질책을 당하다. ¶他今天又挨了经理的呲儿。=그는 오늘 또 사장에게 질책을 당했다.

【挨打】ái∥dǎ 〈动〉 얻어맞다. ¶~受气=매맞고 수모당하다. / 弟弟贪玩挨了妈妈一顿打。=남동생은 놀기만 하다가 엄마한테 매를 맞았다.

【挨刀】ái∥dāo 〈动〉 칼을 맞다. 급살을 맞다. [주로 남을 저주하거나 가까운 사람끼리 친근하게 욕하는 말로 쓰임] ¶那个地痞早晚要~! =그 건달 놈, 급살맞아 뒈져라! / ~的, 这么晚了还不回家? =빌어먹을 놈, 이렇게 늦도록 아직도 집에 안 돌아오다니.

【挨斗】ái∥dòu 〈动〉 비판받다. 규탄받다.

【挨饿】ái∥è 〈动〉 굶주리다. 배곯다. ¶~的日子一去不复返了。=배곯던 시절은 다시 돌아오지 않았다. / 孩子因为淘气挨了一顿饿。=아이는 말썽을 부리는 바람에 한 끼를 굶어야 했다.

【挨黑枪】ái hēiqiāng 〈方〉 **1** 흉계에 빠지다. 몰래 해코지당하다.

【挨冷受饿】áilěng-shòu'è 〈成〉 추위에 떨고 굶주리다. 늑挨饿受冻.

【挨骂】ái∥mà 〈动〉 꾸중을 듣다. 꾸지람을 듣다. 욕을 먹다. ¶考试不及格, 他又~了。=시험에 통과하지 못해서 그는 또 꾸지람을 들었다. / 他昨天挨了一顿骂。=그는 어제 한바탕 꾸중을 들었다.

【挨闷棍】ái mèngùn 〈喩〉 **1** 갑자기 몽둥이로 얻어맞다. **2** 〈俾〉 뜻밖의 일격을 당하다.

【挨蒙】ái∥mēng 〈动〉 속임수에 걸리다.

【挨批】ái∥pī 〈动〉 비난받다. 꾸중듣다. 혼나다. 야단맞다.

【挨日子】ái rì·zi 〈俗〉 (근근이·겨우겨우·가까스로) 살아가다. ¶~的生活不好过。=겨우겨우 살아가는 삶이 쉽지 않다. / 病魔缠身, 他在一天一天地挨着日子。=그는 병마에 시달리며 하루하루를 가까스로 연명하고 있다.

【挨时间】ái shíjiān 〈俾〉 (하는 일 없이) 시간이 가기만을 기다리다. 시간만 허비하다. ¶飞机因大雪延误, 我们只好在候机室~。=대설로 비행기가 지연되어 우리는 할 수 없이 대기실에서 시간을 허비했다.

【挨熊】ái∥xióng 〈动〉〈方〉 호되게 야단맞다. 준엄한 꾸지람을 듣다. ¶抓紧时间干, 免得~。=빨리빨리 해, 야단맞지 않도록. / 他刚刚挨了上司一顿熊。=그는 방금 상사로부터 호되게 한소리 들었다.

【挨宰】ái∥zǎi 〈动〉〈口〉〈俾〉 무허가 행상에게 바가지를 쓰다. ¶逛地摊要货比三家, 小心~。=노점에서 물건을 살 때에는 바가지를 쓰지 않도록 여러 곳을 비교해야 한다. / 今天买西瓜挨了一个小贩的宰。=오늘 수박을 샀는데, 노점상에게 바가지를 썼다.

【挨整】ái∥zhěng 〈动〉 박해받다. 비판받다. ¶他总是直言, 不怕~。=그는 늘 직언을 하며 비판을 두려워하지 않는다.

【挨揍】ái∥zòu 〈动〉 구타당하다. 매질을 당하다. ¶听, 小家伙又~了。=들어봐, 녀석이 또 매를 맞는군. / 昨天晚上回家的路上, 他莫名其妙地挨了一帮酒鬼的揍。=어제 저녁 귀갓길에 그는 술주정꾼 패거리들에게 영문도 모른 채 구타를 당했다.

**皑[皚]** ái 눈서리 흴 애

〈形〉〈文〉 깨끗하고 새하얗다.

【皑皑】ái'ái 〈形〉〈文〉 희디희다. 애애하다. (눈·서리 등이) 내려 깨끗하고 새하얗다. ¶~白雪, 一派丰年景象。=새하얀 백설을 보니, 풍년의 징조가 완연하다.

**骁[騃]** ái 어리석을 애

〈形〉〈文〉 어리석다. 우둔하다. ¶愚~=어리석다.

**磑[磑]** ái 높이 쌓을 애

【磑磑】ái'ái 〈形〉〈文〉 높고 험준하다.

**癌** ái 암 암

〈名〉〈醫〉 암. ¶肝~=간암. / 胃~=위암.

○● 血xuè癌

【癌变】**áibiàn** 〔動〕〔醫〕(정상 세포가) 암 유발 요인에 의해 암세포로 변한다. ¶这病要及时治疗，以防~。=이 병은 제 때에 치료해야만 암으로 전화되는 것을 예방할 수 있다.

【癌痛】**áitòng** 〔名〕〔醫〕암(으로 인한) 통증.

【癌细胞】**áixìbāo** 〔名〕〔醫〕암세포.

【癌症】**áizhèng** 〔名〕〔醫〕암의 통칭.

【癌肿】**áizhǒng** 〔名〕〔醫〕암.

## 毒 ái 음란할 애

인명에 쓰이는 글자. ¶嫪~ =노애. [전국 시대의 진(秦)나라 사람]

## 欸 ái 한숨쉴 애

【欸乃】**ǎinǎi** 〔象〕〔書〕 **1** 삐걱삐걱. [노 젓는 소리] ¶小船在桨声~中远去。=작은 배가 삐걱삐걱 노 젓는 소리와 함께 멀어져 갔다. **2** 어기야디야. 어기여차. [뱃노래 소리] ¶歌、橹咿呀。=어기야디야 하는 뱃노래와 삐걱삐걱 하는 노 젓는 소리.

☞ āi, ē, é, ě, ê

## 嗳[噯] ǎi 숨 애

〔動〕트림하다. ¶他不停地~气。=그는 끊임없이 트림을 했다. 〔嘆〕 **1** (부정의 뜻을 나타내어) 아이참. 아이. ¶~、这种方法不行。=아이 참, 이 방법은 안 돼. **2** (동의하지 않음을 나타내어) 아니요. ¶~、我们不能用这种眼光看她。=아니요, 우리는 이런 시각으로 그녀를 봐서는 안 됩니다.
☞ āi(哎), ài

【嗳气】**ǎiqì** 〔動〕트림하다. 〔同〕【打嗝儿】**dǎ ‖ gér** ¶他吃得太饱了，不停地~。=그는 너무 배가 불러 끊임없이 트림을 해댔다.

【嗳酸】**ǎisuān** 〔動〕위산이 입까지 치밀다.

## * 矮 ǎi 키 작을 왜

〔形〕 **1** (높이가) 낮다. ¶椅子有点~。=의자가 약간 낮다. **2** (사람의 키가) 작다. ¶兄弟俩一高一~。=두 형제가 하나는 크고 하나는 작다. **3** (지위나 등급이) 낮다. ¶妹妹只比姐姐~一个年级。=여동생은 언니보다 한 학년 아래일 뿐이다. / 人与人相处，不应该看地位的高~。=사람과 사람이 함께 지내는 데 있어 지위의 높낮이에 매달려서는 안 된다. 〔同〕低 〔近〕矬 〔反〕高

○● 高矮, 白矮星

【矮半截儿】**ǎi bànjiér** 〔同〕 **1** (비교하여) 많이 낮다. **2** 신분·지위가 낮다. ¶我不比人~，一定要通过考试。=내가 다른 사람보다 떨어지는 것도 아니니 꼭 시험에 통과하겠다.

【矮墩墩】**ǎidūndūn** (~的) 〔形〕 땅딸막하다. 통통하다. ¶小伙子长得~的。=젊은이가 땅딸막하게 생겼다.

【矮糠】**ǎi‧kang** ☞【罗勒】**luólè**

【矮趴趴】**ǎipāpā** (~的) 〔形〕나지막하다. ¶小草

~房~的。=자그마한 초가집이 나지막하다.

【矮胖】**ǎipàng** 〔形〕키가 작고 뚱뚱하다.

【矮胖子】**ǎipàng‧zi** 〔名〕키가 작고 뚱뚱한 사람. 땅딸보.

【矮小】**ǎixiǎo** 〔形〕왜소하다. ¶他人虽~、但志气不短。=그는 비록 왜소하지만 기개는 높다. ↔高大

【矮星】**ǎixīng** 〔名〕〔天〕왜성. ↔巨星

【矮子】**ǎi‧zi** 〔名〕키가 작은 사람. 난쟁이. 왜자(矮者). ¶~里面也能出状元。=난쟁이 가운데서도 장원을 배출할 수 있다. 보잘것없는 사람 가운데서도 훌륭한 인물이 나다. 〔近〕矬

【矮子看戏】**ǎi‧zi-kànxì** 〔成〕 **1** 난쟁이가 군중 속에 묻혀 연극을 보다. **2** 〔喩〕진상은 보지도 못했으면서 부화뇌동하다. 잘 알지도 못하면서 부화뇌동하다.

## * 蔼[藹] ǎi 초목 우거질 애

〔形〕 **1** 〔書〕(풀이나 나무 따위가) 무성하다. 우거지다. 울창하다. ¶草木~~。=초목이 무성하다. **2** 상냥하다. 친절하다. 사근사근하다. ¶他对人和~、不摆官架子。=그는 사람들에게 친절하며 관료의 권위를 내세우지 않는다.

【蔼蔼】**ǎi‧ǎi** 〔形〕〔書〕 **1** 어둑어둑하다. 어스레하다. 어스름하다. 어슴푸레하다. ¶暮色~。=황혼빛이 어스레하다. **2** (수목이) 우거지다. ¶林木~、鸟鸣禽啼。=수목이 우거지고, 온갖 새들이 지저귄다.

【蔼然可亲】**ǎirán-kěqīn** 〔成〕 다른 사람에게 친절하고 상냥하다.

## 霭[靄] ǎi 구름 피어오를 애

〔名〕 **1** 엷게 떠도는 구름. **2** 안개. ¶烟~缭绕。=운무가 끼다.

○● 雾wù霭

【霭霭】**ǎi‧ǎi** 〔形〕구름·안개 등이 끼다. ¶暮色~、云遮雾绕。=해질녘에 구름과 안개가 짙게 꼈다.

## * 艾 ài 쑥 애

〔動〕〔書〕그치다. 멈추다. ¶方兴未~。=바야흐로 크게 흥하여 (그 기세가) 누그러질 줄을 모르다. 이제 막 한창이다. 〔形〕〔書〕아름답다. ¶少~=젊고 아름답다. 〔名〕 **1** 〔書〕노인. 稚~相宜=노인과 젊은이 모두에게 적합하다. **2** (植) 쑥. ¶~蒿=쑥. **3** (**Ài**) 성(姓).
☞ yì

【艾蒿】**àihāo** 〔名〕〔植〕쑥.

【艾虎】**àihǔ** 〔名〕쑥을 엮어 만든 호랑이. [지난날 단오절에 이것을 머리에 꽂으면 액을 물리친다고 믿었음]

【艾灸】**àijiǔ** 〔名〕쑥뜸.

【艾美奖】**Àiměijiǎng** 〔名〕〔외〕에미상(Emmy Award). [미국 텔레비전 예술 과학 아카데미가 텔레비전의 우수 작품·우수 연기자·기술자 등에게 매년 1회 수여하는 상]

【艾绒】**àiróng** 명(醫) 쑥뜸의 일종. [쑥잎을 말려 찧은 것을 피라미드 모양으로 만들어 뜸을 뜸]
【艾窝窝】[艾窩窩] **àiwō·wo** 명 찹쌀 또는 기장 반죽 속에 단 소를 넣어 찐 떡.
【艾滋病】**àizībìng** 명(醫) 에이즈(AIDS). 후천성 면역 결핍증.

**砹** **ài** 아스타틴 애
명(化) 아스타틴(At, astatine). [원자 번호 85, 방사성 원소의 일종]

**\*\*唉** **ài** 탄식할 애
감 **1** (애석함·안타까움을 나타내어) 에이. 나 원. ¶~, 生病旷了两天课。=에이, 아파서 이틀이나 결석을 했어. **2** (가엾음·서글픔을 나타내어) 쯧쯧. 저런. 어허 참. ¶~, 他怎么就遇上车祸了呢?=저런, 그가 어쩌다 교통 사고를 당했대? **3** (대답이나 허락을 나타내어) 응. ¶~, 这就对了。=응, 이렇게 하면 맞아.
☞ **āi**

**\*\*爱[愛]** **ài** 사랑 애
동 **1** (사람·사물 등을) 사랑하다. ¶他一直深~着故乡。=그는 늘 고향을 깊이 사랑하고 있다. **2** (동물이나 사물을) 아끼고 사랑하다. 보호하다. ¶从小就应该养成~花草的习惯。=어려서부터 화초를 아끼고 사랑하는 습관을 길러야 한다. **3** (어떤 일을 취미로서) 애호하다. 좋아하다. ¶老年人~看京剧。=노인들은 '경극' 보는 것을 좋아한다. **4** 툭하면 …하다. 곧잘 …하다. ¶她小时侯很~哭。=그녀는 어렸을 때 툭하면 울곤 했었다. / 她不顺心的时候就~发脾气。=그녀는 마음이 언짢으면 곧잘 화를 낸다. **5** (남녀 간에 서로) 사랑하다. 연애하다. ¶她~上了大学的同班同学。=그녀는 대학의 같은 반 학우를 사랑하게 되었다. 형 사랑하다. ¶~妻=사랑하는 아내. 명 (**Ài**) 성(姓). ↔恨 恶(wù) 憎

○● 博bó~, 宠chǒng爱, 慈cí爱, 错爱, 恩ēn爱, 割gē爱, 敬爱, 可爱, 酷kù爱, 怜liàn爱, 令爱, 溺nì爱, 偏爱, 亲爱, 情爱, 热爱, 仁rén爱, 疼téng爱, 喜爱, 心爱, 友爱, 珍zhēn爱, 钟爱, 自爱

○ 爱 ài
媛 ài
瑷 ài
暧 ài
曖 ài

【爱不释手】**àibùshìshǒu** 성 너무나 좋아하여 차마 손에서 떼어 놓지 못하다.
【爱才】**àicái** 동 (인재를) 아끼다. 흠모하다. 좋아하다. ¶~心切=인재를 아끼는 마음이 절실하다.
【爱才若渴】**àicái-ruòkě** 성 인재 아끼기를 마치 목마른 것과 같이하다.
【爱财】**àicái** 동 재물(돈)을 좋아하다. ¶君子~,取之有道。=군자도 재물을 좋아하지만, 도를 지켜 그것을 얻는다.
【爱财如命】**àicái-rúmìng** 성 재물 좋아하기를 제 목숨 아끼듯 하다.

【爱巢】**àicháo** 명 **1** 신방(新房). **2** 사랑의 둥지. 보금자리. ¶两人决定很快结婚, 共筑~。=두 사람은 바로 결혼하여 함께 보금자리를 꾸미기로 했다.
【爱称】**àichēng** 명 애칭. ¶夫妻俩的~既独特又有味。=부부 간의 애칭은 독특하면서도 감칠맛 난다. ↔憎称
【爱宠】**àichǒng** 동 총애하다.
【爱答不理】**àidā-bùlǐ** (~的) 성 **1** 마지못해 상대하다. **2** 남에게 냉담하고 소홀하다. 본체만체하다. 보는 둥 마는 둥 하다. =【爱理不理】**àilǐ bùlǐ**
【爱戴】**àidài** 동 우러러 섬기다. 추대하다. ¶辛苦并没有白费, 公司上下都~他。=고생이 헛되지 않아, 회사 직원들이 모두 그를 우러러 섬긴다. ≒拥戴 ↔轻慢
【爱尔兰】**Ài'ěrlán** 명(地) 아일랜드(Ireland). [수도는 '都柏林(더블린 : Dublin)'임]
【爱抚】**àifǔ** 동 아끼고 돌보다. 따뜻이 보살피다. 애무하다. ¶丈夫~着生病的妻子。=남편이 병든 아내를 따뜻이 보살피고 있다.
【爱国】**àiguó** 동 애국하다. 나라를 사랑하다. ¶漂泊海外的游子都有着一颗~心。=타국에서 떠도는 나그네들에겐 모두 한 가닥 애국심이 있다. ↔卖国
【爱国主义】**àiguózhǔyì** 명 애국주의.
【爱好】**ài‖hǎo** 동 (예의·격식·체면 등을) 차리다. (용모·방 등을) 꾸미기 좋아하다. ¶她很~,屋里总是收拾得整整齐齐,干干净净。=그녀는 꾸미기를 좋아하여, 언제나 집 안을 가지런히 깨끗하게 정리한다. / 她太~了, 买的都是名牌衣服。=그녀는 너무 따진다니까, 사는 옷마다 유명 상표야.
【爱好】**àihào** 동 애호하다. …하기를 즐기다. ¶他~踢足球。=그는 축구를 즐긴다. 명 취미. 애호. ¶她最大的~是看电影。=그녀의 으뜸 취미는 영화 감상이다. ≒喜欢 喜爱 嗜好 ↔厌恶
【爱河】**àihé** 명(佛) **1** 애욕. 욕망의 바다. ¶出家修行的人千万不能跌入~。=속세를 떠나 수행하는 사람은 절대로 애욕에 빠져서는 안 된다. **2** 부 사랑의 강. 깊고 영원한 사랑. ¶他们初次见面就坠入~。=그들은 처음 만나 곧 사랑에 빠졌다.
【爱护】**àihù** 동 소중히 하다. 잘 보살피다. 사랑하고 보호하다. ¶~花草=화초를 잘 보살피다. ↔破坏 摧残 损害
【爱火】**àihuǒ** 명 부 사랑의 불꽃(불길). 열렬한 사랑. ¶初恋失败以后, 她很快再燃~。=첫사랑에 실패한 뒤, 그녀는 바로 다시 사랑의 불꽃을 피웠다.
【爱将】**àijiàng** 명 **1** 윗사람에게 인정〔사랑〕받는 장교. **2** 부 윗사람에게 인정〔사랑〕받는 부하〔심복〕. ¶他是经理的~。=그는 사장의 오른팔이다.
【爱克斯光】**àikèsīguāng** ☞【爱克斯射线】**àikèsī shèxiàn**
【爱克斯射线】**àikèsī shèxiàn** 명(物) X선. 엑스레이(X-ray). =【伦琴射线】**lúnqín shè**

xiàn ❾【爱克斯光】àikèsīguāng
【爱理不理】àilǐ-bùlǐ 【爱答不理】àidā-bùlǐ
【爱怜】àilián 통 (여리고 약한 존재를) 사랑하다. 귀여워하다. ¶母亲眼中溢出对女儿的~之情. =어머니의 눈에는 딸에 대한 사랑이 넘쳐흐른다.
【爱恋】àiliàn 통 (남녀 간에) 사랑하다. 연애하다. ¶语言已难以表达二人的~之情. =언어로는 두 사람의 사랑을 표현하기 어렵다.
【爱侣】àilǚ 图 애인. 연인.
【爱美】àiměi 통 1 아름다운 것을 좋아하다. ¶~之心人皆有之. =사람마다 아름다운 것을 좋아하는 마음이 있다. 2 몸치장을 좋아하다. ¶她很~, 每次出门都要好好地打扮一番. =그녀는 몸치장을 매우 좋아하여 집을 나설 때마다 예쁘게 꾸미려 한다.
【爱面子】ài miàn·zi ❾ 체면을 중시하다. ¶她太~了, 简直受不得一点儿委屈. =그녀는 너무 체면을 중시하여, 그야말로 사소한 억울함도 참지 못한다.
【爱莫能助】àimònéngzhù 匈 돕고 싶지만 힘이 모자라다. ↔舍己为人
【爱慕】àimù 통 1 좋아하고 사모하다. ¶她把最~的歌星当做自己的偶像. =그녀는 가장 좋아하는 가수를 자신의 우상으로 삼는다. 2 좋아하다. 추구하다. ¶她喜欢攀比, 太~虚荣了. =그녀는 자신보다 높은 수준으로 비교하기를 좋아하여 너무 겉치레만 좇게 되었다. ↔嫌弃
【爱昵】àinì 匈 친밀하다. 친애하다.
【爱女】àinǚ 图 사랑하는 딸.
【爱普生】Àipǔshēng 图(고) 엡손(Epson).
【爱妻】àiqī 图 사랑하는 아내.
【爱情】àiqíng 图 남녀 간의 사랑. 애정. ≒恋情
【爱人如己】àirén-rújǐ 匈 타인을 자신처럼 사랑하다.
【爱人】ài·ren 图 1 남편 혹은 아내. 2 애인.
【爱神】àishén 图 큐피드(Cupid). 사랑의 여신.
【爱说爱笑】àishuō-àixiào 图 말하기 좋아하고 웃기도 잘하다.
【爱斯基摩人】Àisījīmórén 图(고) 에스키모 인 (Eskimo人).
【爱卫会】àiwèihuì 图(약) 爱国卫生运动委员会 (애국 위생 운동 위원회).
【爱窝】àiwō 图 신방. 사랑의 둥지. 보금자리.
【爱窝窝】àiwō·wo ☞【艾窝窝】àiwō·wo
【爱屋及乌】àiwū-jíwū 匈 1 어떤 사람을 좋아하기에 그의 집 지붕에 앉은 까마귀까지도 관심을 갖다. 2(비) 어떤 사람을 좋아하기에 그와 관계된 사람이나 사물에게까지도 관심을 쏟다. 아내가 사랑스러우면 처갓집 말뚝에다 절을 한다.
【爱惜】àixī 통 1 아끼다. 소중히 여기다. ¶~时光 =시간을 소중히 여기다. 2 사랑하다. 사랑하고 보호하다. 잘 보살피다. ¶爷爷对小孙子百般~. =할아버지가 손자를 끔찍이 잘 보살핀다. ≒珍惜 ↔糟蹋
【爱惜羽毛】àixī-yǔmáo 匈 1 새가 깃털을 아끼듯이 자신의 명예를 중시하다. 2 매사에 자중자

애(自重自爱)하다.
【爱心】àixīn 图 (인간이나 환경에 대한) 관심과 사랑. 사랑하는 마음. ¶让我们为美化环境而献出~. =우리 모두 환경 미화에 관심과 사랑을 쏟자.
【爱因斯坦】Àiyīnsītǎn 图(고) 아인슈타인 (1897~1955년, Albert Einstein).
【爱憎】àizēng 图 애증.
【爱憎分明】àizēng-fēnmíng 匈 좋고 싫은 감정의 구분이 명확하다. 애증이 분명하다.
【爱重】àizhòng 통 존중하다. 존경하다. ¶作为大学老师, 他深受同学们的~. =그는 대학 교수로서 학생들에게 깊이 존경받고 있다.
【爱子】àizǐ 图 사랑하는 아들. 통 자녀를 사랑하고 돌보다. ¶~心切 =자녀를 사랑하는 마음이 절절하다.

## 僾[僾] ài 어렴풋할 애
튄(문) 마치 …인 듯하다. ¶~然 =흡사. 형(문) 숨이 막히다.
【僾尼】àiní 图 (윈난(云南)성에 분포하는) 일부 하니족(哈尼族) 사람들의 자칭.

## 餲[餲] ài 맛 변할 애
형(문) 음식물이 오래 되어 맛이 변하다.

## 隘 ài 좁을 애
图 험준한 곳. 요충이 되는 곳. ¶险~ =요충지. 요해지. 형 좁다. 협착하다. ¶狭~ =협소하다.
【隘口】àikǒu 图 협곡의 입구.
【隘路】àilù 图 험준하고 좁은 통로나 길.
【隘巷】àixiàng 图 좁다란 골목길. ¶~昏黄的路灯光陀着困乏的眼. =좁다란 골목길의 희미한 가로등 빛이 졸리운 듯 눈을 끔벅이고 있었다.

## 薆[薆] ài 숨길 애
통 감추다. 숨기다. 형(문) (초목이) 울창하다. 무성하다.

## *碍[礙] ài 가로막을 애
통 방해하다. 가로막다. 거리끼다. ¶请把东西挪开, 别~路. =물건을 치워 주세요, 길을 가로막지 말고.

❶❷ 妨fáng碍, 干碍, 挂碍, 关碍, 违wéi碍, 障zhàng碍, 窒zhì碍, 阻zǔ碍

【碍不着】ài·buzháo 통 1 필요하지 않다. ¶这件事, ~你出面. =이 일은 네가 나설 필요가 없다. 2 (누구를) 어떻게 하지 못하다. ¶你~我, 我有靠山. =너는 나를 어떻게 하지 못해, 내겐 믿는 구석이 있으니까.
【碍脚】ài‖jiǎo 통 발에 거치적거리다. ¶东西放在走道里, 有点~. =물건을 통로에 놓아 발에 좀 거치적거린다.
【碍口】ài‖kǒu 형 (인정과 도리 때문에, 혹은 겸연쩍어) 말을 꺼내기가 어렵다. 입이 떨어지지 않다. ¶向你借钱, 真有点儿~. =네게 돈을 꾸

자니, 정말 입이 잘 떨어지지 않는다.
【碍面子】ài miàn·zi 동 (인간의 정리와 체면 때문에) 거리끼다. 얽매이다. 겸연쩍다. ¶有问题就问老师, 别~闷着。=질문 있으면 바로 선생님께 여쭈어 보아라, 겸연쩍어 가만 있지 말고.
【碍难】àinán 형 1동 매우 어렵다. ¶~开口=매우 어렵게 입을 열었다. 2…하기가 곤란하다. …하는 데는 어려움이 있다. [옛날 공문서에서 쓰였던 상투적 표현임] ¶~受命=명령을 받들기가 곤란합니다.
【碍事】ài‖shì 형 매우 심하다. 괜찮지 않다. 위험하다. 곤란하다. [주로 부정형으로 쓰임] ¶别担心, 只是小感冒, 不~。=걱정 마, 감기가 약간 들었을 뿐이니 괜찮다. 동 방해가 되다. 불편하게 하다. 거치적거리다. ¶坐着看电视吧, 你帮忙做饭反而~。=앉아서 TV라도 보렴, 네가 식사 준비를 도와 주는 것이 도리어 방해가 되는구나.
【碍手】ài‖shǒu 동 거치적거리다. 방해가 되다. ¶把书拿开, 太~了。=책을 치워라, 너무 거치적거린다.
【碍手碍脚】àishǒu àijiǎo 성 (다른 사람이 일하는 데) 방해가 되다. 거치적거리다. ¶小家伙, 到一边凉快去, 别~! =야 이 녀석아, 저리 좀 비켜라, 거치적거리지 말고!
【碍眼】ài‖yǎn 형 1 (다른 사람이 있는 곳에서) 불편하게 하다. ¶别人小两口看电影, 我跟着去~。=젊은 부부가 영화를 보려는데, 내가 괜히 따라가면 불편할 것이다. 2 눈에 거슬리다. 눈엣가시 같다. ¶客厅里不能乱堆东西, 很~。=거실에 물건을 마구 쌓아 두면 안 돼, 무척 눈에 거슬리잖아.

【嗳[嗳]】ài 숨 애
 감 (후회를 나타내어) 에이. 후. ¶~, 早知如此, 何必当初。=에이, 진작 이럴 줄 알았으면 애초에 왜 그랬을까.
 ☞ āi(哎), ǎi

【嗌】ài 목구멍 익
 동문 인후통. ¶如鲠在喉, ~痛难忍。=목에 가시가 걸린 것 같이 인후통을 참기 어렵다.
 ☞ yì

【嫒[嬡]】ài 계집 애
 ☞【令嫒】ling'ài

【叆[靉]】ài 구름 길 애
【叆叇】àidài 형 (구름이 짙게) 끼다. 짙은 구름이 해를 가린 모양. ¶乌云~, 风雷骤至。=먹구름이 하늘을 뒤덮더니 갑자기 비바람이 불고 천둥이 쳤다.

【瑷¹[璦]】ài 아름다운 옥 애
 명 아름다운 옥.

【瑷²[璦]】ài 땅 이름 애
【瑷珲】Àihuī 명 (地) 아이후이. [헤이룽장(黑龙江)성에 있는 지명. 지금은 '爱辉'라고 씀]

【暧[曖]】ài 희미할 애
 형문 어둑하다. ¶风动云飞, 日光~然。=바람이 불고 구름이 밀려오자, 날이 어둑해졌다.
【暧昧】àimèi 형 1 (의도·태도 따위가) 애매하다. 불확실하다. ¶对升职的事, 他的态度很~。=진급에 관해 그의 태도는 매우 애매하다. 2 (행위가) 떳떳치 못하다. (남녀 관계가) 그렇고 그런 사이이다. ¶听说他与那个漂亮女下属的关系有点儿~。=듣자하니 그와 그 예쁜 부하 여직원의 관계가 약간 그렇고 그런 사이라고 하더라.

## an

**厂** ān 굴바위 엄
 명 '庵(ān)'과 같음. [주로 인명에 쓰임]
 ☞ chǎng

**广** ān 집 엄
 명 '庵(ān)'과 같음. [주로 인명에 쓰임]
 ☞ guǎng

**\*\*安** ān 편안할 안
 형 1 편안하다. 안정되다. ¶火车晚点了, 等火车的旅客开始坐立不~起来。=기차가 연착하자 기차를 기다리던 여객들은 안절부절못하며 불안해하기 시작했다. 2 안전하다. 평안하다. 무고하다. [보통 '危(wēi)'와 함께 쓰임] ¶二人~危共济, 终于度过难关。=두 사람은 평안할 때나 위태로울 때나 함께 헤쳐 나가더니 결국 난관을 극복해 냈다. 동 1 (심신 등을) 안정시키다. 진정시키다. ¶他在静坐~神。=그는 정좌하고 마음을 안정시켰다. 2 배치하다. 적절한 자리를 마련하다. ¶请~顿一下儿新来的员工。=신입 사원을 배치하여 주십시오. 3 만족하다. 안주하다. ¶年轻人应努力进取, 不能~于现状。=젊은이는 자기 향상을 위해 노력해야지 현상태에 만족해선 안 된다. 4 (직위·직함 등을) 얻다. (감투를) 쓰다. ¶他被~了新的头衔。=그는 새로운 직함을 얻었다. 5 (설비·장치 등을) 설치하다. 달다. ¶新房子刚刚~上了电灯。=새 집에 방금 전등을 달았다. 6 (주로 나쁜 생각을) 품다. ¶黄鼠狼给鸡拜年——没~好心。=족제비가 닭에게 세배를 하다——좋은 마음을 품고 있지 않다. 부(반문의 어기를 나타내어) 어찌 …하겠는가? ¶不入虎穴, ~得虎子? =호랑이 굴에 들어가지 않고 어찌 호랑이 새끼를 얻겠는가? / ~知鱼之乐? =어찌 물고기의 즐거움을 알겠는가? 대의 어디에. ¶历史英雄今~在? =역사상의 영웅 호걸들은 지금 어디에 있는가? 양외 '安培(ānpéi)'의 준말. 명 (Ān) 성(姓). ↔危

◯ 安 ān
  按 àn
  案 àn
  鞍 ān
  氨 ān
  胺 àn
  铵 ǎn
  桉 ān

## ān 安

○● 保安, 不安, 长安, 伏fú安, 苟gǒu安, 毫háo安, 建安, 偏安, 平安, 请安, 偷tōu安, 晚安, 微安, 问安, 相安, 招安

【安安静静】 ān·an jìngjìng (~的) 형 1 조용하다. 안정되다. ¶同学们~地听专家作报告。=학생들은 조용히 전문가의 보고를 듣고 있다. 2 (주위·분위기 등이) 적막하다. 고요하다. 정적이 흐르다. ¶夜深了, 校园里~的。=밤이 깊어지자 교정이 적막해졌다.

【安安稳稳】 ān·an wěnwěn 형 평온하다. ¶我们过着~的生活。=우리는 평온한 생활을 하고 있다. 부 편안하게. 안정되게. ¶他~地坐着。=그는 편안하게 앉아 있다.

【安安心心】 ān·an xīnxīn (~的) 형 안심하다. 마음놓다. 편안하다. ¶他一直~地当一名普通小学教师。=그는 줄곧 편안하게 초등 학교의 교사로 지내고 있다.

【安邦】 ānbāng 동문 나라를 평안하게 다스리다. ¶其人有~之才。=그 사람은 나라를 평안하게 다스리는 재주를 갖고 있다.

【安邦定国】 ānbāng-dìngguó 성 나라를 안정되게 하다.

【安瓿】 ānbù 명외(醫) 앰풀(ampoule). [주사약 따위의 액체가 1회분씩 든 작은 병]

【安步当车】 ānbù-dàngchē 성 차를 탄 셈치고 천천히 걷다. ¶电影院离这儿不远, 我们就~吧。=극장이 여기서 멀지 않으니 우리 차 탄 셈치고 천천히 걸어가자.

【安插】 ānchā 동 (인물이나 사물을) 어떤 위치에 배정하다. 삽입하다. ¶作家在喜剧性的小说中~了一个悲剧性情节。=작가는 희극적인 소설에 비극적인 이야기 하나를 삽입하였다.

【安厝】 āncuò 동 1 안장하다. ¶一定要郑重~死者。=반드시 고인을 정중히 안장해야 한다. 2 (시신을 넣은 관을 임시로) 안치하다. 매장하다. ¶棺木将~三日。=관은 삼일 동안 (임시로) 안치될 것이다.

【安道尔】 Āndào'ěr 명외(地) 안도라(Andorra). [수도는 '安道尔城(안도라시티 : Andorra City)'임]

【安得】 āndé 부 1 어떻게 얻을 수 있겠는가? ¶~广厦千万间, 大庇天下寒士尽欢颜! =어떻게 하면 수많은 집들을 마련하여 세상의 가난한 사람들의 얼굴이 활짝 펴지게 할 수 있을까! 2 어찌…일 수 있겠는가? ¶世事庸碌, ~人生快慰。=세상사가 번잡하거늘 어찌 인생이 즐겁고 만족스러운 것이랴?

【安抵】 āndǐ 동 무사히 도착하다. ¶飞机已于今天上午~首尔(汉城)。=비행기는 이미 오늘 오전 무사히 서울에 도착했다.

【安定】 āndìng 형 (사회·생활 등이) 안정되다. ¶他的生活一直很~。=그의 생활은 내내 아주 안정되어 있다. 동 (사회·생활 등을) 안정시키다. ¶~民心是社会发展的前提。=민심을 안정시키는 것은 사회 발전의 전제이다. 명(醫) 디아제팜 (diazepam). [신경 안정제의 일종] →动荡 动乱

【安堵】 āndǔ 형문 안거하다. 평안히 지내다. ¶国家稳定, 百姓~。=국가는 안정되고 백성은 평안히 지낸다.

【安度】 āndù 동 1 (나날을) 편안히 보내다 [살다]. ¶人老了就想~晚年。=사람은 늙으면 여생을 편안히 보내고 싶어한다. 2 무사히 넘기다. ¶他终于~危险期。=그는 마침내 위기를 무사히 넘겼다.

【安顿】 āndùn 동 (사람이나 사물을) 적절히 배치하다. (생활이) 안착되다. ¶你到那儿~好后, 请与我们联系。=당신은 그 곳에 가서 안착한 후에 우리에게 연락하세요. 형 편안하다. ¶吃了安眠药, 他睡得~多了。=수면제를 먹고 그는 잠을 한결 편안히 잘 수 있었다.

【安放】 ānfàng 동 잘 놓아 두다. 장치하다. 설치하다. ¶客厅里的空调~得很合适。=거실 안에 에어컨이 잘 설치되어 있다. ↔安置

【安分】 ānfèn 형 성실하다. 본분을 지키다. 분수를 알다. ¶他老实诚恳, 为人~。=그는 착하고 진솔하며 본분을 지킬 줄 안다.

【安分守己】 ānfèn-shǒujǐ 성 성실히 자신의 본분을 지키다. ↔惹是生非

【安抚】 ānfǔ 동 위로하다. 안위하다. ¶当务之急是~灾民。=급선무는 이재민을 위로하는 것이다.

【安哥拉】 Āngēlā 명외(地) 앙골라(Angola). [수도는 '罗安达(루안다 : Luanda)'임]

【安哥拉兔】 āngēlātù 명(動) 앙고라(Angora) 토끼. =【全耳毛兔】 quán'ěrmáotù

【安好】 ānhǎo 형 평안하다. 무고하다. 무사하다. ¶祝您全家~! =온 가족이 평안하시기를 바랍니다!

【安徽省】 Ānhuīshěng 명(地) 안후이성. 안휘성. ['皖(Wǎn)'으로 약칭하며, 성도는 허페이(合肥)임]

【安魂曲】 ānhúnqǔ 명(音) 진혼곡. 레퀴엠 (requiem). =【追思曲】 zhuīsīqǔ

【安家】 ān‖jiā 동 1 결혼하다. 가정을 이루다. ¶小伙子三十大几了, 还没有~呢。=젊은이는 나이 서른이 넘었는데 아직 결혼도 안 했어. / 安了家之后, 他变得年纪多了。=결혼한 뒤에 그는 본분을 잘 지키는 사람이 되었다. 2 살림을 꾸리다. ¶~就业=살림을 꾸리고 직업을 구하다.

【安家立业】 ānjiā-lìyè 성 살림을 꾸리고 사업을 일으키다.

【安家落户】 ānjiā-luòhù 성 (새로운 곳에서) 가정을 꾸리다. 자리잡고 살다. 정착하다. ¶~以后, 他积极帮助当地需要帮助的人。=새로운 곳에서 가정을 꾸린 후로 그는 그 지방의 도움이 필요한 사람들을 적극 도왔다.

【安检】 ānjiǎn 동 (보안·안전을 위해) 검사하다. ¶机场的~工作得到进一步加强。=공항의 검색이 한층 더 엄격해졌다.

【安静】 ānjìng 형 1 조용하다. 잠잠하다. 고요하다. 적막하다. ¶夜~得有点儿吓人。=밤이 너무 적막해서 약간 두렵기조차 하다. 2 평정을 되찾다. 안정되다. ¶那个精神病人现在~了下来。

=그 정신병 환자가 지금은 안정되었다. ↔吵闹 喧哗 吵嚷

【安居】 ānjū 동 안정된 생활을 누리다. 안거하다. ¶国家太平, 百姓~. =국가는 태평하고 백성은 안정된 생활을 누리다.

【安居房】 ānjūfáng 명 임대 아파트. 주공 아파트. 서민 아파트. ['商品房(일반 분양 주택)'과는 달리 국가에서 중·저소득층을 위해 지어 주는 주택]

【安居工程】 ānjū gōngchéng 명 (중·저소득층의 주택난을 해결하기 위해 국가 융자금과 지방 정부의 자금으로 지은 후 원가로 판매하는) 비영리성 주택 건설 프로젝트.

【安居乐业】 ānjū-lèyè 성 안정된 생활을 누리며 즐겁게 일하다. ↔流离失所 哀鸿遍野

【安康】 ānkāng 형 편안하고 건강하다. ¶全家~是他最大的心愿. =온 가족이 편안하고 건강한 것이 그의 가장 큰 바람이다.

【安拉】 Ānlā 명고 (宗) 알라(Allah). [이슬람교의 유일 절대 전능의 신] =【阿拉】 ālā

【安澜】 ānlán 형문 1 강이나 하천이 안정되다. 2 태평하다. ¶~盛世=태평성세.

【安乐】 ānlè 형 편안하고 즐겁다. 안락하다. ¶每个人都向往~世界. =사람들은 모두 안락한 세계를 지향한다.

【安乐死】 ānlèsǐ 명 안락사.

【安乐窝】 ānlèwō 명 편안한 생활 공간. 안식처. ¶拥有一个~是每个人都向往的事. =편안한 생활 공간을 갖는 것은 모든 사람들이 바라는 바이다.

【安乐乡】 ānlèxiāng 명 유토피아(Utopia). 이상향. ≒乌托邦

【安乐椅】 ānlèyǐ 명 흔들의자.

【安理会】 Ānlǐhuì 명고 联合国安全理事会(국제 연합 안전 보장 이사회).

【安谧】 ānmì 형 고요하고 조용하다. 호젓하다. ¶月光下的荷塘分外~. =달빛 아래의 연못이 유달리 고요하다.

【安眠】 ānmián 동 1 숙면을 취하다. 잘 자다. ¶他心事重重, 整夜没能~. =그는 걱정이 태산같이 밤새 잠을 못 이뤘다. 2 죽다. 사망하다.

【安眠药】 ānmiányào 명(醫) 수면제. =【催眠药】 cuīmiányào

【安民告示】 ānmín gàoshi 명 1 (관아에서 민심을 안정시키기 위해 공표하던) 게시. 공고. 2(轉) 정부나 기관 등이 어떤 일을 하기 전에 미리 유관 내용 등을 알려 주는 것.

【安那其主义】 ānnàqízhǔyì 명고 아나키즘(anarchism). 무정부주의.

【安能】 ānnéng 부 어찌 …할 수 있겠는가? ¶情况危急, ~犹豫退缩! =상황이 다급한데, 어찌 머뭇거리며 물러설 수 있겠는가!

【安宁】 ānníng 형 1 (마음이) 편하다. 안정되다. ¶小孩子吵得大人终日不得~. =애가 떠들어 대는 바람에 어른은 온종일 편안히 있을 수가 없었다. 2 평온하다. 안정되다. ¶经过治理, 过去治安很乱的郊区现在~了下来. =관리를 통해, 이전에 치안이 몹시 허술했던 교외가 지금은 평온해졌다.

【安排】 ānpái 동 1 사람을 보내어 어떤 일을 하게 하다. ¶公司~公关人员去机场接客人. =회사는 섭외 담당자를 공항에 보내어 손님을 영접하게 했다. 2 (인원·시간 등을) 안배하다. 일을 처리하다. 준비하다. ¶他提前~明天的会议. =그는 내일 열릴 회의를 앞당겨서 준비했다. ¶设计人员重新~了待开发小区的建筑格局. =설계사는 개발 예정 단지의 건설 구도를 다시 세웠다. ≒部署 布置 支配

【安培】 ānpéi 명양(物) 암페어(ampere). 양 '安(ān)'. [전류의 세기를 재는 국제 기준 단위]

【安培表】 ānpéibiǎo ☞【安培计】 ānpéijì

【安培计】 ānpéijì 명(電) 전류계. 암페어계. =【电流表】 diànliúbiǎo【安培表】 ān péi biǎo

【安贫乐道】 ānpín-lèdào 성 안빈낙도.

【安琪儿】 ānqí'ér 명외 천사. 명 angel.

【安寝】 ānqǐn 동 편안히 자다. ¶夜深了, 大家都~了. =밤이 깊어 모두 편히 잠들었다.

【安全】 ānquán 형 안전하다. ¶电动工具经过了严格检验, 使用起来很~. =전기 공구는 엄격한 검사를 거쳤으므로 사용하기에 아주 안전하다. / 那儿治安很好, 深夜出门仍很~. =거기는 치안이 좋아서 심야에 집 밖에 나가도 아주 안전하다. ≒平安 ↔危险

【安全保障权】 ānquán bǎozhàngquán 명(法) (소비자가 각종 소비 활동 중에 누리는) 신상·재산상의 안전 보장 권리.

【安全带】 ānquándài 명 1 (비행기·자동차 등의) 안전 벨트. 2 안전 로프.

【安全岛】 ānquándǎo 명 (도로 가운데 있는 보행자용) 안전 지대. 안전섬.

【安全灯】 ānquándēng 명 1(礦) 갱내용(坑内用) 안전등. 2 전압이 36볼트 이하이거나 안전 설비를 갖춘 조명 기구.

【安全电压】 ānquán diànyā 명(電) 안전 전압. [일반적으로 36볼트 이하임]

【安全阀】 ānquánfá 명 안전 밸브. 안전판.

【安全感】 ānquángǎn 명 안도감. ¶社会安定, 人民群众才有~. =사회가 안정되어야 국민들이 비로소 안도감을 갖게 된다.

【安全帽】 ānquánmào 명 안전모.

【安全门】 ānquánmén 명 비상구.

【安全期】 ānquánqī 명 안전기. [여성의 월경 주기에서 임신 가능성이 없는 기간]

【安全套】 ānquántào 명 콘돔. =【避孕套】 bìyùntào

【安全剃刀】 ānquán tìdāo ☞【保险刀】 bǎoxiǎndāo

【安全填埋】 ānquán tiánmái 동 (환경 보호를 위해) 위험 폐기물을 전문 매립장에 매립하다.

【安全系数】 ānquán xìshù 명 1(工) 안전 계수. 안전율. 2 (어떤 일을 하는 데 있어서의) 안전도. ¶按装杀毒软件可以提高电脑使用的~. =바이러스 퇴치 프로그램을 설치하면 컴퓨터 사

# 12 ān 安

용의 안전도를 높일 수 있다.

**【安全线】ānquánxiàn** 명 **1** (위조 방지를 위한) 지폐의 은선. **2** (사고 예방을 위한) 안전선.

**【安然】ānrán** 형 **1** 안심하다. 염려가 없다. ¶由于孩子们都找到了工作, 老人心里很~。 = 자식들이 모두 일자리를 찾아서 노인네는 무척 안심되었다. **2** 평안하다. 안전하다. 무사하다. ¶飞机最终穿过浓雾, ~抵港。 = 비행기가 마침내 짙은 안개를 뚫고 무사히 공항에 착륙하였다.

**【安然无恙】ānrán-wúyàng** 성 사람이나 사물이 의외의 사고나 재앙을 당했으나 손해를 입지 않고 평안 무사하다.

**【安如磐石】ānrúpánshí** 성 **1** 반석처럼 끄떡없다. **2** (정권·지위 등이) 안정되다. 든든하다. 공고하다.

**【安如泰山】ānrúTàishān** 성 태산같이 튼튼하여 흔들리지 않다. ↔危如累卵 摇摇欲坠

**【安设】ānshè** 동 설치하다. ¶小区保安室~了摄像监控设备。 = 아파트 단지 경비실에 감시 카메라 장비를 설치하였다.

**【安身】ān‖shēn** 동 **1** 몸을 의탁하다. 발붙이고 살다. ¶~于世, 任重道远。 = 세상에 발붙이고 사노라면 책임은 무겁고 갈 길은 멀다. **2** (구체적인 곳에) 기거하다. 거처하다. ¶初来乍到, 无有~之地。 = 처음 막 와서 기거할 곳이 없다. ≒立身 容身

**【安身立命】ānshēn-lìmìng** 성 발붙이고 살 곳과 의지할 곳이 있다. 몸은 편안하고 마음은 안정되다. ¶奋斗了三十年, 他渐入~的阶段。 = 삼십년을 열심히 살아온 결과 그는 점차 안정된 단계에 들어서게 되었다.

**【安神】ān‖shén** 동 (마음을) 안정시키다. 진정시키다. 가다듬다. ¶这药能~补血。 = 이 약은 신경 안정과 보혈에 효능이 있다. / 他安一下神, 又开始工作起来。 = 그는 정신을 가다듬고 또 일을 하기 시작했다.

**【安生】ānshēng** 형 **1** (주로 아이들이) 말썽을 피우지 않다. 얌전하다. ¶十岁以前, 女孩比男孩~得多。 = 열 살 이전에는 여자 아이가 남자 아이보다 얌전하다. **2** 편안히 살다. ¶他过了一辈子的~日子。 = 그는 한평생 편안한 나날을 보냈다.

**【安石榴】ānshíliu** ☞ 【石榴】shíliu

**【安适】ānshì** 형 조용하고 편안하다. 쾌적하다. ¶海滨疗养院~宜人。 = 바닷가의 요양원이 조용하고 편안하여 맘에 든다.

**【安守本分】ānshǒu-běnfèn** 성 자기의 본분을 〔분수를〕 지키다.

**【安舒】ānshū** 형 (심신이) 편안하다. 쾌적하다. ¶心境~。 = 심기가 편안하다.

**【安睡】ānshuì** 동 편안히 잠자다. ¶台风过去了, 他终得~一晚。 = 태풍이 지나가고, 그는 마침내 편안히 하룻밤을 잘 수 있었다. ≒安歇

**【安泰】āntài** 형 평안하다. 무고하다. ¶祝大家新年愉快, 合家~。 = 모두들 즐거운 새해 되시고, 온 가족이 평안하시길 기원합니다.

**【安恬】āntián** 형 평화롭다. 평온하다. ¶由于

心神~, 他睡得很香。 = 마음과 정신이 평온하여 그는 단잠을 잤다.

**【安帖】āntiē** 형 안온하다. 안심이 되다. 편안하다. ¶无事一身轻, 好不~! = 걱정거리 없이 몸도 산뜻하니, 얼마나 안온한지! 걱정거리 없고 몸이 가뿐하니, 이 아니 편안한가.

**【安土重迁】āntǔ-zhòngqiān** 성 원래 살던 곳에 익숙해져 쉽게 떠나려 하지 않다.

**【安妥】āntuǒ** 형 타당하다. 확실하다. 안전하다. ¶寄挂号特快邮件比较~。 = 등기 속달로 부치는 것이 비교적 안전하다.

**【安危】ānwēi** 명 안위. 안전과 위험. ¶为救落水的儿童, 他不顾个人的~。 = 물에 빠진 어린이를 구하기 위해 그는 개인의 안위를 돌아보지 않았다.

**【安危与共】ānwēi-yǔgòng** 성 행복도 함께 누리고 불행도 함께 견디다. 행복과 불행을 같이 나누다.

**【安慰】ānwèi** 형 (마음에) 위로가 되다. 위로를 얻다. ¶朋友、同事的帮助, 使他感到莫大的~。 = 친구와 동료들의 도움이 그에게 커다란 위로가 되었다. 동 위로하다. 안위하다. ¶要长期分别了, 他温柔地~妻子。 = 오랜 이별을 하게 되어 그는 따뜻하고 부드럽게 아내를 위로하였다. ≒抚慰 慰藉

**【安慰赛】ānwèisài** 명(体) (정식 경기에서 입상하지 못한 선수들을 위로하는 차원에서 벌이는) 콘솔레이션 매치(consolation match). 번외 경기. 패자부활전.

**【安稳】ānwěn** 형 **1** 안정되다. 안전하다. 흔들리지 않다. ¶船在风浪中依然行驶得很~。 = 배는 풍랑 중에도 여전히 안전하게 항해했다. **2** 편안하다. ¶他一夜睡得很~。 = 그는 밤새도록 편안히 잤다. **3** 침착하다. ¶他虽然年龄小, 但做事很~。 = 그는 비록 나이가 어리지만 일하는 데는 아주 침착하다. ≒平稳

**【安息】ānxī** 동 **1** 편히 잠들다. [고인을 애도할 때 쓰는 말] ¶~吧, 朋友! = 편히 잠들라, 친구여! **2** 안식하다. 편히 쉬다. ¶一路辛劳, 大家早点~。 = 오시느라고 수고했으니 모두 일찍 편히 쉬세요.

**【安息日】ānxīrì** 명(宗) 안식일.

**【安息香】ānxīxiāng** 명(植) 안식향나무.

**【安闲】ānxián** 형 편안하다. 한가롭다. 넉넉하다. 여유가 있다. ¶他一脸~的神态。 = 그는 얼굴 가득 여유 있는 표정이다.

**【安详】ānxiáng** 형 침착하다. 차분하다. 점잖다. ¶老教授~的面容含着微笑。 = 노교수의 점잖은 얼굴에 미소를 머금고 있다.

**【安享】ānxiǎng** 동 편히 누리다. 향유하다. ¶退休了, 他幸福地~晚年。 = 퇴직하고 나서 그는 행복하게 노년을 누린다.

**【安歇】ānxiē** 동 **1** 편히 쉬다. 편안하게 휴식하다. ¶老年人需要~一下。 = 노인은 편안하게 휴식을 취해야 한다. **2** 자다. 잠자리에 들다. ¶他每天都按时~。 = 그는 매일 제 시간에 잠자리에 든다. ≒安睡

【安心】ānxīn 形 마음놓다. 안심하다. 평화롭고 안정되다. 전념하다. ¶他一直~于本职工作。= 그는 줄곧 자기 일에 전념하였다. ≒放心

【安心】ān‖xīn 动 (주로 나쁜) 마음을 품다. ¶他~不纯。= 그가 품은 마음이 불순하다. / 那个小偷一开始就没安善心。= 그 도둑은 처음부터 좋은 마음을 품지 않았다. ≒居心

【安养】ānyǎng 动 편안히 몸조리하다. ¶~病体=편안히 병든 몸을 조리하다.

【安逸】ānyì 形 편안하고 한가하다. 편히 생활하다. 안일하다. ¶老百姓生活得很~。= 일반 서민들은 매우 편히 생활하고 있다. ↔劳碌 艰苦

【安营】ān‖yíng 动 막사(캠프)를 설치하고 묵다〔주둔하다〕.

【安营扎寨】ānyíng-zhāzhài 成 1(军) 군대가 진을 치고 주둔하다. 2(비) 건축 현장 등지에 임시 숙소를 세우다. ¶建筑队伍一到工地, 便马不停蹄地~起来。= 건설팀은 공사 현장에 도착하자마자 잠시도 쉬지 않고 임시 숙소를 짓기 시작했다.

【安于】ānyú 动 …에 만족하다. …에 습관되다. ¶~现状=현 상태에 만족하다.

【安葬】ānzàng 动 안장하다. 정중히〔고이〕 장사 지내다. ¶~死者=고인을 안장하다.

【安枕】ānzhěn 动(문) 1 베개를 제대로 놓(고 자)다. 편안히 자다. 2(비) 근심 걱정이 없다. ¶~无忧=아무런 근심 걱정이 없다.

【安之若素】ānzhī-ruòsù 成 (아무 일 없는 듯) 태연자약하다. 천연스럽다. ¶面对突然的变故, 他仍然~。= 돌연한 변고에도 그는 여전히 태연자약하였다.

【安置】ānzhì 动 (사람이나 사물 등에게) 적절한 위치〔장소·일자리〕를 찾아 주다. 제자리에 놓다. 잘 놓아 두다. 안치하다. 배치하다. ¶~灾民是当前的首要任务。= 이재민들에게 쉴 곳과 일자리를 마련해 주는 것이 급선무이다. ≒安放

【安装】ānzhuāng 动 1 (기계·기자재 등을) 설치하다. 고정하다. 장착하다. ¶办公室已经~了空调和电话。= 사무실에 이미 에어컨과 전화를 설치했다. 2(컴) 셋업(setup)하다. 인스톨(install)하다. →拆卸

桉 ān 푸른 옥그릇 안
名(植) 유칼리나무. 유칼립투스(eucalyptus).

*氨 ān 암모니아 안
名(약)(化) 암모니아(ammonia). 〔'阿摩尼亚(āmóníyà)'라고도 부르며, '氨气(ānqì)'라고 통칭함〕

【氨基】ānjī 名(化) 아미노기(amino基).

【氨基酸】ānjīsuān 名(化) 아미노산(amino酸).

【氨气】ānqì 名(化) 암모니아의 통칭.

【氨水】ānshuǐ 名(化) 암모니아수.

唵 ān 움켜 먹을 암
감탄 1 (대답하는 말로) 응. ¶"下课了?" "~, 下课。" = "수업 끝났어?" "응, 끝났어." 2 (완곡하게 일깨워 주거나 상의할 때 사용하는 말투로) 엉. 자. 웅. ¶你以后还要努力学习, ~! = 너앞으로 더 열심히 공부해야 된다, 웅!
* ǎn

庵[(菴)] ān 암자 암
名 1(문) 초가집. ¶茅~=초가집. 오막살이. 2 (주로 비구니들이 거처하는) 절. 사찰. 암자. ¶前边山中有一座尼姑~。= 앞산에는 비구니 사찰이 하나 있다.

【庵堂】āntáng 名 (비구니들의) 암자. 사찰.

【庵主】ānzhǔ 名 비구니 사찰의 주지승.

【庵子】ān·zi 名 1 초가집. ¶搭一个草~= 초가집을 짓다. 2 비구니의 사찰.

谙[諳] ān 외울 암
动(문) 잘 알다. 능숙하다. ¶素~书艺=평소 서예에 능하다.

【谙达】āndá 形 (세상의 물정·사리에) 밝다. 통달하다. ¶其人~世事, 左右逢源。= 그 사람은 사리에 밝아 주위 관계를 매끄럽게 처리한다.

【谙练】ānliàn 动(문) 익숙하다. 숙련되다. 능하다. ¶~乐理=음악 이론에 능하다.

【谙熟】ānshú 动 (어떤 분야에 대해) 잘 알다. 정통하다. 숙달되다. 숙련되다. ¶社会的发展急需~电子技术的人才。= 사회가 발전함에 따라 전자 기술에 숙련된 인재가 절실히 필요하다.

【谙通】āntōng 动 정통하다. 일가견이 있다. ¶~中医针灸=중국 전통 침구학에 정통하다.

鹌[鵪] ān 메추라기 암
【鹌鹑】ān·chún 名(动) 메추라기.

腤 ān 삶을 암
动(문) (생선·육류 등을) 요리하다. ¶~肉=고기를 요리하다. / ~鱼=생선을 요리하다.

鮟[鮟] ān 아귀 안
【鮟鱇】ānkāng 名(动) 아귀. ⇨【老头儿鱼】lǎotóuryú

*鞍[(鞌)] ān 말안장 안
名 1 안장. ¶人靠衣服马靠~。= 사람은 옷 입기 나름이고 말은 안장 달기 나름이다. 사람은 옷이 날개이고, 말은 안장이 날개이다. 2 안장 모양의 물건. ¶~马=안마.

◯ 歇xiē鞍

【鞍鼻】ānbí 名(醫) 안장코. 안비. ⇨ saddle nose

【鞍韂】ānchàn 名 안장과 말다래. =【鞍鞯】ānjiān

【鞍鞯】ānjiān ⇨【鞍韂】ānchàn

【鞍马】ānmǎ 名 1 안장과 말. 2 나그네 생활. ¶~生涯=나그네 인생. 3(體) (기계 체조 용구로서) 안마. ¶新买的~已经安装到位。= 새로 산 안마는 이미 제자리에 설치되었다. 4(體) (남자 체조 경기의 한 종목인) 안마. ¶~比赛马上开始。= 안마 경기가 곧 시작된다.

## ān

**【鞍马劳顿】** ānmǎ-láodùn 〈成〉 여정 또는 전투에 지치다.

**【鞍辔】** ānpèi 〈명〉 안장과 고삐.

**【鞍前马后】** ānqián-mǎhòu 〈成〉 다른 사람의 곁을 따라다니며 세심하게 시중들다.

**【鞍子】** ān·zi 〈명〉 안장.

## 盦 ān 그릇 암

〈명〉 **1** 고대에 음식물을 담던 그릇. **2** '庵(ān)'과 같음.

## *俺 ǎn 나 엄

〈대〉 **1** 나. 저. ¶你放心, ~一个人不怕. =안심해, 혼자서도 무섭지 않아. **2** 우리. 저희. ¶~一共要来三个人. =우리는 모두 세 사람이 올 것이다. ≒咱

**【俺们】** ǎn·men 〈대〉〈방〉 우리. ¶~家有三口人. =우리 집 식구는 세 명이다.

## 埯 ǎn 구덩이 암

〈명〉 점뿌림하기 위해 판 작은 구덩이. ¶填~=구덩이를 메우다. 〈동〉 점뿌림하다. 점파하다. ¶~玉米=옥수수를 점뿌림하다. 〈양〉 (~儿) 점뿌림하는 채소나 콩 등을 세는 단위. ¶一~儿豆子=콩 한 줌.

**【埯子】** ǎn·zi 〈명〉 점뿌림하기 위해 판 작은 구덩이. ¶挖个~=점뿌림을 하려고 구덩이를 파다.

## 唵 ǎn 움켜 먹을 암

〈동〉〈방〉 **1** (음식이나 분말 모양의 것을) 입에 잔뜩 넣다. ¶~了一口炒面. =볶음 국수를 한입 가득 넣다. **2** 아이에게 입을 맞추다. ¶她一见到自己的小宝宝就在他脸上~了一口. =그녀는 자신의 귀염둥이를 보자마자 얼굴에 입을 한번 맞추었다. 〈감〉〈방〉 (의문을 나타내어) 응. 아니. 뭐. ¶~, 听说你昨天进城了? =아니, 듣자니 너 어제 시내에 갔다면서? 〈대〉〈방〉 '俺(ǎn)'과 같음. 〈명〉〈佛〉 주문을 시작하는 기능을 하는 어휘.

## 铵[銨] ǎn 암모늄 안

〈명〉〈化〉 암모늄(ammonium).

## 揞 ǎn 덮을 암

〈동〉 (가루약 등을) 상처에 바르다. ¶他按医生的盼咐准时在伤口上~药。=그는 의사의 당부에 따라 시간 맞추어 상처에 약을 발랐다.

## 犴 àn 들개 안

☞ 【狴犴】 bì'àn
☞ hān

## **岸[岍] àn 언덕 안

〈명〉 물가. ¶海~=해안. 바닷가. 〈형〉〈문〉 **1** 도도하다. 오만하다. ¶一脸傲~之色=만면에 띤 도도한 기색. **2** 우람하다. 높고 크다. ¶伟~之躯=우람한 체구. ○● 彼bǐ岸, 驳bó岸, 堤岸, 对岸, 海岸, 护hù岸, 靠岸, 口岸, 魁kuí岸, 拢lǒng岸, 起岸, 沿岸

**【岸边】** ànbiān 〈명〉 물가. (강·바다 등의) 기슭.

**【岸标】** ànbiāo 〈명〉 (해안에 설치한) 항로 표지.

**【岸炮】** ànpào ☞ 〈海岸炮〉 hǎi'ànpào

**【岸然】** ànrán 〈형〉〈문〉 엄숙한 모양. ¶道貌~= (주로 비웃는 의미로 사용되어) 진지하고 엄숙한 모습. 겉으로는 그럴듯한 모습.

**【岸线】** ànxiàn 〈명〉 (해안선 등) 물가와 육지가 만나는 곡선.

## **按 àn 누를 안

〈동〉 **1** (손이나 손가락 등으로) 누르다. ¶请~一下儿电灯开关. =전등 스위치를 누르세요. **2** 억누르다. 억제하다. ¶他强~住满腹愤怒. =그는 가슴 가득한 분노를 애써 억눌렀다. **3** 놓아 두다. 접어두다. ¶~下不提=잠시 접어두고 거론하지 않다. **4** (작가·편집인 등이 말을) 덧붙이다. ¶编者~=편집자의 말. **5**〈문〉 대조하다. 조사하다. ¶无记录可~. =대조할 기록이 없다. 〈개〉 …에 의거하여. …에 따라서. …에 준하여. ¶~法律定案=법률에 의거하여 사안을 판정하다. ≒撄 抑 | 摁

**【按兵不动】** ànbīng-bùdòng 〈成〉 **1** 군대로 하여금 잠시 행동을 멈추고 시기를 기다리게 하다. **2**〈비〉 임무를 맡았는데도 고의로 일을 진행시키지 않다. (의도적으로) 움직이지 않다.

**【按病下药】** ànbìng-xiàyào 〈成〉 병에 따라 약을 쓰다.

**【按部就班】** ànbù-jiùbān 〈成〉 순서대로 하나씩 진행하다. 착실하게 한 걸음 한 걸음 나아가다. ¶他~地处理日常事务. =그는 순서대로 하나씩 일상 업무를 처리한다.

**【按不住】** àn·buzhù 〈동〉 억제할 수 없다. ¶他~内心的喜悦, 轻声地哼唱起来. =그는 내심 기쁨을 누를 길 없어 작은 소리로 흥얼거리기 시작했다.

**【按钉】** àndīng 〈명〉 압정.

**【按堵如故】** àndǔ-rúgù 〈成〉 옛날처럼 편히 지내다. 여전히 무사 평안하다.

**【按轨就范】** ànguǐ-jiùfàn 〈成〉 규정과 원칙대로 일을 처리하다.

**【按甲寝兵】** ànjiǎ-qǐnbīng 〈成〉 **1** 갑옷과 병기를 내려놓다. **2** 전쟁을 멈추다.

**【按键】** ànjiàn 〈명〉 (악기·타자기·컴퓨터 자판 등의) 키. 버튼. 단추.

**【按揭】** ànjiē 〈명〉 담보 대출. ¶他以~方式在郊区购买了一套别墅. =그는 담보 대출의 방식으로 교외에 별장 한 채를 샀다.

**【按扣儿】** ànkòur 〈명〉 맞단추. 똑딱단추. 스냅(snap).

**【按劳取酬】** ànláo-qǔchóu 〈成〉 일한 대로 보수를 받다.

**【按理】** àn‖lǐ 〈부〉 인정과 도리에 따르면. 이치를 따지자면. ¶他~该来看望自己的老师. =그는 정리에 따르면 응당 자기의 선생님을 찾아뵈어야

한다. / 你按什么理都不应该和父亲顶嘴。= 너는 어떤 이유에서라도 아버지께 대들지 말았어야 했다.

【按例】**ànlì** 〔부〕 선례대로. 전례대로. 예전대로. ¶今天~要演出。= 오늘도 예전대로 공연이 있을 것이다.

【按脉】**àn‖mài** ☞ 【诊脉】**zhěn‖mài**

【按摩】**ànmó** 〔동〕〔醫〕 안마하다. 마사지하다. = 【推拿】**tuīná**

【按捺】[按纳] **ànnà** 〔동〕 통제하다. 억제하다. 억누르다. ¶他~不住心头的悲伤, 泪水滚滚而下。 = 그는 마음의 슬픔을 이기지 못하고 눈물을 뚝뚝 흘렸다. ≒抑制 ↔放纵

【按纳】**ànnà** ☞ 【按捺】**ànnà**

【按钮】**ànniǔ** 〔명〕 버튼. 스위치. 누름스위치.

【按期】**ànqī** 〔부〕 기한 내에. 기한대로. ¶~还货。 = 기한 내에 물건을 돌려주다.

【按时】**ànshí** 〔부〕 제때에. 시간에 맞추어. ¶~上课。 = 제 시간에 수업하다.

【按说】**ànshuō** 〔접〕 이치를 따져 말하자면. 정상대로라면. ¶~这个季节不应该有沙尘暴。 = 정상대로라면 이 계절에 황사가 있을 리 없다.

【按图索骥】**àntú-suǒjì** 〈성〉 ❶ 그림을 보고 그와 같은 준마를 찾다. ❷ 〈비〉 실마리를 따라 찾다. ❸ 〈비〉 고집스럽고 융통성이 없다. 틀에 박히다.

【按下】**ànxià** ❶ (마음에) 담아 두다. 꽉 누르다. 눌러두다. ¶那件事他一直~不提。 = 그 일에 대해 그는 내내 담아 두고 이야기하지 않았다. / ~心中的怒火。 = 마음속의 화를 누르다.

【按下葫芦浮起瓢】**ànxià hú·lu fúqǐ piáo** 〈속〉〈비〉 처리해야 할 일들이 산적하여 한 편을 챙기다 보면 다른 한 편을 놓치게 되다. 일이 많아 이쪽에 신경을 쓰다 보면 저 쪽에서 문제가 생기다.

【按压】**ànyā** 〔동〕 ❶ (손을 이용하여) 아래로 누르다. ¶~这个穴位, 可以解除头疼。 = 이 혈자리를 누르면 두통을 없앨 수 있다. ❷ 자제하다. 스스로 억제하다. 억누르다. ¶眺望大海, 他~不住心中汹涌的诗情。 = 멀리 망망대해를 바라보노라니, 그는 마음에 용솟음치는 시정을 억누를 길이 없었다.

【按验】**ànyàn** ☞ 【案验】**ànyàn**

【按语】[案语] **ànyǔ** 〔명〕 편집인 혹은 글쓴이가 문장에 붙이는 부연 설명.

【按照】**ànzhào** 〔개〕 …에 의해. …에 따라. ¶~学校规定, 校庆日放假一天。 = 학교의 규정에 따라 개교 기념일은 하루 쉰다. 〔동〕 ~ 要. 标准, 不能主观随意。 = 심사 기준에 의거해 선출해야지, 주관에 따라 멋대로 해서는 안 된다. ≒依照 ↔违反

---

**按照(ànzhào) / 根据(gēnjù)**
…에 근거하여, …에 따라, …대로.

按照: 방법·요구·계획 등에 따라 어떻게 한다는 것을 나타냄. ¶按照上级的规定, 只能这样做。 = 상급의 규정에 따라 이렇게 할 수밖에 없다. / 我们一定会按照你的要求完成任务。 = 우리들은 당신의 요구대로 틀림없이 임무를 완성할 것이다.

根据: 어떤 결론이나 판단을 얻게 된 상황이나 근거를 설명함. ¶根据天气预报, 今天不会下雨。 = 일기 예보에 의하면, 오늘은 비가 오지 않을 것이다. / 根据我们的调查, 那件事跟他无关。 = 우리들의 조사에 따르면, 그 일은 그와 무관하다.

---

【按着】**àn·zhe** 〔동〕 (움직이지 못하도록) 누르다. ¶请帮我~, 我装订一下儿图册。 = 내가 그림책을 장정하도록 눌러 주세요. 〔개〕 …에 따라. …대로. ¶我们~原定计划游玩了长城。 = 우리는 원래 정한 계획대로 만리장성에 놀러 갔다.

**案** **àn** 책상 안

〔명〕 ❶ 〈옛〉 밥상. 소반. ¶举~齐眉 = 거안제미. 남편을 깍듯이 공경하다. ❷ 상. 긴 탁자. ¶伏~小睡 = 상에 엎드려 한숨 자다. ❸ (탁자 대용의) 긴 나무판. 작업대. ¶肉~ = (고기를 판매하거나 손질하는) 긴 도마. ❹ (건의안·계획안·방안 등의) 문건. ¶他的提~得到一致同意。 = 그의 제안은 만장일치의 동의를 얻었다. ❺ 기록. 문서. 서류. 문건. 문안. ¶那件事有~可查。 = 그 일은 조사할 수 있는 문서가 있다. ❻ (법률상의) 사건. ¶大~·要~务必全力侦破。 = 크고 중요한 사건은 반드시 전력으로 수사해 해결해야 한다. ❼ '按(àn)'과 같음. ① (작가·편집인 등의) 부연 설명. ② 대조. 조사. 〔동〕 '按(대조하다·조사하다)'과 같음. ≒儿 桌

○● 白案, 报案, 病案, 惨cǎn案, 存案, 答案, 档dàng案, 定案, 断案, 法案, 翻案, 伏fú案, 公案, 归案, 红案, 教案, 旧案, 立案, 脉mài案, 命案, 拍案, 判案, 窃qiè案, 投案, 图案, 问案, 香案, 销xiāo案, 悬xuán案, 血xuè案, 疑案, 议案, 冤yuān案, 在案, 专案, 罪案, 作案

【案板】**ànbǎn** 〔명〕 (부엌용 등의) 도마.

【案秤】**ànchèng** 〔명〕 소형 저울. 탁상용 저울. = 【台秤】**táichèng**

【案底】**àndǐ** 〔명〕 범죄 기록. 전과.

【案牍】**àndú** 〔명〕〈서〉 공문서. ¶~缠身 = 공문서에 시달리다.

【案发】**ànfā** 〔동〕 (사건의) 진상이 드러나다. 밝혀지다. ¶他~之后畏罪潜逃。 = 그는 사건의 진상이 밝혀지자 처벌이 두려워 몰래 도주했다.

【案犯】**ànfàn** 〔명〕 피의자. 용의자. 범인.

【案件】**ànjiàn** 〔명〕 (법률상의) 사건. 사안. 안건. ¶经济~ = 경제 사건.

【案卷】**ànjuàn** 〔명〕 (조사를 위해 분류하여 보관하는) 문서. 서류. 기록. 문건. 문안. ¶清理~ = 문서를 깨끗이 정리하다.

【案例】**ànlì** 〔명〕 사례. (사건·소송 등의) 구체적인 예. ¶参考相关~处理。 = 관련된 사례를 참고하여 처리하다.

【案情】**ànqíng** 〔명〕 (사건의) 경위. 줄거리. ¶~

大白=사건의 경위가 밝혀지다.
【案头】**àntóu** 몡 탁자·책상·소반 등의 위. 책상 머리. ¶~工作=감독이나 연기자들이 작품의 줄거리와 역할 등을 분석하는 사전 준비.
【案验】[按验] **ànyàn** 동〔문〕 범죄의 증거를 조사하다. ¶相关~工作正分头进行. =관련된 범죄 증거에 대한 조사는 몇 개 분야로 나뉘어 진행되고 있다.
【案由】**ànyóu** 몡 소송〔사건〕의 개요. ¶写~要突出重点. =사건의 개요를 꾸밀 때에는 요점이 돋보이도록 해야 한다.
【案语】**ànyǔ** ☞【按语】**ànyǔ**
【案值】**ànzhí** 몡 경제 사범에 관련된 재물·화폐의 금액. ¶~不菲=경제 사범에 관련된 재산이 적지 않다.
【案子】**àn·zi** 1 길다란 탁자. 버팀목을 세워 탁자용으로 쓰인 널빤지. 긴 널판. 작업대. ¶~上摆满了要出售的肉. =긴 널빤지 위에는 팔 고기가 잔뜩 놓여 있다. 2 〔구〕 (법률상의) 사건. 소송. ¶那~终于破了. =그 사건은 결국 해결되었다.

**胺** **àn** 고기 썩을 알
몡〔화〕 아민(amine).

○● 磺huáng胺, 硫liú胺素

**暗**¹[(闇·晻)] **àn** 어두울 암
형 1 어둡다. ¶卧室里的光线很~. =침실 안의 빛이 매우 어둡다. 2 〔문〕 어리석다. 사리 분별을 못하다. ¶兼听则明, 偏听则~. =여러 방면의 의견을 들으면 사리 분별이 밝아지고, 어느 한편의 말만 들으면 사리 분별이 어둡게 된다.

**暗**²[(晻)] **àn** 햇빛 침침할 암
형 비밀스럽다. 은밀하다. ¶~礁=암초. 뷔 몰래. 홀로. 은밀하게. 암암리에. ¶~自发笑=몰래 혼자 웃다. ≒黑 ↔明 亮
☞ **ǎn**, 晻(yǎn)

○● 黑暗, 灰暗, 昏hūn暗, 阴暗, 幽yōu暗

【暗暗】**àn'àn** 뷔 몰래. 혼자. 은밀하게. 암암리에. ¶~思量=혼자 생각하다.
【暗坝】**ànbà** 몡 수면에 나타나지 않는 댐.
【暗堡】**ànbǎo** 몡〔군〕 엄폐호. 방공호. 벙커(bunker).
【暗补】**ànbǔ** 동 국가가 일부 생필품의 판매 과정에서 생긴 손해 차액을 보조해 주다.
【暗藏】**àncáng** 동 숨기다. 은폐하다. ¶~玄机=절묘한 계책이 숨겨져 있다.
【暗娼】**ànchāng** 몡 사창(私娼). 몰래 몸파는 여자.
【暗场】**ànchǎng** 몡〔극〕 실제 연기 대신 무대 밖의 대사·음향 등으로 관객으로 하여금 상상케 하는 부분.
【暗潮】**àncháo** 몡〔비〕 암조. (표면화되지 않은 사회 모순이나 투쟁).

【暗处】**ànchù** 몡 어두운 곳. 은밀한 곳. ¶~突然点亮了一盏烛光. =어두운 곳에 갑자기 촛불 하나가 밝혀졌다.
【暗淡】**àndàn** 형 1 어둡고 희미하다. ¶地下室里只点着一支蜡烛, 光线非常~. =지하실에는 초 하나만 켜져 있어 빛이 매우 어둡다. 2 (앞 길이) 막막하다. 암담하다. 희망이 없다. ¶别失望, 前途并非一片~. =실망하지 마, 앞길이 막막한 것만은 아니니까.
【暗道】**àndào** 몡 비밀 통로.
【暗地(里)】**àndì(·li)** 뷔 비밀리에. 암암리에. 살짝. 남몰래. 혼자. ¶~叫屈=혼자 투덜거리다.
【暗兜儿】**àndōur** 몡 속주머니. 안주머니.
【暗度陈仓】**àndù-Chéncāng** 셩 1 정면으로는 적을 미혹하고 측면에서 허를 찌르는 전략. [B. C. 206년 항우에 의해 한왕(漢王)으로 봉해진 유방이 봉토로 가던 중에 벼랑에 만든 길들을 모두 불살라 돌아갈 뜻이 없는 척하고, 몰래 길을 돌려 진창(陳倉)을 습격하여 진(秦)의 장수 장한(章邯)을 무찌르고 함양(咸陽)으로 돌아온 고사에서 유래함] 2 〔비〕 몰래 어떤 일을 진행하다.
【暗房】**ànfáng** 몡 암실.
【暗访】**ànfǎng** 동 (사건 등에 대해) 은밀히 조사하다. ¶明察~=공개적으로 관찰하고 은밀히 조사하다.
【暗沟】**àngōu** 몡 암거. 매설된 배수로〔하수로〕.
【暗害】**ànhài** 동 암살하다. 모해하다. ¶岳飞被奸臣~. =악비는 간신에 의해 모해를 당했다.
【暗含】**ànhán** 동 어떤 의미를 함축하다. ¶那句俏皮话~哲理. =그 재담은 깊은 철학적 이치를 함축하고 있다.
【暗号】**ànhào(~儿)** 몡 암호.
【暗耗】**ànhào** 동 (은연중에) 소모되다. 축내다. 허비하다. ¶整日吃喝嫖赌就是~生命. =온종일 방탕한 생활을 일삼는 것은 은연중에 생명을 허비하는 일이다. 몡 (은연중의) 소모. 손실. ¶努力减少生产中的~. =생산 과정에서 보이지 않는 손실을 줄이도록 노력해야 한다.
【暗合】**ànhé** 동 우연히 서로 일치하다. ¶意思~, 可谓'英雄所见略同'. =은연중에 서로의 생각이 일치하니, 가히 '영웅이 품은 뜻은 서로 통한다.'라고 할 만하다.
【暗河】**ànhé** 몡〔지〕 지하 수맥.
【暗盒】**ànhé** 몡 파트로네. [주로 현상하지 않은 35mm 필름을 수용하기 위한 원통형의 차광 케이스] 동 Patrone
【暗红】**ànhóng** 형 검붉은 색의. 암홍색의.
【暗花儿】**ànhuār** 몡 은은한 꽃무늬.
【暗火】**ànhuǒ** 몡 꺼져 가는 불. 내비치지 않는 불. ↔明火
【暗疾】**ànjí** 몡 1 드러나지 않은 병. 난치병. 2 남에게 말하기 껄끄러운 병. 성병.
【暗计】**ànjì** 몡 음모. 비밀 계획. ¶他们以~行事. =그들은 비밀 계획대로 행동한다.
【暗记】**ànjì** 동 암기하다. 외우다. ¶有关的数据他全部~于心. =관련된 수치들을 그는 모두 머릿속에 외우고 있다. 몡(~儿) 비밀 기호. 암호.

¶那上面有一个～儿。=그 위에는 비밀 기호가 하나 있다.

【暗间儿】**ànjiānr** [명] **1** 골방. 뒷방. **2** 밀실.

【暗箭】**ànjiàn** [명] **1** 몰래 쏘는 화살. **2**[비] 모함. 모략. 중상모략. ¶背后拉弓～难防。=뒤에서 쏘는 화살은 피하기 어렵다. 은밀한 모함은 막기 어렵다.

【暗礁】**ànjiāo** [명] **1** 암초. ¶～处常容易出水上事故。=암초가 있는 곳에서는 수상 사고가 발생하기 쉽다. **2**[비] 숨겨진 장애〔위험〕. ¶完成那项任务要越过许多～险滩。=그 임무를 완수하려면 수많은 장애를 극복해야 한다.

【暗井】**ànjǐng** [명]《礦》갱정(坑井). =【盲井】**mángjǐng**

【暗扣儿】**ànkòur** [명] 속단추.

【暗里】**ànlǐ** [부] 몰래. 뒷전에서. ¶～往来=몰래 왕래하다.

【暗恋】**ànliàn** [동] 남몰래 사랑하다. ¶二人已～了很长时间。=두 사람은 남몰래 사랑한 지 이미 오래 되었다.

【暗流】**ànliú** [명] **1** 땅 속에 흐르는 물. ¶山脚～喷涌成泉。=산기슭에 땅 속으로 흐르는 물이 솟아 나와 샘을 이루었다. **2**[비] 잠재적인 동향. ¶新保守主义又成为当今社会的一股～。=신보수주의가 요즘 다시 사회의 잠재적인 흐름이 되고 있다.

【暗码】**ànmǎ** [명] 비밀 번호. 암호. ¶～锁=비밀 번호형 자물쇠.

【暗昧】**ànmèi** [형] **1** 어리석다. 우매하다. ¶愚顽～=완고하고 우매하다. **2** (태도나 행동이) 애매하다. 불분명하다. ¶～苟且=(태도나 행동이) 불분명하고 구차하다.

【暗门子】**ànmén·zi** [명][방] 사창(私娼).

【暗钮】**ànniǔ** [명] 속단추.

【暗泣】**ànqì** [동] 남몰래 흐느끼다. ¶扭头～=머리를 돌리고 몰래 흐느끼다.

【暗器】**ànqì** [명] 불시에 혹은 암암리에 사용하는 암살 무기.

【暗弱】**ànruò** [형] **1** 어둡다. 희미하다. ¶地下室里灯光～。=지하실의 불빛이 희미하다. **2**[문] 어리석고 나약하다. ¶他的～时常被人嘲笑。=그의 어리석고 나약함은 늘 사람들의 조롱을 산다.

【暗色】**ànsè** [명] 암색. 어두운 색. ¶卧室的窗帘宜用～的。=침실의 커튼은 어두운 색을 쓰는 것이 좋다.

【暗杀】**ànshā** [동] 암살하다. ¶那起～案件终于告破。=그 암살 사건은 결국 수사로 해결되었다.

【暗沙】[暗砂] **ànshā** [명]《地》(해면 위로 드러난) 산호섬.

【暗砂】**ànshā** ☞【暗沙】**ànshā**

【暗伤】**ànshāng** [명] **1** 내상. ¶他在车祸中受了两处～。=그는 교통 사고로 두 군데 내상을 입었다. **2** 물체에 생긴 보이지 않는 흠집. ¶桌面背后有～。=탁자 뒷면에 흠집이 있다.

【暗哨】**ànshào** [명] 비밀 초소. 은폐된 초소.

【暗哨儿】**ànshàor** [명] 비밀 신호용 휘파람. ¶打～=비밀 신호용 휘파람을 불다.

【暗射】**ànshè** [동] 빗대어 말하다. 둘러서 말하다. ¶这篇文章有明确的～对象。=이 글은 확실히 빗대어 말하는 대상이 있다. ≒影射

【暗射地图】**ànshè dìtú** [명] 암사 지도. 백지도.

【暗示】**ànshì** [동] 암시하다. ¶他的话～我立即出门。=그의 말은 나에게 당장 떠나라고 암시한 것이다. [명] **1** 암시. **2**《心》암시. [일반적으로 타인의 말과 태도와 상징을 이론적 근거 없이 무비판적으로 받아들임으로써 자신의 생각·의견·태도·행동에 변화가 생기는 것을 말함]

【暗事】**ànshì** [명] 부당한 행위. 떳떳하지 못한 행위. ¶明人不做～，身正不怕影歪。=떳떳한 사람은 부당한 행위를 하지 않고, 몸이 바르면 그림자가 비뚤어질 것을 두려워하지 않는다.

【暗室】**ànshì** [명] **1**[문] 으슥하고 후미진 곳. ¶误撞～=으슥하고 후미진 곳으로 잘못 들어서다. **2** 암실. ¶他在～里冲洗胶卷。=그는 암실에서 필름을 현상하고 있다.

【暗送秋波】**ànsòng-qiūbō** [성] **1** (여자가 눈빛으로) 은근히 유혹하다. 꼬리를 치다. 추파를 던지다. **2** 아첨하여 몰래 결탁하다.

【暗算】**ànsuàn** [동] 남을 해칠 흉계를 꾸미다.

【暗锁】**ànsuǒ** [명] (문·서랍 등에 설치하는, 열쇠구멍만 외부에 드러난) 잠금 장치. ↔明锁

【暗滩】**àntān** [명]《地》물 밑의 모래톱.

【暗探】**àntàn** [동] 몰래 정탐하다. ¶～隐情=속사정을 정탐하다. [명] 비밀 탐정. 사복 경찰. 스파이. ¶他做了多年的～。=그는 수년 간 스파이 노릇을 했다.

【暗贴】**àntiē** [동] **1** 정부가 일부 생필품의 판매 과정에서 생긴 손해 차액을 보조해 주다. **2** 은밀히 남을 경제적으로 보조하다. 비밀리에 상여금을 주다. **3** 남몰래 붙이다.

【暗偷明抢】**àntōu-míngqiǎng** [성] **1** 몰래 훔치고, 공개적으로 빼앗다. **2**[비] 못된 짓을 일삼아 사회에 해를 끼치다.

【暗无天日】**ànwú-tiānrì** [성][비] 극도로 암담한 사회. 부패한 사회.

【暗物质】**ànwùzhì** [명]《天》암흑 물질. [천문학자들이 관측할 수는 없으나 우주에 대량으로 존재한다고 여기는 물질]

【暗喜】**ànxǐ** [동] 속으로 몰래 기뻐하다. ¶台下观众的欢呼声使台上演唱的她～。=무대 아래 관중들의 환호성은 무대 위에서 공연하는 그녀를 은근히 기쁘게 했다.

【暗匣】**ànxiá** ☞【暗箱】**ànxiāng**

【暗下(里)】**ànxià(·li)** [부] 남몰래. 슬그머니. 살짝. ¶表面和和气气，～却勾心斗角。=겉으로는 화기애애하지만 실제로는 암투를 벌이다.

【暗线】**ànxiàn** [명] **1** 비밀 요원. 프락치. [러] fraktsiya **2** (소설·희곡 등에서의) 복선. ↔明线

【暗箱】**ànxiāng** [명] **1** (사진기의) 어둠 상자. 암상. 암상자. =【暗匣】**ànxiá** **2** 암백(暗bag). [빛에 노출되지 않게 필름을 교체할 수 있는 상자]

【暗箱操作】**ànxiāng-cāozuò** [낮] 은밀히 조작하다. 남몰래 어떤 일을 불공정하게 하다. 법을 어겨 가며 어떤 일을 하다. =【黑箱操作】

**hēixiāng-cāozuò** ¶要保证公平竞争,力避工程招标中的~。=공평한 경쟁을 보장하려면 프로젝트 공개 입찰 과정에서의 조작을 피해야 한다. ↔阳光操作

【暗想】**ànxiǎng** 동 속으로 생각하다. 남몰래 강구하다. ¶~对策=남몰래 대책을 강구하다.

【暗笑】**ànxiào** 동 **1** 은근히 비웃다. ¶不少人那个在酒桌上自吹自擂的人。=적지 않은 사람들이 술자리에서 혼자 잘난 체하는 그 사람을 은근히 비웃었다. **2** 은근히 기뻐하다. ¶她~她的对手受伤了。=그녀는 그녀의 경쟁 상대가 부상당한 것을 은근히 기뻐했다.

【暗影】**ànyǐng** 명 어두운 그림자. ¶那个蹲在~中的醉汉吓了她一跳。=그 어두운 그림자 속에 쭈그리고 앉아 있던 술 취한 사람 때문에 그녀는 깜짝 놀랐다.

【暗幽幽】**ànyōuyōu**(~的) 형 흐릿하다. 어둡다. ¶~的路灯光=흐릿한 가로등 빛.

【暗语】**ànyǔ** 명 **1** (쌍방이 약정한) 암호. 암어. ¶他们以~来辨识对方。=그들은 암호로 상대를 알아본다. **2** ☞ 【密语】**mìyǔ**

【暗喻】**ànyù** ☞ 【隐喻】**yǐnyù**

【暗中】**ànzhōng** 부 비밀리에. 암암리에. ¶~商量对策。=비밀리에 대책을 의논하다. 명 어둠 속. 암중. ¶一个黑影突然从~冲出。=검은 그림자가 갑자기 어둠 속에서 뛰어 나왔다.

【暗转】**ànzhuǎn** 명(劇)(연극·무용 등에서의) 암전. 다크 체인지(dark change).

【暗自】**ànzì** 부 뒷전에서. 남몰래. 속으로. ¶他~下定决心,一定要通过硕士入学考试。=그는 꼭 석사 과정의 입학 시험에 합격하겠다고 속으로 결심했다.

**黯** **àn** 시커멀 암
형 **1** 어둡다. 어둠침침하다. ¶神采~然=안색이 어둡다. **2** 울적하다. 우울하다. ¶~然神伤=울적하고 의기소침하다.

【黯淡】**àndàn** 형 어둡고 희미하다. 막막하다. ¶光线~=불빛이 어둡고 희미하다. / 仕途~=벼슬길이 막막하다.

【黯黑】**ànhēi** 형 **1** 새까맣다. ¶肤色~=피부가 새까맣다. **2** 캄캄하다. ¶~的夜晚=캄캄한 밤.

【黯然】**ànrán** 형 **1** 어둠침침한 모양. ¶乌云密布,天空~转阴。=먹구름이 뒤덮자 하늘이 어둠침침하게 흐려졌다. **2** 울적한〔우울한·서글픈·침울한〕모양. 암연하다. ¶她顿时神情~,泪如雨下。=그녀는 갑자기 우울해지는가 싶더니, 이내 눈물을 비 오듯 쏟아 냈다.

【黯然失色】**ànrán-shīsè** 성 (견주어 보면) 빛을 잃다. 초라하다. 그지없다. 무색하다.

## ang

**肮[骯]** **āng** 살찔 항
【肮脏】**āng·zāng** 형 **1** 더럽다. 지저분하다. 불결하다. ¶那双鞋太~了!=그 신발은 너무 더러워! **2** (비) (마음이나 행동이) 추악하다. 비겁하다. ¶灵魂的~是最可怕的。=영혼의 추악함이 가장 무서운 것이다. / 他被~地出卖了。=그는 비겁하게 배반당했다. ≒污秽 ↔干净 清爽

**卬** **áng** 나 앙
대 운 나. 명 (Áng) 성(姓). [고어에서 '昂(áng)'과 같음]

**昂** **áng** 오를 앙
동 (머리·고개를) 들다. 높이 쳐들다. ¶~首行=고개를 들고 앞으로 나아가다. 형 **1** (감정·사상·기세 등이) 고조되다. ¶情绪激~=감정이 격앙되다. **2** (지위·정도·가격 등이) 오르다. ¶价格~贵=가격이 치솟다.

☞ 高昂, 激昂, 轩**xuān**昂

【昂昂】**áng'áng** 형 **1** (정신·열의·기개 등이) 드높다. 기운차다. 당당하다. ¶~然超凡脱俗。=기개가 드높아 범속하지 않다.

【昂藏】**ángcáng** 형 위풍당당하다. 기상이 늠름하다. ¶他抬头挺胸,气度~。=그가 고개를 들고 가슴을 펴니, 기상이 늠름하다.

【昂奋】**ángfèn** 동 (감정·사상·기세 등이) 고조되다. 앙양되다. ¶群情~=군중들의 열기가 고조되다.

【昂贵】**ángguì** 형 비싸다. ¶金价一直~。=금값이 내내 비싸다. ↔低廉

【昂然】**ángrán** 형 당당하다. 떳떳하다. 의연하다. ¶~向前=당당하게 앞으로 나아가다.

【昂首】**ángshǒu** 동 머리를 쳐들다. ¶~高呼=고개를 쳐들고 크게 외쳤다.

【昂首阔步】**ángshǒu-kuòbù** 성 **1** 고개를 들고 활보하다. 활갯치며 씩씩하게 나아가다. **2** (비) 정신이 진작되다. 득의만만하다.

【昂扬】**ángyáng** 형 **1** (목소리가) 울려 퍼지다. 크고 낭랑하다. ¶~的歌声传遍整个山野。=크고 낭랑한 노랫소리가 산과 들에 가득 울려 퍼진다. **2** 기운이 세다. 기세가 세다. 드높다. 앙양되다. ¶大家激情~,毫无畏难情绪=모두들 열정이 충만하여 어려움에 대한 일말의 두려움도 없다.

**柳** **àng** 말뚝 앙
명 운 말을 매는 말뚝.

**盎** **àng** 동이 앙
명 동이. [중국 고대의 입구는 작고 배는 불룩한 용기] ¶一~陈酿=오래 된 한 동이 술. 형 운 넘쳐흐르다. 푸짐하다. 성대하다. ¶~然向上=위로 넘쳐흐르다.

【盎格鲁撒克逊人】**Ànggélǔ Sākèxùnrén** 명 앵글로색슨 인(Anglo-Saxon 人).

【盎然】**àngrán** 형 (흥미·분위기가) 차고 넘치다. 진진하다. ¶满园~春色, 一片诗情画意。=온 뜰에 봄기운이 완연하니, 한 편의 시나 한 폭

## ao

의 그림 같은 정취가 가득하다.
【盎司】**àngsī** 명외 온스(ounce). [영국·미국에서 쓰이는 중량 단위. 1/16파운드(28.35g)]

### ao

\* 凹 **āo** 오목할 요
형 오목하다. 우묵하다. ¶年久失修的路面~凸不平.＝낡고 보수하지 않은 길이 울퉁불퉁하다. 동 움푹 들어가다. ¶他的眼窝深深地~进去.＝그의 눈언저리가 푹 꺼져 들어갔다. ↔凸
【凹版】**āobǎn** 명(印) 오목판. 요판. ↔凸版
【凹槽】**āocáo** 명 홈. 오목하고 길게 팬 부분. ¶雨水顺着屋瓦的~滚落下来.＝빗물이 기와의 홈을 따라 굴러 떨어진다.
【凹镜】**āojìng** ☞【凹面镜】**āomiànjìng**
【凹面】**āomiàn** 명 오목면. 요면.
【凹面镜】**āomiànjìng** 명 오목 거울. 요경.＝【凹镜】**āojìng**【会聚镜】**huìjùjìng**
【凹透镜】**āotòujìng** 명 오목 렌즈.＝【发散透镜】**fāsàn tòujìng**
【凹凸】**āotū** 형 울퉁불퉁하다. ¶雨后的山路~难走.＝비 온 후의 산길은 울퉁불퉁하여 걷기 어렵다.
【凹陷】**āoxiàn** 동 움푹 패이다. 꺼지다. 우묵하게 들어가다. ¶两眼~, 目光无神.＝두 눈은 푹 꺼지고 눈빛에도 생기가 없다. ↔凸出

\* 熬 **āo** 볶을 오
동 삶다. 끓이다. ¶~南瓜＝호박을 삶다. ≒炖煮
☞ **áo**

○─● 煎 **jiān** 熬

燣 **āo** 구울 오
동 **1** 약한 불로 오래 삶다. 약한 불에 푹 고다. ¶~炖鸽子, 汤鲜味美.＝약한 불에 푹 곤 비둘기 요리는 그 국물이 시원하고 맛도 좋다. **2** 갖가지 향료를 넣고 통째로 굽다. ¶~鸭＝통째로 구운 오리. / ~鱼＝통째로 구운 물고기.

敖 **áo** 놀 오
동 **1** '遨(áo)'와 같음. 명(Áo) '傲'와 같음. **2** 성(姓)
【敖包】**áobāo** 명 아오바오. [우리의 서낭당과 비슷한 것으로, 몽골인들이 흙·돌·풀 등으로 쌓아 올려 경계나 이정표로 삼은 무더기. 옛날에는 그 곳에 신령이 깃든다고 믿고 제사를 올렸음] ＝【鄂博】**èbó** 동 어위

| 敖 áo | 遨 áo |
|---|---|
| 傲 ào | 謷 áo |
| 熬 āo | 螯 áo |
| 廒 áo | 鏊 áo |
| 骜 áo | 鳌 áo |
| 嗷 áo | 鳌 áo |

隞 **Áo** 땅 이름 오
명(地) 상(商) 왕조의 도읍지. [지금의 허난(河南)성 정저우(郑州) 서북쪽에 있었음]

嶅 **áo** 잔돌산 오
【嶅阳】**Áoyáng** 명(地) 아오양. [산둥(山东)성에 있는 지명]

遨 **áo** 놀 오
동문 노닐다. 거닐다. 두루 돌아다니다. ¶他去年~游了欧洲大陆.＝그는 작년에 유럽을 두루 돌아보았다.
【遨游】**áoyóu** 동 유람하다. 한가로이 구경하며 노닐다. ¶作为刚到中国的外国人, 他非常想~长城内外, 大江南北.＝그는 중국에 막 온 외국인으로서 만리장성의 안팎이 이 나라의 이곳저곳을 무척 둘러보고 싶어한다.

嗷 **áo** 새 소리 오
아래를 참조.
【嗷嗷】**áo'áo** 의 울거나 외치는 소리. ¶一头猪~叫嚷.＝돼지 한 마리가 꽥꽥거리다.
【嗷嗷待哺】**áo'áo-dàibǔ** 성 새끼새가 먹이를 달라고 짹짹 울다.

廒 **áo** 곳집 오
명문 (식량 등을 저장하는) 곳간. 창고. ¶仓~＝창고.

璈 **áo** 풍류 이름 오
명(音) 운오. 운라. [고대 악기의 이름. 작은 접시 모양의 징 10개 이상을 나무틀에 매달고 나무 망치로 치는 타악기] ¶吹笛弹~＝피리를 불고 운오를 연주하다.

獒 **áo** 사나운 개 오
명(動) 마스티프(mastiff). [몸집이 크고 꼬리가 긴 맹견. 주로 사냥·호신용으로 쓰임]

\* 熬 **áo** 볶을 오
동 **1** (양식 등을) 오래 끓이다. 푹 삶다. ¶~粥＝죽을 푹 끓이다. **2** (유효 성분을 얻거나 수분·이물질을 제거하기 위해) 졸이다. 달이다. 고다. ¶~药＝약을 달이다. **3** (통증·생활고 등을) 참다. 인내하다. 견디다. ¶~夜苦读＝밤을 새우며 열심히 공부하다. / 苦~时日＝(고난의) 세월을 참고 견디다.
☞ **āo**
【熬不过】**áo·buguò** 동 견딜 수 없다. 버틸 수 없다. ¶他伤得太重, 可能~今晚.＝그는 너무 심하게 다쳐서 아마도 오늘 밤을 넘길 수 없을 것 같다.
【熬不住】**áo·buzhù** 동 참을 수 없다. 지탱할 수 없다. (목숨을) 부지하지 못하다. ¶救援还没有到, 灾民快~了.＝구원의 손길이 아직 닿지 않아, 이재민은 이제 곧 더 이상 버티지 못할 것이다.
【熬出来】**áo·chū·lái** 동 고생에서 벗어나다. 고생을 견디어 내다. ¶经过十年的努力, 他总算

áo 熬 聱 螯 翱 謷 鳌 嚣 鏖 拗 袄 媪 鹝 岙 坳 抝

【熬】áo ~了。=십 년간의 노력 끝에 그는 마침내 고생에서 벗어나게 되었다.

【熬出头】áo chūtóu(~儿) 동 고생에서 벗어나다. ¶苦日子总算~了。=고생스러운 나날은 마침내 다 지나갔다.

【熬过】áoguò 동 견디어 내다. 참아 내다. ¶那只受伤的鹿终于~了漫长寒冷的冬天。=상처를 입은 그 사슴은 마침내 길고도 추운 겨울을 견디어 냈다.

【熬过来】áoguòlái 동 견디어 내다. ¶那么重的病,他还是~了。=그렇게 중한 병을 그는 그래도 견디어 냈다.

【熬煎】áojiān 동 1 오랫동안 끓이다. 달이다. ¶~汤药=탕약을 달이다. 2 비 괴롭히다. 못살게 굴다. ¶伤痛~着他,使他整夜未眠。=상처의 통증이 그가 밤새 잠을 못 자게 괴롭혔다.

【熬年头】áo niántóu(~儿) 명 1 대충대충(그럭저럭) 시간을 때우다. 2 대충 근무 연수를 채워 승진하고 봉급이 오르다.

【熬受】áoshòu 동 참아 내다. 이겨 내다. ¶~苦难=고난을 이겨 내다.

【熬头儿】áo·tour 명 고생한 보람. 고생 끝에 온 낙. ¶孩子已经上大学了,她吃苦还是有个~。=자식이 이미 대학에 들어갔으니, 그래도 그녀가 고생한 보람이 있다.

【熬夜】áo‖yè 동 밤새다. 철야하다. ¶经常~对身体不好。=자주 밤샘하는 것은 몸에 좋지 않다. / 他昨天又熬了一整夜。=그는 어제 또 밤을 꼴딱 새웠다.

**聱** áo 말 떠듬떠듬할 오

【聱牙】áoyá 형 (발음하기) 어렵다. (말하거나 읽기에) 어색하다. ¶佶屈~=문구가 어렵고 까다로우며 읽기에도 부자연스럽다.

**螯** áo 가재 오

명《動》1 (게나 가재 등 절지동물의) 집게발. ¶~足=집게발. 2 문 게. ¶持~赏菊=게를 먹으며 국화를 감상하다. 여유롭게 가을의 정취를 느끼다.

**翱**[翶] áo 날 고

동 문 날다. 비상하다. ¶老鹰在天空中自由~翔。=독수리가 하늘을 자유롭게 비상한다.

【翱翔】áoxiáng 동 1 빙빙 돌며 날다. 선회하다. ¶海燕在大海上~。=바다제비가 넓은 바다를 선회한다. 2 비 (인간의 정신·사고 등의) 나래를 맘껏 펼치다. 자유로이 사유하다. ¶他在知识的天空中自由~。=그는 지식의 세계에서 자유로이 나래를 펼친다.

**謷** áo 중얼거릴 오

동 문 헐뜯다. 비방하다. ¶出言~人=입만 열면 남을 헐뜯다.

**鳌**[鰲, 鼇] áo 큰 자라 오

명 전설 속의 큰 거북 혹은 큰 자라.

【鳌头】áotóu 명 1 궁궐의 대전 앞 돌계단에 조각된 큰 거북 혹은 자라의 머리. [이것은 장원급제한 사람만이 밟을 수 있었음] 2 1등. 수위(首位). ¶他在全国小学数学竞赛上独占~。=그는 전국 초등 학교 수학 경시 대회에서 일등을 차지했다.

**嚣**[囂] áo 많은 모양 효

형 문 매우 많은 모양. 명 '獒(Áo)'와 같음.
☞ xiāo

**鏖** áo 무찌를 오

동 격렬하게 전투하다. ¶赤壁~兵, 火攻为上。=적벽의 격렬한 전투에서는 불로 적을 공격하는 것이 상책이었다.

【鏖战】áozhàn 동 악전고투하다. 격렬한 지구전을 벌이다. ¶两军对垒, ~数月未休。=양편의 군대가 서로 맞서 몇 개월 동안 쉬지도 않고 격렬한 지구전을 벌였다.

**拗**[扷] ǎo 꺾을 요

동 방 구부리다. 부러뜨리다. ¶~断铁丝=철사를 구부려 끊다.
☞ ào, niù

***袄**[襖] ǎo 도포 오

명 1 가죽 코트(류). 2 (솜·털 등의) 안감을 댄 상의. ¶棉~=면 상의. / 皮~=가죽 코트.

**媪** ǎo 할미 온

명 나이 든 부녀자. 노파. 노모. ¶村中~妇=시골 노파.

**鹝**[鷔] ǎo 새 이름 오
☞ 鹩鹝 lái'ǎo

**岙** ào 산간 평지 오

명 산간의 평지. [저장(浙江)성과 푸젠(福建)성 등 연해 일대에서 산간 평지를 일컬으며, 주로 지명에 쓰임] ¶松~=쑹아오. [저장(浙江)성에 있는 지명]

**坳**[均] ào 오목한 땅 요

명《地》산과 산 사이의 평지. ¶山~=산과 산이 만나는 곳에 있는 평지.

***抝**[抅] ào 꺾을 요

동 1 따르지 않다. 어기다. 반항하다. ¶违~父命=아버님의 분부를 어기다. 2 (막대기·칼·송곳 따위를 틈이나 구멍에 넣어) 억지로 들어 움직이다. ¶~开门锁=문의 자물쇠를 억지로 비틀어 열다.
☞ ǎo, niù

【拗口】àokǒu 형 (발음하기) 어렵다. (말하거나 읽기에) 어색하다. ¶那首诗读起来很~。=그 시는 읽기에 매우 어색하다.

【拗口令】àokǒulìng ☞【绕口令】rào kǒu

lìng

**㬍** ào 거만할 오
[형][문] **1** 힘차다. 강건하다. ¶排~=글이 힘차다. **2** 거만하다. 교만하다.

**\*\*傲** ào 거만할 오
[형] **1** 뽐내다. 빼기다. 재다. 잘난 체하다. 오만하다. 도도하다. 건방지다. ¶~慢=거만하다. 오만하다. / 骄~=교만하다. 오만하다. **2** 굽히지 않다. 굴복하지 않다. ¶~然挺立=꿋꿋하게 우뚝 서다. [동][문] 자신만만하다. 멸시하다. 경시하다. 홀시하다. ¶~视=업신여기다. 멸시하다. 코웃음치다. / ~物=깔보다. 얕잡아 보다.

○● 高傲, 孤傲, 骄jiāo傲, 倨jù傲, 兀wù傲, 啸xiào傲

【傲岸】**ào'àn** [형][문] 자고자대하다. 스스로 자기를 치켜세우며 잘난 체하고 교만하다. ¶其性情~, 难以合群。=성격이 교만하여 사람들과 어울리기 힘들다.

【傲骨】**àogǔ** [명][비] 도도한 성격. 강직한 성격. 대쪽 같은 성격. ¶老师性格刚烈, 一身~。=선생님은 성격이 강건하며 단호함으로 똘똘 뭉쳤다.

【傲慢】**àomàn** [형] 거만하다. 오만하다. 거드름 부리다. 도도하다. 건방지다. 불손하다. ¶在某种意义上, ~就等于无知。=어떤 의미에서 거만함은 무지와도 같다. ↪谦虚 谦逊

【傲气】**àoqì** [명] 자고자대하다. 안하무인격이다. 안중무인격이다. ¶做人要多一点和气, 少一点~。=사람은 온화해야지 안하무인격이어서는 안 된다.

【傲然】**àorán** [형] 굳센 모양. 꿋꿋한 모양. ¶~屹立=꿋꿋하게 우뚝 솟아 있다.

【傲世】**àoshì** [동][문] 세인과 세상을 업신여기다. 고고하다. ¶其心高~, 卓尔不群。=그 마음이 고고하고 출중하다.

【傲视】**àoshì** [동] 업신여기다. 멸시하다. 우습게 여기다. 코웃음치다. ¶~千古英雄=천고의 영웅들을 업신여기다.

【傲物】**àowù** [동][문] 깔보다. 얕잡아 보다. ¶侍才~, 不可一世。=자신의 재능만을 믿고 타인을 얕잡아 보며 자신을 최고로 여기다.

**\*\*奥** ào 속 오
[형] **1** 심오하다. 오묘하다. 의미심장하다. ¶深~=심오하다. **2** [문] 유심하다. 깊숙하고 그윽하다. ¶~室=집의 안쪽에 있는 방. [명] **1** 고대에 집의 서남쪽 귀퉁이를 가리킴. **2** 집의 깊숙한 곳. ¶堂~=집의 깊숙한 곳에 있는 안채. **3** (Ào) 성(姓).

○ 奥 ào
  懊 ào
  澳 ào

【奥博】**àobó** [형][문] 해박하다. 박식하다. 지식이 풍부하다. ¶所学~, 古今皆通。=배운 바 지식이 풍부하여 고금에 능통하다. **2** (내포된 뜻이) 깊고 넓다. 심원하다. ¶诗意~=시적인 정취가 심원하다.

【奥地利】**Àodìlì** [명][외](地) 오스트리아(Austria). [수도는 '维也纳(빈 : Wien)'임].

【奥林匹克精神】**Àolínpǐkè jīngshén** [명] 올림픽 정신. =【奥运精神】**Àoyùn jīngshén**

【奥林匹克运动会】**Àolínpǐkè Yùndònghuì** [명](體) 올림픽(경기). ¶~是世界人民欢聚一堂的盛会。=올림픽은 세계의 모든 사람들이 즐겁게 한자리에 모여서 벌이는 성대한 행사이다. [약]【奥运会】**Àoyùnhuì**

【奥林匹克运动委员会】**Àolínpǐkè Yùndòng Wěiyuánhuì** [명] 올림픽 위원회. [약]【奥委会】**Àowěihuì**

【奥秘】**àomì** [명] 신비. 비밀. 수수께끼. ¶人类尚未认清人体自身的~。=인류는 아직까지도 인체의 신비를 완전히 알지는 못한다.

【奥妙】**àomiào** [형] 오묘하다. ¶~的哲理=오묘한 철리. 철리. 아주 깊고 오묘한 이치. ¶书中~, 难于索解。=책 속에 담긴 철리를 해득하기가 어렵다. ↪浅显

【奥赛】**Àosài** [명] 国际学科奥林匹克竟赛(국제올림피아드).

【奥申委】**Àoshēnwěi** [명][약](體) 奥林匹克运动会申办委员会(올림픽 유치 위원회).

【奥斯卡金像奖】**Àosīkǎ Jīnxiàng Jiǎng** [명][외](映) 아카데미상(Academy Award). 오스카상(Oscar Award).

【奥委会】**Àowěihuì** ☞【奥林匹克运动委员会】**Àolínpǐkè Yùndòng Wěiyuánhuì**

【奥校】**Àoxiào** [명] (国际올림피아드 참가 준비를 위한) 奥林匹克学校(국제올림피아드 학교).

【奥义】**Àoyì** [명] 심오한 뜻. 오묘한 뜻. 심오한 이치[이론 체계]. ¶四书五经, 蕴涵~。=사서오경(四书五經)에는 심오한 이치가 내포되어 있다.

【奥运村】**Àoyùncūn** [명] 올림픽촌.

【奥运会】**Àoyùnhuì** ☞【奥林匹克运动会】**Àolínpǐkè Yùndònghuì**

【奥运精神】**Àoyùn jīngshén** ☞【奥林匹克精神】**Àolínpǐkè jīngshén**

【奥旨】**àozhǐ** [명] (심오한) 취지. 의지. 의도. ¶反复揣摩, 不得~。=반복하여 생각해 보았지만 심오한 뜻을 알 수가 없다.

**骜[驁]** ào 준마 오
[명][문] 준마. 잘 달리는 말. ¶良~难寻=준마는 찾기 힘들다. [형] 주제넘다. 건방지다. 오만하다. ¶桀~不驯=성격이 고집스러워 순종하지 않다.

**隩** ào 깊숙할 오
[명][문] **1** 고대에 집의 서남쪽 귀퉁이를 가리킴. **2** 집의 깊숙한 곳.
☞ **yù**

**\*懊** ào 한스러워할 오
[동] 뉘우치다. 후회하다. 고민하다. ¶~恼=번민하다. 괴로워하다. 근심하다. / ~悔=(자신의 잘못을) 뉘우치다. 후회하다.

【懊恨】**àohèn** [동] 뉘우치며 한탄하다. 괴로워하

며 후회하다. ¶他很~自己性子太急。=그는 자신의 성격이 급했던 것을 몹시 후회한다.
【懊悔】**àohuǐ** 동 (자신의 잘못을) 뉘우치다. 후회하다. ¶对十年前的过失, 他至今~。=십 년 전의 잘못에 대해 그는 지금도 뉘우치고 있다.
【懊侬】**àonáo** 동문 번민하다. 후회하다.
【懊恼】**àonǎo** 형 번민하다. 괴로워하다. 근심하다. ¶何必计较那点小事, 徒增~。=그까짓 일을 가지고 따져서 공연히 근심을 더할 필요가 있겠는가?
【懊丧】**àosàng** 형 실의에 빠지다. 낙심하다. ¶他因考试没有通过而~。=그는 시험에 합격하지 못해 낙심하고 있다. ≒丧气, 沮丧

\***澳 ào** 깊을 오
명 **1** 해안선이 움푹 들어가 배가 정박할 수 있게 이루어진 곳. [주로 지명에 쓰임] ¶三都~=싼두아오. [푸젠(福建)성에 있는 지명] **2** (Ào)(地) 마카오(Macao). 중화 인민 공화국 마카오 특별 행정구. ¶港~同胞, 血浓于水。=홍콩과 마카오는 한 동포로서, 피는 물보다 진한 것이다. **3** (Ào) 오스트레일리아(Australia). 호주.
【澳胞】**Àobāo** 명 마카오 동포.
【澳大利亚】**Àodàlìyà** 명외(地) 오스트레일리아(Australia). 호주. [수도는 '堪培拉(캔버라: Canberra)' 임]
【澳抗】**àokàng** 명(醫) B형 간염 표면 항원(HBs Ag, hepatitis B surface antigen).
【澳毛】**àomáo** 명 호주산 양모.
【澳门】**Àomén** 명(地) **1** 마카오(Macao) 반도 및 부속 도서(島嶼). **2** 마카오 특별 행정구.
【澳门特别行政区】**Àomén Tèbié Xíng zhèngqū** 명(地) 마카오 특별 행정구. [중국 특별 행정구의 하나. '澳' 로 약칭하며, 마카오 반도 및 부속 도서(島嶼)를 관할하고, 고도의 자치를 실시함]
【澳门币】**àoménbì** 명(經) 파타카(pataca). [마카오의 화폐 단위]
【澳洲】**Àozhōu** 명(地) 오세아니아(Oceania). 대양주(大洋州).

**鏊 ào** 번철 오
【鏊子】**ào·zi** 명 (평면·원형의 철제로 된) 중국식 밀전병을 만드는 조리 기구.

# B

## ba

**八** bā 여덟 팔
㊀ 8. 팔. 여덟.

|주의| '八'는 제4성 앞에서 제2성으로 발음하지만, 기타 성조의 앞에서는 모두 제1성으로 발음하므로 본 사전에서는 편의상 제1성으로 표기하였음

◐ 腊là八, 丘八, 王八

○ 八 bā
扒 bā
叭 bā
趴 pā

【八百罗汉】bābǎi luóhàn 图(佛) 800나한. [소승 불교의 수행자 중에서 가장 높은 지위]

【八拜之交】bābàizhījiāo 图 의형제 관계. 결의형제. 의자매 관계.

【八宝饭】bābǎofàn 팔보반. [찹쌀·과일 가공 재료·연밥·용안(龍眼) 등 다양한 재료를 넣어 찐 약밥]

【八宝山】Bābǎoshān 图 (베이징(北京)에 있는 '죽다'를 해학적으로 e. 上〔进〕八宝山(바바오산에 오르다〔들어가다〕.)'라고 표현함)

【八宝粥】bābǎozhōu 图 팔보죽. 영양죽. [찹쌀에 붉은팥·연밥·용안·대추·땅콩 등을 넣어 만든 단죽]

【八辈子】bābèi·zi ㊀ 1 평생. 여러 세대. 2 (비) 시간이 오래 되었거나 정도가 심함. ¶~的陈谷子烂麻子, 你还记得!=그렇게 오래 된 케케묵은 일을 아직도 기억하고 있니?

【八成】bāchéng ㊀ 8할. 10분의 8. ¶那辆车只有~新.=그 차는 겨우 80퍼센트만이 새 것이다. 图(~儿) 대체로. 대략. 대개. 십중팔구. ¶今天风这么大,~儿要变天了.=오늘 바람이 이렇게 센 걸 보니, 십중팔구 날씨가 변할 것 같다. ≒大概

【八达岭】Bādálǐng 图(地) 바다링. [만리장성의 일부분인 바다링 장성으로 유명한 관광 명소로, 베이징(北京)시 옌칭(延庆)현에 있음]

【八大家】Bā Dà Jiā 图 당송 산문 팔대가. [당(唐)대의 한유(韓愈)·유종원(柳宗元)과 송(宋)대의 구양수(歐陽脩)·소순(蘇洵)·소식(蘇軾)·소철(蘇轍)·왕안석(王安石)·증공(曾鞏)을 가리킴]

【八大碗八小碗】bā dà wǎn bā xiǎo wǎn ㊂ 1 여덟 개의 큰 그릇과 여덟 개의 작은 그릇에 차려진 연회석. 2 (비) 성대한 연회. ≒八碟八碗

【八碟八碗】bādié bāwǎn ㊂ 1 여덟 개의 접시와 여덟 개의 그릇. 2 (비) 진수성찬. 풍성한 연회석. ≒八大碗八小碗

【八斗才】bādǒucái 图(비) 재능이 매우 뛰어난 인재. 다재다능함.

【八方】bāfāng 1 팔방. [동·서·남·북·동남·동북·서남·서북의 합칭] 2 사방. 각지. ¶改革的春风吹遍了四面~.=개혁의 바람이 사방에 불었다.

【八方呼应】bāfāng-hūyìng (성) 1 여러 편이 서로 협력하다. 2 사방에서 호응하다.

【八分书】bāfēnshū 图 '汉隶(팔분서)'; 한(漢)나라 때 통용됐던 예서(隸書)'의 별칭.

【八竿子打不着】bā gān·zi dǎ·bu zháo (숙)(비) 피차 서로 아무런 관계가 없다. 사실과는 전혀 다르다.

【八哥】bā·ge(~儿) 图(動) 구관조. =【鸲鹆】qúyù

【八股(文)】bāgǔ(wén) 图 1 팔고문. [명청(明清)대 과거 시험에 쓰였던 문체. 격식이 엄하여, 파제(破題)·승제(承題)·기강(起講)·입수(人手)·기고(起股)·중고(中股)·후고(後股)·속고(束股)의 여덟 부분으로 구성되어 있음] 2 (비) 도식적이고 공허한 글이나 논조 또는 태도.

【八卦】bāguà 图 팔괘. [중국 고대의 음(--)과 양(一)으로 구성된 여덟 가지 형식의 상징 부호로서, 각종 자연 현상 및 인간사를 비유하여 나타냄. 나중에는 주로 점술용으로 쓰임]

【八卦鸡】bāguàjī ☞【火鸡】huǒjī

【八卦拳】bāguàquán ☞【八卦掌】bāguàzhǎng

【八卦掌】bāguàzhǎng 图 팔괘장. [일종의 체계적인 무술 동작. 팔괘의 방위에 따라 짜여졌으며, 주로 손바닥을 사용함] =【八卦拳】bāguàquán

【八荒】bāhuāng 图(문) 온 세상. 팔방의 머나먼 곳. 팔황. 팔굉(八紘).

【八角】bājiǎo 图(植) 1 붓순나무. 팔각회향. 대회향. =【八角茴香】bājiǎo huíxiāng【大茴香】dàhuíxiāng 2 붓순나무의 열매. 图 팔각형의. ¶~形=팔각형.

【八角枫】bājiǎofēng 图(植) 참박쥐나무. =【楤木】nìmù

【八角茴香】bājiǎo huíxiāng ☞【八角】bājiǎo

【八角帽】bājiǎomào 图 1 팔각모. 2 팔각모.

[중국 인민 혁명 군대가 홍군(紅軍) 시기에 쓰던 군모]
【八脚鱼】bājiǎoyú ☞【章鱼】zhāngyú
【八节】bājié 몡 여덟 절기. 팔절. [입춘(立春)·춘분(春分)·입하(立夏)·하지(夏至)·입추(立秋)·추분(秋分)·입동(立冬)·동지(冬至)의 여덟 절기]
【八进制】bājìnzhì 몡(數) 팔진법.
【八九不离十】bā jiǔ bùlí shí 요 1 대체로. 거의. 십중팔구. 2 (비) 실제 상황에 매우 근접하다. ¶你说的和那件事~。=네 말은 그 일과 매우 근접해 있다.
【八路】Bālù 몡 1 팔로군(八路軍). 2 팔로군의 간부·전사.
【八路军】Bālùjūn 몡(약) 国民革命军第八路军(국민 혁명군 제팔로군). [1937년 8월 항일 민족 통일 전선이 성립된 이후, 이전에 중국 공산당이 이끌던 홍군(紅軍)의 주력 부대를 개편하여 구성하였음]
【八面锋】bāmiànfēng 요 1 말이나 글이 두루 뭉술하다. 2 글이나 말이 정곡을 찌르다.
【八面(见)光】bāmiàn(jiàn)guāng 요(비) 세상 물정에 밝아 처세술이 능란하다. 또는 그런 사람. 팔방미인.
【八面玲珑】bāmiàn-línglóng 혱 1 창문이 널찍해서 밝고 투명하다. 2 웹 대인 관계 및 처세하는 데 있어 원만하여 어느 쪽에도 미움을 사지 않다. 또는 그런 사람.
【八面讨好】bāmiàn-tǎohǎo 혱(비) 처세술에 능하여 남의 비위를 잘 맞추다. 누구에게나 잘 보이려 하다.
【八面威风】bāmiàn-wēifēng 혱 위풍당당하다. 풍채가 의젓하다. 기세가 주위를 압도하다.
【八旗】bāqí 몡 1 팔기(八旗). [청나라 만주족의 군대 조직과 호구 편제(編制)로, 깃발의 색에 따라 정황(正黃)·정백(正白)·정홍(正紅)·정람(正藍)·양황(鑲黃)·양백(鑲白)·양홍(鑲紅)·양람(鑲藍)으로 구성됨. 만주족과 몽고족과 한족이 각각 팔기로, 모두 24기임] 2 청나라 군대와 만주 사람에 대한 칭호.
【八旗子弟】bāqí zǐdì 몡 1 팔기(八旗) 구성원의 후대. 2 향락을 좇고 하는 일이 없는 귀족의 후대.
【八抬大轿】bātái dàjiào 몡 1 팔인교(八人轎). [옛날 고관 대작들이 타던 여덟 사람이 메는 가마] 2 귀빈에 대한 융숭한 접대 예의. [해학적인 의미를 내포함]
【八下里】bāxià·li 몡(부) 도처. 사방팔방. 각 방면. 팔방.
【八仙】bāxiān 몡 1 고대 중국의 신화에 나오는 여덟 신선(神仙). [한종리(漢鍾離)·장과로(張果老)·여동빈(呂洞賓)·이철괴(李鐵拐)·한상자(韓湘子)·조국구(曹國舅)·남채화(藍采和)·하선고(何仙姑) 등] 2 (방) 팔선상(八仙床). 팔선 교자. [여덟 사람이 둘러앉을 수 있게 만든 네모반듯하고 큰 상]
【八仙过海】bāxiān guòhǎi ☞【八仙过海, 各显神通】bāxiān guòhǎi, gèxiǎn shéntōng

【八仙过海, 各显其能】bāxiān guòhǎi, gèxiǎn qínéng ☞【八仙过海, 各显神通】bāxiān guòhǎi, gèxiǎn shéntōng
【八仙过海, 各显神通】bāxiān guòhǎi, gèxiǎn shéntōng 성(비) 사람마다 자기 나름대로의 방법과 수단을 발휘하다. 제각기 나름대로의 방법을 가지고 있다. =【八仙过海】bāxiān guòhǎi【八仙过海, 各显其能】bāxiān guòhǎi, gèxiǎn qínéng
【八仙桌】bāxiānzhuō (~儿) 몡 큰 (사각)상. (한쪽마다 2명씩 앉을 수 있는 사각형의) 팔선상(八仙床). 팔선 교자(八仙交子).
【八一建军节】Bā-Yī Jiànjūnjié 몡 (8월 1일) 중국 해방군 창립 기념일.
【八一南昌起义】Bā-Yī Nánchāng Qǐyì 몡 (歷) 8월 1일 난창 봉기. [1927년 8월 1일 저우언라이(周恩来)·주더(朱德)·허룽(贺龙)·예팅(叶挺) 등이 혁명군을 인도해 장시(江西)성 난창(南昌)에서 무장 봉기한 사건. 이는 중국 공산당이 독립적으로 무장 혁명을 일으킨 시발점이 됨] =【南昌起义】Nánchāng Qǐyì
【八音】bāyīn 몡(音) 1 팔음. [고대에 금(金)·석(石)·사(絲)·죽(竹)·포(匏)·토(土)·혁(革)·목(木) 등 여덟 가지 재료로 만든 악기를 가리킴] 2 각종 악기가 내는 소리.
【八音盒】bāyīnhé 자명악(自鳴樂). 오르골(orgel). =【八音琴】bāyīnqín【八音匣子】bāyīn xiá·zi
【八音琴】bāyīnqín ☞【八音盒】bāyīnhé
【八音匣子】bāyīn xiá·zi ☞【八音盒】bāyīnhé
【八月】bāyuè 몡 1 음력 8월. 2 양력 8월.
【八月节】Bāyuèjié 몡 음력 8월 15일. 한가위. 추석. 중추절.
【八字】bāzì (~儿) 몡 1 팔자. [사람이 태어난 년(年)·월(月)·일(日)·시(時)·천간(天干)·지지(地支) 등의 여덟 글자. 이것으로 사람의 운명을 점치기도 함] 2 八(여덟 팔). ¶在口语中有吉利发财之意。='八(여덟 팔)'는 구어체에서 부자가 된다는 상서로운 의미가 있다. 3 팔자형(八字形).
【八字步】bāzìbù 몡 팔자걸음.
【八字胡】bāzìhú 몡 팔자수염.
【八字脚】bāzìjiǎo 몡 발장다리.
【八字没一撇】bā zì méi yī piě 속(비) 일의 윤곽이 아직 잡히지 않다.
【八字眉】bāzìméi 몡 팔자 모양의 눈썹.
【八字帖儿】bāzìtiěr ☞【庚帖】gēngtiě
【八字形】bāzìxíng 몡 팔자형.

**巴** bā 바랄 파
동 1 엉겨붙다. 바짝 달라붙다. ¶常青藤紧~在树上。=담쟁이덩굴이 나무에 엉겨 있다. 2 달라붙어 떨어지지 않다. ¶火不~了, 稀饭~锅了。=

| ○ 巴 bā | 笆 bā | 爬 pá |
| 把 bǎ | 疤 bā | 琶 pá |
| 吧 bā | 靶 bǎ | 耙 pá |
| 爸 bà | 粑 bā | 杷 pá |
| 芭 bā | 钯 pá | 菝 pā |
| 靶 bǎ | | |

巴 **bā** 25

다. **3** 바라다. 기다리다. ¶昼~夜望=밤낮으로 기다리다. **4**〈동〉 접근하다. 가까이하다. 다가가다. ¶前不~村, 后不靠店. =앞에는 마을이 없고, 뒤에도 주막이 없다. 인적이 드물다. 외따로 떨어져 있다. **5**〈동〉 벌리다. (눈을) 뜨다. ¶~着嘴死盯着一处. =입을 벌린 채 한 곳만을 죽어라 바라본다. 〈명〉 **1** 다른 사물에 바싹 달라붙은 것. ¶锅~=누룽지. **2**〈음〉 버스(bus). ¶高速大~=대형 고속 버스. **3** (**Bā**)〈地〉 (현재의 충칭(重庆)시에 있었던) 춘추 시대의 나라 이름. **4** (**Bā**) 충칭(重庆)시 일대. **5** (**Bā**) 성(姓). 〈양〉〈物〉 바(bar). [압력의 세기를 나타내는 단위]

○● 嘎gā巴, 干巴, 哈hà巴, 毫háo巴, 结巴, 磕kē巴, 拉巴, 淋lín巴, 伦lún巴, 泥巴, 尾巴, 下巴, 哑yǎ巴, 盐yán巴, 眨zhǎ巴, 窄zhǎi巴, 嘴巴

【巴巴】**bābā**〈접미〉 형용사 뒤에 쓰여 상황이 심각함을 나타냄. ¶路边躺的那个人可怜~的. =길가에 누워 있는 그 사람은 가엾기 짝이 없다.

【巴巴多斯】**Bābāduōsī**〈명〉〈地〉 바베이도스(Barbados). [수도는 '布里奇顿(브리지타운：Bridgetown)'임]

【巴巴结结】**bā·ba jiējiē**〈형〉〈동〉 **1** 말을 더듬거리다. 말을 더듬는 모습. ¶他~没说明白. =그는 말을 더듬거리며 말을 분명하게 하지 못한다. **2** 겨우. 억지로. 근근이. 그럭저럭. 대충. **3** 虽然~, 他还是读出了那首英文诗. =겨우 하긴 했지만, 그는 그래도 그 영문 시(詩)를 읽어 냈다. **3** 고생스럽다. 곤란하다. ¶~的日子一去不复返了. =고생스러운 나날들이 한번 가고 다시는 돌아오지 않을 거야.

【巴巴儿地】**bābār·de**〈부〉〈동〉 **1** 특별히. 일부러. 모처럼. ¶他~来看你, 你要好好待人家. =그가 일부러 널 보러 왔으니, 넌 성의껏 그를 대해야 한다. **2** 간절히. 절박하게. 초조하게. ¶老两口~盼望着国外留学的儿子回国. =노부부는 해외 유학 중인 아들의 귀국을 간절히 기다리고 있다.

【巴巴稳稳】**bā·ba wěnwěn**〈형〉〈동〉 성실하다. 건실하다. 확실하다. 안정되다. 흔들림이 없다. ¶他把车子开得~的. =그는 차를 안전하게 운전한다.

【巴比妥】**bābǐtuǒ**〈명〉〈의〉 바르비탈(barbital).

【巴不得】**bā·bu·de**〈동〉〈구〉 간절히 원하다. 갈망하다. 몹시 바라다. ¶她~到大城市干大事业. =그녀는 대도시에 가서 큰 사업을 하기를 갈망한다.

巴不得(bā·bu·de) / 恨不得(hèn·bu·de)
간절히 바라다

巴不得: 원하는 바가 실현될 가능성이 높음을 나타냄. ¶我巴不得你跟我一起去中国. =나는 네가 나와 함께 중국에 갈 수 있기를 바란다. (너는 갈 수 있다)

恨不得: '巴不得'보다 원하는 마음이 강렬하나 실현될 수 없음을 나타냄. ¶我恨不得能长一双翅膀飞回家去. =나는 한 쌍의 날개가 자라나서 집으로 날아 돌아갈 수 있으면 좋겠다. (집에 돌아가기를 간절히 바라지만 갈 수가 없다) / 我恨不得打你一拳. =난 널 한 대 때려주고 싶다. (너무 때리고 싶지만 때릴 수 없다)

【巴布亚新几内亚】**Bābùyà Xīnjǐnèiyà**〈명〉〈地〉 파푸아 뉴기니(Papua New Guinea). [수도는 '莫尔兹比港(포트모르즈비：Port Moresby)'임]

【巴豆】**bādòu**〈명〉〈植〉 **1** 파두. **2** 파두의 씨. [준하제(峻下劑)로 쓰임]

【巴尔干】**Bā'ěrgàn**〈명〉〈地〉 발칸(Balkan).

【巴哈马】**Bāhāmǎ**〈명〉〈地〉 바하마(Bahamas). [수도는 '拿骚(나소：Nassau)'임]

【巴高望上】**bā gāo wàng shàng**〈성〉 높이 오르다. 출세하다.

【巴高枝儿】**bā gāozhīr** ☞【攀高枝儿】**pān gāozhīr**

【巴基斯坦】**Bājīsītǎn**〈명〉〈地〉 파키스탄(Pakistan). [수도는 '伊斯兰堡(이슬라마바드：Islamabad)'임]

【巴解(组织)】**Bājiě (Zǔzhī)** ☞【巴勒斯坦解放组织】

【巴结】**bā·jie**〈동〉 (권력에) 아첨하다. 아부하다. 빌붙다. 비위를 맞추다. ¶~权势为我辈所不齿. =권력에 아첨하는 일은 우리들이 멸시하는 바이다. ≒趋附 趋奉 ↔疏远

【巴拉圭】**Bālāguī**〈명〉〈地〉 파라과이(Paraguay). [수도는 '亚松森(아순시온：Asunción)'임]

【巴勒斯坦】**Bālèsītǎn**〈명〉〈地〉 팔레스타인(Palestine). [수도는 '耶路撒冷(예루살렘：Jerusalem)'임]

【巴勒斯坦解放组织】**Bālèsītǎn Jiěfàng Zǔzhī**〈명〉 팔레스타인 해방 기구(PLO). 〈약〉【巴解(组织)】**Bājiě (Zǔzhī)**

【巴黎公社】**Bālí Gōngshè**〈명〉〈歷〉 파리 코뮌. 〈프〉 Commune de Paris

【巴林】**Bālín**〈명〉〈地〉 바레인(Bahrain). [수도는 '麦纳麦(마나마：Manama)'임]

【巴罗克艺术】**Bāluókè yìshù**〈명〉〈藝〉 바로크(Baroque) 예술.

【巴拿马】**Bānámǎ**〈명〉〈地〉 파나마(Panama). [수도는 '巴拿马城(파나마시티：Panama City)'임]

【巴儿狗】[叭儿狗] **bārgǒu** ☞【哈巴狗】**hǎ·bagǒu**

【巴山虎】**bāshānhǔ** ☞【爬山虎】**páshānhǔ**

【巴山蜀水】**Bāshān Shǔshuǐ**〈명〉 파촉(巴蜀), 즉 쓰촨(四川)·충칭(重庆) 일대의 산수.

【巴士】**bāshì**〈명〉〈음〉 버스(bus). 시내 버스.

【巴氏合金】**bāshì héjīn**〈명〉〈礦〉 배빗 메탈(Babbitt metal).

【巴松】**bāsōng**〈명〉〈음〉 바순. =【大管】**dàguǎn**

【巴头探脑儿】bātóu-tànnǎor 〈낮〉목을 길게 빼고 엿보다.
【巴望】bāwàng 〖동〗바라다. 희망하다. 기대하다. ¶他~大学录取通知书的早日送到。=그는 대학 입학 통지서를 하루 빨리 받아 보기를 기대하고 있다. 〖명〗바람. 희망. 기대. 가망. ¶儿子快大学毕业了, 她总算有了~了。=아들이 곧 대학을 졸업하면 그녀는 마침내 소망을 이루게 된다. ≒盼望 期望
【巴乌】bāwū 〖명〗〈音〉바우. [윈난(云南)성 일대에 분포하는 하니족(哈尼族)·이족(彝族)·묘족(苗族)의 관악기]
【巴西】Bāxī 〖명〗〈地〉브라질(Brazil). [수도는 '巴西利亚(브라질리아 : Brasilia)'임]
【巴掌】bā·zhang 〖명〗손바닥. ¶拍~。=손뼉을 치다. 〖양〗차례. [손바닥으로 치는 동작에 쓰임] ¶你再闹, 我给你两~。=너 다시 난리를 떨면 두 대 갈긴다.

*扒 bā 뽑을 배
〖동〗1 긁어 내다. 파내다. 캐내다. 후벼파다. ¶~地=땅을 파다. 2 뜯어 내다. 헐다. 허물다. 부수다. ¶~了平房盖大楼。=구식의 단층집을 허물고 빌딩을 짓는다. 3 (옷·껍질 따위를) 벗기다. 홀랑 벗어 버리다. ¶看到有人落水, 他一下子~掉上衣, 扑进水里。=물에 빠진 사람을 보자마자, 그는 잽싸게 윗옷을 벗어 버리고 물 속으로 뛰어들었다. 4 붙잡다. 매달리다. 달라붙다. 기대다. ¶请不要~着车窗向外看。=차창에 기대어 밖을 내다보지 마시오. 5 헤치다. 밀어젖히다. ¶~开树丛, 就可看见清泉。=수풀을 헤치면 맑은 샘을 볼 수 있다.
☞ pá
【扒车】bā‖chē 〖동〗(천천히 달리고 있는 차나 기차에) 매달리다. 뛰어오르다.
【扒带】bādài 〖동〗정품 음악 테이프(또는 영화 CD)를 불법으로 (발췌) 복제하다.
【扒房子】bā fáng·zi 〖동〗(집 등을) 철거하다. 헐다. 허물다. ¶胡同两边正在~。=골목 양쪽을 철거하는 중이다.
【扒拉】bā·la 〖동〗1 (주판알 따위를) 튕기다. ¶他快速地~着算盘。=그는 빠른 속도로 주판을 튕기고 있다. 2 (손으로) 밀어젖히다. 헤치다. ¶他们一~开树丛, 继续前进。=그들은 수풀을 헤치고 계속 전진했다. 3 (인원 등을) 해고하다. 잘라 내다. 제거하다. ¶公司裁员要~掉不少人。=회사 감원은 적지 않은 이들을 해직시키게 될 것이다. 4 분배하다. 가르다. 골라 내다. ¶把老房子里的东西~~, 该丢的丢。=낡은 집 안의 물건들을 골라 버릴 것은 버려라.
☞ pá·la
【扒皮】bā‖pí 〖동〗1 (껍질·가죽을) 벗기다. 까다. 2 〈비〉착취하다.
【扒头儿】bā·tour 〖명〗(기어오르기 편하도록) 붙잡는 것. 움푹 패인 곳. ¶树太滑了, 连个~也没有。=나무가 너무 미끄러운 데다 붙잡을 곳조차 없다.

*叭 bā 입 벌릴 팔
〖명〗〈宗〉라마 불교가 암송하는 여섯 글자의 주문(唵·嘛·呢·叭·咪·吽) 중의 하나. 〖의〗뚝. 딱. 툭. 탁. 톡. 퍽. [끊어지거나 부딪치는 소리]
☞ ·ba
【叭儿狗】bārgǒu ☞【巴儿狗】bārgǒu

朳 bā 고무래 팔
〖명〗고무래.

*芭 bā 파초 파
〖명〗1 〖문〗〈植〉고서(古書)에 나오는 향초(香草). 2 〈植〉파초. ¶~叶=파초잎. 3 (Bā) 성(姓).
【芭蕉】bājiāo 〖명〗〈植〉1 파초. [파초과 파초속에 말린 바나나와 유사한 다년생 초본 식물로, 뿌리와 줄기 및 꽃은 약용함] 2 파초의 열매.
【芭蕉扇】bājiāoshàn ☞【葵扇】kuíshàn
【芭蕾(舞)】bālěi(wǔ) 〖명〗〖양〗발레. 〖외〗ballet

岜 bā 클 파
☞【岜畲屯】Hǎbātún

*吧 bā 아이 다툴 파
〖의〗뚝. 툭. 탁. 톡. 똑. 퍽. [끊어지거나 부딪치는 소리] ¶~的一声, 树枝断成两截。=툭 하고 나뭇가지가 두 동강이 났다. 〖명〗〖양〗1 바(bar). 2 도심 속의 휴식·오락 장소. ¶网~=PC방. 인터넷 카페. / 氧~=산소방. 〖동〗(담배 따위를) 피우다. 빽빽 빨다. ¶老汉~了一口烟, 继续讲那感人的故事。=노인은 담배를 한 모금 빨더니, 그 감동적인 이야기를 계속하였다.
☞ ·ba
【吧嗒】bādā 〖의〗탁. 툭. 턱. 뚝. 털썩. 찰싹. [물체가 땅에 떨어지거나 부딪치는 소리] ¶~一声, 书掉在了地上。=툭 하고 책이 땅에 떨어졌다.
【吧嗒】bā·da 〖의〗쩝쩝. 뻐끔뻐끔. ¶他~了两下嘴, 便埋头一声不吭了。=그는 두어 번 입을 쩝쩝거리더니, 고개를 떨구고 한 마디 말도 하지 않았다. 〖동〗〖방〗(잎담배·살담배 따위를) 빽빽 피우다. 태우다. ¶他~那根旱烟管多少年了。=그가 그 담뱃대로 빽빽 피워 댄 지 몇 년 되었다.
【吧唧】bājī 〖의〗질척질척. 질퍽질퍽. 질퍽덕. [진흙길을 걸을 때 나는 소리 혹은 그와 유사한 소리] ¶他赤着脚~~地走了过来。=그는 맨발로 질척질척 걸어왔다.
【吧唧】bā·ji 〖의〗〖동〗쩝쩝〔짭짭〕(대다). 쩝쩝〔짭짭〕(거리다). 냠냠(대다). 냠냠(거리다). 〖동〗〖방〗(잎담배·살담배 따위를) 빽빽 피우다. 태우다. ¶老汉一边看电视, 一边~着烟头。=노인은 텔레비전을 보면서 담배 꽁초를 빽빽 피우고 있다.
【吧女】bānǚ 〖명〗바걸(bar girl). 호스티스.
【吧台】bātái 〖명〗(술집 따위에서 술·음료 등을 제공하는) 바(bar). 긴 테이블.

岜 bā 돌산 파
〖명〗돌산. 석산.

【岜关岭】Bāguānlǐng 閔(地) 바관링. [광시(广西)성에 있는 지명]

**疤** bā 흉터 파
閔 1 상처. 흉터. ¶伤~=(외상으로 생긴) 흉터. /疮~=(부스럼·종기 등으로 생긴) 흉터. 2 (기물에 생긴) 흠(집). ¶花盆外沿上有个~.=화분 가장자리에 흠이 있다.
【疤痕】bāhén 閔 1 (기물에 생긴) 흠(집). 상처. ¶光滑的白杨树干上没有一个~.=매끄러운 은백양나무 가지엔 흠집이 하나도 없다. 2 (몸의) 흉터. 상처. ≒疤瘌
【疤瘌】[疤拉] bā·la ☞【疤癞】bā·la
【疤瘌】[疤拉] bā·la 흉터. 상처. ≒疤痕
【疤拉眼儿】bā·layǎnr ☞【疤瘌眼儿】bā·layǎnr
【疤瘌眼儿】[疤拉眼儿] bā·layǎnr 閔(구) 1 눈꺼풀에 흉터가 있는 눈. 2 눈꺼풀에 흉터가 있는 사람.

**捌** bā 여덟 팔
㊀ 여덟. ['八(bā)'의 갖은자]

**笆** bā 가시대 파
閔 1 (대나무·싸리, 나뭇가지 등을 엮어서 만든) 바자. ¶荆条~子=싸리바자. 2 (植) 가시가 있는 대나무.
【笆斗】bādǒu ☞【栲栳】kǎolǎo
【笆篓】bālǒu 閔 채롱. [댓개비나 싸릿ను을 엮어 짊어질 수 있도록 만든 것]

**粑** bā 구운 음식 파
閔(방) (보릿가루·찹쌀가루 등으로 만든) 떡. 경단. ¶糍~=찹쌀을 쪄서 떡메로 쳐서 만든 떡. [말려서 쪄 먹거나 튀겨 먹기도 함]
【粑粑】bābā 閔(방) 찹쌀가루 등으로 만든 떡. 경단. ¶荞麦面~=메밀로 만든 떡. 경단.

**豝**[(犭巴)] bā 암퇘지 파
閔(구) 암퇘지.

**鲃**[鮁] bā 비늘어름치 파
閔(動) 어름치.

**菝** bá 풀뿌리 발
閔(구) 풀뿌리. 閔(구) 노숙하다. ¶餐风~宿=바람은 풀밭에서 자다. 바람과 이슬을 무릅쓰고 한데서 먹고 자다. 풍찬노숙(風餐露宿)하다. 모진 고생을 하다.

**拔** bá 뺄 발
閔 1 뽑다. 빼다. ¶~草=풀을 뽑다. /~牙=이를 뽑다. 2 근이나 문제 등을 제거하다. 3 (군사상의 거점을) 빼앗다. 쟁탈하다. 점령하다. ¶终于~掉了敌人的据点.=마침내 적의 거점을 점령했다. 4 높이다. (목청을) 올리다. ¶她试唱把调子~高了半拍.=그녀는 연습삼아 노

래할 때 음을 반 박자 높였다. 5 (인재 등을) 뽑다. 고르다. 선발하다. ¶举贤~能=어질고 능력 있는 인재를 뽑다. 6 뛰어나다. 높이 솟다. ¶万丈高楼~地起.=만길이나 되는 고층 빌딩이 땅 위에 높이 솟아 있다. 7 (醫) (중의학에서 독이나 나쁜 피 따위를) 빼내다. 빨아 내다. ¶~毒=독을 빼내다. 8 閔 (어떤 것을 물에 넣어) 식히다. 시원하게 하다. 차게 하다. ¶把西瓜放在凉水里~~.=수박을 찬 물에 넣어 시원하게 해라. 9 (손으로 힘껏) 잡다. 쥐다. 10 내밀다. 톡 튀어나오다.

○● 超拔, 开拔, 峭qiào拔, 提拔, 挺tǐng拔, 振zhèn拔, 自拔

| | |
|---|---|
| ○ 苃 | bá |
| 拔 | bá |
| 跋 | bá |
| 菝 | bá |
| 鲅 | bù |
| 魃 | bá |
| 菝 | bá |
| 钹 | bó |
| 绂 | fú |
| 祓 | fú |
| 黻 | fú |

【拔白】bábái 동 동이 트다. 날이 밝다. ¶他东方一~就进城了.=그는 동이 트자 곧 시내로 갔다.
【拔本塞源】báběn-sèyuán (성) 1 발본색원하다. 2 (비) 사물의 관건을 파악하지 못해 가장 중요한 것을 버리는 결과를 초래하다.
【拔步】bábù 동 급히 걸음을 내딛다. 걸음을 재촉하다. ¶令枪一响, 运动员一起跑.=신호총이 울리자 운동선수들은 재빨리 내달렸다.
【拔城】bá chéng 동 성을 함락하다. 도시를 점령시키다. ¶掠地~=땅을 빼앗고 성을 함락시키다.
【拔除】báchú 동 뽑아 버리다. 제거하다. 없애다. ¶他去医院~了蛀牙.=그는 병원에 가서 충치를 뽑아 버렸다.
【拔萃】bácuì 동 발췌하다. 선정하다. 閔 (재능이) 출중하다. 두드러지게 뛰어나다. ¶出类~=출류발췌하다. 평범한 부류 가운데에서 두드러지게 뛰어나다.
【拔刀相助】bádāo-xiāngzhù (성)(비) 의로운 일에 용감히 나서다. (위급할 때) 팔을 걷어붙이고 도와 주다.
【拔地而起】bádì·érqǐ (성) 땅 위에 우뚝 솟다.
【拔地依天】bádì-yītiān (성) 1 땅 위에 높이 솟아 푸른 하늘에 닿아 있다. 2 (비) 기세가 웅대하다.
【拔钉子】bá dīng·zi 동 1 못을 뽑다. 2 (비) 전체적인 일에 장애·방해되는 요소를 제거하다.
【拔高】bá gāo 동 1 (소리 따위를) 높이다. 돋우다. ¶演讲者禁不住~了嗓门.=연설자는 참지 못하고 목청을 돋우었다. 2 의식적으로 성적 혹은 어떤 인물·작품 등의 지위를 치켜세우다. ↔贬低
【拔海】báhǎi ☞【海拔】hǎibá
【拔河】bá hé 동(體) 줄다리기(하다).
【拔罐儿】bá guànr 閔동 (醫) 부항(附缸)(을 뜨다). =【拔罐子】bá guàn·zi【拔火罐儿】bá huǒguànr
【拔罐子】bá guàn·zi ☞【拔罐儿】bá guànr
【拔火罐儿】bá huǒguànr ☞【拔罐儿】bá

guànr
【拔火罐儿】báhuǒguànr 圐 분리형 짧은 연통. =【拔火筒】báhuǒtǒng
【拔火筒】báhuǒtǒng ☞【拔火罐儿】báhuǒguànr
【拔尖】bá∥jiān(~儿) 圄 뽐내다. 자기를 내세우다. 나서다. ¶那个孩子遇事总爱~。=그 애는 모든 일에 항상 나서길 좋아한다. 圀 뛰어나다. 출중하다. ¶小伙子是公司的~人才。=젊은이는 회사의 뛰어난 인재이다.
【拔剑】bá∥jiàn 圄 칼을 뽑아 들다.
【拔脚】bá∥jiǎo 圄 발을 빼다. 벗어나다. 피하다. 관계를 끊다.
【拔节】bá∥jié 圄(農) (벼·밀·수수 등의) 줄기마다가 빨리 자라다.
【拔茅连茹】bámáo-liánrú 匸 1 띠를 뽑으면 뿌리도 따라서 뽑힌다. 2 비 피차 관련이 있어 서로 천거하다.
【拔锚】bá∥máo 圄 닻을 올리다. 출항하다.
【拔苗助长】bámiáo-zhùzhǎng ☞【揠苗助长】yàmiáo-zhùzhǎng
【拔取】báqǔ 圄 선발하다. 등용하다. 발탁하다. ¶~真才实学。=재능과 학식을 갖춘 인재를 등용하다.
【拔群】báqún 圀 (재능이나 성적이) 출중하다. 뛰어나다. ¶多才多艺使他很快~卓类。=다재다능함이 그를 아주 빨리 출중하게 만들었다.
【拔人】bárén 圄 인재를 선발하다. ¶~应不拒远近。=인재를 선발하는 데는 멀고 가까운 것을 마다해선 안 된다.
【拔身】báshēn 圄 (슬쩍) 몸을 빼다. 빠져나오다. 도망치다. 달아나다. 탈피하다. 몸을 사리다. ¶一见形势不妙, 他便~而退。=상황이 심상치 않은 걸 보기만 하면, 그는 곧 몸을 사려 도망쳐 버린다.
【拔丝】básī 圄(機) 인발(引拔)하다. [금속 재료를 실처럼 가늘게 뽑는 것을 말함]=【拉丝】lāsī 圄 맛탕. [요리의 일종. 감자·사과 등을 조각내서 튀긴 후 뜨거운 설탕이나 물엿을 넣고 버무린 것으로, 먹을 때 설탕이나 물엿이 실처럼 늘어남] ¶~土豆=감자맛탕.
【拔俗】bású 圄匸 세속을 초월하다. 속세를 벗어나다.
【拔腿】bá∥tuǐ 圄 1 걸음을 급히 내딛다. 재빨리 걷다. ¶老鼠见猫一~就跑。=쥐가 고양이를 만나다. —재빨리 달아나다. 2 발을 빼다. 손을 떼다. 관계를 끊다. 벗어나다. 피하다. ¶百事待举, 想~也难。=갖가지 일들이 기다리고 있어 발을 빼기도 어렵다.
【拔营】bá∥yíng 圄 1 (군대가) 기지를 옮기다. 2 야외 활동의 주둔지를 옮기다. ¶夏令营明早~。=여름 캠프는 내일 아침 장소를 옮긴다.
【拔帜】bázhì 圄 1 적의 기를 뽑다. 2 비 승리를 거두다. ¶~易旗=적의 기를 뽑고 자기의 기를 꽂다.
【拔擢】bázhuó 圄匸 등용하다. 발탁하다. 뽑다.
【拔足而逃】bázú'értáo 匸 발을 빼고 도망치

다. 재빨리 달아나다.

胈 bá 잔털 발
圄匸 다리의 잔털.

菝 bá 청미래 발
【菝葜】báqiā 圐(植) 청미래덩굴. [뿌리와 줄기는 약용함]

*跋 bá 밟을 발
圄 산을 넘다. ¶~山涉水=산을 넘고 강을 건너다. 圐 발문(跋文). 발사(跋辞). 후기(後記). ¶题~=발문(跋文)을 쓰다. / 序~=서문(序文)과 발문(跋文).
【跋扈】báhù 圀 (제멋대로) 날뛰다. 설치다. 발호하다. 위를 속이고 아래를 억압하다. ¶飞扬~=거만하게 제멋대로 날뛰다. 녹교횡
【跋前疐后】báqián-zhìhòu 圀比 진퇴양난.
【跋前踬后】báqián-zhìhòu ☞【跋前疐后】báqián-zhìhòu
【跋山涉水】báshān-shèshuǐ 匸 1 산을 넘고 물을 건너다. 2 비 여정이 고되다.
【跋涉】báshè 1 산을 넘고 물을 건너다. 고생스럽게 먼길을 가다. 2 비 여정이 고되다. ¶艰难~=고생스럽게 여행하다.
【跋文】báwén 圐 발문(跋文). 후기(後記).
【跋语】báyǔ 圐 발문(跋文). 후기(後記).

魃 bá 가물귀신 발
☞【旱魃】hànbá

鲅 bá 살찐 쥐 발
☞【鼧鲅】tuóbá

**把 bǎ 쥘 파
圄 1 (손으로) 잡다. 쥐다. ¶~住方向盘=핸들을 잡다. 2 독점하다. 독판치다. 장악하다. 통제하다. ¶要放权, 不能~牢管死。=권력을 하부에 일부 이양해야지 틀어쥐고 있어서는 안 된다. 3 지키다. 파수를 보다. ¶~门=문을 지키다. 4 가까이 하다. 접근하다. 바짝 붙다. ¶~着街口有一幅巨大的广告画。=길 입구 가까이에 큰 광고 포스터 하나가 있다. 5 죄다. 벌어지지 않도록 조이다. ¶断开处要用铁钉~住。=끊어진 부분을 쇠못으로 조이다. 6 누이다. 뉘다. [아이의 두 다리를 받치고 대소변 보는 것을 도와 주는 것] ¶~屎=똥을 누이다. 7 圐 주다. ¶牲口要定时~草~料。=가축은 제때에 풀과 사료를 주어야 한다. 圐 1 손잡이. 핸들. 운전대. ¶摩托车~=모터바이시클 핸들. 2 묶음. 다발. 단. ¶芦苇~=갈대단. 3 의리로 맺은 관계. ¶~兄~弟=의형제. 圐 1 자루. [손잡이·자루가 있는 기구를 셀 때 쓰임] ¶一~剪刀=한 자루의 가위. 2 움큼. 다발. 단. ¶一~蒜薹=마늘종 한 다발. 3 (~儿) 줌. 움큼. ¶一~花生=한 움큼의 땅콩. 4 번. 차례. [손동작에 쓰이고, 수사는 '一'에 한

정됨] ¶对落后的人要帮一~。= 어려운 사람을 한 차례 도와 주다. **5** 손동작과 관련된 일부 사물에 쓰이고, 수사는 「一」에 한정됨. ¶一~鼻涕·一~泪 = 눈물 한 움큼 콧물 한 움큼. **6** 일단 (의). 얼마간(의). [힘·기능 따위의 추상적인 사물에 쓰임] ¶再加~力气, 车就推上来了。= 다시 〔한바탕〕 힘을 가하자 차가 밀어 올려졌다. 〔개〕 **1**(동작이 미치는 대상을〔목적어를〕동사 앞으로 끌어내어) 처치(處置)를 나타냄. ¶~书打开 = 책을 펴다. **2** …하게 하다. (한 상황을 가져오다. [뒤의 동사는 대개 결과를 나타내는 보어를 가짐] ¶出国留学~他高兴死了。= 해외 유학은 그를 매우 기쁘게 했다. **3** ('把' 뒤의 명사를 동작의 주체로 하여) 여의치 않은 일이 발생한 것을 나타냄. ¶这时候怎么~电停了。= 이럴 때 어찌자고 정전이 되었지? **4**(방) …으로. …을〔를〕가지고. ¶他~手指向远方。= 그는 손으로 먼 곳을 가리켰다. 〔주〕 쯤. 정도. 가량. [백(百)·천(千)·만(萬) 등의 숫자와 근(斤)·리(里)·장(丈) 등의 양사 중간에 쓰여 그 단위 수에 가까움을 나타냄] ¶百~公里 = 100킬로미터 가량. /万~块钱 = 만 원 정도.

☞ **bà**

○● 车把, 倒dǎo把, 翻把, 火把, 耍shuǎ把戏, 拖tuō把, 拜把子

【把柄】**bǎbǐng** 〔명〕 **1** 손잡이. 자루. **2**(비) 약점. 꼬투리. 빌미. ¶他为人坦荡, 不可能有什么~落于人手。= 그는 사람 됨됨이가 떳떳하여, 다른 사람에게 약점 잡힐 만한 일이 있을 리 없다.

【把持】**bǎchí** 〔동〕 **1**(폄) 독점하다. 독차지하다. 틀어쥐다. 좌우하다. 농단하다. ¶没有人能~行情, 独操股市。= 아무도 시세를 좌우할 수 없고, 홀로 주식 시장을 조작할 수도 없다. **2**(감정 따위를) 통제하다. 다스리다. 저지하다. 억제하다. 억누르다. ¶她怎么也~不住内心的喜悦。= 그녀는 어떻게 해도 마음속의 희열을 억누를 수 없었다. ≒把揽.

【把钉钉死】**bǎ dīng dìngsǐ**(낮)(비) **1** (말로) 못을 박다. 재론의 여지가 없다. 딱 잘라 말하다. **2** 일을 마무리짓다.

【把舵】**bǎ**∥**duò** 〔동〕 **1** (배의) 키를 잡다. **2** 주관하다. 관장하다. ¶一定要由高水平的专家~。= 반드시 높은 수준의 전문가가 주관하게 해야 한다.

【把风】**bǎ**∥**fēng** 〔동〕 망을 보다.

【把关】**bǎ**∥**guān** 〔동〕 **1** 관문을 지키다. 책임을 지다. 엄격히 심사하다. **2**(비) 조치를 취하여 어떤 사물을 엄격한 기준에 부합하도록 하다. ¶~从严, 不能偏私。= 심사는 엄격해야지, 사적인 정에 치우쳐서는 안 된다.

【把滑】**bǎhuá** 〔동〕(구) **1** 균형을 잃지 않다. 미끄러지지 않다. ¶他骑车很~。= 그는 자전거를 잘 탄다. **2** 확실하다. 걱정 없다. ¶这个人有点不~。= 이 사람은 조금 믿을 수 없다.

【把家】**bǎjiā** 〔동〕(비) **1** 집안일을 잘 꾸려나가다. 알뜰하다. **2** 관리하다. ¶我们公司全靠他来~。= 우리 회사는 모두 그가 관리한다.

【把角儿】**bǎjiǎor** 〔명〕 **1** 길모퉁이. ¶胡同一有一个公厕。= 골목 모퉁이에 공중 화장실이 하나 있다. **2**(구) 건물이나 담 모퉁이. ¶把折叠椅放在储藏室的~。= 접의자를 저장실 모퉁이에 놓다.

【把酒】**bǎjiǔ** 〔동〕 술잔을 들다. ¶~叙旧 = 술잔을 들고 옛 이야기를 하다.

【把口儿】**bǎkǒur** 〔명〕(구) 길목 어귀. 골목 어귀. ¶街~有一家咖啡厅。= 골목 어귀에 커피숍이 하나 있다.

【把揽】**bǎlǎn** 〔동〕 꼭 틀어쥐다. 꽉 잡다. 독점하다. ≒把持.

【把牢】**bǎláo** 〔형〕(방) 견고하다. 든든하다. 믿음직하다. 확실하다. 튼튼하다. ¶年轻人做事有时不~。= 젊은이는 일을 할 때, 때로 믿음직스럽지 못하다.

【把脉】**bǎ**∥**mài** 〔동〕(방) **1**(의) 진맥(診脈)하다. 맥을 짚다. **2**(비) 상황을 분석하다. 원인을 살펴보다. ¶请专家来公司把把脉。= 전문가를 회사로 모셔서 상황을 분석하다.

【把门】**bǎ**∥**mén** 〔동〕 **1** 문을 지키다. ¶工厂还缺一个~的。= 공장에 아직 경비 한 명이 부족하다. /今天的球赛谁~? = 오늘 축구 시합에서 누가 골문을 지키지? **2**(비) 입조심하다. ¶言多必失, 嘴上一定要有~的。= 말이 많으면 꼭 실수를 하는 법이니, 반드시 입조심해야 한다.

【把尿】**bǎ**∥**niào** 〔동〕 (어린아이의 양다리를 받치고) 오줌을 누이다.

【把屎】**bǎ**∥**shǐ** 〔동〕 (어린아이의 양다리를 받치고) 똥을 누이다.

【把式】**bǎ·shi** ☞【把势】**bǎ·shi**

【把势】[把式] **bǎ·shi** 〔명〕 **1** 무술. ¶打~卖艺 = (길에서) 무술을 하고 기예(技藝)를 팔아 생활하다. **2** (무술 혹은 어떤 기술에 능통한) 고수. 전문가. ¶他是养蜂的老~。= 그는 양봉 전문가이다. **3**(방) 솜씨. 기술. 기능. ¶他个把月就学会了开车的全套~。= 그는 한 달 가량에 운전에 관한 모든 기술을 익혔다.

【把手】**bǎshǒu** 〔동〕 악수하다. 손을 잡다. ¶~言笑 = 손을 잡고 담소를 나누다. 〔명〕(구) (어떤 임무를 가진) 사람. 〔앞에 숫자를 더해 순서대로 서열을 정하여 부름〕 ¶公司的一~ = 회사의 실세.

【把手】**bǎ·shou** 〔명〕 손잡이. 핸들.

【把守】**bǎshǒu** 〔동〕 (요충지를) 지키다. 수비하다. 방어하다. 보초 서다. 망보다. 감시하다. ¶~关卡 = 주요한 길목을 지키다. ≒扼守.

【把水搅浑】**bǎ shuǐ jiǎohún**(낮)(비) 형세를 어지럽히거나 사람들의 사상을 혼란하게 하다.

【把头】**bǎ·tóu** 〔명〕(구) (직업·집단 등의) 우두머리. 보스. 수장. 두목. 십장.

【把玩】**bǎwán** 〔동〕(문) 손에 들고 감상하다〔완상하다·즐기다〕. ¶良久~, 喜不自胜。= 오랫동안 손에 들고 감상하며 기뻐 어쩔 줄 모르다.

【把稳】**bǎwěn** 〔형〕 확실하다. 믿음직하다. 틀림없다. ¶他做事极其~。= 그가 일을 처리하는 것은 매우 믿음이 간다. 〔동〕 확실히 잡다. 꽉 잡다. 단단히 붙잡다. ¶~方向盘 = 핸들을 꽉 잡다.

【把握】**bǎwò** **1** (꽉 움켜) 쥐다. 잡다. 들다.

¶~住船舵=배의 키를 잡다. **2** (추상적인 사물을) 파악하다. 포착하다. 장악하다. 붙들다. 장다. ¶~住事业成功的机会=사업 성공의 기회를 잡다. 图 (성공에 대한) 가망. 자신. 믿음. 가능성. ¶这件事, 难说一定有成功的~。=이 일은 반드시 성공한다고 말하기 어렵다.

【把晤】 **bǎwù** 图囹 직접 만나서 얘기하다. 손을 잡고 이야기하다.

【把戏】 **bǎxì** 图 **1** 마술·잡기·곡예·광대놀음. ¶看~=곡예를 구경하다. **2**囹 수단. 농간. 수작. 속임수. ¶不要在明眼人面前耍~。=두 눈 멀쩡한 사람 앞에서 수작부리지 마라. ≒花招

【把细】 **bǎxì** 图囹 세세하다. 신중하다. ¶做这事要很~的人。=이 일을 하는 데는 신중한 사람이 필요하다.

【把心放在肚子里】 **bǎ xīn fàngzài dù·zi li** ⟨낟⟩囹 완전히 안심하다. 100퍼센트 마음을 놓다.

【把心掏出来】 **bǎ xīn tāo·chū·lái** ⟨낟⟩⟨구⟩ **1** 심장을 꺼내 보이다. **2**囹 자기의 진심 어린 마음을 드러내 보여 주다.

【把兄弟】 **bǎxiōngdì** 图 의형제. 결의형제. = 【盟兄弟】 **méngxiōngdì**

【把盏】 **bǎzhǎn** 图 (주로 손님을 접대할 때) 술잔을 들다. ¶与各方来客~=각지에서 온 손님들에게 잔을 들어 권하다.

【把捉】 **bǎzhuō** 图 (주로 추상적인 사물에 쓰여) 붙들다. 파악하다. ¶细读之前, 先要~文章的脉络。=정독하기 전에 먼저 글의 맥락을 파악해야 한다.

【把子】 **bǎ·zi** 图 **1** 단. 다발. 묶음. ¶韭菜~=부추 다발. **2** 의형제. 결의형제. ¶他们年轻时拜过~。=그들은 젊었을 때 의형제를 맺었다. **3**〈劇〉 전통극에서 쓰이는 병기(兵器) 등 소품의 총칭. **4**〈劇〉 전통극에서의 싸우는 동작. 囹 **1** (주로 가늘고 긴 물건에 쓰여) 줌. 움큼. ¶一~葱=파 한 줌. **2**囹 무리. 패거리. 일당. **3** 힘·능력 등의 추상적인 것에 쓰임. ¶大家再使一一劲儿。=모두 다시 힘을 좀 더 냈다. ☞ **bà·zi**

【把攥】 **bǎzuàn** 图 잡다. 쥐다. ¶紧紧~住马缰绳=말고삐를 단단히 잡다.

## 屄 **bǎ** 똥 파

图囹 똥. 대변. ¶屙~屙尿=대소변을 보다. 图 대변을 누다. ¶小狗连尿带~, 脏了一地。=강아지가 오줌이며 똥이며 온 바닥을 더럽혀 놓았다.

【屄屄】 **bǎ·ba** 图囹 응가. 똥. 대변. [주로 아기 혹은 애완 동물에 쓰임]

## 钯[鈀] **bǎ** 팔라듐 파

图⟨⟩⟨化⟩ 팔라듐(Pd, palladium). [원자 번호 46]
☞ **pá**

## *靶 **bǎ** 과녁 파

图 과녁. 표적. ¶打~比武=과녁을 쏘아 무예를 겨루다. ¶환huán靶, 脱靶

【靶标】 **bǎbiāo** 图 (사격의) 과녁.

【靶场】 **bǎchǎng** 图 **1** 사격장. **2** 무기나 탄약을 시험하는 구역 혹은 시험장.

【靶船】 **bǎchuán** 图 (해상 사격 훈련에서의) 표적함(標的艦).

【靶机】 **bǎjī** 图 (공중 사격 훈련에서의) 표적기(標的機). 모형 비행기.

【靶台】 **bǎtái** 图 사격(수) 위치.

【靶心】 **bǎxīn** 图 과녁·표적의 중심.

【靶子】 **bǎ·zi** 图 **1** (사격의) 과녁. 표적. **2**囹 표적. 목표. [여러 사람의 공격 대상]

## **坝[壩] bà** 방죽 파

图 **1** 댐(dam). 제언(堤堰). ¶堤~=제방. **2** 요충지의 제방을 보호하기 위한 건조물. **3** (주로 지명에 쓰여) 평지. 평원. ¶雁门~=(쓰촨의) 옌먼평원. **4**囹 모래톱. 모래사장. ≒堤

¶暗坝, 堤坝, 丁坝, 坪píng坝, 水坝, 塘táng坝, 拦lán河坝, 拦洪坝

【坝基】 **bàjī** 图 둑·제방(堤防)의 기초.

【坝埽】 **bàsào** 图囹 황허(黃河)에서 홍수에 대비해 (나뭇가지·돌 등을 끈으로 묶어 만든) 원통형 완충물로 쌓은 구조물.

【坝田】 **bàtián** 图 **1** 산기슭에 둘러싸인 평탄한 밭. **2** 제방 옆의 밭.

【坝子】 **bà·zi** 图 **1** (작은 개울·수로의) 둑. 제방. **2**囹 평지. 평원. [중국 서남부 지방에서 쓰임] ¶川西~=(쓰촨(四川) 서부의) 촨시 평원.

## 把 **bà** 잡을 파

图 (~儿) **1** (일상 생활 용품의) 손잡이. 자루. ¶刀~=칼자루. **2** (잎·꽃·과일 등의) 줄기. 꼭지. ¶花~=꽃대.
☞ **bǎ**

¶刀把儿, 话把儿, 刀把子, 印yìn把子

【把子】 **bà·zi** 图 손잡이. 핸들.
☞ **bǎ·zi**

## 弝 **bà** 줌통 파

图 **1**囹 활줌통. **2**囹 (기물의) 자루. 손잡이.

## 爸 **bà** 아비 파

图⟨구⟩ 아빠. 아버지. 부친. [주로 중첩하여 씀]

【爸爸】 **bà·ba** 图⟨구⟩ 아빠. 아버지.

## *耙 **bà** 써레 파

图〈農〉 써레. 图 써레질하다. ¶~地施肥=흙을 부수고 비료를 주다.
☞ **pá**

## **罢[罷] bà** 그칠 파

图 **1** 멈추다. 그만두다. 거절하다. 중지하다. ¶善~甘休=분쟁을 마무리하고 손을 떼다. **2** (직

罢 罢 鲅 霸 **bà** 31

위 따위를) 파면하다. 면직하다. 해임하다. 그만두다. ¶~职赋闲=직위를 그만두고 한거(閑居)하다. **3** 끝나다. 마치다. ¶曲已~，人已散。=공연이 끝나고 사람들도 이미 흩어졌다. [고어에서 '疲(pí)'와 같음]
☞ ·ba

○● 也罢，作罢

【罢笔】**bà**‖**bǐ** 동 붓을 꺾다. 절필(絶筆)하다.
【罢兵】**bà**‖**bīng** 동 전쟁을 멈추다. 휴전하다. ¶~谈和=전쟁을 멈추고 화해하다.
【罢兵媾和】**bàbīng-gòuhé** 성 전쟁을 그치고 강화(講和)하다.
【罢黜】**bàchù** 동 문 **1** 면직하다. 해임하다. ¶~官职=관직을 해임하다. **2** 배척하다. 폐지하다. ¶~百家，独尊儒术。=백가(百家)를 배척하고 유가(儒家)만을 존숭(尊崇)한다. [한(漢) 무제가 동중서(董仲舒)의 건의를 받아들여 시행한 정책]
【罢工】**bà**‖**gōng** 명 동 동맹 파업(하다). 스트라이크(strike)(하다).
【罢官】**bà**‖**guān** 명 동 (관직을) 해직(하다). 파면(하다).
【罢会】**bà**‖**huì** 동 회의 출석을 거절하다.
【罢教】**bà**‖**jiào** 동 교사들이 동맹 파업하다.
【罢考】**bà**‖**kǎo** 동 수험생이 시험을 거부하다.
【罢课】**bà**‖**kè** 동 학생이 수업을 거부하다.
【罢了】**bà**·**le** 조 (서술문 끝에 쓰여) 단지 …일 따름이다. [주로 '不过·无非·只是' 등과 호응하여 쓰임] ¶你太客气了，那不过举手之劳~。=당신은 너무 정중하시군요. 그것은 아주 작은 수고에 불과하다. ¶怎样不能。할 수 없다. 끝났다. 망했다. [주로 연속해서 쓰임] ¶~，~，赔财免灾！=할 수 없다, 할 수 없어. 돈을 써서 화를 면하는 수밖에!
【罢了】**bàliǎo** 동 (탐탁하게 여기지 않으면서도) 그만두다. 그대로 넘기다. 따지지 않다. ¶你不干也就~，何必说难听的话。=네가 안 하면 됐지, 구태여 듣기 싫은 소리 할 필요가 있는가.
【罢论】**bàlùn** 동 (원래의 계획을) 취소하다. 접어두다. 제기하지 않다. 논외(論外)로 하다. ¶旧事~，永不再提。=옛일은 접어두고 다시 논하지 않겠다. 명 취소한 계획. 논외(論外). ¶此事已成~。=이 일은 이미 취소되었다.
【罢免】**bàmiǎn** 동 **1** 파면하다. 면직시키다. ¶他的经理职务被上级~了。=그의 사장 직위는 상부에 의해 파면되었다. **2** 소추(訴追)하다. 유권자 혹은 대표 기관이 피선거인의 파면을 요구하다. ¶每个选民都有选举权和~权。=모든 유권자는 선거권과 소추권을 갖는다.
【罢免权】**bàmiǎnquán** 명 **1** (유권자의 피선거인에 대한) 소추권. **2** (정부 기관 혹은 조직의 피임용자에 대한) 파면권.
【罢赛】**bà**‖**sài** 동 경기 출전을 거부하다.
【罢市】**bà**‖**shì** 동 상인들이 동맹 파업하다.
【罢手】**bàshǒu** 동 손을 떼다. (하던 일을) 중지하다. 그만두다. ¶努力无望，只好~。=노력해도 희망이 없으니 그만둘 수밖에 없다.

【罢讼】**bà**‖**sòng** 동 소송을 취하하다.
【罢诉】**bà**‖**sù** 동 소송을 취하하다.
【罢网】**bàwǎng** 동 인터넷 사용자들이 인터넷 사용을 거부하다.
【罢休】**bàxiū** 동 포기하다. 중도에서 그만두다. 손을 놓다. [주로 부정형으로 쓰임] ¶不考取执业证书，绝不~。=개업 허가증을 따기 전에는 절대로 포기하지 않을 것이다.
【罢演】**bà**‖**yǎn** 동 연기자들이 동맹 파업하다.
【罢战】**bàzhàn** 동 휴전하다. 전쟁을 중지하다.
【罢职】**bà**‖**zhí** 동 해임하다. 면직하다. 직무를 해제하다.

## 鲅[鲅] **bà** 뻐드렁니 파
형 동 이가 입술 밖으로 드러나 있다.

## 鲅[鲅] **bà** 삼치 발
명 (動) 삼치.
【鲅鱼】**bàyú** 명 (動) 삼치. =【马鲛鱼】**mǎjiāoyú**【蓝点鲅】**lándiǎnbà**【燕鱼】**yànyú**

## **霸** [(霸)] **bà** 으뜸 패
동 독점하다. 패권을 장악하다. ¶诸侯各~一方。=제후들은 각자 한 지역씩 장점하였다. 명 **1** (옛) 제후(諸侯) 연맹의 맹주. ¶春秋五~=춘추 오패. **2** (남을 못살게 하는) 보스(boss). 두목. 우두머리. ¶车匪路~=길에서 남의 물건을 강탈하는 사람. **3** (**Bà**) 성(姓).

○● 反霸，起霸，渔yú霸

【霸持】**bàchí** 동 (권력을 써서) 점유하다. 장점하다. ¶~乐坛，渔利敛财。=음악계를 장점하고 부당 이득을 취하다.
【霸道】**bàdào** 명 (政) 패도. [인의(仁義)를 경시하고 무력과 형법·권세 등에 의지하여 통치함] 형 횡포하다. 포악하다. ¶为人行事不可~。=사람이 포악하게 굴어서는 안 된다.
【霸道】**bà**·**dao** 형 독하다. 사납다. 격렬하다. 심하다. ¶药性~，并非不是良药。=약성이 독하다고 해서 결코 좋은 약이 아닌 것만은 아니다.
【霸蛮】**bàmán** 형 난폭하다. 포악하다. ¶为人谦忍，不宜~。=사람 됨됨이가 겸허하여 난폭한 것과는 어울리지 않다.
【霸气】**bàqì** 형 횡포하다. 극악무도하다. ¶为人太过~，要不得。=사람 됨됨이가 난폭해서는 안 될 일이다. 명 **1** 전횡(專橫)·전권(專權)하는 기세. **2** (주로 운동 경기에 쓰여) 패기만만. 기세등등. ¶年轻的球队借主场之利，倒也~十足。=신생팀이 홈그라운드의 이점을 빌어 오히려 기세가 등등하다.
【霸权】**bàquán** 명 (국제 정치에서) 패권. 헤게모니(hegemony).
【霸权主义】**bàquánzhǔyì** 명 패권주의.
【霸市】**bàshì** 동 시장을 독점하다. 시장을 주무르다. 시장을 농단하다.
【霸王】**bàwáng** 명 **1** 문 패자(霸者)와 왕자(王者). 패도(霸道)와 왕도(王道). **2** 초패왕(楚霸

王) 항우(項羽). **3** ㈘ 극도로 난폭한 사람. 대단히 횡포한 사람.
【霸王鞭】**bàwángbiān** 囘 **1** 〔藝〕 중국 민간 무용의 일종. [소리가 나는 짧은 채색 곤봉을 가지고 춤을 춤] =【花棍舞】**huāgùnwǔ**【打连厢】**dǎ liánxiāng 2** 중국 민간 무용에 쓰이는 소리가 나는 짧은 채색 곤봉. **3** 〔植〕 대극과(大戟科)의 선인장과 비슷하게 생긴 식물.
【霸业】**bàyè** 囘〔书〕 패업 [남을 정복하여 무력으로 천하를 다스리는 일]
【霸占】**bàzhàn** 图 강점하다. (폭력이나 무력으로) 점령하다.
【霸主】**bàzhǔ** 囘 **1** 〔史〕 맹주(盟主). [춘추 시대에 최고의 자리에 오른 제후] **2** ㈘ (어떤 지역 혹은 영역의) 패자. 맹주. 거물. 지배자. 제왕. ¶影坛~ = 영화계의 제왕〔여왕〕.

## 灞 **Bà** 강 이름 파
囘〔地〕 바수이(灞水). [웨이허(渭河)의 지류로, 산시(陝西)성에 있는 강 이름]

## 叭 ·**ba** 나팔 팔
☞【喇叭】**lǎ·ba**
☞ **bā**

## **吧 ·ba** 어조사 파
조 **1** 문장 맨 끝에 쓰여, 상의·제의·청구·기대·명령 등의 어기를 나타냄. ¶我们出发~! = 우리 출발하자! / 你快讲讲那事儿~! = 너 빨리 그 일에 대해 얘기해 봐! **2** 문장 맨 끝에 쓰여, 동의·허가의 어기를 나타냄. ¶行, 就这样干~。 = 좋아, 이렇게 하자. **3** 문장 맨 끝에 쓰여, 가늠·추측의 어기를 나타냄. ¶应该~, 他说的要来的。 = 그럴걸? 그가 올 거라고 말했어. **4** 문장 맨 끝에 쓰여, 의문의 어기를 나타내면서 추측의 의미도 가짐. ¶对这事儿的处理方式, 他想通的~? = 이 일의 처리 방법에 대해 그는 깨달았는지? **5** 문장 중간에 쓰여, 멈춤을 나타내면서 가정의 어기도 가짐. ¶去参加~, 不妥; 不去参加~, 也不妥。= 가서 참석하자니 마땅치 않고, 참석 안 하자니 그럴 수도 없다.
☞ **bā**

## 罢 [罷] ·**ba** 어조사 파
조 '吧(·ba)'와 같음.
☞ **bà**

# bai

## 刵 **bāi** 다스릴 백
【刵划】**bāi·huai** 图㈘ **1** 고치다. 수리하다. 정비하다. ¶不要乱~手表。= 손목시계를 제멋대로 고치지 말아라. **2** 처치하다. 처리하다. 안배하다. 배치하다. ¶这事怎~呢? = 이 일을 어떻게 처리하지?

## 掰 **bāi** 쪼갤 배
图 **1** (손으로 물건을) 쪼개다. 떼어 내다. 뜯어 내다. 부러뜨리다. 까다. 비틀어 떼다. ¶一根筷子容易~断, 一把却很难。= 젓가락 하나는 부러뜨리기 쉽지만 한 묶음은 어렵다. **2** ㈘ (남의 단점을) 거론하다. 들추어 내다. ¶别瞎~! = 헛소리하지 마! **3** ㈘ 절교하다. 관계가 끝이 나다. ¶他们俩早~了。= 그 두 사람은 일찌감치 관계를 끝냈다.
【掰不开】**bāi·bukāi** 图 쪼갤 수 없다. 부러뜨릴 수 없다. 분할〔분리〕할 수 없다. 뗄 수 없다.
【掰瓜露子儿】**bāiguā lòuzǐr** ㈘ **1** 속내용을 숨김없이 드러내다. 속을 전부 드러내다. **2** 솔직히 설명하다. 터놓고 얘기하다. 명백히 말하다.
【掰开】**bāikāi** 图 **1** 쪼개다. 가르다. 나누다. 열다. 분해하다. 까다. **2** ㈘ 어려운 내용을 쉽게 설명하다. 잘 알아듣도록 얘기하다. ¶~来讲, 很简单。= 어려운 내용을 쉽게 얘기하니 아주 간단하군요.
【掰脸】**bāiliǎn** 图㈘ 사이가 틀어지다〔벌어지다〕. 외면하다.
【掰腕子】**bāi wàn·zi** 囘图 팔씨름(하다).

## 跛 **bāi** 절뚝거릴 배
圈㈘ 다리가 불편하다. 다리를 절다. ¶脚~手残 = 다리도 손도 불편하다〔불편한 장애인이다〕.
【跛子】**bāi·zi** 囘㈘ 절름발이. 하반신 장애인.

## 白 **bái** 흴 백
圈 **1** 하얗다. 희다. ¶雪~ = 눈처럼 희다. **2** 밝다. ¶东方渐~ = 동이 점점 터 오다. **3** 맑다. 청결하다. 깨끗하다. 결백하다. 순결하다. [주로 사람을 가리킴] ¶襟怀坦~ = 숨김없이 솔직하다. **4** 명백하다. 분명하다. ¶真相大~于天下。= 진상이 천하에 밝혀지다. **5** 비다. 아무것도 더하지 않은. ¶一穷二~ = 첫째로 곤궁하고, 둘째로 문화 부재 상태이다. 경제와 문화가 모두 낙후하다. / 一碗~饭 = 흰쌀밥 한 그릇. **6** (자음(字音)이나 자형(字形)이) 틀리다. 착오가 있다. ¶字读~了。= 글자를 잘못 읽었다. **7** 정치상의 반동·반혁명을 상징함. ¶~色恐怖 = 백색 공포. 凲 **1** 헛되이. 쓸데없이. 공연히. ¶~费口舌 = 헛되이 입만 아프게 되다. **2** 공짜로. 대가 없이. 무료로. 거저. ¶~给~送 = 공짜로 주다. 图 **1** 날이 밝다. 날이 새다. 희어지다. ¶莫等闲, ~了少年头。= 젊은 시절을 되는대로 보내지 말아라. **2** 冯안시(白眼视)하다. 업신여기며 흘겨보다. **3** 설명하다. 진술하다. 보고하다. ¶告~ = 고백하다. / 直~ = 솔직히 말하다. 囘 **1** 장례. 장사(葬事). ¶红~事 = 혼사(婚事)와 장례. **2**〔劇〕 대사. ¶旁~ = 방백. / 独~ = 독백. / 道~ = 대사. **3** 구어. 백화(白话). ¶文~夹杂 = 문어체와 구어체

○ 白 **bái**
柏 **bǎi**
伯 **bó**
泊 **bó**
帛 **bó**
舶 **bó**
铂 **bó**
箔 **bó**
碧 **bì**
拍 **pāi**
迫 **pò**
怕 **pà**
帕 **pà**

白 **bái** 33

가 뒤섞이다. **4** 백족(白族). [중국 소수 민족의 하나] **5** (일부 식용 식물의) 백색 연한 줄기. 껍질으로 싸인 잎집. ¶葱~儿=파의 밑동. **6**(**Bái**) 성(姓). ≒素 ↔黑

○● 拔白, 斑bān白, 班白, 颁bān白, 辩biàn白, 表白, 宾bīn白, 补白, 惨cǎn白, 苍cāng白, 扯chě白, 蛋白, 飞白, 黑白, 花白, 灰白, 茭jiāo白, 洁jié白, 京白, 科白, 空白, 卵luǎn白, 明白, 念niè白, 旁白, 漂piǎo白, 平白, 剖pōu白, 抢qiǎng白, 清白, 煞shà白, 说白, 坦tǎn白, 锌xīn白, 眼白, 银白, 鱼白, 月白, 韵yùn白, 皂zào白, 自白, 汉白玉

【白皑皑】**bái·ái·ái**(~的) 匢 (눈 따위가) 새하얗다. 깨끗하다. ¶~的雪山=새하얀 설산.
【白矮星】**bái·ǎixīng** 囲(天) 백색 왜성.
【白案】**bái·àn**(~儿) 囲 주방에서 만터우(馒头)·밥 등의 (흰색) 주식을 만드는 일. ↔红案
【白白】**báibái** 匢 새하얗다. ¶~的衬衫=새하얀 셔츠. 囲 **1** 공짜로. 거저. 대가 없이. ¶一味盲从, ~付出.=단순히 맹종하여 거저 바치다. **2** 공연히. 헛되이. ¶~地说了半天=공연히 오랫동안 얘기했다.
【白白净净】**bái·bai jìngjìng**(~的) 匢 (피부가) 희고 맑다. 희고 투명하다.
【白白胖胖】**bái·bai pàngpàng**(~的) 匢 (살결이) 희고 토실토실하다. 하얗고 포동포동하다.
【白班】**báibān**(~儿) 囲 주간 근무. 낮교대반.
【白斑病】**báibānbìng** ☞【白癜风】**báidiànfēng**
【白板】**báibǎn**(~儿) 囲 **1** 칠을 하지 않거나 아직 칠을 하지 않은 나무판. **2** 백판. [마작패 가운데 글자나 무늬가 새겨져 있지 않은 패]
【白版】**báibǎn** 囲 (간행물의) 여백.
【白榜】**báibǎng** 囲 (비평·처벌 등의) 공고. [주로 흰 종이에 씀]
【白报纸】**báibàozhǐ** ☞【报纸】**bàozhǐ**
【白鼻子】**báibí·zi** 囲 **1** (중국 전통극에서 코를 희게 칠한) 어릿광대. **2** 匣 교활한 사람. 간사한 사람. 능청스러운 사람.
【白璧微瑕】**báibì-wēixiá** 匢 **1** 백옥 위의 한 점 흠. 옥의 티. **2** 匣 아주 좋은 물건이나 사람에게 있는 한 점 흠. ↔白璧无瑕
【白璧无瑕】**báibì-wúxiá** 匢 **1** 백옥에 한 점 흠도 없다. **2** 匣 사람이나 사물이 완벽하여 한 점 흠도 없다. 완전무결하다. ↔白璧微瑕
【白醭】**báibú**(~儿) 囲 (식초·간장 등에 피는) 흰곰팡이. 누룩곰팡이.
【白布】**báibù** 囲(纺) (평직으로 짠) 흰 베. 백포(白布).
【白不呲咧】**bái·bucīliē**(~的) 匢囲 **1** 빛이 바래다. 퇴색하여 희끗희끗하다. (음식 맛이) 싱겁다. 담백하다. **2** 수수하다. 화려하지 않다.
【白菜】**báicài** 囲(植) 배추. =【大白菜】**dàbáicài** =【菘菜】**sōngcài**
【白茬】**báichá**(~儿) 囲 드러난. 덮지 않은. ¶~地=수확 후 다시 파종하지 않은 땅.

【白茶】**báichá** 囲 차의 한 종류. [발효시키지 않고 비비지 않는 특별 공정으로 제작되는 차]
【白槎】**báichá**(~儿) 匢 페인트를 칠하지 않은. ¶衣柜没完工, 还都是~.=옷장은 완성되지 않았고, 아직 페인트칠을 안 한 상태이다.
【白吃】**báichī** 통 **1** 공짜로 먹다. 거저 먹다. 놀고먹다. 무위도식하다. ¶~白拿=거저 먹고 거저 가져가다. **2** 먹고도 효과를 못 보다. 괜히 먹다. 쓸데없이 먹다. ¶补品算是~了, 一点用也没有.=보약은 괜히 먹은 셈이다. 조금도 효과가 없으니.
【白痴】**báichī** 囲 **1**(醫) 지능 장애. **2**(醫) 백치(병 환자). **3**匣 바보. 머저리.
【白炽】**báichì** 匢 열광하다. 흥분하다. ¶~状态=흥분 상태.
【白炽灯】**báichìdēng** 囲(電) 백열등.
【白唇鹿】**báichúnlù** 囲(動) (중국 특산의) 양 볼과 입 언저리의 털이 새하얀 사슴.
【白醇】**báichún** ☞【松香水】**sōngxiāng shuǐ**
【白瓷】**báicí** 囲 순백 법랑. 순백 사기그릇. 백자 (白瓷).
【白醋】**báicù** 囲 무색 투명한 식초.
【白搭】**báidā** 통 헛일하다. 헛수고하다. 소용없다. 도움이 안 되다. 공연한 일이다. ¶事已至此, 着急也~.=일이 이 지경에 이르렀으니, 조급해해도 소용 없다.
【白大褂】**báidàguà**(~儿) 囲 **1** (의료인의) 흰 가운. **2** 의료인. 의사. 간호사.
【白带】**báidài** 囲(醫) 백대하. 백대.
【白蛋白】**báidànbái** 囲(生) 알부민(albumin).
【白刀子进, 红刀子出】**báidāo·zi jìn, hóngdāo·zi chū** 合 **1** 흰 칼이 들어갔다가 붉은 칼이 나오다. 칼을 들고 날뛰며 사람을 죽이다. **2**匣 흉악무도하다.
【白道】**báidào** 囲 **1**(天) 백도. 달의 운행 궤도. **2** 합법적인 생계 수단. ¶此人不仅~吃得开, 红道也脸熟.=이 사람은 사회 생활을 잘 할 뿐 아니라 정계에서도 잘 알려져 있다.
【白等】**báiděng** 통 공연히 기다리다. 헛되이 기다리다.
【白瞪】**báidèng** 통 사납게 쏘아보다. 흘겨보다. 눈을 뒤집고 흘겨보다. ¶狠狠地~他一眼.=그를 한차례 사납게 흘겨보았다.
【白地】**báidì** 囲 **1** 농작물을 심지 않은 땅. **2** 공터. 빈터. 빈 땅. 공지. **3** (~儿) 흰 바탕. ¶~蓝花=흰 바탕에 남색 꽃무늬.
【白帝城】**Báidìchéng** 囲(地) (충칭(重庆)시 펑제(奉节)현에 있는) 옛 성 이름.
【白癜风】**báidiànfēng** 囲(醫) 백전풍. 백납. [살가죽에 흰 어루러기가 생겨 점점 커지는 병] =【白斑病】**báibānbìng**
【白丁】**báidīng** 囲囲 평민. 백성. 보통 사람. 입신양명하지 못한 사람.
【白俄罗斯】**Bái'éluósī** 囲匢(地) 벨로루시(Belarus). [수도는 '明斯克(민스크:Minsk)'임]
【白额雁】**bái'éyàn** 囲(動) 쇠기러기.

【白垩】 bái'è 명(地) 백악.
【白发】 báifà 명 1 흰머리. 2 노년. 백발. ¶~童趣=몸은 늙었어도 어린아이의 취향을 갖다.
【白矾】 báifán ☞【明矾】 míngfán
【白饭】 báifàn 명 1 (아무것도 가미하지 않은) 흰쌀밥. 2 (식당에서 파는) 밥. 맨밥. 3 공짜 밥.
【白费】 báifèi 통 허비하다. 괜한 노력을 하다. 헛되이 낭비하다. 쓸데없이 소비하다. ¶简直是对牛弹琴，~工夫。=그야말로 쇠귀에 거문고 뜯는 격이지, 헛수고만 했다.
【白蜡】 báifèilà 명(동) 헛수고하다. ¶他是外行，问了也是~。=그는 전문가가 아니니, 물어봐야 헛수고이다.
【白费唾沫】 báifèi tuò·mo 동 입품을 팔았으나 얻는 게 없다. 입만 아프고 소득이 없다.
【白粉】 báifěn 명 1 (화장용) 가루분. 파우더. 2 동(벽을 칠하는) 석회. 3 동 헤로인(heroin).
【白粉蝶】 báifěndié ☞【菜粉蝶】 càifěndié
【白粉妹】 báifěnmèi 명(동) 마약을 하는 (청년기의) 여자.
【白干儿】 báigānr ☞【白酒】 báijiǔ
【白干】 báigàn 동 1 무임금으로 일하다. 무임금로 노동하다. 2 헛수고하다.
【白宫】 Bái Gōng 명 1 백악관. 2 미국 정부측에 대한 별칭.
【白姑鱼】 báigūyú 명(动) 보구치. 동【白花鱼】 báihuāyú
【白骨】 báigǔ 명 백골. 해골. 유골.
【白骨精】 Báigǔjīng 명 1《西游记(서유기)》에 나오는 여자 요괴. 2 비 악녀.
【白鹳】 báiguàn 명(动) 황새. 황새.
【白圭之玷】 báiguīzhīdiàn 동 1 백옥의 반점. 2 비 옥의 티. [좋은 사람의 결점을 말함]
【白果】 báiguǒ ☞【银杏】 yínxìng
【白耗】 báihào 동 (돈·시간·물건을) 헛되이 쓰다. 낭비하다. 허비하다. ¶时不我待，不能~光阴。=시간은 나를 기다리지 않으니, 세월을 허비할 수 없다.
【白鹤】 báihè 명(动) 시베리아 흰(백)두루미. =【仙鹤】 xiānhè 【丹顶鹤】 dāndǐnghè
【白喉】 báihóu 명(医) 디프테리아(diphtheria).
【白狐】 báihú ☞【北极狐】 běijíhú
【白虎】 báihǔ 명(天) 백호. [28수(宿) 중에 서쪽에 있는 일곱 개의 별인 규(奎)·누(婁)·위(胃)·묘(昴)·필(畢)·자(觜)·삼(參)의 총칭]
【白虎星】 báihǔxīng 명 1 점성가들이 말하는 마주치면 불길한 흉신. 2 비 남에게 재앙을 가져다 주는 사람. 불길한 사람.
【白花】 báihuā 명 1 흰 꽃. 흰 종이꽃. 2 ☞【皮辊花】 pígǔnhuā
【白花花】 báihuāhuā (~的) 형 새하얗다. 눈부시게 하얗다. ¶放眼望去，一片~的雪野。=눈을 들어 멀리 바라보니, 눈부시도록 하얀 눈덮인 들판이다.
【白花鱼】 báihuāyú 명(动) 1 ☞【白姑鱼】 báigūyú 2 ☞【黄姑鱼】 huánggūyú
【白化】 báihuà 동(医) 색소 결핍증에 걸리다.

【白化病】 báihuàbìng 명(医) 색소 결핍증. 동【天老儿】 tiān·laor
【白话】 báihuà 명 1 헛소리. 빈말. 허튼소리. ¶要实干，光说~不行。=착실히 해야지, 빈말만 해서는 안 된다. 2 동 한담. 여담. 잡담. ¶婆媳俩爱唠~。=고부간에 잡담하길 좋아한다. 3 통 거짓이 없는 말. 참말. ¶你说的是一句大~。=네가 말하는 것은 참말이다. 4 (言) 백화. [당송(唐宋) 이래로 구어의 기초 위에서 형성된 문어] ↔文言
【白话】 bái·huà 동(口) 말을 하다. 한담하다. ¶抓紧时间干活，别~了。=서둘러 일하고, 한담하지 마라.
【白话诗】 báihuàshī 명 백화시. [5·4 운동 이후, 전통적인 시율에서 벗어나 백화로 쓴 시. 당시의 사회 생활상과 사상·감정을 반영한 작품이 많음] =【新诗】 xīnshī
【白话文】 báihuàwén 명 백화문. 구어체 문장. 백화로 쓴 글. =【语体文】 yǔtǐwén
【白桦】 báihuà 명(植) 자작나무.
【白晃晃】 báihuǎnghuǎng (~的) 형 밝게 빛나다. ¶车灯把夜晚的街道照得~的。=차의 전조등이 밤길을 밝게 비춘다.
【白灰】 báihuī ☞【石灰】 shíhuī
【白芨】 báijī 명(植) 백급. 주란. 대왐풀.
【白鱀豚】 báijìtún ☞【白鳍豚】 báiqítún
【白金】 báijīn 명 1 고대에 은을 가리킴. 2 (化) '铂(백금)'의 통칭.
【白金汉宫】 báijīnhàn Gōng 명 1 버킹검 궁전. 2 영국 황실의 별칭.
【白净】 bái·jing 형 희고 깨끗하다. ¶面皮~=얼굴 피부가 희고 깨끗하다.
【白净净】 báijìngjìng (~的) 형 (피부 등이) 말쑥하다. 희고 보드라우며 깨끗하다. ¶小女孩长得~的。=어린 소녀가 말쑥하게 자랐다.
【白酒】 báijiǔ 명 바이주[백주·배갈·고량주]. =【烧酒】 shāojiǔ【白干儿】 báigānr
【白居易】 Bái Jūyì 명(历) 백거이(772~846년). [당나라 때의 저명 시인]
【白驹过隙】 báijū-guòxì 성 1 인생이 마치 흰말이 달려가는 것을 문틈으로 보는 것처럼 빨리 지나가다. 2 비 시간이 나는 듯 빨리 흐르다.
【白卷】 báijuàn (~儿) 명 1 백지 답안. 2 비 성과가 없다. ¶我们要努力科研，不能交~。=우리는 과학 기술 연구에 노력을 기울여야 하며, 성과 없는 보고를 할 수는 없다.
【白开水】 báikāishuǐ 끓인 맹물.
【白口】 báikǒu 명 백구. [선장본 판식(板式)의 일종. 책장이 접힌 곳의 위아래에 묵선(墨線)이 없는 것을 말함. '黑口(흑구)'와 구별됨]
【白蜡】 báilà 명 1 정제한 밀랍. 2 백랍. [백랍벌레의 집, 또는 백랍벌레의 유충이 분비한 물질]
【白蜡虫】 báilàchóng 명(动) 백랍벌레. 백랍충. [둥근깍지진디과에 속하는 곤충]
【白蜡树】 báilàshù 명(植) 물들메나무. 물푸레나무.
【白镴】 báilà ☞【焊锡】 hànxī

白 **bái** 35

【白兰地】**báilándì** 〔名〕〔外〕 브랜디(brandy).
【白兰瓜】**báilánguā** 〔名〕〔植〕 백설멜론. [백색 계통의 무네트멜론]
【白兰花】**báilánhuā** 〔名〕〔植〕 백란화. 참파카(champaka). [꽃은 향수의 재료로 쓰임]
【白梨】**báilí** 〔名〕〔植〕 중국 배의 일종. [난원형이고 껍질이 얇으며, 육질이 사각사각하고 과즙이 많음]
【白痢】**báilì** 〔名〕〔医〕 **1** 백리. [흰 곱똥을 많이 누는 이질] **2** 어린 가축에게서 자주 발생하는 유행성 질환.
【白鲢】**báilián** ☞ 【鲢鱼】**liányú**
【白脸】**báiliǎn** 〔名〕 **1**〔剧〕 백검. [중국 전통극에서 하얗게 분장하는 악역] **2**〔비〕 음험한 사람. 부정적인 사람. 겉으로만 좋은 사람. 공정한 척하는 사람. ¶两人一个~，一个红脸，配合得实在默契。=두 사람 중 한 사람은 악역을, 한 사람은 좋은 사람 역을 맡아 조화를 잘 이룬다.
【白敛】**báiliǎn** 〔名〕〔植〕 가회톱. 백렴. 가위톱.
【白亮】**báiliàng** 〔형〕 환하다. 밝다. ¶~~的月光=환한 달빛.
【白亮亮】**báiliàngliàng**(~的) 〔형〕 밝게 빛나다. 새하얗게 빛나다. ¶灯光把舞台照得~的。=불빛이 무대를 밝게 비춘다.
【白磷】**báilín** 〔名〕〔化〕 황린. 인. =【黄磷】**huánglín**
【白蛉(子)】**báilíng**(·zi) 〔名〕〔动〕 모래파리. 샌드플라이(sandfly). [전염병인 리슈만편모충증의 매개가 되는 나방파리과의 곤충]
【白领】**báilǐng** 〔名〕 화이트칼라 계층. 정신 노동자 계층.
【白领丽人】**báilǐng lìrén** 〔名〕 (회사에서 여비서·관리직 등의) 젊은 여성.
【白鹭】**báilù** 〔名〕〔动〕 백로. ¶大~=대백로. =【鹭鸶】**lùsī**
【白露】**báilù** 〔名〕〔气〕 백로. [이십사 절기 중 열다섯째]
【白马】**báimǎ** 〔名〕 **1** 백마. 흰말. **2** (**Báimǎ**) 복성(複姓).
【白马寺】**Báimǎsì** 〔名〕 백마사. [중국의 가장 오래 된 불교 사원으로, 허난(河南)성 뤄양(洛阳)시 동부에 있음]
【白马王子】**báimǎ wángzǐ** 〔名〕 **1**《신데렐라》 속의 백마를 탄 왕자. **2**〔비〕 이상형의 남자.
【白鳗】**báimán** ☞ 【鳗鲡】**mánlí**
【白忙活】**báimáng·huo** 〔동〕 헛수고하다. 도로가 되다. 헛고생하다. ¶水里捞月亮——~。=물에서 달을 건져 내다——헛수고하다.
【白茫茫】**báimángmáng**(~的) 〔형〕 온통 끝없이 새하얀 모양. [주로 구름·안개·눈 등에 쓰임] ¶~的雪原一望无际。=온통 새하얀 눈으로 덮인 들판이 가없이 펼쳐졌다.
【白毛风】**báimáofēng** 〔名〕〔방〕 폭풍설. 폭풍 한설(暴風寒雪).
【白茅】**báimáo** 〔名〕〔植〕 띠. 백모. ⇒【茅草】**máocǎo**
【白煤】**báiméi** ☞ 【无烟煤】**wúyānméi**

【白蒙蒙】**báiměngměng**(~的) 〔형〕 (연기·안개·증기 등이) 자욱하다. 하얗게 끼다. 뿌옇다. ¶早晨的海面上~的一片。=아침 바다가 온통 뿌옇다.
【白米】**báimǐ** 〔名〕 **1** 흰쌀. 백미. [`糙米(현미)'와 구별됨] **2** (넓은 의미로) 쌀.
【白面】**báimiàn** 〔名〕 **1** 밀가루. **2** 흰 얼굴. ¶~书童=새하얀 얼굴의 시동(侍童).
【白面儿】**báimiànr** 〔名〕〔비〕 헤로인.
【白面书生】**báimiàn shūshēng** 〔名〕〔비〕 **1** 백면서생. 샌님. 글만 읽고 세상 경험이 없는 사람. **2** 젊은 선비.
【白描】**báimiáo** 〔名〕 **1**〔美〕 백묘. 소묘. [색깔을 칠하지 않고 선만 그려 표현하는 중국 전통 화법의 일종] **2** 문학 작품의 간결하고 소박한 묘사법.
【白沫】**báimò** 〔名〕 흰 거품. 게거품. ¶口吐~=입에 거품을 물다.
【白木耳】**báimù'ěr** ☞ 【银耳】**yín'ěr**
【白内障】**báinèizhàng** 〔名〕〔医〕 백내장.
【白嫩】**báinèn** 〔형〕 (피부가) 희고 보드랍다. ¶~的肌肤=새하얗고 보드라운 피부.
【白腻】**báinì** 〔형〕 **1** 희고 매끈하다. ¶婴儿不停地蠕动着~的小手。=아기는 하얗고 보드라운 작은 손을 쉴새없이 꼼지락거린다. **2** 희멀겋고 더럽다. 허옇고 끈적끈적하다. ¶水面上漂着一层~的泡沫。=물 위에는 희멀겋고 더러운 거품이 떠 있다.
【白胖】**báipàng** 〔형〕 희고 통통하다. 뽀얗고 토실토실하다. ¶生了个~小子，邻居家乐昏了。=뽀얗고 통통한 사내아이를 낳자 이웃들은 기뻐서 어쩔 줄 몰라 하였다.
【白胖胖】**báipàngpàng**(~的) 〔형〕 희고 통통하다. ¶小男孩长得~的。=사내아이는 희고 통통하게 생겼다.
【白砒】**báipī** ☞ 【砒霜】**pīshuāng**
【白皮书】**báipíshū** 〔名〕 백서. 화이트 페이퍼(white paper).
【白皮松】**báipísōng** 〔名〕〔植〕 백송(白松).
【白票】**báipiào** 〔名〕 기표되지 않은 투표 용지.
【白旗】**báiqí** 〔名〕 **1** 흰 기. 백기. **2** 투항〔항복〕을 뜻하는 깃발. **3** 적군과의 연락이나 협상을 위한 깃발.
【白鳍豚】**báiqítún** 〔名〕〔动〕 양쯔강에 서식하는 흰 돌고래. [국제적 멸종 위기종으로, 학명은 `Leptes vexillifer' 임] =【白鱀豚】**báijìtún** Chinese River Dolphin
【白契】**báiqì** 〔名〕 (등기를 내지 않은) 부동산 매매 계약서. 미공인 집〔땅〕문서. [`红契(공인된 집〔땅〕문서)'와 구별됨]
【白铅】**báiqiān** 〔名〕〔化〕 아연.
【白镪】**báiqiǎng** 〔名〕 고대에 화폐로 쓰인 은.
【白区】**báiqū** 〔名〕 백색 지구. [제2차 중국 국내 혁명 전쟁 당시 국민당 통치하의 지구. `红区(홍색 지구)'와 구별됨]
【白饶】**báiráo** 〔동〕 **1** 무료로 증정하다. 덤으로 주다. 서비스로 주다. ¶见是常客，老板娘便~了一个汤。=단골손님인 걸 알고 여주인은 국 한

## 36 **bái** 白

그릇을 서비스로 주었다. **2**〈방〉 공연히 법석을 떨다. 헛수고하다. 헛일하다. ¶辛苦~了不说, 还没落一个好!=헛수고한 것은 그렇다 치더라도, 좋은 소리를 하나도 못 들었다.

【白热】**báirè**〈명〉(物)백열(白熱). [물체를 1,200~1,500°C의 고열로 가열했을 때 백색의 빛이 나는 상태]

【白热化】**báirèhuà**〈동〉(4) (사태나 일 등이) 절정·최고조·고비에 다다르다. 중대 국면에 처하다. ¶篮球比赛渐趋~。=농구 경기는 점차 절정으로 치달았다.

【白人】**báirén**〈명〉백인.

【白刃】**báirèn**〈명〉예리한 칼날. 백인(白刃). 백병(白兵).

【白刃战】**báirènzhàn**〈명〉백병전. 육박전. =【肉搏战】**ròubózhàn**

【白日】**báirì**〈명〉**1** 태양. ¶~依山尽, 黄河入海流。=태양은 산으로 기울고, 황하는 바다로 흘러들어간다. **2** 대낮. 백주(白晝). ¶大天~=벌건 대낮.

【白日见鬼】**báirì-jiànguǐ**〈성〉**1** 벌건 대낮에 귀신을 보다. **2** (4) 터무니없는 일. 황당무계한 일. =【白昼见鬼】**báizhòu-jiànguǐ**

【白日梦】**báirìmèng**〈명〉(4) 백일몽. 헛된 꿈.

【白日撞】**báirìzhuàng**〈명〉대낮 빈집털이 도둑. 좀도둑.

【白日做梦】**báirì-zuòmèng**〈성〉**1** 백일몽을 꾸다. 대낮에 꿈을 꾸다. **2** (4) 실현 불가능한 헛된 공상을 하다.

【白肉】**báiròu**〈명〉(삶은) 돼지 수육.

【白润】**báirùn**〈형〉(피부가) 희고 윤기가 있다. 희고 반지르르하다. 희고 윤택하다.

【白色】**báisè**〈명〉**1** 흰색. **2** (4) 반동(세력). [하얀색은 반혁명을 상징함] ¶~血腥的镇压=반동세력의 피비린내 나는 진압. ↔红色

【白色公害】**báisè gōnghài**〈명〉플라스틱·비닐 폐기물 등으로 인한 환경 오염. [비닐이 흰색인 것에서 유래한 명칭]

【白色恐怖】**báisè kǒngbù**〈명〉백색 테러. 백색 테러로 인한 공포 분위기.

【白色垃圾】**báisè lājī**〈명〉각종 플라스틱이나 폼 플라스틱(foam plastic)류 폐기물.

【白色人种】**báisè rénzhǒng**☞【欧罗巴人种】**Ōuluóbā rénzhǒng**

【白色收入】**báisè shōurù**〈명〉합법적인 수입. 정당한 보수. ['黑色收入(불법 수입)·灰色收入(봉급 이외의 합법적인 수입)'와 구별됨]

【白色污染】**báisè wūrǎn**〈명〉플라스틱·비닐 폐기물 등으로 인한 환경 오염. [비닐이 흰색인 것에서 유래한 명칭]

【白森森】**báisēnsēn**(~的)〈형〉(얼굴이) 새하얗다. 창백하다. 핼쑥하다.

【白山黑水】**báishān hēishuǐ**〈명〉**1** (地) '长白山(창바이산)'과 '黑龙江(헤이룽장)'의 합칭. **2** 중국의 동북 지방.

【白闪闪】**báishǎnshǎn**(~的)〈형〉(하얗게) 번쩍거리다. 번쩍번쩍하다.

【白鳝】**báishàn**☞【鳗鲡】**mánlí**

【白芍】**báisháo**〈명〉(醫)백작약의 뿌리로 만든 약재.

【白生生】**báishēngshēng**(~的)〈형〉(얼굴이) 새하얗다. 창백하다. 핼쑥하다. ¶他的脸~的吓人。=그의 얼굴이 어찌나 창백한지 사람이 놀랄 정도다.

【白食】**báishí**〈명〉공짜 밥. ¶决不能吃~。=공짜 밥은 절대 먹을 수 없다.

【白事】**báishì**〈명〉초상. 장례(식). 장사. ¶办~=장례를 치르다.

【白手】**báishǒu**〈명〉빈손. 맨주먹. ¶~创业=맨주먹으로 창업하다.

【白手起家】**báishǒu-qǐjiā**〈성〉(4) 자수성가하다. 맨주먹으로 집안을 일으키다.

【白首】**báishǒu**〈명〉하얗게 센 머리카락. 백발. 연로함. 늙음. ¶~志坚=연로(年老)해도 의지는 강하다.

【白薯】**báishǔ**☞【甘薯】**gānshǔ**

【白水】**báishuǐ**〈명〉**1** 맹물. 끓인 맹물. **2**〈문〉맑고 깨끗한 물.

【白说】**báishuō**〈동〉괜히 얘기하다. 소용 없는 말을 하다. 얘기해도 소용 없다. 쓸데없이 말을 하다. 말해도 효과가 없다. ¶他意已决, 再说也是~。=그 사람은 이미 뜻을 굳힌 상태라서, 다시 얘기해 봤자 소용 없다.

【白送】**báisòng**〈동〉**1** 헛되이 쓰다. 헛되이 보내다. ¶这等盲目冒险, 等于是~性命。=이런 맹목적인 모험은 생명을 헛되이 버리는 것과 마찬가지다. **2** 무료로 주다. 공짜로 주다. ¶付完钱后, 店铺老板又~了一个玩具。=돈을 다 지불하자, 가게 주인은 장난감 하나를 또 공짜로 주었다.

【白苏】**báisū**〈명〉(植) '荏(들깨)'의 통칭.

【白檀】**báitán**☞【檀香】**tánxiāng**

【白汤】**báitāng**〈명〉**1** 돼지고기를 삶은 국. **2** 간장·기름 등을 넣지 않고 끓인 국.

【白糖】**báitáng**〈명〉백설탕. 흰설탕.

【白陶】**báitáo**〈명〉(歷) 흰색 도기. [은(殷)대에 고령토로 구운 백색 도기]

【白体】**báitǐ**〈명〉**1** 태양의 어떠한 가시 광선 파장도 흡수하지 않아 백색으로 보이는 물체. =【绝对白体】**juéduì báitǐ**〈영〉white object **2** (印) 획이 비교적 가는 활자체. [예컨대 '宋体(송체)·仿宋体(방송체)' 등으로, '黑体(고딕체)'와 구별됨]

【白天】**bái·tiān**〈명〉**1** 낮. 대낮. **2** (氣) 아침 8시부터 저녁 8시 사이. 늘白昼 ↔黑夜

【白田】**báitián**〈명〉**1** 휴경지. 곡식을 심지 않은 농지(農地). **2** 농작물을 심지 않은 수전(水田) [무논].

【白条】**báitiáo**〈명〉**1** (~儿)(經)가영수증. 임시 영수증. 간이 영수증. =【白条子】**báitiáo·zi** ¶打~=가영수증을 끊다. **2** 도체(屠體). 지육(枝肉). [가축을 도살한 후 털이나 머리·발굽·내장 등을 제거한 것] ¶~鸭=도체 오리.

【白铁】**báitiě**☞【镀锌铁】**dùxīntiě**

【白厅】 Bái Tīng 명 1 (地) 화이트홀(Whitehall). [영국 런던에 관청이 늘어선 거리] 2 영국 정부(의 정책)에 대한 대명사.

【白铜】 báitóng 백동. [구리와 니켈의 합금]

【白头】 báitóu 명형 흰머리. 나이가 많음. 연로함. ¶夫妻恩爱, ～偕老. =부부가 서로 아끼고 사랑하며 백년해로하다. 형 날인(捺印)이 없는. 서명이 없는. 관인이 없는. 정식이 아닌. ¶～函件=서명이 없는 서신. 관인이 없는 문서.

【白头翁】 báitóuwēng 명 1 백발 노인. 2 (植) 할미꽃. 백두옹. 3 (动) 직박구리과의 작은 새. [머리 부위의 깃털은 흑백이 섞여 있고, 늙은 개체는 머리가 더욱 희어지므로 얻어진 이름임] 영 Chinese bulbul

【白头偕老】 báitóu-xiélǎo 성 백년해로(하다).

【白秃风】 báitūfēng ☞【发癣】 fàxuǎn

【白玩儿】 báiwánr 동 1 공짜로 놀다. 2 아주 쉽게 처리하다.

【白文】 báiwén 명 1 (주석이 있는 책의) 본문. 2 백문. [주석을 모두 빼고 본문만 수록한 것] 3 음문(陰文). [도장의 음각한 글자] ↔朱文

【白皙】 báixī 형문 희고 깨끗하다. ¶身材标致, 肤色～. =몸매가 균형이 있으며 피부가 희고 깨끗하다.

【白细胞】 báixìbāo 명 (生) 백혈구. =【白血球】 báixuěqiú

【白鹇】 báixián 명 (动) 백한. 흰 꿩.

【白鲞】 báixiǎng 명 배를 갈라 말린 조기.

【白相】 báixiàng 동방 놀다. 빈둥거리다. 어슬렁거리다. 희롱하다. 조롱하다. 갖고 놀다.

【白相人】 báixiàngrén 명방 건달. 불량배. 양아치.

【白熊】 báixióng 명 (动) 흰 곰. 백곰. =【北极熊】 běijíxióng

【白鲜】 báixuǎn ☞【发癣】 fàxuǎn

【白雪】 báixuě 명 1 새하얀 눈. 백설. 흰 눈. 2 비 고아(高雅)한 문예 작품. ¶阳春～. =매우 고상하고 심오한 문학·예술 작품.

【白血病】 báixuěbìng 명 (醫) 백혈병. 俗【血癌】 xuè'ái

【白血球】 báixuěqiú ☞【白细胞】 báixìbāo

【白眼】 báiyǎn (눈의) 흰자위. 동 백안시하다. 무시하는 태도로 보다. 업신여기는 태도로 보다. ¶谁也不愿遭人～. =누구든 무시당하는 것을 원하지 않는다. ↔青眼

【白眼儿狼】 báiyǎnrláng 명방 배은망덕한 사람. 은혜도 모르는 사람.

【白眼珠】 báiyǎnzhū (～儿) 명 (눈의) 흰자위.

【白羊座】 báiyángzuò 명 (天) 양자리. [12 별자리 중의 첫 번째]

【白杨】 báiyáng 명 (植) 백양·포퓰러·은백양 등 버드나무속 식물의 총칭.

【白要】 báiyào 동 거저 가지다. 공짜로 가지려 하다. 거저 달라고 하다. ¶无功不受禄, 不能～. =공로도 없으면서 거저 가져서는 안 된다.

【白药】 báiyào 명 (醫) 백약. [지혈·혈액 순환·어혈(瘀血) 제거에 효과가 있음. 원난(云南) 지역의 것이 약효가 가장 우수하다고 함]

【白页】 báiyè 명 전화 번호부에서 당(党)과 정부 기관이나 단체의 전화 번호가 인쇄된 부분. [흰색으로 인쇄되어 얻어진 이름으로, '黄页(상업용 전화 번호가 인쇄된 부분)'와 구별됨]

【白夜】 báiyè 명 (天) 백야. 영 white night

【白衣苍狗】 báiyī-cānggǒu 성비 세상일의 변화가 무상하다. =【白云苍狗】 báiyún-cānggǒu

【白衣冠】 báiyīguān 명 문상용 상복과 두건.

【白衣天使】 báiyī tiānshǐ 명 백의의 천사. [간호사에 대한 미칭]

【白衣战士】 báiyī zhànshì 명 의료인.

【白蚁】 báiyǐ 명 (动) 흰개미.

【白翳】 báiyì 명 (醫) 각막 반흔. [각막에 병이 난 후 남는, 시선에 악영향을 주는 흉터]

【白银】 báiyín 명 (옛) 은. [고대에 화폐로 쓰였음]

【白鲉】 báiyòu 명 (动) 흰 담비.

【白玉】 báiyù 명 경옥(硬玉). 백옥.

【白玉兰】 báiyùlán 명 (植) 백목련.

【白云】 báiyún 명 흰구름.

【白云苍狗】 báiyún-cānggǒu ☞【白衣苍狗】 báiyī-cānggǒu

【白斩鸡】 báizhǎnjī 닭 요리의 일종. [닭을 통째로 삶은 후 조각조각 찢어 양념에 찍어 먹음]

【白芷】 báizhǐ 명 (植) 백지. ['香白芷(xiāngbáizhǐ)·川白芷(chuānbáizhǐ)'라고도 함] 영 Taiwan Angelica Root

【白纸】 báizhǐ 명 1 백지. 흰 종이. 2 비 (어떤 분야에서) 경험이 전무함. ¶她的恋爱史还是一张～. =그녀의 연애사는 아직 백지 상태이다.

【白纸黑字】 báizhǐ-hēizì 성 1 백지에 쓴 검은 글씨. 2 비 (명문화된) 명백한 증거.

【白种】 báizhǒng ☞【欧罗巴人种】 Ōuluóbā rénzhǒng

【白昼】 báizhòu 백주. 대낮. ≒白天 ↔黑夜

【白昼见鬼】 báizhòu-jiànguǐ ☞【白日见鬼】 báirì-jiànguǐ

【白术】 báizhú 명 (植) 백출. [비위(脾胃)를 돕고, 소화 불량·구토·설사 등의 치료에 사용됨]

【白煮】 báizhǔ 동 물에 삶다. ¶～肉=물에 삶은 고기.

【白字】 báizì 명 오자(誤字). 틀린 글자. ¶写～=오자를 쓰다. / 念～=글자를 틀리게 읽다.

【白族】 Báizú 명 백족. [중국 소수 민족의 하나로, 주로 윈난(云南)성에 분포함]

*※百 bǎi 일백 백

주 백. 100. ¶年过半～=나이 오십이 넘다. 형비 많은. 전부인. ¶千行～业=수많은 분야의 업종. / ～事待举=많은 일들이 시행되기를 기다리다. 처리해야 할 일들이 산적해 있다. 명 (Bǎi) 성(姓).

◆ 百 bǎi
  佰 bǎi
  弼 bì
  陌 mò

○◆ 半百, 敌百虫chóng, 老百姓, 小百货

【百把】 bǎibǎ 주 백 가량. 백 정도. ¶～里路, 不太远. =백 리 정도라 그리 멀지 않다.

# 38 bǎi 百

【百般】bǎibān 圈 갖가지의. 각양각색의. 가지가지의. 온갖. ¶~艰难=온갖 고난. 囝 1 백방으로. 여러 방면으로. 온갖 방법으로. 여러 가지로. ¶~疼爱=끔찍이도 사랑하다. 2 십분. 대단히. 매우. ¶~懊悔=매우 후회하다.

【百宝箱】bǎibǎoxiāng 圀 1 보석 상자. 2 倣 진귀한 물품이 많은 장소. 자원이 풍부한 지역.

【百倍】bǎibèi 圈倣 백배하다. (수량이나 정도가) 매우 많다〔심하다〕. [주로 추상적인 것에 쓰임] ¶信心~=자신감이 넘치다. / ~用功=백배로 노력하다.

【百弊】bǎibì 圀囝 온갖 폐단. ¶~迭出=갖가지 폐단이 속출하다.

【百弊丛生】bǎibì cóngshēng 圀倣 갖가지 폐단이 속출하다.

【百变】bǎibiàn 圀 갖가지 변화. 많은 변화. ¶月有圆缺, 世有~。=달도 차고 기욺이 있듯, 세상도 끊임없이 변화한다.

【百病】bǎibìng 圀 각종 질병. 만병. ¶~由口入。=만병은 입을 통해 들어가 생긴다.

【百不遇一】bǎibùyùyī 倣 1 백 번 중에 한 번도 만나지 못하다. 2 倣 아주 드물다.

【百步穿杨】bǎibù-chuānyáng 倣 1 백 보나 떨어져서 버들잎을 맞추다. 2 倣 활이나 총 솜씨가 매우 뛰어나다. 백발백중이다.

【百尺竿头】bǎichǐ-gāntóu 倣 1〈佛〉도력(道力)·법력(法力)과 불학(佛学)에 조예가 깊다. 2 倣 학문이나 사업의 높은 성취.

【百尺竿头, 更进一步】bǎi chǐ gāntóu, gèng jìn yī bù 倣倣 이미 도달한 탁월한 경지에 만족하지 않고 더욱더 노력하다.

【百出】bǎichū 圐 백출하다. 형형색색이다. 각양각색이다. ¶错讹~=(문자나 기록에서) 착오가 백출하다.

【百川】bǎichuān 圀 수많은 강·하천·시내.

【百川归海】bǎichuān-guīhǎi 倣 1 모든 하천이 바다로 흘러들어가다. 2 倣 분산되어 있던 많은 사물이 한 곳에 모이다. 3 倣 대세가 되다. 대세의 흐름이 한 곳으로 귀착되다. 뭇 사람이 기대하는 바이다. 인망이 높아 뭇 사람의 신뢰와 존경을 받다.

【百代】bǎidài 圀 길고 긴 세월. ¶流芳~=명성을 길이길이 전하다.

【百读不厌】bǎidú-bùyàn 倣 아무리 읽어도 싫증이 나지 않다. 책의 내용이 매우 흥미롭다.

【百儿八十】bǎi'er bāshí 偣⑰ 100. 100에 가까운 수. ¶那个时候, 每月挣~的已经很多了。=그 시절에는 매월 백 위안 가까이 벌면 꽤 많은 셈이었다.

【百发百中】bǎifā-bǎizhòng 倣 1 백발백중. 2 사격·활 솜씨가 매우 뛰어나다. 3 倣 일의 성공을 매우 확신하다. ≒弹无虚发

【百废待举】bǎifèi-dàijǔ ☞【百废待兴】bǎifèi-dàixīng

【百废待兴】bǎifèi-dàixīng 倣 방치되거나 지체된 각종 일들이 모두 시행되기를 기다리다. ≒【百废待举】bǎifèi-dàijǔ

【百废具举】bǎifèi-jùjǔ ☞【百废俱举】bǎifèi-jùjǔ

【百废具兴】bǎifèi-jùxīng ☞【百废俱兴】bǎifèi-jùxīng

【百废俱举】[百废具举] bǎifèi-jùjǔ ☞【百废俱兴】bǎifèi-jùxīng

【百废俱兴】[百废具兴] bǎifèi-jùxīng 倣 방치되거나 지체된 각종 일들이 모두 다시 시행되다. ≒【百废俱举】【百废具举】bǎifèi-jùjǔ

【百分】bǎifēn 圀 1 100점. 만점. ¶这次数学考试, 他得了~。=이번 수학 시험에서 그는 100점을 받았다. 2 카드놀이의 일종. [4명이 12장의 카드를 갖고 놀다가, 마지막 점수로 승부를 결정함. 100점이 최고 점수임]

【百分比】bǎifēnbǐ 圀 백분율. 백분비.

【百分表】bǎifēnbiǎo 圀〈机〉다이얼 게이지(dial gauge). 다이얼 인디케이터(dial indicator).

【百分尺】bǎifēnchǐ ☞【百分卡】fēnlíkǎ

【百分点】bǎifēndiǎn 圀 퍼센트. [1%(百分之一)를 '一个百分点'이라고 함]

【百分法】bǎifēnfǎ 圀〈數〉백분법.

【百分号】bǎifēnhào 圀〈數〉백분 표시 부호. %〔퍼센트·프로〕

【百分率】bǎifēnlǜ 圀〈數〉백분율. 퍼센티지(percentage).

【百分数】bǎifēnshù 圀 백분수. [분모가 100인 분수로서, 일반적으로 '%'로 표기함. 예를 들어, 11/100=11%]

【百分之百】bǎifēnzhībǎi 倣 100%. 전부. 완전히. ¶这句哲言~地在理。=이 철학적 명언은 완전히 이치에 맞다.

【百分制】bǎifēnzhì 圀 백점〔만점〕제. [100점을 만점으로 하여 60점을 합격 하한선으로 정한 성적 수여 방식]

【百感】bǎigǎn 圀 온갖 생각. 온갖 느낌. 만감(萬感).

【百感交集】bǎigǎn-jiāojí 倣 1 만감이 교차하다. 온갖 생각이 뒤얽히다. 2 倣 마음이 매우 복잡하다.

【百工】bǎigōng 圀 1 각종 장인(匠人). 각종 기술자. 2 백공. [고대의 관직으로, 건축·제조 등의 사무를 담당했음]

【百谷】bǎigǔ 圀囝 백곡(百穀). 온갖 곡식.

【百官】bǎiguān 圀囝 백관. 각종 관리. 모든 관리. ¶文武~朝列。=문무 백관이 조회에 참석하여 서열대로 늘어서다.

【百合】bǎihé 圀〈植〉백합.

【百花】bǎihuā 圀 온갖 꽃. 백화.

【百花奖】Bǎihuājiǎng 圀〈映〉백화상. 《大众电影(대중 영화)》 잡지사에서 주관하여 1961년부터 수여한 대중 영화상. '금계상(金鸡奖)·화표상(华表奖)'과 함께 중국의 3대 영화상으로 꼽힘

【百花怒放】bǎihuā-nùfàng 倣 1 온갖 꽃이 흐드러지게 피다. 백화가 만발하다. 2 倣 공연장의 분위기가 매우 뜨겁다.

【百花齐放】bǎihuā-qífàng 倣倣 1 서로 다른 형식〔풍격〕의 예술 작품이 자연스럽게 발전하다.

2 예술계가 번영하는 모습.

【百货】 **bǎihuò** 图《經》백화. 여러 가지 상품. [일상 생활 용품을 위주로 한 상품의 총칭]¶~商场=백화점.

【百家姓】 **Bǎijiāxìng** 图《백가성》. [북송(北宋) 초에 당시 중국인의 성씨들을 4자 1구의 운문(韻文)식으로 엮은 책. 단성(單姓) 408개와 복성(複姓) 30개를 수록하였음]

【百家衣】 **bǎijiāyī** 图 백가의. [많은 사람들에게서 얻어 온 천 조각들로 꿰매어 만든 옷. 지난날 갓난아이가 이 옷을 입으면 장수할 수 있다고 여겼음]

【百家争鸣】 **bǎijiā zhēngmíng** 图 1 백가쟁명. [중국 춘추 전국 시대에 유가(儒家)·법가(法家)·도가(道家)·묵가(墨家) 등 여러 학파들이 서로 논쟁을 벌였던 일] 2 (비) 서로 다른 학파들이 자유롭게 논쟁하다.

【百举百全】 **bǎijǔ-bǎiquán** 图 시작한 일들이 모두 순조롭게 진행되다.

【百科】 **bǎikē** 图 백과. 여러 가지 과목. 각종 학과(學科).

【百科全书】 **bǎikē quánshū** 图 백과 사전. 백과 전서.

【百孔千疮】 **bǎikǒng-qiānchuāng** 图(비) 온몸이 부스럼(상처) 투성이다. 만신창이. 엉망진창이. =【千疮百孔】 **qiānchuāng-bǎikǒng**

【百口莫辩】 **bǎikǒu-mòbiàn** 图 1 입이 백 개라도 할 말이 없다. 2 해명하거나 변호할 길(방법)이 없다.

【百老汇】 **Bǎilǎohuì** 图(地) (미국 뉴욕의) 브로드웨이(Broadway).

【百里】 **bǎilǐ** 图 1 백 리. 2(비) 먼 거리. ¶~俗易=백 리 떨어진 거리면 풍속도 다르다. 지방마다 풍속이 다르다. 3 (**Bǎilǐ**) 복성(複姓).

【百里挑一】 **bǎi lǐ tiāo yī** 图 1 백에서 하나를 고르다. 2(비) 매우 출중하다. 뛰어나다.

【百里香】 **bǎilǐxiāng** 图(植) 백리향. 타임(thyme).

【百炼成钢】 **bǎiliàn-chénggāng** 图(비) 오랜 단련으로 매우 강해지다.

【百灵】 **bǎilíng** 图(動) 종달새.

【百伶百俐】 **bǎilíng-bǎilì** 图 매우 총명하고 영리하다.

【百忙】 **bǎimáng** 图 매우 바쁘다. 눈코 뜰 새 없이 바쁘다. ¶~之中, 无暇他顾. =눈코 뜰 새 없이 바빠서 다른 일을 돌볼아볼 겨를이 없다.

【百衲本】 **bǎinàběn** 图 완전하지 못한 여러 종의 선본(善本)을 모아 펴낸 완정판 총서(叢書).

【百衲衣】 **bǎinàyī** 图 1 가사(袈裟). 승복(僧服). 2 누더기. 남루(襤褸).

【百年】 **bǎinián** 图 1 백세. 백년. ¶人生~, 悠忽而过. =인생 백년(한평생)이 헛되이 흘러간다. 2 많은 해. 오랜 세월. ¶~基业=먼 미래를 준비하는 큰 계획. 백년대계. 3 (사람의) 일생. 평생. ¶~好合=평생 화목하게 살다.

【百年不遇】 **bǎinián-bùyù** 图 1 백 년에 한 번 만나기도 힘들다. 2(비) 매우 보기 드물다.

【百年大计】 **bǎinián-dàjì** 图 백년대계. ¶~, 教育为本. =백년대계는 교육이 기본이다.

【百年树人】 **bǎinián-shùrén** 图 인재 양성은 백년지대사이다. 인재 양성은 장기간의 지원과 지속적인 노력이 필요하다.

【百年之后】 **bǎiniánzhīhòu** 图 죽은 뒤. 사후(死後).

【百鸟】 **bǎiniǎo** 图 온갖 날짐승.

【百诺】 **bǎinuò** 图 많은 사람들의 응답. 여러 사람의 호응. ¶一呼~, 应者云集. =단 한 번의 외침에 수많은 사람들이 호응하며 구름처럼 몰려들다.

【百千】 **bǎiqiān** 图 1 수백 수천에 달하다. 2 매우 많다. ¶~人众=많은 군중.

【百人】 **bǎirén** 图 1 100명. 2 수많은 사람.

【百人百姓】 **bǎirén-bǎixìng** 图(비) 사람의 모습이나 생각이 저마다 다르다. 십인십색.

【百日】 **bǎirì** 图 1 100일. 2 비교적 긴 시간. 3 백일. [아이가 태어난 날로부터 백 번째 되는 날] 4 사람이 죽은 날로부터 백 번째 되는 날.

【百日草】 **bǎirìcǎo** 图(植) 백일홍. [꽃 피는 기간이 매우 길기 때문에 붙여진 이름임]

【百日红】 **bǎirìhóng** ☞【紫薇】 **zǐwēi**

【百日咳】 **bǎirìké** 图(醫) 백일해.

【百日维新】 **Bǎirì Wéixīn** ☞【戊戌变法】 **Wùxū Biànfǎ**

【百十】 **bǎishí** 图 100 정도. 100 안팎. ¶~来人=100명 정도.

【百世】 **bǎishì** 图 1 백대. 백세. 2 오랜 세대. 수없이 많은 세대. 대대손손. 천년만년. ¶虽难流芳~, 但亦不能遗臭万年. =천년만년 명성을 떨칠 수는 없다 하더라도 천추에 오명을 남기지는 말아야 한다.

【百事】 **bǎishì** 图 온갖 일. 만사(萬事).

【百事大吉】 **bǎishì-dàjí** 图 모든 일이 다 잘 되다. 만사가 형통하다.

【百事可乐】 **bǎishì kělè** 图 펩시콜라(pepsi-cola).

【百事通】 **bǎishìtōng** ☞【万事通】 **wànshìtōng**

【百兽之王】 **bǎishòuzhīwáng** 图 1 사자. 2 호랑이. 백수의 왕.

【百思不得其解】 **bǎisī bùdé qíjiě** ☞【百思不解】 **bǎisī bùjiě**

【百思不解】 **bǎisī-bùjiě** 图 도무지 이해가 되지 않는다. 도통 모르겠다. =【百思不得其解】 **bǎisī bùdé qíjiě**

【百岁】 **bǎisuì** 图 100년. ¶~光阴匆匆逝. =백년의 세월이 바쁘게 다 흘러가다.

【百听不厌】 **bǎitīng-bùyàn** 图 1 아무리 들어도 싫증나지 않다. 2 이야기나 우스갯소리가 매우 재미있다.

【百万】 **bǎiwàn** 图 1 백만. 2 다수. 거액. ¶~大军=백만 대군.

【百万字节】 **bǎiwàn zìjié** 图(컴) 메가 바이트(mega byte).

【百闻不如一见】 **bǎiwén bùrú yījiàn** 图 백

## bǎi 百伯佰柏捭摆

번 듣는 것이 한 번 보는 것만 같지 못하다. 백문이 불여일견이다.

【百问不烦】 **bǎiwèn-bùfán** ⓗ **1** 아무리 질문해도 싫증을 내지 않다. **2** (질의에 대한) 응답자의 인내심이 대단하다.

【百无禁忌】 **bǎiwújìnjì** ⓗ 하나도 거리낄 것이 없다. 조금도 거칠 것이 없다.

【百无可为】 **bǎiwúkěwéi** ⓗ 할 만한 일이 아무것도 없다.

【百无聊赖】 **bǎiwúliáolài** ⓗ 무료하기 짝이 없다. 심심하기 그지없다. 무척 따분하다.

【百无一失】 **bǎiwúyīshī** ⓗ 절대 실수하는 법이 없다. 틀림이 없다.

【百无一是】 **bǎiwúyīshì** ⓗ 하나도 옳은 것이 없다. 좋은 데가 한 군데도 없다. 장점이 하나도 없다.

【百物】 **bǎiwù** ⓜ 온갖 물건. 만물. ¶~精美=모든 물건이 훌륭하다.

【百戏】 **bǎixì** ⓜ (고대의) 음악·무용·잡기. 갖가지 잡기.

【百香果】 **bǎixiāngguǒ** ⓜ〔植〕 패션푸르트(passionfruit). 〔꽃시계풀의 열매〕

【百响】 **bǎixiǎng** ⓜⓢ **1** 백 개의 작은 폭죽으로 만든 큰 폭죽. **2** 폭죽의 총칭.

【百姓】 **bǎixìng** ⓜ 백성. 평민. ¶黎民~=일반 백성.

【百样】 **bǎiyàng** ⓗ 각양각색의. 온갖 종류의. ¶~手艺无一通.=수많은 재주 가운데 어느 것 하나에도 정통하지 못하다.

【百业】 **bǎiyè** ⓜ 모든 업계. 온갖 직업. ¶~繁兴=모든 업계가 번영하다.

【百业萧条】 **bǎiyè-xiāotiáo** ⓗ 업계 전체가 불경기이다.

【百叶】 **bǎiyè** ⓜⓢ **1** (~儿) 천엽. 처녑. **2** ☞【千张】 **qiānzhāng**

【百叶窗】[百页窗] **bǎiyèchuāng** ⓜ **1** 블라인드(blind). **2** 기계 설비 속의 블라인드(blind)처럼 생긴 장치.

【百页窗】 **bǎiyèchuāng** ☞【百叶窗】 **bǎiyèchuāng**

【百依百顺】 **bǎiyī-bǎishùn** ⓗⓢ 다른 사람의 말에 무조건 따르다. 남이 시키는 대로 하다. ≒言听计从

【百艺不如一艺精】 **bǎiyì bùrú yīyì jīng** ⓢ 이 것저것 조금씩 아는 것보다 하나에 정통한 것이 낫다.

【百越】 **Bǎiyuè** ⓜ 중국 고대의 월족(越族).

【百战】 **bǎizhàn** ⓜ 수많은 전투. 백전.

【百战百胜】 **bǎizhàn bǎishèng** ⓗ **1** 백전백승하다. **2** ⓑ 가는 곳마다 당할 자가 없다.

【百战不殆】 **bǎizhàn-bùdài** ⓗ 백전불태. 백번 싸워도 위태롭지 않다.

【百折】 **bǎizhé** ⓜ 수많은 우여곡절. 산전수전.

【百折不回】 **bǎizhé-bùhuí** ☞【百折不回】 **bǎizhé-bùnáo**

【百折不挠】 **bǎizhé-bùnáo** ⓗ **1** 백절불굴(百折不屈). 수많은 좌절에도 꺾이지 않다. **2** 의지가 매우 강인하다. =【百折不回】 **bǎizhé-bùhuí**

【百褶裙】 **bǎizhěqún** ⓜ 주름치마.

【百中无一】 **bǎizhōng-wúyī** ⓗ **1** 백 중에 하나도 없다. **2** 극히 드물다.

【百纵千随】 **bǎizòng-qiānsuí** ⓗ 제멋대로 내 버려 두다. 하고 싶은 대로 하게 하다.

【百足】 **bǎizú** ⓜⓕ(动) 노래기. ⓔ millipede

【百足之虫, 死而不僵】 **bǎi zú zhī chóng, sǐ ér bù jiāng** ⓗ **1** 노래기는 몸이 잘려도 여전히 꿈틀거릴 수 있다. **2** ⓑ 권세가 있던 사람이나 집단은 몰락 후에도 여전히 위세와 영향력이 남아 있다.

## 伯 bǎi 맏 백
☞【大伯子】 **dàbǎi·zi**
☞ **bó**

## 佰 bǎi 일백 백
㊀ 일백. 〔'百(bǎi)'의 갖은자〕

## 柏[(栢)] bǎi 측백나무 백
ⓜ **1**〔植〕 측백나무. **2** (**Bǎi**) 성(姓).
☞ **bó, bò**

○● 扁**biǎn**柏, 刺柏

【柏树】 **bǎishù** ⓜ〔植〕 측백나무.
【柏油】 **bǎiyóu** ☞【沥青】 **lìqīng**
【柏油路】 **bǎiyóulù** ⓜ 아스팔트 도로.

## 捭 bǎi 칠 패
ⓢⓕ 나누다. 쪼개다. ¶~阖自如=열고 닫는 것이 자유롭다.

【捭阖】 **bǎihé** ⓢⓕ **1** 열고 닫다. **2** (수단을 부려) 연합 또는 분열시키다. ¶~群雄=군웅을 연합 또는 분열시키다.

## 摆¹[擺] bǎi 놓을 파
ⓢ **1** 흔들다. 젓다. ¶他急得只~头.=그는 어쩌나 급했던지 고개만 흔들었다. **2** 놓다. 배열하다. 벌여 놓다. 진열하다. 배치하다. ¶把书架上的书~好.=책꽂이의 책을 잘 꽂아 놓다. **3** 뽐내다. 자랑하다. 드러내다. 내보이다. ¶~老资格=베테랑〔고참〕 티를 내다. **4** 배를 타고 물을 건너다. ¶把船~到河心=배를 강 가운데로 저어가다. **5** ⓑ 말하다. 진술하다. ¶有意见当面~.=의견 있으면 직접 말하시오. **6** 열거하다. 늘어놓다. ¶~事实, 讲道理.=사실을 열거하며 이치를 따지다. ⓜ **1** 진자(振子). 흔들이. **2** (시계·기계 따위의) 추. **3** 중국 태족(傣族) 거주 지역의 불교 의식 또는 오락성 군중 집회. ≒摇

## 摆²[襬] bǎi 옷 아랫단 파
ⓜ 옷자락. ¶前后~=앞뒤 옷자락. / 下~=아래 옷자락.

○● 显**xiǎn**摆, 摇**yáo**摆, 钟摆

摆(bǎi) / 放(fàng) 놓다, 두다

摆: 물건을 진열하여 감상토록 한다는 의미도 가짐. ¶房间里摆着两盆花儿。=방에 꽃 화분 두 개가 놓여져 있다。/ 他靠在摆着鲜花的窗台前看书。=그는 싱싱한 꽃이 놓여 있는 창틀 앞쪽에서 책을 본다.

放: 물건을 일정한 위치에 놓는 것을 말함. ¶书架上放满了书。=책꽂이에 책을 가득 놓았다. / 屋里地方太小, 自行车放不进来。=집이 너무 작아서, 자전거를 들여놓을 수가 없다.

【摆八挂阵】bǎi bāguàzhèn 〈낮버〉 잔꾀를 부려 사람을 현혹시키다. 꿍꿍이수작을 부리다.

【摆布】bǎi·bu 〈동〉 1 배치하다. 설치하다. 진열하다. ¶他半天都在~博物架。=그는 한나절 동안 진열장 정리에만 매달렸다. 2 지배하다. 조종하다. 좌지우지하다. ¶男子汉大丈夫, 决不能任人~。=사나이 대장부는 절대 남에게 휘둘려서는 안 된다.

【摆不开】bǎi·bukāi 〈동〉 (장소가 협소하여) 진열할 수 없다. 배열할 수 없다. 벌여 놓을 수 없다. ¶屋子太小, 东西~。=방이 너무 좁아 물건을 벌여 놓을 수 없다.

【摆出】bǎichū 〈동〉 1 꺼내어 늘어놓다. 2 (추상적인 것 또는 숨겨져 있는 것을) 내놓다. 공표하다. 드러내다. 나타내다.

【摆荡】bǎidàng 〈동〉 흔들거리다. 동요하다. 흔들흔들하다. ¶秋千不停地来回~。=그네가 쉴새 없이 왔다 갔다 흔들거린다.

【摆到桌面上】bǎi dào zhuōmiàn·shang 〈낮버〉 문제나 의견을 공개적으로 제기하다. 공개적인 자리에서 논의하다. ¶有问题, 不要在背后嘀咕。=문제가 있으면 공개적으로 제기할 일이지, 뒤에서 투덜거리지 마시오.

【摆动】bǎidòng 〈동〉 (좌우로) 흔들다. 흔들거리다. 일렁거리다. ¶垂柳迎风~。=늘어진 버들 가지가 바람에 흔들거린다.

【摆渡】bǎi·dù 〈동〉 1 배로 사람이나 화물을 실어나르다. ¶要用大点的船~设备。=설비를 좀 더 큰 배에 실어 옮겨야 한다. 2 배를 타고 물을 건너다. ¶河上有船, 可以~过去。=강에 배가 있으니 타고 건너갈 수 있어요. 〈명〉 나룻배. ¶不知道河上有没有~。=강에 나룻배가 있는지 모르겠군요.

【摆法】bǎifǎ 〈명〉 (상품이나 물품 등을 진열하는) 진열 방법.

【摆放】bǎifàng 〈동〉 진열하다. 배열하다. 나열하다. ¶书要~整齐。=책은 가지런히 잘 정돈되어야 한다. ≒陈列

【摆份儿】bǎi‖fènr 〈동〉 허세를 부리다. 거드름피우다.

【摆功】bǎi‖gōng 〈동〉 공로를〔실적을〕 늘어놓다〔뽐내다〕. ¶此人只知苦干, 从不~。=이 사람은 고충을 참고 일할 줄만 알지, 여태까지 공로를 뽐낸 적이 없다.

【摆好】bǎi‖hǎo 〈동〉 장점·공헌 등을 늘어놓다. 자랑거리를 늘어놓다. ¶评功~=공로를 평가하고, 좋은 점을 늘어놓다.

【摆花架子】bǎi huājià·zi 〈낮버〉 겉멋만 내고 내실은 따지지 않는다.

【摆划】bǎi·hua 〈동〉 1 처리하다. 배치하다. ¶真不知这儿该如何~。=이 일을 어떻게 처리해야 할지 정말 모르겠군! 2 수리하다. 고치다. 손질하다. 정비하다. ¶把电视~~, 能看就行了。=텔레비전 좀 고쳐 주시오. 볼 수 있기만 하면 됩니다. 3 줄곧 만지작거리다. 계속 가지고 놀다. ¶那纯粹是瞎~!=그건 정말 시간낭비야! 그건 완전히 헛수고야! 4 손짓 발짓 하며 말하다. ¶他激动地~着年轻时的事。=그는 격정적으로 손짓 발짓을 해 가며 젊은 시절 얘기를 했다. 5 허풍떨다. ¶我不听你瞎~!=말도 안 되는 네 허풍은 듣지 않겠어!

【摆架子】bǎi jià·zi 〈낮버〉 잘난 체하다. 거드름 피우다. 거들먹거리다. 무게를 잡다. ¶可别在行家面前~。=전문가 앞에서 잘난 체하지 마라. ≒端架子

【摆件】bǎijiàn 〈명〉 진열품. 장식품. 장식물. ¶案头~=책상 위 진열품.

【摆酒】bǎi‖jiǔ 〈동〉 연회를 열다. 술자리를 만들다. 식사 자리를 만들다. ¶~庆功=연회를 베풀어 공로를 치하하다.

【摆开】bǎikāi 〈동〉 1 벌여 놓다. 진열하다. 펴 놓다. ¶~桌椅=탁자와 의자를 벌여 놓다. 2 벗어나다. 이탈하다. 떨쳐 버리다. 털어 버리다. ¶~控制=통제를 벗어나다.

【摆开马步】bǎikāi mǎbù 〈낮〉 1 싸우려는 자세를 잡다. 오른발을 약간 내밀고 허리를 낮춘 자세를 잡다. ¶阿Q连忙捏好砖头, ~, 准备和黑狗开战。=아큐는 잽싸게 벽돌 조각을 움켜쥐고, 오른발을 약간 내밀고 허리를 낮춘 자세를 잡고서 검정개와 싸울 준비를 했다. 2 〈버〉 준비를 하다. 태세를 갖추다.

【摆款儿】bǎi‖kuǎnr 〈동구〉 거드름피우다. 뽐내다. 폼 잡다.

【摆阔】bǎi‖kuò 〈동〉 겉치레를 좋아하다. 허세를 부리다. 잘 사는 티를 내다. 잘 산다고 뽐내다. ¶什么时候都要厉行节约, 不能~。=늘 철저하게 절약해야지, 허세를 부려서는 안 된다.

【摆擂】bǎilèi ☞【摆擂台】bǎi lèitái

【摆擂台】bǎi lèitái 〈낮〉 1 무대를 설치하고 사람을 불러 무예를 겨루다. 2 〈버〉 도전에 응하거나 시합에 응하여 주기를 바라다. ≒【摆擂】bǎilèi

【摆列】bǎiliè 〈동〉 진열하다. 배치하다. 전시하다. ¶~展品=전시품을 진열하다.

【摆龙门阵】bǎi lóngménzhèn 〈동〉〈방〉 한담하다. 이야기를 하다. 수다를 떨다.

【摆轮】bǎilún 〈명〉 (시계 부속의 하나인) 템포 바퀴. =【摆盘】bǎipán 〈명〉 balance wheel

【摆门面】bǎi mén·mian 〈낮버〉 겉치레를 좋아하다. 허세를 부리다. 체면을 따지다. 격식〔형식〕을 따지다.

【摆迷魂阵】bǎi míhúnzhèn 〈낮버〉 사람을 현혹시키는 행동을 하다. 사람의 혼을 빼다. 속임수

를 쓰다.

【摆明】**bǎimíng** 동 (의견이나 문제 등을) 명확히 밝히다. 확실히 하다. ¶有什么高招, 请~了说。= 무슨 묘수가 있다면 명확하게 말씀해 주십시오. 무슨 좋은 방법이 있다면 확실하게 말해 주세요.

【摆弄】**bǎinòng** 동 1 좌우로 움직이거나 이동시키다. ¶小家伙不停地~着钟摆。= 녀석은 끊임없이 시계추를 흔들어 대고 있다. 2 (손으로) 조작하다. 만지작거리다. 주무르다. 수리하다. 처리하다. 다루다. 하다. ¶他总喜欢~电脑。= 그는 늘 컴퓨터 조작하기를 좋아한다. 3 놀리다. 희롱하다. 우롱하다. 갖고 놀다. ¶什么都可以~,就是不能~人。= 뭘 가지고 놀든 괜찮지만, 사람을 갖고 놀아서는 안 돼. 4 (어떤 일을) 취급하다. 수행하다. ¶文字不是我这等人~的。= 글은 나 같은 사람이 다룰 수 있는 것이 아니다.

【摆排场】**bǎi páichǎng** 동 겉치레를 좋아하다. 허세를 부리다. 체면을 따지다. 격식〔형식〕을 따지다.

【摆盘】**bǎipán** ☞ 【摆轮】**bǎilún**

【摆平】**bǎi‖píng** 동 1 (똑)바로 놓다. 2 (방) 적절하게 안배하다. 공정하게 처리하다. ¶各方面关系都要~。= 각 분야의 관계는 모두 공정하게 처리해야 한다. 3 (방) 수습하다. 응징하다. 처벌(處罰)하다.

【摆谱儿】**bǎi‖pǔr** 동방 1 거드름피우다. 잘난 체하다. ¶当官为民, 不能在老百姓面前~。= 국민을 위해 관리가 되었다면, 국민 앞에서 거드름을 피워서는 안 된다. 2 겉치레를 좋아하다. 허세를 부리다. 체면을 따지다. 격식을 따지다. ¶再富裕也不能~。= 아무리 부유하더라도 허세를 부려서는 안 된다.

【摆设】**bǎishè** 동 (예술품 등을) 진열하다. 차려 놓다. 꾸며 놓다. 장식하다. 디스플레이(display)하다. ¶~花卉盆景=꽃과 분재를 진열하다. ≒陈设 布置

【摆设】**bǎi‧she** 명 1 진열품. 장식물. 장식품. ¶桌子上几乎没有什么~。= 탁자 위에는 별다른 장식물이 없다. 2 (방) (관상용·장식용·표면상의 대표 등) 겉만 그럴듯하고 실제 쓸모는 없는 것〔사람〕. ¶不能拿书当~, 充门面。= 책을 장식용으로 삼아 겉치레를 해서는 안 된다.

【摆神弄鬼】**bǎishén-nòngguǐ** 성방 수작을 부리다. 교활한 수단을 쓰다.

【摆手】**bǎi‖shǒu** 동 1 손을 내젓다. ¶~拒绝=손을 저으며 거절하다. 2 손을 흔들다. 손짓하다. ¶他远远地向老同学~。= 그는 저 멀리서 옛 동창을 향해 손을 흔들었다.

【摆台】**bǎitái** 동 종업원이 연회 전 식탁을 세팅(setting)하다.

【摆摊儿】**bǎitānr** 동 노점을 벌이다〔차리다〕. =【摆摊子】**bǎi tān‧zi**

【摆摊子】**bǎi tān‧zi** 1 ☞【摆摊儿】**bǎi tānr** 2 (방) 어떤 일을 벌이기 전에 인원이나 기구 등을 갖추다. 3 (방) 번지르르하게 차려 놓다. 멋 부리다. 겉치레하다. 과도하게 꾸며 놓다.

¶~、走形式的工作作风是不可取的。= 겉만 번지르르한 형식적인 일처리 태도는 취할 바가 못 된다.

【摆脱】**bǎituō** 동 (속박·규제·생활상의 어려움 등에서) 벗어나다. 빠져 나오다. 이탈하다. 떨쳐 버리다. ¶~烦恼=번뇌에서 벗어나다. / ~困境=곤경에서 빠져 나오다. ≒解脱

【摆威风】**bǎi wēifēng** 동 으름장 놓다.

【摆尾】**bǎiwěi** 동 꼬리를 흔들다. ¶摇头~=머리와 꼬리를 흔들어 아첨하다.

【摆席】**bǎixí** 동 음식을 차리다. 식사 자리를 만들다. 연회를 열다. 술좌석을 만들다. ¶~饯行=음식을 차려 전별(餞別)하다.

【摆宴】**bǎiyàn** 동 연회를 베풀다. ¶~接风=연회를 베풀어 멀리서 온 손님을 맞다.

【摆样子】**bǎi yàng‧zi** 동 …하는 척하다. 겉치레하다. 격식〔형식〕을 갖추다. 멋 부리다. 거드름 피우다.

【摆正】**bǎizhèng** 동 알맞게 놓아 두다. 알맞게 처리하다. 바로잡다. ¶~自我位置=자기 위치를 바로잡다. 자기 위치를 제대로 파악하다.

【摆治】**bǎi‧zhì** 동방 1 정리하다. 손질하다. (알뜰하게) 가꾸다. ¶~蔬菜大棚=채소 비닐하우스를 손질하다. 2 (정신적·육체적) 고통을 주다. 괴롭히다. ¶他一得我好苦。= 그는 나를 무척이나 고통스럽게 한다. 3 조종하다. 좌지우지하다. ¶受人以柄, 很难不听人~。= 남에게 약점을 잡히면, 그 사람 말을 안 듣기란 무척이나 힘들다.

【摆置】**bǎizhì** 동 벌여 놓다. 진열하다. 펴 놓다. 배치하다. 차려 놓다. 꾸며 놓다. 장식하다. 디스플레이(display)하다.

【摆钟】**bǎizhōng** 명 추시계(錘時計)의 총칭.

【摆桌】**bǎizhuō** 동 1 밥상을 차리다. 2 식사 자리〔기회〕를 마련하다.

【摆子】**bǎi‧zi** 명방 학질. ¶打~=학질에 걸리다. 학질을 앓다.

# 呗[唄] bài 찬불(讚佛) 패
☞【梵呗】**fànbài**
☞ ·**bei**

# **败[敗] bài** 질 패

동 1 (전쟁이나 경기에서) 지다. 패하다. ¶胜不骄, ~不躁。= 이겼다고 교만하지 말고, 졌다고 조급해 하지 말라. 2 물리치다. 이기다. ¶大~敌军=적군을 대파(大破)하다. 3 (일 등이) 실패하다. 4 (일 등을) 망치다. 그르치다. ¶毁名~誉=이름과 명예를 더럽히다. 5 제거하다. 없애다. ¶~毒=해독하다. 6 망하게 하다. 몰락시키다. ¶~家=집안을 몰락시키다. 형 1 쇠퇴하다. 퇴색하다. 시들다. ¶草枯花~=풀과 꽃이 말라비틀어지다. 2 낡고 오래 되다. 썩다. 부패하다. 문드러지다. ↔胜 成

○- 残败, 惨败, 成败, 挫败, 打败, 腐败, 击jī败, 溃kuì败, 破败, 失败, 衰shuāi败, 颓败, 战败

【败北】 bàiběi 图 1 (軍) 패전하다. 패배하다. ¶敌军~=적군이 패배하다. 2 (경기에서) 지다. 패배하다. ¶很可惜, 在加时赛中~。=정말 아까워, 연장전에서 지다니 말이야. ↔胜利
【败笔】 bàibǐ 图 시문·서예·그림 등에서의 결함〔흠〕. ↔妙笔
【败兵】 bàibīng 图 1 패잔병. 2 패전 후 흩어진 병사〔군대〕.
【败草】 bàicǎo 图 마른 풀. 시든 풀. ¶残花~=시든 꽃과 말라 버린 풀.
【败毒】 bàidú 图 (중의학에서) 해독하다. ¶清热~=내열(内热)을 내리고 해독하다.
【败法乱纪】 bàifǎ-luànjì 图 법령·기율 등을 어지럽히다.
【败光】 bàiguāng 图 (금전·재산 등을) 탕진하다. ¶~积蓄=모은 돈을 탕진하다.
【败坏】 bàihuài 图 (명예·풍속 등을) 손상시키다. 망치다. 더럽히다. ¶~名声=명성을 더럽히다. 图 부패하다. 타락하다. 문란하다. ¶品德~=성품이 문란하다.
【败火】 bài‖huǒ 图 (醫) (중의학에서) 해열 또는 해독하다.
【败绩】 bàijì 图 (전쟁에서) 대패하다. 무참하게 패하다. ¶屡遭~=번번이 대패하다. 图 패배한 전적. ¶鲜有~=패배한 적이 거의 없다.
【败家】 bài‖jiā 图 패가하다. 집안을 망치다. ¶~亡国=집안을 망치고 나라를 망하게 하다.
【败家子】 bàijiāzǐ (~儿) 图 1 집안을 망치는 자식. 가산을 탕진하는 자식. 방탕아. 2 (비) 국가나 단체의 재산을 탕진한 사람.
【败将】 bàijiàng 图 1 패장. 2 경기에서 진 팀.
【败局】 bàijú 图 패국. 실패 국면. ¶~已定, 难挽回。=이미 진 판국이라 도저히 만회하기 어렵다.
【败军】 bàijūn 图 싸움에 지다. 패전하다. ¶~辱国=패전하여 나라를 욕되게 하다. 图 패군. 패전한 군대. ¶~之将, 何以言勇。=패전한 군대의 장수가 어찌 용맹을 말하리.
【败类】 bàilèi 图 부패·타락·변절한 사람. ¶民族~=민족의 변절자.
【败柳残花】 bàiliǔ-cánhuā 图⑴ 나이가 들어 미모가 퇴색한 미녀. 늙은 기생. 부정(不貞)한 여자. =【残花败柳】 cánhuā-bàiliǔ
【败露】 bàilù 图 (음모나 추행 따위가) 발각되다. 폭로되다. 드러나다. ¶恶行~=악행이 발각되다. / 敌人的阴谋~了。=적의 음모가 발각되었다.
【败落】 bàiluò 图 1 쇠락하다. 몰락하다. 기울다. ¶家道~=가세가 기울다. 2 (초목·꽃잎 등이) 시들다. 조락하다. ¶残花~=꽃잎이 시들어 떨어지다.
【败事】 bàishì 图⑴ 일을 망치다. ¶成事不足, ~有余。=일을 성사시키기는커녕 오히려 일을 망치고도 남는다.
【败俗】 bàisú 图 풍속을 해치다. ¶伤风~=미풍 양속을 해치다.
【败诉】 bàisù 图 패소하다. 소송에 지다. ↔胜诉

【败退】 bàituì 图 패퇴하다. 지고 퇴각하다. ¶敌军节节~。=적군이 연속 패퇴하다.
【败亡】 bàiwáng 图 패망하다.
【败胃】 bàiwèi 图 위에 부담을 주어 입맛을 잃다. 식욕을 잃다. 식욕을 망치다. 식욕을 떨어뜨리다. ¶李子吃多了~。=자두를 많이 먹으면 식욕을 잃는다.
【败象】 bàixiàng 图 실패〔몰락〕의 조짐〔흔적·현상·자취·기미·눈치〕. ¶渐露~=실패의 조짐이 점점 나타난다.
【败谢】 bàixiè 图 (초목·꽃 등이) 시들다. 조락하다. ¶花~飘零。=꽃잎이 시들어 우수수 떨어지다.
【败兴】 bài‖xìng 图 기분을 잡치다. 흥이 깨지다. 흥이 식다. 김이 새다. ¶乘兴而来, ~而去。=신이 나서 왔다가 흥이 깨져 돌아가다. 图⑴ 재수 없다. 불운하다. ≒扫兴 ↔乘兴
【败絮】 bàixù 图 찌꺼기. 속. ¶金玉其外, ~其中。=겉만 번드르르하지 속은 엉망이다.
【败血症】 bàixuèzhèng 图 (醫) 패혈증. 图 blood poisoning
【败叶】 bàiyè 图 시든 잎. 낙엽. ¶~匝地=낙엽이 땅에 쫙 깔렸다.
【败因】 bàiyīn 图 실패의 원인. 패인. ¶分析~=패인을 분석하다.
【败誉】 bàiyù 图 명예를 더럽히다.
【败仗】 bàizhàng 图 실패한 일련의 전투. 패전. 패배. ¶任何军队都可能打~。=어떤 군대든 전쟁에서 질 수도 있다. ↔胜仗
【败阵】 bài‖zhèn 图 (전쟁에서) 패하다. 지다. ¶~而逃=패하여 도망가다.
【败子】 bàizǐ 图 집안을 망치는 자식. 가산을 탕진하는 자식. 방탕아.
【败走】 bàizǒu 图 패주하다. 싸움에 져 도망가다. ¶~他处=다른 지역으로 패주하다.

**拜** bài 절 배

图 1 고대에 경의를 표하는 예절로, 두 무릎을 꿇고 엉덩이를 뒤로올린 다음, 양 손을 가슴 앞에 모으고 머리를 손까지 숙이다. 절하다. 인사하다. ¶叩~=머리를 땅에 조아리다. 2 예를 갖추어 축하하다. ¶~年=새해 인사를 드리다. 세배하다. 3 (예의를 갖추어) 관직을〔명예를·지위를〕 수여하다. ¶~相封侯=재상과 제후로 임명하다. 4 의식을 갖춰 모종의 관계를 체결하다. ¶~师学艺=스승을 모시고 기예를 배우다. 5 방문하다. ¶~亲访友=친척과 친구를 방문하다. 6 존경하다. 감탄하다. ¶心中~服=마음속 깊이 탄복하다. 7 알현하다. 찾아뵙다. ¶~别慈父=아버지께 삼가 작별을 고하다. 8 ⑵ 동사 앞에 쓰여 존중의 뜻을 나타냄. ¶~托诸事=제반 일들을 부탁드립니다. 图 (Bài) 성(姓).

⊙● 参拜, 朝拜, 崇chóng拜, 答拜, 跪guì拜, 回拜, 结拜, 叩kòu拜, 礼拜, 膜拜, 团拜, 大礼拜

【拜把子】 bài bǎ·zi 图 의형제를 맺다.
【拜拜】 bài·bài 1 ⑵ 바이바이(bye-bye). 안

녕! ¶～, 明天见! =안녕, 내일 보자! **2** [비] (어떤) 관계를 끝내다. 행위를 그만두다. ¶夫妻俩已经～了。=부부는 이미 결별했다.

【拜拜】**bài·bai** [동] **1** [옛] (부녀자의 인사 방법으로) 두 손을 겹쳐 가슴 우측 아래쪽에서 위아래로 흔들며 살짝 몸을 숙이다. **2** [방] 명절이나 석가탄신일에 제례 또는 예불을 올리고, 음식을 차려 친지와 친구를 초청하다.

【拜别】**bàibié** [동] (어른이나 존경하는 사람에게) 삼가 작별을 고하다. ¶～高堂=부모님께 삼가 작별을 고하다.

【拜忏】**bài‖chàn** [동] 승려가 염불이나 예불을 통해 다른 사람을 대신해 참회하다.

【拜辞】**bàicí** [동] **1** [경] 작별을 고하다. ¶～家母=어머님께 작별을 고하다. **2** 사절하다. ¶实在承受不起, 只能～。=정말 받을 수 없으니 사절할 수밖에 없습니다.

【拜倒】**bàidǎo** [동] **1** 무릎을 꿇고 절하다. **2** [비][폄] 굴복하다. 숭배하다.

【拜垫】**bàidiàn** [명] (무릎을 꿇고 신이나 부처에게 절할 때 무릎 아래 까는) 방석 또는 깔개.

【拜读】**bàidú** [동][경] 삼가 읽다. ¶～大作, 受益非浅。=삼가 대작을 읽고 얻은 것이 많습니다.

【拜访】**bàifǎng** [동][경] 삼가 방문하다. 예방하다. ¶～尊师=스승을 찾아뵙다. ≒拜见 拜会

【拜佛】**bài‖fó** [동] 불상을 향해 절하다. 불교를 믿다. 불교를 숭상하다. ¶敬香～=향을 피우고 불상에 절을 올리다.

【拜服】**bàifú** [동][경] 우러러 탄복하다. 경복(敬服)하다. ¶其博古通今, 使人～。=고금을 꿰뚫는 그 명석함은 사람을 탄복하게 한다.

【拜复】**bàifù** [동][경] 삼가 회신을 드리다. 회답을 올리다.

【拜官】**bàiguān** [동][문] 관직을 수여하다. 관직을 배수하다. 임관하다.

【拜贺】**bàihè** [동][경] 축하드리다. 경하드리다.

【拜候】**bàihòu** [동][경] 찾아뵙고 문안드리다. ¶今日登门～, 多有叨扰。=오늘 찾아뵈면서 정말 폐가 많았습니다.

【拜会】**bàihuì** [동] 방문하다. 찾아뵙다. [주로 외교상의 정식 방문에서 쓰임] ≒拜访 拜见

【拜火教】**Bàihuǒjiào** [명][외]《宗》배화교. 조로아스터교. =【琐罗亚斯德教】**Suǒluóyàsīdéjiào**【祆教】**Xiānjiào**

【拜祭】**bàijì** [동] 제사 지내다. ¶～天地=천지신명께 제사 지내다.

【拜见】**bàijiàn** [동] 알현하다. 찾아뵙다. ¶～恩师=은사님을 찾아뵙다.

【拜将封侯】**bàijiàng-fēnghóu** [성] 고대에 의식을 거행하여 장군으로 임명하고 제후에 봉하다. 고위 관직을 내리다. =【拜相封侯】**bàixiàng fēnghóu**

【拜街坊】**bàijiē·fang** [낮] 이웃에 인사를 하다. 이웃집들을 찾아보다.

【拜节】**bài‖jié** [동] 명절 인사를 하다. 명절을 축하하다.

【拜金】**bàijīn** [동] 돈을 숭배하다. 배금하다. ¶～思想=배금 사상.

【拜金主义】**bàijīnzhǔyì** [명] 배금주의.

【拜客】**bài‖kè** [동] **1** 손님을 찾아뵙다. ¶迎宾～=손님을 맞아 뵙다. **2** (손님으로) 방문하다. (인사로) 찾아가다. ¶登门～=찾아가 방문하다.

【拜领】**bàilǐng** [동][경] 삼가 받다. 감사히 받다. 정중히 받다. 배수(拜受)하다.

【拜盟】**bài‖méng** [동] 의형제를 맺다.

【拜纳】**bàinà** [동][경] **1** 드리다. 바치다. ¶～租金=임대료를 드리다. **2** 삼가 받다. 감사히 받다. 정중히 받다.

【拜年】**bài‖nián** [동] 세배하다. 새해 인사를 드리다.

【拜启】**bàiqǐ** [동][경] 삼가 아룁니다. 삼가 보냅니다. [주로 편지글 말미의 서명이나 겉봉의 수신자 이름 뒤에 씀]

【拜亲】**bàiqīn** [동] 친구의 부모를 만나 뵙다.

【拜请】**bàiqǐng** [동][경] 공경히 청하다.

【拜认】**bàirèn** [동] 일정한 의식을 통해 모종의 관계를 맺다. 결의(結義)하다. ¶～师父=사부님으로 모시다.

【拜扫】**bàisǎo** [동] 성묘하다. ¶清明～=청명절에 성묘하다.

【拜上】**bàishàng** [동][경] **1** 배상. 드립니다. 올립니다. [주로 편지글 말미의 서명 뒤에 씀] **2** (남을 대신하거나 남에게 부탁하여) 경의를 표하다. 인사를 전하다.

【拜师】**bài‖shī** [동] 스승으로[사부로] 모시다. 제자가 되다. 입문하다. 사사(師事)하다. ¶～习武=스승을 모시고 무예를 연마하다.

【拜识】**bàishí** [동][경] 친교를 맺다. 교분을 맺다. ¶久仰大名, 惜无缘～。=명성은 오랫동안 들어왔습니다만, 애석하게도 교분을 맺을 기회가 없었습니다.

【拜寿】**bài‖shòu** [동] 생신을 축하드리다.

【拜受】**bàishòu** [동][경] (하사품이나 가르침 등을) 삼가 받다. 절하고 받다. ¶～尊教=가르침을 받잡다.

【拜授】**bàishòu** [동][문] 의식을 거행하여 관직이나 작위를 수여하다.

【拜堂】**bài‖táng** [동][옛] 전통 혼례에서 신랑과 신부가 함께 천지신명·양가 부모에게 절한 후 맞절하다. =【拜天地】**bài tiāndì**

【拜天地】**bài tiāndì** ☞【拜堂】**bài‖táng**

【拜帖】**bàitiě** [명] 과거에, 남을 방문할 때 사용한 명함·명찰.

【拜托】**bàituō** [동][경] (삼가) 부탁드립니다. 부탁드리다.

【拜望】**bàiwàng** [동][경] 찾아뵙다. 배알하다. ¶～老师=선생님을 찾아뵙다.

【拜物教】**bàiwùjiào** [명] **1**《宗》배물교. 주물 숭배(呪物崇拜). 물신 숭배(物神崇拜). **2** [비] (어떤 사물에 대한) 맹목적 숭배.

【拜相封侯】**bàixiàng-fēnghóu** ☞【拜将封侯】**bàijiàng-fēnghóu**

【拜谢】**bàixiè** [동] (예를 갖추어) 감사드리다. ¶改日设宴～。=나중에 자리를 마련하여 감사드

【拜谒】bàiyè 통 1 찾아뵙다. 배알하다. ¶~尊长=웃어른을 찾아뵙다. 2 (묘소·비석 등을) 참배하다. ¶~先贤碑陵=선현의 묘소에 참배하고 경의를 표하다.
【拜祖】bàizǔ 통 조상에게 제사를 지내다. 조상에게 절을 올리다.

## 稗[(粺)] bài 피 패
명(植) 피. 형(문어) 미소하다. 자잘하다.
【稗草】bàicǎo 명(植) 돌피.
【稗贩】bàifàn 명(문어) 소상인. 행상인. 영세 상인. 통(문어) 다른 사람의 경험·방법·지식 등을 답습하다. ¶~陈说=남의 의견을 답습하여 말하다.
【稗官】bàiguān 명(문어) 1 패관. 하급 관리. [황제에게 민간의 여담이나 풍속을 얘기해 주었음] 2 소설(小説). 3 소설가.
【稗官野史】bàiguān-yěshǐ 성 패관 야사. 일화나 자질구레한 일을 적은 글.
【稗史】bàishǐ 명 패사(稗史). [일화나 사소한 이 야깃거리를 적은 야사]
【稗子】bài·zi 명(植) 1 돌피. 2 돌피의 종자.

## 鞴[鞴] bài 풀무 배
명통 풀무. ¶风~=풀무.
【鞴拐子】bàiguǎi·zi 명 풀무의 손잡이.

## 唄 ·bai 어조사 패
조(구어) '呗(·bei)' 와 같음.

## ban

## *扳 bān 잡아당길 반
통 1 (위치가 고정된 것을) 방향을 바꾸다. 움직이다. 돌리다. 당기다. 틀다. 젖히다. 손가락을 꼽다. ¶~着手指头算日子=손가락을 꼽아 가며 날짜를 세다. 2 (불리한 국면을) 만회하다. 회복하다. 전환시키다. ¶~转败局=패배 국면을 전환시키다.
☞ pān
【扳本】bān∥běn(~儿) 통(노) (도박 등에서) 본전을 찾다.
【扳不倒儿】bānbùdǎor ☞【不倒翁】bùdǎo wēng
【扳倒】bāndǎo 통 1 (사람이나 물건에 힘을 써서) 넘어뜨리다. 쓰러뜨리다. ¶~树桩=나무 그루터기를 뽑아 넘어뜨리다. 2(비) 와해시키다. 무너뜨리다. 타도하다. ¶~贪官污吏=탐관오리를 타도하다.
【扳道】bān∥dào 통 전철기(轉轍機)를 젖혀 열차를 다른 선로로 옮기다.
【扳动】bāndòng 통 (당기거나 비틀어) 움직이다. 당기다. 젖히다.
【扳回】bānhuí 통 (불리한 국면을) 만회하다. 회복하다. 전환시키다.

【扳机】bānjī 명 (총의) 방아쇠.
【扳平】bānpíng 통(체) (지고 있던 경기에서) 동점을 만들다. ¶客队奋力将比分~。=원정팀은 분발하여 스코어를 동점으로 만들었다.
【扳手】bān·shou 명 1 스패너(spanner). 렌치(wrench). =【扳子】bān·zi 2 (공구나 기구의) 손잡이.
【扳指儿】bān·zhir 명 반지. 가락지. (양궁에서의) 각지(角指). 깍지. 핑거 프로텍션(finger protection).
【扳子】bān·zi ☞【扳手】bān·shou

## 攽 bān 나눌 반
통(문어) 나누어 주다. 발급하다.

## *班 bān 반 반
통(문어) 1 칼로 옥을 나누다. 나누다. 2 (군대를) 복귀시키다. 이동시키다. ¶~师回朝=군사를 조정으로 복귀시키다. 형 정시에 운행하는. ¶~机=정기 항공편. 명 1 조. 그룹. 반. ¶培训~=양성반. / 韩语~=한국어반. 2 희곡 극단. ¶~子=극단. 3 (军) 분대. [현행 군대 편제의 최소 단위] 4 (~儿) 교대. [하루 동안, 일을 시간에 따라 나눈 단위] ¶夜~=야간 교대. 5 근무. ¶上~=출근하다. 6 순번. 차례. ¶排~=순번을 나누다. 7 (Bān) 성(姓). 양 1 (사람의) 무리. ¶一~人马=한 무리의 군사. 2 정시에 운행되는 교통 수단에 쓰임. ¶头~车=첫차.

> 插chā班, 搭dā班, 大班, 倒班, 道班, 跟班, 换班, 加班, 交班, 接班, 科班, 领班, 留班, 轮lún班, 排班, 日班, 升shēng班, 替班, 跳班, 同班, 脱班, 戏xì班子, 小班, 歇xiē班, 夜班, 掌班, 中班, 接班人

【班白】bānbái ☞【斑白】bānbái
【班班可考】bānbān-kěkǎo 성 매우 분명하여 실증할 수 있다.
【班辈】bānbèi(~儿) 명 항렬. ¶论~,他比你高。=항렬로 따지자면, 그가 너보다 높다.
【班驳】bānbó ☞【斑驳】bānbó
【班禅】bānchán 명(종) 1 대학자. 2 (佛) 판첸라마(Panchan Lama).
【班车】bānchē 명 1 정기 운행 차량. 2 통근차.
【班船】bānchuán 명 정기선.
【班次】bāncì 명 1 학년. 반. 2 (정기 운행하는 교통 기관의) 운행 횟수. 편수. 3 교대. 순번. 차례. ¶一天分三个~。=1일 3교대로 하다.
【班底】bāndǐ(~儿) 명 1(극) 극단의 평단원. 2 (조직의) 기본 구성원. 주요 구성원.
【班房】bānfáng 명 1(비) 관아의 하급 관리나 잡역부가 일하던 사무실(당직실). 2(속) 감옥. 구치소. 유치장.
【班费】bānfèi 명 학년·반·조 등의 활동 경비.
【班风】bānfēng 명 학년·반·조 등의 분위기.
【班固】Bān Gù 명(历) 반고(A.D.32~92년. [중국 동한(東漢) 때의 저명한 사학자·문학가]
【班会】bānhuì 명 학년·반·조 등의 회의. [주로

정기적으로 여는 회의를 가리킴]

【班机】**bānjī** 圀 정기 항공편. 정기 여객기.

【班级】**bānjí** 圀 반. 클래스(class). 학급. 학년.

【班荆道故】**bānjīng-dàogù** 𢆡 친구끼리 길에서 우연히 만나 옛정을 나누다. =【班荆道旧】**bānjīng dàojiù**

【班荆道旧】**bānjīng-dàojiù** ☞【班荆道故】**bānjīng-dàogù**

【班轮】**bānlún** 圀 정기선.

【班门弄斧】**Bānmén-nòngfǔ** 𢆡 1 노(魯)나라의 명공(名工) 수반(輸班)의 집 앞에서 도끼질한다. 2句 공자 앞에서 문자 쓴다. 부처에게 설법한다. 전문가 앞에서 재주를 뽐낸다.

【班配】**bānpèi** ☞【般配】**bānpèi**

【班期】**bānqī** 圀 1 (선박·비행기 등의) 운행 스케줄〔일정〕. 2 우체국에서 우편물을 정기적으로 배달하는 시간.

【班师】**bānshī** 동문 1 군대를 귀환〔철수〕시키다. 2 개선(凱旋)하다.

【班头】**bāntóu** 圀문 (관아에서) 아역(衙役)의 우두머리.

【班务会】**bānwùhuì** 圀 반 업무 회의. 내무반 회의.

【班长】**bānzhǎng** 圀 1 반장. 급장. 조장. 분대장. 내무반장. [학교·공장·군대에서 많이 쓰임] 2句 지도자 그룹의 책임자. ¶县委书记要当好~。=현 위원회 서기는 지도자 그룹의 책임자 역할을 잘 해야 한다.

【班主】**bānzhǔ** 圀옛 극단의 단장.

【班主任】**bānzhǔrèn** 圀 담임 교사. 학급 담임.

【班子】**bān·zi** 圀 1옛 극단. 2 반(班). 전문 소그룹(group). 부(部). 조(組). 대(隊). ¶写作~ = 작문반.

【班组】**bānzǔ** 圀 반. 조. 팀. [기업의 소규모 하부 부서]

## *般 **bān** 나를 반

동 '搬(bān)'과 같음. 圀 종류. 가지. ¶万~辛劳 = 갖가지 어려움. /这~表现 = 이러한 태도. 조 …같은. …와 같은 모양〔종류〕의. …와 같은 정도의. ¶潮水~的人群 = 조수와 같은 인파.

☞ **bō**, **pán**

| | |
|---|---|
| 般 | bān |
| 搬 | bān |
| 瘢 | bān |
| 盘 | pán |
| 磐 | pán |

○● 全**quán**般, 万般, 一般

【般配】【班配】**bānpèi** 혱 1 (결혼식에서 신랑과 신부가) 잘 어울리다. 짝이 맞다. 2 (의식주가 신분에) 걸맞다. 어울리다.

## *颁[頒] **bān** 나눌 반

동 수여하다. 공포하다. 반포하다. ¶此细则为教育部所~。= 이 세칙(細則)은 교육부가 공포한 것이다.

【颁白】**bānbái** ☞【斑白】**bānbái**

【颁布】**bānbù** 동 공포하다. 반포하다. 포고하다. ¶~环保条例 = 환경 보호 조례를 공포하다.

气颁发

【颁发】**bānfā** 동 1 (정책·명령 따위를) 하달하다. 내리다. 공포하다. 반포하다. ¶~政令 = 정책 강령을 공포하다. 2 (증서나 상장 따위를) 수여하다. ¶~勋章 = 훈장을 수여하다. 气颁布

【颁奖】**bān‖jiǎng** 동 상장·상품·상금 등을 주다. ¶~仪式 = 시상식(施賞式).

【颁赏】**bānshǎng** 동 윗사람이 상을 내리다. 노고를 위로하고 상을 주다.

【颁行】**bānxíng** 동문 공포하고 시행하다.

## **斑 **bān** 얼룩 반

圀 얼룩. 반점. ¶老年~=검버섯. 혱 1 얼룩이 있는. 반점이 있는. ¶移栽~竹=반죽(斑竹)을 옮겨 심다. 2 알록달록하다. 얼룩얼룩하다. 얼룩덜룩하다. ¶色彩~斓=색깔이 알록달록하다.

○● 光斑, 汗斑, 黄斑, 雀**què**斑, 日斑, 寿**shòu**斑, 耀**yào**斑, 一斑

【斑白】[班白][颁白] **bānbái** 혱문 (수염·머리카락이) 희끗희끗하다. 반백이다. ¶鬓发~ = 귀밑머리가 희끗희끗하다.

【斑斑】**bānbān** 혱 얼룩덜룩하다. 반점이 많은 모양. ¶血迹~ = 핏자국이 얼룩덜룩하다.

【斑斑点点】**bān·bān diǎndiǎn** (~的) 혱 얼룩덜룩한 모양. 반점이 많은 모양. 그림자가 어지러이 흩어지는 모양.

【斑驳】[班驳] **bānbó** 혱 여러 색채가 뒤섞여 얼룩덜룩하다. ¶光影~ = 빛과 그림자가 서로 어지럽게 어우러지다.

【斑驳陆离】**bānbó lùlí** 𢆡 알록달록하다. 얼룩덜룩하다. 아롱다롱하다. 색깔이 번잡한 모양.

【斑点】**bāndiǎn** 圀 반점. 얼룩.

【斑鳜】**bānguì** ☞【石桂鱼】**shíguìyú**

【斑痕】**bānhén** 圀 얼룩. 흔적.

【斑鸠】**bānjiū** 圀동 염주비둘기. 산비둘기.

【斑斓】[斒斓] **bānlán** 혱 찬란하다. 다채롭다. ¶五彩~ = 오색찬란하다.

【斑马】**bānmǎ** 圀동 얼룩말.

【斑马线】**bānmǎxiàn** 圀 횡단보도로 쓰이는 흰색 선. [무늬가 얼룩말의 무늬와 비슷하여 얻어진 이름임]

【斑蝥】**bānmáo** 圀동 가뢰. 반모. [묘근을 갉아먹는 해충]

【斑秃】**bāntū** 圀의 (피부병으로 인한) 원형 탈모증. ☺【鬼剃头】**guǐtìtóu**

【斑纹】**bānwén** 圀 얼룩무늬.

【斑竹】**bānzhú** 圀식 반죽(斑竹).

【斑嘴鸭】**bānzuǐyā** 圀동 흰뺨검둥오리.

## *搬 **bān** 옮길 반

동 1 (비교적 크거나 무거운 것을) 옮기다. 운반하다. ¶~桌子 = 탁자를 옮기다. 2 이사하다. 옮겨 가다. ¶~家 = 이사하다. 3 억지로 적용시키고 그대로 답습하여 사용하다. 옮겨 적용하다. 4 (갈등이나 분규를) 도발하다. 충돌질하다. 부추기다. 야기시키다. ¶搬舌~

嘴=이러쿵저러쿵 입을 놀려 시비를 일으키다. **5** 도움을 청하다. ¶回营~兵=군영으로 돌아가 원군을 요청하다.

【搬兵】 bān‖bīng 동 **1** 지원병을 요청하다(부르다). **2** 비 원조나 인력 지원을 요청하다.

【搬动】 bān‖dòng 동 **1** 옮기다. 이동시키다. 움직이다. ¶这箱子她能~。=이 상자는 그녀가 옮길 수 있다. **2** 이사하다. ¶我家一共~过三次。=우리 집은 모두 세 차례 이사한 적이 있다.

【搬家】 bān‖jiā 동 **1** 이사하다. 집을 옮기다. **2** 위치나 장소를 옮기다. ¶那家公司已经~了。=그 회사는 이미 장소를 옮겼다. ≒搬迁

【搬弄】 bānnòng 동 **1** (손으로) 만지작거리다. 움직이다. 주무르다. ¶~不倒翁=오뚝이를 만지작거리다. **2** (갈등이나 분규를) 도발하다. 충돌시키다. 부추기다. ¶~邻里关系=이웃 간의 갈등을 부추기다. **3** 뽐내다. 과시하다. ¶他很喜欢~胸中那点儿墨水。=그는 가진 약간의 학식을 뽐내기를 좋아한다.

【搬弄是非】 bānnòng shìfēi 성 (부추겨서) 분란을 일으키다. 시비를 조장하다. 싸움을 붙이다. ≒摇唇鼓舌

【搬挪】 bānnuó 동 이사하다. 옮기다.

【搬起石头砸自己的脚】 bānqǐ shí·tou zá zìjǐ ·de jiǎo 속 **1** 돌을 들어 제 발등을 찍다. **2** 비 제 손으로 제 눈을 찌르다. 남을 해치려다 결과적으로 자신을 해치다.

【搬迁】 bānqiān 동 이전하다. 이사하다. 옮기다. ¶~工厂=공장을 이전하다. ≒搬家

【搬舌头】 bān shé·tou 숙 (부추겨서) 분란을 일으키다. 갈등을 조장하다. 싸움을 붙이다.

【搬石头】 bān shí·tou 숙 **1** 돌을 운반하다. **2** 비 장애를 제거하다.

【搬演】 bānyǎn 동 (옛일이나 다른 곳의 일을) 재연하다. 다시 되풀이하다. ¶~古戏=옛날 극을 재연하다.

【搬移】 bānyí 동 **1** 옮기다. 이동하다. ¶~桌椅=책걸상을 옮기다. **2** 이사하다. 이전하다. (물건 등을) 운반하다. ¶学校近期~。=학교를 가까운 시일 내에 이전한다.

【搬用】 bānyòng 동 (규정·경험 등을) 기계적으로 적용하다. 억지로 적용시키다. 그대로 답습하여 사용하다. ¶~陈规=낡은 규칙을 아무 비판 없이 그대로 적용하다.

【搬运】 bānyùn 동 운송[수송]하다. 운반하다. ¶~设备=설비를 운송하다.

【搬走】 bānzǒu 동 옮겨 가다. 이사하여 가다. 운반하여 가다. ¶~杂物=잡다한 물건들을 옮겨 가다.

**扁** bān 얼룩얼룩할 반
【扁斓】 bānlán ☞【斑斓】 bānlán

**瘢** bān 흉터 반
명 흉터. ¶疮~=흉터.
【瘢痕】 bānhén 명 흉터.

**癍** bān 피부병 반
명 (醫) 반점이 생기는 피부병의 일종.

**阪** bǎn 비탈 판
명 **1** 문 산비탈. 산기슭. 산언덕. **2** ☞【大阪】 dàbǎn

**坂[(岅)]** bǎn 비탈 판
명 문 산비탈. 경사진 비탈. ¶如丸走~=마치 구슬이 비탈을 내려가는 듯하다. 형세가 급하게 진행되다.

**板**¹ bǎn 널빤지 판
명 **1** (~儿) 널빤지. 널. 판. 판자. ¶水泥~=시멘트 판. / 木~=목판. **2** (~儿) (점포의) 널빈지. 빈지문. ¶那家商铺夜里也不上~。=그 가게는 밤에도 빈지문을 닫지 않는다. **3** 칠판. ¶他的~书很工整。=그의 판서는 매우 깔끔하다. **4** 박판. [박자를 맞추는 악기] ¶呱哒~=(중국 전통극에서) 박자를 맞추는 도구. **5** (~儿) 박자. 곡조. ¶快~和慢~时有交替。=빠른 박자와 느린 박자가 때에 따라 서로 바뀐다. 형 **1** 단단하다. 딱딱하다. ¶地太缺肥了, 都~了。=땅이 너무 메말라 단단하게 굳어 버렸다. **2** 생기가 없다. 융통성이 없다. 무미건조하다. 뻣뻣하다. 딱딱하다. ¶字写得太~。=서체가 너무 딱딱하다. 동 정색하다. (표정이) 굳어지다. 엄숙한 기색을 띠다. ¶~起面孔=엄숙한 표정을 짓다.

**板**²**[(闆)]** bǎn 상점 주인 판
☞【老板】 lǎobǎn

○ ● 案板, 搓cuō板, 呆dāi板, 导dǎo板, 倒板, 地板, 顶dǐng板, 钢板, 古板, 鼓gǔ板, 光板儿, 龟guī板, 画板, 极板, 夹jiā板, 简板, 脚板, 叫板, 拘jū板, 刻kè板, 门板, 模mú板, 拍pāi板, 皮板儿, 平板, 铺pù板, 舢shān板, 身板, 石板, 手板, 死板, 檀tán板, 跳板, 望板, 样板, 腰yāo板儿, 砧zhēn板

【板板六十四】 bǎnbǎn liùshísì 속 성 비 획일적이다. 변통이 없다. 융통성이 없다.

【板报】 bǎnbào 명 칠판에 쓴 공지 사항. 흑판보. 벽보.

【板壁】 bǎnbì 명 판자벽. 판벽.

【板擦儿】 bǎncār 명 칠판지우개.

【板材】 bǎncái 명 판재. 판금(板金).

【板车】 bǎnchē 명 (사람이나 가축이 끄는) 평판 짐수레.

【板床】 bǎnchuáng 명 나무 침상.

【板锉】 bǎncuò 명 평형(平形) 줄. =【扁锉】 biǎncuò

【板荡】 bǎndàng 형 문 정국이 혼란하다. 정국이 요동치다. [〈板(판)〉과〈荡(탕)〉은《시경·대아(詩經·大雅)》의 편명(篇名)으로, 모두 무도한 주(周)나라 여왕(厲王)과 부패한 정치를 풍자한 것에서 유래한 말]

## 48 bǎn 板 版

【板刀】 **bǎndāo** 〔명〕 몸체는 좁고 길며 자루가 짧은 칼.

【板凳】 **bǎndèng** (~儿) 〔명〕 **1** (등받이가 없는) 긴 나무 의자〔걸상〕. 벤치(bench). **2** (1인용) 걸상. 앉은뱅이의자.

【板房】 **bǎnfáng** 〔명〕 (공사 현장 등의) 간이 판자 건물.

【板斧】 **bǎnfǔ** 〔명〕 날이 넓고 평평한 큰 도끼.

【板鼓】 **bǎngǔ** 〔명〕〔音〕 (중국 전통 타악기인) 단면고(單面鼓).

【板胡】 **bǎnhú** 〔명〕〔音〕 호금(胡琴)의 일종.

【板话】 **bǎnhuà** 〔명〕〔藝〕 대나무 판을 치며 하는 '说唱(대사와 노래를 결합시켜 이야기를 전개하는 예술)'.

【板结】 **bǎnjié** 〔형〕 (토양이 유기질 부족으로) 굳어지다. 딱딱해지다.

【板块】 **bǎnkuài** 〔명〕 **1**〔地〕 플레이트(plate). [현재 지구는 유라시아·아메리카·아프리카·태평양·인도양·남극 등 6대 플레이트로 나뉨] **2**〔비〕 (전체 속의 한) 영역. 분야. 방면. ¶知识~ =지식 분야.

【板蓝根】 **bǎnlángēn** 〔명〕〔植〕 판람근. [숭람(菘藍)의 뿌리로, 약용함]

【板栗】 **bǎnlì** 〔명〕 밤. 왕밤.

【板脸】 **bǎnliǎn** 〔동〕 굳은 얼굴을 하다. 무뚝뚝한 표정을 짓다. 정색을 하다.

【板铺】 **bǎnpù** 〔명〕 판자 침대. 판 침대.

【板儿车】 **bǎnrchē** 〔명〕〔구〕 (발로 구르는) 삼륜 짐수레. 삼륜차.

【板儿带】 **bǎnrdài** 〔명〕 넓고 딱딱한 허리띠.

【板儿爷】 **bǎnryé** 〔명〕〔구〕 삼륜차 짐수레꾼. [해학적인 의미를 내포함]

【板上钉钉】 **bǎnshàng-dìngdīng** 〔숙〕〔비〕 **1** 일이 이미 결정되어 바꿀 수 없다. **2** 확고부동하다. 틀림없다. 한 치의 빈틈도 없다.

【板式】 **bǎnshì** 〔명〕〔劇〕 중국 전통극 노래 곡조의 박자 형식.

【板实】 **bǎn·shi** 〔형〕〔방〕 **1** (토양이) 굳다. 딱딱하다. **2** (옷·책표지 따위가) 빳빳하게 펴지다. **3** (몸이) 건장하다.

【板书】 **bǎnshū** 〔명〕〔동〕 판서(하다).

【板刷】 **bǎnshuā** 〔명〕 (옷이나 신발을 손질하는) 솔. 브러시.

【板条】 **bǎntiáo** 〔명〕 외(椳). 판벽 널.

【板瓦】 **bǎnwǎ** 〔명〕 평기와.

【板屋】 **bǎnwū** 〔명〕 판잣집. 판옥(板屋).

【板箱】 **bǎnxiāng** 〔명〕 나무 상자.

【板鸭】 **bǎnyā** 〔명〕 (소금에 절인 후) 납작하게 말린 오리.

【板牙】 **bǎnyá** ☞【门齿】 **ménchǐ**

【板眼】 **bǎnyǎn** 〔명〕 **1** 중국 전통극이나 음악에서의 박자. [매 소절 가운데에서 가장 강한 박자를 판(板)이라고 하고, 나머지 박자는 안(眼)이라고 함] **2**〔비〕 조리. 두서. ¶他说话很有~。=그는 아주 조리 있게 말을 한다. **3**〔비〕 요점. 관건. 핵심. ¶他没有说到那件事的~。=그는 그 일의 핵심을 말하지 않았다. **4**〔비〕 요령. 급소. 방법.

생각. 꾀. ¶他打小~就多。=그는 잔꾀만 많이 부려.

【板油】 **bǎnyóu** 〔명〕 돼지의 체강 내벽에 있는 넓적한 모양의 지방.

【板羽球】 **bǎnyǔqiú** 〔명〕〔體〕 **1** 배틀 도어(battledore). **2** 배틀 도어의 셔틀콕(shuttlecock).

【板障】 **bǎnzhàng** 〔명〕 **1** (뛰어넘기·타넘기 등에 쓰이는) 연습용 목제 장애물. **2**〔방〕 판자벽.

【板正】 **bǎnzhèng** 〔형〕 단정하다. 가지런하다. 정연하다. ¶他坐得很~。=그는 아주 단정하게 앉아 있다.

【板直】 **bǎnzhí** 〔형〕 고지식하다. ¶性格~ =성격이 고지식하다.

【板滞】 **bǎnzhì** 〔형〕 (글·그림·표정 등이) 경직되다. 딱딱하다. 생동감이 없다. 무뚝뚝하다. 판에 박은 듯하다. 서투르다. 단조롭다. ¶神情~ =표정이 경직되다.

【板筑】 **bǎnzhù** ☞【版筑】 **bǎnzhù**

【板状】 **bǎnzhuàng** 〔명〕 널빤지 모양. 판상(板狀). ¶~石材=판상 석재.

【板子】 **bǎn·zi** 〔명〕 **1** 널빤지. 판자. **2**〔옛〕 곤장.

**版 bǎn** 널빤지 판

〔명〕 **1**〔문〕 홀(笏). **2**〔문〕 명부. 호적. ¶~图=판도. 영토. **3** 담틀. 축판(築板). ¶~筑=판축(版築)하다. **4** 인쇄판. ¶胶~印刷=오프셋 인쇄. **5** 인쇄물의 인쇄 횟수. ¶书籍再~=서적을 재판하다. **6** 신문의 지면. ¶头~要闻=제1면 주요 기사. **7** (사진의) 원판. ¶底~=(사진의) 원판.

◐● 凹āo版、重chóng版、出版、初版、雕diāo版、翻版、胶jiāo版、绝版、木版、拼pīn版、平版、石版、套版、铜版、图版、锌xīn版、原版、再版、制版

【版本】 **bǎnběn** 〔명〕 판본.

【版次】 **bǎncì** 〔명〕 출판 횟수. 인쇄 횟수.

【版画】 **bǎnhuà** 〔명〕〔美〕 판화.

【版籍】 **bǎnjí** 〔명〕 **1** 호구나 토지의 등기부. **2** 영토나 국경의 통칭. **3** 서적.

【版刻】 **bǎnkè** 〔명〕〔藝〕 판각.

【版口】 **bǎnkǒu** 〔명〕 **1** (선장(線裝)본의) 판심(版心). 판구(版口). =【版心】 **bǎnxīn**【页心】 **yèxīn 2** 판면(版面) 위아래의 여백.

【版面】 **bǎnmiàn** 〔명〕 **1** (서적·신문 등의) 지면. **2** (인쇄물 각 쪽의) 편성 형식. 레이아웃(layout).

【版纳】 **bǎnnà** 〔명〕 중국 윈난(云南)성 태족(傣族)자치구의 옛날 행정 구획 단위. [1960년 현(縣)으로 바뀜]

【版权】 **bǎnquán** 〔명〕 저작권.

【版权页】 **bǎnquányè** 〔명〕 판권장(版權張).

【版式】 **bǎnshì** 〔명〕 판식. 판본의 양식.

【版税】 **bǎnshuì** 〔명〕 인세. 저작권료.

【版图】 **bǎntú** 〔명〕 **1** 호적과 지도. **2** 국가의 영역. 판도.

【版心】 **bǎnxīn** 〔명〕 **1** ☞【版口】 **bǎnkǒu 2** 판면(版面). [도서 간행물 등의 글씨나 그림이 인쇄된 면]

【版筑】[板筑] **bǎnzhù** 몡윤 1 판축(板築). [담벽을 쌓는 방법의 일종] 2 판축. [판축에 쓰이는 판자와 공이] 3 흙과 나무로 건조하는 일.

## 钣[鈑] **bǎn** 금박 판
몡 금속판. ¶铅~=연판(鉛版).

## 舨 **bǎn** 배 판
☞【舢舨】**shānbǎn**

## 蝂 **bǎn** 부판 판
☞【蝜蝂】**fùbǎn**

## **办[辦] bàn** 다스릴 판
통 1 처리하다. 취급하다. 다루다. 하다. ¶特事特~=특별한 일을 특별히 처리하다. 2 처벌하다. ¶依法查~=법에 의거해 조사·처리하다. 3 운영하다. 경영하다. ¶~杂志=잡지(사)를 운영하다. 4 창립하다. 창설하다. 5 구매하다. 구입하다. 6 준비하다. 마련하다. 차리다. ¶~酒宴=주연(酒宴)을 마련하다. 몡윤 사무실(사무실). ¶信访~=서신과 방문을 통한 관리 상담 부서.

○= 帮**bāng**办, 包办, 备办, 采**cǎi**办, 查办, 承**chéng**办, 惩**chéng**办, 筹**chóu**办, 创办, 代办, 法办, 仿**fǎng**办, 究办, 举办, 开办, 买办, 拿办, 兴**xīng**办, 严办, 照办, 置办, 主办

【办案】**bàn‖àn** 윤(法) 사건을 처리하다.
【办班】**bànbān** 통 (학습이나 훈련을 위한) 반을 만들다. 반을 조직하다.
【办不到】**bàn·budào** 통 할 수 없다. 해낼 수 없다. 해내지 못하다. ¶他想不劳而获, ~。=그는 힘들이지 않고 얻으려 하지만, 그렇게 되지는 않는다.
【办不了】**bàn·buliǎo** 통 해낼 수 없다. 해결할 수 없다. 처리할 수 없다. ¶那事我~。=그 일은 나는 해낼 수 없다.
【办厂】**bànchǎng** 통 공장을 세우다. 공장을 차려 운영하다.
【办得到】**bàn·dedào** 통 할 수 있다. 해낼 수 있다. 처리할 수 있다. ¶这事能~。=이 일은 나는 해낼 수 있다.
【办法】**bànfǎ** 몡 방법. 수단. 방식. 조치. 방책. 술책. ¶处理这件事, 有没有更好的~? =이 일을 해결하는 데 더 나은 방법은 없나요, 없어요?
【办复】**bànfù** 통 처리하고 회답[보고]하다.
【办稿】**bàn‖gǎo** 통 공문의 초안을 쓰다. 공문서를 기초(起草)하다.
【办公】**bàn‖gōng** 통 집무하다. 공무[사무]를 보다. 업무를 처리하다. 근무하다. ¶单位节假日不~。=기관은 명절이나 공휴일에 업무를 보지 않는다.
【办公会议】**bàngōng huìyì** 몡 업무 회의. 집무 회의.
【办公楼】**bàngōnglóu** 몡 행정동. 사무동.
【办公室】**bàngōngshì** 몡 1 사무실. 오피스

(office). 2 (기업·학교 등에서 행정을 맡아 보는) 부서.
【办公厅】**bàngōngtīng** 몡 (일반 '办公室(사무실)'보다 직급이 높고 규모가 큰) 행정 부서. 행정 업무 기구.
【办公自动化】**bàngōng zìdònghuà** 통 자동화된 사무 기기를 이용하여 각종 업무를 처리하다. 몡 사무 자동화.
【办后事】**bàn hòushì** 통 장례를 치르다. 죽은 사람의 뒷일을 처리하다.
【办货】**bàn‖huò** 통 (물품을) 구매하다. 사들이다. 구입하다.
【办酒】**bàn‖jiǔ** 통 술자리를 마련하다.
【办理】**bànlǐ** 통 처리하다. 취급하다. 해결하다. (수속을) 밟다. ¶~出国手续=출국 수속을 밟다. 능 处理 料理
【办料】**bànliào** 통 1 재료를 구입하다. 2 정보〔자료〕를 사들이다.
【办事】**bàn‖shì** 통 일을 처리하다. 일을 보다. 사무〔업무〕를 보다. ¶秉公~=일을 공정하게 처리하다.
【办事处】**bànshìchù** 몡 1 (정부·군대·단체 등이 파견한) 사무소. 2 동사무소. ¶街道~=동사무소.
【办事员】**bànshìyuán** 몡 사무원.
【办妥】**bàntuǒ** 통 (일을) 적절하게〔타당하게〕 처리하다. 정확하게 처리하다. 잘 처리하다. ¶那件事早已~。=그 일은 일찍감치 적절하게 처리했다.
【办喜事】**bàn xǐshì** 통문 결혼식을 치르다. 혼 잔치를 하다.
【办学】**bànxué** 통 1 학교를 설립하다. ¶捐资~=자금을 기부하여 학교를 설립하다. 2 학교를 경영〔운영〕하다. ¶他有丰富的~经验。=그 사람은 학교를 운영해 본 풍부한 경험이 있다.
【办治】**bànzhì** 통 처리하다. 처분하다. ¶此事已经~完毕。=이 일은 이미 처리가 마쳤다.
【办置】**bànzhì** 통 마련하다. 조달하다. 사 놓다. 사서 비치하다. ¶~家具=가구를 마련하다.
【办罪】**bàn‖zuì** 통 (죄를 물어) 처벌하다. ¶难以~=죄를 물어 처벌하기가 힘들다.

## **半 bàn** 반 반
주 1 절반. 2분의 1. ¶事倍功~=일은 배로 많고 공(功)은 절반이다. / 二斤~=두 근 반. 2 훤 수량이 아주 적음. ¶一星~点=아주 조금의. 형 1 중간의. 가운데의. ¶夜~鸡鸣=한밤에 닭이 울다. 2 중간의. 한가운데의. 반쯤의. ¶~山腰=산허리. 분 불완전하게. 반쯤. ¶门窗~掩=문과 창이 완전히 닫히지 않았다. 형 불완전한. 미완성의. ¶~成品=미완성의 제품.

| | |
|---|---|
| ○ 半 | **bàn** |
| 拌 | **bàn** |
| 伴 | **bàn** |
| 绊 | **bàn** |
| 判 | **pàn** |
| 畔 | **pàn** |
| 袢 | **pàn** |
| 泮 | **pàn** |
| 胖 | **pàng** |

○= 参半, 大半, 对半, 多半, 过半, 小半, 夜半, 一半, 月半, 折**zhé**半

【半百】**bànbǎi** [수] 50. 오십. [주로 나이를 가리킴] ¶已过~之年＝이미 반백의 나이를 지났다.

【半…半…】**bàn…bàn…** [부] 서로 상반되는 의미를 가진 두 개의 단어 앞에 쓰여, 서로 다른 성질 또는 상태가 공존함을 나타냄. ¶~新~旧＝반은 새 것이고 반은 낡았다. / ~中~洋＝반은 중국적이고 반은 서구적이다.

【半半拉拉】**bàn·ban lālā** [형] 미완성이다. 불완전하다. ¶作业写了个~的。＝숙제를 절반만 했다.

【半辈子】**bànbèi·zi** [명] 반평생. ¶下~＝남은 반평생.

【半壁】**bànbì** [명][문] **1** 반쪽. 한쪽. 반분(半分). **2** 국토의 반쪽.

【半壁江山】**bànbì-jiāngshān** [성] 국토의 반. 반 동강이 국토. 침략으로 빼앗기고 남은 국토.

【半边】**bànbiān** [명] **1** (~儿) 한 부분. 한쪽. 반쪽. 절반. ¶天~黑, ~白。＝하늘이 한쪽은 어둡고 한쪽은 밝다. **2** [방] 옆.

【半边天】**bànbiāntiān** [낮] **1** 하늘의 반쪽. 하늘의 일부분. **2** 신시대의 여성. **3** 신시대 여성의 사회적 역할. ¶妇女能顶~。＝여성이 사회의 절반을 감당할 수 있다.

【半…不…】**bàn…bù…** [부] …도 아니고 …도 아니다. ['半…半…' 과 의미가 비슷하며, 대체로 부정적인 어감을 가짐] ¶~大~小＝크지도 않고 작지도 않다. / ~文~白＝문어체도 아니고 구어체도 아니다.

【半场】**bànchǎng** [명] **1** (영화·연극 등의) 절반. 전반부. 후반부. **2** (운동 경기의) 절반. 전반전. 후반전. **3** (농구·축구 등의) 하프 코트(half court).

【半成品】**bànchéngpǐn** [명] 반제품. ＝【半制品】**bànzhìpǐn**

【半大】**bàndà** [형] 중간치의. 크지도 작지도 않은. ¶~椅子＝중간치의 의자.

【半大不小】**bàndà bùxiǎo** [성] 어린이와 성년 중간의 나이. 많지도 적지도 않은 나이.

【半当腰】**bàndāngyāo** [명][구] 도중. 중도. 중간. ＝【半腰】**bànyāo**

【半导体】**bàndǎotǐ** [명] **1** 《物》 반도체. **2** [약] 半导体收音机(트랜지스터 라디오).

【半导体三级管】**bàndǎotǐ sānjíguǎn** ☞【晶体管】**jīngtǐguǎn**

【半岛】**bàndǎo** [명]《地》 반도(半島).

【半道儿】**bàndàor** ☞【半路】**bànlù**

【半点】**bàndiǎn**(~儿) [형] 지극히 적은. 아주 조금의. 극소의. 한 치의. 조그마한. 미량의. ¶一星~儿＝아주 미량의.

【半吊子】**bàndiào·zi** [명] **1** [옛] 500전. [1,000개의 엽전을 한데 꿴 것을 '一吊', 500개의 엽전을 한데 꿴 것을 '半吊' 라고 했음] **2** [비] ① 덜렁이. 진중하지 못한 사람. 경솔한 사람. ② 불성실한 사람. 대충대충 하는 사람. ③ (지식이나 기술이) 미숙한 사람. 반거들충이.

【半封建】**bànfēngjiàn** [명] 반봉건.

【半疯不癫】**bànfēng-bùdiān** [성] 반미치광이.

【半疯儿】**bànfēngr** [명][구][폄] 반미치광이. ＝【半疯子】**bànfēng·zi**

【半疯子】**bànfēng·zi** ☞【半疯儿】**bànfēngr**

【半工半读】**bàngōng-bàndú** [성] 일하면서 학교에 다니다. 일하면서 공부하다.

【半官方】**bànguānfāng** [형] 준정부의. ¶~背景＝준정부적 배경. / ~机构＝준정부 기구.

【半酣】**bànhān** [형][문] 거나하다. 얼근히 취하다.

【半憨子】**bànhān·zi** [명] 바보. 멍텅구리.

【半荒漠】**bànhuāngmò** [명] 반사막. ＝【半沙漠】**bànshāmò**

【半价】**bànjià** [명] 반값. 반액.

【半截】**bànjié**(~儿) [명] **1** (긴 모양의 물체의) 절반. ¶~黄瓜＝오이 반 토막. **2** (과정의) 중도. 중간. ¶话说到~就打住了。＝말을 절반쯤 하고 멈췄다.

【半斤八两】**bànjīn bāliǎng** [성] **1** 여덟 냥. [옛 도량형제에서 한 근은 16냥이었으므로, 반 근은 곧 8냥이 됨] **2** [비][폄] 겨 묻은 개가 똥 묻은 개를 나무란다. 피차일반이다. 도토리 키재기이다. 자기 결점은 모르고 남의 결점만 지적한다.

【半径】**bànjìng** [명]《數》 반경(半徑). 반지름.

【半决赛】**bànjuésài** [명] 준결승전.

【半开门儿】**bànkāiménr** [낮] 사창(私娼).

【半空】**bànkōng** [명] **1** 공중. ＝【半空中】**bànkōngzhōng** ¶五颜六色的焰火在~中炸响。＝각양각색의 불꽃이 공중에서 폭발하며 소리를 낸다. **2**(~儿) [방] (여물지 못한) 땅콩. [형] 꽉 차지 않은. 쭉정이인. ¶肚中~＝배가 덜 부르다.

【半空中】**bànkōngzhōng** ☞【半空】**bànkōng**

【半拉】**bànlǎ** [명][방] **1** 반 개. 절반. 반 조각. ¶把那吃剩的~黄瓜扔掉。＝그 먹다 남은 오이 반 토막은 버려라. **2** 반쪽. 한쪽. ¶职工宿舍在北~。＝직공 숙소는 북쪽에 있다.

【半劳动力】**bànláodònglì** [명] 체력이 약해서 가벼운 노동만을 할 수 있는 사람, 또는 그런 노동력. ＝【半劳力】**bànláolì**

【半劳力】**bànláolì** ☞【半劳动力】**bànláodònglì**

【半老徐娘】**bànlǎo-Xúniáng** ☞【徐娘半老】**Xúniáng-bànlǎo**

【半流体】**bànliútǐ** [명] 반유동체(半流動體).

【半路】**bànlù**(~儿) [명] **1** (노정의) 중간. 도중. ¶~杀出个程咬金。＝중간쯤 가다 예기치 못한 일이 벌어졌다. **2** [비] (일의) 도중. 중간. ¶他本学建筑, ~改行学了经济。＝그는 본래 건축을 전공했는데, 도중에 경제로 바꿨다. ＝【半道儿】**bàndàor** ≒中途

【半路出家】**bànlù-chūjiā** [성] **1** 나이가 제법 들어 중이〔비구니가〕 되다. **2** [비] (본래의 직업을 그만두고) 새 직업을 택하다. 전업하다. 전공을 바꾸다.

【半路夫妻】**bànlù-fūqī** [낮] 부부 둘 중에 최소한 한 명은 재혼인 부부.

【半面之交】**bànmiànzhījiāo** [성] 익숙하지 못

한 사이. 피차 잘 알지 못하는 사이. =【半面之识】**bànmiànzhīshí**

【半面之识】**bànmiànzhīshí** ☞【半面之交】**bànmiànzhījiāo**

【半嗫半嚅】**bànniè-bànrú** 〈成〉 말을 할 듯 말 듯하는 모습.

【半票】**bànpiào** 〈名〉 반표. 반액권.

【半瓶(子)醋】**bànpíng(·zi)cù** 〈喩〉〈贬〉〈俗〉 (어떤 방면의 지식·기술을 대충 아는) 얼치기. 반거들충이.

【半坡】**bànpō** 〈名〉 **1** 비탈의 중간. **2** (**Bànpō**)〈歷〉 반파(半坡) 유적지.

【半坡遺址】**Bànpō yízhǐ** 〈名〉〈歷〉 반파(半坡) 유적지. [신석기 시대의 원시 촌락 유적. 앙소문화(仰韶文化)에 속하고, 산시(陝西)성 시안(西安)시 반포(半坡)촌에 있음]

【半旗】**bànqí** 〈名〉 반기. 조기.

【半球】**bànqiú** 〈名〉 **1** 〈數〉 반구. **2** 〈地〉 반구. ¶东~=동반구.

【半人半鬼】**bànrén-bànguǐ** 〈成〉〈비〉 아주 추악하거나 음흉한 사람.

【半日】**bànrì** 〈名〉 반일. 한나절.

【半沙漠】**bànshāmò** ☞【半荒漠】**bànhuāngmò**

【半山腰】**bànshānyāo** ☞【山腰】**shānyāo**

【半晌】**bànshǎng** 〈名〉〈方〉 한나절. 한참 동안. ¶那事害得他苦闷了~。=그 일은 그로 하여금 한참을 고민하게 하였다.

【半身】**bànshēn** 〈名〉 반신. ¶上~=상반신.

【半身不遂】**bànshēn-bùsuí** ☞【偏瘫】**piāntān**

【半身入土】**bànshēn-rùtǔ** 〈喩〉〈비〉 연세가 많은 노인. 여생이 얼마 남지 않다.

【半身像】**bànshēnxiàng** 〈名〉 반신상.

【半生】**bànshēng** 〈名〉 반평생. ¶~苦读=반평생 고생스럽게 공부하다. 〈形〉 설익다. 덜 익다. ¶肉刚煮了~。=고기를 갓 삶아 덜 익었다.

【半生不熟】**bànshēng-bùshú** 〈成〉 **1** (음식물 등이) 설익다. 덜 익다. 반숙하다. **2** (~的) 미숙하다. 잘 알지 못하다.

【半时】**bànshí** 〈名〉〈方〉 반 시진(時辰). 약 한 시간. 짧은 시간.

【半世】**bànshì** 〈名〉 반평생.

【半衰期】**bànshuāiqī** 〈名〉〈物〉 (방사성 원소의) 반감기(半減期).

【半死】**bànsǐ** 〈形〉 죽을 지경이다. 초주검이 되다. 거의 죽다. ¶他的鲁莽让我气得~。=그의 거친 태도는 나를 화가 나 죽을 지경이 되게 한다.

【半死不活】**bànsǐ-bùhuó** 〈成〉 **1** 죽음에 가까운 상태. **2** 죽을 지경이다. 반죽음이 되다. 초주검이 되다. 활력이 없다. 생기가 없다. =【要死不活】**yàosǐ bùhuó**

【半天】**bàntiān** 〈名〉 **1** 한나절. 반일. ¶무~=아침 나절. **2** 한참. ¶他傻坐了~。=그는 바보같이 멍하니 앉아 있었다.

【半通不通】**bàntōng-bùtōng** 〈成〉 어설프다. 알 듯 말 듯하다.

【半透明】**bàntòumíng** 〈形〉 반투명하다.

【半途】**bàntú** 〈名〉〈書〉 도중(途中). 중도(中途).

【半途而废】**bàntú'érfèi** 〈成〉 일을 중도에 그만두다. 도중에 포기하다. ↔持之以恒 善始善终

【半推半就】**bàntuī-bànjiù** 〈成〉 못 이기는 체하다.

【半吞半吐】**bàntūn-bàntǔ** 〈成〉 (어떤 일에 대하여) 우물거리며 다 말하지 않다. 말을 할 듯 말 듯 하다.

【半托】**bàntuō** 〈名〉 (탁아 방식의 일종으로) 종일반. =【日托】**rìtuō** ↔全托

【半脱产】**bàntuōchǎn** 〈動〉 본업에 종사하면서 또 다른 일에 종사하거나 다른 것을 배우다.

【半文半白】**bànwén-bànbái** 〈成〉 문어체와 구어체가 섞여 있다. 현대문과 고문이 뒤섞여 있다.

【半文盲】**bànwénmáng** 〈名〉 반문맹.

【半夏】**bànxià** 〈名〉〈植〉

【半心半意】**bànxīn-bànyì** 〈成〉 (어떤 일 등에) 전념하지 않다. 할까 말까 망설이다. 열의 없이 불성실하게 하다.

【半新半旧】**bànxīn-bànjiù** 〈成〉 반은 새 것이고 반은 낡았다. 새 것도 낡은 것도 아니다.

【半新不旧】**bànxīn-bùjiù** 〈成〉 새 것도 낡은 것도 아니다. 반은 새 것이다.

【半信半疑】**bànxìn-bànyí** 〈成〉 반신반의하다.

【半醒】**bànxǐng** 〈動〉 반쯤 깨다. [잠이 덜 깨거나 잠이 덜 든 것을 뜻함]

【半休】**bànxiū** 〈動〉 한나절만 일하다.

【半袖】**bànxiù** 〈名〉 **1** 반소매. 반팔. **2** 반소매 옷. 반팔 옷.

【半腰】**bànyāo** ☞【半当腰】**bàndāngyāo**

【半夜】**bànyè** 〈名〉 **1** 반밤. 반소. 하룻밤의 절반. ¶后~=늦은밤. **2** 밤 12시쯤. **3** 심야. 한밤중. ¶深更~=한밤중.

【半夜三更】**bànyè-sāngēng** 〈成〉 한밤중. 심야. 깊은 밤. =【三更半夜】**sāngēng-bànyè**

【半音】**bànyīn** 〈名〉〈音〉 반음.

【半元音】**bànyuányīn** 〈名〉〈言〉 반모음. [예를 들어, '以为(yǐwéi)'에서 'y'·'w' 음이 이에 해당함]

【半圆】**bànyuán** 〈名〉〈數〉 반원.

【半圆形】**bànyuánxíng** 〈名〉 반원형.

【半月】**bànyuè** 〈名〉 **1** 반 달. 1개월의 반. ¶下~=(한 달 가운데 남은) 반 달. **2** 반달. 상현달. 하현달.

【半月刊】**bànyuèkān** 〈名〉 반월간.

【半月形】**bànyuèxíng** 〈名〉 반달형. 반달꼴.

【半载】**bànzǎi** 〈名〉 반 년.

【半真半假】**bànzhēn-bànjiǎ** 〈成〉 (정보나 지식 등에) 참과 거짓이 절반씩 섞여 있다. 진실 반 거짓 반.

【半殖民地】**bànzhímíndì** 〈名〉 반식민지.

【半制品】**bànzhìpǐn** ☞【半成品】**bànchéngpǐn**

【半中间】**bànzhōngjiān** 〈名〉 **1** (물체의) 중간쯤. 중도. 중간. 가운데. ¶椅子腿打~断了。=의자 다리의 중간이 부러졌다. **2** 〈비〉 (일의 진행에

**bàn** 半扮伴拌拌

서) 도중. 중간. ¶那个故事他说到~就停下了。 =그 이야기를 그는 중간까지 하고 멈추었다.
【半中腰】**bànzhōngyāo** 명 중간. 도중. 반절. ¶他干到~就停下来了。 =그는 중간까지 하고는 멈췄다.
【半子】**bànzǐ** 명 〈문〉 1 사위. 2 아내가 전남편 사이에 낳은 아들.
【半自动】**bànzìdòng** 형 반자동의. ¶~步枪 =반자동 소총.

**扮 bàn** 꾸밀 분
동 1 …(으)로 분장하다. ¶打~人时 =유행에 맞게 차려입다. 2 얼굴 표정을 짓다. 꾸며 대다. ¶~天真样 =천진난만한 표정을 짓다.

O● 打扮, 假jiǎ扮, 装扮

【扮鬼脸】**bàn guǐliǎn** 동 우스꽝스러운 표정을 짓다.
【扮角儿】**bànjuér** 동 (극 중의) 배역을 맡다. 분장하다.
【扮酷】**bàn‖kù** 동 유행에 맞게 차려입다[꾸미다·치장하다].
【扮靓】**bànliàng** 동 예쁘게〔보기 좋게〕꾸미다. 곱게 치장하다. 모양을 내다.
【扮戏】**bàn‖xì** 동 1 배우가 분장하다. 2 연기하다.
【扮相】**bànxiàng** 명 1 분장. 2 분장한 모습.
【扮演】**bànyǎn** 동 … 역을 맡아 하다. 출연하다. ¶他在这部电影里~一号男主角。 =그는 이 영화에서 남자 주인공 역을 맡아 연기한다. ≒饰演
【扮装】**bànzhuāng** 동 분장하다. ¶演员在后台~。 =배우가 무대 뒤에서 분장을 한다.
【扮作】**bànzuò** 동 …(으)로 분장하다. 가장하다. ¶她在戏中~女侠。 =그녀는 극 중에서 여자 협객으로 분장한다.

**伴 bàn** 짝 반
명 (~儿) 짝. 동행. 친구. 동반자. 반려자. ¶老~ =나이 든 부부의 상대에 대한 호칭. 동 1 함께하다. 짝하다. 동반하다. ¶相~永远 =영원히 함께하다. 2 곁들이다. ¶场面调度~之以声光效果, 那场戏棒极了。 =장면에 음향 및 조명 효과를 곁들여, 그 연극은 정말 훌륭했다.

O● 搭dā伴, 伙huǒ伴, 就伴, 老伴, 陪péi伴, 同伴, 游伴, 做伴

【伴唱】**bànchàng** 동 〈음〉 공연〔반주〕에 맞추어 노래하다. 따라 부르다.
【伴当】**bàndāng** 명 1 〈옛〉 종. 하인. 2 동료. 짝.
【伴读】**bàndú** 동 1 〈옛〉 (귀족·부자 자제의) 공부 친구가 되다. 2 유학생 배우자를 따라 출국하여 공부하다. 명 동반하여 공부해 주는 사람.
【伴发】**bànfā** 동 수발(隨發)하다. 따라 일어나다. 병발(幷發)하다.
【伴驾】**bànjià** 동 1 황제를 수행하다. 2 황제의 근신(近臣)이 되다.

【伴酒】**bànjiǔ** 동 (주로 유흥업소에서) 시중들어 함께 술을 마시다. 동반하여 술을 마시다.
【伴郎】**bànláng** 명 (결혼식 때) 신랑 들러리.
【伴侣】**bànlǚ** 명 1 배우자. 반려자. ¶终身~ =일생의 반려자. 2 동반자. 동료. 짝. 벗. ¶出游的~ =여행 동반자.
【伴娘】**bànniáng** 명 (결혼식 때) 신부 들러리.
【伴跑】**bànpǎo** 동 (달리기에서) 함께 뛰며 격려해 주다.
【伴儿】**bànr** 명 동료. 반려. 짝. 동반자. 동무. 벗. ¶旅行的~ =여행의 동반자.
【伴生】**bànshēng** 동 (부차적인 것이 주된 것에) 붙좇아 존재하다.
【伴声】**bànshēng** ☞【伴音】**bànyīn**
【伴侍】**bànshì** 동 곁에서 모시다. 모시고 시중들다. ¶~双亲 =부모를 곁에서 모시다.
【伴送】**bànsòng** 동 떠나가는 사람을 따라가 배웅하다. (다른 물건과) 함께 주다. 함께 보내다.
【伴宿】**bànsù** 동〈옛〉 출상 전날 밤샘을 하다.
【伴随】**bànsuí** 동 따라가다. 함께 가다. 동행하다. 수반하다. 수행하다. ¶~前后 =곁에서 따르다. / ~着经济的发展, 人们的生活水平将越来越高。 =경제가 발전함에 따라 사람들의 생활 수준이 갈수록 높아진다.
【伴同】**bàntóng** 동 동반하다. 수행하다. 대동하다. ¶~朋友出行 =친구를 따라 길을 나서다. / 这两种现象常~发生。 =이 두 가지 현상은 동반하여 함께 일어난다. 부 함께. 같이. 동시에. ¶~出现 =함께 나타나다.
【伴舞】**bànwǔ** 동 1 파트너가 되어 춤을 추다. 2 노래에 맞추어 옆에서 춤을 추다.
【伴星】**bànxīng** 명〈천〉 반성(伴星). 동반성(同伴星).
【伴音】**bànyīn** 명〈영〉 더빙(dubbing). =【伴声】**bànshēng**
【伴游】**bànyóu** 동 동반〔수행〕하여 놀다〔유람하다〕. 같이 놀러 다니다. 명 같이 놀러 다니는 사람. 수행하여 유람하는 사람. 동반 여행객.
【伴有】**bànyǒu** 동 부수적으로 발생하다〔나타나다〕. 함께 나타나다. ¶患者常~呕吐, 腹泻等症状。 =환자에게서 대개 부수적으로 구토 및 설사 등의 증상이 나타난다.
【伴奏】**bànzòu** 명동〈음〉 반주(하다). ¶本节目童声演唱, 钢琴~。 =이 프로는 아동이 노래하고, 피아노로 반주한다.

**拌 bàn** 편편할 반
명 방 똥거름. ¶牛栏~ =쇠똥거름.
☞ **pǎn**

**拌 bàn** 휘저어 뒤섞을 반
동 1 뒤섞다. 버무리다. 비비다. ¶小葱~豆腐——一青二白。 =쪽파에 두부를 섞다——깨끗하여 오점이 없다. 2 말다툼하다. ¶咬舌嘴 =말다툼하다.

O● 搅jiǎo拌, 凉liáng拌, 杂拌儿

【拌菜】bàncài 동 (음식을) 버무리다. 무치다. 명 버무린 음식. 무침.
【拌和】bàn·huò 동 뒤섞다. 혼합하다. 버무리다. ¶~水泥、沙子=시멘트와 모래를 섞다.
【拌料】bànliào 동 여물을 고르게 뒤섞다. (여러 가지) 재료를 뒤섞다.
【拌蒜】bàn∥suàn 형(방) 1 비틀거리다. 다리가 비비 꼬이다. ¶酒喝多了, 双脚有点~。=술을 많이 마셔서 다리가 비비 꼬인다. 2 (일이) 서툴다. 어설프다. 미숙하다. ¶这么简单的事, 他竟然~了。=이렇게 간단한 일을 그는 결국 어설프게 하고 말았다. 3 (일) 꼬이다.
【拌匀】bànyún 동 고르게 뒤섞다. ¶喂牲口的草料要~。=여물은 고르게 뒤섞어야 한다.
【拌种】bànzhǒng 동 살균제·살충제 등을 종자와 섞다.
【拌嘴】bàn∥zuǐ 명동(구) 말다툼(하다). 입씨름(하다). ¶夫妻俩很少~。=부부는 말다툼하는 일이 거의 없다. ↔和好

\*绊[絆] bàn 줄 반
동 (발에) 걸리다. 채다. 휘감기다. (가로막거나 달라붙어) 넘어뜨리다. 방해가 되다. 불편을 주다. ¶羁~=속박(하다). 구속(하다). / 脚不知被什么~了一下。=발이 무엇인가에 걸렸다. 명 (~儿) 고삐. 올가미. ¶下~儿=올가미에 걸리다.
【绊绊坷坷】[绊绊磕磕] bàn·ban kēkē (~的) 형 1 휘청거리다. 흐느적거리다. 2(비) 순조롭지 못하다. 3(비) 조화되지 않다. 융화되지 않다.
【绊绊磕磕】bàn·ban kēkē ☞【绊绊坷坷】bàn·ban kēkē
【绊倒】bàndǎo 동 걸려 자빠지다. 실족하여 넘어지다. ¶他一下子被门槛~了。=그는 별안간 문지방에 걸려 넘어졌다.
【绊脚】bànjiǎo 동 발에 걸리다. 발에 채다. ¶小心石块~。=돌에 걸리지 않도록 조심해라.
【绊脚石】bànjiǎoshí 명(비) 장애물. 방해물. 걸림돌.
【绊马索】bànmǎsuǒ 명 적의 말을 넘어뜨리는 밧줄.
【绊儿】bànr 명(구) 1 (씨름에서) 안걸이. 딴죽. 2(비) (몰래 망치거나 방해를 하는) 걸림돌. 장애. 방해. 딴죽. 술수. 덫. 올가미. ¶这人太爱在背地里使~。=이 사람은 뒤에서 딴죽걸기를 너무 좋아한다.
【绊手绊脚】bànshǒu-bànjiǎo 성 방해가 되다. 방해되다. 거추장스럽다. 거치적거리다.
【绊子】bàn·zi 명 1 올가미. 고삐. 족쇄. [가축의 다리에 묶어 빨리 달리지 못하게 하는 짧은 끈] 2 (씨름이나 레슬링에서) 안걸이. 딴죽. 3(비) (몰래 망치거나 방해를 하는) 걸림돌. 장애. 방해. 딴죽. 술수. 덫. 올가미.

柈 bàn 쟁반 반
【柈子】bàn·zi 명(방) 장작. 땔나무. [일정하게 잘라서 큼직하게 패 놓은 장작]

湴 bàn 수렁 반
명(방) 진흙.

䩬 bàn 밀치끈 반
명(문) (마소의 뒷부분에 채우는) 밀치끈.

瓣 bàn 외씨 판
명 1 (~儿)(植) (여러 조각으로 이루어진 식물의) 쪽. 조각. ¶柚子~=유자 쪽. / 蒜~=마늘 쪽. 2 (~儿)(植) 꽃잎. 꽃판. 화판. 3 (~儿) (물체가 자연스럽게 나누어지거나 깨진 후의) 조각. 파편. 단면. ¶碟子烂成八~了。=접시가 여덟 조각으로 깨졌다. 4 양(生) 瓣膜(판막). 양 (~儿) (꽃잎·잎사귀·과일·콩·마늘 등의) 쪽. 조각. 짜개. ¶一~西瓜=수박 한 쪽.

o● 豆瓣儿酱jiàng

【瓣膜】bànmó 명(生) 판막(瓣膜).

# bang

\*邦 bāng 나라 방
명 1 나라. ¶友好邻~=우호 관계에 있는 이웃 나라. / 多难兴~=다난함이 오히려 나라를 부흥시키다. 2 (Bāng) 성(姓). 늑国

| o 邦 bāng |
| 梆 bāng |
| 绑 bǎng |
| 帮 bāng |

o● 联lián邦, 土邦, 乌托wūtuō邦, 硬邦邦

【邦本】bāngběn 명 국가의 근본. 백성. 국민.
【邦交】bāngjiāo 명 국교.
【邦联】bānglián 명 국가 연합. 연방.

\*\*帮[幫, 幚·幇] bāng 도울 방
동 돕다. 거들다. ¶~人解难=남을 도와 어려움을 해결해 주다. 명 1 (~儿) 물체의 양측이나 주위. ¶鞋~=신발의 양측. 2 (~儿) (채소의) 겉대. ¶白菜~=배추 겉대〔꼬랑이〕. 3 무리. ¶搭~结伴=패를 짜서 무리를 결성하다. 4 집단. 조직. 패. 양 무리. ¶一~小孩在花园里玩儿。=한 무리의 어린아이들이 꽃밭에서 논다.

o● 单帮, 匪fěi帮, 行háng帮, 黑帮, 洪Hóng帮, 客帮, 相帮, 鞋帮, 腮sāi帮子, 跑单帮

帮(bāng) / 帮忙(bāngmáng) / 帮助(bāngzhù) 돕다, 도와 주다
帮 : 물질적 도움이나 구체적인 도움을 말함. ¶这箱子太重了, 请你帮我拿一下。=이 상자는 너무 무거워, 내가 들게 좀 도와 줘.
帮忙 : 어려움에 처했을 때, 구체적인 도움을 주는 것을 말함. ¶听说小李明天搬家, 你去帮忙吗?=듣자하니 샤오리가 내일 이사한다던데, 너 가서 도와 줄 거니?

帮助 : 물질적·정신적인 원조와 추상적인 도움을 말함. ¶他现在很困难, 我们应该帮助他度过难关。=그가 지금 매우 힘들어하니, 우리는 그가 이겨 낼 수 있도록 도와 주어야 한다. / 有了你的帮助我才能成功。=당신의 도움이 있었기에 제가 성공할 수 있었습니다.

▶ '帮忙'은 목적어를 가질 수 없고 중간에 다른 성분의 삽입이 가능한 이합동사이며, 중첩할 경우에는 '帮帮忙〔帮帮我的忙〕'으로 쓰임. ¶他曾经帮过我的忙。=그는 예전에 나를 도와 준 적이 있다. / 我明天搬家, 请你帮帮忙, 好吗?=나 내일 이사하는데, 네가 좀 도와 줄래?

▶ '帮助'는 목적어를 수반할 수 있으나, 중간에 어떤 성분도 삽입할 수 없음. ¶我帮助他学汉语。=나는 그가 중국어를 배우는 것을 도와 준다. / 他一直帮助我的朋友。=그는 계속 내 친구를 돕고 있다.

【帮办】bāngbàn 동 도와서 처리하다. 보좌하다. ¶~政务=정무를 보좌하다. 명 보좌관. 조수. 부관.

【帮补】bāngbǔ 동 (경제적으로) 원조하다. 보조하다. 보조 수당을 주다. ¶他经常~那些生活困难的人。=그는 항상 생활이 어려운 그 사람들을 도와 준다.

【帮衬】bāngchèn 동형 1 (일을) 돕다. 도와 주다. 거들다. ¶邻居~着搬家具。=이웃들이 가구 옮기는 일을 도와 주었다. 2 (경제적으로) 돕다. 보조하다. 원조하다. ¶~亏空=적자를 보조하다. 3 맞장구치다. 거들다. 가세하다. [주로 조기 백화문에 보임] ¶~告白=맞장구를 보태다.

【帮厨】bāng‖chú 요리를 돕다. 부엌일을 거들다. 명 (요리업에 종사하지 않는) 요리사 보조〔조수〕.

【帮凑】bāngcòu 동 여러 사람이 돈을 내어 도와 주다. 십시일반으로 도와 주다. 돈을 각출하여 도와 주다. ¶在同事的~下, 他顺利度过难关。=직장 동료들이 돈을 내서 도와 주어, 그는 순조롭게 어려움을 넘겼다.

【帮倒忙】bāng dàománg 도우려다 오히려 방해가 되다.

【帮扶】bāngfú 도와 주다. 거들다.

【帮工】bāng‖gōng 동 일손을 돕다. ¶他盖房子的时候, 亲戚邻里都去~。=그가 집을 지을 때, 친척과 이웃들이 모두 가서 도와 주었다.

【帮工】bānggōng 명 놈. 일꾼. 품꾼. 품팔이꾼. 보조원. 도우미.

【帮规】bāngguī 명옛 민간 비밀 조직의 규칙. 동업 조합의 규칙.

【帮会】bānghuì 명옛 민간 결사의 총칭.

【帮教】bāngjiào 동 돕고 가르치다.

【帮困】bāngkùn 동 빈곤한 가정을 돕다. 어려운 사람을 돕다.

【帮忙】bāng‖máng (~儿) 동 일(손)을 돕다. 도움을 주다. 원조하다. 거들어 주다. 가세하다.

【帮派】bāngpài 명 파벌. 집단.

【帮钱】bāngqián 동 금전적으로 도와주다〔도

와 주다〕.

【帮腔】bāngqiāng 동 1 (劇) (일부 희곡의 가창(歌唱) 형식의 하나로) 한 사람이 노래할 때, 다른 사람이 거들어 부르거나 반주하다. 2 (비) (남의 말에) 맞장구치다. 가세하다. 거들다. ¶他的提议没有人~。=그 사람의 제의에 아무도 맞장구치는 사람이 없었다.

【帮手】bāng‖shǒu 동 돕다. 거들다. ¶劳您帮一下手。=번거로우시겠지만 좀 도와 주세요.

【帮手】bāng·shou 명 (일을) 돕는 사람. 조수. 보조원. 도우미.

【帮套】bāngtào 명 1 수레 끌채 바깥쪽에 있는 끌줄. 2 끌줄을 끄는 가축.

【帮贴】bāngtiē 동명 보조하다. 경제적으로 도와 주다. ¶~贫困学生=가난한 학생들을 금전적으로 도와 주다.

【帮闲】bāngxián 동 권세 있는 자에게 아첨하다〔빌붙어 살다〕. (문인이) 자신을 보살펴 주는 세력가를 위해 앞장서다. 명 1 어용 문인. 2 졸개. 끄나풀. 아첨꾼.

【帮凶】bāngxiōng 동 흉악한 사람을 돕다. 악한 일을 돕다. 나쁜 일을 방조하다. 악당과 한패가 되다. 범죄자와 공모하다. 명 앞잡이. 공범자. 악당의 졸개.

【帮助】bāngzhù 동 돕다. 원조하다. 보좌하다. ¶~孤寡=고아나 과부 같은 외롭고 어려운 사람을 돕다. 명 도움. 원조. 보조. 충고.

【帮子】bāng·zi 1 신발의 좌우 양측. 2 야채〔채소〕의 겉대. 양 무리. ¶那一~青年人很有冲劲。=저 젊은이들은 매우 추진력이 있다.

【帮嘴】bāngzuǐ 동〈구〉(남을 위해) 변호하다. 말을 거들다. 대변하다.

梆 bāng 나무 두드리는 소리 방
의 딱. [나무를 두드리는 소리]

【梆啷】bānglāng 의 딱. 쾅. 퍽. [딱딱한 물체가 서로 부딪치는 소리] ¶~一声, 盆子摔在了水泥地上。=퍽 하는 소리와 함께 화분이 시멘트 바닥에 떨어졌다.

*梆 bāng 목어 방
명 (야경을 돌거나 군중을 소집할 때 쓰는) 딱따기. (박자를 맞추는) 박자목(拍子木). 동형 (막대기 등으로) 때리다. 치다. ¶气得你真想拿棍子往他身上~。=화가 나서 너라도 몽둥이로 그를 때리고 싶을 거야. 의 딱딱. 똑똑. ¶听, 门被敲得~~响。=들어 봐, 똑똑 문 두드리는 소리가 나잖아.

【梆(梆)硬】bāng(bāng)yìng 형 (매우) 딱딱하다. 단단하다. ¶馒头被烤得~。=만터우가 딱딱하게 구워졌다.

【梆子】bāng·zi 명 1 옛 (야경을 돌거나 군중을 소집할 때 치는) 딱따기. 2 (音) 나무 타악기. [길이가 서로 다른 두 개의 대추나무 토막으로 만든 것으로, '梆子腔(bāng·ziqiāng)'의 반주에 많이 쓰임] 3 약 (劇) 梆子腔(bāng·ziqiāng).

【梆子腔】bāng·ziqiāng 명 1 (劇) 중국 전통

극 주요 곡조의 하나. ['梆子(나무 타악기)'로 반주하여 리듬감을 더하므로 얻어진 이름임] **2** '梆子腔'으로 가창하는 중국 전통극. [예컨대, '河北梆子·山东梆子·陕西梆子(秦腔)' 등]

## 浜 bāng 갯고랑 병
[명] [방] 작은 강. [주로 지명에 쓰임]

## *绑[綁] bǎng 묶을 방
[동] (끈·줄 따위로) 동이다. 감다. 묶다. 결박하다. ¶~紧行李=짐꾸러미를 단단히 묶다. ↔解

○● 捆kǔn绑, 陪péi绑

【绑带】 **bǎngdài** [명] **1** 붕대. **2** 각반. 행전.
【绑匪】 **bǎngfěi** [명] 유괴범. 납치범.
【绑缚】 **bǎngfù** [동] 묶다. 동이다. 포박하다. [사람에게 많이 쓰임]
【绑架】 **bǎng‖jià** [동] 납치하다. 인질로 잡다.
【绑票】 **bǎng‖piào** (~儿) [동] 납치하다. 인질로 잡고 금품을 요구하다.
【绑腿】 **bǎngtuǐ** [명] 각반. 행전.
【绑扎】 **bǎngzā** [동] 싸서 묶다. 동여매다. 싸매다. ¶~伤腿=상처 입은 다리를 감싸서 묶다.

## **榜[(㮄)] bǎng 편액 방
[명] **1** 편액. ¶题~=편액에 글씨를 쓰다. **2** 게시한 명단. ¶金~题名=(어려운) 시험에 합격하다. **3** 공고문. 방문. 방. ¶张~公布=게시하여 공포하다.

○● 背bēi榜, 标榜, 出榜, 发榜, 红榜, 金jīn榜

【榜额】 **bǎng'é** [명] 편액(匾額).
【榜上有名】 **bǎngshàng yǒumíng** [성] **1** 방 (榜)에 게시한 명단에 이름이 있다. **2** 합격하다. 채용되다.
【榜示】 **bǎngshì** [동] (명단을) 게시하다.
【榜首】 **bǎngshǒu** [명] **1** 명단의 맨 처음. **2** 일등. 수석.
【榜书】 **bǎngshū** [명] **1** 궁궐 상인방(上引枋)에 쓴 큰 글자. **2** 편액·간판에 쓴 큰 글자.
【榜尾】 **bǎngwěi** [명] **1** 명단의 맨 끝. **2** 꼴찌.
【榜文】 **bǎngwén** [명][옛] 방. 방문. 공고문. 게시문. 고시(告示).
【榜眼】 **bǎngyǎn** [명] (옛날, 과거에서) 2등으로 진사에 급제한 사람.
【榜样】 **bǎngyàng** [명] 모범. 본보기. 귀감. ¶~的力量是无穷的.=본보기의 효력은 무한한 것이다.

## **膀[(髈)] bǎng 어깨뼈 방
[명] **1** 어깨. ¶臂~=팔. **2** (~儿) 조류(鳥類)의 날개.
☞ **bàng, pāng, páng**

○● 臂bì膀, 翅chì膀, 肩jiān膀

【膀臂】 **bǎngbì** [명] **1** 상박(上膊). 팔. **2**[비] 힘이 되는 조력자. 오른팔. 심복. 가장 믿을 만한 사람.

¶这事多亏了他们几个~。=이 일은 그 몇몇 조력자들의 덕을 많이 보았다.
【膀大腰圆】 **bǎngdà-yāoyuán** [성] 체격이 탄탄하다 (우람하다). 어깨가 쩍 벌어지고 허리가 굵다.
【膀阔力宽】 **bǎngkuò-lìkuān** [성] 체격이 탄탄하다 (우람하다). 어깨가 쩍 벌어지고 굵다. 몸이 건강하다.
【膀子】 **bǎng·zi** **1** 상박(上膊). **2** 팔. **3** 조류(鳥類) 등의 날개.

## 蚌 bàng 민물조개 방
[명] [動] 민물조개의 총칭.
☞ **bèng**
【蚌壳】 **bàngké** [명] 조개 껍데기.

## *棒 bàng 몽둥이 봉
[명] 몽둥이. 막대기. 방망이. 곤봉. ¶棍~=막대. 몽둥이. [형] **1** 건장하다. ¶他身体倍~!=그는 몸이 아주 건장하다. **2** (성적이) 좋다. (수준이) 높다. (체력이나 능력이) 강하다. ¶他的英语口语很~!=그의 영어 회화는 아주 뛰어나다. / 球踢得真~!=축구를 아주 잘 한다.

○● 冰bīng棒, 磁cí棒, 电棒, 棍gùn棒, 火棒, 蒲pú棒, 拳quán棒, 硬yìng棒, 接力棒

【棒(棒)糖】 **bàng(bàng)táng** [명] 막대기 사탕.
【棒冰】 **bàngbīng** [명][방] 아이스 케이크(ice cake). =【冰棍儿】 **bīnggùnr**
【棒操】 **bàngcāo** [명][體] (곤)봉 체조.
【棒疮】 **bàngchuāng** [명][醫] 장상(杖傷).
【棒槌】 **bàng·chui** [명] **1** 방망이. 빨랫방망이. **2**[비] 문외한. [주로 연극계에서 많이 쓰임] ¶对演戏, 他是个~。=연기에 대해 그는 문외한이다.
【棒打】 **bàngdǎ** [동] 방망이로 치다. 매질하다. 몽둥이로 때리다. ¶真是鸳鸯, ~不散。=(그들은) 정말이지 사이가 좋아, 무슨 일이 있어도 헤어지지 않는다.
【棒打不回头】 **bàngdǎ bù huítóu** [속][비] **1** 완고하다. 고집스럽다. **2** 완강하여 충격이나 좌절을 두려워하지 않다.
【棒打鸳鸯】 **bàngdǎ-yuānyāng** [속][비] 제삼자가 강경한 수단으로 부부·연인 등을 갈라놓다.
【棒喝】 **bànghè** [동] **1**[佛] 선승(禪僧)이 경책(警策)으로 때리거나 일갈하여 깨달음을 인도하다. **2**[비] 정신이 번쩍 들게 하다. 통봉(痛棒)을 가하다. 일침을 가하다. 따끔하게 경고하다. ¶恩师的话犹似迎头~。=스승의 말씀은 마치 머리에 통봉(痛棒)으로 내려치는 것과 같다.
【棒球】 **bàngqiú** [명][體] **1** 야구. **2** 야구공.
【棒儿香】 **bàngrxiāng** [명] 심지가 가는 (대)나무 향.
【棒杀】 **bàngshā** [동] **1** 몽둥이로 마구 때려죽이다. **2**[비] 집단으로 공격하여 항복시키다.
【棒小伙子】 **bàngxiǎohuǒ·zi** [명] 원기[혈기] 왕성한 젊은이. 건장한 젊은이.
【棒针】 **bàngzhēn** [명] 굵은 뜨개바늘.

## bàng 棒梧傍谤塝蒡搒稖膀磅镑艕 包

【棒针衫】bàngzhēnshān (털실로 뜬) 스웨터(sweater).
【棒子】bàng·zi 1 (짧고 굵은) 방망이. 몽둥이. 2 ☞ 【玉米】yùmǐ
【棒子面】bàng·zimiàn 옥수수 가루.

### 梧 bàng 몽둥이 봉
'棒(bàng)'과 같음.
☞ bèi

### *傍 bàng 곁 방
1 가까이 가다. 다가가다. 인접하다. 접근하다. ¶~栏观景=난간으로 다가가서 경치를 구경하다. / 依山~海=산을 끼고 바다를 가까이 하다. 2 (시간이) 임박하다. 다가오다. ¶夜~三更=밤이 삼경에 이르렀다. 3 따르다. 뒤쫓다. 의존하다. 달라붙다. ¶~款姐=돈 많은 여자를 따라다니는.

○-● 依yī傍

【傍边儿】bàng‖biānr 접근하다. 다가가다. 바싹 달라붙다.
【傍大款】bàngdàkuǎn 부호를 따라다니다. [여자에게 많이 쓰임]
【傍黑儿】bànghēir 저녁 무렵. 해질 무렵.
【傍角儿】bàngjuér 조연하다. 반주하다. 조연. 반주자.
【傍亮儿】bàngliàngr 여명. 동틀 무렵. 해뜰 무렵.
【傍明】bàngmíng 여명. 동틀 무렵.
【傍人门户】bàngrén-ménhù 자립하지 못하고 남에게 의지하다.
【傍响】bàngshǎng(~儿) 한낮 무렵.
【傍晚】bàngwǎn(~儿) 저녁 무렵. ≒黄昏
【傍午】bàngwǔ 정오 무렵.
【傍依】bàngyī 기대다. 의지하다. 근접하다. 가까이하다. ¶~绿水青山=맑은 물 푸른 산에 가까이하고 있다. 기댈 것. 의지할 것. ¶无所~=의지할 데가 없다.

### *谤[謗] bàng 헐뜯을 방
비방하다. 헐뜯다. ¶为人毁~=남에게 비방당하다. ≒诽
【谤毁】bànghuǐ 훼방하다. 비방하다.
【谤书】bàngshū 남을 비방하는 편지나 서적. 세상일을 비방하는 문서.
【谤议】bàngyì 비방하다.

### 塝 bàng 땅 두둑 방
(논)둔덕. 두렁. 도랑이나 두둑의 바깥쪽. [주로 지명에 쓰임] ¶张家~=장자방. [후베이(湖北)성에 있는 지명]

### 蒡 bàng 인동덩굴 방
☞ 【牛蒡】niúbàng

### 搒 bàng 배 저을 방

노를 젓다.
☞ péng

### 稖 bàng 보습 방
【稖头】bàngtóu ☞ 【玉米】yùmǐ

### 膀 bàng 어깨뼈 방
☞ 【吊膀子】diàobàng·zi
☞ bǎng, pāng, páng

### *磅 bàng 돌 떨어지는 소리 방
1 (중량 단위인) 파운드(pound). 2 (글자 크기를 나타내는) 포인트(point). 3 앉은뱅이 저울. ¶把猪过一下~。=돼지를 저울에 한번 달아 봐라. (저울로) 무게를 달다. ¶~体重=체중을 달다.
☞ páng
【磅秤】bàngchèng ☞ 【台秤】táichèng
【磅盘】bàngpán 앉은뱅이 저울의 저울판.

### 镑[鎊] bàng 파운드 방
《經》 파운드(pound). [영국이나 이집트 등 국가의 화폐 단위]

○-● 金jīn镑, 英镑

### 艕 bàng 쌍 배 방
1 '搒(bàng)'과 같음. 2 배와 배가 서로 잇닿다.

## bao

### *包 bāo 쌀 포
1 (종이나 베 혹은 기타 얇은 것으로) 싸다. 싸매다. ¶~书皮儿=책가위. 2 도금하다. 입히다. 씌우다. ¶~金镶玉=도금을 하고 옥을 박아 넣다. 3 포위하다. 둘러싸다. 에워싸다. ¶露天舞台被人们团团~住。=노천 무대는 사람들로 빽빽이 에워싸였다. 4 포용하다. 포괄하다. ¶敬请~涵=삼가 양해해 주시기 바랍니다. / 无所不能, 无所不~。=못하는 것이 없고, 포용하지 않는 바가 없다. 5 보증하다. 보장하다. 담보하다. ¶~你放心=안심하셔도 좋다는 것을 보장합니다. 6 일을 도맡다. 청부하다. 청부를 맡다. 전적으로 책임지다. ¶家具~送到户。=가구를 책임지고 집까지 배달해 드립니다. / 本店早餐免费~吃。=본점에서는 아침을 무료로 제공합니다. 7 전세 내다. 대절하다. ¶旅游团~了一辆中巴进山。=여행단은 중형 버스 한 대를 전세 내어 입산하였다. 포. 갑. 봉지. 꾸러미.

| 包 bāo | 炮 pào |
|---|---|
| 孢 bāo | 跑 pǎo |
| 抱 bào | 泡 pāo |
| 饱 bǎo | 袍 páo |
| 雹 báo | 咆 páo |
| 苞 bāo | 狍 páo |
| 胞 bāo | 匏 páo |
| 鲍 bào | 庖 páo |
| 刨 páo | 疱 pào |

包 **bāo** 57

포대. [싸여 있는 물건을 세는 데 쓰임] ¶ 一~味精=조미료 한 봉지. / 两~烟=담배 두 갑. ❷ **1** (물건을 담는) 자루. 주머니. 가방. 포대. ¶ 坤~=여성용 핸드백이나 지갑. / 书~=책가방. **2** (~儿) (싸거나 포장된) 보따리. 봉지. 꾸러미. ¶ 邮~=소포. / 鲜肉汤~=고기와 고깃국물이 들어간 전만두. **3** 파오. [몽골인들의 이동식 천막집] ¶ 蒙古~=파오. **4** (부딪혀 몸에 생긴) 혹. ¶ 头上碰了个大~=머리가 부딪혀 큰 혹이 생겼다. **5** (지면이나 물체에 난) 돌기. 돌출부. ¶ 敖~=아오바오. [몽골인들이 풀·돌·흙 등을 쌓아 길이나 경계를 표시한 것] / 树干上鼓起一个~. =나무 줄기에 혹부리가 하나 생겼다. **6** ⟨구⟩ 말썽꾸러기. 문제아. 병투성이. ¶ 捣蛋~=늘 문제를 일으키는 아이. 문제아. / 病~儿=병투성이. **7** (Bāo) 성(姓).

○● 背bèi包, 病包儿, 草包, 承chéng包, 打包, 掉diào包, 发包, 钢gāng包, 跟包, 荷hé包, 挎kuà包, 麻包, 面包, 脓nóng包, 皮包, 蒲pú包, 沙shā包, 山包, 套tào包, 提包, 心包, 腰包, 衣包

【包办】**bāobàn** ❸ **1** 도맡아 하다. 책임지고 처리하다. ¶ 此事由你~=이 일은 네가 책임지고 처리해라. **2** 독단(獨斷)하다. 상의 없이 혼자 처리하다. ¶ 婚姻不能~. =결혼은 혼자 생각대로 해서는 안 된다.

【包办代替】**bāobàn-dàitì** ❸ 독단적으로 월권하여 대신 처리하다.

【包庇】**bāobì** ❸ (나쁜 일이나 사람을) 비호하다. 감싸주다. 은폐시키다. 온덕해 주다. ¶ 相互串通~=서로 짜고 비호하다. 녹袒护 ↔揭发

【包藏】**bāocáng** ❸ 포함하다. 안에 감추다. 속에 품다. 싸서 감추다. ¶ 内心~无限伤感. =마음속에 한없는 슬픔을 감추고 있다.

【包藏祸心】**bāocáng-huòxīn** ❸ (남을 해치려는) 못된 생각을 품다. 나쁜 마음을 먹다.

【包产】**bāo‖chǎn** ❸ 도급 생산하다. [생산 목표를 정하고, 개인이나 단체가 책임지고 완수하는 방식임]

【包产到户】**bāochǎn dàohù** ❸ 농가 세대별 생산 책임제. [농업 생산 책임제(農業生產責任制)의 한 형식. 책임진 토지·생산 도구·기술·노동력 등의 조건에 근거하여 생산량을 정하고, 세대별로 책임지고 이를 완수하는 것]

【包场】**bāo‖chǎng** ❸ (공연의) 전체 입장권을 단체로 미리 사다. 대부분의 좌석을 한꺼번에 미리 구매하다.

【包抄】**bāochāo** ❸ ⟨军⟩ 적을 측면이나 뒤쪽에서 공격하다. 포위 공격하다.

【包车】**bāo‖chē** ❸ 차량을 전세 내다. 대절하다. ¶ ~游览=차량을 대절하여 유람하다.

【包车】**bāochē** ❷ 전세차. 대절차.

【包乘】**bāochéng** ❸ **1** 전세 내어 타다. 대절하여 타다. ¶ ~一周的出租车=일주일 간 대절한 택시. **2** 몇 명의 열차 승무원이 한 칸의 열차를 책임지다. 기사와 차장이 공동으로 한 대의 시내버스·전철의 운행과 보수를 책임지다.

【包乘制】**bāochéngzhì** ❷ (운수 기관의) 책임 승무제.

【包乘组】**bāochéngzǔ** ❷ (운수 기관의) 전속 승무조.

【包吃】**bāochī** ❸ 무료로 식사를 제공하다〔책임지다〕. ¶ 公司~午餐. =회사에서 점심을 무료로 제공한다.

【包船】**bāo‖chuán** ❸ 배를 전세 내다. 대절하다. ¶ 包了一艘船出海. =배를 한 척 대절하여 바다로 나가다.

【包船】**bāochuán** ❷ 대절한〔전세 낸〕배〔선박〕. 세낸 배.

【包打官司】**bāodǎ-guān·si** ❸ 대리 소송하다. 소송을 떠맡다.

【包打天下】**bāodǎ-tiānxià** ❸ **1** 천하를 빼앗을 중책을 도맡다. **2** ⟨比⟩ 개인 혹은 소수의 사람들이 이 일을 도맡아 처리하다. **3** ⟨比⟩ 무슨 일이든 참견하고 자기가 해결하려 한다.

【包打听】**bāodǎtīng** ❷⟨方⟩ **1** ⟨옛⟩ (중화 인민 공화국 성립 이전) 조계(租界) 경찰서의 정탐꾼. **2** 소식통. 정보통.

【包二奶】**bāo èrnǎi** ❸⟨口⟩ 첩을 두다.

【包饭】**bāo‖fàn** ❸ 급식을 도급 맡다. =【包伙】**bāo‖huǒ**

【包饭】**bāofàn** ❷ (매달 일정액을 지불하고 먹는) 식사. =【包伙】**bāohuǒ**

【包房】**bāo‖fáng** ❸ (아파트·숙박업소의 객실 등을) 전세 내다.

【包房】**bāofáng** ❷ **1** (아파트·숙박업소 등의) 전셋방. **2** (열차·객선의) 대절 칸. 컴파트먼트 (compartment).

【包封】**bāofēng** ❸ 포장하여 봉인하다.

【包袱】**bāo·fu** ❷ **1** (옷·물건 따위를 싸는) 보. 보자기. **2** (보자기로 싼) 보따리. 꾸러미. **3** ⟨比⟩ 부담. 짐. ¶ 经济~=경제적 부담. / 思想~=마음의 부담. **4** ('相声(xiàng·sheng)·快书(kuàishū)' 등에서의) 웃음보따리. 웃음거리. ¶ 抖~=익살을 부리다.

【包袱底儿】**bāo·fudǐr** ❷⟨方⟩ **1** 가정에서 오랫동안 사용하지 않은 물건. 비장품(祕藏品). 귀중품. **2** ⟨比⟩ 비장의 무기. **3** ⟨比⟩ 비밀. 숨겨 둔 일.

【包袱皮儿】**bāo·fupír** ❷ 보자기.

【包干儿】**bāogānr** ❸ 일을 책임지고 도맡다. 도급 맡아 하다. 도맡아 하다. ¶ 这一工程必须分组~. =이 공사는 반드시 조를 나눠 도맡아서 해야 한다.

【包工】**bāo‖gōng** ❸ 생산을〔공사를〕도급〔청부〕 맡다. =【包活】**bāo‖huó** ¶ 室内装修由一家公司~. =실내 장식은 한 회사가 도급을 맡아 완수하다.

【包工头】**bāogōngtóu** ❷ 도급업자. 청부업자.

【包公】**Bāogōng** ❷ **1** ⟨歷⟩ 포증(包拯). [북송(北宋) 시대의 공정·강직·청렴함으로 유명했던 관리] =【包青天】**Bāoqīngtiān** **2** 대쪽같은 법관·지도자.

【包谷】[苞谷] **bāogǔ** ☞【玉米】**yùmǐ**

**【包管】bāoguǎn** 동⟨구⟩ 보증하다. 보장하다. 담보하다. ¶这药~有效。=이 약은 약효를 꼭 보장한다.

**【包裹】bāoguǒ** 동 싸다. 포장하다. ¶用牛皮纸~散件杂物。=크라프트지(kraft紙)로 잡다한 물건을 싸다. 명 소포. 보따리. ¶邮寄~=우편으로 소포를 부치다.

**【包含】bāohán** 동 포함하다. ¶这句话~着丰富的哲理。=이 말은 풍부한 철리(哲理)를 포함하고 있다. ≒蕴含 含蕴

**【包涵】bāo·han** 동 양해하다. 용서하다. [용서와 양해를 구하는 인사말로 쓰임] ¶来信迟复, 请多~！=답장이 늦어진 것에 대해 많은 양해 바랍니다.

**【包换】bāohuàn** 동 (일정한 조건 아래) 구매 상품의 교환을 보증하다.

**【包活】bāo‖huó(~儿)** ☞【包工】bāo‖gōng

**【包伙】bāo‖huǒ** ☞【包饭】bāo‖fàn

**【包伙】bāohuǒ** ☞【包饭】bāofàn

**【包机】bāojī** 동 비행기를 전세 내다. ¶台商~返乡过年。=대만 경제인들이 비행기를 전세 내어 고향으로 돌아가 설을 보낸다. 명 전세기. ¶旅行团乘~飞抵澳门。=여행단은 비행기를 전세 내어 마카오에 도착했다.

**【包间】bāojiān** 명 (음식점이나 유흥업소에서) 독방. 룸(room).

**【包金】bāojīn** 명동 금도금(을 하다). ¶~饰品=금을 입힌 장식품.

**【包举】bāojǔ** 동 총괄하다. 망라하다. 통괄하다. ¶~宇内=천하를 손아귀에 넣다.

**【包括】bāokuò** 동 포함하다. 포괄하다. ¶文房四宝当然~砚墨。=문방사보[문방사우]는 당연히 벼루와 먹을 포함한다. ↔除外

**【包揽】bāolǎn** 동 혼자 도맡(아 하)다. 독점하다. ¶~大权=대권을 독점하다.

**【包料】bāoliào** 동 (자재를) 일괄 책임지다. 도맡다. 도급하다. ¶家庭装饰多采取包工~的形式。=가정 실내 장식은 대체로 공사와 자재를 도급하는 형식을 취한다.

**【包罗】bāoluó** 동 망라하다. 포괄하다. ¶社会科学~甚广, 可分为多个专业学科。=사회 과학은 포괄하는 범위가 아주 넓어 여러 개의 전공 분야로 나눌 수 있다.

**【包罗万象】bāoluó-wànxiàng** 성 (내용이 아주 풍부하여) 포함하지 않는 것이 없다. 두루 완비하다. 모두 포함하다. ↔挂一漏万

**【包买】bāomǎi** 동 전부 사다.

**【包米】[苞米] bāomǐ** ☞【玉米】yùmǐ

**【包赔】bāopéi** 동 배상을 보증하다. 책임지고 배상하다.

**【包皮】bāopí** 명 1 ⟨醫⟩ 포경(包莖). 우멍거지. 2 포장지. 포장 용품.

**【包片】bāopiàn(~儿)** 동 일정 범위의 일을 책임지다. 일정 지역을 전담하다. ¶辖区内实行~儿管理。=관할 구역 내에서 일정 지역 책임 관리제를 시행하다.

**【包票】bāopiào** 명 1 (상품) 보증서. 2 ⟨비⟩ (절대적인) 보증. 자신. =【保票】bǎopiào ¶他敢打~, 没问题。=그가 자신 있게 보증하는 것으로 보아 문제 없어.

**【包青天】Bāoqīngtiān** ☞【包公】Bāogōng

**【包容】bāoróng** 동 1 포용하다. 너그럽게 감싸다. ¶~他人缺点=남의 결점을 포용하다. 2 수용하다. ¶大教室最多可~两百人。=큰 교실은 가장 많게는 200명까지 수용할 수 있다.

**【包头】bāotóu** 명 1 머릿수건. 2 (Bāotóu)⟨地⟩ 바오터우. [네이멍구(内蒙古) 자치구에 있는 도시 이름]

**【包退】bāotuì** 동 (일정 조건 아래) 반품을 보증하다. ¶冰箱半个月内有质量问题~。=냉장고의 품질에 문제가 있으면 보름 안에는 반품을 보증한다.

**【包围】bāowéi** 동 1 포위하다. 에워싸다. 둘러싸다. ¶整个小区都被花草树木~。=전체 구역이 모두 화초와 나무들로 에워싸였다. 2 (어떤 추상적인 것에) 휩싸이다. 뒤덮이다. ¶踏上故乡, 就被浓郁的乡韵~着。=고향에 발을 들여놓자 진한 고향의 정취에 휩싸였다. 3 ⟨军⟩ 포위하다. 명⟨军⟩ 포위망. ↔突围

**【包围圈】bāowéiquān** 명⟨军⟩ 포위망.

**【包席】bāo‖xí** (한 개 또는 여러 개의 식탁을) 통째로 예약하다. ¶~恭候贵宾=식탁을 통째로 예약하여 귀빈을 정중히 기다리다.

**【包席】bāoxí** 명 (음식점에서 통째로 예약한) 식탁. 자리. =【包桌】bāozhuō

**【包厢】bāoxiāng** 명 1 (유흥업소·극장 등의) 독방. 특별석. 룸(room). 박스(box). 2 (열차의) 특별 칸.

**【包销】bāoxiāo** 동 ⟨經⟩ 총판하다. 도고(都賈)하다. 일수 판매(一手販賣)하다. 일괄 구입하여 판매하다.

**【包心菜】bāoxīncài** ☞【结球甘蓝】jiéqiú gānlán

**【包修】bāoxiū** 동 수리를 보증하다.

**【包牙】bāoyá** 명 뻐드렁니.

**【包养】bāoyǎng** 동 (배우자 외의 이성에게) 집과 돈을 지불하고, 장기간 성관계를 유지하다.

**【包银】bāoyín** 명⟨旧⟩ 극장이 때에 맞춰 극단이나 주연 배우에게 지불하던 약정된 보수[출연료·공연료].

**【包用】bāoyòng** 동 (품질 따위를) 보증하다.

**【包圆儿】bāoyuánr** 동 1 전부 도맡아 하다[책임지다]. ¶剩菜我~了。=남은 음식은 모두 내가 책임진다. 2 (물건 또는 남은 물건을) 통째로 사다. ¶这几斤黄瓜您~了吧！=오이가 몇 근 남았는데, 모두 사시오.

**【包月】bāo‖yuè** 월별로〔한 달 단위로〕 계약하다〔청부 맡다〕.

**【包孕】bāoyùn** 동 포함하다. 내포하다. ¶那首诗里~诗人绵绵的思乡之情。=그 시에는 시인의 고향을 그리워하는 절절한 마음이 내포되어 있다. ≒包含 包蕴

**【包运】bāoyùn** 동 운송을 청부 맡다.

【包蕴】bāoyùn 동 내포하다. 포함하다. 포괄하다. ¶那篇文章虽短, 却~深邃的人生道理。= 그 글은 비록 짧지만 심오한 인생의 철리가 담겨 있다. 능包含 包孕
【包扎】bāozā 동 싸매다. 싸서 묶다. 포장하다. ¶他的跌伤急需~。=그의 넘어져서 생긴 상처는 재빨리 싸매야 한다.
【包治】bāozhì 동 완치를 보증하다. 완치를 보증하고 치료를 맡다. ¶没有什么药可以~百病。= 모든 병이 완치된다고 보장할 수 있는 약은 없다.
【包种】bāozhòng 동 농작물의 파종을 책임지다. 청부 맡아 농작물·나무 등을 심다.
【包装】bāozhuāng 동 1 (물건을) 포장하다. 2 (비) (사람이나 사물을) 포장하다. 잘 꾸미다. ¶~歌手=가수의 이미지를 포장하다. 명 포장. ¶外~要注意精美。=바깥 포장은 정교하고 예쁘게 해야 한다.
【包装箱】bāozhuāngxiāng 명 포장용 상자.
【包装纸】bāozhuāngzhǐ 명 포장지.
【包桌】bāozhuō ☞ 【包席】 bāoxí
【包子】bāo·zi 명 (소가 든) 찐빵. 바오쯔.
【包租】bāozū 동 1 (일정 기간) 대절하다. 전세내다. ¶~三周的卡车=3주 간 대절한 트럭. 2 세를 얻어 다시 세를 놓다.

## 苞 bāo 꽃봉오리 포
형 동 우거지다. 무성하다. ¶竹~松茂=대나무와 소나무가 무성하게 우거지다. 명 꽃봉오리. 꽃망울. ¶含~欲放=꽃망울을 머금고 막 터뜨리려 하다.

o● 打苞, 花苞

【苞谷】bāogǔ ☞ 【包谷】 bāogǔ
【苞苴】bāojū 명 문 1 (물)고기를 싸는 부들잎(으로 엮은) 용기. 2 선물. 예물. 3 뇌물.
【苞米】bāomǐ ☞ 【包米】 bāomǐ

## 孢 bāo 아이 밸 포
【孢子】[胞子] bāozǐ 명 (生) 포자.
【孢子植物】bāozǐ zhíwù 명 (植) 포자식물.

## 枹 bāo 떡갈나무 포
명 (植) 떡갈나무.
☞ fú
【枹树】bāoshù 명 (植) 떡갈나무. 图 【小橡树】 xiǎoxiàngshù

## 胞 bāo 태보 포
명 1 포의(胞衣). 2 친동기. 친형제 자매. ¶~弟=친동생. 3 동포. ¶港澳台~=홍콩·마카오·대만 동포.

o● 难nàn胞, 侨qiáo胞, 同胞, 细xì胞, 衣胞

【胞浆水】bāojiāngshuǐ ☞ 【羊水】 yángshuǐ
【胞叔】bāoshū 명 작은아버지. 숙부. 친삼촌.
【胞兄弟】bāoxiōngdì 명 친형제.
【胞衣】bāoyī 명 (醫) 포의(胞衣). [태아를 싸고 있는 막(膜)과 태반(胎盤)] = 【衣胞】 yībāo 【胎衣】 tāiyī
【胞子】bāozǐ ☞ 【孢子】 bāozǐ

## 炮 bāo 통째로 구울 포
동 1 쬐어 말리다. ¶把湿袜子搭在电暖器上~一会。=젖은 양말을 전기 난로에 올려 잠시 말리다. 2 (조리 방법으로) 센불로 재빨리 볶다. ¶葱~羊肉=파를 곁들인 양고기 볶음.
☞ páo, pào

## 剥 bāo 벗길 박
동(구) (껍질 등을) 벗기다. 까다. ¶~豆子=콩을 까다. / ~皮=껍질을 벗기다.
☞ bō

## 龅[齙] bāo 뻐드렁니 포
【龅牙】bāoyá 명 뻐드렁니.

## 煲 bāo 깊은 솥 보
명 (속이 깊은) 솥. 냄비. ¶电饭~=전기 밥솥. 동 (속이 깊은 솥이나 냄비로) 끓이다. 달이다. 졸이다. ¶~汤=국을 끓이다.
【煲网】bāowǎng 장시간 인터넷 채팅을 하다. 장시간 인터넷에 접속하다.

## 褒[(襃)] bāo 넓은 옷자락 포
형 동 옷이 헐렁하다. ¶~衣博带=옛 선비들이 입던 품이 헐렁한 옷차림. 동 칭찬하다. 찬양하다. 표창하다. ¶~贤举能=어질고 현명한 자를 칭송하고 능력 있는 자를 천거하다. ↔贬
【褒贬】bāobiǎn 동 좋고 나쁨을 평가하다. 포폄하다. ¶~得当=포폄이 적절하다.
【褒贬】bāo·biǎn 동 질책하다. 비난하다. ¶暗地里~中伤非君子所为。=몰래 비난하고 중상하는 것은 군자가 할 바가 아니다.
【褒称】bāochēng 명 찬양하거나 존경을 나타내는 호칭.
【褒词】bāocí 명 (言) 좋은 의미의 말(단어). [예컨대 '勇敢(용감하다)·美丽(아름답다)' 등] = 【褒义词】 bāoyìcí ↔贬词 贬义词
【褒奖】bāojiǎng 동 표창하다. 장려하다. ¶~取得突出成果的科研工作者。=특출한 성과를 거둔 과학 연구자들을 표창하다.
【褒恤】bāoxù 동(문) 공적을 따져 포상하고 보살피다.
【褒扬】bāoyáng 동 문 찬미하다. 칭찬하다. 찬양하다. ↔贬抑
【褒义】bāoyì 명 (자구(字句)에 내포된) 칭찬 또는 찬양의 의미.
【褒义词】bāoyìcí ☞ 【褒词】 bāocí
【褒忠贬佞】bāozhōng-biǎnnìng 성 충의를 드높이고 영신(佞臣)을 비난하다.

## 雹 báo 누리 박
명 (氣) 우박. 누리. ¶冰~=우박. / ~暴=마구 퍼붓는 우박.

○● 冰bīng雹

【雹灾】báozāi 〈名〉 우박으로 인한 재해〔피해〕. 박재(雹灾).

【雹子】báo·zi ☞【冰雹】bīngbáo

## 薄 báo 얇을 박

〈形〉 **1** 엷다. 얇다. ¶纸~但不浸墨。= 종이가 얇긴 하지만 먹이 번지지 않는다. **2** 진하지 않다. 옅다. 싱겁다. 묽다. ¶香淡味~ = 향이 연하고 맛이 담백하다. **3** (감정이) 냉담하다. 메마르다. 박정하다. 야박하다. ¶二人的交情不~。= 두 사람의 교분이 깊다. **4** 척박하다. 메마르다. ¶脊~地 = 척박하고 메마른 논밭. **5** 빈약하다. 보잘것없다. ¶家底不~ = 집안의 경제력이나 배경이 상당하다. ↔厚 浓

☞ bó, bò

【薄板】báobǎn 〈名〉 박판(薄板). 얇은 널빤지. 얇은 철판. 판금(板金).

【薄薄】báobáo 〈形〉 **1** 아주 얇다. ¶地上落下一层~的雪。= 땅 위에 눈이 한 겹 얇게 내렸다. **2** 진하지 않다. 연하다. ¶远处飘来几缕~的花香。= 멀리서 몇 가닥 연한 꽃 향기가 날아온다.

【薄冰】báobīng 〈名〉 살얼음. 박빙.

【薄饼】báobǐng 〈名〉 (아주 얇은) 밀가루 전병.

【薄脆】báocuì 〈名〉 **1** 얇고 바삭바삭한 과자. **2** 기름에 튀긴 얇고 바삭바삭한 밀가루 음식.

【薄地】báodì 〈名〉(农) 척박한 땅〔논밭〕.

【薄脸皮】báoliǎnpí 〈名〉(俗) 수줍음이 많은 사람. 심약한 사람. 얌전 사람. ¶她自小就是个~。 그 녀는 어렸을 때부터 수줍음이 많아.

【薄田】báotián 〈名〉(农) 척박한 농토.

## 胞¹ báo 작은 오이 박

〈名〉〈方〉작은 박(류).

## 胞² báo 새박 박

☞【马胞儿】mǎbáor

## 饱[飽] bǎo 배부를 포

〈形〉 **1** 배부르다. ¶吃饭宜八成~。= 밥은 8할 정도만 부르게 먹어야 한다. **2** (열매가) 속이 꽉 차다. 옹골지다. (내용이) 충실하다. ¶麦粒长得很~。= 밀알이 속이 꽉 차게 여물었다. **3** 족히. 충분히. ¶~经磨难 = 어려움을 충분히 경험하다. 〈动〉 **1** 만족시키다. ¶大~眼福 = 한껏 눈요기를 하다. **2** 가득 채우다. ¶中~私囊 = 중간에서 착복하여 개인의 호주머니를 채우다. ↔饿 饥

○● 解jiě饱, 温wēn饱, 中zhōng饱

【饱饱儿】bǎobǎor (~的) 〈形〉 배불리 먹다. ¶晚饭开得晚, 大家要吃得~的。 = 저녁이 늦었으니, 여러분들 배불리 먹어 두어야 합니다.

【饱餐】bǎocān 〈动〉 배불리 먹다. 포식하다. ¶~秀色 = 아름다운 여성을 실컷 눈요기하다.

【饱尝】bǎocháng 〈动〉 **1** 충분히 맛보다. 물리게 먹다. 배부르게 먹다. ¶~美味佳肴 = 맛있는 음식을 배부르게 먹다. **2** 실컷 맛보다. 장기간 경험하고 체험하다. 싫증날 정도로 경험하다. ¶~辛酸 = (인생의) 매운맛 신맛을 실컷 맛보다.

【饱吹饿唱】bǎochuī-èchàng 〈成〉 어떠한 상황에 처해서도 비굴하게 굴지 않는다.

【饱嗝儿】bǎogér 〈名〉 트림.

【饱鼓鼓】bǎogǔ·gu (~的) 〈形〉 가득 차다. 불룩하다. 팽팽하다. 탱탱하다. ¶旅行包装得~的。 = 여행 가방을 가득 채웠다.

【饱含】bǎohán 〈动〉 충만하다. 가득 차다. ¶心中~着渴望。= 마음속으로 간절히 바라다.

【饱汉不知饿汉饥】bǎohàn bù zhī èhàn jī 〈俗〉〈비〉 좋은 환경에 있는 사람은 어려운 사람의 사정을 이해하지 못한다.

【饱和】bǎohé 〈形〉 **1** 〈化〉 포화. **2** (사물의 상태가) 최고조에 달하다. 포화 상태에 이르다. ¶该市最近的空调市场已趋~。= 이 시의 최근 에어컨 시장은 이미 포화 상태에 이르렀다.

【饱经沧桑】bǎojīng-cāngsāng 〈成〉 세상만사의 변화를 실컷 경험하다.

【饱经风霜】bǎojīng-fēngshuāng 〈成〉〈비〉 온갖 시련을 다 겪다. 산전수전 다 겪다.

【饱经世故】bǎojīng-shìgù 〈成〉 세상의 쓴맛 신맛을 다 맛보다.

【饱看】bǎokàn 〈动〉 실컷 보다.

【饱览】bǎolǎn 〈动〉 충분히 보다. 실컷 보다. ¶~美景 = 아름다운 경치를 실컷 구경하다.

【饱满】bǎomǎn 〈形〉 **1** 충만하다. ¶激情~ = 격정이 충만하다. **2** 가득 차다. 옹골지다. 포만하다. ¶子实~ = 과실의 속이 꽉 차다.

【饱暖】bǎonuǎn 〈形〉 의식(衣食)이 풍족하다. 생활이 안락하다. ¶衣食~, 无忧无虑。= 입고 먹을 것이 풍족하여 아무 근심이 없다. 〈名〉 (의식주 등의) 생활 형편. ¶关心灾民的~ = 이재민의 생활 형편에 관심을 갖다.

【饱食】bǎoshí 〈动〉〈书〉배불리 먹다.

【饱食终日】bǎoshí-zhōngrì 〈成〉 **1** 하루 종일 배불리 먹기만 하다. **2** 아무 일도 하지 않다.

【饱食终日, 无所用心】bǎoshí zhōngrì, wú suǒ yòngxīn 〈成〉〈비〉 하루 종일 무위도식하다.

【饱受】bǎoshòu 〈动〉 싫도록 겪다. 실컷 당하다. 겪을 대로 겪다. ¶~苦难的折磨 = 괴로움을 겪을 대로 겪다.

【饱学】bǎoxué 〈形〉 학식이 풍부하다. 박식하다. ¶~之士 = 학식이 풍부한 사람.

【饱眼福】bǎoyǎnfú 〈动〉 보는 즐거움을 만끽하다. 실컷 눈요기하다. 눈을 매우 즐겁게 하다. ¶一~ = 눈요기 한번 실컷 하다.

【饱以老拳】bǎoyǐlǎoquán 〈成〉 (주먹으로) 호되게 때리다. 실컷 때려 주다.

【饱雨】bǎoyǔ 〈名〉 흠뻑 내린 비. 충분한 비.

【饱胀】bǎozhàng 〈形〉 (배가) 불룩하다. 부르다.

## 宝[寶, 寳] bǎo 보배 보

〈形〉 **1** 진귀한. 귀중한. 소중한. ¶~马香车 = 진귀한 말과 화려한 수레. **2** 〈宗〉 불교와 관련된 것에 대한 존칭으로 쓰임. ¶~相庄严 = 불상(佛像)이 장엄하다. 3 [경] 상대의 가족·점포 등에 대한 존칭으로 쓰임. ¶～店＝귀 가게. [명] 1 보배. 보물. 진귀한 물건. ¶价值连城之～＝값이 한 성(城)과 비길 만한 보배. 2 고대에 금은 화폐를 가리킴. ¶金银财～＝금은보화. 3 [옛] 일종의 도박 기구. [쇠뿔로 만든 사각형 모양으로, 위에 방향을 표시하는 기호가 있음] ¶压～＝야바위 노름(을 하다). 4 [폄] 우스꽝스럽거나 보잘것없는 사람. ¶活～＝(풍자적 의미의) 보배. 보물. 5 (아이에 대한 애칭으로) 귀염둥이. 예쁜이. ¶小～～＝귀염둥이. 6 (Bǎo) 성(姓). ↔废

○● 财cái宝, 法宝, 狗宝, 瑰guī宝, 活huó宝, 三宝, 献xiàn宝, 押yā宝, 元yuán宝, 珍zhēn宝, 至zhì宝, 珠zhū宝, 聚jù宝盆pén, 蚕cán宝宝

【宝庵】 **bǎo'ān** [명][경] 귀암(貴庵). 귀사(貴寺). [상대의 절이나 암자를 높여 부르는 말]

【宝宝】 **bǎo·bǎo** [명] 귀염둥이. 예쁜이. [어린아이에 대한 애칭]

【宝宝装】 **bǎo·bǎozhuāng** [명] 유아의 (상·하의가 붙은) 우주복.

【宝贝】 **bǎobèi** [명] 1 보물. 보배. 2 (～儿) 귀염둥이. 귀여운 아이. 착한 아기. 예쁜이. 달링(darling). [아이나 사랑하는 사람에 대한 애칭] 3 괴짜. 기인. 보배. 별난 사람. [무능하거나 황당한 사람을 풍자하는 말] ¶此人简直就是个～!＝이 인간 정말 괴짜야. [동][방] (끔찍이) 귀여워하다. 좋아하다. 사랑하다. 예뻐하다. ¶外公最～的是小外孙。＝외할아버지는 어린 외손자를 가장 사랑하신다.

【宝贝蛋】 **bǎobèidàn** [명][방][비] 아주 아끼는 것〔사람〕. 귀여운 아이. 매우 총애받는 아이. 귀염둥이.

【宝贝疙瘩】 **bǎobèi gē·da** [명][방][비] 아주 총애받는 사람〔물건〕.

【宝刹】 **bǎochà** [명] 1 [경] 보찰(寶刹). 2 ① 사탑(寺塔). ② 절. 사찰.

【宝钞】 **bǎochāo** [명] (원명청(元明清)대에 발행한) 지폐.

【宝刀】 **bǎodāo** [명] 보도(寶刀). 보검.

【宝刀不老】 **bǎodāo-bùlǎo** ☞ 【宝刀未老】 **bǎodāo-wèilǎo**

【宝刀未老】 **bǎodāo-wèilǎo** [성][비] 사람은 늙었지만 능력이 줄거나 기예가 녹슬지 않다. ＝【宝刀不老】 **bǎodāo-bùlǎo**

【宝岛】 **bǎodǎo** [명] 1 아름답고 풍요로운 섬. 2 [비] 타이완(台湾).

【宝地】 **bǎodì** [명] 1 [경] 귀처. 귀지. 2 지세가 빼어난 곳. 산물이 풍부한 곳. 살기 좋은 곳.

【宝典】 **bǎodiǎn** [명] 진귀한 책. 희귀한 책. [주로 서명(書名)에 쓰임]

【宝殿】 **bǎodiàn** [명] (절의) 대웅전.

【宝观】 **bǎoguàn** [명][경] (도사가 거처하는) 도관(道觀).

【宝贵】 **bǎoguì** [형] 1 진귀한. 귀중한. 소중한. 보배로운. ¶～的典籍＝귀중한 전적(典籍). 2 중시하다. 소중히 여기다. ¶值得～的建议＝중요하게 여길 만한 건의. ≒珍贵

> **宝贵(bǎoguì) / 贵重(guìzhòng) / 珍贵(zhēnguì) 귀중하다**
>
> 宝贵 : 가치가 있고 얻기 어려운 것에 중점을 두고, 구체적·추상적인 사물을 모두 형용함. ¶这种精神才是最可宝贵的。＝이런 정신이야말로 가장 귀중한 것이다. / 请您提出宝贵的意见。＝귀중한 의견을 내주시길 바랍니다.
>
> 贵重 : 가치가 아주 높은 구체적인 사물을 형용함. ¶我不能接受那么贵重的东西。＝나는 그렇게 귀중한 물건을 받을 수 없어요. / 这些东西我都觉得很贵重。＝이 물건들은 모두 매우 귀중하다고 생각한다.
>
> 珍贵 : 희귀하고 진기한 구체적인 사물을 가리킴. ¶这种文物十分珍贵。＝이런 문물은 매우 진기하다. / 他送来的资料十分珍贵。＝그가 보내온 자료는 아주 귀중하다.

【宝贵财富】 **bǎoguì-cáifù** [성] 매우 가치 있고 귀한 사람〔사물〕.

【宝号】 **bǎohào** [명][경] 1 존함. 2 귀 가게〔점포〕.

【宝货】 **bǎohuò** [명] 1 진귀한 물품. 귀중품. 돈. 보물. 2 [폄] 웃기는 녀석. 별난 녀석. 기인. [우스꽝스럽거나 무능한 사람을 가리키는 말]

【宝剑】 **bǎojiàn** [명] 1 보검. 2 '剑(검)'의 통칭.

【宝局】 **bǎojú** [명] 도박판. 놀음판. 도박장.

【宝眷】 **bǎojuàn** [명][경] 댁의 가족〔가솔〕.

【宝库】 **bǎokù** [명] 1 보고. [귀중한 물건을 간수해 두는 곳] 2 [비] 보고. ¶艺术～＝예술의 보고.

【宝蓝】 **bǎolán** [형] 선명한 남색의.

【宝瓶座】 **bǎopíngzuò** [명]《天》 물병자리. [황도(黃道) 12궁 중의 하나]

【宝山】 **bǎoshān** [명] 1 보물산. 보물이 있는 산. [비유로 많이 쓰임] 2 [경] 중이나 도사가 거처하는 산이나 절.

【宝山空回】 **bǎoshān-kōnghuí** [성][비] 좋은 환경에 있으면서도 아무것도 얻지 못하다. 절호의 기회를 놓치다.

【宝石】 **bǎoshí** [명]《礦》 보석.

【宝石花】 **bǎoshíhuā** [명] 보석으로 만든 꽃봉오리 모양의 공예품.

【宝石婚】 **bǎoshíhūn** [명] 홍옥혼식(紅玉婚式). 결혼 45주년. [영] sapphire wedding

【宝塔】 **bǎotǎ** [명] 1 보탑. 2 절에 있는 탑.

【宝塔形】 **bǎotǎxíng** [명] 탑 모양.

【宝玩】 **bǎowán** [명] 보물과 골동품.

【宝物】 **bǎowù** [명] 보물.

【宝玉】 **bǎoyù** [명] 보옥.

【宝藏】 **bǎozàng** [명] 1 (진귀한) 소장품. ¶影视艺术的～＝영상 시각 예술(방면)의 보물. 2 지하자원. ¶勘探～＝지하 자원을 탐사하다.

【宝重】 **bǎozhòng** [동] 아끼고 중시하다. ¶他的画作颇为后人～。＝그의 그림 작품은 후인들이 매우 아끼고 중시한다.

【宝珠】 **bǎozhū** [명] 진귀한 진주.

【宝座】bǎozuò 图 1 옥좌(玉座). 2 보좌(寶座). [부처가 앉는 자리] 3 (으뜸 가는 자리의 의미로) 왕좌(王座). ¶冠军~=우승의 왕좌.

**保 bǎo 지킬 보**
통 1 보호하다. 보위하다. ¶~家卫国=집과 나라를 지키다. 2 보장하다. 보증하다. 책임지다. ¶~质~量=(제품의) 질과 양을 보장하다. 3 담보하다. 보증하다. ¶~外就医=병보석(病保釋)으로 풀려나 치료받다. 4 유지하다. 보존하다. ¶~得周全=치밀하게 유지하다. 5 양육하다. 양생하다. 명 1 보증인. ¶交~释放=보증인에게 인도하여 석방하다. 2(역) 보갑(保甲) 제도. [옛날에 향촌의 치안 유지 등을 위해 실시했던 호적 편제의 단위] 3(역) 고용인. ¶酒~=술집 종업원. 4(Bǎo) 성(姓).

○ 保 bǎo
褒 bāo
堡 bǎo
煲 bāo
褓 bǎo
葆 bǎo

◐ 担dān保, 地保, 管保, 酒保, 具保, 劳保, 难保, 铺pù保, 取保, 确què保, 中保, 准zhǔn保

【保安】bǎo'ān 통 1 (생산 과정에서) 안전을 보증하다. ¶~条例=보안 조례. 2 보안하다. 치안을 유지하다. ¶~人员=치안 요원. 명 보안원. ¶宾馆~=고급 여관의 보안 요원.
【保安族】Bǎo'ānzú 명 보안족. [중국 소수 민족의 하나로, 간쑤(甘肅)성에 분포함]
【保本】bǎo‖běn (~儿) 형 본전이나 자금이 손실되지 않도록 보증하다. 본전을 확보하다. ¶~转卖=본전에 전매하다.
【保镖】bǎobiāo 통 가축을 살지고 튼튼하게 유지하다.
【保镖】bǎobiāo 통 호송하다. 호위하다. 명 1 보디가드(bodyguard). 경호원. 호송원. 2 보호자. 보디가드. [개인을 따라다니며 전심전력으로 경호하는 사람을 농담조로 일컫는 말] ¶她的丈夫就是她的贴身~。=그녀의 남편이 그녀의 수행 보디가드이다.
【保不定】bǎo·buding …할 가능성이 크다. 아마. ¶他~已经到了电影院。=그는 아마 벌써 영화관에 도착했을 거다.
【保不齐】bǎo·buqí 부(방) …할 가능성이 크다. 아마.
【保不住】bǎo·buzhù 통 보존할 수 없다. 보장(보증)할 수 없다. 지켜 낼 수 없다. 유지할 수 없다. ¶一连数天的暴雨,庄稼可能~了。=연거푸 수일 동안 폭우가 내리니, 농작물이 배겨 내지 못할 것 같다. 부 …할 가능성이 크다. 아마. ¶明天~很燥热。=내일은 아마 매우 건조하고 더울 것 같다.
【保藏】bǎocáng 통 1 보존하다. 간수하다. 소장하다. ¶~文物=문물을 보존하다. 2 (신선함과 원래의 모습을) 유지하다. 보존하다. ¶肉食~=육류 저장.
【保持】bǎochí (지속적으로) 유지하다. 지키다. 보지하다. ¶~心理健康=심리적인 건강을 유지하다. / ~领先优势=선취한 우세를 유지하다. / ~

다. 능维持

> 保持(bǎochí) / 维持(wéichí) 유지하다
> 保持: 사물의 원형이 변화하지 않음을 강조하고, 주로 '水平·精神·传统·联系·安静' 등과 함께 쓰임. ¶我们之间的这个亲密关系,一直保持了几十年。=우리들 사이의 이런 친밀한 관계는 줄곧 몇십 년을 유지해 왔다. / 她们两个人的友谊已经整整保持了三十年了。=그녀 두 사람의 우정은 이미 꼬박 30년 동안 유지해 왔다. / 毕业以后我们仍保持着联系。=졸업 후에, 우리들은 여전히 연락하고 있다.
> 维持: 사물의 현재 상태가 계속 유지되는 것을 강조하고, 주로 '现状·状态·生活·生命·秩序·治安' 등과 함께 쓰임. ¶他靠药物维持生命。=그는 약에 의존해서 생명을 유지하고 있다. / 这种比较稳定的经济情况还能维持下去。=이런 비교적 안정적인 경제 상태는 그런대로 유지해 나갈 수 있다. / 请大家维持公共秩序。=여러분, 공공 질서를 지키십시오.

【保存】bǎocún 통 보존하다. 간수하다. 간직하다. ¶~珍贵文物=진귀한 문물을 보존하다. 능保留↔销毁
【保单】bǎodān 명 1 신원 보증서. 재정 보증서. 2 (상품) 보증서. 3 ☞【保险单】bǎoxiǎndān
【保底】bǎo‖dǐ 통 1 최저 한도액을 보증하다. ¶上不封顶,下不~=위로는 상한선을 두지 않고, 아래로는 하한선을 두지 않는다. 2 원금을 보장하다.
【保定】Bǎodìng 부 분명히. 틀림없이. 꼭. 어김없이. ¶他~不会来。=그는 분명히 오지 않을 겁니다. 명 (Bǎodìng) (地) 바오딩. [허베이(河北)성에 있는 도시 이름]
【保固】bǎogù 통 (청부 공사에서) 일정 기간 견고함과 안전성을 보증하다. ¶楼房的~期一般在50年。=건물의 안전 보증 기간은 일반적으로 50년이다.
【保管】bǎoguǎn 통 보관하다. ¶~行李=짐을 보관하다. 부 꼭. 틀림없이. 어김없이. ¶只要平时努力,~考试取得好成绩。=평소에 열심히만 한다면 틀림없이 시험에서 좋은 성적을 얻을 것이다. 명 관리인. 보관자. 보관인. ¶仓库~=창고 관리인.
【保国安民】bǎoguó-ānmín 성 국가를 보위하고 국민을 안정시키다.
【保函】bǎohán 명 보증서.
【保护】bǎohù 통 보호하다. ¶~森林=삼림 보호. 능维护↔破坏
【保护层】bǎohùcéng 명 1 (물체 표면의) 보호층. 보호막. 2(軍) 비호 세력. 비호 인사.
【保护关税】bǎohù guānshuì 명(經) 보호 관세. 보호세.
【保护国】bǎohùguó 명(政) 보호국.
【保护价】bǎohùjià 명 보호[책정] 가격. [국가가 생산을 보호하고 국민의 생활 수준을 보장하

기 위하여 실시하는 한정 가격]
【保护人】 **bǎohùrén** 명 1 (法) 후견인. 보호자. 2 관리인. 보관자.
【保护伞】 **bǎohùsǎn** 명(비)(喩) 비호자. 후견인. 후원자. 비호 세력. 바람막이. 백그라운드.
【保护色】 **bǎohùsè** 명 1 (生) 보호색. 2 (비) 위장(僞裝).
【保护罩】 **bǎohùzhào** ☞ 【护罩】 **hùzhào**
【保护主义】 **bǎohùzhǔyì** 명 보호주의.
【保换】 **bǎohuàn** 동 1 교환을 보증하다. 2 교환에 동의하다.
【保皇】 **bǎohuáng** 동 1 군주제를 보위하다. 2 (비) 권력자에게 충성을 바치다. 보수 세력을 보위하다. ¶~派=보황파. [원래는 봉건 황제 권력의 수호자 또는 수호 세력이라는 뜻이었는데, 문화 대혁명 중에는 이른바 주자파(走资派)를 옹호하는 사람이나 조직을 일컬었음]
【保级】 **bǎojí** 동(體) 등급을 유지하다.
【保加利亚】 **Bǎojiālìyà** 명(外)(地) 불가리아(Bulgaria). [수도는 '索非亚(소피아 : Sofia)' 임]
【保甲】 **bǎojiǎ** 명 보갑(保甲) 제도. [옛날에 향촌의 치안 유지 등을 위해 실시했던 호적 편제의 단위]
【保价】 **bǎojià** 동 (우편물 송달 과정에서 문제가 생길 경우) 금액을 보장하다. 원액을 배상해 주다. ¶~信=가격 표기 우편물.
【保驾】 **bǎo‖jià** 동 1 (옛) 황제를 보위하다. 옥좌를 수호하다. 2 (사람이나 사물을) 보호하다. ¶政府要为民营企业~护航.=정부는 민영 기업을 보호하고 배려할 것이다. 3 (농담조로) 따라다니며 보호하다. ¶天黑了, 我给(为)你~吧.=날이 캄캄해졌네, 내가 널 보호해 줄게.
【保荐】 **bǎojiàn** 동 (사람을) 보증하여 추천하다. ¶~贤才=재덕(才德)을 겸비한 인재를 보증하여 추천하다.
【保健】 **bǎojiàn** 동 건강을 보호하다. ¶~中心=보건 센터. 형 건강에 좋은. ¶~补品=건강 보조 식품〔약품〕.
【保健操】 **bǎojiàncāo** 명(體) 보건 체조. 건강 체조. [특히 중국 전통 의학의 추나(推拿)·혈위(穴位) 등의 이론과 결합한 운동을 가리킴]
【保健球】 **bǎojiànqiú** 명 보건구. [손에 쥐고 굴리는 구형물(球形物). 한 쌍으로 이루어지며, 주로 옥·돌 등으로 만듦]
【保健食品】 **bǎojiàn shípǐn** 명 건강 식품.
【保健箱】 **bǎojiànxiāng** 명(醫) 의료 상자. 의료 가방. 왕진 가방.
【保健药品】 **bǎojiàn yàopǐn** 명(醫) 건강 보조 약품.
【保健饮料】 **bǎojiàn yǐnliào** 명 건강 음료.
【保健站】 **bǎojiànzhàn** 명(醫) 보건소.
【保教】 **bǎojiào** 동 (유아를) 보육하다. ¶~人员=보육 교사.
【保洁】 **bǎojié** 동 청결을 유지하다. ¶~工作=(공원·거리 등의) 청결 유지 사업.
【保境安民】 **bǎojìng-ānmín** (성) 국경을 잘 지켜 백성을 편안하게 하다.

【保举】 **bǎojǔ** 동 (인재를) 추천하다. 책임지고 추천하다. ¶~后学=뛰어난 후학을 추천하다.
【保量】 **bǎoliàng** 동 양을 보증하다. ¶保质~=질과 양을 보증하다.
【保龄球】 **bǎolíngqiú** 명(體) 1 볼링(bowling). 2 볼링공. =【地滚球】 **dìgǔnqiú**
【保留】 **bǎoliú** 동 1 보존하다. 유지하다. ¶~原态=원형을 보존하다. 2 남겨 두다. 간직하다. ¶~自己的获奖证书=자신의 수상 증서를 간직하다. 3 보류하다. ¶这个问题现在~, 以后研究.=이 문제는 지금 보류하고 나중에 연구해 보자. 4 찬성하지 않다. 이견(異見)이 있다. ¶对此我持~意见.=이에 대해 나는 다른 의견을 갖고 있다. 5 계속 남겨 두고 사용하다. ¶~节目=프로그램을 계속 진행하다. ≒保存 ↔撤消
【保留剧目】 **bǎoliú jùmù** 명(劇) (성공작으로 자주 공연되는) 재연 레퍼토리(再演 repertory).
【保媒】 **bǎo‖méi** 중매를 서다. 중매하다.
【保密】 **bǎo‖mì** 동 비밀을 지키다. 기밀로 하다. ¶~原则=비밀 보장의 원칙. ↔泄露
【保苗】 **bǎomiáo** 동(農) 충분한 양의 모가 튼튼하게 자라도록 가꾸다.
【保命】 **bǎo‖mìng** 동 생명을 보전하다. 생명을 유지하다.
【保母】 **bǎomǔ** ☞ 【保姆】 **bǎomǔ**
【保姆】[保母][褓姆] **bǎomǔ** 명 보모. 가정부.
【保暖】 **bǎonuǎn** 동 보온하다. ¶~衬衫=보온 셔츠.
【保票】 **bǎopiào** ☞ 【包票】 **bāopiào**
【保全】 **bǎoquán** 동 1 보전하다. 지키다. 온전하게 보호하다. ¶~声誉=명예를 보전하다. 2 (纺) 기계가 잘 운전되도록 유지·보수하다.
【保人】 **bǎo·ren** 명 보증인.
【保墒】 **bǎoshāng** 명(農) (발아와 생장을 위해) 토양을 보습하다. 토지의 습도를 유지시키다.
【保释】 **bǎoshì** 동(法) (죄수를) 보석하다. ¶~出狱=보석으로 감옥에서 풀려나다.
【保收】 **bǎoshōu** 동(農) 수확을 보증하다. 수확량을 확보하다. ¶旱涝~=가뭄과 장마에 대비한 시설을 확충해서 수확을 보증하다.
【保守】 **bǎoshǒu** 동 고수하다. 지키다. ¶~机密=기밀을 지키다. 형 1 보수적이다. ¶观念~=관념이 보수적이다. 2 절제된. 여지〔여유〕를 둔. ¶~的计算=(기한의) 여유를 둔 계산. ↔先进 激进
【保守疗法】 **bǎoshǒu liáofǎ** 명(醫) 보존 요법. =【非手术疗法】 **fēishǒushù liáofǎ**
【保守派】 **bǎoshǒupài** 명 1 보수파. 2 보수적인 사람.
【保水】 **bǎoshuǐ** 동 충분한 농업 용수와 생활 용수를 유지하다.
【保税区】 **bǎoshuìqū** 명(經) 보세(保税) 구역.
【保送】 **bǎosòng** 동 (국가·기관·학교 등에서) 책임지고 추천하다. (시험을 면제하고) 추천으로 입학〔진학〕하다. 추천으로 공부시켜 주다. ¶~出国留学=추천으로 해외 유학을 보내 주다.
【保胎】 **bǎotāi** 동(醫) (유산되지 않도록) 태아를

보호하다.
【保土】bǎotǔ 동 (빗물 등에 의한) 토양의 유실을 방지하다. ¶植林~=산림 조성과 토양 유실 방지.
【保外就医】bǎowài jiùyī 동(法) 병보석으로 풀려나 치료받다.
【保外执行】bǎowài zhíxíng 동(法) 보석하여 감옥 밖에서 형을 집행하다.
【保卫】bǎowèi 동 보위하다. ¶~领土=영토를 지키다. ≒捍卫
【保温】bǎowēn 동 보온하다. ¶~作用=보온 기능.
【保温杯】bǎowēnbēi 명 보온컵.
【保温车】bǎowēnchē 명 냉동차. =【冷藏车】lěngcángchē
【保温瓶】bǎowēnpíng 명 보온병.
【保鲜】bǎoxiān 동 (채소·과일·어육 등의) 신선도를 유지하다. ¶~处理=신선도 유지 처리.
【保鲜袋】bǎoxiāndài 명 지퍼백(zipper bag). 위생팩.
【保鲜剂】bǎoxiānjì 명 (식품의 신선도와 영양가를 유지해 주는) 보존제. 영 antistaling agent
【保鲜膜】bǎoxiānmó 명 랩(wrap).
【保鲜纸】bǎoxiānzhǐ 명 랩(wrap).
【保险】bǎoxiǎn 명 1 보험. 2 안전 장치. 형 안전하다. 믿음직스럽다. ¶钱存银行最~。=돈은 은행에 맡기는 게 가장 안전하다. 부 확실히. 반드시 ¶这样做~能赢。=이렇게 한다면 반드시 승리할 수 있다.
【保险带】bǎoxiǎndài 명 안전 벨트. 안전띠.
【保险单】bǎoxiǎndān 명 보험 증서. 보험 증권. 영【保单】bǎodān
【保险刀】bǎoxiǎndāo(~儿) 명 안전 면도기. [면도날이 작은 특수 날틀에 장착된 것] =【安全剃刀】ānquántìdāo
【保险法】bǎoxiǎnfǎ 명(法) 보험 관련 법안.
【保险费】bǎoxiǎnfèi 명 보험금. 보험료.
【保险公司】bǎoxiǎn gōngsī 명 보험사.
【保险柜】bǎoxiǎnguì 명 (대형) 금고. 캐비닛(cabinet).
【保险盒】bǎoxiǎnhé 명(電) 안전 개폐기. 두꺼비집.
【保险金】bǎoxiǎnjīn 명 보험료.
【保险期】bǎoxiǎnqī 명 1 안전 보증 기한. 2 보험 수혜 기한.
【保险人】bǎoxiǎnrén 명 보험인. 보험자. 보험 업자.
【保险肉】bǎoxiǎnròu 명 위생 검역 기준을 통과한 육류.
【保险丝】bǎoxiǎnsī 명(電) 퓨즈(fuse). =【熔丝】róngsī
【保险套】bǎoxiǎntào 명 & 콘돔(condom).
【保险箱】bǎoxiǎnxiāng 명 소형 금고.
【保险装置】bǎoxiǎn zhuāngzhì 명 안전장치.
【保修】bǎoxiū 동 1 유지하다. 관리하다. 수리하다. ¶~机械设备=기계 설비를 수리하다. 2 무상으로 보증 수리하다. 애프터 서비스(after

service)하다. ¶电视~两年。=텔레비전의 보증 수리 기간은 2년이다.
【保养】bǎoyǎng 동 1 수리하다. 정비하다. 보수하다. 손질하다. ¶汽车~=자동차 수리. 2 보양하다. 양생하다. ¶身体~=몸을 보양하다.
【保有】bǎoyǒu 동 보유하다. 가지다. ¶~依法终止合同的权利。=법에 의해 계약을 정지할 권리를 가지다.
【保佑】bǎoyòu 동 (신령 등이) 보우하다. 돕다. 가호(加護)하다.
【保育】bǎoyù 동 (아동을) 보육하다.
【保育员】bǎoyùyuán 명 (탁아소·유치원 등의) 보모. 보육사.
【保育院】bǎoyùyuàn 명 보육원.
【保障】bǎozhàng 동 1 (생명·재산·권리 등을) 보장하다. 보증하다. ¶~商品供给=상품의 공급을 보장하다. 2 확보하다. ¶~节日食品供给=명절 식품 공급을 확보하다. 명 보장. 보증. ¶改革是发展的~。=개혁은 발전을 보장한다.

> 保障(bǎozhàng) / 保证(bǎozhèng)
> 보증하다, 보장하다
>
> 保障 : 생명·재산·노동·연구 성과·국가와 국민의 이익·안전 등과 같이 보호해야 할 중대하고 추상적인 사물에 쓰임. ¶我们的目的是要保障人民的生命财产的安全。=우리의 목적은 인민의 생명과 재산의 안전을 보장하는 것이나. / 这条法律保障了你应有的权利。=이 법률은 네가 가져야 할 권리를 보장한다.
> 保证 : 사실이나 행위에 대해 책임진다는 의미를 나타내며, 그 대상은 주로 해야 할 일이나 계획·행동 등을 가리킴. ¶产品必须保证质量。=상품은 반드시 품질을 보증해야 한다. / 放心吧, 保证三十分钟内办好! = 걱정하지 마, 장담하건대 30분 내에 다 끝낸다!

【保真】bǎozhēn 동 1 (경매하는 물건이) 진품임을 보증하다. 2 원음을 그대로 재현하다.
【保正】bǎozhèng ☞ 【地保】dìbǎo
【保证】bǎozhèng 동 1 (이미 정한 요구 사항과 기준을) 확실히 책임지다. 확보하다. ¶~科研经费=과학 연구 경비를 확실히 책임지다. 2 보증하다. 담보하다. ¶~实现既定目标=이미 정한 목표 실현을 보증하다. 명 담보(물). ¶信心和智慧是克服困难的~。=믿음과 지혜는 시련 극복의 담보이다. ≒保准 担保
【保证金】bǎozhèngjīn 명 1 보증금. 2 옛(法) 보석금. 3 (經) (선물) 증거금.
【保证人】bǎozhèngrén 명 1 (法) (채무) 보증인. 2 (일반) 보증인. 3 (피고인의) 보증인.
【保证书】bǎozhèngshū 명 보증서.
【保值】bǎozhí 동 (원래의) 화폐 가치를 유지하다. 가치를 보증하다. ¶~储蓄=원금 보장형 저축. [화폐 가치가 하락했을 때 하락분을 보상해 주는 저축 방식]
【保质】bǎozhì 동 품질을 보증하다.

【保质期】bǎozhìqī 圐 품질 보증 기간.
【保种】bǎozhòng 图(農) 농작물의 재배를 보증하는 것을 보증하다. ¶~保收=(적절한 시기에) 재배하고 수확하는 것을 보증하다.
【保重】bǎozhòng 图 건강에 주의〔유의〕하다. 몸조심하다. [주로 남에게 건강에 주의하기를 바란다는 말로 쓰임] ¶~贵体=건강에 주의〔유의〕하세요.
【保状】bǎozhuàng 圐(法) (보증인이 법정에 제출한) 보증서.
【保准】bǎozhǔn 凰⊖ 보장컨대. 틀림없이. 분명히. ¶我一去。=난 분명히 갈 것이다. 圐⊖ 신뢰할 수 있다. 믿을 만하다. ¶这人很~。=이 사람은 정말 믿을 만하다. ≒保证 担保

## 鸨[鴇] bǎo 능에 보

圐 1 (動) 느시. 능에. 2 기생 어미. 포주.
【鸨儿】bǎo'ér ☞【鸨母】bǎomǔ
【鸨母】bǎomǔ 圐 기생 어미. 기루의 여주인. =【鸨儿】bǎo'ér【老鸨(子)】lǎobǎo(・zi)

## 葆 bǎo 풀 무성할 보

匧⊖ 풀이 무성하다. 图⊖ 유지하다. 지키다. 보유하다. ¶永~青春=영원히 청춘을 유지하다. 圐⊖(Bǎo) 성(姓).

## **堡 bǎo 작은 성 보

圐 보루. 작은 성. ¶暗~=참호(塹壕) 엄폐호(掩蔽壕).
☞ bǔ, pù

○● 城 chéng 堡, 桥 qiáo 头堡

【堡垒】bǎolěi 圐 1 (방어용) 보루. 요새. 토치카. 2 ㈜ 공략하기 힘든 것. 무너뜨리기 힘든 것. ¶科技~=과학 기술에서의 난관. 3 ㈜ 보수적인 사람. ¶顽固~=완고하고 보수적이다.
【堡寨】bǎozhài 圐 (주위에 담장과 울타리를 둘러친) 방어용 촌락.
【堡子】bǎo・zi 圐 마을. 농촌. 방어용 촌락.

## 褓[(緥)] bǎo 포대기 보

圐 포대기. 강보(襁褓). ¶襁~=포대기.
【褓姆】bǎomǔ ☞【保姆】bǎomǔ

## **报[報] bào 갚을 보

图 1 (은혜를) 보답하다. 사례하다. 갚다. ¶感恩图~=은혜에 감동하여 이를 보답하려 하다. 2 (원한을) 보복하다. 앙갚음하다. ¶以德~怨=은혜로 원한을 갚다. 원수를 은혜로 대하다. 3 말해 주다. 알리다. 전하다. 통지하다. 신고하다. ¶通风~信=몰래 알려 주다. 4 회답하다. 응답하다. ¶~以甜蜜的微笑=달콤한 미소로 회답하다. 5 (서면으로 자세히) 제출하다. 제공하다. ¶履行~关手续=통관(通關) 수속을 이행하다. 6 신청하다. ¶~考研究生=대학원 시험 응시를 신청하다. 圐 1 응보(應報). 대가. 업보. ¶善恶有~=선악에는 인과응

보가 있다. 2 신문. 간행물. ¶晚~=석간 신문. /学~=학보. 3 공보. 벽보. 포스터. ¶墙~=벽보. 4 전보. 정보. ¶收~=전보를 받다.

○● 板报, 禀 bǐng 报, 补 bǔ 报, 层 céng 报, 呈报, 酬 chóu 报, 党 dǎng 报, 电报, 谍 dié 报, 发报, 浮 fú 报, 公报, 果报, 回报, 汇 huì 报, 简报, 捷 jié 报, 警 jǐng 报, 快报, 墙 qiáng 报, 情 qíng 报, 上报, 申 shēn 报, 书报, 填 tián 报, 虚 xū 报, 学报, 预 yù 报, 月报, 战报, 白报纸

【报案】bào‖àn 图 (위법 사건을 사법 기관에) 신고하다. 보고하다.
【报备】bàobèi 图 사안을 보고하다.
【报表】bàobiǎo 圐 (관련 부서에 제출할) 보고 양식. 보고표. 보고서. ¶收支~=수입·지출 보고 양식.
【报偿】bàocháng 图 보상. 보답. ¶你的成绩就是对老师最好的~。=너의 성적이야말로 선생님께 대한 가장 좋은 보답이다.
【报称】bàochēng 图 보고서에서 말하다. 보고서에서 말하기를.
【报呈】bàochéng 图 (공문으로) 보고하다. ¶~主管部门=관련 부서에 서면 보고하다.
【报仇】bào‖chóu 图 복수하다. 보복하다. 원수를 갚다. ¶发誓~=복수를 맹세하다. ≒复仇 ↔报恩
【报仇雪恨】bàochóu-xuěhèn 阐 원수를 갚고 원한을 풀다. 복수하고 한을 풀다.
【报酬】bào・chou 圐 1 보수. 대가. 수당. 사례금. ¶劳动~=노동의 대가. 2 월급. 급여. ¶~颇丰=급여가 매우 많다.
【报春花】bàochūnhuā 圐(植) 보춘화. 앵초. 프리뮬라(primula).
【报答】bàodá 图 (실제 행동으로) 보답하다. 감사를 표하다. 은혜를 갚다. ¶~恩人=은인에게 감사를 표하다.
【报单】bàodān 圐 1 ㈜ 급제·등관·승급 통지서. =【报条】bàotiáo 2 통관 신고서. 세금 신고서. 세관 신고서.
【报导】bàodǎo ☞【报道】bàodào
【报到】bào‖dào 图 도착하였음을 보고하다〔알리다〕. 도착 보고〔신고〕를 하다. 도착〔참석〕 등록을 하다. ¶参会人员全部~。=회의 참석자 전원이 참석 등록을 하다.
【报盗】bàodào 图 도난 신고를 하다.
【报道】bàodào 图 (뉴스 등의) 보도. ¶通讯~=통신 보도. 图 (뉴스 등을) 보도하다. ¶~国际新闻=국제 뉴스를 보도하다. =【报导】bàodǎo
【报道量】bàodàoliàng 圐 보도량. 보도 건수(件數).
【报道面】bàodàomiàn 圐 보도면. 보도 범위. 분야별 보도.
【报德】bào‖dé 图 은혜를 갚다. 은덕에 보답하다. 보은하다. ¶以怨~=원한을 은혜로 갚다.
【报端】bàoduān 圐 신문의 단(段). 신문지상. ¶文章已见诸~。=글이 이미 신문지상에 발표되었다.

【报恩】 bào‖ēn 통 은혜를 갚다. 보은하다. ¶知恩~=은혜를 알고 이를 갚다. →报仇
【报贩】 bàofàn 명 신문팔이.
【报废】 bào‖fèi 통 (파손되거나 검사에서 불합격한 기계·설비 등을) 폐기하다. 폐기 신고하다. 무효화하다. 폐품 처리하다. ¶~电脑=컴퓨터를 폐기하다.
【报复】 bào·fù 통 보복하다. 앙갚음하다. 원수를 갚다. ¶乘机~=기회를 틈타 보복하다. 명 보복. 앙갚음.
【报复陷害罪】 bào·fù xiànhàizuì 명 (法) 공무원이 권력을 남용해 사리사욕을 채우고 이를 고발〔고소〕하는 자에 대해 보복 행위를 하는 죄.
【报复心】 bào·fùxīn 명 복수심.
【报告】 bàogào 통 1 보고하다. 발표하다. 연설하다. ¶~主管单位=주무 부서에 보고하다. 2 보고합니다. [윗사람의 사무실 앞에서 '报告(보고합니다)'라고 외쳐, 보고할 일이 있음을 나타내고 들어가게 해 줄 것을 요청하는 예절 용어] 명 1 보고. 보고서. 리포트. ¶调研~=연구 조사 보고서. 2 강연. ¶学术~=학술 강연.
【报告会】 bàogàohuì 명 보고회.
【报告文学】 bàogào wénxué 명 보고 문학. 기록 문학. 르포르타주. 歐 reportage
【报功】 bàogōng 통 공로를 보고하다.
【报关】 bào‖guān 통 통관 수속을 하다. 세관 신고를 하다.
【报官】 bào‖guān 통옛 (안건을) 관아에 보고하다.
【报馆】 bàoguǎn 명옛 신문사.
【报国】 bào‖guó 통 보국하다. 국가의 은혜에 보답하다. 나라에 충성을 다하다. ¶精忠~=국가에 충성하다.
【报花】 bàohuā 명 (신문·잡지 등의) 공백을 채우기 위한 장식성 도안.
【报话】 bàohuà 통 무선 연락〔교신〕을 하다. ¶经营~业务=통신 업무를 경영하다. 명 무선 연락. ¶接听~=무선 연락을 수신하다.
【报话机】 bàohuàjī 명 무전기. 휴대용 무선 송수신기. 워키토키(walkie-talkie).
【报价】 bào‖jià 통(經) (파는 쪽이) 가격을 제시하다. 매출가를 알리다. 매출 가격을 신고하다. 오퍼(offer)를 내다. 견적서를 내다. 입찰〔응찰〕하다. ¶对方~太高。=상대방이 제시한 가격이 너무 높다. 명 1 제시 가격. 입찰 가격. 오퍼. 견적. ¶承包商的~切合实际。=입찰자의 입찰 가격은 현실적이다. 2 신문 가격. ¶~五毛=신문 값은 5마오이다.
【报捷】 bào‖jié 통 승전보를 알리다.
【报界】 bàojiè 명 신문계.
【报警】 bào‖jǐng 통 1 경찰에 신고하다. ¶汽车失盗后, 他马上~。=자동차를 도난당하자, 그는 즉시 경찰에 신고했다. 2 긴급〔경보〕 신호를 보내다. ¶震前~=지진 발생 전에 긴급 경보하다.
【报刊】 bàokān 명 신문·잡지 등의 간행물.
【报考】 bàokǎo 통 (시험에) 응시하다. 응시 원서를 내다. 시험에 지원하다. ¶~博士=박사 시험에 응시하다.
【报矿】 bào‖kuàng 통 광물〔광맥〕의 발견을 관계 기관에 알리다.
【报栏】 bàolán ☞【阅报栏】 yuèbàolán
【报领】 bàolǐng 통 (상급 혹은 유관 기관에) 보고하고 (돈·물건을) 수령하다.
【报名】 bào‖míng 통 신청하다. 등록하다. 지원하다. ¶~参加托福考试=토플(TOEFL) 시험 참가를 신청하다. 명 신문의 이름.
【报幕】 bào‖mù 통 (공연 전에 제목·주연 배우·줄거리 등의) 공연 상황을 알리다.
【报盘】 bàopán 통(經)(파는 쪽이) 가격을 제시하다. 오퍼(offer)를 내다. 견적서를 내다. 응찰하다. 매출가를 신고하다.
【报批】 bàopī 통 상급 기관에 비준을 요청하다. ¶简化~程序=비준 요청 절차를 간소화하다.
【报屁股】 bàopì·gu 명 1 (신문·잡지 등의) 판면(版面)의 여백. 귀퉁이. 2 신문 여백의 기사.
【报请】 bàoqǐng 통 (상급 기관·관련 기관에) 서면으로 지시를 요청하다〔신청하다〕. 서면으로 요청하다. ¶~上级审批=상급 기관에 심사 비준을 서면으로 요청하다.
【报人】 bàorén 명 신문인. 신문업계 종사자. 저널리스트(journalist).
【报丧】 bào‖sāng 통 부고(訃告)하다. 초상을 알리다.
【报社】 bàoshè 명 신문사.
【报审】 bàoshěn 통 서면으로 상부〔관련 기관〕에 보고하여 심사를 받다.
【报失】 bàoshī 통 분실 신고를 하다.
【报时】 bào‖shí 통 1 시간을 알리다. 2 (방송국·전화국에서) 표준 시보(時報)를 알려 주다.
【报时服务】 bàoshí fúwù 명 (전화의) 시보(時報) 서비스.
【报数】 bào‖shù 통 1 수량을 보고하다. 번호를 붙이다. 2 (군대 등에서) 인원을 보고하다.
【报税】 bàoshuì 통 세금을 신고하다. 세무 신고를 하다. 통관 신고를 하다.
【报送】 bàosòng 통 보고서를 상부에 올리다. ¶~材料=자료를 상부에 올리다.
【报损】 bàosǔn 통 손괴(損壞)를 알리다.
【报摊】 bàotān 명 신문 가판대.
【报条】 bào·tiáo ☞【报单】 bàodān
【报亭】 bàotíng 명 신문·잡지 가판점.
【报童】 bàotóng 명 신문팔이 아이. 신문 배달 아이.
【报头】 bàotóu 명 (신문·벽보·칠판 신문 등의) 제자란(題字欄). [신문의 이름과 호수(號數) 등을 기록한 부분]
【报务】 bàowù 명 전보〔전신〕 업무. 보도 업무. 신문업.
【报务员】 bàowùyuán 명 전보 업무 담당자. 전신원. 교환수. 통신사. 전보 배달부.
【报喜】 bào‖xǐ 통 희소식을 전하다.
【报喜不报忧】 bàoxǐ bù bàoyōu 숙 나쁜 소식은 빼고 좋은 소식만 알리다.

【报销】bàoxiāo 동 1 상부에 보고하고 폐기물을 처분하다. 폐기 신고하다. 장부에서 지우다. 2 (사용 경비를) 청구하다. 결산하다. 정산하다. ¶~招待费=접대비를 청구하다. 3 (비)(사람이나 사물을) 제거하다. 없애 버리다. 처치하다. 날려 버리다. [해학적인 의미를 내포함]¶茶杯差点儿~了。=하마터면 찻잔을 날려 버릴 뻔했다.

【报晓】bàoxiǎo 동 (소리로써) 새벽을 알리다. 날이 밝았음을 알리다. ¶鸡开始~了。=닭이 홰를 치기 시작했다.

【报效】bàoxiào 동 (은혜를 갚기 위해) 진력하다. 있는 힘을 다하다. 충정을 바치다. 충성하다. ¶~国家=국가를 위해 온 힘을 기울이다.

【报信】bàoxìn 동 소식을 알리다[전하다]. 정보를 전하다. ¶通风~=몰래 알려 주다.

【报修】bào∥xiū 동 (기계·설비 등의) 수리를 요청하다.

【报眼】bàoyǎn 명 신문 제자란(題字欄) 양 측면의 여백.

【报验】bàoyàn 동 (관련 기관에) 검사를 신청하다. ¶新产品要尽快~。=신상품은 재빨리 검사 신청을 해야 한다.

【报业】bàoyè 명 신문업.

【报应】bàoyìng 동(佛) 1 인과응보를 치르다. 업보를 치르다. 2 자업자득하다.

【报忧】bào∥yōu 동 나쁜 소식을 알리다. 비보를 전하다.

【报怨】bào∥yuàn 동 증오[원망]하는 사람에 대하여 어떤 반응을 하다. ¶以德~=원수에게 은혜를 베풀다.

【报载】bàozǎi 동 신문에 싣다[게재하다]. ¶据~, 今年国企改革将有新举措。=신문에 실린 바에 의하면, 금년 국영 기업의 개혁 중에는 새로운 조치가 있을 것이다.

【报摘】bàozhāi 명 신문 적요. 신문 요약 자료.

【报站】bào∥zhàn 동 (차·배에서 승무원이) 도착 예정 지점을 알려 주다.

【报章】bàozhāng 명 신문.

【报账】bào∥zhàng 동 결산 보고하다. 회계 보고하다. 청구하여 환불받다.

【报纸】bàozhǐ 명 1 신문. 2 (印) 신문용지. 인쇄용지. =【新闻纸】xīnwénzhǐ【白报纸】báibàozhǐ

*刨[(鉋·鑤)] bào 깎을 포
명 1 대패. 2 평삭반. 플레이너(planer). 동 대패질하다. (대패나 평삭반으로) 깎다.
☞ páo

【刨冰】bàobīng 명 빙수.
【刨床】bàochuáng 명 1 (机) 평삭기. 평삭반. 플레이너(planer). 2 대팻집.
【刨刀】bàodāo 명 평삭 바이트(bite). 2 대팻날. =【刨铁】bàotiě【刨刃儿】bàorènr
【刨工】bàogōng 명 1 평삭반으로 금속 재료를 깎는 일. 2 평삭반 기계공.
【刨光】bàoguāng 동 (대패 등을 이용하여) 표면을 깎아 매끄럽고 윤기나게 하다. ¶把桌面~=탁자 표면을 매끄럽게 깎아 내다.
【刨花】bàohuā 명 대팻밥.
【刨花板】bàohuābǎn 명(建) 파티클보드(particleboard).
【刨刃儿】bàorènr ☞【刨刀】bàodāo
【刨铁】bàotiě ☞【刨刀】bàodāo
【刨子】bào·zi 명 대패.

*抱 bào 안을 포
동 1 안다. 껴안다. 포옹하다. ¶~孩子喂奶=아이를 안고 젖을 주다. 2 둘러싸다. 에워싸다. ¶群山环~=산이 겹겹으로 둘러싸여 있다. 3 자식이나 손자를 처음 얻다[보다]. ¶你还不准备~孙子？=아직 첫손자를 볼 준비가 안 된 거야? 4 (남의 아이를) 양자[양녀]로 삼다. 입양하다. ¶~一个孤儿=고아 한 명을 양자로 삼다. 5 (생각이나 의견을) 마음에 품다. ¶~有理想=이상을 품다. 6 (병을) 지니다. ¶他~病坚持工作。=그는 병든 몸으로 끝까지 일을 한다. 7 (알을) 부화하다. 까다. 품다. ¶母鸡~蛋了。=어미닭이 알을 품다. 8 (방) 결합하다. 한데 뭉치다. ¶他们~成了伙。=그들은 한데 뭉쳐 동료가 되었다. 9 (방) (옷·신발의 사이즈가) 적당하다. 맞다. ¶新鞋有点儿~脚儿。=새 신발이 발에 맞다. 명 (量) 가슴과 배 사이. 흉금. 포부. 생각. ¶襟~=흉금. 양 아름. ¶一~干草=한 아름의 건초. 늑搂

○→ 拱gǒng抱, 怀huái抱, 环huán抱, 搂lǒu抱, 拥yōng抱

【抱病】bào∥bìng 동 몸에 병이 있다. 병에 장기간 시달리다. ¶~学习=아픈 몸으로 공부하다. /~指挥战斗=병든 몸으로 전투를 지휘하다.
【抱不平】bào bùpíng (속) (남이 부당한 대우를 받는 것에 대해) 의분을 느끼다. 불만을 품다. ¶他爱打~。=그는 불의에 대해 자주 의분을 느끼곤 한다.
【抱残守缺】bàocán-shǒuquē (성) 보수적이다. 개혁을 싫어하다. 옛 것에 얽매이다.
【抱成见】bào chéngjiàn (속) 고정된 시각을 갖다. 선입견을 갖다. ¶对新事物不能~。=새로운 사물에 대해 고정된 시각을 가져서는 안 된다.
【抱成团】bào chéng tuán (속) 하나로 똘똘 뭉치다. 여러 사람의 행동이 한 사람처럼 일치하다.
【抱粗腿】bào cūtuǐ (속)(비) 재산가나 권력자에게 빌붙다.
【抱打不平】bàodǎ-bùpíng (성) 세상의 불의에 용감히 맞서다.
【抱大西瓜】bào dàxīguā (속)(비) 큰 수확을 거두다. 의외의 횡재를 하다.
【抱定】bàodìng 동 (어떤 생각을) 끝까지 견지하다. ¶~必胜的信心=필승의 신념을 끝까지 견지하다.
【抱佛脚】bào fójiǎo (속) 1 급[궁]하면 부처를 찾는다. 2 (비) 평소에는 연락도 없다가 급할 때 애걸하다. 3 (비) 평소에는 준비하지 않다가 일이 닥쳐서야 부랴부랴 대처하다.

【抱负】**bàofù**〔명〕 포부. 큰 뜻. 웅지. ¶~远大＝포부가 원대하다. ≒志向

【抱憾】**bàohàn**〔동〕 유감스럽게 여기다. 후회하다. ¶~一生＝일생 동안 유감스럽게 생각하다.

【抱憾终天】**bàohàn-zhōngtiān**〔성〕 평생 유감으로 남다. 평생토록 아쉬워하다.

【抱恨】**bàohèn**〔동〕 원한을 품다. ¶一时~＝한때 한을 품다.

【抱恨终生】**bàohèn-zhōngshēng** ☞【抱恨终天】

【抱恨终天】**bàohèn-zhōngtiān**〔성〕 평생 한을 품다. 평생토록 한스러워하다. ＝【抱恨终生】**bàohèn-zhōngshēng**

【抱角】**bàojiǎo**〔명〕 (건물이나 담의) 모퉁이.

【抱角楼】**bàojiǎolóu**〔명〕〔건〕 (성곽·감옥 모퉁이에 설치된) 망루. 감시 초소.

【抱脚儿】**bàojiǎor**〔동〕 (신발이) 발에 꼭 맞다.

【抱愧】**bàokuì**〔동〕 부끄러워하다. 부끄럽게 여기다〔생각하다〕.

【抱拢】**bàolǒng**〔동〕 (두 팔로) 끌어안다. ¶这根柱子两个人可以~。＝이 기둥은 두 사람이 안을 수 있는 (정도의) 둘레이다.

【抱歉】**bàoqiàn**〔동〕 미안해하다. 미안하게 생각하다. 죄송합니다. ¶不能前来, 十分~。＝일전에 오지 못해서 죄송합니다. ≒负疚

【抱屈】**bàoqū**〔동〕 억울해하다. 원통해하다. (불행·손실 등을) 감수하다. ¶心中暗自~。＝마음 속으로 몰래 원통해하다. ＝【抱委屈】**bào wěi·qu**

【抱拳】**bào‖quán**〔명〕 인사법의 일종. [주먹 쥔 한 손을 다른 손으로 감싸 모아 가슴 앞까지 끌어 올려 절함]

【抱厦】**bàoshà**〔명〕 **1** (문 앞쪽에 붙여 지은) 복도〔주랑〕. **2** 뒤채. 옆채.

【抱身儿】**bàoshēnr**〔동〕 (옷이) 몸에 꼭 맞다. 타이트(tight)하다.

【抱头】**bàotóu**〔동〕 (두 손으로) 머리를 감싸쥐다.

【抱头鼠窜】**bàotóu-shǔcuàn**〔성〕 황급히 도망치다. 후닥닥 달아나다. ≒狼奔豕突

【抱头痛哭】**bàotóu-tòngkū**〔성〕 (큰 상심으로) 통곡하다. (감동하여) 엉엉 울다.

【抱团儿】**bào‖tuánr**〔동〕〔구〕 한데 뭉치다. 단결하다. ¶只有~才能度过难关。＝뭉쳐야만 난관을 극복할 수 있다.

【抱委屈】**bào wěi·qu** ☞【抱屈】**bàoqū**

【抱窝】**bào‖wō**〔동〕〔구〕 알을 품다. 부화시키다. ¶母鸡刚学会~。＝어미닭은 이제 막 알을 품는 것을 터득했다.

【抱薪救火】**bàoxīn-jiùhuǒ**〔성〕 **1** 장작을 안고 불을 끄다. **2**〔비〕 화(祸)를 없애려다 도리어 더 큰 화를 당하다. 위험한 일을 하다.

【抱养】**bàoyǎng**〔동〕 양자〔양녀〕로 기르다. ¶~孤女＝고아가 된 여자 아이를 데려와 기르다.

【抱腰】**bàoyāo**〔동〕〔방〕 **1** 허리를 꽉 끌어안다. **2**〔비〕 (배후에서) 지지해 주다. 뒷받침해 주다. 힘이 되어 주다.

【抱冤】**bàoyuān**〔동〕 억울해하다. 원통해하다.

¶衔恨~＝원한을 품고 원통해하다.

【抱怨】**bàoyuàn**〔동〕 (불만을 품고) 원망하다. ¶一人做事一人当, 不会瞎~。＝자기 일은 자기가 책임져야지 공연히 원망해서는 안 된다. ≒埋怨 ↔体谅 谅解

【抱柱】**bàozhù**〔동〕 **1** 기둥을 끌어안다. [《장자·도척(庄子·盗跖)》에서, 미생(尾生)이라는 남자가 한 여자와 다리 아래에서 만날 것을 약속했는데, 갑자기 강물이 불어났으나 다리 기둥을 부여잡고 도망하지 않다가 결국은 물에 빠져 죽었다는 고사에서 유래함] **2**〔비〕 굳게〔끝까지〕 약속을 지키다. 신의를 지키다.

【抱柱对儿】**bàozhùduìr**〔명〕 (둥근 기둥에 맞도록 휜) 둥근 판자에 쓴 대련.

【抱罪】**bàozuì**〔동〕 (자기의 잘못이나 죄에 대해) 송구하다. 미안해하다. 죄스러움을 느끼다.

## 趵 **bào** 솟아오를 표

〔동〕〔방〕 도약하다. 솟구치다. 뛰어오르다. ¶~突泉＝바오투취안. [산동(山东)성 지난(济南)시에 있는 샘 이름]

☞ **bō**

## 豹 **bào** 표범 표

〔명〕 **1**〔동〕 표범. **2** (Bào) 성(姓).

○● 海豹, 全豹, 雪豹

【豹猫】**bàomāo**〔명〕〔동〕 살쾡이. ＝【狸猫】**límāo**〔山猫〕**shānmāo**〔狸子〕**lí·zi**

【豹头环眼】**bàotóu-huányǎn**〔성〕 (사람의) 생김새가 위엄 있고 용맹스럽다.

【豹子】**bào·zi**〔명〕〔동〕 표범. [전신에 원형 혹은 타원형의 반점이 있어서 붙여진 이름으로, '金钱豹(jīnqiánbào)·云豹(yúnbào)' 등이 있음]

## 鲍[鮑] **bào** 전복 포

〔명〕 **1** 절인 어물. **2**〔동〕 전복과에 딸린 연체동물의 총칭. **3** (Bào) 성(姓).

【鲍鱼】**bàoyú**〔명〕 **1**〔음〕 소금에 절여 말린 물고기. 절인 건어물. **2**〔동〕 전복(류). ＝【石决明】**shíjuémíng**【鳆鱼】**fùyú**

## **暴 bào** 사나울 포

〔형〕 **1** 갑작스럽고 맹렬한. 급격한. ¶~风雨＝폭풍우. **2** 조급하다. ¶~火~脾气＝불같은 성질. **3** 흉악하다. 잔학하다. 난폭하다. 흉포하다. 사납다. 포악하다. ¶施~＝폭력을 휘두르다. 〔동〕 **1**〔음〕 망치다. 해치다. 손상하다. ¶自~自弃＝자포자기하다. **2** (밖으로) 불거지다. 두드러져 나오다. 돌출하다. 돌기하다. ¶青筋一起＝핏대가 돋았다. **3** 드러나다. 폭로하다. 노출되다. ¶恶习~露＝악습이 폭로되다. 〔명〕 **1** 잔학한 사람. ¶除~安良＝폭도들을 제거하고 백성을 안녕하게 하다. **2** (Bào) 성(姓). ↔良

☞ **pù**

○ 暴 bào
  爆 bào
  曝 pù
  瀑 pù

**暴 bào**

○● 残cán暴, 磁cí暴, 粗cū暴, 风暴, 横hèng暴, 火huǒ暴, 抗kàng暴, 狂kuáng暴, 雷léi暴, 栗lì暴, 强qiáng暴, 凶xiōng暴

【暴毙】**bàobì** 〈동〉 급사하다. 변사하다. 횡사하다.
【暴病】**bàobìng** 〈명〉 급병(急病). 급환(急患). ¶ 一场~=한 차례 급병. 〈동〉 급병에 걸리다. ¶~ 而死=급병에 걸려 죽다.
【暴跌】**bàodiē** 〈동〉 (물가·명성 등이) 폭락하다. ¶股市近期~. =주식 시장이 최근 폭락했다.
【暴动】**bàodòng** 〈명〉 폭동.
【暴发】**bàofā** 〈동〉 **1** 폭발하다. 갑자기 발생하다. 돌발하다. 터지다. ¶地震~=지진이 갑자기 발생하다. **2** 〈편〉 벼락부자가 되다. 갑자기 득세하다. ¶梦想~=벼락부자를 꿈꾸다. ≒爆发
【暴发户】**bàofāhù** 〈명〉 벼락부자. 졸부(猝富).
【暴风】**bàofēng** 〈명〉**1**〈氣〉왕바람. [풍력 계급 11의 바람] **2** 폭풍. ¶~突起=갑자기 폭풍이 불다[일다].
【暴风雪】**bàofēngxuě** 〈명〉 폭풍설.
【暴风雨】**bàofēngyǔ** 〈명〉 폭풍우.
【暴风骤雨】**bàofēng-zhòuyǔ** 〈성〉 **1** 사나운 바람과 모진 비. **2** 〈비〉 기세가 대단하다. 거세고 진전이 빠른 민중 운동.
【暴富】**bàofù** 〈동〉 벼락부자가 되다.
【暴骨沙场】**bàogǔ-shāchǎng** 〈성〉 전사자의 시체가 전쟁터에 버려져 있다.
【暴光】**bào∥guāng** ☞【曝光】**bào∥guāng**
【暴洪】**bàohóng** 〈명〉 세차고 빠른 홍수.
【暴吼】**bàohǒu** 〈동〉 갑작스레 고함치다[외치다].
【暴虎冯河】**bàohǔ-pínghé** 〈성〉 **1** 맨손으로 호랑이를 때려 잡고 걸어서 강을 건너려 하다. **2** 〈비〉 용기만 있고 계략이 없다. 만용으로 무모한 모험을 하다.
【暴举】**bàojǔ** 〈명〉 폭거.
【暴君】**bàojūn** 〈명〉 폭군.
【暴客】**bàokè** 〈명〉 **1** (난폭하게 뛰어든) 침입자. (집에 침입한) 강도. **2** 무뢰한. 건달.
【暴库】**bàokù** 〈동〉 (화물이 너무 많아) 창고가 포화 상태이다. ¶产品积压~. =화물 적재가 포화 상태이다.
【暴雷】**bàoléi** 〈명〉 맹렬한 천둥 번개. 신뢰(迅雷).
【暴力】**bàolì** 〈명〉 **1** 폭력. ¶以~威胁=폭력으로 위협하다. **2** (국가의) 강제적 힘. 공권력. ¶国家~机器=군대·경찰 등의 국가 폭력 기구. [폭력적인 정부를 비난하는 말]
【暴力片儿】**bàolìpiānr** 〈명〉〈구〉 (영화의) 폭력물. 액션물.
【暴力片】**bàolìpiàn** 〈명〉〈映〉 폭력물. 액션물.
【暴力游戏】**bàolì yóuxì** 〈명〉 폭력 게임.
【暴利】**bàolì** 〈명〉 폭리. 부당 이익.
【暴戾】**bàolì** 〈형〉〈편〉 잔혹하다. 난폭하다. 포악하다. ¶蛮横~=무지막지하게 난폭하다.
【暴戾恣睢】**bàolì-zìsuī** 〈성〉 흉악무도하게 제멋대로 행동하다.
【暴敛】**bàoliǎn** 〈동〉 **1** 가혹하게 세금을 거두어들이다. **2** 국민의 재물을 착취하다. ¶横征~=가

렴주구(苛敛诛求)하다. 가혹한 세금을 강제 징수하다.
【暴烈】**bàoliè** 〈형〉 **1** 흉포하다. ¶~的行动=포악한 행동. **2** (성질이) 매우 급하다. ¶生性~=성질이 불같다.
【暴露】**bàolù** 〈동〉 폭로하다. 드러내다. 표면화하다. ¶~实情=진실을 폭로하다. ↔隐藏 隐蔽
【暴露文学】**bàolù wénxué** 〈명〉 폭로 문학.
【暴露无遗】**bàolù-wúyí** 〈성〉 하나도 숨김없이 죄다 폭로하다.
【暴乱】**bàoluàn** 〈명〉 폭동. 소요. ¶平息~=소요 사태를 평정하다.
【暴民】**bàomín** 〈명〉 폭도. 폭민(暴民).
【暴怒】**bàonù** 〈동〉 격노하다. 분노가 폭발하다.
【暴虐】**bàonüè** 〈동〉〈문〉 포학하게 굴다. 흉포하게 대하다. 잔혹하게 굴다. ¶~无辜=무고한 사람에게 포학하게 굴다. 〈형〉 포악하다. 흉포하다. 잔인하다. ¶~无道=포학무도하다.
【暴脾气】**bàopí·qi** 〈명〉 불 같은 성격. 매우 급한 성미. 난폭한 성미.
【暴热】**bàorè** 〈동〉 **1** 갑자기 몹시 더워지다. ¶最近天气暴冷~, 不太正常. =최근 날씨가 갑자기 몹시 추웠다 더웠다 하는 것이 썩 심상치 않다. **2** 〈비〉 (갑작스럽게) 붐이 일다. 고조되다. ¶近年网络文学~. =요즘 사이버 문학이 붐이다.
【暴晒】**bàoshài** 〈동〉 강한 햇볕에 오래 쪼이다. ¶酷日~=땡볕을 오래 쪼이다.
【暴尸】**bàoshī** 〈동〉 시체가 드러나 있다. 시체를 묻지 않다. ¶~荒野=황량한 벌판에 시체가 널려 있다.
【暴食】**bàoshí** 〈동〉 폭식하다. 한번에 많이 먹다. ¶饥不~=배고파도 폭식하지 않다.
【暴死】**bàosǐ** 〈동〉 급사하다. 변사하다. 횡사하다.
【暴殄天物】**bàotiǎn tiānwù** 〈성〉 **1** (자연계 생물을) 멸종시키다. **2** 〈비〉 함부로 낭비하다. 과소비하다.
【暴跳】**bàotiào** 〈동〉 **1** 세차게 발을 구르다. 펄쩍 뛰다. **2** 노발대발하다.
【暴跳如雷】**bàotiào rúléi** 〈성〉 **1** 우레와 같이 발을 구르고 고함을 치다. **2** 노발대발하다. 격노하다.
【暴突】**bàotū** 〈동〉 불거지다. 돌출하다. 튀어나오다. ¶双眼~=두 눈이 툭 튀어나오다.
【暴徒】**bàotú** 〈명〉 폭도.
【暴行】**bàoxíng** 〈명〉 폭행. 잔혹한 행위. ¶历数歹徒的~=강도들의 폭행 사실을 하나하나 들춰내다.
【暴性子】**bàoxìng·zi** 〈명〉 불 같은 성질. 거친 성질. 조급한 성미.
【暴饮】**bàoyǐn** 〈동〉 폭음하다.
【暴饮暴食】**bàoyǐn-bàoshí** 〈성〉 마구 먹고 마시다. 폭음 폭식하다.
【暴雨】**bàoyǔ** 〈명〉 **1**〈氣〉폭우. [일 강우량 50mm~100mm의 비] 호우. **2** 장대비. 소나기.
【暴躁】**bàozào** 〈형〉 (성질이) 급하다. 냉정하지 못하다. 쉽게 화를 내다. ¶性情~=성격이 무척 급하다. ↔温和 柔顺

**bào** 暴瀑曝爆 **陂杯**

【暴涨】bàozhǎng 동 (강물 등이) 갑자기 불어나다. (물가 따위가) 폭등하다. ¶江水~=강물이 갑자기 불어나다. / 股市~=증시가 폭등하다.

【暴涨潮】bàozhǎngcháo ☞【涌潮】yǒngcháo

【暴政】bàozhèng 명 폭정. ↔仁政

【暴卒】bàozú 동문 급사하다.

**瀑** Bào 물보라 포 / 폭포 폭
명 바오허(瀑河). [허베이(河北)성에 있는 강 이름]
☞ pù

**曝** bào 햇빛 쬘 폭
☞ pù

【曝丑】bàochǒu 동 (공개적으로) 자기의 결점〔잘못〕을 폭로하다.

【曝光】[暴光] bào‖guāng 동 1 (사진에서) 노출하다. ¶照片~不足. =사진의 노출이 부족하다. 2 비 폭로되다. 노출되다. 드러나다. [주로 떳떳하지 못한 일을 가리킴] ¶丑闻~后引起极大的轰动. =스캔들이 폭로된 이후 커다란 파문을 불러일으켰다.

【曝光表】bàoguāngbiǎo 명 노출계(露出計). [사진 촬영시 노출 시간을 결정하는 기구]

**\*\*爆** bào 터질 폭
동 1 폭발하다. 터지다. 파열하다. (터져서) 튀어나가다. ¶豆荚~了. =콩꼬투리가 터졌다. 2 뜻밖에 나타나다. 갑자기 생겨나다. ¶赛场上连~冷门. =경기장에서 이변이 속출하다. 3 (요리 방법 중) 끓는 기름에 살짝 튀기거나 끓는 물에 잠깐 데치다. ¶蒜~肚条=마늘과 가늘게 썬 소 또는 양·돼지의 위(胃)를 기름에 데친 요리.

○◦ 起qǐ爆

【爆炒】bàochǎo 동 1 끓는 기름에 살짝 튀기다. 끓는 물에 잠깐 데치다. 2 (매스컴에서) 대대적으로 띄우다. 선전하다. 기사화하다. 뜨겁게 다루다. ¶~明星丑闻=매스컴이 인기 연예인의 스캔들을 뜨겁게 다루었다.

【爆出】bàochū 동 뜻밖에〔의외로〕 나타나다. ¶~性丑闻=뜻밖의 추문.

【爆豆】bàodòu 콩을 볶다. 명 볶은 콩.

【爆肚儿】bàodǔr 명 소·양 등의 처녑을 가늘게 썰어 끓는 물에 잠깐 데치거나 뜨거운 기름에 살짝 튀긴 음식. [기름에 튀긴 것은 일반적으로 '油爆肚儿'이라고 함]

【爆发】bàofā 동 1 돌발하다. 갑자기 터져 나오다. 발발하다. ¶~战乱=전란이 일어나다. 2 (地) 화산이 폭발하다. ¶火山~=화산이 폭발하다. 3 (감정 등이) 폭발하다. ¶那最终因积怨~而功亏一篑. =결국 쌓였던 원한이 터져 나와 성공을 눈앞에 두고 실패하고 말았다. 늑暴发

【爆发力】bàofālì 명(體) 순발력. 폭발력.

【爆发音】bàofāyīn ☞【塞音】sèyīn

【爆冷门】bàolěngmén(~儿) 동 의외의 결과. 뜻밖의 결말. ¶大~=대이변.

【爆裂】bàoliè 동 1 (물체가) 터지다. 파열되다. ¶汽车轮胎突然~. =자동차 타이어가 갑자기 파열되다. 2 (감정이) 폭발하다.

【爆满】bàomǎn 동 만원이 되다. 꽉 차다. ¶影院~=극장이 만원이다.

【爆米花】bàomǐhuā 명 팝콘. 튀밥.

【爆棚】bàopéng 동뭐 1 만원이 되다. 꽉 차다. 2 비 뒤흔들다. 진동시키다. 센세이션을 불러일으키다. 파문을 일으키다. ¶~效应=선풍적인 효과.

【爆破】bàopò 동 폭파하다. 발파하다. ¶定点~=지점을 정하여 폭파하다.

【爆破手】bàopòshǒu 명 폭파수.

【爆破筒】bàopòtǒng 명 (TNT를 채운) 폭약통. 폭파통.

【爆燃】bàorán 동 폭발 연소하다.

【爆胎】bào‖tāi 동 (타이어가) 펑크나다. 터지다.

【爆炸】bàozhà 동 1 (큰 소리를 내며) 폭발하다. 작렬하다. ¶天然气~=천연 가스가 폭발하다. 2 비 (수나 양이) 폭증하다. 격증하다. ¶当今世界正值信息~的时代. =지금 세계는 바야흐로 정보 폭증의 시대를 맞고 있다.

【爆炸波】bàozhàbō ☞【冲击波】chōngjībō

【爆炸力】bàozhàlì 명 폭발력.

【爆炸性】bàozhàxìng 명(비) 폭발성. 깜짝 놀라게 하는 것. ¶~事件=깜짝 놀랄 만한 사건.

【爆仗】bào·zhang ☞【爆竹】bàozhú

【爆竹】bàozhú 명 폭죽. =【爆仗】bào·zhang【炮仗】pào·zhang

# bei

**陂** bēi 둑 피
명문 1 연못. ¶~塘=못. 저수지. 2 물가. 못가. 3 산비탈.
☞ pí, pō

**\*\*杯[盃·桮]** bēi 잔 배
명 1 잔. 컵. ¶水~=물잔. 2 잔 모양의 트로피(trophy). ¶奖~=우승컵. 우승 트로피. 양 잔. 컵. ¶一~茶=차 한 잔.

○◦ 干gān杯, 奖jiǎng杯, 量liáng杯, 碰pèng杯, 烧shāo杯, 贪tān杯

【杯葛】bēigé 동외 보이콧(boycott)하다. 배척하다. 불매 동맹을 맺다.

【杯弓蛇影】bēigōng-shéyǐng 성 1 잔에 비친 뱀 모양의 활 그림자. [옛날에 진(晋)나라의 악광(樂廣)이란 사람이 손님들을 식사에 초대하였는데, 손님 중 한 사람이 벽에 걸린 활이 술잔에 비친 것을 술잔 속에 뱀이 있다고 오인하고, 뱀을 삼켰으니 독에 중독되었다고 생각하여 병에 걸렸다는 고사에서 유래함] 2 비 쓸데없는 의심〔걱정〕을 하다. 의심이 병이 되다. 괜히 놀라거나 두

려워하다.

【杯盘狼藉】bēipán-lángjí ◈ 1 술잔과 접시 등이 어지러이 널려 있다. 2 술자리 후 술상이 어질러진 모양.

【杯赛】bēisài 몡 1 (體) 우승컵〔우승배〕 쟁탈 경기. 챔피언컵 쟁탈 경기. 2 (일반) 우승컵〔우승배〕 쟁탈 경기. 챔피언컵 쟁탈 경기.

【杯水车薪】bēishuǐ-chēxīn ◈ 1 한 잔의 물로 한 수레의 장작에 붙은 불을 끄려 하다. 계란으로 바위 치기. 2 비 아무런 도움이 되지 않다. 부질없는 일을 하다.

【杯盏】bēizhǎn 몡 1 술잔. ¶传杯～=술잔을 주고받다. 2 술. ¶这人太贪～。=이 사람은 술을 밝힌다.

【杯中物】bēizhōngwù 몡 술.

【杯子】bēi·zi 몡 (술·물·차 등 음료의) 잔. 컵.

\*卑 bēi 낮을 비

톙 1 (문) (위치가) 낮다. ¶地势～湿=지세가 낮고 습하다. 2 (지위나 신분이) 낮다. ¶男尊女～=남존여비. 3 (사람됨이) 저급하다. 저속하다. 비열하다. (제품의 질이) 떨어지다. ¶下流～鄙=저급하고 비천하다. 4 통 겸손하고 예절바르다. 겸양하다. 공손하다. ¶谦～之至=지극히 겸손하다. 통 경시하다. 소홀히 하다. ¶自～自贱=자기 자신을 비하하다. ≒贱 鄙 ↔尊 亢

| ◐ | 卑 bēi | 稗 bài |
| 碑 bēi | 捭 bǎi |
| 鹎 bēi | 埤 pì |
| 庳 bēi | 脾 pí |
| 裨 bēi | 啤 pí |
| 俾 bǐ | 郫 pí |
| 箪 bì | 蜱 pí |
| 髀 bì | 陴 pí |
| 婢 bì | 牌 pí |

◐- 谦qiān卑, 鲜Xiān卑, 自zì卑

【卑鄙】bēibǐ 톙 1 (문) 비천하다. 천하다. 2 (언행·인품이) 비열하다. 졸렬하다. 천하다. 저질이다. 악랄하다. 매우 나쁘다. ¶～无耻=악랄하고 파렴치하다. ≒卑劣 卑污 ↔高尚

【卑鄙龌龊】bēibǐ-wòchuò ◈ (행위나 성품이 매우) 악랄하다. 비열하다. 매우 나쁘다.

【卑不足道】bēibùzúdào ◈ 보잘것없어 언급할 가치도 없다.

【卑词】bēicí ☞【卑辞】bēicí

【卑辞】[卑词] bēicí 몡 겸손한 말.

【卑躬屈节】bēigōng-qūjié ☞【卑躬屈膝】bēigōng-qūxī

【卑躬屈膝】bēigōng-qūxī ◈ 1 허리를 굽히고 무릎을 꿇다. 2 (조금의 없이 비굴하게도 아첨하다. =【卑躬屈节】bēigōng-qūjié ≒摇尾乞怜

【卑贱】bēijiàn 톙 1 비열하다. 천하고 졸렬하다. 비천하다. 천박하다. ¶～的行径=비열한 행위. 2 (신분이) 비천하다. ≒下贱 卑微 ↔尊贵 高贵

【卑贱者】bēijiànzhě 몡 비천한 사람.

【卑礼厚币】bēilǐ-hòubì ◈ 자신을 낮추고 후한 대우로 현재(賢才)를 초빙하다.

【卑梁之衅】bēiliángzhīxìn ◈비 사소한 일로 대형 사태가 벌어지다. 사소한 일을 크게 만들다.

하찮은 일로 전쟁을 일으키다. [춘추(春秋) 시대 오(吳)나라 비량(卑梁)에 사는 아이가 오디를 차지하기 위해 초(楚)나라 종리(鐘離)에 사는 아이와 싸웠는데, 이것이 확대되어 두 나라가 전쟁을 벌인 고사에서 유래함]

【卑劣】bēiliè 톙 비열하다. ¶～的言辞=비열한 말씨. ≒卑鄙 ↔高雅 高尚

【卑陋】bēilòu 톙 (신분이) 낮다. 저열하다. ¶～不堪=매우 저열하다.

【卑谦】bēiqiān 톙 겸손하다. ¶～待人=남에게 겸손하다.

【卑怯】bēiqiè 톙 비겁하다. 비굴하다. ¶内心～=속마음이 비겁하다.

【卑顺】bēishùn 톙 겸손하고 순종적이다. ¶言行～=언행이 겸손하고 순종적이다.

【卑俗】bēisú 톙 비열하고 저속하다. ¶～之举=비열한 행동.

【卑琐】bēisuǒ 톙 저열하고 옹졸하다. ¶～之人=옹졸한 사람.

【卑微】bēiwēi 톙 (지위가) 낮다. 비천하다. ¶职位～=직위가 낮다. ≒卑下 卑贱

【卑污】bēiwū 톙 (품행이나 생각이) 비열하고 추잡하다. 너절하다. ¶心地～=마음씨가 비열하고 추잡하다. ≒卑鄙

【卑下】bēixià ◈ 1 (지위가) 낮다. 천하다. ¶出身～=출신이 비천하다. 2 (품격이나 풍격이) 저급하다. ¶品格～=성질이 저급하다. ≒卑微

【卑之无甚高论】bēi zhī wú shèn gāolùn ◈ 논지가 평범하다. 뛰어난 견해가 없다.

【卑职】bēizhí 몡 1 (문) 낮은 지위. 낮은 관직. 2 (옛) 소관(小官). 소직(小職). [상급 관리에 대한 하급자의 낮춤말]

\*\*背[(揹)] bēi 질 배

통 1 (등에) 짊어지다. 업다. ¶～粮食=양식을 등에 지다. 2 (책임·부담 등을) 지다. ¶全部的责任由我一个人～。=모든 책임은 나 한 사람에게 있다. 양 짐. ¶一～柴火=땔감 한 짐. ≒驮 bèi

【背榜】bēi‖bǎng 통 (시험에서) 꼴찌로 합격하다. 최하위 성적으로 합격하다.

【背包袱】bēi bāo·fu 句 정신적인 부담(을 느끼다). 심리적인 중압감(을 느끼다). ¶知错就改, 不必～。=잘못을 알았으면 고치면 될 일이지, 큰 부담을 가질 필요는 없다.

【背不动】bēi·budòng 통 (힘이 모자라) 짊어질 수 없다. ¶～米袋=쌀부대를 짊어질 수 없다. ↔背得动

【背带】bēidài 몡 1 (소총이나 배낭의) 어깨끈. 멜빵. 2 (바지나 치마의) 멜빵.

【背带裤】bēidàikù 몡 멜빵바지.

【背带裙】bēidàiqún 몡 멜빵치마.

【背得动】bēi·dedòng 통 업을 수 있다. 짊어질 수 있다. ¶那袋面, 他～=그 밀가루 포대라면 그도 질 수 있다. ↔背不动

【背负】bēifù 통 1 등에 지다. ¶～着行李=짐을 등에 지고 있다. 2 (책임이나 의무 따위를) 부

담하다. 책임지다. 짊어지다. ¶~着家乡父老的希冀=고향 어른들의 기대를 짊어지다.

【背锅子】bēiguō·zi 〈名〉꼽추. 곱사. 곱사등이. 타매(駝背)

【背黑锅】bēi hēiguō 〈숙어〉❶ 남을 대신해서 당하다. ❷ 누명을〔무고죄를〕뒤집어쓰다.

【背饥荒】bēi jī·huang 〈숙어〉빚지다.

【背头】bēitóu 〈名〉올백(all-back) 머리.

【背债】bēi‖zhài 〈동〉빚지다. 외상으로 하다. 채무를 지다.

【背着抱着一样沉】bēi·zhe bào·zhe yīyàng chén 〈숙어〉❶ 짊어지나 안으나 무겁기는 마찬가지이다. ❷〈비〉형식은 다르지만 본질은 같다. 어찌 하든 책임은 면할 수 없다. ≒背着抱着一般重 背着扛着一般沉.

【背子】bēi·zi 〈名〉(짐을 지는 데 쓰이는) 가늘고 긴 바구니.

## 椑 bēi 돌감나무 비
☞ pí

【椑柿】bēishì 〈名〉《植》❶ 돌감나무. ❷ 돌감나무의 열매.

## 悲 bēi 슬플 비

〈동〉슬프다. 슬퍼하다. ¶乐极生~=즐거움 끝에는 슬픈 일이 생긴다. 〈동〉불쌍히 여기다. 가엾게 여기다. 연민하다. 동정하다. ¶慈~=자비. ≒哀 戚 ↔喜 欢

【悲哀】bēi'āi 〈형〉슬프고 애통하다. 비통해하다. 〈名〉비애. 슬픔. ¶极度~=극도로 슬퍼하다. ↔喜悦 欢乐 高兴

【悲悲切切】bēi·bei qièqiè (~的) 〈형〉매우 비통하다.

【悲不自胜】bēibùzìshèng 〈성〉슬픔을 참지 못하다. 비통함을 견디지 못하다. ↔喜不自胜

【悲惨】bēicǎn 〈형〉비참하다. 슬프다. 비통하다. ¶~的命运=비참한 운명. ≒凄惨 ↔幸福

【悲愁】bēichóu 〈형〉슬퍼하고 근심하다. ¶满腹~=슬픔과 근심이 마음에 가득하다.

【悲楚】bēichǔ 〈형〉슬프고 괴롭다. ¶无限~=한없이 슬프고 괴롭다.

【悲怆】bēichuàng 〈형〉〈문〉슬프고 마음 아프다. 마음이 상하고 슬프다. 상심하다. 비탄에 잠기다. ¶笛声时而激越时而~。=피리 소리가 때로는 격정적이고 때로는 서글프다.

【悲悼】bēidào 〈동〉슬픈 마음으로 애도하다. 비통한 마음으로 추도하다. ¶先人=돌아가신 아버지를 비통한 마음으로 추도하다.

【悲愤】bēifèn 〈형〉비통하고 분하다. 슬프고 분하다. ¶~至极=이루 말할 수 없이 비통하고 분하다.

【悲愤填膺】bēifèn-tiányīng 〈성〉가슴속에 비분이 가득하다. 비분강개하다.

【悲歌】bēigē 〈동〉비장하게 노래 부르다. 애절하게 노래하다. ¶怆然~=비통함에 젖어 노래 부르다. 〈名〉❶ 비장한 노래. 비가(悲歌). 슬프고 애잔한 노래. 애가(哀歌). ¶~一曲=비가 한 곡.

❷ 비장하거나 애통한 작품.

【悲观】bēiguān 〈형〉비관하다. 비관적이다. ¶~气馁=비관적이고 의기소침하다. ↔乐观

【悲观主义】bēiguānzhǔyì 〈名〉비관주의.

【悲号】bēiháo 〈동〉비통하게 울부짖다. 흐느끼며 부르짖다. ¶哀怨~=원통하고 울부짖다.

【悲欢】bēihuān 〈名〉슬픔과 기쁨. 비환. 희비. ¶人有~, 月有圆缺。=사람은 슬플 때도 있고 기쁠 때도 있으며, 달도 차고 기욺이 있다.

【悲欢离合】bēihuān líhé 〈성〉슬픔과 기쁨, 이별과 만남. 온갖 세상살이.

【悲剧】bēijù 〈名〉❶〈劇〉비극. ❷〈비〉비극. 불행한 처지. 비참한 일. ¶爱情的~=애정의 비극. ↔喜剧

【悲剧性】bēijùxìng 〈名〉비극성.

【悲苦】bēikǔ 〈형〉슬프고 고통스럽다. 비참하다. 고달프다. 괴롭다. ¶~的经历=슬프고 고통스러운 경험. 〈名〉비애. 슬픔. 고통.

【悲冷】bēilěng 〈형〉슬프고 처량하다. ¶心情~=마음이 슬프고 처량하다.

【悲凉】bēiliáng 〈형〉슬프고 처량하다. 구슬프다. 애절하다. ¶~的情境=처량한 처지. ≒凄凉

【悲烈】bēiliè 〈형〉비장하고 장렬하다. ¶~的义举=장렬한 의거.

【悲茫】bēimáng 〈형〉슬프고 망연하다. ¶深感前途~=앞날이 망연함을 깊이 느끼다.

【悲悯】bēimǐn 〈동〉불쌍히 여기다. 가엾이 여기다. ¶对灾民~万分=이재민들을 매우 가엾이 여기다. 〈名〉자비와 연민의 정. ¶书中流露出对低层大众的~。=책 속에 서민 대중에 대한 연민이 잘 드러나 있다.

【悲鸣】bēimíng 〈동〉슬피 울다. 처량하게 울다. ¶孤雁~=외로운 기러기가 슬피 울다. 〈名〉비명. 비통한 외침. 처량한 울음소리. 슬픈 울음소리. ¶凄凉的~传出很远。=처량한 울음소리가 아득히 울려 퍼지다.

【悲凄】bēiqī 〈형〉슬프고 처량하다〔가엾다〕. 비통하다. ¶~的歌吟=슬프고 처량한 노랫가락. 〈名〉비애. 비탄.

【悲戚】bēiqī 〈형〉슬프고 마음아프다. ¶~流泪=구슬프게 눈물을 흘리다. ≒悲伤

【悲泣】bēiqì 〈동〉슬프게 흐느끼다. 구슬피 울다. ¶低头~=고개를 숙이고 흐느끼다.

【悲切】bēiqiè 〈형〉비통하다. 애통하다. 애절하다. ¶孤独~=고독하고 슬프다. ↔快乐

【悲秋】bēiqiū 〈동〉(쓸쓸한 가을의 정경에) 슬픔을 느끼다. 구슬퍼하다. ¶独自~=홀로 쓸쓸한 가을을 구슬퍼하다.

【悲伤】bēishāng 〈형〉마음이 아프다. 마음이 상하다. 몹시 슬퍼하다. 상심하다. 비탄에 잠기다. ¶妻离子散的景况令人~。=가족이 뿔뿔이 흩어진 상황은 사람의 마음을 아프게 한다. ≒悲痛 悲戚 ↔欢喜 欢乐 快乐

【悲酸】bēisuān 〈형〉(마음이) 슬프고 아리다〔쓰리다〕. ¶人生自古, 几多~几多情。=인생은 자고로 얼마나 슬프고 괴로우면서도 다정한 것이던가! 〈名〉슬프고 아린 마음.

【悲叹】bēitàn 〖동〗 슬프게 탄식하다. 비탄하다. ¶～人世的沧桑=인간 세상의 변화무상함을 슬피 탄식하다.

【悲啼】bēití 〖동〗 슬피 울다. ¶孤雁～=외로운 기러기가 슬피 운다.

【悲天悯人】bēitiān mǐnrén 〖〗 1 난국을 탄식하고 고통받는 백성을 불쌍히 여기다. 2 어려운 현실을 탄식하다. 사회적 부패와 민생(民生)의 어려움에 비분을 느끼다.

【悲恸】bēitòng 〖형〗 슬피 울부짖다. ¶万分～=매우 슬피 울부짖다.

【悲恸欲绝】bēitòng yùjué 〖〗 슬퍼 죽을 지경이다. 극도로 슬퍼하다.

【悲痛】bēitòng 〖형〗 비통해하다. 슬프고 통탄스럽다. ¶格外～=매우 비통해하다. ≒悲伤 哀痛 ↔快乐 欢喜

【悲喜交集】bēixǐ-jiāojí 〖〗 희비가 교차하다. 희비가 엇갈리다. =【悲喜交加】bēixǐ-jiāojiā

【悲喜交加】bēixǐ-jiāojiā ☞【悲喜交集】bēixǐ-jiāojí

【悲喜剧】bēixǐjù 〖명〗(劇) 희비극. 트래지코미디(tragicomedy). [비극적이면서도 희극적인 연극]

【悲辛】bēixīn 〖형〗(고통스러워) 가슴이 쓰라리다. 가슴아프게 생각하다.

【悲咽】bēiyè 〖〗 슬퍼서 목이 메다. ¶暗自～=남몰래 슬픔에 목이 메다.

【悲吟】bēiyín 〖형〗 슬프게 읊다.

【悲壮】bēizhuàng 〖형〗 1 비참하고 장렬하다. 비장하다. ¶故事～,令人落泪。=이야기가 비장해서, 사람들로 하여금 눈물을 떨구게 한다. 2 (악곡이나 시 등이) 비장하다. 슬프고도 웅장하다. ¶～的呐喊=비장한 외침.

## 碑 bēi 돌기둥 비

〖명〗 비석. 비. ¶纪念～=기념비. / 墓～=묘비.

○● 丰fēng碑, 界碑, 口碑, 魏wèi碑, 纪念碑, 里程chéng碑

【碑额】bēi'é 비(석) 머리. =【碑头】bēitóu 【碑首】bēishǒu

【碑记】bēijì 비문(碑文). 비명(碑铭). 비석에 담긴 글.

【碑碣】bēijié 〖명〗〖문〗 비석. [고대에 상단이 네모난 것을 '碑', 둥근 것을 '碣'이라고 했음] ¶～残存=비석 조각만 남아 있다.

【碑刻】bēikè 〖명〗 비석에 새겨진 글자나 그림. ¶～依稀可见。=비석의 글자가(그림이) 어슴푸레하다.

【碑廊】bēiláng 〖명〗 (글자나 그림이 새겨진) 비석을 전시해 둔 복도.

【碑林】bēilín 〖명〗 비림. 여러 비석을 한데 모아 세워 전시한 곳. [예를 들어, 산시(陕西)성 시안(西安)에 있는 비림에는 한위(汉魏) 이래의 유명한 비석 천여 기가 보존되어 있다]

【碑铭】bēimíng 〖명〗 비문(碑文). 비명(碑铭).

【碑身】bēishēn 〖명〗 비신. [비문을 새기는 비석의 몸체]

【碑石】bēishí 〖명〗 1 비석 제작 돌. 2 비석.

【碑首】bēishǒu ☞【碑额】bēi'é

【碑拓】bēità 〖명〗 비석의 탁본.

【碑帖】bēitiè 〖명〗 1 비첩. 탑본(搨本). [주로 감상용이나 서예 교재로 쓰임] 2 비석과 서첩.

【碑亭】bēitíng 〖명〗 비각(碑閣).

【碑头】bēitóu ☞【碑额】bēi'é

【碑文】bēiwén 〖명〗 1 비석에 새기려고 준비한 글자. 비석에서 베낀 글자. 비석에서 탁본한 글자. 2 비문. 묘비명.

【碑学】bēixué 〖명〗 비학. [비석 문자의 연대·기원·체제·진위 감별 등을 연구하는 학문]

【碑阳】bēiyáng 〖명〗 비석의 앞면. ↔碑阴

【碑阴】bēiyīn 〖명〗 비석의 뒷면. 비음(碑阴). 비배(碑背). ↔碑阳

【碑志】bēizhì 〖명〗 비지(碑誌). 비문(碑文). 비명. 비석의 글.

【碑座】bēizuò (～儿) 〖명〗 농대석(籠臺石). 비석의 받침돌.

## 鹎[鵯] bēi 갈가마귀 비

〖명〗〖動〗 직박구리과 조류의 통칭.

## 箅 bēi 작은 대바구니 비

〖명〗〖문〗 물고기를 잡는 데 쓰이는 대바구니.
☞ pái

## *北 bēi 북녘 북

〖명〗 북. 북쪽. 북방. 북녘. ¶面南背～=남쪽을 바라보고 북쪽을 등지다. / 向～走=북쪽을 향해 가다. 〖동〗〖문〗 1 (두 사람이) 등을 맞대다. 2 패배하다. 지다. ¶败～=패배하다.

○● 东北, 华Huá北, 淮Huái北, 江Jiāng北, 口北, 南北, 西北

○ 北 bēi
  背 bèi
  褙 bèi

【北半球】běibànqiú 〖명〗(地) 북반구.

【北鄙】běibǐ 북쪽 오지. 북쪽 변경 지방.

【北边】běibiān (～儿) 〖명〗 1 북쪽. 북방. 2 북부 지역. 3 중국 황허(黄河) 유역 및 그 이북 지역.

【北冰洋】běibīngyáng 〖명〗(地) 북극해(北極海).

【北部】běibù 〖명〗 북부. ¶校园的～是教学区。=교정의 북쪽 부분은 강의실이다.

【北侧】běicè 〖명〗 북측. 북쪽.

【北朝】Běi cháo 〖명〗(歷) 북조. [4세기 말～6세기 말 창장(长江) 유역(강남 지역)의 남조(南朝)와 대립하여 화북(华北) 지역을 영유한 북위(北魏), 이후 동위(东魏)와 서위(西魏)로 갈라짐·북제(北齐)·북주(北周)의 합칭]

【北辰】běichén 〖명〗〖문〗(天) 북극성.

【北陲】běichuí 〖명〗 북쪽 변경(邊境).

【北大】Běi Dà 〖명〗〖北京大学〗 Běijīng Dàxué 베이징대.

【北大荒】Běidàhuāng 〖명〗 베이다황. [원래는 헤이룽장(黑龙江)성 넌장(嫩江) 유역·헤이룽장(黑龙江) 곡지·싼장(三江) 평원 등의 광대한 황무지를 가리킴. 지금은 중국의 주요 곡식 생산지

의 하나임]
【北大西洋公约组织】**Běidàxīyáng Gōngyuē Zǔzhī** [명] 북대서양 조약 기구(NATO). [약]【北约】**Běiyuē**
【北戴河】**Běidàihé** [명]《地》 베이다이허. [허베이(河北)성 친황다오(秦皇岛)시 서남쪽에 있는 휴양지]
【北斗(星)】**běidǒu(xīng)** [명]《天》 북두칠성.
【北伐】**Běifá** ☞【北伐战争】**Běifá Zhànzhēng**
【北伐战争】**Běifá Zhànzhēng** [명]《歷》 북벌 전쟁. [1926~1927년에 중국 국민당과 공산당이 연합하여 제국주의와 북양 군벌(北洋軍閥)과 벌인 전쟁] [약]【北伐】**Běifá**
【北方】**běifāng** [명] **1** 북방. 북쪽. **2** 북부 지역. **3** 중국 황허(黄河) 유역 및 그 이북 지역.
【北方方言】**běifāng fāngyán** ☞【北方话】**běifānghuà**
【北方话】**běifānghuà** [명]《言》 북방 방언. [현대 표준 중국어(즉, '普通话(pǔtōnghuà)')의 기초가 된 방언으로, 황허(黄河) 유역을 중심으로 동북 지역과 창장(长江) 유역 중부 및 서남 지역의 각 성에 이르기까지 분포함] =【北方方言】**běifāng fāngyán**
【北非】**Běi Fēi** [명]《地》 아프리카 북부.
【北风】**běifēng** [명]《氣》 북풍. 삭풍(朔風).
【北瓜】**běiguā** ☞【南瓜】**nánguā**
【北关】**běiguān** [명] **1** (**Běiguan**)《地》 전베이관(镇北关). [랴오닝(辽宁)성에 있는 지명] **2** 성곽 북쪽에 있는 성문.
【北国】**běiguó** [명][문] 중국의 북부. ¶银装素裹, 一派～风光。=은백색으로 덮인 것이 완연한 북부 지방의 분위기이다. ↔南国
【北海】**Běihǎi** [명]《地》 **1** 고대의 발해(渤海). **2** 북해. [유럽 대륙·영국·노르웨이에 둘러싸인 대서양의 연해(緣海)] **3** (고대에) 북방의 멀고 외진 곳. **4** 베이하이(北海)시. [광시(广西)성 장족(壯族) 자치구 최남단에 있는 연안 도시] **5** 베이하이(北海) 공원. [베이징(北京)에 있음]
【北寒带】**běihándài** [명]《地》 북한대.
【北回归线】**běihuíguīxiàn** [명]《地》 북회귀선.
【北货】**běihuò** [명] 북방산(產) 식품. 북방의 특산물. [예컨대 대추·호두·곶감 등]
【北极】**běijí** [명] **1**《地》 북극. **2** 자북극(磁北極). [북반구에서 지구 자기의 복각(伏角)이 90도인 지점. 'N' 으로 표시함] ↔南极
【北极狐】**běijíhú** [명]《動》 북극 여우. =【白狐】**báihú**
【北极圈】**běijíquān** [명]《地》 북극권.
【北极星】**běijíxīng** [명]《天》 북극성.
【北极熊】**běijíxióng** ☞【白熊】**báixióng**
【北疆】**běijiāng** [명] **1** 북부 변경. **2**《地》 신장(新疆) 북부. 톈산(天山)산맥 이북 지구.
【北京】**Běijīng** [명]《地》 베이징. [중국의 수도로서 '京' 이라 약칭함. 중국 행정 구역 등급으로는 '直辖市(직할시)' 임]
【北京大学】**Běijīng Dàxué** [명] 북경대학. [약]【北大】**Běi Dà**
【北京烤鸭】**Běijīng kǎoyā** [명] 베이징 덕(Peking duck). 북경 오리구이.
【北京人】**Běijīngrén** [명] **1** 북경 시민. **2** ☞【北京猿人】**Běijīng yuánrén**
【北京时间】**Běijīng shíjiān** [명] 중국의 표준시. [동경(東經) 120° 자오선이 표준이 되는 시각. 베이징시(市)의 표준 시각임]
【北京鸭】**běijīngyā** [명] 베이징(北京)산의 오리. [원산지가 베이징(北京)인 요리용 오리 또는 그 고기]
【北京猿人】**Běijīng yuánrén** [명]《歷》 북경 원인. [지금으로부터 약 70~20만 년 전에 살았던 것으로 추정되는 중국 원인(猿人)의 한 종류. 1927년 베이징 저우커우뎬(周口店) 룽구산(龙骨山) 동굴에서 이들의 치아 화석(齒牙化石)이 처음으로 발견되었음] =【北京人】**Běijīngrén**
【北美洲】**Běi Měizhōu** [명]《地》 북미주. 북미. 북아메리카.
【北门】**běimén** [명] **1** 북쪽 출구. 북문. **2** 성곽 북쪽의 문. 북쪽의 성문. **3** (**Běimén**) 복성(複姓).
【北门锁钥】**běimén suǒyuè** [성] **1** 북방 수비. **2** [비] 북방의 전략적 요충지.
【北面】**běimiàn** [명] 북쪽. 북측.
【北面称臣】**běimiàn-chēngchén** [성][옛] **1** 제왕은 남쪽을 향해 앉고, 신하들은 북쪽을 향해 앉아 알현하다. **2** [비] 비굴하게 섬기다.
【北欧】**Běi Ōu** [명]《地》 북유럽.
【北欧滑雪】**Běi Ōu huáxuě** ☞【越野滑雪】**yuèyě huáxuě**
【北齐】**Běi Qí** [명]《歷》 북제. [550~577년에 존재하였던 북조(北朝) 왕조 중 하나]
【北曲】**běiqǔ** [명] **1**《音》 북곡. [송원(宋元) 이후 북방의 제궁조(諸宮調)·산곡(散曲)·희곡(戲曲) 등에서 사용한 각종 곡조의 총칭] **2**《劇》 북방의 희곡. [원(元)대 북방에서 유행하였던 희곡] ↔南曲
【北山】**běishān** [명] 산의 북쪽.
【北山羊】**běishānyáng** [명]《動》 아이벡스 염소. 야생 산양. =【羱羊】**yuányáng** [영] Capra ibex
【北上】**běishàng** [동] 북상하다. 북쪽으로 가다. ¶起程～=북쪽으로 길을 떠나다.
【北宋】**Běi Sòng** [명]《歷》 북송. [960~1127년에 존재하였던 중국 왕조]
【北堂】**běitáng** [명] **1** 북당. [과거에 본채의 북쪽에 지은 당집으로, 집안의 주부가 거처함] **2** 어머니가 거처하는 곳. **3** 어머니.
【北纬(度)】**běiwěi(dù)** [명]《地》 북위.
【北魏】**Běi Wèi** [명]《歷》 북위. [386~534년에 존재하였던 북조(北朝) 왕조 중 하나]
【北温带】**běiwēndài** [명]《地》 북온대.
【北洋】**Běiyáng** [명]《地》 북양. [송(宋)대에는 황해(黃海)·발해(渤海) 일대를 지칭하였고, 청말(清末)에는 지금의 랴오닝(辽宁)·허베이(河北)·산둥(山东) 연해 지역을 일컫던 말]
【北洋军阀】**Běiyáng Jūnfá** [명]《歷》 북양 군벌.

[중화 민국 초기(1912~1927년)에, 위안스카이(袁世凯)가 만든 북양(北洋) 신군(新軍)을 모체로 하여 베이징(北京)의 정권을 장악한 군벌. 위안스카이가 죽은 후 안복파(安福派)·직례파(直隸派)·봉천파(奉天派)로 나뉘었음]

【北音】**běiyīn** [명] **1** 북방 음악. **2** 북방 말소리. 북방 억양.

【北辕适楚】**běiyuán-shìchǔ** [성] **1** 남쪽의 초(楚)나라로 가려 하나, 수레는 북쪽으로 달리다. **2** [비] 의지와 행동이 정반대로 나타나다.

【北约】**Běiyuē** ☞【北大西洋公约组织】**Běi dàxīyáng Gōngyuē Zǔzhī**

【北周】**Běi Zhōu** [명]《歷》 북주. [557~581년에 존재하였던 북조(北朝) 왕조 중 하나]

**贝[貝] bèi 조개 패** **

[명] **1**《動》 조개. **2** [옛] 패화(貝貨). 조개 화폐. **3** (Bèi) 성(姓).

○● 宝bǎo贝, 川chuān贝, 分fēn贝, 干gān贝, 拷kǎo贝, 扇shàn贝

○ 贝 bèi 钡 bèi 狈 bèi 呗 bài 败 bài 宝 bǎo 负 fù

【贝雕】**bèidiāo** [명] 조가비를 다듬어 만든 공예품. [액자·병풍·가구 등의 장식에 쓰임]

【贝多】[桹多] **bèiduō** ☞【贝叶树】**bèiyèshù** [범] pattra

【贝壳】**bèiké**(~儿) [명] 조가비. 패갑(貝甲).

【贝勒】**bèi·lè** [명] 청나라 때 귀족의 세습 작위.

【贝雷帽】**bèiléimào** [명][외] 베레(beret)모. 베레.

【贝类】**bèilèi** [명]《動》 패류.

【贝母】**bèimǔ** [명]《植》 패모.

【贝宁】**Bèiníng** [명][외]《地》 베냉(Benin). [수도는 '波多诺伏'(포르토노보 : Porto Novo)' 임]

【贝书】**bèishū** [명]《佛》 불경. =【贝叶书】**bèiyèshū**

【贝司】**bèisī** ☞【低音提琴】**dīyīn tíqín**

【贝塔粒子】**bèitǎ lìzǐ** ☞【乙种粒子】**yǐzhǒng lìzǐ**

【贝塔射线】**bèitǎ shèxiàn** ☞【乙种射线】**yǐ zhǒng shèxiàn**

【贝叶书】**bèiyèshū** ☞【贝书】**bèishū**

【贝叶树】**bèiyèshù** [명]《植》 다라수(多羅樹). [야자나무과의 상록 교목] =【贝多】**bèiduō**

【贝子】**bèizǐ** [명] 청(清)대 작위의 하나.

**孛 bèi 살별 패**

[명][문]《天》 **1** 혜성(彗星). **2** 혜성이 출현할 때 빛이 사방으로 비치는 현상.

☞ **bó**

**邶 Bèi 나라 이름 패**

[명]《歷》 패. [주(周)대의 나라 이름. 지금의 허난(河南)성 탕인(汤阴)현 남쪽에 있었음]

**狈[狽] bèi 이리 패** *

[명] 이리와 비슷하게 생긴 전설 속의 짐승. ¶狼~为奸=서로 결탁하여 나쁜 짓을 일삼다.

**桹[棏] bèi 패다나무 패**

【桹多】**bèiduō** ☞【贝多】**bèiduō**

**备[備, 俻] bèi 갖출 비** **

○ 备 bèi 惫 bèi 鞴 bèi

[동] **1** 준비하다. 마련하다. ¶自~日常用品=일상용품을 스스로 준비하다. **2** 방비하다. 대비하다. ¶以~不测=예측 불허의 일에 대비하다. [형] 갖추다. 완비하다. 구비하다. 겸비하다. ¶求全责~=남에게 완벽함을 강요하다. [부] 빈틈없이. 완전히. ¶关怀~至=보살핌이 매우 지극하다. [명] 설비. ¶装~=장비. ≒完 全 齐

○● 筹chóu备, 储chǔ备, 防备, 后备, 兼jiān备, 戒jiè备, 警jǐng备, 具备, 配pèi备, 齐qí备, 设备, 守shǒu备, 完备, 武备, 预备, 责备, 战备, 整备, 制备, 置备, 贮zhù备, 准备

【备鞍(子)】**bèi ān(·zi)** [동] (말등에) 안장을 얹다. 말 탈 준비를 하다.

【备案】**bèi‖àn** [동] (검토 및 처리를 위해) 준비하다. ¶登记~=서류를 등록 접수시키다.

【备办】**bèibàn** [동] 준비하다. (사용할 물건을) 확보하다. 조달하다. ¶~节日商品=명절 상품들을 준비하다.

【备不住】[背不住] **bèi·buzhù** [부][방] 아마도. 혹시. ¶他~不去开会了。=그는 아마도 회의에 안 간 것 같아.

【备补】**bèibǔ** [동] 보결〔보궐〕을 준비하다. 미리 준비하다〔마련하다〕. ¶~人员=보결 인원.

【备餐】**bèicān** [동] 음식을〔식사를〕 준비하다.

【备查】**bèichá** [동] (주로 공문에서) 검토하다. (이후의 참고용으로) 비치하다. ¶归档~=분류하여 보존 비치하다.

【备尝艰辛】**bèicháng-jiānxīn** [성] 온갖 고통을 겪다. 산전수전을 다 겪다.

【备而不用】**bèi'érbùyòng** [성] (비상시를 대비해) 쓰지 않고 비치해 두다. (만일의 경우를 위해) 비축해 두고 쓰지 않다.

【备份】**bèifèn** [동] **1** 예비분을 복제하다. **2**《컴》(디스켓 등에) 백업(backup)하다. 카피(copy)하다. **3** 숫자를 채우다. [명] **1** 예비(분). **2**《컴》 백업본(backup本).

【备耕】**bèigēng** [동] 농사를〔경작을〕 준비하다. ¶提前做好~工作。=농사 준비 작업을 미리 잘 해 두어야 한다.

【备荒】**bèi‖huāng** [동] 재난이나 흉작에 대비하다. ¶节粮~=식량을 아껴 흉작에 대비하다.

【备货】**bèi‖huò** [동] (판매를 위해) 상품〔물건〕을 준비하다. ¶节前要充分~。=명절 전에는 상품을 충분히 준비해 두어야 한다. [명] (판매를 위해) 준비한 상품〔물건〕.

【备件】**bèijiàn** [명]《機》 예비 부속품. 스페어(spare) 부품.

【备降机场】**bèijiàng jīchǎng** [명] 예비 비행장.

【备考】bèikǎo 동 1 시험 준비를 하다. ¶~托福=토플(TOEFL) 시험 공부〔준비〕를 하다. 2 비고(備考)하다. ¶存档~=처리 완료된 공문·원고 등을 참고를 위해 보존하다. 명 비고.

【备课】bèi‖kè 동 1 (교사가) 수업을 준비하다. ¶他~后着手写学术论文.=그는 수업 준비를 마친 후 학술 논문 저술에 착수했다. 2 예습하다.

【备料】bèi‖liào 동 1 (정상적인 생산을 위해) 원자재를 준비하다. ¶~部门=자재부. 2 가축에게 먹일 사료를 준비하다. ¶给牛~=소에게 먹일 사료를 준비하다. 명 예비용 원료.

【备马】bèimǎ 동 (말에) 안장과 고삐를 설치하다. 말을 준비하다.

【备品】bèipǐn 명(機) 예비 부품. 스페어(spare) 부품.

【备齐】bèiqí 동 모두 준비하다. 전부 갖추다. 빠짐없이 준비하다. ¶所需材料已经~.=필요한 재료들은 모두 준비하였다.

【备取】bèiqǔ 동 (결원에 대비하여) 정원 외로 뽑다. 예비로 선발하다. 보결로 뽑다. ↔正取

【备受】bèishòu 동 겪을 대로 다 겪다. 다 받다. ¶~凌辱=온갖 수모를 다 받다.

【备述】bèishù 동 (있는 그대로) 모두 서술하다. 상세히 서술하다. ¶~事件的前后经过=사건의 전말을 모두 기술하다.

【备忘】bèiwàng 동 잊지 않도록 두다. 준비하다. 망각에 대비하다.

【备忘录】bèiwànglù 명 1 (일반적인) 비망록. 회의록. 2 〔정치·외교상의〕 비망록. 엄중한 사건이나 중요한 문제에 대하여 국가의 기본적인 태도를 구체적으로 표명하기 위하여 발표하는 데 사용하는 외교 문서].

【备文】bèiwén 동 문서를〔문건을〕 준비하다〔구비하다〕. ¶~上呈=문서를 구비하여 위로〔상부〕에 올리다.

【备悉】bèixī 동 상세히〔구체적으로〕 알다. 완전히 알다. ¶详情~=상세한 상황을 알았습니다.

【备细】bèixì 형 매우 상세하다. ¶~的说明=상세한 설명. 명 상세한 정황. ¶告之~=상세한 정황을 말하다.

【备选】bèixuǎn 동 미리 준비하여 선택하게 하다. 후보를 내다.

【备用】bèiyòng 동 사용을 위해 준비하다. 갖추어 두다. 비축하다. 예비용으로 준비하다. ¶~轮胎=스페어 타이어.

【备有】bèiyǒu 동 (필요한 물품을) 다 준비하다〔갖추다〕.

【备阅】bèiyuè 동 열람하도록 갖추어〔준비해〕 두다. ¶材料需整理~=자료를 열람하도록 정리해 두어야 한다.

【备战】bèi‖zhàn 동 전쟁 준비를 하다. 임전 태세를 갖추다.

【备至】bèizhì 형 (사람에 대한 관심 등이) 극에 달하다. 주도면밀하다. 극진하다. ¶呵护~=무척 아끼고 깊은 관심을 가지다.

【备置】bèizhì 동 1 비치하다. 구입해 놓다. 갖추어 놓다〔두다〕. ¶~装饰材料=장식 재료를 갖추어 놓다. 2 설치하다. 설립하다. 장치하다. 마련하다. ¶因需~岗位.=필요에 따라 일자리를 마련하다.

【备注】bèizhù 명 1 (책이나 글 등에서의) 주석(註釋). 2 (표식에서의) 비고란. 3 비고란 안의 내용.

**背** bèi 등 배

명 1 등. 등 搓~=등을 문지르다. 2 (사물의) 뒷면. 반대면. ¶椅~=의자 등받이. 동 1 등지다. ¶~靠大山=높은 산을 등지다. 2 위반하다. 위배하다. 배반하다. 어기다. ¶~弃前言=전에 했던 말을 어기다. 3 떠나다. ¶~井离乡=고향을 떠나 타지(他地)에서 살다. 4 숨다. 숨기다. 피하다. 속이다. ¶这事很正常, 不须~什么人.=이런 일은 매우 일반적인 일이니, 누굴 속일 필요가 없다. 5 반대 방향으로 향하다. ¶他~着手走来走去.=그는 뒷짐을 지고 왔다 갔다 한다. 6 정신을 잃다. 기절하다. ¶她气得~过气去.=그녀는 어찌나 화가 났는지 정신을 잃을 지경이다. 7 외우다. 암기하다. 암송하다. ¶~古诗=옛 시를 암송하다. 형 1 재수 없다. 운이 나쁘다. 운이 없다. 순조롭지 않다. 형편이 나쁘다. ¶近来运气有点儿~.=요즘은 운이 그리 좋지 않다. 2㉠ 귀가 어둡다. ¶他的耳朵很~.=그는 귀가 매우 어둡다. 3 구석지다. 후미지다. 외지다. 편벽되다. ¶僻巷~街=후미진 골목과 외딴 거리. ≒违 ↔腹 正顺

☞ bēi

⊙ 擦cā背, 赤chì背, 瘩dá背, 垫diàn背, 脊jǐ背, 见背, 靠kào背, 苦shàn背, 书背, 违wéi背, 项xiàng背

【背包】bèibāo 명 배낭.

【背不住】bèi·buzhù ☞【备不住】bèi·buzhù

【背部】bèibù 명 1 등. 배부. 등 부위. 2 (물체의) 뒷면. 반대면.

【背称】bèichēng 명 배후에서 부르는 호칭. 지칭어.

【背城借一】bèichéng-jièyī 성 1 자기 성을 등지고 적과 결사적으로 일전을 벌이다. 2㉠ ① (적과의) 최후 결전. ② 마지막 사력을 다하다. =【背城一战】bèichéng-yīzhàn

【背城一战】bèichéng-yīzhàn ☞【背城借一】bèichéng-jièyī

【背驰】bèichí 동〈문〉 (방향이나 목표가) 배치하다. 시세(時勢)에 역행하다. 서로 반대 방향으로 나가다.

【背搭子】[被褡子] bèidā·zi 명 (옷이나 이불 등을 넣어 어깨에 걸치는) 자루.

【背道】bèidào 명 1 (마땅히 가야 할 방향과) 반대쪽. 2 외진 골목. 뒷골목. 뒷길.

【背道而驰】bèidào'érchí 성 1 정반대 방향으로 가다. 2㉠ (방향이나 목표가) 완전히 정반대이다. ≒南辕北辙 ↔并行不悖

【背地(里)】bèidì(·li) 명 뒤에서. 배후에서. 몰래. 암암리에. ¶不可~议论人.=남의 흉을

뒤에서 흉보아서는 안 된다. ↔当面
【背篼】bēidōu 图(방) (등에 질 수 있는) 광주리. [주로 대나무·버들가지 등으로 만듦]
【背对背】bèiduìbèi ☞【背靠背】bèikàobèi
【背耳之言】bèi'ěrzhīyán (성) 뒤에서 하는 말. [험담이나 대체로 흉 등]
【背风】bèifēng 图 바람을 등지다〔피하다〕. ¶~的地方比较暖和.＝바람을 등진 곳은 비교적 따뜻하다.
【背旮旯儿】bèigālár 图(방) 외진 곳. 편벽한 곳.
【背躬】bèigōng 图(劇) 방백(傍白). ¶打～＝방백을 하다.
【背光】bèiguāng 图 빛(광선)을 등지다. 그늘 지다. ¶树～的一面颜色发黑.＝나무가 빛을 등 지고 있는 면은 검은색을 띠고 있다.
【背后】bèihòu 图 뒤. 뒤쪽. 뒷면. 배후. ¶他～挂着一把琴.＝그의 뒤쪽에 거문고 하나가 걸려 있다. (부) 남몰래. 암암리에. 뒤에서. ¶～批评＝뒤에서 험담하다. ↔前面 当面
【背胡同儿】bèihútòngr 图 외진 골목. 뒷골목.
【背晦】bèi·hui ☞【悖晦】bèi·hui
【背货】bèihuò 图 철에 맞지 않아 잘 안 팔리는 상품. 이월 상품. ¶甩卖～＝이월 상품을 덤핑 판매하다.
【背集】bèijí 图(방) 장이 서지 않는 날. ¶～人少, 一般没什么生意.＝장이 안 서는 날은 사람이 적어서 장사가 잘 되지 않는다.
【背脊】bèijǐ 图 등.
【背剪】bèijiǎn 图 뒷짐을 지다. ¶他～着手沉思良久.＝그는 뒷짐을 지고 무척 오랫동안 깊은 생각에 잠겼다.
【背角】bèijiǎo(～儿) 图 (눈에 띠지 않는) 구석. ¶他蹲在～吸烟.＝그는 구석에 웅크리고 앉아 담배를 피운다.
【背街】bèijiē 图 뒷거리. 뒷골목. 뒷길. ¶他的家在～.＝그의 집은 뒷골목에 있다. 图 큰길에서 멀리 떨어지다. ¶亲戚住在乡下,～.＝친척들은 시골에 사는데, 큰길과는 꽤 먼 곳이다.
【背井离乡】bèijǐng-líxiāng (성) (부득이하게) 고향을 등지고 떠나다. ＝【离乡背井】líxiāng-bèijǐng
【背景】bèijǐng 图 1 (연극·영화·TV 등에서의) 배경. ¶舞台～＝무대 배경. 2 (그림·영상에서의) 배경. ¶这幅画以大山为～.＝이 그림은 높은 산을 배경으로 하고 있다. 3 (주요 관찰 물체의) 뒷 배경. [장소·물체 등] ¶从这个角度照,～很纯.＝이 각도에서 사진을 찍으면, 뒷 배경이 아주 깔끔하다. 4 (역사적 또는 사회적) 배경. ¶社会～＝사회적 배경. 5 배후 (세력). 백그라운드(background). ¶他官升得那么快, 可能是有～的.＝그 사람 진급이 그렇게 빠르다니, 아마도 배경이 있는 것 같아.
【背景音乐】bèijǐng yīnyuè 图 배경 음악.
【背静】bèi·jing 图 (장소가) 외지다. 고요하다. 조용하다. ¶～的小街＝외진 길. ≒偏僻
【背靠背】bèikàobèi 图 등을 서로 맞대다. ¶两个登山者～地坐着休息.＝두 산악인은 서로 등

을 맞대고 앉아 쉬고 있다. (부) 몰래. 살짝. 암암리. ¶你先～地说一下他的情况.＝우선 그 사람의 상황이 어떤지 살짝 말해 봐라. ＝【背对背】bèiduìbèi
【背筐】bèikuāng 图 (등에 지는) 광주리.
【背离】bèilí 图 1 위배되다. 배치되다. 위반되다. 반하다. ¶～传统道德＝전통적인 도덕에 위배되다. 2 등지다. 떠나다. ¶～故乡＝고향을 등지다. 3 동떨어지다. 거리가 있다.
【背理】[悖理] bèi∥lǐ 图 불합리하다. 이치에 어긋나다. ¶做事不能～.＝일을 불합리하게 처리해서는 안 된다.
【背令】bèilìng 图 계절에 맞지 않다. ¶～服装＝철에 맞지 않는 옷.
【背篓】bèilǒu 图(방) (등에 메는) 채롱. 광주리.
【背面】bèimiàn 图 1 (～儿) (고정된 물체의) 뒷면. 후면. ¶楼房的～＝건물 뒷면. 2 반대편. 뒤쪽. ¶大山的～＝큰 산의 뒤쪽. 3 (동물의) 등. ↔正面 前面
【背谬】bèimiù ☞【悖谬】bèimiù
【背囊】bèináng 图 (행군이나 외출용의) 배낭.
【背叛】bèipàn 图 배반하다. 배신하다. 모반하다. ¶～人民＝인민을 배신하다. ≒叛变 叛逆
【背坡】bèipō 图 햇볕이 비치지 않는 북쪽 산비탈. 그늘진 비탈.
【背鳍】bèiqí 图(動) (물고기의) 등지느러미. ＝【脊鳍】jǐqí
【背气】bèi∥qì (질병이나 갑작스런 자극에 의해) 호흡이 잠시 멎다. 기절하다. 실신하다. ¶老人突然一下子背过气去.＝노인은 갑자기 숨이 멎더니 기절하였다.
【背弃】bèiqì 图 어기다. 저버리다. 위배하다. 파기하다. ¶～诺言＝약속을 저버리다.
【背人】bèi∥rén 图 남에게 숨기다. 비밀에 부치다. 남의 눈을 피하다. ¶在～的地方休息一下＝남의 눈에 띄지 않는 곳에서 잠깐 쉬다. (부) 비밀리에. 남몰래. 은밀히. 눈에 띄지 않게.
【背山】bèishān 图 산을 등지다. ¶～建房＝산을 등지고 집을 짓다.
【背时】[悖时] bèishí 图 1 재수 없다. 운이 나쁘다. ¶今天太～＝오늘은 정말 운이 없다. 2 때에 맞지 않다. 유행에 맞지 않다. 시대에 뒤떨어지다. ¶～商品＝유행이 지난 상품.
【背时倒灶】bèishí-dǎozào (성) 시운이 나빠 재수 없는 일을 겪다.
【背时货】bèishíhuò 图 제철이 지난 상품. 유행이 지난 상품.
【背手】bèi∥shǒu 图 뒷짐지다. ¶背着手散步＝뒷짐을 지고 산책하다.
【背书】bèi∥shū 图 1 (책을) 외우다. 암송하다. 암기하다. ¶老师经常要求学生～.＝선생님은 자주 학생들에게 책을 외우라고 하였다. 2 상급 기관이나 관계 기관에 (갑작스런 일 등을) 진술하다. 보고하다. ¶经理到上面一去了.＝지배인은 보고하려고 위로 올라갔다.
【背书】bèishū 图 (수표 등에 하는) 이서(裏書). 배서(背書).

【背熟】bèishú 동 줄줄 외우다. 완전히〔전부〕암기하다.
【背水一战】bèishuǐ-yīzhàn 성 1 배수진으로 결전을 치르다. 2 비 (한계 상황에서) 최후의 노력을 하다. 마지막 안간힘을 다하다.
【背水阵】bèishuǐzhèn 명 1 배수진. [한신(韓信)이 조(趙)나라를 공격할 때 강을 등지고 전열을 가다듬어 조나라의 군대를 크게 무찔렀다는 고사에서 유래함] 2 비 (살아남기 위해 애써야 하는) 최후의 상황에 처하다.
【背诵】bèisòng 동 (시문·글 등을) 외우다. 암송하다. ¶~唐诗=당시를 암송하다.
【背巷】bèixiàng 명 뒷골목. 외진 골목.
【背心】bèixīn (~儿) 명 1 조끼. 러닝셔츠. 소매와 옷깃이 없는 옷의 총칭. 2 배신하려는 마음. ¶怒生~=화가 나서 배신하고픈 마음이 들다.
【背信】bèixìn 동 신의를〔신용을〕저버리다.
【背信弃义】bèixìn-qìyì 성 신의를 저버리다.
【背兴】bèixìng 형 재수 없다. 운이 없다. 운이 나쁘다. 운수가 사납다. ¶真~, 车胎又破了。=정말 재수 없군, 타이어가 또 펑크났어.
【背眼】bèiyǎn (~儿) 형 (장소가) 남의 눈에 쉽게 안 띄다.
【背阴】bèiyīn (~儿) 형 그늘지다. 햇볕이 들지 않다. 응달지다. ¶房后~儿生满青苔。=집 뒤에는 그늘이 져서 이끼가 가득 끼었구나.
【背影】bèiyǐng (~儿) 명 (사람의) 뒷모습. ¶从~儿看, 这个人好象我的老同学。=뒷모습을 보니 이 사람은 마치 내 옛 친구 같다.
【背约】bèi‖yuē 동 (약속·계약 등을) 어기다. ¶毁誓=약속을 어기고 맹세를 저버리다.
【背运】bèiyùn 형 운이 나쁘다. 재수가 없다. ¶真~! 钱又丢了。=정말 재수 없군! 돈을 또 잃어버렸어! 명 불운. 악운. ¶老走~=늘 운수가 사납다. ↔幸运 走运
【背转】bèizhuǎn 동 1 얼굴을 돌리다. 2 몸을 돌리다.
【背字儿】bèizìr 명 악운. 불운. ¶走~=운이 나쁘다.

## 钡[鋇] bèi 바륨 패
명 화 (化) 바륨(Ba, barium). [알칼리 토류(土類) 금속 원소의 하나. 원자 번호 56]
【钡餐】bèicān 명 의 (醫) 바륨 용액〔죽〕. [식도·위장 등 소화 기관의 X선 촬영을 위한 조영제(造影剂)]

## 倍 bèi 곱 배
명 배. 배수. 곱절. 갑절. ¶他的大约有你的三~多。=그 사람 것은 대략 네 것의 세 배 이상이다. 동 배가하다. 갑절〔곱절〕로 늘다. ¶信心~增=자신감이 배로 늘었다.
○● 加倍
【倍道】bèidào 동 서둘러 길을 재촉하다. 갑절의 길을 가다.
【倍道兼程】bèidào-jiānchéng 성 1 하루에

이틀의 노정을 가다. 2 서둘러 길을 재촉하다.
【倍感】bèigǎn 동 더욱더 느끼다. 특별히 느끼다. 실감하다. ¶知识经济的到来, 使人~信息技术的重要性。=지식 경제의 도래는 정보 기술의 중요성을 실감하게 하다.
【倍加】bèijiā 부 더더욱. 훨씬. 몇 배나. ¶~珍惜=더욱더 소중히 여기다.
【倍觉】bèijué 동 더욱 느끼다. ¶~可信=더욱 믿음을 가지다.
【倍率】bèilǜ 명 배율.
【倍儿】bèir 부 방 매우. ¶~爽=무척 상쾌하다.
【倍式】bèishì 명 (数) 배식.
【倍受】bèishòu 동 더욱이 받다. 특별히 받다. ¶本厂新产品~欢迎。=본사의 신상품은 더욱더 인기가 좋다.
【倍数】bèishù 명 (数) 1 배수. 2 나누어서 얻은 수. 몫. [예를 들어 'a÷b=c' 에서 'a' 는 'b' 의 'c' 배이고, 'c' 는 '몫' 에 해당함]
【倍增】bèizēng 동 배로 증가하다. 배가하다. 갑절로 늘다. ¶勇气~=용기가 배로 늘다.

## 悖[誖] bèi 어지러울 패
동 문 위배되다. 상반되다. ¶并行不~=동시에 실행해도 상충되지 않는다. 형 문 1 혼미하다. 미혹하다. ¶他老~了。=그는 늘 정신이 멍하다. 2 틀리다. 상식에 어긋나다. 사리에 벗어나다. ¶诸多~谬=여러 가지로 터무니없다. 与反 违
【悖晦】[背晦] bèi·hui 형 문 (주로 노인의) 정신이 혼미하다. 노망기가 있다.
【悖理】bèi‖lǐ ☞【背理】bèi‖lǐ
【悖论】bèilùn 명 (论) 패러독스(paradox).
【悖谬】[背谬] bèimiù 형 문 터무니없다. 상식 밖이다. 불합리하다. 도리에 벗어나다. ¶~之说=터무니없는 말.
【悖逆】bèinì 형 문 정도를 어기다. 반란을 일으키다. ¶~人伦=인륜을 그르치다.
【悖入悖出】bèirù bèichū 성 부정으로 모은 재산, 부정으로 없어진다. 부정한 재화는 오래가지 못한다.
【悖时】bèishí ☞【背时】bèishí

## 被 bèi 이불 피
동 1 덮다. ¶~体=몸을 덮다. 2 당하다. 입다. ¶~祸=화를 당하다. 3 …당하다. ~에 의해 …당하다. [동사 앞에 쓰여 피동형 구나 문장을 만듦] ¶~指责=지적당하다. 개 피동구에서 주어가 동작의 대상임을 나타냄. ['被' 뒤의 주체는 자주 생략됨] ¶自行车~借走了。=자전거는 (누군가에게) 빌려졌다. 명 1 이불. ¶羽绒~=오리털 이불. 2 (Bèi) 성(姓).
○● 花被, 植zhí被

被(bèi) / 叫(jiào) / 让(ràng)
피동의 의미를 나타내는 被·叫·让 : ~에 의하여 …하게 되다. ~에게 …을〔를〕당하다.

▶ 행동을 받는 대상+전치사(被·让·叫)+행동의 주체+동사+기타 성분
'被'는 화자가 동작의 주체를 설명하기를 원하지 않거나 설명할 필요가 없을 때, 또는 설명할 수 없을 때 주체를 생략할 수 있음. ¶困难终于被克服了。=어려움은 결국 극복되었다. / 我的裤子被他弄脏了。=내 바지는 그 때문에 더러워졌다.
'叫·让' 뒤에 놓인 행동의 주체는 생략할 수 없음. ¶自行车叫小李借走了。=자전거는 이 군이 빌려 가 버렸다. / 雨伞让我弄丢了。=우산은 내가 잃어버렸다.
겸어구를 구성하는 첫 번째 동사 叫·让: …하도록 시키다, …하게 하다.
▶ 주어+동사(叫·让)+목적어 겸 주어+동사(목적어) ¶谁叫你这样做？=누가 너더러 이렇게 하라고 했니？ / 等他回来，叫他给我打电话，好吗？=그가 돌아오면 그더러 내게 전화 달라고 할래요？ / 我妈妈不让我去旅行。=우리 엄마는 나한테 여행 가지 말라고 하신다.

【被保险人】bèibǎoxiǎnrén 명 보험 계약자. 피보험자.
【被逼】bèibī 동 강요당하다. 강요에 못 견디다. 핍박당하다. ¶~无奈=강요에 못 이겨 어쩔 수 없다.
【被捕】bèibǔ 동 체포되다.
【被乘数】bèichéngshù 명(數) 피승수. [곱셈에서, 곱해지는 수. 예를 들어 '5×2=10'에서의 '5']
【被除数】bèichúshù 명(數) 피제수. 나눗수. [나눗셈에서, 어떤 수를 다른 수로 나눌 때 나누는 수. 예를 들어 '8÷2=4'에서의 '8']
【被褡子】bèidā·zi ☞【背搭子】bèidā·zi
【被袋】bèidài 명 (여행시 이불·옷 등을 넣는) 원통형 잡낭(雜囊). 더플 백(duffel bag).
【被单】bèidān(~儿) 명 1 침대보. 침대 시트. (침구 따위의) 커버. 2 홑이불. =【被单子】bèidān·zi
【被单子】bèidān·zi ☞【被单】bèidān
【被动】bèidòng 형 1 피동적이다. 수동적이다. ¶~形势=피동적인 형세. 2 소극적이다. ¶~还击=소극적인 반격. ↔主动 自动
【被动式】bèidòngshì 명(言) 피동식. 피동태.
【被动吸毒】bèidòng xīdú 동 오염된 환경 속에서 유해 기체를 마시다.
【被动吸烟】bèidòng xīyān 명 간접 흡연.
【被服】bèifú 명 침구·의복류.
【被俘】bèifú 동 (전쟁에서) 생포(生捕)당하다. 붙잡히다. 포로가 되다. ¶~军人=생포된 군인.
【被覆】bèifù 동 1 덮다. 씌우다. 가리다. ¶大地~着满眼的绿色。=대지는 온통 녹색으로 뒤덮여 있다. 2 (軍) 건축물의 내·외벽을 보강하다. 명 지면의 초목 등. ¶保护~=초지(草地) 보호.
【被告(人)】bèigào(rén) 명(法) 피고. 피고인. ↔原告

【被害】bèihài 동 상해를 입다. 피해를 입다. 피살(被殺)되다. 살해되다.
【被害人】bèihàirén 명(法) (형사·민사상의) 피해자.
【被加数】bèijiāshù 명(數) 피가수. [덧셈에서, 더하여지는 수. 예를 들어 '3+7=10'에서 '3']
【被减数】bèijiǎnshù 명(數) 피감수. [뺄셈에서, 덜리는 수. 예를 들어 '10-7=3'에서 '10']
【被控】bèikòng 동 고발〔고소·기소〕당하다. ¶他~渎职=그는 고발당해 직책을 더럽혔다.
【被里】bèilǐ(~儿) 명 이불의 안감. [이불을 덮을 때 몸에 닿는 부분] =【被里子】bèilǐ·zi ↔被面
【被里子】bèilǐ·zi ☞【被里】bèilǐ
【被面】bèimiàn(~儿) 명 이불의 겉. 이불 겉감. [이불을 덮을 때 몸에 닿지 않는 부분] ↔被里
【被难】bèinàn 동 1 재난이나 사고로 죽다. ¶事故中的乘客全部~。=사고를 당한 승객들은 모두 사망했다. 2 재난을 당하다. 조난당하다. ¶~民众积极自救。=재난을 당한 민중들은 적극적인 자구 노력을 기울였다.
【被迫】bèipò 동 외부의 핍박을 받다. 강요당하다. 어쩔 수 없이 …하다. ¶~出走=핍박에 못 이겨 도망가다. ↔自愿
【被褥】bèirù 명 이불. 이불과 요. 침구.
【被毯】bèitǎn 명 담요. 모포.
【被套】bèitào 명 1 이불속. 이불솜. 2 (여행시 침구를 싸는) 이불보. 잡낭. 3 이불 커버. 이불잇. 이불 홑청. 동 1 주식(株式)이 내려 좀처럼 오르지 않다. 2 (상업·관직·혼인 등에서) 불행이나 곤경에 처해 헤어나지 못하다.
【被头】bèitóu 명 1 이불깃. 2 방 이불.
【被窝儿】bèiwōr 명 원통형으로 접은 이불. ¶他坐在~里看电视。=그는 이불 속에 앉아서 TV를 본다.
【被卧】bèi·wo 명 이불. 침구. ¶拆洗~=이불을 뜯어 빨다.
【被诬】bèiwū 동 무고를 당하다. 모함을 받다. ¶~受审=무고를 당해 조사를 받다.
【被絮】bèixù 명 이불솜.
【被选举权】bèixuǎnjǔquán 명 1 (국민의) 피선거권. 2 (각종 조직에서의) 피선거권.
【被罩】bèizhào 명 이불 커버. 이불잇. 홑청.
【被子植物】bèizǐ zhíwù 명(植) 속씨식물. ['裸子植物(겉씨식물)'과 구별됨]
【被子】bèi·zi 명 이불.

**棓** bèi 오배자 배
☞【五棓子】wǔbèizǐ
☞ bàng

**\*\*辈[輩]** bèi 무리 배
명 1 量 등(等). 부류. [주로 사람에게 쓰임] ¶吾~=우리들. 2 대. 세대. 항렬. 선후배의 차례. 친족간의 서열. ¶小字~=(손)아랫사람. / 长~=(손)윗사람. 3 (~儿) 평생. 일생. 생애. ¶上半~儿=전반생(前半生). 4 무리. 들. 또래. 것

들. 따위들. [경멸의 의미를 내포함] ¶无耻之~ =부끄러움도 모르는 놈들. 🔁 연이어. 차례차례. 계속해서. ¶新人~出=신인이 계속 나타나다.

○● 班bān辈, 侪chái辈, 行háng辈, 后辈, 老辈, 年辈, 平辈, 前辈, 上辈, 同辈, 吾wú辈, 下辈, 先辈, 小辈, 祖zǔ辈

【辈辈儿】bèibèir 몡 대대. 자자손손. ¶~出作家=대대로 작가를 배출하다.
【辈出】bèichū 동 (인재가 계속) 배출되다. 양성되다. ¶贤能~=현명하고 유능한 인재가 계속 배출되다.
【辈分】【辈份】bèi·fen 몡 항렬. 촌수. 선후배 간의 차례. 서열. ¶他~比你高.=그 사람 항렬이 너보다 높다.
【辈份】bèi·fen ☞【辈分】bèi·fen
【辈行】bèiháng 몡 항렬. 촌수. 선후배 간의 차례. 상하 서열.
【辈数儿】bèishùr 몡 항렬. 촌수. 선후배 간의 차례. ¶论~, 他比较小.=항렬로 따지자면 그는 낮은 편이다.
【辈子】bèi·zi 몡 한평생. 일생. 생애. ¶一~=한평생.

**惫[憊]** bèi 피곤할 비
형 매우 피곤[피로]하다. 몹시 지치다. ¶疲~不堪=견디지 못할 정도로 피곤하다.

○● 困kùn惫, 衰shuāi惫

【惫倦】bèijuàn 형동 피곤하여 졸리다. 지치다. 피로하다. ¶昏昏沉沉, 十分~.=정신도 맑지 못하고 무척 피곤하다.
【惫懒】bèilǎn 형동 1 피곤하고 노곤하다. 2 타락하다. 게으르다.

\***焙** bèi 불에 쬘 배
동 (약재·식품·찻잎·담뱃잎 등을) 약한 불로 말리다. ¶~花椒=산초를 말리다.
【焙粉】bèifěn 몡 베이킹 파우더(baking powder). =【发粉】fāfěn 동【起子】qǐ·zi
【焙干】bèigān 동 약한 불에 쬐어 말리다.
【焙烧】bèishāo 동 (광석 등을) 배소(焙燒)하다. 굽다.

**蓓** bèi 꽃봉오리 배
【蓓蕾】bèilěi 몡 꽃봉오리. 꽃망울.

**碚** bèi 땅 이름 배
지명에 쓰이는 글자. ¶北~=베이베이. [충칭(重庆)에 있는 지명] / 蛤蟆~=하마베이. [후베이(湖北)성에 있는 지명]

**鞁** bèi 가슴걸이 피
몡동 말안장과 고삐. 마구(馬具)의 총칭. 동 말에게 마구(馬具)를 씌우다.

**骳** bèi 정강이 굽을 피

☞【骩骳】wěibèi

**褙** bèi 속적삼 배
동 (헝겊·종이 등을) 배접(褙接)하다. ¶裱~=표구(表具)하다.

○● 袼gē褙

**糒** bèi 말린 밥 비
몡문 건량(乾糧).

**鞴¹** bèi 말 채비할 비
동 (고삐·안장 등의) 마구(馬具)를 말에 달다. ¶~马=마구를 갖추다.

**鞴²** bèi 풀무 비
☞【鞲鞴】gōubèi

**錍** bèi 칼 갈 벽
동 (헝겊·가죽·돌 등에) 칼을 갈다. ¶~刀=칼을 갈다.

**呗[唄]** ·bei 어조사 패
조 1 …할 수밖에. [억지로 동의하거나 양보함을 나타냄] ¶非得这样, 那就做~.=이럴 수밖에 없다면 하는 수밖에. 2 그만이다. …할 따름이다. …뿐이다. [이유가 명확하고 알기 쉬워 많은 말이 필요 없음을 나타냄] ¶时间紧, 就努力干~.=시간이 없으니, 열심히 할 따름이다.
☞ bài

**臂** ·bei 팔 비
☞【胳臂】gē·bei
☞ bì

# ben

\***奔[(犇·奔)]** bēn 달릴 분
동 1 내달리다. 질주하다. 빨리 달리다. ¶拔腿狂~=황급히 뛰어가다. 2 달아나다. 도망치다. ¶~窜=경황없이 도망치다. 3 급히 가다. ¶回家~丧=먼 곳에서 부모가 돌아가신 소식을 듣고 급히 집으로 돌아가다. 4 여자가 남자와 사통하여 도망치다. ¶私~=남녀가 사통하여 몰래 도망치다.
☞ bèn

○● 出奔, 私奔

【奔波】bēnbō 동 분주히 뛰어다니다. 분주하다. 바쁘다. ¶他终年在异地~.=그는 일년 내내 타지에서 분주히 뛰어다닌다.
【奔车朽索】bēnchē-xiǔsuǒ 성 1 썩은 수레 고삐를 쥐고 급히 수레를 몰다. 2 비 매우 위험하여 각별히 조심해야 한다.
【奔驰】bēnchí 동 (차나 말 등이) 질주하다. 폭

주하다. ¶汽车在高速公路上～。=자동차가 고속 도로에서 질주하다.
【奔窜】bēncuàn [동] (낭패를 당하여) 급히 도망치다. 달아나다. ¶兵败如山倒, 士卒四处～。= 군대는 대패하고 병졸들은 사방으로 달아나다.
【奔放】bēnfàng [형] (감정·사상·풍격 등이) 분방하다. 힘차게 내뿜다. 솟구치다. 약동하다. 자유롭다. ¶情感～=감정이 자유분방하다.
【奔赴】bēnfù [동] (목적지로) 서둘러 가다. 급히 가다. 달려가다. ¶～灾区=재해 지역으로 급히 가다. ↔撤离
【奔集】bēnjí [동] (강물 등이) 사방에서 힘차게 모여들다.
【奔来跑去】bēnlái-pǎoqù [성] 1 바쁘게 뛰어다니다. 분주히 오가다. 2 매우 바쁘다. 무척 애쓰다.
【奔劳】bēnláo [동] 고생스레 뛰어다니다. ¶终日～=하루 종일 고생스레 뛰어다니다.
【奔流】bēnliú [동] (물살이) 세차게 흐르다. 콸콸 흐르다. ¶河水汩汩～。=강물이 콸콸 급히 흐르다. [명] 급류(急流).
【奔马】bēnmǎ [명] 질주하는 말. [신속한 것을 비유하는 말]
【奔忙】bēnmáng [동] 바삐 뛰어다니다. 분주히 지내다. ¶终年～=일년 내내 분주히 지내다.
【奔命】bēnmìng [동] 1 (명령을 받고) 분주히 다니다. 바삐 뛰어다니다. ¶疲于～=명령을 위해 동분서주하느라 피곤하다. 바빠 눈코 뜰 새 없다. 2 생명의 위험에서 벗어나다. ¶各自～=각자 목숨을 건지다.
☞ bèn‖mìng
【奔跑】bēnpǎo [동] 질주하다. 빨리 달리다. 내달리다. ¶一路～=곧장 한걸음에 내달리다.
【奔泉】bēnquán [명] (분수처럼) 용솟음치는 샘. 솟구치는 샘.
【奔丧】bēn‖sāng [동] 분상(奔喪)하다. 외지에서 친상 소식을 듣고 집으로 급히 돌아가다.
【奔驶】bēnshǐ [동] (차가) 질주하다. (자전거 등을) 빨리 몰다. ¶摩托车在公路上～。=모터사이클이 국도 위를 질주하다.
【奔逝】bēnshì [동] (시간이나 물 등이) 빨리 흐르다. ¶光阴～=세월이 빨리 지나가다.
【奔淌】bēntǎng [동] (물 등이) 급하게 흐르다.
【奔逃】bēntáo [동] 도망가다. 달아나다. 도주하다. ¶四散～=사방으로 흩어져 달아나다.
【奔腾】bēnténg [동] 1 (물이) 거세게 흐르다. ¶江水～而去。=강물이 세차게 흘러가다. 2 (많은 말들이) 내달리다. ¶万马～=수많은 말들이 내달리다. [명] (Bēnténg) [외]《컴》 펜티엄.
【奔跳】bēntiào [동] 이리저리 뛰어다니다. ¶她高兴得～不止。=그녀는 기쁜 나머지 쉴새없이 이리저리 뛰어다녔다.
【奔突】bēntū [동] 내달리다. 폭주하다. 질주하다. 돌진하다. ¶野兽四散～。=짐승들이 사방으로 뛰어다니다.
【奔袭】bēnxí [동]《軍》 (멀리서 출동하여) 적을 급습하다.
【奔泻】bēnxiè [동] (물이) 세차게 흘러내리다. 쏟아져 내리다. ¶～直下=물이 아래로 세차게 흘러내리다.
【奔涌】bēnyǒng [동] 급히 흐르다. 세차게 솟아오르다. ¶激情～=격정이 솟구치다.
【奔跃】bēnyuè [동] 달리며 뛰어오르다. ¶欢喜～=기뻐 팔짝팔짝 뛰다.
【奔逐】bēnzhú [동] 급히 좇다. ¶孩子们在广场上～嬉戏。=아이들이 광장에서 서로 좇아다니며 논다.
【奔走】bēnzǒu [동] 1 뛰다. 황급히 가다. 급히 달리다. ¶日夜～=밤낮으로 달려가다. 2 (어떤 목적을 위해) 이리저리 뛰어다니다. 분주하다. 바쁘게 활동하다. 열심히 뛰어다니다. ¶多方～=백방으로 뛰어다니다.
【奔走呼号】bēnzǒu-hūháo [성] 1 뛰어다니며 소리를 지르다. 2 각처로 다니며 선전하여 동정(同情)이나 지원을 호소하다.
【奔走相告】bēnzǒu-xiānggào [성] (중요한 소식을) 바쁘게 뛰어다니며 알려 주다. 급히 알려 주다.

## 贲[賁] bēn 날랠 분

[동][문] 달리다. ¶虎～=용사(勇士). 무사(武士). [명] (Bēn) 성(姓).
☞ bì, Féi
【贲门】bēnmén [명]《生》 분문(噴門). 위 앞문. [위와 식도가 연결되는 국부]

## 栟 bēn 종려나무 병

☞ bīng
【栟茶】Bēnchá [명]《地》 번차. [장쑤(江苏)성의 진(鎭)급 지방]

## 锛[錛] bēn 자귀 분

[명] 자귀. [동] 1 자귀로 깎다. 자귀질하다. ¶～木头=자귀로 나무를 깎다. 2 [방] (칼날 따위의) 이가 빠지다. ¶刀～口了。=칼날의 이가 빠지다.
【锛子】bēn·zi [명] 자귀.

## **本 bĕn 뿌리 본

> ⊙ 本 bĕn
> 苯 bĕn
> 笨 bèn
> 钵 bō

[명] 1 (초목의) 줄기 또는 뿌리. ¶草～植物=초본 식물. 2 (사물의) 근본. 근원. 기초. ¶舍～逐末=근본적인 것은 버리고 지엽적인 것만 추구하다. 3 본전. 밑천. 원금. ¶一～万利=적은 본전으로 큰 이익을 얻다. 4 (～儿) 책. 공책. ¶作业～=숙제 노트. 5 (～儿) (공연이나 상영을 위한) 각본. 저본. ¶电影剧～=시나리오. 6 판본(版本). 판(版). ¶精装～=양장본. 7 [옛] 상소(문). ¶修～上奏=상소문을 써서 올리다. [대] 1 (상대방에 대하여) 자기 쪽의. ¶～土意识=민족 의식. 국가 의식. 2 현재의. 이번의. ¶～周=이번 주. [부] 원래. 본래. ¶～打算=당초 예정. [형] 1 중심적인. 주요한. ¶大～营=본거지. 2 원래의. 고유의. ¶动物～能=동물의 본능. [개] …에 근거하여〔의거하여〕. ¶～此原则进行=이 원칙에 근거하여 진행

한다. ② **1** 〔뿌리〕 (꽃이나 나무의) 송이. 그루. (난초의) 촉. ¶兰草八~=난초 여덟 촉. **2** (~儿) ① (책의) 권. ¶一~小说=소설책 한 권. ② (영화의) 릴(reel). 권. ¶这部电影十二~发行.=이 영화의 12개 릴이 발행되었다. ③ (희곡 작품의) 회. 막. ¶末~《西厢记》=《서상기》 마지막회. ≒根 原 ↔标 末

○● 扳bān本儿, 版bǎn本, 标biāo本, 成本, 底本, 读本, 赌dǔ本, 对本, 翻本, 范fàn本, 坊fāng本, 父本, 复本, 副本, 稿gǎo本, 根本, 工本, 孤gū本, 股gǔ本, 国本, 简本, 脚本, 教jiào本, 节本, 绢juàn本, 开本, 课本, 亏kuī本, 捞lāo本, 历本, 摸mó本, 摹mó本, 母本, 善shàn本, 折shé本, 蚀shí本, 手本, 书本, 拓tà本, 文本, 戏xì本, 写本, 选xuǎn本, 血xuè本, 赝yàn本, 样本, 译yì本, 印本, 原本, 院本, 张本, 珍本, 正本, 治本, 祖zǔ本

【本白布】**běnbáibù** 〔纺〕 표백·염색하지 않은 천.

【本本】**běnběn** 책. 서적. 문헌. 공책. 노트. ¶不要在作业~上乱画.=숙제 노트에 낙서하지 마라. 〔喩〕교조주의적이다. ¶做事不能只信~.=일을 함에 있어서 교조주의적으로만 흘러서는 안 된다.

【本本主义】**běnběnzhǔyì** 〔喩〕교조주의.

【本分】**běn·ben fènfèn** (~的) 〔형〕 (본분에 매우) 충실하다. 성실하다. ¶他一直~地生活.=그는 줄곧 성실하게 생활해 왔다.

【本本正正】**běn·ben zhèngzhèng** (~的) 〔형〕 (품행 등이) 바르고 성실하다.

【本币】**běnbì** ☞ 【本位货币】**běnwèi huòbì**

【本部】**běnbù** 〔명〕 (기구나 조직 등의) 본부. ¶公司~=본사(本社).

【本埠】**běnbù** 〔명〕 **1** 이 항구. 본 항구. **2** 이 지역. 이 곳. [주로 비교적 큰 도시에 쓰임]

【本草】**běncǎo** 〔명〕〔의〕중의학의 약물. [주로 중의 서적 이름에 쓰임]

【本册】**běncè** 〔명〕책. 얇은 책.

【本初子午线】**běnchū zǐwǔxiàn** 〔명〕〔天〕본초자오선.

【本当】**běndāng** 〔동〕 당연히 …해야 한다. 원래 …해야 한다. ¶这个会~我们单位主持.=이 회의는 당연히 우리 부서가 주관해야 한다.

【本岛】**běndǎo** 〔명〕 (地) 본도. (군도나 열도와 같이 무리를 이룬 섬 가운데) 주된 섬.

【本地】**běndì** 〔명〕 **1** 본고장. 본지. 이 땅. 이 곳. ¶~特产=본지 특산물. **2** (서술할 때 가리킨) 그(이) 지방. 그(이) 곳. ≒当地 ↔外地 异地

【本地人】**běndìrén** 〔명〕본고장 사람.

【本地种】**běndìzhǒng** 〔명〕이 지역 품종.

【本分】[本份] **běnfèn** 〔명〕본분. 책무. 책임과 의무. ¶尽~=본분을 다하다. 〔형〕분수를 지키다. ¶从小~=어려서부터 분수를 지키다.

【本份】**běnfèn** ☞ 【本分】**běnfèn**

【本该】**běngāi** 〔동〕 원래 마땅히 …해야 한다.

【本固枝荣】**běngù-zhīróng** ⦗성⦘ **1** 줄기가 튼튼해야 잎도 무성할 수 있다. **2** 〔喩〕 기초가 튼튼해야 다른 부분도 발전할 수 있다.

【本国】**běnguó** 〔명〕 **1** (자기 나라를 가리켜) 본국. 이 나라. **2** (서술할 때 가리킨) 그(이) 나라.

【本行】**běnháng** 〔명〕 **1** 이 상점. 당점(當店). 본상점. ¶~7折优惠.=우리 상점은 30% 세일할다. **2** 현재 종사하는 일(직업). 본업. 본직. ¶钻研~业务=현재 업무에 심혈을 기울이다. **3** (꾸준히 해 왔거나 이미 숙련된) 직업. ¶老~=익숙한 업무.

【本籍】**běnjí** 〔명〕 본적. 원적.

【本纪】**běnjì** 〔명〕 본기. [기전체(紀傳體) 역사서 중 제왕의 전기]

【本家】**běnjiā** 〔명〕 **1** 일가. 종친. 일족. [부계의 동성 동본의 친척] ¶~姊妹=일가 자매. **2** 성이 같은 사람. ¶我们都姓王, 是~.=우리는 모두 왕씨라서 동성(同姓)이다.

【本家儿】**běnjiār** 〔명〕〔방〕 당사자. ¶这事须~出面才妥.=이 일은 당사자가 나서야만 옳다.

【本届】**běnjiè** 〔명〕 이번. 금회. ¶~研究生=이번 대학원생. / ~年会=이번 연례 회의.

【本金】**běnjīn** 〔명〕 **1** (은행 등에서의) 원금. **2** (주식·채무 등에서의) 원금. **3** (기업 등의) 자본금. ↔利息

【本就】**běnjiù** 〔부〕 본래. 원래. ¶~这样=원래 이렇다.

【本科】**běnkē** 〔명〕 (대학교의) 학부 (과정). ['专科(2~3년 과정의 전문대학)·研究生(대학원생)'과 구별됨]

【本来】**běnlái** 〔부〕 **1** 본래. 원래. ¶他~聪明.=그는 원래부터 똑똑했다. **2** 마땅히. 응당. ¶~就该如此处理.=마땅히 이렇게 처리해야 한다. 〔형〕 원래의. 본래의. ¶~的颜色=원래의 색상. ≒原来 原本

---

**本来(běnlái) / 原来(yuánlái)**
본래, 원래

둘 다 부사어로 '우선'이나 '예전'이라는 뜻으로 쓰이고, 나중이나 현재에 상황이 변했음을 나타낼 때에는 바꾸어 사용할 수 있음. ¶这条路本来〔原来〕很窄, 最近才加宽的.=이 길은 원래 좁았고, 최근에서야 넓어졌다. / 他本来〔原来〕不在这儿住, 是后来搬到这儿来的.=그는 원래 여기에 살지 않았고, 후에 이 곳으로 이사 왔다.

原来: ① '변화가 없다·처음'이라는 의미로 쓰이고 명사를 수식할 경우에는 '的'를 필요로 함. ¶一点儿原来的样子也没有了.=원래의 모습이 하나도 없다. / 我原来的同屋搬到别의 地方去了.=내 원래 룸메이트가 다른 곳으로 이사 갔다. ② 이전에 모르던 상황을 발견하고 갑자기 깨달음을 나타냄. ¶原来是你呀!=너 였구나! / 他今天没来上课, 原来是生病了.=그가 오늘 수업에 안 왔는데, 병이 난 거였구나.

本来: '당연하다'라는 의미를 가짐. ¶这件事本来不应该发生的.=이 일은 당연히 발생해서는 안 되는 것이었다. / 这件事本来就该我做的.

# 本 běn

갑자기 깨달음을 나타냄. ¶原来是你呀！= 너였구나. / 他今天没来上课,原来是生病了. = 그는 오늘 수업에 안 왔던데, 병이 난 거였구나.

**本来**: '당연하다' 라는 의미를 가짐. ¶这件事本来不应该发生的. = 이 일은 당연히 발생해서는 안 되는 것이었다. / 这件事本来就该我做的. = 이 일은 본래 내가 해야 하는 것이다.

【本来面目】**běnlái-miànmù** 상(형) 본래의 모습. 진면목.

【本利】**běnlì** 명 원금과 이자. 원리(元利).

【本领】**běnlǐng** 명 기량. 능력. 수완. 재능. 솜씨. ¶~不凡 = 능력이 범상치 않다. ≒身手 本事 (běn·shi)

【本论】**běnlùn** 명 (논저 등의) 본론. ↔绪论

【本名】**běnmíng** 명 1 본명. 본 이름. [ '别号(별명) · 笔名(필명)' 과 구별됨] 2 본인에게 지어 준 이름. ¶西方有些国家的人的~在父名和姓之前。= 서양의 몇몇 나라의 사람 이름은 아버지 이름과 성 앞에 온다.

【本命年】**běnmìngnián** 명 (12년마다 돌아오는) 출생한 해의 띠.

【本末】**běnmò** 명 1 나무 뿌리와 나무 꼭대기. 2(비) 전말. 시말. 처음과 끝. 사건의 전 과정. 경위. ¶记述~ = 전말을 기술하다. 3 (비) 본말. [사물이나 일의 주요한 것과 부차적인 것] ¶~颠倒 = 본말이 전도되다.

【本末倒置】**běnmò-dàozhì** 상 1 나무 뿌리와 나무 꼭대기를 뒤집어 놓은 채 내버려 두다. 2(비) 본말이 전도되다. ≒舍本逐末

【本能】**běnnéng** 명 본능. ᄫ 본능적으로. ¶走进寒冷的夜色,他~地打了一个寒噤。= 싸늘한 밤으로 접어들자, 그는 본능적으로 한바탕 몸서리를 쳤다.

【本年度】**běnniándù** 명 금년도.

【本钱】**běn·qián** 명 1 (장사·도박에서의) 본전. 원금. 자본금. ¶有多大~做多大的事. = 본전이 얼마인가에 따라 그만한 일을 할 수 있다. 2 (비) (믿을 만한 자격·능력·조건 등의) 밑천. 자본. ¶家传的手艺是他谋生的~. = 집안 대대로 내려오는 손재주가 그 사람의 생계 밑천이다.

【本人】**běnrén** 명 1 (사건의) 본인. 당사자. ¶这需要~的身份证才行. = 이건 본인의 신분증이 있어야만 된다. 2 (1인칭의) 나. 본인. ¶对此~举双手赞成. = 이에 대해 본인은 쌍수를 들어 찬성하는 바이다.

【本日】**běnrì** 명 금일. 오늘.

【本嗓】**běnsǎng** 명 (노래하거나 말할 때) 자연적인 목소리. 본래의 음성.

【本色】**běnsè** 명 본래의 면모. 본색. 본성. 본질. 속성. ¶男子汉的~ = 사나이 대장부 원래[본래] 의 모습.

【本色】**běnshǎi** (~儿) 명 (물체나 물품의) 원래 색깔. 원색. 자연색. 자연적인 색. [대개 염색하지 않은 직물을 가리킴] ¶~布料 = 염색하지 않은 옷감.

【本山取土】**běnshān-qǔtǔ** 상(비) (필요한 재료를) 현지 조달하다.

【本身】**běnshēn** 명 그 자신. 그 자체. 자신. 본인. ¶人生~就充满悲欢. = 인생 그 자체는 희로애락으로 가득하다. ≒切身 亲身

【本生灯】**běnshēngdēng** 명(물) 분젠등(Bunsen燈). 가스등. 敎 【煤气灯】**méiqìdēng**

【本省】**běnshěng** 명 1 (사람이나 사물이 속해 있는) 이 성(省). ¶~人 = 이 성 사람. 2 (서술할 때 가리킨) 그[이] 성(省). ¶~矿产丰富 = 그 성은 광물 자원이 풍부하다.

【本事】**běnshì** 명 (문예 작품의 주제가 근거하고 있는) 사실. 출처. ¶文中所提~已经散失. = 작품 속에서 얘기하고 있는 것들은 이미 사라지고 없다.

【本事】**běn·shi** 명 능력. 재능. 기량. 수완. 재주. ¶小家伙真有~！= 그 녀석 참 재간이 있군! ≒本领

【本诉】**běnsù** 명(법) 본 소송. 본 소.

【本题】**běntí** 명 (이야기나 글의) 주제. 주요 논점. 주요한 문제. ¶你刚才的话离~太远. = 조금 전 네 말은 주제에서 너무 벗어났어.

【本体】**běntǐ** 명 1 본체. 실체. 실질. 실제. 정체. 2(철) 물(物) 자체. 3 (기계·프로젝트 등의) 본체. 주요 부분.

【本土】**běntǔ** 명 1 원래의 토양. [ '客土(객토)' 와 구별됨] ¶用客土改造~取得良好效果. = 객토로 원래 토양을 개량하여 좋은 효과를 얻다. 2 향토. 고향. ¶~习俗 = 고향 풍습. 3 식민지 지배자가 본국을 가리키는 말.

【本位】**běnwèi** 명 1 소속 조직. 소속 부서. ¶做好~工作 = 소속 부서 업무를 잘 수행하다. 2 ① (经) 화폐의 본위. ¶金~ = 금본위. ② 본위. 중심. 기초. ¶汉语究竟是词一还是字一,学术界目前尚无定论. = 중국어가 도대체 낱말 본위인지 글자 본위인지, 학술계에 아직까지 정해진 결론이 없다.

【本位货币】**běnwèi huòbì** 명(经) 본위 화폐. 图 【本币】**běnbì**

【本位主义】**běnwèizhǔyì** 명 집단 이기주의.

【本文】**běnwén** 명 1 원문. ¶'译文(번역문)·注解(주해)' 와 구별됨] ~比较通俗,容易翻译. = 원문이 비교적 통속적이어서 번역이 용이하다. 2 정문(正文). 본문. 《诗经》~=《시경》의 본문. 3 이 글. 이 문장. ¶~讨论的问题比较新. = 이 글에서 토론한 문제는 비교적 혁신적이다.

【本息】**běnxī** 명 원금과 이자. 원리(元利).

【本戏】**běnxì** 명(剧) (완전한 이야기로 구성된) 전편 희곡. [ '折子戏 (희곡의 일부만 공연하는 것)' 와 구별됨]

【本乡本土】**běnxiāng běntǔ** (~的) 명 고향. ¶大家都是~的,不要客气. = 모두 동향 사람들이니, 어려워 마시오.

【本相】**běnxiàng** 명 원형. 본모습. 진상. 원래의 면모. 본질. ¶突现~ = 본모습을 갑자기 드러내다.

【本心】**běnxīn** 명 본심. 본의. 원래의 의향. ¶

## běn  本苯畚坋坌奔俾笨

他~是想帮你。=그의 본심은 널 돕고자 한 것이었어.

**【本性】běnxìng** 图 본성. 천성. 본질. ¶~难改=천성은 고치기 어렵다.

**【本姓】běnxìng** 图 본성. 원래의 성(姓).

**【本业】běnyè** 图 1 원래의 직업. 본업. 2 자신의 직업. 3 (서술할 때 가리킴) 그[이] 직업. 그[이] 업종. 4 图 농업.

**【本义】běnyì** 图(言) (낱말의) 본의. 본래의 의미. ['引申义(파생 의미)·比喻义(비유 의미)' 와 구별됨]

**【本益比】běnyìbǐ** ☞【市盈率】shìyínglǜ

**【本意】běnyì** 图 1 본래의 뜻. 본의. 본심. 2 진실한 의도. 진의. ≒原意

**【本原】běnyuán** 图(哲) (일체 사물의) 근원. 본질. 본체. (세계를 구성하는) 가장 근본적인 실체(實體). ¶物质的~=물질의 근원.

**【本源】běnyuán** 图 (사물의) 본원. 근원. 근본. ≒根源

**【本愿】běnyuàn** 图 본심. 원래의 바람.

**【本章】běnzhāng** 图 이 장(章). 이 악장.

**【本着】běn·zhe** 㘚 …에 의거하여, …에 근거하여. …에 입각하여. …을[를] 기준으로. ¶~特事特办的原则来处理。=특수한 일은 특수한 방법으로 해결한다는 원칙에 의거하여 처리하다.

**【本证】běnzhèng** 图(法) 본증.

**【本支】běnzhī** 图 (단체 등의) 본류와 지류. 2 (동일 가정 또는 종족의) 자손.

**【本职】běnzhí** 图 1 본직. 본 직장. 자기의 직책[직무·직분]. 2 图 본관. [관리가 자신을 지칭하는 말]

**【本质】běnzhì** 图 1(哲) 본질. 2 본성. ¶他这人~上还算不错。=그 사람 본성 면에서 그런대로 괜찮다. ≒实质 ↔现象 表面

**【本主儿】běnzhǔr** 图 1 (물건의) 소유자. 원 소유주. ¶她是这书的~。=그녀가 이 책 주인이다. 2 본인. 당사자. ¶这需要~拿主意。=이건 본인이 방법을 생각해 내야 한다.

**【本字】běnzì** 图(言) 1 본자. 본래 글자. [예를 들어 '搬(옮기다)' 의 본자는 '般' 인데, 본자 '般' 이 다른 뜻으로 더 많이 쓰이자 나중에 '搬' 으로 달리 쓰게 됨] 2 (통가자(通假字)의) 본자. [예를 들어 고서(古書)에서 '敵' 과 발음이 같은 '適' 자를 써서 '대적하다' 라는 뜻을 나타내었을 때, '適' 은 '敵' 의 통가자이며, '敵' 은 '適' 의 본자임]

**【本子】běn·zi** 图 1 책. 노트. 필기장. 공책. ¶练习~=연습장. 2 图 증명(서). ¶~开车时要随身带。=운전 면허증은 운전할 때 지니고 있어야 한다. 3 판본(版本). ¶这个~是经清代学者考证过的。=이 판본은 청(淸)대 학자의 고증을 거친 것이다.

## 苯 běn 벤젠 분

图(化) 벤젠(benzene).

○● 甲苯

**【苯酚】běnfēn** ☞【石炭酸】shítànsuān
**【苯甲基】běnjiǎjī** ☞【苄基】biànjī

## 畚 běn 삼태기 분

图 삼태기. 키. 图(방) (삼태기로) 긁어모으다. ¶~沙子=모래를 긁어모으다.

**【畚斗】běndǒu** 图(방) (알곡 전용의) 키.
**【畚箕】běnjī** 图(방) 키. 삼태기.

## 夯 bèn 멍청할 분

图 '笨(bèn)' 과 같음. [주로 근대 중국어에서 쓰였음]
☞ hāng

## 坋 bèn 티끌 분

图(문) 먼지.
☞ fèn

## 坌 bèn 먼지 분

图 먼지. 微~=미세 먼지. 图 1 图 조악하다. 거칠고 나쁘다. 조잡하다. ¶~布=거친 헝겊. 2 '笨(bèn)' 과 같음. 图 1 모이다. 모으다. ¶~集=모여들다. 2 图 (가루 따위를) 뿌리다. 3 图 파다. (흙 등을) 뒤집다. 뒤엎다. ¶~地=땅을 뒤엎다.

## *奔[(犇·逩)] bèn 내달릴 분

图 1 (목적지를 향해) 곧장 나아가다. 빨리 가다. 내달리다. ¶投亲~友=친척과 친구를 찾아가다. 친척과 친구에게 몸을 의탁하다. 2 ㈜ (어떤 일을 위해) 힘쓰다. 애쓰다. 매진하다. 뛰어다니다. ¶还缺什么材料,我去~。=또 무슨 재료가 부족하면 내가 힘써 보겠다. 3 (나이가) …세에 가까워지다. ¶他快~五十了。=그는 곧 쉰 살이 된다. 㘚 …로. …을[를] 향해. ¶车~体育馆开去。=차가 체육관으로 향해 가다.
☞ bēn

○● 逃táo奔

**【奔命】bèn‖mìng** 图 죽을힘을 다하다. 필사적으로 일하다. ¶为生活~=삶을 위해 필사적으로 일하다.
☞ bēnmìng

**【奔事】bèn‖shì** 图 직업을[일자리를] 찾기 위해 뛰어다니다.

**【奔头儿】bèn·tour** 图㈜ (노력으로 얻을 수 있는) 희망. 보람. ¶孩子长大了,有~了。=아이가 크면 보람이 있을 것이다.

## 倴 bèn 달릴 분

**【倴城】Bènchéng** 图(地) 번청현(縣). [허베이(河北)성에 있는 지명]

## **笨 bèn 멍청할 분

图 1 멍청하다. 우둔하다. 어리석다. 미련하다. ¶蠢~=멍청하다. 2 서툴다. 굼뜨다. 재간이 없다. 어눌하다. ¶脚~手~=동작이 굼뜨다. 3 육

중하다. 힘들다. 무겁다. 투박하다. ¶粗大~
重=굵고 크고 육중하다. ≒傻 愚 蠢 呆 拙 痴 ↔
聪 慧 灵 巧

○→ 蠢chǔn笨, 粗cū笨, 呆dāi笨, 拙zhuō笨

【笨伯】bènbó 명문 1 우둔한〔어리석은〕사람.
2 바보.

【笨不拉唧】bèn·bulājī 1 (물건이) 크고 무겁기만 하고 쓸모는 별로 없다. 2 (사람이) 미련하다. 동작이 굼뜨다. 느릿느릿하다.

【笨虫】bènchóng 명⟨방⟩ 1 느림보. 느림뱅이. 2 바보. 얼간이. 멍청이.

【笨蛋】bèndàn 명 멍청이. 바보. 숙맥. 얼간이.
[욕하는 말로 쓰임]

【笨汉】bènhàn 명 1 덩치가 크고 행동이 굼뜬 남자. 2 멍청한〔우둔한〕남자.

【笨活儿】bènhuór 명 막노동. 중노동. 거친 일.
육체 노동.

【笨货】bènhuò 명 1 멍청이. 바보. 얼간이. 우둔한 사람. 2 육중한 물건.

【笨口拙舌】bènkǒu-zhuōshé 성 말재간이〔말재주가〕없다. 어눌하다. =【笨嘴拙舌】bènzuǐ zhuōshé

【笨驴】bènlǘ 명 우둔한 놈. 미련한 놈. [욕하는 말로 쓰임]

【笨鸟先飞】bènniǎo-xiānfēi 성 1 둔한 새가 먼저 난다. 2 ⟨비⟩⟨겸⟩ 능력이 모자란 사람이 남에게 뒤질까 봐 먼저 행동을 개시하다.

【笨人】bènrén 명 (일에 있어) 재빠르지 못하거나 숙련되지 않은 사람.

【笨手笨脚】bènshǒu-bènjiǎo 성 행동이 굼뜨다. 손발이 둔하다.

【笨头笨脑】bèntóu-bènnǎo 성 1 어리석다. 우둔하다. 아둔하다. 멍청하다. 2 (모양이) 투박하다. 볼품 없다.

【笨重】bènzhòng 형 1 힘이 들다. 고되다. ¶这活手工做很~。=이 일은 손으로〔사람이〕하기엔 매우 힘들다. 2 둔중하다. 육중하다. ¶~的箱子=육중한 상자. ↔轻巧 小巧 灵巧

【笨拙】bènzhuō 형 멍청하다. 우둔하다. 굼뜨다. 서툴다. ¶画法~=화법이 서툴다. ↔灵巧 轻盈

【笨嘴拙舌】bènzuǐ-zhuōshé ☞【笨口拙舌】bènkǒu-zhuōshé

# beng

**伻** bēng 사자 팽
명⟨문⟩ 하인. 사자(使者).

**祊** bēng 제사 이름 팽
명 1 (과거에) 종묘의 문 안에서 거행한 제사. 2 종묘 문 안의 제사 장소.

*崩 bēng 무너질 붕

동 1 무너지다. 허물어지다. ¶雪~=눈사태. 2 파열하다. 깨어지다. 터지다. 찢어지다. ¶分~离析=뿔뿔이 흩어지다. 3 부수다. 파손하다. 훼손하다. 무너뜨리다. 붕괴시키다. ¶全线~溃=모든 전선이 붕괴되다. 4 터뜨리다. 갈라지게 하다. ¶开山~石头。=산을 깎고 돌을 터뜨리다. 5 (파편 등에) 맞다. 까지다. 명중하다. ¶他被飞落的玻璃~伤了。=그는 날아온 깨진 유리에 맞아 상처를 입었다. 6 천자(天子)가 죽다. ¶驾~=붕어하다. 천자가 세상을 떠나다. 7 ⟨구⟩ 총살하다. ¶那个杀人犯被枪~了。=그 살인범은 총살에 처해졌다. 명⟨의⟩ 혈붕(血崩). [중의학에서 월경 기간이 아닌데도 대량의 출혈이 있는 증상을 가리킴] ¶血~=혈붕.

○→ 雪xuě崩, 血xuè崩

【崩岸】bēng'àn 동 (물의 흐름으로) 강기슭이 무너지다.

【崩倒】bēngdǎo 동 (건물 등이) 무너지다.

【崩毁】bēnghuǐ 동 허물어지다. 붕괴되다.

【崩解】bēngjiě 동 1 (제도 등이) 철저히 와해되다. 완전히 붕괴되다. 무너져 흩어지다. 2 (바위·빙산 등이) 갈라지다. 부서지다.

【崩决】bēngjué 동 (둑 등이) 무너지다. 터지다.

【崩口】bēngkǒu 동 갈라지다. 터져 벌어지다.

【崩溃】bēngkuì 동 (정치·경제·군사 등이) 붕괴〔붕궤〕하다. 무너지다. 파산하다. 파괴되다. 와해되다. ¶经济~=경제가 붕괴되다.

【崩裂】bēngliè 동 (물체가) 파열되다. 터져 갈라지다. ¶玻璃~=유리가 깨지다. ≒迸裂

【崩龙族】Bēnglóngzú 명 붕룡족. [중국 소수 민족의 하나인 '德昂族(덕앙족)'의 옛 명칭]

【崩漏】bēnglòu 명⟨의⟩ 자궁 출혈. [중의학에서 월경이 지난 후에도 대량으로 피가 나오는 병을 가리킴]

【崩落】bēngluò 동 무너져 내리다〔떨어지다〕. 붕락하다. 붕추하다. ¶碎石~=자갈이 무너져 내리다.

【崩盘】bēng∥pán 동⟨경⟩ (주식·선물(先物) 등이) 폭락하여 거래가 중단되다.

【崩散】bēngsǎn 동 무너져 내리다.

【崩塌】bēngtā 동 붕괴하다. 무너지다. ¶山石~=산의 돌이 무너져 내리다.

【崩坍】bēngtān 동 (산기슭·비탈 등의 돌이나 흙이) 무너져 내리다. ¶岩石~=바위가 무너져 내리다.

【崩泻】bēngxiè 동 둑이 터져 물이 들이치다.

【崩症】bēngzhèng ☞【血崩】xuèbēng

**绷[绷, 繃]** bēng 묶을 붕

동 1 묶다. ¶~紧布带=헝겊띠를 조여 매다. 2 팽팽하게 잡아당기다. 긴장하다. ¶要注意休息, 弦不能~得太紧。=휴식에 신경 써. 줄도 너무 팽팽하면 끊어지게 마련이야. 3 (바느질에서) 성기게 꿰매다. 시치다. ¶~被罩=이불 홑청을 듬성듬성 꿰매다. 4 (물체가) 갑자기 튀어오르다. ¶弹簧把笔心~落了。=스프링이 연필심을 튀어나오게 하였다. **5**🗨 가까스로 버티다. 억지로 견뎌내다. 겨우 수습하다. ¶~场面=가까스로 (체면이 필요한) 정황을 유지하다. **6**🗨 속이다. (재물을) 속여 빼앗다. ¶坑~拐骗=속여 빼앗아 달아나다. 🈔**1** (등나무 껍질이나 종려나무 밧줄 등으로 엮은 착탈식) 침대 쿠션. ¶床~ = (착탈식) 침대 깔판. [사각 틀 안에 종려승(棕櫚繩)·철사 따위를 엮어 만든 것] **2** (자수에서 사용하는) 수틀. ¶竹~=죽제(竹製) 수틀.
☞ **běng**, **bèng**

◐━ 棕zōng绷, 紧jǐn绷绷

【绷带】**bēngdài** 🈔 (의료용) 붕대.
【绷弓子】**bēnggōng·zi** 🈔 **1** 🄀 (문 위의) 자동 닫음 장치. 개폐용의 용수철. **2** 🗨 탄궁(彈弓). 새총.
【绷簧】**bēnghuáng** ☞【弹簧】**tánhuáng**
【绷紧】**bēngjǐn** 🈐 팽팽하게 당기다. 꼭 묶다. 꽉 죄다. ¶~被单=침대보를 팽팽하게 당기다.
【绷口】**bēngkǒu** 🈔 (옷 등의) 솔기. 솔기가 터진 곳.
【绷直】**bēngzhí** 🈐 (힘으로) 팽팽하게 잡아당기다. ¶~绳子=밧줄을 팽팽하게 잡아당기다.
【绷子】**bēng·zi** 🈔 **1** 수틀. 자수대. **2** (등나무 껍질이나 종려나무 밧줄 등으로 엮은 착탈식) 침대 쿠션.

# 嘣 **bēng** 내뱉을 붕
🄀 두근두근. 쿵쿵. 펑. 꽝. [심하게 뛰거나 터지는 소리] ¶累得心~~跳。=너무 피곤해서 가슴이 쿵쿵 뛰다.

# 甮 **béng** 쓰지 않을 용
🄁🗨 …할 필요 없다. …하지 마라. ¶~管闲事=쓸데없는 일에 참견 마라.

# 菶 **běng** 풀 무성할 봉
【菶菶】**běngběng** 🈑🄂 초목이 무성한 모양.

# *绷[绷·繃] **běng**
팽팽하게 당길 붕
🈐 **1** 억지로 버티다. 지탱하다. 참다. ¶~住力气=힘을 주어 겨우 견디다. **2** 안색이 굳어지다. 정색하다. ¶他~着脸, 很严肃。=그는 정색을 하고 매우 엄숙한 기색을 띠었다.
☞ **bēng**, **bèng**

【绷不住】**běng·buzhù** 🈐 참을 수 없다. 견디지 못하다. 참지 못하다. ¶她~哭了起来。=그는 참지 못하고 울기 시작했다.
【绷劲】**běng‖jìn** (~儿) 🈐 (숨을 멈추고) 힘을 쓰다. ¶他绷了绷劲, 硬是举起了杠铃。=그는 숨을 멈추고 힘을 써 억지로 바벨(barbel)을 들어올렸다.
【绷脸】**běng‖liǎn** 🈐 얼굴 표정을 굳히다. 얼굴을 붉히다. 정색하다. 부루퉁한 얼굴 표정을 짓다. 노한 얼굴을 하다. 오만상을 찌푸리다. ¶绷着脸一言不发。=그는 정색을 하고는 한 마디도 하지 않았다.

【绷着劲】**běng·zhejìn** 🄂 **1** (사이가 틀어져) 대치하다. ¶夫妻俩刚吵过架, 还~呢。=부부는 방금 전 말싸움을 벌였는데, 아직까지 대치 상태이다. **2** (온몸에) 힘을 주고 억지로 버티다. ¶他~坚持跑完了全程。=그는 온몸에 힘을 주고 기어코 전 코스를 완주했다.

# 琫[鞛·鞛] **běng** 칼집 장식 봉
🈔 (과거에) 칼집 윗부분의 장식물.

# *泵 **bèng** 펌프 빙
🈔🄀(機) 펌프(pump). 🈐 펌프로 뽑아 내다. ¶~油=펌프로 기름을 뽑다.

◐━ 风泵, 气泵, 水泵, 油泵

【泵出】**bèngchū** 🈐 펌프로 퍼내다〔뽑아 내다〕.
【泵房】**bèngfáng** 🈔 펌프실.
【泵站】**bèngzhàn** 🈔 양수 펌프장.

# 迸 **bèng** 솟아오를 병
🈐 **1** 내뿜다. 분사하다. 분출하다. 솟아오르다. 튀다. ¶火星乱~=불똥이 사방으로 튀다. **2** (갑자기) 짜개지다. 갈라지다. 파열되다. 터지다. ¶不小心把牙齿磕~了一颗。=조심하지 않아 이한 개가 금이 갔다. **3** (갑자기) 말을 하다. 소리를 내다. (말을) 불쑥 내뱉다. ¶憋了半天的他终于~出一句话来。=한참 동안 참던 그는 결국 한 마디 내지르고야 말았다.

【迸发】**bèngfā** 🈐 솟아나다. (밖으로) 내뿜다. 분출하다. 터져 나오다. ¶熔岩~=용암이 분출되다. / 激情~=격정이 터져 나오다. / ~出阵掌声~=박수 소리가 이따금씩 터져 나오다.
【迸飞】**bèngfēi** 🈐 (갑자기) 사방으로 흩날리다〔튀어지다〕. ¶灰尘~=먼지가 갑자기 일다.
【迸溅】**bèngjiàn** 🈐 사방으로 튀다. ¶泥浆~=흙탕물이 사방으로 튀다.
【迸裂】**bèngliè** 🈐 파열되다. 쪼개지다. 깨져서 튀어나오다. ¶脑浆~=골이 깨져 튀어나오다. ≒崩裂
【迸流】**bèngliú** 🈐 (빠르게) 솟아 나오다. 흘러 나오다. ¶(힘차게) 흐르다.
【迸散】**bèngsàn** 🈐 깨져 흩어지다. ¶碎石~=자갈이 흩어지다.
【迸射】**bèngshè** 🈐 (사방으로) 뿜다. 분사하다. ¶隐泉突然~。=알려지지 않은 샘이 갑자기 솟았다. ≒喷射 喷溅
【迸泻】**bèngxiè** 🈐 (빠른 속도로) 솟다. 쏟아지다. ¶飞瀑~=폭포가 쏟아지다.
【迸涌】**bèngyǒng** 🈐 솟아오르다. 내뿜다. 분출하다. ¶泉水~=샘물이 솟아오르다.
【迸跃】**bèngyuè** 🈐 내뿜다. 날아오르다. 튀어오르다. ¶火舌~=화염을 내뿜다.

# 蚌 **bèng** 민물조개 방
☞ **bàng**

【蚌埠】**Bèngbù** 🈔(地) 병부시(市). [안후이(安徽)성에 있는 지명]

*绷[綳, 繃] bèng 묶을 붕
[동] 터지다. 갈라지다. 금이 가다. 파열하다. ¶裤缝突然~开了。=바지 솔기가 갑자기 터져 버렸다. [부] 매우. 대단히. [형용사 앞에 쓰여 정도가 심함을 나타냄] ¶~直=매우 곧다. / ~甜=매우 달다.
☞ bēng, běng
【绷瓷】 bèngcí(~儿) [명] 표면에 잔금이 가게 유약을 처리해 구운 도자기.
【绷脆】 bèngcuì [형] 1 (음식 등이) 매우 파삭파삭하다. 매우 바삭바삭하다. ¶这个苹果~。=이 사과는 사각사각하다. 2 (소리 등이) 맑고 깨끗하다. ¶笑声~=웃음소리가 맑다.
【绷亮】 bèngliàng [형] 매우 눈부시다. 매우 빛나다. 매우 밝다. ¶皮鞋擦得~。=구두를 반짝반짝 빛나게 닦다.
【绷硬】 bèngyìng [형] 매우 단단하다. 대단히 견고하다. ¶河里的冰~。=강의 얼음이 무척 단단하다.

甏 bèng 질그릇 팽
[명][방] 항아리. 단지. 독. ¶泡菜~=김칫독.

镚[鏰] bèng 동전 붕
아래를 참조.
【镚儿】 bèngr ☞【镚子】 bèng·zi
【镚子】 bèng·zi [명] 1 청(淸)나라 말기에 발행된 구멍이 없는 동전. 2 소형 동전의 총칭. =【镚儿】 bèngr
【镚子儿】 bèng·zir [명][방] 극히 적은 양의 돈. ¶~不值=한 푼의 값어치도 없다.

**蹦 bèng 뛸 붕
[동] 1 뛰어오르다. 껑충 뛰다. 펄쩍[팔짝] 뛰다. ¶活~乱跳=팔팔하다. 2 (지면에서) 튀어오르다. ¶皮球~起老高。=고무공이 높이 튀어올랐다. ≒跳 跃
【蹦蹦车】 bèngbèngchē [명][낮] 삼륜[세 바퀴] 모터사이클.
【蹦蹦儿戏】 bèngbèngrxì [명]《劇》 벙벙시. 붕붕희. [중국 지방 전통극의 일종으로, '评剧(píngjù)'의 전신임]
【蹦蹦跳跳】 bèng·beng tiàotiào(~的) [형] 깡충깡충. 팔짝팔짝. 활발하게 뛰는 모양. ¶一边说话, 一边~地走着。=깡충깡충 뛰면서 말을 하다.
【蹦床】 bèngchuáng [명] 1《體》 트램펄린(trampoline). 2 스프링 뜀틀.
【蹦跶】 bèng·da [동][구] 1 뛰어오르다. 튀어오르다. 2 [비] 발버둥치다.
【蹦迪】 bèngdí [동] 1 디스코클럽(disco club)에 춤추러 가다. 2 디스코를 추다.
【蹦高】 bènggāo(~儿) [동][구] 높이 뛰어오르다. 껑충껑충[깡충깡충] 뛰다. ¶他高兴得不停~。=그는 너무 기뻐 쉴새없이 뛰었다.
【蹦极】 bèngjí [명]《體》 번지 점프. =【蹦极跳】 bèngjítiào
【蹦极跳】 bèngjítiào ☞【蹦极】 bèngjí
【蹦跳】 bèngtiào [동] 깡충깡충 뛰다. ¶孩子们在院子里~着玩耍。=아이들이 마당에서 뛰어놀고 있다.

# bi

屄 bī 보지 비
[명] 보지. 음문(陰門). 여성의 생식기.

**逼[(偪)] bī 닥칠 핍
[동] 1 접근하다. 육박하다. ¶步步进~=한 발짝 한 발짝 앞으로 접근하다. 2 위협하다. 협박하다. 핍박하다. 강압하다. ¶威~利诱=위협과 회유. 3 강제로 받아 내다. 호되게 독촉하다. ¶催~债务=채무를 심하게 독촉하다. [형][문] 좁다. 협소하다.

0● 进jìn逼, 勒lè逼, 强qiǎng逼, 威wēi逼, 追zhuī逼

【逼促】 bīcù [동] 독촉하다. 끊임없이 재촉하다. ¶~起程=출발을 계속 재촉하다.
【逼宫】 bī‖gōng [동] 1 (신하가 왕에게) 퇴위를 강요하다. 2 (정부 수뇌에게) 사임이나 권력 이양을 독촉하다.
【逼供】 bīgòng [동] (육체적·정신적 고통을 주어) 자백을 강요하다.
【逼供信】 bīgòngxìn [낮] 강요된 자백을 죄를 판가름하는 근거로 삼다.
【逼和】 bīhé [동] (전쟁·투쟁·구기 경기 등에서 열세인 쪽이 상대로 하여금) 비기게 만들다.
【逼婚】 bīhūn [동] (주로 여자에게) 결혼을 강요하다. 강제로 결혼시키다.
【逼嫁】 bījià [동] 억지로 시집 보내다. 강제로 결혼시키다.
【逼进】 bījìn [동] 억지로 들어가게 하다. 강제로 몰아넣다. ¶~死角=사각지대로 몰아넣다.
【逼近】 bījìn [동] 접근하다. 이르다. 가까이 가다. 가까워지다. 가까워오다. 다가서다. 임박하다. 다가오다. 닥치다. 닥쳐오다. 박두하다. ¶时间~深夜。=시간이 깊은 밤에 이르다. ≒迫近
【逼良为娼】 bīliáng-wéichāng [성] 1 양가 규수에게 기생질을 강요하다. 2 [비] 선량한 사람에게 나쁜 짓을 강요하다.
【逼命】 bīmìng [동] 1 사람을 달달 볶다. ¶这事得慢慢来, 别~! =이런 일은 천천히 해야 하니까, 달달 볶지 좀 마! 2 폭력으로 위협하다. 사지에 몰아넣다. 생명을 위협하다.
【逼迫】 bīpò [동] 핍박하다. 옥죄어 재촉하다. ¶没有人~, 他是自愿的。=강요한 사람은 없어, 그 사람이 원한 거야.
【逼钱】 bīqián [동] 돈을 강제로 내게 하다. 재물을 강요하다. 돈을 뜯어 내다.
【逼抢】 bīqiǎng [동] (주로 축구·농구 등에서) 억

지로 뺏다. ¶积极~=적극적으로 뺏다.
【逼人】bīrén 〔동〕 핍박하다. 억압하다. 무리하게 강요하다. ¶~作难=핍박하여 난처하게 만들다. /寒气~=한기가 엄습하다.
【逼上梁山】bīshàng-Liángshān 〔성〕 **1** 쫓기어 어쩔 수 없이 양산박으로 도망치다. **2**〔비〕핍박을 당해 반항하다. 어쩔 수 없이 어떤 일을 하다.
【逼使】bīshǐ 〔동〕 강요하다. 핍박하다. 억지로 시키다. 하지 않을 수 없게 하다. ¶~人想歪点子=나쁜 생각을 짜내도록 강요하다.
【逼视】bīshì 〔동〕 가까이 가서 보다. 면밀히 살펴보다. ¶光彩耀眼, 难以~。=빛이 눈부셔서 가까이 가서 보기 어렵다.
【逼死】bīsǐ 〔동〕 핍박하여 죽게 하다. 사지에 몰아넣다. 끝까지 못살게 굴다.
【逼似】bīsì 〔동〕 매우 비슷하다.
【逼问】bīwèn 〔동〕 따지어 묻다. 추궁하다. 대답을 강요하다. 캐묻다. ¶严加~=엄하게 캐묻다.
【逼狭】bīxiá 〔형〕 좁다. 협소하다.
【逼肖】bīxiào 〔형〕 매우 비슷하다. 꼭 닮다. 똑같다. ¶画画得与实物~。=그림 그린 게 실물과 거의 똑같다.
【逼仄】bīzè 〔형〕 (장소가) 좁다. ¶小巷~=골목이 좁다.
【逼债】bī‖zhài 〔동〕 (갚을 수 없는 상황임에도) 빚 독촉을 하다.
【逼真】bīzhēn 〔형〕 **1** 진짜와 같다. 핍진하다. 진실에 거의 가깝다. ¶看得很~=진짜와 꼭 닮았다. **2** 뚜렷하다. 선명하다. 명확하다. ¶电影画面写实~。=영화 화면이 사실적이고 선명하다.
【逼租】bīzū 〔동〕 소작료·집세 또는 세금의 납부를 강요하다.

# 铋[鎞] bī 비녀 비
〔명〕〔문〕 **1** 비녀. **2** 중국식 전통 빗. [참빗과 유사함] ☞ pī

# 鲾[鯾] bī 물고기 이름 벽
〔명〕〔동〕 주둥치.

# *荸 bí 올방개 발
【荸荠】bí·qi 〔명〕〔植〕 **1** 올방개. **2** 올방개의 땅속 줄기. 〔통〕【地梨】dìlí【地栗】dìlì【马蹄】mǎtí

# *鼻 bí 코 비
〔명〕 **1** 코. ¶嗤之以~=코웃음을 치다. 남을 비웃다. **2** (~儿) 코. 귀. [물건의 꿸 수 있는 작은 구멍] ¶针~儿=바늘귀. **3**〔문〕 처음의. ¶开山~祖=창시자.

○● 鞍ān鼻, 门鼻儿, 齉nàng鼻儿, 齆wèng鼻儿, 响xiǎng鼻, 针zhēn鼻儿, 哭鼻子, 酒渣zhā鼻

【鼻翅儿】bíchìr ☞【鼻翼】bíyì
【鼻窦】bídòu ☞【鼻旁窦】bípángdòu
【鼻窦炎】bídòuyán 〔명〕〔醫〕 부비강염(副鼻腔炎). ⓔ nasosinusitis

【鼻骨】bígǔ 〔명〕〔生〕 코뼈.
【鼻观】bíguàn 〔명〕〔문〕 콧구멍. ¶香沁~=향기가 콧속으로 스며들다.
【鼻鼾】bíhān 〔명〕 코 고는 소리.
【鼻化元音】bíhuà yuányīn 〔명〕〔言〕 비운모(鼻韵母). 비모음(鼻母音).
【鼻甲】bíjiǎ 〔명〕〔生〕 비갑개.
【鼻尖】bíjiān (~儿) 〔명〕 코끝. =【鼻子尖儿】bí·zijiānr
【鼻疽】bíjū 〔명〕〔醫〕 마비저(馬鼻疽). 비저(鼻疽).
【鼻孔】bíkǒng 〔명〕〔生〕 콧구멍.
【鼻梁】bíliáng (~儿) 〔명〕 콧날. 콧등. 콧마루. =【梁子】bíliáng·zi
【鼻梁子】bíliáng·zi ☞【鼻梁】bíliáng
【鼻牛儿】bíniúr 〔명〕〔방〕 코딱지.
【鼻衄】bínǜ 〔동〕 코피가 나다.
【鼻旁窦】bípángdòu 〔명〕〔生〕 부비강(副鼻腔). ⓞ【鼻窦】bídòu
【鼻腔】bíqiāng 〔명〕〔生〕 비강.
【鼻青脸肿】bíqīng-liǎnzhǒng 〔성〕 **1** 코가 시퍼렇게 되고 얼굴이 붓다. **2**〔비〕 얼굴을 다친 모양. **3**〔비〕 좌절을 겪다. 흠씬 얻어맞다. 실컷 얻어 터지다.
【鼻塞】bísè 〔동〕 (비염 등으로 인해) 코가 막히다.
【鼻屎】bíshǐ 〔명〕 코딱지.
【鼻饰】bíshì 〔명〕 코걸이.
【鼻饲】bísì 〔동〕 코로 음식물을 넣어 주다. [음식물을 먹지 못하는 환자에게 특수관을 이용해 위로 직접 음식물을 보내 섭취하게 하는 것]
【鼻酸】bísuān 〔동〕 **1** 코가 찡하다. 콧날이 시큰하다. **2**〔비〕 슬퍼 마음이 아프다.
【鼻涕】bítì 〔명〕 콧물.
【鼻涕虫】bítìchóng ☞【蛞蝓】kuòyú
【鼻头】bí·tou 〔명〕〔방〕 코.
【鼻洼(子)】bíwā(·zi) 〔명〕 콧마루와 콧방울 사이에 움푹 들어간 곳.
【鼻息】bíxī 〔명〕 **1** 콧김. 호흡. ¶仰人~=남의 비위만 맞추다. **2** 코 고는 소리. ¶~如雷=코 고는 소리가 마치 우레와 같다.
【鼻息肉】bíxīròu 〔명〕〔醫〕 (코 안의) 점막 비후(肥厚)로 인한 돌기.
【鼻咽癌】bíyān'ái 〔명〕〔醫〕 비인두 암종. [비인두 점막에 생기는 악성 종양] ⓔ nasopharyngeal carcinoma
【鼻烟】bíyān 〔명〕 코담배.
【鼻烟壶】bíyānhú 〔명〕 (소형) 코담배 병.〔통〕.
【鼻炎】bíyán 〔명〕〔醫〕 비염.
【鼻一把, 泪一把】bí yī bǎ, lèi yī bǎ 〔성〕 눈물 콧물을 다 흘리며 훌쩍훌쩍 우는 모양.
【鼻翼】bíyì 〔명〕 비익. 콧방울. [코끝의 좌우 양쪽 끝 부분] =【鼻翅儿】bíchìr
【鼻音】bíyīn 〔명〕 **1**〔言〕 비음. [예를 들어 현대 표준 중국어의 'm·n'을 가리킴] **2** 콧소리. 비음. ¶他感冒还未好, 说话~还很重。=그는 감기가 아직 낫지 않아서, 말을 할 때 콧소리가 아직 심하다.
【鼻渊】bíyuān 〔명〕〔醫〕 축농증. 〔통〕【脑漏】nǎolòu

【鼻韵母】bíyùnmǔ 〈言〉비운미 운모(鼻韻尾韻母). 비모음(鼻母音). [예를 들어 'an·en·ang·eng·ong' 등].
【鼻子】bí·zi 〈生〉코.
【鼻子大, 压着嘴】bí·zi dà, yā·zhe zuǐ 〈낯,비〉방해가 있어 말하기가 불편하다.
【鼻子底下】bí·zi dǐ·xia 〈낯,구,비〉코앞. 부근. 가까이. ¶事情就发生在自己的~, 怎能推卸责任？=일이 자기 코앞에서 벌어졌는데, 어떻게 (남에게) 책임을 떠넘길 수 있겠어？
【鼻子尖儿】bí·zijiānr ☞【鼻尖】bíjiān
【鼻子眼儿】bí·ziyǎnr 콧구멍.
【鼻祖】bízǔ 〈문〉 1 비조. 시조(始祖). 원조(元祖). 2〈비〉 창시자.

\* **匕** bǐ 숟가락 비

〈명〉 1 숟가락. 국자. [옛날의 주방 기구] 2〈문〉비수. ¶图穷～见(xiàn)=지도를 펼치자 비수가 드러나다. 마지막 단계에서 진상이〔진의가〕드러나다.

| ❶ 匕 bǐ | 秕 bǐ | 妣 bǐ | 媲 pì |
|---|---|---|---|
| 比 bǐ | 狴 bì | 批 pī | 仳 pǐ |
| 毕 bì | 筚 bì | 屁 pì | 枇 pí |
| 庇 bì | 篦 bì | 琵 pí | 庀 bì |
| 毙 bì | 舭 bǐ | 毗 pí | 纰 pī |
| 陛 bì | 荜 bì | 芘 pí | 蚍 pí |
| 悲 bì | 跸 bì | 砒 pī |   |
| 吡 bǐ | 哔 bì | 貔 pí |   |

【匕鬯不惊】bǐchàng-bùjīng 〈성〉 1 종묘 제례가 안정되다. 2 군기가 엄하여 백성들을 괴롭히지 않다.
【匕首】bǐshǒu 〈명〉비수. 단도. 단검.

\***比** bǐ 견줄 비

〈동〉 1 비교하다. 재다. 겨루다. ¶~能耐=기량을 겨루다. 2 (…에) 비할 수 있다. 견줄 수 있다. ¶非～寻常=평상시와 다르다. 3 손짓하다. ¶～手划脚=손짓 발짓 하다. 4 닮게 하다. 본뜨다. 모방하다. (…에) 맞추다. ¶～着身子裁衣=몸에 맞추어 재단하다. 5 예를 들다. 비유하다. ¶打～来说=예를 들어 말하다. 6〈數〉 두 개의 수를 서로 비교하다. [앞의 것과 뒤의 것의 피제수와 제수의 관계임. 예컨대 '3：5'는 '三比五'라고 읽음] 7〈문〉 가깝다. 인접하다. 붙어 있다. ¶鳞次栉～=물고기 비늘이나 참빗의 살처럼 가지런하고 빽빽하게 늘어서 있다. 8〈문〉 결탁하다. 무리를 짓다. 빌붙다. ¶朋～为奸=무리를 지어 간악한 짓을 하다. 9〈문〉 (…한 때에) 이르다. ¶～及事发=일이 발생함에 이르다. 10〈개〉 향하다. 가리키다. ¶不要拿手指～着人的鼻子。=손가락이 남의 코를 향하게 하지 마라. 〈형〉〈문〉근래에. ¶～年安好=근년에 편안하다. 〈개〉…보다. [모양이나 정도의 차이를 비교하는 데 쓰임] ¶冬季北方～南方干燥。=겨울에는 북쪽 지역이 남쪽보다 건조하다. 〈명〉 1〈數〉비. 비율. [어떤 두 개의 수 또는 양을 서로 비교하여 몇 배인가를 나타내는 관계] 2 (경기에서의). ¶甲组三～二胜乙组。=갑조가 을조를 3 대 2로 이기다.

○● 打比, 对比, 反比, 公比, 好比, 较比, 类比, 连比, 卢lú比, 伦lún比, 排pái比, 评píng比, 无比, 正比

【比比】bǐbǐ 〈부〉〈문〉하나하나. 모두. 반복하여. 끊임없이. 〈문〉〈방〉곳곳. 도처. 〈동〉비교해 보다. ¶～大小=크기를 비교해 보다.
【比比皆是】bǐbǐ-jiēshì 〈성〉 1 어느 것이나 모두 그렇다. 2 무척 많다.
【比比划划】bǐ·bi huàhuà 〈동〉(손으로 또는 손에 물건을 들고) 쉴새없이 손짓하다.
【比不得】bǐ·bu·de 〈동〉비교할 수 없다. 비교가 되지 않다. 미치지 못하다. 상대가 안 되다.
【比不过】bǐ·bu·guò 〈동〉이길 수 없다. 어림없다.
【比不起】bǐ·buqǐ 〈동〉비교할 수 없다. 비교가 되지 않다.
【比不上】bǐ·bushàng 〈동〉비교할 수 없다. 비교가 되지 않다.
【比对】bǐduì 〈동〉비교 대조하다.
【比方】bǐ·fang 〈동〉비유하다. 예를 들다. ¶这样～不妥。=이렇게 비유하는 것은 적당하지 않다. 〈명〉비유. 예. ¶打～来讲=예를 들어 말하다. 〈접〉 1 예컨대. 예를 들어. ¶～我做这件事, 我便全力以赴。=예를 들어 내가 이 일을 하면 난 전력투구할 거야. 2 만약. 만일. ¶～说, 没有人帮忙你怎么办呢？=만약 아무도 널 도와 주지 않는다면 어떻할래？
【比分】bǐfēn 〈명〉(경기에서의) 점수. 득점.
【比附】bǐfù 〈동〉〈문〉억지 비교하다. 견강부회하다. ¶曲为～=적당하지 않은 예를 억지로 들다.
【比葫芦画瓢】bǐ hú·lu huà piáo 〈속〉〈비〉아무런 변화 없이 모양 그대로 모방하다.
【比划】bǐ·hua ☞【比画】bǐ·hua
【比画】[比划] bǐ·hua 〈동〉 1 손짓하다. 손짓으로 흉내내다. ¶他边讲边用手～。=그는 손짓을 해가며 말을 하였다. 2 겨루다. 시합하다. 재다. 비교하다. 무예를 연마하다. ¶师兄弟经常～切磋武艺。=사형 사제끼리 종종 겨루며 무예를 갈고 닦는다.
【比基尼】bǐjīní 〈명〉〈외〉비키니(bikini) 수영복. =【三点式泳装】sāndiǎnshì yǒngzhuāng
【比及】bǐjí 〈접〉〈문〉…의 때에 이르다. …의 때가 되다. ¶～赶到, 一切都晚了。=도착했을 때에는 이미 어쩔 수 없었다.
【比价】bǐ‖jià 〈동〉가격을 비교하다. 입찰 가격을 비교하다.
【比价】bǐjià 〈명〉 1 비교 가격. 2 환율. 3 가격차.
【比肩】bǐjiān 〈동〉〈문〉 1 어깨를 나란히 하다. ¶～而行=어깨를 나란히 하고 가다. 2〈비〉대등하다. 상당하다. ¶她的演唱水平可与歌手～。=그녀의 노래 실력은 가히 가수와 견줄 만하다.
【比肩继踵】bǐjiān-jìzhǒng 〈성〉어깨와 발꿈치가 서로 닿고 부딪치다. 2〈비〉사람들로 가득 차 북적거리다. =【比肩接踵】bǐjiān-jiēzhǒng
【比肩接踵】bǐjiān-jiēzhǒng ☞【比肩继踵】bǐjiān-jìzhǒng
【比较】bǐjiào 〈동〉비교하다. ¶互相～=서로 비

교하다. 툉 비교적. 상대적으로. ¶~恰当=비교적 합당하다. 캐 …에 비해. …보다. ¶今年的水稻~去年长势更好。=금년의 벼는 작년보다 작황이 더 좋다.

【比较价格】 bǐjiào jiàgé ☞【不变价格】 bù biàn jiàgé

【比劲儿】 bǐjìnr 툉 1 힘을 겨루다. 2 치열하게 경쟁하다.

【比勘】 bǐkān 툉 비교 검토하다.

【比况】 bǐkuàng 툉 본뜨다. 흉내내다. 모방하다. ¶~得体=꼭 맞게 흉내내다.

【比来】 bǐlái 몡 근래.

【比类】 bǐlèi 몡툉 비유의 종류. ¶~繁多=비유의 종류가 무척 많다.

【比例】 bǐlì 몡 1 (數) 비. 비례. 2 비중. 3 (數) 비율.

【比例尺】 bǐlìchǐ 몡 1 축척(縮尺). [지도에서의 거리와 지표에서의 실제 거리와의 비율] 2 (제도용) 스케일(scale). 자. 척도(尺度). 3 지도 바깥의 비례를 표시하는 숫자와 선.

【比例税制】 bǐlì shuìzhì 몡 비례 세제. [ '累进税制(누진 세제)' 와 구별됨]

【比利时】 Bǐlìshí 몡와(地) 벨기에(Belgium). [수도는 '布鲁塞尔(브뤼셀 : Brussels)' 임]

【比量】 bǐ·liang 툉 1 (손·다리·막대기·밧줄 등으로) 대충 재다. ¶用手大概一一下。=손으로 대충 한번 재어 보다. 2 손시늉하다. ¶老师~一下后, 便让学生们猜。=선생님이 손시늉을 한 다음 학생들이 맞혀 보게 하였다.

【比邻】 bǐlín 몡툉 가까운 이웃. 이웃 사람. ¶海内存知己, 天涯若~。=세상에 나를 알아주는 이가 있으면, 아무리 멀리 떨어져 있어도 가까이 있는 것과 같다. 툉 근접하다. 가까이 있다. 이웃하다. 인접하다. ¶他家一一个公园。=그의 집은 공원 가까이 인접해 있다.

【比率】 bǐlǜ ☞【比值】 bǐzhí

【比美】 bǐměi 툉 수준이 거의 같다. 비길 수 있다. 견줄 수 있다. ¶该厂新产品足可与名牌~。=이 공장의 신상품은 충분히 유명 상표와 견줄 수 있다.

【比目鱼】 bǐmùyú 몡(動) 넙치·광어·도다리·가자미 등의 통칭. =【偏口鱼】 piānkǒuyú

【比拟】 bǐnǐ 몡(言) 의인법. 툉 비교하다. ¶难以~=비교하기 어렵다.

【比年】 bǐnián 몡툉 1 근년. 2 매년. =【比岁】 bǐsuì

【比配】 bǐpèi 혱 서로 어울리다. 균형을 이루다. ¶小两口看起来很~。=젊은 부부는 보기에 무척 잘 어울린다.

【比拼】 bǐpīn 툉 온 힘을 다하여 시합하다〔겨루다〕. ¶两队都尽力, 以求提前出线。=양팀 모두는 (본선에) 먼저 진출하기 위해 온 힘을 다해 겨루었다.

【比丘】 bǐqiū 몡(佛) 남자 중. 비구. 몡 bhikṣu.

【比丘尼】 bǐqiūní 몡(佛) 여승. 비구니. 몡 bhikṣuṇī.

【比热】 bǐrè ☞【比热容】 bǐrèróng

【比热容】 bǐrèróng 몡(物) 비열(比热). =【比热】 bǐrè

【比容】 bǐróng 몡 비용. 비부피. [단위 질량의 물체가 차지하는 부피]

【比如】 bǐrú 툉 예를 들어. 예를 들면. 예컨대.

【比萨饼】 bǐsàbǐng 몡와 피자(pizza).

【比萨斜塔】 bǐsà xiétǎ 몡와 피사의 사탑.

【比赛】 bǐsài (체력이나 실력을) 겨루다. 시합하다. 다투다. 경기하다. ¶~跑步=달리기 실력을 겨루다. 몡 경기. 시합. ¶足球~=축구 경기.

【比上不足, 比下有余】 bǐ shàng bù zú bǐ xià yǒu yú 꿩 1 위에 비하면 조금 떨어지고, 아래에 비하면 조금 낫다. 2 현 상황에 만족하다. 진취적으로 노력하지 않다.

【比试】 bǐ·shi 툉 1 겨루다. 시합하다. ¶~棋术=바둑의 기량을 겨루다. 2 손시늉을 하다. ¶他只是简单~了一下。=그는 간단히 손시늉만 하였다.

【比手画脚】 bǐshǒu-huàjiǎo 꿩 손짓 발짓을 하다.

【比岁】 bǐsuì ☞【比年】 bǐnián

【比索】 bǐsuǒ 몡와(經) 1 페소(peso). [스페인의 구(舊) 통화 단위] 2 페소(peso). [필리핀과 일부 중남미 국가의 통화 단위]

【比特】 bǐtè 몡와 비트(bit).

【比武】 bǐ‖wǔ 툉 무예를 겨루다. 무예 시합을 하다. 비무하다. ¶~招亲=무예를 겨루게 하여 사위로 맞이하다. 몡 시합·경기의 총칭. ¶技术~=기술 시합.

【比兴】 bǐxìng 몡 비(比)와 흥(興). [중국 고전시 창작에서의 전통적인 두 가지 수법]

【比翼】 bǐyì 툉 1 날개를 나란히 하고 날다. 2 남녀가 뜻이 맞아 늘 붙어다니다. ¶小两口~而飞。=젊은 부부는 늘 붙어다닌다.

【比翼连理】 bǐyì-liánlǐ 꿩 1 비익조(比翼鸟)와 연리지(連理枝). 2 애정이 넘치는 부부. 끊을〔떨어질〕수 없는 관계.

【比翼鸟】 bǐyìniǎo 몡 1 (動) 비익조. 2 애정이 넘치는 부부. [옛 시에서 자주 등장함]

【比翼齐飞】 bǐyì-qífēi 꿩 1 부부가 애정이 넘쳐늘 함께 있다. 2 서로 돕다. 함께 나아가다.

【比喻】 bǐyù 몡(言) 비유(법). 툉 비유하다. ¶有人把中国~成世界工厂。=어떤 사람은 중국을 세계의 공장으로 비유한다.

【比喻义】 bǐyùyì 몡(言) 비유 의미.

【比照】 bǐzhào 툉 1 비교 대조하다. 비교하여 맞추어 보다. ¶两相~, 所差无几。=둘을 비교해 보니 차이점은 몇 안 된다. 2 (기존의 격식·표준·방법 등을) 따르다. 본뜨다. ¶~例子做题。=예를 본떠서 문제를 만들다.

【比值】 bǐzhí 몡(數) 비율. =【比率】 bǐlǜ

【比重】 bǐzhòng 몡 1 비중. 2 (物) 비중. 몡 specific gravity

【比作】 bǐzuò 툉 …에 비교하다. …로 비유하다. ¶他常被人~唐僧。=그는 늘 다른 사람들에게 현장법사(흐리멍덩하여 시비를 명확히 하지 못하는 사람)로 비유당한다.

**呲** bī 새 소리 필
☞ pī
【呲啶】 bīdìng 명 (化) 피리딘(pyridine).
【呲咯】 bīluò 명 (化) 피롤(pyrrole).

**佊** bǐ 간사할 피
형문 사악하다.

**沘** bǐ 강 이름 비
【沘江】 Bǐjiāng 명 (地) 비장. [윈난(云南)성에 있는 강 이름]

**妣** bǐ 죽은 어미 비
명문 돌아가신 어머니. 망모(亡母). ¶考~=돌아가신 부모.

**\*彼** bǐ 저것 피
대 1 그것. 저것. 저기. 저 쪽. ¶由此及~=여기부터 저기까지. 2 타인. 상대방. 반대편. 그. 그들. ¶知己知~, 百战不殆. =상대를 알고 나를 알아야 싸울 때마다 위태롭지 않다. ↔此 己
【彼岸】 bǐ'àn 명 1 명 (강·호수·바다 등의) 반대편. 대안(對岸). ¶黄河~=황허의 반대편. 2 (佛) 피안. 3 비 이르고자 하는 경지. 동경하고 있는 경지. ¶美好的~=아름다운 동경의 세계.
【彼此】 bǐcǐ 대 1 피차. 상호. 서로. 쌍방. 양쪽. 자타. ¶难分~=이편과 저편을 나누기 힘들다. 2 서로 마찬가지입니다. [인사말로, 흔히 중첩하여 대답하는 말로 쓰임] ¶A: "您受累了!" B: "~~!" =A: "고생하셨습니다!" B: "서로 마찬가지죠!"
【彼一时, 此一时】 bǐ yī shí, cǐ yī shí 승 1 그때는 그 때이고 지금은 지금이다. 2 시간이 달라지면 상황도 달라진다.

**秕**[(粃)] bǐ 질이 나쁜 쌀 비
형 1문 나쁘다. 악하다. 2 (곡식의 낟알이) 꽉 차지 않다. ¶~粒=쭉정이. 명 쭉정이.
【秕子】 bǐ·zi 명 (곡식의) 쭉정이.

**\*笔**[筆] bǐ 붓 필
명 1 펜. 필기 도구. ¶签字~=사인펜. 수성펜. / 提~作文=펜을 들어 글을 짓다. 2 한자(漢字)의 필획(筆畫). 획수(畫數). 가필(加筆). ¶"中"字有四~="中"자는 4획이다. 3 (글씨·그림·작문 등의) 필법(筆法). 필치. ¶生花妙~=아름다운 필치. 4 필적. ¶绝~=최후의 작품. 동 쓰다. 기록하다. ¶亲~书写=친필로 쓰다. 양 1 몫. 건. [돈이나 그와 관련된 것에 쓰임] ¶两~款子=두 몫의 돈. 2 서화(書畫) 솜씨에 쓰임. ¶写一~好的书法=훌륭한 붓글씨를 쓰다.

○→ 表bī笔, 辍chuò笔, 刀笔, 附fù笔, 搁gē笔, 工笔, 湖hú笔, 金笔, 绝jué笔, 开笔, 蜡là笔, 落笔, 漫màn笔, 毛笔, 命笔, 木笔, 排pái笔, 铅笔, 亲笔, 曲qū笔, 冗rǒng笔, 润rùn笔, 涉şè笔,

笔, 石笔, 手笔, 水笔, 随笔, 铁笔, 秃tū笔, 文笔, 下笔, 译yì笔, 执zhí笔, 朱zhū笔, 主笔, 拙zhuō笔, 着zhuó笔, 走笔

【笔笔挺挺】 bǐ·bi tǐngtǐng (~的) 형 똑바르다. 곧다. 반듯하다. 매끈하다.
【笔才】 bǐcái 명 글재주.
【笔触】 bǐchù 명 (글씨·그림·잡문 등의) 필치(筆致). 필법. ¶洗练的~=세련된 필치.
【笔答】 bǐdá 동 필답하다. 서면으로 답하다. ¶~考题=필답 고사. 필기 시험.
【笔大如椽】 bǐdà-rúchuán 성 1 붓이 서까래처럼 크다. 2 비 글·그림 등이 대작이다. =【大笔如椽】 dàbǐ-rúchuán
【笔胆】 bǐdǎn 명 (만년필 속의) 잉크 통[튜브].
【笔道】 bǐdào 명 구 글씨의 선. ¶~太粗=글씨 선이 너무 굵다.
【笔底生花】 bǐdǐ-shēnghuā 성 1 글이 아주 아름답다. 2 명 날조된 글을 짓는 데 능란하다. =【笔下生花】 bǐxià-shēnghuā
【笔底下】 bǐdǐ·xia 명 글재주. 문장력. ¶他有两下子。=그는 글재주가 매우 뛰어나다.
【笔调】 bǐdiào 명 글의 스타일(style). 풍격. 필치. ¶~谐谑有趣=필치가 익살스럽고 재미있다.
【笔陡】 bǐdǒu 형비 깎아지른 듯이 가파르다. ¶~的悬崖=깎아지른 듯이 가파른 절벽.
【笔端】 bǐduān 명 (글씨·그림·문장 등의) 붓놀림. 붓끝. 운필. 취치. ¶~颇富哲理=붓끝에 풍부한 철리(哲理)가 담겨 있다.
【笔伐】 bǐfá 동 글로 성토하다. ¶口诛~=말과 글로써 성토하다.
【笔法】 bǐfǎ 명 (글씨·회화·문장의) 기교. 특색. 필치. ¶~澄淡雅致=필치가 깨끗하고 운치가 있다.
【笔锋】 bǐfēng 명 1 붓의 끝. 필봉. 2 비 (시나 그림의) 필세. 필력. ¶~遒劲=붓끝에 힘이 넘치다.
【笔杆儿】 bǐgǎnr ☞【笔杆子】 bǐgǎn·zi
【笔杆子】 bǐgǎn·zi 1 (붓이나 펜의) 손잡이 부분. 붓대. =【笔杆儿】 bǐgǎnr 2 글 쓰는 능력. =【笔杆儿】 bǐgǎnr 3 글을 잘 쓰는 사람.
【笔耕】 bǐgēng 동 필경하다. 글을 쓰다. 글을 업으로 삼다. ¶他一生~不辍, 著述颇丰. =그는 일생 동안 글쓰기를 멈추지 않아서, 저술이 아주 많다.
【笔供】 bǐgòng 명 서면 자백서.
【笔管】 bǐguǎn (~儿) 명 붓대.
【笔管条直】 bǐguǎn tiáozhí 성비 (주로 직립한 사물을 가리키는 것으로) 붓대처럼 곧다. 꼿꼿하다.
【笔盒】 bǐhé 명 필통. 필갑(筆匣).
【笔划】 bǐhuà ☞【笔画】 bǐhuà
【笔画】[笔划] bǐhuà 명 1 필획(筆畫). 2 획수(畫數). ¶按首字~排列=첫 글자의 획수에 따라 배열하다.
【笔会】 bǐhuì 명 1 작가 연합회. 작가 모임. 국제펜 클럽(P.E.N Club). 2 문예 포럼(forum). 문예공개 토론회. ¶诗歌创作~=시가 창작 포럼.

【笔记】bǐjì 图 1 필기. 기록. ¶会议~ = 회의 기록. 2 수기(手記). 필기. [수필식의 중국 문체의 하나] 동 필기하다. 기록하다. ¶他口述, 你~。 = 그가 구술하면, 네가 필기해라.

【笔记本】bǐjìběn 图 1 노트. 수첩. 비망록. 2 ☞【笔记本电脑】bǐjìběn diànnǎo

【笔记本电脑】bǐjìběn diànnǎo 图 노트북 컴퓨터(notebook computer). ⓐ ☞【笔记本】bǐjìběn

【笔记小说】bǐjì xiǎoshuō 图 필기 소설. [기록 위주의 중국 문학의 한 장르]

【笔迹】bǐjì 图 필적. 글씨의 필획과 모양. ¶辨认~ = 필적을 판별하다.

【笔架】bǐjià(~儿) 图 붓걸이. 붓꽂이.

【笔尖】bǐjiān(~儿) 图 1 펜[붓] 끝. 2 (만년필의) 펜촉.

【笔匠】bǐjiàng 图 붓을 만드는 장인(匠人).

【笔力】bǐlì 图 필력. 필치. ¶~刚健 = 필력이 강건하다.

【笔立】bǐlì 동 직립하다. 곧게 서다. ¶群峰~ = 많은 봉우리가 (붓처럼) 똑바로 서 있다.

【笔录】bǐlù 동 기록하다. 필기하다. ¶~作家口授 = 작가의 구술을 필기하다. 图 기록한 글. ¶访谈~ = 탐방 취재 기록.

【笔路】bǐlù 图 1 창작의 구상. ¶~通畅 = 구상이 막힘이 없다. 2 필법(筆法). 서법(書法). ¶~各谈 = 필법이 각기 다르다.

【笔帽】bǐmào(~儿) 图 펜뚜껑. 붓두껍.

【笔名】bǐmíng 图 필명.

【笔墨】bǐmò 图 1 붓과 먹. 2 글자. 문장. 글. 시문(詩文). 서화(書畫). ¶~酣畅淋漓 = 글이 호쾌하여 거리낌이 없다.

【笔墨官司】bǐmò-guān·si 图 필전(筆戰). 서면을 통한 논쟁.

【笔难尽述】bǐnánjìnshù 图 글로 모든 것을 나타낼 수 없다.

【笔铅】bǐqiān 图 연필심. 흑연.

【笔润】bǐrùn 图 1 휘호료. 2 ⓐ 원고료.

【笔舌】bǐshé 图(비) (글의) 언어. 글과 말.

【笔试】bǐshì 图 필기 시험. [ˊ口试(구두 시험)' 와 구별됨]

【笔势】bǐshì 图 1 (글·그림 등에서) 붓을 쓰는 풍격. 필세(筆勢). 필력(筆力). ¶~沉雄 = 필세가 차분하면서 힘이 있다. 2 시(문)나 글의 기세. ¶~跌宕, 变化多姿。 = 글의 기세가 분방하고 변화가 많아 다채롭다.

【笔受】bǐshòu 동 ⓐ 남이 구술하는 것을 적다.

【笔顺】bǐshùn 图 획순. 필순.

【笔诉】bǐsù 동 서면으로 고소하다. ↔口诉

【笔算】bǐsuàn 동 필산하다. 붓셈하다. 글로 써서 계산하다. ¶~一下, 看口算的结果对不对。 = 한번 필산해서 암산한 결과가 맞는지 봐라. 图 필산. 붓셈. ¶这道题必须用~。 = 이 문제는 반드시 필산해야 한다.

【笔谈】bǐtán 동 1 서면으로 의견을 발표하여 담화를 대신하다. 2 필담(筆談)하다. 图 (수필 형식으로 서사하거나 경물을 묘사하는) 중국 문체의 하나. [주로 서명(書名)으로 쓰임] ¶沈括曾著《梦溪~》。 = 심괄은 일찍이《몽계필담》을 지었다.

【笔套】bǐtào(~儿) 图 1 펜뚜껑. 붓두껍. 2 필낭(筆囊).

【笔体】bǐtǐ 图 필체. 필적.

【笔挺】bǐtǐng 圈 1 (옷 등이) 빳빳하다. 매끈하다. 반듯하게 줄이 서다. ¶~的西装 = 빳빳하게 다려진 양복. 2 (펜대처럼) 곧다. 똑바르다. ¶保安~地站在大门旁。 = 경비원이 대문 옆에 똑바로 서 있다.

【笔筒】bǐtǒng 图 필통. 붓 통.

【笔头儿】bǐtóur 图 1 펜[붓] 끝. 2 작문 능력. 필력. 문장력. 글재주. =【笔头子】bǐtóu·zi ¶他~来得快。 = 그는 글을 빨리 쓴다.

【笔头子】bǐtóu·zi ☞【笔头儿】bǐtóur

【笔秃墨干】bǐtū-mògān 图 온 힘을 다해서 글을 짓다.

【笔误】bǐwù 동 글자를 잘못 쓰다. 오기하다. ¶那是不小心~造成的。 = 그것은 부주의하여 잘못 써서 그런 것이다. 图 잘못 쓴 글자. 오기. ¶校改~ = 잘못 쓴 글자를 교정하다.

【笔洗】bǐxǐ 图 필세(筆洗). 붓을 빼는 그릇.

【笔下】bǐxià 图 1 글재주. 문장 능력. ¶~了得 = 글재주가 대단하다. 2 글자. 글. 문장. ¶~不畅 = 글이 매끄럽지 않다. 3 (글을 쓸 때의) 어휘 선택과 의도. ¶~宽容 = 글의 어휘와 의도가 너그럽다.

【笔下留情】bǐxià-liúqíng 图 글을 쓸 때에 사정을 고려하여 관대하게 쓰다.

【笔下生花】bǐxià-shēnghuā ☞【笔底生花】bǐdǐ-shēnghuā

【笔心】[笔芯] bǐxīn 图 연필심. 볼펜심.

【笔芯】bǐxīn ☞【笔心】bǐxīn

【笔形】bǐxíng 图 필획의 구체적인 형태.

【笔削】bǐxuē 동 1 시문(詩文)을 지우거나 고치다. 산정(删定)하다. 첨삭(添削)하다. ¶孔子~《春秋》。 = 공자는《춘추》를 산정하였다. 2 ⓐ (글 등을) 첨삭해 주세요. 고쳐 주세요. ¶敬请~ = 삼가 글을 첨삭해 주십시오.

【笔译】bǐyì 동 서면 번역하다. [ˊ口译(통역)' 와 구별]

【笔意】bǐyì 图 서화나 시문의 의도[취지]. 작가의 의도. ¶~飘逸 = 작가의 취지가 분방하다.

【笔友】bǐyǒu 图 펜팔 친구.

【笔札】bǐzhá 图 1 붓과 종이. 2 문장. 서신. 글.

【笔债】bǐzhài 图 (청탁을 받고 아직) 건네지 못한 서화·글.

【笔战】bǐzhàn 동 필전하다. 글로 논쟁하다. ¶二人~正酣。 = 두 사람은 지금 필전이 한창이다. 图 필전(筆戰). ¶展开~ = 필전을 펼치다.

【笔者】bǐzhě 图 작가. (작가의 자칭으로) 필자.

【笔政】bǐzhèng 图 1 편집 일(사무). 2 (신문 편집에서) 중요 평론을 쓰는 일.

【笔直】bǐzhí 圈 아주 똑바르다. 매우 곧다. ¶~的街道 = 곧게 뻗은 거리. ↔弯曲 曲折

【笔直笔直】bǐzhí bǐzhí(~的) 圈 매우 곧다. ¶高速公路修得~的。 = 고속도로를 아주 곧게 건설하였다.

【笔致】**bǐzhì** 몡 필치. 글솜씨. ¶~有风趣 = 필치가 유머스럽다.
【笔诛墨伐】**bǐzhū-mòfá** 쉽 글로써 성토하다.
【笔资】**bǐzī** 몡(예) 원고료. 필경료.
【笔走龙蛇】**bǐzǒu-lóngshé** 쉽 필치에 생동감이 넘치고 거리낌없이 분방하다.

## 俾 **bǐ** 시킬 비
동(문) …하게 하다. ¶~有所悟 = 깨달은 바가 있도록 하다.

## 舭 **bǐ** 배 밑 비
몡(외) 배 밑 만곡부. 영 bilge.
【舭䑐】**bǐdá** 몡 고대의 배의 일종.

## **鄙** **bǐ** 비속할 비
형 1 비속하다. 저속하다. 비천하다. 조야(粗野)하다. ¶卑~下流 = 비속하고 저질이다. 2 (문) 저의. 소인의. [자신에 대한 겸칭] ¶此乃~意所使 = 이것은 저의 소견으로 그렇게 한 것입니다. 동 무시하다. 얕잡아 보다. 경멸하다. 경시하다. 몡 甚为~夷 = 아주 무시하다. 몡 멀리 떨어진 곳. 벽지. 두메 산골. ¶边~ = 멀리 떨어진 벽지(僻地). ≒卑.

○● 粗鄙, 可鄙, 猥wěi鄙, 芜wú鄙

【鄙薄】**bǐbó** 동(문) (주로 겸손의 말로) 보잘것없다. 비천하다. ¶~之意 = 보잘것없는 생각. 동 경시하다. 무시하다. 경멸하다. 얕보다. 멸시하다. ¶一脸~之色 = 온 얼굴에 가득한 무시하는 듯한 기색.
【鄙称】**bǐchēng** 동 얕보아(깔보아) 일컫다(칭하다). ¶他被人~为吝啬鬼. = 그는 사람들한테 노랑이로 일컬어진다. 몡 비칭. 얕잡아 부르는 호칭. ¶马屁精是对阿谀逢迎者的~. = '马屁精'은 아첨꾼에 대한 비칭이다.
【鄙夫】**bǐfū** 몡 1 비속한 사람. 비천한 사람. 무지한 사람. 2 (문) 저. 소인. 소생. ¶乡野~, 没有什么见识. = 미천한 시골 사람이라 무슨 식견이랄 것이 없습니다.
【鄙见】**bǐjiàn** 몡(문)(겸) 제 생각. 우견(愚見). 소견. ≒鄙意
【鄙俚】**bǐlǐ** 형(문) 비속하다. 속되다. 거칠다. ¶言辞太过~ = 언어가 너무 비속하다.
【鄙吝】**bǐlìn** 형(문) 1 비속하다. ¶识见~ = 식견이 비속하다. 2 지나치게 인색하다. ¶为人~ = 사람이 지나치게 인색하다.
【鄙陋】**bǐlòu** 형 1 식견이 천박하다. ¶才学~ = 재주와 학문이 천박하다. 2 (차림새가) 궁색하다. 초라하다. 추하다. ¶样貌粗俗~ = 생김새가 초라하고 추하다. ≒渊博
【鄙弃】**bǐqì** 동 무시하다. 싫어하다. ¶被人~ = 남에게 무시당하다. ≒唾弃
【鄙人】**bǐrén** 몡 1 (겸) 저. 소인. 소생. [자신에 대한 겸칭] ¶~无能 = 저는 무능합니다. 2 지식이 천박한 사람. 시골 사람. 시골뜨기. 촌사람.
【鄙视】**bǐshì** 동 경멸하다. 경시하다. 무시하다.

업신여기다. 깔보다. 얕잡아 보다. ¶他极为~伪善之人. = 그는 위선적인 사람을 아주 업신여긴다. ≒鄙夷 ↔重视
【鄙俗】**bǐsú** 형 거칠다. 용속하다. 천하다. 저속하다. ¶出言~ = 말을 거칠게 하다. ↔高雅
【鄙屑】**bǐxiè** 동 경멸하다. 경시하다. 무시하다. 업신여기다. 깔보다. 얕잡아 보다.
【鄙夷】**bǐyí** 동(문) 경시하다. 경멸하다. 깔보다. 무시하다. 얕잡아 보다. ¶他对此极为~. = 그는 이것에 대하여 아주 우습게 생각한다. ≒鄙视 ↔重视 崇敬
【鄙意】**bǐyì** 몡(겸) 저의 생각. 우견. 소견. ≒鄙见

## 币[幣] **bì** 돈 폐
몡 화폐. 돈. ¶金~ = 금화. / 人民~ = 인민폐(RMB).

○● 本币, 法币, 辅fǔ币, 港gǎng币, 货huò币, 钱币, 赝yàn币, 铸zhù币

【币市】**bìshì** 몡 (기념 화폐·옛날 화폐 등을 매매하는) 화폐 시장.
【币值】**bìzhí** 몡(經) 화폐 가치.
【币制】**bìzhì** 몡(經) 화폐 제도.

## **必** **bì** 반드시 필
뷔 1 반드시. 꼭. 분명히. 틀림없이. 필연. ¶得道者~胜. = 올바른 방법을 터득한 자가 반드시 이기기 마련이다. 2 반드시 …해야 한다. ¶事~亲为 = 일은 본인이 직접 해야 한다. 몡 (Bì) 성(姓).

○● 不必, 何必, 势shì必, 未wèi必, 务必, 想必

【必备】**bìbèi** 동 반드시 구비하다(갖추다). ¶居家~ = 집에 반드시 구비해야 한다.
【必不可少】**bìbùkěshǎo** 쉽 절대적으로 필요하다. 필수적이다. 꼭 필요하다. 결코 빠트릴 수 없다. 없어서는 안 되다.
【必得】**bìděi** 뷔 반드시 …해야 한다. ¶~亲历 = 반드시 직접 겪어야 한다.
【必定】**bìdìng** 뷔 1 반드시. 의심할 바 없이. ¶~马到成功 = 분명히 일이 순리대로 잘 풀릴 것이다. 2 기필코. 꼭. ¶请放心, 我~按时完成. = 마음놓으십시오, 내가 기필코 제 시간 안에 완성하겠습니다. ≒一定 定然 必然 ↔未必
【必恭必敬】**bìgōng-bìjìng** ☞【毕恭毕敬】**bìgōng-bìjìng**
【必将】**bìjiāng** 뷔 반드시 …할 것이다. ¶~出现 = 분명히 나타날 것이다.
【必经之路】**bìjīngzhīlù** 쉽 반드시 거쳐야 할 길 또는 과정.
【必然】**bìrán** 형 필연적이다. ¶~结果 = 필연적인 결과. 몡(哲) 필연. ¶优胜劣汰乃自然界的~. = 우수한 것이 살아남고 열등한 것이 도태되는 것은 자연계의 필연이다. 뷔 분명히. 반드시. 꼭. 필연적으로. ¶他~这样做. = 그는 분명 이

○ 必 bì
  毖 bì
  泌 bì
  铋 bì
  密 mì
  蜜 mì
  秘 mì
  宓 mì

렇게 할 것이다. ≒一定 必定 定然 ↔未必 偶然
【必然趋势】bìrán qūshì 〈名〉필연적인 추세.
【必然事件】bìrán shìjiàn 〈名〉필연적인 사고나 사건.
【必然王国】bìrán wángguó 〈名〉〈哲〉필연의 왕국. [사람이 객관 세계의 규율을 이해하거나 파악하기 전 자유 의지가 없고 행동은 필연성의 지배를 받게 되는 상태] ↔自由王国
【必然性】bìránxìng 〈名〉〈哲〉필연성. ↔偶然性
【必死】bìsǐ 반드시 사망하다. ¶~无疑=의심할 여지 없이 반드시 사망할 것이다. 〈喩〉죽을 각오로. 필사적으로. ¶~斗争=필사적으로 투쟁하다.
【必修】bìxiū 〈动〉필수 과목으로 이수하다. 반드시 학습〔수강〕해야 한다. ¶~功课=필수 과목.
【必修课】bìxiūkè 〈名〉필수 과목. [选修课(선택 과목)'와 구별됨]
【必须】bìxū 〈副〉 1 반드시 …해야 한다. 꼭 …해야 한다. 기필코 …해야 한다. ¶~努力学习=반드시 열심히 공부해야 한다. 2 (명령·요구·지시에 의해) 부득불. 어쩔 수 없이. 반드시. 꼭. 기필코. ¶作业明天~完成。=숙제는 내일 반드시 다 해야 한다. ≒务必 ↔无须 不必

---

必须(bìxū) / 必需(bìxū)

必须(반드시 …해야 한다) : 부사로, 동사와 형용사를 수식하며 부정형은 '不必·不须' 임. ¶明天你必须来上课。=내일 너 꼭 수업하러 와야 해. / 新闻报道的内容必须真实。=뉴스 보도 내용은 반드시 진실되어야 한다.

必需(꼭 필요로 하다·반드시 있어야 한다) : 동사로, 술어와 수식어로 쓸 수 있으나, 주로 수식어로 쓰임. 부정형은 '不需' 임. ¶牙刷是群众必需的生活用品。=칫솔은 사람들에게 꼭 필요한 생활 용품이다. / 我们已经为这次活动准备好了一切必需的东西。=우리는 이번 활동을 위해서 이미 모든 필요한 물건들을 준비했다.

---

【必需】bìxū 〈动〉반드시〔꼭〕필요로 하다. 없어서는 안 되다. 빠트릴〔빠트릴〕수 없다. ¶生活~品=생활 필수품. ¶住房是生活的~。=살 집은 생활의 필수품이다.
【必需品】bìxūpǐn 〈名〉 1 필수품. 2 생활 필수품.
【必需脂肪酸】bìxū zhīfángsuān 〈名〉〈生〉필수 지방산.
【必要】bìyào 〈形〉 1 필요로 하다. ¶~时, 我们可以献出自己的所有。=필요할 때 우리는 자신의 모든 것을 바칠 수 있다. 2 없어서는 안 되다. ¶这些是~的准备。=이것들은 없어서는 안 될 준비 사항이다. 〈副〉필요(성). ¶这样做根本没有~。=이렇게 할 필요가 전혀 없다.
【必要产品】bìyào chǎnpǐn 〈名〉〈經〉필요 노동에 의하여 생산된〕필요 생산물.
【必要劳动】bìyào láodòng 〈名〉〈經〉필요 노동.
【必由之路】bìyóuzhīlù 〈成〉 1 반드시 거쳐야 할 길. 2 〈比〉반드시 지켜야 할 규율.

【必有】bìyǒu 〈动〉틀림없이 있다. ¶三人行, ~我师焉。=세 사람이 길을 가면 그 가운데 반드시 나의 스승이 있다.
【必争之地】bìzhēngzhīdì 〈名〉쌍방이 반드시 다 투게 될 전략적 요충지.
【必至】bìzhì 〈动〉반드시 이르다. 분명히 온다. 기필코 (그렇게) 되다. ¶~此路=반드시 이 길에 이르게 된다.
【必准】bìzhǔn 〈副〉반드시. 꼭. 정확히. 틀림없이. ¶他~外出旅游。=그는 반드시 멀리 여행하러 갈 것이다.

## **毕[畢]** bì 마칠 필
〈动〉완성하다. 끝내다. 마치다. 완결하다. ¶完~=끝내다. 〈副〉전부. 완전히. 모두. ¶原形~露=본래의 모습이 남김없이 다 드러나다. 〈名〉 1 (과거 사냥용의) 긴 손잡이가 달린 그물. 2 〈天〉필성(畢星). [이십팔수(二十八宿)의 하나] 3 (Bì)성(姓).
【毕毕剥剥】bì·bi bōbō (~的) 〈拟〉딱딱. 탁탁. 톡톡. [탈 때 갈라지는 소리] ¶木柴~的燃烧着。=장작이 탁탁 소리를 내면서 타고 있다.
【毕剥】bìbō 〈拟〉딱딱. 탁탁. 톡톡. [탈 때 갈라지는 소리] ¶燃烧的树枝~作响。=타고 있는 나뭇가지가 톡톡 소리를 낸다.
【毕恭毕敬】[必恭必敬] bìgōng-bìjìng 〈成〉〈書〉극도로 공경하다. 매우 공경하다. 아주 정중하다.
【毕竟】bìjìng 〈副〉결국. 끝내. 필경. 어디까지나. ¶~心有余而力不足。=결국 마음은 있지만 힘이 부족하다.
【毕露】bìlù 〈动〉〈書〉완전히 드러나다〔폭로되다〕. ¶丑态~=추태가 낱낱이 드러나다.
【毕命】bìmìng 〈动〉〈書〉(주로 비명횡사를 가리켜) 죽다. 절명하다. 생을 마감하다. ≒毙命
【毕生】bìshēng 〈名〉일생. 평생. 한평생. ¶~的心愿=평생의 바람. ≒终生 终身
【毕肖】bìxiào 〈动〉꼭 같다. 완전히 닮다. ¶风格~=풍격이 완전히 같다.
【毕业】bì‖yè 〈名〉〈动〉졸업(하다). ¶研究生~=대학원을 졸업하다.
【毕业生】bìyèshēng 〈名〉졸업생.
【毕业论文】bìyè lùnwén 〈名〉졸업 논문.

## **闭[閉]** bì 닫을 폐
〈动〉 1 닫다. 다물다. ¶~上嘴巴=입을 다물다. 2 막혀서 통하지 않다. 막히다. ¶耳目~塞=귀와 눈이 막히다. 3 정지하다. 끝나다. 끝내다. 멈추다. ¶倒~=(도산하여) 문을 닫다. 〈名〉(Bì)성(姓). ≒关 合 ↔开 张 启

○→ 倒dǎo闭, 封fēng闭, 关guān闭, 禁jìn闭, 经jīng闭, 密mì闭, 停tíng闭, 幽yōu闭

【闭关】bìguān 〈动〉 1 관문(關門)을 닫다. 2 〈비〉바깥 세계와 단절하다. 봉쇄하다. ¶~政策=봉쇄 정책. 쇄국 정책. 3 〈佛〉승려가 외부와의 접촉을 끊고 홀로 정진하다.
【闭关锁国】bìguān-suǒguó 〈成〉문호를 봉쇄하

【闭关自守】**bìguān-zìshǒu** ⓢ 1 문호를 봉쇄하고 타국과 내왕하지 않다. 쇄국 정책을 실시하다. 2 ㉻ 바깥 세계와 교류하지 않다.
【闭馆】**bìguǎn** ⓥ (도서관 등이) 폐관하다.
【闭合】**bìhé** ⓥ(電) (회로·전류를) 접속하다. 잇다.
【闭合电路】**bìhé diànlù** ⓝ(電) 폐회로. 닫힌 회로.
【闭户】**bìhù** ⓥ 문을 닫다.
【闭会】**bìhuì** ⓥ 폐회하다. 회의를 마치다. ¶即将～=곧 폐회할 것이다. ㉻ 폐회.
【闭架】**bìjià** ⓥ 도서관이나 서점의 책꽂이를 열람자에게 직접 공개하지 않다. ¶～式=폐가제. 폐가식. ↔开架
【闭经】**bìjīng** ☞【经闭】**jīngbì**
【闭卷】**bìjuàn**(~儿) ⓥ 1 시험을 치를 때 관련 자료를 못 보게 하다. ¶～考试=책을 덮고 보는 시험. 2 책을 덮다. ↔开卷
【闭口】**bìkǒu** ⓥ 1 입을 다물고 말을 하지 않다. 입을 봉하다. 함구하다. 2 ㉻ 의견을 표시하지 않다. ¶～不语=입을 다물고 의견을 표시하지 않다.
【闭口藏舌】**bìkǒu-cángshé** ⓢㅅ 말을 하지 않거나 의견을 나타내지 않다.
【闭口韵】**bìkǒuyùn** ⓝ(言) 폐구 운모. [쌍순음(雙唇音) 'm' 이나 'b' 로 끝맺는 운모. 현대 중국어에는 이 음이 없음]
【闭路电视】**bìlù diànshì** ⓝ 폐쇄 회로 텔레비전. CCTV. 유선 텔레비전.
【闭门】**bìmén** ⓥ 1 문을 닫다. 2 은거하다. 바깥 세계와 왕래하지 않다.
【闭门不纳】**bìmén-bùnà** ⓢ 문을 닫고 내방객을 맞지 않다.
【闭门羹】**bìméngēng** ⓝ 문전 박대. ¶吃～=문전 박대를 당하다.
【闭门思过】**bìmén-sīguò** ⓢ 문을 닫아걸고 잘못을 반성하다.
【闭门谢客】**bìmén-xièkè** ⓢ 문을 닫고 내방객을 사절하다.
【闭门造车】**bìmén-zàochē** ⓢ 1 문을 닫고 수레를 만들다. 2 ㉻ 자신의 주관에만 의지해서 일을 처리하고 객관적인 현실을 등한시하다.
【闭目】**bìmù** ⓥ 1 눈을 감다. 2 죽다. ¶含冤～=원한을 품은 채 죽다.
【闭目塞听】**bìmù-sètīng** ⓢ 1 눈을 감고 귀를 막다. 보지도 듣지도 않다. 2 ㉻ 현실에서 도피하다. 현실을 완전히 외면하다.
【闭目养神】**bìmù-yǎngshén** ⓢ 눈을 감고 정신을 가다듬다.
【闭幕】**bì‖mù** ⓥ 폐막하다. 막을 내리다. 끝마치다. ¶奥运会胜利～。=올림픽 대회가 성공적으로 폐막되었다. ↔开幕
【闭幕式】**bìmùshì** ⓝ 폐막식.
【闭气】**bì‖qì** ⓥ 1 숨이 막히다. 질식하다. 기절하다. ¶一时着急, 闭过气去。=순간 숨이 막혀 기절했다. 2 잠시 숨을 멈추다. 숨을 죽이다. ¶～静听=잠시 숨을 멈추고 조용히 듣다.

【闭塞】**bìsè** ⓗ 1 외지다. (교통이) 불편하다. ¶～的山区=외딴 산간 지역. 2 소식에 어둡다. 아는 것이 적다. 밝지 못하다. ¶信息～=정보에 어둡다. 봉쇄되다. 소통되지 않다. ¶交通～=교통이 막히다. ↔灵通
【闭上眼睛捉麻雀】**bìshàng yǎn·jing zhuō máquè** ㉡ 1 눈을 감고 참새를 잡다. 2 ㉻ 실제에 입각하지 않는 작풍(作風).
【闭市】**bì‖shì** ⓥ (시장이나 상점이) 영업을 정지하다.
【闭锁】**bìsuǒ** ⓥ 1 폐쇄하다. ¶～系统=시스템을 폐쇄하다. 2(醫) (유기체의 통로가) 폐색되다. 꽉 막히다. ¶肠道～=장이 막히다.
【闭眼】**bì‖yǎn** ⓥ 1 눈을 감다. 2 참다. 용인하다. 못 본 척하다. ¶睁只眼闭只眼算了。=알고도 모르는 척 넘어가다. 3 죽다. ¶献身工作, ～方休。=몸을 바쳐 일하고, 죽어서야 그만두다.
【闭音节】**bìyīnjié** ⓝ(言) 폐음절. [자음으로 끝나는 음절]
【闭月羞花】【蔽月羞花】**bìyuè-xiūhuā** ⓢ 1 달이 숨게 하고 꽃이 부끄럽게 하다. 2 ㉻ 여인의 매우 아름다운 모습. =【羞花闭月】**xiūhuā-bìyuè** ≒沉鱼落雁

\* **庇** bì 덮을 비
ⓥ 가리다. 엄호하다. 보호하다. ¶荫～=몰래 보호하다. / 包～=비호(庇護)하다.

○● 托tuō庇, 荫yìn庇

【庇护】**bìhù** ⓥ 비호하다. 감싸고 보호하다. ≒袒护
【庇护权】**bìhùquán** ⓝ(政) 비호권.
【庇护所】**bìhùsuǒ** ⓝ 1(軍) 엄폐호. 2 ㉻ 보호소. 보관처. 은닉처.
【庇荫】**bìyìn** ⓥㅅ 1 (나무가) 햇빛을 가리다. ⓝㅅ㉻ 조상의 도움. 윗사람의 보살핌.
【庇佑】**bìyòu** ⓥㅅ (미신적인 측면에서) 보우하다. 가호하다. 보호하다. ¶上帝～万物生灵。=하느님이 모든 만물과 생명체를 보우하신다. ⓝ 비호. 도움.

**邲** Bì 땅 이름 필
ⓝ(地) 옛 지명. [지금의 허난(河南)성에 있었음]

**诐[詖]** bì 치우칠 피
ⓗ 치우치다. 편파적이다. 바르지 않다. ¶心险而行～。=마음은 험악하고 품행은 방정하지 않다. ⓥㅅ 변론하다.
【诐辞】**bící** ⓝㅅ 편파적인 말. 불공평한 언사.

**苾** bì 향기로울 필
ⓗㅅ 향기롭다.

**畀** bì 줄 비
ⓥㅅ 주다. 맡기다. ¶投～豺虎=(나쁜 놈을) 승냥이와 호랑이에게 던져 주다.

○ 畀 bì
痹 bì
鼻 bí
算 bì

## 闭[閟] bì 문 닫을 비
【형】【문】 삼가다. 근신하다. 【동】【문】 문을 닫다. 닫다.

## 沘 Bì 강 이름 비
【沘阳】 Bìyáng 【명】(地) 비양. [허난(河南)성에 있는 지명]
☞ mì

## 驰[駜] bì 말 살질 필
【형】【문】 말이 살지다.

## 玜 bì 칼 장식 옥 필
【명】【문】 칼집 하단의 장식용 옥(玉).

## 贲[賁] bì 꾸밀 비
【형】【문】 장식이 화사하다.
☞ bēn, féi

## 荜¹[蓽] bì 울타리 필
【명】 '筚(bì)' 와 같음.

## 荜²[蓽] bì 풀 이름 필
아래를 참조.
【荜拨】 bìbō 【명】(植) 필발(蓽茇).
【荜路蓝缕】 bìlù-lánlǚ ☞【筚路蓝缕】 bìlù-lánlǚ

## 柲 bì 자루 비
【명】【문】 창(槍)이나 극(戟) 등 무기류의 자루.

## 毖 bì 삼갈 비
【형】【문】 삼가다. 경계하다. 조심하다. 근신하다. 【동】 조심시키다. 경계시키다. ¶毖前~后 = 이전의 잘못을 훗날의 경계로 삼다.

## 哔[嗶] bì 소리나는 모양 필
【哔叽】 bìjī 【명】(紡) 베이지(beige). 서지 (serge).

## 饆[饆] bì 필라 필
【饆饠】 bìluó 【명】 고대의 음식 이름. [원래는 '抓饭(쌀에 양고기·양 기름·당근 등을 넣고 만든 육반(肉飯))을 가리키는 말인데, 후에는 '饼(빵·떡 등)' 도 가리킴]

## 陛 bì 섬돌 폐
【명】【문】 궁전의 계단.
【陛下】 bìxià 【명】 폐하.

## **毙[斃, 獘] bì 넘어져 죽을 폐
【동】 1 죽다. ¶坐以待~ = 앉아서 죽음을 기다리다. 2 【구】 총살하다. 사살하다. ¶那个抢劫杀人犯昨天被~了。 = 그 강도 살인범은 어제 총살당했다. 3 【문】 쓰러지다. 넘어지다. 망하다. 멸망하다. ¶多行不义必自~。 = 불의한 일을 많이 하면 반드시 스스로 자멸하게 된다.

---

◐● 击jī毙, 枪qiāng毙
【毙命】 bìmìng 【동】【문】 목숨을 잃다. 죽다. ≒毕命
【毙伤】 bìshāng 【동】 살상하다. 죽이거나 상처를 입히다.

## 铋[鉍] bì 비스무트 필
【명】【외】(化) 비스무트(Bi, bismuth). 창연(蒼鉛). [원자 번호 83]

## **秘[(祕)] bì 몰래 감출 비
【명】 1 ☞【秘鲁】 Bìlǔ 2 (Bì) 성(姓).
☞ mì
【秘鲁】 Bìlǔ 【명】(地) 페루(Peru). [수도는 '利马(리마 : Lima)' 임]

## 狴 bì 짐승 이름 폐
【狴犴】 bì'àn 【명】 1 폐한. [전설 속의 괴수로 과거에 감옥 문에 그려져 있었다고 함] 2 감옥.

## 梐 bì 울타리 폐
【梐枑】 bìhù 【명】 (지난날 관청 앞에 세워 행인을 막던) 나무 울타리. 목책(木柵).

## 庳 bì 집 낮을 비
【형】 1 낮게 움푹 들어가다. ¶~湿 = 낮아 습기가 차다. 2 (높이가) 낮다. ¶宫室卑~ = 궁실이 낮다.

## 敝 bì 낡을 폐
【형】 1 【문】 낡다. 헐다. ¶恶食~衣 = 조악한 음식과 낡은 옷. 2 【겸】 저의. [자기 또는 자기와 관련된 사물을 낮추는 말] ¶~舍 = 저의 집. 【동】【문】 지치다. 피곤하다. 쇠락하다. 피폐하다. ¶凋~ = 쇠퇴하다. / 疲~ = 지치다.

○ 敝 bì
蔽 bì
弊 bì
币 bì
憋 biē
蹩 bié
瞥 piē
撇 piē

【敝人】 bìrén 【명】【겸】 저. 소인. [자신에 대한 겸칭]
【敝俗】 bìsú 【명】 나쁜 풍속〔습속〕. ¶恶风~ = 좋지 못한 풍속.
【敝屣】 bìxǐ 【명】【문】 1 낡은 신발. 헌신짝. 2 비 아무 가치 없는 물건. 폐물. ¶弃之如~ = 마치 헌신짝 버리듯 버리다. →珍宝
【敝邑】 bìyì 【명】【겸】 자신의 국가에 대한 겸칭.
【敝帚千金】 bìzhǒu-qiānjīn ☞【敝帚自珍】 bìzhǒu-zìzhēn
【敝帚自珍】 bìzhǒu-zìzhēn 【성】 1 자신의 낡은 빗자루를 보배처럼 여기다. 2 【비】 비록 좋지 않은 것이지만 자기 것을 귀중하게 여긴다. ≒【敝帚千金】 bìzhǒu-qiānjīn

## 婢 bì 여자 종 비
【명】 하녀. ¶奴颜~膝 = 비굴하게 남의 비위를 맞추며 굽실거리다. 남에게 굽신거리며 아첨하다. ≒仆奴
【婢女】 bìnǚ 【명】【옛】 하녀. 비녀. 여종.

# 皕 bì 이백 벽

[수][문] 200. 이백.

# 贔[贔] bì 큰 거북 비

【贔屓】 **bìxì** ☞ 과거 전설 중 거북과 비슷하게 생긴 동물. [동][문] 힘을 쓰다(내다).

# 筚[篳] bì 울타리 필

[명][문] (대나무나 섶나무 등으로 만든) 울타리. 가리개. ¶蓬门~户 = 아주 가난한 사람의 집.
【筚篥】 **bìlì** ☞ 【觱篥】 **bìlì**
【筚路蓝缕】[篳路藍縷] **bìlù-lánlǚ** (성) 1 누더기 옷을 입고서 허술한 수레를 끌며 산림을 개척하다. 2 (비) 갖은 고생을 다하며 창업〔개척〕하다. ↔ 轻而易举

# 滭 bì 목욕간 벽

[명][문] 욕실.

# 愊 bì 답답할 픽

【愊臆】[愊臆] **bìyì** [형][문] 고민하다. 번민하다. 울적하다.

# 愎 bì 괴팍할 퍅

[형] 완고하다. 괴팍하다. 고집스럽다. ¶刚~自用 = 완강해서 자기 고집만 내세운다.

# 弼 bì 도울 필

[동][문] 돕다. ¶辅~ = 보필하다. 보좌하다.

# 蓖 bì 아주까리 비

[명](植) 아주까리. 피마자.
【蓖麻】 **bìmá** [명](植) 피마자. 아주까리. =【大麻子】 **dàmázǐ**

# 跸[蹕] bì 길 치울 필

[동][문] 경필(警驆)하다. [천자가 행차할 때 일반인의 통행을 금지시키고 길을 치우는 일] [명][문] 천자가 가고 머무는 것과 관련된 일. ¶驻~ = 주필하다. [임금이 거동하는 중간에 어가를 멈추고 머무르거나 숙박하는 것을 뜻함]

# 腷 bì 마음 답답할 픽

【腷臆】 **bìyì** ☞ 【愊忆】 **bìyì**

# *痹[痺] bì 저릴 비

[명](醫) 비증. ¶寒~ = 한비(寒痹). 通비(痛痹).
【痹症】 **bìzhèng** [명](醫) 비증. 중의학에서 바람·습기·한기로 인한 신체 부위의 통증이나 마비 증세를 가리킴]

# 滗[潷] bì 걸러 낼 필

[동] (찌꺼기·건더기 따위는 남기고 즙이나 액체를) 걸러 내다. 따라 내다. 부어 대다. 짜내다. ¶米淘好后, 把水~出去. = 쌀을 씻은 후 뜨물을 따라 내다.

# 裨 bì 보탤 비

[명] 도움. 이익. ¶多有~益 = 많은 도움이 있다. [동] 증가하다. 보태다. ¶~补阙漏 = 모자라고 빠지는 점을 보충하다.
☞ **pí**
【裨补】 **bǐbǔ** [동][문] 보완하다. 보충하다. ¶倘如此, 定能~阙漏, 有所增益. = 만약 이렇게 하면 분명히 허점을 보완하여 도움이 될 것이다. [명][문] 이익. ¶于事并无~ = 일에는 별로 도움이 될 게 없다.
【裨益】 **bìyì** [명][문] 도움. 이익. 보탬. ¶大有~ = 크게 도움이 되다. [동] 이익이 되다. 도움이 되다. ¶此乃~后世之作. = 이것은 후대에 도움이 되는 작품이다.

# **辟 bì 임금 벽

[명][문] 군주. 왕. ¶复~ = 물러났던 임금이 다시 왕위에 오름. 복벽(復辟).
[동][문] 1 제거하다. 배제하다. 물리치다. ¶除恶~邪 = 사악한 것을 물리치다. 2 군주가 불러서 관직을 내리다. ¶广为~举 = 군주가 널리 인재를 불러 채용하다. 3 '避(bì)'와 같음.
☞ **pī, pì**
【辟谷】 **bìgǔ** [동] 오곡을 먹지 아니하다. [고대 도가의 수련 방법의 일종]
【辟举】 **bìjǔ** [동][문] 징벽(徵辟)하다. 징초(徵招)하다. 불러서 천거하다. 등용하다. 거용(舉用)하다.
【辟邪】 **bì**‖**xié** [명] (고대 전설 중의 괴와 사악한 것을 물리친다는) 신령스러운 짐승. [동] 1 액막이를 하다. 2 요괴〔악귀〕를 물리치다. ¶~消灾 = 요괴를 물리치고 재난을 없애다.
【辟易】 **bìyì** [동][문] 뒷걸음질해서 피하다. 놀라서 뒤로 물러나다. ¶~道侧 = 뒷걸음질쳐서 길옆으로 피하다.

# **碧 bì 푸를 벽

[명][문] 청록색의 옥돌. [형] 청록색의. 푸른색의. ¶~水莹莹 = 청록색의 물빛이 투명하게 빛나다. ≒青 绿 蓝
【碧波】 **bìbō** [명] 푸른 물결. 푸른 파도. ¶千里~ = 천리에 걸친 푸른 물결.
【碧草】 **bìcǎo** [명] 푸른 풀. ¶~如茵 = 푸른 풀이 요처럼 깔려 있다.
【碧澄】 **bìchéng** [형] (물이나 하늘이) 푸르고 맑다. ¶~的蓝天 = 푸르고 맑은 하늘.
【碧海】 **bìhǎi** [명] 푸른 바다. ¶~万顷 = 깊고 푸른 바다가 만경이나 펼쳐지다.
【碧空】 **bìkōng** [명] 푸른 하늘. ¶万里~ = 만리나 펼쳐진 푸른 하늘.
【碧蓝】 **bìlán** [형] 청람색의. 짙푸른. ¶~的江水在夕阳下闪烁着无数金灿灿的光点. = 짙푸른 강물이 석양 아래에서 금빛 찬란한 빛을 무수히 반짝이고 있다.

【碧绿】**bìlǜ** 형 청록색의. 진녹색의. 짙푸르다. ¶放眼望去，一片~的原野。=시선을 들어 멀리 바라보니 온통 짙푸른 들녘이다.
【碧螺春】**bìluóchūn** 녹차의 일종. [본래 타이후(太湖)의 둥팅산(洞庭山)에서 생산됨]
【碧落】**bìluò** 명(문) 하늘. ¶~如洗=하늘이 씻은 듯 맑고 푸르다. ↔黄泉
【碧青】**bìqīng** 형 짙푸르다. 진녹색의.
【碧清】**bìqīng** 형 짙푸르고 맑다. ¶~的湖水倒映着春日的丽影。=짙푸르고 맑은 호수가 봄날의 아름다운 그림자를 드리우고 있다.
【碧色】**bìsè** 형 짙푸른 색. 청록색.
【碧桃】**bìtáo** 명《植》벽도. [복숭아나무의 변종]
【碧天】**bìtiān** 명 푸른 하늘. 벽공.
【碧瓦】**bìwǎ** 명 유리 기와.
【碧血】**bìxuè** 명 1 푸른 피. 《庄子·外物(장자·외물)》에서 유래함) 2 비 정의를 위해 흘린 피. ¶~丹心=나라(정의)를 위해 희생하겠다는 변치 않는 뜨거운 마음.
【碧眼】**bìyǎn** 명 파란 눈. 벽안. ¶金发~=금발의 파란 눈.
【碧油油】**bìyóuyóu** (~的) 형 새파랗다. 짙푸르다. ¶~的禾苗=새파란 볏모.
【碧玉】**bìyù** 명 1 벽옥(碧玉). 2 비 예쁘고 귀여운 아가씨(소녀). ¶小家~=가난한 집안의 예쁜 아가씨.
【碧云】**bìyún** 명 푸른 하늘.

## **蔽** bì 덮을 폐

통 1 가리다. 덮어 씌우다. 막다. ¶蒙~=가리다. / 遮天~日=하늘을 덮고 태양을 가리다. 2 총괄하다. 개괄하다. ¶一言以~之, 与人为善。=한 마디로 말해서 사람들에게 선하게 대해라. ≒荫 ↔露

○● 蒙méng蔽, 屏píng蔽, 荫yìn蔽, 隐yǐn蔽, 障zhàng蔽, 遮zhē蔽

【蔽芾】**bìfèi** 형(문) 나무 줄기나 잎이 작은 모양.
【蔽塞】**bìsè** 형 막히다. 막다.
【蔽月羞花】**bìyuè-xiūhuā** ☞【闭月羞花】**bìyuè-xiūhuā**
【蔽障】**bìzhàng** 통 가리다. 가로막다. ¶林木~了视线。=숲이 시선을 가로막았다. 명 장애. 가리개. 장애물. ¶清除~=장애물을 치우다.

## **秘** bì 향기로울 필

【秘鲁】**bìbó** 형(문) 매우 향기롭다.

## **箅** bì 시루깔개 폐

【箅子】**bì·zi** 명 겅그레·발·불판·대발 등의 통칭. [틈새가 있어서, 사물을 격리시키거나 바람을 통하게 하거나 물기를 빼는 데 쓰임]

## **弊**[（獘）] bì 나쁠 폐

명 1 부정 행위. ¶舞~=부정 행위를 하다. / 作~=커닝하다. 2 문제점. 폐단. 폐해. 해(害). ¶权衡利~=이해득실을 따져 보다. ↔利

○● 积jī弊, 利弊, 流liú弊, 私sī弊, 宿sù弊

【弊病】**bìbìng** 명 폐단. 문제점. ¶消除~=폐단을 없애다. ≒弊端
【弊端】**bìduān** 명 폐단. 폐해. 병폐. ¶痛陈~=폐해를 신랄하게 진술하다. ≒弊病
【弊害】**bìhài** 명 폐해.
【弊绝风清】**bìjué-fēngqīng** 성 1 폐단이 사라지고 풍속이 정화되다. 2 비 사회 풍조가 좋다. ☞【风清弊绝】**fēngqīng-bìjué**
【弊政】**bìzhèng** 명(문) 폐정. 악정. ¶革除~=악정을 혁신하다.

## **髲** bì 가발 피

명(문) 가발.

## **薛** bì 줄사철나무 벽

【薛荔】**bìlì** 명《植》벽려(薛荔). 줄사철나무. =【木莲】**mùlián**

## **觱** bì 필률 필

아래를 참조.
【觱栗】**bìlì** ☞【觱篥】**bìlì**
【觱篥】[觱栗][筚篥] **bìlì** 명(음) 필률(觱篥). [고대 관악기의 하나]

## **篦** bì 참빗 비

명 참빗. 통 (머리를 참빗으로) 빗다. 빗질하다. ¶~头=참빗으로 머리를 빗다.
【篦子】**bì·zi** 명 참빗.

## **壁** bì 벽 벽

명 1 벽(壁). ¶檐走~=처마와 벽을 나는 듯이 넘나들다. 2 절벽. ¶悬崖绝~=깎아지른 듯한 절벽. 3 (어떤 물체의) 벽과 유사한 부분. ¶细胞~=세포벽. 4 요새. 보루. 성채. ¶坚~清野=성벽 안을 굳건하게 지키고, 적이 해치거나 이용하지 못하도록 주민과 곡식 등을 옮겨 비우다. 5《天》벽성(壁星). [이십팔수(二十八宿)의 하나] ≒墙 垣

○● 板bǎn壁, 半壁, 戈gē壁, 隔gé壁, 护hù壁, 坚jiān壁, 间jiàn壁, 绝jué壁, 碰pèng壁, 墙qiáng壁, 削xuē壁, 影yǐng壁, 照壁

【壁报】**bìbào** 명 벽보. =【墙报】**qiángbào**
【壁橱】**bìchú** 명 벽장. 붙박이 수납장. =【壁柜】**bìguì**
【壁灯】**bìdēng** 명 벽걸이 등.
【壁陡】**bìdǒu** 형 (벽처럼) 가파르다. 깎아지른 듯하다. 급경사이다. ¶山崖~=산의 벼랑이 가파르다.
【壁挂】**bìguà** 명 벽걸이 장식물.
【壁柜】**bìguì** ☞【壁橱】**bìchú**
【壁虎】**bìhǔ** 명(動) 도마뱀붙이. 게코(gecko). 벽호. 수궁. =【蝎虎(子)】**xiēhǔ**(·zi)
【壁画】**bìhuà** 명 벽화. ¶石窟~=석굴 벽화.
【壁龛】**bìkān** 명 벽감(壁龛).

【壁垒】bìlěi 몡 1 요새. 보루. 성채. 2 방어벽 공사. 3 [F] 대립적인 진영〔사물〕의 경계〔장벽〕. ¶~分明=경계가 분명하다. / 贸易~=무역 장벽.

【壁垒森严】bìlěi-sēnyán 셩[F] 1 방어가 삼엄하다. 2 경계가 분명하다.

【壁立】bìlì 혱 (산의 벼랑 등이) 마치 담벼락처럼 가파르다. ¶山峰突兀~。=산봉우리가 깎아지른 듯 가파르다.

【壁炉】bìlú 몡 벽난로.

【壁扇】bìshàn 몡 벽걸이 선풍기.

【壁上观】bìshàngguān ☞【作壁上观】zuò bìshàngguān

【壁虱】bìshī 몡(动) 1 진드기. ≒蜱(pí) 2 ☞【臭虫】chòuchóng

【壁饰】bìshì 몡 벽장식.

【壁毯】bìtǎn 몡 (장식용) 태피스트리(tapestry). 벽걸이 융단. =【挂毯】guàtǎn

【壁有耳】bìyǒu'ěr ☞【隔墙有耳】géqiáng yǒu'ěr

【壁障】bìzhàng 몡 1 (담장 같은) 장애물. 2 [F] 장벽. ¶有形的~容易消除，而观念上的~便很难。=유형의 장벽은 쉽게 제거가 되지만, 관념상의 장벽은 매우 어렵다.

【壁纸】bìzhǐ ☞【墙纸】qiángzhǐ

【壁钟】bìzhōng ☞【挂钟】guàzhōng

嬖 bì 사랑할 폐
동문 총애하다. ¶~爱=총애하다. 혱문 총애받는. ¶~臣=총신(寵臣). 몡 총애받는 사람.

**避 bì 피할 피
동 1 피하다. 도망가다. ¶退~三舍=양보하여 충돌을 피하다. 멀리 내다보고 양보하다. / 避~=도피하다. 2 면하다. 방지하다. ¶~人闲话=다른 사람의 입에 오르내리는 것을 피하다.
→迎 就

○● 躲duǒ避，规guī避，回避，力避，闪shǎn避，逃táo避，退tuì避

【避弹】bìdàn 동 1 총알을 피하다. 2 탄알〔총알〕을 막다. ¶~玻璃=방탄 유리.

【避弹服】bìdànfú =【避弹衣】bìdànyī

【避弹衣】bìdànyī 몡 방탄복. =【避弹服】bìdànfú

【避而不谈】bì'érbùtán 셩 회피하여 말하지 않다. 문제를 회피하다. 말을 회피하다.

【避风港】bìfēnggǎng 몡 1 대피항. 대피 정박소. 2 [F] 대피소. 피난처. 안전 지대.

【避风(头)】bì∥fēng(·tou) 동 1 바람을 피하다. ¶在房后可~。=집 뒤에 있으면 바람을 피할 수 있다. 2 [F] (불리한 상황을) 피하다. 모면하다. ¶外出~=나가서 잠시 피신하다.

【避讳】bì∥huì 동[下] 휘(諱)를 피하다. 피휘(避諱)하다. [과거 중국에서 글을 쓸 때나 말을 할 때, 군주나 조상의 이름 글자를 쓰는 것을 피했던 것을 말함]

【避讳】bì·hui 동 1 회피하다. 삼가다. 조심하다. ¶一家人说话，无须~。=한 식구끼리 말을 할 때는 조심하지 않아도 된다. 2 (불쾌감을 일으킬 수 있는 말을 하거나 듣는 것을) 꺼려서 피하다. ¶因'4'谐音'死'，不少人选电话号码、车牌号时都加以~。='4'는 '死'와 음이 비슷하여 많은 사람들이 전화 번호나 차 번호를 선택할 때 모두 꺼린다. ≒忌讳

【避祸就福】bìhuò-jiùfú 셩 재앙을 피하고 행복을 추구하다.

【避忌】bìjì 동 삼가다. 꺼리다. 조심하다. ¶无所~=삼가는 것이 없다.

【避开】bì∥kāi 피하다. 비키다. ¶智能汽车可自动~障碍物。=지능형 자동차는 스스로 장애물을 피할 수 있다. ≒忌讳

【避坑落井】bìkēng-luòjǐng 셩 1 구덩이를 피했으나 우물 속으로 빠지다. 2 [F] 한 가지 해를 피하고 나서 다른 한 가지 해를 만나다. 갈수록 태산이다.

【避雷器】bìléiqì 몡(电) 피뢰 장치.

【避雷线】bìléixiàn 몡(电) 피뢰에 필요한 접지선.

【避雷针】bìléizhēn 몡(电) 피뢰침.

【避免】bìmiǎn 동 피하다. (모)면하다. (나쁜 상황을) 방지하다. ¶~发生旱灾=가뭄 발생을 방지하다.

【避难就易】bìnán-jiùyì 셩 어려운 것은 피하고 쉬운 일을 골라서 하다.

【避难】bì∥nàn 동 재난이나 박해로부터 벗어나다. 피난하다. ¶政治~=정치적인 박해로부터 벗어나다.

【避让】bìràng 동 피하다. 양보하다. ¶穿街过巷要注意~车辆。=거리를 지나다닐 때에는 차량을 피하는 것에 주의해야 한다.

【避实就虚】bìshí-jiùxū 셩 1 적군의 주력을 피하고, 약한 곳을 공격하다. 2 [F] 표면적인 현상에만 주의하고 핵심적이고 실질적인 문제를 회피하다. 요점은 피하고 공론만 일삼다.

【避世】bìshì 동 현실에서 도피하다. 피세하다. 은거하다. ¶~隐居=세속을 피하여 은거하다.

【避世绝俗】bìshì-juésú 셩 현실에서 도피하여 세상과 접촉을 끊다. 세속과 인연을 끊다.

【避暑】bì∥shǔ 1 피서하다. 더위를 피하다. ¶~胜地=피서지로 유명한 곳. 2 더위먹는 것을 피하다〔예방하다〕. ¶夏季多喝绿豆汤可~。=여름철에 녹두탕을 많이 마시면 더위먹는 것을 피할 수 있다.

【避税】bìshuì 동 탈세하다.

【避嫌】bì∥xián 동 혐의에서 벗어나다. ¶这事要敞开说，~。=이 일은 솔직하게 다 말해야 혐의를 벗을 수 있다.

【避险】bìxiǎn 동 위험에서 벗어나다. 위험한 상황을 피하다.

【避邪】bìxié 동 (부적 등으로) 액막이를 하다. 액땜을 하다. 사악한 기운에서 벗어나다.

【避雨】bì∥yǔ 동 비를 피하다.

【避孕】bì∥yùn 동 피임하다.

【避孕环】bìyùnhuán 몡 피임용 링.

bì 避髀滗臂奰璧襞躃躄 边

【避孕栓】**bìyùnshuān** 명(醫) 좌약식 피임약. 살정제.
【避孕套】**bìyùntào** ☞【安全套】**ānquántào**
【避孕药】**bìyùnyào** 명(醫) 피임약.
【避债】**bìzhài** 동 빚을 갚을 수 없어 도망치다. 빚쟁이를 피하다.
【避震】**bìzhèn** 동 지진을 피하다.
【避重就轻】**bìzhòng-jiùqīng** 성 **1** 어려운 일을 피하고 쉬운 일을 골라서 하다. **2** 비 중요한 책임을 회피하고 중요하지 않은 일을 맡아서 하다. **3** 비 주요한 문제는 회피하고 대수롭지 않은 문제만 얘기하다.

髀 **bì** 넓적다리 비
명 문 **1** 넓적다리. 허벅다리. 대퇴. **2** 대퇴골(大腿骨). 넓적다리뼈.
【髀肉复生】**bìròu-fùshēng** 성 **1** 오랫동안 말을 타지 않아 넓적다리에 다시 살이 찌다. **2** 비 오랫동안 안락한 생활을 하며 별로 하는 일이 없는 상태.

滗 **bì** 물소리 비
지명에 쓰이는 글자. ¶漾~=양비. [윈난(云南)성에 있는 지명]

**臂 bì** 팔 비
명 **1** 팔. ¶奋袖出~=소매를 걷어붙이다. [흥분한 상태를 형용함] **2** 윗팔. 상박(上膊). 상완(上腕). **3**《生》 동물의 앞다리. ¶螳~挡车=사마귀가 앞다리로 수레를 막다. 제 역량을 헤아리지 않음. **4** 일부 기계에서 팔처럼 뻗어 나온 부분. ¶吊车的力~=기중기 팔. 지브(jib).
☞ ·**bei**

○─ 膀**bǎng**臂, 力臂, 前臂, 攘**rǎng**臂, 上臂, 悬**xuán**臂, 重**zhòng**臂, 长**cháng**臂猿**yuán**

【臂膀】**bìbǎng** 명 **1** 팔. **2** 비 조수. 조력자. ¶他们俩是经理的左右~。=그 둘은 사장의 왼팔과 오른팔 같은 조력자이다.
【臂膊】**bìbó** 명 명 팔.
【臂力】**bìlì** 명 팔힘.
【臂纱】**bìshā** 명 (팔에 끼는) 상장(喪章).
【臂弯】**bìwān** (~儿) 명 팔오금.
【臂章】**bìzhāng** 명 완장(腕章).
【臂肘】**bìzhǒu** (~儿) 명 팔꿈치.
【臂助】**bìzhù** 동 문 돕다. 지지하다. ¶承蒙~=도움을 받다. 명 문 조수. 조력자. ¶聘为~=조수로 초빙하다.

奰 **bì** 화낼 비
동 문 화내다. 노하다. 형 문 장대하다.

*璧 **bì** 둥근 옥 벽
명 고대의 둥글넓적하며 중간에 둥근 구멍이 난 옥. ¶白~微瑕=흰 옥에 조그만 흠집. 옥의 티.

○─ 合**hé**璧

【璧还】**bìhuán** 동 문 경 (남의 물건을) 돌려주다. 선물을 사절하다.
【璧谢】**bìxiè** 동 문 경 (주로 받은 선물을) 돌려주며 고마움을 표하다.

襞 **bì** 옷 주름 벽
명 **1** 문 옷의 주름. ¶皱~=옷의 주름. **2**(生) 장이나 위 등 내부 기관의 주름.

躃 **bì** 앉은뱅이 벽
'躄(bì)'와 같음.

躄 **bì** 앉은뱅이 벽
명 문 앉은뱅이. 동 문 넘어지다. 고꾸라지다.

# bian

**\*\*边[邊] biān** 가장자리 변
명 **1** (~儿) (물체의) 변두리. 가장자리. 가. ¶河~=강가. 강변. / 路~=길가. 노변. **2** (~儿) 가장자리에 그리거나 새긴 줄무늬 장식. ¶碎花~儿=옷의 레이스. **3** (물체에 가까운) 주위. 근방. 쪽. ¶手~=손 근처. **4** 변경(邊境). 국경. 변계. ¶戍~=변경을 지키다. **5** (어떤 숫자나 시간에 근접한) 경. 쯤. ¶他在四十~上才结婚。=그는 마흔이 다 되어서야 결혼했다. **6** 한계. 끝. ¶无~无际=끝이 없다. **7** 측. 방면. ¶两~的人最终达成了谅解。=양측의 사람들은 최종적으로 양해하기로 하였다. **8** (數) 변(邊). **9** (**Biān**) 성(姓). 부 (두 가지 이상의 동작이 동시에 진행됨을 나타내어) …하면서 …하다. ¶~听~记=들으면서 기록하다. / ~走~谈=걸으면서 말하다. **10** 접미 (·**bian**) (~儿) (방위사 뒤에 쓰여) 쪽. 측. ¶后~=뒤쪽. / 右~=오른쪽. ↔中 里 内

○─ 半边, 傍**bàng**边儿, 北边, 底**dǐ**边, 多边, 后边, 花边, 靠**kào**边, 两边, 南边, 扫**sǎo**边儿, 双**shuāng**边, 谁**shuí**边, 四边, 天边, 贴**tiē**边, 外边, 无边, 西边, 下边, 沿**yán**边, 一边, 右**yòu**边, 沾**zhān**边, 走边, 左**zuǒ**边

【边隘】**biān'ài** 명 변경의 험준하고 중요한 곳. ¶镇守~=변경의 중요하고 험준한 곳에 주둔시켜 지키다.
【边岸】**biān'àn** 명 물가. 가장자리. 경계. ¶海上雾气腾腾, 望不见~。=바다에 안개가 자욱해 해안이 보이지 않는다.
【边鄙】**biānbǐ** 명 문 궁벽한 변경. 국경과 인접한 곳. 변두리 지역.
【边材】**biāncái** 명 백목질(白木質). [나무의 껍질과 심 사이의 연한 부분]
【边裁】**biāncái** 명(體) 선심(판).
【边城】**biānchéng** 명 **1** (중앙으로부터) 멀리 떨어진 도시. **2** 국경 근처의 도시.
【边陲】**biānchuí** 명 변경. ¶~小镇=변경의

边 砭 **biān**

【边地】**biāndì** 몡 **1** 변두리 지역. **2** 변경에 가까운 지역.

【边防】**biānfáng** 몡 국경 수비. 변경 수비. ¶~哨所=국경 수비 초소.

【边防军】**biānfángjūn** 몡(軍) 국경 수비군.

【边防线】**biānfángxiàn** 몡 국경 수비 기구가 설치된 국경선.

【边防站】**biānfángzhàn** 몡 변경 기지.

【边锋】**biānfēng** 몡(體) (축구나 아이스하키 등 구기 운동의) 윙(wing).

【边幅】**biānfú** 몡 **1** 천의 가장자리. **2** (비) 사람의 외관이나 차림새. ¶~不整=외관이나 차림새가 단정하지 않다.

【边沟】**biāngōu** 몡 도로 가의 도랑.

【边鼓】**biāngǔ** 몡 **1** 북의 가장자리를 쳐서 내는 소리 [장단]. **2** (비) 보조 작용을 하는 것. ¶敲~=맞장구치다.

【边关】**biānguān** 몡 변경의 관문. ¶守卫~=변경의 관문을 지키다.

【边患】**biānhuàn** 몡(문) 변방의 변란이나 재해.

【边际】**biānjì** 몡 **1** (주로 지역이나 공간의) 경계선. 테두리. 끝. ¶山野莽莽苍苍, 漫无~。=산야가 울창하게 펼쳐져 끝이 없다. **2** (비) 범위. 핵심. 중심. ¶他说的虽多, 但终不着~。=그는 비록 많은 말을 했지만, 핵심을 건드리지는 않았다. ≒边缘

【边检】**biānjiǎn** 통 국경 검문. [공항의 출입국 검사도 포함됨]

【边疆】**biānjiāng** 몡 국경 지대. 변경. 변방. ¶大力支援~建设=변경의 건설을 크게 지원한다. ↔内地

【边角】**biānjiǎo** 몡 **1** 물체의 두 가장자리가 맞닿은 부분. **2** (물체의) 가장자리. 끝. 가. 귀퉁이. 구석.

【边角料】**biānjiǎoliào** 몡 (제품을 만들고 남는) 조각. 자투리. 끄트러기.

【边界】**biānjiè** 몡 **1** 국경선. ¶~河流=국경을 가르는 강줄기. **2** (지역 간의) 경계선. ¶~治理=변경 통치. **3** (토지의) 경계. 범위. ¶菜地的~=채소밭의 경계.

【边界线】**biānjièxiàn** 몡 (이웃한 국가나 지역 간의) 분계선. 경계선. 국경선.

【边境】**biānjìng** 몡 국경 지대. 변경. 변방. ≒边陲

【边境贸易】**biānjìng màoyì** 몡(經) 국경 [변경] 무역. ☞【边贸】**biānmào**

【边境线】**biānjìngxiàn** 몡 국경선.

【边款】**biānkuǎn** 몡 도장의 상단이나 측면에 새긴 문자나 도안.

【边框】**biānkuàng**(~儿) 몡 (문·창문·거울 등 납작한 기물을 다는) 액자. 틀.

【边贸】**biānmào** ☞【边境贸易】**biānjìng màoyì**

【边门】**biānmén** 몡 옆문. 쪽문.

【边民】**biānmín** 몡 변경 지역 거주민.

【边畔】**biānpàn** 몡 (국가 간의) 변경에서 발생하는 분쟁.

【边卡】**biānqiǎ** 몡 (국경의) 검문소. 초소.

【边塞】**biānsài** 몡 **1** 변경. ¶~诗=변새시. [변경을 배경으로 하는 시] **2** (변경의) 요새. 관문.

【边式】**biān·shi** 혱 **1**(劇) (연기가) 멋지다. 자연스럽다. 깔끔하다. **2**(방) (차림새·몸매가) 산뜻하다. 아름답다. 말쑥하다. 스마트하다. 멋지다.

【边饰】**biānshì** 몡 (손수건이나 모자 따위의) 테두리 장식. 차양(遮陽) 장식. ¶美丽的~=아름다운 테두리 장식.

【边事】**biānshì** 몡(문) **1** 국경과 관련된 업무. **2** 국경 지대의 군사 상황.

【边庭】**biāntíng** 몡 변경. 국경.

【边务】**biānwù** 몡 **1** 변경과 관련된 업무. **2** 변경 업무.

【边限】**biānxiàn** 몡 한계. 경계. 끝. ¶放眼望去, 茫茫大海没有~。=눈을 들어 멀리 들어 바라보아도 망망대해는 끝이 없다.

【边线】**biānxiàn** 몡 **1** 경계선. **2**(體) (구기 종목의) 경계선. 사이드라인. 터치라인.

【边厢】**biānxiāng** 몡 **1** 부근. 주위. 근처. ¶别在我耳~聒噪!=내 근처에서 떠들지 마라. **2**(방) 측. 쪽. ¶两~争执不下。=양측이 다투기를 그치지 않다.

【边沿】**biānyán** 몡 가장자리. 테두리. 모서리. ¶湖的~生长着新绿的垂柳。=호수의 가장자리에 파릇한 수양버들이 자라고 있다.

【边音】**biānyīn** 몡(言) 설측음(舌側音).

【边缘】**biānyuán** 몡 **1** 가장자리 부분. 가. ¶~地带=가장자리 지대. **2** (비) 직전. 끝자락. 위기. ¶伤者一度处于死亡的~。=부상자는 한때 죽음 직전에 처했었다. 혱 경계에 근접한. 여러 방면과 관련된. ¶~学科=학제(學際) 학과. ≒边际 ↔中心

【边缘科学】**biānyuán kēxué** 몡 학제(學際) 과학. [둘 또는 여러 학과가 제휴하여 발전시킨 과학] 주변 과학. ☞【交叉科学】**jiāochā kēxué**

【边缘化】**biānyuánhuà** 통 비주류화하다. 주변화하다. ¶在消费性的大众文化高歌猛进的今天, 纯文学日渐~。=소비성 대중 문화가 기승을 부리는 오늘날, 순수 문학은 나날이 점점 비주류화되고 있다.

【边缘人】**biānyuánrén** 몡 아웃사이더. 비주류 인물. 주변 인물.

【边远】**biānyuǎn** 혱 **1** 중심 지역으로부터 멀리 떨어진. 변두리의. ¶~区县=변두리 현(縣). **2** 국경에 가까운. 국경 근처의. ¶~省份=국경에 가까운 성(省).

【边寨】**biānzhài** 몡 변방의 요새.

【边座】**biānzuò** 몡 (극장 등의) 양쪽 옆자리.

# 砭 **biān** 돌 침 폄

몡(醫) 돌침. 통 **1**(醫) 돌침으로 병을 고치다. **2** (비) 잘못을 나무라거나 지적하다. ¶针~时弊=시대의 병폐를 지적하여 고치게 하다.

【砭骨】**biāngǔ** 통(문) **1** 뼛속까지 파고들다. 뼛속에 에다. **2** (비) 아픔이나 추위가 극에 달하다.

¶寒风~=차가운 바람이 뼛속을 에는 듯하다.
【砭灸】**biānjiǔ** 명(醫) (옛날의 치료 방법으로) 돌침을 놓고, 약쑥으로 뜸질함.
【砭石】**biānshí** 명(醫) (옛날 치료용의) 돌조각. 돌침.

## 笾[籩] **biān** 제기 이름 변
명 고대에 제사나 연회 때에 음식을 담던 죽기 (竹器).

## 萹 **biān** 마디풀 편
☞ **biǎn**
【萹蓄】**biānxù** 명(植) 마디풀.

## **编[編] biān** 엮을 편
동 **1** (가늘고 긴 것을) 엮다. 짜다. 땋다. 겯다. ¶~席=돗자리를 짜다. / ~篓=광주리를 짜다. **2** 편성하다. 조직하다. 배열하다. ¶~班=반을 편성하다. / ~队=대오를 조직하다. **3** 엮어 모으다. 편집하다. ¶~刊物=간행물을 편집하다. **4** (극본·가사 등을) 창작하다. 저작하다. 짓다. ¶~写剧本=극본을 쓰다. **5** 날조하다. 꾸미다. ¶胡~乱造=제멋대로 날조하다. 명 **1** (문) 죽간을 엮는 끈. ¶断简残~=떨어지거나 헐어서 온전하지 못한 책이나 문장. **2** 편(編). [서적의 내용에 따른 구분 단위로, '章(zhāng)'보다 큼] ¶第一~=제1편. **3** (주로 서명(書名)에 쓰여) 완성된 책. ¶《新歌汇~》=《신곡 모음》. **4** 편제. ¶超~=편제를 초과하다. / 在~=재적(在籍)하다. **5** (Biān) 성(姓).

○ 长cháng编, 改编, 汇huì编, 简jiǎn编, 扩kuò编, 收shōu编, 缩suō编, 摘zhāi编, 整zhěng编, 主编

【编程】**biānchéng** 동(컴) 프로그램을 짜다. 프로그래밍하다.
【编程员】**biānchéngyuán** 명(컴) 프로그래머. 프로그램 전문가.
【编创】**biānchuàng** 동 편성하다. 창작하다. ¶~戏剧小品=단막극을 편성하다.
【编次】**biāncì** 동 (일정한 차례로 따라) 편성하다. 배열하다. ¶修订~=배열 순서를 수정하다.
【编凑】**biāncòu** 동 둘러맞추다. 둘러대다. 편집하다. 끼워 맞추다. 짜 맞추다. ¶~故事=이야기를 짜 맞추다.
【编导】**biāndǎo** 동 각색하고 연출하다. ¶影片由他一人~。=영화는 그가 혼자서 각색하고 연출한다. 명 각본가와 연출자. ¶他们是该片的~。=그들은 이 영화의 각본 작가와 연출자이다.
【编订】**biāndìng** 동 편찬하고 교정하다. ¶~历史大事记=역사 대사건 기록을 편찬하고 교정하다.
【编队】**biān‖duì** 동 **1** 대오를 맞추다. 대오를 편성하다. ¶~出发=대오를 맞추어 출발하다. **2**(軍) (비행기나 함선 등의) 편대를 짜다. 대오를 편성하다. ¶舰艇~=함정(艦艇)의 편대를 조

직하다.
【编发】**biānfā** 동 편집하여 발표하다. ¶~新闻=뉴스를 편집하여 발표하다.
【编号】**biān‖hào** 명 (순서대로) 번호를 매기다. ¶按姓名的音序给考生的座位~。=이름의 발음 순서에 따라 수험생의 좌석 번호를 매기다.
【编号】**biānhào** 명 (일정 순서에 따라 매긴) 일련 번호. ¶登记一下出借物品的~。=물품을 빌려 가는 일련 번호를 기록하다.
【编后(记)】**biānhòu(jì)** 명 편집 후기.
【编户】**biānhù** 동(문) 호적부에 편입하다[등재하다]. 명 호적에 편입된 주민.
【编绘】**biānhuì** 동 편집 제작[제도]하다. ¶~地图=지도를 편집 제작하다.
【编辑】**biānjí** 동 편집하다. ¶~校对=편집하고 교정하다. 명 **1** 편집자. 편집인. 편집진. **2** 편집. [편집 계열의 중간급 직명]
【编辑部】**biānjíbù** 명 편집부.
【编校】**biānjiào** 동 편집하고 교정[교열]하다.
【编结】**biānjié** 동 엮다. 짜다. 뜨다. ¶~草席=돗자리를 짜다.
【编剧】**biān‖jù** 동 극본·각본·시나리오를 쓰다. ¶这部戏由他~。=이 극은 그가 시나리오를 썼다.
【编剧】**biānjù** 명 각본가. 시나리오 작가. 극작가. ¶他是这部获奖影片的~。=그는 이 상을 받은 영화의 시나리오 작가이다.
【编筐捏篓】**biānkuāng-niēlǒu** (문)(비) 사실을 날조하다.
【编练】**biānliàn** 동 대오를 편성하여 연습하다.
【编列】**biānliè** 동 **1** 순서대로 배열하다. 차례로 배열하다. ¶~散乱的文章=흩어진 글을 순서대로 배열하다. **2** 계획을 세워 배정하다. 작정하다. ¶~节目上演顺序=프로그램의 상연 순서를 짜다.
【编录】**biānlù** 동 채록하여 편집하다. 편집 녹음하다. ¶这套丛书的~工作已经完成。=이 총서의 채록과 편집은 이미 마쳤다.
【编码】**biān‖mǎ** 동 (컴퓨터 따위의 정보를) 부호화하다. 코딩(coding)하다.
【编码】**biānmǎ** 명 코드(code). 코딩. 신호. 암호. ¶邮政~=우편 번호.
【编目】**biān‖mù** 동 목록을 만들다. 항목별로 나누다. (책의) 차례를 엮다. ¶书稿寄送出版社之前必须~。=원고를 출판사에 보내기 전에 반드시 목록을 먼저 만들어야 한다.
【编目】**biānmù** 명 편찬 목록[목차]. ¶这本书的~有点混乱。=이 책의 목차가 좀 혼란스럽다.
【编内】**biānnèi** 명 편제 이내. ¶~人员=편제 이내의 인원.
【编拟】**biānnǐ** 동 작성하다. 편집하여 초안을 세우다. ¶~审读报告=심사 보고서를 작성하다.
【编年】**biānnián** 동 (연월일의 순서에 따라) 사료(史料)·저작 등을 배열하다. 편년하다. ¶~文集=연대순으로 편찬한 문집.
【编年史】**biānniánshǐ** 명 편년사.
【编年体】**biānniántǐ** 명 편년체.

【编排】biānpái 동 1 (일정한 순서 등에 따라) 배열하다. 편성하다. ¶~相关材料=관련 자료를 순서대로 배열하다. 2 각본을 만들고 연습하다. ¶~话剧=연극의 각본을 만들고 연습하다.
【编派】biān·pai 동구 1 (남의 단점이나 잘못을) 날조하다. 조작하다. 부풀리다. 2 재미있는 이야기 등을 꾸며 (남을) 웃기다.
【编配】biānpèi 동 편성하다. 배치하다.
【编遣】biānqiǎn 동 개편하고 감원하다.
【编磬】biānqìng 명(音) (중국 고대의 타악기) 편경.
【编审】biānshěn 동 편집하고 심사하다. 명 1 편집 심사자. 2 편심. [편집 계통의 높은 직명]
【编述】biānshù 동 편저하다. 편집 저술하다. 엮어서 짓다. 편술하다.
【编外】biānwài 명 편제 밖. 정원 외. ¶~辅助人员=정원 외의 보조 인원.
【编委】biānwěi 명약 편집위원·편찬위원(편집 위원·편찬 위원)
【编委会】biānwěihuì 명약 编辑委员会·编写委员会(편집 위원회·편찬 위원회).
【编舞】biānwǔ 동(藝) 안무(按舞)하다.
【编写】biānxiě 동 1 창작하다. ¶~歌词=작사하다. 2 편저하다. 편집하여 저술하다. 엮어서 짓다. 편술하다. 집필하다. ¶~工具书=참고 사전을 편저하다. ≒编纂 编撰
【编修】biānxiū 동문 (주로 사서를 가리켜) 편찬하다. 편수하다. 명 편수. [고대의 사관(史官)]
【编选】biānxuǎn 동 선택하여 편집하다. 절록하여 편집하다. ¶~中外幽默作品=중국과 외국의 유머가 있는 작품을 선택하여 편집하다.
【编演】biānyǎn 동(藝) (춤이나 드라마의) 각본을 써서 연출하다.
【编译】biānyì 동 편역하다. 명 편역자.
【编印】biānyìn 동 편집·인쇄하다. 출판하다.
【编余】biānyú 형 인원을 편성하고 남은. ¶~人员=편성 후 남은 인원. 명 편집 소감.
【编扎】biānzā 동 엮다. 짜다. ¶~竹篓=대나무 광주리를 엮다.
【编造】biānzào 동 1 꾸미다. 창작하다. 허구로 만들다. ¶这部电影里的民俗大都是~的。=영화 속의 민속은 대부분 꾸민 것이다. 2 날조하다. 조작하다. ¶~谣言=유언비어를 날조하다. 3 (자료나 보고서 등을) 편성하다. 작성하다. 만들다. ¶~经营报表=경영 보고서를 만들다. ≒捏造 虚构
【编者】biānzhě 명 1 엮은이. 편자. 2 편집인. 편집자.
【编者按】[编者案] biānzhě'àn 명 편집자의 의견[말].
【编者案】biānzhě'àn ☞【编者按】biānzhě'àn
【编织】biānzhī 동 엮다. 짜다. 뜨다. 편직하다. 삼다. 겯다. ¶~线衣=굵은 면실 웃옷을 짜서 만든 제품. 편직물.
【编制】biānzhì 동 1 엮어 만들다. 겯다. ¶~笸

斗=버들가지로 바구니를 엮어 짜다. 2 (계획·방안·규정 등을) 편성하다. 작성하다. 짜다. ¶~教改计划=교육 개혁 계획을 작성하다. 3 꾸미다. 창작하다. 허구로 만들다. 편찬하다. 편집하다. ¶~寓言=우언을 꾸미다. 명 편제. ¶压缩~=편제를 축소하다.
【编钟】biānzhōng 명(音) 편종. [중국 고대의 타악기. 12음의 순서로 조율된 16개의 종을 여덟 개씩 두 층으로 매달아 나무 망치로 침]
【编著】biānzhù 동 편저하다. 편집 저술하다. 저술하다. ¶~教材=교재를 편저하다.
【编撰】biānzhuàn 동 편저하다. 편집 저술하다. ¶~教科书=교과서를 편찬하다. ≒编写
【编缀】biānzhuì 동 1 편집하다. (자료 등을) 모아 책으로 만들다. ¶~文集=문집을 편집하다. 2 엮다. 짜다. ¶~美丽的花环=예쁜 화환을 엮어 만들다.
【编组】biān‖zǔ 동 편성하다.
【编纂】biānzuǎn 동 (대형 저서 등을) 편찬하다. ¶~辞典=사전을 편찬하다. ≒编写

煸 biān 볶을 편
동(방) (조리 방법으로) 야채나 육류 등을 끓는 기름에 볶다. ¶干~四季豆=어린 강낭콩을 꼬투리째 볶은 요리.

*蝙 biān 박쥐 편
아래를 참조.
【蝙蝠】biānfú 명(動) 박쥐.
【蝙蝠衫】biānfúshān 명 돌먼 슬리브 블라우스(dolman sleeve blouse). [겨드랑이 부위가 넓어서 두 팔을 벌렸을 때 박쥐처럼 보인다하여 붙여진 이름임]
【蝙蝠袖】biānfúxiù 명 돌먼 슬리브(dolman sleeve). 돌먼(dolman) 소매. [진동에서 넓어져 소맷부리에서 좁아지는 소매]

篃 biān 대나무 가마 편
【篃舆】biānyú 명문 대나무로 만든 가마.

鯿[鳊] biān 방어 편
【鯿鱼】biānyú 명(動) 모샘치. 방어.

**鞭 biān 채찍 편
명 1 채찍. 회초리. 2 채찍같이 생긴 물건. ¶教~=교편(教鞭). 3 쇠도리깨. 편. [과거 무기의 일종] ¶钢~=쇠도리깨. 4 대나무 땅속줄기. 竹~=대나무 땅속줄기. 5 한 줄로 꿰어 놓은 폭죽. ¶一串~炮=줄폭죽. 6 동 일부 동물 수컷의 생식기. ¶马~=말의 음경(陰莖). 동방 채찍질하다. ¶~马疾行=말을 채찍질하여 빠르게 달리다.

○-● 霸bà王鞭, 掌zhǎng鞭

【鞭策】biāncè 동 1 (말을) 채찍질하다. 2 비 독려하고 재촉하다. 채찍질하다. 편달하다. ¶要自我~, 不断进取。=스스로를 채찍질하여 부단히

앞으로 나아가야 한다.

**【鞭长莫及】biāncháng-mòjí** 〔成〕 **1** 채찍이 아무리 길어도 말의 배까지는 닿지 않는다〔않아야 한다〕. **2** 〔비〕 역량이 미치지 못하다.

**【鞭笞】biānchī** 〔동〕〔서〕 **1** 채찍이나 곤장으로 때리다. **2** 엄하게 꾸짖다.

**【鞭打】biāndǎ** 〔동〕 채찍질하다. 편달하다.

**【鞭打棍捶】biāndǎ-gùnchuí** 〔성〕 **1** 채찍으로 치고 몽둥이로 때리다. **2** 〔비〕 폭력을 쓰다.

**【鞭打快牛】biāndǎ-kuàiniú** 〔성〕 **1** 빨리 달리는 소를 채찍질하다. **2** 〔비〕 능력 있는 사람이나 앞서가는 부서에 부당하게 많은 요구를 하거나 임무를 가중시키다.

**【鞭花】biānhuā** 〔명〕 채찍 소리.

**【鞭毛】biānmáo** 〔명〕〔생〕 편모.

**【鞭炮】biānpào** 〔명〕 **1** 폭죽의 총칭. **2** (한 꿰미에 죽 꿴) 연발 폭죽.

**【鞭辟近里】biānpì-jìnlǐ** ☞ **【鞭辟入里】biānpì-rùlǐ**

**【鞭辟入里】biānpì-rùlǐ** 〔성〕 논리가 투철하고 깊이가 있어 정곡을 찌르다. = 【鞭辟近里】**biānpì-jìnlǐ**〔入木三分〕**rùmù-sānfēn**

**【鞭梢】biānshāo** 〔명〕 채찍의 끝. 채찍 끝에 붙어 있는 가늘고 긴 (가죽)끈.

**【鞭挞】biāntà** 〔동〕 **1** 채찍질하다. **2** 〔비〕 규탄하다. ¶~恶俗流弊 = 악습의 폐단을 규탄하다.

**【鞭子】biān·zi** 〔명〕 채찍. [옛날에는 형구(刑具)로도 쓰였음]

**\*贬[貶]biǎn** 낮출 폄

〔동〕 **1** 깎아 내리다. 폄하하다. 비하하다. ¶褒~不一 = 좋고 나쁨을 평가하는 것이 (기준이) 일정치 않다. **2** (관직·직위를) 낮추다. 떨어뜨리다. ¶~为庶民 = 신분이 서민으로 강등되다. **3** (가치를) 낮추다. 떨어뜨리다. ¶货币~值 = 화폐 가치가 평가 절하되다. ↔褒

**【贬斥】biǎnchì** 〔동〕 **1** 폄하하고 비난하다. 폄하고 배척하다. ¶~流俗 = 풍습을 배척하다. **2** 〔문〕 관직을 강등시키다.

**【贬黜】biǎnchù** 〔동〕〔문〕 **1** 강등시키다. 강직하다. **2** 파면하다. 해임하다. 축출하다.

**【贬词】biǎncí** 〔명〕 **1** 폄의어. [부정 또는 혐오의 의미가 내포된 낱말] = 【贬义词】**biǎnyìcí 2** ☞ 【贬辞】**biǎncí** ↔褒词 褒义词

**【贬辞】【貶词】biǎncí** 〔명〕 고의로 깎아 내리고 힐난하는 말.

**【贬低】biǎndī** 〔동〕 (고의로) 가치를 깎아 내리다. ¶真正的评论是不随意拔高或~作品的. = 진정한 평론은 작품을 제멋대로 치켜올리거나 폄하하지 않는 것이다. ↔提高 拔高 抬高

**【贬官】biǎnguān** 〔동〕 강등시키다. 강직시키다. 좌천시키다. 〔명〕 좌천(강등)된 관리.

**【贬价】biǎnjià** 〔동〕 가격을 깎다.

**【贬损】biǎnsǔn** 〔동〕 깎아 내리다. 폄하하다. 헐뜯다. ¶~人格 = 인격을 깎아 내리다.

**【贬义】biǎnyì** 〔명〕 (문구 또는 글에 담긴) 부정적이거나 혐오적인 의미.

**【贬义词】biǎnyìcí** ☞ 【贬词】**biǎncí**

**【贬抑】biǎnyì** 〔동〕 폄하하고 억누르다. ¶谁也不能~这本书的价值. = 누구도 이 책의 가치를 폄할 수 없다. ↔褒扬

**【贬责】biǎnzé** 〔동〕 책망하다. 힐난하다. 잘못을 비난하다. ¶大加~ = 크게 비난하다.

**【贬谪】biǎnzhé** 〔동〕 폄적하다. 좌천시키다.

**【贬值】biǎnzhí** 〔동〕 **1** (화폐 가치가) 평가 절하되다. **2** 화폐의 구매력이 떨어지다. **3** 가치가 하락하다. ¶积压商品已经~. = 묵혀 두었던 상품은 이미 가치가 하락하였다. ↔升值

**【贬职】biǎnzhí** 〔동〕〔문〕 직위를 강등시키다. 강직시키다.

**窆 biǎn** 무덤 구덩이 폄

〔동〕〔문〕 매장(埋葬)하다.

**\*\*扁 biǎn** 넓적할 편

〔형〕 **1** 평평하다. 납작하다. 넓고 얇다. 편평하다. ¶压~ = 눌러 납작하게 하다. **2** (글자나 도형의) 상하 높이가 좌우의 폭보다 좁다. ¶~体字 = 납작한 글씨체. 평체자(平體字). **3** 〔비〕 얕보다. 깔보다. 업신여기다. ¶别把人看~了. = 다른 사람을 얕잡아 보지 마라. 〔명〕(Biǎn) 성(姓).

☞ **piān**

○━ 侧 cè 扁

**【扁扁】biǎnbiǎn**(~的) 〔형〕 얇다. 두껍지 않다. 납작하다. ¶馒头被压得~的. = 찐빵이〔만터우가〕 눌려서 납작해졌다.

**【扁铲】biǎnchǎn** 〔명〕 납작한 끌.

**【扁锉】biǎncuò** ☞ 【板锉】**bǎncuò**

**【扁担】biǎn·dan** 〔명〕 멜대.

**【扁担星】biǎn·danxīng** 〔명〕〔천〕 멜대별. [견우성과 견우성 부근의 두 별]

**【扁豆】【萹豆】【稨豆】【藊豆】biǎndòu** 〔명〕〔식〕 **1** 편두. 제비콩. 까치콩. **2** ☞ 【菜豆】**càidòu**

**【扁骨】biǎngǔ** 〔명〕 넓적한 뼈. 편평골(扁平骨).

**【扁平】biǎnpíng** 〔형〕 편평하다. 납작하고 평평하다. ¶物体的形状稍显~. = 물체의 형상이 조금 편평하다.

**【扁平足】biǎnpíngzú** 〔명〕 평발. 편평족. = 【平足】**píngzú**

**【扁鹊】biǎnquè** 〔명〕〔역〕 편작. [중국 전국(戰國)시대의 명의]

**【扁食】biǎn·shi** 〔방〕〔명〕 만두·혼돈(餛飩)·군만두 류의 식품.

**【扁桃】biǎntáo** 〔명〕〔식〕 **1** 둥글넓적한 복숭아. **2** ☞ 【杏仁】**xìngrén1 3** ☞ 【蟠桃】**pántáo**

**【扁桃体】biǎntáotǐ** 〔명〕〔생〕 편도선. = 【扁桃腺】**biǎntáoxiàn**

扁 biǎn
遍 biàn
编 biān
匾 biǎn
碥 biǎn
蝙 biān
褊 biǎn
鯿 biān
缏 biàn
煸 biān
篇 piān
骗 piàn
偏 piān
翩 piān
犏 piān
蹁 pián
谝 piǎn

【扁桃腺】biǎntáoxiàn ☞ 【扁桃体】biǎntáotǐ
【扁形动物】biǎnxíng dòngwù 명(動) 편형동물.
【扁圆】biǎnyuán 타원.

＊匾 biǎn 편액 편
명 1 편액. 액자. 현판. ¶金~高挂=금빛 현판이 높이 내걸리다. 2 (바닥이 얕고 평평한) 원형 대바구니.
【匾额】biǎn'é 명 (주로 나무로 만든) 편액. 현액. 액자.
【匾牌】biǎnpái 명 편액. 현판.
【匾文】biǎnwén 명 편액에 쓰인 글자.

萹 biǎn 마디풀 편
☞ biān
【萹豆】biǎndòu ☞ 【扁豆】biǎndòu

惼 biǎn 마음 좁을 편
형 마음이 좁다. 성질이 급하다. 편협하다. ¶~心=편협한 마음.

碥 biǎn 디딤돌 편
명 1 험한 산의 돌계단. 디딤돌. 2 물가에 비스듬히 튀어나온 바위.

稨 biǎn 강낭콩 변
【稨豆】biǎndòu ☞ 【扁豆】biǎndòu

褊 biǎn 좁을 편
형 좁다. 협소하다.
【褊急】biǎnjí 형(문) 도량이 좁고 성급하다.
【褊狭】biǎnxiá 형(문) 좁다. ¶心胸~=마음이 좁다.
【褊窄】biǎnzhǎi 형 1 장소가 좁다. 너비가 좁다. 2 도량이 작다.

藊 biǎn 변두 변
【藊豆】biǎndòu ☞ 【扁豆】biǎndòu

卞 biàn 조급할 변
형 급하다. ¶~急=성질이 급하다. 명 (Biàn) 성(姓).

弁 biàn 고깔 변
형 맨 앞의. ¶撰写~言=서언을 쓰다. 명 1 고깔. [지난날 남자 모자의 일종] 2 옛 무관(武官). ¶武~=무관. 3 (군대의) 전령. 당번. 호위병. ¶马~=군관(军官)의 호위병. 4 (Biàn) 성(姓). ≒冠帽
【弁言】biànyán 명(문) 서언(序言). 서문(序文). 머리말. 변언.

苄 biàn 벤질 변
【苄基】biànjī 명(化) 벤질(benzyl). =【苯甲基】běnjiǎjī

抃 biàn 손뼉칠 변
동(문) (기뻐서) 박수를 치다. ¶~舞=박수를 치며 춤추다.
【抃踊】biànyǒng 동(문) 1 좋아서 박수를 치며 뛰다. 기뻐서 춤추다. 기뻐서 날뛰다. 2 매우 기뻐하다.

汴 Biàn 물 이름 변
명 1 변수(汴水). [허난(河南)성에 있는 옛날 강 이름] 2 변량(汴梁). 변경(汴京). [허난(河南)성의 카이펑(开封)에 있는 옛날 지명] 3 (地) 허난(河南)성 카이펑(开封)시.

忭 biàn 기뻐할 변
동(문) 기뻐하다. 즐거워하다. ¶欢~不止=계속해서 즐거워하다.
【忭跃】biànyuè 동(문) 뛸 듯이 기쁘다. 기뻐서 날뛰다.

＊变[變] biàn 변할 변
동 1 변화하다. 이전과 다르다. ¶一成不~=고정 불변이다. 2 (성질·상태가) 변하다. 바뀌다. ¶蜕~=탈바꿈하다. 3 변화시키다. 변하게 하다. ¶~繁为简=번잡한 것을 간단하게 바꾸다. 4 재산·집기 등을 팔아 현금으로 바꾸다. ¶贾衣~产=옷과 재산을 팔아 돈을 구하다. 형 변할 수 있는. 이미 변한. ¶~量=변량. 변수. 명 1 변(變). 변고. ¶政~=정변. / 灾~=변고. 2 변통. 융통. ¶通权达~=사태의 추이에 따라 임기응변하여 대처하다. 3 변문(變文). ≒化

⊙ 兵变, 病变, 惨cǎn变, 改变, 哗huá变, 急变, 渐jiàn变, 巨变, 量变, 裂liè变, 民变, 叛pàn变, 权quán变, 嬗shàn变, 生变, 衰shuāi变, 突变, 蜕tuì变, 形变, 衍yǎn变, 演变, 应yìng变, 折zhé变, 政变, 质变, 转zhuǎn变

【变把戏】biàn bǎxì (속) 마술〔요술〕을 부리다.
【变本加厉】biànběn-jiālì 성 1 본래의 것보다 더욱 발전하다. 2 (喻) 본래보다 더욱 심각하게 되다.
【变产】biàn‖chǎn 동 부동산을 팔아 돈을 만들다. 재산을 처분하다.
【变成】biànchéng 동 …(으)로 변하다. …(으)로 되다. …이(가) 되다. ¶坏事~好事=좋지 않은 일이 좋은 일로 변하다.
【变蛋】biàndàn ☞【松花】sōnghuā
【变电所】biàndiànsuǒ 명(電) (규모가 비교적 작은) 변전소.
【变电站】biàndiànzhàn 명(電) (규모가 비교적 큰) 변전소.
【变调】biàndiào 동 1 (言) (중국어의) 성조가 바뀌다. 2 어조(語調)를 바꾸다. 3 ☞【转调】zhuǎndiào 명 (옛 율격에 얽매이지 않는) 곡조. 사조(詞調).
【变动】biàndòng 동 1 바꾸다. 변동하다. 변경하다. 고치다. ¶工作~=일이 바뀌다. 2 (주로

사회 현상을 가리켜) 변화하다. ¶机制~=메커니즘에 변화가 생기다. **3** (부분적으로) 바꾸다. 변동하다. 고치다. ¶文字~=부분적으로 문자를 고치다. 명 변동. 변경. 변화. ↔改动 更动

【变法】**biàn‖fǎ** 통 법제·제도를 고치다. ¶~图强=법제를 개혁하여 강성해지기를 꾀하다.

【变法儿】**biàn‖fǎr** 통⟨구⟩ 온갖 방법을 다 쓰다. 다른 방법을 동원하다. ¶他们变着法儿把展览搞得生动些。=그들은 갖가지 방법을 써서 전시회를 좀 더 생동감 있게 하였다.

【变革】**biàngé** 통 (주로 사회 제도를) 변혁하다. ¶社会~=사회가 변혁되다. ↔保守 守旧

【变更】**biàngēng** 통 변경하다. 바꾸다. 개변하다. ¶~方案=방안을 변경하다.

【变工】**biàngōng** 통 (농민들끼리) 품앗이하다. [항일 전쟁과 국공 내전 동안 홍군에 의해 해방되었던 지구에서 1950년대 초기에 실시했었음]

【变故】**biàngù** 명 변고. 재난. ¶他不敢相信这个突然的~。=그는 이 갑작스런 변고를 믿을 수가 없었다.

【变卦】**biàn‖guà** 통⟨폄⟩ (본래 약정한 것을) 갑자기 바꾸다. 마음을 바꾸다. 사정이 변하다. 형세가 변하다. ¶他答应的事又~了。=그가 응낙했던 일은 또 변화가 생겼다.

【变化】**biànhuà** 통 **1** 변화하다. 달라지다. ¶~万端=온갖 변화가 일어나다. **2** 바꾸다. ¶要根据时代的发展而~观念和思维。=시대의 발전에 따라 관념과 사유를 바꾸어야 한다. 명 변화. ¶物理~=물리적인 변화.

【变化无常】**biànhuà-wúcháng** ⟨성⟩ 변화무상하다.

【变坏】**biànhuài** 통 **1** (음식이) 상하다. ¶黄泻了, 鸡蛋~了。=노른자가 새어 나오는 것이 계란이 상했다. **2** 나쁘게 변하다. ¶真可惜, 好好的一个青年就这样~了。=정말 애석하게도 멀쩡하던 청년이 이렇게 나쁘게 변했다.

【变幻】**biànhuàn** 통 변환(變幻)하다. 불규칙적으로 변하다. ¶~无常=변화무상하다.

【变幻莫测】**biànhuàn-mòcè** ⟨성⟩ 변화막측하다. 변화가 무상하여 예측할 수 없다.

【变换】**biànhuàn** 통 변환하다. 바꾸다. ¶~商标=상표를 바꾸다.

【变价】**biànjià** 통 물건을 시가로 처분하다. ¶~出卖=시가대로 팔다.

【变节】**biàn‖jié** 통 변절하다. 전향하다. ¶忘义~=의리를 망각하고 변절하다.

【变局】**biànjú** 명 비상 국면. 비상 시국. 변국. 변동하는 정세. ¶沉着应对~=침착하게 변동하는 정세에 대응하다.

【变口】**biànkǒu** 명 **1** ⟨藝⟩ 중국 북방의 설창(說唱)에서 여러 가지 방언을 쓰다. ¶【乡谈】**xiāngtán 2** 승낙한 것을 바꾸다. 말을 바꾸다.

【变例】**biànlì** 명 (일반 규정에 위반되는) 변칙 사례. [조례]. ['常例'(상례)'와 구별됨]

【变脸】**biàn‖liǎn** 통 **1** 안면(안색)을 바꾸다. 태도를 바꾸다. 사이가 틀어지다. 불쾌한 표정을 짓다. ¶不知为什么, 他们最近~了。=왜 그런

지 모르지만 그들은 최근에 사이가 틀어졌다. **2** (劇) 쓰촨(四川) 지방의 전통극에서 배우가 신속하게 얼굴 분장을 바꾸다. 변검(變臉)하다.

【变量】**biànliàng** 명⟨數⟩ 변량(變量). 변수(變數). ↔恒量 定量

【变流器】**biànliúqì** 명⟨電⟩ 변환기. 컨버터 (converter).

【变乱】**biànluàn** 통⟨문⟩ 변경하여 어지럽히다. 바꾸어 문란케 하다. ¶~成规=기존 규정을 바꾸어 어지럽히다. 명 (전쟁이나 폭력으로 인한) 변란. 혼란.

【变卖】**biànmài** 통 재산이나 물건 따위를 팔아 돈을 만들다. 환금하다. ¶~房产=부동산을 팔아 돈을 만들다.

【变频】**biànpín** 통⟨電⟩ 주파수를 바꾸다. ¶这个厂家的空调可以~。=이 회사의 에어컨디셔너는 주파수를 바꿀 수 있다.

【变起仓猝】**biànqǐ-cāngcù** ⟨성⟩ 창졸간(倉卒間)에 변고가 생기다.

【变迁】**biànqiān** 통 변천하다. ¶随着时代的~, 人的生活方式也发生了巨大的变化。=시대의 변천에 따라 사람의 생활 방식도 커다란 변화가 생겼다.

【变软】**biànruǎn** 통 **1** 말랑말랑하게 변하다. ¶冷馒头蒸热后~了。=차가운 만터우를 찌자 말랑말랑하게 변했다. **2** (태도 따위가) 부드럽고 온화하게 변하다. 누그러지다. ¶在事实面前, 他强硬的态度~了。=사실 앞에서 그의 강경한 태도는 부드럽게 변했다.

【变弱】**biànruò** 통 **1** 몸이 허약해지다. ¶步入老年以后, 他的体质也跟着~了。=노년으로 접어든 후 그의 체질도 따라서 허약해졌다. **2** 말소리와 성조가 약해지다. ¶有些词放在句尾音调要~。=어떤 낱말들은 문장 끝에서 말소리와 성조가 약해진다.

【变色】**biànsè** 통 **1** (주로 화가 나서) 안색을 바꾸다. 안색이 변하다. ¶愤然~=분연히 안색을 바꾸다. **2** 색깔이 변하다. 변색되다. ¶衣服旧了, ~了。=옷이 낡아서 색이 변했다.

【变色镜】**biànsèjìng** 명 (광선의 강약에 따라 렌즈의 색이 변하는) 변색 선글라스. 변색 안경.

【变色龙】**biànsèlóng** 명 **1** ⟨動⟩ 카멜레온. **2** ⟨비⟩ (정치적) 기회주의자.

【变身】**biànshēn** 통 모습을 바꾸다. 변신하다. 변장하다.

【变生肘腋】**biànshēng-zhǒuyè** ⟨성⟩⟨비⟩ 일이 아주 가까운 곳에서 변화가 생기다.

【变声】**biànshēng** 통⟨生⟩ (변성기에 낮고 굵은 톤으로) 변성하다.

【变数】**biànshù** 명 **1** 변수. ¶这事还有~。=이 일은 아직 변수가 있다. **2** ⟨數⟩ (함수나 방정식의) 변수.

【变速】**biànsù** 통 변속하다. 속도를 바꾸다. ¶~运转=변속 운전하다. / ~装置=변속 장치.

【变速器】**biànsùqì** 명⟨機⟩ (자동차·트랙터·선박·선반 등의) 변속기. =【变速箱】**biàn sùxiāng**

【变速箱】**biànsùxiāng** ☞【变速器】**biàn sùqì**

変 昪 便 **biàn** 107

【变速运动】**biànsù yùndòng** 〔名〕〈物〉 변속 운동. 부등속 운동.
【变态】**biàntài** 〔名〕 **1**〈生〉(일부 동물의) 변태. **2**〈生〉(일부 식물의) 변태. **3**(사람이 생리적·심리적으로 정상이 아닌) 변태. ¶~行为=변태 행위.
【变态心理】**biàntài xīnlǐ** 〔名〕 변태 심리.
【变体】**biàntǐ** 〔动〕 형체·체제 등을 바꾸다. ¶~书写=서체를 바꾸어 쓰다. 〔名〕 변체. 이체. ¶这个字的草书是行书的~。=이 글자의 초서는 행서의 변체이다.
【变天】**biàn**‖**tiān** 〔动〕 **1**(주로 맑은) 날씨가 변하다. **2**〔비〕(정치적으로) 근본적인 변화가 생기다. 세상이 바뀌다. 정권이 바뀌다. 조(朝)대가 바뀌다.
【变通】**biàn·tōng** 〔动〕 변통하다. 융통하다. 임기응변하다. 정세에 순응하여 적당히 처리하다. ¶这件事很特殊, 可~处理。=이 일은 아주 특수하므로 임시변통해도 된다.
【变为】**biànwéi** 〔动〕 …으로 바뀌다〔변하다〕. ¶荒漠~良田=거친 사막이 좋은 농토로 바뀌다.
【变味】**biàn**‖**wèi**(~儿) 〔动〕(음식물 따위가 상해서) 맛이 변하다. ¶剩菜~了。=남은 음식이 맛이 변했다.
【变位思考】**biànwèi sīkǎo** ☞【换位思考】**huànwèi sīkǎo**
【变温动物】**biànwēn dòngwù** 〔名〕〈動〉변온 동물. ⑤【冷血动物】**lěngxuè dòngwù**
【变文】**biànwén** 〔名〕 변문(變文). [당(唐)대 설창 문학(說唱文學)의 일종. 산문과 운문을 섞어서 주로 불경 고사·역사 고사·민간 전설 등을 기술했음]
【变戏法】**biàn xìfǎ**(~儿) 〔动〕 **1**〔喩〕 마술을 부리다. **2**〔비〕 술수를 부리다.
【变现】**biànxiàn** 〔动〕〈經〉(자산·유가 증권 등을) 현금화하다.
【变相】**biànxiàng** 〔形〕 형식만 변하고 내용은 변하지 않다. [주로 나쁜 일을 가리킴] ¶~腐败=다른 형태의 부패.
【变心】**biàn**‖**xīn** 〔动〕 **1** 변심하다. 마음이 변하다. ¶坚定理想, 不~。=이상을 굳건하게 지켜 마음이 변하지 않다. **2** 사랑이나 충성심이 변하다. ¶虽当初发誓不~, 但后来他们还是分手了。=비록 처음에는 변심하지 않을 것을 맹세했지만, 그들은 나중에 결국 헤어졌다.
【变形】**biàn**‖**xíng** 〔动〕 **1** 변형하다. 모양이 변하다. ¶他大病不起, 人都~了。=그는 큰 병에 걸려 일어나지 못하고, 모습마저도 변했다. **2**(만화·신화 속에서) 변신하다. ¶孙悟空一下子就~成鸟。=손오공이 눈 깜짝할 사이에 새로 변신했다. 〔形〕 변형할 수 있는. ¶~金刚=변형 금강. [불교에서 말하는 역사(力士)로 '金刚夜叉明王'의 약칭] 능변형
【变型】**biànxíng** 〔动〕 유형을 바꾸다. ¶这家公司向股份制的转轨~已经完成。=이 회사는 이미 주식제로 바뀌었다.
【变性】**biànxìng** 〔动〕 **1** 변성하다. 성질이 변하다. ¶~酒精=변성 알코올. **2**〈生〉변성하다. **3**〈醫〉성전환하다. 변성하다. ¶~手术=성전환 수술. / ~人=성전환자.
【变性术】**biànxìngshù** 〔名〕〈醫〉성전환 수술.
【变压器】**biànyāqì** 〔名〕〈電〉변압기.
【变样】**biàn**‖**yàng**(~儿) 〔动〕 모습이 변하다. 변모하다. 양상이 변하다. ¶只几年时间, 故乡就大~了。=단지 몇 년 동안에 고향은 모습이 크게 바뀌었다.
【变异】**biànyì** 〔名〕〈生〉변이.
【变异性】**biànyìxìng** 〔名〕〈生〉변이성.
【变易】**biànyì** 〔动〕 바꾸다. 변화하다. ¶~发型=헤어스타일을 바꾸다.
【变音】**biànyīn** 〔动〕 **1** 소리를 바꾸다. 음이 변하다. 음을 바꾸다. ¶~乐器=변음 악기. **2**(변성기에) 변성하다.
【变硬】**biànyìng** 〔动〕 **1** 딱딱하게 변하다. **2**(사람의 태도나 몸이) 강경해지다. 딱딱해지다. 경화되다. ¶他的口气突然~。=그의 말투가 갑자기 강경해졌다.
【变造】**biànzào** 〔动〕 변조하다. ¶~证件=신분증이나 증서를 위조하다.
【变着法儿】**biàn·zhe fǎr** 〔动〕 갖가지 방법을 쓰다. ¶孩子们~玩耍。=아이들이 갖가지 놀이를 바꾸어 가며 논다.
【变质】**biàn**‖**zhì** 〔动〕(주로 나쁜 쪽으로) 변질되다. ¶酸奶~了, 不能再喝。=요구르트가 변질되었으니, 더 마시면 안 된다.
【变质岩】**biànzhìyán** 〔名〕〈地〉변질암. 변성암.
【变种】**biànzhǒng** 〔名〕 **1**〈生〉변종. **2**〔비〕〔喩〕변종. [겉으로는 변했지만 본질적으로는 변함이 없는 사조나 유파 따위]
【变奏】**biànzòu** 〔名〕〈音〉변주하다.
【变奏曲】**biànzòuqǔ** 〔名〕〈音〉변주곡.
【变阻】**biànzǔ** 〔动〕〈電〉전기 저항을 조절하다. ¶~装置=전기 저항 조절 장치. / ~器=가감 저항기. 가변 저항기.

**昪** **biàn** 기뻐할 변
〔形〕〔文〕 **1** 밝다. **2** 기뻐하다. 희희낙락하다.

**便** **biàn** 편할 편
〔形〕 **1** 편리하다. 편하다. ¶跟~=편리하다. / 行动不~=행동이 불편하다. **2** 적당하다. 적합하다. 적절하다. ¶不~说明=설명하기 적당치 않다. **3** 간단한. 일반적인. 평상의. 정식이 아닌. ¶简~=간편하다. / 随~=편한 대로. 〔动〕 대변을 보다. 소변을 보다. ¶大~=대변을 보다. / 小~=소변을 보다. 〔副〕 곧. 바로. ¶这两天不去游泳, ~去爬山。=요 며칠은 수영하러 가지 않으면 등산하러 간다. 〔接〕 설령…일지라도. ¶只要坚持, ~是再远的距离, 也能跑完。=포기만 하지 않으면 설령 더 먼 거리라 해도 끝까지 달릴 수 있다. 〔名〕 **1** 편한 때. 계제. ¶顺~=…하는 김에. / 搭~=…하는 김에. **2** 대변. 소변. ¶粪~=똥오줌.
☞ **pián**

**biàn** 便 遍

○◆ 趁chèn便，乘chéng便，方便，粪fèn便，告便，活便，即jí便，简便，近便，两便，灵líng便，任rèn便，省shěng便，随suí便，溏táng便，童tóng便，未wèi便，稳wěn便，以便，自便

【便步】**biànbù** 명 평보. 보통 걸음. ['正步(zhèngbù)'와 구별됨]

【便菜】**biàncài** 명 간단한 반찬. 일상적인 반찬. 늘 먹는 요리.

【便餐】**biàncān** 명 간단한 식사. 간편한 식사. 보통의 식사.

【便车】**biànchē** 명 같은 방향으로 가는 차. ¶搭~=같은 방향으로 가는 차를 공짜로 타다.

【便池】**biànchí** 명 (소변용) 변기.

【便当】**biàn·dang** 형 **1** 편리하다. 간단하다. ¶公交车站就在附近，乘车很~。=버스 정류장이 바로 부근에 있어서 차 타기가 매우 편리하다. **2** 손쉽다. 간편하다. ¶吸尘器操作起来很~。=진공 청소기는 조작하기가 매우 간편하다. 명 도시락. ¶吃~=도시락을 먹다. ≒便利 方便 ↔ 麻烦

【便道】**biàndào 1** 가는 길. 지나가는 길. 지름길. ¶抄~，肯定能按时到达。=지름길로 가면 분명히 제 시간에 맞춰 갈 수 있을 것이다. **2** 인도. 보도. 도로 양측의 보행로. ¶现在～上可以骑自行车。=지금 인도(人道)에서 자전거를 타도 된다. **3** 임시 도로. ¶道路施工，车辆请走~。=도로가 공사 중이므로 차량은 임시 도로가 주세요.

【便毒】**biàndú** ☞【横痃】**héngxuán**

【便饭】**biànfàn** 명 일반 식사. 보통 식사. 평소 식사. 간단한 식사. ¶随常～=일반적인 식사. 통 간단한(일반) 식사를 하다. ¶请几位在家~。=몇 분을 집에 초대하여 간단한 식사를 대접하다.

【便服】**biànfú** 명 **1** 평상복. **2** 중국식 복장. ['礼服(예복)'·'制服(제복)'과 구별됨]

【便函】**biànhán** 명 형식이 간단하고 비공식적인 서신. 비공식 공문(공건). ['公函(공문서)'과 구별됨]

【便壶】**biànhú** 명 (남자용) 요강.

【便笺】**biànjiān 1** 편지지. **2** 메모지.

【便捷】**biànjié** 형 **1** 민첩하다. 경쾌하다. ¶她很~地跳过鞍马。=그녀는 민첩하게 안마를 뛰어넘었다. **2** 빠르고 편리하다. 간편하다. ¶这是惟一~的道路。=이 길이 빠르고 편리한 유일한 길이다. ≒迅缓

【便览】**biànlǎn** 명 (주로 교통·우체국·여행 등과 관련된) 편람. 종합 설명.

【便利】**biànlì** 형 편리하다. ¶超市就在附近，购物很~。=슈퍼마켓이 바로 부근에 있어서 물건 사기가 아주 편리하다. 통 편리하게 하다. ¶局域网大大～了社区的居民。=지역 네트워크가 주민을 매우 편리하게 해 준다. ≒便当 方便 ↔ 麻烦

【便利店】**biànlìdiàn** 명 편의점.

【便了】**biànliǎo** 조 …면 그만이다. …뿐이다. [문장 끝에 쓰여 결정·양보·단정을 나타냄]

一切责任由我一人担当~。=모든 책임은 나 한 사람이 책임지면 그만이다.

【便路】**biànlù** 명 가는 김에 지나는 길. 가깝고 편한 길.

【便帽】**biànmào**(~儿) 명 보통 모자. 평소에 쓰는 모자.

【便门】**biànmén**(~儿) 명 정문 이외의 작은 문. 곁문. 옆문. 측문.

【便秘】**biànmì** (醫) 변비.

【便民】**biànmín** 대중의 편리를 도모하다. 대중에 편리하다. 대민 봉사하다. ¶~超市=뭇 사람들을 편리하게 해 주는 슈퍼마켓.

【便溺】**biànniào** 통 대소변을 보다. 명 대변과 소변. ¶清扫宠物的~=애완 동물의 대소변을 치우다.

【便盆】**biànpén**(~儿) 명 요강. 변기.

【便签】**biànqiān** 명 쪽지. 쪽지 편지. 약식 편지.

【便桥】**biànqiáo** 명 임시 다리. 가교.(假橋)

【便人】**biànrén** 명 인편(人便). ¶礼物是托~捎来的。=선물은 인편을 통하여 가져온 것이다.

【便士】**biànshì** 명 외(經) 펜스(pence). [영국·아일랜드 등의 화폐 단위]

【便所】**biànsuǒ** 명 ⟨ㄷ⟩ 변소.

【便条】**biàntiáo**(~儿) 명 **1** 메모. 쪽지. **2** 비공식적인 편지나 통지문.

【便桶】**biàntǒng** 명 변기통.

【便席】**biànxí** 명 간단한 식사. 간단한 술자리.

【便携式】**biànxiéshì** 형 휴대용의. 휴대에 간편한. ¶~电脑=휴대형 컴퓨터.

【便鞋】**biànxié** 명 (주로 헝겊으로 된) 가볍고 편한 신발.

【便血】**biàn‖xiě** 명(醫) 피똥. 혈변. [대변이나 소변에 피가 섞여 나오거나 피만 나오는 증상]

【便宴】**biànyàn** 명 간소한[조촐한] 연회.

【便衣】**biànyī** 명 **1** 평상복. **2** (~儿) 사복 경찰. 사복 군인.

【便宜】**biànyí** 형 편리하다. 알맞다. 적합하다. ¶买了家用轿车后，出游就很~了。=자가용을 산 후 놀러 가기가 아주 편리해졌다.
☞ **pián·yi**

【便宜从事】**biànyí-cóngshì** ☞【便宜行事】**biànyí-xíngshì**

【便宜行事】**biànyí-xíngshì** 성 재량권을 위임받아 일일이 보고할 필요 없이 상황에 따라 처리하다. =【便宜从事】**biànyí-cóngshì**

【便于】**biànyú** (…하기에) 쉽다. …에 편리하다. ¶这个方案~具体实施。=이 방안은 구체적으로 실시하기 쉽다.

【便中】**biànzhōng** 명 편한 때. …하는 차에. 계제에. ¶请~来舍下小叙叙。=편할 때 저희 집에 오셔서 얘기나 좀 나누시죠.

【便装】**biànzhuāng** 명 평상복. 평복.

**遍**[徧] **biàn** 두루 편

형 두루 미치다[퍼지다]. 전면적이다. 보편적이다. ¶枫叶红~整个山野。=단풍잎이 온 산야를 붉게 물들였다. 양 번. 차례. 회. [한 동작의 처음

遍 緶 辨 辩 **biàn**

부터 끝까지의 전 과정을 가리킴]¶把这首古诗背一~。=이 고시를 처음부터 끝까지 한 차례 외워라. 📱 온. 온통. 다. 모두. 샅샅이.

○● 普pǔ遍, 周zhōu遍

【遍布】**biànbù** 🔲 널리 퍼지다. 널리 퍼지게 하다. ¶计算机网络~全国。=컴퓨터 네트워크는 전국에 퍼져 있다.

【遍地】**biàndì** 📱 도처. 곳곳. ¶一夜秋风过后, 林子里~是枯黄的落叶。=하룻밤 가을 바람이 지나간 후 숲 속 곳곳에 누렇게 시든 낙엽들이 널려 있다.

【遍地开花】**biàndì-kāihuā** 🔲 **1** 도처에 꽃이 피다. **2** 🔲 좋은 일이 도처에서 일어나다. 곳곳에서 발전하다.

【遍及】**biànjí** 🔲 두루 미치다. 골고루 퍼지다. 파급되다. ¶他虽然是外国人, 但他的足迹却~整个中国。=그는 비록 외국인이지만 그의 발자취는 중국 전역에 두루두루 다 닿았다.

【遍历】**biànlì** 🔲 곳곳을 누비다. 편력하다. ¶~名山大川=명산대천을 두루 누비다.

【遍身】**biànshēn** 🔲 온몸. 전신. ¶他淋得~是水。=그는 온몸이 다 물에 젖었다.

【遍数】**biànshù** 📱 횟수. 차례. ¶他去过那个国家的~是3。=그가 그 나라에 가 본 횟수는 세 차례이다.

【遍体】**biàntǐ** 📱 온몸. 전신.

【遍体鳞伤】**biàntǐ-línshāng** 🔲 **1** 온몸이 상처투성이이다. 만신창이이다. **2** 🔲 부상 정도가 아주 심각한 모습.

【遍野】**biànyě** 🔲 온 들판에 널리다. ¶满山~=온 산과 들판에 널리다.

【遍游】**biànyóu** 🔲 주유하다. 두루 돌아다니며 구경하다. ¶~欧洲=유럽을 주유하다.

【遍于】**biànyú** 🔲 …에 넓게 분포하다. …에 골고루 미치다. ¶他们的足迹~世界。=그들의 발자취는 세계에 넓게 미쳤다.

【遍走】**biànzǒu** 🔲 두루 돌아다니다. 도처로 유람하다. ¶~整个古镇=옛 진(鎭)을 두루 다 돌아다니다.

## 緶[緶] **biàn** 꿰맬 편

📱 보릿대·밀짚 따위로 꼬아서 만든 띠.
☞ **pián**

【緶子】**biàn·zi** 📱 보릿대·밀짚 따위로 꼬아서 만든 띠.

## *辨 **biàn** 분별할 변

🔲 분별하다. 가리다. 구별하다. 분간하다. ¶明~真假=참과 거짓을 분명히 가리다.

○● 分fēn辨

【辨白】**biànbái** ☞【辩白】**biànbái**

【辨别】**biànbié** 🔲 변별하다. 구별하다. 식별하다. ¶~真伪=진위(眞偽)를 변별하다. ≒区别 识别 鉴别

【辨不出】**biàn·buchū** 🔲 가려 낼 수 없다. 분별할 수 없다. ¶~优劣=우열을 가려 내지 못하다.

【辨不清】**biàn·buqīng** 🔲 분명하게 구별하[가려 낼] 수 없다. ¶~是非=시비를 분명히 가려 낼 수 없다.

【辨尝】**biàncháng** 맛보다.

【辨得出】**biàn·dechū** 🔲 변별해 낼 수 있다.

【辨得清】**biàn·deqīng** 🔲 분명히 변별해 낼 수 있다.

【辨明】**biànmíng** 🔲 분명히 변별하다. ¶~方向=방향을 분명히 구별하다.

【辨难】**biànnán** 🔲 해결하기 곤란한 것을 분석하다. 의심스럽고 판단하기 어려운 것을 판별하다. ¶~解惑=의심스럽고 판단하기 어려운 것을 판별하여 의혹을 풀다.

【辨认】**biànrèn** 🔲 식별해 내다. ¶~字迹=필적을 식별해 내다.

【辨识】**biànshí** 🔲 식별하다. 판별하다. ¶~陈年字画=오래 된 고서화를 판별하다.

【辨析】**biànxī** 🔲 판별[변별]하고 분석하다. 분석 식별하다. ¶~词义=단어의 뜻을 변별하고 분석하다.

【辨正】[辩正] **biànzhèng** 🔲 시비를 분별하여 잘못을 바로잡다.

【辨证】**biànzhèng** 🔲 **1** (병의) 증후를 판별하다. ¶~求因=증후를 판별하여 원인을 찾다. =【辨症】**biànzhèng 2** ☞【辩证】**biànzhèng**

【辨证论治】[辨症论治] **biànzhèng lùnzhì** (醫) (중의학에서) 병증의 성질과 원인 등을 분석 판단하여 상응하는 치료를 하다. =【辨证施治】**biànzhèng shīzhì**

【辨症施治】[辨症施治] **biànzhèng shīzhì** ☞【辨证施治】**biànzhèng shīzhì**

【辨症】**biànzhèng** ☞【辨证】**biànzhèng**

【辨症论治】**biànzhèng lùnzhì** ☞【辨证论治】**biànzhèng lùnzhì**

【辨症施治】**biànzhèng shīzhì** ☞【辨证施治】**biànzhèng shīzhì**

## **辩[辯] biàn** 말 잘할 변

🔲 변론하다. 해명하다. ¶答~=답변하다. / 不容置~=해명을 허용하지 않다.

○● 答辩, 伏fú辩, 诡guǐ辩, 狡jiǎo辩, 抗kàng辩, 强qiǎng辩, 申shēn辩, 声辩, 雄xióng辩, 置zhì辩

【辩白】[辨白] **biànbái** 🔲 해명하다. 변명하다. 변해하다. ¶这事必须~, 否则误会将越来越深。=이 일은 반드시 해명해야지 아니면 앞으로 오해가 점점 깊어질 것이다. =【辨白】**biànbái**

【辩驳】**biànbó** 🔲 변박하다. 논박하다. 반박하다. ¶事实面前, 不容~。=사실 앞에서 논박의 여지가 없다. ≒批驳

【辩才】**biàncái** 🔲 언변. 말재주. ¶此人学识广博, 颇有~。=이 사람은 학식이 깊고 넓으며, 언

○ 辩 **biàn**
辩 **biàn**
辨 **biàn**
辫 **biàn**
瓣 **bàn**
办 **bàn**

변이 꽤 좋다.
【辩词】biàncí ☞【辩辞】biàncí
【辩辞】[辩词] biàncí 图 해명이나 변명의 말.
【辩答】biàndá 통 답변하다. ¶~无误=답변에 잘못된 점이 없다.
【辩锋】biànfēng 图 변론의 날카로움[기세].
【辩护】biànhù 통 변호하다. 변론하다. ¶据理~=이치에 근거하여 변호하다.
【辩护词】biànhùcí 图(法) (변호인의) 변호하는 말.
【辩护权】biànhùquán 图(法) 변호권.
【辩护人】biànhùrén 图(法) 변호인.
【辩护士】biànhùshì 图® 변호사. 변호해 주는 사람. ¶侵略者的~=침략자의 나팔수.
【辩解】biànjiě 통 해명하다. 변해하다. 변명하다. ¶他既已认定, ~是无用的。=그가 이미 굳게 믿기 때문에, 변명해도 소용 없다. ↔缄默
【辩论】biànlùn 통 변론하다. 논쟁하다. 토론하다. ¶两人~了半天, 还是没有一致的意见。=두 사람은 오랜 시간 변론하였으나, 끝내 의견의 일치를 보지 못했다. ≒争论 争辩
【辩论赛】biànlùnsài 图 변론 시합[대회]. ☞【辩赛】biànsài
【辩明】biànmíng 통 (시비·사리를) 분명하게 밝히다. 분명히 변론하다. 가려 내다. 식별하다. ¶~事理=사리를 분명히 밝히다.
【辩难】biànnàn 통® 논박하다. 논란하다. 대답하기 어려운 문제로 질문하다. ¶彼此~不休。=서로 간에 논박이 그치지 않다.
【辩赛】biànsài ☞【辩论赛】biànlùnsài
【辩士】biànshì 图 변사. 언변이 좋은 사람.
【辩说】biànshuō 통 설명하다. 논쟁하다. 토론하다. ¶~因由=원인을 설명하다.
【辩诉】biànsù 통(法) (사건의 심의 과정 중 피고가) 변호하다. 해명하다. 변명하다.
【辩诬】biànwū 통 (잘못된 질책에 대하여) 해명 하다. 사실 무근임을 밝히다.
【辩正】biànzhèng ☞【辨正】biànzhèng
【辩证】biànzhèng 통 변증하다. 논증하다. =【辨证】biànzhèng ¶深入~=깊이 논증하다. 图 변증법적이다. ¶内容和形式的关系是~的统一。=내용과 형식의 관계는 변증법적 통일이다.
【辩证法】biànzhèngfǎ 图(哲) 1 변증법. 2 유물 변증법.
【辩证逻辑】biànzhèng luó·jí 图(哲) 변증법적 논리.
【辩证唯物主义】biànzhèng wéiwùzhǔyì 图(哲) 변증법적 유물주의.
【辩嘴】biàn‖zuǐ 통 다투다. 논쟁하다.

**辫[辮]** biàn 머리 딸을 변
图 1 (~儿) 땋은 머리. 변발(辫髪). ¶发~儿= 땋은 머리. 2 땋은 머리처럼 생긴 것. ¶蒜~儿=마늘 타래. 통® 머리를 땋다. 두름으로 엮다. ¶把蒜~好挂起来。=마늘을 엮어서 걸다. ® (~儿) 줄. 타래. 두름. [땋은 머리처럼 생긴 것

에 쓰임] ¶一~蒜=마늘 한 두름.

○● 抓zhuā辫子

【辫根】biàngēn (~儿) 图 머리를 땋기 시작하는 부분.
【辫梢】biànshāo (~儿) 图 머리끝의 땋아져 있지 않은 부분.
【辫绳】biànshéng 图 1 머리를 묶는 끈. 댕기. 2 땋은 머리 모양의 끈.
【辫子】biàn·zi 图 1 땋은 머리. 변발. ¶把~盘起来。=땋은 머리를 감아올리다. 2 땋은 머리 같은 것. ¶蒜~=마늘 타래. 3® 결점. 약점. ¶他这个人爱抓~。=그 사람은 남의 약점 잡기를 좋아한다.

# biao

**杓** biāo 별자리 표
图 1® 국자 자루. 2(天) 북두칠성의 자루 부분의 세 별.
☞ sháo

**标[標]** biāo 우듬지 표
图 1® 나무의 꼭대기[끝]. 말단. 우듬지. 2 (사물의) 부차적인 것. 표면. 지엽. ¶要治~, 更要治本。=지엽적인 것도 다스려야하지만, 근본을 더욱 잘 다스려야 한다. 3 표지. 기호. 부호. ¶航~=항로 표지. 4 지표. 표준. ¶达~=지표에 도달하다. 5 입찰 가격. ¶中~=낙찰되다. 6 경기의 우승자에게 주는 상. ¶锦~=우승기. 우승컵. 7 표. [청(清)대 육군 편제 가운데 하나로 지금의 '团(연대)'에 해당함] 통 (문자나 기호 등으로) 나타내다. 표시하다. ¶明码~价=정찰 가격을 표시하다. ® 대오. 대열. [수사는 '一'만 쓸 수 있음] ¶一~人马=한 대열의 인마(人馬). ≒末 ↔本

○● 岸àn标, 草标儿, 导dǎo标, 航háng标, 目标, 袖xiù标, 游标, 指标, 坐标

【标榜】biāobǎng 통 1 표방하다. ¶~平等博爱=평등과 박애를 표방하다. 2 자랑하다. 잘난 척하다. ¶自我~=스스로 자랑하다.
【标本】biāoběn 图 1 지엽과 근본. ¶~兼治=지엽적인 것과 근본적인 것을 함께 다스리다. 2 (본보기로 삼을 만한) 표본. 3 (학습이나 연구용의 동물·식물·광물 등의) 표본. 4(醫) (실험이나 연구용으로 쓰이는 혈액·담액·대변 등의) 시료 (試料).
【标兵】biāobīng 图 1 초병. [열병식에서 경계선을 나타내기 위하여 세우는 사병] 2 군중 집회에서 경계를 표시하기 위해 세우는 사람. 3® 모범으로 삼을 만한 사람이나 기관. ¶创新人才~=인재의 모범을 새롭게 창조해 내다.
【标称】biāochēng 图 (상품에 표시된 공적(公的)) 규격. 수치.

【标尺】biāochǐ 명 1 측량 때 사용하는 자. 표척. 2 (비) 척도. 표준. 3 ☞【表尺】biǎochǐ

【标灯】biāodēng 명 표지등.

【标底】biāodǐ 명 (입찰을 공모하는 측에서 예정한) 최저 입찰 가격.

【标的】biāodì 명 1 표적. 과녁. 2 (비) 목표. 목적. 3 (法) (화물·노무·공사 항목 등) 계약을 체결하는 쌍방의 권리와 의무의 대상(물).

【标点】biāodiǎn 명 구두점(句讀點). 동 구두점을 표시하다. ¶~古籍=고서적에 구두점을 표시하다.

【标点符号】biāodiǎn fúhào 명 구두점(句讀點). 문장 부호. [중국어의 구두점으로는 '句号'(。)', '叹号(!)', '问号(?)', '逗号(,)', '分号(;)', '顿号(、)', '冒号(:)' 등이 있음]

【标调】biāodiào 동 중국어의 성조(聲調)를 표시하다.

【标定】biāodìng 동 1 (일정한 기준에 근거하여) 측정하다. ¶~机器设备=기준에 근거하여 기기 설비를 측정하다. 2 (어떤 수치나 모델을 기준으로 삼을지) 규정하다. 확정하다. 형 표준에 부합하는. ¶~产品=표준에 부합하는 상품.

【标度】biāodù 명 (온도계나 시계 등 각종 기기의) 단위 눈금.

【标杆】biāogān 명 1 측량대. 측간(測杆). 2 (비) 모범. 본보기. ¶学习的~=학습의 모범.

【标高】biāogāo 명 표고. 해발.

【标格】biāogé 명(문) 품격. 풍격.

【标函】biāohán 명 입찰 문건.

【标号】biāohào (~儿) 명 1 (제품의 성능을 표시하는) 등급 번호. 성능 번호. 2 표지. 부호. 3 문장 부호 가운데 따옴표·묶음표·줄임표 등을 지칭.

【标绘】biāohuì 동 표기하다.

【标记】biāojì 명 표기. 동 표기하다. ¶~进山路线=입산 노선을 표기하다. ≒标志 记号

【标价】biāo‖jià 동 상품의 가격을 표시하다. ¶超市里的商品都标了价.=슈퍼마켓의 상품은 모두 가격을 표시한다.

【标价】biāojià 명 표시 가격. ¶这本书的~是二十元.=이 책의 표시 가격은 20위안이다.

【标金】biāojīn 명 1 중량과 순도를 표시한 막대 모양의 금괴. [순도는 0.978 정도] 2 입찰 보증금.

【标量】biāoliàng 명(物) 스칼라(scalar).

【标卖】biāomài 동 1 경매하다. 2 가격을 명시하고 판매하다.

【标明】biāomíng 동 명시하다. 명기하다. ¶所购商品~'中国制造'.=구매 상품에 '中国制造' 라고 명시하고 있다.

【标牌】biāopái 명 1 제품 마크. 상표. 2 표시판. 푯말. 표지. 간판.

【标签】biāoqiān (~儿) 명 상표. 레테르(letter). 라벨(label). 꼬리표.

【标枪】biāoqiāng 명 1 표창. 2 (體) 투창 경기. 3 (體) 투창 경기에 쓰이는 투창.

【标石】biāoshí 명 (지점·위치를 나타내는) 표시석. 표석.

【标示】biāoshì 동 표시하다. 명시하다. ¶地图上~了铁路线.=지도상에 철로 노선을 표시하였다.

【标书】biāoshū 명 (입찰의 기준·조건·가격 등의 내용과 관련 요구 사항 등이 적혀 있는) 입찰 문서.

【标塔】biāotǎ 명 (비행장의) 목표탑.

【标题】biāotí 명 표제. 제목. 동 제목을 달다. 표제를 달다.

【标题新闻】biāotí xīnwén 명 (신문이나 인터넷상의) 표제 뉴스. 헤드라인.

【标题音乐】biāotí yīnyuè 명(音) 표제 음악.

【标图】biāotú 동 부호·문자를 (해양·일기·군사용 등의) 지도에 표기하다.

【标箱】biāoxiāng 명 (상품 우송용의) 규격 상자. 표준 상자.

【标新立异】biāoxīn-lìyì 성 새롭고 기발한 주장을 내놓아 남들과 다름을 나타내다.

【标样】biāoyàng 명 표준 견본.

【标音法】biāoyīnfǎ 명(言) 표음법(標音法). 음성 표기법.

【标语】biāoyǔ 명 표어.

【标志】[标识] biāozhì 명 표지. 지표. 상징. ¶这部影片的获奖是导演成名的~.=이 영화의 수상은 감독이 유명해지게 된 지표이다. 동 명시하다. 상징하다. ¶首脑等高级政要的频繁互访~着两国关系进人到一个崭新的阶段.=정부 수뇌 등 정부 요인들의 빈번한 상호 방문은 양국의 관계가 완전히 새로운 단계에 들어갔다는 것을 상징한다. ≒标记 记号

【标识】biāozhi ☞【标志】biāozhì

【标致】biāo·zhì 형 (주로 여자의 용모나 자태가) 참하다. 아름답다. 예쁘다. ¶她长得很~.=그녀는 아주 참하게 생겼다. ≒美丽 漂亮 ↔丑陋

【标注】biāozhù 동 표시하다. 주석을 달다. 명 주석.

【标桩】biāozhuāng 명 푯대. 표주(標柱).

【标准】biāozhǔn 명 표준. 기준. 잣대. 형 표준의. 표준적이다. ¶~身高=표준 키

【标准大气压】biāozhǔn dàqìyā 양(氣) 표준 기압.

【标准粉】biāozhǔnfěn 명 표준 밀가루. [밀 100근에서 밀가루 85근을 내도록 한 규격대로 가공한 밀가루]

【标准化】biāozhǔnhuà 동 표준화.

【标准化考试】biāozhǔnhuà kǎoshì 명 표준화 시험.

【标准间】biāozhǔnjiān 명 (2인 1실의) 일반실. 일반룸. 더블룸. ['单间(1인실)'·'套间(디럭스룸)'과 구별됨]

【标准件】biāozhǔnjiàn 명 표준 규격품.

【标准煤】biāozhǔnméi 명 표준 석탄. [중국 정부가 규정한 매 킬로그램당 7,000칼로리의 열량을 함유한 석탄]

【标准时】biāozhǔnshí 명 표준시.

【标准时区】biāozhǔn shíqū 명 표준 시간대. =【时区】shíqū

# biāo 标 颮 驫 彪 猋 摽 幖 淲 骠 臕 熛 飙 镖 瘭 藨 瀌 穮 镳 表

【标准像】 biāozhǔnxiàng 囘 1 명함판 사진. 2 정면 상반신 탈모 사진.
【标准音】 biāozhǔnyīn 囘(言) 표준음.
【标准语】 biāozhǔnyǔ 囘(言) 표준어.

## 颮[颮] biāo 회오리바람 표
囘(氣) 선풍. 회오리바람. 돌풍.

## 驫[驫] biāo 말 떼지어 달릴 표
[형](문) 말이 떼지어 달리는 모습.

## *彪 biāo 범 가죽 무늬 표
囘 1 (문) 작은 호랑이. 2 (문) 호랑이 몸 위의 반점. 3 (Biāo) 성(姓). [형] 1 (몸이) 건장하다. 우람하다. ¶门口站着一位～形大汉 = 입구에 건장한 사내가 서 있다. 2 문예 작품이 출중하다. ¶～炳史册 = 사서에 빛나다. 囘 무리. ¶一～人马 = 한 무리의 인마(人馬).

○-● 虎hǔ彪彪

【彪炳】 biāobǐng [형](문) (글이) 화려하고 아름답다. 빛나다. ¶文章～而简约. = 글이 화려하면서도 간략하다. ¶～青史 = 청사에 빛나다.
【彪炳千古】 biāobǐng-qiāngǔ (성) (위대한 업적이) 천고에 빛나다. =【彪炳千秋】 biāobǐng-qiānqiū
【彪炳千秋】 biāobǐng-qiānqiū ☞【彪炳千古】 biāobǐng-qiāngǔ
【彪悍】 biāohàn [형] 용맹스럽다. 사납다. ¶～的拳击运动员 = 용맹스러운 권투 선수.
【彪形】 biāoxíng 囘 우람한 체격. [형] 체격이 우람하다. 기골이 장대하다.
【彪形大汉】 biāoxíng dàhàn (성) 체격이 우람한〔건장한〕사나이.
【彪壮】 biāozhuàng [형] (기골이) 장대하다. ¶身材～ = 기골이 장대하다.

## 猋 biāo 개 달리는 모양 표
[형] 신속하다. 囘(문) '飙(biāo)'와 같음.

## 摽 biāo 떨어질 표
[동](문) 1 쫓아 버리다. 내쫓다. 떨어 내다. 2 버리다. 포기하다.
☞ biào
【摽榜】 biāobǎng [동](문) 표방하다.

## 幖 biāo 깃발 표
囘(문) 깃발. 가치. [고어에서 '标(biāo)'와 같음]

## 淲 biāo 물 흐르는 모양 표
[형](문) 물이 흐르는 모습.

## 骠[驃] biāo 표절따 표
☞【黄骠马】 huángbiāomǎ
☞ piào

## *臕[(臕)] biāo 가축 허구리살 표

囘 (～儿) 살진 고기. 비계. [주로 짐승에 쓰이고, 사람에게는 놀림조로 쓰임] ¶肥～ = 기름기와 살코기. / 掉～ = (주로 가축이) 마르다. 여위다.

○-● 保bǎo臕, 蹲dūn臕, 落luò臕, 抓zhuā臕

【臕肥】 biāoféi [형] (가축이) 살지다. 비만하다.
【臕肥体壮】 biāoféi tǐzhuàng (성) (가축이) 비대하고 튼실하다.
【臕情】 biāoqíng 囘 가축이 살진 상태.
【臕壮】 biāozhuàng [형] 살지고 우람하다.

## 熛 biāo 불똥 표
囘(문) 불꽃.

## 飙[飆] biāo 폭풍 표
囘(문) 폭풍. ¶狂～ = 광풍.
【飙车】 biāochē 囘 전설 속에서 바람을 몰고 비행한다는 수레. [동](속) 매우 빠른 속도로 차를 몰다. ¶无原则地～非常危险. = 차를 원칙 없이 빨리 모는 것은 매우 위험하다.
【飙风】 biāofēng 囘(문) 질풍. 강풍. 폭풍.
【飙口水】 biāokǒushuǐ (속) 말도 안 되는 소리를 하다. 쓸데없는 말을 하다.
【飙升】 biāoshēng [동] (가격이나 수량 등이) 급증하다. 급등하다. ¶科技股近期连续～. = 과학 기술 관련 주식은 근래에 연속적으로 가파르게 오르고 있다.

## 镖[鏢] biāo 칼끝 표
囘(옛) 1 표창. ¶袖箭飞～ = 소매 속의 화살과 표창. 2 호송 업체가 남을 대신하여 호송하는 재물. ¶保～ = 경호원.
【镖局】 biāojú 囘(옛) 호송 조직. 호송 업체.
【镖客】 biāokè 囘(옛) 호송(요)원. =【镖师】 biāoshī
【镖师】 biāoshī ☞【镖客】 biāokè

## 瘭 biāo 생인손 표
【瘭疽】 biāojū 囘(醫) 표저.

## 藨 biāo 표초(藨草) 표
【藨草】 biāocǎo 囘(植) 세모고랭이. [다년생 초본 식물로 잎줄기가 3각의 골이 패인 모양. 노끈을 꼬아 신발이나 방석 등을 만드는 데 쓰임]

## 瀌 biāo 비 눈 퍼부을 표
【瀌瀌】 biāobiāo [형](문) 비나 눈이 많이 내리는 모양.

## 穮[(穮)] biāo 김맬 표
[동](문) 풀을 뽑다.

## 镳[鑣] biāo 재갈 표
囘 1 (문) (말의) 재갈. ¶分道扬～ = 각각 길을 달리하여 말을 달리다. 2 '镖(biāo)'와 같음.

## **表¹ biǎo 겉 표

表 **biǎo** 113

圕 **1** 표면. 바깥. 외부. 외모. ¶由
~及里＝겉에서 속까지. / 虚有其
~＝내실은 없으면서 겉모습만 갖
추다. **2** 모범. 본보기. ¶为人师
~＝다른 사람에게 사표가 되다. **3**
表(表). [과거 문체의 한 종류] ¶《前出师~》＝
《전출사표》. **4** 표. 도표. ¶历史纪年~＝연대
표. **5** 계기. 계량기. 미터. ¶电~＝전기 계량기.
/ 水~＝수돗물 계량기. **6** 표. [해의 그림자를 재
는 막대] **7** 묘 표기둥의 기둥. 华~＝화표. [궁
전이나 능 앞의 조각 돌기둥] **8** [친척 관계에] 내
종. 외종. 이종. ¶姑~亲＝내종 관계의 친척. 통
**1** (사상이나 감정을) 나타내다. 표현하다. ¶略
~谢忱＝조금이나마 감사의 마음을 나타내다.
**2** 통(醫) 약으로 몸 안의 한기를 발산해 내다. ¶
吃药一~下＝약을 먹고 한기를 발산하다. ↔里

○ 表 biǎo
   婊 biǎo
   裱 biǎo

**表²[錶] biǎo** 시계 表
圕 휴대형 시간 측정 기구. 시계. ¶手~＝손목시
계. / 跑~＝스톱워치.

○ 报表, 代表, 地表, 电表, 姑gū表, 华表, 旌
jīng表, 课表, 老表, 马表, 秒miǎo表, 年表,
跑pǎo表, 水表, 停tíng表, 外表, 仪yí表, 姨yí
表, 意表, 中表, 钟表, 寒暑hánshǔ表

【表白】**biǎobái** 통 (자신의 마음을) 나타내다.
설명하다. 해석하다. ¶~心意＝자신의 속마음
을 나타내다. ≒剖白↔沉默
【表棒】**biǎobàng** ☞【表笔】**biǎobǐ**
【表报】**biǎobào** 圕 **1** (상부에 보고하는) 양식과
보고. **2** 보고표. 보고서.
【表笔】**biǎobǐ** 圕 **1** 계기의 측정봉. ＝【表棒】
**biǎobàng 2** 손잡이에 전자 시계가 달린 볼펜.
【表伯叔】**biǎobóshū** 圕 (아버지의) 내종·외종
·이종 형제.
【表册】**biǎocè** 圕 괘지로 철한 장부.
【表层】**biǎocéng** 圕 물체의 표면. 표층. ↔深层
【表尺】**biǎochǐ** 圕 총의 조척(照尺). 가늠쇠. ≒
【标尺】**biāochǐ**
【表达】**biǎodá** 통 (자신의 사상이나 감정을) 나
타내다. 표현하다. ¶书面~能力＝글로 표현하
는 능력.
【表带】**biǎodài** 圕 손목시계의 줄.
【表袋】**biǎodài** 圕 시계주머니.
【表弟】**biǎodì** 圕 (내종·외종·이종) 사촌 남동생.
【表盖】**biǎogài** 圕 회중시계나 손목시계 뚜껑.
【表哥】**biǎogē** 圕 (내종·외종·이종) 사촌 형〔오
빠〕.
【表格】**biǎogé** (~儿) 圕 표. 양식. 도표. 서식.
【表功】**biǎo‖gōng** 통 **1** 공적을〔공로를〕 표
창하다. ¶~仪式＝표창식. **2** 자신의 공로를
자랑하다.
【表汗】**biǎohàn** 통(醫) (중의학에서) 약으로
땀을 내어 몸 안의 한기를 발산하다.
【表记】**biǎojì** 圕 증표. 기념품.
【表姐】**biǎojiě** 圕 (내종·외종·이종) 사촌 누이
〔언니〕.

【表决】**biǎojué** 통 표결하다. ¶投票~＝투표
로 표결하다.
【表决权】**biǎojuéquán** 圕 표결권.
【表里】**biǎolǐ** 圕 **1** 밖과 안. 겉과 속. 표리. 겉모
습과 속마음. **2** (사물의) 안과 밖의 각종 상황. **3**
(醫) 중의학에서 피부와 피하 조직, 내장 등을 가
리킴. 통圕 서로 보완하다. ¶互为~＝서로 보
완하다.
【表里不一】**biǎolǐ bùyī** 성어 말과 행동이 일치
하지 않다. ↔表里如一
【表里如一】**biǎolǐ rúyī** 성어 말과 행동이 일치
하다. ↔表里不一
【表链】**biǎoliàn** (~儿) 圕 회중시계·초시계의
줄. 사슬형 시계줄.
【表露】**biǎolù** 통 나타내다. 드러내다. ¶~心
迹＝속마음을 드러내다. ≒表现
【表妹】**biǎomèi** 圕 (내종·외종·이종) 사촌 여
동생.
【表蒙子】**biǎoméng·zi** 圕 시계의 유리 덮개.
【表面】**biǎomiàn** 圕 **1** 표면. 겉. 외관. ¶书的
~＝책표지. **2** (사물의) 비본질적인 부분. 외재
적인 현상. ¶~现象＝외재적인 현상. **3** 통 (시계
등의) 유리 뚜껑. ＝【表盘】**biǎopán** ≒外
表 外观 ↔本质 里面 内心
【表面光】**biǎomiànguāng** 통 사물이 외관만
아름답다. ¶产品不仅要~, 而且要质量好. ＝
제품의 외관이 아름다워야 할 뿐 아니라 품질도
좋아야 한다.
【表面化】**biǎomiànhuà** 통 (모순·갈등 등이)
표면화되다. ¶供需矛盾日渐~. ＝공급과 수요
의 모순이 날로 표면화된다.
【表面积】**biǎomiànjī** 圕(數) 겉면적. 표면적.
【表面文章】**biǎomiàn wénzhāng** 圕성 형식
만 중요시하고 실효는 따지지 않는 행태. ¶要真
抓实干, 不能做~. ＝제대로 실효성 있게 일을
해야지 겉으로만 번드르하게 해서는 안 된다.
【表面张力】**biǎomiàn zhānglì** 圕(物) 표면
장력.
【表明】**biǎomíng** 통 분명하게 밝히다. 표명하
다. ¶~观点＝관점을 분명하게 밝히다.
【表盘】**biǎopán** 圕 (시계·나침반 등) 계기의 눈
금판. 圕【表面】**biǎomiàn**
【表皮】**biǎopí** 圕(生) 표피. 상피.
【表亲】**biǎoqīn** 圕 내종·외종·이종 친척.
【表情】**biǎoqíng** 圕 표정. ¶~丰富＝표정이 풍
부하다. 圕 (표정·자태 등으로) 감정·기분을 나
타내다. ¶~达意＝감정을 나타내다.
【表情肌】**biǎoqíngjī** 圕(生) 얼굴 근육.
【表瓤】**biǎoráng** (~儿) 圕 손목시계·회중시계
내부 기계의 총칭.
【表示】**biǎoshì** 통 **1** (언행으로 사상·감정 등을)
나타내다. 표시하다. ¶~理解＝이해
했음을 나타내다. **2** 의미하다. 가리키다. ¶远处
的炊烟~那里有人居住. ＝먼 곳의 밥 짓는 연
기는 그 곳에 사람이 살고 있다는 것을 의미한다.
圕 (사상·감정 등을 나타내는) 표정. 기색. 동작.
태도. ¶脸上显出感激的~. ＝얼굴에 감격스러

운 표정을 지었다.
【表述】biǎoshù 동 서술하다. 설명하다. ¶~自己的见解=자신의 견해를 설명하다.
【表率】biǎoshuài 명 본보기. 모범. ¶做人的~=타인의 본보기가 되다.
【表态】biǎo∥tài 동 태도를 표명하다. 입장을 밝히다. ¶此事需经本人~. =이 일은 반드시 본인의 입장 표명을 거쳐야 한다. 명 (표명한) 태도. 입장. ¶经理的~让人大失所望. =사장의 태도는 사람을 크게 실망시켰다.
【表土】biǎotǔ 명 1 (地) 표토. 겉흙. 2 (農) 경토(耕土). 경작하기에 적당한 땅.
【表现】biǎoxiàn 명 태도. 품행. 언동. 행동. 표현. ¶工作~良好. =일을 하는 태도가 훌륭하다. 동 1 나타내다. 표현하다. ¶这件事的影响~在各个方面. =이 일의 영향은 여러 방면에 나타난다. 2 貶 (의도적으로 자신을) 드러내 보이다. 과시하다. ¶她很爱在公共场合~自己. =그녀는 사람이 많이 모인 곳에서 자신을 드러내기 좋아한다. ≒表露
【表现力】biǎoxiànlì 명 (藝) 표현력. ¶这部戏具有较高的艺术~. =이 연극은 비교적 높은 예술 표현력을 지녔다.
【表象】biǎoxiàng 명 (心) 표상.
【表压】biǎoyā 명 (物) 게이지(gauge)에 나타난 압력.
【表演】biǎoyǎn 동 1 (藝) 공연하다. 연기하다. ¶~情境=공연 상황. 2 시범 동작을 하다. ¶模拟~=모의 시범. 3 (그럴듯하게) 꾸미다. 연출하다. ¶她很善于~, 不要信以为真. =그녀는 연출하는 데 능하니, 정말이라고 믿지 마라. 명 1 시범. 연기. 공연. ¶宣讲团的~很精彩. =강연단의 공연은 매우 훌륭하였다. 2 貶 작태. 짓거리. ¶他在那件丑闻中的~实在拙劣. =그 사람의 그 추문 속의 작태는 정말 졸렬하다.
【表演唱】biǎoyǎnchàng 명 동작을 겸한 노래 형식.
【表演赛】biǎoyǎnsài 명 시범 경기.
【表扬】biǎoyáng 동 칭찬하다. 표창하다. ¶~见义勇为的行为=의로운 행위를 공개적으로 칭찬하다. ≒表彰 ↔批评 斥责
【表意文字】biǎoyì wénzì 명 (言) 표의 문자.
【表音文字】biǎoyīn wénzì 명 (言) 표음 문자.
【表语】biǎoyǔ 명 (言) 1 명사성 술어. 형용사성 술어. 2 '是'를 쓰는 문장에서 '是' 뒤의 성분.
【表彰】biǎozhāng 동 표창하다. ¶~有功之士=공로가 있는 인사를 표창하다. ≒表扬
【表针】biǎozhēn 명 1 계기(計器)의 지침(指针). 2 시곗바늘.
【表征】biǎozhēng 명 표징. 겉에 나타난 특징. ¶股市剧烈动荡是经济不稳的~. =증권 시장이 심하게 동요하는 것은 경제가 안정되지 않았다는 표징이다.
【表侄】biǎozhí 명 (내종·외종·이종의) 오촌 조카.
【表侄女】biǎozhínǚ 명 (내종·외종·이종의) 오촌 조카딸.
【表字】biǎozi 명 자(字). 별명. [주로 조기 백화

문에 보임]

婊 biǎo 창부 표
【婊子】biǎo·zi 명 貶 창녀. 매춘부. 윤락녀. 기녀. [주로 욕하는 말로 쓰임]

裱 biǎo 표구 표
동 1 표구하다. ¶把这幅书法装~一下. =이 서예 작품을 표구해 주세요. 2 도배하다.
【裱褙】biǎobèi 동 표구하다.
【裱糊】biǎohú 동 도배하다.

褾 biǎo 소맷부리 표
명 文 1 소매의 앞쪽. 2 옷의 단.

俵 biào 나누어 줄 표
동 나누다.
【俵分】biàofēn 동 (사람이나 몫에 따라) 나누다. 나누어 주다.

摽 biào 칠 표
동 1 文 치다. 때리다. 2 方 떨어지다. 3 팔짱을 끼다. ¶二人~着胳膊, 显得很亲热. =두 사람은 팔짱을 끼고 있어서 매우 친한 듯이 보인다. 4 묶다. 매다. ¶把木头~在一起, 容易托运. =나무를 함께 묶으면 운반하기 쉽다. 5 기를 쓰고 하다. 경쟁적으로 하다. ¶高考前夕, 全班学生~努力. =대학 입학 고사를 눈앞에 두고, 반의 모든 학생들은 기를 쓰고 열심히 공부한다. 6 方 붙어 있다. 가깝다. ¶这两人总爱~在一块儿. =이 두 사람은 늘 붙어다니기를 좋아한다. ☞ biāo
【摽劲儿】biào∥jìnr 동 기를 쓰고 하다. 경쟁적으로 하다. ¶竞赛双方摽着劲儿练习. =경쟁하는 양측은 기를 쓰고 연습한다.

鳔[鰾] biào 부레 표
명 1 (生) (물고기의) 부레. 2 부레풀. 동 方 부레풀로 붙이다.
【鳔胶】biàojiāo 명 부레풀.

## bie

瘪[癟, 䉬] biē 날지 못할 별
☞ biě
【瘪三】biēsān 명 方 (상해 방언으로) 뜨내기. 망나니. 무뢰한.

憋 biē 조급할 별
동 1 답답하게 하다. 숨막히게 하다. ¶屋子里空气不流通, ~人. =집안에 공기가 통하지 않아 사람을 답답하게 한다. 2 참다. 억제하다. ¶他~着一肚子的意见没处提. =그는 마음속에 가득 담아 둔 생각을 얘기할 곳이 없다.
【憋不住】biē·buzhù 동 참지 못하다. 억제하지

못하다. 참을 수 없다.

【憋得慌】biē·de·huang 동 마음이 극도로 조급하고 답답하다.

【憋火】biēhuǒ(～儿) 형 화를 억누르다.

【憋闷】biē·men 형 1 (호흡이 원활하지 않아) 답답하다. 숨이 막히다. ¶胸中～=가슴이 답답하다. 2 울적하다. 우울하다. ¶人独处久了, 很容易感到～.=사람은 혼자 오래 있으면 쉽게 울적함을 느끼게 된다.

【憋气】biē‖qì 동 1 (억울함이나 화를 참아) 속이 답답하다. ¶有意见不能提, 太～了.=의견이 있으면서 말하지 않으니, 너무 답답하다. 2 (공기가 통하지 않거나 호흡 기관이 막혀) 숨이 막히다. 답답하다. 통 숨을 참다. ¶他～扎入水中.=그는 숨을 참고 물 속으로 들어갔다.

【憋屈】biē·qū 형(구) (억울하여) 답답하다. 숨막히다. 울적하다.

【憋躁】biēzào 형 (억울하거나 우울하거나 답답함 등으로) 초조하다. 조바심하다. 답답하다. 심기가 불편하다.

## *鳖[鼈, 鱉] biē 자라 별

명(動) 자라. ['甲鱼(jiǎyú)·团鱼(tuányú)'라고도 하며, 속칭은 '王八(wángbā)'임]

○● 地dì鳖, 马mǎ鳖, 土tǔ鳖

【鳖边】biēbiān ☞【鳖裙】biēqún
【鳖裙】biēqún 명 자라 등 주위의 연한 살. 방
【鳖边】biēbiān
【鳖缩头】biēsuōtóu 속(비) 숨어 나오지 않다. 담력이 약해 위축되다.

## **别 bié 나눌 별

동 1 이별하다. 헤어지다. ¶临～=이별을 앞두다. / 久～重逢=오래 헤어져 있다가 다시 만나다. 2 구별하다. 구분하다. ¶甄～=골라 구별하다. / 分门～类=부문별로 구별하다. 3 동 돌리다. ¶她生气得～过头去.=그녀는 화가 나서 고개를 돌렸다. 4 (핀 따위로) 부착하다. 고정하다. 달다. 꽂다. ¶把花～在上衣口袋上.=꽃을 윗옷의 호주머니에 꽂았다. 5 걸다. 차다. 지르다. 꽂다. ¶把门插销～好.=문의 빗장을 걸다. 6 (다리·자전거 따위로) 걸어 넘어뜨리다. 가로막다. ¶他一下子就把对手～倒了.=그는 한 번에 상대방을 발로 걸어 넘어뜨렸다. / 他用自行车～了我的车.=그는 자전거로 나의 자전거를 갑자기 가로막았다. 형 1 유다르다. 특수하다. ¶特～=특별하다. 2 잘못 읽거나 쓴 (글자). ¶写了～字=오자를 썼다. 부 1 …하지 마라. ¶～乱说=함부로 말하지 마라. 2 설마 …는 아니겠지. 혹시 …란 말인가. [흔히 '是'와 이어 쓰여 짐작을 나타냄. 주로 화자가 발생되지 않기 바라는 일에 쓰임] ¶今天没来开会, ～是忘了? =그 사람이 오늘 회의에 참석하지 않았는데, 설마 잊어버린 것은 아니겠지. 대 그 밖에. 달리. 따로. ¶～无他意=그 밖에 다른 뜻은 없다. 명 1 차이. 구별. ¶古今有～=옛날과 지금은 다

다. 2 종류. 유별. ¶级～=등급. 3 (Bié) 성(姓). ↔逢
☞ biè

○● 差chā别, 辞别, 分别, 个别, 各别, 话别, 级别, 饯jiàn别, 鉴jiàn别, 诀jué别, 阔kuò别, 类lèi别, 离别, 留别, 派pài别, 判pàn别, 区别, 识shí别, 送别, 特别, 握wò别, 惜xī别, 细别, 叙xù别, 永yǒng别, 甄zhēn别, 作别

【别才】biécái 명 특별한 재주. 이재(異才). ¶诗有～, 非关书也; 诗有别趣, 非关理也. =시를 짓는 데는 특별한 재주가 있는 법이니 그것은 독서를 많이 하는 것과 무관하며, 시에는 특별한 풍취(風趣)가 있어야 하는 법이니 그것은 도리(道理)와도 관계가 없다.

【别裁】biécái 동 감별하여 취사선택하다. [옛날에 주로 시를 모아 엮은 책 명칭에 많이 쓰였음] ¶《唐诗～》=《당시별재》

【别称】biéchēng 명 별명. 별칭. 다른 이름.

【别出心裁】biéchū-xīncái 성 독창적이다. 남다르다. 기발하다. 참신하다.

【别处】biéchù 다른 곳. 딴 데.

【别创一格】biéchuàng-yīgé 성(비) 문학 예술 분야에서 새로운 풍격을 창조하다.

【别的】bié·de 대 다른 것. 다른 사람.

【别动队】biédòngduì 명(軍) 별동대. [주로 비유에 쓰임]

【别而听之】bié'értīngzhī 한쪽 말만 듣다.

【别风淮雨】biéfēng-huáiyǔ 성 1 '列'과 '别'·'淫'과 '淮'의 자형이 비슷하여, '列'을 '别'로, '淫'을 '淮'로 잘못 쓰다. 2 (비) 서적에 잘못 전해지는 오자가 있다.

【别管】biéguǎn 동 상관하지 마라. 간섭하지 마라. ¶～他怎么做.=그가 어떻게 하든지 상관하지 마라. 접 …을 막론하고. …할지라도. ¶～是谁, 都一视同仁.=누구를 막론하고 모두 똑같이 대한다.

【别号】biéhào(～儿) 명 별명. 별호.

【别集】biéjí 명 별집(別集).

【别家】biéjiā 명 1 다른 집. ¶不要去打扰～.=다른 집에 가서 귀찮게 하지 마라. 2 다른 곳. ¶去～超市看看.=다른 슈퍼마켓에 한번 가 보세요.

【别价】bié·jie 동(구) 하지 마. 그만 둬. 안 돼. [금지나 제지를 나타내는 말로, '不要这样'에 상당함] ¶～, 都是老朋友, 送礼就客气了.=그만 둬, 오랜 친구 사이에 선물이라니, 어색하군.

【别解】biéjiě 명 다른 해석. 다른 설명.

【别具肺肠】biéjù-fèicháng 성(비) 사상이나 사고 방식이 남과 다르다.

【别具匠心】biéjù-jiàngxīn 성 (주로 문예 방면에서) 독창적인 생각을 가지고 있다. 창의성이 있다.

【别具一格】biéjù-yīgé 성 남다른 풍격을 지니다. 남다른 색채를 띠다. 이채를 띠다. 독특한 풍격을 띠고 있다.

【别具只眼】biéjù-zhīyǎn 성(비) 남다른 혜안이

나 견해를 가지다.
【别开生面】 biékāi-shēngmiàn [성] 새로운 길을 열다. 새로운 형식을 창조하다. 독창적이다.
【别开蹊径】 biékāi-xījìng [성] 새로운 국면을 개척하다. 새로운 풍격을 이루다.
【别看】 biékàn [동] 보지 마라. ¶~别人的日记=다른 사람의 일기를 보지 마라. [접] (말하는 것 혹은 생각하는 것처럼) 그렇지 않다. …라고 생각하지 마라. ¶~他说话不怎么样, 笔下可来得。=그 사람은 말주변은 보잘것없지만, 글재주만은 정말 대단하다.
【别来无恙】 biélái-wúyàng [성] (주로 안부의 말로 쓰여) 이별한 후로 별고 없으십니까?
【别离】 biélí [동] 헤어지다. 이별하다. 갈라지다. 떠나다. ¶~故乡, 他踏上求学的征程。=그는 고향을 떠나서 배움의 길에 올랐다. [명] 이별. 별리. ≒离别
【别论】 biélùn [동] 따로 평가하다. 별도로 취급하다. 달리 대우하다. ¶此事出有因, 另当~。=이 일이 생긴 데에는 원인이 있으니, 마땅히 따로 얘기해야 한다.
【别忙】 biémáng [동] **1** 조급히 행동할 필요가 없다. ¶那件事你~, 我们再商量商量。=그 일은 조급하게 할 필요가 없으니, 우리 다시 한번 의논해 봅시다. **2** 서두르지 마라. 조급히 굴지 마라. ¶~, 慢慢来。=서두르지 말고 천천히 해라.
【别名】 biémíng(~儿) [명] 별명.
【别情】 biéqíng [명] **1** 이별의 정. ¶尽诉~=이별의 정을 남김없이 토로하다. **2** 다른 사정·이유. ¶此事另有~。=이 일은 다른 사정이 있다.
【别让】 biéràng [동] …로 하여금 …하게 하지 마라. ¶你~大家失望。=너는 모두를 실망시키지 마라.
【别人】 biérén [대] (나 또는 특정한 사람 이외의) 다른 사람. ¶这事只通知了你, ~还没有通知。=이 일은 너한테만 알렸고, 다른 사람에게는 아직 알리지 않았어.
【别人】 bié·ren [대] (일반적인) 남. 타인. ¶此事不简单, 你得给~留足夠的时间。=이 일은 간단하지 않으니, 남에게도 충분한 시간을 주어야 한다. ≒他人
【别人家】 biérén·jia [대] 남. 타인. ¶那事你得让~思考思考。=그 일은 남이 생각하도록 해야 한다. =【别人】 bié·ren
【别生枝节】 biéshēng-zhījié [성][비] 달리 새로운 문제가 생기다.
【别史】 biéshǐ [명] 별사. [편년체나 기전체 외에 일대 혹은 역대의 역사를 기록한 사서] ↔正史
【别是】 biéshì [부] 혹시 …란 말인가. 설마 …는 아니겠지. 어쩌면. 혹은. ¶你有点发热, ~感冒了? =너 열이 좀 나는데, 혹시 감기 걸린 것 아니야?
【别树一帜】 biéshù yīzhì [성][비] 뭇사람들과 다르게 따로 일가(一家)를 이루다. 따로 한 파를 형성하다. 따로 독립된 군대를 일으키다.
【别墅】 biéshù [명] 별장.
【别说】 biéshuō [접] 말할 필요도 없이. …은 말할 것도 없고. …은 물론. [흔히 '就是(jiùshì)', '即使(jíshǐ)', '连(lián)' 등과 호응하여 쓰임] ¶这篇学术论文, ~在全国, 就是在国际上也有一定的影响。=이 학술 논문은 전국에서는 말할 것도 없고, 국제적으로도 상당한 영향력을 지닌다. [동] 말하지 마라. 제기하지 마라.
【别提】 biétí [동] 제기하지(도) 마라. 말하지(도) 마라. ¶~过去的事了。=지나간 일은 언급하지 마라. [부] 말할 것도 없이. ¶他~多痛苦了。=그는 말할 것도 없이 매우 고통스럽다.
【别体】 biétǐ [명] **1** (자전의 정체 형식에 부합되지 않는) 별체. **2**《藝》(서예에서 기존의 풍격과 다른) 별체. **3** (일반 자형과 다른) 이체.
【别头】 biétóu [동] 머리를 (뒤로) 돌리다. 고개를 돌리다.
【别无长物】 biéwúchángwù [성] **1** 여분이 없다. 가진 것이 없다. **2**[비] 생활이 매우 곤궁하다. 몹시 가난하다.
【别无出路】 biéwúchūlù [성] **1** 다른 출로가 없다. 막다른 골목에 다다르다. 출로가 막히다. **2**[비] 생계가 막막하다.
【别无二致】 biéwú'èrzhì [성] 차이가 없다. 다른 것이 없다.
【别想】 biéxiǎng [동] **1** …라고 생각하지 마라. …라고 상상하지 마라. ¶~那伤心事了。=그 마음 아팠던 일을 생각하지 마라. **2** …하기를 바라지 마라. ¶路这么远, 你就~一个小时到达。=길이 이렇게 머니, 너는 한 시간 안에 도착할 생각을 말아라.
【别绪】 biéxù [명] 석별의 정. 이별의 감정. ¶离愁~=석별의 정.
【别样】 biéyàng [명] 다른 모양. [대] **1** 다른 것. ¶不知你喜不喜欢~颜色。=당신이 다른 색깔을 좋아할지 모르겠습니다. **2** 일반적이지 않은 것. 남다른 것. 다른 종류. ¶他的遭遇很特殊, 心情自然是~的。=그의 처지는 매우 특수해서 심정이 자연히 남다르다.
【别业】 biéyè [명] **1** 다른 곳에 사 둔 건물·토지·사업체 따위. **2**[문] 별장.
【别义】 biéyì [명]《言》다른 뜻.
【别有】 biéyǒu [동] 달리 있다. 따로 지니다. ¶~一番滋味在心头。=마음 한 구석에 또 다른 느낌이 있다.
【别有洞天】 biéyǒu-dòngtiān [성] **1** 또 다른 경지가 있다. **2** 또 다른 세상이 있다. 별천지이다.
【别有风味】 biéyǒu-fēngwèi [성] 또 다른 특색이 있다. 특별한 맛이 있다.
【别有天地】 biéyǒu-tiāndì [성] **1** 또 다른 경지가 있다. **2** 또 다른 세상이 있다. 별천지이다.
【别有用心】 biéyǒu-yòngxīn [성][폄] 달리 속셈이 있다. 다른 꿍꿍이가 있다. ≒居心叵测
【别择】 biézé [동] 감별하여 고르다.
【别针】 biézhēn(~儿) [명] **1** 핀. 옷핀. 안전핀. **2** 브로치. (깃이나 가슴에 꽂는) 장식 핀.
【别致】 bié·zhi [형] 색다르다. 별나다. 독특하다. 신기하다. 특이하다. ¶广告设计得很~。=광고 디자인을 특색 있게 잘 했다. ↔平常

【别传】biézhuàn 〈명〉 별전. [개인의 일사(逸事)를 기록한 전기]
【别字】biézì 〈명〉 1 잘못 쓰거나 잘못 읽은 글자. 오자. 2 별명. 별호.
【别作计较】biézuò jìjiào 〈성〉 따로 계획하다.

## 蹩 bié 절뚝거릴 별
〈동〉(발목이나 손목을) 삐다. ¶没注意~伤了手。=주의하지 않아 손을 삐었다.
【蹩脚】biéjiǎo 〈형〉(비) 1 품질이 떨어지다. 질이 나쁘다. 2 서투르다. 수준이 낮다. ¶他的表演确实~。=그의 공연은 분명 수준이 떨어진다.
【蹩脚货】biéjiǎohuò 〈명〉 1 품질이 좋지 않은 물건. 2 (비) 능력이 떨어지는 사람.

## *瘪[癟, 癟] biě 오그라질 별
〈형〉 홀쭉하다. 쭈그러지다. 움푹 패이다. ¶肚子都饿~了。=배가 고파서 뱃가죽이 푹 꺼졌다. 2 난처하다. 난처하게 하다. 실망하다. ↔鼓
☞ biē
【瘪瘪】biěbiě(~的) 〈형〉 홀쭉하다. 푹 꺼지다. 움푹하다. ¶今年有点儿欠收, 麦粒~的。=올해는 좀 흉작이라 보리알갱이가 홀쭉하다.
【瘪塌塌】biětātā(~的) 〈형〉 1 움푹 패이다. 납작하다. ¶馒头被压得~的。=만터우가 눌려 납작해졌다.
【瘪子】biě·zi 〈명〉(비) 1 좌절. 곤궁한 처지. ¶没有他的指点, 今天非作~=그의 지도가 없었다면, 오늘을 이룰 수 없었다. 2 쭉정이. ¶用水把~滤出去。=물로 쭉정이를 걸러 내다.
【瘪嘴】biězuǐ·zi 〈명〉(이가 빠져) 합죽한 입.

## **别[彆] biè 고집셀 별
〈동〉(비) 다른 사람의 습관이나 의견을 바꾸다. ¶~不赢他, 只好罢手。=그의 고집을 꺾을 수 없어서, 하는 수 없이 그만뒀다.
☞ bié
【别里别扭】biè·li biè·niu(~的) 〈형〉 1 의견이 맞지 않다. ¶兄弟俩最近有点儿~。=형제 두 사람은 최근에 좀 불화가 생겼다. 2 뜻대로 되지 않다. 순조롭지 않다. ¶用左手拿筷子, ~的。=왼손으로 젓가락을 쥐니 뜻대로 되지 않는다.
【别扭】biè·niu 〈형〉 1 의견이 맞지 않다. 사이가 좋지 않다. ¶夫妻俩昨天又闹~了。=부부 두 사람은 어제 또 의견이 틀어졌다. 2 변덕스럽다. 괴팍하다. (성격 따위가) 비뚤어지다. 뒤틀리다. 상대하기 어렵다. ¶他的性格真~, 那么多人也说不好他。=그의 성격은 정말 괴팍스러워서, 그렇게 많은 사람들도 그를 어찌 할 수 없다. 3 (말이나 글이) 어색하다. 부자연스럽다. 어울리지 않다. 잘 통하지 않다. ¶这篇散文写得太~。=이 산문은 너무 어색하게 썼다. 4 부담스러워하다. 불편해하다. 마음에 걸리다. 걱정이 되다. ¶在满屋子的男人面前, 姑娘显得挺~。=방에 가득 한 남자들 앞에서 아가씨는 매우 부담스러운 표정이다. ↔顺眼 舒服
【别嘴】bièzuǐ 〈형〉(비) 발음하기 쉽지 않다. 혀가

잘 돌지 않다. ¶这绕口令读起来真~。=이 잰 말놀이는 읽기가 정말 쉽지 않다.

# bin

## 邠 Bīn 나라 이름 빈
〈명〉 1 (地) 빈(邠)현. [산시(陕西)성에 있는 지명으로, 지금은 '彬县'이라고 씀] 2 〖豳(Bīn)〗 과 같음.

## 玢 bīn 옥 무늬 분
〈명〉〈문〉 옥(玉)의 일종.
☞ fēn

## **宾[賓] bīn 손님 빈
〈명〉 1 손님. ¶贵~=귀빈. / 喧~夺主=주객(主客)이 전도(顛倒)되다. / 外~=외국[외부] 손님. 2 〖Bīn〗 성(姓). ≒客 ↔主

○● 贵宾, 国宾, 来宾, 幕mù宾, 上宾, 知宾

【宾白】bīnbái 〈명〉(劇)(중국 전통극에서) 대사.
【宾词】bīncí 〈명〉(論) 빈사(賓辭).
【宾服】bīnfú 〈동〉〈문〉 따르다. 복종하다. 굴복하다.
【宾服】bīn·fú 〈동〉(방) 존경하다. 탄복하다. ¶那种做法, 俺不~。=그런 방법은 내가 탄복할 수 없어.
【宾馆】bīnguǎn 〈명〉 (규모가 비교적 큰) 호텔.
【宾客】bīnkè 〈명〉 손님. 빈객.
【宾朋】bīnpéng 〈명〉 손님과 친구. ¶~云集=손님과 친구가 운집(雲集)하다.
【宾语】bīnyǔ 〈명〉(言) 목적어.
【宾至如归】bīnzhì-rúguī 〈성〉 1 손님이 마치 자기 집으로 돌아온 것처럼 편안함을 느끼다. 훌륭한 접대를 하다. 2 숙박 업소의 접대가 매우 친절하고 주도면밀하다.
【宾主】bīnzhǔ 〈명〉 손님과 주인.

○ 宾 bīn
  摈 bìn
  滨 bīn
  膑 bìn
  殡 bìn
  缤 bīn
  髌 bìn
  傧 bīn
  槟 bīn
  鬓 bìn
  镔 bīn

## *彬 bīn 빛날 빈
아래를 참조.
【彬彬】bīnbīn 〈형〉 고아하다. 점잖고 우아하다. ¶文质~=외관과 내용이 잘 조화를 이루다.
【彬彬有礼】bīnbīn-yǒulǐ 〈성〉 점잖고 예절바르다. 고아하고 예절바르다.

## 傧[儐] bīn 대접할 빈
〈동〉〈문〉 인도하다. 안내하다. 영접하다. 맞이하다.
【傧相】bīnxiàng 〈명〉 1 (고대의) 손님을 맞는 사회자. 안내인. 의식의 사회자. 2 (결혼식의) 들러리. ¶男~=신랑 들러리. / 女~=신부 들러리.

## 斌 bīn 빛날 빈
'彬(bīn)'과 같음.

## bīn

**瑸** bīn 옥무늬 어른어른할 빈
☞【璘瑸】línbīn

**\*滨[濱]** bīn 물가 빈
명 1 물가. ¶湖~=호숫가. 2 (Bīn) 성(姓). 동 (물가에) 인접하다. ¶~江=강을 접하다.

**缤[繽]** bīn 성한 모양 빈
【缤纷】bīnfēn 형문 1 너저분하다. 어지럽다. 난잡하다. 2 화려하다. 찬연하다. 찬란하다. ¶五彩~=오색찬란하다.

**槟[檳]** bīn 빈랑나무 빈
☞ bīng
【槟子】bīn·zi 명(植) 1 능금나무. 2 능금.

**镔[鑌]** bīn 강철 빈
【镔铁】bīntiě 명 단철(鍛鐵).

**\*濒[瀕]** bīn 물가 빈
동 1 (물가에) 인접하다. ¶~海=바다에 인접하다. 2 다가가다. 가까워지다. ¶직면하다. ¶病危~危=병이 깊어 죽음의 위기에 임박하다.
【濒绝】bīnjué 동 멸종의 위기에 처하다.
【濒临】bīnlín 동 인접하다. 가까이 가다. ¶小城~大海.=작은 도시는 바다에 인접해 있다.
【濒死】bīnsǐ 동 죽음에 직면하다. 거의 죽어가다. 거의 죽게 되다.
【濒死期】bīnsǐqī 명 임종 전의 일정 시간.
【濒危】bīnwēi 동 1 위험〔위기〕에 처하다. 위급하게 되다. ¶~之时, 忽有转机.=위험한 지경에 이르렀을 때에, 갑자기 전기(轉機)가 생기다. 2 죽음에 다다르다. 임종에 이르다. ¶伤者~=부상자가 임종에 이르다.
【濒于】bīnyú 동 (어떤 좋지 않은 상황에) 가까이 가다. …에 이르다. …에 직면하다. ¶公司~倒闭.=회사가 문 닫을 위기에 직면하다.

**豳** Bīn 나라 이름 빈
명 옛 지명. [지금의 산시(陕西)성 빈(彬)현과 쉰이(旬邑) 일대에 있었음]

**摈[擯]** bìn 물리칠 빈
동문 제거하다. 던져 버리다. 쫓아 내다. ¶~诸四野=사방 들녘으로 쫓아 내다.
【摈斥】bìnchì 동 배척하다. 쫓아 내다. ¶~异己=자신에 동조하지 않는 이를 배척하다.
【摈除】bìnchú 동 제거하다. 배제하다. 없애 버리다. ¶~私心杂念=사심과 잡념을 없애다.
【摈黜】bìnchù 동문 쫓아내다. 축출하다.
【摈弃】bìnqì 동 (없애) 버리다. ¶~陋习=악습(惡習)을 없애 버리다. ≒抛弃
【摈退】bìntuì 동 쫓아 내다. 축출(逐出)하다.

**殡[殯]** bìn 염할 빈
동 1 영구를 안치하다. 2 발인하다. ¶送~=장

송(葬送)하다.
【殡车】bìnchē 명 영구차.
【殡殓】bìnliàn 동 염(殓)하여 납관(納棺) 후 빈소(殯所)에 안치하였다가 장지(葬地)로 운구하는 일련의 장례 절차를 가리키는 말.
【殡仪】bìnyí 명 장례식.
【殡仪馆】bìnyíguǎn 명 장의사(葬儀社). 장례식장. 빈소.
【殡葬】bìnzàng 동 발인하여 매장하다. 장례〔장사〕를 지내다.
【殡葬车】bìnzàngchē 명 영구차. 운구차.

**膑[臏]** bìn 종지뼈 빈
'髌(bìn)'과 같음.

**髌[髕]** bìn 종지뼈 빈
명(生) 슬개골(膝蓋骨). 종지뼈. 동 슬개골을 도려 내다. [고대 형벌의 하나]
【髌骨】bìngǔ 명(生) 슬개골(膝蓋骨). 종지뼈. =【膝盖骨】xīgàigǔ

**\*鬓[鬢]** bìn 귀밑털 빈
명 귀밑머리. ¶两~斑白=양쪽 귀밑머리가 희끗희끗하다.

○-● 云yún鬓

【鬓发】bìnfà 명 귀밑머리. 귀밑털.
【鬓角】〔鬓脚〕bìnjiǎo (~儿) 명 1 귀밑머리. 2 귀밑머리가 나는 부분.
【鬓脚】☞【鬓角】bìnjiǎo
【鬓乱钗横】bìnluàn chāihéng 성비 (여자가 잠자리에서 막 일어나) 머리가 부스스한 모습. 헝클어진 머리 모습.
【鬓毛】bìnmáo 명 귀밑머리. 귀밑털.

## bing

**\*\*冰[(氷)]** bīng 얼음 빙
명 1 얼음. ¶结~=얼음이 얼다. 2 얼음 같은 것. ¶~糖=얼음설탕. [차·커피용 투명 혹은 반투명의 덩어리 설탕] 동 1 차다. 시리다. ¶深秋的井水已经非常~手了.=늦가을 우물물은 벌써 손이 무척 시릴 정도이다. 2 냉동시키다. 차갑게 하다. ¶天热, 把啤酒在冰箱里~一下再喝.=날이 더우니, 맥주를 냉장고에 넣어 차갑게 해서 마시도록 하자.

○-● 棒bàng冰, 刨bào冰, 干冰, 滑冰, 溜liū冰

【冰坝】bīngbà 명 얼음 둑. 얼음 제방. [강물이 해빙 또는 결빙하기 시작할 때 얼음덩이가 강물을 따라 내려와 강폭이 좁은 곳을 막아 이루어진 둑. 어떤 때는 물의 흐름을 심하게 막아 상류가 범람하는 재앙의 원인이 되기도 함]
【冰棒】bīngbàng 명 아이스케이크. 방【冰棍儿】bīnggùnr

【冰雹】bīngbáo [명]《氣》 우박. [낮]【雹子】báo·zi [방]【冷子】lěng·zi
【冰崩】bīngbēng [명] 빙산에서 얼음덩어리가 붕괴되어 흘러내리는 현상.
【冰冰凉】bīngbīngliáng(~的) [형] (얼음처럼) 차갑다. 시원하다. ¶冰咖啡~的, 很好喝。=냉커피가 얼음처럼 시원한 게 정말 맛있다.
【冰茶】bīngchá [명] 냉차.
【冰碴儿】bīngchár [명][방] 1 얼음 조각〔부스러기〕. 2 살얼음. 박빙(薄冰).
【冰车】bīngchē [명] 1 썰매. ¶玩~=썰매를 타고 놀다. 2 자전거 썰매. [아래에 날이 달리고 페달을 밟아 움직이는 놀이용 기구] ¶出租~=대여 자전거 썰매.
【冰川】bīngchuān [명]《地》 빙하. =【冰河】bīnghé
【冰川期】bīngchuānqī [명]《地》 빙하기. =【冰河时代】bīnghé shídài
【冰船】bīngchuán ☞【冰床】bīngchuáng
【冰床】bīngchuáng [명] 빙상 썰매. [옛날에는 운송 수단으로 쓰이던 것인데, 지금은 주로 놀이용으로 쓰임] =【冰船】bīngchuán
【冰镩】bīngcuān [명] 얼음 깨는 끌.
【冰袋】bīngdài [명] 얼음주머니. 빙낭.
【冰蛋】bīngdàn [명] 동결 제조 과정을 거친 달걀·오리알 등의 흰자와 노른자. [주로 케익·과자 등을 만드는 데 쓰임]
【冰刀】bīngdāo [명] 스케이트날.
【冰岛】Bīngdǎo [명][외]《地》 아이슬란드(Iceland). [수도는 '雷克雅未克(레이캬비크 : Reykjavik)' 임]
【冰灯】bīngdēng [명] 빙등.
【冰点】bīngdiǎn [명]《物》 결빙점. 빙점. [물이 얼기 시작하는 온도] ↔沸点
【冰雕】bīngdiāo [명] 얼음 조각.
【冰冻】bīngdòng [동] 1 (물이) 얼다. 2 (얼음으로) 얼리다. 차갑게 하다. 냉동시키다. ¶~啤酒=맥주를 차갑게 하다. [명] 얼음. [방]【冰】bīng
【冰冻三尺, 非一日之寒】bīngdòng sānchǐ, fēi yīrì zhī hán [성][비] 하루 이틀 사이에 된 것이 아니다. 오랜 시간 동안 누적된 결과이다.
【冰洞】bīngdòng [명] 얼음 동굴.
【冰毒】bīngdú [명]《化》 메스암페타민(methamphetamine). [마약 필로폰으로 알려진 물질로, 1893년에 일본에서 발견된 에페드린(ephedrine)으로부터 추출되었음]
【冰封】bīngfēng [동] (하천 등이) 얼음으로 뒤덮이다.
【冰峰】bīngfēng [명] 설산. 만년설이나 만년빙으로 뒤덮인 산봉우리.
【冰盖】bīnggài [명] 대지에 덮인 두꺼운 얼음. [주로 대륙의 빙하를 가리킴]
【冰糕】bīnggāo [명][방] 1 아이스크림. 2 아이스케이크.
【冰镐】bīnggǎo [명] 피켈(pickel).
【冰挂】bīngguà ☞【雨凇】yǔsōng
【冰柜】bīngguì ☞【电冰柜】diàn bīngguì
【冰棍儿】bīnggùnr ☞【棒冰】bàngbīng
【冰河】bīnghé ☞【冰川】bīngchuān
【冰河时代】bīnghé shídài ☞【冰川期】bīngchuānqī
【冰壶】bīnghú [명] 1 얼음을 담는 옥그릇. 2 [비] 인품이 청렴결백함. ¶~秋月=인품이 얼음을 담는 옥그릇이나 가을 달처럼 맑다.
【冰花】bīnghuā [명] 1 얼음꽃. 성에꽃. [주로 유리창에 얼어붙은 무늬를 일컬음] 2 (꽃·과일·수초 등을 물과 함께 얼려 만든) 얼음 예술품. 3 상고대. ¶院子里的树上结满了美丽的~。=정원의 나무 위에 아름다운 상고대가 가득 피었다.
【冰激凌】bīng·jilíng ☞【冰淇淋】bīngqílín
【冰肌玉肤】bīngjī yùfū [성] 빙기옥골. 여인의 살결이 맑고 깨끗함.
【冰窖】bīngjiào [명] 빙고. [얼음을 저장하는 곳]
【冰晶】bīngjīng [명] 빙정. 얼음 결정.
【冰景】bīngjǐng [명] 1 얼음 예술로 빚어진 아름다운 정경. 2 (대자연의 결빙 현상으로 생겨난) 얼음 풍경.
【冰镜】bīngjìng [명] 1 달. 2 [비] 고결한 인품.
【冰冷】bīnglěng [형] 1 얼음같이 차다. 매우 차다. 차디차다. ¶~的雪球=차디찬 눈덩이. 2 (표정 따위가) 냉담하다. 싸늘하다. 차갑다. ¶~的表情=냉담한 표정.
【冰凉】bīngliáng [형] 매우 차다. 차디차다. 차갑다. ¶~雨水=차가운 빗물.
【冰凌】bīnglíng [명] 1 얼음. 2 고드름.
【冰溜】bīngliù ☞【冰锥】bīngzhuī
【冰轮】bīnglún [명][문] 달.
【冰排】bīngpái [명] 유빙. 부빙. [수면을 떠다니는 얼음덩어리]
【冰片】bīngpiàn [명]《醫》 용뇌향(龍腦香). [용뇌수(龍腦樹)에서 얻어 낸 얼음 모양의 결정]
【冰瓶】bīngpíng [명] (차가운 음식을 보관하는) 아가리가 큰 보온병.
【冰瀑】bīngpù [명] 빙하 사면(斜面). 빙하의 매우 가파른 부분.
【冰期】bīngqī [명] 1 빙하기. 2 1차 빙하기 때 빙하 활동이 가장 극렬했던 시기.
【冰淇淋】bīngqílín [명] 아이스크림. =【冰激凌】bīng·jilíng
【冰橇】bīngqiāo ☞【雪橇】xuěqiāo
【冰清玉洁】bīngqīng-yùjié ☞【玉洁冰清】yùjié-bīngqīng
【冰情】bīngqíng [명] 물이 결빙될 때부터 녹을 때까지의 과정에서 일어나는 모든 현상.
【冰球】bīngqiú [명]《體》 1 아이스하키. 2 (아이스하키용의) 퍽(puck).
【冰日】bīngrì [명] 결빙되는 시기.
【冰山】bīngshān [명] 1 만년설에 뒤덮인 산. 2 (해수면에 떠 있는) 빙산. 3 [비] 오래 의지할 수 없는 배경·권세 따위.
【冰上舞蹈】bīngshàng wǔdǎo [명]《體》 아이스 댄싱(ice dancing).
【冰上运动】bīngshàng yùndòng [명]《體》 빙상 운동.

【冰释】bīngshì 통 1 (얼음처럼) 녹다. 2 (비) 의혹이나 오해 따위가 풀리다. ¶~前嫌=전에 있던 의혹이 말끔히 풀리다.
【冰霜】bīngshuāng 명 1 얼음과 서리. 2 (문)(비) 엄숙한 표정. 차가운 표정. ¶冷若~=얼음과 서리같이 냉엄하다. 얼음같이 차갑다. 3 (문)(비) 고결한 절개. 굳은 절조. ¶~之志=고결한 절조.
【冰水】bīngshuǐ 명 1 얼음이 녹은 물. 2 얼음물. 얼음처럼 차가운 물.
【冰塑】bīngsù 명 얼음 조각(彫刻).
【冰坛】bīngtán 명(體) 빙상계. ¶~精英=빙상 체육계의 인재.
【冰炭】bīngtàn 명 1 얼음과 숯. 2 (비) 서로 대립되는 두 사물. 물과 불.
【冰炭不容】bīngtàn-bùróng 성 1 물과 불처럼 서로 화합하지 못하다. 2 (비) 성질이 상반되거나, 상호 대립되는 사물은 병존할 수 없다. ≒水火不容
【冰糖】bīngtáng 명 얼음설탕. [차·커피를 탈 때 쓰는 투명 혹은 반투명, 백색 혹은 담황색의 덩어리 설탕]
【冰糖葫芦】bīngtáng hú·lu ☞【糖葫芦】táng hú·lu
【冰天雪地】bīngtiān-xuědì 성 1 얼음과 눈으로 뒤덮여 있다. 2 (비) 지독히 춥다.
【冰天雪窖】bīngtiān-xuějiào ☞【雪窖冰天】xuějiào-bīngtiān
【冰坨】bīngtuó 명 얼음덩이. 빙괴(氷塊).
【冰箱】bīngxiāng 명 1 ☞【电冰箱】diàn bīngxiāng 2 아이스박스.
【冰箱病】bīngxiāngbìng 명(醫) 냉장고에 저장된 차가운 식품을 먹어서 생기는 위장 계통의 질환. =【冰箱症】bīngxiāngzhèng
【冰箱症】bīngxiāngzhèng ☞【冰箱病】bīng xiāngbìng
【冰消】bīngxiāo 통 해빙되다.
【冰消瓦解】bīngxiāo-wǎjiě 성(비) 철저히 붕괴되거나 사라지다. 눈 녹듯 사라지다. 형체도 없이 사라지다. 완전히 사라지다〔해소되다·없어지다〕. ≒土崩瓦解
【冰鞋】bīngxié 명 스케이트.
【冰心】bīngxīn 명(비) 맑고 깨끗한 마음. ¶一片~在玉壶=속세를 떠난 고고한 마음.
【冰雪】bīngxuě 명 1 얼음과 눈. 2 얼어서 얼음처럼 된 눈. 형(문) 마음이 결백하다. 글의 취지가 고아하고 청신하다.
【冰雪聪明】bīngxuě-cōng·ming 성 지극히 총명한 사람.
【冰硬】bīngyìng 형 (물체가 얼음처럼) 차고 딱딱하다. ¶馒头冻得~。=만터우가 얼어서 차고 딱딱하다.
【冰渊】bīngyuān 명(비) (위험한) 상황. 처지. 상태. ¶如临~=위기 상황에 처하다.
【冰原】bīngyuán 명 온통 빙설로 뒤덮인 곳.
【冰镇】bīngzhèn 통 (얼음을 채워) 차게 하다. 시원하게 하다. ¶~啤酒=시원한 맥주.
【冰柱】bīngzhù ☞【冰锥】bīngzhuī

【冰爪】bīngzhuǎ 명(體) (등산용) 아이젠(Eisen).
【冰砖】bīngzhuān 명 사각형의 아이스크림.
【冰锥】bīngzhuī(~儿) 명 고드름. =【冰柱】bīngzhù【冰溜】bīngliù

## 并 Bīng 땅 이름 병
명(地) 산시(山西)성 타이위안(太原)시의 별칭.
☞ bìng

## **兵 bīng 군사 병
명 1 병기. 무기. ¶短~相接=백병전을 벌이다. 2 (軍) 군인. 군대. ¶炮~=포병. / 空降~=공수 부대. 3 (軍) 병사. 군인. ¶士~=사병. 4 (軍) 군대나 전쟁에 관련된 것. ¶~书战策=병서와 전략. / 纸上谈~=탁상공론.

○● 搬兵, 标兵, 裁cái兵, 撤chè兵, 称chēng兵, 出兵, 大兵, 刀兵, 动兵, 伏fú兵, 工兵, 号兵, 护hù兵, 甲兵, 尖jiān兵, 交兵, 进兵, 救兵, 练兵, 弭mǐ兵, 民兵, 炮pào兵, 奇兵, 伞sǎn兵, 伤兵, 哨shào兵, 士兵, 收兵, 水兵, 逃兵, 天兵, 退兵, 卫兵, 宪xiàn兵, 兴xīng兵, 雄xióng兵, 养兵, 疑yí兵, 用兵, 阅yuè兵, 招兵, 征zhēng兵, 重zhòng兵

【兵败如山倒】bīng bài rú shān dǎo (속)(비) 산이 무너지듯 군대가 한순간에 패퇴하다. 전세가 한순간에 기울어져 걷잡을 수 없다.
【兵变】bīngbiàn 통 군대 내부의 반란. 군사 반란. 쿠데타.
【兵不血刃】bīngbùxuèrèn 성 1 칼날에 피 한 방울 묻히지 않다. 2 무기를 쓰지 않고 이기다.
【兵不厌诈】bīngbùyànzhà 성 전쟁에서는 속임수도 마다하지 않는다.
【兵部】bīngbù 명 병부. [지난날 병무를 관장하던 관청]
【兵车】bīngchē 명 1 고대의 전차(戰車). 2 (軍) 군인 수송 열차.
【兵船】bīngchuán 명(軍) 군함.
【兵丁】bīngdīng 명 1 병정. 2 (옛) 병사. 군졸.
【兵多将广】bīngduō-jiàngguǎng 성 장병이 많다. 군대가 강성하다.
【兵法】bīngfǎ 명(軍) 1 병법. ¶精研~=병법을 자세히 연구하다. 2 손자병법.
【兵反贼乱】bīngfǎn-zéiluàn 성 1 군사들이 반란을 일으키고 도적이 날뛰다. 2 (비) 세상이 매우 어지럽다.
【兵符】bīngfú 명(軍) 1 (고대에 군대의 파견·배정에 관련된) 병부(兵符). 발병부(發兵符). 2 병서(兵書).
【兵戈】bīnggē 명(문) 1 병기. 무기. 2 전쟁. ¶~未息=전쟁이 아직 끝나지 않다.
【兵革】bīnggé 명(문) 1 무기와 갑옷. 2 전쟁. ¶~四起=전쟁이 사방에서 일어나다.
【兵工】bīnggōng 명(軍) 군사 공업.
【兵工厂】bīnggōngchǎng 명(軍) 무기 공장. 병기 공장.
【兵贵神速】bīngguìshénsù 성 군사 행동은

신속한 것이 최고이다.
【兵荒马乱】 bīnghuāng-mǎluàn ⓢ 전란으로 세상이 어수선하다.
【兵火】 bīnghuǒ ⓜ 1 병화. 전화(戰火). 2 전쟁. ¶~连日=전쟁이 연일 거듭되다.
【兵祸】 bīnghuò ⓜ 전화(戰禍).
【兵家】 bīngjiā ⓜ 1 병가. [제자백가(諸子百家)의 하나로, 선진(先秦) 시기에 군사 이론을 연구하고 군사 활동에도 종사하였던 학파] 2 군사 전문가. 병법가. 전술가. 지휘관. 군인. ¶胜败乃~常事.=전쟁에서 이기고 지는 일은 군인에게 늘 있는 일이다.
【兵舰】 bīngjiàn ☞ 军舰 jūnjiàn.
【兵谏】 bīngjiàn ⓔ 무력·협박 등으로 군주에게 간하다〔권고하다〕.
【兵精粮足】 bīngjīng-liángzú ⓢ 1 군대는 정예하고, 군량도 충분하다. 2 ⓗ 군사력이 매우 강하다.
【兵来将挡, 水来土掩】 bīnglái jiàngdǎng, shuǐlái tǔyǎn ⓢ 1 적이 쳐들어오면 장군을 보내어 막고, 홍수가 밀려오면 흙으로 둑을 쌓아 막는다. 2 ⓗ 상대가 어떤 수단이나 계략을 쓰더라도 대응할 방법을 갖고 있다. 3 ⓗ 상황에 따라 그에 적절한 대책을 취하다.
【兵力】 bīnglì ⓜ 군사력. ¶集中优势~=우세한 군사력을 집중시키다.
【兵连祸结】 bīnglián-huòjié ⓢ 전쟁·재화(災禍)가 끊이지 않다.
【兵临城下】 bīnglínchéngxià ⓢ 1 적군이 이미 성 아래까지 쳐들어오다. 2 ⓗ 전세가 매우 급박하다.
【兵乱】 bīngluàn ⓜ 병란. 전란(戰亂).
【兵马】 bīngmǎ ⓜ (軍) 1 병사와 군마. 2 군대.
【兵马未动, 粮草先行】 bīngmǎ wèi dòng, liángcǎo xiān xíng ⓢ 1 군대가 움직이기 전에 군량이 먼저 간다. 2 ⓗ 어떤 일을 하든 먼저 필요한 준비 작업을 잘 해야 한다.
【兵马俑】 bīngmǎyǒng ⓜ 병마용. [고대에 순장에 쓰였던 병사·말 모양의 도기 모형]
【兵民】 bīngmín ⓜ 병사와 백성. 군인과 민간인. 군민(軍民).
【兵痞】 bīngpǐ ⓜⓔ 악질 고참병. [장기 사병으로서 성격이 고약하고, 나쁜 짓만 일삼는 고참병]
【兵棋】 bīngqí ⓜ (軍) 병기. [반상(盤上)에서 작전을 연구하기 위해 사용하는 군대의 표지·인원·무기·지형·지물 등의 모형]
【兵器】 bīngqì ⓜ (軍) 병기. 무기.
【兵强马壮】 bīngqiáng-mǎzhuàng ⓢ 군대의 전투력이 강하다.
【兵权】 bīngquán ⓜ (軍) 병권. 군 통수권. 병마지권(兵馬之權). ¶执掌~=병권을 장악하다.
【兵刃】 bīngrèn ⓜ 1 도검류(刀劍類) 병기. 2 무기.
【兵戎】 bīngróng ⓜⓔ 1 무기. 군대. 2 전쟁. 전란.
【兵戎相见】 bīngróng-xiāngjiàn ⓢ 무장 충돌이 발생하다. 전쟁이 일어나다.

【兵士】 bīngshì ⓜ 병사. 군인.
【兵事】 bīngshì ⓜⓔ 전쟁. 전쟁에 관한 일.
【兵书】 bīngshū ⓜ 병법서. 병서.
【兵团】 bīngtuán ⓜ (軍) 1 병단. [군대의 일급 조직으로 아래로 몇 개의 군단(軍團) 또는 사단(師團)을 거느림] 2 연대 이상의 부대. ¶主力~=주력 부대. 3 ⓗ 生产建设兵团(중국의 변방에서 전문적으로 생산과 건설에 종사하는 부대).
【兵威】 bīngwēi ⓜ 군대의 위세〔위력〕.
【兵燹】 bīngxiǎn ⓜⓔ 전화(戰禍). 전쟁으로 인한 재해.
【兵饷】 bīngxiǎng ⓜ (軍) 군인의 급양 물자와 급여.
【兵械】 bīngxiè ⓜ 병기. 무기.
【兵蚁】 bīngyǐ ⓜ (動) 병정개미.
【兵役】 bīngyì ⓜ 병역. 병역 의무.
【兵役法】 bīngyìfǎ ⓜ (法) 병역법.
【兵役局】 bīngyìjú ⓜ 병역국. [병역과 관련한 군사 기구]
【兵役制】 bīngyìzhì ⓜ 병역 제도. [모병·징병·군사 등과 관련한 국가 제도]
【兵营】 bīngyíng ⓜ 병영.
【兵勇】 bīngyǒng ⓜⓔ 병사.
【兵油子】 bīngyóu·zi ⓜ (오랜 군대 생활로) 교활한 고참병.
【兵员】 bīngyuán ⓜ 군인. 군사.
【兵源】 bīngyuán ⓜ 병사의 공급원. ¶~充足=병사의 공급원이 충분하다.
【兵灾】 bīngzāi ⓜ 전화(戰禍).
【兵站】 bīngzhàn ⓜ (軍) 병참.
【兵制】 bīngzhì ⓜ (軍) 군제(軍制). 병제.
【兵种】 bīngzhǒng ⓜ (軍) 병종. 병과(兵科).
【兵卒】 bīngzú ⓜⓔ 병졸. 병사. 군사.

# 屏 bīng 병풍 병
【屏营】 bīngyíng ⓗⓔ 황공한 모양. [주로 서찰(書札)·상주문(上奏文) 등에 쓰임]
☞ bǐng, píng

# 栟 bīng 종려나무 병
【栟榈】 bīnglǘ ⓜ (植) 고서에서 종려나무를 가리킴.
☞ bēn

# 槟[檳] bīng 빈랑나무 빈
【槟榔】 bīng·lang ⓜⓔ (植) 1 빈랑나무. 2 빈랑나무의 열매.
☞ bīn

# *丙 bǐng 간지(干支) 병
ⓜ 1 병(丙). [천간(天干)의 셋째] 2 (순서·등급에서) 세 번째. 제 3위. ¶~类产品=세 번째 종류 상품. 3 ⓔ 불. 4 (Bǐng) 성(姓).
【丙部】 bǐngbù ☞ 子部 zǐbù.
【丙丁】 bǐngdīng ⓜⓔ 불. ¶请将书信阅后付~。=서신은 읽은 후

○ 丙 bǐng
  病 bìng
  柄 bǐng
  炳 bǐng
  邴 bǐng

에 태워 주세요.
【丙肝】bǐnggān 阌(醫) C형 간염.
【丙纶】bǐnglún 阌 (일종의 합성 섬유인) 폴리프로필렌 섬유. 阌 polypropylene fiber
【丙三醇】bǐngsānchún ☞【甘油】gānyóu
【丙酮】bǐngtóng 阌(化) 아세톤(acetone).
【丙种射线】bǐngzhǒng shèxiàn 阌외(物) 감마선. =【伽马射线】gāmǎ shèxiàn

邴 Bǐng 고을 이름 병
阌 성(姓).

*秉 bǐng 잡을 병
阌 1 잡다. 들다. 쥐다. ¶~烛夜读=촛불을 들고 밤에 글을 읽다. 2 주관하다. 책임지고 하다. 장악하다. ¶代为~政=대신하여 집정하다. 阌 (지난날의 용량 단위로) 16곡(斛). 阌 (Bǐng) 성(姓). ≒执 操 把 持
【秉笔】bǐngbǐ 阌 붓을 쥐다. 집필하다.
【秉笔直书】bǐngbǐ-zhíshū 阌 1 붓을 들어 실제 상황대로 쓰다. 2 사관(史官)들이 위험을 무릅쓰고 역사 사실을 숨기거나 왜곡하지 않고 사실대로 기록하다.
【秉承】[禀承] bǐngchéng 阌 삼가 받들다. 계승하다. 받아들이다. ¶~意旨=뜻을 삼가 받들다.
【秉持】bǐngchí 阌 주도하다. 주관하다. 장악하다.
【秉赋】bǐngfù ☞【禀赋】bǐngfù
【秉公】bǐnggōng 阌 공평하게 하다. 공정한 태도를 쥐다. ¶~办事=공정하게 일처리를 하다. ↔徇私
【秉公执法】bǐnggōng-zhífǎ 阌 공정하게 법률을 집행하다.
【秉性】bǐngxìng 阌 본성. 천성. ¶~纯厚=본성이 순박하고 인정이 두텁다.
【秉正】bǐngzhèng 阌 공정하다. ¶~无私=공정하고 사심이 없다.
【秉政】bǐngzhèng 阌 집정하다. 정권을 장악하다.
【秉直】bǐngzhí 阌 공명정대하다. 정직하다. ¶生性~忠厚=성품이 충직하다.
【秉烛】bǐngzhú 阌 손에 촛불을 들다. ¶~待旦=촛불을 들고 밤을 새다.
【秉烛夜游】bǐngzhú-yèyóu 阌 1 촛불을 들고 밤에 돌아다니며 놀다. 2 때에 맞춰 즐기다.

**柄 bǐng 자루 병
阌 1 (식물의) 자루. ¶花~=꽃자루. 2 (기물의) 손잡이. 자루. ¶刀~=칼자루. 3 阌 흠. 꼬투리. 약점. 거리. ¶把~=약점. /传为笑~=웃음거리로 전해지다. 4 阌 권력. ¶国~=국권. 阌 장악하다. 주관하다. 움켜쥐다. ¶主国~政=주국 정을 장악하다. 阌 자루. [자루가 달린 물건을 세는 단위] ¶一~锄头=호미 한 자루

○● 把柄, 曲qū柄, 权quán柄, 谈柄

【柄臣】bǐngchén 阌 국가의 대권을 잡은 대

신〔权신〕.
【柄权】bǐngquán 阌 국가의 대권을 주관하다〔장악하다〕. 권력을 잡다.
【柄政】bǐngzhèng 阌 국가 정무를 주관하다〔장악하다〕. 집정하다.
【柄子】bǐng·zi 阌 자루. 손잡이.

昺 bǐng 밝을 병
阌 밝다.

**饼[餠] bǐng 떡 병
阌 1 (굽거나 지지거나 쪄서 만든) 둥글넓적한 밀가루 음식. [부침개·전·전병·팬케이크·빵·떡 등] ¶烧~=사오빙. /画~充饥=공상으로 자신을 안위하다. 2 (~儿) 둥글넓적한 모양의 물건. ¶柿~儿=곶감. /铁~儿=원반.

○● 薄báo饼, 春饼, 大饼, 耿gěng饼, 锅guō饼, 煎jiān饼, 枯kū饼, 烙lào饼, 油饼, 月饼, 蒸zhēng饼

【饼铛】bǐngchēng 阌 번철. 지짐판. 팬.
【饼饵】bǐng'ěr 阌 둥글넓적한 밀가루 음식의 총칭.
【饼肥】bǐngfěi 阌 (기름을 짜고 남은) 콩깻묵·땅콩깻묵 등의 고형 깻묵 비료의 총칭.
【饼干】bǐnggān 阌 비스킷. 과자.
【饼食】bǐngshí 阌 둥글넓적한 밀가루 음식의 총칭.
【饼屋】bǐngwū 阌 (과자·사탕·케이크 따위를 파는) 제과점. ¶附近又有一家~开张了。=부근에 또 하나의 제과점이 문을 열었다.
【饼子】bǐng·zi 阌 1 옥수수가루·좁쌀가루 등을 반죽하여 구운 것. 2 각종 둥글넓적한 음식의 통칭. [부침개·전·전병·팬케이크·빵·떡 등]

炳 bǐng 밝을 병
阌 빛나다. 밝다. 뚜렷하다. 선명하다. ¶彪~千古=천고에 빛나다. 阌 비추다. ¶日月~天=해와 달이 하늘을 비추다. 阌 (Bǐng) 성(姓).
【炳炳】bǐngbǐng 阌 빛나고 선명한 모양. 번쩍번쩍하다.
【炳蔚】bǐngwèi 阌 문채(文彩)가 선명하고 화려하다.
【炳耀】bǐngyào 阌 광채나다. 빛나다. 阌 찬란하게 비추다. ¶~青史=청사에 빛나다.

屏 bǐng 내쫓을 병
阌 1 없애다. 제거하다. ¶~弃陈规=오래 된 규칙을 없애 버리다. 2 호흡을 멈추다. 숨을 죽이다. ¶凝神~息=숨을 죽이고 정신을 가다듬다.
☞ bīng, píng

【屏除】bǐngchú 阌 없애다. 제거하다. ¶~陋俗=나쁜 풍속을 없애다. ≒摒除
【屏迹】bǐngjì 阌 1 자취를 감추다. ¶盗匪~=도적의 자취를 감추다. 2 은거하다. ¶~山林=산림에 은거하다.
【屏气】bǐng‖qì 阌 숨을 멈추다. 숨을 죽이다.

¶~静听=숨을 죽이고 조용히 듣다.
【屏弃】**bǐngqì** 图 내버리다. 내던지다. 내쫓다. 풀어버리다. ¶~前嫌=이전의 혐의를 풀어버리다. ≒摒弃
【屏声】**bǐngshēng** 图 숨을 죽이고 소리를 내지 않다. ¶~静气=숨을 죽이고 아무 소리도 내지 않다.
【屏退】**bǐngtuì** 图 **1**〔문〕은퇴하다. ¶~归乡=은퇴하고 귀향하다. **2** 물리치다. 물러가게 하다. 내쫓다. ¶~看客=보는 사람들을 물리치다.
【屏息】**bǐngxī** 图 숨을 죽이다. ¶~细察=숨을 죽이고 자세히 살펴보다.
【屏住】**bǐngzhù** 图 억제하다. 누르다. ¶~气息=숨을 죽이다.

## 禀[稟] **bǐng** 줄 품

图 **1**〔문〕하사하다. 내려주다. ¶天~聪慧=하늘이 총명을 내려주다. **2** 받들다. 이어받다. ¶~承父命=아버지의 명을 받들다. **3** 보고하다. 상신하다. 아뢰다. 여쭙다. ¶照实回~=사실대로 보고하다.
图〔옛〕(상부에 보고하는) 문건. 보고서. ¶具~回复=문건을 구비하여 회답하다.

○ 禀 bǐng
凛 lǐn
廪 lǐn
懔 lǐn
檁 lǐn

【禀报】**bǐngbào** 图 (상부나 상급자에게) 보고하다. ¶如实~=사실대로 보고하다.
【禀呈】**bǐngchéng** 图 삼가 올리다. 아뢰다. 여쭙다. ¶~上级,请求批示.=상부에 삼가 올려 지시를 요청하다.
【禀承】**bǐngchéng** ☞【秉承】**bǐngchéng**
【禀复】**bǐngfù** 图 복명(復命)하다. 아뢰다. 여쭙다. ¶照实~=사실대로 복명하다.
【禀赋】[稟賦] **bǐngfù** 图 천품. 자질. 소질. ¶~超群=소질이 탁월하다.
【禀告】**bǐnggào** 图 보고하다. 말씀드리다. ¶~实情=실제 정황을 말씀드리다.
【禀明】**bǐngmíng** 图 (상급 기관이나 윗사람에게) 상황을 설명하다. ¶~原委=(사건의) 경위를 설명하다.
【禀帖】**bǐngtiě** 图〔옛〕(백성이 관이나 관원에게 올리는) 진정서. 보고서. 탄원서. 청원서.
【禀性】**bǐngxìng** 图 본성. 천성. *¶~难移=본성은 바꾸기 힘들다. ≒本性

## 鞞 **bǐng** 칼집 병

图 칼집.

## 并¹[併] **bìng** 어우를 병

图 합치다. 통합하다. ¶归~=합치다. / 合~=합병하다.

## 并²[並·竝] **bìng** 함께 병

图 병렬하다. 나란히 하다. 가지런히 하다. ¶肩~肩前行=어깨를 나란히 하고 앞으로 나가다. 图 **1** 함께. 같이. 동시에. ¶同提~论=같이 언급하다. **2** 결코. 전혀. 조금도. 그다지. 별로. [부정사의 앞에서 부정의 어투를 강조함] ¶说得容易,做起来~不简单.=말하기는 쉽지만 막상 해 보면 결코 간단하지 않다. **3** 전부. 모두. ¶天下~阅=세상 사람들이 모두 읽는다. 图 그리고. 또. 아울러. 게다가. ¶作家虽有病在身,但还是亲自来参加了晚会~送了亲笔字画.=작가는 비록 병중에도 친히 저녁 모임에 참가하였고, 아울러 친필의 서예 작품과 그림을 선물하였다. 〔連〕…조차도. …까지도. …마저도. ['连(lián)'과 용법이 같고, 흔히 '而', '亦' 와 호응함] ¶~此而不明,憾也.=이것조차도 모르다니, 유감스럽다. ↔分 跟

☞ **Bīng**

○● 裁cái并, 火并, 兼jiān并, 吞tūn并

【并案】**bìng'àn** 图 여러 안건〔사건〕을 합치다〔일괄〕하다.
【并不尽然】**bìngbùjìnrán** 图 모든 것이 다 그렇지는 않다.
【并产】**bìngchǎn** 图 **1** 재산을 합병하다. **2** (몇 개의 기업이) 합동 생산하다.
【并称】**bìngchēng** 图 합쳐 부르다. ¶后人把唐代著名诗人李白,杜甫~'李杜'.=후세 사람들은 당(唐)대의 저명 시인인 이백과 두보를 합쳐 '李杜'라고 부른다.
【并处】**bìngchǔ** 图 동시에 처벌하다. ¶判处无期徒刑,~没收全部财产.=무기 징역에 처하고 동시에 모든 재산을 몰수한다.
【并存】**bìngcún** 图 병존하다. 공존하다. ¶不同的分配形式可以~.=다른 분배 형식이 병존할 수 있다.
【并蒂莲】**bìngdìlián** 图 **1** 한 줄기에 나란히 핀 연꽃 한 쌍. **2**〔비〕화목한 부부.
【并发】**bìngfā** 图 **1**〔醫〕합병증을 일으키다. ¶重感冒常可~肺炎.=심한 감기는 폐렴을 일으킬 수 있다. **2** 한꺼번에 일어나다. 한꺼번에 교부〔발송〕하다.
【并发症】**bìngfāzhèng** 图〔醫〕합병증.
【并非】**bìngfēi** 图 결코 …하지 않다. 결코 …이 아니다. ¶这~他的错.=이것은 결코 그의 잘못이 아니다.
【并购】**bìnggòu** 图〔經〕인수 합병하다.
【并骨】**bìnggǔ** 图〔비〕부부를 합장하다.
【并轨】**bìngguǐ** 图〔비〕(진행 중인 조치·체제 등을) 합병하다. ¶大学的多种招生机制实行~.=대학의 각종 신입생 모집 방식을 하나로 통일하다.
【并合】**bìnghé** 图 병합하다. 합병하다. 합치다. ¶三个小组~为一个队.=세 조를 한 팀으로 합치다.
【并驾齐驱】**bìngjià-qíqū**〔성어〕 **1** 말머리를 나란히 하고 함께 달리다. 어깨를 나란히 하다. **2** 지위나 정도가 같다.
【并肩】**bìng‖jiān** 图 **1** 어깨를 나란히 하다. ¶~而行=어깨를 나란히 하고 나아가다. **2**〔비〕행동을 일치하여 함께 노력하다. 협동하다. ¶~

○ 并 bìng
饼 bǐng
屏 píng
摒 bìng
瓶 píng
拼 pīn
姘 pīn

迎敌＝일치하여 함께 적을 맞다.

【并进】bìngjìn 〖동〗동시에 진행하다. 나란히 나아가다. 병진하다. ≒并行

【并举】bìngjǔ 〖동〗동시에 거행하다. 병행하다. 동시에 추진하다. ¶多种经济形式同重~。＝각종 경제 형식을 모두 중시하며 병행하다.

【并力】bìnglì 〖동〗〖문〗협력하다. 합력하다. ¶~而为＝협력해서 하다.

【并立】bìnglì 〖동〗병립하다. 동시에 존재하다. ¶多种电影样式共存~。＝여러 양식의 영화가 공존하다.

【并联】bìnglián 〖동〗병렬하여 연결하다. 〖명〗〖電〗병렬 연결. 병렬 접속. ↔串联

【并列】bìngliè 〖동〗병렬하다. ¶这次比赛, 两个队~冠军。＝이번 시합에서 두 팀이 나란히 우승했다.

【并拢】bìnglǒng 〖동〗한데 합치다. 한데 모으다. ¶双脚~＝두 발을 모으다.

【并论】bìnglùn 〖동〗합쳐서 논하다. 동시에 거론하다. 동일시하다. 동일하게 다루다. ¶同提~＝함께 논하다.

【并茂】bìngmào 〖형〗〖비〗두 사물이 모두 뛰어나다. ¶她的演唱可谓声情~。＝그녀의 노래는 소리와 감정이 모두 뛰어나다.

【并排】bìngpái 〖동〗나란히 배열하다. 나란히 열을 짓다. 줄을 나란히 하다. ¶两人在运动场上~奔跑着。＝두 사람은 운동장에서 나란히 달리고 있다.

【并骑】bìngqí 〖동〗나란히 말을 타거나 차를 타고 나아가다.

【并且】bìngqiě 〖접〗1 동시에. 또. 또한. 아울러. ¶董事会讨论~通过了技术改造方案。＝이사회는 기술 개조 방안을 논의함과 아울러 통과시켰다. 2 게다가. 나아가. 그리고. ¶这家公司新出产的电脑配置先进, ~价格不高。＝이 회사가 새로 생산한 컴퓨터는 사양이 최신식이고 게다가 가격도 비싸지 않다.

【并入】bìngrù 〖동〗합병〔병합〕하다. 편입하다. ¶这家企业已~一家大公司。＝이 회사는 이미 큰 회사에 합병되었다.

【并世】bìngshì 〖명〗동시대. 같은 시대. ¶此乃超凡绝伦, ~无双。＝이는 타의 추종을 불허하여, 같은 시대에〔천하에〕견줄 만한 것이 없다.

【并世无双】bìngshì-wúshuāng 〖성〗세상에 견줄 만한 것이 없다. 세상에서 유일하다.

【并吞】bìngtūn 〖동〗병탄하다. 삼키다. 강제로 합병하다.

【并网】bìngwǎng 〖동〗〖電〗(단독의 송전·통신 등의 선로를) 전체 시스템에 편입시키다.

【并行】bìngxíng 〖동〗1 나란히 가다. ¶牵手~＝손을 잡고 나란히 가다. 2 동시에 진행하다. ¶多种分配形式~。＝여러 분배 형식을 병행하다. ≒并进

【并行不悖】bìngxíng-bùbèi 〖성〗동시에 진행되며 서로 충돌되지 않다. ↔背道而驰

【并蓄】bìngxù 〖동〗수용하다. 받아들이다. ¶对多种风格兼收~＝여러 종류의 풍격을 모두 받아들이다.

【并用】bìngyòng 〖동〗병용하다. 동시에 사용하다. 같이 쓰다. ¶手脑~＝손과 머리를 동시에 사용하다.

【并重】bìngzhòng 〖동〗함께 중시하다. 똑같이 중대시하다. ¶国营和私营经济~。＝국영 경제와 민간 경제를 다 중시하다. ↔偏重 侧重

【并转】bìngzhuǎn 〖동〗합병하고 생산을 전환하다. [중국이 현재 장기 적자 기업에 대해 취하는 두 가지 조정 조치]

【并坐】bìngzuò 〖동〗나란히 앉다.

## **病 bìng 병 병**

〖명〗1 (사람의) 병. 질병. ¶疾~＝질병. / 抱~卧床＝병에 걸려 침상에 누워 있다. 2 동식물의 병(해). ¶疯牛~＝광우병. 3 결점. 폐단. 병폐. 착오. ¶语~＝어폐. / 弊~＝폐단. 4 (기물의) 결함. 고장. 문제. ¶这两天电脑有~了。＝요 며칠 컴퓨터에 문제가 있다. 〖동〗1 병나다. 앓다. ¶生老~死＝생로병사. 2 〖문〗책망하다. 불만스럽다. ¶为人诟~＝사람들에게 책망받다. 3 〖문〗해를 끼치다. 해롭게 하다. ¶祸国~民＝나라와 백성에게 해를 끼치다.

○● 抱病, 暴病, 弊bì病, 发病, 犯病, 肺fèi病, 扶fú病, 黄病, 看病, 痨láo病, 淋lìn病, 毛病, 闹nào病, 却què病, 染rǎn病, 热病, 受病, 托tuō病, 瘟wēn病, 卧wò病, 谢病, 心病, 锈xiù病, 养病, 疫yì病, 癔yì病, 找病, 白血xuè病, 传chuán染病, 花柳huāliǔ病, 结核病, 狂犬病, 冷热病, 皮肤pífū病, 神经病, 幼稚yòuzhì病

【病案】bìng'àn ☞【病历】bìnglì

【病斑】bìngbān 〖명〗(식물의) 병반. 병으로 생긴 반점.

【病包儿】bìngbāor 〖명〗〖구〗병을 달고 다니는 사람. 늘 병치레를 하는 사람. ¶你经常生病, 简直就是个~。＝그는 늘상 병이 나니, 그야말로 병주머니다.

【病变】bìngbiàn 〖동〗〖의〗〖醫〗병리변화(병리(상의) 변화).

【病病歪歪】bìng·bing wāiwāi (~的) 〖형〗(병약하여) 비실비실하다. 골골하다.

【病病殃殃】bìng·bing yāngyāng (~的) 〖형〗(병약하여) 비실비실하다. 골골하다.

【病残】bìngcán 〖명〗1 질병과 신체 장애. 2 병자와 신체 장애인. ¶老弱~＝노약자와 병자 및 장애인.

【病车】bìngchē 〖명〗고장난 차.

【病程】bìngchéng 〖명〗병의 경과.

【病虫害】bìngchónghài 〖명〗〖农〗병충해.

【病床】bìngchuáng 〖명〗1 환자의 침상. 2 〖醫〗(병원의) 병상.

【病毒】bìngdú 〖명〗1 〖生〗병원체. 병균. 2 〖컴〗바이러스.

【病笃】bìngdǔ 〖형〗〖문〗병이 위중하다.

【病房】bìngfáng 〖명〗〖醫〗입원실. 병실.

## 病 bìng

【病夫】bìngfū 圕 (놀림조로) 병주머니. 허약하여 병을 달고 다니는 사람.

【病根】bìnggēn 圕 1 (~儿) 고질병. 지병. 2 병의 근원. 3 비 화근. 실패 원인. ¶严重超载是这起车祸的~。=지나친 초과 적재가 이번 차 사고의 화근이다.

【病骨】bìnggǔ 圕 병골.

【病故】bìnggù 동 병사하다.

【病鬼】bìngguǐ 圕 병주머니. 병골. [해학적인 의미를 내포함]

【病害】bìnghài 圕(農) (식물의) 병해.

【病好郎中到】bìng hǎo lángzhōng dào 숙 1 병이 나으니 의사가 오다. 2 비 사후약방문(死後藥方文).

【病号】bìnghào (~儿) 圕 (학교·부대·기관 등 집단 내의) 환자.

【病号饭】bìnghàofàn 圕 (병원의) 환자 식사.

【病候】bìnghòu 圕(醫) 병상(病狀). 병태.

【病患】bìnghuàn 圕(醫) 질병.

【病机】bìngjī 圕 고장난 기기.

【病急乱投医】bìng jí luàn tóu yī 숙 1 병세가 위중할 때 아무 의사에게나 치료를 부탁하다. 2 비 급하면 지푸라기도 잡는다.

【病家】bìngjiā 圕 1 환자와 환자의 가족. 2 방 장기간 병을 앓는 사람.

【病假】bìngjià 圕 병가. 병결.

【病句】bìngjù 圕(言) 문문. 문법적으로 또는 논리적으로 문제가 있는 글.

【病菌】bìngjūn 圕(生) 병균. 병원균. =【致病菌】zhìbìngjūn【病原菌】bìngyuánjūn

【病苦】bìngkǔ 圕 병고.

【病狂】bìngkuáng 동 (병으로 인해) 미치다. ¶丧心~。=이지(理智)를 상실하여 마치 미치광이 같다.

【病况】bìngkuàng 圕 병세.

【病理】bìnglǐ 圕(醫) 병리. 병의 경과와 원리.

【病理学】bìnglǐxué 圕(醫) 병리학.

【病历】bìnglì 圕(醫) 진료 기록. 병력서. 병력. =【病案】bìng'àn

【病例】bìnglì 圕(醫) 1 병례. 2 건. [질병 통계의 계산 단위]

【病魔】bìngmó 圕비 병마. [주로 오래 치료하고도 낫지 않는 중병을 가리킴] ¶征服~=병마를 정복하다.

【病情】bìngqíng 圕 병세. ¶~加重=병세가 가중되다.

【病区】bìngqū 圕(醫) (질병에 따라 분류한) 입원 구역.

【病人】bìngrén 圕 환자. 병자.

【病容】bìngróng 圕 병색. ¶~满面=얼굴에 병색이 가득하다.

【病人膏肓】bìngrùgāohuāng 숙 1 병이 더 이상 치료할 수 없는 지경에 이르다. 2 비 일이 만회할 수 없는 지경에 이르다.

【病弱】bìngruò 圕 병약하다.

【病史】bìngshǐ 圕 병력.

【病室】bìngshì 圕 입원실. 병실.

【病势】bìngshì 圕 병세. ¶~减轻=병세가 나아지다.

【病逝】bìngshì 동 병사하다.

【病死率】bìngsǐlǜ 圕 질병 사망률. [특정 질병에 걸린 100명에 대한 사망자 수의 비율]

【病榻】bìngtà 圕 병상. ¶久卧~=오랫동안 병상에 눕다.

【病态】bìngtài 圕 1 (생리·심리적으로) 병적인 상태. 이상 상태. ¶~心理=이상 심리. 병적인 심리. 2 비 비정상적인[병적인] 사회 현상. ¶社会~=사회의 병적인 현상.

【病体】bìngtǐ 圕 병든 몸.

【病痛】bìngtòng 圕 1 병고. ¶她忍受着~的煎熬。=그녀는 병고를 견디고 있다. 2 질병. [대개 잔병을 가리킴] ¶一点~，并无大碍。=잔병이라 큰 문제가 안 된다.

【病退】bìngtuì 동 1 병으로 (일찍) 퇴직하다. 2 병으로 원래 거주지〔도시〕로 돌아오다.

【病歪歪】bìngwāiwāi (~的) 형 (허약하고 다병하여) 비실비실한 모습.

【病亡】bìngwáng 동 병사하다. 병으로 죽다.

【病危】bìngwēi 형 병세가 위중〔위독〕하다. ¶~通知=병세가 위중하다는 통지.

【病西施】bìngxīshī 圕 병든 듯한 자태를 띠는 미인.

【病象】bìngxiàng 圕(醫) 증상. 증후.

【病休】bìngxiū 동 병으로 쉬다. ¶他~期间不上班。=그는 병가 기간 동안 출근하지 않았다.

【病恹恹】bìngyānyān (~的) 형 병으로 나른한 모양. 병으로 비실비실하다.

【病怏怏】bìngyāngyāng (~的) 형 (병약하여) 비실비실하다. 골골하다.

【病殃子】bìngyāng·zi 圕방 약골. 약질. 다병한 사람.

【病疫】bìngyì 圕(醫) 역병. 유행성 전염병.

【病因】bìngyīn 圕(醫) 발병의 원인. 병인. ¶~尚未确诊。=발병 원인은 아직 확실하게 진단하지 못했다.

【病友】bìngyǒu 圕 1 같은 병실의 사람. 2 자주 함께 같은 병원으로 치료받으러 가는 사람.

【病愈】bìngyù 동 완쾌되다. 치유되다. ¶他已经~出院了。=그는 이미 치유되어 퇴원했다.

【病员】bìngyuán 圕 (어떤 집단 내의) 환자.

【病原】bìngyuán 圕(醫) 병인.

【病原虫】bìngyuánchóng 圕(生) 병원충. =【原虫】yuánchóng

【病原菌】bìngyuánjūn ☞【病菌】bìngjūn

【病原体】bìngyuántǐ 圕(生) 병원체.

【病源】bìngyuán 圕 1 병원. 병근. 병인. ¶消除~=병원을 제거하다. 2 비 실패나 재앙의 근원. 화근.

【病院】bìngyuàn 圕(醫) (전문) 의원. 병원. ¶精神~=정신 병원.

【病灾】bìngzāi 圕 병으로 인한 재해. [주로 전염성 질병을 가리킴]

【病灶】bìngzào 圕(醫) 병소(病巢).

【病征】bìngzhēng 圕(醫) (병의) 증상. 증세.

【病症】bìngzhèng 图 질병. ¶疑难~=치료가 어려운 질병.
【病重】bìngzhòng 형 병세가 위중〔심각〕하다. ¶他已经~住院了。=그는 이미 병이 위중하여 입원했다.
【病株】bìngzhū 图 병든 식물체.
【病状】bìngzhuàng 图 병세. 증상. ¶~明显=병세가 뚜렷하다.

## 摒 bìng 물리칠 병
동 물리치다. 내쫓다. 제거하다. ¶~去私心=사심을 물리치다.
【摒除】bìngchú 동 물리치다. 내쫓다. 제거하다. ¶~妄念=망념을 물리치다.
【摒挡】bìngdàng 동书 수습하다. 처리하다. 정리하다. ¶~节日庆典=기념일 축하 행사를 정리하다.
【摒绝】bìngjué 동 제거하다. 없애다. ¶~烦恼=번뇌를 없애다.
【摒弃】bìngqì 동 버리다. 없애다. 내쫓다. ¶~琐事, 专心科研。=번잡한 일을 없애 버리고, 과학 연구에 몰두하다.

# bo

## 拨[撥] bō 다스릴 발
동 **1** (손·발·막대기 등을 이용하여 옆으로) 움직이다. 밀다. 젖히다. 헤치다. ¶~开草丛=풀숲을 헤치다. **2** (손가락이나 도구로 현악기를) 타다. 켜다. ¶~弹~琴弦=거문고를 켜다. **3** 돌리다. ¶~头就走=뒤돌아 가 버렸다. **4** 이동 배치하다. (일부를) 떼어 주다. 나누어 주다. 배포하다. ¶~发灾粮=재난 구제 양식을 나누어 주다. 양 (~儿) 무리. 조. 떼. ¶一个小组分成两~, 轮换着干。=한 조를 두 무리로 나누어 번갈아 하다.

○● 点拨, 调拨, 划huà拨, 撩liáo拨, 挑tiǎo拨

【拨兵】bōbīng 동 군대를 파견하다. ¶~驰援=군대를 파견하여 급히 구원하다.
【拨出】bōchū 동 **1** (가시를) 뽑아 내다. ¶费了好大的劲儿, 才把手上扎的刺~。=한참 동안 애를 쓴 끝에 손에 박힌 가시를 뽑아 냈다. **2** 지출하다. ¶~款项=경비를 지출하다.
【拨打】bōdǎ 동 전화를 걸다. ¶~国际长途=국제 전화를 걸다.
【拨挡】bōdǎng 동 (经) (증권의) 스톱 로스(stop loss). 손절매.
【拨动】bōdòng 동 **1** (손·발·막대기 등으로 좌측 또는 우측으로) 움직이다. 밀다. 젖히다. 헤치다. 돌리다. ¶~电源开关=전원 스위치를 젖히다. **2** 손가락이나 도구로 거문고를 켜다. 심금을 울리다. 감동시키다. ¶这部影片有力地~了观众的心弦。=이 영화는 관객의 심금을 울린다.
【拨发】bōfā 동 (일부를) 떼어 주다. 발급하다. 배포하다. 배부하다. ¶~财物=일부 재물을 배부하다.
【拨付】bōfù 동 (금액을) 이체하여 지불하다. ¶~公司启动资金=회사의 운전 자금을 이체하여 지불하다.
【拨归】bōguī 동 (일부를) 떼어 내어 귀속시키다. ¶这方面的业务~你负责。=이 방면의 업무는 당신에게 책임지도록 한다.
【拨号】bō‖hào 동 (전화의) 다이얼을 돌리다. 번호를 누르다. ¶~上网=전화 번호를 눌러 인터넷에 접속하다.
【拨火】bōhuǒ 동 **1** 불을 돋우다. 불을 쑤시다. **2**喻 부추기다. 선동하다. ¶这事只能劝阻, 怎么能~呢?=이 일은 말려야지, 어떻게 부추길 수 있단 말인가?
【拨火棍】bōhuǒgùn(~儿) 图 부지깽이.
【拨交】bōjiāo 동 돈·물건을 내어 (건네)주다. ¶请将这笔款~有关部门。=이 돈을 관련 부서에 건네주세요.
【拨叫】bōjiào 동 전화를 걸다. 전화로 부르다. [주로 일부 특수 번호에 쓰임] ¶快~119。=빨리 119를 부르세요.
【拨开】bōkāi 동 **1** (손이나 도구 등으로) 비틀어 열다. 억지로 열다. ¶~门锁=문 자물쇠를 비틀어 열다. **2** (사람이나 물건을 한쪽 또는 양쪽으로) 밀어젖히다. 헤치다. ¶~围观的人群=에워싸고 구경하고 있는 군중을 밀어젖히다.
【拨快】bōkuài 동 (시계 바늘을) 앞으로 돌리다. ¶将表~二十分钟。=시계 바늘을 앞으로 20분 돌리다.
【拨款】bō‖kuǎn 동 (정부나 상급 기관이) 돈을 내주다. 지급하다. ¶要及时向灾区~。=제때에 재난 지역에 돈을 지급해야 한다.
【拨款】bōkuǎn 명 (정부나 상급 기관의) 지급금. 지출금. ¶取消国家~, 改革事业单位的运转机制。=국가 지출금을 취소하고, 사업 단위의 운영 방식을 개혁하다.
【拨拉】bō·la 동口 (손·발·막대기 등으로 좌측 혹은 우측으로) 튕기다. 움직이다. 밀다. 젖히다. 헤치다. ¶他不停地~着算盘珠儿。=그는 끊임 없이 주판알을 튕긴다.
【拨浪鼓】[波浪鼓]bō·langgǔ(~儿) 명 (손잡이가 달린 아이들 장난감) 땡땡이.
【拨乱】bōluàn 동 혼란을 평정하다. 혼란스러운 국면을 안정시키다. ¶~济世=혼란을 평정하고 세상을 구제하다.
【拨乱反正】bōluàn fǎnzhèng 동 어지러운 세상을 바로잡아 정상으로 되돌리다.
【拨慢】bōmàn 동 (시계 바늘을) 뒤로 돌리다. 늦추다. ¶将钟~一刻钟。=시계 바늘을 15분 늦추다.
【拨弄】bō·nong 동 **1** (손·발·막대기 등으로) 헤집다. 만지다. 쑤시다. 뒤지다. 만지작거리다. ¶~棋子=바둑알을 만지작거리다. **2** 부추기다. 선동하다. ¶~是非=시비를 부추기다. **3** 좌지우지하다. ¶决不能受人~。=남에게 좌지우지되어서는 안 된다.

【拨门撬户】 **bōmén-qiàohù** ⟨成⟩ **1** 문과 창을 비틀어 열다. **2** ⟨비⟩ 도둑이 남의 집에 들어가 훔치는 행위.

【拨冗】 **bōrǒng** ⟨동⟩ 바쁜 중에 시간을 내다. ¶请～光临。=바쁘시지만 왕림해 주십시오.

【拨送】 **bōsòng** ⟨동⟩ (물자 등을) 일부 보내 주다. ¶救灾物资即刻～。= 재난 구조 물자를 즉시 보내 주다.

【拨通】 **bōtōng** ⟨동⟩ 전화를 걸어 연결되다. 전화 통화가 되다. 전화가 걸리다.

【拨云见日】 **bōyún-jiànrì** ⟨成⟩ **1** 구름을 헤치고 해를 보다. **2** 어둠을 물리치고 광명을 찾다. 장애물을 제거하고 원상으로 돌아가다. 밝은 세상이 오다.

【拨云撩雨】 **bōyún-liáoyǔ** ⟨成⟩ 남녀 간에 유혹하고 집적거리다.

【拨运】 **bōyùn** ⟨동⟩ (자동차·배 등으로) 운송하다. 운반하다. 옮기다. ¶～建筑材料=건축 자재를 운송하다.

【拨正】 **bōzhèng** ⟨동⟩ 바로잡다. 정정하다. 고치다. 맞추다. ¶～表针=시계 바늘을 맞추다.

【拨转】 **bōzhuǎn** ⟨동⟩ 돌리다. 방향을 바꾸다. ¶～船头=뱃머리를 돌리다.

【拨子】 **bō·zi** ⟨양⟩ **1** ⟨音⟩ 채. 픽(pick). 발목(撥木). **2** ⟨고⟩【高拨子】 **gāobō·zi** ⟨양⟩ 조. 무리. 떼. ¶一～人马在草原上飞快地穿行。= 한 떼의 말 탄 사람들이 초원을 나는 듯이 가로질러 간다.

## **波** bō 물결 파

⟨명⟩ **1** 물결. 파도. ¶推～助澜=(나쁜 일을) 조장하다. **2** ⟨物⟩ 파(派). 파동(波動). **3** ⟨비⟩ (의외의) 변화. 곡절. 파란. ¶风～=풍파. /軒然大～=큰 파문. 큰 분쟁. 큰 풍파. **4** ⟨비⟩ 눈빛. 눈길. ¶暗送秋～=은밀히 추파를 던지다. **5** ⟨비⟩ 여성의 가슴. **6** (**Bō**) 성(姓). ⟨동⟩ **1** 확산되다. 미치다. ¶～及全国=전국에 확산되다. **2** 걷다. 달리다. ¶～奔－劳累=분주히 뛰어다녀 피곤하다.

○━ 奔bēn波, 长波, 地波, 短波, 海波, 横héng波, 检jiǎn波, 鳞lín波, 滤lǜ波, 秋波, 天波, 烟波, 眼波, 余波, 载zài波, 震波, 中波, 周波, 纵zōng波

【波霸】 **bōbà** ⟨명⟩⟨속⟩ 가슴이 풍만한 여인.

【波长】 **bōcháng** ⟨명⟩⟨物⟩ 파장.

【波荡】 **bōdàng** ⟨동⟩ 흔들리다. 흔들다. 떠다니다. 출렁거리다. 울려 퍼지다. ¶笛声在傍晚的原野上～。= 피리 소리가 저녁 무렵의 들판에 울려 퍼진다.

【波导管】 **bōdǎoguǎn** ⟨명⟩⟨物⟩ 도파관(導波管).

【波动】 **bōdòng** ⟨명⟩ 파동. ⟨동⟩ 오르내리다. 기복이 있다. 흔들리다. ¶她近来情绪～不定, 大概有什么心事。=그녀는 요즘 정서가 심히 불안한 것으로 보아, 아마도 무슨 걱정이 있는 듯하다. ↔稳定

【波段】 **bōduàn** ⟨명⟩⟨電⟩ 주파수대.

【波多黎各】 **Bōduōlígè** ⟨명⟩⟨地⟩ 푸에르토리코 (Puerto Rico). [수도는 '圣胡安(산후앙 : San Juan)' 임]

【波尔多液】 **bō'ěrduōyè** ⟨명⟩⟨외⟩⟨化⟩ 보르도액. ⓔ Bordeaux

【波尔卡】 **bō'ěrkǎ** ⟨명⟩⟨외⟩⟨音⟩ 폴카(polka).

【波峰】 **bōfēng** ⟨명⟩ **1** ⟨物⟩ 파(波)의 마루. **2** 물마루. 파두(波頭). 파구(波丘).

【波幅】 **bōfú** ⟨명⟩⟨物⟩ 진폭(振幅).

【波谷】 **bōgǔ** ⟨명⟩⟨物⟩ 파곡.

【波光】 **bōguāng** ⟨명⟩ 물결이 반사하는 빛.

【波光粼粼】 **bōguāng-línlín** ⟨成⟩ 잔잔한 물결이 맑고 깨끗하게 반짝거리는 모양.

【波诡云谲】 **bōguǐ-yúnjué** ☞【云谲波诡】 **yúnjué-bōguǐ**

【波痕】 **bōhén** ⟨명⟩ **1** 물결이 오르내린 흔적. 파도의 흔적. **2** (침적물 표면에) 풍랑으로 생긴 흔적.

【波及】 **bōjí** ⟨동⟩ 미치다. 파급되다. ¶金融危机一度～世界。=금융 위기가 한 차례 세계에 파급되었다.

【波级】 **bōjí** ⟨명⟩ 해면의 물결 높이를 나타내는 등급. [0급의 '无浪'에서 10급의 '怒涛'까지 있음]

【波谲云诡】 **bōjué yúnguǐ** ⟨成⟩ 사태가 변화불측하다.

【波兰】 **Bōlán** ⟨명⟩⟨외⟩⟨地⟩ 폴란드(Poland). [수도는 '华沙(바르샤바 : Warszawa)' 임]

【波澜】 **bōlán** ⟨명⟩ **1** 파도. 물결. ¶～起伏=파란만장하다. **2** ⟨비⟩ (세상일·정세 등의) 변천. 기복. 파란. ¶内心情感的～翻涌着。=마음속의 감정이 출렁거리다. ≒波浪 波涛

【波澜壮阔】 **bōlán-zhuàngkuò** ⟨成⟩ 규모가 크고 기세가 드높다. [주로 시문(詩文)·운동 등에 쓰임]

【波浪】 **bōlàng** ⟨명⟩ 파도. 물결. ¶～滔天=파도가 하늘까지 치솟다. ≒波澜

【波浪鼓】 **bō·langgǔ** ☞【拨浪鼓】 **bō·langgǔ**

【波浪式】 **bōlàngshì** ⟨명⟩ 파상적. 파도형의. 웨이브형의. ¶～发型=웨이브 헤어스타일. /在某种意义上, 人类社会是呈～向前发展的。=어떤 의미에서 인류 사회는 기복을 이루며 앞으로 발전한다.

【波罗蜜】 **bōluómì** ⟨동⟩⟨佛⟩ 피안의 세계에 이르다. 바라밀다. ⓔ pāramitā =【波罗蜜多】 **bōluómìduō** ☞【菠萝蜜】 **bōluómì**

【波罗蜜多】 **bōluómìduō** ☞【波罗蜜】 **bōluómì**

【波美】 **bōměi** ⟨명⟩ 보메. [액체의 비중을 나타내는 단위] ⓔ Baumé.

【波能】 **bōnéng** ⟨명⟩⟨物⟩ 파도 에너지.

【波普艺术】 **bōpǔ yìshù** ⟨명⟩⟨외⟩⟨藝⟩ 팝아트(pop art). [20세기 중반에 일어난 구상 미술의 경향]

【波谱】 **bōpǔ** ⟨명⟩⟨物⟩ 스펙트럼(spectrum).

【波束】 **bōshù** ⟨명⟩⟨物⟩ 빔(beam). 파속(波束).

【波斯】 **Bōsī** ⟨명⟩⟨地⟩ 페르시아(Persia). [이란의 옛 이름]

【波斯菊】 **bōsījú** ⟨명⟩⟨植⟩ 코스모스.

【波斯猫】 **bōsīmāo** ⟨명⟩⟨動⟩ 페르시아 고양이.

【波速】 **bōsù** ⟨명⟩⟨物⟩ 파속(波速).

【波涛】bōtāo 명 파도. ¶~汹涌=파도가 용솟음치다. ≒波澜
【波特兰水泥】bōtèlán shuǐní 명(建) 포틀랜드 시멘트(Portland cement).
【波纹】bōwén 명 파문. ¶湖水在微风中荡起轻柔的~。=호수가 미풍에 가볍고 부드러운 파문을 일으킨다.
【波形】bōxíng 명(物) 파형(波形). 형 파도 모양의. ¶~屋面=파도 모양의 지붕.
【波音】Bōyīn 명외 보잉(Boeing). [미국의 항공기 제조 회사]
【波源】bōyuán 명(物) 파원(波源). [파동을 내보내는 원천이 되는 진동원]
【波折】bōzhé 명 곡절. 풍파. ¶此事虽几经~, 但最终还是成功了。=이 일은 비록 몇 차례 풍파를〔곡절을〕겪었지만 끝내는 성공하였다. ≒曲折
【波磔】bōzhé 명 (서법의 하나로) 사선을 오른쪽 아래로 삐치는 필법. [영자 필법(永字筆法) 가운데 제8책(磔)을 지칭]

**玻** bō 유리 파
아래를 참조.

◐● 毛玻璃

【玻利维亚】Bōlìwéiyà 명외(地) 볼리비아(Bolivia). [법정 수도는 '苏克雷(수크레: Sucre)', 정부 소재지는 '拉巴斯(라파스: La Paz)'임]
【玻璃】bō·li 명 1 유리. 2 유리 모양의 물건. 유리처럼 투명한 물건. ¶有机~=유기 유리.
【玻璃板】bō·libǎn 명 1 창유리. 2 두꺼운 유리판.
【玻璃版】bō·libǎn ☞【珂罗版】kēluóbǎn
【玻璃杯】bō·libēi 명 유리잔. 유리컵.
【玻璃布】bō·libù 명 유리 섬유 직물. =【玻璃纤维布】bō·li xiānwéibù
【玻璃钢】bō·ligāng 명 유리 섬유 강화 플라스틱. 영 FRP(Fiberglass Reinforced Plastic)
【玻璃棉】bō·limián 명 유리솜. 유리면. 글라스 울(glass wool).
【玻璃幕墙】bō·limùqiáng 명(建) (건물의) 유리 외벽.
【玻璃瓶】bō·lipíng 명 유리병.
【玻璃球】bō·liqiú(~儿) 명 유리구(琉璃球). 초자구(硝子球). =【玻璃珠】bō·lizhū(~儿)
【玻璃纱】bō·lishā 명(紡) 오건디(organdy). 보일(voile).
【玻璃丝】bō·lisī 명 유리실.
【玻璃体】bō·litǐ 명(生) 유리체(琉璃體). 초자체(硝子體).
【玻璃纤维】bō·lixiānwéi 명 유리 섬유.
【玻璃纤维布】bō·li xiānwéibù ☞【玻璃布】bō·libù
【玻璃小鞋】bō·lixiǎoxié 명 (아랫사람에게 은근히 행하는) 해코지. 골탕. 물먹이는 것. [흔히 '穿(chuān)'과 함께 쓰임] ¶又穿了~=또 해코지를 당했다. 또 물먹었다.
【玻璃纸】bō·lizhǐ 명 셀로판지.

【玻璃珠】bō·lizhū(~儿) ☞【玻璃球】bō·liqiú(~儿)
【玻璃砖】bō·lizhuān 명 1 무거운 판유리. 2 글라스 블록(glass block). 글라스 타일(glass tile).

**砵** bō 땅 이름 발
명 1 통보(铜砵). [푸젠(福建)성에 있는 지명] 2 '钵(bō)'와 같음.

**哱¹** bō 대평소 발
【哱罗】bōluó 명 고대에 군중(軍中)에서 사용하던 호각의 일종.

**哱²** bō 대평소 발
☞【呼哱哱】hūbōbō

**趵** bō 차는 소리 박
통⑤ 차다. 의⑤ 쿵쿵. [발로 땅을 밟는 소리]
☞ bào
【趵趵】bōbō 의⑤ 쿵쿵. [발로 땅을 밟는 소리]

**钵[(鉢,缽·盂)]** bō 바리때 발
명 1 사발. 대접. ¶饭~=밥사발. / 汤~=국사발. 2 명(佛) 钵多罗(바리때). 명 pātra ¶衣~=가사와 바리때.
【钵单】bōdān 명 (베로 만든 승려의) 식기 싸개.
【钵头】bōtóu 명 사발. 대접.
【钵盂】bōyú 명(佛) 바리. 바리때.
【钵子】bō·zi 명 사발. 대접.

**般** bō 반야(般若) 반
【般若】bōrě 명(佛) 지혜. 영 prajñā
☞ bān, pán

**饽[餑]** bō 떡 발
【饽饽】bōbō 명방 1 떡과 간식의 총칭. 2 만두. 3 잡곡 가루로 만든 덩어리 형태의 음식물.

**剥** bō 벗길 박
통 1 '剥(bāo)'와 같음. [합성어와 성어에 전용됨] ¶盘~=가혹하게 착취하다. / 生吞活~=실제에 맞지 않는데도 억지로 적용하다. 2 (표면이) 벗겨져 떨어지다. 침식되다. ¶门上的漆一片片~落了。=문의 칠이 조각조각 벗겨져 떨어졌다. 3 박탈하다. ¶财产被无情地~夺了。=재산을 무자비하게 빼앗겼다.
☞ bāo
【剥夺】bōduó 통 1(法) 법에 따라 취소하다. ¶~监护权=감독과 보호의 권리를 취소하다. 2 박탈하다. 빼앗다. ¶~财产继承权=재산 상속권을 빼앗다. ↔获得
【剥夺政治权利】bōduó zhèngzhì quánlì 통(法) 참정권을 박탈하다.
【剥离】bōlí 통 (피부·덮개 등이) 벗겨지다. 떨어져 나가다. ¶~皮下肿瘤=피부 밑 종양을 벗겨내다.

【剥落】bōluò 통 (조각조각) 떨어지다. 벗겨지다. ¶墙上的乳胶漆~了。=벽의 라텍스 페인트가 조각조각 떨어졌다.

【剥皮抽筋】bōpí-chōujīn 숙 사람을 잔인하게 박해하다.

【剥蚀】bōshí 통 1 침식하다. 2 (물질 표면이 풍화로 인해) 점차 파괴되다.

【剥削】bōxuē 통 착취하다. ≒盘剥

【剥削阶级】bōxuē jiējí 명 착취 계급.

【剥啄】bōzhuó 의 통 톡톡. 딱딱. 똑똑. [가볍게 문 등을 두드리는 소리]

## 菠 bō 시금치 파
아래를 참조.

【菠菜】bōcài 명 (植) 시금치.
【菠薐菜】bōléngcài 명 (방) 시금치.
【菠萝】bōluó ☞ 【凤梨】 fènglí
【菠萝蜜】[波罗蜜] bōluómì ☞ 【木菠萝】 mùbōluó
【菠罗蜜】bōluómì ☞ 【凤梨】 fènglí

## 铍[鈹] bō 보륨 피
명 (化) 보륨(Bh, bohrium). [원자 번호 107]

## 鲅[鱍] bō 물고기 꼬리칠 발
【鲅鲅】bōbō 형 통 물고기가 뛰어오르는 모습.

## 蕃 bō 우거질 번
☞ 【吐蕃】 Tǔbō
☞ fān, fán

## 播 bō 뿌릴 파
통 1 파종하다. 씨를 뿌리다. ¶秋~=가을 파종. / 撒~=씨를 뿌리다. 2 전파하다. 알리다. 퍼뜨리다. ¶广~=방송. / 转~=중계 방송. 3 옮기다. 떠돌다. 망명하다. ¶展转~迁=정처 없이 떠돌다.

○● 传chuán播, 春播, 点播, 联lián播, 流播, 楼lóu播, 秋qiū播, 撒sǎ播, 散sàn播, 直播, 转zhuǎn播

【播报】bōbào 통 (뉴스를) 방송을 통해 보도하다. ¶~国际新闻=국제 뉴스를 보도하다.
【播唱】bōchàng 통 방송을 통해 음악을 [노래를] 내보내다.
【播出】bōchū 통 방송하다. 방송으로 내보내다. ¶这部电视剧从明天开始, 将于每晚八点~。=이 TV 연속극은 내일부터 매일 저녁 8시에 방송된다.
【播发】bōfā 통 방송으로 발표하다. [주로 중요한 뉴스 등에 쓰임] ¶~国内新闻=국내 뉴스를 방송하다.
【播放】bōfàng 통 1 방송하다. ¶~经典乐曲=고전 악곡을 방송하다. 2 방영하다. ¶~进口影片=수입 영화를 방영하다. ☞ 播送
【播幅】bōfú 명 (農) 파폭. 심는 너비.
【播讲】bōjiǎng 통 (방송으로) 강연하다. 강의

하다. 강술하다. ¶~古代诗词=방송으로 고대의 시·사를 강의하다.
【播糠眯目】bōkāng-mǐmù 성 1 겨가 날려 눈에 들어가다. 2 (비) 작은 언행도 큰 해를 만들 수 있다.
【播弄】bō·nòng 통 1 부추기다. 일으키다. ¶~是非=시비를 일으키다. 2 조종하다. 지배하다. ¶不可能任人~。=다른 사람에게 조종되어서는 안 된다.
【播撒】bōsǎ 통 뿌리다. 씨를 뿌리다. ¶~麦种=보리씨를 뿌리다.
【播散】bōsàn 통 퍼뜨리다. 산포하다. ¶~小道消息=주위들은 소식을 퍼뜨리다.
【播送】bōsòng 통 방송하다. 방영하다. ¶~天气预报=일기 예보를 방송하다. ≒广播 播放
【播扬】bōyáng 통 1 흩뜨리다. 뿌리다. 일으키다. ¶尘灰~=먼지가 일다. 2 퍼뜨리다. 선전하다. ¶他的舍己救人的事迹得以广泛~。=그가 자신을 희생하여 남을 구한 행동은 널리 알려지게 되었다.
【播音】bō‖yīn 통 방송하다. ¶本台~时间有所调整, 请注意收听。=본 방송국의 방송 시간이 조정되었으니, 주의하여 청취하시기 바랍니다.
【播音车】bōyīnchē 명 방송차.
【播映】bōyìng 통 (텔레비전으로) 방영하다. 방송하다. ¶~中外经典故事片=중국과 외국의 고전 영화를 방영하다.
【播怨招愆】bōyuàn-zhāoqiān 성 노기를 드러내어 문제를 야기하다.
【播种】bō‖zhǒng 통 (農) 파종하다. 씨를 뿌리다. ¶~机=파종기.
【播种】bōzhòng 명 (農) 파종. ¶~玉米=옥수수를 파종하다.

## 嶓 Bō 산 이름 파
【嶓冢】Bōzhǒng 명 보중. [간쑤(甘肃)성에 있는 산 이름]

## 孛 bó 일어날 발
형 통 '勃(bó)'와 같음.
☞ bèi

## 伯 bó 맏 백
명 1 (형제 항렬 중의) 맏이. ¶此乃~兄。=이 분이 맏형이시다. 2 백부. 큰아버지. ¶大~=큰아버지. 3 어르신. 아저씨. [아버지 연배의 나이 많은 남자를 부르는 말] ¶老~=어르신. 4 고대의 공(公)·후(侯)·백(伯)·자(子)·남(男)의 다섯 작위 가운데 세 번째. ¶世袭~爵=대대로 백작 작위를 세습하다. 5 (Bó) 성(姓).
☞ bǎi

○● 笨bèn伯

【伯伯】bó·bo 명 백부. 큰아버지.
【伯父】bófù 명 1 큰아버지. 백부. 2 어르신. 아저씨. [아버지와 항렬이 같고 나이가 많은 남자를 부르는 말] 3 (경) 천자가 성이 같은 제후를 높여

부르던 말.
【伯舅】bójiù 〖명〗〖경〗 천자가 성이 같은 제후를 높여 부르던 말.
【伯爵】bójué 〖명〗 백작.
【伯劳】bóláo 〖명〗〖動〗 때까치. 〖방〗【虎不拉】hù‧bulǎ
【伯乐】bólè 〖명〗 1 (Bólè) 〖歷〗 백락. [춘추시대 진나라 사람. 본명은 손양(孫陽)으로, 훌륭한 말을 잘 가려 낸 것으로 유명함] 2 〖비〗 인재를 잘 알아보고 등용하는 사람. ¶千里马常有, 而~不常有。=천리마는 늘 있지만, 백락은 늘 있지 않다.
【伯利兹】Bólìcí 〖명〗〖地〗 벨리즈(Belize). [수도는 '贝尔莫潘(벨모판 : Belmopan)'임]
【伯母】bómǔ 〖명〗 1 백모. 큰어머니. 2 아주머니. [친구·동료 등의 어머니에 대한 존칭]
【伯仲】bózhòng 〖명〗〖운〗 1 맏이와 둘째. 2 〖비〗 우열을 가릴 수 없다. 엇비슷하다. ¶~之间=우열을 가리기 힘들다.
【伯仲叔季】bó-zhòng-shū-jì 〖명〗 (형제의 순서를 나타내는) 맏이·둘째·셋째·막내.
【伯祖】bózǔ 〖명〗 큰할아버지.
【伯祖母】bózǔmǔ 〖명〗 큰할머니.

## \*\*驳¹[駁, 駮] bó 얼룩배기 말 박

〖형〗 1 〖운〗 얼룩덜룩하다. 알록달록하다. 성분이 순수하지 않다. 순일하지 않다. ¶斑~=얼룩덜룩하다. 2 혼잡하다. 난잡하다. 번잡하다. ¶文章内容~杂。=글의 내용이 번잡하다. 〖동〗 반박하다. 논박하다. ¶辩~=논박하다. / 反~=반박하다. ≒杂 斑

## \*\*驳²[駁] bó 작은 배 박

〖동〗 1 (배와 해안, 배와 배 사이를) 작은 배로 실어나르다. ¶起~=작은 배로 실어나르기 시작하다. 2 〖방〗 해안이나 제방을 바깥쪽으로 확장하다. ¶还需要将岸~宽一点。=해안을 좀 더 넓혀야 한다. 〖명〗 거룻배. 전마선. ¶拖~=거룻배를 끌다.

○• 斑bān驳, 辩biàn驳, 回驳, 批pī驳, 拖tuō驳

【驳岸】bó'àn 〖명〗 호안제(護岸堤). [제방이나 선착장이 무너지지 않도록 보호하는 구조물]
【驳斥】bóchì 〖동〗 반박하다. 비평하다. ¶~谣言=뜬소문에 반박하다. ≒反驳 批驳
【驳船】bóchuán 〖명〗〖交〗 거룻배. 전마선.
【驳辞】bócí 〖명〗〖운〗 1 순정(純正)하지 않은 말. 2 반박하는 말.
【驳倒】bó‖dǎo 〖동〗 반박하여 굴복〔패배〕시키다. 반박하여 꼼짝 못하게 하다. ¶~辩方=변론 상대를 반박하여 굴복시키다.
【驳复】bófù 〖동〗 반론하다. 논박하다.
【驳回】bóhuí 〖동〗 기각하다. 거절하다. 받아들이지 않다. ¶~上诉=상소를 기각하다.
【驳价】bó‖jià (~儿) 〖동〗 제안한 가격을 받아들이지 않다. 값을 깎다. 에누리하다. 가격을 흥정하다.
【驳壳枪】bókéqiāng 〖명〗 모제르총. [독일의 마우저가 발명한 연발식 권총] 〖방〗【盒子枪】hé‧ziqiāng【盒子炮】hé‧zipào
【驳论】bólùn 〖동〗 논박하다.
【驳面子】bó miàn‧zi 〖동〗 체면을 봐주지 않다. 체면을 깎다. 체면을 손상시키다. ¶因为是朋友, 不能~。=친구이기 때문에 체면을 봐주지 않을 수 없다.
【驳难】bónàn 〖동〗〖운〗 반박하고 힐난하다. ¶严词~=엄한 말로 반박하고 힐난하다.
【驳卸】bóxiè 〖동〗 거룻배에서 짐을 부리다.
【驳议】bóyì 〖동〗〖운〗 1 (남의 의견을) 받아들이지 않다. 비평하다. 반박하다. ¶大加~=심하게 반박하다. 2 반박하는 의견. ¶以下是我的~。=이하가 하는 나의 반박하는 의견이다.
【驳运】bóyùn 〖동〗 (큰 배와 해안, 배와 배 사이를) 작은 배로 실어나르다.
【驳杂】bózá 〖형〗 잡다하다. 뒤섞이다. ¶本书涉猎甚广, 内容~。=이 책은 (주제를) 두루 다루고 있어 내용이 잡다하다. ↔纯正 单一
【驳正】bózhèng 〖동〗 논박하여 바로잡다. 잘못을 따져서 바로잡다. ¶据理~=논리에 근거하여 논박하여 바로잡다.

## 帛 bó 비단 백

〖명〗 1 〖운〗〖紡〗 견직물의 총칭. ¶布~=면직물과 견직물. 2 (Bó) 성(姓).

○• 财帛, 竹zhú帛

【帛画】bóhuà 〖명〗〖美〗 (중국 고대에) 비단에 그린 그림.
【帛书】bóshū 〖명〗〖운〗 (중국 고대에) 비단에 쓴 글. 비단으로 된 책.

## 瓟 bó 북치 박

〖명〗〖植〗 1 〖운〗 작은 박. 북치. 2 고서에 나오는 풀의 일종.

## \*\*泊 bó 배 댈 박

〖동〗 1 정박하다. (물가에) 배를 대다. ¶停~=정박하다. 2 머무르다. ¶飘~=정처 없이 떠돌다. 3 〖방〗 (차를) 세워 두다. 주차하다. 〖형〗 (명리에 대해) 담담하다. 담박하다. ¶淡~=담담하다.
☞ pō

○• 淡dàn泊, 澹dàn泊, 落luò泊, 漂piāo泊

【泊船】bóchuán 〖동〗 배를 정박하다.
【泊地】bódì 〖명〗 정박지.
【泊位】bówèi 〖명〗 1 (항구 내의) 정박 위치. 버스(berth). 2 (자동차의) 주차 위치. 주차 자리.

## 柏 bó 측백나무 백

음역용(音譯用) 글자. ¶~林=베를린. / ~拉图=플라톤.
☞ bǎi, bò

## \*勃 bó 일어날 발

〖형〗〖운〗 1 왕성하다. ¶生机蓬~=생기발랄하다.

2 갑자기 발끈하여 화를 내는 모양. ¶~然大怒=벌컥 성을 내다. 명(Bó) 성(姓).

【勃勃】bóbó 형 1 왕성하다. 발랄하다. 강렬하다. ¶生气~=생기발랄하다. 2 욕망이 강렬한 모양. ¶雄心~=웅대한 뜻이 넘치다.

【勃发】bófā 동문 1 갑자기 발생하다〔일어나다〕. 발발하다. ¶战乱~=전란이 갑자기 일어나다. 형문 왕성하다. 발랄하다. ¶生机~=생기가 넘치다. ↔委靡

【勃郎宁】bólángníng 명 브라우닝(Browning) 자동 권총.

【勃起】bóqǐ 동(生) 음경이 발기하다.

【勃然】bórán 형 1 왕성한 모양. 흥기한 모양. ¶~兴起=세차게 흥기하다. 2 갑자기 화를 내거나 놀라움으로 안색이 변하는 모양. ¶~大怒=벌컥 대노하다.

【勃豀】【勃谿】bóxī 동문 집안 사람끼리 싸움을 하다. ¶婆媳~=시어미와 며느리가 싸우다.

【勃谿】bóxī ☞【勃豀】bóxī

【勃兴】bóxīng 동문 발흥하다. 왕성하게 발전하다. 융성하다.

## 钹[鈸] bó 방울 발

명(音) 동발(銅鈸). 자바라. [전통 악기의 하나로 냄비뚜껑처럼 생긴 2개의 얇은 구리판을 부딪쳐 소리를 냄. 찬불 의식에 쓰임]

## 铂[鉑] bó 플래티나 박

명문(化) 백금(Pt, platinum). [원자 번호 78, '白金(báijīn)'이라고 통칭함]

## 亳 Bó 땅 이름 박

명(地) 보저우(亳州). [안후이(安徽)성에 있는 지명]

## 浡 bó 일어날 발

형문 흥기하다. 떨치고 일어나다. ¶~然兴之=세차게 일어나다.

## 袯[襏] bó 도롱이 발

【袯襫】bóshì 명 (옛날의) 도롱이. 비옷. 우의(雨衣). 우장(雨裝).

## *舶 bó 큰 배 박

명 (바다를 운항하는) 큰 배. ¶船~=선박. / 海~=바다를 운항하는 큰 배.

【舶来品】bóláipǐn 명문 수입품.

## **脖[頸] bó 목 발

명 (~儿) 1 목. 2 (사람의 몸·기물 등에서) 목처럼 생긴 것. ¶瓶~儿=병목. / 脚~儿=발목. ≒颈 项

○● 拐guǎi脖儿, 围wéi脖儿, 抹mǒ脖子, 牛脖子, 卡qiǎ脖子

【脖梗儿】bógěngr ☞【脖颈儿】bógěngr
【脖颈儿】【脖梗儿】bógěngr 명(口)(生) 목덜미. =【脖颈子】bógěng·zi

【脖颈子】bógěng·zi ☞【脖颈儿】bógěngr

【脖领儿】bólǐngr 명(口) 옷깃. 칼라. =【脖领·zi】

【脖领·zi】bólǐng·zi ☞【脖领儿】bólǐngr

【脖项】bóxiàng 명 목.

【脖子】bó·zi 명 1 목. 2 (사람의 몸이나 기물에서) 목처럼 생긴 것. ¶手~=손목. 3 비 가장 요긴한 대목. ¶这事又被经理卡了~。=이 일로 또 사장에게 발목을 잡히고 말았다.

## *博¹[(博)] bó 넓을 박

형 1 풍부하다. 많다. ¶广~=넓다. / 渊~=깊고 해박하다. 2 광범하다. 폭넓다. 보편적이다. ¶~而不精=폭넓게 많이 알지만 정통하지는 못하다. 3 문 크다. ¶宽衣~带=너른 옷과 큰 띠. 통 정통하다. 박식하다. ¶古多识=박학다식하다. ↔专

## *博² bó 얻을 박

동 얻다. 사다. ¶~得信任=신임을 얻다. 명 1 쌍륙. 2 바둑. 3 도박. ¶私设~局=사설 도박장. 4 (Bó) 성(姓).

○● 奥ào博, 赌dǔ博, 繁fán博, 赅gāi博, 广博, 淹yān博

【博爱】bó'ài 동 모든 사람을 평등하게 사랑하다. ¶~众生=중생을 널리 사랑하다. 명 박애.

【博采众长】bócǎi-zhòngcháng 성 다른 사람의 장점을 널리 받아들이다.

【博彩】bócǎi 명 1 도박·복권·경품 추첨 따위. ¶~业=복권업. 2 도박.

【博茨瓦纳】Bócíwǎnà 명문(地) 보츠와나(Botswana). [수도는 '哈博罗内(가버론: Gaborone)'임]

【博大】bódà 형 풍부하다. 넓다. [주로 추상적인 사물에 쓰임] ¶个中奥妙可谓~精深。=그 안의 오묘함은 실로 넓고도 깊다.

【博大精深】bódà-jīngshēn 성 사상·학식이 넓고 심오하다.

【博导】bódǎo 명문 박사 연구생 도사(박사 지도 교수).

【博得】bódé 동 (호감·동정 등을) 얻다. 사다. ¶~欢心=환심을 사다. ≒赢得 取得 ↔失去

【博而寡要】bó'érguǎyào 성 학식이 비록 넓지만 요점을 파악하지 못하다.

【博古】bógǔ 동 옛일에 정통하다. ¶~多闻=옛일에 정통하며 견문이 넓다. 명 1 옛날 기물. 2 옛날 기물을 제재로 한 그림. 형 옛날 기물이나 양식을 본뜬. 고풍의. ¶~架=옛날 양식을 본뜬 대〔틀〕.

【博古通今】bógǔ-tōngjīn 성 1 고금의 일에 정통하다. 2 비 지식이 해박하다. =【通今博古】tōngjīn bógǔ ≒茹古涵今 殚见洽闻

【博观】bóguān 동 폭넓게 보다.

【博局】bójú 명 1 도박. 2 도박장.

【博览】bólǎn 동 폭넓게 보다. 두루 다독하다.

¶~群书 = 많은 책을 두루 다독하다.
【博览会】bólǎnhuì 명 박람회.
【博洽】bóqià 형 학식이 넓다. 해박하다. ¶识见~ = 식견이 해박하다.
【博取】bóqǔ 동 (언행 등으로) 신임을 얻다. 중시를 받다. ¶~同情 = 동정을 얻다.
【博施济众】bóshī-jìzhòng 성 넓게 은혜를 베풀어 민중을 구제하다.
【博识】bóshí 형 학식이 넓다. ¶多闻~ = 박학다식하다.
【博士】bóshì 명 1 박사(학위). ¶经济学~ = 경제학 박사. 2 박사. [고대에 경학을 전수하던 벼슬] 3 고대에 어떤 기예에 정통하거나 어떤 직업에 종사하는 사람을 가리키는 말. ¶酒~ = 술집 종업원.
【博士导师】bóshì dǎoshī 명 박사 과정 지도 교수.
【博士点】bóshìdiǎn 명 박사 과정.
【博士后】bóshìhòu 명 1 박사 후 과정. 포스트 닥터 과정. 2 박사 후 연구원.
【博士后流动站】bóshìhòu liúdòngzhàn 명 박사 후 연수 기관.
【博士生】bóshìshēng 명 박사 과정 학생.
【博士生导师】bóshìshēng dǎoshī 명 박사 학위 지도 교수.
【博闻】bówén 형 견문이 넓다.
【博闻强记】bówén-qiángjì ☞【博闻强识】bówén-qiángzhì
【博闻强志】bówén-qiángzhì ☞【博闻强识】bówén-qiángzhì
【博闻强识】[博闻强志] bówén-qiángzhì 성 견문이 넓고, 기억력이 좋다. =【博闻强记】bówén-qiángjì
【博物】bówù 명 1 만물. ¶~志 = (박물학에 관한 지식을 집대성한) 박물지. 2 박물학(博物學).
【博物馆】bówùguǎn 명 박물관.
【博物院】bówùyuàn 명 박물관. ¶参观故宫~ = 고궁 박물관을 참관하다.
【博学】bóxué 동 넓게 배우다. ¶~多思 = 넓게 배우고, 많이 생각하다. 형 박학하다. ¶~之士 = 박학한 선비.
【博雅】bóyǎ 형문 학문이 넓고 품행이 단정하다. 박아하다. ¶~精妙 = 박아하고 심오하다. ↔浅薄
【博弈】bóyì 동 바둑을 두다.
【博引】bóyǐn 동 넓게 인용하여 증거로 삼다. ¶旁征~ = 방증을 넓게 인용하여 증거로 삼다.

## 鹁[鵓] bó 집비둘기 발
아래를 참조.
【鹁鸽】bógē 명(動) 비둘기. 집비둘기. =【家鸽】jiāgē
【鹁鸪】bógū 명(動) 흑비둘기. =【水鸪鸪】shuǐgūgū

## *渤 Bó 바다 이름 발
【渤海】Bóhǎi 명(地) 발해. [산둥(山东) 반도와 랴오둥(辽东) 반도 사이의 바다 이름]

## **搏 bó 잡을 박
동 1 (맨손·칼·몽둥이 등으로) 갈기다. 후려치다. ¶拼~ = 필사적으로 맞붙어 싸우다. / 徒手相~ = 맨손으로 격렬하게 싸우다. 2 덮쳐 잡다. ¶老鹰~兔 = 매가 토끼를 덮쳐 잡다. 3 박동하다. ¶脉~ = 맥박.
【搏动】bódòng 동 박동하다. 뛰다. ¶脉~正常。= 맥박 박동은 정상이다.
【搏斗】bódòu 동 1 (맨손·칼·몽둥이 등으로) 갈기다. 후려치다. 2(비) 격렬하게 싸우다. 격투하다. ¶与洪水~ = 전력으로 홍수와 싸우다.
【搏击】bójī 동 힘껏 맞붙어 싸우다. 힘껏 갈기다. 후려치다. 힘차게 싸우다. ¶~商海 = (상업계) 재계에서 분투하다.
【搏杀】bóshā 동 1 (무기를 가지고) 격투하다. 목숨을 걸고 싸우다. 2(비) 격렬하게 싸우다[투쟁하다]. 죽기살기로 겨루다. 치열하게 대결하다. ¶两棋手互不相让, 奋力~。= 두 기사(棋士)는 한 치의 양보도 없이, 죽기살기로 겨룬다.
【搏战】bózhàn 동 힘껏 싸우다. 백병전을 하다. 육박전을 하다. ¶奋勇~ = 용기를 내어 힘껏 싸우다.
【搏争】bózhēng 동 힘껏 싸워 쟁탈하다. ¶全力~ = 온 힘으로 싸워 쟁탈하다.

## 鲌[鮊] bó 백어 백
명(動) 강준치.

## 馎[餺] bó 수제비 박
【馎饦】bótuō 명 옛날 밀가루 음식의 하나.

## 僰 Bó 오랑캐 북
명 북족. [중국 고대에 서남 지역에 살았던 소수민족]

## 箔 bó 발 박
명 1 (갈대·수숫대 등으로 엮은) 발. ¶苇~ = 갈대발. 2 누에 채반. 잠박. 3 금속의 박편. ¶银儿 = 은박. 4 금속 분말을 바르거나 금속 박편을 붙인 종이. [제사 때 지전으로 삼아 태움] ¶锡~ = 표면에 얇은 주석을 입힌 종이.
【箔材】bócái 명 알루미늄박(箔)·주석박(箔) 등의 재료.
【箔片】bópiàn 명 금속 박편.

## 魄 bó 넋 백
☞【落魄】luòbó
☞ pò, tuò

## **膊 bó 어깨 박
명 팔. ¶赤~ = 웃통을 벗다.
○● 臂 bì膊, 胳 gē膊

## 踣 bó 엎어질 북

동(문) 넘어지다. 자빠지다.

## 镈[鎛] bó 종 박

명 **1**(音) 큰 종. [고대의 악기] **2**(農) 고대 호미류의 농기구.

## **薄** bó 얇을 박

형 **1** 보잘것없다. 사소하다. 적다. ¶微~=보잘 것없다. / 瘠~=척박하다. **2** 부실하다. 허약하다. ¶单~=부실하다. **3** 경박하다. 각박하다. 야박하다. ¶轻~=경박하다. / 尖酸刻~=신랄하고 매몰차다. 가혹하다. 통 **1** 경시하다. 얕보다. ¶鄙~=깔보다. / 妄自菲~=필요 이상으로 자신을 비하하다. **2**(文) 바싹 다가가다. 근접하다. ¶日~西山=해가 서산으로 기울다. 명 (Bó) 성(姓).
☞ báo, bò

○● 淡薄, 厚薄, 瘠jí薄, 绵mián薄, 喷pēn薄, 浅 qiǎn薄, 微wēi薄, 稀xī薄.

【薄产】bóchǎn 명(文) 적은 재산. 빈약한 재산.
【薄惩】bóchéng 명 가벼운 처벌. ¶给以~=경미한 처벌을 가하다.
【薄酬】bóchóu 명 적은 보수. 적은 사례. 박봉. ¶略奉~=적게 사례하다.
【薄唇轻言】bóchún-qīngyán 성 입이 가볍다. 입이 싸다.
【薄待】bódài 통 푸대접하다. 박대하다. ¶失礼~=실례하고 박대하다.
【薄地】bódì 명 척박한 땅. 메마른 땅.
【薄福】bófú 형 박복하다. 복이 없다.
【薄海】bóhǎi 명 **1** 바닷가에 이르다. **2** 온 누리. 광대한 지역. ¶~传唱=온 세상 사람들 사이에 유행하여 불리어지다.
【薄海欢腾】bóhǎi-huānténg 성 온 세상 사람들이 환호에 들끓다.
【薄厚】bóhòu 명 두께.
【薄技】bójì 명(겸) 보잘것없는 기예. 하찮은 재주. [흔히 자기의 재능을 일컬음] ¶以~为生=하찮은 재주로 살아가다.
【薄酒】bójiǔ 명(겸) 변변찮은 술. 박주. [주로 손님 접대할 때 겸어로 쓰이는 말] ¶略备~, 为君饯行。=변변찮은 술을 차려 놓고, 그대를 전별하노라.
【薄礼】bólǐ 명(겸) 변변찮은 선물. 적은 선물. ¶略备~, 不成敬意。=변변치 않은 선물이라 송구스럽습니다.
【薄利】bólì 명 박리. 적은 이윤. ¶~推销=박리로 판로를 넓게 확장하다.
【薄利多销】bólì-duōxiāo 성 박리다매. [이익을 적게 보고 많이 파는 것]
【薄面】bómiàn 명(겸) 체면. 얼굴. [남에게 부탁할 때 자신의 체면을 말함] ¶权看鄙人~, 放他一马。=제 체면을 봐서 그를 한 번 봐주세요.
【薄明】bómíng 형 여명. 날이 밝을〔샐〕 무렵. ¶~时分=동틀 무렵.
【薄命】bómìng 형(文) 운명이 기구하다. 박명하다. ¶自古红颜多~。=예로부터 미인은 대개 박명하다.
【薄膜】bómó 명 박막(薄膜). 얇은 막. [투명 혹은 반투명의 얇은 막으로, 일반적으로 유연성이 뛰어남] ¶塑料~=플라스틱 박막.
【薄暮】bómù 명(文) 해질 무렵. 날이 어두울 무렵. 황혼. 땅거미가 질 무렵. ¶天刚~, 大风就刮起来了。=날이 막 어두워지자 큰바람이 불기 시작했다.
【薄情】bóqíng 형 정분을 저버리다. 야박하다. 박정하다. 매정하다. [주로 남녀 애정 관계에 쓰임] ¶~寡义=매정〔무정〕하고 의리가 없다. ↔ 痴情, 多情
【薄弱】bóruò 형 박약하다. 취약하다. 약하다. ¶意志~=의지가 박약하다. / 力量~=역량이 약하다. ↔ 单薄 ↔ 雄厚
【薄田】bótián 명(文) 척박한 땅. 메마른 땅.
【薄收】bóshōu 통 적게 거둬들이다. 흉작이다. ¶广种~=넓은 땅에 파종하여 적은 수확을 올리다.
【薄雾】bówù 명 엷은 안개. 엷게 낀 안개. ¶~缭绕=엷은 안개가 피어오르다.
【薄物细故】bówù-xìgù 성(비) 별것 아닌 일. 사소한 일.
【薄幸】bóxìng 형(文) 박정하다. 야박하다. 정분을 저버리다. [주로 남자를 가리킴] ¶~之人=박정한 사람.
【薄葬】bózàng 통 박장하다. 장례를 간략〔간소〕하게 치르다. ¶厚养~=생전에 잘 모시고 장례는 간소하게 하다. ↔ 厚葬

## 馞 bó 향기로울 발
☞【秘馞】bìbó

## 髆 bó 어깻죽지뼈 박
명(文) 어깨.

## 栌 bó 두공 박
【栌栌】bólú 명 고대에 두공(枓栱)을 가리킴.

## 襮 bó 드러날 박
명 겉모습. 통 드러나다. ¶表~=폭로하다.

## 礴 bó 뒤섞일 박
☞【磅礴】pángbó

## *跛 bǒ 절뚝발이 파
형 절뚝거리다. ¶~腿=다리를 절다.
【跛鳖千里】bǒbiē-qiānlǐ 성 **1** 절름발이 자라도 쉬지 않고 걸으면 천리를 갈 수 있다. **2**(비) 부단히 노력하면 어려운 조건에서도 반드시 성취할 수 있다.
【跛脚】bǒjiǎo 명 **1** 절름발. 절뚝발. **2** 절름발이. 절뚝발이. 절름절름하다. 절뚝절뚝하다. 절름거리다. 절뚝거리다. 절다. ¶他有点儿~。=그는 약간 절뚝거린다.
【跛行】bǒxíng 동 절뚝거리며 걷다. 절며 걷다.

[형] (상황·성장·진행 등이) 파행적이다.
【跛子】bǒ·zi [명] 절름발이. 절뚝발이.

*簸 bǒ 까부를 파
[동] 1 키질하다. 까부르다. ¶~谷=곡식을 키질하다. 2 위아래로 흔들리다. ¶颠~=위아래로 흔들리다.
☞ bò
【簸荡】bǒdàng [동] 1 흔들리다. 요동하다. ¶小船在湖中轻轻~. =작은 배가 호수에서 가볍게 흔들리다. 2 징을 울리다.
【簸动】bǒdòng [동] 흔들리다. 요동하다. ¶路不平, 卡车一路不停地~. =길이 울퉁불퉁해서 트럭이 끊임없이 요동친다.
【簸箩】bǒ·luo [명] 대바구니.
【簸弄】bǒ·nòng [동] 1 놀리다. 2 이간시키다. 부추기다. ¶~离间=이간질하다.
【簸扬】bǒyáng [동] 넉가래질하다.

柏 bò 측백나무 백
☞【黄柏】huángbò
☞ bǎi, bó

*薄 bò 엷을 박
아래를 참조.
☞ báo, bó
【薄荷】bò·he [명] (植) 박하. 페퍼민트.
【薄荷醇】bò·hechún ☞【薄荷脑】bò·henǎo
【薄荷脑】bò·henǎo [명] 박하뇌. 멘톨(menthol). 박하빙(薄荷氷). 박하상(薄荷霜). [박하유를 증류하여 냉각 정제한 흰색의 바늘 모양 결정체. 향기가 독특하고 맛이 시원하며 신경통·위통·천식·결핵 등의 약재나 구강 향료로 씀. 일종의 방향 청량제임] =【薄荷醇】bò·hechún
【薄荷油】bò·heyóu [명] 박하유. [박하의 잎과 줄기를 건조 증류하여 얻은 기름을 식혀서 정제한 연노란색의 액체. 특이한 향기와 신맛이 있어 화장품·과자·의약품·청량제 등에 향료로 쓰이며, 건위와 가스 제거의 효과가 있음]

檗 bò 황벽나무 벽
☞【黄檗】huángbò

擘 bò 엄지손가락 벽
[명][문] 엄지손가락. ¶巨~=권위자. [동][문] 나누다. 가르다. 쪼개다. ¶~裂=쪼개다.
【擘划】bòhuà ☞【擘画】bòhuà
【擘画】[擘划] bòhuà [동][문] 계획하다. 배치하다. ¶~设计=계획 설계.
【擘肌分理】bòjī-fēnlǐ [성] 1 근육과 피부를 절개하여 그 무늬결을 분석하다. 2 [비] 매우 상세하게 분석하다.

*簸 bò 키 파
☞ bǒ
【簸箕】bò·ji [명] 1 키. 2 쓰레받기. 3 키 모양의 지문.

* 卜[蔔]·bo 무 복
☞【萝卜】luó·bo
☞ bǔ
● 胡萝húluó卜, 糖萝卜, 小萝卜, 胡萝卜素sù

啵 ·bo 어조사 파
[조][방] 제안·상의·부탁·명령 등의 어투를 나타냄. ¶我们一起去旅游, 好~?=우리 함께 여행가는 것이 어때? / 快点行~, 要迟到了!=좀 빨리 가자, 늦겠어!

# bu

逋 bū 달아날 포
[동][문] 1 도망치다. 달아나다. ¶四处~亡=사방으로 도망치다. 2 체납하다. 시간을 끌다. ¶宿~~=오랫동안 밀린 빚.
【逋客】būkè [명][문] 1 도주자. 도주범. 2 은자(隱者). 은사(隱士).
【逋留】būliú [동][문] 잠시 머물다. 체류하다. 계류하다. ¶~异乡=타향에 체류하다.
【逋欠】būqiàn [동][문] 체납하다. ¶~宿债=묵은 빚을 체납하다.
【逋峭】būqiào ☞【峭】būqiào
【逋逃】būtáo [동][문] 도망치다. 도주하다. [명][문] 도주자. 유랑자.
【逋逃薮】būtáosǒu [명][문] 도주자의 은신처.

峬 bū 산 모양 예쁠 포
【峬峭】[逋峭][庯峭] būqiào [형][문] (풍채·글 등이) 우아하고 아름답다.

庯 bū 지붕 평평할 포
【庯峭】būqiào ☞【峬峭】būqiào

饽[餔] bū 먹일 포
[동][문] 1 저녁밥을 먹다. 2 먹다. [고어에서 '哺(bǔ)'와 같음]
☞ bù

晡 bū 신시 포
[명][문] 신시(申時). [오후 3시에서 5시까지의 시간]

醭 bú 술 골마지 복
[명][문] (~儿) (식초·간장 등의 표면에 생기는) 흰 곰팡이. 골마지.

* 卜 bǔ 점 복
[동] 1 점을 치다. ¶问~=점을 치다. 점괘를 뽑다. / 未~先知=점을 치지 않고도 먼저 알다. 2 예측하다. ¶生死未~=생사를 예측할 수 없다. 3 [문] (처소를) 선택하다. 고르다. ¶~宅=집을 고르다. [명] (Bǔ) 성(姓).

☞ ·bo

◐ 占zhān卜

【卜辞】bǔcí 图 복사. [은(殷)대에 점을 본 시간·원인·결과 등을 수골(獸骨)이나 귀갑(龜甲)에 새겨 놓은 기록]
【卜卦】bǔguà 动(书) 점을 치다.
【卜居】bǔjū 动(书) (점을 쳐서) 살 곳을 정하다. 거주할 곳을 선택하다.
【卜课】bǔ‖kè (동전을 흔들거나 손가락으로 육갑을 짚어) 길흉을 점치다. =【起课】qǐkè
【卜筮】bǔshì 动 (귀갑(龜甲)과 가새풀로) 점을 치다. [지난날 귀갑(龜甲)으로 점치는 것을 '卜', 가새풀로 점치는 것을 '筮'라 했음]
【卜问】bǔwèn 动 점을 쳐서 길흉을 예측하다.
【卜昼卜夜】bǔzhòu-bǔyè 〈成〉 1 밤낮의 길흉을 점치다. 2〈喻〉 밤낮없이 놀고 마시다. 연회나 일 따위가 밤낮으로 이어지다.

# 卟 bǔ 포르핀 복

【卟吩】bǔfēn 图〈化〉 포르핀(porphine).

## **补 [補] bǔ 기울 보

动 1 수선하다. 고치다. 때우다. 깁다. ¶缝~=꿰매고 깁다. / 亡羊~牢=소 잃고 외양간 고치다. 2 메우다. 보충하다. 채워 넣다. ¶弥~=메우다. / 候~=후보. 3 보양하다. ¶滋~=자양하다. 4 보완하다. 벌충하다. 보충하다. ¶勤能~拙=부지런하면 없는 재간도 메울 수 있다. 근면은 서투름을 보완한다. 图 1 쓸모. 이익. 도움. ¶于事无~=일에 도움이 안 되다. 2 (Bǔ) 성(姓). ↪挖

◐ 帮补, 搭dā补, 抵dǐ补, 点补, 垫diàn补, 缝féng补, 添补, 填tián补, 贴tiē补, 挖wā补, 修补, 增补, 找zhǎo补, 整补, 织zhī补

【补白】bǔbái 图 (신문·잡지에서) 여백을 메우는 짧은 글. 动 보충 설명하다. ¶~如下=보충 설명은 아래와 같다.
【补办】bǔbàn 动 (증명서·수속 등을) 사후에 처리하다. 재발급하다. ¶~租房协议=집 전세 계약을 사후에 처리하다.
【补报】bǔbào 动 1 보답하다. 후에 갚다. ¶此大恩大德, 容日后~。=이토록 크나큰 은혜를 훗날 갚을 수 있도록 해 주십시오. 2 사후에 보고하다. 보충하여 보고하다. ¶~调查报告=조사결과를 보충하여 보고하다.
【补编】bǔbiān 动 편제를 보완하다. ¶单位的~工作需要抓紧。=부서의 편제 보완 작업이 시급하다. 图 증보판.
【补仓】bǔ‖cāng 动〈經〉(특정 유가 증권을 보유하고 있는 상태에서 같은 종류의 증권을) 추가로 보충 매수하다.
【补差】bǔchā 动 1 (차액을) 채워 넣다. 보충하다. 메우다. 2 차액을 지급하다. [정년이 된 사람이 계속 근무할 경우, 원래 받던 임금과 퇴근 후 받는 연금 사이의 차액을 보조하는 것을 말함] 图 (원래 임금과 퇴직 후 연금 간의) 차액 보조금. ¶按月拿~。=달별로 차액 보조금을 타다.
【补偿】bǔcháng 动 보충하다. 보상하다. ¶~损耗=손실을 보상하다. ≒弥补 ↔损耗
【补偿贸易】bǔcháng màoyì 图〈經〉구상(求償) 무역.
【补充】bǔchōng 动 1 보충하다. ¶~营养=영양을 보충하다. 2 추가하다. 증보하다. ¶~论述=논술을 증보하다. ↔缩减
【补淡】bǔdàn 动 (비축했던 채소·과일 등을 조달하여) 생산이 적은 시기의 수요를 보충해 주다.
【补丁】[补靪][补钉] bǔ·ding 1 기운 자리. (수선을 위해) 망가진 옷이나 기타 물품에 덧대는 것. 2 깁는 일.
【补丁家庭】bǔdīng jiātíng 图 복합 가정. [재혼한 부부가 이전 배우자들과의 사이에서 낳은 아이와 새로 낳은 아이를 같이 키우는 가정]
【补钉】bǔ·ding ☞【补丁】bǔ·ding
【补靪】bǔ·ding ☞【补丁】bǔ·ding
【补订】bǔdìng 动 보충하여 주문하다. ¶~杂志=잡지를 보충 주문하다.
【补短】bǔduǎn 动 단점을 보완하다. ¶取长~=장점을 취하여 단점을 보완하다.
【补发】bǔfā 动 다시 발급하다. 재발급하다. ¶~身份证=신분증을 재발급하다.
【补工】bǔgōng 动 일을 완성하다. 남은 일을 마무리하다.
【补锅】bǔguō 动 솥을 때우다.
【补过】bǔ‖guò 动 (과오를) 보완하다. 씻다. ¶将功~=공로로써 잘못을 씻다.
【补花】bǔhuā(~儿) 图 아플리케. 꿰매 붙인 세공. 〈外〉 appliqué
【补还】bǔhuán 动 배상하다. 갚다. ¶向图书馆~不慎丢失的图书。=도서관에 실수로 잃어버린 책을 배상했다.
【补回】bǔhuí 动 만회하다. 보완하다. ¶~损失=손실을 만회하다.
【补给】bǔjǐ 动 보충하다. 공급하다. 보급하다. ¶军需品=군수품을 보급하다. 图 보급 물자. ¶把生活~送到抗洪第一线。=생활 보급 물자를 홍수와 맞서 싸우는 최전선으로 보내다.
【补给舰】bǔjǐjiàn ☞【供应舰】gōngyìng jiàn
【补给线】bǔjǐxiàn 图〈军〉보급선.
【补记】bǔjì 动 사후(追记)하다. 사후에 보충 기록하다. ¶~旅游见闻=여행 견문록을 사후에 보충한 글.
【补剂】bǔjì 图〈醫〉보약. 자양제. 보혈제.
【补假】bǔ‖jià 动 1 보충 휴가를 가다. 2 사후에 휴가(결근) 신고를 하다.
【补交】bǔjiāo 动 사후에 추가로 내다. 납기 후 내다. ¶~上个月的水电气费=지난 달의 수도와 전기세를 추가로 내다.
【补角】bǔjiǎo 图〈數〉보각.
【补酒】bǔjiǔ 图 (보혈 작용이 있는) 약주(藥酒).

【补救】**bǔjiù** 〈动〉 **1** (조치를 취하여) 교정하다. 보완하다. 바로잡다. ¶~措施＝보완 조치. **2** 만회하다. ¶水灾对农业造成的损失要靠副业来~。＝수재가 농업에 끼친 손실은 부업으로 만회해야 한다.

【补苴】**bǔjū** 〈书〉 **1** 꿰매다. 깁다. 수선하다. **2** 메우다. 보충하다.

【补苴罅漏】**bǔjū-xiàlòu** 〈成〉 **1** 터진 곳을 깁고, 틈새를 메우다. **2** 〈비〉 결함을 보완하다.

【补考】**bǔkǎo** 〈动〉 (시험을 안 보았거나 시험에 불합격된 사람을 위한) 재시험.

【补课】**bǔkè** 〈动〉 **1** 보강하다. 보충 학습을 하다. ¶老师利用周末时间为学生~。＝선생님은 주말 시간을 이용하여 학생들에게 보강하신다. **2** 〈비〉 잘 되지 않은 일을 다시 하다. ¶扫尾工作还需要~。＝마무리 작업을 더 해야 한다.

【补空子】**bǔkòng·zi** 〈动〉〈구〉 빈 자리를 메우다. ¶我们正好缺人手, 他来可以~。＝우리는 마침 일손이 부족하니, 그가 와서 빈 자리를 메우면 되겠다.

【补篮】**bǔlán** 〈动〉〈체〉 (농구의) 탭슛(tap shot).

【补漏】**bǔlòu** 〈动〉 **1** (물체의 구멍·틈을) 메우다. 때우다. ¶趁天晴, 这两天给房屋~。＝날씨가 좋을 때, 지붕 새는 곳을 때우자. **2** 결점을 보완하다. ¶纠偏~＝잘못된 것을 바로잡고, 결점을 보완하다.

【补满】**bǔmǎn** 〈动〉 보충하다. 다 메우다. ¶单位所缺编制已经~。＝부서의 부족한 인원은 이미 충원했다.

【补苗】**bǔǁmiáo** 〈动〉〈농〉 (농작물의 싹이 고르지 않거나 나오지 않은 곳에) 다시 이묘하거나 덧파종을 하다.

【补偏救弊】**bǔpiān-jiùbì** 〈成〉 오류를 보완하고 잘못을 교정하다.

【补票】**bǔǁpiào** 〈动〉 (차표·배표 등을 분실하여) 다시 사다. 타고 난 후에 표를 끊다. 〈명〉 사후에 구매한 표.

【补品】**bǔpǐn** 〈명〉 자양제. 강장제. 보양 식품. 자양 식품.

【补气】**bǔqì** 〈动〉〈의〉 원기를 보하다. 신체 기능을 증강하다.

【补葺】**bǔqì** 〈动〉〈서〉 수리하다. 수선하다. ¶~房舍＝집을 수리하다.

【补情】**bǔqíng** (~儿) 〈动〉 정에 보답하다. 신세를 갚다.

【补缺】[补阙] **bǔǁquē** 〈动〉 **1** 결원을 보충하다. 충원하다. ¶~选举＝보궐 선거. **2** (터진 곳·깨진 곳·결함·결손 등을) 수리하다. 보수하다. 메우다. ¶修堤~＝제방을 보수하다. **3** 〈옛〉 관리 후보가 실제 관직을 얻다.

【补阙】**bǔǁquē** ☞【补缺】**bǔǁquē**

【补阙拾遗】**bǔquē-shíyí** 〈成〉 빠뜨린 내용을 보충하다.

【补色】**bǔsè** 〈명〉〈미〉 보색. ☞【余色】**yúsè**

【补身】**bǔshēn** 〈动〉 몸을 보하다. 보신하다. 몸을 튼튼하게 하다. ¶~健体＝몸을 튼튼하게 하다.

【补肾】**bǔshèn** 〈动〉 신장(肾脏)을 튼튼하게 하다.

【补税】**bǔshuì** 〈动〉 세금을 보충하여 내다.

【补台】**bǔǁtái** 〈动〉〈비〉 남이 일을 잘 하도록 도와 주다. 남의 부족한 점을 도와 주다. 남을 도와 문제를 해결해 주다. ↔拆台

【补贴】**bǔtiē** 〈动〉 보조하다. 보태 주다. ¶~家用＝생활비를 보조하다. 〈명〉 보조금. 수당. ¶福利~＝복지 수당.

【补习】**bǔxí** 〈动〉 보충 학습을 하다. 과외를 하다. ¶~英语＝영어 과외 공부를 하다.

【补写】**bǔxiě** 〈动〉 보충하여 쓰다〔적다〕. ¶~文章论述不充分的部分。＝글 가운데 논술이 불충분한 부분을 보충하다.

【补休】**bǔxiū** 〈动〉 보충 휴가를 가다.

【补叙】**bǔxù** 〈动〉 보충 설명.

【补选】**bǔxuǎn** 〈动〉 보궐 선거를 하다. ¶~参会代表＝대회에 참가할 대표를 보궐 선거하다.

【补血】**bǔǁxuè** 〈动〉〈의〉 조혈 작용을 돕다. 보혈하다.

【补牙】**bǔǁyá** 〈动〉 이를 때우다. 이를 해 넣다.

【补养】**bǔyǎng** 〈动〉 (보약이나 식품으로) 보양하다. ¶~身子＝몸을 보양하다.

【补药】**bǔyào** 〈명〉〈의〉 보약.

【补液】**bǔyè** 〈动〉 (환자의 부족한) 체액을 보충하다. 〈명〉 보양 음료. 자양 음료. 드링크제.

【补衣】**bǔyī** 〈动〉 옷을 수선하다.

【补遗】**bǔyí** 〈动〉 **1** 보유(补遗)하다. [본문에서 빠진 부분을 증보하여 맨 뒤에 싣는 것] **2** (이전 저작에) 빠진 내용을 보충하다. 〈명〉 보유(补遗).

【补益】**bǔyì** 〈명〉〈서〉 이익. 잇점. ¶不无~＝잇점이 없지 않다. 〈动〉〈서〉 도움이 되다. 이롭게 하다. ¶~增智＝지혜를 높이는 데 도움이 된다.

【补语】**bǔyǔ** 〈명〉〈언〉 보어.

【补针】**bǔzhēn** 〈动〉 영양 주사. ¶去医院打~＝병원에 가서 영양 주사를 맞다.

【补正】**bǔzhèng** 〈动〉 (오자와 탈자를) 보충〔보정〕하다. 바로잡다. ¶本书再版时对初版进行了~。＝이 책은 재판할 때 초판의 오자와 탈자를 바로잡았다.

【补种】**bǔzhòng** 〈动〉 **1** 〈농〉 (싹이 트지 않는 곳에) 덧파종하다. 이묘하다. **2** 〈의〉 백신을 재주사하다.

【补助】**bǔzhù** 〈动〉 보조하다. 돕다. 〈명〉 보조금. ¶住房~＝주택 보조금.

【补缀】**bǔhuì** 〈动〉 **1** 수선하다. [대개 옷에 쓰임] **2** (글자가 빠진 것을) 집록하여 보충하다.

【补足】**bǔzú** 〈动〉 **1** 다 채우다. 보충하다. ¶~所缺资金＝부족한 자금을 다 채우다. **2** 보충하여 완전하게 하다. ¶文中语意不明确的句子需要~。＝글 가운데 의미가 분명하지 못한 곳을 완벽하게 해야 한다.

## 捕 **bǔ** 사로잡을 포

〈动〉 잡다. 붙잡다. 체포하다. ¶猎~＝포획하다. /~鱼＝물고기를 잡다. ≒捉 ↔放

○→ 逮**dài**捕, 缉**jī**捕, 拘**jū**捕, 拒**jù**捕, 搜**sōu**捕, 巡**xún**捕, 追**zhuī**捕

【捕处】 bǔchǔ 동 체포하여 처벌하다.
【捕打】 bǔdǎ 동 잡아 없애다. ¶~老鼠=쥐를 잡아 없애다.
【捕盗缉奸】 bǔdào-jījiān 성 도적과 사악한 무리를 붙잡다.
【捕房】 bǔfáng 명 ☞【巡捕房】 xúnbǔfáng
【捕风捉影】 bǔfēng-zhuōyǐng 성용 말이나 일이 전혀 근거가 없다. =【望风捕影】 wàngfēng-bǔyǐng 【系风捕影】 xìfēng-bǔyǐng ≒无中生有
【捕获】 bǔhuò 동 1 잡다. 포획하다. 체포하다. ¶~鱼虾=물고기와 새우를 잡다. 2 포착하다. ¶雷达~一个不明飞行物.=레이더는 정체 불명의 미확인 비행체를 하나 포착했다. ↔释放
【捕快】 bǔkuài 명 (관아에서) 범인을 잡던 하급 관리.
【捕捞】 bǔlāo 동 어획하다. 물고기를 잡다. 수산물을 잡고 채취하다. ¶~海产品=해산물을 잡고 채취하다.
【捕捞业】 bǔlāoyè 명 수산물을 잡고 채취하는 업종. 어업.
【捕猎】 bǔliè 동 (야생 동물을) 포획하다. 사냥하다. 잡다. ¶严禁~稀有动物=희귀 동물 포획을 엄금하다.
【捕拿】 bǔná 동 붙잡다. 사로잡다. ¶~逃犯=도주범을 붙잡다.
【捕杀】 bǔshā 동 잡아죽이다. ¶禁止~野生保护动物=야생 보호 동물을 잡아죽이는 행위를 금지하다.
【捕食】 bǔ‖shí 동 (동물이) 먹이를 잡다.
【捕售】 bǔshòu 동 (동물을) 잡아 팔다.
【捕押】 bǔyā 동 체포하여 옥에 가두다.
【捕蝇草】 bǔyíngcǎo 명(植) 파리지옥풀. [식충 식물의 일종]
【捕捉】 bǔzhuō 동 1 잡다. 붙잡다. 체포하다. ¶~害虫=해충을 잡다. 2 (조금만 늦추어도 가 버리는 시간·기회 등을) 잡다. 포착하다. 놓치지 않다. ¶~有利时机=유리한 시기를 잡다.

*哺 bǔ 먹을 포
명[동] 입안의 음식. ¶吐~=토하다. 동 1 (새가) 입에 머금은 먹이를 먹이다. 2 양육하다. 먹여 키우다. ¶嗷嗷待~=이재민들이 애타게 구조를 기다리다.
【哺乳】 bǔrǔ 동 젖을 먹이다. ¶~期=포유기.
【哺乳动物】 bǔrǔ dòngwù 명(動) 포유동물.
【哺乳期】 bǔrǔqī 명 포유기. [어미가 새끼에게 젖을 먹이는 기간]
【哺养】 bǔyǎng 동 1 먹여 기르다. ¶~婴儿=영아를 먹여 키우다. 2 (비) 양육하다. 배양하다. ¶辛辛苦苦把孩子~成人.=아이가 어른이 되도록 고생스럽게 키우다.
【哺育】 bǔyù 동 1 양육하다. 먹여 기르다. ¶~幼儿=유아를 양육하다. 2 (비) 배양하다. ¶祖国~了我们.=조국이 우리를 배양하였다.

鹐[鵏] bǔ 두견 포

☞【地鹐】 dìbǔ

*堡 bǔ 작은 성 보
명 흙담으로 둘러 싸인 작은 마을. [주로 지명에 쓰임] ¶柴沟~=차이거우부. [허베이(河北)성에 있는 진(镇) 이름]
⇒ bǎo, pù
【堡子】 bǔ·zi 명동 1 흙담으로 둘러싸인 작은 마을. 2 촌락. 마을.

*不 bù 아닐 불
부 1 (동사·형용사 또는 기타 부사 앞에서) 부정(否定)을 나타냄. ¶~来=오지 않는다. / ~美=아름답지 않다. 2 명사와 명사 성질의 형태소 앞에 쓰여 함께 하나의 형용사가 됨. ¶~毛=척박하다. / ~道德=비도덕적이다. 3 동사와 보어 사이에 쓰여 불가능을 나타냄. ¶跑~动=달릴 수 없다. / 喝~下=마실 수 없다. 4 (단독으로) 부정의 대답으로 쓰임. ¶你去爬山吗?~,我不去.=산에 갈래? 아니, 나는 안 가. 5 앞뒤에 같은 글자를 써서, '…이든 말든 개의치 않다' '…이든 말든 관계 없다'는 뜻을 나타냄. [이 때 늘 '什么'가 앞에 붙음] ¶别管什么饿~饿的, 干完了再吃.=배고프든 말든, 다 마친 다음에 먹겠다. 6 '不…就…'의 형태로 선택을 나타냄. ¶~是你得奖,就是他得奖.=네가 아니면 그가 상을 받는다. 7 앞뒤에 같은 동사나 형용사를 써서 반어를 나타냄. ¶这事você到底干~干?=이 일을 너는 도대체 할 거니, 안 할 거니? 8 (조) 문장 끝에 쓰여 의문을 표시함. ¶他在办公室~?=그는 사무실에 있나요? 9 (조) …할 필요 없다. …하지 마세요. [일부 인사말에 한정적으로 쓰임] ¶~谢=천만에요. / ~客气=별말씀요. ≒无 没

⊕ 不 bù
  怀 bù
  罘 fú
  杯 bēi
  否 fǒu

|주의| '不'는 제4성 앞에서 제2성으로 발음하지만, 편의상 본 사전에서는 모두 제4성으로 표기하였음

【不安】 bù'ān 형 1 불안하다. 편안하지 않다. 안정되지 못하다. ¶坐卧~=좌불안석이다. 2 (인사말로) 미안하거나 감사한 마음을 나타내다. ¶多事相烦,深感~.=여러모로 번거롭게 해 드려 정말 죄송합니다. 동 1 (어떤 마음을) 품지 않다. 갖지 않다. ¶黄鼠狼给鸡拜年——~好心.=족제비가 닭에게 새해 인사를 하다——좋은 생각을 품지 않다. 2 (어떤 일에) 전념하지 않다. 몰두하지 않다. 만족하지 않다. ¶~其职=그 직무에 만족하지 않다.
【不白之冤】 bùbáizhīyuān 성 해명할 수 없거나 씻기 힘든 억울한 누명.
【不败之地】 bùbàizhīdì 성용 기초가 견실하다. 입지가 튼튼하다.
【不卑不亢】 bùbēi-bùkàng 성용 1 대범하다. 비굴하지 않고, 거만하지도 않다. 2 언행이 격에 맞고 자연스럽다. =【不亢不卑】 bùkàng-bùbēi ↔低声下气

【不备】**bùbèi** 동 1 방비하지 않다. 제대로 갖추지 못하다. ¶出其不意, 攻其～. =불의에 허를 찔러 공격하다. 2 (편지의 맺음말로 쓰여) 상세하게 아뢰지 않습니다. 상세히 말하지 않습니다. ¶拜复～ =삼가 간단히 회답을 드립니다.

【不比】**bùbǐ** 동 1 비교하지 않다. ¶～不知道, 一比吓一跳. =비교하지 않으면 모르는데, 일단 비교하면 깜짝 놀란다. 2 …에 비길 수 없다. …보다 못하다. ¶年纪大了, ～年轻时的身体. =나이가 들어 젊었을 때의 몸만 못하다. 3 …와 다르다. ¶南方～北方, 每年都有下雪天. =남쪽은 북방이 해마다 눈이 오는 것과 다르다.

【不必】**bùbì** 부 …할 필요 없다. ¶～亲自动手 =친히 할 필요가 없다. ↔必须

【不避】**bùbì** 동 피하지 않다. 무릅쓰다. ¶～困难, 奋起直追. =어려움을 무릅쓰고, 떨쳐 일어나 추구하다.

【不变】**bùbiàn** 동 변하지 않다. 불변하다. ¶减少工作时间, 但待遇～. =작업 시간을 줄이지만 대우는 변하지 않는다.

【不变价格】**bùbiàn jiàgé** 명(經) 불변 가격. =[比较价格] **bǐjiào jiàgé** [可比价格] **kěbǐ jiàgé** [固定价格] **gùdìng jiàgé**

【不便】**bùbiàn** 형 1 불편하다. ¶交通～ =교통이 불편하다. 2 넉넉하지 않다. 돈이 부족하다. ¶他近来手头～. =그는 근래에 수중에 돈이 부족하다. 동 (…하기에) 적당하지 않다. 마땅하지 않다. (…하여서는) 안 된다. ¶他最近很忙, ～打扰. =그는 요즘 바쁘니, 방해하서는 안 된다.

【不辨】**bùbiàn** 동 구별하지 못하다. 분별해 내지 못하다. ¶～真伪 =진위를 분별하지 못하다.

【不辨菽麦】**bùbiàn-shūmài** 성 1 콩과 보리를 구별하지 못하다. 2(비) 사리를 구분하지 못하다.

【不…不…】**bù…bù…** 부 1 의미가 상반되는 단어·형태소 앞에 쓰여 적절하거나 애매한 상태임을 나타냄. ¶～胖～瘦 =뚱뚱하지도 마르지도 않다. ¶～死～活 =반죽음 상태이다. 2 의미가 상반되는 단어·형태소 앞에 쓰여 '…하지 않으면 …하지 않다'는 의미를 나타냄. ¶～打～识 =싸우면서 친해진다. / ～见～散 =꼭 만나다. 3 의미가 비슷하거나 같은 단어·형태소 앞에 쓰여 부정을 나타냄. ¶～清～楚 =뚜렷하지 않다. / ～慌～忙 =서두르지 않다.

【不才】**bùcái** 명 1 (주로 자기를 낮추어) 재능이 없다. ¶卑人～, 难以胜任. =저는 재능이 부족하여 임무를 맡을 수 없습니다. 명 무능한 사람. 재능이 적은 사람. [자기를 겸칭하는 데 쓰임] ¶这幅字乃～所写, 恳请指教. =이 서예 작품은 소생이 쓴 것이니, 많은 가르침을 간청합니다.

【不材之木】**bùcáizhīmù** 성 1 쓸모 없는 수목. 2(비) 재능이 없는 사람. 무능한 사람.

【不睬】**bùcǎi** 동 거들떠보지 않다. 본체만체하다. 상대하지 않다.

【不测】**bùcè** 형 뜻밖의. 의외의. ¶天有～风云, 人有旦夕祸福. =하늘에는 뜻밖의 풍운이 있고, 사람은 화와 복이 언제 올지 알 수 없다. 명 의외의 일. ¶险遭～ =하마터면 의외의 일을 당할 뻔했다.

【不曾】**bùcéng** 부 (일찍이) …한 적이 없다. ¶他～去过中国. =그는 중국에 가 본 적이 없다. ↔曾经

【不差累黍】**bùchā-lěishǔ** 성 조금도 차이가 없다. 완전히 같다.

【不差什么】**bùchā-shén·me** 숙 1 아무것도 모자라지 않다. 모자라는 것이 없다. ¶年货已经～了, 只等过年了. =설맞이 용품은 모두 갖추었으니, 설 쇠기만 기다릴 뿐이다. 2 엇 비슷하다. ¶这么多酒, ～的人还真喝不了. =이렇게 많은 술을 보통 사람들은 정말 다 마실 수 없다. 3 부 거의. 대부분. ¶这些书～我全都读过. =이러한 책들을 나는 거의 다 읽어 보았다.

【不畅】**bùchàng** 형 1 원활하지 못하다. 유창하지 못하다. 잘 통하지 않다. ¶文思～ =글의 구상이 원활하지 못하다. 2 유쾌하지 못하다. ¶心情～ =기분이 유쾌하지 못하다.

【不称心】**bùchènxīn** 형 마음에 들지 않다. 뜻대로 되지 않다. ¶今天又遇到一件～的事. =오늘 또 마음에 들지 않는 일을 당했다.

【不称职】**bùchènzhí** 형 직분을 감당하지 못하다. 직분에 어울리지 않다.

【不成】**bùchéng** 동 1 …해서는 안 된다. ¶你这样做～. =너는 이렇게 해서는 안 된다. 2 쓸모 없다. 소용 없다. 유능하지 못하다. 능력 밖이다. ¶电脑动画设计, 咱～. =컴퓨터 그래픽은 내 능력 밖이다. 동 1 이루지 못하다. ¶没有规矩, ～方圆. =규범을 지키지 않으면 일을 이룰 수 없다. 2 (기준에) 맞지 않다. ¶～格局 =격식에 어긋나다. 조 문장 끝에 쓰여 반문이나 추측의 어투를 나타냄. [앞에 '难道(nándào)'·'莫非(mòfēi)' 등이 호응하여 쓰임] ¶难道工作不做了～? =설마 일을 안 하는 것은 아니겠지?

【不成】·**buchéng** 접미 동사 뒤에 쓰여, 동작이나 행위가 실현·성립될 수 없음을 나타낸다. ¶来～ =올 수 없다.

【不成比例】**bùchéng-bǐlì** 성 비례가 맞지 않는다. (수량이나 크기 등의 차이가 너무 커서) 비교할 수 없다.

【不成材】**bùchéngcái** 성 1 쓸모 없다. 무익하다. 2(비) 쓸모 없는 인간. 장래성이 없는 인간. 인재가 못 되는 사람.

【不成功则成仁】**bùchénggōng zé chéngrén** 공을 이루지 못하면 살신성인(殺身成仁)하겠다. 공을 이루지 못하면 호국의 혼이 되겠다. =【不成功便成仁】**bùchénggōng biàn chéngrén**

【不成功便成仁】**bùchénggōng biàn chéngrén** ☞【不成功则成仁】**bùchénggōng zé chéngrén**

【不成话】**bùchénghuà** 성 (언행이) 상식 밖이다. 말이 안 되다. 어불성설이다. ¶～, 怎么让你既出力又出钱呢? =말이 안 돼, 애쓴 네가 어떻게 돈까지 내라고 한단 말이야?

【不成敬意】**bùchéng-jìngyì** 성 경의를 다 나타내기에는 부족합니다.

【不成器】 bùchéngqì 형 1 쓸모 없다. 구실을 못하다. 2 명 쓸모 없는 인간. 장래성이 없는 인간. 그릇이 못 되는 사람.
【不成气候】 bùchéng-qìhòu 성구 일을 성사시킬 수 있는 역량을 형성하지 못하다.
【不成体统】 bùchéng-tǐtǒng 성 체통이 서지 않다. 언행이 엉망이다. 꼴이 말이 아니다. ≒不成样子
【不成文】 bùchéngwén 형 불문율의. ¶这是公司里~的规定。=이것은 회사의 불문율의 규정이다.
【不成文法】 bùchéng wénfǎ 명 (法) 불문법. ↔成文法
【不成问题】 bùchéng-wèntí 성 문제가 되지 않다. 어렵지 않다.
【不成样子】 bùchéng-yàng·zi 성 형편 없다. (언행이) 엉망이다. 꼴이 말이 아니다. 몰골이 사납다. ≒不成体统
【不逞】 bùchěng 형 뜻을 이루지 못하다.
【不逞之徒】 bùchěngzhītú 성 불만을 품고 나쁜 짓을 일삼는 사람.
【不吃】 bùchī 동 식용하지 않다. 안 먹다.
【不齿】 bùchǐ 동문 멸시하다. 상대하지 않다. 언급하기 싫어하다. ¶人所~=사람들에게 멸시당하다. 사람들이 언급하기 꺼려하다.
【不耻下问】 bùchǐ-xiàwèn 성 자기보다 지위나 학문이 낮은 사람에게 물어 보는 것을 부끄럽게 생각하지 않다.
【不啻】 bùchì 동문 1 …에 그치지 않다. …뿐만 아니라. ¶每月花费 ~千元。=매월 경비〔지출·소비〕가 1000위안에 그치지 않는다. 2 …와 같다. ¶那句话~青天霹雳。=그 말은 청천벽력과도 같았다.
【不愁】 bùchóu 동 걱정하지 않다. ¶现在早~吃穿了。=이제 먹고 입는 것을 걱정하지 않은 지 오래 되었다.
【不出来】·bùchūlái 동 동사 뒤에 쓰여 완성·발견·분별할 수 없다 등의 뜻을 나타냄. ¶做~=해낼 수 없다. 못 해낸다. / 说~=말할 수 없다. 말이 안 나온다.
【不出所料】 bùchū-suǒliào 성 과연. 예측한 대로. 예측한 것을 벗어나지 않다.
【不揣】 bùchuǎi 동경 헤아리지 않다. 고려하지 않다. ¶~浅陋=천박하고 비루함을 헤아리지 않다.
【不揣冒昧】 bùchuǎi-màomèi 성경 실례를 무릅쓰고. 주제넘게. 당돌하게. 외람되게.
【不辞】 bùcí 동 1 마다하지 않다. 거절하지 않다. ¶~辛苦=고생을 마다하지 않다. 2 작별을 고하지 않다. 하직하지 않다. ¶~而去=작별을 고하지 않고 떠나가다.
【不辞而别】 bùcí'érbié 성 하직을 고하지 않고 떠나가다〔이별하다〕.
【不辞辛劳】 bùcí-xīnláo 성 고생을 마다하지 않다. 어려움을 무릅쓰다.
【不次】 bùcì 형경 일반적인 순서를 따르지 않는. ¶~之擢=특별한 발탁.

【不错】 bùcuò 형구 1 맞다. 정확하다. 틀림없다. ¶你说的一点也~。=그가 말하는 것은 조금도 틀리지 않다. 2 좋다. 괜찮다. 잘하다. ¶他文章写得~。=그는 글을 잘 쓴다.
【不打不成交】 bù dǎ bù chéngjiāo 성 싸우면서 친해지다. ≒不打不相识
【不打不相识】 bù dǎ bù xiāngshí 성 싸우면서 서로를 이해하게 되다. ≒不打不成交
【不打紧】 bùdǎjǐn 형구 급하지 않다. 문제되지 않다. 괜찮다.
【不打正板】 bùdǎ-zhèngbǎn 성비 말과 행동이 늘 핵심을 비켜가다.
【不打自招】 bùdǎ-zìzhāo 성 1 때리지 않았는데 자백하다. 2 비 무의식중에 (자기의 비밀 계획이나 남에게 말하고 싶지 않은 일을) 드러내다. 저절로 탄로가 나다.
【不大】 bùdà 형 1 그다지 …않다. ¶~累=그다지 피곤하지 않다. 2 많지 않다. ¶交易额~=교역 액수가 많지 않다. 3 크지 않다. 넓지 않다. ¶影响~=영향이 크지 않다.
【不大工夫】 bùdà-gōng·fu 명 잠깐 사이에. 얼마 안 있어. ¶~, 天就下起雨来了。=얼마 안 있어 하늘에서 비가 내리기 시작했다. ≒不大(一)会儿
【不大离】 bùdàlí (~儿) 형방 1 가깝다. 비슷하다. ≒相近 差不多 ¶兄弟俩长得~。=형제가 비슷하게 생겼다. 2 그런대로 괜찮다. ¶那个角色他演得~。=그 배역을 그는 그런대로 괜찮게 연기했다.
【不大(一)会儿】 bùdà (yī) huìr 명 잠깐 사이에. 얼마 안 있어. ≒不大工夫
【不待】 bùdài 부 …할 필요가 없다. ¶自~讲=당연히 애기할 필요가 없다.
【不逮】 bùdài 동문 미치지 못하다. 이르지 못하다. ¶匡其~=해내지 못하는 것을 거들다.
【不丹】 Bùdān 명외(地) 부탄(Bhutan). [수도는 '廷布(팀푸 : Thimphu)'임]
【不单】 bùdān 부 …에 그치지 않다. 단지 …만이 아니다. ¶那里~有雪山, 还有原始森林。=그 곳에는 단지 설산만 있는 것이 아니라 원시림도 있다. 접 …뿐만 아니라. ¶他~要当爸爸, 还要当妈妈。=그는 아빠 노릇뿐만 아니라 엄마 노릇도 해야 한다.
【不但】 bùdàn 접 …뿐만 아니라. 〔일반적으로 '而且(érqiě)'·'并且(bìngqiě)'·'也(yě)'·'还(hái)' 등과 호응하여 쓰임〕 ¶这个城市~现代文明程度高, 而且传统文化保持得也较好。=이 도시는 현대 문명의 수준이 높을 뿐만 아니라, 전통 문화도 비교적 잘 보존하고 있다. ≒不独 岂但 非但
【不惮】 bùdàn 동 두려워하지 않다. 마다하지 않다. ¶~其累=피곤함을 두려워하지 않다.
【不惮其烦】 bùdàn-qífán 성 번거로워하지 않다. 성가셔하지 않다.
【不当】 bùdāng 동 맡지 않다. ¶他是班长, ~年级长。=그는 반장을 맡고 있지, 학년 대표를 맡고 있는 것은 아니다.

【不当家不知道柴米贵】bù dāngjiā bù zhīdào cháimǐ guì 〚속〛〚비〛 몸소 체험하지 않으면 참맛을 모른다. 직접 해 봐야 어려움을 안다.

【不当】bùdàng 〚형〛 적당하지 않다. 적절하지 않다. ¶言辞~。=말이 적당하지 않다. ↔恰当 适当 妥当

【不当回事】bùdàng-huíshì 〚숙〛 중시하지 않다. 안중에 두지 않다. 대단하게 생각하지 않는다. 대수롭게 여기지 않는다. ¶这乃小菜一碟, 他根本~。=이건 매우 간단한 일이라, 그는 전혀 안중에 두지 않을 거야.

【不倒】bùdǎo 〚동〛 1 넘어지지 않다. 쓰러지지 않다. ¶奇怪, 那塔斜而~。=이상하지, 그 탑이 기울었는데도 넘어지지 않아. 2 〚비〛 계속 존재하다. ¶学无止境的道理是扳~的。=배움에 끝이 없다는 이치는 영원히 변치 않는 것이다.

【不倒翁】bùdǎowēng 〚명〛 1 오뚝이. =〚扳不倒儿〛 bānbùdǎor 2 〚비〛 처세에 능하여 어떤 상황에서도 자신의 지위를 유지하는 사람. 오뚝이 같은 사람. [풍자적인 의미를 내포함]

【不到】bùdào 〚동〛 1 이르지 못하다. 도달하지 못하다. 달성하지 못하다. ¶~黄河心不死。=목적을 달성하지 않으면 끝까지 포기하지 않는다. 2 (일정한 수량에) 미치지 못하다. 차지 않다. ¶去旅游的人~二十人。=여행을 가는 사람이 20명이 안 된다. 〚형〛 미흡하다. 부족하다. ¶照顾~之处, 还请包涵。=대접이 미흡했던 부분은 용서하십시오.

【不到长城非好汉】bùdào Chángchéng fēi hǎohàn 〚속〛 1 만리장성에 이르지 못하면 대장부가 아니다. 2 〚비〛 목표를 이룰 때까지 절대 포기하지 않다.

【不到黄河心不死】bùdào Huánghé xīn bù sǐ 〚속〛 1 끝까지 가보지 않고는 마음을 포기하지 않는다. 2 목표를 이룰 때까지 절대 포기하지 않다.

【不到家】bùdàojiā 〚숙〛〚비〛 완전한 상태에 도달하지 못하다.

【不道德】bù dàodé 〚형〛 도덕적 기준에 맞지 않다. 비도덕적이다. ¶在公共场合吸烟是~的行为。=공공 장소에서의 흡연은 비도덕적인 행동이다.

【不得】bùdé 〚동〛 1 얻을 수 없다. 얻지〔터득하지〕 못하다. ¶~人心=인심을 얻지 못하다. / ~要领=요령을 터득하지 못하다. 2 (어떤 압력이나 제한 때문에) 불가능하다. …할 수 없다. …해서는 안 된다. ¶~越过黄线=노란 선을 넘어 가서는 안 된다.

【不得】·bu·de 〚접미〛 (동사·형용사 뒤에 쓰여) …해서는 안 된다. …하면 안 된다. …할 수가 없다. ¶说~=사용할 수 없다. 말하면 안 된다. / 用~=사용할 수 없다. 쓰면 안 된다.

【不得不】bùdébù 〚부〛 어쩔 수 없이. 부득불. 반드시. ¶车坏了, 他~徒步前进。=차가 고장나서 그는 어쩔 수 없이 걸어가야 했다.

【不得而知】bùdé'érzhī 〚숙〛 알 방법이 없다. 알 수가 없다. ¶学得怎样, ~。=공부하기 어찌 되었는지 알 수가 없다.

【不得法】bùdéfǎ 〚형〛 방법이 맞지 않다. 방법이 서툴다. 요령을 모르다.

【不得劲】bù déjìn (~儿) 〚형〛 1 (몸이) 불편하다. ¶累了一天, 浑身~。=하루 종일 힘들어서 몸이 다 불편하다. 2 순조롭지 못하다. 쓰기에 불편하다. 거북하다. ¶吃西餐用刀叉~。=나이프와 포크로 양식을 먹는 것이 불편하다. 3 〚방〛 언짢다. 부끄럽다. 불쾌하다. 어색하다. 쑥스럽다. ¶脏话一出口, 我就觉得~了。=욕을 내뱉자마자 나는 부끄러워졌다.

【不得力】bù délì 〚형〛 (능력이나 재능이) 부족하다. ¶他搞文学创作~。=그 사람은 문학적 재능이 부족하다.

【不得了】bùdéliǎo 〚형〛 1 (정도가) 심하다. ¶她冷得~。=그녀는 쌀쌀맞기 짝이 없다. 2 큰일났다. 야단났다. ¶这失败可~。=이번에 실패하면 큰일이다.

---

不得了(bùdéliǎo) / 了不得(liǎo·bu·dé)

둘 다 의외로 발생한 사건〔상황〕이 심각하거나 마음이 급할 때 쓰임. ¶不得了啦, 车祸了!=큰일났어요, 교통사고예요! / 他的病可了不得啊, 快送医院吧。=그의 병이 심각하니, 빨리 병원으로 옮기세요.

▶ '了不得'는 '了不起(대단하다)'의 의미도 가짐. ¶这孩子十六岁就上大学了, 真了不得啊。=이 아이는 16살에 대학을 갔어, 정말 대단하지. / 别以为当了总经理就了不得了。=사장이 됐다고 대단하다고 생각하지 마.

---

【不得人心】bùdé-rénxīn 〚숙〛 인심을 얻지 못하다. 사람들의 미움을 사다.

【不得要领】bùdé-yàolǐng 〚숙〛 핵심이나 요점을 터득하지 못하다.

【不得已】bùdéyǐ 〚형〛 어쩔 수 없이. 부득이하다. 마지못하다. ¶出此下策, 纯属~。=이런 졸책(拙策)을 쓰는 것은 정말 어쩔 수 없어서이다.

【不得意】bùdéyì 〚형〛 마음대로 되지 않다. 뜻대로 되지 않다. ¶他近几个月很多事都~。=그는 최근 몇 개월 뜻대로 되는 일이 없다.

【不登】bùdēng 1 오르지 않다. ¶~高山, 难知其中险绝。=산에 오르지 않고서는 그 속의 위험을 알기 어렵다. 2 게재하지 않다. 싣지 않다. ¶该文放在下期, 本期~。=이 문장은 이번 호에는 게재하지 않고, 다음 호에 싣는다.

【不登大雅之堂】bùdēng dàyǎ zhī táng 〚숙〛 1 고아한 대청에 들어갈 수 없다. 2 (작품이나 사물이) 품위가 없고 수준이 떨어지다. 고상한 지위에 오를 수 없다.

【不等】bùděng 〚형〛 같지 않다. 고르지 않다. 차이가 있다. ¶数量~=수량이 차이가 있다.

【不等号】bùděnghào 〚명〛〚수〛 부등호. [기본적인 부등호는 '≠(不等于号)'이고, '>(大于号)', '<(小于号)'도 부등호임]

【不等式】bùděngshì 〚명〛〚수〛 부등식.

【不敌】bùdí 〚동〛 적수가 못 된다. 막아 낼 수 없

다. 버티지 못하다. ¶他最终~对手的猛烈进攻, 败下阵来。=그는 끝내 상대방의 맹공을 버티지 못하고 지고 말았다.

【不抵】**bùdǐ** 〖形〗**1** 대등하지 않다. 뒤떨어지다. 미치지 못하다. ¶收支~=수지가 맞지 않다. **2** 쓸모 없다. 소용 없다. ¶~事=소용 없다.

【不地道】**bù dì·dao** 〖形〗**1** 표준적이지 않다. 오리지널이 아니다. ¶他普通话说得还~。=그 사람의 표준어는 아직 오리지널이 아니다. **2** 점잖지 않다. 불성실하다. ¶此人为人很~。=이 사람은 아주 형편 없다.

【不点儿】**bùdiǎnr** 〖形〗〖口〗매우 작다. 아주 적다. ¶盘子里还有~剩菜。=쟁반에는 요리가 아직 조금 남아 있다.

【不迭】**bùdié** 〖副〗**1** (동사 뒤에 쓰여) 다급함이나 미칠 수 없음을 나타냄. ¶悔恨~=후회하고 한스러워도 어쩔 수 없다. 후회막급이다. **2** 끊임없이. 계속해서. …해 마지않다. ¶兴叹~=감탄해 마지않다.

【不丁点儿】**bùdīngdiǎnr** 매우 작다. 조그마하다.

【不顶事】**bù dǐngshì** 〖形〗(아무런) 도움이 되지 않다. 쓸모 없다.

【不顶用】**bù dǐngyòng** 〖形〗(마땅한) 작용을 하지 못하다.

【不定】**bùdìng** 〖副〗단정할 수 없다. 분명히 말할 수 없다. [흔히 의문을 나타내는 단어나 긍정과 부정이 겹쳐진 사조(詞組)와 함께 쓰임] ¶他一年~要去中国多少回。=그는 일년에 중국에 몇 번이나 가야 하는지 모른다. 〖形〗안정적이지 않다. 확정되지 않다. 변할 수 있다. ¶日期~=날짜는 확정적이지 않다. / ~冠词=부정 관사.

【不定】·**buding** 〖접미〗(동사 뒤에 쓰여) 동작의 효과가 확실하지 않음을 나타냄. ¶把握~=확실하게 장악하지 못하다.

【不懂】**bùdǒng** 〖动〗알지 못하다. 이해하지 못하다. 모르다. ¶~人情世故=세상 물정을 모르다.

【不动】·**budòng** 〖접미〗(동사 뒤에 쓰여 동작이 효과에 미치지 못함을 나타내어) …하지 못하다. …할 수가 없다. ¶嚼~=씹을 수가 없다.

【不动产】**bùdòngchǎn** 〖名〗부동산.

【不动声色】**bùdòng-shēngsè** 〖成〗**1** 감정을 드러내지 않다. **2** (태도가) 침착하다. ≒不露声色

【不动窝】**bùdòngwō** 〖口〗**1**〖句〗원래의 장소를 떠나지 않다. 한 자리에 머물다. 한 곳에 박혀 있다. ¶晚饭后到河边散散步, 别~。=저녁을 먹은 뒤 강변으로 산보 좀 가, 가만히 있지만 말고. **2**〖句〗아무런 행동도 취하지 않다. ¶工作重, 时间紧, 不能~呀! =일은 중요하고 시간은 촉박하니, 행동을 취하지 않을 수 없다.

【不冻港】**bùdònggǎng** 〖名〗부동항(不凍港).

【不独】**bùdú** 〖副〗만은 아니다. ¶~我个人有意见。=나만 의견이 있는 것은 아니다. 〖接〗…뿐만 아니라. ¶他~精通英语, 还精通德语。=그 사람은 영어만 정통한 것이 아니라 독일어에도 능통하다. ≒不但

【不端】**bùduān** 〖形〗단정하지 않다. ¶品行~= 품행이 단정치 못하다.

【不短】**bùduǎn** 〖动〗**1** 짧지 않다. **2** 모자라지 않다. ¶~钱用=쓸 돈이 넉넉하다. **3** (돈이나 물건을) 빌리지 않다. 빚지지 않다. ¶咱~人钱。=나는 남에게 진 빚이 없다.

【不断】**bùduàn** 〖动〗끊임없다. ¶大错不犯, 小错~。=큰 잘못은 저지르지 않지만, 작은 실수는 끊임없다. 〖副〗계속해서. 부단히. 끊임없이. ¶~发展=끊임없이 발전하다. ↔断绝

【不对】**bù duì** 정확하지 않다. 틀리다. ¶钱数~。=돈 액수가 틀리다.

【不对】**bùduì** 〖形〗**1** 정상이 아니다. 이상하다. 심상치 않다. ¶气色~=안색이 심상치 않다. **2** 화목하지 않다. 사이가 좋지 않다. ¶姐妹俩向来~。=두 자매는 본래부터 사이가 좋지 않다.

【不对茬儿】**bùduìchár** 〖形〗타당하지 않다. (상황과) 맞지 않다. ¶一到地方, 感觉~, 他便回来了。=도착해 보니, 뭔가 느낌이 이상해서 곧바로 그냥 돌아왔다.

【不对劲】**bùduìjìn** (~儿) **1** 정상이 아니다. 이상하다. ¶他越听越觉得经理的话~。=그는 들으면 들을수록 사장의 말이 이상하다고 느꼈다. **2** 맞지 않다. 마음에 들지 않다. ¶这辆车骑起来~, 再试一下别的吧。=이 자전거를 타 보니 맘에 들지 않네요, 다른 걸로 다시 타 볼게요. **3** 화목하지 않다. 의견이 일치하지 않다. 맞지 않다. 문제가 있다. ¶夫妻俩近来有点~, 常吵架。=그 부부는 요즘 뭔가 안 맞는지 자주 싸운다.

【不对头】**bùduìtóu** 〖形〗**1** 틀리다. 맞지 않다. 부합하지 않다. ¶操作方法~。=조작 방법이 틀리다. **2** 정상이 아니다. 심상치 않다. 이상하다. ¶他今天有点儿~。=그는 오늘 좀 이상하다.

【不对味儿】**bùduìwèir** 〖形〗**1** 제 맛이 아니다. 맛이 이상하다. **2**〖喩〗(말 등이) 이상하다. (어떤 사람의) 생각이나 습관에 맞지 않다. ¶他的话有点儿~。=그의 말은 좀 거슬린다.

【不多】**bùduō** 〖形〗적다. 많지 않다. ¶剩下的时间~了, 得赶紧干啊! =남은 시간이 많지 않으니 서둘러 합시다!

【不多久】**bùduōjiǔ** 〖副〗얼마 되지 않아. 이윽고.

【不多时】**bùduōshí** 〖副〗오래지 않아. (시간이) 얼마 지나지 않아. ¶他~就下楼来了。=그는 얼마 되지 않아 바로 내려왔다.

【不…而…】**bù…ér…** …하지 않아도 …하다. ¶~谋~合=상의하지 않고도 일치하다. / ~言~喻=말하지 않아도 안다.

【不二法门】**bù·èr fǎmén** 〖成〗**1**〖佛〗중용적인 태도로 사물을 보아야 그 실제를 깨달을 수 있다. **2**〖喩〗유일무이한 방법.

【不二价】**bù·èrjià** 〖〗정찰 가격.

【不贰过】**bù·èrguò** 〖动〗〖书〗같은 실수를 다시 저지르지 않다.

【不发达国家】**bùfādáguójiā** 〖名〗저개발국. 후진국.

【不发言权】**bùfāyánquán** 〖名〗묵비권(默秘權).

【不乏】**bùfá** 〖动〗모자라지 않다. 드물지 않다. 매우 많다. 적지 않다. ¶~其事=그런 일이 적지

않다.
【不乏其人】 **bùfá-qírén** [성] 그 같은 사람이 적지 않다. 그런 사람이 꽤 있다.
【不乏先例】 **bùfá-xiānlì** [성] 선례(先例)가 많다.
【不法】 **bùfǎ** [형] 법률에 위반되다. 불법의. ¶～行径＝불법 행위. ↔合法
【不法之徒】 **bùfǎzhītú** [성] 위법자. 법을 어기는 무리.
【不凡】 **bùfán** [형] 보통이 아니다. 평범하지 않다. ¶自命～＝스스로 비범하다고 자처하다. ↔平凡
【不方便】 **bùfāngbiàn** [형] 편리하지 않다. 불편하다. ¶从山里进城，～。＝산에서 시내로 나가기가 불편하다.
【不妨】 **bùfáng** [부] (…하는 것도) 괜찮다. 무방하다. ¶～一试＝한번 해 봐도 무방하다.
【不妨事】 **bùfángshì** [형] 문제 되지 않다. 괜찮다. 무방하다. 지장이 없다. ¶别急，等几天答复～。＝조급해하지 마세요, 며칠 기다렸다 대답해 줘도 괜찮아요.
【不防】 **bùfáng** [동] **1** 생각하지 못하다. 부주의하다. ¶冷～＝갑자기. **2** 방비하지 않다. 준비하지 않다.
【不菲】 **bùfěi** [형] 빈약하지 않다. 싸지 않다. 적지 않다. 야박하지 않다. ¶报酬～＝보수가 박하지 않다.
【不费】 **bùfèi** [동] (인력이나 물자를) 쓸 필요가 없다. 힘들일 필요 없다.
【不费吹灰之力】 **bùfèi chuī huī zhī lì** [성] 손쉽게 하다. 식은죽먹기이다.
【不分】 **bùfēn** [동] 구별하지 않다. 나누지 않다. ¶～好坏＝좋고 나쁨을 구분하지 않는다.
【不分彼此】 **bùfēn-bǐcǐ** [성] 네 것 내 것을 가르지 않다. 사이가 피차를 가르지 않을 정도로 좋다.
【不分敌我】 **bùfēn-díwǒ** [성] 적과 친구를 구분하지 않다.
【不分青红皂白】 **bùfēn qīnghóng zàobái** [성][비] 시비곡직(是非曲直)을 불문하다. 시비여하를 따지지 않다.
【不分胜负】 **bùfēn-shēngfù** [성] 승패를 가리기 힘들다.
【不分皂白】 **bùfēn-zàobái** [성] **1** 흑과 백을 가르지 않다. **2** [비] 좋고 나쁨을 가리지 않다.
【不分昼夜】 **bùfēn-zhòuyè** [성] (일 하는 데) 밤낮을 가리지 않다.
【不忿】 **bùfèn**(～儿) [동] 불복하다. 분노하다. 불만하다. 분이 가라앉지 않다. ¶心中～＝마음속으로 불복하다.
【不敷】 **bùfū** [동] 부족하다. ¶入～出＝수입보다 지출이 많다.
【不孚众望】 **bùfú-zhòngwàng** [성] 여러 사람의 기대에 어긋나다.
【不服】 **bùfú** [동] **1** 불복하다. 복종하지 않다. 인정하지 않다. ¶～裁决＝판결에 불복하다. **2** 적응하지 못하다. 익숙하지 않다. ¶气候～＝기후에 익숙하지 않다.
【不服气】 **bùfúqì** [동] 승복하지 않다. 지려 하지 않다. 인정하지 않다. 불만이 가라앉지 않다. 수그러들지 않다. 아니꼽다. 떫다.
【不服水土】 **bùfú-shuǐtǔ** [성] (어느 지역의) 음식이나 기후 등에 적응을 하지 못하다.
【不符】 **bùfú** [동] 부합하지 않다. 서로 맞지 않다. ¶言行～＝말과 행동이 일치하지 않다.
【不负众望】 **bùfù-zhòngwàng** [성] 대중의 기대를 저버리지 않다.
【不复】 **bùfù** [부] 다시 …않다. 더는 …하지 않는다. 중복하지 않다. 되돌아오지 않다. ¶好景～有。＝좋은 날은 다시 오지 않는다.
【不该】 **bùgāi** [부] …해서는 안 된다. ¶～轻信谣言。＝소문을 쉽게 믿어서는 안 된다.
【不干】 **bùgān** [동] 관계가 없다. 상관이 없다. ¶～你的事，你不要管。＝너와는 상관 없으니 관여하지 마라.
【不干不净】 **bùgān-bùjìng** [성] **1** 깨끗하지 않다. 더럽다. ¶那～的，不能吃。＝그런 더러운 것은 먹을 수 없어. **2** [비] 천하다. 비속하다. 저속하다. ¶他满口～，脏话连篇。＝그는 입만 벌리면 저속하고 상스러운 말만 해댄다.
【不干胶】 **bùgānjiāo** [명] **1** 접착 테이프. 스카치테이프. 스티커. **2** (접착 테이프의) 점착제.
【不甘】 **bùgān** [동] 달가워하지 않다. 원하지 않다. 내키지 않다. ¶～人下＝남보다 뒤지려 하지 않다. ↔甘心
【不甘寂寞】 **bùgān-jìmò** [성] 가만히 있지 못하다. 간여하려고 하다.
【不甘后人】 **bùgān-hòurén** [성] 남에게 뒤떨어지는 것을 싫어하다.
【不甘示弱】 **bùgān-shìruò** [성] 상대에게 약한 모습을 보이려 하지 않다.
【不尴不尬】 **bùgān-bùgà** [성] 이러지도 저러지도 못하다. 이도 저도 아니다. 난처하다. 진퇴양난이다.
【不敢】 **bùgǎn** [동] **1** 감히 …하지 못하다. ¶～高攀＝감히 넘볼 수가 없다. **2** (인사말로) 천만의 말씀입니다. 황송합니다. ¶～，您过奖了。＝황송합니다, 과찬이십니다.
【不敢当】 **bùgǎndāng** [겸] (상대방의 칭찬이나 초대에 대해) 감당하기 어렵습니다. 황송합니다. 천만의 말씀입니다. 송구스럽습니다.
【不敢越雷池一步】 **bùgǎn yuè léichí yī bù** [성][비] 정해진 구역에서 한 걸음도 나아가지 않는다. 한계선을 지키다.
【不感冒】 **bù gǎnmào** [닏] 관심이〔흥미가〕 없다. ¶他对那事～。＝그는 그 일에 대해 흥미가 없다.
【不更事】 **bùgēngshì** [동] 세상 물정을 모르다. 경험이 없다〔적다〕. ¶小～＝어려서 세상 물정을 모르다.
【不耕】 **bùgēng** [동] 경작하지 않다. 밭을 갈지 않다. 농사를 짓지 않다.
【不公】 **bùgōng** [형] 공정하지 않다. 공평하지 않다. ¶待遇～＝대우가 불공평하다. ↔公平 公道
【不攻自破】 **bùgōng-zìpò** [성] **1** 공격하지 않아도 스스로 무너지다. 자멸하다. 스스로 파탄을 초래하다. **2** [비] 논점·의견·소문 등이 반박을 받지

않고도 스스로 허점을 드러내고 무너지다.

【不恭】bùgōng 〔형〕 공손하지 않다. 불경스럽다. ¶受之有愧, 却之~。=받자니 부끄럽고, 거절하자니 공손하지 않다. 사양하는 것도 실례가 되므로 부끄럽지만 감사히 받겠습니다.

【不共戴天】bùgòng-dàitiān 〔성〕 **1** 원수와 한 하늘 아래 살 수 없다. 불공대천. 불구대천. **2** 〔비〕 원한이 깊다.

【不苟】bùgǒu 〔형〕 소홀히 하지 않다. 제멋대로 안 하다. ¶一丝~=조금도 소홀히 하지 않다.

【不苟言笑】bùgǒu-yánxiào 〔성〕 **1** 함부로 말하거나 웃지 않다. **2** 〔비〕 태도가 매우 장중하고 엄숙하다.

【不够】bùgòu 〔동〕 (수량이나 정도가 요구에) 모자라다. 미치지 못하다. 불충분하다. ¶~成熟=성숙하지 못하다. 〔형〕 부족하다. 충족하지 않다. ¶资料~=자료가 부족하다.

【不够意思】bùgòu-yì·si 〔숙〕 (친구 간에) 의리가 없다. 성의가 부족하다.

【不古】bùgǔ 〔형〕〔문〕 진지하지 않다. 순박하지 않다. ¶人心~=인심이 야박하다.

【不顾】bùgù 〔동〕 고려하지 않다. 꺼리지 않다. 감안하지 않다. 돌보지 않다. ¶~实际困难=실제적인 어려움을 고려하지 않다. / ~别人, 只管自己。=다른 사람의 입장은 고려하지 않고 자신만 챙긴다.

【不刮】bùguā 〔동〕 (바람이) 불지 않다. (수염·솜털 등을) 깎지 않다.

【不关】bùguān 〔동〕 관계하지 않다. 관여하지 않다. 상관하지 않다. ¶~他人利益=타인의 이익에 관여하지 않다.

【不管】bùguǎn 〔동〕 상관하지 않다. 돌보지 않다. 책임지지 않다. 아랑곳하지 않다. ¶~不问=전혀 상관하지 않다. 〔접〕 …을 막론하고. …에 관계없이. [뒤에 흔히 '都(dōu)'·'也(yě)' 등의 부사와 호응하여 쓰임] ¶~天气如何, 我们都要去旅游。=날씨에 관계 없이 우리는 모두 여행을 갈 것이다.

【不管不顾】bùguǎn-bùgù 〔성〕 **1** (사람이) 거칠고 경솔하다. 함부로 행동하다. 전혀 상관하지 않다. ¶他~地冲进总经理办公室大吼起来。=그는 제멋대로 사장실로 쳐들어가 큰 소리를 지르기 시작했다. **2** 돌보지 않다. 신경을 쓰지 않다. ¶对家务事, 他从来都是~。=집안일에 대해서 그는 한 번도 신경을 쓰지 않았다.

【不管部长】bùguǎn bùzhǎng 〔명〕 **1** 무임소장관. 정무 장관. **2** 〔비〕 본분을 다하지 않는 관리.

【不管三七二十一】bùguǎn sān qī èrshíyī 〔숙〕 다짜고짜. 무턱대고. 앞뒤 가리지 않고. 시비곡직을 가리지 않고.

【不管事】bùguǎnshì 〔동〕 (어떤 일을) 상관하지 않다. 책임지지 않다. 실권이 없다. 〔형〕 소용 없다. 도움이 되지 않다.

【不管用】bùguǎnyòng 〔동〕 사용할 수 없다. 고장나다. ¶相机~了=카메라는 쓸 수 없게 되었다. 〔형〕 쓸모 없다. 소용 없다. 도움이 되지 않다. ¶那事太难, 找他~。=그 일은 너무 어려워서, 그를 찾아도 소용 없다.

【不光】bùguāng 〔부〕 …만이 아니다. …에 그치지 않다. ¶没来上课的学生~他一个人。=수업에 오지 않은 학생은 그 사람 혼자만이 아니다. 〔접〕 …일 뿐만 아니라. ¶他~记性好, 还很有悟性。=그는 기억력만 좋은 것이 아니라 이해력도 뛰어나다.

【不规则】bùguīzé 〔형〕 불규칙적이다. 불규칙하다. ¶这个图形~。=이 도형은 불규칙하다.

【不轨】bùguǐ 〔동〕 **1** 법도를 지키지 않다. 법도에서 벗어나다. 탈선하다. 빗나가다. ¶~之徒=법도를 지키지 않는 무리. **2** 반란하다. 반역하다. 〔명〕 반란. 반역. 탈선. ¶图谋~=반역을 꾀하다.

【不果】bùguǒ 〔동〕 실현되지 않다. 결과를 얻지 못하다. 결과가 없다. ¶谈判~。=담판이 결렬되다.

【不过】bùguò 〔부〕 …에 불과하다. …에 지나지 않다. ¶~如此=그저 이 정도이다. 〔접〕 (반전을 나타내어) 그러나. 그런데. 하지만. ¶那里气候很好, ~秋天爱下雨。=그곳은 날씨가 아주 좋긴 하지만 가을에 비가 자주 온다.

【不过】·buguò 〔접미〕 **1** 대단히. 몹시. 지극히. 심히. [이음절 형용사나 형용사 성질의 사조(詞組) 뒤에 쓰여 정도가 대단히 높음을 나타냄] ¶聪明~=대단히 똑똑하다. **2** …할 수 없다. [동사나 동사 성질의 사조(詞組) 뒤에 쓰여 동작을 실현하기 어렵거나 계속 진행할 수 없음을 나타냄] ¶跑~=달려서 앞지를 수 없다. / 瞒~=속일 수 없다.

【不过尔尔】bùguò-ěr'ěr 〔성〕 이런 정도에 불과하다.

【不过来】·buguòlái 〔숙〕 …할 수 없다. [동사 뒤에 쓰여 진행할 수 없거나 정상 상태로 돌이킬 수 없음을 나타냄] ¶忙~=쉴새없이 바쁘다. / 改~=고칠 수가 없다.

【不过去】·buguòqù 〔접미〕 (더 이상) …할 수 없다. [동사 뒤에 쓰여 계속 진행할 수 없음을 나타냄] ¶讲~=더 이상 말할 수 없다. / 忍~=더 이상 참을 수 없다.

【不过如此】bùguò-rúcǐ 〔숙〕 이런 정도에 지나지 않는다. 그저 이렇다.

【不过意】bùguòyì 〔숙〕 미안하다. 민망하다. 유감스럽다. 마음에 걸리다. ¶经常给你添麻烦, 心里很~。=자주 너를 번거롭게 해서 너무 마음에 걸린다.

【不含糊】bù hán·hu 〔숙〕 **1** 대충 하지 않다. 우물쭈물하지 않다. 야무지다. 열심히 하다. ¶他干起工作来一点儿也~。=그는 일을 시작하면 조금도 대충 하는 법이 없다. **2** 위축되지 않다. 용감하다. 당당하다. ¶面对强敌, 他毫~。=강적 앞에서 그는 조금도 위축되지 않았다. **3** 좋다. 훌륭하다. 빈틈이 없다. ¶他的书法确实~。=그의 서예 실력은 정말 훌륭하다.

【不寒而栗】bùhán'érlì 〔성〕 **1** 춥지 않은데도 떨다. **2** 〔비〕 몹시 두려워하다.

【不好】bùhǎo 〔형〕 **1** 나쁘다. 좋지 않다. 모자라다. ¶德行~=덕행이 좋지 않다. / 质量~=질

이 떨어지다. **2** …하기 쉽지 않다. …하기 어렵다. ¶~插手=개입하기 쉽지 않다. / ~解决=해결하기 어렵다.

【不好过】**bùhǎoguò** ㉰ **1** (생활이) 지내기 어렵다. 지내기 곤란하다. ¶过去的日子～, 现在好啦。=이전에는 살기 힘들었지만 지금은 좋아졌다. **2** (마음이) 괴롭다. 심란하다. 지나기 힘들다. ¶这段时间心里～。=이 시기 동안 마음이 괴로웠다.

【不好惹】**bù hǎorě** ㉰ 처리하기 어렵다. 상대하기 힘들다. 감당하기 힘들다. ¶这人火爆脾气, ～。=이 사람은 불같은 성격이라 상대하기가 힘들다.

【不好意思】**bù hǎoyì·si** ㉰ **1** 부끄럽다. 쑥스럽다. 창피하다. 멋쩍다. 낯간지럽다. 무안하다. ¶看到电影里恋人亲吻, 她有点儿～。=영화 속의 연인들이 키스하는 것을 보고, 그녀는 약간 쑥스러웠다. **2** (체면 때문에) …하기 계면쩍다[미안하다·난처하다·곤란하다·어렵다·낯간지럽다·부끄럽다]. ¶听朋友说手头最近紧, 他便一开口借钱了。=친구의 주머니 사정이 좋지 않다는 소리를 듣자, 그는 돈을 빌려 달라고 말하기가 미안했다. **3** (인사말로) 송구스럽습니다. 죄송합니다. 미안합니다. ¶～, 那我先告辞了。=송구스럽지만, 그럼 저 먼저 가보겠습니다.

【不合】**bùhé** ⑤ **1** ㉢ …해서는 안 된다. ¶既然这样, 当初一难为他。=기왕 이럴 거라면 애초에 그를 난처하게 하지 말았어야 했다. **2** 맞지 않다. 합치하지 않다. ¶～情理=도리에 맞지 않다. **3** 사이가 나쁘다. 마음이 맞지 않다. 불화하다. ¶脾气～=성격이 맞지 않다.

【不合算】**bùhésuàn** ㉰ 수지가 안 맞다. 들인 것에 비해 실효가 작다. 계산에 맞지 않다. ¶这桩生意～。=이 장사는 수지가 안 맞는다.

【不和】**bùhé** ⑤ 화목하지 않다. 사이가 나쁘다. ¶婆媳～=시어머니와 며느리 사이가 좋지 않다. ↔和睦

【不哼不哈】**bùhēng-bùhā** ㉰ 언급조차 하지 않다. 아무 말도 하지 않다.

【不哼一声】**bùhēng-yīshēng** ㉰ 아무 소리도 내지 않다. 말을 하지 않다.

【不划算】**bùhuásuàn** ㉨ 계산이 맞지 않다. 수지가 안 맞다. 들인 것에 비해 실효가 적다.

【不怀】**bùhuái** ⑤ (마음을) 품지 않다. ¶～好心=좋은 마음을 가지고 있지 않다.

【不欢而散】**bùhuān'érsàn** ㉰ 기분 나쁘게 헤어지다.

【不遑】**bùhuáng** ⑤㉢ 미치지 못하다. 틈이 없다. 겨를이 없다. ¶～他顾=다른 것을 돌아볼 틈이 없다.

【不悔】**bùhuǐ** ⑤ (언행에 대해) 후회하지 않다.

【不会】**bùhuì** ⑤ **1** …할 수 없다. …할 줄 모르다. ¶～打电子游戏=컴퓨터 게임을 할 줄 모른다. **2** …일 리 없다. ¶～失误=실수할 리 없다.

【不讳】**bùhuì** ⑤㉢ **1** 죽다. **2** 숨기지 않다. 꺼리지 않다. ¶直言～=숨김없이 말하다.

【不婚】**bùhūn** ⑤ 결혼하지 않다. ¶至今～=지금까지 결혼을 하지 않았다.

【不惑】**bùhuò** ⑤ 미혹되지 않다. ㉲ 40살. 사십 세. 마흔 살. 불혹. ¶已逾～=이미 불혹의 나이를 넘겼다. 마흔 살이 넘었다.

【不惑之年】**bùhuòzhīnián** ㉲ 40살. 사십 세. 마흔 살. 불혹의 나이.

【不羁】**bùjī** ⑤㉢ 구속받지 않다. 구애받지 않다. ¶放荡～=구애받지 않고 하고 싶은 대로 하다.

【不及】**bùjí** ⑤ **1** …만 못하다. …에 견줄 수 없다. ¶我～他的本事大。=내 능력은 그 사람만큼 뛰어나지 못하다. **2** 미치지 못하다. 때가 늦다. …할 사이가 없다. ¶躲避～=피할 사이가 없었다.

【不及格】**bùjígé** ⑤ (표준·요구에) 이르지 못하다. (시험에) 불합격하다. ↔及格

【不及物动词】**bùjíwù dòngcí** ㉲(言) 자동사. ↔及物动词

【不即不离】**bùjí-bùlí** ㉰ 가까이하지도 멀리하지도 않다.

【不几天】**bùjītiān** ⑨ 며칠 안 되어. 얼마 안 있어. 며칠 안에. ¶他～就要回国了。=그 사람은 얼마 안 있어 곧 귀국할 것이다.

【不计】**bùjì** ⑤ 따지지 않다. 문제로 삼지 않다. 고려하지 않다. ¶～名利=명리를 따지지 않다.

【不计报酬】**bùjì-bàochóu** ㉰ 보수를 따지지 않다.

【不计其数】**bùjì-qíshù** ㉰ **1** 이루 헤아릴 수가 없다. 부지기수이다. **2** ㉤ 아주 많다.

【不记前嫌】**bùjì-qiánxián** ㉰ 과거의 나쁜 감정을 잊다. 옛날의 악감을 털어 버리다.

【不济】**bùjì** ㉨㉢ 좋지 않다. 모자라다. 떨어지다. ¶能力～=능력이 모자란다.

【不济事】**bùjìshì** ㉰ 쓸모 없다. 소용 없다. 도움이 되지 않다. ¶老方法～。=오래된 방법은 쓸모가 없다.

【不忌生冷】**bùjì-shēnglěng** ㉰ **1** 날것과 차가운 것을 먹는 것을 꺼리하지 않다. **2** ㉤ 아무런 거리낌 없이 마음대로 말하고 행동하다.

【不加思索】**bùjiā-sīsuǒ** ㉰ 생각을 하지 않고 언행을 함부로 하다.

【不佳】**bùjiā** ㉨ 좋지 않다. ¶效果～=효과가 좋지 않다. 나쁘다.

【不假思索】**bùjiǎ-sīsuǒ** ㉰ **1** 생각할 필요도 없이 곧장 반응하다. **2** ㉤ 신속하게. 곧장. 즉석에서. 깊이 고려하지 않고.

【不检】**bùjiǎn** ⑤ 언행을 절제[단속]하지 않다. 제멋대로 하다. ¶行为～=함부로 행동하다.

【不检点】**bùjiǎndiǎn** ⑤ 제멋대로 하다. 부주의하다. ¶作风～=품행이 바르지 못하다.

【不减当年】**bùjiǎn-dāngnián** ㉰ (주로 용기나 힘이) 예전과 다름없다. 한창때와 같다.

【不简单】**bùjiǎndān** ㉨ **1** 대단하다. 뛰어나다. 간단치 않다. ¶他初次参赛就拿冠军, ～。=그가 처음 시합에 나가 1등을 했다니, 대단하다. **2** 매우 복잡하다. ¶这事～, 得好好考虑考虑。=이 일은 매우 복잡하니 잘 고려해 보아야 한다.

【不见】**bùjiàn** ⑤ **1** 보이지 않다. 볼 수 없다. ¶

淫雨霏霏，～太阳。=장마비가 줄기차게 내려서 햇빛을 볼 수 없다. **2** 만나지 않다. ¶三日～,当刮目相看。=삼 일 동안 만나지 못하면, 눈을 비비고 보아야 한다. **3** (물건을) 찾을 수가 없다. 없어지다. ¶手机一时～了。=휴대폰이 잠시 보이지 않는다.

【不见】·**bujiàn** 접미 (听(tīng)·看(kàn)·找(zhǎo) 등의 동사 뒤에 쓰여) 행동에 결과가 없음을 나타냄. ¶看～=안 보인다. / 找～=못 찾아냈다.

【不见不散】**bújiàn-búsàn** ⓒ 약속한 장소에서 서로 만날 때까지 떠나지 않는다. 만날 때까지 기다리다.

【不见得】**bù jiàn·de** ⓑ 반드시 …한 것은 아니다. 반드시 …라고는 할 수 없다. ¶～他能参加会议。=그 사람이 꼭 회의에 참가한다고는 할 수 없다.

---

不见得(bú jiàn·de) / 不一定(bù yídìng)

둘 다 모두 어떤 생각에 대한 완곡한 표현으로, '반드시 …한 것은 아니다'라는 의미를 나타냄. ¶我看价钱贵的商品质量也不见得〔不一定〕就好。=내가 보기엔 비싼 상품이 품질도 반드시 좋은 것은 아니다. / 我不见得〔不一定〕比你好。=내가 너보다 낫다고 할 수 없다. / 明天不见得〔不一定〕有时间。=내일 꼭 시간이 있는 것은 아니다.

▶ '不一定'은 어떤 사실에 대한 확신이나 자신이 없음을 나타내며, '说不清楚(분명히 말할 수 없다)'의 의미로 사용됨. '不一定' 뒤에는 주로 의문사가 옴. ¶商店不一定什么时候就有减价的机会。= 상점이 언제 세일을 할지 모르겠다. / 不一定什么人就会找我。=어떤 사람이 날 찾아올지 모르겠다. / 我不一定什么时候去那儿。=내가 언제 거기에 갈지 모르겠다.

---

【不见棺材不落泪】**bújiàn guāncái bù luò lèi** ⓒⓑ 완전히 실패하기 전까지는 뼈저린 후회를 모른다. 실패의 쓴맛을 보기 전에는 그만두지 않는다.

【不见经传】**bújiàn-jīngzhuàn** ⓒ **1** 경전에 기재되어 있지 않다. **2**ⓑ 어떤 이론이 문헌상의 근거가 부족하다. **3**ⓑ 유명하지 않다.

【不见天日】**bújiàn-tiānrì** ⓒⓑ 정치가 암담해서 희망이 보이지 않는다.

【不见兔子不撒鹰】**bújiàn tù·zi bù sā yīng** ⓒ 확실히 이익이 보장되지 않으면 손을 대지 않다.

【不讲道理】**bùjiǎng-dàolǐ** ⓑ 이치를 따지지 않고 제멋대로 굴다. 억지를 부리다.

【不骄不躁】**bùjiāo-bùzào** ⓒ 교만하거나 조급해하지 않다.

【不教而诛】**bùjiào'érzhū** ⓒ 평소에 미리 가르치지 않다가 잘못을 저지르면 엄하게 처벌하다〔벌주다〕.

【不结盟】**bùjiéméng** 명 (政) 비동맹.

【不解】**bùjiě** ⓑ **1** 이해하지 못하다. 모르다. ¶～其中奥妙=그 안의 신비로움을 알지 못하다. **2** 나눌 수 없다. 분리시킬 수 없다. ¶～的情缘=갈라놓을 수 없는 인연. **3** 풀기 어렵다. 설명하기 어렵다. 이해하기 어렵다. ¶～之谜=풀기 어려운 수수께끼.

【不解之缘】**bùjiězhīyuán** ⓒ **1** 갈라놓을 수 없는 인연. **2**ⓑ 친밀한 관계. 두터운 정(情).

【不介意】**bù jièyì** ⓑ 신경을 쓰지 않다. 개의치 않다. 관심을 주지 않다. ¶他坚持走自己的路，并～人怎么说。=그는 꾸준히 자신의 길을 가며, 다른 사람이 어떻게 말하든지 전혀 신경 쓰지 않는다.

【不禁】**bùjīn** 부 자기도 모르게. 절로. 금치 못하고. 참지 못하고. 견디지 못하고. ¶～大哭起来=참지 못하고 큰 소리로 울기 시작했다.

【不禁不由】**bùjīn-bùyóu** ⓒ 자기도 모르게. ¶想到高兴处，他～儿地哼起歌来。=그는 즐거운 일을 떠올리고 자신도 모르게 노래를 흥얼거리기 시작했다.

【不仅】**bùjǐn** 부 …에 그치지 않다. …만은 아니다. ¶反对这事儿的，～是他一个人。=이 일에 반대하는 사람은 그 한 사람만이 아니다. 접 …뿐만 아니라. ¶他～是一个电影导演，还是一个诗人。=그는 영화 감독일 뿐만 아니라 시인이기도 하다.

【不紧不慢】**bùjǐn-bùmàn** ⓒⓑ 너무 서두르지도 않고 너무 여유를 부리지도 않다. 속도가 적당하다. ¶他按照自己的步子～地走着。=그는 자기의 걸음걸이에 맞춰 유유히 걷고 있다.

【不尽】**bùjìn** ⓗ 다하지 못하다. 그지없다. 끝이 없다. ¶感激～=감격스럽기 그지없다. 부 모두 …한 것은 아니다. …만이 아니다. ¶～如此=다 이런 것만은 아니다.

【不尽然】**bù jìnrán** ⓑ 완전히 그런 것은 아니다. 반드시 그런 것은 아니다. ¶要说拍电影能出名，也～。=영화를 찍으면 유명해질 수 있다는 것도 다 그런 것만은 아니다.

【不尽如人意】**bùjìn rú rényì** ⓒ 사람들의 뜻대로만 되지는 않는다.

【不进油盐】**bùjìn-yóuyán** ⓒⓑ 다른 사람의 의견을 들으려 하지 않다.

【不近人情】**bùjìn-rénqíng** ⓒ 도리에 맞지 않다. 인지상정에 어긋나다.

【不禁】**bùjìn** ⓑ 금지하지 않다. 허용하다. ¶小镇还～烟花爆竹。=작은 읍에서는 아직 폭죽을 터뜨리는 것을 허용하고 있다.

【不经】**bùjīng** ⓑ 겪지 않다. ¶～世事,不识人心。=세상사를 겪어 보지 않고는 인심을 헤아릴 수가 없다.

【不经风雨,不见世面】**bùjīng fēngyǔ, bùjiàn shìmiàn** ⓒⓑ 속세의 풍파를 겪어 보지 않고는 세상사를 알 수 없다.

【不经一事,不长一智】**bùjīng yīshì, bùzhǎng yīzhì** ⓒ 경험하지 않고서는 그 일에 대한 지식을 늘릴 수 없다. 한 가지 일을 겪으면 한 가지 지혜가 생긴다. 경험이 지혜를 낳는다.

【不经心】**bùjīngxīn** 부 되는대로. 생각 없이. 무심코. ¶他～地看着电视广告。=그는 무심코

TV 광고를 보고 있다.

【不经意】**bùjīngyì** 동 주의하지 않다. 조심하지 않다. 부주의하다. ¶一~, 就可能出漏子。=부주의했다가는 바로 실수가 생길 수 있다.

【不经之谈】**bùjīngzhītán** 성 황당하고 근거 없는 말.

【不惊宠辱】**bùjīng-chǒngrǔ** ☞【宠辱不惊】**chǒngrǔ-bùjīng**

【不景气】**bùjǐngqì** 형 1 불경기이다. 경기가 좋지 않다. 2 번창하지 않다. ¶近来生意~。=요즘 장사가 안 된다.

【不胫而走】**bùjìng'érzǒu** 성 1 다리가 없이도 달릴 수 있다. 2 (비) 발 없는 소문이 천리를 간다. 3 (비) (물건이) 갑자기 없어지다.

【不敬】**bùjìng** 형 무례하다. 불경하다. ¶不能对老师~。=선생님께 무례해서는 안 된다.

【不久】**bùjiǔ** 형 오래 되지 않다. 튄 머지않아. 곧. ¶~就要到他的生日了。=얼마 안 있어 그의 생일이다.

【不咎既往】**bùjiù-jìwǎng** ☞【既往不咎】**jìwǎng-bùjiù**

【不拘】**bùjū** 동 구애되지 않다. 제한되지 않다. 얽매이지 않다. ¶~礼仪=예의에 얽매이지 않다. 젭 …을 막론하고. …임에 불구하고. ¶事~大小, 他皆亲力而为。=일의 크기를 막론하고 그는 모두 직접 한다.

【不拘小节】**bùjū-xiǎojié** 성 1 원칙과 상관 없는 사소한 일에 구애받지 않다. 2 (비) 사소한 일에 주의를 기울이지 않다.

【不拘一格】**bùjū-yīgé** 성 한 가지 방식과 규칙에만 구애받지 않다.

【不倦】**bùjuàn** 동 1 싫증내지 않다. 지칠 줄 모르다. 2 부지런히 일하다. 근면하다. ¶孜孜~=지칠 줄도 모르고 부지런하다.

【不觉】**bùjué** 동 1 (깊이 잠들어) 깨지 않다. ¶酣睡~=단잠에 빠져 깨어나지 않는다. 2 알아차리지 못하다. 의식하지 못하다. 느끼지 못하다. ¶埋头苦干, ~已近傍晚。=억척스레 일에 몰두하여 저녁이 다 된 줄도 알아차리지 못하였다. 3 깨닫지 않다. 반성하지 않다. ¶误入歧途而~。=잘못된 길에 들어서서도 반성하지 않다.

【不绝】**bùjué** 동 (연속되어) 끊어지지 않다. 계속하다. ¶山峦连绵~。=산이 연면히 이어져 있다.

【不绝如缕】**bùjué-rúlǚ** 성 1 가는 실처럼 이어져 끊어질 듯 말 듯하다. 2 (비) 극도의 위험에 처해 있다. 3 (비) 목소리가 가냘프다.

【不绝于耳】**bùjuéyú'ěr** 성 소리가 끊임없이 귓가에 맴돌다.

【不开眼】**bùkāiyǎn** 동 경험이 일천하여 세상 물정을 모르다.

【不刊】**bùkān** 동 고칠 수 없다. 없앨 수 없다.

【不刊之论】**bùkānzhīlùn** 성(비) 고치거나 없앨 수 없는 이론. 반박의 여지가 없는 견해.

【不堪】**bùkān** 동 1 감당할 수 없다. ¶~困扰=어려움을 감당할 수 없다. 2 …할 수 없다. [주로 나쁜 방면에 쓰임] ¶~入目=(말이나 행동이 저질스러워) 눈에 담을 수 없다. 못 보아 주겠다. 형 1 (부정적인 의미로) 몹시 심하다. ¶破旧~=몹시 낡았다. 2 엉망이다. 형편 없다. 돌이킬 수 없는 지경이다. ¶这点小事就把他难倒了, 他也太~了。=이만한 일이 곤란하게 되다니, 그 사람도 정말 형편 없는걸.

【不堪回首】**bùkān-huíshǒu** 성 (과거의 경험이나 상황을) 차마 다시 돌이켜 볼 수 없다. 차마 다시 돌이키기 싫다.

【不堪设想】**bùkān-shèxiǎng** 성 1 (결과가 매우 나쁘거나 위험해서) 상상조차 할 수 없다.

【不堪一击】**bùkān-yījī** 성 (약해서) 한 번의 공격이나 충격에도 견딜 수 없다.

【不堪造就】**bùkān-zàojiù** 성 자질이 너무 부족해서 배양하기 어렵다.

【不亢不卑】**bùkàng-bùbēi** ☞【不卑不亢】**bùbēi-bùkàng**

【不可】**bùkě** 동 1 …할 수가 없다. …해서는 안 된다. ¶~偏废=한 쪽만 소홀히 해서는 안 된다. 2 반드시 …해야 한다. …하지 않으면 안 된다. ['非(fēi)'와 짝을 지어 사용함] ¶那部电影非看~。=그 영화는 안 보면 안 된다.

【不可避免】**bùkě-bìmiǎn** 성 (어떤 일이 생기는 것을) 피할 수 있다.

【不可多得】**bùkě-duōdé** 성 1 흔히 얻기 어렵다. 2 (비) (아주) 진귀하다. 드물다.

【不可分割】**bùkě-fēngē** 성 나누거나 가를 수 없다.

【不可告人】**bùkě-gàorén** 성 다른 사람에게 말할 수 없다.

【不可更新资源】**bùkě gēngxīn zīyuán** 명 재생 불능 자원. [예컨대 금속 광물·석탄·석유 등] =【不可再生资源】**bùkě zàishēng zīyuán**【非再生资源】**fēi zàishēng zīyuán**

【不可或缺】**bùkě-huòquē** 성 없어서는 안 된다. 필수적이다.

【不可救药】**bùkě-jiùyào** 성 1 병이 심해서 치료할 방법이 없다. 2 (비) (사람이나 사물이) 만회할 수 없는 지경에 이르다.

【不可开交】**bùkě-kāijiāo** 성 벗어날 수 없다. 빠져 나올 수 없다. 끝마칠 수 없다. 눈코 뜰 새 없다. ['得(·de)'의 뒤에만 쓰임] ¶他近来忙得~。=그 사람 요즘 눈코 뜰 새 없이 바쁘다. 너무 바빠서 벗어날 수 없다.

【不可抗力】**bùkěkànglì** 명(法) 불가항력.

【不可理喻】**bùkě-lǐyù** 성 1 이치로 이해시킬 수 없다. 2 (위인됨이) 어리석어서 제멋대로이다.

【不可名状】**bùkě-míngzhuàng** 성 말로 표현〔형용〕할 수 없다.

【不可磨灭】**bùkě-mómiè** 성 영원히 지워지지 않다. 영원히 사라지지 않다. 불멸하다.

【不可企及】**bùkě-qǐjí** 성 어떤 정도〔수준〕에 이르지 못하다.

【不可胜数】**bùkě-shèngshǔ** 성 너무 많아 이루 다 셀 수가 없다.

【不可胜言】**bùkě-shèngyán** 성 이루 다 말할 수 없다.

【不可收拾】**bùkě-shōu‧shi** ㉔㉑ 수습할 수 없다. 돌이킬 수 없는 지경에 이르다.
【不可思议】**bùkě-sīyì** ㉔ 1 (佛) 불가사의하다. 사람의 사유로는 헤아릴 수 없다. 2 (사물의 상황·발전·변화 혹은 이론에 대해) 이해할 수 없다. 상상할 수 없다.
【不可同日而语】**bùkě tóngrì ér yǔ** ㉔ 1 동시에 논할 수 없다. 2㉑ 서로 비교가 되지 않는다. 대등하게 놓고 말할 수 없다.
【不可向迩】**bùkě-xiàng'ěr** ㉔ 접근할 수 없다. 가까이 갈 수 없다.
【不可一世】**bùkě-yīshì** ㉔ 1 스스로 자신과 비할 사람이 없다고 여기다. 2㉑ 아주 오만하며 잘난 척 하다. 안하무인격이다.
【不可逾越】**bùkě-yúyuè** ㉔ 뛰어넘을 수 없다.
【不可再生资源】**bùkě zàishēng zīyuán** ☞【不可更新资源】**bùkě gēngxīn zīyuán**
【不可知论】**bùkězhīlùn** ㉳(哲) 불가지론.
【不可终日】**bùkě-zhōngrì** ㉔ 1 하루도 넘기기 힘들다. 2㉑ 정세가 급박하거나 마음이 불안하다.
【不克】**bùkè** ㉕㊌ 1 …할 수 없다. ¶~制胜=승리할 수 없다. 2 이기지 못하다. 정복하지 못하다. ¶攻无~, 战无不胜.=공격했다 하면 모두 점령하고, 싸움했다 하면 반드시 이기다.
【不客气】**bù kè‧qi** ㉺ 1 사양하지 않다. 체면 차리지 않다. ¶~, 请随便吃.=사양하지 마시고, 마음대로 드세요. 2 봐주지 않다. 용서하지 않다. 무례하다. ¶你再信口雌黄, 我对你~。=너 또 함부로 지껄이면, 나도 봐주지 않을 거야. 3 천만에요. 원 별말씀을요. ¶A:太感谢您了! B:~。=A:대단히 감사합니다. B:천만에요.
【不肯】**bùkěn** ㉕ 원하지 않다. …하려 하지 않다. ¶他~做出力不讨好的事.=그 사람은 수고하고도 좋은 결과를 얻지 못하는 일은 하려 하지 않는다.
【不快】**bùkuài** ㉔ 1 (기분이) 즐겁지 않다. ¶心情~=기분이 나쁘다. 2 (몸이) 불편하다. ¶浑身~=온몸이 불편하다. 3 느리다. ¶车速~=차 속도가 느리다. 4 예리하지 않다. 둔하다. ¶这把刀已经~了, 要磨一磨.=이 칼은 무뎌져서 한번 갈아 줘야 겠다. ↔快乐 愉快 高兴
【不愧】**bùkuì** ㉕ …에 부끄럽지 않다. …라고 할 만하다. 손색이 없다. [대부분 '为(wéi)'·'是(shì)'와 이어 쓰임] ¶李白~为'诗仙'之名.=이백은 '시선(詩仙)'이라는 호칭에 손색이 없다.
【不来】‧**bulái** ㉲ (동사 뒤에 쓰여) 감당할 수 없다. 성공할 수 없다. ¶做~=해낼 수 없다. / 写~=쓸 수 없다.
【不赖】**bùlài** ㉔㉺ 나쁘지 않다. 썩 좋다. 괜찮다. ¶他画得真~!=그 사람 정말 그림 잘 그리는군!
【不郎不秀】**bùláng-bùxiù** ㉔㉑ (사람이) 발전성이 없다. 변변치 못하다.
【不稂不莠】**bùláng-bùyǒu** ㉔ 1 쭉정이도 못 되고 강아지풀도 못 된다. 2㉑ 발전성이 없다. 변변치 못하다.

【不劳而获】**bùláo'érhuò** ㉔ 스스로 일하지 않고 남의 성과를 점유하다. 불로 소득을 올리다.
【不老少】**bùlǎoshǎo** ㉓㊌ 적지 않다. ¶他两年挣了~钱.=그는 요 몇 년 동안 적지 않은 돈을 벌었다.
【不乐于】**bùlèyú** ㉕ …에 불만이다. …을 싫어하다. …에 마음이 내키지 않다. …을 달가워하지 않다.
【不冷不热】**bùlěng-bùrè** ㉔ 1 춥지도 덥지도 않다. ¶天~, 正好出去旅游.=날씨가 춥지도 덥지도 않아 여행하기에 딱 좋다. 2 (다른 사람을 대하는 태도 등이) 친절하지도 냉담하지도 않다. 미온적이다. ¶他~的态度, 让人琢磨不透.=그의 미온적인 태도는 사람들로 하여금 종잡을 수 없게 한다.
【不离】**bùlí** ㉕ 헤어지지 않다. 떠나지 않다. 벗어나지 않다. ¶他这人三句话~本行.=그는 입만 열었다 하면 자기 직업과 관련된 얘기를 한다. ㉓㉑(~儿) 큰 차이가 없다. 나쁘지 않다. 괜찮은 편이다. ¶他一笔一画, 写得还真差~儿.=그의 붓놀림은 썩 괜찮은 편이다.
【不理】**bùlǐ** ㉕ 1 상대하지 않다. 무시하다. ¶最近两人闹矛盾, 互相~.=두 사람은 최근에 사이가 틀어져서 서로 상대하지 않는다. 2 신경 쓰지 않다. 상관하지 않다. 관여치 않다. ¶~家务=집안일에 신경 쓰지 않다.
【不理不睬】**bùlǐ-bùcǎi** ㉔ 본체만체하다. 상대하지 않다. 거들떠보지 않다.
【不力】**bùlì** ㉓ 1 최선을 다하지 않다. 힘쓰지 않다. ¶学习~=공부하는 데 힘을 기울이지 않다. 2 효과를 얻지 못하다. 효험을 못 보다. 무력(無力)하다. 약하다. ¶指挥~=지휘가 효과적이지 못하다.
【不利】**bùlì** ㉓ 1 순조롭지 못하다. 잘 되지 않다. 성공하지 못하다. ¶流年~=(그 해의) 운세가 순조롭지 못하다. 2 무디다. ¶菜刀~=식칼이 무디다. 3 불리하다. ¶这样做对我们自己~.=이렇게 하면 우리 자신에 불리하다.
【不良】**bùliáng** ㉓ 좋지 않다. 불량하다. ¶~影响=좋지 않은 영향. / 存心~=속마음이 불량하다.
【不良贷款】**bùliáng dàikuǎn** ㉳ (은행 등에서의) 부실 채권.
【不了】**bùliǎo** ㉕ 1 끝나지 않다. 끝맺지 못하다. [대개 동사와 '个'의 뒤에서 보여주 쓰임] ¶忘个~=잊지 못하네. 2 다 …해낼 수는 없다. …할 수(가) 없다. 그렇게 될 수 없다. [동사의 뒤에 쓰여 동작을 완료할 수 없음을 강조함] ¶吃~=다 먹을 수가 없다.
【不了了之】**bùliǎo-liǎozhī** ㉔ 중간에서 흐지부지 그만두다. 흐리멍텅하게 일을 처리하다.
【不料】**bùliào** ㉕ 뜻밖에. 의외에. ¶本想找他出去玩, ~他生病了.=원래는 그와 나가 놀려고 하였는데, 뜻밖에 그가 병이 나 버렸다.
【不吝】**bùlìn** ㉕ (의견을 구하는 인사말로) 인색하지 않다. 아끼지 않다. 아까워하지 않다. ¶~赐教=아낌없이 가르침을 베풀어 주시기를 바람

니다.
【不灵】bùlíng 휑 1 영민하지 않다. 이해력이 부족하다. ¶他脑袋~。=그는 이해력이 떨어진다. 2 (기능이나 역할이) 신통하지 못하다. 시원찮다. 나쁘다. ¶开关~=스위치 기능이 신통치 못하다. 3 맞지 않다. 적중하지 않다. ¶那只是推测,完全可能~。=그것은 단지 추측일 뿐 맞지 않을 가능성도 충분하다.
【不留】bùliú 동 남기지 않다. ¶~痕迹=흔적을 남기지 않다.
【不留余地】bùliú-yúdì 성 (언행 등에) 돌아볼 여지를 남기지 않다.
【不露】bùlù 동 드러내지 않다. 나타내지 않다. ¶~心迹=속셈을 드러내지 않다.
【不露声色】bùlù-shēngsè 성 1 마음속의 생각을 말이나 안색에 드러내지 않다. 전혀 소문을 내지 않다. 2 비 태도가 진중하다. 늑不动声色
【不伦不类】bùlún-bùlèi 성비 이 부류도 아닌 듯하고 저 부류도 아닌 듯하다. 이도 저도 아니다. 죽도 밥도 아니다. 무언가 어설프다. 사람이 사람답지 않다. 되먹지 못하다.
【不论】bùlùn 동접 논하지 않다. 문제삼지 않다. 따지지 않다. ¶此事暂且~。=이 일은 잠시 논하지 않는다. 접 …를 막론하고. …이든 간에. …든지. [뒤에 주로 '都(dōu)'·'总(zǒng)' 등이 호응하여 쓰임] ¶~是谁,都不能无故旷课。=누구를 막론하고 무단 결석을 해서는 안 된다.
【不落窠臼】bùluò-kējiù 성비 문학이나 예술 작품이 속되지 않고 독창적인 풍격을 지니다. 낡은 틀에 얽매이지 않다.
【不买账】bù mǎizhàng 비 복종하지 않다. 따르지 않다. 체면을 봐주지 않다. 상대하지 않다. ¶无论怎么恳求,他也~。=아무리 사정해도 그는 봐주지 않는다.
【不瞒】bùmán 동 속이지 않다. 감추지 않다. ¶~您说,他前几天离婚了。=솔직히 말하면, 그는 며칠 전에 이혼했다.
【不满】bùmǎn 동 1 차지 않다. 부족하다. 충분치 않다. ¶她现在还~二十岁。=그녀는 아직 스무 살이 안 되었다. 2 만족하지 않다. 불만족이다. ¶~世风=세상 풍조에 만족하지 않다. 형 불만이다. ¶心中~=마음속으로 불만이다. 명 불만. ↔满意
【不蔓不枝】bùmàn-bùzhī 성 1 연꽃 줄기가 곧기만 하고 어지럽게 덩굴지거나 가지를 치지 않다. 2 말이나 글이 간결하고 유려하다.
【不毛之地】bùmáozhīdì 성 1 불모지. 황량하고 척박한 땅. ↔鱼米之乡
【不美】bùměi 형 좋지 않다. 아름답지 않다.
【不免】bùmiǎn 부 면할 수 없다. 피하지 못하다. ¶人有时~要说谎。=사람이란 때에 따라 어쩔 수 없이 거짓말을 하기도 한다.
【不妙】bùmiào 형 좋지 않다. 신통치 않다. 심상치 않다. [주로 상황의 변화를 가리킴] ¶这事的发展趋势~。=이 일의 발전 추세가 심상치 않다.
【不敏】bùmǐn 형겸 둔하다. 불민하다. 어리

석다. ¶愚师~=나는 비범한 스승이 아니다.
【不名数】bùmíngshù 명(數) 불명수. 무명수 (无名数).
【不名一钱】bùmíng-yīqián ☞【不名一文】bùmíng yīwén
【不名一文】bùmíng-yīwén 성 1 한 푼도 없다. 무일푼이다. 2 비 지극히 가난하다. =【不名一钱】bùmíng yīqián
【不名誉】bùmíngyù 형 체면이나 명예를 구기다. ¶决不做~的事。=결코 불명예스러운 짓을 하지 않는다.
【不明】bùmíng 동 알지 못하다. 이해하지 못하다. ¶~就里=실정을 모르다. 형 확실하지 않다. ¶局势~=상황이 불분명하다.
【不明不白】bùmíng-bùbái 성 어리둥절하다. 애매하다. 모호하다. 잘 알지 못하다.
【不明飞行物】bùmíng fēixíngwù 명 비행 접시. 미확인 비행 물체. =【飞碟】fēidié
【不摸底】bù mōdǐ 비 실제 상황을 파악하지 못하다. ¶他刚上任,对单位的情况还~。=그는 막 부임해서, 부서의 실상을 아직 파악하지 못하고 있다.
【不摸门儿】bù mōménr 비 요령〔비결〕을 이해 못 하다. 해결 방법을 파악 못 하다. ¶他对新工作还~。=그는 새로운 일에 대해 아직 요령을 파악하지 못했다.
【不摸头】bù mōtóu 비 상황 파악을 못 하다. 형편을 모르다. 실마리를 찾지 못하다. ¶他初乍到,对当地的习俗~。=그는 방금 도착해서 현지 풍속을 잘 모른다.
【不谋而合】bùmóu'érhé 성 약속이나 한 듯이 서로의 견해나 행동이 완전히 일치하다. 늑不约而同
【不睦】bùmù 형 화목하지 않다. 불목하다. ¶邻里~=이웃끼리 화목하지 않다.
【不耐】bùnài 동 견디지 못하다. 이겨 내지 못하다. 잘〔쉽게〕 …되다. ¶这鞋~穿。=이 신발은 질기지 〔튼튼하지〕 못하다.
【不耐烦】bù nàifán 형 귀찮다. 성가시다. 참다 견디지 못하다. ¶别说了,他有点~了。=얘기하지 마, 그가 좀 귀찮아하고 있으니까.
【不能】bùnéng 동 1 …할 수가 없다. ¶他遇到车祸了,~走路了。=그는 교통 사고를 당해서 걸을 수가 없게 되었다. 2 …해서는 안 된다. ¶~践踏草坪。=함부로 잔디를 밟아서는 안 된다.
【不能不】bùnéngbù 부 …하지 않을 수 없다. …하지 않고는 못 배기다. ¶他病得很厉害,~住院治疗。=그는 중병이라서 입원 치료를 받지 않을 수 없다.
【不能自拔】bùnéng-zìbá 성 어떤 상황에서 벗어날 수 없다.
【不能自已】bùnéng-zìyǐ 성 자기 감정을 제어할 수 없다.
【不念旧恶】bù niàn-jiù'è 성 지난날의 잘못을 따지지 않다.
【不宁唯是】bùnìngwéishì 성 단지 그 뿐만이 아니라.

【不佞】bùnìng 형운 재주가 없다. 무능하다. 명접운 소생. 소인. 저. [자기에 대한 겸칭]
【不怒而威】bùnù'érwēi 성 화를 내지 않아도 위엄이 있다.
【不怕】bùpà 통 두려워〔무서워〕하지 않다. ¶~慢, 只怕站。=느린 것을 걱정하지 말고, 중도에 그만 두게 되지 않을까 걱정하라. 접운 설사〔비록〕…일지라도. ¶~天再冷, 他也坚持冬泳。=설령 날씨가 더 추워지더라도, 그는 겨울 수영을 계속 할 것이다.
【不怕一万, 就怕万一】bùpà yīwàn, jiùpà wànyī 성 1 일만 번은 두렵지 않지만, 그 가운데 한 번의 실수가 있을까 봐 두렵다. 2비 무슨 일을 하든 간에 반드시 신중하게 대처해야 한다.
【不配】bùpèi 통 1 어울리지 않다. 걸맞지 않다. ¶那对恋人一丑一俊~。=저 연인들은 한쪽은 못생기고 한쪽은 잘생겨서 서로 어울리지 않는다. 2 자격이 부족하다. ¶~此职=이 직무에는 자격이 부족하다.
【不偏不倚】bùpiān-bùyǐ 성 어느 쪽으로도 기울거나 치우치지 않다. 공정하다.
【不平】bùpíng 형 1 불공평하다. ¶分配~。=분배가 불공평하다. 2 (물체 표면이) 평평하지 않다. 고르지 않다. ¶前面有段路高低~。=앞의 일부 도로가 울퉁불퉁하다. 통 (불공평한 일로 인하여) 불만을 품다. 불만스럽다. 분노하다. 불쾌하다. ¶愤愤~。=분노하다. 명 1 불공평한 일. ¶路见~, 拔刀相助。=억울한 일을 당하는 사람을 보고 서슴없이 도와 주다. 2 (불공평한 일로 인한) 불만. 분노. 불평. ¶心怀~=마음속에 불평을 품다. ↔公平
【不平等条约】bùpíngděng tiáoyuē 명 불평등 조약.
【不平则鸣】bùpíngzémíng 성 불공평한 일에 대해 분개하다.
【不破不立】bùpò-bùlì 성 낡은 것을 깨부수지 않고는 새로운 것을 세울 수 없다.
【不期而遇】bùqī'éryù 성 약속하지 않았는데 우연히 만나게 되다. ≒萍水相逢 ↔失之交臂
【不期然】bùqīrán 통 이와 같을지는 예상치 못하다.
【不期(然)而然】bù qī (rán) ér rán 성 뜻밖에. 의외로.
【不起】bùqǐ 통 1 (어떤 상태에서) 일어나지 않다. ¶久睡~=긴 잠에서 일어나지 않다. / 卧病~=병석에서 일어나지 못하다. 2 효과를 낼 수 없다. ¶这事只口头说说~作用。=이 일은 입으로만 떠들어서는 효과를 볼 수 없다.
【不起】·buqǐ 접미 …할 수 없다. [동사 뒤에 놓여 역량이 부족함을 표시함] ¶买~=(돈이 없어서) 살 수 없다. / 抬~=(힘에 부쳐서) 들 수 없다. / 对~=죄송합니다.
【不起眼儿】bùqǐyǎnr 형운 눈에 띄지 않다. 볼품 없다. 별것 아니다. 주의를 끌지 못하다. ¶他根本不在乎这些~的小事。=그는 눈에 띄지 않는 이런 작은 일에는 전혀 관심이 없다.
【不弃】bùqì 통 1 포기하지 않다. 버리지 않다. ¶用之~=사용하고 버리지 않다. 2 싫어하지 않다. 꺼려하지 않다. 경시하지 않다. ¶承蒙~=어여삐 여김을 입다.
【不巧】bùqiǎo 형 (형편·사정·때가) 좋지 않다. 계제가 나쁘다. ¶你来得很~, 他出差了。=당신은 참으로 운이 좋지 않군요, 그는 출장을 떠났어요. 문 불행〔불운〕하게도. 유감스럽게도. 공교롭게도. 운이 없게도. ¶刚想动身, 车胎~没气了。=막 출발하려는데 공교롭게도 타이어에 공기가 없다.
【不切实际】bùqiè-shíjì 성 실제에 맞지 않다. 현실에 부합되지 않다.
【不轻】bùqīng 형 1 가볍지 않다. 무겁다. ¶这袋米~, 我扛不动。=이 쌀포대는 무거워서 내가 멜 수 없다. 2 심하다. ¶那次车祸, 他伤得~。=저번 자동차 사고로 그는 심하게 다쳤다.
【不清】bùqīng 형 1 맑지 않다. 깨끗하지 않다. ¶河水浑浊~。=강물이 혼탁하여 깨끗하지 않다. 2 확실치 않다. 선명·분명·명확하지 않다. ¶看~=선명하게 보이지 않다.
【不清白】bù qīngbái 형 1 순결하지 않다. 결백하지 않다. 오점이 있다. 2비 확실치 않다. 잘 모르다.
【不清不白】bùqīng-bùbái 성 깨끗하지 않다. 흐리터분하다. 결백하지 않다. 오점이 있다.
【不情之请】bùqíngzhīqǐng 성 사리에 맞지 않는 요구. 무리한 부탁. [남에게 도움을 청할 때, 자기의 요구가 그러하다는 인사말]
【不请】bùqǐng 통 초대하지 않다. 요구하지 않다. ¶~自来=초청하지 않았는데 스스로 오다.
【不求】bùqiú 통 바라지 않다. 부탁하지 않다. ¶安于澹泊, ~名利。=담담하게 지내면서 명리를 구하지 않다.
【不求甚解】bùqiú-shènjiě 성 1 책을 볼 때 주된 뜻을 깨닫는 데 주력하고 문구에는 얽매이지 않는다. 2 대략적인 뜻만 파악하고 깊이 파고들지 않다. ≒囫囵吞枣 浅尝辄止 ↔寻根究底
【不屈】bùqū 통 굴하지 않다. 복종하지 않다. ¶坚贞~=지조를 굳게 지키고 굴복하지 않다.
【不屈不挠】bùqū-bùnáo 성 불요불굴하다.
【不确】bùquè 형 1 확정〔확인〕되지 않다. ¶死因~。=사인이 확인되지 않다. 2 정확하지 않다. ¶注引多有~, 须重新查实。=풀이와 출전에 틀린 것이 많아 반드시 다시 확실하게 조사해 보아야 한다.
【不然】bùrán 통 1 그렇지 않다. ¶说的容易, 其实~。=말은 쉽지만 실제는 그렇지 않다. 2 아니오. 그렇지 않(습니)다. [문장 앞에 쓰여 상대방의 말을 부정하는 말] ¶~, 情况完全不像你说的那样。=그렇지 않다, 상황은 당신이 말한 것과 완전히 다르다. 접 그렇지 않으면. 아니면. ¶我们要早点去, ~就买不到票了。=우리는 좀 일찍 가야 한다. 그렇지 않으면 표를 사지 못할 것이다.
【不染纤尘】bùrǎn-xiānchén 성 1 세속에 전혀 물들지 않다. 2비 매우 깨끗〔깔끔〕하다. 매우 청렴하다.

【不让】bùràng 동 1 허락하지 않다. 허용하지 않다. 2 겸양하지 않다. 물러나지 않다. ¶当仁~=인을 행함에 있어서는 사양하지 않는다.

【不人道】bùréndào 형 비인도적이다. 비인간적이다. 몰인정하다.

【不仁】bùrén 형 1 (사지에) 감각이 없다. 무감각하다. 둔하다. (손발이 얼어서) 곱다. ¶麻木~=몸에 감각이 없다. 2 어질지 않다. 모질다. ¶为富~=재물을 위해 모질게 굴다.

【不忍】bùrěn 동 참을 수 없다. 차마 …하지 못하다. ¶于心~=마음속으로 차마 (그렇게) 할 수 없다. /~别离=차마 이별하지 못하다.

【不忍卒读】bùrěn-zúdú 성 1 차마 끝까지 다 읽지 못하다. 2 글이 대단히 감동적이다. 3 글의 내용이 무척이나 졸렬하고 유치하다.

【不日】bùrì 부 며칠 안에. 머지않아. 불일간(不日間). ¶会议~举行. =며칠 안에 회의를 거행한다.

【不容】bùróng 동 1 허락하지 않다. ¶~有误=잘못이 있어서는 안 된다. 2 용납하지 않다. 받아들이지 않다. ¶人所~=사람들이 용납하지 않는다.

【不容分说】bùróng-fēnshuō 성 변명하거나 반박할 여지를 주지 않다. =【不由分说】bù yóu fēn shuō

【不容置喙】bùróng-zhìhuì 성 타인이 말간섭하는 것을 허락하지 않다.

【不容置疑】bùróng-zhìyí 성 1 의심 갖는 것을 허락하지 않다. 2 의심할 여지가 없다.

【不如】bùrú 동 1 …만 못하다. ¶百闻~一见. =백 번 듣는 것보다 한 번 보는 것이 낫다. 2 맞지 않다. ¶~所愿=바라는 바와 일치하지 않다. 부 제안을 나타냄. ['不妨(괜찮다·무방하다)'에 해당함] ¶雨已停了, ~现在就走吧. =비가 이미 그쳤으니, 지금 가자. 접 …하는 편이 낫다. [주로 앞의 '与其(yǔqí)'와 호응하여 쓰임]

【不辱使命】bùrǔ-shǐmìng 성 1 사명을 욕되게 하다. 2 사명을 완수하다.

【不入调】bùrùdiào 형 1 주선율과 조화되지 않다. 2 규범에 맞지 않다. 기본적인 요구에 전혀 못 미치다. ¶这篇来稿太~. =이 원고는 매우 규범에서 벗어난다.

【不入耳】bù rù'ěr 동 귀에 거슬리다. ¶他的话很~. =그의 말은 귀에 거슬린다.

【不入虎穴, 焉得虎子】bù rù hǔxué, yān dé hǔzǐ 성 1 호랑이 굴에 들어가지 않고, 어찌 호랑이 새끼를 잡을 수 있으랴? 2 어려움을 겪지 않고는 성공할 수 없다.

【不入流】bù rùliú 동 자격이 불충분하다. 일정 수준에 이르지 못하다. 일정 등급에 들지 못하다. ¶他只是一个~的演员。=그는 단지 수준 미달인 배우에 지나지 않는다.

【不洒汤, 不漏水】bù sǎtāng, bù lòushuǐ 성 사람 접대나 일처리가 상당히 주도면밀하다. 빈틈이 없다.

【不三不四】bùsān-bùsì 성 1 (인품이) 너절하다. 단정하지 않다. 올바르지 않다. 하찮다. ¶少接触~的人。=너절한 사람과는 접촉을 피하라. 2 볼품이 없다. 꼴이 말이 아니다. 이도 저도 아니다. 얼토당토않다. ¶她的打扮总显得~的。=그녀의 차림새는 언제나 볼품이 없다.

【不塞不流, 不止不行】bù sè bù liú, bù zhǐ bù xíng 성 낡고 잘못된 것을 타파하지 않고는 새롭고 올바른 것을 세울 수 없다.

【不善】bùshàn 형 1 좋지 않다. 나쁘다. ¶来者~, 善者不来. =오는 이는 상대하기 쉽지 않고, 상대하기 쉬운 이는 오지 않는다. 2 대단하다. 굉장하다. 엄청나다. ¶他个子虽矮, 但跑路的速度可~. =그는 비록 키가 작지만 달리는 속도가 보통이 아니다. 동 잘하지〔능숙하지〕 못하다. 뛰어나지 못하다. ¶~文墨=글재주가 없다.

【不上】bùshàng ·bushàng 접미 …못하다. [동사 뒤에서 보어로 쓰여 어떤 것을 할 수 없음을 표시함] 赶~=따라잡을 수 없다. / 去~=갈 수 없다.

【不上不下】bùshàng-bùxià 성 1 (상태가) 당하다. 알맞다. ¶咱的生活~, 悠闲自在。=우리들의 생활은 적당하여, 유유자적하게 지내고 있다. 2 이러지도 저러지도 못하다. 빼도 박도 못하다. 진퇴양난이다. ¶我的职位~的, 说了也不作数。=내 직위가 이러지도 저러지도 못하는 처지라, 말을 해도 소용이 없다.

【不上高山, 不显平地】bù shàng gāoshān, bù xiǎn píngdì 성 비교하지 않으면 가려낼 수 없다.

【不上来】·bushànglái 접미 …못 하다. [동사 뒤에서 보어로 쓰여 어떤 것을 순조롭게 완성낼 수 없음을 표시함] ¶背~=외울 수 없다. / 答~=대답을 하지 못하다.

【不上算】bùshàngsuàn 형 밑지다. 손해 보다. 수지가 맞지 않다.

【不少】bùshǎo 형 적지 않다. 많다.

【不舍】bùshě 동 아까워하다. 아쉬워하다. 연연해하다. ¶依依~=매우 서운해하다. 헤어지기를 아쉬워하다.

【不舍昼夜】bùshě-zhòuyè 성 1 낮과 밤을 구분하지 않다. 2 (어떤 일을) 밤낮 없이 쉬지 않고 하다.

【不甚】bùshèn 부 그다지 …하지 않다. ¶~知情=그다지 상황을 잘 알지 못하다.

【不甚了了】bùshèn-liǎoliǎo 형 그다지 잘 알지 못하다. 별로 확실하지 않다.

【不慎】bùshèn 형 부주의하다. 조심하지 않다. 덜렁거리다. 신중하지 않다. ¶~失言=부주의하여 실언하다.

【不声不响】bùshēng-bùxiǎng 성 아무 말도 하지 않다.

【不胜】bùshèng 동 1 감당할 수 없다. 참을 수 없다. ¶~其扰=귀찮아서 견딜 수 없다. 2 할 수 없다. 해낼 수 없다. [앞뒤로 같은 동사를 중복함] ¶数~数=헤아리려 해도 다 헤아릴 수 없다. 3 부 …보다 못하다. ¶人老了, 身子一年~一年了. =사람이 늙으니, 몸이 한 해 다르고 한 해 다르다. 부 매우. 대단히. 아주. 십분. [주로

감정 표현에 많이 사용됨] ¶~荣幸=대단히 영광스럽다.

【不胜枚举】 bùshèng-méijǔ 성 1 일일이 헤아릴 수 없다. 일일이 열거할 수 없다. 2 비 같은 종류의 사람이나 사물이 아주 많다. 늑举不胜举

【不胜其烦】 bùshèng-qífán 성 번거롭기 짝이 없어 견딜 수 없다.

【不失时机】 bùshī-shíjī 성 좋은 기회를 놓치지 않다.

【不失为】 bùshīwéi 동 …라고 (간주)할 수 있다. ¶如此处理, ~一个两全其美的方法.=이렇게 처리하면 완벽한 방법이라고 할 수 있다.

【不时】 bùshí 부 1 자주. 늘. 종종. ¶他~出差.=그는 늘 출장을 간다. 2 수시로. 불시에. 갑자기. ¶存点钱以备~之需.=돈을 좀 저축해서 비상시에 대비하다.

【不时之需】 bùshízhīxū 성 수시 또는 임시적인 수요. 의외의 수요. 뜻하지 않은 수요.

【不识】 bùshí 동 이해하지 못하다. 알지 못하다. ¶~好歹=좋고 나쁨을 알지 못하다.

【不识大体】 bùshí-dàtǐ 성 전체 국면에 관련된 중요한 이치를 파악하지 못하다.

【不识庐山真面目】 bùshí Lúshān zhēn miànmù 성 1 숲 속에 있는 사람은 숲 전체의 모습을 볼 수 없다. 2 비 사물의 본질을 파악하지 못하다.

【不识时务】 bùshí-shíwù 성 시대의 조류나 현재의 추세를 파악하지 못하다.

【不识抬举】 bùshí-táiju 성 (주로 사람을 책망하는 뜻으로) 자기에 대한 호의를 받아들이지 않거나 무시해 버리다.

【不识泰山】 bùshí-Tàishān 성비 중요한 인물을 몰라보다.

【不识闲儿】 bùshíxiánr 동성 쉴 새가 (겨를이) 없다. ¶家务事太多, 她整天~地忙.=집안일이 너무 많아서, 그녀는 하루 종일 쉴 겨를이 없을 정도로 바쁘다.

【不识一丁】 bùshí-yīdīng 성 낫 놓고 기억자도 모른다. 일자무식(一字無識)이다.

【不识之无】 bùshí-zhīwú 성 낫 놓고 기억자도 모른다. 일자무식(一字無識)이다.

【不实】 bùshí 동성 열매를 맺지 않다. 형 실제에 맞지 않다. ¶~之词=실제에 맞지 않는 낱말.

【不是】 bùshì 동 …이 아니다. ¶~鱼死, 就是网破.=물고기가 죽든가, 그물이 찢어지든가, 둘 중의 하나이다. 네가 죽지 않으면 내가 죽는다. 형 적합(적당)하지 않다. ¶站也~, 坐也~.=서 있을 수도 없고, 앉아 있을 수도 없다.

【不是】 bù·shi 명 잘못. 과실. ¶他骂人不对, 但动手打人就是你的~啦.=그가 욕한 것은 잘못이지만, 사람을 때린 것은 너의 잘못이다.

【不是话】 bùshìhuà 동 이치에 맞지 않다. 말도 안 된다. 얼토당토않다.

【不是闹着玩儿的】 bùshì nào·zhe wánr·de 숙 장난이 아니다.

【不是时候】 bùshì-shí·hou 숙 적합(적당)하지 않다. 때가 아니다.

【不是玩儿的】 bùshì wánr·de 숙 장난이 아니다. 웃을 일이 아니다. 홀시할 수 없다. ¶多穿件衣服, 感冒了可~!=옷을 많이 껴입어라, 감기에 걸리면 큰일이니까!

【不是玩艺儿】 bùshì wányìr ☞ 【不是玩意儿】 bùshì wányìr

【不是玩意儿】[不是玩艺儿] bùshì wányìr 숙비 돼먹지 않은〔못한〕 놈.

【不是冤家不聚头】 bùshì yuān·jia bù jùtóu 성 원수는 외나무다리에서 만난다. 원수나 만나고 싶지 않은 사람과는 자주 맞닥뜨리게 된다.

【不是(滋)味儿】 bùshì-(zī)wèir 숙 1 제 맛이 나지 않다. ¶剩菜已~了.=남은 요리는 이미 제 맛이 아니다. 2 정통이 아니다. 순정하지 않다. 제대로 되지 않다. ¶她刚才那首歌唱得~.=그녀가 방금 부른 노래는 듣기가 좋지 않다. 3 언짢다. 나쁘다. ¶这部悲剧影片让人心里~.=이 비극 영화는 사람의 기분을 언짢게 만든다. 4 문제가 있다. 정상이 아니다. 심상치 않다. ¶那人鬼鬼祟祟的, 有点儿~.=저 사람은 꿍꿍이가 있는 듯 싶은 것이 심상치 않다.

【不世】 bùshì 형 불세출이다. 세상에서 보기 드문. ¶~之才=불세출의 재주.

【不事】 bùshì 동비 종사하지 않다. 일삼지 않다. (일을) 하지 않다. 힘쓰지 않다. ¶~稼穑=농사를 짓지 않다.

【不适】 bùshì 형 (몸이) 불편하다. 힘들다. 피곤하다. 찌뿌드드하다. 편치 않다. ¶近来常感~.=근래 들어 자주 피곤함을 느낀다.

【不受】 bùshòu 동 받지 않다. 당하지 않다. ¶~磨练, 难以增智.=시련을 당해 보지 않고는 지혜를 넓힐 수 없다.

【不受欢迎的人】 bù shòu huānyíng·de rén 명 (외교에서) 접수국이 거절한 외교 대표. 접수국이 파견국에게 소환을 요구한 외교 대표. 관 persna non grata

【不受看】 bù shòukàn 숙 (사람이나 물체의 겉모양이) 보기 싫다. 못생겼다. 차마 볼 수가 없다. 눈에 거슬리다.

【不受用】 bù shòuyòng 구 1 편치 않다. 불편하다. ¶老人家睡硬板床肯定~.=노인네가 딱딱한 침대에서 잠을 자기에는 분명 편치 않을 것이다. 2 쓸모 없다. 도움이 되지 않다.

【不舒服】 bù shū·fu 형 1 (기분이) 언짢다. 불쾌하다. 나쁘다. ¶那些脏话让人听了~.=그 상스러운 말투는 듣는 이로 하여금 불쾌감을 자아낸다. 2 (몸이) 아프다. 불편하다. 편치 않다. 뻐근하다. ¶最近腰~, 常隐隐地疼.=최근에 허리가 불편하여 항상 은근하게 아프다.

【不熟】 bùshú 형 1 (곡식·과일 등이) 여물지 않다. 2 익숙하지 않다. 서툴다. ¶他手艺还~.=그의 솜씨는 아직 서툴다.

【不爽】 bùshuǎng 형 1 착오가 없다. 틀림없다. ¶纤毫~=털끝만큼도 착오가 없다. 2 (몸이나 마음이) 개운치 않다. 불편하다. 언짢다. ¶精神~=정신이 개운치 않다.

【不顺】 bùshùn 형 순조롭지 않다. ¶近来诸事

~。= 근래 여러 가지 일들이 순조롭지 않다.

【不顺眼】 **bù shùnyǎn** 〔형〕 눈에 거슬리다. 눈꼴 사납다. 눈꼴이 시리다.

【不送气】 **bù sòngqì** 〔명〕〔言〕 발음할 때 입김을 세게 내지 않고 발음함. =【不吐气】**bùtǔqì**

【不送气音】 **bùsòngqìyīn** 〔명〕〔言〕 무기음(無氣音). [소리 낼 때 입김이 세게 나지 않는 소리]

【不俗】 **bùsú** 〔형〕 속되지 않다. 상스럽지 않다. 천하지 않다. 고상하다. 품위가 있다. ¶言行~= 언행이 고상하다.

【不速之客】 **bùsùzhīkè** 〔성〕 초대받지 않았는데 스스로 나타난 손님. 불청객.

【不算】 **bùsuàn** 〔동〕 **1** 계산하지 않다. 세지 않다. 헤아리지 않다. 문제로 삼지 않다. ¶只计成本, ~利息。= 본전만을 생각하고 이자를 계산하지 않다. **2** …라고 할 수 없다. …한 편은 아니다. …이라 인정하지 않다. ¶这玩意儿~好东西。= 이 놀이는 좋은 것이라고 할 수 없다.

【不随意肌】 **bùsuíyìjī** ☞【平滑肌】**pínghuájī**

【不遂】 **bùsuì** 〔동〕〔문〕 **1** 뜻대로 되지 않다. 마음대로 되지 않다. ¶最近多事~。= 최근에 많은 일들이 뜻대로 되지 않는다. **2** 성공하지 못하다. 뜻을 이루지 못하다. ¶大业~=대업을 이루지 못하다.

【不贪】 **bùtān** 〔형〕 욕심부리지 않다. 사치하다. ¶~意外之财=뜻밖의 횡재를 바라지 않다.

【不特】 **bùtè** 〔부〕〔문〕 …뿐만 아니라.

【不桃之祖】 **bùtiāozhīzǔ** 〔성〕〔문〕 어떤 일을 창시하여 존경을 받는 인물.

【不听】 **bùtīng** 〔동〕 말을 듣지 않다. ¶~老人言, 吃亏在眼前。= 노인의 말을 듣지 않으면, 바로 손해를 보는 법이다.

【不听使唤】 **bùtīng-shǐ·huan** 〔성〕 분부를 따르지 않다. 조종할 수 없다. ¶累得实在走不动了, 腿一点也~。= 정말 너무 피곤해서 걸을 수가 없어, 다리가 조금도 말을 듣지 않아.

【不通】 **bùtōng** 〔동〕 **1** 통하지 않다. 막히다. ¶此路~。= 이 길은 막혔다. **2** 모르다. 이해하지 못하다. ¶~世故=세상 물정을 모르다. 〔형〕 (글이나 말 등이) 매끄럽지 않다. 통하지 않다. 조리가 없다. ¶逻辑~=논리가 매끄럽지 않다.

【不同】 **bùtóng** 〔형〕 같지 않다. 다르다. ¶两人兴趣~。= 두 사람의 취미가 서로 다르다. ↔相同

【不同程度】 **bùtóng-chéng·dù** 〔성〕 같지 않은 상황. 같지 않은 수준. ¶在~上, 我们都支持公司经理的决定。= 같지 않은 상황에서, 우리들은 모두 사장의 결정을 지지한다.

【不同凡响】 **bùtóng-fánxiǎng** 〔성〕〔비〕 (문예 작품 등이) 뛰어나다.

【不同寻常】 **bùtóng-xúncháng** 〔성〕 보통과 다르다. 일반적이지 않다. 늘非同寻常

【不痛不痒】 **bùtòng-bùyǎng** 〔성〕 **1** 아프지도 가렵지도 않다. **2** 〔비〕 핵심을 찌르지 못하다. 철저하게 문제를 해결하지 못하다.

【不投机】 **bù tóujī** 〔성〕 견해가 일치하지 않다. ¶话~, 两人谈了几句就各做各的去了。= 이야기가 통하지 않자, 두 사람은 몇 마디를 주고받고는 자기 일을 찾아갔다.

【不图】 **bùtú** 〔부〕〔문〕 뜻밖에. 의외로. ¶~事有所变。= 뜻밖에 일에 변고가 생겼다. 〔동〕 추구하지 않다. ¶~私利=사리를 추구하지 않다.

【不吐气】 **bù tǔqì** ☞【不送气】**bù sòngqì**

【不妥】 **bùtuǒ** 〔형〕 타당하지 않다. 부적당하다. ¶极为~=매우 부적당하다. 〔명〕 타당하지 않은 점. ¶如此办理, 似有~。= 이렇게 처리하면 부적당한 점이 있는 듯하다.

【不外(乎)】 **bùwài(·hu)** 〔동〕 (어떤 범위를) 벗어나지 않다. ¶那~钱方面的问题。= 그것은 돈 문제를 벗어나지 않는다.

【不枉】 **bùwǎng** 〔부〕 헛되지 않다. 보람이 있다. ¶~恩师栽培=나의 가르침이 헛되지 않았다.

【不为已甚】 **bùwéi-yǐshèn** 〔성〕 (사람에 대한 질책이나 처벌이) 지나치지 않고 적당하다.

【不违农时】 **bùwéi-nóngshí** 〔성〕 농사짓는 적당한 시기를 놓치지 않다.

【不惟】 **bùwéi** 〔접〕〔문〕 …뿐만이 아니라. ¶此举~无害, 反而大有益处。= 이 일은 해가 없을 뿐만이 아니라, 도리어 큰 이로움이 있을 것이다.

【不韪】 **bùwěi** 〔명〕 그릇된 일. 나쁜 짓. ¶冒天下之大~。= 천하의 나쁜 짓을 저지르다.

【不为】 **bùwèi** 〔개〕 …때문에 …하지 않다. …을 위해서 …하지 않다. ¶~物喜, 不以己悲。= 사물의 득실과 자기의 승진이나 강등 때문에 기뻐하거나 슬퍼하지 않는다.

【不为别的】 **bùwèi-bié·de** 〔성〕 다른 어떤 일을 위해서가 아니라. 다만, 오로지 이 일 때문에. ¶~, 只为此事而来。= 다름이 아니라, 오로지 이 일 때문에 온 것이다.

【不畏】 **bùwèi** 〔동〕 두려워하지 않다. 무서워하지 않다. ¶~艰难险阻=온갖 위험과 어려움을 두려워하지 않다.

【不谓】 **bùwèi** 〔동〕〔문〕 **1** 뜻밖에. 의외로. ¶~今日重逢, 幸甚!= 뜻밖에 오늘 다시 만나다니, 다행스럽기 그지없다! **2** (부정사 앞에 놓여서) …라고 할 수 없다. ¶工作~不重, 但必须坚持到底。= 업무가 힘들지 않다고는 할 수 없으나, 반드시 끝까지 이겨 내야 한다.

【不闻】 **bùwén** 〔동〕 **1** 듣지 못하다. **2** 다른 일에 전혀 관심을 두지 않다. ¶专心治学, ~窗外之事。= 오로지 학업에만 전념하고, 다른 일에는 전혀 관심을 두지 않다.

【不闻不问】 **bùwén-bùwèn** 〔성〕 **1** 듣지도 묻지도 않다. **2** 〔비〕 전혀 관심을 두지 않다.

【不问】 **bùwèn** 〔동〕 **1** 물어 보지 않다. 들어 보지 않다. ¶~自明=묻지 않아도 저절로 안다. **2** 고려하지 않다. 깊이 생각하지 않다. ¶~是非曲直=시비곡직을 따지지 않다. **3** 따지지 않다. 추궁하지 않다. ¶胁从~=복종하는 자는 추궁하지 않는다. **4** 염두에 두지 않다. 관심을 두지 않다. ¶~政治=정치에 관심을 가지지 않다. 〔접〕 막론하고. 불문하고. ¶~男女老少, 每人都可以参加。= 남녀노소를 불문하고 누구나 참가할 수 있다.

【不问青红皂白】 **bùwèn qīnghóng zàobái**

[성] **1** 청홍흑백(青紅黑白)을 따지지 않다. **2** [비] 일을 대충대충 건성으로 하다.
【不无】**bùwú** [동] 없지 않다. 조금은 있다. ¶～原因＝원인이 없는 것이 아니나다.
【不无裨益】**bùwú-bìyì** [성] 좋은 점이 없는 것이 아니다. 조금은 좋은 점이 있다.
【不无道理】**bùwú-dào·li** [성] 전혀 이치에 맞지 않는 것은 아니다.
【不无小补】**bùwú-xiǎobǔ** [성] 약간의 좋은 점이 있다.
【不务虚名】**bùwù-xūmíng** [성] 헛된 명성을 추구하지 않다.
【不务正业】**bùwù-zhèng yè** [성] **1** 정당하지 않은 직업에 종사하다. **2** [비] 본래의 직업을 내던지고 다른 일을 하다. ↔游手好闲
【不惜】**bùxī** [동] 아끼지 않다. ¶赴汤蹈火, 在所～。＝어떠한 위험이라도 감수하겠다.
【不暇】**bùxiá** [동][문] 시간이 없다. 겨를이 없다. ¶自顾～＝자기를 돌아볼 시간이 없다.
【不下】**bùxià** [동] **1** (정력이나 재물 등을) 투자하지 않다. ¶学外语～功夫是不行的。＝외국어를 배우는 데는 공을 들이지 않으면 안 된다. **2** …보다 적지 않다. ¶这所大学的研究生～万人。＝이 대학의 대학원생 수는 적어도 만 명은 된다.
【不下】**·buxià** [접미] (동사 뒤에 놓여) 어떤 동작을 완성하지 못했거나 결과가 없음을 나타낸다. ¶僵持～＝서로 양보하지 않다. / 久议～＝오랫동안 논의해도 결과가 나지 않다.
【不下去】**·buxiàqù** [접미] (동사 뒤에 놓여) 어떤 동작을 계속할 수 없음을 나타냄. ¶吞～＝삼킬 수가 없다. / 坚持～＝버텨 낼 수가 없다.
【不下于】**bùxiàyú** [동] **1** …보다 적지 않다. ¶开课人数～二十人。＝수업을 듣는 사람수가 이십 명은 된다. **2** …보다 떨어지지 않다. …에 뒤지지 않다. ¶本厂新产品的质量～同类知名品牌的产品。＝본 공장의 신상품의 품질은 같은 종류의 유명 상품에 비해 뒤떨어지지 않는다.
【不咸不淡】**bùxián-bùdàn** [성][비] (언행 등이) 미온적이다.
【不显山, 不露水】**bù xiǎnshān, bù lòushuǐ** [속][비] 내색하거나 이목을 끄는 일을 하지 않다.
【不限于】**bù xiànyú** [동] (어떤 범위에) 한정되지 않다. ¶这次招聘面向全国, ～本市居民。＝이번 초빙은 전국이 대상이지, 본 도시의 주민에만 한정한 건 아니다.
【不相干】**bù xiānggān** [동] 서로 관계가 없다. ¶那件事的失误与他～。＝그 일의 잘못은 그와 상관이 없다.
【不相容】**bù xiāngróng** [동] 서로 화합하지 않아 공존할 수 없다. ¶水火～＝물과 불은 서로 화합하지 못한다.
【不相上下】**bùxiāngshàngxià** [성] **1** 우열을 가릴 수 없다. 막상막하. **2** [비] 수준이 대등하다. ≒铢两悉称
【不相闻问】**bùxiāngwénwèn** [성] 피차 전혀 관심이 없어 왕래가 없다.
【不详】**bùxiáng** [형] **1** 상세하지 않다. ¶语焉～＝말이 자세하지 않다. **2** 분명하지 않다. ¶情况～＝상황이 분명하지 않다. **3** 상세하게 말하지 않다. [주로 서신에 쓰임] ↔详尽 详细
【不祥】**bùxiáng** [형] 상서롭지 않다. ¶～之兆＝불길한 징조. ↔吉祥
【不想】**bùxiǎng** [동] **1** 그리워하지 않다. ¶难以～故乡的亲朋老友。＝고향의 옛 친구들을 그리워하지 않을 수 없다. **2** 바라지 않다. ¶～出人头地＝두각을 나타내는 것을 바라지 않다. **3** 뜻밖에. 의외로. ¶本来只是参与, ～竟然获得一等奖。＝원래는 단지 참가에 의미를 두었는데, 뜻밖에도 일등상을 받게 되었다.
【不像话】**bù xiànghuà** [형] **1** (언행이) 말이 안 된다. 이치에 맞지 않다. ¶无缘由地单方面悔约, ～!＝아무런 이유 없이 일방적으로 계약을 취소하다니, 정말로 말이 안 된다. **2** 꼴불견이다. 꼴 같지 않다. 돼먹지 못하다. ¶他满口粗言秽语, 实在～。＝그는 온갖 욕지거리를 해대는데, 정말로 돼먹지 못했다.
【不像样儿】**bù xiàngyàngr** [형] **1** (외모가) 꼴사납다. 보기 흉하다. 보기 안 좋다. 못생겼다. ¶她穿得太～了。＝그녀의 옷차림새가 너무나도 보기 흉하다. **2** 말이 안 된다. 이치에 맞지 않다. 이상하다. ¶朋友结婚送这点儿钱, ～!＝친구가 결혼하는데 이렇게 적은 돈을 보내다니, 정말 말도 안 된다!
【不消】**bùxiāo** [동] **1** 소실되지 않다. ¶头上碰的疙瘩半天都～。＝머리를 부딪쳐 난 혹이 오래도록 없어지지 않는다. **2** 필요로 하지 않다. …할 필요가 없다. ¶～多说了＝주절주절 말을 늘어놓을 필요가 없다.
【不消说】**bùxiāoshuō** [동] 말할 필요가 없다. ¶那件伤心的事就～了。＝그런 가슴 아픈 일은 말할 필요가 없다.
【不孝】**bùxiào** [동] 불효하다. [명][옛] 친상 중의 자칭(自稱).
【不肖】**bùxiào** [형] 품성이 좋지 않다. 불초하다. [주로 자손에 쓰임] ¶～子孙＝못난 자손.
【不屑】**bùxiè** [동] (어떤 일을) 할 가치가 없다(고 여기다). 하찮게 여기다. ¶～一提＝제기할 가치가 없다. [형] 경시하다. ¶满脸～的神色＝온통 깔보는 얼굴 기색.
【不屑于】**bùxièyú** [동] (어떤 일에 대해) 할 가치가 없다고 여기다. (어떤 사람에 대해) 상대할 가치가 없다고 여기다.
【不谢】**bùxiè** [동] **1** 천만에요. 감사할 것 없습니다. ¶～! 这是我的义务。＝천만에요. 이것은 저의 의무입니다. **2** 시들지 않다. ¶没～之花, 无不死之人。＝지지 않는 꽃이 없으며, 죽지 않는 사람이란 없는 법이다.
【不懈】**bùxiè** [형] 게으르지 않다. 꾸준하다. ¶坚持～＝꾸준하게 하다.
【不信】**bùxìn** [동] 믿지 않다. 신임하지 않다. ¶～流言蜚语＝유언비어를 믿지 않다.
【不信任案】**bùxìnrèn'àn** [명]《政》불신임안.
【不信邪】**bùxìnxié** [구] **1** 사악한 세력을 두려워하지 않다. **2** 옳지 않은 일이 영원할 것이라고 믿

지 않다.
【不兴】 bùxīng 동 1 …해서는 안 된다. [불허를 나타냄] ¶~大声喧哗=큰 소리로 떠들어서는 안 된다. 2 유행하지 않다. 시대에 뒤떨어지다. ¶这种款式的西服早就~了。=이러한 스타일의 양복은 유행이 벌써 지나갔다. 3 …할 수 없다. [반문에 쓰임] ¶你这个小家伙总是到处乱跑，~老实一会儿吗?=너 이 녀석, 노상 싸돌아 다니는데, 잠시라도 가만히 좀 있을 수 없니?
【不行】 bùxíng 형 1 나쁘다. 좋지 않다. ¶这个书柜的做工~。=이 책장은 만듦새가 좋지 않다. 2 쓸모 없다. 능력 밖이다. 유능하지 못하다. ¶他对电脑~。=그는 컴퓨터 방면에 유능하지 못하다. 부 (정도가) 매우 심하다. 견딜 수 없다. ['得(·de)' 뒤에 쓰임] ¶饿得~=배가 고파 죽을 지경이다. 동 1 안 된다. 허락하지 않다. ¶这样做当然~。=이렇게 하는 것은 당연히 안 된다. 2 죽음에 가깝다. 임종이 가깝다. ¶他伤得太重了，眼看~了。=그는 상처가 너무 심해 죽을 것 같이 보인다.
【不形于色】 bùxíngyúsè 성 (생각이나 정서 등을) 내색하지 않다.
【不省人事】 bùxǐng-rénshì 성 1 인사불성이 되다. 2 (비) 세상 물정을 모르다.
【不幸】 bùxìng 형 불행하다. ¶~的事件=불행한 사건. 부 불행히도. ¶~病故=불행히도 병으로 죽다. 명 1 재난. 재화. 불행. ¶惨遭~=참혹하게 재난을 당하다. 2 죽음. 사망. ¶他已遭~。=그는 이미 사망했다.
【不休】 bùxiū 동 멈추지 않다. ¶争吵~=싸움이 그치지 않다.
【不修边幅】 bùxiū-biānfú 성 용모나 옷차림에 신경을 쓰지 않다.
【不朽】 bùxiǔ 형 영구하다. 불후하다. [추상적인 것에 많이 쓰임] ¶烈士的精神将万世~。=열사의 정신은 만세토록 영원할 것이다.
【不锈钢】 bùxiùgāng 명 스테인리스강.
【不须】 bùxū 부 …할 필요가 없다. ¶~亲自前往=친히 갈 필요가 없다.
【不虚此行】 bùxū-cǐxíng 성 (여행이나 견학 등에서) 풍성한 수확을 거두다.
【不许】 bùxǔ 동 1 허락하지 않다. …해서는 안 된다. ¶~作弊=부정 행위를 해서는 안 된다. 2 …할 수 없다. [반문에 사용함] ¶你~独立完成吗?=너 혼자서는 완성할 수 없니?↔许可
【不恤】 bùxù 동 돌보지 않다. 걱정하지 않다. 개의치 않다. 관계하지 않다. ¶~人言=다른 사람 말에 개의치 않다.
【不宣】 bùxuān 동 1 설명하지 않다. 공개하지 않다. ¶心照~=서로 알고 있어 설명하지 않다. 2 더 상세하게 얘기하지 않다. [주로 서신 말미에 사용함]
【不宣而战】 bùxuān'érzhàn 성 선전 포고 없이 공격하다.
【不学无术】 bùxué-wúshù 성 배운 것도 없고 재주도 없다.
【不逊】 bùxùn 형 무례하다. 불손하다. ¶出言

~=말하는 태도가 불손하다.
【不亚于】 bùyàyú 형 …에 못지 않다. …에 뒤지지 않다.
【不言不语】 bùyán-bùyǔ 성 아무 말도 하지 않다.
【不言而喻】 bùyán'éryù 성 말하지 않아도 안다. 말할 필요도 없다.
【不厌】 bùyàn 동 1 (…을) 귀찮아하지 않다. 싫어하지 않다. ¶~其烦=번거로운 것을 귀찮아하지 않다. 2 배척하지 않다. 마다하지 않다. 그르다고 여기지 않다. ¶兵~诈=싸움에서는 속임수를 마다하지 않는다. 3 (문) 만족하지 않다. ¶学而~，诲人不倦。=배움에 만족하지 않고, 가르침에 게으르지 않다.
【不厌其烦】 bùyàn-qífán 성 번거로움을 귀찮아하지 않다.
【不厌其详】 bùyàn-qíxiáng 성 상세히 하는 것을 꺼리지 않다.
【不扬】 bùyáng 형 (생김새가) 추하다. 예쁘지 않다. ¶其貌~=용모가 변변치 않다.
【不要】 bùyào 동 1 필요치 않다. 필요가 없다. ¶参加学会~交费。=학회에 참가하는 데 비용을 낼 필요가 없다. 2 받지 않다. 갖지 않다. ¶纯粹帮忙，分文~。=순수하게 도와 주는 것이니, 한 푼도 받지 않겠다. 3 …하지 마라. …해서는 안 된다. ¶~熬夜=밤을 꼬박 새지 마라.
【不要紧】 bù yàojǐn 형 1 괜찮다. 문제 될 것이 없다. ¶这点病~，休息几天就好了。=이런 병은 별것 아니니, 며칠 휴식하면 괜찮을 것이다. 2 (겉으로는) 문제가 없는 듯하다. [이어서 반전의 말이 옴] ¶小家伙一哭~，爷爷奶奶都来哄他。=어린애가 우는 것은 별것 아닌데, 할아버지 할머니까지 와서 애를 달랜다.
【不要脸】 bù yàoliǎn 숙 (욕하는 말로) 뻔뻔스럽다. 파렴치하다.
【不要命】 bù yàomìng 숙 목숨을 아끼지 않다. ¶闯红灯过马路，~啦!=빨간 등에 길을 건너다니, 죽고 싶어 환장했나!
【不夜城】 bùyèchéng 명 불야성.
【不一】 bùyī 형 1 같지 않다. 일치하지 않다. ¶大小~=크기가 같지 않다. 2 일일이 말하지 않다. [주로 서신에 쓰임] ¶匆此~=바빠서 일일이 말하지 않겠다.
【不一定】 bùyīdìng 형 확정할 수 없다. 확정적이지 않다. ¶那事~。=그 일은 확정적이지 않다. 부 (반드시) …할 필요는 없다. …한 것은 아니다. ¶你~亲自前往。=반드시 네가 직접 갈 필요는 없다.
【不一而足】 bùyī'érzú 성 한 차례 혹은 하나뿐이 아니고 아주 많다.
【不一会儿】 bùyīhuìr 명 머지않아. 곧. ¶~，他就把肉买回来了。=그는 곧 고기를 사 가지고 돌아왔다.
【不依】 bùyī 동 1 말을 듣지 않다. 복종하지 않다. 따르지 않다. 동의하지 않다. ¶老婆的话，老公哪敢~。=아내의 말을 남편이 어찌 감히 듣겠으랴. 2 준수하지 않다. ¶~常规=규칙을 지

키지 않다. **3** 허락하지 않다. 관대하지 않다. ¶你再胡说, 我可～你。=네가 또다시 허튼소리를 하면, 정말로 가만두지 않을 테다.

【不依不饶】**bùyī-bùráo** [성] 끝까지 귀찮게 굴다. 트집을 잡다.

【不宜】**bùyí** [동] 적당하지 않다. ¶少儿～=아이에게는 적당하지 않다.

【不遗余力】**bùyí-yúlì** [성] 있는 힘을 다하다.

【不已】**bùyǐ** [동] …해 마지않다. 멈추지 않다. ¶感叹～=감탄해 마지않다.

【不以成败论英雄】**bùyǐ chéngbài lùn yīngxióng** [성] 성패 여부를 가지고 영웅을 논하지 않는다.

【不以为耻】**bùyǐwéichǐ** [성] 수치스럽다고 여기지 않다.

【不以为然】**bùyǐwéirán** [성] 그렇게 여기지 않다. 그렇다고는 생각지 않다.

【不以为意】**bùyǐwéiyì** [성] 마음에 두지 않다. 개의치 않고 대하다.

【不义之财】**bùyìzhīcái** [성] 부당하게 얻은 재물〔재산〕.

【不亦乐乎】**bùyìlèhū** [성] **1** 어찌 기쁘지 아니하겠는가? **2** [비] 절정에 이르다.

【不易】**bùyì** [동] 바꿀 수 없다. ¶这是定论, 坚持～。=이것은 정해진 의견이니, 결코 바꿀 수 없다. [형] 쉽지 않다. ¶来之～=얻기가 쉽지 않다.

【不易之论】**bùyìzhīlùn** [성] 내용이 정확하여 달리 바꿀 수 없는 이론〔결론〕.

【不意】**bùyì** [동] 의외로. 뜻밖에. ¶出其～=불시에 행동을 취하다.

【不翼而飞】**bùyì'érfēi** [성] **1** 날개도 없는데 날아가다. **2** [비] 물건이 갑자기 없어지다. **3** [비] 발 없는 말이 천리를 가다.

【不阴不阳】**bùyīn-bùyáng** [성][비] (태도나 정서 등이) 애매하고 불분명하다.

【不用】**bùyòng** [동] 사용하지 않다. ¶这种家具现在很多人～了。=이제 이런 가구는 대다수의 사람들이 사용하지 않는다. [부] …할 필요가 없다. ¶～担心, 这件事我会做好的。=걱정 마라, 이 일은 내가 잘 할 수 있으니.

【不用说】**bùyòngshuō** [동] 말할 필요가 없다. 말할 나위도 없다. ¶～周末, 平时商场里人也很多。=주말은 말할 것도 없고, 평일에도 시장에 사람이 매우 많다.

【不由】**bùyóu** [동] **1** 복종하지 않다. 따르지 않다. ¶～人愿=사람들이 원하는 바를 따르지 않다. **2** 허용하지 않다. …하지 않을 수 없다. ¶～辩解=변명을 허용하지 않다. [부] 저절로. 자연히. 저도 모르게. ¶睹物思人, ～暗自神伤。=(남겨진) 물건을 보고 사람이 생각나서 저절로 홀로 슬퍼한다.

【不由得】**bùyóu·de** [부] 저절로. 자연히. 저도 모르게. ¶看这么悲伤感人的影片, ～泪流满面。=이렇게 감동적이고 슬픈 영화를 보니, 나도 모르게 눈물이 앞을 가린다. [동] 허용하지 않다. …하지 않을 수 없다. ¶事实面前, ～你不信。=사실 앞에서 너는 믿지 않을 수가 없을 것이다.

【不由分说】**bùyóu-fēnshuō** ☞【不容分说】**bùróng-fēnshuō**

【不由自主】**bùyóu-zìzhǔ** [성] 자기 뜻대로 되지 않다. 자신을 제어할 수 없다.

【不渝】**bùyú** [동] 불변하다. 변하지 않다. ¶忠心～=충심이 변하지 않다.

【不虞】**bùyú** [동][문] **1** 의외이다. 뜻밖이다. ¶～之祸=뜻밖의 재난. **2** 걱정하지 않다. ¶～匮乏=모자란 것을 걱정하지 않다. [명][문] 예상하지 못한 일. ¶以防～=뜻밖의 일에 대비하다.

【不育】**bùyù** [동]《醫》 아이를 낳지 않다. [명]《醫》 불임. 유산. 사산.

【不遇】**bùyù** [동] **1** 만나지 못하다. ¶登门～=찾아갔는데 만나지 못하다. **2** [문] 불우하다. 인정받지 못하다. ¶怀才～=재주를 갖고도 때를 만나지 못하다.

【不远千里】**bùyuǎn-qiānlǐ** [성] 먼길을 마다하지 않고 달려오다.

【不愿】**bùyuàn** [동] 원하지 않다. …하려 하지 않다. ¶他总是说一样的内容, 我～听。=그는 항상 같은 내용을 반복하니, 난 듣고 싶지 않다.

【不约而同】**bùyuē'értóng** [성] 약속이나 한 듯 일치하다. ≒不谋而合 ↔见仁见智

【不月】**bùyuè** ☞【经闭】**jīngbì**

【不孕】**bùyùn** [명]《醫》 불임(증). =【不孕症】**bùyùnzhèng** [동]《醫》 (생리적으로) 임신하지 못하다.

【不孕症】**bùyùnzhèng** ☞【不孕】**bùyùn**

【不在】**bùzài** [동] **1** 집에 없다. ¶我爱人～, 出差了。=내 남편은 출장을 가서 집에 없다. **2** (…에) 있지 않다. ¶他～, 下班了。=그는 이미 퇴근해서 없다. **3** (어떠한 범위나 상태에) 처하지 않다. ¶～其位, 不谋其政。=그 자리에 처하지 않으면, 그 일에 대해 도모하지 않는다. **4** (완곡한 표현으로) 사망하다. ¶他～了, 不然可以直接向他老人家请教。=그는 이미 돌아가셨어, 그렇지 않으면 그 분께 직접 도움을 청할 수 있었을 텐데.

【不在此列】**bùzài-cǐliè** [성] 이 유형에 속하지 않는다.

【不在此限】**bùzài-cǐxiàn** [성] 이러한 제한을 받지 않다.

【不在行】**bùzàiháng** [형] (어떠한 사정이나 직업에) 문외한이다. 풋내기이다.

【不在乎】**bùzài·hu** [동] 마음에 두지 않다. ¶他素来～名利得失。=그는 원래부터 명예나 이익에는 관심이 없다.

【不在话下】**bùzài-huàxià** [성] **1** 전혀 문제 될 것이 없다. **2** [비] (경미하여) 말할 가치가 없다. **3** [비] (당연하여) 더 말할 필요가 없다.

【不在少数】**bùzài-shǎoshù** [성] 숫자가 비교적 많다.

【不在意】**bùzàiyì** [동] 주의하지 않다. 개의치 않다. 마음에 두지 않다. ¶这点损失, 他根本～。=이런 정도의 손해에는 그는 전혀 개의치 않는다.

【不在于】**bùzàiyú** [동] **1** (사물의 본질 또는 내용이) 이와 같지 않다. ¶离婚的根本原因～性格不

和。=이혼의 근본적인 원인은 성격 불화 때문이 아니다. **2** …에 달려 있지 않다. ¶那生意成不成, ~朋友关系好不好。=그 거래의 성사는 친구 관계의 좋고 나쁨에 달려 있지 않다.

【不再】**bùzài** 통 다시 …하지 않다. 더는 …(이) 아니다. ¶~犯同样的错误=이제 다시는 같은 실수를 반복하지 않겠다.

> 不再(búzài) / 再不(zàibù)
> (가설 조건) ~하지 않으면
>
> '~하지 않으면' 이라는 가설 조건을 나타내는 복문에서는 둘을 바꾸어 사용할 수 없음.
> 不再 : 이전에 이미 행했던 일을 중복하지 않거나, 계속되지 않는다면. ¶你不再练习一次, 就不能参加星期五的比赛。=너희들 한 번 더 연습하지 않으면, 금요일 시합에 못 나갈 거야. / 你不再跟他见一面, 可能以后就没有见面的机会了。=너 그와 다시 한 번 만나지 않으면, 앞으로 만날 기회가 없을 거야.
> 再不 : 말하고 있는 일이 발생하지 않거나, 하지 않는 상황이 계속된다면. ¶快过来吃啊! 再不吃, 就没有了。=빨리 와서 먹어. 먹지 않으면 없어질걸. / 她的病已经很危险了, 再不去医院, 恐怕就没救了。=그녀의 병은 이미 아주 위중해졌으, 병원에 가지 않으면 아마 살기 힘들 거야. / 你再不说, 我就不理你了。=너 말하지 않으면, 난 널 상대하지 않겠어.

【不赞一词】**bùzàn-yīcí** 성 **1** 글이 너무나 훌륭하여 한 마디도 덧붙일 것이 없다. **2** 비 한마디도 하지 않다.

【不则声】**bùzéshēng** 통방 아무 소리도 하지 않다. 침묵을 지키다.

【不择手段】**bùzé-shǒuduàn** 성부 목적을 달성하기 위하여 수단 방법을 가리지 않다.

【不怎么】**bù zěn·me** 부 그다지. 별로. ¶她今天~舒服=그녀는 오늘 그다지 편치 않다.

【不怎么样】**bù zěn·meyàng** 낮 그리 좋지 않다. 보통이다. 평범하다. ¶这幅书法~。=이 서예 작품은 평범하다.

【不粘锅】**bùzhānguō** 명 (코팅 처리해) 달라붙지 않는 고급 후라이팬.

【不着】·**buzháo** 접미 (동사 뒤에 놓여서) …하지 못하다. ¶找~=찾아 내지 못하다. / 摸~=추측해 내지 못하다.

【不折不扣】**bùzhé-bùkòu** 성 **1** 한 푼의 에누리도 없다. **2** 비 한 치도 어김이 없다.

【不振】**bùzhèn** 형 왕성하지 못하다. 활기가 없다. 부진하다. ¶一蹶~=한 번 넘어져 다시 일어나지 못하다.

【不争】**bùzhēng** 통 싸우지 않다. 다투지 않다. 따지지 않다. ¶~名利=명리를 따지지 않다. 형 의심할 여지가 없다. ¶那是~的事实。=그것은 의심할 여지가 없는 사실이다.

【不争论】**bùzhēnglùn** 통 논쟁하지 않다. 따지지 않다.

【不争气】**bùzhēngqì** 통 노력하지 않다. 분발하지 않다. 무기력하다. 제 구실을 못 하다.

【不整】**bùzhěng** 형 정결하지 않다. 고르지 않다. ¶衣冠~==의관이 정결하지 않다.

【不正当竞争】**bù zhèngdāng jìngzhēng** 명 〈經〉 불공정 교역. 불공정 거래.

【不正经】**bùzhèng·jing** 형 **1** (방법 등이) 신중하지 않다. **2** (태도 등이) 점잖지 않다. 단정하지 않다. 올바르지 않다. 성실하지 않다. 엄숙하지 않다.

【不正之风】**bùzhèngzhīfēng** 명 나쁜 기풍[작태].

【不支】**bùzhī** 통 **1** 지불하지 않다. ¶报酬暂时~。=보수를 당분간 지불하지 않다. **2** 지탱할 수 없다. 버티지 못하다. ¶体力~=체력이 버티어 내지 못하다. 힘이 부치다.

【不织布】**bùzhībù** ☞【非织造布】**fēi zhīzàobù**

【不知】**bùzhī** 통 알아듣지 못하다. 모르다. ¶知之为知之, ~为~, 是知也。=아는 것을 안다 하고, 모르는 것을 모른다 하는 것이 바로 아는 것이다.

【不知不觉】**bùzhī-bùjué** 성 자기도 모르는 사이에. 부지불식간에.

【不知凡几】**bùzhī-fánjǐ** 성 **1** 부지기수. 전부 얼마나 되는지 그 수를 모른다. **2** 비 같은 종류의 사람이나 사물이 아주 많다.

【不知甘苦】**bùzhī-gānkǔ** 성 **1** 단맛과 쓴맛을 모르다. **2** 비 어떤 일을 하는 즐거움이나 고생을 알지 못하다.

【不知好歹】**bùzhī-hǎodǎi** 성 **1** 선악을 구별하지 못하다. **2** 비 사리에 어두워서 타인의 호의를 알지 못하다.

【不知进退】**bùzhī-jìntuì** 성 행동할 바를 모르다. 분수를 모르다.

【不知就里】**bùzhī-jiùlǐ** 성 속사정을 모르다.

【不知轻重】**bùzhī-qīngzhòng** 성 언행에 분별이 없다.

【不知情】**bùzhīqíng** 통 일의 사정을 모르다.

【不知死活】**bùzhī-sǐhuó** 성 물불을 가리지 않고 무모하게 행동하다.

【不知所措】**bùzhī-suǒcuò** 성 어찌할 바를 모르다. 갈팡질팡하다.

【不知所云】**bùzhī-suǒyún** 성 **1** 무슨 말을 하는지 모르다. **2** 비 말이 논리정연하지 않고 불분명하다.

【不知所终】**bùzhī-suǒzhōng** 성 최종 결과를 모르다.

【不知天高地厚】**bùzhī tiān gāo dì hòu** 성 분수를 모르고 무모하게 날뛰다.

【不值】**bùzhí** **1** 값어치가 없다. ¶这套西服~两千元。=이 양복은 2,000위안의 값어치가 안 된다. **2** 가치가 없다. 시시하다. ¶~一提=제기할 가치가 없다.

【不值得】**bù zhí·de** 통 …할 만한 가치나 의의가 없다. ¶挣那点儿钱, ~花这么大的力气。=그 정도의 돈을 버는 것이라면, 이렇게 많은 힘을

들일 만한 가치가 없다. →值得

【不值一驳】**bùzhí-yībó** 〔成〕 반박할 만한 가치가 없다.

【不值一钱】**bùzhí-yīqián** ☞【一钱不值】**yīqián bùzhí**

【不值一提】**bùzhí-yītí** 〔成〕 언급〔제기〕할 가치가 없다.

【不止】**bùzhǐ** 〔动〕 **1** 멈추지 않다. 그치지 않다. ¶大哭~=통곡을 그치지 않다. **2** (일정한 수량이나 범위를 초과하여) …에 그치지 않다. ¶他的年龄~三十岁。=그의 나이는 삼십을 넘었을 것이다.

【不只】**bùzhǐ** 〔连〕 …뿐만이 아니라. ¶~物质生活改善了, 文化生活也得到了丰富。=물질 생활이 개선되었을 뿐만이 아니라, 문화 생활도 풍부해졌다.

【不至于】**bùzhìyú** 〔动〕 …에 이르지 못하다. …에 미치지 않다. …까지는 안 된다. ¶他~犯这样的常识性错误。=그가 이러한 상식적인 잘못을 범할 정도는 아니다.

【不治】**bùzhì** 〔动〕(醫) 완치할 수 없다.

【不治之症】**bùzhìzhīzhèng** 〔成〕 **1** (醫) 불치병. **2** 〔비〕 제기할 수 없는 병이나 폐단.

【不致】**bùzhì** (어떤 결과를) 일으키지 않다. 불러 오지 않다. ¶如早作复习, 也~临急抱佛脚了。=미리 복습을 했더라면, 이처럼 다급하지는 않았을 텐데.

【不置】**bùzhì** 〔动〕〔書〕 그치지 않다. …해 마지않다. ¶懊悔~=후회해 마지않다.

【不置可否】**bùzhì-kěfǒu** 〔成〕 가부(可否)를 단언하지 않다. 태도가 애매하다.

【不中】**bùzhōng** 〔形〕〔方〕 쓸모 없다. 안 된다. 좋지 않다. ¶你说的~, 还要按他的意见办。=네가 말한 것은 좋지 않으니, 아무래도 그의 의견대로 해야 할 것 같다.

【不中用】**bù zhōngyòng** 〔形〕 쓸모 없다. 능력 밖이다. 도움이 안 된다. 재능이 없다. ¶对那件事, 这个方法~。=그 일에 대해 이 방법은 쓸모 한 것이 못 된다.

【不中】**bùzhòng** 〔动〕 **1** 목표를 맞추지 못하다. ¶射~靶心=과녁을 명중시키지 못하다. **2** 적합하지 않다. ¶他的话太~听了。=그의 이야기는 들을 만한 것이 못 된다.

【不周】**bùzhōu** 〔形〕 주도면밀하지 못하다. 완비하지 못하다. ¶招待~=대접이 소홀하다.

【不周延】**bù zhōuyán** 〔形〕〔論〕 부주연.

【不住】**bùzhù** 멈추지 않다. ¶他~地称是。=그는 계속하여 그렇다고 한다.

【不住】·**buzhù** 〔接미〕 …하지 못하다. …할 수 없다. [동사 뒤에 붙어서 동작을 실현할 수 없거나 동작이 불안정·불확실함을 나타냄] ¶拿~=기 댈 수 없다. / 拉~=당겨 고정시킬 수 없다.

【不准】**bùzhǔn** 〔动〕 …해서는 안 된다. ¶~抽烟=흡연해서는 안 된다. 〔形〕 정확하지 않다. ¶挂钟走得~。=괘종시계가 정확하지 않다.

【不着边际】**bùzhuó-biānjì** 〔成〕 말이 공허하여 실제와 동떨어지다. 주제와 거리가 멀다. 말이 터무니없다. 늑言之无物.

【不赀】**bùzī** 양이 무한정이다. 셀 수 없을 만큼 많다. (재물·금액 등이) 많다. 귀중하다. ¶价值~=가치가 무한정이다.

【不自量】**bùzìliàng** 〔动〕 자신을 과대 평가하다. 주제를 모르다. ¶如此目中无人, 也太~了。=이토록 안하무인격이라니, 주제를 모르는군.

【不自量力】**bùzìliànglì** 자신의 능력을 정확하게 헤아리지 못하다. 자신을 과대 평가하다. 주제를 모르다. =【自不量力】**zìbùliànglì**

【不自在】**bù zì·zai** 〔形〕 (마음·몸 등이) 편안하지 않다. 자유롭지 못하다. ¶她这两天心里~。=그녀는 요 며칠 사이 마음이 편치 않다.

【不走样】**bù zǒuyàng** 〔动〕 (원래의 모습을) 바꾸거나 잃어버리지 않다. ¶这套西服买了三年还~。=이 양복은 3년이나 입었는데 아직도 원래 모습 그대로이다.

【不足】**bùzú** 〔形〕 부족하다. 충분하지 않다. ¶准备~=준비가 부족하다. 〔动〕 **1** …할 가치가 없다. ¶~为虑=염려할 가치가 없다. **2** …할 수 없다. …해서는 안 된다. ¶不团结, 便~图存。=단결하지 않으면 살 길을 모색할 수 없다. **3** 부족하다. (일정한 숫자에) 이르지 못하다. ¶这是个新建的大学, 在校学生还~三千。=이 대학은 신설이라 재학생이 3천 명이 못 된다.

【不足道】**bùzúdào** 〔动〕 얘기할 만한 가치가 없다. ¶微~=하찮아서 말할 만한 가치가 없다.

【不足挂齿】**bùzú-guàchǐ** 〔成〕 말할 만한 가치가 없다. 보잘것없다.

【不足取】**bùzúqǔ** 〔动〕 취할 만한 것이 못 되다. 따를 만한 것이 못 되다. 골라 가질 만한 가치가 없다. ¶这个房屋设计方案~。=이 집 설계 방안은 취할 만한 것이 못 된다.

【不足为怪】**bùzú-wéiguài** ☞【不足为奇】**bùzú-wéiqí**

【不足为据】**bùzú-wéijù** ☞【不足为凭】**bùzú-wéipíng**

【不足为凭】**bùzú-wéipíng** 〔成〕 근거삼을 수 없다. =【不足为据】**bùzú-wéijù**

【不足为奇】**bùzú-wéiqí** 〔成〕 **1** 진기하다고 여길 만한 가치가 없다. **2** 〔비〕 (사물이나 현상이) 평범하다. 특별한 구석이 없다. =【不足为怪】**bùzú-wéiguài**

【不足为训】**bùzú-wéixùn** 〔成〕 교훈이나 본보기로 삼을 가치가 없다.

【不作美】**bùzuòměi** 〔늑언〕 남의 일이 잘 되도록 도와 주지 않다. 심술궂게 굴다.

【不做】**bùzuò** 〔动〕 하지 않다. ¶~亏心事, 不怕鬼敲门。=마음에 부끄러운 일을 하지 않으면, 귀신이 찾아와도 겁날 일이 없다.

【不做声】**bùzuòshēng** 〔动〕 말하지 않다. 소리를 내지 않다.

【不作为】**bùzuòwéi** 〔名〕〔法〕(행정 기관의) 직무 유기.

*布¹ **bù** 베 포

〔名〕 **1** (紡) 천. 베. 포. ¶棉~=면직물. / 花~=

꽃무늬 천. **2** (모양·기능이) 천과 같은 재료. ¶塑料~=비닐 천. **3** 고대 화폐의 일종. **4**(Bù) 성(姓).

○ 布 bù
怖 bù
铈 bū

## 布²[(佈)] bù 펼 포

동 **1** 포진하다. 분포하다. ¶星罗棋~=별처럼 총총 늘어서고, 바둑판의 바둑알처럼 널려 있다. **2** 선고〔선포·선언〕하다. 반포하다. ¶颁~=선포하다. / 传~=전파하다. **3** 배치하다. 안배하다. ¶摆~=배치하다. / 合理~局=합리적으로 배치해 놓다. **4** 베풀다. 주다. ¶施恩~惠=은혜를 베풀다.

○● 摆bǎi布, 颁bān布, 衬chèn布, 传布, 粗cū布, 墩dūn布, 发布, 帆fān布, 分布, 葛gé布, 公布, 画布, 胶jiāo布, 刊布, 堪kān布, 昆kūn布, 冷布, 帘lián布, 流布, 卢lú布, 露布, 抹布, 毛布, 幕布, 尿niào布, 坯pī布, 瀑pù布, 漆qī布, 绒róng布, 散sàn布, 纱布, 砂shā布, 苦shàn布, 市布, 台布, 土布, 细布, 夏布, 宣布, 洋布, 油布, 摇zhǎn布, 纻zhòu布, 竹布, 桌布, 花纱布, 遮羞zhēxiū布

【布包】**bùbāo** 명 천(으로 만든) 가방.
【布帛】**bùbó** 명(紡) 면직물과 견직물. 직물의 총칭.
【布菜】**bù‖cài** 동 요리를 손님에게 나누어 주다〔권하다〕.
【布达拉宫】**Bùdálāgōng** 명 포탈라(Potala)궁. 〔중국 티베트(Tibet) 자치구의 라싸(拉萨) 북서부에 있는 라마교 사원〕.
【布袋】**bùdài** 명 천(으로 만든) 자루. 포대.
【布道】**bù‖dào** 동(宗) **1** (기독교에서) 전도하다. **2** 교리를 전파하다.
【布点】**bù‖diǎn** 동 (부서·인원 등을) 배치하다. 안배하다. ¶小区商业~工作正在展开。=단지 내 업소 배치 작업이 한창 진행되고 있다.
【布店】**bùdiàn** 명 포목점. 견직물 상점.
【布丁】**bùdīng** 명 푸딩(pudding).
【布贩】**bùfàn** 명 포목상.
【布防】**bù‖fáng** 동(军) 방어 병력을 배치하다.
【布岗】**bù‖gǎng** 동 보초를 세우다.
【布告】**bùgào** 명 게시문. 포고문. 동 공고하다. 통고하다. ¶~市民=시민에게 통고하다.
【布谷】**bùgǔ** ☞【杜鹃】**dùjuān 1**
【布景】**bùjǐng** 명 (무대 또는 영화의) 배경. 세트. 동(美) (화폭의 크기에 따라) 풍경을 배치하다. 무대 장치를 하다.
【布局】**bùjú** 명 **1** 구도. 짜임새. 분포. 구조. 구성. 배치. 안배. ¶城市~=도시 구도. **2** (작문·그림 등의) 구성. 짜임새. 배열. 안배. ¶这篇散文的立意, ~都比较新颖。=이 산문의 착상과 구성이 모두 비교적 새롭다. 동(體) (장기나 바둑에서) 포석하다.
【布控】**bùkòng** 동(法) (범죄 혐의가 있는 사람을) 감시하고 규제하다.
【布朗运动】**Bùlǎng Yùndòng** 명(物) 브라운 운동.

【布朗族】**Bùlǎngzú** 명 부랑족. 〔중국 소수 민족의 하나로 주로 윈난(云南) 지역에 분포함〕
【布雷】**bù‖léi** 동(军) 지뢰나 수뢰(水雷)를 매설하다. ¶~区=지뢰 매설 지역.
【布雷舰】**bùléijiàn** 명(军) 부설함(敷設艦).
【布料】**bùliào** 명(紡) 옷감. 천.
【布隆迪】**Bùlóngdí** 명(地) 부룬디(Burundi). 〔수도는 '布琼布拉(부줌부라 : Bujumbura)'임〕
【布满】**bùmǎn** 동 가득 널려 있다. 충만하다. ¶连续熬夜使他的双眼~血丝。=계속된 밤샘으로 그의 두 눈에는 핏발이 가득 섰다.
【布面】**bùmiàn** 명 **1** 천의 폭. **2**(紡) 천. 베. 포. 헝겊. 피륙.
【布匹】**bùpǐ** 명(紡) 천의 총칭.
【布设】**bùshè** 동 배치하다. (분산하여) 설치하다. ¶~诱饵=미끼를 설치해 놓다. ≒设置
【布施】**bùshī** 동 **1**⟨문⟩ (재물 따위를) 남에게 베풀다. 희사하다. **2**(佛) 보시하다.
【布头】**bùtóu**(~儿) 명 **1** 천 조각. **2** (재단하고 남은) 천 자투리.
【布娃娃】**bùwáwá** 명 헝겊 인형.
【布网】**bù‖wǎng** 동 **1** 그물을 치다. **2**(비) (혐의자 체포 등을 위해) 각처에 인력을 배치하다. **3** 통신망을 설치하다.
【布纹纸】**bùwénzhǐ** 명 우브지. 〔그물 무늬를 넣은 종이의 일종〕 (사진의 인화 및 확대용으로 쓰는) 그물 무늬의 심이 든 종이.
【布线】**bùxiàn** 동 선을 깔다. ¶电力~=전기선을 설치하다.
【布鞋】**bùxié** 명 헝겊(으로 만든) 신.
【布样】**bùyàng** 명 헝겊(으로 만든) 견본품. ¶~繁多=천으로 만든 견본품이 아주 많다.
【布衣】**bùyī** 명 **1** 무명옷. ¶粗食~=보잘것없는 음식에 하찮은 의복. **2** 평민. ¶~之交=포의지교.
【布依族】**Bùyīzú** 명 포의족. 〔중국 소수 민족의 하나로, 주로 구이저우(贵州) 서남쪽에 분포함〕
【布艺】**bùyì** 명 퀼트(quilt). ¶~沙发=소파용 퀼트.
【布展】**bùzhǎn** 동 배치하여 전시하다. ¶画展~工作刚刚开始。=그림 전시회의 배치 작업이 방금 시작되었다.
【布阵】**bù‖zhèn** 동(军) 진을 치다. 포진하다. ¶排兵~=병력을 배치하고 진을 치다.
【布阵以待】**bùzhènyǐdài** 성 포진하고 적의 공격을 기다리다.
【布置】**bùzhì** 동 **1** (각종 물건을 적절히) 안배하다. 진열하다. 배치하다. ¶~展厅=전시장을 배치하다. **2** (어떤 활동에 대해) 계획하다. 할당하다. 안배하다. ¶~加班工作=잔업을 계획하다. ≒安排 摆设 部署

## 步 bù 걸음 보

동 **1** 걷다. ¶~人教室=교실로 걸어 들어가다. **2**⟨문⟩ 밟다. 디디다. ¶要有新意, 不能~人后尘。=새로움이 있어야지, 다른 사람을 그대로 모방해서는 안 된다. **3** 명 보폭으로 토지를 측량하

步 吥 埗 怖 钚 埔 铺 部 **bù** 159

보측(步测)하다. ¶~~ 这块地, 大致估一下大小。=이 땅을 보측하여, 대략 크기를 가늠해 보자。⦿⦿ (길이의 단위로) '步' 가 5척임。**1** 걸음。⦿ ~散=산보。/寸~=难行=한 걸음도 옮기기 어렵다。**2** 단계。¶初~=초보 단계。**3** 상태。정도。형편。지경。¶地~=지경。**4** '埠 (bù)'와 같음。[주로 지명에 쓰임] ¶炭~=탄부。[광둥(广东)성에 있는 지명] **5** (Bù) 성(姓)。

○● 拔bá步, 初步, 代步, 地步, 放步, 后步, 疾jí步, 箭jiàn步, 脚jiǎo步, 进步, 举步, 阔kuò步, 劳láo步, 留步, 漫步, 起步, 却步, 碎suì步, 踏tà步, 台步, 同步, 徒tú步, 退步, 稳wěn步, 信步, 正步, 止步, 逐zhú步, 纵zòng步, 大踏tà步

【步兵】**bùbīng** ⦿(军) 보병。
【步步】**bùbù** ⦿ **1** 한 걸음 한 걸음。¶~不稳=걸음마다 불안하다。**2** 도처。도처。¶~谦虚谨慎=곳곳마다 겸허하고 신중하다。⦿ 점차。점점。¶~深入=점차 깊이 들어가다。
【步步高】**bùbùgāo** ⦿ **1** 점점 높아지다。**2** ⦿ 차츰차츰 승진하다。¶他这两年~, 现在已是公司副总了。=그는 요 두 해 동안 계속 승진하더니, 지금은 벌써 회사의 부사장이 되었다。
【步步为营】**bùbù-wéiyíng** ⦿ **1** 가는 곳마다 진을 치다。**2** ⦿ 행동을 신중히 하고 엄밀히 방어하다。
【步测】**bùcè** ⦿ 보측하다。걸음짐작하다。
【步道】**bùdào** ⦿ 인도。보도。¶整修~=보도를 정비하다。
【步点】**bùdiǎn** ⦿(体) (달리기에서의) 출발점。도착점。
【步调】**bùdiào** ⦿ **1** 걷는 속도。걸음걸이。**2** ⦿ (어떤 일을 진행하는) 방식。절차。속도。¶加快~=속도를 내다。
【步伐】**bùfá** ⦿ **1** 대오의 보조(步调)。¶统一~=걸음걸이를 통일하다。**2** 걸음걸이。발걸음。¶矫捷的~=재빠른 걸음걸이。**3** ⦿ (일이 진행되는) 속도。순서。¶加快经济体制改革的~=경제 체제 개혁의 속도를 더 높이다。
【步法】**bùfǎ** ⦿ (무용·무술 등의) 보법。걷는 법。
【步弓】**bùgōng** ⦿ (토지 측량에 쓰이는) 궁형(弓形) 나무자。
【步话机】**bùhuàjī** ⦿ 휴대용 무선 전화기。워키토키(walkie talkie)。=【步谈机】**bùtánjī**
【步距】**bùjù** ⦿ 보폭。
【步犁】**bùlí** ⦿(农) 쟁기。
【步履】**bùlǚ** ⦿⦿ 행보。걸음걸이。¶~匆忙=행보가 바쁘다。
【步履维艰】**bùlǚ wéijiān** ⦿ **1** 보행이 어렵다。**2** ⦿ 일의 진행이 더디고 어렵다。
【步枪】**bùqiāng** ⦿(军) 보총。보병용 총。
【步人后尘】**bùrénhòuchén** ⦿ **1** 다른 사람의 발자국을 밟고 가다。**2** ⦿ 다른 사람을 추종하거나 모방하다。↔独出心裁 独树一帜 独辟蹊径
【步人】**bùrù** ⦿ **1** 걸어 들어가다。¶~宴会大厅=회장으로 걸어 들어가다。**2** ⦿ 일이 일정 단계에 이르다。¶~一个崭新的发展阶段=새로운 발전 단계에 진입하다。
【步哨】**bùshào** ⦿(军) 보초。초병。
【步态】**bùtài** ⦿ 걸음걸이。걸음새。¶~优雅=걷는 자태가 우아하다。
【步谈机】**bùtánjī** ☞【步话机】**bùhuàjī**
【步武】**bùwǔ** ⦿⦿ **1** 짧은 거리。멀지 않은 거리。[고대에 두 발짝 떼는 것을 '步'라 하고, 반 발짝 떼는 것을 '武'라 하였음]。¶相距~=거리가 멀지 않다。**2** ⦿ 다른 사람의 걸음을 따르다。**2** ⦿ 본받다。¶~圣贤=성현을 본받다。
【步行】**bùxíng** ⦿ 보행하다。¶下车~=차에서 내려 걷다。
【步行街】**bùxíngjiē** ⦿ (주로 시내 번화가의) 보행자 전용 도로。
【步韵】**bù**∥**yùn** ☞【次韵】**cì**∥**yùn**
【步骤】**bùzhòu** ⦿ (일이 진행되는) 순서。절차。차례。¶有~地进行科技推广工作=절차 있게 과학 기술 보급 운동을 진행해 나가다。
【步子】**bù·zi** ⦿ **1** 발걸음。보조(步调)。걸음걸이。¶放慢~=발걸음을 늦추다。**2** (일이 진행되어 가는) 속도。¶加快技术转化的~=기술 전화의 속도를 빠르게 하다。

# 吥

**bù** 음역자 부
☞【唝吥】**Gòngbù**

# 埗

**bù** 땅 이름 포
⦿ 차부(茶埗)。[푸젠(福建)성에 있는 지명]

# **怖

**bù** 두려워할 포
⦿ 두려워하다。무서워하다。겁내다。¶恐~=무서워하다。

# 钚[鈈]

**bù** 플루토늄 부
⦿⦿(化) 플루토늄(Pu, plutonium)。[원자 번호 94]

# 埔

**bù** 땅 이름 포
⦿ 다부(大埔)。[광둥(广东)성에 있는 지명]
☞ **pǔ**

# 铺[鋪]

**bù** 먹일 포
【铺子】**bù·zi** ⦿ 이유식(離乳食)。젖먹이용 유동식。

# **部

**bù** 나눌 부
⦿ **1** 부분。부위。¶背~=뒷부분。/细~=세부。**2** 어떤 기관의 명칭 또는 기관·기업에서 업무에 따라 나눈 단위。부。¶教育~=교육부。/图书发行~=도서 발행부。**3** 부문。분류。구분。¶古代典籍一般分为经(經)、史(史)、子(子)、集(集)의 4개 부문으로 나뉜다。**4** (军) (군대 따위의) 지도부 또는 그 소재지。¶团~=연대 본부。/军~=사령부。**5** (军) 부대。¶率~出征=부대를 인솔하고 전장에 나가다。**6** (Bù) 성(姓)。

【통】【문】 **1** 통솔하다. 통할하다. ¶所~万千之众 = 대단히 많은 군중을 통솔하다. **2** 나누다. 【양】 **1** 부. 편. [서적이나 영화 편수 등을 세는 단위] ¶一~电影 = 영화 한 편. / 两~工具书 = 공구서 두 부. **2** 대. [기계나 차량을 세는 단위] ¶一~汽车 = 자동차 한 대.

○● 本部, 干gàn部, 全部, 声部, 外部, 细部, 阴yīn部, 支部, 俱乐部, 小卖部

【部颁】**bùbān**【형】(중국 국무원 산하의) 각 부 위원회에서 반포한. ¶~标准 = 부와 위원회에서 반포한 표준.

【部标】**bùbiāo**【명】중국 국무원 산하의 각 부와 위원회에서 제정 반포한 통일된 기술 표준.

【部队】**bùduì**【명】(軍) **1** '军队(군대)'의 통칭. ¶在~任职 = 군대에 근무하다. **2** 부대. ¶驻港~ = 홍콩 주둔 부대.

【部分】[部份] **bù·fen**【명】(전체 중의) 부분. 일부 (분). ↔ 全部 全体 整体

【部份】**bù·fen** ☞ 【部分】**bù·fen**

【部件】**bùjiàn**【명】**1**(機) 조립 부품. **2**(言) 부건. [자형을 이루는 최소의 단위]

【部类】**bùlèi**【명】 부류.

【部落】**bùluò**【명】 부락. 마을. 촌락. 집단 거주지.

【部门】**bùmén**【명】 부(部). 부문. 분과. ¶经济~ = 경제부. / 新闻出版~ = 신문 출판부.

【部首】**bùshǒu**【명】(言) (한자의) 부수. [예를 들어, '土, 木, 大, 女' 등]

【部属】**bùshǔ**【명】 부하.【형】 중국 국무원 산하의 각 부에 직속된. ¶~高等校 = 교육부 직속 대학.

【部署】**bùshǔ**【명】(軍) (부대의 임무나 성질에 따른) 배치. 안배.【동】배치하다. ¶兵力~ = 병력 배치.【동】배치하다. 안배하다. ¶~科研工作 = 과학 기술 연구 업무를 안배하다. ≒布置 安排

【部头】**bùtóu**(~儿)【명】 서적의 두께와 크기. ¶大~的百科全书 = 대형 백과 사전.

【部委】**bùwěi**【명】(중국 국무원 산하의) 부와 위원회.

【部位】**bùwèi**【명】 부위. [주로 인체에 사용함] ¶消化~ = 소화 부위.

【部下】**bùxià**【명】**1**(軍) 부하. **2** 부하. 아래. 하급. ¶他是我的老~ = 그는 나의 오래 된 부하이다. ≒下级 手下

【部优】**bùyōu**【명】 중국 국무원의 각 부(部)에서 심사 평가한 부급(部級)의 우수 제품.

【部长】**bùzhǎng**【명】**1** (중앙 정부 각 부(部)의) 장관. ¶外交部~ = 외교부 장관. **2** 기업이나 단체 내 각 부서의 책임자. ¶学生工作部~ = 학생 업무부 책임자.

【部卒】**bùzú**【명】(軍) 사병.

【部族】**bùzú**【명】**1** '部落(부락)'과 '氏族(씨족)' 의 합칭. **2** 부족.

\***埠** **bù** 부두 부

【명】**1** 항구. 부두. 선창. ¶船~ = 부두. **2** 부두가 있는 도시. ¶过~ = 부두가 있는 도시를 지나다. **3** 도시. **4** 무역항. 개항장. 통상 항구. ¶开~ = 무역항을 열다.

○● 船埠, 商埠

【埠际】**bùjì**【형】 도시 간의. 도시와 도시 사이의. ¶~交往 = 도시 간의 왕래.

【埠头】**bùtóu**【명】**1**【방】 부두. 선창. **2**【옛】 선박 회사.

**瓿** **bù** 단지 부

【명】【문】 (작은) 항아리. 단지.

**瓿** **bù** 단지 부

☞ 【安瓿】**ānbù**

**篰**¹ **bù** 덧문 부

【통】【문】 가리다.【명】【문】 76년을 '一篰'라고 한 고대의 역법(曆法).

**篰**² **bù** 대광주리 부

【명】【방】 대바구니.

\***簿** **bù** 장부 부

【명】**1** 장부. 공책. 기록부. ¶练习~ = 연습장. / 电话~ = 전화부. **2**(**Bù**) 성(姓). ≒籍

○● 对簿, 缘yuán簿, 账zhàng簿, 拍pāi纸簿

【簿册】**bùcè**【명】 장부. 노트.

【簿籍】**bùjí**【명】 장부. 명부(名簿).

【簿记】**bùjì**【명】**1** 부기. **2** (회계 규정에 의해 작성된) 장부.

【簿子】**bù·zi**【명】 장부. 대장. 노트. 공책.

# C

## cā

**拆** cā 터질 탁
동·양 (대소변을) 보다. 누다. 배설하다.
☞ **chāi**

【拆烂污】cā lànwū 동·양 1 설사하다. 물똥을 누다. 2 비 무책임하게 일을 망쳐 놓다. 수습할 수 없게 만들다.

**擦** cā 비빌 찰
동 1 (천·수건 등으로) 닦다. ¶~窗户=창문을 닦다. / ~皮鞋=구두를 닦다. 2 비비다. 문지르다. 마찰하다. ¶摩拳~掌=주먹을 문지르고 손바닥을 비비다. 단단히 벼르다. 3 바르다. 칠하다. ¶~口红=립스틱을 바르다. 4 (야채·과일 등을 채칼을 이용해) 채를 치다. 긁다. ¶~萝卜丝儿=무채를 치다. 5 스치다. 비껴 가다. 근접하다. ¶小鸟~着树梢飞过.=작은 새가 나뭇가지 끝을 스치며 날아간다.

○→ 板bǎn擦儿, 摩mó擦, 磨mó擦

【擦背】cā‖bèi 동·양 (남에게) 때를 밀게 하다. 등을 밀다. 때밀이하다.

【擦边】cābiān 동 1 (가장자리에) 바싹 달라붙다. 모서리에 부딪치다. 모서리를 스치다. 2 다 가깝다. 접근하다. 근접하다. ¶他已经~七十岁了.=그는 이미 70세가 다 되었다.

【擦边球】cābiānqiú 명 1 (탁구의) 에지볼(edge ball). 2 비 규정을 아슬아슬하게 피해 가는 것. 규정의 틈새를 교묘히 파고드는 것. [주로 '打(dǎ)'와 함께 쓰임] ¶公司这次做这个项目可谓打了一个~.=회사의 이번 일처리는 교묘하게 규정을 피해 간 것이다.

【擦布】cābù 명 행주. 걸레.

【擦窗器】cāchuāngqì 명 1 유리창닦이. 2 (자동차의) 와이퍼(wiper).

【擦粉】cāfěn 동 분을 바르다. 화장하다. ¶她每天都要~.=그녀는 매일 화장을 한다.

【擦光】cāguāng 동 반들반들하게 닦다. 닦아서 광을 내다. 깨끗이 닦다.

【擦黑儿】cāhēir 동·양 해질 무렵. 초저녁 즈음. 저녁때. ¶昨天下班回家时, 天已经~了.=어제 퇴근하여 집에 돌아갈 때, 날은 이미 어두워지고 있었다.

【擦痕】cāhén 명 마찰 흔적. 찰흔. ¶桌上有

很多~.=책상 위에 여기저기 찰흔이 있다.

【擦肩而过】cājiān'érguò 성 1 어깨를 스치고 지나가다. 2 비 바로 옆에 있으나 마주치지 못하다. 닿을 듯 말 듯 하면서도 인연이 닿지 않다.

【擦脸】cā‖liǎn 동 1 화장하다. 분을 바르다. ¶她每天出门前总要涂脂~.=그녀는 매일 외출하기 전에 언제나 화장을 한다. 2 비 얼굴을 씻다. 세수하다. ¶来, 擦擦脸吃饭.=자, 세수하고 밥 먹자.

【擦亮】cāliàng 동 1 깨끗이 닦다. 반짝반짝 윤이 나게 닦다. 말끔히 닦다. ¶把皮鞋~=구두를 깨끗이 닦다. 2 날이 밝아지다. ¶天刚~他就起床了.=날이 막 밝아오자 그는 잠자리에서 일어났다. 비 동틀 무렵. 날이 밝을 무렵.

【擦亮眼睛】cāliàng-yǎn·jing 성 눈을 비비고 정신을 차리다. 경각심을 높이다. ¶我们要~, 不要上了骗子的当.=사기꾼의 속임수에 넘어가지 않도록 우리는 바짝 정신을 차려야 한다.

【擦抹】cāmǒ 동 닦다. 문지르다. ¶~餐桌=식탁을 닦다.

【擦屁股】cā pì·gu 성 남의 뒤치다꺼리를 하다. 남겨진 문제를 처리하다. [주로 처리하기 힘든 일에 쓰임]

【擦伤】cāshāng 동 찰과상을 입다. 까지다. ¶~手臂=팔뚝이 까지다. 명 찰과상. 찰상. ¶腿上的是块~.=다리에 찰과상이 있다.

【擦拭】cāshì 동 닦다. ¶~干净=깨끗이 닦다.

【擦损】cāsǔn 동 닳다. 마모되다. ¶轮胎~得很严重.=타이어의 마모가 심하다.

【擦洗】cāxǐ 동 (젖은 천·물·알코올 등으로) 깨끗이 닦다. (옷·걸레 등을) 주물러 빨다. ¶~门窗=문과 창문을 깨끗이 닦다.

【擦音】cāyīn 명 언 마찰음. 찰음. [날숨이 조음기관(調音器官)의 축소된 통로를 지나면서 마찰에 의해 생기는 자음. 곧 현대 표준 중국어의 'f·s·sh' 등]

【擦澡】cā‖zǎo 동 1 젖은 수건 등으로 몸을 닦다. 2 비 때를 밀다. 때밀이하다.

【擦脂抹粉】cāzhī-mǒfěn ☞【涂脂抹粉】túzhī-mǒfěn

【擦子】cā·zi 명 지우개.

**嚓** cā 발자국 소리 찰
의 1 끽. [자동차 브레이크 밟는 소리] ¶他~的一声刹住了车.=그는 끽하고 차를 세웠다. 2 저벅저벅. [발자국 소리] ¶一听这~~的脚步声, 就知道是他来了.=저벅저벅 하는 이 발자국 소리만 들어도 그가 온 줄 안다.
☞ **chā**

# 礤 cā 섬돌 이름 찰
☞【礓礤儿】**jiāngcār**

# 礤 cǎ 문지기를 찰
[명][문] 굵은 돌. 막돌. 거친 돌.
【礤床儿】**cǎchuángr** [명] 채칼. [무·오이 등의 채를 치는 칼]

## cai

# 偲 cāi 재주 많을 시
[형][문] 똑똑하다. 재주가 많다. 재능이 있다.
☞ **sī**

# ** 猜 cāi 의심할 시
[동] **1** 추측하다. 알아맞히다. 추정하다. (짐작하여) 맞추다. ¶来, ～一下谜底。＝자, 수수께끼 답을 알아맞혀 봐라. **2** 의심하다. 의구심을 갖다. ¶两小无～＝(남녀) 둘 다 어리고 천진난만하다.
【猜不透】**cāi·butòu** [동] (남의 마음·생각 등을) 훤히 알 수 없다. 꿰뚫어 볼 수 없다. 알아맞힐 수 없다. ¶她可真叫人～。＝그녀는 좀처럼 알 수 없는 사람이다.
【猜不着】**cāi·buzháo** [동] (답을) 알아맞히지 못하다. 짐작하지 못하다. ¶这个谜语我～。＝이 수수께끼를 나는 알아맞히지 못하겠다.
【猜测】**cāicè** [동] 추측하다. 추정하다. 짐작하다. ¶这场比赛的结果目前还很难～。＝이 시합의 결과는 현재로서는 추측하기 힘들다. ≒猜忖 猜想 猜度(duó)
【猜忖】**cāicǔn** [동][문] 추측하다. 짐작하다. ¶她～半天仍是没有答案。＝그녀는 한참 동안 추측해 보았으나 여전히 답을 찾지 못하였다. ≒猜测 猜度
【猜断】**cāiduàn** [동] 추측하여 판단하다. 미루어 짐작하다. ¶对于这件事, 谁也无法～。＝이 일에 대해서는 그 누구도 미루어 짐작하지 못할 것이다.
【猜对】**cāiduì** [동] 추측하여 알아맞히다. ¶这次他可～了。＝이번에 그는 결국 알아맞혔다.
【猜度】**cāiduó** [동] 추측하다. 헤아리다. 짐작하다. ¶无从～＝헤아릴 길이 없다. ≒猜忖 猜想
【猜贰】**cāi'èr** [동][문] 의심하여 딴생각을 품다. 의심하고 꺼려서 두마음을 먹다.
【猜忌】**cāijì** [동] 질투하다. 시기하다. 샘내다. 시샘하다. ¶他老是～别人, 所以交不到朋友。＝그는 늘 남을 시기하기 때문에 친구를 사귀지 못한다. ≒猜嫌 ↔相信
【猜奖】**cāijiǎng** [동] (경품을 걸고) 서로 다투어 문제를 알아맞히다.
【猜料】**cāiliào** [동] 추측하다. 어림하다. 예측하다. ¶那事成功与否, 目前还难～。＝그 일의 성공 여부는 현재로서는 예측하기 힘들다.
【猜枚】**cāiméi** [명] (주로 술자리에서 행해지는 일종의 벌주 놀이로) 박씨나 바둑돌을 손에 움켜쥐고, 그 홀짝·개수·색깔 등을 알아맞히게 하여 승패를 결정하는 놀이.
【猜谜儿】**cāi‖mèir** [동] **1** 수수께끼를 풀다. 수수께끼의 답을 알아맞히다. **2** [비] (말의 참뜻·일의 진상 등을) 추측하다. 알아맞히다. ¶你就明说吧, 别让我们～了。＝네가 바른대로 말해, 우리가 추측하게 하지 말고.
【猜谜】**cāi‖mí** [동][문] **1** 수수께끼를 풀다. 수수께끼의 답을 알아맞히다. **2** [비] (말의 참뜻·일의 진상 등을) 추측하다. 알아맞히다.
【猜摸】**cāi·mo** [동] 추측하다. 짐작하다. 헤아리다. ¶她的心思让人～不出。＝그녀의 마음속은 다른 사람이 헤아리기 어렵다.
【猜破】**cāipò** [동] 알아맞히다. 예측이 적중하다. 헤아려 알다. ¶这次我可～了她的心事。＝이번에야말로 난 그녀의 심사를 헤아리게 되었다.
【猜拳】**cāi‖quán** [동] **1** 가위바위보놀이를 하다. **2** (술자리에서) 벌주 놀이를 하다. [두 사람이 동시에 손가락을 펼쳐 보이며 각자 한 가지 숫자를 얘기하여 상대방이 내민 손가락의 숫자를 알아맞히는 쪽이 이긴 것으로 간주하며, 진 쪽으로 하여금 벌주를 마시게 하는 놀이] ¶他们边喝酒边～。＝그들은 술을 마셔 가며 벌주 놀이를 하였다. ≒划(huá)拳
【猜算】**cāisuàn** [동] 추산하다. 추측하여 계산하다. 헤아려 짐작하다. ¶你～一下, 他这次会拿多少奖金。＝그가 이번에 상여금을 얼마나 탈지 네가 한번 알아맞혀 봐.
【猜题】**cāití** [동] 시험 문제를 예측하다. 예상 문제를 뽑아 보다. 요행수를 바라다. ¶他不好好复习, 就寄希望于～能猜对。＝그는 복습은 열심히 하지 않고 예상 문제가 적중할 것에만 희망을 걸고 있다.
【猜透】**cāitòu** [동] (남의 생각·심사 등을) 꿰뚫어 보다. 훤히 꿰다. 간파하다.
【猜嫌】**cāixián** [동] 질투하다. 시기하다. 시샘하다. ≒猜忌
【猜想】**cāixiǎng** [동] 추측하다. 헤아리다. 짐작하다. 억측하다. ¶～不到＝추측해 내지 못하다. [명] (단편적·주관적인 증거 등에 근거한) 유추. 짐작. 억측. ¶那只是一种～, 还缺乏足够的事实根据。＝그것은 일종의 짐작일 뿐, 아직은 충분한 사실적 근거가 부족하다. ≒猜度 猜测
【猜哑谜】**cāiyǎmí** [동][비] (일의 진상·말의 참뜻을) 추측하다. 헤아리다. 짐작하다.
【猜疑】**cāiyí** [동] (사람·일 등에) 마음을 놓지 못하다. 근거 없이 의심하다. ¶你要相信事实, 不要再瞎～了。＝사실을 믿어야지 더 이상의 근거 없는 의심은 금물이다. ↔信任
【猜着】**cāizháo** [동] 바로 알아맞히다. 추측이 적중하다. ¶我终于～了。＝내가 결국은 알아맞혔다. ≒猜中(zhòng)
【猜中】**cāizhòng** [동] 예상이 적중하다. 추측이 딱 들어맞다. ¶～答案＝답이 적중하다. ≒猜着

## 才¹ cái 재주 재

**명** **1** 재능. 재주. 자질. 능력. ¶博学多～=박학다식하고 재주가 뛰어나다. **2** 재주꾼. 재능이 있는 사람. ¶全～=만능인. / 怪～=기재(奇才). 귀재(鬼才). **3** (Cái) 성(姓).

○ 才 cái
　材 cái
　财 cái
　豺 chái

## 才² [纔] cái 겨우 재

**부** **1** 겨우. 고작. 기껏. [수량이 적음·정도가 낮음·횟수가 적음·능력이 떨어짐 등을 나타냄] ¶他今年～九岁。=그는 올해 겨우 아홉 살이다. **2** 막. 방금. 이제서야. [일·동작이 조금 전에 발생하였음을 나타냄] ¶他～去上班。=그는 이제야 출근했다. **3** 오직 …해야만. 비로소. [앞에 대개 '只有·必须' 등이 쓰여 어떠한 조건·원인·목적 아래에서만 일이나 동작이 행해짐을 나타냄] ¶只有刻苦学习，～能考上大学。=각고의 노력으로 공부해야만 비로소 대학에 합격할 수 있다. **4** 이제야. 이제 겨우. 이제 비로소. [새로운 상황의 출현을 나타냄] ¶我这～明白他是成心那样做的。=난 이제야 그가 일부러 그렇게 했다는 것을 알았다. **5** 이제서야. …이[가] 되어서. …서야. …서야 비로소. [일의 발생이나 결말이 늦음을 나타냄] ¶你怎么到现在～来？=넌 왜 이제서야 오는 거야? **6** 강조를 나타냄. [문장 끝에 주로 '呢'가 쓰임] ¶这样干，你不犯错误～怪呢！=이렇게 하는데도 네가 틀리지 않는다면 도리어 이상한 거지!

○● 辩才, 不才, 方才, 刚才, 口才, 奴nú才, 屈qū才, 人才, 适shì才, 秀才, 英才, 庸yōng才, 高才生

【才笔】cáibǐ **명** **1** 뛰어난 글재주. 훌륭한 글재주. 문재(文才). ¶他极富～。=그는 글재주가 매우 뛰어나다. **2** 훌륭한 글. 명문.

【才不胜任】cáibùshèngrèn 재능이 부족하여 임무를 감당하지 못하다. 능력이 안 되다. 능력이 임무를 따라가지 못하다.

【才大心细】cáidà-xīnxì **성** 능력이 뛰어나며 일 처리도 세심하다.

【才德兼备】cáidé-jiānbèi **성** 재덕겸비. 재능과 품덕을 겸비하다.

【才分】cáifèn **명** (타고난) 재능. 재간. 자질. ¶～有限=자질이 떨어진다.

【才赋】cáifù **명** (타고난) 재능. 자질. 재질. 소질. ¶～极高=천부적 재질이 매우 뛰어나다.

【才干】cáigàn **명** 능력. 재간. 재능. 재주. ¶他很有～。=그는 매우 능력이 있다.

【才刚】cáigāng **부** 방금. 막. 바로. 금방. ¶他～回家。=그는 막 집에 돌아왔다.

【才高】cáigāo **형** 재능이 뛰어나다.

【才高八斗】cáigāo-bādǒu **성** (재능이) 출중하다. 비범하다. 풍부하다. ↔才疏学浅

【才华】cáihuá **명** (밖으로 나타난) 재능. 재주. [주로 문예 방면의 재능을 나타냄] ¶～超群=재능이 뛰어나다. 재주가 발군이다. ≒才气

【才华横溢】cáihuá-héngyì **성** 재능이 넘쳐나다. 팔방미인이다. 여러 방면에 능통하다.

【才具】cáijù **명**〈문〉재능. 능력. 재주. 자질. 재질. 소질. ¶～出众=재능이 출중하다. ≒才能

【才俊】cáijùn **명** **1** 준걸. 재능이 출중한 사람. ¶青年～=청년 준걸. **2** 뛰어난 재능. ¶他的～令人折服。=그의 뛰어난 재능은 사람들을 탄복하게 한다.

【才力】cáilì **명** 재능. 능력. ¶～过人=재능이 다른 사람을 능가하다.

【才路】cáilù **명** 인재 양성의 길. 재능을 발휘할 기회. ¶广开～=재능을 발휘할 길을 널리 열어놓다.

【才略】cáilüè **명** (군사·정치상의) 재략. 능력과 지략. 재능과 지모(智謀). 지략(智略). 재능과 기지. ¶～极富=재략이 지극히 뛰어나다.

【才貌】cáimào **명** 재능과 용모. 재색(才色).

【才貌双全】cáimào-shuāngquán **성** 재능과 용모를 겸비하다. 재색(才色)을 겸비하다.

【才能】cáinéng **명** 재능. 지식과 능력. 재간. 솜씨. 수완. ¶培养～=재능을 키우다. **동** …해야 비로소 …할 수 있다. ¶身体好了，～更好地工作。=몸이 건강해야 비로소 더 일을 잘 할 수 있다. ≒才具

【才女】cáinǚ **명** 재녀(才女). 재원(才媛). 재능이 있는 여자. 시문에 능한 여자.

【才气】cáiqì **명** 재기. 재화(才華). 재능. 빛나는 재주. ¶～横溢=재기가 흘러넘치다. ≒才华

【才器】cáiqì **명**〈문〉재능과 기량. 재주와 도량.

【才情】cáiqíng **명** (문예 창작의) 재치. 재화. 능. ¶百般～=갖가지 재능.

【才全德备】cáiquán-débèi **성** 재능과 덕망을 고루 갖추다. 재덕을 겸비하다.

【才人】cáirén **명** **1** 재인. 재능이 있는 사람. 재주를 갖춘 사람. ¶～贤士=재인과 현사. **2** 고대 궁중의 여자 관리. ≒才士 才子

【才色】cáisè **명** 재색. 재능과 미모. ¶～俱佳=재능과 미모를 고루 갖추다.

【才识】cáishí **명** 재능과 식견. ¶～高超=재능과 식견이 매우 뛰어나다. ≒才学

【才士】cáishì **명** 재자(才子). 재주 있는 젊은 남자. ¶文人～=문인과 재자. ≒才子 才人

【才疏】cáishū **형** 재능이 모자라다. ¶志大～=뜻은 큰데 재능이 모자라다.

【才疏学浅】cáishū-xuéqiǎn **성** (주로 겸손함을 나타내어) 재능이 모자라고 학문에 깊이가 없다. 식견이 넓지 못하고 학문도 깊지 못하다. ↔才高八斗

【才思】cáisī **명** (시문 등의) 창작력. 창의력. 구상력. 재치 있는 생각. ¶～敏捷=창작 구상이 빠르다.

【才望】cáiwàng **명**〈문〉재능과 성망(名望).

【才绪】cáixù **명** (문예 창작의) 재치. 재주. 재능. 재능.

【才学】cáixué **명** 재학. 재능과 학식. ≒才识

【才艺】cáiyì **명** 재예(才藝). 재능과 기예. ¶～双绝=재능과 기예가 모두 탁월하다.

【才智】cáizhì 명 재지(才智). 재능과 지혜. 기지. ¶聪明~=총명하고 기지가 남친다.

【才子】cáizǐ 명 재자(才子). 재능이 출중한 사람. ≒ォ士·才人

【才子佳人】cáizǐ-jiārén 성 재자가인(才子佳人). 재주와 미인. 재주가 출중한 남자와 용모가 아름다운 여자.

**材** cái 재목 재
명 1 목재. 재목. ¶木~=목재. 2 재료. 원료. 자재(資材). 감. 소재. ¶钢~=강재. / 取~=취재하다. 재료를 고르다. 3 자료. ¶教~=교재. / 素~=소재. 4 (사람의) 자질. 소질. 재능. 능력. ¶因~施教=소질에 맞추어 교육하다. 5 재능이 있는 사람. ¶人~难得=인재를 얻기가 힘들다. 6 관(棺). 널. ¶寿~=생전에 미리 준비해 두는 관. 7 (Cái) 성(姓).

○● 成材, 蠢chǔn材, 棺guān材, 器qì材, 身材, 寿shòu材, 素材, 选xuǎn材, 药材, 资材

【材积】cáijī 재적. 목재의 부피. 목재의 체적(體積). [목재의 공간 점유 용적]

【材料】cáiliào 명 1 재료. 원료. 감. 자재. ¶建筑~=건축 자재. 건축재. 2 제재(題材). 소재. ¶背景~=배경 소재. 3 자료. 데이터(data). ¶人事档案~=인사 기록 자료. 4 ⓗ 재목. 인재. 자질. 소질. 그릇. …감. [어떤 일을 하기에 적합한 인재] ¶她是块演戏的~。=그녀는 연기자감이다.

【材林】cáilín 명 용재림(用材林).

【材木】cáimù 명 1 용재 수목. 제재용 나무. 2 재목. 목재.

【材树】cáishù 명 재목. 용재(用材). 목재가 될 만한 나무.

【材质】cáizhì 명 1 재질. 목재의 성질. 2 재질. 재료의 성질. 질료.

**财[財]** cái 재물 재
명 1 재물. 재화. 재정. ¶理~=이재하다. 재정을 관리하다. / 君子爱~, 取之有道. =군자는 재물을 귀중하게 여기지만, 그것을 취함에 도를 지킨다. 2 (Cái) 성(姓).

○● 发财, 浮财, 横hèng财, 敛liǎn财, 破财, 生财, 外财, 邪xié财, 洋财, 资财, 守财奴shǒucáinú

【财宝】cáibǎo 명 재보. 금전과 진귀한 보물. 보물. 재화.

【财帛】cáibó 명 돈과 재물. 재물. 금전. 재화. ¶赏赐~=재물을 상으로 내리다.

【财产】cáichǎn 명 (금전·물자·가옥 등의) 재산. 자산. ¶私有~=사유 재산.

【财产保险】cáichǎn bǎoxiǎn 명 재산 보험.

【财产权】cáichǎnquán 명《法》재산권. ⓗ 产权 chǎnquán

【财大气粗】cáidà-qìcū 성 1 부자가 되면 콧김부터 세어진다. 재물만을 믿고 남을 능멸하다. 부자가 되면 횡포해진다. 2 ⓗ 금전적 여유가 있으면 말에 힘이 실린다.

【财东】cáidōng 명 1 ⓔ 점주. 기업주. 2 자본가. 자산가. 지주. 3 ⓗ 자금주. 자본주. 출자자. 물주.

【财蠹】cáidù 명 ⓔ 나라의 재산을 좀먹는 벌레. 국가의 재산을 탕진하는 사람·집단.

【财阀】cáifá 명 재벌.

【财富】cáifù 명 부(富). 재산. 자원. 자산. ¶物质~=물질적 자산. / 精神~=정신적 자산.

【财赋】cáifù 명 1 재화와 부세. 재물과 세금. 2 금전. 돈. [주로 조기 백화문에 보임]

【财货】cáihuò 명 1 재물. 재화. 2 돈. 재산.

【财经】cáijīng 명《经》재정. 재정과 경제. ¶电视~报道=TV의 재경 보도.

【财经小说】cáijīng xiǎoshuō 명 (경제 인물·사건을 반영한) 경제 소설.

【财会】cáikuài 명《经》재무와 회계. ¶~专业=재무·회계 전공.

【财礼】cáilǐ 명 납채(納采) 예물. ≒彩礼

【财力】cáilì 명 재력. 경제력. 재정적인 힘. ¶~雄厚=재력이 탄탄하다.

【财临旺地】cáilín-wàngdì 성 돈은 활기차고 번창한 곳에 모이는 법이다.

【财路】cáilù 명 돈을 버는 길이나 방법. 돈줄. 돈길. 돈구멍. 전로(錢路). ¶拓宽~=돈길을 넓히다. 돈 버는 길을 개척하고 확장하다.

【财贸】cáimào 명《经》재정과 무역.

【财迷】cáimí 명 수전노. 구두쇠. 돈벌레. 노랑이. 돈에 미친 놈. 너무 돈을 밝히다. ¶那个人太~了。=그 사람은 너무 돈을 밝힌다.

【财迷心窍】cáimí-xīnqiào 성 재물은 사람의 판단력을〔예지를〕흐리게 한다. 재물은 사람의 마음을 미혹〔현혹〕시킨다.

【财能通神】cáinéng-tōngshén ⓢⓗ 돈만 있으면 귀신도 부릴 수 있다. 돈만 있으면 무슨 일이든 다 할 수 있다.

【财气】cái·qi (~儿) 명 재운. 돈복. 횡재할 운. ¶~兴旺=돈복이 터지다.

【财权】cáiquán 명 1 재산 소유권. 재산권. 재산 관리권. 2 경제 대권. ¶执掌~=경제 대권을 장악하다.

【财商】cáishāng 명 재정 관리의 지혜.

【财神(爷)】cáishén(yé) 명 1 재신. 재물을 주관하는 신. [전설 중의'赵公元帅(趙公明)'] 2 ⓗ 거부. 치부의 귀재.

【财势】cáishì 명 재산과 권세. ¶不能以~欺人=재산과 권세로 남을 업신여겨서는 안 된다.

【财税】cáishuì 명《经》재정과 세무.

【财团】cáituán 명 재단. 재벌. 재벌 그룹. ¶跨国~=글로벌 그룹.

【财务】cáiwù 명 재무. 재정. 재정 경리에 대한 사무. ¶~人员=재무(를 맡아 보는) 인원.

【财物】cáiwù 명 재물. 재산. 재화. 금전과 물자. ¶私人~=개인 재산.

【财源】cáiyuán 명 재원(財源). 자금 원천. ¶广开~=재원을 널리 확보하다.

【财运】cáiyùn 명 재운. 돈복. ¶~亨通=재운이 형통하다.
【财政】cáizhèng 명 (經) 재정. ¶~赤字=재정 적자.
【财政寡头】cáizhèng guǎtóu 명 '金融寡头(금융과두)'의 옛 명칭. ¶~赤字=재정 적자.
【财政年度】cáizhèng niándù 명 (經) 회계(會計) 연도.
【财主】cái·zhu 1 자본가. 부자. 갑부. 2 물주. 전주.

**裁** cái 마를 재
통 1 마름질하다. 마르다. 자르다. 재단하다. 베다. ¶量体~衣=몸의 치수를 재서 옷을 재단하다. 실제 상황에 맞게 일을 하다. 2 줄이다. 삭감하다. 깎다. 덜다. 해고하다. 잘라 버리다. 제거하다. ¶~减冗员=남아도는 인원을 줄이다. 3 (주로 문예 창작에서) 구성하다. 설정하다. ¶独出心~=(시문의) 구성이 독특하다. 4 판단하다. 판결하다. 재다. 처리하다. 헤아리다. ¶公正~决=공정하게 판결하다. 5 억제하다. 통제하다. 억압하다. ¶~制~=제재하다. 명 (글의) 체제. 격식. 풍격. 형식. ¶~体~=체재. 양 (종이의) 절지(裁紙)의 단위. ¶对~大报=2절지 신문.

◐● 剪jiǎn裁, 套tào裁, 仲zhòng裁, 自裁, 总裁

【裁编】cáibiān 통 (기관·부서 등의) 편제를 축소하다. 축소 개편하다.
【裁兵】cái‖bīng 통 (軍) 군대를 축소(감축)하다. 군축하다.
【裁并】cáibìng 통 (기구·조직 등을) 축소하여 합병하다. 통폐합하다. 감원·합병하다.
【裁撤】cáichè 통 (기구·조직 등을) 폐지하다. 없애다. 철폐하다. ¶~多余科室=불필요한 각 과(科)와 각 실(室)을 폐지하다.
【裁尺】cáichǐ 명 (옷을 재단할 때 쓰는) 마름자. 재봉용 자.
【裁处】cáichǔ 통 판단하여 처리하다. 헤아려 처분하다. ¶据实~=사실에 근거하여 판단·처리하다.
【裁答】cáidá 통(문) (편지·시문 등으로) 회답하다. 대답하다. 화답하다.
【裁定】cáidìng 통 1 숙고하여 결정하다. 심의 결정하다. ¶议案提交董事会~=의안이 이사회 심의에 상정되다. 2 (法) (법원이) 재정하다. 시비를 가려 결정하다. ¶此案尚未~=이 안건은 아직 재정되지 않았다. 명 재정. 판정. 법원이 내린 결정. ¶已经下发=판정이 이미 내려졌다.
【裁断】cáiduàn 통 헤아려 결정하다. 판정하다. ¶~公正=판결이 공정하다.
【裁夺】cáiduó 통 (가부·취사를) 헤아려 결정하다. ¶书稿取舍, 敬请~=원고의 취사를 부디 헤아려 결정해 주십시오.
【裁度】cáiduó 재량(裁量)하다. 추측하여 단정하다. 헤아려 단정하다. 재탁(裁度)하다. 판단하여 처리하다. 고려하여 결정하다. ¶实难~=실로 재량하기 곤란하다.
【裁缝】cáiféng 통 재봉하다. 재단하고 바느질하다. 마르고 깁다. ¶~得体=바느질이 제격이다. 바느질이 제대로 되었다.
【裁缝】cái·feng 명 재봉사.
【裁缝铺】cái·fengpù 명 의상실. 양복점.
【裁革】cáigé 통 (인원·규정 등을) 정리하여 폐지하다. 철폐하다. 타파하다. 정리하여 없애다. ¶~陈规陋习=진부한 규정과 낡은 인습을 타파하다.
【裁剪】cáijiǎn 통 1 재단하다. 마름질하다. 마르다. ¶这身衣服~得不错=이 옷은 재단이 썩 잘 되었다. 2 (비) 배치하다. 안배하다. 맞추다. 배열하다. 배분하다. 짜다. 꾸미다. 잘라 버리다. (문예 창작에서) 구성하다. 설정하다. ¶~文字=글을 적절히 구성하다.
【裁减】cáijiǎn 통 (인원·기구·장비 등을) 삭감하다. 줄이다. 축소하다. ≒裁汰 ↔扩充
【裁决】cáijué 통 1 재결하다. 판정하다. 헤아려 결정하다. 결재하다. ¶这起纠纷只能由政府有关部门~=이 분규는 정부의 해당 부서에서 재결하는 수밖에 없다. 2 (法) 재결하다. 판정하다. [중재를 통해 민사·경제·노동 등의 쟁의를 해결하는 것을 말함] 3 (法) 재결하다. 판정하다. [국가 행정 기관이 치안 관리에 위반되는 행위에 대해 행정 처벌을 내리는 것을 말함]
【裁军】cáijūn 통 (軍) 군축하다. 군비를 축소하다. ↔扩军
【裁判】cáipàn 통 1 (제삼자가) 판정하다. 2 (體) 심판을 보다. 심판을 서다. 심판하다. ¶~不公=심판이 불공정하다. 1 (法) 재판. 2 (體) 심판. 레퍼리(referee). ≒【裁判员】cáipànyuán ¶国际~=국제 심판.
【裁判员】cáipànyuán ☞【裁判】cáipàn
【裁人】cáirén (인원을) 감원하다. 삭감하다. 줄이다. 축소하다. 정리 해고하다. ¶那个公司正在~。=그 회사는 지금 정리 해고를 하고 있는 중이다.
【裁汰】cáitài 통(문) (잉여·부적격 인원을) 삭감하다. 줄이다. ≒裁减
【裁退】cáituì 통 (인원을) 축소하여 해고하다. 정리 해고하다. 명예 퇴직하다. ¶他被公司~了。=그는 회사로부터 정리 해고당했다.
【裁衣】cáiyī 통 (옷을) 재단하다. 마름질하다. ¶~缝被=옷을 재단하고 이불을 꿰매다.
【裁员】cáiyuán (기관·기업 등에서) 감원하다. 인원을 축소하다. 인원을 줄이다.
【裁制】cáizhì 통 1 (재단하여) 제작하다. 만들다. ¶~礼服=예복을 만들다. 2 제어하다. 제재하다. 제약하다. 통제하다. 제한하다. ¶严加~=엄한 제재를 가하다.
【裁酌】cáizhuó 통 헤아려 결정하다. 숙고하여 판단하다. ¶这件事如何处理, 恳请~=이 일을 어떻게 처리해야 할지 아무쪼록 헤아려 결정하여 주십시오.

**采**¹[採] cǎi 딸 채

| 采 cǎi |
| 菜 cài |
| 踩 cǎi |
| 睬 cǎi |
| 彩 cǎi |

**采**[1] 동 **1** 따다. 채취하다. 뜯다. 꺾다. ¶~茶=차를 따다. / ~莲=연꽃을 따다. **2** 선택하다. 고르다. 골라 가지다. 채택하다. ¶博~众长=여러 장점을 널리 받아들이다. **3** 수집하다. 모으다. 채집하다. ¶~集标本=표본을 채집하다. **4** 캐다. 채굴하다. ¶~煤=석탄을 채굴하다.

**采**[2] **cǎi** 풍채 채
명 **1** 풍채. 기색. 정신. 안색. 표정. ¶神~奕奕=풍채가 늠름하다. / 没精打~=맥이 없다. 풀이 죽다. **2** '彩(cǎi)'와 같음. **3** (Cǎi) 성(姓).
☞ cài

○● 风fēng采, 回huí采, 开kāi采, 文采

【采拔】**cǎibá** 동문 (인재를) 선발하다. 채용하다. 고르다. 뽑다. 간택하다. 발탁하다.

【采办】**cǎibàn** 동 구입하다. 사들이다. 골라 사다. 구매하다. ¶~年货=설맞이 물건을 사다. ≒采购 ↔推销

【采编】**cǎibiān** 동 **1** 취재하고 편집하다. ¶~新闻=뉴스를 취재·편집하다. **2** 책을 구입하고 목록을 작성하다. 명 **1** 리포터(reporter). 편집자. **2** (도서관의) 도서 구입 담당자. 도서 목록 작성자.

【采捕】**cǎibǔ** 동 (물 속에서) 따다. 건져 내다. 잡다. 포획하다. ¶~鱼虾=어류를 포획하다.

【采茶戏】**cǎicháxì** 명[劇] 채다희. [민간 가무에서 발전한 지방 전통극의 일종. 장시(江西)성·후베이(湖北)성·광시(广西)성·안후이(安徽)성 등지에서 유행. '花鼓戏(huāgǔxì)'와 비슷함]

【采场】**cǎichǎng**〔礦〕채광장(采鑛場)

【采伐】**cǎifá** 동 채벌하다. 벌목하다. 나무를 베다. 벌채하다. ¶禁止~树木=벌목을 금지하다.

【采访】**cǎifǎng** 동 탐방하다. 인터뷰하다. 취재하다. ¶现场~报道=현장 취재 보도.

【采风】**cǎi‖fēng** 동 **1** 민요를 수집하다. **2** 민간에 들어가서 민정과 민속을 이해하다.

【采割】**cǎigē** 동 나무 껍질에 자국을 내어 (고무 유탁액·옻칠 등을) 채취하다. ¶~橡胶=고무나무 껍질에 자국을 내어 생고무를 채취하다.

【采购】**cǎigòu** 동 (주로 기관·기업 등에서) 구입하다. 골라 사다. 수매하다. 구매하다. ¶~办公用品=사무용품을 구입하다. 명 구매 담당 직원. 구매원. =采购员 ¶**cǎigòuyuán** ¶他是公司里的~=그는 회사의 구매 담당 직원이다. ≒采办 ↔推销

【采购员】**cǎigòuyuán** ☞【采购】**cǎigòu**

【采光】**cǎiguāng** 동 **1** 채광(采光)하다. **2** 모조리 따다. 다 따다. 깡그리 채취하다. ¶把树上的果子~。=나무의 열매를 모조리 따다. 명 채광. ¶客卫生间的~不好。=손님용 화장실의 채광이 좋지 않다.

【采花】**cǎihuā** 동 **1** 꽃을 따다. 꽃을 꺾다. ¶~姑娘=꽃 따는 아가씨. **2** (꿀벌이) 꿀을 모으다. 꿀을 따다. ¶~酿蜜=꽃에서 꿀을 따와 꿀을 만들다.

【采集】**cǎijí** 동 채집하다. 수집하다. ¶~植物标本=식물 표본을 채집하다.

【采辑】**cǎijí** 동 **1** (문장을) 수집하여 편집하다. 수집하여 집록(輯錄)하다. ¶~民间传说=민간 전설을 수집하여 편집하다. **2** 삼을 자아서 실을 뽑다.

【采景】**cǎijǐng** 동 배경을 고르다. [주로 촬영에 쓰임]

【采掘】**cǎijué** 동〔礦〕채굴하다. 캐다. ¶~矿藏=지하 자원을 채굴하다.

【采矿】**cǎi‖kuàng** 동〔礦〕광물을 채굴하다. 채광(採鑛)하다. 광석을 캐다.

【采捞】**cǎilāo** 동 물 속에서 채취하다〔따다〕.

【采莲船】**cǎiliánchuán** ☞【跑旱船】**pǎohànchuán**

【采录】**cǎilù** 동 **1** (사람을) 선발하여 기록하다. 채록하다. **2** 채집하여 기록하다. ¶~民谣=민요를 채집하여 기록하다. **3** 취재하여 녹음하다. 탐방하여 녹화하다. ¶~节目=프로그램을 취재·녹화하다.

【采路】**cǎilù** 동 길을 찾다. 길을 탐색하다. 길을 안내하다. ¶先遣部队在前面~。=선발대가 앞에서 길을 찾다.

【采买】**cǎimǎi** 동 (물품을) 사다. 구매하다. 구입하다. ¶~货物=물품을 사다.

【采煤】**cǎiméi** 동〔礦〕석탄을 채굴하다〔캐내다〕. 채탄하다.

【采蜜】**cǎimì** 동 **1** (일벌이) 꿀을 모으다. 꿀을 따다. **2** 벌집에서 꿀을 채집하다.

【采纳】**cǎinà** 동 (건의·의견·요구 등을) 받아들이다. 수락하다. 접수하다. 채택하다. ¶~意见=의견을 받아들이다.

【采暖】**cǎinuǎn** 동 난방을 하다. 난방 설비를 하다.

【采气】**cǎiqì** 동〔礦〕천연 가스를 채굴하다.

【采区】**cǎiqū** 명 **1** 채굴 구역. 채굴구. 채광구. **2** 벌목 구역. 벌채구. 채벌구.

【采取】**cǎiqǔ** 동 **1** (방침·수단·정책·조치·형식·태도 등을) 채택하다. 취하다. 강구하다. ¶~行动=행동을 취하다. **2** 취하다. 채취하다. 얻다. ¶~指纹=지문을 채취하다.

【采认】**cǎirèn** 동문 승인하다. 인정하다. ¶~学历=학력을 인정하다.

【采诗】**cǎishī** 동 (고대에 위정자들이 풍속과 민심을 알기 위해) 민요를 수집하다. 채시하다.

【采食】**cǎishí** 동 먹을 것을 찾아 배고픔을 해결하다. 먹이를 찾다. ¶~野果=들판의 열매로 배고픔을 달래다.

【采石场】**cǎishíchǎng** 명 채석장.

【采收】**cǎishōu** 동〔農〕(과일·곡물 등을) 수확하다. 따다.

【采挖】**cǎiwā** 동 캐다. 채취하다. ¶~药材=약재를 캐다.

【采撷】**cǎixié** 동문 **1** 따다. 채취하다. ¶~山果=야생 과일을 따다. **2** 수집하다. 채집하다. ¶~诗文=시문을 채집하다.

【采写】 **cǎixiě** 통 취재하여 기사를 쓰다. 인터뷰하여 글을 쓰다. 탐방 기사를 쓰다. ¶~通讯报道 =통신 보도문을 작성하다.

【采血】 **cǎi ‖ xiě** 통 채혈하다. 피를 뽑다. ¶~化验 =채혈하여 화학적으로 분석하다.

【采薪之忧】 **cǎixīnzhīyōu** 성 **1** 땔나무를 할 수 없음을 걱정하다. **2** 예 병이 들다.

【采信】 **cǎixìn** 통 (법원에서 안건을 심리할 때, 어떤 사실을) 믿어 처리[처분]의 근거로 삼다. ¶他的说法明显有误, 我们将不予~。=그의 말은 엄연히 오류가 있으니, 우리는 이를 믿고 처분의 근거로 삼지 않을 것이다.

【采样】 **cǎiyàng** 통 샘플이나 표본을 추출하다. 견본을 추출하다. ¶~抽查 =샘플을 추출하여 검사하다.

【采药】 **cǎiyào** 통 약초를 캐다[채집하다].

【采用】 **cǎiyòng** 통 채용하다. 채택되다. 적합한 것을 골라 쓰다. 응용하다. ¶文章一经~, 稿酬从优。=글이 채택되면 원고료는 우대한다.

【采油】 **cǎi ‖ yóu** 통(鉱) 채유하다. 석유[원유]를 채굴하다.

【采育】 **cǎiyù** (삼림을) 벌채하고 육림하다. ¶~结合 =벌채와 육림을 결합하다.

【采运】 **cǎiyùn** 통 **1** (물품을) 구입하여 운송하다. 채집하여 운송하다. ¶~农产品 =농산품을 구입하여 운송하다. **2** 채굴하여 운수하다. ¶~矿石 =광석을 채굴하여 운수하다.

【采择】 **cǎizé** 통 선택하다. 채택하다. 고르다. 가려 뽑다. ¶他们提出很多建议以供~。=그들이 골라 선택할 수 있도록 여러 가지 의견을 제시했다.

【采摘】 **cǎizhāi** 통 **1** (꽃·열매·잎 등을) 따다. 뜯다. 채취하다. ¶~柑橘 =감귤을 따다. **2** 적록하다. 글의 일부를 따서 적다. ¶~名言警句 =명언과 경구를 적록하다.

【采撷】 **cǎizhí** 통書 채취하다. 뽑다.

【采制】 **cǎizhì** 통 **1** 채취하여 가공하다. 채집하여 제조하다. ¶~茶叶 =찻잎을 따서 제조하다. **2** 취재하여 (프로그램을) 녹화[녹음]·제작하다. ¶~人物专访 =인물 탐방 프로그램을 녹화[녹음]·제작하다.

【采种】 **cǎi ‖ zhǒng** 통 채종하다. 식물의 씨를 받다.

【采擢】 **cǎizhuó** 통書 선발하다. 추려 뽑다. 가려서 발탁하다. ¶~贤士 =어진 선비[인재]를 선발하다.

**彩¹** **cǎi** 빛깔 채

명 **1** 색. 빛깔. 색깔. 색채. ¶五~缤纷 =오색이 찬란하다. **2** 여러 가지 모양. 다채로운 성분. 생기가 넘치는 부분. ¶丰富多~ =풍부하고 다채롭다. **3** (비) 부상자가 흘리는 피. 피. ¶挂~ =부상당하여 피를 흘리다. **4** 갈채. 환호. ¶满场喝~ =온 객석에서 갈채를 보내다. **5** 중국 전통극에서 특수한 상황을 나타낼 때 쓰이는 기법. 마술에서 사용하는 수법. ¶带~ =현란하고 기교를 부린 특수 효과. **6** (도박·게임·복권 등에서 얻은) 상품. 경품. ¶中~ =당첨되다.

**彩²**[(綵)] **cǎi** 채색 채

명 채색 비단. 오색의 비단. ¶张灯结~ =초롱을 달고 오색끈으로 장식하다.

○→ 倒dào彩, 灯dēng彩, 挂guà彩, 光guāng彩, 喝hè彩, 虹hóng彩, 结jié彩, 精彩, 纳nà彩, 色彩, 水彩, 异彩, 油彩, 云彩, 扎zā彩

【彩笔】 **cǎibǐ** 명 그림붓. 채필. 화필. 그림물감붓.

【彩车】 **cǎichē** 명 채색 비단·색종이·초롱 등으로 장식한 수레.

【彩绸】 **cǎichóu** 명 채색 비단. 무늬 있는 비단.

【彩船】 **cǎichuán** 명(紡) 채색 비단·색종이·초롱 등으로 장식한 배.

【彩带】 **cǎidài** 명 오색 비단끈. 오색 종이테이프. 능彩练.

【彩旦】 **cǎidàn** 명(劇) 차이단. [중국 전통극 중에서 여자로 분장한 어릿광대]

【彩蛋】 **cǎidàn** 명 **1** 계란 껍질이나 계란 모양의 물체에 그림을 그려 넣은 공예품. **2** 예 송화단. [오리알이나 계란을 소금·왕겨·찰흙 등을 섞은 것에 밀봉하여 삭힌 것]

【彩灯】 **cǎidēng** 명 채색등. 컬러 조명등. 전광장식.

【彩电】 **cǎidiàn** 명 컬러 TV. =【彩色电视】 **cǎisè diànshì** ¶买了一台新~ =새 컬러 TV를 한 대 샀다.

【彩雕】 **cǎidiāo** 명 채색 조각품.

【彩调】 **cǎidiào** 명(劇) 지방극의 일종. [광시(广西)성 구이린(桂林)·류저우(柳州) 일대에서 유행함] =【调子戏】 **diào·zixì**

【彩蝶】 **cǎidié** 명 채색 나비.

【彩缎】 **cǎiduàn** 명(紡) 채색 비단. 꽃비단. 색무늬 비단.

【彩凤随鸦】 **cǎifèng-suíyā** 성 **1** 아름다운 봉황이 까마귀를 따르다. **2** 예 아름다운 여자가 못생기고 보잘것없는 남자에게 시집 가다.

【彩管】 **cǎiguǎn**(~儿) 명약 彩色显像管(컬러 브라운관).

【彩号】 **cǎihào**(~儿) 명 부상병. 전상자.

【彩虹】 **cǎihóng** 명 무지개. ¶雨后~ =비 온 뒤의 무지개.

【彩画】 **cǎihuà** 명 채색화. 채색을 한 그림.

【彩绘】 **cǎihuì** 통 채색화를 그리다. ¶这座千年古寺已一新。=이 천년의 고찰(古刹)은 이미 새로이 단청하였다. 명 (기물·건축물 등의) 채색 그림. 채색 도안. ¶这件瓷器的~非常有民族特色。=이 자기의 채색 도안은 강한 민족적 특색을 띠고 있다.

【彩轿】 **cǎijiào** 명 꽃가마.

【彩金】 **cǎijīn** 명 도박이나 게임에서 딴 돈. 복권 당첨금.

【彩卷】 **cǎijuǎn**(~儿) 명약 彩色胶卷(컬러필름).

【彩扩】 **cǎikuò** 통 컬러 사진으로 확대 현상하다. ¶~业务 =컬러 사진 확대 업무.

【彩礼】 **cǎilǐ** 图 납채(納采) 예물. 납폐(納幣). ≒财礼

【彩练】 **cǎiliàn** 图 오색 비단끈. 오색 종이테이프. ≒彩带

【彩迷】 **cǎimí** 图 복권광. 복권에 빠진 사람.

【彩民】 **cǎimín** 图 복권 구입자.

【彩墨画】 **cǎimòhuà** 图(美) 채묵화.

【彩排】 **cǎipái** 图 1 리허설하다. 시연하다. ¶今天下午, 演员们要到剧院~。=오늘 오후 배우들은 극장에서 리허설을 한다. 2 (경축일 가두 행진·놀이 공원 등의 대형 행사 전에) 분장하고 예행연습하다.

【彩牌楼】 **cǎipái·lou** 图 아름답게 장식한 경축문. [경축·기념 행사 등에서 대나무 등을 세우고 꽃·채색 비단·송백(松柏) 가지 등으로 장식한 아치형의 문]

【彩盘】 **cǎipán** 图 1 문양이 있는 접시. 채색 쟁반. 2 물감그릇.

【彩喷】 **cǎipēn** 图⑤ 彩色喷墨打印机(컬러 잉크젯 프린터).

【彩棚】 **cǎipéng** 图 아름답게 장식한 경축 행사용 가설 천막. [경축 행사 때, 색종이·꽃비단·송백(松柏) 가지 등으로 장식한 천막]

【彩票】 **cǎipiào** 图 복권. ¶体育~=체육 복권.

【彩品】 **cǎipǐn** 图 경품. 당첨 상품.

【彩屏】 **cǎipíng** 图 채병. 장식용〔행사용〕 채색 그림 병풍.

【彩评】 **cǎipíng** 图 복권 시세를 분석하고 평론하다. 图 복권 평론.

【彩旗】 **cǎiqí** 图 채색 깃발. 오색 깃발.

【彩气】 **cǎiqì** 图 1 추첨운. 당첨운. (도박이나 게임 등의) 승부운. 2 재운.

【彩球】 **cǎiqiú** 图 장식용 비단공. [여러 가지 색상의 비단으로 장식한 공 모양의 장식품]

【彩券】 **cǎiquàn** 图 경품권. 복권. ¶福利~=복지 복권.

【彩儿】 **cǎir** 图 근사한 대목. 다채로운 면. ¶今晚的歌舞演出时时出~。=오늘 저녁 쇼는 시시각각 근사한 대목이 연출되었다.

【彩色】 **cǎisè** 图 채색. 여러 가지 빛깔. 컬러. 연색. ¶~画笔=컬러 그림붓. ↔单色

【彩色电视】 **cǎisè diànshì** ☞【彩电】 **cǎidiàn**

【彩色片儿】 **cǎisèpiānr** 图⑰ 컬러 영화. 총천연색 영화.

【彩色片】 **cǎisèpiàn** 图(映) 컬러 영화. 총천연색 영화. [ '黑白片(흑백 영화)' 과 구별됨]

【彩声】 **cǎishēng** 图 환호성. 갈채 소리. ¶~四起=갈채 소리가 사방에서 터져 나오다.

【彩饰】 **cǎishì** 图 채색 장식. 여러 빛깔의 장식. ¶梁柱上的动物一栩栩如生。=기둥의 동물 채색 장식은 생동감이 있어 마치 살아 있는 것과도 같다.

【彩塑】 **cǎisù** 图 (민간 공예품의 일종인) 채색 지점토 인형. 채색한 소상(塑像).

【彩陶】 **cǎitáo** 图 (중국 신석기 시대의) 채문 도기. 채도.

【彩陶文化】 **cǎitáo wénhuà** ☞【仰韶文化】 Yǎngsháo wénhuà

【彩头】 **cǎitóu** 图 1 도박·복권·상 등으로 얻은 재물. 2 이익을 보거나 상을 탈 징조. 행운의 조짐. ¶抽签抽了个好~。=점대를 뽑는데, 징조가 좋은 것을 뽑았다. 3 ⑤(剧) 중국 전통극에 쓰이던 간단한 소품.

【彩霞】 **cǎixiá** 图 꽃구름. 아름다운 노을.

【彩像】 **cǎixiàng** 图 천연색 사진. 컬러 사진.

【彩绣】 **cǎixiù** 图 색실 자수 공예품.

【彩页】 **cǎiyè** 图 신문·간행물의 컬러 지면.

【彩衣】 **cǎiyī** 图 색깔이 있는 옷. 컬러풀한 옷.

【彩印】 **cǎiyìn** 图 1 컬러 인쇄하다. 색채를 넣어 인쇄하다. 2 컬러 사진을 현상 인화하다. 图 컬러〔채색〕인쇄.

【彩云】 **cǎiyún** 图 꽃구름. 채운.

【彩照】 **cǎizhào** 图 컬러 사진.

【彩纸】 **cǎizhǐ** 图 1 색지. 색종이. 2 컬러 사진 인화지.

**\*\*睬[(倸)]** **cǎi** 주목할 채

图 상대하다. 거들떠보다. 관심을 가지다. 아는 체하다. ¶不理不~=거들떠보지도 않다. / ~也不~=상대조차도 않다.

**\*\*踩[(跴)]** **cǎi** 밟을 채

图 1 밟다. 딛다. 디디다. 짓밟다. ¶他~在梯子上挂窗帘。=그는 사다리를 딛고 커튼을 단다. 2 힘껏 밟다. ¶~水车=무자위를 힘껏 밟아 돌리다. 3 (비) 깔보다. 얕보다. ¶这种人~人有一手。=이런 유형의 사람은 사람을 얕잡아보는 데 한가락 한다. 4 图 뒤를 추적하다. 도적의 행방을 쫓다. 사건을 추적 조사하다. ≒踏 蹈

【踩案】 **cǎi'àn** 图⑤ 사건을 추적 수사하다. 범인을 추적하다.

【踩捕】 **cǎibǔ** 图⑤ (도적·범인 등을) 추적하여 체포하다.

【踩道】 **cǎidào** (~儿) 图 (범죄를 하기 전에 미리) 사전 답사하다. 지형을 살피다. 보아 두다. 조사하다.

【踩地雷】 **cǎidìléi** ⑨(比) 위험에 직면하다. 불행한 일에 맞닥뜨리다.

【踩点】 **cǎidiǎn** 图 1 (범죄를 하기 전에 미리) 사전 답사하다. 지형을 살피다. 보아 두다. 2 (어떤 활동에 참가하는 사람이) 사전 답사하다. 지형을 살피다. 보아 두다.

【踩高跷】 **cǎigāoqiāo** 图 높은 나무다리를 타고 걷다〔춤을 추다〕. [축제 때 긴 나무 막대기를 발에 묶고 올라서서 걷거나 춤을 추는 민속 놀이]

【踩鼓点儿】 **cǎigǔdiǎnr** 图 북장단에 맞추다.

【踩获】 **cǎihuò** 图⑤ 범인의 뒤를 추적하여 체포하다.

【踩缉】 **cǎijī** 图⑤ 범인을 추적하여 체포하다.

【踩盘】 **cǎipán** 图⑤ 범인을 미행하여 정찰하다.

【踩墒】 **cǎishāng** 图(農) (토양의 습도를 유지하기 위해) 파종 후 발로 밟다.

【踩水】 **cǎishuǐ** 图 1 무자위를 밟아 물을 끌어올리다. 2 선헤엄을 치다. 입영(立泳)을 하다. 곧추

서서 발헤엄을 치다.
【踩踏】cǎità 동 1 (물건을) 짓밟다. 힘껏 밟다. 2 비 억압하다. 단단히 길들이다. 버릇을 고쳐 주다. 혼내다. ¶他一人的手段可是一套一套的。 =그가 사람을 길들이는 수단은 가지가지이다.
【踩线】cǎixiàn 동 (놀이·체육 시합에서) 라인〔선·금〕을 밟다.
【踩着别人肩膀往上爬】cǎi·zhao biérén jiānbǎng wǎngshàng pá 성 1 다른 사람의 어깨를 딛고 기어오르다. 2 비 다른 사람의 공로를 발판으로 더 높은 명예와 지위를 얻다.

# 采[(寀)] cǎi 녹봉 채
아래를 참조.
☞ cǎi
【采地】cǎidì 명 채지. 채읍(采邑). 식봉(食封). [고대 봉건 제후가 경(卿)·대부(大夫)에게 분봉한 전답. 제후의 영지를 경작하는 노예도 포함됨] =【采邑】cǎiyì
【采邑】cǎiyì ☞ 【采地】cǎidì

# **菜 cài 나물 채
명 1 채소. 야채. 푸성귀. 남새. ¶青~=야채. 2 반찬. 요리. ¶净~=정진 요리(精進料理). 다듬어 포장한 신선한 야채. ¶熟~=삶은 요리. 익힌 요리. / 川~=쓰촨 요리. 3 (植) 유채(油菜). 평지. ¶上街买瓶~油。=시장에 가서 유채 기름을 한 병 샀다.

○━ 菠bō菜, 布菜, 莼chún菜, 大菜, 淡菜, 冬菜, 番fān菜, 饭菜, 盖菜, 干菜, 海菜, 花菜, 酱菜, 芥jiè菜, 韭jiǔ菜, 凉菜, 年菜, 泡pào菜, 壳qiào菜, 芹qín菜, 生菜, 蔬shū菜, 熟shú菜, 酸菜, 甜tián菜, 香菜, 小菜, 洋菜, 榨zhà菜, 紫zǐ菜

【菜案】cài'àn 명 1 주방에서 빵·밥 등 주식 외의 요리를 담당하는 일. 2 주방용 선반. [요리하기 위한 채소 등을 놓아 두는 나무로 만든 판]
【菜霸】càibà 명 채소 시장을 독점하는〔좌우하는〕못된 사람.
【菜白蝶】càibáidié ☞ 【菜粉蝶】càifěndié
【菜板】càibǎn 명 도마.
【菜帮子】càibāng·zi 명 배추의 겉대.
【菜包子】càibāo·zi 명 1 야채 만두. 2 비 식충이. 밥통. 밥벌레.
【菜场】càichǎng 명 야채〔채소〕 시장. 식료품 시장.
【菜畜】càichù 명 식육용 가축.
【菜床子】càichuáng·zi 명 채소 좌판. 야채를 늘어놓은 좌판. 노점의 채소 가게.
【菜单】càidān (~儿) 명 1 메뉴. 식단. 차림표. =【菜单子】càidān·zi 2 ☞ 【选单】xuǎndān 3 (물품·책 등의) 목록. 카탈로그. 일람표. ¶本届汽车展亮出精彩纷呈的~。=이번 자동차 전람회에 근사하고 다채로운 카탈로그가 선보였다. ≒菜谱
【菜单子】càidān·zi ☞ 【菜单】càidān

【菜刀】càidāo 명 식칼. 부엌칼.
【菜地】càidì 명 채소밭.
【菜点】càidiǎn 명 요리와 간식. ¶川味~=쓰촨(四川)식의 요리와 간식. / 西式~=서양식의 요리와 간식.
【菜店】càidiàn 명 야채 가게. 부식물 가게.
【菜碟】càidié 명 접시.
【菜豆】càidòu 명 (植) 1 강낭콩. 2 강낭콩의 꼬투리. 강낭콩의 씨앗. =【四季豆】sìjìdòu 하 【芸豆】yúndòu 상 【扁豆】biǎndòu
【菜墩子】càidūn·zi 명 둥글넓적한 나무 도마.
【菜蛾】cài'é 명 (動) 배추좀나방.
【菜饭】càifàn 명 1 반찬과 밥. 2 비 야채밥. 채와 쌀을 함께 넣어 지은 밥.
【菜贩子】càifàn·zi 명 비 야채 행상. 채소 장사.
【菜粉蝶】càifěndié 명 (動) 배추흰나비. =【菜白蝶】càibáidié〔白粉蝶〕báifěndié
【菜鸽】càigē 명 식용으로 기르는 비둘기.
【菜羹】càigēng 명 야채 수프. 채소〔야채〕국.
【菜梗】càigěng 명 야채의 줄기.
【菜瓜】càiguā 명 (植) 1 채과. [박과의 1년생 덩굴 식물] 2 채과의 열매. =【越瓜】yuèguā 하 【老腌瓜】lǎoyāngguā
【菜馆】càiguǎn (~儿) 명 상 음식점. 식당. 요리집. =【菜馆子】càiguǎn·zi
【菜馆子】càiguǎn·zi ☞ 【菜馆】càiguǎn
【菜花】càihuā (~儿) 명 (植) 1 ☞ 【花椰菜】huāyēcài 2 1의 꽃. 3 유채꽃.
【菜货】càihuò 명 비 쓰레기 같은 인간. 게으르고 나약하여 쓸모 없는 인간. [욕으로 쓰임]
【菜窖】càijiào 명 야채움. 남새움. 야채를 저장하는 움.
【菜金】càijīn 명 (기관·단체 등에서 말하는) 부식비. 부식대.
【菜枯】càikū 명 유채씨의 깻묵. [일종의 유기 비료임]
【菜筐】càikuāng 명 야채광주리.
【菜篮子】càilán·zi 명 1 채소바구니. 장〔시장〕 바구니. 2 (도시에서의) 야채·부식 등의 공급.
【菜篮子工程】càilán·zi gōngchéng 명 부식물 생산·공급 계획. [정부가 주민의 육류·야채·계란 등의 부식물 공급을 해결하기 위해 취한 일련의 조치]
【菜码儿】càimǎr 명 상 1 요리의 가격표. 2 (국수와 비비기 위한) 야채꾸미. 야채고명. [대개 날 것이거나 뜨거운 물에 데친 것]
【菜苗】càimiáo 명 채소의 모종. 솎아 낸 채소의 싹.
【菜牛】càiniú 명 육용우(肉用牛). 비육우(肥肉牛). =【肉牛】ròuniú
【菜农】càinóng 명 채소를 재배하는 농가. 채소 농가.
【菜牌子】càipái·zi 명 1 식단표. 차림표. 메뉴. 2 채소 가격표. 채소의 이름과 가격을 적은 안내판.
【菜票】càipiào ☞ 【饭票】fànpiào
【菜品】càipǐn 명 (주로 음식점 등에서 제공되

는) 요리. 음식. ¶这家餐厅推出的新~很有特色.=이 음식점이 내놓은 새 요리는 아주 특색이 있다.

【菜圃】**càipǔ** 명 채소밭. 남새밭. 채마밭.

【菜谱】**càipǔ** 명 **1** 메뉴. 식단. **2** 요리책. [주로 서명(書名)에 쓰임] ¶《四川~》=《쓰촨요리(책)》. ≒菜单

【菜畦】**càiqí** 명 (반듯반듯한 규격의 둑이 쳐져 있는) 채소밭. 남새밭.

【菜青】**càiqīng** 형 회녹색의. 올리브색의. ¶下身着黑, 上身~.=아랫도리는 검은색을 입고 윗도리는 회녹색 옷을 입다.

【菜色】**càisè** 명 채색. 야채색. [야채만으로 끼니를 때워 영양 불량으로 누르스름하게 뜬 얼굴빛] ¶面有~.=얼굴이 누르스름하다.

【菜商】**càishāng** 명 야채 도매상.

【菜蛇】**càishé** 명 식용으로 기른 뱀.

【菜市】**càishì** 명 (야채·고기 등의 부식을 파는) 식료품 시장. 야채 시장.

【菜式】**càishì** 명 요리 양식.

【菜蔬】**càishū** 명 **1** 채소. 소채. 야채. **2** 반찬. 요리. ≒蔬菜

【菜薹】**càitái** 명 [植] (몇몇 십자화과에 딸린) 야채의 꽃줄기. 장다리.

【菜摊】**càitān** 명 야채 노점.

【菜团子】**càituán·zi** 명 야채를 넣어 만든 만두. 경단.

【菜系】**càixì** 명 (각 지방의 특색을 띤 요리 방식·맛 등의) 계통.

【菜心】**càixīn** 명 야채의 고갱이.

【菜芽】**càiyá** 명 (動) 야채 진디.

【菜秧】**càiyāng** 명 **1** 채소 모종. =【菜秧子】**càiyāng·zi 2** 일부 채소의 연한 잎과 줄기.

【菜秧子】**càiyāng·zi** ☞【菜秧】**càiyāng**

【菜羊】**càiyáng** 명 식용으로 기르는 양.

【菜肴】**càiyáo** (식사나 안주용의) 요리. 음식. 반찬.

【菜油】**càiyóu** 명 채유. 유채 기름. =【菜子油】**càizǐyóu**【清油】**qīngyóu**

【菜园(子)】**càiyuán**(**·zi**) 명 채소밭. 남새밭.

【菜罩】**càizhào** 명 (파리 등의 날벌레를 막기 위한) 상 덮개.

【菜种】**càizhǒng** 명 채소의 씨앗. 채종. 채소 종자.

【菜子】【菜籽】**càizǐ** 명 **1** (~儿) 채소의 씨앗. 채소 종자. **2** 유채의 씨. 평지의 씨.

【菜子油】【菜籽油】**càizǐ** ☞【菜子】**càizǐ**

【菜籽油】**càizǐyóu** ☞【菜子油】**càizǐyóu**

## 蔡 cài 거북 채

명 **1** 문 큰거북. ¶蓍~=점을 치다. **2** (**Cài**) 주(周)대의 나라 이름. [지금의 허난(河南)성에 있었음] **3** (**Cài**) 성(姓).

## 縩[縩] cài 고운 옷 채

☞【縩縩】**cuìcài**

# can

**参[參, 叅]** **cān** 참가할 참

동 **1** 참가하다. 가입하다. 참여하다. 가담하다. ¶~赛=시합에 참가하다. /~选=선거에 출마하다. **2** 뵙다. 알현하다. 배알하다. ¶~见=알현하다. **3** 참고하다. 참조하다. ¶~阅古籍=고서를 참고하다. **4** 문 (이치·의미 등을) 탐구하여 체득하다. 깨닫다. ¶~透机关=계략에 밝다. **5** (고대에) 탄핵하다. 죄를 따져 규탄하다. ¶有本要~=상주문(上奏文)으로 탄핵하다.

☞ **cēn**, **shēn**

○ 参 cān
  掺 chān
  惨 cǎn
  骖 cǎn
  黪 cǎn
  糁 shēn
  毵 sān

【参拜】**cānbài** 동 참배하다. 배알하다. ¶~文庙=공자묘를 참배하다. ≒参谒

【参半】**cānbàn** 동 반수를 차지하다. ¶好坏~=좋고 나쁨이 반반이다.

【参变数】**cānbiànshù** ☞【参数】**cānshù**

【参禅】**cānchán** 동 (佛) 참선하다. ¶~悟道=참선하여 도를 깨닫다.

【参处】**cānchǔ** 동 **1** 참작하여 처리하다. ¶依例~=선례를 참작하여 처리하다. **2** 탄핵하여 면직 처분하다. 죄를 따져 파면하다. 처벌하다. ¶~离任=이임 처분하다.

【参储】**cānchǔ** 동 저축에 참여하다. ¶人们普遍~.=사람들은 보편적으로 저축에 참여한다.

【参订】**cāndìng** 동 대조하여 정정하다. ¶~书稿=책의 초고를 교정 보다.

【参赌】**cāndǔ** 동 도박판에 끼다.

【参访团】**cānfǎngtuán** 명 참관 방문단. 단체 견학단.

【参革】**cāngé** 동 문 탄핵하여 직위 해제하다. 죄를 따져 파면(면직)하다.

【参股】**cān∥gǔ** 동 주식 투자에 참여하다. 주식에 출자하다. 주주가 되다. ¶~经营=주주가 되어 경영에 참여하다.

【参观】**cānguān** 동 (전람회·공장·명승 고적 등을) 참관하다. 견학하다. 시찰하다. ¶~三峡大坝=산샤(三峡)댐을 참관하다.

【参合】**cānhé** 동 문 참고하고 종합하다. ¶他~有关资料, 写成了这篇论文.=그는 관련 자료를 참고하고 종합하여 이 논문을 썼다.

【参劾】**cānhé** 동 탄핵하다. 관리의 과실이나 죄상을 적발하여 고발하다. ¶~贪官污吏=탐관오리를 탄핵하다.

【参加】**cānjiā** 동 **1** (어떤 조직이나 활동에) 참가하다. 가입하다. 참여하다. 참석하다. 출석하다. ¶~社团=단체에 참가하다. / 他正~着教育会议.=그는 지금 교육 회의에 참가 중이다. **2** (의견을) 제출하다. 내놓다. 제시하다. 발표하다. ¶现在怎么办, 你~点儿意见.=지금 어떻게 할 것인지에 대해 의견을 좀 내놓아라. ≒参与↔退出

参 **cān** 171

> 参加(cānjiā) 참가하다 /
> 参与(cānyù) 참여하다
> 参加 : 어떤 조직이나 노동·생산·단련·학습·공연 등의 활동에 참가하는 것을 가리킴. ¶韩国队参加世界杯足球赛. = 한국 팀은 월드컵 대회에 참가하다.
> 参与 : 대상이 어떤 일이나 사무에 제한적으로 쓰임. ¶他曾参与这个计划的制订工作. = 그는 예전에 이 계획을 제정하는 일에 참여했었다.

【参检】**cānjiǎn** 통 (일정한 규정과 요구에 따라 참가하여) 검사를 받다. 검열을 받다.

【参见】**cānjiàn** 통 1 알현하다. 배알하다. 뵙다. ¶~恩师=스승을 찾아뵙다. 2 (주석·주해에 쓰여) 참조하다. 참고하다. (독자에게 이 곳을 본 후 다시 기타 관련 부분을) '참고하시오'라고 지시하다. …을〔를〕 참고하시오〔보시오〕.

【参建】**cānjiàn** 통 건설에 참가하다. 건설 투자에 참가하다. ¶~学生公寓=아파트식 학생 기숙사 건설에 참가하다.

【参校】**cānjiào** 통 1 (여러) 다른 판본을 참조하여 교정하다. 서로 비교하여 정정하다. ¶出版古典名著, 需要~多个版本. = 고전 명저를 출판할 때에는 여러 판본을 참조하여 교정해야 한다. 2 (남의 저작을) 교정하다. 수정하다. 정정하다.

【参军】**cān‖jūn** 통 군대에 가다. 입대하다. 종군하다.

【参军】**cānjūn** 명 참군. [고대 관직 이름]

【参看】**cānkàn** 통 1 (동시에 다른 자료를 보며) 참조하다. 참고하다. ¶~相关资料对你写论文有帮助. = 관련 자료를 참고하는 것은 네가 논문을 쓰는 데 도움이 된다. 2 (주석·주해에 쓰여, 다른 관련 부분을) 참조하다. (해당 관련 자료를) 참고하다. (독자에게 이 곳을 본 후 다시 기타 관련 부분을) '참고하시오'라고 지시하다. …을〔를〕 참고하시오〔보시오〕.

【参考】**cānkǎo** 통 1 (다른 사람의 의견 등을) 참고하다. 참조하다. ¶我的观点, 仅供~. = 저의 견해는 참고만 하십시오. 2 (학습과 연구를 위해 관련 자료를) 참고하다. 참조하다. ¶~资料=자료를 참조하다. 3 (주석·주해에 쓰여, 다른 관련 부분을) 참조하다. (해당 관련 자료를) 참고하다.

【参考书】**cānkǎoshū** 명 참고서.
【参考系】**cānkǎoxì** ☞【参照系】**cānzhàoxì**
【参量】**cānliàng** 명《数》파라미터(parameter). 매개 변수.

【参谋】**cānmóu** 명 1《军》참모. 2 카운슬러. 상담자. 상담역. ¶这件事, 你还要请他当~. = 이 일은 그를 카운슬러로 모셔라. 통 조언하다. 권하다. 훈수하다. 의견을 제시하다. ¶到底哪件礼物更合适, 你帮我~一下. = 대체 어떤 선물이 더 좋을지 내게 훈수 좀 해 주십시오.

【参拍】**cānpāi** 통 1 (물건을) 경매에 내놓다. 경매에 참가하다. ¶这次拍卖会有很多名家画作~. = 이번 경매에는 많은 대가들의 회화 작품이 경매품으로 나왔다. 2 촬영에 참가하다. ¶这部影片有多位当红影星~. = 이 영화에는 인기 배우들이 촬영에 대거 참여했다.

【参评】**cānpíng** 통 응모하다. 비교 평가나 심사 선정에 참가〔응모〕하다. ¶~作品=응모작.

【参赛】**cānsài** 통 시합에 참가하다. 경기에 나가다. ¶~运动员=시합에 참가한 운동 선수.

【参事】**cānshì** 명 참사. 참사관.

【参试】**cānshì** 통 1 테스트에 참가하다. 실험에 참가하다. ¶~人员=실험 참가 인원. 2 시험에 참가하다. ¶准备~=시험 참가를 준비하다.

【参数】**cānshù** 명 1《数》파라미터(parameter). 매개 변수. =【参变数】**cānbiànshù** 2 계수(係數). [어떤 현상·기구·장치 등의 성질을 표시하는 양. 전기전도율·열전도율·팽창 계수 등을 말함]

【参天】**cāntiān** 통 (수목 등이) 하늘 높이 우뚝 솟아 있다. 하늘을 찌를 듯하다. ¶~古树=하늘 높이 우뚝 솟은 고목.

【参透】**cān‖tòu** (이치·오묘한 진리 등을) 꿰뚫다. 깊이 깨닫다. 사리에 밝다. ¶~玄机=현묘한 이치를 깊이 깨닫다.

【参悟】**cānwù**《佛》참선하여 깨닫다. ¶~禅理=선(禪)의 교리를 깊이 깨닫다. 2 깊이 깨닫다. 깊이 이해하다. ¶~诗中哲理=시 속의 철리를 깨닫다.

【参详】**cānxiáng** 통 자세히 살펴보다. 상세히 연구하다. 상세히 참조하다. ¶我们拟订了当个方案供大家~. = 우리는 몇 가지 방안의 초안을 잡아 모두에게 자세히 살펴보도록 하였다.

【参选】**cānxuǎn** 통 선거에 출마하다. ¶~国会议员=국회의원 선거에 출마하다.

【参验】**cānyàn** 통 비교하여 검증하다. 고찰하고 검사하다. ¶~有关数据=관련 통계를 검사하다.

【参谒】**cānyè** 통문 알현하다. 배알하다. 참배하다. ¶~中山陵=중산릉을 참배하다. ≒参拜

【参议】**cānyì** 통 1 모의에 참여하다. 토의에 참가하다. 참가하여 의견을 제시하다. ¶~朝政=국정에 참여하다. 명문 참의. [고대 관직 이름]

【参议员】**cānyìyuán** 명 참의원.

【参议院】**cānyìyuàn** 명《政》참의원(參議院). [양원제 국회에서의 상원(上院)] 약【参院】**cān yuàn**

【参与】【参预】**cānyù** 통 참여하다. 참가하다. 가담하다. 개입하다. 참견하다. ¶~竞争=경쟁에 참여하다. ≒参加

【参与度】**cānyùdù** 명 참여도.

【参预】**cānyù** ☞【参与】**cānyù**

【参院】**cānyuàn** ☞【参议院】**cānyìyuàn**

【参阅】**cānyuè** 통 참조하다. 참고하다. ¶~相关的图书资料=관련된 도서 자료를 참조하다.

【参杂】**cānzá** 서로 섞이다. 뒤섞이다. 혼합되다. ¶~其中=그 가운데 뒤섞이다.

【参赞】**cānzàn** 통문 참여하여 돕다. 참여하여 협조하다. ¶~国事=국사에 참여하여 돕다. 명 참사관.

【参展】 cānzhǎn 동 전시회〔전람회·품평회〕에 참가하다〔출품하다〕. ¶~商品=상품을 전람회에 출품하다.

【参展团】 cānzhǎntuán 명 전람회〔전시회〕에 참가하는 대표단.

【参战】 cānzhàn 동 (軍) 참전하다. 전투〔전쟁〕에 참가하다. ¶~国家达成了停火协议.=참전 국가는 정전 합의서를 체결하였다.

【参照】 cānzhào 동 (방법·경험 등을) 참조하다. 참고하다. ¶~办理=참조하여 처리하다.

【参照点】 cānzhàodiǎn 명 (측정·테스트 등에서의) 참고 기준.

【参照物】 cānzhàowù ☞ 【参照系】 cānzhàoxì

【参照系】 cānzhàoxì 명 (物) 참조 체계. 참조물. 대조물. 대비 물체. [물체의 위치나 그 운동의 묘사를 확정짓기 위해 기준으로 선정된 또 다른 물체나 혹은 물체의 체계] = 【参考系】 cānkǎoxì 【参照物】 cānzhào wù 영 frame of reference

【参阵】 cānzhèn 동 1 참전하다. 전투에 참가하다. 2 운동 경기에 참가하다. 출전하다.

【参政】 cān‖zhèng 동 참정하다. 정치에 참여하다. 정권 기구에 참여하다. ¶~议政=정치에 참여하여 정무를 논의하다.

【参政】 cānzhèng 명옛 참정. [송(宋)대의 관직 이름]

【参政议政】 cānzhèng yìzhèng 동 (政) 정치에 참여하여 정무를 논의하다.

【参酌】 cānzhuó 동 참작하다. ¶那件事请你~处理.=그 일은 당신께서 (실제 상황을) 참작하여 처리하여 주십시오.

# 骖[驂] cān 곁마 참
명 곁마. [마차의 양쪽 바깥에 매는 말]

# 鲦[鰺] cān 피라미 찬
아래를 참조.

【鲦鲦】 cāntiáo 명(動) 살치. 피라미. 버들치. =【鲦鱼】 cānyú 【鲦】 tiáoyú

【鲦鱼】 cānyú ☞ 【鲦鲦】 cāntiáo

# **餐 cān 먹을 찬
동 (음식을) 먹다. ¶会~=회식하다. / 秀色可~=(여자나 경치가) 매우 아름다워 감상할 만하다. 명 음식. 식사. 요리. ¶晚~=저녁밥. 만찬. / 中~=점심. 오찬. 양 끼니. 끼. [끼니의 횟수를 세는 단위] ¶一日三~=하루 세 끼.

○─◎ 会餐, 就餐, 快kuài餐, 圣shèng餐, 素sù餐, 佐zuǒ餐

【餐车】 cānchē 명 (열차의) 식당칸. 식당차.

【餐刀】 cāndāo 명 (서양 요리에서의) 식탁용 나이프.

【餐点】 cāndiǎn 명 밥과 요리 및 밀가루로 만든 간식.

【餐风宿露】 cānfēng-sùlù 성 1 바람과 이슬을 맞으면서 한데서 잠을 자다. 풍찬노숙하다. 2 句 여행의 여정이나 바깥 생활이 고생스럽다. =【风餐露宿】 fēngcān-lùsù 【露宿风餐】 lùsù-fēngcān ≒栉风沐雨

【餐馆】 cānguǎn 명 음식점. 식당. ≒饭馆 饭店

【餐巾】 cānjīn 명 (식탁용의) 냅킨.

【餐巾纸】 cānjīnzhǐ 명 (식탁용의) 종이 냅킨. =【餐纸】 cānzhǐ

【餐具】 cānjù 명 식기. 식사 도구.

【餐券】 cānquàn 명 식권. 밥표.

【餐室】 cānshì 명 (가정집 안의) 식당.

【餐厅】 cāntīng 명 1 식당. 2 (숙박업소 등의) 부설 식당. 3 (가정집 안의) 식당.

【餐位】 cānwèi 명 (식당·음식점 등에서의) 식탁. 자리. 좌석.

【餐饮】 cānyǐn 명 요식업종. 음식과 음료. ¶~业=요식업.

【餐纸】 cānzhǐ ☞ 【餐巾纸】 cānjīnzhǐ

【餐桌】 cānzhuō (~儿) 명 식탁. ≒饭桌

# **残[殘] cán 해칠 잔
동 훼손하다. 해치다. 상해를 입히다. 죽이다. 손상시키다. 못 쓰게 만들다. ¶摧~=못 쓰게 만들다. 파괴하다. 학대하다. / 自相~杀=서로 잔인하게 죽이다. 형 1 결여되다. 불완전하다. 흠이 있다. 결함이 있다. ¶致~=불구가 되다. / 断垣~壁=담이 허물어지고 벽이 무너지다. 산산이 부서지다. 2 남은. 잔여. 나머지의. 거의 다 된. 거의 끝나 가는 것. ¶风烛~年=바람 앞의 촛불과도 같이 얼마 남지 않은 여생. 3 흉악하다. 잔인하다. 악랄하다. ¶凶~=흉악하다.

【残奥会】 Cán'àohuì ☞ 【残疾人奥运会】 Cánjírén Àoyùnhuì

【残败】 cánbài 쇠잔하여 패하다. 무참히 파손되다. ¶洪水过后,四处一片~景象.=홍수가 지나간 후 사방 곳곳이 무참히 파괴된 모습이다.

【残暴】 cánbào 형 잔학하다. 잔혹하다. 잔인하고 흉포하다. ¶~成性=잔학한 것이 습관이 되다. ≒残忍 ↔慈善

【残杯冷炙】 cánbēi-lěngzhì 성 마시다 남은 술과 차갑게 식은 고기. 먹다 남은 음식. ≒残羹剩饭

【残本】 cánběn 명 (주로 고서(古書)의) 잔본. 결본. 낙질(落帙).

【残编断简】 cánbiān-duànjiǎn ☞ 【断编残简】 duànbiān-cánjiǎn

【残兵】 cánbīng 명 패잔병.

【残兵败将】 cánbīng-bàijiàng 성 패잔병과 패장. 패잔 장병.

【残部】 cánbù 명 전쟁 후에 잔존한 일부분 병마. 전투에서 잔존한 약간의 병력.

【残茶剩饭】 cánchá-shèngfàn 성 마시다 남은 차와 먹다 남긴 밥. 음식 찌꺼기.

【残长】 cáncháng 명 물체의 남겨진 부분의 길이. 훼손되고 남은 물체의 길이.

【残喘】 cánchuǎn 명 (임종 직전의) 마지막 숨. 얼마 남지 않은 목숨. ¶苟延~=남은 목숨을 겨우 부지하다.

【残春】 cánchūn 명 늦봄. 만춘. 늦은 봄. 봄의

뒤안길.

【残次】**cáncì** 휑 흠이 있다. 불량하다. ¶~商品=불량 상품. ↔优良

【残次品】**cáncìpǐn** 명 불량품. 결함품. 등외품. 조악품. 질이 낮은 물건.

【残存】**cáncún** 통 잔존하다. 남아 있다. ¶~无几=남은 것이 얼마 없다.

【残灯】**cándēng** 명 **1** 가물가물 꺼지려는 등불. 사그라져 가는 등불. **2** 정월 보름의 다음 날. 음력 1월 16일.

【残灯末庙】**cándēng mòmiào** 성 **1** 정월 보름의 이튿날 및 사찰에서 행사의 마지막 날. **2** 비 사물이 쇠잔해 가는 단계. 사물이 쇠퇴하다.

【残敌】**cándí** 명 잔존한 적병.

【残冬】**cándōng** 명 늦겨울. 겨울의 끝자락. 늦은 겨울. 겨울이 끝날 무렵.

【残毒】**cándú** 휑 잔인하고 악독하다. ¶~心肠=잔악한 심보. 명 (과일·채소·곡물·목초 등의) 잔류 오염 물질. 잔류 농약. 여독. 남아 있는 독성. 잔류 유독 물질.

【残断】**cánduàn** 휑 파손되고 끊기다. 파괴되다. ¶~的柱石=파괴된 기둥과 주춧돌.

【残恶】**cán'è** 휑 잔악하다. 잔혹하다.

【残儿】**cán'ér** 명 장애 아동.

【残匪】**cánfěi** 명 잔당(残黨). 잔도(残盜). 비적의 잔당. (잡히지 않고) 남은 도적.

【残废】**cánfèi** 통 장애를 입다. 불구가 되다. ¶他的双腿不幸在一次工伤事故中~了。=그의 두 다리는 불행히도 근로 재해로 불구가 되었다. 명 장애우. 장애인. 불구자.

【残膏剩馥】**cángāo-shèngfù** 성 **1** 남겨진 기름진 고기와 다하지 않은 향기. **2** 비 남겨진 아름다운 것들. 선인(先人)의 은택. 조상의 빛난 유산. 앞 세대가 남긴 은혜.

【残羹剩饭】**cángēng-shèngfàn** 성 먹다 남은 국과 음식. 음식 찌꺼기. ≒残杯冷炙

【残骸】**cánhái** 명 **1** 잔해. [사람이나 동물의 해골] **2** 비 잔해. [부서지거나 못 쓰게 되어 남아 있는 물체] ¶飞机~=비행기의 잔해.

【残害】**cánhài** 통 해치다. 상해를 입히다. 손해를 입히다. 죽이다. 살해하다. 치명적인 손실을 주다. ¶~生灵=살아 있는 생명을 죽이다.

【残花败柳】**cánhuā-bàiliǔ** ☞【败柳残花】**bàiliǔ-cánhuā**

【残货】**cánhuò** 명 **1** 불량품. 흠이 있는 상품. **2** (팔고) 남은 물건. 재고.

【残疾】**cán·jí** 명 **1** 불구. 장애. ¶腿部~=다리부 장애. **2** 명 장애. 장애인. 불구자. ¶他是个天生~。=그는 선천적인 장애인이다.

【残疾人】**cánjírén** 명 장애우. 장애인. 불구자. ¶~协会=장애인 협회.

【残疾人奥运会】**cánjírén Àoyùnhuì** 명(體) 장애인 올림픽 대회. 파랄림픽(Paralympics). 약【残奥会】**Cán'àohuì**

【残疾人运动会】**cánjírén yùndònghuì** (體) 장애인 운동회. 약【残运会】**cányùnhuì**

【残迹】**cánjì** 명 (상처나 파괴된) 흔적. 자취. ¶古城墙只留下一些~了。=옛 성벽은 약간의 자취만 남았을 뿐이다.

【残旧】**cánjiù** 휑 낡아빠지다. 낡고 헐다. 부서지고 낡다. 허름해빠지다. ¶这幢古建筑已~不堪。=이 옛 건축물은 이미 낡고 허름해빠졌다.

【残局】**cánjú** 명 **1** (바둑·장기의) 마지막 형세. 판국. ¶两人在~握手言和。=두 사람이 막판에는 악수를 하고 비긴 것으로 했다. **2** 비 (일이 실패한 후나 사회 변란 이후의) 형세. 국면. ¶收拾~=(실패·변란 뒤의) 국면을 수습하다. 뒷수습을 하다.

【残卷】**cánjuàn** 명 훼손되어 완전하지 않은 책이나 초고.

【残酷】**cánkù** 휑 **1** 잔혹하다. 냉혹하다. 가혹하다. ¶生性~=천성이 잔혹하다. **2** (객관적인 환경이나 현실 조건이) 참혹하다. 혹독하다. ¶斗争环境极为~。=투쟁 환경이 몹시 참혹하다.

【残联】**cánlián** 명(약) 残疾人联合会(장애인 연합회).

【残留】**cánliú** 통 (부분적으로) 남아 있다. ¶她的脸上还~着泪痕。=그녀의 얼굴에는 아직도 눈물의 흔적이 남아 있다.

【残年】**cánnián** 명 **1** 문 연말. 세모. 세밑. ¶~将逝=연말이 곧 지나간다. **2** 여생. 만년. 말년. ≒暮年. 晚景. ¶风烛~=바람 앞의 촛불과도 같은 여생.

【残虐】**cánnüè** 통 잔혹하게 학대하다. ¶~囚徒=죄수들을 잔혹하게 학대하다. 휑 가혹하다. 흉포하다. 잔악하다. ¶~的暴政=가혹한 폭정.

【残篇断简】**cánpiān-duànjiǎn** ☞【断编残简】**duànbiān-cánjiǎn**

【残片】**cánpiàn** 명 불완전한 판 모양의 물건. 잔여 조각. ¶文物~=문물의 잔편.

【残品】**cánpǐn** 명 불량품. 결함이나 흠이 있는 생산품[제품].

【残破】**cánpò** 통 파괴하다. 파손하다. 못 쓰게 만들다. 부수다. 망가뜨리다. 무너뜨리다. 헐다. ¶所有房屋, 皆被~。=모든 집들이 다 산산이 부서졌다. 휑 훼손되다. 파손되다. 망가지다. 못 쓰게 되다. 온전하지 못하다. 낡아빠지다. 불완전하다. 결함이 있다. ¶~的古寺=훼손된 고찰.

【残棋】**cánqí** 명 다 두지 않은 바둑판. 끝내지 않은 바둑.

【残秋】**cánqiū** 명 늦가을. 만추(晩秋). 계추(季秋). 모추(暮秋).

【残缺】**cánquē** 휑 온전하지 않다. 불완전하다. 일부가 손상되다. 일부분이 모자라다. 갖추어져 있지 않다. ¶~不全=모자라[손상되어] 완전하지 않다. ↔完整 完好

【残忍】**cánrěn** 휑 잔인하다. 악랄하다. 악독하다. 잔혹하다. ¶~的手段=잔인한 수단. ≒残暴 ↔慈善 仁慈

【残杀】**cánshā** 통 학살하다. 잔인하게 죽이다. 참살하다. ¶~无辜=무고한 사람을 학살하다.

【残山剩水】**cánshān-shèngshuǐ** 성 **1** 파괴된 산하(山河). **2** 비 침략자에게 짓밟히거나 변란 이후에 처참히 파괴된 나라 모습.

【残生】 cánshēng 图 1 (요행히) 살아남은 목숨. ¶历经劫难,幸存~。=재난을 겪었으나 다행히도 목숨만은 부지하였다. 2 만년. 말년. 여생. 늘그막. ¶~将尽=여생이 얼마 남지 않다.

【残剩】 cánshèng 图 (부분적으로) 남아 있다.

【残损】 cánsǔn 图 (물품이) 파손되어 불완전하다. 파손되다. 부서지다. ¶这本古籍多处~。=이 고서적은 여러 군데 파손되었다.

【残汤剩饭】 cántāng-shèngfàn 图 먹다 남은 국과 밥. 음식 찌꺼기.

【残夏】 cánxià 图 늦여름. 계하(季夏). 잔하(残夏). 늦은 여름. 늦더위.

【残效】 cánxiào 图 잔재 약효. 잔류 약효.

【残星】 cánxīng 图 (새벽 무렵의) 사라져 가는 별. 새벽녘의 별. 동틀 무렵 어렴풋이 보이는 별.

【残雪】 cánxuě 图 잔설(残雪). 다 녹지 않은 눈.

【残阳】 cányáng 图 석양. 지는 해. ¶~余辉=지는 해의 볕. 낙조.

【残余】 cányú 图 잔존하다. 남다. ¶~物资=잔여 물자. 图 잔재. 잔여. 나머지. 남은 찌꺼기. ¶封建~=봉건의 잔재.

【残垣断壁】 cányuán-duànbì 图 1 허물어진 담벽. 2 집이 훼손되어 처량한 모습. =【断壁残垣】 duànbì-cányuán 【断壁颓垣】 duànbì-tuíyuán 【颓垣断壁】 tuíyuán-duànbì

【残月】 cányuè 图 1 (동이 트면 곧) 지는 달. 새벽달. 2 그믐달.

【残云】 cányún 图 띄엄띄엄 흩어져 있는 구름. 걷히고 남은 구름.

【残运会】 cányùnhuì ☞【残疾人运动会】 cánjírén yùndònghuì

【残渣】 cánzhā 图 잔재. 남은 찌꺼기.

【残渣余孽】 cánzhā-yúniè 图 잔당. (소멸되지 않고) 잔존하는 나쁜 무리.

【残障】 cánzhàng 图 1 불구. 장애. 2 장애우. 장애인. 불구자.

【残照】 cánzhào 图 낙조. 석양. 저녁 해.

【残株】 cánzhū 图 그루터기. 나무를 베고 남은 밑동.

【残滓】 cánzǐ 图 1 잔재. 남은 찌꺼기. 2 곧 도태될 사람이나 물건.

** 蚕 [蠶] cán 누에 잠
图(動) 1 누에. 2 집누에.

○● 地蚕, 僵jiāng蚕, 桑sāng蚕, 天蚕, 蚁yǐ蚕, 樟zhāng蚕, 柞zuò蚕.

【蚕宝宝】 cánbǎobɑo 图 누에. [누에의 애칭]

【蚕匾】 cánbiǎn 图 잠박. 누에채반.

【蚕箔】 cánbó 图 잠박. 누에채반.

【蚕床】 cánchuáng 图 누에섶. 양잠용 선반.

【蚕丛鸟道】 cáncóng-niǎodào 图 1 누에가 기어오르는 풀숲과 새가 다니는 작은 길. 2 길이 험하여 다니기 어렵다.

【蚕蔟】 cáncù 图 누에섶. 잠족. 图【蚕山】 cánshān

【蚕箪】 cándān 图 누에를 넣는 광주리. 누에고리.

【蚕豆】 cándòu 图(植) 잠두. 누에콩. 잠두의 씨. =【胡豆】 húdòu

【蚕蛾】 cán'é 图(動) 누에나방. 잠아(蠶蛾).

【蚕房】 cánfáng 图 잠실(蠶室). 누에 치는 방.

【蚕花】 cánhuā 图 1 양잠 수입. ¶~不薄=양잠 수입이 짭짤하다. 2 (動) 개미누에. 갓난누에.

【蚕茧】 cánjiǎn 图 누에고치. 고치.

【蚕具】 cánjù 图 양잠 도구.

【蚕龄】 cánlíng 图 누에의 령. [잠에서 깨어나서 허물을 한 번 벗으면 2령 누에가 되고, 먹고 자고 허물벗기를 네 번 반복하면 5령 누에가 됨]

【蚕卵】 cánluǎn 图 누에알.

【蚕眠】 cánmián 图 누에의 수면. 누에잠.

【蚕农】 cánnóng 图 양잠 농가. 양잠업자.

【蚕女】 cánnǚ 图 누에를 치는 여자. 잠부(蠶婦).

【蚕蓐】 cánrù 图 누에거적. [누에채반 위에 깔아 주는 깔개]

【蚕桑】 cánsāng 图 누에와 뽕나무. 누에치기와 뽕나무 가꾸기.

【蚕沙】 cánshā 图 누에의 똥. [비료로 쓰거나 약용함]

【蚕山】 cánshān ☞【蚕蔟】 cáncù

【蚕师】 cánshī 图 (숙련된) 양잠업자. 양잠 전문가. 양잠 기사.

【蚕食】 cánshí 图 1 누에가 뽕잎을 먹다. 2 (比) 잠식하다. 조금씩 침범해 들어가다. ¶~无度=한없이 잠식해 들어가다.

【蚕食鲸吞】 cánshí-jīngtūn 图(比) 잠식해 들어가다가 꿀꺽 삼켜 버리다. 조금씩 먹기도 하고 한 입에 집어삼키기도 하다. 여러 가지 방법으로 침략하다.

【蚕市】 cánshì 图 양잠 도구를 파는 시장.

【蚕室】 cánshì 图 1 누에를 치는 방. 잠실. 2 고대에 궁형(宮刑)에 처한 사람을 가두는 감방.

【蚕事】 cánshì 图 누에치기. 누에치는 모든 일. 누에 농사.

【蚕丝】 cánsī 图 잠사. 고치실. 생사. 명주실.

【蚕蜕】 cántuì 图 누에 껍질. 누에 허물. [약재로 쓰임]

【蚕业】 cányè 图 양잠업과 제사업.

【蚕衣】 cányī 图 1 '茧(누에고치)'의 별칭. 2 누에를 칠 때 입는 옷.

【蚕蚁】 cányǐ 图(動) 털누에. 새끼누에. 개미누에. 의잠(蟻蠶). [알에서 갓 깨어난 누에] =【蚁蚕】 yǐcán

【蚕蛹】 cányǒng 图(動) 누에 번데기. 잠용.

【蚕月】 cányuè 图 1 누에를 치는 계절. 누에철. 2 음력 3월.

【蚕纸】 cánzhǐ 图 잠란지(蠶卵紙). 잠종지(蠶種紙). 누에가 산란할 때 깔아 주는 종이. 누에알을 붙인 종이.

【蚕种】 cánzhǒng 图 (종자용) 누에알.

【蚕子】 cánzǐ (~儿) 图 누에(나방)의 알.

** 惭 [慚, 慙] cán 부끄러울 참
图 부끄럽다. 창피하다. 수치스럽다. ¶羞~=부끄럽다. / 大言不~=뻔뻔스럽게 큰소리치다.

【惭疚】cánjiù 혱 부끄럽다. 창피하다. 송구스럽다. ¶有负所托, 十分~。= 부탁을 저버려 매우 송구스럽습니다.
【惭愧】cánkuì 혱 부끄럽다. 창피하다. 송구스럽다. ¶~万分 = 매우 부끄럽다. ↔自豪
【惭色】cánsè 몡문 부끄러운 기색. 멋쩍은 모습. ¶满面~= 만면에 부끄러운 기색이다.
【惭颜】cányán 몡문 부끄러운[창피해하는] 표정. ¶毫无~= 일말의 부끄러운 표정도 없다.
【惭怍】cánzuò 혱문 부끄럽다. 창피하다. 송구스럽다. ¶大为~= 심히 송구스럽다.

**惨[慘] cǎn 비참할 참
혱 1 처참하다. 비참하다. 참담하다. 끔찍하다. ¶愁~= 비참하다. 처참하다. / 凄~异常 = 몹시 처참하다. 2 악독하다. 흉악하다. ¶手段~毒 = 수단이 악독하다. 3 (정도나 상태가) 엄중하다. 매우 심하다. 지독하다. 호되다. ¶冷~了 = 호되게 춥다. 4 어둡다. 어두워지다. 침침하다. 칙칙하다. ¶天色~淡 = 날이 어둠침침하다.

○● 悲bēi惨, 凄qī惨

【惨案】cǎn'àn 몡 1 (대량의 사상자를 낸) 참혹한 사건·사고. ¶坠机~= 비행기 추락 사고. 2 (대량) 학살 사건. ¶侵略者又制造了一起骇人听闻的~。= 침략자는 또 다시 듣는 사람이로 하여금 깜짝 놀라게 하는 학살 사건을 저질렀다.
【惨白】cǎnbái 혱 1 (얼굴이) 창백하다. 해쓱하다. 파리하다. ¶面色~= 얼굴색이 창백하다. 2 (경치가) 어둡다. 어스름하다. 어둑하다. ¶~的秋野 = 어스름한 가을 들녘. ↔红润
【惨败】cǎnbài 동 참패하다. ¶敌军~而退。= 적군이 참패하여 물러가다.
【惨暴】cǎnbào 혱 포악하고 잔인하다. 몡 잔악한 행위.
【惨变】cǎnbiàn 몡 참변. 참사. ¶家庭的~令她痛不欲生。= 가정의 참변에 그녀는 너무도 슬픈 나머지 살고 싶지 않았다. 동 (안색이) 확 바뀌다. [주로 창백해지는 것을 가리킴] ¶惊悉那一噩耗, 她脸色顿时~。= 친한 사람이 죽었다는 그 소식에 놀라 그녀의 안색이 갑자기 하얗게 질렸다.
【惨不忍睹】cǎnbùrěndǔ 성 1 끔찍하여 차마 눈 뜨고는 볼 수 없다. 참혹하여 차마 볼 수가 없다. 2 비 매우 비참하다.
【惨不忍闻】cǎnbùrěnwén 성 1 끔찍하여 차마 들을 수조차 없다. 참혹하여 차마 들을 수가 없다. 2 비 매우 비참하다.
【惨惨】cǎncǎn 혱 1 근심하고 번민하는 모습. ¶他~地苦笑了一下。= 그는 암담한 표정으로 쓴웃음을 지었다. 2 음산하고 무시무시하다. ¶阴风~= 바람이 으스스하다.
【惨怛】cǎndá 혱문 슬프고 괴롭다. 울적하고 슬프다. 근심스럽고 괴롭다. ¶~于心 = 마음이 슬프고 괴롭다.
【惨淡】[惨澹]cǎndàn 혱 1 어둡고 음산하다. 어둠침침하고 쓸쓸하다. ¶灯光~= 불빛이 어둠침침하다. 2 슬프고 처량하다. ¶神色~= 얼굴빛이 슬프고 처량하다. 3 (경기·정세 등이) 암담하다. 불황이다. 침체되다. ¶生意~= 장사가 불황이다. 4 매우 고심하다. ¶~维持 = 애써 유지하다.
【惨淡经营】cǎndàn-jīngyíng 성 1 (사업을) 애써 경영하다. 2 비 (시문을 쓰기 전에) 심혈을 기울여 구상하다.
【惨澹】cǎndàn ☞【惨淡】cǎndàn
【惨跌】cǎndiē 동 시세가 폭락하다. ¶股市~= 주식 시세가 폭락하다.
【惨毒】cǎndú 혱 잔인하고 악독하다. ¶~之人 = 잔인하고 악독한 사람.
【惨嗥】cǎnháo 동 처참하게 외치다. 슬프게 소리치다. 울부짖다. ¶野狼在森林里不停地~。= 늑대가 숲에서 끊임없이 울부짖는다.
【惨红】cǎnhóng 혱 암홍색.
【惨黄】cǎnhuáng 혱 암황색의. 검노랑의.
【惨祸】cǎnhuò 몡 참화. 참혹한 재해. 비참한 재앙. ¶遭遇~= 참혹한 재해를 당하다.
【惨叫】cǎnjiào 동 비명을 지르다. 울부짖다. ¶连声~= 연이어 울부짖다.
【惨景】cǎnjǐng 몡 처참한 광경. 참혹한 정경.
【惨境】cǎnjìng 몡 처참한 지경. 비참한 광경. ¶身陷~= 처참한 지경에 빠지다.
【惨剧】cǎnjù 몡비 참극. 참사. 참변.
【惨绝人寰】cǎnjué-rénhuán 성 1 세상에서 가장 비참하다. 전대미문의 참상이다. 유례 없는 엄청난 비극. 2 비참하기 그지없다. 참혹하기 그지없다.
【惨苦】cǎnkǔ 혱 슬프고 고통스럽다. 처참하고 고통스럽다. 참혹하고 고통스럽다. ¶内心~= 마음이 슬프고 고통스럽다.
【惨况】cǎnkuàng 몡 참상. 비참한 상태.
【惨厉】cǎnlì 혱 처량하다. 처참하다. ¶~的尖叫声 = 처참한 비명 소리.
【惨烈】cǎnliè 1 매우 처참하다. 매우 참혹하다. ¶~的情景 = 매우 처참한 광경. 2 매우 심하다. 혹독하다. 맹렬하다. ¶寒风~= 찬바람이 혹독하다. 3 매우 장렬하다. ¶~的战争 = 매우 장렬한 전쟁.
【惨目】cǎnmù 혱 (차마 눈 뜨고는 볼 수 없을 정도로) 처참하다. 참혹하다. ¶壮烈的场景十分~。= 장렬한 광경이 매우 처참하다.
【惨戚】cǎnqī 혱문 (마음이) 슬프고 괴롭다. 쓰리고 처량하다.
【惨切】cǎnqiè 혱 비참하고 처절하다. 처참하고 몹시 슬프다. ¶神情~= 마음이 비참하고 처절하다.
【惨然】cǎnrán 혱 마음이 쓰라리다. 슬퍼 가슴 아프다. 슬프고 괴롭다. 비참하다. ¶~落泪 = 구슬프게 눈물을 떨구다.
【惨杀】cǎnshā 동 참살하다. 끔찍하게 죽이다. 참혹하게 살해하다. ¶险遭~= 하마터면 참살을 당할 뻔하다.
【惨史】cǎnshǐ 몡 참사. 비참한 역사.
【惨死】cǎnsǐ 동 비참하게 죽다. 참사하다.

【惨痛】 cǎntòng 彤 비통하다. 가슴아프다. 쓰라리다. 비참하고 침통하다. ¶教训~=교훈이 뼈아프다.
【惨无人道】 cǎnwúréndào 성 1 조금의 인간성도 없을 정도로 잔혹하다. 2 극도로 흉악하고 잔인하다. 잔악무도하다. 잔인무도하다.
【惨无天日】 cǎnwútiānrì 성 1 매우 어두워 밝은 해를 볼 수 없다. 2(비) 폭정에 시달리다. 매우 참혹하다. 3(비) 매우 비참한 생활 환경.
【惨象】 cǎnxiàng 명 참상. 처참한 광경.
【惨笑】 cǎnxiào 통 쓴웃음을 짓다. 괴로움을 참고 억지로 웃음짓다. 슬픈 미소를 짓다. ¶他~了几声, 便再也不作声了。=그는 쓴웃음을 몇 번 짓고 다시는 아무 소리도 하지 않았다. 명 쓴웃음. 슬픈 미소. ¶她的脸上露出一丝的~。=그녀의 얼굴에 한 가닥 쓴웃음이 흘러나왔다.
【惨遭】 cǎnzāo 통 비참하게〔참혹하게〕당하다. 참혹한 일을 당하다. ¶~杀害=참혹하게 살해되다.
【惨遭毒手】 cǎnzāo-dúshǒu 성 참혹한 죽음을 당하다. 무참히 살해되다.
【惨重】 cǎnzhòng 형 (손실이) 극심하다. 막급하다. 막심하다. 가혹하다. ¶损失格外~。=손실이 유달리 극심하다.
【惨状】 cǎnzhuàng 명 참상. 비참한 상황〔광경〕. ¶车祸~, 触目惊心。=교통 사고가 비참하여 보기에도 섬뜩하다.

# 穆 [穆] cǎn 돌피 삼
【穆子】 cǎn·zi 명 (植) 1 피. 돌피. 2 피의 알곡·씨. 돌피의 알곡·씨.

# 憯 cǎn 슬퍼할 참
형문 '惨(cǎn)'과 같음.

# 黪 [黲] cǎn 검푸르죽죽할 참
형문 1 검푸르죽죽하다. 거무스름하다. 푸르뎅뎅하다. ¶~发=거무스름한 머리칼. 2 어두컴컴하다.
【黪黩】 cǎndú 형문 어두컴컴하다. 혼탁하여 맑지 않다.

# **灿 [燦] càn 빛날 찬
형 찬란하다. 눈부시게 빛나다. ¶光辉~烂=빛이 찬란하다. / 光~~=눈부시게 빛나다.
【灿灿】 càncàn 형 반짝반짝 빛나다. ¶金~=금빛 찬란하다.
【灿烂】 cànlàn 형 1 찬란하다. 눈부시다. 빛나다. 눈부시게 현란하다. ¶阳光~=햇빛 찬란하다. 2 휘황찬란하다. 아름답다. 행복하다. ¶~的一生=휘황찬란한 한평생.
【灿然】 cànrán 형 찬연하다. 눈부시게 빛나다. ¶~一新=눈부시도록 새로워지다.

# 掺 [摻] càn 북장단 참
명 고대 고곡(鼓曲)의 일종. ¶《渔阳~》=《渔陽掺(어양참)》.

☞ chān, shǎn

# 孱 càn 나약할 잔
☞ chán
【孱头】 càn·tou 명(방) (욕하는 말로) 나약하고 무능한 놈. 비겁한 놈.

# 粲 càn 선명할 찬
형문 선명하다. 아름답다. 산뜻하다. 초롱초롱하다. ¶云轻星~=구름은 가볍고 별빛은 초롱초롱하다.
【粲粲】 càncàn 형문 산뜻하다. 아름답다. 곱다. 예쁘다.
【粲然】 cànrán 형문 1 뚜렷하고 명백하다. 분명하고 똑똑하다. ¶~明了=뚜렷하고 명료하다. 2 찬연하다. 눈부시게 빛나다. ¶月光~=달빛이 눈부시게 빛나다. 3 생긋 웃다. 방긋 웃다. 새하얀 이를 드러내고 밝게 웃는 모양. ¶~一笑=새하얀 이를 드러내고 방긋 웃다.
【粲然可见】 cànrán-kějiàn 성 뚜렷하고 명백하며 일목요연하다.

# 璨 càn 아름다운 옥 찬
명 아름다운 옥. 형 밝다. 선명하다. 반짝거리다. ¶璀~=반짝반짝 빛나다.

# cang

# **仓 [倉] cāng 창고 창
명 1 창고. 곳간. ¶粮~=양식〔곡식〕창고. 2 (Cāng) 성(姓). 형 급하다. 갑작스럽다. 황급하다. 긴박하다. 창졸하다. ¶~皇而逃=황급히 도망치다.

○● 倒dǎo仓, 粮仓, 义仓

【仓仓促促】 cāng·cang cùcù (~的) 형 바쁘다. 창졸하다. 황급하다. 긴박하다. 분주하다. 촉박하다. ¶他~的, 没待多久就离开了。=그는 촉박해서 얼마 머무르지도 않고 떠났다.
【仓仓皇皇】 cāng·cang huáng huáng (~的) 형 창황하다. 황급하다. 다급하다. 급작스럽다. 황망하다. ¶我听见警车声, 小偷~地逃走了。=경찰차의 사이렌 소리를 듣자마자 좀도둑은 황급히 달아났다.
【仓储】 cāngchǔ 통 창고에 저장하다. 곳간에 쌓아 두다. ¶~物资=물자를 창고에 저장하다.
【仓储物资】 창고 속의 저장 물자. ¶~充足=창고 속의 저장 물자가 충분하다.
【仓卒】 cāngcù ☞ 【仓猝】 cāngcù
【仓促】 cāngcù 형 촉박하다. 황급하다. 총망하다.

○ 仓 cāng
沧 cāng
苍 cāng
舱 cāng
伧 cāng
创 chuàng
疮 chuāng
怆 chuàng
枪 qiāng
抢 qiǎng
呛 qiāng
跄 qiàng
戗 qiāng
炝 qiàng

다. ¶时间~=시간이 촉박하다. ≒匆忙 匆促 ↔ 充裕

【仓猝】[仓卒] **cāngcù** 형 창졸하다. 급작스럽다. 갑작스럽다. ¶~之间=창졸간에.

【仓猝从事】 **cāngcù-cóngshì** 성 황급히 일을 처리하다.

【仓房】 **cāngfáng** 명 창고. 곳간. 식량 창고.

【仓庚】 **cānggēng** ☞【鸧鹒】 **cānggēng**

【仓皇】[仓黄][苍惶][苍黄] **cānghuáng** 형 창황하다. 황급하다. 다급하다. ¶~逃窜=황급히 도주하다.

【仓皇失措】 **cānghuáng-shīcuò** 성 창황망조(苍黄罔措)하다. 어찌할 겨를도 없이 허둥지둥 어쩔 줄을 모르다.

【仓黄】 **cānghuáng** ☞【仓皇】 **cānghuáng**

【仓颉】 **Cāng Jié** 명 창힐(仓颉). [한자를 창제했다는 전설 속의 인물]

【仓库】 **cāngkù** 명 창고. 곳간. 식량 창고.

【仓廪】 **cānglǐn** 명〈문〉 식량 창고. 곡창.

【仓容】 **cāngróng** 명 창고 용량. ¶~不足=창고 용량이 부족하다.

【仓位】 **cāngwèi** 명 1 창고 내 물건 보관 위치 [자리]. 2〈經〉 지분. [투자자가 가지고 있는 증권의 금액이 자본금 총액에서 차지하는 비율] ¶ 控制~=지분을 통제하다.

【仓租】 **cāngzū** 명 창고료.

## 伧[傖] **cāng** 천할 창

형〈문〉 거칠다. 속되다. 비루하다. 품위가 없고 천하다.

☞ ·chen

【伧父】 **cāngfù** 명〈문〉 거칠고 몰상식한 사람. 비루한 사람. 촌뜨기.

【伧俗】 **cāngsú** 형 저속하고 비루하다. 비속하다. ¶言辞~=언사가 저속하고 비루하다.

## 苍[蒼] **cāng** 푸를 창

형 1 푸르다. ¶~松=푸른 소나무. 2 회백색이다. 희끗희끗하다. ¶~鬓=희끗희끗한 수염. 명 1 하늘. 창공. 창천(苍天). ¶上~=창공. 2 (Cāng) 성(姓).

【苍白】 **cāngbái** 형 1 창백하다. 파리하다. 회백색이다. 희끗희끗하다. ¶脸色~=안색이 창백하다. 2 생기가 없다. 무기력하다. 무력하다. ¶他在那部影片中饰演的这个角色~无力。=그가 그 영화에서 맡은 이 역할은 생동감이 없다.

【苍苍】 **cāngcāng** 형 1 짙푸르다. 새파랗다. 우거지다. ¶林木~=수풀이 우거지다. 2 (머리칼이) 희끗희끗하다. 회백색이다. ¶鬓发~=살쩍이 [빈모가] 희끗희끗하다. 3 푸르고 드넓다. 푸르고 아득하다. 창망하다. ¶海天~=바다와 하늘이 푸르고 드넓다.

【苍茫茫】 **cāng·cang mángmáng** (~的) 형 창망하다. 푸르고 드넓다. 푸르고 아득하다. 망망하다. ¶海水~, 没有边际。=바닷물은 푸르고 아득하여 가없다.

【苍葱】 **cāngcōng** 형 짙푸르다. 검푸르다. 푸르

고 싱싱하다. ≒苍翠

【苍翠】 **cāngcuì** 형 (초목 등이) 짙푸르다. 검푸르다. 암녹색이다. 푸르고 싱싱하다. ¶松柏~=송백이 짙푸르다. ≒苍葱

【苍翠欲滴】 **cāngcuì-yùdī** 성 푸른 물이 뚝뚝 떨어질 듯하다. 초목이 물을 머금은 듯 짙푸르다.

【苍耳】 **cāng'ěr** 명〈植〉 1 도꼬마리. 2 도꼬마리의 열매. 창이자(苍耳子).

【苍古】 **cānggǔ** 형 굳세고 고아하다. 예스럽고 우아하다. ¶行文~=필치가 고아하고 굳세다.

【苍黑】 **cānghēi** 형 검푸르다. ¶黄昏的山野一片~。=황혼의 산과 들이 온통 검푸르다.

【苍黄】 **cānghuáng** 형 1 누리끼리하고 푸르뎅뎅하다. 누르스름하다. 창백하다. ¶面色~=얼굴빛이 누르스름하고 창백하다. 2〈문〉 파란색과 노란색. 청색과 황색의. 3 비 변화가 일정하지 않다. ¶~翻覆=계속해서 변화하다. 4 ☞【仓皇】 **cānghuáng**

【苍惶】 **cānghuáng** ☞【仓皇】 **cānghuáng**

【苍浑】 **cānghún** 형 고상하고 중후하다. 품위와 무게가 있다. ¶~的声音=품위 있고 무게가 있는 목소리.

【苍劲】 **cāngjìng** 형 1 (수목이) 늙었으나 굳세다. ¶~的古松=우뚝 선 노송. 2 (서화 등이) 창건(苍健)하다. 고풍스러우면서도 힘이 있다. 고아하면서 굳세다. ¶他的字写得~有力。=그의 필치는 고풍스러우면서도 힘이 있다.

【苍空】 **cāngkōng** 명 창공. 푸른 하늘.

【苍老】 **cānglǎo** 형 1 (얼굴·음성 등이) 나이 들어 보이다. 늙어 보이다. 쇠로하다. ¶他一夜之间~了许多。=그는 하룻밤 사이에 무척 늙어보였다. 2 (그림·필체 등이) 웅건하다. 웅대하고 힘차다. 고아하고 힘차다.

【苍凉】 **cāngliáng** 형 처량하다. 황량하다. ¶~的景象=황량한 모습.

【苍龙】 **cānglóng** 명 1〈天〉 창룡. [이십팔수(二十八宿) 중 동쪽 일곱 별자리의 총칭] =【青龙】 **qīnglóng** 2 ① 고대 전설 속의 흉신(凶神). ② 비 극도로 흉악한 사람.

【苍鹭】 **cānglù** 명〈動〉 왜가리.

【苍绿】 **cānglǜ** 형 짙은 녹색의. 암녹색의. 짙푸르다. ¶~的原野=암녹색 들판. 짙푸른 들판.

【苍茫】 **cāngmáng** 형 광활하다. 망망하다. 창망하다. 공활하고 아득하다. 가없다. ¶云天~=높은 하늘이 광활하다.

【苍莽】 **cāngmǎng** 형〈문〉 광활하다. 창망하다. 공활하고 아득하다.

【苍穹】 **cāngqióng** 명〈문〉 하늘. 창공. =【穹苍】 **qióngcāng**

【苍山】 **cāngshān** 명 청산. 푸른 산.

【苍生】 **cāngshēng** 명 백성. 인민. 창생. 창맹(苍氓).

【苍松翠柏】 **cāngsōng-cuìbǎi** 성 1 새파란 송백(松柏). 사시사철 푸른 송백. 2 비 변치 않는 굳은 절개.

【苍天】 **cāngtiān** 명 창천. 푸른 하늘. =【上苍】 **shàngcāng** ↔大地

【苍哑】cāngyǎ 형 (목소리가) 늙고 쉬다.
【苍烟】cāngyān 명 망망한 운무.
【苍颜】cāngyán 명 늙은 얼굴. 쇠로한 용모. ¶~白发=늙은은 얼굴에 백발.
【苍颜皓首】cāngyán-hàoshǒu 성 1 늙어 얼굴이 창백하고 백발이 성성하다. 2 비 늙은 모습.
【苍鹰】cāngyīng 명 1 (動) 참매. 2 비 가혹한 관리. 혹리.
【苍蝇】cāng·ying 명(動) 파리.
【苍蝇拍】cāng·yingpāi ☞【蝇拍】yíngpāi
【苍郁】cāngyù 형(문) (초목이) 푸르고 무성하다. 울울창창하다.
【苍术】cāngzhú 명(植) 삽주. 창출(蒼朮).

# 沧[滄] cāng 찰 창

형 1 (물이) 검푸르다. ¶~流=검푸른 물결. 2 차다. 춥다. ¶~凉大地=차디찬 대지.
【沧沧】cāngcāng 형(문) 쌀쌀하다. 싸늘하다. ¶~凉凉=매우 쌀쌀하다.
【沧海】cānghǎi 명 검푸르고 넓은 바다. 망망대해. 창해.
【沧海横流】cānghǎi-héngliú 성 1 바닷물이 거세게 넘쳐흐르다. 2 비 정치가 혼란하고 사회가 불안하다. 세태 변화가 급격하다.
【沧海桑田】cānghǎi-sāngtián 성 1 바다가 변하여 뽕밭이 되고, 뽕밭이 변하여 바다가 되다. 상전벽해(桑田碧海). 벽해상전. 창상지변(滄桑之變). 2 비 세상사가 변화무쌍(變化無雙)하고, 인생이 무상하다. =【桑田沧海】sāngtián-cānghǎi ≒白衣苍狗
【沧海一粟】cānghǎi-yīsù 성 1 큰 바다에 던진 한 알의 좁쌀. 창해일속. 대해일적(大海一滴). 2 비 매우 작음. 보잘것없는 존재(사람). ≒九牛一毛
【沧海遗珠】cānghǎi-yízhū 성 1 큰 바다에 던져진 한 개의 구슬. 2 비 알려지지 않고 숨겨져 있는 인재. 숨은 인재.
【沧江】cāngjiāng 명(문) 강. 강물.
【沧浪】cānglàng 형(문) 물빛이 푸른 모양. ¶~之水=푸르디푸른 물결. 2 (Cānglàng) (地) 창랑. [「汉水(한수이)」의 옛 명칭. 후베이(湖北)성에 있음]
【沧凉】cāngliáng 형 매우 춥다. 싸늘하다. ¶~的原野=싸늘한 들판.
【沧桑】cāngsāng 명 1 푸른 물과 뽕나무밭. 2 비 세상의 온갖 풍파. ¶饱经~=세상의 온갖 풍파를 다 겪다.

# 鸧[鶬] cāng 왜가리 창

【鸧鹒】[仺庚] cānggēng ☞【黄鹂】huánglí

# ** 舱[艙] cāng 선창 창

명 객실. 선실. 선창. ¶货~=화물칸. / 后~=(배나 비행기의) 뒤쪽 선실(좌석). 뒤쪽의 짐을 싣는 곳.

○● 船chuán舱, 房舱, 官舱, 机舱, 统tǒng舱

【舱单】cāngdān 명 적하 목록. 적하 명세서. 선적 화물 명세서.
【舱面】cāngmiàn 명 갑판.
【舱室】cāngshì 명 객실. 선실. 기내.
【舱位】cāngwèi 명 객석. 좌석. 자리.

# *藏 cáng 감출 장

통 1 간직하다. 간수하다. 건사하다. 저장하다. ¶珍~=귀히 간직하다. / 保~=잘 간수하다. 2 숨기다. 감추다. 숨다. ¶暗~=몰래 숨기다. / 窝~=은폐하다. 명 1 지하 자원. ¶矿~=지하 광물 자원. 2 (Cáng) 성(姓). ↔显
☞ zàng

○● 暗藏, 保藏, 储chǔ藏, 躲duǒ藏, 库藏, 矿kuàng藏, 冷藏, 埋mái藏, 潜qián藏, 窝wō藏, 行xíng藏, 掩yǎn藏, 隐yǐn藏, 蕴yùn藏, 遮zhē藏, 珍藏, 贮zhù藏, 捉迷藏zhuōmícáng

【藏藏躲躲】cáng·cang duǒduǒ ☞【躲躲藏藏】duǒ·duo cángcáng
【藏躲】cángduǒ 통 숨다. 몸을 숨기다. 피신하다. ¶四处~=도처에 숨다.
【藏而不露】cáng'érbùlòu 성(비) (재능을) 숨기고 밖으로 드러내지 않다.
【藏锋】cángfēng 통 재능을 밖으로 드러내지 않다. 명(藝) 장봉. [서도(書道)에서, 붓끝을 접어 획의 처음과 끝에 붓끝의 흔적이 날카롭게 나타나지 않도록 쓰는 필법]
【藏富】cángfù 통 1 부티를 내지 않다. 2 재산을 저장하다.
【藏垢纳污】cánggòu-nàwū 성(비) 나쁜 사람과 악행을 감싸 주다. =【藏污纳垢】cángwū-nàgòu
【藏奸】cángjiān 통 1 악의를 품다. ¶笑里~=웃음 속에 악의를 품다. 2 몸을 사리다. 있는 힘을 다 내려고 하지 않다. 힘을 다해 남을 도우려 하지 않다. 최선을 다하지 않다. ¶~耍滑=몸을 사리고 농간을 부리다.
【藏娇】cángjiāo 통 미녀를 감추다. ¶金屋~=훌륭한 집에 미녀를 감추어 두다.
【藏龙卧虎】cánglóng-wòhǔ 성 1 숨어 있는 용과 누워 있는 범. 2 비 숨은 인재.
【藏猫儿】cángmāor 통(구) 숨바꼭질하다.
【藏匿】cángnì 통 숨다. 은닉하다. 숨기다. ¶他~于深山老林. =그는 깊은 산 속에 숨어 있다.
【藏怒】cángnù 통 노기를 억누르고 드러내지 않다. 노여움을 품다.
【藏品】cángpǐn 명 소장품. 보관 물품. ¶珍稀~=귀중한 소장품.
【藏器待时】cángqì-dàishí 성(비) 재주와 학식을 숨기고 때가 오기를 기다리다. 평소에 실력을 키우면서 때를 기다리다.
【藏身】cángshēn 통 숨다. 몸을 숨기다. ¶让逃犯无处~. =도주범이 숨을 곳을 없애다. 몸을 의탁하다. 거처하다. ¶~之地=의탁할 곳.
【藏书】cáng‖shū 통 책을 소장하다. 장서하다. ¶他已~数万册. =그는 이미 수만 권의 책

을 소장하고 있다. 📗 장서. 소장 도서. ¶捐献～=장서를 기증하다.

【藏书票】cángshūpiào 📗 장서표. 장서 기록표. 레이블(label). 장서용 스탬프(stamp).

【藏头亢脑】cángtóu-kàngnǎo (成句) 요리 숨고 조리 피하고, 완전히 드러내지 않다. 이리저리 책임을 회피하다.

【藏头露尾】cángtóu-lùwěi (成) 1 머리는 숨기고 꼬리만 내놓다. 2(비) (말이나 처리가) 보일 듯 말 듯 진실을 완전히 드러내지 않다. 애매모호한 태도를 보이다. 얼버무리다. ↔开门见山

【藏污纳垢】cángwū-nàgòu ☞【藏垢纳污】cánggòu-nàwū

【藏心】cángxīn 동 마음속에 담아 두다. 마음속에 감추고 드러내지 않다.

【藏掖】cángyē 동 1 애써 숨기다. 감추다. ¶～躲闪=애써 숨고 피하다. 📗 숨긴 일. 은밀한 일. 숨겨진 폐단. 은폐된 사실. ¶这事前前后后大家都清楚, 可没什么～.=이 일의 전말은 모두 다 알고 있는 터라, 뭐 그리 숨길 것이 없다.

【藏拙】cángzhuō 동 (체면이 깎일까 두려워) 자신의 기능이나 견해를 감추다. 자기의 결함이나 단점을 감추다.

【藏踪】cángzōng 동 숨다. 종적을 감추다. 묘연히 사라지다.

## cao

**操¹** cāo 잡을 조
동 1 (손에) 쥐다. 잡다. ¶～刀宰牛=칼을 쥐고 소를 잡다. 2 종사하다. (일을) 하다. ¶重～旧业=옛 일에 다시 종사하다. 3 장악하다. 조종하다. 조작하다. 다루다. ¶稳～胜券=승산이 있다. 4 훈련하다. 체조하다. ¶出～=훈련을 나가다. 5 (외국어나 방언으로) 말하다. ¶～英语=영어로 말하다. / 粤语=광동어로 말하다. 6 (악기를) 연주하다. ¶～弦=현악기를 연주하다. 📗 1(體) 체조. ¶健美～=에어로빅. / 早～=아침 체조. 2 품행. 행위. ¶节～=절개. 절조. 지조. 3 (Cāo) 성(姓). ➡持 乘
☞ cào

**操²**[(捣・捣)] cāo 잡을 조
📗 고대 고곡(鼓曲)의 일종.

○● 出操, 风操, 会操, 节操, 军操, 情操, 上操, 收操, 体操, 下操, 早操, 贞zhēn操

【操办】cāobàn 동 1 처리하다. 준비하고 실행에 옮기다. 취급하다. 다루다. ¶～婚事=혼사를 준비하다. 2(비) 재치 있게 하다. 솜씨 있게 하다. 솜씨 좋게 처리하다.

【操场】cāochǎng 📗 운동장. 연병장.

【操持】cāochí 동 1 처리하다. 경영하다. 관리하다. ¶～家务=집안일을 돌보다. 2 주관하다. 기획하다. ¶公司人事大权都被他～在手.=회사의 인사권은 그의 손에 쥐어져 있다. ↔操办

【操刀】cāodāo 동 칼자루를 쥐다. 칼을 잡다. 2(비) (어떤 일의 진행을) 주관하다. ¶这个手术由你～.=이 수술은 당신이 집도하십시오.

【操刀必割】cāodāo-bìgē (成) 1 칼을 뽑았으면 반드시 잘라야 한다. 2(비) 일을 신속히 처리하다. 일은 제때에 처리해야 한다.

【操典】cāodiǎn 📗(軍) 군사 훈련 교본. [교련 원칙·요령 등을 기록한 책] ¶步兵～=보병 훈련 교본.

【操舵】cāoduò 동 (배의) 키를 잡다.

【操戈】cāogē 동 1 무기를 들다. 2(비) 공격을 개시하다. ¶同室～=같은 패끼리 싸우다. 내분을 일으키다.

【操家】cāojiā 동 집안일을 돌보다.

【操课】cāokè 📗 체조·군사 훈련 등의 과목.

【操控】cāokòng 동 조종하다. 제어하다. 관할하다. 컨트롤하다. ¶～公司事务=회사의 사무를 관할하다.

【操劳】cāoláo 동 애써 일하다. 수고하다. (일을) 열심히 처리하다. ¶日夜～=밤낮으로 열심히 일하다.

【操练】cāoliàn 동 1 훈련하다. 조련(調練)하다. ¶～人马=군대를 훈련시키다. 2 갈고닦다. 연마하다. ¶～本事=기량을 갈고닦다.

【操虑】cāolù 동 마음[신경]을 쓰다. 걱정하다. 근심하다. ¶～儿女婚事=자녀의 혼사를 근심하다.

【操坪】cāopíng 📗 운동장. 연병장.

【操切】cāoqiè 형 조급히 서두르다. 성급히 처리하다. 허둥지둥 일을 처리하다. ¶做事得有条理, 不可～.=일을 하는 데는 순서가 있어야지, 조급히 서둘러선 안 된다.

【操琴】cāo‖qín 동(音) 거문고·호금(胡琴) 등의 현악기를 타다.

【操权】cāoquán 동 권력을 장악하다[쥐다]. 집권하다.

【操神】cāo‖shén 동 심려하다. 걱정하다. 신경을 쓰다. 마음을 쓰다. 애쓰다. ¶～费力=심혈을 기울이다.

【操守】cāoshǒu 📗 자질. 품격. 성품. ¶～高洁=성품이 고결하다.

【操心】cāo‖xīn 동 마음을 쓰다. 신경을 쓰다. 걱정하다. 애를 태우다. ¶这孩子真让人～.=이 아이는 정말 사람 속을 썩이다.

【操行】cāoxíng 📗 (주로 학생이 학교에서 보여주는) 품행. 행실. ¶～上佳=품행이 방정하다.

【操演】cāoyǎn 동 (주로 군사·체육 방면에서) 훈련하다. 연습하다. 익히다. ¶～剑术=검술을 익히다.

【操之过急】cāozhī-guòjí (成句) 너무 성급하게 일처리를 하다. ↔从长计议

【操舟】cāozhōu 동 배를 몰다. 배를 운전하다.

【操纵】cāozòng 동 1 (기계·기기 등을) 제어하다. 다루다. 조작하다. ¶～机器=기계를 다루다. 2 (부당한 방법으로) 조종하다. 조작하다. ¶幕后～=막후에서 조종하다.

cāo 操糙曹嘈漕槽

【操纵杆】cāozònggǎn 몡 (비행기·선박·자동차 따위의) 조종간. ¶游戏~ = 조이스틱(joy stick).

【操纵台】cāozòngtái 몡 (기기·설비 등의) 제어대. 통제판. 조종대. 제어판. 운전대.

【操作】cāozuò 통 1 조작하다. 다루다. ¶程序 = 조작 순서. 2 일하다. 노동하다. ¶辛勤~ = 부지런히 일하다.

【操作规程】cāozuò guīchéng 몡(컴) 조작 규정. 조작 규칙. ¶计算机~ = 컴퓨터 조작 규칙.

【操作系统】cāozuò xìtǒng 몡(컴) 운영 체제. 영 operating system

*糙 cāo 거칠 조
혱 1 거칠다. 투박하다. 조잡하다. ¶毛~ = 조잡하다. / ~纸 = 막종이. 2⊕ 우악스럽다. 우락부락하다. 경솔하다. 저속하다. 촌스럽다. 거칠고 속되다. ¶话~理不~. = 말은 거칠지만 이치는 속되지 않다.

○● 粗 cū 糙, 毛糙

【糙糙】cāocāo 혱 거칠다. 투박하다. 조잡하다. 엉성하다. ¶他弄了一个~的方案就拿来交差了. = 그는 조잡한 방안을 하나 만들어 결과를 보고했다.

【糙粮】cāoliáng 몡⊕ 잡곡. ↔细粮
【糙米】cāomǐ 몡(農) 현미.
【糙皮病】cāopíbìng 몡(醫) 펠라그라(pellagra). 니코틴산 결핍 증후군.

*曹 cáo 관아 조
몡 1 (옛날, 분야별로 일을 처리하던) 관서(官署). 부서(部署). 2⊕ 무리. 패거리. 들. ¶尔等 = 너희들. 3 (Cáo)(歷) 조(曹). [주(周)대의 나라 이름. 현재의 산둥(山东)성에 있었음] 4 (Cáo) 성(姓).

○● 汝 rǔ 曹, 阴曹

【曹操】Cáo Cāo 몡(歷) 조조. (155~220년). [중국 삼국 시대의 정치가·군사 전략가·시인]

【曹国舅】Cáo Guójiù 몡 조국구 (曹國舅). ['팔선(八仙)' 중의 하나]

【曹雪芹】Cáo Xuěqín 몡(歷) 조설근(약 1715~1763년경). [청(清)나라 때의 소설가. 작품으로 《홍루몽(紅樓夢)》등이 있음]

嘈 cáo 떠들 조
혱 시끄럽다. 떠들썩하다. 소란스럽다. ¶喧~ = 시끌벅적하다.

【嘈嘈】cáocáo 혱 1⊕ (악기·음악 소리가) 무겁고 탁하다. ¶~切切错杂弹 = 때로는 묵직하게 때로는 경쾌한 소리가 뒤섞여 연주되다. 2 시끄럽다. 요란하다. ¶雨声~ = 빗소리가 요란하다. 3⊕ 한담하다. 잡담하다. ¶他就知道瞎~, 没个正事儿. = 그는 잡담만 할 줄 알 뿐, 진지한 일이라곤 전혀 없다.

【嘈嘈杂杂】cáo·cao zázá (~的) 혱 떠들썩하다. 시끌벅적하다. ¶街上一天到晚总是~的. = 거리는 하루 종일 늘 시끌벅적하다.

【嘈叫】cáojiào 통 마구 소리치다. 버럭버럭 소리지르다. 꽥꽥 소리지르다.

【嘈乱】cáoluàn 혱 떠들썩하다. 시끌벅적하다. 소란스럽다. 야단법석이다. ¶~的人群 = 시끌벅적한 군중.

【嘈音】cáoyīn 몡 소음. 시끄러운 소리.

【嘈杂】cáozá 혱 떠들썩하다. 시끌벅적하다. ¶人声~ = 사람 소리가 시끌시끌하다. ↔肃静

漕 cáo 배로 실어나를 조
통 조운(漕運)하다. (곡물 등을) 배로 실어나르다. ¶~船 = 식량 운반선. 조운선. 조운배. 몡 (Cáo) 성(姓).

【漕渡】cáodù 통(軍) 배·뗏목 등으로 강을 건너다. 도하하다.

【漕河】cáohé 몡 곡식을 운송하기 위한 수로[물길]. 운하.

【漕粮】cáoliáng 몡 조세로 징수되어 배로 운송되던 곡식.

【漕渠】cáoqú 몡 조세로 징수된 곡식을 나르던 수로[물길]. 운하.

【漕运】cáoyùn 통⊕ 조운하다. 배로 양식 등을 실어나르다.

*槽 cáo 구유 조
몡 1 (가축의) 구유. ¶牛~ = 소구유. 2 (물·음료 등 액체를 담는) 통. 탱크. 조. ¶酒~ = 술통. 3 (~儿) 고랑. 도랑. ¶河~ = 수로. 물길. 4 홈. 움퐁 들어간 부분. ¶木板上挖了一个~. = 나무판에 홈 하나를 팠다. 양 새끼돼지를 길러 성숙되어 팔기까지의 기간을 세는 단위. ¶他一年要喂三~猪. = 그는 일년에 돼지 세 마리를 길러야 한다. 2⊕ 칸. [창문이나 실내의 칸막이를 세는 단위] ¶一~窗户 = 창문 하나.

○● 渡 dù 槽, 溜 liū 槽, 落槽, 平槽

【槽车】cáochē 몡 탱크로리(tank lorry). 탱크차. 탱크카. =【罐车】guànchē

【槽床】cáochuáng 몡 구유의 받침대. 구유통.

【槽坊】cáo·fang 몡 1 (옛) (수공으로) 종이를 만드는 집. =【纸坊】zhǐ·fang 2 주조장(酒造場). 술도가. 양조장.

【槽钢】cáogāng 몡 요형(凹形) 철강. 홈 모양의 (강)철.

【槽糕】cáogāo 몡⊕ (각종 모양의 틀에 넣어 만든) 빵[케이크]. =【槽子糕】cáo·zigāo

【槽谷】cáogǔ 몡(地) U자형 협곡. 지구(地溝).

【槽口】cáokǒu 몡 1 가축의 식욕. 2 (機) V자형으로 새긴 눈금.

【槽内无食猪拱猪】cáo nèi wú shí zhū gǒng zhū ⟨⟩ 1 구유에 먹이가 없으면 돼지가 돼지를 떠민다. 2⊕ 어려울 때 내부에서 서로 분열이 생기다.

【槽头】cáotóu 몡 가축의 먹이통.

○ 曹 cáo
槽 cáo
嘈 cáo
艚 cáo
蜡 cáo
漕 cáo
遭 zāo
糟 zāo

【槽牙】cáoyá ☞【臼齿】jiùchǐ
【槽子】cáo·zi 명 1 (가축의) 구유. 2 (물·음료 등 액체를 담는) 통. 탱크. 조. 3 홈.
【槽子糕】cáo·zigāo ☞【槽糕】cáogāo

**磆** cáo 땅 이름 조
지명에 쓰이는 글자. ¶斫~＝쥐차오. [후난(湖南)성에 있음]

**螬** cáo 굼벵이 조
☞【蛴螬】qícáo

**艚** cáo 거룻배 조
명윤 목선.
【艚子】cáo·zi 명 (물건을 실어 나르는) 목선. [선미(船尾)에 주거 설비가 갖추어져 있음]

**草**[(艸)] cǎo 풀 초
명 1(植) 풀. [재배 식물을 제외한 초본 식물의 총칭] ¶野~＝들풀. 야생초. / 荒~＝잡초. 2 (연료·사료용) 짚. 곡식 등의 줄기 및 잎. ¶稻~＝볏짚. 3(옛) 산과 들. 민간. ¶落~为寇＝양민(良民)이 산으로 들어가 도적 패거리가 되다. 4 초고(初稿). ¶起~＝초안을 잡다. 5 초서. ¶行~＝행서와 초서. 6 (로마자 등) 표음 문자의 필기체. ¶大~＝대문자 필기체. 7 고(Cǎo) 성(姓). 형 1 거칠다. 세밀하지 않다. 조악하다. 어설프다. 엉성하다. 조잡하다. 2 초보적인. 정식이 아닌. ¶~稿＝초고. 3 비천하다. ¶乡野~民＝초야의 백성. 4 (가금·가축에서) 암컷의. ¶~马＝암말. / ~驴＝암나귀. 동 1운 기초하다. 초안을 잡다. ¶~拟计划＝계획의 초안을 잡다. 2 시작하다. 창립하다. ¶公司刚刚~创。＝회사를 막 창립했다.

○→ 柴chái草, 虫草, 稻草, 灯草, 毒草, 芳fāng草, 干草, 甘草, 谷草, 花草, 今草, 枯草, 狂草, 兰草, 粮liáng草, 落草, 蔓màn草, 茅máo草, 牧草, 水草, 莎suō草, 通草, 香草, 萱xuān草, 烟草, 药草, 章草

【草案】cǎo'àn 명 초안.
【草包】cǎobāo 명 1 가마니. 섬. 2 ① 풀을 담은 가마니. 섬. 마대. ② 비 머저리. 얼뜨기. 등신. 바보. ¶这么简单的事情都不会做, 真是个~！＝이런 간단한 일도 못 해내다니, 정말 머저리구나! ③ 비 덜렁이. 덜렁쇠. 엉터리.
【草被】cǎobèi 명 지면을 덮은 풀. 넓은 풀밭.
【草本】cǎoběn 명 1 초고(草稿). 2 (植) 초본(식물).
【草本植物】cǎoběn zhíwù 명 (植) 초본 식물.
【草编】cǎobiān 명 짚세공. 짚·풀 수공예. [식물의 잎이나 줄기로 기물을 만드는 민간 수공예]
【草标儿】cǎobiāor 명 (주로 중고 물품에 달아 놓는) 줄기나 풀로 만든 가격 표시.
【草草】cǎocǎo 부 허둥지둥. 대충대충. 대강대강. 건성으로. 적당히. ¶~了事＝대강대강 일을 끝내다.

【草草率率】cǎo·cao shuàishuài (~的) 형 경솔하다. 거칠다. 조심성이 없다. 꼼꼼하지 못하다. 초솔(草率)하다.
【草测】cǎocè 명 (공사가 시작되기 전의 지형·지질·수맥 등에 관한) 예비 측량. 초벌 측량.
【草场】cǎochǎng 명 1(農) 초장. 초원. 목초지. 2(옛) 짚·목초 등을 쌓아 둔 곳. 건초간.
【草场资源】cǎochǎng zīyuán 명 초원 자원. [목축업의 기반이 됨과 동시에 인류에게 다양한 야생 동물을 제공하는 초원]
【草船】cǎochuán 명 1 (장례용의 위령(慰靈)을 위한) 풀로 만든 배. 2 짚가리·덤불 등을 가득 적재한 배. ¶~借箭＝초선차전. [제갈공명이 짚더미를 쌓은 작은 배 20척을 이끌고 조조 진영에 다가가 화살을 쏘게 하여 10만 대에 달하는 화살을 획득했던 고사에서 유래한 것으로, 외부적 힘에 의거하여 자아 발전을 도모함을 말함]
【草虫】cǎochóng 명 1(美) 초충도. [풀·벌레·곤충을 그린 동양화] 2 풀벌레.
【草创】cǎochuàng 동 최초로 시작하다. 창건하다. 터를 닦다. ¶~时期＝초창기.
【草刺儿】cǎocìr 명(비) 아주 사소한 것. 아주 작은 일.
【草苁蓉】cǎocōngróng ☞【列当】lièdāng
【草丛】cǎocóng 명 덤불. 풀숲. 무성한 수풀. 늑 草莽
【草底儿】cǎodǐr 명 초고. ¶打~＝초고를 작성하다.
【草地】cǎodì 명 1 초원. 목초지. 2 풀밭. 잔디밭. 3 풀이 무성한 습지.
【草甸(子)】cǎodiàn(·zi) 명(방) 풀이 무성한 저습지.
【草垫(子)】cǎodiàn(·zi) 명 볏짚방석. 멍석. 거적. 부들돗자리.
【草豆蔻】cǎodòukòu ☞【豆蔻】dòukòu
【草垛】cǎoduò 명 짚가리. 짚더미. 풀무더기.
【草方】cǎofāng 명(醫) 민간 처방. 민간 비방. 민간 요법.
【草房】cǎofáng 명 1 초가집. 2 풀과 사료를 쌓아 두는 집.
【草肥】cǎoféi 명(農) 퇴비. 두엄.
【草稿】cǎogǎo (~儿) 명 원고. 초고. 밑그림. 원화(原畫). ¶作文~＝작문의 초고.
【草菇】cǎogū 명(植) 풀버섯. 짚버섯.
【草果】cǎoguǒ ☞【豆蔻】dòukòu
【草花】cǎohuā 명(植) 풀꽃. 초본의 꽃.
【草荒】cǎohuāng 명 황무지(荒蕪地). 황무화 현상.
【草灰】cǎohuī 명 풀이 타고 남은 재. 짚을 태운 재. 형 회황색의. 누르스름한 잿빛의. ¶~的外套＝회황색 외투.
【草鸡】cǎojī 명(방) 암탉. 형(방)(비) 겁이 많다. 나약하다. ¶他平时说得厉害, 一遇真事肯定~。＝그는 평소 말하는 것은 강하지만 진짜 일을 당했을 때는 틀림없이 나약해질 거야.
【草间求活】cǎojiān-qiúhuó 성(비) 되는대로 살아가다. 그럭저럭 살아가다. (민간에서) 구차하게 살아가다.

【草菅人命】cǎojiān rénmìng (성) 1 목숨을 들풀같이 취급하다. 인명을 초개같이 여기다. 2(비) 폴 베듯 마구 사람을 죽이다. 함부로 죽이다.
【草荐】cǎojiàn (명)(문) (침대에 까는) 짚자리.
【草浆】cǎojiāng (명) 짚 펄프(pulp).
【草芥】cǎojiè (명)(운) 1 초개. 지푸라기. 2(비) 하찮은 것. 가치 없는 것. ¶他视官名利禄如~。=그는 관직과 영리를 초개같이 여긴다.
【草就】cǎojiù (동) 초고를 완성하다. 초안을 잡다. ¶方案已初步~。=방안은 이미 초안이 완성되었다.
【草寇】cǎokòu (명)(옛) 산적. 비도(匪徒). 비적(匪贼). =【草贼】cǎozéi
【草隶】cǎolì (명) (서체 중의) 초서와 예서. 초서. [흘려 쓴 예서]
【草料】cǎoliào (명) 1 (가축이 먹는) 풀과 사료. 2 (가축의) 꼴. 여물.
【草庐】cǎolú 누추한 집. 초가집. 오막살이.
【草驴】cǎolǘ (명)(방) 암탕나귀.
【草履虫】cǎolǚchóng (명)(动) 짚신벌레.
【草绿】cǎolǜ (형) 초록의. 초록색의. ¶~色的军装=초록색 군복.
【草满囹圄】cǎomǎn-língyǔ (성) 1 감옥에 풀이 무성하게 자라다. 2(비) 정치가 맑고 깨끗하여 범죄자가 적다.
【草莽】cǎomǎng (명) 1 풀숲. 2(옛) 민간. 재야(在野). 초야(草野). ¶~英雄=재야의 영웅. ≒草丛
【草帽】cǎomào(~儿) (명) 밀짚모자. 초립.
【草帽缏】【草帽辫】cǎomàobiàn(~儿) (명) 밀짚 따위로 땋아 만든 끈. [밀짚모자·바구니 등을 짜는 데 쓰임]
【草帽辫】cǎomàobiàn ☞【草帽缏】cǎomàobiàn
【草莓】cǎoméi (명)(植) 딸기. (동)【草果】cǎoguǒ【杨梅】yángméi
【草煤】cǎoméi (명)(矿) 토탄(土炭). 이탄(泥炭).
【草昧】cǎomèi (형)(운) 무지몽매하다. 미개하다. 원시적이다.
【草棉】cǎomián (명)(植) 목화. 면화. 솜. (동)【棉花】miánhuā
【草民】cǎomín (명) 평민.
【草茉莉】cǎomò·lì (명)(植) 분꽃. =【紫茉莉】zǐmò·lì【胭脂花】yānzhīhuā
【草木】cǎomù (명) 꽃과 풀과 나무.
【草木灰】cǎomùhuī (명) 초목회. 초목을 태운 재. 나무재. 짚재.
【草木皆兵】cǎomù-jiēbīng (성) 1 초목개병. 적을 두려워한 나머지 온 산의 초목까지도 모두 적군으로 보이다. [전진(前秦)의 부견(苻堅)이 군대를 이끌고 동진(東晉)을 공격할 때 비수(淝水)에 진을 쳤는데, 진(晉)나라의 진용이 갖추어진 것을 살피고 나서 멀리 산봉우리를 바라보니 초목이 모두 적의 군사로 보여 두려움에 떨었다는 고사에서 유래함] 2(비) 몹시 놀라 이것도 의심스럽고 저것도 의심스럽다. 경황 중에 함부로 이것저것 의심하다. ≒风声鹤唳

【草拟】cǎonǐ (동) 초고를 쓰다. 초안을 잡다. 기초(起草)하다. ¶~文件=문건의 초안을 잡다.
【草棚】cǎopéng (명) 초막. 초가집.
【草皮】cǎopí (명) 잔디. 떼.
【草坪】cǎopíng (명) 잔디밭. 초지. 잔디 코트. 론 코트(lawn court).
【草圃】cǎopǔ (명) 녹지용 풀을 키우는 밭. (꽃·나무·채소 등의 모종을 키우는) 모판. 묘상.
【草签】cǎoqiān (동) 가조인(假調印)하다. 가계약(假契約)하다. (명) (주로 중고 물품에 달아 놓는) 줄기나 풀로 만든 가격 표시.
【草人】cǎorén (명) 허수아비.
【草色】cǎosè (형) 풀색의. 풀빛의.
【草珊瑚】cǎoshānhú (명)(植) 죽절나무.
【草舍】cǎoshè (명) 초가. 누추한 집.
【草绳】cǎoshéng (명) 새끼(줄).
【草食】cǎoshí (명) 초식의.
【草食动物】cǎoshí dòngwù (명)(动) 초식 동물. ↔肉食动物
【草市】cǎoshì (명) 시골장. 시골의 정기 시장.
【草书】cǎoshū (명) (서체 중의) 초서. 흘림체.
【草率】cǎoshuài (형) 적당히 하다. 대강[대충·데면데면] 하다. 건성으로 하다. 아무렇게나 하다. 흐리터분하다. 경솔하다. 조심성이 없다. 세심하지 못하다. 소홀하다. 등한시하다. 영성하다. 거칠다. 그저 그렇다. 초솔하다. ¶饮食~=음식을 그저 그렇다. / 你的这个决定太~了。=너의 이 결정은 너무 경솔했다. ↔认真 郑重
【草酸】cǎosuān (명)(化) 수산(蓚酸). 옥살산.
【草台班子】cǎotái bān·zi (명) 1 소규모의 유랑 극단(劇團). 2 (어떤 목적을 위해) 임시로 소집된 영성한 조직. ¶那个建筑队其实是一个~。=그 건축팀은 사실 임시로 규합된 조직이다.
【草滩】cǎotān (명) 강가의 널따란 풀밭.
【草堂】cǎotáng (명) 1 초가집. 2(옛) 초당. [문인들이 자신의 거처를 명명한 것으로, 고아(高雅)함과 겸손함을 나타냄] ¶杜甫~=두보 초당.
【草体】cǎotǐ (명) 1 초서체. 초서. 흘림체. 2 (로마자[표음 문자]의) 필기체.
【草头王】cǎotóuwáng (명)(옛) 산적 두목. 우두머리. 두령.
【草图】cǎotú (명) (기계·공사의) 초도. 초보 설계도. 기본 설계도. 초안으로 그린 도면. 스케치.
【草窝】cǎowō (명) 1 풀숲. 풀덤불. 2 (짐승의) 둥우리. 3 풀로 지은 낮고 작은 움막.
【草屋】cǎowū (명) 초가집. 초옥. =【茅草屋】máocǎowū 2 풀과 사료를 쌓아 두는 집.
【草席】cǎoxí (명) 거적. 멍석. 방석. 돗자리.
【草虾】cǎoxiā (명)(动) 새뱅이. 또랑새우. 쌀새우. =【米虾】mǐxiā【中华新米虾】zhōnghuáxīnmǐxiā
【草鞋】cǎoxié (명) 짚신.
【草写】cǎoxiě (명) 초서체. 초서. 흘림체. 필기체. =【草写体】cǎoxiětǐ ¶'家'的~是怎样写的? = '집 가(家)'의 초서체는 어떻게 쓰지? (동) 흘려 쓰다. 갈겨쓰다. ¶试题答案不准~。=시험 답안은 정자로 써야 한다.

【草写体】cǎoxiětǐ ☞【草写】cǎoxiě
【草样】cǎoyàng 囝 (초보적으로 그리거나 오려낸) 도안. 디자인. 밑그림.
【草药】cǎoyào 囝(醫) 약초. 초약. 초재(草材).
【草野】cǎoyě 囝(史) 1 초야. 재야. 민간. ¶出身～＝재야 출신이다. 2 평민. 일반 백성. ¶一介～＝일개 평민. 囫(文) 누추하다. 거칠다. 비루하다. ¶～之輩＝비루한 무리. ↔朝廷
【草业】cǎoyè 囝 목초 재배업. 사료 작물 재배업. (각종) 초지 개발 산업.
【草鱼】cǎoyú 囝(動) 초어. [잉어와 담수어로, 풀을 먹는 물고기라 하여 붙여진 이름임] ＝【鲩鱼】huànyú
【草原】cǎoyuán 囝 초원. 풀밭.
【草约】cǎoyuē 囝 (정식 계약·조약·협정 이전의) 초안.
【草泽】cǎozé 囝 1 소택지(沼澤地). 2 옛 민간. 초야. 재야. ¶匿迹～＝재야에 숨다.
【草贼】cǎozéi ☞【草寇】cǎokòu
【草长莺飞】cǎozhǎng-yīngfēi 囫 1 풀이 자라고 꾀꼬리가 날아다니다. 2 비 춘삼월의 정경.
【草纸】cǎozhǐ 囝 풀로 만든 (거친) 종이. 화장지. 휴지. 포장지. [볏짚을 원료로 만든 종이]
【草质茎】cǎozhìjīng 囝(植) (벼·참밀 등의 줄기처럼) 초본 식물의 목질(木質)로 되지 못한 연한 줄기.
【草子】[草籽] cǎozi 囝 풀의 씨앗. 풀씨.
【草籽】cǎozǐ ☞【草子】cǎozi
【草字】cǎozì 囝 1 (서체 중의) 초서. 흘림체. 필기체. 2(文) 자기의 자(字)를 겸칭하는 말.

# 懆 cǎo 근심할 조
【懆懆】cǎocǎo 囫(文) 근심하여 불안하다.

# 肏 cào 성교할 초
囝 오입질하다. 성교하다. 교합하다. 교접하다. [남자의 성교 동작으로 남을 욕하는 저속한 말]

# 操 cào 성교할 초
囝 '肏(cào)'와 같음.
☞ cāo
【操蛋】càodàn 囝 소란을 피우다. 난리를 치다. [주로 욕으로 쓰임]

# ce

**册**[(冊)] cè 책 책
囝 1 간책(簡册). 문자가 쓰여진 죽간(竹簡). [옛날에 글을 적는 데 쓰던 대쪽, 또는 그것을 엮어 맨 책] 2 囫 책봉. 봉작. 책봉·봉작을 명령하는 문서. ¶～命＝책봉 명령. 책명. 3 책. 책자. ¶画～＝화첩. 앵 권. 책. [책을 세는 단위] ¶人手一～＝사람마다 한 권씩 다 가지고 있다.

○● 册 cè
　 删 shān
　 珊 shān
　 跚 shān
　 姗 shān
　 栅 zhà

○● 表册, 底册, 分册, 清册, 史册, 手册, 书册, 账册, 注册, 花名册
【册封】cèfēng 囝 봉하다. 책봉하다. 봉작(封爵)하다.
【册立】cèlì 囝 책립하다. 조칙(詔勅)으로 황태자나 황후를 봉하여 세우다.
【册叶】cèyè ☞【册页】cèyè
【册页】[册叶] cèyè 囝 서화첩(書畵帖). 서화를 장황(裝潢)한 책. [한 장씩 표장(表裝)하여 책으로 엮은 서화]
【册子】cè·zi 囝 책자. 책. ¶画～＝그림책(자).

# *厕[厠, 廁] cè 뒷간 측
囝 변소. 뒷간. ¶公～＝공중 변소. / 男～＝남자 변소. 囝(文) 섞이다. 끼다. 참여하다. ¶杂～＝뒤섞이다.
☞ · si
【厕身】[侧身] cèshēn 囝(敬) 참여〔참가〕하다. 몸담다. 관여하다. ¶～文坛＝문단에 몸담다.
【厕所】cèsuǒ 囝 변소. 뒷간.
【厕足】[侧足] cèzú 囝(文) 몸담다. 발을 들여놓다. ¶～娱乐圈＝연예계에 발을 들여놓다.

# *侧[側] cè 곁 측
囝 옆. 곁. 편. 측면. ¶右～＝오른편. / 旁敲～击＝빙빙 돌려 말하다. 변죽을 울리다. 囝 기울다. 치우치다. 한쪽으로 쏠리다. ¶～身远望＝몸을 기울여 멀리 바라보다. ↔正
☞ zè, zhāi

○● 倾qīng侧, 翼yì侧
【侧扁】cèbiǎn 囫 측편(側偏)인. 옆으로 납작한 모양. 납작하다.
【侧耳】cè'ěr 囝 1 귀를 기울이다. 2 열심히 귀담아듣다. ¶～细听＝귀 기울여 열심히 듣다.
【侧根】cègēn 囝(植) 곁뿌리. 측근(側根).
【侧击】cèjī 囝 측면 공격하다.
【侧记】cèjì 囝 취재기. 방청기. 탐방기. (어떤) 측면적 기록. [주로 신문 보도의 표제어에 사용됨] ¶《中国古代文学国际研讨会～》＝《중국 고대 문학 국제 토론회 취재기》.
【侧近】cèjìn 囝 부근. 근처. 측근. ¶我们单位～有几家快餐店。＝우리 직장 부근에는 패스트푸드점이 몇 집 있다.
【侧门】cèmén 囝 옆문. 측문.
【侧面】cèmiàn 囝 1 옆면. 측면. ¶这幢楼的～有一个小超市。＝이 건물의 측면에는 소형 슈퍼마켓이 하나 있다. 2 (전체를 구성하는) 한 측면. 어떤 방면. 한쪽 면. 한 면. ¶～了解＝(다른) 측면에서의 이해. ↔正面
【侧面图】cèmiàntú 囝(建) 측면도. ＝【侧视图】cèshìtú
【侧目】cèmù 囝 1 곁눈질하다. 흘겨보다. 흘끗 보다. 2 두려움과 분노·증오의 눈초리로 보다. 질시하다. ¶～而视＝반목 질시하다.
【侧射】cèshè 囝 측면 사격하다.

【侧身】cèshēn 동 1 몸을 옆으로 기울이다. ¶~而过=몸을 옆으로 비켜 지나가다. 2 ☞【厕身】cèshēn
【侧视】cèshì 동 한편에서 보다. 한쪽 면에서 보다. 측시하다.
【侧视图】cèshìtú ☞【侧面图】cèmiàntú
【侧室】cèshì 명 1 옆방. 곁방. 2 완 첩(妾). 소실(小室). 측실.
【侧手法】cèshǒu tóufǎ 명(체) (야구의) 사이드암 스로(sidearm throw).
【侧听】cètīng 동 곁에서 듣다. 귀 기울이다. ¶徐行~=천천히 걸으며 귀 기울여 듣다.
【侧闻】cèwén 동완 1 풍문으로 듣다. 2 겸 어른 곁에서 가르침을 듣다. ¶~高论=고론을 듣다.
【侧卧】cèwò 동 옆으로 눕다. ¶~而眠=옆으로 누워 자다. 칼잠 자다.
【侧线】cèxiàn 명(동) 측선. 옆선. [어류·양서류의 몸 양측에 있는, 수많은 작은 점으로 이루어진 한 가닥 선]
【侧厢】cèxiāng 명 곁채. 본채 곁에 딸린 작은 집채. 큰방의 옆방.
【侧芽】cèyá 명(식) 곁눈. 액아. 겨드랑눈. 측아. =【腋芽】yèyá
【侧翼】cèyì 명(군) 작전에서 부대의 (좌우) 양익 (兩翼). 중간에 있는 군대의 좌우 양쪽에 진을 친 군대. =【翼侧】yìcè
【侧影】cèyǐng 명 1 (사진의) 옆모습. 옆얼굴. 프로필(profile). 실루엣. ¶墙上映出她的~。=담에 그녀의 실루엣이 비추어졌다. 2 비 (측면에서 본) 양상. 모습. 한 면. ¶这部小说反映了当代中学生学习生活的一个~。=이 소설은 당대 중고생 학습 생활의 한 양상을 반영하였다.
【侧泳】cèyǒng 명(체) 횡영(橫泳). 사이드스트로크(side stroke). 모잽이헤엄.
【侧证】cèzhèng 동 (다른) 측면에서 증명하다.
【侧枝】cèzhī 명(식) 곁가지.
【侧重】cèzhòng 동 편중되다. 치중하다. 한 방면에 치우치다. ¶有所~=다소 편중되다. 늑着重 偏重
【侧重点】cèzhòngdiǎn 치중하는 것. 중점. ¶他的讲话没有~。=그의 말에는 중점이 없다.
【侧足】cèzú 동 1 옆으로 선 채 감히 걸음을 떼지 못하다. 2 비 매우 두려워하다. ¶~而立=매우 두려워서 꼼짝 못 하다. 3 ☞【厕足】cèzú

## 测 [測] cè 잴 측

동 1 측정하다. 측량하다. ¶勘~=측량·조사하다. / 目~=눈짐작하다. 2 추측하다. 예측하다. ¶猜~=추측하다. / 居心叵~=저의를 헤아릴 수 없다.

○● 不测, 猜测, 草测, 揣chuǎi测, 观测, 勘kān测, 窥kuī测, 探测, 推测, 遥yáo测, 臆yì测, 预测

【测报】cèbào 동 측량(관측)하여 보고하다. ¶~震情=지진 상황을 관측하여 보고하다.
【测材】cècái 명 재적(材積)을 측량하다. 목재의 수량을 측량하다.
【测查】cèchá 동 측정(측량)·조사하다. ¶~质量=질량을 측정·조사하다.
【测产】cèchǎn 동 생산량을 추정하다.
【测锤】cèchuí 명【铅锤】qiānchuí
【测地卫星】cèdì wèixīng 명 측지 위성. [대지를 측량하는 인공위성] 영 geodetic satellite
【测定】cèdìng 동 측정하다. ¶~水温=수온을 측정하다.
【测度】cèduó 동 추측하다. 헤아리다. ¶他的心思很难~。=그의 생각은 헤아리기 매우 힘들다.
【测风表】cèfēngbiǎo 명【风表】fēngbiǎo
【测杆】cègān 명 측량대. [측량용의 빨강·흰색이 칠해져 있는 폴(pole)]
【测功器】cègōngqì 명 동력계. 다이너미터(dynamometer).
【测光】cèguāng 동 1 촬영할 때 계기를 이용하여 촬영되는 물체의 광도를 측정하다. 2 천체의 광도를 측정하다.
【测光表】cèguāngbiǎo 노출계. 영 exposure meter
【测候】cèhòu 동 천문·기상을 관측하다.
【测谎器】cèhuǎngqì ☞【测谎仪】cèhuǎngyí
【测谎仪】cèhuǎngyí 명 거짓말 탐지기. =【测谎器】cèhuǎngqì
【测绘】cèhuì 동 측량하여 제도(製圖)하다. ¶~地图=측량 제도.
【测检】cèjiǎn 동 검사·측정하다.
【测井】cèjǐng 동(물) 검층(檢層)하다. [지층 특징에 대하여 측량과 분석을 진행하는 지구 물리 탐사 방법의 총칭]
【测距】cèjù 동 거리를 측정하다. 명 측정 거리.
【测距仪】cèjùyí 명(물) 측거의. 거리계. [물체와 관찰자의 거리를 측정하는 광학 기기]
【测控】cèkòng 동 관측·제어하다. ¶~卫星=관측하고 제어할 수 있는 위성.
【测力计】cèlìjì 명(기) 동력계(動力計). 다이너모미터(dynamometer).
【测量】cèliáng 동 1 측량하다. 2 시험을 통해 가늠하다 (따져 보다·평가하다). ¶~一下他的手艺=그의 솜씨를 평가해 보자. 명 측량. 측정.
【测评】cèpíng 동 1 측정·평정(評定)하다. ¶~工作=측정·평정 작업. 2 추측하고 평론하다. ¶~行情=시세를 예측하고 평가하다.
【测深仪】cèshēnyí 명(기) 음향 측심기(音響測深機). 에코사운더. 영 echo sounder.
【测时】cèshí 동 시간을 재다(측정하다).
【测试】cèshì 동 1 (기계·기기의) 성능과 정밀도를) 실험하다. 테스트하다. 2 (지식·기능 등을) 테스트하다. 시험하다. ¶能力~=능력 시험.
【测速】cèsù 동 속도를 측정하다.
【测算】cèsuàn 동 1 측량·계산하다. 측정하다. ¶~河水的流速=강물의 유속을 측량 계산하다. 2 추산하다. ¶~建房工期=건축 공사 기간을 추산하다.
【测探】cètàn 동 1 조사·측정하다. 탐측(探測)하

다. 탐사하다. ¶~海底石油=해저 석유를 탐사하다. **2** 추측하다. 살피다. 헤아리다. ¶~她的想法=그녀의 생각을 살피다.
【测听术】**cètīngshù** 명 청력 측정 방법. 청각 측정 방법.
【测位器】**cèwèiqì** 명(機) 위치 탐지기.
【测向计】**cèxiàngjì** 명(機) 방향 탐지기. 방향 측정기.
【测斜仪】**cèxiéyí** 명(機) 경사계(傾斜計). 측사기(測斜器). 클리노미터(clinometer).
【测压管】**cèyāguǎn** 명(物) 피에조미터(piezometer). 간극 수압계.
【测验】**cèyàn** 명 **1** 시험하다. 테스트하다. ¶数学~=수학 시험. **2** (기기 또는 기타 방법으로) 측정·검사하다. ¶~有关数据=상관 데이터를 조사하다.
【测云器】**cèyúnqì** 명(氣) 측운기(測雲器). 네포스코프(nephoscope).
【测站】**cèzhàn** 명 측량 기계의 설치 지점. 측량 지점.
【测震】**cèzhèn** 동 지진 상황을 탐측하다.
【测震学】**cèzhènxué** 명(地) 지진 관측술(地震觀測術). 지진학(地震學).
【测字】**cè‖zì** 동 글자로 점을 치다. [한자의 편(偏)·방(旁) 등을 분석하거나 조합하여 길흉을 점침] =【拆字】**chāi‖zì**

# 恻[惻] **cè** 슬퍼할 측

형 **1** 문 지성이다. 정성스럽다. 간절하다. ¶恳~=간절하고 정성스럽다. **2** 슬프다. 비통하다. 딱하고 가엾다. 측은하다. ¶~=비통하다.
【恻然】**cèrán** 문 딱하고 가엾다. 슬프다.
【恻隐】**cèyǐn** 동 측은히 여기다. 불쌍히 생각하다. 가엾이 여기다.
【恻隐之心】**cèyǐnzhīxīn** 성 측은지심. 불쌍히 여기는 마음.

# ﹡策[(筴·箣)] **cè** 채찍 책

명 **1** 매. 채찍. **2** 문 지팡이. ¶扶~缓行=지팡이를 짚고 천천히 걷다. **3** 죽간(竹簡). 목간(木簡). ¶简~=간책. **4** 책문(策問). [문답 형식으로 된 과거(科擧) 문제의 일종] ¶对~=대책. [옛날, 과거 응시자가 황제의 질문에 대답한 치국(治國)에 관한 책략] **5** 옛날, 과거 응시자가 정사(政事)와 경의(經義)에 대답한 글. ¶诗、颂、碑、铭、书、~=시·송·비·명·서·책. **6**《數》산가지. [옛날, 수효를 셈할 때 쓰던, 대나무나 뼈 등을 젓가락처럼 만든 도구] ¶筹~=산가지. **7** 방법. 계책. 계략. ¶出谋划~=계책을 세우다. **8**(Cè) 성(姓). 동 **1** 말에 채찍을 가하다. **2** 어 편달하다. 재촉하다. 독려하다. ¶鞭~=편달하다. 채찍질하다. **3** 어 획책하다. 계책을 세우다. ¶~应全盘=계획은 주도면밀해야 한다. ≒筹
☞ 笑(jiā)

○● 对策, 国策, 划策, 计策, 妙策, 驱qū策, 失策, 下策, 政策, 中策

【策动】**cèdòng** 동 책동하다. 획책하다. ¶~军事政变=군사 정변을 책동하다.
【策反】**cèfǎn** 동 (적진에 잠입하여) 모반을 선동하거나 계획하다.
【策划】**cèhuà** 동 **1** 획책하다. 계획하다. 기획하다. 일을 꾸미다. 계책을 세우다. ¶~阴谋=음모를 꾸미다. **2** (문학·예술 방면에서) 기획하다. 꾸미다. ¶广告~=광고 기획. 명 기획자. ¶他是这部电影的~。=그는 이 영화의 기획자이다. ≒筹划
【策励】**cèlì** 동 어 독려하다. 면려(勉勵)하다. ¶自我~=자신을 채찍질하다.
【策略】**cèlüè** 명 책략. 전술. 전략. ¶实施~=전략을 실시하다. 형 전략적이다. 전술적이다. ¶这次经济谈判大家要~一点。=이번 경제 협상에 있어서 우리 모두는 전략적이어야 한다.
【策论】**cèlùn** 명 책론. [고대에 당면한 정치 문제를 논하여 조정에 바친 글]
【策马】**cèmǎ** 동 말을 채찍질하다. ¶~前行=말을 채찍질하여 앞으로 나아가다.
【策勉】**cèmiǎn** 동어 독려하다. 고무하다. 면려(勉勵)하다. ¶~自身=자신을 격려하다.
【策士】**cèshì** 명 **1**《황제의》책사. 책략가. 모사(謀士). **2** 책사. 모사(謀士).
【策应】**cèyìng** 동 **1**(軍) 전투에서 우군과 서로 호응하여 싸우다. 협동 작전하다. **2**(體) (농구·축구 등에서) 손발을 잘 맞추다. 호흡을 잘 맞추어 협동하다.
【策源地】**cèyuándì** 명 (전쟁이나 사회 운동 등의) 발원지. 발상지. 근거지. 출발지. ¶北京是'新文化运动'的~。=베이징은 '신문화 운동'의 발원지이다.

# 箣 **cè** 대쪽 책
【箣竹】**cèzhú** 명(植) 대나무의 일종.

# cei

# 瓵 **cèi** 부스러질 쇄
동㋐ (도자기·유리 등을) 깨뜨리다. 부수다. ¶不小心把花瓶~了。=부주의로 꽃병을 깼다.

# cen

# 参[參] **cēn** 가지런하지 않을 참
아래를 참조.
☞ **cān**, **shēn**
【参差】**cēncī** 형 **1** (크기·높이·길이가) 일정하지 못하다. 가지런하지 못하다. 들쭉날쭉하다. ¶技术水平~不齐。=기술 수준이 들쭉날쭉하다. **2** 문 시기를 놓치다. 그르치다. ¶佳期~=호기를 놓치다. 부 대략. 거의. ¶~是如此。=대략 이와 같다.

【参错】cēncuò 뒤섞여 엇갈리다. 정돈되어 있지 않다. 뒤죽박죽이다. ¶阡陌~＝논밭길이 정돈되어 있지 않다. 잘못 누락되다. 틀리고 누락되다. ¶校(jiào)注~＝주해가 틀리고 누락되다.

## 岑 cén 봉우리 잠

1 작지만 높은 산. 봉우리. 2 벼랑 끝. 벼랑 가. 3 (Cén) 성(姓).

【岑岑】céncén 머리가 지끈지끈하다. 머리가 무겁고 아프다. 번민스럽다.

【岑寂】cénjì 1 고요하다. 2 적막하다. 쓸쓸하다. ¶~的小镇＝적막한 작은 마을.

## 涔 cén 괸물 잠

고인 물. (빗물·눈물 등이) 줄줄 흐르다.

【涔涔】céncén 1 물·땀·눈물 등이 줄줄 흐르다. ¶热泪~＝뜨거운 눈물이 하염없이 흐르다. 2 날이 잔뜩 찌푸리다. 날씨가 음침하다. ¶雨意~＝비가 오려는지 날이 잔뜩 찌푸려 있다. 3 괴로워하다. 번민하다. 지끈지끈 아프다. ¶头~不止.＝머리가 계속 지끈거리며 아프다.

# ceng

## 噌 cēng 떠들썩할 증

푸드덕. 쓱싹쓱싹. 싹싹. [빠른 동작 혹은 마찰하는 소리] ¶麻雀~的一声飞走了.＝참새가 푸드덕 하고 날아갔다. 질책하다. 꾸짖다. ¶遭~＝꾸지람을 당하다.
☞ chēng

## 层[層] céng 겹 층

중복되다. 중첩되다. 겹쳐이다. ¶~峦叠翠＝첩첩이 이어진 산봉우리가 짙푸르다. 재차. 거듭. 되풀이하여. ¶~出不断＝끊임없이 거듭 나타나다. 1 층. [중첩된 것] ¶云~＝구름층. / 大气~＝대기층. 2 층. 겹. [중첩한 사물의 일부] ¶深~＝심층. / 阶~＝계층. 1 층. 겹. [중첩·누적된 물건을 셀 때 쓰임] ¶三~小楼＝삼층 짜리 작은 건물. 2 층. 겹. [물체의 표면으로부터 떼어 내거나 지워 없앨 수 있는 물건을 셀 때 쓰임] ¶抹去一~油灰＝한 겹의 기름 찌꺼기를 닦아 내다. 3 층. 겹. [단계·항목을 나눌 수 있는 것에 쓰임] ¶进一~思考＝한층 더 깊이 생각하다.

表层, 地层, 断层, 基层, 夹jiā层, 阶层, 矿层, 煤层, 胚pēi层, 皮层, 上层, 下层, 岩层, 油层, 云层

【层报】céngbào 차례로 상급에 보고하다.
【层层】céngcéng 층층이. 겹겹이. 점차. 차차. ¶~落实＝점차 구체화되다.
【层层叠叠】céng·ceng diédié 중중첩첩하다. 겹치고 겹치다. 여러 층으로 겹쳐진 모양. ¶山峦起伏, ~.＝연이어진 산들이 기복을 이루며 중중첩첩하다.

【层层加码】céng·ceng jiāmǎ (임무·책임 등이) 갈수록 많고 무거워지다.
【层出不穷】céngchū-bùqióng 끊임없이 나타나다. 꼬리를 물고 나타나다. ☞ 层见叠出
【层出叠见】céngchū-diéxiàn ☞【层见叠出】céngxiàn-diéchū
【层次】céngcì 1 단계. 순서. 차등. ¶年龄~＝연령층. 2 (서로 관련된) 각급 기구. ¶减少~, 精简机构.＝각급 기구를 간소화하고 정예화하다. 3 (말이나 글에서 내용의) 순서. 단계. 차례. 층차. ¶这篇文章~很清楚.＝이 글은 차례가 명확하다.
【层次分明】céngcì fēnmíng 순서가 명확하다.
【层递】céngdì ☞【递进】dìjìn
【层叠】céngdié 겹겹이다. 층층이다. 중첩되다. 반복되다. ¶山峦~＝산들이 겹겹으로 이어지다.
【层高】cénggāo 층고. 층 높이. ¶新建公寓的~只有2米8.＝신축 아파트의 층 높이는 겨우 2미터 80센티미터이다.
【层积云】céngjīyún 층적운.
【层级】céngjí 등급. 차등. 등차. 계층. ¶不同~＝서로 다른 등급.
【层理】cénglǐ (암석의) 성층(成層).
【层林】cénglín 첩첩이 들어선 숲. 빽빽이 들어찬 수림. ¶~尽染＝첩첩이 들어선 숲이 온통 (붉게) 물들다.
【层峦】céngluán 첩첩이 이어진 산과 고개. 첩첩이 겹친 봉우리. 연봉(連峰).
【层峦叠嶂】céngluán-diézhàng 산과 고개들이 첩첩이 겹쳐져 있는 모양. 산이 중중첩첩하다.
【层面】céngmiàn 1 (사물의 어떤 단계의) 범위. 영역. ¶扩大影响~＝영향 범위를 확대하다. 2 방면. ¶问题的各个~＝문제의 각개 방면. 3 층리면. 층면.
【层见叠出】céngxiàn-diéchū 누차 출현하다. 연이어 나타나다. 거듭 나타나다. 꼬리를 물고 나타나다. ＝【层出叠见】céngchū diéxiàn ☞层出不穷

## 曾 céng 일찍 증

일찍이. 이미. 벌써. 이전에. ¶未~＝일찍이 …한 적이 없다. 아직 …한 적이 없다. / 似~相识＝일찍이 서로 알았던 듯하다.
☞ zēng

不曾, 未曾

【曾几何时】céngjǐhéshí 시간이 얼마 지나지 않아. 오래지 않아.
【曾经】céngjīng 일찍이. 이전에. 이미. 벌써. ¶去年我们~见过面.＝작년에 우리는 이미 만난 적이 있다. ↔不曾 未曾

| 曾经(céngjīng) / 已经(yǐjīng) |
| 이전에, 벌써 |

曾经 : 이전에 어떤 행위나 상황·동작이 있었으나 이미 끝났음을 나타냄. ¶我曾经在这里住过三年。= 나는 이전에 여기서 3년 살았다. [지금은 여기에 살고 있지 않음]
▶ 주로 어기조사 '过'와 결합하고 긍정형만을 수식함. ¶他曾经在这儿住过。= 그는 예전에 여기에 살았었다. / 他没曾经在这儿住过。(×) → 他没在这儿住过。= 그는 여기서 산 적이 없다.

已经 : 동작·행위·상황 등이 이미 끝났을 수도 있고 현재 계속될 수도 있음. ¶我已经在这里住了三年。= 나는 이미 여기에서 3년 살았다. [아직도 여기서 살고 있음]
▶ ① 주로 어기조사 '了'와 결합하고, 긍정형·부정형을 모두 수식함. ¶商店已经关门了。= 가게는 이미 문을 닫았다. / 商店已经不营业了。= 가게는 이미 영업하지 않는다.
② 어떤 시각 또는 단계, 얼마 동안의 시간이 지남을 나타냄. ¶她已经二十岁了。= 그녀는 벌써 스무 살이다. / 现在已经十点了。= 지금 벌써 10시이다. / 考试已经进行三个小时了。= 시험은 이미 3시간 동안 진행되었다.

【曾经沧海】**céngjīng-cānghǎi** 〈성〉 1 원진(元稹)의 시 〈이사(離思)〉 중에서 "曾经沧海难为水, 除却巫山不是云(일찍이 바다를 보고 나니 냇물은 물같이 여겨지지 않고, 무산(巫山)에서 이는 구름이 아니면 구름 같지가 않더라.)."라는 구절에서 유래함. 2 〈비〉 큰 풍파를 겪어 작은 일에는 아랑곳도 않다. 큰일을 많이 겪고 식견이 넓어져 평범한 것은 안중에 두지 않다.
【曾用名】**céngyòngmíng** 〈명〉 (아명(兒名)에 반하는) 공부를 하거나 일을 한 후에 사용했던 정식 이름.

◑ 曾 céng
  层 céng
  蹭 cèng
  噌 chēng
  僧 sēng
  增 zēng
  赠 zèng
  憎 zēng
  缯 zēng
  罾 zēng
  甑 zèng

嶒 **céng** 산 높고 험할 증
 ☞ 【崚嶒】léngcéng

*蹭 **cèng** 세력 잃을 층
〈동〉 1 비비다. 문지르다. 쓸리다. ¶胳膊~破了一层皮。= 팔이 쓸려 살갗이 한 겹 벗겨졌다. 2 (스쳐) 묻다. ¶墙上的乳胶漆还未干, 小心别~脏了衣服。= 벽의 도료가 아직 마르지 않았으니 옷에 묻지 않도록 조심해라. 3 꾸물거리다. 꾸물대다. ¶磨~。= 우물쭈물하다. 4 발을 질질 끌며 천천히 걷다. ¶他悠闲地~了过来。= 그는 한가하게 발을 끌며 건너왔다. 5 〈방〉 빌붙다. 빈대붙다. 기회를 타서 공짜로 어떤 것을 얻다. ¶~了一场电影。= 공짜로 영화를 한 편 보았다.

【蹭蹬】**cèngdèng** 〈동〉〈문〉 뜻을 이루지 못하다. 좌절하다. 실패하다. ¶仕途~。= 벼슬길에 오르는 데 실패하다.

# cha

*\*叉 **chā** 갈래 차
〈명〉 1 포크·쇠스랑·갈퀴·작살 따위. ¶渔~。= 작살. / 木~。= 삼지창. 2 (~儿) (틀림·삭제 등을 표시하는) '×' 표. 〈동〉 1 교차시키다. 어긋나게 하다. ¶~手。= 팔짱을 끼다. 2 (포크·쇠스랑·갈퀴·작살 등으로) 잡다. 집다. 찍다. ¶~鱼。= 작살로 물고기를 잡다. 3 팔깍지를 끼다. ¶别~着手, 快来帮忙。= 팔깍지만 끼고 있지 말고 와서 도와 줘라.
☞ **chá, chǎ, chà**

◑ 叉 chā
 衩 chà
 汊 chà
 杈 chà
 钗 chāi

◐ 刀叉, 交叉, 药叉, 夜叉, 音叉

【叉车】**chāchē** ☞【铲运车】**chǎnyùnchē**
【叉兜儿】**chādōur** 〈명〉 (중국 옷의) 옆으로 낸 호주머니.
【叉烧】**chāshāo** 〈동〉 절인 살코기를 꼬챙이에 꽂아 화로 안에 넣어 굽다. 〈명〉 꼬챙이에 꽂아 화로 안에 넣어 구운 고기.
【叉手】**chā∥shǒu** 〈동〉 1 공수(拱手)하다. [두 손을 맞잡고 하는 인사] 2 팔짱을 끼다.
【叉牙】**chāyá** 〈명〉 가지런하지 않은 치아. 들쭉날쭉한 이빨.
【叉腰】**chāyāo** 〈동〉 (엄지와 나머지 네 손가락을 벌려) 손을 양 허리에 대다. ¶他两手~站在那儿。= 그는 두 손을 허리에 걸치고 거기에 서 있다.
【叉鱼】**chāyú** 〈동〉 작살로 물고기를 잡다.
【叉子】**chā·zi** 〈명〉 1 포크·쇠스랑·갈퀴·작살 따위. 2 (틀림·삭제 등을 표시하는) '×' 표.

扠 **chā** 갈래 차
〈동〉 포크·쇠스랑·작살 등으로 집다〔찍다〕.

*杈 **chā** 가지 차
〈명〉〈농〉 갈퀴 모양의 농기구.
 ☞ **chà**

*\*差 **chā** 다를 차
〈형〉 다르다. 차이가 있다. 어긋나다. ¶千~万别。= 천차만별이다. 〈부〉〈문〉 약간. 다소. 아직. ¶天色~晚。= 날이 약간 저물었다. 〈명〉 1 〈數〉 차. (어떤 수효에서 다른 수효를 뺀) 나머지. 2 착오. 잘못. 실수. 과오. ¶阴~阳错。= 우연한 원인으로 일을 그르치다.
☞ **chà, chāi, chài, cī**

◐ 等差, 反差, 公差, 落差, 逆nì差, 色差, 视差, 顺差, 岁差, 温差, 误差

【差别】 chābié 图 차별. 차이. 구별. 격차. ¶他俩个性格上的~很大。=그 둘의 성격은 매우 다르다. ≒差异 区别

【差别定价】 chābié dìngjià 图 차등 가격.

【差迟】 chāchí ☞ 【差池】 chāchí

【差池】[差迟] chāchí 图 1 뜻밖의 일. 불의의 변고. ¶这次万一再有什么~，那可就麻烦了。=이번에 만일 또다시 뜻밖의 일이 발생한다면 아주 곤란하게 된다. 2 착오. 잘못. ¶工作中不能有任何~。=일에 그 어떤 착오도 있어선 안 된다.

【差错】 chācuò 图 1 착오. 잘못. 실수. ¶如果不认真，就可能出~。=만약 열심히 하지 않으면 착오가 생길 수 있다. 2 (주로 재화(災禍)로 인한) 의외의 사고. 불의의 변고. ¶但愿这次远航不要出什么~。=이번 원양 항해에 무슨 사고라도 없기를 바랄 따름이다. ≒错误 谬误 过错

【差额】 chā'é 图 차액. ¶贸易~=무역 차액.

【差额选举】 chā'é xuǎnjǔ 图 경쟁선거. ['等(děng)额选举'에 반하는, 입후보자가 당선자 수보다 많은 선거 방식]

【差号】 chāhào 图 (틀림·삭제 등을 표시하는) '×'표.

【差价】 chājià 图 (동일 상품의) 가격 차이. ¶季节~=계절에 따른 가격 차이.

【差距】 chājù 图 1 격차. 차이. 차. 갭(gap). 2 (거리의) 차이. 거리 차. ¶缩小~=거리 차를 줄이다.

【差可】 chākě 圈 그런대로 괜찮다. 쓸 만하다. ¶成绩~=성적은 그런대로 괜찮다.

【差谬】 chāmiù 图 오류. 착오. 잘못. ¶文中~甚多。=글에 오류가 너무 많다.

【差强人意】 chāqiáng-rényì 図凹 대체로 마음에 드는 편이다. 그런대로 괜찮다. ↔大失所望

【差三错四】 chāsān-cuòsì 図凹 이곳 저곳 다 틀리다. 오류·착오 등이 매우 많다.

【差失】 chāshī 图 착오. 실수. 과실. ¶这么多年，他从未有过~。=이토록 여러 해 동안 그는 여태껏 실수를 한 적이 없다.

【差数】 chāshù 图(数) 차. (어떤 수효에서 다른 수효를 뺀) 나머지. ¶四减三的~是一。=4에서 3을 뺀 나머지는 1이다.

【差误】 chāwù 图 잘못. 오류. 착오. ¶计算有~。=계산에 착오가 있다.

【差异】 chāyì 图 차이. 다른 점. ¶人与人之间总有~。=사람과 사람 사이에는 차이가 있게 마련이다. ≒差别 区别

【差以毫厘，失之千里】 chā yǐ háolí, shī zhī háolí, miù yǐ qiānlǐ

【差之毫厘，谬以千里】 chā zhī háolí, miù yǐ qiānlǐ 図凹 1 아주 작은 차이가 큰 오류를 낳다. 2 털끝만큼의 실수라도 있어서는 안 됨을 강조함. =【差以毫厘，失之千里】 chā yǐ háolí

○ 差 chā
 搓 chá
 搓 cuō
 磋 cuō
 蹉 cuó
 蹉 cuō
 蹉 cuō
 瘥 chài
 嗟 jiē

shī zhī qiānlǐ

**插[(插)]** chā 끼울 삽

動 1 끼우다. 꽂다. 삽입하다. ¶~秧=모내기를 하다. / ~门=문(의 빗장)을 걸어잠그다. 2 끼어들다. 끼워 넣다. 개입하다. ¶安~=알맞은 위치에 배정하다. / ~一句嘴=한마디 끼어들다. ↔拔

○● 安插, 穿插, 根插, 花插, 扦qiān插

【插班】 chābān 動 편입하다. ¶~生=편입생.

【插播】 chābō 動 스폿(spot) 형식으로 방송하다. 프로그램 사이에 중간 방송하다. ¶~广告=스폿(spot) 광고.

【插册】 chācè ☞ 【集邮册】 jíyóucè

【插翅难飞】 chāchì-nánfēi 図凹 1 날개를 달아도 날기가 어렵다. 2凹 독 안에 든 쥐 신세가 되다. 묶인 몸이 되어 도망갈 수가 없다. 둘러싸여 빠져나갈 수가 없다. =【插翅难逃】 chāchì-nántáo

【插翅难逃】 chāchì nántáo ☞【插翅难飞】 chāchì nánfēi

【插床】 chāchuáng 图(机) 슬로터(slotter).

【插戴】 chādài ☞【插兜】 chādōu

【插戴】 chādài 图 1 (머리에 하는) 장식품. 액세서리. 2 옛날, 약혼할 때 남자가 여자에게 보내는 예물.

【插刀】 chādāo 图 절삭 공구. 절삭 가공용 공작 기계에 부착하는 각종 바이트(bite)와 커터(cutter).

【插兜】 chādōu 图 1 (신문·편지 등을 꽂아 두는) 천·종이 주머니. 2凹 호주머니. =【插袋】 chādài

【插队】 chā‖duì 動 1 대오에 끼어들다. 새치기하다. ¶买票禁止~。=표 살 때 새치기 금지. 2 문화대혁명 기간 도시의 간부와 학생들이 농촌 생산대(生産隊)에 들어가 노동하고 생활하다.

【插杠子】 chā gàng·zi 図凹 (남의 일이나 말에) 끼어들다. 간섭하다. 참견하다. 개입하다. ¶你不要什么事都来~。=너 아무 일에나 전부 끼어들려 하지 마라.

【插花】 chā‖huā 動 1 꽃꽂이하다. (꽃병·꽃바구니에) 꽃을 꽂다. 2 머리에 꽃을 꽂다. 꽃으로 머리를 장식하다. ¶小姑娘头上插着一朵花。=소녀의 머리에 한 송이 꽃이 꽂혀 있다. 3凹 (꽃무늬를) 수놓다.

【插花】 chāhuā 動 섞다. 교차시키다. 사이에 끼우다. ¶这件毛衣红线和黄线要~着织。=이 스웨터는 붉은 실과 노란 실을 교차시켜 짜야 한다.

【插话】 chā‖huà 動 (다른 사람이 하는) 말에 끼어들다. 남의 말을 끊다. 말참견하다. ¶让他说完，别~！=그가 말을 다 하도록 중간에 끼어들지 마시오.

【插话】 chāhuà 图 1 (다른 사람이 말하는 중간에) 끼어들어 하는 말. 말참견. 2 삽화(插話). 에피소드. 일화.

【插画】 chāhuà 图(美) 삽화. ¶这本书的~很独特。=이 책의 삽화는 매우 독특하다.

【插架】chājià 名〈喩〉벽에 거는 선반. [지금의 책꽂이와 유사함] 動 책을 책꽂이에 꽂다. ¶今天~的新书很多。=오늘 새로 서가에 꽂은 책이 매우 많다.

【插脚】chā‖jiǎo 動 1 (주로 부정형으로 쓰여) 발을 들여놓다. ¶报告大厅里挤满了人，来晚的根本没法~。=보고회장은 사람들로 가득 차서, 늦게 온 사람들은 아예 발을 들여놓을 수도 없다. 2 (轉) (어떤 활동에) 참여하다. 개입하다. ¶这事与你无关，你又何必要去插上一脚？=이 일은 당신과 무관한데, 어째서 굳이 개입하려 합니까？

【插科打诨】chākē-dǎhùn 成〈劇〉익살. 웃음을 자아내는 대사나 동작. 배우가 연기하는 도중에 우스갯소리나 익살스런 몸짓으로 관객을 웃기는 것.

【插孔】chākǒng 名 (끼워 넣기 위한) 구멍. 콘센트. 소켓.

【插空】chā‖kòng 動 여가를 활용하다. 짬을 내어 어떤 일을 하다. ¶你~把这份文稿打出来。=너는 짬을 내어 이 원고를 타자로 쳐라.

【插口】chā‖kǒu 動 말참견하다.

【插口】chākǒu 名 (잭 등을 연결하는) 단자. 콘센트. 소켓. ¶这台笔记本电脑上的~很多。=이 노트북(컴퓨터)에는 연결 단자가 매우 많다.

【插门】chāmén 動 문 (의 빗장)을 걸어잠그다.

【插屏】chāpíng (~儿) 名 탁상용 작은 병풍. [그림이나 조각품 등을 끼워 넣어 책상 위에 놓는 장식용의 작은 병풍]

【插瓶】chāpíng 名 화병. (목이 가늘고 길며 몸통은 둥근 모양인) 꽃병.

【插曲】chāqǔ 名 1〈音〉(영화·연속극·연극 등의) 삽입곡. 간주곡. 2 (轉) 에피소드. ¶这只是他人生经历中的一段小~。=이는 단지 그의 인생 역정 가운데의 작은 에피소드일 뿐이다.

【插圈弄套】chāquān-nòngtào 成(轉) 간계를 꾸며 놓고 곤경에 빠뜨리다.

【插入】chārù 動 1 끼워 넣다. 삽입하다. 꽂다. ¶用胃镜~胃里查病。=위 내시경을 위 속에 삽입하여 병을 검사하다. 2 가입하다. 편입하다. ¶他被~高三班。=그는 고등 학교 3학년에 편입되었다.

【插入语】chārùyǔ 名〈言〉삽입어. 끼움말. [예를 들어 '据说(듣건데)·尤其是(특히나)' 등]

【插身】chāshēn 動 1 몸을 담다. 발을 들여놓다. 2 (轉) 참여하다. 가입하다. 개입하다. 끼어들다. ¶他不想~这场无谓的纠纷。=그는 이 무의미한 분쟁에 끼어들고 싶지 않았다.

【插手】chā‖shǒu 動 1 도와서 일을 하다. 개입하다. 끼어들다. 간섭하다. ¶看她那么忙, 我想~又插不上。=그녀가 저렇게 바쁜 걸 보니 도와 주고 싶지만 도와 줄 방법이 없다. 2 (轉) 손을 대다. 참여하다. 別 — 这麻烦事儿。=이런 번거로운 일에 손을 대지 마시오. →旁观

【插穗】chāsuì ☞【插条】chātiáo

【插田】chātián 動〈農〉1 모내기하다. ¶这时节该~了。=이제 모내기를 할 철이 되었다.

2 농사를 짓다. ¶找不到工作, 只能回乡下~去。=일자리를 찾지 못하면 시골로 돌아가 농사를 지을 수밖에 없다.

【插条】chātiáo 名(農) 꺾꽂이(하다). 삽목(하다). =【插穗】chāsuì【插枝】chāzhī

【插头】chātóu 名〈電〉플러그(plug). =【插销】chāxiāo

【插图】chātú 名〈美〉삽화. 도판(圖版).

【插销】chāxiāo 名 1 (문·창문 등의) 빗장. 걸쇠. 2 ☞【插头】chātóu

【插叙】chāxù 名 1 (서술 방식에서의) 삽입법. 플래시백(flashback). [시간의 순서와는 무관하게 기타 줄거리를 삽입·서술하는 서술 방식] 2 삽입 서술한 내용.

【插言】chā‖yán 動 말참견하다.

【插秧】chā‖yāng 動〈農〉모내기하다.

【插秧机】chāyāngjī 名〈機〉이앙기.

【插页】chāyè 名 삽입 페이지. [책이나 잡지의 중간에 그림·도표·사진 등을 인쇄하여 삽입한 페이지]

【插枝】chāzhī ☞【插条】chātiáo

【插足】chāzú 動 발을 들여놓다. 참여하다. 관여하다. 상관하다. 몸담다. ¶那事他一个人揽完, 不容别人~。=그 일은 그가 혼자 도맡아야지 다른 사람이 상관할 바가 아니다.

【插嘴】chā‖zuǐ 動 말참견하다. ¶大人们讲话, 小孩子们别~。=어른들이 말씀하시니 애들은 말참견 말아라.

【插座】chāzuò 名〈電〉콘센트. 소켓.

*喳 chā 속삭일 사
아래를 참조.
☞ zhā

【喳喳】chāchā 擬 소곤소곤. 속닥속닥. [낮은 소리로 말하는 소리] ¶喊喊~=속닥속닥

【喳喳】chā·cha 動 속삭이다. 소곤대다. 속닥거리다. ¶小女孩儿在妈妈耳边~了两句。=어린 딸이 엄마의 귓가에 대고 두어 마디 속삭였다.

【喳咕】chā·gu 動 상의하다. 의논하다. ¶他们~了半天, 也没个结论。=그들은 한참 동안 상의하였으나 결론을 얻지 못했다.

馇[餷] chā 돼지죽 사
動 1 (돼지나 개의 먹이를) 쑤다. 저으면서 끓이다. ¶~猪食=돼지죽을 쑤다. 2 (轉) (죽을) 쑤다. ¶~粥=죽을 쑤다.
☞ ·zha

碴[(碴)] chā 깨질 사
☞【胡子拉碴】hú·zi lā chā
☞ chá

锸[鍤] chā 가래 삽
名動 삽.

艖 chā 거룻배 차
名動 작은 배. 거룻배.

# chā

## 嚓 chā 소리 찰
[의] 쩍. 짝. 뚝. 딱. 쨍그랑. 우지직. 와지끈. [물건이 깨지거나 갈라지는 소리] ¶啪~ = 와지끈. / 喀~ = 우지직.
☞ cā

## *叉 chá 막을 차
[동][방] 가로막다. 막히다. 차단하다. 걸리다. ¶一棵大树~住了路口. = 큰 나무 한 그루가 길 입구를 가로막아 버렸다.
☞ chā, chǎ, chà

## 垞 chá 언덕 타
[명] 작은 동산. 언덕. [주로 지명에 쓰임] ¶胜~ = 성타. [산동(山东)성에 있음]

## *茬 chá 그루터기 치
[명] (~儿) **1** (農) (농작물의) 그루터기. 밑동. ¶麦~儿 = 보리 그루터기. **2** 막 자라거나 깨끗이 깎이지 않은 수염. 깎아 낸 수염이나 머리칼. ¶胡子~儿 = 막 자란 수염. **3** 중단한 말. 중단한 일. ¶接上~儿, 继续干. = 하던 일을 이어서 계속하시오. [명] (~儿) **1** 모작. 그루. [한 경작지에서 한 해에 작물을 경작하는 횟수] ¶去年这块地种了一~麦子和一~豆子. = 지난 해 이 땅에서는 보리 한 그루와 콩 한 그루를 경작하였다. **2** 무리. 떼. 무더기. 더미. [다수의 사람·대량의 사물 등을 세는 단위] ¶一~年轻人 = 한 무리의 젊은이. / 一~新货 = 한 무더기의 신제품.

○● 重chóng茬, 搭茬儿, 对茬儿, 翻茬, 话茬儿, 回茬, 活茬, 急茬儿, 接茬儿, 连茬儿, 灭miè茬, 找茬儿, 正茬

【茬口】chákǒu [명] **1** (農) 윤작(輪作) 작물의 종류와 윤작 순서. ¶选好~, 进行合理轮作. = 윤작 작물을 잘 선택하여 합리적으로 윤작하다. **2** (農) 어떤 농작물을 수확한 후의 토양. 전작지(前作地). 앞그루를 심었던 땅. ¶小麦~壮, 适合种玉米. = 밀을 전작으로 심었던 토양은 기름져서 옥수수를 재배하기에 적합하다. **3** (~儿) [방] 시기(時機). 때. 기회. ¶这个~儿抓好了, 就能发家致富. = 이번 기회를 잘 잡으면 집안을 일으키고 부자가 될 수 있다.

【茬子】chá·zi [명] (農) (농작물의) 그루터기. 밑동. ¶地里全是麦~. = 땅이 온통 보리 그루터기이다.

## *查 [(查)] chá 조사할 사
[동] **1** 검사하다. ¶~病 = 병이 있는지를 검사하다. / ~票 = 검표하다. **2** 조사하다. / 侦~ = 정찰하다. **3** 들추어 보다. (뒤져서) 찾아보다. ¶~字典 = 자전을 찾아보다.

| ○ 查 chá | 鼚 chá |
|---|---|
| 磋 chá | 楂 zhā |
| 渣 chā | 渣 zhā |
| 喳 chā | 揸 zhā |
| 猹 chá | |

☞ zhā

○● 备查, 抽chōu查, 存查, 调查, 访查, 复查, 稽jī查, 检查, 勘kān查, 考查, 普查, 清查, 审shěn查, 巡xún查, 侦zhēn查

【查案】chá'àn [동] (法) 사건의 경위를 조사하다. ¶~不力 = 사건 조사에 힘을 쓰지 않다.

【查办】chábàn [동] (法) 사건의 경위를 철저히 조사하다. (죄상·진상을) 조사하여 처벌하다. ¶严加~ = 엄중히 조사하여 처리하다.

【查抄】cháchāo [동] (法) (재산·금지품 등을) 조사하여 몰수하다〔압수하다〕. ¶~家产 = 가산을 몰수하다.

【查处】cháchǔ [동] (정황을) 조사하여 처리하다. ¶严肃~ = 엄격히 조사하여 처리하다.

【查点】chádiǎn [동] (수치·수량 등을) 하나하나 조사하다. 철저하게 점검하다. ¶~人数 = 인원을 점검하다.

【查堵】chádǔ [동] (범법자·금지 품목 등을 현장에서) 체포하다〔압수하다〕. ¶~毒贩 = 마약 밀매업자를 현장에서 체포하다.

【查对】cháduì [동] 조사하여 대조하다. 조사하여 맞추어 보다. ¶~数据 = 수치를 대조하다.

【查房】cháfáng [동] **1** (醫) 회진(回診)하다. **2** (군대·학교 등의) 숙사를 순시하다. **3** (경찰 등이) 숙박업소의 객실을 살펴보다.

【查访】cháfǎng [동] (사건의 경위 등을) 탐문 조사하다. ¶四处~ = 이곳 저곳을 탐문 조사하다.

【查分热线】cháfēn rèxiàn [명] 대입 고사 점수 조회 ARS 서비스.

【查封】cháfēng [동] **1** 차압하(여 봉인하)다. 조사한 후 봉인하다. ¶~赃物 = 장물을 차압하다. **2** (위법 업소 등을) 강제로 폐쇄하다. ¶从事色情活动的歌舞厅 = 퇴폐 가라오케를 강제로 폐쇄하다.

【查复】cháfù [동] 조사하여 회답하다.

【查岗】chá‖gǎng [동] **1** ☞【查哨】chá‖shào **2** 직원의 근무 상황을 점검하다.

【查号台】cháhàotái [명] 전화 번호 안내 센터.

【查核】cháhé [동] (장부 등을) 조사하여 대조하다.

【查获】cháhuò [동] 수사하여 체포하다. 수색하여 장물·반입 금지 물품 등을 압수하다. ¶~赃款 = 검은돈을 추적하여 찾아 내다.

【查缉】chájī [동] **1** (범인을) 수사하여 체포하다. 조사하여 검거하다. ¶~凶犯 = 흉악범을 수사하여 체포하다. **2** (탈세·밀수 등을) 수사하다. ¶~贩毒活动 = 마약 밀매 활동을 수사하다.

【查检】chájiǎn [동] **1** 검사하다. ¶~旅客行李 = 여행객의 짐을 검사하다. **2** (간행물·신문·문서 등을) 뒤적여 찾다. 뒤져 열람하다. ¶这本词典~起来很方便. = 이 사전은 찾아 보기에 아주 편리하다.

【查缴】chájiǎo [동] (장물 등을) 검사하여 몰수하다. ¶~非法所得 = 불법 소득이 있는지를 검사하여 몰수하다.

【查截】chájié [동] (불법 인원이나 물자를) 검사하고 억류하다.

【查禁】**chájìn** 동 조사하여 금지시키다. ¶~盗版光盘=불법 복제 CD를 조사하여 금지시키다.

【查究】**chájiū** 동 조사하여 추궁하다. (진상을) 규명하다. 밝혀 내다. ¶对这起交通事故必须认真~。=이번 교통 사고는 반드시 철저히 규명되어야 한다.

【查勘】**chákān** 동 현장을 조사하다. 탐사하다. ¶~矿藏=지하 자원을 탐사하다.

【查看】**chákàn** 동 살펴보다. 조사하다. 관찰하다. 검사하다. 점검하다. ¶~灾情=재해 상황을 조사하다.

【查考】**chákǎo** 동 조사하여 고증하다. 조사하다. 살펴보다. ¶作者的出生地已无从~。=작가의 출생지는 이미 밝혀 낼 길이 없게 되었다.

【查控】**chákòng** 동 (범인·장물 등을) 조사하여 제재를 가하다. 정찰하여 통제하다. ¶~犯罪嫌疑人=범죄 용의자를 조사하여 법적 제재를 가하다.

【查扣】**chákòu** 동 (반입 금지 물품 등을) 검사하여 압수하다. ¶~走私物品=밀수품을 조사하여 압수하다.

【查库】**chákù** 동 재고 조사를 하다. 창고를 실사하다.

【查明】**chámíng** 동 조사하여 밝히다. 명확하게 조사하다. ¶~真相=진상을 조사하여 밝히다.

【查拿】**cháná** 동 (범인 등을) 수색〔조사〕하여 체포하다.

【查破】**chápò** 동 수사하여 사건을 해결하다. ¶~命案=살인 사건을 수사하여 해결하다.

【查铺】**chá‖pù** 동 취침 점호를 하다.

【查讫】**cháqì** 동 검사를 마치다. ¶当场~=그 자리에서 검사가 끝나다.

【查勤】**cháqín** 동 출근·근무 상황을 점검하다.

【查清】**cháqīng** 동 자세히 조사하다. 철저히 검사하다. ¶~事实=사실을 철저히 조사하다.

【查三问四】**chásān-wènsì** 형 동 이것저것 캐어묻다. 자세하게 묻다. 전면적으로 조사를 벌이다.

【查哨】**chá‖shào** 동(軍) 초소를 순시하다. 보초병의 임무 집행 상황을 점검하다. =【查岗】**chá‖gǎng**

【查实】**cháshí** 동 조사하여 사실을 밝히다. 규명(糾明)하다. ¶这起诈骗案现已~。=이 사기 사건은 지금은 벌써 규명되었다.

【查收】**cháshōu** 동 (주로 편지에 쓰여) 확인하여 받다. 조사하여 받다. ¶书已寄出, 请~。=책을 이미 부쳤으니 확인하고 받아 주십시오.

【查税】**cháshuì** 동 세무 조사를 하다. 납세 상황을 검사하다.

【查私】**chásī** 동 밀수 행위를 수사하다.

【查田】**chátián** 동 토지를 실사하다. 토지를 실사하다. ¶~定产=토지를 실사하여 예상 생산량을 판정하다.

【查问】**cháwèn** 동 1 조사하여 묻다. 알아보다. 문의하다. ¶~手机号码=휴대 전화의 번호를 묻다. 2 조사하고 심문하다. ¶~涉案人员=사건과 관련된 사람들을 조사하고 심문하다.

【查无实据】**cháwúshíjù** 형 조사·심사해 본 결과 확실한 근거나 증거가 없다.

【查寻】**cháxún** 동 찾다. 조회하다. 문의하다. 알아보다. ¶~失散亲人=이산 가족을 찾다.

【查巡】**cháxún** 동 순찰하다. ¶~防洪河堤=홍수 방지용 하천 제방을 순찰하다.

【查询】**cháxún** 동 문의하다. 조회하다. 조사하여 묻다. 알아보다. ¶~航班班次=항공편〔배편〕을 알아보다.

【查验】**cháyàn** 동 검사하여 확인하다. 검사하다. ¶~进口商品=수입 상품을 검사하여 확인하다.

【查夜】**chá‖yè** 동 야간 순찰을 하다.

【查阅】**cháyuè** 동 (간행물·문서 등의 해당 부분을) 열람하다. 찾아서 읽다. ¶~报刊=신문 및 정기 간행물을 열람하다.

【查丈】**cházhàng** 동 토지를 측량하다. ¶~田地=토지를 측량하다.

【查账】**chá‖zhàng** 동 장부를 검사하다. 회계 감사를 하다.

【查找】**cházhǎo** 동 찾다. 조사하다. 알아보다. ¶~目击者=목격자를 찾다.

【查照】**cházhào** 동 (문서의) 내용대로 시행하다. (문서의 내용을) 참조하여 처리하다. [옛날 공문서 용어로, 상대방에게 문서의 내용에 주의하거나 문서의 내용대로 처리해 주기를 바란다는 뜻임] ¶希~处理。=문서의 내용대로 처리하여 주시기를 바랍니다.

【查证】**cházhèng** 동 조사하여 증명하다. 조사하여 확증하다. ¶案情已~清楚。=사건의 내막은 이미 정확히 조사·증명하였다.

【查字法】**cházìfǎ** 명 검자법(檢字法).

## **茶** chá 차 차

명 1 (植) 차나무. 2 차. ¶一盒绿~=한 통의 녹차. 3 차로 만든 음료. ¶喝~=차를 마시다. 4 일부 음료수의 이름. ¶奶~=밀크 티. 5 (植) 기름동백나무. ¶~油=동백기름. 6 (植) 동백나무. ¶~花=동백꽃. 7 다갈색. ¶~镜=색안경. 8 예 납폐(納幣). 신랑집에서 신부집으로 보내는 결혼 예물. ¶下~=납폐를 보내다. 신랑집에서 신부집에 예물을 보내다.

○● 红茶, 花茶, 绿茶, 烹pēng茶, 清茶, 山茶, 沱tuó茶, 芽yá茶, 油茶, 早茶, 砖zhuān茶

【茶吧】**chábā** 명 (자그맣고 고아한 분위기의) 다관. 찻집. 다실.

【茶杯】**chábēi** 명 1 찻잔. 2 물잔.

【茶博士】**chábóshì** 명 (옛) 찻집 종업원.

【茶不思, 饭不想】**chá bù sī, fàn bù xiǎng** 속 차도 차 같지 않고 밥도 밥 같지 않다. 2 엽 좋은 차와 식사가 없다. 대접이 소홀하다.

【茶场】**cháchǎng** 명 1 차의 재배·생산·관리를 맡아 보는 부서〔기관〕. 2 차 재배지. 차 농장. 차 농원. 차밭.

【茶匙】**cháchí**(~儿) 명 티스푼. 찻숟가락.

【茶炊】**cháchuī** 명 (동(銅)·철(鐵) 등으로 만든)

찻주전자. =【茶汤壶】chátānghú
【茶道】chádào 图 다도.
【茶点】chádiǎn 图 1 다과. 차와 과자. 2 손님 접대용 음료와 간식.
【茶碟】chádié 图 찻잔을 받치는 작은 접시.
【茶饭】cháfàn 图 1 차와 밥. 2 음식. 먹을거리. ¶~不思=구미가 당기지 않다. 식욕이 없다.
【茶坊】cháfáng 图 찻집. 다관(茶館). 다루(茶樓). 다방.
【茶房】chá·fáng 图(옛) (찻집·기차·배·여관 등에서 차 심부름 등을 하는) 심부름꾼.
【茶缸(子)】chágāng(·zi) 图 (손잡이가 있고 바닥이 깊으며 위아래의 넓이가 같은 원통형의) 찻잔. 머그잔.
【茶垢】chágòu ☞【茶锈】cháxiù
【茶馆】cháguǎn(~儿) 图 (옛날 중국의) 찻집. 다관(茶館). 다루(茶樓). 다방.
【茶罐子】cháguàn·zi 图 1 차관(茶罐). 다관(茶罐). 차를 달이는 주전자. 2(비) 차를 즐겨 마시는 사람.
【茶行】cháháng 图 차 도매상.
【茶褐色】cháhèsè 图 다갈색. =【茶色】chásè
【茶壶】cháhú 图 1 찻주전자. 다호(茶壺). 2(방) 보온병.
【茶户】cháhù 图 차 재배 농가. 차농(茶農).
【茶花】cháhuā 图(植) 1 ☞【山茶花】shānchāhuā 2 '油茶树(동백나무의 일종)'의 꽃. 3 '茶树(차나무)'의 꽃.
【茶话会】cháhuàhuì 图 다과회.
【茶会】cháhuì 图 다과회. 살롱(salon). [손님을 초대하여 다과를 대접하는 사교 모임]
【茶几】chájī(~儿) 图 다기(茶器)를 올려놓는 작은 탁자. 찻상.
【茶鸡蛋】chájīdàn 图 찻잎·오향(五香)·간장 등을 넣어 삶은 달걀. =【茶叶蛋】cháyèdàn
【茶尖】chájiān 图 여행 중 휴식 시간에 마시는 차. 여행 중 휴식 시간에 차를 마시는 것.
【茶碱】chájiǎn 图(化) 디오필린(theophylline).
【茶巾】chájīn 图 다기(茶器)를 닦는 행주.
【茶晶】chájīng 图 갈색 수정(水晶). [주로 안경 렌즈로 쓰임]
【茶镜】chájìng 图 (갈색 수정이나 갈색 유리로 만든) 색안경.
【茶具】chájù 图 다기(茶器). 다구(茶具). 차제구(茶諸具).
【茶客】chákè 图 1 찻잎을 수매하는 상인. 2 다관(茶館)의 손님.
【茶枯】chákū 图 기름동백나무 씨로 기름을 짜고 남은 찌꺼기. =【茶子饼】cházǐbǐng
【茶礼】chálǐ 图(敬) 납폐(納幣). 예물.
【茶楼】chálóu 图 1 다루(茶樓). [이층으로 된 찻집] 2 찻집. 다관(茶館). 다루(茶樓). [주로 상호(商號)에 쓰임]
【茶炉】chálú 图 1 찻물을 끓이는 작은 화로. 2(방) 뜨거운 물 판매점.
【茶卤儿】chálǔr 图 농도가 짙은 찻물. 차즙.
【茶末】chámò 图 찻잎의 부스러기. 말차. 가루 차.
【茶衣】cháyī 图 차농. 차 재배농.
【茶盘】chápán(~儿) 图 차반(茶盤). 다반(茶盤). =【茶盘子】chápán·zi
【茶盘子】chápán·zi ☞【茶盘】chápán
【茶钱】chá·qián 图 1 찻값. 2(방) '小费(팁)'의 별칭.
【茶青】cháqīng 图 황록색. ¶~的大衣=황록색 외투.
【茶色】chásè ☞【茶褐色】cháhèsè
【茶商】cháshāng 图 찻잎을 파는 상인. 차 장사꾼.
【茶社】cháshè 图 찻집. 다관(茶館). 다루(茶樓). [주로 찻집의 이름에 쓰임]
【茶市】cháshì 图 찻잎을 파는 시장.
【茶食】chá·shi 图 다과. 다식.
【茶寿】cháshòu 图 108세 생신.
【茶树】cháshù 图(植) 1 차나무. 2 기름동백나무. 3 동백나무.
【茶水】cháshuǐ 图 (행인이나 여행객에게 제공하는) 찻물. 끓인 물.
【茶俗】chású 图 차를 끓이고, 차를 맛보고, 손님에게 차를 대접하는 등의 풍습.
【茶汤】chátāng 图 1 차탕. [기장·수수 등의 가루에 뜨거운 물을 붓고 설탕을 넣어 걸쭉하게 만든 식품] 2(윤) 찻물. 끓인 물.
【茶汤壶】chátānghú ☞【茶炊】cháchuī
【茶托】chátuō(~儿) 图 찻잔을 받치는 접시. 찻잔 받침.
【茶碗】cháwǎn 图 찻종. 다종(茶鍾). 다완(茶碗). 차를 따라 마시는 종지.
【茶文化】cháwénhuà 图 차 문화.
【茶锈】cháxiù 图 차 때. (다기(茶器)에 끼어 있는 황갈색의 차 침전물] =【茶垢】chágòu
【茶业】cháyè 图 (차의 재배·채취·가공·품평·판매 등을 포함하는) 차와 관련된 산업.
【茶叶】cháyè 图 (가공을 거친) 찻잎.
【茶叶蛋】cháyèdàn ☞【茶鸡蛋】chájīdàn
【茶叶食品】cháyè shípǐn 图 찻물을 첨가하여 만든 식품.
【茶艺】cháyì 图 다도(茶道). 차격식. ¶~表演=다도 시범.
【茶油】cháyóu 图 차유. 찻씨 기름. 차나무의 씨로 짠 기름. =【茶子油】cházǐyóu 图【清油】qīngyóu
【茶余饭后】cháyú-fànhòu 图 차를 마시거나 식사를 마친 후의 한가한 휴식 시간. =【茶余酒后】cháyú jiǔhòu
【茶余酒后】cháyú-jiǔhòu ☞【茶余饭后】cháyú-fànhòu
【茶园】cháyuán 图 1 차밭. 차 농원. 차를 재배하는 농장. 2(옛) (영업 목적의) 소극장.
【茶砖】cházhuān ☞【砖茶】zhuānchá
【茶庄】cházhuāng 图 차를 파는 상점. [주로 상호(商號)에 쓰이며 도매점을 말함]
【茶桌】cházhuō 图 차 탁자. 차 테이블.
【茶资】cházī 图(敬) 찻값.

【茶子】[茶籽] cházǐ 몡(植) **1** 차나무 씨. **2** '油茶树(동백나무의 일종)'의 씨.
【茶子饼】[茶籽饼] cházǐbǐng ☞【茶枯】chákū
【茶子油】[茶籽油] cházǐyóu ☞【茶油】cháyóu
【茶籽】cházǐ ☞【茶子】cházǐ
【茶籽饼】cházǐbǐng ☞【茶子饼】chá zǐbǐng
【茶籽油】cházǐyóu ☞【茶子油】cházǐyóu
【茶座】cházuò (~儿) 몡 **1** 차를 파는 곳. [주로 노점을 가리킴] ¶公园里边有~儿。= 공원에 차를 파는 노점이 있다. **2** 찻집의 자리. 좌석. ¶这茶馆有上百个~儿。= 이 찻집에는 백여 개의 좌석이 있다.

**搽** chá 칠할 차
통 (분말·기름 등을) 바르다. 칠하다. ¶~油=기름을 바르다. / ~药=약을 바르다.
【搽粉】cháfěn 통 (얼굴이나 손에) 분을 바르다. 분칠하다.
【搽脂抹粉】cházhī-mǒfěn ☞【涂脂抹粉】túzhī-mǒfěn

**嵖** chá 산 이름 차
【嵖岈】Cháyá 몡 차야. [허난(河南)성에 있는 산 이름]

**猹** chá 짐승 이름 사
몡(動) (수박·오이·참외 등을 즐겨 먹는) 오소리를 닮은 들짐승. [루쉰(鲁迅)의 소설《故乡(고향)》에 나옴]

**楂** chá 그루터기 사
몡 **1** 짧고 까슬까슬한 머리카락이나 수염. [주로 깎다 남은, 혹은 깎은 뒤 막 자라난 것을 가리킴] ¶胡子~儿=까슬까슬한 수염. **2** '苍(chá)'와 같음.
☞ zhā

**槎** chá 떼 사
몡 **1**⟨文⟩ 뗏목. ¶乘~=뗏목을 타다. **2** '苍(chá)'와 같음.

***碴[(碴)]** chá 깨질 사
통⟨방⟩ (살갗이 사금파리에) 베이다. 째지다. ¶注意别让玻璃~了手。= 유리에 손을 베이지 않도록 조심하십시오.
☞ chā
【碴口】chákǒu 몡 (물건의) 끊어진 곳. 깨진 곳. (파이프 등의) 연결 부분. 이은 부분.
【碴儿】chár 몡 **1** 파편. 깨진 조각. 부스러기. ¶冰~=얼음 조각. **2** (용기의) 이 빠진 부분. 깨진 부분. ¶他的手碰到玻璃~上, 划伤了。= 그의 손이 유리 조각에 닿아 베이고 말았다. **3** 언급된 일. 제기된 일. 다른 사람이 방금 했던 말. ¶接他的~, 你接着说。= 그가 방금 했던 말을 이어 당신이 계속해서 말해 보시오. **4** 트집. 결점. 꼬투

거리. ¶你这是存心找~。= 이것은 네가 고의로 트집을 잡으려는 것이다. **5**⟨방⟩ (일이 되어 가는) 형편. 꼴. 형세. 모양. ¶看这个~可不好惹。= 이 형세를 보아하니 건드리기 쉽지 않을 듯하다.

***察[(詧)]** chá 살필 찰
통 **1** 살피다. 자세히 보다. 관찰하다. ¶观~=관찰하다. **2** 조사하다. ¶考~=고찰하다.

○● 洞dòng察, 督dū察, 监察, 检察, 警察, 纠jiū察, 觉察, 勘kān察, 苛kē察, 谅察, 审shěn察, 失察, 视察, 体察, 省xǐng察, 侦zhēn察, 诊zhěn察

【察察】cháchá 형 사물을 똑똑히 분별하는 모양. ¶俗人~, 我独闷闷。= 세상 사람들은 모두 똑똑하고 분명한데, 나만 홀로 우물쭈물 흐리멍덩하게다.
【察察为明】cháchá-wéimíng 성 작은 일에 매달려 스스로 총명함을 과시하다. 지엽말단에 매달려 현명한 척하다.
【察访】cháfǎng 통 탐방하다. 탐사하다. 관찰과 탐문을 통해 조사를 벌이다.
【察见渊鱼】chájiàn-yuānyú 성 **1** 깊은 연못 속의 물고기를 살피다. **2**⟨비⟩ 보잘것없이 하찮은 일을 꼬치꼬치 따지다.
【察觉】chájué 통 발견하다. 느끼다. 발각되다. 알아채다. ¶这个山洞很隐蔽, 不易被~。= 이 동굴은 매우 은밀하여 쉽사리 발각되지 않는다. ≒发觉
【察勘】chákān 통 현지 답사하다. 현장 조사하다. ¶~地形=지형을 현지 답사하다.
【察看】chákàn 통 (자세히) 관찰하다. 살피다. 살펴보다. 둘러보다. ¶~账本=장부를 세세히 살피다.
【察貌辨色】chámào-biànsè 성 말투나 안색을 근거로 사람의 심리 상태 등을 파악하다.
【察探】chátàn 통 정찰하다. 정탐하다. ¶~敌情=적의 동정을 살피다.
【察言观色】cháyán-guānsè 성 사람의 말투와 안색을 살펴 그의 심중을 헤아리다.
【察验】cháyàn 통 관찰하여 검증하다. 감정하다. ¶~珠宝=보석을 감정하다.

**楂** chá 곡식가루 사
【楂子】chá·zi 몡⟨방⟩ 옥수수 등을 갈아서 만든 가루.

**檫** chá 나무 이름 찰
몡(植) 사사프라스(sassafras)나무.
【檫树】cháshù 몡(植) 사사프라스나무.

***叉** chǎ 갈래 차
통 벌리다. 버티고 서다. ¶~腿而坐=다리를 벌리고 앉다.
☞ chā, chá, chà
【叉腿】chǎ‖tuǐ 통 양 다리를 벌리다. ¶女孩~

坐, 不太雅. =여자 아이가 양 다리를 벌리고 앉으면 그다지 보기 좋지 않다.

## 衩 chǎ 속옷 차
☞【裤衩】kùchǎ
☞ chà

## 蹅 chǎ 밟을 사
동(口) 밟다. 디디다. 걷다. ¶别赤脚往泥地里~. =맨발로 진흙탕을 걸어다니지 마시오.

## 镲[鑔] chǎ 동발 찰
명(音) 동발. 자바라. 발자(钵子). 동반(銅盤). [타악기의 일종]

## 叉 chà 가를 차
☞【劈叉】pǐchà
☞ chā, chá, chǎ

## 汊 chà 물 갈래 차
명 하천이 갈라지는 곳. 강의 지류. 분류(分流). ¶河~=강이 갈라지는 지점.
【汊港】chàgǎng 명 하천의 분기점. 지류.
【汊流】chàliú ☞【岔流】chàliú
【汊子】chà·zi 명 강의 분류점(分流點). 지류.

## 杈 chà 가지 차
명 나뭇가지의 아귀. 가장귀.
☞ chā

○● 打杈, 疯杈, 桠 yā杈, 丫 yā杈, 枝 zhī杈

【杈子】chà·zi 명(植) (식물·나무의) 가장귀. 곁가지. ¶树~=나무의 가장귀.

## 岔 chà 갈림길 차
동 1 (원래 방향에서) 어긋나다. 빗나가다. ¶汽车~上了乡间小道. =차가 작은 시골길로 잘못 들어섰다. 2 (시간이) 엇갈리게 하다. (시간의) 충돌을 피하다. ¶会客的时间必须和开会的时间~开. =면회 시간은 반드시 회의 시간과 겹치지 않게 해야 한다. 3 (말을 끊고) 화제를 바꾸다. 말머리를 돌리다. ¶他不愿意谈那件事, 所以故意拿话~开. =그는 그 일에 관해 언급하고 싶지 않아 일부러 화제를 바꾸었다. 명 1 (산맥·하류 (河流)·도로의) 분기점. 갈림길. (갈라져 나온) 산. 물길. 도로. ¶三~路口=삼거리 입구. 2 (~儿) 착오. 실수. 사고. 오류. 문제. ¶托他办的那件事出~儿了. =그에게 부탁한 그 일에 문제가 생겼다. 형(방) (목소리가) 갈라지다. 쉬다. ¶她哭得嗓子都~了. =그녀는 울어서 목소리조차 쉬었다.

○● 打岔, 道岔, 旁 páng岔儿, 眼岔

【岔道口】chàdàokǒu 명 갈림목.
【岔道儿】chàdàor ☞【岔路】chàlù
【岔开】chàkāi 동 (시간을) 엇갈리게 하다. (화제를) 딴 데로 돌리다. ¶接着说, 别把话题~. =

이어서 말해, 화제를 딴 데로 돌리지 말고.
【岔口】chàkǒu 명 갈림목. 갈림길.
【岔流】[汊流] chàliú 명 (바다로 흘러들어가는 강 하류의) 지류.
【岔路】chàlù 명 갈림길. 기로(岐路). =【岔道儿】chàdàor
【岔气】chà‖qì 동 호흡할 때 양쪽 옆구리가 결리다. ¶我都快跑~了. =나는 빨리 달리는 바람에 옆구리가 결렸다.
【岔曲儿】chàqǔr 명(藝) '单弦(설창 문예의 일종)'의 전주곡. [내용은 대개 서정·풍경 묘사임]
【岔生】chàshēng 동 (뿌리·가지 등이) 가로로 기울게 자라나다.
【岔头】chàtóu 명 (예기치 못한) 사고. 오류. 실수. 착오. ¶这事可不能出~. =이 일에 절대로 실수가 있어선 안 된다.
【岔眼】chàyǎn 동 (나귀·말 등이) 잘못 보고 놀라다.
【岔子】chà·zi 명 1 갈림길. 기로(岐路). 2 사고. 오류. 실수. 착오. ¶那事可千万别出~了. =그 일에 절대로 실수가 있어선 안 된다.

## 侘 chà 실의할 차
【侘傺】[侘憏] chàchì 형(문) 실의에 빠진 모양. 실의하다.

## 刹 chà 절 찰
명(文)(佛) 절. 사찰. ¶千年古~=천년의 고찰. 오래 된 절. [육지·토지라는 뜻의 범어 'चदुर' (chàduōluó)'의 음역을 간략화한 것] 범 kṣetra
☞ shā

【刹那】chànà 명(외) 찰나. 순간. ¶就在一~, 她想起了所有的事情. =바로 한순간에 그녀는 모든 일이 생각났다. 범 kṣana

## 衩 chà 옷섶 차
명 옷깃. 옷 옆 혹은 가운데의 트인 부분.
☞ chǎ

## 诧[詫] chà 놀라워할 타
동 놀라다. 이상하게 여기다. ¶惊~=놀라다.
【诧愕】chà'è 동(문) 놀라서 어리둥절해하다.
【诧怪】chàguài 동 이상하게 생각하다. 의아해하다.
【诧然】chàrán 형 의아해하는 모양. 이상하게 하는 모양. 의아스럽다.
【诧异】chàyì 동 의아해하다. 이상하다. ¶他的行为令所有的人都很~. =그의 행동은 모든 사람들을 매우 의아하게 만들었다.

## 差 chà 차이날 차
형 1 나쁘다. 표준에 못 미치다. 좋지 않다. ¶他的学习成绩很~. =그의 학업 성적은 매우 나쁘다. 2 틀리다. 잘못되다. ¶那道数学题他算~了. =그 수학 문제를 그는 잘못 풀었다. 3 다르다. 차이가 나다. ¶他的中文水平还~得远. =그의 중국어 수준은 아직도 한참 멀었다. 동 부족

하다. 모자라다. ¶~半小时飞机就要起飞了。 =30분이 지나면 비행기는 곧 이륙할 것이다. ↔好
☞ chā, chāi, chài, cī

【差不多】chà·buduō 【형】 1 (시간·정도·거리 등이) 비슷하다. 큰 차이가 없다. 가깝다. ¶他俩个子~。=그 둘은 키가 비슷하다. 2 일반적인. 대다수의. 대부분의. 보통의. 웬만한. ¶~的庄稼活儿, 他都会做。=대부분의 농사일을 그는 다 할 수 있다. 3 그런대로 괜찮다. ¶他这次的考试成绩还~。=이 이번 시험 성적은 그런대로 괜찮은 편이다. 【부】 거의. 대체로. 보통. ¶这儿~都是我们班的同学。=여기 있는 거의 모두는 우리 반 학우들이다. ≒差不离

【差不多的】chà·buduō·de 【명】 보통 사람. 일반적인 사람. ¶别看这事儿简单, ~还真干不了。=이 일을 간단하게 보지 말아라, 보통 사람은 정말 해낼 수 없으니까.

【差不离】chà·bulí (~儿) 【형】 (시간·정도·거리 등이) 비슷하다. 큰 차이가 없다. 가깝다. ¶休息吧, ~就可以了。=이제 쉬어, 거의 다 되어 가니까. ≒差不多

【差不了】chà·buliǎo 【형】 1 틀림없다. 어긋남이 없다. 확실하다. ¶您放心吧, 这事儿~。=안심하십시오, 이 일은 틀림이 없을 것입니다. 2 큰 차이가 없다. 대체로 같다. ¶~多少。=별로 차이가 나지 않다.

【差等】chàděng 【명】 비교적 낮은 등급. 차등. ¶~货=비교적 낮은 등급의 상품. 차등품.

【差点儿】chà‖diǎnr (질이) 다소 낮다. 뒤떨어지다. ¶这件衣服和那件相比, 还真~。=이 옷은 저것과 비교해 볼 때 확실히 뒤떨어진다. 【부】 1 가까스로. 간신히. 하마터면. 자칫하면. [화자가 실현되기를 희망했던 일이 다행스럽게도 실현된 것을 나타냄. 주로 부정형으로 쓰임] ¶这次考试~不及格。=이번 시험에 하마터면 합격하지 못할 뻔했다. 이번 시험에 가까스로 합격했다. 2 거의. [화자가 실현되기를 희망했던 일이 유감스럽게도 실현되지 않았음을 나타내며, 就(jiù)와 같이 쓰이는 경우가 많음] ¶他~就考个全年级第一名。=그는 거의 학년 전체에서 일등을 할 뻔하였다. 3 하마터면. 잘못하면. [희망하지 않은 일이 실현될 뻔하다 다행히 실현되지 않았음을 나타냄] ¶那事~出了错。=그 일은 하마터면 실수할 뻔하였다. =【差一点儿】chà‖yīdiǎnr ≒几乎

【差劲】chàjìn 【형】 (능력·품질·성품 등이) 나쁘다. 정도가 낮다. 뒤떨어지다. 형편 없다. ¶他这人~得很。=그는 아주 형편 없는 사람이다.

【差人】chàrén 【명】 기이한 사람. 이상한 사람.
☞ chāirén

【差生】chàshēng 【명】 열등생.

【差事】chàshì (~儿) 【형】㋐ 표준 미달이다. 쓸모 없다. 질이 떨어지다. ¶这椅子也太~了, 没坐几下腿就断了。=이 의자는 너무나 품질이 나쁘군, 몇 번 앉지도 않았는데 다리가 부러졌어.
☞ chāi·shi

【差一点儿】chà‖yīdiǎnr ☞【差点儿】chà‖diǎnr

侘 chà 헤아릴 탁
【侘傺】chàchì ☞【佗傺】chàchì

姹[(奼)] chà 예쁜 여자 차
【형】㋐ 아름답다.
【姹女】chànǚ 【명】㋐ 미녀. 소녀.
【姹紫嫣红】chàzǐ yānhóng 【성】 (여러 가지 아름다운 꽃들이) 울긋불긋하다. 화려하고 아름답다. ≒万紫千红

## chai

**拆** chāi 헐어버릴 탁
【동】 1 (붙여 놓은 것을) 뜯다. 떼어 내다. ¶快把信~开, 看看写的什么。=빨리 편지를 뜯어서 뭐라고 쓰였는지 좀 봐라. 2 헐다. 부수다. 해체하다. ¶~旧房, 建新房。=낡은 집을 헐고 새 집을 짓다. ↔编 合 装
☞ cā

【拆白党】chāibáidǎng 【명】㋐ 사기꾼. 사기단.

【拆除】chāichú 【동】 (건축물 등을) 철거하다. 허물다. ¶~危房=무너질 위험이 있는 집을 허물다. ≒拆毁 ↔修建

【拆穿】chāichuān 【동】 폭로하다. 드러내다. 파헤치다. 들추어 내다. ¶他的谎言被~了。=그의 거짓말은 폭로되었다. ≒揭穿 ↔掩饰

【拆东墙, 补西墙】chāi dōngqiáng, bǔ xīqiáng 【동】 1 동쪽 벽을 허물어 서쪽 벽을 보수하다. 2㋑ 한편을 돌보다가 다른 한편을 잃는 곤란한 지경에 빠지다.

【拆兑】chāiduì 【동】㋐ (돈이나 물건 등을) 임시변통하다. 융통하다. 단기간 빌리다.

【拆封】chāifēng 【동】 (우편물·컨테이너 등) 봉인된 것을 뜯다. 개봉하다. ¶新进的货还没有~。=새로 들어온 물건은 아직 뜯지 않았다.

【拆改】chāigǎi 【동】 뜯어서 다시 고쳐 만들다. 헐고 다시 세우다. ¶~衣服=옷을 뜯어서 다시 고쳐 만들다.

【拆股】chāigǔ 【동】(經) 합자 경영에 투자했던 자금을 회수하다. 합자 경영에서 탈퇴하다.

【拆换】chāihuàn 【동】 떼어〔뜯어〕 교환하다. ¶~轮胎=타이어를 떼어 내어 교환하다.

【拆毁】chāihuǐ 【동】 뜯다. 허물다. 철거하다. ¶~旧厂房=낡은 공장을 허물다. ≒拆除

【拆伙】chāi‖huǒ 【동】 (단체나 조직을) 해산하다. 해체하다. ≒散伙

【拆检】chāijiǎn 【동】 뜯어서 검사하다. ¶~商品=상품을 뜯어서 검사하다.

【拆建】chāijiàn 【동】 낡은 것을 허물고 새로 짓다. ¶这条老街正在~。=이 오래 된 도로는 헐고 지금 새로 건설하는 중이다.

【拆借】chāijiè 【동】(經) (일수 이자로) 단기 대부

하다. ¶为了给母亲治病，他只有四处~。=어머니 병을 치료하기 위해 그는 사방으로 급전을 둘러대는 수밖에 없었다.

【拆开】chāikāi 동 뜯다. 떼어 내다. ¶~包裹=소포를 뜯다.

【拆料】chāiliào 명 (목재·기와·벽돌 등) 집이나 벽을 철거하여 나온 자재.

【拆零】chāilíng 동 뜯어 낱개로 팔다. ¶把批发来的货~销售。=도매로 사 온 물건을 낱개로 팔다.

【拆卖】chāi‖mài 동 (한 세트의 물건을) 따로 따로 팔다. 뜯어 낱개로 팔다. ¶这套沙发不~。=이 소파 세트는 따로 팔지 않는다.

【拆迁】chāiqiān 동 집을 철거하고 이주하다. ¶限期~=기한을 정하여 철거·이주하다.

【拆迁补偿】chāiqiān bǔcháng 명 철거 보상.

【拆迁户】chāiqiānhù 명 철거민.

【拆墙脚】chāi qiángjiǎo 속(비) (남의) 기반을 허물다. 토대를 무너뜨리다. ¶你这不是~吗？=이는 기반을 무너뜨리는 것이 아니겠는가？➪挖墙脚

【拆墙填沟】chāiqiáng-tiángōu 속(비) 당원과 비당원 사이의 벽을 허물다.

【拆散】chāi‖sǎn 동 (한 세트의 물건 등을) 따로 떼어〔흩어〕 놓다. 분해하다. ¶这套餐具最好好保存，可别~了。=이 식기 세트는 잘 보관해라, 따로 떼어 놓지 말고.

【拆散】chāi‖sàn 동 (가정·연인·집단 등을) 갈라놓다. 분산시키다. 해체하다. 흩어 놓다. 깨뜨리다. ¶~婚姻=혼인을 깨뜨리다. ➝撮合

【拆台】chāi‖tái 동 (일의 진척·집단·개인 등의) 토대나 기반을 무너뜨리다. 실각시키다. 궁지에 빠뜨리다. ¶我们要鼎力支持他，不能~。=그에 대해 우리는 큰 힘으로 지지해 줘야지 기반을 무너뜨려선 안 된다. ➝补台

【拆息】chāixī 〈經〉 (금융 기관 등에서 예금의) 일변(日邊). 하루하루 계산하는 변리〔이자〕.

【拆洗】chāixǐ 동 (솜옷·이불 등을) 뜯어 빨다. ¶~衣物=옷을 뜯어 빨다.

【拆线】chāixiàn 동 〈醫〉 (상처가 아문 뒤에) 실밥을 풀다.

【拆卸】chāixiè 동 (기계 등을) 분해하다. 해체하다. ¶~机器=기계를 분해하다. ➝安装 装配组装

【拆信】chāixìn 동 편지 봉투를 뜯고 편지를 꺼내다. 편지를 뜯다. 개봉하다.

【拆阅】chāiyuè 동 (우편물을) 뜯어 보다. [주로 공문에 쓰임]

【拆账】chāi‖zhàng 동 1 (극단·음식점 등 발관 등에서 일정한 봉급 없이 수입과 노동량에 따라 비율로 계산하여 돈을 나누다. 수입과 일한 일수에 근거하여 노임을 할당하다. 2 비율에 따라 이익을 나누다. 배당하다.

【拆装】chāizhuāng 동 분해하고 조립하다.

【拆字】chāi‖zì ➡ 【测字】cè‖zì

# 钗[釵] chāi 비녀 차

명 1 비녀. ¶银~=은비녀. 2 여자. 부녀자. ¶金陵十二~=금릉십이차. [《홍루몽(紅樓夢)》속의 열두 미녀]

【钗钏】chāichuàn 명 1 비녀와 팔찌. 2 여인들의 장신구. 부녀자의 장식품.

【钗钿】chāidiàn 명 여인의 머리 장식의 총칭.

【钗环】chāihuán 명 1 비녀와 귀걸이. 2 여인들의 장신구.

## 差 chāi 보낼 차

동 (사람을) 보내다. 파견하다. ¶鬼使神~=귀신에 홀린 듯하다. 명 1 (파견된 사람의) 임무. 직무. 공무. ¶出~=출장 가다. / 交~=임무를 마치고 관련 결과를 보고하다. 2 옛 (임무 수행을 위해) 파견된 사람. (관아의) 심부름꾼. 아역(衙役). ¶听~=사환. 심부름꾼. / 押~=압송 임무를 맡은 사람.

☞ chā, chà, chāi, cī

⊙ 撤chè差, 到差, 公差, 交差, 钦qīn差, 听差, 小差, 信差, 邮差, 支差, 专zhuān差

【差旅】chāilǚ 동 출장 가다. ¶~途中=출장 도중.

【差旅费】chāilǚfèi 명 출장비.

【差遣】chāiqiǎn 동 파견하다. 임명하다. ¶受~=파견되다. ➝差使(chāishǐ)

【差人】chāirén 동 사람을 파견하다. 사람을 보내다. ¶~前去了解情况。=사람을 보내 상황을 알아보다. 명 1 옛 (관아의) 심부름꾼. 아역(衙役). 2 방 경찰.

☞ chàrén

【差使】chāishǐ 동 보내다. 파견하다. 임무를 주어 보내다. ➝差遣

【差使】[差事] chāi·shi 명 1 옛 (관아의) 임시 직무. 임시 관직. 2 관직. 직무. 직위. 업무.

【差事】chāi·shi 명 1 (파견된 사람의) 공무. 임무. 2 ☞【差使】chāi·shi

【差役】chāiyì 명 1 옛 (관아의) 심부름꾼. 아역(衙役). 2 방 사역. 노역. 부역.

# 侪[儕] chái 무리 제

명(서) 동료. 동배(同輩). 제배(儕輩). 또래. 무리. ¶吾~=우리들.

【侪辈】cháibèi 명(서) 동료. 동배(同輩). 제배(儕輩). ➝侪类

【侪类】cháilèi 명(서) 동료. 동배(同輩). 제배(儕輩). ➝侪辈

# 柴 chái 섶 시

명 1 장작. 땔감. ¶劈~=장작을 패다. / 拾~=땔감을 줍다. 2 (Chái) 성(姓). 형방 1 품질·능력 등이) 나쁘다. 뒤처지다. 뒤떨어지다. 모자라다. ¶他文艺理论的功底太~了。=그의 문예 이론 기초는 너무 뒤떨어져 있다. 2 마르다. 야위다. ¶他病得人都~了。=그는 병이 들어 바싹 말랐다. 3 (고기·야채 등이) 씹기 어렵다. 딱딱하다. 질기다. ¶肉煮老了，太~。=고기를 너무 익혀서 매우 질기다.
◐● 火柴, 引柴

【柴草】 cháicǎo 图 땔나무. 섶나무. 땔감. 불쏘시개용 건초.
【柴达木盆地】 Cháidámù Péndì 图(地) 차이다무 분지. [중국 칭하이(青海)성에 있는 분지 이름]
【柴刀】 cháidāo 图 땔나무용 칼.
【柴堆】 cháiduī 图 장작더미. 땔나무더미.
【柴多火旺】 cháiduō-huǒwàng 图(비) 사람이 많으면 힘이 생기고 방법도 많다.
【柴垛】 cháiduò 图 장작더미. 땔감더미. =【柴火垛】 chái·huoduò
【柴扉】 cháifēi 图(문) 사립문. 시비(柴扉).
【柴禾】 chái·he ☞【柴火】 chái·huo
【柴胡】 cháihú 图(植) 시호(柴胡). [해열제로 쓰임]
【柴火】 chái·huo 땔감. 장작. 연료용 건초. =【柴禾】 chái·he
【柴火垛】 chái·huoduò ☞【柴垛】 cháiduò
【柴鸡】 cháijī 图(動) (다리 아랫부분에 털이 없고, 몸통이 작으며 알도 작은) 중국의 재래종 닭.
【柴门】 cháimén 图 1 사립문. 얼기설기 엮어 만든 허름한 문. 2(비) 가난한 집.
【柴米】 cháimǐ 图 1 땔나무와 쌀. 2(비) 생활 필수품.
【柴米夫妻】 cháimǐ-fūqī (성비) 어려운 시절을 함께한 부부. 고난을 함께 겪은 부부.
【柴米油盐】 chái-mǐ-yóu-yán 图 (땔감·곡식·기름·소금 등) 생활 필수품.
【柴炭】 cháitàn 图 1 목탄. 숯. 2 땔나무와 숯 〔석탄〕.
【柴薪】 cháixīn 图 (장작 등의) 땔감. 땔거리.
【柴油】 cháiyóu 图(化) 중유. 디젤(diesel)유.
【柴油机】 cháiyóujī 图(機) 디젤 기관. 디젤 엔진(diesel engine). 중유 기관(重油機關).
【柴灶】 cháizào 图 장작을 때는 화덕. 부뚜막.

**豺** chái 승냥이 시
图(動) 승냥이. 늑대.
【豺狗】 cháigǒu 图(動) 승냥이.
【豺虎】 cháihǔ 图 1 승냥이와 호랑이. 2(비) 흉악무도한 사람.
【豺狼】 cháiláng 图 1 승냥이와 이리. 2(비) 흉악무도한 사람. 무자비한 사람.
【豺狼成性】 cháiláng-chéngxìng (성비) 승냥이와 이리같이 흉악하고 잔인한 성격이 습성이 되다.
【豺狼当道】 cháiláng-dāngdào (성비) 악한 놈들이 권력을 잡다.
【豺狼野心】 cháiláng-yěxīn (성비) 악한 사람의 악독한 심보.

**茝** chǎi 어수리 채
图(植) 구릿대. 백지(白芷). [향초(香草)의 하나로, 주로 인명에 쓰임]

**碴** chǎi 맷돌에 간 콩 책
图 맷돌에 간 콩이나 옥수수.

**虿[蠆]** chài 전갈 채
图(動) 독성을 품은 전갈류의 독충. ¶蜂~=벌과 전갈.
【虿芥】 chàijiè 图(비) 응어리. 앙금. 맺힌 마음. 불만. ¶胸无~=마음에 응어리가 없다.
【虿尾】 chàiwěi 图 1 전갈류 벌레의 독이 있는 꼬리 부위. 2(비) 인민을 해치는 사람.

**差** chài 병 나을 차
통(문) '瘥(chài)'와 같음.
☞ chā, chà, chāi, cī

**瘥** chài 병 나을 채
통(문) 병이 낫다. ¶大病初~=큰 병이 (이제) 막 나았다.
☞ cuó

## chan

**辿[辿]** chān 땅 이름 천
지명에 쓰이는 글자. ¶龙王~=룽왕찬. [산시(山西)성에 있음]

**觇[覘]** chān 엿볼 첨
통(문) 1 엿보다. 훔쳐보다. ¶~视=엿보다. 2 관측하다. 살피다.
【觇标】 chānbiāo 图 측량 표지(標識).

**梴** chān 긴 모양 연
형(문) (나무가) 길쭉하다.

***掺[掺]** chān 섞을 참
통 섞다. 타다. 혼합하다.
☞ càn, shǎn
【掺兑】[搀兑] chānduì 통 (성분이 다른 것을) 혼합하다. 섞다. 타다. ¶把酒精和水~成酒。=알코올과 물을 혼합하여 술을 만들다.
【掺话接舌】[搀话接舌] chānhuà-jiēshé (성비) 주제넘게 말참견하다. 분수 없이 나서다.
【掺混】[搀混] chānhùn 통 섞다. 혼합하다. ¶这两种药剂不能~着喝。=이 두 종류의 약은 섞어 마시면 안 된다.
【掺和】[搀和] chān·huo 통 1 섞다. 혼합하다. ¶把水泥和石灰~在一块儿。=시멘트와 석회를 함께 혼합하다. 2 끼어들다. 개입하다. 관련되다. [주로 훼방을 놓거나 번거롭게 하는 일을 말함] ¶我正忙着呢, 你别瞎~了。=나 지금 바쁘니까 괜히 끼어들지 마.
【掺假】[搀假] chān‖jiǎ 통 (진짜에) 가짜를 섞다. (우량품에) 불량품을 섞다.
【掺糠使水】 chānkāng-shǐshuǐ (성비) 위조품

·불량품을 제조하다. 위조하다.
【掺沙子】[掺沙]  chānshā·zi 〔동〕 1 모래를 흙에 섞다. 2 〔비〕 뭉치거나 배타적 경향이 있는 무리에 새 사람을 넣어 원래의 상황을 변화시키다. [문화대혁명 시기에 노동자·농민·군인 등을 지식인 집단에 섞어 넣어 새바람을 일으키게 한 데서 비롯된 말]
【掺杂】[掺杂] chānzá 〔동〕 혼합하다. 뒤섞다. 타다. 섞이게 하다. 혼합시키다. ¶~个人感情＝개인적 감정이 섞이게 하다. ≒屬杂

*搀[攙] chān 도울 참
〔동〕 1 부축하다. 돕다. 붙잡다. ¶~着盲人过马路。＝맹인을 부축하여 길을 건네주다. 2 섞다. 타다. 혼합하다. ¶在水泥里~些沙子。＝시멘트에 모래를 섞다.
【搀兑】 chānduì ☞【掺兑】 chānduì
【搀扶】 chānfú 〔동〕 부축하다. (상대방의 팔이나 손을) 가볍게 붙잡다. ¶她~着老伴儿, 在河边散步。＝그녀는 늙은 남편을 부축하며 강가를 거닐고 있다.
【搀话接舌】 chānhuà-jiēshé ☞【掺话接舌】 chānhuà-jiēshé
【搀混】 chānhùn ☞【掺混】 chānhùn
【搀和】 chān·huo ☞【掺和】 chān·huo
【搀假】 chān‖jiǎ ☞【掺假】 chān‖jiǎ
【搀糠使水】 chānkāng-shǐshuǐ ☞【掺糠使水】 chānkāng-shǐshuǐ
【搀沙子】 chānshā·zi ☞【掺沙子】 chānshā·zi
【搀杂】 chānzá ☞【掺杂】 chānzá

幨 chān 휘장 첨
〔명〕 (지난날) 수레에 드리우던 휘장.

襜 chān 앞치마 첨
〔명〕 1 행주치마. 2 수레의 휘장.
【襜褕】 chānyú 〔명〕 짧은 홑옷.

**单[單] chán 선우 선
【单于】 chányú 〔명〕 흉노족 군주에 대한 칭호.
☞ dān, shàn

谗[讒] chán 헐뜯을 참
〔동〕 헐뜯다. 험담하다. 뒤에서 흉보다. 비방하다. 중상 모략하다. ¶信口~言＝입에서 나오는 대로 함부로 험담하다. 〔명〕 이간질하는 말. 험담. 참언(谗言). 참소(谗诉). ¶进~＝(윗사람에게) 참소하다.
【谗害】 chánhài 〔동〕 참소하여 해치다. 참언하여 모함하다. ¶~忠良＝충신을 참소하여 해치다.
【谗毁】 chánhuǐ 〔동〕〔서〕 참소하여 비방하다. 참언하여 중상하다.
【谗佞】 chánnìng 〔명〕 남을 헐뜯으며 달콤한 말로 아첨하는 사람. 남을 중상 모략하며 아첨하는 사람.
【谗言】 chányán 〔명〕 참언(谗言). 참소(谗诉). 중상 모략하는 말. 이간질하는 말. 충동질하는 말. ¶听信~＝이간질시키는 말을 곧이듣다.

婵[嬋] chán 아름다울 선
아래를 참조.
【婵娟】 chánjuān 〔형〕〔서〕 (주로 여인의 자태가) 아름답다. 〔명〕〔서〕 1 미녀. 2 달. ¶千里共~。＝천리 밖에서나마 함께 달을 감상하다.
【婵媛】 chányuán 〔형〕〔서〕 1 연연하다. 연연하는 모양. 마음이 끌리는 모양. ¶心~而伤怀兮。＝마음에 못내 연연하여 가슴이 미어지는구나! 2 서로 연관된〔얽힌〕모양. 관련되다. 연결되다. ¶垂柳~＝늘어진 버들가지가 서로 얽히다. 3 (주로 여인의 자태가) 아름답다.

**馋[饞] chán 탐할 참
〔동〕 1 게걸스럽다. 식탐이 돌다. ¶嘴~＝군침을 흘리다. 2 몹시 부러워하다. 탐내다. 눈독을 들이다. 잔뜩 욕심을 내다. ¶眼~＝눈독을 들이다.
【馋鬼】 chánguǐ 〔명〕 먹보. 식충이. 걸신들린 사람. 아귀(饿鬼).
【馋猫】 chánmāo 〔명〕〔비〕 먹보. 식충이. 밥벌레.
【馋涎欲滴】 chánxián-yùdī 〔성〕 1 군침을 흘리다. 군침이 돌다. 2 식탐하다. 3 〔비〕 눈독들이다. (매우 갈망하여) 눈이 벌겋다.
【馋嘴】 chánzuǐ 〔형〕 게걸스럽다. 식탐하다. 〔명〕〔비〕 먹보. 식충이. 걸신들린 사람. 아귀(饿鬼).

禅[禪] chán 참선 선
〔명〕〔佛〕 1 선. 선나(禪那). ¶坐~＝좌선하다. 가부좌(跏趺坐)를 틀고 조용히 앉아서 수행하는 것. 2 불교와 연관된 것. ¶皈依~门＝불문에 귀의하다. 〔범〕 dhyāna
☞ shàn
【禅定】 chándìng 〔명〕〔佛〕 선정. 참선하여 삼매경에 이름.
【禅房】 chánfáng 〔명〕〔佛〕 1 선방(禪房). 선실(禪室). 승려가 수행하는 방. 2 절. 사찰. 사원.
【禅机】 chánjī 〔명〕〔佛〕 선기(禪機). [승려가 설법을 할 때 언행이나 사물을 통해 교의를 암시하는 비결]
【禅客】 chánkè 〔명〕〔佛〕 1 사찰에서 신자들에게 설법에 관한 문답을 위해 사전에 선발된 승려. 2 참선 중인 승려.
【禅理】 chánlǐ 〔명〕〔佛〕 불교의 교리 [교의].
【禅林】 chánlín 〔명〕 선림(禪林). 선종(禪宗)의 절. 사원.
【禅门】 chánmén 〔명〕 불문(佛門). 선문(禪門).
【禅门五宗】 chánmén wǔ zōng 〔명〕 선문 오종. [선종(禪宗)의 임제종(臨濟宗)·운문종(雲門宗)·조동종(曹洞宗)·위앙종(僞仰宗)·법안종(法眼宗)의 다섯 종파를 가리킴]
【禅师】 chánshī 〔명〕 선사(禪師). 고승(高僧). [승려에 대한 존칭]
【禅堂】 chántáng 〔명〕〔佛〕 불당. 선당(禪堂).
【禅悟】 chánwù 〔명〕〔佛〕 불교 교의에 대한 깨달

음. 교의에 대한 돈오(頓悟).
【禅学】 chánxué 몡(佛) 선종(禪宗)의 교의.
【禅院】 chányuàn 몡(佛) 선원. 절. 사찰. 사원.
【禅杖】 chánzhàng 몡(佛) 선장(禪杖). [좌선을 할 때 조는 사람의 등이나 어깨죽지를 쳐서 졸음을 쫓고 훈계하는 데 쓰이는 죽장. 대나무 막대기의 한쪽 끝을 천 따위로 감싸서 만듦] 2 선장(禪杖). 승려의 지팡이.
【禅宗】 chánzōng 몡(佛) 선종. [참선을 통해 불도를 터득하려는 불교의 한 종파]

**孱** chán 나약할 잔
휑튀 허약하다. 연약하다. 나약하다. ¶~羸=(몸이) 마르고 허약하다.
☞ càn
【孱夫】 chánfū 몡튀 나약한 인간. 연약한 사람. 비겁한 남자.
【孱躯】 chánqū 몡 허약한 몸.
【孱弱】 chánruò 휑튀 1 (몸이) 허약하다. ¶体质~=체질이 허약하다. 2 연약하다. 나약하다. ¶~无能=나약하고 무능하다. 3 빈약하다. 충실하지 않다. 옹골차지 못하다. ¶音质~=음질이 떨어지다. ↔茁壮
【孱种】 chánzhǒng 몡튀 겁쟁이. 겁보. 잔골. 약골. 비겁한 사람.

**缠[纏]** chán 묶을 전
튕 1 휘감다. 둘둘 말다. ¶~毛线=털실을 말다. 2 얽매다. 얽히다. 달라붙다. 치근덕거리다. 뒤엉키다. ¶疾病~身=질병에 시달리다. 3 상대하다. 응대하다. ¶这个人太~, 简直不可理喻。=이 사람은 너무 상대하기 힘들어, 정말 납득이 안 간다니까. 몡 (Chán) 성(姓).

○● 纠jiū缠, 蛮mán缠, 盘缠, 牵qiān缠, 歪缠

【缠绑】 chánbǎng 튕 꽁꽁 묶다. 둘둘 감아 매다. ¶他的双手被绳子~着。=그의 두 손은 끈으로 꽁꽁 묶여 있다.
【缠绞】 chánjiǎo 튕 1 (선·끈·철사 따위가) 엉키다. 2 (비) (문제 등 추상적인 것이) 뒤섞이다.
【缠脚】 chán‖jiǎo ☞【缠足】chán‖zú
【缠结】 chánjié 튕 마구 뒤엉키다. 얽히고설키다. ¶绳子~在一块儿了, 怎么还解不开。=끈이 한데 뒤엉켜 아무리 해도 풀 수가 없다.
【缠绵】 chánmián 휑 1 (정에) 사로잡히다. 헤어나지 못하다. ¶爱意~=사랑에 빠져 헤어나지 못하다. 2 뒤엉키다. 벗어나지 못하다. 떨쳐 버리지 못하다. ¶~病榻=병을 떨쳐 버리지 못하다. 3 (노래 가락 등이) 구성지다. 멋들어지다. 사무치게 감동적이다. ¶笛声~=피리 소리가 구성지다.
【缠绵悱恻】 chánmián fěicè 성 1 마음속의 슬픔과 번민을 떨쳐 버리지 못하다. 2 (시문·희곡 등의 줄거리가) 애절하여 사람을 감동시키다.
【缠磨】 chán·mo 튕 성가시게 굴다. 귀찮게 하다. 애먹이다. 보채다. ¶他为调动的事儿, 整天~领导。=그는 일자리를 옮기는 일로 온종일 상

사를 귀찮게 한다.
【缠扰】 chánrǎo 튕 성가시게 하다. 못살게 굴다. 괴롭히다. ¶他被病魔~多年。=그는 병마에 시달린 지 여러 해 된다.
【缠绕】 chánrào 튕 1 둘둘 감다. 얽히다. 휘감다. ¶葡萄藤~在竹架上。=포도덩굴이 대나무로 만든 지지대에 얽혀 있다. 2 얽매다. 방해하다. 거치적거리다. 성가시게 굴다. 귀찮게 굴다. ¶忧愁~心间。=근심이 마음속을 가득 메우다.
【缠身】 chánshēn 튕 몸에 달라붙다. 옭아매다. 빠져 나갈 길이 없다. 시달리다. 헤어나지 못하다. ¶杂务~=잡무에 시달리다.
【缠手】 chán‖shǒu 튕 1 (일을) 처리하기 어렵다. (일이) 애를 먹이다. ¶这件案子很~。=이 사건은 매우 처리하기 어렵다. 2 손을 뗄 수가 없다. 손이 많이 가다. ¶孩子太小, 还有些~。=아이가 어려서 손이 많이 가다.
【缠足】 chán‖zú 튕 전족하다. [지난날, 중국에서 여자의 발을 어릴 때 천으로 싸 두어 자라지 못하게 하는 것] =【缠脚】chán‖jiǎo ¶随着时代的进步, 妇女~的陋习已被革除。=시대가 바뀜에 따라 부녀자들의 전족을 하는 악습도 사라졌다.

**蝉[蟬]** chán 매미 선
몡(動) 매미.
【蝉联】 chánlián 튕 연속되다. 계속되다. 내내 이어지다. [주로 어떤 직위를 연임하거나 혹은 어떤 칭호를 계속 유지함을 가리킴] ¶~桂冠=월계관의 영예를 계속 누리다.
【蝉蜕】 chántuì 몡 매미의 허물. 튕튀 벗어나다. 빠져 나오다.
【蝉衣】 chányī 몡(醫) 매미 허물. [약재로 쓰임]
【蝉翼】 chányì 몡 매미의 날개. ¶薄如~=매미 날개처럼 얇다.

**僝** chán 욕할 잔
【僝僽】 chánzhòu 튕튀 번민하다. 고민하다. 초췌하다. 수척하다. 2 1 원망하다. 탓하다. 구박하다. 괴롭히다. 못살게 굴다. 3 (울적한) 기분을 풀다. 마음을 달래다.

**廛** chán 집터 전
몡 1 고대에 평민 한 가구에 배정된 택지(집). 2 고대에 도시 안의 집(건물). 3 튀 점포. 상점. ¶市~=시장. 저자.

**潺** chán 물 흐르는 소리 잔
아래를 참조.
【潺潺】 chánchán 의 졸졸. 돌돌. [물이 흐르는 소리] ¶~的泉水=졸졸 흐르는 샘물.
【潺湲】 chányuán 휑튀 강물이 천천히 흐르는 모양. 유유히 흐르다. ¶溪流~=시냇물이 유유히 흐른다.

**澶** chán 물 고요할 전
【澶渊】 Chányuān 몡(地) 찬위엔. [지금의 허

난(河南)성 푸양(濮阳)현 남서쪽에 있었던 호수 이름}

### 镡 [鐔] Chán 성씨 심
명 성(姓).
☞ Tán, xín

### 瀍 Chán 강 이름 전
명 [地] 찬허(瀍河). [허난(河南)성 멍진(孟津)현 서북의 런자(任家)령에서 발원하여 동쪽으로 흘러 뤄양(洛阳)현 뤄수이(洛水)로 유입되는 강 이름]

### 蟾 chán 두꺼비 섬
명 1 [動] 두꺼비. 2 달. [달에는 세 발 달린 두꺼비가 산다고 전해져, 주로 시문(詩文)에서 달을 지칭함]
[蟾蜍] chánchú 명 1 [動] 두꺼비. 낮 [癞蛤蟆] làihá·ma 2 달.
[蟾宫] chángōng 명문 달.
[蟾宫折桂] chángōng-zhéguì 성어 과거에 급제하다. 진사(進士)에 합격하다.
[蟾光] chánguāng 명문 달빛.
[蟾桂] chánguì 명문 달.
[蟾轮] chánlún 명 둥근 달.
[蟾酥] chánsū 명 [生] 섬소. [두꺼비의 이선(耳腺)과 피부선에서 분비되는 흰 점액으로, 독이 있으며 약재로 쓰임]
[蟾兔] chántù 명 달.

### 巉 chán 가파를 참
형문 (산세가) 가파르다. 높고 험하다.
[巉峻] chánjùn 형문 (산세가) 험준하다. 가파르다. ¶河两岸峭壁~。= 강의 양쪽 벼랑이 험준하다.
[巉崖] chányá 명문 깎아지른 듯한 절벽.
[巉岩] chányán 명문 깎아지른 듯 높이 우뚝 솟은 바위.

### 躔 chán 궤도 전
명문 (짐승의) 발자국. 족적(足迹). 발자취. 통문 천체(天體)가 운행하다.

### 镵 [鑱] chán 보습 참
명 (고대의) 보습. 쟁기. 통문 찌르다.

### ** 产 [産·產] chǎn 낳을 산
통 1 (生) 낳다. 출산하다. ¶早~ = 조산하다. 2 생산하다. 나다. 산출하다. ¶~粮 = 곡식을 생산하다. 3 (물질적·정신적인 것을) 창출하다. ¶增~促销 = 증산·판촉 활동을 벌이다. 명 1 생산품. 산물. ¶土特~ = 토산품. / 水~ = 수산물. 2 재산. ¶不动~ = 부동산. / 倾家荡~ = 가산을 탕진하다. 3 …태생의 사람. …출신. ¶其人北~也, 而操南音。= 그는 북쪽 출신이지만 남쪽 말을 쓴다. / 倾家荡~ = 가산을 탕진하다. 4 (Chǎn) 성(姓).

○ 产 chǎn
铲 chǎn

○● 包产、变产、财产、超chāo产、出产、催cuī产、单产、地产、动产、丰产、公产、国产、海产、恒héng产、减jiǎn产、矿kuàng产、临产、流产、名产、难产、平产、破产、欠qiàn产、生产、盛产、水产、私产、投产、脱产、物产、畜xù产、遗yí产、渔yú产、早产、资产、祖zǔ产

[产成品] chǎnchéngpǐn 명 제품. 완제품.
[产出] chǎnchū 통 산출하다. 생산해 내다. ¶多投入, 多~ = 많이 투입하고 많이 생산해 내다. 명 생산품. ¶努力增加高技术产品的~。= 고급 기술 상품을 증가시키도록 노력하다.
[产床] chǎnchuáng 명 출산 전용 침대.
[产道] chǎndào 명 (生) 산도. [아기가 태어날 때 지나는 모체 안의 경로]
[产地] chǎndì 명 산지. 생산지.
[产额] chǎn'é 명 생산액. 생산 수량.
[产儿] chǎn'ér 명 1 갓난아기. 신생아. 2 새로 발명된[생겨난] 것. 산물(產物). ¶这种机器是新技术的~。= 이런 종류의 기계는 신기술의 산물이다.
[产房] chǎnfáng 명 (醫) 산실(產室). 산방(產房). 아이를 낳는 방.
[产妇] chǎnfù 명 임산부. 산모.
[产供销] chǎngōngxiāo 명 생산·공급·판매의 합칭.
[产后] chǎnhòu 명 1 산후. 출산 후의 일정 기간. 2 (제품) 생산 후. ↔产前
[产后出血] chǎnhòu chūxuè 명 (醫) 산후 출혈.
[产假] chǎnjià 명 출산 휴가.
[产科] chǎnkē 명 (醫) 산부인과.
[产量] chǎnliàng 명 생산량. ¶煤的日~达到七万吨。= 석탄의 하루 생산량이 7만톤에 다다른다.
[产卵] chǎnluǎn 통 산란하다. 알을 낳다.
[产品] chǎnpǐn 명 생산품. 제품.
[产品链] chǎnpǐnliàn 명 상품 사슬. [각종 상품을 형성하는 상호 관계·영향 체계]
[产品质量] chǎnpǐn zhìliàng 명 품질. 제품의 질.
[产婆] chǎnpó 명문 산파.
[产前] chǎnqián 명 1 산전. 출산 전의 일정 기간. 2 (제품) 생산 전. ↔产后
[产前出血] chǎnqián chūxuè 명 (醫) 산전 출혈.
[产钳] chǎnqián 명 겸자. [난산 때 태아를 끄집어 내는 도구]
[产区] chǎnqū 명 생산 지구.
[产权] chǎnquán ☞ [财产权] cáichǎn quán
[产褥期] chǎnrùqī 명 (醫) 산욕기.
[产褥热] chǎnrùrè 명 (醫) 산욕열. = [月子病] yuè·zibìng
[产伤] chǎnshāng 명 분만 과정에서 산모나 신생아가 입은 외상.
[产生] chǎnshēng 통 생기다. 발생하다. 나타나다. 출현하다. ¶~误会 = 오해가 생기다.

产 刬 浐 谄 啴 铲 阐 chǎn

---

**产生(chǎnshēng) / 发生(fāshēng)**
생기다, 나타나다

产生 : 이미 있던 사물의 기초〔토대〕위에서 새롭게 생김. ¶大批中青年领导干部产生了。= 많은 중년·청년 간부가 생겨났다. / 过去对哥哥所产生的一切疑虑, 全部消失了。= 예전에 형에게 생겼던 모든 의심이 전부 없어졌다.

发生 : 원래 없던 것이 나타남. ¶这种东西遇到高温要发生变化。= 이 물건은 고온에서 변화가 생긴다. / 二十年前这儿发生过大地震。= 이십 년 전 여기에서 대지진이 발생했었다.

---

【产室】chǎnshì 图《醫》산실(產室). 산방(產房). 아이를 낳는 방.

【产俗】chǎnsú 图 출산 풍속. [아이를 낳는 것에 관한 풍속]

【产物】*chǎnwù 图 산물. 결과. ¶新思潮是时代进步的必然~。= 새로운 사조는 시대 발전의 필연적 산물이다.

【产销】chǎnxiāo 图 생산과 판매. 생산과 소비. ¶~脱节 = 생산과 소비가 균형을 잃다. / ~直接挂钩 = 생산과 소비는 직접적으로 연결돼 있다.

【产需】chǎnxū 图 생산과 수요.

【产学研】chǎnxuéyán 图 산학연. [생산 업체·학교·연구 기관의 합칭] ¶~相结合 = 산학연이 서로 결합하다.

【产业】*chǎnyè 1 (건물·토지·공장·광산 등 주로 개인 소유의) 부동산. ¶购置~ = 부동산을 사들이다. 2 산업. 3 공업. ¶~部门 = 공업 부문. ≒物业

【产业革命】chǎnyè gémìng ☞【工业革命】gōngyè gémìng

【产业工人】chǎnyè gōngrén 图 산업 노동자. 현대식 공장의 노동자.

【产业结构】chǎnyè jiégòu 图 산업 구조.

【产业军】chǎnyèjūn 图 산업 전사. (조직적인) 산업 노동자 대열.

【产院】chǎnyuàn 图 산원. 임산부나 신생아를 돌보아 주는 시설을 갖춘 곳.

【产崽】chǎnzǎi 图⑨ 동물이 새끼를 낳다. =【下崽】xiàzǎi

【产值】chǎnzhí 图 생산액. 생산고. ¶工业~= 공업 생산액.

【产制】chǎnzhì 图 생산하다. 제조하다. ¶~家用电器 = 가전 제품을 제조하다.

【产子】chǎnzǐ 图 아이를 낳다.

---

**刬[剗]** chǎn 깎을 잔
图 (삽·괭이 등으로) 깎다. 제거하다.
【刬除】chǎnchú ☞【铲除】chǎnchú

---

**浐[滻]** Chǎn 물 이름 산
图〈地〉찬허(浐河). [산시(陝西)성에 있는 강 이름]

---

**谄[諂]** chǎn 아첨할 첨
图 아첨하다. 아부하다. 비위를 맞추다. 알랑거리다. ¶~上欺下 = 윗사람에게 아부하고 아랫사람을 억누르다.

【谄媚】chǎnmèi 图 아첨하다. 빌붙다. 알랑거리다. 비굴하게 남의 비위를 맞추다. ¶~逢迎 = 아첨하고 알랑거리다.

【谄上欺下】chǎnshàng-qīxià ⑳ 윗사람에게는 알랑거리고 아랫사람에게는 모질게 대하다.

【谄笑】chǎnxiào 图 아첨하며 웃다. 간사하게 웃다. ¶满脸~ = 만면에 간사스런 웃음을 띠다.

【谄言】chǎnyán 图 아첨하는 말. 유언(諛言).

【谄谀】chǎnyú 图 아첨하다. 알랑거리다. 아부하다. ¶~之态, 令人作呕。= 아첨하는 모양이 구역날 정도이다.

---

**啴[嘽]** chǎn 느릿할 천
形⑤ 느슨하다. 완만하다. 여유 있다. ¶~缓 = 여유 있고 완만하다.
☞ tān

---

***铲[鏟, 剷]** chǎn 삽 산
图 (~儿) 삽. 부삽. 주걱. ¶铁~ = 삽. (삽·괭이 등으로) 깎다. 파다. 치다. 고르다. 반반하게 하다. 긁다. ¶~雪 = 눈을 치우다. / ~土 = 땅을 평평하게 깎다.

【铲车】chǎnchē ☞【铲运车】chǎnyùnchē

【铲除】[刬除] chǎnchú 图 뿌리뽑다. 깨끗이 제거하다. ¶~祸根 = 화근을 제거하다. ≒根除

【铲斗】chǎndǒu 图《機》버킷(bucket).

【铲球】chǎnqiú 图《體》(축구에서의) 슬라이드 태클(slide tackle).

【铲趟】chǎntāng 图 김을 매고 흙을 북돋워 주다.

【铲土机】chǎntǔjī 图《機》불도저. 포크레인. =【铲运机】chǎnyùnjī

【铲运车】chǎnyùnchē 图《機》지게차. 포크리프트(forklift). =【叉车】chāchē【铲车】chǎnchē

【铲运机】chǎnyùnjī ☞【铲土机】chǎntǔjī

【铲子】chǎn·zi 图 삽. 부삽.

---

***阐[闡]** chǎn 열 천
图 (이치를) 천명하다. 명백히 밝히다. 상세히 설명하다. 도리를 밝혀 말하다. ¶~明道理 = 이치를 명확하게 밝히다.

【阐发】chǎnfā 图 상세히 밝혀 내다. 명백히 하다. ¶~见解 = 견해를 명백히 밝히다.

【阐论】chǎnlùn 图 상세하고 명백하게 논하다. ¶~疑点 = 의문점을 상세히 논하다.

【阐明】chǎnmíng 图 (이치를) 천명하다. 명백하게 밝히다. ¶~哲理 = 철리를 명확하게 밝히다. ≒说明

【阐释】chǎnshì 图 상세히 해석하다. 자세히 설명하다. ¶~规则 = 규칙을 자세히 설명하다.

【阐述】chǎnshù 图 상세히 논술하다. 명백하게

논술하다. ¶~观点=관점을 상세히 논술하다. ≒论述

【阐扬】**chǎnyáng** 图 설명하고 널리 주장하다. 널리 천명하여 선양하다. ¶~真理=진리를 널리 주장하다.

【阐幽发微】**chǎnyōu-fāwēi** 图 심오한 이치를 상세히 밝히다.

# 蒇[蕆] **chǎn** 풀 천
图图 완성하다. 마치다. 끝내다. 마무리하다. ¶~事=일을 마치다.

# 燀[燀] **chǎn** 불꽃 피어오를 천
图图 불타다. 연소하다. 图 1 훨훨. 활활. [불꽃이 타오르는 모양] 2 불길이 세다.

# 骣[驏] **chǎn** 안장 얹지 않을 잔
图 안장과 고삐 없이 말을 타다. ¶~骑=안장과 고삐 없이 말을 타다.

# 㖞[㖞] **chǎn** 웃는 모양 천
图图 껄껄(깔깔) 웃다.
【㖞然而笑】**chǎnrán'érxiào** 图 껄껄 웃다. 크게 웃다.

# 忏[懺] **chàn** 뉘우칠 참
图图 1 참회하다. 뉘우치다. 회개하다. 2 중이나 도사가 남을 대신해서 참회하다. ¶拜~=중이 독경하며 참회하다. 图图 중이나 도사가 남을 대신하여 참회할 때 읽는 경문. ≒ksama
【忏悔】**chànhuǐ** 图 1 (불상을 향해) 참회하다. 2 뉘우치다. 회개하다.
【忏事】**chànshì** 图(佛) 승려가 경문을 읽으며 기도·참회·축복하는 등의 의식.

# 刬[剗] **chàn** 깎을 잔
☞ 【一刬】**yīchàn**
☞ **chǎn**

# **颤[顫] chàn** 떨릴 전
图 떨다. 진동하다. 흔들리다. ¶双腿发~=양다리가 떨리다.
☞ **zhàn**
【颤笔】**chànbǐ** 图 붓을 떨면서 쓰거나 그리는 서법(書法) 또는 화법(畵法).
【颤颤】**chànchàn** 图 연속해서 부들부들 떨다. 목소리가 끊어졌다 이어졌다 하다. ¶~的哭声=흑흑 흐느끼는 울음소리.
【颤颤抖抖】**chàn·chan dǒudǒu**(~的) 图 부들부들 떨다.
【颤颤巍巍】**chàn·chan wēiwēi**(~的) 图 부들부들 떠는 모양. 휘청거리는 모양. 비틀비틀하다. 흔들거리다. 흐느적거리다.
【颤颤悠悠】**chàn·chan yōuyōu**(~的) 图 계속 떠는(흔들리는) 모양. 흔들거리다. 한들거리다. 하느작거리다.
【颤动】**chàndòng** 图 진동하다. 흔들리다. 떨

다. 덜덜 떨다. ¶他~着双唇, 半天没说出一句话来。=그는 두 입술을 파르르 떨며 한동안 한마디 말도 하지 않았다.
【颤抖】**chàndǒu** 图 부들부들 떨다. 와들와들 떨다. 덜덜 떨다. 벌벌 떨다. ¶他冻得浑身~。=그는 추워서 온몸을 부들부들 떨었다. ≒发抖
哆嗦
【颤忽】**chànhū** 图 흔들리다. 떨리다. 휘청거리다. 비틀거리다.
【颤晃】**chànhuàng** 图 흔들리다. 흔들거리다. ¶索桥~得厉害, 很多人都不敢过。=구름다리가 심하게 흔들려 많은 사람들이 감히 건너지 못한다.
【颤弱】**chànruò** 图 (소리가) 가늘게 떨리다. ¶声音~=소리가 가늘게 떨리다.
【颤巍巍】**chànwēiwēi**(~的) 图 흔들거리는 모양. 부들부들 떠는 모양. 비틀거리는 모양. 휘청휘청하다. 흔들거리다. 흐느적거리다. [주로 노인이나 병자의 동작을 형용함] ¶他年纪大了, 走起路来~的。=그는 나이가 들어 걸을 때면 비틀거린다.
【颤响】**chànxiǎng** 图 떨리는 소리를 내다.
【颤音】**chànyīn** 图 1(言) 전동음. 떨림소리. [혀끝·목젖·입술 등의 진동에 의하여 나는 자음] 2(音) 트릴(trill). 전음. 떤꾸밈음. [어떤 음을 연장하기 위하여 그 음과 2도 높은 음을 교대로 빨리 연주하여 물결 모양의 음을 내는 꾸밈음] 3(喻) 인생에 대한 한탄, 혹은 어떤 사물에 대한 감동의 느낌. [주로 비극적인 색채를 띰]
【颤悠】**chàn·you** 图 흔들리다. 떨리다. 비틀거리다. 휘청거리다. ¶扁担在他的肩上一~着。=멜대가 그의 어깨 위에서 흔들거린다. 图 흔들리는 모양. 떨리는 모양. 비틀거리는 모양. ¶~的钓鱼竿预示着鱼儿已经上钩了。=흔들거리는 낚싯대가 물고기가 걸려들었다는 것을 알려 주고 있다.
【颤悠悠】**chànyōuyōu**(~的) 图 흔들리는 모양. 떨리는 모양. 비틀거리는 모양. 흔들리다. 한들거리다. 하느작거리다.

# 羼 **chàn** 양이 뒤섞일 찬
图 섞다. 뒤섞다. 버무리다. ¶~人=섞어 넣다.
【羼杂】**chànzá** 图 섞다. 혼합하다. 뒤섞다. ≒掺杂

# 韂 **chàn** 말다래 첨
图 (안장 아래에 까는) 말다래. ¶鞍~=안장과 말다래.

# chang

# 伥[倀] **chāng** 창귀 창
图 나쁜 놈의 앞잡이. 창귀(倀鬼). 주구. ¶为虎作~=나쁜 놈의 앞잡이가 되다.
【伥鬼】**chāngguǐ** 图 창귀(倀鬼). [전설에, 호랑

이에게 잡아먹힌 사람의 영혼이 감히 호랑이를 벗어나지 못하고 오히려 그의 앞잡이가 되어 못된 짓을 일삼는다는 귀신]

## 昌 chāng 창성할 창

⟨형⟩ **1** ⟨문⟩ 정당하다. 옳다. 아름답다. ¶屢进~言=거듭 충고하다. **2** 흥하다. 창성하다. 번성하다. 흥왕하다. 번창하다. ¶兴隆~盛=홍성하고 번창하다. ⟨명⟩ (Chāng) 성(姓).

【昌化石】 chānghuàshí ⟨명⟩ 창화석. [저장(浙江)성 창화(昌化)현에서 나는, 도장·조각에 쓰이는 진귀한 돌]

【昌尽必殃】 chāngjìn bìyāng ⟨성⟩ 홍함 뒤에는 반드시 재앙이 뒤따른다.

【昌隆】 chānglóng ⟨형⟩ 번성하다. 번영하다. 번창하다. ¶国运~=국운이 번창하다.

【昌明】 chāngmíng ⟨형⟩ (정치·문화가) 번성하다. 번영하다. 발달하다. ¶文化~=문화가 발달하다. ⟨동⟩ 발전시키다. ¶~科学=과학을 발전시키다.

【昌盛】 chāngshèng ⟨형⟩ 창성하다. 홍성하다. 번창하다. 크게 발전하다. ¶经济~=경제가 번창하다.

【昌时】 chāngshí ⟨명⟩ 번영의 시대. 태평한 시대. ¶适逢~=막 태평성세를 맞다.

【昌言】 chāngyán ⟨명⟩⟨문⟩ 가치 있는 말. 정당한 언사. 이치에 맞는 말. ⟨동⟩ (거리낌없이) 솔직히 말하다. ¶~无忌=거리낌없이 솔직하게 이야기하다.

## 倡 chāng 여광대 창

⟨명⟩ **1** 광대. 창우(倡優). 배우. [옛날, 연기·노래·춤 등을 생업으로 한 사람] **2** ☞ '娼(chāng)'과 같음. ☞ chàng

【倡优】 chāngyōu ⟨명⟩ **1** 광대. 창우(倡優). 배우. [옛날, 가무와 연기를 생업으로 한 사람] **2** ⟨문⟩ 창기(娼妓)와 배우.

## 菖 chāng 창포 창

【菖蒲】 chāngpú ⟨명⟩⟨식⟩ 창포.

## *猖 chāng 미쳐 날뛸 창

⟨형⟩⟨문⟩ 미친 듯이 흉포하다. 미쳐 날뛰다.

【猖獗】 chāngjué ⟨형⟩ 창궐하다. 제멋대로 날뛰다. ¶~一时=한때 창궐하다. ⟨동⟩ 엎어지다. 넘어지다. ¶自贻~=스스로 넘어지다. ≒猖狂 疯狂

【猖狂】 chāngkuáng ⟨형⟩ 난폭하다. 발광하다. 미쳐 날뛰다. 광기부리다. 포악하다. 흉포하다. 맹렬하다. 방자하다. ¶他这人也太~了,不知天高地厚。=그 사람도 세상 물정 모르고 너무나 날뛴다. ≒猖獗 疯狂

## 阊[閶] chāng 천문 창

| 昌 chāng
| 唱 chàng
| 倡 chàng
| 猖 chāng
| 鲳 chāng
| 菖 chāng
| 阊 chāng
| 娼 chāng

【阊阖】 chānghé ⟨명⟩ **1** 천문(天門). [고대 전설 속의 하늘에 들어가는 문] **2** 대궐의 정문. 궁문.

## 娼 chāng 창녀 창

⟨명⟩ 창녀. 매춘부. 창기. ¶嫖~=오입질하다. / 男盗女~=남자는 도둑질하고 여자는 매춘하다.

【娼妇】 chāngfù ⟨명⟩ 창부. 창녀. 매춘부. 갈보. 화냥년. 기생. [주로 여자를 욕하는 말]

【娼妓】 chāngjì ⟨명⟩ 창녀. 창기. 매춘부. 기생.

【娼家】 chāngjiā ⟨명⟩ **1** 기생집. 창부(娼樓). 청루(青樓). 기루(妓樓). **2** 창녀. 매춘부. 기생. 기녀.

【娼门】 chāngmén ⟨명⟩ 기생집. 창루(娼樓).

【娼优隶卒】 chāngyōu lìzú ⟨명⟩ **1** ⟨옛⟩ 창녀·배우·하급 관리·병졸 등의 하층민. **2** ⟨비⟩ 천민. 신분이 비천한 사람.

## 鲳[鯧] chāng 병어 창

⟨명⟩⟨동⟩ 병어.

【鲳鱼】 chāngyú ⟨명⟩⟨동⟩ 병어. =【银鲳】 yín chāng【镜鱼】 jìngyú【平鱼】 píngyú

## **长[長] cháng 길 장

⟨형⟩ **1** (길이가) 길다. ¶~~的大桥=길디긴 큰 다리. **2** (시간이) 길다. 오래다. ¶天~地久=천장지구. 하늘과 땅은 영원하다. / 夜~梦多=밤이 길면 꿈이 많다. 일을 지체하면 문제도 많이 발생하게 된다. **3** 남는. 여분의. ¶身无~物=빈털터리이다. 특별히 잘하다. 능숙하다. 뛰어나다. ¶他~于诗歌创作。=그는 시가 창작에 뛰어나다. ⟨명⟩ **1** 길이. ¶绳~两米=끈의 길이가 2미터이다. **2** 장점. 좋은 점. 특기. 장기. ¶扬~避短=장점은 살리고 단점은 피하다. ↔短 ☞ zhǎng

| 长 cháng
| 怅 chàng
| 伥 chāng
| 苌 cháng
| 张 zhāng
| 帐 zhàng
| 涨 zhǎng
| 账 zhàng
| 胀 zhàng

【长安】 Cháng'ān ⟨명⟩ **1** 장안. [중국 서한(西漢)·수당(隋唐)대의 수도. 현재의 산시(陝西)성 시안(西安)시 일대] **2** 서울. 수도.

【长白山】 Chángbáishān ⟨명⟩ 백두산. 장백산.

【长班】 chángbān ⟨명⟩⟨옛⟩ 지난날 관원들의 신변에서 시중을 들던 노복.

【长臂猿】 chángbìyuán ⟨명⟩⟨동⟩ 긴팔원숭이. 기본(gibbon).

【长编】 chángbiān ⟨명⟩ (저작을 편찬하기 전 자료를 수집·정리·배열한) 초고본.

【长别】 chángbié ⟨동⟩ **1** 영원히 이별하다. 영별(永別)하다. 사별하다. ¶与世~=세상을 떠나다. **2** 오랫동안 헤어지다. ¶不堪~之苦=오랜 이별의 고통을 참을 수 없다.

【长波】 chángbō ⟨명⟩⟨물⟩ 장파. [파장 1~10km, 주파수 30~300kHz의 전파] ↔短波

【长才】 chángcái ⟨명⟩ **1** 탁월한 재능. 뛰어난 재주. **2** 재능인. 재주꾼. 양재(良才).

【长策】 chángcè ⟨명⟩ 장기적 책략. 원대한 책략.

¶兴邦～＝나라를 일으킬 원대한 책략.

【长长】**chángcháng**(～的) [형] (공간·시간 등의 거리가 매우) 길다. 멀다. ¶～的头发＝기다란 머리카락.

【长长短短】**cháng·chang duǎnduǎn**(～的) [형] (길이가) 들쭉날쭉한 모양. 들쭉날쭉하다. ¶～的外套挂着一衣柜。＝길고 짧은 외투들이 옷장 가득 걸려 있다.

【长城】**chángchéng** [명] **1** ☞【万里长城】**Wànlǐ chángchéng** **2** [비] 견고하고 튼튼한 힘, 혹은 넘기 어려운 장애.

【长城站】**chángchéngzhàn** [명] (1985년 2월 20일 남극 킹조지섬에 세운) 중국 남극 과학 연구 기지.

【长程】**chángchéng** [명][형] **1** 장거리(의). 장도(의). 긴 노정의(의). ¶～列车票＝장거리 기차표. **2** 장기(의). ¶～战略＝장기적인 전략.

【长虫】**cháng·chong** [명][구] 뱀.

【长抽】**chángchōu** [명]《體》(테니스·배드민턴·탁구 등의) 롱 스매시(long smash).

【长处】**cháng·chu** [명] 장점. 우수한 점. 장기. ¶他有缺点，但也有～。＝그는 결점이 있지만 장점도 있다. ≒特长 优点 ↔短处

【长川】**chángchuān** [명] 긴 강. 긴 하천. [부] ☞【常川】**chángchuān**

【长传】**chángchuán** [명]《體》(구기 종목에서의) 롱 패스(long pass).

【长串】**chángchuàn** [명] 매우 긴 줄〔열〕. 꿰미. 꼬치. ¶后面还有一～的人在排队。＝뒤에 또 사람들이 길게 줄을 서 있다.

【长春】**Chángchūn** [명]《地》창춘. [지린(吉林)성의 성도]

【长辞】**chángcí** [동] **1** 세상과 영원히 이별하다. 영별(永別)하다. **2** 세상을 떠나다. 죽다. ¶与世～＝세상을 떠나다.

【长此以往】**chángcǐyǐwǎng** [성] (주로 좋지 않은 상황에 쓰여) 이런 식으로〔꼴로〕 나아가다. 계속 이 상태로 나아가다. 늘 이렇게 해 나가다. ≒久而久之 ↔一朝一夕

【长存】**chángcún** [동] 영원히 존재하다. ¶与世～＝세상과 더불어 영원히존재하다.

【长等短等】**chángděng-duǎnděng** [낮] (오랜 시간을) 기다리고 또 기다리다.

【长凳】**chángdèng** [명] (등받이가 없는) 긴 나무 의자〔걸상〕.

【长笛】**chángdí** [명]《音》플루트.

【长度】**chángdù** [명] 길이.

【长短】**chángduǎn** [명] **1** (～儿) 길이. 치수. ¶裙子～合适。＝치마 길이가 적당하다. **2** 시비(是非). 좋고 나쁨. 우열(優劣). ¶物有优劣，人有～。＝물건은 좋은 점과 나쁜 점이 있고, 사람도 장점과 단점이 있다. **3** (의외의) 사고. 재앙. 변고. [주로 생명이 위험할 때를 말함] ¶她深夜未归，家里人怕她有个什么～。＝그녀가 밤이 깊도록 돌아오지 않자, 집안 식구들은 그녀가 무슨 사고라도 당했을까 염려했다. [부][방] 어쨌든. 하여튼. ¶这件事你～得过问。＝이 일은 네가 어쨌든 따져 물어야 한다.

【长短句】**chángduǎnjù** [명] (중국 운문의 일종인) '사(詞)'의 별칭. 장단구. [원래는 음악에 맞추어 구절의 길이가 곡조에 따라 변하므로 붙여진 이름임]

【长多】**chángduō** [명]《經》(시세 차익을 목적으로 하는 투자에 반하는) 배당 수익을 목적으로 하는 장기 투자. ＝【长线投资】**chángxiàn tóuzī**

【长恶不悛】**cháng'è bùquān** [성] 오랫동안 나쁜 일을 저지르고도 좀처럼 뉘우치지 않다.

【长法】**chángfǎ**(～儿) [명] 장기적 방법. (미봉책이 아닌) 근본적인 해결 방법. 항구적인 방법. ¶你不找工作，整天这样闲着，也不是个～儿。＝일자리를 구하지 않고 온종일 빈둥대고 있는 것은 근본적인 해결 방법이 아니다.

【长发】**chángfà** [명] 장발. 길게 기른 머리카락.

【长方】**chángfāng** [형] 직사각형의. 장방형의. ¶～桌子＝직사각형 탁자.

【长方脸】**chángfāngliǎn** [명] 기다랗고 네모진 얼굴형.

【长方体】**chángfāngtǐ** [명]《數》직육면체. 장방체. 직방체(直方體).

【长方形】**chángfāngxíng** ☞【矩形】**jǔxíng**

【长风】**chángfēng** [명] 먼 곳으로부터 불어오는 센바람.

【长风破浪】**chángfēng-pòlàng** [성] **1** 바람을 타고 힘껏 파도를 헤쳐 나가다. **2** [비] 역경을 두려워 않는 원대한 포부.

【长歌当哭】**chánggē-dàngkū** [성] **1** 소리 높여 노래하는 것으로 울음을 대신하다. **2** 시문(詩文)으로 심중의 비분을 표현하다.

【长庚】**chánggēng** [명]《天》개밥바라기. 태백성(太白星). 장경성(長庚星). [저녁 무렵 서쪽 하늘에 뜨는 금성]

【长工】**chánggōng** [명][옛] (날품팔이에 반하는) 머슴. 장기 소작인.

【长骨】**chánggǔ** [명]《生》긴 뼈. 관상골(管狀骨). [양 끝이 공 모양인 길고 굵은 원통 모양의 뼈]

【长鼓】**chánggǔ** [명]《音》**1** (우리 나라의) 장구. **2** 요족(瑤族)의 타악기.

【长滚珠】**chánggǔnzhū** [명]《機》롤러 베어링(roller bearing).

【长号】**chángháo** [동] 방성대곡하다. 큰 소리로 울다. ¶放声～＝방성대곡하다.

【长号】**chánghào** [명]《音》트롬본. [낮]【拉管】**lāguǎn**

【长河】**chánghé** [명] **1** 긴 강줄기. **2** [비] 길고 긴 과정. ¶历史～＝역사의 길고 긴 과정. **3** [옛] 은하수. 황허(黃河).

【长虹】**chánghóng** [명] **1** 무지개. ¶雨后～＝비 온 뒤의 무지개. **2** (**Chánghóng**) 중국의 유명한 TV 생산 회사 이름.

【长话】**chánghuà** [명] **1** 긴 말. 긴 이야기. **2** [약] 长途电话(장거리 전화·시외 전화). ¶～费＝시외 전화비.

【长话短说】**chánghuà-duǎnshuō** [성] 긴 이

야기를 간략하게 말하다. 할 말은 많으나 간단히 말하다.

【长活】 **chánghuó** 명 **1** 머슴일. 머슴살이. **2** 통 머슴.

【长技】 **chángjì** 명 장기. 특기. ¶身无~=특기가 없다.

【长铗】 **chángjiá** 명(문) 장검. 긴 칼.

【长假】 **chángjià** 명 **1** 장기 휴가. 장기 방학. ¶放~=연휴를 맞다. 장기 휴무하다. / 请~=장기 휴가를 내다.

【长江】 **Chángjiāng** 명(地) 창장(长江). 양쯔장(扬子江).

【长江后浪推前浪】 **Chángjiāng hòulàng tuī qiánlàng** 송(비) 사물이나 사람은 끊임없이 새롭게 교체되게 마련이다.

【长江三角洲】 **Chángjiāng sānjiǎozhōu** 명(地) 창장(长江) 삼각주.

【长江三峡】 **Chángjiāng sānxiá** 명(地) 창장(长江) 싼샤. 장강 삼협. [장강 상류의 '瞿塘峡(취탕샤)·巫峡(우샤)·西陵峡(시링샤)'의 합칭]

【长江学者】 **Chángjiāng xuézhě** 명 '长江学者成就奖(창장 학자 성취상)' 수상자.

【长江学者奖励计划】 **Chángjiāng xuézhě jiǎnglì jìhuà** 명 중국 교육부와 홍콩의 리자청(李嘉诚)이 중국의 고등 교육을 진흥시키고, 중국 대학의 학술적 지위를 제고시키기 위하여 출자·수립한 특별 프로젝트. ['特聘教授岗位制度(교수 특별 초빙 제도)'와 '长江学者成就奖(창장 학자 성취상)' 두 가지를 시행함]

【长角羚】 **chángjiǎolíng** 명(動) 오릭스(oryx). 겜스복(gemsbok). [아프리카산 뿔이 곧은 영양류]

【长街】 **chángjiē** 명 긴 거리. 긴 번화가. ¶十里~=스리창졔. [베이징(北京) 창안(长安)가의 별칭]

【长颈鹿】 **chángjǐnglù** 명(動) 기린.

【长颈瓶】 **chángjǐngpíng** 명 **1** (목이 긴) 장식용 화병(花瓶). **2** ☞【烧瓶】 **shāopíng**

【长镜头】 **chángjìngtóu** 명 **1** 망원 렌즈. **2** (映) 롱 테이크(long take). **3** (비) 〈문학 작품에서〉 어떤 장면이나 인물 동작을 길게 묘사한 단락.

【长久】 **chángjiǔ** 형 장구하다. 매우 길고 오래다. ¶~打算=장기적인 계획. 늑长远 久远 经久 ↔短暂 暂时

【长久之计】 **chángjiǔzhījì** 성 항구적인 계획. 영구적인 해법. 장기적인 계획.

【长局】 **chángjú** 명 장기적인 국면. 오랫동안 유지할 수 있는 국면. [주로 '不是(아니다)' 뒤에 쓰임] ¶那只是凑合, 不是~。=그것은 임시방편이지 오랫동안 유지할 수 있는 것이 아니다.

【长句】 **chángjù** 명 칠언 고시(七言古诗).

【长卷】 **chángjuàn** 명 **1** 가로로 긴 서화. 긴 두루마리. **2** 편폭이 긴 서예 작품.

【长空】 **chángkōng** 명 **1** 광활한 하늘. 가없이 넓은 하늘. ¶~万里=광활한 하늘이 만리나 펼쳐져 있다. **2** (經) 저점[저가] 매수. [주식 시장의 전망이 좋지 않아 주식을 팔았다가, 주가가 떨

어진 지 오래 된 후에야 다시 사들이는 투자 방식]

【长裤】 **chángkù** 명 긴 바지.

【长款】 **cháng‖kuǎn** 형 **1** 롱 디자인의. 긴 스타일의. 긴 모양의. ¶~风衣=롱 바바리코트. 명 **2** 결산할 때에 현금 액수가 장부상의 액수보다 많은 것.

【长廊】 **chángláng** 명(建) **1** 긴 복도. **2** (공원이나 주택에서 감상용의) 긴 회랑(回廊).

【长龙】 **chánglóng** 명(비) 장사진. [차량이나 사람 등이 길게 늘어선 줄]

【长毛绒】 **chángmáoróng** 명(紡) 플러시 천. 견면(绢綿) 벨벳.

【长毛兔】 **chángmáotù** ☞【安哥拉兔】 **āngēlātù**

【长矛】 **chángmáo** 명(軍) 긴 창. [긴 자루 끝에 금속 창날을 장착한 고대의 병기]

【长眠】 **chángmián** 통 (은유적으로) 영원히 잠들다. 고이 잠들다. 죽다. 서거하다.

【长明灯】 **chángmíngdēng** 명 장명등. 상야등(常夜燈). [주로 신상이나 불상 앞에 켜 두는 등]

【长鸣】 **chángmíng** 통 길게 울리다. ¶汽笛~=기적이 길게 울다.

【长命】 **chángmìng** 통 (사람이) 오래 살다. 장수하다. ¶~百岁=100세가 되도록 오래오래 살다. 명 장수.

【长命百岁】 **chángmìng bǎisuì** 성 오래오래 100세까지 장수하다. [주로 축복하는 말로 쓰임]

【长命富贵】 **chángmìng fùguì** 성 (주로 어린아이에 대한 축원의 말로) 부귀장수. 장수하고 부귀하다.

【长命锁】 **chángmìngsuǒ** 명 어린아이의 목에 걸어 장수를 상징하는 자물쇠 모양의 장식물.

【长年】 **chángnián** 명 **1** 통 장수. 긴 세월. **2** 일년 내내. ¶~在外=일년 내내 바깥에서 지내다. **3** 비 머슴. ☞ **zhǎngnián**

【长年累月】[常年累月] **chángnián-lěiyuè** 성 오랜 세월[동안]. ←→一朝一夕

【长袍儿】 **chángpáor** 명(옷) 창파오. [중국 전통 의상으로, 남자가 입는 긴 두루마기]

【长跑】 **chángpǎo** 명(體) (육상 경기의 하나인) 장거리 경주. 통 장거리달리기를 하다. 오래달리기를 하다. ¶他每天下午都要~。=그는 매일 오후 장거리달리기를 한다.

【长片儿】 **chángpiānr** 명(映) 장편 영화. ↔短片儿

【长篇】 **chángpiān** 명 **1** 장편. [주로 시문(詩文)을 가리킴] ¶~叙事诗=장편 서사시. **2** 장편 소설. ¶这是一个反映现代都市生活的~。=이것은 현대 도시 생활을 반영한 장편 소설이다.

【长篇大论】 **chángpiān-dàlùn** 성 지나치게 길거나 끊임없이 이어지는 말. 일장 연설. 장황설. 장광설. 긴 문장. ↔只言片语 要言不烦 言简意赅

【长篇小说】 **chángpiān xiǎoshuō** 명 장편 소설. 장편물.

【长片】 **chángpiàn** 명(映) 장편 영화. ↔短片

【长期】chángqī 명 장시간. 장기간. ¶~合作 =장기간 협조하다. ↔短期 临时 暂时

【长期国库券】chángqī guókùquàn 명(經) (기한이 5년 이상인) 장기 국가 공채.

【长期行为】chángqī xíngwéi 명 장기적인 대책(조치).

【长期以来】chángqī-yǐlái 부 오랜 동안. ¶~, 他一直被病痛折磨着. =그는 오랫동안 병으로 인한 고통에 시달리고 있다.

【长枪】chángqiāng 명 1 긴 창. 2 장총. 소총.

【长驱】chángqū 동 신속하게 먼 목표를 향해 가다. ¶~北上=빠른 속도로 북상하다.

【长驱直入】chángqū-zhírù 성 (군대가) 거침없이 쳐들어가다. 승승장구하다. 파죽지세로 쳐들어가다.

【长裙】chángqún 명 1 (단이 무릎 아래까지 내려오는) 치마. 2 (자락이 땅에 끌리는) 긴치마. 롱 스커트.

【长日照植物】chángrìzhào zhíwù 명(植) 장일 식물. [일조 시간이 12시간 이상이 되어야 꽃봉오리를 맺는 식물]

【长绒棉】chángróngmián 명 섬유질이 가늘고 긴 원면. [중국 신장(新疆)의 대표 농산물인 개량종 면화의 일종. 섬유 강도가 높아서 높은 번수의 직물과 일부 공업용사를 짜기에 적합함]

【长沙】Chángshā 명(地) 창사. [후난(湖南)성의 성도]

【长衫】chángshān 명 중국 남자들이 입는 긴 적삼 형태의 옷.

【长舌】chángshé 명 1 긴 혀. 2 비 쓸데없는 말을 옮기어 싸움 붙이기를 좋아함. 가납사니. ¶~妇=수다쟁이 여자.

【长蛇阵】chángshézhèn 명 1 옛 병법가인 손자(孫子)의 진법 이름. 2 비 긴 줄. 장사진. (사람·사물 등이) 길게 늘어선 행렬.

【长蛇座】chángshézuò 명(天) 히드라자리. 바다뱀자리.

【长生】chángshēng 동 오래 살다. 장수하다. 영원히 살다. 영원히 살아 있다.

【长生不老】chángshēng-bùlǎo 성 불로장생하다. 늙지 않고 오래오래 살다.

【长生殿】Chángshēngdiàn 명 장생전. [당(唐)나라 때의 유명한 궁전]

【长生果】chángshēngguǒ ☞【落花生】luòhuāshēng

【长诗】chángshī 명 (편폭이 긴) 장시(長詩).

【长逝】chángshì 동 (은유적으로) 죽다. 사망하다. 명을 달리하다.

【长寿】chángshòu 형 장수하다. 오래 살다. ¶~老人=장수 노인.

【长寿菜】chángshòucài ☞【马齿苋】mǎchǐxiàn

【长谈】chángtán 동 긴 이야기를 나누다. 충분히 의논하다. 이야기를 길게 주고받다. ¶彻夜~=밤을 세워 장시간 이야기를 나누다.

【长叹】chángtàn 동 길게 탄식하다. ¶仰天~=하늘을 우러러보며 길게 탄식하다.

【长天】chángtiān 명 광활한 하늘. ¶翱翔~=광활한 하늘을 날다.

【长天老日】chángtiān-lǎorì 성 기나긴 낮. 기나긴 해.

【长条】chángtiáo(~儿) 형 길고 가는(좁은) 모양의. ¶~板凳=(등받이가 없는) 길고 좁다란 나무 걸상.

【长挑】chángtiǎo 형 (몸매가) 호리호리하다. 가녀리다. ¶她是个~个儿. =그녀는 몸매가 호리호리하다.

【长亭】chángtíng 명 (지난날, 성 밖 도로변에 나그네가 쉬거나 송별을 하도록 세운) 정자.

【长筒袜】chángtǒngwà 명 (목이 비교적) 긴 양말. 스타킹.

【长筒靴】chángtǒngxuē 명 (목이 무릎까지 오는) 부츠. 목(이) 긴 구두. 롱 부츠.

【长途】chángtú 형 장거리의. 먼 거리의. ¶~汽车=장거리 버스. ~电话=장거리 전화. ~巴士. ¶打~=장거리 전화를 하다. / 坐~=장거리 버스를 타다. ↔短途

【长途台】chángtútái 명 장거리 전화 교환대.

【长物】chángwù 명 1 남는 물건. 여분의 물건. 군더더기. ¶身无~=빈털터리이다. 검소하다. 2 그럴듯한 물건. 번듯한 물건. ¶家中无一~. =집에 그럴듯한 물건이 하나도 없다.

【长线】chángxiàn 명 1 (제품·전공(專攻) 등의) 공급이 수요를 초과하다. ¶~专业=사회적 수요를 초과하는 전문 업종. 전문 학과 과잉 현상. 2 비교적 긴 시간이 지나야 효과가 나는. ¶~股票=장기적 안목의 증권(투자). 3 장거리의. ¶~旅游=장거리 여행. ↔短线

【长线产品】chángxiàn chǎnpǐn 명(經) 과잉 생산품.

【长线投资】chángxiàn tóuzī ☞【长多】chángduō

【长项】chángxiàng 명 자신 있는 종목. 잘 하는 일. 특기. ¶室内设计是他的~. =실내 디자인은 그의 특기이다. ↔短项

【长销】chángxiāo 동 (상품이) 시장 잠재력이 있는. 장기적으로 판로가 좋은. ¶~产品=잠재력이 있는 상품.

【长效】chángxiào 형 장기적으로 효력이 있는. 효력이 오래가는. ¶~合同=장기간 효력이 있는 계약(서).

【长啸】chángxiào 동 (사람·짐승 등이) 길게 소리지르다. 크게 울부짖다. ¶登高~=높은 곳에 올라 길게 소리지르다.

【长行】chángxíng 동문 멀리 가다. 먼길을 가다. 명 먼 여행. 장거리 여행.

【长性】chángxìng 명 인내심. 항심(恒心). 참을성. ¶他这人没个~, 老是东一头西一头的. =저 사람은 인내심이 없어서 항상 이것 조금 저것 조금 그런 식이다.

【长袖】chángxiù 명 긴소매 셔츠. ¶~T恤=긴 소매 티셔츠.

【长袖善舞, 多财善贾】chángxiù shànwǔ, duōcái shàngǔ 성 1 소매가 길면 춤추기에

좋고, 돈이 많으면 장사를 잘 한다. **2**㉮① 뭔가 의지할 게 있으면 일을 성사시키기 쉽다. ② 재산이나 권세가 있거나 수완이 좋은 사람은 일을 교묘하게 잘 처리한다.

【长吁短叹】**chángxū-duǎntàn** ㉘ 거듭 탄식하다. 한숨만 연달아 쉬다.

【长靴】**chángxuē** ㉲ 장화.

【长夜】**chángyè** ㉲ **1** 긴 밤. 기나긴 밤. 고요한 밤. ¶~难眠=기나긴 밤 동안 잠을 못 이루다. **2**㉮ 암흑 같은 날. ~难=암흑 같은 날이 계속되다. ③ 온밤. 밤새. 철야. ¶~之炊=밤새도록 먹고 마시다.

【长夜漫漫】**chángyè-mànmàn** ㉘㉮ 암울한 〔암흑 같은〕 시대나 환경이 오래 지속되며 언제 끝날지 모르다.

【长衣】**chángyī** ㉲ (중국식의) 남자가 입는 긴 적삼 형태의 옷.

【长揖】**chángyī** ㉲ 장읍(長揖). [두 손을 마주 잡아 눈높이만큼 들어서 허리를 굽히는 예(禮)] ¶~而拜=장읍(長揖)을 하며 절을 하다.

【长吟】**chángyín** ㉱㉮ (시문(詩文)을) 길게 읊조리다. ¶~曼诵=길게 읊조리며 낭송하다.

【长缨】**chángyīng** ㉲ **1** 긴 띠. 긴 끈. 긴 줄. **2** 상대를〔적을〕 제압하는 무기.

【长于】**chángyú** ㉳ 특별히 잘하다. …에 뛰어나다. …에 능하다. …에 특별히 소질이 있다. ¶~书法=서예에 뛰어나다.

【长圆】**chángyuán** ㉳ 타원(椭圆)의. ¶~形=타원형.

【长远】**chángyuǎn** ㉳ **1** (미래의 시간을 가리켜) 길다. 원대하다. 장구하다. ¶~计非=원대한 계획. **2**㉲ (지나간 시간을 가리켜) 멀다. 오래 되다. ¶~未闻=오랫동안 듣지 못하다. 늑久久 久远.

【长斋】**chángzhāi** ㉲(佛) 장기간의 소식(素食). 불교 신자가 장기간 채식만 하는 것. ¶吃~=장기간 소식을 하다.

【长征】**chángzhēng** ㉱ 장정(長征)에 오르다. 긴 여행길에 오르다. 멀리 가다. 원정하다. ㉲ **1** 장정(長征). **2**㉮ 시간이 많이 걸리고 어려움이 큰 정의로운 사업. **3** 홍군(紅軍)의 2만 5천리 장정(長征).

【长支】**chángzhī** ㉱㉯ 가불하다. [점원이 주인에게 돈을 빌리고 연말에 정산하던 것] ㉲ 가불금. 가불.

【长治久安】**chángzhì-jiǔ'ān** ㉘ 사회 질서가 장기간 안정되고 태평스럽다.

【长足】**chángzú** ㉳ 장족의. 발전이 빠르다. 진전이 빠르다. ¶~进步=장족(長足)의 발전.

## 场[場, 塲] cháng 마당 장

㉲ **1** 평탄한 공터. 마당. **2** 농가의 건조·탈곡 장소. ¶打~=탈곡하다. / 晒~=곡식을 말리다. **3**㉮ 시장. 장터. ㉯ 赶~=장터에 가다. ㉲ 차례. 바탕. [일의 경과에 쓰임] ¶一~大雨=한바탕의 큰비. / 一~官司=한 차례의 소송.

☞ **chǎng**

○● 碾niǎn场, 起场, 摊tān场, 外场, 扬场

【场圃】**chángpǔ** ㉲ 채마밭. 채마전. 남새밭. [집터에 딸려 있어 봄·여름에는 채소밭으로, 가을·겨울에는 뜰로 쓰이는 곳]

【场屋】**chángwū** ㉲ (휴식이나 농기구 보관을 위해) 탈곡장이나 뜰에 지은 작은 집.

☞ **chǎngwū**

【场院】**chángyuàn** ㉲ 뜰. 마당. 탈곡장. [주로 탈곡과 곡식 건조에 쓰이는, 담장이나 울타리가 있는 평탄한 공터]

## 苌[萇] cháng 장초나무 장

㉲ **1**(植) 장초(萇楚). **2**(Cháng) 성(姓).

【苌楚】**chángchǔ** ㉲(植) 장초(萇楚). [고서(古書)에 나오는 키위(kiwi)와 비슷한 식물]

## 肠[腸, 膓] cháng 창자 장

㉲ **1**(生) 장(腸). 창자. **2**(~儿) 소시지. ¶香~=소시지. **3** 마음(속). 애간장. 마음씨. 심성. 심보. ¶心~=속내. / 愁~=걱정. 근심.

○● 愁chóu肠, 断肠, 肥肠, 粉肠, 灌guàn肠, 回肠, 饥jī肠, 结肠, 空肠, 枯kū肠, 腊là肠, 盲máng肠, 热肠, 香肠, 心肠, 直肠, 衷zhōng肠, 绞jiǎo肠痧shā, 直肠子, 热心肠

【肠癌】**cháng'ái** ㉲(醫) 장암.

【肠穿孔】**chángchuānkǒng** ㉲(醫) 장천공.

【肠道】**chángdào** ㉲(生) 장(腸). 창자.

【肠断】**chángduàn** ㉱㉮ 창자가 끊어질 듯 비통하다. ¶~魂销=창자가 끊어지고 혼이 녹는 듯하다.

【肠肥脑满】**chángféi-nǎomǎn** ☞【脑满肠肥】**nǎomǎn-chángféi**

【肠风】**chángfēng** ㉲(醫) (세균성 이질·치질 등으로 인한) 궤양성 직장 출혈.

【肠梗阻】**chánggěngzǔ** ㉲(醫) 장폐색증. 장경색증.

【肠骨】**chánggǔ** ☞【髂骨】**qiàgǔ**

【肠管】**chángguǎn** ㉲(生) 장(腸). 창자.

【肠结核】**chángjiéhé** ㉲(醫) 장결핵.

【肠痨】**chángláo** ㉲(醫) 장결핵(肠结核).

【肠伤寒】**chángshānghán** ☞【伤寒】**shānghán**

【肠套叠】**chángtàodié** ㉲(醫) 장중적증(腸重積症). 장중첩증(腸重疊症).

【肠胃】**chángwèi** ㉲ **1**(生) 창자와 위. **2** 소화 기관. ¶他~不好, 忌食生冷. =그는 소화기관이 좋지 않아서 날것과 찬 것 먹는 것을 피한다.

【肠胃病】**chángwèibìng** ㉲(醫) 위장병.

【肠系膜】**chángxìmó** ㉲(生) 장간막(腸間膜).

【肠线】**chángxiàn** ㉲ 양의 창자나 돼지의 소장 등으로 만든 실. [주로 봉합실이나 악기의 줄로 쓰임]

【肠炎】**chángyán** ㉲(醫) 장염.

【肠液】**chángyè** ㉲(生) 장액.

【肠衣】**chángyī** ㉲ 소다로 지방을 제거하고 건

조시킨 양의 창자나 돼지의 소장 등. [소시지의 외피·배드민턴 줄·수술시 외상 봉합실 따위의 용도로 쓰임]

【肠子】**cháng·zi** [명] **1** 장(腸). 창자. **2** [비] 마음. 마음씨. 심보. 심성. 근성. ¶他有一肚子的花花~。=그는 교활한 심보를 가진 작자이다.

**尝¹[甞, 甞·嚐] cháng** 맛볼 상
[동] 맛보다. 시험삼아 먹어 보다. 시식하다. ¶~一~味道=한번 맛보다.

**尝²[甞, 嚐] cháng** 시험할 상
[동] **1** 시험삼아 해 보다. 시험해 보다. ¶浅~辄止=살짝 맛만 보고 말다. **2** 체험하다. 겪다. 경험하다. ¶备~艰辛=온갖 고생을 다 경험하다. [부] 일찍이. 이전에. 과거에. ¶未~=일찍이 … 한 적이 없다.

> 品pǐn尝, 浅qiǎn尝

【尝鼎一脔】**chángdǐng-yīluán** [성] **1** 솥 안의 고기를 한 점만 먹어 보면 전체 솥 안의 고기맛을 알 수 있다. **2** [비] 일부에 근거하여 전체를 추론하여 알다. 하나를 알면 열을 안다.

【尝评】**chángpíng** [동] (음식을) 시식하고 품평하다.

【尝试】**chángshì** [동] 시도해 보다. 테스트해 보다. 경험해 보다. 시험해 보다. ¶为了求得理想效果, 他们~了各种方案。=이상적인 효과를 얻기 위하여 그들은 갖가지 방법을 다 시도해 보았다. ≒试验

【尝味】**chángwèi** [동] 맛을 보다.

【尝鲜】**cháng‖xiān** [동] **1** 신선한〔새로운·맛있는〕 음식을 맛보다. ¶这附近新开了一家韩国餐厅, 我们去尝个鲜。=이 부근에 한국 음식점이 새로 열려서 우리는 새로운 음식을 맛보러 간다. **2** 만물을 맛보다.

【尝新】**cháng‖xīn** [동] 제철의 신선한 음식을 맛보다. 만물〔첫물〕을 맛보다. ¶这是刚摘的葡萄, 你尝尝新。=이것은 방금 딴 포도이니 한번 맛보세요.

**倘 cháng** 혹시 당
☞ **tǎng**

【倘佯】**chángyáng** ☞【徜徉】**chángyáng**

**常 cháng** 항상 상
[형] **1** 늘. 항상. 변하지 않는. ¶四季~绿=사계절 늘 푸르다. / ~年不变=오랜 세월 변하지 않다. **2** 보통(의). 평소(의). 일반적인. 평상(의). ¶一反~态=평소의 모습과 완전히 반대되다. [부] 늘. 자주. 항상. 때때로. 언제나. ¶~洗澡, 勤换衣。=자주 목욕하고 옷을 갈아입다. [명] **1** [문] 규율. 규칙. 법칙. ¶天行有~=우주의 운행에는 일정한 규율이 있다. **2** [문] 윤리 도덕. ¶三纲五~=삼강오륜. **3** 평범한 일. 보통의 일. ¶习以为~=습관이 되어 평범한 일로 여기다. **4** (**Cháng**) 성(姓).

> 非常, 纲gāng常, 家常, 经常, 伦lún常, 每常, 平常, 日常, 如常, 失常, 时常, 素sù常, 通常, 往wǎng常, 无常, 寻xún常, 异yì常, 逾yú常, 照常, 正常, 中常

【常备】**chángbèi** [형] 늘 준비하다. ¶~物资=늘 물자를 준비하다. [명] 상비.

【常备不懈】**chángbèi-bùxiè** [성] 언제나 게으르지 않게 준비하다.

【常备军】**chángbèijūn** [명]《軍》 상비군.

【常产】**chángchǎn** [명] 고정 재산. 항산(恒產).

【常常】**chángcháng** [부] 늘. 항상. 자주. 수시로. 언제나. 흔히. ¶他上学~迟到。=그는 늘 학교에 지각한다. ≒经常 时常 ↔偶尔

> **常常(chángcháng) / 往往(wǎngwǎng)**
> **항상, 자주**
>
> 常常 : 동작이나 행위 또는 사건이 여러 번 발생함을 나타냄. ¶晚饭后他常常一个人去外面散步。=저녁 식사 후에 그는 항상 혼자 밖으로 산보하러 나간다.
>
> 往往 : 일반적인 규칙이나 추리에 따라 어떤 동작이나 행위 또는 사건이 발생함을 나타냄. ¶他晚上往往半夜以后才睡觉。=그는 늘 한밤중이 되어서야 잠을 잔다.
>
> ▶ '往往' 은 과거의 상황이나 일반적인 규칙·상식에만 사용되고 미래의 시간에서는 사용할 수 없으나, '常常' 은 이런 제한을 두지 않음. ¶骄傲自大的人往往会失败。=오만하고 거만한 자는 항상 실패하게 된다. / 您安心养病, 我们一定常常到医院来看您。=몸조리 잘하세요, 우리가 꼭 자주 병원으로 찾아뵐게요.
>
> ▶ '往往' 을 사용하는 문장은 동작과 관련된 상황이나 조건 또는 결과 등을 명시해야 함. ¶我们往往打球。(×) → 我们往往在雨天打球。=우리들은 비 오는 날에 종종 구기운동을 한다. / 我们往往打球到半夜。=우리들은 종종 한밤중까지 구기운동을 한다. / 我们常常打球。=우리들은 자주 구기운동을 한다.

【常川】[长川] **chángchuān** [부] 늘. 항상. 끊임없이. 부단히. 계속. 연속. ¶~往返=끊임없이 왕복하다.

【常春藤】**chángchūnténg** [명]《植》 송악. 담쟁이덩굴. =【爬山虎】**páshānhǔ**【地锦】**dìjǐn**

【常法】**chángfǎ** [명] 일정한 법칙. 평소의 방법. 온당한 방법. ¶袭用~=평상시의 방법을 답습하다.

【常服】**chángfú** [명] (예복과 구별하여) 평상복.

【常观】**chángguān** ☞【中观】**zhōngguān**

【常规】**chángguī** [명] **1** 관례. 평소 규정. 상규(常規). 관습. 범례. ¶打破~=관례를 깨다. **2**《醫》 상용하는 처방. ¶血~=적혈구 계수. [형] 일반적인. 통상적인. 평상적인. 정규적인. 정상적인. ≒惯例

【常规能源】**chángguī néngyuán** [명] (석유·가스·수력·화력 등 사람들에게 널리 이용되는)

일반 에너지. =【传统能源】 **chuántǒng néngyuán**

【常规武器】 **chángguī wǔqì** 몡(軍) (핵무기·생화학 무기가 아닌 총·대포·탱크 등의) 재래식 무기.

【常规战争】 **chángguī zhànzhēng** 몡(軍) (핵전쟁이 아닌) 재래식 (무기를 이용한) 전쟁.

【常轨】 **chángguǐ** 몡 (정상적인) 방법. 경로. 방식. 길. ¶那次车祸改变了他生活的~。=그 때의 교통 사고는 그의 생활 방식을 바꾸어 놓았다.

【常衡】 **chánghéng** 몡 (영국이나 미국에서 금은·약품 이외에 일반 물품의 무게를 재는) 상용 중량 단위법.

【常会】 **chánghuì** 몡 정기 모임. 정기 회의. 정례회. 늑例会

【常见】 **chángjiàn** 통 자주[흔히] 보다. 흔히 있다. 흔히 마주치다. ¶山上的树林中, ~顽皮的猴子蹦来跳去。=산 위의 숲에는 장난스런 원숭이가 이리저리 뛰어다니는 것을 자주 볼 수 있다. 톙 늘 보이는. 흔히 보는. 신기할 것 없는. 혼한. ¶~现象=흔한 현상. ↔罕见 生僻 冷僻 몡(佛) 상견(常见).

【常见病】 **chángjiànbìng** 몡(醫) (감기 등과 같은) 흔한 병.

【常景】 **chángjǐng** 몡 늘 보는 광경[정경]. 일반적 정경[광경].

【常客】 **chángkè** 몡 단골손님. 늘 오는 손님. ↔稀客

【常礼】 **chánglǐ** 몡 일상적인 예의범절. ¶不拘~=일상적인 예의범절에 구애받지 않다.

【常理】 **chánglǐ**(~儿) 몡 (일반적인) 이치나 도리. 통념. 상식적인 도리. 당연한 이치. ¶按~, 他是应该来拜望老师的。=일반적인 도리대로라면 그는 마땅히 선생님을 찾아뵈어야 한다.

【常例】 **chánglì** 몡 관례. 상례. ¶按~行事=관례에 따라 일을 처리하다. 늑惯例

【常量】 **chángliàng** 몡(數) 정수(定數). 상수(常數). 항수(恒數). 불변하는 양. =【恒量】 **héngliàng** **2** 정상적인 수량[용량]. ¶按~服药=정상적인 용량에 따라 약을 복용하다.

【常绿】 **chánglǜ** 톙 (식물이) 사시사철(일년 내내) 푸르다. 늘 푸른색을 띠다.

【常绿树】 **chánglǜshù** 몡(植) 상록수.

【常年】 **chángnián** **1** 평년. ¶工厂的~生产量一直保持稳定。=공장의 평년 생산량은 줄곧 안정세를 유지하고 있다. **2** 일년 내내. 일년 동안. ¶考古学家们~在野外工作。=고고학자들은 일년 내내 야외에서 일을 한다. **3** 오랜 기간. 장기간. 늑终年

【常年产量】 **chángnián chǎnliàng** 몡 **1** 농작물의 평년 생산량. **2** 기업의 평년 생산량.

【常年累月】 **chángnián-lěiyuè** ☞【长年累月】 **chángnián-lěiyuè**

【常青】 **chángqīng** 톙 **1** (식물이) 항상 푸르다. 사철 푸르다. **2** 甽 항상 번영하다. 영원히 변치 않다. ¶万古~=영원히 번영하다.

【常情】 **chángqíng** 몡 인지상정(人之常情). 일반적인 도리[정리]. ¶尊老爱幼是人之~。=연장자를 존중하고 어린이를 사랑하는 것은 인지상정이다.

【常人】 **chángrén** 몡 평범한 사람. 보통 사람. 일반 사람. ¶这种事, 非~能为。=이런 일은 보통 사람이 할 수 있는 일이 아니다.

【常任】 **chángrèn** 톙 상임의. ¶联合国~理事国=연합국 상임 이사국.

【常设】 **chángshè** 톙 상설의. ¶国家各部委是政府的~机构。=국가 각 부(部) 위원회는 정부의 상설 기구이다.

【常胜将军】 **chángshèng-jiāngjūn** 몡 **1** 늘 승리만 하는 장군. 무적의 장군. **2** 甽 늘 이기는 사람. ¶他是棋坛的~。=그는 바둑계에서 늘 이기기만 하는 기사이다.

【常识】 **chángshí** 몡 상식. 일반 지식. ¶文学~=문학 상식.

【常事】 **chángshì** 몡 늘 있는 일. 평범한 일. 일상사. 흔히 있는 일. ¶他熬夜是~。=그가 밤을 새는 것은 늘 있는 일이다.

【常数】 **chángshù** 몡(數) 상수. 항수(恒數).

【常态】 **chángtài** 몡 정상적인 상태. 평소의 상태. '变态(변태)'와 구별됨 ¶一反~=평상시와 완전히 반대의 상태이다.

【常谈】 **chángtán** 몡 늘 하는 말. 평범한 말. 일상적인 이야기. ¶老生~=늘상 하는 소리.

【常套】 **chángtào** 몡 상투적인 방법이나 형식. 일상적인 틀. ¶这部电影在表现手法上还未脱~。=이 영화는 표현 방법상 아직 상투적인 수법을 벗어나지 못하였다.

【常委】 **chángwěi** 몡 **1** 상무 위원회(常務委員會). **2** 상무 위원. 상임 위원.

【常温】 **chángwēn** 몡 **1** 상온. 항온. 정상 온도. 일반 온도. ¶~保存=상온(常温)에서 보존하다. **2** (일반적으로) 섭씨 15~25도의 온도.

【常温动物】 **chángwēn dòngwù** ☞【恒温动物】 **héngwēn dòngwù**

【常务】 **chángwù** 톙 (기관·조직·단체에서) 일상 업무를 맡는. 상무의. 상임의. ¶~副县长=상임 부현장. 몡 일상적인 업무. 상무. ¶摆脱~=일상적인 업무에서 벗어나다.

【常销】 **chángxiāo** 톙 꾸준히 팔릴 수 있는 (상품). ¶~书=꾸준히 팔릴 수 있는 책.

【常行军】 **chángxíngjūn** 몡(軍) 정상 행군. [군대에서 정상적인 속도와 거리에 따라 진행되는 행군]

【常性】 **chángxìng** 몡 **1**⊕ 일정한 습성. 일반적인 성질. **2** 끈기. 참을성. ¶习无~, 到头来什么都干不成。=배움에 끈기가 없으면 결국 아무 일도 이룰 수가 없다.

【常压】 **chángyā** 몡 상압. 정압(定壓).

【常言】 **chángyán** 몡 (습관적으로 하는) 속담. 격언. ¶~道, 事不过三。=격언에서 일은 세 번을 넘겨서는 안 된다고 말한다.

【常用】 **chángyòng** 통 상용하다. 늘 쓰다. 일상적으로 사용하다. ¶他~这辆车。=그는 늘 이 차를 쓴다. 톙 상용하는. 늘 사용하는. ¶~药=

늘 쓰는 약.
【常用字】 chángyòngzì 몡〔言〕 현대 중국어 상용자. 〖《现代汉语常用字表(현대 중국어 상용자표)》에 수록된 3,500자〗
【常用字表】 chángyòng zìbiǎo 몡 1 상용자표. 2㉥ 现代汉语常用字表(현대 중국어 상용자표). 〖中国国家语言文字工作委员会(중국 국가 언어 문자 사업 위원회)·中国教育委员会(중국 교육 위원회)가 1988년 반포한 것으로, 모두 3,500자의 상용자를 싣고 있음〗
【常住】 chángzhù 통 1 상주하다. 항상〔늘〕거주하다〔존재하다〕. ¶~之地=상주하는 곳. 2 영원히 존재하다. 상존하다. ¶愿青春~!=청춘이 영원히 머물기를! 3《佛》불법(佛法)이 영원하고 불변하다. 몡 (불교·도교의) 사원·승당·집물 따위.
【常住人口】 chángzhù rénkǒu 몡 상주 인구.
【常驻】 chángzhù 통 (기구·인원 등이 임무를 집행하는 곳에) 상주하다. ¶~代表=상주하는 대표.

## 偿 [償] cháng 갚을 상

통 1 갚다. ¶本付息=본전과 이자를 갚다. 2 배상하다. 보상하다. 물어주다. 변상하다. ¶补~=보상하다. / 赔~=배상하다. 3 만족하다. 이루다. 실현하다. ¶如愿以~=원하는 대로 이루다. 몡 1 대가. ¶无~援助=무상 원조. 2 (Cháng) 성(姓).
【偿付】 chángfù 통 상환하다. 갚다. ¶~贷款=대출금을 상환하다. ≒偿还
【偿还】 chánghuán 통 (진 빚을) 상환하다. 갚다. ¶~债务=채무를 변제하다. ≒偿付
【偿还股】 chánghuángǔ 몡《經》상환 주식.
【偿命】 cháng∥mìng 통 목숨으로 대가를 치르다. ¶杀人~, 天经地义. =사람을 죽이면 목숨으로 대가를 치러야 하는 것은 너무도 당연한 이치이다.
【偿清】 chángqīng 통 (모든 빚을) 깨끗이 갚다. 청산하다. ¶~借贷=대출금을 깨끗이 갚다.
【偿愿】 chángyuàn 통 소망을 실현하다. 숙원을 이루다. 평소의 바람을 달성하다. ¶终于~=마침내 소망을 실현하다.

## 徜 cháng 거닐 상

【徜徉】[倘佯] chángyáng 통㉥ 한가로이 거닐다. 유유히 걷다.

## 裳 cháng 치마 상

몡 고대에 치마를 가리킴. ¶绿衣黄~=초록 윗옷에 노란 치마.
☞ ·shang

## 嫦 cháng 항아 항

【嫦娥】 Cháng'é 몡 항아(嫦娥). 〖월궁(月宮)에 산다는 신화 속의 선녀〗

## 厂 [廠] chǎng 공장 창

몡 1㉦ (지붕은 있지만 벽이 없는) 간이 건물. 2 공장. ¶化肥~=화학 비료 공장. / 饲料~=사료 공장. 3 화물을 보관하거나 가공할 수 있는 넓은 부지를 갖춘 상점. ¶木材加工~=목재상. 제재 공장.
☞ ān
【厂标】 chǎngbiāo 몡 (공장의) 심볼 마크(mark). 표지.
【厂部】 chǎngbù 몡 1 공장 각 행정 관리 기구의 총칭. 2 공장 각 행정 관리 기구의 소재지.
【厂方】 chǎngfāng 몡 1 공장(측). ¶~代表=공장측 대표. 2 (노동자측에 대해) 공장측. 회사측. ¶~和劳方最终达成了协议. =노사 양측은 마침내 협의를 이루어 냈다.
【厂房】 chǎngfáng 몡 1 공장 건물. 2 작업장. 일터.
【厂风】 chǎngfēng 몡 공장 분위기. 공장 기풍.
【厂规】 chǎngguī 몡 공장 규정.
【厂基】 chǎngjī 몡 공장 부지.
【厂籍】 chǎngjí 몡 공장의 직원 신분〔자격〕.
【厂纪】 chǎngjì 몡 공장의 규율〔규정〕.
【厂际】 chǎngjì 몡 공장간. 공장과 공장 사이. ¶~协作=공장간에 협력〔협업〕하다.
【厂家】 chǎngjiā 몡 공장. 제조상. 제조업자. 제작자. ¶~直销=공장 직매.
【厂价】 chǎngjià 몡 공장도 가격. 공장 출고가.
【厂矿】 chǎngkuàng 몡 공장과 광산의 합칭.
【厂礼拜】 chǎnglǐbài 몡 공장이 일요일 대신 정한 주중 휴무일.
【厂龄】 chǎnglíng 몡 1 (직공의) 공장 근속 연수. 2 공장 건립 연수. 창사 연수(創社年數).
【厂庆】 chǎngqìng 몡 공장 건립 기념일. 창사 기념일.
【厂区】 chǎngqū 몡 공장의 생산 구역 관리 구역.
【厂容】 chǎngróng 몡 공장의 외관〔모양〕. ¶美化~=공장 외관을 미화하다.
【厂商】 chǎngshāng 몡 1 (주로 민영의) 공장. 상점. ¶分销~=소매점. 2 제조상. 제조업자. 생산·판매 책임자.
【厂史】 chǎngshǐ 몡 공장의 역사〔연혁〕.
【厂休(日)】 chǎngxiū(rì) 몡 (공장에서 정한) 공장 휴무일.
【厂长】 chǎngzhǎng 몡 공장장.
【厂长负责制】 chǎngzhǎng fùzézhì 몡 공장장 책임제.
【厂址】 chǎngzhǐ 몡 공장 주소. 공장 소재지.
【厂主】 chǎngzhǔ 몡 (민영 기업의) 공장주. 사주. =【工厂主】 gōngchǎngzhǔ
【厂子】 chǎng·zi 몡 1 공장. ¶我们~要进一步扩大生产规模. =우리 공장은 생산 규모를 한 단계 더 확대시키려 한다. 2 화물을 보관·가공할 수 있는 넓은 부지를 갖춘 상점.

## 场 [場, 塲] chǎng 장소 장

몡 1 (~儿) 장소. 곳. ¶广~=광장. / 会~=회의장. 2 어떤 활동의 범위. ¶情~=애정 세계. / 赌~=도박관. 3 일이 일어난 지점. ¶现~=

장. /当~=그 자리. **4** 무대. ¶下~=무대에 내려오다. **5** 공연·경기의 처음부터 끝까지. ¶开~=개막하다. / 夜~=야간 공연. **6** 어느 정도 규모가 있는 생산 단위. ¶林~=임업장. / 衣~=농장. **7** (電) (텔레비전의) 영사면. 필드(field). **8** (物) 장(場). ¶磁~=자장(磁場). / 引力~=만유인력의 장. **양 1** 회(回). 번. 차례. [문예·오락·체육 활동 등에 쓰임] ¶一~歌舞晚会=한 차례의 노래와 춤 파티. / 两~足球赛=두 번의 축구 경기. **2** (劇) 장(場). [연극에서 작은 단락을 세는 단위] ¶本戏共三幕八~。=이 극은 총 3막 8장이다.

☞ **cháng**

暗àn场, 靶bǎ场, 包场, 怯chù场, 当场, 到场, 道场, 登dēng场, 坟场, 赶场, 工场, 官场, 广场, 过场, 候场, 火场, 机场, 监jiān场, 检jiǎn场, 疆jiāng场, 较jiào场, 校jiào场, 剧场, 开场, 考场, 科场, 冷场, 立场, 林场, 牧mù场, 农场, 排pái场, 捧pěng场, 怯qiè场, 球场, 日场, 散sàn场, 沙shā场, 擅shàn场, 商场, 收场, 晚场, 围wéi场, 文场, 武wǔ场, 误wù场, 现场, 刑xíng场, 盐yán场, 洋场, 夜场, 用场, 渔yú场, 浴yù场, 圆场, 战场, 终zhōng场, 专zhuān场, 走过场

【场部】**chǎngbù** 명 **1** (농장·임업장 등) 기업의 행정 관리 부서. **2** (농장·임업장 등) 기업의 관리 기구의 소재지.

【场次】**chǎngcì** 명 (영화·연극 등의) 상영·공연 횟수. ¶减少放映~=방영 횟수를 줄이다.

【场地】**chǎngdì** 명 장소. 공연장. 운동장. 용지. 마당. 그라운드. 공지. 공터. ¶运动~=운동장. 늑场所

【场馆】**chǎngguǎn** 명 운동장과 체육관의 총칭. ¶比赛~=경기장.

【场合】**chǎnghé** 명 특정한 시간[장소·상황·경우·장면]. ¶在社交~, 要注意礼仪。=사교 장소에서는 예의에 주의하여야 한다.

【场记】**chǎngjì** 명 (영화 촬영장·연극 시연회에서 그 상황을 기록하는) 스크립터(scripter). 현장 기록(원).

【场景】**chǎngjǐng** 명 **1** (연극·영화·TV 드라마 등의) 장면. 신(scene). **2** 정경. 모습. ¶施工~=시공하는 모습.

【场面】**chǎngmiàn** 명 **1** (연극·영화·TV 드라마 등의) 장면. 신(scene). 정경. 광경. **2** (문학 작품에서 묘사한) 장면. 광경. 정경. **3** (劇) 중국 전통극에서의 반주자와 반주 악기. [호금(胡琴) 등 관현악기를 '文场(面)'이라 하고, 징과 북 등의 타악기를 '武场(面)'이라 함] **4** (특정 장소의) 정경. 광경. ¶~壮观=광경이 장관이다. **5** 겉치레. 체면. 외모. 외면. ¶撑~=억지로 체면을 유지하다.

【场面话】**chǎngmiànhuà** 명 겉치레로 하는 말. 입에 발린 말. 외교적인 말. 사교적인 말.

【场面人】**chǎngmiànrén** 명 **1** 사회적 지위가 있는 사람. 세력 있는 사람. 명망가. **2** 사교에 능한 사람.

【场面上】**chǎngmiàn·shang** 명 사교장(에서). ¶大家在~混, 互相照应是理所当然的。=모두들 다 사교장에서 어울리는 사이이니 서로 보살펴 주는 것은 당연한 것이다.

【场强】**chǎngqiáng** 명 (電) 전장(電場) 또는 자장(磁場)의 강도.

【场所】**chǎngsuǒ** 명 장소. ¶公共~=공공 장소. 늑场地

【场屋】**chǎngwū** 명옛 **1** 과거 시험장. **2** 극장. ☞ **chángwū**

【场主】**chǎngzhǔ** 명 (민영) 농장이나 양식장의 주인.

【场子】**chǎng·zi** 명 넓은 장소. 광장. 너른 마당. ¶大~=큰 장소.

# 铩[鋹] chǎng 날카로울 창

형 예리하다. 날카롭다.

# 昶 chǎng 해 길 창

형문 **1** 해가 길다. 낮이 길다. **2** (마음이) 후련하다. 막힘이 없다. 홀가분하다. 상쾌하다. 느긋하다. **3** (Chǎng) 성(姓).

# 惝 chǎng / tǎng 멍할 창

【惝怳】[惝悦] **chǎnghuǎng / tǎnghuǎng** 형문 **1** 낙담하다. 언짢다. 시무룩하다. ¶暗自~=몰래 홀로 낙담하다. **2** 멍하다. 흐릿하다. 얼떨떨하다. 흐리멍덩하다. ¶迷离~=흐리멍덩하다.

# **敞 chǎng 널찍할 창

형 (방이나 뜰 등이) 막힘이 없다. 널찍하다. ¶轩~=(건물이) 높고 널찍하다. 통 펼쳐 열다. 활짝 열다. ¶~怀畅饮=가슴을 활짝 열고 마음껏 마시다.

【敞敞亮亮】**chǎng·chang liàngliàng** (~的) 형 넓고 환하다. ¶一套~的新房=넓고 환한 새 집.

【敞车】**chǎngchē** 명 **1** 무개차(無蓋車). **2** 무개(無蓋) 화물차.

【敞地儿】**chǎngdìr** 명구 노천. 옥외.

【敞开】**chǎngkāi** 통 **1** 활짝 열다. ¶~门窗=문과 창문을 활짝 열다. **2** 풀다. 제한하지 않다. ¶~价格=가격을 풀다. 부 **1** 한껏. 마음대로. 마음껏. 실컷. ¶有意见就~儿提吧。=의견이 있으면 마음껏 말씀하세요. **2** 무제한으로. ¶~儿供应=무제한으로 공급하다. ↔关闭

【敞开思想】**chǎngkāi-sīxiǎng** 성田 생각을 남김없이 얘기하다. 생각을 툭 털어놓다.

【敞口】**chǎngkǒu** 통 **1** 아가리[주둥이]가 벌어져 있다. 봉해져 있지 않다. 열려 있다. ¶~的瓶里是凉开水。=열린 병 안에는 끓여서 식힌 물이 담겨 있다. 부 실컷. 마음껏. 한껏. 양껏. 무제한. 무한정. 마음대로. ¶年货~供应市场。=설맞이 물품이 무한정으로 시장에 공급되다.

【敞快】chǎng·kuài 형 시원스럽다. 상쾌하다. 시원시원하다. ¶他是个~人, 有事用不着跟他拐弯抹角。=그는 시원스런 사람이라 문제가 생기면 말을 빙빙 돌릴 필요가 없다.
【敞阔】chǎngkuò 형 널찍하고 시원스럽다.
【敞亮】chǎngliàng 형 1 널찍하고 밝다. 탁 트이고 훤하다. ¶这房子很~。=이 집은 아주 넓고 밝다. 2 (마음이) 탁 트이다. 후련하다. 개운하다. 분명하다. ¶听了老师的一番话, 我心里~多了。=선생님 말씀을 한번 듣고 나니 내 마음이 많이 후련해졌다.
【敞露】chǎnglù 통 활짝 드러내다. 활짝 열다. ¶~胸怀=가슴을 활짝 열다.
【敞篷车】chǎngpéngchē 명 무개차(無蓋車). 오픈카(open car).
【敞厅】chǎngtīng 명 1 넓은 홀. 2 큰 홀.
【敞屋】chǎngwū 명 칸막이나 문턱이 없는 넓은 방〔집〕.
【敞胸露怀】chǎngxiōng-lùhuái 성 1 옷깃을 풀어헤치고 가슴을 드러내다. 2 비 옷차림이 단정하지 못하다.

## 氅 chǎng 새털 창

명 외투. ¶大~=외투. 오버코트.
【氅衣】chǎngyī 명 1 외투. 오버코트. 2 (道) (도사들이 곁에 입는) 도포.

## 玚[瑒] chàng 옥잔 창

명 고대에 종묘 제사에 쓰인 홀(笏).
☞ yáng
【玚圭】chàngguī 명 고대에 종묘 제사에 쓰인 홀(笏).

## 怅[悵] chàng 슬퍼할 창

형 실망하다. 낙담하다. 섭섭하다. 아쉽다. 서운하다. ¶惆~=슬퍼하고 낙심하다.
【怅怅】chàngchàng 형 통 번뇌하다. 울적하다. 실망하다. 한탄하다. ¶~不乐=마음이 울적하여 즐겁지 않다.
【怅恨】chànghèn 통 슬퍼하고 한스러워하다. 실의하고 원망하다. ¶~终生=평생토록 실의하고 원망하다.
【怅然】chàngrán 형 실망하다. 울적하다. 낙담하다. ¶~离去=실망하여 떠나다.
【怅惋】chàngwǎn 형 슬퍼하고 애석해하다. ¶~悲叹=슬퍼하고 애석해하며 비통해하다.
【怅惘】chàngwǎng 형 슬퍼하며 망연자실하다. 근심에 빠져 활기가 없다. ¶神情~=슬퍼 망연자실한 표정이다.

## 帐[韔] chàng 활집 창

명 통 활집. 활을 넣는 자루. 궁대(弓袋). 통 활을 활집에 넣다.

## **畅[暢] chàng 펄 창

형 1 막힘이 없다. 통하다. 거침없다. 순조롭다. ¶流~=유창하다. / 通~=원활하다. 2 시원스럽다. 통쾌하다. ¶舒~=홀가분하다. 旦 마음껏. 실컷. 시원스럽게. ¶开怀~饮=가슴을 열고 마음껏 마시다. 명 (Chàng) 성(姓).

○ 充畅, 酣hān畅, 和畅, 欢畅, 宽畅, 明畅, 舒畅, 顺畅, 条畅, 通畅, 晓xiǎo畅

【畅畅快快】chàng·chang kuàikuài (~的) 형 후련하다. 통쾌하다. 시원스럽다. ¶他~地接受了新的工作任务。=그는 아주 시원스럽게 새로운 작업 임무를 받아들였다.
【畅达】chàngdá 형 1 (언어·글 등이) 유창하다. 순조롭다. 막힘이 없다. 명쾌하다. ¶文字~=글이 유창하다. 2 (교통 등이) 막힘없이 잘 통하다. 원활하다. ¶销路~=판로가 순조롭다.
【畅怀】chànghuái 형 후련하다. 기분이 좋다. 유쾌하다. ¶十分~=매우 기분이 좋다. 旦 마음껏. ¶~大笑=마음껏 크게 웃다.
【畅快】chàngkuài 형 1 후련하다. 상쾌하다. 기분이 좋다. 통쾌하다. ¶心情~=마음이 후련하다. 2 (성격이) 시원시원하다. ¶生性~=타고난 성격이 시원시원하다. ↔烦闷
【畅所欲言】chàngsuǒyùyán 성 하고 싶은 말을 마음껏 하다. ≒直言不讳 各抒己见 ↔欲言又止
【畅谈】chàngtán 통 마음껏 얘기하다. 시원스레 이야기하다. ¶~人生=마음껏 인생을 얘기하다. ≒纵谈
【畅通】chàngtōng 형 원활하다. 막힘없이 잘 통하다. 잘 소통되다. ¶道路~=도로가 잘 소통되다. ↔阻塞
【畅旺】chàngwàng 형 판로가 탁 트이다. 번영하다. 왕성하다. 번창하다. ¶销路~=판로가 탁 트이다.
【畅想】chàngxiǎng 통 마음껏 생각하다. 자유롭게 상상하다. ¶~未来=자유롭게 미래를 상상하다.
【畅销】chàngxiāo 형 판로가 넓다. 잘 팔리다. 매상이 좋다. ¶~书=베스트셀러. ↔滞销
【畅行】chàngxíng 통 막힘없이 잘 통하다. 순조롭게 진행되다. ¶一路~=내내 막힘없이 잘 통하다.
【畅叙】chàngxù 통 마음껏 이야기하다. ¶~往事=지난 일을 마음껏 이야기하다.
【畅饮】chàngyǐn 통 (술을) 실컷 마시다. 통쾌하게 마시다. ¶尽兴~=기분대로 술을 실컷 마시다.
【畅游】chàngyóu 통 1 마음껏 헤엄치다〔수영하다〕. ¶~长江=창장에서 실컷 헤엄치다. 2 마음껏 유람하다. ¶~名山大川=명산대천을 마음껏 유람하다.

## *倡 chàng 배우 창

통 1 동 창도하다. 이끌다. 2 제창하다. 발기하다. ¶首~=처음으로 제창하다. / 提~=제창하다.
☞ chāng
【倡办】chàngbàn 통 창설하다. 창립하다. 창건

하다. ¶～学校＝학교를 창설하다.
【倡导】 chàngdǎo 图 앞장서서 제창하다. 창도·선도하다. ¶～新思想＝새로운 사상을 창도(唱導)하다. ≒提倡
【倡廉】 chànglián 图 깨끗한 정치를 제창하다. ¶反腐～＝부패를 반대하고 깨끗한 정치를 제창하다.
【倡首】 chàngshǒu 图 앞장서서 이끌다. 선도하다. 제창하다. ¶这次募捐活动由工会～。＝이번 헌금 행사는 노동 조합이 앞장서서 이끌었다.
【倡言】 chàngyán 图 공개적으로 제창하다. 공언하다. 공공연히 외치다. ¶～改革＝개혁을 공개적으로 제창하다.
【倡议】 chàngyì 图 제의하다. 제안하다. 발기하다. ¶同学们～开展学习方法交流活动。＝학생들이 공부 방법의 교류 활동을 전개할 것을 제의하였다. 图 제의. 제안. 발의. 발기. ¶积极响应～＝제안에 적극적으로 호응하다.
【倡议书】 chàngyìshū 图 제안서. 제의서.

**鬯** chàng 울창주 창
图 (제사용의) 울창주. 图 '畅(chàng)'과 같음.

**唱** chàng 노래할 창
图 1 图 제창하다. ¶一～一和＝한쪽에서 제창하고 한쪽에서 화답하다. 2 노래하다. ¶伴～＝반주에 맞추어 노래하다. ／独～＝독창하다. 3 큰 소리로 외치다〔울다〕. ¶鸡～头遍＝닭이 첫 홰를 치다. 图 1 (～儿) 노래. 가곡. ¶小～＝소곡(小曲). 2 (Chàng) 성(姓).

◦ 伴bàn唱, 重chóng唱, 酬chóu唱, 独唱, 对唱, 高唱, 歌唱, 合唱, 绝jué唱, 领唱, 轮lún唱, 卖唱, 齐qí唱, 清唱, 说唱, 演yǎn唱, 大合唱

【唱白脸】 chàng báiliǎn (～儿) 图图 악역을 맡다. 악인인 체하다. [중국 전통극에서 악역을 맡은 이가 얼굴을 하얗게 분장한 데서 유래한 말임] ¶他们俩一个唱红脸, 一个～, 配合得很默契。＝그 둘 중 한 사람은 정직한 역을 맡고 한 사람은 악당 역을 맡아 서로 호흡이 잘 맞는다. ↔唱红脸
【唱本】 chàngběn (～儿) 图 1 (설창 문예·중국 전통극 등의) 가사 대본. 2 노래책.
【唱酬】 chàngchóu 图 (다른 사람이 지은 시(诗)나 사(词)의 원래 운(韻)에 맞추어) 화답(和答)하다. 화창하다.
【唱词】 chàngcí 图 (설창 문예·중국 전통극 등의) 가사.
【唱碟】 chàngdié 图 음반. 레코드. ≒唱片·唱盘
【唱独角戏】 chàng dújiǎoxì 图图 어떤 일을 혼자서 (처리)하다. 단독으로 하다.
【唱段】 chàngduàn 图(劇) (한 단락의 완전한 곡조인) 소가곡(小歌曲). 아리아(aria).
【唱对台戏】 chàng duìtáixì 图图 (같은 영역·같은 일에서) 상대방과 경쟁을 펼치다. 경쟁적

으로 맞서서 대항하다.
【唱反调】 chàng fǎndiào 图 상반된 주장을 내세우고 상반된 행동을 하다. 반대로 하다. ¶他老是跟领导～。＝그는 항상 지도자의 의중과 상반되게 행동한다.
【唱付】 chàngfù 图 중개인·점원이 파는 사람·고객에게 지불해야 할 액수를 큰 소리로 외치다. ↔唱收
【唱高调】 chàng gāodiào (～儿) 图 현실과 동떨어진 번지르르한 말을 하다. 말만 번드르르하게 하고 실천하지 않다. 이상론만 늘어놓다. ¶实干家从来就不会～。＝진짜 실행하는 사람은 말을 번드르르하게 하지 않는다.
【唱歌】 chànggē (～儿) 图 노래 부르다.
【唱工】[唱功] chànggōng (～儿) 图 (중국 전통극에서의) 노래 솜씨. ¶磨练～＝노래 솜씨를 연마하다.
【唱功】 chànggōng ☞【唱工】chànggōng
【唱好】 chànghǎo 图 갈채하다. 잘 한다고 소리치다. ¶他的演唱大家都～。＝그의 노래에 모든 사람이 갈채를 보낸다.
【唱和】 chànghè 图 1 (다른 사람이 지은 시(诗)나 사(词)의 원래 운(韻)에 맞추어) 화답(和答)하다. ¶两人常以诗词～。＝두 사람은 늘 시와 사로 화답하다. 2 노래로 화답하다. 번갈아 가며 노래하다. 3 호응하다. 맞장구를 치다.
【唱红白脸】 chàng hóngbáiliǎn 图 1 중국 전통극에서 주역과 악역을 연기하다. 2 (计) 기회주의적인 수법을 쓰다. 3 강경책과 회유책을 동시에 쓰다.
【唱红脸】 chàng hóngliǎn (～儿) 图图 (온화하고 관대한) 호인역을 맡다. 좋은 사람 노릇을 하다. 관대하고 인정 많은 체하다. 좋은 사람인 체하다. [중국의 전통극에서 주인공이 얼굴을 붉게 분장한 데서 유래한 말임] ↔唱白脸
【唱机】 chàngjī 图 축음기와 전축의 총칭.
【唱空城计】 chàng kōngchéngjì 图图 1 허장성세로 상대방을 속이다. 2 (부서원이) 모두 자리를 비우다. 3 배가 고파 배에서 꼬르륵 소리가 나다. 배가 몹시 고프다.
【唱老调】 chàng lǎodiào 图 구태의연한 말을 하다. 케케묵은 말을 하다. ¶他总是～, 没有一点儿新意。＝그는 늘 구태의연한 말만 해서 신선한 감이라고 없다.
【唱名】 chàng‖míng 图 (큰 소리로) 이름을 부르다. ¶每次开会都要先～。＝매번 회의를 열 때마다 먼저 큰 소리로 이름을 불러야 한다.
【唱名】 chàngmíng 图(音) 계명(階名). 계이름. [도·레·미·파·솔·라·시]
【唱念做打】 chàng niàn zuò dǎ 图(劇) 창(唱)·대사·연기·무술. [중국 전통극 배우가 갖추어야 할 네 가지 기본기]
【唱盘】 chàngpán 图 1 턴테이블(turntable). 2 음반. 레코드. ≒唱碟·唱片
【唱片儿】 chàngpiānr 图 음반. 레코드.
【唱片】 chàngpiàn 图 음반. 레코드. ≒唱碟·唱盘·音片

【唱票】chàng‖piào 동 선거 개표시 투표 용지에 선택된 사람의 이름을 큰 소리로 읽다. ¶投票结束后，由两个工作人员⁓。=투표가 끝난 후 개표원 두 명이 투표 용지에 선택된 사람의 이름을 큰 소리로 읽는다.

【唱腔】chàngqiāng 명 (劇) 중국 전통극의 노래 곡조.

【唱曲】chàngqǔ(⁓儿) 동 1 (민요 따위를) 노래하다. 2 (구) (마음대로 곡을) 흥얼거리다.

【唱喏】chàng‖rě 동 1 읍(揖)하여 인사하다. 2 (주로 조기 백화문에 쓰여) 읍(揖)을 하면서 인사말을 하다.

【唱诗】chàngshī 동 1 (문) 시를 읊조리다. 2 (기독교에서) 찬송가를 부르다.

【唱诗班】chàngshībān 명 (기독교에서의) 성가대.

【唱收】chàngshōu 동 중개인·점원이 돈을 받을 때 받는 돈의 액수를 큰 소리로 외치다. ↔唱付

【唱双簧】chàng shuānghuáng 동 1 (藝) 쌍황을 연기하다. [설창 문예의 일종. 한 사람은 동작을 하고 한 사람은 뒤에서 대사나 창을 하는 것] 2 (비) 두 사람이 호흡을 맞추어 하나는 밖에서 하나는 안에서 허장성세를 부리다. 둘이 서로 짜고서 연극을 하다. =【演双簧】yǎn shuānghuáng

【唱头】chàngtóu 명 (유성기·전축의) 픽업(pickup). [전축에서, 바늘의 진동을 전류의 진동으로 변환하는 장치]

【唱戏】chàng‖xì 동 1 (劇) 중국 전통극을 공연하다. 搭台⁓=무대를 설치하고 전통극을 공연하다. 2 (비) 정식적인 것에 앞서 식전 행사를 하다. ¶文化⁓是虚, 经济运作是实。=문화 행사는 식전 행사일 뿐이고 경제 활동이 실질적인 것이다.

【唱戏的】chàngxì·de 명(구)(옛) 중국 전통극이나 지방극 배우.

【唱针】chàngzhēn 명 (유성기·전축의) 픽업(pickup)에 장착된 바늘. 전축 바늘.

【唱主角】chàng zhǔjué 동(비) 주도적인 역할을 하다. 주역을 맡다. ¶这次会议由他⁓。=이번 회의는 그가 주역을 맡는다.

## chao

**抄** chāo 베낄 초
동 1 베끼다. 베껴 쓰다. ¶誊⁓文稿=초고를 베껴 적다. 2 표절하다. 3 수색하여 몰수하다. 수사하여 검거하다. ¶查⁓脏物=장물을 수색하여 몰수하다. 4 팔짱을 끼다. 두 손을 가슴 앞에서 소매 속에 넣어 끼다. ¶⁓手旁观=수수방관하다. 5 지름길로 가다. 질러가다. ¶⁓近路=지름길로 가다. 6 (구) 쥐다. 잡다. 낚아채다. 움켜쥐다. ¶⁓起一把镰刀就往地里赶。=낫 하나를 잡아 쥐고는 바로 밭으로 갔다. 명 1 베껴 적은 책. 초록(抄錄). ¶诗⁓=시초. 2 (Chāo) 성(姓).

○● 包抄, 传chuán抄, 兜dōu抄, 史抄, 小抄儿

【抄报】chāobào 동 공문을 초록(抄錄)·복사하여 상급 부서나 관련 부서에 보내다.

【抄本】chāoběn 명 초본(抄本). 초록(抄錄)한 책. 필사본. ¶《金瓶梅》⁓=《금병매》 초본.

【抄表】chāobiǎo 동 (요금 계산을 위해) 수도·전기 등의 계량기를 검침하다.

【抄查】chāochá 동 수색하여 몰수하다. ¶⁓毒品=마약류를 수색하여 몰수하다.

【抄道】chāo‖dào(⁓儿) 동 지름길로 가다. 질러가다. ¶⁓回家=지름길로 집에 가다.

【抄道】chāodào(⁓儿) 명 지름길. ¶走⁓要快得多。=지름길로 가면 훨씬 빠르다.

【抄发】chāofā 동 공문을 초록하여 관련 부서나 하급 기관으로 보내다. ¶⁓各科室=공문을 초록하여 각 과로 보내다.

【抄肥】chāoféi 동 부당한 돈을 긁어모으다. 부정한 방법으로 부수입을 올리다. ¶通过不正当竞争来⁓是不道德的。=부당한 경쟁으로 부수입을 올리는 것은 부도덕한 짓이다.

【抄封】chāofēng 동 수색하여 봉쇄하다. 봉인하여 차압〔압류〕하다. ¶⁓假酒制售点=가짜 술 제조 판매점을 수색하여 봉쇄하다.

【抄后路】chāohòulù 동 뒤로 돌아가서 습격하다. 배후에서 적을 습격하다.

【抄获】chāohuò 동 수사하여 차압하다. 수색하여 압수하다. ¶⁓走私物品=수색하여 밀수품을 압수하다.

【抄家】chāo‖jiā 동 가산을 몰수하다. 재산을 차압하다.

【抄家伙】chāojiā·huo (방) 1 무기를 들다〔쥐다〕. 2 공구를 들고 일을 시작하다. 3 식기 따위를 치우다.

【抄件】chāojiàn 명 (주로 상급 기관에서 관련 부처에 보내는) 문서의 사본.

【抄近儿】chāo‖jìnr 동 지름길로 가다. 질러가다. ¶⁓走小路=오솔길로 질러가다.

【抄录】chāolù 동 베껴 적다〔쓰다〕. 초록하다. ¶⁓名言警句=명언이나 격언을 베껴 적다. ≒抄写

【抄掠】chāolüè 동 (재물을) 약탈하다. 빼앗다.

【抄没】chāomò 동 수색하여 압수하다. (재산을) 몰수하다. 차압하다. ¶⁓受贿物品=뇌물을 수색하여 압수하다.

【抄拿】chāoná 동 (공공 재물·남의 재물을) 멋대로 몰래 쓰다. 사사로이 가져다 쓰다.

【抄身】chāo‖shēn 동 몸을 수색하다.

【抄收】chāoshōu 동 (전보 등을) 듣고 베껴 적다. 받아 적다.

【抄手】chāo‖shǒu 팔짱을 끼다. 두 손을 가슴 앞에서 소매 속에 넣어 끼다. ¶他⁓站在一旁。=그는 팔짱을 끼고 한쪽에 서 있다.

【抄手】chāoshǒu 명(방) (얇은 피로 소를 싼) 작은 만두. 혼돈자(餛飩仔).

【抄书】chāoshū 동 책을 베껴 쓰다.

【抄送】chāosòng 동 공문을 초록(抄錄)·복사

하여 동급 기관·비예속 기관에 송달하다. 사본을 보내다. ¶~相关部门=서류 사본을 유관 부서에 송달하다.

【抄袭】**chāoxí** 동 **1** 표절하다. 도작하다. **2** (남의 경험·방법 등을 그대로) 모방하다. 답습하다. **3**(軍) 적의 뒤쪽이나 측면으로 돌아가서 습격하다. ≒剽窃 剽取

【抄小路】**chāo xiǎolù** (又) **1** 지름길로 가다. 질러가다. **2**(比) 손쉬운 방법을 취하다.

【抄写】**chāoxiě** 동 필사하다. 베껴 적다〔쓰다〕. ¶~课文=본문을 베껴 쓰다. ≒抄录

【抄用】**chāoyòng** 동 답습하다. 그대로 쓰다. ¶~旧法=옛날 방법을 그대로 쓰다.

【抄造】**chāozào** 동 **1** 펄프로 종이를 만들다〔제조하다〕. **2** 모방하다. ¶~欧式家具=유럽식 가구를 모방하다.

【抄斩】**chāozhǎn** 동(옛) (중죄인의) 재산을 몰수하고 참수하다.

【抄占】**chāozhàn** 동 금품을 횡령하다.

【抄走】**chāozǒu** 동 **1**(재물을) 닥치는 대로 가져가다. **2**(재물을) 압수하여 가져가다. **3**(재물을) 강제로 빼앗아 가다. 강탈하다.

# 吵 **chāo** 떠들 초
☞ chǎo

【吵吵】**chāo·chao** 동(방) 많은 사람이 떠들어대다. 떠들썩거리다. 야단법석을 떨다. ¶都别瞎~, 让他一个人说。=모두들 떠들지 말고 그 사람 혼자서 말하게 해라.

# 怊 **chāo** 슬퍼할 초
동(文) 비분하다. 낙담하다. 실의하다. 슬퍼하다. 실망하다.

【怊怅】**chāochàng** 형(文) **1** 슬퍼하고 낙담하는 모습. **2** 서로를 바라보는 모양.

# 弨 **chāo** 시위 느슨할 초
명(文) 활. 형(文) 활이 느슨해진 모양.

# 钞[鈔] **chāo** 베낄 초
명 **1** 지폐. 종이돈. ¶百元大~=100위안짜리 지폐. **2**(옛) 초록(抄录). 초. ¶文~=문초(文鈔). 동 베껴 쓰다. 옮겨 쓰다.

○● 会钞, 冥**míng**钞, 外钞

【钞票】**chāopiào** ☞【纸币】**zhǐbì**

# 绰[綽] **chāo** 잡을 작
☞ chuò
동 **1** 움켜쥐다. 집(어 들)다. 손에 잡다. ¶~起一根扁担=멜대 하나를 잡아 쥐다. **2** '焯(chāo)'와 같음.

# 超 **chāo** 넘을 초
동 **1**(文) 뛰어넘다. 넘다. ¶挟泰山以~北海。=태산을 끼고서 북해를 뛰어넘다. **2** 초과하다. 능가하다. 낫다. ¶~越前人=전대(前代)의 사람들을 능가하다. **3** (규정된 한도를) 넘다. 벗어나다. 초과하다. 넘어서다. ¶~额完成=초과 완수하다. **4** (어떤) 범위를 넘어서다. 제한을 받지 않다. ¶~现实=현실을 벗어나다. /~自然=자연의 제한을 받지 않다. 형 탁월하다. 보통이 넘다. 뛰어나다. ¶~级名模=슈퍼 모델.

○● 出超, 赶**gǎn**超, 高超, 入**rù**超

【超拔】**chāobá** 형 탁월하다. 출중하다. 빼어나다. 걸출하다. ¶才思~=재주와 사고가 출중하다. 동 **1** 승진시키다. 발탁하다. ¶~起用=승진시켜 기용하다. **2** (나쁜 습관·환경으로부터) 벗어나다. 이탈하다.

【超薄】**chāobáo** 형 매우 얇은. 초박형의. 슬림형의. ¶~彩电=(PDP TV·LCD TV 등) 컬러 텔레비전.

【超编】**chāobiān** 형 편제 밖의. 정원 외의. ¶~人员=정원 외의 인원.

【超标】**chāobiāo** 동 기준을 초과하다.

【超采】**chāocǎi** 동 (광물 등을) 기준 이상으로 채굴하다.

【超产】**chāochǎn** 동 초과 생산하다. ¶粮食~=양식을 초과하여 생산하다.

【超长】**chāocháng** 동 규정된 길이를 초과하다. ¶车上装载的货物~了。=차에 실은 화물은 규정 길이를 초과하였다.

【超长波】**chāochángbō** 명(電) 초장파(超長波). V.L.F.〔파장 1만 미터 이상의 무선 전파〕.

【超常】**chāocháng** 형 탁월하다. 보통이 넘다. 뛰어나다. ¶~发挥=평상시보다 잘 하다.

【超常教育】**chāocháng jiàoyù** 명(教) 영재 교육.

【超超玄著】**chāochāo-xuánzhù** (성) 말이나 문장이 지극히 절묘(오묘)하다. 교묘히 행적을 나타내지 않다.

【超车】**chāo∥chē** 동 (앞차를) 추월하다. ¶严禁违章~=교통 규칙을 위반하여 추월하는 것을 엄격히 금지하다.

【超尘拔俗】**chāochén-bású** (성) 인품이 출중하다. 인품이 범상치 않다. =【超尘出俗】**chāochén chūsú**

【超尘出俗】**chāochén-chūsú** ☞【超尘拔俗】**chāochén-bású**

【超出】**chāochū** 동 (일정한 범위나 수량을) 초과하다. 넘다. 벗어나다. ¶~限度=한도를 초과하다.

【超储】**chāochǔ** 동 적정 저장량을 초과하다. ¶粮食已经~。=양식이 이미 적정 저장량을 초과하였다.

【超导】**chāodǎo** 명(物) 초전도(超傳導). ¶~现象=초전도 현상.

【超导材料】**chāodǎo cáiliào** 명(物) 초전도 재료.

【超导电性】**chāodǎodiànxìng** 명(物) 초전도성.

【超导体】**chāodǎotǐ** 명(物) 초전도체.

【超等】**chāoděng** 형 최상의. 최고급의. ¶~货

色＝최고급 물품.

【超低空】**chāodīkōng** 몡 초저공. ¶~飞行＝초저공 비행.

【超低温】**chāodīwēn** 몡 **1** 초저온. **2** 〔物〕(영하 263°C 이하의) 극저온(極低溫).

【超度】**chāodù** 동 (불교나 도교에서) 제도(濟度)하다. ¶~众生＝중생을 제도하다.

【超短波】**chāoduǎnbō** 몡〔電〕초단파. [파장이 1～10m인 무선 전파]

【超短裙】**chāoduǎnqún** 몡 미니스커트. ＝【迷你裙】**mínǐqún**

【超额】**chāo'é** 동 정량(定量)을 초과하다. 목표액 이상을 달성하다. ¶~完成任务＝임무를 초과 달성하다. 몡 초과액. ¶百分之十五的~＝15%의 초과액.

【超凡】**chāofán** 동 범속(凡俗)을 초월하다. ¶~成仙＝범속을 초월하여 신선이 되다. 형 평범하지 않다. 비범하다. ¶才能~＝재능이 평범하지 않다.

【超凡入圣】**chāofán-rùshèng** 성 **1** 범인의 경지를 넘어 성인의 경지에 들다. **2** 〔비〕(어떤 일에) 조예가 매우 깊다.

【超负荷】**chāofùhè** 동 **1** (기계 등에) 과부하가 걸리다. 초과 적재하다. ¶~装载＝과적(過積)하다. **2** (보통의 노동량을 초과하여 심신이) 견디지 못하다. 감당하지 못하다. 이기지 못하다. ¶~劳动＝견디지 못할 정도의 노동.

【超高建筑】**chāogāo jiànzhù** 몡〔建〕고도가 100m를 넘는 건축물.

【超高频】**chāogāopín** 몡〔電〕극초단파(極超短波). 초고주파(超高周波). U.H.F.

【(超)高速缓冲存储器】**(chāo)gāosù huǎnchōng cúnchǔqì** 몡〔컴〕캐시 메모리(cache memory).

【超过】**chāoguò** 동 **1** 초과하다. 넘다. ¶他的身高~一米八．＝그의 신장은 180센티미터가 넘는다. **2** 추월하다. 앞지르다. ¶他~所有的参赛选手，跑在了最前面．＝그는 경기에 참가한 모든 선수들을 앞질러 1등으로 달렸다.

【超豪华】**chāoháohuá** 형 초호화의. ¶~总统套房＝초호화 로얄 스위트 룸.

【超平】**chāohū** 동 (…을[를]) 초과하다. 뛰어넘다. ¶~寻常＝비범하다.

【超级】**chāojí** 형 (규모·수량·질량 등급) 초(超). 최상급의. 슈퍼(super). ¶~望远镜＝슈퍼 망원경.

【超级大国】**chāojí dàguó** 몡 (미국·중국·러시아 등의) 초강대국.

【超(级)连接】**chāo(jí) liánjiē** 몡〔컴〕하이퍼링크(hyperlink).

【超级模特】**chāojí mótè** 몡 슈퍼 모델. ¶~大赛＝슈퍼 모델 대회.

【超级球星】**chāojí qiúxīng** 몡 구기 운동 분야의 슈퍼 스타.

【超级市场】**chāojí shìchǎng** 몡 슈퍼마켓. ＝【自选商场】**zìxuǎn shāngchǎng** 약【超市】**chāoshì**

【超假】**chāojià** 동 휴가 기한을 초과하다.

【超阶越次】**chāojiē-yuècì** 성 (직위 등이) 몇 단계를 뛰어 승진하다. 초고속으로 승진하다.

【超今越古】**chāojīn-yuègǔ** 성 재능이 고금(古今)을 초월하다.

【超净】**chāojìng** 형 지극히 깨끗한. ¶~病房＝지극히 깨끗한 병실.

【超巨星】**chāojùxīng** 몡〔天〕초거성. 영 supergiant star

【超绝】**chāojué** 형 비범하다. 탁월하다. ¶才艺~＝기예가 비범하다.

【超亏】**chāokuī** 동 예상 손실을〔적자를〕초과하다.

【超量】**chāoliàng** 동 (규정된·통상적인) 수량을 초과하다.

【超龄】**chāolíng** 동 (규정된) 연령을 초과하다. 나이가 넘다. ¶~队员＝규정 연령을 초과한 대원. ~适龄

【超平彩电】**chāopíng cǎidiàn** 몡 일반 평면 컬러 텔레비전.

【超平显像管】**chāopíng xiǎnxiàngguǎn** 몡 일반 평면 브라운관.

【超期】**chāoqī** 동 규정 기한을 초과하다. ¶~借贷＝대출 기한을 초과하다.

【超迁】**chāoqiān** 동 문 (관료가) 파격적으로 승진·발탁되다.

【超前】**chāoqián** 동 전대의 사람을 능가하다〔뛰어넘다〕. ¶~绝后＝전대를 능가하고 뒤따를 자가 없다. 형 현재의 수준을 넘다. 현재 수준 이상의. ¶~享受＝현재 수준 이상으로 누리다.

【超前服务】**chāoqián fúwù** 몡 현재의 일반 수준 이상의 서비스.

【超前教育】**chāoqián jiàoyù** 몡〔教〕조기(早期) 교육.

【超前消费】**chāoqián xiāofèi** 동 과소비하다.

【超前意识】**chāoqián yì·shí** 몡 시대를 앞서가는 의식.

【超群】**chāoqún** 형 출중하다. 월등하다. 뛰어나다. ¶技艺~＝기예가 출중하다.

【超群绝伦】**chāoqún-juélún** 성 수준이나 기예가 출중하여 견줄 사람이 없다.

【超然】**chāorán** 형 **1** 우뚝하다. 두드러지다. 뛰어나다. ¶电视塔~耸立于城市的东方．＝텔레비전 송전탑이 도시의 동쪽에 우뚝 솟아 있다. **2** 초탈하다. 초연하다. ¶~不群＝초연하여 무리짓지 않다.

【超然物外】**chāorán-wùwài** 성 **1** 세속적인 것에 구애받지 않고 초연하다. **2** 〔비〕어떤 사실이나 일에 관여치 않다. 어느 편에도 가담하지 않다.

【超人】**chāorén** 형 (능력 등이) 일반인을 능가하다. ¶~的毅力＝보통 사람을 능가하는 의지력. 몡 **1** 세속을 초탈한 사람. **2** 〔오〕초인(超人). 슈퍼맨. **3** 〔哲〕(독일의 철학가인) 니체가 제기한 초인(주의).

【超人一等】**chāorén yī děng** 성 남들보다 한 단계 뛰어나다.

【超升】**chāoshēng** 동 **1** 〔오〕단계를 뛰어넘어 오르다. 파격적으로 승진〔승격〕하다. ¶破格~＝

파격적으로 승진하다. **2**〔佛〕 사람이 죽은 후에 영혼이 극락 세계로 들어가다. ¶得道~=득도하여 극락 왕생하다.

【超生】 **chāoshēng** 통 **1**〔佛〕 환생하다. ¶作恶之人永世不得~. =못된 짓을 한 사람은 영원히 다시 환생하지 못한다. **2**㉿ 관용을 베풀다. 죄를 씻다. ¶笔下~=글을 관대하게 쓰다. **3** 산아 제한 규정을 초과하여 낳다. ¶~户=산아 제한 규정을 초과하여 아이를 낳은 집.

【超生游击队】 **chāoshēng yóujīduì** 명㉿ 산아 제한을 피하여 다른 곳에 가서 아기를 낳는 사람들.

【超声波】 **chāoshēngbō** 명〔物〕 초음파(超音波). ¶~疗法=초음파 치료법.

【超声速】 **chāoshēngsù** 명〔物〕 음속(340m/1초)을 초과하는 속도. 마하 1을 넘는 속도. =【超音速】 **chāoyīnsù**

【超声浴】 **chāoshēngyù** ☞ 【超声波浴】 **chāoshēngbōyù**

【超声波浴】 **chāoshēngbōyù** 명 초음파(목)욕. =【超声浴】 **chāoshēngyù**【音波浴】 **yīnbōyù**

【超时】 **chāoshí** 통 규정 시간을 초과하다. ¶比赛~=경기가 규정 시간을 넘기다. 명 연장 시간. 초과 시간.

【超世】 **chāoshì** 통 (재능이나 안목 등이) 세인을 능가하다. ¶~脱俗=세인을 뛰어넘고 세속의 티를 벗다.

【超市】 **chāoshì** ☞ 【超级市场】 **chāojí shìchǎng**

【超世之才】 **chāoshìzhīcái** 〈성〉 세인을 능가하는 재능〔인재〕.

【超视距空战】 **chāoshìjù kōngzhàn** 명〔军〕 (레이더 등의 관측 장비를 이용하여 공대공 미사일을 발사하는 등의) 시계를 초월하여 벌이는 공중전.

【超收】 **chāoshōu** 통 **1** 수입이 예상액이나 규정 액수를 초과하다. **2** 거두어들인 금액이나 실물을 환산하여 마땅히 거두어야 하는 액수를 초과하다. 실제 수입이 마땅히 받아야 하는 액수를 초과하다.

【超水平】 **chāoshuǐpíng** 형 자신의 정상적인 수준을 초과하다. 수준 이상으로. ¶~发挥=자신의 수준 이상으로 발휘하다.

【超俗】 **chāosú** 통 세속을 벗어나다. ¶~绝世=세속을 벗어나다. 형 출중하다. 속되지 않다. 고상하다. ¶才情~=재주가 속되지 않다.

【超速】 **chāosù** 통 규정 속도를 위반하다. 과속하다. 제한 속도를 초과하다. ¶~行驶=과속으로 운전하다.

【超脱】 **chāotuō** 형 (규범·전통·형식 등에) 구애받지 않다. 얽매이지 않다. 자유롭다. 독창적이다. 자유분방하다. ¶他的书画自成一体, 十分~. =그의 글씨와 그림은 독자적인 풍격을 이루며 어떤 격식에도 얽매이지 않는다. 통 **1** 넘다. 떠나다. 벗어나다. 초월하다. ¶~尘世=속세의 티를 벗다. **2** 해탈하다. 초탈하다. 이탈하다. ¶~烦恼=번뇌로부터 벗어나다.

【超新星】 **chāoxīnxīng** 명〔天〕 초신성. ⓔ supernova

【超一流】 **chāoyīliú** 형 초일류의. ¶~电影演员=초일류 영화 배우.

【超轶绝尘】 **chāoyì-juéchén** 〈성〉 풍모·정취 등이 속되지 않고 비범하다.

【超逸】 **chāoyì** 형 (풍모나 정취가) 속되지 않다. 초탈하다. 고상하다. ¶风采~=풍채가 속되지 않다.

【超音速】 **chāoyīnsù** ☞ 【超声速】 **chāoshēngsù**

【超员】 **chāo‖yuán** 통 인원〔정원〕을 초과하다. ¶公司已经~. =회사는 이미 정원을 초과하였다.

【超越】 **chāoyuè** 통 넘다. 넘어서다. 능가하다. 초월하다. 추월하다. 뛰어넘다. ¶~极限=한계를 뛰어넘다.

【超载】 **chāozài** 통 과다 적재하다. 과적하다. 정원을 초과하다. ¶公交车严重~. =통근 버스는 심각하게 정원을 초과하고 있다.

【超支】 **chāozhī** 통 **1** 과다 지출하다. 지출이 초과하다. **2** 수령한 금액이나 실물을 환산해 보니 마땅히 받아야 하는 것을 초과하다. 실제 수령액이 마땅히 받아야 하는 액수를 초과하다.

【超值】 **chāozhí** 형 실제 가치가 규정된 가격을 초과한. ¶~服务=초과 서비스.

【超智】 **chāozhì** 형 지능이 비범하다. ¶~神童=지능이 비범한 신동.

【超重】 **chāo‖zhòng** 통 **1** 기준 적재량을 초과하다. 과적하다. **2** 규정된 중량을 초과하다. **3**〔物〕 초중. [물체가 지구의 중심축을 벗어나는 방향으로 가속 운동을 할 때 정지하고 있을 때의 원래 중량을 초과하는 것]

【超重量级】 **chāozhòngliàngjí** 명〔體〕 (체급을 구분하는 운동 경기에서의) 초중량급. 슈퍼헤비급. =【特重量级】 **tèzhòngliàngjí**

【超重氢】 **chāozhòngqīng** 명〔化〕 삼중수소 (三重水素). 트리튬(tritium).

【超卓】 **chāozhuó** 형㉿ 탁월하다. 월등하다.

【超擢】 **chāozhuó** 통㉿ 단계를 건너뛰어 발탁하다〔승진되다〕.

【超子】 **chāozǐ** 명〔物〕 중핵자(重核子). 하이퍼론(hyperon).

【超自然】 **chāozìrán** 형 초자연의. 신비한.

【超自然力】 **chāozìránlì** 명 초자연적인 힘. 신비한 힘.

【超自然体】 **chāozìréntǐ** 명 (신령·귀신·요괴·신선 등과 같은) 초자연적인 사물.

# 焯 chāo 태울 작

통 데치다. ¶~菠菜=시금치를 데치다.
☞ **zhuō**

# *剿〔勦〕 chāo 표절할 초

통㉿ 표절하다. 베끼다.
☞ **jiǎo**

【剿说】chāoshuō 동문 (남의 말을) 표절하다.
【剿袭】chāoxí 동문 (남의 말·작품을) 표절하다. ¶~他人著作=다른 사람의 저작을 표절하다. ≒剽窃 剽取

## 晁 Cháo 성씨 조
명 성(姓).

## **巢 cháo 새집 소
명 1 새집. 새의 둥지. ¶众鸟归~=뭇 새들이 둥지로 돌아가다. 2 벌이나 개미 따위의 집. ¶蜂~=벌집. / 蚁~=개미집. 3 상고 시대(上古時代)에 나무 위에 지었던 집. ¶~居穴处=나무 위나 동굴 속에서 거주하다. 4 비 비적의 소굴. ¶匪~=비적의 소굴. 5 (Cháo) 성(姓).

○ 蜂fēng巢, 精巢, 老巢, 卵luǎn巢, 倾qīng巢

【巢湖】Cháohú 명(地) 1 안후이(安徽)성에 있는 담수호. 2 안후이(安徽)성에 있는 도시 이름.
【巢居】cháojū 동 (상고 시대에) 나무 위에 집을 짓고 살다. 소거(巢居)하다. 명 (상고 시대에) 나무 위에 지은 집.
【巢窟】cháokū 명 1 (새나 짐승의) 집. 둥지. 둥우리. 우리. 굴. 2 비 (도적 등의) 소굴. 은신처. 잠복처. 아지트.
【巢穴】cháoxué 명 1 (새나 짐승의) 집. 2 비 (도적 등의) 소굴. 은신처. 잠복처. 거점. 아지트.

## **朝 cháo 알현할 조
동 1 …을[를] 마주하다. (…으)로 향하다. ¶脸~西=얼굴이 서쪽을 향하다. / 坐北~南=북쪽으로 자리 잡고 남쪽을 향하다. 2 알현하다. 배알하다. 참배하다. ¶登山~觐=산에 올라 참배하다. 께 …을[를] 향하여. …쪽으로. ¶~后转=뒤로 돌다. / 车~市中心开去. =차를 시내 중심 쪽으로 몰고 가다. 명 1 조정. ¶上~=입조(入朝)하다. 2 조대. ¶宋~=송조. / 改~换代=조대가 바뀌다. 3 왕조. ¶乾隆~=건륭 왕조. 4 (Cháo) (북한에 대한 호칭으로) 조선 민주주의 인민 공화국. 5 (Cháo) 조선족. [중국 소수 민족의 하나] 6 (Cháo) 성(姓). ↔野

☞ zhāo

○ 皇huáng朝, 胜shèng朝, 王朝

【朝拜】cháobài 동 1 참배(배례)하다. ¶~神佛=신불에게 참배하다. 2 (임금을) 배알하다. 알현하다. ¶~天子=천자를 알현하다. 3 배알하다. 찾아뵙다.
【朝臣】cháochén 명 조정의 관리.
【朝代】cháodài 명 1 왕조의 연대. 조대. 2 (어떤) 시기. 시대. 때. ¶现在是什么~了, 你还穿这么老套. =지금 때가 어느 때인데, 아직 이런 구닥다리 옷을 입고 다니니.
【朝顶】cháodǐng 동 1 (佛) 불교 신자가 산에 올라 참배하다. 2 산의 정상에 오르다.

【朝房】cháofáng 명 조방. [조정의 신하들이 조회 시간을 기다리며 쉬던 방]
【朝服】cháofú 명 조복. [관원이 조정에 나아가 하례할 때에 입던 예복]
【朝纲】cháogāng 명 조정의 기강. ¶重振~=조정의 기강을 다시 세우다.
【朝贡】cháogòng 동 조공하다.
【朝贺】cháohè 동 조하(朝賀)하다. 신하가 임금을 배알하고 축하를 드리다.
【朝会】cháohuì 명 조정 회의. 조회. [고대에 제후가 함께 모여 천자에게 문안드리고 정사를 아뢰던 일]
【朝见】cháojiàn 동 신하가 군주를 알현하다.
【朝觐】cháojìn 동 1 문 알현하다. 2 신도가 참배하다.
【朝帽】cháomào 명 신하가 조례 때 쓰는 예모.
【朝日】cháorì 명 1 군주가 태양에 제사 지내는 의식. 2 군주가 청정(聽政)하는 날.
【朝山】cháoshān 동 (佛) (신자가) 산사에 가서 참배하다.
【朝山进香】cháoshān jìnxiāng 동 (佛) (신자가) 명산대찰(名山大剎)을 찾아 향불을 피우고 참배하다.
【朝圣】cháoshèng 동 1 (신도가) 성지를 순례하다. 2 공자의 탄생지를 순례하다.
【朝天】cháotiān 동 1 위로 향하다. 하늘을 향하다. ¶仰面~=얼굴을 들어 하늘을 향하다. 2 (군주를) 알현하다. 배알하다.
【朝廷】cháotíng 명 1 조정. 2 군주를 중심으로 한 중앙 통치 기구. 3 군주(君主). 천자(天子). ↔草野
【朝鲜】Cháoxiǎn 명(地) 1 조선. [대한민국 성립 이전 고려 이후의 우리 나라 왕조 이름] 2 북한. 조선 민주주의 인민 공화국.
【朝鲜族】Cháoxiǎnzú 명 1 조선족. [중국 소수 민족의 하나로, 주로 지린(吉林)성·랴오닝(辽宁)성·헤이룽장(黑龙江)성에 분포함] 2 한민족.
【朝向】cháoxiàng 명 (건축물의 문이나 창문이) 마주하는 방향. ¶新购房屋的~很理想. =새로 구입한 집의 방향이 매우 이상적이다. 동 (…으)로 향하다.
【朝靴】cháoxuē 명 옛날, 신하가 조례 때 신던 목이 긴 신발.
【朝阳】cháoyáng 동 1 태양을 향하다. 2 남쪽을 향하다. 남향이다. ¶这房子~, 采光效果好. =이 집은 남향이라 채광이 잘 된다. 명 양지. 남향.
【朝阳花】cháoyánghuā ☞ 【向日葵】xiàngrìkuí
【朝野】cháoyě 명 1 옛 조야. 조정과 재야. ¶权倾~=막강한 권력이 전 조정과 재야에 미치다. 2 정부와 민간. ¶~一致支持这项改革方案. =정부와 민간이 모두 이 개혁 방안을 지지한다.
【朝谒】cháoyè 동 1 (군주를) 알현하다. ¶~圣上=임금을 알현하다. 2 웃어른을 찾아뵙다. ¶~尊长=어른을 찾아뵙다.
【朝政】cháozhèng 명 조정의 정치. 국정. ¶议

论～＝조정의 정치를 논하다.

【朝珠】**cháozhū** [명] (산호나 마노 등을 꿰어 만든 것으로) 청(清)대의 고관들이 차던 목걸이.

*嘲 **cháo** 비웃을 조

[동] 비웃다. 조롱하다. 조소하다. 놀리다. ¶冷～热讽＝냉소하고 비꼬아 풍자하다.

☞ **zhāo**

【嘲风咏月】**cháofēng-yǒngyuè** [성] 음풍농월(吟風弄月)하다.

【嘲讽】**cháofěng** [동] 비꼬다. 풍자하다. 비웃다. ≒奚落

【嘲弄】**cháonòng** [동] 조롱하다. 비웃다. 놀리다. 놀려먹다.

【嘲讪】**cháoshàn** [동] 비웃다. 조소하다. 조롱하다.

【嘲笑】**cháoxiào** [동] 비웃다. 놀리다. 빈정거리다. 비아냥거리다. 비방하다. 조롱하다. ¶他的衣着总是被人～。＝그의 옷차림은 늘 다른 사람에게 비웃음을 당한다. ≒讥笑 取笑

【嘲谑】**cháoxuè** [동] 비웃고 희롱하다.

**潮 **cháo** 조수 조

[명] **1** 밀물과 썰물이 일어나는 현상. **2** 밀물과 썰물. 조수. 미세기. ¶涨～＝밀물. **3** [비] 추세. 시류. 형세. 조류. 흐름. ¶思～＝사조. / 心～澎湃＝마음이 설레다. 마음이 극도로 흥분되다. **4** (**Cháo**) [약] 광둥(广东)성 차오저우(潮州)시. [형] **1** 습하다. 눅눅하다. 축축하다. ¶把晒干的衣服收回来, 别受～了。＝말린 옷을 걷어라, 습기가 차지 않게. **2** [방] 기술이 좋지 않다. 기술이 떨어지다. ¶他的手艺太～。＝그의 솜씨는 너무 떨어진다. **3** [방] 순도가 낮다. ¶～金＝순도가 낮은 금. ↔干

○● 暗àn潮, 低dī潮, 返fǎn潮, 防潮, 风潮, 海潮, 寒潮, 红潮, 回潮, 来潮, 怒nù潮, 热潮, 退潮

【潮差】**cháochā** [명]《海》 조차. 간만차. [밀물과 썰물 간의 수위의 차이]

【潮潮】**cháocháo**(～的) [형] 촉촉하다. ¶她眼睛～的, 想哭。＝그녀는 눈이 촉촉한 것이 울 것 같다.

【潮动】**cháodòng** [동] 조수처럼 용솟음치다.

【潮锋】**cháofēng** [명] (밀물 때) 파도의 꼭대기. 파도더미.

【潮干】**cháogān** [형] 눅눅하다. ¶被单刚有点儿～, 还要再晾一晾。＝침대 시트가 약간 눅눅하니 다시 말려야 한다.

【潮红】**cháohóng** [형] 홍조를 띠다. ¶面色～＝얼굴에 홍조를 띠다.

【潮乎乎】**cháohūhū** ☞【潮呼呼】**cháohūhū**

【潮呼呼】[潮乎乎] **cháohūhū**(～的) [형] 축축하다. 축축하다. 눅눅하다. ¶衣服没晾干, ～的。＝옷이 마르지 않아 축축하다.

【潮解】**cháojiě** [동]《物》 흡습 용해(吸濕溶解)되다. 조해(潮解)되다.

【潮剧】**cháojù** [명]《劇》 조극. [광둥(广东)성 차오저우(潮州)시·산터우(汕头) 등지에서 유행하는 지방 전통극의 일종]

【潮冷】**cháolěng** [형] 습랭(濕冷)하다. 축축하고 싸늘하다. ¶天气～＝날씨가 습랭하다.

【潮流】**cháoliú** [명] **1**《海》 조류. **2** [비] (사회적) 추세. 조류. 풍조. 경향. ¶历史～＝역사적 조류.

【潮落】**cháoluò** [동] 간조(干潮)가 되다. ¶潮起～＝만조가 되고 간조가 되다.

【潮脑】**cháonǎo** ☞【樟脑】**zhāngnǎo**

【潮气】**cháoqì** [명] (공기 중의) 습기. ¶地下室的～太大。＝지하실의 습기가 너무 많다.

【潮润】**cháorùn** [형] **1** (토양이나 공기 따위가) 습하다. 축축하다. 눅눅하다. ¶～的海风＝눅눅한 바닷바람. **2** (눈에) 눈물을 머금다. ¶她感动得双眼～。＝그녀는 감동해서 두 눈에 눈물을 머금었다.

【潮湿】**cháoshī** [형] 습하다. 축축하다. 눅눅하다. ¶雨后的路面很～。＝비가 내린 후 노면이 매우 축축하다.

【潮水】**cháoshuǐ** [명] 밀물과 썰물. 조수. 미세기. 조석.

【潮头】**cháotóu** [명] **1** 밀물 때의 파도. **2** [비] 추세. 경향. 추이.

【潮位】**cháowèi** [명] 조위(潮位). 밀물과 썰물의 수위.

【潮汐】**cháoxī** [명] **1** 밀물과 썰물이 일어나는 현상. **2** 밀물과 썰물. 조수. 미세기.

【潮汐能】**cháoxīnéng** [명] 밀물·썰물시 발생하는 위치 에너지. [이것을 이용하여 발전(發電)할 수 있음]

【潮信】**cháoxìn** [명] **1** 밀물과 썰물. 조수. 미세기. 조수가 드나드는 시간. **2** [문] 월경.

【潮绣】**cháoxiù** [명]《紡》 광둥(广东)성 차오저우(潮州)에서 나는 자수.

【潮汛】**cháoxùn** [명] 한사리. 대조(大潮).

【潮涌】**cháoyǒng** [동][비] 밀물처럼 몰려오다. ¶人们～而入。＝사람들이 밀물처럼 몰려오다.

【潮涨潮落】**cháozhǎng-cháoluò** [성][비] 사물 발전의 기복과 변화.

**吵 **chǎo** 떠들 초

[형] 시끄럽다. 떠들썩하다. ¶广场上一片～嚷。＝광장이 온통 시끌벅적하다. [동] 말다툼하다. 입씨름하다. ¶有话好好说, 不要～。＝할 말이 있으면 말로 잘 풀고, 말다툼하지 마라.

☞ **chāo**

【吵吵闹闹】**chǎo·chao nàonào** [형](～的) (소리가) 시끌벅적하다. 왁자지껄하다. [동] 시끄럽게 싸우다. 큰 소리로 말다툼하다. 왁자지껄 떠들어 대다.

【吵吵嚷嚷】**chǎo·chao rāngrāng** [형](～的) (소리가) 요란스럽다. 시끌벅적하다. ¶大会还没开始, 整个会场～的。＝대회가 아직 시작되지 않았는데 전체 대회장이 시끌벅적하다. [동] 와글와글 떠들다. 왁자지껄 언쟁을 멈추지 않다. ¶请安静, 别～了。＝왁자지껄 다투지 말고 조용히

【吵翻】chǎofān 통 말다툼하여 서로 사이가 틀어지다. 언쟁으로 관계가 소원해지다.

【吵架】chǎo∥jià 통 말다툼하다. 다투다. ¶夫妻俩又~了。=부부는 또 다투었다. ↔和好

【吵骂】chǎomà 통 욕설을 퍼부으며 말다툼하다. 큰 소리로 싸우며 험한 말로 남을 능멸하다.

【吵闹】chǎonào 통 1 큰 소리로 다투다. 큰 소리로 말다툼하다. 시끄럽게 언쟁하다. ¶~不休=큰 소리로 계속 다투다. 2 소란을 피우다. 야단법석을 떨다. ¶夜深了, 不要~, 以免影响别人休息。=밤이 깊었으니 다른 사람들이 쉬는 데 방해되지 않게 소란피우지 마라. 혭 시끄럽다. 떠들썩하다. 시끌시끌하다. 소란하다. ¶人声~=사람 소리가 떠들썩하다. ↔安静

【吵嚷】chǎorǎng 통 큰 소리로 떠들다. 시끄럽게 다투다. 떠들어 대다. 소란 피우다. ¶他一直~个不停。=그는 계속해서 큰 소리로 떠들어 댄다. ↔安静

【吵扰】chǎorǎo 통 1 시끄럽게 소란을 피우다. ¶孩子们~得厉害。=애들이 아주 시끄럽게 떠들어 댄다. 2 혭 방해하다. 지장을 주다. ¶~你半天, 实在过意不去。=너무 오랜 시간 방해해서 정말 미안합니다. 3 혭 언쟁을 벌이다. 다투다. 말다툼하다.

【吵人】chǎo∥rén 혱 떠들어서 성가시다. 시끄럽다. 시끄럽게 굴다. ¶电视开那么大声, ~得很。=텔레비전 소리를 그렇게 크게 켜니 정말 시끄럽다.

【吵散】chǎosàn 통 말다툼으로 헤어지다. (일이나 회합이) 격렬한 언쟁으로 엉망이 되다. ¶好端端的家终于给~了。=멀쩡하던 가정이 끝내 말다툼으로 갈라서게 되었다.

【吵醒】chǎoxǐng 통 시끄러워 (잠을) 깨(우)다. ¶被~了, 就再也睡不着了。=시끄러워 깬 다음 다시는 잠들지 못했다.

【吵嘴】chǎo∥zuǐ 통 말다툼을 하다. 언쟁하다. 입씨름을 하다. ¶两个小伙伴儿又~。=젊은 두 동료는 또 말다툼을 한다. ↔和好

## \*\*炒 chǎo 볶을 초

통 1 (기름 따위로) 볶다. ¶素~豆芽=콩나물볶음. / ~青椒肉丝=피망 고기채볶음. 2 투기(를 목적으로 매매)하다. ¶~股票=증권 투기를 하다. / ~房地产=부동산 투기를 하다. 3 (대대적으로) 부풀려 선전·광고하다. ¶~新闻=뉴스를 대대적으로 부풀려 보도하다. / ~明星=(주로 매체를 통하여) 연예계 스타를 포장하여 만들다. 4 혭 해고하다.

【炒饼】chǎobǐng 명 잘게 썬 밀전병에 고기와 채소 등을 넣고 기름에 볶은 것.

【炒菜】chǎocài 통 음식을 요리하다. 반찬을 만들다. ¶~做饭=음식을 요리하고 밥을 짓다. 명 볶음 요리. ¶本店一蒸菜都卖。=본점에서 볶음 요리와 찜 요리를 모두 판다.

【炒蛋】chǎodàn 명 1 달걀 볶음. 스크램블드 에그(scrambled eggs). 2 망할 자식. 명 달걀볶음을 만들다. 달걀을 볶다.

【炒地皮】chǎo dìpí 통 부동산 투기를 하다.

【炒短线】chǎo duǎnxiàn ☞【短多】duǎn duō

【炒饭】chǎofàn 명 볶음밥. 통 (chǎo∥fàn) 밥을 기름에 볶다.

【炒更】chǎogēng 통혭 업무 외의 시간을 이용하여 다른 돈벌이를 하다. 초과 근무를 하다.

【炒股】chǎo∥gǔ 통 주식 투자(투기)를 하다. =【炒股票】chǎogǔpiào

【炒股票】chǎogǔpiào ☞【炒股】chǎo∥gǔ

【炒锅】chǎoguō 명 1 (우묵하게 생긴 볶음용) 중국식 프라이팬. 2 (땅콩·밤 등을 볶는) 대형 볶음솥.

【炒黑市】chǎo hēishì 혭 밀수나 불법 외환 투기 등을 하다. 암거래로 돈을 벌다.

【炒汇】chǎohuì 통 외환 투기를 하다.

【炒货】chǎohuò 명 (호박씨·땅콩 등을) 볶은 식품의 총칭.

【炒家】chǎojiā 명 1 투기꾼. 2 ☞【炒手】chǎoshǒu

【炒冷饭】chǎo lěngfàn 혭 (이미 한 말이나 했던 일을) 재탕하다. ¶他这篇文章是在~, 没什么新意。=그의 이 글은 과거의 것을 재탕하는 것으로 별다른 새로운 내용이 없다.

【炒买炒卖】chǎomǎi chǎomài 성 전매 차액을 통해 이득을 꾀하다. 투기성 매매.

【炒卖】chǎomài 통 (투기 목적으로) 전매하다. ¶~外汇=(투기 목적으로) 외화를 전매(轉賣)하다. 암거래하다. ≒倒卖

【炒米】chǎomǐ 명 1 (생쌀을) 볶은 쌀. (밥을 말렸다) 볶은 쌀. 2 (몽고 사람들의 일상 식품으로) 유유와 식용유 또는 식용유로 기장을 볶은 것.

【炒面】chǎomiàn 명 1 볶음면. 2 밀가루볶음.

【炒青】chǎoqīng 명 1 녹차 제조 공정의 하나. [녹차를 제조할 때 따온 찻잎을 살청(殺青)하고 손으로 비빈 후 가마에 볶음] 2 살청(殺青)하고 볶아 만든 녹차.

【炒热】chǎorè 통 1 (전매·투기로) 가격을 상승시키다. 시장을 달구다. ¶把楼盘~=부동산 시장을 달구다. 2 (선전을 통해 어떤 일에) 사람의 주목을 끌게 하다. 센세이션을 일으키다. 떠들썩하게 하다. ¶那事纯粹是被媒体~的。=그 일은 순전히 언론 매체에 의해 떠들썩하게 된 것이다.

【炒勺】chǎosháo 명 1 프라이팬. 2 볶음용 주걱.

【炒手】chǎoshǒu 명 (투기에 정통한) 투기꾼. =【炒家】chǎojiā

【炒星】chǎoxīng 명 (언론 매체를 통하여) 선전하고 포장하여 만든 스타.

【炒邮】chǎoyóu 통 시세 차액을 노려 우표를 전매하다. 우표 투기를 하다.

【炒鱿鱼】chǎo yóuyú 혭 1 오징어를 볶다. 2 혭 해고하다. 파면하다. ¶他最近被老板~了。=그는 최근에 사장에게 해고당했다.

【炒作】chǎozuò 통 1 (사람·사물의 가치를 높

이러고 언론 매체를 통해) 대대적으로 띄우다. 선전하다. 기사화하다. 뜨겁게 다루다. ¶~歌坛新秀=가요계의 신예를 대대적으로 띄우다. **2** 교역 시장에서 작전 세력이 가격을 조작하다. ¶违规~股票=작전 세력이 규정을 위반하며 주가를 조작하다.

## 麨[麨] chǎo 보릿가루 초
[명][문] 볶은 쌀가루〔밀가루〕.

## 耖 chào 써레질할 초
[명][동] 써레(질하다). ¶~田=밭을 써레질하다.

## che

## **车[車] chē 수레 차
[명] **1** (机) 자동차. 마차. 자전거. 수레. [바퀴가 달린 육상 운송 수단의 총칭] ¶公交~=통근 버스. / 列~=열차. 기차. **2** (机) 기계. 기기. ¶开~=기계를 시동하다. **3** 바퀴가 달린 기구. ¶水~=수차. 물레. **4** (Chē) 성(姓). [동] **1** 선반으로 깎다. ¶~螺丝=선반으로 나사를 깎다. **2** 수차로 물을 퍼올리다. ¶~水浇地=수차로 물을 퍼올려 땅에 뿌리다. **3** 차로 (물건을) 운반하다. ¶~垃圾=쓰레기를 차로 운반하다. **4** [동] (재봉틀로) 옷을 봉제하다. ¶~衣=옷을 봉제하다. **5** (주로 몸을) 돌리다. ¶~身就跑=몸을 돌려 바로 도망치다.
☞ jū

○ 车 chē
  轱 gū
  毂 gū
  库 kù
  裤 kù

○ 班车. 殡bìn车. 餐cān车. 叉chā车. 敞chǎng车. 超车. 出车. 错车. 大车. 挡dǎng车. 倒车. 电车. 斗dǒu车. 翻车. 风车. 赶车. 挂车. 罐guàn车. 候车. 花车. 机车. 绞jiǎo车. 轿jiào车. 卡kǎ车. 客车. 快车. 缆lǎn车. 列车. 灵líng车. 耧lóu车. 马车. 慢车. 末车. 跑车. 棚péng车. 篷péng车. 寝qǐn车. 囚qiú车. 驱qū车. 赛sài车. 刹shā车. 扇shàn车. 手车. 守shǒu车. 首车. 甩shuǎi车. 套tào车. 天车. 停车. 通车. 拖tuō车. 晚车. 卧wò车. 小车. 卸xiè车. 洋车. 夜车. 晕yùn车. 战车. 舟zhōu车. 专zhuān车. 转zhuǎn车. 撞zhuàng车.

【车把】chēbǎ [명] (자전거·수레 등의) 끝채. 손잡이. 핸들. 채.
【车把式】chēbǎ·shi ☞ 【车把势】chēbǎ·shi
【车把势】[车把式] chēbǎ·shi [명] 마부(馬夫).
【车帮】chēbāng [명] (트럭·가축이 끄는 수레 등의) 양 옆. 측면.
【车本】chēběn (~儿) [명] 〈자동차·오토바이 등의〉 '驾驶证(운전 면허증)'의 통칭.
【车厂】chēchǎng [명] **1** 인력거·삼륜차 대여점. =【车厂子】chēchǎng·zi **2** 인력거·삼륜

【车厂子】chēchǎng·zi ☞ 【车厂】chēchǎng
【车场】chēchǎng [명] **1** 차량 정비소. 차고. **2** (열차의 편성·구분·운행 준비 등을 위한) 역내 예비 선로. **3** 도로 운수·도시 공공 교통 기업의 관리 기구. 운송 업체의 관리처.
【车潮】chēcháo [명] 물밀 듯 밀려오는 차량. 조류와 같이 끊이지 않고 밀려오는 차량 행렬.
【车程】chēchéng [명] (주로 자동차의) 주행 거리. ¶两小时~=두 시간의 주행 거리.
【车床】chēchuáng [명] (机) 선반. = 【旋床】xuànchuáng
【车次】chēcì [명] **1** 열차 번호. **2** (열차나 장거리 버스의) 운행 순서. 운행 시간.
【车带】chēdài [명][구] 자전거 타이어.
【车刀】chēdāo [명] (선반용의) 바이트(bite).
【车到山前必有路】chē dào shānqián bì yǒu lù [숙][구] 일정한 단계까지 노력하면 결국은 해결책이 있게 마련이다.
【车道】chēdào [명] **1** (인도와 구별하여) 차로. 차도. 찻길. **2** (보통 3.5m 너비로 선을 그어 놓은) 차로. **3** 자동차 경주 트랙.
【车道沟】chēdàogōu [명][구] 흙길에 난 바퀴 자국(고랑).
【车道线】chēdàoxiàn [명] 차선.
【车灯】chēdēng [명] **1** 자동차의 전조등(헤드라이트). 또는 방향등. **2** (艺) 중국 서남부 각 성에서 유행하는 민간 곡명.
【车底架】chēdǐjià ☞ 【车底盘】chēdǐpán
【车底盘】chēdǐpán [명] (机) 차대(车台). 섀시(chassis). [차의 바퀴에 연결되어 차체(车體)를 받치는 부분] = 【车底架】chēdǐjià
【车动铃铛响】chē dòng língdāng xiǎng [숙][구] 일만 시작하면 야단법석을 떨며 선전한다.
【车队】chēduì [명] **1** 운송부. 택시부. **2** 차량 행렬. **3** 자동차 경주 팀.
【车饭钱】chēfàn·qian [명][구] (연회나 행사 때) 운전사에게 주는 돈.
【车房】chēfáng [명] 차고.
【车匪】chēfěi [명] 버스 강도. 기차 강도.
【车匪路霸】chēfěi lùbà [명] 철로·도로·기차·버스 등에서 물건을 강탈하는 강도.
【车费】chēfèi [명] 차비. 승차 요금.
【车份儿】chēfènr [명][구] **1** (차주에게 지불하는) 영업용 차량을 세내어 쓴 삯. 차량 임대료. **2** (매월 택시 회사에 내는) 사납금.
【车夫】chēfū [명][구] 마부. 인력거꾼. 운전사.
【车辐】chēfú [명] 수레나 자전거의 바퀴살.
【车盖】chēgài [명] 마차의 차양[포장].
【车工】chēgōng [명] **1** 선반 작업. **2** 선반 기능공. 선반공.
【车公里】chēgōnglǐ [명] 연차수(延车数) 운행 계산 단위로, 1대의 차량이 1킬로미터를 주행하는 것을 '一车公里(1연차수)'라 함]
【车钩】chēgōu [명] (기관차와 객실, 객실과 객실을 연결하는) 철도 차량의 차체 연결기(연결 장치·커플링).

【车轱辘】chēgū·lu [명][구] 수레바퀴. 차바퀴.
【车轱辘话】chēgū·luhuà [명][구] 잔소리. 되풀이하는 말.
【车轨】chēguǐ [명] 1 궤도. 선로. 레일(rail). 2 수레바퀴 자국.
【车行】chēháng [명] 자동차 판매〔대리〕점. 렌트카 회사. 카센터.
【车号】chēhào [명] 자동차 번호.
【车祸】chēhuò [명] (자동)차 사고. 교통 사고.
【车技】chējì [명] 1 (서커스의 일종으로) 자전거 묘기〔곡예〕. 2 자동차나 자전거의 운전 기술.
【车驾】chējià [명] 1 제왕〔천자〕의 수레. 어가(御駕). 2 제왕. 천자. 임금.
【车架】chējià [명] 1 (자동차) 프레임(frame). 차대(車臺). 차틀. 차체. =【大梁】dàliáng 2 (자전거) 프레임. 차대(車臺). 차틀. 짐받이.
【车间】chējiān [명] 작업장. 작업 현장. 직장.
【车检】chējiǎn [명] 차량 검사. ¶～费＝차량 검사비.
【车捐】chējuān [명][옛] 차량세. 자동차세.
【车库】chēkù [명] 차고.
【车款】chēkuǎn [명] 1 차의 스타일. 2 (오토바이·자동차 등의) 차량 구매 비용〔경비〕.
【车筐】chēkuāng [명] (자전거·삼륜차·오토바이의) 짐바구니〔광주리〕.
【车况】chēkuàng [명] 차량의 상태.
【车老板】chēlǎobǎn [명][낮] 짐마차꾼. 차부(車夫). 수레몰이꾼.
【车链】chēliàn [명] 자전거 체인. 차의 체인.
【车辆】chēliàng [명] 차량.
【车裂】chēliè [명] 거열(車裂). [사람의 머리·팔·다리를 각각 다른 수레에 묶고, 그 수레를 반대 방향으로 끌어서 찢어 죽이는 고대의 잔혹한 형벌]
【车铃】chēlíng(～儿) [명] 자전거·삼륜차·마차 등의 방울〔벨〕.
【车流】chēliú [명] (도로에 늘어선) 차량 행렬.
【车流量】chēliúliàng [명] (일정 시간 내에 일정 구간을 운행하는) 차량 수. 자동차 유동량.
【车笼自备】chēlóng-zìbèi [성][비] 1 배우가 자비로 연출하다. 2 어떤 일을 자비로 하다. 무보수로 일하다.
【车路】chēlù [명] 차도. 차로. 찻길.
【车轮(子)】chēlún(·zi) [명] 수레바퀴. 차바퀴. 차륜.
【车轮战】chēlúnzhàn [명] 여러 사람이나 여러 무리가 번갈아 한 사람이나 한 무리를 공격하여 상대를 지치게 하는 싸움. 파상 공격.
【车马】chēmǎ [명] (사람이 탄) 수레와 말. 거마. ¶～盈门＝빈객이 문전성시를 이루다.
【车马店】chēmǎdiàn [명][옛] 마부들이 묵던 객잔. =【大车店】dàchēdiàn
【车马费】chēmǎfèi [명] 1 (공무 출장의) 교통비. 거마비. 2 교통비 명목의 수당. 교통비.
【车马辐辏】chēmǎ-fúcòu [성] (수레의 바퀴살이 가운데로 모이듯) 사람들이 사면팔방에서 한 곳으로 모여들다.
【车马坑】chēmǎkēng [명]《歷》 부장품으로 말·병거·유물 등을 묻은 구덩이.
【车门】chēmén [명] 1 차문. 2 (대문 옆의) 마차나 가마 전용 문.
【车牌】chēpái [명] 1 (차량 운행을 허가한) 차량 번호판. 2 차량의 상표.
【车棚】chēpéng [명] (지붕이 있는) 자전거 보관소. 간이 차고.
【车篷】chēpéng [명] 자동차 덮개.
【车皮】chēpí [명] (기관차를 제외한) 화물칸〔화차〕. 객차.
【车票】chēpiào [명] 차표. 승차권.
【车前】chēqián [명]《植》 질경이. 차전초(車前草). =【牛舌草】niúshécǎo
【车前马后】chēqián-mǎhòu [성][비] 다른 사람의 앞뒤를 따라다니며 견마지로를 아끼지 않다.
【车前子】chēqián·zi [명]《植》 질경이씨. 차전초씨. [이뇨제로 쓰임]
【车钱】chēqián [명] 차비. 찻삯. 승차 요금.
【车圈】chēquān ☞【瓦圈】wǎquān
【车容】chēróng [명] 1 차량의 외관〔외양·모양〕. 2 (차량 등의) 승차 정원. 적재 중량.
【车身】chē∥shēn [동][방] 몸을 돌리다. 돌아서다. ¶一看情况不妙, 他～就走。＝상황이 심상찮은 것을 보고 그는 바로 돌아서서 가 버렸다.
【车身】chēshēn [명] 1 (차량의) 차실. 화물실. 2 차체.
【车市】chēshì [명] 자동차·오토바이·자전거 등을 사고 파는 시장.
【车手】chēshǒu [명] 자동차 경주 선수. 카레이서.
【车水】chēshuǐ [동] 수차(水車)로 물을 퍼올리다. ¶～灌溉农田＝수차로 물을 퍼올려 농지에 물을 대다.
【车水马龙】chēshuǐ-mǎlóng [성] 1 왕래하는 수레는 흐르는 물과 같고, 오가는 말은 꿈틀거리는 용과 같다. 2 거마 또는 차량의 왕래가 끊이지 않다. ≒门庭若市
【车速】chēsù [명] 1 자동차의 속도. 차의 속력. 2 선반의 회전 속도.
【车胎】chētāi ☞【轮胎】lúntāi
【车坛】chētán [명] 자동차 경주계.
【车体】chētǐ [명] (차량의) 차실. 화물실.
【车条】chētiáo [명] 바퀴살.
【车贴】chētiē [명] 교통비 보조금. 통근 수당. [회사에서 출퇴근 승차 비용으로 지급하는 수당]
【车头】chētóu [명] 1 차의 앞부분. 2 기차의 기관차.
【车位】chēwèi [명] 주·정차 자리〔위치〕.
【车险】chēxiǎn [명] 자동차 보험 업종.
【车厢】[车箱] chēxiāng [명] (열차·자동차 등의 사람·물건을 싣는) 객실. 화물칸. 차실. 트렁크.
【车箱】chēxiāng ☞【车厢】chēxiāng
【车削】chēxiāo [동] 선반으로 (쇠를) 깎다〔가공하다〕.
【车行道】chēxíngdào [명] 차로. 차도. 찻길.
【车型】chēxíng [명] 차량 모델〔스타일〕. 자동차 모델명.
【车萤孙雪】chēyíng-sūnxuě [성][비] 1 형설지

공(螢雪之功)으로 공부에 매진하다. **2** 각고의 노력을 기울여 공부하다.

【车辕】**chēyuán** 명 (주로 나무로 만들어진) 수레의 채. 끌채.

【车运】**chēyùn** 동 (화물 등을) 자동차로 운반하다. 명 육상 수송.

【车载斗量】**chēzài dǒuliáng** 성어 매우 많아 진기하지 않다.

【车闸】**chēzhá** 명 (차량의) 브레이크. 제동기. 제동 장치.

【车站】**chēzhàn** 명 정류장〔정류소〕. 정거장. 터미널. 역. ¶离~很近=(말하고자 하는 장소가) 역에서 무척 가깝다.

【车长】**chēzhǎng** 명 열차의 차장.

【车照】**chēzhào** 명 **1** (자동차) 운전 면허증. **2** (검사에 합격한 차량의) 차량 운행증.

【车辙】**chēzhé** 명 **1** (수레나 자동차의) 바큇자국. **2** 통 차도.

【车种】**chēzhǒng** 명 (기차·자동차 등 서로 다른) 차종. 차량의 종류.

【车轴】**chēzhóu** 명 차축. 굴대.

【车主】**chēzhǔ** 명 **1** 차량의 주인. 차주. **2** 차량 대여자. **3** 경 (인력거·삼륜차의) 대여점 경영자. 제조장 경영자.

【车资】**chēzī** 명 차비. 승차비. 찻삯.

【车子】**chē·zi** 명 **1** (주로 소형) 차. 승용차. **2** 자전거.

【车组】**chēzǔ** 명 (열차·버스·전차 등의) 승무원조.

【车座】**chēzuò** 명 **1** 자동차의 좌석. **2** 자전거의 안장.

## 哗[唓] chē 동쪽 귀신 차

【唓嗻】**chēzhē** 형 (주로 조기 백화문에 쓰여) 대단하다. 심하다. 명 묘당(廟堂)의 문을 지키는 귀신.

## 砗[硨] chē 옥돌 차

【砗磲】**chēqú** 명 **1** (動) 거거(硨磲·車渠). [거거과의 조개로, 껍질이 크고 두터우며 삼각형으로 길이는 1미터에 달함. 살은 식용하며 껍질은 장식품으로 쓰임] **2** 거거(硨磲·車渠). [옥(玉) 다음가는 보석같이 아름다운 돌]

## 尺 chě 악보 기호 척

명(音) 중국 전통 음악의 음계의 하나. [약보(略譜)의 '2'에 해당함]
☞ **chǐ**

## **扯[撦]** chě 찢을 차

동 **1** 찢다. 뜯다. 찢어 내다. 뜯어 내다. ¶~下招贴画=포스터를 뜯어 내다. **2** 끌다. 당기다. 끌어당기다. 잡아당기다. ¶拉~=잡아당기다. / 彼此~着手走= 서로 손을 잡아 끌며 산보하다. **3** 잡담하다. 한담하다. 쓸데없는 소리를 하다. ¶东拉西~=이것저것 잡담하다. **4** 양 (천을) 사다. 뜨다. 끊다. ¶~三尺布=세 자의 옷감을 사다〔끊다〕. ↔推

唠lào扯, 攀pān扯, 牵qiān扯, 瞎xiā扯.

【扯白】**chě‖bái** 동의 거짓말하다. ≒说谎

【扯布】**chě‖bù** 동의 천을 사다〔뜨다·끊다〕.

【扯扯拉拉】**chě·che lālā**(~的) 형 꾸물거리다. 어물어물하다. ¶大街上, 别~的. =큰길에서 꾸물거리지 마라.

【扯淡】**chě‖dàn** 동의 **1** 한담하다. 잡담하다. 주제와 무관한 말을 하다. 본제에서 벗어난 말을 하다. **2** 쓸데없는 소리를 하다. 허튼소리를 하다. 멋대로 지껄이다.

【扯后腿】**chě hòutuǐ** 술목 훼방하다. 방해하다. 뒤통수를 치다. ¶他这是在为大家谋福利, 你可别~. =그는 지금 모두를 위하여 복리를 꾀하고 있으니, 너는 방해하지 마라.

【扯谎】**chě‖huǎng** 동 거짓말하다. ≒扯空 撒谎 说谎

【扯家常】**chě jiācháng** 동 한담하다. 일상사를 이야기하다.

【扯开嗓子】**chěkāi sǎng·zi** 동구 목청을 높이다. 목청껏 소리지르다. 목청을 돋구다.

【扯眉毛盖眼睛】**chě méimáo gài yǎnjīng** 숙어 **1** 눈을 잡아당겨 눈을 가리다. **2** 비 가리고 싶어도 가리지 못하다. 감추고 싶어도 감추지 못하다.

【扯皮】**chě‖pí** 동 **1** 말다툼하다. 밑도끝도없이 쟁론하다. 옥신각신하다. 입씨름하다. ¶他们俩老是~, 矛盾大着呢. =그 둘은 항상 다투어서 갈등이 아주 심하다니까. **2** 서로 미루며 책임지지 않다. ¶别~, 推来推去总不是解决问题的办法. =서로 미루면서 책임을 회피하려고 하지 마라, 실랑이를 하는 것은 결국 문제를 해결하는 방법이 아니다. **3** 쓸데없는 소리를 하다. 시끄럽게 굴다. 성가시게 굴다.

【扯平】**chěpíng** 동 **1** (쌍방의 이해득실 등이) 서로 균형을 맞추다. 맞비기다. 상쇄하다. 벌충하다. ¶他们俩的恩怨已经~了. =그 둘 간의 은원(恩怨)은 이미 서로 빚진 것이 없게 되었다. **2** (지위·대우 등을) 균등하게 하다. 똑같이 하다. 공평하게 하다. ¶要按贡献大小发放奖金, 不能一律~. =공헌도에 따라 보너스를 지급해야지 일률적으로 똑같이 해서는 안 된다. **3** 조정하다. 화해시키다.

【扯旗】**chě‖qí** 동 **1** 기를 달다. 깃발을 올리다. **2** 비 어떤 사회 운동을 시작하다. ¶~起义=깃발을 치켜들고 의(義)를 위해 일어서다.

【扯臊】**chě‖sào** 동의 **1** 허튼소리를 지껄이다. 터무니없는 말을 하다. 경솔하게 마구 지껄이다. 입방아 찧다. [다른 사람을 욕하는 말] **2** 염치 없는 말을 하다. 부끄러운 줄 모르고 말하다.

【扯顺风旗】**chě shùnfēngqí** 숙어 형세에 따라 순응하다.

【扯谈】**chětán** 동 한담하다. 잡담하다. ¶很久没见了, 抽空儿咱俩~~. =오랫동안 못 만났는데 짬을 내어 한담이나 하자.

【扯天扯地】**chětiān-chědì** 성어 이것저것 얘기하다. 밑도끝도없이 (본제에서 벗어난 말을) 늘

어놓다.

【扯腿】chě‖tuǐ 〔动〕 훼방하다. 방해하다.

【扯下水】chěxiàshuǐ 〔贬〕 다른 사람을 나쁜 일에 끌어들이다.

【扯闲篇】chě xiánpiān(~儿) 〔贬〕 한담하다. 쓸데없는 이야기를 하다. 쓸데없는 말을 지껄이다. 무관한 이야기를 하다. =【扯闲天儿】chě xián tiānr

【扯闲天儿】chě xiántiānr ☞【扯闲篇】chě xiánpiān

【扯着耳朵腮颊动】chě·zhe ěr·duo sāijiá dòng 〔熟〕 사이가 밀접하여 서로 영향을 주고 받다. 순망치한(唇亡齿寒)의 관계.

## 彻[徹] chè 통할 철

〔形〕 통하다. 꿰뚫다. 관통하다. ¶透~=투철하다. / 贯~=관철하다. 〔名〕 (Chè) 성(姓).

○─● 洞dòng彻, 贯彻, 通彻

【彻查】chèchá 〔动〕 철저히 조사하다. ¶~旧案=오래 된 사건을 철저히 조사하다. ≒清查

【彻底】[澈底] chèdǐ 〔形〕 철저하다. 철저히 하다. ¶~改变习惯=구습을 철저히 바꾸다.

【彻骨】chègǔ 〔动〕 1 뼈에 사무치다. 뼛속까지 스며들다. 2 〔喩〕 (정도가) 아주 심하다. 극심하다. ¶寒风~=찬바람이 매우 심하다. ≒透骨

【彻骨铭心】chègǔ-míngxīn 〔成句〕 마음에 깊이 새기어 영원히 잊지 않다.

【彻上彻下】chèshàng-chèxià 〔成〕 1 위로부터 아래까지. 처음부터 완벽〔완전〕하다. 철저하다. ¶这事~我都清楚。=이 일은 처음부터 끝까지 내가 잘 안다. 2 시종일관하다.

【彻头彻尾】chètóu-chèwěi 〔成〕 철두철미. 철저하다. 완전하다. 완벽하다. 처음부터 끝까지. ¶他是一个~的理想主义者。=그는 철두철미한 이상주의자이다.

【彻悟】chèwù 〔动〕 철저하게 깨닫다. ¶经过一番苦苦的思索, 他终于~了。=한차례의 고된 사색을 통하여 그는 마침내 철저하게 깨닫게 되었다.

【彻夜】chèyè 〔名〕 온밤. 밤새. ¶~不眠=밤새 잠을 못 이루다.

## 坼 chè 갈라질 탁

〔动〕〔书〕 갈라지다. 벌어지다. 쪼개지다. 터지다. ¶天旱地~=날이 가물어 땅이 갈라지다.

## 掣 chè 잡아당길 체

〔动〕 1 잡아당기다. 끌다. ¶牵~=끌어들이다. 2 뽑다. 빼다. ¶他吃了一惊, 急忙一回手去。=그는 놀라서 급히 손을 뺐다. 3 번개처럼 지나가다. 쏜살같이 지나가다. ¶风驰电~=쏜살같다.

【掣电】chèdiàn 〔名〕 1 번개. 2 〔喩〕 찰나. 전광석화. 〔动〕 번개가 치다.

【掣后腿】chè hòutuǐ 〔贬〕 1 뒷다리를 잡아당기다. 2 〔喩〕 뒤에서 방해하다. ¶别人忙着做事, 他老在~。=다른 사람은 바쁘게 일하는데, 그는 늘 방해만 하고 있다.

【掣签】chèqiān 〔动〕 추첨하다. 제비뽑기하다.

【掣肘】chèzhǒu 〔动〕 1 팔꿈치를 잡아당기다. 2 〔喩〕 방해하다. 제지하다. 제약하다. 견제하다. ¶他们相互~, 准成不了事儿。=그들은 서로 방해를 하니, 분명히 일을 성사시키지 못할 것이다.

## 撤 chè 치울 철

〔动〕 1 없애다. 제거하다. 치우다. ¶~下多余的餐具=남는 식기들을 치우다. 2 물러나다. 철수하다. 철회하다. ¶兵马后~=병마가 뒤로 철수하다. 3 〔喩〕 (냄새·맛·분량 등을) 줄이다. 약하게 하다. 옅게 하다. 덜다. 경감하다. ¶~点儿味儿=냄새를 좀 줄이다.

【撤版】chèbǎn 〔动〕 (편집·인쇄 등에서) 이미 레이아웃(layout)된 페이지를 바꾸다.

【撤编】chèbiān 〔动〕 (편제의 일부를) 없애다〔폐지하다〕. 줄이다. ¶机关~, 人员裁减了五分之一。=기관이 편제 조정을 하여 5분의 1의 인원을 감원하였다.

【撤标】chè‖biāo 〔动〕 입찰 참여를 철회하다. ¶他们公司决定~。=그들 회사는 입찰 참여를 철회하기로 결정하였다.

【撤兵】chè‖bīng 〔动〕〔军〕 (군대나 병력을) 철수하다. 퇴각하다.

【撤并】chèbìng 〔动〕 (기구나 부서 등의) 합병을 철회하다. ¶~大中型国有企业=대형·중형 국유 기업의 합병을 철회하다.

【撤差】chè‖chāi 〔动〕〔旧〕 면직시키다. 해고하다. 파면하다.

【撤除】chèchú 〔动〕 철거하다. 없애다. 철수하다. ¶~违章建筑=불법 건축물을 철수하다.

【撤掉】chèdiào 〔动〕 없애다. 제거하다. ¶~废弃广告牌=폐기 광고판을 제거하다.

【撤防】chè‖fáng 〔动〕〔军〕 방어 부대와 방어 시설을 철수〔철거〕하다.

【撤岗】chègǎng 〔动〕 1 직장·현장·초소 등에서 떠나다〔철수하다〕. 2 (원래 설치된) 기구·부서·초소 등을 없애다.

【撤稿】chègǎo 〔动〕 1 원래 채택됐던 원고를 교체하다. 2 원고를 회수하다.

【撤股】chègǔ 〔动〕 주식을 (처분하여) 빼다.

【撤换】chèhuàn 〔动〕 (사람이나 사물을) 다른 것으로 대체하다. ¶~人员=인원을 대체하다.

【撤回】chèhuí 〔动〕 1 (이미 제출한 문서·의견 등을) 철회하다. 취하하다. ¶~提案=제안을 철회하다. 2 (외부에 주재하고 있는 인원을) 철수시키다. 불러들이다. 소환하다. ¶~驻外人员=밖에 나가 있는 인원들을 철수시키다. 3 (군대 등을) 철수시키다.

【撤火】chèhuǒ 〔动〕 난로를 치우다.

【撤减】chèjiǎn 〔动〕 철회하다. 취소하다. 해임하다. 면직하다. 철수하다. 폐지하다. (기구·부서·인원 등을) 줄이다. 삭감하다. 감소시키다.

【撤军】chè‖jūn 〔动〕〔军〕 군대를 철수시키다. 철군하다.

【撤离】chèlí 〔动〕 철수하다. 퇴각하다. 떠나다. 물러나다. ¶~前线=전선을 퇴각하다. ↔奔赴

【撤免】**chèmiǎn** 동 임명을 취소하고 직무를 해임하다. 파면하다.
【撤侨】**chèqiáo** 동 교민을 철수시키다.
【撤水拿鱼】**chèshuǐ-náyú** 성 **1** 물을 다 빼고 고기를 잡다. **2** 비 아주 쉽게 어떤 일을 하다.
【撤诉】**chèsù** 동 (法) (원고가) 소송을 취하하다. ↔投诉
【撤逃】**chètáo** 동 철수하여 도망치다〔달아나다·내빼다〕.
【撤退】**chètuì** 동 **1** (軍) (군대가) 철수하다. 퇴각하다. **2** (어떤 곳에서) 떠나다. 물러가다. ¶現在风紧大火, 暂时~。=지금은 바람이 세고 불길이 거세니, 잠시 물러나오. ↔进攻
【撤围】**chèwéi** 동 포위를 풀다.
【撤席】**chèxí** 동 (연회·잔치 등이 끝난 후) 뒷정리를 하다. 식탁을 치우다.
【撤消】**chèxiāo** ☞【撤销】**chèxiāo**
【撤销】[撤消] **chèxiāo** 동 없애다. 취소하다. ¶~职务=해직시키다. ≒取消→保留
【撤职】**chè‖zhí** 동 해직하다. 면직하다. 파면하다. ¶他因渎职而被~。=그는 독직(瀆職)으로 해직당했다. ≒免职
【撤资】**chè‖zī** 동 투자를 취소하다. 자금을 거두어들이다.
【撤走】**chèzǒu** 동 철수하다. 물러나다. 해산시키다. ¶~受灾群众=재난을 당한 군중들을 철수시키다.

**澈** **chè** 물 맑을 철
형 (물이) 맑다. ¶清~见底=물이 맑아 바닥까지 보이다.
【澈底】**chèdǐ** ☞【彻底】**chèdǐ**

# chen

**抻** **chēn** 늘일 신
동 ㈜ 길게 늘이다. 잡아당기다. 길게 뽑다. ¶把绳~直=밧줄을 곧게 늘이다.
【抻劲】**chēnjìn** 동 힘을 쓰다. ¶~干活=힘써 일을 하다.
【抻面】**chēn‖miàn** 동 손으로 면발을〔국수를〕뽑다.
【抻面】**chēnmiàn** 명 손으로 뽑은 면. =【拉面】**lāmiàn**

**郴** **Chēn** 고을 이름 침
명 (地) 천저우(郴州). [후난(湖南)성에 있는 현 이름]

**綝**[綝] **chēn** 그칠 침
동 그치다. 멈추다. 형 착하다.
☞ **lín**

**琛** **chēn** 보배 침
명 동 보물.

**嗔**[(瞋)¹] **chēn** 성낼 진
동 **1** 화내다. 성내다. ¶似~非~=화가 난 듯도 하고 아닌 듯도 하다. **2** 나무라다. 탓하다. ¶不要乱~怪人。=함부로 다른 사람 탓하지 마라.
【嗔斥】**chēnchì** 동 (성내어) 나무라다. 꾸짖다. 질책하다.
【嗔忿忿】**chēnfènfèn** (~的) 형 화가 부글부글 끓다. 화를 내는 모양.
【嗔怪】**chēnguài** 동 나무라다. 꾸짖다. ¶她~丈夫事先没征求她的意见。=그녀는 남편이 사전에 그녀에게 의견을 구하지 않은 것을 탓한다.
【嗔目】**chēnmù** 동 문 눈을 부라리다. 노려보다. 째려보다. ¶~而视=눈을 부라리고 보다.
【嗔怒】**chēnnù** 동 화내다.
【嗔色】**chēnsè** 화난 얼굴. 노한 기색. ¶一脸~=잔뜩 화가 난 얼굴이다.
【嗔怨】**chēnyuàn** 동 나무라다. 탓하다. 꾸짖다. 불평하다.

**䐜** **chēn** 부을 진
동 문 팽창하다. 부어오르다.

**臣** **chén** 신하 신
명 **1** 신하. ¶大~=대신. / 奸~=간신. **2** (봉건 시대의) 백성. 민중. **3** 예 군주에 대한 신하의 자칭. **4** 문 예 겸손을 표시하는 자칭. **5** (Chén) 성(姓).

◦● 貳**èr**臣, 奸**jiān**臣, 权臣, 幸臣, 忠**zhōng**臣

【臣服】**chénfú** 동 문 **1** 신하의 예로 받들다. **2** 굴복하여 신하라고 자칭하고 통치를 받다. **3** 비 승복하다. ¶对手技高一筹, 我们只得~。=상대가 한 수 높으니 우리는 승복할 수밖에 없다.
【臣僚】**chénliáo** 명 (문무) 관료. 관리. 신료.
【臣门如市】**chénmén-rúshì** 성 세도가의 집이 방문객들로 문전성시(門前成市)를 이루다.
【臣民】**chénmín** 명 (군주 국가의) 관리와 백성.
【臣下】**chénxià** 명 신(하). 군주에 대한 관리의 자칭.
【臣子】**chénzǐ** 명 신하. 관리.

**尘**[塵] **chén** 티끌 진
명 **1** 먼지. 티끌. ¶灰~=먼지. / 风~仆仆=장시간 여행으로 고생스러운 모습. **2** 속세. ¶看破红~=세상일에 달관하다. **3** 문 종적. 자취. ¶步人后~=다른 사람을 추종하거나 모방하다. **4** (Chén) 성(姓).
【尘埃】**chén'āi** 명 먼지. ¶~四起=먼지가 사방에서 일어나다. ≒灰尘 尘土
【尘埃落定】**chén'āi-luòdìng** 성 비 일이 일단락되거나 결과를 맺다. ¶这次大赛的各项赛事都已~。=이번 대회의 각종 경기가 모두 막을 내렸다.
【尘暴】**chénbào** 명 (气) 황사. 큰 모래바람. =【沙暴】**shābào**

【尘毒】chéndú 독소를 포함한 분진.
【尘饭涂羹】chénfàn-túgēng (성대) 아무 가치 나 쓸모가 없는 물건.
【尘肺】chénfèi 명(醫) 진폐(증).
【尘封】chénfēng 명통 1 (방치한 시간이 오래 되어) 먼지로 뒤덮이다. 먼지투성이가 되다. 2 오랫동안 방치하다. 내버려 두다. ¶~的记忆=오랫동안 잊어버렸던 기억.
【尘垢】chéngòu 명 1 먼지와 때. 2 ⑪ 아주 작고 하찮은 것.
【尘寰】chénhuán 명运 속세. 인간 세상. ¶脱离~=속세를 벗어나다. ≒尘世
【尘芥】chénjiè 명 1 먼지와 작은 풀. 2 ⑪ 작고 하찮은 사물.
【尘虑】chénlǜ 명 속념(俗念). ¶置身山水之间, ~全无。=산수에 몸을 담고, 속념을 깨끗이 떨치다.
【尘沙】chénshā 명 먼지와 모래.
【尘世】chénshì 명(佛)(道) 현세. 속세. ¶~众生=속세의 중생. ≒尘寰
【尘事】chénshì 명 세속〔속세〕의 일. 세상사. ¶不堪~烦扰。=세상사의 근심 걱정을 감당할 수가 없다.
【尘俗】chénsú 명 1 ⑤ 인간 세상. 2 세속. 속세. ¶~气息=세속적인 느낌.
【尘土】chéntǔ 명 먼지. ¶~飞扬=먼지가 날리다. ≒尘埃
【尘网】chénwǎng 명⑪ 인간 세상. 속세. ¶误落~中=인간 세상에 잘못 태어나다. 잘못하여 속세에 빠지다.
【尘雾】chénwù 명 1 먼지와 안개. 2 먼지 등이 혼합된 작은 알맹이로 이루어진 운무. 3 안개처럼 부연 먼지. ¶疾驶的车队扬起一片~。=질주하는 자동차들이 온통 부연 먼지를 일으킨다.
【尘嚣】chénxiāo 명 1 인간 세상의 소란스러움과 번잡함. ¶远离~=인간 세상의 소란스러움과 번잡함을 멀리 벗어나다. 2 떠들썩한 소리. 왁자지껄한 소리. 3 习惯了城市的~=도시의 왁자지껄함에 습관이 되었다.
【尘烟】chényān 명 1 연기와 먼지. ¶定点爆破的炮声一响, 那幢老旧建筑物顿时~四起。=정해진 시간에 폭파 소리가 울리자마자, 그 낡고 위험한 건물에서 순식간에 먼지와 연기가 사방으로 치솟았다. 2 연기처럼 일어나는 먼지. ¶~弥漫=연기 같은 먼지가 자욱하다.
【尘缘】chényuán 명 1 (佛) 진연(塵). [사람이 속세의 색(色)·성(聲)·향(香)·미(味)·촉(觸)·법(法)에 얽매이게 됨을 말함] 2 속세의 인연. ¶~已尽=속세의 인연이 이미 다했다.
【尘滓】chénzǐ 명 1 미세한 티끌. 2 ⑪ 인간 세상의 번잡하고 사소한 일.

## **辰** chén 별 진

명 1 진(辰). [지지(地支)의 다섯 번째] 2 (天) 심수(心宿). [이십팔수(二十八宿)의 하나] 3 (天) 북극성. 4 해·달·별의 통칭. ¶星~=성신(星辰). 5 시간. 날짜. ¶良~吉日=길일. 6 시진

(時辰). [지난날의 시각 단위로 하루를 12시진으로 나누며 지금의 2시간임] ¶时~=시진. 7 진시(辰時). [오전 7시~9시] 8 (地) (Chén) 천주우(辰州). [후난(湖南)성에 있었던 옛 지명]

| ● 辰 chén | 屒 shèn |
|---|---|
| 晨 chén | 震 zhèn |
| 宸 chén | 振 zhèn |
| 娠 shēn | 赈 zhèn |

○● 北辰, 生辰, 寿shòu辰

【辰光】chénguāng 명 시간. 때. ¶消磨~=시간을 헛되이 보내다.
【辰砂】chénshā ☞【朱砂】zhūshā
【辰时】chénshí 명 진시(辰時). [오전 7시~9시]

## **忱** chén 정성 침

명 정성. 성의. ¶谢~=감사의 마음. / 一腔热~=온 마음 가득한 성의.

## **沈** chén 가라앉을 침

'沉(chén)' 과 같음. [지금은 주로 '沉' 으로 쓰임]
☞ shěn
【沈思】chénsī ☞【沉思】chénsī

## **沉** chén 가라앉을 침

통 1 (물 속에) 가라앉다. 잠기다. 빠지다. ¶石~大海=돌이 바다에 가라앉다. 2 (물에) 빠트리다. 가라앉히다. ¶破釜~舟=솥을 부수고 배를 가라앉히다. 배수진을 치다. 3 (물체가) 가라앉다. 꺼지다. 함몰되다. ¶地面下~=지면이 함몰되다. 4 (주로 추상적인 사물에 쓰여) 가라앉히다. 진정시키다. 억누르다. ¶~住气=화를 가라앉히다. 5 …에 탐닉하다. …에 빠지다. ¶~于酒色=주색에 빠지다. 형 1 무겁다. ¶那冰箱挺~。=저 냉장고는 꽤 무겁다. 2 (물이) 깊다. ¶如临~渊=깊은 연못가에 다다른 듯하다. 살얼음을 밟는 듯하다. 3 (정도가) 심하다. 깊다. ¶深~=깊다. / 孩子睡得挺~。=아이가 아주 깊이 잠들었다. 4 (몸이) 무겁다. 불편하다. ¶他感冒了, 头~得很。=그는 감기가 들어서 머리가 무겁다. 5 (정서·분위기 등이) 가라앉다. ¶意志消~=의기소침하다. ≒重 ↔ 浮 轻

○● 低dī沉, 耳沉, 浮沉, 昏hūn沉, 浸jìn沉, 深沉, 消xiāo沉, 血xuè沉, 阴yīn沉

【沉不住】chén·buzhù 통 억제하지 못하다. 억누르지 못하다. 진정시키지 못하다. ¶他爱冲动, 总是~气。=그는 충동적이라서 늘 화를 억제하지 못한다.
【沉沉】chénchén 형 1 무겁다. 묵직하다. ¶麦穗儿~地垂着。=보리이삭이 묵직하게 드리워져 있다. 2 짙다. ¶暮气~=저녁 기운이 짙다. 노쇠한 모습이 역력하다. 3 정도가 심하다〔깊다〕. ¶~睡去=깊이 잠들다. 4 무성하다. ¶岸柳~=강가의 버드나무가 무성하다.
【沉沉稳稳】chén·chen wěnwěn (~的) 형 (언행이) 점잖다.
【沉船】chénchuán 통 배가 가라앉다〔침몰하

다). ¶~事故=침몰 사고. 图 침몰한 배〔선박〕.
【沉底】 **chéndǐ** 图 (물) 밑바닥에 가라앉다. ¶杯里的茶叶~了。=잔 속의 찻잎이 밑바닥에 가라앉았다.
【沉甸甸】 **chéndiāndiān** 图(구) 묵직하다. (정도가) 무겁다.
【沉甸甸】 **chéndiàndiàn** (~的) 图 묵직하다. 무겁다. ¶他背了一个~的牛仔包。=그는 묵직한 청배낭을 하나 메고 있다. ↔轻飘飘
【沉淀】 **chéndiàn** 图 1 (化) 침전하다. 가라앉다. 2 비 모이다. 쌓이다. ¶知识和体验~下来, 有时就形成灵感。=지식과 체험이 쌓이면 때로는 영감을 이룬다. 图(化) 침전물. 늑积淀
【沉浮】 **chénfú** 图 1 뜨고 가라앉다. 부침하다. 2 비 올라갔다 내려갔다 하다. 흥성했다 쇠락했다 하다. ¶商海~=상업계는 상황이 좋아졌다 나빠졌다 한다.
【沉痼】 **chéngù** 图 1 고질병. 숙환. 지병. 2 (고질적인) 악습. 나쁜 버릇.
【沉酣】 **chénhān** 图 심취하다. ¶~书艺=서예에 심취하다.
【沉厚】 **chénhòu** 图 침착하다. 점잖고 안정감이 있다. ¶处事~=일처리가 침착하다.
【沉缓】 **chénhuǎn** 图 무겁고 완만하다〔느리다〕. ¶曲调~=곡조가 무겁고 완만하다.
【沉积】 **chénjī** 图 1 (地) 침적 현상. 퇴적 현상. 2 (地) 퇴적물. 3 침전. 4 비 (주로 추상적인 사물에 쓰여) 침적. 퇴적. ¶历史~=역사의 침적.
【沉积物】 **chénjīwù** 图 침적물.
【沉积岩】 **chénjīyán** 图(地) 침적암. 퇴적암. =【水成岩】 **shuǐchéngyán**
【沉寂】 **chénjì** 图 1 고요하다. 적막하다. 매우 조용하다. ¶四周一片~=사방이 온통 조용하다. 2 (소식이) 전혀 없다. 감감하다. ¶音信~=소식이 감감하다. 3 성품이 다소곳하다. ¶神色~=표정이 다소곳하다.
【沉降】 **chénjiàng** 图 (지층 혹은 액체나 기체 중에 떠 있는 물체가) 내려앉다. 침강하다. 침전하다. ¶地基~=지반이 내려앉다.
【沉浸】 **chénjìn** 图 1 (물 속에) 빠져들다. 잠기다. 2 비 (분위기나 생각 따위에) 심취되다. 빠져 있다. 잠겨 있다. 휩싸이다. 사로잡히다. ¶~在欢乐的气氛中=즐거운 분위기 속에 빠져들다.
【沉井】 **chénjǐng** 图(土) (지하·수중 공사용의) 잠함(潛函). 잠상(潛箱). 케이슨(caisson).
【沉静】 **chénjìng** 图 1 고요하다. 잠잠하다. ¶假期的校园显得十分~。=방학 기간의 교정은 매우 고요해 보인다. 2 (마음·성격·표정 따위가) 조용하다. 안정되다. 평온하다. 다소곳하다. 차분하다. 침착하다. ¶即使面对突发事件, 他也能保持~。=돌발 상황에 직면해서도 그는 침착함을 유지할 수 있다.
【沉疴】 **chénkē** 图(구) 고질병. 숙환. 지병(持病). ¶~难愈=고질병은 치유하기 어렵다.
【沉雷】 **chénléi** 图(气) 매우 요란한 천둥.
【沉沦】 **chénlún** 图 (죄악·고통 등에) 빠지다. ¶~欲海=욕망의 바다에 빠지다.

【沉落】 **chénluò** 图 (아래로) 떨어지다. (해가) 지다. ¶太阳慢慢往西~。=해가 천천히 서쪽으로 지고 있다.
【沉闷】 **chénmèn** 图 1 (성격이) 명랑하지 않다. 쾌활하지 않다. 내성적이다. 2 (마음이) 홀가분하지 않다. 답답하다. 우울하다. 침울하다. ¶他近来心情总是很~。=그는 근래에 마음이 늘 답답하다. 3 (분위기·날씨 등이) 음울하다. 무겁다. 칙칙하다. ¶~的阴雨天气=음습하게 비가 오는 날씨. 4 (소리가) 작다. 낮다. ¶天边传来一阵~的雷声。=하늘 저편에서 낮은 천둥 소리가 들려온다. ↔爽朗 活跃
【沉闷闷】 **chénmènmèn** (~的) 图 울적하다. 우울하다. 답답하다.
【沉迷】 **chénmí** 图 깊이 빠지다. 깊이 탐닉하다. 미혹되다. ¶~于武侠小说=무협 소설에 깊이 빠지다.
【沉眠】 **chénmián** 图 1 깊이 잠들다. 2 사람이 죽다.
【沉绵】 **chénmián** 图(구) 병이 떠나지 않다. 병이 오랫동안 낫지 않다. ¶~不起=오랜 병고에서 벗어나지 못하다.
【沉湎】 **chénmiǎn** 图(구) 탐닉하다. 빠지다. ¶~于声色犬马=주색잡기에 빠지다. 늑沉溺
【沉没】 **chénmò** 图 침몰하다. 가라앉다. ¶船触礁后~。=배가 좌초되어 침몰했다.
【沉默】 **chénmò** 图 침묵하다. 말을 하지 않다. ¶他~一下, 然后接着说。=그는 한동안 침묵하더니 말을 이어갔다. 图 과묵하다. 말이 적다. 입이 무겁다. 조용하다. 웃고 떠들기를 안 좋아하다. ¶~少言=과묵하다.
【沉默寡言】 **chénmò-guǎyán** 图 과묵하다. 말수가 적다. 입이 무겁다.
【沉默权】 **chénmòquán** 图(法) 묵비권(默祕權). 진술 거부권.
【沉溺】 **chénnì** 图 1 물에 빠지다〔가라앉다〕. 2 비 빠지다. 탐닉하다. 헤어나지 못하다. [주로 나쁜 생활 습관을 가리킴] ¶~于奢靡的生活=사치스런 생활에서 헤어나지 못하다. 늑沉湎
【沉凝】 **chénníng** 图 정체되다. 움직이지 않다. 굳어 있다. (액체·기체가) 흐르지 않다. 유동하지 않다. ¶山中的晨雾不散。=산 속의 새벽 안개가 걷히지 않다. 图 1 (소리가) 낮고 중후하다. ¶钟声~=종 소리가 낮고 중후하다. 2 중후하고 엄숙하다. 듬직하고 품위 있다. ¶性情~=성정이 중후하고 엄숙하다.
【沉潜】 **chénqián** 图 1 침몰하다. 침잠하다. ¶有一些海洋鱼类习惯于~海底。=어떤 해양 어류들은 습관적으로 해저에 가라앉아 있다. 2 정신을 집중하다. ¶~于科研工作=과학 연구에 정신을 집중하다. 图 신중하다. 침착하다. ¶~冷静, 执着进取。=침착하고 냉정하며 늘 진취적이다.
【沉涩】 **chénsè** 图 묵직하다. 무겁다. ¶眼皮~, 昏昏欲睡。=눈꺼풀이 무겁고 잠이 몰려온다.
【沉实】 **chénshí** 图 무게가 있다. 중후하고 침착하다. ¶步履~=걸음걸이가 무게가 있다.

【沉睡】chénshuì 동 깊이 잠들다. 숙면하다. ¶~不醒=깊이 잠들어 깨어나지 않다. ≒熟睡

【沉思】[沈思] chénsī 동 깊이 생각하다. 심사숙고하다. ¶久久地~=오랫동안 심사숙고하다.

【沉肃】chénsù 형 침착하고 엄숙하다. ¶表情~=표정이 침착하고 엄숙하다.

【沉痛】chéntòng 형 1 침통하다. 비통하다. ¶得知这个不幸的消息, 他~万分。=이 불행한 소식을 듣고 그는 매우 침통했다. 2 심각하다. 쓰라리다. 뼈저리다. 엄중하다. 중대하다. ¶~的教训=쓰라린 교훈.

【沉稳】chénwěn 형 1 평안하다. 평온하다. ¶~睡去=평온하게 잠들다. 2 듬직하다. 침착하다. 신중하다. ¶处事~=일처리가 듬직하다. ≒安稳 稳重

【沉下脸】chénxiàliǎn 동 엄숙·근엄·침울한 표정을 짓다. 얼굴색이 달라지다. 안색이 어두워지다. ¶他~, 一言不发。=그는 근엄한 표정을 지으며, 한 마디 말도 하지 않았다.

【沉陷】chénxiàn 동 1 (지면이나 건축물의 지반이) 내려앉다. 함몰되다. 꺼지다. 침하하다. 2 깊이 빠져들다. ¶车轮~于泥地里。=차바퀴가 진흙 속에 깊이 빠졌다.

【沉香】chénxiāng 명 [植] 1 침향나무. 2 침향나무 목재. =[伽南香] qiénánxiāng 【奇南香】 qínánxiāng

【沉箱】chénxiāng 명 (土) (지하·수중 공사용의) 잠함(潛函). 잠상(潛箱). 케이슨(caisson).

【沉雄】chénxióng 형 (기세나 풍격이) 묵직하고〔깊이 있고〕 웅장하다. ¶这幅画~恢弘, 撼人心魄。=이 그림은 묵직하고 웅장하여 사람의 마음을 뒤흔든다.

【沉雄悲壮】chénxióng-bēizhuàng 성 (기세나 풍격이) 웅장하고 비장하다.

【沉雄古逸】chénxióng-gǔyì 성 (기세나 풍격이) 웅장하고 우아하고 분방하다.

【沉抑】chényì 동 침울하다. 우울하다. ¶曲调~=곡조가 침울하다.

【沉毅】chényì 형 침착하고 끈기 있다. 진중하고 강직하다. ¶他处事~, 深得上司赏识。=그는 침착하고 끈기 있게 일을 처리하여 상사로부터 두터운 신임을 받는다.

【沉吟】chényín 동 1 (어렵거나 복잡한 문제에 봉착해 중얼거리며) 망설이다. 주저하다. ¶他~半天, 仍旧下不了决心。=그는 한동안 웅얼거리며 머뭇거렸지만 여전히 결심을 하지 못했다. 2 (시구나 글 등을) 낮게 읊조리다. ¶~曼诵=낮게 길게 읊조리다.

【沉勇】chényǒng 형 침착하고 용감하다. ¶~有谋=침착하고 용감하며 지략이 있다.

【沉淤】chényū 동 침적되다. 가라앉아 쌓이다. ¶泥沙~=진흙과 모래가 침적되다.

【沉鱼落雁】chényú-luòyàn 성 1 (여자가 너무 아름다워) 물고기가 보고 물 속으로 숨고, 기러기가 보고 모래톱에 내려앉다. 2 매우 아름다운 여자. ≒闭月羞花

【沉郁】chényù 형 1 (정서나 기분이) 우울하다. 침울하다. ¶心情~=마음이 우울하다. 2 마음·생각이 깊다. 사상·생각을 밖으로 드러내지 않다. ¶~之思=속 깊은 생각.

【沉冤】chényuān 명 밝히기 어렵거나 오랫동안 쌓인 억울함. ¶~得雪=묵은 억울함을 벗다.

【沉灶产蛙】chénzào-chǎnwā 성 1 물에 잠긴 아궁이에서 개구리가 알을 까다. 2 (비) 홍수가 극심하다.

【沉渣】chénzhā 명 1 침전된 찌꺼기. 앙금. 침전물. 2 (비) 잔재. ¶封建~=봉건 잔재.

【沉渣泛起】chénzhā-fànqǐ 성 1 가라앉았던 찌꺼기가 수면으로 떠오르다. 2 (비) 자취를 감추었던 못된 것이 다시 출현하다.

【沉挚】chénzhì 형 진지하다. ¶态度~=태도가 진지하다.

【沉鸷】chénzhì 형 [문] (성격이) 침착하고 용감하다. 사려 깊고 강하다.

【沉滞】chénzhì 형 1 [문] 고정되다. ¶目光~=눈빛이 고정되다. 정체되다. 통하지 않다. ¶空气~=공기가 통하지 않다. 막히다.

【沉重】chénzhòng 형 1 (무게·기분·부담 등이) 몹시 무겁다. ¶~的担子=무거운 (멜대에 멘) 짐. / 心情~=마음이 무겁다. 2 (정도가) 심하다. 심각하다. ¶病情~=병세가 심각하다. 3 (심정이) 우울하다. 울적하다. 마음이 무겁다. ¶心情~=심정이 울적하다. ≒繁重 严重

【沉住气】chénzhùqì 성 (마음을) 진정시키다. 가라앉히다. 안정시키다. 억제하다. ¶~, 别紧张。=마음을 진정시키고 긴장하지 마라.

【沉浊】chénzhuó 형 1 [문] 막히고 혼탁하다. ¶空气~=공기가 막히고 혼탁하다. 2 (소리가) 낮고 묵직하다. ¶~的喘息声=낮고 묵직하게 숨을 헐떡이는 소리.

【沉着】chénzhuó 형 침착하다. ¶~冷静=침착하고 냉정하다. 동 《醫》 (칼슘이나 색소 따위의) 비세포성 물질이 유기체의 조직 속에 가라앉다. ≒镇定 镇静 ↔慌张 紧张

【沉滓】chénzǐ 명 1 침전된 찌꺼기. 앙금. 2 (비) 잔재.

【沉醉】chénzuì 동 1 (술에) 몹시 취하다. 만취하다. 대취하다. ¶~不醒=만취하여 깨어나지 못하다. 2 (비) 심취하다. 깊이 빠지다. 도취되다. ¶~在美妙的音乐中=아름다운 음악 속에 깊이 빠지다.

\*\***陈**[陳] chén 늘어놓을 진
동 1 진열하다. 배열하다. 차려 놓다. 벌여 놓다. ¶铺~展品=전시품을 진열하다. 2 진술하다. 말하다. ¶详~经过=경과를 상세하게 말하다. 형 낡다. 오래 되다. ¶推~出新=낡고 오래 된 것을 밀어 내고 새로운 것을 내놓다. 명 (Chén) 1 [歷] 진(陈)나라. [지금의 허난(河南)성에 있었던 주(周)대의 나라 이름] 2 [歷] 진(陈)나라. [557~589년에 존재했던 남조(南朝)의 나라 이름] 3 성(姓).

○● 电陈, 敷陈, 胪lú陈, 缕lǚ陈, 铺pū陈, 条陈

【陈报】chénbào 동 (상급자·관청 등에 일에 대한 의견·사정 등을) 진술하다. 보고하다. 진정하다. 상신(上申)하다. ¶~实情=실정을 보고하다.

【陈编】chénbiān 명 옛 사람의 저작. 고서. ¶~断简=낡고 일부가 떨어져 나간 고서.

【陈兵】chénbīng 동 병력을〔군대를〕배치하다. ¶~数十万=수십만의 병력을 배치하다.

【陈病】chénbìng 명 고질병. 지병. ¶~复发=고질병이 재발하다.

【陈陈相因】chénchén-xiāngyīn 성 1 곡식 창고의 곡식이 해마다 차곡차곡 쌓여 위층이 아래층을 내리누르다. 2 비 과거의 진부한 것들을 그대로 답습하다. 낡은 틀〔생각·방식〕에 매달려 창조성이 없다.

【陈词】chéncí 동 (자신의 견해·이유를) 피력하다. 말하다. 밝히다. 진술하다. ¶慷慨~=격양된 어조로 자신의 견해를 피력하다. 명 진부한 말. 케케묵은 말. ¶满口~=(하는 말이) 온통 케케묵은 말뿐이다.

【陈词滥调】chéncí-làndiào 성 케케묵은 말. 진부한 이야기.

【陈醋】chéncù 명 오래 묵은 진한 식초.

【陈放】chénfàng 동 진열하다. 배치하다. ¶~古玩字画=골동품과 서화(書畵)를 진열하다.

【陈腐】chénfǔ 형 진부하다. 낡아빠지다. 케케묵다. 뒤떨어지다. 시대에 맞지 않다. 〔'陈腐'는 추상적인 사물을 형용할 때만 쓰이나, '陈旧(chénjiù)'는 구체적·추상적인 사물을 모두 형용할 수 있음〕¶观念~=관념이 진부하다.

【陈谷子烂芝麻】chén gǔ·zi làn zhī·ma 숙비 진부하고 쓸모 없는 말이나 사물. ¶你这些~谁还愿意听。=너의 이런 진부하고 쓸데없는 말을 누가 들으려고 하겠나?

【陈规】chénguī 명 낡은 규범. 시대에 맞지 않는 규정. 실용성이 없는 제도. ¶墨守~=케케묵은 규범을 굳게 지키다.

【陈规陋习】chénguī-lòuxí 성 케케묵은 규범이나 낡은 습관.

【陈货】chénhuò 명 오래 된 물건. 묵은 물건.

【陈迹】chénjì 명 지난 일. 지난 흔적. 옛 자취. ¶历史~=역사의 옛 자취.

【陈见】chénjiàn 명 진부한〔케케묵은〕견해.

【陈酒】chénjiǔ 명 1 (오래 묵힌) 진하고 향긋한 술. 2 비 황주(黃酒).

【陈旧】chénjiù 형 낡다. 오래 되다. 케케묵다. ¶观点~=관점이 케케묵었다. ↔新鲜 崭新

【陈雷胶漆】chénléi-jiāoqī 성비 친구 사이의 우정이 지극히 돈독하다.

【陈力就列】chénlì-jiùliè 성 온 힘을 다해서 직무를 수행하다.

【陈粮】chénliáng 명 해묵은 곡식.

【陈列】chénliè 동 진열하다. ¶~文物=문물을 진열하다. 늑摆设

【陈列品】chénlièpǐn 명 진열품.

【陈米】chénmǐ 명 해묵은 쌀. 오래 된 쌀.

【陈年】chénnián 형 여러 해가 지난. 여러 해 묵은. ¶~老酒=여러 해 동안 묵힌 술.

【陈酿】chénniàng 명 (오래 묵힌) 진하고 향긋한 술.

【陈皮】chénpí 명 진피. [귤이나 오렌지의 말린 껍질]

【陈情】chénqíng 동 (의견·이유·사정 등을) 밝히다. 말하다. 털어놓다. 진정하다. ¶恳切~=간절하게 진정하다.

【陈请】chénqǐng 동 (상급 부서·관련 부서에) 상황이나 사정을 설명하고 요청하다. 진정하고 청원하다. ¶~批准=비준을 요청하다.

【陈设】chénshè 동 배열하다. 배치하다. 차려 놓다. ¶房间里~着新购的沙发。=방 안에 새로 구입한 소파가 놓여 있다. 명 진열품. 장식품. ¶现代家庭的~日趋个性化。=현대 가정의 진열품은 날로 개성화되어 간다. 늑摆设

【陈尸】chénshī 동 시체를 시상판(屍床板)에 안치하다.

【陈世美】Chén Shìměi 명 1 진세미. [중국 전통극《진향련(陳香蓮)》중 과거에 장원 급제한 후 조강지처를 버리고 부마가 되었다가 포청천에 의해서 죽임을 당한 인물] 2 비 지위가 높아진 후 변심한 남편. 3 비 여자를 배신한 남자.

【陈饰】chénshì 명 실내 장식품.

【陈售】chénshòu 동 (상품을) 진열하고 팔다. ¶~药品=약품을 진열하고 팔다.

【陈述】chénshù 동 진술하다. ¶~事实=사실을 진술하다. 늑叙述 讲述

【陈述句】chénshùjù 명〔언〕서술문. 평서문.

【陈说】chénshuō 동비 진술하다. 설명하다. ¶~事情经过=일의 경과를 진술하다. 명비 진부한〔케케묵은〕말.

【陈诉】chénsù 동 (아픔이나 억울함을) 호소하다. 하소연하다. ¶~冤屈=억울함을 호소하다. 늑诉说

【陈套】chéntào 명 낡은 형식〔수법·격식·방법〕. ¶不落~=낡은 형식에 얽매이지 않다.

【陈言】chényán 동 1 (견해·이유를) 피력하다. 말하다. 밝히다. 진술하다. ¶率直~=솔직하게 말하다. 2 명 케케묵은 말. 진부한 말. ¶务去~=진부한 말을 없애도록 노력하다.

【陈账】chénzhàng 명 오래 된 빚. 묵은 빚. 낡은 장부. ¶多年的~, 算也算不清了。=묵은 빚을 청산하려 해도 정확하게 계산할 수 없다.

【陈奏】chénzòu 동 (군주에게) 진언하다. 상주(上奏)하다. 아뢰다. ¶~民情=민정을 아뢰다.

宸 chén 집 신
명 1 가옥. 크고 깊숙한 집. 대저택. 2 궁궐. 3 임금. 제왕. 왕위(王位).

【宸严】chényán 명 임금〔제왕〕의 위엄. ¶冒犯~=임금의 노여움을 사다.

【宸垣】chényuán 명비 수도. 국도. 서울. 경사(京師).

【宸章】chénzhāng 명비 임금〔제왕〕의 글〔문장〕.

【宸衷】chénzhōng 명비 임금〔제왕〕의 마음〔뜻·의향·염원〕.

**梣** chén 물푸레 침
【명】(植) 물푸레나무.

**晨** chén 새벽 신
【명】 아침. 새벽. 오전. ¶凌~=새벽. 오전. /~去暮来=오전이 가고 저녁이 오다. ≒早 晓 旦 ↔昏

○● 侵qīn晨, 霜shuāng晨

【晨报】chénbào 【명】 조간 신문.
【晨炊】chénchuī 【동】 아침밥을 짓다. 【명】 아침밥. 조반.
【晨风】chénfēng 【명】 1 (이른) 아침 바람. 새벽 바람. 2 《신풍》. [《시경(詩經)》 진풍(秦風)의 편명]
【晨光】chénguāng 【명】 아침 햇살. ¶一缕~=한 줄기 아침 햇살. ≒晨曦
【晨昏】chénhūn 【명】 아침과 저녁. ¶~奉养=아침 저녁으로 봉양하다.
【晨昏颠倒】chénhūn-diāndǎo 【성】 1 아침과 저녁을 분간하지 못하다. 2 (비) 두서 없이 생활하다. 생활이 무질서하다.
【晨昏定省】chénhūn-dìngxǐng 【성】 자식이 아침 저녁으로 부모님께 문안 인사를 드리다.
【晨练】chénliàn 【동】 (아침에) 훈련하다. 단련하다. 운동하다. 연습하다.
【晨曲】chénqǔ 【명】 이른 아침의 정경과 감흥을 표현한 노래.
【晨霜】chénshuāng 【명】 새벽 서리.
【晨雾】chénwù 【명】 새벽 안개.
【晨夕】chénxī 【명】 아침과 저녁. ¶~相伴=아침 저녁으로 늘 함께하다.
【晨曦】chénxī 【명】 아침 햇살. ¶~初露=아침 햇살이 막 비추다. ≒晨光
【晨星】chénxīng 【명】 1 (天) (일출 직전의) 금성 (金星). 수성(水星). 2 (드물게 보이는) 새벽별. ¶寥若~=새벽별처럼 드물다.
【晨训】chénxùn 【동】 (운동 선수가) 새벽 훈련을 하다.
【晨钟暮鼓】chénzhōng-mùgǔ ☞【暮鼓晨钟】mùgǔ-chénzhōng

**谌** [諶] chén 진실 심
【동】 믿다. 신뢰하다. 【부】 분명히. 정말로. 확실히. 참으로. 진실로. 【명】 (Chén) 성(姓).

**鹒** [鶊] chén 작은 새 참
【명】(방) (~儿) 작은 새.

**埨** [埨] chén 흐릴 참
【형】 1 (문) 혼탁하다. 흐리다. 2 '碜(chěn)'과 같음.
【埨默】chěndú 【형】(문) 혼탁하다. 흐리다. 혼돈(混沌)하다.

**跈** chěn 앙감질 침
【跈踔】[踸踔] chěnchuō 【동】(문) 도약하다. 한 발로 뛰다.

**碜** [碜] chěn 모래 섞일 참
【동】 1 음식물에 모래가 섞이다. ¶牙~=이에 모래가 씹히다. 2 못생기다. 보기 싫다. 망측하다. 보기 흉하다. ¶寒~=초라하다. 보기 흉하다.

**踸** chěn 앙감질 침
【踸踔】chěnchuō ☞【跈踔】chěnchuō

**衬** [襯] chèn 속옷 츤
【동】 1 안에 덧대다. ¶上一层布=천을 한 겹 대다. 2 부각시키다. 돋보이게 하다. 받쳐 주다. 두드러지게 하다. ¶红花还需绿叶~。=붉은 꽃은 초록색 잎사귀로 받쳐 줘야 한다. 3 돈을 주다. 도와 주다. 부조하다. ¶帮~=도와 주다. 【형】 안에서 받쳐 주는. 안에 덧대는. ¶一条~裙=속치마 하나. /一件~衫=셔츠 한 장. 【명】 (옷·신발·모자 등의) 안감. 심. ¶大衣里~=코트 안감.

○● 帮衬, 反衬, 烘hōng衬, 环huán衬, 炉lú衬, 陪péi衬, 铺pū衬, 映yìng衬, 轴zhóu衬

【衬布】chènbù 【명】 (옷의) 안. 안감. (의복의) 겉과 안 사이에 넣은 심.
【衬垫】chèndiàn 【명】 심. 속. 라이너(liner). 패킹(packing). 개스킷(gasket).
【衬裤】chènkù 【명】 속바지. 팬츠.
【衬里】chènlǐ 【명】 (옷의) 안. 안감.
【衬料】chènliào 【명】 (의복의) 겉과 안 사이에 넣은 심.
【衬领】chènlǐng 【명】 1 (떼어 내어 세탁할 수 있는 탈착식의) 덧깃. 칼라 라이닝(collar lining). =【护领】hùlǐng 2 빳빳하게 하려고 깃에 넣은 심.
【衬裙】chènqún 【명】 속치마. 슬립(slip). 페티코트(petticoat).
【衬衫】chènshān 【명】 와이셔츠. 셔츠. 블라우스. ≒衬衣
【衬托】chèntuō 【동】 부각시키다. 돋보이게 하다. 받쳐 주다. 부상시키다. 두드러지게 하다. 안받침하다. ¶牡丹在绿叶的~下显得格外娇艳。=모란은 초록 잎사귀가 받쳐 주는 가운데 유난히 아름답게 보인다.
【衬衣】chènyī 【명】 1 와이셔츠. 셔츠. 블라우스. 2 속옷. 언더웨어(underwear). ≒衬衫
【衬映】chènyìng 【동】 부각시키다. 돋보이게 하다. 받쳐 주다. 부상시키다. 두드러지게 하다. ¶大海在夕阳的~下格外迷人。=바다는 석양이 받쳐 주는 가운데 유달리 사람을 매혹시킨다.
【衬纸】chènzhǐ 【명】 (액자·사진틀의 그림·사진 아래에 댄) 받침 종이. 개스킷 페이퍼(gasket paper). 종이속.
【衬字】chènzì 【명】 츤자(襯字). [중국의 사(詞)나 곡(曲)을 지을 때 운을 맞추기 위해 규정 외에 넣는 글자]

**疢** chèn 열병 진
【명】 병(病). ¶~疾=질병.

**龀[齔]** chèn 이 갈 츤
동문 (아이가) 이를 갈다. 젖니를 갈다.

**\*称[稱]** chèn 어울릴 칭
동 1 어울리다. 맞다. 적합하다. ¶~体=몸에 맞다. 2 소유하다. 가지고 있다. 보유하다. ¶~几套房子=몇 채의 집을 소유하다. 형 알맞다. ¶匀~=균형이 잡히다.
☞ chēng, chèng

○● 对称, 匀yún称

【称配】chènpèi 동 어울리다. 서로 부합하다. ¶名实~=명실상부하다.
【称钱】chèn‖qián ☞【趁钱】chèn‖qián
【称身】chèn‖shēn 동 (옷이) 몸에 맞다. 몸에 어울리다.
【称体裁衣】chèntǐ cáiyī 성 1 몸에 맞추어 옷을 재단하다. 체격에 맞게 옷을 마름질하다. 2 비 실제 상황에 맞게 일을 처리하다.
【称心】[趁心] chèn‖xīn 동 마음에 들다. 마음에 맞다. 흡족하다. ¶如愿~=바람대로 되다.
【称心如意】chènxīn rúyì 성 마음에 꼭 들다. 자기 마음에 완전히 부합되다.
【称意】chèn‖yì 동 마음에 들다. 마음에 맞다. 의도에 완전히 부합되다. 만족되다. ¶人生在世, 难免有不~的事。=사람이 세상에 살면서 마음에 맞지 않는 일도 있게 마련이다.
【称愿】chèn‖yuàn 동 바라던 대로 되다. 소원 대로 되다. 뜻대로 되다. 잘되다. [주로 싫어하는 사람이 불행을 당했을 때 속이 후련하다는 의미로 쓰임]
【称职】chènzhí 동 (능력·생각 등이) 직무를 담당할 만하다. 그 직위에 알맞다. 적임이다. ¶干部是否~得群众说了算。=간부가 직무를 담당할 만한지는 대중의 의견이 가장 중요하다.

**儭[儭]** chèn 보시할 츤
동문 (도사·승려에게) 보시하다. 시주하다. 명문 보시(시주)(돈).
【儭钱】chèn·qian 명문 (도사·승려에게) 보시(시주)하는 돈.

**\*趁[(趂)]** chèn 좇을 진
개 …을[를] 틈타. (시간·기회 등을) 이용하여. ¶~虚而入=빈틈을 이용하여 들어가다. 동 1 문 따라잡다. 뒤쫓다. 2 방 부유하다. 가지다. 지니다. 보유하다. ¶~几吨货=몇 톤의 물건을 보유하다. ≒乘
【趁便】chèn‖biàn 부 …하는 김에. …하는 계제에. …을[를] 타서. …와[과] 겸하여. ¶你逛街的时候, ~给我买本书。=네가 거리에 나가는 김에 책을 한 권을 사다 주렴. ≒顺便
【趁火打劫】chènhuǒ-dǎjié 성 1 불난 틈을 타서 도적질을 하다. 2 비 다른 사람이 위험하거나 위급한 틈을 타서 남의 권익을 침범하다.
【趁机】chènjī 부 기회를 틈타서. 기회를 이용하

여. ¶~逃跑=기회를 보아서 도망치다. ≒乘机 乘隙
【趁空】chènkòng 부 틈타서. 틈을 내어. 짬을 내어. 기회를 타서[서]. ¶~出去旅游一下 儿=짬을 내어 놀러 한번 가자.
【趁亮】chènliàng 부 날이 밝은 때를 이용하여. 날이 지기 전에. ¶~追击敌人=날이 지기 전에 적을 추격하다.
【趁坡】chènpō 부구 기회를 타다〔포착하다〕. 유리한 형세를 타다. 추세를 좇다. 정세를 따르다. ¶~下驴=언덕에 도달하였을 때 나귀에서 내리다. 기회를 틈타 어떤 일을 도중에 그만두다.
【趁钱】[称钱] chèn‖qián 동문 돈이 있다. 돈이 많다.
【趁热打铁】chènrè-dǎtiě 성 1 쇠는 단 김에 두들겨야 한다. 2 비 유리한 시기나 조건을 포착하여 신속히 일을 마치다.
【趁热锅】chènrèguō 동문 유리한 조건이나 기회를 이용하여 일을 하다.
【趁人之危】chènrénzhīwēi ☞【乘人之危】chéngrénzhīwēi
【趁墒】chènshāng 동 땅에 수분이 충분히 있을 때를 포착하여〔이용하여·틈타서〕 파종하다.
【趁势】chènshì 부 유리한 형세를 이용하여〔틈타·포착하여〕. …하는 김에. ¶~追击敌人=유리한 형세를 이용하여 적을 추격하다.
【趁手】chènshǒu 부동 손에 잡히는 대로. 손가는 대로. …하는 김에. 계제에. ¶你出门的时候, ~把灯关了。=네가 나가는 김에 불을 꺼라.
【趁水和泥】chènshuǐ-huóní 성 1 물이 있을 때 진흙을 이기다. 2 비 기회를 틈타 일을 하다.
【趁心】chènxīn ☞【称心】chènxīn
【趁早】chènzǎo(~儿) 부 일찌감치. 서둘러서. 앞질러서. 규정 시간에 앞서. ¶~起程=일찍감치 출발하다.

**榇[櫬]** chèn 널 츤
명 관(棺).

**谶[讖]** chèn 조짐 참
명 조짐. 예언. 전조.
【谶纬】chènwěi 명 참위(讖緯). 도참(圖讖)과 위서(緯書).
【谶语】chènyǔ 명 참어. 참언(讖言).

**伧[傖]** ·chen 천할 창
☞【寒伧】hán·chen
☞ cāng

# cheng

**柽[檉]** chēng 위성류 정
아래를 참조.
【柽柳】chēngliǔ 명문(植) 정류(檉柳). 위성류(渭城柳). =【三春柳】sānchūnliǔ 【红柳】

**hóngliǔ**【观音柳】**guānyīnliǔ**

**琤** **chēng** 옥 소리 쟁
아래를 참조.
【琤琤】**chēngchēng** 의 1 쟁쟁. [옥기(玉器)가 부딪치는 소리] 2 둥당. 뚱땅. [거문고 타는 소리] 3 졸졸. 쫄쫄. [물 흐르는 소리]
【琤瑽】**chēngcōng** 의운 1 쟁쟁. [옥기(玉器)가 부딪치는 소리] 2 졸졸. 쫄쫄. [물 흐르는 소리] ¶溪水~=냇물이 졸졸 흐르다.

**\*\*称[稱]** **chēng** 잴 칭
동 1 (무게를) 측정하다. 재다. 달다. ¶把这些苹果~~~。=이 사과의 무게를 한번 달아 보세요. 2 부르다. 칭하다. 일컫다. …(이)라고 부르다. ¶~名道姓=이름과 성을 (이렇게) 부르다. 3 말하다. ¶连声~美=거듭 아름답다고 말하다. 4 칭찬하다. 칭송하다. 치하하다. ¶再三~赏=재삼 칭찬하다. 5 운 들다. ¶~觞祝寿=잔을 들고 생신을 축하하다. 6 (권세를 믿고) 자칭하다. 스스로 일컫다. 자처하다. 행세하다. ¶~王=왕으로 자처하다. 명 호칭. 명칭. 칭호. ¶尊~=존칭(尊稱). / 俗~=속칭(俗稱). ≒约(yāo)
☞ **chèn**, **chèng**

◐─◑ 爱称, 标称, 别称, 公称, 号称, 口称, 美称, 名称, 声称, 通称, 统称, 妄**wàng**称, 宣**xuān**称, 憎**zēng**称, 职**zhí**称, 著称, 自称, 尊**zūn**称

【称霸】**chēngbà** 동 1 (권세에 의존하여) 억누르다. 군림하다. ¶~一方=한 지역에서 군림하다. 2 운 제패하다. 군림하다. 패권을 차지하다. ¶~影坛=영화계에서 제일인자로 군림하다. ≒称雄
【称便】**chēngbiàn** 동 편리하다고 말하다〔여기다〕. ¶商场增设了顾客休息处, 人们无不~。=대형 마트에 고객 휴게실을 증설했더니 사람들마다 편리하다고 말한다.
【称兵】**chēngbīng** 동운 군사 행동을 취하다. 거병(擧兵)하다.
【称病】**chēngbìng** 동 병을 구실로 삼다. 꾀병을 부리다. ¶~隐退=병을 구실삼아 물러나다.
【称不起】**chēng·buqǐ** 1 (측정 한도를 넘어서) 무게를 잴 수 없다. ¶盘秤~那么多的苹果。=저울로 그렇게 많은 사과를 달 수 없다. 2 (능력·품행 등이) …(이)라고 불릴 자격이 없다. …(이)라고 할 수 없다. ¶~品学兼优。=그는 품행과 학업이 모두 우수하다고 말할 수는 없다.
【称臣】**chēngchén** 동 1 신하를 자칭하고 통치를 받다. 신하가 되다. 2 운 굴복하다. 항복하다. ¶俯首~=머리를 숙이고 굴복하다.
【称大】**chēng**‖**dà** 동 윗사람 행세를 하다. 거드름을 피우다. ¶他不从在下属面前~。=그는 아랫사람 앞에서 거드름을 피운 적이 없다.
【称贷】**chēngdài** 돈을 빌리다〔꾸다〕.
【称道】**chēngdào** 동 칭찬하다. 칭송하다. 좋게 말하다. 치하하다. ¶他的高尚节操为世人~。=그의 고상한 절개는 세상 사람들에게 칭송을 받는다. ≒称赞 称誉

【称得起】**chēng·deqǐ** 동 1 무게를 측정할 수 있다. ¶磅秤能~那麻袋米。=계량 저울로 그 마대의 쌀을 측정할 수 있다. 2 (능력·품행 등이) …(이)라고 불릴 자격이 있다. …(이)라고 할 만하다. ¶他~是一个清官。=그는 청렴한 관리라고 할 만하다.
【称得上】**chēng·deshàng** 동 (능력·품행 등이) …(이)라고 불릴 자격이 있다. …(이)라고 할 만하다. ¶他~廉洁奉公。=그는 청렴결백하고 멸사봉공한다고 할 만하다.
【称帝】**chēngdì** 동 (스스로) 황제라고 일컫다. 왕위에 오르다.
【称孤道寡】**chēnggū-dàoguǎ** 성 1 임금이 스스로 '孤·寡人'이라고 일컫다.〔'孤'와 '寡人'은 고대 군주의 자칭임〕 2 비 제멋대로 최고〔우두머리〕라고 자처하다. 우쭐대다. 독판치다.
【称号】**chēnghào** 명 (주로 영광스런) 칭호. 호칭. ¶荣誉~=명예 칭호.
【称贺】**chēnghè** 동 축하하다. ¶~道喜=축하하고 기뻐하다.
【称呼】**chēng·hu** 동 …(이)라고 부르다〔일컫다〕. ¶我~你老王可以吗?=내가 당신을 '老王'이라고 불러도 되겠습니까? 명 (인간 관계상의) 호칭.
【称斤掂两】**chēngjīn-diānliǎng** 성 1 무게의 아주 작은 차이라도 세세하게 따지다. 2 너무 지나치게 따지다〔계산하다〕.
【称绝】**chēngjué** 동 절찬하다. 극도로 칭찬하다. ¶声声~=말마다 절찬하다. 절찬이 끊이지 않다.
【称快】**chēngkuài** 동 쾌재를 부르다. 통쾌해하다. ¶拍手~=손뼉을 치며 쾌재를 부르다.
【称量】**chēngliáng** 동 무게를 달다〔측정하다〕. ¶~体重=체중을 측정하다.
【称奇】**chēngqí** 동 기이하다고 여기다. 기묘함에 탄복하다. ¶黄山的松树姿态各异, 无不令人~。=황산의 소나무는 모습이 제각각이어서, 기묘함에 탄복하지 않는 사람이 없다.
【称赏】**chēngshǎng** 동 칭찬하다. 칭송하다. 중시하다. 인정하다. 찬양하다. ¶他学识渊博, 常为人~。=그는 학식이 풍부하여 항상 사람들로부터 칭송받는다.
【称述】**chēngshù** 동 말하다. 이야기하다. 진술하다. ¶老师兴致勃勃地~古代的轶闻趣事。=선생님은 흥미진진하게 고대의 재미난 이야기들을 들려주었다.
【称说】**chēngshuō** 동 말할 때 사물의 이름을 부르다. ¶~近代重大历史事件=근대의 중대한 역사 사건의 이름을 들어가며 이야기하다.
【称颂】**chēngsòng** 동 칭송하다. 찬미하다. 칭찬하다. ¶人们无不~英雄的壮举。=사람들은 너나할것없이 영웅의 거사(擧事)를 칭송한다.
【称叹】**chēngtàn** 동 찬탄하다. 감탄하다. ¶由衷~=진심으로 감탄하다.
【称王称霸】**chēngwáng chēngbà** 성 1 주제를 모르고 우두머리로 자처하다. 2 비 권세에 기

대어 다른 사람을 억누르다. 제멋대로 행패를 부리다.

【称为】 chēngwéi 동 …(이)라고 부르다〔불리우다·일컫다·칭하다〕. ¶后人将晚唐著名诗人李商隐、杜牧~'小李杜'.=후대 사람들은 만당(晚唐)의 유명한 시인 이상은과 두목을 '小李杜(소이두)'라고 부른다.

【称谓】 chēngwèi 명 (인간 관계상의) 호칭. 명칭. 칭호.

【称贤举能】 chēngxián-jǔnéng 성 훌륭한 인재를 칭찬하고 능력 있는 사람을 천거하다.

【称羡】 chēngxiàn 동 칭찬하고 부러워하다. ¶~不已=칭찬하고 부러워 마지않다.

【称谢】 chēngxiè 동 감사하다고 말하다. 사의(謝意)를 표하다. ¶连声~=연거푸 감사하다고 말하다.

【称兄道弟】 chēngxiōng-dàodì 성 호형호제하다. 아주 친근한 사이. 절친한 친구. [나쁜 뜻으로도 쓰임]

【称雄】 chēngxióng 동 1 (무력이나 특별한 세력 등에 업고) 한 지역에서 군림하다. ¶~割据=군림하며 할거하다. 2(비) 어떤 분야에서 최고로 군림하다. ¶~世界足坛=세계 축구계에서 제일인자로 군림하다. ≒称霸

【称许】 chēngxǔ 동 칭송하다. ¶他乐于助人，深受邻里~。=그는 사람 도와 주기를 좋아하여 이웃들의 칭송을 많이 받는다.

【称扬】 chēngyáng 동 칭송하다. 찬양하다. ¶~先烈的丰功伟绩=선열들의 위대한 업적을 칭송하다.

【称引】 chēngyǐn 동(문) (말이나 사례를) 인용하여 증명하다. 인증하다.

【称誉】 chēngyù 동 칭찬하다. ¶他精彩的演技为观众所~。=그의 뛰어난 연기는 관중들에게 칭찬을 받았다. ≒称赞 称道

【称赞】 chēngzàn 동 칭찬하다. 찬양하다. ¶交口~=입을 모아 칭찬하다. ≒称道 称誉

【称之为】 chēngzhīwéi 동 …을〔를〕 …(이)라고 부르다〔칭하다〕. ¶人们把这种现象~'包二奶'。=사람들은 이런 현상을 '包二奶(첩을 둔다)'라고 부른다.

【称字】 chēngzì 동 (경의를 표하여 이름을 부르지 않고) 자(字)를 부르다.

【称尊】 chēngzūn 동 1 황제로 칭하다. 2 스스로 제일〔최고〕로 여기다. ¶盲目~=맹목적으로〔덮어놓고〕 스스로를 최고라고 생각하다.

【称作】 chēngzuò 동 …(이)라고 부르다〔불리다·일컫다〕.

## 蛏[蟶] chēng 긴맛 정

명(動) 맛조개. 긴맛(조개).

【蛏干】 chēnggān 명 말린 맛조개.

【蛏田】 chēngtián 명 (해변의) 맛조개 양식장.

【蛏油】 chēngyóu 명 맛조개로 만든 조미료. [말린 맛조개를 가공할 때 나오는 국물을 농축하여 만듦]

【蛏子】 chēng·zi ☞【缢蛏】 yìchēng

*铛[鐺] chēng 솥 쟁

명 프라이팬.
☞ dāng

偁 chēng 잴 칭
동(문) '称(chēng)'과 같음.

撑 chēng 버틸 탱
동(문) '撑(chēng)'과 같음.
☞ chèng

赪[赬] chēng 붉을 정
형(문) 붉다.

*撑[(撐)] chēng 버틸 탱
동 1 받치다. 괴다. 버티다. ¶他~着下巴小睡。=그는 턱을 괴고 잠깐 잠을 잤다. 2 상앗대〔삿대〕로 배를 젓다. ¶~船靠岸=상앗대로 배를 저어 강가에 대다. 3 지탱하다. 버티다. 참다. 견디다. 유지하다. ¶支~门户=집안을 유지하다. 4 (더 이상 담을 수 없을 만큼) 가득 채우다. 꽉 채우다. ¶今天吃得太多，~死了。=오늘은 너무 많이 먹어서, 배가 불러 죽을 지경이다. 5 펼치다. 펴다. 열다. 벌리다. ¶~伞=우산을 펴다.

【撑不住】 chēng·buzhù 지탱할 수 없다. 버틸 수 없다. 견디지 못하다. 참을 수 없다. ¶这工作太累人了，我快~了。=이 일은 너무 힘들어서 더 이상 버틸 수 없다. ↔撑得住

【撑场面】 chēng chǎngmiàn 동 억지로 체면을 유지하다〔세우다〕. 겉치레하다. 애써 모양새를 갖추다. =【撑门面】 chēng mén·mian ¶今天她的餐馆开张，很多朋友来给她~。=오늘 그녀의 음식점이 개업하였는데, 많은 친구들이 와서 그녀의 체면을 세워 주었다.

【撑持】 chēngchí 동 (억지로) 지탱하다. 버티다. 견디다. 유지하다. ¶~局面=국면을 억지로 유지하다.

【撑船】 chēngchuán 동 상앗대〔삿대〕로 배를 젓다. ¶~渡河=삿대로 배를 저어 강을 건너다.

【撑得慌】 chēng·dehuāng 동(과식으로) 배가 거북하다. 배가 몹시 부르다.

【撑得住】 chēng·dezhù 동 (어려운 조건에서) 지탱할 수 있다. 버틸 수 있다. 참을 수 있다. 견딜 수 있다. 유지할 수 있다. ¶虽然饿得慌，但还是能~。=배가 고파 죽겠지만 그래도 아직 견딜 수 있어. ↔撑不住

【撑肚子】 chēng dù·zi 동 (과식으로) 배가 거북하다. 배가 몹시 부르다.

【撑杆】[撑竿] chēnggān 명(體) 장대높이뛰기용 장대.

【撑杆跳高】[撑竿跳高] chēnggān tiàogāo 명(體) 장대높이뛰기.

【撑竿】 chēnggān ☞【撑杆】 chēnggān

【撑竿跳高】 chēnggān tiàogāo ☞【撑杆跳高】 chēnggān tiàogāo

【撑开】 chēngkāi 동 (억지로) 열다. 벌리다. 펼

치다. 펴다. ¶~猪嘴喂药=돼지 입을 억지로 벌리고 약을 먹이다.

【撑门面】chēng mén·mian ☞【撑场面】chēng chǎngmiàn

【撑破】chēngpò 〔동〕 너무 가득 차서 터지다. ¶差点儿把口袋都~了。=하마터면 주머니가 터질 뻔했다.

【撑伞】chēngsǎn 〔동〕 우산을 펴다. ¶下雨了, 快~!=비가 오니 얼른 우산을 펴라!

【撑死】chēngsǐ 〔부〕〔속〕 기껏해야. 많아야. 많이 보았자. ¶这件衣服~也就值三百块钱。=이 옷은 기껏해야 300위안 짜리 정도이다.

【撑腰】chēng·yāo 〔동〕〔비〕 버팀목이 되어 주다. 뒷받침해 주다. 지지해 주다. 후원해 주다. ¶他那么胆大妄为, 肯定有人替他~。=그가 그렇게 함부로 행동하는 것으로 보아 분명 그를 뒷받침해 주는 사람이 있다.

## 噌 chēng 소리 쟁

아래를 참조.
☞ cēng

【噌吰】chēnghóng 〔의〕〔문〕 땡땡. 둥둥. [종·북을 두드리는 소리]

## 瞠 chēng 똑바로 볼 당

〔동〕〔눈을〕 휘둥그렇게 뜨고 보다.

【瞠乎其后】chēnghū-qíhòu 〔성〕 1 뒤져서 바라보기만 하다. 빤히 보면서 따라잡지 못하다. 따라잡지 못하고 안절부절못하다. 2 힘껏 남을 따라 해도 크게 미치지 못하다.

【瞠目】chēngmù 〔동〕 1 (눈이) 휘둥그레지다. 2 궁지에 빠진 모습. 놀라 어리둥절한 모습. ¶~而视=눈을 휘둥그렇게 뜨고 쳐다보다.

【瞠目结舌】chēngmù-jiéshé 〔성〕 1 눈만 휘둥그렇게 뜬 채 말을 못 하다. 2 〔비〕 넋이 나가다. 매우 난처해지다. 놀라서 어리둥절한 모양. ≒目瞪口呆 呆若木鸡

【瞠然】chēngrán 〔형〕〔문〕 (놀라거나 두려움으로) 눈이 휘둥그레진 모습. ¶~不知所措。=눈이 휘둥그렇게 뜨고 어찌할 바를 모르다.

## **成 chéng 이룰 성

〔동〕 1 완성하다. 성공하다. 이루다. ¶一气呵~=단숨에 일을 해치우다. / 功~名就=공을 세워 명성을 떨치다. 2 …이〔가〕 되다. …(으)로 변하다. ¶铁杵磨~针。=쇠절굿공이를 갈아 바늘을 만들다. 3 (남을 도와) 성사시키다. 완성시키다. 달성케 하다. ¶玉~其事=그 일을 훌륭히 성사시키다. 4 (생물이 형태를 갖추거나 성숙 단계까지) 성장하다. 자라다. ¶~串的葡萄=송이송이 맺은 포도。 5 대단하다. 훌륭하다. 능력이 있다. ¶小小年纪, 做那么多的事, 真~! =어린 나이에 그렇게 많은 일을 해낼 수 있다니, 정말 대단하다! 6 괜찮다. 좋다. 오케이. [동의·승낙 허 등을 나타냄] ¶~,

○ 成 chéng
城 chéng
诚 chéng
铖 chéng
盛 shèng
晟 shèng

就按你的意见办。=좋아, 네 의견대로 하자. 〔형〕 1 일정한 단위에 이르다. [시간이 오래 되거나 수량이 많은 것을 강조함] ¶~倍增加=배로 증가하다. 2 (이미) 고정된. 결정된. 정해진. 갖추어진. 기존의. ¶不拘一~=선입견에 얽매이지 않다. / 依~例而为。=관례대로 행하다. 3 다 자란. 성숙한. ¶~人世界=어른들의 세계. 〔명〕 1 성과. 성취. 이룸. ¶收~=수확. / 坐享其~=가만히 앉아 남의 노동의 성과를 누리다. 2 (Chéng) 성(姓). 〔양〕 (~儿) 10분의 1. 할. ¶开了几年, 车子还有八~新。=몇 년을 타고 다녔는데도 차가 아직 80%는 새 것이다. ↔败

○→ 促cù成, 达dá成, 构gòu成, 合成, 老成, 礼成, 落成, 年成, 收成, 守shǒu成, 速sù成, 提成, 完成, 现成, 形成, 有成, 圆成, 赞zàn成, 责zé成, 组zǔ成, 作成, 集大成

【成案】chéng'àn 〔명〕〔法〕 1 판례. 구례(舊例). 2 (심리를 기다리는) 안건.

【成百上千】chéngbǎi-shàngqiān 〔성〕 1 수백 수천에 달하다〔이르다〕. 2 〔비〕 매우 많다.

【成败】chéngbài 〔명〕 성패. 성공과 실패. ¶莫以~论英雄。=성패로 영웅을 논하지 마라.

【成帮结伙】chéngbāng-jiéhuǒ 〔성〕 무리를 짓다. 패거리를 만들다.

【成本】chéngběn 〔명〕〔經〕 원가. 자본금. ¶~投入=자본금 투입.

【成本大套】chéngběn-dàtào 〔성〕〔비〕 내용이 풍부하면서 체계적이다.

【成本核算】chéngběn hésuàn 〔동〕〔經〕 (상품의 원가를) 산출하다. 계산하다. 따져 보다.

【成才】chéngcái 〔동〕 인재가 되다. 재목이 되다. 쓸모 있는 사람이 되다. ¶自学~=독학으로 인재가 되다. ≒成材

【成材】chéngcái 〔동〕 1 재료로 쓸 수 있다. 2 〔비〕 인재가 되다. 재목이 되다. 쓸모 있는 사람이 되다. ¶~之路=인재가 되는 길. 〔명〕 1 원목을 잘라서 얻은 목재. 2 가공을 거쳐 직접 사용할 수 있는 목재. ≒成才

【成材林】chéngcáilín 〔명〕 1 재목을 제공할 수 있는 숲. 용재림(用材林). 2 재목이 될 만큼 나무가 자란 숲.

【成虫】chéngchóng 〔명〕〔動〕 성충.

【成畜】chéngchù 〔명〕〔動〕 성축. 번식력을 갖춘 가축.

【成都】Chéngdū 〔명〕〔地〕 청두. [쓰촨(四川)성의 성도]

【成堆】chéngduī 〔동〕 1 산적하다. 더미로 쌓이다. ¶垃圾~=쓰레기가 산더미처럼 쌓이다. 2 〔비〕 매우 많다. ¶烦恼~=걱정이 태산이다.

【成对】chéngduì 〔동〕 쌍〔짝〕을 이루다.

【成对成双】chéngduì-chéngshuāng 〔성〕 둘씩 짝을 이루다. =【成双成对】 chéngshuāng-chéngduì

【成法】chéngfǎ 〔명〕 1 정해진〔갖춰진〕 방법. ¶改革没有~可依, 要在实践中慢慢摸索。=개혁에는 정해진 방법이 없으니 실천 과정에서 천천히

히 모색하여야 한다. **2**(法) 실정법. ¶因循~ = 실정법을 그대로 따르다.

【成方】**chéngfāng**(~儿)명(醫) 기존의 처방. [의사가 진료 후 새로 내는 처방과 구별됨]

【成分】【成份】**chéng·fèn** 명 **1**(구성) 성분. 요소. ¶化学~ = 화학적 성분. **2** 출신. 직업. 신분. 계급. ¶干部~ = 간부 출신.

【成分输血】**chéng·fèn shūxuè** 명(醫) 성분 수혈.

【成份】**chéng·fèn** ☞【成分】**chéng·fèn**

【成风】**chéngfēng** 동 널리 퍼지다. 일반화되다. 보편화되다. 유행하다. ¶蔚然~ = 널리 유행하다.

【成佛】**chéngfó** 동 **1**(佛) 성불하다. **2** 죽다.

【成服】**chéngfú** 형 (죽은 이의 친족이) 상복을 입다. 성복하다. ¶尊礼~ = 상복을 입고 상례(喪禮)를 받들다. 명 기성복. ¶销售~ = 기성복을 판매하다.

【成个儿】**chénggèr** 형 **1**(生) (생물이 거의) 자라다. 익다. 여물다. 성장하다. ¶梨子已经~了. = 배가 벌써 거의 다 익었다. **2**(비) 모양이 나다. 틀이 잡히다. ¶练习一段时间后, 他的字开始~了. = 일정 기간을 연습한 후에야 그의 글씨는 틀이 잡히기 시작했다.

【成功】**chénggōng** 동 성공하다. 이루다. ¶经过不懈的努力, 他终于~. = 꾸준한 노력으로 그는 마침내 성공하였다. 형 성공적이다. ¶~的广告创意 = 성공적인 광고 고안. ≒胜利 ↔失败

【成功率】**chénggōnglǜ** 명 성공률.

【成规】**chéngguī** 명 (기존의) 규칙. 방법. 상규(常规). ¶打破~ = 기존의 규칙을 깨뜨리다.

【成果】**chéngguǒ** 명 성과. 결과. ¶劳动~ = 노동 성과.

---

成果(chéngguǒ) / 成绩(chéngjì) / 成就(chéngjiù) 성과

成果 : 열심히 노력해서 얻은 좋은 결과를 말함. ¶今天取得这样丰硕的成果是由于大家的努力. = 오늘날 이렇게 큰 성과를 거둔 것은 모두 여러분들의 노력의 덕택이다.

成绩 : 일·공부·체육 따위에서 얻은 성적을 말함. ¶他汉语考试成绩不错. = 그의 중국어 시험 성적은 좋다.

成就 : 사회적 의미가 중대하거나 비교적 큰 성공 또는 드러나는 성과 등을 말함. ¶我国改革开放的成就是伟大的. = 우리 나라[중국] 개혁·개방의 성과는 위대한 것이다. / 在心脏外科方面取得巨大的成就. = 심장 외과 방면에서 대단한 성과를 얻다.

---

【成行】**chéngháng** 동 줄을 짓다. 행렬을 이루다. ¶绿树~ = 푸른 나무가 줄지어 있다.

【成何体统】**chéng hé tǐtǒng** 숙 예의에 어긋나다. 윤리 도덕에 위배되다.

【成欢】**chénghuān** 동 **1** 즐겁고 기뻐하다. 즐거워하다. ¶气不~ = 화가 나서 기분이 풀어지지 않다. **2**(남녀가) 성교하다. 즐기다.

【成婚】**chénghūn** 동 성혼하다. 결혼하다. ≒成亲

【成活】**chénghuó** 동(生) (배양한 동식물이 탄생 초기 또는 종식 후에) 활착(活着)하다. 자리를 잡다. 살아남다. ¶新栽的树苗~了大半. = 새로 심은 묘목이 대부분 살았다.

【成活率】**chénghuólǜ** 명(生) 활착율(活着率).

【成绩】**chéngjì** 명 **1** (일·학업상의) 성적. 성과. 수확. ¶经济建设取得优异的~. = 경제 건설에서 특출한 성과를 거두다. **2** (문화·오락·체육 따위의) 성적. 결과. ¶比赛~ = 경기 결과(성적). **3** (시험) 점수. 성적. ¶高考~ = 대입 시험 성적.

【成家】**chéng‖jiā** 동 **1** (남자가) 결혼하다. ¶~立业 = 결혼하여 자립하다. **2** 전문가가 되다. 일가를 이루다. ¶成名~ = 명성을 떨치고 일가를 이루다.

【成家立业】**chéngjiā-lìyè** 성 결혼하여 자립 [독립]하다. 가업을 일으키다.

【成价】**chéngjià** 명(經) 약정 가격(約定價格). 매매 성립 가격.

【成奸】**chéngjiān** 동 간통(姦通)하다. ¶勾搭~ = 남녀가 사통(私通)하다.

【成见】**chéngjiàn** 명 **1** 선입견. 편견. [주로 나쁜 것을 가리킴] ¶破除~ = 선입견을 깨다. **2** 고정 관념. ¶对人对事都不能有~. = 사람에 대해서나 일에 대해 모두 고정 관념을 가져서는 안 된다. ≒偏见

【成交】**chéng‖jiāo** 동 거래가 성립하다. 매매가 성립되다. ¶这幅画最终以高价~. = 이 그림은 마침내 높은 가격에 거래가 성사되었다.

【成交额】**chéngjiāo'é** 명 거래액.

【成教】**chéngjiào** ☞【成人教育】**chéngrén jiàoyù**

【成精】**chéngjīng** 동 **1** (사람·사물이) 요괴로 둔갑하다. **2**(비) (사람이) 극악무도하다. **3**(비) (유별나게) 총명하다. 영특하다. [주로 아이를 가리키며, 해학적인 의미를 내포함]

【成精作怪】**chéngjīng-zuòguài** 성 **1** (사물·짐승 등이) 요괴로 둔갑하여 사람을 해치다. **2**(비) 아이가 잔꾀를 부려 말썽을 피우다.

【成就】**chéngjiù** 명 (사업상의) 성취. 성과. 업적. ¶~非凡 = 성과가 뛰어나다. 동 (주로 사업을) 완성하다. 이루다. ¶~一番事业 = 하나의 사업을 이루어 내다.

【成就感】**chéngjiùgǎn** 명 성취감. ¶工作得到领导认可让他很有~. = 업무에서 상사의 인정을 받아 그는 큰 성취감을 맛보았다.

【成局】**chéng‖jú** 동 (어떤) 국면을 이루다. 대세가 정해지다. ¶那事业已~. = 그 사업은 이미 대세가 정해졌다. 명 이미 형성된 국면. 이미 결정된 일. ¶这结果已是~. = 이 결과는 이미 결정된 것이다.

【成句】**chéngjù** 명 기존의 문구[구절]. ¶这些语言不过都是别人滥用了的~罢了. = 이러한 말은 모두 다른 사람이 질리도록 사용한 문구에 불과하다.

【成军】**chéngjūn** 동 **1**(軍) 군대를 조직[편성]

하다. ¶溃不～=군대가 참패하여 대오를 이루지 못하다. 2㉠ (경기·시합의) 팀을 짜다. ¶我们准备参赛的合唱队已经～。=시합 참가를 대비한 우리 합창단은 이미 구성되었다.

【成矿】chéngkuàng 통(礦) (지하 매장 물질이) 광물(鑛物)이 되다. 광화(鑛化)되다.

【成了】chéng·le 통 1 되다. 변하다. ¶上网聊天～一种时尚。=인터넷 채팅은 일종의 사회 풍조가 되었다. 2 성사되다. 완성하다. 달성하다. 성공하다. ¶他俩的婚事～了。=두 사람의 혼사가 이루어졌다. 3 좋다. 괜찮다. 됐다. ¶事情办成这样也算～。=일처리가 이 정도면 괜찮은 편이다.

【成立】chénglì 통 1 (조직·기구 등을) 창립하다. 설립하다. 결성하다. ¶～舞蹈队=무용단을 결성하다. 2 (의견·이론 등이) 성립되다. 근거가 있다. ¶你的这种说法不能～。=너의 이런 견해는 성립될 수 없다.

【成例】chénglì 명 전례. 선례. 관례. ¶引述～=선례를 들어 말하다.

【成殓】chéngliàn 통 입관(入棺)하다. ≒入殓

【成林】chénglín 통 1 대단위로 심은 묘목이 자라 숲이 되다. ¶几年前栽的树苗已经～。=수년 전에 심었던 묘목은 이미 숲이 되었다. 2 숲을 이루다. ¶独木不～。=한 그루의 나무로는 숲을 이룰 수 없다.

【成龙】chénglóng 통 1 용이 되다. 2㉠ 우수한 인재가 되다. 입신출세하다. ¶望子～=자신의 아이가 훌륭한 인물이 되길 바라다.

【成龙配套】chénglóng-pèitào ㉠ 조합하여 완성하다. =【配套成龙】pèitào-chénglóng

【成寐】chéngmèi 통(문) 잠들다. 잠을 이루다. ¶夜不～=밤새 잠을 이루지 못하다.

【成眠】chéngmián 통 잠들다. ¶难以～=좀처럼 잠들지 못하다.

【成名】chéng‖míng 통 명성을 얻다. 명성을 날리다. 이름을 떨치다. 유명해지다. ¶精彩的演出使他一夜～。=훌륭한 공연으로 그는 하룻밤 사이에 유명 인사가 되었다.

【成名成家】chéngmíng-chéngjiā ㉠ 명성을 떨쳐 일가를 이루다. 업적과 명성으로 전문가가 되다.

【成名作】chéngmíngzuò 명 성공작. [작가에게 명망을 안겨 준 작품]

【成命】chéngmìng 명 이미 내린 명령[결정]. ¶收回～=이미 내렸던 결정을 철회하다.

【成年】chéngnián 통 1 (사람이) 성년이 되다. ¶～人=성인. 2 (고등 동물·나무 등이) 다 자라다. ¶～树=다 자란 나무. 명 1 성인. ¶他已是～了。=그는 이미 성인이다. 2 일년 내내. ¶～在外奔波。=일년 내내 밖에서 바쁘게 뛰어다니다. →幼年

【成年累月】chéngnián-lěiyuè ㉠ 오랜 세월. 장구한 역사. =【整年累月】zhěngnián-lěiyuè

【成年人】chéngniánrén 명 성년.

【成批】chéngpī 명 대량. 다량. 다수. ¶～生产=대량 생산.

【成癖】chéngpǐ 통㉠ 오랜 습관이 되다. ¶贪杯～=술에 절어 산다.

【成片】chéngpiàn 통 여러 개체가 연결되어 완전한 덩어리를 이루다. ¶原来分散的蔬菜大棚现在都集中～了。=원래 분산되었던 채소 비닐하우스가 지금은 한 덩어리로 집결되어 있다. 형 대단위의. 광활한. 드넓은. ¶～的果林=대단위의 과수림.

【成品】chéngpǐn 명 완성품. 완제품.

【成品粮】chéngpǐnliáng 명(農) (직접 또는 약간의 가공을 거쳐 불에 익혀 먹을 수 있는) 식량. 양곡. [예컨대 녹두·쌀 등]

【成气候】chéng qìhòu ㉤㉠ 1 성과가 있다. 장래가 밝다. [주로 부정형으로 쓰임] ¶别小看他, 说不定他还真能～。=그를 얕보지 마라, 정말 성공할지도 모른다. 2 일정한 규모가 되다. 일정한 영향을 미치다. ¶不正之风成了气候就很难利住。=부정부패가 뿌리내리면 근절하기 아주 어렵다.

【成器】chéngqì 통 1 쓸모 있는 물건이 되다. 2㉠ 인재가 되다. 유용한 사람이 되다. ¶那么小就考上大学, 这孩子可真～! =그 어린 나이에 대학 시험에 합격하다니, 이 아이는 정말 재목감이야!

【成千成万】chéngqiān-chéngwàn ☞【成千上万】chéngqiān-shàngwàn

【成千累万】chéngqiān-lěiwàn ☞【成千上万】chéngqiān-shàngwàn

【成千上万】chéngqiān-shàngwàn ㉠ 수천수만. 대단히 많다. =【成千成万】chéngqiān-chéngwàn 【成千累万】chéngqiān-lěiwàn

【成亲】chéng‖qīn 통 결혼하다. ¶他们什么时候～? =그들은 언제쯤 결혼하나요? ≒结婚

【成趣】chéngqù 통(문) 흥취를 자아내다. 정취가 있다. ¶画中的猫和花鸟相映～。=그림 속에 있는 고양이와 꽃과 새가 서로 어우러져 흥취를 자아내다.

【成全】chéngquán 통 (남을 도와) 성사시키다. 완성시키다. 달성케 하다. 일을 이루게 해 주다. ¶这事行不行还得仗你们～。=이 일의 성패는 그래도 너희들의 도움에 달려 있다.

【成群】chéngqún 통 무리를 이루다. 떼를 짓다. ¶野鸭～=물오리가 떼를 짓다.

【成群结队】chéngqún-jiéduì ㉠ 모여서 무리를 이루다.

【成群结伙】chéngqún-jiéhuǒ ㉠㉤ 한패가 되다. 떼를 짓다. 무리를 이루다.

【成人】chéng‖rén 통 어른이 되다. ¶长大～=성장하여 어른이 되다.

【成人】chéngrén 명 성인. 어른. ¶～和孩子的营养需求是不一样的。=성인과 어린이가 필요로 하는 영양소는 각각 다르다. / ～商店=성인용품점.

【成人不自在】chéngrén bù zì·zai ㉠ 성공하려면 안일(安逸)에 빠지지 말고 반드시 노력을 기울여야 한다.

【成人高考】chéngrén gāokǎo 몡 방송 대학·야간 대학·통신 대학 등의 입학 시험.
【成人教育】chéngrén jiàoyù 몡(教) (방송 대학·야간 대학·통신 대학 등의) 성인 교육. ⑨【成教】chéngjiào
【成人之美】chéngrénzhīměi 솅 남의 좋은 일을 도와 성사시켜 주다. 남의 성공을 도와 주다. 남의 일이 잘 되도록 도와 주다.
【成仁】chéngrén 통 사업[이상]을 위해 생명을 희생하다. ¶~取义=정의를 위해 자기를 희생하다.
【成日】chéngrì 뙨 하루 종일. 온종일. ¶不知为什么, 他~愁眉苦脸。=무슨 일인지 몰라도 그는 온종일 얼굴에 수심이 가득하다.
【成色】chéngsè 몡 1 순도. (금·은 등의) 함량. ¶这枚铂金钻戒的~不错。= 이 백금 다이아몬드 반지의 순도는 정확하다. 2 품질. 질량. ¶这套家具~好, 式样也别致。= 이 가구는 품질이 좋고, 스타일도 독특하다.
【成事】chéng∥shì 통 성사시키다. 일을 이루다. 성공하다. ¶谋事在人, ~在天。=일의 계획은 사람이 하지만, 그 일의 성패는 하늘에 달려 있다.
【成事】chéngshì 몡(文) 과거지사(過去之事). 지난 일. ¶休提~=지난 일은 말도 하지 마라.
【成事不足, 败事有余】chéngshì bùzú, bàishì yǒuyú 솅 1 일을 성공시키기에는 부족하고 망치기에는 남는다. 2(비) 일을 성공시키지 못하고 오히려 망치다. [무능한 사람을 가리켜 표현하는 말]
【成书】chéngshū 몡 전해지는 책. 이미 출판된 책. 통 책이 되다. 책으로 쓰여지다. 출판되다. ¶《红楼梦》~于清代。=《紅樓夢(홍루몽)》은 청(清)대에 쓰여졌다.
【成熟】chéngshú 혱 1(生) (식물의 열매 등이) 익다. 여물다. ¶苹果~了。=사과가 익었다. 2(生) (생물체가) 성숙하다. 3(비) 완숙되다. 무르익다. 숙련되다. ¶我的想法还不~。=나의 생각은 아직도 미숙하다. ↔幼稚
【成熟期】chéngshúqī 몡 1 (생물체의) 출생에서 성숙까지의 시간. 2 성숙기. ¶橘子已进入~了。= 귤은 이미 성숙기에 들어섰다.
【成数】chéngshù 몡 1(数) (우수리가 없는) 정수. 어림수. 2(数) 비율. 3 백분율. 비율. ¶计算生产~=생산 비율을 계산하다.
【成双成对】chéngshuāng-chéngduì ☞【成对成双】chéngduì-chéngshuāng
【成说】chéngshuō 몡 1(옌) (기존의) 약정. 합의. 언약. ¶已有~=이미 약정이 있다. 2 통설. 정설. ¶学术研究不能拘泥于~, 要有创见。=학술 연구는 기존 학설에 구애받아서는 안 되고, 창조적인 견해가 있어야 한다.
【成讼】chéngsòng 통(法) 소송을 하게 되다. ¶调节不成, 双方最终~。=합의가 이루어지지 않아 쌍방은 결국 소송을 하게 되었다.
【成诵】chéngsòng 통 (책을 읽고 난 후) 외울 수 있다. 암송할 수 있다. ¶过目~=한 번 보고

외우다.
【成俗】chéngsú 몡 기존의 풍속. 속속. ¶沿袭~=기존의 풍속을 답습하다. 통 풍속이 되다. 속속하다. ¶业已~=이미 풍속이 되다.
【成算】chéngsuàn 몡 이미 내린 결정. 이미 세운 계획. ¶已有~=이미 세운 계획이 있다.
【成套】chéng∥tào 통 한 세트를 이루다. 조를 이루다. ¶坏了一个, 这套餐具不~了。=하나가 망가져서 이 식기들은 한 벌이 안 된다. 몡 (완전한) 한 벌. 한 세트. ¶~销售=세트로 팔다.
【成套设备】chéngtào shèbèi 몡 플랜트(plant).
【成天】chéngtiān 몡(口) 하루 종일. 온종일. ¶~胡思乱想, 没有一个定性。=하루 종일 터무니 없는 생각만 했지 하나도 밝혀 낸 것이 없다.
【成头】chéng·tou 몡 일정 비율. ¶生意谈成后中介公司要抽~做佣金。=사업을 성사시킨 후, 중개 회사는 반드시 정해진 비율의 수수료를 뗀다.
【成土母质】chéngtǔ mǔzhì 몡(地) 아토양(亞土壤). [흙과 암석의 중간 상태인 흙]
【成为】chéngwéi 통 …이〔가〕 되다. ¶~栋梁之才=동량지재(棟梁之材)가 되다.
【成文】chéngwén 몡 1 기존의 글. 성문. ¶引证~=성문을 인용하여 증명하다. 2(비) 상투적 수법. ¶照搬~=고전적 방식을 답습하다. 통 성문화된. 글로 작성한. ¶~的规矩=성문화된 규칙. 통 문자로 쓰다. 글로 남기다. 성문화하다. ¶刚打好腹稿, 还未~。=방금 구상은 마쳤는데 아직 글로 옮기지는 않았다.
【成文法】chéngwénfǎ 몡(法) 성문법. ↔不成文法
【成问题】chéng wèntí (비) 문제가 되다. 문제시되다. 의문스럽다. ¶工程资金还~。=시공 자금이 아직도 문제가 되고 있다.
【成物】chéngwù 몡 기존의 물품. 완성품. 완제품. ¶不要新买, 已有~=새로 살 필요 없어, 이미 갖고 있는 것이 있거든.
【成仙】chéngxiān 통 신선이 되다. ¶~成佛=신선이 되고 부처가 되다.
【成想】chéngxiǎng ☞【承想】chéngxiǎng
【成像】chéngxiàng 통 영상을 형성하다.
【成效】chéngxiào 몡 효능. 효과. ¶~显著=효과가 현저하다. ⇨效果
【成心】chéngxīn 뙨 고의로. 일부러. ¶你这不是~添乱吗?=너, 이건 일부러 성가시게 구는 거 아니야? 몡 선입견. 편견. ¶他对此没什么~。=그는 이것에 대해 어떤 편견도 가지고 있지 않다.
【成行】chéngxíng 통 (여행·방문 등이) 실현되다. 성사되다. ¶我去美国考察很快可以~。=미국의 현지 시찰은 실현될 것이다.
【成形】chéngxíng 통 1 (계획·구상 등이) 형체를〔모양을·틀을〕 갖추다. ¶他的理论在两年前就已~了。=그의 이론은 2년 전에 이미 틀을 갖추었다. 2 (자연적 생장이나 가공을 통해) 형상〔모양〕을 갖추다. ¶纸张~=종이가 모양을 갖추다. 3(医) (손상된 조직이나 기관을) 복원하

다. 재생하다. 정형하다. ¶骨~术=뼈 정형술. [형]《醫》 정상적인 형상을 지니다. ¶大便~=대변 형태가 정상적이다.
【成型】chéngxíng [동] (가공을 거쳐) 모양을〔꼴을·형상을·형태를〕 갖추다.
【成性】chéngxìng [명] 버릇. 습성. [주로 나쁜 것을 가리킴] ¶~难改=나쁜 습성은 고치기 어렵다. [동] 습성이 형성되다. [주로 나쁜 것을 가리킴] ¶流氓~=건달짓이 버릇이 되다.
【成宿】chéngxiǔ [명] 밤새. 온밤. ¶~不睡=밤새 안 자다.
【成样】chéngyàng [동] (부품을 조립하여) 완성하다. ¶新车~=신차가 완성되다.
【成药】chéngyào [명]《醫》 조제약.
【成也萧何, 败也萧何】chéng yě Xiāohé, bài yě Xiāohé [성] 1 성공 역시 소하(蕭何) 덕택이고, 실패 또한 소하 탓이다. [송(宋)대 홍매(洪邁)가 지은《용재속필·소하태한신(容齋續筆·蕭何紿韓信)》속의 고사에서 유래함] 2 [비] 성패나 좋고 나쁨이 모두 한 사람한테 달렸다.
【成夜】chéngyè [명] 밤새. 온밤. ¶~不归=밤새 돌아오지 않다.
【成衣】chéngyī [명] 기성복. ¶这个专柜只出售~。=이 전문 판매대에서는 기성복만 판매한다. [형] 옷을 만드는 (사람이나 가게). ¶~店=옷가게.
【成议】chéngyì [명] (얻어진·이루어진) 합의. ¶对于这个问题, 他们之间已有~。=이 문제에 대해서는 그들 사이에 이미 합의를 보았다.
【成因】chéngyīn [명] (사물의) 성인(成因). 형성 원인. ¶事件的~还有待调查。=사건의 발생 원인은 아직 조사가 필요하다.
【成瘾】chéngyǐn [동] 버릇이 되다. 습성이 되다. 인이 박이다. 중독되다. ¶吸烟~=흡연이 습관이 되었다.
【成油气】chéngyóuqì ☞【乙烯】yǐxī
【成鱼】chéngyú [명]《動》 성어(成魚). 다 자란 물고기.
【成语】chéngyǔ [명]《言》 성어. 관용어.
【成语谜】chéngyǔmí [명] 성어 알아맞히기 수수께끼.
【成员】chéngyuán [명] 성원. 구성원. ¶学会~=학회 구성원.
【成员国】chéngyuánguó [명] (국제 조직의) 성원국.
【成约】chéngyuē [명] 이미 정한 조약. 기존의 약정〔약속〕. ¶有违~=조약 위반 사항이 있다.
【成灾】chéngzāi [동] 재해를 낳다〔조성하다〕. ¶洪水泛滥~。=홍수가 범람하여 재해를 낳다.
【成章】chéngzhāng [동] 1 조리가 서다〔맞다〕. 조리에 닿다. ¶顺理~=말·글·일처리 등이 사리에 맞다. 조리가 있다. 2 글이 되다. 문장을 이루다. ¶出口~=말하는 것이 그대로 훌륭한 글이 되다.
【成长】chéngzhǎng [동] 1 생장하다. 성장하다. 자라다. ¶茁壮~=건강하게 자라나다. 2 장성하다. 다 크다. ¶栽了几年的梨树还没有~。=심은 지 몇 년이 된 배나무가 아직도 다 크지 않았다. 3 [방] 발전하다. 증가하다. ¶经济~加快。=경제 발전이 가속화되다. ≒生长
【成长股】chéngzhǎnggǔ [명]《經》 성장주. [영] growth stock
【成者为王, 败者为寇】chéng zhě wéi wáng, bài zhě wéi kòu [성] 1 승자는 왕이 되고, 패자는 역적이 된다. 2 승자의 관점에서 영웅과 역적을 논하다.
【成竹在胸】chéngzhú zàixiōng ☞【胸有成竹】xiōngyǒu chéngzhú

## 丞 chéng 도울 승

[동][문] 보좌하다. 돕다. ¶辅~=보좌하다. [명] 1 고대, 군주나 지방 장관의 보좌역. ¶县~=현승. 2 (Chéng) 성(姓).
【丞相】chéngxiàng [명] 승상. [고대, 군주를 보좌하던 최고 대신]

## ** 呈 chéng 드릴 정

[동] 1 (어떤 색깔이나 상태를) 나타내다. 띠다. 드러내다. (어떤 형식을·형태를) 갖추다. ¶精彩纷~=다채로움을 띠다. 2 드리다. 바치다. 올리다. ¶谨~=삼가 드리다. [명] 1 (~儿) (백성이 관청에 내는) 청원서. 탄원서. 진정서. 보고서. [하급 관아에서 상급 관아로 올리는 정문(呈文)] ¶签~상신서에 서명하다. 2 (Chéng) 성(姓).

> ○ 呈 chéng
> 程 chéng
> 逞 chěng
> 埕 chéng
> 酲 chéng
> 裎 chéng
> 圣 shèng
> 锃 zèng

○● 辞cí呈

【呈报】chéngbào [동] (공문으로) 상신(上申)하다. 계고(啓告)하다.
【呈递】chéngdì [동] (삼가) 전하다. 올리다. 바치다. 제출하다. ¶~公文=공문을 올리다.
【呈交】chéngjiāo [동] 삼가 제출하다. ¶~年度报表=(삼가) 연간 보고서를 제출하다.
【呈览】chénglǎn [동][문] (문서를 올려) 심의를 바라다.
【呈露】chénglù [동] 나타나다. 드러나다. ¶见到老同学, 她脸上~出欣喜的神色。=옛 동창을 보자, 그녀의 얼굴에는 희색이 드러났다. ≒呈现
【呈请】chéngqǐng [동] (상급 기관에 공문을 올려) 지시를 청하다. ¶~核准=상부에 공문을 올려 심사 비준을 요청하다.
【呈上】chéngshàng [동] 제출하다. 올리다. ¶~公函=공문을 올리다.
【呈书】chéngshū [명][옛] 상급 기관에 올리는〔바치는〕 서신.
【呈送】chéngsòng [동] (삼가) 올리다. 전하다. 증정하다. ¶~聘书=초청장을 삼가 전하다.
【呈文】chéngwén [명] (아래에서 위로 올리는) 청원서. 탄원서. 진정서. 정문(呈文). 상신서. [동] 공문을 올리다.
【呈现】chéngxiàn [동] 나타나다. 드러나다. 양상을 띠다. ¶天空~出一片蔚蓝。=하늘이 쪽빛을 띠다. ≒出现 呈露 显现

【呈献】chéngxiàn 동 (의견·실물 등을 단체나 공경하는 사람에게) 헌상하다. 바치다. 증정하다. ¶把精彩的文学作品~给读者。=훌륭한 문학 작품을 독자에게 바치다.

【呈祥】chéngxiáng 동 길조(吉兆)가 나타나다. ¶龙凤~=용과 봉황은 상서로운 조짐을 나타낸다.

【呈阅】chéngyuè 동 상급 기관에 올려 심의케 하다.

【呈正】[呈政] chéngzhèng 동문경 정정(呈正)하다. 자기의 작품을 남에게 증정하여 비평과 정정을 청하다.

【呈政】chéngzhèng ☞【呈正】chéngzhèng

【呈子】chéng·zi 명 (백성이 관청에 내는) 청원서. 탄원서. 진정서. (하급 관아에서 상급 관아로 올리는) 정문(呈文). 상신서.

# 枨[棖] chéng 문설주 정

동경 닿다. 건드리다. 불러일으키다. 자아내다.

【枨触】chéngchù 동경 1 건드리다. 불러일으키다. 자아내다. 2 감동하다.

# **诚[誠] chéng 정성 성

형 (마음이) 진실한. 성실한. ¶坦~=솔직하고 성실하다. / 忠~=충성스럽다. 부경 1 그야말로. 확실히. ¶有此事=분명 이런 일이 있다. 2 만약. 정말 …(이)라면. ¶~如所言, 皆晚矣。=정말 말한 대로라면 모든 게 늦었다.

◦● 赤chì诚, 竭jié诚, 精诚, 虔qián诚, 热诚, 投诚, 真诚, 至诚, 忠zhōng诚, 专诚

【诚诚恳恳】chéng·cheng kěnkěn (~的) 간절하다.

【诚诚实实】chéng·cheng shíshí (~的) 형 성실하다.

【诚笃】chéngdǔ 형 성실하고 진지하다. ¶~之人=성실하고 진지한 사람.

【诚服】chéngfú 동 진심으로 탄복하다. 기쁘게 심복(心服)하다. ¶心悦~=달갑게 심복하다.

【诚欢诚喜】chénghuān-chéngxǐ 성 매우 기쁘고 흥분되다. [주로 환영할 때 쓰는 말]

【诚惶诚恐】chénghuáng-chéngkǒng 성 1 황공하여 몸둘 바를 모르겠나이다. 황공지지(惶恐无地)로소이다. [임금에게 올렸던 신하의 상주서 등에 쓰이던 인사말] 2 매우 두렵고 불안하다. ¶~战战兢兢

【诚恳】chéngkěn 형 진실하다. 간절하다. ¶为人~=사람됨이 진실하다. 늑恳切↔虚伪

【诚聘】chéngpìn 동 간절히 인재를 초빙하다. ¶~管理人员=성심껏 관리 인원을 초빙하다.

【诚朴】chéngpǔ 형 진실하고 성실하다. ¶他为人~=그는 사람됨이 진실하고 성실하다.

【诚然】chéngrán 부 실로. 정말로. ¶~可人=정말로 본받을 만한 사람. 접 물론 …이긴 하지만. [다음 문장에서의 내용상 전환이 이끎] ¶阅读速度快~好, 但还要求甚解。=읽는 속도가 빠른 것도 물론 좋지만, 그래도 깊은 이해가 요구된

다. 늑固然

【诚如】chéngrú 동 정말로 …(와·과) 같다. ¶~孔子所说"温故而知新。"=정말로 공자가 말한 "옛 것을 익히고 그것을 미루어서 새 것을 안다."라는 말과 같다.

【诚若】chéngruò 동문 정말로 …(와·과) 같다. 접운 만약. ¶~大驾光临, 吾当列队恭迎。=만약 왕림해 주신다면 저희는 당연히 줄을 지어 영접하겠습니다.

【诚实】chéng·shí 형 진실하다. 참되다. 성실하다. ¶由此可看出他是一个~的孩子。=이를 통해 그가 매우 성실한 아이라는 것을 알 수 있다. 늑忠实 老实↔虚假 狡猾

【诚实劳动】chéng·shí láodòng 명 성실 노동. [정책과 법규에 부합되고, 진정으로 몸과 마음을 쏟고, 사회에 유익한 노동]

【诚谢】chéngxiè 동 충심으로 감사하다. ¶~大家的帮助=여러분의 도움에 충심으로 감사드립니다.

【诚心】chéngxīn 명 성심. 진심. ¶一片~=성실한 마음. 형 진실하다. 간절하다. ¶~请教=진심으로 가르침을 청하다. 늑真心

【诚心诚意】chéngxīn-chéngyì 성 성심성의 (诚心诚意)。=【诚心实意】chéngxīn-shíyì

【诚心实意】chéngxīn-shíyì ☞【诚心诚意】chéngxīn-chéngyì

【诚信】chéngxìn 형 성실하다. 신용을 지키다. ¶做生意要讲~。=장사를 함에 있어서는 신용을 지키는 데 신경 써야 한다.

【诚邀】chéngyāo 동 진심으로 초청〔초대〕하다. ¶~各位嘉宾届时光临=그 때 내빈 여러분이 왕림해 주시기를 간청합니다.

【诚意】chéngyì 명 성의. ¶真心~=성심성의를 다하다. 늑真心

【诚招】chéngzhāo 동 간절하게 인재를 초빙하다. 성의를 다하여 초빙하다.

【诚挚】chéngzhì 형 성실하고 진실하다. ¶~的情感=진실한 감정. 늑真诚

# **承 chéng 받들 승

동 1 받다. 받치다. 견디다. ¶难以~重=하중을 견디기 어렵다. 2 맡다. 담당하다. ¶~办筵席=연회를 맡다. 3 (명령이나 분부를) 받다. ¶秉~=지시를 받들다. 4 계승하다. 잇다. ¶继~=계승하다. / 一脉相~=한 계통으로 계승되어 내려오다. 5 (은혜·덕 등을) 입다. [주로 인사말에 쓰임] ¶多~厚爱, 不胜感激。=두터운 배려에 감격해 마지않다. 명 1 적재 중량을 견디기 위한 물건〔부속품〕. ¶轴~=베어링(bearing). 2 (Chéng) 성(姓). 늑奉

◦● 秉bǐng承, 禀bǐng承, 待dài承, 奉fèng承, 看承, 师承, 仰yǎng承, 应承, 轴zhóu承

【承办】chéngbàn 동 맡아 처리〔취급〕하다. ¶~单位=처리 부서.

【承包】chéngbāo 동 청부 맡다. 하청을 받다. 도급 맡다. 도맡다. 책임지고 떠맡다.

【承包经营责任制】chéngbāo jīngyíng zérènzhì 名(經) 도급 경영 책임제. ☞【承包制】chéngbāozhì
【承包商】chéngbāoshāng 名 도급자. 청부인. 청부업자.
【承保】chéngbǎo 动 보증을 서다. 담보하다. 보증인이 되다.
【承尘】chéngchén 名 고대, 앉는 자리 위에 치던 장막.
【承吃承穿】chéngchī-chéngchuān 成 (경제적으로) 생활이 보장되다. 생활이 넉넉하다.
【承传】chéngchuán 动 계승하다. 전승하다. ¶要做好曲艺艺术的~工作。=설창 문예의 계승 작업을 잘 해야 한다.
【承担】chéngdān 动 맡다. 담당하다. 감당하다. 부담하다. 책임지다. ¶~风险=위험을 감당하다. ≒承当
【承当】chéngdāng 动 1 맡다. 담당하다. 감당하다. 부담하다. 책임지다. ¶~责任=책임을 맡다. 2〈方〉동의하다. 받아들이다. ¶亲口~=자기 입으로 직접 동의하다. ≒承担
【承典】chéngdiǎn 动〈法〉(돈을 빌리는 사람을 위해) 담보를 서다.
【承顶】chéngdǐng 动 (토지·가옥·점포 따위를) 인계받아 (남에게) 빌려 주다.
【承订】chéngdìng 动 물품[상품]을 주문 받다.
【承兑】chéngduì 动 1 (기한이 되어) 실행하다. ¶~诺言=약속을 실행하다. 2 (經)(환어음·여행자 수표 등을) 인수하다. 기일에 지불하다. 받아들이다.
【承兑汇票】chéngduì huìpiào 名(經)(이미 인수한) 어음. 수표.
【承恩】chéng'ēn 动〈문〉은혜를 입다. [주로 황제의 은총을 입는 것을 말함] ¶~必报=입은 은혜를 반드시 갚다.
【承乏】chéngfá 动〈문〉〈겸〉적당한 사람이 없어 부득이 잠시[임시로] 맡다.
【承付】chéngfù 动 지불을 책임지다. ¶~费用=비용 지불을 책임지다.
【承付期】chéngfùqī 名 지불 기관이 은행 등의 지불 통지서를 받은 후 지급 여부를 밝히는 기한.
【承购】chénggòu 动 (구매를) 담당하다. 맡다. ¶~大宗货物=대량 화물의 구매를 맡다.
【承管】chéngguǎn 动 책임지다. 담당하다. 맡다. ¶~业务=업무를 맡다.
【承欢】chénghuān 动〈문〉1 남의 기분을 잘 맞추다. 환심을 사다. ¶~献媚=남의 기분을 맞추며 알랑거리다. 2 부모를 잘 섬겨 기쁘게 해 드리다. ¶~膝下=부모님을 기쁘게 해 드리다.
【承继】chéngjì 动 1 계승하다. 잇다. 상속하다. ¶~家业=가업을 잇다. 2 아들이 없는 백부·숙부 등의 양자가 되다. 3 형제 등의 아들을 자신의 양자로 삼다. ≒继承
【承建】chéngjiàn 动 건축 임무를 맡다. (공사를) 도급 받다.
【承教】chéngjiào 动 가르침을 받다[입다].
【承接】chéngjiē 动 1 담당하다. 맡다. 받아들
이다. ¶~运输业务=운송 업무를 담당하다. 2 잇다. ¶~上文=앞 문장을 잇다. 3 (용기로) 액체를 받다. ¶~雨水=빗물을 받다.
【承揽】chénglǎn 动 맡다. 떠맡다. 책임 맡다. 도급 맡다. 청부 맡다. ¶~装修业务=내부 설비 업무를 도급 맡다.
【承溜】chéngliù 名〈무〉낙수받이.
【承买】chéngmǎi 动 (구매를) 담당하다. 맡다.
【承蒙】chéngméng 动 (보살핌을) 받다. 입다. [인사말에 쓰임] ¶~关照=보살핌을 받다.
【承命】chéngmìng 动 명령을 받다. ¶~出发=명령을 받고 출발하다.
【承诺】chéngnuò 动 승낙하다. 대답하다. ¶~改进生产设备=생산 설비의 개선을 승낙하다. 名 승낙. 대답. ¶兑现~=승낙한 것을 실행하다. ≒允诺
【承诺服务】chéngnuò fúwù 动(經) 기업이 고객에게 약속한 대로 서비스를 제공하다.
【承诺制】chéngnuòzhì 名(經) 책임 보증제. 품질 보증제. [기업·회사·서비스 센터 등에서 고객에게 우량의 서비스를 약속하는 제도]
【承平】chéngpíng 形〈무〉태평스러운. ¶~盛世=태평성세.
【承前】chéngqián 动 (앞 문장 또는 이전 일을) 잇다. ¶~所述=앞에 언급한 바를 잇다.
【承前启后】chéngqián qǐhòu ☞【承先启后】chéngxiān qǐhòu
【承情】chéng‖qíng 动 은혜를 입다. 보살핌을 받다. 후의(厚意)를 입다. [인사말에 쓰임] ¶~眷顾=보살핌을 받다.
【承让】chéngràng 动 양보를 받다. 양보를 얻다. [이긴 쪽이 진 쪽에게 하는 인사말] ¶多谢~！=양보해 주셔서 대단히 감사합니다.
【承认】chéngrèn 动 1 승인하다. 인정하다. 동의하다. 긍정하다. 인가하다. 시인하다. ¶~事实=사실을 인정하다. 2 (法)(국제법상 새 국가·새 정권의 법률적 지위를) 인정하다. ≒同意 认可 ↔抵赖 否认

> 承认(chéngrèn) / 允许(yǔnxǔ) / 同意(tóngyì)
>
> 承认(승인하다, 인정하다) : 어떤 사실에 대한 긍정이나 동의를 나타냄. 또는 국가나 정부간의 국제법상 지위를 인정함을 나타냄. ¶我~我有错。=나는 자신에게 잘못이 있다는 것을 인정한다. / 经理终于~了自己的偷税行为。=사장은 결국 본인의 탈세 행위를 시인했다. / 伊拉克已~科威特领土主权和新划分的伊拉克·科威特边界。=이라크는 이미 쿠웨이트 영토 주권과 새로 정한 이라크·쿠웨이트 간의 국경을 승인하였다.
>
> 允许(허락하다) : 누가 어떤 일을 하는 것에 대한 허락에 중점을 둠. ¶4日, 韩国政府宣布, ~韩国企业代表访问朝鲜, 共商合作事宜。=4일, 한국 정부는 한국 기업 대표단이 북한을 방문하여 합작에 관하여 함께 논의하는 것을 허락한다고 밝혔다. / 我们的法律不~恐怖分子入境。=우리

다. 견디다. ¶~过重＝(견딜 수 있는) 중량을 초과하다.

【承造】 **chéngzào** 동 (건축·제조업 등의 기업이 건조 혹은 제조 업무를) 발주 받다. 수주(受注)하다. ¶这座立交桥由他们公司承~。＝이 입체 교차로는 그들 회사가 수주하였다.

【承制】 **chéngzhì** 동 (공장·기업이) 제조를 맡다. ¶~模具＝모형의 제조를 맡다.

【承种】 **chéngzhòng** 동 경작(耕作)을 맡다. 소작(小作)하다. ¶~果树＝과수의 경작을 맡다.

【承重】 **chéngzhòng** 동 하중(荷重)을 견디다. [건축물이나 구조물에 쓰임]

【承转】 **chéngzhuǎn** 동 1 상급 기관의 공문을 받아 하급 기관에 전달하다. 2 하급 기관의 공문을 받아 상급 기관에 올리다.

【承租】 **chéngzū** 동 임차하다. 세내다. ¶~房屋＝집을 세내어 쓰다.

【承做】 **chéngzuò** 동 제작을 맡다. 주문을 받아 제작하다. ¶~校服＝교복을 주문 받아 만들다.

## \*\*城 **chéng** 성 성

명 1 성. 성벽. ¶万里长~＝만리장성. 2 성 안(쪽 지역). ¶西~＝성 안 서쪽 지역. / 老~区＝구시가 지역. 3 도시. 시. ¶省~＝성도(省都). / 倾国倾~＝절세미인. 4 (상업이나 기타 대규모 활동을 할 수 있는) 넓은 지역. ¶服装~＝패션 몰. / 美食~＝식당 몰. 식당가. 5 (Chéng) 성(姓). ≒郭 ↔乡

◐● 长城，都dū城，府fǔ城，京城，山城，省shěng城，围wéi城，瓮wèng城，县xiàn城，月城，子城

【城邦】 **chéngbāng** 명 (고대의) 도시 국가.
【城堡】 **chéngbǎo** 명 (보루식의) 작은 성. 성보.
【城标】 **chéngbiāo** ☞【市标】 **shìbiāo**
【城池】 **chéngchí** 명 1 성지. 성과 해자(垓字). 2 도시. ¶~失陷＝도시가 함락되다.
【城雕】 **chéngdiāo** ☞【城市雕塑】 **chéngshì diāosù**
【城垛】 **chéngduǒ** 명 1 성가퀴. [성벽 위의 요철형 낮은 담] ＝【城垛口】 **chéngduǒkǒu**【城垛子】 **chéngduǒ·zi** 2 치(雉). [성벽 밖으로 군데군데 내밀어 쌓은 돌출부] 3 성벽.
【城垛口】 **chéngduǒkǒu** ☞【城垛】 **chéngduǒ**
【城垛子】 **chéngduǒ·zi** ☞【城垛】 **chéngduǒ**
【城防】 **chéngfáng** 명 도시 방위[방어]. ¶~严密＝도시 방어가 빈틈없다.
【城府】 **chéngfǔ** 명 1 도시와 관청. 2 비 꿍꿍이. 속셈. ¶胸无~＝마음에 꿍꿍이가 없다.
【城根】 **chénggēn** (~儿)명 성벽에 인접한 곳.
【城关】 **chéngguān** 명 성문 바깥쪽 일대. 성문 부근.
【城关镇】 **chéngguānzhèn** 명 1 (행정 구획 단위로) 현(懸) 행정 기관 소재지. 현급 시 행정 기관 소재지. 2 현(懸) 행정 기관 소재지에서 정 기관이 위치한 곳. 현급 시 행정 기관 소재지에서 행정 기관이 위치한 곳.

---

의 법률은 테러분자의 입국을 불허하고 있다.
同意(동의하다): 어떤 주장에 대한 같은 의견이나, 어떤 일을 하는 것에 대한 허가를 나타냄. ¶我完全~这个观点。＝나는 이 관점에 완전히 동의한다. / 双方~立刻在全国停止敌对的军事行动。＝쌍방은 전국에서 적대적인 군사 행동을 즉각 중지할 것에 동의한다. / 银行已经~贷款。＝은행은 이미 자금 대출에 동의했다.

【承上启下】[承上起下] **chéngshàng-qǐxià** 성 위와 아래를 연결시키다. 중간다리 역할을 하다. 위의 글과 아래의 글을 이어주다.
【承上起下】 **chéngshàng-qǐxià** ☞【承上启下】 **chéngshàng-qǐxià**
【承上文】 **chéngshàngwén** 동 윗글을 잇다.
【承受】 **chéngshòu** 동 1 받아들이다. 견뎌 내다. 감당하다. 감내하다. 이겨 내다. ¶~痛苦＝고통을 이겨 내다. 2 (권리나 재산 따위를) 계승하다. 이어받다. 물려받다. ¶~巨额财产＝거액의 재산을 물려받다. ≒禁受 ↔施加
【承受力】 **chéngshòulì** 명 내구력. 인내력. 수용력. 포용력. 어떤 부담을 이겨 내는 능력. ¶心理~＝심리적 인내력.
【承头】 **chéngtóu** (~儿)동방 앞장서다. 선두에 서다. 먼저 나서다. 선도하다. 리드하다. ¶这事由他~。＝이 일은 그가 앞장섰다.
【承托】 **chéngtuō** 동 위탁받다. ¶~转交信函＝위탁받아 서신을 전해 주다.
【承望】 **chéngwàng** 동 예측하다. [주로 부정형으로 쓰여, 의외의 일을 나타냄] ¶谁也不~是这样的结果。＝이런 결과일 줄은 아무도 예측하지 못하였다.
【承袭】 **chéngxí** 동 1 (작위 등을) 물려받다. ¶~衣钵＝의발을 전수받다. 2 답습하다. ¶~旧制＝구제도를 답습하다. ≒沿袭
【承先启后】 **chéngxiān-qǐhòu** 성 (학문·사업 등) 선대(先代)의 유업(遺業)을 계승 발전시키다. ☞【承前启后】 **chéngqián-qǐhòu**
【承想】[成想] **chéngxiǎng** 동 추측하다. 예측하다. [주로 부정형으로 쓰임] ¶不~情况会是这样。＝상황이 이렇게 될 줄은 생각도 못했다.
【承修】 **chéngxiū** 동 수리를 맡다. ¶~家电＝가전 제품의 수리를 맡다.
【承印】 **chéngyìn** 동 인쇄를 맡다. ¶~教材＝교재의 인쇄를 맡다.
【承迎】 **chéngyíng** 동 (남의 기분 등을) 맞추다. 영합하다. ¶谄媚~＝아첨하며 기분을 맞추다.
【承应】 **chéngyìng** 동 승낙하다. 응낙하다. ¶满口~＝두말 없이 승낙하다.
【承允】 **chéngyǔn** 동 승낙하다. 허락하다. ¶~办理＝취급을 허가하다.
【承运】 **chéngyùn** 동 1 (운수 업체 등에서) 운송[수송] 업무를 맡다. ¶~设备＝설비의 운송 업무를 맡다. 2 옛 (군주가) 천명(天命)을 받다. ¶奉天~＝천명을 받들다.
【承载】 **chéngzài** 동 (무게를) 지탱하다. 이기

【城管】chéngguǎn 图 도시 관리. ¶~工作=도시 관리 업무.
【城郭】chéngguō 图 1 성. 성곽. 2 도시.
【城壕】chéngháo 图 해자(垓字).
【城狐社鼠】chénghú shèshǔ 國田 성호사서. 임금 곁의 간신배. 오랫동안 권력에 기대어 악행을 일삼는 사람. =【社鼠城狐】shèshǔ chénghú
【城隍】chénghuáng 图 1囹 해자(垓字). 2 성황신. 서낭신.
【城隍庙】chénghuángmiào 图 성황묘. [성황신을 모신 사당]
【城际】chéngjì 图 도시와 도시 사이의. 도시간의. ¶~交流=도시간의 교류.
【城监】chéngjiān 图 시의 공공 사업·환경·녹화 사업 등을 관리·감독하는 부서.
【城建】chéngjiàn 图 도시 건설. ¶~部门=도시 건설 부문.
【城郊】chéngjiāo 图 (도시의) 변두리. 교외.
【城里】chénglǐ 图 1 성벽 안. 2 시내.
【城里人】chénglǐrén 图口 도시인. 도시 주민.
【城楼】chénglóu 图 성루(城樓).
【城门】chéngmén 图 성문. ¶关闭~=성문을 닫다.
【城门失火, 殃及池鱼】chéngmén shīhuǒ, yāng jí chí yú 國 1 성문에 난 불을 끄려고 해자의 물을 다 퍼 써서 물고기가 말라 죽다. 2囹 까닭 없이 연루되어 화를 입거나 손해를 보다. =【殃及池鱼】yāng jí chí yú
【城墙】chéngqiáng 图 성벽. ≒城垣
【城区】chéngqū 图 시내 (지역). [‘郊区(교외 지역)’와 구별됨]
【城阙】chéngquè 图囹 1 성문 양쪽의 망루(望樓). 2 성궐(城闕). 궁궐. ¶九重~=구중궁궐.
【城市】chéngshì 图 도시. ↔乡村
【城市病】chéngshìbìng 图 (도시의 인구 팽창으로 인해 유발되는 주택·교통·환경 문제 등을 주요 특징으로 하는) 도시병(都市病).
【城市带】chéngshìdài 图 도시권.
【城市雕塑】chéngshì diāosù 图 도시 조각 작품. [도시의 광장·공원·녹지·대형 건축물 앞에 설치된 조각 작품] 【城雕】chéngdiāo
【城市规划】chéngshì guīhuà 图 도시 계획.
【城市规模】chéngshì guīmó 图 도시 규모.
【城市化】chéngshìhuà 图 도시화.
【城市绿化】chéngshì lǜhuà 图 도시 녹화.
【城市美容师】chéngshì měiróngshī 图 환경 미화원에 대한 미칭.
【城市贫民】chéngshì pínmín 图 도시 빈민.
【城市热岛】chéngshì rèdǎo ☞【城市热岛效应】chéngshì rèdǎo xiàoyìng
【城市热岛效应】chéngshì rèdǎo xiàoyìng 國(气) (도시의) 열섬 현상. 열도 효과(熱島效果). =【热岛效应】rèdǎo xiàoyìng 【城市热岛】chéngshì rèdǎo
【城市网络】chéngshì wǎngluò 图 도시 네트워크.

【城头】chéngtóu 图 성벽 위. ¶~插满旌旗。=성벽 위에 깃발이 가득 꽂혀 있다.
【城头·tou】chéng·tou (~儿) 图田 시내. 성 안.
【城外】chéngwài 图 성 밖. 시외. 교외. ↔城里
【城下之盟】chéngxiàzhīméng 國 1 성하지맹. 2田 강요에 의한 조약. 굴욕적인 조약.
【城乡】chéngxiāng 图 도시와 농촌. 도농.
【城乡差别】chéngxiāng chābié 图 (문화·생활 수준 등에서의) 도농 격차.
【城乡交流】chéngxiāng jiāoliú 图 (물자 등 경제 측면에서의) 도농 교류.
【城乡一体化】chéngxiāng yītǐhuà 图 도시와 주변 농촌 간의 유관 부문·기구·관리 체제 등을 일원화하기.
【城厢】chéngxiāng 图 시내와 변두리. 성 안과 성문 밖 부근.
【城域网】chéngyùwǎng 图 도시 지역 통신망. ⑨ metropolitan area network
【城垣】chéngyuán 图 성벽. ≒城墙
【城运会】chéngyùnhuì 图 全国城市运动会 (전국 도시 운동회).
【城镇】chéngzhèn 图 도시와 읍. ¶~建设=도시와 읍 건설. ↔乡村
【城镇人口】chéngzhèn rénkǒu 图 도시와 읍 인구.
【城址】chéngzhǐ 图 도시가 있는 곳.

**宬** chéng 서고 성
图 (고대의) 책을 보관하던 건물. 서고(書庫).

**埕** chéng 술독 정
图 1 푸젠(福建)성·광둥(广东)성 연해의 맛조개 양식장. 2田 술독.

**晟** Chéng 밝을 성
图 성(姓).
☞ shèng

**乘** [乘·椉] chéng 탈 승
動 1 오르다. 2 (교통 수단·가축 등에) 타다. ¶~马车=마차를 타다. / ~飞机=비행기를 타다. 3 이용하다. ¶有机可~=좋은 기회가 생기다. 4〈数〉 곱하다. 곱셈하다. 囦 (기회 등을) 틈타. 이용하여. ¶~长风破万里浪。=바람을 타고 파도를 헤쳐 나가다. 图1〈佛〉 승. [불교의 교의를 달리 이르는 말] ¶大~=대승. 2 (Chéng) 성(姓). ≒趁 ↔除
☞ shèng
0-0 出乘, 上乘, 下乘, 自乘

【乘便】chéngbiàn 圊 …하는 김에. 계제에. 편리한 때에. ¶请你~通知他明天开会。=사정이 허락하는 대로 그에게 내일 회의가 있다고 알려 주세요. ≒顺便
【乘除】chéngchú 图 1〈数〉 승제. 곱셈과 나눗셈. ¶加减~=가감승제. 2 계산. 3囹 세상일의 흥망성쇠.

【乘法】chéngfǎ 명(數) 곱셈(법).
【乘方】chéngfāng 명통(數) 거듭제곱(하다). =【乘冪】chéngmì ¶2的二次~等于4.=2의 2제곱은 4이다.
【乘风】chéngfēng 부 바람을 타고〔이용하여〕. ¶~行船=순풍에 배를 몰다.
【乘风破浪】chéngfēng-pòlàng 성 1 승풍파랑. 바람을 타고 험한 파도를 헤쳐 나가다. 《송서·종각전(宋書·宗慤傳)》에서 유래함 2㉠ 어려움〔위험〕을 무릅쓰고 용감하게 나아가다. 3 사업이 신속하게〔급속도로〕발전하다.
【乘号】chénghào 명(數) 곱셈표. 곱하기표. 곱셈 기호. '×'.
【乘机】chéngjī 통 비행기를 타다. ¶~前往=비행기를 타고 가다. 부 기회를 틈타서. ¶~溜走=기회를 틈타 몰래 달아나다. ≒乘势 乘隙
【乘积】chéngjī 명(數) 곱. 승적(乘積).
【乘坚策肥】chéngjiān-cèféi 성 1 튼튼한 수레를 타고 살찌고 힘센 말을 몰다. 2㉡ 생활이 호화롭다. 부유하다. =【乘坚驱良】chéngjiān-qūliáng
【乘坚驱良】chéngjiān-qūliáng ☞【乘坚策肥】chéngjiān-cèféi
【乘警】chéngjǐng 명 (열차나 비행기 등의) 탑승 경찰.
【乘客】chéngkè 명 승객.
【乘凉】chéng‖liáng 통 (더운 날 그늘진 곳에서) 시원한 바람을 쏘이며 쉬다. ¶走, 到院子里去~。=가자, 정원에 가서 시원한 바람을 쐬자. ≒纳凉
【乘幂】chéngmì ☞【乘方】chéngfāng
【乘人之危】chéngrénzhīwēi 성 남의 위급한 상황을 틈타 남을 해치다. =【趁人之危】chènrénzhīwēi ≒落井下石
【乘胜】chéngshèng 부 승세(勝勢)를 타고〔몰아〕. ¶~前进=승세를 타고 전진하다.
【乘时】chéngshí 부 시기를 이용하여. 기회를 틈타. ¶~而动=시기를 이용해 행동하다.
【乘势】chéngshì 부 1㉡ 권세를 빌어. ¶~欺人=권세를 이용해 남을 깔보다. 2 유리한 정세를 이용하여. 기세를 몰아. ¶~追击=유리한 형세를 이용해 추격하다.
【乘数】chéngshù 명(數) 승수(乘數). 곱수. 곱하는 수. [예를 들어, 10×3에서의 '3']
【乘务】chéngwù 명 (열차·비행기·배 등에서 승객을 위한) 제반 업무. 승무.
【乘务员】chéngwùyuán 명 승무원.
【乘务组】chéngwùzǔ 명 (열차·배·비행기 등의) 승무조.
【乘隙】chéngxì 부 틈을 타서. 기회를 이용해서. ¶~休整=기회를 이용하여 쉬면서 정돈하다. ≒乘机 趁机
【乘兴】chéngxìng 부 흥이 나서. 신이 나서. 내친김에. ¶~游乐=신나게 놀다. ↔败兴
【乘虚】chéngxū 부 허점을 이용하여. 틈을 노려. ¶~进攻=틈을 노려 진격하다.
【乘虚而入】chéngxū'érrù 성 상대의 허점을 노려 진입하다.
【乘员】chéngyuán 명 탑승 인원. 승객·승무원.
【乘坐】chéngzuò 통 (자동차·배·비행기 등을) 타다. ¶~飞机=비행기에 탑승하다.

## 盛 chéng 담을 성

통 1 (용기 등에) 물건을 담다. ¶米桶~满了。=쌀통이 가득 찼다. 2 수용하다. 넣다. ¶小会议室~不了那么多人。=소회의실은 그렇게 많은 사람을 수용할 수 없다.
☞ shèng

【盛器】chéngqì 명 용기(容器).

## 程 chéng 재어 볼 정

통 헤아리다. 따져 보다. 재어 보다. 예측하다. ¶计日~功=성공의 날까지 얼마 남지 않다. 명 1 도량형의 총칭. 2 법칙. 규칙. ¶章~=장정. / 规~=규정. 3 순서. 단계. ¶日~=일정. / 课~=교과 과정. 4 노정. 거리. ¶射~=사정거리. / 航~=항행 노정. 5 일정한 거리. 여정(旅程). ¶征~=먼 노정. / 起~=(노정을) 출발하다. 6 (Chéng) 성(姓).

○● 病程, 冲chōng程, 单程, 登dēng程, 方程, 高程, 工程, 归guī程, 过程, 航háng程, 回程, 兼jiān程, 进程, 历程, 量liáng程, 疗liáo程, 流程, 路程, 旅程, 起程, 前程, 全程, 日程, 途tú程, 扬yáng程, 音程, 远程, 征zhēng程, 专程

【程度】chéngdù 명 1 정도. ¶天还没有到最冷的~。=날씨가 아직은 가장 추운 정도까지 이르지 않았다. 2 (지식·문화·교육·능력 등의) 수준. ¶受教育的~=교육 받은 수준. ≒水平
【程控】chéngkòng ☞【程序控制】chéngxùkòngzhì
【程控电话】chéngkòng diànhuà 명 프로그램 제어 전화. 영 program controlled telephone
【程控技术】chéngkòng jìshù 명약 程控技术(프로그램 제어 기술).
【程门立雪】Chéngmén-lìxuě 성 1 《송사·양시전(宋史·杨时传)》에서 송(宋)나라 때 양시(杨时)라는 사람이 어느 눈 오는 날 당대 저명 학자인 정이(程颐)의 집을 찾았으나 정이는 마침 눈을 감고 명상에 잠겨 있었고, 양시는 문 밖에서 눈이 한 자나 쌓일 때까지 그가 깨기를 기다렸다는 고사에서 유래함. 2㉡ 스승을 존경하고 가르침을 중시하다. 스승의 가르침을 공손하게 받들다.
【程式】chéngshì 명 (일정한) 격식. 양식. 방식. 법칙. 공식. 패턴(pattern). 규격. ¶固定~=고정 양식.
【程式化】chéngshìhuà 통 일정한 양식을 따르다. 고정된 형식에 맞추다. ¶~思维=형식화된 사고 방식.
【程文】chéngwén 명 (지난날, 과거를 위한) 모범 글〔문장〕.
【程限】chéngxiàn 명㉡ 1 (일정한) 격식과 제한. ¶我们召开研讨会的目的就是打破~, 畅所欲言。=우리가 학술 토론회를 개최한 목적은 곧

기존 격식과 제한을 타파하고, 하고 싶은 말을 맘껏 다하는 것이다. **2** 규정된 진도. 정해진 기한. ¶何时截稿,是有～的。=언제가 원고 마감인지는 정해진 기한이 있다.

【程序】 **chéngxù** 몡 **1** 순서. 절차. 단계. ¶制作～=제작 순서. **2** (컴) 프로그램(program). ¶应用～=응용 프로그램. ≒顺序 次序

【程序法】 **chéngxùfǎ** 몡 (法) 절차법.

【程序控制】 **chéngxù kòngzhì** 몡 프로그램 제어. 얭 【程控】 **chéngkòng** 몡 program control

【程序设计】 **chéngxù shèjì** 몡 (컴) 프로그래밍(programming). 프로그램 설계.

【程序设计语言】 **chéngxù shèjì yǔyán** 몡 (컴) 프로그래밍 언어.

【程序员】 **chéngxùyuán** 몡 (컴) 프로그래머(programmer).

【程咬金】 **Chéng Yǎojīn** 몡 **1**《설당연의전전(說唐演義全傳)》중의 등장 인물. **2** (비) 일처리가 경솔하고 계획성이 치밀하지 못하면서 고집이 센 사람.

【程子】 **chéng·zi** 몡얭 얼마 동안(의 시간). ¶我在北京呆了一～。=나는 북경에서 얼마 동안 머물렀다.

\*\*惩[懲] **chéng** 혼낼 징
동 **1** 얭 경계(警戒)하다. ¶本书述古事以～后人。=이 책은 옛일을 기술하여 후인을 경계한다. **2** 처벌하다. 징벌하다. ¶严～不贷=가차없이 엄중 처벌하다. ≒罚 ↔奖赏

【惩办】 **chéngbàn** 통 처벌하다. 징벌하다. ¶依法～=법에 의거하여 처벌하다. ≒惩处 惩治 处罚 ↔奖励

【惩处】 **chéngchǔ** 통 처벌하다. 징벌하다. ¶严加～=엄격하게 처벌하다. ≒惩办 处罚 ↔奖励

【惩恶劝善】 **chéng'è-quànshàn** 성 권선징악. 선을 권하고 악을 징벌함.

【惩罚】 **chéngfá** 통 징벌(하다). ¶从重从快～=엄중하고도 신속하게 징벌하다. ↔奖励

【惩羹吹齑】 **chénggēng-chuījī** 성비 자라 보고 놀란 가슴 솥뚜껑 보고 놀란다. 사소한 일에 호들갑을 떨다.

【惩戒】 **chéngjiè** 통 징계하다. ¶～适度=징계가 적절하다.

【惩前毖后】 **chéngqián-bìhòu** 성 과거의 실패 (과오)를 훗날의 교훈으로 (경계로) 삼다.

【惩劝】 **chéngquàn** 통 착한 일을 권장하고 악한 일을 징계하다. ¶～世人=세상 사람들에게 선을 권장하고 악을 징벌하도록 계도(啓導)하다.

【惩一戒百】 **chéngyī-jièbǎi** ☞ 【惩一警百】 **chéngyī-jǐngbǎi**

【惩一儆百】 **chéngyī-jǐngbǎi** ☞ 【惩一警百】 **chéngyī-jǐngbǎi**

【惩一警百】[惩一儆百] **chéngyī-jǐngbǎi** 성 일벌백계(一罰百戒). 한 사람이나 한 가지 죄과를 벌줌으로써 여러 사람을 경각시키다. =【惩一戒百】 **chéngyī-jièbǎi**

【惩治】 **chéngzhì** 통 징벌하다. 처벌하다. ¶按律～=법률에 따라 처벌하다. ≒惩办 ↔奖励

裎 **chéng** 벌거숭이 정
동얭 벌거벗다. ¶裸～=벌거벗다. 명얭 옥패를 매는 끈.
☞ **chěng**

塍[(堘)] **chéng** 밭두둑 승
명얭 밭(논)두렁. ¶田～=밭두렁.

酲 **chéng** 숙취 정
형얭 술에 취해 의식이 흐릿하다.

\*澄[(澂)] **chéng** 물 맑을 징
형 **1** (물이) 매우 맑다. ¶水～如镜=물이 거울처럼 맑다. **2** 분명하게 밝히다. 맑게 하다. ¶～清事实=사실을 분명하게 밝히다. ≒清
☞ **dèng**

【澄碧】 **chéngbì** 형 맑고 깨끗하다. ¶溪水～=시냇물이 맑고 깨끗하다.

【澄彻】 **chéngchè** ☞ 【澄澈】 **chéngchè**

【澄澈】[澄彻] **chéngchè** 형 맑고 깨끗(투명)하다. 아주 맑다. ¶河水～见底。=강물이 맑아 바닥이 보인다.

【澄江如练】 **chéngjiāng-rúliàn** 성 강물이 흰 명주처럼 맑고 투명하다.

【澄净】 **chéngjìng** 형 맑고 깨끗(투명)하다. ¶潭水～=못의 물이 맑고 투명하다.

【澄静】 **chéngjìng** 형 맑고 고요하다 (잔잔하다). ¶湖水～=호수가 맑고 고요하다.

【澄明】 **chéngmíng** 형 맑고 깨끗하다. ¶池水～=연못의 물이 맑고 깨끗하다.

【澄清】 **chéngqīng** 형 맑고 깨끗하다. ¶～的古潭=맑고 깨끗한 오래 된 못. 동 **1** (인식·문제 등을) 분명히 하다. 분명하게 밝히다. ¶～真相=진상을 분명하게 밝히다. **2** (혼란한 국면을) 일소(一掃)하다. 평정하다. ¶～乱世=난세를 평정하다.
☞ **dèngqīng**

【澄清天下】 **chéngqīng-tiānxià** 성 천하의 혼란을 평정하다. 천하를 태평하게 하다.

【澄莹】 **chéngyíng** 형 맑고 깨끗하다. ¶月光～=달빛이 맑다.

【澄湛】 **chéngzhàn** 형얭 맑고 투명하다. ¶秋光～=가을빛이 맑고 투명하다.

\*橙 **chéng** 등자나무 등
명 **1** (植) 오렌지나무. 등자나무. **2** (植) 오렌지. 등자. 형 오렌지(귤)색의. 등황색의. 등색의. ¶赤～黄绿青蓝紫=적색·등색·황색·녹색·청색·남색·자색.

【橙红】 **chénghóng** 형 등적색의.

【橙黄】 **chénghuáng** 형 등황색의. 오렌지(귤)색의.

【橙皮】 **chéngpí** 명 (醫) 등피. [등자 껍질을 말린 것]

【橙色】chéngsè 명 오렌지〔귤〕색. 등황색.
【橙树】chéngshù 명〔植〕오렌지나무. 감귤나무. 등자나무.
【橙汁】chéngzhī(~儿)명 1 오렌지 즙. 2 오렌지 주스.
【橙子】chéng·zi 명〔植〕오렌지. 등자.

*逞 chěng 만족할 령
동 1 (자신의 재능·위엄 등을) 과시하다. 우쭐대다. 뽐내다. ¶~英雄＝영웅스러움을 과시하다. 2 내버려 두다. 방임(放任)하다. 제멋대로 하다. ¶~性胡闹＝제멋대로 소란을 피우다. 3 (주로 나쁜 일의) 소원을 이루다. 목적을 달성하다. ¶得~＝뜻대로 되다.
【逞脸】chěng‖liǎn 동〔方〕남의 총애를 믿고 교만〔방종〕하다. 제멋대로 하다. ¶夹乖＝＝잘난 체하며 교만을 떨다.
【逞能】chěng‖néng 동 (재주·능력 등을) 뽐내다. 잘난 척하다. 교만을 떨다. 거드럭거리다. ¶他就喜欢~。＝그는 잘난 척하기를 좋아한다.
【逞强】chěng‖qiáng 동 잘난 척하다. 으스대다. 위세를 부리다. 지기 싫어하다. ¶凡事要量力而行, 别一味~。＝매사에 자신의 능력을 헤아려 행하여야지, 그저 제힘만 믿고 으스대서는 안 된다.
【逞威风】chěng wēifēng 동 거드름피우다. 위세를 부리다.
【逞性(子)】chěngxìng(·zi) 동 제멋대로 굴다. ¶这孩子又~了。＝이 아이가 또 제멋대로 구는군.
【逞性妄为】chěngxìng-wàngwéi 성 제멋대로 굴다〔행동하다〕. [주로 나쁜 일에 쓰임]
【逞凶】chěngxiōng 동 행패를 부리다. 흉악한 짓을 하다. ¶恶人~＝나쁜 놈이 흉악한 짓을 저지르다.
【逞英雄】chěng yīngxióng 동 (능력을) 뽐내다. 과시하다. 우쭐대다. 영웅처럼 굴다. ¶能做就做, 不能做别~。＝할 수 있으면 하고, 할 수 없으면 영웅 행세를 하지 마라.

骋[騁] chěng 말 달릴 빙
동〔文〕1 (말이)(내)달리다. ¶纵马驰~＝맘껏 말을 달리다. 2 풀다. 펴다. 펼치다. ¶~怀痛饮＝흉금을 털어놓고 실컷 술을 마시다. 3 (감정을) 토로하다. ¶~志抒怀＝포부와 심경을 토로하다. ≒驰驱
【骋怀】chěnghuái 동〔文〕(마음이) 홀가분하다. 흉금을 털어놓다. ¶~畅游＝홀가분하게 맘껏 유람하다.
【骋目】chěngmù 동〔文〕(눈을 들어) 먼 곳을 바라보다. ¶~远望＝눈을 들어 멀리 바라보다.
【骋望】chěngwàng 동〔文〕(눈을 들어) 멀리 내다보다. ¶凭栏~＝난간에 기대(눈을 들어) 멀리 바라보다.
【骋志】chěngzhì 동〔文〕뜻을 펼치다. 포부를 밝히다. ¶歌以咏言, 文以~。＝노래로서 정감을 읊고, 글로써 포부를 밝히다.

裎 chěng 홑옷 정
명 고대의 홑옷. [두 섶이 겹치지 않고 가운데 단추 등으로 채우는 홑옷]
☞ chéng

**称[稱] chèng 저울 칭
명'秤(chèng)'과 같음. [주로'秤'으로 씀]
☞ chèn, chēng

**秤 chèng 저울 칭
명 1 저울. ¶台~＝앉은뱅이 저울. / 弹簧~＝용수철 저울. 2 대저울. ≒衡
◦➡ 案秤, 磅bàng秤, 地秤, 掉diào秤, 过秤, 开秤, 盘pán秤, 折shé秤, 抬tái秤, 压yā秤
【秤不离砣】chèng bù lí tuó 속 1 저울대와 저울추는 늘 함께 따라다닌다. 바늘 가는 데 실 간다. 2〔비〕관계가 매우 친밀하다. 떨어질 수 없는 사이이다.
【秤锤】chèngchuí 명 저울추. 분동(分銅). ≒【秤砣】chèngtuó
【秤锤虽小, 能压千斤】chèngchuí suī xiǎo, néng yā qiānjīn 속 1 저울추는 비록 작아도 천 근을 달 수 있다. 2〔비〕작은 고추가 맵다. 작은 물건이라도 큰 역할을 할 수 있다.
【秤杆】chènggǎn(~儿)명 저울대.
【秤钩】chènggōu 명 저울 고리. [무게를 잴 물체에 매다는 고리]
【秤毫】chèngháo 명 저울끈. [대저울에서 손으로 들어올리는 부분으로, 주로 노끈이나 가죽끈으로 만듦]
【秤花】chènghuā 명〔방〕저울의 눈금.
【秤纽】chèngniǔ 명 저울끈.
【秤盘(子)】chèngpán(·zi)명 저울판. 칭판(秤板).
【秤平斗满】chèngpíng-dǒumǎn 성 1 무게나 분량이 충분하다. 2〔비〕거래가 공평하다. 쌍방이 모두 손해 보지 않다.
【秤桥】chèngqiáo 명 접시 저울의 받침대.
【秤砣】chèngtuó ☞【秤锤】chèngchuí
【秤星】chèngxīng(~儿)명 저울의 눈금.

掌 chèng 버틸 탱
명 1 기운 기둥. 2 (~儿)(책상이나 의자 다리의) 가름대.
☞ chēng
【掌子】chèng·zi 명 기운 기둥. (책상이나 의자 다리의) 가름대.

# chi

**吃¹[(喫)] chī 먹을 흘〔끽〕
동 1 먹다. 마시다. 빨다. 피우다. ¶~面条＝국수를 먹다. / ~酒＝술을 마시다. 2 (어떤 기준에 맞춰) 먹다. (음식을 파는 곳에서) 먹다. ¶~饭馆=식당에서 식사하다. / ~食堂=구내 식당에서 먹다. **3** …(으)로[…에 의지하여] 먹고살다. 생활하다. ¶~工资=월급으로 살다. / 靠水~水=물에 인접한 곳에서는 물에 의지하여 먹고산다. **4** (액체 등을) 흡수하다. 빨아들이다. ¶宣纸~墨=화선지가 먹물을 빨아들이다. **5** 잠기다. ¶船~水很深。=배의 흘수(吃水)가 무척 깊다. **6** 납득하다. 깨닫다. 파악하다. ¶他的心理很难~透。=그의 심리는 철저히 파악하기가 어렵다. **7** 없애다. 소멸하다. 따먹다. 잡아먹다. [주로 장기·바둑·군사 등에 쓰임] ¶用车~马=차로 마를 먹다. **8** 당하다. 받다. 입다. ¶~经理一顿猛批。=지배인으로부터 한바탕 호된 비판을 받다. **9** 감당하다. 참고 이겨 내다. 견디다. ¶那么累的活, 怎么~得消=그런 힘든 일을 어떻게 감당할 수 있었을까. **10** 소모하다. (힘이) 들다. ¶这活儿太~力。=이 일은 너무 힘이 든다. **11** …에게 …당하다. [주로 조기 백화문에 보임] ¶~人羞辱=남에게 치욕을 당하다. 뎽 음식. 먹는 것. ¶缺~少穿=먹고 입을 것이 부족하다. 녬啖

**吃²** chī 말 더듬을 흘
ㆅ 말을 더듬다. ¶口~=말을 더듬거리다.

⊙⇒ 零líng吃, 少吃

【吃霸王饭】**chī bàwángfàn** 띰 돈도 안 내고 먹을 것 마실 것을 달라고 강요하다.
【吃白饭】**chī báifàn** 띰 **1** 반찬은 먹지 않고 밥만 먹다. **2** 뗌 밥만 먹고 일은 안 하다. 무위도식하다. [주로 직업이 없는 것을 가리킴] **3** 뗌 남에게 의지하여 살아가다. **4** 밥을 먹고 돈을 내지 않다.
【吃白食】**chī báishí** (남의 음식 등을) 거저 먹다. 공밥을 먹다. 무전취식(無錢取食)하다.
【吃败仗】**chī bàizhàng** 띰 **1** (軍) 지다. 패전하다. **2** (경쟁·일 등에서) 지다. 실패하다.
【吃饱】**chī ǁ bǎo** 띰 배불리 먹다. ¶我们都~了, 别再要菜了。=우리 모두 배불리 먹었으니 음식을 더 시키지 마라.
【吃饱了撑的】**chībǎo·le chēng·de** 띰뗌 (욕하는 말로) 힘이 남아돌아 쓸데없고 어리석은 짓을 하다.
【吃闭门羹】**chī bìménggēng** 띰뗌 **1** 주인에게 문 밖으로 쫓겨나다. 문전박대를 당하다. **2** 헛걸음하다. [남의 집을 방문하였으나 주인이 없거나 문이 잠겨 있는 상황]
【吃不饱】**chī·bubǎo** 띰 **1** 배불리 먹을 수 없다. **2** 뗌 (임무가 적어) 노동력이 남아돌다. **3** 뗌 (제공되는 지식이 적어) 학습 능력이 남아돌다.
【吃不得】**chī·bu·de** 띰 **1** (음식물의 위생 상태가 안 좋거나 몸에 해로워) 먹을 수 없다. **2** (위장이 안 좋거나 입맛이 없어) 먹을 수 없다. **3** 뗌 감당할 수 없다. 참을 수 없다. 견딜 수 없다. 이겨낼 수 없다. 지탱할 수 없다. ¶她历来~苦。=그녀는 여태껏 고생을 견뎌 내지 못했다.

【吃不动】**chī·budòng** 띰 **1** (너무 단단해서) 씹을 수가 없다. 먹을 수가 없다. ¶牛肉没煮熟, ~。=쇠고기가 덜 익어 먹을 수가 없다. **2** (너무 많이 먹어) 더 이상 먹을 수 없다. ¶菜太多了, ~了。=요리가 너무 많아, 더 이상은 먹을 수 없다. **3** 뗌 (일·학습 등이 과중해서) 다 할 수 없다. ¶这种攻关课题, 我一个人可~。=이런 중요한 연구 과제는 나 혼자서 감당할 수 없다.
【吃不服】**chī·bufú** 띰 음식이 입에 맞지 않다. 음식에 습관이 안 되다. ¶我~那儿的饭菜。=난 그 곳의 음식이 잘 맞지 않아.
【吃不惯】**chī·buguàn** 띰 음식이 입에 맞지 않다. 음식에 습관이 안 되다.

---

吃不惯 / 吃不了 / 吃不起 / 吃不下 / 吃不完
먹을 수 없다, 먹지 못하다
동사 + 不 / 得 + 결과보어 / 방향보어

가능과 불가능을 표현하는 가능보어 구문 형식으로 중간에 '不'를 쓰면 불가능을, '得'를 쓰면 가능을 나타냄. 뒤에 오는 보어에 따라 의미가 약간씩 달라짐.

吃不惯 : 습관이 되지 않아 먹을 수 없다. ¶我是四川人, ~馒头。=나는 사천 사람이라 만터우를 잘 못 먹어요.
吃不了 : 몸에 받지 않는 어떤 이유가 있거나 양이 너무 많아 다 먹을 수 없다. ¶我的牙齿不好, ~硬的。=나는 이가 나빠서 딱딱한 것은 못 먹어요. / ~兜着走。=다 못 먹으면 싸가지고 가지.
吃不起 : 능력이 없어 먹을 수 없다. ¶北京烤鸭太贵, 我~。=북경 오리구이는 너무 비싸서 난 먹을 수가 없답니다.
吃不下 : 식욕이 없거나 양이 너무 많아 먹을 수 없다. ¶严重晕车, 饭都~一口。=차멀미가 심해서 밥도 한 술 뜨지 못한다. / 老李胃口不好, 常常~饭。=이씨는 위가 안 좋아서 종종 밥을 먹지 못한다.
吃不完 : 양이 너무 많아서 다 먹을 수 없다. ¶母亲给我准备的东西, 我一个人根本~。=어머니가 나한테 차려 준 음식은 나 혼자서 도저히 다 먹을 수 없다.

---

【吃不开】**chī·bukāi** 띰 통하지 않다. 환영을 받지 못하다. 푸대접을 받다. ¶你的那一套在这儿可~。=너의 그런 방법은 여기에선 전혀 통하지 않아. ↔吃得开
【吃不来】**chī·bulái** 띰 (어떤 음식을) 좋아하지 않다. 입에 맞지 않다. 먹는 데 습관이 되지 않다. ¶我~臭豆腐。=나는 발효 두부를 좋아하지 않는다. ↔吃得来
【吃不了】**chī·buliǎo** 띰 다 먹지 못하다. 다 먹을 수 없다. ¶米饭做得太多了, ~。=밥을 너무 많이 해서 다 먹을 수가 없어.
【吃不了, 兜着走】**chī·buliǎo, dōu·zhezǒu** 띰 **1** 다 먹을 수 없어 싸 가지고 가다. **2** 뗌 (문제가 생기면) 끝까지 책임지다. ¶别在一旁多嘴, 不然, ~。=옆에서 말참견만 하지 마라, 그렇지

않으면 끝까지 책임져야 한다. **3**㉻ (정말) 감당해 낼 수 없다. 이겨 낼 수 없다. 견딜 수 없다. ¶上面责怪下来, 我可~。=윗사람이 책망하면 나는 정말 감당할 수가 없다.

【吃不起】**chī·buqǐ** 图 (음식이 너무 비싸) 먹을 수 없다. ¶这个酒店的饭菜太贵, 我们~。=이 식당의 요리는 너무 비싸 우리는 사 먹을 수 없다.

【吃不上】**chī·bushàng** 图 **1** 먹을 수 없다. 먹지 못하다. ¶宾馆的早餐是限时的, 晚了就~。=호텔의 아침 식사 시간은 정해져 있어서 늦게 가면 먹을 수 없다. **2** 먹을 것이 없다. ¶过去困难时期, 三天两头~。=과거 어려운 시기에는 먹을 것이 없을 때가 많았다. ↔吃得上

【吃不透】**chī·butòu** 图㉻ (분명하게) 파악하지 못하다. 짐작하지 못하다. 헤아리지 못하다. 단정짓지 못하다. ¶真~他话里的含义。=그 사람 말 속에 담긴 뜻을 정말 명확하게 파악할 수 없다.

【吃不下(去)】**chī·buxià(qù)** 图 **1** 삼키지(먹지) 못하다. 먹을 수 없다. 다 먹을 수 없다. ¶他病了, ~东西。=그는 아파서 음식을 삼키지 못한다. **2**㉻ 담당할 수 없다. 맡을 수 없다. ¶这种工程, 小的建筑公司~。=이런 공사는 작은 건축 회사가 맡을 수 없다. ↔吃得下(去)

【吃不消】**chī·buxiāo** 图 참을 수 없다. 견딜 수 없다. 이겨 낼 수 없다. 지탱할 수 없다. ¶天热得让人~。=날씨가 못 견딜 정도로 덥다. ↔吃得消

【吃不着】**chī·buzháo** 图 먹을 수 없다. 먹지 못하다. ¶小猫看见缸里的鱼, 想吃却~。=새끼고양이는 어항 속의 물고기를 보고, 먹고 싶지만 먹을 수가 없었다.

【吃不住】**chī·buzhù** 图 견딜 수 없다. 지탱할 수 없다. ¶山村艰苦的条件让她有些~了。=산골의 열악한 조건이 그녀를 다소 견딜 수 없게 만들었다. ↔吃得住

【吃不准】**chī·buzhǔn** 图 파악할 수 없다. 단정지을 수 없다. 확정지을 수 없다. ¶结果到底会怎样, 我可~。=결과가 도대체 어떻게 될지 나로서는 단정지을 수가 없다. ↔吃得准

【吃茶】**chīchá** 图㉻ 차를 마시다.

【吃长斋】**chī chángzhāi** 图(佛) 불교도가 오랫동안 소식(素食)하다.

【吃吃】**chīchī** 휑 말을 더듬거리는 모양. 키득거리는 모양. ¶他一边~地说, 一边傻笑着。=그는 더듬더듬 말하면서 바보처럼 웃고 있다.

【吃吃喝喝】**chīchī hēhē** 图 **1** 밥을 먹고 술을 마시다. **2** 식사로 인간 관계를 맺다.

【吃穿】**chīchuān** 图 **1** 먹을 것과 입을 것. 의식 (衣食). **2** 일상 생활 비용. ¶不愁~=먹고 입는 것을 걱정하지 않다.

【吃穿用度】**chīchuān yòngdù** 图 생활필수품.

【吃醋】**chīcù** 图㉻ (주로 남녀 관계에서) 질투하다. 시기하다. ¶争风~=질투하며 다투다.

【吃大锅饭】**chī dàguōfàn** 图㉻ (능력·공헌에 관계 없이) 같은 대우나 보수를 받다.

【吃大户】**chī dàhù** 图 **1** 옛 흉년이 들었을 때 굶주린 사람들이 떼를 지어 부잣집에 몰려가 음식을 먹거나 양식을 약탈하다. **2**㉻㉻ 구실을 내세워 비교적 부유한 기관·사람을 찾아가 얻어먹거나 사물을 요구하다.

【吃大苦, 耐大劳】**chī dàkǔ, nài dàláo** ㉻ 크나큰 고통과 갖은 고생을 용감히 받아들이다.

【吃大灶】**chī dàzào** ㉻ (구내 식당·단체 식당 등에서) 보통(일반) 식사를 하다. ['吃小灶(특별 식사를 하다)'와 구별됨]

【吃刀】**chīdāo** 图 (금속을 자를 때) 절삭 공구의 날이 재료 안으로 파고 들어가다. ¶~深浅要把握好。=칼날이 파고 들어가는 깊이를 잘 맞추어야 한다.

【吃得开】**chī·dekāi** 图 통하다. 환영을 받다. 중용되다. ¶他在新的单位也~。=그는 새로운 부서(직장)에서도 환영을 받는다. ↔吃不开

【吃得来】**chī·delái** 图 습관이 되어 먹을 수 있다. (반드시 좋아하는 것이 아닐 수 있음) ¶这点心我~。=이 간식은 나는 먹을 수 있다. ↔吃不来

【吃得上】**chī·dshàng** 图 **1** 먹을 수 있다. ¶别着急, 食堂还~晚饭。=조급해하지 마, 식당에서는 아직 저녁을 먹을 수 있어. **2** 먹을 것이 있다. ¶家里有余粮, 能~。=집에 남은 양식(식량)이 있으니, 먹을 것은 문제 없다. 충분히 먹을 수 있다. ↔吃不上

【吃得下(去)】**chī·dexià(qù)** 图 먹을 수 있다. 삼킬 수 있다. 다 먹을 수 있다. ¶~饭菜=음식을 다 먹을 수 있다. ↔吃不下(去)

【吃得消】**chī·dexiāo** 图 참을 수 있다. 견딜 수 있다. 감당해 낼 수 있다. ¶放心, 这点儿工作我还~。=걱정 마, 이 정도의 일이라면 내가 그런대로 감당할 수 있어. ↔吃不消

【吃得住】**chī·dezhù** 图 견딜 수 있다. 감당할 수 있다. 지탱할 수 있다. ¶那袋米不太重, 他~。=그 쌀포대는 그리 무겁지 않으니 쟤가 감당할 수 있어. ↔吃不住

【吃得准】**chī·dezhǔn** 图 파악할 수 있다. 단정지을 수 있다. 확정지을 수 있다. ¶这皮包是真皮的, 我~。=이 가죽 가방은 진짜 가죽이라고 나는 단정할 수 있다. ↔吃不准

【吃掉】**chīdiào** 图 **1** 다 먹어치우다. ¶把饼干~=과자를 다 먹어치우다. **2** 먹다. 해치우다. [주로 장기·바둑·군사 등에 쓰임] ¶对方的包被~了。=상대방의 포가 먹혔다.

【吃定心丸】**chī dìngxīnwán** ㉻㉻ 마음을 놓다. 안심하다. ¶把合同签了, 让对方~。=계약에 서명을 하여 상대방을 안심시키다.

【吃豆腐】**chī dòu·fu** 图㉻ **1** 농담하다. 놀리다. **2** (부녀자를) 희롱하다. **3** 상가(喪家)에 문상을 가서 음식을 먹다.

【吃独门儿】**chī dúménr** ㉻ 특수한 기능으로 살아가면서, 그것을 남에게는 전수하지 않다.

【吃独食】**chī dúshí**(~儿) 图 **1** 독식(獨食)하다. 혼자만 먹다. **2**㉻ (이익 등을) 독점(獨占)하다. 독차지하다.

【吃耳光】**chī ěrguāng** ㉻㉻ 따귀를 맞다.

【吃饭】**chī‖fàn** 图 **1** 밥을 먹다. ¶他喜欢~,

不喜欢面食。=그는 밥을 좋아하고 분식은 좋아하지 않는다. **2** 식사하다. 음식물을 먹다. ¶~是人的本能。=음식을 먹는 것은 사람의 본능이다. **3** 살아가다. 생존하다. ¶我们是靠工资~的。=우리는 월급으로 살아가는 사람입니다.

【吃饭不饱，喝酒不醉】 **chīfàn bù bǎo, hējiǔ bù zuì** 〈숙〉 양생법(養生法)의 하나로, 밥을 너무 배불리 먹지 않고 술도 취할 정도까지 마시지 않는 것.

【吃饭穿衣量家当儿】 **chīfàn chuānyī liáng jiādāngr** 〈숙〉 일상 생활의 경비나 규모는 살림 형편과 걸맞아야 한다. 제 분수에〔처지에〕 맞게 생활하다.

【吃饭防噎】 **chīfàn-fángyē** 〈성〉 **1** 밥을 먹으면서 목멜 것을 걱정하다. **2**〔비〕 (비꼬는 말로) 능력이 없다. 아무 재능도 없다. ¶你是~的? 这点事情都干不好。=너는 밥만 축내는 거야? 이 정도 일도 제대로 못 하다니!

【吃粉笔灰】 **chī fěnbǐhuī** 〈비〉 분필가루를 먹는 사람. [교사의 해학적인 표현임] ¶他是个~的, 天天跟学生在一起。=그는 분필가루를 먹는 사람이라 매일 학생과 함께 지낸다.

【吃干醋】 **chī gāncù** 〈비〉 (자신과 상관 없는 일에) 괜히 샘을 내다. 아무 이유 없이 질투〔시기〕하다.

【吃干饭】 **chī gānfàn** 〈비〉 **1** 밥·빵 등만 먹고 요리는 먹지 않다. **2**〔비〕 (비꼬는 말로) 능력이 없다. 아무 재능도 없다. ¶你是~的? 这点事情都干不好。=너는 밥만 축내는 거야? 이 정도 일도 제대로 못 하다니!

【吃功夫】 **chī gōng·fu** 〈비〉 애쓰다. 노력하다. 수고하다. 힘들다. ¶这是个~的工作, 不是一般人都能干的。=이것은 힘이 많이 드는 일이라서 보통 사람이 할 수 있는 일은 아니다.

【吃官司】 **chī guān·si** 〈비〉 (고소당해) 처벌되다. 감옥살이하다.

【吃馆子】 **chī guǎn·zi** 〈비〉 식당에서 식사하다. 외식하다.

【吃光】 **chīguāng** 〈동〉 **1** 다 먹어치우다. **2**〔전〕〔비〕 (가산·공공 재물을) 다 날리다. 말아먹다. 털어먹다.

【吃喝不分】 **chīhē-bùfēn** 〈성〉〔비〕 (우정이 두터워) 내 것 네 것 가르지 않다.

【吃喝风】 **chīhēfēng** 〈명〉 **1** 마구 먹고 마시는 풍조. **2** (공금으로) 먹고 마시며 낭비하는 풍조.

【吃喝拉撒睡】 **chī hē lā sā shuì** 〈비〉 사람의 일상 생활.

【吃喝嫖赌】 **chī-hē-piáo-dǔ** 〈성〉 먹고 마시고 계집질하고 도박하다. 방탕한 생활을 하다.

【吃喝儿】 **chīhēr** 〈명〉〔구〕 먹고 마실 것. 음식. ¶这家餐馆环境好, ~也不贵。=이 식당은 분위기도 좋고 음식값도 비싸지 않다.

【吃喝玩乐】 **chīhē-wánlè** 〈성〉 먹고 마시고 놀며 즐기다. 무절제한 향락 생활을 하다.

【吃黑枣儿】 **chī hēizǎor** 〈비〉 총살당하다.

【吃后悔药】 **chī hòuhuǐyào** 〈비〉 (사후에) 후회하다. 뉘우치다. ¶你现在~也来不及了。=네가 지금 후회해도 이미 어쩔 수 없다.

【吃皇粮】 **chī huángliáng** 〈숙〉〔비〕 국가의 녹을 먹다.

【吃回扣】 **chī huíkòu** 〈비〉 수수료를〔커미션을·리베이트를〕 받다.

【吃回头草】 **chī huítóucǎo** 〈비〉 **1** 마소 등이 고개를 돌려 이미 먹었던 풀밭의 풀을 다시 먹다. **2**〔비〕 그만두었던 일을 다시 시작하다. **3**〔비〕 버렸던 사람〔물건〕을 다시 찾다.

【吃荤】 **chīhūn** 〈동〉 **1** 육식하다. ¶吃素不~。=소식(素食)하고 육식하지 않다. **2** 사기쳐서 빼앗다. 공갈쳐서 갈취하다. =【吃荤饭】 **chīhūn fàn**

【吃荤饭】 **chīhūnfàn** ☞【吃荤】 **chīhūn**

【吃货】 **chīhuò** 〈명〉 **1** 식충(이). 밥벌레. 밥통. [욕하는 말로, 일은 하지 않고 먹기만 하는 사람을 가리킴] **2** 저가일 때, 표(티)를 내지 않고 주식을 사들이는 행위.

【吃几碗干饭】 **chī jǐwǎngānfàn** 〈숙〉〔비〕 어느 정도의 능력이 있다. ¶你也不衡量自己能~就夸下海口。=너는 자기 능력이 어느 정도인지 따져보지도 않고 큰소리를 치는구나.

【吃讲茶】 **chī jiǎngchá** 〈비〉〔방〕〈옛〉 분쟁이 발생한 쌍방과 중재자가 찻집에 가서 차를 마시며 시비를 가리고 화해하다.

【吃教】 **chījiào** 〈동〉〔옛〕 기독교를 믿다.

【吃紧】 **chījǐn** 〈형〉 **1** 중요하다. 요긴하다. ¶先办~的事, 无关紧要的放一放。=먼저 중요한 일부터 처리하고, 중요하지 않은 것은 일단 놔두어라. **2** (정세가) 긴박하다. 절박하다. 긴장되다. ¶银根~。=자금 사정이 긴박하다.

【吃尽当光】 **chījìn-dàngguāng** 〈숙〉 (재산·공공 재산을) 다 날리다. 말아먹다. 털어먹다. 까먹다. ¶坐吃까먹자면 산이라도 말아먹는다.

【吃劲】 **chī ‖ jìn** (~儿) 〈동〉 (힘을) 견디다. 버티다. ¶这房子全靠这根大梁~儿。=이 집은 모두 이 대들보에 의해 버티고 있다.

【吃劲】 **chījìn** 〈형〉 **1** (~儿) 힘들다. 힘겹다. ¶他学习起来很~。=그는 공부하는 게 매우 힘들다. **2**〈동〉 중요하거나 관계가 있다고 느끼다. [주로 부정형으로 쓰임] ¶这篇文章纯粹搞笑, 看不看不~。=이 글은 완전히 웃기는 것이라, 보든 안 보든 상관 없다. ≒动力

【吃惊】 **chī ‖ jīng** 〈동〉 놀라다. ¶听到这个消息, 他很~。=이 소식을 듣고 그는 무척 놀랐다.

【吃酒】 **chījiǔ** 〈동〉 밥 먹고 술 마시다. 식사하다. 술 마시다. [주로 남의 집 술자리에 참석하는 것을 가리킴] ¶他家明天娶媳妇, 我们要去~。=그 사람네 집에서 내일 며느리를 본다던데, 우리 식사나 하러 가자.

【吃开口饭】 **chī kāikǒufàn** 〈숙〉〈옛〉 중국 전통극이나 설창 등을 공연하는 것으로 살아가다.

【吃客】 **chīkè** 〈명〉 **1** 음식점의 손님. ¶~盈门。=손님이 가득하다. **2** 공밥을 먹는 사람.

【吃空额】 **chī kòng'é** 〈비〉 상부에 인원 수를 거짓 보고하고 남는 급료 등을 착복하다. =【吃空饷】 **chī kòngxiǎng**

【吃空饷】 **chī kòngxiǎng** ☞【吃空额】 **chī kòng'é**

【吃口】chīkǒu 명 1 식구. ¶他家里~不多, 收入人不少, 生活很富裕. =그 사람네는 식구가 적은 데다가 수입도 많아 생활이 꽤 넉넉하다. 2 맛. ¶这苹果的~不错. =이 사과 맛이 괜찮네. 3 (가축의) 먹성. ¶他家的猪~好, 长得又肥又壮. =그 집의 돼지는 먹성이 좋아 살지고 튼튼하다.

【吃苦】chī∥kǔ 통 고생하다. 고통을 맛보다〔당하다〕. ¶他从来不怕~. =그는 여태껏 고생을 두려워한 적이 없다. ↔享福

【吃苦耐劳】chīkǔ-nàiláo 성 고통과 어려움을 참고 견디다.

【吃苦头】chī kǔ·tou 통 1 쓴맛을 보다. 2 고생을 겪다. 괴로움을 당하다. 애를 먹다. ¶他小时候家里穷, 吃过不少苦头. =그는 어릴 적에 집이 가난해서 적잖은 고생을 겪었다.

【吃亏】chī∥kuī 통 1 손해를 보다. 손실을 입다. ¶谁也不想做~的买卖. =누구든지 손해 보는 장사를 하지 않으려 한다. 2 (어떤 면에서) 조건이 불리하다. ¶这次我们吃了准备不足的亏, 以后得吸取教训. =이번에 우리는 준비 부족으로 손해를 봤으니, 이후에는 이를 교훈으로 삼아야 한다. 3 (어떤 면에서) 불리하다. ¶他个子矮, 干这活太~了. =그는 키가 작아서, 이 일을 하기에는 너무 불리하다.

【吃劳保】chī láobǎo 통 (업무상 입은 장애·실업 등으로) 노동 보험의 혜택을 받다.

【吃老本】chī lǎoběn 통 1 자본금을 까먹다. 2 기존의 재력·공로·재능에만 의지해 살아가다 (고 더 이상 향상시키려는 노력을 하지 않다).

【吃老拳】chī lǎoquán 통 (주먹으로) 흠씬 두들겨 맞다. 심하게 얻어맞다.

【吃老子】chī lǎo·zi 통 부모에게 얹혀 살다. ¶他自己没本事, 全靠~. =그는 별 능력이 없어, 모든 걸 부모에게 의지하며 산다.

【吃了】chī·le 통 밥을 먹었다. [주로 비유적인 의미로 쓰임] ¶你今天是~火药啦, 脾气那么大. =너 오늘 화약을 집어먹었냐, 그렇게 성질을 부리다니.

【吃了豹子担】chī·le bào·zidǎn 통 간이 붓다. 겁이 없다. 무척 대담하다. ¶喝醉了还敢开车, 真是~. =술에 취하고도 감히 운전을 하다니, 정말 간이 부었구먼!

【吃累】chīlèi 형 힘들다. 고생하다. 수고하다. ¶搬运工干的是~的活. =운반공이 하는 일은 힘든 일이다.

【吃里扒外】chīlǐ-páwài ☞【吃里爬外】chīlǐ-páwài

【吃里爬外】[吃里扒外] chīlǐ-páwài 성 이쪽의 도움〔혜택〕을 받으면서 몰래 저쪽을 위해 힘써 일하다. 배반하여 외부와 내통하다.

【吃力】chī∥lì 형 1 힘들다. 고달프다. ¶学外语对他来说很~. =외국어를 배운다는 것은 그에겐 무척 힘든 일이다. 2 통 피곤하다. ¶他走半个小时的山路, 就感觉很~. =그는 산길을 30분이나 걸어 무척 피곤하다. 통 힘을 감당하다〔견디다〕. ¶顶棚全靠这几根柱子~. =천장은 모두 이 몇

개의 기둥이 받치고 있다. ≒吃劲

【吃粮】chīliáng 통 1 양식을 먹다. 2 옛 군대에 가다. 군인이 되다.

【吃零嘴】chī língzuǐ 통구 간식을 먹다. 주전부리하다.

【吃码头】chī mǎ·tou 통 부두에서 일하며 생계를 유지하다〔꾸려 가다〕.

【吃闷棍】chī mèngùn 통 매를 맞고도 아무 소리를 못 내다. 별수없이 참다.

【吃拿卡要】chī-ná-kǎ-yào 통 (어떤 기관·사람의) 향응 요구·횡령·불법 점유·금품 요구·남을 괴롭히는 것 등의 나쁜 작태.

【吃奶】chīnǎi 통 젖을 빨다〔먹다〕. ¶小孩子刚出生时每天都要~. =아기는 태어난 후부터 매일 젖을 먹어야 한다.

【吃奶的劲】chīnǎi·dejìn 통 젖 먹던 힘. 안간힘. ¶他使出~, 但还是扛不动那根木头. =그는 젖 먹던 힘까지 다했지만, 그 나무를 들어올리지 못하였다.

【吃腻】chīnì 통 (너무 많이 먹어) 물리다. 싫증나다. 질리다. ¶老是这些菜, 我都~了. =허구한 날 이런 음식이라 나는 완전히 물렸다.

【吃派饭】chī pàifàn 통 농촌에 임시로 파견된 사람이 현지 농가에 배정되어 밥을 먹고, 규정에 따라 식비를 지급하다.

【吃捧】chīpěng 통 남이 자신을 치켜세우는 걸 좋아하다.

【吃偏饭】chī piānfàn 통 1 (공동 생활에서) 다른 사람보다 좋은 음식을 먹다. 편애를 받다. 2 예 특별한 배려를 입다. 편애를 받다. ≒【吃偏食】chī piānshí

【吃偏食】chī piānshí ☞【吃偏饭】chī piānfàn

【吃钱】chī∥qián 통 돈을 먹다. 뇌물을 받다. ¶他暗地里吃了不少钱. =그는 몰래 적잖은 뇌물을 받았다.

【吃钱货】chīqiánhuò 명 유지 비용이 많이 드는 것. 돈 잡아먹는 물건.

【吃枪药】chī qiāngyào 통 (괜히) 열내다. 성질부리다. ¶他今天~, 一张嘴就训人. =그는 오늘 괜히 열을 냈는데, 말끝마다 훈계였어.

【吃枪子】chī qiāngzǐ (~儿) (욕하는 말로) 총 맞아 뒈지다.

【吃青春饭】chī qīngchūnfàn 통 (여자 모델·여가수·여배우 등이) 젊음을 무기로 돈을 벌어 살아가다.

【吃请】chīqǐng 통 식사 초대를 받다. 향응을 받다. ¶~受礼 =식사 초대와 선물을 받다.

【吃儿】chīr 명구 먹을거리. 음식. ¶冰箱里还有~吗? =냉장고에 아직 먹을 게 남았니?

【吃人不吐骨头】chīrén bù tǔ gǔ·tou 성 잔혹하고 탐욕스러운 것.

【吃人虫】chīrénchóng 명 국민을 기만·억압하고 잔혹하게 대하는 사람〔단체〕.

【吃人情】chī rénqíng 통 선물·뇌물·향응 등을 제공받다.

【吃软不吃硬】chīruǎn bù chīyìng 통 부드럽게 나오면 받아들이지만, 강압적이면 받아들이지 않는다. ↔吃硬不吃软

【吃软饭】 chī ruǎnfàn 동방 남자가 여자의 재산에 의지해 살아가다.

【吃商品粮】 chī shāngpǐnliáng 동 (식량과 식용유 등을 배급하던 시기에) 시민과 읍민이 상응하는 대우를 누리다.

【吃食】 chī·shí 동 (새·짐승 등이) 음식을 먹다. ¶猪正在~。=돼지가 막 먹이를 먹고 있다.

【吃食】 chī·shi 명구 음식. 먹을 것. ¶出门时他总带些~。=외출할 때 그는 늘 먹을 것을 지닌다.

【吃食堂】 chī shítáng 동구 식당에서 식사를 하다.

【吃柿子拣软的】 chī shì·zi jiǎn ruǎn·de 방비 1 성실한 사람을 업신여기다. 2 간단하고 쉬운 일만 골라서 하다.

【吃水】 chīshuǐ 동 1 생활용수를 얻다. ¶市区~困难的问题得到了解决。=도시 지역의 생활용수 문제가 해결되었다. 2 수분을 흡수하다. ¶这种面粉很~。=이 밀가루는 물을 많이 먹는다. 명 1 방 식수. 2 흘수(吃水). [배가 물 위에 떠 있을 때, 물에 잠겨 있는 부분의 깊이]

【吃水不忘挖井人】 chīshuǐ bù wàng wājǐng rén 속 1 물을 마시면서 우물을 판 사람을 잊지 않다. 2 비 행복한 생활을 누릴 때, 이것을 위해 애쓴 사람을 잊어서는 안 된다.

【吃四方饭】 chī sìfāngfàn 방비 똑똑하고 재능이 있어 어딜 가서도 살아갈 수 있다.

【吃素】 chīsù 동 1 소식(素食)하다. 채식(菜食)하다. 2 비 살상을 하지 않다. 호락호락하다. 만만하다. [주로 부정형으로 쓰임] ¶奉劝你别在这儿闹事, 我的拳头可不是~的。=충고하건대, 여기서 소란을 피우지 마시오, 내 주먹은 폼으로 지고 다니는 것이 아니오. ≒吃斋

【吃糖】 chī‖táng 동 1 사탕을 먹다. 2 약혼하다. 결혼하다. ¶什么时候吃你俩的糖啊? =너희 둘 언제 국수 먹여 줄 거야?

【吃甜头】 chī tián·tou 방 이익을 얻다. 재미를 보다. ¶他吃到甜头了, 决心把生意做下去。=그는 재미를 좀 보더니 장사를 계속 하기로 마음 먹었다.

【吃铁吐火】 chītiě tǔhuǒ 성 1 쇠를 먹고 불을 토하다. 2 비 (능력이 대단해서) 무슨 일이든 다 할 수 있다.

【吃透】 chī‖tòu 동 확실하게 이해하다. ¶~文件精神=글의 참뜻을 철저하게 이해하다.

【吃透两头】 chītòu liǎngtóu 성 위아래 사람의 마음[상황]을 모두 잘 이해하다.

【吃瓦片儿】 chī wǎpiànr 방 부동산 임대 수입으로 살아가다.

【吃喜酒】 chī xǐjiǔ 방 축하주를 마시다. 결혼식에 참석하다.

【吃闲饭】 chī xiánfàn 방 빈둥거리다. 무위도식하다. ¶他家孩子小, 还有~。=그 집은 애가 어린 데다가, 공밥 먹는 사람도 있다.

【吃现成饭】 chī xiànchéngfàn 방비 공짜로 향유하다. 남이 애써 해 놓은 것을 가만히 앉아서 누리다.

【吃香】 chīxiāng 형구 환영받다. 중시되다. 수요가 있다. 인기가 있다. ¶她在社交圈里很~。=그녀는 사교계에서 무척 인기가 높다.

【吃香的, 喝辣的】 chī xiāng·de, hē là·de 성 생활이 꽤 괜찮다.

【吃相】 chīxiàng 명 음식 먹는 모습이나 표정.

【吃小灶】 chī xiǎozào 방 1 (단체의 구내 식당에서 별도로 만든) 특별 식사를 하다. ['吃大灶(보통 식사를 하다)'와 구별됨] 2 비 특별한 보살핌을 받다. 특혜를 받다. ¶老师课余时间还给我们补习, 让我们~。=선생님께서는 남은 시간에 보충 수업도 시켜 주시고, 우리를 특별하게 보살펴 주신다.

【吃鸭蛋】 chī yādàn 방비 (시험·경기에서) 영점을 맞다. 영패(零敗)하다.

【吃哑巴亏】 chī yǎ·bakuī 방 손해를 보고도 호소할 곳이 없거나 감히 소리를 내지 못하다.

【吃眼前亏】 chī yǎnqiánkuī 방 눈앞에 빤히 보고도 손해나 손실을 입다. 눈뜨고 당하다. [주로 부정형으로 쓰임] ¶好汉不~。=대장부가 대책 없이 당하지는 않는다.

【吃药】 chīyào 동 약을 먹다. ¶~治病=약을 먹어 병을 치료하다.

【吃夜草】 chī yècǎo 동 (마소 등의 가축이) 밤에 여물을 먹다. ¶马不~不肥。=말은 밤에 여물을 먹지 않으면 살이 찌지 않는다.

【吃一堑, 长一智】 chī yī qiàn, zhǎng yī zhì 성 한 번 좌절을 겪으면 그만큼 지혜로워진다.

【吃硬不吃软】 chī yìng bù chī ruǎn 방비 부드럽게 대하면 따르지 않고, 강압적으로 대해야 비로소 순종하다. ↔吃软不吃硬

【吃冤枉】 chī yuān·wang 방 억울함을 당하다. 누명을 쓰다.

【吃赃】 chīzāng 동 장물을 받다.

【吃斋】 chī‖zhāi 동 1 소식(素食)하다. 2 <佛> (스님이) 공양(供養)하다. 식사하다. 3 (일반인이) 공양(供養)하다. 절에서 식사하다. ≒吃素

【吃着碗里, 瞧着锅里】 chī·zhe wǎn·li, qiáo·zhe guō·li 성비 욕심이 너무 많아 다 채울 수 없다.

【吃重】 chīzhòng 동 짐을 싣다. 적재(積載)하다. ¶这辆车~两吨。=이 차는 2톤의 짐을 적재할 수 있다. 형 1 (맡은 책임이) 막중하고 크다. ¶我能力有限, 干不了这~的活。=나의 능력에 한계가 있어, 이런 막중한 일은 해낼 수 없다. 2 힘들다. 까다롭다. ¶对他来说, 搞学术研究是比较~的事。=그 사람에게 있어 학술 연구는 비교적 힘든 일이다.

【吃主】 chīzhǔ (~儿) 명구 1 식당의 고객. 2 (특정 음식의) 단골 고객. 3 식도락가. 미식가. 4 (비꼬는 어투로) 식충(이).

【吃准】 chī‖zhǔn 굳게 믿다. 확신하다. ¶她~了他会再来。=그녀는 그가 다시 올 것이라 굳게 믿는다.

【吃租】 chīzū 동 (땅이나 집 등의) 임대 수입으로 살아가다.

【吃嘴】 chī‖zuǐ 동방 1 간식을 먹다. 2 탐식하

다. 게걸스럽게 먹다.
【吃罪】chīzuì 통 벌을 받다. 나무람을 듣다. ¶～不起＝벌을 감당할 수 없다.
【吃罪名】chī zuìmíng 주 법률의 제재를 받다.

郗 chī 고을 이름 치
명 성(姓).
☞ xī

哧 chī 웃음소리 하
의 1 피식. 키득. 픽. [웃는 소리] ¶她一边说, 一边～～地笑. ＝그녀는 말하면서도 피식피식 웃어 댔다. 2 쫙. [종이나 천 따위가 찢어지는 소리]
【哧溜】[嗤溜] chīliū 의 주르륵. 쫙. 픽. [빠르게 미끄러지거나 종이를 찢거나 공기가 빠지는 따위의 소리] ¶他一～一声滑倒在地上. ＝그는 주르륵 미끄러져 넘어졌다. 통 아주 빠르게 미끄러지다. ¶孩子们不停地从坡顶向下～着玩儿. ＝아이들이 끊임없이 비탈길의 꼭대기에서 아래쪽으로 미끄럼을 타며 놀고 있다.

蚩 chī 어리석을 치
형통 1 어리석다. 멍청하다. 무지(無知)하다. 2 '媸(chī)'와 같음. 통 '嗤(chī)'와 같음.
【蚩尤】Chīyóu 명 치우. [고대 중국의 동쪽 부족의 수령이었고, 황제(黃帝)와 맞서 싸우다 패했다는 신화 속의 인물]

胵 chī 새 밥통 치
☞【膍胵】píchī

鸱[鴟] chī 소리개 치
명《動》고서(古書)에 나오는 새매. [학명은 'Accipiter nisus' 임]
【鸱目虎吻】chīmù hǔwěn 성 1 눈은 매와 같고 입은 호랑이와 같다. 2 비 생김새가 흉악하고 무섭다.
【鸱尾】chīwěi 명《建》망새. 치미(鸱尾). [지붕 용마루 양 끝에 놓이는 매 꼬리 모양의 장식물]
【鸱吻】chīwěn 명《建》망새. 치문(鸱吻). [지붕 용마루 양 끝에 놓이는 장식물]
【鸱枭】chīxiāo ☞【鸱鸮】chīxiāo
【鸱鸮】chīxiāo 명《動》올빼미과 새의 총칭. ＝【鸱枭】chīxiāo
【鸱鸺】chīxiū ☞【猫头鹰】māotóuyīng

绨[絺] chī 칡베 치
명《紡》가는 갈포(葛布).

鹚[鷀] chī 소리개 치
명《動》'鸱(chī)'와 같음.

眵 chī 눈곱 치
명《生》눈곱.

笞 chī 볼기 칠 태
통 (채찍·몽둥이·곤장 등으로) 때리다. 후려치다. 매질하다. ¶鞭～＝채찍으로 갈기다.

瓻 chī 술주전자 치
명 도자기 술주전자.

摛[攡] chī 펼 리
통 펴다. 흩뜨리다. 뿌리다.
【摛藻】chīzǎo 통 글을 지나치게 꾸미다. 수식을 늘어놓다.

*嗤 chī 웃을 치
통 비웃다.
【嗤诋】chīdǐ 통 비웃고 욕하다. ¶遭人～＝남들의 비웃음과 욕을 당하다.
【嗤溜】chīliū ☞【哧溜】chīliū
【嗤笑】chīxiào 통 비웃다. ¶他的木讷常被人～. ＝그의 어눌한 말투는 늘 남들의 비웃음거리가 되었다.
【嗤之以鼻】chīzhīyǐbí 성비 코웃음을 치다. 남을 깔보고 비웃다.

*痴[癡] chī 어리석을 치
형 1 어리석다. 멍청하다. 바보 같다. ¶呆～＝멍청하다. 2 (사람 또는 사물에) 정신이 나가다 [빠지다]. ¶如～如狂＝정신이 나가고 미친 듯하다. 3 비 실성하다. 정신 이상이 되다. 미치다. ¶他整个是个～子. ＝그는 완전히 미치광이다. 동 광(狂). 미치광이. [어떤 것에 푹 빠진 사람] ¶书～＝책벌레. / 情～＝사랑에 눈먼 사람. ≒傻 笨 呆 ↔灵

○-○ 发痴, 娇jiāo痴

【痴呆】chī'āi 형 우둔하다. 미련하다. 멍청하다.
【痴爱】chī'ài 명 맹목적인 사랑. 통 맹목적으로 사랑하다. ¶他一直～着那个早已离他远去的女子. ＝그는 줄곧 자기를 이미 떠나간 그 여자를 맹목적으로 사랑하고 있다.
【痴痴】chīchī (～的) 형 1 흐리멍덩하다. ¶他成天呆～的, 没个正经. ＝그는 온종일 흐리멍덩하니 제 모습이 아니다. 2 사로잡히다. 푹 빠지다. 홀리다. ¶他～地等候恋人的到来. ＝그는 넋이 나간 듯 애인이 오기만을 기다렸다.
【痴痴呆呆】chī·chi dāidāi (～的) 형 흐리멍덩하다. 멍청하다. ¶他整天～的, 也不知在想些什么. ＝그는 하루 종일 멍청하니 무슨 생각들을 하는지 모르겠다.
【痴呆】chīdāi 형 1 멍청하다. 바보 같다. 백치 같다. ¶那次车祸之后, 他有点～了. ＝그 때의 차 사고 이후 그는 좀 멍청해졌다. 2 (움직임이) 둔하다. 멍하다. 활기가 없다. 생기가 없다. ¶他两眼～, 没有一点精神. ＝그의 두 눈은 멍하니 전혀 생기가 없다.
【痴呆呆】chīdāidāi (～的) 형 멍하다.
【痴呆症】chīdāizhèng 명《醫》치매. 백치.
【痴癫】chīdiān 형 미쳐 있다. 제정신이 아니다. ¶失恋之后, 他快成～了. ＝실연을 당한 후로 그는 곧 미쳐 버릴 것 같다.

【痴肥】chīféi 형 피둥피둥하다. 뒤룩뒤룩하다. ¶臃肿~=뒤룩뒤룩 살쪄 볼썽사납다. 통 비정상적으로 살찌다. ¶他以~得不成样子了。=그는 비정상적으로 살쪄서 꼴이 말이 아니다.

【痴汉】chīhàn 명 멍청이. 머저리. 바보. [주로 남자에게 쓰임]

【痴话】chīhuà 명 바보 같은 소리. 헛소리. ¶满口~=온통 헛소리뿐이다.

【痴狂】chīkuáng 형 1 푹 빠지다. 중독되다. 사로잡히다. ¶他对武侠小说的迷恋已到了~的地步。=그의 무협 소설에 대한 집착은 이미 중독의 지경에까지 이르렀다. 2 미쳐 있다. 제정신이 아니다. ¶那次车祸后, 他已经有点~了。=지난번 교통 사고 이후, 그는 이미 약간 제정신이 아니다.

【痴恋】chīliàn 통 매우 연연해하다. 매우 사랑하다〔애착하다〕. ¶他一直~着自己所从事的事业。=그는 줄곧 자기가 종사하는 사업에 매우 애착을 갖고 있다.

【痴梦】chīmèng 명 헛된 꿈. 망상. 미몽.

【痴迷】chīmí 통 푹 빠지다. 열중하다. 사로잡히다. 연연해하다. 미련을 갖다. 몰입하다. 탐닉하다. ¶她近来~上了恐怖影片。=그녀는 요즘 공포 영화에 푹 빠져 있다. / ~不悟=깊이 빠져 깨닫지 못하다.

【痴男怨女】chīnán yuànnǚ 명 치정(痴情)에 빠진 남녀.

【痴情】chīqíng 형 (사랑 등에) 사로잡히다. 푹 빠지다. 헤어나지 못하다. ¶~少女=사랑에 푹 빠진 소녀. 명 열렬한 사랑. 끝없는 사랑. ¶一腔~=가슴 가득한 뜨거운 사랑. ↔薄情

【痴人】chīrén 명 바보. 멍청이.

【痴人痴福】chīrén-chīfú 속 바보라도 나름대로의 타고난 복이 있다. 바보이기〔어리석기〕 때문에 오히려 얻어지는 행복.

【痴人说梦】chīrén-shuōmèng 성비 황당무계한 말을 하다. 종작없이 지껄이다.

【痴傻】chīshǎ 형 멍청하다. 제정신이 아니다. 미쳐 있다. ¶他的精神病没有好, 越来越~了。=그의 정신병이 낫지 않아서, 갈수록 제정신이 아니다.

【痴望】chīwàng 통 1 미련을 갖고 바라보다. 연연해하며 바라보다. 멍청히 바라보다. ¶他~着她渐渐远去的身影。=그는 그녀의 점점 멀어져 가는 모습을 연연해하며 바라보고 있다. 2 만사를 제쳐두고 간절히 바라다〔기대하다〕. ¶他~着爱人早日从国外归来。=그는 배우자가 외국에서 하루빨리 돌아오기를 미치도록 간절히 바라고 있다.

【痴想】chīxiǎng 명 환상. 착각. 망상. 통 헛된 생각을 하다. ¶他呆坐在沙发上, ~着未来。=그는 우두커니 소파에 앉아 장래에 대해 헛된 꿈을 꾸고 있다.

【痴笑】chīxiào 통 바보처럼 웃다. ≒傻笑

【痴心】chīxīn 명 심취한 마음. 홀린 마음. 반한 마음. ¶~不改=깊이 빠진 마음을 고치지 못하다. 형 (사람·사물에) 심취한. 푹 빠진. ¶~女子=사랑에 푹 빠진 여자.

【痴心妄想】chīxīn-wàngxiǎng 성 허황된 망상에 빠지다. 실현 불가능한 일을 생각하다.

【痴长】chīzhǎng 통 1 끊임없이 자라다. 쑥쑥 크다. ¶麦子~却不抽穗。=보리가 쑥쑥 자라다 하지만 이삭이 나오지 않는다. 2 겸 쓸데없이 나이만 많다. 헛되이 나이만 먹다. [연장자가 상대보다 나이가 많은 것을 겸손하게 이르는 말] ¶我比你~几岁。=내가 자네보다 쓸데없이 나이만 몇 살 더 많군.

【痴滞】chīzhì 형 (표정이) 멍(청)하다. 활기가 없다. 생기가 없다. ¶~表情=표정이 멍하다.

【痴醉】chīzuì 통 도취하다. 심취하다. ¶优美的舞蹈令人~。=우아하고 아름다운 무용이 사람을 도취하게 만든다.

## 嫛 chī 추할 치

형문 생김새가 추하다. ¶不辨妍~=미추(美醜)를 구별하지 못하다. ↔妍

## 螭 chī 교룡 리

명 1 (전설 속에 나오는) 뿔 없는 용. 2 '魑(chī)'와 같음.

## 魑 chī 도깨비 리

아래를 참조.

【魑魅】chīmèi 명문 1 이매. [전설 속에 나오는, 산에 사는 도깨비] 2 요괴. 유령. 도깨비.

【魑魅魍魉】chīmèi-wǎngliǎng 성 1 (전설 속에서 사람을 해치는) 요괴·귀신·괴물의 총칭. 2 비 온갖 나쁜 사람.

## \*\*池 chí 못 지

명 1 못. 늪. ¶游泳~=수영장. 풀장. 2 문 해자(垓字). ¶城~=성과 해자. 3 가장자리는 높고 가운데는 움푹하게 들어간 곳. ¶舞~=무대. / 花~子=화단. 4 극장의 정면 관람석. ¶步入~座=정면 관람석으로 걸어 들어가다. 5 (Chí) 성(姓). ≒沼

0-● 差chā池, 电池, 雷Léi池, 临池, 汤池, 砚yàn池, 浴yù池, 晕yùn池

【池隍】chíhuáng 명 물 있는 해자(垓字)와 물 없는 해자.

【池鹭】chílù ☞ 【鵁鶄】jiāojīng

【池汤】chítāng 명 (대중 목욕탕의) 욕조. 탕. =池塘 【池塘】 【池堂】chítáng

【池堂】chítáng ☞ 【池塘】chítáng

【池塘】chítáng 명 1 (비교적 작고 얕은) 못. ¶~里种了莲藕。=연못에 연뿌리를 심다. 2 ☞ 【池汤】chítāng

【池榭】chíxiè 명 못가의 정자. ¶亭台~=못가의 정자.

【池盐】chíyán 명 지염(池盐). ['海盐(해염)'과 구별됨]

【池鱼笼鸟】chíyú-lóngniǎo 성 1 연못 속의 고기와 새장 속의 새. 2 비 자유를 잃은 사람.

【池鱼之祸】chíyúzhīhuò ☞【池鱼之殃】chíyúzhīyāng

【池鱼之殃】chíyúzhīyāng 〖成⋯〗 연루되어 입은 재앙. 재수 없이 당한 재난. 뜻밖의 횡액(橫厄). 후림불. =【池鱼之祸】chíyúzhīhuò

【池浴】chíyù 〖동〗 대중 목욕탕에서 목욕하다. ['盆浴(대중 목욕탕의 독탕에서 목욕하다)'와 구별됨] 〖명〗 대중 목욕탕에서의 목욕.

【池沼】chízhǎo 〖명〗 (비교적 큰) 못. 늪.

【池中(之)物】chízhōng(zhī)wù 〖명⋯〗 남의 밑에 있는 것에 만족하는 사람. ¶此人决非～，将来定有大成。=이 사람은 결코 남의 밑에 있는 것에 만족할 사람이 아니니, 장차 크게 성공할 것이다.

【池子】chí·zi 〖명〗 1 못. 웅덩이. 2 (화장실의 청소용 싱크 등) 소량의 물이 고인 곳. 3 (대중 목욕탕의) 욕조. 4 〖옛〗 극장의 무대 정면 관람석. 5 (무도장의) 무대. 플로어(floor). 스테이지(stage).

【池座】chízuò 〖명〗 극장의 무대 정면 관람석.

**弛 chí 늦출 이

〖동⋯〗 1 활시위를 놓다. 2 늦추다. 느슨하게 하다. 해이하다. 게을리하다. ¶张～自如=신축이 잘 되다. 3 해제하다. 없애다. ¶废～=(규율 등이) 무너지다. 4 연기(延期)하다. ¶～期完工=완공을 연기하다. ↔张

○→ 废fèi弛, 松弛

【弛缓】chíhuǎn 〖동〗 (마음·상황·분위기 등이) 이완되다. 누그러지다. 풀리다. ¶紧张的局面～下来。=긴장 국면이 누그러지다. 〖형〗 풀어지다. 해이하다. ¶纪律～=기율이 풀어지다.

【弛禁】chíjìn 해금(解禁)하다.

【弛期】chíqī 〖동⋯〗 기일을 늦추다. 연기하다. ¶～竣工=준공을 늦추다.

【弛懈】chíxiè 〖동⋯〗 게을리하다. 태만하다. ¶刻苦求知, 不可～。=각고의 노력으로 지식을 탐구해야지, 태만해서는 안 된다.

【弛张】chízhāng 〖동〗 1 활시위를 당기고 놓다. 2 신축(伸縮)하다. 줬었다 늘였다 하다. 느슨해졌다 팽팽해졌다 하다. 〖명⋯〗 (사물의) 흥폐(興廢). (일처리의) 너그러움과 엄격함. ¶～有度=흥하고 망함에도 법칙이 있다.

**驰[馳] chí 말 달릴 치

〖동〗 1 (수레와 말 등이) 질주하다. 내달리다. ¶奔～=질주하다. / 飞～而过=나는 듯이 달려 지나가다. 2 빨리 달리게 하다. ¶～马疆场=싸움터로 말을 내몰다. 3 널리 퍼지다. 전파되다. 전해지다. 알려지다. ¶～名世界=세계에 널리 알려지다. 4 〖문〗 (마음이) 끌리다. 쏠리다. 가다. ¶心～神往=마음이 끌리다. ≒骋

【驰报】chíbào 〖동〗 급히 통보하다. ¶～京都=수도에 급히 통보하다. 〖명〗 긴급 경보. ¶～送达=긴급 경보를 송달하다.

【驰骋】chíchěng 〖동〗 1 (말을 타고) 내달리다. 질주하다. ¶～草原=말을 타고 초원을 달리다. 2 〖비〗 (어떤 분야에서) 활약하다. ¶～影坛=영화계에서 활약하다.

【驰电】chídiàn 〖동〗 신속하게 전보를 보내다. ¶～通告=급히 전보를 보내 알리다.

【驰函】chíhán 〖동〗 신속하게 서신을 전하다.

【驰马】chímǎ 〖동〗 (채찍질을 가하며) 말을 내몰다. ¶～奔腾=말을 내몰다.

【驰名】chímíng 〖동〗 명성을 떨치다. ¶～中外=중국 내외에서 명성을 떨치다.

【驰目】chímù 〖동⋯〗 (시선을 들어) 멀리 바라보다. ¶～远望=시선을 들어 멀리 바라보다.

【驰念】chíniàn 〖동⋯〗 그리워하다. 사모의 정을 품다. ¶甚为～=무척 그리워하다.

【驰驱】chíqū 〖동〗 1 (말을 몰아) 나는 듯이 달리다. ¶～沙场=전쟁터를 내달리다. 2 〖문〗 남을 위해 애쓰다. ¶任凭～=원하는 대로 힘써 주다.

【驰书】chíshū 〖동⋯〗 긴급히 서신을 전하다. ¶～通报=급히 서신을 전하여 통보하다.

【驰突】chítū 〖동〗 돌진하다. 쇄도하다. ¶奔走～=맹렬히 돌진하다.

【驰骛】chíwù 〖동⋯〗 질주하다. 내달리다.

【驰行】chíxíng 〖동〗 (차 등이) 빨리 달리다. (차를) 빨리 몰아가다. ¶向前～=앞으로 빨리 몰아가다.

【驰誉】chíyù 〖동〗 명성을[명예를] 떨치다. ¶～诗坛=시단에 명성을 드날리다.

【驰援】chíyuán 〖동〗 급히 가서 구원하다. ¶～救危=급히 가서 위험에서 구하다.

【驰骤】chízhòu 〖동⋯〗 내달리다. 활약하다. ¶纵横～=종횡무진 내달리다.

【驰逐】chízhú 〖동〗 (말을 달리며) 쫓고 쫓기다. 쫓아가다. ¶往来～=왔다 갔다 쫓고 쫓기다.

**迟[遲] chí 늦을 지

〖형〗 1 느리다. 더디다. 굼뜨다. ¶事不宜～=일을 늦춰서는 안 된다. 2 늦다. 지각하다. ¶姗姗来～=어물거리며 늦게 오다. 3 주저하다. 망설이다. 머뭇거리다. ¶～疑不决=머뭇머뭇거리며 결정하지 못하다. 〖명〗 (Chí) 성(姓). ≒晚 缓 ↔速 早

○→ 凌líng迟, 钦qīn迟, 推tuī迟

【迟笨】chíbèn 〖형〗 (동작이) 느리고 둔하다. 굼뜨다. ¶动作～=동작이 느리고 굼뜨다.

【迟迟】chíchí 〖부〗 1 매우 늦도록. ¶～没有回音。=늦도록 회답이 없다. 2 천천히. 느릿느릿. ¶～而行=느릿느릿 가다.

【迟迟钝钝】chí·chi dùndùn (～的) 〖형〗 둔하다. 굼뜨다. ¶他做事一贯～的。=그 사람은 일하는 건 늘 둔해 터졌다.

【迟迟疑疑】chí·chi yíyí (～的) 〖형〗 망설이다. 주저하다. 머뭇거리다. ¶她～地下不了决心。=그녀는 머뭇거리며 결심하지 못했다.

【迟到】chídào 〖동〗 지각하다. ¶快上课了, 我们要～了。=곧 수업이 시작될 텐데 우리 지각하게 생겼다.

【迟钝】chídùn 〖형〗 (생각·감각·행동·반응 등이)

둔하다. 느리다. 굼뜨다. 무디다. ¶反应~=반응이 느리다. ↔机灵 敏锐 灵敏

【迟缓】chíhuǎn 형 느리다. 완만하다. ¶节奏~=리듬이 느리다. ≒缓慢 ↔迅速 迅捷 便捷 轻快

【迟婚】chíhūn 통 만혼(晚婚)하다. 나이가 들어 늦게 결혼하다.

【迟留】chíliú 통 머물다. 체류하다. ¶~几日=며칠 머물다.

【迟脉】chímài 명(醫) 지맥(遲脈).

【迟慢】chímàn 형 느리다. 늦다. 더디다. ¶他思考~, 半天也没明白过来. =그는 생각이 느려 한참이 지나서도 깨닫지 못했다.

【迟明】chímíng 명 여명. 동틀 무렵. 첫새벽.

【迟暮】chímù 1 해질녘. 해질 무렵. ¶~斜阳=해질녘의 석양. 2(문)(비) 만년. 노년. ¶~之年=인생의 황혼 무렵.

【迟误】chíwù 통 지연시켜 일을 그르치다. ¶此案立即侦查, 不得~。= 이 사건은 즉시 수사해야지, 지연해 일을 그르쳐서는 안 된다.

【迟效】chíxiào 명 느린 효과. ¶~药=효과가 느린 약.

【迟延】chíyán 끌다. 지연하다. 지체하다. ¶事情紧急, 不可~。=일이 긴급하니 지체해서는 안 된다. ≒拖延

【迟疑】chíyí 망설이다. 머뭇거리다. 주저하다. ¶略微~后, 他在协议上签上了自己的名字。=조금 망설인 후 그는 협의서에 자신의 이름을 서명했다. ↔坚决 果断

【迟早】chízǎo 부 조만간. 머지않아. ¶交通拥挤问题~得解决。=교통 혼잡 문제는 조만간 해결될 것이다.

【迟滞】chízhì 1 느리다. 완만하다. 원활하지 못하다. ¶车流~=차량의 흐름이 느리다. 2 둔하다. 멍하다. 활기가 없다. 생기가 없다. ¶目光~=눈빛에 생기가 없다. 통 방해하다. 정체시키다. 늦추다. ¶有效地~了对手的前进速度。=상대방의 전진 속도를 효과적으로 늦추다.

## 坻 chí 모래섬 지

명(문) 물 가운데의 작은 땅.
☞ dǐ

## 茌 chí 땅 이름 치

【茌平】Chípíng 명(地) 츠핑. (산둥(山东)성에 있는 지명]

## 持 chí 가질 지

통 1 쥐다. 잡다. 가지다. ¶~证上岗=자격증을 가지고 관련된 직장에서 일하다. 2 주장하다. (어떤 생각을·견해를) 품다(가지다·지니다). 3 주관하다. 처리하다. ¶操~家务=가사를 돌보다. 4 통제하다. 제압하다. 억누르다. ¶挟~=협박하다. 5 유지하다. 지키다. 지지하다. 견지하다. ¶旷日~久=오랜 시간을 소요하다. 6 대치하다. 대항하다. ¶僵~不下=팽팽하게 대치하다. ≒操

○● 把持, 保持, 撑chēng持, 扶fú持, 护持, 僵jiāng持, 劫jié持, 矜jīn持, 力持, 挟xié持, 争持, 住持, 自持

【持币待购】chíbì-dàigòu (상품 부족할 때) 소비자가 돈을 가지고 마음에 드는 상품을 구매하려고 기다리다.

【持仓】chícāng 통(經) (증권을 매입도 매수도 하지 않고) 관망하다. 매수 포지션.

【持刀】chídāo 통 칼을 잡다. 칼을 지니다. ¶~动枪=총칼을 들다.

【持法】chífǎ (法) 법률을 집행하다. ¶~公正=법 집행이 공정하다.

【持股】chígǔ 통 주식(증권)을 보유하다.

【持衡】chíhéng 통 평형을 유지하다. ¶收支~=수입과 지출이 평형을 유지하다.

【持家】chíjiā 통 살림하다. 집안일을 돌보다. ¶勤俭~=부지런하고 알뜰하게 살림하다.

【持久】chíjiǔ 통 오래 유지되다. 지속되다. ¶药效~=약효가 오래가다.

【持久性有机污染物】chíjiǔxìng yǒujī wūrǎnwù (다이옥신·디디티(DDT) 등) 유해성 유기 오염 물질. 영 toxic organic pollutant

【持久战】chíjiǔzhàn 명 1(軍) 지구전(持久戰). 장기전(長期戰). 2(비) 오랜 시간이 소요되고 난이도가 높은 사업.

【持卡族】chíkǎzú 명 카드족. [현금 대신 신용카드 지불 방식으로 소비하는 부류의 사람]

【持论】chílùn 통 이론을 내세우다. 주장을 제기하다. ¶~有据=내세운 이론에 근거가 있다.

【持平】chípíng 공평하다. 공정하다. ¶~之论=공정한 토론. (비교 대상의 수량과) 같다. ¶今年的产值与去年~。=금년의 생산액은 작년과 같다. ↔偏颇

【持枪】chíqiāng 통 1 총을 잡다. ¶~行凶=총을 들고 흉악한 일을 저지르다. 2 총기를 휴대 (사용)하다. ¶~证=총기 휴대 허가증.

【持球】chíqiú 명(體) 1 (배구의) 홀딩(holding). 2 (핸드볼의) 볼잡기. [한손잡기와 양손잡기가 있음]

【持身】chíshēn 통 처신하다. ¶~清正=청렴하고 공정하게 처신하다.

【持效期】chíxiàoqī 명 (약 따위의) 효과 지속 시간.

【持械】chíxiè 통 기구(무기)를 가지다(들다). ¶~斗殴=무기를 들고 때리며 싸우다.

【持续】chíxù 통 지속하다. ¶大雪~多日。=많은 눈이 여러 날 계속 내리다. ≒延续 连续 继续 ↔中断 中止

【持续农业】chíxù nóngyè 명 지속 농업. [농업 기술과 환경을 조화시켜 현대 농법의 부작용을 줄이고 생산성을 장기적으로 유지해 나가는 농업 정책]

【持盈保泰】chíyíng-bǎotài (성) 낭비 없이 여분을 유지해야 오랫동안 평안할 수 있다.

【持有】chíyǒu 통 1 (기구 등을) 가지고 있다. 소지하다. ¶歹徒手中~匕首。=강도가 손에 칼

持匙氽墀踟篪尺齿 chǐ

을 들고 있다. **2** (어떤 관점·태도 등을) 가지다. 지니다. ¶双方所~的观点不尽相同.＝쌍방이 갖고 있는 관점이 다 일치하지는 않는다.

【持斋】chízhāi 图(宗) (종교적인 이유로) 육류나 특정 음식을 삼가다.

【持正】chízhèng 图 공정하다. 공평하다. 한쪽에 쏠리지 않다. ¶平心~＝공평한 마음으로 한쪽에 쏠리지 않다. 图 정도(正道)를 지키다. 정의롭다. 공명정대하다. ¶~不阿＝정의를 지키며 영합하지 않다.

【持之以恒】chízhīyǐhéng 图 오랫동안 견지하다. ↔一暴十寒 半途而废

【持之有故】chízhīyǒugù 图 주장〔견해〕에 일정한 근거가 있다.

【持重】chízhòng 图 근신하다. 진중하다. 경솔하지 않다. ¶为人~＝사람됨이 경솔하지 않다. ↔浮躁

**匙** chí 숟가락 시
图 **1** 숟가락. **2** (Chí) 성(姓).
☞·shi
【匙子】chí·zi 图 숟가락.

**氽** chí 침 시
图图 침. 타액.

**墀** chí 섬돌 위 뜰 지
图图 **1** 계단〔섬돌〕 바닥. 계단〔섬돌〕 위의 공터. ¶阶~＝계단〔섬돌〕 바닥. **2** 계단. 층계. 섬돌. ¶丹~＝궁전의 붉은 계단〔지면〕.

**踟** chí 머뭇거릴 지
아래를 참조.
【踟蹰】【踟躇】chíchú 图 머뭇머뭇하다. 주저하다. 망설이다. ¶~徘徊＝머뭇머뭇 배회하다.
【踟蹰不前】chíchú bù qián 图 망설이며 나아가지 못하다.
【踟躇】chíchú ☞【踟蹰】chíchú

**篪** chí 긴 대 호
图《音》고대 죽관(竹管) 악기의 일종.

**尺** chǐ 자 척
图 자. 척. [길이의 단위. 1丈(장)의 1/10로 0.333미터] ¶一~布＝천 1자. ~＝줄자. **2** 제도(製圖)용 자. ¶放大~＝축도기(縮圖器). **3** 자 형태의 물건. ¶镇~＝서진. 문진. **4**《醫》척부(尺部).
☞ chě

○● 标尺, 表尺, 方尺, 公尺, 角尺, 戒jiè尺, 界尺, 进尺, 矩jǔ尺, 卷juǎn尺, 卡尺, 皮尺, 曲尺, 塞sāi尺, 市尺, 算尺, 缩suō尺, 英尺, 咫zhǐ尺

◆尺 chǐ
迟 chí
咫 zhǐ

【尺兵】chǐbīng 图图 짧고 작은 무기. 척촌지병(尺寸之兵).

【尺寸】chǐ·cun 图图 **1** (비교적) 좁은 면적. ¶~之地＝얼마 안 되는 땅. **2** 소량. 조금. ¶~之功＝작은 공로.

【尺·cun】chǐ·cun 图 **1** 길이. 치수. 사이즈(size). [주로 물건의 길이를 가리킴] ¶量量腰围的~.＝허리 치수를 재어 보다. **2** (언행상의) 분별력. 절도. 법도. 분수. 적절함. 타당함. 마땅함. ¶做什么事都要把握好~.＝무슨 일을 하든 늘 분수를 잘 지켜야 한다.

【尺牍】chǐdú 图 편지. 서신. [고대의 '木简(글을 적은 나무 조각)'이 약 한 자(尺)였던 것에서 유래함]

【尺度】chǐdù 图 척도. 표준. 제한. ¶放宽~＝제한을 완화하다. ≒标准

【尺短寸长】chǐduǎn-cùncháng 图 **1** (사용 장소에 따라) 한 자도 너무 짧아 못 쓰는 경우가 있고, 한 치도 너무 길어 못 쓰는 경우가 있다. 《초사·복거(楚辞·卜居)》의 "尺有所短, 寸有所长."이란 구절에서 유래함) **2**图 (사람·사물은) 저마다의 장단점이 있다.

【尺幅难宣】chǐfú-nánxuān 图 (하고픈 말을) 글로 다 표현하기 어렵다.

【尺幅千里】chǐfú-qiānlǐ 图 **1** 한 자 길이의 화폭(画幅)에 천 리나 되는 풍경을 모두 그려 넣다. **2**图 외형은 작으나 내용이 매우 풍부하다.

【尺骨】chǐgǔ 图(生) 척골. 자뼈.

【尺蠖】chǐhuò 图(動) 자벌레.

【尺蠖蛾】chǐhuò'é 图(動) 자벌레 나방.

【尺码】chǐmǎ (~儿) 图 **1** (주로 신발·모자 등의) 길이. 치수. 사이즈(size). ¶这鞋的~对我来说有点偏大.＝이 신발은 나에겐 좀 크다. **2** 기준. 표준. 잣대. ¶评价两个个性迥异的人, 不能用同一个~.＝개성이 판이한 두 사람을 평가하는 데에 동일한 기준을 적용할 수는 없다.

【尺素】chǐsù 图图 단신. 짧은 편지〔서신〕.

【尺土】chǐtǔ 图图 척토. 촌지. 척지촌토(尺地寸土). ¶~寸金＝얼마 안 되는 땅과 재산.

【尺页】chǐyè 图 한 자 크기의 정방형 서화(책).

【尺蚓穿堤】chǐyǐn-chuāndī 图 **1** 한 자밖에 안 되는 지렁이가 큰 둑을 뚫는다. **2**图 사소한 원인이 큰 재앙을 불러 온다.

【尺泽】chǐzé (~儿) 图图 작은 못.

【尺中】chǐzhōng 图(醫) 척부.

【尺子】chǐ·zi 图 **1** 자. ¶用~量量这根线的长短.＝자를 가지고 이 선의 길이를 재어 보다. **2**图 표준. 척도. 잣대. ¶孰是孰非, 每个人心中都有一把~.＝누가 옳고 그른지, 모든 사람의 마음속에는 나름의 잣대가 있다.

**齿[齒]** chǐ 이 치
图 **1** 이. 치아. 이빨. ¶牙~＝치아. **2** (~儿) (물체의) 이빨 모양의 부분. ¶锯~＝톱니. **3** 이 모양의 것을 가진 물건. ¶~轮＝기어(gear). **4**图 연령(年龄). 나이. ¶年~＝나이. 图 **1** 병렬하다. 동류(同类)로 삼다. ¶不~于为伍＝동반자로 여기지 않다. **2**图 제기하다. 말을 꺼내다. 언급하다. ¶不足~数＝언급할 가치가 없다.

○● 不齿, 唇chún齿, 恒héng齿, 臼jiù齿, 锯jù齿, 口齿, 门齿, 年齿, 启qǐ齿, 切qiè齿, 龋qǔ齿, 犬quǎn齿, 乳rǔ齿, 生齿, 序xù齿, 乂齿, 智zhì齿, 蛀zhù齿

【齿敝舌存】 chǐbì-shécún 성비 강하면 쉽게 부러지고, 부드러우면 오래 간다. =【齿亡舌存】 chǐwáng shécún

【齿唇音】 chǐchúnyīn 명(言) 순치음(脣齒音). [현대 표준 중국어에서의 'f' 음과 같이 윗니와 아랫입술 사이에서 나는 마찰음(摩擦音)]=【唇齿音】 chúnchǐyīn

【齿德俱尊】 chǐdé-jùzūn 성 나이로 보나 덕행으로 보나 모두 존경할 만하다.

【齿根】 chǐgēn 명(生) 치근. 이촉.

【齿垢】 chǐgòu 명(醫) 치석(齒石).

【齿冠】 chǐguān 명(生) 치관(齒冠). 치아 머리.

【齿及】 chǐjí 동문 언급하다. 말을 꺼내다. 제기하다. ¶~旧事=옛일을 꺼내다.

【齿颈】 chǐjǐng 명(生) 치경(齒頸).

【齿冷】 chǐlěng 동문 비웃다. 조소하다. 멸시하다. ¶惹人~=남들의 비웃음을 사다.

【齿列】 chǐliè 동문 (치열처럼) 가지런하게 배열하다.

【齿录】 chǐlù 동문 채용하다. 임용하다. ¶未蒙~=등용되지 않다. 명 과거에 함께 급제한 동기생의 인적 사항을 기록한 장부.

【齿轮】 chǐlún 명(機) 기어(gear). ⊗【牙轮】 yálún

【齿腔】 chǐqiāng 명(生) 치강(齒腔).

【齿舌】 chǐshé 명문 의론. 비난. ¶遭人~=사람들의 비난을 받다.

【齿数】 chǐshǔ 동문 언급하다. 제기하다. ¶无从~=말을 꺼낼 수 없다.

【齿髓】 chǐsuǐ 명(生) 치수(齒髓).

【齿条】 chǐtiáo 명(機) 래크(rack).

【齿亡舌存】 chǐwáng-shécún ☞【齿敝舌存】 chǐbì-shécún

【齿龈】 chǐyín 명(生) 치은(齒齦). 잇몸. 치경(齒莖). =【牙龈】 yáyín ⊗【牙床】 yáchuáng ⊗【牙花(子)】 yáhuā(·zi) 【牙床子】 yáchuángzi

\*侈 chǐ 사치할 치
형문 1 사치스럽다. 낭비하다. ¶奢~=사치. / 穷奢极~=사치가 극에 달하다. 2 과대하다. 과장하다. ¶~言=허풍.

【侈靡】 chǐmí ☞【侈靡】 chǐmí

【侈靡】[侈靡] chǐmí 형문 아주〔지나치게〕 사치스럽다. 낭비하다.

【侈谈】 chǐtán 동문 허풍떨다. 큰소리치다. ¶~不休=끊임없이 큰소리치다. 명 허풍. 큰소리.

【侈言】 chǐyán 명동문 호언장담(하다). 큰소리(치다). 허풍(치다).

哆 chǐ 입벌릴 치

형문 입을 벌린 모양. ¶~口欲言=입을 벌려 말을 하려 하다.
☞ duō

\*\*耻[(恥)] chǐ 부끄러워할 치
명 1 치욕. 모욕. ¶羞~=수치. / 奇~大辱=크나큰 치욕. 2 수치. 부끄러움. ¶无~=염치 없다. / 恬不知~=뻔뻔스럽고 부끄러움을 모르다. 동 부끄러워하다. ¶不~下问=아랫사람에게 묻는 것을 부끄러워하지 않다. ≒屈辱 羞耻 ↔荣

○● 国耻, 廉lián耻, 无耻, 羞xiū耻, 雪耻

【耻骨】 chǐgǔ 명(生) 치골.

【耻骂】 chǐmà 동 깔보고 욕하다. ¶被人~=남들에게 멸시당하고 욕을 먹다.

【耻辱】 chǐrǔ 명 치욕. 치욕스러운 일. ¶蒙受~=치욕을 당하다. ≒屈辱 羞辱 ↔光荣

【耻笑】 chǐxiào 동 비웃다. 조소하다. ¶~残疾人是不道德的. =장애인을 비웃는 것은 부도덕한 짓이다.

【耻于】 chǐyú 동 (어떤 일에 대해) 수치를 느끼다. ¶此事让人~开口. =이 일은 입을 열기가 수치스럽다.

豉 chǐ 메주 시
☞【豆豉】 dòuchǐ

褫 chǐ 벗을 치
동 1 벗다. 벗기다. ¶解佩而~绅. =옥 장신구를 풀고 큰 띠를 벗다. 2 박탈하다. ¶~职查办=관직을 박탈하고 조사하여 처벌하다.

【褫夺】 chǐduó 동문 박탈하다. ¶~监护权=보호 감독권을 박탈하다.

【褫革】 chǐgé 동문 해직하다. 면직하다. 파면하다. ¶~功名=관직을 파면하다.

彳 chì 조금 걸을 척

【彳亍】 chìchù 동문 천천히 걷다. 가다 서다 하다. ¶两人手拉手在公园~. =두 사람이 손을 잡고 공원에서 천천히 거닐고 있다.

叱 chì 꾸짖을 질
동문 호통치다. 큰 소리로 꾸짖다. ¶怒~=화가 나 호통치다.

【叱呵】 chìhē 동 호통치다. 큰 소리로 꾸짖다. ¶厉声~=사나운 목소리로 크게 꾸짖다.

【叱喝】 chìhè 동 호통치다. 큰 소리로 꾸짖다. ¶~下属=부하를 호통치다.

【叱令】 chìlìng 동 큰 소리로 명령하다. 크게 꾸짖고 책임지게 하다. ¶~学生返回教室. =학생에게 교실로 돌아오라고 큰 소리로 명령하다.

【叱骂】 chìmà 동 호되게 꾸짖다.

【叱问】 chìwèn 동 문책하다. 책문하다. 큰 소리로 묻다. ¶~部下=부하들을 문책하다.

【叱责】 chìzé 동 질책하다. ¶~子孙不肖. =자손의 나쁜 품행을 질책하다.

【叱咤】 chìzhà 동 화가 나 크게 소리치다.

【叱咤风云】chìzhà fēngyún 위세가 등등하다.

## *斥 chì 꾸짖을 척

[동] **1** 꾸짖다. 책망하다. ¶痛～=호되게 야단치다. / 训～=엄하게 타이르며 꾸짖다. **2** 물리치다. 배척하다. ¶排～=배척하다. **3** [문] 확장하다. 넓히다. 신장하다. ¶～地千里=천리의 토지를 개척하다. **4** [문] (돈을) 내다. 지불하다. ¶～资百万=거액의 자금을 내다. **5** [문] 정찰하다. 탐색하다. ¶～兵=척후병. [형] **1** 많다. 넓다. ¶充～=가득 차다. **2** [문] 토지에 염분이 과다하다. ≒贬 责

○ 斥 chì 拆 cā 坼 chè 诉 sù

○- 贬biǎn斥, 摈bìn斥, 充chōng斥, 呵hē斥, 训xùn斥, 指斥

【斥地】chìdì [동][문] 영토를 개척하다.

【斥革】chìgé [동][문] 해직하다. 면직하다. 파면하다. 취소하다. ¶～官职=면직시키다.

【斥呵】chìhē 책망하다. 큰 소리로 꾸짖다.

【斥候】chìhòu [동] (軍) (적의 상황을) 정찰하다. [명] (軍) 척후병. 정찰병.

【斥力】chìlì [명] (物) 척력. ↔引力 吸力

【斥卤】chìlǔ [형][문] 토지에 염분이 과다하다. [명][문] 척로(斥卤).

【斥骂】chìmà [동] 호되게 꾸짖다. 호통치다. 질책하다. ¶别当人面～孩子。=남들 앞에서 아이를 꾸짖지 마라.

【斥卖】chìmài [동][문] 환금(换金)하다. 팔아치우다. ¶～祖业=선조의 유산을 팔아먹다.

【斥退】chìtuì [동] ⟨구⟩ 관직을 박탈하다. 학생을 퇴학시키다. ¶～流放=삭탈관직하고 유배하다. **2** (주변 사람들을) 호통쳐서 물리치다. ¶～左右=좌우를 물리치다.

【斥责】chìzé [동] 질책하다. 탓하다. 꾸짖다. ¶高声～=큰 소리로 호되게 꾸짖다. ≒谴责 ↔表扬

【斥逐】chìhú [동][문] 몰아 내다. 물리치다. ¶～倭=왜구를 몰아 내다.

【斥资】chìzī [동] 지불하다. 지급하다. ¶～千万=거액을 지불하다.

## *赤 chì 붉을 적

[형] **1** 엷은 주홍색의. **2** 붉은. ¶近朱者～, 近墨者黑。=진사(辰砂)에 가까이 하는 이는 붉어지고, 먹에 가까이 하는 이는 검어진다. **3** 정성스럽다. 충성스럽다. 순진하다. ¶满腔～诚=가슴 가득한 정성. **4** 아무것도 없는. 텅 빈. ¶～手空拳=아무것도 가진 게 없다. **5** 혁명을 상징하는. ¶～旗=혁명의 깃발. [동] 드러내다. 벌거벗다. ¶小孩子～着脚走在泥地上。=아이가 맨발로 진흙땅을 걷고 있다. [명] ¶金无足～=완벽한 순금은 없다. ≒朱 红 丹 绛

○ 赤 chì 哧 chī 敕 shè 赫 hè

○- 光赤, 足赤

【赤白痢】chìbáilì [명](醫) 적백리. [이질의 일종]

【赤背】chì‖bèi [동] 등〔상반신〕을 드러내다. 웃통을 벗다.

【赤壁之战】Chìbì zhī zhàn [명](歷) 적벽 대전 (赤壁大戰). [중국 삼국 시대인 208년에 오(吳)와 촉(蜀) 두 나라가 연합하여 조조(曹操) 휘하의 위(魏)나라 대군을 장강(長江) 유역의 적벽에서 대파한 전쟁]

【赤膊】chì‖bó [동] 웃통을 벗다. ¶～乘凉=웃통을 벗고 바람을 쐬다.

【赤膊】chìbó (웃을 입지 않은) 윗몸. 웃통. 반라. ¶打～=웃통을 벗다.

【赤膊上阵】chìbó shàngzhèn [성](비) 계획이나 대책 없이 일하다. 앞뒤 안 가리고 일하다. 드러내 놓고 못된 짓을 하다.

【赤潮】chìcháo [명](海) 적조. [주로 근해에서 발생함] =【红潮】hóngcháo

【赤忱】chìchén [형] (매우) 정성된. 참된. 진심의. 진실한. 정직한. 성실한. ¶～的爱国之心=진실한 애국심. [명] 진심. 진정. 정성. 정정. ¶一片～=진실한 마음.

【赤诚】chìchéng [형] (매우) 정성된. 참된. 진심의. 진실한. 정직한. 성실한. ¶～相见=진실한 마음으로 대면하다.

【赤带】chìdài [명](醫) 적대하(赤帶下).

【赤胆忠心】chìdǎn-zhōngxīn [성] 일편단심이다. 매우 충성스럽다. 헌신적이다. ≒披肝沥胆

【赤道】chìdào [명](天) **1** 적도. **2** 천구적도(天球赤道).

【赤道几内亚】Chìdào Jǐnèiyà [명](외)(地) 적도 기니(Equatorial Guinea). [수도는 '马拉博(말라보: Malabo)'임]

【赤地】chìdì [명] 적지. [가뭄·병충해 등으로 풀 한 포기 자라지 않는 땅] ¶～连绵数千里。=적지가 수천 리나 이어지다.

【赤地千里】chìdì qiānlǐ [성] 재해를 입어 황폐해진 땅이 끝없이 넓다.

【赤豆】chìdòu ☞【赤小豆】chìxiǎodòu

【赤褐色】chìhèsè [명] 적갈색.

【赤红】chìhóng [형] 검붉다. ¶～的鲜血=검붉은 선혈.

【赤狐】chìhú [명](動) 붉은 여우. =【红狐】hónghú

【赤脚】chì‖jiǎo [동] 맨발이 되다. [주로 신발과 양말을 아예 신지 않거나, 양말만 신지 않은 경우를 가리킴] ¶小家伙们～在地板上跑来跑去。=녀석들이 맨발로 바닥에서 왔다 갔다 뛰어다닌다.

【赤脚】chìjiǎo [명] 맨발. ¶一双～=맨발.

【赤脚医生】chìjiǎo yīshēng [명] 농촌 의무대원. [단기간 의료 교육을 이수하고 농촌에서 농사와 의료를 겸하는 의료인]

【赤金】chìjīn [명] **1** 순금. ¶～戒指=순금 반지. **2** 구리의 옛 별칭.

【赤口毒舌】chìkǒu-dúshé [성] 남을 잔인하고 혹독하게 헐뜯는 말. 남을 비방하는 독설.

【赤痢】chìlì [명](醫) 적리. [이질의 일종]

【赤练蛇】chìliànshé ☞【赤链蛇】chìliànshé

【赤链蛇】[赤练蛇][赤楝蛇] chìliànshé 몡(動) 능구렁이.
【赤楝蛇】chìliànshé ☞【赤链蛇】chìliànshé
【赤鳞】chìlín ☞【红磷】hónglín
【赤露】chìlù 통 발가벗다. 드러내다. 노출하다. ¶~着前胸=가슴을 드러내다.
【赤鹿】chìlù ☞【马鹿】mǎlù
【赤裸】chìluǒ 통 1 발가벗다. (몸을) 드러내다. 노출하다. ¶~双臂=두 팔을 드러내다. 2 (비) 조금도 숨김이 없다. 완전히 드러내다. ¶~的山丘=벌거숭이 산언덕.
【赤裸裸】chìluǒluǒ 형 1 발가벗다. ¶一丝不挂=실오라기 하나 걸치지 않고 다 벗다. 2 적나라하다. 조금의 숨김도 없다. 완전히 드러나다. ¶~的金钱关系=완전히 드러난 금전 관계.
【赤霉病】chìméibìng 몡 붉은곰팡이병.
【赤霉菌】chìméijūn 몡 붉은곰팡이.
【赤霉素】chìméisù 몡 지베렐린(gibberellin).
【赤贫】chìpín 형 몹시 가난하다. 아무것도 가진 게 없다. ¶~如洗=찢어지게 가난하다.
【赤日】chìrì 몡 적일. 빛이 강한 태양. 뙤약볕. ¶~炎炎=뙤약볕이 뜨겁다.
【赤色】chìsè 몡 1 붉은색. 적색. 2 혁명의 역량.
【赤舌烧城】chìshé-shāochéng 성 1 참언(讒言)하는 사람의 혀가 성을 불태우다. 2 (비) 참언의 파괴력이 크다.
【赤身】chìshēn 통 1 발가벗다. 2 (비) 아무것도 가진 게 없다. ¶~而来, ~而去. =빈 몸으로 왔다 빈 몸으로 가다.
【赤身裸体】chìshēn-luǒtǐ 성 몸에 실오라기 하나 걸치지 않다. 발가벗다.
【赤手】chìshǒu 몡 맨손이다. 빈손이다. ¶他~站在一旁, 什么也不做. =그는 맨손으로 옆에 서서 아무것도 하지 않는다.
【赤手空拳】chìshǒu-kōngquán 성 적수공권(赤手空拳). 아무것도 가진 것이 없다.
【赤条精光】chìtiáo-jīngguāng 성 몸에 실오라기 하나 걸치지 않다. 발가벗다.
【赤条条】chìtiáotiáo(~的) 형 1 발가벗다. 알몸이다. 실오라기 하나 걸치지 않다. 2 (비) 아무 것도 없다.
【赤县】Chìxiàn 몡 중국을 가리킴. ¶~神州=중국.
【赤小豆】chìxiǎodòu 몡(植) 붉은팥. 적두. =【小豆】xiǎodòu【红小豆】hóngxiǎodòu
【赤心】chìxīn 몡 진심. 적심. 단심(丹心). ¶~相待=진심으로 대하다.
【赤眼鳟】chìyǎnzūn 몡(動) 눈불개. [잉어과의 민물고기] =【红眼鱼】hóngyǎnyú
【赤杨】chìyáng 몡(植) 오리나무. 앨더(alder).
【赤子】chìzǐ 몡 1 갓난아기. 신생아. ¶~之心=적자지심. 2 순결·선량하며 사념이 없는 사람. 3 조국·고향에 대해 순수하고 진실한 마음을 가진 사람. ¶海外~=고국을 애틋하게 생각하는 해외 동포.
【赤字】chìzì 몡(經) 적자. ¶财政~=재정 적자.

【赤足】chìzú 통 맨발을 하다. ¶~而行=맨발로 가다.

## 饬[飭] chì 정비할 칙

통 1 정돈하다. 손질하다. 정비하다. 바로잡다. ¶整~=정돈하다. 2 하급 기관에 명령하다. ¶~速办=하급 기관에 신속하게 처리하도록 명령하다. 형 근신하다. 신중하다. 조심하다. ¶谨~=신중하다.
【饬厉】chìlì 통 훈계하고 격려하다. ¶~将士=장병들을 훈계하고 격려하다.
【饬令】chìlìng 통 상급 기관이 하급 기관에 명령하다. [주로 옛날 공문 등에서 쓰임] ¶~严办=하급 기관에 명을 내려 엄중하게 처리하다. 몡 명령을 하달하는 공문.

## 抶 chì 매질할 질

통 곤장을 치다. 채찍질하다.

## 炽[熾] chì 불 셀 치

형 1 (불길이) 세다. 활활 타오르다. ¶~旺的篝火=활활 타오르는 모닥불. 2 열렬하다. 뜨겁다. 정열적이다. 맹렬하다. ¶~烈的情怀=뜨거운 마음.
【炽烈】chìliè 형 1 불길이 세다. 활활 거세게 타오르다. ¶火势~=불길이 거세다. 2 (감정 등이) 열렬하다. 뜨겁다. 정열적이다. 맹렬하다. ¶~的爱情=뜨거운 애정.
【炽情】chìqíng 몡 열렬한 감정. ¶满怀~=열렬한 감정을 가슴 가득 품다.
【炽热】chìrè 형 1 (온도가) 매우 뜨겁다. 이글이글 타오르다. ¶太阳是一个~的大火球=태양은 이글이글 타오르는 큰 불덩이이다. 2 (감정 등이) 열렬하다. 뜨겁다. 정열적이다. 맹렬하다. ¶~的情感=정열적인 감정.
【炽盛】chìshèng 형 1 (불길이) 매우 왕성하다. 거세게 타오르다. 2 (감정·욕망 등이) 강렬하다. ¶怒火~=불 같은 분노가 활활 타오르다.
【炽旺】chìwàng 형 활활 타오르다. 거세게 타오르다.
【炽焰】chìyàn 몡 1 활활 타오르는 불꽃. 맹렬한 화염. ¶~升腾=거센 불꽃이 피어오르다. 2 (비) 권세. 기염. 위세. ¶~嚣张=위세가 대단하다.
【炽燥】chìzào 형 덥고 건조하다. 조열(燥熱)하다. ¶~的沙漠气候=덥고 건조한 사막 기후.
【炽灼】chìzhuó 형 1 불길이 거세게 타오르다. 불이 이글거리다. 2 권세가 대단하다. ¶威权~, 朝野畏惧. =권위가 대단하여 온 나라가 두려워하다.

## 翅[翄] chì 날개 시

몡 1 (새·곤충 등의) 날개. ¶展~飞翔=날개를 펴고 비상(飛翔)하다. 2 (~儿) 물체에 날개처럼 생긴 부분. ¶纱帽~儿=사모의 날개. / 翅果~儿=시과(翅果)의 날개. 3 상어 지느러미. 吃了一顿~席=상어 지느러미가 나오는 고급리를 먹다.
　○● 鼻翅, 鞘qiào翅, 展翅
【翅膀】chìbǎng 图 1 (새·곤충 등의) 날개. 2 물체에서 날개처럼 생긴 부분. ¶飞机~=비행기 날개.
【翅膀硬了】chìbǎngyìng·le 〈속〉 1 조류의 날개가 자라날 수 있다. 2 〈비〉 (사람이) 자립할 수 있는 능력이 생기다.
【翅果】chìguǒ 图〈植〉시과.
【翅脉】chìmài 图〈生〉시맥. 횡맥.
【翅鞘】chìqiào ☞【鞘翅】qiàochì
【翅席】chìxí 图 상어 지느러미 요리가 나오는 고급 연회.
【翅翼】chìyì 图 날개.
【翅子】chì·zi 图 1 상어 지느러미. 2〈방〉날개.

眙 chì 눈여겨볼 치 / 땅 이름 이
〈동〉 1 주시하다. 직시하다. 2 놀라 쳐다보다.
☞ yí

敕[(勅·勑)] chì 조서 칙
〈동〉 권계하다. 훈계하다. 경고하다. 图〈왕〉 칙명. 칙령. 조령. 천자의 명령. ¶~谕天下=천하에 칙령을 내리다.
【敕封】chìfēng 图 조정에서 작위나 칭호를 칙령으로 내리다.
【敕建】chìjiàn 图 군주의 명을 받들어 짓다. ¶~宮殿=황제의 명으로 궁전을 짓다.
【敕勒】Chìlè 图 칙륵족. [중국 고대의 북방 소수 민족의 하나]
【敕勒川】Chìlèchuān 图 칙륵족(敕勒族)이 거주했던 평탄한 지역. [오늘날의 간쑤(甘肃)성·네이멍구(内蒙古) 일대]
【敕勒歌】Chìlègē 图 남북조(南北朝) 시기 칙륵족(敕勒族)의 민가.
【敕令】chìlìng 图 칙령을 내리다. 图 칙령. 칙명. 조령.
【敕书】chìshū 图 칙서(敕書). 칙조(敕詔). 조서(詔書).
【敕造】chìzào 图 칙명으로 세우다. 칙명을 받들어 건조하다. ¶~陵寝=칙명으로 왕릉[능침]을 만들다.

啻 chì 다만 시
〈부〉 다만. 단지. 오직. ¶不~=…뿐만 아니라. / 何~如此=어찌 이와 같을 뿐이랴.

傺 chì 묵을 제
☞【侘傺】chàchì

䎂[䎂] chì 틈부기 칙
☞【瀄䎂】xīchì

瘈 chì 미칠 계
☞ zhì
【瘈疭】chìzòng ☞【瘛疭】chìzòng

憏 chì 정해지지 않을 제
☞【侘憏】chàchì

瘛 chì 경풍 계
【瘛疭】[瘈疭] chìzòng 图〈醫〉경련(痙攣).

# chong

**冲¹[(衝)]** chōng 맞부딪칠 충
〈동〉 1 (끓는 물 등을) 붓다. 뿌리다. 물에 풀다. ¶~奶粉=분유를 타다. / ~茶=차를 타다. 2 (물로) 씻어 내다. 가시다. 쓸어 내리다. ¶~马桶=변기의 물을 내리다. / 把菜盘子~~=요리 접시를 씻어 내다. 3 상쇄(相殺)하다. ¶你们两个的账一~了。=너희 둘 사이의 빚은 상쇄되었다. 4 충돌하다. 부딪치다. [주로 저촉되는 사상·감정 등에 쓰임] ¶夫妻俩的性格互相一突。=부부의 성격이 서로 충돌된다. 5 돌파하다. 돌진하다. 쳐부수다. 깨뜨리다. ¶横~直撞=종횡무진 쳐부수다. / 破重围=겹겹의 포위를 뚫다. 6 상승하다. 위로 솟다. 솟구치다. ¶怒发~冠=화가 머리끝까지 치밀어오르다. 7 (필름을) 현상하다. ¶~胶卷=필름을 현상하다. 图 1 요충. 요로. ¶要~=요충. 2 (혼례 등의 길사(吉事)를) 치러) 병세를 호전시키는 것. 3〈天〉 충(衝). [지구를 중심으로 하여 외행성이 태양과 정반대의 위치에 오는 시각이나 그 상태]

**冲²** chōng 평지 충
图 1〈방〉 산간 지대의 평지. ¶前面山弯里有一个大~。=앞의 산모퉁이에는 넓은 평지가 있다. 2 (Chōng) 성(姓).
☞ chòng

　○● 俯fǔ冲, 缓huǎn冲, 脉mài冲, 折zhé冲

【冲茶】chōngchá 图 (뜨거운 물로) 차를 타다. 차를 우리다. ¶给客人~=손님에게 차를 타 드리다.
【冲程】chōngchéng 图〈機〉행정(行程). 충정(衝程). =【行程】xíngchéng
【冲冲】chōngchōng 〈형〉 감정이 격한 모양. ¶兴~=무척 흥미롭다.
【冲刺】chōngcì 图 1〈體〉(달리기·수영 경기 등에서) 스퍼트(spurt)를 내다. 끝판에 역주(力走)하다. ¶百米~=100미터 스퍼트. 2〈비〉(일·공부에서) 막판 힘내기를 하다. ¶考前~=시험 전 막판에 온 힘을 다하다.
【冲淡】chōngdàn 图 1 희석시키다. 묽게 하다. ¶~果汁=과즙을 희석시키다. 2 (분위기·감정·효과 등을) 약화시키다. 감소시키다. ¶他的粗话大大~了愉快的气氛。=그의 막말은 유쾌한 분위기에 찬물을 끼얹었다.
【冲抵】chōngdǐ 图 (대차·채무 등을) 상쇄하다. ¶~债务=채무를 서로 상쇄하다.

【冲顶】 chōngdǐng 동(體) 1 뛰어 올라 헤딩(heading)하다. 2 (등산에서 정상에 오르기 직전에) 막판 힘내기를 하다.
【冲动】 chōngdòng 명 충동. ¶表演~=연기하고 싶은 충동. 동 격해지다. 흥분하다. 충동하다. ¶保持冷静, 不要~。=냉정함을 유지하고 흥분하지 마라. ↔冷静
【冲断层】 chōngduàncéng 명(地) 스러스트(thrust). 충상단층(衝上斷層).
【冲犯】 chōngfàn 동 (언행 등으로) 대들다. 들이받다. 버릇없이〔무례하게〕 굴다. 비위를 거스르다. 불쾌하게 하다. 감정을 상하게 하다. ¶~上司=상사의 기분을 상하게 하다. ≒冒犯
【冲锋】 chōngfēng 동(軍) 적진으로 돌격하다. 충봉(衝鋒)하다.
【冲锋枪】 chōngfēngqiāng 명(軍) 개인용 자동 화기〔소총〕.
【冲锋陷阵】 chōngfēng-xiànzhèn 성 1 적진 깊숙이 돌격하여 함락시키다. 용감하게 싸우다. 2(비) 정의로운 일을 위해 용감하게 투쟁하다.
【冲服】 chōngfú 동 물이나 술 등에 약을 타 먹다. ¶温水~=따뜻한 물에 약을 타 먹다.
【冲和】 chōnghé 형(문) 성정(性情)이 담백하고 온화하다. ¶为人~=사람됨이 담백하고 온화하다.
【冲毁】 chōnghuǐ 동 (큰물이) 휩쓸어 버리다. 파괴하다. ¶洪水~了不少良田。=홍수가 적지 않은 논을 휩쓸어 버렸다.
【冲昏】 chōnghūn 동 (이익이) 정신을 혼란시키다. 판단력을 흐리게 하다. ¶被私欲~了头脑。=사욕에 의해 머릿속을 판단력이 흐려졌다.
【冲昏头脑】 chōnghūn-tóunǎo 성 (승리·성공 등으로) 이성을 잃다. 판단력이 흐려지다. ¶决不能被目前的成绩~。=절대 눈앞의 성적으로 판단력이 흐려져서는 안 된다.
【冲击】 chōngjī 동 1 (흐르는 물 등이) 세차게 부딪치다. ¶海浪~着礁石。=파도가 암초를 세게 때리다. 2(軍) 적진으로 돌격하다. 충봉(衝鋒)하다. ¶向敌军发起~。=적군을 향해 돌격을 개시하다. 3(비) 충격. ¶受经济危机的~, 他们厂子倒闭了。=경제 위기의 충격을 입어 그들 공장은 도산되었다.
【冲击波】 chōngjībō 명 1(物) (초음속 운동에서의) 충격파. 2(軍) (핵폭발에서의) 충격파. =【爆炸波】 bàozhàbō 3 (어떤 일로 인한) 충격.
【冲积】 chōngjī 동(地) 충적(冲積)하다.
【冲积平原】 chōngjī píngyuán 명(地) 충적 평야.
【冲剂】 chōngjì 명(醫) 침제(浸劑). (약재를 달여 과립형으로 만들어서 물에 타 먹는 약)
【冲减】 chōngjiǎn 동 (비용 등을) 상쇄(를 통해) 감소시키다. ¶~欠款=부채를 상쇄하여 감소시키다.
【冲卷儿】 chōngjuǎnr 동 필름을 현상하다.
【冲决】 chōngjué 동 1 (물이) 제방을 무너뜨리다. ¶~堤坝=물이 둑을 터뜨리다. 2 (속박·제

한 등을) 타파하다. 분쇄하다. 깨뜨리다. 쳐부수다. 뚫다. 돌파하다. ¶~罗网=수사망을 뚫다.
【冲口】 chōngkǒu 동 무심결에 말하다. (생각 없이) 되는대로 말하다.
【冲口而出】 chōngkǒu'érchū 성 말이 무심결에 튀어나오다. 생각 없이 말하다. 되는대로 말하다.
【冲垮】 chōngkuǎ 동 휩쓸다. 산산이 부수다. 파괴하다. 무너뜨리다. ¶洪水~房屋。=홍수가 가옥을 휩쓸어 버리다.
【冲扩】 chōngkuò 동 (사진을) 확대 현상하다. ¶~彩卷=컬러 필름을 확대 현상하다.
【冲浪】 chōnglàng 명 1(體) 서핑(surfing). 파도타기. 2 (컴)(비) 인터넷 검색〔서핑〕. ¶网上~。=인터넷에서 검색〔서핑〕하다.
【冲浪板】 chōnglàngbǎn 명 서프보드(surfboard).
【冲力】 chōnglì 명(物) 관성력. 충격력.
【冲凉】 chōng∥liáng 동(방) 목욕하다. ¶他习惯早上起来~。=그는 아침에 일어나 습관적으로 목욕을 한다.
【冲量】 chōngliàng 명(物) 충격량.
【冲泡】 chōngpào 동 (차·커피 등을) 뜨거운 물로 타다.
【冲破】 chōngpò 동 1 부수다. 파손하다. 훼손하다. ¶渔网被鲨鱼~了。=어망이 상어에 의해 파손되었다. 2 (상태·제한 등을) 돌파하다. 타파하다. ¶~防线=방어선을 돌파하다. ≒突破
【冲沏】 chōngqī 동 뜨거운 물로 타다.
【冲散】 chōngsàn 동 해산시키다. 흩뜨리다. 흩어지게 하다. 소산(消散)시키다. 쫓아 버리다. ¶~人群=군중들을 해산시키다.
【冲杀】 chōngshā 동 1(軍) (전쟁에서) 목숨을 걸고 싸우다. 돌격하다. ¶勇猛~=용맹스럽게 돌격하다. 2(비) 곤란·장애를 극복하다. 어려움과 맞서 싸우다. ¶他在商界~多年, 已有不俗的业绩。=그는 경제계에서 수년 간 어려움과 맞서 싸워 이미 평범하지 않은 업적을 남겼다.
【冲煞】 chōngshà 동 액을 물리치다. 사기(邪氣)를 쫓아내다.
【冲晒】 chōngshài 동 현상 인화하다.
【冲蚀】 chōngshí 동(地) (흐르는 물에) 침식(浸蝕)되다. ¶河水日复一日~着河床。=강물이 나날이 강바닥을 침식하고 있다.
【冲刷】 chōngshuā 동 1(地) (흐르는 물에) 침식(浸蝕)되다. ¶雨水~着大地。=빗물에 땅이 침식되고 있다. 2 물을 뿌리면서 씻어 내다. ¶~地板=마루를 물로 씻어 내다.
【冲塌】 chōngtā 동 (흐르는 물에) 휩쓸리다. 무너지다. 부서지다. 파괴되다. ¶洪水~农舍。=홍수가 농가를 무너뜨리다.
【冲腾】 chōngténg 동 치솟다. 오르다. 상승하다. ¶蒸汽~而出。=증기가 치솟다.
【冲天】 chōngtiān 동 1 하늘로 치솟다. 충천하다. ¶火光~=불빛이 하늘로 솟구치다. 2(비) (기개·기세 등이) 충천(衝天)하다. 탱천(撑天)하다. ¶怒气~=노기충천하다.

【冲田】 chōngtián 图 언덕의 저지(低地)에 자리잡은 논.

【冲突】 chōngtū 동 1 (모순의 표면화로) 충돌하다. 싸우다. 부딪치다. ¶口角～=입씨름하다. 2 모순되다. 상충하다. ¶他的说法前后～=그의 논조는 앞뒤가 맞지 않는다. 图 1 모순. 충돌. ¶外交～=외교적 충돌. 2 (문예 작품 속에서의) 갈등. 모순. ¶戏剧～=희곡 속의 갈등.

【冲洗】 chōngxǐ 동 1 (물로) 씻어 내다. 가시다. 쓸어 내리다. ¶～汽车=물을 뿌려 세차하다. 2 현상하다. 현상 인화하다. ¶～照片=사진을 현상하다.

【冲喜】 chōng‖xǐ (고대의 미신으로) 병이 위중할 때 혼례 등의 기쁜 일을 거행하여 액을 물리치다.

【冲销】 chōngxiāo 동(經)(장부상의 액수를 부분 또는 전체적으로) 경감하다. 탕감하다. ¶所欠钱款已经全部～=진 빚은 이미 다 탕감했다.

【冲邪】 chōngxié 동 액을〔사기를〕물리치다. 액막이하다.

【冲泻】 chōngxiè 동 물이 높은 곳에서 아주 빠르게 흘러내리다. ¶浊浪滚滚的山洪～而下。=탁하고 세찬 산의 홍수가 급속히 흘러내리다.

【冲淹】 chōngyān 동 물에 무너지고 잠기다. ¶洪水～了桥梁。=다리가 홍수에 무너지고 물에 잠기다.

【冲要】 chōngyào 图 1 (군사·교통상) 요충지. 요지. ¶～之地=요충지. 2 요직. ¶久居～=오랫동안 요직에 있다.

【冲印】 chōngyìn 동 (필름을) 현상하고 (사진을) 인화하다. ¶～彩照=컬러 사진을 현상 인화하다.

【冲涌】 chōngyǒng 동 물이 아주 빠르게 솟아 오르다. ¶海潮～=조수가 빠르게 솟구치다.

【冲澡】 chōng‖zǎo 동 목욕하다.

【冲账】 chōng‖zhàng 동(經)(서로 주고받을 것을) 상계(相計)하다. 상쇄(相殺)하다.

【冲撞】 chōngzhuàng 동 1 부딪치다. 충돌하다. ¶街上又有汽车发生了～=길에서 자동차가 충돌하는 사고가 또 일어났다. 2 (언행 등으로) 대들다. 들이받다. 버릇없이〔무례하게〕굴다. 비위를 거스르다. 불쾌하게 하다. 감정을 상하게 하다. ¶说话注意分寸, 别～了客人。=말할 때에는 본분을 잘 지켜 손님의 기분을 상하게 해서는 안 된다.

**充** chōng 찰 충

형 가득하다. 충분하다. 충만하다. ¶供应～足=공급이 충분하다. 동 1 가득 채우다. 메우다. ¶给蓄电池～电。=축전지를 충전하다. 2 보충하여 채우다. 모아 채우다. ¶他想来～个数。=그는 개수를 채울 생각이다. 3 맡다. 담당하다. ¶～当导游=가이드를 맡다. 4 사칭하다. 속여 …인 척하다. ¶以次～好=나쁜 것을 좋은 것이라고 속이다. 图(Chōng) 성(姓).

○ 充 chōng
  茺 chōng
  铳 chòng
  统 tǒng

○● 补充, 混hùn充, 假jiǎ充, 扩kuò充, 冒充, 填tián充

【充畅】 chōngchàng 형 1 (상품 공급이) 원활하다. 충분하다. ¶年货供应～。=설맞이 용품의 공급이 원활하다. 2 (글의 기세가) 막힘이 없다. 거침없다. ¶文气～=문장의 기세가 막힘이 없다.

【充斥】 chōngchì 동〔貶〕 충만하다. 가득 채우다. ¶决不能让盗版软件～市场。=절대로 해적판 소프트웨어가 시장에 가득해서는 안 된다.

【充磁】 chōng‖cí 동(物) 자기를 띠게 하다. 자화(磁化)하다. 자성(磁性)을 높이다.

【充当】 chōngdāng 동 (어떤 직무·역할을) 맡다. 담당하다. ¶～介绍人=소개인 역할을 하다. ≒充任

【充电】 chōng‖diàn 동 1 충전하다. ¶给手机～。=휴대폰을 충전시키다. 2(비)(학습을 통해) 지식·기술 등을 재충전하다. ¶利用业余时间学习新知识, 给自己～。=여가 시간을 이용해 새로운 지식을 학습하여 자신을 재충전하다. 3 (휴식·오락 등을 통해) 체력과 정력을 재충전하다. ¶多休息, 给身体充充电。=많이 쉬어서 몸을 재충전하다.

【充电器】 chōngdiànqì 图(電) 충전기.

【充耳不闻】 chōng'ěr-bùwén 성 1 귀를 틀어 막고 듣지 않다. 2(비) 남의 의견을 들으려 하지 않다. ≒熟视无睹 ↔洗耳恭听

【充分】 chōngfèn 형 충분하다. [주로 추상적 사물에 쓰임] ¶论述～=논술이 충분하다. 부 힘껏. 십분. 충분히. ¶～发挥水平=실력을 충분히 발휘하다.

---

充分(chōngfèn) / 充足(chōngzú) 충분하다

充分 : 추상적인 사물에 주로 쓰여, 그 정도가 아주 충분하다는 의미임. ¶相信读者具有充分的判断力和鉴别力。=독자들이 충분한 판단력과 변별력을 갖추고 있다고 믿는다. / 我们有充分的理由相信。=우리는 믿을만한 충분한 이유를 갖고 있다.

充足 : 구체적인 사물에 주로 쓰이고, 수량이 많고 충분히 사용할 수 있으며, 수요를 만족시킬 수 있다는 의미에 중점을 둠. ¶这种植物需要充足的水分和阳光。=이런 식물은 충분한 수분과 햇빛을 필요로 한다. / 充足的营养与婴儿的体质和智力的发展有着 密切的关系。=충분한 영양은 영아의 체질·지능 발전과 밀접한 관계를 갖고 있다.

① 한정어로 사용될 경우 : 充分的信心〔肯定〕·时间·准备·证据·理由〕 / 充足的粮食〔食品·阳光·水源·贷款·理由〕

② 술어로 사용될 경우 : ¶什么理由不充分? =어떤 이유가 불충분해? / 他的理由很充足。=그의 이유는 충분하다. / 不用担心, 食物还很充足。=걱정하지마, 음식은 아직 충분해. / 我国人口众多, 劳动力资源充足。=우리나라(중국) 인구는 매우

많아서 노동력 자원은 충분하다.
▶그 외, '充分'은 보어와 부사어가 되기도 함. 부사어로 쓰일 경우, '충분히, 최대한으로'의 뜻으로 동사 '利用·发挥·调动·体现·证明·显示' 등을 수식함. ¶他说得很充分. =그의 설명은 아주 충분하다. / 我们的汇报准备得不充分. =우리의 총괄보고는 준비가 불충분했다. / 无论什么事情, 充分发挥各方面的积极性和创造性, 这样才能克服困难. =무슨 일이든 각 방면의 적극성과 창조성을 최대한으로 발휘해야 비로소 어려움을 극복할 수 있다. / 画展充分显示了他的艺术才能和旺盛的创造力. =그림 전시회는 그의 예술재능과 왕성한 창조력을 충분히 보여주었다. / 人们充分享受着现代通讯工具带来的方便. =사람들은 현대 통신 수단이 가져온 편리함을 충분히 누리고 있다.

【充公】chōng‖gōng 동(法)(위법 행위와 관련된 재물을) 몰수하다. 몰수하여 국유화〔공유화〕하다.
【充行家】chōng háng·jia 동 전문가인 척하다. ¶别不懂装懂~. =잘 모르면서 잘 아는 척 전문가인 척하지 마라.
【充饥】chōng‖jī 동 요기하다. 배고픔을 해결하다. ¶画饼~ =그림의 떡으로 배를 채우다.
【充军】chōngjūn 동 (고대 유형(流刑)의 하나로) 죄인을 변방으로 유배 보내 군졸로 충당하거나 노역을 시키다.
【充满】chōngmǎn 동 **1** 가득 퍼지다. 가득 채우다. ¶歌声~教室. =노랫소리가 교실에 가득 퍼지다. **2** 충만하다. 넘치다. 가득 차다. ¶心中~感激之情. =마음속에 감사의 정이 가득하다.
【充能干】chōng nénggàn 비 능력이 있는 척하다. 유능한 척하다.
【充胖子】chōngpàng·zi 비속 억지로 사내 대장부인 척하다. 억지로 (체면을) 유지하다.
【充沛】chōngpèi 형 넘쳐흐르다. 충족하다. 왕성하다. ¶精力~ =정력이 왕성하다. ≒充实
【充其量】chōngqíliàng 부 많아야. 기껏해야. ¶他的月收入~五千块. =그의 월수입은 많아야 5,000위안이다.
【充气】chōngqì 동 바람을 넣다. ¶给轮胎~. =타이어에 공기를 넣다.
【充任】chōngrèn 동 담당하다. 맡다. ¶最近他~了部门主任. =최근에 그는 부서의 주임을 맡았다. ≒充当
【充塞】chōngsè 동 가득 채우다. ¶杂物~了储藏室. =잡동사니가 저장실을 가득 채웠다.
【充实】chōngshí 동 충족시키다. 강화하다. 보강하다. ¶~库存 =재고를 충분하게 하다. 형 (주로 내용·인원·재력 등이) 충분하다. 풍부하다. 넘치다. ¶日子过得很~. =보람 있는 날들을 보내다. ≒充沛 丰富 ↔单薄 空洞 贫乏
【充数】chōng‖shù 동 (능력이 떨어지는 사람으로) 머릿수만 채우다. (질이 떨어지는 물건으로) 숫자만 채우다. ¶滥竽~ =능력에 비해 높은 자리에 있으면서 머릿수만 채우다.

【充填】chōngtián 동 보충하다. 채워 넣다. ¶这种枕心是用纤维~的. =이런 베갯속은 섬유로 채워 넣은 것이다.
【充血】chōngxuè 동(醫) 충혈되다. ¶双眼~ =두 눈이 충혈되다.
【充溢】chōngyì 동 충만하다. 가득하다. 넘쳐흐르다. ¶会场里~着喜庆的气氛. =회의장 안에 경사스런 분위기가 넘쳐흐르고 있다.
【充盈】chōngyíng 동 충만하다. 가득하다. ¶泪水~ =눈물이 가득하다. 형 **1** (신체가) 풍만하다. ¶体态~ =몸매가 풍만하다. **2** (재물이) 충족하다. 충분하다. ¶粮仓~ =식량 창고가 가득 차다.
【充裕】chōngyù 형 여유롭다. 풍족하다. ¶时间~ =시간에 여유가 있다. ≒富裕 ↔仓促
【充足】chōngzú 형 충분하다. 충족하다. ¶货源~ =물품 공급원이 충분하다.
【充作】chōngzuò 동 (요구에 맞지 않는 사람이나 사물로) 충당하다. ¶不能拿二等品~优等品. =이류 상품으로 우수 상품을 충당해서는 안 된다.

# 冲 chōng 빌 충
'冲(chōng)'과 같음.

# 忡 [(憧)] chōng 근심할 충
형 근심하다. 걱정하다. 불안하다.
【忡忡】chōngchōng 형 근심하는 모양. ¶忧心~ =걱정에 싸이다.

# 茺 chōng 익모초 충
【茺蔚】chōngwèi ☞【益母草】yìmǔcǎo

# 涌 chōng 솟아날 용
명동 하천의 지류(支流). [주로 지명에 쓰임] ¶河~ =강의 지류. / 虾~ =샤충. [광둥(广东)성에 있는 지명]
☞ yǒng

# 狆 chōng 높이 날 충
동문 새가 위로 곧장 날아오르다.

# 舂 chōng 찧을 용
동 찧다. 빻다. ¶~米 =쌀을 빻다. ≒捣

# 憃 chōng 어리석을 용
형문 어리석다. 우둔하다.

# 憧 chōng 그리워할 동
형 마음이 정해지지 않다.
【憧憧】chōngchōng 형 흔들거리는 모양. 왔다 갔다 하는 모양. ¶灯影~ =등불 그림자가 흔들거린다.
【憧憬】chōngjǐng 동 동경하다. 지향하다. ¶~未来 =미래를 지향하다.

# 罿 chōng 새그물 충

舤虫种重 **chóng** 263

庼(윤) 새 잡는 그물.

**艟 chōng** 배 동
☞【艨艟】méngchōng

**虫[蟲] chóng** 벌레 충
庼(~儿) **1**(動) 곤충. 벌레. ¶害~=해충. /雕~小技=보잘것없는 재주. **2**(비) 작자. 놈. 인간. [어떤 특징을 가진 사람을 일컫는 말로, 경멸이나 해학적인 의미를 내포함] ¶懒~=게으름뱅이. /糊涂~=멍텅구리.

○● 臭chòu虫, 滴dī虫, 钩gōu虫, 草虫, 成虫, 害虫, 蝗huáng虫, 蛔huí虫, 甲虫, 疥jiè虫, 精虫, 昆虫, 懒lǎn虫, 毛虫, 蠓měng虫儿, 螟míng虫, 囊náng虫, 蛲náo虫, 腻nì虫, 黏nián虫, 涡wō虫, 星虫, 蚜yá虫, 眼虫, 益yì虫, 幼虫, 鱼虫, 原虫, 蛀zhù虫

【虫臂鼠肝】chóng bì shǔ gān ☞【鼠肝虫臂】shǔ gān chóng bì
【虫餐】chóngcān 庼 곤충으로 조리한 음식.
【虫草】chóngcǎo ☞【冬虫夏草】dōngchóng xiàcǎo
【虫害】chónghài 庼(農) 충해. 병충해.
【虫旱】chónghàn 庼 병충해와 한재(旱災). ¶今年的~使粮食减产不少.=올해의 병충해와 한재는 식량 생산을 많이 감소시켰다.
【虫口】chóngkǒu 庼 **1**(일정 범위 내의) 곤충 개체수. ¶~密度=곤충 밀도. **2** 곤충의 입. ¶~夺粮=병충해로부터 곡식을 지켜 내다.
【虫类】chónglèi (動) 곤충(류). 벌레(류).
【虫卵】chóngluǎn 庼 벌레알.
【虫媒花】chóngméihuā 庼(植) 충매화.
【虫情】chóngqíng 庼(農) 병충해(의 상황). ¶了解~=병충해 상황을 자세히 알다.
【虫蚀】chóngshí 동 벌레가 갉아먹다.
【虫霜水旱】chóng shuāng shuǐ hàn 庼(農) (농작물에 대한) 병충해·상해·霜害·수해·한해.
【虫牙】chóngyá ☞【龋齿】qǔchǐ
【虫眼】chóngyǎn(~儿) 庼 (나무·과일·씨앗·목기 등의) 벌레먹은 구멍.
【虫蚁】chóngyǐ 庼(動) **1** 벌레와 개미. **2** 벌레.
【虫瘿】chóngyǐng 庼(植) 충영(蟲癭). 벌레혹.
【虫灾】chóngzāi 庼(農) 심각한 병충해. 충재(蟲災). ¶防治~=충재를 예방하고 치료하다.
【虫豸】chóngzhì 庼 **1**윤 벌레. **2** 쓰레기 같은 새끼. 버러지 같은 놈. [욕하는 말로 쓰임]
【虫蛀】chóngzhù 庼 벌레먹다. 좀이 쏠다. ¶小心书本被~.=책이 벌레먹지 않도록 조심해라.
【虫子】chóng·zi 庼(動) 벌레. ¶潮湿的地方生了很多~.=습한 곳에서 많은 벌레들이 생겨났다.

**种 Chóng** 성씨 충
庼 성(姓).
☞ zhǒng, zhòng

**重 chóng** 거듭 중
동 **1** 중복하다. 거듭하다. 반복하다. 되풀이하다. ¶参考书买~了.=같은 참고서를 두 번이나 사다. **2** 겹치다. 쌓다. 쌓아 놓다. 포개어 놓다. ¶把两床被子~在一起.=이불 두 채를 함께 포개어 놓다. 다시. 거듭. 재차. ¶久别~逢=오랫동안 헤어졌다 재회하다. / 故地~游=전에 가 보았던 곳을 다시 유람하다. 명 층. 겹. ¶双~压力=이중의 스트레스.
☞ zhòng

| 重 chóng |
|---|
| 冲 chōng |
| 种 zhǒng |
| 肿 zhǒng |
| 钟 zhōng |
| 踵 zhǒng |
| 懂 dǒng |
| 董 dǒng |
| 动 dòng |
| 恸 tòng |

【重版】chóngbǎn 庼 (간행물을) 재판〔중판〕하다. ¶这本书已是第二次~了.=이 책은 이미 두 번이나 재판되었다.
【重播】chóngbō 庼 **1**(農) 재파종하다. **2** 재방송하다. ¶~新闻=뉴스를 재방송하다.
【重操旧业】chóngcāo jiùyè (成) 이전에 했던 일을 다시 시작하다.
【重茬】chóngchá ☞【连作】liánzuò
【重唱】chóngchàng 庼(音) 중창하다.
【重重】chóngchóng 형 **1** 겹겹의. 겹쳐진. ¶~包裹=겹겹이 쌓인 소포. **2** 매우 많다. ¶心事~=걱정이 태산이다.
【重重叠叠】chóngchóng diédié(~的) 형 겹쳐진 모양. 거듭된 모양. ¶~的山峦=겹겹이 이어진 산들.
【重出】chóngchū 동 **1** (문자·문구가) 중복해서 나타나다. 거듭 나오다. **2** (간행물을) 반복해서 출판하다.
【重出江湖】chóngchū-jiānghú (요) 컴백(comeback)하다. [해학적인 의미를 내포함]
【重打锣鼓另开张】chóng dǎ luógǔ lìng kāizhāng (成)(비) 처음부터 다시 시작하다.
【重蹈覆辙】chóngdǎo-fùzhé (成) **1** 수레가 뒤집힌 적이 있는 옛 길을 다시 가다. **2**(비) 전철(前辙)을 밟다. 똑같은 잘못을 다시 저지르다.
【重叠】chóngdié 동 중첩되다. 중복되다. ¶山峦~=산이 겹겹으로 줄지어 있다.
【重读】chóngdú 동 **1** 다시 읽다. ¶请~这首诗.=이 시를 다시 읽으세요. **2** 유급하다.
☞ zhòngdú
【重睹】chóngdǔ 동 다시 보다. ¶海市蜃楼是很难~的.=신기루는 다시 보기 매우 힘들다.
【重睹天日】chóngdǔ-tiānrì ☞【重见天日】chóngjiàn-tiānrì
【重返】chóngfǎn 동 되돌아오다. 복귀하다. ¶~故地=전에 살았던 곳으로 되돌아오다.
【重犯】chóngfàn 동 (같은 잘못을) 거듭 저지르다. 거듭 범하다. ¶~错误, 不能原谅.=다시 잘못을 저지르면 용서할 수 없다. 庼(法) 재범.
【重放】chóngfàng 동 **1** (영화를) 재방영하다. **2** (음악·소리 등을) 다시 틀다. 다시 내보내다.
【重逢】chóngféng 동 (오랫동안 못 보다가) 다시 만나다. ¶异地~=타향에서 재회하다.

【重复】chóngfù 동 (같은 일을) 반복하다. 되풀이하다. 다시 하다. ¶请你把刚才的话~一遍.=방금 한 말을 다시 한 번 해 주세요. 형 (중복된 것이) 중복되다. ¶类似的问题已多次~.=유사한 문제들이 이미 여러 번 중복되었다. ≒反复

【重光】chóngguāng 동문 1 다시 햇살이 비치다. 광명을 되찾다. ¶天下~=세상이 다시 밝아지다. 2 비 광복(光復)하다. ¶~失地=빼앗긴 땅을 도로 찾다.

【重合】chónghé 동 1 (이혼한 부부가) 다시 합치다. ¶他们俩没有~的可能.=그 두 사람이 다시 합칠 가능성은 없다. 2 (數) 합동.

【重婚】chónghūn 동 《法》 중혼(重婚).

【重茧】chóngjiǎn 동 1 문 두툼한 솜옷. 2 ☞【重趼】chóngjiǎn

【重趼】[重茧] chóngjiǎn 명 (손과 발의) 굳은 살. 못. 변지.

【重见天日】chóngjiàn-tiānrì 성비 암흑에서 벗어나 다시 광명을 보다. =【重睹天日】chóngdǔ tiānrì

【重建】chóngjiàn 동 재건하다. 중건하다. ¶~家园=집안을 재건하다.

【重结】chóngjié 동 1 다시 짜다. 다시 뜨다. ¶~毛衣=스웨터를 다시 짜다. 2 다시 체결하다. ¶~良缘=좋은 인연을 다시 맺다.

【重九】chóngjiǔ 명 중양절(重陽節). [음력 9월 9일임]

【重聚】chóngjù 동 (오랫동안 헤어졌다) 다시 모이다.

【重刊】chóngkān 동 1 다시 조판하여 간행하다. ¶~发行=다시 조판하여 펴내다. 2 (글 등을) 다시 게재하다. ¶~名家诗作=유명한 사람의 시를 다시 게재하다.

【重临】chónglín 동 다시 오다. ¶~故乡=고향에 다시 돌아오다.

【重峦叠嶂】chóngluán-diézhàng 성 겹겹이 둘러싸인 산봉우리.

【重码】chóngmǎ 동 (둘 이상의) 같은 코드가 중복되다. 명 중복된 코드.

【重名】chóngmíng (~儿) 동 이름이 같다. 동명(同名)이다.

【重起】chóngqǐ 동 다시 세우다〔일으키다〕. 새로 시작하다. ¶墙基不稳, 必须拆了~.=담장 아래의 기초가〔구조물이〕 불안하니, 반드시 헐고 다시 세워야 한다.

【重起炉灶】chóngqǐ-lúzào ☞【另起炉灶】lìngqǐ-lúzào

【重亲】chóngqīn 동 겹혼인을 하다. 겹사돈이 되다.

【重庆】Chóngqìng 명《地》충칭. 중경. [중국 직할시(直轄市)의 하나. '渝(yú)'로 약칭함]

【重三道四】chóngsān-dàosì 성 끊임없이 주절거리다. 장황하게 늘어놓다. 싫증이 나도록 말을 되풀이하다.

【重丧】chóngsāng 동 줄초상이 나다. 가족 중 두 명 이상 연이어 사망하다.

【重申】chóngshēn 동 거듭 표명하다. 재차 천명하다. ¶~立场=거듭 상황을〔처지를〕 표명하다.

【重审】chóngshěn 동《法》재심(再審)하다. 다시 재판하다.

【重生】chóngshēng 동 1 (죽었다가) 다시 살아나다. 2 (生) (손상된 몸의 일부가) 재생하다.

【重生父母】chóngshēng fùmǔ ☞【再生父母】zàishēng fùmǔ

【重施故技】chóngshī-gùjì 성비 낡은 수작을 다시 부리다. 옛날 버릇을 되살아나다.

【重孙女】chóngsūn·nǚ (~儿) 명 증손녀. =【曾孙女】zēngsūn·nǚ

【重孙(子)】chóngsūn(·zi) 명 증손자. =【曾孙】zēngsūn

【重沓】chóngtà 형 문 중복되다. 번잡하다. 장황하다. ¶行文~=글이 장황하다.

【重弹老调】chóngtán-lǎodiào ☞【老调重弹】lǎodiào-chóngtán

【重提】chóngtí 동 다시 제기하다. 다시 언급하다. ¶~往事=지난 일을 다시 끄집어 내다.

【重外甥】chóngwài·sheng 명 외증손자.

【重外甥女】chóngwài·shengnǚ 명 외증손녀.

【重围】chóngwéi 명 겹겹의 포위망. ¶冲出~=겹겹의 포위망을 뚫고 나가다.

【重温】chóngwēn 동 1 복습하다. 다시 익히다. ¶~所学=배운 것을 다시 익히다. 2 되새기다. 회고하다. 상기하다. 다시 겪다. ¶~旧情=옛정을 되새기다.

【重温旧梦】chóngwēn-jiùmèng 성비 지난 일을 상기하거나 다시 겪다. 옛정을 되살리다.

【重文】chóngwén 명 이체자(異體字). [음과 뜻은 같으나 자형이 다른 글자]

【重五】chóngwǔ ☞【重午】chóngwǔ

【重午】[重五] chóngwǔ 명 단오절(端午節).

【重现】chóngxiàn 동 다시 나타나다. 재현하다. ¶危机~=위기가 또 닥쳐오다. ≒再现

【重霄】chóngxiāo 명 문 높고 높은 하늘. =【九霄】jiǔchóngxiāo 【九霄】jiǔxiāo

【重新】chóngxīn 부 1 다시. 재차. ¶把笑话讲一遍.=우스운 이야기를 다시 한 번 하다. 2 (방식이나 내용을 바꾸어) 새로. ¶~布置=새로 배치하다.

【重新做人】chóngxīn-zuòrén 성 지난날의 잘못을 털어 버리고 새사람이 되다.

【重信重房】chóngxìn-chóngfáng 성 한 사람이 같은 내용으로 편지를 두 번 쓰다. 유관 기관이나 상급 기관에 재차 요구하다.

【重行】chóngxíng 부 (어떤 일이나 동작을) 다시 하다. ¶~拟写=다시 기안하다.

【重修】chóngxiū 동 1 (다시) 수정하다. 재차 편찬하다. ¶《现代汉语词典》=《현대 한어 사전》을 다시 편찬하다. 2 (건축물 등을) 재건하다. 개수(改修)하다. ¶~歌剧院=오페라 하우스를 재건하다. 3 (감정이나 인간 관계 등을) 회복하다. ¶~旧情=옛정을 회복하다. 4 (대학에서) 재수강하다. 재이수하다. ¶~《古代汉语》=《고대 한어》 과목을 재수강하다.

【重修旧好】**chóngxiū jiùhǎo** [성] 예전의 우의를 다시 회복하다.
【重选】**chóngxuǎn** [동] 재선하다. 재선거하다. ¶～镇长＝읍장을 다시 선거하다.
【重言】**chóngyán** [명]《言》 중언. [글자를 중첩시켜 의미를 강조하는 수사법]
【重檐】**chóngyán** [명] 겹처마 지붕.
【重演】**chóngyǎn** [동] **1** 재공연하다. 재상연하다. ¶这部戏近期会～。＝이 연극은 가까운 시일에 재공연할 것이다. **2** [비] (같은 일이) 되풀이되다. 재현되다. ¶我们要吸取教训, 不能让悲剧～。＝우리는 비극이 다시는 되풀이되지 않도록 교훈삼아야 한다.
【重阳】**chóngyáng** [명] 중양절. [중국의 전통 명절로, 음력 9월 9일임]
【重洋】**chóngyáng** [명] 먼 바다. ¶远涉～＝바다 건너 멀리 외국으로 가다.
【重样】**chóngyàng**(～儿) [형] 모양이 같다. 스타일이 동일하다. ¶我们店里的工艺品没一个～的。＝우리 상점의 공예품은 모양이 같은 것이 한 개도 없다.
【重译】**chóngyì** [동] **1** 중역하다. 이중 번역〔통역〕하다. **2** 새로 번역〔통역〕하다. **3** 여러 차례의 번역〔통역〕을 거치다.
【重印】**chóngyìn** [동] 재판(再版)하다. 중판(重版)하다. ¶这本书销得很好, 一再～。＝이 책은 아주 잘 팔려서 거듭 중판(重版)되었다.
【重影】**chóngyǐng** [동] 영상이 겹치다. ¶你照的时候肯定手动了, 不然, 相片不会～。＝네가 찍을 때 분명 손을 떨었어, 그렇지 않다면 사진이 흔들릴 리 없지. [명] 겹친 영상.
【重映】**chóngyìng** [동] (영화를) 재상영하다.
【重圆】**chóngyuán** [동] (오랫동안 헤어졌던) 가족이 다시 모이다. ¶破镜～＝파경을 맞았던 부부가 재결합하다.
【重张】**chóngzhāng** [동] (상점이) 다시 장사를 시작하다. 재개장하다.
【重振】**chóngzhèn** [동] 다시 진작하다. 재차 가다듬다. ¶～精神＝다시 정신을 진작하다.
【重振军威】**chóngzhèn-jūnwēi** [성] 군대의 위세를 다시 가다듬다. 군대의 위세를 다시 한번 떨치다.
【重振旗鼓】**chóngzhèn-qígǔ** ☞【重整旗鼓】**chóngzhěng-qígǔ**
【重征】**chóngzhēng** [동] 이중으로 세금을 징수하다.
【重整】**chóngzhěng** [동] 재조정하다. 재정돈하다. ¶～纲纪＝기강을 쇄신하다.
【重整旗鼓】**chóngzhěng-qígǔ** [성] 실패한 뒤에 힘을 다시 모으다. 실패한 뒤에 진용(陣容)을 재정비하다. 재기를 꾀하다. ＝【重振旗鼓】**chóngzhèn-qígǔ**
【重制】**chóngzhì** [동] 다시 제작〔제조〕하다. 다시 만들다. ¶这些画都是依照原作～的。＝이 그림들은 전부 원작에 근거하여 다시 만든 것이다.
【重奏】**chóngzòu** [동]《音》 중주.
【重足而立】**chóngzú'érlì** [성] **1** 무서워서 발을 모은 채 꼼짝 못 하고 서 있다. **2** [비] 몹시 두려워하는 모양.
【重组】**chóngzǔ** [동] 재조직하다. 재편성하다. 개편하다. 개조하다. 재건하다. ¶资产～＝자산을 재편성하다.

## **崇 chóng 높을 숭

[형] 높다. ¶～高的品质＝숭고한 품격. [동] 존경하다. 중시하다. ¶推～＝높이 받들어 우러르다. 추앙하다. [명] (**Chóng**) 성(姓).
【崇拜】**chóngbài** [동] 숭배하다. ¶～伟人＝위인을 숭배하다. ↔轻蔑
【崇奉】**chóngfèng** [동] 숭배하다. 믿고 따르다. 받들어 모시다. ¶～圣贤＝성현을 숭배하다.
【崇高】**chónggāo** [형] 숭고하다. 고상하다. ¶～的品格＝고상한 품격. ≒高尚 ↔下贱
【崇敬】**chóngjìng** [동] 숭경하다. 존경하고 사모하다. 우러러 추앙하다. ¶他的高尚情操为人～。＝그의 고상한 인격을 숭경하다. ↔鄙视
【崇论宏议】**chónglùn-hóngyì** ☞【崇论闳议】**chónglùn-hóngyì**
【崇论闳议】[崇论宏议] **chónglùn-hóngyì** [성] 보통 사람의 견해나 비평을 뛰어넘다. 탁월한 의론이나 견해.
【崇山】**chóngshān** [명] 높고 큰 산. ¶～险壑＝높은 산과 험한 계곡.
【崇山峻岭】**chóngshān-jùnlǐng** [성] 높은 산과 우뚝 선 봉우리. 높고 가파른 산봉우리.
【崇尚】**chóngshàng** [동] 숭상하다. 존중하다. 받들다. ¶～节俭＝근검절약을 숭상하다.
【崇信】**chóngxìn** [동] 숭배하다. 신봉하다. 신뢰하다. ¶～科学＝과학을 신봉하다.
【崇洋】**chóngyáng** [동] 외국(의 것)을 숭배하다. ≒崇外
【崇洋媚外】**chóngyáng-mèiwài** [성] 맹목적으로 외국(의 것)을 숭배하다.
【崇仰】**chóngyǎng** [동] 숭앙하다. 높이 우러러보다. ¶～真理＝진리를 숭앙하다.

## *宠[寵] chǒng 총애할 총

[동] 총애하다. 편애하다. ¶受～若惊＝의외의 총애나 인정을 받아 놀라고 기뻐하다. [형] 영광스럽다. 영예스럽다. ¶哗众取～＝말과 행동으로 대중에 영합하여 호감을 사다.
【宠爱】**chǒng'ài** [동] 총애하다. 편애하다. 각별히 사랑하다. ¶现在的父母都特别～孩子。＝현재의 부모들은 자식을 대단히 총애한다. ≒溺爱
【宠臣】**chǒngchén** [명] 총신. 총애받는 신하.
【宠儿】**chǒng'ér** [명][비] 총아. ¶他是信息时代的～。＝그는 정보화 시대의 총아이다.
【宠惯】**chǒngguàn** [동] 응석받이로 키우다. ¶对孩子不能过于～。＝자식을 너무 응석받이로 키워서는 안 된다.
【宠坏】**chǒnghuài** [동] 응석둥이로 키워 버릇이 없다. 지나친 총애를 받아 버릇이 없다. ¶这孩子被～了, 动不动就哭。＝이 아이는 너무 응석둥이로 자라서 걸핏하면 울어 댄다.

【宠溺】chǒngnì 동 총애하다. 편애하다. [주로 연장자가 자손을 총애하는 것을 말함] ¶爷爷奶奶尤其~孙子。= 할아버지 할머니가 특히 손자를 총애한다.

【宠妾】chǒngqiè 명 총애를 받는 왕비. 애첩.

【宠辱不惊】chǒngrǔ-bùjīng 성에 총애를 받거나 모욕을 당해도 놀라지 않다. 이해득실(利害得失)을 마음에 두지 않다. =【不惊宠辱】bù jīng chǒng rǔ

【宠物】chǒngwù 명 애완 동물.

【宠物病】chǒngwùbìng 명(醫) 애완 동물로 인해 발생한 병.

【宠信】chǒngxìn 동명 총애하고 신임하다. ¶倍受上司~=상관의 총애를 받다.

【宠幸】chǒngxìng 동 1 (임금이 첩이나 신하를) 총애하다. 2 (윗사람이 아랫사람을) 총애하다. ¶他是领导~的红人。=그는 윗사람이 총애하는 잘 나가는 사람이다.

【宠用】chǒngyòng 동명 총애하여 임용하다. 총애를 받아 중용되다. ¶深得~=매우 총애를 받아 중용되다.

【宠子】chǒngzǐ 명 총아.

**冲[(衝)]** chòng 향할 충

동 1 ⟨구⟩ 향하고 있다. 대하고 있다. ¶卧室的窗户~西。=침실의 창문은 서쪽을 향해 나 있다. 2 ⟨機⟩ 구멍을 뚫다. 천공하다. ¶用冲床在铁板上~眼=편치로 철판에 구멍을 뚫다. 3 ⟨방⟩ 질책하다. 나무라다. 꾸짖다. ¶他脾气不好, 爱~人。=그는 성질이 고약하여 남을 질책하기 좋아한다. 형 ⟨구⟩ 1 맹렬하다. 힘차다. 세차다. ¶小伙子干起活来有股~劲儿。=젊은이가 일하는데 제법 패기가 있다. 2 (냄새가) 강하다. 지독하다. ¶这酒很~。=이 술은 냄새가 지독하다. 3 흐르는 물의 충격력이 크다. 거세다. 세차다. ¶泉水流得很~。=샘물이 세차게 흐르다. 개⟨구⟩ 1 …에 근거하다. 의거하다. ¶~他父亲的面子, 我才答应的。=그의 부친의 체면을 보아서 겨우 승낙한 것이다. 2 …쪽으로. …을 향해서. ¶他转过身,~我点点头。=그는 몸을 돌려서 나를 향해 고개를 끄덕였다.

☞ chōng

【冲床】chòngchuáng 명(機) 펀치(punch). 천공기(穿孔機).

【冲盹儿】chòng‖dǔnr 동방 졸다. ≒打盹儿

【冲劲儿】chòngjìnr 명 1 박력. 패기. ¶年轻人应有~。=젊은이는 마땅히 패기가 있어야 한다. 2 강렬한 자극성. ¶芥末的很大。=겨자의 자극성이 아주 강하다.

【冲模】chòngmú 명(機) 다이(die). 펀치 다이. 형판(型板).

【冲压】chòngyā 동(機) 펀치(punch)·천공기(穿孔機) 등으로 금속을 가공하다. 펀칭(punching)하다. 스탬핑(stamping)하다.

【冲眼】chòngyǎn 동 1 (機) 천공기(穿孔機)로 (금속판에) 구멍을 뚫다. 2 편치 핀(punching pin)이나 드릴(drill)로 구멍을 뚫다.

【冲子】chòng·zi 명 편칭 핀(punching pin). =【铳子】chòng·zi

**晛** chòng 졸 충

동형 (심한 졸음으로) 잠깐 눈을 붙이다. 졸다. ¶瞌~=잠깐 눈을 붙이다.

**铳[銃]** chòng 총 총

명 1 구식 소총. ¶鸟~=조총. 2 편칭 핀(punching pin).

【铳子】chòng·zi ☞【冲子】chòng·zi

# chou

**\*\*抽** chōu 뺄 추

동 1 (일부를) 빼내다. 뽑아 내다. 추출하다. ¶~点时间去看场电影=시간을 내서 영화 보러 가다. 2 (중간에 끼어 있는 것을) 꺼내다. 뽑다. ¶从笔筒里~出笔来=필통에서 펜을 꺼내다. 3 (새싹·이삭 따위가) 돋다. 패다. 자라나다. ¶麦子刚~穗。=보리에서 막 새싹이 돋아났다. 4 수축하다. 줄어들다. ¶这布用水洗要~。=이 천은 물로 세탁하면 줄어든다. 5 빨다. 마시다. 피우다. ¶他烟~得太凶了。=그는 담배를 너무 심하게 피워 댄다. 6 (體) 드라이브(drive)를 걸다. ¶反手~球=백핸드 드라이브(backhand drive). 7 때리다. 갈기다. 후려치다. ¶用鞭一~, 马跑得更快了。=채찍으로 한 번 후려치자, 말이 더 빨리 달렸다.

【抽彩】chōucǎi 동 추첨하여 경품을 주다. ¶~活动=경품 추첨 행사.

【抽测】chōucè 동 추출하여 시험하다〔테스트하다·측량하다〕. ¶~样品=샘플을 추출하여 시험하다.

【抽查】chōuchá 동 추출하여 검사하다〔조사하다〕. ¶~餐饮业的卫生情况=음식업계의 위생 상태를 추출 검사하다.

【抽成】chōu‖chéng 동 총액에서 일정한 비율만큼 떼다〔공제하다〕. ¶推销员年终要从赢利中~。=판매원은 연말에 이익의 총액에서 일부를 떼어 갖는다. 명 공제금. 인센티브. [총액에서 일정 비율에 따라 공제하거나 갖는 금액] ¶公司所给的~不低。=회사가 주는 인센티브가 적지 않다.

【抽抽儿】chōu·chour 동⟨구⟩ 1 줄어들다. 수축되다. ¶这毛衣一洗就~了。=이 스웨터는 물로 빨자마자 줄어들었다. 2 오그라들다. 위축되다. 바싹 마르다. ¶柿子一晒就~了。=감을 햇볕에 널었더니 쪼글쪼글해졌다.

【抽抽搭搭】chōu·chou dādā(~的) 형 훌쩍거리다. ¶她~地哭个不停。=그녀는 훌쩍이며 울음을 그치지 않는다.

【抽咽咽】chōu·chou yèyè(~的) 형 훌쩍거리다.

【抽搐】chōuchù 동(生) (사지나 안면이) 경련

抽 **chōu** 267

을 일으키다. 실룩거리다. 몡(醫) (수시로 발생하는) 근육 경련(증). =【抽搐】**chōunuò**

【抽噎】**chōuchuō** 통 흐느껴〔목메어〕울다.

【抽打】**chōudǎ** 통 (긴 채찍 모양의 것으로) 때리다. 후려치다. ¶~牲口=가축을 때리다.

【抽打】**chōu·da** 통 (먼지떨이나 수건 등으로 옷 위의 먼지를) 가볍게 털어 내다. 두드려 털다. ¶衣服上有不少灰, 得~一下. =옷에 먼지가 많이 묻어 있으니 한번 가볍게 털어내야 한다.

【抽搭】**chōu·da** 통 훌쩍거리다. ¶她满腹委屈, 不停地~着. =그녀는 억울함을 삭이지 못해 계속 훌쩍거리고 있다.

【抽刀】**chōudāo** 통 칼을 뽑다. 칼을 빼다. ¶~断水水更流. =칼을 뽑아 물을 베어도 물은 더욱 세차게 흐르네.

【抽调】**chōudiào** 통 (인원이나 물자의 일부를) 뽑아서 다른 데로 돌리다. ¶~人手=일손을 다른 데로 돌리다.

【抽丁】**chōu‖dīng** 통옝 강제로 징병하다. =【抽壮丁】**chōuzhuàngdīng**

【抽动】**chōudòng** 통 (근육이) 실룩거리다. 경련을 일으키다. ¶双腿~=두 다리의 근육이 경련을 일으키다.

【抽斗】**chōudǒu** 몡방 서랍.

【抽肥补瘦】**chōuféi·bǔshòu** 성방 여유 있는 데서 빼내어 부족한 곳을 메워 균형을 맞추다.

【抽风】**chōu‖fēng** 통 1(醫) 경련·경풍·경기를〔을〕일으키다. ¶他抽了阵风, 刚好. =그는 경련을 일으켰다가 막 좋아졌다. 2(비) 비정상적이다. 비상식적이다. ¶别~, 半夜还来喝什么酒. =이상하게 굴지 마, 한밤중에 일어나 술은 무슨 술이야. 3 (장치를 이용하여) 공기를 흡입하다. ¶~设备=공기 흡입 장치.

【抽丰】**chōufēng** 통㈜ 각종 관계나 핑계를 빌미로 사람들에게서 재물을 취하다.

【抽工夫】**chōugōng·fu**(~儿) 통 시간을 내다. 짬을 내다. 틈을 내다. ¶你~去邮局把包裹取回来. =네가 시간을 내 우체국에 가서 소포를 찾아와라.

【抽换】**chōuhuàn** 통 바꾸어 놓다. ¶~书中的部分章节=책 속 일부분의 장(章)과 절(節)을 바꾸어 놓다.

【抽机】**chōujī** 몡(機) 펌프(pump).

【抽检】**chōujiǎn** 통 추출하여 검사하다〔조사하다〕. ¶~进口商品=수입 상품을 추출하여 검사하다.

【抽奖】**chōu‖jiǎng** 통 수상자를 추첨하다. 당첨자를 뽑다. ¶~活动=경품 추첨 행사.

【抽筋】**chōu‖jīn** 통 1 쥐가 나다. 근육이 경련을 일으키다. ¶小腿~=종아리에 쥐가 나다. 2 (고대 형벌의 하나로) 힘줄을 뽑아 버리다. ¶剥皮~=가죽을 벗기고 힘줄을 뽑아 버리다.

【抽考】**chōukǎo** 통 1 일부 사람만을 뽑아서 시험을 치르다. ¶~部分学生=일부 학생을 뽑아 시험을 치르다. 2 특정 과목을 뽑아 시험을 치르다. ¶~英语=영어 과목을 뽑아 시험을 치르다.

【抽空】**chōukōng** 통 1 진공 상태로 만들다. ¶

包装袋要作~处理, 否则里面的食物要变质. =포장 봉투는 진공 처리를 해야 한다, 그렇지 않으면 안의 음식물이 변질될 것이다. 2 (사람·돈·물건 등을) 모두 차출하다〔동원하다〕. ¶为抗洪抢险, 单位里的人都快~了. =홍수에 맞서 긴급 구조를 하기 위해 부서 사람 모두가 동원될 것이다.

【抽空】**chōu‖kòng**(~儿) 통 짬〔틈·시간〕을 내다. ¶再忙, 你也应该~去看望父母. =아무리 바쁘다 하더라도, 너는 짬을 내어 부모님을 찾아뵈어야 한다. ≒抽闲

【抽冷子】**chōuléng·zi** 부방 돌연. 갑자기. 불의에. 별안간. ¶~去拜访他, 给他一个惊喜. =갑자기 그를 찾아가 깜짝 놀래켜 주자.

【抽搦】**chōunuò** ☞【抽搐】**chōuchù**

【抽派】**chōupài** 통 (인원을) 선출〔선발〕하여 파견하다. 뽑아 보내다. ¶~调查人员=조사 인원을 선출하여 파견하다.

【抽气】**chōuqì** 통 1㈜ 헐떡이다. ¶跑完步后, 他不停地~. =달리기를 마친 후, 그는 끊임없이 헐떡였다. 2 숨을 들이쉬다. ¶~机=공기 펌프.

【抽气机】**chōuqìjī** ☞【真空泵】**zhēnkōngbèng**

【抽泣】**chōuqì** 통 훌쩍이다. 흐느끼다. ¶低声~=낮은 소리로 훌쩍거리다. ≒噯泣

【抽签】**chōu‖qiān** 통 1 점대를 뽑아 길흉을 점치다. 2 추첨하다. 제비를 뽑다.

【抽青】**chōu‖qīng** 통 (초목이) 싹이 돋아 푸르러지다. ¶柳树~=버드나무가 싹이 돋아 푸릇푸릇해지다.

【抽球】**chōuqiú** 몡통(體) (탁구·테니스 따위에서) 드라이브(drive)(를 걸다).

【抽取】**chōuqǔ** 통 (일부를) 취하다. 받다. 거둬들이다. ¶~个人所得税=개인 소득세를 거두어들이다.

【抽去】**chōuqù** 통 빼(내)다. 거두어들이다. 빼가다. ¶~球队主力=팀의 주력 선수를 빼다.

【抽杀】**chōushā** 통(體) (탁구·배드민턴 등에서) 스매시(smash)(하다).

【抽纱】**chōushā** 몡 1 (자수의 일종인) 드론워크(drawnwork). 2 (커튼·책상보·손수건 따위를) 드론워크 방식으로 제작한 공예품.

【抽身】**chōu‖shēn** 통 빠져 나오다. 몸을 빼다. 벗어나다. ¶他杂事太多, 难以~. =그는 잡일이 너무 많아서 빠져 나올 수가 없다.

【抽水】**chōu‖shuǐ** 통 1 (양수기로) 물을 뽑다. 물을 빨아올리다. 물을 퍼올리다. 2 ☞【缩水】**suōshuǐ**

【抽水机】**chōushuǐjī** 몡(機) 양수기.

【抽水马桶】**chōushuǐ mǎtǒng** 몡 수세식 변기.

【抽水站】**chōushuǐzhàn** 몡 1 양수장. 2 양수 시설 관리 부서.

【抽税】**chōu‖shuì** 통 (세율에 따라) 세금을 징수하다.

【抽丝】**chōusī** 통 명주실을 뽑다. ¶剥茧~=누에고치에서 명주실을 뽑다.

【抽穗】**chōu‖suì** 통 농작물의 이삭이 패다〔나오다〕.

【抽缩】chōusuō 동 오그라들다. 수축되다. ¶面部~=안면이 수축되다. ≒搐缩
【抽薹】chōu‖tái (유채·마늘 등의) 장다리가 나다.
【抽逃】chōutáo 동 (채무 상환 기피·재산 은닉·탈세 등을 위해 몰래 자금을) 빼돌리다. 도피시키다.
【抽屉】chōu·ti 명 서랍.
【抽条】chōutiáo 동 (수목 등의) 가지가 자라나다. 가지를 뻗기 시작하다. ¶阳春三月, 柳树开始~=춘삼월이 되니 버들가지가 자라나기 시작한다.
【抽头】chōu‖tóu 동 1 (도박에서) 개평을 떼다. 2 (넓은 의미로) 중개인이 중간에서 이익을 얻다. 커미션(commission)을 챙기다. ¶这些药品在销售中被大比例~, 所以比较贵。=이 약품은 판매 과정 중에 중개인들이 챙긴 것이 적지 않아 값이 비교적 비싸다. 명 구전(口錢). 마진 (margin). 수수료. ¶商品销售中, 要尽量少给或不给~。=상품 판매 과정 중에서 가능한 한 구전을 적게 주거나 혹은 주지 않아야 한다.
【抽吸】chōuxī 동 빨다. 피우다. ¶他不停地~着香烟=그는 쉴새없이 담배를 피워 댄다.
【抽暇】chōuxiá 동 짬〔틈·시간〕을 내다. ¶我~回去趟老家。=나는 틈을 내서 고향집에 다녀왔다.
【抽闲】chōuxián 동 짬〔틈·시간〕을 내다. ¶我们~到书市转转。=우리 틈을 내서 도서 시장을 한번 돌아보자. ≒抽空
【抽象】chōuxiàng 동 추상하다. [사물 중에서 개별적이고 비본질적인 것은 버리고, 공통적이고 본질적인 속성을 추출하는 사유 과정] 형 추상적이다. ¶~概念=추상적인 개념. ↔具体
【抽象劳动】chōuxiàng láodòng 명(經) 추상적 노동. ↔具体劳动
【抽象思维】chōuxiàng sīwéi ☞ 【逻辑思维】luójí sīwéi
【抽薪止沸】chōuxīn-zhǐfèi 성 1 솥 밑의 장작을 끄집어 내어 솥의 물이 더 이상 끓지 못하게 하다. 2 (비) 문제를 근본적으로 해결하다. ≒釜底抽薪
【抽选】chōuxuǎn 동 골라 뽑다. 선택하다. 선발하다. ¶公司~了5名职工去高校培训。=회사는 고등 교육 기관에 가서 훈련을 받을 직공 다섯 명을 선발했다.
【抽血】chōuxuè 동 피를 뽑다. ¶~化验=피를 뽑아 실험하다.
【抽芽】chōu‖yá 동 싹이 돋다. 움이 트다.
【抽烟】chōuyān 동 1 ☞ 【吸烟】xīyān 2 연기를 빼내다. ¶~机=환풍기.
【抽验】chōuyàn 동 추출하여 검사하다〔테스트하다〕. ¶~产品质量=일부 상품을 추출하여 품질을 검사하다.
【抽样】chōuyàng 동 표본을 추출하다. 샘플을 뽑다. ¶~调查=표본 추출 조사. ≒取样
【抽样调查】chōuyàng diàochá 명 표본조사.
【抽噎】chōuyē 동 훌쩍거리다.

【抽咽】chōuyè 동 훌쩍거리다.
【抽绎】chōuyì ☞ 【紬绎】chōuyì
【抽引】chōuyǐn 동 (물 따위를) 끌다. 끌어오다. 끄집어 내다. ¶从长江下游㟃州附近~长江水=양쯔강 하류 양저우 부근으로부터 양쯔강 물을 끌어오다.
【抽印】chōuyìn 동 (印) 별쇄(別刷)하다. ¶~本=별쇄본.
【抽油机】chōuyóujī 명(機) 채유기. 채유 펌프.
【抽油烟机】chōuyóuyānjī 명(機) (주방용) 후드(hood). 레인지 후드(range hood). 환풍기.
【抽壮丁】chōuzhuàngdīng ☞ 【抽丁】chōu‖dīng
【抽嘴巴】chōuzuǐ·ba 동⟨구⟩ 뺨을 때리다.

## 挏[搊] chōu 탈 추

동 1 (악기를) 타다. 켜다. 2 (힘을 주어 사람·사물을) 일으켜 세우다. ¶把柱子~起来。=기둥을 일으켜 세우다. 3 (방) 부축하다. ¶我踩梯子取本书, 你~我一把。=내가 사다리를 딛고 책을 꺼낼 테니 네가 나를 좀 부축해 다오. 4 (방) (모서리나 옆면에서 힘을 주어 기물을) 뒤집다. ¶把桌子~翻。=책상을 뒤집다.

## 紬[紬] chōu 모을 주

동 1 이끌어 내다. 2 (자료 등을) 모아서 철(綴)하다. 명 '绸(chóu)'와 같음.
【紬绎】[抽绎] chōuyì 동 실마리를 찾아 내다.

## 筹[篘] chōu 용수 추

명⟨문⟩ 용수. 추자(篘子). [술을 거르는, 대로 만든 기구] 동⟨문⟩ 술을 거르다.

## 瘳 chōu 병 나을 추

동 1 병이 낫다. 2 손해를 보다.

## 犨 chōu 소 헐떡이는 소리 주

의 씩씩. [소가 숨을 헐떡이는 소리] 동⟨문⟩ 뛰어 나오다.

## **仇[讐] chóu 원수 수

명 1 원한. ¶深~大恨=깊고 큰 원한. 2 원수. 적(敵). ¶亲痛~快=가까운 이를 마음아프게 하고 원수를 기쁘게 하다. ↔恩
☞ Qiú

○● 复仇, 结仇, 寇kòu仇, 世仇, 私仇, 夙sù仇, 冤yuān仇

【仇雠】chóuchóu 명⟨문⟩ 원수. 적.
【仇敌】chóudí 명 원수. 적. ¶视作~=원수로 여기다.
【仇恨】chóuhèn 동 (몹시) 증오하다. 혐오하다. ¶~社会是一种不健康的心理。=사회를 증오하는 것은 일종의 불건전한 심리이다. 명 증오. ¶刻骨~=뼈에 사무치는 깊은 원한. ≒痛恨 ↔友谊
【仇家】chóujiā 명 원수.

仇 俦 帱 悁 惆 绸 畴 酬 稠 **chóu**

【仇人】**chóurén** 图 원수. 적. ↔恩人 亲人
【仇杀】**chóushā** 통 원한이 맺혀 살해하다. ¶因～而死＝원한으로 죽음을 당하다.
【仇深似海】**chóushēn-sìhǎi** 성 원한이 뼈에 사무치다.
【仇视】**chóushì** 통 원수로 여기다. 적대시하다. ¶相互～＝서로 원수로 여기다. 능敌视
【仇外】**chóuwài** 통 외국을 적대시하다. ¶～思想＝외국을 적대시하는 사상.
【仇隙】**chóuxì** 图 원한. 원수처럼 어긋난 사이. ¶化解～＝원한을 풀다.
【仇冤】**chóuyuān** 图 원한.
【仇怨】**chóuyuàn** 图 원한. 증오. ¶～未了＝원한이 풀리지 않았다.

**俦[儔]** **chóu** 짝 주
图 1 짝. 반려(자). 동반자. 2 동배(同輩). 동류(同類). ¶同～＝동배. 동료.
【俦伴】**chóubàn** 图 반려(자). 동반자. 동료. 짝. 파트너.
【俦辈】[畴辈] **chóubèi** 图 동배(同輩). 또래.
【俦类】[畴类] **chóulèi** 图 동류. 동배.
【俦侣】**chóulǚ** 图 짝. 반려(자). 동료. 파트너.

**帱[幬]** **chóu** 휘장 주
图 1 휘장. 장막. 2 (수레의) 휘장.
☞ **dào**

**悁[懤]** **chóu** 근심할 주
【悁悁】**chóuchóu** 형 근심하는 모양.

**惆** **chóu** 실망할 추
형 실의하다. 낙담하다. 비통해하다.
【惆怅】**chóuchàng** 형 실의하다. 낙담하다. 슬퍼하다. 쓸쓸하다. ¶～的情绪＝쓸쓸한 마음.

***绸[綢]** **chóu** 비단 주
图 (紡) 비단. ¶纺～＝비단을 짜다. / 绫罗～缎＝능라 주단. 명주 비단. [견직물의 총칭]

○● 彩绸, 春绸, 茧jiǎn绸, 拷kǎo绸, 绵mián绸, 柞zuò丝绸

【绸缎】**chóuduàn** 图 1 비단과 공단. 2 (넓은 의미로) 견직물.
【绸缪】**chóumóu** 형 1 떨어지지 않다. 얽미끈하다. ¶情意～＝(남녀 간의) 정분이 끈끈하다. 통 1 꽁꽁 묶다. 꽉 졸라매다. ¶～束薪＝장작을 단단히 동여매다. 2 미리 준비하다. 예비하다. 대비하다. ¶未雨～＝비가 내리기 전에 대비하다.
【绸纹纸】**chóuwénzhǐ** 图 무광택 인화지.
【绸子】**chóu·zi** 图 (얇고 부드러운) 견직물.

***畴[疇]** **chóu** 밭두둑 주
图 1 농지. 전지(田地). 밭. ¶田～＝농지. 2 밭두둑. 3 종류. 부류. ¶范～＝범주.

【畴辈】**chóubèi** ☞【俦辈】**chóubèi**
【畴类】**chóulèi** ☞【俦类】**chóulèi**
【畴日】**chóurì** 图 옛날. 이전. 종전.
【畴昔】**chóuxī** 图 옛날. 이전. 종전. ¶～旧友＝옛적 친구.

***酬[(酧·詶·醻)]** **chóu** 갚을 수
통 1 图 (주인이 손님에게) 술을 권하다. ¶相互～酢＝서로 술을 권하다. 2 보답하다. 갚다. ¶重金～谢＝큰돈으로 보답하다. 3 교제하다. 왕래하다. ¶应～＝예의를 갖춰 교제하다. 4 실현하다. ¶壮志未～＝큰 뜻을 아직 못 이루다. 5 图 갚다. 상환하다. 지급하다. ¶得不～失＝얻는 것보다 잃는 것이 많다. 图 보수. 임금. 사례. ¶稿～＝원고료. / 男女同～＝남녀의 임금이 동일하다.

○● 报酬, 计酬

【酬报】**chóubào** 통 (재물이나 행동으로) 보답하다. 사례하다. 갚다. ¶～恩情＝은정에 보답하다. 图 보수. 임금. ¶～丰厚＝보수가 많다.
【酬宾】**chóubīn** 통 (經) 할인 판매하다. 바겐 세일하다. ¶～促销＝바겐 세일로 판매를 촉진하다.
【酬唱】**chóuchàng** 통 图 시(詩)나 사(詞)로 서로 주고받다.
【酬答】**chóudá** 통 1 말이나 시문(詩文)으로 응답하다〔화답하다〕. ¶此诗乃为～友人而作。＝이 시는 친구에게 화답하기 위해 지은 것이다. 2 사례하다. 보답하다. ¶对于你的帮助, 我们一定大加～。＝당신의 협조에 대하여 우리들은 반드시 크게 사례할 것입니다.
【酬对】**chóuduì** 통 응대하다. 응답하다. ¶～如流＝유창하게 응답하다.
【酬和】**chóuhè** 통 시(詩)나 사(詞)로 응답하다〔화답하다〕. ¶即兴～＝즉흥시로 화답하다.
【酬金】**chóujīn** 图 보수. 사례금. ¶支付～＝보수를 지불하다.
【酬劳】**chóuláo** 통 (금품으로) 사례하다. 감사의 뜻을 전하다. 노고에 보답하다. ¶～亲友＝금품으로 친구에게 사례하다. 图 보수. 사례금. ¶收取～＝사례금을 받다.
【酬谢】**chóuxiè** 통 (금품으로) 사례하다. 감사의 뜻을 전하다. 노고에 보답하다. ¶略备薄礼, 以示～。＝약간의 성의를 갖추어 감사의 마음을 전하다.
【酬应】**chóuyìng** 통 1 교제하다. 왕래하다. ¶他生性木讷, 不善～。＝그는 천성이 어눌하여 교제에 능하지 못하다. 2 图 응답하다. 응대하다. 상대하다. ¶～自如＝자유자재로 응답하다. 여유 있게 상대하다. 图 교제. 접대. ¶为～所累＝접대로 피곤하다.
【酬酢】**chóuzuò** 통 图 1 주객(主客)이 서로 술을 권하다. 술잔을 주고받다. 2 (넓은 의미로) 교제하다. 접대하다. ¶疲于～＝접대에 지치다.

***稠** **chóu** 빽빽할 조
형 1 조밀하다. 촘촘하다. ¶人～地少＝사람은

많고 땅은 비옥다. **2** 걸쭉하다. 걸다. 진하다. ¶粥熬得太~了。=죽을 너무 걸쭉하게 쑤었다. ↔稀

【稠乎乎】 **chóuhūhū**(~的) 톙 걸다. 걸쭉하다. ¶~的小米粥=걸쭉한 좁쌀죽.

【稠密】 **chóumì** 톙 조밀하다. 촘촘하다. ¶人口~=인구가 조밀하다. ↔稀少 疏落 稀疏

【稠人广众】 **chóurén-guǎngzhòng** 솅 군중. 많은 사람이 모인 곳. →【稠人广座】 **chóurén guǎngzuò**

【稠人广座】 **chóurén-guǎngzuò** ☞【稠人广众】 **chóurén-guǎngzhòng**

## **愁** chóu 근심 수

동 근심하다. 걱정하다. ¶发~=근심하다. / 多~善感=매우 감상적이다. 뎽 수심. 걱정. 근심. 시름. ¶乡~=향수. / 离~别绪=이별의 시름.

○● 哀愁, 悲愁, 犯愁, 穷愁, 乡愁, 忧yōu愁

【愁惨】 **chóucǎn** 톙문 애처롭다. 참담하다. 처량하다. ¶秋色~=가을빛〔추색〕이 처량하다.

【愁肠】 **chóucháng** 뎽 근심. 걱정. 고민. 번민. 시름. ¶~百结=한없는 시름에 빠지다.

【愁城】 **chóuchéng** 뎽문 걱정되고 고민스러운 처지〔상태·상황〕. ¶身陷~=고민스러운 상태에 빠지다.

【愁楚】 **chóuchǔ** 톙 근심하고 괴로워하다. ¶神情~=근심하고 괴로워하는 표정.

【愁蹙蹙】 **chóucùcù**(~的) 톙 근심〔수심〕어린. 근심〔수심〕이 가득한. 걱정으로 마음아파하는 모양. ¶~的神情=수심어린 표정.

【愁怀】 **chóuhuái** 뎽 근심. 고뇌. ¶一腔~, 无人可诉。=마음 가득한 고뇌를 털어놓을 사람이 없다.

【愁苦】 **chóukǔ** 톙 근심하고 고뇌하다. ¶一脸~的表情=근심과 고뇌가 가득한 표정.

【愁虑】 **chóulǜ** 뎽 걱정. 염려. 우려. ¶~重重=걱정이 태산이다. 동 걱정하다. 염려하다. 우려하다. ¶他对此颇为~。=그는 이 일에 대해 대단히 걱정을 한다.

【愁眉】 **chóuméi** 뎽 수심으로 찌푸린 눈썹. ¶~紧锁=수심에 잠겨 양미간을 잔뜩 찌푸리다.

【愁眉不展】 **chóuméi-bùzhǎn** 솅 **1** 근심에 찌푸린 양미간이 펴지지 않다. **2** 문 수심에 잠겨 고뇌하는 모습.

【愁眉苦脸】 **chóuméi-kǔliǎn** 솅 걱정과 고뇌에 쌓인 표정. 우거지상.

【愁眉锁眼】 **chóuméi-suǒyǎn** 솅 수심에 잠겨 고뇌하는 모습. 근심으로 잔뜩 찌푸린 얼굴.

【愁闷】 **chóumèn** 톙 걱정하고 번민하다. 우울하다. 침울하다. ¶心情~=마음이 우울하다. 뎽 걱정. 번민. 우울함. ¶朋友的到来终于消除了他心中的~。=친구가 도착하자 그의 마음속 걱정이 사라졌다. ≒苦闷 郁闷 烦闷

【愁闷闷】 **chóumènmèn**(~的) 톙 (근심 때문에) 답답하다. 걱정하고 번민〔고민〕하는 모습. ¶不知为什么, 他近来成天~的。=왜 그런지 모르

지만, 그는 최근 온종일 걱정스러운 기색을 하고 있다.

【愁人】 **chóurén** 동 걱정스럽게 하다. 근심〔고민·우려〕하게 하다. 머리 아프게 하다. ¶电脑老是出毛病, 真~! =컴퓨터가 늘 말썽을 부려 정말 머리 아프게 한다. 뎽 근심〔고민〕이 있는 사람.

【愁容】 **chóuróng** 뎽 걱정〔고민〕스러운 얼굴. ¶~满面=얼굴에 근심이 가득 차다. ↔笑容 笑脸 笑颜

【愁杀】 **chóushā** 동 매우 염려〔걱정〕스럽다. ¶那事把人都给~了。=그 일 때문에 걱정스러워 죽을 지경이다.

【愁思】 **chóusī** 뎽 근심. 걱정. 고민. 번민. ¶~绵绵=걱정이 끊이지 않다.

【愁绪】 **chóuxù** 뎽 근심. 걱정. 고민. 번민. ¶~如麻=걱정으로 심란하다.

【愁郁】 **chóuyù** 톙 근심하다. 번민하다. ¶~不堪=감당 못 할 정도로 근심스럽다.

【愁云】 **chóuyún** 뎽문 우울한 기색. 참담한 풍경. ¶满脸~=우울한 기색이 가득하다.

【愁云惨雾】 **chóuyún-cǎnwù** 솅 참담하고 우울하게 만드는 경치나 분위기.

【愁怨】 **chóuyuàn** 뎽 근심과 원한. ¶~满怀=근심과 원한이 마음에 가득 차다.

## **筹[籌]** chóu 산가지 주

뎽 **1** (주로 수를 세거나 명수 영수 근거로 쓰기 위하여 대나무·나무·상아 등으로 만든) 산(算)지. 칩(chip). ¶酒~=술잔 수를 세기 위한 산가지. **2** 계책. 방법. ¶一~莫展=속수무책이다. 동 계획하다. 기획하다. ¶统~安排=총괄적으로 기획하여 안배하다.

【筹办】 **chóubàn** 동 기획하고 처리하다. ¶~展览=전람회 개최를 기획하다.

【筹备】 **chóubèi** 동 기획하고 준비하다. ¶~春节晚会=설 디너 쇼(dinner show)를 기획하고 준비하다.

> **筹备(chóubèi) / 准备(zhǔnbèi)** 준비하다
>
> 筹备 : 조직의 일이 안배가 잘 되었음을 강조하며, 주로 '회의·조직기구' 등과 함께 쓰임. ¶他向客人们介绍了第四次世界妇女大会的筹备情况, 并回答了他们提出的问题。=그는 손님들에게 제4차 세계 부녀자 대회의 준비 상황을 소개하고, 그들이 제기한 질문에 대해 답하였다. / 北京2008年奥运会的筹备工作进展顺利。=2008년 북경 올림픽의 준비 작업은 진척이 순조롭다. / 那次会议筹备了两天。=그 회의는 이틀 동안 준비하였다.
>
> 准备 : 어떤 요구나 수요에 따라 목적성 있게 잘 준비가 되는 것을 강조하며, 주로 구체 적인 활동과 결합하여 사용됨. ¶这是我特意为你准备的生日礼物。=이것은 내가 너를 위해 특별히 준비하는 생일 선물이야. / 您还得准备一个两分钟的发言。=당신은 2분간의 발언을 준비해야 합니다.

【筹措】chóucuò 동 조달하다. 마련하다. ¶~救灾物资=재난 구조 물자를 마련하다.
【筹购】chóugòu 동 구매하다. 구매를 계획하다. ¶~新居=새 집 구매를 계획하다.
【筹划】[筹画] chóuhuà 동 1 기획하다. 계획하다. 꾀하다. 대책[방법]을 궁리하다〔세우다〕. ¶市政府正~全面改造老城区.=시 정부는 한창 구시가지의 전면 개조를 기획 중이다. 2 조달하다. 마련하다. ¶~钱款=돈을 마련하다. ≒策划 谋划
【筹画】chóuhuà ☞【筹划】chóuhuà
【筹集】chóují 동 대책을 세워 조달하다〔마련하다〕. 모으다. ¶~资金=자금을 모으다.
【筹建】chóujiàn 동 기획하고 건립하다. ¶~发电厂=발전소 건립을 기획하다.
【筹借】chóujiè 동 (재물·자금 따위를) 방법을 강구하여 빌리다. ¶~款项=자금 차입을 기획하다.
【筹款】chóu‖kuǎn 동 (경비·자금 등을) 조달하다. 모으다.
【筹马】chóumǎ ☞【筹码】chóumǎ
【筹码】[筹马] chóumǎ 명 1 (수를 세거나 계산하는 데 쓰이는) 산(算)가지. [지난날 주로 도박에 쓰였음] 칩(chip). 2 (예) 화폐. (어음 등의) 화폐 대체물. 3 (비) (투쟁이나 경쟁에서 승부에 영향을 미칠 수 있는) 조건. 요소.
【筹谋】chóumóu 동 방법을 강구하다. 세우다. ¶~提高生产效率的新方法=생산 효율을 제고하는 새로운 방법을 강구하다.
【筹募】chóumù 동 기획하여 모으다. ¶~救灾款=재난 구호 기금 모집을 기획하다.
【筹拍】chóupāi 동 (영화·연속극 등을) 기획하고 촬영하다. ¶~电视剧=텔레비전 드라마의 촬영을 기획하다.
【筹商】chóushāng 동 기획하고 상의하다. ¶~事故解决方案=사고 해결 방안을 도모하고 협의하다.
【筹算】chóusuàn 동 1 산가지·칩(chip)으로 계산하다. 2 산출하다. 계산하다. 산정하다. 3 계획하다. 기도하다. 꾀하다.
【筹委】chóuwěi 명(약) 1 筹备委员会(준비〔주비〕위원회). 2 筹备委员(준비〔주비〕위원회 위원).
【筹饷】chóuxiǎng 동(군) 군대 급료를 기획하여 조달〔마련〕하다.
【筹议】chóuyì 동 기획하고 상의하다. ¶~对策=대책을 기획하고 상의하다.
【筹展】chóuzhǎn 동 전람회를 기획하다.
【筹资】chóu‖zī 동 (자금을) 대책을 세워 조달하다〔마련하다·모으다〕. ¶~修路=도로 정비의 자금 조달을 계획하다.
【筹组】chóuzǔ 동 기획하고 조성하다〔조직하다〕. ¶~内阁=내각을 기획하고 조직하다. 명 기획·조직. 설립 준비.

**裯** chóu 홑이불 주
명(문) 1 침대의 휘장. 2 홑이불.

**踌[躊]** chóu 주저할 주
아래를 참조.
【踌躇】[踌蹰] chóuchú 형 1 주저하다. 망설이다. ¶他~良久, 终于说出了事实的真相.=그는 한참 동안 주저하더니, 마침내 사건의 진상을 토해 냈다. 2(문) 득의양양한 모양. ¶~意满=득의양양해하다. 동(문) 머물다. ↔果断
【踌蹰】chóuchú ☞【踌躇】chóuchú
【踌躇不前】chóuchú-bùqián 성 주저하며 앞으로 나아가지 않다.
【踌躇满志】chóuchú-mǎnzhì 성 (자기의 현상태나 이룩한 성취에 대해) 매우 득의양양해하다. 자신감에 차 있다.
【踌伫】chóuzhù 형(문) 망설이며 나아가지 않다.

**雠[讎, 讐]** chóu 바로잡을 수
동 교정(校訂)하다. 교수(校讎)하다. ¶校~=교정하다. 명(문) '仇(chóu)'와 같음. [고어에서 '售(shòu)'와 같음]

**丑¹[(醜)]** chǒu 추할 추
형 1 추하다. 못생기다. ¶长相很~=매우 못생겼다. 2 (얼)밉다. 밉살스럽다. 꼴불견이다. ¶~态百出=온갖 추태를 다 부리다. 3(비) 나쁘다. 좋지 않다. ¶她的脾气太~.=그녀는 성깔이 좋지 않다. 명 1 추태. 수치스러운 일. 허물. ¶家~=집안의 허물. 2 나쁜 놈. 악당. ¶跳梁小~=함부로 설치는 놈. ↔美 俊 倩

**丑²** chǒu 간지 축
명 1 축. [십이 지지(十二地支)의 두 번째] 2 축시(丑时). [새벽 1시~3시] 3(극) 추. [중국 전통극 중의 어릿광대] 4 (Chǒu) 성(姓).

○● 丢diū丑, 家丑, 文丑, 武wǔ丑, 献xiàn丑, 小丑

【丑八怪】chǒubāguài 명(구) 아주 못생긴 사람.
【丑鄙】chǒubǐ 형(문) 추악하다. 비열하다. ¶~小人=추하고 비열한 소인배.
【丑表功】chǒubiǎogōng (낮잡) 부끄러운 줄 모르고 자기의 공로를 떠벌리다.
【丑旦】chǒudàn 명(극) 추단. [중국 전통극에서 여자로 분장한 어릿광대]
【丑诋】chǒudǐ 동 상스럽게 욕설을 퍼붓다. 악랄하게 헐뜯다.
【丑恶】chǒu'è 형 추악하다. 더럽다. ¶~的灵魂=추악한 영혼. ↔美好
【丑怪】chǒuguài 형 (모양이) 흉하고 기괴하다. 보기 흉하다. 볼품 없다. 추하다. 꼴사납다.
【丑化】chǒuhuà 동 (본래 그렇지 않은 것을) 추악한 것으로 만들다. 부정적으로 묘사하다. ¶~历史人物=역사 인물을 부정적으로 묘사하다. ↔美化
【丑话】chǒuhuà 명 1 저속한 말. 상스러운 말. 추잡한 말. 너저분한 말. ¶这种~你也说得出口?=이런 상스러운 말을 너도 뱉을 줄 알다니?

**2** 뼈 있는 말. 귀에 거슬리는 말. 단도직입적인 말. 꾸밈없이 솔직한 말. [일깨워 주거나 경고의 의미를 내포함] ¶~说在前头, 出了问题, 个人自己负责。=단도직입적으로 말하자면, 문제가 생기면 스스로 책임을 져야 한다.

【丑话说在前头】 chǒuhuà shuō zài qián·tou (낮) (귀에 거슬리더라도) 듣기 싫은 소리를 먼저 말하다.

【丑剧】 chǒujù 〈명〉 (희극적인) 추악한 사건〔짓〕. 추태. 추잡한 일. ¶书中所写的是贪财的人上演的一幕~。=책 속에서 묘사한 것은 재물에 눈먼 사람이 연출해 내는 희극적인 추태이다.

【丑角】 chǒujué (~儿) 〈명〉 **1** 〈劇〉 (중국 전통극 중의) 어릿광대. ¶他在这出戏中扮演~。=그는 이 연극에서 어릿광대 역을 맡았다. **2** (어떤 일에 있어서) 악역. 불명예스러운 역할.

【丑类】 chǒulèi 〈명〉 나쁜 놈. 악인. 사악한 부류.

【丑劣】 chǒuliè 〈형〉 추악하고 비열하다. ¶~的行径=추악하고 비열한 짓거리.

【丑陋】 chǒulòu 〈형〉 **1** (모양이나 용모가) 추하다. 꼴불견이다. 못생겼다. ¶容貌~=못생겼다. **2** (생각이나 행위가) 비열하다. ¶灵魂~=영혼이 비열하다. ↔美丽 漂亮 标致 俊俏 秀丽 秀气 俊秀 俏丽

【丑名】 chǒumíng 〈명〉 악명. 더러운 명성. ¶~远播=악명이 널리 퍼지다. ↔美名

【丑婆子】 chǒupó·zi 〈명〉〈劇〉 추파자. [중국 전통극 중의 중(노)년 여자로 분장한 어릿광대]

【丑时】 chǒushí 〈명〉 축시. [새벽 1시~3시]

【丑史】 chǒushǐ 〈명〉 추악한 역사. (개인의) 부끄러운 경력.

【丑事】 chǒushì 〈명〉 추악한 일. 떳떳치 못한 일.

【丑态】 chǒutài 〈명〉 **1** 추태. 추잡한 행위. ¶~毕露=추태를 다 드러내다. **2** (사회의) 추악한 현상. (사람의) 추잡한 행위. ¶官场~=관료 사회의 추잡한 행위.

【丑态百出】 chǒutài-bǎichū 〈성〉 온갖 추태를 다 부리다. ¶~, 令人作呕。=온갖 추태를 다 부리며 구역질나게 한다.

【丑闻】 chǒuwén 〈명〉 추문. 스캔들. 좋지 못한 소문. ¶政治~=정치 추문.

【丑媳妇】 chǒuxífù 〈명〉 **1** 못생긴 며느리. **2** (비) 결점이나 잘못이 많은 사람.

【丑相】 chǒuxiàng 〈명〉 추한 모습. 추태.

【丑小鸭】 chǒuxiǎoyā 〈명〉 **1** 미운 오리 새끼. [안데르센 동화《미운 오리 새끼》의 주인공] **2** (비) 못생긴 아이. [주로 겸칭이나 놀리는 말로 쓰임]

【丑星】 chǒuxīng 〈명〉 **1** 용모는 떨어지지만 연기력이 뛰어난 연기자〔배우〕. **2** (용모는 떨어지지만 익살스러운 역을 잘 연기하는) 코믹 배우. ¶他是一位著名的~。=그는 유명한 코믹 배우이다.

【丑行】 chǒuxíng 〈명〉 추행. 추악한 행위. ¶掩盖~=추태를 감추다.

# 杻 chǒu 수갑 추
〈명〉〈문〉 (고대 형구의 하나인) 쇠고랑.

☞ niǔ

# 俅 chǒu 볼 추
〈동〉 '瞅(chǒu)'와 같음.

# 瞅[(䁖·矁)] chǒu 볼 추
〈동〉〈방〉 보다. ¶妻子狠狠地~了丈夫一眼。=아내가 표독스럽게 남편을 한눈에 째려보았다. ≒看 瞧 见

【瞅见】 chǒu‖jiàn 〈동〉〈방〉 보(이)다. ¶我~她正在打扫屋子。=나는 그녀가 막 방청소를 하고 있는 것을 보았다. ≒看见

【瞅紧】 chǒujǐn 〈동〉〈방〉 응시하다. 주목하다. 주시하다. ¶~点, 别让包给人拿走了。=잘 보고 있어라, 다른 사람이 가방을 가져가지 않도록.

【瞅空】 chǒukòng 〈동〉〈방〉 기회를 엿보다. 시간을 내다. ¶你~来我这儿一趟。=너 기회를 보아서 이 곳에 한번 오너라.

【瞅准】 chǒuzhǔn 〈동〉 확실히 보다. 명확하게 인식하다. ¶~机会=기회를 확실하게 엿보다.

# 臭 chòu 냄새 취
〈형〉 **1** (냄새가) 지독하다. 구리다. 역겹다. ¶恶~=악취가 지독하다. **2** 역겹다. 꼴불견이다. 얄밉다. ¶摆~架子=꼴사납게 폼 잡다. **3** 〈구〉 졸렬하다. 조잡하다. 그저 그렇다. 나쁘다. 형편 없다. ¶这一招棋真~。=이 한 수는 정말 그저 그렇다. **4** 〈방〉 (탄알이) 불발하다. ¶打了一个~子=불발탄을 쏘다. 〈부〉 호되게. 지독하게. 심하게. 몹시. ¶被~骂一通=심하게 꾸지람을 들었다. ↔香

☞ xiù

○→ 狐hú臭, 口臭, 腥xīng臭, 腋yè臭

【臭不可闻】 chòu bù kě wén 〈성〉(비) 평판이 너무 나빠 사람들의 멸시를 받다.

【臭虫】 chòu·chóng 〈명〉 **1** 〈動〉 빈대(류). =【床虱】 chuángshī 〈방〉【壁虱】 bìshī **2** 〈컴〉 버그(bug). 오류.

【臭椿】 chòuchūn 〈명〉〈植〉 가죽나무. 가중나무.

【臭打】 chòudǎ 〈동〉 패다. 호되게 때리다. ¶~一顿=한바탕 호되게 때리다.

【臭大姐】 chòudàjiě 〈명〉〈動〉 椿(노린재·방귀벌레)의 속칭.

【臭豆腐】 chòudòu·fu 〈명〉 (냄새가 아주 특이한) 발효 두부.

【臭狗屎】 chòugǒushǐ 〈명〉〈비〉 인품이 형편 없거나 평판이 매우 나쁜 놈〔년〕. [욕하는 말로 쓰임]

【臭蒿】 chòuhāo 〈명〉〈植〉 개똥쑥.

【臭烘烘】 chòuhōnghōng (~的) 〈형〉 냄새가 지독하다. 악취가 진동하다.

【臭乎乎】 chòuhūhū (~的) 〈형〉 (조금) 퀴퀴〔쾨쾨〕하다. ¶这肉~的, 不新鲜。=이 고기는 퀴퀴한 것이 신선하지 않다.

【臭架子】 chòujià·zi 〈낮〉 꼴사나운 작태. 거드름을 피우다. ¶摆~=꼴사납게 굴다.

【臭脚】 chòujiǎo 〈명〉〈구〉 **1** 땀 냄새 나는 발. **2** (비)

기술이 형편 없는 축구 선수. 똥볼.

【臭骂】**chòumà** 동 호되게 욕하다〔야단치다·꾸짖다〕. ¶看见孩子贪玩，他劈头就是一通～。＝아이가 노는 데 정신이 팔린 것을 보고, 그는 대놓고 호되게 꾸짖었다.

【臭美】**chòuměi** 동 예쁜 척하다. 잘난 체하다. ¶你不就有几分姿色吗，～什么？＝너는 좀 예쁜 것 가지고 뭘 그리 잘난 척하니?

【臭名】**chòumíng** 명 악명. 악평. 나쁜 평판.

【臭名远扬】**chòumíng-yuǎnyáng** 성 악명이 널리 알려지다. ¶连老外都知道他是个善于钻营的家伙，真可谓～了。＝관계 없는 사람도 그가 권세에 빌붙는 놈이라는 걸 알 정도이니, 정말로 악명이 널리 알려졌다고 할 만하다.

【臭名昭著】**chòumíng-zhāozhù** 성 평판이 매우 나쁘다. 극히 악명이 높다.

【臭皮囊】**chòupínáng** 명 비 **1**《佛》사람의 육체. **2** 쓸모 없는 놈. [욕하는 말로 쓰임] ¶他活脱一个～贱骨头。＝그는 그야말로 더럽고 천하기 그지없는 놈이다.

【臭屁】**chòupì** 명 구 **1** 구린 방귀. **2** 비 헛소리. ¶你的话纯粹是放～。＝네 말은 완전히 헛소리이다.

【臭棋】**chòuqí** 명 **1** 서툰 바둑〔장기〕 솜씨. **2** 악수(惡手).

【臭气】**chòuqì** 명 악취. 나쁜〔더러운〕 냄새.

【臭钱】**chòuqián** 명 편 **1** 떳떳하지 못한 돈. 더러운 돈. **2** 나쁜 일에 쓰이는 돈.

【臭肉】**chòuròu** 명 **1** 부패한 고기. **2** 비 (욕하는 말로) 쓸모 없는 놈.

【臭事】**chòushì** 명 추잡한 일. 남부끄러운 일. [주로 남녀 간의 부정한 관계를 가리킴]

【臭死】**chòusǐ** 형 **1** (견딜 수 없을 정도로) 냄새가 지독하다. 악취가 진동하다. ¶他身上的味儿～人。＝그 남자 몸에서 지독한 악취가 풍긴다. **2** 비 혹독하다. 호되다. ¶他被打个～。＝그는 죽도록 심하게 두들겨 맞았다.

【臭素】**chòusù** 명《化》브롬(Br, bromine). 취소. [원자 번호 35, 할로겐 원소의 한 가지]

【臭味】**chòuwèi**(～儿) 명 악취. 나쁜 냄새.

【臭味相投】**chòuwèi-xiāngtóu** 성 편 (주로 나쁜 일에 있어서) 기호(嗜好)나 의기가 투합하다. 배짱이 맞다.

【臭腺】**chòuxiàn** 명《生》취선. 냄새선. 취액선.

【臭氧】**chòuyǎng** 명《化》오존($O_3$, ozone).

【臭氧层】**chòuyǎngcéng** 명《天》오존층.

【臭氧洞】**chòuyǎngdòng** 명《天》오존홀. [남극 대륙 위에 생기는 오존 농도가 극단적으로 감소하는 현상〔지역〕.

【臭鼬】**chòuyòu** 명《動》스컹크(skunk).

【臭鱼烂虾】**chòuyú-lànxiā** 낮 **1** 변질된 생선과 새우. **2** 비 건달. 무뢰한. 놈팡이.

【臭子儿】**chòuzǐr** 명 방 **1** 불발탄. **2** (바둑·장기 등에서의) 악수(惡手).

## 殠 **chòu** 썩은 냄새 추

형 문 '臭(chòu)'와 같음.

# chu

## ***出[1] **chū** 날 출

> ○ 出 chū / 础 chǔ / 绌 chù / 黜 chù / 拙 zhuō / 茁 zhuó / 咄 duō

동 **1** 나가다. 나오다. ¶～门上街＝문을 나서서 거리로 나가다. / 康复～院＝건강을 회복하여 퇴원하다. **2** 출석하다. 참가하다. ¶～席会议＝회의에 참석하다. **3** (밖으로) (꺼)내다. 발행하다. 발급하다. 발표하다. ¶有钱～钱，有力～力。＝돈이 있으면 돈을 내고, 힘이 있으면 힘을 써라. **4** 떠나다. 벗어나다. ¶～家当和尚＝집을 떠나 중이 되다. **5** 생산하다. 산출하다. ¶～鱼＝고기가 난다. **6** 발생하다. (생겨)나다. ¶事～有因＝일의 발생에는 원인이 있게 마련이다. **7** 지출하다. ¶量入为～＝수입에 맞추어 지출하다. **8** 자라나다. 나(오)다. ¶～苗＝싹이 나오다. **9** (～의 한도를) 초과하다. 넘다. ¶不～三年＝3년을 넘지 않다. **10** 내다. 발산하다. ¶～气＝분풀이를 하다. **11** 출판하다. ¶他的新著最近～了。＝그의 신작이 최근 출판되었다. **12** 나타나다. 드러나다. ¶一夜～名＝하룻밤 새에 유명해졌다. **13** 양(量)이 많아지다. 붇다. 늘다. ¶新米～饭＝햅쌀은 밥이 붇는다. **14** …에 보이다. [인용문이나 전고(典故) 등의 출처를 표시함] ¶语～《诗经》＝말이 《시경》에 보인다. **15** 출가(出嫁)하다. ¶～门子＝출가하다. **16** 청소하다. 소제(掃除)하다. ¶给牛～圈＝우사(牛舍)를 청소해 주다. 부 방 '往(wǎng)'과 이어 쓰여 동작이 밖이나 겉으로 향함을 나타냄. ¶电影散场了，观众纷纷往～走。＝영화가 끝나자 관중들이 우르르 밖으로 몰려 나갔다. ↔入 进

## **出[2][(齣)] **chū** 단락 척

명 **1** 전기(傳奇) 중의 1회. **2**《劇》중국 전통극의 독립된 한 단락(또는 극본). ¶两～戏＝중국 전통극 두 단락. 양 막. [중국 전통극에 쓰임] ¶两～戏＝중국 전통극 2막.

## 出[3] ‖·chū 날 출

동 **1** (동사 뒤에 쓰여) 안에서 밖으로 향함을 나타냄. ¶跑～门＝문 밖으로 달려나가다. **2** (동사 뒤에 쓰여) 드러나거나 완성됨을 나타냄. ¶想～办法＝방법을 생각해 내다. / 看～问题＝문제를 파악해 내다. **3** (형용사 뒤에 쓰여) 초과를 나타냄. ¶他比我高～一头。＝그는 나보다 머리 하나가 더 크다.

> ○● 辈bèi出，超chāo出，重chóng出，发出，付出，革gé出，杰jié出，进出，娩miǎn出，旁出，歧qí出，输shū出，特出，突出，退出，脱出，析xī出，演出，展出

【出版】**chūbǎn** 동 (서적·음반 등을) 출판하다. 발행하다. 출간하다. ¶～专著＝전문 저서를 출판하다.

네게 돌아간다. **2**⑪ 언행의 앞뒤가 맞지 않다. 이랬다저랬다하다.

**【出发】chūfā** 통 **1** 출발하다. 떠나다. ¶~时间定在早上八点。=출발 시간은 아침 8시로 정하였다. **2** …을 착안점〔출발점〕으로 삼다. ¶从大局~。=전체적인 면에서 착안하다. ≒开拔 起程 启程 动身

**【出发点】chūfādiǎn** 몡 **1** 출발점. 기점. ¶确定越野车赛的~。=오프로드 경주의 출발점을 확정하다. **2**⑪ 동기. 착안점. ¶我的~是想帮他, 谁知事与愿违。=나의 동기는 그를 도와 주려는 것이었는데, 일이 어긋날 줄 누가 알았겠어.

**【出饭】chūfàn** 통㊗ (어떤 양식의) 밥이 붇다〔늘다〕. 밥의 양이 많이 나오다. ¶这次买的米比以往的~。=이번에 산 쌀은 저번 것보다 밥이 붇는다.

**【出访】chūfǎng** 통 외국을 방문하러 가다. ¶~西欧各国=유럽 각국을 방문하러 출국하다.

**【出份子】chū fèn·zi** **1** 갹출하여 선물을 사다. ¶大家~给他买了个生日礼物=모두 조금씩 돈을 내어 그에게 생일 선물을 사 주었다. **2** (경조사에) 부조하다. 참가하여 축하하거나 조의를 표하다.

**【出风头】chū fēng·tou** ㊗ 앞에 나서다. 자기를 내세우다. 이목을 끌다. ¶他这人特别喜欢~。=그 사람은 앞에 나서기를 유난히 좋아한다.

**【出伏】chū‖fú** 통㊗(氣) 복날이 지나다. 삼복더위를 지나다. ¶都已经~了, 天怎么还这么热。=복날이 이미 지났는데, 날씨가 왜 이리도 여전히 더운지.

**【出港】chūgǎng** 통 출항하다. 항구를〔공항을〕 출발하다.

**【出阁】chū‖gé** 통 출가(出嫁)하다. 시집가다.

**【出格】chū‖gé** 통 **1** 관례를〔규범을〕 벗어나다. 지나치다. 과분하다. 상식 밖이다. ¶你这事做得太~了。=너는 이 일을 너무 상식 밖으로 처리하였다. **2** 출중하다. 남다르다. 특별나다. 독특하다. ¶才华~=재능이 남다르다.

**【出工】chū‖gōng** 통 **1** 일하러 가다. 출근하다. ¶他每天按时~, 从无例外。=그는 매일 제시간에 출근하며, 한 번도 예외가 없다. **2** 노동력을 제공하다. ¶村里修路, 各家各户~或出钱都可以。=마을의 길을 닦는데, 집집마다 노동력을 제공해도 되고 경비를 내도 된다.

**【出恭】chū‖gōng** 통 대변을 보다.

**【出乖露丑】chūguāi-lùchǒu** ㊗ 사람들 앞에서 추태를 보이다.

**【出关】chūguān** 통 **1** 세관을 통과하다. **2** 중국의 산하이관(山海关)·쥐용관(居庸关)·퉁관(潼关) 등을 통과하다〔지나가다〕.

**【出轨】chū‖guǐ** 통 **1** (열차·유선 전차 등이) 궤도를 벗어나다. 탈선하다. =【脱轨】tuō‖guǐ ¶火车~=열차가 탈선하다. **2**⑪ 언행이 규범을〔관례를·상식을〕 벗어나다. ¶行为~=행위가 규범을 벗어나다.

**【出鬼】chūguǐ** 통㊗ 이상한 일이 벌어지다. 이상한 느낌이 들게 하다. 이상한 일이다. 희한한

일이다. 귀신이 곡할 노릇이다. ¶今天老遇到倒霉事, 真是~了。=오늘 자꾸 재수 없는 일만 터지니, 정말로 희한한 일이다.

**【出国】chū‖guó** 통 출국하다. ¶~留学=출국하여 유학을 떠나다.

**【出海】chū‖hǎi** 통 (선박이) 바다로 나가다. (선원이나 어부가) 배를 몰아 바다로 나가다. ¶~捕鱼=고기를 잡으러 바다로 나가다.

**【出汗】chū‖hàn** 통 땀이 나다.

**【出航】chū‖háng** 통 (배나 비행기 등이) 출항하다.

**【出号】chū‖hào** 통㊗ 점원이 상점(에서 일하는 것)을 그만두다.

**【出号】chūhào(~儿)** 몡 특대(特大). 엑스트라 라지(extra large). ¶他的脚得穿~的鞋。=그는 발이 커서 엑스트라 라지 신발을 신어야 한다.

**【出乎】chūhū** 통 **1** …로부터 나오다. ¶知识~勤奋。=지식은 근면에서 나온다. **2** 넘다. 초과하다. 벗어나다. ¶~意外=예상을 벗어나다.

**【出乎意料】chūhū-yìliào** ㊙ 예상 밖이다. 예상을 벗어나다. 예상이 빗나가다. 뜻밖이다.

**【出花样】chū huāyàng** ㊗ 다른 생각을 내다. 뜻밖의 거동을 하다. ¶看(kān)好孩子, 别让他再出什么花样。=애 잘 돌봐라, 또 무슨 사고치지 않도록.

**【出活】chū‖huó(~儿)** 통 제품을 만들어 내다. 산출하다. ¶用这套新设备, ~又快又好。=이 새로운 설비를 이용하니 제품 생산이 빠르고 뛰어나다. 혱 효율적이다. 생산량이 늘다. ¶工人这两天干劲大, 很~。=직공들이 요 며칠 동안 일을 잘 해서 생산량이 부쩍 올랐다.

**【出火】chū‖huǒ** 통㊗ **1** 화를 내다. 분노하다. **2** 성욕을 발산하다.

**【出货】chū‖huò** 통 **1** (창고 등에서) 제품을 꺼내다. 출고하다. ¶店里没现货, 得到仓库~。=상점에 물건이 없으니 창고에 가서 꺼내 와야 한다. **2** 물건을 배달하다. ¶他一早~去了。=그는 아침 일찍 물건을 배달하러 갔다.

**【出击】chūjī** 통 **1**(軍) 출격하다. ¶闪电~=식간에 출격하다. **2** (시합이나 전쟁 중에) 공세를 취하다. ¶由于~主动, 他最终赢得这场散打比赛的胜利。=주도적인 공세로, 그는 마침내 이번 무술 시합에서 승리를 거두었다.

**【出继】chūjì** 통 (다른 집의 대를 잇기 위해) 양자가 되다.

**【出家】chū‖jiā** 통 **1** 출가하다. [집을 떠나 절에 가서 중이나 비구니가 됨] **2** 출가하다. [집을 떠나 도관(道觀)에 가서 도사가 됨]

**【出家人】chūjiārén** 몡㊗ **1** 중·비구니·도사·여도사의 속칭. **2** 중·비구니·도사·여도사의 자칭 (自稱).

**【出价】chū‖jià** 통 (구매하는 쪽에서) 가격을 제시하다. 가격을 정하다. 가격을 내다. 입찰하다. ¶~合适就成交。=입찰 가격이 맞으면 거래가 성사된다.

**【出嫁】chū‖jià** 통 시집 가다. 출가하다.

**【出尖】chū‖jiān(~儿)** 혱 두각을 나타내다. 출

【出版权】chūbǎnquán 명(法) 출판권.
【出版社】chūbǎnshè 명 출판사.
【出版物】chūbǎnwù 명 출판물.
【出榜】chū ‖ bǎng 동 1 (예) 방(문)을 붙이다. ¶~安民=방문을 붙여 백성을 안정시키다. 2 합격자 명단을 게시하다. ¶考后一个月~。=시험 한 달 후에 합격자 명단을 게시하다.
【出奔】chūbēn 동 도망가다. 달아나다. 도망치다. ¶连夜~=밤새도록 도망치다.
【出殡】chū ‖ bìn 동 출상(出喪)하다. 영구(靈柩)를 안치소나 묘지로 옮기다. 출빈(出殯)하다. 출관(出棺)하다.
【出兵】chū ‖ bīng 동(軍) 출병하다. 군대를 출동시키다.
【出不来, 进不去】chū·bulái, jìn·buqù 나올 수도 없고 들어갈 수도 없다. 진퇴양난의 상황.
【出彩】chū ‖ cǎi 동 1 (劇) 지난날, 연극에서 살상(殺傷) 장면을 연기할 때 붉은 용액을 발라 피가 흐르는 것을 나타내다. 2 (작전이나 구조 등에서) 피를 흘리다. 3 연기가 매우 뛰어나다. 일을 훌륭히 해내다. ¶他在本片里把一个小职员演得很~。=그는 이 영화에서 보잘것없는 직원 역을 대단히 실감나게 연기하였다. 4 (익살스런 표현으로) 망신을 당하다. ¶她在演讲时忘词了, 当众~。=그녀는 연설할 때 대사를 까먹어 관중들 앞에서 망신을 당했다.
【出操】chū ‖ cāo 동 (단체로) 체조하러 나가다. 조깅을 나가다. ¶学生们每天早晨都要~。=학생들은 매일 아침에 모두 체조하러 나가야 한다. 늑上操
【出差错】chū chācuò 동 1 착오가 생기다. ¶仔细核对账单, 别~。=장부를 자세히 맞춰 봐라, 착오가 생기지 않도록. 2 의외의 변고가 발생하다. 뜻밖의 사고가 생기다. ¶她这么晚出门可别~。=그녀가 이렇게 늦은 밤에 나가는데, 정말 무슨 일이 생기지 말아야 텐데.
【出岔子】chū chà·zi 동 착오가 생기다. 사고가 나다. ¶酒后驾车, 难免不~。=음주 운전을 하면 사고날 수밖에 없다.
【出差】chū ‖ chāi 동 1 (외지로) 출장 가다. ¶他~去上海了。=그는 상하이(上海)로 출장을 갔다. 2 (운수·건축 등의) 임시 업무를 맡다.
【出产】chūchǎn 동 (자연적으로) 나다. (인공적으로) 생산하다. ¶东北~木材。=동북 지방에서는 목재가 난다. 명 천연 산물. 생산품. ¶~丰富=산물이 풍부하다.
【出厂】chū ‖ chǎng 동 생산품이 (공장에서) 출하되다. ¶~日期=제품의 공장 출하 일자.
【出场】chū ‖ chǎng 동 1 얼굴을 내밀다. 출현하다. 나타나다. ¶婚礼开始, 新人~。=혼례가 시작되자 신랑 신부가 나타났다. 2 (劇) 배우가 무대에 오르다.〔등장하다〕. (體) (운동 선수가) 배영하러 가서 리허설하거나 공연하다. 3 (體) (운동 선수가) 출장하다. 4 수험생이 고사장을 떠나다. ¶考试结束, 考生立即~。=시험이 끝나자 수험생들이 곧 바로 고사장을 떠났다.
【出超】chūchāo 동 (經) (대개 1년 기준으로) 수출이 수입을 초과하다. ↔入超

【出车】chū ‖ chē 동 (차를) 발차하다. 차를 운행하다. 차를 내다. ¶他今天没有~, 在家休息。=그는 오늘 차를 운행하지 않고 집에서 휴식하다. ↔收车
【出乘】chū ‖ chéng 동 (기차·배 등이 출발하면서) 승무원이 근무에 들어가다.
【出丑】chū ‖ chǒu 동 망신을 당하다. 체면을 구기다. ¶当众~=대중 앞에서 망신을 당하다.
【出处】chūchǔ 명 벼슬에 나아감과 물러남. 출처진퇴(出處進退). ¶~殊途=출사와 은퇴는 다르다.
【出处】chūchù 명 1 (인용문·전고(典故) 등의) 출처. ¶他熟知很多文学典故的~。=그는 매우 많은 문학 전고의 출처를 잘 안다. 2 출로. 출구. ¶找不到~=출로를 찾지 못하겠다.
【出出进进】chū·chu jìnjìn (~的) 형 끊임없이 들락날락하다. 부단히 출입하다. =【进进出出】 jìn·jin chūchū ¶商场每天~的人很多。=시장에는 날마다 들락날락하는 사람들이 아주 많다.
【出入人人】chū·chu rùrù (~的) 형 끊임없이 들락날락하다. 계속 출입하다.
【出错】chūcuò 동 착오가 발생하다. 잘못되다. 실수하다.
【出大力, 流大汗】chū dà lì, liú dà hàn (숙어) 전력을 다해 일하다.
【出倒】chūdǎo 동(經) 기업의 설비·상품·부동산 등을 모두 양도하다.
【出道】chū ‖ dào 동 1 (젊은이가) 사회에 처음 발을 들이고 일을 시작하다. ¶他~才一年, 事业刚刚起步。=그는 사회에 나온 지 일년밖에 되지 않아, 사업이 아직 시작 단계이다. 2 학업을 마치고 일에 종사하기 시작하다.
【出典】chūdiǎn 명 전고(典故)의 유래나 출처. 출전. ¶这个成语的~还有待查证。=이 성어의 출전은 아직 더 찾아보아야 한다. 동(經) 저당잡히다.
【出点子】chū diǎn·zi 동 해결책이나 방법을 제시하다. 아이디어를 내다. ¶这事到底怎么办, 你给出个点子。=이 일을 도대체 어떻게 해야 좋을지, 네가 방법 좀 제시해 보렴.
【出顶】chūdǐng 동 1 물건으로 채무를 상쇄하다. ¶用汽车来~, 才算还清了债。=자동차로 상쇄하여 비로소 빚을 다 갚은 셈이 되었다. 2 (貶) (임대한 가옥이나 점포를) 재임대하다.
【出动】chūdòng 동 1 (軍) (군대나 장비를) 출동시키다. 파견시키다. ¶~坦克=탱크를 출동시키다. 2 (집단이) 외부 활동을 하다. ¶夏令营的一小组准备~。=하기 캠프의 한 조가 외부 활동을 준비하고 있다. 3 (많은 사람이 어떤 일을 위해) 행동하기 시작하다. 출동하다. 움직이기 시작하다. ¶为维持赛场秩序, 不少警察~了。=경기장의 질서를 유지하기 위하여, 많은 경찰들이 출동하였다.
【出痘】chūdòu 동 (醫) 천연두에 걸리다.
【出尔反尔】chū'ěr-fǎn'ěr (숙어) 1 네가 한 대로

중하다. 뛰어나다. ¶才情~=재주가 뛰어나다. ❸(그릇에 담긴 물건이) 수북하다. 소복하다. 고봉(高捧)으로 담다. ¶饭盛太多了, 都~了。=밥을 너무 많이 퍼서 벌써 수북하다.

【出将入相】chūjiàng-rùxiàng ❹ 1 전장에 나가면 장군감이고, 조정에 들어오면 재상감이다. 2❻ 문무를 겸비한 인재. 3❻ 관직이 높다. 고위 관리.

【出街】chū‖jiē ❸ 거리〔시내〕로 나가다. ¶~购物=거리로 나가 물건을 사다.

【出界】chū‖jiè ❸ 1 경계를 넘다. ¶我们现在已出了省界。=우리들은 이미 성(省)의 경계를 넘어섰다. 2 경계선을 넘다. 아웃사이드(outside)되다. 아웃(out)되다. 공이 밖으로 나가다. ¶球打~了。=공이 아웃되다.

【出借】chūjiè ❸ (물건 등을) 빌려 주다. 대출하다. ¶~图书=도서를 빌려 주다.

【出警】chūjǐng ❸ (조사·처리를 위해) 경찰이 현장으로 출동하다.

【出境】chū‖jìng ❸ 1 출국하다. 국경을 나가다. 출경하다. ¶~旅游=외국 여행을 하다. 2 (어떤 지역을) 출경하다. 떠나다. 넘다. 지나다. ¶过了省界碑就~了。=성(省) 경계 표시를 지나면 성을 떠난 것이다.

【出镜】chū‖jìng ❸ 화면에 등장하다. 화면에 얼굴을 내밀다. ¶因在电视上频频~, 他很快就有了一定的知名度。=텔레비전에 자주 얼굴을 내민 까닭에, 그는 금방 어느 정도의 지명도를 갖게 되었다.

【出镜率】chūjìnglǜ ❹ 출연 빈도.

【出九】chū‖jiǔ ❸ 동지부터 시작된 81일을 넘기다. 한겨울에서 벗어나다. 엄동설한이 지나다. ¶一旦~, 天就会转暖。=일단 한겨울을 넘기고 나면 날씨가 따뜻해진다.

【出居】chūjū ❸ 옮기다. 이사하다. ¶~城郊=시내 근교로 이사 가다.

【出局】chū‖jú ❸ 1 (體) (야구·소프트볼 등에서) 아웃(out)되다. 2(體) 탈락하다. ¶他们在第一轮比赛中就被淘汰~。=그들은 일회전 시합에서 탈락되었다. 3❸ 도태되다. 실격되다. 떠나다. ¶随着社会的发展, 没有专长的人必将被迫~。=사회의 발전에 따라 특기가 없는 사람은 반드시 도태될 수밖에 없다.

【出具】chūjù ❸ (증명서 등을) 발급하다. 발부하다. 발행하다. 써 주다. 내주다. ¶~证明=증명서를 발급해 주다.

【出圈】chū‖juàn ☞【起圈】qǐ‖juàn

【出科】chū‖kē ❸❻ '科班(중국 전통극 배우 양성소)'을 졸업하다.

【出口】chū‖kǒu ❸ 1 말을 꺼내다. 말을 하다. ¶他一~就是脏话, 太要不得了。=그는 말만 꺼내면 욕지거리인데, 정말로 그래서는 안 된다. 2 수출하다. ¶~商品=수출 상품. 3 (선박 등이) 출항하다. ↔ 进口 ❷ 口

【出口】chūkǒu ❹ 출구. ¶安全~=비상 출구.

【出口不凡】chūkǒu-bùfán ❹ 말하는 수준이 높고 독창적인 견해가 있다.

【出口成章】chūkǒu-chéngzhāng ❹ 1 말하는 것이 그대로 글이 되다. 2❹ 글을 짓는 영감과 말재주가 뛰어나다.

【出口额】chūkǒu'é ❹(經) 상품 수출액.

【出口伤人】chūkǒu-shāngrén ❹ 중상(中傷)하다. 말로 남을 해치다. 말이 거칠다.

【出口秀】chūkǒuxiù ☞【脱口秀】tuōkǒuxiù

【出口转内销】chūkǒu zhuǎn nèixiāo ❹ 수출 상품을 국내에서 판매하다.

【出来】chū·lai ❸ 1 (안에서 밖으로) 나오다. ¶他刚从会议室~。=그는 방금 회의실에서 나왔다. 2 출현하다. 생기다. 나타나다. 발생하다. ¶结果到底会怎样, 现在~两种可能性。=결과가 어떻게 될 것인지, 현재 두 가지의 가능성이 나타났다.

【出来】·chū·lai ❸ 1 (동사 뒤에 쓰여) 동작이 안에서 밖에 있는 화자 쪽으로 향함을 표시함. ¶他从会议室里走~。=그는 회의실에서 걸어 나왔다. 2 (동사 뒤에 쓰여) 숨겨져 있다가 드러남을 표시함. ¶我看~他有些不对劲。=나는 그가 어딘지 조금 이상하다는 것을 알아차렸다. 3 (동사 뒤에 쓰여) 동작이 완성되거나 실현됨을 표시함. ¶我的设计方案已经做~了。=나의 방안은 이미 완성되었다. 4 동사 뒤에 쓰이고, '出来'의 중간에 처소를 나타내는 명사를 끼워 넣어, 사람이나 사물이 어느 곳으로부터 나옴을 표시함. ¶老师走出教室来了。=선생님이 교실에서 걸어 나오셨다.

【出栏】chū‖lán ❸ 1 알맞게 자란 가축을 출하(出荷)하다. ¶他家今年~了好几十头肥猪。=그의 집에서는 올해 수십 마리나 되는 성돈(成豚)을 출하하였다. 2 ☞【起圈】qǐ‖juàn

【出栏率】chūlánlǜ ❹ 가축의 출하율.

【出类拔萃】chūlèi-bácuì ❹ 같은 무리 가운데에서 특별히 뛰어나다. 뭇 사람보다 뛰어나다. 출류발췌. ¶【出类拔群】chūlèi-báqún【出群拔萃】chūqún-bácuì ≒ 卓而不群

【出类拔群】chūlèi-báqún ☞【出类拔萃】chūlèi-bácuì

【出力】chū‖lì ❸ 진력하다. 힘을 쓰다. ¶大家纷纷出钱~帮助孤寡老人。=많은 사람들이 줄지어 돈을 내고 힘을 써서 외로운 노인을 돌보아 주다. ≒效力

【出列】chū‖liè ❸ 대열 앞으로 나와 서다. (구령의 하나로) 앞으로!

【出猎】chūliè ❸ 사냥하러 가다.

【出赁】chūlìn ❸ 임대해 주다. 세주다. ¶~房屋=집을 세주다.

【出溜】chū·liu ❸❻ 1 미끄러지다. 미끄러져 나가다. ¶他~一下跌倒了。=그는 미끄러져 넘어졌다. 2❻ 곤두박질치다. ¶这孩子越来越贪玩儿, 成绩直往下~。=이 아이는 갈수록 노는 데 정신을 팔더니, 결국 성적이 곤두박질쳤다.

【出笼】chū‖lóng ❸ 1 (새·짐승이) 새장〔우리〕에서 나오다. 새장〔우리〕에서 꺼내다. 2 (만두 등을 다 찐 후에) 점통〔시루〕에서 꺼내다.

3 [비] 나쁜 작품이나 불량 상품이 시장에 나오다. 4 [비] (매점 매석한 물건을) 대량으로 팔다. (통화 팽창 때에) 화폐를 대량으로 발행하다.

【出娄子】**chū lóu·zi** [낮][방] 착오가 생기다. 문제가 생기다. 고장이 나다. 말썽을 일으키다. 소동이 일어나다.

【出炉】**chū‖lú** [동] 1 (제련하거나 구운 것을) 화로에서 꺼내다. ¶面包刚～。=빵을 방금 화덕에서 꺼냈다. 2 [비] 새 책이 막 발행되다. ¶读者期待已久的新书终于～了。=독자들이 기다리고 기다리던 새 책이 마침내 발행되었다.

【出路】**chūlù** [명] 1 출로. 출구. 통로. ¶我们在原始森林里迷失了方向, 找不到～。=우리들은 밀림 속에서 방향을 잃고 나가는 길을 찾지 못했다. 2 [비] 발전의 여지. 활로(活路). 출로. ¶学门手艺也是一条～。=손재주를 익히는 것도 하나의 활로이다. 3 [비] (상품의) 판로. ¶我们的产品从来不愁～。=우리 상품은 판로를 걱정해 본 적이 없다.

【出乱子】**chū luàn·zi** [낮] 착오가 생기다. 문제가 생기다. 고장이 나다. 말썽을 일으키다. 소동이 일어나다. 난리가 나다. ¶事情交给他做, 准保不会～。=그에게 일을 맡기면 착오가 생겨날 리 없다.

【出落】**chū·luò** [동] 주로 젊은 여성의 자태나 용모가 좋은 방면으로 발육·변화하다. ¶这姑娘～得越发漂亮了。=이 아가씨는 갈수록 예뻐진다.

【出马】**chū‖mǎ** [동] 1 출전하다. ¶～迎战=출전하여 적을 맞아 싸우다. 2 출마하다. 나서서 일을 하다〔맡다〕. ¶这事还得您亲自～。=이 일은 역시 네가 직접 나서지 않으면 안 되겠다. 3 [방] 왕진하다.

【出卖】**chūmài** [동] 1 팔다. 판매하다. ¶～房屋=집을 팔다. 2 (개인의 이익을 위해 국가·민족·친구 등을) 배반하다. 팔아먹다. 배신하다. ¶～朋友=친구를 팔아먹다. ≒出售 ↔收购

【出毛病】**chū máo·bing** [낮] 잘못이 생기다. 착오가 발생하다. 고장이 나다. 문제가 생기다. 사고가 나다. ¶电脑～了, 用不了。=컴퓨터가 고장나서 사용할 수 없다.

【出梅】**chū‖méi** [동]《氣》장마가 끝나다. 우기(雨期)가 지나가다. =【断梅】**duàn‖méi**

【出门】**chū‖mén** [동] 1 (～儿) 외출하다. 집을 나서다. ¶他～办事去了。=그는 일처리하러 나갔다. 2 (～儿) 집을 떠나 멀리 가다. ¶独自～在外, 凡事多加小心。=혼자서 집을 떠나 밖에 있으니, 모든 일에 조심하거라. 3 [방] 출가하다. 시집 가다.

【出门人】**chūménrén** [낮] 1 집을 떠나 여행하거나 일하는 사람. 2 출가한 여자.

【出门子】**chū mén·zi** [낮][방] 출가(出嫁)하다. 시집 가다. ¶离她～的日子越来越近了。=그녀가 시집 갈 날이 점점 다가온다.

【出面】**chū‖miàn** [동] 1 나서다. 담당하다. (일정한 신분이나 명의로) 이름을 내다. ¶这次会议由我们单位～承办。=이번 회의는 우리 부서의 명의로 주최한다. 2 얼굴을 내밀다.

【出苗】**chū‖miáo** ☞【露苗】**lòu‖miáo**

【出名】**chū‖míng** [동] 1 명성을 드러내다. 유명해지다. 이름을 날리다. ¶那部电视剧让她一下子～了。=그 연속극은 그녀를 단번에 유명해지게 했다. 2 (～儿) (일정한 신분이나 명의로) 이름을 내다. ¶单位～打官司=부서 명의로 소송하다. [형] 유명하다. 명성이 있다. 이름이 나다. ¶他是我们市～的实业家。=그는 우리 도시에서 유명한 실업가이다.

【出没】**chūmò** [동] 출몰하다. 나타났다 사라졌다 하다. ¶这伙小偷常～于车站码头。=이 도둑 떼는 자주 버스 정류장과 부두에 출몰한다.

【出谋划策】[出谋画策] **chūmóu-huàcè** [성] 계책〔계략·일〕을 꾸미다. 꾀를 생각해 내다.

【出谋画策】**chūmóu-huàcè** ☞【出谋划策】**chūmóu-huàcè**

【出谋献策】**chūmóu-xiàncè** [성] 계책〔책략〕을 내놓다.

【出纳】**chūnà** [동]《經》(돈·수표 등을) 출납하다. ¶～会计=출납 회계. [명] 1《經》출납원. 출납계. ¶财务科新增了一名～。=재무 부서는 출납원 한 명을 새로 늘렸다. 2 출납 업무. ¶图书馆～专柜=도서관 출납 데스크.

【出难题】**chū nántí** [낮] 1 대답〔해결〕하기 어려운 문제〔요구〕를 내놓다. 2 [비] 고의로 남을 애먹이다. ¶你这不是给我～吗? =이건 고의로 나를 애먹이는 거잖아?

【出牌】**chūpái** [동] (마작·카드 등에서) 패를 내보이다. 패를 까다.

【出盘】**chūpán** [동][방] 기업의 설비·상품·부동산 등을 모두 양도하다.

【出票】**chūpiào** [동] 1《經》수표나 어음을 발행하다. ¶～单位=수표 발행처. 2《法》체포 영장·구속 영장을 발부하다.

【出品】**chūpǐn** [동] 제품을 생산하다. 제품을 만들어 내다. 출품하다. ¶这部电影由美国环球电影公司～。=이 영화는 미국의 유니버설(universal) 영화사가 만들었다. [명] 생산품. 제품. 생산물. 산품. ¶这款手表是我们公司的新～。=이 손목시계는 우리 회사의 신제품이다.

【出聘】**chūpìn** [동] 1 [문] 외교 사절로 외국에 가다. 2 출가하다. 시집 가다. ¶他家闺女～很多年了。=그의 딸은 출가한 지 오래 되었다.

【出圃】**chūpǔ** [동] (묘목이 일정 정도 자란 후 묘포에서) 이식하다. 옮겨 심다. ¶前年栽的那批树苗可以～了。=재작년에 심은 묘목들은 이제 이식해도 된다.

【出其不意】**chūqíbùyì** [성] 불의에. 뜻밖에. 허를 찌르다. 상대방이 방심한 틈을 타서 행동을 취하다. ¶～, 攻其不备。=상대방이 방심한 틈을 이용하여 공격하다.

【出奇】**chūqí** [형] 특별하다. 보통이 아니다. 유다르다. ¶山里的空气～的清新。=산 속의 공기가 유달리 맑다.

【出奇制胜】**chūqí-zhìshèng** [성] 1《軍》출기제승하다. 기묘한 계략(計略)을 써서 승리하다. 2 [비] 상대의 허를 찔러 승리하다. 상대가 예상치

못한 방법으로 승리하다.

【出气】chū‖qì 동 1 공기를 배출하다. ¶~孔=통풍구. 공기구(空氣口). 2 숨을 내쉬다. ¶他快不行了, 只能~, 不能进气. =그 사람 곧 운명하겠어, 숨을 내쉬기만 할 뿐 들이마시질 못하니. 3 분노를 발설하다. 분풀이를 하다. 화풀이를 하다. ¶他一遇到烦心事就拿孩子~。=그는 골치 아픈 일만 생기면 아이에게 분풀이를 한다.

【出气筒】chūqìtǒng 명(비) 분풀이[화풀이] 대상.

【出钱】chū‖qián 동 돈을 내다. 지불하다. ¶~让孩子学拉小提琴。=돈을 내고 아이에게 바이올린을 교습시키다.

【出勤】chū‖qín 동 1 출근하다. 직장에 나가다. ¶领取~费=출근비를 수령하다. 2 외출하여 공무를 처리하다. 외근하다. ¶他~半个多月了。=그는 외근 나간 지 보름 가량 되었다.

【出去】chū‖·qu 동 나가다. ¶~到河边走走。=강가로 나가 좀 걷자꾸나. ↔进来

【出去】‖·chū‖·qu 동 나가다. 〔동사 뒤에 쓰여 동작이 안에서 밖으로, 화자로부터 떠나감을 표시함〕¶老师从教室里走了~。=선생님이 교실에서 밖으로 걸어 나가셨다.

【出圈儿】chū‖quānr 동(비) 관례를〔규범을〕벗어나다. 범위를 넘어서다. ¶这次你可做得~了。=이번에 네가 한 짓은 정말 상식 밖이다.

【出缺】chūquē 동 (이직이나 사망으로) 자리를 비우게 되다. 공석이 생기다. 〔주로 고위직의 경우를 가리킴〕¶总经理的位置暂时~。=회장 자리는 잠시 공석이 되었다.

【出群拔萃】chūqún-bácuì ☞【出类拔萃】chūlèi-bácuì

【出让】chūràng 동 (개인 물건을) 이익을 고려치 않고 판매하다〔양도하다·매도하다〕. ¶~旧房=이윤 없이 옛날 집을 판매하다.

【出人命】chū rénmìng 동 인명 사고가〔사건이〕발생하다.

【出人头地】chūréntóudì 동 두각을 나타내다. 남보다 뛰어나다. 출중하다.

【出人意表】chūrényìbiǎo ☞【出人意料】chūrényìliào

【出人意料】chūrényìliào 형 예상 밖이다. 뜻밖이다. 예상을 뛰어넘다. =【出人意表】chūrényìbiǎo【出人意外】chūrényìwài

【出人意外】chūrényìwài ☞【出人意料】chūrényìliào

【出任】chūrèn 동 (나와서) 임무나 관직을 맡다. ¶~驻外大使=외국 주재 대사 자리를 맡게 되다.

【出入】chūrù 동 출입하다. 드나들다. 들어오고 나가다. ¶自由~=자유롭게 출입하다. 명 (숫자·내용 등의) 오차. 차이. 불일치. ¶他们俩的说法有~。=두 사람의 말이 서로 맞지 않다.

【出入境】chūrùjìng 명동 출입국(하다). ¶办~手续=출입국 수속을 처리하다.

【出入证】chūrùzhèng 명 출입증.

【出赛】chūsài 동 시합에 나가다.

【出丧】chū‖sāng 동 출상(出喪)하다. 영구(靈柩)를 안치소나 묘지로 옮기다. 출빈(出殯)하다. 출관(出棺)하다.

【出色】chūsè 형 특별히 좋다. 대단히 뛰어나다. 보통을 넘다. ¶他的表演很~。=그의 연기는 대단히 뛰어나다. ≒杰出 卓越 ↔一般

【出痧子】chūshā·zi 동(비)(醫) 홍역을 앓다.

【出山】chū‖shān 동 1 산을 나오다. 출산하다. ¶~进城=산을 벗어나 시내로 들어가다. 2(비) 관리가 되다. 벼슬길에 오르다. 3 (나와서) 직무를 담당하다. 일을 맡다. ¶职工主请老厂长~担任技术顾问。=직공들은 옛날 공장장이 와서 기술 고문을 맡아 줄 것을 강력하게 주장했다. 4(비) 나서서 일을 하다. 얼굴을 내밀다. ¶这次得请老领导~才能解决问题。=이번에는 경험이 많은 간부가 나서야 비로소 문제를 해결할 수 있다.

【出身】chūshēn 명 1 신분. 출신. ¶干部~=간부 출신. 2(옛) 벼슬아치의 최초 경력. ¶翰林~=한림 출신. 동 어떤 신분을 갖고 있다. ¶他~于工人。=그는 노동자 출신이다.

【出神】chū‖shén 동 넋을 잃다. 넋이 나가다. ¶孩子们看动画片看得出了神。=아이들은 만화 영화를 보면서 넋이 빠져 있다. ≒入神

【出神入化】chūshén-rùhuà 성 기예가 절묘한 경지에 이르다.

【出生】chūshēng 동 출생하다. 태어나다. ¶他~在北方, 却在南方长大。=그는 북방에서 태어났지만, 남방에서 자랐다. ≒出世 诞生

【出生率】chūshēnglǜ 명 출생률.

【出生入死】chūshēng-rùsǐ 성 생명의 위험을 무릅쓰다. 생사를 넘나들다. ≒赴汤蹈火

【出声】chū‖shēng 동 1 소리를 내다. ¶婴儿~了。=갓난아기가 소리를 내다. 2(비) 의견·방법 등을 제시하다. ¶你们别闷着不~, 也说说意见吧。=너희들은 잠자코만 있지 말고, 의견 좀 말해 봐라.

【出师】chū‖shī 동 (제자·도제가) 기한을 채우고 다 배우다. ¶他~快两年了。=그가 배움을 마친 지 어언 두 해가 되어 간다.

【出师】chūshī 동 1(문) 출병하여 싸우다. ¶~讨伐=출병하여 토벌하다. 2(비) 경기나 어떤 행동이 시작되다. ¶~不利=경기 시작이 순조롭지 않다.

【出使】chūshǐ 동 외교 사절로 외국에 가다. ¶~韩国=외교 사절로 한국에 가다.

【出示】chūshì 동 1(문) 포고문을 붙이다. ¶~安民=포고문을 붙여 백성을 안심시키다. 2 보이다. 제시하다. ¶~证件=증명서를 꺼내 보이다.

【出世】chūshì 동 1 출생하다. 태어나다. ¶十年前他还没~呢。=10년 전에 그는 아직 태어나지 않았었다. 2 생산되다. 세상에 나오다. ¶我厂新产品近期~。=우리 공장의 신제품이 가까운 시기에 생산될 것이다. 3 세상에 우뚝 솟다. 높이 솟다. ¶华山横空~, 令人叫绝。=화산은 하늘을 찌를 듯 우뚝 솟아 있어 사람들의 탄성을 자아낸다. 4 초탈하다. 세속을 벗어나다. ¶他时

出 chū 279

有超尘~之想。=그는 가끔 속세를 떠나고 싶은 생각이 있다. ≒出生
【出世作】chūshìzuò 명〈옛〉출세작. 처녀작.
【出仕】chūshì 동〈문〉(나아가) 벼슬을 하다. 관리가 되다.
【出事】chū ‖ shì 동 1 사고가 나다. 변고가 발생하다. ¶他们的车在高速公路上~了。=그들의 차는 고속도로에서 사고가 났다. 2 (완곡한 표현으로) 죽다. ¶若是抢救及时, 他也不会~。=만일 재빠르게 조치를 취했더라면, 그도 죽지는 않았을 것이다.
【出手】chū ‖ shǒu 동 1 (돈이나 물건을) 내다. 돈을 쓰다. ¶~阔绰=돈 씀씀이가 크다. 2 물건을 내다 팔다. 처분하다. 매각하다. [주로 싼 가격에 구입하여 비싼 가격에 내다 팔거나 물건을 싸게 팔 경우 등에 쓰임] ¶这套房子他急于~。=그는 이 집을 급히 팔려고 한다.
【出手】chūshǒu 명 1 소매의 길이. 2 어떤 일을 처음 시작할 때의 솜씨나 재주. ¶他不愧是下棋的高手, 第一着就~不凡。=그는 역시 바둑의 고수답다, 첫 포석이 남다르네. 동 주먹질하다. 손찌검하다. ¶~打人=남에게 주먹질하다.
【出首】chūshǒu 동 1 (남의 범죄 행위를) 고발하다. 검거하다. 2 자수하다. [주로 조기 백화문에 보임]
【出售】chūshòu 동 팔다. 판매하다. 매각하다. ¶减价~=할인 판매하다. ≒出卖 ↔收购
【出书】chūshū 동 서적을 출판하다. 책을 내다. ¶出版社今年共~三百余种。=출판사는 금년에 모두 3백여 종의 서적을 출판하였다.
【出数儿】chūshùr 형 생산된 수량이 많다. 일의 완성 속도가 빠르다. ¶他动作麻利, 干活~。=그는 동작이 재빨라서 일을 빨리 한다.
【出水】chūshuǐ 동 1 물이 나오다. ¶~管=상수도관. 2 ① 수면 위로 나오다. 물 위로 올라오다. ② 수생식물의 줄기·잎·꽃 따위가 수면 위로 나오다. ¶浮萍~=부평초가 물 위로 나오다.
【出水才见两脚泥】chūshuǐ cái jiàn liǎng jiǎo ní ⦿ 1 물 밖으로 나와서야 비로소 두 발이 진흙투성이임을 알다. 2 (비) 일은 마지막에 이르러서야 비로소 결과를 알 수 있다.
【出水芙蓉】chūshuǐ-fúróng ⦿ 1 갓 피어난 연꽃. 2 (비) 아름다운 여인. 청신(清新)하고 자연스러운 시문·서화 등. =【芙蓉出水】fúróng chūshuǐ
【出台】chū ‖ tái 동 1 배우가 무대에 오르다. ¶现在主角还没~。=현재 주연 배우가 아직 무대에 오르지 않았다. 2 (비) 공개적으로 활동하다. ¶~协调矛盾=공개적으로 갈등을 풀다. 3 (비) (정책이나 조치 등을) 정식으로 시행하다. 정식으로 공포하다. ¶人事制度的改革方案很快就会~。=인사 제도의 개혁 방안이 곧바로 정식 공포될 것이다. 4 유흥업소의 접대부가 손님과 동반하여 나가 놀다〔자다〕.
【出摊】chū ‖ tān (~儿) 동 노점을 벌이다. 노점상을 하다.
【出逃】chūtáo 동 (집이나 어떤 지역, 국가로부

터) 도망치다. 탈출하다. ¶连夜~=그 날 밤사이 도망치다.
【出题(目)】chūtí(mù) 동 시험 문제를 내다.
【出屉】chūtì 동 (만두 등을 다 찐 후에) 찜통〔시루〕에서 꺼내다.
【出天花】chū tiānhuā 동 천연두에 걸리다.
【出挑】chū·tiāo 동 (주로 여성을 가리켜) 젊은 사람의 자태·용모가 좋은 방면으로 발육·변화하다. ¶你女儿~得越来越漂亮了。=자네 딸은 날이 갈수록 예뻐지는구먼.
【出粜】chūtiào 동 양식을 팔다. ¶低价~=싼값에 양식을 판매하다.
【出庭】chū ‖ tíng 동〈法〉출정(出庭)하다. 법정에 나가다. ¶~作证=법정에 나가 증인을 서다.
【出头】chū ‖ tóu 동 1 곤경에서 벗어나다. 역경에서 헤어나다. ¶天天这样累, 不知何时才是~之日。=매일 이렇게 힘든데, 언제 비로소 곤경에서 벗어나는 날일지 모르겠다. 2 (물체가) 끝을 내밀다. 끝이 튀어나오다. ¶木材要码齐, 别~太多。=목재를 가지런히 쌓아올려야 하니 끝이 너무 튀어나오지 않도록 해라. 3 두각을 나타내다. ¶人一旦~, 常会遭人嫉妒。=사람이 일단 두각을 나타내면, 늘 다른 사람의 질투를 받게 마련이다. 4 직접 나서서 일을 하다. 얼굴을 내밀다. ¶~露面=직접 나서서 얼굴을 내밀다. 5 (~儿) (우수리가 없는 수의 뒤에 쓰여) 남짓하다. 약간 넘다. ¶他今年刚二十~。=그는 금년에 막 스무 살이 조금 넘었다. 부 대단히. 아주. ¶他简直坏~了。=그는 정말로 너무 나쁘다.
【出头的】chūtóu·de 명〈구〉1 발기인(發起人). 2 고발자. 고발인. 3 (표면적으로 나서서) 일을 지휘하는 책임자.
【出头露面】chūtóu-lòumiàn 성 1 많은 사람들 앞에 나타나다. 얼굴을 내밀다. 얼굴을 내밀고 일을 하다. ≒抛头露面
【出头鸟】chūtóuniǎo 명〈비〉1 (어떤 일에) 앞장서서 일하는 사람. 2 (어떤 방면에서) 뛰어난 사람. 특출난 사람.
【出头之日】chūtóuzhīrì 명 1 곤경에서 벗어나는 날. 2 두각을 나타내는 날. 빛을 보는 날.
【出徒】chū ‖ tú 동 수습생〔도제〕 기한을 채우다. 그 분야의 전문인이 되다. ¶他很快要~了。=그는 머잖아 수습생 기한을 채우게 된다.
【出土】chū ‖ tǔ 동 1 출토하다. ¶~文物=문물을 출토하다. 2 지면을 뚫고 나오다. ¶刚~的幼苗嫩绿嫩绿的。=막 땅에서 돋아난 새싹이 연둣빛이다.
【出土文物】chūtǔ wénwù 명 출토된 문물.
【出脱】chūtuō 동 1 (죄명을) 벗어나다〔면제하다〕. ¶他在法庭上极力狡辩, 妄想~罪责。=그는 법정에서 힘껏 교활하게 궤변을 늘어놓으며, 죄책을 벗어 보려는 망상을 하고 있다. 2 물건을 내다 팔다. 매진하다. ¶新进的这批货已全部~。=이번에 새로 입하한 제품들은 이미 다 판매했다. 3 (주로 여성을 가리켜) 젊은 사람의 자태·용모가 좋은 방면으로 발육·변화하다. ¶这孩子没几年便~成大人了。=이 아이는 몇 년 되지 않

아 그럴듯하게 성장했다.

【出外】chūwài 동 1 외지로 가다. ¶~度假 = 외지로 가서 휴가를 보내다. 2 (우수리가 없는 수의 뒤에 쓰여) 남짓하다. 남짓되다. ¶她五十~了,可看起来还很年轻。= 그녀는 50세 남짓하지만, 보기에는 아직도 매우 젊다.

【出亡】chūwáng 동(문) 달아나다. 도주하다. 도망가다. ¶~异国 = 다른 나라로 도망가다.

【出位】chūwèi 형 (분수를 모르고) 지나치다. 부적당하다. ¶言行~ = 언행이 지나치다.

【出窝】chūwō 동 새끼가 금방 알에서 까 나오다. 우리에서 출하되다. 보금자리를 떠나다. ¶刚~的大雁还飞不高。= 금방 둥지에서 나온 기러기는 아직 높이 날지 못한다.

【出席】chū∥xí 동 1 (발언권·표결권을 가진 회원이) 회의에 참가하다〔참석하다·출석하다〕. ¶~大会的代表近两百人。= 대회에 참가한 대표가 이백 명에 이른다. 2 (일반인들이) 회의에 참가하다〔참석하다·출석하다〕. ¶~座谈会 = 좌담회에 참가하다. ↔缺席

【出息】chū·xi 명 전도(前途). 발전성. 장래성. ¶从小学好知识, 长大才有~。= 어려서부터 지식을 갖추어 놓아야, 큰 다음에 비로소 장래성이 있다. 동(방) 1 수익〔이익〕을 올리다. ¶今年的果树~了。= 금년의 과수는 수익이 아주 높다. 2 (주로 젊은 여성을 가리켜) 자태·용모가 좋은 방면으로 발육·변화하다. (학문·수양·능력 등에서) 발전이 있다. 진보되다. 향상되다. ¶这孩子~了, 知道关心父母了。= 이 애는 다 커서, 부모님을 생각할 줄 안다. 3 장래성이 있게 양성하다. 전도가 있게 양성하다. ¶这个学校真~, 一年有那么多人考上名牌大学。= 이 학교는 정말 학생들을 장래성이 있게 양성한다, 한 해에 그렇게 많은 학생이 명문 대학에 합격하다니.

【出险】chū∥xiǎn 동 1 (사람이) 위험한 지경에서 벗어나다. ¶被困人员都已~。= 곤경에 빠져 있던 사람들이 이미 모두 위험에서 벗어났다. 2 (제방 공사 등에) 위험한 상황이 나타나다. ¶加固河堤, 以防~。= 강둑을 견고히 하여 위험한 상황이 발생하지 않게 방비하다.

【出现】chūxiàn 동 1 출현하다. 나타나다. ¶事情~了转机。= 일에 전환의 기미가 보인다. 2 만들어 내다. 생산해 내다. 나오다. ¶近年~了不少优秀的影片。= 최근에 적지 않게 우수한 영화가 만들어졌다. 늑呈现 ↔消失

出现(chūxiàn) / 涌现(yǒngxiàn) / 浮现(fúxiàn) 나타나다, 생겨나다, 떠오르다.

出现 : 원래 없던 것이 생기거나 숨겨 놓았던 것을 드러내는 것. 사람 혹은 구체적·추상적인 사물에 모두 사용할 수 있음. ¶他们两个人在工作上配合得很好, 从没出现过矛盾。= 그 두 사람은 일에 있어서 호흡이 잘 맞아 이제까지 갈등이 생긴 적이 없다. / 他的汽车突然出现了毛病, 得赶快去修理。= 그의 차는 갑자기 고장이 나서 서둘러 수리하러 가야 한다.

涌现 : 새로운 사람이나 사물이 대량으로 생기는 것. 주로 구체적이며 좋은 것에 사용됨. ¶在文艺方面涌现出许多优秀人才。= 문예 방면에서 우수한 인재들이 쏟아져 나오고 있다. / 现代化中小企业将大量涌现。= 현대화된 중소기업이 대량으로 나타날 것이다.

浮现 : 과거에 경험했던 일이 눈앞에 다시 떠오르거나 마음속에 있던 감정이 얼굴 표정에 드러나는 것. ¶孩子们的脸上都浮现着微笑。= 아이들 얼굴에 모두 미소가 배어 있다. / 此刻, 他那高大的身影又浮现在了我的眼前。= 이때, 그의 장대한 체구의 어렴풋한 모습이 내 눈앞에 어른거렸다. / 遥远的童年回忆一一浮现在眼前。= 아득히 먼 어린 시절의 기억이 하나씩 하나씩 눈앞에 떠오른다.

▶ '浮现'은 '着'와 함께 쓸 수 있으나, '出现·涌现'과는 함께 쓸 수 없음.

【出线】chū∥xiàn 동 1 토너먼트(tournament)에서 진출권을 획득하다. ¶他以小组第一的成绩~。= 그는 조 1위의 성적으로 진출권을 획득했다. 2 (体) 경계선을 넘다. 아웃사이드(outside)되다. 아웃되다. 공이 밖으로 나가다. ¶球发~了。= 서브가 아웃되다.

【出线权】chūxiànquán 명 토너먼트(tournament) 진출권.

【出项】chūxiàng 명 지출액. 지출금. 지불액. ¶今年~比去年多。= 금년 지출액은 작년에 비해 많다.

【出相】chūxiàng 동(구) 익살스러운 모습을 짓다. ¶他老在上课时~, 惹老师生气。= 그는 언제나 수업할 때 장난스러운 모습을 지어 선생님의 화를 돋운다.

【出血】chū∥xiě 동 1 출혈하다. 피가 나다. ¶胃~ = 위출혈. 2 (방)(비) 물건이나 돈을 내놓다. ¶奖金拿得多的人~请客。= 장학금을 많이 받은 사람은 한턱 내야 한다.

【出新】chūxīn 동 새로운 것을 만들다. 혁신하다. 새로운 면이 보이다. 새로운 발전이 있다. ¶推陈~ = 옛 것 가운데 쓸모 없는 것은 버리고, 좋은 것은 취하여 새로운 것을 만들어 내다.

【出行】chūxíng 동 외출하다. 외지로 가다. ¶这次~, 十天半月怕是回不来。= 이번에 나가면 열흘이나 보름 안에는 돌아오지 못할 것이다.

【出虚恭】chūxūgōng 동 방귀를 뀌다.

【出巡】chūxún 동 외지로 순시(巡視)를 나가다. ¶~沿海 = 연해로 순시를 나가다.

【出芽】chū∥yá 동(生) 1 싹이 돋다〔트다·나다〕. 2 (무성 생식의 일종으로) 모체에서 새로운 개체가 생겨나다. 출아하다.

【出言】chūyán 동 말을 하다. ¶~不恭 = 말하는 것이 공손하지 않다.

【出言不逊】chūyán bùxùn 성 불손하게 말하다. 버릇없이 말하다.

【出演】chūyǎn 동 1 공연하다. ¶明晚剧团将~《铡美案》。= 내일 저녁 극단은 《찰미안》을 공연

한다. **2** (배역을) 연기하다. 출연하다. ¶她在这部影片里~主角。=그녀는 이 영화에 주연으로 출연하다.

【出洋】 **chū**∥**yáng** 통 해외로 나가다. 외국으로 가다. ¶~留学=외국 유학을 가다.

【出洋相】 **chū yángxiàng** 좋 **1** (언행 등이) 익살맞다. 우습다. 익살스럽다. ¶台上扮演小丑的演员不停地~。=무대 위의 어릿광대를 맡은 연기자가 끊임없이 익살을 부린다. **2** 추태를 보이다. 웃음거리가 되다. 망측한 꼴을 드러내다. 보기 흉한 꼴을 보이다. ¶知道多少说多少, 别信口开河, ~。=아는 만큼만 얘기해라, 입에서 나오는 대로 얘기하다 웃음거리가 되지 말고.

【出以公心】 **chūyǐgōngxīn** 형 공공의 이익을 위하는 입장에서 문제를 고려하다.

【出迎】 **chūyíng** 통 맞아 나가다. 나가서 맞다. 영접 나가다. ¶~贵宾=귀빈을 마중 나가다.

【出游】 **chūyóu** 통 놀러〔구경하러〕 나가다. 여행하다. ¶假日~=휴일에 놀러 나가다.

【出于】 **chūyú** 통 **1** (어떤 입장·태도에서) 출발하다. 비롯되다. 나오다. 생겨나다. 발생하다. [주로 원인을 나타내는 데 쓰임] ¶~一番好意, 我给他提了几点意见。=좋은 의도에서, 나는 그에게 몇 가지 의견을 제기하였다. **2** ···에서 나오다. ···에서 생겨나다. ···에서 발생하다. ¶这幅字 出著名书法家之手。=이 서예 작품은 저명한 서예가의 손에서 나왔다.

【出语】 **chūyǔ** 통 말을 하다. ¶~惊人=하는 말이 놀랍다.

【出狱】 **chū**∥**yù** 통 출옥〔출감〕하다. 감옥에서 나오다. ¶刑满~=만기 출옥하다. ↔人狱

【出远门】 **chū yuǎnmén** (~儿) 통 멀리 출장을 가다. 멀리 여행 가다. 먼길을 떠나다.

【出院】 **chū**∥**yuàn** 통 퇴원하다.

【出月】 **chū**∥**yuè** 통 이번 달이 지나다. ¶~就快到他的生日了。=이번 달이 지나면 머지않아 그의 생일이다.

【出月子】 **chūyuè**·**zi** 좋 출산 후 한 달이 되다.

【出韵】 **chūyùn** 통 시(詩)와 사(詞)에서 운(韻)을 잘못 달다. 압운(押韻)을 틀리게 하다.

【出葬】 **chūzàng** 통 관(棺)을 장지로 옮기다.

【出展】 **chūzhǎn** 통 **1** 외지로 가서 전시하다〔전람되다〕. ¶新产品将按计划到全国各地去~。=신제품은 장차 계획대로 전국 각지에서 전시된다. **2** 전시하다. 전람하다. ¶他的绘画作品正在美术馆~。=그의 그림은 미술관에 전시되고 있다.

【出战】 **chūzhàn** 통 **1** (軍) 출전하다. 나가 싸우다. ¶~告捷=출전하여 승리하다. **2** (체) (운동 경기에) 출전하다. ¶中国乒乓球队~世乒赛。=중국 탁구팀이 세계 탁구 대회에 출전하다.

【出站】 **chūzhàn** 통 **1** (승객·차량이) 정거장〔역〕을 떠나다〔벗어나다〕. **2** 박사 후 과정을 마치고 연구 기관을 떠나다.

【出站口】 **chūzhànkǒu** 명 (기차역·공항·버스 터미널 등의) 출구.

【出张】 **chūzhāng** 통 (마작·카드 등을) 패를 내 보이다. 패를 까다.

【出账】 **chū**∥**zhàng** 통 지출액을 장부에 기재하다. ¶没有发票, 我们不能~。=영수증이 없으면 우리는 지출액을 장부에 기재할 수 없다.

【出账】 **chūzhàng** 명 지출. 지출액. 지출금. 지불액. ¶你近期出~不少, 以后节约一点。=너는 최근 들어 지출이 적지 않은데, 앞으로 좀 절약해라.

【出蛰】 **chūzhé** (動) 동물이 동면을 마치고 나와 활동하다.

【出诊】 **chū**∥**zhěn** 통 (醫) 왕진하다.

【出疹子】 **chū zhěn**·**zi** (醫) 홍역에 걸리다.

【出阵】 **chū**∥**zhèn** 통 **1** (軍) 출전하다. 전쟁터로 나가다. **2** (체) (시합·행사 등에) 출전하다. 참가하다. ¶这次歌咏比赛, 孩子们也~了。=금번 노래 자랑에 아이들도 참가하였다.

【出征】 **chū**∥**zhēng** 통 **1** (軍) 나가서 싸우다. 출정하다. ¶统兵~=군사를 거느리고 출정하다. **2** 나가서 경기에 참가하다. 경기에 출전하다. ¶~奥运会=올림픽에 참가하다.

【出证】 **chūzhèng** 통 **1** 증거를 내놓다. ¶口说无凭, 必须~。=말로 해서는 신빙성이 없으니, 반드시 증거를 제시해야 한다. **2** 몸소 나가서 증언하다. ¶到庭~=법정에 나가 증언하다.

【出众】 **chūzhòng** 형 출중하다. 뛰어나다. ¶才华~=재능이 출중하다. ↔一般

【出主意】 **chū zhǔ**·**yi** 방법을 생각해 내다. 계책을 내놓다. 생각을 짜내다. 아이디어를 내다. ¶大家纷纷给他~。=여러 사람이 다투어 그에게 아이디어를 내 주었다.

【出资】 **chūzī** 통 출자하다. 투자하다. ¶~办学=출자하여 학교를 세우다.

【出自】 **chūzì** 통 ···로부터 나오다. ···로부터 나타나다. ¶~内心的感受=마음속의 느낌에서 나오다.

【出走】 **chūzǒu** 통 달아나다. 도망치다. (환경·정세 등에 의해 부득이) 조용히 가정이나 소재지를 떠나다. ¶~他乡=타향으로 떠나다.

【出租】 **chūzū** 통 임대하다. 세를 놓다. 빌려 주다. ¶~住房=집을 임대하다. ≒租赁 租借

【出租车】 **chūzūchē** ☞ 【出租汽车】 **chūzūqì**·**chē**

【出租汽车】 **chūzū qì**·**chē** 명 택시. = 【出租车】 **chūzūchē**

# 邮

**chū** 땅 이름 출

【邮江】 **Chūjiāng** 명 (地) 추장. [쓰촨(四川)성에 있는 지명]

# *初

**chū** 처음 초

형 **1** 처음의. 최초의. ¶时至~秋=계절이 초가을에 들어섰다. **2** 첫 번째의. ¶年一~=정월 초하루. / 刚进~伏=막 초복(初伏)에 들어섰다. **3** 원래의. 본래의. ¶~衷=원래의 마음을 어기지 않다. **4** 가장 낮은. 초급의. 초등의. ¶~级汉语=초급 중국어. 부 처음으로. 막. 방금. ¶人生意行=막 사업에 몸을 담다. 명 **1** 초장. 처음. 최초. 개시. 초. ¶岁~=연초(年初). **2** 원

래. 본래. ¶和好如～=원래처럼 화해하다. **3** (Chū) 성(姓). ↔终

○● 当初, 开初, 起初, 月初, 最初

【初版】**chūbǎn** 동 (서적의) 초판을 발행하다. ¶这本书去年～, 现已再版两次. =이 책은 작년에 초판을 발행했는데, 지금 벌써 재판(再版)을 두 번이나 찍었다. 명 초판. ¶本书～印了一万册. =본서는 초판으로 만 권을 발행하였다.

【初步】**chūbù** 형 처음 단계의. 시작 단계의. 초보적인. ¶专家们提出了～的解决方案. =전문가들이 초보적인 해결 방안을 제기하였다.

【初潮】**chūcháo** 명(生) (여성의) 첫 월경. 초경(初經). 초조.

【初出茅庐】**chūchū-máolú** 성어 막 사회나 직장에 발을 디디다. ↔老成持重

【初创】**chūchuàng** 동 막 창립하다. 갓 세우다. 처음 세우다. ¶～时期 =초창기.

【初春】**chūchūn** 명(气) 초봄. 이른 봄. 음력 정월. 맹춘(孟春).

【初次】**chūcì** 명 처음. 첫 번째. ¶～见面 =처음으로 보다.

【初等】**chūděng** 형 **1** 초등의. 초급의. ¶～教育 =초등 교육. **2** 간단한. 기본적인. 기초적인. 낮은 수준의. ¶～物理 =기초 물리.

【初等教育】**chūděng jiàoyù** 명 초등 교육.

【初冬】**chūdōng** 명(气) 초겨울. 음력 10월.

【初度】**chūdù** 명문 **1** 막 태어난 때. **2** 생일. ¶三十～ =서른 살 생일.

【初犯】**chūfàn** 동 처음으로 잘못이나 범죄를 저지르다. ¶念是～, 才从轻处置. =초범인 것을 고려하여 가볍게 처벌하다.

【初伏】**chūfú** 명(气) 초복. =【头伏】tóufu

【初稿】**chūgǎo** 명 **1** (시문(詩文)의) 초고. **2** 아직 교정하지 않은 원고.

【初更】**chūgēng** 명 초경. 초야. 갑야. [저녁 7시～9시]

【初会】**chūhuì** 동 처음 만나다. ¶他们是在北京～的. =그들은 북경에서 처음 만났다.

【初婚】**chūhūn** 동 처음 결혼하다. 초혼하다. 명 신혼 (기간).

【初级】**chūjí** 형 초급의. 초등의. 가장 낮은 단계의. ¶～形式 =초급 단계의 형식. 늑初等

【初级产品】**chūjí chǎnpǐn** 명 미가공 생산물. (초보적인 가공만 거친) 1차 제품.

【初级阶段】**chūjí jiēduàn** 명 초급 단계.

【初级线圈】**chūjí xiànquān** ☞【原线圈】**yuán xiànquān**

【初级小学】**chūjí xiǎoxué** 명 초등 학교. [중국에서 실시한 적이 있는 4년제 초등 학교] 약【初小】**chūxiǎo**

【初级职称】**chūjí zhíchēng** 명 (각 분야의) 말단 직함.

【初级中学】**chūjí zhōngxué** 명 중학교. 약【初中】**chūzhōng**

【初几】**chūjǐ** **1** (음력으로) 달의 초순의 어느 날. ¶下月～我可能会出一趟差. =다음 달 초에 나는 아마 출장을 갈 것이다. **2** 중학교의 어느 학년. ¶你的女儿上～了? =당신 딸은 중학교 몇 학년이 되었죠?

【初见】**chūjiàn** 동 **1** 처음(으로) 만나다. ¶他们俩是～, 彼此都很客气. =그 둘은 처음 만나서 서로 매우 겸손하였다. **2** 처음(으로) 나타나다. ¶～成效 =처음으로 성과(효과)가 보이기 시작하다.

【初交】**chūjiāo** 동 처음으로 사귀다. ¶跟他～就觉得这个人不错. =그와 처음으로 교제하는데, 사람이 괜찮은 것 같다. 명 갓 사귄 사람. 교제한 지 얼마 안 되는 사람. ¶我和他是～, 不很熟. =나와 그 사람은 사귄 지 얼마 안 되어, 잘 알지 못한다.

【初具规模】**chūjù-guīmó** 성어 초보적으로 기본적인 체계와 내용을 갖추다.

【初亏】**chūkuī** 명(天) 초휴(初虧). 일식이나 월식의 시작.

【初来】**chūlái** 동 새로 오다. 방금 오다. ¶我～此地, 还请多关照. =저는 이 곳에 새로 왔으니, 앞으로 많은 지도 부탁드립니다.

【初来乍到】**chūlái-zhàdào** 성어 처음 오다. ¶～, 人生地不熟. =처음 와서 모든 것이 낯설다.

【初恋】**chūliàn** 명 **1** 첫사랑. **2** 사랑한 지 얼마 안 되는 시간.

【初凉】**chūliáng** 명 일년 중 막 시원해지는 절기. [주로 가을을 가리킴]

【初露锋芒】**chūlù-fēngmáng** 성어 막 역량이나 재능을 드러내다. 막 두각을 드러내다.

【初露头角】**chūlù-tóujiǎo** 성어 막 역량이나 재능을 드러내다. 막 두각을 드러내다.

【初民】**chūmín** 명 원시 시대의 사람. 상고 시대의 사람.

【初年】**chūnián** 명 초년. 초기. ¶唐朝～ =당(唐)나라 초기.

【初评】**chūpíng** 동 초심하다. 최초 또는 초보적으로 평가(선발)하다. ¶～结果尚未公布. =초심 결과는 아직 공표되지 않았다.

【初期】**chūqī** 명 초기. ¶这种病～的症状不明显. =이 병의 초기 증상은 분명히 드러나지 않는다.

【初起】**chūqǐ** 명부 초기. 처음. 시작. 시초. 처두. ¶这孩子学画画～还挺认真, 现在是毫无兴趣了. =이 애는 그림을 처음 배울 때에는 제법 열심이었는데, 지금은 전혀 흥미가 없어졌다.

【初晴】**chūqíng** 동 막 날씨가 개다. ¶雨后～ =비가 온 후에 막 날씨가 개다.

【初秋】**chūqiū** 명(气) 음력 7월. 가을의 첫 달. 초가을.

【初任】**chūrèn** 동 (관직을) 처음으로 맡다. 초임하다.

【初赛】**chūsài** 명 제1회전. 첫 시합. 첫 경기.

【初丧】**chūsāng** 명 막 상(丧)을 당한 시기.

【初审】**chūshěn** 동 **1** 초심. 제1심. 제1차 심의. ¶～通过 =초심을 통과하다. **2** 제1차 심의(审理). ¶嫌犯～时便招供了. =혐의자는 제1차 심리 때에 바로 자백을 하였다.

【初升】chūshēng 동 막 떠오르다. ¶旭日~ = 태양이 막 떠오르다.
【初生】chūshēng 동 막 태어나다. ¶~的婴儿 = 갓난아이.
【初生牛犊不怕虎】chūshēng niúdú bùpà hǔ 속 1 막 태어난 송아지는 호랑이도 무서워하지 않는다. 하룻강아지 범 무서운 줄 모른다. 2 비 젊은 사람들은 두려움 없이 대담하게 행동한다.
【初生之犊】chūshēngzhīdú 성 1 갓 태어난 송아지. 2 비 용감하고 두려움이 없는 젊은이.
【初期】chūqī 명 초기. 초반. 초두. ¶他们俩~关系还不错, 后来不知为什么闹僵了。 = 그들의 처음 관계는 괜찮았는데, 나중에 무슨 연유에서인지 나빠졌다.
【初识】chūshí 동 막 알다〔사귀다〕. ¶我们只是~, 尚无深交。 = 우리는 막 알았을 뿐, 아직 깊게 사귀지는 못했다.
【初始】chūshǐ 명 초기. 처음. ¶~速度 = 처음 속도.
【初试】chūshì 동 처음으로 시험해 보다. 명 (두 번 보는 시험 중) 첫 번째 시험. 제일차 시험. ¶~合格 = 제일차 시험에 합격하다.
【初霜】chūshuāng 명 첫서리.
【初速】chūsù 명 (物) 1 초속. 초속도. 2 탄두가 총구나 포구를 벗어나는 순간의 운동 속도.
【初岁】chūsuì 명 문 연초.
【初探】chūtàn 동 초보적으로 탐색〔탐구〕하다. ¶《电影节奏~》 = 《영화 리듬(rhythm)에 대한 초보적 탐구》.
【初头】chūtóu 명 방 연초(年初). 월초(月初). ¶去年~ = 작년 연초. / 5月~ = 5월 초.
【初夏】chūxià 동 (气) 음력 4월. 초여름. 여름의 첫 달.
【初小】chūxiǎo ☞【初级小学】chūjíxiǎoxué
【初心】chūxīn 명 1 초심. 처음의 마음〔생각〕. ¶~不改 = 초심을 바꾸지 않다. 2 (佛) 처음 불교를 접하려는 사람.
【初选】chūxuǎn 명 1 초선. 예선. ¶~之后, 还剩下十名参赛选手。 = 예선 후에 아직 10명의 경기 참여 선수가 남았다. 2 (간접 선거의) 제1차 선거.
【初学】chūxué 동 막 배우기 시작하다. 배운 지 얼마 안 되다. ¶~绘画, 技巧还不够纯熟。 = 그림을 막 배우기 시작하여, 기교가 아직 능숙하지 못하다.
【初雪】chūxuě 명 초설. 첫눈.
【初旬】chūxún 명 초순.
【初叶】chūyè 명 초엽. 초기. 초두. ¶20世纪~ = 20세기 초엽.
【初夜】chūyè 명 1 초야. 초저녁. 초경(初更). 2 신혼 첫날 밤.
【初一】chūyī 명 1 음력 초하루. 2 중학교 1학년. ¶他的孩子刚上~。 = 그의 아이는 막 중학교 1학년이 되었다.
【初愿】chūyuàn 명 최초의 희망〔지망·바람〕. ¶实现~ = 최초의 희망을 이루다.

【初月】chūyuè 명 초승달. 신월.
【初战】chūzhàn 명 (军) 초전. 서전. 첫 전투. =【序战】xùzhàn ¶~失利 = 서전에서 패배하다.
【初绽】chūzhàn 동 (꽃이) 갓 피다. ¶桃花~, 娇艳欲滴。 = 복숭아꽃이 갓 피어나 요염함이 뚝뚝 묻어나다.
【初诊】chūzhěn 명동 (医) 초진(하다).
【初志】chūzhì 명 문 최초의 포부〔뜻·야망〕. ¶~既定, 不思变更。 = 최초의 포부는 이미 정해졌으니 바꿀 생각이 없다.
【初中】chūzhōng ☞【初级中学】chūjí zhōngxué
【初衷】chūzhōng 명 최초의 소망〔바람·희망〕. ¶不改~ = 최초의 소망을 바꾸지 않다.

# 摴 chū 저포 저
【摴蒲】chūpú ☞【樗蒲】chūpú

# 樗 chū 가죽나무 저
명 1 (植) 가죽나무. 저나무. 2 (Chū) 성(姓).
【樗栎庸材】chūlì-yōngcái 성비 쓸모 없는 사람. 무능한 사람. 〔주로 겸손의 말로 쓰임〕
【樗蒲】[摴蒲] chūpú 명 저포. 〔주사위던지기와 유사한 지난날 놀이의 일종〕

# 刍[芻] chú 꼴 추
동 문 풀을 베다. ¶~荛之见 = 짧은 소견. 천견. 형 겸 (남에게 자기의 견이나 말을 낮출 때 쓰는 말로) 보잘것없는. 짧은. ¶实为~言 = 실로 보잘것없는 말입니다. 명 1 문 꼴. 목초. ¶反~ = 반추하다. 2 (Chú) 성(姓).

○ 刍 chú
雏 chú
趋 qū

【刍论】chúlùn 명문 보잘것없는 의견. 천견. 소견. ¶略陈~, 敬请指正。 = 간단히 보잘것없는 의견을 피력하오니 많은 지도 부탁드립니다.
【刍豢】chúhuàn 명문 (소·양·개·돼지 등의) 가축.
【刍秣】chúmò 명문 꼴. 여물. 목초.
【刍荛】chúráo 동 문 풀을 베고 나무를 하다. ¶~有禁 = 도벌 금지. 명 1 나무꾼. 꼴꾼. ¶~之微 = 미천한 신분. 2 문 (남에게 자기 의견을 나타낼 때 자기를 낮추어) 초야에 묻혀 사는 사람. 미천한 사람. ¶~之言 = 미천한 사람의 말.
【刍说】chúshuō 명문 겸 보잘것없는 의견. 천견. 소견. =【刍议】chúyì
【刍言】chúyán 명문 겸 보잘것없는 의견. 천견. 소견.
【刍议】chúyì ☞【刍说】chúshuō

# 莝[莝] chú 꼴 추
'刍(chú)'와 같음.

# **除 chú 제거할 제
동 1 제거하다. 없애다. ¶斩草~根 = 화근을 뿌리째 제거하다. / 兴利~弊 = 이로운 것을 불리고 해로운 것을 제거하다. 2 문 관직을 주다. 제

수(除授)하다. 임관(任官)하다. **3**《數》나누다. 제(除)하다. 圐(문) 섬돌. 계단. 층계. ¶阶~=섬돌. 团…을(를) 제외하고. …이외에. [주로 '外(wài)·以外(yǐwài)'등과 함께 쓰임] ¶~了你, 这事谁也不知道。=너를 제외하고 이 일은 아무도 모른다. ↔乘

○● 拔bá除, 摈bìn除, 屏bǐng除, 撤chè除, 乘chéng除, 防除, 废fèi除, 割gē除, 根除, 归除, 化除, 剪jiǎn除, 剷jiǎo除, 解除, 戒jiè除, 蠲juān除, 开除, 扣kòu除, 免除, 排除, 破除, 清除, 祛qū除, 驱qū除, 攘rǎng除, 扫除, 芟shān除, 删shān除, 岁除, 剔tī除, 消除, 整除

【除暴安良】chúbào-ānliáng 區 사납고 횡포한 무리를 제거하고 선량한 백성을 평안하게 해 주다.
【除弊】chúbì 통 폐단을 제거하다. ¶兴利~=이로운 것을 일으키고 해로운 것을 없애다.
【除草】chúcǎo 통 잡초를 제거하다. 김을 매다.
【除草剂】chúcǎojì 圐 제초제.
【除尘】chúchén 통 공기 중의 먼지를 깨끗이 제거하다.
【除尘器】chúchénqì 圐(机) 집진기.
【除虫菊】chúchóngjú 圐(植) 제충국.
【除此而外】chúcǐ'érwài ☞【除此之外】chúcǐzhīwài
【除此以外】chúcǐyǐwài ☞【除此之外】chúcǐzhīwài
【除此之外】chúcǐzhīwài 尽 이것 이외에. 이 밖에. 이것을 제외하고. =【除此以外】chúcǐyǐwài【除此而外】chúcǐ'érwài ¶~, 还有一个办法。=이 외에도, 방법이 하나 더 있다.
【除掉】chúdiào 통 제거하다. 없애 버리다. ¶~祸根=화근을 없애 버리다. 团…이외에. …을 제외하고. ¶~工资, 他每月的收入还包括津贴和奖金。=임금 이외에, 그의 매달 수입에는 수당과 장려금이 포함된다.
【除恶务本】chú'è-wùběn ☞【除恶务尽】chú'è wù-jìn
【除恶务尽】chú'è-wùjìn 區 나쁜 것은 철저하게 제거해야 한다. =【除恶务本】chú'è-wùběn
【除法】chúfǎ 圐《數》나눗셈. 제법(除法).
【除非】chúfēi 젭 오직 …하여야 (비로소). …한 다면 몰라도. [유일한 조건을 나타내는 것으로, '只有(zhǐyǒu)'에 상당하는 말. 자주 '才(cái)·不然(bùrán)·否则(fǒuzé)'등과 호응하여 사용함] ¶~下场大雨, 否则旱情难以得到缓解。=큰비가 내린다면 몰라도 그렇지 않으면 가뭄이 해소되기는 어렵다. 团…을[를] 제외하고(는). ['除了(chú·le)'에 상당하는 말] ¶保险柜的钥匙~他没有人。=금고 열쇠는 그를 제외하고는 아무도 가지고 있지 않다.
【除服】chúfú 통 탈상하다. 제복(除服)하다. 탈복(脱服)하다. ≒除丧.
【除根】chú‖gēn(~儿) 통 근본적으로 제거하다. ¶斩草~=화근을 철저히 없애 버리다.
【除垢】chúgòu 통 오물을 제거하다. 때를 빼다. ¶~去污=때를 빼다.
【除害】chúhài 통 해로운 것을 제거하다. ¶~安民=해로운 것을 제거하고 백성을 평안하게 해 주다.
【除号】chúhào 圐《數》나눗셈 부호. '÷'.
【除尽】chújìn 통 **1** 말끔하게 제거하다. 깨끗이 소멸하다. ¶~田里的野草=밭의 잡초를 말끔하게 제거하다. **2**《數》나누고 나머지가 없다. 나누어 똑 떨어지다. ¶这个数不能被2~。=이 수는 2로 나누어 똑 떨어지지 않는다.
【除旧布新】chújiù-bùxīn 區 옛 것을 제거하고 새로운 것을 세우다. ≒革故鼎新 破旧立新
【除开】chúkāi 团 **1** …을[를] 제외하고(는). **2** …외에 또. …외에 …도. 통《數》나누고 나머지가 없다. 나누어 똑 떨어지다. ¶6可以被2~。=6은 2로 나누면 똑 떨어진다.
【除了】chú·le 团 **1** …을[를] 제외하고(는). ¶~他, 全班同学都春游去了。=그를 제외하고는 반 학생 모두가 봄나들이를 갔다. **2** …외에 또. …외에 …도. [‘还(hái)·也(yě)·只(zhǐ)'등과 호응하여 사용함] ¶她~上班做家务, 还得照顾孩子。=그녀는 직장을 다니면서 집안일을 하는 것 외에, 또 아이까지도 돌보아야 한다. **3** …지 않으면, (을) 하다. [‘就是(jiùshì)'와 호응하여 사용함] ¶他成天什么事都不做, ~吃就是睡。=그는 온종일 아무 일도 하지 않고, 먹는 일 빼고는 잠만 잔다.
【除灭】chúmiè 통 박멸하다. 퇴치하다. 제거하다. ¶~害虫=해충을 박멸하다.
【除名】chú‖míng 통 제명하다. 제적하다.
【除皮】chúpí 통 용기나 포장물의 무게를 빼다. ¶麦子~后净重50公斤。=밀을 담은 부대의 무게를 뺀 순중량이 50킬로그램(kg)이다.
【除去】chúqù 통 제거하다. 없애〔빼〕 버리다. ¶墙上胡乱张贴的招贴画必须~。=담에 제멋대로 붙여진 포스터를 반드시 제거해야 한다. 团…이외에(…이 있다). ['还(hái)·也(yě)·只(zhǐ)'와 함께 쓰임] ¶~他, 还有两个同学考了满分。=그 말고 또 두 명의 학생이 만점을 받았다.
【除权】chú‖quán 圐《經》권리락(權利落).
【除却】chúquè 团 …을[를] 제외하고(는). ¶~每月的日常花消, 他的工资已所剩不多了。=매달의 일상 경비를 제외하면, 그의 월급은 이미 얼마 남지 않는다.
【除日】chúrì 圐(문) 섣달 그믐날. 음력 12월의 마지막 날.
【除丧】chúsāng 통 탈상하다. 제복(除服)하다. 탈복(脱服)하다. ≒除服
【除湿】chúshī 통 제습하다. 습기를 없애다.
【除湿机】chúshījī 圐(机) 제습기.
【除数】chúshù 圐《數》나누는 수. 제수.
【除外】chúwài 통 …외에 넣지 않다. 포함하지 않다. ¶周末~, 我们每天都能碰面。=주말을 제외하고, 우리는 매일 만날 수 있다. ↔包括 包含

【除外责任】chúwài zérèn 명 (보험 약관 중의) 예외 조항.
【除夕】chúxī 명 1 섣달 그믐날 밤. 제야. 제석. 2 섣달 그믐날.
【除息】chú‖xī 명〈經〉배당락(配當落).
【除锈】chúxiù 통 녹을 없애다.
【除锈剂】chúxiùjì 명 녹 제거제.
【除夜】chúyè 명 섣달 그믐날 밤. 제야. 제석.
【除月】chúyuè 명 음력 섣달. 음력 12월.
【除治】chúzhì 통 퇴치하다. 소멸하다. ¶~虫=해충을 소멸하다.

# 钼[鉏] chú 호미 서
명동문 '锄(chú)'와 같음.
☞ jǔ

# 鸰[鶵] chú 병아리 추
형 '雏(chú)'와 같음.

# 鸰[鶵] chú 원추새 추
☞【鸰鸰】yuānchú

# 厨[(廚·厨)] chú 부엌 주
명 1 주방. 부엌. ¶下~=주방에 가서 요리를 하다. 2 요리사. 조리사. ¶名~=유명 요리사. 3 조리. 요리. ¶帮~=요리를 거들다.
【厨刀】chúdāo 명 식칼.
【厨房】chúfáng 명 1 주방. 부엌. 2 옛 요리사.
【厨房病】chúfángbìng 명〈醫〉주방에서 대량의 유연(油煙)·유해(有害) 기체를 흡입하여 생기는 병.
【厨工】chúgōng 명 주방 보조.
【厨具】chújù 명 (냄비·칼 등의) 주방 용구.
【厨娘】chúniáng 명옛 전문적으로 요리를 담당하던 여자 종.
【厨师】chúshī 명 요리사. 조리사. ≒厨子
【厨司】chúsī 명방 요리사. 조리사.
【厨艺】chúyì 명 조리 기술. 요리 솜씨. ¶~高超=조리 기술이 뛰어나다.
【厨子】chú·zi 명口 요리사. 조리사. ≒厨师

# 锄[鋤, 耡] chú 호미 서
1 괭이. 호미. ¶大~=괭이. 통 1 (괭이나 호미로) 김매다. ¶下地~草=밭에 나가 김매다. 2 제거하다. 없애다. ¶为国~奸=나라를 위해 적과 내통한 자를 제거하다.
○● 挂锄, 开锄, 夏锄, 耘yún锄
【锄把】chúbà 통 괭이[호미]자루.
【锄草】chúcǎo 통 1 김매다. 잡초를 제거하다. ¶~施肥=김을 매고 비료를 주다.
【锄地】chúdì 통 괭이[호미]로 논밭을 고르게 김을 매다. ¶~种菜=괭이로 밭을 갈고 채소를 심다.
【锄禾】chúhé 통문 호미로 볏모를 고르고 제초하다.
【锄奸】chú‖jiān 통 적과 내통한 자를 제거하다.

다. 배반자를 제거하다.
【锄强扶弱】chúqiáng-fúruò 성 횡포한 자를 제거하고 약한 자를 도와 주다.
【锄田】chútián 통 밭에 홈을 고르고 김을 매다. ¶~播种=밭을 갈고 파종하다.
【锄头】chú·tou 명 1 중국 남방 지역에서 사용하는 곡괭이 모양의 농구. 2 방 (상하이·광둥·푸젠 등지의) 괭이. 호미.

# 滁 Chú 물 이름 저
지명·강 이름에 쓰이는 글자. ¶~州=추저우. [안후이(安徽)성에 있는 지명] / ~河=추허. [안후이(安徽)성에서 발원하여 장쑤(江苏)성을 흘러 지나는 강 이름]

# 蜍 chú 두꺼비 여
☞【蟾蜍】chánchú

# *雏[雛] chú 병아리 추
명 어린. 갓난. [주로 조류(鳥類)를 가리킴] ¶~燕=새끼제비. 명〈動〉새끼새. 어린 새. ¶鹰~=새끼매.
【雏凤】chúfèng 명비 1 봉황의 새끼. 2 비 재능을 가진 젊은이. ¶~凌空=새끼봉황이 하늘을 가르다. 재능 있는 젊은이가 크게 성취하다.
【雏儿】chúr 명 1 어린 새. 새끼새. 2 비 어리고 경험이 적은 사람. ¶他还是个~, 少不更事。=그는 아직 어리고 경험이 적어 세상 물정을 잘 모른다.
【雏鸡】chújī 명 갓 부화한 병아리.
【雏妓】chújì 명 동기(童妓). 어린 기생.
【雏菊】chújú 명〈植〉데이지(daisy).
【雏鸟】chúniǎo 명 갓 부화한 새끼새.
【雏禽】chúqín 명 새끼 조류.
【雏形】chúxíng 명 1 (형태가 고정되기 전의) 초기 형식·형태·틀. ¶胎儿的~=태아의 초기 형태. 2 ☞【雏型】chúxíng
【雏型】[雏形] chúxíng 명 (축소) 모형. 추형(雛型). 새끼꼴. ¶这是整个住宅小区的~。=이것은 모든 주택 단지의 모형이다.

# 幮[(㡡)] chú 휘장 주
명 (장(帳) 모양의) 고대 침대 휘장.

# 篨 chú 대자리 저
☞【蘧篨】qúchú

# *橱[(櫉)] chú 궤짝 주
명 (~儿) (옷이나 물건 등을 보관하는) 장(欌). ¶衣~=옷장. / 碗~=찬장. / 书~=책장.
○● 壁bì橱, 柜guì橱, 纱shā橱
【橱窗】chúchuāng 명 1 쇼윈도. (상품) 진열창. 2 (사진·그림 따위를 진열하는 낮은) 유리 진열장〔진열대〕.
【橱柜】chúguì 명 1 (~儿) 찬장. 2 탁자로도 쓸 수 있는 낮은 찬장.

# 躇 chú 주저할 저
☞【踌躇】chóuchú

# 蹰[（躊）] chú 주저할 주
☞【踟蹰】chíchú

# 处[處] chǔ 살 처
동 **1** 문 거주하다. 살다. ¶穴居野~=동굴이나 황야에서 거주하다. **2** (곳·상황에) 처하다. 존재하다. ¶设身~地=처지를 바꾸어 놓고 생각하다. **3** 교제하다. 다른 사람과 함께 지내다. ¶和睦相~=화목하게 함께 지내다. **4** 처벌하다. ¶严加惩~=엄하게 징벌하다. **5** 처리하다. 처치하다. ¶~理公务=공무를 처리하다.
☞ chù

○● 捕bǔ处, 裁cái处, 惩chéng处, 出处, 共处, 困处, 论处, 难处, 审shěn处, 调tiáo处, 相处

【处变不惊】chǔbiàn-bùjīng 성 심상치 않은 상황에 처해서도 태연자약하다.
【处得来】chǔ·de lái 동 원만[화목]하게 지낼 수 있다. 친하게 잘 지내다. ¶我们俩挺~。=우리 둘은 꽤 친하게 잘 지낸다.
【处罚】chǔfá 동 처벌(하다). 징벌(하다). ≒处分 惩办 惩处 ↔奖励
【处方】chǔfāng 동(醫) 처방을 내다. ¶他还是实习医生, 没有~权。=그는 아직 수련의(修鍊醫)라서 처방(전)을 낼 권리가 없다. 명(醫) 처방. ¶开~=처방을 하다.
【处方药】chǔfāngyào 명(醫) 처방약. 전문 의약품. ['非处方药(비처방약·일반 의약품)'와 구별됨]
【处分】chǔfèn 동 **1** 처벌하다. ¶~违纪学生=기율을 위반한 학생을 처벌하다. **2** 문 처분(處分)하다. 처리하다. ¶相应~=상응하는 처리를 하다. 명 처벌. 처분. ¶这是最轻的~。=이것이 가장 가벼운 처벌이다. ≒处罚 ↔奖励
【处警】chǔjǐng 동 (경찰·안전 요원 등이) 긴급하거나 위험한 상황을 처리하다. ¶及时~=(긴급·위험한 상황을) 제때에 처리하다.
【处境】chǔjìng 명 (처해 있는) 처지. 환경. 상태. 상황. [주로 불리한 상황에 놓여 있음을 나타냄] ¶~艰难=처한 상황이 매우 어렵다.
【处决】chǔjué 동 **1** 처결하다. 결정하여 처리하다. ¶这个问题需提交董事会~。=이 문제는 이사회에 넘겨 처결해야 한다. **2** 사형을 집행하다. 처단하다. ¶立即~=즉각 처단하다.
【处理】chǔlǐ 동 **1** 처리하다. (사물을) 안배하다. (문제를) 해결하다. ¶~公务=공무를 처리하다. **2** (내린 가격·시가로) 물건을 처분하다. ¶~品=처분품. **3** 처벌하다. 징벌하다. 처분하다. ¶从宽~=관대하게 처벌하다. **4** (물리적·화학적 방법으로) 깨끗하게 처리하다[보수하다]. ¶污水~=오수를 처리하다. **5** 특별 공정으로 처리하다. 특수 가공하다. [특정한 방법으로 부품이나 생산품을 가공하여 필요한 성능을 갖도록 하는 것을 말함] ¶热~=열처리. ≒办理 料理
【处理品】chǔlǐpǐn 명 할인 가격으로 파는 물건. 처분품. 처리품.
【处理器】chǔlǐqì 명(컴) 중앙 처리 장치(CPU). ['中央处理器'라고도 함]
【处女】chǔnǚ 명 (숫)처녀. 형(비) 처음의. 맨 처음. 첫 번째의. 첫. 미개발의. ¶~演=첫 번째 공연이나 출연. 초연(初演).
【处女大碟】chǔnǚ dàdié 명(音) 첫 번째 음악 시디(CD). 첫 취입[녹음]한 음악 시디(CD).
【处女地】chǔnǚdì 명 미개척지.
【处女峰】chǔnǚfēng 명 처녀봉.
【处女海】chǔnǚhǎi 명 미개발 바다.
【处女航】chǔnǚháng 명 **1** (기선·군함·비행기 등의) 첫 번째 항해. 처녀 비행. 처녀 항행(航行). **2** (특정 노선의 역객선·역객기 등의) 첫 번째 운항.
【处女膜】chǔnǚmó 명(生) 처녀막.
【处女作】chǔnǚzuò 명 처녀작. 첫 번째 작품.
【处身】chǔshēn 동 **1** 처신하다. 입신하다. ¶~乱世而能保持名节确难能可贵。=난세를 살아가면서 명예와 절개를 지킨 것만 해도 그야말로 기특한 일이다. **2** (어떤 환경에) 처하다. (어떤 지위에) 몸을 두다. 몸을 맡기다. ¶~官场, 有些事实属无奈。=관리 사회에 몸을 둔 이상 어떤 일들은 정말 어쩔 도리가 없다.
【处身涉世】chǔshēn shèshì 명 세상살이.
【处士】chǔshì 명 **1** 처사(處士). [재능이 있으나 은거하여 벼슬 하지 않은 사람] **2** 벼슬 한 적이 없는 선비. 처사. 거사.
【处世】chǔshì 동 처세하다. 사람과 사귀며 살아가다. ¶为人~=남과 잘 사귀며 살아가다. 남과 잘 어울리며 처세하다.
【处世态度】chǔshì tàidù 명 처세 태도. 세상을 살아가는 방식과 행동.
【处世哲学】chǔshì zhéxué 명 처세 철학. 인생 철학.
【处事】chǔshì 동 일을 처리하다. 업무를 처리하다. ¶~老练=업무 처리가 노련하다.
【处暑】chǔshǔ 명(氣) 처서(處暑). [24절기의 하나로 8월 22·23일 또는 24일]
【处死】chǔsǐ 동 **1** 사형에 처하다. **2** 죽이는 방법으로 징벌하다.
【处心积虑】chǔxīn-jīlǜ 성 (나쁜 의미에서) 여러 모로 궁리하고 계산하다. 별의별 궁리를 다 하다. 부심하다.
【处刑】chǔxíng 동(法) 처형하다. 처벌하다. 형벌에 처하다.
【处以】chǔyǐ 동 문 (어떤 방법이나 수단으로) 처벌하다. 징벌하다. ¶~监禁=감금에 처하다.
【处于】chǔyú 동 (사람·사물이 어떤 지위·상태·환경·시간에) 처하다. 놓이다. ¶考试之前, 他一直~兴奋状态。=시험 전에 그는 줄곧 흥분한 상태에 놓여 있었다.
【处在】chǔzài 동 (사람·사물이 어떤 지위·상태·환경·시간에) 처하다. 놓이다.

【处之泰然】chǔzhī-tàirán〈成〉1 긴급 상황이나 곤란에 처해서도 태연자약하다. 2〈비〉(일에 대해) 아무런 느낌이 없다. 조금도 동요하지 않다. 무관심하다.
【处治】chǔzhì〈动〉처치하다. 처분하다. 처벌하다. 징벌하다. ¶严加~=엄하게 처벌하다.
【处置】chǔzhì〈动〉1 처리하다. ¶这事该如何~, 请你拿个主意。=이 일을 마땅히 어떻게 처리하는 것이 좋을지, 네가 의견을 한번 내놓아 봐라. 2 처치하다. 징벌하다. 처분하다. 처벌하다. ¶依法~=법에 따라 처벌하다.
【处子】chǔzǐ〈名〉〈文〉(숫)처녀.

# 杵 chǔ 절굿공이 저

〈名〉절굿공이. 공이. ¶砧~=다듬잇돌과 다듬이방망이. 〈动〉1 절굿공이로 찧다. ¶~米=절굿공이로 쌀을 찧다. 2 (가늘고 긴 물건으로) 찌르다. 뚫다. ¶她用手指在他的额头上轻轻地~了一下。=그녀는 손가락으로 그의 이마를 가볍게 한 번 찔렀다.
【杵臼】chǔjiù 절굿공이와 절구통. 저구.
【杵头】chǔtóu 절굿공이.
【杵舞】chǔwǔ ☞ 【杵乐】chǔyuè
【杵乐】chǔyuè〈艺〉타이완(台湾) 고산족 가무의 일종. [부녀자들이 삼삼오오 떼를 지어 돌절구통을 둘러싸고, 절굿공이를 찧으며 노래하고 춤을 춤] =【杵舞】chǔwǔ
【杵状指】chǔzhuàngzhǐ〈醫〉곤봉지(棍棒指). ¶폐에 병이 생겼을 때 손가락 끝이 곤봉 모양으로 부풀어 오르는 현상]

# **础[礎] chǔ 주춧돌 초

〈名〉주춧돌. 초석(礎石). ¶基~=기초.
【础石】chǔshí 1 초석. 주춧돌. 2 기초. 근간(根幹). ¶人民是社会的~。=국민은 사회의 근간이다.

# 楮 chǔ 닥나무 저

〈名〉1〈植〉닥나무. 2〈喻〉종이. ¶片~=보잘것없는 저의 편지. [자신의 편지에 대한 겸칭]
【楮墨】chǔmò〈名〉〈文〉1 종이와 먹. ¶~笔砚=종이·먹·붓·벼루. 2 시문(詩文)이나 서화(書畫). ¶寄情~=시문과 서화로 감정을 나타내다. 시문과 서화에 탐닉하다.
【楮树】chǔshù〈名〉〈植〉닥나무.

# **储[儲] chǔ 쌓을 저

〈动〉저축하다. 저장하다. 예치하다. 축적하다. ¶~材备用=재료를 저장하여 필요할 때에 대비하다. 〈名〉1 태자(太子). ¶王~=왕세자. 2 (Chǔ) 성(姓). ≒贮 存

○≒ 仓cāng储, 皇huáng储, 积储, 王储

【储备】chǔbèi〈动〉(물자를) 비축하다. 저장하다. ¶人才~=인재를 비축하다.〈名〉비축한 물건. 예비품. 예비 인원. ¶~充足=예비품이 충분하다.
【储备金】chǔbèijīn〈名〉비축 자금. 저축 자금.
【储备粮】chǔbèiliáng〈名〉비축 양식. 예비 양식. 비상 식량.
【储币】chǔbì〈动〉저금〔저축·예금〕하다. ¶~待购=저금하여 구매에 대비하다.
【储藏】chǔcáng〈动〉1 저장하다. 저장하여 두다. ¶~越冬蔬菜=월동 채소를 저장하다. 2 매장되다. 묻히다. ¶石油~丰富。=석유 매장량이 풍부하다. ≒贮藏
【储藏室】chǔcángshì〈名〉저장실.
【储层】chǔcéng〈名〉〈礦〉(석유나 천연 가스가 매장되어 있는) 암반층.
【储存】chǔcún〈动〉(돈·물건 등을) 모아 두다. 적립하여 두다. 저축하여 두다. 저장하여 두다. ¶~粮食=양식을 저장하여 두다.〈名〉저장량. ¶物资~丰富。=물자 저장량이 풍부하다. ≒贮存
【储贷】chǔdài〈动〉저축하고 대출하다. ¶~兴旺=저축과 대출이 활발하다.
【储放】chǔfàng〈动〉맡겨 두다. 보관하여 두다. 저장해 두다. ¶~行李=짐을 맡기다.
【储户】chǔhù〈名〉예금자. 예금주.
【储货】chǔ‖huò〈动〉화물을 저장하여 두다. ¶~仓库=화물 저장 창고.
【储货】chǔhuò〈名〉저장하고 있는 물건. 저장 물품. ¶~不足=저장 물품이 부족하다.
【储积】chǔjī〈动〉저축하다. 비축하다. 축적하다. 모으다. ¶~钱粮=돈과 양식을 비축하다.〈名〉모은 재물. 축적된 재물. ¶保持一定的资金~=적당한 비축 자금을 유지하다.
【储集】chǔjí〈动〉저축·비축하여 모아 두다.
【储金】chǔjīn〈名〉〈动〉저금(하다). 예금(하다). ¶~不能随意动用。=예금을 마음대로 써서는 안 된다.
【储君】chǔjūn〈名〉왕세자. 황태자. 저군. [왕위를 계승할 왕자]
【储粮备荒】chǔliáng-bèihuāng〈成〉양식을 비축하여 흉년에 대비하다.
【储量】chǔliàng〈名〉(천연 자원의) 매장량. 저장량. ¶铜的~很丰富。=구리의 매장량이 매우 풍부하다.
【储气】chǔqì〈动〉압축 기체를 저장하다. ¶~罐=가스 저장 탱크.
【储青】chǔqīng〈动〉녹사료(綠飼料)를 저장·비축하여 두다. ¶割草~=풀을 베어 녹사료를 저장하다.
【储蓄】chǔxù〈动〉1 저축하다. 비축하다. 2 (돈을 은행에) 저축·저금하다. ¶定期~=정기 저축하다.〈名〉저금. 예금. 저축. ¶工作这么些年, 他多少有点~。=요 몇 해 일을 하여 그는 약간의 저축금이 있다.
【储蓄所】chǔxùsuǒ〈名〉저축소. [은행 등에 딸린, 주민들이 저축 업무를 보는 금융 기구]
【储油层】chǔyóucéng〈礦〉저유층(貯油層). 석유가 매장된 암석층.
【储油量】chǔyóuliáng〈名〉1〈礦〉석유 매장량. 2 단체·국가의 석유 비축량.
【储运】chǔyùn〈动〉저장하고 운반하다. ¶他们

公司新增了~业务.=그들 회사는 저장과 운수 업무를 신설하였다.
【储种】chǔzhǒng 圀 (정기 예금·당좌 예금 등) 예금·저금·저축의 종류.

## 楚 chǔ 뚜렷할 초
圀 (Chǔ) 1 [歷] 초(楚)나라. [춘추 전국 시대(春秋戰國時代)의 나라 이름] 2 [地] 후베이(湖北)와 후난(湖南). 3 [地] 후베이(湖北)성. 4 성(姓). 혱 1 선명하다. 명백하다. 또렷하다. 산뜻하다. ¶一清二~=분명하다. 2 圄 고통스럽다. 쓰라리다. ¶苦~=고초.

○● 凄qī楚, 齐qí楚, 清楚, 酸楚, 痛tòng楚

【楚材晉用】chǔcái-jìnyòng 성 1 초(楚)나라의 인재를 진(晉)나라가 쓰다. 2 비 재능 있는 인재가 본국에서 쓰임을 받지 못하고 오히려 다른 나라에서 중용되다.

【楚楚】chǔchǔ 혱 1 (차림새가) 단정하다. 깨끗하다. 정갈하다. 산뜻하다. 선명하다. 멋스럽다. ¶衣冠~=의관(衣冠)이 단정하다. 2 (자태가) 수려하다. 아리땁다. 뛰어나게 아름답다. 가냘프다. 연약하다. ¶~动人=자태가 고와서 사람의 마음을 설레게 한다. 3 표정이 슬프다. ¶哀声~=애절한 목소리와 슬픈 표정.

【楚辞】Chǔcí 圀《초사》. [서한(西漢)의 유향(劉向)이 굴원(屈原) 등의 사부(辭賦) 작품을 모아서 편집한 시가 총집. 굴원의《離騷(이소)》가 대표 작품임]

【楚剧】chǔjù 圀 [劇] 초극. [후베이(湖北) 지방의 중국 전통극의 하나]

## 褚 Chǔ 성씨 저
圀 성(姓).
☞ zhǔ

## 齼[齒楚] chǔ 이 아플 초
혱圄 이가 시리고 아프다.

## 亍 chù 조금씩 걸을 촉
☞ 【彳亍】chìchù

## 处[處] chù 곳 처
圀 1 곳. 장소. 처. ¶住~=주소. 거처. / 内心深~=마음속 깊은 곳. 2 특정 기관. ¶筹备~=준비처. 3 처. [기관·조직의 단위로, 대개 '科(kē)' 보다는 크고 '局(jú)' 보다는 작음] ¶教务~=교무처. 4 사물의 방면. 부분. 점. ¶益~=유익한 점. / 坏~=나쁜 점.
☞ chǔ

○● 出处, 错处, 到处, 短处, 害处, 好处, 坏huài处, 患huàn处, 苦处, 明处, 难处, 去处, 四处, 随suí处, 痛tòng处, 下处, 用处

【处处】chùchù 圀 도처에. 곳곳에. 어디든지. 각 방면에. ¶节日里, ~欢声笑语. =명절에는 곳곳에 즐거운 웃음소리가 울려 퍼진다.

【处所】chùsuǒ 圀 장소. 곳. 숙소. 처소. ¶找个~暂时住下来. =숙소를 찾아 잠시 묵다.
【处长】chùzhǎng 圀 (직급으로서의) 처장.

## 怵 chù 두려워할 출
동 1 두려워하다. 무서워하다. 벌벌 떨다. 겁내다. ¶心中犯~=마음속으로 겁내다. 2 圄 경계하다. 경계심을 가지다. ¶~然为戒=두려워하며 경계하다.
【怵场】chùchǎng ☞【憷场】chùchǎng
【怵目惊心】chùmù-jīngxīn 성 보기만 해도 몸서리치다. 몹시 놀라다.
【怵惕】chùtì 동 두려워하다. 두려워서 조심하다. 출척(怵惕)하다. ¶~不安=두려워하고 불안하다.
【怵头】chùtóu ☞【憷头】chùtóu

## 绌[絀] chù 모자랄 출
혱 부족하다. 모자라다. 결핍하다. ¶相形见~=서로 비교해 보면 부족함이 드러난다. 동 '黜(chù)'와 같음.

## 柷 chù 악기 이름 축
圀옛[音] 축. [연주를 시작할 때 치는 목제(木制) 타악기의 일종]

## 俶 chù 시작할 숙
동圄 1 시작하다. 2 정리하다. 정돈하다. 튀圄 갑자기. 홀연히. 돌연히.
☞ tì
【俶尔】chùěr 튀圄 갑자기. 홀연히. 돌연히. ¶~远逝=갑자기 멀리 가 버리다.
【俶装】chùzhuāng 동圄 행장을 정리하다. 여장을 갖추다. 여장을 꾸리다. ¶~远游=여장을 꾸려 멀리 놀러 가다.

## 畜 chù 가축 축
圀(動) 금수. 짐승. [주로 가축을 가리킴] ¶牲~=가축.
☞ xù

⊙ 畜 chù
  搐 chù
  蓄 xù

【畜肥】chùféi 圀 두엄. 퇴비. 가축의 분뇨 거름.
【畜圈】chùjuàn 圀 (가축의) 우리. 외양간.
【畜栏】chùlán 圀 가축을 가두는 울타리.
【畜类】chù·lei 圀(動) 짐승. 가축.
【畜力】chùlì 圀 축력. 가축의 노동력. ¶山区耕作主要靠~. =산간 지역의 경작은 주로 가축의 노동력에 의존한다.
【畜禽】chùqín 圀 가축과 가금.
【畜生】[畜牲] chù·sheng 圀 금수. 짐승. [욕하는 말로 쓰임]
【畜牲】chù·sheng ☞【畜生】chù·sheng
【畜疫】chùyì 圀 [醫] 가축의 전염병.

## 俶[俶] chù 기이할 숙
【俶诡】chùguǐ 혱圄 1 기이하다. 이상야릇하다. 2 우스꽝스럽다. 익살스럽다. 익살맞다.

# 搐 触 chù

**搐** chù 쥐날 축
동 근육이 수축되다. 쥐가 나다. 근육에 경련이 일어나다. ¶抽~＝쥐가 나다.

【搐动】 **chùdòng** 동 (근육 등이) 수축되다. 경련이 일어나다. 움찔하다. ¶听了这话, 他的脸~了一下。＝이 말을 듣고 그의 얼굴에는 경련이 일어났다.

【搐搦】 **chùnuò** 동 근육이 수축되다. 경련이 일어나다. 움찔하다. ≒抽搐

【搐缩】 **chùsuō** 동 (자극을 받아) 오그라들다. 줄어들다. 수축하다. ≒抽搐

**\*\*触[觸]** chù 닿을 촉
동 **1** 부딪치다. 닿다. 접촉하다. 건드리다. ¶一~即发＝일촉즉발. **2** 느끼다. 감동하다. 감촉(感觸)하다. ¶感~＝느껴지다. 명 (Chù) 성(姓).

○—● 笔bǐ触, 抵dǐ触, 感触, 接触

【触处】 **chùchù** 명(문) 어디든지. 어디나. 도처. 가는 곳마다. ¶~生芳草＝도처에 향기로운 풀이 자라다. 어디든지 미인이 있게 마련이다.

【触电】 **chù‖diàn** 동 **1** (사람·동물 등이) 감전(感電)되다. ¶~身亡＝감전되어 죽다. **2** (비) (감정상) 전기가 통하다. 매혹되어 푹 빠지다. 마음이 크게 흔들리다. ¶看到她, 他突然有一种~的感觉。＝그녀를 보고 그는 갑자기 감전된 듯한 느낌을 받았다. **3** 본래 영화·TV에 종사하지 않는 사람이 영화·TV에 출연하거나 그와 관련된 일에 참여하다. [해학적인 의미를 내포함] ¶他戏演得不错, 可~的机会并不多。＝그는 연기를 잘하지만 출연할 기회가 별로 많지 않다.

【触动】 **chùdòng** 동 **1** 부딪치다. 마주치다. 건드리다. ¶不小心~了电铃。＝부주의하여 벨을 건드렸다. **2** (감정 변화·추억 등을) 불러일으키다. 건드리다. 자아내다. ¶~心事＝심사를 건드리다. **3** 저촉되다. 범하다. 위반하다. 거스르다. 비위를 거슬리다. 화나게 하다. ¶不能因为公~一部分人的利益而不实施改革。＝몇몇 사람들의 이익에 위반된다고 하여 개혁을 하지 않을 수는 없다.

【触发】 **chùfā** 동 유발(誘發)하다. 촉발하다. 자아내다. 일으키다. ¶那幅发黄的照片~了他的思乡之情。＝그 누렇게 바랜 사진이 그의 고향을 그리는 마음을 일으켰다.

【触法】 **chùfǎ** 동 법률에 저촉되다. 법률을 위반하다.

【触犯】 **chùfàn** 동 저촉되다. 범하다. 위반하다. 비위를 거슬리다. 화나게 하다. 거스르다. 침범하다. 무례한 짓을 하다. 실례하다. ¶~法律＝법률을 위반하다.

【触机】 **chùjī** 동 **1** 영감을 불러일으키다. ¶这首诗乃~而作。＝이 시는 영감이 떠올라 지은 것이다. **2** 기회를 만나다. ¶~便发＝(성격이 거칠고 급하여) 일에 부딪치면 성질을 부린다.

【触击】 **chùjī** 명(체) (야구의) 번트(bunt). ¶~球＝번트. 동 부딪치다. 건드리다. 두드

리다.

【触及】 **chùjí** 동 닿다. 건드리다. 언급하다. 부딪치다. 접촉되다. ¶他的话~到问题的实质。＝그의 말은 문제의 본질을 건드렸다.

【触礁】 **chù‖jiāo** 동 **1** (항해 중 배가) 암초에 부딪치다. 좌초(坐礁)하다. ¶~搁浅＝암초에 부딪쳐 좌초하다. **2** (비) 어떤 일이 진행 중 장애에 부딪치다. 난관에 부딪치다. ¶婚姻~＝결혼에 난관에 부딪치다.

【触角】 **chùjiǎo** 명(動) 촉각. [곤충·연체 동물·갑각류 등의 감각 기관의 하나] ＝【触须】 **chùxū**

【触景】 **chùjǐng** 동 어떤 정경(情景)을 접하다. ¶~感怀＝어떤 정경을 보고 감회가 생기다.

【触景伤情】 **chùjǐng-shāngqíng** 성 눈 앞의 정경(情景)을 접하고 슬픈 마음이 일다. ＝【见景生情】 **jiànjǐng-shēngqíng**

【触景生情】 **chùjǐng-shēngqíng** 성 눈앞의 정경을 보고 어떤 특별한 감정이 일다.

【触觉】 **chùjué** 명(生) 촉각. [피부·모발 등의 감각 기관이 물체와 접촉할 때 생기는 느낌]

【触觉地图】 **chùjué dìtú** 명 점자 지도. ＝【盲人地图】 **mángrén dìtú**

【触类旁通】 **chùlèi-pángtōng** 성 어떤 한 가지 사물에 대한 지식을 토대로 다른 비슷한 사물을 유추하여 이해하다. 하나로부터 추리하여 다른 것까지 알다. 하나를 보고 열을 알다.

【触媒】 **chùméi** ☞ 【催化剂】 **cuīhuàjì**

【触楣头】 **chùméitóu** ☞ 【触霉头】 **chùméitóu**

【触霉头】[触楣头] **chùméitóu** (방) 재수 없다. 기분 나쁜 일을 당하다. 운수사납다. 불운하다.

【触摸】 **chùmō** 동 (손으로) 건드리다. 만지다. 더듬다. 닿다. ¶我无意间~到她的手, 很冰。＝나는 무의식 중에 그녀의 손과 맞닿았는데, 아주 차가웠다.

【触摸屏】 **chùmōpíng** 명(컴) 터치스크린.

【触目】 **chùmù** 동 눈길이 닿다. 눈에 뜨이다. ¶~尽是＝눈에 보이는 것이 다 그렇다. 동 주의를 끌다. 돋보이다. 주목을 끌다. 눈길을 끌다. ¶路边巨大的广告牌颇为~。＝길가의 거대한 광고판은 매우 주목을 끈다.

【触目皆是】 **chùmù-jiēshì** 성 **1** 눈에 보이는 것이 다 그것이다. **2** (비) 수가 매우 많다.

【触目惊心】 **chùmù-jīngxīn** 성 보기만 해도 몸서리치다. 보기만 해도 마음이 아프다.

【触怒】 **chùnù** 동 화나게 하다. 노여움을 사다. 성나게 하다. ¶他的盛气凌人~了所有同事。＝그의 안하무인격의 태도는 모든 동료들의 노여움을 샀다.

【触杀】 **chùshā** 동 접촉 살충제로 죽이다. 닿아서 죽게 하다. ¶这种杀虫剂的~效果很强。＝이런 살충제의 접촉 살충 효과는 아주 강하다.

【触手】 **chùshǒu** 명 (하등 동물의) 촉수.

【触手可及】 **chùshǒu-kějí** 성 **1** 손을 뻗으면 닿을 수 있다. **2** (비) 거리가 매우 가깝다.

【触痛】 **chùtòng** 동 (마음·감정의) 아픈 곳을 건드리다. 약점을 찌르다. ¶~心事＝남의 심사를

건드려 아프게 하다. 圈(醫) 압통(壓痛). ¶淤血部位的~很明显。=어혈 부위의 압통이 매우 뚜렷하다.
【触网】chùwǎng 동 1(體) (배구·탁구 등에서) 네트(net)를 건드리다. 터치 네트하다. 2 인터넷에 접속하다. [대개 처음을 가리킴]
【触忤】chùwǔ 동(文) (무례를) 범하다. 비위를 거슬리다. 화나게 하다. 거스르다. 무례한 짓을 하다. 실례하다. ¶~尊长=어른께 무례를 범하다.
【触须】chùxū ☞【触角】chùjiǎo
【触诊】chùzhěn 동(醫) 촉진하다. 만져서 진단하다.

## 滀 chù 물 모일 축
동 (물이) 모이다.
☞ xù

## 憷 chù 두려워할 초
동 두려워하다. 무서워하다. 위축되다. 기를 못 펴다. ¶发~=두려워하다.
【憷场】[怵场] chùchǎng 동 대중 앞에서 말하거나 공연하는 것을 두려워하다. 여러 사람 앞에 나서는 것을 꺼리다. ¶看到台下这么多人, 她有些~。=무대 아래에 사람들이 이토록 많은 것을 보고 그녀는 조금 겁을 먹었다.
【憷头】[怵头] chùtóu 동(구) 주눅이 들다. 대담하지 못하다. 우물쭈물하다. ¶他第一次登台演讲, 有点~。=그는 처음으로 무대에 오르는 것이라, 조금 주눅이 들었다.

## 歜 chù 화낼 촉
형 크게 노하다. 격노하다. 격분하다.

## 黜 chù 쫓아 낼 출
동(文) 파면하다. 쫓아 내다. 면직하다. 해임시키다. ¶贬~=관직을 강등시키거나 파면하다. / 罢~=파면하다.
【黜免】chùmiǎn 동(文) (관직을) 파면하다. 면직하다.
【黜退】chùtuì 동(文) 직무를 박탈하다. 면직하다. 파면하다. ¶~庸官=능력 없는 관료를 면직하다.

## 矗 chù 우뚝 솟을 촉
형(文) 높이 솟다. 우뚝 솟다. 곧추서다. ¶~人云霄=높이 높이 우뚝 솟다.
【矗立】chùlì 동 우뚝 솟다[서다]. ¶街道两旁~着座座高楼。=길 양쪽에는 여러 동의 고층 빌딩들이 우뚝 솟아 있다. ≒耸立 屹立

# chua

## 欻 chuā 재빠를 훌
의 1 쿵쿵. [아주 다급한 소리] ¶~的一声, 他便把石子投了出去。=쿵쿵거리는 소리를 내며 그는 돌을 던졌다. 2 척척. 척척. [질서 정연한 발자국 소리로, 주로 중첩하여 쓰임] ¶只听到~~的脚步声由远而近。=척척 하는 발자국 소리가 먼 곳에서 가까운 곳으로 들려올 뿐이다.
☞ xū
【欻拉】chuālā 의 칙칙. 치익. 촤악. [기름에 물기가 있는 것을 넣을 때 나는 소리] ¶~一声, 菜下了锅。=촤악 하는 소리를 내며 채소가 솥에 쏟아졌다.

# chuai

## *揣 chuāi 품을 췌
동 1 옷 속에 넣다. 품다. 감추다. ¶看完后, 他把信~在了上衣口袋里。=다 보고 나서 그는 편지를 상의 호주머니 속에 넣었다. 2(方) (짐승·가축 등이) 새끼를 가지다. 임신하다. ¶母猪又~上崽了。=암돼지가 또 새끼를 가졌다.
☞ chuǎi, chuài
【揣手儿】chuāi‖shǒur 동 두 손을 각각 다른 쪽 소매 속에 마주 넣다. 팔짱을 지르다. 팔짱을 끼다.

## 搋 chuāi 때릴 채
동 1 (손으로 힘껏) 이기다. 반죽하다. 비비다. 문지르다. ¶~面=밀가루를 반죽하다. 2 하수도나 화장실의 막힌 것을 뚫다. ¶马桶堵了, 去~~。=변기가 막혔으니 뚫어 봐라.
【搋子】chuāi·zi 몡 변기나 하수관의 막힌 곳을 뚫는 도구.

## 膗 chuái 흉할 최
형(方) 피둥피둥하다. 뒤룩뒤룩하다. ¶他那个~样, 看了让人担心。=그의 저 피둥피둥한 꼴을 보면 걱정스럽다.

## *揣 chuǎi 잴 췌
동 헤아리다. 재다. 추측하다. 짐작하다. 가늠하다. ¶不~浅陋=자신의 재주가 보잘것없음을 무릅쓰다. / 不~冒昧=경솔함을 무릅쓰다.
명 (Chuǎi) 성(姓).
☞ chuāi, chuài
【揣测】chuǎicè 동 짐작하다. 추측하다. ¶别人的隐私, 不要妄加~。=다른 사람의 프라이버시를 함부로 추측하지 마라.
【揣度】chuǎiduó 동(文) 추측하다. 헤아리다. 짐작하다. ¶他心里难以~。=그의 생각은 헤아리기 어렵다.
【揣摩】chuǎimó 동 깊이 헤아리다. 곰곰이 따져 보다. 반복하여 사고하고 탐구하다. ¶大家仔细~一下文中作者的情感。=모두들 글 속에 나타난 작자의 감정을 자세히 한번 헤아려 보세요.
【揣摸】chuǎi·mo 동 깊이 헤아리다. 곰곰이 따져 보다. 반복하여 사고하고 탐구하다.
【揣想】chuǎixiǎng 동 추측하다. 짐작하다. ¶

他～着这事父母知悉后的心情。＝그는 부모님이 이 일을 아시고 난 후 그들의 심정이 어떠할지를 추측해 보고 있다.

**圌[闖]** chuài 버틸 좌
☞【阐圌】zhèngchuài

**啜** Chuài 성씨 철
[명] 성(姓).
☞ chuò

*__揣__ chuài 잴 췌
☞【囊揣】nāngchuài【挣揣】zhèngchuài
☞ chuāi, chuǎi

**嘬** chuài 깨물 최
[동][문] (깨)물다. 씹다. 먹다. 삼키다.
☞ zuō

**踹** chuài 발꿈치 단
[동] **1** 밟다. 디디다. ¶天太黑了，一脚～在水洼里。＝날이 너무 어두워서 한쪽 발을 물구덩이에 디디고 말았다. **2** (걷어)차다. ¶钥匙丢了，无奈只有把门～开。＝열쇠를 잃어버려서 어쩔 수 없이 문을 걷어차서 여는 수밖에 없었다.

**膗** chuài 살질 시
☞【囊膗】nāngchuài

# chuan

**川 chuān 내 천

[명] **1** 하천. 내. ¶山～＝산천. / 百～归海＝모든 하천이 바다로 흘러들다. **2** 평지. 평야. 벌. 평원. ¶一马平～＝말을 타고 마음껏 달릴 수 있는 드넓은 평야. **3** 여행길. 여로. ¶～资不足＝여비가 부족하다. **4** (Chuān) [약]《地》 쓰촨(四川)성. ¶～味小吃＝쓰촨(四川)식의 간단한 먹을거리.

> 川 chuān 氚 chuān 钏 chuàn 圳 zhèn 顺 shùn 训 xùn 驯 xùn

> 冰bīng川, 常川, 河川, 盘pán川

【川贝】**chuānbèi** [명]《植》 쓰촨(四川)에서 생산되는 약재로 쓰이는 패모(貝母).
【川菜】**chuāncài** [명] 쓰촨(四川) 음식〔요리〕.
【川大】**Chuān Dà** ☞【四川大学】**Sìchuān Dàxué**
【川地】**chuāndì** [명] 산간이나 하천 양쪽의 평탄한 저지대의 땅.
【川费】**chuānfèi** [명] 여비. 노자.
【川剧】**chuānjù** [명]《劇》 천극. [쓰촨(四川) 지방의 전통극]
【川军】**chuānjūn** [명] **1** ☞【大黄】**dàihuáng** **2** [옛] 쓰촨(四川)성의 지방 군대. **3** [비] 쓰촨(四川) 출신 노무자.
【川流不息】**chuānliú-bùxī** [성] (행인·차량 등이) 냇물처럼 끊임없이 오가다. 꼬리에 꼬리를 물고 이어지다.
【川马】**chuānmǎ** [명] 쓰촨(四川)성에서 나는 말. [몸이 비교적 왜소하나, 무거운 것을 지고 산을 잘 오름]
【川芎】**chuānxiōng** [명]《植》 천궁. ＝【芎䓖】**xiōngqióng**
【川资】**chuānzī** [명] 여비. 노자. ¶凑足～＝여비를 충분히 모으다.

**氚** chuān 트리튬 천
[명][외]《化》 트리튬(tritium). 삼중수소. [수소의 동위 원소의 하나. 기호는 T 또는 $H^3$]

**穿 chuān 뚫을 천
[동] **1** 뚫다. ¶水滴石～＝물방울이 떨어져 바위를 뚫다. **2** (구멍·틈·공터 등의 공간을) 통과하다. 뚫고 지나가다. 가로지르다. ¶横～马路＝도로를 가로지르다. **3** (옷·신발·양말 등을) 입다. 신다. ¶～袜子＝양말을 신다. **4** (실 등으로) 꿰다. ¶～糖葫芦＝'糖葫芦(tánghúlǔ)'를 꿰다. [형] (일부 동사 뒤에 쓰여) 꿰뚫다. 까발리다. ¶看～了他的心计＝그의 마음속을 꿰뚫어 보다. / 射～箭靶＝과녁을 쏘아서 꿰뚫다. [명] (옷·신·양말 등과 같은) 입을 것. 신을 것. ¶有吃有～＝의식이 충족하다. ↔脱

> 拆chāi穿, 戳chuō穿, 贯穿, 揭jiē穿

【穿帮】**chuānbāng** [동][방] 결점이나 허점이 드러나다. 간파당하다. 들키다. 폭로하다. 비밀을 누설하다. 들통나다. ¶我们要统一口径，别～了。＝우리 입을 맞추자, 들통나지 않게.
【穿鼻】**chuānbí** [동] **1** 소의 코를 꿰다. 소의 코뚜레를 꿰다. 코 꿰다. **2** [비] 제어하다. 통제하다. 조종하다. ¶任人～＝아무에게나 코를 꿴 것처럼 조종당하다.
【穿壁引光】**chuānbì-yǐnguāng** [성] **1** 벽을 뚫어 이웃의 등불을 끌어 오다. **2** [비] 어려운 환경에서 열심히 공부하다. ＝【凿壁偷光】**záobì-tōuguāng**
【穿不出去】**chuān·bu chūqù** [동] 입고 나설 수가 없다. 입고 남 앞에 나서지 못하다. ¶这件衣服太花俏，我～。＝이 옷은 너무 화려해서 남 앞에 입고 나설 수가 없다.
【穿不得】**chuān·bu·de** [동] **1** (몸·발 등에 맞지 않아서) 입을 수가 없다. 신을 수가 없다. ¶这鞋太小，～。＝이 신발은 너무 작아서 신을 수가 없다. **2** 입어서는 안 된다. 입지 못한다. ¶上街，你这拖鞋怕是～。＝밖에 나갈 때 네가 이 슬리퍼를 신으면 안 될 것 같다.
【穿插】**chuānchā** [동] **1** 교차하다. 엇바꾸다. ¶工作和学习要～进行，两者都不耽误。＝일과 공부는 교대로 해야 둘 다 그르치지 않는다. **2** (소설·희곡·드라마 등에서) 주제를 부각시키기 위하여 부차적인 줄거리를 삽입하다. 끼워 넣다. ¶作

者在当下叙事中~了一些回忆。=작가는 이야기를 서술하는 과정 속에 약간의 추억을 삽입하였다. **3** 집어넣다. 삽입하다. ¶茶话会中不时地~一些文娱节目。=다과회 가운데 수시로 약간씩 문화 오락 프로그램을 집어넣었다. **4** (軍) (적의 틈·취약점 등을 이용하여) 뚫고 들어가다. 돌진하다. 돌격하다. ¶~敌后=적의 배후를 뚫고 들어가다.

【穿刺】 **chuāncì** 동(醫) 천자(穿刺). [가는 주삿바늘로 체액을 뽑아 내는 일]

【穿戴】 **chuāndài** 명 입고 쓰는 옷이나 모자 장신구 등. 옷차림. 차림새. ¶她的~比以前漂亮多了。=그녀의 차림새는 이전보다 훨씬 예뻐졌다. 동 **1** 입다. 쓰다. 걸치다. 지니다. **2** 몸치장하다. 분장하다. ¶演员们已~整齐, 准备出场。=배우들은 이미 분장을 끝내고 무대에 오르려 대기하고 있다.

【穿耳】 **chuān‖ěr** 동 귀에 귀고리를 달 수 있도록 구멍을 뚫다.

【穿过】 **chuānguò** 동 통과하다. 지나가다. 관통하다. 가로질러 가다. ¶~树林=숲을 가로질러 가다.

【穿红戴绿】 **chuānhóng-dàilǜ** ☞【穿红着绿】 **chuānhóng-zhuólǜ**

【穿红着绿】 **chuānhóng-zhuólǜ** 성 옷을 화려하게 입다. 화려하게 단장하다. 요란하게 차려 입다. =【穿红戴绿】 **chuānhóng-dàilǜ**

【穿甲弹】 **chuānjiǎdàn** 명(軍) 철갑탄(徹甲彈). 파갑탄(破甲彈).

【穿街】 **chuānjiē** 동 길거리를 누비며 지나가다. 거리를 쏘다니다. ¶~走巷=거리와 골목을 쏘다니다.

【穿开裆裤】 **chuān kāidāngkù** 성 젊다. 어려서 아는 것이 없다.

【穿孔】 **chuān‖kǒng** 동 **1** 구멍을 뚫다. 천공하다. ¶~机=천공기. 펀치. **2** (醫) 천공. [궤양·암종(癌腫) 등으로 위벽·복막 등에 구멍이 생기는 증상] ¶肠~=장천공(腸穿孔).

【穿廊】 **chuānláng** 명 전통 민가에서, 큰 정원에 있는 중문(中門) 양 옆의 복도[회랑].

【穿连裆裤】 **chuān liándāngkù** 동성 서로 결탁하여 비호하다. 한통속이 되어 감싸고 돌다.

【穿破】 **chuānpò** 동 **1** (옷·신발·양말 등을) 닳다. 해어지다. 떨어지다. ¶这鞋都~了。=이 신발은 이미 다 닳아 떨어졌다. **2** (끌·송곳 등으로) 구멍을 뚫다. ¶~墙=담에 구멍을 뚫다.

【穿山甲】 **chuānshānjiǎ** 명 **1** (動) 천산갑. =【鲮鲤】 **línglǐ 2** 천산갑의 껍질. [약재로 쓰임]

【穿梭】 **chuānsuō** 동 **1** 베틀의 북처럼 왔다 갔다 하다. **2** 빈번하게 왕래하다. 드나들다. ¶车流往来~。=차량의 행렬이 빈번하다.

【穿梭外交】 **chuānsuō wàijiāo** 명(政) 왕복 외교. [국제적인 문제를 해결하기 위하여 어느 나라의 외교관이 관련 국가나 지역을 빈번하게 내왕하는 것을 가리킴] 영 shuttle diplomacy

【穿堂风】 **chuāntángfēng** 명 (마주 보고 있는 창이나 문 따위로) 지나가는 바람. 맞바람.

【穿堂过屋】 **chuāntáng-guòwū** 성 자기 집처럼 서슴없이 깊숙한 방까지 척척 드나들다. 친척이나 이웃 간에 아주 사이좋게 지내다. 허물없이 지내다.

【穿堂门】 **chuāntángmén** (~儿) 명 **1** 두 골목을 연결하는 작은 골목 입구에 세운 문 모양의 건축물. **2** (중국 가옥에서) 앞뒤로 문이 나 있어 통로 역할을 하는 대청의 앞뒷문.

【穿堂儿】 **chuāntángr** 명 (중국 가옥에서) 앞뒤로 문이 나 있어 통로 역할을 하는 대청.

【穿蹄】 **chuāntí** 명 (말·노새 등이) 먼 길을 걸어서 발굽의 징이 다 닳다.

【穿通】 **chuāntōng** 동 관통하다. 꿰뚫고 지나가다.

【穿透】 **chuāntòu** 동 (총알·바늘 등이 물체를) 뚫고 지나가다. 관통하다. 꿰뚫다. 통과하다.

【穿线】 **chuānxiàn** 동(比) 중간에서 주선해 주다. 서로 연결해 주다. 연계하다. 중개 역할을 하다. ¶~搭桥=중간에서 주선을 하고 다리를 놓다.

【穿小鞋】 **chuān xiǎoxié** (~儿) 낮(比) (주로 직권을 가진 사람이 암암리에) 못살게 굴다. 괴롭히다. 해코지하다. 물먹이다. 골탕먹이다. 제재를 가하다. 따끔한 맛을 보이다. 앙갚음하다. ¶上司给他~, 他的日子不太好过。=상사가 그를 암암리에 괴롭히니, 그는 지내기가 쉽지 않다.

【穿孝】 **chuān‖xiào** 동 상복(喪服)을 입다.

【穿鞋戴帽】 **chuānxié-dàimào** ☞【穿靴戴帽】 **chuānxuē-dàimào**

【穿心莲】 **chuānxīnlián** 명(植) 천심련(穿心蓮). [학명은 'Andrographis paniculata' 임]

【穿新鞋, 高抬脚】 **chuān xīnxié, gāo tái jiǎo** 성 **1** 새 신을 신고 남 보란 듯이 발을 치켜들면서 걷다. **2** (比) 보잘것없는 일로 득의양양하다. 하찮은 것을 우쭐대며 뽐내다.

【穿新鞋, 走老路】 **chuān xīnxié, zǒu lǎolù** 성 **1** 새 신발을 신고 옛 길을 가다. **2** (比) 형식이나 현상은 변하였으나, 내용이나 실질은 변하지 않다.

【穿行】 **chuānxíng** 동 (구멍·틈·공터 등을) 통과하다. 지나가다. 헤치고 나아가다. ¶我们的车~在大草原上。=우리의 자동차는 대초원을 헤치고 나아간다.

【穿靴戴帽】 **chuānxuē-dàimào** 성 **1** 일상적인 생활 습관. **2** (比) 글을 쓰거나 연설을 하는 사람이 첫머리와 결말 부분에 아무 내용이 없는 설교를 늘어놓다. =【穿鞋戴帽】 **chuānxié-dàimào**

【穿一条裤子】 **chuān yītiáo kù·zi** 낮 **1** 바지 하나를 같이 입다. **2** (喩)(比) 배짱이 맞아서 서로 결탁하여 너나 구별 없이 지내다. 한통속이 되다. 배가 맞다. 단짝이 되다.

【穿衣镜】 **chuānyījìng** 명 체경(體鏡). 몸거울. 전신거울.

【穿窬】 **chuānyú** 동(古) **1** 벽을 뚫거나 담을 타넘다. **2** 훔치다. 절도하다. 도둑질하다. ¶~之辈=도둑놈.

【穿越】chuānyuè 동 (산·들 등을) 넘다. 통과하다. 지나가다. ¶~草地=풀밭을 지나가다.

【穿云裂石】chuānyún-lièshí 성 1 (소리가) 구름을 뚫고 돌을 쪼갤 듯이 높이 울려 퍼지다. 2 떼 노랫소리나 악기 소리가 높고 우렁차다.

【穿云破雾】chuānyún-pòwù 성 1 구름을 뚫고 치솟아 오르다. 2 비 장애를 타파하고 용감히 전진하다.

【穿凿】chuānzáo 동 1 뚫다. 파다. 캐다. ¶~隧道=터널을 뚫다. 2 억지로 끌어다 붙이다. 견강부회(牵强附会)하다. 천착하다. 억지로 둘러맞추다. ¶文中一之处甚多.=글 가운데 견강부회한 곳이 매우 많다.

【穿凿附会】chuānzáo-fùhuì 성 견강부회하다. 억지로 둘러맞추다.

【穿针】chuānzhēn 동 바늘귀에 실을 꿰다. [옛날 음력 7월 7일 저녁, 부녀자가 일곱 개 바늘에 실을 꿰어 직녀성에게 지혜와 재간을 달라고 비는 풍속]

【穿针引线】chuānzhēn-yǐnxiàn 성 1 바늘에 실을 꿰다. 2 비 양측 사이에서 알선하여 서로 관련을 맺게 하다. 중개 역할을 하다.

【穿着】chuānzhuó 명 옷차림. 옷매무새. 차림새. ¶~得体=옷차림이 적절이다.

\*\***传[傳]** chuán 전할 전

동 1 전하다. 전하여 내려오다. ¶千古流~=천고에 전해지다. / 把作业本~给其他同学.=숙제 노트를 다른 급우에게 전해 주다. 2 가르쳐 전하다. 전수(传授)하다. ¶言~身教=말로 전수하고 몸으로 직접 가르치다. 3 전파하다. 전파되다. 퍼지다. 퍼뜨리다. ¶广为宣~=널리 선전되다. 4 나타내다. 표현하다. ¶眉目~情=(사랑 어린) 눈빛으로 감정을 표현하다. 5 (사람을) 불러내다. 소환하다. 호출하다. ¶速把人~来=빨리 사람을 불러 와라. 6 〈物〉 전도(传导)하다. 통하다. ¶水能够~电.=물은 전기를 전도할 수 있다. 7 전염되다. ¶流感很容易~人.=유행성 감기는 사람에게 쉽게 전염된다. 명 (Chuán) 성(姓).

☞ zhuàn

○● 单传, 嫡dí传, 讹é传, 风传, 哄hōng传, 口传, 留传, 失传, 世传, 心传, 谣yáo传, 遗yí传, 祖传, 宣传品

【传帮带】chuánbāngdài 동 (신참에게) 기술과 경험을 전수하고, 도움을 주고 이끌어 주다. ¶老同志对年轻人要做好~工作.=경험 있는 선배는 젊은이들에게 경험을 전수하고 도와 주고 이끌어 주는 일을 잘 해야 한다.

【传杯】chuánbēi 동 (술자리에서) 술잔을 돌려가며 마시다. ¶~送盏=술잔을 돌려 가며 마시다. 술잔을 주고받다.

【传本】chuánběn 명 전본. 전해지는 판본(版本). ¶这本书有几种不同的~=이 책은 몇 가지 다른 판본이 있다.

【传播】chuánbō 동 전파하다. 널리 퍼뜨리다.

---

穿 传 **chuán** 293

유포하다. 흩뿌리다. 널리 보급하다. ¶~信息=소식을 전파하다. 늑传布

【传播媒介】chuánbōméijiè 명 매스미디어. 대중 (전달) 매체. 약【传媒】chuánméi

【传播途径】chuánbō tújìng 명 1 전파 매체와 방식. 2〈医〉(질병의) 전염 매개. 감염 경로.

【传播性病罪】chuánbōxìngbìngzuì 명〈法〉(성병 환자가) 고의로 매음이나 창녀와의 성관계를 통해 성병을 감염시키는 범죄 행위.

【传播学】chuánbōxué 명 미디어학.

【传布】chuánbù 동 전파하다. 널리 퍼뜨리다. 유포하다. 흩뿌리다. 널리 보급하다. ¶~先进技术=선진 기술을 전파하다. 늑传播

【传唱】chuánchàng 동 (노래 등이) 유전되어 불리어지다. ¶这首歌曲已~了近半个世纪.=이 노래가 유전되어 불린 지 거의 반 세기 가까이 되었다.

【传抄】chuánchāo 동 전하여 베끼다. ¶他的诗歌被很多大学生~.=그의 시가는 많은 대학생들에게 이리저리 베껴졌다.

【传承】chuánchéng 동 전수하고 계승하다. 전승하다. ¶~民族文化=민족문화를 전수하고 계승하다.

【传出神经】chuánchū shénjīng ☞【运动神经】yùndòng shénjīng

【传达】chuándá 동 1 전하다. 전달하다. ¶~文件=서류를 전달하다. 2 표현하다. 나타내다. ¶歌声~了我们的情意.=노랫소리는 우리의 마음을 나타내었다. 3 기관·학교·공장 등의 입구에서 내빈을 접수하고 안내하다. ¶去~室取报纸=접수처에 가서 신문을 찾다. 명 (기관·학교·공장 등의) 접수원. 수위.

【传达室】chuándáshì 명 (기관·학교·공장 등의) 접수처. 접수실.

【传代】chuán∥dài 동 대를 잇다. 대를 전하다. 대를 물리다.

【传单】chuándān 명 전단(지). 삐라. ¶散发~=전단지를 뿌리다.

【传导】chuándǎo 동 1〈物〉(열·전기 등이) 전도(되다). 2〈生〉(지각이) 전도(되다).

【传道】chuándào 동 1 예 성현의 도나 학설을 전하다. 2 전도하다. 포교(布教)하다.

【传灯】chuándēng 동 비〈佛〉불법을 전수하다. 스승이 제자에게 법맥을 전수하다.

【传递】chuándì 동 (차례차례) 전달하다. 전하다. 건네다. ¶~书信=편지를 전하다.

【传动】chuándòng 동〈机〉동력을 전달하다. ¶~装置=동력 전달 장치.

【传动带】chuándòngdài 명〈机〉전동 벨트.

【传讹】chuán'é 동 그릇된 말을 전달하다. 와전되다. 잘못 전해지다. ¶以讹~=잘못된 내용을 듣고 그대로 전달하다.

【传法】chuánfǎ 동〈佛〉불법을 제자에게 전수하다.

【传粉】chuánfěn 동〈生〉(바람·곤충이 매개가 되어) 꽃가루를 옮기다. 수분(受粉)하다. 꽃가루 받이하다.

【传感器】chuángǎnqì 图 감응 신호 장치.
【传告】chuángào 图 (말·소식 등을) 전달하다. 서로 전하다. ¶这个消息请大家相互~。=이 소식을 여러분들끼리 서로 알려 주세요.
【传观】chuánguān 图 돌려보다. 회람하다.
【传呼】chuánhū 图 1 (공용 전화 관리인이) 전화를 받도록 알리다. 2 (무선 통신을 통해) 호출하다. 图 무선 호출기. 삐삐. 비퍼(beeper).
【传呼电话】chuánhū diànhuà 图 호출 전화.
【传呼机】chuánhūjī 图 '寻呼机(무선 호출기·삐삐·비퍼(beeper))'의 별칭.
【传话】chuán‖huà 图 말을 전하다. ¶请你~给他, 让他明天来开会。=그에게 내일 회의에 참석하라고 말 좀 전해 주세요.
【传唤】chuánhuàn 图 1 부르다. 호출하다. ¶~门卫=경비를 호출하다. 2 (法) 소환하다. ¶~证人=증인을 소환하다.
【传技】chuánjì 图 기예를 전수하다.
【传家】chuánjiā 图 (집안에) 대대로 물리다. ¶仁义~=인의를 대대로 전하다.
【传家宝】chuánjiābǎo 图 1 (집안에) 대대로 전해 내려오는 진귀한 물건. 대대로 물려받은 가보(家寶). 2 ⓑ 자손 대대로 물려줄 가치가 있는 정신. 소중한 정신적인 유산. 좋은 전통. 훌륭한 풍도. ¶艰苦朴素的精神是我们不能丢弃的~。=애써 힘쓰고 소박하게 생활하는 정신은 우리들이 버려서는 안 될 소중한 정신적 유산이다.
【传见】chuánjiàn 图 (윗사람이 아랫사람을) 호출하다. 불러 내어 만나다. ¶等候~=호출을 기다리다.
【传教】chuán‖jiào 图 1 (宗) 전도하다. 선교하다. 포교(布敎)하다. 2 (문) 교화(敎化)를 널리 전파하다.
【传教士】chuánjiàoshì 图 (宗) (기독교의) 전도사. 선교사.
【传接】chuánjiē 图 (體) (횃불·바통 등을) 주고 받다.
【传戒】chuánjiè 图 (佛) 계법(戒法)을 전하다. 행동 규범을 전하다. 수계(授戒)하다.
【传经】chuán‖jīng 图 1 (文) 유가의 경전을 전수하다. 경학을 전하다. 2 경험을 전수하다. ¶你们的销售搞得不错, 找机会给我们传传经。=당신들이 판매를 잘 하니, 기회를 봐서 우리들에게 경험을 좀 전수해 주세요.
【传经送宝】chuánjīng-sòngbǎo 陳ⓑ 자신이 얻은 귀중한 경험을 다른 부문이나 부서에 전수하다.
【传看】chuánkàn 图 돌려보다. 회람하다. ¶~文件=문건을 회람하다.
【传令】chuán‖lìng 图 명령을 전달하다. ¶~下去=명령을 하달하다.
【传流】chuánliú 图 유전되다. ¶~世间=세간에 유전되다.
【传媒】chuánméi 图 1 ⓐ 전파매개(매스미디어·대중 매체). 2 TV·라디오·신문 등의 매체. ¶大众~=대중 매체. 3 (醫) (질병의) 전염 매개. 감염 경로. ¶空气也会成为某些疾病的~。=공기도 일부 질병의 전염 매개가 될 수 있다.
【传媒业】chuánméiyè 图 매스미디어(mass media) 업계. 대중 매체 업계.
【传名】chuánmíng 图 명성[이름]을 떨치다.
【传命】chuánmìng 图 명령을 전달하다.
【传票】chuánpiào 图 1 (法) 소환장(召喚狀). 호출장. 2 (經) 전표. [은행·회사·상점 등에서 금전의 출납이나 거래 내용 등을 간단히 적은 종이 쪽지]
【传奇】chuánqí 图 1 당(唐)대에 흥행한 단편소설. 전기 소설. 2 명청(明淸)대에 성행한 희곡. 3 중세 유럽의 기사(騎士) 문학 중 장편 이야기 시. 图 전기적이다. ¶他早年的经历充满~色彩。=그의 젊은 시절의 경력은 전기적인 색채가 짙다.
【传签】chuánqiān 图 (상급자가) 문서를 회람하고 서명하다.
【传情】chuán‖qíng 图 (남녀 사이에) 사랑의 감정을 전하다. ¶书信~=편지를 써서 사랑의 감정을 전하다.
【传球】chuánqiú 图 (體) (축구·농구 등에서) 공을 패스하다.
【传染】chuánrǎn 图 1 (醫) 전염하다. 감염하다. 옮다. 2 ⓑ (분위기·기분 등이) 전염하다[전염시키다]. 감염하다[감염시키다]. ¶她的笑声~了大家, 屋里的气氛顿时活跃起来。=그녀의 웃음소리는 모든 사람을 감염시켜서, 방안의 분위기가 갑자기 활기를 띠기 시작했다.
【传染病】chuánrǎnbìng 图 (醫) 전염병. 돌림병. 유행병.
【传染源】chuánrǎnyuán 图 (醫) 전염원. [전염병의 병원체를 가지고 있고 병을 퍼뜨리는 근원이 되는 사람이나 동물]
【传染性】chuánrǎnxìng 图 전염성. ¶这是一种~疾病。=이것은 일종의 전염성 질병이다.
【传热】chuánrè 图 (物) 열이 전도되다.
【传人】chuán‖rén 图 1 (주로 특수한 기예를) 다른 사람에게 전수하다. ¶独门绝艺, 不轻易~。=가문의 비기(秘技)는 남에게 경솔히 전수하지 않는다. 2 호출하다. 소환하다. ¶~问话=호출하여 묻다. 3 (醫) (질병을) 남에게 옮기다. 전염하다. ¶这种病不~。=이런 병은 남에게 전염되지 않는다.
【传人】chuánrén 图 1 (특정 부족이나 민족의) 후예. 후손. ¶中华民族是龙的~。=중화 민족은 용의 후예이다. 2 명성이 후세에 전해진 사람. ¶一代~=한 시대를 풍미한 사람. 3 (특정 학술·기예 등의) 계승자. 후계자. ¶他是一代京剧大师的~。=그는 한 시대를 풍미한 경극 거장의 후계자이다.
【传入】chuánrù 图 전해져 들어오다. ¶西方后现代文艺理论近年~中国。=서양의 포스트모더니즘 문예 이론은 근년에 중국에 들어왔다.
【传入神经】chuánrù shénjīng ☞【感觉神经】gǎnjué shénjīng
【传神】chuánshén 图 (문학·예술 작품의 인물이나 사물에 대한 묘사가) 생생하다. 매우 생동하

# 传 chuán

다. 핍진(逼眞)하다. ¶这幅肖像画画得极为~。=초상화는 정말 생동감 있게 그려졌다. 명⑨ 중국 전통 초상화.

【传声】 chuánshēng 동 소리를 전송하다. ¶~装置=소리 전송 장치.

【传声器】 chuánshēngqì ☞【微音器】 wēiyīnqì

【传声筒】 chuánshēngtǒng 명 1 메가폰 (megaphone). =【话筒】 huàtǒng 2 비 자기의 주견이 없이 다른 사람이 하는 말만 따라서 하는 사람. 앵무새.

【传世】 chuánshì 동 (저작·서화·진귀한 물건 등이) 세상에 전해지다. 후세에 전해지다. ¶~之作=후세에 전해질 훌륭한 작품.

【传受】 chuánshòu 동 전수받다. ¶递相~=서로 전수받다.

【传授】 chuánshòu 동 (학문·기예 등을 다른 사람에게) 전수하다. 가르치다. ¶~知识=지식을 전수하다.

【传书】 chuánshū 동⑨ 서신을 전달하다. ¶飞鸽~=비둘기로 서신을 전달하다.

【传输】 chuánshū 동 (에너지·정보 등을) 전송 (電送)하다. 보내다. 수송하다. ¶~能量=에너지를 전송하다.

【传输器】 chuánshūqì 명(機) (메모리카드와 컴퓨터를 연결하는) 카드 리더기〔판독기〕.

【传输线】 chuánshūxiàn 명 전송선(電送線). 도선(導線).

【传述】 chuánshù 동 전술되다. 이리저리 말이 전해지다. 전하여 말하다. ¶民间故事多为口头~。=민담은 대개 구두로 전해진다.

【传说】 chuánshuō 명 전설. ¶神话~=신화 와 전설. 동 이리저리 말이 전해지다. ¶人们纷纷~物价会上涨。=사람들이 물가가 오를 것이 라고 분분히 말들을 하고 있다.

【传送】 chuánsòng 동 (물건·편지·소식·목소리 등을) 전송하다. 보내다. ¶~信函=편지를 보내다.

【传送带】 chuánsòngdài 명(機) 1 컨베이어 (conveyor). 2 컨베이어 벨트.

【传诵】 chuánsòng 동 1 전송되다. 여러 사람의 입에서 입으로 전하여 읊다. ¶他的诗作被一时。=그의 시가 작품이 한때 널리 전송되었 다. 2 널리 전파되어 사람들이 칭송하다. ¶他的 刚正不阿在民间广为~。=그의 곧고 당당함이 민간에서 널리 칭송되고 있다.

【传颂】 chuánsòng 동 전해 내려오며 찬양하 다. 전해 내려오며 칭송되다. ¶他的英雄事迹为人们世代~。=그의 영웅적인 업적이 사람들에 의해서 대대로 칭송되고 있다.

【传统】 chuántǒng 명 전통. ¶艺术~=예술 전통. 형 1 전통적이다. 역사가 유구한. 대대로 전해진. ¶~习俗=전통적인 풍습. 2 보수적이 다. 수구적이다. 시대에 뒤처지는. ¶~势力=수구 세력.

【传统产业】 chuántǒng chǎnyè 명 전통 산 업. [17세기 산업 혁명 이후와 신기술 혁명 이전에 형성된 강철·방직·조선·화학 공업 등]

【传统工业】 chuántǒng gōngyè 명 전통 공업. [신기술 혁명 이전에 형성된 공업 부문. 예컨 대 강철·방직·조선·화학 공업 등]

【传统家庭】 chuántǒng jiātíng 명 전통 가정. 다세대 가정.

【传统教育】 chuántǒng jiàoyù 1 전통 교육. [20세기 이전 구미 등의 국가의 교실 학습 제도·학습 이론과 방법] 2 전통 교육. [장기적인 혁명 투쟁과 생산 건설 중 형성된 정확한 사상과 관념으로 사람들에게 진행하는 교육]

【传统能源】 chuántǒng néngyuán ☞【常规能源】 chángguī néngyuán

【传统农业】 chuántǒng nóngyè 명 전통 농업. [노예 사회 이후와 산업 혁명 이전에 형성된 농업]

【传位】 chuánwèi 동⑨ 왕위를 물려주다. 자리 를 물려주다.

【传闻】 chuánwén 동 전해 듣다. ¶~并非亲见。=전해 들은 것이지 결코 직접 본 것이 아니 다. 명 전문. 전해지는 말. (뜻)소문. 루머. 유언 비어. ¶~多不可信。=소문은 대체로 믿을 수 가 없다.

【传习】 chuánxí 동 (기예·지식 등을) 전수받아 익히다. 물려받아 배우다. 전습하다. ¶~酿酒工 艺=술의 양조 기술을 전수받아 배우다.

【传檄】 chuánxí 동⑨ 격문(檄文)을 돌리다. ¶~声讨=격문을 돌리며 성토하다.

【传销】 chuánxiāo 동(經) 다단계 판매. [현재 중국에서 금지되고 있음]

【传写】 chuánxiě 동 (돌려) 베끼다. 전사하다. ¶书稿几经~，错讹甚多。=책의 원고는 여러 번 돌려 베껴서 틀린 곳이 매우 많다.

【传信】 chuánxìn 동 1 편지를 전하다. 2 소식 을 전하다.

【传讯】 chuánxùn 동(法) (사법 기관·경찰 당 국 등이 관련자를) 소환하여 심문하다.

【传言】 chuányán 동 말을 전하다. ¶~送语=말을 전하다. 명 떠도는 말. 소문. 풍문. ¶不要听信~。=떠도는 말을 믿지 마라.

【传扬】 chuányáng 동 (일·명성 등이) 전파되 다. 전하여 퍼지다. 퍼뜨리다. 퍼져 나가다. ¶这事要是~出去, 会有损你的名声。=이 일이 만약 퍼져 나가면 당신의 명성에 누가 될 것입니다.

【传艺】 chuányì 동 기예를 전수하다. 기술을 전하 다. ¶收徒~=제자를 받아서 기예를 전하다.

【传译】 chuányì 동 통역하다. 번역하다. ¶同声~有一定的难度。=동시 통역은 어느 정도의 난 이도가 있다.

【传语】 chuányǔ 동 말을 전하다.

【传阅】 chuányuè 동 돌려 가며 보다. 회람하다. ¶~报告=보고서를 돌려가며 보다.

【传真】 chuánzhēn 명 1 팩시밀리. 팩스. ⑨【电传】 diànchuán 2 (사실적인) 인물 묘사. 초상 화 그리기. 동 초상화를 그리다. 인물을 그리다.

【传真机】 chuánzhēnjī 명 팩스. 팩시밀리.

【传旨】 chuánzhǐ 동 황제의 명령을 전하다. 왕

명을 전하다.

【传种】 **chuán**▫**zhǒng** 〔动〕 (동식물이) 번식하다. 종자를 남기다. 대를 잇다. ¶选品种优良的马来~. =품종이 좋은 말을 골라서 번식시키다.

【传宗接代】 **chuánzōng-jiēdài** 〔成〕 혈통을 잇다. 대를 잇다. 가계를 잇다. 대를 물리다.

# 舡 chuán 배 선
〔名〕 **1** 〈早〉 '船(chuán)'과 같음. **2** (Chuán) 성(姓).

# **船** [舩] chuán 배 선
〔名〕 **1** 배. 선박. ¶轮~=기선. / 帆~=범선. **2** 공중·우주의 교통 도구. ¶宇宙飞~=우주 비행선. 气舟

◦● 兵船. 驳bó船. 渡dù船. 趸dǔn船. 旱hàn船. 航háng船. 浪làng船. 龙lóng船. 民船. 木船. 汽船. 沙shā船. 商船. 摇yáo船. 游船. 油船. 邮船. 晕yùn船

【船板】 **chuánbǎn** 〔名〕 **1** (배의) 갑판. =【船面】 **chuánmiàn 2** 배 밑바닥의 널판.

【船帮】 **chuánbāng** 〔名〕 **1** 배의 양 측면. 뱃전. 선측(船側). **2** 선단(船團).

【船舶】 **chuánbó** 〔名〕 배. 선박.

【船埠】 **chuánbù** 〔名〕 부두.

【船舱】 **chuáncāng** 〔名〕 선실. 선창.

【船厂】 **chuánchǎng** 〔名〕 조선소.

【船城】 **chuánchéng** 〔名〕 크루즈 선박. 호화 여객선.

【船到江心补漏迟】 **chuán dào jiāngxīn bǔlòu chí** 〈成〉 **1** 배가 강 복판에 이르러서야 물이 새는 것을 막아 보려 하지만 때는 이미 늦다. **2** 〔比〕 때가 이미 늦다. 시기가 이미 지나다.

【船到江心, 拿稳了舵】 **chuán dào jiāngxīn, náwěn**▫**le duò** 〈成〉 **1** 배가 강 복판에 이르면 키를 단단히 잡아야 한다. **2** 〔比〕 일을 하기로 결정한 후에는 자신감을 가져야 한다.

【船到码头, 车到站】 **chuán dào mǎ**▫**tou, chē dào zhàn** 〈俗〉〔比〕 임무를 완성하거나 일이 일단락되다.

【船底】 **chuándǐ** 〔名〕 **1** 배의 밑바닥. **2** 배의 아랫부분. [주로 물에 잠기는 부분을 가리킴]

【船东】 **chuándōng** 〔名〕 선주. 배의 소유자. 선박의 주인.

【船队】 **chuánduì** 〔名〕 **1** 선대. 상선대. 어선단. 함대. **2** 선박 회사의 하부 조직.

【船舵】 **chuánduò** 〔名〕 배의 키.

【船帆】 **chuánfān** 〔名〕 (배의) 돛.

【船夫】 **chuánfū** 〔名〕 사공. 선부. 수부(水夫).

【船工】 **chuángōng** 〔名〕 **1** 사공. 선부(船夫). **2** 조선공(造船工).

【船号】 **chuánhào** 〔名〕 선박의 번호.

【船户】 **chuánhù** 〔名〕 **1** 뱃사공(집안). **2** (배에서 사는) 수상 생활자.

【船级】 **chuánjí** 〔名〕 선급(船級).

【船籍】 **chuánjí** 〔名〕 선박의 국적이나 소속. 선적.

【船家】 **chuánjiā** 〔名〕 뱃사공(집안).

【船桨】 **chuánjiǎng** 〔名〕 (배를 젓는) 노. 삿갓대.

【船壳】 **chuánké** 〔名〕 선체. 선체의 외각(外殼).

【船老大】 **chuánlǎodà** 〔名〕〈方〉 **1** 선장. **2** 선원. 선부(船夫).

【船龄】 **chuánlíng** 〔名〕 선령. 배의 진수 연수.

【船锚】 **chuánmáo** 〔名〕 (배의) 닻.

【船面】 **chuánmiàn** ☞【船板】 **chuánbǎn**

【船民】 **chuánmín** 〔名〕 **1** 배를 집 삼아 수운업(水運業)에 종사하는 사람. **2** 해상 난민. 보트 피플(boat people).

【船模】 **chuánmó** 〔名〕 배 모형. ¶~大赛=배 모형 대회.

【船篷】 **chuánpéng** 〔名〕 **1** 배의 덮개. **2** 배의 돛. ¶风雨打~=비바람이 돛을 때리다.

【船票】 **chuánpiào** 〔名〕 배표. 승선표.

【船破又遇顶头风】 **chuán pò yòu yù dǐng tóufēng** 〈俗〉 **1** 배가 파손된 데다 맞바람까지 만나다. **2** 〔比〕 설상가상(雪上加霜). 엎친 데 덮치다.

【船期】 **chuánqī** 〔名〕 선박의 출입항일. 출범[出航] 기일.

【船钱】 **chuán**▫**qián** 〔名〕 뱃삯. 선임(船賃).

【船上交(货)】 **chuánshàng jiāo(huò)** 〔名〕〈經〉 본선 인도(本船引渡). FOB(Free on Board). =【甲板交(货)】 **jiǎbǎn jiāo(huò)**【港口交(货)】 **gǎngkǒu jiāo(huò)** ¶~价(格)=본선 인도 가격.

【船艄】 **chuánshāo** 〔名〕 선미(船尾). 고물.

【船身】 **chuánshēn** 〔名〕 선체(船體).

【船室】 **chuánshì** 〔名〕 선실. 선창(船艙).

【船首】 **chuánshǒu** 〔名〕 뱃머리. 이물. 선수.

【船台】 **chuántái** 〔名〕 조선대(造船臺). 조선소의 선대(船臺).

【船体】 **chuántǐ** 〔名〕 선체.

【船跳板】 **chuántiàobǎn** 〔名〕 배와 부두를 잇는 트랩(trap). 현제(舷梯).

【船艇】 **chuántǐng** 〔名〕 배. 선박.

【船头】 **chuántóu** 〔名〕 뱃머리. 이물. 선수.

【船王】 **chuánwáng** 〔名〕 선박왕.

【船桅】 **chuánwéi** 〔名〕 배의 돛대.

【船尾】 **chuánwěi** 〔名〕 선미. 고물.

【船位】 **chuánwèi** 〔名〕 **1** 선위. [해상에서의 배의 위치] ¶报告~=배의 위치를 보고하다. **2** (부두·항구 등에서) 배가 정박할 장소. ¶港口~充足. =항구에 정박할 장소가 충분하다.

【船务】 **chuánwù** 〔名〕 선박의 항해·수리 건조 등과 관련된 업무.

【船坞】 **chuánwù** 〔名〕 도크(dock). 선거(船渠).

【船舷】 **chuánxián** 〔名〕 뱃전. 선연(船緣).

【船员】 **chuányuán** 〔名〕 선원.

【船运】 **chuányùn** 〔动〕 선박으로 운수하다. ¶~业=수상 운수업.

【船闸】 **chuánzhá** 〔名〕 선박의 항행(航行)용 수문(水門).

【船长】 **chuánzhǎng** 〔名〕 선장.

【船照】 **chuánzhào** 〔名〕 선박 통행권[항행증].

【船只】 **chuánzhī** 〔名〕 선박. 배.

【船主】 **chuánzhǔ** 〔名〕 선주. 선박의 주인.

# 遄 椽 舛 舚 喘 串 chuàn

**遄** chuán 빠를 천
- 튀 신속히. 급히. 빨리. ¶~往=급히 가다.
- 형 왕래가 빈번하다.

**椽** chuán 서까래 연
- 명 서까래.

【椽笔】chuánbǐ 명튀 (서까래만 한) 큰 붓. 대가의 붓. 명문(名文). [남의 글이나 글재주를 칭송할 때 쓰임]

【椽条】chuántiáo 명 서까래.

【椽子】chuán·zi 명 서까래.

**舛** chuǎn 어긋날 천
- 동튀 어긋나다. 위배되다. ¶异议~驰=의견의 차이가 너무 현격하다. 착오. 잘못. 오류. 乖~=착오. 형 불행하다. 평탄하지 않다. ¶命途多~=팔자가 사납다. 시운이 불길하다. 능乖.

| 舛 chuǎn |
| 舜 shùn |
| 瞬 shùn |

【舛驰】chuǎnchí 동 서로 반대 방향으로 치닫다.

【舛错】chuǎncuò 형 교차하다. 뒤얽히다. 가지런하지 않다. 들쑥날쑥하다. ¶~纵横=종횡으로 교차하다. 명튀 1 잘못. 오류. 착오. ¶文字~=글자가 틀리다. 2 뜻밖의 일. 의외의 변화. [주로 재난을 가리킴] ¶人生一世, ~难免. =인생을 살아가는 데 뜻밖의 일을 당하는 것은 면하기 어렵다.

【舛讹】chuǎn'é 명튀 오류. 잘못. 실수. 착오. 모순. ¶引文~=인용문 오류.

【舛误】chuǎnwù 명튀 오류. 착오. 잘못. ¶书中~甚多, 实误人子弟. =책에 오류가 너무 많아서, 실로 학생들에게 해를 끼친다.

【舛杂】chuǎnzá 형 틀리고 난잡하다. 잡잡하다. 뒤섞여 어수선하다. ¶论述~, 难以卒读. =논술이 틀리고 난잡하여 끝까지 읽기가 어렵다.

**舚** chuǎn 늦게 딴 찻잎 천
- 명튀 늦게 딴 찻잎.

**\*\*喘** chuǎn 헐떡일 천
- 동 1 헐떡이다. 헐떡거리다. 숨차다. ¶他累得~息不止. =그는 지쳐서 계속 숨을 헐떡거린다. 2 숨을 돌리다. ¶最近忙得有点~不过气来了=요즘 바빠서 숨을 돌릴 수가 없다. 명 1 숨. 호흡. 목숨. 수명. ¶苟延残~=남은 목숨을 겨우 부지하다. 2 (醫) 천식(喘息). 동 哮~=천식.

【喘气】chuǎn‖qì 동 1 ㉠ 호흡하다. 헐떡거리다. 숨차다. ¶累得直~=너무 지쳐서 줄곧 헐떡거리다. 2 숨을 돌리다. ¶忙得连~的时间都没有. =바빠서 숨 돌릴 틈조차 없다.

【喘息】chuǎnxī 동 1 헐떡거리다. 숨을 몰아쉬다. 숨이 차다. ¶~一初它~숨이 찬 것이 진정되다 2 한숨 돌리다. 잠깐 쉬다. ¶忙了半天, 也该~一下了. =한참을 바쁘게 보냈으니 한숨을 좀 돌려야겠다. 명 (醫) ☞【气喘】qìchuǎn.

【喘吁吁】[喘嘘嘘] chuǎnxūxū(~的) 형 (숨이 차서) 헐떡거리다. 헐떡이다. ¶他~地跑上楼. =그는 숨을 헐떡이며 위층으로 뛰어 올라왔다.

【喘嘘嘘】chuǎnxūxū ☞【喘吁吁】chuǎnxūxū

**\*\*串** chuàn 꿸 관
- 동 1 꿰다. ¶贯~=일관되다. 2 잘못 연결하다. 뒤섞이다. 헷갈리다. ¶电话肯定~线了. =전화가 분명히 혼선되었다. 3 ㉠ (나쁜 일을 하려고) 결탁하다. 한패가 되다. ¶互相~供=서로 짜고 거짓 진술하다. 4 여기저기 돌아다니다. 싸돌아다니다. 쏘다니다. ¶走街~巷=이 거리 저 골목을 돌아다니다. 5 (연극·드라마 등의) 배역을 맡다. 출연하다. ¶客~=특별 출연하다. 찬조 출연하다. 6 다른 것이 섞여 원래의 특색을 바꾸다. ¶剩菜~味儿了. =남은 음식 맛이 변했다. 명 (~儿) 꿰어 이루어진 물품. 꼬치. ¶羊肉~儿=양고기 꼬치. 양 (~儿) 꿰미. 송이. 줄. [꿴 물건을 세는 단위] ¶一~儿葡萄=포도 한 송이. /一~珍珠=진주 한 꿰미. 능贯.

【串案】chuàn'àn 명 (法) 1 (동일 계통이나 부서 사람) 공모하여 일으킨 사건. 2 함께 연계된 사건.

【串鼻子】chuànbí·zi 속(비) (주로 나쁜 일로) 관계를 맺다. ¶想调工作, 就得去跟领导~。=근무처를 옮기고 싶으면 윗사람과 관계를 잘 맺어야 한다.

【串弊】chuànbì 동 공모하여 나쁜 일을 하다.

【串并联】chuànbìnglián 명 (電) 직병렬(直並列) 연결(접속).

【串灯】chuàndēng 명 반딧불 전구. 줄 모양 장식등.

【串岗】chuàn‖gǎng 동 (근무 시간에) 자기 자리를 떠나 제멋대로 돌아다니다. ¶上班时间, 不要到处~. =근무 시간에 여기저기 제멋대로 돌아다니지 마라.

【串供】chuàn‖gòng 동 서로 짜고 거짓 진술을 하다. ¶嫌犯~给审案工作带来很大的难度。=용의자가 짜고 거짓 진술을 하여 사건의 수사에 많은 어려움을 초래하였다.

【串行】chuànháng 동 줄(行)의 글을 다른 줄(행으로) 잘못 간주하다.

【串花】chuànhuā 동 (生) 자연 교잡하다.

【串话】chuànhuà 동 1 전화가 혼선되다. 2 말을 맞추다. 공모(共謀)하다. 공동 모의하다.

【串换】chuànhuàn 동 (서로) 맞바꾸다. 바꾸다. 교환하다. ¶~学习资料=학습 자료를 서로 맞바꾸다.

【串讲】chuànjiǎng 동 1 글자 하나하나, 한 구절 한 구절의 뜻을 해석하다. 2 한 편(篇)의 글 또는 단락별로 강의한 후 전체 내용을 개괄하다.

【串接】chuànjiē 동 일관되게 잇다[연결하다]. ¶本文用一封迟到的回信~, 这个글은 늦게 도착한 한 통의 편지로 일관되게 이어져 있다.

【串街走巷】chuànjiē-zǒuxiàng ☞【走街串巷】zǒujiē-chuànxiàng

【串连】chuànlián ☞【串联】chuànlián

【串联】[串连] chuànlián 동 1 하나하나 차례로 잇다〔연결하다〕. 서로 연계하다. 통하다. ¶~附近各村受害者联名起诉造成水污染的造纸厂。= 인근 마을의 피해자들과 연대 서명하여 수질을 오염시킨 제지 공장을 고소했다. 2 일관되게 잇다〔연결하다〕. ¶作者的思乡之情将文中几个看似不相关的小故事~成一个整体。= 작자의 향수는 무관해 보이는 짧은 이야기 몇 개를 일관되게 이어 주고 있다. 명(電) 직렬 연결. ↔并联

【串铃】chuànlíng 1 방울꿰미. 여러 개를 꿰어 엮은 방울. 걸을 때 소리가 나도록 가축의 목에 거는 방울. 2 방울. [지난날, 점쟁이나 장사꾼들이 손님을 끌기 위해 흔듦]

【串门】chuàn‖mén(~儿) 동 마을〔마실〕다니다. 이웃집에 놀러 다니다. 이 집 저 집 돌아다니다. =【串门子】chuàn‖mén·zi ¶老太太很喜欢到邻居家~。= 노부인은 이웃집에 놀러 다니기를 좋아한다.

【串门子】chuàn‖mén·zi ☞【串门】chuàn‖mén

【串谋】chuànmóu 동 공모(共謀)하다.

【串皮】chuànpí 동 약기운이 온몸에 퍼지다. 술기운이 온몸에 오르다.

【串骗】chuànpiàn 동 공모(共謀)하여 속이다. 서로 짜고 협잡하다.

【串气】chuànqì 동 한통속이 되다. 결탁하다. 내통하다. ¶~翻供 = 서로 결탁하여 진술을 번복하다. 명(醫) 산통(疝痛).

【串亲】chuànqīn ☞【串亲戚】chuànqīn·qi

【串亲访友】chuànqīn fǎngyǒu 성 친척이나 친구 집에 나들이 다니다.

【串亲戚】chuànqīn·qi 동 친척댁을 방문하다. 친척집에 놀러 가다. =【串亲】chuànqīn

【串通】chuàntōng 동 1 서로 짜다. 함께 공모(共謀)하다. 결탁하다. 내통하다. ¶~一气 = 서로 공모하여 한통속이 되다. 2 연락하다. 연계하다. 차례로 잇다. ¶他们俩~好了假期一起出游。= 그 두 사람은 휴가 기간에 같이 놀러 가기로 연락해 두었다.

【串通投标】chuàntōng tóubiāo 명 공모(共謀)한 입찰.

【串通一气】chuàntōng-yīqì 성 서로 공모(共謀)하여 한통속이 되다. 서로 내통하다.

【串同】chuàntóng 동 한통속이 되다. 결탁하다. 내통하다. 공모하다. 서로 짜다. ¶~作案 = 한통속이 되어 사건을 저지르다.

【串味】chuàn‖wèi(~儿) 동 (음식·음료 등의) 맛이나 냄새가 뒤섞이다. 다른 냄새가 배어들다. ¶放冰箱的食物要一一封好, 以免~。= 냉장고에 넣는 음식은 하나하나 잘 봉해야 다른 냄새가 배어가〔배어들지〕 않는다.

【串戏】chuàn‖xì 동(劇) 1 (연극·드라마 등) 출연하다. 배역을 맡다. ¶她一晚上要串三场戏。= 그녀는 하룻저녁에 세 차례의 연극 공연에 출연해야 한다. 2 아마추어 연기자가 전문 연극에 출연하다.

【串线】chuàn‖xiàn 동(電) 혼선되다. ¶电话一晚上竟串了两次线。= 전화가 하룻저녁에 두 번이나 혼선되었다.

【串乡】chuànxiāng 동 (판매·수매·의료·공연·시찰·조사·연구 등을 위해) 여러 시골 마을을 돌아다니다.

【串行】chuànxíng 동 (차량이) 차선을 위반하다. (보행자가) 무단으로 횡단하다. ¶禁止车辆~。= 차선 위반을 금지하다.

【串行(端)口】chuànxíng(duān)kǒu 명(電) 포트(port). =【端口】duānkǒu

【串烟】chuàn‖yān 동 음식에 연기 냄새가 배다. 명 향불 연기.

【串演】chuànyǎn 동(劇) 배역을 맡다. …역을 연기하다. 단역을 하다. 엑스트라 역을 하다. 보조역을 맡다. ¶她在剧中~一个女大学生。= 그녀는 연극에서 여대생 역을 연기한다.

【串秧】chuànyāng(~儿) 동(生) (동식물이) 교잡하(여 변이가 생겨나)다.

【串游】chuàn·you 동 (이리저리) 한가로이 돌아다니다. 산보하다. 한가로이 거닐다. ¶在河边~ = 강가에서 한가로이 거닐다.

【串珠】chuànzhū 동 구슬을 꿰다. 명 1 구슬꿰미. 2 (佛) 염주.

【串子】chuàn·zi 명 꿰미. 꼬치. ¶铜钱~ = 동전꿰미.

## 钏[釧] chuàn 팔찌 천

명 1 팔찌. 발찌. ¶金~ = 금팔찌. 2 (Chuàn) 성(姓).

# chuang

## 创[創] chuāng 상처 창

명 상처. 손상. ¶刀~ = 칼로 인한 상처. 동 손상을 입히다. 타격을 주다. ¶重~敌军 = 적군에게 큰 타격을 주다.
☞ chuàng

【创痕】chuānghén 명 1 상처 자국. 흉터. 2 (比) 마음의 상처.

【创巨痛深】chuāngjù-tòngshēn 성 1 상처가 크고 고통이 깊다. 2 (比) 심각한 손실을 입다. 손해가〔타격이〕 크다.

【创口】chuāngkǒu 명 (부스럼·종기·상처 등의) 터진 자리.

【创面】chuāngmiàn 명 상처의 표면.

【创伤】chuāngshāng 명 1 상처. 외상(外傷). ¶手臂的~已经痊愈。= 팔의 상처가 이미 다 나았다. 2 (比) 정신적·물질적인 상처나 훼손. ¶心灵的~难以愈合。= 마음의 상처는 아물기 어렵다.

【创痛】chuāngtòng 명 고통. 아픔. 상처로 인한 아픔. ¶父母的离异给她带来了极大的~。= 부모의 이혼이 그녀에게 극심한 고통을 가져다 주었다.

【刨痍】chuāngyí ☞【瘡痍】chuāngyí

## 扻[摐] chuāng 칠 창
동문 (손·기구 등으로 물체를) 치다. 두드리다. ¶搖鼓～鐘=북을 치고 종을 치다.

## 疮[瘡] chuāng 부스럼 창
명 1 (醫) 피부 궤양. 부스럼. 헌데. 종기. 창병(瘡病). ¶凍～=동상. / 千～百孔=만신창이(滿身瘡痍). 상처투성이. 2 외상. 상처. ¶箭～=화살에 맞은 상처. / 金～迸裂=칼에 벤 상처가 갈라지다.

○● 痤cuó疮、大疮、冻dòng疮、痘dòu疮、疥jiè疮、口疮、狼láng疮、漏lòu疮、奶疮、鼠shǔ疮、秃tū疮、痔zhì疮

【疮疤】chuāngbā 명 1 상처 자국. 부스럼자리. 2 비 약점. 아픈 곳. 허물. 은밀한 부분. ¶不要總揭人的～。=그렇게 늘 다른 사람의 아픈 곳을 건드리지 마라.
【疮痂】chuāngjiā 명 상처의 딱지. 부스럼딱지.
【疮口】chuāngkǒu 명 (부스럼·종기·상처 등의) 터진 자리. ¶～流膿了。=상처의 터진 자리에서 고름이 흐르다.
【疮痍／刨痍】chuāngyí 명동 1 상처. 2 비 (과괴·재난 후의) 참상(慘狀). 고통. 상처. 손실. 피해. ¶～淒景=처참한 광경.
【疮痍满目】chuāngyí-mǎnmù 성 1 눈에 보이는 것이 모두 엉망진창이다. 2 (전란·재해로 심하게 파괴되어) 만신창이(滿身瘡痍)이다. 온통 상처투성이이다. =【满目疮痍】mǎnmù-chuāngyí

## 窗[窓・窻・牕・牎] chuāng 창문 창
명 (～儿) 창. 창문. ¶落地～=아랫부분이 (마룻)바닥부터 시작하는 높고 긴 창문. / 玻璃～=유리창.

○● 橱chú窗、吊diào窗、天窗、铁窗、同tóng窗、舷xián窗

【窗玻璃】chuāngbō·li 명 창유리. 판유리.
【窗洞】chuāngdòng (～儿) 명 (공기·빛이 통할 수 있게) 벽에 낸 구멍. 공기창문. 창문구멍.
【窗扉】chuāngfēi 명문 창문. 창(窓).
【窗格子】chuānggé·zi 명 창문의 격자. 창살.
【窗户】chuāng·hu 명 1 창문. 창(窓). 2 (자동차·배·비행기 등의 벽이나 꼭대기에 나 있는 통기·채광용) 창. 창문.
【窗户纸】chuāng·huzhǐ ☞【窗纸】chuāngzhǐ
【窗花】chuānghuā (～儿) 명 창문 장식 종이. [창문을 장식하는 전지(剪紙)의 일종]
【窗机】chuāngjī 명 창문형 에어컨.
【窗口】chuāngkǒu 명 1 창문. 창(窓). 2 (～儿) 창가. 창문 곁. ¶站在～儿看風景。=창가에 서서 풍경을 내다보다. 3 (매표소·접수대의) 창구. ¶售票～=매표 창구. 4 (직접 국민 생활을 위해 서비스하는) 대민 창구(對民窓口). ¶文明服务示范～单位=대민 서비스 모범 기관. 5 비 (정신적·물질적인 전모를 반영하고 보여 주는) 창(窓). 표상. 상징. ¶服务行业是一个城市的～。=서비스업은 한 도시의 창(窓)이다. 6 비 경로. 창구. 길. 방법. 루트. ¶对外开放为我们敞开了了解世界的～。=대외 개방은 우리들에게 세계를 이해하게 하는 길을 활짝 열어 주었다. 7 [컴] 윈도우(window).
【窗口单位】chuāngkǒu dānwèi 명 (한 지방의 사회 면모를 반영하거나 드러내 보일 수 있는 여관·상점·정거장·부두 등의) 서비스 기관.
【窗口行业】chuāngkǒu hángyè 명 (한 지방의 사회 면모를 반영하거나 드러내 보일 수 있는 여행업·요식업·운수업 등의) 서비스업종.
【窗框】chuāngkuàng 명 창틀.
【窗帘】chuānglián (～儿) 명 커튼.
【窗棂(子)】chuānglíng(·zi) 명 창의 격자. 창살.
【窗幔】chuāngmàn 명 (주로 대형) 커튼.
【窗明几净】chuāngmíng-jījìng 성 1 창은 밝고 책상은 깨끗하다. 2 비 실내가 매우 산뜻하고 깨끗하다. 서재나 거실이 밝고 깨끗하다. =【明窗净几】míngchuāng-jìngjī ¶几净窗明】jìjìng-chuāngmíng
【窗纱】chuāngshā 명 방충망.
【窗扇】chuāngshàn (～儿) 명 창문짝.
【窗饰】chuāngshì 명 1 창문의 장식(품). 2 상품 진열창을 꾸미는 물품.
【窗台】chuāngtái (～儿) 명 창턱. 창문턱. ¶～上放着鲜花。=창턱에 생화가 놓여있다.
【窗屉子】chuāngtì·zi 명 방충망 테.
【窗帷】chuāngwéi 명 창문 커튼.
【窗沿】chuāngyán (～儿) 명구 창문턱. 창턱.
【窗眼】chuāngyǎn 명 1 창. 2 창문의 격자 사이의 공간. 창살 틈.
【窗友】chuāngyǒu 명 동창생. 급우. 학우.
【窗纸】chuāngzhǐ 명 1 창호지. 2 창에 바르는 종이. =【窗户纸】chuāng·huzhǐ
【窗子】chuāng·zi 명 창. 창문.

## 床[牀] chuáng 침대 상
명 1 침대. 침상. 베드(bed). ¶双人～=2인용 침대. / 铺～叠被=침대에 이불을 깔고 개다. 2 (침대처럼) 넓은 평면을 가진 기구. ¶机～=선반. 3 (침대처럼) 평평하게 생긴 지면. ¶河～=하상. 양 채. 자리. [요·이불 등 침구를 세는 단위] ¶一～被=이불 한 채. / 两～铺盖=두 채의 요와 이불.

○● 刨bào床、病床、磙cǎ床儿、槽cáo床、冲chòng床、道床、吊diào床、东床、剪jiǎn床、锯jù床、矿kuàng床、拉床、冷床、临床、灵床、尿niào床、起床、温wēn床、旋xuàn床、牙床、钻zuàn床

【床板】chuángbǎn 명 1 (침대의) 매트 받침

판. 받침대. **2** 침대 갈판. [임시로 걸쳐서 침대로 사용하는 널빤지를 말함]

【床单】chuángdān(~儿) 圀 침대보. 침대 시트(sheet). =【床单子】chuángdān·zi

【床单子】chuángdān·zi ☞【床单】chuángdān

【床底下放风筝】chuángdǐ·xia fàng fēng·zheng 谚 **1** 침대 아래에서 연날리기. **2** 비 (수준·능력 등이) 아무리 뛰어나도 객관적인 환경의 제약으로 한계가 있다. 아무리 높이려 해도 한도가 있다.

【床垫】chuángdiàn 圀 침대 매트리스.

【床架】chuángjià 圀 침대 프레임.

【床铺】chuángpù 圀 침대와 깔개. 침상. 침대. 잠자리.

【床上安床】chuángshàng-ānchuáng 성 **1** 침대 위에 침대를 놓다. **2** 비 불필요한 번거로운 일. 쓸데없이 중복된 일을 하다. 옥상가옥(屋上架屋).

【床上戏】chuángshàngxì 圀 베드신(bed scene).

【床上用品】chuángshàng yòngpǐn 圀 (베개·이불 등) 침구. 침대용품.

【床虱】chuángshī ☞【臭虫】chòuchóng

【床榻】chuángtà 圀 침상. 침대. ¶病卧~=병들어 침상에 눕다.

【床屉】chuángtì 圀 **1** (착탈식) 침대 갈판. [사각 틀 안에 종려승(棕榈绳)·철사 따위를 엮어 만든 것] **2** (침대의) 매트 받침판.

【床头】chuángtóu 圀 **1** 침대 머리판. 침대 발판. **2** 침대 머리맡.

【床头柜】chuángtóuguì 圀 **1** 침대 머릿장. [침대 머리맡의 작은 서랍장] **2** 비 ('柜'의 '跪'의 발음이 같은 데서 기인하여) 공처가.

【床头人】chuángtóurén 낮 아내.

【床帏】chuángwéi 圀문 **1** 침대 휘장. 침대 둘러치는 커튼. **2** 남녀 간의 은밀한 정(情). ¶~私事=남녀 간의 은밀한 일.

【床位】chuángwèi 圀 (숙박업소·병원·여객선·기차·숙사 등의) 침상. ¶那家宾馆的~已预定一空. =그 호텔의 침상은 이미 완전히 예약이 다 찼다.

【床席】chuángxí 圀 침대에 까는 돗자리.

【床沿】chuángyán(~儿) 圀 침대의 가장자리.

【床帐】chuángzhàng 圀 침대에 둘러치는 커튼. 침대 휘장.

【床罩】chuángzhào(~儿) 圀 침대 커버. 침대 덮개. 침대 시트.

【床笫】chuángzǐ 圀문 **1** 침대 갈판. 침석(寝席). **2** 규방. 부부[남녀]의 성관계. ¶~之欢=부부[남녀] 간의 성관계의 즐거움.

【床子】chuáng·zi 圀 **1** 선반. **2** 비 (침대처럼 생긴) 물건 받침대. 좌판. ¶菜~=채소 좌판.

**哾** chuáng 먹는 모양 당

동방 무절제하게 먹고 마시다. 폭음·폭식하다. ¶胡乱~喝=아무 절제 없이 폭음·폭식하다.

*幢 chuáng 기 당

圀 **1** 엣 당(幢). [고대 깃발의 일종] **2** (佛) 부처의 이름·불교의 경문을 새긴 돌기둥. ¶石~=经幢(經幢).

☞ zhuàng

【幢幢】chuángchuáng 형문 (그림자가) 혼들혼들하다. 어른거리다. ¶人影~=사람 그림자가 어른거린다.

**硳** chuáng 돌 소리 당

지명에 쓰이는 글자. ¶流水~=류수이촹. [안후이(安徽)성에 있는 지명]

*闯 [闖] chuǎng 불쑥 뛰어들 틈

동 **1** 돌진하다. 맹렬하게 돌격하다. 갑자기 뛰어들다. ¶横冲直~=좌충우돌하며 돌진하다. **2** 실제 경험을 통하여 단련하다. 경험을 쌓다. ¶他在社会上~了不少年了. =그는 사회 생활을 통해서 여러 해 동안 경험을 쌓았다. **3** 이리저리 뛰어다니다. 바쁘게 싸다니다. 활동하다. ¶走南~北=동분서주하다. **4** 야기하다. 일으키다. ¶他又~了乱子. =그는 또 문제를 일으켰다.

【闯大运】chuǎng dàyùn 낮 (확실하지 않은 상황에서) 운에 부딪쳐 보다. 운명에 맡기고 행동하다.

【闯荡】chuǎngdàng 동 세상을 떠돌며 경험을 쌓다. ¶他在外~多年, 终于有了自己的事业. =그는 밖에서 여러 해 동안 떠돌며 경험을 쌓아 마침내 자신의 사업을 가지게 되었다.

【闯关】chuǎng∥guān 동 **1** 관문을 돌파하다. 세관의 눈을 속이다. **2** 비 난관을 극복하다. 고비를 뚫고 나아가다. ¶她在国际象棋比赛中连闯三关, 终于赢得冠军. =그녀는 국제 장기 대회에서 연달아 세 차례의 고비를 뚫고 마침내 우승하였다.

【闯关东】chuǎng Guāndōng 낮엣 허베이(河北)·산둥(山东) 등지의 빈민이 생계를 위해 둥베이(东北) 지역으로 가다.

【闯红灯】chuǎng hóngdēng 동 신호를 위반하다. [자동차가 빨간〔정지〕 신호를 무시하는 것을 말함]

【闯祸】chuǎng∥huò 동 (제멋대로 행동하고 부주의하여) 사고를 일으키다. 손실을 초래하다. 사단을〔문제를〕 일으키다. 일을 저지르다. ¶这孩子太淘气, 又在外面~了. =이 아이는 너무 장난기가 심해서 또 밖에서 일을 저질렀다.

【闯江湖】chuǎng jiānghú 낮엣 (점쟁이·곡예사·약장수를 업으로) 세상을 떠돌며 살아가다. 방랑 생활을 하다.

【闯将】chuǎngjiàng 圀 **1** (军) 적진으로 돌진하는 용감한 장수. 맹장(猛将). 돌격대장. **2** 비 용감하게 앞을 향해 돌진하는 사람. ¶他立志做一位科技创新的~. =그는 과학 기술 개혁 분야의 개척자가 되겠다는 뜻을 세웠다.

【闯劲】chuǎngjìn(~儿) 圀 (맹렬하게 돌격해 나가는) 추진력. 돌파력. ¶他这人敢想敢干, 很

有~儿。=그 사람은 과감하게 생각하고 행동하는, 매우 추진력이 있는 사람이다.

【闯练】**chuǎngliàn** 动 (사회에 나가) 실생활에서 단련되다. 경험을 쌓다. ¶~四方=사방에서 세상 경험을 쌓다.

【闯乱子】**chuǎng luàn·zi** 동 (제멋대로 행동하거나 부주의하여) 사고를 일으키다. 분규를 일으키다. ¶出门要小心, 别~。=집을 나서서는 조심하고 일을 저지르지 마라.

【闯牌子】**chuǎng pái·zi** 동 (품질·서비스 개선으로) 기업이나 상품의 지명도를 높이다. ≒创(chuàng)牌子

【闯世界】**chuǎng shìjiè** 동 사방으로 분주하게 떠돌며 생활하다. 어떤 영역에 뛰어들어 발전을 꾀하다. ¶他十多岁时就出外~了。=그는 열 살 남짓한 때에 세상에 나가 떠돌며 생활을 하였다.

【闯天下】**chuǎng tiānxià** 동 1 (무력으로) 천하를 빼앗다. 정권을 잡다. 2 사방으로 분주하게 떠돌며 생활하다. 어떤 영역에 뛰어들어 발전을 꾀하다.

【闯席】**chuǎngxí** 동 불청객으로〔제 맘대로〕연회에 참석하다.

【闯运气】**chuǎng yùn·qi** 동 (확실하지 않은 상황에서) 운에 부딪쳐 보다. 이리 되든 저리 되든 운명에 맡기고 행동하다.

【闯阵】**chuǎngzhèn** 동 적진으로 돌진하다.

## \*\*创[創, 剏·剙] chuàng 시작할 창

동 1 처음으로 하다. 시작하다. 창조하다. ¶初~=처음으로 창립하다. / 草~=처음으로 시작하다. 2 경영을 통해 획득하다. ¶出口~汇=수출로 외화를 벌어들이다. 3 참신하다. 독창적이다. ¶颇有~意=매우 창의성이 있다. / 有~见=독창적인 견해를 가지다.

☞ **chuāng**

○● 草创, 初创, 独创, 开创

【创办】**chuàngbàn** 동 창설하다. 창립하다. ¶~期刊=간행물을 창간하다.

【创编】**chuàngbiān** 동 (대본·댄스·제조 등을) 창작하다. ¶~电视剧=TV 드라마를 창작하다.

【创汇】**chuànghuì** 동 (經) 외화를 벌다.

【创获】**chuànghuò** 동 창조하여 성과를 거두다. ¶~许多新成果=많은 새로운 성과를 거두다. 명 첫 발견. 첫 발명. 첫 획득. 새로운 성과〔깨달음〕. ¶他在近年的科研中~不少。=그는 근년의 과학 연구에서 적지 않은 새로운 성과를 거두었다.

【创纪录】**chuàng jìlù** 동 기록을 세우다. 기록을 수립하다. 종전의 성적을 뛰어넘다.

【创见】**chuàngjiàn** 명 독창적인 견해. ¶他在美学研究方面很有~。=그는 미학 연구 분야에서 많은 독창적인 견해를 가지고 있다.

【创建】**chuàngjiàn** 동 창건하다. 창립하다. 창설하다. ¶~一所大学=대학을 창설하다. ≒创立

【创举】**chuàngjǔ** 명 전례 없는 최초의 사업. 최초의 시도. 최초의 행동.

【创刊】**chuàngkān** 동 1 (간행물을) 창간하다. 2 간행하기 시작하다. ¶~一周年=창간 1주년.

【创刊号】**chuàngkānhào** 명 (신문·잡지 등의) 창간호.

【创立】**chuànglì** 동 창립하다. 창설하다. 창건하다. 새로 세우다. ¶~公共卫生管理体系=공공 위생 관리 시스템을 창설하다. ≒创建

【创利】**chuànglì** 동 이윤을 창출하다. ¶我们单位今年~八百万。=우리 부서는 올해 800만 위안의 이윤을 창출하였다.

【创牌子】**chuàng pái·zi** 동 (품질·서비스 개선 등으로) 기업의 지명도를 높이다. 유명 상표의 상품을 만들어 내다. ≒闯牌子

【创设】**chuàngshè** 동 1 창설하다. 창립하다. ¶~助学基金=장학 기금을 창설하다. 2 (조건을) 창조하다. 조성하다. 만들다. ¶为孩子的成长~良好的环境。=아이들의 성장을 위해서 좋은 환경을 만들다.

【创始】**chuàngshǐ** 동 창시하다. 처음으로 시작하다. ¶~人=창시자. ≒开创

【创始人】**chuàngshǐrén** 명 창시자. 창립인.

【创世】**chuàngshì** 동 세상을 창조하다. 천지 개벽하다. ¶~学说=창세 학설.

【创世纪】**chuàngshìjì** 명 1 (宗) (성경의) 창세기. 2 중국 남서족(纳西族)의 창세 서사시.

【创收】**chuàngshōu** 동 (학교·연구 기관 등) 비영리 기관이 자신의 조건을 이용하여 경제적인 수익을 창출하다.

【创税】**chuàngshuì** 동 1 세금을 납부하다. ¶这家酒厂每年~上千万。=이 주조 회사는 매년 천만 위안 이상의 세금을 납부한다. 2 세금을 징수하다. ¶县地税局今年~两个亿。=현의 지방세 징수 세무서는 올해 2억 위안의 세금을 징수했다.

【创卫】**chuàngwèi** 동약 创建卫生城市(위생적인 도시를 건립하자). ¶~活动=위생적인 도시 건립 운동.

【创新】**chuàngxīn** 동 옛 것을 버리고 새 것을 창조하다. ¶不能一味守旧, 要有~意识。=옛 것만 지키려고 해서는 안 되고 창조적인 의식을 지녀야 한다. 명 창의성. 창조성. 창의. ¶这是一部很有~的影片。=이것은 매우 창의성이 뛰어난 영화이다. ↔守旧

【创演】**chuàngyǎn** 동 1 창작하고 공연하다. 2 처음 공연하다.

【创业】**chuàngyè** 동 창업하다. ¶艰苦~=힘들게 창업하다.

【创业板市场】**chuàngyèbǎn shìchǎng** 명 (經) 장외시장. [한국의 코스닥·미국의 나스닥 등과 같은 중국의 차세대] =【二板市场】**èrbǎn shìchǎng**

【创业投资】**chuàngyè tóuzī** ☞【风险投资】**fēngxiǎn tóuzī**

【创业资金】**chuàngyè zījīn** ☞【风险资金】**fēngxiǎn zījīn**

【创议】**chuàngyì** 동 창의하다. 발의하다. 새로운 의견을 제의하다. ¶~开展歌咏比赛=노래

자랑 대회를 열기로 제의하다. 📖 발의. 창의. ¶
大家都赞同他的~。=모두들 그의 발의에 찬성
하였다.
【创意】 **chuàngyì** 🟦 독창적인 의견이나 구상을
제시하다. ¶广告成功与否关键在~。=광고의
성공 여부의 관건은 창의력에 달려 있다. 📖 독창
적인 견해. 창조적인 의견. 창의적인 구상. ¶他
的~很新颖。=그의 독창적인 견해는 아주 신선
〔참신〕하다.
【创优】 **chuàngyōu** 🟦 우수한 품질·성적을 만
들어 내다. ¶争先~=앞다투어 우수한 것을 만
들어 내다.
【创造】 **chuàngzào** 🟦 창조하다. 만들다. 발명
하다. ¶~奇迹=기적을 창조하다. 📖 창조물.
발명품. 발명의 성과. ¶造纸术是中国古代人民
的~。=종이 제작 기술은 중국 고대 인민들의
발명의 성과이다. ≒发明
【创造力】 **chuàngzàolì** 📖 창조력.
【创造性】 **chuàngzàoxìng** 📖 창조성. ¶要努
力调动教师员工的积极性和~。=교직원의 적
극성과 창조성을 불러일으키도록 노력해야 한다.
📖 창조적이다. ¶~的劳动=창조적인 노동.
【创造性思维】 **chuàngzàoxìng sīwéi** 📖 창
조적인 사유.
【创造学】 **chuàngzàoxué** 📖 창조학.
【创制】 **chuàngzhì** 🟦 **1** (주로 문자·법률 등을)
창제하다. 처음으로 제정하다. ¶~电影法规
=영화 관련 법규를 처음으로 제정하다. **2** 창제하
다. 처음으로 제작하다〔만들다〕. ¶~新品种=
신제품을 처음으로 만들다.
【创作】 **chuàngzuò** 🟦 1 (문예 작품을) 창작하다.
¶~小说=소설을 창작하다. 📖 문예창작(품).
¶本片可谓后现代的~。=이 영화는 포스트모
더니즘 창작품이라고 할 수 있다.

# 沧[滄] chuàng 찰 창
🟩 춥다. 차다. 한랭하다.

# 怆[愴] chuàng 슬퍼할 창
🟩 슬프다. ¶悲~=슬프다.
【怆然】 **chuàngrán** 🟩 슬프다. 애처롭다. 창
연하다. ¶~涕下=애처롭게 눈물을 흘리다.
【怆痛】 **chuàngtòng** 🟢 비통하다. ¶万分~=
매우 비통하다.

# chui

## *吹 chuī 불 취
🟦 **1** 입으로 힘껏 불다. ¶~蜡烛=촛불을 불어
끄다. **2** 바람을 불다. 바람이 불다. 기류가 유동
하다. ¶风~草动=바람이 불면 풀이 움직인다.
**3** (악기 등을) 불다. 불어서 연주하다. ¶~笛
子=피리를 불다. **4** 과장하며 치켜세우다. 고취
하다. ¶连~带拍=치켜세우면서 아첨하다. **5**
허풍떨다. 큰소리치다. ¶自~自擂=자기 혼자

나팔 불고 북 치다. **6** 🟩 (일·교분 등이) 실패하
다. 결렬되다. 파탄되다. 허사가 되다. 틀어지다.
무효가 되다. ¶买卖告~=장사는 실패로 끝났
다. 📖 (Chuī) 성(姓).
【吹吹打打】 **chuī·chuī-dǎdǎ** 🟦 **1** (音) 나팔
을 불고 북을 치다. 악기를 합주하다. **2** 🟩 허장
성세하며 떠들어 사람의 주의를 끌다.
【吹吹拍拍】 **chuī·chuī-pāipāi** 🟩 **1** 치켜세우
고 아랑거리다. **2** 아무 원칙 없이 치켜세우고 아
첨하다.
【吹打】 **chuīdǎ** 🟦 **1** (音) 관악기를 불고 타악기
를 두드리다. 관악기와 타악기로 합주하다. **2** ①
비바람이 몰아치다. ¶经得起~=몰아치는 비바
람을 이겨 낼 수 있다. ② 🟩 단련하다. 담금질하
다. ¶他进入社会早, 经得起~。=그는 사회에
일찍 발을 들여놓아서 담금질을 견뎌 낼 수 있다.
【吹打】 **chuī·da** 🟦 **1** (먼지 따위를) 입으로 불
다. **2** (말로) 빈정대다. 비아냥거리다. 비꼬
다. **3** 🟩 허풍을 떨다.
【吹大牛】 **chuī dàniú** 허풍떨다. 과장하다.
큰소리치다.
【吹大气】 **chuī dàqì** 🟩 허풍떨다. 큰소리치다.
【吹荡】 **chuīdàng** 🟦 (바람에) 출렁이다. 일렁
이다. ¶微风~着湖水。=잔잔한 바람에 호수가
출렁거린다.
【吹灯】 **chuī‖dēng** 🟦 **1** 등불을 불어서 끄다.
¶~就寝=불을 불어서 끄고 잠자리에 들다.
**2** 🟩 실패하다. 헤어지다. 무너지다. ¶他又跟
女朋友~了。=그는 또 여자친구와 헤어졌다.
**3** 🟩 사람이 죽다. ¶他们家老爷子昨天~了。
=그네 집 할아버지는 어제 돌아가셨다.
【吹灯拔蜡】 **chuīdēng-bálà** 🟩 **1** 사람이 죽다.
세상만사가 모두 끝나 버리다. 조직이나 회사가
무너지다〔와해되다·파산하다〕.
【吹灯散伙】 **chuīdēng-sànhuǒ** 🟩 **1** 일이 완
결되자 조직을 해산하다. 합동 사업을 해체하다.
【吹笛捏眼】 **chuīdí-niēyǎn** 🟩 서로 협조하
여 보조를 맞추다.
【吹法螺】 **chuī fǎluó** 🟦 **1** (佛) 불경을 강의하
고 불법을 설명하다. **2** 🟩 큰소리치다. 허풍떨
다. =【大吹法螺】 **dàchuī fǎluó**
【吹风】 **chuī‖fēng** 🟦 **1** 바람이 불다. ¶~机=
헤어드라이어. **2** 바람을 쐬다. 바람을 맞다. ¶
你感冒还没好, 不要再~了。=너는 감기가 아직
다 낫지 않았으니 다시 바람을 쐬지 마라. **3** 헤
어드라이어로 머리를 말리다. 머리를 드라이하
다. **4** (~儿) 고의로 소문을 퍼뜨리다. 슬쩍 귀띔
하다. 넌지시 알리다. 바람을 잡다. ¶明天的会
议精神你能不能先给吹吹风？=자네 내일 회의
의 목적을 먼저 좀 넌지시 알려 줄 수 없겠나？
【吹风呼哨】 **chuīfēng-hūshào** 🟩 휘파람을 불
어서 바람을 잡다.
【吹风会】 **chuīfēnghuì** 📖 브리핑. 요약 보고.
【吹风机】 **chuīfēngjī** 📖 **1** (공기) 송풍기. **2** 헤
어드라이어. 모발 건조기.
【吹拂】 **chuīfú** 🟦 (미풍이) 스쳐 지나가다. 스치
다. ¶春风~着杨柳。=봄바람이 수양버들을 스

吹炊垂 **chuí** 303

치고 있다.

【吹鼓手】 **chuīgǔshǒu** 명 1 옛 취고수. [혼례나 장례식에서 악기를 취주(吹奏)하던 악사(樂師)] 2 비 (어떤 사람이나 일을 위해) 허풍치며 치켜세우는 사람. 고취시키거나 부추기는 사람. 바람잡이.

【吹管】 **chuīguǎn** 명 (機) 취관(吹管).

【吹胡子】 **chuī hú·zi** ☞ 【吹胡子瞪眼】 **chuī hú·zi dèngyǎn**

【吹胡子瞪眼】 **chuī hú·zi dèngyǎn** 완 눈을 부라리며 화를 내다. 노발대발하다. ▷【吹胡子】 **chuī hú·zi**

【吹灰之力】 **chuīhuīzhīlì** 성 재를 부는 힘. 매우 적은 힘. 아주 쉬운 일. [주로 부정형으로 쓰임] ¶那事不费~。=그 일은 전혀 힘이 들지 않는다.

【吹火筒】 **chuīhuǒtǒng** 명 입으로 불어 불을 피울 때 쓰는 대나무 관.

【吹口哨】 **chuīkǒushào** (~儿) 통 1 휘파람을 불다. 2 호루라기를 불다. ¶~集合=호루라기를 불어 집합시키다.

【吹糠见米】 **chuīkāng-jiànmǐ** 성 1 겨를 불면 쌀이 보인다. 2 비 매우 빨리 효과를 보다.

【吹拉弹唱】 **chuī-lā-tán-chàng** 성 1 (音) 불고, 켜고, 뜯고, 노래하는 갖가지 음악적 기예. 2 갖가지 기예. 각종 기예. ¶他这人聪明, ~样样都会。=그 사람은 총명하여 갖가지 기예에 모두 능통하다.

【吹喇叭】 **chuī lǎ·ba** 통 1 나팔을 불다. 2 ☞【吹喇叭, 抬轿子】 **chuī lǎ·ba, tái jiào·zi**

【吹喇叭, 抬轿子】 **chuī lǎ·ba, tái jiào·zi** 남을 치켜세우고 힘껏 비위를 맞추다. =【吹喇叭】 **chuī lǎ·ba**

【吹擂】 **chuīléi** 통 허풍떨다. 과장하다. 큰소리치다. ¶谦虚点儿, 别胡乱~。=좀 겸손해 봐라, 함부로 허풍떨지 말고.

【吹冷风】 **chuī lěngfēng** 숙비 1 가시 돋친 말을 퍼트리다. 매몰찬 말을 하다. 찬물을 끼얹는 말을 하다. 2 (남의 생각이 과열되었을 때) 냉정해지도록 권고하다. 진정하도록 권고하다.

【吹毛求疵】 **chuīmáo-qiúcī** 성 1 털을 불어 헤쳐서 결점을 찾다. 2 비 생트집을 잡다. 억지로 남의 결점을 꼬치꼬치 찾아 내다.

【吹牛】 **chuī‖niú** 통 허풍을 떨다. 큰소리치다. 흰소리하다.

【吹牛皮】 **chuī‖niúpí** 통 허풍을 떨다. 큰소리치다. 흰소리하다.

【吹牛大王】 **chuīniú-dàwáng** 비 허풍쟁이. 거짓말쟁이.

【吹牛拍马】 **chuīniú-pāimǎ** 성 허풍떨고 아부하다.

【吹拍】 **chuīpāi** 통 치켜세우고 아랑곳대다.

【吹捧】 **chuīpěng** 통 치켜세우다. ¶~逢迎=치켜세우고 아부하다. ≒吹嘘 ↔贬斥

【吹气】 **chuīqì** 통 입김을 불다.

【吹气冒烟儿】 **chuīqì màoyānr** 몹시 성을 내다. 머리끝까지 화가 치밀어 씩씩거리다.

【吹腔】 **chuīqiāng** 명 (劇) 취강. [안후이(安徽) 전통극의 주요 곡조로 피리로 반주함]

【吹求】 **chuīqiú** 통 (결점·잘못 등을) 꼬치꼬치 들추어 내다. 지나치게 트집을 잡다.

【吹台】 **chuītái** 통 (구) (일·교분 등이) 실패하다. 결렬되다. 파탄되다. 허사가 되다. 틀어지다. 무효가 되다. ¶那事彻底~了。=그 일은 철저히 실패했다.

【吹弹】 **chuītán** 통 (音) 1 관악기를 불고 현악기를 뜯다. 2 음악을 연주하다.

【吹熄】 **chuīxī** 통 불어서 끄다. ¶~蜡烛=촛불을 불어서 끄다.

【吹箫】 **chuīxiāo** 통 퉁소를 불다.

【吹嘘】 **chuīxū** 통 (자신·다른 사람을) 추켜세우다. 지나치게 자랑하다. 과장하여 선전하다. 큰소리치다. 허풍떨다. ¶水平不是靠~得来的。=수준은 허풍으로 얻어지는 것이 아니다. ≒吹捧

【吹扬】 **chuīyáng** 통 (바람이) 불어 날리다. ¶大风~起尘土, 一片灰蒙蒙的。=강한 바람이 흙먼지를 불어 날려 온통 흐릿하다.

【吹奏】 **chuīzòu** 통 (音) 1 어떤 악기를 불다. 2 각종 악기를 연주하다.

【吹奏乐】 **chuīzòuyuè** 명 (音) 취주악.

【吹奏乐器】 **chuīzòuyuèqì** ☞ 【管乐器】 **guǎnyuèqì**

**\*\*炊** **chuī** 불땔 취

통 취사하다. 밥을 짓다. ¶野~=야외에서 취사하다. / 巧妇难为无米之~。=솜씨가 좋은 아낙네도 쌀 없이는 밥을 지을 수가 없다.

【炊饼】 **chuībǐng** 명 중편. [발효시킨 밀가루로 만든 여러 겹의 떡. 각 층 사이에 대개 기름과 소금을 넣고, 쪄서 먹음]

【炊火】 **chuīhuǒ** 불을 때다. 명 밥을 짓는 불과 연기.

【炊金馔玉】 **chuījīn-zhuànyù** 성 1 금으로 만든 밥에 옥으로 만든 반찬. 2 비 진수성찬. 지극히 호사스러운 생활.

【炊具】 **chuījù** 명 취사 도구.

【炊沙做饭】 **chuīshā-zuòfàn** 성 1 모래로 밥을 짓다. 2 비 쓸데없이 힘을 낭비하다. 헛수고하다. 애만 쓰고 성과를 거두지 못하다.

【炊事】 **chuīshì** 명 취사. 음식 만드는 일.

【炊事班】 **chuīshìbān** 명 취사반.

【炊事员】 **chuīshìyuán** 명 취사원. 요리사.

【炊烟】 **chuīyān** 명 밥 짓는 연기.

【炊艺】 **chuīyì** 명 요리 솜씨. 요리 기술.

【炊帚】 **chuī·zhou** 명 (설거지용) 수세미.

**\*垂** **chuí** 드리울 수

통 1 드리우다. 늘어뜨리다. ¶下~=아래로 드리우다. / 低~=낮게 드리우다. 2 (머리를) 숙이다. ¶不知为什么, 他这两天老是~头丧气的。=무엇 때문인지 모르지만 그는 요 며칠 간 줄곧 의기소침하고 있다. 3 (아래로) 흐르다. 떨어뜨

| ● | 垂 chuí |
| | 陲 chuí |
| | 锤 chuí |
| | 棰 chuí |
| | 捶 chuí |
| | 睡 shuì |
| | 唾 tuò |

다. ¶二目～泪=두 눈에서 눈물이 흐르다. **4**㈜ 후세에 전하다. 유전(流傳)하다. ¶永～不朽 = 영원히 전해져서 없어지지 않다. 曱㈜ **1** 거의 … 에 가깝다. 거의 …되려 하다. ¶功败～成=거의 성공하려다가 실패하다. **2**㈜ 특별히. 황송하게. [주로 윗사람이 자기에 대해 베풀어 준 일에 쓰임] ¶承蒙～念=보살핌을 입다.

【垂爱】**chuí'ài** 圄㈜ 특별히 호의를 베풀어 주시다. 특별히 총애해 주시다. [주로 윗사람이 자기를 아껴 주는 것을 나타내냄]

【垂成】**chuíchéng** 圄 (어떤 일이) 거의 이루어지려 하다. 다 되어 가다. ¶大功～=큰일이 막 이루어지려 하다.

【垂垂】**chuíchuí** 曱 점점. 점차. 서서히. ¶夕阳～落下。=석양이 서서히 진다.

【垂吊】**chuídiào** 걸다. 매달다. ¶大门两旁～着彩灯。=대문 양 옆에 색등이 걸려 있다.

【垂钓】**chuídiào** 圄 낚싯대를 드리우다. 낚시질하다. ¶江边～=강가에서 낚싯대를 드리우다.

【垂发】**chuífà** 圄 머리를 풀어헤치다. 산발하다. 머리를 땋아 늘어뜨리다. 囹 늘어뜨린 머리. 땋아 늘어뜨린 머리.

【垂范】**chuífàn** 圄㈜ 모범이 되다. 귀감이 되다. 본보기가 되다. ¶～子孙=자손들에게 모범이 되다.

【垂芳】**chuífāng** 圄 훌륭한 덕행·명성 등을 후세에 남기다. ¶～百世=아주 오래도록 명성을 남기다.

【垂拱】**chuígǒng** 圄㈜ **1** 옷소매를 늘어뜨리고 공수(拱手)하다. **2** (고대에) 통치자가 아무것도 하지 않으면서 천하를 잘 다스리다. ¶～而治 = 아무것도 하지 않고 천하를 잘 다스리다.

【垂挂】**chuíguà** 圄 드리우다. 늘어뜨리다. ¶客厅的落地窗～着米黄色的窗幔。=거실의 긴 창문에 미색 커튼이 드리워져 있다.

【垂花二门】**chuíhuā èrmén** ☞【垂花门】**chuíhuāmén**

【垂花门】**chuíhuāmén** 囹 구식 저택의 중문. [문 위를 지붕처럼 만들고, 네 모퉁이에 조각하고 채색한 짧은 기둥을 늘어뜨려 붙여진 이름] =【垂花二门】**chuíhuā èrmén**

【垂教】**chuíjiào** 圄囹㈜ (주로 윗사람이) 가르침을 베풀다. 교훈하다.

【垂老】**chuílǎo** 圄 늙어가다. 나이를 먹다. 노년〔노경〕에 이르다. ¶～之人=노인.

【垂泪】**chuílèi** 圄 (슬퍼서) 눈물을 흘리다. ¶两眼～=두 눈에 눈물을 흘리다.

【垂怜】**chuílián** 圄㈜ 불쌍히 여기다. 가엾게 여기다. 동정하다. 가련하게 여기다. ¶～见爱=동정과 사랑을 받다.

【垂帘】**chuílián** 圄 **1** 커튼을 드리우다. **2** 수렴청정(垂簾聽政)하다. 황후·황태후가 섭정하다. ¶～听政=수렴청정하다.

【垂帘听政】**chuílián-tīngzhèng** ㉛ 수렴청정(垂簾聽政)하다. 황후·황태후가 섭정하다.

【垂柳】**chuíliǔ** 囹(植) 수양버들. =【垂杨柳】**chuíyángliǔ**

【垂落】**chuíluò** 圄 아래로 처지다. 드리워지다. 아래로 드리우다. 늘어뜨리다. ¶柳枝～=버드나무 가지가 아래로 드리우다.

【垂名】**chuímíng** 圄 훌륭한 명성이 전해지다. 후세에 이름을 남기다. ¶～后世=명성이 후대에 전해지다.

【垂暮】**chuímù** 囹㈜ **1** 저녁 무렵. 해질 무렵. 황혼 무렵. ¶～时分=저녁 무렵. **2**㈑ 늘그막. 만년(晚年). 노년. 노경. ¶～老者=노인.

【垂暮之年】**chuímù zhī nián** ㉛ 늘그막. 만년(晚年). 노년. 노경.

【垂念】**chuíniàn** 圄㈜ (주로 윗사람이) 보살펴 주시다. 배려하시다. 관심을 쏟아 주시다.

【垂青】**chuíqīng** 圄㈜ 중시하시다. 호의를 보이시다. 특별히 애호하시다. ¶多蒙～，万分感激。=호의를 베풀어 주셔서 더없이 감사합니다.

【垂示】**chuíshì** 圄 **1** (전하여 후세에) 계시〔시사〕하다. 수교(垂教)하다. 가르침을 주다. ¶～后人=전하여 후인들에게 가르침을 주다. **2**㈜ 알려 주십시오. ¶敬请～=알려 주시길 청합니다.

【垂世】**chuíshì** 圄㈜ 세상에 널리 전하다. 후세에 길이 전해지다. ¶～箴言=세상에 널리 전해져 내려오는 잠언.

【垂手】**chuíshǒu** 圄 **1** (공경을 표시하기 위하여) 두 손을 아래로 드리우다. ¶～侍立=두 손을 드리우고 공손히 시립하다. **2** 두 손을 늘어뜨리고 아무 일도 하지 않다. 손쉽다. ¶～便得=손쉽게 얻다.

【垂手而得】**chuíshǒu'érdé** ☞【垂手可得】**chuíshǒu kě dé**

【垂手可得】**chuíshǒu-kědé** ㉛ 아주 손쉽게 얻다. 아무것도 하지 않고 얻다. =【垂手而得】**chuíshǒu'érdé**

【垂首】**chuíshǒu** 圄 머리를 숙이다. ¶～而泣=머리를 숙이고 흐느끼다.

【垂首帖耳】[垂首贴耳] **chuíshǒu-tiē ěr** ㉛㈑ 고분고분하고 순종하다.

【垂首贴耳】**chuíshǒu-tiē'ěr** ☞【垂首帖耳】**chuíshǒu-tiē ěr**

【垂死】**chuísǐ** 圄 죽음에 직면하다. 죽어 가다. ¶～之人=죽어 가는 사람.

【垂死挣扎】**chuísǐ-zhēngzhá** ㉛ (사람·세력 등이) 최후의 몸부림을 치다. 마지막 발악〔저항〕을 하다. 결사적으로 대항하다.

【垂体】**chuítǐ** 囹(生) 뇌하수체(腦下垂體). =【脑下垂体】**nǎoxiàchuítǐ**

【垂涕】**chuítì** 圄㈜ 눈물을 흘리다. ¶不禁感伤～。=슬퍼서 눈물을 금치 못하다.

【垂髫】**chuítiáo** 囹㈜ **1** 아이의 땋아 늘어뜨린 머리. **2** 아동. 아동기.

【垂统】**chuítǒng** 圄㈜ 제왕이 기업(基業)을 후세에 전하다. ¶创业～=나라를 창업하여 기업을 후세에 전하다.

【垂头】**chuítóu** 圄 고개를 떨구다. 고개를 숙이다. ¶～叹息=고개를 떨구고 탄식하다.

【垂头丧气】**chuítóu-sàngqì** ㉛ 의기소침하다.

풀이 죽고 기가 꺾이다. ≒灰心丧气 心灰意懒 ↔ 沾沾自喜 得意洋洋
【垂亡】**chuíwáng** 통 망해 가다. 멸망에 임박하다. 멸망의 위기에 놓이다. ¶国家~=국가가 멸망의 위기에 놓이다.
【垂危】**chuíwēi** 통 **1** (국가·민족 등이) 위기에 직면하다. 위험한 지경에 봉착하다. ¶民族~=민족이 위험한 지경에 봉착하다. **2** 병이 위독하다. 위태롭다. 사경에 이르다. ¶生命~=목숨이 위급하다.
【垂问】**chuíwèn** 통⟨경⟩⟨문⟩ 하문(下問)하시다. ≒垂询
【垂涎】**chuíxián** 통 **1** (먹고 싶어) 침을 흘리다. **2** (남의 것을) 탐내다. 부러워하다. ¶~已久=탐낸 지 오래 되었다.
【垂涎三尺】**chuíxián-sānchǐ** 성 **1** 먹고 싶어서 침을 석 자나 흘리다. **2** 갖고 싶어 눈이 벌겋게 되다. 침을 질질 흘리며 탐내다.
【垂涎欲滴】**chuíxián-yùdī** 성 **1** (먹고 싶거나 탐나서) 침이 흘러 떨어지려 하다. **2**⟨비⟩ 좋은 것을 보고 매우 탐내다.
【垂线】**chuíxiàn** 명⟨数⟩ 수직선. =【垂直线】**chuízhíxiàn**
【垂询】**chuíxún** 통⟨경⟩ 하문(下問)하시다. ≒垂问
【垂杨】**chuíyáng** 명⟨植⟩ 수양버들.
【垂杨柳】**chuíyángliǔ** ☞【垂柳】**chuíliǔ**
【垂直】**chuízhí** 형⟨数⟩ 수직의.
【垂直传播】**chuízhí chuánbō** 명⟨医⟩ 수직 감염. 태내 감염.
【垂直联系】**chuízhí liánxì** 명 (상하 간의) 수직 관계. 종적인 관계.
【垂直绿化】**chuízhí lǜhuà** 명 수직 녹화.
【垂直贸易】**chuízhí màoyì** 명⟨经⟩ 수직 무역. 경제 수준이 다른 국가 간의 무역.
【垂直线】**chuízhíxiàn** ☞【垂线】**chuíxiàn**

**陲** chuí 변방 수
명⟨문⟩ 변경. 국경 지방. 변방. ¶边~=변경.

***捶**[(揰)] chuí 칠 추
통 (주먹·방망이 등으로) 두드리다. 치다. 다듬질하다. ¶~胸=가슴을 두드리다. / ~衣裳=옷을 다듬질하다.
【捶背】**chuí‖bèi** 통 등을 두드리다. [주로 안마하는 것을 가리킴] ¶捏肩~=어깨를 주무르고 등을 두드리다.
【捶打】**chuídǎ** 통 (주먹·기구 등으로) 두드리다. 치다. ¶~背部=등을 두드리다.
【捶击】**chuíjī** 통 힘껏 두드리다[치다].
【捶挞】**chuítà** 통⟨문⟩ (방망이·채찍 등으로) 호되게 때리다. 통타하다. 몹시 때리다. ¶~致死=호되게 때려서 죽게 하다.
【捶胸顿足】**chuíxiōng-dùnzú** 성 **1** (분노하거나 비통하여) 가슴을 두드리며 발을 동동 구르다. **2**⟨비⟩ 매우 비통해 하다. =【顿足捶胸】**dùnzú-chuíxiōng**

**棰**[(箠)] chuí 매 추
명⟨문⟩ **1** 몽둥이. 매. **2** 채찍. **3** '槌(chuí)'와 같음. 통 **1** 매질하다. **2**⟨비⟩ 채찍으로 때리다.

**椎** chuí 망치 추
명 '槌(chuí)'와 같음. 통 '捶(chuí)'와 같음. ☞ zhuī
【椎心泣血】**chuíxīn-qìxuè** 성 **1** 가슴을 치며 피눈물을 흘리다. **2**⟨비⟩ 몹시 슬퍼하다. 몹시 비통해 하다.

**圌** Chuí 땅 이름 천
명 추이산(圌山). [장쑤(江苏)성 전장(镇江)현에 있는 산 이름]

**槌** chuí 방망이 추
명 (~儿) 방망이. 망치. ¶鼓~儿=북채.

***锤**[錘, 鎚] chuí 저울추 추
명 **1**⟨옛⟩ 추(錘). [나무 자루의 끝에 쇠공이 달려 있는 무기의 일종] **2** 추(錘)와 비슷한 물건. ¶秤~=저울추. **3** (~儿) 장도리. 해머. ¶钉~=못을 박는 데 쓰는 장도리. 통 쇠망치로 치다[두드리다]. 단련하다. ¶千~百炼=(기예·기술을) 백방으로 단련하다. (시·글 등을) 치밀하게 다듬다.

○→ 锻duàn锤, 纺fǎng锤, 风锤, 气锤, 汽锤, 水锤, 铜tóng锤

【锤打】**chuídǎ** 통 **1** 쇠망치로 두드리다[치다]. **2**⟨비⟩ 연마하다. 단련하다. ¶年轻人要到工作的第一线~。=젊은이는 업무의 일선에서 단련되어야 한다.
【锤骨】**chuígǔ** 명⟨生⟩ 추골(槌骨). 망치뼈.
【锤炼】**chuíliàn** 통 **1** (금속을) 제련 단조하다. **2** 단련하다. 연마하다. ¶年轻人应到社会上多~。=젊은이들은 사회에 나가서 많이 단련해야 하다. **3** 갈고 닦다. 다듬다. ¶本文的语言还需要~。=본문의 글은 아직 더 갈고 다듬을 필요가 있다. ≒磨练 锻炼
【锤头】**chuítóu** 명 쇠망치의 머리 부분. 망치 대가리.
【锤子】**chuí·zi** 명 쇠망치. 장도리. 저울추.

# chun

***春**[旾] chūn 봄 춘
명 **1** 봄. 봄철. 춘계. ¶雨后~笋=우후죽순(雨後竹筍). / 四季如~=사계절이 봄 날씨 같다. **2**⟨비⟩ 일년. 해. ¶一去三十~=눈 깜짝할 사이에 30년이 지나갔다. **3**⟨비⟩ 활기. 생기. ¶妙手回~=훌륭한 의술로 생기를[건강을] 되찾다. **4** (남녀 간의) 정욕. 연정.

○ 春 chūn
  椿 chūn
  蠢 chūn

색정. ¶怀~ = 연정을 품다. **5**(**Chūn**) 성(姓). ↔秋

○● 打春, 大春, 回春, 开春, 立春, 暮mù春, 青春, 三春, 线xiàn春, 小春, 新春, 阳yáng春, 迎yíng春, 早春, 仲zhòng春

【春冰】**chūnbīng** 囤 **1** 봄철의 살얼음. **2**(비) 위험한 처지. 쉽게 소실되는 사물. ¶如履~ = 살얼음판을 걷는 듯하다. 위험한 처지에 빠지다.

【春饼】**chūnbǐng** 囤 (입춘에 고기와 야채를 싸서 먹는) 얇은 밀가루 전병.

【春播】**chūnbō** 囤(农) 봄 파종. 춘계 파종.

【春不老】**chūnbùlǎo** ☞【雪里红】**xuělǐhóng**

【春菜】**chūncài** 囤 **1** 봄나물. 봄채소. **2**(植) '芥菜(겨자)'의 별칭.

【春蚕】**chūncán** 囤(动) 춘잠. 봄누에.

【春草】**chūncǎo** 囤 봄풀.

【春茶】**chūnchá** 囤 **1** 봄에 딴 찻잎. ¶头~ = 곡우(穀雨) 보름 전에 딴 찻잎. / 二~ = 곡우 10일 후에 딴 찻잎. **2** 봄에 딴 찻잎을 우린 찻물.

【春潮】**chūncháo** 囤 봄날의 조수.

【春城】**chūnchéng** 囤 **1** 봄날의 도시 모습. **2**(地) '昆明(쿤밍)'의 별칭.

【春绸】**chūnchóu** ☞【线春】**xiànchūn**

【春愁】**chūnchóu** 囤 봄이 쉬이 지나감을 아쉬워하는 뒤숭숭한 마음.

【春葱】**chūncōng** 囤 **1**(植) 봄 파. **2**(비) 부드러운 여성의 손가락.

【春大麦】**chūndàmài** 囤 봄보리.

【春凳】**chūndèng** 囤 넓고 긴, 등받이가 없는 고급 걸상.

【春芳】**chūnfāng** 囤 봄꽃.

【春肥】**chūnféi** 囤(农) 춘비. 봄거름. [봄철에 월동 작물에게 주는 비료]

【春分】**chūnfēn** 囤(气) 춘분. [24절기 중의 하나로 대략 3월 20·21일에 해당함]

【春分点】**chūnfēndiǎn** 囤(天) 춘분점.

【春风】**chūnfēng** 囤 **1** 봄바람. ¶~和煦 = 봄바람이 따뜻하다. **2**(비) 희색(喜色). 즐거운〔기쁜〕표정. ¶满面~ = 온 얼굴에 희색이 가득하다. **3**(喩)(비) 은혜.

【春风得意】**chūnfēng-déyì** 囮 **1** 과거에 급제하여 득의만면하다. **2**(옛) 과거(科擧)에 진사 급제하다. **3**(비) (승진·사업 등이) 순풍에 돛 단 듯이 잘 되어 즐거워하다.

【春风化雨】**chūnfēng-huàyǔ** 囮 **1** 초목이 자라기에 알맞은 비와 바람. **2**(비) 양호한 교육. =【化雨春风】**huàyǔ-chūnfēng**

【春风满面】**chūnfēng-mǎnmiàn** 囮 희색(喜色)이 만면하다. 온 얼굴에 기쁜 빛이 가득하다.

【春耕】**chūngēng** 囤(农) 봄갈이. 춘경.

【春宫】**chūngōng** 囤 **1** 음란한 그림. 춘화(春畵). 춘화도. =【春画】춘궁(春宮). 동궁(東宮). [태자(太子)가 거처하던 궁실(宮室)]

【春菇】**chūngū** 囤 봄버섯.

【春灌】**chūnguàn** 囤(农) 봄에 농작물에 물을 대는 일.

【春光】**chūnguāng** 囤 **1** 봄빛. 봄 경치. ¶~明媚 = 봄 경치가 아름답다. **2** 봄볕. 춘광. 봄의 볕. ¶~融融 = 봄볕이 따뜻하다. 봄 정취가 물씬 풍기다. **3**(비) 즐거운 표정. 희색(喜色). ¶满面~ = 온 얼굴에 희색이 가득하다. **4**(비) 남녀 간의 은밀한 일. [주로 성적인 것을 가리킴] ¶乍泄 = 은밀한 부위를 갑자기 드러내다.

【春寒】**chūnhán** 囤(气) 꽃샘추위. 이른 봄추위. 춘한(春寒). ¶~未尽 = 꽃샘추위가 다 지나가지 않았다.

【春寒料峭】**chūnhán liàoqiào** 囮 이른 봄추위가 여전히 매섭다.

【春旱】**chūnhàn** 囤(气) 봄가뭄. 춘한.

【春花】**chūnhuā** 囤 봄꽃. 춘화. 봄에 피는 꽃.

【春花秋月】**chūnhuā-qiūyuè** 囮 봄꽃과 가을 달. 봄과 가을의 아름다운 경치.

【春华】**chūnhuá** 囤 **1** 봄꽃. **2**(비) 청춘. 젊은 이. 꽃다운 연령. ¶正值~, 理当向学. = 한창 청춘이니 마땅히 배움에 마음을 두어야 한다. **3**(비) 여자의 아름답고 요염한 용모. ¶~美貌 = 아름답고 요염한 용모.

【春华秋实】**chūnhuá-qiūshí** 囮 **1** 봄에 꽃이 피고 가을에 열매가 맺히다. **2**(비) (문예 방면의) 재능과 덕행(의 관계). **3**(비) 배워서 성과를〔결실을〕 거두다.

【春画】**chūnhuà**(~儿) ☞【春宫】**chūngōng**

【春荒】**chūnhuāng** 囤 봄철 기근. 춘궁(春窮). 보릿고개.

【春晖】**chūnhuī** 囤(문) **1** 봄볕. 봄 햇살. **2**(비) 부모의 은혜.

【春季】**chūnjì** 囤 봄철. 봄. 춘계. [입춘(立春)에서 입하(立夏)에 이르는 3개월 즉, 음력 1월·2월·3월 석 달을 가리킴]

【春假】**chūnjià** 囤 봄 방학. [주로 4월 초에 함]

【春江】**chūnjiāng** 囤 봄철의 강.

【春节】**chūnjié** 囤 **1** 설. 음력 정월 초하루. 춘절. **2** 정월 초하루부터 며칠 간.

【春景】**chūnjǐng** 囤 봄 경치. 봄빛. ¶~如画 = 봄 경치가 그림 같다.

【春酒】**chūnjiǔ** 囤 **1** 봄에 빚은 술. **2** 설 연휴의 술자리. 신년 축하주. ¶吃~ = 신년 축하주를 마시다.

【春卷】**chūnjuǎn**(~儿) 囤 춘쥐안. [얇게 민 밀가루 피에 만두 소를 넣고 기름에 튀긴 기다란 모양의 음식]

【春困】**chūnkùn** 囤 춘곤(春困). 봄철에 몸이 나른해지는 현상. ¶犯~ = 춘곤증을 느끼다.

【春兰】**chūnlán** ☞【兰花】**lánhuā**

【春兰秋菊】**chūnlán-qiūjú** 囮 **1** 봄 난초와 가을 국화. 꽃이 철에 따라 각기 특색 있는 아름다운 자태를 지니다. **2**(비) 사물이 각각 저마다 장점을 지니다.

【春雷】**chūnléi** 囤 **1** 춘뢰. 봄철의 우레. **2**(비) 극렬한 혁명적 행동. 사람의 마음을 뒤흔드는 중대 사건. ¶他的话如平地一声~, 震动了所有在场的人. = 그의 말은 마른하늘의 천둥 소리와 같

아서 그 자리에 있던 모든 사람을 놀라게 하였다.
【春联】 chūnlián(~儿) 몡 춘련. 음력설에 문·기둥·미간(楣間)에 붙이는 대련(對聯).
【春令】 chūnlìng 몡 1 봄철. 춘계. 봄. 2 봄철의 날씨. 봄 기후. 봄날. ¶冬行~=겨울 날씨가 봄날 같다.
【春露】 chūnlù (氣) 봄 이슬.
【春露秋霜】 chūnlù-qiūshuāng 성 1 봄 이슬과 가을 서리. 2 비 자애와 위엄.
【春麦】 chūnmài ☞【春小麦】 chūnxiǎomài
【春满人间】 chūnmǎn rénjiān 성 도처에 봄 기운이 충만하다.
【春忙】 chūnmáng 몡(農) 봄철 농번기.
【春梦】 chūnmèng 몡(比) 1 춘몽. 덧없는 꿈. 순식간에 지나가는 좋은 시절. 2 실현할 수 없는 헛된 꿈.
【春茗】 chūnmíng 몡 봄에 딴 찻잎. 봄에 딴 찻잎을 우린 찻물.
【春泥】 chūnní 몡 봄날의 진흙.
【春鸟】 chūnniǎo 몡 봄에 오는 철새.
【春暖花开】 chūnnuǎn-huākāi 성 화창하고 꽃 피는 봄날의 경관.
【春气】 chūnqì 몡 봄철의 기후〔기상〕.
【春情】 chūnqíng 몡 춘정. 춘심(春心). 남녀 간의 정욕. ≒春心.
【春秋】 chūnqiū 몡 1 봄과 가을. 춘주. 2 한 해. 일년. ¶我在韩国整整度过了三个~. =나는 한국에서 꼬박 3년을 보냈다. 3 세월. ¶虚度~=세월을 허송하다. 4 나이. 연령. ¶~鼎盛=나이가 한창이다.
【春秋】 Chūnqiū 몡 1《춘추》. [공자(孔子)가 편찬한 편년체의 역사서] 2 (歷) 춘추 시대. [중국 역사 중의 한 시기(기원전 722~481년)이며, 지금은 일반적으로 기원전 770~476년에 해당하는 시기를 가리킴]
【春秋笔法】 chūnqiū bǐfǎ 몡 춘추 필법. 글쓰기에서 함축적으로 포폄(褒貶)을 나타내는 수법.
【春秋衫】 chūnqiūshān ☞【两用衫】 liǎngyòngshān
【春秋正富】 chūnqiū-zhèngfù 성 나이가 한창이다.
【春日】 chūnrì 몡 1 봄철의 태양. 2 봄. 봄날. 봄철. 3 비 따뜻한 때. ¶冬天里的~=겨울 속의 봄날.
【春色】 chūnsè 몡 1 봄 경치. 춘색. 봄빛. ¶~宜人=봄 경치가 쾌적하다. 2 회색(喜色). 홍조. ¶面带~=얼굴에 홍조를 띠다. 3 비 색정.
【春色满园】 chūnsè-mǎnyuán 성 1 온 뜰에 봄빛이 가득하다. 2 비 사업이 번창하는 모습.
【春山】 chūnshān 몡 봄의 산. 봄철의 산야.
【春上】 chūn·shang 몡(口) 봄철. 봄. ¶今年~比去年温暖. =올해 봄은 작년보다 더 따뜻하다.
【春汛】 chūnshēn 몡 봄기운이 짙다〔만연하다·한창이다·무르익다〕. ¶~时节=봄기운이 무르익는 때.
【春事】 chūnshì 몡(農) (봄갈이·파종 등의) 봄철 농사.

【春试】 chūnshì 몡(옛) 회시(會試). [명청(明清)대에 북경에서 삼 년에 한 번 치르던 과거의 하나. 향시(鄉試)에 합격한 거인(舉人)들이 응시하고, 합격자를 공사(貢士)라고 부름. 공사(貢士)가 된 후에는 전시(殿試)에 참가할 수 있는 자격이 주어짐]
【春树暮云】 chūnshù-mùyún 성(比) 멀리 있는 친구를 그리워하다.
【春水】 chūnshuǐ 몡 1 봄물. 춘수. 2 비 여인의 맑은 눈. ¶~含情=여인의 맑은 눈이 정을 담고 있다.
【春笋】 chūnsǔn 몡(植) 춘순(春筍). 봄 죽순. [봄에 자라거나 캔 죽순]
【春天】 chūntiān 몡 1 봄. 봄철. 춘계. 2 비 (활력과 희망이 충만한 환경이라는 의미로) 봄(날). ¶喜迎经济腾飞的~=경제가 비약적으로 발전하는 봄날을 기쁘게 맞이하다.
【春头】 chūntóu 몡 초봄. ¶~上农事繁忙. =초봄에는 농사일이 바쁘다.
【春闱】 chūnwéi 몡(문) 1 회시(會試). [명청(明清)대에 북경에서 삼 년에 한 번 치르던 과거의 하나. 향시(鄉試)에 합격한 거인(舉人)들이 응시하고, 합격자를 공사(貢士)라고 부름. 공사(貢士)가 된 후에는 전시(殿試)에 참가할 수 있는 자격이 주어짐] 2① 춘궁. 동궁(東宮). [태자가 거처하던 궁] ② 태자.
【春瘟】 chūnwēn 몡(醫) 봄철에 주로 유행하는 전염병.
【春宵】 chūnxiāo 몡 1 봄철의 밤. 춘야(春夜). 춘소. 2 비 남녀가 기쁨을 나누는 밤. ¶~苦短=연인과의 밤이 너무도 짧다.
【春小麦】 chūnxiǎomài 몡 봄 밀. =【春麦】 chūnmài
【春晓】 chūnxiǎo 몡 봄철의 동틀 무렵. 봄날의 새벽. 춘효.
【春心】 chūnxīn 몡 춘심. 이성을 애모하는 마음. ¶~荡漾=춘정이 꿈틀대다. ≒春情
【春雪】 chūnxuě ☞【桃花雪】 táohuāxuě
【春讯】 chūnxùn 몡 봄소식. ¶燕子报~. =제비가 봄소식을 알리다.
【春汛】 chūnxùn ☞【桃花汛】 táohuāxùn
【春药】 chūnyào 몡(醫) 춘약(春藥). 미약(媚藥). 성욕 촉진제. 정력제.
【春夜】 chūnyè 몡 봄밤.
【春衣】 chūnyī 몡 1 봄옷. 봄단장. 봄차림. 2 비 봄철의 자연 경관. ¶整个山野都披上了~=온 산야가 모두 봄옷을 걸쳐 입었다.
【春意】 chūnyì 몡 1 봄기운. ¶~初现=봄기운이 처음 나타나다〔드러나다〕. 2 춘정. 색정. 춘심. 이성에 대한 정욕(情慾). ¶~满怀=춘정이 가슴에 가득하다.
【春意盎然】 chūnyì-àngrán 성 봄기운이 완연하다.
【春蚓秋蛇】 chūnyǐn-qiūshé 성 1 봄 지렁이와 가을 뱀. 2 비 서예 솜씨가 마치 봄철의 지렁이와 가을철의 뱀이 기어가는 것처럼 보잘것없다. 졸필. 악필.

【春游】chūnyóu 통 (주로 단체로) 봄놀이하다. 봄 소풍 가다. 봄나들이하다. 춘유하다. ¶~的人们一大早就出发了。=봄나들이 떠나는 사람들은 이른 아침에 출발하였다.
【春雨】chūnyǔ 명 봄비. 춘우.
【春运】chūnyùn 명 설 연휴 운수[운송·배송] 업무.
【春种】chūnzhòng 통 봄(철) 파종하다.
【春装】chūnzhuāng 명 봄옷. 봄차림. 봄단장.

## 埻 chūn 돌담 준
명ⓗ (흙 사태를 막기 위해 밭 가장자리에 쌓은) 돌담.

## *椿 chūn 참죽나무 춘
명 1 (植) 참죽나무. 2 (Chūn) 성(姓).
【椿树】chūnshù 명(植) 참죽나무.
【椿象】chūnxiàng 명(動) 노린재(류).
【椿萱】chūnxuān 명ⓗⓑ 춘당(椿堂)과 훤당(萱堂). 부모. [남의 부모를 높여 일컫는 말]
【椿萱并茂】chūnxuān-bìngmào 성ⓗ 부모님이 모두 건강하게 살아 계시다.
【椿芽】chūnyá 명(植) 참죽나무의 부드러운 잎. [식용할 수 있음]

## 輴[輴] chūn 상여 순
명 1ⓑ 상여. 영구차. 2ⓔ 썰매.

## 蝽 chūn 노린재 춘
명(動) 노린재.

## 鰆[鰆] chūn 줄삼치 춘
명(動) 줄삼치. 재방어.
【鰆鱼】chūnyú 명(動) 줄삼치. 재방어.

## **纯[純] chún 순수할 순
형 1 순정하다. (티없이) 깨끗하다. 순수하다. ¶~银=순은. 2 능숙하다. 숙련되다. 정통하다. 익숙하다. ¶手艺不~=솜씨가 능숙하지 않다. 3 순수하다. 단순하다. 거짓 없다. ¶炉火~青=(연단(錬丹)하는) 화로의 불이 완전히 청색으로 되다. 학문이나 기예가 최고의 경지에 오르다. 부 완전히. 순전히. 전적으로. ¶~系捏造=순전히 날조된 것이다. / ~属谣言=완전히 헛소문이다. ↔杂

◐ 单纯, 提纯

【纯白】chúnbái 형 새하얗다. 희디희다. 순백하다. 순수하게 희다. 순백색의. ¶~的纸张=새하얀 종이.
【纯纯粹粹】chún·chun cuìcuì (~的) 순수하다. 깨끗하다. ¶~的足金=순금.
【纯粹】chúncuì 형 순수하다. 깨끗하다. ¶这是~的铂金戒指。=이것은 순백금 반지이다. 부 순전히. 완전히. 전적으로. [주로 '是'와 이어 쓰임] ¶他~是胡说。=그는 순전히 허튼소리만 하고 있다. ≒地道(dì·dao) ↔混杂
【纯笃】chúndǔ 형ⓗ 순박하고 독실하다. ¶生性~=타고난 천성이 순박하고 독실하다.
【纯度】chúndù 명(物) 순도.
【纯厚】chúnhòu 형 순박하다. ¶为人~=사람됨이 순박하다. ≒淳朴
【纯化】chúnhuà 통 정화하다. 순화하다. ¶~生活用水=생활 용수를 정화하다. / ~心灵=마음을 순화하다.
【纯碱】chúnjiǎn ☞ [苏打] sūdá
【纯洁】chúnjié 형 순결하다. 순수하고 맑다. 티없이 깨끗하다. 사심(私心)이 없다. ¶她是一个~善良的姑娘。=그녀는 순결하고 선량한 아가씨이다. 통 순수하고 맑게 하다. 순결하게 하다. 정화(淨化)하다. ¶~思想=생각을 순수하고 맑게 하다. ≒清白
【纯金】chúnjīn 명 순금.
【纯净】chúnjìng 형 순수하고 깨끗하다. 순정(純淨)하다. 청정하다. 티없이 깨끗하다. ¶心地~=마음씨가 순수하고 깨끗하다. 통 순수하고 깨끗하게 하다. 순정하게 하다. ¶~灵魂=영혼을 순수하고 깨끗하게 하다. ↔污浊
【纯净水】chúnjìngshuǐ 명 정화수.
【纯酒精】chúnjiǔjīng 명(化) 무수(無水) 알코올. 물이 들어 있지 않은 에틸알코올.
【纯利】chúnlì 명 순이익. 순수 이익.
【纯良】chúnliáng 형 순결하고 선량하다. ¶~之辈=순결하고 선량한 사람들.
【纯绿宝石】chúnlǜ bǎoshí 명(礦) 에메랄드(emerald).
【纯毛】chúnmáo 형(紡) 순모로 된. 순모의. ¶~西服=순모 양복.
【纯美】chúnměi 형 순결하고 아름답다. 깨끗하고 아름답다. ¶~的心灵=깨끗하고 아름다운 마음.
【纯棉】chúnmián 형(紡) 순면의. 순면으로 된. ¶~内衣=순면 내의.
【纯品】chúnpǐn 명 정품. 순정품. 온전한 물품. ¶这家商店销售的东西都是~, 没有仿制品。=이 상점에서 파는 물건은 모두 정품이며 모조품은 없다.
【纯平彩电】chúnpíng cǎidiàn 명 완전 평면 컬러텔레비전.
【纯朴】chúnpǔ 형 (생각이) 순박하다. 순진[소박]하고 꾸밈이 없다. ¶生活~=생활이 소박하고 꾸밈이 없다.
【纯情】chúnqíng 형 (감정·사랑 등이) 순수하다. 순진하다. ¶少女=순진한 소녀. 명 순정. ¶不要辜负她对你的一片~。=너에 대한 그녀의 순정을 저버리지 마라.
【纯然】chúnrán 형 순수하고 깨끗하다. 단순하고 깔끔하다. ¶~一色=깔끔하고 단순한 한 가지 색. 부 오로지. 단순히. 완전히. ¶他这些话~是为讨好你而说的。=그의 이런 말은 오로지 네 비위를 맞추려고 하는 것이다.
【纯色】chúnsè 명 단색의. 한 가지 색의. ¶~布料=단색의 옷감.
【纯收入】chúnshōurù 명(經) 순소득. 실수입.

【纯熟】chúnshú 형 숙련되다. 익숙하다. 정통하다. 능숙하다. 능수능란하다. ¶技术~=기술이 숙련되다.

【纯属】chúnshǔ 동 완전히 …에 속하다. 순전히 …이다. ¶结婚离婚~私事。=결혼과 이혼은 순전히 개인적인 일이다.

【纯水】chúnshuǐ 명 순수. 순수한 물. [부유물・불순물을 깨끗이 제거한 물]

【纯小数】chúnxiǎoshù 명 (数) 순소수.

【纯一】chúnyī 형 단일하다. 한 가지이다. ¶目标~=목표가 단일하다.

【纯一不二】chúnyī bù'èr 성 순수하여 다른 것이 섞이지 않다.

【纯音】chúnyīn 명 (物) 순음. 단순음. 단음. [단일 진동수의 음]

【纯贞】chúnzhēn 형 순결하고 지조가 있다. ¶~的爱情=순결하고 변치 않는 사랑.

【纯真】chúnzhēn 형 순수하다. 진솔하다. 순결하고 진실되다. ¶~的友谊=순결하고 진실한 우정.

【纯正】chúnzhèng 형 1 순수하다. 오리지널이다. ¶他说一口~的美式英语。=그는 미국식 오리지널 영어를 구사한다. 2 순수하고 정당하다. 순수하고 올바르다. ¶意图~=의도가 순수하고 정당하다. ≒地道(di·dao) ↔驳杂

【纯种】chúnzhǒng 명 순종의. 순수 혈통의. ¶~马=순종인 말.

## 莼[蒓, 蓴] chún 순채 순

【莼菜】chúncài 명 (植) 순채. [수련에 딸린 다년생 초본 식물] =【水葵】shuǐkuí

## *唇[脣] chún 입술 순

명 (生) 1 입술. ['嘴唇(zuǐchún)'이라고 통칭함] ¶反~相讥=남의 비평을 받아들이지 않고 되어 상대방을 비난한다. 2 (일부 신체 기관의) 주위 근육 조직. ¶阴~=음순. [요도(尿道)와 질(腔)을 좌우에서 싸고 있는 한 쌍의 주름]

⊙◦ 兔tù唇, 鱼唇

【唇笔】chúnbǐ 명 입술 연필. 립 라이너(lip liner). 립 펜슬(lip pencil).

【唇彩】chúncǎi 명 립글로스(lip-gloss).

【唇齿】chúnchǐ 명 (이와 입술같이) 서로 긴밀히 연관되어 있고 이해를 같이하는 사이. ¶互为~=서로 이해를 같이하는 밀접한 관계이다.

【唇齿相依】chúnchǐ-xiāngyī 성 (입술과 이처럼) 상호 의존적인 밀접한 관계이다.

【唇齿音】chúnchǐyīn ☞【齿唇音】chǐchúnyīn

【唇齿之邦】chúnchǐzhībāng 성 서로 돕고 의지하는 관계에 있는 두 나라.

【唇读】chúndú 동 입술의 움직이는 모양을 보고 말한 내용을 읽다(인지하다). ¶训练~能力=입술의 움직임을 보고 발화 내용을 인지하는 능력을 훈련하다.

【唇膏】chúngāo 명 립스틱. 립글로스(lip-gloss). 늑口红

【唇红齿白】chúnhóng-chǐbái 성 입술은 빨갛고 이는 새하얗다. [주로 어린이・청소년의 용모가 준수함을 형용함]

【唇焦舌敝】chúnjiāo-shébì 성 입이 닳도록 반복해 말하다. 누누이 얘기하다. =【舌敝唇焦】shébì-chúnjiāo

【唇裂】chúnliè 명 토순(兔唇). 토결(兔缺). =【兔唇】tùchún 통【豁嘴】huōzuǐ

【唇枪舌剑】chúnqiāng-shéjiàn 성 격렬하고 날카로운 언쟁을 하다. =【舌剑唇枪】shéjiàn-chúnqiāng

【唇舌】chúnshé 명동 말. 언사. ¶白费~=말해 봐야 헛수고이다. 공연히 입만 아프다.

【唇亡齿寒】chúnwáng-chǐhán 성 1 순망치한. 입술이 없어지면 이가 시리다. 2 (비) 이해 관계가 서로 밀접하다. 한쪽이 망하면 다른 한쪽도 보전하기 어렵다.

【唇纹】chúnwén 명 1 입술의 무늬. 입술 살결. 입술 주름. 2 입술 자국.

【唇吻】chúnwěn 명동 1 입술. 2 (비) 말재주. 말주변. 언변. 언사.

【唇线】chúnxiàn 명 입술의 윤곽. 입술선.

【唇音】chúnyīn 명 (言) 순음. [쌍순음(雙脣音)와 순치음(脣齒音)]

【唇印】chúnyìn 명 입술 자국. 입술 도장.

## *淳[湻] chún 순박할 순

형동 꾸밈없다. 순박하다. 수수하다. 명 (Chún) 성(姓).

【淳风美俗】chúnfēng-měisú 성 미풍양속. [순박하고 아름다운 풍속]

【淳和】chúnhé 형 순박하고 온화하다. ¶性情~=성품이 순박하고 온화하다.

【淳厚】[醇厚] chúnhòu 형 순박하고 인정이 많다. 무던하다. ¶为人~=사람됨이 순박하고 인정이 많다. 늑淳朴

【淳美】chúnměi 형 순박하고 아름답다. 깨끗하고 곱다. ¶音色~=음색이 깨끗하고 곱다.

【淳朴】[纯朴] chúnpǔ 형 순박하다. ¶生性~=타고난 성격이 순박하다. 늑淳厚 纯厚

【淳于】Chúnyú 명 복성(複姓).

【淳正】chúnzhèng 형 순박하고 정직하다. ¶性格~刚烈。=성격이 순박하며 정직하고 강직하다.

## 錞[錞] chún 순우 순

【錞于】chúnyú 명 (音) 지난날 동(銅)으로 만든 악기의 일종. [북과 함께 군대 지휘용으로 사용되던 악기로, 위쪽이 아래보다 약간 큰 원통형이며, 머리 부분에는 주로 호랑이 모양의 꼭지가 있음] ☞ duì

## 鹑[鶉] chún 메추라기 순

명 1 (動) 메추라기. =【鹌鹑】ān·chún 2 (비) 낡아서 해진 옷. 남루(襤褸). 누덕누덕 기운 옷. 누더기. ¶悬~百结=누더기옷.

【鹑居】chúnjū 동 거주지가 일정치 않다.

【鹑衣】chúnyī 명⟨문⟩⟨비⟩ 누더기. 누덕누덕 기운 헌 옷. 남루한 옷.
【鹑衣百结】chúnyī-bǎijié 성 1 현순백결(懸鹑百結). 2 비 해진 옷을 수없이 기워 입다. 남루한 옷차림.

淳 chún 물가 순
명⟨문⟩ 물가.

*醇[(醕)] chún 진한 술 순
형⟨문⟩ 1 (술맛이) 깔끔하고 진하다. 순수하고 좋다. ¶~酒佳酿＝맛좋은 고급 술. 2 (맛이) 순수하고 진하다. ¶香味～正＝향과 맛이 순수하고 진하다. 3 순수하다. 깨끗하다. ¶~化风格＝품격을 순화하다. 4 순박하다. 꾸밈이 없다. ¶风俗～厚＝풍속이 순박하고 두텁다. 명 1 (맛이) 순정하고 진한 술. 주정이 많이 함유된 독한 술. 2 (化) 알코올. 주정(酒精).
⦿ 甲醇, 木醇, 清醇, 乙yǐ醇, 胆固dǎngù醇

【醇和】chúnhé 형 (맛·성질이) 깔끔하고 부드럽다. ¶这种酒口感～。＝이 술은 맛이 깔끔하고 부드럽다.
【醇厚】chúnhòu 형 1 (냄새·맛 등이) 깔끔하고 진하다. ¶酒味～＝술맛이 깔끔하고 진하다. 2 ☞【淳厚】chúnhòu
【醇化】chúnhuà 동 순화하다. 완벽한 경지에 이르게 하다. ¶~舞台艺术＝무대 예술을 완벽한 경지에 이르게 하다.
【醇解】chúnjiě 명⟨化⟩ 알코올 분해.
【醇精】chúnjīng 명⟨化⟩ 에틸에테르.
【醇酒】chúnjiǔ 명 (다른 것을 섞지 않아 맛이) 깔끔하고 진한 술.
【醇美】chúnměi 형 (맛·분위기·감정 등이) 산뜻하고 아름답다. 순수하고 달콤하다. ¶味道～＝맛이 순수하고 달콤하다.
【醇浓】chúnnóng 형 순수하고 진하다. ¶汤汁～＝국물이 진국이다.
【醇酸】chúnsuān 명⟨化⟩ 알코올산.
【醇甜】chúntián 형 (맛이) 순정하고 달다. 깨끗하고 달콤하다. ¶~的泉水＝깨끗하고 단맛이 나는 샘물.
【醇香】chúnxiāng 형 (맛·냄새 등이) 순수하고 향기롭다. ¶~陈酿＝순수하고 향기로운 오래 묵은 술. 명 순수하고 진한 향과 맛(향기). ¶~四溢＝순수하고 진한 향기가 사방에 퍼지다.
【醇酽】chúnyàn 형 (술·차의 맛이) 순수하고 진하다.
【醇正】chúnzhèng 형 (맛·냄새 등이) 깔끔하다. 순수하다. 상큼하다. ¶香味～＝향기가 상큼하다.

*蠢¹[(惷)] chǔn 어리석을 준
형 1 아둔하다. 미련하다. 어리석다. 맹하다. ¶愚顽～笨＝어리석고 고집스러우며 미련하고 바보 같다. 2 굼뜨다. 둔하다. 서툴다. ¶~笨如牛＝소처럼 둔하다. ≒傻笨

*蠢² chǔn 꿈틀거릴 준
동⟨문⟩ 꿈틀거리다. (불순한 세력 따위가) 난동을 부리다. 준동하다.
【蠢笨】chǔnbèn 형 1 아둔하다. 미련하다. 어리석다. ¶~之人＝아둔한 사람. 2 둔하다. 굼뜨다. 서툴다. ¶~的北极熊＝둔한 북극곰.
【蠢才】chǔncái ☞【蠢材】chǔncái
【蠢材】[蠢才] chǔncái 명 미련한 놈. 바보. 머저리. 얼간이. 멍청이. 맹추. [욕하는 말로 쓰임] ≒蠢货 ↔天才
【蠢蠢】chǔnchǔn 형⟨문⟩ 1 꿈틀거리다. 꼬물꼬물하다. ¶~而动＝꿈틀꿈틀 움직이다. 2 (정세 등이) 어지럽고 불안하다. ¶兵士～＝병사들이 동요하다.
【蠢蠢欲动】chǔnchǔn yùdòng 성 불순 세력이 난동을 부리려 하다. 적군이 침략을 획책하다.
【蠢动】chǔndòng 동 1 (벌레가) 꿈틀꿈틀 기어가다. 2 비 (불순 분자나 적이) 준동하다.
【蠢话】chǔnhuà 명 어리석은 말. 사리에 어긋나는 말. 바보 같은 소리.
【蠢货】chǔnhuò 명⟨구⟩ 미련한 놈. 쪼다. 얼간이. 병신. 맹추. [욕하는 말로 쓰임] ≒蠢材
【蠢驴】chǔnlǘ 명 당나귀같이 미련한 놈. 바보. [욕하는 말로 쓰임]
【蠢人】chǔnrén 명 바보. 멍청이. 밥통. 맹추.
【蠢事】chǔnshì 명 바보짓. 미련한 행동. 어리석은 짓거리. ¶不能干损人不利己的～。＝남에게 손해를 끼치고 자신에게도 불리한 바보짓을 해선 안 된다.
【蠢头蠢脑】chǔntóu-chǔnnǎo 성 아둔하고 멍청한 모양. 맹하고 흐리멍덩하다.
【蠢物】chǔnwù 명 1 굼뜬 물체. 2 비 바보. 멍청이. 얼간이. 맹추. [욕하는 말로, 주로 조기 백화문에 보임]
【蠢猪】chǔnzhū 명⟨비⟩ 돼지같이 멍청한 놈. 바보. 머저리. 얼간이. [욕하는 말로 쓰임]

## chuo

逴 chuō 멀 탁
형⟨문⟩ 멀다. 높다. 동⟨문⟩ 초월하다. 뛰어넘다.

踔 chuō 뛸 탁
동⟨문⟩ 1 도약하다. 뛰어오르다. ¶跨～＝도약하다. 2 초월하다. 뛰어넘다. 지나다. ¶日～数村＝하루에 여러 마을을 지나다.
【踔绝】chuōjué 형⟨문⟩ 탁월하다. 출중하다. ¶~独立＝남달리 탁월하다.
【踔厉】chuōlì 형⟨문⟩ (정신적으로) 분발하다. 발양~＝(사기가) 진작하고 분발시키다.
【踔厉风发】chuōlì-fēngfā 성 정신적으로 분발해 거침없이 논지를 펼치다.

*戳 chuō 창으로 찌를 착

戳 辵 娖 啜 惙 婼 婥 绰 辍 龊 歠   chuò   311

戳 **1** 찌르다. 구멍을 뚫다. ¶一~就破=찌르자마자 부서지다. **2**〔方〕(가늘고 긴 물건이 다른 물체에 부딪혀서) 망가지다. 부러지다. 부서지다. 다치다. 상하다. ¶一用力笔尖儿~歪了。=펜촉에 힘을 주자마자 망가졌다. **3**〔口〕서다. 똑바로 서다. ¶别的人都走了,只有他一个人~在那儿发呆。=다른 사람들은 모두 갔는데 그 혼자만 거기에 멍하니 서 있다. **4**〔方〕(지장·도장을) 찍다. 날인하다. ¶来,在这儿~个手印。=자, 여기에 지장을 찍으시오. 〔名〕(~儿) 도장. 스탬프. ¶手~=손도장. 지장. / 邮~=소인(消印).

○ 日戳, 手戳, 邮戳

【戳不住】chuō·buzhù 〔动〕(贬) **1** 설 수 없다. 세울 수 없다. ¶别松手,孩子太小,~。=손을 놓지 마라, 아이가 너무 어려서 설 수 없으니. **2** 시련을 이기지 못하다. 고난을 견디지 못하다. ¶这么大的事故,先别让老太太知道,她~。=이렇게 큰 사고는 우선 어머님께는 알리지 마세요, 그녀가 견디기 어려울 것이니까요. **3** 믿음직스럽지 못하다. 믿을 것이 못 되다. ¶小道消息,~。=주워들은 소식은 믿을 것이 못 된다.
【戳穿】chuōchuān 〔动〕 **1** (꼬챙이·송곳 등으로) 찔러서 뚫다. ¶~窗户纸=창호지를 찔러 구멍내다. **2** 폭로하다. 까발리다. 들통내다. ¶~诡计=음모를 폭로하다. ≒揭穿
【戳疮疤】chuō chuāngbā (贬)(口) 남의 결점을 들춰 내다. 남의 약점을 찌르다.
【戳得住】chuō·de zhù 〔动〕(贬) **1** 설 수 있다. 세울 수 있다. **2** 시련을 견뎌 내다. **3** 믿음직스럽다. 믿을 만하다.
【戳脊梁骨】chuō jǐ·liánggǔ (贬)(口) 비방하다. 욕하다. ¶这事要一碗水端平了,不然别人会~。=이 일은 공평하게 처리해야지 그렇지 않으면 사람들이 뒤에서 욕할 수 있다.
【戳记】chuōjì 〔名〕(주로 기관이나 단체의) 도장. 인장. 스탬프.
【戳破】chuōpò 〔动〕 찔러서 뚫다〔깨뜨리다〕. 찔러 구멍을 내다. ¶用手指~窗户纸=손가락으로 찔러서 창호지에 구멍을 내다.
【戳儿】chuōr 〔名〕 도장. 스탬프.
【戳子】chuō·zi 〔名〕〔口〕 도장.

辵 chuò 쉬엄쉬엄 갈 **착**
〔动〕(书) 가다 말다 하다. 쉬엄쉬엄 가다.

娖 chuò 삼갈 **착**
〔形〕(书) 삼가다. 신중하다. 조심스럽다. 〔动〕(书) (대오를) 정돈하다.

啜 chuò 마실 **철**
〔动〕 마시다. ¶~茗=차를 마시다. 〔形〕(书) 흐느끼다. 훌쩍이며 울다. ¶低头~泣=고개를 떨구고 흐느끼다.
☞ Chuài
【啜泣】chuòqì 〔动〕 흐느끼다. 훌쩍이며 울다. ¶低声~=나지막이 흐느끼다. ≒抽泣

【啜菽饮水】chuòshū-yǐnshuǐ (成) **1** 콩죽 먹고 물 마시며 살아가다. **2**〔喩〕 생활이 아주 어렵다〔곤궁하다〕. 매우 가난하다.

惙 chuò 근심할 **철**
〔形〕(书) **1** 근심스럽다. 걱정스럽다. **2** 피곤하다. **3** (숨결이) 가쁘다. 약하다. ¶气息~然=숨결이 가쁘다.
【惙惙】chuòchuò 〔形〕(书) 걱정스럽다. 근심하는 모양. ¶忧心~=매우 근심하다.
【惙怛】chuòdá 〔形〕(书) 근심스럽다. 슬프다. ¶~至极=슬픔이 극에 달하다.

婼 chuò 거역할 **착**
〔动〕(书) (명령·규칙 등을) 거역하다. 어기다. 무시하다. 순종하지 않다. 〔形〕(书) 순조롭지 못하다.
☞ ruò

婥 chuò 예쁠 **작**
【婥约】chuòyuē ☞【绰约】chuòyuē

*绰 [綽] chuò 너그러울 **작**
〔形〕(书) **1** 넓다. 널찍하다. ¶宽~=널찍하다. **2** 넉넉하다. 부유하다. 너그럽다. 여유가 있다. 느긋하다. ¶~有余裕=넉넉하여 여유가 있다. **3** (자태가) 우아하다. ¶柔情一态=부드러운 마음씨와 우아한 자태.
☞ chāo

○ 宽kuān绰, 阔kuò绰

【绰绰有余】chuòchuò-yǒuyú (成) 여유만만하다. 매우 넉넉하다. ↔捉襟见肘
【绰号】chuòhào 〔名〕 별명. 닉네임. ¶不能乱给人起~。=다른 사람에게 함부로 별명을 붙여서는 안 된다. ≒外号 诨号
【绰约】【婥约】chuòyuē 〔形〕(书) (여인의 자태가) 맵시 있고 아름답다. 단아하고 우아하다. 품위 있고 아름답다. ¶丰姿~=풍만하고 우아하다.

辍 [輟] chuò 그칠 **철**
〔动〕 그치다. 멈추다. 중지하다. 그만두다. ¶笔耕不~=끊임없이 글을 쓰다. / 时作时~=하다 말다 하다.
【辍笔】chuòbǐ 〔动〕 (글이나 글씨, 그림을) 중도에서 그만두다. 절필(絶筆)하다. 붓을 꺾다. ¶~多年=절필한 지 여러 해 되다.
【辍学】chuòxué 〔动〕 중퇴하다. 학업을 그만두다. ¶~在家=중퇴하고 집에 있다.
【辍演】chuòyǎn 〔动〕 (공연을) 중지하다. ¶话剧~=연극 공연을 중단하다.

龊 [齪] chuò 악착할 **착**
☞【龌龊】wòchuò

歠 chuò 마실 **철**
〔动〕 마시다. 흡입하다. 〔名〕(书) (죽·국·탕 등) 마실 수 있는 음식.

## ci

**刺** cī 찌를 자
의 찍. 칙. 쓱. 쭉. [어떤 것을 찢거나 마찰하거나 뿌리거나 혹은 미끄러질 때 나는 소리] ¶~的一声, 她滑到在雪地上. =쭉 소리를 내며 그녀는 눈밭에 미끄러졌다.
☞ **cì**

【刺啦】**cīlā** 의 찍. 좍. 칙. [물건을 찢거나 혹은 빠른 속도로 미끄러지는 소리] ¶她~一声把布撕成两半. =그녀는 좍 하고 천을 두 조각으로 찢어 버렸다.

【刺棱】**cīlēng** 의 획. [동작이 재빠를 때 나는 소리] ¶野兔~一下跑不见了. =산토끼가 획 하고 사라졌다.

【刺溜】**cīliū** 의 쪼르륵. 호로롱. 찍. 획. 씽. 피융. [미끄러지는 소리·물체가 빠르게 지나가는 소리] ¶她不小心~一下跌了一跤. =그녀는 조심하지 않아 쪼르륵 넘어졌다. 동 (쪼르륵) 미끄러지다. ¶一不小心~了个跟头. =아차 하는 순간에 쪼르륵 미끄러져 곤두박질쳤다.

**呲** cī 꾸짖을 자
동 ㈜(~儿) 꾸짖다. 나무라다. 꾸지람하다. 꾸중하다. ¶他上课不注意听讲, 被老师~了几句. =그는 수업에 열중하지 않아 선생님께 꾸중을 들었다.
☞ **zī**

**\*\*差** cī 가지런하지 않을 치
☞【参差】**cēncī**
☞ **chā, chà, chāi, chài**

**疵** cī 흠 자
명 흠. 흠집. 결점. 하자. ¶吹毛求~=털을 불어 가며 흠집을 찾다. 공연히 트집을 잡다. 늑瑕

【疵点】**cīdiǎn** 명 결점. 흠집. 하자. ¶这布料没有什么~. =이 옷감에는 아무런 하자가 없다.
【疵品】**cīpǐn** 명 불량품. 하자가 있는 제품.
【疵儿】**cīr** 명 흠. 흠집. 결점. 하자.
【疵瑕】**cīxiá** 명 하자. 잘못.

**粢** cī 곡식 자
☞ **zī**

【粢饭】**cīfàn** 명(방) 찹쌀과 멥쌀을 섞어 찬물에 담갔다가 찐 뒤, 먹을 때 중간에 '油条' 등을 넣어 만든 주먹밥.

**跐** cī 밟을 자
동 (발이) 미끄러지다. ¶脚~了一下, 差点儿跌倒. =발이 미끄러져 하마터면 넘어질 뻔했다.
☞ **cǐ**

【跐溜】**cīliū** 동 (발이) 쭉 미끄러지다. ¶他脚下一~, 摔了个仰八叉. =발은 발이 쭉 미끄러져 뒤로 벌렁 나자빠졌다.

**\*\*词[詞, 䛐]** cí 말 사
명 1 (~儿)〈言〉단어. [문장 가운데 독립 운용될 수 있는 가장 작은 언어 단위] ¶名~=명사. / 单~=단어. 2 (~儿) 말. 문구. 문사. 어조. ¶陈~滥调=진부하고 케케묵은 어조. / 振振有~=당당하게 말하다. 3 (~儿) (시·노래·글·연극 등의) 구절. 가사. 대사. ¶歌~=가사. / 台~=대사. 4 사(詞). [중국 고전 문학 가운데 운문의 한 장르로, '长短句(chángduǎnjù)'라 부르기도 함] ¶填~=사(詞)의 격률에 따라 사를 짓다.

⊙ 贬biǎn词, 宾bīn词, 答词, 大词, 代词, 悼dào词, 动词, 遁dùn词, 副词, 歌词, 供gòng词, 贺hè词, 介词, 借词, 连词, 量词, 慢词, 名词, 判pàn词, 生词, 实词, 誓shì词, 数shù词, 颂sòng词, 台词, 弹tán词, 叹tàn词, 题词, 提词, 体词, 托tuō词, 微wēi词, 系词, 献xiàn词, 小词, 谢词, 虚xū词, 训xùn词, 言词, 严词, 异yì词, 语词, 致词, 中词, 主词, 助词, 祝词

【词不达意】[辞不达意] **cíbùdáyì** 〈성〉(말·글 등의) 의미 전달이 정확하지 못하다. 뜻이 통하지 않다.
【词采】**cícǎi** 명 문학적 재능. (글의) 표현. 수식.
【词典】[辞典] **cídiǎn** 명 사전.
【词调】**cídiào** 명 사(詞)의 곡조(악보).
【词法】**cífǎ** ☞【形态学】**xíngtàixué**
【词锋】**cífēng** 명 1 예리한 필봉(筆鋒). 설득력과 힘이 있는 글. 위세가 있는 필치(筆致). ¶~犀利=필봉이 칼날같이 예리하다. 2 화제. 이야깃거리. 말머리. ¶他一一转, 又谈到了另外一个问题. =그는 화제를 돌려 또 다른 문제를 언급하였다.
【词赋】**cífù** ☞【辞赋】**cífù**
【词根】**cígēn** 명〈言〉어근. [예를 들어, '砖头(zhuāntóu)'의 '砖'·'老鼠(lǎoshǔ)'의 '鼠'·'信息化(xìnxīhuà)'의 '信息' 등을 가리킴]
【词根语】**cígēnyǔ** 명〈言〉고립어. =【孤立语】**gūlìyǔ**
【词翰】**cíhàn** 명(문) 여러 가지 종류의 운문과 산문에 대한 총칭.
【词话】**cíhuà** 명 1 사화. [원명(元明)대의 설창문학] 2 사화. [시(詩)와 사(詞)를 곁들인 장회 소설(章回小說)] 3 사화. [사(詞)의 내용·형식 등을 평론하거나 사(詞) 작가를 연구하고 소개한 책 (저술)]
【词汇】**cíhuì** 명 1〈言〉어휘. ¶汉语~=중국어 어휘. 2 (특정 분야의) 어휘. 용어. ¶科技~=과학 기술 용어. 3 (어떤 사람·작품에 사용된) 어휘. 사휘. ¶鲁迅的~=노신의 어휘.
【词汇学】**cíhuìxué** 명〈言〉어휘학. 어휘론.
【词句】**cíjù** 명 1 낱말과 구절. 어구. 문구. 글귀. 2 문장의 언어. ¶~畅达=언어가 매끄럽다〔유창하다〕.
【词类】**cílèi** 명〈言〉품사. [명사·동사·형용사·수사·양사·대명사·부사 등]

【词林】**cílín** 圐 문단. 사단(詞壇). 문림(文林). 문원(文苑). 사림(詞林).
【词令】**cílìng** ☞【辞令】**cílìng**
【词律】**cílǜ** 圐 사(詞)의 율격.
【词目】**címù** 圐 (사전의) 올림자〔표제자〕. 올림말〔표제어〕. 엔트리(entry). 수록어. ¶这本词典收录~共计八万余条. =이 사전은 총 8만여 개의 올림말을 수록하였다.
【词牌】**cípái** 圐 사패. 사(詞)의 곡조 명칭. [예를 들어, '满江红(mǎnjiānghóng)·蝶恋花(diànhuā)'등]
【词频】**cípín** 圐(言) 단어의 사용 빈도.
【词谱】**cípǔ** 圐 사보. [각종 사(詞)의 곡조 형식을 모아 사(詞)를 짓는 데 참고하도록 편집한 책]
【词穷】**cíqióng** 阁 말문이 막히다. 할 말을 잃다. ¶吞吞吐吐, 几乎~. =떠듬떠듬 거의 말문이 막히다.
【词穷理屈】**cíqióng-lǐqū** ☞【理屈词穷】**lǐqū-cíqióng**
【词曲】**cíqǔ** 圐 1 사(詞)와 곡(曲). 2 (音) 가사와 곡조.
【词人】**círén** 圐 1 사인. [사(詞)를 잘 짓는 사람] 2 문사(文士). [문필에 종사하거나 시문(詩文)에 능한 사람]
【词书】**císhū** ☞【辞书】**císhū**
【词讼】〔辞讼〕**císòng** 阁(法) 소송하다.
【词素】**císù** 圐(言) 형태소.
【词条】**cítiáo** 圐 (해석과 예문 등을 포함한) 올림자〔표제자〕. 올림말〔표제어〕. 엔트리(entry). 수록어.
【词头】**cítóu** ☞【前缀】**qiánzhuì**
【词尾】**cíwěi** ☞【后缀】**hòuzhuì**
【词形】**cíxíng** 圐(言) 1 단어의 형태. ¶它们虽然~相同, 但读音和意义不同, 所以仍然是两个词. =그것들은 단어의 형태는 같지만 독음과 뜻이 달라서 여전히 두 개의 단어이다. 2 어형(語形). 어법 형태. ¶~变化＝어형 변화.
【词性】**cíxìng** 圐(言) 1 단어의 어법적인 성질. 2 품사.
【词序】**cíxù** 圐(言) 어순(語順).
【词义】**cíyì** 圐(言) 어의(語義).
【词语】**cíyǔ** 圐(言) 단어와 어구. 어휘. 글자. ¶~释义＝어구 풀이.
【词源】**cíyuán** 圐(言) 1 어원(語源). =【辞源】**cíyuán** 2 圐 글짓기의 구상. 작문의 맥락.
【词韵】**cíyùn** 圐 1 사(詞)를 지을 때 맞추는 운. 압운(押韻). 2 사(詞)를 지을 때 참고하는 운서(韻書)·운책(韻冊).
【词藻】**cízǎo** ☞【辞藻】**cízǎo**
【词章】**cízhāng** ☞【辞章】**cízhāng**
【词致】**cízhì** 圐(圀) 시문(詩文)의 풍격·말투. ¶独创~＝시문의 풍격을 독특하게 하다.
【词缀】**cízhuì** 圐(言) 어두사와 접미사. [단어의 어근(語根) 앞뒤에 붙어 그 뜻을 더하는 형태소]
【词宗】**cízōng** 圐 (후세에 모범이 될 만한) 시나 문장의 대가. ¶一代~＝한 시대를 풍미한 문장[시]의 대가.
【词组】**cízǔ** 圐(言) (두 개 또는 두 개 이상의 단어가 일정한 규칙에 따라 구성된) 구.

## 茈 **cí** 능소화나무 자
☞【凫茈】**fúcí**
☞ **zǐ**

## 茨 **cí** 지붕 이을 자
동(문) 띠나 갈대로 지붕을 올리다. 圐(문)(植) 질려(蒺藜). 남가새.
【茨冈人】**Cígāngrén** ☞【吉卜赛人】**Jíbǔsàirén**
【茨菇】**cí·gū** ☞【慈姑】**cí·gū**
【茨蔉】**cíliáng** ☞【薯莨】**shǔliáng**

## 兹 **cí** 이 자
☞【龟兹】**Qiūcí**
☞ **zī**

## *祠 **cí** 사당 사
圐 사당(祠堂). ¶宗~＝종묘.
【祠器】**cíqì** 圐(圀) 제기(祭器).
【祠堂】**cítáng** 圐(圀) 사당(祠堂).

## *瓷 **cí** 사기그릇 자
圐 자기(瓷器). ¶景德镇~＝징더전 자기.
⊙● 绷**bèng**瓷, 青瓷, 搪**táng**瓷, 陶**táo**瓷, 洋瓷
【瓷雕】**cídiāo** 圐 자기 조각. [유약을 발라 구워 낸 백색 자기에 텅스텐·다이아몬드 조각도로 서화를 새겨 넣은 공예품]
【瓷都】**cídū** 圐 자기의 도시. [자기의 명산지인 장시(江西)성 징더전(景德镇)를 가리킴]
【瓷饭碗】**cífànwǎn** (贬)(喩) 불안정한 직업〔지위〕.
【瓷缸】**cígāng** 圐 법랑 항아리.
【瓷公鸡】**cígōngjī** (贬)(喩) 지독한 구두쇠. 노랑이. ¶这个人为富不仁, 活是一个~. =이 사람은 인정머리 없이 돈밖에 모르는 지독한 구두쇠로 살아간다.
【瓷画】**cíhuà** 圐 흰 바탕에 그림이나 문양을 그려 넣은 자기 공예품.
【瓷刻】**cíkè** 圐 흰 바탕에 글씨나 그림을 새겨 넣은 자기 공예품.
【瓷盘】**cípán** 圐 큰 자기 접시〔쟁반〕. 사기 접시.
【瓷坯】**cípī** 圐 굽기 전의 자기.
【瓷瓶】**cípíng** 圐 1 자기 술병. 사기병. 2 ☞【绝缘子】**juéyuán·zi**
【瓷漆】**cíqī** ☞【磁漆】**cíqī**
【瓷器】〔磁器〕**cíqì** 圐 자기. [질 좋은 사기그릇의 총칭]
【瓷实】**cí·shi** 阁(方) 단단하다. 튼실하다. 탄탄하다. 착실하다. 내실이 있다. ¶他英语学得很~. =그는 영어를 아주 착실하게 배웠다.
【瓷塑】**císù** 圐 자기 인형. [인형 등 각종 형상을 빚어 구워 만든 공예품]
【瓷土】**cítǔ** 圐 자토(瓷土). 도토(陶土). 고령토.
【瓷窑】**cíyáo** 圐 자기를 굽는 가마.

【瓷釉】cíyòu 명 자기 유약.
【瓷枕】cízhěn 명 자기 베개.
【瓷砖】cízhuān 명 타일(tile).
【瓷砖壁画】cízhuān bìhuà 명 타일 벽화.

**资[資]** cí 풀 많은 모양 자
동⟨문⟩ 잡초를 쌓다.

**\*\*辞[辭, 辤]** cí 말 사
동 1 이별하다. 작별하다. ¶告~=작별을 고하다. / 与世长~=세상을 뜨다. 2 사퇴하다. 해고하다. ¶他刚被公司~工作。=그는 방금 회사로부터 해고당했다. 3 사직하다. 사양하다. 거절하다. ¶~官不做=관직을 사직하고 그만두다. 4 피하다. 마다하다. ¶推~=(관직·선물 등을) 사양하다. / 义不容~=도의상 거절(사양)할 수 없다. 명 1 말. 언사. 아름다운 언어. ¶修~=수사. / 华丽的~藻=화려한 문체. 2 사(辭). [중국 고대 문체의 일종] ¶楚~=초사. 3 사(辭). [고체시의 일종] ¶《木兰~》=《목란사》 4 (주로 합성어에서) '词(cí)'와 같음.

○● 哀āi辞, 拜bài辞, 卜bǔ辞, 措cuò辞, 敬jìng辞, 谦qiān辞, 说辞, 婉wǎn辞, 猥wěi辞, 文辞, 言辞

【辞别】cíbié 동 (떠나기 전에) 이별을 고하다. 하직하다. 하직을 고하다. ¶握手~=악수하고 이별하다. ≒话别 告别
【辞不达意】cíbùdáyì ☞【词不达意】cíbùdáyì
【辞呈】cíchéng 명 사직원. 사직서. 사표.
【辞典】cídiǎn 동 1 ⟨문⟩ cídiǎn 2 전문적이거나 각종 영역의 어휘를 형식에 맞추어 편집하고 해석한 공구서. ¶《唐诗鉴赏~》=《당시(唐诗) 감상 사전》.
【辞费】cífèi 동 (주로 작품을 비평하는 데 쓰여) 쓸데없이 말을 늘어놓다.
【辞锋】cífēng 명 화제. 말머리. ¶他说着说着, ~转到别的问题上去了。=그는 말을 계속 하다 화제를 다른 문제로 돌렸다.
【辞赋】[词赋] cífù 명 1 사(辭)와 부(賦). 2 부체(賦體) 문학.
【辞格】cígé ☞【修辞格】xiūcígé
【辞工】cí‖gōng 동 1 해고하다. 2 사직하다. 일을 그만두다. ¶她嫌薪水太少, ~不干了。=그녀는 봉급이 너무 적은 것이 불만스러워 사직해 버렸다.
【辞官】cíguān 동 관직에서 물러나다. ¶~返乡=관직에서 물러나 낙향하다.
【辞海】Cíhǎi《사해》. [1936년에 처음 발간된, 단어와 각종 영역의 어휘를 수록한 종합적인 대형 사전]
【辞活】cí‖huó(~儿) 동⟨구⟩ 사직하다. (일을) 그만두다.
【辞旧迎新】cíjiù-yíngxīn 성 1 송구영신(送舊迎新). 묵은해를 보내고 새해를 맞이하다. 2 ⟨비⟩ 옛 것을 버리고 새 것을 맞아들이다.
【辞诀】cíjué 동⟨문⟩ 결별하다. ¶~而去=결별하고 떠나다.

고 떠나다.
【辞灵】cí‖líng 동 영결(永訣)하다. 출관(出棺) 전에 망자(亡者)와 마지막 이별을 고하다.
【辞令】cílìng 명 (사교 행사 등에서의) 적절한 언사. 능수능란한 말투. 사람을 끌어들이는 부드러운 말투. 응대(대답)하는 말. ¶外交~=외교사령.
【辞路】cílù 동 작별하고 길을 떠나다.
【辞年】cí‖nián 동 섣달 그믐날 밤에 가족끼리 모여 먹고 마시며 서로 덕담(德談)을 나누다. ≒辞岁
【辞聘】cípìn 1 초빙된 일자리를 사직하다. 2 초빙을 사양하다.
【辞去】cíqù 동 1 ⟨문⟩ 작별하고 떠나다. 하직하다. ¶一早~=날이 밝자마자 작별하고 떠나다. 2 사직하다. (일을) 그만두다. ¶~公职=공직에서 물러나다. 3 해고하다. ¶~冗员=남아도는 인원을 해고하다. 4 거절하다. ¶~繁琐之事=자질구레한 일을 거절하다.
【辞却】cíquè 동⟨문⟩ 사양하다. 물리다. 거절하다. 사절하다. 그만두다. 사퇴하다. 사퇴하다. ¶婉言~=완곡한 말로 사양하다.
【辞让】círàng 동 정중하게 거절하다. 사양하다. ¶相互~=서로 양보(사양)하다.
【辞色】císè 명 말투와 표정. 말씨와 그 태도. ¶~和蔼=말투와 표정이 상냥하다.
【辞式】císhì ☞【修辞格】xiūcígé
【辞世】císhì 동⟨문⟩ 별세(別世)하다. 세상을 하직하다. ¶他的父亲~多年。=그의 부친은 별세한 지 이미 여러 해 되었다.
【辞书】[词书] císhū 명 자전·사전·색인·연감 등의 총칭. 사서.
【辞讼】císòng ☞【词讼】císòng
【辞岁】cí‖suì ☞【辞年】cí‖nián
【辞退】cítuì 동 1 해고하다. 해직시키다. ¶~闲杂人员=남아도는 인원을 해고하다. 2 사양하다. 사절하다. 거절하다. 물리치다. ¶~礼金=사례금(축의금)을 돌려주다.
【辞脱】cítuō 동 (핑계를 대고) 거절하다. (구실을 들어) 사양하다. ¶他~了社会上的兼职。=그는 사회상의 겸직을 사양했다.
【辞谢】cíxiè 동 정중히 거절하다. 사절하다. ¶~酬金=사례금을 정중히 거절하다.
【辞行】cí‖xíng 동 (멀리 떠나기 전에) 작별 인사를 하다. ¶向父母~=부모님께 작별 인사를 하다. ≒道别
【辞演】cíyǎn 동 출연을 거절하다. 연출 일을 그만두다.
【辞源】Cíyuán 1 ☞【词源】cíyuán 2 사원(辭源). [고대 전적 열람용 대형 고대 한어 사전]
【辞藻】[词藻] cízǎo 명 1 사조. 시문의 문채(文彩)나 말의 수식. 화려한 문체. ¶堆砌~=장황하고 쓸데없는 말로 글을 꾸미다. 2 창작 과정에서 운용하는 전고(典故)와 옛 시문의 어구.
【辞灶】cí‖zào 동 (음력 12월 23일 혹은 24일에) 조왕제(竈王祭)를 지내다.
【辞章】[词章] cízhāng 명 1 운문과 산문의 총

칭. **2** 수사(修辭). (문학의) 창작 기교. ¶~工巧=창작 기법이 정교하다.

【辞职】**cí ‖ zhí** 통 사직하다. 직장을 그만두다. 직무에서 물러나다. ¶申请~=사직 신청하다. →求职

【辞职权】**cízhíquán** 명(法) 사직의 권리. [관공서나 회사의 직원이 사직할 수 있는 권리]

【辞宗】**cízōng** ☞【词宗】**cízōng**

＊**慈** **cí** 자애로울 자

통(문) (아랫사람을) 사랑하다. 자애를 베풀다. ¶敬老~幼=노인을 공경하고 어린이를 사랑하다. 형 자애롭다. 인자하다. ¶仁~=인자하다. 명 **1**(문) 어머니. ¶令~=자당(慈堂). 영당(令堂). **2**(Cí) 성(姓). ↔狠 严

【慈蔼】**cí'ǎi** 형 자애롭고 상냥하다. ¶~的面容=자애롭고 상냥한 얼굴.

【慈爱】**cí'ài** 통 (연장자가) 자애를 베풀다. ¶~有加=더욱더 자애를 베풀다. 형 자애롭다. 인자하다. ¶~的眼神=인자한 눈길.

【慈悲】**cíbēi** 명 **1**(佛) 자비. ¶以~为怀=자비를 마음에 품다. **2** 자애. ¶母亲的~=어머니의 자애.

【慈父】**cífù** 명 자부. 아버지.

【慈姑】[茨菰] **cí·gū** 명(植) **1** 자고. 쇠귀나물. **2** 자고의 땅속줄기.

【慈和】**cíhé** 형 자애롭고 상냥하다. ¶目光~=눈빛이 자애롭고 상냥하다.

【慈惠】**cíhuì** 형 자애롭다. 상냥하다. 인자하다.

【慈眉善目】**címéi-shànmù** 성 인자하고 선한 얼굴.

【慈母】**címǔ** 명 자모. 어머니.

【慈软】**círuǎn** 형 인자하고 상냥하다. 부드럽고 인자하다. ¶~心肠=인자하고 상냥한 마음씨.

【慈善】**císhàn** 형 동정심이 많다. 남을 배려하다. 자선을 베풀다. ¶~事业=자선 사업. ↔残暴 残忍

【慈祥】**cíxiáng** 형 (노인의 태도·낯빛이) 자애롭다. 자상하다. ¶~的老奶奶=자애로운 (증조)할머니. ⇒和蔼

【慈孝】**cíxiào** 형 노인을 공경하고 어린이를 사랑하다. ¶~之心=노인을 공경하고 어린이를 사랑하는 마음.

【慈心】**cíxīn** 명 자비심. 자애심. ¶大发~=크게 자비를 베풀다.

【慈训】**cíxùn** 명(문) 어머니·아버지의 가르침. [주로 어머니의 가르침을 가리킴]

【慈颜】**cíyán** 명(문) (주로 부모의) 자비로운 얼굴. 자애로운 얼굴.

＊**磁** **cí** 자석 자

명 **1**(物) 자성(磁性). **2** '瓷(cí)'와 같음.

○● 充**chōng**磁, 地**cí**, 电**cí**, 励**lì**磁, 剩**shèng**磁

【磁棒】**cíbàng** 명(物) 막대 자석.

【磁暴】**cíbào** 명 자기 폭풍.

【磁北】**cíběi** 명(物) 자북. 자북극(磁北極).

【磁场】**cíchǎng** 명(物) 자장. 자기장.

【磁场强度】**cíchǎng qiángdù** 명 자장 강도.

【磁带】**cídài** 명 자기 테이프. [녹음·녹화용 테이프]

【磁导率】**cídǎolǜ** 명(物) 투자율(透磁率). 자기 투과율. =【导磁率】**dǎocílǜ**

【磁电】**cídiàn** 명(物) 유도 전기.

【磁浮列车】**cífú lièchē** 명 자기 부상 열차.

【磁浮铁道】**cífú tiědào** 명 자기 부상 철도.

【磁感线】**cígǎnxiàn** ☞【磁力线】**cílìxiàn**

【磁感应】**cígǎnyìng** 명(物) 자기 감응(磁氣感應). 자기 유도(磁氣誘導).

【磁感应线】**cígǎnyìngxiàn** ☞【磁力线】**cílìxiàn**

【磁化】**cíhuà** 명(物) 자화. [물체가 자성(磁性)을 띠게 되거나 또는 띠게 함]

【磁化水】**cíhuàshuǐ** 명 자력수(磁力水).

【磁极】**cíjí** 명(物) 자극.

【磁迹】**cíjì** 명 자기 트랙.

【磁卡】**cíkǎ** 명 자기 카드.

【磁卡电话】**cíkǎ diànhuà** 명 카드 전화.

【磁控管】**cíkòngguǎn** 명(電) 자전관(磁電管). 마그네트론(magnetron).

【磁力】**cílì** 명(物) 자력. 자기력.

【磁力线】**cílìxiàn** 명(物) 자력선. =【磁感线】**cígǎnxiàn**【磁感应线】**cígǎnyìngxiàn**

【磁疗】**cíliáo** 명(醫) 자기 요법.

【磁能】**cínéng** 명(物) 자기 에너지.

【磁盘驱动器】**cípán qūdòngqì** 명(컴) 디스크 드라이버(disk driver).

【磁漆】[瓷漆] **cíqī** 명 에나멜 페인트(enamel paint).

【磁器】**cíqì** ☞【瓷器】**cíqì**

【磁石】**císhí** 명 **1**(礦) 자철광(磁鐵鑛). 자철석(磁鐵石). **2** ☞【磁铁】**cítiě**

【磁体】**cítǐ** 명(物) 자성체(磁性體).

【磁铁】**cítiě** 명 자석(磁石). =【磁石】**císhí**【吸铁石】**xītiěshí**

【磁铁矿】**cítiěkuàng** 명(礦) 자철광. 자철석(磁鐵石). 마그네타이트(magnetite). [검은색의 금속 광택을 띠며, 광물 가운데 자성(磁性)이 가장 강하여 제철의 주요 원료가 됨]

【磁通】**cítōng** ☞【磁通量】**cítōngliàng**

【磁通量】**cítōngliàng** 명(物) 자기력선속(磁氣力線束). 자속(磁束). 자력선속(磁力線束). ⇒【磁通】**cítōng**

【磁头】**cítóu** 명 자기 헤드.

【磁效应】**cíxiàoyìng** 명(物) 자기 효과.

【磁性】**cíxìng** 명 자성.

【磁悬浮列车】**cíxuánfú lièchē** 명 자기 부상 열차.

【磁针】**cízhēn** 명(物) 자침.

＊**雌** **cí** 암컷 자

형 **1**(生) 암컷의. ¶~兔=암토끼. **2**(문) 유약하다. 연약하다. ↔雄

【雌蜂】**cífēng** 명(動) **1** 암벌. 자봉. **2** (여왕벌과 일벌을 포함하는) 꿀벌의 암컷.

【雌伏】cífú (동)(문) 1 남에게 굴복하다. ¶大丈夫怎堪~！=대장부가 어찌 남에게 굴복할 수 있겠는가! 2 (비) 은둔 생활을 하다. 세상을 피하여 숨어 살다. ¶~待机=은둔 생활을 하며 기회를 기다리다.

【雌花】cíhuā (명)(植) 암꽃. 암술만 가진 단성화(單性花).

【雌黄】cíhuáng (명) 1 (礦) 자황. 2 옛날에 잘못 쓴 글씨를 고칠 때 칠하는 안료(顔料). (동) (함부로) 지껄이다. 비평하다. 수정하다. 평론하다. ¶妄下~=함부로 비평하다. / 信口~=입에서 나오는 대로 제멋대로 지껄이다.

【雌蕊】círuǐ (명)(生) 암술. 암꽃술.

【雌性】cíxìng (명)(生) 자성. 암컷의 공통적인 성질. ¶~动物=자성 동물.

【雌性激素】cíxìng jīsù (명) 여성 호르몬.

【雌雄】cíxióng (명) 1 (生) 자웅. 암컷과 수컷. ¶~莫辨=암수를 구분할 수 없다. 2 (비) 승패. 승부. 우열. ¶决一~=한판 승부를 가리다.

【雌雄同体】cíxióng tóngtǐ (명)(動) 자웅 동체. 암수한몸.

【雌雄同株】cíxióng tóngzhū (명)(植) 자웅 동주. 암수한그루.

【雌雄异体】cíxióng yìtǐ (명)(動) 자웅 이체. 암수딴몸.

【雌雄异株】cíxióng yìzhū (명)(植) 자웅 이주. 암수딴그루.

## 鹚[鷀, 鶿] cí 가마우지 자
☞【鸬鹚】lúcí

## 糍[(餈)] cí 떡 자
【糍粑】cíbā (명) 찹쌀로 떡처럼 만들어 그늘에 말린 음식.

## **此 cǐ 이 차
(대) 1 이. 이것. [가까운 것을 가리킴] ¶由~及彼=이 곳부터 저 곳까지. 이 곳에서 저 곳까지 이르다. 2 이렇게. 以~以往=이런 상태로 계속 한다(간다). 늘 이런 식으로 나아가다. 3 이 때. 이 곳. ¶到~为止=여기까지. 여기서 끝나다. ↔彼

○→ 彼bǐ此, 故gù此, 就此, 如此, 特此, 因此, 至此

【此岸】cǐ'àn (명)(佛) 현세. 이 세상. 차안.

【此处】cǐchù (명) 이 곳. 여기. ¶~不宜久留.=여기는 오래 머물 곳이 못 된다.

【此道】cǐdào (명) 이런 기능. 이런 전공. 이런 직업. ¶精于~=이 전공에 정통하다.

【此等】cǐděng (명) 이들. 이런 종류. ¶~境地=이런 경지.

【此地】cǐdì (명) 이 곳. 여기. ¶路过~=이 곳을 경유하다. 늑此间

【此地无银三百两】cǐdì wú yín sānbǎi liǎng (성) 1 이 곳에 은 300냥이 없다. [옛날 어떤 바보가 은자 300냥을 땅에 묻고 '옛날에 은 300냥이 없음'이라는 푯말을 세웠는데, 이웃의 '李四'라는 다른 바보가 그 돈을 훔치고는 푯말의 뒷면에 '맞은편 집의 李四'는 훔치지 않았음'이라고 썼다는 이야기] 2 (비) 눈 가리고 아옹 하다. 숨기기 위한 방편이 오히려 비밀을 폭로하는 꼴이 되다.

【此番】cǐfān (명) 이번. ¶~别去, 不知何时才能重逢. =이번에는 가지 마라, 언제나 다시 만날 수 있을지 모르니까.

【此伏彼起】cǐfú-bǐqǐ ☞【此起彼伏】cǐqǐ-bǐfú

【此复】cǐfù (주로 답신의 말미에 쓰여) 이와 같이 회답합니다.

【此后】cǐhòu (명) 이후. 이 다음. ¶去年曾收到他的来信, ~便无音信. =작년에 그의 편지를 받은 적이 있었으나 그 이후로는 소식을 듣지 못했다.

【此呼彼应】cǐhū-bǐyìng (성) 1 이 곳에서 소리치면 저 곳에서 호응하다. 2 (비) 서로 협동하다. 서로 보조를 맞추다.

【此间】cǐjiān (명)(문) 이 곳. 여기. ¶~人生地疏, 行事要小心. =이 곳은 낯선 고장이니 매사에 조심해야 한다. 늑此地

【此据】cǐjù (주로 계약서나 증명서의 말미에 쓰여) 이것으로 증거를 삼음.

【此刻】cǐkè (명) 이때. 지금. 이 시각. ¶~正值阳春三月. =지금이 바로 춘삼월이다. 늑此时

【此路不通】cǐlù bùtōng 1 (도로 표지판에 쓰여) 통행 금지. 2 이 일은 실행 불가능하다.

【此起彼伏】cǐqǐ-bǐfú (성) 1 한쪽이 잦아들면 다른 쪽이 들고일어나다. 2 (비) 여기저기서 끊임없이 일이 일어나다. =【此伏彼起】cǐfú-bǐqǐ 【此起彼落】cǐqǐ-bǐluò

【此起彼落】cǐqǐ-bǐluò ☞【此起彼伏】cǐqǐ-bǐfú

【此前】cǐqián (명) 이전. ¶~他曾去过几次上海. =이전에 그는 상하이에 몇 번 간 적이 있다.

【此人】cǐrén (명) 이 사람. 이이. ¶~似曾相识. =이 사람은 마치 안면이 있는 것 같다.

【此生】cǐshēng (명) 이승. 현세. 한평생. ¶您的恩情, ~不忘. =당신 은혜는 한평생 잊지 못할 것입니다.

【此时】cǐshí (명) 이때. 지금. 이 시각. ¶~此刻=바로 이때. 지금. 늑此刻

【此事】cǐshì (명) 이 일. 이 사건. ¶~不可耽搁. =이 일은 시간을 끌어서는 안 된다.

【此外】cǐwài (명) 이 외에. 이 밖에. ¶~别无他法. =이 밖에 다른 방도가 없다.

【此一时, 彼一时】cǐ yīshí, bǐ yīshí (성) 1 지금은 지금이고 그 때는 그 때다. 2 (비) 상황이 전과는 다르다.

【此致】cǐzhì (동) 이에 …에게(님께) 보냅니다. [공문·서신의 말미에 쓰는 인사말]

## 泚 cǐ 맑을 자

○ 此 cǐ
雌 cí
疵 cī
呲 cī
柴 chái
龇 zī
紫 zǐ
觜 zī
髭 zī
赀 zī
訾 zī
眦 zì
砦 zhài
嘴 zuǐ
些 xiē

형훈 맑다. 선명하다. 투명하다. ¶清~=깨끗하고 투명하다. 통훈 1 붓에 먹물을 묻히다. ¶~笔书=붓으로 먹물을 찍어 글을 쓰다. 2 땀을 흘리다. ¶念此惭且~。=이것을 읽자 창피하고 진땀이 났다.

## 跐 cǐ 밟을 자
통훈 1 (발뒤꿈치를 들어) 발돋움하다. ¶~着脚往舞台上瞧。=발돋움하고 무대 위를 바라보다. 2 딛다. 밟다. ¶~着梯子上房顶。=사다리를 딛고 지붕에 올라가다. ☞ cī

## 鮆[鱭] cǐ 풀반지 제
명(動) 풀반지. [멸칫과에 딸린 근해 어종]

## 朿 cì 가시 자
명 성(姓).

## **次 cì 다음 차
통훈 다음 가다(이다). 두 번째이다. 버금가다. ¶在中国, 长江最长, 黄河~之。=중국에서 창장(长江)이 가장 길고, 황허(黄河)가 그 다음이다. 1 두 번째의. 제2의. 다음의. ¶~日出发=다음 날 출발하다. / ~官随行=차관이 수행하다. 2 (품질이) 떨어지다. 뒤지다. 좋지 않다. 형편없다. ¶甩卖~品=질이 떨어지는 물건을 바겐세일하다. ¶为人太~=사람 됨됨이가 너무 형편없다 [좋지 못하다]. 3 (化) 차아(亞). [산근(酸根) 또는 화합물 가운데 산소원자 2개를 적게 포함하고 있는 것을 말함] ¶~氯酸=차아 염소산. 양 차례. 번. 회. ¶成都我去过两~。=나는 청두(成都)에 두 번 간 적이 있다. / 初~见面=처음으로 만나다. 명 1 순서. 차례. ¶班~=(차량·선박·항공편 등의) 편수. 운행 횟수. / 名~=이름순. 2 면 길을 여행할 때 머무는 곳. ¶旅~=여행 도중에 잠시 머무는 곳. 3 훈 가운데. 중앙. 속. ¶言~=말 가운데. 4 (Cì) 성(姓). ↔好 主

○ 挨āi次, 班次, 版次, 编biān次, 层céng次, 场chǎng次, 车次, 迭dié次, 航háng次, 架次, 渐jiàn次, 累lěi次, 历次, 屡lǚ次, 伦lún次, 目次, 其次, 诠quán次, 人次, 如次, 顺shùn次, 席次, 以次, 印次, 造zào次, 主次

| 次(cì) / 遍(biàn) / 趟(tàng) 차례, 번 |
|---|
| 次: 출현되는 동작의 횟수를 셈. ¶这部电影我看了两次。=이 영화를 난 두 번 봤다. / 这部电影我看了两次才看完一遍。=이 영화는 내가 두 번을 보고서야 다 보게 되었다. |
| 遍: 처음부터 끝까지 전체 과정으로 이루어진 동작의 횟수를 셈. ¶她把书从头到尾读了三遍。=그녀는 책을 처음부터 끝까지 세 번 읽었다. |
| 趟: 왔다 갔다 이동하는 동작의 횟수를 셈. ¶他几乎每年都去一趟中国。=그는 거의 매년 중국에 한 번 갔다 온다. / 跑一趟新华书店常常是空手而归。=신화서점에 한 번 가도 빈손으로 돌아오는 경우가 대부분이다. |

○ 次 cì 瓷 cí 茨 cí 资 zī 姿 zī 咨 zī 粢 zī 恣 zì

【次布】cìbù 명(纺) 품질이 떨어지는 천.
【次产林】cìchǎnlín 명 생산량이 떨어지고 질이 나쁜 삼림.
【次大陆】cìdàlù 명(地) 아대륙(亞大陸).
【次等】cìděng 형 차등의. 제2등의. 등급이 약간 떨어지는. ¶~品=2등품.
【次第】cìdì 명 순서. 차례. ¶以姓氏笔画~排列。=성씨의 획순에 따라 이름을 나열하다. 부 순서대로 하나씩. 순차적으로. 차례차례. ¶~而入=순서대로 하나씩 들어오다.
【次后】cìhòu 명 이후(에). 나중(에). ¶~才知他已考取博士。=나중에서야 그가 이미 박사 과정에 들어갔다는 것을 알았다.
【次货】cìhuò 명 2등품. 차등품.
【次级】cìjí 형 제2급의. 차등의. 등급이 약간 떨어지는. 다음 급의. ¶~茶=2등급의 찻잎.
【次级系统】cìjíxìtǒng ☞【子系统】zǐxìtǒng
【次级线圈】cìjíxiànquān ☞【副线圈】fùxiànquān
【次联】cìlián ☞【颔联】hànlián
【次劣】cìliè 형 질이 떨어지다. 저급하다. 질이 낮다. ¶~商品=저질 상품.
【次女】cìnǚ 명 차녀. 둘째 딸.
【次贫】cìpín 형 몹시 가난하다. ¶~地区=빈민지역.
【次品】cìpǐn 명 질이 낮은 물건. 등외품(等外品). 조악한 상품. ↔正品
【次轻量级】cìqīngliàngjí 명(體) 페더급.
【次日】cìrì 명 다음 날. 이튿날. ¶~再谈=다음 날 다시 이야기하자.
【次生】cìshēng 형 파생된. 제2차의. 제2기의. ¶~灾害=(큰 재해 뒤의)제2차 재해.
【次生林】cìshēnglín 명 재생림(再生林).
【次声波】cìshēngbō 명(物) 아음파(亞音波).
【次声武器】cìshēng wǔqì 명(軍) 아음파(亞音波)를 이용한 무기.
【次数】cìshù 명 횟수. ¶习字的~越多, 你的书法进步越快。=너의 서예 실력은 연습을 많이 할수록 더욱 빨리 향상될 것이다.
【次序】cìxù 명 (시간·공간에서의) 차례. 순서. ¶不要把图片的~弄乱了。=그림 순서를 흐트러뜨리지 말아라. 늑顺序 程序
【次要】cìyào 형 부차적인. 이차적인. 다음으로 중요한. ¶~问题=부차적인 문제. ↔主要 首要
【次于】cìyú (품질 따위) …의 다음이다. …보다 한 단계 못하다[떨어지다]. ¶这张照片的构图~其他张。=이 사진의 구도는 다른 것보다 못하다.
【次韵】cìyùn 통훈 차운(次韵)하다. [남의 시에 화답하여 원래 시의 시운과 운각의 순서에 따라

시를 짓는 것. =【步韵】bùyùn

【次长】cìzhǎng 圄 차관. [일부 국가에서는 정부 각 부의 부장급(副長級) 고위 관리를 가리키기도 함]

【次之】cìzhī 동료 (순서·품질 등이) 그 다음이다. 그의 뒤이다. 버금이다. ¶一号选手最具表演才能, 三号选手~。=1번 선수가 연기력이 으뜸이고 3번 선수가 그 다음이다.

【次重量级】cìzhòngliàngjí 圄(體) 미들헤비급(middle heavy级)

【次子】cìzǐ 圄 둘째 아들. 차자. 차남.

【次最轻量级】cìzuìqīngliàngjí 圄(體) 플라이급(fly级)

* **伺** cì 문안할 사
  아래를 참조.
  ☞ sì

【伺候】cì·hou 동 시중들다. 모시다. 돌보다. 보살피다. ¶~父母=부모님을 모시다.

【伺弄】cìnòng 동 숙식을 돌보다. 보살피다. [주로 미성년자에 대하여 쓰임] ¶她在家~孩子。=그녀는 집에서 아이를 돌보고 있다.

* **刺** cì 찌를 자
  동 1 (뾰족한 물건으로) 찌르다. 뚫다. ¶她的手不小心被针~伤。=그녀는 손을 조심하지 않아 바늘에 찔려 다쳤다. 2 정탐하다. 살피다. ¶~探军机=군사 기밀을 정탐하다. 3 암살하다. ¶遇~身亡=암살당해 죽다. 4 자극하다. 건드리다. ¶光线~目=빛이 눈을 자극하다. 5 풍자하다. 헐뜯다. 비방하다. ¶讥~=풍자하다. 圄 1 (~儿) 가시. 바늘. [가시나 바늘 같은 것] 圄~=생선가시. ¶鱼~=생선 가시. ¶芒~在背=앉은 자리가 가시방석이다. 좌불안석(坐不安席)이다. 2 (물체 표면·인체 피부의) 작고 뾰족한 돌기(물). ¶毛~=잔털. / 粉~=여드름. 3 동 명함. 명자(名刺). ¶名~=명함.
  ☞ cī

◐─ 草刺儿, 冲chōng刺, 穿刺, 粉刺, 毛刺, 劈pī刺, 拼pīn刺, 枪刺, 挑tiāo刺儿, 行刺

【刺柏】cìbǎi ☞ 【桧柏】guìbǎi

【刺鼻】cìbí 圐 (냄새가) 코를 찌르다. ¶油烟~=매연이 코를 찌르다.

【刺戳】cìchuō 동 (뾰족한 물건으로 힘껏) 찌르다. 뚫다.

【刺刺不休】cìcì-bùxiū 조 끊임없이 잔소리하다. 말을 장황하게 늘어놓다. 喋喋不休

【刺刀】cìdāo 圄 총검.

【刺刀见红】cìdāo-jiànhóng 성 1 총검에 피를 묻히다. 전장에서 목숨을 걸고 싸우다. 2 비 사상 투쟁에서 과감히 자아 비판을 하다.

【刺耳】cì'ěr 圐 1 (소리·말 등이) 귀를 찌르다. 자극하다. ¶~的尖叫声=귀를 찢는 듯한 비명소리. 2 (말이 신랄하고 매몰차서) 귀에 거슬리다. 기분 나쁘게 하다. ¶他的话听着很~。=그의 말은 듣고 있으면 아주 귀에 거슬린다. ↔悦耳

【刺骨】cìgǔ 圐 (추위가) 뼛속까지 파고들다. 살

을 에다. ¶寒风~=차가운 바람이 뼛속까지 파고든다.

【刺槐】cìhuái 圄(植) 아카시아나무. 개아카시아나무. =【洋槐】yánghuái

【刺激】cìjī 동 자극하다. 고무하다. 북돋우다. 흥분시키다. ¶他霸道的言行很~人。=그의 막무가내식 언행은 매우 사람을 자극한다. / ~消费=소비를 자극하다. 圄 (정신적) 자극. 충격. ¶父母的离异对她是个很大的~。=부모의 이혼이 그녀에게는 매우 큰 충격이다.

【刺激素】cìjīsù '生长素(성장 호르몬)'의 옛 명칭.

【刺客】cìkè 圄 자객. 암살자. 킬러. 谋杀手

【刺目】cìmù 圐 눈이 부시다. 눈에 거슬리다. 눈을 자극하다.

【刺配】cìpèi (옛날, 죄인에게) 묵형(墨刑)을 한 뒤 유배시키다.

【刺儿菜】cìrcài 圄(植) 조뱅이. 조방가새. =【小蓟】xiǎojì

【刺儿话】cìrhuà 圄㈠ 풍자하는 말. 비꼬는 말. 가시가 돋친 말. ¶我最不爱听~。=나는 비꼬는 말이 가장 듣기 싫다.

【刺儿头】cìrtóu (方)(贬) 까다로운 사람. 상대하기 어려운 사람.

【刺人】cìrén 동 1 사람을 찔러 상하게 하다. ¶荆棘~=가시덤불이 사람을 찌르다. 2 사람을 자극시키다. ¶她的话尖酸~。=그녀는 언사가 신랄하여 자극적이다. 3 (다른 사람을) 엿보다. 감시하다. 정탐하다. ¶~隐私=사생활을 감시하다.

【刺杀】cìshā 동 찔러 죽이다. 암살하다. ¶遭~=암살당하다. 圄 총검술. ¶操练~=총검술을 훈련하다.

【刺参】cìshēn 圄(動) 돌기해삼.

【刺史】cìshǐ 圄 자사. [지난날 주(州)·군(郡)의 지방장관]

【刺探】cìtàn 동 정탐하다. 은밀히 살피다. 몰래 알아보다. ¶~军情=군 상황을 몰래 정탐하다.

【刺桐】cìtóng 圄(植) 엄나무. [나무 껍질은 해동피라하여 약용함]

【刺痛】cìtòng 圄 1 자통. 찌르는 것 같은 아픔. ¶头部一阵阵的~=머리에서 간간이 일어나는 자통. 2 심한 정신적 고통. ¶听到这不幸的消息, 她的心里感到了一阵~。=이 불행한 소식을 듣자 그녀는 심한 정신적 고통을 느꼈다. 동 (강렬한 자극으로) 마음아프게 하다. 내심 고통스러워하다. ¶她的心被深深~了。=그녀는 마음에 매우 깊은 상처를 받았다.

【刺猬】cì·wei 圄(動) 고슴도치.

【刺细胞】cìxìbāo 圄(生) 자세포.

【刺心】cìxīn (고통으로) 가슴이 찢어지다. 가슴이 미어지다. ¶~裂肝=가슴이 찢어질 듯이 괴롭다. 괴로움에 가슴이 미어지는 듯하다. 오장육부가 다 찢어지는 듯한 아픔.

【刺绣】cìxiù 圄 1 자수. 2 자수 공예품. 동 수를 놓다. 자수하다. ¶她专心致志地~着。=그녀는 정성을 다하여 수를 놓고 있다.

【刺眼】cìyǎn 형 1 눈이 부시다. 눈이 따갑다. ¶灯光~=등의 불빛에 눈이 부시다. 2 눈에 거슬리다. 눈꼴사납다. 주의를 끌다. ¶她性感的穿戴在宴会上十分~。=그녀의 섹시한 패션은 파티에서 사람들의 시선을 끌었다.
【刺痒】cì·yang 형㊅ 가렵다. 간지럽다. ¶难忍=가려워 참기 힘들다.
【刺针】cìzhēn 명 1 (生) 자침. [강장동물의 자세포 표면에 있는 돌기물] 2 뾰족하고 가느다란 바늘 같은 물건.
【刺字】cì zì 동 1 자자하다. 문신하다. 2 ㊅ (죄수의 얼굴 또는 팔뚝에) 죄명을 문신하다.

# 佽
**佽** cì 도울 차
동㊅ 돕다. 지원하다. 원조하다. 도와 주다. ¶~助=원조하다.

# 赐[賜]
**赐[賜]** cì 하사할 사
동 1 ㊅ 하사하다. (윗사람이 아랫사람에게) 금품을 주다. ¶赏~=상을 주다. 2 ㊅ (다른 사람이 자기에게) 지시하다. 왕림하다. 회답하다. ¶~函=편지를 보내 주시다. / 敬希~教=아무쪼록 가르침을 주시기를 바랍니다. 명 1 ㊅ 상으로 받은 선물. 하사품. ¶厚~=후한 하사품. 2 (Cì) 성(姓).
【赐顾】cìgù 동㊅ 애정을 갖고 돌보다. (손아랫사람·상인·예능인 등을) 아끼고 돌보아 주다. ¶欢迎~=아끼고 돌보아 주시기를 바랍니다.
【赐教】cìjiào 동㊅ 가르침을 내려주다. ¶敬请~=아무쪼록 가르침을 내려주시기를 바랍니다.
【赐死】cìsǐ 동 사약을 내리다. 자진을 명하다. 임금이 중죄를 지은 왕족이나 중신(重臣)에게 사약을 내려 처형하다.
【赐宴】cìyàn 동 (옛날, 임금이 신하에게) 잔치를 베풀다. 연회를 베풀다. ¶~同欢=임금이 신하에게 잔치를 베풀어 함께 즐기다.
【赐予】[赐与] cìyǔ 동 하사하다. 내려주다. 주다. ¶~官职=관직을 하사하다. ≒赏赐 恩赐
【赐与】cìyǔ ☞【赐予】cìyǔ

# cong

**匆[怱·悤]** cōng 바쁠 총
형 바쁘다. 급하다. 총망하다. ¶急~~=매우 바쁘다.
【匆匆】cōngcōng 형 매우 급한 모양. 총총(怱怱)하다. ¶来去~=총총히 오가다.
【匆匆促促】cōng·cong cùcù (~的) 형 매우 바쁘다. 다급하다. 촉박하다.
【匆匆忙忙】cōng·cong mángmáng (~的) 형 총망하다. 매우 바쁘다.
【匆卒】cōngcù ☞【匆猝】cōngcù
【匆促】cōngcù 형 매우 바쁘다. 다급하다. 촉박하다. ¶他走得太~，把钱包忘在办公室里了。=그는 너무 바쁘게 가는 바람에 돈지갑을 사무실에다 두고 갔다. ≒仓促 匆忙
【匆猝】[匆卒] cōngcù 형 매우 바쁘다. 매우 급하다. 촉박하다. 창졸하다. 급작스럽다. 황급하다.
【匆遽】cōngjù 형㊅ 매우 바쁘다. 다급하다. 촉박하다. ¶神色~=안색이 매우 바쁜 듯하다. 기색이 다급해 보이다.
【匆忙】cōngmáng 형 매우 바쁘다. 총망하다. ¶来得太~，没准备什么礼物。=급히 오느라 아무 선물도 준비하지 못하다. ≒仓促 匆促

# 苁[蓯]
**苁[蓯]** cōng 육종용 종
【苁蓉】cōngróng 명(植) 오리나무더부살이. [초종용(草苁蓉)과 육종용(肉苁蓉)의 총칭]

# 囱
**囱** cōng 굴뚝 창
명 굴뚝. ¶烟~=굴뚝. 연통.

| 囱 | cōng |
|---|---|
| 聪 | cōng |
| 璁 | cōng |
| 憁 | cōng |
| 葱 | cōng |
| 匆 | cōng |
| 窗 | chuāng |
| 偬 | zǒng |
| 总 | zǒng |

# 玱[瑽]
**玱[瑽]** cōng 패옥 소리 종
【玱瑽】cōngróng 의㊅ 딸랑딸랑. 쨍그랑쨍그랑. [패옥(佩玉)이 서로 부딪히는 소리]

# 枞[樅]
**枞[樅]** cōng 전나무 종
명㊅(植) 전나무.
☞ zōng

# 𫓧[鏦]
**𫓧[鏦]** cōng 창 총
명 짧은 창.
【𫓧𫓧】cōngcōng 의㊅ 쨍그랑쨍그랑. [금속이 서로 부딪히는 소리]

# 葱[(蔥)]
**葱[(蔥)]** cōng 파 총
명(植) 파. 형 푸르다. 파랗다. ¶山野~绿=산과 들이 온통 푸르다.

○→ 茏lóng葱，青葱，水葱，小葱，倒栽dàozāi葱

【葱白】cōngbái 형 가장 옅은 남빛의.
【葱白儿】cōngbáir 명 파의 밑동. 총백.
【葱葱】cōngcōng 형 울창하다. 녹음이 우거지다. 초목이 푸르고 무성한 모양. ¶林木~=숲이 우거지다.
【葱葱茏茏】cōng·cong lónglóng (~的) 형 울울창창(鬱鬱蒼蒼)하다. 초목이 푸르고 무성하다. 울창하다.
【葱葱郁郁】cōng·cong yùyù (~的) 형 울울창창(鬱鬱蒼蒼)하다. 초목이 푸르고 무성하다. 울창하다.
【葱翠】cōngcuì 형 (초목이) 짙푸르다. 푸르고 싱그럽다. ¶古柏~=오래 묵은 측백나무가 짙푸르다.
【葱花】cōnghuā (~儿) 명 다진 파.
【葱茏】cōnglóng 형 (초목이) 푸르고 무성하다. 녹음이 우거지다. 울창하다. ¶~的树林=우거진 숲. ≒葱郁
【葱绿】cōnglǜ 형 1 (약간 노란빛을 띠는) 담녹색. 옅은 녹색의. =【葱心儿绿】cōngxīnrlǜ 2 (초목이) 싱그럽고 짙푸르다. ¶春雨初歇，大

地一片~. =봄비가 막 그치자, 대지가 온통 푸르다.

【葱头】**cōngtóu** ☞【洋葱】**yángcōng**
【葱心儿绿】**cōngxīnrlǜ** ☞【葱绿】**cōnglǜ**
【葱郁】**cōngyù** 형 울창하다. 초목이 푸르고 무성한 모양. ¶~的松柏=울창한 송백. ≒葱茏

## 骢[驄] **cōng** 총이말 총
명 문 청총마(青驄馬). 총이말. [흰 바탕에 푸른 빛깔이 섞인 말]

## 璁 **cōng** 옥 같은 돌 총
명 옥(玉)과 비슷한 돌.

## **聪[聰] cōng** 귀 밝을 총
명 문 청각(聽覺). 청력(聽力). ¶失~=청력을 잃다. 형 1 귀가 밝다. ¶耳~目明=귀와 눈이 밝다. 2 똑똑하다. 총명하다. 총기가 있다. 영리하다. 영민(穎敏)하다. 영특하다. ¶~慧过人=매우 총명하고 슬기롭다. ≒慧 ↔笨
【聪慧】**cōnghuì** 형 총명하고 슬기롭다. 영특하고 지혜롭다. ¶资质~=자질이 총명하고 슬기롭다. ↔愚蠢
【聪俊】**cōngjùn** 형 총명하고 준수하다. 총기 있고 아름답다[수려하다]. ¶~的眼睛=총기 있고 아름다운 눈.
【聪敏】**cōngmǐn** 형 똑똑하다. 영민하다. ¶~好学=영리하고 배우기를 좋아하다.
【聪明】**cōng·ming** 형 똑똑하다. 총명하다. 영리하다. 영민하다. ¶~伶俐=똑똑하고 영리하다.
【聪明反被聪明误】**cōng·ming fǎn bèi cōng míng wù** 속 너무 총명을 떨면 스스로 해를 입게 된다. 술책을 부리다가 제 꾀에 넘어가다. 책사가 술책에 빠지다.
【聪明人】**cōng·míngrén** 명 1 똑똑한 사람. 총명한 사람. 영리한 사람. 똘똘이. 2 사리에 밝고 약삭빠른 사람.
【聪悟】**cōngwù** 형 문 총명하다. 영민하다.
【聪颖】**cōngyǐng** 형[문] 총명하다. 영민하다. ¶天资~=타고난 자질이 총명하다. ↔愚蠢

## 熜 **cōng** 삼 찔 총
명 문 1 약한 불. 2 열기. 3 '囱(cōng)'과 같음.

## **从[從] cóng** 따를 종
동 1 따르다. 좇다. ¶~师学艺=스승을 따라 기예를 배우다. 2 순종하다. 말을 듣다. ¶服~=복종하다. /力不~心=힘이 마음을 따라주지 않는다. 3 참가하다. 종사하다. 뛰어들다. ¶~影多年=영화계에 뛰어든 지 여러 해가 되다. 4 …하도록 하다. [어떤 방침이나 태도를 취함] ¶一切~俭=모든 것을 검소하게 하도록 하다. 형 1 종속적인. 부차적인. 이차적인. ¶主~=주종. 주된 것과 그에 딸

○ 从 **cóng**
从 **cóng**
伮 **cōng**
枞 **cōng**
纵 **zòng**
怂 **sǒng**
耸 **sǒng**

린 것. 2 친족의. 사촌의. ¶~兄弟=종형제. 명 친척의. 지금까지. 여태껏. 일찍이. [주로 부정형으로 쓰임] ¶~没有看见过=지금까지 본 적이 없다. 개 1 …부터. …을 기점으로. ¶~成都到北京=청두에서 베이징까지. /~古到今=옛날부터 지금까지. 2 …을[를]. [장소를 나타내는 말 앞에 쓰여 경과함을 나타냄] ¶~窗口向远处望=창문으로 멀리 내다보다. /~公园门口走过=공원 입구를 걸어 지나가다. 3 …에 의거하여. [동작·행위를 유발하는 근거를 나타냄] ¶~健康方面考虑=건강 면에서 생각하자면. /一切~实际出发. =모든 것을 현실에서 출발하다. 명 1 수행하는 사람. 따르는 사람. ¶侍~=시종. 2 (Cóng) 성(姓). [고어에서 '纵横(zònghéng)'의 '纵'과 같음] ↔主 违 自

○● 服从, 过从, 扈hù从, 盲máng从, 屈qū从, 侍shì从, 顺shùn从, 听从, 无从, 信从, 依yī从, 自从, 遵zūn从

【从表兄弟】**cóngbiǎoxiōngdì** 명 이종사촌. 고종사촌.
【从表姪】**cóngbiǎozhí** 명 종질. 당질. 이종사촌·고종사촌의 아들.
【从不】**cóngbù** 일찍이 …한 적이 없다. 지금까지 …않다. ¶他上班~迟到. =그는 여태껏 출근할 때 지각해 본 적이 없다.
【从长计议】**cóngcháng-jìyì** 성 1 천천히 신중하게 상의하다. 2 문 시급히 결정 내리지 않다. ↔操之过急
【从此】**cóngcǐ** 부 (시간이나 장소에 쓰여) 지금부터. 이제부터. 이후로. 그로부터. 여기부터. 이로부터. 이 곳부터. ¶他大学毕业后没有回家乡, ~与亲人两地相隔. =그는 대학 졸업 후 고향에 돌아가지 않고, 그 후로 가족과 떨어져 있다.
【从此以后】**cóngcǐ yǐhòu** 부 이후로. 이 다음에. 그 뒤로. ¶~, 我们再也没有见过面. =그 뒤로 우리는 다시 만난 적이 없다.
【从从容容】**cóng·cong róngróng** (~的) 형 침착하고 조용한 모양.
【从打】**cóngdǎ** 개 구 …부터. …이후로. ¶小张来后, 办公室里热闹了许多. =샤오장(小张)이 온 이후로 사무실이 꽤 떠들썩해졌다.
【从…到…】**cóng…dào…** 접 (시간·공간의) …에서 …까지. …부터 …까지. ¶他从3岁到6岁一直跟着外婆过. =그는 세 살부터 여섯 살까지 내내 외할머니와 함께 지냈다.
【从动】**cóngdòng** 형 (機) 종동의. 딸려 가동되는. ¶~滑轮=종동 도르래.
【从而】**cóng'ér** 접 따라서. 이리하여. 그리하여. 그렇게 함으로써. [단문을 연결하여 결과·목적 등을 나타냄] ¶他们给孩子很大的自由空间, ~培养了他们的独立性. =그들은 자녀에게 커다란 자유공간을 주므로써, 아이에게 자신들의 독립성을 키워 나가도록 하였다.
【从犯】**cóngfàn** 명 (法) 방조범. 종범. ↔主犯 首犯
【从父】**cóngfù** 명 문 백부(伯父)와 숙부(叔父).

**【从古至今】cónggǔ-zhìjīn** 옛날부터 지금까지.

**【从俭】cóngjiǎn** 절약하다. 검소하게 하다. 검약하다. ¶食宿~=숙식을 검소하게 하다.

**【从简】cóngjiǎn** 간소화하다. 간략하게 하다. 간단하게 하다. ¶婚事~=결혼식을 간소하게 치르다.

**【从谏如流】cóngjiàn-rúliú** 아랫사람의 권고와 의견을 잘 받아들이기를 마치 물 흐르듯 자연스럽게 하다. 남의 권고와 비판을 잘 받아들이다.

**【从教】cóngjiào** 교육계에 몸담다. ¶~三十余年=교육계에 몸담은 지 삼십여 년이 되다.

**【从今】cóngjīn** 지금부터. 이제부터. ¶~往后=지금 이후로는.

**【从今以后】cóngjīn yǐhòu** 지금부터. 이제부터. 이후로는. ¶~, 我们各司其责.=지금부터는 우리 각자 책임을 맡도록 합시다.

**【从井救人】cóngjǐng-jiùrén** 1 우물에 뛰어들어 사람을 구하다. 2 자신을 해치고 남에게도 도움을 주지 못하는 공연한 행동을 하다. 3 위험을 무릅쓰고 다른 사람을 구하다.

**【从句】cóngjù** 종속절. 딸림마디. ¶宾语~=목적절. / 状语~=부사절.

**【从军】cóngjūn** 종군하다. ¶少时~, 而今已有十余载.=소싯적에 종군하여 어느덧 십여 년이 흘렀다. ≒从戎

**【从宽】cóngkuān** 1 관대히 처리하다. 너그럽게 조처하다. 너그러이 보아주다. ¶~处治=관대히 처분하다. 2 적당한 수준으로 요구하다. 느슨하게 요구하다. ¶~要求=적당한 수준으로 요구하다.

**【从来】cónglái** (과거부터) 지금까지. 여태껏. 이제까지. [주로 부정형으로 쓰임] ¶他~不说假话.=그는 여태껏 거짓말을 한 적이 없다.

**【从良】cóng∥liáng** 옛날에 기생이 매춘에서 벗어나 시집을 가다.

**【从轮】cónglún** 종륜. [동륜(動輪)과는 달리, 자체적으로는 구동할 수 없는 바퀴]

**【从略】cónglüè** 생략하다. 간략하게 하다. ¶具体操作方法~.=구체적인 조작법은 생략하였다.

**【从命】cóngmìng** 명령에 복종하다[순종하다]. 분부에 따르다. ¶恭敬不如~.=공경이 복종보다 낫다.

**【从那以后】cóng nà yǐhòu** 그 때 이후로. 그로부터. ¶~, 他再也没有来过信.=그 이후로 그는 다시는 편지를 보내 오지 않았다.

**【从难】cóngnán** 높은 수준으로 요구하다. 빡빡하게[빠듯하게] 요구하다. ¶备考练习~.=시험 준비 연습은 높은 수준으로 해야 한다.

**【从旁】cóngpáng** 옆에서. 곁에서. ¶~劝说=곁에서 설득하다.

**【从…起…】cóng…qǐ…** …부터 (시작하여). ¶从小时候起, 我们就是好朋友.=어렸을 때부터 우리는 좋은 친구였다.

**【从前】cóngqián** 이전. 종전. 옛날. ¶他~是一个不爱多说话的人.=이전에 그는 말수가 적은 사람이었다. ≒昔日 以往

**【从轻】cóngqīng** 가볍게 처리[처분·처벌]하다. ¶~处罚=가볍게 처벌하다.

**【从轻发落】cóngqīng fāluò** (법이 허용하는 범위 내에서) 가볍게 처벌하다.

**【从权】cóngquán** 일시적인 방법을 취하다. 임기응변으로 대처하다. 임시방편으로 처리하다. ¶~处理=일시적인 방법으로 처리하다.

**【从戎】cóngróng** 종군하다. ¶投笔~=붓을 내던지고 종군하다. ≒从军

**【从容】cóngróng** 1 침착하다. 조용하다. 허둥대지 않다. 태연자약하다. ¶举止~=행동거지가 침착하다. 2 (시간이) 느슨하다. 여유 있다. ¶时间~=시간적 여유가 있다. 3 (경제적으로) 넉넉하다. 여유가 있다. ¶家境~=가정형편이 넉넉하다. ↔慌乱 慌忙 慌张

**【从容不迫】cóngróng-bùpò** 매우 침착하다. 허둥대지 않다. 태연자약하다.

**【从容就义】cóngróng-jiùyì** 두려워하지 않고 정의를 위해 희생하다.

**【从容自如】cóngróng-zìrú** 태연자약하다. 침착하고 태연하다.

**【从容自若】cóngróng-zìruò** 태연자약하다. 침착하고 태연하다.

**【从善如登】cóngshàn-rúdēng** 선을 행하는 것은 산을 오르는 것과 같이 어렵다. 선은 행하기 어렵다.

**【从善如流】cóngshàn-rúliú** 물이 높은 곳에서 낮은 곳으로 흐르듯, 다른 사람의 권고를 흔쾌히 받아들이다. ↔拒谏饰非

**【从商】cóngshāng** 상업에 종사하다.

**【从师】cóngshī** 스승으로 모시다. 사사(師事)하다. ¶~习武=스승에게서 무예를 배우다.

**【从实】cóngshí** 여실히. 사실대로. ¶~汇报=사실대로 보고하다.

**【从事】cóngshì** 1 종사하다. 몸담다. ¶~图书编辑工作=도서 편집 일에 종사하다. 2 (방법대로) 처리하다. ¶谨慎~=신중하게 처리하다.

**【从属】cóngshǔ** 종속되다. 종속하다. 부속되다. ¶居于~地位=종속적인 지위에 있다. ≒隶属 附属

**【从俗】cóngsú** 1 풍속·풍습·상식을 따르다. ¶~就简=풍습을 따라 간략하게 하다. 2 시속(時俗)에 영합하다. 유행을 따르다. ¶~浮沉=시세에 따라 적당하게 살아가다.

**【从速】cóngsù** 빨리. 속히. ¶~办理=빨리 처리하다.

**【从天而降】cóngtiān'érjiàng** 하늘에서 떨어지다. 갑자기 나타나다. =【从天而下】cóngtiān'érxià

**【从天而下】cóngtiān'érxià** ☞【从天而降】cóngtiān'érjiàng

**【从头】cóngtóu**(~儿)1 새로이. 다시금. ¶~再来=새로 다시 하다. 2 처음부터. 시작부터. ¶~说起=처음부터 말하기 시작하다.

**【从头到尾】cóngtóu-dàowěi** 머리부터 발

끝까지. 처음부터 끝까지. 시종(始終). 자초지종. =【从头至尾】cóngtóu-zhìwěi ¶这件事~我都一清二楚. =이 일은 처음부터 끝까지 내가 속속들이 알고 있다.
【从头至尾】cóngtóu-zhìwěi ☞【从头到尾】cóngtóu-dàowěi
【从未】cóngwèi 🈚 지금까지 …한 적이 없다. 여태껏 …하지 않다. ¶~出现过类似情况. =지금까지 이러한 상황이 발생한 적은 없다.
【从文】cóngwén 문예 창작에 종사하다. 문학 창작의 길을 가다. 문필(文筆)을 생업으로 삼다. ¶鲁迅先生最终弃医从文. =루쉰 선생은 결국 의학의 길을 포기하고 문학의 길을 걸었다.
【从先】cóngxiān 🈚🈵 이전. 종전. 옛날. ¶她比~开朗多了. =그녀는 이전보다 많이 명랑해졌다.
【从小】cóngxiǎo(~儿) 🈚 어린 시절부터. ¶他~就爱看书. =그는 어려서부터 책읽기를 좋아했다.
【从心所欲】cóngxīnsuǒyù ☞【随心所欲】suíxīnsuǒyù
【从新】cóngxīn 🈚 새로이. 다시금.
【从刑】cóngxíng 🈵(法) (주형(主刑)에 덧붙여 내리는) 부가형. =【附加刑】fùjiāxíng
【从严】cóngyán 🈵 1 엄격히 (처리)하다. 엄격하게 하다. ¶~处罚=엄격하게 처벌하다. 2 엄격한 표준을 적용하다〔취하다〕. ¶~管理=엄격하게 관리하다.
【从业】cóngyè 🈵 취업하다. 취직하다. ¶~人员=취업 인원.
【从业员】cóngyèyuán 🈵 (상업·서비스업의) 종업원.
【从一而终】cóngyī'érzhōng 🈲 1 🈺 일부종사(一夫從事)하다. 과부가 수절하다. 2 🈵 (사업·목표 등에) 시종일관하다.
【从医】cóngyī 🈵 의료업에 종사하다.
【从艺】cóngyì 🈵 예술계에 종사하다. [주로 표현 예술을 말함]
【从影】cóngyǐng 🈵 영화계에 종사하다. [배우가 됨을 말함]
【从优】cóngyōu 🈵 우대하다. ¶待遇~=대우를 좋게 하다.
【从这以后】cóng zhè yǐhòu 🈲 지금부터. 이 일 이후로. ¶~, 我们的关系就更加密切了. =이 일이 있은 이후로, 우리의 관계는 더욱 밀접해졌다.
【从征】cóngzhēng 🈵🈚 1 출정하다. 종군하다. ¶~数载=출정한 지 수년 째이다. 2 징집에 응하다. ¶~入伍=징집에 응해 입대하다.
【从政】cóngzhèng 🈵 정치를 하다. 정치판에 뛰어들다. [주로 관리가 되는 것을 말함]
【从中】cóngzhōng 🈚 중간에서. 그 가운데서. ¶~牟利=중간에서 이익을 얻다.
【从众】cóngzhòng 🈵 여론에 따르다.
【从众现象】cóngzhòng xiànxiàng 🈲 군중 심리적 현상. 대중 심리적 현상.
【从重】cóngzhòng 🈵 엄중히 처리하다. 무겁게 다루다. ¶~惩处=엄중히 징벌에 처하다.
【从重处罚】cóngzhòng chǔfá 🈵 (법적 한도 내에서) 엄중히 처벌하다. 엄벌에 처하다.

**丛**[叢] cóng 모일 총
🈵 떼지어 모이다. 군집하다. ¶草木~生=초목이 무성하다. 🈲 1 덤불. 수풀. ¶树~=수풀. / 草~=풀덤불. 2 (사람·물건 등의) 무리. 떼. ¶人~=사람의 무리. / 译~=번역집. 3 (Cóng) 성(姓).
【丛残】cóngcán 🈲🈚 세상에 알려지지 않은 소문이나 이야기. 일화(逸話). ¶辑录~=일화를 모아 기록하다.
【丛脞】cóngcuǒ 🈯🈵 번잡스럽다. 어수선하다. 자질구레하다.
【丛集】cóngjí 🈵 (많은 사물들이) 떼지어 모이다. 쌓이다. ¶诸事~=여러 가지 일들이 쌓이다. 🈲 선집(選集) 혹은 전집(全集).
【丛刊】cóngkān 🈲 총서(叢書). [주로 서명(書名)에 쓰임] ¶《四部~》=《사부총간》. [1922~1936년에, 장원안지(张元济) 등이 편찬한 총서]
【丛刻】cóngkè 🈲 판각 인쇄된 책. [때로 총서의 명칭으로 쓰임]
【丛林】cónglín 🈲 1 밀림. 무성한 숲. ¶穿越~=밀림을 지나다. 2 (佛) 총림. [승려들이 모여 수행하는 장소] 3 (佛) 대형 사찰(寺刹).
【丛论】cónglùn 🈲 총론. [논문·논설 등을 모아 엮은 책]
【丛密】cóngmì 🈯 (초목이) 빽빽하다. 촘촘하다. 총총하다. ¶~的野草=총총하게 자란 들풀.
【丛莽】cóngmǎng 🈲 덤불. 수풀. ¶荆棘~=가시덤불.
【丛山】cóngshān 🈲 군산(群山). 떼지어 있는 많은 산. ¶~绵亘=많은 산들이 끊임없이 펼쳐져 있다.
【丛生】cóngshēng 🈵 1 (초목이) 무성하다. ¶杂草~=잡초가 무성하다. 2 (질병·재앙 등이) 동시에 발생하다. ¶百弊~=온갖 폐해가 동시에 발생하다.
【丛书】cóngshū 🈲 총서. [같은 종류의 책을 한데 모아 놓은 전집]
【丛谈】cóngtán 🈲 총담. [갖거나 비슷한 분야의 글이나 책을 한데 모아 편집·간행한 글이나 서적. 주로 편명(篇名)이나 서명으로 쓰임]
【丛帖】cóngtiè 🈲 고금(古今)의 서화 교본을 집성한 책.
【丛杂】cóngzá 🈯 어수선하다. 난잡하다. ¶琐事~=자질구레한 일들로 어수선하다.
【丛葬】cóngzàng 🈵 합장(合葬)하다. 🈲 합장한 무덤. 합장(분)묘.
【丛冢】cóngzhǒng 🈲🈚 1 한 장소에 아무렇게나 널려 있는 많은 무덤들. 무덤군. 떼무덤. 2 수많은 사자(死者)를 같이 합장한 큰 무덤.

**淙** cóng 물 소리 종
【淙淙】cóngcóng 🈰 졸졸. 줄줄. [물이 흐르는 소리] ¶溪水~=시냇물이 졸졸 흐르다.

琮 cóng 마음 종
명 심경. 심정. 기분. ¶欢~=즐거운 기분.

琮 cóng 옥 제기 종
명 가운데 동그란 구멍이 있는 사각형의 옥그릇.
【琮琤】cóngchēng 의 1 쟁쟁. [옥돌이 부딪힐 때 나는 소리] 2 졸졸. [시냇물이 돌에 부딪히는 소리] ¶溪流~=시냇물이 졸졸 흐르다.

藂 cóng 모일 총
동문 떼지어 모이다. 군집하다.

## còu

**凑[(湊)]** còu 모을 주
동 1 한데 모으다. 모이다. ¶生拼硬~=억지로 모으다. 2 다가가다. 접근하다. ¶~到跟前仔细瞧。=가까이 가서 자세히 보다. 3 부딪히다. 틈타다. 끼어들다. ¶~空回趟老家看望父母。=짬을 내서 고향집에 돌아가 부모님을 뵙다. ≒拼
○● 紧jǐn凑, 拼pīn凑, 生凑, 杂凑

【凑凑合合】còu·cou héhé 형 그런대로 …할 만하다. 아쉬운 대로 …할 만하다. ¶没准备什么菜, 先~吃一顿。=반찬이 변변치 않지만 우선 아쉬운 대로 한 끼 때우십시오.

【凑份子】còufèn·zi 동 1 (선물을 사거나 일을 처리하기 위해) 각자의 돈을 갹출하다. 2 번거롭게 만들다. 폐를 끼치다. ¶别~添乱。=번거롭게 만들지 마라.

【凑合】còu·he 동구 1 끼워 맞추다. ¶写论文得有理有据, 东一句西一句瞎~可不行。=논문을 쓸 때는 이치에 맞고 근거가 있어야지, 여기저기 마구 끼워 맞추는 식이 되어서는 안 된다. 2 한데 모으다. 함께 모이다. ¶小组成员正~在一起开会。=소그룹 구성원이 모두 모여서 함께 회의 중이다. 동구 그런대로 …할 만하다. 아쉬운 대로 …할 만하다. ¶这房子住着还~。=이 집은 그런대로 살 만하다.

【凑集】còují 동 (사람·물건 등을) 모으다. 모이다. ¶~捐赠物资=기증할 물건들을 모으다.

【凑近】còujìn 동 접근하다. 다가가다. 가까이 가다. ¶~花闻了一下。=꽃에 다가가 향기를 맡아 보다.

【凑拢】còulǒng 동 1 (어떤 곳을 중심으로) 가까이 모이다. ¶大家~一点, 我们开个短会。=모두들 가까이 모여 보시오, 우리 잠깐 회의를 합시다. 2 모으다. ¶捐款~起来, 刚好够付医疗费的。=기부금을 모으자 의료비를 지불하기에 충분하게 되었다.

【凑钱】còu qián 동 (어떤 일을 위해) 돈을 모으다. 추렴하다. ¶我们~给他买了一份生日礼物。=우리 돈을 모아 그에게 생일 선물을 하나 사 주었다.

【凑巧】còuqiǎo 부 공교롭게. 우연히. ¶正说你呢, ~你就来了。=마침 너에 관해 말하고 있었는데, 공교롭게도 네가 왔구나. ≒碰巧 恰巧

【凑趣儿】còu qùr 동 1 농담하다. 놀림감으로 삼다. 놀리다. ¶别乱拿人~。=함부로 사람을 놀리지 마라. 2 재미있게 하다. 흥을 돋우다. 분위기를 띄우다. 즐겁게 하다.

【凑热闹】còu rè·nao (~儿) 동 1 왁자지껄하게 놀다. 함께 모여 즐겁게 놀다. ¶看你们聊得这么高兴, 我也来凑个热闹。=너희들 뭘 이렇게 재미있게 노니? 나도 함께 모여서 즐겁게 놀자. 2 성가시게 굴다. 번거롭게 하다. ¶我现在忙得一塌糊涂, 你就别来~了。=내가 지금 정신없이 바쁘니, 너 성가시게 좀 굴지 마라.

【凑手】còu‖shǒu 형 1 (사용하기 편하도록 돈·물건·사람 등이) 수중에 있다. 마련되어 있다. ¶近来钱不~, 手提电脑迟段时间再买吧。=요즘 수중에 돈이 없으니, 노트북 컴퓨터는 좀 있다가 사도록 하자. 2 쓰기 좋다. 편리하다. 순조롭다. ¶这把剪刀用着~。=이 가위는 쓰기 좋다.

【凑数】còu‖shù (~儿) 동 1 액수를 맞추다. ¶凑个整数。=(우수리가 없도록) 일정 단위의 수를 맞추다. 2 숫자〔인원 수〕를 채우다. ¶要找专业演员, 不能随便找几个人来~。=전문 배우를 찾아야지, 멋대로 몇 사람 불러 인원 수만 채워서는 안 된다.

【凑整儿】còu‖zhěngr 동 (우수리가 없도록) 일정 단위의 수를 채우다. ¶这里有九十八元, 你再出两元, 凑个整儿吧。=여기 98위안이 있으니, 당신이 2위안을 보태 (100위안을) 채웁시다.

**辏[輳]** còu 몰려들 주
동문 폭주하다. 폭주병진(輻輳并臻)하다. (수레바퀴의 살이 바퀴통에 모이듯이) 한 곳으로 많이 몰려들다. ¶辐~=폭주하다.

腠 còu 살갗 주
명 살결. 피부.
【腠理】còulǐ 명(醫) 주리. [중의학에서 피부와 피하 근육 사이의 틈을 가리킴]

## cū

**粗[(觕·麤)]** cū 거칠 조
형 1 (길이가 긴 물건의 굵기가) 굵다. ¶这棵树真~, 两个人合抱不过来。=이 나무는 정말 굵어서 두 사람이 팔을 벌려도 안을 수가 없다. 2 (알이) 굵다. 크다. ¶~沙=굵은 모래 3 (긴 물건의 두께나 너비가) 두껍다. 넓다. (눈썹 등이) 짙다. ¶~眉大眼=짙은 눈썹과 큰 눈. 4 거칠다. 엉성하다. 조악하다. ¶这木工活做得太~。=이 목수는 일을 너무 엉성하게 한다. 5 (소리가) 굵고 낮다. ¶~声大气=굵고 낮은 목소리 6 상스럽다. 야만적이다. 거칠다. 촌스럽다. ¶满口~话=입만 벌리면 상소리를 하다. 7 소홀하다. 세밀하지 못하다. 경솔하다. ¶他做事有点~心, 你要多提醒。=그는 일처리에 경솔한 편이니까 당신이 많이 일깨워 주어야 합니다. 🅂 대략. 대충. ¶~具规模=대충 규모를 갖추다. 🅃⟨⟩ 현미. 가공하지 않은 곡물. ↔细 精

【粗暴】**cūbào** 🅆 거칠다. 상스럽다. 우악스럽다. 난폭하다. ¶性格~=성격이 거칠다. ≒粗野 ↔和气 和蔼 和善 温柔

【粗笨】**cūbèn** 🅆 **1** (물체가) 육중하다. 투박하다. ¶这几件家具~得很, 一点都不好移动。=이 가구들은 엄청 무겁고 투박해서 옮기기가 아주 힘이 드네. **2** (몸이나 행동거지가) 둔하다. 어줍다. 서툴다. 센스가 없다. ¶手脚~=손발이 둔하다. ↔精巧

【粗鄙】**cūbǐ** 🅆 상스럽다. 저속하다. 비루(鄙陋)하다. ¶言语~=언사가 상스럽다.

【粗布】**cūbù** 🅃⟨纺⟩ **1** 결이 거친 천. **2** 광목. 무명. ↔细布

【粗菜】**cūcài** 🅃 철마다 많이 공급되는 혼한 채소. 잘 팔리는 채소. 소비가 광범위한 채소. ['细菜(지역과 계절에 따라 공급이 달리는 희귀 채소)'와 구별됨]

【粗糙】**cūcāo** 🅆 **1** (질감이) 거칠다. 까칠까칠하다. 매끄럽지 못하다. 부드럽지 못하다. ¶皮肤~=피부가 거칠다. **2** (일하는 데 있어) 서투르다. 조잡하다. 어설프다. 엉성하다. 거칠다. ¶这些家具的做工很~。=이 가구들은 가공 상태가 매우 조잡하다. ≒毛糙 ↔细致 细腻 平滑

【粗茶淡饭】**cūchá-dànfàn** 🅂 **1** 값싼 차와 기름지지 못한 음식. 변변찮은 음식. **2**⟨卑⟩ 검소한 생활. ↔山珍海味

【粗柴油】**cūcháiyóu** 🅃 가스 오일(gas oil).

【粗粗】**cūcū** 🅅 대체로. 대충. 대강. 대략. ¶这本小说我只~翻看了一下, 没有细读。=이 소설을 난 단지 대강 훑어봤을 뿐, 자세히 읽어 보지 않았다. 🅆 **1** (호흡이) 거칠다. 가쁘다. ¶他累得~地喘气。=그는 지쳐서 거칠게 숨을 헐떡였다. **2** 굵직하다. 굵다. ¶一根~的扁担=굵직한 멜대 하나.

【粗粗糙糙】**cū·cu cāocāo** (~的) 🅆 (질감이) 거칠거칠하다. 매끄럽지〔부드럽지〕못하다.

【粗粗拉拉】**cū·cu lālā** (~的) 🅆 거칠다. 서투르다. 조잡하다.

【粗粗浅浅】**cū·cu qiǎnqiǎn** (~的) 🅆 천박하다. 얄팍하다.

【粗粗壮壮】**cū·cu zhuàngzhuàng** (~的) 🅆 (몸이) 매우 튼실하다. 사내답고 듬직하다.

【粗大】**cūdà** 🅆 **1** (인체 부위·물체 등이) 두껍다. 굵직하다. 큼직하다. ¶他的手~有力。=그의 손은 큼직하고 힘이 있다. **2** (소리가) 크다. ¶嗓门儿~=목소리가 크다.

【粗读】**cūdú** 🅇 대강〔죽〕훑어보다. 대충 읽다. ¶先~, 再精读。=먼저 대강 훑어보고 다시 정독하다.

【粗恶】**cū'è** 🅆 **1** (질감이) 거칠고 조악하다. ¶仿冒品~不堪。=모조품이 조악하기 그지없다. **2** (언행이나 행동거지가) 거칠고 우악스럽다. 천박하고 불손하다. ¶态度~=태도가 불손하다.

【粗泛】**cūfàn** 🅆 대략적인. 대충〔대강〕의. 피상적인. 표면적인. ¶他了解得很~=그는 아주 피상적으로 알고 있다.

【粗纺】**cūfǎng** 🅇⟨纺⟩ 조방(粗纺)하다. [슬라이버를〔면 섬유 다발을〕길게 잡아 늘여서 꼰 후에 로빙(roving ; 거친 실)을 뽑아 내는 공정]

【粗纺花呢】**cūfǎnghuāní** 🅃⟨纺⟩ 고급 양모〔직모〕.

【粗放】**cūfàng** 🅆 **1** 거침이 없고 호방하다. ¶文风~=문풍이 거침이 없고 호방하다. **2** 거칠다. 꼼꼼하지 않다. 소홀하다. 데면데면하다. ¶管理~=관리가 소홀하다.

【粗放经营】**cūfàng jīngyíng** 🅃⟨农⟩ 조방 경영. [집약적인 대농 경영과는 달리, 동일한 토지 면적에 비교적 적은 원료와 노동력을 투자해 경작하는 방법으로, 경지 면적을 늘리는 방식으로 생산량을 높이는 경영 방식]

【粗肥】**cūféi** 🅃 잡비(雜肥).

【粗浮】**cūfú** 🅆 거칠고 경솔하다. ¶性情~=성품이 거칠고 경솔하다.

【粗钢】**cūgāng** 🅃⟨金⟩ 조강(粗鋼).

【粗工】**cūgōng** 🅃 **1** 막일. 막노동. 힘든 허드렛일. **2** 막일꾼. 인부. 공사판 노동자.

【粗估】**cūgū** 🅇 어림하다. 대강 계산하다. ¶~这套住房价值五十万。=어림잡아 이 집의 가격은 55만 위안 가량 된다.

【粗犷】**cūguǎng** 🅆 **1** 호방하다. 거칠 것이 없다. 괄괄하다. 호탕하면서 드세다. ¶性情~=성품이 호방하다. **2** 거칠고 상스럽다. 그악하다. 사납다. ¶蛮横~=난폭하고 사납다. ↔细腻

【粗悍】**cūhàn** 🅆 거칠고 우직스럽다. ¶本性~=본성이 거칠고 우직스럽다.

【粗豪】**cūháo** 🅆 **1** 호탕하다. 호방하다. 활달하다. ¶~坦率=호방하고 솔직하다. **2** 웅장하다. 우렁차다. ¶列车发出~的长鸣。=기차가 우렁찬 기적 소리를 내다. ↔文雅

【粗黑】**cūhēi** 🅆 굵고 검다.

【粗厚】**cūhòu** 🅆 (소리가) 굵직하다.

【粗花呢】**cūhuāní** 🅃⟨纺⟩ 트위드(tweed).

【粗话】**cūhuà** 🅃 상소리. 거친 말.

【粗活】**cūhuó** (~儿) 🅃 막일. 막노동. 허드렛일. ↔细活

【粗加工】**cūjiāgōng** 🅇 애벌〔초벌〕가공하다.

【粗看】**cūkàn** 🅆 대충 보다. ¶~了一下, 知道得不详细。=대충 봐서 자세히 알지 못한다.

【粗狂】**cūkuáng** 🅆 호방하고 거침이 없다. ¶生性~=천성이 호방하고 거침이 없다.

【粗拉】**cū·la** 🅄 서투르다. 조잡하다. ¶这活儿做得太~。=이 일은 너무 서투르게 처리했다. ≒粗糙

【粗粒】**cūlì** 🅆 알갱이가 굵다. ¶~盐=(알이) 굵은 소금.

【粗粝】**cūlì** 🅃⟨⟩ **1** 현미. 도정하지 않은 쌀. **2** 변변찮은 음식(물). 🅆 (음식이) 변변찮다. ¶饮食~=음식이 변변찮다.

【粗里粗气】**cū·licūqì** (~的) 🅆 **1** (언행이나 행

동거지가) 상스럽고 우아하지 못하다. 우악스럽다. **2** (질감이) 거칠고 부드럽지 못하다.
【粗粮】cūliáng 명 (옥수수·수수·콩 등의) 잡곡. ↔细粮
【粗料】cūliào 명 조사료(粗飼料). 거친 먹이. [양분이 적고 섬유질이 많은 사료]
【粗劣】cūliè 형 거칠고 졸렬하다. ¶这套衣服的做工很~。= 이 옷은 가공 기술이 거칠고 졸렬하다. ↔细致 精致
【粗陋】cūlòu 형 **1** 거칠고 조잡하다. ¶摆设~。=장식이 거칠고 조잡하다. **2** 속 천박하다. 얄팍하고 비루(鄙陋)하다. ¶文字~=글(의 내용)이 천박하다. **3** 초라하다. 볼품 없다. 추하다. ¶相貌~。= 생김새가 볼품 없다.
【粗卤】cū·lǔ ☞【粗鲁】cū·lǔ
【粗鲁】[粗卤] cū·lǔ 형 거칠고 우악스럽다. 교양이 없다. ¶举止~。= 행동거지가 교양이 없다. ≒粗野 ↔文雅
【粗略】cūlüè 형 대략적인. 대체적인. 정확하지 않은. ¶~的统计 = 대략적인 통계. 튀 대략. 대충. ¶~地看了看产品的介绍。= 대충 상품 소개를 훑어보다. ≒大概 大略 ↔细致
【粗莽】cūmǎng 형 거칠고 우악스럽다. ¶生性~=천성이 거칠고 우악스럽다.
【粗面】cūmiàn 명 (밀가루 외의 다른) 곡식가루. 잡곡가루. ¶~馒头 = 잡곡가루로 만든 만터우〔찐빵〕.
【粗朴】cūpǔ 형 **1** 단순하고 질박하다. ¶~的民歌 = 단순하고 질박한 민가. **2** (몸이) 실하고 튼튼하다. 튼실하고 소박하다. ¶~的农民 = 튼실하고 소박한 농민.
【粗气油】cūqìyóu ☞【石脑油】shínǎoyóu
【粗浅】cūqiǎn 형 허술하다. 얄팍하다. 심오하지 못하다. 이해하기 쉽다. ¶任何人都能明白这~的道理。= 누구든지 모두 이 쉬운 이치를 이해할 수 있다. ↔深奥
【粗人】cūrén 명 **1** (주로 겸손한 표현으로 쓰여) 수준 낮은 사람. 상스러운 사람. **2** 거칠고 상스러운 사람. 방정맞은 사람. 덜렁이. 방정꾼.
【粗嗓门儿】cūsǎngménr 명 굵고 낮은 톤의 목소리.
【粗涩】cūsè 형 (소리가) 낮고 갈라지다. 낮고 컬컬하다.
【粗沙】cūshā 명 (입자가 조금 굵은) 거친 모래.
【粗纱】cūshā 명《紡》로빙(roving). 거친 실.
【粗实】cū·shi 형 굵직하고 튼실하다. 우람하다. ¶~的身板 = 우람한 체격.
【粗手笨脚】cūshǒu-bènjiǎo 속 솜씨가 서툴다. 손놀림이 둔하다. 어줍다.
【粗疏】cūshū 형 **1** (모발·선·윤곽 등이) 거칠고 성글다. ¶线条~= 선이 굵고 거칠다. **2** 꼼꼼하지 않다. 건성이다. ¶治学必须严谨, 不能~。= 학문 연구는 반드시 엄격해야지 건성이어선 안 된다. ↔细心 缜密 周密
【粗率】cūshuài 형 거칠고 경솔하다. 주도면밀하지 못하다. 침착하지 못하다. ¶行事~= 행동이 주도면밀하지 못하다.

【粗饲料】cūsìliào 명 조사료. (건초·열매 껍질 따위의) 거친 사료. [양분이 적고 섬유질이 많은 사료]
【粗俗】cūsú 형 (말투·행동거지가) 거칠고 저속하다. ¶言谈~= 언사가 거칠고 저속하다. ↔高雅 典雅 文雅
【粗通】cūtōng 동 대강 이해하다. 조금 알다. ¶~诗文 = 시문에 대해 조금 알다.
【粗腿】cūtuǐ 〈방〉 세력자. 권세가. 돈과 세력이 있는 사람. ¶他这个人老于世故, 很喜欢抱~。= 그 사람은 세상 물정에 밝아, 힘 있는 사람에게 빌붙기를 아주 좋아한다.
【粗细】cūxì **1** 굵기. ¶铁丝的~刚好合适。= 철사의 굵기가 꼭 맞춤이다. **2** 거칠고 세밀한 정도. 꼼꼼한 정도. 세련된 정도. 숙련된 정도. ¶做工的~一看便知。= 기술의 숙련도는 한 번만 봐도 알 수 있다.
【粗线条】cūxiàntiáo 명 **1** (붓으로 그린) 굵은 선. 굵은 줄. **2** 굵은 선으로 그려 낸 윤곽. 형 **1** 대체적이다. 간략하다. ¶书中次要人物的描写很~。= 책 속의 조연급 인물의 묘사는 매우 간략하다. **2** 성격·태도·방법 등이 꼼꼼하지〔세심하지〕 않다. 거칠다. 조잡하다. 데면데면하다. ¶他的工作方式是~的, 这种细致的活儿最好不要找他做。= 그가 일하는 방식은 꼼꼼하지 않아서 이런 정교한 작업은 그에게 맡기지 않는 게 가장 좋다.
【粗心】cūxīn 형 세심하지 못하다. 소홀하다. 부주의하다. ¶你也太~了, 这么明显的录入错误都没看出来。= 너도 참 세심하지 못하구나, 이렇게 명백한 입력 오류조차도 잡아 내지 못하다니! ↔细心
【粗心大意】cūxīn-dàyì 성 부주의하다. 세심하지 못하다. 진지하지 못하고 경솔하다.
【粗选】cūxuǎn 동 (광물 원료 등을) 초보적으로 분류하다〔선발하다〕.
【粗哑】cūyǎ 형 (목소리가) 굵고 탁하다. 허스키(husky)하다. ¶嗓音~= 목소리가 허스키하다.
【粗盐】cūyán 명 가공하지 않은 소금.
【粗野】cūyě 형 거칠고 사납다. 예의가 없다. 버릇없다. 몰상식하다. ¶举止~= 행동거지가 거칠고 몰상식하다. ≒粗暴 粗鲁 ↔文雅
【粗硬】cūyìng 형 **1** 굵고 단단하다. 성글고 뻣뻣하다. ¶~的麻布 = 굵고 뻣뻣한 삼베. **2** (음성이) 크고〔거칠고〕 딱딱하다. ¶口气~= 말투가 거칠고 딱딱하다.
【粗枝大叶】cūzhī-dàyè 성〈비〉 **1** 매우 간략하다. 세밀하지 못하다. 구체적이지 못하다. **2** (일처리가) 세심하지 못하다. 진지하지 못하다. 날림이다.
【粗知一二】cūzhī-yīèr 성 (주로 겸손한 표현으로) 대강 알다. 조금 알다.
【粗制滥造】cūzhì-lànzào 성 **1** (상품을) 엉성하게 만들다. 날림으로 만들다. **2** (책임감 없이) 경솔하게 일을 처리하다. 대강 해치우다. ≒偷工减料 ↔精雕细琢
【粗制品】cūzhìpǐn 명 **1** 반제품. 반가공품. **2**

품질이 낮은 상품. 저급 상품.
【粗中有细】 **cūzhōng-yǒuxì** ㊧ (사람 또는 일을 대할 때) 경솔하고 조잡한 가운데 섬세한 면이 있다.
【粗重】 **cūzhòng** ㊗ **1** (물체가) 육중하다. 투박하다. ¶老式家具很~。=구식 가구들이 매우 투박해 보인다. **2** (손이나 발이) 투박하다. 큼직하고 힘이 있다. ¶他手~, 干不了细活。=그는 손이 투박하여 섬세한 일은 할 수 없다. **3** (소리가) 낮고 힘이 있다. 굵직하다. 거칠다. ¶他感冒了, 呼吸声很~。=그는 감기에 걸려서 숨소리가 매우 거칠다. **4** (가늘고 긴 물건이) 굵고 짙다. ¶~的眉毛=굵고 짙은 눈썹. **5** (일이) 고되다. 힘들다. ¶他每天干的都是~活儿, 怎么会不辛苦？=그가 매일 하는 일이 모두 힘든 일인데, 어찌 고생스럽지 않을 수가 있는가?
【粗壮】 **cūzhuàng** ㊗ **1** (물체가) 튼실하다. 굵고 단단하다. ¶~的树干=굵고 튼튼한 나무 줄기. **2** (몸이) 우람하다. 튼튼하고 건강하다. ¶双腿~=두 다리가 튼튼하고 건강하다. **3** (소리가) 우렁차다. 크고 힘차다. ¶嗓门儿~=목소리가 우렁차다. ↔纤细 纤弱 细弱
【粗拙】 **cūzhuō** ㊗ 조잡하다. 조악하다. ¶这几张桌子做得很~。=이 탁자들은 매우 조잡하게 만들었다.

## 徂

**cú** 갈 조
㊗㊨ **1** 도착하다. 이르다. 가다. ¶自南~北=남쪽에서 북쪽으로 가다. **2** 시작하다. ¶六月~暑=유월부터 여름이 시작된다. **3** 지나가다. 흘러가다. ¶光阴其~=세월이 흘러가다. **4** '殂(cú)'와 같음.

## 殂

**cú** 죽을 조
㊗㊨ 사망하다. 죽다.
【殂逝】 **cúshì** ㊗㊨ 서거하다. 사망하다.
【殂谢】 **cúxiè** ㊗㊨ 죽다. 사망하다.

## 卒

**cù** 갑자기 졸
㊸ '猝(cù)'와 같음.
☞ **zú**
【卒中】 **cùzhòng** ☞ 【中风】 **zhòng‖fēng**
【中风】 **zhòngfēng**

## **促** **cù** 재촉할 촉

㊗ (시간이) 촉박하다. 다급하다. ¶急~=다급하다. / 匆~=촉박하다. ㊗ **1** ㊨ 가깝이하다. ¶~膝而谈=무릎을 마주 대하고 이야기하다. **2** 재촉하다. 다그치다. ¶督~=독촉하다. / 催~=재촉하다.

○● 仓**cāng**促, 匆**cōng**促, 窘**jiǒng**促, 局促

【促步】 **cùbù** ㊗㊨ 걸음을 재촉하다. ¶~疾行=걸음을 재촉하여 빨리 가다.
【促成】 **cùchéng** ㊗ 재촉하여 이루어지게 하다. 서둘러 성사시키다. ¶~婚事=결혼을 서둘러 성사시키다.
【促进】 **cùjìn** ㊗ 촉진시키다. 촉진하다. 재촉하다. 독촉하다. ¶~经济发展=경제 발전을 촉진하다. ↔促退
【促进派】 **cùjìnpài** ㊕ 진보〔개혁〕세력. 진보파(進步派). 개혁파.
【促脉】 **cùmài** ㊕(醫) 부정맥.
【促请】 **cùqǐng** ㊗ 재촉하여 청하다. 잇달아 종용하다. ¶~有关部门尽快答复。=관련 기관의 회답을 재촉하다.
【促声】 **cùshēng** ㊕(言) 입성(入聲). ↔舒声
【促使】 **cùshǐ** ㊗ …하도록 하다. …하게끔 시키다. ¶~进步=진보하도록 하다.
【促熟】 **cùshú** ☞ 【催熟】 **cuīshú**
【促退】 **cùtuì** ㊗ 퇴보시키다. 후퇴하게 만들다. ↔促进
【促膝】 **cùxī** ㊗ **1** 무릎을 마주하다. **2** (두 사람이 얼굴을 맞대고) 가까이 앉다. ¶~交谈=얼굴을 맞대고 이야기하다.
【促膝谈心】 **cùxī-tánxīn** ㊧ 두 사람이 마주하고 진실한 대화를 하다.
【促狭】 **cùxiá** ㊗ 교활하다. 사람 우롱하기를 좋아하다. ¶~鬼=아주 교활한 놈.
【促销】 **cùxiāo** ㊗ 판매를 촉진시키다. 판촉하다. ¶开展~活动=판촉 활동을 벌이다.
【促销小姐】 **cùxiāo xiǎojiě** ㊕ 내레이터 모델. 컴패니언(companion).
【促织】 **cùzhī** ☞ 【蟋蟀】 **xīshuài**

## 猝

**cù** 갑자기 졸
㊸㊗ 갑자기. 돌연히. ¶匆~=바쁘다. / ~然有变=갑자기 변화가 생기다.
【猝不及防】 **cùbùjífáng** ㊧ 너무 갑작스러워 미처 방어하지 못하다.
【猝尔】 **cù'ěr** ㊸㊨ 갑자기. 돌연히. ¶~逝去=갑자기 돌아가시다.
【猝发】 **cùfā** ㊗ 갑자기 발작하다. 갑자기 일어나다. ¶他因过于激动, 心脏病~不治。=그는 너무 흥분한 나머지, 심장병이 갑자기 도져 치료가 불가능하게 되었다.
【猝然】 **cùrán** ㊸ 갑자기. 뜻밖에. 돌연히. ¶他~拂袖而去。=그는 갑자기 소매를 뿌리치고는 가 버렸다. ≒突然
【猝死】 **cùsǐ** ㊗(醫) 급사하다.

## 酢

**cù** 식초 초
㊕㊗ '醋(cù)'와 같음.
☞ **zuò**
【酢浆草】 **cùjiāngcǎo** ㊕(植) 괭이밥. 작장초. 산거초(酸車草).

## 瘄

**cù** 열꽃 조
【瘄子】 **cù·zi** ㊕㊗(醫) 홍역. 마진.

## 蔟

**cù** 누에섶 족
㊕ 누에섶. 잠족(蠶蔟). ¶蚕就要上~了。=누에가 (고치를 만들기 위해) 곧 섶에 오르려고 한다.

**醋** cù 식초 초
- 図 **1** 식초. 초. ¶米~=쌀로 만든 식초. / 糖里脊=탕추리지. [탕수육과 비슷한 요리] **2** 동 (주로 남녀 관계에서) 질투. 샘. 강샘. ¶吃~=샘내다. 질투하다.
- 【醋大】 **cùdà** ☞【措大】 **cuòdà**
- 【醋罐子】 **cùguàn·zi** ☞【醋坛子】 **cùtán·zi**
- 【醋海翻波】 **cùhǎi fānbō** ☞【醋海生波】 **cùhǎi shēngbō**
- 【醋海生波】 **cùhǎi-shēngbō** 성구 (주로 남녀 관계에서) 질투로 인해 평지 풍파를 일으키다. =【醋海翻波】 **cùhǎi-fānbō**
- 【醋劲儿】 **cùjìnr** 명비 (주로 남녀 관계에서) 질투심. 샘. 강샘. ¶她的~又上来了.=그녀는 질투심도 일었다.
- 【醋精】 **cùjīng** 명 농축 식초.
- 【醋栗】 **cùlì** 명[植] **1** 구즈베리(gooseberry). **2** 구즈베리의 열매. =【水葡萄】 **shuǐpú·tao**
- 【醋酸】 **cùsuān** 명[化] 초산. =【乙酸】 **yǐsuān**
- 【醋坛子】 **cùtán·zi** 명비 질투의 화신. 샘바리. =【醋罐子】 **cùguàn·zi**
- 【醋心】 **cù·xīn** 동 속이 쓰리다. 위산이 분비되다. [=【酸心】 **suānxīn** ¶萝卜吃多了容易~=무를 많이 먹으면 속이 쓰리기 쉽다.] 명 (주로 남녀 관계에서) 질투심. 샘. 강샘. ¶顿生~=홀연히 샘이 나다.
- 【醋意】 **cùyì** 명 (주로 남녀 관계에서) 질투심. 샘. 강샘. ¶~大发=질투심이 크게 일다.

**踧** cù 두려워하는 모양 축
- 형문 **1** 두려워하다. 불안해하다. 안절부절못하다. **2** '蹙(cù)'와 같음.
- 【踧踖】 **cùjí** 형문 (공경하여) 어려워하다. 조심하다. 삼가다. 삼가 공경하다. ¶~不安=(공경하므로) 어려워 쩔쩔매다.

**慽** cù 슬퍼할 추
- 형문 마음이 불안한 모양.

**顣[顣]** cù 찡그릴 축
- 동문 이마를 찡그리다. 눈살을 찌푸리다.

***簇** cù 모일 족
- 동 떼지어 모이다. ¶人们~拥在一起.=사람들이 빽빽하게 떼지어 모여 있다. 명 무리. 떼. 무더기. 떨기. 花团锦~=꽃밭에 꽃들이 비단을 펼쳐 놓은 듯 화려하다. 양 떨기. 무더기. 무리. ¶一~鲜花=한 떨기 생화(生花). 부 매우. 완전히. 대단히. ¶~新的书桌=완전히 새로운 책상.
- 【簇居】 **cùjū** 동 모여 살다. 무리지어 거주하다. ¶西南地区~着多个少数民族.=서남 지방에는 많은 소수 민족들이 모여 살고 있다.
- 【簇聚】 **cùjù** 동 (사람·사물이) 모이다. 모으다. ¶亲友们~一室.=친지들이 한데 모이다.
- 【簇生】 **cùshēng** 동(生) 무더기로 자라다. 군생(群生)하다.

【簇新】 **cùxīn** 형 최신식의. 유행하는. 첨단을 걷는. 참신하다. ¶~的风衣=최신 유행하는 바바리코트. ↔陈旧
【簇拥】 **cùyōng** 동 (많은 사람들이) 빽빽하게 둘러싸다. ¶在记者的~下, 大会发言人步入会场.=기자들이 빽빽이 둘러싼 가운데, 대회의 대변인이 회장에 들어섰다.

**蹙** cù 닥칠 축
- 형문 긴박하다. 촉박하다. 다급하다. ¶穷~=궁색하기 짝이 없다. 동문 (이마나 눈살 따위를) 찡그리다. 찌푸리다. ¶双眉紧~=두 눈썹을 찌푸리다.
- 【蹙额】 **cù'é** 동문 **1** 이마를 찡그리다. 눈살을 찌푸리다. 미간을 찡그리다. **2** 근심하다. ¶疾首~=골머리를 앓아 이마를 찡그리다.
- 【蹙缩】 **cùsuō** 동문 수축하다. 오그라들다. 위축되다.

**蹴[蹵]** cù 찰 축
- 동문 **1** 밟다. ¶一~而就=단번에 (일·뜻 등을) 이루다. **2** 차다. ¶~鞠嬉戏=축국(蹴鞠)을 하고 놀다. 공을 차고 놀다.
- ☞·jiu
- 【蹴鞠】 **cùjū** 명동문 공차기(하다). 축국(蹴鞠)(하다).
- 【蹴踏】 **cùtà** 동문 밟다.

# cuān

**汆** cuān 띄울 탄
- 동 **1** 데치다. 끓는 물에 살짝 익히다. ¶~丸子=데친 완자. **2** 방 물을 빨리 끓이다.
- 【汆子】 **cuān·zi** 명 물을 빨리 끓이기 위해 제작된 얇은 양철통.

**撺[攛]** cuān 내던질 찬
- 동 **1** 종용하다. 부추기다. 옆에서 권하다. 꼬드기다. 교사하다. ¶反复~掇=반복하여 부추기다. **2** 던지다. 내동댕이치다. ¶在河边~石子=강가에서 돌멩이를 던지다. **3** 방 서둘러 (일을) 하다. 급히 하다. ¶平时不抓紧, 临急现~.=평소에 다잡지 않고 코앞에 닥쳐서야 서둘러 하다. **4** 방 (불끈·울컥) 화내다. 성내다. 노하다. ¶他真的~儿了.=그는 정말 불끈 화를 냈다. **5** 방 뛰어 오르다. ¶~入水中=물에 뛰어들다.
- 【撺掇】 **cuān·duo** 동문 종용(慫慂)하다. 부추기다. 옆에서 권하다. ¶他极力~我学游泳.=그는 내게 수영을 배우라고 강력히 권했다.
- 【撺弄】 **cuān·nong** 동문 종용(慫慂)하다. 부추기다. 옆에서 권하다. 꼬드기다. ¶别~孩子撒谎.=아이가 거짓말하도록 부추기지 마시오.

**镩[鑹]** cuān 작은 창 찬
- 명 얼음 깨는 송곳. ¶冰~=얼음 깨는 송곳. 동

송곳으로 (얼음을) 깨다. ¶～冰=송곳으로 얼음을 부시다.
【锛子】cuān·zi 阁 아이스픽(ice pick). 얼음 깨는 송곳.

## 蹿[躥] cuān 솟을 찬

통 1 뛰어오르다. 솟구쳐 오르다. 앞으로 뛰다. ¶纵身一～, ～出老远.=몸을 곧추세우고 솟구쳐 오르자, 아주 멀리까지 뛰었다. 2 匓 뿜다. 쏟다. 분사하다. ¶鼻子～血.=코피를 쏟다.

【蹿奔】cuānbēn 통 뛰어다니다. ¶猎犬在树林里～。=사냥개가 숲에서 뛰어다닌다.

【蹿动】cuāndòng 통 약동하다. 뛰어오르다. 솟구쳐 오르다.

【蹿跶】cuān·dá 통 깡충 뛰다. 도약하다. 뛰어오르다.

【蹿房越脊】cuānfáng yuèjǐ 솅 지붕에서 지붕으로 날아다니다. [주로 옛날 무협 소설에 나타나는 표현임]

【蹿个儿】cuān‖gèr 통匓 키가 훌쩍 자라다. ¶孩子还小, 没到～的时候.=아이가 아직 어려서 훌쩍 자랄 시기가 안 되었다.

【蹿红】cuānhóng 통 (연예계·체육계 등에서) 갑자기 인기를 얻다. ¶一夜～=하룻밤 새에 인기를 얻다.

【蹿火】cuān‖huǒ 통匓 화를 내다.

【蹿劲儿】cuānjìnr 阁匓 열정. 의욕. 추진력. ¶～十足=열정이 넘쳐나다.

【蹿山跳涧】cuānshān-tiàojiàn 솅 (들짐승 등이) 태산준령을 넘어 다니다.

【蹿升】cuānshēng 통 (물가·시세가) 폭등하다. 갑자기 크게 오르다. 급속하게 오르다. ¶物价～=물가가 폭등하다.

【蹿腾】cuān·teng 통匓 마구 날뛰다. 미친 듯이 뛰어다니다.

【蹿跳】cuāntiào 통 (위로·앞으로) 깡충깡충 뛰다.

【蹿跃】cuānyuè 통 위로 깡충 뛰다. 뛰어오르다. 솟구쳐 오르다.

【蹿越】cuānyuè 통 뛰어서 건너다. 뛰어넘다. ¶～障碍物=장애물을 뛰어넘다.

【蹿稀】cuān‖xī 통匓 설사하다.

## *攒[攢, 欑] cuán 모을 찬

통 모으다. 맞추다. 조립하다. ¶～钱=돈을 모으다.
☞ zǎn

【攒动】cuándòng 통 떼지어 움직이다. ¶人头～=사람들이 떼를 지어 움직이다.

【攒盒】cuānhé 阁 찬합.

【攒集】cuánjí 통 한곳에 모이다.

【攒聚】cuánjù 통 한곳에 모이다. ¶广场上～了数万人.=광장에 수만 명이 한데 모였다.

【攒眉】cuánméi 통 눈살을 찌푸리다. 양미간을 모으다. ¶～沉思=양미간을 모으고 생각에 잠기다.

【攒三聚五】cuánsān-jùwǔ 솅 삼삼오오 떼지

어 모이다.

【攒射】cuánshè 통 (활이나 총포로) 집중 사격하다.

## **窜[竄] cuàn 달아날 찬

통 1 匓 마구 뛰어다니다. 달아나다. 도망가다. ¶逃～=도망치다. / 抱头鼠～=머리를 감싸고 쥐새끼처럼 달아나다. 2 匓 쫓아 내다. 축출하다. 몰아 내다. 3 (글자를) 고치다. 수정하다. 바로잡다. ¶点～=문구를 고치다.

○ 奔bēn窜, 改窜, 流窜, 鼠shǔ窜, 逃táo窜

【窜定】cuàndìng 통 고치다. 수정하다. ¶～错漏=틀린 부분과 빠진 부분을 수정하다.

【窜犯】cuànfàn 통 (소수의 적·도적 등이) 침입하다. 침범하다. ¶～边疆=변경을 침범하다. ≒窜扰

【窜改】cuàngǎi 통匓 (제멋대로) 수정하다. 고치다. ¶～文稿=원고를 제멋대로 수정하다.

【窜扰】cuànrǎo 통 침입하여 소란을 피우다. 침범하여 괴롭히다. ≒窜犯

【窜逃】cuàntáo 통 도망치다. 달아나다.

## 篡[篡] cuàn 빼앗을 찬

통 1 빼앗다. 탈취하다. 찬탈하다. 가로채다. ¶蓄意～权=권력 찬탈의 음모를 오랫동안 품어 오다. 2 찬위(篡位)하다. 신하가 임금의 자리를 빼앗다. ¶王莽～汉=왕망이 한나라의 황위를 빼앗다. 3 (경전·이론·정책·역사 등을) 의도적으로 고치다. 곡해하다. 왜곡하다.

【篡夺】cuànduó 통 (부당한 방법으로 지위나 권력을) 탈취하다. 찬탈하다. ¶～皇位=보위(寶位)를 찬탈하다.

【篡改】cuàngǎi 통 (경전·이론·정책·역사 등을) 의도적으로 고치다. 곡해하다. 왜곡하다. ¶～凭证=증명서를 왜곡하여 고치다.

【篡国】cuàn‖guó 통 국가의 정권을 찬탈하다.

【篡权】cuàn‖quán 통 권력을{주로 정권을} 빼앗다. ¶～夺位=정권을 빼앗고 자리를 차지하다.

【篡位】cuàn‖wèi 통 찬위(篡位)하다. 신하가 임금의 자리를 빼앗다.

## 爨 cuàn 불땔 찬

통匓 밥을 짓다. ¶分居异～=형제가 분가하다.
阁 1 匓 부뚜막. ¶执～=부엌(주방) 일을 주관하다. 2 (Cuàn) 성(姓).

# cui

## 衰 cuī 쇠할 쇠

통 감소하다. 줄어들다. ¶乡音无改鬓毛～。=고향 사투리가 아직 바뀌지도 않았는데 구레나룻은 벌써 성글어졌다. 타향에서 채 적응하지 못했는데 벌써 늙어 버렸다. 匓 '缞(cuī)'와 같음.

☞ **shuāi**

## 崔 cuī 높을 최
【형】(문) 드높고 웅장하다. 【명】(Cuī) 성(姓).
【崔巍】**cuīwēi** 【형】(문) (산·건축물 등이) 드높고 웅장하다. ¶群山~ = 떼지은 산들이 드높고 웅장하다.
【崔嵬】**cuīwéi** 【형】(문) 높고 크다. ¶山峰~ = 산봉우리가 높고 크다. 【명】(문) (돌이 있는) 흙산. 토산(土山). ¶北望~ = 북쪽으로 토산을 바라보다.

## *催 cuī 재촉할 최
【동】 1 재촉하다. 독촉하다. 다그치다. ¶~缴税款 = 납세를 독촉하다. 2 촉진시키다. (생산·변화의 속도를) 빠르게 하다. ¶~人泪下 = 남을 울게 하다. 【명】(Cuī) 성(姓).
【催办】**cuībàn** 【동】 (일의) 처리를 재촉하다. ¶出国手续已在~, 很快就会妥当。 = 출국 수속은 이미 재촉하고 있으니, 곧바로 처리될 것이다.
【催逼】**cuībī** 【동】 재촉하고 다그치다. ¶~债务 = 채무 이행할 것을 재촉하고 다그치다.
【催膘】**cuībiāo** 【동】 비육(肥育)하다. 살찌우다.
【催产】**cuī‖chǎn** 【동】 분만을 촉진하다. =【催生】**cuī‖shēng**
【催促】**cuīcù** 【동】 재촉하다. 독촉하다. 다그치다. ¶~起程 = 출발을 재촉하다. ≒督促 敦促
【催发】**cuīfā** 【동】 발생하도록 촉진시키다.
【催肥】**cuīféi** ☞【肥育】**féiyù**
【催赶】**cuīgǎn** 【동】 1 방목하다. 몰다. ¶~羊群 = 양 떼를 몰다. 2 (서둘도록) 재촉하다. 독촉하다. 다그치다. ¶不停地~他加快速度。 = 그가 속도를 올리도록 쉼 없이 재촉하다.
【催化】**cuīhuà** 【동】(化) 촉매 작용을 하다.
【催化剂】**cuīhuàjì** 【명】 1 (化) 촉매제(觸媒劑). 2 (비) 촉매. =【触媒】**chùméi** ¶竞争是产品质量提高的~。 = 경쟁은 생산품의 질을 제고시키는 촉매이다.
【催泪弹】**cuīlèidàn** 【명】 최루탄.
【催眠】**cuīmián** 【동】 1 잠들게 하다. 잠에 빠지게 하다. 잠이 오게 하다. ¶这部电影太差了, 放电影就是在~。 = 이 영화는 너무 형편 없어서 시작하자마자 졸게 만든다. 2 (심) (시각·청각·촉각 등을 자극하여 사람이나 동물을) 최면 상태에 빠지도록 하다. 최면을 걸다.
【催眠曲】**cuīmiánqǔ** 【명】(音) 자장가.
【催眠术】**cuīmiánshù** 【명】 최면술.
【催眠药】**cuīmiányào** ☞【安眠药】**ānmiányào**
【催命】**cuī‖mìng** 【동】 1 명을 재촉하다. 죽음을 재촉하다. 2 (비) 바짝 재촉하다. 다그쳐 숨통을 조이다. ¶别~, 我明天就把书给你。 = 재촉하지 좀 마시오, 내일 책을 돌려 드릴 테니.
【催命鬼】**cuīmìngguǐ** 【명】 1 명을 재촉하는 귀신. 2 (비) 남을 못살게 괴롭히는 놈. [주로 탐관오리·고리대금업자 등을 가리킴]
【催奶】**cuī‖nǎi** 【동】 (약품·음식 등으로) 산모의 젖을 나오게 하다.
【催迫】**cuīpò** 【동】 재촉하다. 다그치다.
【催青】**cuīqīng** 【동】 1 초목의 싹(움)을 촉진시키다. 싹을 빨리 트게 하다. 2 (적당한 온도·습도로) 부화를 촉진시키다.
【催情】**cuīqíng** 【동】 (인공적으로) 암컷을 발정하게 하다.
【催请】**cuīqǐng** 【동】 재차·삼차 청합니다. 다시 한 번 청합니다. ¶~赴宴 = 연회에 참석해 주실 것을 재차 청합니다.
【催人奋进】**cuīrén fènjìn** 〈성〉 타인을 격려하여 분발·전진하게 하다.
【催生】**cuī‖shēng** ☞【催产】**cuī‖chǎn**
【催生婆】**cuīshēngpó** 【명】(옛) 산파. 조산사.
【催收】**cuīshōu** 【동】 독촉하여 받아 내다. ¶~房租 = 방세를 독촉하여 받아 내다.
【催熟】**cuīshú** 【동】 (물리·화학적 방법으로 과일을) 빨리 익게 하다. =【促熟】**cùshú**
【催水】**cuīshuǐ** 【동】 냄새를 독촉하다.
【催索】**cuīsuǒ** 【동】 지불을 독촉하다.
【催讨】**cuītǎo** 【동】 (빚이나 빌려 간 물건 등을) 돌려줄 것을 재촉하다. 독촉하다. ¶~欠债 = 빚 독촉을 하다.
【催吐剂】**cuītùjì** 【명】 구토제(嘔吐劑).
【催醒剂】**cuīxǐngjì** 【명】(醫) 각성제. 흥분제.
【催询】**cuīxún** 【동】 다그쳐 묻다. 재촉하여 문의하다〔알아보다〕.
【催芽】**cuīyá** 【동】 (온수에 담그거나 화학적 방법 등으로) 발아를 촉진하다. 싹 틔우다.
【催债】**cuīzhài** 【동】 빚을 독촉하다〔재촉하다〕.
【催征】**cuīzhēng** 【동】 독촉하여 징수하다. ¶~赋税 = 조세를 독촉하여 징수하다.
【催租】**cuīzū** 【동】 1 〈옛〉 지세(地稅)를 독촉하다. 2 (토지·건물·물품 등의) 임대료〔세〕를 독촉하다〔재촉하다〕.

## 缞[縗] cuī 상복 최
【명】(옛) 상복(喪服).

## 榱 cuī 서까래 최
【명】(문) 서까래.
【榱椽】**cuīchuán** 【명】(문) (비) 나라에서 중책을 맡은 사람. 국가의 동량.

## **摧 cuī 꺾을 최
【동】 부러뜨리다. 쳐부수다. 파괴하다. 무너뜨리다. 격파하다. ¶无坚不~ = 격파하지 못할 강적은 없다. 어떠한 곤란이든 다 이겨 낼 수 있다.
【摧残】**cuīcán** 【동】 (정치·경제·문화·심신 등에) 심한 손상〔손실〕을 주다. 학대하다. 박해하다. 파괴하다. ↔爱护
【摧伏】**cuīfú** 【동】 납득시키다. 설복하다. 설득하다. ¶~顽劣 = 고집불통인 사람을 설득하다.
【摧肝】**cuīgān** 【동】 1 애간장이 녹다. 2 (비) 극도로 비통하거나 분노하다. ¶~裂肺 = (비통함·분노로) 애간장이 녹고 폐부가 찢어지다.
【摧毁】**cuīhuǐ** 【동】 때려부수다. 분쇄하다. 완파하다. 파괴하다. ¶台风~了大量的房屋。 = 태풍으

로 많은 집들이 부서졌다.

【摧坚】 **cuījiān** 동 적의 중견 부대를 격파하다. ¶~折锐=적의 중견 부대를 격파하고 정예군을 무찌르다.

【摧枯拉朽】 **cuīkū-lāxiǔ** 성 1 마른 풀과 썩은 나무를 꺾다. 2 비 부패한 세력은 쉽게 타도된다.

【摧眉折腰】 **cuīméi-zhéyāo** 성 고개를 낮추고 허리를 굽혀 아첨하다.

【摧陷廓清】 **cuīxiàn-kuòqīng** 성 1 적진을 공략하여 깨끗이 소탕하다. 2 비 진부한 언론을 타파하다.

【摧心】 **cuīxīn** 동 1 가슴이 무너지다. 2 비 극도로 상심하다. ¶痛切~=몹시 비통하여 가슴이 찢어질 듯하다.

【摧心剖肝】 **cuīxīn-pōugān** 성 1 심장이 터지고 간장이 찢어지다. 2 비 극도로 비통하다. 통절(痛切)하다.

【摧折】 **cuīzhé** 동 1 부러뜨리다. 꺾다. ¶树干被风~了。=나무 줄기가 바람에 부러졌다. 2 좌절하다. ¶饱受~=온갖 좌절을 다 맛보다.

**猚** **cuī** 추할 최
☞【猥猚】**wěicuī**

**漼** **cuǐ** 물 깊은 모양 최
형문 1 물이 깊은 모양. 2 줄줄. [눈물이 흐르는 모양]

**璀** **cuǐ** 옥빛 반짝일 최
【璀璨】 **cuǐcàn** 형 옥의 광채가 번쩍번쩍 빛나는 모양. 번쩍번쩍 눈부신 모양. ¶~夺目=(옥의 광채가) 번쩍번쩍 눈이 부시다.

**皠** **cuǐ** 흴 최
형문 결백하다. 깨끗하다.

**倅** **cuì** 보좌할 쉬
형문 부(副)의. 예비의. 명 (Cuì) 성(姓).

**\*\*脆**[(脃)] **cuì** 약할 취
형 1 쉽게 부러지다. 쉽게 부서지다. 약하다. ¶这纸又薄又~。=이 종이는 얇고도 약하다. 2 바삭바삭하다. 아삭아삭하다. 사각사각하다. ¶这梨子又~又甜。=이 배는 아삭아삭하고도 달다. 3 (소리가) 낭랑하다. ¶嗓音尖~=목소리가 가늘고 낭랑하다. 4 (감정이) 연약하다. 나약하다. 여리다. ¶~弱的心灵=나약한 마음. 5 (말·행동이) 시원스럽다. 깔끔하다. ¶干~利落=깔끔하고 시원스럽다. ↔韧

○➡ 薄báo脆, 干脆, 清脆, 酥sū脆

【脆脆】 **cuìcuì** (~的) 형 1 아삭아삭하다. 바삭바삭하다. 사각사각하다. ¶饼干~的, 口感不错。=과자가 바삭바삭한 것이 맛있다. 2 (목소리가) 낭랑하다. 낫긋낫긋하다. 맑고 깨끗하다. ¶她的声音~的, 很好听。=그녀의 목소리는 낭랑해서 매우 듣기 좋다.

【脆骨】 **cuìgǔ** 명 (식품의 재료가 되는 동물의) 연골.

【脆化】 **cuìhuà** 동 1 (물체가 물리·화학적 원인으로) 푸석푸석해지다. 바삭바삭해지다. 무르게 되다. 부서지기 쉽게 되다. 2 (골조직이 나이가 들거나 칼슘 부족으로) 엉성해지다.

【脆亮】 **cuìliàng** 형 (소리가) 맑고 쟁쟁하다.

【脆裂】 **cuìliè** 동 바삭바삭 갈라지다. 푸석해져서 균열(금)이 가다. ¶塑料花盆~了。=플라스틱 화분이 바삭바삭 갈라졌다.

【脆嫩】 **cuìnèn** 형 1 (과일이나 채소가) 사각사각하고 연하다. ¶~的黄瓜=사각사각하고 연한 오이. 2 (음성이) 낭랑하고 앳되다. 맑고 야들야들하다.

【脆瓤】 **cuìráng** 명 사각사각한 (과일)속.

【脆弱】 **cuìruò** 형 1 연약하다. 취약하다. 무르다. 2 (체질이) 약하다. 3 굳세지 못하다. 나약하다. 좌절을 못 견디다. 나약해서 ~. ¶她很~, 经不起这样的打击。=그녀는 매우 나약해서 이런 충격을 견디지 못한다. ≒软弱 ↔刚强 坚强

【脆生生】 **cuìshēngshēng** (~的) 형 부 매우 연하고 바삭바삭하다.

【脆生】 **cuì·sheng** 형 부 1 (음식물이) 아삭아삭하다. 바삭바삭하다. 사각사각하다. ¶萝卜又水灵又~=무가 싱싱하고 아삭아삭하다. 2 (소리가) 맑고 깨끗하다. 낭랑하다. ¶这鸟儿的叫声可真~。=이 새의 울음소리는 정말 맑고 깨끗하다.

【脆甜】 **cuìtián** 형 (음식물이) 아삭아삭하고 달다. ¶~的苹果=아삭아삭하고 단 사과.

【脆响】 **cuìxiǎng** 명 (탕·쨍 등) 울려 퍼지는 소리. ¶发令枪一声~, 比赛开始了。=신호총 소리가 울려 퍼지자 시합이 시작되었다.

【脆性】 **cuìxìng** 명 (物) 부서지기 쉬운 성질. ↔韧性

【脆枣】 **cuìzǎo** ☞【焦枣】**jiāozǎo**

**萃** **cuì** 모일 췌
동 모이다. ¶荟~=모이다. 명 1 운 (사람이나 사물의) 무리. 떼. 무더기. ¶出类拔~=무리 가운데 뛰어나다. 2 (Cuì) 성(姓).

【萃聚】 **cuìjù** 동문 모이다. 모으다. ¶~一堂=한자리에 모이다.

【萃取】 **cuìqǔ** 동 (化) 추출하다.

**啐** **cuì** 침 뱉을 췌
동 1 뱉다. ¶~了一口唾沫=침을 한 입 뱉다. 2 남에게 침을 뱉거나 침 뱉는 소리를 내어 멸시나 분노를 표시하다. 침을 뱉으며 욕하다. 침을 뱉으며 경멸하다. 침 뱉는 시늉을 하며 멸시하다. 퉤 하며 욕하다. 감 쳇. 치. 퉤. [침을 뱉으며 욕하거나 비난함을 표시함] ¶呀~! 休要胡言。=쳇! 헛소리 그만 해.

**淬** **cuì** 담금질할 쉬
동 (쇠·유리 등을) 담금질하다.
【淬火】 **cuì** ‖ **huǒ** 동 (쇠·유리 등을) 담금질하

다. ⇨【蘸火】zhàn‖huǒ
【淬砺】cuìlì 동문 1 담금질하고 갈다. 벼리다. 굳게 만들다. 2 비 단련하다. 연마하다. ¶~体魄=심신을 연마하다.
【淬勉】cuìmiǎn 동문 연마하다. 각고의 노력을 하다. ¶~自强=자강불식하다. 각고의 노력을 기울이다.
【淬针】cuìzhēn ☞【火针】huǒzhēn

## 膵[(膵)] cuì 췌장 췌
【膵脏】cuìzhàng 명⟨生⟩ '胰(췌장)'의 옛 명칭.

## \*悴[(顇)] cuì 초췌할 췌
형문 1 근심하다. 상심하다. ¶愁~=근심하다. 2 초췌하다. 파리하다. 시들시들하다. 생기를 잃다. ¶形容毁~=몰골이 초췌하다.

## 綷[綷] cuì 오색 비단 췌
형문 오색이 어우러져 있는 모양.
【綷縩】cuìcài 의문 사각사각. [움직일 때 옷이 마찰되는 소리] ¶盛装~=화려한 복장이 (움직일 때마다) 사각거린다.

## 毳 cuì 솜털 취
명문 (짐승의) 솜털.
【毳毛】cuìmáo 명 1 (새·짐승의) 솜털. 잔털. 2 ⟨醫⟩ (머리카락·음모·액모(腋毛) 외에 기타 부위에 나는) 가는 털. 솜털.

## 瘁 cuì 고달플 췌
형 고달프다. 매우 피곤하다. 지치다. ¶心力交~=심신이 고달프다.

## \*粹 cuì 순수할 수
명문 1 깨끗하고 불순물이 없는 쌀. 2 정수. 정화. ¶国~=국수(國粹). 형 순수하다. ¶~而不杂=순수하고 잡스럽지 않다.

○● 纯chún粹, 纳Nà粹

【粹白】cuìbái 형문 1 순백색의. 2 순수하다.
【粹美】cuìměi 형문 1 순수하고 아름답다. 2 정미하다. 섬세하고[정교하고] 아름답다.

## \*翠 cuì 비취색 취
형 비취색의. 청록색의. ¶~玉=비취옥. / 苍松~柏=푸른 소나무와 잣나무. 명 1⟨動⟩ 물총새. ¶点~=물총새의 깃을 넣어 만든 공예품. 2 ⟨礦⟩ 비취.

○● 苍cāng翠, 葱cōng翠, 翡fěi翠, 青翠

【翠柏】cuìbǎi 명 푸른 측백나무.
【翠碧】cuìbì 형문 비취같이 푸르다. ¶~的湖水=비취같이 푸른 호수.
【翠菊】cuìjú 명⟨植⟩ 1 과꽃. 취국. 2 과꽃[취국]의 꽃. 명⟨江西腊⟩ jiāngxīlà.
【翠绿】cuìlǜ 형 청록색의. 푸르디푸르다. ¶~的原野=몰골이 푸른 들판.

【翠眉】cuìméi 명비 아름다운 눈썹. 미녀[미인]의 눈썹.
【翠鸟】cuìniǎo 명⟨動⟩ 물총새.
【翠色】cuìsè 명 비취색. 청록색. 초록색.
【翠生生】cuìshēngshēng (~的) 형 (식물이) 파랗고 생생하다. 푸르고 싱싱하다. ¶~的麦苗=파랗고 생생한 보리싹.
【翠微】cuìwēi 명비 1 청록빛의 산색(山色). 2 청산(青山).
【翠玉】cuìyù 명⟨礦⟩ 비취.
【翠云】cuìyún 명 1 파란 구름. 2 비 검고 숱이 많아 아름다운 여성의 머리카락.
【翠竹】cuìzhú 명 푸른 참대. 청죽.

# cun

## \*村¹[(邨)] cūn 마을 촌
명 (~儿) 1 촌락. 마을. ¶山~=산촌. 2 농촌의 기층 조직. ¶这事要由~委会讨论决定.=이 일은 촌민 위원회가 토론하여 결정해야 한다. 3 인구가 밀집하여 모여 사는 곳. ¶滨海新~=해변의 새 주택 단지.

## \*村² cūn 촌스러울 촌
형 거칠다. 속되다. 저속하다. 촌스럽다. 투박하다. ¶撒~=상스러운 말을 하다.

○● 农村, 撒sā村, 乡村

【村风】cūnfēng 명 마을[촌락]의 기풍.
【村夫俗子】cūnfū-súzǐ ⟨谚⟩ 평범한 사람. 속된 인간. 거칠고 저속한 사람.
【村夫子】cūnfūzǐ 명⟨옛⟩ 시골 선생. 시골 훈장.
【村妇】cūnfù 명 1 촌부. 시골 부녀(자). 2 촌스러운 여자. 거칠고 몰상식한 부녀(자).
【村歌】cūngē 명⟨音⟩ 시골 가요.
【村姑】cūngū 명 1 시골 처녀. 시골 아가씨. 2 거칠고 몰상식한 여자.
【村官】cūnguān 명 1 촌민 위원회 간부의 희칭(戲稱). 2 촌민 위원회 주임.
【村规】cūnguī ☞【村规民约】cūnguī mínyuē
【村规民约】cūnguī mínyuē 명 촌민 자치 규약. ⟨약⟩【村规】cūnguī
【村话】cūnhuà 명 1 상스러운 말. 저속한 말. [주로 사람을 욕하는 말을 가리킴] 2 ⟨言⟩ 한장어(漢藏語) 계통의 장동어(壯侗語)족 여어(黎語)계에 속하는 언어. [주로 하이난(海南)성 둥팡(东方)시와 창장(昌江)현 일대에 분포함]
【村口】cūnkǒu (~儿) 명 마을 어귀. 마을 입구. ¶~有一棵大树.=마을 어귀에는 큰 정자나무 한 그루가 서 있다.
【村路】cūnlù 명 마을 사이를 연결하는 도로.
【村落】cūnluò 명 촌락. 마을. 시골. ≒村庄.
【村貌】cūnmào 명 마을 모습.
【村民】cūnmín 명 마을 주민. 촌민.

【村民委员会】 cūnmín wěiyuánhuì 명 촌민 위원회. 약 【村委会】 cūnwěihuì
【村容】 cūnróng 명 마을 모습.
【村舍】 cūnshè 명 농가. 시골집.
【村社】 cūnshè 명 1 마을. 촌락. 부락. 2 원시 시대 후기에 공유제에서 사유제로 넘어가는 시기의 사회 조직. [토지는 공유하고, 가축·농기구·주택·생산물 등은 사유했음] 3 옛 (농촌의) 지신 제삿날. 지신제(地神祭).
【村塾】 cūnshú 명 옛 시골의 서당. 해방 전쟁 시기에 해방구에 설치되었던 민영 소학교. =【村学】 cūnxué
【村俗】 cūnsú 명 마을 풍속. 형 거칠다. 속되다. 저속하다. 촌스럽다. 투박하다. ¶他的话也太~了. =그의 말은 너무 거칠다.
【村童】 cūntóng 명 시골 아이.
【村头】 cūntóu(~儿) 명 시골 마을 어귀. ¶他家住在~. =그의 집은 시골 마을 어귀에 자리잡고 있다.
【村委会】 cūnwěihuì ☞【村民委员会】 cūnmín wěiyuánhuì
【村务公开】 cūnwù gōngkāi 명 촌민 위원회의 공개적인 일처리 방식.
【村学】 cūnxué ☞【村塾】 cūnshú
【村谣】 cūnyáo 명(音) 시골 가요.
【村野】 cūnyě 명 시골과 들판. ¶隐居~=시골에 은거하다. 형 거칠다. 상스럽다. ¶性情~=성격이 거칠다.
【村寨】 cūnzhài 명 촌락. 마을.
【村镇】 cūnzhèn 명 촌락과 소도시. 읍.
【村庄】 cūnzhuāng 명 마을. 촌락. 부락. 시골. ≒村落
【村子】 cūn·zi 명 촌락. 마을.

## 皴 cūn 틀 준

동 (피부가) 얼어서 터지다. 트다. ¶双手都~了. =두 손이 얼어서 텄다. 명 1 (방) (피부에 낀) 때. ¶多天不洗澡, 满脖子~. =며칠 동안 목욕을 안 했더니 목이 온통 때투성이이다. 2 (美) 준법(皴法). [동양화에서 산·암석·폭포·나무 등의 입체감을 표현하기 위해 주름을 그리는 화법]
【皴法】 cūnfǎ 명(美) 준법. [동양화에서 산·암석·폭포·나무 등의 입체감을 표현하기 위해 주름을 그리는 화법]
【皴裂】 cūnliè 동 (피부가) 얼어서 터지다. 트다. ¶双手~=양 손이 다 텄다.

## 跋 cūn 물러날 준

동(문) 1 (발로) 차다. 2 물러나다. 양보하다.
【跋乌】 cūnwū 명(문) 1 (고대 전설에서) 태양에 산다는 세 발 달린 까마귀. 2 태양. ⇒【金乌】 jīnwū

## ** 存 cún 있을 존

동 1 생존하다. 존재하다. 있다. ¶残~=살아남다. / 名~实亡=이름만 존재할 뿐 실제는 없다. 2 보존하다. 저장하다. ¶封~=밀봉하여 보관하다. 3 저축하다. 모으다. ¶零~整取=푼돈을 모아 목돈을 마련하다. 4 맡기다. 맡겨 두다. 보관하여 맡기다. ¶把包~在总服务台. =가방을 프런트 데스크에 맡기다. 5 모이다. 쌓이다. ¶一场大雨, 池塘里已~满水. =한 차례의 큰비로 연못에 물이 가득 찼다. 6 보류하다. 남기다. 제쳐놓다. ¶求同~异=(공동 목표의 달성을 위하여) 서로 간의 공통점을 찾아 내고, 각자 다른 의견을 보류하다. 7 (돈을) 남기다. ¶除去支出, 公司今年净~三千万. =금년에 회사에서는 지출을 제외하고 3천만 위안을 벌었다. 8 (어떤 생각을) 품다. 가지다. 먹다. 간직하다. ¶心~不满=마음 속에 불만을 품다. 9 안착하다. 보전하다. ¶无处~身=몸 둘 곳이 없다. 명 남은 부분. ¶库~=재고. ≒储蓄 ↔亡

○- 保存, 储chǔ存, 共存, 滚gǔn存, 惠huì存, 积存, 寄存, 结存, 留存, 盘pán存, 生存, 图存, 温存, 下存, 现存, 依yī存, 余存, 贮zhù存

【存案】 cún‖àn 동 (관련된 기관에서) 문서를 등록하고 보관하다.
【存本】 cúnběn 명 (보관하고 있는) 문서·등기·파일 등.
【存差】 cúnchā 명 은행 저축금이 상품 대금보다 많은 경우의 차액.
【存查】 cúnchá 동 조사·검열을 대비하여 보관해 두다. ¶送人事处~=인사처로 보내 조사를 대비하여 보관시키다.
【存车处】 cúnchēchù 명 1 주차장. 2 자전거 보관소.
【存储】 cúnchǔ 동 1 저장하다. 저축하다. ¶~粮食=양식을 저장하다. 2 (컴) (자료를 기억 장치에) 저장하다. ¶~程序=저장 프로그램. 명 비축 자금. 저장품. 예비 인원. ¶清理~=저장품을 정리하다.
【存储卡】 cúnchǔkǎ 명(컴) (디지털 카메라·캠코더 등의) 메모리 카드.
【存储器】 cúnchǔqì 명(컴) 기억 장치. 메모리(memory). =【存贮器】 cúnzhùqì
【存储器卡】 cúnchǔqìkǎ 명(컴) (디지털 카메라·캠코더 등의) 메모리 카드.
【存贷】 cúndài 동 (돈 등을) 예금하고 대출하다. 맡기고 빌리다.
【存单】 cúndān 명 저금 통장. 예금 증서.
【存档】 cún‖dàng 동 이미 처리가 끝난 공문·자료·원고 등을 필요시에 대비하여 파일로 보관하다.
【存底】 cúndǐ 동 원본·초고 등을 보존하다. ¶寄给杂志社的稿件要~. =잡지사에 보내는 원고는 원본을 보관해야 한다. 명 재고품. ¶清点~=재고품을 조사하다〔파악하다〕.
【存额】 cún'é 명 예금액. 저축 금액.
【存而不论】 cún'érbùlùn 성 (문제를) 보류하고 논하지 않다.
【存放】 cúnfàng 동 1 맡기다. 보관해 두다. ¶~行李=짐을 맡기다. / 把钱~在银行里最安全. =돈을 은행에 맡겨 두는 것이 가장 안전하다. 2

내버려 두다. 놓아 두다. ¶自行车多年不用, 一直~在家. =자전거를 여러 해 동안 사용하지 않고 줄곧 집에 놓아 두었다. **3** 예금하고 대출하다. ¶发展~业务=예금 및 대출 업무를 발전시키다.

【存根】 **cúngēn** 몡 부본. [계약서·어음·영수증 따위의 증서를 떼어 주고 그 근거로 삼기 위해 남겨 두는 문서본]

【存户】 **cúnhù** 몡 예금주. 예금자.

【存活】 **cúnhuó** 동 (역경을 극복하고) 생존하다. 살아남다. ¶火灾的伤者大多数~了下来. =화재의 피해자들은 대부분 살아남았다.

【存活率】 **cúnhuólǜ** 몡 (동식물 등의) 생존율.

【存货】 **cún‖huò** 동 상품을 저장하다.

【存货】 **cúnhuò** 몡 재고 상품. ¶~不多, 限量销售. =재고 상품이 많지 않아 한정 판매한다.

【存款】 **cún‖kuǎn** 동 저금〔예금〕하다. ¶现在~需要身份证. =지금은 예금하는 데 신분증이 필요하다.

【存款】 **cúnkuǎn** 몡 예금. 저금. ¶手上没现钱, 只得取~了. =수중에 현금이 없으니 예금을 찾는 수밖에 없다.

【存款保险】 **cúnkuǎn bǎoxiǎn** 몡 예금 보험.

【存款单】 **cúnkuǎndān** 몡 저금〔예금〕 통장. 예금 증서.

【存栏】 **cúnlán** 동 사육 중인 가축. [주로 통계에 쓰임] ¶全村耕牛~数超过五百. =온 마을에서 기르는 일소를 다 합치면 5백 두가 넘는다.

【存栏数】 **cúnlánshù** 몡 (연말이나 계절별 혹은 월말에 통계를 낸) 실제 사육 중인 가축의 두수.

【存粮】 **cún‖liáng** 동 식량을 비축하다. ¶~备荒=흉년에 대비하여 식량을 비축하다.

【存粮】 **cúnliáng** 몡 비축해 둔 양식. ¶去年的~还有剩余=작년에 비축해 둔 양식이 아직 남아 있다.

【存量】 **cúnliàng** 몡 저장량. 확보량. 보존량. 저축량. ¶~不足=저장량이 부족하다.

【存留】 **cúnliú** 동 남겨 두다. 남기다. 보관하다. ¶~票据=영수증을 보관하다.

【存念】 **cúnniàn** 동 기념으로 보존하다.

【存盘】 **cún‖pán** 동(컴) 컴퓨터의 자료나 정보를 저장 장치에 기억시키다.

【存取】 **cúnqǔ** 동 **1** 예금하거나 인출하다. ¶~款项=입출금액. **2**(컴) 컴퓨터로 정보를 입력하거나 전송하다. ¶~信息=정보를 입력하거나 전송하다.

【存入】 **cúnrù** 동 예금하다. 집어넣다. 입력하다. 보존하다. ¶把奖励证明~档案=수상 경력을 파일에 집어넣다.

【存身】 **cún‖shēn** 동 몸을 두다. 의탁하다. ¶~之地=몸을 의탁할 곳.

【存食】 **cúnshí** 동 체하다. 얹히다. 식체하다.

【存世】 **cúnshì** 동 세상에 남기다. ¶作家的~作颇丰. =작가가 세상에 남긴 작품이 꽤 많다.

【存亡】 **cúnwáng** 몡 존망. 생존과 죽음. 존립과 멸망. ¶生死~的关头=생사존망의 기로.

【存亡继绝】 **cúnwáng-jìjué** 성 망한 국가를 되살리고, 끊긴 후손을 잇다. 멸망에 임박하여 이

미 멸망한 자로 하여금 계속 존재하게 하다.

【存亡绝续】 **cúnwáng-juéxù** 성 **1** 생사존망의 기로에 서다. 중단과 계속의 기로에 서다. **2**(비) 다급한 상황에 이르다. 상황이 매우 다급하다.

【存问】 **cúnwèn** 동(문) 안부를 묻다. 문안하다. 방문하다. [주로 겸손함을 나타내는 데 쓰임]

【存息】 **cúnxī** 몡 예금의 이자.

【存项】 **cúnxiàng** 몡 예금액. 저금〔저축〕액. 잔액. 잔고. 잔금. 남은 돈. ¶手头没有多少~. =수중에 잔액이 얼마 되지 않는다.

【存心】 **cún‖xīn** 동 어떤 생각을 가지고 있다. 몡 마음씨. 심보. ¶~不善=심보가 좋지 않다.

【存心】 **cúnxīn** 부 일부러. 고의로. 작심하고. ¶你这不是~跟我过不去吗? =너의 이런 짓거리는 일부러 나한테 맞서는 것 아니냐? ≒居心. 故意. ↔无意

【存恤】 **cúnxù** 동(문) 돌보아 주다. 구제해 주다. ¶~遗孤=고아를 돌보아 주다.

【存续】 **cúnxù** 동 존속하다. 계속 남아 있다. ¶这种状况还会~一段时间. =이러한 상태는 아직 일정 기간 계속될 것이다.

【存蓄】 **cúnxù** 동 저장하다. 적립하다. 예금하다. 저축하다. 축적하다. 쌓다. ¶~余款=남은 돈을 저금〔적립〕하다. 몡 적립금. 저축금. 적립된 물건. ¶这几年他有不少~. =요 몇 년 동안 그는 적립금이 적지 않다.

【存延】 **cúnyán** 동 존속되다. 계속 남아 있다. ¶京剧得以~广大, 自有其内在原因. =경극이 보존되고 널리 알려진 데에는 나름대로 내재적인 원인을 갖고 있다.

【存疑】 **cúnyí** 동 (의문이 남아) 잠시 결정을 보류하다. ¶这个问题~, 留待以后再议. =이 문제는 잠시 결정을 보류하고 이후에 다시 논의하기로 한다. 몡 (마음속의) 의문. ¶他索性把心中的~全说了出来. =그는 아예 시원스럽게 마음속의 의문을 다 말해 버렸다.

【存有】 **cúnyǒu** 동 있다. 가지다. ¶家里还~一些面粉. =집에 아직 밀가루가 조금 남아 있다.

【存余】 **cúnyú** 몡 남는 돈. 잉여금. 이월금. ¶每月的薪水略有~. =매월 급여에서 조금씩 잉여금이 생긴다.

【存阅】 **cúnyuè** 동 (공문의 부본이나 원본 등을) 보존하여 검열·조사에 대비하다.

【存在】 **cúnzài** 동 **1** 존재하다. (사물이나 사건이 특정한 시간·공간을) 점유하다. ¶他目前在经济上~一些困难. =그는 현재 경제적으로 약간의 어려움을 겪고 있다. 몡(철) 존재. 자인. [의식으로부터 독립하여 외계에 실재적으로 존재하는 객관적인 사물] ¶~决定意识. =존재가 의식을 결정한다. ↔消亡

【存照】 **cúnzhào** 동 (계약 서류·문건 등을) 대조나 검열에 대비하여 보존하다. 몡 (검열에 대비하여 보존해 둔) 계약 서류·문건 등. ¶立此~=(후일의 증거로 삼기 위해) 문건을 서류화하여 보존하다.

【存折】 **cúnzhé** 몡 예금 통장. 저축 통장.

【存正】 **cúnzhèng** 동 비평을 바랍니다. 고견을

부탁드립니다.[작품을 선물할 때 쓰는 인사말]
【存执】 cúnzhí 图 부본. 영수증. 보관증.
【存贮】 cúnzhù 图 저장하다. 저축하다.
【存贮器】 cúnzhùqì ☞【存储器】 cúnchǔqì

## 蹲 cún 앉을 준
图图 (뛰어내리다가) 발을 삐다. ¶不小心~了腿. = 잘못하여 발을 삐었다.
☞ dūn

## 刌 cǔn 자를 촌
图图 자르다. 베다.

## 忖 cǔn 헤아릴 촌
图 곰곰이 생각하다. 미루어 생각하다. ¶思~半日, 方才醒悟. = 한나절이나 곰곰이 생각하고서야 비로소 깨달았다.
【忖度】 cǔnduó 图图 추측하다. 헤아리다. ¶他的心思难以~。= 그의 생각[기분]을 헤아리기 어렵다. ≒忖量
【忖量】 cǔnliàng 图 1 숙고하다. 꼼꼼히 따져 보다. 곰곰이 생각하다. ¶她反复~, 终于拿定了主意. = 그녀는 반복해 숙고하더니 마침내 마음을 결정하였다. 2 헤아리다. 짐작하다. ¶我~半天, 也没明白他话里的意思. = 나는 한참 동안이나 헤아려 보았지만, 그가 말한 속뜻을 알지 못하겠다. ≒忖度
【忖摸】 cǔn·mo 图 미루어 생각하다. 추측하다. 헤아리다.
【忖想】 cǔnxiǎng 图 곰곰이 생각하다. 숙고하다. 꼼꼼히 따져 보다.

## 寸 cùn 마디 촌
앵 촌. 치. [길이의 단위 1척(尺)의 1/10로, 0.333미터] 图 1 (아주) 짧다. 작다. ¶~步不离=아주 가까운 거리에 있다. / 鼠目~光=쥐눈처럼 시야가 좁다. 2 图 공교롭다. 때맞다. ¶说曹操, 曹操就到了, 真~. = 호랑이도 제 말하면 온다더니, 정말 공교롭다. 图 1 (医) 촌맥(寸脈). 2 (Cùn) 성(姓).

| 〇 寸 | cùn |
| 村 | cūn |
| 忖 | cǔn |
| 肘 | zhǒu |
| 纣 | zhòu |
| 酎 | zhòu |

0-● 尺chǐ寸, 方寸, 分寸, 市寸, 头寸, 英寸

【寸步】 cùnbù 图图 아주 짧은 거리. 촌보. 한 발자국. ¶~不让=한 발자국도 양보하지 않다.
【寸步不离】 cùnbù-bùlí 图 1 한 발자국(조금)도 떨어지지 않다. 2 图 바싹 뒤따르다[동행하다]. 3 图 관계가 밀접하다.
【寸步不让】 cùnbù-bùràng 图 한 발자국도 양보하지 않다. 조금도 양보하지 않다.
【寸步难行】 cùnbù-nánxíng 图 1 한 발자국도 움직일 수 없다. 꼼짝도 할 수 없다. 2 图 (어떤 일을 하는 데) 난제가 첩첩산중이다. =【寸步难移】 cùnbù-nányí
【寸步难移】 cùnbù-nányí ☞【寸步难行】 cùnbù-nánxíng

【寸草】 cùncǎo 图 작은 풀. ¶~不生=작은 풀조차도 자라지 못하는 불모지.
【寸草不留】 cùncǎo-bùliú 图 1 풀 한 포기조차도 남기지 않다. 2 图 깡그리 없애 버리다.
【寸草春晖】 cùncǎo-chūnhuī 图 1 한 치도 되지 않는 풀은 봄볕의 은혜에 보답하기 어렵다. 2 图 자식은 부모의 은덕에 보답하기 어렵다.
【寸长】 cùncháng 图 하찮은 재주. 보잘것없는 재능. ¶无有~=아무런 재주도 없다.
【寸地】 cùndì 图 손바닥만한 땅. 한 뼘의 땅. 작은 땅. 촌토(寸土).
【寸断】 cùnduàn 图图 토막토막 끊다. ¶肝肠~=애간장이 토막토막 끊어지듯 슬프다.
【寸功】 cùngōng 图图 하찮은 공로. 아주 작은 공. ¶~未建=어떤 공도 아직 세우질 못했다.
【寸函】 cùnhán 图图 간단한 편지. 짧은 편지.
【寸金】 cùnjīn 图 많은 돈. ¶寸土~=비록 적은 땅이지만 큰 값어치가 있다. 금싸라기 땅.
【寸金难买寸光阴】 cùnjīn nán mǎi cùn guāngyīn 图图 시간은 돈으로도 살 수 없다. 시간이 무엇보다도 중요하다.
【寸进】 cùnjìn 图图 약간의 진보[전진]. ¶略有~=약간의 진보가 있다.
【寸劲儿】 cùnjìnr 图图 1 요령. 재치. ¶做这活儿得靠~, 不能硬干. = 이 일을 요령으로 처리해야지, 억지로 밀어붙여서는 안 된다. 2 기막힌 기회. 좋은 운수. ¶赶上~, 我们兴许可以见到老同学. = 기회만 잘 잡으면, 어쩌면 우리는 옛 학우를 만날 수 있을지도 모른다.
【寸楷】 cùnkǎi 图 한 치 크기의 해서체(楷書體) 글자.
【寸刻】 cùnkè 图 촌각. 아주 짧은 시간. 잠시. 잠깐. ¶~不等=잠시도 기다리지 않다.
【寸口】 cùnkǒu 图(医) 1 맥을 짚을 수 있는 손목 부분에 대한 총칭. 2 촌맥. [맥을 짚을 수 있는 손목의 모든 부위 중 손목과 가장 가까운 곳]
【寸量铢称】 cùnliáng-zhūchēng 图 1 세세하게 중량을 달다. 2 图 (물체 등이) 지극히 작고 보잘것없다. 세세한 부분까지 따지다. 들다.
【寸木岑楼】 cùnmù-cénlóu 图 1 한 치박에 안 되는 목재라도 높은 곳에 두면 높은 건물보다도 더 높을 수 있다. 2 图 기초가 달라서 서로 비교할 수 없다. 3 图 양자 간의 차가 너무 크다.
【寸男尺女】 cùnnán-chǐnǚ 图 아들과 딸. 자녀. 자식.
【寸善尺魔】 cùnshàn-chǐmó 图 세상에는 악한 것이 많고 선한 것은 적다.
【寸食】 cùnshí 图 아주 적은 음식. ¶~未进=음식을 아직 전혀 먹지 못했다.
【寸丝不挂】 cùnsī-bùguà 图 1 몸에 실오라기 하나도 걸치지 않았다. 2 图 조금도 거리적거리는 것이 없다. 3 图 부양 가족이 없다.
【寸铁】 cùntiě 图 작은 무기. 촌철. ¶手无~=손에 아무런 무기도 지니지 않다.
【寸头】 cùntóu 图 남자 머리 모양의 한 가지. [정수리의 머리칼은 한 치쯤 되게 깎고 양 옆과 뒷부분은 더 짧게 삭발함]

【寸土】cùntǔ 명 한 치의 땅. 촌토. 손바닥만한 땅. ¶~必争=한 치의 땅도 양보하지 못한다.

【寸土必争】cùntǔ-bìzhēng 성 1 한 치의 땅도 양보하지 못한다. [주로 국토를 가리킴] 2 비 지나치게〔좀스럽게〕 따지다.

【寸隙】cùnxì 명 짧은 여가〔겨를·틈·짬〕. ¶~不留=한 치의 틈도 남기지 않다.

【寸心】cùnxīn 명문 1 마음. 내심. 심중. ¶得失~知。=득실은 마음으로 안다. 2 조그만 성의. 작은 뜻. ¶略表~=대충 조그만 성의를 표하다.

【寸阴】cùnyīn 명문 1 그림자가 한 치 거리를 움직이는 시간. 2 아주 짧은 시간. 촌음.

【寸阴若岁】cùnyīn-ruòsuì 성 1 아주 짧은 시간이 일년이 지난 것처럼 느껴지다. 2 비 간절히 그리워하다. 세월을 보내기가 힘들다.

【寸指测渊】cùnzhǐ-cèyuān 성 1 손가락으로 연못의 깊이를 재 보다. 2 비 불가능하거나 혹은 어리석기 짝이 없는 일.

# cuo

*【搓】cuō 비빌 차

동 (두 손으로 반복하여) 비비다. 비벼 꼬다. 문지르다. ¶揉~=비벼 문지르다. / ~麻绳儿=삼으로 노끈을 꼬다.

【搓板】cuōbǎn(~儿) 명 빨래판.

【搓麻】cuōmá 동명 1 삼으로 노끈을 꼬다. 2 ☞搓麻将 cuō májiàng

【搓麻将】cuō májiàng 동명 마작을 하다. ↪搓麻 cuōmá

【搓捏】cuōniē 동 반죽하여 빚다.

【搓弄】cuō·nòng 동 주무르다. 만지작거리다. ¶她害羞得低头~着衣角，一句话也不说。=그녀는 부끄러운 나머지 머리를 숙이고 옷깃을 만지작거리면서 한 마디도 하지 않았다.

【搓球】cuōqiú 동 (体) (탁구에서) 공을 깎아 치다. 커트(cut)하다.

【搓揉】cuōróu 동 비비고 문지르다.

【搓绳】cuōshéng 동 (두 손으로 비벼) 노끈이나 새끼를 꼬다.

【搓手】cuōshǒu 동 두 손을 마주 비비다.

【搓手顿脚】cuōshǒu-dùnjiǎo 성 손을 비비고 발을 구르며 몹시 초조하고 불안해하는 모습.

【搓洗】cuōxǐ 동 (옷 등을) 비벼 빨다.

【搓澡】cuōzǎo 동 (수건 등으로) 때를 밀다.

【磋】cuō 갈 차

동 1 문 상아를 가공해 기물을 만들다. ¶切~琢磨=절차탁마하다. 2 의논하고 토론하다. ¶反复~商=계속하여 교섭하다.

【磋磨】cuōmó 동 (학문·기예 등을) 서로 토론하고 연구하여 향상시키다. 절차탁마하다. ¶相互~=함께 의논하고 연구하여 향상시키다.

【磋商】cuōshāng 동 반복하여 협의하다. 상세하게 논의하다. ¶几经~，双方最终达成一致意见。=몇 차례의 협의를 거쳐, 쌍방은 최종적으로 의견 일치를 보았다.

*【撮】cuō 모을 촬

동 1 문 한곳에 모이다. 집결하다. ¶~土为香=한 줌의 흙을 모아 향을 피우다. 2 (쓰레받기 등으로) 퍼 담다. 쓸어 담다. ¶用撮箕把灰~走。=쓰레받기로 먼지를 쓸어 담다. 3 양 손가락으로 (작은 물체를) 집다. ¶~了点儿盐放进汤里。=손가락으로 소금을 집어서 탕 속에 넣었다. 4 (요점을) 정리하다. 간추리다. ¶~要上报=요점을 정리하여 위로 보고하다. 5 문 먹고 마시다. ¶今天发奖金，我请大家~一顿。=오늘은 상여금이 나오니까 내가 한턱 낼게. 양 1 밀리미터(milliliter). [1밀리미터는 1리터의 1/1,000이며, 기호는 ml임] 2 줌. 움큼. ¶一~味精=한 움큼의 조미료. 3 한 무리. [극소수의 불량배나 해로운 대상을 가리킴] ¶一小~败类=일부 극소수의 불량배.

☞ zuǒ

【撮合】cuō·he 동 중재〔조정·알선·주선·중매〕하다. 관계를 맺어 주다. 다리를 놓다. 하나가 되게 하다. [주로 혼인 관계를 가리킴] ¶他俩的婚事是她~的。=그 두 사람의 혼인은 그녀가 맺어준 것이다. ↪拆散(sàn)

【撮箕】cuōjī 명문 쓰레받기.

【撮举】cuōjǔ 동 요약해서 제시하다. ¶~实例=실례를 요약해서 들다.

【撮口呼】cuōkǒuhū 명 (言) 촬구호. ['四呼(sìhū)'의 일종으로, 운모의 韻母가 'ü' 이거나 혹은 운두(韻頭)가 'ü' 인 자음(字音)]

【撮录】cuōlù 동 발췌하여 수록하다. ¶书中~名家散文数十篇。=책에 대가(大家)들의 산문 수십 편을 발췌하여 놓았다.

【撮弄】cuōnòng 동 1 마구 주물러 대다. 희롱하다. ¶别乱~人。=타인을 함부로 희롱하지 마라. 2 교사(敎唆)하다. 선동하다. 권장하다. ¶她一个劲儿~丈夫炒股。=그녀는 적극적으로 남편에게 주식 투자를 권했다.

【撮盐入火】cuōyán rùhuǒ 성 1 소금을 한 줌 집어 불 속에 던져 넣으면 즉시 폭발한다. 2 비 성격이 난폭하고 거칠어서 쉽게 성질을 부린다. 성질이 불 같다.

【撮要】cuōyào 동 요점을 간추리다. ¶~汇报=요점을 간추려 보고하다. 명 간추린 요점. ¶时事~=시사 요점.

【蹉】cuō 넘어질 차

동문 1 실수하다. 2 (모처를) 통과하다.

【蹉跌】cuōdiē 동문 1 발을 헛디뎌 넘어지다. 2 비 실수하다.

【蹉跎】cuōtuó 동문 세월을 허비하다. ¶岁月~=허송세월하다.

【嵯】cuó 산 높고 험할 차

【嵯峨】cuó'é 형문 산세가 험준하다.

## 矬 cuó 키 작을 좌
[형](신체가) 왜소하다. 작달막하다. ¶小~子=작은 체구. 난쟁이. [동](모) **1** (몸을) 아래로 숙이다. ¶站直了, 别往下~。=똑바로 서라, 아래로 구부리지 말고. **2** 값을 낮추다. 삭감하다. ¶一再~价=여러 번 가격을 낮추다. ≒矮 ↔高

【矬个儿】cuógèr [명] 난쟁이. 키가 작은 사람.
【矬陋】cuólòu [형] 작고 못생기다. ¶形貌~=용모가 작고 못생겼다.
【矬胖子】cuópàng·zi [명] 작고 뚱뚱한 사람.
【矬小】cuóxiǎo [형] 왜소하다. ¶身材~=체구가 왜소하다.
【矬子】cuó·zi [명](형) 작달막한 사람. 난쟁이. ≒矮子 ↔巨人
【矬子里头选将军】cuó·zi lǐ·tou xuǎn jiāng·jun〈숙어〉도토리 키 재기.

## 痤 cuó 뽀루지 좌
【痤疮】cuóchuāng [명](醫) 피부병. 부스럼. 여드름. ⇨【粉刺】fěncì

## 瘥 cuó 병 차
[명](문) 병.
☞ chài

## 醝[醝] cuó 소금 차
[명](문) 소금. ¶~贾=소금 장사. [형](문) (소금에 절여) 짜다. ¶~鱼=소금에 절인 생선.

## 酂[酇] Cuó 땅 이름 찬
[명](地) 취청(酇城). [허난(河南)성 융청(永城)현의 서쪽에 있는 지명]
☞ Zàn

## 脞 cuǒ 자잘할 좌
[형](문) 자잘하다. 번잡하다. ¶~言=잔소리. / 丛~=번잡스럽다.

## 剒[剒] cuò 벨 착
[동](문) **1** 자르다. 베다. **2** 갈다. 다듬다. 조각하다.

## 莝 cuò 여물 좌
[동](문) (여물을) 작두로 썰다. [명](문) 썬 여물.

## 厝 cuò 둘 조
[동](문) **1** 놓아 두다. 안치하다. **2** 관을 놓아 두다. 가매장(假埋葬)하다. [동](문)(浮)~=임시로 묻다. [명](문) 집. 가옥. ¶~后边有一棵大枣树。=집 뒤편에 큰 대추나무 한 그루가 있다.
【厝火积薪】cuòhuǒ-jīxīn〈성어〉**1** 불을 장작더미 아래에 놓다. **2**〈비〉큰 위험이 도사리고 있다. =【积薪厝火】jīxīn-cuòhuǒ ≒盲人瞎马 危在旦夕

## *挫 cuò 꺾을 좌
[동] **1** 좌절하다. ¶受~=좌절을 겪다. **2** 억누르다. 낮추다. 꺾다. ¶~其锐气=예기를 꺾다. / 抑扬顿~=(곡조나 소리 등의) 고저장단.
【挫败】cuòbài [동] 꺾다. 깨트리다. ¶~竞争对手=경쟁 상대를 꺾다. [명] 좌절과 실패. ¶屡遭~=여러 차례 좌절과 실패를 겪다.
【挫伤】cuòshāng [동] 의욕이나 기를 꺾다. 손상시키다. ¶~朋友情谊=친구 간의 우의를 손상시키다. [명] 타박상. 명.
【挫损】cuòsǔn [동] 좌절로 인해 타격을 받다. ¶~元气=좌절해 원기를 잃다.
【挫折】cuòzhé [명] 좌절. 실패. ¶经历无数~, 我们终于成功了。=수없이 많은 좌절을 겪어 낸 뒤, 마침내 우리는 성공하였다. [동] 좌절시키다. 약하게 하다. 못하게 하다. 지장이 되다. ¶不要~孩子的学习积极性。=아이의 학습 의욕을 꺾지 마라.
【挫折教育】cuòzhé jiàoyù [명](教) 극기 교육〔훈련〕. =【艰苦环境教育】jiānkǔ huánjìng jiàoyù

## *措 cuò 둘 조
[동] **1** 안배하다. 배치하다. 조처하다. ¶惊慌失~=당황하여 조처를 잘못하다. / 手足无~=어찌할 바를 모르다. **2** 계획하다. 기획하다. 마련하다. ¶筹~资金=자금을 마련하다.
【措办】cuòbàn [동] 조치하다. 배려하다. 마련하다. ¶~救灾款项=구제 기금을 마련하다.
【措词】cuò‖cí ☞【措辞】cuò‖cí
【措辞】[措词] cuò‖cí [동] (말이나 글에서) 단어〔어휘〕를 문맥에 맞게 골라 쓰다. ¶很难~=단어를 알맞게 골라 쓰기가 어렵다. [명] 말이나 글에서 골라 쓴 단어〔어휘〕. ¶~委婉=사용 어휘가 완곡하다.
【措大】cuòdà [명](옛)(경멸하는 의미에서) 가난뱅이 서생. =【醋大】cùdà ¶~习气=가난뱅이 선비 습성.
【措举】cuòjǔ [명] 조치. ¶面对如此困境, 不知他将有何~。=이 같은 곤경에 직면하였는데, 그가 어떠한 조치를 취할지 모르겠다.
【措施】cuòshī [명] 조치. 시책. ¶~得力=조치가 아주 적절하다.
【措手】cuòshǒu [동] 선처하다. 손을 쓰다. ¶无从~=손쓸 방법이 없다.
【措手不及】cuòshǒu bùjí〈성〉미처 손쓸 새가 없다. 어찌할 바를 몰라 당황하다. ↔有备无患
【措意】cuòyì [동] 염두에 두다. 유의하다. ¶他只闭门读书, 对世事少有~。=그는 두문불출하고 책만 볼 뿐, 세상일에는 별로 관심이 없다.
【措置】cuòzhì [동] 안배하다. 조치하다. ¶~失当=조치가 부적절하다.

## *锉[銼, 剉] cuò 줄칼 좌
[명] 줄. 줄칼. [동] 줄로 쓸다. 줄칼로 갈다. ¶~一~断口=자른 부분을 줄질하여 다듬다.

◐● 板锉, 扁biǎn锉

【锉刀】cuòdāo [명] 줄. 줄칼.

【锉骨扬灰】cuògǔ-yánghuī ⓐ 1 유골을 빻아서 날려 버리다. 2 (비) 철저히 분쇄하다.

**错[錯]** cuò 섞일 착
⓽ 1 ⓤ 옥석(玉石)을 갈다. ¶攻~=다른 산의 돌로 나의 옥을 갈 수 있다. 타산지석(他山之石). 2 음각(陰刻)한 글자나 문양에 금·은 등을 박아 넣다〔상감하다〕. ¶~金镶银=금·은으로 상감하다. 3 갈다. 비비다. 마찰하다. ¶~牙=이를 갈다. 4 서로 겹치지 않게 하다. (시간상으로) 서로 충돌하지 않게 하다. ¶婚期因故后~。=사정이 생겨서 혼인 날짜를 늦추었다. 5 비껴 지나가다. 엇갈리다. ¶~车时要格外小心。=차가 비껴 지날 때는 특별히 조심해서 운전해야 한다. 6 ⓤ 제외하다. 틀리다. ¶~了你, 别的人我也不多嘴。=네가 아닌 다른 사람이라면 나는 상관 안 한다. ⓗ 1 (바둑·장기 등에서 수를) 잘못 두다. 정확하지 않다. ¶刚才的那步棋下~了。=방금 전의 그 수는 잘못 뒀다. 2 나쁘다. 서투르다. [주로 부정형으로 쓰임] ¶他的字写得不~。=그는 글씨를 잘 쓴다. 3 난잡하다. 뒤섞이다. 가지런하지 않다. 뒤엉키다. ¶非常~杂=이리저리 마구 뒤엉켜 있다. ⓜ 1 ⓤ (옥석을 가는) 숫돌. 2 (~儿) 착오. 잘못. ¶他在给学生的作业改~儿。=그는 학생들이 낸 숙제의 잘못된 부분을 고쳐 주고 있다. ↔对

0● 差 chā 错, 过错, 交错, 盘 pán 错

【错爱】cuò'ài ⓗⓢ 과분한 은혜입니다. 주제넘게는 보살핌을 받았습니다. [남의 은혜에 감사함을 표시할 때 쓰는 말]

【错案】cuò'àn ⓜ (法) 오심(誤審) 사건. 오판(誤判) 사건.

【错版】cuòbǎn ⓜ 조판 착오. 인쇄 착오. ¶~邮票=인쇄가 잘못된 우표.

【错别字】cuòbiézì ⓜ 잘못 쓴 글자. 오자(誤字)와 별자(別字).

【错不了】cuò·bu liǎo ⓗⓥ 틀릴 수가 없다. 틀림없다. ¶你放心, 这事儿交给他做, ~。=안심해라, 이 일은 그 남자에게 맡기면 잘못될 리가 없다.

【错彩镂金】cuòcǎi-lòujīn ⓐ 1 (조각이나 회화 등의) 작품이 정교하고 아름답다. 2 ⓤ 시문이 아름답고 화려하다. =【镂金错彩】lòujīn cuòcǎi

【错车】cuò‖chē ⓗ 교행(交行)하다. (차가) 서로 비켜 가다. [기차·전차·자동차 등이 단선 철로나 좁은 도로를 운행 중에 복선이 설치되어 있거나 갓길로 비켜서 다른 차를 지나가게 하는 것]

【错处】cuò·chu ⓜ 틀린 곳. 과실.

【错错落落】cuò·cuo luòluò (~的) ⓗ 들쭉날쭉하다. 어수선하게 흩어져 있는 모양.

【错待】cuòdài ⓗ 홀대하다. 서운하게 하다. ¶你为我尽心尽力, 他不会~你的。=네가 그를 위해 최선을 다하면, 그도 너한테 홀대하지 않을 것이다.

【错叠】cuòdié ⓗ 교차하여 중첩되다. ¶两种旋律~起伏。=두 종류의 선율이 교차하며 변화를 이루다.

【错动】cuòdòng ⓗ 1 비뚤어지다. 엇갈리다. 2 (손·발 등이) 교대로 움직이다. ¶吓得不停地向后~脚步。=놀라서 설새없이 뒷걸음질을 치다. ⓜ (움직여 엇갈린) 위치 변동.

【错讹】cuò'é ⓜ (문자나 기록상의) 착오. ¶~百出=착오투성이이다.

【错愕】cuò'è ⓗ 경악하다. 허둥대며 놀라다. ¶他的突然辞职让大家极为~。=그의 갑작스런 사직은 모든 사람들을 놀라게 하였다.

【错非】cuòfēi ⓟⓗ …을 제외하고, …가 아니면. ¶~他赔礼道歉, 这事儿没完。=그가 사과하지 않으면 이 일은 마무리가 안 된다.

【错峰】cuòfēng ⓙⓗ 절정기를 피하다〔겹치지 않게 하다〕. ¶~下班=러시아워〔교통이 혼잡한 때〕를 피해 퇴근하다.

【错怪】cuòguài ⓗ 오해하여 남을 원망하다. 잘못 알고 야단치다. ¶你不了解事情的原委, ~他了。=너는 일의 자초지종을 이해하지 못해서 그를 잘못 원망하였다.

【错过】cuòguò ⓗ (시기나 대상을) 놓치다. 엇갈리다. ¶不要~这么好的机会。=이 절호의 기회를 놓치지 마라! / 他刚走, 你们俩~了。=그는 방금 떠났어. 너희들은 서로 엇갈린 거야. ⓜ 잘못. 과실. 실책.

【错话】cuòhuà ⓜ 정확하지 않은 말. 틀린 말. ¶尽量不说~。=가능한 한 정확하지 않은 말을 하지 않는다.

【错会】cuòhuì ⓗ 잘못 이해하다〔알아듣다〕. ¶我~了你话里的意思。=나는 네가 말한 뜻을 잘못 이해하였다.

【错角】cuòjiǎo ⓜ (數) 엇각.

【错解】cuòjiě ⓗ 잘못 해석하다. ¶~原意=본래의 뜻을 잘못 해석하다.

【错金】cuòjīn ⓗ 기물에 금속 실로 무늬나 글자를 상감하다. ⓜ 금속 실로 무늬나 글자를 상감한 기물.

【错觉】cuòjué ⓜ 착각.

【错开】cuò‖kāi ⓗ (시간이나 위치 등을) 서로 엇갈리게 하다. 마주치지 않게 하다. 피하게 하다. 충돌하지 않게 하다. 겹치지 않게 하다. ¶出门最好~上下班的高峰期。=외출할 때는 출퇴근이 한창일 때를 피하는 것이 가장 좋다.

【错漏】cuòlòu ⓜ 착오와 누락. ¶校稿要仔细, 以免~。=원고의 교정은 잘못이나 누락된 곳이 없도록 자세하게 해야 한다.

【错乱】cuòluàn ⓗ 1 혼란스럽다. ¶精神~=정신 착란. 2 무질서하다. ¶人群拥挤, ~不堪。=사람들이 붐벼서 너무 무질서하다.

【错落】cuòluò ⓗ 가지런하지 않다. 들쭉날쭉하다. 이리저리 어수선하다. ¶参差~=가지런하지 않고 들쭉날쭉하다.

【错落不齐】cuòluò-bùqí ⓐ 들쭉날쭉하다.

【错落有致】cuòluò-yǒuzhì ⓐ 엇갈린 배열이 제법 정취 있다.

【错谬】cuòmiù ⓜⓗ 착오. 잘못. 틀린 것. ¶书

中~甚多。=책에 틀린 곳이 아주 많다.
【错儿】cuòr 몡㉠ 과실. 착오. ¶谁能没有个~。=그 누가 잘못이 없으랴!
【错失】cuòshī 통 놓치다. 잃어버리다. ¶~良机 =좋은 기회를 놓치다. 몡 잘못. 과실. ¶他做事认真, 从未有过~。=그는 철저하게 일을 하여, 한 번도 잘못한 적이 없다.
【错时】cuòshí 통 시간을 엇갈리게 하다. ¶两个会议最好能~开。=두 회의는 시간을 엇갈리게 하는 것이 가장 좋다.
【错位】cuò‖wèi 통 1 (醫) (뼈가) 어긋나다. ¶关节~ =관절이 어긋나다. 2 위치가 전도되다〔착란되다〕. ¶心理~ =정신 착란. 3 위치가 겹치지 않도록 비껴 놓다. ↔对位
【错误】cuòwù 몡 착오. 잘못. 잘못된 사물이나 행위. ¶书写上的~ =필기상의 잘못. 혱 부정확

하다. 잘못되다. ¶~观念 =잘못된 관념. 늑过错 差错 谬误 ↔正确
【错休】cuòxiū 통 휴무일을 엇갈리게 하다.
【错盐】cuòyán ☞【络盐】luòyán
【错页】cuòyè 통(印) 쪽수나 인쇄가 잘못되다. 몡(印) 인쇄나 장정이 잘못된 쪽.
【错银】cuòyín 통 기물에 은실로 무늬나 글자를 상감하다. 몡 은실로 무늬나 글자를 상감한 기물〔공예품〕.
【错杂】cuòzá 통 (두 가지 이상의 사물이) 뒤섞이다. 뒤엉키다. ¶色彩~ =색채가 뒤섞이다.
【错字】cuòzì 몡 오자(誤字). 오식(誤植).
【错综】cuòzōng 혱 십자로 교차하다. ¶道路~ =도로가 십자로 교차하다.
【错综复杂】cuòzōng-fùzá 솅 마구 뒤얽혀 복잡하다.

# D

## da

**呎** dā 마소 모는 소리 타
[의] 이랴! 이러! 끼랴! [가축을 모는 소리]

**耷** dā 큰 귀 탑
[명][문] 큰 귀.

【耷拉】[搭拉] dā·la 늘어뜨리다. 드리우다. 숙이다. 처지다. ¶他~着脑袋, 一声不吭. =그는 머리를 떨구고 아무 말도 하지 않았다.

【耷拉脸】dā·la liǎn 언짢은[불쾌한] 모습. 우거지상. ¶有话好说, 别~。=우거지상하고 있지 말고 할 말 있으면 해.

**哒[噠]** dā 마소 모는 소리 달
[의] **1** 이랴! 이러! 우어! 끼랴! [가축을 모는 소리] **2** '嗒(dā)'와 같음.

【哒嗪】dāqín [명][약](化) 다이아진(diazine).

**搭** dā 탈 탑
[동] **1** 널다. 걸치다. 걸다. ¶把被套~在晾衣杆上. =이불잇을 빨래건조대에 널다. **2** 받치다. 괴다. 치다. 세우다. 가설하다. 놓다. 만들다. ¶~脚手架=비계를 엮어 설치하다. **3** 잇다. 연결되다. ¶他讲话太急了, 老前言不~后语. =그는 말하는 게 너무 급해, 늘 앞뒤 말이 연결이 안 된다. **4** 맞추(어 옮기)다. ¶搬家公司的师傅把冰箱~出门外. =이삿짐 센터 인부는 문 밖에 냉장고를 맞들어 내놓았다. **5** 더하다. 보태다. ¶把买其他东西的钱~上才买回了那套丛书. =다른 물건을 살 돈을 보태서야 그 책 한 질을 사 올 수 있었다. **6** 배합하다. 곁들이다. 결합하다. ¶新米和陈米~着吃. =햅쌀과 묵은쌀을 섞어 먹다. **7** (짝·조 등이) 되다. 결탁하다. ¶~伴出游=짝이 되어 놀러 나가다. **8** (자동차·배·비행기 등을) 타다. ¶~头班车去机场. =첫차를 타고 공항에 가다. **9** 덮다. 씌우다. ¶睡觉时把毛毯~上, 别着凉. =잘 때는 감기 들지 않게 담요를 덮어라.

○⊕ 抽搭, 勾gōu搭, 抹mā搭, 扭niǔ搭, 配pèi搭, 铁搭, 背bèi搭子

【搭巴】dābā [동][구] (끼워) 맞추다. 한데 모으다. ¶新货和陈货~着卖. =신제품과 재고품을 섞

어 팔다.

【搭把手】dābǎshǒu [동][구] 돕다. ¶过来~, 把桌子抬进去. =이리 와서 도와 줘, 탁자를 같이 안으로 들여가게.

【搭班】dā‖bān (~儿) [동] **1** [옛] 연예인이 임시로 어떤 극단에 몸을 담다. ¶~儿唱戏=임시 배우가 되어 중국 전통극을 공연하다. **2** 임시로 작업에 참가하다. 임시로 동료가 [짝이] 되다. ¶有技术骨干~, 我们的果树栽培一定能成功. =핵심 기술자가 임시로 작업에 동참하게 되어, 우리의 과수 재배는 반드시 성공할 수 있을 것이다.

【搭伴】dā‖bàn (~儿) [동] 짝이[파트너가] 되다. 동반하다. ¶我正好也要去那里, 咱们~同行. =나도 마침 거기 가려고 하는데, 우리 같이 가자.

【搭帮】dā‖bāng [동][방] (많은 사람들이) 동반(동행)하다. 패를[짝을] 이루다. ¶~远行=여럿이 동반하여 먼길을 나서다.

【搭帮】dābāng [동][방] 덕을 입다[보다]. 신세를 지다. 의지하다. 덕분[덕택]이다. ¶~朋友们的关心, 我才渡过这个难关. =친구들의 관심 덕에 비로소 나는 이 난관을 극복할 수 있었다.

【搭帮】dā·bang [동][방] 돌보다. 돕다. ¶这次多亏你们~, 不然就麻烦了. =이번에 여러분이 많이 도와 주었기에 망정이지, 아니었으면 아주 골치 아팠을 것입니다.

【搭背】dābèi [동] 서로 어깨를[등을] 맞대다. ¶勾肩~=찰싹 붙어 어깨동무를 하다. [명] ☞【搭腰】dā·yao

【搭便】dābiàn [부] …하는 김에. ¶这次出差~去看了一下老同学. =이번에 출장 간 김에 동창을 만났다.

【搭补】dābǔ [동] 보조하다. 보태 주다. 원조하다. ¶~家用=생활비를 보태다.

【搭茬儿】dā‖chár ☞【搭碴儿】dā‖chár

【搭碴儿】[搭茬儿] dā‖chár ☞【答碴儿】dā‖chár

【搭车】dā‖chē [동] **1** 차를 타다. ¶~回家=차를 타고 집으로 돌아오다. **2** [비] 편승하다. 덩달아 하다. ¶~涨价=덩달아 값을 올리다.

【搭乘】dāchéng [동] (차나 비행기 등을) 타다. 탑승하다. ¶~轮船回国. =배를 타고 귀국하다.

【搭船】dāchuán [동] **1** 배를 타다. 승선하다. ¶~出海=배를 타고 바다로 나가다. **2** 화물을 배에 싣다. ¶把木材~运出山. =목재를 산지에서 배로 실어 내다.

【搭错车】dācuòchē [속][비] 줄을 잘못 서다. 사람을 잘못 따르다. 조류(潮流)를 잘못 타다.

【搭当】dādàng ☞【搭档】dādàng
【搭挡】dādàng ☞【搭档】dādàng
【搭档】[搭当][搭挡] dādàng 협력〔협업·협동〕하다. 짝이 되다. ¶这次谁同你~？=이번에는 누가 너랑 짝이 되니？囫 협력자. 짝. 콤비. 파트너. ¶我们俩是老~了。=우리 둘은 오랜 콤비이다.
【搭调】dādiào 匭 1 손발이 잘 맞는다. 협조가 잘 된다. 어울리다. ¶你们俩根本不~。=너희 둘은 근본적으로 잘 맞지 않는다. 2 말이 적절하다. 말이 이치에 맞다. ¶你这话说得还算~。=너의 이 말도 맞긴 맞아.
【搭盖】dāgài 匭 (천막·간이 건물 등을) 치다. 짓다. 세우다. ¶~凉亭=간이 정자를 짓다.
【搭话】dā∥huà 匭 1 남의 말을 받다〔잇다〕. 말상대하다. 응대하다. 대꾸하다. 이야기하다. 말을 걸다. ¶就他一个人说个不停，没人和他~。=그 사람 혼자만 쉴새없이 이야기하고, 말을 받아 주는 사람이 없다. 2 囫 인편에 전하다. 전갈하다.
【搭伙】dā∥huǒ 匭 1 한팀이〔한패가〕 되다. 짝이 되다. 동료가 되다. 동업하다. ¶~做买卖=동업해서 장사하다. 2 단체〔공동〕 급식을 하다. ¶在食堂~=식당에서 단체 급식을 하다. 3 남의 집에서 얻어먹다. 기식하다. 4 囫 (결혼하지 않고) 동거하다. 늑합伙
【搭架子】dā jià·zi 匭 1 건물의 골격을〔뼈대를〕 세우다. 2 囫 (사업·글 등의) 골격〔틀〕을 갖추다. 뼈대를 만들다. ¶公司已搭好了架子，就等大家来施展自己的本领了。=회사는 이미 골격을 갖추었으니, 여러분들이 기량을 펼치기만 하면 됩니다. 3 囫 거드름피우다. 으스대다. 잘난 체하다. 뽐내다.
【搭建】dājiàn 匭 1 (천막·간이 건물 등을) 치다. 짓다. 세우다. ¶~职工宿舍=직원 숙소를 짓다. 2 (부서·단체 등을) 조직하다. 편성하다. 세우다. ¶~技术改造班子=기술 개조반을 조직하다.
【搭箭】dājiàn 匭 화살을 활에 얹다〔걸다〕. ¶~待射=화살을 시위에 걸고 발사를 기다리다.
【搭脚儿】dā∥jiǎor 匭囫 (공짜로 남의 차나 배를) 얻어타다. 편승하다. 합승하다.
【搭界】dājiè 匭 1 경계가 맞닿다. 접경하다. ¶那里是两省~之处。=그 곳은 두 성의 경계 지역이다. 2 囫囷 관련하다. 관계되다. [주로 부정형으로 쓰임] ¶这事儿和我不~。=이 일은 나와는 무관하다.
【搭救】dājiù 匭 (위험·재난 등으로부터) 구하다. 구조〔구원〕하다.
【搭客】dā∥kè 匭囫 (차나 배로) 가는 김에 승객〔손님〕을 태우다.
【搭扣】dākòu 囮 단춧구멍이 없는 단추. [예를 들어 호크·접착 밴드·찍찍이·똑딱 단추 등]
【搭拉】dā·la ☞【耷拉】dā·la
【搭理】dā·li ☞【答理】dā·li
【搭凉棚】dā liángpéng 匭 1 차일(遮日)을 치다. 2 囫 손으로 햇빛을 가리다.

【搭卖】dāmài 匭 끼워 팔다. ¶~库存商品=재고품을 끼워 팔다.
【搭脉】dāmài 匭(醫) 진맥하다. 맥을 짚다.
【搭配】dāpèi 匭 1 (일정한 기준이나 요구에 따라) 배합하다. 조합하다. 안배하다. 조절하다. 맞추다. ¶要合理~饮食。=음식을 알맞게 조절해야 한다. 2 결합하다. 짜다. 손을 잡다. 짝을 이루다. ¶他们俩一直~得很好。=그 두 사람은 줄곧 매우 잘 맞는다. 圐 잘 어울리다. 걸맞다. 짝이 맞다. 딱 맞다. ¶一胖一瘦，怎么看也不~。=하나는 뚱뚱하고 하나는 깡마르고, 아무리 보아도 서로 잘 어울리지 않는다.
【搭棚】dāpéng 匭 천막을〔텐트를〕 치다.
【搭批】dāpī 匭 (상품을) 끼워 도매로 팔다. 곁들여 도매로 팔다. ¶~陈货=낡은 물건을 끼워서 (도매로) 팔다.
【搭铺】dāpù 匭 1 임시 잠자리〔침대〕를 만들다. 엑스트라 베드(extra bed)를 추가하다. ¶可以在房间里~。=방에 임시 잠자리를 만들 수 있다. 2 (한 침대에) 끼여 자다. ¶今晚我和你~睡。=오늘 저녁 난 너와 같이 잘 거야. 囫 임시 잠자리〔침대〕. 엑스트라 베드(extra bed). ¶这本来是双人间，那个是~。=여긴 원래 트윈 룸이고 저건 엑스트라 베드다.
【搭腔】[答腔] dā∥qiāng 匭 1 남의 말을 받다〔잇다〕. 말상대하다. 대꾸하다. 응대하다. 이야기하다. 말을 걸다. ¶他问了半天也没一个人~。=그가 한참 동안 물었지만 대꾸하는 사람이 없다. 2 囫 이야기를 주고받다. ¶我跟他不熟，很少~。=나는 그 사람과 친하지 않아 거의 얘기를 하지 않는다.
【搭桥】dā∥qiáo 匭 1 다리를 놓다. 교량을 건설하다. ¶修这路有不少地方需要~。=이 길을 닦으려면 적잖은 곳에 교량을 놓아야 한다. 2 囫 소개해 주다. 다리를 놓다. 관계를 맺어 주다. 알선〔중재·중매〕하다. ¶牵线~=중재하다. 3 (醫) 혈관을 이식하다. [자신의 혈관 일부를 자신에게 이식함] ¶医生正在做心脏~手术。=의사는 지금 심장 혈관 이식 수술을 하고 있다.
【搭桥铺路】dāqiáo-pūlù 匎 1 다리를 놓고 길을 닦다. 2 囫 (어떤 일을 위해) 중간에서 다리를 놓아 주다.
【搭桥牵线】dāqiáo-qiānxiàn 匎 1 다리를 놓고 줄을 대다. 2 囫 소개해 주다. 다리를 놓아 주다. 관계를 맺어 주다. 알선〔중재·중매〕하다.
【搭桥引线】dāqiáo-yǐnxiàn ☞【搭桥牵线】dāqiáo-qiānxiàn
【搭讪】[搭赸][答讪] dā·shàn 匭 (다른 사람에게 접근하거나 어색한 상황을 모면하기 위하여) 일부러 말을 꺼내다. 멋쩍게〔어색하게〕 말하다. 적당히 얼버무리다.
【搭赸】dā·shàn ☞【搭讪】dā·shàn
【搭声】dāshēng 匭 남의 말을 받다〔잇다〕. 말상대하다. 응대하다. 이야기하다. 대답하다.
【搭手】dā∥shǒu 匭 1 도와 주다. 거들다. 힘써 주다. ¶看他那么忙，我想~又搭不上。=그가

저렇게 바쁜데, 내가 도와 주고 싶어도 도와 줄 수가 없다. **2** 결합하다. 짜다. 손을 잡다. 짝을 이루다. ¶他们俩~可不可小瞧。=그 두 사람이 힘을 합쳤으니 절대 얕잡아 보아서는 안 된다.

【搭售】 **dāshòu** 동 (판매가 부진한 상품을 잘 팔리는 상품에) 끼워 팔다.

【搭台子】 **dā tái·zi** 동 무대·연단 등을 설치하다. ¶~唱戏=무대를 설치하고 중국 전통극을 공연하다.

【搭头】 **dā·tou** (~儿) 명 덤. 끼워 주는 것. 부속물. 덧붙인 물건. ¶买炉灶还送了一个锅做~。=가스 레인지를 구입했더니 솥을 하나 덤으로 주었다.

【搭言】 **dāyán** 동 **1** 남의 말을 받다〔있다〕. 말상대하다. 응대하다. 대꾸하다. 이야기하다. **2** 방 인편에 전하다. 전갈(傳喝)하다.

【搭腰】 **dā·yao** (가축이 수레를 끌 때 가축의 잔등에 걸쳐 끌채와 봇줄이 떨어지지 않도록 채우는) 고정띠. 뱃대끈. 방【搭背】 **dābèi**

【搭载】 **dāzài** 동 (배·차 등에) 끼워 싣다〔탑재하다·태우다〕.

【搭嘴】 **dāzuǐ** 동 말대꾸하다. 말대답하다. 남의 말을 받다〔잇다〕. 말상대하다. 응대하다. 이야기하다. ¶别人说话你最好少~。=남들이 말할 때 제발 말대꾸를 삼가라.

# 嗒 **dā** 발굽 소리 탑

의 **1** 또가닥또가닥. 뚜거덕뚜거덕. [말발굽 소리] ¶山道上传来一阵~~的马蹄声。=산길에서 한바탕 뚜거덕뚜거덕 하는 말발굽 소리가 들려왔다. **2** 드르륵. 다다다. [기관총 소리]
☞ **tà**

# **答[荅]** **dā** 답할 답
동 대답하다.
☞ **dá**

○● 滴dī答, 羞xiū答答

【答茬儿】 **dā‖chár**【答碴儿】 **dā‖chár**

【答碴儿】[答茬儿][搭碴儿][搭茬儿] **dā‖chár**(~儿) 동방 남의 말을 받다〔있다〕. 말상대하다. 응대하다. 이야기하다. ¶这事儿和你又不相干, 你干吗~? = 이 일은 너와 상관도 없는데, 왜 말상대를 하니?

【答理】[搭理] **dā·li** 동 상대하다. (말)대꾸하다. 응대하다. 아랑곳하다. [주로 부정형으로 쓰임] ¶他黑着脸, 谁都不~。=그는 굳은 얼굴을 하고 아무도 상대하지 않는다. ≒理睬

【答腔】 **dā‖qiāng** ☞【搭腔】 **dā‖qiāng**

【答讪】 **dā·shàn** ☞【搭讪】 **dā·shàn**

【答言】 **dā‖yán** 동 남의 말을 받다〔있다〕. 말상대하다. 응대하다. 이야기하다. ¶问他们该怎么办, 谁也不~。=그들에게 어떻게 할 건지를 물었지만, 아무도 대답하지 않았다.

【答应】 **dā·ying** 동 **1** 대답하다. 응답하다. ¶叫你, 你怎么不~? = 널 불렀는데, 왜 대답하지 않니? **2** 동의하다. 허락하다. 승낙하다. ¶他已

帮忙。=그는 이미 도와 줄 것을 허락했다. ≒允诺 应允 应许 应(yìng)承 ↔拒绝

【答允】 **dāyǔn** 동 동의하다. 허락하다. 승낙하다. 응낙하다. ¶满口~=두말 없이 허락하다.

# 腤 **dā** 살질 답
☞【肥腤腤】 **féidādā**

# 锗[鎝] **dā** 쟁기 답
☞【铁锗】 **tiědā**

# 褡 **dā** 전대 답
아래를 참조.

○● 挂褡, 马褡子

【褡包】 **dā·bāo** (겉옷에 묶는 넓고 긴) 띠. 요대. (천이나 견직물로 만듦)

【褡裢】 **dā·lián** 명 **1** (~儿) (양 끝에 주머니가 달린) 전대(纏帶). 견대(肩帶). **2** 도복(道服)의 상(上).

# *打 **dá** 다스 타
양 다스(dozen). 타. 12개. ¶一~袜子=양말 열두 켤레.
☞【苏打】 **sūdá**
☞ **dǎ**

# *达[達] **dá** 도달할 달

동 **1** 통하다. ¶四通八~=사통팔달(이다). **2** 도달하다. 도착하다. 이르다. 달성하다. ¶列车已抵~北京。=열차는 벌써 북경에 도착했다. **3** 표현하다. 나타내다. 드러내다. 알리다. ¶词不~意=(말·글 등의) 의미 전달이 정확하지 못하다. **4** 통달하다. 정통하다. 확실하게 이해하다. ¶通情~理=사리에 매우 밝다. 형 **1** 현달하다. 지위가 높은. 저명한. ¶穷则独善其身, ~则兼济天下。=궁하면 자신만을 올바르게 하고, 현달하면 천하를 구제한다. **2** 활달하다. 명랑하다. ¶豁~=활달하다. 고유 (**Dá**) 성(姓).

○● 表达, 畅chàng达, 到达, 抵dǐ达, 洞dòng达, 发达, 放达, 哈hǎ达, 豁huò达, 旷kuàng达, 雷léi达, 练达, 溜liū达, 马达, 通达, 贤xián达, 显xiǎn达

○ 达 **dá**
哒 **dā**
鞑 **dá**
挞 **tà**

【达变】 **dábiàn** 동방 임기응변을 잘 하다. 변통에 능숙하다. 융통성이 있다. 신축성이 있다. ¶通权~=상황의 변화에 따라 잘 대처하다.

【达标】 **dábiāo** 동 기준〔목표〕에 도달하다. ¶质量~=품질이 기준에 도달하다.

【达成】 **dáchéng** 동 달성하다. 도달하다. 얻다. ¶~一致意见=일치된 견해를 얻어 내다.

【达达主义】 **Dádázhǔyì** 명(藝) 다다이즘(Dadaism).

【达旦】 **dádàn** 동 다음 날 아침까지 이르다. ¶通宵~=밤을 꼬박 새다.

【达到】dá‖dào 동 달성하다. 도달하다. 이르다. [주로 노력하여 다다른 추상적인 사물이나 정도에 쓰임] ¶~世界先进水平=세계적인 선진 수준에 도달하다.
【达尔文主义】Dá'ěrwénzhǔyì 명(生) 다윈주의(Darwin主義). 다위니즘(Darwinism). =【进化论】jìnhuàlùn
【达观】dáguān 형 달관하다. ¶生性~=천성적으로 낙관적이다.
【达官】dáguān 명옛 고관(高官). ¶~贵人=고관 귀족.
【达官贵人】dáguān guìrén 명 고관과 귀인.
【达官显宦】dáguān-xiǎnhuàn 성 직위가 높고 명성과 위세가 대단한 관리.
【达理】dálǐ 동문 1 이치에 통달하다. 이치를 훤히 알다. ¶知书~=지식을 갖추고 사리에 통달하다. 2 도리를 분명히 나타내다. 이치를 천명(闡明)하다. ¶著书作文, 务求~. =책을 쓰고 글을 짓는 데 있어서 반드시 이치를 분명히 나타내도록 애써야 한다.
【达摩克利斯剑】dámókèlìsījiàn 명 1 데모크리토스의 검. 2 비 수시로 나타날 수 있는 재난.
【达姆弹】dámǔdàn 명 [军] 덤덤탄(dumdum 彈). 图【炸子儿】zhàzǐr
【达人】dárén 명옛 1 달인. 널리 사물의 이치에 통달한 사람. ¶~知命=달인은 천명을 안다. 2 지위가 높은 사람. 현귀한 사람.
【达斡尔族】Dáwò'ěrzú 명 다우르족(Daur族). [중국 소수 민족의 하나. 주로 네이멍구(內蒙古)·헤이룽장(黑龙江)·신장(新疆)에 분포함]
【达奚】Dáxī 명 복성(複姓).
【达意】dáyì 동 (말이나 글로써) 생각을 표현하다. 뜻을 나타내다. ¶言不~=말로써 생각을 나타낼 수 없다.
【达因】dáyīn 명양[物] 다인(dyne). [힘의 단위. 질량 1g의 물체에 작용하여 1cm/sec²의 가속도를 발생하게 하는 힘]

## 沓 dá 단위 답
양 (~儿) 뭉치. 다발. 뭉텅이. 묶음. [포개어 놓은 종이 또는 얇은 것을 세는 단위] ¶一~废报纸=폐신문지 한 뭉치. / 一~钞票=지폐 다발[뭉치].
☞ tà
【沓子】dá·zi 양 뭉치. 뭉텅이. 묶음. ¶一~信=편지 한 묶음.

## 怛 dá 슬퍼할 달
동문 두려워하다. 무서워하다. ¶~然失色=두려워 얼굴이 새파랗게 질리다. 형문 고통스럽다. 근심하고 슬퍼하다. ¶惨~=참담하다.

## 妲 dá 여자 이름 달
인명에 쓰이는 글자. ¶~己=달기. [상(商)나라 주(紂)왕의 비]

## 莙 [薘] dá 질경이 달

【莙莲菜】jūndácài

## 炟 dá 사람 이름 달
인명에 쓰이는 글자. ¶刘~=유달. [동한(東漢) 장제(章帝)의 이름]

## 笪 dá 배 끄는 밧줄 달
명 1 [方] 배 끄는 밧줄. 2 [方] 대자리. [주로 곡식을 말리거나 지붕을 덮는 데 쓰임] 3 (Dá) 성(姓).

## 答[荅] dá 대답할 답
동 1 대답하다. 회답하다. ¶对~如流=물 흐르듯 거침없이 대답하다. 2 보답하다. 은혜를 갚다. 답례하다. ¶报~=보답하다. 명 (Dá) 성(姓). ↔[问 讯]
☞ dā

○● 笔答, 酬chóu答, 回答, 解答, 问答, 应yìng答, 赠zèng答.

| ○ | 答 dá | 瘩 dā |
|---|---|---|
| | 荅 dá | 塔 tǎ |
| | 搭 dā | 嗒 tà |
| | 瘩 dá | |

【答案】dá'àn 명 답안. 답. 해답. ¶寻求~=답을 찾다. →[题目]
【答拜】dábài 동 답방하다. 답례의 방문을 하다.
【答报】dábào 동 보답하다. 갚다. ¶无以~=보답할 길이 없다.
【答辩】dábiàn 동 답변하다. ¶法庭~=법정 답변. / 论文~=논문 구술 심사.
【答辩会】dábiànhuì 명 설명회. 발표회.
【答辩状】dábiànzhuàng 명[法] (피고인의) 답변서.
【答不上】dá·bu shàng 동 대답할 수 없다. 대답하지 못하다. ¶这个问题我~. =이 문제는 내가 대답할 수 없다.
【答词】[答辞] dácí 명 답사. ¶致~=답사를 하다.
【答辞】dácí ☞【答词】dácí
【答道】dádào 동 대답하여 말하다. 대답하다. [주로 문어에 쓰임] ¶他~: "我这就来."=그가 "곧 가마."라고 대답했다.
【答对】dáduì 동 1 대답하다. 응답하다. ¶从容~=침착하게 대답하다. 2 옳게 대답하다.
【答访】dáfǎng 동 답방하다. 답례로 방문하다.
【答非所问】dáfēisuǒwèn 성 엉뚱한 대답을 하다. 동문서답하다. =【所答非所问】suǒdáfēisuǒwèn
【答复】[答覆] dáfù 동 (요구나 문제에 대해) 회답하다. 답변하다. ¶尽~=되도록 빨리 회답하다. 명 답변. 회답. 대답. ¶他的~并不令人满意. =그의 답변은 (결코) 만족스럽지 못하다. ≒回答 回复
【答覆】dáfù ☞【答复】dáfù
【答话】dáhuà 동 대답하다. [주로 부정형으로 쓰임] ¶我喊了半天, 屋里没人~. =내가 한참 소리쳤지만, 방 안에서 대답하는 이가 없었다.
【答卷】dá‖juàn 동 답안을 작성하다. 시험 문제에 대답하다. ¶考生们正在~. =수험생들이 지금 답안을 작성하고 있다.

【答卷】dájuàn 图 1 답안. 답안지. ¶交~=답안지를 제출하다. 2㈤ 답(안). 해답. 해법. ¶在抗洪救灾中, 他用自己的行动交了一份令人满意的~。=홍수와 맞서 싸우는 가운데, 그는 자신의 행동으로 사람들에게 만족스러운 해법을 보여주었다.
【答礼】dá∥lǐ 답례하다.
【答满分】dá mǎnfēn 图 1 만점을 받다. 100점을 맞다. 2㈤ 문제를 완벽하게〔훌륭하게〕해결하다.
【答情】dáqíng 图 인정에 보답하다. ¶还礼~=답례하여 인정에 보답하다.
【答数】dáshù 图(數) (계산의) 답. =【得数】déshù
【答题】dátí 图 (시험) 문제를 풀다. 문제에 답하다. 해답하다. ¶他~速度极快。=그는 문제를 푸는 속도가 매우 빠르다.
【答问】dáwèn 图 질문(물음)에 답하다. 문제에 회답하다. ¶学生们正在~。=학생들은 지금 질문에 답하고 있다. 图 문답 형식의 저작. [주로 서명(書名)이나 편명(篇名)에 쓰임]
【答谢】dáxiè 图 사례하다. 사의〔감사〕를 표하다. ¶真不知道该如何~你的盛情款待。=정성 어린 환대에 대해 정말 어떻게 감사의 마음을 표해야 할지 모르겠습니다.
【答言】dáyán 图 대답하다.
【答疑】dáyí 图 의문〔질문〕에 대답하다. ¶考前~=시험 전 의문에 답하다.

艞[艞] dá 배 이름 답
☞【舭艞】bǐdá

阘[闒] dá 다락문 탑
图图 층집의 창.
☞ tà

靼 dá 달단 단
☞【鞑靼】Dádá

*瘩[(瘩)] dá 부스럼 탑
☞ ·da
【瘩背】dábèi 图(醫) 등창. 배종(背腫).

鞑[韃] dá 달단 달
【鞑靼】Dádá 图 1 달단. [고대에 한족의 북방 유목 민족에 대한 총칭] 2 타타르족(Tatar族). [러시아 연방 공화국 민족의 하나. 주로 '鞑靼斯坦共和国(타타르스탄 공화국)'에 분포함]

**打 dǎ 칠 타
图 1 (손이나 기구를 이용하여) 치다. 때리다. 두드리다. ¶敲锣~鼓=징을 치고 북을 두드리다. 2 (바람·비 등이) 가볍게 두드리다〔치다〕. 때리다. ¶雨~芭蕉=비가 파초를 때리다. 3 (용기·알 등이) 깨어지다. 부서지다. 깨뜨리다. 부수다. ¶盘子~了。=쟁반이 깨지다. / 鸡飞蛋~=닭은 날아가고 달걀은 깨지다. 4 구타 (殴打)

하다. 때리다. ¶~架斗殴=치고 박고 싸우다. 5 공격하다. 치다. ¶围城~援=일부 병력은 도시를 포위하고, 주력 부대는 적의 원군을 유인하여 공격하다. 6 (기물·식품 등을) 제조하다. 만들다. ¶~家具=가구를 만들다. / ~烧饼=사오빙을 만들다. 7 방출〔방사〕하다. 내보내다. 발송하다. 쏘다. (전보를) 치다. (전화를) 걸다. ¶~电话=전화를 걸다. 8 짓다. 세우다. 쌓다. 건조하다. 축조하다. ¶~地基=지반을 닦다. 9 (옷·짚신 등을) 엮다. 짜다. 편직하다. 삼다. 겯다. ¶~线衣=굵은 면실 웃옷을 짜다. 10 열다. 벗기다. (구멍 등을) 파다. ¶~井取水=우물을 파서 물을 얻다. 11 묶다. 동여매다. ¶~包裹=소포를 묶다. 12 휘저어 섞다. 반죽하다. 이기다. ¶~饺馅儿=만두소를 만들다. 13 들어올리다. 들다. ¶~灯笼=초롱을 들어올리다. 14 쓰다. 그리다. 찍다. 새기다. 표시하다. ¶~个记号=기호를 표시하다. 15 칠하다. 바르다. ¶~肥皂=비누칠하다. 16 남과 관련되는 행위를 하다. ¶~离婚=이혼하다. 17 (증서 등을) 발급하다. 발급받다. ¶~个收条=영수증을 끊다. 18 사다. ¶~一瓶醋=식초 한 병을 사다. 19 푸다. 뜨다. 퍼올리다. 건져 내다. ¶~水洗衣=물을 길어 빨래하다. 20 (짐승 등을) 잡다. 포획하다. ¶撒网~鱼=그물을 쳐 물고기를 잡다. 21 (베거나 찍는 등의 동작으로) 모으다. 거두어들이다. 채집하다. 수집하다. ¶上山~柴=산에 올라 땔나무를 하다. 22 제거하다. 없애다. ¶修枝~杈=가지를 손질하고 가지치기하다. 23 (어떤 일을) 하다. 종사하다. ¶~前站=선발대로 가서 숙식 등을 준비하다. 24 구체적으로 정하다. 생각해 내다. 짜다. 산정(算定)하다. 계산(산출)하다. ¶精~细算=꼼꼼하게 따지고 세밀하게 계산하다. 25 몸으로 어떤 동작을 하다. ¶伸懒腰~哈欠=기지개를 켜고 하품하다. 26 (놀이·운동을) 하다. ¶~麻将=마작하다. 27 어떤 방식을 취하다. 어떤 방법을 쓰다. ¶~比方说=예를 들어 말하다. 28 넣다. 주입하다. ¶给轮胎~气=타이어에 바람을 넣다. 29 주사(注射)하다. ¶给病人~针=환자에게 주사를 놓다. 30 세내어 타다. ¶~出租=택시를 타다. 31 (손가락이나 막대기를 움직여) 밀다. 젖히다. 헤치다. 움직이다. 옮기다. ¶~方向盘=핸들을 돌리다. 32 (죄명을) 정하다. 확정하다. ¶被~成右派=우파로 몰리다. 33 운동이나 연기를 하다. [주로 손을 사용하여 하는 것을 나타냄] ¶~高尔夫球=골프를 치다. / 唱做念~=노래·대사·연기·무술. [중국 전통극 배우가 갖추어야 할 네 가지 기본기] 34 어떤 형용사와 결합하여 어떠한 상황이 발생하였음을 나타냄. ¶汽车轮子~滑了。=자동차 바퀴가 헛돈다. 35 타동사와 결합하여 그 의미가 일반화되는 것을 나타냄. ¶梳妆~扮=몸치장하다. 36 자동사와 결합하여 상황이 발생함을 나타냄. ¶电话~通了。=전화가 소통〔연결〕되었다. ㉮ 1 …로부터. …에서. [동작·행위가 시작되는 지점·시간·범위 등을 나타냄] ¶~韩国来=한국에서 오다. / ~下星期开始=다음 주부터 시작한다. **2** …(으)로. …에서부터. [동작이나 행위의 노선이나 장소를 나타냄] ¶~小路走, 近一些。= 오솔길로 가면 조금 더 가깝다. / 早晨的阳光~窗户射进来。= 아침 햇살이 창문으로 들이친다. **3** …에서. …로부터. [어떤 것이 생겨나는 근원을 나타냄] ¶这病是~熬夜上来的。= 이 병은 밤샘에서 비롯된 것이다.
☞ **dá**

○● 鞭biān打,抽打,吹打,从打,单打,短打,攻打,开打,拷kǎo打,磕kē打,扭niǔ打,殴ōu打,拍pāi打,扑pū打,敲qiāo打,摔shuāi打,双打,铁打,武wǔ打,包打听,单打一,干打垒lěi,驴lǘ打滚gǔn

【打暗号】**dǎ ànhào** 통 암호를 보내다〔치다〕. 신호하다. ¶他~示意我跟他到外面去。= 그는 나에게 밖으로 따라나오라고 신호를 보냈다.
【打熬】**dǎ'áo** 통 **1** 단련하다. ¶久经~, 她已学会坚强。= 오랜 단련을 통해 그녀는 이미 강인하게 되었다. **2** 인내하다. 참고 견디다. ¶日子再难, 也要~着过下去。= 나날이 더 힘겨워지더라도 참고 견뎌 나가야 한다.
【打把式】**dǎ bǎ·shi** ☞【打把势】**dǎ bǎ·shi**
【打把势】[打把式] **dǎ bǎ·shi** 통 **1** 무술하다. ¶他们正在操场上~。= 그들은 지금 운동장에서 무술을 연마하고 있다. **2** 덩실덩실 춤을 추다. 깡충깡충 뛰다.
【打靶】**dǎ ǁ bǎ** 통 (표적을 조준하여) 사격하다. ¶~比赛 = 사격 시합.
【打白条】**dǎ báitiáo**(~儿) 통 **1** 가〔임시〕 영수증만 발급하고 훗날 다시 현금을 지불하다. **2** (구매 또는 급여 지불시) 영수증만 발급하고 훗날 다시 현금을 지불하다.
【打摆子】**dǎ bǎi·zi** 통방 학질을 앓다. 학질에 걸리다.
【打败】**dǎ ǁ bài** 통 **1** (적이나 맞수를) 싸워 이기다. 물리치다. 누르다. ¶~前来挑战的武士 = 도전해 온 무사를 싸워 이기다. **2** (전투·경기 등에서) 지다. 패하다. ¶如果今天我们一~了, 就会失去进入第二轮比赛的资格。= 만약 오늘 우리가 진다면, 2차전 출전 자격을 상실하게 될 것이다.
【打败仗】**dǎ bàizhàng** 통 (전투·경기 등에서) 지다. 패전하다. ¶虽然也会~, 但他对自己始终充满信心。= 비록 질 수도 있지만, 그는 항상 자신감에 차 있다.
【打板子】**dǎ bǎn·zi** 통 **1** 곤장을 치다. **2** 비 호되게 꾸짖다 (비판하다·질책하다). ¶你犯了错误, 当然该被~。= 네가 잘못을 저질렀으니, 당연히 호된 꾸지람을 받아야 한다.
【打伴】**dǎbàn** 통 **1** 동반하다. 짝이 되다. ¶老太太一个人住, 也没个~的。= 아무도 없이 노부인 혼자 산다. **2** 비 함께 책임을 지다. 같이 벌을 받다. ¶就是死也得找个人~。= 죽더라도 혼자 죽을 수는 없다.
【打扮】**dǎ·ban** 통 **1** 화장하다. 치장하다. 단장하다. 꾸미다. ¶她~得很时髦。= 그녀는 매우 유행에 맞게 치장을 했다. **2** (꽃·채등(彩燈) 등으로) 장식하다. 꾸미다. ¶节日的公园~得格外漂亮。= 명절을 맞은 공원은 무척이나 예쁘게 꾸며졌다. **3** 분장하다. ¶化装舞会上, 她~成一个天使。= 가장 무도회에서 그녀는 천사로 분장하였다. 囵 차림(새). 치장. 단장. 분장. ¶一身职业妇女的~。= 그녀는 영락없는 직장 여성의 차림새를 하고 있다. ⇨ 捯饬
【打棒子】**dǎ bàng·zi** 통방 (수단을 동원하여) 공격하다. 억압하다.
【打包】**dǎ ǁ bāo** 통 **1** 포장을 풀다. ¶~检查 = 포장 개봉 검사. **2** (종이·천 등으로) 포장하다. 싸다. ¶~装箱 = 포장하여 상자에 넣다. **3** (~儿) 함치다. 도매하다. ¶只~, 不零售。= 매만 하고 소매는 하지 않는다. **4** (음식점에서) 먹고 남은 음식을 싸(가)다.
【打包票】**dǎ bāopiào** 통 **1** 보증서를 써서 보증하다〔담보하다〕. **2** (일의 결과에 대하여 사전에) 보증하다. 장담하다. 확신하다. 단언하다. = 【打保票】**dǎ bǎopiào**
【打苞】**dǎbāo**(~儿) 통 (밀·수수 등의) 이삭이 패다.
【打饱嗝】**dǎ bǎogé**(~儿) 통 트림하다.
【打保票】**dǎ bǎopiào** ☞【打包票】**dǎ bāopiào**
【打抱不平】**dǎ bàobùpíng** 생 불공평한 일을 보고 의연히 나서서 억눌린 자〔약자〕의 편을 들다. ⇨ 见义勇为
【打奔儿】**dǎ ǁ bēnr** 통방 **1** (다리에 힘이 빠지거나 무언가에 걸려) 넘어질 뻔하다. **2** (말하거나 욀 때) 도중에 막히다.
【打鼻儿】**dǎ ǁ bír** 통 (말·나귀 등이) 코를 불다. 콧김을 불다.
【打比】**dǎbǐ** **1** 비유하다. ¶拿常见的事儿~, 大家自然就明白了。= 흔히 볼 수 있는 일로 비유하면, 모두들 자연스럽게 이해할 것이다. **2** 방 비교하다. ¶我这点儿能耐哪能和他~。= 내 보잘것없는 능력을 어찌 그와 비교하겠는가?
【打比方】**dǎbǐfāng** 통 비유하여 말하다〔설명하다〕. ¶他讲话爱~。= 그는 비유하여 설명하기를 즐겨 한다.
【打笔墨官司】**dǎ bǐmò guān·si** 숙방 필전(筆戰)하다. 글로 논쟁을 벌이다.
【打边鼓】**dǎ biāngǔ** ☞【敲边鼓】**qiāo biāngǔ**
【打补丁】**dǎ bǔ·ding** 통 **1** (옷이나 물품을) 헝겊〔천 조각〕 따위를 대고 깁다. **2** 방 임시로 남의 일을 대신하다.
【打不平】**dǎ·buping** 통 **1** 평평하게 할 수 없다. 평정할 수 없다. **2** 불공평한 일을 보고 의연히 나서서 억눌린 자〔약자〕의 편을 들다.
【打不着狐狸闹身臊】**dǎ·buzháo hú·li nàoshēn sāo** 속 **1** 여우는 잡지 못하고 온몸에 노린내만 배다. **2** 비 목적은 달성하지 못하고 손실만 입다.
【打不住】**dǎ·buzhù** 통 **1** 그칠 줄 모르다. 막을 수 없다. ¶她好唠叨, 一说起来就~。= 그녀는 얼마나 말이 많은지 한번 말을 꺼냈다 하면 그칠 줄 모른다. **2** 초과하다. …에 그치지 않다. …로

넘다. ¶他的年收入恐怕十万都~。=그의 연수입은 아마 10만 위안을 넘을 것이다. **3** 부족하다. 충분하지 않다. 모자라다. ¶这么多人, 三斤饺子怕是~。=사람이 많아서, 세 근의 만두로는 아마 부족할 것 같은데.

【打擦边球】**dǎ cābiānqiú** 통 **1**《體》에지볼(edge ball)을 치다. **2**비 법률을 아슬아슬하게 피해〔비켜〕 가다. 규정의 틈새를 교묘히 파고들다. 법의 허점을 이용하다.

【打草稿】**dǎ cǎogǎo** 통 초고를 쓰다〔구상하다〕. 밑그림을 그리다〔구상하다〕.

【打草惊蛇】**dǎcǎo-jīngshé** 성 **1** 막대기로 풀을 헤쳐 뱀을 놀라게 하다. **2**비 (비밀 행동을 할 때) 계획이나 책략 따위를 누설하여 상대방으로 하여금 경계하게〔대비하게〕끔 하다. ↔欲擒故纵

【打杈】**dǎchà** 통 가지치기를 하다.

【打岔】**dǎ‖chà** 통 (남의 일이나 말을) 방해하다. 끊다. 막다. ¶别~, 让他把话说完。=말을 끊지 말고, 그가 할 말을 다 하게 해라.

【打柴】**dǎchái** 통 (땔)나무를 하다.

【打禅】**dǎchán** 통《佛》좌선하다.

【打颤】**dǎchàn** 통 덜덜〔와들와들·부들부들〕 떨다. ¶冷得浑身直~。=추워서 계속 온몸을 부들부들 떨다.

【打场】**dǎ‖cháng**《農》(밀·수수·콩 등을) 타작하다. 탈곡하다. 마당질하다.

【打场子】**dǎ chǎng·zi** (유랑 예인이 징과 북을 두드리거나 소리를 질러 끌어들인 관중으로) 둥글게 공연 장소를 만들다. 둥근 공연판을 벌이다. ¶~卖艺=공연판을 벌여 기예를 팔다.

【打车】**dǎ‖chē** 통 택시를 타다. ¶来不及了, ~去吧。=늦겠다, 택시 타고 가자.

【打成一片】**dǎchéng-yīpiàn** 성 (주로 생각·감정이) 하나가 되다. 한 덩어리가 되다. 한데 뭉치다. ¶他跟同事们~。=그는 동료들과 한 마음이 되었다.

【打赤脚】**dǎ chìjiǎo** 통 맨발을 하다. 맨발로 걷다. ¶他下地干活, 总~。=그는 늘 맨발로 들일을 한다.

【打冲锋】**dǎ chōngfēng** **1**《軍》(돌격대가) 돌격하다. ¶~的重任就交给你们排了。=돌격의 중요 임무를 제군들의 소대에게 맡기겠다. **2**비 앞장서다. 선두에 나서다. ¶年轻人在工作中~是理所应当的。=젊은 사람이 일에 앞장서는 것은 당연하다.

【打重台】**dǎ chóngtái** 연극을 재공연하다. 연극을 다시 무대에 올리다. ¶没什么看头, 又是~。=볼 만한 것이 없네, 또 재탕이야.

【打抽丰】**dǎ chōufēng** ☞【打秋风】**dǎ qiūfēng**

【打出溜】**dǎ chū·liu** **1** 미끄러져 내리다〔떨어지다〕. 미끄러지다. ¶他从树上一~下来了。=그는 나무 위에서 죽 미끄러져 내려왔다. **2** 뒤로 물러나다. 후퇴하다. 뒷걸음질치다. 낙후하다. ¶他迷上赌以后, 日子直~。=그는 도박에 빠진 후 살림〔생활〕이 계속 나빠졌다.

【打出手】**dǎ chūshǒu** 명 (~儿) (중국 전통극에서) 한 배우를 중심으로 하여 배우들끼리 서로 칼이나 창을 던지고 치고 받는 연기. [격투의 긴장·격렬함 등을 나타내는 데 쓰임] =【过家伙】

【过家伙】**guò jiāhuǒ** 통 비 주먹다짐하다. ¶大~=크게 싸우다.

【打怵】**dǎchù** ☞【打憷】**dǎchù**

【打憷】[打怵] **dǎchù** 통 ⑦ 두려워하다. 무서워하다. 겁을 먹다. 공포를 느끼다. 소름이 끼치다. ¶夜黑得让人~。=날이 어두워져 겁이 난다.

【打穿堂儿】**dǎ chuāntángr** (큰방이나 군중 사이를) 왔다 갔다 하다.

【打春】**dǎ‖chūn** 통 **1** 입춘이 되어 봄이 시작되다. **2**粵 후난(湖南)성 일대의 유랑민들이 설 동냥질하다. [설을 전후하여 징·대나무 딱따기 등을 치고 노래를 부르며 집집마다 돌면서 돈을 구걸하였음]

【打春】**dǎchūn** 명 입춘(立春).

【打从】**dǎcóng** 개 **1** (시간적으로) ⋯로부터. ⋯에서. ¶~十四岁起, 他就离开了家乡。=열네 살부터 그는 고향을 떠났다. **2** 처소를 나타내는 단어 앞에 쓰여 '경과하다'라는 의미를 나타냄. ¶有一条小河~村子前经过。=작은 강 하나가 마을 앞을 흐른다.

【打错算盘】**dǎcuò-suàn·pan** 성 **1** 주판을 잘못 놓다. **2**비 잘못 생각하다〔계산하다·예측하다〕.

【打打闹闹】**dǎ·da nàonào** (~的) 형 웃고 떠드는〔장난치는〕 모양. 법석대는 모양. ¶孩子们~的, 没有个停。=아이들이 그칠 줄 모르고 웃고 떠든다.

【打倒】**dǎ‖dǎo** 통 **1** 타도하다. 무너뜨리다. 전복시키다. 쳐부수다. ¶~封建王朝=봉건 왕조를 타도하다. **2** 때려눕히다. 때려 쓰러뜨리다. ¶被对手~=상대에게 맞아 쓰러지다.

【打倒金刚赖倒佛】**dǎdǎo jīngāng lài dào fó** 속 **1** 금강야차(金剛夜叉)를 쓰러뜨려 놓고 부처의 소행이라고 덮어씌우다〔들씌우다〕. **2**비 갖은 수단을 써서 발뺌하다. 책임 회피하는 짓을 잘 하다.

【打道】**dǎdào** 통 (옛날, 관리가 행차할 때에) 사람들의 통행을 금하다. 벽제(辟除)하다. ¶~回府=벽제하여 댁으로 돌아가다.

【打得火热】**dǎ·de huǒrè** 성 (남녀 관계가) 매우 가까워지다〔뜨거워지다〕. 교제가 깊어지다. 매우 친숙해지다.

【打灯语】**dǎ dēngyǔ** 통 등불로 신호를 보내다.

【打的】**dǎ‖dī** 택시를 타다〔잡다〕.

【打底稿】**dǎ dǐgǎo** 통 **1** 초고를 쓰다. 밑그림을 그리다. **2**비 미리 계획하다. 앞서 구상하다.

【打底子】**dǎ dǐ·zi** 통 **1** 초고를 쓰다. 밑그림을 그리다. ¶初学写作文最好先打个底子。=작문을 처음 배울 때에는 먼저 초고를 써 보는 것이 가장 좋다. **2** 밑을 대다. 바닥을 깔다. ¶粉刷墙壁都要先~。=벽에 회칠을 하기 위해서는 먼저 밑바탕을 칠해야 한다. **3** 기초를 다지다〔닦다〕. ¶中小学的学习主要是~, 让学生们掌握基础知识。=초·중등 학교의 학습은 주로 기초를 다

지는 것으로서, 학생들에게 기초 지식을 갖추게 한다. **4**㉠ (정식 식사 전에) 간단히 요기하다. ¶饭还没好, 先吃点饼干~。=식사가 아직 준비되지 않아, 먼저 과자로 요기를 하다.

【打地脚】**dǎ dìjiǎo** 동 **1** (집을 짓거나 담을 쌓기 전에) 지반을 닦다. **2**㉭ 기초를 다지다.

【打地铺】**dǎ dìpù** 동 땅바닥이나 마루에 침구를 깔고 자다.

【打点滴】**dǎ diǎndī** 동 수액(輸液)하다. 링거액을 놓다.

【打点】**dǎ·dian** 동 **1** 처리하다. 정리하다. 정돈하다. 치우다. 수습하다. (여장·선물 등을) 준비하다. 꾸리다. ¶~行装=여행짐을 꾸리다. **2** 뇌물을 주다〔쓰다〕. ¶这事已经~妥当。=이 일은 이미 적당히 돈을 먹여 놓았다.

【打掉】**dǎdiào** 동 **1** 떨어뜨리다. ¶敌机被~了。=적기가 격추되었다. 완전히 없애다. ¶~恶势力=나쁜 세력들을 완전히 제거하다.

【打叠】**dǎdié** 동 정리〔정돈〕하다. 처리하다. 수습하다. 준비하다. 꾸리다. ¶~行李=짐을 정리하다.

【打顶】**dǎ‖dǐng** ☞【打尖】**dǎ‖jiān**

【打定】**dǎ‖dìng** 동 마음을 정하다〔먹다〕. ¶他已~主意要辞职。=그는 이미 사직하기로 마음을 정했다.

【打动】**dǎdòng** 동 **1** 감동시키다. ¶这部电影深深地~了我。=이 영화는 나를 깊이 감동시켰다. **2** 마음을 움직이다〔동요시키다〕. ¶一位美丽善良的姑娘~了他。=아름답고 착한 아가씨가 그의 마음을 움직여 놓았다.

【打冻】**dǎdòng** 동 (겨울에) 얼다. 결빙하다. ¶河水已~了。=강물이 이미 얼었다.

【打斗】**dǎdòu** 동 싸우다. 다투다. ¶作品中有不少~场面。=작품 중에 싸우는 장면이 많다.

【打斗片】**dǎdòupiàn** 명 (映) 액션물. 액션극. 활극(活劇).

【打逗】**dǎdòu** 동 놀리다. 골려 주다. 농담하다. 사람을 가지고 놀다. 비웃다. 야유하다. 조소하다. 웃기다.

【打嘟噜】**dǎ dū·lu** 동 **1** 혀를 굴리다. 혀 떨리는 소리를 하다. 혀 꼬부라진 소리를 하다. **2** 중얼거리다. 투덜거리다. 소곤거리다. ¶他说话直~, 听不清在说什么。=그가 계속 중얼거리는데, 무슨 말을 하는지 똑똑히 들리지 않는다.

【打赌】**dǎ‖dǔ** 동 내기를 하다〔걸다〕. ¶我敢~他一定能得冠军。=그가 반드시 우승할 것이기 때문에, 나는 감히 내기를 걸 수 있다.

【打短工】**dǎ duǎngōng** 동 날품팔다. 날품팔이하다. 임시 고용되어 일하다. ¶他靠~维生活。=그는 날품팔아 생활을 유지한다.

【打短儿】**dǎ‖duǎnr** 동㉠ **1** 날품팔다. 날품팔이하다. 임시 고용되어 일하다. **2** 짧은 옷을 입다. 간편한 옷차림을 하다.

【打断】**dǎduàn** 동 **1** 끊다. 자르다. 절단하다. ¶~腿=다리를 절단하다. **2** (남의 말이나 행동을) 끊다. 막다. 저지하다. 중단하다. ¶不要~他, 让他把话说完。=그 사람 말을 끊지 말고 애

기를 다 하도록 해 주어라.

【打对面】**dǎ duìmiàn** 동 얼굴을 맞대다〔마주하다〕. 대면하다. 마주치다. ¶他们俩虽然~, 但谁也没看见谁。=그 두 사람은 마주쳤지만, 그 누구도 상대방을 보지 못했다.

【打盹儿】**dǎ‖dǔnr** 동㉠ 졸다. 잠깐 눈을 붙이다. ¶打个盹儿精神好多了。=눈을 좀 붙이고 나니 정신이 맑아졌다. ≒冲盹儿

【打躉儿】**dǎdǔnr** 부 **1** 합쳐서. 한데. 도합. 한꺼번에. 전부. 모두. ¶工钱先放着, 最后一领。=임금을 우선은 놔 두었다가 맨 나중에 합쳐서 받겠다. **2**㉠ 대량으로. 덩어리로. 통째로. 무더기로. 도거리로. ¶这些货只~出售=이 물건들은 대량으로만 판매한다.

【打顿儿】**dǎ‖dùn** 동 말〔행동〕 도중에 잠깐 멈추다.

【打哆嗦】**dǎ duō·suo** 동 몸을 덜덜 떨다. 부들부들 떨다. 오들오들 떨다. ¶他冻得直~。=그는 몸이 얼어 계속 오들오들 떤다.

【打呃】**dǎ'è** 동 딸꾹질하다. 트림하다.

【打耳光(子)】**dǎ ěrguāng(·zi)** 동 따귀를 때리다.

【打发】**dǎ·fa** 동 **1** 내쫓다. 해고하다. 떠나게〔가게〕 하다. ¶找个借口把他~走。=구실을 찾아 그를 내쫓다. **2** 파견하다. 보내다. ¶~人去取信。=사람을 보내 편지를 찾다. **3** 시간〔날〕을 보내다〔허비하다〕. ¶我学画画纯粹是为了~时间。=내가 그림 그리는 것을 배우는 것은 순전히 시간을 보내기 위함이다. **4** 마련하다. 돌보다. 보살피다. [주로 조기 백화문에 보임] ¶~众人吃酒=사람들에게 술자리를 마련해 주다.

【打翻】**dǎfān** 동 때려 엎다. 뒤집어엎다. 뒤집어 놓다. 뒤집히다. 전복되다. ¶~在地=땅에 뒤집어엎다.

【打翻身仗】**dǎ fānshēnzhàng** 동㉭ 낙후된 면모를 철저히 개혁하다. 불리한 처지를 철저히 바꾸다〔고치다〕.

【打非】**dǎfēi** 동 불법 출판물·영상물을 소탕하다〔단속하다〕. ¶扫黄~=불법 음란물·영상물을 단속하다〔소탕하다〕.

【打榧子】**dǎ fěi·zi** 동 엄지와 중지를 튀겨서 소리를 내다. 손가락튕기기를 하다.

【打腹稿】**dǎ fùgǎo** 동 **1** 마음속으로 초고를 구상하다. **2**㉭ 사전에 잘 따져 보다〔계획하다〕.

【打稿】**dǎgǎo** 동 초고를 쓰다. 밑그림을 그리다. 기초하다. 초안을 잡다.

【打嗝儿】**dǎ‖gér** **1** ☞【呃逆】**ènì 2** ☞【嗳气】**ǎiqì**

【打更】**dǎgēng** 동㉭ 야경을 돌다.

【打工】**dǎ‖gōng** 동 아르바이트하다. 일하다. 노동하다. ¶他利用课余时间~挣钱。=그는 수업이 없는 시간을 이용해 아르바이트를 하여 돈을 번다.

【打工妹】**dǎgōngmèi** 명 젊은 노동〔아르바이트〕 여성.

【打工崽】**dǎgōngzǎi** ☞【打工仔】**dǎgōngzǎi**

打 dǎ 347

【打工仔】[打工崽] dǎgōngzǎi 몡 **1**방 광둥(广东)성 일대에서 외지 출신의 노동〔아르바이트〕청년을 일컫는 말. **2** 노동 청년. 아르바이트 청년.
【打工族】 dǎgōngzú 몡 아르바이트족. 노동자.
【打恭作揖】 dǎgōng-zuòyī ☞【打躬作揖】 dǎgōng-zuòyī
【打躬作揖】[打恭作揖] dǎgōng-zuòyī 아 **1** 읍(揖)하다. **2** 공손하게 간청하다. **3**곅 겸손이 지나치다. 굽실굽실하다.
【打拱】 dǎgǒng 통엣 두 손을 맞잡고 가슴까지 올려 가볍게 아래위로 흔들면서 인사하다.
【打钩】 dǎgōu 통 (공문·답안지 등에) 'V'표를 하다. 체크(check) 표시를 하다. [허가나 긍정의 의미를 나타냄]
【打谷场】 dǎgǔcháng 몡 탈곡장. 타곡장. 타작 마당.
【打谷机】 dǎgǔjī 몡(械) 탈곡기.
【打鼓】 dǎ∥gǔ 통 **1** 북을 치다. ¶敲锣~=징을 치고 북을 두드리다. **2**곅 (자신이 없어) 가슴이 두근거리다. 마음이 불안정하다. ¶这次能不能成功, 大家心里都在~. =이번에 성공할 수 있을지 모두들 마음이 불안하다.
【打瓜】 dǎguā 몡(植) **1** 수박의 일종. [열매는 비교적 작으며, 씨가 크고 많아서 씨를 얻기 위해 재배함] **2** 이 식물의 과실.
【打卦】 dǎ∥guà 통 (괘(卦)를 땅에 던져) 점치다. ¶算命~=점을 치다.
【打拐】 dǎguǎi 통 인신매매를 단속하다.
【打关节】 dǎ guānjié 통(구) 뇌물을 주고 편의를 제공받다. 뇌물을 주고 결탁하다〔청탁하다·내통하다〕.
【打官话】 dǎ guānhuà 통 (규정 등을 들먹이며) 관리 투의 말을 하다. 관리 티를 내다. 원론적인 이야기를 하다.
【打官腔】 dǎ guānqiāng 통 (규정 등을 들먹이며) 관리 투의 말을 하다. 관리 티를 내다. 원론적인 얘기를 하다. 공론(空論)을 늘어놓다. ¶别~, 事情解不解决你给一句话. =원론적인 얘기는 하지 말고, 일을 해결할 수 있는지 없는지를 말해 봐라.
【打官司】 dǎ guān·si ☞【诉讼】 sùsòng
【打光】 dǎguāng 통 광을 내다. ¶~地面=마루의 광을 내다.
【打光棍儿】 dǎ guānggùnr 뇡곅 (성인 남자가) 홀로 살다. 독신으로 지내다. 홀아비로 살다.
【打鬼】 dǎ∥guǐ 통 **1** 귀신을 쫓다〔요괴를〕물리치다〔퇴치하다〕. **2** ☞【跳布扎】 tiào bùzhá
【打滚】 dǎ∥gǔn (~儿) 통 **1** (데굴데굴) 구르다. 뒹굴다. ¶小狗在地上~儿. =강아지가 땅에 누워 뒹굴다. **2**곅 굴러먹다. 구르다. ¶他已在商界~多年. =그가 장삿밥을 먹은 지 이미 여러 해 되었다.
【打棍子】 dǎ gùn·zi 통 몽둥이로 때리다.
【打裹腿】 dǎ guǒtuǐ 통 각반(脚绊)을 차다. 행전(行纏)을 묶다.
【打哈哈】 dǎ hā·ha 통 **1** 농담을 하다. 놀리다. ¶别~, 我跟你说正事儿了. =농담하지 마, 난 너

한테 진지한 얘기한 거야. **2** 대강대강〔어물어물〕넘기다〔해치우다〕. 대충대충 얼버무리다〔둘러맞추다〕. ¶那事得抓紧办, 别~. =그 일은 다잡아서 처리해야지 어물어물 넘겨서는 안 된다.
【打哈欠】 dǎ hā·qian 통 하품을 하다. 방【打呵欠】 dǎ hē·qian
【打鼾】 dǎ∥hān 통 코를 골다.
【打寒战】 dǎ hánzhàn 통 (놀람·추위·질병 등으로) 부르르 떨다. 부들부들〔덜덜·오들오들·바들바들〕떨다.
【打夯】 dǎ∥hāng 통 달구질하다.
【打呵欠】 dǎ hē·qian ☞【打哈欠】 dǎ hā·qian
【打黑】 dǎhēi 통 암흑계의 범죄 집단을 단속〔소탕〕하다.
【打黑枪】 dǎ hēiqiāng **1** 불의에〔기습적으로·몰래〕총을 쏘다. **2** 불의에 일격을 가하다. 음해하다. 몰래 해코지하다. 몰래 물〔엿〕먹이다.
【打横】 dǎhéng (~儿) 통 **1** 장방형 탁자의 옆 가장자리에 앉다. 말석에 앉다. **2** (원래 곧은 것이) 가로로 눕다. ¶风吹得小船直~. =바람이 불어 작은 배가 자꾸 가로로 흔들린다.
【打哄】 dǎhòng 통 농담하다. 장난치다. ¶~说笑=농담하며 웃음꽃을 피우다.
【打呼】 dǎhū ☞【打呼噜】 dǎ hū·lu
【打呼噜】 dǎ hū·lu 통 코를 골다. =【打呼】 dǎhū
【打花巴掌】 dǎ huābā·zhang 몡통 손뼉치기 놀이(하다).
【打滑】 dǎhuá 통 **1** (차바퀴나 벨트가) 헛돌다. 공전하다. ¶路面泥泞, 汽车很容易~. =노면이 질퍽거려 자동차 바퀴가 헛돌기 십상이다. **2**곅 미끄러지다. ¶他脚一~, 跌倒了. =그는 발이 미끄러져 자빠졌다.
【打谎】 dǎ∥huǎng 통방 거짓말하다.
【打幌子】 dǎ huǎng·zi 통 구실을 내세워 어떤 일을 하다.
【打晃儿】 dǎ∥huàngr 통 비틀거리다. 비틀비틀하다. 휘청거리다. 휘청휘청하다. ¶孩子学步不久, 走起来还有点~. =아이가 걸음마를 배운 지 얼마 안 되어, 걸을 때 아직 조금 비틀거린다.
【打回】 dǎhuí 통 **1** 반격하여 되돌아가다〔되찾다〕. ¶将人侵者~老家. =침입자를 격퇴하다. **2** (보고서·편지 등을) 돌려보내다. 돌려주다. ¶把设计方案~重做. =설계 방안을 돌려보내 다시 만들게 하다.
【打诨】 dǎhùn 통 **1**(艺) (중국 전통극에서 어릿광대가) 즉흥적으로 익살을 부리다. **2** 우스갯소리를 하다. 익살을 부리다. 농담을 하다.
【打火】 dǎhuǒ 통 **1** (부싯돌 등으로) 불을 얻다〔일으키다〕. **2** (점화 단추를 눌러서) 불을 붙이다. 점화하다. 불(꽃)이 일어나게 하다. **3** 시동을 걸다.
【打火机】 dǎhuǒjī 몡 라이터.
【打火石】 dǎhuǒshí 몡 라이터돌.
【打伙儿】 dǎ∥huǒr 통(구) 한팀이〔한패가〕되다. 짝이 되다. 동료가 되다. 동업하다. ¶~出行=

함께 일행이 되어 떠나다.
【打击】 **dǎjī** 〔동〕 **1** 치다. 두들기다. 때리다. ¶~乐=타악(打樂). **2** 타격을 주다. 공격하다. 의욕이나 기를 꺾다. 손상시키다. ¶父母的离异对他~很大.=부모의 이혼은 그에게 큰 타격이었다. ↔鼓励 拉拢
【打击报复】 **dǎjī-bàofù** 〔成〕 직권 등을 이용하여 일찍이 자기의 잘못을 비판한〔폭로한〕 사람을 공격하다〔박해하다〕.
【打击乐】 **dǎjīyuè** 〔명〕〔音〕 타악(打樂).
【打击乐器】 **dǎjī yuèqì** 〔명〕〔音〕 타악기.
【打饥荒】 **dǎ jīhuāng** 〔동〕 경제적으로 궁핍하다. 굶주림에 시달리다. 빚을 내어 생활하다. 빚을 지다. ¶他父亲下岗那段时间, 他们家一直在~.=아버지가 직장에서 물러난 그 시기에 그의 집은 줄곧 궁핍하게 지냈다.
【打基础】 **dǎ jīchǔ** 〔동〕 **1** (건물 등의) 기초를 다지다. 기반을 닦다. ¶办公大楼还在~.=사무용 빌딩은 아직도 기초를 닦고 있다. **2** 〔비〕 기초〔토대〕를 닦다〔다지다〕. 기반〔틀〕을 마련하다. ¶学习是为以后立足社会~.=공부는 앞으로 사회에 발을 붙이기 위해 기초를 다지는 것이다.
【打鸡蛋】 **dǎ jīdàn** 〔동〕 계란을 깨다. [주로 요리에 쓰임]
【打家劫舍】 **dǎjiā-jiéshè** 〔成〕 떼를 지어 남의 집을 덮쳐 재물을 약탈하다.
【打假】 **dǎjiǎ** 〔동〕 위조품 제조 판매를 단속하다.
【打价】 **dǎ ‖ jià** (~儿) 〔동〕 물건값을 깎다. [주로 부정형으로 쓰임] ¶他买东西从不~儿.=그는 물건을 사면서 값을 깎아 본 적이 없다.
【打架】 **dǎ ‖ jià** 〔동〕 (때리며) 싸우다. 다투다. ¶有事好商量, 不能动手~.=일이 있으면 잘 얘기해야지, 주먹질을 해서는 안 된다.
【打尖】 **dǎ ‖ jiān** 〔동〕 **1** 〔農〕 순을 치다. 적심(摘心)하다. =【打顶】 **dǎ ‖ dǐng 2** 여행 중간에 잠시 쉬면서 음식물을 먹다. ¶半路上打个尖.=길 가는 도중에 쉬면서 요기하다.
【打歼灭战】 **dǎ jiānmièzhàn** 〔동〕 **1** 섬멸전을 펼치다〔벌이다·전개하다〕. **2** 〔비〕 총력을 집중하여 어떤 임무를 일거에 완성하다.
【打江山坐江山】 **dǎ jiāngshān zuò jiāngshān** 〔숙〕 천하를 차지하고 다스리다.
【打浆】 **dǎjiāng** 〔동〕 (제지 과정에서) 펄프를 반죽하다.
【打交道】 **dǎ jiāo·dao** 〔동〕〔ㄨ〕 **1** (사람끼리) 왕래하다. 교제하다. 접촉하다. 사귀다. 연락하다. ¶我很少跟他~.=그는 그와 거의 왕래가 없다. **2** (사람이 사물과) 상대하다. 접촉하다. ¶他成天跟猴子~, 对它们的脾性非常了解.=그는 하루 종일 원숭이를 상대하므로, 그들의 성질을 너무도 잘 이해하고 있다.
【打脚】 **dǎ ‖ jiǎo** 〔동〕〔方〕 신발이 맞지 않아 발이 아프다〔부르트다·까지다〕.
【打搅】 **dǎjiǎo** 〔동〕 **1** 방해하다. 지장을 주다. ¶他工作时不希望有人来~.=그는 일할 때 누가 와서 방해하는 걸 바라지 않는다. **2** 폐를 끼치다. [완곡한 표현으로 쓰임] ¶对不起, ~您了.=죄송합니다, 폐를 끼쳤습니다.

【打醮】 **dǎ ‖ jiào** 〔동〕〔道〕 도사(道士)가 제단을 세우고 망령(亡靈)을 천도(薦度)하다.
【打街骂巷】 **dǎjiē-màxiàng** 〔동〕 동네방네 다니며 트집을 잡고〔시비를 걸고〕 억지를 부리다.
【打劫】 **dǎ ‖ jié** 〔동〕 **1** (재물을) 강탈하다. 약탈하다. ¶趁火~=불난 틈을 타서 재물을 약탈하다. **2** (바둑에서) 패를 쓰다. ≒抢劫
【打结】 **dǎjié** 〔동〕 **1** 매듭을 짓다. **2** 〔비〕 (일을) 끝마치다. 마무리하다. 매듭을 짓다. ¶事情就此~.=일은 이것으로 매듭짓는다.
【打紧】 **dǎ ‖ jǐn** 〔형〕〔方〕 중요하다. 긴요하다. [주로 부정형으로 쓰임] ¶你不去也不~.=네가 안 가도 상관 없다. 〔부〕 서둘러. 급히. 재빨리. 부리나케. ¶这活得~干.=이 일은 서둘러 해야 한다.
【打进】 **dǎjìn** 〔동〕 **1** (어떤 목적을 위해 조직·단체 등에) 곁으로〔형식적으로〕 가입하다. ¶~走私团伙内部=밀수 조직 내부에 위장 가입하다. **2** 진격하다. ¶~城去=성 안으로 진격해 들어가다.
【打井】 **dǎjǐng** 〔동〕 우물을 파다. 착정(鑿井)하다.
【打酒】 **dǎjiǔ** 〔동〕 술을 사다.
【打卡】 **dǎ ‖ kǎ** 〔동〕 **1** 자기 카드를 인식기에 긁다〔대다·집어 넣다〕. **2** (출퇴근시에) 타임 레코더 (time recorder)에 체크하다.
【打卡机】 **dǎkǎjī** 〔명〕 **1** 출퇴근 기록기. 타임 레코더(time recorder). **2** 카드 인식기.
【打开】 **dǎ ‖ kāi** 〔동〕 **1** 열다. 풀다. 펼치다. ¶~房门=방문을 열다. / ~包裝=포장을 풀다. **2** 타개하다. ¶~局面=국면을 타개하다. **3** (스위치 따위를) 넣다. 켜다. 틀다.
【打开窗户说亮话】 **dǎkāi chuāng·hu shuō liànghuà** ☞【打开天窗说亮话】 **dǎkāi tiānchuāng shuō liànghuà**
【打开窗子说亮话】 **dǎkāi chuāng·zi shuō liànghuà** ☞【打开天窗说亮话】 **dǎkāi tiānchuāng shuō liànghuà**
【打开话匣子】 **dǎkāi huàxiá·zi** 〔ㄨ〕 이야기 보따리를 풀다. 오랜 시간 동안 말하다.
【打开缺口】 **dǎkāi-quēkǒu** 〔ㄨ〕〔비〕 (일·생활 중의) 난관을 뚫고 길을 찾아 내다. ¶经过不懈努力, 他终于~, 找到了出路.=꾸준한 노력을 통해 그는 마침내 난관을 극복하고〔뚫고〕 활로를 찾아 냈다.
【打开天窗说亮话】 **dǎkāi tiānchuāng shuō liànghuà** 〔成〕〔ㄨ〕 추호의 거짓도 없이 숨김없이 다 말하다. 툭 터놓고 말하다. 솔직하게 말하다. =【打开窗户说亮话】 **dǎkāi chuāng·hu shuō liànghuà**【打开窗子说亮话】 **dǎkāi chuāng·zi shuō liànghuà**
【打瞌睡】 **dǎ kēshuì** 〔동〕 졸다.
【打坑】 **dǎkēng** 〔동〕 구덩이를 파다.
【打孔】 **dǎkǒng** 〔동〕 (드릴로) 구멍을 뚫다.
【打垮】 **dǎ ‖ kuǎ** 〔동〕 쳐부수다. 때려부수다. 붕괴시키다. 와해시키다. 무너뜨리다. ¶~黑恶势力=악독한 세력들을 때려부수다.
【打蜡】 **dǎ ‖ là** 〔동〕 (광을 내거나 미끄럽게 하기 위해) 초〔왁스〕를 먹이다. 밀랍을 먹이다.

【打烂】dǎlàn 동 박살나다. 떨어져 깨지다. ¶花瓶被~了。=꽃병이 박살났다.
【打捞】dǎlāo 동 (물 속에서) 건져 내다. 인양하다. ¶~沉船=침몰한 배를 인양하다. / ~尸体=시체를 인양하다.
【打烙印】dǎ làoyìn 동 낙인을 찍다. 불도장을 찍다.
【打雷】dǎ‖léi 동《气》천둥치다.
【打擂(台)】dǎlèi(tái) 동 1 (무술 무대에 올라) 무예를[무술을] 겨루다. 2 겨루다. 경기에 참가하다. 응전하다.
【打冷枪】dǎ lěngqiāng 동 1 불의에[기습적으로·몰래] 총을 쏘다. 2 불의에 일격을 가하다. 음해하다. 몰래 해코지하다. 몰래 물〔엿〕먹이다.
【打冷战】[打冷颤] dǎ lěng·zhan (추위·질병·공포 등으로) 몸을 덜덜 떨다. 부들부들 떨다. 오들오들 떨다. ¶吓得直~=놀라서 계속 몸을 덜덜 떨다.
【打冷颤】dǎ lěng·zhan ☞【打冷战】dǎ lěng·zhan
【打愣】dǎ‖lèng(~儿) 동口 멍하다. 어리둥절하다. 얼이 빠지다.
【打理】dǎlǐ 동 처리하다. 정리하다. ¶~家务=가사를 돌보다.
【打利钱】dǎ lì·qian 동 이자를 지불하다〔물다〕. ¶本儿是还了, 还没~。=원금은 갚았으나 이자는 아직 갚지 않았다.
【打连厢】dǎ liánxiāng ☞【霸王鞭】bà wángbiān
【打量】dǎ·liang 동 1 (사람의 복장이나 외모를) 살펴보다. 훑어보다. 관찰하다. ¶他~半天, 也没认出我来。=그가 한참을 살폈지만 나를 알아보지 못하였다. 2 짐작하다. 예측하다. 가늠하다. (…라고) 여기다. 생각하다. ¶你还~看我不知道这事儿? =넌 아직도 내가 이 일을 모를 거라 여기는 거야?
【打猎】dǎ‖liè 동 사냥하다. 수렵하다.
【打零】dǎlíng 동⟨方⟩ 날품팔다. 임시 고용직으로 일하다. 形⟨方⟩ 고독하다. 외롭다. 단신이다. 主⟨方⟩ 우수리. 끝수. ¶钱还剩两千~。=돈이 아직 2천 위안 남짓 남았다.
【打溜】dǎliū 동 1 산보하다. 거닐다. ¶他正在河边~。=그는 지금 강변을 거닐고 있다. 2 몰래 달아나다〔도망가다〕. 살짝 빠져 나오다. 줄행랑을 치다. 내빼다. ¶一说打扫卫生他就~。=청소하라는 말이 떨어지자마자 그는 몰래 도망가 버렸다.
【打卤面】dǎlǔmiàn 명 다루몐. [육류·달걀·채소 등으로 만든 맛국물에, 녹말가루를 풀어 만든 걸쭉한 양념장을 부은〔얹은〕국수]
【打乱】dǎluàn 동 엉망으로 만들다. 망쳐 버리다. 흐트러뜨리다. 헝클다. 뒤죽박죽되다. 혼란시키다. 교란시키다. ¶~计划=계획을 엉망으로 만들다.
【打落】dǎluò 동 (맞추거나 때려) 떨어뜨리다. ¶树上的鸟被~了一只。=나무 위의 새들 중 한 마리가 맞아 떨어졌다.

【打落水狗】dǎ luòshuǐgǒu 숙⟨비⟩ 이미 궁지에 몰린 나쁜 작자를 철저하게 쓰러뜨리다. 헤어나지 못할 궁지에 몰아넣다.
【打麻将】dǎ májiàng 동 마작을 하다.
【打马虎眼】dǎ mǎ·huyǎn 숙 어수룩한 척하거나 어물어물하여 남을 속이다〔눈속임하다〕. ¶别跟我~。=어수룩한 척 날 속이지 마시오.
【打骂】dǎmà 동 때리고 욕하다. ¶不管怎样, ~孩子是不对的。=어쨌든 아이를 때리고 욕하는 건 옳지 못한 짓이다.
【打埋伏】dǎ mái·fu 숙 1 매복하다. ¶留下一队人马~。=일부 병력을 남겨 매복시키다. 2⟨비⟩ (물자·인력·문제 등을) 감추다. 숨기다. 은닉하다. ¶统计数据要如实上报, 不可~。=통계 데이터는 사실대로 상부에 보고해야지 숨겨서는 안 된다.
【打麦】dǎmài 동《农》 밀이나 보리를 타작하다〔탈곡하다〕.
【打闷棍】dǎ mèngùn 숙 1 갑자기〔별안간〕 몽둥이질을 하다. 2 불의에 일격을 가하다. 음해하다. 몰래 해코지하다. 몰래 물〔엿〕먹이다.
【打闷葫芦】dǎ mènhú·lu 숙⟨비⟩ 도무지 답을 찾을 수 없다. 아무리 해도 납득이 가지 않다. ¶我反复琢磨, 还是在~。=내가 몇 번을 생각해도 도무지 답이 나오지 않는다.
【打闷雷】dǎ mènléi 숙⟨비⟩ (영문〔내막〕을 몰라 마음속으로) 엉터리로 추측하다. 사정〔영문·내막·형편〕을 몰라서 갑갑해하다〔불안해하다·마음을 졸이다·애태우다〕. ¶有事你就直说, 免得我们~。=일이 있으면 그대로 말해라, 우리들이 영문을 몰라 마음 졸이지 않도록.
【打蒙】dǎméng 동 당혹스럽게 하다. 곤혹스럽게 하다. ¶事情越来越复杂, 我已经被~了。=일이 갈수록 복잡해져서, 난 이미 당혹스럽다.
【打鸣儿】dǎ‖míngr 동 수탉이 울다.
【打明儿】dǎmíngr 부 내일부터. ¶~我就不再来了。=내일부터 난 다시 오지 않을 것이다. 동 밝히다. 공개하다. ¶有什么话~了说。=무슨 말이든 숨김없이 얘기해라.
【打磨】dǎ·mó 동 1 갈다. 갈아서 광〔윤〕을 내다. ¶~抛光=광택을 내다. 2⟨비⟩ (문장·문학 작품 등을) 매끄럽게 다듬다. 윤색하다. 윤문하다. ¶文章投稿之前还需要~一下。=글은 투고하기 전에 꼭 한 번 더 다듬어야 한다.
【打抹】dǎmǒ 동 닦다. 훔치다. ¶用毛巾~一下桌子。=수건으로 테이블을 훔치다.
【打闹】dǎnào 동 1 언쟁하다. 말다툼하다. ¶他们俩为一件小事~起来。=그 두 사람은 사소한 일로 말다툼하기 시작했다. 2 떠들다. 시끄럽게 굴다. 소란을 피우다. 장난치다. ¶孩子们在院子里~。=아이들이 뜰에서 떠든다.
【打内战】dǎ nèizhàn 동 1 내전이 일어나다. 2⟨비⟩ 내분이 일어나다.
【打蔫儿】dǎ‖niānr 동 1 (식물의 가지나 잎이) 시들다. 마르다. 축 늘어지다. ¶天太热, 园子里的花全都~了。=날이 너무 더워서 뜰의 꽃들이 전부 시들었다. 2⟨비⟩⟨구⟩ (사람이) 축 처지다. 늘어

지다. 기운이 없다. 의기소침하다. 풀이 죽다. 맥이 없다. ¶他这两天一直~。=그는 요 며칠 동안 줄곧 풀이 죽어 있다.

【打拍子】dǎ pāi·zi 〔동〕 (손뼉을 치거나 기물을 두드려) 박자를〔리듬을〕 맞추다.

【打牌】dǎpái 〔동〕 마작〔트럼프 등〕을 하다.

【打盘旋】dǎ pánxuán 〔동〕 (비행기·새 등이) 빙빙 돌다. 선회하다.

【打跑】dǎpǎo 〔동〕 (공격해서) 쫓아 버리다. 때려 쫓다. ¶~凶猛的野兽=사나운 야수를 쫓아 버리다.

【打泡】dǎ ∥ pào 〔동〕 (손발 등에) 물집이 생기다. (손발이) 부르트다. ¶山路难走, 我的脚都~了。=산길이 험해 내 발에 물집까지 잡혔다.

【打炮】dǎpào 〔동〕 1 대포를 쏘다. 2〔劇〕〔옛〕 유명 배우가 새 공연지에서 처음 며칠 동안 가장 자신 있는 극을 공연하다. 3 씹하다.

【打喷嚏】dǎ pēntì 〔동〕 재채기를 하다.

【打屁】dǎpì 〔동〕〔구〕 방귀를 뀌다.

【打屁股】dǎ pì·gu 〔동〕〔비〕 호되게 질책하다. 크게 꾸짖다. 엄하게 징벌〔비판〕하다. [해학적인 의미를 내포함] ¶事情办不好就要~。=일을 잘못 처리했을 땐 볼기를 맞아야 한다.

【打拼】dǎpīn 〔동〕 최선을 다하다. 필사적으로 싸우다. ¶在商海中一~ 재계에서 분투하다.

【打平(手)】dǎpíng(shǒu) 〔동〕〔體〕 (시합·싸움에서) 비기다. ¶本场足球赛两队以一比一~。=이번 축구경기에서 두 팀은 1 대 1로 비겼다.

【打破】dǎ ∥ pò 〔동〕 타파하다. 깨다. 때려부수다. ¶~沉默=침묵을 깨다. /~陈规陋习=진부하고 낡은 규칙과 습관을 타파하다.

【打破饭碗】dǎpò-fànwǎn 〔성〕 1 밥그릇을 깨다. 2〔비〕 일자리를 잃다. 실직하다.

【打破禁区】dǎpò-jìnqū 〔성〕 금기를 깨다. [주로 추상적인 의미로 쓰임]

【打破沙锅问到底】dǎpò shāguō wèn dàodǐ 〔숙〕〔비〕 일의 경과나 진상을 끝까지 캐다〔밝히다〕.

【打谱】dǎ ∥ pǔ 〔동〕 1 기보(棋谱)를 보고 바둑돌〔장기알〕을 놓으며 솜씨를 익히다. 2 따져 보다. 계산하다. ¶对这个问题, 大家来打~。=이 문제에 대해 모두가 따져 봅시다. 3 (~儿) 대략적인 계획을 정하다〔세우다〕. ¶如何开展业务, 你得先打个谱儿。=어떻게 업무를 확대시킬 건지, 너는 먼저 대략적인 계획을 세워야 한다.

【打旗语】dǎ qíyǔ 수기(手旗) 신호를 보내다.

【打气】dǎ ∥ qì 〔동〕 1 (공·타이어에) 바람을〔공기를〕 넣다. 2〔비〕 고무하다. 격려하다. 사기를 진작시키다. 기운을 북돋우다. 원기를 불어넣다. ¶给将士们~鼓劲儿。=장병들에게 기운을 북돋워 주다.

【打气筒】dǎqìtǒng 〔명〕 공기 펌프.

【打气壮胆】dǎqì-zhuàngdǎn 〔성〕 격려하고 고무하다. ¶有你~, 我自信多了。=너의 격려로 내 자신감이 커졌다.

【打千】dǎ ∥ qiān (~儿) 〔동〕〔옛〕 오른손을 아래로 드리우고, 왼쪽 다리를 앞으로 내밀어 굽히며, 오른쪽 다리를 약간 굽혀서 인사를 하다. [옛날 인사법의 하나]

【打钎】dǎ ∥ qiān 〔동〕〔工〕 (채광·터널 공사 등에서 정이나 드릴로) 구멍을 뚫다.

【打前失】dǎ qián·shi 〔동〕 (나귀·말 등이) 앞으로 넘어지다〔고꾸라지다〕. 넘어질 뻔하다.

【打前站】dǎ qiánzhàn 〔동〕 (단체 이동·행군 등에서) 선발대로 가다.

【打钱】dǎ ∥ qián 〔동〕 1 기예를 파는 사람이 관중들로부터 돈을 걷다. 2 돈내기 카드〔마작〕놀이를 하다.

【打枪】dǎqiāng 〔동〕 1 총을 쏘다. 2 ☞【枪替】qiāngtì

【打抢】dǎqiǎng 〔동〕 강탈하다. ¶拦路~=길을 막고 강탈하다.

【打桥牌】dǎ qiáopái 〔동〕 1 (카드놀이의 일종인) 브리지(bridge)를 하다. 2〔주口〕〔비〕 해외 임시 거주 중국인과 화교의 자금과 영향력을 십분 끌어들여 이용하다.

【打情骂俏】dǎqíng-màqiào 〔성〕 남녀가 희희덕거리다〔시시덕거리다〕.

【打秋风】dǎ qiūfēng 〔비〕 이런저런 명목으로 돈을 뜯다〔갈취하다〕. =【打抽丰】dǎ chōufēng

【打球】dǎqiú 〔동〕〔體〕 1 직업적으로 구기 종목에 종사하다. ¶他早年曾在国家队~。=그는 젊은 시절에 구기 종목의 국가 대표 선수로 뛰었다. 2 구기 운동을 하다. 공차기하다. 공놀이하다. ¶下课后去操场~。=방과 후 운동장에서 공놀이를 하다.

【打趣】dǎ ∥ qù 〔동〕 놀리다. 골려 주다. 농담하다. 사람을 가지고 놀다. 비웃다. 야유하다. 조소하다. ¶大家都喜欢拿他~。=다들 그를 골려 주기를 좋아한다.

【打圈圈】dǎ quān·quan 〔동〕 1 빙글빙글〔뱅글뱅글〕 돌다. 빙빙 돌다. 선회하다. 소용돌이치다. 맴돌다. 2 동그라미를 치다. ¶在正确答案上~。=정답에 동그라미를 치다.

【打圈子】dǎ quān·zi 〔동〕 1 빙글빙글〔뱅글뱅글〕 돌다. 빙빙 돌다. 선회하다. 소용돌이치다. 맴돌다. ¶苍鹰在天空~。=참매가 하늘에서 빙빙 돈다. 2〔비〕 생각만 하고 대담하게 결정하지 못하다. ¶只在小问题上~的人是不会有什么作为的。=작은 문제에서만 맴도는 사람은 그 어떤 성과도 내지 못한다.

【打拳】dǎ ∥ quán 〔동〕 권법(拳法)을 연마하다.

【打群架】dǎ qúnjià 〔동〕 패싸움을 하다.

【打扰】dǎrǎo 〔동〕 1 방해하다. 지장을 주다. ¶他在休息, 不要~他。=그가 휴식 중이니 방해하지 마라. 2 폐를 끼치다. [완곡한 표현에 쓰임] ¶此次前来, 多有~, 不胜感激。=이번에 와서 폐가 많았는데, 정말 감사드립니다.

【打人不打脸】dǎrén bù dǎliǎn 〔성〕 1 사람을 때려도 얼굴은 때리지 않는다. 2〔비〕 어느 정도의 체면은 지켜 주다. 너무 몰아붙이지 않다.

【打入】dǎrù 〔동〕 1 분리 편입하다. (어떤 종류에) 포함시키다. ¶~另册=별책에 별도로 싣다. 2 (어떤 목적을 위해 조직·단체 등에) 겉으로〔형식

적으로〕 가입하다. ¶~黑帮团伙=범죄 조직에 위장 가입하다. **3** (상품 등이) 들어가다. 진입하다. ¶~国际市场=국제 시장에 진입하다.

【打入冷宫】 **dǎrù lěnggōng** (옛) **1** 옛날 소설이나 전통극에서 임금이 싫어하는 왕비를 연금(軟禁)하다. **2** (비) (싫어하는 사람·물건을) 냉대하다. 푸대접하다. 중시하지 않다. 거들떠보지 않다. ¶这些都是被她~的衣服。=이것들은 모두 그녀가 거들떠보지 않는 옷들이다.

【打入十八层地狱】 **dǎrù shíbā céng dìyù** (속) **1** 십팔층 지옥에 집어넣다〔떨어뜨리다〕. **2** (비) 가장 엄중하게 처벌하다.

【打伞】 **dǎsǎn** 통 우산을 쓰다.

【打散】 **dǎsǎn** 통 (온전한 것을 따로따로) 나누다. 흩뜨리다. 깨다. ¶纪念邮票只整套出售, 不~零卖。=기념 우표는 세트로만 팔고 낱장으로는 팔지 않는다.

【打散】 **dǎsàn** 통 쫓아 버리다. ¶~狼群=이리 떼를 쫓아 버리다.

【打扫】 **dǎsǎo** 통 청소하다. 소제하다. 깨끗이 정리〔처리〕하다. ¶~房间=방을 청소하다. / ~战场=전쟁터를 수습하다.

【打闪】 **dǎ ∥ shǎn** 통 (氣) 번개가 치다. ¶刚一~, 雷声便滚滚而来。=번개가 치자마자 우렛소리가 우르르 울려 왔다.

【打扇】 **dǎ ∥ shàn** 통 (다른 사람에게) 부채질을 해 주다.

【打折】 **dǎshé** 통 꺾다. 끊다. 절단하다. ¶他的腿被~了。=그의 다리가 절단되었다.

【打蛇打七寸】 **dǎ shé dǎ qīcùn** (속)(비) (문제를 처리함에 있어서) 정곡을 찔러야 한다.

【打胜】 **dǎ ∥ shèng** 통 이기다. 승리하다. 승리를 거두다〔획득하다〕. ¶这场比赛我们~了。=이번 경기에서 우리가 이겼다.

【打胜仗】 **dǎ shèngzhàng** 통 (전쟁·경기 등에서) 이기다. 승리하다. ¶这次考试他又打了一个胜仗。=이번 시험에서 그는 또 좋은 성적을 거두었다.

【打食】 **dǎ ∥ shí** 통 **1** 약물로 소화를 돕거나 위장 내의 내용물을 몸 밖으로 배출하다. **2** (~儿) (새나 짐승이) 먹이를 찾다.

【打是亲, 骂是爱】 **dǎ shì qīn, mà shì ài** (속) 때리는 것도 꾸짖는 것도 모두 사랑하기 때문이다. 귀한 자식 매 한 대 더 때린다.

【打手】 **dǎ·shou** 명 졸개. 끄나풀.

【打手势】 **dǎ shǒushì** 통 손짓하다. 손(짓)으로 신호하다.

【打水】 **dǎshuǐ** 통 물을 뜨다〔긷다〕. ¶到井边~=우물에 가서 물을 긷다. 명 (體) (수영에서) 크롤 스트로크(crawl stroke).

【打水漂儿】 **dǎ shuǐpiāor** (옛) **1** 물수제비뜨다. **2** (비) 날리다. 낭비하다. ¶两万块钱什么事没做成, 算是~了。=2만 위안으로 아무것도 한 것이 없으니, 돈만 날린 꼴이 되었다.

【打水仗】 **dǎ shuǐzhàng** 통 물똥싸움하다. 물싸움하다.

【打私】 **dǎsī** 통 밀수·밀매를 단속하다.

【打死老虎】 **dǎ sǐlǎohǔ** (속) **1** 이미 죽은 범을 때리다. **2** (비) 언론으로 이미 세력을 잃은 사람을 비난〔규탄〕하다.

【打算盘】 **dǎ suàn·pan** 통 **1** 주판을 놓다. **2** 계산하다. 따져 보다. 타산하다. 이해득실을 따지다. ¶她很会为自己~。=그녀는 무척이나 이해 타산에 밝다.

【打算】 **dǎ·suan** 통 …할 생각이다〔작정이다〕. …하려고 하다. 계획하다. 고려하다. 생각하다. ¶她~写一部长篇小说。=그녀는 장편 소설 한 편을 쓸 작정이다. 명 (행동의 방향·방법 등에 관한) 생각. 계획. 타산. ¶下一步你有什么~? =앞으로 너 어떻게 할 생각이니? ≒计划 意图 准备

【打碎】 **dǎ ∥ suì** 통 부수다. 깨지다. ¶碗被~了 =사발이 박살났다.

【打胎】 **dǎ ∥ tāi** ☞ 【人工流产】 **réngōng liúchǎn**

【打台球】 **dǎ táiqiú** 통 **1** 당구를 치다. **2** (군)(비) 대만 자본을 십분 끌어들여 활용하다.

【打太极拳】 **dǎ tàijíquán** 통 **1** 태극권을 (연습)하다. **2** (비) 책임을 미루고 질질 끌다.

【打探】 **dǎtàn** 통 탐문하다. 알아보다. ¶~消息=소식을 탐문하다.

【打天下】 **dǎ tiānxià** (옛) **1** (무력으로) 정권을 탈취하다. 천하를 차지하다〔빼앗다〕. 새로운 국가를 건설하다. **2** (비) 창업하다. 새로운 사업을 개척하다. ¶夫妻携手~。=부부가 힘을 합쳐 창업하다.

【打铁】 **dǎ ∥ tiě** 통 쇠를 두들기다〔단련하다〕.

【打听】 **dǎ·ting** 통 물어보다. 탐문하다. 알아보다. ¶四处~消息=사방으로 소식을 알아보다. ≒探听

【打挺儿】 **dǎtǐngr** 통(군) 몸을 힘껏〔활짝〕 뒤로 젖히다. ¶鲤鱼~=잉어가 (튀어오르며) 몸을 힘껏 젖히다.

【打通】 **dǎ ∥ tōng** 통 **1** 관통시키다. 소통시키다. 통하게 하다. 트이게 하다. ¶~隧道=터널을 뚫다. **2** (전화가) 연결되다. ¶~国际长途=국제 장거리 전화가 연결되다. **3** (비) 납득시키다. ¶~思想=생각을 납득시키다.

【打通关】 **dǎ tōngguān** 통 **1** (술좌석에서) 한 사람이 모든 사람을 상대로 차례로 '划拳(벌주놀이)' 하며 술을 마시다. ⇒【通关】 **tōngguān 2** (비) (체계적인 일에서) 매 항목마다 훤히 알다〔꿰뚫다·파악하다〕. 좍 꿰다. 조목조목 다 알다.

【打通宵】 **dǎ tōngxiāo** 통 밤샘하다. 철야하다. ¶昨晚他又~写论文。=어젯밤에 그는 또 밤샘하여 논문을 썼다.

【打头】 **dǎ ∥ tóu** (~儿) 통 **1** (도박에서) 개평을 떼다. **2** 앞장서다. 선두에 서다. 솔선하다. ¶体育代表团~的是一个漂亮的姑娘。=아름다운 아가씨가 체육대표단의 선두에 섰다.

【打头】 **dǎtóu** (~儿) 부(군) 처음부터. ¶事情还得~说起。=사건을 처음부터 말해야 한다.

【打头风】 **dǎtóufēng** 명 역풍.

【打头炮】 **dǎ tóupào** (옛) **1** 첫 포문을 열다. 제

일성을 울리다. 신호탄을 울리다. **2**㉯ 첫 발언을 하다.

【打头阵】**dǎ tóu zhèn** ㉦ **1** (전쟁에서) 앞장서서 출전하다. 선진에 서다. 선두에 서다. 앞장서다. 선봉을 맡다. **2**㉯ 앞장서서 (출장)하다. 맨 처음 행동하다. ¶抢险救灾时, ～的总是人民子弟兵。= 긴급 재난 구조에 앞장서는 사람들은 언제나 우리의 아들딸인 인민 해방군이다.

【打退】**dǎtuì** ㉦ 물리치다. 격퇴하다. ¶～敌人的进攻 = 적의 공격을 물리치다.

【打退堂鼓】**dǎ tuìtánggǔ** ㉦ **1** 옛날, 퇴청(退廳)의 북을 치다. **2**㉯ 중도에서 뒷걸음치다. 한나절 물러나다. ¶遇到困难应该想办法克服, 而不能～。 = 어려움에 부닥쳤을 때는 방법을 생각해서 극복해야지, 중도에 물러나서는 안 된다.

【打托儿】**dǎ ∥ tuōr** ㉦㉯ 바람을 잡다.

【打弯儿】**dǎwānr** ㉦ 구부리다. ¶爬了半天的山, 累得腿一～就疼。= 한나절 산에 올랐더니, 피곤해서 다리를 조금만 구부려도 아프다.

【打围】**dǎ ∥ wéi** ㉦ **1** 몰이하다. **2** 사냥하다.

【打问】**dǎwèn** ㉦ **1**㉯ 고문하다. **2**㉯ (소식·상황 등을) 알아보다. 탐문하다. 문의하다. 물어보다. ¶～事情的底细 = 일의 내막을 알아보다.

【打问号】**dǎ wènhào** ㉦ **1** 물음표를 찍다. **2**㉯ 의심이 들다. 의문을 품다. ¶整件事情疑点很多, 不由得人在心里直～。 = 모든 일이 의문투성이라 계속 의심이 들 수밖에 없다.

【打问讯】**dǎ wènxùn** ☞ 【问讯】**wènxùn**

【打席】**dǎxí** ㉦㉮ 자리를 〔멍석을〕 짜다.

【打下】**dǎ ∥ xià** ㉦ **1** (맞추거나 때려) 떨어뜨리다. ¶他用弹弓把树上的麻雀一～, 就是一只。 = 그는 새총으로 나무 위의 참새를 맞춰 떨어뜨렸다. **2** 함락시키다. 공략(攻落)하다. 공략(攻略)하다. ¶接连～几座城池。 = 연이어 성 몇 개를 함락시키다. **3** 기초를 다지다 〔닦다〕. ¶～坚实的基础 = 튼튼한 기초를 다지다.

【打下手】**dǎ xiàshǒu**(～儿) ㉦ 조수 노릇을 하다. 보조적인 일을 하다. (일을) 거들다.

【打先锋】**dǎ xiānfēng** ㉦ (军) 선봉에 서다. 선두에 서다. **2**㉯ 앞장서서 매진하다 〔처리하다〕. ¶单位有什么事情, ～的总是他。 = 부서에서 무슨 일이 있으면, 앞장서는 이는 늘 그 사람이다.

【打闲】**dǎxián** ㉦㉮ 실업하다. (집에서) 빈둥거리다. 빈들빈들 놀다.

【打响】**dǎxiǎng** ㉦ **1** (军) 개전(開戰)하다. 전투가 시작되다. ¶战斗已经～了。= 전투가 이미 불붙었다. **2**㉯ 초보적인 성공을 〔성과를〕 거두다. ¶新产品一上市就在全国范围内～了。= 신상품이 출시되자마자 전국적으로 성공을 거두었다.

【打消】**dǎxiāo** ㉦ **1** 없애다. 불식시키다. ¶～疑虑 = 의혹과 근심을 불식시키다. **2** 끊다. 포기하다. 단념하다.

【打小报告】**dǎ xiǎobàogào** ㉦㉮ (윗사람에게 남의 사정을) 밀고하다. 몰래 일러바치다. 고자질하다. ¶爱～的人总不受人欢迎。 = 고자질하기 좋아하는 사람은 언제나 사람들이 꺼린다.

【打小工】**dǎ xiǎogōng** ㉦ (육체적인) 조수일을 하다. 보조 역할을 하다.

【打小算盘】**dǎ xiǎosuànpán** ㉦㉯ (전반적으로 고려하지 않고) 자기〔국부적인〕 이익만을 따지다.

【打歇】**dǎxiē** ㉦㉮ 잠깐 쉬다. ¶我没～连续工作了一整天。 = 난 잠깐도 쉬지 않고 온종일 계속 일했다.

【打斜】**dǎxié** ㉦ **1** 한쪽으로 기울다. 한쪽으로 쏠리다〔붙다〕. ¶车一～, 差一点儿撞上路边的小树。 = 차가 한쪽으로 쏠리며서 하마터면 길 옆의 작은 나무를 들이받을 뻔하였다. **2** (윗사람이나 손님과) 비스듬히 마주하다. ¶～坐在一旁。 = 한켠에 비스듬히 마주 앉다.

【打行李】**dǎ xíng·li** ㉦ **1** 짐〔여장〕을 꾸리다. ¶～准备出发。 = 여장을 꾸리고 출발 준비를 하다. **2** 짐〔여장〕을 풀다. ¶刚到旅馆, 正～呢。 = 막 여관에 도착해서 짐을 풀고 있는 중이야.

【打旋】**dǎ ∥ xuán**(～儿) ㉦ 빙빙 돌다. 선회하다. ¶飞机在空中～。 = 비행기가 공중에서 선회하다.

【打雪仗】**dǎ xuězhàng** ㉦ 눈싸움하다.

【打压】**dǎyā** ㉦ 억누르다. 탄압하다. 억압하다. ¶备受～ = 온갖 탄압을 받다.

【打鸭子上架】**dǎ yā·zi shàng jià** ☞ 【赶鸭子上架】**gǎn yā·zi shàng jià**

【打牙斗嘴儿】**dǎyá dòuzuǐr** ㉦ 말싸움하다. 말다툼하다. ¶他们俩活活一对冤家, 见面就～。 = 그 두 사람은 마치 원수 같아서, 만났다 하면 다툰다.

【打牙祭】**dǎ yájì** ㉦㉯ **1**㉱ 매달 초나 중순경에 고기 요리를 먹다. **2** 이따금 풍성한 식사를 하다.

【打哑谜】**dǎ yǎmí** ㉦㉯ (태도가) 불투명하다. 분명하지 않다. 애매하다. 돌려서 말하다. 바로 말하지 않고 추측하게 만들다. ¶有话请直说, 别跟我～。 = 할 말 있으면 바로 말해라, 돌려서 말하지 말고.

【打掩护】**dǎ yǎnhù** ㉦ **1**(军) 엄호하다. **2**㉯ (나쁜 일을) 덮어 주다. (나쁜 사람을) 비호하다. 감싸 주다. 두둔하다. ¶为罪犯～, 就是犯罪。= 범인을 감싸는 것은 곧 범죄 행위이다.

【打眼】**dǎ ∥ yǎn** ㉦ **1**(～儿) 구멍을 뚫다. ¶在木板上～ = 나무판에 구멍을 뚫다. **2** 손차양을 하다. 손을 눈 위에 얹다. ¶～往远处瞧 = 손을 얹고 먼 곳을 바라보다. **3**㉯ (물건을) 속아 사다. 잘못 사다. ¶～了 주의를 끌다. 눈길 〔이목〕을 끌다. ¶你这身衣服真～。= 너의 이 옷은 정말 눈길을 끈다.

【打眼放炮】**dǎyǎn fàngpào** ㉦(工) 바위에 구멍을 뚫어 화약을 넣고 바위를 폭파시키다. 다이너마이트를 장치하여 폭파하다.

【打眼线】**dǎ yǎnxiàn** ㉦ 감시자를 붙이다.

【打佯儿】**dǎyángr** ㉦㉯ 모르는 체하다. 딴전피우다. ¶老实告诉我, 别～。 = 솔직하게 내게 얘기해, 딴전피우지 말고.

【打样】**dǎ ∥ yàng** ㉦ **1**(印) 교정쇄를 만들다. **2** 제도하다. 설계도를 그리다. 견본을 만들다.

打 dǎ 353

【打烊】 dǎ‖yàng 통자 영업을 마치다〔끝내다〕. 가게 문을 닫다. 폐점하다.

【打药】 dǎyào 통 약을 뿌리다〔살포하다·치다〕. ¶该给棉花~了.=목화에 약을 쳐야 한다. 명 1 하제(下劑). 설사약. 2방옛 떠돌이 의사가 팔던 약.〔주로 외용약이었음〕

【打野鸡】 dǎ yějī 〈방〉(창녀와) 오입질하다.

【打野食】 dǎ yěshí 〈방비〉 외도하다. 바람피우다. 정부(情婦)를 두다. 혼외 정사를 하다. 오입질하다. 간통하다.

【打野外】 dǎ yěwài 통(军) 야외 훈련을 하다.

【打夜作】 dǎ yèzuò 통 야간 작업〔밤일〕을 하다. ¶为准备考试, 他连打了几个夜作。=시험 준비를 위해 그는 며칠 밤을 샜다.

【打一巴掌揉三揉】 dǎ yī bā·zhang róu sān róu ☞【打一巴掌揉三下】 dǎ yī bā·zhang róu sān xià

【打一巴掌揉三下】 dǎ yī bā·zhang róu sān xià 〈비〉 1 따귀를 한 대 때리고 세 번 어루만져 주다. 2(비) 당근과 채찍을 병용하다. 강경책과 회유책을 겸하다. =【打一巴掌揉三揉】 dǎ yī bā·zhang róu sān róu

【打印】 dǎ‖yìn 도장을 찍다. 날인하다.

【打印】 dǎyìn 1 타자 (쳐서) 인쇄하다〔등사하다〕. ¶~材料=자료를 타자로 인쇄하다. 2 (프린터로) 인쇄하다. 프린트하다. ¶~图片=그림을 인쇄하다.

【打印机】 dǎyìnjī 명 프린터.

【打印台】 dǎyìntái ☞【印台】 yìntái

【打印纸】 dǎyìnzhǐ 명 프린터 용지.

【打赢】 dǎyíng 이기다. 승리하다. ¶要争取~下一场比赛.=다음 시합을 꼭 이겨야 한다.

【打硬仗】 dǎ yìngzhàng 통 1(军) (강적과 맞서) 고전(苦戰)하다. 격전을 치르다. 2(비) 임전무퇴의 정신으로 상대를 격파하다. 결연한 의지로 임무를 완수하다. ¶时间紧, 任务重, 大家做好~的准备.=시간은 촉박하고 임무는 버거우니, 모두들 격전을 치를 준비를 하십시오.

【打油】 dǎ‖yóu 통 1 (국자 등으로) 기름을 뜨다. 2 (조금씩) 기름을 사다. ¶到副食店~.=가게에 가서 기름을 사다. 3 기름을 칠하다. ¶皮鞋~了.=구두에 약 좀 칠해야겠어. 4방 기름을 짜다.

【打油诗】 dǎyóushī 명 타유시. [옛날 시체(詩體)의 하나. 내용과 시구가 통속·해학적이며 평측(平仄)과 운율(韻律)에 구애받지 않음. 당(唐)대 장타유(張打油)가 한 데서 유래한 명칭]

【打游击】 dǎ yóujī 통 1(军) 유격전을 벌이다. 게릴라전을 하다. 2(비) 떠돌아다니며 일하다〔먹다·자다〕. [해학적인 의미로 쓰임]

【打游戏机】 dǎ yóuxìjī 통 오락기를 갖고 놀다. 오락하다.

【打鱼】 dǎyú 통 (그물 등으로) 물고기를 잡다.

【打预防针】 dǎ yùfángzhēn 통 1(医) 예방 주사를 놓다. 2(비) 사전에 교육하여 예방 조치를 하다. 사전에 교육하여 저항력을 기르다.

【打圆场】 dǎ yuánchǎng 〈비〉 (분규 따위를) 조정하다. 중재하다. 화해시키다. 완화시키다. 원만하게 수습하다. =【打圆盘】 dǎ yuánpán ¶要是有人~, 他们俩不至于闹僵. =누군가 중재만 했더라도, 그 두 사람이 어쩔 수 없는 지경에까지 이르지는 않았을 것이다.

【打圆盘】 dǎ yuánpán ☞【打圆场】 dǎ yuánchǎng

【打援】 dǎ‖yuán 통(军) 적의 지원군을 공격하다. ¶设伏~=매복을 시켜 적의 지원군을 치다.

【打砸抢】 dǎ zá qiǎng 통 때리고, 파괴하고, 약탈하다.

【打杂儿】 dǎzár 통구 잡일을 하다. 허드렛일을 하다. 자질구레한 일을 하다.

【打早】 dǎzǎo (~儿) 분 일찌감치. 서둘러. ¶~出发=일찌감치 출발하다.

【打灶】 dǎ‖zào 통 부뚜막을 쌓다〔만들다〕.

【打造】 dǎzào 통 1 제조하다. 만들다. [주로 금속 기물의 제조를 가리킴] ¶~金银首饰=금은 장신구(액세서리)를 만들다. 2 (환경·상황을) 만들다. 조성하다. ¶~有利于经济发展的社会氛围=경제 발전에 유리한 사회 분위기를 조성하다. 3 만들다. 만들어 내다. [주로 추상적인 사물에 많이 쓰임] ¶~一流大学=일류 대학을〔대학으로〕 만들다. 4 (인재 등을) 양성하다. 키우다. ¶~百万优秀教育人才=100만명의 우수한 교육 인재를 양성하다.

【打战】【打颤】 dǎzhàn 통 떨다. ¶他冷得浑身~.=그는 추워서 온몸을 덜덜 떨다.

【打颤】 dǎzhàn ☞【打战】 dǎzhàn

【打掌】 dǎ‖zhǎng (~儿) 1 신발 밑창을 대다(수선하다). 2 말발굽에 편자를 박다.

【打仗】 dǎ‖zhàng 통 1(军) 전쟁하다. 전투하다. 싸우다. ¶出兵~=출병하여 전투를 벌이다. 2 (생산 등에서) 난관을 돌파하다. 어려움을 극복하다. ¶他们在技术攻关上打了一个大胜仗. =그들은 기술상의 난관을 뚫고 큰 성과를 거두었다. =作战

【打招呼】 dǎ zhāo·hu 1 (말이나 행동으로) 인사하다. ¶别人跟你~, 你怎么不理? =남들이 너한테 인사하는데, 넌 어째서 아는 체도 안 하니? 2 (사전 또는 사후에) 통지하다. 알리다. ¶跟你们打过招呼要小心, 但还是出了错? =너희들에게 주의하라고 일렀는데도 또 실수를 하다니?

【打照面儿】 dǎ zhàomiànr 통 1 마주치다. ¶我跟他在过道里打了个照面儿. =난 복도에서 그와 마주쳤다. 2 얼굴을 내밀다. 나타나다. ¶联欢会上, 他只打了个照面儿就离开了. =친목회에서 그는 잠깐 얼굴만 내밀고 곧 가 버렸다.

【打折(扣)】 dǎzhé(kòu) 통 1(経) 할인하다. 디스카운트(discount)하다. 깎아 주다. 2비 규정·약속을 100%〔완전하게〕 지키지 않다. ¶我们虽然降低了收费标准, 但服务质量决不会~. =우리는 요금 기준은 내려도 서비스의 질은 결코 약속한 대로 지킬 것입니다.

【打褶】 dǎzhě 통 주름을 잡다. ¶先把布料~, 然后再缝. =먼저 옷감에 주름을 잡은 다음 다시 꿰매다.

【打针】dǎ∥zhēn 동(醫) 주사를 놓다.
【打阵地战】dǎ zhèndìzhàn 동 1(軍) 진지전을 벌이다. 2(體) 포지션 플레이(position play)를 하다.
【打整】dǎ·zheng 동방 1 수습하다. 정리하다. 정돈하다. ¶~房间=방을 정리하다. 2 준비하다. 마련하다.
【打枝】dǎzhī 동 가지치기를 하다. 전지하다.
【打制】dǎzhì 동 손으로 만들다. ¶~桌椅=책걸상을 만들다.
【打肿脸充胖子】dǎ zhǒng liǎn chōng pàng·zi 숙 1 일부러 자신의 얼굴을 때려서 붓게 하여 살진 사람인 체하다. 2(비) 억지로 체면을 유지하다. 억지로 허세를 부리다. 사내대장부인 척하다. 능력이 있는 척하다.
【打中】dǎzhòng 동 명중시키다. 명중하다. ¶~目标=목표를 명중시키다.
【打皱】dǎzhòu (~儿) 동방 주름(살)이 잡히다. ¶刚过三十, 他脸上就开始~了。=막 서른이 넘었는데, 그의 얼굴에는 이미 주름이 잡히기 시작했다.
【打主意】dǎ zhǔ·yi 동 1 방법을 생각하다〔찾다〕. ¶往后日子怎么过, 你得尽早~。=앞으로의 나날들을 어떻게 보낼 건지 너는 되도록 빨리 방법을 생각해야 한다. 2 (이익 등을) 얻어 낼 궁리를 하다. ¶别想在我身上~, 我不会给你一分钱。=나한테서 뭘 얻을 생각은 마, 단 한 푼도 네게 주지 않을 테니까.
【打住】dǎ∥zhù 동 1 멈추다. 그만두다. ¶他说着说着突然~了。=그는 말을 이어나가다가 갑자기 멈추었다. 2(방) (남의 집이나 외지에서) 잠시 머물다〔묵다〕.
【打转(转)】dǎzhuàn(zhuàn) (~儿) 동 돌다. 회전하다. 선회하다. 왔다 갔다 하다. ¶急得她眼珠子直~。=어찌나 급했던지, 그녀의 눈동자가 쉴새없이 움직인다.
【打桩】dǎ∥zhuāng 동 말뚝을 박다.
【打字】dǎ∥zì 타자를 치다. 타자하다.
【打字机】dǎzìjī 명 타자기.
【打字员】dǎziyuán 명 타자수. 타이피스트. 타자원.
【打字纸】dǎzìzhǐ 명 타자(용)지.
【打总儿】dǎzǒngr 동 한데 합치다〔합하다〕. 합쳐서 함께 하다. ¶把一年的开销~算。=일년의 지출 비용을 한데 합쳐 계산하다.
【打嘴】dǎ∥zuǐ 동 1 주둥이〔입〕를 때리다. 2(방)(비) (허풍을 치다가) 망신을 당하다〔사다〕. 창피를 당하다. 면목을 잃다. 체면이 깎이다. ¶自己~, 让人笑话。=스스로 망신거리가 되어 남의 웃음을 사다.
【打嘴架】dǎ zuǐjià 동 언쟁하다. 말싸움〔말다툼〕하다. 입씨름하다.
【打嘴现眼】dǎzuǐ xiànyǎn 숙 (말이나 일로) 추태를 부리다. 망신거리가 되다.
【打嘴仗】dǎ zuǐzhàng 동 언쟁하다〔말다툼〕하다.
【打坐】dǎ∥zuò 동 1 좌선(坐禪)하다. 2 눈을 감고 정신을 집중하여 앉다.

**大** dà 큰 대

○ 大 dà
駄 tuó

형 1 (부피·면적 등이) 크다. 넓다. (수량이) 많다. (힘·강도 등이) 세다. 강하다. ¶力气~=힘이 세다. / 厨房~=주방이 넓다. / 噪音~=소음이 크다. 2 첫째. 맏이. ¶老~=맏이. 3 중대한. 평범하지 않은. ¶立~志=큰 뜻을 세우다. 4 (시간이) 비교적 오래 된. ¶~前年的一天=3년 전 어느 날. 5(경) 대단한. 훌륭한. [상대방과 관련된 사물 앞에 쓰여 경의를 나타냄] ¶拜读~作=대작을 삼가 읽었습니다. 부 1 매우. 대단히. 몹시. 크게. 아주. 완전히. 철저히. ¶天已~亮。=날이 이미 훤히 밝다. / 真相~白于天下。=진상이 천하에 명백히 밝혀지다. 2 대단지. 그리. [주로 '不' 뒤에 쓰여 '그다지 …하지 않다.'라는 뜻을 나타냄] ¶不~会喝酒=술을 그리 잘 마시지 못하다. / 不~进城=좀처럼 시내에 나가지 않다. 접투 명절·절기 앞에 쓰여 강조를 나타냄. ¶~冷天=무척 추운 날씨. / ~年三十=음력 12월 30일. 섣달 그믐달. 명 1 크기. ¶新房子的面积有多~?=새 집의 면적이 얼마나 되나요? 2 어른. 一家~小=한 집안의 어른과 아이. 3(약) 大学(대학). ¶北~=북경대학. / 函~=통신대학. 4(방) 아버지. 부친. ¶俺~刚从外地回来。=아버지께서 방금 외지에서 돌아오셨다. 5(방) 백부. 숙부. ¶二~今年转业了。=둘째 숙부님께서 올해 전업을 하셨다. 6(Dà) 성(姓). ≒巨. 小 细 [고어에서 '太·泰(tài)'와 같음]
☞ dài

○● 半大, 博bó大, 粗cū大, 措cuò大, 放大, 肥大, 高大, 光大, 广大, 浩hào大, 洪hóng大, 宏hóng大, 巨大, 夸kuā大, 宽kuān大, 扩kuò大, 莫mò大, 庞páng大, 膨péng大, 强大, 人大, 偌ruò大, 盛shèng大, 伟大, 雄xióng大, 犹Yóu大, 远大, 张大, 正大, 重zhòng大, 壮zhuàng大, 自大

【大阿哥】dà'āgē 명 1 큰형(님). 형(님). 2 청(淸)대의 황태자.
【大安】dà'ān 명 1 편안〔건강〕하십시오. [편지 마지막에서 상대방의 건강을 축원하는 말] ¶顺颂~=건강하시길 바랍니다. 2 태평성대이다. 사회가 안정되다. 평안하다. ¶万民~=만백성이 평안하다.
【大案】dà'àn 명(法) 큰 사건. 대사건. 중대 사건.
【大案要案】dà'àn yào'àn 명(法) 큰 사건. 대사건. 중요 사건.
【大巴】dàbā 명(약) 대형 버스.
【大把】dàbǎ 형(구) 매우 많다. ¶挣了~的钱=엄청난 돈을 벌었다.
【大坝】dàbà 명 댐. ¶三峡~=싼샤댐.
【大罢工】dàbàgōng 명 총동맹 파업.
【大白】dàbái 명(약) 백악(白堊). 소석회. 동 (진상이) 명백히〔분명히〕 밝혀지다. ¶真相~=진상이 명백히 밝혀지다.

# 大 dà

【大白菜】 dàbáicài ☞ 【白菜】 báicài
【大白话】 dàbáihuà 阌 통속적인 구어.
【大白天】 dàbáitiān 阌 벌건 대낮. 백주 대낮. [강조의 의미를 내포함]
【大伯子】 dàbǎi·zi 阌⟨ㅁ⟩ 시아주버니.
【大败】 dàbài 툉 1 참패하다. 대패하다. ¶~而逃=참패해서 달아나다. 2 참패시키다. 대파하다. ¶~敌军=적군을 대파하다.
【大班】 dàbān 阌 1 유치원의 상급반. 2⟨방⟩⟨옛⟩ 외국계 회사의 책임자. 3⟨방⟩⟨옛⟩ 가마꾼. 교부(轎夫).
【大阪】 Dàbǎn 阌⟨지⟩ (일본의) 오사카(Osaka).
【大板车】 dàbǎnchē ☞ 【排子车】 pǎi·zichē
【大办】 dàbàn 툉 대규모로〔크게〕하다. ¶~酒席=술자리를 크게 열다.
【大半】 dàbàn 阌 대부분. 태반. 과반수. 절반 이상. ¶~生时间已经过去了。=인생의 대부분이 이미 지나갔다. 旲 대개. 대체로. 대략. 십중팔구. ¶他~已经回国了。=그는 십중팔구 이미 귀국했을 거야.
【大半截】 dàbànjié 阌 태반. 절반 이상. 대부분. ¶~木棍=길지도 짧지도 않은 몽둥이.
【大半年】 dàbànnián 阌 반 년 이상. ¶这~我都在外地。=지난 반 년 이상의 시간을 나는 줄곧 외지에서 지냈다.
【大半天】 dàbàntiān 阌 1 한나절 이상. 반일 이상. ¶这~你跑哪儿去了?=한나절이나 넘게 넌 어디 갔었니? 2 한참 동안. 긴 시간. ¶他说了~, 我也没明白他的意思。=그가 한참 동안을 얘기했지만 난 그의 뜻을 모르겠다.
【大半夜】 dàbànyè 阌 1 밤의 대부분. ¶加了~的班。=밤의 대부분을 야근하다. 2 깊은 밤. 한밤중. 심야. ¶~的, 能不能别再闹了?=밤이 깊었어, 그만 떠들 수 없을까?
【大包大揽】 dàbāo-dàlǎn ⟨성⟩ 1 모든 일을 도맡아 하다. 2⟨비⟩ 모든 책임을 지다.
【大包干】 dàbāogān 阌 전면 청부제〔도급제〕.
【大饱眼福】 dàbǎo-yǎnfú ⟨성⟩ (진기하고 아름다운 경관이나 사물을) 실컷 보고 즐기다. 실컷 눈요기를 하다.
【大鸨】 dàbǎo 阌⟨動⟩ 능에. 느시. =【地鵏】 dìbù
【大报】 dàbào 阌 1 (타블로이드판이 아닌) 대형 신문. 2 전국지(全國紙).
【大暴雨】 dàbàoyǔ 阌⟨氣⟩ 호우(豪雨). [24시간 내 강우량이 100~200mm인 비]
【大爆炸】 dàbàozhà 툉 1 크게 폭발하다. 대폭발하다. 2⟨비⟩ 급속히 발전하다〔성장하다·증진하다〕. ¶知识~=지식이 빠르게 증진되다.
【大背头】 dàbēitóu 阌 (주로 남자의) 올백(all-back) 머리.
【大本】 dàběn 阌⟨약⟩ 대학본과(대학교의 학부 과정). ¶他正在读~。=그는 학부 과정에 있다.
【大本营】 dàběnyíng 阌 1 (軍) 전시(戰時)의 최고 사령부. 2 (기업의) 총본부. 본점. (활동의) 근거지. 4 (등산이나 탐험의) 베이스 캠프(base camp).

【大鼻子】 dàbí·zi 阌 1 큰 코. 2 코쟁이. [서양 사람에 대한 별칭]
【大比】 dàbǐ ☞ 【乡试】 xiāngshì
【大笔】 dàbǐ 阌 1 큰 붓. 2⟨곃⟩ 대필(大筆). 필적. [주로 남에게 글을〔글씨를〕청할 때 쓰임] 톙 거액. 큰 몫이. ¶花了一~钱才买来。=엄청난 돈을 쓰고서야 구입하다.
【大笔如椽】 dàbǐ-rúchuán ☞ 【笔大如椽】 bǐdà-rúchuán
【大笔一挥】 dàbǐ-yīhuī ⟨성⟩ 일필휘지(一筆揮之)하다.
【大便】 dàbiàn 阌 대변. 똥. 툉 대변을 보다. 똥을 누다〔싸다〕.
【大兵】 dàbīng 阌 1 대군. ¶~压境=대군이 국경까지 쳐들어오다. 2⟨방⟩ 군바리.
【大兵团作战】 dàbīngtuán zuòzhàn 툉 1 ⟨軍⟩ 대규모 병력을 투입하여 싸우다. 2⟨비⟩ (공사·생산 등에) 대규모 인력을 투입하다.
【大饼】 dàbǐng 阌 1 다빙. [밀가루 반죽을 둥글고 크게 만들어 구운 빵] 2⟨방⟩ 사오빙(烧饼). [밀가루 반죽을 둥글납작한 모양으로 만들어 화덕 안에 붙여서 구운 빵. 표면에 참깨를 뿌리기도 함]
【大病】 dàbìng 阌 큰 병. 중병. ¶得了一场~=중병에 걸리다. 툉 중병에 걸리다. ¶~一场=중병을 한바탕 앓다.
【大伯】 dàbó 阌 1 백부. 큰아버지. 2 아저씨. [남자 연장자에 대한 존칭]
【大脖子病】 dàbó·zibìng 阌⟨방⟩⟨醫⟩ 갑상선종.
【大补】 dàbǔ 톙 자양(滋養)의. 보양(補養)의. ¶~药=자양제.
【大不敬】 dàbújìng 툉 1 대불경죄를 저지르다. 황제에게 무례를 범하다. 2 윗사람이나 지도자급 인사에게 무례를 범하다.
【大不了】 dà·buliǎo 톙 1 대단하다. 굉장하다. [주로 부정형이나 반어로 쓰임] ¶一点小麻烦, 没什么~的。=조금 번거로운 것뿐이지, 그리 대단한 건 아니다. 2 (부피·수량 등이) 크지 않다. 많지 않다. 넘지 않다. ¶他的年龄比你~多少。=그 사람 나이가 너보다 그리 많지 않다. 旲 기껏해야. 고작. ¶~我不去就是了。=기껏해야 내가 안 가면 그만이다.
【大不韪】 dàbùwěi 阌⟨문⟩ 극악한 일. 큰 죄악. ¶冒天下之~。=천인공노할 죄를 저지르다.
【大不谓然】 dàbùwèirán ⟨성⟩ 절대 그렇다고 생각하지 않다. 절대로 그렇지 않다. 결코 그런 것이 아니다.
【大不相同】 dàbùxiāngtóng ⟨성⟩ 크게 다르다. 판이하다. 매우 큰 차이가 있다. ¶他们俩的性格~。=그 두 사람의 성격은 판이하게 다르다.
【大步】 dàbù 阌 큰 걸음. ¶~向前=큰 걸음으로 앞으로 나아가다.
【大步流星】 dàbù-liúxīng ⟨성⟩ 큰 걸음으로 성큼성큼 빨리 걷다. =【快步流星】 kuàibù liúxīng ↔蜗行牛步
【大部】 dàbù 阌 대부분. ¶歼敌~=적의 대부분을 섬멸하다.
【大部分】 dàbù·fen 阌 대부분. ¶~与会代表

会在今天报到. = 회의에 참가하는 대표들 대부분이 오늘 참석 보고를 할 것이다.

【大部头】 dàbùtóu 형 편폭이 긴. ¶~小说 = 편폭이 긴 소설. 편 폭이 긴 저작. ¶这是个~. = 이것은 편폭이 긴 저작이다.

【大才】 dàcái 명 1 탁월한 재능. ¶身怀~ = 탁월한 재능을 지니다. 2 탁월한 인재. ¶仰重~ = 뛰어난 인재를 우러러 중시하다.

【大材小用】 dàcái-xiǎoyòng 성 1 큰 인재가 작은 일에 쓰이다. 2 비 인재를 썩이다. 큰 인재가 썩다.

【大菜】 dàcài 명 1 주요리. 메인 요리. 2 방 서양 요리.

【大餐】 dàcān 명 서양 요리. ¶法式~ = 프랑스식 요리.

【大操大办】 dàcāo-dàbàn 성 (주로 결혼식·장례식 등을) 호사스럽게 치르다.

【大草包】 dàcǎobāo 명 무능한 작자. 쓸데없는 인간. 등신. 속 빈 강정. [욕하는 말]

【大刹】 dàchà 명 1 대찰. 큰 절. 이름난 절. 2 경귀(贵) 사찰.

【大肠】 dàcháng 명 (生) 대장.

【大肠杆菌】 dàcháng gǎnjūn 명 (生) 대장균(大肠菌). = 【大肠菌】 dàchángjūn

【大肠菌】 dàchángjūn ☞ 【大肠杆菌】 dàcháng gǎnjūn

【大氅】 dàchǎng 명 외투. 코트. 오버코트(overcoat). ¶貂皮~ = 담비 가죽 외투.

【大场面】 dàchǎngmiàn 명 1 성대한〔장중한〕광경〔장면〕. ¶今年的国庆盛典是难得一见的~. = 올해 건국 기념일 행사는 좀처럼 보기 힘든 성대한 광경이었다. 2 큰 세상. 넓은 세계. ¶他是见过~的人. = 그는 큰 세상을 겪어 본 사람이다.

【大钞】 dàchāo 명 고액권(高额券). ¶百元~ = 100위안짜리 고액권.

【大潮】 dàcháo 명 1 한사리. 대고조. 2 비 (기세가 큰) 사회 조류. ¶改革~ = 개혁의 큰 물결.

【大吵大闹】 dàchǎo-dànào 성 큰 소리로 야단법석을 떨다. 큰 소리로 소란을 피우다. 큰 소리로 말다툼하다. 시끌시끌하다.

【大车】 dàchē 명 1 (가축이 끄는 이륜·사륜의) 대형 짐차. 2 큰 차. 3 (기차·기선의) 기관사님. [기관사에 대한 존칭]

【大车店】 dàchēdiàn ☞ 【车马店】 chēmǎdiàn

【大彻大悟】 dàchè-dàwù 성 갑자기 완전히 깨닫다.

【大臣】 dàchén 명 1 대신. 중신. [군주 국가의 고급 관리] 2 대신. [입헌 군주 국가의 내각 구성원〔장관〕]

【大成】 dàchéng 명동문 대성(하다). ¶~于书艺 = 서예 분야에서 대성하다. / 苦学不辍, 终有~。 = 어렵게 공부를 계속하여 결국 큰 성과를 거두다.

【大城市】 dàchéngshì 명 대도시. [대개 인구 50만 이상의 도시를 가리킴]

【大城市病】 dàchéngshìbìng 명 도시병(都市病).

【大乘】 dàchéng 명 (佛) 대승.

【大吃大喝】 dàchī-dàhē 성 1 진탕 먹고 마시다. 2 먹고 마시는 데 돈을 마구 쓰다.

【大吃一惊】 dàchī-yījīng 성 무척〔크게〕놀라다. 깜짝 놀라다.

【大虫】 dàchóng 명방 호랑이.

【大出血】 dàchūxuè 동 1 (医) 대출혈하다. 2 비 헐값에 팔아치우다. 덤핑 판매하다. 밑지고 장사하다. ¶清仓~ = 창고 정리 대매출. 3 비 재물상의 큰 손실을 입다〔보다〕.

【大处】 dàchù 명 큰 것. 큰 일. 중요한 것〔점〕. 관건(이 되는) 것. ¶凡事都得从~考虑. = 모든 일은 중요한 것에서부터 고려해야 한다.

【大处落墨】 dàchù-luòmò 성 1 (그림·글에서) 주되고 중요한 곳에 노력을 기울이다. 2 비 큰 일부터 하다. 주되고 중요한 일부터 착수하다. 지엽적인 일에 힘을 분산시키지 않다.

【大处着眼, 小处下手】 dàchù zhuóyǎn, xiǎochù xiàshǒu 성 대국적인 견지에서 구체적인 일부터 손을 대다.

【大疮】 dàchuāng 명방 (医) 대창. [매독·연성하감 등의 성병으로 생긴 궤양]

【大吹大擂】 dàchuī-dàléi 성명비 마구 떠벌리다. 큰소리치다. 과대 선전하다.

【大吹法螺】 dàchuī fǎluó ☞ 【吹法螺】 chuī fǎluó

【大锤】 dàchuí 명 큰 쇠망치〔해머〕.

【大春】 dàchūn 명 1 봄에 파종하는 작물. = 【大春作物】 dàchūn zuòwù 2 봄(철). 춘계.

【大春作物】 dàchūn zuòwù ☞ 【大春】 dàchūn

【大醇小疵】 dàchún-xiǎocī 성 대체적으로 훌륭하나 개별적으로는 약간의 흠이 있다. 다소의 결점은 있어도 대체로 괜찮다.

【大词】 dàcí 명 (论) 빈사(宾辞).

【大慈大悲】 dàcí-dàbēi 성(佛) 1 대자대비. 크나큰 자비심. 2 대자대비하다. [마음이 자비롭고 동정심이 많은 사람을 칭찬하는 말]

【大葱】 dàcōng 명 (植) 대파. 굵은 파.

【大错】 dàcuò 명 큰 잘못. 큰 실수. 큰 착오.

【大错特错】 dàcuò-tècuò 성 엄청난 착오〔잘못〕. 크게〔완전히〕틀리다.

【大打出手】 dàdǎ-chūshǒu 성 무자비하게 사람을 패다. 서로 치고받다. 싸움을 대판 벌이다.

【大…大…】 dà…dà… 명사·동사·형용사 앞에 쓰여 규모가 크거나 정도가 심함을 나타냄. ¶~鱼~肉 = 진수성찬. / ~叫~嚷 = 무척 시끄럽게 떠들어 대다.

【大大】 dàdà 부 크게. 대단히. 대량으로. 대폭으로. ¶春节过后, 客流量~减少. = 설 이후에는 승객의 이동량이 대폭 감소한다. ↔小小

【大大】 dà·da 명방 1 아버지. 2 백부. 숙부.

【大大方方】 dà·da fāngfāng (~的) 형 1 (언행이) 자연스럽다. 시원시원하다. 거침없다. 대범하다. ¶他~地登台演讲. = 그는 자연스럽게 연단에 올라 강연했다. 2 쩨쩨하지 않다. 인색하

지 않다. ¶他向来~的, 请客吃饭是常事儿。= 그는 줄곧 인색하지 않아서, 사람들에게 밥을 사는 것은 흔한 일이다 **3** (스타일이나 색상 등이) 속되지 않다. 세련되다. 고상하다. 우아하다. 점잖다. ¶她穿着得体, 看着~的。= 그녀는 옷차림이 제격에 맞게 세련되어 보인다.

【大大咧咧】 **dà·da liēliē** (~的) 형 **1** 대충대충이다. 건성건성이다. 되는대로이다. **2** 거드름을 피우는 모양. 으쓱대는 모양. ¶他一贯~, 什么人都不放在眼里。= 그는 늘 건방져서, 누구도 안중에 두지 않는다.

【大大落落】 **dà·da luōluō** (~的) 형방 (태도가) 대범하다. 의젓하다. 시원시원하다. 태연하다. 자연스럽다.

【大大小小】 **dà·da xiǎoxiǎo** 형 모든. 온갖 종류의. 갖가지의. 들쭉날쭉한. ¶家里~的事都由她说了算。= 집안의 크고 작은 일은 모두 그녀의 말에 의해 결정된다. 부 아무튼. 어쨌든. 뭐라고 하든. ¶他~也是个领导。= 그는 어쨌든 지도급 인사이다. 명 큰 것과 작은 것. 어른과 아이. ¶一家~全来齐了。= 온 집안의 어른 아이들이 모두 왔다.

【大胆】 **dàdǎn** 형 대담하다. ¶~创新 = 대담하게 창조하다.

【大刀】 **dàdāo** 명 **1** (자루가 길고 날 폭이 넓은) 큰 칼. 대도. **2** (자루가 짧고 긴) 무기용의 칼. **3**방 식칼. 부엌칼.

【大刀阔斧】 **dàdāo-kuòfǔ** 성 **1** 큰 칼이나 큰 도끼를 휘두르다. **2**비 과감하고 패기가 있다. ≒雷厉风行 ↔束手无策 缩手缩脚

【大道】 **dàdào** 명 **1** 대로. 큰길. ¶穿城~ = 도시를 가로지르는 대로. **2**유 대도. 정도(正道). 큰〔올바른〕 도리. 상리(常理). 합평~ = 공평에 맞다. **3**유 대도. [고대의 최고 정치 이상. 조금의 사심도 없이 국민의 이익만을 생각하는 것을 말함] ¶~之行也, 天下为公。= 대도를 실행하면 천하가 공평해진다. **4** 대도. [최고의〔이상적인〕 치세 원칙]

【大道理】 **dàdào·li** 명 **1** 큰 이치. 큰 도리. 대원칙. 큰 법칙. 일반 원칙. **2** 비현실적인 도리〔이치〕. 표면상의 원칙. ↔小道理

【大道消息】 **dàdào xiāo·xi** 명 (정부 관련 기관이 발표하는) 공식 보도〔뉴스〕. ↔小道消息

【大德】 **dàdé** 명 큰 덕. 대덕. 공덕. 은덕. ¶大恩~, 没齿难忘。= 크나큰 은덕을 평생 잊을 수 없습니다.

【大敌】 **dàdí** 명 **1** 강적. 대적. 큰 적. **2**비 큰 적. 가장 해로운 것. 가장 큰 장애물. ¶洪涝灾害是农业的~。= 홍수와 침수 재해는 농업의 가장 큰 적이다.

【大敌当前】 **dàdí-dāngqián** 성 **1** 강적과 맞서다. 큰 적이 눈 앞에 닥치다. **2**비 극히 위험스런〔해로운〕 사물이 닥쳐 상황이 매우 심각하다.

【大抵】 **dàdǐ** 부 대부분. 거의 다. ¶去成都的外地游客, ~要去看看峨眉山。= 청두에 가는 외지 여행객은 대부분 어메이산을 구경하려고 한다. **2** 대략. 대체로. 대개. 주로. ¶事情的经过大

大 **dà** 357

如此。= 일의 경과는 대체로 이러합니다.

【大地】 **dàdì** 명 **1** 대지. 땅. ¶一片雪白。= 대지가 온통 하얀 눈으로 뒤덮이다. **2**〔地〕지구(地球)와 관련된 것. ¶~测量 = 측지(测地). ↔苍天

【大地春回】 **dàdì-chūnhuí** ☞【大地回春】 **dàdì-huíchūn**

【大地方】 **dàdìfāng** 명 대도시. ↔小地方

【大地回春】 **dàdì-huíchūn** 성 봄이 되어 대지에 생기가 넘치다. =【大地春回】 **dàdì chūnhuí**

【大典】 **dàdiǎn** 명 **1** 성대한 의식. 성전(盛典). 큰 제전. ¶国庆~ = 건국 기념일 행사. **2** 규모가 방대한 책. ¶《永乐~》 =《영락대전》.

【大殿】 **dàdiàn** 명 **1** 대전. [옛날, 국가 대사를 거행하거나 사절·대신 등을 접견하던 곳] **2** (절의) 본당. 대웅전(大雄殿).

【大调】 **dàdiào** 명〔音〕장조(長調).

【大碟】 **dàdié** 명 시디(CD). 디브이디(DVD). 브이시디(VCD). 레이저 디스크(LD, laser disc). ¶巨片~ = 거작 디브이디.

【大动干戈】 **dàdòng-gāngē** 성 **1** 전쟁을 일으키다. **2**비 대중을 동원하다. 대대적으로 일을 벌이다. 야단법석을 떨다. ↔偃旗息鼓

【大动肝火】 **dàdòng-gānhuǒ** 성 노발대발하다. 대노(大怒)하다. 대단히 성을 내다.

【大动脉】 **dàdòngmài** 명 **1** ☞【主动脉】 **zhǔdòngmài 2**비 대동맥. [교통의 중요한 간선로] ¶这条铁路是贯穿东西的~。= 이 철로는 동서를 가로지르는 대동맥이다.

【大动作】 **dàdòngzuò** 명 특단의〔대대적인·대규모의〕행동. 획기적인〔특단의〕조치. ¶振兴农业, 必须搞~。= 농업을 진흥하려면 반드시 특단의 조치가 있어야 한다.

【大豆】 **dàdòu** 명〔植〕대두. 콩.

【大都】 **dàdū** 부 대부분. 대개. 대체로. ¶他的作品~是历史小说。= 그의 작품 대부분은 역사 소설이다. 명 **1** 대도시. ¶通邑~ = 사통팔달의 대도시. **2** (Dàdū)〔歷〕대도. [중국 원(元)대의 수도. 지금의 베이징(北京)을 가리킴]

【大肚汉】 **dàdùhàn** 명구 먹보. 대식가. [해학적인 의미를 내포함]

【大肚子】 **dàdù·zi** 명 **1** 임신부. **2** 대식가(大食家). **3**방 지주. 자본가.

【大度】 **dàdù** 형문 너그럽다. 도량이 크다〔넓다〕. 포용력이 있다. ¶他为人~, 这点小事是不会介意的。= 그는 사람됨이 너그러워 이런 자그마한 일은 개의치 않을 것이다.

【大端】 **dàduān** 명문 (일의) 주요 부분. 대강. ¶举其~加以说明。= 주요 부분을 들어 설명을 더하다.

【大队】 **dàduì** 명 **1**〔軍〕(특정) 대대. [‘营(대대)' 또는 ‘团(연대)'에 해당함] **2** (군대식 편성의) 대대. 대오. 대열. 대(隊). 단(團). ¶消防~ = 소방 대대. / 北京市公安局交通~ = 베이징시 공안국 교통 대대. **3** 대대. [‘少年先锋队(소년선봉대)' 편제 중의 상급 조직] ¶~辅导员 = 소년 선봉대 대대 지도원. **4** 무리. ¶~人马 = 한 무리의 인마.

【大趸】dàdǔn [부] 대량으로. 덩어리로. 통째로. 몽땅. 무더기로. 도거리로. ¶～卖出＝통째로 팔아치우다. [동] (물건을) 대량으로〔통째로·도거리로〕 사들이다.
【大多】dàduō [부] 대다수. 대부분. 거의 다. ¶河边种的～是柳树。＝강가에 심은 것 대부분은 버드나무이다.
【大多半】dàduōbàn [부] 대개. 대략. 아마도. ¶这会儿他～不在家。＝지금쯤 그는 아마 집에 있지 않을 것이다. [형] 대다수의. 대부분의. 태반의. ¶～人我不认识。＝대다수의 사람들을 나는 잘 모른다.
【大多数】dàduōshù [형] 대다수의. 대부분의. ¶～人已准时到达。＝대다수 사람들은 이미 제 시간에 도착하였다.
【大额雁】dà'éyàn [명]《動》 쇠기러기.
【大鳄】dà'è [명] 1 큰 악어. 2 [비] 무법자. 폭군. 큰손. ¶商界～＝비지니스계의 무법자.
【大恩大德】dà'ēn dàdé [명] 크나큰 은덕(恩德).
【大而化之】dà'érhuàzhī [성] 1 성현의 빛나고 큰 덕업(德業)으로 만민을 교화하다. 2 일을 대강대강 해치우다. 되는대로 두루뭉실하게 처리해 버리다.
【大而全】dà'érquán [형] 1 크면서도 두루 갖추다. ¶这是～的设计方案。＝이것은 규모도 크고 모든 것이 잘 갖추어진 설계 방안이다. 2 (단편적으로) 크고 전면적인 것을 추구하다. ¶写散文要小而精, 不要～。＝산문은 짧고 세밀하게 써야지, 크게 벌려서는 안 된다. 3 (정부·기업의 조직이) 지나치게 방대하다.
【大而无当】dà'érwúdàng [성] 크기만 하고 실용적이지 않다. 속 빈 강정이다.
【大发】dàfā [동] 1 대발하다. 한껏 발설하다〔드러내다〕. ¶～脾气＝화를 크게 내다. 2 갑자기 발생하다〔일어나다〕. ¶诗兴～＝시흥이 갑자기 일어나다. 3 (재산이) 급격히 늘다. ¶～洋财＝(외국인과의 거래로) 뜻밖에 큰돈을 벌다. 횡재하다.
【大发】dà·fa [동][방] 한도를 초과하다. 크게 지나치다〔과도하다〕. [주로 뒤에 '了'가 쓰임] ¶他的老病又～了。＝그의 병이 또 크게 도졌다.
【大发横财】dàfā-hèngcái ☞【大发其财】dàfā-qícái
【大发雷霆】dàfā-léitíng [성][비] 크게 노하다. 큰 소리로 꾸짖다. 노발대발하다. 격노하다.
【大发其财】dàfā-qícái [성][폄] 갑자기 많은 돈을 벌다. 횡재하다. 벼락부자가 되다. 큰 돈을 벌다. ＝【大发横财】dàfā-hèngcái
【大法】dàfǎ [명] 1《法》 헌법(憲法). 2 [문] 중요한 법령·법칙. 3《佛》 대법. [대승(大乘)의 교법(教法)]
【大凡】dàfán [부] 대개. 대체로. [문장 앞에 쓰이며, 주로 '总(zǒng)'·'都(dōu)' 등과 호응하여 쓰임] ¶～成功者, 早年都有过艰苦奋斗的经历。＝대체로 성공한 사람은 모두 일찍이 힘들게 분투했던 경험을 갖고 있다.
【大方】dàfāng [명] 1 [문] 대방가. 식자(識者). 대가. 전문가. ¶贻笑～＝식자들의 웃음거리가 되다. 2 다방차(大方茶). [녹차의 일종. 주로 안후이(安徽)성·저장(浙江)성의 일부 지방에서 생산됨] 3《醫》 대방.
【大方】dà·fang [형] 1 (언행이) 시원시원하다. 거침없다. 자연스럽다. 대범하다. ¶言谈～＝말이 시원시원하다. 2 (스타일·색상 등이) 속되지 않다. 세련되다. 고상하다. 우아하다. 점잖다. ¶衣着～＝옷차림이 천하지 않다. 3 쩨쩨하지 않다. 인색하지 않다. ¶出手～＝돈 씀씀이가 인색하지 않다. ≒慷慨 ↔羞涩 拘束 小气 吝啬
【大方向】dàfāngxiàng [명] 큰 방향. 기본 방향. 대방침. 주요 방향. 주류. ¶这件事的～没有错。＝이 일의 기본 방향은 옳다. / 改革的～不能错。＝개혁의 큰 방향은 틀림이 없어야 한다.
【大房东】dàfángdōng [명] 집주인. ['二房东(재임대인)'과 구별됨]
【大放】dàfàng [동] (소리·빛 등을) 크게〔한껏〕 내보내다〔내뿜다·발하다〕. ¶～光明＝밝은 빛을 크게 발하다.
【大放厥词】[大放厥辞] dàfàng-juécí [성][폄] 비현실적인 말로 논쟁하다. 쓸데없는 시비로 왈가왈부하다. 쓸데없는 공론을 펴다. ≒说长道短
【大放厥辞】dàfàng-juécí ☞【大放厥词】dàfàng-juécí
【大放异彩】dàfàng-yìcǎi [성] 크게 이채를 띠다. 뛰어나게 빛을 내다.
【大费唇舌】dàfèi-chúnshé [성] 입이 닳도록 말하다. ＝【大费口舌】dàfèi-kǒushé
【大费口舌】dàfèi-kǒushé ☞【大费唇舌】dàfèi-chúnshé
【大粪】dàfèn [명] (사람의) 대변. 똥.
【大风】dàfēng [명] 1《氣》 큰바람. [풍력계급 8의 바람] [영] gale 2 강한 바람.
【大风暴】dàfēngbào [명] 1 대폭풍. 2 [비] 사회의 대변혁.
【大风大浪】dàfēng-dàlàng [성] 1 거대한 풍랑. 질풍노도(疾風怒濤). 2 [비] 사회의 대변동〔대변화〕. 격렬한 투쟁.
【大夫】dàfū [명] 대부. [고대의 관직 또는 작위 이름. 지위는 '士' 보다 높고, '卿' 보다 낮음] ☞ dài·fu
【大伏】dàfú [명]《氣》 1 삼복(三伏) 중의 가장 더운 시기. 2 삼복더위. 한더위.
【大幅】dàfú [형] 1 (옷감의) 폭이 넓다. ¶～棉布＝폭이 넓은 면포. 2 (그림·표어 등의) 면적이 넓다. ¶～图片＝큰 폭의 그림. 3 대폭의. 대폭적인. ¶生产效率～提高。＝생산 효율을 대폭 제고하다.
【大幅度】dàfúdù [형] (사물의 변화·발전 등이) 대폭적인. ¶要～地加快经济发展的速度。＝경제 발전의 속도를 한껏 높이다.
【大副】dàfù [명] 1등 항해사.
【大腹贾】dàfùgǔ [명] 부상(富商). 거상(巨商). 대상인. [비꼬는 의미를 내포함]
【大腹便便】dàfù-piánpián [성] 1 올챙이처럼 배가 불룩하게 나오다. 2 [폄] 배가 산만 하다. 배가 퉁퉁하다. ≒脑满肠肥 ↔骨瘦如柴

【大盖帽】dàgàimào 명 1 (군인·경찰·보안 요원·기관원 등이 쓰는) 챙이 큰 모자. =【大檐帽】dàyánmào 2 군인. 경찰. 보안 요원. 기간원. 공안원.

【大概】dàgài 부 아마(도). 대개. ¶他又折回来了，~是忘带什么东西了。=그가 다시 되돌아온 걸 보니, 아마 뭘 잊은 모양이다. 형 대략적인. 대강의. 대충의. ¶他对人数作了一个~的统计。=그는 인원 수를 대략 통계 냈다. 명 개략. 대강. 대요. ¶那事他也只知道个~。=그 일에 대해 그도 대강 알 뿐이다. ≒粗略 八成 梗概

---

大概(dàgài) / 也许(yěxǔ) / 恐怕(kǒngpà)

① 추측을 나타낼 때 '大概'는 판단, '也许'는 추리에 치중하는 반면, '恐怕'는 근심하는 어기를 포함함. ¶他大概再也不会明白我了。=그는 아마 더는 나를 이해하지 못할 거야. / 我也许说得太多了。=내가 너무 말을 많이 했는지도 몰라. / 到那时候，恐怕就来不及了。=그 때 가서는 아마 늦을지도 몰라.
② '也许'는 단독으로 또는 문장 앞에 사용하고, '大概'는 주로 문장 중간에만 사용하고, '恐怕'는 문장 앞과 문장 중간에 모두 사용할 수 있음. ¶也许我们两个能成为朋友。=어쩌면 우리 둘이 친구가 될 수도 있을지도 모르겠다. 也许吧。=그럴지도 모르지. / 我大概需要十万块钱吧。=난 대충 10만 위안이 필요할 거야. / 她恐怕不会来吧。(恐怕她不会来吧。) =그녀는 아마 오지 못할걸.

---

【大概齐】dàgàiqí ☞【大概其】dàgàiqí

【大概其】[大概齐] dàgàiqí 부명 아마(도). 대개(는). 대충. 대략. 대체로. ¶先请张教授~地说明一下。=우선 장 교수님을 모시고 대략적인 설명을 들읍시다.

【大干】dàgàn 동 대대적으로 하다. 힘을 내어 하다. 정력적으로 하다. ¶~一场=한바탕 하다.

【大干快上】dàgàn-kuàishàng 성 대규모로 신속히 하다.

【大纲】dàgāng 명 1 (그물의) 벼리. 2 (비) (강·저작·계획 등의) 대강. 요강(要綱). 줄거리. 요지. 요점. 적요(摘要). ¶教学~=교수 요강. 3 (방침·규범을 열거한) 강령 성격의 정책 법령[법규]. 대강. ¶《土地法~》=《토지법 대강〔강령〕》. ≒纲要

【大哥】dàgē 명 1 큰형. 맏형. 장형. 2 형. 형님. [연배가 높은 남자에 대한 존칭]

【大哥大】dàgēdà 명 1 ㈜ 휴대폰. 핸드폰. 셀룰라폰. 휴대〔이동〕전화기. ¶他腰间挂着一个~。=그는 허리에 휴대폰을 차고 있다. 2 일인자(一人者). 최고가. 최상품. 최상급. ¶他是那家公司的~。=그는 그 회사의 일인자이다.

【大革命】dàgémìng 명 1 대혁명. ¶法国~=프랑스 대혁명. 2 (歷) '第一次国内革命战争(제1차 국내 혁명 전쟁)'. [1924년부터 1927년까지 중국 공산당이 제국주의 및 북양 군벌(北洋軍閥)에 대항하여 싸운 전쟁]

【大个儿】dàgèr 명 1 체격이〔키가〕 큰 거구. 키다리. 2 웅골진〔튼실하고 토실토실한〕 과일〔닭·오리·가금〕. ¶买苹果要选~的买。=사과를 살 때는 알이 굵은 것으로 골라 사야 한다.

【大个子】dàgè·zi 명 1 큰〔거대한〕 몸집. 거구. 장신. ¶他长了一个~。=그는 덩치가〔몸집이〕좋다. 2 몸집〔체격〕이 큰 사람. 거구. 대인. 거인. 거한. 키다리. ¶他是一个~。=그는 키다리이다.

【大公】dàgōng 명 1 대공. [고대 러시아 최고 통치자의 칭호] 2 대공. [유럽 일부 국가의 공작(公爵) 위의 작위] 형 대단히 공평하다.

【大公国】dàgōngguó 명 대공국. ¶卢森堡~=룩셈부르크 대공국.

【大公无私】dàgōng-wúsī 성 1 공평무사하다. 2 조금의 사심도 없이 국민의 이익만을 생각하다.

【大功】dàgōng 명 1 큰 공. 큰 공로〔공적〕. ¶立下~=큰 공을 세우다. 2 우수 공로상. [표창 등급의 하나] ¶记~一次。=우수 공로상을 수여하다.

【大功告成】dàgōng-gàochéng 성 (대형 프로젝트·대형 사업·중요 임무 등) 큰 일의 완성을 선언하다. 큰 일을 마치다. 큰 성공을 거두다.

【大功率】dàgōnglǜ 명(電) 고성능(高性能).

【大恭】dàgōng 명완 대변(大便).

【大姑】dàgū 명 큰고모.

【大姑娘】dàgū·niang 명 1 맏딸. 장녀. 2 나이 찬 처녀. 노처녀.

【大姑子】dà·gū·zi 명㈜ 손위 시누이.

【大贾】dàgǔ 명 거상(巨商). 대고(大賈). ¶商界~=상업계의 거상.

【大骨节病】dàgǔjiébìng 명(醫) 케신벡(Kaschin Beck)병. ☞【柳拐子病】liǔguǎi·zi

【大鼓】dàgǔ 명 1 (音) 큰북. 대고. 2 (藝) 대고. [설창 문예의 하나. 鼓(북)·板(박자판)·三弦(삼현금) 등의 반주에 맞춰 운문으로 된 이야기를 연기와 노래로 풀어 나가며, 간혹 대사를 끼워 넣음. 유행 지역이 비교적 광범위함] ¶京韵~=베이징(北京) 일대의 대고. / 山东~=산둥(山東) 대고.

【大故】dàgù 명완 1 부친상. 모친상. 2 중대 사고. ¶国有~=나라에 큰 사고가 나다.

【大褂】dàguà(~儿) 명 (기장이 무릎 아래까지 내려가는) 중국식 홑두루마기.

【大关】dàguān 명 1 요소(要道). 2 큰 관문〔난관·한계·단위〕. 중요한 대목. 전환점. 고비. 대선. ¶销售利润突破千万~。=판매 이윤이 천만 위안 선을 돌파했다.

【大观】dàguān 명 장관(壯觀). 웅대한 경관. 성관(盛觀). 위관(偉觀). ¶蔚为~=다채롭고 성대하여 장관을 이루다.

【大观园】Dàguānyuán 명 1 대관원. [청(淸)대 소설《홍루몽(紅樓夢)》중의 화려한 정원] 2 (dàguānyuán) 화려하고 번화한 곳.

【大管】dàguǎn ☞【巴松】bāsōng

【大规模】dàguīmó 형 대규모의. 대량의. ¶~

的资金＝대규모 자금. / ～的庆祝活动＝대규모 경축 행사.

【大规模集成电路】**dàguīmó jíchéng diànlù** [명]《電》 대규모 집적 회로.

【大规模杀伤性武器】**dàguīmó shāshāng xìng wǔqì** [명]《軍》 (핵무기·생화학 무기 등의) 대량 살상 무기.

【大闺女】**dàguī·nü** [명] **1** 맏딸. 장녀. **2** 나이 찬 처녀.

【大鬼】**dàguǐ** [명][구] (트럼프의) 조커(joker).

【大锅饭】**dàguōfàn** [명] **1** 대중 식사. 공동 식사. **2** [비] 평균 분배. ¶多劳多得, 不能吃～。＝일한 만큼 얻어야지, 똑같이 대우할 수 없다.

【大国】**dàguó** [명] 대국. 대방(大邦).

【大国沙文主义】**dàguó shāwénzhǔyì** [명] 대국 쇼비니즘. 대국의 배타적〔광신적·맹목적〕 애국주의. [영] great-nation chauvinism

【大过】**dàguò** [명] **1** 큰 잘못〔허물〕. 대과. **2** 경징계. [강등보다는 가벼움]

【大海】**dàhǎi** [명] **1** 바다. **2** 큰 바다. 대해. 해양.

【大海捞针】**dàhǎi-lāozhēn** ☞【海底捞针】**hǎidǐ-lāozhēn**

【大海茫茫】**dàhǎi-mángmáng** [성] **1** 망망대해. **2** [비] 앞날이 막막하다〔아득하다〕.

【大函】**dàhán** [명][경] 귀한(貴翰). 귀함(貴函). 대찰(大札). ¶～收悉＝귀하의 편지를 잘 받아 보았습니다.

【大寒】**dàhán** [명] 대한. [24절기 중의 하나]

【大喊大叫】**dàhǎn-dàjiào** [성] 큰 소리로 외치다〔부르짖다〕.

【大汉】**dàhàn** [명] 대한. (사내)대장부. 기골이 장대한 남자. ¶彪形～＝우람한 체격의 대한.

【大汗】**dàhàn** [동] 비지땀을 흘리다. 땀에 흠뻑 젖다. ¶～淋漓＝비지땀을 줄줄 흘리다. 땀투성이가 되다. [명] **1** 비지땀. ¶出了一头～。＝비지땀을 흘리다. **2** (**Dàhàn**) 징기스칸의 존칭.

【大旱】**dàhàn** [명] 큰 가뭄. 오랜 가뭄. 대한(大旱). 장한(長旱). ¶～之年, 颗粒无收。＝큰 가뭄이 든 해에 한 알의 낟알도 거두지 못하다.

【大旱望云霓】**dàhàn wàng yúnní** [성] **1** 큰 가뭄에 비를 갈망하다. **2** [비] 곤경에서 벗어나기를 갈망하다.

【大好】**dàhǎo** [형] 매우 좋다〔훌륭하다〕. 아름답다. 곱다. ¶～河山＝아름다운 강산. [동][방] (병이) 낫다. 완쾌하다.

【大号】**dàhào** [명] **1** (～儿) 큰 치수〔사이즈〕. 라지 사이즈(large size). ¶他个头儿大, 要穿～。＝그는 몸집이 커서 큰 치수를 입어야 한다. **2** 존함(尊銜). 존명(尊名). **3**《音》 튜바. ↔小号

【大合唱】**dàhéchàng** [명] **1**《音》 대합창. 칸타타(cantata). ¶《黄河～》＝《황허 대합창》. **2** [비] (많은 사람이) 한 목소리를 내며 서로 호응하다. 의기상통하다.

【大河】**dàhé** [명] **1** 큰 강. 대하. ¶大江～＝큰 강. **2** (**Dàhé**)《地》 황허(黃河). ¶凿龙门, 决～。＝용문 협곡을 뚫어 황허의 물길을 트다.

【大喝一声】**dàhè yīshēng** [성] 대갈일성(大喝一声)하다. 크게 고함치다〔호통치다〕. ¶～, 跳将出来。＝크게 고함을 치며 튀어나오다.

【大亨】**dàhēng** [명] 거물. 거두. 유력 인사. ¶房地产～＝부동산계의 거물.

【大轰大嗡】**dàhōng-dàwēng** [성] 내용은 도외시하고 형식에만 치중하다. 소리만 크고 내용은 없다.

【大红】**dàhóng** [형] 진홍색의. ¶～毛衣＝진홍색 스웨터.

【大红大绿】**dàhóng-dàlǜ** [성] 현란하다. 울긋불긋하다.

【大红大紫】**dàhóng-dàzǐ** [성][비] 총애를〔신임을〕 한 몸에 받다. 위세가 대단하다. ¶～的电影明星＝인기를 한 몸에 받는 영화 배우.

【大红人】**dàhóngrén** [명] 인기인. 주목받는 사람. 중시되는 사람. ¶他如今是公司的～。＝그는 지금 회사에서 가장 주목받는 사람이다.

【大红伞】**dàhóngsǎn** [명][구][비] 후견인. 비호 세력. 뒷배.

【大后方】**dàhòufāng** [명] **1** 전선에서 멀리 떨어진 곳의 규모가 큰 후방 기지. **2** 중일〔항일〕 전쟁 시 일본군에 점령당하지 않은 중국의 서남·서북 지역.

【大后年】**dàhòunián** [명] 내후년. 후후년.

【大后儿】**dàhòur** ☞【大后天】**dàhòutiān**

【大后天】**dàhòutiān** [명] 글피. 삼명일(三明日). ＝【大后儿】**dàhòur**

【大呼隆】**dàhū·long** [형] **1** 한꺼번에 우르르 달려들다〔모여들다〕. **2** [비] 기세만 올리고 실효가 없다. ¶要杜绝～的工作作风。＝기세만 올리고 실효가 없는 작업 분위기를 없애야 한다.

【大呼小叫】**dàhū-xiǎojiào** [성] 떠들썩하다. 시끌시끌하다. 시끌벅적하다. 소란을 피우다. 야단법석을 떨다.

【大户】**dàhù** [명] **1** 대가족. ¶他们村上刘姓是～。＝그들 마을에서 유씨가 대가족을 이루고 있다. **2** [옛] 대부호(大富豪). ¶～人家＝대부호 집안. 큰 부잣집. **3** 어떤 분야에서 비중이 큰 생산 단위〔기업·개인〕. ¶纳税～＝고액 납세자. / 养殖～＝대량 양식업자. **4**《經》 (주식 시장의) 거액 투자자. 큰손. ¶他炒股多年, 现在已是～。＝그는 여러 해 동안 주식 투자를 하여 지금은 이미 거액 투자자가 되었다.

【大花脸】**dàhuāliǎn** [명]《劇》 대화검. [중국 전통극에서 원로·대신·재상으로 분장하는 배역]

【大话】**dàhuà** [명] 큰소리. 흰소리. 허풍. ¶说～＝큰소리치다. [동] 멋대로 농담하다. 밑도끝도 없이 주절거리다. 마음대로 익살을 부리다. 실없이 놀리다. 핵심도 없이 자유로이 말하다. ¶《～西游》这部电影有点儿意思。＝《코믹 서유기》, 이 영화는 재미있는 편이다.

【大环境】**dàhuánjìng** [명] 전체적인 사회 환경과 사회 분위기. ¶经济建设的～已明显改善。＝경제 건설의 전체적인 분위기가 이미 뚜렷하게 개선되었다.

【大换血】**dàhuànxiě** [동][비] (인원이나 설비 등을) 대규모로 교체하다〔변경하다〕.

【大荒】dàhuāng 명 1 큰 흉작〔흉년〕. ¶~之年=대흉년. 2 끝없이 펼쳐진 허허벌판. 3 아득히〔지극히〕 먼 곳. ¶北~=베이다황. [원래는 헤이룽장(黑龙江)성 넌장(嫩江) 유역·헤이룽장(黑龙江)성 구디(谷地)·산장(三江) 평원 등의 광대한 황무지를 가리킴. 지금은 중국의 주요 곡식 생산지의 하나임]
【大黄】dàhuáng 명 (植) 대황.
【大黄鱼】dàhuángyú 명 (動) 부세.
【大茴香】dàhuíxiāng ☞【八角】bājiǎo
【大会】dàhuì 명 1 대회. ¶庆祝~=경축 대회. 2 (국가 기관·단체·기업의) 전체 회의. 총회. ¶职工~=직원 총회.
【大会战】dàhuìzhàn 명 1 (軍) 대규모 전투. 2 비 총력전.
【大火没湿柴】dàhuǒ méi shīchái 속비 많은 사람이 힘을 모으면 극복하지 못할 것이 없다.
【大伙儿】dàhuǒr 대구 1 모두들. 모든 사람. 여러 사람. =【大家伙儿】dàjiāhuǒr ¶~你一言我一语讨论得很热烈。=모두들 저마다 한 마디씩 하며 무척 열띤 토론을 벌었다.
【大祸临头】dàhuò-líntóu 속 큰 재난〔불행〕이 닥쳐오다. 발등에 불이 떨어지다.
【大惑不解】dàhuò-bùjiě 속 1 흐리멍덩하여 사리를 분간하지 못하다. 2 도무지 이해가 되지 않다. 크나큰 의혹이 풀리지 않다.
【大吉】dàjí 형 대길하다. ¶开业~=개업 대길. 접비 일부 동사나 동사 구조 뒤에 쓰여 해학적인 의미를 나타냄. ¶溜之~=(형세가 불리하면) 미련 없이 슬쩍 빠지는 게 장땡이다.
【大集】dàjí 명 1 (비농업인 위주의) 큰 읍. 2 (정기적인) 큰 장. ¶赶~=장에 맞춰 가다.
【大几】dàjǐ 수구 20·30 등의 정수 뒤에 쓰여 25·35를 초과하였음을 나타냄. [주로 나이에 쓰임] ¶你都三十~的人了，怎么还不懂事？=이미 서른 중반이 넘었는데 아직도 철이 없니?
【大计】dàjì 명 대계. 중요한 계획〔일〕. ¶民生~=민생 대계.
【大忌】dàjì 명 1 큰 금기. ¶犯了~=큰 금기를 어기다. 2 비 기피 사항〔사물·일〕. ¶此乃用兵之~。=이는 용병의 기피 사항이다. 동 매우 꺼리다〔금기하다·기피하다〕. ¶~于此=이 점에 매우 꺼리다.
【大蓟】dàjì 명(植) 엉경퀴.
【大家】dàjiā 명 1 대가. 권위자. ¶书法~=서예의 대가. 2 대갓집. 명문. 명가. ¶~闺秀=대갓집 규수. 대 1 모두. 다들. [일정 범위 내의 모든 사람을 가리킴] ¶这是我的一点想法，不知~有何意见？=이건 내 생각인데, 다들 어떤 의견이 있는지 모르겠군요. 2 '我们·你们·他们·咱们' 뒤에서 복수의 의미를 다시 강조함. ¶咱们~齐心协力, 没有办不成的事儿。=우리들 모두 한마음 한뜻으로 힘을 모은다면 못 할 일이 없을 것이다. →个人
【大家闺秀】dàjiā guīxiù 속 1 대갓집 규수. 2 규수. 숙녀. 교양 있고 정숙한 여성.
【大家伙儿】dàjiāhuǒr ☞【大伙儿】dàhuǒr

【大家庭】dàjiātíng 명 1 대가정. 대가족. ¶他们家是一个四世同堂的~。=그들 집은 4대가 모여 사는 대가족이다. 2 비 공동체. ¶祖国~=국가 공동체.
【大驾】dàjià 명 1 어가(御驾). 대가. 2 제왕. 임금. 3 경 귀하. 당신. ¶~光临, 有失远迎。=당신께서 왕림해 주셨는데 멀리 마중 나가지 못했습니다.
【大件】dàjiàn 명 1 부피가 큰 물건. 2 고가품. 비싼 물건.
【大建】dàjiàn 명 (氣) (음력의) 큰달. 대월(大月). =【大尽】dàjìn
【大江】dàjiāng 명 1 큰 강. ¶~大浪=강이 크면 파도도 높다. 2 (Dàjiāng) (地) 창장(長江). 양자강. 장강. ¶百万雄师过~。=백만의 정병(精兵)이 창장을 건너다.
【大江大海】dàjiāng dàhǎi 속 매우 큰 강과 큰 바다.
【大奖】dàjiǎng 명 대상. 큰 상. 상금이 많거나 영예가 높은 상. ¶他买的彩票中了~。=그가 산 복권이 1등에 당첨되었다.
【大奖赛】dàjiǎngsài 명 (규모·상금·명예가 모두 큰) 경연 대회. ¶通俗歌曲~=대중 가요 경연 대회.
【大将】dàjiàng 명 1 (軍) 대장(大将). 2 (軍) 고위 장성. 고급 장교. 3 비 주요〔핵심〕 인물. 일꾼. ¶这些是公司里的~。=이들은 회사의 주요 인물들이다.
【大脚】dàjiǎo 명 1 큰 발. 2 예 전족(纏足)하지 않은 발. 3 (體) (축구에서) 롱킥. ¶~开球=길게 시축하다.
【大轿车】dàjiàochē 명 (30인 이상 탈 수 있는) 대형 버스.
【大教育】dàjiàoyù 명(敎) (교육 전반의 조화로운 발전을 위한) 전방위 교육 시스템.
【大街】dàjiē 명 큰길. 번화가. 큰 거리. 대로.
【大街小巷】dàjiē-xiǎoxiàng 속 거리와 골목. 골목골목. 온 거리.
【大节】dàjié 명 1 문 대강(大纲). 요점. 요지. 대체(大體). 주요 원칙〔원리〕. 2 절개. 절조. 대절. ¶~不辱=절개를 욕되게 하지 않다. 3 단오(端午)·中秋(추석)·过年(설) 세 가지 큰 명절. 4 (국가·민족의 존망과 관련된) 중대사. 큰 일. ¶此乃关乎国家存亡之~也。=이것은 국가의 존망에 관계되는 큰 일이다. →小节
【大劫】dàjié 명 1 큰 재난. 2 (佛) 대겁. 매우 오랜 세월.
【大捷】dàjié 명(軍) 대첩. 대승.
【大姐】dàjiě 명 1 큰누이. 맏누이. 큰누나. 큰언니. 누이. 누나. [자기와 나이가 비슷한 여성에 대한 존칭]
【大姐大】dàjiědà 명 (어떤 무리 중의) 파워우먼. 여걸. 최고봉의 여성. 여두목. ¶在这帮女演员中, 她是~。=이 여자 배우들 중 그녀가 최고이다.
【大姐姐】dàjiě·jie 명 1 큰누이. 맏누이. 큰언니. 2 언니. 누나. [자기보다 나이가 많은

미혼 여성을 높여 부르는 말〕.
【大解】 dàjiě 동 대변을 보다. 뒤를 보다.
【大襟】 dàjīn 명 〔단추를 한쪽으로 채우게 된〕 중국 옷의 겉자락.
【大尽】 dàjìn ☞【大建】 dàjiàn
【大姈子】 dàjìn·zi 명방 큰처남의 아내. 큰처남댁. 손위 처남댁.
【大禁】 dàjìn 명운 엄격히 금지된 사항〔일〕. 큰 금기. ¶你这是犯了~。=이것은 큰 금기를 범한 것이다.
【大经济】 dàjīngjì 명(經) 토탈(total) 경제. 〔시장 조사·기획·기술 개발·연구 제작·공장 생산·유통에서 판매 후의 서비스에 이르기까지 종합적으로 경영하는 경제 시스템〕.
【大惊失色】 dàjīng-shīsè 성 대경실색하다. 몹시 놀라 얼굴빛이 크게 변하다.
【大惊小怪】 dàjīng-xiǎoguài 성 별것 아닌 일에 크게 놀라다.
【大静脉】 dàjìngmài 명(生) 대정맥.
【大酒大肉】 dàjiǔ-dàròu 성 성대한 술자리〔연회〕. 진수성찬. 푸짐한 요리.
【大舅子】 dàjiù·zi 명구 손위 처남.
【大局】 dàjú 명 대국. 대세. 전반적인 정세. ¶~初定=대세가 대체적으로 정해졌다.
【大举】 dàjǔ 명문 중대한 거동. 거사(巨事). ¶共谋~=거사를 공모하다. 동 널리 천거하다. 대대적으로 추천하다. ¶~贤才=똑똑한 인재를 널리 천거하다. 부 무진한 모양. 대규모로. 〔주로 군사적 행동에 많이 쓰임〕 ¶~进攻=대대적으로 진격하다〔공격하다〕.
【大军】 dàjūn 명 1 (軍) 대군. ¶百万~=백만 대군. 2 비 동일 업종에 종사하거나 형편이 같은〕 많은 사람. 대규모 인원. 대군. ¶建筑~=건축 대군.
【大卡】 dàkǎ 명(物) 킬로칼로리(kilocalorie). 〔열량의 실제적 단위로, 1칼로리(calorie)의 1,000배〕 =【千卡】 qiānkǎ
【大开】 dàkāi 동 1 크게〔활짝〕열다. ¶~言路=언로를 활짝 열다. 2 (모임 등을) 성대하게 개최하다. 크게 열다.
【大开方便之门】 dàkāi fāngbiàn zhī mén 상 되도록 편리하게 해 주다.
【大开眼界】 dàkāi-yǎnjiè 숙 식견〔견문〕을 넓히다. 시야를 넓히다.
【大楷】 dàkǎi 명 1 크게 쓴 해서체(楷書體) 글씨. 2 (표음 문자·한어 병음 등에 쓰이는) 로마자 인쇄체 대문자.
【大考】 dàkǎo 명 1 학기말 시험. 2 중요한 시험. 3 종합 고사. ¶下星期~。=다음 주에 종합 시험을 치른다.
【大科学】 dàkēxué 명 거대 과학. 빅 사이언스(big science). 〔과학 연구 방식의 하나. 전공이 다른 다수의 과학자들이 긴밀하게 연대하여 각 영역의 선진적인 기술 수단과 연구 성과를 종합적으로 이용해서 중대 과제를 공동 연구하는 것. 예컨대 우주 탐사·게놈 프로젝트 등〕.
【大可】 dàkě 부 한번 해 볼 만하다. 매우 그럴 만

하다. ¶~一试=한번 시험해 볼 만하다.
【大课】 dàkè 명(教) 1 합반 수업. 공동 수업. 2 대형 수업〔강의·강좌〕.
【大快人心】 dàkuài-rénxīn 성 사람의 마음을 후련하게〔통쾌하게〕하다. 속이 시원하게 하다.
【大块】 dàkuài 형 큰 덩어리의. ¶~田地=넓은 농지.
【大块头】 dàkuàitóu 명 1 뚱뚱보. 2 거구(巨躯). 대인(大人). 거인(巨人). 거한.
【大块文章】 dàkuài wénzhāng 명 장편 대론의 문장. 무게 있는 문장.
【大款】 dàkuǎn 명 큰 부자. 대부호.
【大懒支小懒】 dàlǎn zhī xiǎolǎn 속 자기가 할 일을 남에게 시키다〔미루다〕.
【大郎】 dàláng 명 장남. 큰〔맏〕아들.
【大浪】 dàlàng 명 1 큰 파도. ¶狂风~=광풍이 일고 큰 파도가 치다. 2 비 큰 시련.
【大牢】 dàláo 명 감옥. ≒监狱
【大老】 dàlǎo 명 대로. 원로. 지체 높고 나이 많은 노인. ¶党内~=당내 원로.
【大老粗】 dàlǎocū 명 거친 사람. 무식한 사람. 상스러운 사람. ¶我是个~, 哪懂得这些。=나는 무식쟁이인데, 이런 걸 어떻게 알겠어요?
【大老婆】 dàlǎo·po 명방 정처(正妻). 본처(本妻). 큰댁. 정실(正室).
【大老爷】 dàlǎo·ye 명방존 나리.
【大老爷们儿】 dàlǎoye·menr 명방 성년 남자. 사나이. 장부. ¶你一个~, 怎么这么不爽快? =사나이가 왜 이렇게 우물쭈물해요?
【大老远】 dàlǎoyuǎn 형 매우 멀다. 아주 먼. ¶听说朋友有事, 他从~的地方赶来了。=친구에게 일이 생겼다는 소식을 듣고, 그는 아주 먼 곳에서 서둘러 왔다.
【大冷天】 dàlěngtiān 명 지독히 추운 날.
【大礼】 dàlǐ 명 큰절. 고두(叩頭). ¶行~=큰절을 하다.
【大礼拜】 dàlǐbài 명 1 2주일 혹은 10일 만에 하루 쉬는 날. 2 (5일 근무제가 보편화되기 전) 격주로 1일과 2일을 쉴 때 2일을 쉬는 주, 또는 그 주의 일요일.
【大礼服】 dàlǐfú 명 대례복.
【大礼堂】 dàlǐtáng 명 1 대강당. 2 강당.
【大理花】 dàlǐhuā ☞【大丽花】 dàlìhuā
【大理石】 dàlǐshí 명방(礦) '大理岩(대리석·대리암)'의 속칭.
【大力】 dàlì 명 큰 힘. 강력. ¶下~=큰 힘을 들이다. 부 강력하게. 힘껏. 대대적으로. ¶~提倡勤俭节约=근검절약을 대대적으로 제창하다. ≒鼎力
【大力士】 dàlìshì 명 대역사. 역사(力士). 장사.
【大利不利】 dàlì-bùlì 성 큰 이익을 위해서는 눈앞의 작은 이익을 따지지 말아야 한다.
【大丽菊】 dàlìjú ☞【大丽花】 dàlìhuā
【大丽花】 dàlìhuā 명(植) 달리아(dahlia). 다알리아. 천축모란. =【大丽菊】 dàlìjú【大理花】 dàlǐhuā【西番莲】 xīfānlián【天竺牡丹】 tiānzhú mǔdān

大 dà 363

【大殓】dàliàn 동㋖ 대렴하다. 입관하다. 납관(納棺)하다.

【大梁】dàliáng 명 1 ☞【脊檩】jǐlǐn 2 ☞【车架】chējià 3 (劇) 비중 있는 역을 맡은 배우. 주요 배우. 주연 배우. 4 비 골간. 뼈대. 주요 인물〔사람〕. ¶他是我们课题组的~。=그는 우리 프로젝트 팀의 주요 인물이다. 5 비 중임. 중책. 대임. ¶在这个项目中你挑~。=이 프로젝트에서는 당신이 중임을 맡도록 하십시오.

【大量】dàliàng 형 1 대량의. 다량의. 많은 양의. 상당한 양의. ¶投入~的财力=상당한 양의 재력을 투입하다. 2 도량이 넓다. 관대하다. ¶宽宏~=도량이 넓고 관대하다. 3 주량이 세다. ¶您~, 再喝几杯也没问题。=당신은 주량이 상당해서 몇 잔 더 마셔도 문제 없어요. ≒大批 ↔少量

【大亮】dàliàng 동 날이 환하게 밝다. ¶天已~。=날이 이미 환하게 밝았다.

【大料】dàliào ☞【八角】bājiǎo

【大咧咧】dàliēliē (~的) 형 1 대충대충이다. 건성건성이다. 되는대로이다. 2 거드름을 피우는 모양. 으쓱대는 모양.

【大灵猫】dàlíngmāo 명 (動) (에티오피아에서 유래한) 사향고양이. 영 large indian civet

【大龄】dàlíng 형 나이가 많은. [주로 정상적인 결혼 연령과 취학 연령을 넘긴 사람에게 쓰임] ¶~学童=나이가 많은 학생.

【大龄青年】dàlíng qīngnián 노총각과 노처녀. 혼기를 놓친 미혼 남녀.

【大溜】dàliù 명 1 (강 중심의) 빠른〔센〕 물살. 2 비 (사회의) 큰 추세〔조류〕. 대세. 유행. ¶顺~=대세를 따르다.

【大楼】dàlóu 명 빌딩. 고층 건물. ¶百货~=백화점 빌딩.

【大陆】dàlù 명 1 (地) 대륙. ¶欧洲~=유럽 대륙. 2 중국 대륙. [연해의 도서에 상대해서 하는 말] ¶欢迎台胞来~投资。=대만 동포들의 대륙 투자를 환영합니다.

【大陆岛】dàlùdǎo 명 (地) 대륙도. 육도(陸島).

【大陆架】dàlùjià 명 (地) 대륙붕. =【大陆棚】dàlùpéng【陆棚】lùpéng【陆架】lùjià

【大陆棚】dàlùpéng ☞【大陆架】dàlùjià

【大陆坡】dàlùpō 명 (地) 대륙붕의 사면.

【大陆气团】dàlù qìtuán 명 (氣) 대륙 기단.

【大陆桥】dàlùqiáo 명 대륙교. ¶欧亚〔亚欧〕~=유라시안 대륙교(Eurasian land bridge).

【大陆性气候】dàlùxìng qìhòu 명 (氣) 대륙성 기후.

【大路】dàlù 명 대로. 큰길. 한길. ¶走~=큰길로 가다. 형 보급의. 일반형의. 대중 소비형의. 잘 팔리는. ¶~产品=보급형〔일반형〕 상품.

【大路菜】dàlùcài 명 흔한〔일반적인〕 채소.

【大陆活】dàlùhuó (~儿) 명 중저가 상품.

【大陆货】dàlùhuò 명 보급형〔일반형〕 상품. 대중 소비품. 잘 팔리는 상품.

【大乱】dàluàn 동 크게 어지러워지다. 혼란스러워지다. ¶世间~=세상이 크게 어지러워지다.

【大略】dàlüè 명 1 대략. 대개. 대요. ¶这件事我也只知道个~。=이 일은 나도 대략적인 상황〔내용〕을 알 뿐이다. 2 큰 책략〔모략〕. ¶雄才~=웅대한 재능과 원대한 지략. 비 대략. 대강. 대충. ¶他们两家的情况~相同。=그 두 집안의 상황은 대략 비슷하다. ≒粗略 简略 ↔详细 详尽

【大论】dàlùn 명 1 명론. 대론. 2 존 명론. [남의 언론에 대한 경칭]

【大妈】dàmā 명 1 백모. 큰어머니. 2 아주머니. [나이 많은 부인에 대한 존칭]

【大麻】dàmá 명 (植) 1 삼. 대마. =【线麻】xiànmá 2 마리화나(marihuana). 대마초.

【大麻风】dàmáfēng ☞【麻风】máfēng

【大麻哈鱼】dàmáhāyú 명 (動) 연어. =【大马哈鱼】dàmǎhāyú

【大麻子】[大麻籽] dàmázǐ 명 (植) 1 ☞【蓖麻】bìmá 2 삼씨. 3 아주까리씨. 피마자.

【大麻籽】dàmázǐ ☞【大麻子】dàmázǐ

【大马哈鱼】dàmǎhāyú ☞【大麻哈鱼】dàmáhāyú

【大马趴】dàmǎpā 명 (앞으로) 푹 고꾸라지는 자세. ¶脚下一绊, 他摔了个~。=발이 걸려서 그는 앞으로 푹 고꾸라졌다.

【大麦】dàmài 명 (植) 보리.

【大满贯】dàmǎnguàn 명 그랜드슬램(grand slam). ¶他夺得当年所有赛事的冠军, 赢了一个~。=그는 그 해 모든 경기에서 우승을 차지하여, 그랜드슬램을 달성했다.

【大忙】dàmáng 형 매우 바쁘다. ¶他是个~人。=그는 매우 바쁜 사람이다.

【大毛】dàmáo 명 털이 긴 모피.

【大帽子】dàmào·zi 비 억지로 씌운 죄명이나 누명. ¶我没有那么大本事, 别扣~。=나는 그런 능력이 없으니, 그렇게 덮어씌우지 말아요.

【大媒】dàméi 명(存) 중매인.

【大妹子】dàmèi·zi 명 1 큰 누이동생. 큰 여동생. 2 자기보다 어린 여성을 친근하게 부르는 말.

【大门】dàmén 명 1 큰 문. 2 대문. 정문. 앞문. 3 비 큰 문호. 관문. 나라의 문. ¶他们守卫着祖国的南~。=그들은 조국의 남쪽 관문을 지키고 있다.

【大梦初醒】dàmèng-chūxǐng 成 1 오랜 꿈에서 막 깨어나다. 2 비 미몽에 사로잡혀 있다가 비로소 정신을 차리다.

【大米】dàmǐ 명 쌀.

【大面儿】dàmiànr 명 1 겉. 표면. 외형. 외관. ¶二人~上处得还可以。=두 사람은 겉으로는 사이좋게 지낸다. 2 얼굴. 체면. 면목. ¶做事要顾全~。=일을 하면서 체면을 지켜야 한다.

【大名】dàmíng 명 1 정식 이름. 호적에 오른 이름. ['小名(아명)'과 구별됨] ¶她~叫何洋, 洋洋是她的小名。=그녀의 이름은 허양이고, 양양은 그녀의 아명이다. 2 명성. 명망. ¶久闻~=명성은 오래 전부터 들었습니다. 3 존함. 고명. ¶请问尊姓~? =존함이 어떻게 되십니까?

【大名鼎鼎】dàmíng-dǐngdǐng 成 명성이 높다. 이름이 높이 나다. =【鼎鼎大名】dǐngdǐng-

**dàmíng**
【大谬不然】**dàmiù-bùrán** [성] 전혀 그렇지 않다. 완전히 틀리다.
【大漠】**dàmò** [명] 큰 사막.
【大模大样】**dàmú-dàyàng** [성] 거들먹거리는 모양. 거드름을 피우는 모양. 거만한 모양.
【大拇哥】**dà·mǔgē** ☞【拇指】**mǔzhǐ**
【大拇指】**dà·mǔzhǐ** ☞【拇指】**mǔzhǐ**
【大幕】**dàmù** [명] (무대의) 막.
【大拿】**dàná** [명][방] **1** 대가. 권위자. ¶他是开发游戏软件的～。=그는 게임 소프트웨어 개발의 대가이다. **2** 거물. 실권자. 보스. ¶他可是我们厂的～, 谁敢得罪他? =그는 우리 공장의 실세인데, 누가 감히 그를 건드리겠는가?
【大男】**dànán** [명] **1** 노총각. **2** 성년 남자.
【大男大女】**dànán dànǚ** [명] 노총각과 노처녀. 혼기를 놓친 미혼 남녀.
【大男子主义】**dànánzǐzhǔyì** [명] 남성 우월주의. 가부장적 남성주의. 가부장주의.
【大难】**dànàn** [명] 대난. 큰 재난. ¶天降～=하늘에서 떨어진 대난.
【大难临头】**dànàn-líntóu** [성] 큰 재난이 임박하다〔닥쳐오다〕.
【大脑】**dànǎo** [명]《生》대뇌. 큰골.
【大脑皮层】**dànǎo pícéng** [명]《生》대뇌 피질. =【大脑皮质】**dànǎo pízhì** [약]【皮层】**pícéng**【皮质】**pízhì**
【大脑皮质】**dànǎo pízhì** ☞【大脑皮层】**dànǎo pícéng**
【大脑炎】**dànǎoyán** [명][낮]《醫》유행성 B형 뇌염. 유행성 을형 뇌염.
【大内】**dànèi** [명][옛] 궁중. 황궁. 왕궁. ¶～高手=궁중의 고수.
【大鲵】**dàní** [명]《動》큰 도롱뇽. [중국에만 서식하며, 번식기의 울음소리가 갓난아기와 같다 하여 붙여진 명칭] [낮]【娃娃鱼】**wá·wayú** [영] Chinese giant salamander
【大逆不道】**dànì-bùdào** [성] **1** 대역 무도〔부도〕. **2** 도리에 크게 어긋나고 정도와 맞지 않다.
【大年】**dànián** [명] **1** (음력) 설. 음력 정월 초하루. ¶过～=설을 쇠다. **2** 풍년. ¶今年是个～, 收成不错。=올해는 풍년이어서 수확이 괜찮다. **3** 음력 12월이 30일인 해.
【大年三十】**dànián sānshí** [명] 음력 섣달 그믐날. 설날 전날. =【年三十】**niánsānshí**
【大年夜】**dàniányè** [명] 음력 섣달 그믐밤. 제야. 제석.
【大娘】**dàniáng** [명] **1** 큰어머니. 백모. ¶她是我二～。=그녀는 나의 둘째 큰어머니이다. **2** 아주머니. 아주머님. [나이 지긋한 부인에 대한 존칭] **3** [방] 정실(正室). 본처. 본댁.
【大农业】**dànóngyè** [명] **1** 대농업. [농업·임업·목축업·가정 부업·어업 등을 포함한 광의의 농업] **2** (농업 상품의 생산·가공·기술 지도 및 정책 지원 등이 상호 결합된) 종합 농업 경제 시스템.
【大排档】**dàpáidàng** [명][방] **1** (길가나 광장에 설치된) 노점. 판매점. 가게. **2** 간이 음식점. 포장마차. ¶海鲜～=해물 전문 간이 음식점.
【大排行】**dàpáiháng** [명] **1** 집안 항렬. [형제 자매뿐만 아니라 아버지 쪽의 4촌·6촌·8촌 형제 자매 등까지 포함한 장유의 순서] ¶他～是老二。=그는 집안 형제 중에 둘째이다. **2** (큰 범위 내에서의) 순위. 서열. ¶城市综合实力～=도시 종합 평가 순위.
【大牌】**dàpái** [명] (～儿) **1** (포커 등에서 몇 장의) 끗수가 높은 패. **2** [비] 거물급 인사〔선수·연예인〕. 큰 인물. 슈퍼스타. [보통 체육계나 문예계 쪽에서 많이 사용함] ¶他是影视界的～。=그는 연예계의 거물급 인물이다. [형] (～儿) 이름난. 유명한. 비중 있는. 영향력 있는. 거물급의. 수준 높은. ¶～明星=거물급 스타.
【大盘】**dàpán** [명]《經》증권 시세. 선물(先物) 시세. ¶～走势上扬。=증권〔선물〕 시세가 오름세에 있다.
【大炮】**dàpào** [명] **1**《軍》대포. **2** [비] 허풍쟁이. 허풍선(이). 거침없이 말하는 사람. 열변을 토하는 사람. ¶他好放～, 得罪了不少人。=그는 허풍을 잘 쳐서 많은 사람들의 미움을 샀다.
【大棚】**dàpéng** [명] **1** 대형 천막. **2** 방한(防寒) 천막.
【大篷车】**dàpéngchē** [명] **1** 화물 트럭. 화물차. 카고 트럭. [주로 덮개〔방수포〕가 있어서 유래한 명칭] **2** (탑·윙 바디 형태로 된) 기술 지도 차량. 서비스 차량. 문화 공연 차량. ¶～曲艺团=차량 이동 곡예단.
【大鹏】**dàpéng** [명] 대붕. [하루에 구만 리를 날아간다는 상상의 새]
【大批】**dàpī** [형] 대량의. ¶～救灾物资已运往灾区。=대량의 구호 물자가 재해 지구로 운송되었다. ≒大量 ↔少量
【大辟】**dàpì** [명][문] 사형(死刑).
【大片儿】**dàpiānr** [명][구]《映》대작.
【大片】**dàpiàn** [명] **1** 큰 조각. ¶～儿萝卜=큰 무 조각. **2**《映》대작(영화). ¶进口～=해외 대작. / 国产～=국산 대작. [형] (면적이나 범위가) 크다. (드)넓다. ¶～森林=드넓은 삼림.
【大票】**dàpiào**(～儿) [명] 고액권(高額券).
【大破大立】**dàpò-dàlì** [성] (문화 대혁명 시기에) 낡은 사물과 사상을 철저하게 타파하고, 새로운 사상과 사물을 힘껏 수립하다.
【大谱儿】**dàpǔr** [명] 대체적인 복안〔생각·윤곽〕. ¶到底怎么办, 你心里有个～没有? =도대체 어떻게 할 것인지, 당신 마음속에 대체적인 복안이 있는가? [부] 대략. 대개. 대체적으로. ¶我～估算了一下, 这本书的印刷费至少要两万。=내가 대략 추산해 봤는데, 이 책의 인쇄비로 적어도 2만 위안은 든다.
【大漆】**dàqī** ☞【生漆】**shēngqī**
【大起大落】**dàqǐ-dàluò** [성] 기복의 변화가 아주 빠르고 크다. (인생이나 벼슬길에서) 풍파를 많이 겪다.
【大气】**dàqì** [명] **1**《天》대기. 공기. **2** (～儿) 큰 숨. ¶孩子们吓得～儿都不敢出。=아이들은 놀라서 숨조차 크게 쉬지 못했다.

【大气】dà·qi 휑 대범하다. 당당하다. 도량이 크다. ¶他很~, 不是那种小心眼儿的人. =그는 속이 좁은 사람이 아니고 대범한 사람이다.
【大气层】dàqìcéng 몡(天) 대기층. 대기권. =【大气圈】dàqìquān
【大气成分】dàqì chéngfèn 몡(天) 대기 성분. [대기를 구성하고 있는 각종 물질]
【大气候】dàqìhòu 몡 1(氣) 대기후. 2(비) (국제·국내의) 정치·경제 형세. 사회 사조[분위기]. 3㉠ 큰 인물. ¶你一天就知道贪玩儿, 能成什么~? =이렇게 하루 종일 놀기만 좋아해서, 무슨 큰 인물이 되겠느냐?
【大气磅礴】dàqì-pángbó 휑 기세가 드높다〔대단하다〕.
【大气圈】dàqìquān ☞【大气层】dàqìcéng
【大气污染】dàqì wūrǎn 몡 대기 오염.
【大气压】dàqìyā 몡(氣). 몡(氣) (표준) 기압(atm). [1기압은 1,013.25헥토파스칼과 같음]
【大器】dàqì 몡 1 큰 그릇. 대기. [옛날, 圭(규)·璋(장)·鐘(종)·鼎(정) 등의 귀중한 기물을 가리킴] 2(비) 큰 인물〔재목·그릇〕. 대재(大才). ¶学业荒疏, 难成~. =학업을 소홀히 하면 큰 인물이 되기 어렵다.
【大器晚成】dàqì-wǎnchéng 휑 1 대기만성. 귀한 기물은 오랜 가공을 거쳐 비로소 완성된다. 2(비) 크게 될 인물은 오랜 연마를 거쳐 늦게 이루어진다.
【大千世界】dàqiān-shìjiè 휑 1《佛》대천 세계. 대천계. 2 끝없이 광활한 세계. 가없는 세상. ¶~, 无奇不有. =광활한 세계에는 별의별 것이 다 있다.
【大前年】dàqiánnián 몡 재재작년.
【大前儿】dàqiánr ☞【大前天】dàqiántiān
【大前提】dàqiántí 몡(論) 대전제.
【大前天】dàqiántiān 몡 그그저께. =【大前儿】dàqiánr
【大钱】dàqián 몡㉠ 1 대전. [옛날 동전의 하나. 보통 동전보다 무겁고, 화폐 가치 또한 높았음] 2 돈. ¶这东西一个一也不值. =이 물건은 한 푼 어치도 안 된다. 3 큰돈. 목돈. 뭉칫돈. 거액. ¶挣~=큰돈을 벌다.
【大枪】dàqiāng 몡 소총.
【大墙】dàqiáng 몡 1 크고 높은 담. 2(비) 감옥.
【大巧若拙】dàqiǎo-ruòzhuō 휑 겉으로는 아둔해 보이지만 실제로는 매우 총명하다.
【大清】Dàqīng 몡㉠ 청조(清朝)의 자칭.
【大清早】dàqīngzǎo 몡 이른 아침. 새벽.
【大晴天】dàqíngtiān 몡 매우 맑은 날.
【大庆】Dàqìng 몡 1 크게 경하(慶賀)할 일. 나라의 경사. ¶百年~=백년 대제전. 2㉢ (노인의) 생신. 탄생일. ¶八十一~=80세 생신. 3㉠ (Dàqìng) ☞【大庆油田】Dàqìng Yóutián 4(地) 다칭. 헤이룽장(黑龙江)성에 있는 도시]
【大庆油田】Dàqìng Yóutián 몡 다칭 유전. [중국의 유전 이름. 헤이룽장(黑龙江)성 쑹랴오(松辽) 평원에 있음] ㉠【大庆】Dàqìng

【大秋】dàqiū 몡 1 추수의 계절. 가을걷이철. ¶~过了, 稍稍空闲了一些. =가을걷이철이 지나서 조금 한가해졌다. 2 가을철 작물. 3 추수. 가을걷이. 가을 수확. ¶今年~比前些年都好. =올 가을 수확은 지난 몇 년의 어느 때보다도 낫다.
【大秋作物】dàqiū zuòwù 몡 가을철 작물.
【大球】dàqiú 몡(體) 축구·농구·배구 등의 구기 종목. ↔小球
【大曲】dàqū 몡 1 '바이주(白酒)'를 양조하는 누룩〔발효제〕. 2 누룩으로 양조한〔빚은〕바이주〔백주·배갈·고량주〕. 다취. ¶双钩~=쌍거우 다취.
☞ dàqǔ
【大曲】dàqǔ 몡(音) 대곡. [중국 고대 대형 악무 모음곡. 예를 들면 한위(漢魏)의 '相和大曲', 당송(唐宋)의 '燕樂大曲' 등이 있음. 송원(宋元) 희곡 음악에 큰 영향을 끼쳤음]
☞ dàqū
【大权】dàquán 몡 큰 권력〔권한〕. 대권. 정권. ¶财政~=재정 대권.
【大全】dàquán 휑 완비되어 있다. 모두 갖추다. 완전하다. 몡 대전. [문헌·공구서 등의 명칭] ¶《中国戏曲~》=《중국 희곡 대전》.
【大权独揽】dàquán-dúlǎn 휑 혼자 권력을 독차지하다〔좌지우지하다〕.
【大权旁落】dàquán-pángluò 휑 대권이 남의 손아귀에 떨어지다. 권력이 다른 사람의 손에 넘어가다.
【大染缸】dàrǎngāng 몡(비) 타락〔악〕의 온상. ¶在某种意义上, 社会就是个~. =어떤 의미에서 볼 때, 사회는 타락의 온상이다.
【大人】dàrén 몡㉢ 어르신(네). 대인. [손윗사람에 대한 존칭. 주로 편지에 쓰임] ¶父亲~=아버님.
【大人】dà·ren 몡 1 성인. 어른. ¶~小孩儿一起参加比赛. =어른과 아이가 함께 경기에 참가하다. 2 걸출한 인물. 걸물. 걸인. 도량이 넓은 사람. ¶您~大量, 就原谅他吧. =당신은 도량이 넓은 사람이니, 그를 용서해 주세요. 3㉠ 나리. 대인. [지위가 높은 관리] ¶知府~=지부 대인〔장관〕. ↔小孩儿
【大人物】dàrénwù 몡 거물. 요인(要人). 비중 있는 인사. ↔小人物
【大熔炉】dàrónglú 몡 1 대용광로. 2(비) (심신을 단련하여 강직하게 만드는) 대용광로. 3(비) (사상·문화를 융화시키는) 대용광로.
【大肉】dàròu 몡 돼지고기. ¶大鱼~=기름기가 많은 요리. 풍성한 요리.
【大儒】dàrú 몡 1 대유. 유학대사. 2 대학자.
【大撒把】dàsābǎ ㉠ 1 두 손 놓고 자전거를 타다. 핸들에서 손을 떼다. 2(비) 내버려 두다. 방치 [방임] 하다. ¶企业管理不能~. =기업 관리를 소홀히 해서는 안 된다.
【大赛】dàsài 몡 대형 경기. 큰 경기. ¶世界杯足球~=월드컵 축구 경기.
【大扫除】dàsǎochú 통 대청소하다. ¶他们正在~. =그들은 대청소를 하고 있다.

【大嫂】dàsǎo 명 1 큰형수. 2 아주머니. 부인. [동년배의 부인이나 친구의 아내에 대한 존칭]

【大杀风景】[大煞风景] dàshā-fēngjǐng 성 1 크게 풍경을 해치다. 2 비 크게 흥을 깨뜨리다. 완전히 분위기를 망치다. ¶宴会上他的无理取闹真是~。=연회에서 그가 소란을 피우는 바람에 분위기를 완전히 망쳐 버렸다.

【大煞风景】dàshā-fēngjǐng ☞【大杀风景】dàshā-fēngjǐng

【大厦】dàshà 명 빌딩. (고층·대형) 건물. ¶~林立=빌딩이 빼곡이 들어서다. / 出版~=출판사 건물.

【大山】dàshān 명 크고 높은 산. 큰 산.

【大少爷】dàshào·ye 명 1 옛 큰아드님 〔도련님〕. 2 한량. 탕아. 난봉꾼. ¶~习气=난봉꾼 습성〔기질〕.

【大舌头】dàshé·tou 형 (혀의 기능 장애로) 말이 똑똑하지 않다. 발음이 시원찮다. ¶他有点儿~。=그는 말이 똑똑하지 않은 편이다. 명 (혀의 기능 장애로) 말이 똑똑하지 않은 사람. 혀짤배기. ¶他是一个~。=그는 혀짤배기이다.

【大赦】dàshè 동 〔法〕 대사면(赦免)을 하다. ¶~天下=전국적으로 대사면을 실시하다.

【大赦令】dàshèlìng 명 〔法〕 대사령. 일반 사면령(一般赦免令).

【大婶儿】dàshěnr 명 1 큰숙모. 2 아주머니. 아줌마. [어머니와 동년배이나 나이가 적은 부인에 대한 존칭]

【大声疾呼】dàshēng-jíhū 성 (주의를 환기시키기 위해) 큰 소리로 외치다.

【大牲畜】dàshēngchù 명 역축(役畜). [사역에 이용하는 소·말·당나귀·노새 등의 가축을 통틀어 이르는 말]

【大圣】dàshèng 명 1 큰 성인. 대성인. [특히 공자를 가리킴] ¶~无为=대성인은 자연에 맡기고 인위적으로 하지 않는다. 2 지식(知識)과 덕행(德行)이 출중한 사람. 성인. 성자. 3 (Dàshèng) 《서유기(西游记)》의 손오공. ¶齐天~=제천대성.

【大失所望】dàshī-suǒwàng 성 크게 실망하다. ↔差强人意 如愿以偿 正中下怀

【大师】dàshī 명 1 대사. [부처의 열 가지 존호 중 하나] 2 대사. [조예가 깊은 승려] 3 대사. [승려에 대한 존칭] 4 대가. 거장. 명인. 권위자. ¶国画~=중국화 대가. 5 〔體〕 (장기·바둑·체스 등의) 대사. 명인. 명수. 챔피언. ¶象棋~=장기 명수. 늑巨匠

【大师傅】dàshī·fu 명존 스님. ☞dà·shi·fu

【大师傅】dà·shi·fu 명구 요리사. 주방장. ☞dàshī·fu

【大时代】dàshídài 명 대변혁의 시대.

【大实话】dàshíhuà 명 매우 진실한 말. 실제에 딱 들어맞는 말.

【大使】dàshǐ 명 대사.

【大使馆】dàshǐguǎn 명 대사관.

【大示】dàshì 명경 보내 주신 편지. ¶~敬悉。=보내 주신 편지를 삼가 잘 받아 보았습니다.

【大事】dàshì 명 큰일. 대사. ¶国家~=국가 대사. 동 크게〔대대적으로〕 …하다〔일삼다〕. [주로 동사 앞에 쓰임] ¶~宣传=대대적으로 선전하다. ↔小事

【大事化小】dàshì huà xiǎo ☞【大事化小, 小事化了】dàshì huà xiǎo, xiǎoshì huà liǎo

【大事化小, 小事化了】dàshì huà xiǎo, xiǎoshì huà liǎo 성 1 큰 문제는 작게 만들고, 작은 문제는 없게 만들다. 큰 문제는 사소한 것으로 치고, 작은 문제는 아예 없는 것으로 치다. 2 비 갈등이 생겨난 후 완화되도록 노력하다. 분규가 생겨난 후 문제를 최소화하도록 노력하다. =【大事化小】dàshì huà xiǎo

【大事记】dàshìjì 명 (시간순의) 중대사 기록. 대사기.

【大事小情儿】dàshì xiǎoqíngr 명구 일체의 〔크고 작은〕 경조사. ¶亲戚家有个~的都得表示。=친척의 크고 작은 경조사에 다 부조를 해야 한다.

【大势】dàshì 명 대세. 추세. [주로 정치적 형세를 가리킴] ¶~向好=좋은 추세를 보이고 있다.

【大势所趋】dàshì-suǒqū 성 대세의 흐름. 전체적인 발전 추세.

【大势已去】dàshì-yǐqù 성 대세가 이미 기울어지다. 대세가 만회할 수 없는 지경에 이르다.

【大是大非】dàshì-dàfēi 성 원칙〔근본〕과 직결되는 주요 문제〔논점·쟁점·이슈〕.

【大手笔】dàshǒubǐ 명 1 대작. 명작. 명저. 걸작. 명화. 명문. 공문. 이름난 작가. 3 참신하고 거시적인 계획〔방법〕. ¶经济改革一定要有~。=경제 개혁은 반드시 참신하고 거시적인 계획이 있어야 한다.

【大手大脚】dàshǒu-dàjiǎo 성 돈이나 물건을 헤프게 쓰다. 돈을 물 쓰듯 하다. ↔小手小脚 精打细算

【大手儿】dàshǒur 명구 대변. ¶解~=대변을 보다.

【大手术】dàshǒushù 명 1 〔醫〕 대수술. 2 〔醫〕 뇌수개골·흉강·복강·골반강 안의 수술. 3 비 근본적인 조치〔개혁·정돈〕. ¶企业改制要动~。=기업의 체제 개혁은 근본적인 조치가 필요하다.

【大寿】dàshòu 명경 생신. 탄생일. [50세 이상 노인들의 매 10주년 생일]

【大书】dàshū 명〔藝〕 설화인(說話人)의 대본.

【大书特书】dàshū-tèshū 성 대서특필하다. ¶这点小事哪里值得~。=이만한 일을 대서특필할 가치가 있겠는가.

【大叔】dàshū 명 1 큰숙부. 큰삼촌. 맏삼촌. 2 아저씨. [부친과 동년배이거나 나이가 적은 남자에 대한 존칭]

【大暑】dàshǔ 명 대서. [24절기의 하나]

【大数】dàshù 명 1 큰 수(치). ¶十万美金不是个~。=십만 달러는 적은 돈이 아니다. 2 대체적인 수. 대강의 수. 어림수. ¶一年的花消你心

里得有个~。= 일년 동안의 비용에 대해 대체적인 숫자가 있어야 한다. **3**〘문〙 대세. 기세. 형세. ¶~已尽 = 대세가 이미 기울다〔다하다〕.
【**大树**】 **dàshù**〘명〙 거목. 큰 나무.
【**大树底下好乘凉**】 **dàshù dǐ·xia hǎo chéng liáng**〘속담〙 남의 세력〔보살핌〕에 힘입어 덕을 보다〔이익을 얻다〕.
【**大甩卖**】 **dàshuǎimài**〘동〙〔구〕 헐값으로 팔다. 폭탄 세일하다. 대 바겐세일하다.
【**大帅**】 **dàshuài**〘명〙 총수. 총지휘관.
【**大率**】 **dàshuài**〘부〙〔문〕 대체로. 대개. 대충. 대략. ¶情况~如他所说。= 정황은 대체로 그가 얘기한 바와 같다.
【**大水**】 **dàshuǐ**〘명〙 **1** 큰물. **2** 홍수. ¶发~ = 홍수가 지다.
【**大肆**】 **dàsì**〘부〙 제멋대로. 함부로. 마구. 거리낌없이. [주로 나쁜 짓을 하는 것을 가리킴] ¶~诽谤 = 함부로 비방하다.
【**大宋**】 **Dàsòng**〘명〙 송 왕조. 송대. [송(宋)대 사람들의 자칭]
【**大苏打**】 **dàsūdá** ☞【**硫代硫酸钠**】 **liúdài liúsuānnà**
【**大蒜**】 **dàsuàn**〘명〙〔식〕 마늘.
【**大踏步**】 **dàtàbù**〘부〙 큰 걸음으로. ¶我们的祖国正大地向前迈进。= 우리 조국은 큰 걸음으로 앞을 향해 매진하고 있다.
【**大堂**】 **dàtáng**〘명〙 **1**〘옛〙 관공서의 법정. **2** (호텔이나 식당의) 로비(lobby). 홀(hall).
【**大…特…**】 **dà…tè…**〘부〙 동일한 동사 앞에 각각 쓰여 규모가 크거나 정도가 깊음을 나타냄. ¶~唱~唱 = 대대적으로 노래를 부르다. / ~吃~吃 = 마구 먹어 대다.
【**大提琴**】 **dàtíqín**〘명〙〔음〕 첼로.
【**大体**】 **dàtǐ**〘부〙 대체로. 대략. ¶这两种产品的功能~相当。= 이 두 제품의 기능은 대체로 비슷하다.〘명〙 **1** 중요한 이치〔도리〕. 대체. 대국. ¶别看他年纪不大, 却很识~。= 그는 나이는 어려도 도리를 잘 알고 있다. **2** 대체적인〔대략적인〕 상황. ¶观小节, 可知~。= 사소한 일을 보면 대체적인 상황을 알 수 있다. 늑大约
【**大天白日**】 **dàtiān-báirì**〘성〙〔구〕 벌건 대낮. 백주 대낮. ¶~的说什么梦话! = 백주 대낮에 무슨 잠꼬대냐!
【**大田**】 **dàtián**〘명〙 **1** 큰 면적의 전지〔논밭〕. **2**〘지〕 (地) (**Dàtián**) 대전. [한국 중부의 주요 도시]
【**大田作物**】 **dàtián zuòwù**〘명〙 (수수·밀·옥수수·면화·목초 등) 경작 면적이 큰 농작물. 들판 작물.
【**大厅**】 **dàtīng**〘명〙 대청. 홀. 로비.
【**大庭广众**】 **dàtíng guǎngzhòng**〘성〙 대중이 모인 공개적인 장소. 대중의 앞. 많은 사람 앞.
【**大同**】 **dàtóng**〘명〙 **1** 대동. [옛날, 전통 사상가들이 제시한 사람마다 평등하고 자유로운 이상 사회] **2**〘지〕 (地) (**Dàtóng**) 다퉁. (산시(山西)성에 있는 지명) 대 주요한 방면이 일치하다. 큰 방향은 같다. 대체로 같다. ¶求~, 存小异 = (의견 따위를 모으는 과정에서) 작은 차이점은 보류하고,

큰 틀에서 공통점을 찾다.
【**大同乡**】 **dàtóngxiāng**〘명〙 본적이 자기와 같은 성(省)인 사람. [‘小同乡(본적이 자기와 같은 현(縣)인 사람)’과 구별됨]
【**大同小异**】 **dàtóng-xiǎoyì**〘성〙 대동소이하다. ↔判若云泥
【**大头**】 **dàtóu**〘명〙 **1** 큰 머리. **2** (~儿) 큰〔많은〕 부분〔쪽〕. 주요 부분. 대부분. ¶你股份多, 红利你拿~儿。= 당신의 주식이 많으니, 이익을 많이 가져야지요. **3** (얼굴에 쓰는) 가면〔탈〕. **4** (중화민국 초기에 발행된 위안스카이(袁世凯)의 옆얼굴이 찍혀 있는) 은돈〔은전·은화〕. **5** 봉. 얼뜨기. 얼간이. 어수룩한 사람. ¶别拿人做~。= 남에게 바가지를 씌우지 마세요.
【**大头菜**】 **dàtóucài**〘명〙〔식〕 **1** 루타바가(rutabaga). 황색 큰 순무. **2** ☞【**结球甘蓝**】 **jiéqiú gānlán**
【**大头鱼**】 **dàtóuyú** ☞【**鳕鱼**】 **xuěyú**
【**大头针**】 **dàtóuzhēn**〘명〙 핀(pin).
【**大团结**】 **dàtuánjié**〘명〙 **1** 대(동)단결. ¶各族人民~。= 각 민족의 대단결. **2** (중국 각 민족의) 대단결 도안인 10위안짜리 지폐. **3** 런민비(人民币). 인민폐. [해학적인 의미를 내포함]
【**大团圆**】 **dàtuányuán**〘동〙 온 가족이 한자리에 모이다. 온 가족이 다 모이다. ¶春节是合家~的日子。= 설은 온 식구가 다 모이는 날이다.〘명〙 (소설·연극·영화·연속극 등의) 해피 엔딩. 대단원. 원만한 종결. ¶这部小说最后是个~。= 이 소설은 해피 엔딩으로 끝난다.
【**大腿**】 **dàtuǐ**〘명〙 대퇴. 넓적다리. 허벅지.
【**大碗儿茶**】 **dàwǎnrchá**〘명〙 사발로 파는 차.
【**大腕**】 **dàwàn** (~儿) 〘명〙 실력가〔자〕. 명인. 거장. 거물. 권위자. [주로 예술계에서 쓰임] ¶歌坛~儿 = 가요계의 실력자.
【**大王**】 **dàwáng**〘명〙 **1**〘경〕 대왕. 국왕. 군주. 왕. **2** (어떤 사업의) 거두. 거물. 왕. ¶汽车~ = 자동차왕. **3** (어떤 일에) 가장 우수한 사람. 왕. ¶炒股~ = 주식 투기왕. **4** (트럼프의) 조커(joker). ☞**dài·wang**
【**大为**】 **dàwéi**〘부〙 크게. 대단히. 대단하게. [정도가 심하고 범위가 넓은 것을 나타냄] ¶~赞赏 = 대단히 높이 평가하다.
【**大尉**】 **dàwèi**〘명〙〔군〕 대위.
【**大我**】 **dàwǒ**〘명〙 **1** 국가. 집단. 단체. [‘小我(소아)’와 구별됨] ¶任何时候都应以~的利益为先。= 언제든지 집단의 이익을 우선으로 해야 한다. **2**〘불〕 (佛) 〘철〕(哲) 대아. ↔小我
【**大屋顶**】 **dàwūdǐng**〘명〙〔건〕 **1** (중국 고대 궁전·사원 등의) 웅장하고 화려한 지붕. **2** 전통식 호화 건축 양식.
【**大无畏**】 **dàwúwèi**〘형〙 조금도〔전혀〕 두려워하지 않다. 두려움을 모르는. ¶他~的精神值得人们学习。= 그의 두려움을 모르는 정신은 사람들이 따라 배워야 한다.
【**大五金**】 **dàwǔjīn**〘명〙〔금〕 (金) (철판·강관 등) 금속 재료의 총칭.
【**大舞台**】 **dàwǔtái**〘명〙〔구〕 (한껏 자신의 재능을

발휘할 수 있는) 큰 무대〔마당·판〕. ¶新的工作单位为他提供了施展才华的~。=새 회사는 그에게 재능을 발휘할 수 있는 큰 무대를 마련해 주었다.

【大悟】**dàwù** 동 대오하다. 크게 깨닫다. ¶恍然~=문득 크게 깨닫다.

【大雾】**dàwù** 명(气) 대무. 농무. 범위가 넓고 짙은 안개. ¶~弥漫=짙은 안개가 자욱하다.

【大西北】**dàxīběi** 명(地) 중국의 광활한 서북부 지역. [산시(陕西)·닝샤(宁夏)·간수(甘肃)·칭하이(青海)·신장(新疆) 5성과 자치구 및 네이멍구(内蒙古) 서부의 일부분을 포함함]

【大西南】**dàxīnán** 명(地) 중국의 광활한 서남부 지역. [쓰촨(四川)·충칭(重庆)·구이저우(贵州)·윈난(云南)·시짱(西藏) 5성과 자치구·직할시 등을 포함함]

【大西洋】**Dàxīyáng** 명(地) 대서양.

【大媳妇】**dàxífu**(~儿) 명〔큰〕며느리.

【大喜】**dàxǐ** 형 아주〔대단히〕기쁘다. ¶众人~。=많은 사람이 매우 기뻐하다. 명 1 대단히 기쁜 일. 경사. 2 결혼. ¶你们俩~的日子定了没有?=두 사람 결혼 날짜 잡았어?

【大喜过望】**dàxǐ-guòwàng** 뜻밖의〔기대 이상의〕 성과에 대단히 기뻐하다.

【大戏】**dàxì** 명(剧) 1 가극. 오페라. 대형 희곡. 2 통 경극.

【大虾】**dàxiā** 명 1 큰 새우. 대하. 2 참새우.

【大侠】**dàxiá** 명 1〈文〉 대협. 협객. 협사. [의협심이 있고 무예가 뛰어난 사람에 대한 존칭. 주로 조기 백화문에 보임] 2 ㉠ 의협. [의협심이 강한 사람]

【大显身手】**dàxiǎn-shēnshǒu** 충분히 기량을〔솜씨를〕 드러내다〔발휘하다〕. 한껏 실력을〔재주를〕 뽐내다〔과시하다〕.

【大显神通】**dàxiǎn-shéntōng** 크게 신통력을 발휘하다. 자신의 특별한 능력을 충분히 발휘하다.

【大限】**dàxiàn** 명 사기(死期). 죽음의 시각. 죽을 때.

【大相径庭】**dàxiāngjìngtíng** 현저한 차이가 있다. 매우 동떨어지다. 견해 차이가 매우 크다.

【大象】**dàxiàng** 명(动) 코끼리.

【大小】**dàxiǎo** 명 1 어른과 아이. ¶一家~都去海边玩儿去了。=어른과 아이 일가족 모두 해변으로 놀러 갔다. 2 (~儿) 크기. ¶这衣服你穿~儿正合适。=이 옷은 네가 입으니 크기가 딱 맞다. 3 (친족간의) 위아래〔상하·존비〕. ¶说话没个~。=말할 때 위아래가 없다. 형 큰 것과 작은 것의. 대소의. ¶~不一=크기가 다르다. 부 아무튼. 어쨌든. 크든 작든. 뭐라고 하든. ¶他~也是个经理, 你得尊重他。=그가 어쨌든 사장이니, 너는 그를 존중해야 한다.

【大小姐】**dàxiǎojiě** 명 1 큰딸. 장녀. 큰아이. [자기의 큰딸을 부르는 말] 2 ㉠ 아씨. [하인이 주인집 딸을 높여 부르는 말] 3 ㉡ 큰〔맏〕따님. [상대방의 시집 가지 않은 딸을 높여 부르는 말] 4 (유복한 환경에서 자란) 응석받이 아가씨. 까다로운 아가씨.

【大校】**dàxiào** 명(军) 대령.

【大写】**dàxiě** 명 1 대문자. 2 갖은자. [壹·贰·佰·仟 등] 명㈃ 본받을 만한. 자랑할 만한. ¶做一个堂堂正正~的人。=떳떳하고 자랑할 만한 사람이 되다. ↔小写

【大信不约】**dàxìn-bùyuē** ㉠ 진정한 믿음은 약속을 하지 않는다〔약속할 필요가 없다〕.

【大兴】**dàxīng** 통 크게 일으키다. ¶~文明礼貌之风=교양 있고 예의 바른 기풍을 크게 일으키다.

【大兴土木】**dàxīng-tǔmù** ㉠ 대규모로 토목 공사를 하다. [주로 집을 짓는 것을 가리킴]

【大猩猩】**dàxīng·xing** 명(动) 고릴라.

【大刑】**dàxíng** 명㈃ 1 중형. 참혹한 형벌. [혹형이나 사형을 가리킴] ¶施以~=사형을 집행하다. 2 중형〔사형〕을 집행하는 형구.

【大行】**dàxíng** 통 1 큰일을 하다. 큰 업적을 세우다. ¶~不拘小节。=큰일을 함에 있어서 사소한 일에 얽매이지 않다. 2 크게 유행하다. 성행하다. 명 고상한〔큰〕 덕행. 훌륭한 행위.

【大行星】**dàxíngxīng** 명(天) 대행성. 대혹성.

【大型】**dàxíng** 형 대형의. ¶~画展=대형 그림 전시회. ↔小型

【大幸】**dàxìng** 명 대행. 큰 행운. 다행. ¶舍财不伤身, 已是不幸中的~了。=재물만 잃고 몸을 상하지 않은 것만 해도 불행 중 다행이다.

【大姓】**dàxìng** 명 1 대성. 흔한 성. 많이 쓰이는 성. 2 명문 (대가). 권문 세가.

【大雄宝殿】**dàxióng bǎodiàn** 명(佛) 대웅보전. 대웅전. 불전.

【大熊猫】**dàxióngmāo** ☞ [猫熊] **māoxióng**

【大熊座】**dàxióngzuò** 명(天) 대웅좌. 큰곰자리.

【大休】**dàxiū** 통 몰아 쉬다. [일의 상황에 따라 매주 쉬지 않고 어느 시점에 가서 한꺼번에 몰아 쉬는 것]

【大修】**dàxiū** 통 분해 수리하다. 대수리하다. 많이〔전면적으로〕 고치다.

【大选】**dàxuǎn** 명(政) 1 대통령 선거. 대선. 2 총선(거).

【大学】**dàxué** 명 1 (教) 대학. 2 (Dàxué) 《대학》. [사서오경(四书五经) 중의 하나] 통 크게 배우다〔학습하다〕.

【大学生】**dàxuéshēng** 명 대학생.

【大学生】**dàxué·sheng** 명 1 나이 먹은 학생. 만학도. 2 나이가 비교적 많은 남자 아이.

【大雪】**dàxuě** 명 1 대설. [24절기 중의 하나] 2 (气) 대설. [1일 강설량이 5mm 이상 되는 눈] 3 큰눈. 대설. 장설. 길눈.

【大循环】**dàxúnhuán** ☞ [体循环] **tǐxúnhuán**

【大牙】**dàyá** 명(生) 1 앞니. 문치. ¶笑掉~=우스워 죽겠다. 2 어금니.

【大雅】**dàyǎ** 형㈃ 운치가 있다. 고상하고 멋이 있다. 문아하다. 풍치가 있고 아담하다. ¶无伤~=고상함을 크게 해치지 않다. 전체에는 손색이 없다. 명 (Dàyǎ) 대아. 《詩經(시경)》의 한

부분. 주(周)의 중대한 정치 사건을 반영하는 31편의 시가 수록되어 있음]

【大雅之堂】 dàyǎzhītáng (名) **1** 화려하고 고아한 전당. **2**(비) (문예에서의) 고상한〔우아한〕 자리〔경지·경우〕. ¶不登~。=고상한 경지에 오르지 못하다.

【大烟】 dàyān ☞ 【鸦片】 yāpiàn

【大烟鬼】 dàyānguǐ (名)(貶) **1** 아편쟁이. 아편 중독자. **2** 골초.

【大言】 dàyán (名) 큰소리. 흰소리. 허풍. 대언.

【大言不惭】 dàyán bùcán (成) 허풍을 떨면서 조금도 부끄러워하지 않다. 뻔뻔스럽게 흰소리를 치다.

【大盐】 dàyán (名) 굵은 소금.

【大檐帽】 dàyánmào ☞ 【大盖帽】 dàgàimào

【大眼瞪小眼】 dàyǎn dèng xiǎoyǎn (俗) (방법이 없어) 서로 눈만 멀뚱멀뚱 바라보고 있다.

【大雁】 dàyàn ☞ 【鸿雁】 hóngyàn

【大洋】 dàyáng (名) **1** (地) 대양. 큰바다. ¶~彼岸=바다 저편. **2** ☞ 【银圆】 yínyuán

【大洋洲】 Dàyángzhōu (名)(地) 대양주. 오세아니아.

【大养】 dàyǎng (動) 야단스럽게 몸조리하다. ¶小病无须~。=작은 병에 몸조리를 야단스럽게 할 필요가 없다.

【大样】 dàyàng (名) **1** (印) 신문 전체의 교정쇄. 가판. 〔'小样'과 구별됨〕 **2** 상세도. 세부 설계도. ¶足尺~=상세도.

【大摇大摆】 dàyáo dàbǎi (成) 어깨를 으쓱거리며 걷다. 목에 힘을 주고 걷다.

【大要】 dàyào (名) 대요. 개요. 요지. 대략. ¶文章的~如此。=글의 요지는 대략 이러하다.

【大爷】 dàyé (名) **1** 나리. 어르신. 〔놀고 먹으면서 오만불손한 남자〕 ¶~脾气=거만한 성격. **2** 나리〔어르신〕. 〔놀고 먹으면서 오만불손한 남자의 자칭〕 **3** 큰아들. 장자. 〔형제 가운데 맏이〕

【大爷】 dà·ye (名) **1** 큰아버지. 백부. **2** 아저씨. 〔아버지와 동년배이거나 나이가 많은 남자에 대한 존칭〕

【大业】 dàyè (名) 대업. ¶千秋~=영원 불멸의 대업.

【大一统】 dàyītǒng (名) (전국적인) 통일. ¶秦始皇在中国历史上第一次创立了~的国家。=진시황은 중국 역사상 최초로 전국적인 통일 국가를 이룩하였다.

【大衣】 dàyī (名) 외투. 오버코트(overcoat).

【大衣柜】 dàyīguì (名) 대형 옷장. 큰 옷장.

【大衣呢】 dàyīní (名)(紡) 외투용 모직물〔나사〕.

【大姨】 dàyí (名) (~儿) **1** 큰이모. **2** 아주머니. 〔어머니와 동년배이거나 나이가 많은 여성에 대한 존칭〕

【大姨父】 dàyí·fu (名) 큰이모부.

【大姨子】 dàyí·zi (名)(口) 처형.

【大义】 dàyì (名) 대의. 정도. ¶深明~=대의를 잘 알다.

【大义凛然】 dàyì-lǐnrán (成) 정의롭고 위엄이 있다〔당당하다〕.

【大义灭亲】 dàyì-mièqīn (成) 정의를 위해서는 부모 형제라도 봐주지 않는다. 대의멸친하다.

【大邑】 dàyì (名)(文) 큰 도시. 대도시.

【大意】 dàyì (名) 대의. 주요한 의미. ¶他发言的~如此。=그의 발언의 대의는 이러하다.

【大意】 dà·yi (形) 부주의하다. 소홀하다. ¶粗心~。=세심하지 못하다. 늑疏忽 ↔小心

【大印】 dàyìn (名) **1** 공인(公印). **2** 정부 기관의 공인(公印).

【大勇若怯】 dàyǒng-ruòqiè (成) 진정한 용기를 지닌 자는 오히려 겁쟁이처럼 보인다.

【大油】 dàyóu (名) 돼지기름. 라드(lard).

【大有】 dàyǒu 많이 있다. 많이 가지고〔지니고〕 있다. ¶日子~奔头。=생활을 위해 노력할 가치가 있다.

【大有可为】 dàyǒu-kěwéi (成) 전도가 매우 유망하다. 가능성이 매우 많다. 발전의 여지가 매우 많다.

【大有人在】 dàyǒurénzài (成) 그와 같은 사람은 많이 있다. 이와 같은 사람은 부지기수이다. ¶少数民族中能歌善舞者~。=소수 민족 중에 가무에 능한 사람은 아주 많다.

【大有文章】 dàyǒu-wénzhāng (成)(비) (말·글·행위 속에) 주목할 만〔생각해 볼〕 만한 것이 많이 있다.

【大有希望】 dàyǒu-xīwàng (成) 매우 희망이 있다〔밝다〕. 실현 가능성이 매우 높다.

【大有作为】 dàyǒu-zuòwéi (成) 충분히 재주를〔능력을〕 발휘할 여지가 있다. 크게 이바지할 수 있다. 할 수 있는 일이 많다.

【大鱼】 dàyú (名) 대어. 큰 물고기.

【大鱼吃小鱼】 dàyú chī xiǎoyú ☞ 【大鱼吃小鱼, 小鱼吃虾米】 dàyú chī xiǎoyú, xiǎoyú chī xiā·mi

【大鱼吃小鱼, 小鱼吃虾米】 dàyú chī xiǎoyú, xiǎoyú chī xiā·mi (俗) **1** 큰 물고기는 작은 물고기를 잡아먹고, 작은 물고기는 작은 새우를 잡아먹는다. **2**(비) 약육강식. =【大鱼吃小鱼】 dàyú chī xiǎoyú

【大鱼大肉】 dàyú-dàròu (成) 진수성찬. 풍성한 요리.

【大雨】 dàyǔ (名) **1**(氣) 큰비. 호우. [1일 강우량이 25~50mm, 혹은 1시간 강우량이 8mm이상 되는 비] **2** 큰비.

【大雨如注】 dàyǔ-rúzhù (成) 큰비가 억수로 쏟아지다. 장대 같은 비.

【大元帅】 dàyuánshuài (名)(軍) 대원수.

【大员】 dàyuán (名)(舊) 고관(高官). 고위 관리. 〔주로 파견되었을 때 사용함〕 ¶考察~=시찰 나온 고관.

【大圆】 dàyuán (名)(數) 대원.

【大院】 dàyuàn (名) **1** 큰 뜰〔마당·뜨락〕. ¶深宅~=저택의 큰 뜰. **2** (여러 집이 모여 사는) 한 울안.

【大约】 dàyuē (副) **1** 아마. 다분히. 대개는. ¶他~是出门了。=그는 아마 외출한 것 같다. **2** 대략. 대강. 얼추. ¶她~三十来岁。=그녀는 대략

30여 세 되었다. ≒大致
【大约摸】dàyuē·mo 〈부〉〈방〉 대략. 대강. 얼추. ¶村里~住着五十户人家。=마을에는 약 50여 가구가 살고 있다.
【大月】dàyuè 〈명〉 큰달. [양력으로는 31일이, 음력으로는 30일이 있는 달]
【大跃进】dàyuèjìn 〈동〉 대약진하다. 비약적으로 발전하다. 〈명〉〈歷〉 대약진 운동. [1958년에서 1960년까지 중국 전국에서 공·농업 생산의 비약적인 발전을 위해 맹목적으로 전개한 군중 운동]
【大运河】Dàyùnhé 〈명〉 대운하. [베이징(北京)으로부터 항저우(杭州)에 이르는 운하]
【大杂烩】dàzáhuì 〈명〉 1 (고기·야채 등을 함께 끓인) 잡탕. 2 〈비〉 잡탕.
【大杂院儿】dàzáyuànr ☞【杂院儿】záyuànr
【大藏经】dàzàngjīng ☞【藏经】zàngjīng 1
【大枣】dàzǎo 〈명〉〈植〉 1 대추나무. 2 (~儿) 대추.
【大早】dàzǎo (~儿) 〈명〉 이른 아침. ¶他起了个~去赶集。=그는 이른 아침에 일어나 장으로 갔다.
【大灶】dàzào 〈명〉 1 (벽돌로 쌓아 만든) 부뚜막. 아궁이. 2 (구내 식당·단체 식당 등에서) 보통〔일반〕식사. [‘中灶(중급 식사)’·‘小灶(특별 식사)’와 구별됨]
【大札】dàzhá 〈명〉〈경〉 귀한(貴翰). 귀함(貴函). 대찰(大札).
【大宅门】dàzháimén 〈명〉 저택〔큰 집〕의 대문.
【大展宏图】【大展鸿图】dàzhǎn-hóngtú 〈성〉 원대한 계획을 크게 펼치다. 재능과 포부를 크게 펼치다.
【大展鸿图】dàzhǎn-hóngtú ☞【大展宏图】dàzhǎn-hóngtú
【大战】dàzhàn 〈명〉 1 〈軍〉 큰 전쟁. 대전. ¶第一次世界~=제1차 세계 대전. 2 〈비〉 대 쟁탈전. 큰 경기. ¶家电销售~=가전 제품 대 판매전. 〈동〉〈軍〉 대규모 전쟁이나 치열한 전투를 하다. ¶~中原=중원에서 대전을 치르다.
【大站】dàzhàn 〈명〉 큰 정거장. [이용객이 많고 기차나 버스의 정거장을 가리킴]
【大张旗鼓】dàzhāng-qígǔ 〈성〉 규모와 기세가 크다. 판을 크게 벌이고 기세를 드높이다. 대대적으로 일을 벌이다. ↔偃旗息鼓
【大张挞伐】dàzhāng-tàfá 〈성〉 (부당한 일에 대하여) 공개적으로 확실하게 반대하다〔비평하다·비판하다·견책하다·질책하다·규탄하다·꾸짖다·나무라다·징벌하다·성토하다〕.
【大掌柜的】dàzhǎngguì·de 〈명〉〈옛〉 (상점·식당 등 서비스업의) 주인. 책임자.
【大丈夫】dàzhàng·fu 〈명〉 대장부. ¶~说一不二。=대장부는 한 입으로 두말 하지 않다.
【大账】dàzhàng 〈명〉 1 연말 결산. ¶单位算~期间停止报销业务。=회사의 연말 결산 기간에는 정산 업무를 중지한다. 2 〈비〉 중요 이익. 큰 이익. ¶做什么事要算~，不能光算小账。=무슨 일을 하든 큰 것을 보아야지, 작은 이익만 챙겨서는 안 된다.

【大政】dàzhèng 〈명〉 중요한 정무〔정책〕. 국정. 나라의 정치. ¶主持~=국정을 주관하다.
【大政方针】dàzhèng fāngzhēn 〈명〉 국정(國政) 방침.
【大旨】【大指】dàzhǐ 〈명〉〈문〉 요지. 주요 내용. ¶无关~=주요 내용과 상관 없다.
【大指】dàzhǐ 〈명〉 1 엄지. 2 ☞【大旨】dàzhǐ
【大志】dàzhì 〈명〉 큰 뜻. 대지. ¶胸怀~=가슴에 큰 뜻을 품다.
【大治】dàzhì 〈형〉 (국가가) 태평하다. 잘 다스려지다. ¶天下~=천하가 잘 다스려지다. 〈동〉 대규모로 처리하다〔정리하다·다스리다·바로잡다·치료하다〕. ¶~沙尘暴=대대적으로 황사 현상을 해결하다.
【大致】dàzhì 〈부〉 1 대개. 대략. 아마. ¶他~是八点钟出发的。=그는 대략 여덟 시에 출발했다. 2 대체로. 대강. ¶他们的经历~相同。=그들의 경력은 대체로 비슷하다. 〈형〉 대략적인. 대체적인. 정확하지 않은. ¶~的情形=대략적인 상황. ≒大体 大约
【大智】dàzhì 〈명〉 지자(智者). 매우 지혜로운 사람.
【大智若愚】dàzhì-ruòyú 〈성〉 큰 지혜를 지닌 사람은 뛰어난 재능과 지혜를 드러내지 않아, 언뜻 보기에는 어리석어 보인다. 지혜가 많고 똑똑한 사람이 겉으로는 바보처럼 보인다.
【大众】dàzhòng 〈명〉 대중. 군중. ¶~消费=대중 소비. ≒群众
【大众传播】dàzhòng chuánbō 〈명〉 1 매스커뮤니케이션(mass communication). 매스컴. 대중 전달. 2 대중 매체. 매스 미디어. 매스커뮤니케이션 미디어.
【大众化】dàzhònghuà 〈동〉 대중화하다. 대중화되다.
【大洲】dàzhōu 〈명〉〈地〉 대주. 대륙.
【大轴】dàzhòu ☞【大轴子】dàzhòu·zi
【大轴戏】dàzhòuxì ☞【大轴子】dàzhòu·zi
【大轴子】dàzhòu·zi 〈명〉〈劇〉 (중국 전통극에서) 공연 레퍼토리 중 맨 마지막 공연물. =【大轴】dàzhòu【大轴戏】dàzhòuxì
【大主教】dàzhǔjiào 〈명〉〈宗〉 대주교. =【总主教】zǒngzhǔjiào
【大专】dàzhuān 〈명〉〈敎〉 1 대학과 전문 대학. 2 〈약〉 대학전과(전문 대학). ¶~文化=전문 대학 출신.
【大专生】dàzhuānshēng 〈명〉〈敎〉 전문 대학 학생.
【大专院校】dàzhuān yuànxiào 〈명〉〈敎〉 대학교와 전문 대학.
【大篆】dàzhuàn 〈명〉 대전. [한자 서체의 하나]
【大庄稼】dàzhuāng·jia 〈명〉〈방〉 가을에 수확하는 작물.
【大子儿】dàzǐr 〈명〉 1 〈옛〉 큰 동전. 2 적은 돈. 얼마 안 되는 돈. ¶这东西一个~不值, 扔了算了。=이 물건은 동전 한 푼어치도 안 되니 내버려야지.
【大字】dàzì 〈명〉 큰 글자. 대자.
【大自然】dàzìrán 〈명〉 대자연. ¶回归~=대자연으로 돌아가다.

【大宗】**dàzōng** [형] 거액의. 대량의. ¶～出口商品＝대량의 수출 상품. [명] 주종. 대종. ¶本地特产以药材为～。＝본지 특산품은 약재가 주종을 이룬다.
【大总统】**dàzǒngtǒng** [명] 대통령.
【大族】**dàzú** [명] 명문 대가. 명문 거족.
【大作】**dàzuò** [동] **1** 크게 (행)하다. 대대적으로 떠벌리다. ¶小题～＝사소한 일을 크게 떠벌리다. **2** 크게 일어나다. ¶雷声～＝천둥 소리가 요란하다. [명][경] 대작. ¶您的～何时面世? ＝당신의 대작은 언제 나오나요?
【大做文章】**dàzuò-wénzhāng** [성][비] **1** (어떤 방면에서) 노력하여 향상을〔진보를〕 꾀하다. **2** 크게 문제삼다. 크게 떠들어 대다. 사소한 잘못을 야단스럽게 떠들어 대다. 호들갑을 떨다. 크게 어떤 일을 구실삼아 자기가 하고 싶은 바를 행하다.

## 汏 **dà** 일 대
[동][방] 씻다. 헹구다. 가시다. 세탁하다. ¶～被面＝이불 커버를 세탁하다.

## 垯[墶] **·da** 작은 언덕 달
☞【圪垯】**gē·da**

## 繨[縫] **·da** 매듭 달
☞【纥繨】**gē·da**

## 疸 **·da** 부스럼 달
☞【疙疸】**gē·da**
☞ **dǎn**

## 塔 **·da** 탑처럼 생길 탑
☞【圪塔】**gē·da**
☞ **tǎ**

## 嶅 **·da** 솟을 탑
☞【屹嶅】**gē·da**

## 跶[躂] **·da** 뛰어오를 달
☞【蹦跶】**bèng·da**【蹓跶】**liū·da**【蹬跶】**dēng·da**

## 瘩 **·da** 부스럼 탑
☞【疙瘩】**gē·da**
☞ **dá**

# dai

## **呆¹[(獃·騃)] **dāi** 어리석을 태
[형] **1** (머리가) 둔하다. 멍청하다. 우둔하다. 미련하다. 어리어리하다. 바보스럽다. ¶痴～＝멍청하다. **2** 무표정하다. 멍하다. 어리둥절하다. 표정이 딱딱하다. ¶目瞪口～＝(놀라서) 눈이 휘둥그레지고 입이 딱 벌어지다. **3** (일하는 것이) 융통성〔탄력성〕이 없다. 막히다. 경직되다. 딱딱하다. ¶思路～板＝생각이 경직되다. ≒笨 痴

## **呆² **dāi** 머무를 대
[동] '待(dāi)'와 같음.

O● 痴chī呆, 卖呆, 书呆子

【呆板】**dāibǎn** [형] **1** 딱딱하다. 경직되다. 융통성〔탄력성〕이 없다. 고지식하다. 판에 박은 듯하다. 틀에 박히다. 단조롭다. ¶形式～＝형식이 판에 박은 듯하다. **2** (안색·표정·기색 등이) 활기〔생기〕가 없다. 흐리멍덩하다. ¶目光～＝눈빛이 흐리멍덩하다. ≒拘板 ↔活泼 灵活
【呆笨】**dāibèn** [형] 미련하다. (아)둔하다. 우둔하다. ¶那孩子显得有些～。＝그 아이는 좀 아둔해 보였다.
【呆不下】**dāi·buxià** ☞【待不下】**dāi·buxià**
【呆不住】**dāi·buzhù** ☞【待不住】**dāi·buzhù**
【呆痴】**dāichī** [형] 멍청하다. 어리석다. 멍하다. 바보스럽다. ¶神情～＝표정이 멍청하다.
【呆呆】**dāidāi**(～的) [형] 멍(청)한 모양. 어리벙벙한 모양. ¶他两眼～地盯着前方。＝그의 두 눈은 멍하니〔우두커니〕 전방을 주시하고 있다.
【呆呆板板】**dāi·dai bǎnbǎn**(～的) [형] 딱딱하다. 경직되다. 융통성〔탄력성〕이 없다. 고지식하다. 판에 박은 듯하다. 틀에 박히다. 단조롭다.
【呆话】**dāihuà** [명] 바보 같은 소리. 멍청한〔미련한〕 말. 사리에 맞지 않는 말. ¶这孩子尽说～。＝이 아이는 바보 같은 소리만 한다.
【呆会儿】**dāihuìr** ☞【待会儿】**dāihuìr**
【呆货】**dāihuò** [명] 바보 (같은 자식). 멍청한 놈. 얼간이. 곰탱이.
【呆楞楞】**dāilènglèng**(～的) [형] 멍(청)한 모양. ¶他～地坐在那儿, 一句话也不说。＝그는 멍하니 그 곳에 앉아서 한 마디 말도 하지 않는다.
【呆木】**dāimù** [형] 둔하다. 굼뜨다. 무디다. 우둔하다. 우직하다. ¶生性～＝천성이 우둔하다.
【呆若木鸡】**dāiruòmùjī** [성] **1** 나무로 깎아 만든 닭처럼 멍하다. **2** [비] (두려움이나 놀람 등으로) 얼이 빠진 모습. 넋이 나간 모습. 어리둥절한 모습. 우두커니 있는 모습. 목석같이 굳은 모습. ≒目瞪口呆 瞠目结舌 ↔生龙活虎
【呆傻】**dāishǎ** [형] 어리석다. 바보스럽다. 멍청하다. 어리숙하다. 얼뜨다. ¶别看他表面～, 心里可明白着呢。＝그는 겉으로는 멍청해 보여도 속으로는 빤하다.
【呆头呆脑】**dāitóu-dāinǎo** [성] 아둔하다. 우둔하다. 바보스럽다. 멍(청)하다. 어리숙하다. ≒傻头傻脑
【呆小症】**dāixiǎozhèng** [명]《醫》 크레틴병(cretinism). 선천성 갑상선 기능 저하증. ＝【克汀病】**kètīngbìng**
【呆笑】**dāixiào** [동] 바보같이 웃다. 실없이 웃다. 히죽히죽 웃다. ¶满脸～＝온 얼굴에 바보 같은 웃음을 띠다.
【呆信】**dāixìn** [명] 사고 우편물. [수취인 불명으로 배달할 수 없는 편지]
【呆账】**dāizhàng** [명] 부실 채권. 대손. ¶这儿

笔款子早成~了.=이 몇 건의 금액은 부실 채권이 된 지 오래다.

【呆滞】dāizhì 〖형〗 1 멍〔청〕하다. 흐리멍덩하다. 활기〔생기〕가 없다. ¶目光~=눈빛이 흐리멍덩하다. 2 부진하다. 침체되다. 정체되다. 돌지 않다. 회전되지 않다. 유통되지 않다. 막혀 있다. ¶处理~产品=적체된 제품을 처리하다.

【呆子】dāi·zi 〖명〗 바보. 머저리. 멍청이. 멍텅구리. 천치.

# 呔[(吚)] dāi 야 소리 태
〖감〗 (주의를 환기시키기 위해 갑자기 내는 큰 소리로) 야! 이봐! 〔주로 조기 백화문에 보임〕
☞ tǎi

# 待 dāi 머무를 대
〖동〗〖구〗 머물다. 묵다. 체류하다. 체재하다. 남아 있다. 지내다. 〔'呆(dāi)'로 쓰기도 함〕 ¶他只~了一会儿就走了.=그는 잠깐 있다가 곧 갔다.
☞ dài

【待不了】dāi·buliǎo 〖동〗 있을〔머물〕 수 없다. 지낼 수 없다. 살 수 없다. ¶这地方条件太差, 谁也~.=이 곳은 조건이 너무 나빠서 아무도 지낼 수 없다.

【待不下】[呆不下] dāi·buxià 〖동〗 있을〔머물〕 수 없다. 지낼 수 없다. 살 수 없다. 있기〔지내기〕 힘들다. ¶这里太热, 我一天也~了.=여기는 너무 더워서, 나는 하루도 못 있겠다.

【待不住】[呆不住] dāi·buzhù 〖동〗 계속 있을〔머물〕 수 없다. 오래〔꾹〕 붙어 있지 못하다. 못 있다. 못 지내다. ¶他在家~, 老想出去玩儿.=그는 집에 붙어 있지 못하고 계속 나가 놀 생각만 한다.

【待会儿】[呆会儿] dāihuìr 〖동〗 잠시〔좀〕 지나다〔머무르다·기다리다〕. ¶我们~去学校.=우리 조금 있다가 학교에 가자.

【待一会儿】dāiyīhuìr 〖동〗 잠시〔좀〕 지나다〔머무르다·기다리다〕. ¶别着急, ~告诉你.=조급해 하지 마라. 좀 이따가 알려 줄 테니.

# *歹 dǎi 악할 대
〖형〗 나쁘다. 안 좋다. 악하다. ¶好~=좋건 나쁘건. / 为非作~=온갖 악한 짓을 저지르다. ↔好

【歹毒】dǎidú 〖형〗 악랄하다. 지독하다. 악독하다. ¶心肠~=지독한 마음.

【歹人】dǎirén 〖명〗 나쁜 사람. 악인. 악당. 〔주로 강도를 가리킴〕

【歹徒】dǎitú 〖명〗 악인. 악당. 나쁜 사람.

【歹心】dǎixīn 〖명〗 나쁜 마음. 흑심. 악심. 악의. ¶顿起~=갑자기 흑심이 일다.

【歹意】dǎiyì 〖명〗 나쁜 생각〔마음·심사·심보〕. 흑심. 악심. 악의. ¶心怀~=나쁜 생각을 품다.

# *逮 dǎi 잡을 체
〖동〗 잡다. 체포하다. 붙잡다. 붙들다. ¶狗~老鼠——多管闲事.=쓸데없이 참견하다. ↔放
☞ dài

# 傣 Dǎi 태족 태
〖명〗 태족(傣族). [중국 소수 민족의 하나. 주로 윈난(云南)성에 분포함]

【傣剧】dǎijù 〖명〗〖劇〗 태극. [중국 전통극의 하나. 윈난(云南)성 태족 주거 지역에서 유행함]

【傣族】Dǎizú 〖명〗 태족. [중국 소수 민족의 하나. 주로 윈난(云南)성에 분포함]

# *大 dài 큰 대
'大(dà)'와 같음. ['大城·大夫·大黄·大王' 등에 쓰임]
☞ dà

【大城】Dàichéng 〖명〗〖地〗 다이청. [허베이(河北)성에 있는 지명]

【大夫】dài·fu 〖명〗 의사.
☞ dàfū

【大黄】dàihuáng 〖명〗〖植〗 대황. =【川军】chuānjūn

【大王】dài·wang 〖명〗 대왕. 두령. [중국 전통극·고전 소설에서 국왕이나 강도 우두머리에 대한 호칭] ¶山~=산적 두목.
☞ dàwáng

# 代 dài 대신할 대
〖동〗 1 대리하다. 대신하다. ¶~省长=성장 대리. 2 대체하다. 교체하다. 바꾸다. ¶替~=바꾸다. / ~购销=대리 구매와 판매. 〖명〗 1 세대. ¶下~=다음 세대. / 传宗接~=대를 잇다. 2 대. 시대. 시기. [역사의 분기] ¶古~=고대. / 现~=현대. 3 왕조. 조대. 한 임금의 통치 시기. ¶唐~=당 왕조. / 改朝换~=왕조가〔정권이〕 바뀌다. 4〖地〗 대. ¶古生~=고생대. / 新生~=신생대. 5 (Dài) 성(姓). ≒替

● 代 dài
贷 dài
袋 dài
玳 dài
岱 dài
黛 dài

〇● 朝cháo代, 传代, 断代, 瓜代, 绝代, 旷kuàng代, 历代, 年代, 亲代, 取代, 上代, 时代, 世代, 替代, 万代, 五代, 现代, 子代, 现代化, 划huà时代

【代办】dàibàn 〖동〗 대행하다. 대신 처리하다. ¶~手续=수속을 대행하다. 〖명〗 1 (외무부 장관의 명의로 외국에 파견된) 외교 대표. [대사·공사보다 낮음] 2 임시 대리 대사. 임시 대리 공사.

【代笔】dàibǐ 〖동〗 대필하다. 대신 쓰다. 대서하다. ¶老太太不识字, 写信都是请人~.=할머니가 글을 몰라서, 편지는 모두 남에게 대필을 시킨다. ↔亲笔

【代币券】dàibìquàn 〖명〗 (화폐 대신 사용하는 액면 가격이 기재된) 화폐 대용권. 유가 상품권. 구매권.

【代表】dàibiǎo 〖명〗 대표. 대표자. ¶全权~=전권 대표. / 人大~=인민 대표 대회 대표. / 优秀学生~=우수 학생 대표. 〖동〗 대표하다. 대신하다. 대리하다. 표시하다. 나타내다. ¶我~全家对你的帮助表示感谢.=제가 온 집안을 대표하여 당신의 도움에 감사드립니다.

서 당신의 도움에 감사를 드립니다. / 我们用A～赞同, 用B～反对. =우리는 'A'로 찬성을, 'B'로 반대를 표시한다.

【代表队】**dàibiǎoduì** 몡 대표팀.

【代表人物】**dàibiǎo rénwù** 몡 대표 인물. 대표자.

【代表作】**dàibiǎozuò** 몡 대표작(품).

【代步】**dàibù** 동옛 걸음을 대신하다. ¶以车～=차로 걸음을 대신하다. 몡옛 (걸음을 대신하는) 차. 말. 탈것.

【代拆代行】**dàichāi dàixíng** 동옛 책임자 부재시, 지정된 사람이 공문서를 개봉하여 사무를 대행하다.

【代偿】**dàicháng** 동 대신 갚다. ¶他的债务由其父母～. =그의 빚은 부모가 대신 갚는다. 몡(醫) 대상(代償) 작용.

【代称】**dàichēng** 동 별칭. 다른 이름. ¶丹青既是绘画的颜料, 也是史册的～. =단청은 그림을 그리는 안료이기도 하고, 역사책의 별칭이기도 하다.

【代词】**dàicí** 몡(言) 대명사.

【代代花】[玳玳花] **dàidàihuā** 몡(植) 등자나무.

【代代相传】**dàidài-xiāngchuán** 동 대대로 전해 내려오다. 대대로 전해지다. 길이 오다.

【代垫】**dàidiàn** 동 대신 내다[지불하다·갚다]. ¶～货款=물건값을 대신 물다.

【代订】**dàidìng** 동 대신 주문하다. ¶～杂志=잡지를 대신 주문하다.

【代耕】**dàigēng** 동 1 대신하여 경작하다. ¶他进城打工, 土地由大～. =그는 도시로 나가 돈을 벌고, 땅은 다른 사람이 대신 경작한다. 2옛 (농사 대신) 다른 방법으로 생계를[생활을] 도모하다[꾸려 나가다]. 벼슬길에 나가다. 관리가 되다. ¶～以笔=붓으로 생계를 꾸려 나가다. 벼슬길에 나가다.

【代沟】**dàigōu** 몡 세대차(이). ¶他和父母之间虽有～, 但都能相互理解. =그와 부모 사이에 비록 세대차는 있지만 서로 이해는 한다.

【代购】**dàigòu** 동 1 대리 구입[구매]하다. 2 (다른 부서·기관에) 대리 구매[구입] 업무를 위탁하다.

【代购代销】**dàigòu dàixiāo** 동(經) 대리 매매하다. 대리 구매·판매하다.

【代号】**dàihào** 몡 약호. 부호. 기호. 코드(번호). 일련 번호.

【代际】**dàijì** 몡 세대(지)간. ¶～关系=세대 간의 관계.

【代价】**dàijià** 몡 1 물건값. 가격. 대금. ¶他买这房子的～是30万. =그가 이 집을 구매한 가격은 30만 위안이다. 2 대가. ¶他为此付出了沉重的～. =그는 이 때문에 혹독한 대가를 치렀다.

【代脚】**dàijiǎo** 동옛 걸음을 대신[걷는 것을] 대신하다. 몡옛 (걸음을 대신하는) 차. 말. 탈것.

【代金】**dàijīn** 몡 대금.

【代课】**dài ∥ kè** 동 대리 수업하다. 대신 강의(수업)하다. 대강하다. ¶～老师=대신 강의하는 선생님.

【代劳】**dàiláo** 동 1 대신 일하다〔수고하다〕. ¶他这几天病了, 他的工作由我～. =그가 요 며칠 동안 몸이 아파서, 그의 일을 내가 대신하고 있다. 2 대신 수고해 주세요. 대신해 주세요. ¶我明天不能去开会, 就请你～了. =내가 내일 회의에 참가하지 못하니 대신 가 주세요.

【代理】**dàilǐ** 동 대리하다. 대신하다. 대행하다. ¶～部长=부장 대리. / ～被告出庭辩护=피고를 대신해서 법정에 나가 변호하다.

【代理人】**dàilǐrén** 몡 1(法) 대리인. 대리자. 대행자. 2 (주로 어떤 사람·단체의 불법적인 이익을 위해 일하는) 대리인. 앞잡이. 하수인.

【代理商】**dàilǐshāng** 몡(經) 대리상.

【代码】**dàimǎ** 몡 코드(code).

【代名词】**dàimíngcí** 몡 1(言) 대명사. 2 대명사. ¶葛朗台成了吝啬鬼的～. =그랑데는 구두쇠의 대명사가 되었다.

【代庖】**dàipáo** 동 대신 일하다. 대행하다. ¶越俎～=주제넘게 남의 일에 나서다. 월권 행위를 하다.

【代培】**dàipéi** 동 대리〔대신〕 양성하다. 위탁 교육하다. ¶这所大学近年来为各企业～了上千名管理人员. =이 대학교는 최근 몇 해 동안 여러 기업을 위해 1,000명이 넘는 관리 인원을 위탁 교육하였다.

【代培生】**dàipéishēng** 몡 위탁 교육생.

【代求】**dàiqiú** 동옛 대신 부탁하다. 대원(代願)하다.

【代人】**dàirén** 동 대신하다. 대체하다. ¶～受过=남을 대신하여 야단을 맞다.

【代人捉刀】**dàirén zhuōdāo** 성 대필해 주다.

【代乳粉】**dàirǔfěn** 몡 분유 대용식.

【代食品】**dàishípǐn** 몡 대용식(품).

【代收】**dàishōu** 동 대신 받다〔수취하다〕. ¶～邮件=우편물을 대신 받다.

【代售】**dàishòu** 동 대리〔위탁〕 판매하다. ¶本店～电话卡. =우리 가게에서는 전화 카드를 대리 판매합니다.

【代书】**dàishū** 동 대필하다. 대서하다. 대신 쓰다. ¶～家信=집 안부 편지를 대신 쓰다. 몡옛 서사. 대서인. 대서.

【代数】**dàishù** 몡 1(數) 대수. 대수학. 2 대수학. [학교에 개설된 과목]

【代数方程】**dàishù fāngchéng** 몡(數) 대수 방정식.

【代数式】**dàishùshì** 몡(數) 대수식.

【代数学】**dàishùxué** 몡(數) 대수학.

【代替】**dàitì** 동 대체하다. 대신하다. ¶我～他去参加会议. =나는 그를 대신하여 회의에 참석한다.

【代为】**dàiwéi** 동 대리하다. 대신하다. ¶～办理=대신 처리하다.

【代为说项】**dàiwéi-shuōxiàng** 성 남을 위해 좋은 말을 하고 부탁하다.

【代位继承】**dàiwèi jìchéng** 몡동(法) 대위 상속(하다).

【代销】**dàixiāo** 동 대리 판매하다. ¶～图书

도서를 대리 판매하다.
【代谢】**dàixiè** 동 신구 교체〔신진 대사〕하다. ¶新陈~=신진 대사.
【代行】**dàixíng** 동 (직권을) 대행하다. 대리하다. ¶这段时间由他~总经理职务。=이 기간에는 그가 사장 직무를 대행한다.
【代序】**dàixù** 명 대서. 〔머리말을 대신하는 글〕 동 머리말을 대신하다. 서(序)에 대신하다.
【代言】**dàiyán** 동 1 대신 말하다. ¶我的观点由我的助手~。=내 의견은 내 조수가 대신 말할 것이다. 2 말을 대신하다. ¶以画~=그림으로 말을 대신하다.
【代言人】**dàiyánrén** 명 1 대변인. 대변자. 2 (어떤 계급·계층·단체 등의) 대변인. 대변자.
【代议制】**dàiyìzhì** 명 (政) 대의 제도. =【议会制】**yìhuìzhì**
【代用】**dàiyòng** 동 대체하여 사용하다. ¶~物品=대용품.
【代职】**dàizhí** 동 (잠시 어떤) 직무를 대신 맡다. 직무를 대리하다. 명 대직. 잠시 대리하는〔대신 맡은〕 직무.
【代租】**dàizū** 동 (제삼자가) 대신 세를 놓다. 제삼자를 통해 세를 놓다. ¶~房屋=방을 대신 세내 주다.

# 轪 [軑] **dài** 줏대 대
명 1 줏대. 〔수레바퀴 끝의 휘갑쇠〕 2 수레바퀴.

# 诒 [詒] **dài** 속일 태
동 图 기만하다. 속이다.
☞ **yí**

# 甙 **dài** 달 대
명 (化) 배당체(配糖體). 글리코시드(glycoside). =【配糖物(pèitángwù)·葡糖苷(pútánggān)·糖苷(tánggān)】라고도 함

# 岱 **Dài** 태산 대
명 '泰山(타이산·태산)'의 별칭. 〔岱宗(Dàizōng)·岱岳(Dàiyuè)라고도 함〕

# 迨 **dài** 이를 태
개 동 1 …에 이르러〔미쳐〕. …하기를 기다려. ¶~后处理=후에 처리하다. 2 …을 틈타. (시간·기회를) 이용하여. ¶~天未雨而绸缪。=아직 비가 내리지 않는 틈을 타서 집의 문과 창을 든든히 하다. 사전에 빈틈없이 준비하다.

# 绐 [紿] **dài** 속일 태
동 图 속이다. 기만하다.

# 骀 [駘] **dài** 방탕할 태
☞ **tái**
【骀荡】**dàidàng** 형 图 1 유쾌하다. 상쾌하다. 홀가분하다. 쾌락하다. ¶春光~=봄빛이 화사하다. 2 방탕하다. 자유분방하다. 제멋대로이다. ¶~不羁=방탕하기 그지없다. 3 기복하다.

출렁이다. 늘어지다.

# 玳 [瑇] **dài** 대모거북 대
아래를 참조.
【玳玳花】**dàidàihuā** ☞【代代花】**dàidàihuā**
【玳瑁】**dàimào** (動) 대모(거북). 임브리케이트 터틀(Imbricate turtle). 매부리바다거북.

# ** 带 [帶] **dài** 띠 대
명 1 띠. 벨트. 끈. 밴드. 테이프. 리본. ¶绷~=붕대. / 领~=넥타이. 2 지대. 구역. ¶热~=열대. / 这一~=이 일대. 3 타이어. ¶车~=자동차 타이어. 4 (醫) 백대(하). ¶经乱下~=월경이 불규칙적이고 냉이 흐르다. 동 1 (몸에) 지니다. 휴대하다. 가지다. ¶他随身~着手提电脑。=그는 노트북을 가지고 다닌다. 2 (…하는) 김에 …하다. (어떤) 계제에 …하다. ¶你上街给我~包盐回来。=너 시내에 나가는 김에 소금 한 봉지 사 와라. 3 달리다. 붙어 있다. 연관되다. 더하다. ¶沾亲~故=친척이나 친구 관계가 있다. 4 차다. 달다. 패용하다. ¶佩玉~金=옥을 달고 금을 차다. 5 함유하다. 머금다. ¶他说话~有北京腔。=그의 말에는 북경 말투가 섞여 있다. 6 (이끌어) 움직이다. 움직이게 하다. 범위를 넓히다. ¶以点~面=적은 것으로 전체를 이끌다. 7 인도(引率)하다. 이끌다. 통솔하다. 데리다. ¶头前~路=앞에서 길을 인도하다. 8 나타내다. 드러내다. 띠다. 머금다. ¶面~喜色=얼굴에 희색을 띠다. ≒携

○ 带 **dài** 滞 **zhì**

○ 白带, 背带, 彩带, 赤**chì**带, 磁**cí**带, 吊**diào**带, 肚**dù**带, 附**fù**带, 拐**guǎi**带, 海带, 寒带, 夹**jiā**带, 胶**jiāo**带, 林**lín**带, 领带, 履**lǚ**带, 轮带, 纽**niǔ**带, 佩**pèi**带, 飘**piāo**带, 频**pín**带, 脐**qí**带, 裙**qún**带, 韧**rèn**带, 捎**shāo**带, 声带, 绶**shòu**带, 顺带, 随**suí**带, 腿**tuǐ**带, 拖**tuō**带, 温带, 携**xié**带, 映带, 传**chuán**送带, 松紧**jǐn**带

【带班】**dài**∥**bān** 동 1 사람을 데리고 당번〔당직〕을 서다. 근무 차례가 되어 사람을 데리고〔이끌고〕 일을 하다. ¶老领导亲自~。=원로 간부가 직접 사람들을 이끌고 일을 한다. 2 반〔조·팀·클래스(class)·학급·학년·그룹〕을 이끌다〔데리다·인솔하다〕. 담임 교사를〔학급 담임을〕 맡다. ¶这届毕业班由张老师~。=이번 졸업반은 장 선생님이 맡는다.
【带班儿】**dàibānr** 명 리더. 지도자. 인솔자. 지휘자. 당번. 당직. ¶他是今天的~。=그는 오늘의 당직이다.
【带兵】**dàibīng** 동 군대를 인솔하다. ¶~打仗=군대를 인솔하여 싸우다.
【带彩】**dàicǎi** 동 상처를 입다. 부상당하다. ¶在抗灾抢险中, ~是不可避免的。=재해 구조에서 부상은 피할 수 없는 일이다.
【带操】**dàicāo** 동 이끌고〔인솔하여〕 체조하다.

图(體) (리듬체조 가운데) 리본 (연기) 종목.

**【带乘】dàichéng** 통 (사람을) 데리고 타다. 동반 탑승하다. ¶这些游乐设施, 太小的孩子不许~的。=이 오락 시설들은 너무 어린 아이는 데리고 탈 수 없습니다.

**【带刺儿】dài∥cìr** 통 **1** 가시가 있다. 가시가 돋치다. ¶~的玫瑰=가시 돋친 장미. **2**(비) 말에 가시가 있다. 가시 돋친 말을 하다. 넌지시 풍자하다. 빈정대다. 비꼬다. ¶有话直说, 别~。=할 말이 있으면 직접 하시고, 빈정대지 마세요.

**【带电】dài∥diàn** 통(電) **1** 전기를 띠다. 대전하다. ¶~粒子=대전 입자. **2** 전류가 통하다. ¶~操作=활선(活線) 작업.

**【带动】dàidòng** 통 **1** (동력을 전달하여) 움직이게 하다. ¶这种汽车依靠电力~。=이런 자동차는 전기로 움직이게 한다. **2** (이끌어) 움직이다. 이끌어 나가다. 선도하다. ¶老师~同学们参加义务劳动。=선생님이 학생들을 데리고 의무 노동에 참가하다.

**【带队】dài∥duì** 통 대오를 인솔하다. 팀을 안내하다. 대열을 거느리다. ¶~旅游=팀을 안내하여 관광하다.

**【带队】dàiduì** 명 대오를〔팀을〕인솔하는 사람. 인솔자. 리더. 안내자. ¶他是我们的~。=그는 우리의 인솔자이다.

**【带发】dàifā** 통 (질병 등을) 유발하다. 일으키다. 야기하다. ¶吸烟过多容易~咽喉炎。=과도한 흡연은 후두염을 유발하기 쉽다.

**【带发修行】dàifā xiūxíng** 통 삭발하지 않고 절에 들어가 수행하다.

**【带分数】dàifēnshù** 명(數) 대분수.

**【带好儿】dài∥hǎor** 통 안부를〔문안을〕전하다. ¶替我给你父母~。=당신 부모님께 안부를 전해 주세요.

**【带花】dàihuā** 통 상처를 입다. 부상당하다.

**【带话】dài∥huà**(~儿) 통 전갈하다. 전언하다. 말을 전하다. ¶请你~给他, 让他明天来上班。=그에게 내일 출근하라고 말을 전해 주세요.

**【带坏】dàihuài** 통 (남을) 망쳐 놓다. 버려 놓다. 나쁜 영향에 물들다. 덩달아 나빠지다. ¶别把孩子~了。=애를 내버려 놓지 말아요.

**【带劲】dàijìn** 통 **1** 재미가 있다. 흥미롭다. 신이 나다. 자극적이다. 손에 땀을 쥐게 하다. 짜릿하다. ¶这个游戏玩儿起来真~。=이 게임은 정말 신이 난다. **2** (~儿) 힘이 있다. 활기차다. 원기 왕성하다. ¶他们干得正~。=그들은 한창 힘차게 일을 하고 있다.

**【带菌】dài∥jūn** 통(醫) 보균하다. 병균을 가지고 있다. ¶~家禽不能食用。=병균을 갖고 있는 가축은 식용할 수 없다.

**【带菌者】dàijūnzhě** 명(醫) 보균자.

**【带口信】dàikǒuxìn** 통 말을 전하게 하다. 메시지를 전달하게 하다. ¶托人~=남한테 부탁하여 말을 전하게 하다.

**【带扣】dàikòu** ☞【皮带扣】**pídàikòu**

**【带宽】dàikuān** 명 **1** 대역폭(带域幅). (동) bandwidth **2**(電) 대역폭(带域幅). [통신 중 어떤 주

파수대의 최고 주파수와 최저 주파수의 차이. 단위는 헤르츠(Hz)임] **3** (컴) 대역폭. [일정한 시간 동안 주어진 전송 라인을 통해 전달할 수 있는 정보의 양. 일반적으로 'bps(bits per second)'로 표기함]

**【带来】dàilái** 통 **1** 가져오다. 가져다 주다. ¶~好消息=좋은 소식을 가져오다. **2** 일으키다. 야기하다. 초래하다. 자아내다. ¶~灾祸=재난을 초래하다.

**【带累】dàilěi** 통 연루되(게 하)다. 말려들(게 하)다. ¶~家人=식구들에게 누를 끼치다.

**【带领】dàilǐng** 통 **1** 인솔하다. 이끌다. 인도하다. 영도하다. 거느리다. ¶厂领导~全体职工保质保量完成了生产任务。=공장 지도자는 전체 직원들을 이끌고 품질과 생산량을 모두 만족시켜 생산 임무를 완성했다. **2** 데리다. 안내하다. ¶当地村民~我们穿过峡谷。=현지 촌민이 우리를 안내하여 협곡을 지났다. 녹率领 追随

**【带路】dài∥lù** 통 길을 안내하다. ¶请你在前面~。=당신이 앞에서 길을 안내해 주세요.

**【带路人】dàilùrén** 명(비) 인도자. 선구자. 선도자. [주로 추상적인 것에 쓰임]

**【带枪】dài∥qiāng** 통 총기를 휴대하다〔가지다〕. ¶~巡视=총을 휴대하고 순시하다.

**【带挈】dàiqiè** 통 동반하다. 데리다.

**【带伤】dàishāng** 통 부상하다. 다치다. 아픔을 참다. ¶~参加比赛=부상을 안고 경기에 참가하다.

**【带声】dàishēng** 명(言) 유성음.

**【带头】dài∥tóu**(~儿) 통 이끌다. 리드하다. 앞장서다. 선두에 서다. 솔선하다. ¶~发言=앞장서서 발언하다.

**【带头人】dàitóurén** 명 **1** 선도자. 선도적인 인사. 리더. 선구자. 선각자. 인솔자. ¶他是我们前进的~。=그는 우리를 앞으로 나아가도록 하는 선도자이다. **2** 대표적인 지식인〔연구자〕. [지식 수준이 높거나 연구 능력이 탁월한 사람을 가리키는 말] ¶学术~=학술 분야의 대표자.

**【带头羊】dàitóuyáng** 명 **1** (양 떼 중의) 길잡이 양. 선도 양. 우두머리 양. **2**(비) 선도자. 리더. 선도적인 인사. 선도적인 부문〔부서·기관·지역〕.

**【带徒弟】dài∥túdì** (비) **1** 제자를 받아들이다〔가르치다·거느리다〕. **2** 지식·기능을 남에게 전수하다〔가르치다〕.

**【带下】dàixià** 명(醫) 대하.

**【带孝】dài∥xiào** ☞【戴孝】**dài∥xiào**

**【带薪】dàixīn** 통 (원래의) 급여를 그대로 받다. 유급(有給)이다. [원래 급여를 받으며 다른 일을 하는 것을 가리킴] ¶~读书=유급으로 공부하다.

**【带养】dàiyǎng** 통 (자식을) 기르다. 키우다. 양육하다. ¶夫妻俩太忙, 孩子只得有外祖母~。=부부가 너무 바빠서 아이는 외할머니가 키우고 있다.

**【带音】dàiyīn** 명(言) 유성음. ↔不带音

**【带引】dàiyǐn** 통 이끌다. 인도하다. 지도하다. 조언하다. 가르치다. ¶在老师的~下, 同学们阅

读了大量的外国名著。=선생님의 지도 아래 학생들은 많은 외국 명작을 읽었다.

【带有】 **dàiyǒu** 1 (구체적인 사물을) 지니고 있다. 가지고 있다. 휴대하고 있다. ¶她~干粮。=그녀는 먹을 식량[건량]을 가지고 있다. 2 겸해서 지니다[가지다]. ¶他~口信。=그는 소식을 갖고 왔다. 3 띠고 있다. 포함하고 있다. ¶别~偏见。=편견을 갖지 마세요.

【带鱼】 **dàiyú** 〈動〉 갈치. ☞ 刀鱼 **dāoyú**

【带月披星】 **dàiyuè-pīxīng** ☞ 【戴月披星】 **dàiyuè-pīxīng**

【带脏字儿】 **dàizāngzìr** ⟨俗⟩ 더러운[상스러운·추잡한] 말을 쓰다. ¶说话~是很不礼貌的。=말할 때 상스러운 말을 쓰는 것은 매우 예의에 어긋나는 것이다.

【带职】 **dàizhí** 〈動〉 (원래의) 직무[직위]를 그대로 유지[보유]하다. ¶~攻博=직무를 그대로 유지한 채 박사 학위를 이수하다.

【带状】 **dàizhuàng** 〈形〉 대상. 띠처럼 좁고 길게 생긴 모양.

【带子】 **dài·zi** 1 띠·끈·밴드·리본 등의 총칭. 2 〈俗〉 비디오 테이프. 녹음 테이프. ¶我没看过这盘~。=나는 이 비디오 테이프를 본 적이 없다. 3 〈方〉 식용 조개의 일종. ¶清蒸~=찐 조개 요리.

【带座儿】 **dàizuòr** 〈動〉 (손님·참석자에게) 자리를 안내하다.

## 殆 **dài** 위태로울 태

〈形〉〈文〉 위험하다. 위태롭다. ¶知己知彼, 百战不~。=자기를 알고 상대방을 알면 백 번을 싸워도 위태롭지 않다. 〈副〉 대개. 대체로. 거의. 아마도. ¶消耗~尽=거의 다 소모되었다.

【殆尽】 **dàijìn** 〈動〉〈文〉 거의 다하다. 거의 남지 않다. ¶伤亡~=거의 다 부상당하고 사망했다.

【殆无】 **dàiwú** 〈動〉 거의 없다. ¶~留存价值。=남겨 둘 가치가 거의 없다.

## **贷[貸] dài** 빌릴 대

〈動〉 1 (돈을) 꾸다[빌리다]. 차입하다. 2 대여하다. 대출하다. 대부하다. 빌려 주다. ¶从银行~款=은행에서 돈을 대출하다. 3 (책임을) 전가하다. 회피하다. ¶责无旁~=책임을 피할 수 없다. 4 관대히 보아주다. 관용하다. 용서하다. ¶严惩不~=엄벌에 처하다. 엄중히 처리하다. 〈名〉 대부금. 대여금. ¶信~=대출금.

〇● 称**chēng**贷, 告贷, 借贷, 宽**kuān**贷, 信贷, 高利贷

【贷差】 **dàichā** 〈名〉 (은행의 입장에서 본) 개인의 대출액과 예금액 사이의 차액. 〈英〉 credit balance

【贷方】 **dàifāng** ☞ 【付方】 **fùfāng**

【贷记卡】 **dàijìkǎ** 〈名〉 (외상 구매가 가능한) 신용카드.

【贷款】 **dài∥kuǎn** 1 (은행에서) 대부하다. 대출하다. ¶向银行~五百万。=은행에서 5백만 위안을 빌리다. 2 차관하다.

【贷款】 **dàikuǎn** 〈名〉 대부금. 대여금. ¶住房

~=아파트 대부금. 2 차관.

【贷学金】 **dàixuéjīn** 〈名〉 대출 학자금.

【贷学金制度】 **dàixuéjīn zhìdù** 〈名〉 학자금 대출 제도.

【贷主】 **dàizhǔ** 〈名〉 대주. 빌려 준 사람.

## *\* 待 **dài** 기다릴 대

〈動〉 1 기다리다. ¶急不可~=조급해서 기다릴 수 없다. / 拭目以~=눈을 비비며 기다리다. 간절히 기다리다. 2 (막) …하려고 하다. …할 생각이다[작정이다]. ¶~讲不讲=말할 듯 말 듯하다. 3 필요로 하다. ¶自不~言=당연히 말할 필요가 없다. 4 접대하다. ¶备酒~客=술을 준비하여 손님을 접대하다. 5 대우하다. (사람을) 대하다. ¶以诚相~=성심으로 대하다.

☞ **dāi**

〇● 不待, 担待, 接待, 看待, 苛**kē**待, 款**kuǎn**待, 亏**kuī**待, 虐**nüè**待, 期待, 优**yōu**待, 有待, 坐待

【待办】 **dàibàn** 〈動〉 처리를 기다리다. 해결을 기다리다. 수속을 기다리다. ¶最近~的事太多, 忙得不可开交。=요즘 처리해야 할 일이 너무 많아, 바빠서 어쩔 바를 모르겠다.

【待毙】 **dàibì** 〈動〉 죽음을 기다리다. ¶坐以~=앉아서 죽음을 기다리다.

【待不好】 **dài·buhǎo** 〈動〉 냉대하다. 푸대접하다. ¶这么大人了, 连个客都~。=이렇게 컸는데 손님도 제대로 접대하지 못한다.

【待茶】 **dàichá** 〈動〉 차를 대접하다. ¶客人来了先~。=손님이 오면 먼저 차를 대접한다.

【待查】 **dàichá** 〈動〉 조사를 기다리다. 조사할 필요가 있다. ¶此事~=이 일은 조사를 기다려야 한다.

【待产】 **dàichǎn** 〈動〉 출산을 기다리다. 산기가 있다. ¶在家~=집에서 출산을 기다리다.

【待承】 **dài·cheng** 〈動〉 대우하다. 대접하다. 돌보아 주다. ¶他热情~来客。=그는 친절하게 손님을 대한다.

【待处】 **dàichǔ** 〈動〉 처리를 기다리다. 해결을 기다리다. 수속을 기다리다.

【待旦】 **dàidàn** 〈動〉 날이 새기를[밝기를] 기다리다. 아침을 기다리다. ¶枕戈~=창을 베고 날 밝기를 기다리다.

【待定】 **dàidìng** 〈動〉 결정을 기다리다. ¶出发日期~。=출발 날짜는 기다려 보아야 한다.

【待发】 **dàifā** 〈動〉 출발을 기다리다. 막 출발하려고 하다. 발송[발신·발표·발포]를 기다리다. ¶整装~=차를 갖추고[준비를 다하고] 출발을 기다리다[하려 하다].

【待废】 **dàifèi** 〈動〉 (기계 등이) 폐기[처분]되기를 기다리다. ¶旧车~=낡은 차가 폐차되기를 기다리다.

【待岗】 **dàigǎng** 〈動〉 (해고자가) 일자리를[취업을] 기다리다.

【待沽】 **dàigū** 〈動〉〈文〉 팔(기 좋은) 때를 기다리다. ¶奇货~=진기한 물건이 팔릴 때를 기다리다.

【待好】dàihǎo 동 후대하다. 잘 대해 주다. ¶务必~贵客。=귀빈을 꼭 잘 대해 주어야 한다.

【待机】dàijī 동 1 시기〔기회·때〕를 기다리다. ¶~行事=기회를 보아 일을 진행하다. 2 (컴) 스탠바이(standby)하다. 대기하다. ¶电脑处于~状态。=컴퓨터가 스탠바이 상태에 있다.

【待价而沽】dàijià'érgū 성 1 값이 오를 때를 기다려 팔다. 2 (비) 때를 기다려 벼슬길에 나가다. 3 (비) 자기를 알아주는 사람 또는 좋은 대우나 조건을 기다려 임용에 임하다.

【待建】dàijiàn 동 건설〔건조〕되기를 기다리다. 건설〔건조〕 예정이다. ¶地铁~=지하철을 건설할 예정이다.

【待见】dài·jian 동상 좋아하다. 귀여워하다. [주로 부정형으로 쓰임] ¶这孩子太调皮, 不让人~。=이 아이는 장난이 너무 심해서 사람들에게 귀여움을 받지 못한다.

【待决】dàijué 동 결재를 기다리다. 해결〔결정〕을 기다리다. ¶疑案~=의문스러운 사건〔안건〕이 해결을 기다리다.

【待考】dàikǎo 동 1 조사 검토를 요하다. 고려할 필요가 있다. ¶此说~=이 설은 조사 검토가 필요하다. 2 시험을 기다리다. ¶~期间=시험을 기다리는 기간.

【待客】dàikè 동 손님을 대접하다. ¶~不周=손님 대접이 소홀하다.

【待理不理】dàilǐ-bùlǐ 성 1 본체만체하다. 심드렁하게 대하다. 2 냉대하다.

【待料】dàiliào 동 (생산 공장에서) 원료의 도착을 기다리다. 원료를 기다리다. ¶停工~=생산을 정지하고 원료를 기다리다.

【待赁】dàilìn 동 임차인을 기다리다. 임대되기를 기다리다. ¶商铺~=점포가 임대되기를 기다리다.

【待命】dàimìng 동 명령을 기다리다. ¶就地~=그 자리에서 명령을 기다리다.

【待批】dàipī 동 (주관 부서의) 허가를 기다리다. 비준〔회답〕을 대기하다.

【待聘】dàipìn 동 채용을 기다리다. 임용 대기하다. ¶~职员=임용을 기다리는 직원.

【待人】dàirén 동 사람을 대접하다. 사람을 대하다. 함께 지내다. ¶~以礼=예의를 갖추어 사람을 대하다.

【待人接物】dàirén-jiēwù 성 사람을 대하는 태도. 사람과 교제하는 것. 처세하다.

【待时】dàishí 동 좋은 시기를〔시간을〕 기다리다. 당분간 기다리다. ¶~而动=시기를 기다려 행동하다.

【待续】dàixù 동 계속되다. 이어지다. 계속되는 것을 기다리다. ¶未完~=다음에 계속.

【待业】dàiyè 동 취직을 기다리다. ¶~人员=미취업 인원. →就业

【待业青年】dàiyè qīngnián 명 미취업 청년.

【待遇】dàiyù 명 (급료·보수·권리·지위 등의) 대우. 대접. 취급. ¶~丰厚=대우가 후하다. / 热情的~=뜨거운 대접. / 政治~=정치적 대우. 동 대우하다.

【待运】dàiyùn 동 운수를〔운반을·적재를〕 기다리〔요하〕다. ¶~货物=운수되기를 기다리는 화물.

【待赈】dàizhèn 동문 구제를 기다리다. ¶~灾民=구제를 기다리는 이재민.

【待字】dàizì 동문 약혼을〔시집 가기를〕 기다리다. ¶~闺中=규중에서 시집 가기를 기다리다.

【待罪】dàizuì 동 (죄에 대한) 판결을 기다리다. 대죄하다. ¶~之人=판결을 기다리는 죄인.

## 怠 dài 게으를 태

형 1 태만하다. 게으르다. 나태하다. 해이하다. ¶不敢懈~=감히 태만하지 못하다. 2 (사람에게) 공손〔정중〕하지 않다. 냉담하다. ¶不能~慢客人。=손님을 푸대접해서는 안 된다.

○─● 懒 lǎn 怠

【怠惰】dàiduò 형 나태하다. 게으르다. ¶不可~=게을리하면 안 되다.

【怠废】dàifèi 형 (게으름을 피워) 등한히 하다. 소홀히 하다. 쇠소해지다. 흥미를 잃게 되다. ¶~学业=학업을 등한시하다.

【怠工】dài‖gōng 동 태업하다. 사보타주하다. ¶消极~=소극적으로 태업하다.

【怠忽】dàihū 동 태만히〔소홀히〕 하다. 등한시하다.

【怠倦】dàijuàn 형 권태롭다. 진절머리가 나다. 싫증이 나다.

【怠慢】dàimàn 동 1 냉대하다. 푸대접하다. 등한히〔소홀히〕 하다. ¶不可~客人。=손님을 푸대접해서는 안 된다. 2 대접이 소홀했습니다. ¶多有~, 敬请海涵。=대접이 소홀했던 것을 널리 양해해 주시기 바랍니다. →殷勤

## 埭 dài 보 태

명동 보(洑). [주로 지명에 쓰임] ¶石~=스다이. [안후이(安徽)성에 있는 지명]

## 袋 dài 자루 대

명 (~儿) 봉지. 부대. 자루. 주머니. ¶裤~=바지 주머니. / 塑料~=비닐 봉지. 양 1 (~儿) 대. 자루. 포대. 가마니. 봉지. [주머니 등에 넣은 물건을 세는 단위] ¶一~盐=소금 한 자루. / 两~茶叶=차 두 봉지. 2 대. [담뱃대로 피우는 담배를 세는 단위] ¶一~旱烟=잎담배 한 대.

○─● 被袋, 冰 bīng 袋, 口袋, 麻 má 袋, 脑 nǎo 袋, 沙 shā 袋, 烟袋, 热水袋

【袋茶】dàichá 명 봉지 차. 티백.

【袋泡茶】dàipàochá 명 (뜨거운 물에 담그면 차가 우러나는) 티백. 봉지 차.

【袋鼠】dàishǔ 명(동) 캥거루.

【袋熊】dàixióng 명(동) 웜뱃(wombat).

【袋装】dàizhuāng 형 봉지 포장의. 봉지들이. ¶~食品=봉지 포장 식품.

【袋子】dài·zi 명 주머니. 자루. 포대. 봉지. ¶纸~=종이 봉지. 늑口袋

**逮** dài 이를 체
⟨动⟩⟨文⟩ **1** 이르다. 미치다. ¶力所不~=힘이 미치지 못하다. **2** 잡다. 체포하다. 붙들다. ['逮捕(dàibǔ)'에만 쓰임]
☞ **dǎi**

【逮捕】 dàibǔ ⟨动⟩⟨法⟩ 체포하다. 잡다. 붙들다. ¶~令=체포령. ≒拘捕 捉拿

**逮[靆]** dài 구름 낄 체
☞ 【叆叇】 àidài

**戴** dài 일 대
⟨动⟩ **1** (머리·얼굴·가슴·팔·손 등에) 착용하다. 쓰다. 차다. 달다. 끼다. 두르다. ¶~项链=목걸이를 차다. /张冠李~=잘못짚다. **2** 머리로 받치다. 이다. ¶披星~月=별을 이고 달을 지고. 밤낮으로. /不共~天=불구대천. (원한이 너무 깊어) 같은 하늘 아래서 살 수 없다. **3** 패용하다. 몸에 지니다. 몸에 달다. ¶获奖者都~着大红花. =수상자들은 모두 커다란 빨간 꽃을 달고 있다. **4** 떠받들다. 떠받들어 모시다. ¶拥~=떠받들어 모시다. 추대하다. /爱~=우러러 모시다. 추대하다. ⟨名⟩ (Dài) 성(姓).

○● 插chā戴, 穿戴, 拥yōng戴

【戴大帽子】 dài dàmào·zi ⟨喩⟩ **1** 고깔모자를 씌우다. **2** ⟨비⟩ 비행기 태우다. 고의로 치켜세우다. 아첨하다. **3** ⟨비⟩ 남의 잘못을 지나치게 과장하다 [부풀리다].

【戴尔电脑(公司)】 Dài'ěr Diànnǎo (Gōngsī) ⟨名⟩⟨컴⟩ 미국 델(Dell) 컴퓨터사.

【戴高帽儿】 dài gāomàor ☞【戴高帽子】 dài gāomào·zi

【戴高帽子】 dài gāomào·zi ⟨낮⟩⟨비⟩ 비행기를 태우다. 고의로 치켜세우다. =【戴高帽儿】 dài gāomàor

【戴绿帽】 dài lǜmào(~儿) ⟨낮⟩⟨비⟩ 아내가 바람피우다. 여자 친구에게 애인이 생기다. 고무신을 거꾸로 신다. =【戴绿帽子】 dài lǜmào·zi

【戴绿帽子】 dài lǜmào·zi ☞【戴绿帽】 dài lǜmào

【戴帽】 dàimào(~儿) ⟨动⟩⟨비⟩ **1** 상급 (기관)에서 특정인을 위하여 정원 외의 추가 인원을 배정하다. **2** 해당 학교보다 한 단계 높은 학교의 학급을 부설하다. ¶~初中=고등 학교 학급이 부설된 중학교.

【戴帽子】 dài mào·zi ⟨动⟩⟨비⟩ (사람에게) 딱지가 붙다. 죄명을 쓰우다.

【戴胜】 dàishèng ⟨名⟩⟨动⟩ 후투티. 오디새. 대승(戴勝). 대임(戴鵀). ≒【呼哱哱】 hūbōbō【山和尚】 shānhéshàng

【戴孝】[带孝] dài‖xiào ⟨动⟩ (부모 등의 상에) 상복을 입다. 상장을 달다.

【戴月披星】[带月披星] dàiyuè-pīxīng ☞【披星戴月】 pīxīng-dàiyuè

【戴罪立功】 dàizuì-lìgōng ⟨成⟩ 죄인으로 공을 세우다. 공을 세워 속죄하다.

**黛** dài 눈썹먹 대
⟨名⟩ 눈썹먹. [옛날, 눈썹 화장에 쓰인 검푸른색 안료] ¶粉~=화장품. ⟨形⟩ 검푸른 빛의. 짙은 푸른빛의. ¶~青=짙은 청색.

【黛绿】 dàilù ⟨形⟩ **1** (산이나 숲의) 검푸른 빛의. ¶一片~的松林=검푸른 소나무 숲. **2** ⟨文⟩⟨비⟩ 젊은. ¶~的年华=젊은 나이. ⟨名⟩⟨文⟩⟨비⟩ 미인. ¶粉白~=곱게 단장한 미인.

**襶** dài 패랭이 대
☞【襶襶】 nàidài

# dan

**丹** dān 붉을 단
⟨形⟩ 붉은색의. 적색의. ¶~枫满山=단풍이 온 산을 물들이다. ⟨名⟩ **1** 진사(辰砂). 주사(朱砂). 단사(丹砂). **2**⟨醫⟩ 기존의 처방에 따라 만든 과립 또는 분말 모양의 한약. ¶灵~妙药=신기한 묘약. **3**⟨道⟩ 단약. [옛날, 도가에서 진사(辰砂) 등으로 조제한 약] ¶炼~=단약을 조제하다. **4** (Dān) 성(姓). ≒红 赤

○● 蔻kòu丹, 炼liàn丹, 牡mǔ丹, 铅丹, 山丹, 书丹, 铁丹, 仙xiān丹

【丹忱】 dānchén ⟨名⟩⟨文⟩ 충성심. 진심. 정성스러운 마음. ¶一片~=일편단심.

【丹顶鹤】 dāndǐnghè ☞【白鹤】 báihè

【丹毒】 dāndú ⟨名⟩⟨醫⟩ 단독.

【丹方】 dānfāng ⟨名⟩ **1** 도사가 단약을 조제하는 기술. **2** ☞【单方】 dānfāng

【丹枫】 dānfēng ⟨名⟩ 단풍(잎).

【丹凤眼】 dānfèngyǎn ⟨名⟩ 봉안.

【丹桂】 dānguì ⟨名⟩⟨植⟩ 단계. 붉은(꽃) 계수나무. ⟨영⟩ orange osmanthus

【丹红】 dānhóng ⟨形⟩ 주홍색의.

【丹麦】 Dānmài ⟨名⟩⟨외⟩⟨地⟩ 덴마크(Denmark). [수도는 '哥本哈根(코펜하겐: Copenhagen)'임]

【丹青】 dānqīng ⟨名⟩⟨文⟩ **1** 진사(辰砂)와 청석(青石) 안료. 빨갛고 파란 안료. **2** 그림. ¶~妙笔=훌륭한 그림. **3** 역사책.

【丹砂】 dānshā ☞【朱砂】 zhūshā

【丹参】 dānshēn ⟨名⟩⟨植⟩ 단삼(Salvia miltiorhiza). 분마초(奔馬草). 혈생근(血生根). [뿌리를 약용함]

【丹书铁券】 dānshū tiějuàn ⟨名⟩ 단서철권. [조정에서 공신에게 하사한 세습 증서로 그 후예의 작위와 면죄를 보증함. 철제판에 붉은 글씨로 쓰여져 유래한 명칭]

【丹田】 dāntián ⟨名⟩⟨生⟩ 단전. ¶气沉~=기를 단전으로 모으다.

【丹心】 dānxīn ⟨名⟩ 진심. 정성스런 마음. 충심. 단심. 적심. ¶人生自古谁无死, 留取~照汗青.

＝자고로 사람은 다 죽는 법, 충심을 역사에 길이 남기리.

【丹药】 dānyào 명(醫) 단약.

## 担[擔] dān 멜 담

동 1 (멜대로) 메다. 지다. ¶挑水~柴＝물을 긷고 나무를 지다. 2 (책임이나 일을) 맡다. 감당하다. 담당하다. 지다. ¶分~忧愁＝근심을 분담하다. /承~责任＝책임을 지다.

☞ dàn

○● 承chéng担, 分担, 负担

【担保】dānbǎo 동 1 보증하다. 담보하다. 책임지다. ¶我敢~不会有事。＝내가 아무 일도 없을 것임을 보증한다. 2 (法) 담보하다. 보증하다. ≒保证 保久

【担保人】dānbǎorén 명 담보자. 담보인.

【担不是】dānbù·shi (잘못에 대해서) 책임을 지다. ¶你放心, 出了事我跟你一块儿~。＝마음놓으세요. 문제가 생기면 내가 당신과 함께 책임을 지겠어요.

【担承】dānchéng 동 (책임을) 떠맡다. 부담하다. 짊어지다. 감당하다.

【担错儿】dāncuòr 동 잘못을 책임지다.

【担待】[耽待] dāndài 동 1 감당하다. 책임지다. ¶事情要是有个闪失你我都~不起。＝일에 만약 착오가 생기면 너와 나 모두 감당할 수 없다. 2 양해하다. 관대히 보아주다. [남에게 양해를 구할 때 쓰는 상투어] ¶多有得罪, 请您多~。＝잘못한 점이 많으니, 널리 양해해 주십시오.

【担当】dāndāng 동 담당하다. 맡다. 책임지다. ¶~重任＝중책을 맡다. ≒担负 肩负

【担风险】dān fēngxiǎn 동 위험을 무릅쓰다. 모험하다.

【担负】dānfù 동 (책임·비용·사업 등을) 부담하다. 맡다. 지다. ¶~责任＝책임을 지다. ≒担当 肩负

【担纲】dāngāng 동 1 (예술 공연이나 체육 경기에서) 주연(주전)을 맡다. 주된 역할을 맡다. ¶~主演＝주연을 맡다. 2 중임(대임)을 맡다. 주요 책임을 지다(맡다). ¶新的攻关项目由张教授~。＝새로운 고난도 연구 과제는 장 교수가 책임을 맡는다.

【担搁】dān·ge ☞ [耽搁] dān·ge

【担架】dānjià 명 (환자용) 들것.

【担惊受怕】dānjīng-shòupà 성 놀라고 두려워 흠칫하다. 마음이 조마조마하다. 안절부절못하다. 무서워 마음을 못 놓다.

【担名】dān‖míng(~儿) 동 (명분·명성 등을) 얻다. 가지다. (뒤집어)쓰다. ¶只~, 不做亊。＝이름만 걸어 놓고 일을 하지 않다.

【担任】dānrèn 동 맡다. 담임하다. 담당하다. ¶~经理＝경리를 담당하다. /调研任务＝조사 연구 임무를 맡다.

【担受】dānshòu 동 받아들이다. 견뎌 내다. 감당하다. 참아 내다. 이겨 내다. 겪다. ¶~损失＝손실을 감내하다.

【担险】dānxiǎn 동 위험을 감당하다. 위험을 무릅쓰다. 모험하다.

【担心】[耽心] dān‖xīn 동 염려하다. 걱정하다. ¶不必~, 我已把一切安排妥当。＝걱정하지 말아요, 내가 이미 모든 것을 잘 안배해 두었어요.

【担忧】[耽忧] dānyōu 동 걱정하다. 근심하다. 우려하다. ¶他的身体状况很让人~。＝그의 건강 상태는 정말 걱정된다.

## 单[單] dān 홑 단

형 1 홑의. 하나의. ¶~人床＝싱글 침대. 2 홀수의. 기수의. ¶三是~数。＝3은 홀수이다. 3 혼자의. 단독의. ¶形~影只＝외로운 홀몸. /~身一人＝혈혈단신. 4 간단하다. 단순하다. 심플하다. ¶简~＝간단하다. 5 (의복 등의) 한 겹의. ¶只穿一条~裤＝홑바지 하나만 입고 오다. 6 박약하다. ¶势~力薄＝세력이 미미하다. 부 단지. 다만. 오직. 오로지. ¶~说不做＝빈말만 하고 실제로는 안 하다. 명 (~儿) 1 항목별로 사물을 기재한 종이. [리스트·명세서·목록·명부·일람표·명세서 등] ¶菜~＝메뉴. 2 (침대 따위의) 시트. ¶床~＝침대 시트. 접두 두 숫자 사이에 쓰여 큰 숫자 뒤에 작은 숫자가 있음을 나타냄. ¶一百~八将＝백팔 명의 장수. ↔双 复 夹

☞ chán, Shàn

○● 保单, 报单, 存cún单, 定单, 发单, 仿fǎng单, 孤gū单, 挂单, 凭píng单, 失单, 提单, 帐zhàng单, 知单, 跑单帮, 三联单

| 单 dān |
| 弹 dàn |
| 掸 dǎn |
| 郸 dān |
| 悼 dào |
| 瘅 dān |
| 殚 dān |
| 箪 dān |
| 阐 chǎn |
| 蝉 chán |
| 婵 chán |
| 䍐 chǎn |
| 禅 chán |
| 战 zhàn |

【单摆】dānbǎi 명(物) 단진자.

【单帮】dānbāng 명(俗) (혼자 하는) 행상. 보따리장수. 도붓장수. 도부꾼. 봇짐상. ¶跑~＝보따리장수. 행상을 하다.

【单被】dānbèi 명 홑이불.

【单本剧】dānběnjù 명(映) 텔레비전 단막극.

【单本位制】dānběnwèizhì 명(經) (화폐의) 단본위제.

【单边】dānbiān 명 1 일방. 일변. 단독. 단방. ¶~主义＝일방주의. 2 (도안 사방의) 외선 모두 이. 외줄 테두리.

【单兵】dānbīng 명 단 한 사람의 병사. ¶~训练＝각개 훈련하다.

【单薄】dānbó 형 1 입은 옷이 얇다(적다). ¶她穿得很~。＝그녀는 옷을 너무 얇게 입었다. 2 (신체가) 허약하다. ¶身子~＝신체가 허약하다. 3 (힘·근거·병력 등이) (취)약하다. 빈약하다. 박약하다. 부족하다. ¶文章的论述显得有些~。＝글의 논거가 빈약해 보인다. ≒薄弱 ↔充实

【单布衫】dānbùshān 명 홑적삼.

【单层林】dāncénglín 명(林) 단층림.

【单产】dānchǎn 명(農) (연간 또는 한 계절의) 단위 면적당 생산량.

【单车】dānchē ⓥ 1 한 대의 차. 차 한 대당. [주로 자동차·트랙터를 가리킴]. ¶本公司的~效益较好.=본 회사의 차 한 대당 영업 이익이 좋은 편이다. 2 ☞【自行车】zìxíngchē
【单程】dānchéng ⓥ 편도. ['双程(왕복)'과 구별됨] ↔来回
【单程票】dānchéngpiào ⓥ 편도(차)표.
【单传】dānchuán ⓥ 1 (스승이) 한 사람에게만 전수해 주다. 2 한 스승에게서만 전수를 받다. 3 몇 대에 걸쳐 외아들만 이어지다. ¶三代~=삼대 독자.
【单纯】dānchún ⓐ 단순하다. ¶结构~=구조가 단순하다. /思想~=생각이 단순하다. ⓟ 오로지. 단순히. ¶不能~追求物质效益=오로지 물질적인 효과와 이익만 추구해서는 안 된다. ≒简单 ↔复杂
【单纯词】dānchúncí ⓥ〔言〕단순어. [한 개의 어소(語素)로 이루어진 단음절 단어로 牛(niú)·人(rén)·来(lái) 등을 말하며, 이음절 혹은 이음절 이상으로 구성된 葡萄(pútáo)·萨其马(sàqímǎ) 등도 단순어에 속한다. '合成词(합성어)'와 구별됨]
【单词】dāncí ⓥ〔言〕1 단어. 낱말. ['词组(구)'와 구별됨] ¶背~=낱말을 외다. 2 단순어.
【单打】dāndǎ ⓥ 1〔體〕(탁구·테니스·배드민턴 등의) 단식. 2 일 대 일 대결. 싱글매치(single match). ¶~独斗=일 대 일로 싸우다〔붙다〕. ↔双打
【单打单个儿】dāndǎ dāngèr ⓥ 일대일 경기.
【单打一】dāndǎyī ⓥ 1 한 가지 일이나 한쪽으로만 집중하다. 한쪽만 바라보다. 2 혼자 하다. 단독으로 하다.
【单单】dāndān ⓟ 오직. 홀로. 단지. ['只是(zhǐshì)'·'仅仅(jǐnjǐn)'에 상당함] ¶谁都考虑到了,~把他给忘了.=다른 사람은 다 생각했는데, 오직 그만 잊어버렸다. ≒偏偏
【单刀】dāndāo ⓥ 1 자루가 짧은 긴 칼. 2〔體〕외칼. 단도(短刀). [우슈의 한 종목. 공연이나 연습 때 한 자루의 칼을 사용함] ⓟ 단독으로. 혼자서. ¶~赴会=혼자 모임에 가다.
【单刀赴会】dāndāo-fùhuì ⓢⓔ 1 혼자 칼 한 자루만 들고 적장의 초대연에 나아가다. [《삼국연의(三國演義)》에서 촉(蜀)의 명장 관우가 칼 한 자루만 지니고 적장이 초대한 연회에 참가한 고사에서 유래함] 2〔⋯〕대담하고 용감하다. 용감하게 독자적으로 문제를 해결하다.
【单刀直入】dāndāo-zhírù ⓢⓔ 단도직입적으로. 직설적으로 말하다. 문제의 핵심을 곧바로 말하다. ≒开门见山
【单调】dāndiào ⓐ 단조롭다. ¶生活~=생활이 단조롭다. /色彩~=색채가 단조롭다.
【单独】dāndú ⓟ 단독으로. 혼자서. ¶~前往=혼자 가다. ↔共同
【单发】dānfā ⓥ 단발로 쏘다. 한 번에 한 발을 쏘다. ¶三次一次连射=세 번은 단발로 쏘고 한 번은 연발로 쏘다.
【单方】[丹方]dānfāng ⓥ〔醫〕민간에 전해 내려오는 간단한 약방.
【单方面】dānfāngmiàn ⓥ 일면. 일방. ¶你无权~撕毁合同.=당신은 일방적으로 계약을 파기할 권리가 없다.
【单放机】dānfàngjī ⓥ 1 (재생 능력만 있는) 카세트 플레이어. 2 (재생 능력만 있는) 비디오 플레이어.
【单幅】dānfú ⓥ 1 한 폭. ¶~字画=畫題(화제)를 곁들인 그림 한 폭. 2 단폭. 외폭. 좁은 폭. [직물의 좁은 폭〔너비〕] ¶~面料=좁은 폭의 옷감.
【单干】dāngàn ⓥ 단독으로 (일을) 하다. 혼자 하다. ¶这点工作我一人~也能完成.=이 정도의 일은 혼자서도 다 할 수 있습니다. ↔合作
【单干户】dāngànhù ⓥ 1〔農〕개별 영농가. [농업 합작 시기에 합작사(合作社)나 인민 공사(人民公社)에 참가하지 않은 농가를 가리킴] 2 개별 사업자. ¶运输~=개별 운수업자.
【单杠】dāngàng ⓥ〔體〕1 (운동용) 철봉. 2 철봉. [체조 종목의 하나]
【单个儿】dāngèr ⓥ 1 한 짝. 한 개. ¶这套茶具不~卖.=이 다기 세트는 한 개씩은 팔지 않는다. 2 단 한 사람. 홀로. 혼자. ¶我们不能让你~去冒险.=우리는 당신 혼자 모험하러 가게 할 수 없다.
【单根独苗】dāngēn-dúmiáo ⓢⓔ 외독자. 무남독녀.
【单挂号】dānguàhào ⓥ 보통 등기 우편.
【单褂儿】dānguàr ⓥ (중국식) 홑저고리. 적삼.
【单轨】dānguǐ ⓥ 1 단선 궤도. 단선. 외궤. 단궤. ['双轨(복궤)'와 구별됨] 2〔⋯〕단일(체)제. 단일 행동 규칙.
【单轨制】dānguǐzhì ⓥ 단일(체)제. 단일 행동 규칙. ¶高校研究生招生要逐步由公费、自费双轨制转变为~.=대학원생 모집은 점차 공비와 자비의 이원제에서 단일제로 바뀌어야 한다.
【单果】dānguǒ ⓥ〔植〕홑열매. 단화과(單花果). =【单花果】dānhuāguǒ
【单过】dānguò ⓥ 따로 혼자 지내다〔살다〕. ¶他早就从父母搬出来~了.=그는 일찍이 부모님 집에서 나와 혼자 산다.
【单寒】dānhán ⓥ 1 입은 옷이 얇다〔적다〕. 옷을 얇게〔적게〕입어 춥다. 2〔⋯〕(집안이) 가난하고 지체가 변변치 못하다. 한미(寒微)하다.
【单行】dānháng ⓥ 한 줄. 한 행. 일렬. ¶~诗=시 한 줄.
☞dānxíng
【单行走】dānhángzǒu ⓥ 일렬로 행진하다. ¶命令队伍~.=대오가 일렬로 행진하도록 명령하다.
【单号】dānhào ⓥ (입장권·좌석권 등의) 홀수 번호.
【单耗】dānhào ⓥ 한 개의 생산품을 만드는 데 드는 원자재 소비.
【单花果】dānhuāguǒ ☞【单果】dānguǒ
【单簧管】dānhuángguǎn ⓥ〔音〕클라리넷. =【黑管】hēiguǎn
【单机】dānjī ⓥ〔컴〕스탠드 얼론(stand alone).

【单季稻】dānjìdào 몡(農) 일모작(의) 벼.
【单价】dānjià 몡 1 (經) 단가. 2 (化)(生) 일가 (一價). ¶~离子=일가 이온.
【单间】dānjiān(~儿) 몡 1 단칸방. ¶厂里给他分了个~。=공장에서 그에게 단칸방을 제공해 주었다. 2 (식당이나 호텔의) 독방. 싱글 룸. ¶住~=싱글 룸에 묵다.
【单件】dānjiàn 몡 한 벌. 한 개 (남은 것·있는 것). ¶~商品=하나 남은 상품.
【单晶】dānjīng ☞【单晶体】dānjīngtǐ
【单晶硅】dānjīngguī 몡(化) 단결정 규소.
【单晶体】dānjīngtǐ 몡(化) 단결정(체). =【单晶】dānjīng
【单句】dānjù 몡(言) 단문. ↔复句
【单据】dānjù 몡 영수증. 증표. 증빙 서류.
【单科】dānkē 몡 단일 과목. 한 과목. ¶下周举行语文~考试. =다음 주에 국어 단일 과목 시험을 치른다.
【单口】dānkǒu 몡(藝) (설창 문예에서의) 1인 연기. 솔로 퍼포먼스(solo performance).
【单口相声】dānkǒu xiàng·sheng 몡(藝) 일인(一人) 만담〔재담〕.
【单裤】dānkù 몡 홑바지.
【单利】dānlì 몡 단리. ↔复利
【单恋】dānliàn ☞【单相思】dānxiāngsī
【单列】dānliè 통 단열. 일렬. 한 줄. ¶站成~=한 줄로 서다. 통 (항목 등을) 따로〔단독으로〕열거하다. ¶将此项支出~。=이 종목의 지출은 따로 열거한다.
【单另】dānlìng 見 단독으로. 혼자서. 홀로. 달리. 그밖에. 따로. 별도로. ¶儿子大了, 已经分开~过了. =아들은 장성해서 이미 분가하여 따로 살고 있다.
【单门独户】dānmén dúhù 成 단독 주택. 독립 가옥.
【单面】dānmiàn 몡 단면. 일면. 한쪽. 편도. 일방적. ¶~大鼓=단면 큰북.
【单面手】dānmiànshǒu 몡 한 가지 기술만 있는 사람. ↔多面手
【单名】dānmíng 몡 외자 이름. ¶她~一个月字. =그녀는 외자 이름인데, '月'이다.
【单名数】dānmíngshù 몡(數) 단명수. [2斤(근)·5尺(자)처럼 하나의 단위로만 표시한 명수. '复名数(몇 개의 단위를 조합하여 표시하는 명수)'와 구별됨. 예컨대 1분 30초를 단명수로 고치면 90초임]
【单皮】dānpí 몡(音) 작은북 같은 타악기. [중국 전통극에서 다른 악기들을 지휘함]
【单枪匹马】dānqiāng pǐmǎ 成 1 혼자서 말을 타고 적진에 뛰어들다. 2 (비) 남의 도움을 받지 않고 혼자 해내다. 단독으로. 혼자서. =【匹马单枪】pǐmǎ dānqiāng
【单亲】dānqīn 형 편모(偏母) 또는 편부(偏父)의. ¶~子女=결손 가정 자녀.
【单亲家庭】dānqīn jiātíng 몡 결손 가정. 편모 가정. 편부 가정.
【单亲妈妈】dānqīn mā·ma 몡 이혼모.

【单人】dānrén 몡 일인. 한 사람. 혼자. ¶~房=싱글 룸(single room).
【单人床】dānrénchuáng 몡 일인용 침대. 싱글 침대.
【单人独马】dānrén-dúmǎ 成 1 한 사람과 한 필의 말. 2 (비) 혼자. 홀로. 단독. 외로이. =【单身匹马】dānshēn-pǐmǎ
【单人滑】dānrénhuá 몡(體) 싱글 스케이팅(single skating).
【单人舞】dānrénwǔ ☞【独舞】dúwǔ
【单日】dānrì 몡 홀수〔기수〕날. ¶我~值班. =나는 홀수날에 당직이다.
【单弱】dānruò 형 1 허약하다. ¶身子~=이 허약하다. 2 (역량이) 약하다. 부족하다. 빈약하다. ¶实力~=실력이 약하다.
【单色】dānsè 몡 단색. ¶~电视=흑백 텔레비전. ↔彩色
【单色光】dānsèguāng 몡(物) 단색광. 단광.
【单身】dānshēn 몡 단신. 홀몸. 독신. 솔로(solo). 싱글(single). 혼자. 홀로. ¶他目前还是~。=그는 지금 아직도 독신이다. / 他一人~在外, 没人照顾. =그는 홀로 타향에 있어 돌보아 주는 사람이 없다.
【单身贵族】dānshēn guìzú 몡 독신 귀족. 화려한 싱글(single)〔솔로(solo)·독신〕. [해학적인 의미를 내포함]
【单身汉】dānshēnhàn 몡 독신남. 기러기아빠.
【单身母亲】dānshēn mǔqīn 몡 미혼모. 편모. 이혼모.
【单身匹马】dānshēn-pǐmǎ ☞【单人独马】dānrén-dúmǎ
【单食性】dānshíxìng 몡 단식성.
【单式】dānshì 형 단식의. 단일 형식의. 같은 방식〔형식〕의. ['复式(복식의)'와 구별됨] ¶~预算=단일 예산. [하나의 회계 연도에 대하여 하나의 예산(豫算)을 세운다는 원칙]
【单说】dānshuō 통 (다만) …만을 말하다. (어느) 한 가지만 말하다. ¶别的不说, ~你的态度, 就不端正. =다른 건 그만두고, 너의 태도만 보더라도 단정하지 못하다.
【单数】dānshù 몡 1 (數) 홀수. 기수. 2 (言) 단수. ↔双数
【单瘫】dāntān 몡(醫) 단마비(單痲痺).
【单糖】dāntáng 몡(化) (포도당·과당·젖당 등의) 단당류.
【单体酶】dāntǐméi 몡(化) 단일 효소(单一酵素). 효소(酵素)의 최소 단위.
【单透镜】dāntòujìng 몡(物) 단일 렌즈(單一lens). 홑렌즈.
【单位】dānwèi 몡 1 단위. 2 기관. 단체. 회사. (한 기관·단체 내의) 부. 부처. 부서. 부문. 단위. ¶企事业~=기업과 사업 단위.
【单位犯罪】dānwèi fànzuì 몡(法) 조직 범죄.
【单弦儿】dānxiánr 몡(藝) 단현아. [설창 문예의 일종. 한 사람은 서서 팔각쿠(八角鼓)를 치며 노래를 하고, 다른 한 사람은 삼현금(三弦琴)으로 반주하는 것으로 화북과 동북 각지에서 유행

함]=【单弦牌子曲】dānxián pái·ziqǔ
【单弦牌子曲】dānxián pái·ziqǔ ☞【单弦儿】dānxiánr
【单线】dānxiàn 圏 1 외줄. 한 줄. 2 (선로의) 단선. [ '复线(복선)' 과 구별됨] 3 유일한 연락 경로. 일 대 일 연락 방식.
【单相思】dānxiāngsī 图 짝사랑하다. =【单恋】dānliàn
【单向】dānxiàng 圀 일방의. 한 방향의. [ '双向(쌍방향)' 과 구별됨] ¶手机即将实行~收费。= 휴대폰은 곧 단방향 요금제를 실시하게 된다.
【单项】dānxiàng 圏 단항목. 단일 종목. ¶参加~比赛=한 종목의 경기에 참가하다.
【单鞋】dānxié 圏 (솜을 넣지 않은) 홑겹 신발.
【单行】dānxíng 圀 (조례·법규 등이) 단일 사항에 의거하여 실행하는. 특정 지역에서 반포하고 적용하는. ¶~条例=단행 조례. 图 1 일방 통행하다. ¶前面的道路~。=앞의 도로는 일방 통행이다. 2 단독으로 간행(发行)하다. ¶~课本=단행본 교재. 3 단독으로 강림하다(찾아오다·내려오다). ¶祸不~=화는 겹쳐서(찾아)오게 마련이다.
☞ dānháng
【单行本】dānxíngběn 圏 단행본.
【单行道】dānxíngdào ☞【单行线】dānxíngxiàn
【单行法】dānxíngfǎ 圏(法) 단행법.
【单行条例】dānxíng tiáolì 圏(法) 특별 조례 (特别条例).
【单行线】dānxíngxiàn 圏 일방 통행로. =【单行道】dānxíngdào
【单性花】dānxìnghuā 圏(植) 단성화.
【单姓】dānxìng 圏 단성. 외자 성. [한 글자로 된 성. '复姓(복성)' 과 구별됨]
【单选题】dānxuǎntí 圏(教) 单项选择题(객관식 단답형). [ '多选题(객관식 다답형)' 와 구별됨]
【单眼】dānyǎn 圏(动) 홑눈. '复眼(곁눈)' 과 구별됨]
【单眼皮】dānyǎnpí(~儿) 圏 홑꺼풀. 외꺼풀.
【单叶】dānyè 圏(植) 홑잎. 단엽.
【单一】dānyī 圀 단일하다. ¶产品~=제품이 단일하다. ↔驳杂
【单衣】dānyī 圏 홑옷. 한 겹으로 된 옷.
【单音词】dānyīncí 圏(言) 단음절어. [山(shān)·高(gāo)·走(zǒu) 등]
【单引号】dānyǐnhào 圏(言) 작은따옴표. 내인용부. 「」와 ''」
【单用】dānyòng 图 1 단독으로 사용하다[쓰이다]. 한 가지로만 사용하다[쓰이다]. ¶这两种器械必须配套使用, 不能~。=이 두 가지 기계는 반드시 조합해서 써야지, 단독으로는 사용할 수 없다. 2 단지 {다만} …만 사용하다. ¶~水泥不可能盖起高楼。=시멘트만 사용해서는 높은 건물을 지을 수 없다.
【单元】dānyuán 圏 1 (교재 등의) 단원. ¶语文~测试=국어 단원 시험. 2 (아파트·빌딩 등의) 라인. ¶这栋楼房共有三个~。=이 아파트

는 세 라인으로 되어 있다. / 他住在三号楼四~五号。=그는 3동 4라인 5호에 살고 있다.
【单元房】dānyuánfáng 圏 (거실·침실·주방·욕실 등을 완비한) 아파트. 연립 주택. 빌라. 다세대 주택.
【单元楼】dānyuánlóu 圏 아파트. 빌라. 연립주택. 다세대 주택. [筒子楼(중복도형의 기숙사식 건물)와 구별됨]
【单元音】dānyuányīn 圏(言) 단모음.
【单月】dānyuè 圏 홀수(의) 달.
【单质】dānzhì 圏(化) 단체(單體). 홑원소 물질. [예컨대 산소, 수은, 철 등]
【单字】dānzì 圏(言) 1 단자. 2 단어.
【单子】dān·zi 圏 1 리스트. 명세서. 목록. 명부. 표. 일람표. 증명서. 전표. 증서. ¶账~=계산서. 2 침대보. 침대 시트. ¶布~=천 시트.
【单作】dānzuò 圏(農) 단일 경작(單一耕作). 단작.

# 耽 dān 노려볼 탐

【耽耽】dāndān 圀 예의 주시하다. 주목하다. ¶虎视~=호시탐탐하다.

# **耽[(躭²)]** dān 즐길 탐

图圀 1 탐닉하다. 빠지다. 현혹되다. ¶~于享乐=향락에 빠지다. 2 지연하다. 지체하다. ¶此事决不能~搁。=이 일은 절대로 지체할 수 없다.
【耽待】dāndài ☞【担待】dāndài
【耽搁】[担搁] dān·ge 图 1 지연하다. 지체하다. 끌다. ¶这项工作得尽快完成, 别~了。=이 일은 빨리 마쳐야 하니 절대로 끌지 마라. 2 묵다. 머무르다. ¶我在乡下~了几天。=나는 시골에서 며칠 묵었다. 3 (시간을 지체하다가) 일을 그르치다. 시기를 놓치다. ¶他的病硬是被庸医~了。=그의 병은 사실 돌팔이 의사 때문에 치료 시기를 놓쳤다. ≒耽误 延误
【耽好】dānhào 图 (어떤 취미에) 깊이 빠지다. 탐닉하다. 매료되다. 미혹되다. ¶~京戏=경극에 푹 빠지다.
【耽乐】dānlè 图圀 향락에 빠지다{좋다}. ¶~酒色=주색에 빠지다.
【耽思】dānsī 图圀 골몰하다. 몰입하다. 푹 빠지다.
【耽误】dān·wu 图 1 (시간을 지체하다가) 일을 그르치다. 시기를 놓치다. 머무르다. ¶路上堵车~了不少时间。=길에서 차가 막혀 많은 시간을 지체했다. 2 지체하다. 머무르다. 3 시간을 허비하다. ≒耽搁 耽延 延误
【耽心】dānxīn ☞【担心】dānxīn
【耽延】dānyán 图 지연시키다. 미루다. 끌다. ¶~时日=시일을 끌다. ≒耽误
【耽忧】dānyōu ☞【担忧】dānyōu

# 郸[鄲] dān 땅 이름 단

지명에 쓰이는 글자. ¶邯~=한단. [허베이(河北)성에 있는 지명]

**聃** dān 나라 이름 담
인명에 쓰이는 글자. ¶老~=노자.

**殚[殫]** dān 다할 탄
통문 다하다. 다 쓰다〔써 버리다〕. ¶~力=있는 힘을 다하다.
【殚见洽闻】 dānjiàn-qiàwén 성 견문이 넓다. 아는 것이 많다. ≒博古通今
【殚竭】 dānjié 통문 다하다. ¶储用~=비축한 것을 다 쓰다.
【殚尽】 dānjìn 통문 소진하다. 다 써 버리다. 다 없어지다. ¶财力~=재력이 소진되다.
【殚精毕力】 dānjīng-bìlì ☞【殚精竭力】 dānjīng-jiélì
【殚精竭力】 dānjīng-jiélì 성 온 힘을 다하다. 온갖 정력을 다하다. 심혈을 다 쏟다. =【殚精毕力】 dānjīng-bìlì
【殚精竭虑】 dānjīng-jiélǜ 성 전심전력하다. 혼신의 힘을 쏟다. ≒筋疲力竭
【殚思极虑】 dānsī-jílǜ 성 온갖 궁리를 다하다. 마음을 다하다.
【殚心】 dānxīn 통문 마음을 다하다. 온갖 심혈을 기울이다.
【殚智竭虑】 dānzhì-jiélǜ 성 지혜를 짜내다.

**瘅[癉]** dān 앓을 단
명 (중의학에서) 열증. 습열. ¶火~=소아 열병의 하나.
☞ dàn
【瘅疟】 dānnüè 명(醫) 학질의 일종.

**禅[禪]** dān 홑옷 단
명문 홑옷.

**箪[簞]** dān 소쿠리 단
명 소쿠리. 〔옛날, 대나무로 만든 둥근 그릇으로, 뚜껑이 있으며 밥을 담는 데 쓰임〕
【箪食壶浆】 dānsì-hújiāng 성 1 소쿠리에 밥을 담고 단지에 국을 담아 들고 나와 군대를 환영하다. 2 비 군대가 열렬한 환영을 받다.
【箪食瓢饮】 dānsì-piáoyǐn 성 1 소쿠리로 밥을 먹고 표주박으로 물을 마시다. 소쿠리 밥과 표주박 물. 2 비 안빈낙도(하다).

**儋** Dān 땅 이름 담
명(地) 단저우(儋州). 〔하이난(海南)성에 있는 지명〕

**甔** dān 항아리 담
명문 (주둥이가 작고 배가 큰) 단지. 병.

**胆[膽]** dǎn 쓸개 담
명 1 문(生) 담낭. 쓸개. 2 (~儿) 담력. 담. ¶壮~儿=담을 키우다. 3 기물 내부에 물·공기 등을 넣을 수 있는 물건. ¶球~=공의 내피〔튜브〕. / 暖水瓶~=보온병 내병.

○● 大胆, 斗dǒu胆, 放胆, 肝gān胆, 孤gū胆, 海胆, 苦胆, 龙胆, 瓶píng胆, 丧sàng胆, 心胆, 龙胆紫zǐ

【胆怵】 dǎnchù ☞【胆憷】 dǎnchù
【胆憷】[胆怵] dǎnchù 형 겁나다. 위축되다. 긴장되다. ¶初次登台, 难免~。 =처음 무대에 오르면 긴장되게 마련이다.
【胆大】 dǎndà 형 대담하다. 담이 크다. 간이 크다. 겁이 없다. ¶他从小就~, 什么都不怕。 =그는 어려서부터 담이 커서 무서워하는 것이 없다. ↔胆小
【胆大包天】 dǎndà-bāotiān 성비 간덩이가 붓다. 간덩이가 크다. 매우 대담〔대담〕하다. ↔胆小如鼠
【胆大妄为】 dǎndà-wàngwéi 성 겁없이 제멋대로 행동하다. 함부로 날뛰다. ↔胆小怕事
【胆大心细】 dǎndà-xīnxì 성 대담하면서도 세심하다.
【胆道】 dǎndào ☞【胆管】 dǎnguǎn
【胆矾】 dǎnfán ☞【蓝矾】 lánfán
【胆敢】 dǎngǎn 부 대담하게도. 감히. 용감하게도. ¶你竟~与我作对?=뜻밖에도 네가 감히 나와 맞서다니?
【胆固醇】 dǎngùchún 명(生) 콜레스테롤(cholesterol). 콜레스테린(cholesterin).
【胆管】 dǎnguǎn 명(生) 담관. 쓸개관. =【胆道】 dǎndào
【胆寒】 dǎnhán 형 간담이 서늘하다. 오싹하다. ¶心惊~=놀라서 몸이 오싹하다.
【胆红素】 dǎnhóngsù 명(生) 빌리루빈(bilirubin).
【胆结石】 dǎnjiéshí 명(醫) 담결석.
【胆力】 dǎnlì 명 담력. 용기. 담보. ¶~过人=담력이 뛰어나다.
【胆量】 dǎnliàng 명 담력. 용기. 배짱. ¶缺乏~=배짱이 부족하다. ≒胆子
【胆绿素】 dǎnlǜsù 명(生) 담록소. 빌리베르딘(biliverdin).
【胆略】 dǎnlüè 명 담력과 모략(謀略). 용기와 지모. ¶~超群=용기와 지모가 뛰어나다.
【胆囊】 dǎnnáng 명(生) 담낭. 쓸개. 문【苦胆】 kǔdǎn
【胆囊炎】 dǎnnángyán 명(醫) 담낭염.
【胆瓶】 dǎnpíng 명 목은 가늘고 길며 몸은 둥근 꽃병. 〔모양이 쓸개와 비슷한 데서 유래한 이름〕
【胆魄】 dǎnpò 명 담력과 기백. ¶~非凡=담력과 기백이 비범하다.
【胆气】 dǎnqì 명 담력과 용기. ¶~不足=담력과 용기가 부족하다.
【胆怯】 dǎnqiè 형 겁내다. 겁이 많다. 무서워하다. 쫄(아들)다. ¶这孩子一见生人就~。 =이 아이는 낯선 사람을 보면 겁을 낸다. ↔勇敢
【胆怯怯】 dǎnqièqiè(~的) 형 겁내다. 겁먹다. 무서워하다. 겁이 많다. 쫄(아들)다.
【胆识】 dǎnshí 명 담력과 식견. ¶他的~非常人能及。 =그의 담력과 식견은 보통 사람은 미칠

수 없다.

【胆小】dǎnxiǎo 형 담이 작다. 배짱이〔용기가〕 없다. 겁이 많다. 소심하다. ¶他这人生来就~. =그는 천성적으로 겁이 많다.

【胆小鬼】dǎnxiǎoguǐ 명 겁쟁이. [풍자의 뜻을 내포함]

【胆小怕事】dǎnxiǎo pàshì 성 겁이 많아서 일에 부닥치면 책임지는 것을 두려워한다. ↔胆大妄为

【胆小如鼠】dǎnxiǎo rúshǔ 성 1 쥐새끼처럼 간이 콩알만 하다. 쥐새끼처럼 겁이 많다. 2 비 매우 겁이 많다. ↔胆大包天

【胆虚】dǎnxū 형 담약하다. 겁이 많다. 겁내다. 무서워하다. 쫄〔아들〕다. ¶~气怯=담이 약하고 겁이 많다.

【胆战心惊】dǎnzhàn-xīnjīng 성 1 담이 떨리고 심장이 놀라다. 2 비 놀라고 겁이 나서 벌벌 떨다. 매우 두려워하다. =心惊胆战 xīnjīng-dǎnzhàn ≒毛骨悚然 提心吊胆 ↔无所畏惧

【胆汁】dǎnzhī 명(生) 담즙. 쓸개즙.

【胆壮】dǎnzhuàng 형 대담하다. 담이 크다. 용감하다. ¶他知道对手远不如自己, 自然就~了. =그는 적수가 자신보다 한 수 아래라는 것을 알고서는 절로 대담해졌다.

【胆子】dǎn·zi 명 담력. 용기. 배짱. 뱃심. 담. ¶~大=담력이 크다. ≒胆量

疸 dǎn 황달 달
☞【黄疸】huángdǎn
☞ ·da

掸[撢, 撣] dǎn 털 담
동 (먼지 등을) 털다. 털어 내다. ¶~灰尘=먼지를 털다. / ~衣服=옷을 털다.
☞ shàn

【掸子】dǎn·zi 명 먼지떨이. 총채. 진모(塵毛).

赕[賧] dǎn 재물 바쳐 속죄할 탐
동〔宗〕 바치다. 봉헌하다. 드리다. 올리다. ¶~佛祈福=부처에게 재물을 바치고 복을 빌다.

【赕佛】dǎnfó 동 불교 사원에 재물을 바치고 부처에게 복을 빌다.

亶 dǎn 성실 단
형 문 성실하다. 신용을 지키다. 착실하다. 확실하다. 건실하다. 图 (Dǎn) 성(姓).
☞ dàn

黕 dǎn 때 담
명문 때. 형문 1 검다. 2 때묻다. 더럽다.

*石 dàn 섬 석
양 섬. 석. [주로 곡식 등의 용량을 재는 단위]
☞ shí

**旦 dàn 아침 단
명 1 문 아침. ¶危在~夕=위험이 경각에 처하다.

다. / 通宵达~=온밤을 지새우다. 2 날. ¶元~=신정. / 一~=하루 아침〔사이〕. 일단. 어느때. 3 (劇) [중국 전통극에서 여자 배역. 의의〔青衣, 구칭은 정단(正旦)이라 함〕·화단(花旦)·도마단(刀马旦)·무단(武旦)·노단(老旦)으로 구분함] 4 양 (纺) 번수. 데니어. [생사·인조견사·나일론 등의 섬도(纖度)를 재는 단위] 图 denier 5 (Dàn) 성(姓). ≒晨 晓 ↔夕

○● 彩旦, 达旦, 撒sā旦, 文旦, 正zhēng旦

【旦不保夕】dànbùbǎoxī 성 1 아침에 저녁을 보장하지 못하다. 위독하여 저녁까지 살기 어렵다. 2 비 아주 위독하다〔위태롭다〕.

| ○ 旦 dàn |
| 但 dàn |
| 胆 dān |
| 胆 dǎn |
| 疸 dǎn |
| 坦 tǎn |
| 袒 tǎn |
| 钽 tǎn |
| 怛 dá |
| 靼 dá |
| 妲 dá |

【旦旦】dàndàn 형(문) 성실하다. 진실하다. ¶信誓~=맹세가 성실하여 믿을 만하다.

【旦角】dànjué (~儿) 명 (劇) 1 (중국 전통극에서) 여자 (배)역. 2 청의(青衣)와 화단(花旦).

【旦末净丑】dàn-mò-jìng-chǒu 명 (劇) (중국 전통극에서) 단·말·정·추 등 네 부류의 배역.

【旦夕】dànxī 명문 1 아침과 저녁. 2 비 짧은 시간. 단시간. ¶危在~=위험이 경각에 처하다.

【旦夕祸福】dànxī-huòfú 성 재난이나 행운은 언제든지 찾아올 수 있다. [주로 재난을 가리킴]

**但 dàn 다만 단
부 다만. 단지. 오직. 오로지. ¶知一二=단지 하나둘만 알다. 조금밖에 모르다. / ~愿好人一生平安. =호인은 일생 동안 평안하기만을 바란다. 접 그러나. 그렇지만. 하지만. ¶他虽个儿小, ~力气挺大. =그는 비록 왜소하지만 힘은 꽤 세다. 명 (Dàn) 성(姓).

○● 不但, 非但, 岂qǐ但

【但凡】dànfán 부 무릇. 다만 …하기만 하면. ¶~有一点常识的人都不会犯这样的错误. =단지 약간의 상식이라도 있는 사람이라면 누구라도 이런 잘못을 저지를 리가 없다.

【但见】dànjiàn 동 단지 …만 보이다. ¶放眼望去, ~草原上绿草如茵, 牛羊成群. =멀리 바라보니 그저 초원에 푸른 풀이 쫙 깔려 있고 소와 양들이 무리지어 있는 것만 보인다.

【但凭】dànpíng 동 맡기다. 위임하다. ¶这些废旧家具~你处理. =이 낡은 가구는 네가 처리해라.

【但求无过】dàn qiú wúguò 성 오직 잘못 없기만을 빌다. 과실이 없기만을 바라다.

【但是】dànshì 접 그러나. 그렇지만. [주로 '虽然·尽管' 등과 호응하여 쓰임] ¶虽然我们见过面, ~不熟. =우리가 비록 만난 적은 있지만, 잘 알지는 못한다.

【但书】dànshū 명 (法) 단서. [법률 조문이나 문서 등에서 본문 다음에 그에 대한 어떤 조건이나 예외 등을 나타내는 글]

【但说无妨】dàn shuō wúfáng ⟨낮⟩ 얼마든지 말해도 괜찮다〔무방하다〕. 솔직히 말해도 아무런 지장이 없다. 아무런 방해 없이 마음놓고 말하다.

【但愿】dànyuàn ⟨동⟩ 오로지〔단지·다만〕⋯을〔를〕원하다〔바라다·바랄 뿐이다〕. ¶〜人长久, 千里共婵娟. = 모두들 아무 탈 없이 머나먼 곳에서도 함께 달을 볼 수 있기를 바랄 뿐이다.

**担[擔]** dàn 멜 담
⟨명⟩ 짐. ¶释〜而立 = 짐을 내려놓고 서다. **2** ⟨비⟩ 책임. ¶勇挑重〜 = 용감하게 중임〔중책〕을 맡다. ⟨양⟩ **1** 중량 단위로 100斤(근)이 '一担'임. **2** 짐. (멜대로 메는 짐을 세는 단위) ¶一〜柴 = 땔나무 한 짐. / 两〜水 = 물 두 짐.
☞ dān

○● 扁biǎn担, 公担, 石担, 市担

【担担面】dàndànmiàn ⟨명⟩⟨방⟩ 단단면. [사천 지방의 향토 국수. 파와 고추기름 등 맵고 얼큰한 양념을 넣어 먹음. 멜대에 메고 다니며 파는 데서 유래한 명칭임]

【担子】dàn·zi ⟨명⟩ **1** 짐. ¶挑〜 = 짐을 지다. **2** ⟨비⟩ 부담. 책임. ¶他当了厂长以后, 肩上的〜重多了. = 그는 공장장이 된 이후, 책임이 더 막중해졌다.

**诞[誕]** dàn 태어날 탄
⟨형⟩ 황당하다. 터무니없다. 불합리하다. 엉터리이다. 허망하다. ¶荒〜不经 = 황당무계하여 이치에 맞지 않다. ⟨동⟩ 태어나다. 탄생하다. ¶今天是鲁迅先生的〜辰. = 오늘은 루쉰(鲁迅) 선생의 탄신 기념일이다. ⟨명⟩ 생일. ¶华〜 = 탄생일. / 圣〜节 = 성탄절.

○● 放诞, 夸kuā诞, 圣shèng诞

【诞辰】dànchén ⟨명⟩ 탄신. 생일. [윗사람이나 존경하는 사람의 생일을 말할 때 씀]

【诞谩】dànmàn ⟨형⟩⟨서⟩ **1** 언행이 터무니없다. 방종하다. ¶行为〜 = 행위가 방종하다. **2** 황당무계하다. 황당하다. 허황하고 터무니없다. ¶〜无实 = 황당무계하고 터무니없다.

【诞生】dànshēng ⟨동⟩ **1** 탄생하다. 태어나다. 출생하다. **2** ⟨비⟩ 생기다. 나오다. ¶一个新的世界纪录〜 = 새로운 세계 기록이 나오다. 出生 ↔逝世 死亡

【诞妄】dànwàng ⟨형⟩ 황당무계하다. 황당하고 허망하다〔터무니없다〕. ¶〜之说 = 허튼소리. 터무니없는 말.

**疍** dàn 단호 단
아래를 참조.
【疍户】dànhù ☞【疍民】dànmín
【疍民】dànmín ⟨명⟩⟨옛⟩ 수상 생활자. 단민. [광둥(广东)성·광시(广西)성·푸젠(福建)성의 강가와 바닷가에서 배에 거주하며 어업·항운에 종사하는 사람. 지금은 일반적으로 '水上居民(shuǐshàng jūmín)'이라 함] =【疍户】dànhù

**菡** dàn 연꽃 담
☞【菡萏】hàndàn

**啖¹[啗·噉]** dàn 먹을 담
⟨동⟩ **1** 먹다. ¶〜饭 = 밥을 먹다. **2** (사람·동물에게) 먹이다. ¶以枣〜之 = 대추를 먹이다〔주다〕. **3** (이익으로써 사람을) 꾀다. 유인하다. 매수하다. ¶〜以重利 = 큰 이익으로 사람을 꾀다. ≒吃

**啖²** Dàn 성씨 담
⟨명⟩ 성(姓).
【啖名】dànmíng ⟨동⟩⟨문⟩⟨비⟩ 헛된 명성을 좇다.

**淡** dàn 묽을 담
⟨형⟩ **1** (맛이) 약하다. 싱겁다. (농도가) 낮다. ¶一杯〜酒 = 약한 술 한 잔. **2** (소금기가) 엷다. 싱겁다. ¶汤太〜了, 再放点盐. = 국이 너무 싱거우니 소금을 좀 더 넣어라. (액체·기체 중에 포함된 어떤 성분이) 적다. 희박하다. 엷다. ¶天高云〜 = 하늘은 높고 구름은 엷다. **4** (색깔이) 연하다. 엷다. 수수하다. ¶轻描〜写 = 가볍고 연하게 그리다. 대충 묘사하다. (중요한 문제를) 얼렁뚱땅 넘어가다. **5** 냉담하다. 쌀쌀하다. 성의가 없다. ¶态度冷〜 = 태도가 냉담하다. **6** 중요하지 않다. 무의미하다. 쓸데없다. ¶扯〜 = 한담하다. 쓸데없는 말을 하다. / 平〜无味 = 무미건조하다. **7** (영업이·장사가) 흥성하지 못하다. 불경기이다. 부진하다. ¶现在是〜季, 东西不好卖. = 지금은 불경기라서 물건이 잘 팔리지 않는다. ⟨명⟩(Dàn) 성(姓). ↔咸 浓 深

○● 暗淡, 惨cǎn淡, 冲淡, 冷淡, 浓淡, 平淡, 清淡, 素sù淡, 恬tián淡

【淡泊】[澹泊] dànbó ⟨형⟩⟨문⟩ 담박하다. 욕심이 없고 마음이 깨끗하다. 명리를 좇지 않다. ¶〜明志 = 명리를 좇지 않고 뜻을〔포부를·심지를〕분명히 하다. ≒恬淡

【淡薄】dànbó ⟨형⟩ **1** (맛이) 싱겁다. 약하다. ¶这茶已〜如水. = 이 차는 이미 맛이 안 난다. **2** 희박하다. 엷다. ¶太阳出来了, 云雾渐渐〜. = 해가 떠오르자 안개가 점차 엷어졌다. **3** (인상이) 어렴풋하다. 희미하다. ¶印象〜 = 인상이 어렴풋하다. **4** (감정·흥미 등이) 담담하다. 시들하다. 식다. 적다. ¶他集邮的兴趣日渐〜. = 그의 우표 수집 취미가 날로 시들해져 간다. ↔浓厚 浓重

【淡彩】dàncǎi ⟨명⟩⟨미⟩ 담채. 엷은 채색. 소묘에 칠한 엷은 수채.

【淡菜】dàncài ⟨명⟩ **1** ⟨动⟩ 섭조개. **2** (삶아서) 말린 섭조개.

【淡出】dànchū ⟨명⟩⟨映⟩ 페이드 아웃(fade-out). 에프오(FO). 용암(溶暗). [영화나 텔레비전에서 화면이 처음에 밝았다가 점차 어두워지는 것] ⟨동⟩⟨비⟩ (사람·사물이) 소리 소문 없이 서서히 사라지다〔숨어 버리다·물러나다·떠나다·퇴출하다·손을 떼다·없어지다〕. ¶〜影坛 = 영화계를 떠나

## dàn 淡惮弹

다. ↔淡入

**【淡出淡入】dànchū dànrù** 〔名〕(映) 페이드 아웃(fade-out)과 페이드 인(fade-in). 〔動〕(비) 한 단락의 끝맺음과 새로운 단락의 시작을 나타내다.

**【淡淡】dàndàn** 〔形〕 **1** (운무 등이) 희미하다. 엷다. ¶山间笼罩着一层~的烟雾。=산중에 엷은 안개가 끼어 있다. **2** 냉담하다. 쌀쌀하다. ¶他的态度~的，一点都不热情。=그의 태도는 쌀쌀맞은 것이 조금도 열정적이지 않다. **3** (색깔이) 연하다. ¶~的花色=연한 무늬와 색깔. **4** (맛이) 진하지 않다. 싱겁다. 약하다. ¶~的清香=가벼운 청향. **5** 덤덤하다. 담담하다. 대수롭지 않다. ¶他只~地看了几眼就走开了。=그는 덤덤히 몇 번 보더니 가 버렸다.

**【淡而无味】dàn'érwúwèi** 〔成〕 **1** 음식이 싱거워 맛이 없다. **2** (비) 무미건조하여 주의를 끌지 못하다.

**【淡饭】dànfàn** 〔名〕 (평소대로 차린) 소박한 밥〔끼니〕. ¶粗茶~=변변치 않은 검소한 음식〔밥상〕. 검소한 생활.

**【淡化】dànhuà** 〔動〕 **1** 담수화하다. 탈염(脱鹽)하다. ¶海水的~处理=해수의 담수 처리. **2** (관념·인식·태도·감정 등이) 엷어지다. 희미해지다. 희미하게 하다. 냉담해지다. (문제를) 누그러뜨리다. ¶不怎么来往，关系也就~了。=왕래가 뜸하면 관계도 소원해진다. **3** 경감하다. 가볍게 하다. 약해지다. 약화되다. 약화시키다. ¶这部戏剧~了人物和情节。=이 극은 인물과 줄거리를 가볍게 처리하였다.

**【淡话】dànhuà** 〔名〕 시시한 말. 쓸데없는 이야기.
**【淡黄】dànhuáng** 〔名〕 담황색. 옅은 황색.
**【淡季】dànjì** 〔名〕 비성수기. 불경기 계절. ¶销售~=판매가 한산하다〔불경기이다〕. ↔旺季
**【淡酒】dànjiǔ** 〔名〕 **1** 변변찮은 술. 박주. [남에게 대접하는 술을 겸손하게 이르는 말] **2** (맛이) 약한 술.
**【淡绿】dànlǜ** 〔名〕 담녹색. 연둣빛.
**【淡漠】dànmò** 〔形〕 **1** (기억·인상이) 어렴풋하다. 희미하다. ¶那是多年前的旧事，在我的记忆里早~了。=그것은 몇 년 전의 오래 된 일이라, 이미 내 기억에서 희미해졌다. **2** 냉담하다. 쌀쌀하다. ¶神情~=표정이 냉담하다. ≒冷淡 冷漠 ↔热情
**【淡青】dànqīng** 〔名〕 담청색. 연두색.
**【淡然】〔澹然〕dànrán** 〔形〕〔문〕 담담하다. 대수롭지 않다. 무심하다. 태연하다. ¶~处之=대수롭지 않게 대처하다. 담담하게 대처하다.
**【淡入】dànrù** 〔名〕(映) 페이드 인(fade-in). 에프 아이(FI). 용명(溶明). [영화나 텔레비전에서 화면이 처음에 어둡다가 점차 밝아지는 것] 〔動〕(비) (사람·사물이) 소리 소문 없이 서서히 나타나다〔출현하다·진출하다·데뷔하다〕. ¶~政界=정계에 발을 들여놓다. ↔淡出
**【淡弱】dànruò** 〔形〕 (경기가) 한산하다. 불경기이다. ¶市场~=시장이 한산하다.
**【淡色】dànsè** 〔形〕 (색깔이) 옅다. ¶~油漆=옅은 색 페인트.

**【淡食】dànshí** 〔動〕 소금기 없는 음식을 먹다. 싱거운 음식을 먹다. 짜지 않게 먹다. 싱겁게 먹다. 〔名〕 소금기 없는 음식. 싱거운〔짜지 않은〕 음식.
**【淡市】dànshì** 〔名〕(經) 불황. 불경기. 한산한 장세. ↔旺市
**【淡事】dànshì** 〔名〕 하찮은 일. 중요하지 않은 일. 무의미한 일. 쓸데없는 일.
**【淡水】dànshuǐ** 〔名〕 담수. 민물.
**【淡水河】Dànshuǐhé** 〔名〕(地) 단수이(淡水). [타이완(台灣)성에 있는 하천 이름]
**【淡水湖】dànshuǐhú** 〔名〕 담수호.
**【淡水蟹】dànshuǐxiè** 〔名〕 민물게.
**【淡水鱼】dànshuǐyú** 〔名〕 담수어. 민물고기.
**【淡忘】dànwàng** 〔動〕 기억이 흐려져 잊혀지다. 인상이 점점 사라지다. ¶童年的往事大多已经~了。=어린 시절의 일은 이미 대부분 기억에서 사라졌다.
**【淡味】dànwèi** 〔名〕 싱거운〔연한〕 맛. 담백한 맛.
**【淡销】dànxiāo** 〔動〕 판매가 부진하다. ¶~商品=판매가 저조한 상품.
**【淡雅】dànyǎ** 〔形〕 (색깔이나 무늬가) 아담하다. 말쑥하고 우아하다. 수수하고〔산뜻하고〕 고상하다. ¶衣着~=옷차림이 말쑥하고 우아하다. ↔妖艳
**【淡幽幽】dànyōuyōu** (~的) 〔形〕 어스름하다. 희미하다. ¶~的几点星光=희미한 몇 점의 별빛.
**【淡月】dànyuè** 〔名〕 **1** 영업이 한산한 달. 불경기 달. **2** 어슴푸레한 달빛. ¶疏星~=별은 드물고 달빛은 어슴푸레하다. ↔旺月
**【淡妆】dànzhuāng** 〔名〕 옅은〔가벼운〕 화장. 우아한 치장. ↔浓妆
**【淡妆浓抹】dànzhuāng-nóngmǒ** 〔成〕 **1** 옅은 화장과 짙은 화장. **2** (비) 사람의 각각 다른 화장을 형용함.

## 惮 [憚] dàn 꺼릴 탄

〔動〕〔문〕 두려워하다. 꺼리다. 기피하다. 삼가다. ¶肆无忌~=방자하여 거리낌이 없다.

## *弹 [彈] dàn 탄알 탄

〔名〕 **1** (~儿) 둥근 알. 작은 덩어리. ¶泥~儿=흙덩어리. **2** 총알. 탄환. 탄알. 포탄. 포알. ¶子~=총알. / 导~=유도탄. / 中~=탄환이 적중하다.
☞ tán

○─● 导dǎo弹, 飞弹, 流弹, 氢qīng弹, 投弹, 饮yǐn弹, 子弹, 榴liú弹炮pào, 掷zhì弹筒tǒng

**【弹袋】dàndài** 〔名〕(軍) 탄띠. 탄대. 탄약띠.
**【弹道】dàodào** 〔名〕 탄도.
**【弹道导弹】dàndào dǎodàn** ☞【弹道式导弹】dàndàoshì dǎodàn
**【弹道式导弹】dàndàoshì dǎodàn** 〔名〕(軍) 탄도 미사일. =【弹道导弹】dàndào dǎodàn
**【弹弓】dàngōng** 〔名〕 탄궁. 탄알을 쏘는 활.
**【弹痕】dànhén** 〔名〕 탄흔. 포탄 자국. 탄알 자국.
**【弹夹】dànjiā** 〔名〕(軍) 탄창. 탄알 클립.

【弹尽粮绝】dànjìn-liángjué [성] 1《軍》 탄약과 군량을 다 쓰다. 2 [비] 절망적 상황에 처하다.
【弹壳】dànké [명]《軍》 1 탄피. 2 ☞【药筒】yàotǒng
【弹坑】dànkēng [명] (포탄·탄약·지뢰 등의 폭발로 인한) 포탄 구덩이.
【弹孔】dànkǒng [명] 총알구멍. 포탄구멍. 탄공.
【弹流】dànliú [명] 비 오듯 마구 쏟아지는 총알이나 포탄.
【弹片】dànpiàn [명] 포탄의 파편.
【弹膛】dàntáng [명] (총·대포의) 약실(藥室).
【弹头】dàntóu [명]《軍》 탄두.
【弹丸】dànwán [명] 1 (탄궁의) 탄환. 2 (총탄의) 탄두. 탄환. 3 [문][비] 협소한 곳. 비좁은 장소. ¶～小岛＝손바닥만 한 작은 섬.
【弹丸之地】dànwánzhīdì [명] 비좁은 땅〔곳〕. 협소한 땅〔곳〕.
【弹无虚发】dànwúxūfā [성] 탄알을 헛방으로 쏜 것이 없다. 백발백중이다. ≒百发百中
【弹匣】dànxiá [명]《軍》 탄창.
【弹药】dànyào [명] 탄약.
【弹雨】dànyǔ [명] 빗발치듯 쏟아지는 총알. ¶枪林～＝총칼이 숲을 이루고 탄알이 빗발치듯 하다. 치열한〔격렬한〕 전투. 격전.
【弹着点】dànzhuódiǎn [명] 탄착점.
【弹子】dàn·zǐ [명] 1 탄궁의 탄환. 2 [방] 당구. ¶～房＝당구장. 3 구슬.

## **蛋 dàn 알 단

[명] 1《生》 (새·거북·뱀 등의) 알. 2 (～儿) 알처럼 둥근 물건. 둥근 것. ¶脸～儿＝얼굴. / 驴粪～儿＝당나귀똥. [겉만 번지레하고 속은 보잘것없는 것. 빛 좋은 개살구] 3 [방] 고환. 불알. 4 [폄][비] 새끼. 놈. ¶坏～＝나쁜 놈. / 糊涂～＝멍청한 놈. 5 동사 뒤에 쓰여 그 동작이 부정적인 의미를 띠게 함. ¶捣～＝생트집을 잡다. / 滚～＝꺼지다.

> ○● 笨bèn蛋, 变蛋, 冰bīng蛋, 捣dǎo蛋, 滚gǔn蛋, 红蛋, 坏huài蛋, 浑hún蛋, 脸蛋儿, 皮蛋, 完蛋, 下蛋, 鸭yā蛋青, 鸭蛋圆

【蛋白】dànbái [명]《生》 1 달걀의 흰자. 2 단백질. ¶植物～＝식물성 단백질.
【蛋白胨】dànbáidòng [명]《化》 펩톤(peptone).
【蛋白酶】dànbáiméi [명]《化》 단백질 분해 효소. 프로테아제(protease).
【蛋白尿】dànbáiniào [명]《醫》 단백뇨.
【蛋白石】dànbáishí [명]《礦》 오팔. 단백석.
【蛋白质】dànbáizhì [명]《生》 단백질.
【蛋彩画】dàncǎihuà [명] 템페라화(tempera畫).
【蛋炒饭】dànchǎofàn [명] 계란볶음밥.
【蛋雕】dàndiāo [명]《藝》 조각 달걀. 공예 달걀. [달걀 껍질에 문양·그림 등을 새기는 공예의 일종] ¶～艺术品＝공예 달걀 작품.
【蛋粉】dànfěn ☞【蛋黄粉】dànhuángfěn
【蛋糕】dàngāo [명] 케이크. 카스텔라.
【蛋羹】dàngēng [명] 계란찜.
【蛋黄】dànhuáng(～儿) [명] 단황. 난황. 노른자. 노른자위. ＝【卵黄】luǎnhuáng
【蛋黄粉】dànhuángfěn [명] 난황 분말. ＝【蛋粉】dànfěn
【蛋鸡】dànjī [명] 알닭. 난용종(卵用種) 닭. [‘肉鸡(고기닭)’와 구별됨] ＝【蛋用鸡】dànyòngjī【卵用鸡】luǎnyòngjī
【蛋卷】dànjuǎn(～儿) [명] 에그 롤(egg roll). 달걀〔계란〕 과자. [달걀·밀가루·설탕 등으로 만든 원통 모양의 아삭아삭한 과자]
【蛋壳】dànké [명] 달걀〔계란〕 껍데기.
【蛋品】dànpǐn [명] 각종 알과 난제품(卵製品)의 총칭.
【蛋青】dànqīng [명] 옥색.
【蛋清】dànqīng(～儿) [명][구] (알의) 흰자. 흰자위. 단백.
【蛋松】dànsōng [명] 단쑹. [(가금의) 알을 가공하여 분말 또는 풀솜 모양으로 만든 식품]
【蛋鸭】dànyā [명] 알오리. 난용종(卵用種) 오리. [‘肉鸭(고기오리)’·‘菜鸭(고기오리)’와 구별됨] ＝【蛋用鸭】dànyòngyā
【蛋用鸡】dànyòngjī ☞【蛋鸡】dànjī
【蛋用鸭】dànyòngyā ☞【蛋鸭】dànyā
【蛋子】dàn·zi [명][구] 속이 차고 알같이〔둥글게〕 생긴 것.

## *氮 dàn 질소 담

[명][외]《化》 질소. [원소 기호는 N. ‘氮气(dànqì)’라고 통칭함]
【氮肥】dànféi [명] 질소비료.
【氮气】dànqì [명][낮]《化》 질소(가스). [‘氮(질소)’의 통칭]
【氮石灰】dànshíhuī ☞【石灰氮】shíhuīdàn

## 亶 dàn 다만 단

[부][문] ‘但(dàn)’과 같음. [접][문] ‘但(dàn)’과 같음.
☞ dǎn

## 瘅[癉] dàn 앓을 단

[명][문] 피로가 쌓여 생긴 병. [동][문] 미워하다. 증오하다. 원망하다. ¶彰善～恶＝선을 표창하고 악을 증오하다.
☞ dān

## 髧 dàn 머리털 드리운 모양 담

[형][문] 머리카락이 드리워진 모양.

## 啗[啗] dàn 먹을 담

[동] ‘啖(dàn)’과 같음.

## 赕[賧] dàn 선불할 담

[동][문] 선불하다. 선금을 주다. [명][문] 서화(書畫)·서책(書冊)의 권축(卷軸)·권수(卷首)에 비단을 댄 부분.

## 澹 dàn 편안할 담

평안하고 고요하다〔조용하다〕. 안정하다. 세상 물의이 없다. 몡 (Dàn) 성(姓).
☞ tán
【澹泊】dànbó ☞【淡泊】
【澹荡】dàndàng 혱 1 사리사욕이 없다. 2 일렁이다. 출렁이다. 넘실거리다. 산들거리다. ¶春风~=봄바람이 산들거리다.
【澹然】dànrán ☞【淡然】dànrán

## 禫 dàn 담제 담
몡 담제(禫祭). 담사(禫祀). [고대에 탈상(脫喪)할 때 지내는 제례]

# dang

**当¹[當]** dāng 맡을 당
동 1 담당하다. 맡다. …의(가) 되다. ¶~教师=교사가 되다. / ~代表=대표를 맡다. 2 맡아 보다. 주관하다. 관리하다. 주재하다. ¶独~一面=독자적으로 어느 한 부분을 주관하다. 한몫 맡다. / 不~家不知柴米贵. =가사를 맡아 하지 않는 사람은 생필품이 비싼지 모른다. 3 감당하다. 받아들이다. 견뎌 내다. 부담하다. ¶敢作敢~=과감하게 행하고 용감하게 책임을 지다. / 一人作事一人~. =자신이 한 일은 자신이 책임을 지다. / 我可不起这样的夸奖~. =저는 이러한 칭찬을 감당할 수 없습니다. 4 뎡 (가로)막다. 저지하다. 대처하다. ¶锐不可~=맹렬한 기세를 막을 수 없다. / 螳臂~车=사마귀가 앞발을 들어 수레를 가로막다. 자기 분수를 모르고 무모하게 덤벼들다. 5 지키다. 수비하다. 점거하다. ¶一夫~关, 万夫莫开. =한 사람이 관문을 지키고 있으면, 천군만마로도 공략할 수 없다. 험준한 요새는 함락시키기 어렵다. 6 …을(를) 향하다. …을〔를〕 마주 대하다. ¶首~其冲=맨 처음 공격을 받거나 재난을 당하다. 첫 공격의 대상이 되다. / ~众说明=대중 앞에서 설명하다. 7 마땅히〔당연히·반드시〕 …해야 한다. …에 해당하다. ¶理~如此=당연히 이와 같아야 한다. / 该~何罪?=응당 어떠한 죄목에 해당하지? 혱 상당하다. 서로 어울리다〔걸맞다〕. 대등하다. 엇비슷하다. 필적하다. ¶旗鼓相~=진용이 서로 대등하다. / 门户~对=(혼담에서) 양가의 권세나 세력이 대등하다〔걸맞다〕. 깨 바로 그 때. 바로 그 기. 바로 그 곳. [바로 그 시간이나 그 장소를 가리킴] ¶早知今日, 何必~初?=일찍이 오늘과 같은 일이 있을 줄 알았다면, 애당초 왜 그랬는가? / 好雨知季节, ~春乃发生. =단비는 철을 알고 있는 듯, 봄이 되면 바로 내린다. 몡의 1 꼭대기. 끝. 꼭지. ¶瓦~=와당. 기와의 마구리. 2 (공간과 시간의) 틈. 겨를. 짬. 간격. ¶空(kòng)~儿=틈.

➊ 当 dāng
铛 dāng
铛 dāng
裆 dāng
蛸 dāng
挡 dāng
挡 dǎng

**当²[當·噹]** dāng
금속 부딪히는 소리 당
의 땡땡. 땅땅. 딸랑딸랑. 뎅그렁뎅그렁. 땡그랑땡그랑. [종이나 금속이 부딪히는 소리] ¶~~响=땡그랑땡그랑 울리다.
☞ dāng

◐● 伴bàn当, 便当, 承chéng当, 充chōng当, 担当, 丁当, 该当, 郎láng当, 理当, 列当, 稳wěn当, 应当

### 当(dāng) / 在(zài)
当: ① '当'이 구성하는 시간구는 어떤 사건의 발생 배경이 되고, 시간적 배경과 사건이 거의 동시에 발생함을 강조함. ② 동사구나 단문과 결합하여 시각을 나타냄. ③ 문장에서 부사어 역할만 하며, 이때 '当'은 반드시 '时'나 '…的时候'와 함께 쓰임. ¶当她感到不得不离婚时, 她痛苦极了. =그녀는 이혼할 수밖에 없다는 것을 깨달았을 때 아주 고통스러웠다. / 当你在大雾中行驶时, 请你一定要注意车速和前后车距. =짙은 안개 속에서 운전할 때, 반드시 차량 속도와 뒤의 차간 거리에 주의하도록 하세요.
在: ① 동사구·명사구와 결합하여 시각이나 시간 단락을 나타냄. ② 부사어·보어가 될 수 있음. ¶他在一个星期内就要动身. =그는 일주일 내에 떠날 것이다. / 我在翻阅一堆史料的时候发现了一些使我大吃一惊的事实. =나는 산적해 있던 사료들을 뒤적이다가 아주 놀랄 만한 사실들을 발견했다. / 要在今后的十年中争取一个比较满意的经济发展速度. =앞으로 10년 동안 비교적 만족할 만한 경제 발전 속도를 이룩하도록 해야 한다. / 这件事发生在两年以前. =이 일은 2년 전에 발생했다.

【当班】dāngbān 동 당번이 되다. 당직〔당번〕을 서다〔맡다〕. ¶今天不该我~. =오늘은 내 당번 차례가 아니다.
【当兵】dāngbīng 동 군대에 가다. 군인이 되다. 입대하다.
【当不起】dāng·buqǐ 동 감당할 수 없다. 맡을 수 없다. ¶我能力有限, ~如此重任. =제 능력이 한계가 있어서, 이런 중임은 감당할 수가 없습니다.
【当差】dāng‖chāi 동옝 1 하급 관리로 일하다. 하인〔종〕 노릇을 하다. 2 ㉠ 일을 하다. ¶你在哪儿~?=너는 어디서 일을 하니?
【当差】dāngchāi 몡옝 남자 종.
【当场】dāngchǎng 명 당장. 그 자리에서. 즉석에서. 현장에서. ¶把小偷~抓获. =도둑을 현장에서 붙잡다. ↔事后
【当场出彩】dāngchǎng-chūcǎi 성 1 (劇) 피를 흘리는 장면을 즉석에서 연기하다. 2 (비) 그 자리에서 추태를 보이다〔부리다〕. 그 자리에서 비밀이 드러나다〔발각되다〕.

【当场出丑】dāngchǎng-chūchǒu ⓗ 여러 사람 앞에서 창피를〔수모를〕당하다. 그 자리에서 단점을 드러내다〔보이다〕.

【当唱儿唱】dāng chàngr chàng ⓥ 입에 담을 수 없는 말을 아무렇지도 않게 지껄이다.

【当朝一品】dāngcháo yīpǐn ⓝ 당대의 일등 고급 관리.

【当初】dāngchū ⓝ 1 당초. 애초. 맨 처음. 이전. 그 전. 원래. ¶~那里是湖泊。=그 곳은 원래 호수였다. 2 당시. 그 때. ¶~要不是大家支持, 我也不会有今天的成就。=그 때 여러분의 지지가 없었다면, 제게 오늘의 성공은 없었을 것입니다. ↔现在

【当厨】dāngchú ⓥ 요리를 맡다〔책임지다〕. 취사를 담당하다. ¶本店由特级厨师~。=우리 식당은 특급 요리사가 요리를 만듭니다.

【当代】dāngdài ⓝ 당대. 그 시대. ¶~作家=당대 작가.

【当道】dāngdào ⓥⓐⓝ 정권을 장악하다. ¶奸臣~=간신이 정권을 장악하다. ⓝ 1 ⓐ 권신. 권력자. ¶取悦~=권력자에게 환심을 사다. 2 (~儿) 길 가운데. ¶他站在~儿拦着。=그는 길 가운데 서서 가로막고 있다.

【当得起】dāng·deqǐ ⓥ 감당할 수 있다. 맡을 수 있다. ¶他完全~校长一职。=그는 충분히 교장직을 감당할 수 있다.

【当地】dāngdì ⓝ 현지. 현장. 그 지방〔고장〕. 그 곳. ¶~习俗=현지 습속. ≒本地 ↔外地

【当断不断】dāngduàn-bùduàn ⓗ 결단을 내려야 하는데, 결단성이 없다. 우유부단하다. 우물쭈물하다. 머뭇거리다.

【当耳旁风】dāng ěrpángfēng ⓥⓗ 타인의 의견을 귀담아듣지 않다. 마이동풍.

【当关】dāngguān ⓥ 관문을 지키다. ¶重兵~。=대군으로 관문을 지키다.

【当官】dāngguān ⓥ 관리가 되다. 벼슬살이 하다.

【当归】dāngguī ⓝ(植) 당귀. [보혈 등의 약효가 있음]

【当行】dāngháng ⓐ 능통하다. 정통하다. 뛰어나다. ¶对于室内设计, 他很~。=그는 실내 설계에 매우 뛰어나다.

【当行出色】dāngháng-chūsè ⓐ 본업에 뛰어나다〔정통하다·능통하다〕.

【当红】dānghóng ⓐ (배우 등이) 한창 인기가 있는. 한창 뜨는. 인기 일로에 있는. ¶~艺人=한창 뜨는 연예인.

【当幌子】dāng huǎng·zi ⓥⓗ 거짓 구실을 〔명의를〕빌어 어떤 일을 하다. ¶他是拿维修设备~, 实际是想从中得好处。=그는 설비 보수를 한다는 구실로 이득을 챙기려고 한다.

【当机立断】dāngjī-lìduàn ⓗ 시기를 놓치지 않고 즉각 판단을 내리다. 제때에 결단을 내리다. ≒斩钉截铁 毅然决然 ↔犹豫不决 优柔寡断 筑室道谋

【当即】dāngjí ⓑ 즉시. 바로. 곧. 당장. ¶接到参赛通知, ~确定选手名单。=대회 참가 통지를 받고서 바로 그 자리에서 선수 명단을 확정하였다. ≒马上 立刻 立即

【当家】dāng‖jiā ⓥ 1 집안일을 도맡다〔처리하다〕. ¶~理财=집안일을 도맡아 재정을 관리하다. 2 ⓝ 지도자〔영도자〕나 주인의 위치에 있다. ¶她是剧院的~花旦。=그녀는 극장의 수석 화단(花旦, 중국 전통극에서 말괄량이 여자 배역)이다.

【当家菜】dāngjiācài ⓝ 1 제철 채소. 2 간판 요리. 대표 요리. 인기 요리.

【当家的】dāngjiā·de ⓝ 1 집주인. 호주. 세대주. 2 ⓥ 사찰의 주지. 3 ⓤ 남편. 집주인. 주인양반. [아내가 남편을 일컫는 말]

【当家品种】dāngjiā pǐnzhǒng ⓝ 주요 품종.

【当家人】dāngjiārén ⓝ 1 집주인. 세대주. 호주. 2 대표〔중심〕인물. 우두머리. 책임자.

【当家作主】dāngjiā zuòzhǔ ⓗ 무리나 조직에서 주인 역할을 하다.

【当间儿】dāngjiànr ⓝⓥ 한복판. 정중앙. 한 가운데. ¶院子~有一口井。=정원 중앙에 우물 하나가 있다.

【当街】dāngjiē ⓥ 한길에 근접〔인접〕해 있다. 거리에 접하다. ¶~铺面生意更好得多。=큰길에 인접한 점포는 장사가 아주 잘 된다. ⓝⓥ 길거리. ¶~叫卖=길거리에서 외치며 팔다.

【当今】dāngjīn ⓝ 1 (재위 중인) 황제〔천자〕. =【今上】jīnshàng 2 지금. 현재. 오늘날. 요즘. ¶~社会=요즘 사회.

【当紧】dāngjǐn ⓐⓑ 중요하다. 긴요하다. 긴급하다. 급하다. ¶~的是尽快把手头的工作做完。=중요한 것은 손에 쥐어진 일을 서둘러 마치는 것이다.

【当局】dāngjú ⓥ 어떤 일에 직접 관여하다. 어떤 일을 직접 맡아 보다. ¶~者往往没有旁观者清醒。=당사자는 흔히 제삼자만큼 명석하지 못하다. ⓝ 1 당국. ¶学校~=학교 당국. 2 정부 당국. 정부 기관. ¶地方~=지방 당국.

【当局者迷】dāngjúzhě mí ☞【当局者迷, 旁观者清】dāngjúzhě mí, pángguānzhě qīng

【当局者迷, 旁观者清】dāngjúzhě mí, pángguānzhě qīng ⓢ 1 바둑 두는 사람은 잘 모르지만, 구경꾼은 더 잘 아는 법이다. 2 ⓗ 당사자보다 제삼자가 더 명확히 안다. =【当局者迷】dāngjúzhě mí 【旁观者清】pángguānzhě qīng

【当空】dāngkōng ⓥ 하늘〔공중〕에 걸려 있다. ¶烈日~。=뜨거운 태양이 하늘에 걸려 있다.

【当口儿】dāng·kour ⓝ (일이 발생하거나 진행 중인) 바로 그 때. ¶正准备出发的~上, 突然下起了大雨。=막 출발하려고 할 때, 갑자기 큰비가 내리기 시작하였다.

【当啷】dānglāng ⓘ 땡땡. 땡땡. 딸랑딸랑. 댕그렁댕그렁. 땡그랑땡그랑. [금속 등이 부딪히면서 나는 소리] ¶铁锤~一声落在地上了。=망치가 댕그렁 소리를 내면서 바닥에 떨어졌다.

【当量】dāngliàng ⓝ(化) 당량. ¶化学~=화

학 당량.

【当令】dānglìng 동 때〔철·계절·절기〕에 맞다. ¶~蔬菜=제철 채소.

【当路】dānglù 명 길 가운데. ¶别站在~。=길 가운데 서 있지 말아라.

【当面】dāng‖miàn(~儿) 부 직접 마주하여. 맞대면하여. 직접 맞대어. 그 자리에서. ¶~把话说清楚。=직접 맞대고 말을 분명히 하다. ↔背后 背地

【当面锣对面鼓】dāngmiàn luó duìmiàn gǔ 〈낯〉 얼굴을 직접 맞대고 의논하다〔협의하다·논쟁하다〕.

【当年】dāngnián 명 1 그 때. 그 당시. 그 해. ¶~这里还是一片荒地。=그 당시 이 곳은 그냥 황무지였다. 2 (과일·채소류 작물의) 풍년. 풍작. ¶今年葡萄是~，创收不少。=금년에 포도가 풍작이어서 제법 많이 수확하였다. 동 한창때이다. 전성기〔황금기〕이다. ¶小伙子正~，干劲儿大着呢。=젊은이가 한창때라서 힘깨나 쓸 수 있다.
☞ dàngnián

【当牛做马】dāngniú-zuòmǎ 〈성〉 1 소나 말이 되다. 2 〈비〉 소나 말처럼 고역살이하다.

【当炮灰】dāng pàohuī 〈낯〉〈비〉 총알받이가 되다.

【当配角】dāng pèijué 〈낯〉 1 조연을 맡다. 2 〈비〉 남을 위해 조력하다. ¶甘~=기꺼이 남을 돕다.

【当前】dāngqián 명 현재. 현 단계. 목전. 당면. 오늘. ¶~形势=현재 형세. 동 직면하다. 눈앞에 닥치다. 코앞에 닥치다. ¶大敌~=강적이 눈앞에 닥치다. ≒目前

【当枪使】dāngqiāngshǐ 〈낯〉〈비〉 남의 도구로 쓰이다. 남에게 이용당하다. ¶被人~=남에게 이용당하다.

【当权】dāng‖quán 동 권력을 장악하다. ¶~者=집권자.

【当权派】dāngquánpài 〈낯〉〈비〉 집권파.

【当儿】dāngr 명 1 간격. 사이. 틈. 거리. ¶两排桌子中间留一尺半宽的~。=두 줄의 탁자 가운데에 한 자 반의 거리를 남겨 두다. 2 바로 그 때. ¶正要开会的~，他匆忙赶来了。=막 회의를 시작하려고 할 때, 그가 급하게 들어왔다.

【当然】dāngrán 형 당연하다. 물론이다. ¶理所~=당연한 이치이다. 부 1 당연히. 물론. ¶你的提议很好，我~同意。=당신의 제의가 아주 훌륭하므로 나는 당연히 동의한다. 2 물론. 〔단문 혹은 구의 서두에 쓰여, 한 발 물러나서 보충 설명하는 역할을 함. 주로 삽입어로 쓰임〕 ¶他为人正派，上进心强，~，有时爱钻牛角尖。=그는 사람됨이 올바르고 진취적인데다 의지력도 강한데, 그래서인지 해결할 수 없는 문제에 끝까지 매달릴 때도 있다.

【当仁不让】dāngrén-bùràng 〈성〉 1 인을 행함에 있어서는 스승일지라도 양보하지 않는다. 2 〈비〉 (의로운 일에) 적극적으로 나서다. 앞장서서 나서다. 발벗고 나서다. 앞장서다. ≒义不容辞 ↔推三阻四

【当日】dāngrì 명 그 때. 그 날. 그 당시. 당일. ¶~情形历历在目。=그 때의 상황이 눈에 선하다〔역력하다〕.
☞ dàngrì

【当时】dāngshí 명 당시. 그 때. ¶~生活条件没有现在好。=당시 생활 환경은 현재만큼 좋지 못했다.
☞ dàngshí

【当世】dāngshì 명 당대. 당세. 현대. 현 시대. 이 세상.

【当事】dāngshì 동 일을 관리하다. 책임을 지다. ¶他只是一般工作人员，不是~的。=그는 단지 일반 직원일 뿐 책임자는 아니다. 형 (사물과) 직접 관련된〔관계된〕. 당사자의. ¶~者=관계자. 당사자.

【当事人】dāngshìrén 명 1 관계자. 당사자. 2 (法) 소송 당사자.

【当堂】dāngtáng 부 현장에서. 그 자리에서. 법정에서. ¶~对质=법정에서 대질하다.

【当天】dāngtiān 명 그 때. 그 날. 그 당시. 당일. ¶他~就赶回了省城。=그는 당일 성도(省都)로 급히 돌아갔다.
☞ dàngtiān

【当庭】dāngtíng 부 법정에서. ¶~举证=법정에서 증거를 제시하다〔들이대다〕.

【当头】dāngtóu 동 머리를 향해. 정면으로. 머리 위에. ¶~一棒=정수리에 일침을 가하다. 형 1 수위에 두다. 제일로 하다. 최우선으로 하다. ¶凡事得以理字~。=모든 일은 도리를 최우선으로 해야 한다. 2 직면하다. 눈앞〔코앞〕에 닥치다. ¶国难~=국난이 눈앞에 닥치다.
☞ dàng·tou

【当头棒喝】dāngtóu-bànghè 〈성〉 1 (佛) 선승이 초학자를 거두어들일 때 막대기로 일격을 가하거나 소리를 질러 문득 깨닫도록 하다. 2 〈비〉 따끔하게 경고〔충고〕하여 깨닫도록 하다.

【当头一棒】dāngtóu-yībàng 〈성〉 1 정수리에 일침을 가하다. 2 〈비〉 따끔한 경고〔충고〕를 하여 퍼뜩 깨닫게 하다. 3 〈비〉 갑자기 타격을 가하다.

【当晚】dāngwǎn 명 그 날 저녁〔밤〕. ¶他~病倒了。=그는 그 날 밤으로 몸져누웠다.
☞ dàngwǎn

【当务之急】dāngwùzhījí 〈성〉 당장 급히 처리해야 하는 일. 급선무.

【当下】dāngxià 부 즉각. 바로. 곧. 바로 그 때. ¶他一听这话，~就急了。=그는 이 말을 듣자마자 마음이 급해졌다.

【当先】dāngxiān 동 앞장서다. 먼저 하다. ¶他一马~冲上去=그는 앞장서서 적진을 돌파했다. 명 당초. 애초. ≒抢先

【当心】dāngxīn 동 조심하다. 주의하다. ¶地板滑，~点儿。=바닥이 미끄러우니 조심해라. 명 〈방〉 1 가슴 한복판. 가슴패기. 가슴곽. ¶~一拳=가슴곽을 내리치다. 2 정중앙. 한가운데. ¶餐厅~摆了一张长条桌。=식당 중앙에는 긴 식탁이 놓여 있다. ≒小心 留神

【当胸】dāngxiōng 명 가슴을 마주하고. 가슴을 향해. ¶对方走上来，~就是一拳。=상대방이 걸어와서 가슴곽을 향해 바로 한 방 날렸다.

【当选】dāngxuǎn 동 당선되다. ¶他以绝对优

势~为学生会主席。=그는 압도적으로 학생회장에 당선되었다.

【当央】dāngyāng 명부 한가운데. 정중간. 한복판. ¶茶几最好不要摆在客厅的~。=차탁〔다탁〕은 거실 중앙에 놓지 않은 것이 바람직하다.

【当腰】dāngyāo 명 (주로 긴 물체의) 가운데. 중간. 허리 부분. ¶从树枝的~折断。=나뭇가지의 가운데가 부러졌다.

【当夜】dāngyè 명 그 날 밤. 당야. ¶他~就赶回老家去了。=그는 그 날 밤 서둘러 고향으로 돌아갔다.
☞ dàngyè

【当一天和尚撞一天钟】dāng yītiān hé·shang zhuàng yītiān zhōng 숙 1 하루 중 노릇 하면 하루만 종을 친다. 2비 하루하루〔그럭저럭〕 적당히 살아가다〔순응하다〕.

【当院儿】dāngyuànr 명부 뜰. 마당. 정원. ¶他家~种了一棵枣树。=그의 집 뜰에는 대추나무 한 그루가 심어져 있다.

【当政】dāngzhèng 통 1 정권을 장악하다. 집권하다. 2 권력을 잡다.

【当之无愧】dāngzhī-wúkuì 성 1 (능력이 있어서) 대접받기에 부끄럽거나 부족한 점이 없다. 2 어떤 칭호나 영예를 받기에 충분한 자격이 있다. 그 이름에 부끄럽지 않다. 그렇게 되어도 손색이 없다.

【当值】dāngzhí 통 당직 근무를 서다〔하다〕.

【当中】dāngzhōng 명 1 중간. 한복판. 정중앙. ¶水池~有一座假山。=연못 한복판에는 인공 산이 하나 있다. 2 그 가운데. 그 속에. ¶他的身影消失在人群~。=그의 그림자는 인파 속으로 사라졌다. ≒当间

【当中间儿】dāngzhōngjiànr 명구 중간. 한복판. ¶路~横着一块石头。=길 복판에 돌덩이 한 개가 가로놓여져 있다.

【当众】dāngzhòng 부 대중 앞에서. 대중을 향하여(마주하여). ¶~宣布结果=대중 앞에서 결과를 발표하다.

【当主角】dāng zhǔjué 통 1 (영화·전통극의) 주역을 맡다. 2비 주요 임무를 맡다. 주요 역할을 하다. ¶青年人要在现代化建设中~。=젊은이들은 현대화 건설의 주인공이 되어야 한다.

【当子】dāng·zi 명부 틈(새). 간격. 겨를. 짬. ¶~留得太大了。=너무 간격을 두었다.

珰[璫] dāng 구슬 귀고리 당
명부 1 (고대 중국 여인의) 구슬 귀고리. 2 내시. 환관.

*铛[鐺] dāng 종고 소리 당
의 뗑. 뗑그렁. 땡땡. 뎅그렁뎅그렁. [금속 기물이 부딪치며 나는 소리]
☞ chēng

*裆[襠] dāng 바짓가랑이 당
명 1 가랑이. [두 바짓가랑이가 서로 붙어 있는 부분] ¶裤~=가랑이. [두 바짓가랑이가 서로 붙어 있는 부분] 2 가랑이. 샅. 고간. [두 다리의 사이] ¶腿~=가랑이.

○● 裤kù裆, 连裆裤

蛸[螳] dāng 거미 당
☞ 【蟷蛸】diédāng

筜[簹] dāng 대나무 당
【篔筜】yúndāng

**挡[擋, 攩] dǎng 가로막을 당
통 1 막다. 저지하다. 차단하다. 저항하다. ¶阻~=막다. / 兵来将~, 水来土掩。=적군이 쳐들어오면 장군을 보내어 막고, 홍수가 밀려오면 흙으로 둑을 쌓아 막는다. 상대가 어떤 수단이나 계략을 쓰더라도 대응할 방법을 갖추다. 2 가리다. 遮风~雨=비바람을 가리다. 명 1 (~儿) 덮개. 가리개. 쐬우개. ¶炉~儿=난로 등을 둘러싼 철망. 2양(機) 배당(기어, gear). ¶倒~=후진 기어. / 挂~=기어를 넣다. 3 계기나 측량 장치로 나타내는 광량(光量)·전기량(電氣量)·열량(熱量) 등의 등급.
☞ dàng

○● 抵dǐ挡, 空挡, 拦挡, 排挡, 遮zhē挡, 阻挡

【挡板】dǎngbǎn 명 막는 판. [가로막는 작용을 하는 모든 판형 장치]

【挡不住】dǎng·buzhù 통 막을 수 없다. ¶~诱惑=유혹을 뿌리칠 수 없다.

【挡车】dǎngchē 통(紡) 방직 기계를 맡다〔관리하다〕. ¶~工=방직공.

【挡道】dǎngdào 1 길을 막다. 2비 방해하다. ≒挡路

【挡风】dǎngfēng 통 바람을 막다.

【挡风墙】dǎngfēngqiáng 명 1 바람막이벽. 2비 후견인. 후원자. 백그라운드. 비호자. 바람막이. 보호막.

【挡寒】dǎnghán 통 추위를〔한기를〕 막다. ¶衣衫单薄, 难以~。=옷이 얇아서 추위를 막아내기 어렵다.

【挡横儿】dǎng∥hèngr 통구 중간에서 간섭하다〔가로막다〕. ¶此事与你无关, 别在中间~。=이 일은 너와 무관하니, 가운데서 가로막지 마라.

【挡驾】dǎng∥jià 통 방문(객)을 사절하다. ¶请客送礼的一律被他~。=접대를 하고 선물을 주는 일은 일절 그에 의해 사절되었다.

【挡箭牌】dǎngjiànpái 명 1 (화살을 막는) 방패. 2비 (책임 회피의) 구실. ¶你不想干就明说, 别拿忙做~。=가기 싫거든 확실히 말하지, 바쁘다는 구실은 붙이지 말아라.

【挡路】dǎnglù 통 1 길을 막다. ¶把东西移开别~。=물건을 옮겨야 하니, 길을 막지 마라. 2비 방해〔장애〕가 되다. 방해하다. ¶陈旧保守的规章制度要及时修改, 免得~。=낡고 보수적인 규정은 장애〔방해〕가 안 되도록 빨리 타파해야 한다.

【挡泥板】dǎngníbǎn 명 (차·오토바이 등의) 흙받이. 펜더(fender).
【挡球网】dǎngqiúwǎng 명(體) 1 (야구의) 백 네트(back net). 2 골프 연습장의 망.
【挡事】dǎng‖shì(~儿) 통 대처하다. 감당해 내다. 제 구실을 하다. ¶冷天里, 棉袄比单衣~得多. =추운 날에는 솜저고리가 홑옷보다 훨씬 낫다.
【挡头阵】dǎng tóuzhèn 통 선두에 (나)서다. 앞장서서 하다.
【挡土墙】dǎngtǔqiáng 명(土) 옹벽.
【挡眼】dǎngyǎn 통 시야를〔시선을〕가리다. 눈을 가로막다〔가리다〕. ¶把这帘子取了, ~得很. =이 커튼을 떼어 내라, 너무 시야를 가린다.
【挡住】dǎng·zhù 통 1 저지하다. 막(아 내)다. ¶~洪水的侵袭 =홍수의 범람을 막다. 2 가리다. ¶用伞~雪. =우산으로 눈을 가리다.
【挡子】dǎng·zi 명 덮개. 가리개. 씌우개.

**党[黨]** dǎng 무리 당
통훈 편애하다. 편을 들다. 치우치다. 두둔하다. 싸고돌다. ¶倡导公正的学术论争, 抵制~同伐异. =공정한 학술 논쟁을 제창하고, 파벌 간의 자기 감싸기를 배척하다. 명 1 친족. ¶父~ =친가. / 妻~ =처가. 2 당. [고대 지방 호적 편제 단위. '五百家'가 '一党'이었음] 3 당. 정당. 4 중국 공산당. ¶参加~校学习 =당 간부 학교에서 공부하다. 5 (貶) (개인의 이해 관계로 결성된) 집단. 단체. 파벌. 도당. 패거리. ¶结~营私 =도당을 이루어 사리를 도모하다. 6 (Dǎng) 성(姓).

○→ 白党, 会党, 朋党, 私sī党, 余党, 政党

【党报】dǎngbào 명 정당 기관지.
【党代会】dǎngdàihuì 명약 党员代表大会(당원 대표 대회).
【党魁】dǎngfá 명(政) 당수(黨首).
【党费】dǎngfèi 명(政) 1 정당의 활동 경비. 2 당비.
【党风】dǎngfēng 명 당풍. 당의 기풍. ¶整顿~ =당의 기풍을 바로잡다.
【党纲】dǎnggāng 명 당의 강령.
【党锢】dǎnggù 통훈 당고하다. [옛날, 어떤 파벌이나 관련자들의 벼슬길을 가로막고 정치 활동을 제한하다]
【党规】dǎngguī 명 당규.
【党棍】dǎnggùn 명 정당 건달. [정당의 권세를 등에 업고 나쁜 짓을 하는 사람]
【党徽】dǎnghuī 명 당의 표지〔휘장·마크·로고〕. 당을 상징하는 도안.
【党籍】dǎngjí 명 당적.
【党纪】dǎngjì 명 당기. 당의 기율.
【党际】dǎngjì 명 당과 당의 사이. ¶~合作 =정당끼리 협력하다.
【党建】dǎngjiàn 명 1 약 党的建设(당의 건설). [당의 정치 사상 수준을 제고하고, 당의 조직을 공고히 하고 정화·발전시키며, 당원 교육을 강화하는 것 등을 가리킴] 2 중국 공산당의 사상 건설과 조직 건설.
【党刊】dǎngkān 명 정당의 간행물.
【党课】dǎngkè 명 당 내의 교육 과정.
【党魁】dǎngkuí 명(貶) 당의 괴수.
【党龄】dǎnglíng 명 당원의 재적 연수(在籍年數). 당력.
【党派】dǎngpài 명 당파. 정당.
【党票】dǎngpiào 명(貶) 당원 자격. 당적. [정중하지 못한 의미를 내포함]
【党旗】dǎngqí 명 1 당기. [정당을 상징하는 기] 2 중국 공산당 당기.
【党群】dǎngqún 명 당과 대중. ¶~关系 =당과 대중의 관계.
【党参】dǎngshēn 명(植) 상당(上党) 인삼. [산시(山西)성 상당(上党) (지금의 창즈(长治))지역에서 많이 생산되어 붙여진 명칭임]
【党史】dǎngshǐ 명 1 당사. 정당의 역사. 2 당사. 정당의 역사를 기록한 저작.
【党首】dǎngshǒu 명 당수. 정당의 영수〔우두머리·대표〕.
【党同伐异】dǎngtóng-fáyì (成) 의견이 같은 사람과는 한패가 되어 편을 들고, 의견이 다른 파나 개인은 배척하고 공격하다.
【党徒】dǎngtú 명(貶) 도당. 같은 패(거리).
【党团】dǎngtuán 명 1 약 党派和团体(정당과 단체). 2 중국 공산당과 중국 공산주의 청년단. 3 한 정당의 국회의원단.
【党团员】dǎngtuányuán 명 중국 공산당 당원과 중국 공산주의 청년단 단원.
【党委】dǎngwěi 명 1 당 위원회. 2 중국 공산당의 각급 위원회.
【党务】dǎngwù 명 당무. 당의 사무.
【党项】Dǎngxiàng 명 당항족. [중국 고대 강족(羌族)의 한 갈래]
【党校】dǎngxiào 명 중국 공산당 간부 학교.
【党心】dǎngxīn 명 전체 당원의 마음〔염원〕. ¶此乃~所向, 民心所指. =이것이 바로 당심과 민심이 지향하는 바이다.
【党性】dǎngxìng 명 1 정당의 정체성. (개인의) 당성. 2 중국 공산당의 정체성. 중국 공산당원의 당성.
【党羽】dǎngyǔ 명(貶) 패거리. 도당.
【党员】dǎngyuán 명 1 당원. 2 중국 공산당원.
【党章】dǎngzhāng 명 1 당헌(黨憲). 2 중국 공산당 당헌(黨憲).
【党争】dǎngzhēng 명 당쟁. 당파 싸움.
【党证】dǎngzhèng 명 당원증.
【党政】dǎngzhèng 명 1 당정. 정당과 정부. [중국에서는 주로 중국 공산당과 정부를 가리킴] ¶~干部 =당정 간부. 2 당무와 정무. ¶~工作 =당정 업무.
【党政分开】dǎngzhèng fēnkāi 당정 분리.
【党政工团】dǎng zhèng gōng tuán '产党(공산당)·政府(정부)·工会(노동자 조합)·共青团(중국 공산주의 청년단)'의 합칭.
【党政军民】dǎng zhèng jūn mín 명 중국 공

산당·정부·인민 해방군·인민 대중의 합칭.

【党支部】**dǎngzhībù** 圀(政) 당지부(黨支部).

【党中央】**Dǎngzhōngyāng** 圀㈜ **1** 政党的中央委员会(정당 중앙 위원회). **2** 中国共产党中央委员会(중국 공산당 중앙 위원회).

【党总支】**dǎngzǒngzhī** 圀(政) 당 총지부(黨總支部).

【党组】**dǎngzǔ** 圀 (중국 공산당의) 당 그룹. [국가 기관·민간 단체·경제 조직·문화 조직 지도부 내의 당 지도 조직. 당의 노선·방침·정책이 해당 부문에서 관철·실시되는 것을 책임짐]

【党组织】**dǎngzǔzhī** 圀 **1** 당 조직. **2** 중국 공산당 조직.

# 谠[讜] **dǎng** 곧은 말 당
圐㊂ (말이) 정직한〔바른〕. ¶~论=정직한 의론. / ~言=정직한 말.

# 氹 **dàng** 봇도랑 당
圀 '凼(dàng)'와 같음.

# **当[當] dàng** 마땅할 당
圐 적당하다. 적합하다. 적절하다. 타당하다. ¶稳~=온당하다. / 用词不~=어휘 사용이 적절하지 않다. 圂 **1** …(으)로 삼다. …(으)로 여기다. …이라고 간주하다. ¶安步~车=차를 타는 대신에 천천히 걸어가다. **2** …(이)라고 생각하다. ¶你在啊, 我~你出差了呢。=너 있었구나, 난 네가 출장 간 줄 알았지. **3** …에 상당하다〔맞먹다·해당하다·필적하다〕. ¶以一~十=한 사람이 열 사람을 상대하다. **4** (전당포에 실물을) 저당잡히(고 돈을 빌리)다. 㓂 바로 그 때를 나타내 때 쓰임. ¶~时吃药, ~时有效。=약을 먹는 즉시 효과가 있다. 圀 **1** 저당물. ¶赎~=저당물을 되찾다. **2** 궤계. 속임수. ¶受骗上~=속임수에 빠지다.
☞ **dāng**

⊙● 的dí当, 典当, 定当, 行háng当, 家当, 快当, 慷qiè当, 切qiè当, 确què当, 上当, 失当, 适shì当, 顺shùn当, 停当, 妥tuǒ当, 押yā当, 允yǔn当, 值当

【当成】**dàngchéng** 圂 …(으)로 여기다. …(으)로 삼다. …(으)로 간주하다. ¶我们要把动物~朋友。=우리들은 동물을 친구라고 생각해야 한다. ≒当作

【当当】**dàngdàng** 圂 (전당포에) 전당잡히다.

【当儿戏】**dàng érxì** 圂㊂ 아이들 장난으로 여기다. 농담으로 여기다. ¶能将人命~? =어찌 사람의 목숨을 애들 장난으로 여길 수 있느냐?

【当房】**dàngfáng** 圂 집을 저당잡히다. ¶借款=집을 저당잡히고 돈을 빌리다.

【当回事儿】**dàng huíshìr** 圂㊂ 중시하다. 문제삼다. 진지하게〔심각하게〕 여기다. ¶他这是瞎说的, 千万别~。=그의 말은 모두 허튼 소리이니, 절대로 진지하게 여기지 말아라.

【当借】**dàngjiè** 圂 전당도 하고 차입도 하다. 저

당잡히기도 하고 빌리기도 하다. ¶~财物=재물을 저당잡히기도 하고 빌리기도 하다.

【当卖】**dàngmài** 圂 전당도 하고 매각도 하다. 저당잡히기도 하고 팔기도 하다. ¶~家产=가산을 저당잡히기도 하고 팔기도 하다.

【当年】**dàngnián** 圀 그 해. 당년. 같은 해. ¶他在毕业的~就出国了。=그는 졸업하던 해에 바로 출국하였다.
☞ **dāngnián**

【当票】**dàngpiào** 圀 전당표.

【当铺】**dàng·pù** 圀 전당포.

【当人】**dàngrén** 圂 사람으로 취급하다. 사람을 존중하다. ¶他根本不拿学徒~。=그는 학생을 아예 사람으로 취급하지 않는다.

【当日】**dàngrì** 圀 그 날. 당일. 같은 날. ¶他办完事, ~就回去了。=그는 일을 끝마치는 그 날로 돌아가 버렸다.
☞ **dāngrì**

【当时】**dàngshí** 圀 바로 그 때. 즉시. 즉각. ¶她得知自己获奖, ~就激动得哭了。=그녀는 자기가 상을 타게 된다는 것을 알고, 바로 감격에 겨워 눈물을 흘렸다.
☞ **dāngshí**

【当事】**dàngshì**(~儿) 圂 중시하다. 문제삼다. 진지하게〔심각하게〕 여기다. ¶认真点, 别拿工作不~。=좀 진지해져라, 업무를 아무것도 아닌 것처럼 여기지 말고.

【当是】**dàngshì** 圂 …(이)라고 생각하다〔여기다〕. ¶你就把这儿~你家。=너는 이 곳을 네 집이라고 생각해라.

【当死】**dàngsǐ** 圂 **1** (기한이 지나서) 전당잡힌 물건을 날리다. **2** 아예 찾을 생각을 안 하고 전당잡히다.

【当天】**dàngtiān** 圀 당일. 그 날. ¶~的工作要~完成。=그 날 일은 그 날 끝내야 한다.
☞ **dāngtiān**

【当头】**dàng·tou** 圀㊂ 저당물.
☞ **dāngtóu**

【当玩意儿】**dàng wányìr** 圂 아이들 장난으로 여기다.

【当晚】**dàngwǎn** 圀 그 날 저녁. 당일 저녁. ¶他上午去看父母, ~没有回来住。=그는 오전에 부모님을 뵈러 갔다가, 그 날 밤에 돌아오지 않았다.
☞ **dāngwǎn**

【当息】**dàngxī** 圀 전당포 이자.

【当夜】**dàngyè** 圀 그 날 밤. 당일 밤. ¶他傍晚接到老家的电话, ~就赶回去了。=그는 저녁 무렵에 고향집으로부터 걸려 온 전화를 받고, 바로 그 날 밤으로 고향에 돌아갔다.
☞ **dāngyè**

【当月】**dàngyuè** 圀 그 달. 당월. 같은 달. ¶他辞去工作, ~就回老家去了。=그는 사직을 하고, 그 달로 고향에 돌아갔다.

【当真】**dàngzhēn** 圂 정말로 여기다. ¶他这是跟你开玩笑, 你别~。=이건 그가 너한테 농담을 한 것이니, 진짜로 여기지 말아라. 圐 사실이

다. 확실하다. 정확하다. ¶此话~? = 이 말이 사실이냐? 문 과연. 정말로. ¶他说不来, ~就没来。 = 그가 오지 않는다고 말하더니, 정말로 오지 않았다. ≒果然 果真

【当作】【当做】dàngzuò 동 …(으)로 여기다. …(으)로 삼다. …(으)로 간주하다. ¶把失败~奋进的动力。 = 실패를 전진〔분진〕의 원동력으로 삼다. ≒当成

【当做】dàngzuò ☞ 【当作】dàngzuò

**凼** dàng 봇도랑 당
명방 1 물웅덩이. ¶水~ = 물웅덩이. 2 논밭의 거름 구덩이. ¶粪~ = 분뇨 구덩이.
【凼肥】dàngféi 명 (풀·똥 등을) 거름 구덩이에서 푹 썩힌 비료.

**砀**[碭] Dàng 산 이름 탕
명〈地〉 1 당산(砀山). [안후이(安徽)성에 있는 지명] 2 성(姓).

**宕** dàng 방종할 탕
동방 늦추다. 지연하다. 지체하다. 질질 끌다. 연기하다. ¶延~ = 길게 끌다. 형방 방탕하다. 방종하다. ¶跌~ = 자유분방하다.
【宕欠】dàngqiàn 동문 빚을 질질 끌다.
【宕账】dàngzhàng 명문 묵은빚.

**垱**[壋] dàng 둑 당
명방 (관개(灌溉)에 용이하도록 쌓은) 작은 둑 〔방죽〕. ¶筑~挖塘 = 둑을 쌓고 못을 파다.

\***荡**¹[蕩, 盪] dàng 씻을 탕
동 1 흔들(리)다. 움직이다. ¶震~ = 뒤흔들다. / 摇~ = 흔들리다. 2 씻다. 헹구다. 1 涤~ = 세척하다. / 冲~ = 씻어 내다. 3 완전히 제거하다. 일소하다. 쓸어 버리다. 없애 버리다. ¶扫~ = 소탕하다. / 倾家~产 = 가산을 탕진하다.

\***荡**²[蕩] dàng 방종할 탕
동 할 일 없이〔빈둥거리며〕 돌아다니다. 어슬렁거리다. ¶闲~ = 하는 일 없이 돌아다니다. / 游~ = 어슬렁거리다. 형 1 방탕하다. 방종하다. (행위가) 방정하지 〔신중하지〕 못하다. ¶浪~ = 방탕하다. / 淫~ = 음탕하다. 2 평탄하다. 광대하다. ¶坦~ = 평탄하다. / 浩~ = 한없이 넓다.
명 1 얕은 호수. ¶芦花~ = 갈대가 무성한 호수. 2 '凼(dàng)' 과 같음. 3 (Dàng) 성(姓).

○● 波荡, 闯chuǎng荡, 浮fú荡, 逛guàng荡, 浩hào荡, 晃huàng荡, 回荡, 激荡, 浪荡, 流荡, 坦tǎn荡, 闲xián荡, 摇yáo荡, 悠荡, 震荡, 振荡, 空荡荡

【荡除】dàngchú 동 철저하게 제거하다. 일소하다. 깨끗이 없애다. ¶~陋习 = 구습을 일소하다. ≒清除

【荡荡】dàngdàng 형 1 흔들리고 나부끼는 모양. ¶水波~ = 물결이 출렁이다. 2 광활하다. 널찍하다. ¶空空~ = 텅 비다. 허전하다. 3 (기세·규모가) 대단히 크다. ¶浩浩~ = 한없이 넓다. 호호탕탕하다. 4 광활하고 평탄하다. ¶~平川 = 드넓은 평원〔평야〕.

【荡涤】dàngdí 동 깨끗이 씻다. 세척하다. 씻어 내다. 맑고 깨끗하게 하다. ¶~心灵 = 마음을 맑고 깨끗하게 하다.

【荡动】dàngdòng 동 흔들거리다. ¶舟楫~ = 배가 흔들거리다.

【荡妇】dàngfù 명 1 문 창기. 기생. 2 탕부. 방탕한〔음탕한〕 여자. [주로 욕하는 말로 쓰임]

【荡桨】dàngjiǎng 동 노를 젓다.

【荡尽】dàngjìn 동 탕진하다. 다 써 버리다. ¶~家业 = 가산을 탕진하다.

【荡平】dàngpíng 동 소탕하여 평정하다. ¶~天下 = 천하를 평정하다.

【荡气回肠】dàngqì huícháng ☞ 【回肠荡气】huícháng dàngqì

【荡然】dàngrán 형 1 완전히 없어진 모양. ¶资财~ = 자재가 모두 없어졌다. 2 부패한〔타락한·문란한〕 모양. ¶世风~ = 사회 기풍이 문란하다.

【荡然无存】dàngrán-wúcún 성 하나도 남지 않고 완전히 없어지다.

【荡漾】dàngyàng 동 1 (물결이) 일다. 출렁이다. 넘실거리다. ¶湖水~ = 호수가 출렁이다. 2 (비) (노랫소리·기류 등이) 감돌다. 맴돌다. 떠돌다. 울리다. 메아리치다. ¶春风~ = 봄바람이 산들거리다.

【荡意平心】dàngyì-píngxīn 성 마음을 깨끗이 하고 가라앉히다. 잡념을 말끔히 없애고 생각을 집중하다.

【荡悠】dàng·you 동구 1 흔들(리)다. 움직이다. ¶秋千来回地~ = 그네가 왔다 갔다 흔들린다. 2 할 일 없이〔빈둥거리며〕 돌아다니다. 어슬렁거리다. ¶他无所事事, 整天在街上~。 = 그는 하는 일 없이 하루 종일 길거리에서 어슬렁거린다.

【荡舟】dàngzhōu 동 (작은) 배를 타고 노닐다.

【荡子】dàngzǐ 명 1 객지로 떠도는 사람. 2 탕아(荡兒).

【荡子】dàng·zi 명방 얕은 호수.

**挡**[擋] dàng 수습할 당
☞ 【摒挡】bìngdàng
☞ dǎng

\*\***档**[檔] dàng 문서 당
명 1 (격자로 짠) 선반. 장. [주로 서류를 보관할 때 쓰임] ¶归~ = 서류를 보관하다. 2 (공)문서. 서류. 파일. 기록. ¶查~ = 문서를 찾아보다. 3 (상품·제품의) 등급. ¶高~商品 = 고급 상품. 4 (~儿) (기물에서 지탱·고정 역할을 하는) 가로대. 가로장. ¶横~儿 = 가로대. 5 방 노점. 난전. ¶大排~ = 간이 음식점. / 鱼~ = 생선 좌판. 양 건. 가지. [사건이나 일 등을 세는 단위. '件 (jiàn)·桩(zhuāng)'에 상당함] ¶事情一~又一

~, 把人忙坏了。=일이 연이어 발생하여 사람을 정신 없게 한다.

○= 存cún档, 搭dā档, 低档, 脱tuō档

【档案】 dàng'àn 〖명〗 (공)문서. 서류. 파일. 기록. ¶科研~=과학 연구 문서.
【档次】 dàngcì 〖명〗 (품질 등의) 등급. 등차. 차등. ¶超市里各种~的商品都有。=슈퍼마켓에는 여러 등급의 상품이 다 있다.
【档级】 dàngjí 〖명〗 (품질 등의) 등급. 등차. 차등.
【档期】 dàngqī 〖명〗 1 출하 시기. 2 (映) 상영 (방영) 시기. ¶暑假是影片上映的较好~。=여름 방학은 영화를 상영(방영)하기에 비교적 좋은 시기이다.
【档儿】 dàngr ☞【档子】 dàng·zi
【档子】 dàng·zi 〖양〗〖명〗 1 건. 가지. [사건이나 일 등을 세는 단위. '件(jiàn)·桩(zhuāng)' 에 상당함]=【档儿】 dàngr ¶他们那一事儿你最好别管。=그들의 일은 네가 관여하지 않는 게 가장 좋다. 2 그룹. 팀. 조. [조를 이루어 하는 설창 문예·곡예 등을 세는 단위] ¶拜年的狮子来了好几~了。=신년맞이 사자탈춤 팀이 여러 팀 다녀 갔다.

# 宕 dàng 낭탕 탕
☞【茛宕】 làngdàng

# dao

**刀** dāo 칼 도

〖명〗 1 도. [고대 병기의 하나. 한쪽에만 날이 있는 칼을 가리킴] 2 칼. ¶菜~=식칼. / 镰~=낫. / 借~杀人=남의 칼을 빌려서 사람을 죽이다. 남을 이용하여 사람을 해치다. 3 칼처럼 생긴 물건. ¶冰~=스케이트의 날. 4 (Dāo) 성(姓). 〖양〗 종이를 세는 단위. [일반적으로 100장을 '1刀' 라고 함] ¶两~纸=종이 200장.

| | |
|---|---|
| ○ 刀 | dāo |
| 忉 | dāo |
| 叨 | dáo |
| 魛 | dāo |
| 鴼 | diāo |
| 蚠 | diāo |
| 初 | chū |

○= 刨bào刀, 车刀, 吃刀, 刺cì刀, 错cuò刀, 单刀, 火刀, 尖jiān刀, 剪jiǎn刀, 绞jiǎo刀, 戒刀, 军jūn刀, 开刀, 砍kǎn刀, 镰lián刀, 猎liè刀, 麻刀, 马刀, 劈pī刀, 朴pō刀, 剃tì刀, 屠tú刀, 錾zàn刀, 战刀, 捉zhuō刀, 剪刀差chā, 软ruǎn刀子, 螺luó丝刀

【刀把儿】 dāobàr 〖명〗 1 칼자루. 2 (비) 권력. 힘. 3 (비) 약점. 꼬투리. 빌미. =【刀把子】 dāobà·zi
【刀把子】 dāobà·zi ☞【刀把儿】 dāobàr
【刀背】 dāobèi (~儿) 〖명〗 칼등.
【刀笔】 dāobǐ 〖명〗 1 공문서와 관련된 일. 2 (비) 소장(訴狀)을 작성하는 일. ¶~老手=소장 작성의 베테랑.
【刀笔吏】 dāobǐlì 〖명〗〖옛〗 1 도필리. 문서 담당 하급 관리. 구실아치. 2 소송 대리인. 변호사.
【刀币】 dāobì 옛날, 칼 모양의 화폐.
【刀兵】 dāobīng 〖명〗 1 무기. ¶动~=군사 행동을 하다. 2 전쟁. ¶~之灾=전쟁의 재난.
【刀柄】 dāobǐng 〖명〗 칼자루.
【刀布】 dāobù 〖명〗 옛날, 칼 모양의 화폐.
【刀叉】 dāochā 〖명〗 나이프와 포크.
【刀刀见血】 dāodāo jiànxiě 〖성〗(비) 수단이 잔인하다. 말이 신랄하다. 모든 조치가 [수단이] 급소를 찌르다.
【刀豆】 dāodòu 〖명〗(植) 작두콩. 도두. 협검두 (挾劍豆).
【刀法】 dāofǎ 〖명〗 1 (우슈 중의) 도술(刀術). 도(刀)를 다루는 기법〔솜씨〕. 2 (조리에서) 칼질. 칼 다루는 기법. 3 (각인·목각에서) 칼 다루는 기법.
【刀锋】 dāofēng 〖명〗 칼날. 칼끝.
【刀耕火耨】 dāogēng-huǒnòu ☞【刀耕火种】 dāogēng-huǒzhòng
【刀耕火种】 dāogēng-huǒzhòng 〖성〗 화전(火田) 경작. =【刀耕火耨】 dāogēng-huǒnòu
【刀光剑影】 dāoguāng-jiànyǐng 〖성〗 1 칼빛과 검 그림자. 2 (비) 격렬한 전투. 살기등등한 기세.
【刀尖】 dāojiān 〖명〗 1 칼날. 칼끝. 2 (비) 위험하고 고통스러운 지경. ¶在~上过日子。=위험하고 고통스러운 나날을 보내다.
【刀具】 dāojù 〖명〗 절삭 공구의 총칭. =【刃具】 rènjù
【刀锯】 dāojù 〖명〗 1 칼과 톱. [옛날에 사람을 처형하는 데 쓰던 형구(刑具)] 2 〖옛〗 형벌.
【刀砍斧削】 dāokǎn-fǔxiāo 〖성〗(비) 일처리가 과 감하고 시원시원하다 〔깔끔하다〕.
【刀口】 dāokǒu 〖명〗 1 칼날. ¶~锋利=칼날이 날카롭다. 2 (비) 가장 중요한 곳〔것〕. 결정적인 곳〔것〕. 요긴한 곳〔것〕. ¶把劲使在~上。=힘을 가장 결정적인 곳에 쓰다. 3 베인 곳. ¶缝合~。=베인 곳을 꿰매다.
【刀口浪尖】 dāokǒu-làngjiān 〖성〗(비) (가장 치열하며) 가장 중요한 곳〔것〕. 결정적인 곳〔것〕. 요긴한 곳〔것〕.
【刀螂】 dāoláng ☞【螳螂】 tángláng
【刀马旦】 dāomǎdàn 〖명〗(劇) 도마단. [중국 전통극에서 무예에 뛰어난 여자 역]
【刀牌手】 dāopáishǒu 〖명〗〖옛〗 칼과 방패를 든〔지 닌〕 사병.
【刀片】 dāopiàn 〖명〗 1 절삭 공구의 날. 2 (~儿) 안전면도날.
【刀枪】 dāoqiāng 〖명〗 1 칼과 창. 2 무기. ¶~ 剑戟=(칼·창·검·극 등의) 각종 무기.
【刀枪入库, 马放南山】 dāoqiāng rùkù, mǎfàng nánshān 〖성〗 1 무기를 창고에 넣고 병마를 남산에 풀어놓다. 2 (비) 전쟁이 끝나고 천하가 태평스럽다. 경계심을 늦추다.
【刀枪言语】 dāoqiāng-yányǔ 〖숙〗 공격적인〔과격한〕 말(투).
【刀鞘】 dāoqiào (~儿) 〖명〗 칼집.
【刀儿】 dāor 〖명〗 작은 칼. ¶水果~=과도.

【刀刃】dāorèn (~儿) 몡 1 칼날. 2 (비) 요긴한 곳. 가장 중요한 곳. 결정적인 곳. ¶钱要花在~上。=돈은 요긴한 곳에 써야 한다.

【刀山】dāoshān 몡 1 (佛) 칼산. 칼숲. 도산. [지옥에 있다고 하는 칼이 삐죽삐죽 솟은 산] 2 (비) 험악한 곳 (경지). ¶上~,下火海,在所不辞。=칼산에 뛰어오르고 불바다에 뛰어드는 것을 마다하지 않다. (목적 달성을 위해) 물불을 가리지 않다.

【刀山火海】dāoshān-huǒhǎi 앙 1 칼산과 불바다. 2 (비) 매우 험악하고 위험한 곳. 위험천만한 곳. = 【火海刀山】huǒhǎi-dāoshān ≒龙潭虎穴

【刀伤】dāoshāng 몡 도상. [칼에 의한 상처]

【刀身】dāoshēn 몡 칼몸. 도신.

【刀术】dāoshù 몡 (체) (우슈 중의) 도술(刀术). 도(刀)를 다루는 기법 (품세).

【刀下留人】dāoxiàliúrén 앙 사정을 봐주어 목숨만은 살려 주다. [주로 조기 백화문에 보임]

【刀削面】dāoxiāomiàn 몡 (딱딱하게 반죽된 밀가루 덩어리를 조금 긴 타원형 모양으로 칼로 깎아 내는) 칼국수. = 【削面】xiāomiàn

【刀鱼】dāoyú ☞【带鱼】dàiyú

【刀子】dāo·zi 몡 작은 칼.

【刀子嘴】dāo·zizuǐ (몡)(비) 1 날카로운 (신랄한·날 선 막 하는) 입. 2 말을 막 하는 사람. 말이 날카로운 (신랄한) 사람.

【刀子嘴, 豆腐心】dāo·zizuǐ, dòu·fuxīn 욕 말은 막 해도 마음은 부드럽다.

【刀俎】dāozǔ 몡(문) 1 식칼과 도마. 2 (비) 박해자. ¶人为~,我为鱼肉。=칼자루를 남이 쥐었으니, 나는 당할 수밖에 없다.

**叨 dāo 수다스러울 도
아래를 참조.
☞ dáo, tāo
○● 磨mò叨, 念叨, 数shǔ叨, 絮xù叨

【叨叨】dāo·dao 동 쉴새없이 중얼거리다. 계속 지껄이다. 되풀이해서 말하다. 이러쿵저러쿵 말을 많이 하다. 중얼대다. 잔소리하다. ¶他一说就~个没完。=그는 한번 말만 꺼냈다 하면 쉴새없이 지껄여 댄다. ≒唠唠 叨叨

【叨登】dāo·deng 동(비) 1 뒤적거리다. 헤집다. ¶把冬天的衣服~出来晒晒。=겨울옷을 끄집어 내어 말리다. 2 (옛일을) 다시 들추다. ¶他最爱~陈年旧事。=그는 오래 된 일을 들추기 좋아한다.

【叨唠】dāo·lao 동 쉴새없이 중얼거리다. 계속 지껄이다. 되풀이해서 말하다. 이러쿵저러쿵 말을 많이 하다. 중얼대다. 잔소리하다. ¶她为一点小事就能~半天。=그녀는 사소한 일로도 한나절은 중얼거릴 수 있다. ≒叨叨 唠叨

【叨念】dāoniàn (동) (그리움이나 근심 때문에) 자주 말을 꺼내다. 두고두고 말하다. 몇 번이고 반복해서 말하다. ¶你妈妈整天在家~你。=네 엄마는 온종일 집에서 너의 얘기를 꺼낸다.

忉 dāo 근심할 도

【忉忉】dāodāo 형(문) 근심스러운 모양.

氘 dāo 듀테륨 도
몡(약)(化) 듀테륨(deuterium). 중수소(重水素) [수소 동위 원소의 하나]

鲂[魛] dāo 웅어 도
몡(동) 고서(古書)에서 몸 전체가 긴 칼 모양인 물고기를 가리킴. [예컨대 带鱼(갈치)·鲚鱼(웅어) 등]

**叨 dáo 수다스러울 도
☞ dāo, tāo

【叨咕】dáo·gu 동(방) (작은 소리로) 재잘거리다. 중얼거리다. 쫑알거리다. 계속 지껄이다. ¶你们俩在~什么? =너희 둘이서 뭐라고 중얼거리고 있니?

捯 dáo 잡아당길 도

동(방) 1 (두 손이 끊임없이 번갈아 가며 줄·실 등을) 끌어당기다. 감다. 말다. ¶天太晚了,快把风筝~下来。=날이 너무 어두워졌으니, 빨리 연을 감아들여라. 2 급히 (빨리) 걷다. ¶看小家伙两腿~得多快呀! =꼬맹이의 걸음이 얼마나 빠른지 보라구! 3 (실마리를 쫓아) 추궁하다. 캐(내)다. 찾아 내다. ¶那案子已~出点儿头绪。=그 사건은 이미 단서가 잡혔다.

【捯饬】dáo·chi 동 꾸미다. 치장하다. 화장하다. ¶出门前好好~一下。=외출하기 전에 잘 꾸미도록 해라. ≒打扮

【捯根儿】dáo‖gēnr 동(방) 일의 근원을 찾아 내다 (캐내다).

【捯气儿】dáo‖qìr 동방 1 (죽기 전에) 가쁜 숨을 몰아쉬다. 2 숨이 가쁘다 (차다). ¶他咳得捯不过气儿来。=그는 기침으로 숨이 차다.

**导[導] dǎo 이끌 도

동 1 이끌다. 인도하다. ¶领~=영도하다. /势利~=정세에 따라 유리하게 이끌다. 2 지도하다. 계몽하다. 계발하다. ¶指~=지도하다. /教~=교도하다. 3 전도하다. ¶半~体=반도체. 4 연출하다. 감독하다. ¶他正在~一部电视剧。=그는 한창 텔레비전 연속극 한 편을 연출하고 있다. 同 演出. 감독. ¶他是我们北影的名~。=그는 우리 북경 영화 제작소의 명감독이다. ≒教(jiào)

○● 编biān导, 倡chàng导, 传chuán导, 辅fǔ导, 开导, 利导, 领导, 前导, 劝quàn导, 疏shū导, 顺shùn导, 推tuī导, 先导, 向导, 训xùn导, 引导, 诱yòu导, 制导, 主导

【导板】dǎobǎn ☞【倒板】dǎobǎn

【导报】dǎobào 몡 길잡이 (안내·가이드·지침서) 성질을 띤 (정기) 간행물. [주로 간행물 이름에 많이 쓰임] ¶《证券~》=《증권 길잡이 (안내

【导标】dǎobiāo 〈명〉 항로 표지.
【导播】dǎobō 〈동〉 방송 프로그램을 기획·제작하고 책임지다. ¶担任～工作＝프로그램 제작을 담당하다. 〈명〉 방송 프로듀서. ¶节目～＝프로그램 프로듀서.
【导出】dǎochū 〈동〉 이끌어 내다. 도출하다. ¶～结果＝결과를 도출하다〔이끌어 내다〕.
【导出单位】dǎochū dānwèi 〈명〉 유도 단위.
【导磁率】dǎocílǜ ☞【磁导率】cídǎolǜ
【导弹】dǎodàn 〈명〉〈軍〉 유도탄. 미사일.
【导电】dǎodiàn 〈동〉〈物〉 전기가 통하다. 전도하다. ¶水是～物质.＝물은 도체이다.
【导电弓架】dǎodiàngōngjià ☞【电杆架】diàngānjià
【导读】dǎodú 〈동〉 독서 지도를 하다. 독서 안내를 하다. ¶《中外名著～》＝《중국·외국 명저 길잡이〔가이드〕》.
【导发】dǎofā 〈동〉 일으키다. 야기하다. 자아내다. ¶酒后驾车容易～交通事故.＝음주 운전은 교통 사고를 일으키기 쉽다.
【导购】dǎogòu 〈동〉 (상품) 구입〔구매〕 안내를 하다. ¶～员＝구입〔구매〕 상담원. 〈명〉 구입〔구매〕 상담원〔도우미〕.
【导购小姐】dǎogòu xiǎojiě 〈명〉 (여성) 구매 상담원〔안내원·도우미〕.
【导管】dǎoguǎn 〈명〉 1〈動〉 맥관(脈管). 2〈植〉 도관(導管). 3〈機〉 파이프. 도관. 4〈醫〉 (약물이나 산소가 통하는) 관〔튜브〕.
【导轨】dǎoguǐ 〈명〉〈機〉 레일. 가이드 레일. 가이드 웨이. 유도 궤도. 활주 받침대. 활송로. 슬라이드 웨이. 활주로. ¶窗帘～＝커튼 레일.
【导函数】dǎohánshù 〈명〉〈數〉 도함수.
【导航】dǎoháng 〈동〉 항해나 항공을 유도하다.
【导航员】dǎohángyuán ☞【领航员】lǐnghángyuán
【导火索】dǎohuǒsuǒ ☞【导火线】dǎohuǒxiàn
【导火线】dǎohuǒxiàn 〈명〉 1 도화선. ＝【导火索】dǎohuǒsuǒ 2〈비〉 도화선. 사건을 유발하는 직접적인 원인. ¶边界冲突成为两国战争的～.＝국경에서의 충돌이 양국 전쟁의 도화선이 되었다.
【导坑】dǎokēng 〈명〉〈工〉 터널 공사를 할 때, 먼저 뚫는 작은 굴.
【导流】dǎoliú 〈동〉 물 흐름을 소통시키다. 물길을 내다. 물길을 딴 데로 돌리다.
【导轮】dǎolún 〈명〉〈機〉 1〈옛〉 (벨트·피대의) 안내 롤러. 길잡이 굴대. 2 (기관차의 앞쪽에서 방향을 잡아 주는) 인도 바퀴.
【导论】dǎolùn 〈명〉 (책에 관한) 해설. 서론. 도론. 입문. 머리말. ＝【引论】yǐnlùn
【导买】dǎomǎi 〈동〉 (상품) 구입〔구매〕 안내를 하다. 쇼핑 가이드를 하다.
【导盲镜】dǎomángjìng 〈명〉 맹인용 전자 지팡이. [도로 상황을 음파 정보로 전환하여 맹인을 인도하는 신형 길잡이 도구].

【导纳】dǎonà 〈명〉〈電〉 어드미턴스(admittance). [교류 회로에서 전류의 흐르기 쉬운 정도를 나타내는 것].
【导尿】dǎoniào 〈동〉〈醫〉 도뇨하다.
【导热】dǎorè ☞【热传导】rèchuándǎo
【导热率】dǎorèlǜ 〈명〉〈電〉 열전도율(熱傳導率).
【导师】dǎoshī 〈명〉 1 지도 교수〔교사〕. ¶硕士生～＝석사 (과정) 학생 지도 교수. 2 선도자. 지도자. ¶革命～＝혁명의 선도자.
【导体】dǎotǐ 〈명〉〈物〉 도체.
【导线】dǎoxiàn 〈명〉〈電〉 도선.
【导向】dǎoxiàng 〈동〉 1 유도하다. (어느 방향으로) 이끌다. ¶～装置＝유도 장치. 2 (어느 방향으로) 발전시키다. 전진시키다. 이끌어 주다. 만들어 주다. ¶这次谈判～了两个跨国企业的合作.＝이번 회담으로 두 다국적 기업이 협력 관계를 이루어 냈다. 〈명〉 인도하는〔이끌어 가는〕 방향. ¶舆论～＝여론의 향방.
【导言】dǎoyán 〈명〉 서론. 머리말.
【导演】dǎoyǎn 〈동〉 1 연출하다. 감독하다. ¶这部电视剧是他～的.＝이 드라마는 그가 연출한 것이다. 2〈비〉 (막후에서) 획책하다. 계획하다. 꾸미다. 지휘하다. 사주하다. 교사하다. ¶这出闹剧是他一手～的.＝이 소란스런 일은 그 혼자 막후에서 꾸민 것이다. 〈명〉 연출자. 감독. 안무. ¶电影～＝영화 감독.
【导扬】dǎoyáng 〈동〉〈문〉 고취·선양하다. ¶～先进文化＝선진 문화를 고취·선양하다.
【导医】dǎoyī (환자에게) 진료 안내를 하다. ＝【导诊】dǎozhěn
【导因】dǎoyīn 〈명〉 사태를 초래한〔야기한〕 원인.
【导引】dǎoyǐn 〈동〉 안내하다. 인도하다. 이끌다. 지도하다. ¶在他的～之下, 我们顺利走出山谷.＝그의 안내로 우리는 순조롭게 계곡을 빠져 나왔다. 〈명〉 도인. 도인법(導引法). [도가(道家) 양생법의 하나. 정좌·마찰·호흡으로 온몸의 근육과 관절을 조절하여 모든 병을 물리친다고 함].
【导游】dǎoyóu 〈동〉 (관광객을) 안내하다. 〈명〉 관광 안내원. 가이드.
【导语】dǎoyǔ 〈명〉 (긴 기사 등의) 개요. 대의. 줄거리.
【导源】dǎoyuán 〈동〉 1 발원하다. [주로 뒤에 '于(yú)'가 많이 쓰임] ¶长江～于青海.＝창장이 칭하이(青海)에서 발원한다. 2 나오다. 생기다. [주로 뒤에 '于(yú)'가 많이 쓰임] ¶真知～于实践.＝참다운 지식은 실천에서 나온다.
【导诊】dǎozhěn ☞【导医】dǎoyī
【导致】dǎozhì 〈동〉 야기하다. 초래하다. 가져오다. ¶经验不足～失误.＝경험 부족은 과실을 초래한다. ≒致使

## **岛[島, 嶋] dǎo 섬 도**

〈명〉 1〈地〉 섬. 2 (도로의) 안전 지대. ¶安全～＝안전 지대. 안전섬.

○● 半岛, 海岛, 列岛, 群qún岛

【岛国】dǎoguó 〈명〉 섬나라. 도서 국가.

【岛弧】dǎohú 명(地) 호형 군도(弧形群島).
【岛礁区】dǎojiāoqū 명(地) 섬과 암초가 분포한 해역.
【岛链】dǎoliàn 명(地) 군도(群島). 다도해(多島海). 열도(列島).
【岛屿】dǎoyǔ 명(地) 섬. 도서.

## 捣[搗, 擣] dǎo 찧을 도

동 **1** 찧다. 빻다. ¶把蒜~烂=마늘을 찧어 부수다. **2** 두드리다. 치다. ¶~衣=옷을 두들기다. **3** 돌진(돌격·공격)하다. 치다. ¶直~黄龙府=바로 황룡부로 돌진하다. 곧바로 적의 심장부를 치다. **4** 교란하다. 귀찮게 굴다. 괴롭히다. ¶小孩子一边玩儿去, 别~乱。=어린애는 한쪽으로 가서 놀아라, 소란피우지 말고. **5** 비(부에서) 비난하다. ¶别背后~人脊梁骨。=뒤에서 남의 약점을 비난하지 말아라. 늑舂

【捣蛋】dǎo‖dàn 동 (생)트집을 잡다. 트집을 잡아 시비를 걸다. 소란을 피우다. 말썽을 부리다. 억지를 부리다. ¶孩子不听话, ~得很。=아이가 말을 듣지 않고, 매우 말썽을 부린다.

【捣鼓】dǎo·gu 동(방) **1** 판매하다. 경영하다. ¶他开了家小店, 一点儿日用商品。=그는 조그만 가게를 내고 일상 용품을 팔고 있다. **2** 계속 만지작거리다(주무르다·조작하다). ¶他最喜欢~他的汽车模型。=그는 자기의 자동차 모형을 만지작거리기를 매우 좋아한다.

【捣鬼】dǎo‖guǐ 동 음모를[모략을] 꾀하다. 나쁜 짓을 획책하다(계획하다). ¶准是他在背后~。=틀림없이 그가 배후에서 꾸민 작간이다.

【捣毁】dǎohuǐ 동 **1** (건축물과 그 안의 기물을) 때려부수다. 두드려 부수다. ¶~商店=상점을 때려부수다. **2** (추상적인 것을 포함하여) 붕괴시키다. 무너뜨리다. 파괴하다. 분쇄하다. ¶~敌巢=적의 소굴을 파괴하다.

【捣乱】dǎo‖luàn 동 **1** 교란하다. 소란을 피우다. 방해하다. 혼란시키다. 어지럽히다. 휘저어 놓다. 문제를 만들다. **2** 귀찮게 굴다. 성가시게 하다.

【捣麻烦】dǎo má·fan 동 귀찮게 굴다. 성가시게 하다.

【捣米】dǎomǐ 동 쌀을 찧다. 도정하다.

【捣蒜】dǎosuàn 동 마늘을 찧다[빻다].

【捣碎】dǎosuì 동 찧어[빻아] 부수다. ¶~辣椒=고추를 빻아 부수다.

【捣腾】dǎo·teng ☞ 【倒腾】dǎo·teng

## *倒 dǎo 넘어질 도

동 **1** (사람이나 똑바로 서 있던 것이 옆으로) 넘어지다. 자빠지다. 엎어지다. 쓰러지다. 거꾸러지다. ¶趴~=엎어지다. /摔~=넘어지다. **2** 와해하다. 붕괴하다. 무너지다. (사업이) 파산하다. 실패하다. 도산하다. 망하다. ¶企业~闭=기업이 도산하다. /穷困潦~=가난해지다. **3** (정부나 수뇌 인사를) 무너뜨리다. 와해시키다. ¶蓄谋~阁=내각을 무너뜨리려는 음모를 꾸미다. **4** 식욕이 떨어지다. ¶海鲜吃多了也~胃口。

=해산물도 많이 먹으면 물린다. **5** (중국 전통극 배우의 목청이) 잠기다. 쉬다. ¶她这几天嗓子~了, 唱不了。=그녀는 요 며칠 동안 목이 잠겨서 노래를 부르지 못한다. **6** 바꾸다. 전환하다. 변동시키다. ¶他今天不在, 和人~班了。=그는 오늘 다른 사람과 교대해서 없다. **7** (물건·자리·방향 등을) 옮기다. 이동하다. 돌리다. 틀다. ¶屋子小, 家具多, ~不开身儿。=집은 작고 가구는 많아 몸을 돌릴 수도 없다. **8** 넘기다. 양도하다. ¶店铺~出手了。=가게를 넘겨주다. **9** 싸게 사서 비싸게 팔다. 되팔다. ¶~股票=주식을 싸게 사서 비싸게 팔다. 명 되파는 사람. 전매(轉賣)인. 투기꾼.

☞ dào

○● 驳bó倒, 出倒, 打倒, 颠diān倒, 绝jué倒, 拉lā倒, 倾qīng倒, 推tuī倒, 压yā倒

【倒把】dǎobǎ 동(經) 싸게 사서 비싸게 팔다. 되팔다. 전매하다. 투기하다. ¶投机~=투기 거래를 하다.

【倒班】dǎo‖bān 동 **1** 교대하다. 번갈다. ¶轮流~=교대로 하다. **2** 교대 순서를 맞바꾸다. ¶他今天没来, 跟我~了。=그는 오늘 출근을 하지 않아 나와 교대 순서를 바꾸었다.

【倒板】dǎobǎn 명(劇) 도판. [중국 전통극 박자의 하나. 흔히 조를 이룬 곡조를 시작하기 전에 함] =【导板】dǎobǎn

【倒包】dǎobāo 동 (몰래) 어떤 것을 다른 것으로 바꾸다. ¶箱子被人~了。=상자가 누군가에 의해 바뀌었다.

【倒闭】dǎobì 동 (상점·회사·기업 등이) 도산하다. 늑关闭 ↔开张 开业

【倒毙】dǎobì 동 넘어져[쓰러져] 죽다. ¶猝然~=갑자기 쓰러져 죽다.

【倒仓】dǎo‖cāng 동 **1** 창고의 곡물을 밖에 내어 말린 다음 다시 넣다. **2** 곡물을 이 창고에서 저 창고로 옮기다. **3** ☞ 【倒嗓】dǎo‖sǎng

【倒槽】dǎocáo 동 (역병 등으로) 마소 등이 몰살하다.

【倒茬】dǎochá ☞ 【轮作】lúnzuò

【倒车】dǎo‖chē 동 차를 바꿔타다[갈아타다]. 환승하다. ¶他每天上班要倒两次车。=그는 매일 출근할 때 두 번 환승해야 한다.

☞ dào‖chē

【倒地】dǎodì 동 (땅에) 넘어지다. ¶~身亡=땅에 쓰러져 죽다.

【倒地葫芦】dǎodì hú·lu 명 **1** 땅바닥에 구르는 호리병 박. **2**(비) 술에 취해 넘어진 사람.

【倒凤颠鸾】dǎofèng-diānluán ☞【颠鸾倒凤】diānluán-dǎofèng

【倒伏】dǎofú 동(農) 도복하다. (농작물이) 쓰러지다. 넘어지다.

【倒戈】dǎogē 동 (적에게 붙어) 총부리를 돌려 자기 편을 공격하다. 창을 거꾸로 겨누다[돌리다]. 배반하다.

【倒阁】dǎogé 동 내각을 쓰러[무너]뜨리다. 내각이 무너지다.

【倒海翻江】dǎohǎi-fānjiāng ☞【翻江倒海】fānjiāng-dǎohǎi

【倒换】dǎohuàn 동 1 (차례를) 바꾸다. ¶~顺序=순서를 바꾸다. 2 번갈다. 돌아가며〔차례대로·교대로〕바꾸다. ¶夫妻俩~着接送孩子上学。=부부가 번갈아 아이를 등·하교시킨다.

【倒汇】dǎo huì 동 외환 투기.

【倒噍】dǎojiào ☞【倒嚼】dǎojiào

【倒嚼】[倒噍] dǎojiào ☞【反刍】fǎnchú

【倒圈】dǎojuàn 동 (전염병 등으로) 돼지·양 등이 몰살하다. 가축이 픽픽 쓰러지다.

【倒买倒卖】dǎomǎi dǎomài 동〈經〉싸게 사서 비싸게 팔다. 되팔다. 전매하다. 투기하다.

【倒买倒卖】dǎomǎi·mai 동〈經〉장사하다. 중개업을 하다.

【倒卖】dǎomài 동〈經〉싸게 사서 비싸게 팔다. 되팔다. 전매하다. 투기하다. ¶转手~=전매하다. ≒炒卖

【倒楣】dǎo‖méi ☞【倒霉】dǎo‖méi

【倒楣】dǎoméi ☞【倒霉】dǎoméi

【倒霉】[倒楣] dǎo‖méi 동 재수 없는 일을 당하다. ¶他最近倒了大霉了。=그는 최근 크게 재수 없는 일을 당했다. ↔走运

【倒霉】[倒楣] dǎoméi 형 재수 없다. 운수 사납다. 불운하다. ¶真~，出门就捭了一跤。=재수 없게 문을 나서자마자 넘어졌다. ↔走运 幸运

【倒弄】dǎonòng 동 1 뒤적거리다. 헤집다. 옮기다. 2 전매하다. 되팔다. 판매하다. 경영하다. 3 맞바꾸다. 교체하다. 배치하다. 할당하다.

【倒牌子】dǎo pái·zi 동 생산 품질이나 서비스가 나빠져 신용〔좋은 평판〕을 잃다.

【倒片儿】dǎopiānr 동 1 (방영한 후) 영화 필름을 다른 카트리지에 되감다. 2 사진기의 필름을 되감다.

【倒片】dǎopiàn 동 1 (방영한 후) 영화 필름을 다른 카트리지에 되감다. 2 사진기의 필름을 되감다.

【倒儿爷】dǎoryé ☞【倒爷】dǎoyé

【倒嗓】dǎo‖sǎng 동 (중국 전통극 배우의) 목소리가 쉬다〔잠기다〕. 목청이 사춘기에 변성하다. =【倒仓】dǎo‖cāng

【倒手】dǎo‖shǒu 동 1 손을 바꿔 쥐다. 바꿔 들다. ¶包太沉了，得不停~。=가방이 너무 무거워서, 계속 바꿔 들어야 한다. 2 (물건이) 이 사람 손에서 저 사람 손으로 넘기다. 전매하다. 되팔다. ¶~转卖=전매하다.

【倒塌】dǎotā 동 (건축물이) 무너지다. 쓰러지다. 넘어지다. ¶危楼轰然~。=위태롭던 건물이 와르르 무너졌다.

【倒台】dǎo‖tái 동 와해하다. 무너지다. 실패하다. 파산하다. 실각하다. 쓰러지다.

【倒腾】[搗腾] dǎo·teng 동〔口〕1 뒤적거리다. 헤집다. 옮기다. ¶把柜子~到卧室去。=장을 침실로 옮기다. 2 전매하다. 되팔다. 판매하다. 경영하다. ¶~药材=약재를 팔다. 3 맞바꾸다. 교체하다. 배치하다. 할당하다. ¶事多车少，~不过来。=일은 많고 차는 부족해서 차량 배치가 안 된다.

【倒替】dǎotì 동 번갈다. 돌아가며〔차례대로·교대로〕바꾸다. ¶兄弟俩~着照顾父母=형제가 돌아가며 부모를 봉양하고 있다.

【倒头】dǎo‖tóu 1 (드러)눕다. ¶~就睡=눕자마자 잠이 들다. 2 〔방〕죽다. 뒈지다. [주로 악담으로 쓰임]

【倒胃口】dǎo wèi·kou 〔방〕1 (음식이) 물리다. 질리다. 식상하다. 싫증나다. ¶大鱼大肉吃得人~。=진수성찬을 많이 먹어서 식상해졌다. 2 〔비〕비위 상하다. 역겹다. ¶低俗的表演看着让人~。=저속한 공연이 사람을 역겹게 한다.

【倒卧】dǎowò (드러)눕다. ¶~在床=침대에 드러눕다.

【倒下】dǎoxià 동 쓰러지다. 넘어지다. 자빠지다. 엎어지다. 거꾸러지다. ¶中弹~=총에 맞아 쓰러지다.

【倒血霉】dǎo xiěméi 〔방〕재수에 옴 붙다. 정말 재수 없다. 정말 운수 사납다. 불운을 당하다.

【倒休】dǎoxiū 동 휴일을 바꾸다〔교체하다〕.

【倒牙】dǎoyá 〔방〕이가 시리다. 이가 시큰거리다. 이가 흔들리다.

【倒爷】dǎoyé 〔방〕〔구〕되파는 사람. 전매(轉賣)인. 투기꾼. =【倒儿爷】dǎoryé

【倒运】dǎo‖yùn 동〔방〕재수 없는 일을 당하다.

【倒运】dǎoyùn 동 1 (물건을) 이 곳에서 저 곳으로 운반하다〔옮기다〕. 중개 운송하다. 2 〔經〕이 곳 물건을 저 곳에 갖다 팔고, 저 곳 물건을 이 곳에 갖다 팔다. 형〔구〕재수 없다. 운수 사납다. 불운하다.

【倒灶】dǎo‖zào 동〔방〕1 재수 없는 일을 당하다. ¶背时~=재수가 없어서 때를 만나지 못하다. 2 와해하다. 붕괴하다. 무너지다. 파산하다. 실패하다. 도산하다. 망하다. 몰락하다. 파멸하다. ¶这次他是彻底~了。=이번에 그는 철저하게 실패하였다.

【倒灶鬼】dǎozàoguǐ 명〔방〕재수 없는 사람. 실패자.

【倒账】dǎozhàng 동 빚을 갚지 않다. ¶你想~，那咱们只有法庭上见了。=네가 빚을 갚지 않겠다면, 법정에서 만날 수밖에 없다. 명 받지 못한 빚. 부실 채권. 대손. 떼인 외상값.

\*【祷[禱]】dǎo 빌 도
동 1 기도하다. 빌다. ¶祈~=기도하다. 2 〔문〕바라다. 염원하다. 원하다. 소망하다. [옛날의 서신 용어] ¶盼~=간절히 바랍니다. ≒祈

○● 默mò祷

【祷告】dǎogào 동 기도하다. 빌다. 기원하다.

【祷念】dǎoniàn 동 기도하다. 빌다. 기원하다.

【祷盼】dǎopàn 동〔문〕간절히 바라다. 염원하다. 간구하다. 간청하다. [옛날의 서신 용어]

【祷求】dǎoqiú 동 기도하다. 빌다. 간절히 바라다. 간구하다. 간청하다.

【祷文】dǎowén 명 기도문.

【祷祝】dǎozhù 동 기도하다. 기원하다. 빌다.

## 蹈 dǎo 밟을 도

**1** ⓐ 밟다. 딛다. 디디다. ¶重~覆辙=전철을 밟다. / 赴汤~火=물불을 가리지 않다. **2** 따르다. 실행하다. ¶循规~矩=규율에 따라서 행하다. **3** 뛰다. 춤추다. ¶手舞足~=기뻐서 막 덩실덩실 춤을 추다. ≒踩 踏 践

【蹈常袭故】dǎocháng-xígù ⓐ 답습하다. 융통성이 없다. 구태의연하다.

【蹈海】dǎohǎi ⓑⓒ 바다에 몸을 던지다. ¶~身亡=바다에 투신 자살하다.

【蹈虎尾】dǎo hǔwěi ⓒ **1** 호랑이 꼬리를 밟다. **2** ⓓ 큰 위험을 무릅쓰다. 큰 모험을 하다. 매우 위험한 일을 하다.

【蹈火】dǎohuǒ ⓑ **1** 불을 밟다. **2** ⓔ 위험한 지경에 처하다. 위험을 피하지 않다. 위험한 일을 하다. ¶赴汤~=물불을 가리지 않다.

【蹈藉】dǎojí ⓑⓕ 짓밟다. 유린하다.

【蹈袭】dǎoxí ⓑ 답습하다. ¶~旧制=구제도를 답습하다.

【蹈义】dǎoyì ⓑⓒ 의로운 길을 걷다. 정의로운 일을 하다.

## 到 dào 이를 도

**1** 도달하다. 도착하다. (어느 곳에) 이르다. ¶迟~=지각하다. ¶飞机刚~=비행기가 방금 도착했다. **2** 오다. 가다. ¶~学校去=학교에 가다. **3** 동사 뒤에서 보어로 쓰여 동작이 목적에 도달했거나 결과가 있음을 나타냄. ¶听~=들었다. / 做得~=할 수 있다. ⓖ 주도면밀하다. 꼼꼼하다. 세심하다. 세밀하다. 빈틈없다. ¶不~之处请海涵.=소홀한 점은 너그럽게 양해해 주십시오. ⓗ (Dào) 성(姓).

◐ 到 dào
倒 dǎo
捯 dáo

◐• 报到, 迟chí到, 达到, 得dé到, 等到, 独dú到, 感到, 画到, 精到, 老到, 临到, 签qiān到, 遇yù到, 直到, 周到

【到岸价格】dào'àn jiàgé ⓘ(經) 운임·보험료 포함 가격(C. I. F).

【到案】dào'àn ⓑ (법정에) 출정(出庭)하다. 출두하다.

【到埠】dàobù ⓑ 입항하다. ¶游船~=유람선이 입항하였다.

【到不了】dào·bu liǎo ⓑ (어떠한 지점·단계에) 도달할 수 없다. 이를 수가 없다. ¶还有很远的路要走, 今天怕是~家了.=아직도 먼 길을 가야 하니, 아마 오늘은 집에 도착하지 못할 것 같다.

【到差】dào‖chāi ⓑ 부임하다. (부)임지에 도착하다. 근무처에 도착하여 일을 시작하다.

【到场】dào‖chǎng ⓑ **1** 출석하다. 참석하다. ¶~的代表们都已就坐.=참석한 대표들은 이미 모두 착석하였다. **2** 현장에 도착하다(가다). ¶撞车事故发生后, 交警很快~.=자동차 충돌 사고 후, 교통경찰이 재빠르게 현장에 도착하였다.

【到处】dàochù 도처. 곳곳. 이르는 곳. 가는 곳. ¶他的房间里~是书.=그의 방안엔 곳곳마다 책들이 널려 있다.

【到此】dàocǐ ⓑ 여기에 이르다. ¶演出~结束.=공연은 여기에서 막을 내린다.

【到达】dàodá ⓑ 도달하다. 도착하다. 이르다. ¶火车八点准时~.=기차는 여덟 시 정각에 도착한다. ≒抵达 ↔起程 启程

【到得了】dào·deliǎo ⓑ (어떠한 지점·단계에) 이를 수 있다. 도달할 수 있다. ¶没多远了, 今天一定~.=거리가 얼마 남지 않아서, 오늘은 꼭 도착할 수 있다.

【到底】dào‖dǐ ⓑ 끝까지 …하다. ¶沿这条街走~就是车站.=이 길을 따라서 끝까지 가면, 바로 정거장이다.

【到底】[倒底] dàodǐ ⓙ **1** 마침내. 결국. ¶他~承认了自己有过失.=그는 마침내 자기의 잘못을 인정하였다. **2** 아무래도. 역시. ¶~还是春天好, 不冷也不热.=아무래도 역시 봄이 좋아, 춥지도 덥지도 않다. **3** 도대체. [의문문에 쓰여 깊이 따지는 것을 나타냄] ¶你~是怎么想的? =너는 도대체 어떻게 생각하느냐?

【到点】dào‖diǎn ⓑ (규정된) 시간이 되다. ¶汽车~就出发.=차는 시간이 되자 출발하였다.

【到顶】dào‖dǐng ⓑ 정점(절정·최고조·클라이맥스)에 이르다. ¶这辈子有这样的成就也算是~了.=이 평생에 이만큼의 성취를 거둔 것도 나름대로 정상에 이르렀다고 할 만하다.

【到而今】dào'érjīn ⓙ 오늘에(지금에) 이르러. =【到如今】dàorújīn ¶年轻时不爱惜身体, ~后悔也来不及了.=젊은 시절에 몸을 돌보지 않더니, 지금에 와서 후회해도 이미 늦었다.

【到访】dàofǎng ⓑ 내방하다. 방문하다. ¶准备欢迎~的客商=내방하는 바이어를 맞을 준비하다.

【到府上】dào fǔ·shang ⓑⓒ 댁(宅)에 가다. 방문하다. 심방하다. 예방하다. ¶改日~拜访.=후일에 댁으로 찾아뵙겠습니다.

【到会】dàohuì ⓑ 회의(모임)에 참가하다(나가다). ¶准时~=제때에 회의에 참가하다.

【到货】dàohuò ⓑ 입하(入荷)하다. 착하(着荷)하다. 물건(상품)이 도착되다. ¶~付款=입하되고 대금을 지불하다.

【到家】dào‖jiā ⓑ 집에 도착하다. ⓖ 완벽(완숙)해지다. 매우 높은 수준에 이르다. 절정(절점)에 이르다. ¶你可真是糊涂~了.=너는 정말 이루 말할 수 없을 정도로 어리석구나.

【到口】dàokǒu ⓑ **1** (음식이) 입에 들어가다. **2** ⓔ 획득하다. 얻다. ¶~的肉不能飞了.=이미 다 잡은 것을 놓쳐서는 안 된다.

【到来】dàolái ⓑ 도래하다. 닥쳐오다. [주로 사물에 쓰임] ¶旅游旺季已经~.=여행 성수기가 이미 도래하였다.

【到了儿】dàoliǎor ⓙⓒ 마침내. 결국. 끝까지. 마지막까지. ¶等了半天, 他~还是没来.=한참 동안을 기다렸으나 그는 결국 오지 않았다.

【到期】dàoqī ⓑ 기한이 되다. 만기가 되다. ¶合同已经~.=계약이 이미 만기가 되었다.

【到齐】dàoqí 동 모두 도착하다. 다 오다. ¶同学们~了。=학우들이 모두 도착하였다.
【到任】dàorèn 동 부임하다. ¶新官~=신임 관리가 부임하였다.
【到如今】dàorújīn ☞【到而今】dào'érjīn
【到时】dàoshí 그 때가 되다. 정한 기일이 되다. ¶~一定请你参加我们的婚礼。=그 때가 되면 꼭 당신을 우리 결혼식에 초청하겠습니다.
【到手】dào‖shǒu 동 손에 넣다. 획득하다. 얻다. 받다. 취득하다. 거두다. 차지하다. ¶眼看就要~的钱财结果成了泡影。=손에 다 넣을 뻔했던 재물이 물거품이 되어 버렸다.
【到庭】dàotíng 동 (법정에) 출정(出庭)하다. 출두하다.
【到头】dào‖tóu (~儿) 동 극[정점]에 이르다. 맨 끝에 이르다. ¶我这段时间真是霉~了。=나는 이 기간 동안 정말 불운이 극에 이르렀다.
【到头来】dàotóulái 부 마침내. 결국. ¶他做尽坏事, ~断送了性命。=그는 온갖 악행을 저지르더니, 결국 목숨을 잃고 말았다.
【到位】dào‖wèi 동 규정된 위치에 도착하다. 요구하는 수준에 도달하다. ¶资金~=자금이 도착하다. 형(的) 딱 들어맞다. 매우 제격이다[적절하다·훌륭하다]. 정묘하다. ¶他在话剧中的表演很~。=그는 연극에서 자기 역을 잘 소화해 낸다.
【到栈】dàozhàn 동 (화물이) 창고에 들어오다 [도착하다].
【到站】dàozhàn 동 (차·기차·배 등이) 정거장 [종점]에 도착하다.
【到职】dào‖zhí 동 부임하다. 취임하다. ≒上任 ↔离职

# 帱[幬] dào 덮을 도
동(书) 덮다. 씌우다. ¶覆~=덮다.
☞ chóu

**倒 dào 거꾸로 도
형 1 (상하·전후가) 거꾸로 되다. 반대로 되다. 뒤집히다. ¶把书拿~了。=책을 거꾸로 들었다. 2 (위치·순서·방향이) 상반되는. 반대되는. ¶演出一完, 台下有不少人喝~彩。=공연이 끝나자마자, 무대 밑에서 많은 관중들이 야유를 퍼부었다. 동 1 반대 방향으로 이동시키다. 후퇴시키다. 역으로 움직이다. ¶~车要小心。=차를 후진할 때 조심해라. 2 붓다. 따르다. 쏟다. ¶~垃圾=쓰레기를 쏟다. 3 (상하·전후의 위치를) 거꾸로 하다. 뒤집다. 반대로 하다. ¶桶一过来, 把油倒干。=통을 뒤집어서 기름을 깨끗이 쏟아 내다. 4 (부) 토로하다. 털어놓고 말하다. ¶她一口气~出了所有的心里话。=그녀는 단숨에 가슴 속에 있는 말들을 전부 털어놓았다. 부 1 오히려. 도리어. [일반적인 상황과 상반됨을 나타냄] ¶小事儿~叫他犯难了。=사소한 일이 오히려 그를 난처하게 만들었다. 2 (역설적인 어조로) 일이 그렇지 않음을 나타냄. ¶你想得~简单, 做起来可没那么轻松。=네가 간단하게 생각하는

것 같은데, 실제로 해 보면 그리 쉽지 않아. 3 예상[생각]과 상반됨을 나타냄. ¶本想节省, 没想~多花了钱。=원래 절약하려고 했는데, 생각지도 않게 많은 돈을 썼다. 4 ··· 이지만. ··· 이기는 하다. [전환을 나타냄] ¶房子不大, 装修得~很讲究。=집이 크지는 않지만, 내부 인테리어는 매우 신경을 썼다. 5 (비록) ··· 일지라도. ··· 이라도. ··· 하더라도. [양보를 나타냄] ¶电视的质量~是好, 可就是贵了点。=텔레비전의 품질이 좋긴 하지만 값이 조금 비싸다. 6 아무튼. 빨리. 도대체. [귀찮아하는 어조로 재촉이나 추궁을 나타냄] ¶你~说说呀, 下一步该怎么办？=너 아무튼 말 좀 해 봐, 다음에는 어떻게 해야 하는 거니？ 7 어조를 완화시켜 줌. ¶他~不是有意的。=그가 일부러 한 것은 아니야. ↔顺 正
☞ dǎo

○● 反倒, 倾qīng倒, 开倒车

> 倒(dào) / 却(què)
> 둘 다 모두 전환의 어기를 나타냄. ¶这倒是好主意。=이건 좋은 생각이긴 하다. / 七年多了, 却没有真正了解他。=7년이 넘게 지났지만 그를 진정으로 이해하지 못한다.
> 倒 : ① 재촉이나 추궁 등의 어기를 나타냄. ¶你倒想不想去？=너 도대체 가고 싶은 거니, 안 가고 싶은 거니？ / 你倒打算做什么工作？=너 도대체 어떤 일을 할 건데？
> ② 복문의 앞 단문에 사용되고, 뒤에 '但是, 可是, 不过' 등이 쓰여 양보의 어기를 나타냄. ¶衣服的款式倒还不错, 可是价钱贵了一点儿。=옷의 스타일이 괜찮긴 하지만 가격이 좀 비싸다. / 中医, 这倒不错, 不过外国人是不相信中医。=중의학이 좋기는 하지만 외국인들이 믿지를 않는다.
> 却 : 복합문에서 '虽然~, 但是[可是]却~' 같은 형태를 이루기도 함. ¶虽然我们是同学, 可我却对他的了解不多。=우리는 같은 반 친구이긴 하지만, 난 그에 대해 아는 것이 많지 않다.
> ▶ 동사+得+倒+형용사
> '得' 뒤에 보어 문장 안에 쓰여 말이나 생각과 부합되지 않음을 나타냄. ¶你说得倒容易, 要上北京大学, 是每个人都能上的吗？=너 말은 참 쉽게 하는구나, 북경대학교가 아무나 다 들어갈 수 있는 데니？ / 你想得倒简单, 做起来可没那么容易。=네가 쉽게 생각하는데, 실제로 하면 그렇게 쉽지 않을걸.

【倒背如流】dàobèi-rúliú 성 1 시문을 끝에서부터 거꾸로 줄줄 외우다. 2 시문을 매우 잘 알다. 시문을 막힘없이 줄줄 외우다.
【倒拨】dàobō 동 시계 반대 방향으로 움직이다 [밀다·젖히다·헤치다]. ¶~时针=시침을 반대로 돌리다.
【倒不如】dào·burú 접 오히려 ··· 보다 못하다. ¶你去了帮不了忙还给人添乱, ~不去。=너는 가도 도와주지는 못 하고 성가시게 하니까, 오히려 가지 않는 것만 못하다.

【倒彩】dàocǎi 명 잘한다 (잘해). [관중이 야유하며 외치는 말] ¶喝~ =야유를 보내다.

【倒插笔】dàochābǐ 동 도서(倒敍). 플래시백 (flashback). [글·영화 등에서 결말이나 뒤에 발생한 일을 먼저 밝히고 나중에 그것들의 발단과 전개 과정을 드러내는 수법]

【倒插门】dàochāmén(~儿) 동 데릴사위.

【倒茶】dàochá 동 명 차를 따르다. ¶给客人~. =손님에게 차를 따르다.

【倒产】dàochǎn ☞【逆产】nìchǎn

【倒车】dào∥chē 동 차를 뒤로 몰다. 차를 후진시키다. ¶他正在~. =그는 지금 차를 후진시키고 있다.
☞ dǎo∥chē

【倒持太阿】dàochí-Tài'ē ☞【太阿倒持】Tài'ē dàochí

【倒抽一口冷气】dào chōu yī kǒu lěngqì 동 깜짝 놀라 헉 하고 숨을 들이키다. =【倒抽一口凉气】dào chōu yī kǒu liángqì

【倒抽一口凉气】dào chōu yī kǒu liángqì ☞【倒抽一口冷气】dào chōu yī kǒu lěngqì

【倒垂】dàochuí 동 거꾸로 늘어뜨리다. ¶柳枝~. =버들 가지가 거꾸로 늘어뜨려져 있다.

【倒春寒】dàochūnhán 명 1(氣) 꽃샘추위. 2(雨) 역행 현상.

【倒打一耙】dàodǎ yīpá 성어 자기의 잘못을 인정하지 않고 오히려 남에게 뒤집어씌우다. 적반하장(賊反荷杖). 눅乙咬一口 贼喊捉贼

【倒底】dàodǐ ☞【到底】dàodǐ

【倒读数】dàodúshù 동 (인공위성 발사 등에서) 초읽기하다. 카운트다운하다.

【倒风】dàofēng 동 바람이 굴뚝으로 들어와 연기가 빠지지 못하다.

【倒挂】dàoguà 동 1 거꾸로 걸려 있다. 거꾸로 매달려 있다. ¶猴子~在树枝上. =원숭이가 나뭇가지에 거꾸로 매달려 있다. 2 비 되파는 가격이 구입 가격보다 낮다. ¶购销价格~是不正常的现象. =되파는 가격이 구입 가격보다 낮은 것은 비정상적인 현상이다. 3 (가격·급여 등이) 역전되다. 뒤바뀌다. 높아야 할 것이 오히려 낮고, 낮아야 할 것이 오히려 높다.

【倒关牙】dàoguānyá 명 주걱턱. [아랫니가 윗니보다 더 앞으로 나온 입 또는 그런 입을 가진 사람]

【倒灌】dàoguàn 동 (강물·바닷물 등이 조수의 차이·태풍 등의 원인으로) 역류하다. ¶江水~= 강물이 역류하다.

【倒果为因】dàoguǒ wéiyīn 성어 결과를 원인으로 잘못 알다.

【倒过儿】dào∥guòr 형구 뒤바뀌다. 거꾸로 되어 있다. ¶小家伙把字写~了. =아이가 글자를 거꾸로 썼다. 동구 뒤바꾸다. 거꾸로 하다. ¶把这两个词~就对了. =이 두 단어를 서로 뒤바꾸면 맞습니다.

【倒好儿】dàohǎor 명 잘한다 (잘해). [관중이 야유하며 외치는 말]

【倒话】dàohuà 명 반어. 아이러니.

【倒计时】dàojìshí 동 초읽기하다. [갈수록 시간이 줄어들고, 긴박해지는 의미를 내포함] ¶大会的筹备工作已进入~阶段. =대회 준비 작업이 이미 초읽기 단계에 들어섰다.

【倒剪】dàojiǎn 동 뒷짐지다. 뒷짐을 지어 묶다. ¶~双手=두 손을 뒷짐을 지어 묶다.

【倒酒】dàojiǔ 동 술을 따르다 [붓다].

【倒空吐净】dàokōng tǔjìng 성어 하나도 숨김 없이 몽땅 털어놓다. 속내를 속속들이 드러내다.

【倒扣】dàokòu 동 1 (물체를) 엎어 놓다. ¶把碗~在桌上. =그릇을 탁자 위에 엎어 놓다. 2 원래의 수에서 제하다 [빼다]. ¶本题答错了要~分. =이 문제는 틀리면 추가로 감점을 한다.

【倒扣分】dàokòufēn 동 (채점 방식의 하나로) 답이 틀렸을 때 추가 감점을 하다.

【倒苦水】dào kǔshuǐ 동구 (남에게) 괴로움 [고통]을 털어놓다. 억울한 사정을 하소연하다. 쓰라린 마음을 호소하다. ¶他跟我一见面就开始大~. =그는 나를 만나자마자 고통을 털어놓기 시작했다.

【倒立】dàolì 동 1 거꾸로 서다. ¶水中的树影~. =물 속에 나무 그림자가 거꾸로 서 있다. 2 (무술·체조 등에서) 물구나무서다. 명 【拿大顶】nádàdǐng【竖蜻蜓】shùqīngtíng ¶单臂~=한 손으로 물구나무서다. ↔直立

【倒流】dàoliú 동 1 (물이나 기타 액체가) 역류하다. 거꾸로 흐르다. ¶污水~=오수가 역류하다. 2 비 거꾸로 흐르다. 반대 방향으로 움직이다. ¶仿佛时光~, 大家又回到了从前. =마치 시간이 거꾸로 흘러 모두들 다시 과거로 되돌아간 것 같다.

【倒轮闸】dàolúnzhá 명 역전(逆轉) 브레이크. 코스터 브레이크(coaster brake). [자전거 제동기의 하나. 뒷바퀴에 달고 페달을 반대 방향으로 밟아 멈추게 함]

【倒赔】dàopéi 동 손해를 보다. 밑지다. 손실을 입다. 밑천 [본전]을 날리다. ¶生意没做成, 还~了不少钱. =장사를 해 보지도 못한 채 적지 않은 밑천만 날렸다.

【倒生】dàoshēng 동 도산하다.

【倒是】dào·shi 부 1 오히려. 도리어. [일반적인 상황과 상반됨을 나타냄] ¶该学的不学, 不该学的~学了不少. =배워야 할 것은 배우지 않고, 오히려 배우지 말아야 할 것을 많이 배웠다. 2 (책망의 어조로) 일이 그렇지 않음을 나타냄. ¶你说得~容易, 做起来可不简单. =네가 쉽게 말하는데, 실제로 해보면 정말 간단하지 않다. 3 뜻밖 [예상 밖] 임을 나타냄. ¶有这样希奇的事, 我~想听听. =이런 희한한 일이 있다니, 한번 들어 보고 싶은데. 4 …하지만. …이지만. [전환을 나타냄] ¶楼房外面看起来很古旧, 可里面布置得~很现代. =건물 외관은 매우 낡아 보이지만, 내부는 아주 현대적으로 꾸며 놓았다. 5 (비록) …일지라도. …이라도. …하더라도. [양보를 나타냄] ¶书~好书, 就是定价太高了. =책이 좋긴 하지만 정가가 너무 비싸다. 6 아무튼. 빨

리. 도대체. [재촉이나 추궁을 나타냄] ¶快说, 你~愿不愿意去呀？ = 빨리 말해 봐. 너 도대체 가고 싶은 거야, 아니니? **7** 어조를 완화시켜 줌. ¶如果名额有限, 他~不是一定要去. = 정원 제한이 있으면, 그는 꼭 가지 않아도 된다.

【倒数】**dàoshǔ** 통 거꾸로 세다. 뒤에서부터 세다. 밑줄부터 세다. ¶他在班里~第一名. = 그는 반에서 꼴등이다〔뒤에서 1등이다〕.

【倒数】**dàoshù** 《數》 역수(逆數).

【倒锁】**dàosuǒ** 통 밖에서 문을 잠그다. 밖으로 문을 잠그다. ¶~房门 = 밖으로 방문을 잠그다.

【倒贴】**dàotiē** 통 **1** (글자·그림 등을) 거꾸로 붙이다. ¶~'福'字 = '복'자를 거꾸로 붙이다. **2** (돈이나 물건을) 받아야 할 쪽이 오히려 상대방에게 제공하다. ¶替我办事哪能让你~钱. = 나를 대신해서 일하는데, 어떻게 너한테 돈을 내라고 하겠니? **3** 여자가 남자에게 돈을 대다.

【倒退】**dàotuì** 통 뒤로 물러나다. 뒷걸음치다. 후퇴하다. (시간을) 거슬러 올라가다. ¶~十年, 我也跟你一样有冲劲儿. = 10년 전으로 거슬러 올라가면 나 역시 너와 같은 열정이 있었다. ↔ 前进 发展

【倒行逆施】**dàoxíng-nìshī** 성 **1** 도리에 어긋나는 [맞지 않는] 짓을 하다. **2** 시대의 흐름에 역행하다. ≒胡作非为

【倒序】**dàoxù** ☞【逆序】**nìxù**

【倒叙】**dàoxù** 명 도서. 플래시백(flashback). [글·영화 등에서 결말이나 뒤에 발생한 일을 먼저 밝히고 나중에 그것들의 발단과 전개 과정을 드러내는 수법]

【倒悬】**dàoxuán** 통 문 **1** 거꾸로 매달리다. **2** (비) 매우 힘들고 위급한 지경에 처하다. ¶解民于~ = 국민을 힘들고 위급한 상황에서 구하다.

【倒烟】**dàoyān** 통 (연기가 굴뚝으로 나가지 않고) 내다.

【倒仰】**dàoyǎng** (~儿) 통 방 뒤로 벌렁 넘어지다 〔나자빠지다〕.

【倒咬一口】**dàoyǎo yīkǒu** 성용 자기의 잘못은 인정하지 않고 오히려 남에게 뒤집어씌우다. 적반하장(賊反荷杖).

【倒也罢了】**dàoyěbà·le** (낮) 그만이다. 됐다. 그만 됐다. ¶你不帮忙~, 怎么还暗中使坏呢? = 너는 안 도와 주면 그만이지, 왜 몰래 해코지까지 하는 거야?

【倒页】**dàoyè** 명 (서적·정기 간행물 등의) 순서가 잘못된 페이지. 앞뒤가 뒤바뀐 페이지.

【倒因为果】**dàoyīn wéiguǒ** 성 원인을 결과로 잘못 알다.

【倒影】**dàoyǐng** (~儿) 명 거꾸로 선 그림자. ¶她站在河边, 看看自己的~. = 그녀는 강가에 서서 물에 비친 자신의 거꾸로 선 그림자를 바라보고 있다.

【倒映】**dàoyìng** 통 거꾸로 비치다. ¶月亮~在水面上. = 달이 수면에 거꾸로 비친다.

【倒栽葱】**dàozāicōng** (낮) 거꾸로 처박히다〔넘어지다〕. 곤두박질하다. ¶摔了个~ = 넘어져 곤두박질치다.

【倒载干戈】**dàozài-gāngē** 성 휴전하다. 싸움을 그치다.

【倒找】**dàozhǎo** 통 받아야 될 돈을 안 받고 오히려 주다. ¶这种东西, 就是~我也不要. = 이런 물건은 돈을 주고 가지라고 해도 안 갖는다.

【倒置】**dàozhì** 통 **1** 거꾸로 놓다. **2** (순서를) 도치하다. 뒤바꾸다. ¶本末~ = 본말이 전도되다.

【倒转】**dàozhuǎn** 통匣 뒤집다. 서로 바꾸다. 역으로 하다. (원상대로) 돌리다. ¶把这几个字~过来念也是一句完整的话. = 이 몇 글자는 뒤집어 읽어도 온전한 말이 된다. 튄 오히려. 도리어. 반대로. ¶自己弄错了, ~来怪别人. = 자신이 잘못해 놓고, 도리어 남의 탓을 하다.

【倒转】**dàozhuàn** 통 거꾸로 돌다. 반대로 회전하다. ¶历史的车轮是不会~的. = 역사의 수레바퀴는 거꾸로 돌지 않는다.

【倒装】**dàozhuāng** 통 거꾸로 넣다〔담다·싣다·끼우다〕. 문《言》도치.

【倒装句】**dàozhuāngjù** 명《言》도치문. 전도문. [정상적인 어순을 뒤바꾸어 놓은 문장]

【倒座儿】**dàozuòr** 명 **1** (차나 배에서) 역방향 좌석. **2** 사합원(북경의 전통 주택 양식으로 가운데 마당을 중심으로 사방이 모두 집채로 둘러싸여 있는 형태)에서 본채 맞은편 집〔채〕.

# 焘[燾] **dào** / **tāo** 덮을 도
통 '帱(dào)'와 같음.

# *盗 **dào** 훔칠 도
통 훔치다. ¶偷~ = 도둑질하다. / 掩耳~铃 = 눈 가리고 아웅하다. 명 도적. 도둑. 강도. ¶强~ = 강도. / 江洋大~ = 해적. 수적(水贼). ≒贼 偷 匪 窃

〇❶ 匪fěi盗, 强qiáng盗, 失盗, 偷tōu盗

【盗案】**dào'àn** 명《法》절도 사건.

【盗版】**dào‖bǎn** 통 해적판을 내다〔찍다·출판하다〕. 불법 복제하다. ¶~影碟 = 해적판 영상물을 찍다.

【盗版】**dàobǎn** 명 해적판. ¶市场上已有这本书的~出售. = 시장에 이미 이 책의 해적판이 판매되고 있다.

【盗采】**dàocǎi** 통 불법으로 채굴하다〔발굴하다·개발하다〕. ¶严禁~金矿. = 불법적인 금광 채굴을 엄금하다.

【盗伐】**dàofá** 통 도벌하다. ¶~林木 = 숲의 나무를 도벌하다.

【盗犯】**dàofàn** 명 절도범.

【盗匪】**dàofěi** 명 **1** 강도와 토비. **2** 강도. 도적. 도둑. 무법자. [폭력으로 재물을 강탈하고 사회 치안을 어지럽히는 모든 범죄자의 총칭] ≒盗贼

【盗汗】**dào ‖ hàn** 통《醫》도한(몸이 쇠약하여 잠잘 때 흘리는 식은땀).

【盗劫】**dàojié** 절도·약탈하다. ¶~财物 = 재물을 절도하고 약탈하다.

【盗掘】**dàojué** 통 (고분 등을) 도굴하다. ¶~古墓 = 고분을 도굴하다.

【盗寇】dàokòu 명 강도.
【盗猎】dàoliè 통 밀렵하다. ¶~国家保护动物是违法行为。=국가 보호 동물을 밀렵하는 것은 불법 행위이다.
【盗录】dàolù 통 불법 복제하다.
【盗卖】dàomài 통 (공공물·공공 재산을) 훔쳐 팔다. ¶~文物=문화재를 훔쳐 팔다.
【盗名】dàomíng 통 (부당한 방법으로) 명예를 훔치다. 남의 이름을 도용하다.
【盗名欺世】dàomíng-qīshì ☞【欺世盗名】qīshì-dàomíng
【盗名窃誉】dàomíng-qièyù 성 명예를 훔치다 〔절취하다〕.
【盗墓】dào‖mù 통 도굴하다.
【盗骗】dàopiàn 통 절도·편취(騙取)하다. ¶~国家资产=국가 자산을 빼돌리다.
【盗窃】dàoqiè 통 도둑질하다. 절도하다. ¶入室~=방에 들어가 도둑질하다. ≒偷窃 偷盗
【盗窃罪】dàoqièzuì 명 〔法〕 절도죄.
【盗取】dàoqǔ 통 도둑질하다. 절도하다. 절취하다. 횡령하다.
【盗杀】dàoshā 통 도살하다. ¶国家明令禁止珍稀动物。=국가가 희귀 동물의 도살을 명백하게 금지하고 있다.
【盗印】dàoyìn 통 해적판을 내다〔찍다·출판하다〕. ¶~图书=해적판 도서.
【盗用】dàoyòng 통 도용하다. 횡령하다. ¶~公款=공금을 횡령하다. ≒挪用
【盗运】dàoyùn 통 훔쳐서 몰래 실어 가다〔옮기다〕. ¶~钢材=철강을 훔쳐 몰래 옮기다.
【盗贼】dàozéi 명 도적. 도둑. ≒盗匪

## **悼** dào 슬퍼할 도

동 1 문 슬퍼하다. 비[애]통해하다. 2 애도하다. ¶哀~=애도하다. / 追~=추도하다. ≒哀

○● 悲bēi悼, 伤shāng悼

【悼词】[悼辞] dàocí 명 추도사. 애도사.
【悼辞】dàocí ☞【悼词】dàocí
【悼念】dàoniàn 통 애도하다. 추모하다. ¶沉痛~=침통하게 애도하다.
【悼亡】dàowáng 통 문 1 죽은 아내를 애도하다. 2 아내가 죽다.
【悼惜】dàoxī 통 (죽은 사람을) 애석해하다.
【悼心失图】dàoxīn-shītú 성 비통한 나머지 일을 그르치다.
【悼唁】dàoyàn 통 조문하다. 조의를 표하다. 조상하다. ¶亲临~=친히 가서 조의를 표하다.

## **道** dào 길 도

동 1 말하다. ¶微不足~=말할 가치조차 없다. / 能说会~=말주변이 좋다. 2 말하다. [문어(文語)의 '曰'에 해당하며, 주로 조기 백화문에 보임] ¶夫子~：“逝者如斯夫！不舍昼夜”=공자께서 (물가에서) “(시간이) 한번 가면 돌아오지 않는 것이 이와 같으리! 밤낮으로 끊임없이 흘러가는도다.”라고 말했다. 3 (감정을) 말로 나타내다〔표시하다〕. ¶再三~谢=재삼 감사드립니다. 4 …(이)라고 생각하다. …(이)라고 여기다. ¶我只~他还在住院呢，病原来早好了。=나는 원래 그가 아직도 입원해 있는 줄 알았는데, 알고 보니 일찍감치 다 나았다. 양 1 줄기. 가닥. 갈래. [·하천과 가늘고 긴 모양을 세는 단위] ¶一~河流=한 줄기 강. / 一~彩虹=한 줄기 무지개. 2 명령이나 문제 등을 세는 단위. ¶一~命令=하나의 명령. / 五~试题=다섯 문항의 시험 문제. 3 문이나 벽 등을 세는 단위. ¶四~门=네 겹의 문짝. / 一~高墙=하나의 높은 담. 4 차례. 번. 회. ¶菜洗了三~。=채소를 세 번 씻다. 5 (~儿) '忽米(센티밀리미터. 10만분의 1미터)'의 통칭. 명 1 (~儿) 길. 도로. ¶近~=지름길. / 铁~=철도. / 任重~远=책임은 무겁고 갈 길은 멀다. 2 물길. 수로. ¶水~=수로. / 水~(배가 다닐 수 있는) 강수로. 수로. 3 경로. 과정. 길. 방향. ¶志同~合=지향하는 바가 일치하다. 4 방법. 기술. ¶歪门邪~=사도(邪道). 5 도리. ¶得~多助，失~寡助。=도(道)에 맞으면 도와 주는 사람이 많고, 도(道)에 어긋나면 도와 주는 사람이 적다. 6 (~儿) 줄. 선. ¶他在纸上画了两条红~儿。=그는 종이에 붉은 선 두 줄을 그렸다. 7 도덕. 윤리. ¶仁义之~=인의지도. [학술이나 종교의 사상 체계] ¶离经叛~=경전의 말에서 벗어나 상도(常道)를 어기다. 9 도가. ¶~家思想=도가 사상. 10 (道) 도교에 속하는 것. ¶仙风~骨=선인의 풍채와 도사의 골격. 세속을 초월한 풍채. 11 (道) 도교 신자. 도교도. ¶老~=도사. 12 종교 조직. 일관도. [지난날 민간 종교의 하나] 13 도. [중국 역사상 행정 구역의 명칭] 14 일부 국가의 행정 구역 명칭. ¶韩国京畿~=한국 경기도. 15 (Dào) 성(姓). ≒路

○● 霸bà道, 扳bān道, 便道, 布道, 岔chà道, 产道, 抄道, 称chēng道, 打道, 当道, 东道, 妇fù道, 肛gāng道, 怪道, 管道, 过道, 旱hàn道, 航háng道, 行háng道, 巷hàng道, 黑道, 厚道, 黄道, 家道, 夹jiā道, 间jiàn道, 交道, 就道, 开道, 坑kēng道, 孔kǒng道, 乐lè道, 领道, 马道, 漫道, 门道, 墓道, 难道, 盘pán道, 跑道, 频pín道, 清道, 渠qú道, 取道, 绕rào道, 世道, 熟shú道, 顺道, 说道, 隧suì道, 索suǒ道, 天道, 通道, 同道, 外道, 味道, 卫wèi道, 悟wù道, 行道, 修道, 穴xué道, 妖yāo道, 要道, 阴yīn道, 甬yǒng道, 远道, 运道, 栈zhàn道, 正道, 知道, 直道, 转zhuǎn道

【道安】dào'ān 통 문안 여쭈다. 안부를 묻다.
【道白】dàobái 명 〔劇〕 (중국 전통극의) 대사. =【念白】niànbái
【道班】dàobān 명 선로 보수반. ¶~工人=선로공. 보선공.
【道别】dào‖bié 통 1 이별하다. 헤어지다. 고별하다. ¶握手~=악수하고 헤어지다. 2 작별 인사를 하다. ¶与亲人~=친척과 작별 인사를 나누다. ≒辞行

道 **dào** 405

【道…不…】 **dào… bù…** 接助 …인가 하면 …하지 않고 …인가 하면 …하지도 않다. ¶~多~少=많은가 하면 적고, 적은가 하면 많다. / ~长~短=긴가 하면 짧고 짧은가 하면 길다.

【道不拾遗】 **dàobùshíyí** ☞【路不拾遗】 **lùbùshíyí**

【道不是】 **dào bùshì** 動 사죄하다. 잘못을 빌다. ¶既然错了就应该给人~。=이왕 잘못을 했다면 마땅히 사죄해야 한다.

【道岔】 **dàochà**(~儿) 名 1 갈림길. =【道岔子】 **dàochà·zi** 2 전철기. 전로기. 포인트.

【道岔子】 **dàochà·zi** ☞【道岔】 **dàochà**

【道场】 **dàochǎng** 名 1 도량. 2 법사(法事).

【道床】 **dàochuáng** 名 도상. [철도 따위의 궤도에서, 침목이 받는 차량의 하중을 노반에 고루 분포시키기 위하여 노반과 침목 사이에 깔아 놓은 자갈·광재(礦滓) 등의 층]

【道地】 **dào·dao dìdì**(~的) 形 1 명산지의. 본고장의. 진짜의. 2 순수하다. 진짜의. 오리지널. 정통의. 정종의.

【道道儿】 **dào·daor** 名 1 요령. 비결. ¶我在这行干了两三年, 总算摸着(zhuó)点~了。=내가 이 일을 2, 3년 했더니, 마침내 요령을 터득하게 되었다. 2 방법. 생각. 수단. ¶赚钱的~很多, 就看你有没有本事。=돈을 버는 방법은 많지만, 너에게 능력이 있느냐 없느냐가 문제이다. 3 선. 줄. ¶他买的T恤有很多红~。=그가 산 티셔츠에 매우 많은 붉은 선이 들어 있다.

【道德】 **dàodé** 名 도덕. 윤리. 形 도덕적이다. ¶你这样干很不~。=이렇게 하는 것은 매우 부도덕한 것이다.

【道德法庭】 **dàodé fǎtíng** 名旧 도덕적 심판. 여론 법정.

【道德观念】 **dàodé guānniàn** 名 도덕 관념.

【道德经】 **Dàodéjīng** ☞【老子】 **Lǎozǐ**

【道地】 **dàodì** 形 1 명산지의. 본고장의. ¶~药材=명산지의 약재. 2 순수하다. 진짜의. 오리지널. 정통의. 정종의. ¶说一口~的美式英语。=진짜 미국식 영어를 구사한다.

【道钉】 **dàodīng** 名 1 (도로의) 교통 표지용 못. ⓧ【猫眼道钉】 **māoyǎn dàodīng** 2 레일을 침목에 고정시키는 못.

【道乏】 **dào**∥**fá** 動 남의 수고에 감사를 드리다. ¶你帮了我大忙, 我自然该登门~。=큰 도움을 주셨으니, 당연히 제가 방문하여 감사드려야 합니다. ≒道劳

【道高一尺, 魔高一丈】 **dào gāo yī chǐ, mó gāo yī zhàng** 成 1 (佛) 도(道)가 한 자(尺) 높아지면, 마(魔)는 한 장(丈) 높아진다. 2 旧 어느 정도 성과를 거둔 후에는 더 큰 어려움이 닥칠 것이다. 3 정의는 결국 사악함을 이기는 법이다. =【魔高一尺, 道高一丈】 **mó gāo yī chǐ, dào gāo yī zhàng**

【道姑】 **dàogū** 名(道) 여도사(女道士).

【道观】 **dàoguàn** 名(道) 도관. 도교 사원.

【道号】 **dàohào** 名(道) 도사나 여도사의 별명.

【道贺】 **dàohè** 動 축하하다. 축복하다. ¶您的七十大寿我一定会前来~。=당신의 칠순 생신 제가 꼭 찾아뵙고 축하드리겠습니다.

【道行】 **dào·héng** 名 1 승려·도사의 도력(道力)이나 법력(法力). 2 旧 재주. 재간. 조예. 기량. ¶~深=조예가 깊다.

【道家】 **Dàojiā** 名(哲) 도가.

【道教】 **Dàojiào** 名(道) 도교. [동한(東漢) 때 장도릉(張道陵)이 창립한 중국 종교의 하나. 도교도들은 장도릉을 '天师'라 존칭하고 노자를 교조(教祖)로 모시며 '太上老君'이라 추앙하였음]

【道经】 **dàojīng** 名 1 (道) 도경. 도교의 경전. 2 도가의 경전.

【道具】 **dàojù** 名 공연 도구. 소도구. 촬영 소품. [촬영·공연에 소용되는 도구의 총칭]

【道口】 **dàokǒu**(~儿) 名 1 길 어귀. 길목. 도로의 교차점. 2 철도 건널목.

【道劳】 **dào**∥**láo** 動 남의 수고에 감사를 드리다. ≒道乏

【道理】 **dào·li** 名 1 법칙. 규칙. 규율. ¶大家都懂得光速比音速快的~。=모두 광속이 음속보다 빠르다는 법칙을 알고 있다. 2 도리. 이치. 일리. 근거. 경우. ¶他的话有点~。=그의 말에 일리가 있다. 3 방법. 수단. 대책. ¶事情怎么处理我自有~。=일을 어떻게 처리할 것인지는 나 나름대로 방법이 있다.

【道林纸】 **dàolínzhǐ** 名(紙) 질이 좋은 인쇄 용지. [미국 다우링(Dowling)사가 최초로 제조하여 유래한 명칭임. 무광인 것을 '毛道林纸', 유광인 것을 '光道林纸' 라고 함]

【道路】 **dàolù** 名 1 도로. 길. ¶~平整=길이 평평하다. 2 (사상·정치·일 등의) 역정. 노정. 경로. 과정. 길. ¶走上致富的~=치부의 길에 오르다. 3 (공간 개념의) 길. ¶~遥远=길이 아득히 멀다.

【道路网】 **dàolùwǎng** 名 도로망.

【道貌岸然】 **dàomào ànrán** 成 표정이나 태도가 위엄 있고 엄숙하다. [풍자적인 의미를 많이 내포함] ≒一本正经

【道门】 **dàomén** 名 1 도가. 도교. 2 (~儿) 旧 종교 조직(단체). 종교적 색채를 띠는 비밀 결사.

【道谋】 **dàomóu** 動文 길 가는 (직접 관계가 없는) 사람과 의논하다(상의하다). ¶筑室~=집을 짓는 데 길 가는 사람과 상의하다. 喩旧 관계 없는 사람의 모략(의견).

【道木】 **dàomù** ☞【枕木】 **zhěnmù**

【道袍】 **dàopáo** 名 1 도사가 입는 도포. 2 지나치게 큰 도포.

【道破】 **dàopò** 動 (사실을) 폭로하다. 까놓고 말하다. 까발리다. 분명히 지시하다. 명확히 지적하다. 확실히 가리켜 주다. ¶她的心事被我一语~。=그녀의 시름은 나의 말 한 마디로 드러났다. ≒说破

【道歉】 **dào**∥**qiàn** 動 사과하다. 사죄하다. ¶公开~=공개 사과하다.

【道情】 **dàoqíng** 名(藝) 도정. [창(唱) 위주의 설창 문예로, '鱼鼓(yúgǔ)'와 '简板(jiǎnbǎn)'으로 반주함. 최초로 도사들이 도교 고사를 설창하기

데서 유래한 명칭임]
【道琼斯指数】 **Dàoqióngsī zhǐshù** [명]《經》 다우 존스(Dow-Jones) 지수.
【道人】 **dào·ren** [명] **1** [옛] 도인. [도사의 존칭] **2** 불교도. 승려. **3** [방] 절에서 잡일 하는 사람.
【道士】 **dào·shi** [명]《道》 도사. 도교도.
【道树】 **dàoshù** ☞【菩提树】 **pútíshù**
【道听途说】 **dàotīng túshuō** [성] **1** 길에서 주워들은 말. **2** 근거 없는 말. 풍문. ↔耳闻目睹
【道童】 **dàotóng** [명]《道》 도동. 도를 닦는 소년. 꼬마 도사.
【道统】 **dàotǒng** [명] 도통. [송명(宋明) 이학가(理學家)가 일컫는 유가 학술 사상의 전수 계통]
【道喜】 **dào‖xǐ** [동] 축하하다. 축복하다. ¶登门～＝방문하여 축하하다. ≒贺喜 恭喜
【道谢】 **dào‖xiè** [동] 감사의 말을 하다. 사의를 표하다. ¶当面～＝면전에서 사의를 표하다.
【道学】 **dàoxué** [형] 고루하다. 진부하다. 케케묵다. 낡아빠지다. ¶～气＝케케묵은 도학자 기풍. [명] ☞【理学】 **lǐxué**
【道学先生】 **dàoxué xiān·sheng** [명] **1** 도학선생. 송명 이학가(宋明理學家). 도학 군자. **2** 케케묵은 사람. 융통성 없는 사람.
【道牙】 **dàoyá** [명] 연석(緣石). 갓돌.
【道义】 **dàoyì** [명] 도의. 도덕과 정의. ¶行为须合乎～。＝행위가 도의에 맞아야 한다.
【道友】 **dàoyǒu** [명] **1**《道》 도우. 도반. 함께 수도하는 벗. **2** 의기투합하는 사람. 배짱이 맞는 사람. 동지.
【道员】 **dàoyuán** [명] 도원. [청(淸)대에 한 성 각 부처의 장관이나 또는 각 부(府)·현(縣)의 행정을 감찰하는 관리]
【道院】 **dàoyuàn** [명] **1** 도관(道觀). **2** 수도원.
【道藏】 **dàozàng** [명] 도장. [도교 경전의 집대성]
【道砟】 **dàozhǎ** [명] (도로나 선로에 까는) 자갈.
【道长】 **dàozhǎng** [명]《道》 도인. 도장. [도사의 존칭]
【道子】 **dào·zi** [명] 선. 줄. 금. ¶裙子上装饰了几条红～。＝치마 위에 몇 가닥의 붉은 선을 장식하였다.

## **稻 **dào** 벼 도**

[명]《植》 **1** 벼. **2** 볍씨.

○● 旱hàn稻, 粳jīng稻, 陆稻, 糯nuò稻, 水稻, 晚稻, 籼xiān稻, 早稻, 中稻, 捞lāo稻草

【稻白叶枯病】 **dàobáiyèkūbìng** [명]《農》 벼흰빛잎마름병.
【稻草】 **dàocǎo** [명] 볏짚.
【稻草人】 **dàocǎorén** [명] **1** 허수아비. [낮]【人幌子】 **rénhuǎng·zi** **2** [비] (실제 권한이 없는) 꼭두각시.
【稻场】 **dàocháng** [명] 탈곡장.
【稻飞虱】 **dàofēishī** [명]《動》 벼멸구. 갈색 멸구.
【稻杆】 **dàogǎn**(～儿) [명]《農》 벼 줄기.
【稻谷】 **dàogǔ** [명] 벼.
【稻花】 **dàohuā** [명]《植》 벼꽃.
【稻糠】 **dàokāng** [명] 벼의 겉겨. 왕겨.
【稻壳】 **dàoké** [명] 벼 껍데기.
【稻柳】 **dàoliǔ** ☞【雪柳】 **xuěliǔ**
【稻芒】 **dàománg** [명]《植》 벼까(끄)라기. [벼의 낟알 끝에 달려 있는 수염]
【稻苗】 **dàomiáo** ☞【稻秧】 **dàoyāng**
【稻米】 **dàomǐ** [명] 쌀.
【稻螟】 **dàomíng** [명]《動》 마디충나방. 벼명충나방. 이화명충.
【稻热病】 **dàorèbìng** ☞【稻瘟病】 **dàowēnbìng**
【稻菽】 **dàoshū** [명][문] **1** 벼와 두류(豆類) 작물. **2** 농작물.
【稻穗】 **dàosuì** [명]《植》 벼이삭.
【稻田】 **dàotián** [명] 논.
【稻瘟病】 **dàowēnbìng** [명]《農》 도열병. ＝【稻热病】 **dàorèbìng**
【稻秧】 **dàoyāng** [명] 볏모. 벼의 모종. ＝【稻苗】 **dàomiáo**
【稻种】 **dàozhǒng** [명] 볍씨.
【稻子】 **dào·zi** [명]《植》 벼.

## **纛 **dào** 큰 깃발 도**

[명]《軍》 옛날, 군대에서 쓰던 큰 기.

# **de**

## **嘚 **dē** 지껄일 득**

[의] 따그닥따그닥. [말발굽 소리]
☞ **dēi**
【嘚啵】 **dē·bo** [동][방] 쉴새없이 종알거리다. 계속 지껄이다. 한 얘기를 또 하다. 되풀이해서 말하다. 이러쿵저러쿵 말을 많이 하다. 중얼대다. 잔소리하다. ¶谁有时间听他瞎～, 都忙得很。＝모두 바빠 죽겠는데, 누가 그의 잔소리를 듣겠어.
【嘚嘚】 **dē·de** [동][방] 쉴새없이 종알거리다. 계속 지껄이다. 한 얘기를 또 하다. 되풀이해서 말하다. 이러쿵저러쿵 말을 많이 하다. 중얼대다. 잔소리하다. ¶陈年旧事, 就别再～了。＝지난 일은 다시 이러쿵저러쿵 말하지 말아라.

## **得 **dé** 얻을 득**

[동] **1** 얻다. 획득하다. 받다. ¶取～＝얻다. / 唾手可～＝식은죽먹기이다. **2** [구] 완성하다. 다 되다. ¶饭～了, 菜还没有好。＝밥은 다 되었는데, 반찬이 아직 다 되지 않았다. **3** 적당하다. 적합하다. 알맞다. ¶他做的很～体。＝그는 제대로 했다. **4** [문] 득의하다. ¶洋洋自～＝의기양양하다. **5**《數》 계산하여 값을 얻다. ¶三加二～五。＝3 더하기 2는 5. **6** (병을) 앓다. 얻다. ¶他～了阑尾炎, 住院了。＝그는 맹장염에 걸려 병원에 입원했다. **7** 됐다. 좋다. 됐어. 좋아. 충분하다. 그만두자. [대화를 일단락지을 때 쓰여 허락이나 금지를 나타냄] ¶～, 就按你的意见办。＝좋아, 그럼 네 의견대로 하자. **8** 할 수 없다. 하는 수 없

다. [상황이 뜻대로 안 될 때 쓰여 어쩔 수 없음을 나타냄] ¶~, 这幅字又写废了。 = 하는 수 없군, 또 한 장을 잘못 썼구만. **9** 동사 앞에 쓰여 허가를 나타냄. [주로 법령이나 공문서에 보임] ¶公园门口, 不~停车。 = 공원 입구에서는 차를 세워서는 안 된다. **10**(助) 동사 앞에 쓰여 가능을 나타냄. [주로 부정형으로 쓰임] ¶这么长的论文, 没有半月时间不~完。 = 이렇게 긴 논문은 보름 정도 시간을 주지 않으면 완성할 수 없다. ↔丢失
☞ •de, děi

○• 博bó得, 懂dǒng得, 分得, 记得, 见得, 觉得, 亏kuī得, 来得, 懒lǎn得, 乐lè得, 了liǎo得, 落得, 免得, 难得, 认rèn得, 舍shě得, 省shěng得, 使得, 算得, 显xiǎn得, 晓xiǎo得, 心得, 要得, 引得, 赢yíng得, 有得, 值得, 只得, 不见得

【得便】débiàn (动) (편리한) 기회를 얻다. 형편이 닿다. 기회가 생기다. 계제가 되다. ¶你~帮我买本《现代汉语词典》。 = 기회가 되면《현대 한어 사전》한 권 사다 주세요.
【得标】dé‖biāo (动) **1** 낙찰하다. 낙찰되다. **2** 우승하다.
【得病】dé‖bìng (动) 병에 걸리다. 병을 얻다. 병이 나다. ¶老年人体质差, 容易~。 = 노인들은 체력이 약해서 병에 걸리기 쉽다.
【得不偿失】débùchángshī (成) 얻는 것보다 잃는 것이 더 많다. ↔事半功倍
【得彩】décǎi (动) 복권〔추첨〕에 당첨되다.
【得逞】déchěng (动) (나쁜 생각을) 실현하다. 실현시키다. 목적을 달성하다. ¶他嫁祸于人的计谋未能~。 = 남에게 화를 전가하려던 그의 음모는 실현되지 못했다. ↔未遂
【得宠】déchǒng (动)(贬) 총애받다. ¶奸臣~ = 간신들이 총애를 받다.
【得出】dé‖chū (动) **1** 얻어 내다. ¶经过调查, 我们已经~结论。 = 조사를 거쳐 우리는 이미 결론을 얻어 냈다. **2** 계산하여 값을 얻다. ¶那道函数题已经~答案。 = 그 함수 문제는 이미 답을 얻어 냈다.
【得寸进尺】décùn-jìnchǐ (成)(贬) 욕심이 한도 끝도 없다. ≒得陇望蜀 贪得无厌 ↔适可而止
【得当】dédàng (形) (일·말 등이) 온당하다. 적당하다. 알맞다. 적절하다. ¶处理~ = 처리가 적절하다.
【得到】dé‖dào (动) **1** 얻다. 받다. 획득하다. 취득하다. 거두다. 차지하다. 손에 넣다. ¶~奖励 = 표창을 받다. **2** (기회를 빌어서) …할 수 있게 (말미암아) …(하게) 되다. ¶传统美德~发扬光大。 = 전통 미덕이 더욱 발전하게 되다. ≒取得 ↔失去

得到(dédào) / 取得(qǔdé) / 获得(huòdé)

得到 : 어떤 사물이 자기 소유로 되거나 어떤 이익을 얻는 것을 나타내며, 생활이나 일 등 각 방면에 사용됨. ¶我得到了老师的帮助。 = 나는

선생님의 도움을 받았다.
取得 : 주동적으로 쟁취하여 얻은 것을 나타내며, 비교적 장엄하고 정식적인 장소에 많이 쓰임. ¶在过去15年, 中国经济改革取得很大成就。 = 지난 15년 간 중국의 경제 개혁은 큰 성과를 거두었다.
获得 : 어떤 성적이나 수확을 얻는다는 뜻을 나타냄. ¶经过三天的比赛, 她获得女子个人全能第一名。 = 3일 동안의 경기를 거쳐 그녀는 개인 종합 1위를 차지했다.

【得道】dédào (动) **1** 도의에 맞다. **2** (佛)(道) 득도하다. 성도하다. 깨달음을 얻다.
【得道多助】dédào-duōzhù ☞【得道多助, 失道寡助】dédào duō zhù, shīdào guǎ zhù
【得道多助, 失道寡助】dédào duō zhù, shī dào guǎ zhù (成) **1** 도(道)에 맞으면 도와 주는 사람이 많고, 도(道)에 어긋나면 도와 주는 사람이 적다. **2**(喩) 정의를 끝까지 지키면 많은 지지를 받지만, 정의를 저버리면 반드시 혼자가 된다. =【得道多助】dédào-duōzhù【失道寡助】shīdào-guǎzhù
【得而复失】dé'érfùshī (成) 얻었으나 다시 잃다.
【得法】défǎ (形) (방법이) 적당하다. 알맞다. 적절하다. 요령 있다. ¶经营~ = 경영이 올바르다.
【得分】dé‖fēn (动) 득점하다. 점수를 얻다〔따다〕. ¶答对问题就~。 = 문제를 맞추면 점수를 얻는다.
【得分】défēn (名) (경기의) 득점.
【得过且过】déguò-qiěguò (成) **1** 어지간하면 〔웬만하면〕 그냥 넘기다. **2** 아무 생각 없이 살아가다. 되는대로 살아가다. 그날 그날 살아가다. **3** (일을) 대충 때우다. 요식적으로 하다. 대강대강 해치우다. ≒苟且偷安 ↔发愤图强 奋发图强
【得计】déjì (动)(贬) (계략·계획이) 실현되다. ¶他自以为~, 暗中高兴了好些天。 = 그는 계획이 실현되었다고 생각하고, 며칠 동안 남몰래 기뻐했다. ↔失算 失策
【得济】dé‖jì (动) **1** 원조를 받다. 덕〔도움〕을 입다. 힘이 되다. **2** (친족·손아랫사람의) 도움을 받다. ¶他~于女儿, 日子过得不错。 = 그는 딸의 도움으로 괜찮게 생활하고 있다.
【得价不择主】dé jià bù zé zhǔ (谚) 값만 잘 쳐 준다면 누가 사든지 상관 없다. 값이 문제이지 살 사람이 문제가 아니다.
【得奖】dé‖jiǎng (动) 수상하다. 상을 받다. 상장이나 상금을 받다. ¶他在歌手大赛中~。 = 그는 가요제에서 상을 받았다.
【得劲】déjìn (~儿) (形) **1** 편안하다. 쾌적하다. 기분이 좋다. ¶他受了凉, 周身不~。 = 그는 감기에 걸려서 온몸이 안 좋다. **2** 순조롭다. 순탄하다. 막힘이 없다. 만족하다. 마음에 꼭 맞다. ¶新电脑用起来很~。 = 새 컴퓨터를 써 보니 아주 만족스럽다.
【得救】déjiù (动) 구조〔구제〕되다. 위험에서 벗어

나다. ¶被洪水围困的人员全部~。=홍수로 외부와 단절되었던 사람들이 모두 구출되었다.

**【得看】dékàn** 〈형〉 보기 편하다. ¶坐在头排, 今天的演出~。=앞줄에 앉아서 오늘 공연은 보기가 편하다. 〈동〉 …에 의해 결정되다. ¶明天开不开运动会, ~天气如何。=내일 체육 대회의 개최 여부는 날씨에 달렸다.

**【得空】dé‖kòng**(~儿) 〈동〉 틈〔시간〕이 나다. ¶~来家里玩儿。=시간 나면 집에 놀러 와라. ≒得闲

**【得来不易】délái-bùyì** 〈형〉 어떤 물건이나 성과를 얻기가 매우 어렵다.

**【得乐且乐】délè-qiělè** 〈형〉 뒷일은 걱정하지 않고 오로지 눈앞의 즐거움에 빠지다.

**【得了】dé·le** 〈동〉 됐다. 좋다. 됐어. 좋아. 충분하다. 그만두자. [금지 또는 허가를 나타냄] ¶钱够花就~。=돈은 쓸 만큼만 있으면 된다. **2** 얻다. ¶他刚~儿子。=그는 막 아들을 낳았다. **3** 완성하다. 마치다. 됐다. ¶饭做~, 快吃吧。=밥이 다 되었으니 빨리 먹자. 〈조〉 [평서문에 쓰여] 긍정을 나타냄. ¶你回去~, 我自己可以完成。=너 그만 돌아가라, 나 혼자 끝낼 수 있어. ☞déliǎo

**【得理不让人】dé lǐ bù ràng rén** 〈속〉 일리는 있지만 너무 지나치다. ☞【得理不饶人】dé lǐ bù ráo rén ☞

**【得理不饶人】dé lǐ bù ráo rén** ☞【得理不让人】dé lǐ bù ràng rén ☞

**【得力】dé‖lì** 〈동〉 **1** 도움을 받다. 힘을 얻다. ¶我经常得他的力。=나는 자주 그의 도움을 받는다. **2** 이익을 얻다. 효과가〔효용이〕 있다. ¶他的一手好字~于多年的勤学苦练。=그의 서예 솜씨는 오랫동안 부지런히 배우고 열심히 연습한 덕이다.

**【得力】délì** 〈형〉 **1** 유능하다. ¶~干将=유능한 간부. **2** 다부지다. 야무지다. 꿋꿋하다. 확고하다. 강인하다. ¶办事~=일을 다부지게 하다.

**【得了】déliǎo** 〈형〉 심각하다. 큰일나다. 곤란하다. [반어 혹은 부정형으로 쓰임] ¶这下可怎么~? =이거 어떻게 하나? ☞ dé·le

**【得陇望蜀】déLǒng-wàngShǔ** 〈성〉 **1** 농(隴)을 평정하면 촉(蜀)까지 점령하고 싶다. **2** 〈비〉 욕심이〔욕망은〕 끝이 없다. 말 타면 경마잡히고 싶다. ≒得寸进尺 贪得无厌 ↔心满意足

**【得满分】dé mǎnfēn** 〈동〉 **1** (시험에서) 만점을 받다. **2** 〈비〉 (일을) 확실하게〔완벽하게〕 하다. 한 치의 실수도 없이 하다.

**【得门径】dé ménjìng** 〈동〉 방법〔요령〕을 터득하다. 비결을 찾아 내다.

**【得名】dé‖míng** 〈동〉 **1** 명성을 얻다. 이름이 나다. 이름을 떨치다. ¶既~, 又获利, 可谓两全其美。=명성도 얻고 이익도 얻으므로, 꿩 먹고 알 먹기라고 할 수 있다. **2** 명칭〔이름〕을 얻다. ¶望江公园因园内的望江楼而~。=망강 공원은 공원 안의 망강루에서 이름을 얻었다.

**【得命就思财】dé mìng jiù sī cái** 〈속〉 **1** 목숨을 구하자 곧 재물을 생각한다. 욕심은 한이 없다. **2** 한없이 재물을 좋아하다. [풍자의 의미를 내포함]

**【得其所哉】déqísuǒzāi** 〈성〉 **1** 적당한 곳을 얻다. **2** 적당하게 안배되다〔처리되다〕.

**【得人】dérén** 〈형〉〈문〉 적당한 사람을 얻다〔쓰다〕. 〈동〉 **1** 인재를 얻다. ¶~不易=인재를 얻기는 쉽지 않다. **2** 인심을 얻다〔사다〕. ¶~之道在于知人。=인심을 얻는 것은 사람을 알아보는 데 달렸다.

**【得人儿】dérénr** 〈동〉 인심을 얻다〔사다〕.

**【得人心】dé rénxīn** 〈동〉 인심을 얻다〔사다〕.

**【得人一牛, 还人一马】dé rén yī niú, huán rén yī mǎ** 〈속〉 **1** 남에게서 소를 받으면 말을 돌려주어야 한다. **2** 〈비〉 은혜를 알고 보답할 줄 알아야 한다.

**【得忍且忍】dérěn-qiěrěn** 〈성〉 참을 수 있는 데까지 참다.

**【得胜】dé‖shèng** 〈동〉 (전투나 시합에서) 승리하다. ¶~归来=승리해서 돌아오다.

**【得失】déshī** 〈명〉 **1** (이해) 득실. 성공과 실패. ¶个人~是小, 国家利益是大。=개인의 이해 득실은 작은 문제이고, 국가 이익이 큰 문제이다. **2** 좋은 점과 나쁜 점. 좋고 나쁨. ¶各有~=각각 장단점이 있다.

**【得时】dé‖shí** 〈동〉 때를 얻다〔만나다〕. 운이 좋다. 호기를 만나다. 시기가 좋다.

**【得势】dé‖shì** 〈동〉 **1** 득세하다. 권력〔세력〕을 얻다. ¶~一时=한때를 주름잡다. **2** 우세를 점유하다〔차지하다〕. ¶他们虽然在比赛中~, 但最终还是没有攻破对方的球门。=그들은 비록 시합에서 우세를 보였지만 끝내 상대의 골문을 열지는 못했다.

**【得手】dé‖shǒu** 〈동〉 손쉽게 하다. 순조롭게 처리하다. 순조롭다. 목적에 이르다. 목적을 달성하다. ¶公共汽车上人多拥挤, 小偷很容易~。=시내 버스에는 많은 사람으로 붐벼 소매치기가 손쉽게 금품을 훔칠 수 있다.

**【得手】déshǒu** 〈형〉 마음먹은 대로 되다. 순조롭다. 순탄하다. 막힘이 없다. 거침이 없다. ¶这笔使起来很~。=이 펜은 쓰기가 아주 좋다. 〈동〉 목적에 이르다. 목적을 달성하다. ¶接连~=연이어 목적을 달성하다.

**【得数】déshù** 〈명〉☞【答数】dáshù

**【得体】détǐ** 〈형〉 (언행이) 제격이다. 적당하다. 알맞다. 적절하다. 적합하다. 신분에 걸맞다. ¶举止~=행동거지가 신분에 걸맞다.

**【得天独厚】détiān-dúhòu** 〈성〉 **1** 우월한 자연 조건을 갖고 있다. **2** 특별히 좋은 조건을 갖추다. 처한 환경이 남달리 좋다. ↔先天不足

**【得味儿】déwèir** 〈형〉〈구〉 매우 흥미 있다. 구미가 당기다. 맛이 있다. ¶孩子们玩儿得正~。=아이들이 한창 재미있게 놀고 있다.

**【得无】déwú** 〈부〉〈문〉 어떻게 …하지 않을 수 있겠는가? ¶览物之情, ~异乎!=경물을 바라보는 마음이 어찌 다르지 않을 수 있겠는가?

**【得悉】déxī** 〈동〉〈문〉 (소식·사실을) 알게 되다. ¶~贵体欠佳, 特来看望。=건강이 안 좋으

신 것을 알게 되어 특별히 뵈러 왔습니다.
【得闲】déxián 통 틈〔시간〕이 나다. ¶一年忙到头, 很难～. =일년 내내 바빠서 시간 내기가 무척 어렵다. ≒得空
【得项】déxiàng(～儿) 명 수입. 소득. ≒进项
【得心应手】déxīn-yìngshǒu 성 1 (일이) 마음먹은 대로 되다. 순조롭게 진행되다. 2 (매우 익숙해서) 자유자재로 하다. ≒运用自如 ↔力不从心
【得幸】déxìng 통문 (후궁 등이) 황제의 총애를 받다〔입다〕. ¶宠妃～=왕비가 총애를 받다.
【得一望十】déyī-wàngshí 성 1 하나를 얻으면 열을 얻기를 바라다. 2 비 욕심이 끝이 없다.
【得宜】déyí 형 적절하다. ¶措辞～=어휘 선택이 적절하다.
【得以】déyǐ 통 (기회를 빌어서) …할 수 있다. (말미암아) …(하게) 되다. ¶让每个员工的积极性～充分发挥. =모든 사원들의 적극성이 충분히 발휘될 수 있게 하다.
【得益】dé∥yì 통 이익을 얻다. 도움을 받다. 덕(德)을 입다. ¶聆听先生的教海让我～不少. =선생님의 가르침을 경청하고 적지 않은 도움을 받았습니다. ↔失意
【得意】dé∥yì 형 득의하다. 대단히 만족하다. 마음에 꼭 들다. ¶受到表扬, 他很是～. =칭찬을 받고 그는 몹시 만족스러웠다.
【得意忘形】déyì-wàngxíng 성 1 뜻을 이루자 기쁜 나머지 자신을 잊다. 2 비 조그만 성공에 자신의 처지를〔본분을〕 잊다. 명리를 조금 얻자 우쭐거리다〔설치다〕.
【得意忘言】déyì-wàngyán 성 1 원리를 터득하면 그것을 설명했던 말은 필요가 없어 잊게 된다. 2 비 마음이 통하여 말이 필요 없다.
【得意扬扬】〔得意洋洋〕déyì-yángyáng 성 득의양양하다. =【扬扬得意】yángyáng-déyì ↔灰心丧气 垂头丧气
【得意洋洋】déyì-yángyáng ☞【得意扬扬】déyì-yángyáng
【得用】déyòng 형 쓸모 있다. 유능하다. 쓸 만하다. ¶这刀太钝了, 不～. =이 칼이 너무 무뎌서 쓸모가 없다.
【得鱼忘筌】déyú-wàngquán 성 1 고기를 잡은 뒤에 고기 잡던 통발을 잊어버리다. 2 비 목적을 달성하자 쓰던 것을 잊어버리다. ≒兔死狗烹 卸磨杀驴 过河拆桥 鸟尽弓藏 ↔饮水思源
【得着风就是雨】dézháo fēng jiùshì yǔ 속비 지레짐작하다.
【得知】dézhī 통 알게 되다. 이해하다. 알다. ¶～详情=상세한 상황을 알게 되다.
【得职】dézhí 통 직위를〔직장을〕 얻다.
【得志】dé∥zhì 통 뜻을 이루다. 바람이 실현되다. [주로 명리에 대한 욕망을 가리킴] ¶少年～=소년이 뜻을 이루다.
【得中】dézhòng 통 상〔상금·상품·표창〕을 받다. ¶大奖～=대상을 받다.
【得主】dézhǔ 명 (시합이나 선발 대회의) 수상자. ¶冠军～=1등 수상자.

【得罪】dé·zuì 통 미움을 사다. 노여움을 사다. 기분을 상하게 하다. 실례가 되다. ¶他性子直, ～了不少人. =그는 성격이 직선적이라 많은 사람들에게 미움을 샀다. ≒冒犯 开罪

# 锝［鍀］ dé 테크네튬 득

명〔화〕《化》 테크네튬(Tc, technetium). [원자 번호 43]

# *＊德［悳］ dé 덕 덕

명 1 덕. 도덕. 품행. 정치적 자질. ¶品～=인품과 덕성. / 美～=미덕. 2 은혜. ¶以怨报～=원한으로 은혜를 갚다. 3 마음. ¶同心同～=한마음 한뜻. 4 (Dé) 성(姓). ↔怨

○● 报德, 道德, 恩ēn德, 功德, 积德, 美德, 品德, 缺quē德, 贤xián德, 宣Xuān德, 阴yīn德, 正德

【德昂族】Dé'ángzú 명 더앙족. [중국 소수 민족의 하나. 윈난(云南)성에 분포함]
【德比】débǐ 1《體》 더비 매치(derby match). 더비 경기. [같은 도시나 구역을 연고로 하는 팀끼리의 맞대결] 2 한 범위 내에서 두 세력간의 경쟁.
【德薄才疏】débó-cáishū 성 덕과 재능이 많이 부족하다. [겸손의 말로 쓰임] ↔德才兼备
【德才兼备】décái-jiānbèi 성 덕과 재능을 겸비하다. ≒品学兼优 ↔德薄才疏
【德操】décāo 명 도덕적 소양.
【德耳塔】dé'ěrtǎ 명〔외〕 그리스어 자모인 델타(delta, 'Δ, δ')의 음역.
【德高望重】dégāo-wàngzhòng 성 덕망이 높다. [훌륭한 인물을 칭송하는 말]
【德国】Déguó 명〔지〕(地) 독일(Germany). [수도는 '柏林(베를린 : Berlin)'임] =【德意志】Déyìzhì
【德望】déwàng 명 덕망.
【德文】Déwén 명〔언〕(言) 독일어.
【德行】déxíng 명 덕행. 도덕. 품행.
【德行】〔德性〕dé·xing 명비 꼬락서니. 작태. 꼴불견. ¶瞧他那副～, 没一点教养. =저 사람의 꼬락서니를 봐, 교양이라곤 전혀 없어.
【德性】dé·xing ☞【德行】dé·xing
【德意志】Déyìzhì ☞【德国】Déguó
【德艺双馨】déyì-shuāngxīn 성 (문예 종사자가) 높은 도덕성과 예술성을 모두 갖추다.
【德语】Déyǔ 명〔언〕(言) 독일어.
【德育】déyù 명 정치 사상과 도덕적 소양 방면의 교육.
【德泽】dézé 명 덕화(德化)와 은택(恩澤). 은덕과 혜택.
【德政】dézhèng 명 덕정. 어질고 바른 정치.
【德治】dézhì 명 덕치.
【德智体】dé-zhì-tǐ 명 사상과 품행·문화와 과학 수준·신체 소질.
【德智体美】dé-zhì-tǐ-měi 명 사상과 품행·문화와 과학 수준·신체 소질·심미 능력.

## **地** ·de 어조사 지

조 관형어로 쓰이는 단어나 구 뒤에 쓰여, 그 단어나 구가 동사 또는 형용사와 같은 중심어를 수식하고 있음을 나타냄. ¶全体员工都在辛勤~工作。=전체 종업원들이 모두 열심히 일하고 있다.

☞ dì

## **的** ·de 어조사 적

조 **1** 관형어 뒤에 쓰여, 관형어와 중심어 사이가 종속 관계임을 나타냄. ¶中国~长城=중국의 만리장성. **2** 관형어 뒤에 쓰여, 관형어와 중심어 사이가 일반적인 수식 관계임을 나타냄. ¶迷人~风光=매력적인 경치. **3** 관형어 뒤에 쓰여, 관형어가 사람을 나타내는 명사 또는 인칭 대명사이고, 중심어가 앞의 동사와 결합하여 하나의 동작을 나타낼 때, 그 사람이 동작의 대상임을 나타냄. ¶开她~玩笑=그녀와 농담을 하다. **4** 관형어 뒤에 쓰여, 관형어가 인명 또는 인칭 대명사이고, 중심어가 직무 또는 신분을 나타내는 명사일 때, 그 사람의 직무나 신분을 나타냄. ¶今晚的演出是你~主持。=오늘 밤 공연은 네가 진행하는 말는다. **5** 술어 동사나 형용사 뒤에 쓰여 동작의 주체가 되는 시간·지점·방식 등을 강조함. ¶谁签~字? =누가 서명한 것인가? / 他回来是坐~火车。=그는 기차를 타고 돌아왔다. **6** 같은 유형에 속하는 두 개의 단어나 구 뒤에 쓰여 '등등·부류'의 뜻을 나타냄. ¶她可客气了, 什么水果点心~, 摆了一桌子。=그녀는 어찌나 친절한지, 여러 가지 과일·간식 등을 탁자 가득 차려 놓았다. **7** 평서문 끝에 쓰여 긍정의 어기를 나타냄. ¶对这件事, 他是尽力~。=이 일에 대해서 그는 최선을 다한다. **8** 동사와 보어 사이에 쓰여 가능을 나타냄. ¶吃~动=먹을 수 있다. **9** 동사나 형용사 뒤에 쓰여 결과나 정도를 나타내는 보어를 연결시킴. ¶画~好=잘 그린다. **10** 중심어가 없는 '的' 자 구조를 이루어 명사로 만듦. ① 앞에서 언급한 사람이나 사물을 대신함. ¶大~是她的, 小~是你的。=큰 것은 그녀의 것이고, 작은 것이 네 것이다. ② 어떤 상황을 나타냄. ¶日子过得好好~, 你生什么气? =잘 살고 있는데, 넌 웬 화를 내는 거니? ③ 어떤 종류의 사람이나 사물을 가리킴. ¶那个女~是他爱人。=그 여자는 그 사람의 부인이다. ④ 주어와 일치하는 인칭 대명사 뒤에 쓰여 목적어로 쓰이면, 이 일이 다른 사람과 무관하거나 다른 일이 이 사람과 무관함을 나타냄. ¶现在没事, 你只管玩儿你~去。=지금은 일이 없으니까 놀기나 해라. ⑤ 앞뒤로 같은 동사나 형용사를 쓰고, 이러한 구조를 연이어 사용하여 '이러한 것〔사람〕도 있고, 저러한 것〔사람〕도 있다·어떤 사람은 …하고 어떤 사람은 …하다.'라는 뜻을 나타냄. ¶唱~唱, 跳~跳=노래를 하는 사람은 노래를 하고, 춤을 추는 사람은 춤을 춘다. / 高~高, 矮~矮=높은 것은 높고 낮은 것은 낮다.

통 **1** ㈜ 두 개의 수량사(수사 와 양사의 조합) 사이에 쓰여 곱셈을 나타냄. ¶客厅是四米~七米, 合二十八平方米。=응접실은 4m 곱하기 7m 해서, 총 28m² 이다. **2** ㈜ 두 개의 수량사 사이에 쓰여 덧셈을 나타냄. ¶三个~五个, 一共八个。=셋에 다섯을 더해, 모두 여덟이다.

☞ dī, dí, dì

◑ 是的, 似shì的, 伍wǔ的, 有的, 怎的, 有的是, 什么的, 乍猛zhàměng的

【的话】 ·dehuà 조 …하다면, …이면. ¶如果你忙~, 就不要去了。=만약 네가 바쁘다면 가지 마라.

## **底** ·de 어조사 저

조 관형어와 중심어 사이가 종속 관계임을 나타냄. [주로 조기 백화문에 보임] ¶人民~权力=국민들의 권리.

☞ dǐ

## **得** ·de 어조사 득

조 **1** 동사 뒤에 쓰여 가능을 나타냄. [부정을 할 때는 '不得'를 사용함] ¶他玩儿~, 但你玩儿不~。=그는 놀 수 있지만 너는 놀 수 없다. **2** 동사나 형용사 뒤에 쓰여 결과나 정도를 나타내는 보어와 연결시킴. ¶冷~很。=아주 춥다. / 表演~非常好。=연기를 아주 잘 한다. **3** 동사와 보어 사이에 쓰여 가능을 나타냄. [부정을 할 때는 '得'를 '不'로 바꿈] ¶听~清=똑똑히 들을 수 있다. / 搬~动=옮길 수 있다. **4** 동사 뒤에 쓰여 동작이 이미 완성되었음을 나타냄. [주로 조기 백화문에 보임] ¶进~城来=시내에 왔다.

☞ dé, děi

【得出来】 ·dechū·lái 접미 동사 뒤에 쓰여 동작이 가능함을 나타냄. ¶认~=알아낼〔볼〕 수 있다. / 取~=찾아 낼 수 있다.

【得到】 ·dedào 접미 동사 뒤에 쓰여 가능함을 나타냄. ¶拿~=들 수 있다. / 吃~=먹을 수 있다.

【得动】 ·dedòng 접미 동사 뒤에 쓰여 가능함을 나타냄. ¶搬~=옮길 수 있다. / 嚼~=씹을 수 있다.

【得多】 ·deduō 접미 동사나 형용사 뒤에 쓰여 정도가 심함을 나타냄. ¶装~=많이 담다. / 好~=아주 좋다.

【得过】 ·deguò 접미 동사 뒤에 쓰여 동작이 계속 될 수 있음(동작의 가능)을 나타냄. ¶熬~=참을 수 있다. / 受~=견딜 수 있다.

【得过来】 ·deguò·lái 접미 동사나 형용사 뒤에 쓰여 가능함을 나타냄. ¶忙~=돌볼 겨를이 있다. / 照顾~=돌볼 수 있다.

【得过去】 ·deguò·qù 접미 동사 뒤에 쓰여 가능함을 나타냄. ¶跨~=뛰어넘을 수 있다. / 闯~=뚫고 나갈 수 있다.

【得很】 ·dehěn 접미 형용사 뒤에 쓰여 정도가 심함을 나타냄. ¶聪明~=아주 똑똑하다. / 高兴~=기쁘기 그지없다.

【得开】 ·dekāi 접미 동사 뒤에 쓰여 범위가 넓음을 나타냄. ¶想~=넓게 생각하다. (여의치 않은 일을) 마음에 두지 않다. / 吃~=통하다.

【得来】·delái 조미 동작이 진행될 수 있음을 나타냄. ¶处~=원만하게 지낼 수 있다. / 划~=수지가 맞다.

【得起】·deqǐ 조미 동사 뒤에 쓰여 가능함을 나타냄. ¶看~=중시하다. 존중하다. / 买~=살 수 있다.

【得上】·deshàng 조미 동사 뒤에 쓰여 가능함을 나타냄. ¶顾~=돌볼 수 있다. / 去~=갈 수 있다.

【得下】·dexià 조미 동사 뒤에 쓰여 가능함을 나타냄. ¶吃~=먹을 수 있다. / 住~=살〔거주할〕수 있다.

【得下去】·dexià·qù 조미 동사 뒤에 쓰여 동작이 진행될 수 있음을 나타냄. ¶听~=계속 들을 수 있다. / 看~=계속 볼 수 있다.

【得着】·dezháo 조미 동사의 뒤에 쓰여 가능함을 나타냄. ¶用~=쓸 수 있다.

【得住】·dezhù 조미 동작이 계속 진행될 수 있음을 나타냄. ¶顶~=버틸 수 있다. / 受~=참아 낼 수 있다.

## 膩 ·de / ·te 용모 단정치 않을 특
☞ 【肋膩】lē·de

## dei

## 嘚 dēi 가축 모는 소리 득
감 (~儿) 이랴! 이러! 끼랴! [가축을 모는 소리]
☞ dē

## **得 děi 어조사 득
통(구) 1 …해야 한다. ¶你~努力复习，考重点大学才有把握。=너는 열심히 복습해야 일류 대학에 합격할 가능성이 있다. 2 필요하다. 걸리다. ¶买这件风衣~要多少钱？=이 코트를 사는 데 돈이 얼마나 필요합니까? 3 …임에 틀림없다. 반드시 …일 것이다. ¶再不出发，就~迟到了。=바로 출발하지 않으면 틀림없이 늦을 것이다. 형(구) 기분이 좋다. 편안하다. 쾌적하다. 유쾌하다. 안락하다. 만족하다. ¶有这样高档的车开着，挺~。=이런 고급 승용차를 모니 꽤 편하겠는걸.
☞ dé, ·de

○- 必得, 非得, 总得

【得亏】děikuī 분 다행히. ¶~你帮忙，不然事情办不成。=네가 도와주었으니 망정이지, 안 그랬으면 일을 성사시키지 못했을 것이다.

## den

## 扽 dèn 당길 돈
통 1 (구) (줄·천·옷 따위의 양쪽을 동시에 또는 한 쪽은 고정시키고 다른 한쪽을) 힘껏 잡아당기다. ¶把被单~一下再晾。=이불 커버를 힘껏 잡아당긴 다음 다시 햇볕에 쪼이다. 2 (구) 단단히 잡아당기다. ¶你~住了，别撒手。=너 꽉 잡고 손을 놓지 말아라.

## deng

**灯[燈] dēng 등불 등
명 1 등. 등롱. 램프. 라이트. 랜턴. ¶电~=전등. / 张~结彩=등롱을 달고 오색천으로 꾸미다. 2 (액체 또는 기체를 사용하는) 가열용 연소기. 버너. ¶酒精~=알콜 버너. 3 (電) (라디오 또는 텔레비전의) 전자관(電子管). 진공관. ¶五~收音机=5구(球) 라디오. 4 정월 대보름날의 등. ¶逛~会=(정월 대보름날의) 연등회를 구경하다.

○- 壁bì灯, 风灯, 宫灯, 花灯, 华灯, 幻huàn灯, 脚灯, 矿kuàng灯, 龙lóng灯, 绿lǜ灯, 马灯, 明灯, 氖nǎi灯, 喷pēn灯, 汽灯, 纱shā灯, 台灯, 挑tiāo灯, 桅wéi灯, 尾wěi灯, 掌zhǎng灯, 桌灯

【灯标】dēngbiāo 명 1 등표. [등불을 이용한 항로 표지의 하나] 2 표시등. 표지등. 네온 간판. [전등 설비가 된 표지·간판·표어 등을 가리킴] ¶五彩的~把夜市衬托得格外迷人。=오색찬란한 네온 간판이 야시장을 돋보이게 하여 유난히 눈길을 끈다.

【灯不拨不亮】dēng bù bō bù liàng 속 1 등의 심지를 털어 주지 않으면 불이 밝지 않다. 2 비 어떠한 일도 실행을 통해 비로소 나은 결과〔성취〕를 거둘 수 있다. 부뚜막의 소금도 집어 넣어야 짜다.

【灯彩】dēngcǎi 명 1 (劇) 무대 장식등〔조명등〕. 일루미네이션(illumination). ¶满台~=무대에 조명등이 가득하다. 2 등롱 공예. 3 (장식용의) 곱게 꾸민 채색 등롱. ¶~辉映=곱게 꾸민 채색 등롱이 휘황찬란하게 빛나다.

【灯草】dēngcǎo 명 등의 심지. 등심지.

【灯蛾】dēng'é ☞ 〔飞蛾〕fēi'é

【灯蛾扑火】dēng'é pūhuǒ 속 1 불나방이 불에 뛰어들다. 2 비 스스로 멸망을 초래하다. 스스로 위험한 곳에 덤벼들다.

【灯管】dēngguǎn (~儿) 명 (형광등의) 형광 방전관. 발광관.

【灯光】dēngguāng 명 1 불빛. ¶~从窗户里透出来。=불빛이 창문 안쪽에서 새나온다. 2 (무대 또는 촬영장의) 조명. ¶舞台~=무대 조명.

【灯红酒绿】dēnghóng-jiǔlǜ 속 1 주색에 빠진 방탕한 생활. 2 도시나 유흥가의 번화한 밤 풍경. ≒纸醉金迷, 花天酒地

【灯虎】dēnghǔ (~儿) 명 등롱수수께끼. [등롱에 문제를 쓰거나 붙이고서 맞히는 놀이] ¶猜~儿=등롱수수께끼놀이를 하다. ≒灯谜

【灯花】dēnghuā (~儿) 명 1 등화. [등잔불이나

촛불의 심지 끝이 타서 맺힌 불똥] **2** (연소할 때 생기는) 불똥.

【灯会】**dēnghuì** 图 (정월 대보름날 밤에 등롱을 구경하는) 연등회.

【灯火】**dēnghuǒ** 图 등불. 등화. 불빛. ¶万家~=온통 불빛으로 환한 도시의 야경.

【灯火管制】**dēnghuǒ guǎnzhì** 图 등화 관제.

【灯火辉煌】**dēnghuǒ-huīhuáng** 图 번화하고 불빛이 휘황찬란한 야경. ↔黑灯瞎火

【灯火阑珊】**dēnghuǒ-lánshān** 图 등불이 가물가물 꺼져 가다. [주로 밤이 다해 가는 시간을 가리킴]

【灯节】**Dēngjié** ☞【元宵节】**Yuánxiāojié**

【灯尽油干】**dēngjìn-yóugān** 图 **1** 등불은 가물가물 꺼져 가고 기름은 바닥이 났다. **2**⑭ 사람이 거의 죽어 가다. 재물을 다 써 버리다. 급박한 상황에 이르다.

【灯具】**dēngjù** 图 조명 기구.

【灯亮儿】**dēngliàngr** 图⑦ 불빛.

【灯笼】**dēng·long** 图 등롱. 초롱.

【灯笼裤】**dēng·longkù** 图 윗부분은 헐렁하고 발목 부분은 딱 달라붙게 만든 바지. [예컨대 운동복·승마복 등]

【灯谜】**dēngmí** 图 **1** 등롱수수께끼. [등롱에 문제를 쓰거나 붙이고서 맞히는 놀이] **2** (종이에 쓴) 문제를 벽에 붙이거나 줄에 거는 수수께끼. ≒灯虎

【灯苗】**dēngmiáo**(~儿) 图 기름등〔석유 램프〕의 불꽃.

【灯捻】**dēngniǎn**(~儿) 图 (기름등의) 심지. 등심. ≒【灯捻子】**dēngniǎn·zi**

【灯捻儿】**dēngniǎn·zi** ☞【灯捻】**dēngniǎn**

【灯泡】**dēngpào**(~儿) 图⑤ 전구. ≒【灯泡子】**dēngpào·zi**

【灯泡子】**dēngpào·zi** ☞【灯泡】**dēngpào**

【灯伞】**dēngsǎn** 图 (전)등갓.

【灯市】**dēngshì** 图 (정월 대보름날을 전후한) 등롱 판매 시장. 등롱이 가득 켜진 시가(市街).

【灯饰】**dēngshì** 图 조명 장식. 장식용 조명 기구. 일루미네이션.

【灯丝】**dēngsī** 图 (전구나 진공관의) 필라멘트.

【灯塔】**dēngtǎ** 图 등대.

【灯台】**dēngtái** 图 전등〔등잔〕받침대.

【灯台树】**dēngtáishù** ☞【椋木】**láimù**

【灯头】**dēngtóu** 图 **1** (심지나 등피 등을 다는) 등잔목. **2** 전등 소켓. **3** 전등 한 개. [전등 수를 통계 내는 데 쓰임] ¶房间里有三个~。=방에는 전등이 세 개 있다.

【灯箱】**dēngxiāng** 图 네온 광고물. 네온 간판. 조명 간판. ¶~广告=네온 광고.

【灯心】【灯芯】**dēngxīn** 图 등의 심지. 등심.

【灯心草】**dēngxīncǎo** 图(植) 골풀. 등심초.

【灯心绒】**dēngxīnróng** 图(纺) 코르덴(corduroy). ≒【条绒】**tiáoróng**

【灯芯】**dēngxīn** ☞【灯心】**dēngxīn**

【灯影】**dēngyǐng** 图 **1** 불빛〔등불〕이 직접 비치지 못하는 어두운 곳. **2** 불빛〔등불〕의 그림자.

【灯影戏】**dēngyǐngxì** 图 (가죽 인형의) 그림자 연극.

【灯油】**dēngyóu** 图 **1** 등유. **2** 석유.

【灯语】**dēngyǔ** 图 (통신 방법의 하나인) 불빛 신호. 등불로 하는 신호.

【灯盏】**dēngzhǎn** 图 **1** 갓이 없는 기름등〔유등〕. **2** 등.

【灯罩】**dēngzhào**(~儿) 图 (전)등갓. ≒【灯罩子】**dēngzhào·zi**

【灯罩子】**dēngzhào·zi** ☞【灯罩】**dēngzhào**

【灯烛】**dēngzhú** 图 **1** 등촉. 등불과 촛불. **2** 등불. 등화. 불빛. ¶~通明=등불이 환하다.

【灯柱】**dēngzhù** 图 조명(설비가 달린) 기둥.

【灯座】**dēngzuò** 图 **1** 전등 소켓. **2** 전등〔등잔〕받침대.

\*\***登** **dēng** 오를 등

图 **1** (사람이) 오르다. 올라가다. [주로 보행을 가리킴] ¶~高望远=높은 곳에 올라 멀리 바라보다. / ~泰山而小天下。=태산에 올라 보고 천하가 작음을 알다. **2** 밟다. 딛다. 디디다. ¶~梯子上阁楼=계단을 밟고 다락방에 올라가다. **3** 기재하다. 게재하다. ¶在报纸上~广告=신문에 광고를 내다. **4** (신발·바지 등을) 신다. 입다. ¶他匆忙~上鞋出门了。=그는 급하게 신을 신고 밖으로 나갔다. **5** 세게 밟다〔디디다〕. 발로 꽉 누르다. ¶~自行车=자전거를 타다. **6** (곡물이) 여물다. 익다. ¶五谷丰~=오곡이 풍성하게 여물다. **7** 과거에 급제하다. ¶~进士第=진사(進士)에 급제하다. 图 (Dēng) 성(姓).

| | |
|---|---|
| ❶ 登 | dēng |
| 灯 | dēng |
| 邓 | Dèng |
| 凳 | dèng |
| 蹬 | dèng |
| 磴 | dèng |
| 噔 | dēng |
| 橙 | dèng |
| 簦 | dēng |
| 镫 | dèng |
| 瞪 | dèng |
| 澄 | chéng |
| 证 | zhèng |

❶❷ 叨dāo登, 丰登, 刊kān登, 摩登, 攀pān登

【登岸】**dēng'àn** 图 기슭에 다다르다. 상륙하다.

【登报】**dēng∥bào** 图 신문에 게재하다〔싣다·내다〕. ¶~声明=신문에 성명을 싣다.

【登场】**dēng∥cháng** 图(农) 수확한 곡물을 타작마당으로 옮기다. ¶稻谷~后要及时晾晒。=수확한 벼는 타작마당으로 운반한 후 바로 볕에 말려야 한다.

【登场】**dēng∥chǎng** 图 **1** (등장 인물이 무대 혹은 화면에) 등장하다. ¶主角还没~。=주인공이 아직 등장하지 않았다. **2** (상품이) 출시되다. (시장에) 나오다. ¶新货~。=신상품이 출시되다.

【登程】**dēngchéng** 图 출발하다. 떠나다. ¶准备好了马上~。=준비가 다 되었으면〔되었으니〕바로 떠나자.

【登第】**dēngdì** 图⑪ **1** 급제하다. 과거에 합격하다. **2** 진사(進士)에 급제하다.

【登顶】**dēngdǐng** 图 산의 정상에 오르다.

【登峰造极】**dēngfēng-zàojí** 图 **1** 산의 정상에

오르다. **2** (用) 절정〔정점〕에 이르다. 극에 달하다. **3** (用) 학문이나 사업 등이 최고 수준에 이르다. 최고봉에 오르다. ≒至高无上

【登高】**dēnggāo** (动) **1** 높은 곳에 오르다. ¶~眺望=높은 곳에 올라 멀리 바라보다. **2** 음력 9월 9일 중양절(重陽節)에 산에 오르다.

【登革热】**dēnggérè** (名)(外)(医) 뎅기열(dengue 热). =〔骨痛热〕**gǔtòngrè**

【登机】**dēng∥jī** (动) 비행기에 탑승하다. ¶旅客正在~. =승객들이 비행기에 탑승하고 있다.

【登基】**dēng∥jī** (动) 제왕〔군주〕의 자리에 오르다. 등극하다. 제위에 오르다. ¶~大典=등극 제전. ≒登极

【登极】**dēng∥jí** (动) **1** 가장 높은 곳에 오르다. **2** 제왕〔군주〕의 자리에 오르다. 등극하다. 제위에 오르다. ≒登基

【登即】**dēngjí** (副·文) 즉시. 곧. ¶~查办=즉시 조사하여 처리하다.

【登记】**dēngjì** (动) 등재하다. 등기하다. 등록하다. 기입하다. 기재하다. ¶~住宿=체크인하다. / 结婚~=혼인 신고.

【登记吨】**dēngjìdūn** (名) 순톤수(N/T, net tonnage). 등록 톤수. [배의 총톤수에서 기관실·선원실 등과 같은 선박 운항에 직접 사용되는 부분을 공제하고, 여객 및 화물을 적재하는 장소의 용적을 나타내는 단위] ☞ register tonnage

【登科】**dēngkē** (动) 과거에 급제하다.

【登临】**dēnglín** (动) **1** 산을 오르고 강을 찾다. **2** 이름난 산수(山水)를 유람하다. ¶~名山大川=이름난 산수(山水)를 유람하다.

【登陆】**dēng∥lù** (动) **1** 상륙하다. 육지에 오르다. **2** (军) 적지에 상륙하다. ¶部队胜利~=부대는 상륙에 성공했다. **3** (喩) 상품이 시장에 진출하다. ¶这种新款汽车已~各大城市. =이 신형 자동차는 이미 각 대도시에 출시되었다.

【登陆场】**dēnglùchǎng** (名)(军) 상륙 거점. 교두보.

【登陆舰】**dēnglùjiàn** (名)(军) (배수량이 500톤 이상인) 상륙용 함정.

【登陆艇】**dēnglùtǐng** (名)(军) (배수량이 500톤 이하인) 상륙용 함정.

【登录】**dēnglù** (动) **1** 등록하다. 등재하다. 기입하다. 기재하다. 등기하다. ¶~学生家庭住址. =학생들의 주소를 기입하다. **2** (컴) 로그인하다. ¶~网站=인터넷 사이트에 로그인하다.

【登门】**dēng∥mén** (动) 방문하다. 심방하다. ¶~道谢=찾아뵙고 감사를 드리다.

【登门上户】**dēngménshànghù** (成) 특별히 방문하다.

【登攀】**dēngpān** (动) 등반하다. ¶~高峰=높은 봉우리를 등반하다.

【登山】**dēng∥shān** (动) 등산하다. ¶~越岭=산을 오르고 고개를 넘다. (名)(体) 등산. ¶~队=등산 팀.

【登山服】**dēngshānfú** (名) 등산복. **2** (등산복처럼 생긴) 방한복.

【登山鞋】**dēngshānxié** (名) **1** 등산화. **2** (등산화처럼 생긴) 여행용 신발.

【登山运动】**dēngshān yùndòng** (名)(体) 등산 운동.

【登时】**dēngshí** (副) 바로. 즉시. 곧. 당장. [주로 과거의 일에 쓰임] ¶一听到那个坏消息, 他~傻了眼. =나쁜 소식을 듣자마자 그는 눈이 휘둥그레졌다.

【登市】**dēngshì** (动) (계절성 물건이) 시장에 나오다. 출시되다. ¶荔枝大量~. =여지가 대량으로 출시되다.

【登台】**dēng∥tái** (动) **1** 연단〔무대〕에 오르다. 등단하다. ¶~演出=무대에 올라 공연을 하다. **2** (喩) 정치 무대로 나가다. ¶各路政客纷纷~. =여러 부류의 정객들이 잇달아 정치 무대에 나가다.

【登堂入室】**dēngtáng-rùshì** ☞【升堂入室】**shēngtáng-rùshì**

【登天】**dēngtiān** (动) **1** 하늘에 오르다. **2** (用) 최고 직위〔최고직〕에 오르다. 최고의 경지에 이르다. 최고봉에 오르다. ¶一步~=단숨에 최고의 경지에 오르다. **3** (喩) (하늘에 오르는 것처럼) 불가능하다. ¶别瞎想了, 做那事比~还难. =함부로 생각하지 마라, 그 일은 하늘에 오르는 것보다 더 어렵다.

【登徒子】**dēngtú·zi** (名) 등도자. [송옥(宋玉)의 《등도자호색부(登徒子好色賦)》에 나오는 호색가] **2** 호색가. 색마. 색한.

【登载】**dēngzǎi** (动) (간행물에) 등재하다. 싣다. 게재하다. ¶~消息=소식을 싣다. ≒刊登 刊载

**噔** **dēng** 부딪치는 소리 등

(象) 쿵쿵. 쾅쾅. 쾅쾅. 탕탕. 딱딱. [무거운 것이 떨어지거나 물체에 부딪치는 소리] ¶小伙子~~地跑了过来. =젊은 사람이 쿵쿵거리며 뛰어왔다.

**镫**[鐙] **dēng** 식기 등

(名) **1** 고대에 고기를 담는 그릇. **2** (旧) '灯(기름등)'과 같음.
☞ **dèng**

**簦** **dēng** 우산 등

(名) **1** 옛날, 우산의 일종. **2** (方) 삿갓.

*蹬 **dēng** 밟을 등

(动) **1** (발에 힘을 주어) 밟다. 뻗다. 밀(치)다. 딛다. ¶~三轮儿=삼륜 자전거를 타다. **2** 딛다. 디디다. 밟다. ¶~在窗台上擦窗玻璃=창틀을 밟고서 창문 유리를 닦다. **3** (신발·바지 등을) 신다. 입다. ¶她穿超短裙, 脚~长筒皮靴, 很摩登. =그녀는 미니스커트를 입고 가죽 롱부츠를 신었는데, 정말 모던하다. **4** (喩) 방치하다. 던져 버리다. 결별되다. 결별하다. 따돌리다. 제외하다. 가려 내다. ¶他被女朋友~了. =그 사람은 여자 친구에게 차였다.
☞ **dèng**

【蹬跶】**dēng·da** (动)(方) **1** 발버둥질하다. ¶小家

伙一边哭,一边不停地~。=아이는 울면서 계속 해서 발버둥질하였다. **2** 재능을 발휘하다[펼치다]. (일을) 전개하다[펼치다]. ¶他如果不帮助, 我根本就~不开。=만약 그가 도와 주지 않으면 나는 전혀 일을 벌일 수가 없다. **3** (사람이나 동물이 죽어갈 때) 발버둥을 치다. ¶小狗~了两下便没气了。=강아지는 몇 번 발버둥을 치더니 곧 숨이 끊어졌다.

【蹬技】 **dēngjì** 몡 (서커스 등에서 항아리 등을 발로 돌리는) 발묘기. 발재주.

【蹬腿】 **dēng ‖ tuǐ** 통 **1** (발에 힘을 주어) 밟다. 뻗다. 밀(치)다. 딛다. ¶他一~在床上坐了起来。=그는 두 발을 딛고 침대에서 일어났다. **2** (~儿) ㉠ 꼴까닥하다. 뻗다. [죽음을 해학적으로 표현하는 말]

【蹬子】 **dēng·zi** 몡 (자전거·오토바이 등의) 페달. 발판. ¶脚~=페달.

## 等¹ **děng** 등급 등

몡 **1** 등급. ¶劣~品=하급품. / 高人一~=남보다 한 수 위다. **2** 종류. ¶这~人=이런 사람. **3** ㉿ 인칭 대명사 또는 사람을 가리키는 명사 뒤에 쓰여 복수를 나타냄. ¶吾~=우리. / 彼~=그들. 통 **1** 기다리다. ¶~公共汽车=시내 버스를 기다리다. / 请一会儿。=조금만 기다려 주세요. **2** (…까지) 기다리다. ¶~雨停了再走。=비가 멈추면 가자. 혱 (정도 또는 수량이) 같다. 대등하다. ¶高低不~=높이가 다르다. ㉿ **1** 등. 따위. [그 밖에도 같은 종류의 것이 더 있음을 나타냄. 중첩하여 사용할 수 있음] ¶广州、成都~市=광저우·청두 등의 도시. **2** 등. 따위. [열거한 후에 그 대상들을 한정하여 나타냄. 뒤에 주로 앞에서 열거한 항목의 총수가 나옴] ¶泰山、黄山、峨眉~三大名山=태산·황산·아미 등 3대 명산.

## 等² **děng** 저울 등

'戥(děng)'과 같음.

○● 超等, 初等, 次等, 对等, 高等, 何hé等, 均jūn等, 老等, 立等, 劣liè等, 平等, 特等, 同等, 星等, 坐等

【等边三角形】 **děngbiān sānjiǎoxíng** 몡 《數》 정삼각형.

【等不到】 **děng·budào** 통 (…까지) 기다릴 수 없다. ¶他~你就先走了。=그는 너를 기다릴 수 없어서 먼저 갔다.

【等不得】 **děng·bu·de** 통 기다릴 수 없다. 기다리지 못한다. ¶他很着急, 一会儿工夫都~。=그는 매우 급해서 잠시도 기다릴 수 없다.

【等不及】 **děng·bují** 통 (시간이 긴박해서) 기다릴 수 없다. ¶你们~就先走吧。=너희들, 기다릴 수 없으면 먼저 가라.

【等不了】 **děng·bu·liǎo** 통 (시간이 긴박해서) 기다릴 수 없다. ¶时间太长了, 我~。=시간이 너무 길어서 나는 기다릴 수 없다.

【等不起】 **děng·bu·qǐ** 통 기다릴 수 없다. ¶

这房子一等就是好几年, 搁谁也~。=이 집은 몇 년은 기다려야 하니, 그 누구도 더 이상 기다릴 재간이 없다.

【等不着】 **děng·buzháo** 통 (…까지) 기다릴 수 없다. ¶你~他就自己先去吧。=너는 그 사람을 기다릴 수 없으면 혼자 먼저 가라.

【等差】 **děngchā** 몡 **1** ㉿ 등급. 차례. 등차. 순위. **2** 《數》 등차.

【等次】 **děngcì** 몡 등차. 등급. 차례. 순위. ¶商场里各种~的服装都有。=백화점에는 여러 등급의 의상이 다 있다.

【等衰】 **děngcuī** 몡㉿ 등차. 등급. 차례. 순위.

【等待】 **děngdài** 통 (사물·상황 등을) 기다리다. ¶~机会=기회를 기다리다.

【等到】 **děngdào** 통 (…까지) 기다리다. [다른 동사나 주술구 앞에 쓰여 주요 동작이 발생하는 시각을 나타냄. 뒤에 주로 '再(zài)·才(cái)·就(jiù)' 등이 쓰임] ¶~人来齐了才开会。=사람들이 다 온 다음에 회의를 열자.

【等等】 **děngděng** ㉿ 기타. 등등. 따위. [둘 또는 둘 이상의 단어 뒤에 쓰여 다 열거하지 않았음을 나타냄] ¶我们买了很多水果, 有香蕉、苹果、橘子~。=우리는 바나나·사과·귤 등등 매우 많은 과일을 샀다.

> 等(děng) / 等等(děngděng) / 什么的(shén·me·de)
>
> ① '等' 뒤에는 앞에서 열거된 것을 포용하는 개괄적인 단어가 쓰이고, 앞에는 단일 항목만 열거할 수도 있음. ¶毕业以后, 我打算去北京、上海、南京等地旅游。=졸업한 후에 나는 북경·상해·남경 등지를 여행할 생각이다. / 根据《礼记》等书的记载, 《예기》 등의 책의 기록에 의하면.
>
> ② '等等' 뒤에는 앞에서 열거된 것을 포용하는 개괄적인 단어가 쓰이지 않고, 앞의 두 개나 두 개 이상의 항목을 열거함. ¶每个人的精力、寿命等等差异很大, 有的人可以搞出很多、很好的作品, 有的人就不能。=사람마다 정력이나 수명 등의 차이가 매우 커서, 어떤 사람은 좋은 작품을 많이 내지만 어떤 사람은 그렇지 못하다.
>
> ③ '什么的'는 문장 끝에 쓰여 뒤에 어떤 단어도 결합하지 않으며, 앞에는 단일 항목만 열거할 수도 있음. ¶走的时候, 给你带点儿几瓶汽水、可乐什么的。=갈 때 사이다나 콜라 같은 것을 몇 병 챙겨 주마. / 她还会写诗什么的吗? =그녀가 시 같은 것을 쓸 수 있어?

【等第】 **děngdì** 몡㉿ (사람의) 등급. 순위. 서열.

【等额】 **děng'é** 혱 (액)수가 같다. ¶~配备=동수로 분배하다.

【等额选举】 **děng'é xuǎnjǔ** 몡 비경쟁 선거. [후보자 수와 당선자의 수를 같게 하는 선거 방식. '差额选举(경쟁 선거)'와 구별됨]

【等而下之】 **děng'érxiàzhī** 솅 이 등급에서 다시 내려가다. 이 등급보다 더 떨어지다[못하다·처지다].

【等分】 **děngfēn** 통 등분하다. 똑같이 나누다. ¶

**【等份】děngfèn**(~儿) 명 등분. ¶把这些糖果分成三~。=이 사탕들을 3등분한다.
**【等高线】děnggāoxiàn** 명〔地〕등고선.
**【等号】děnghào** 명〔數〕등호. 같음표.
**【等候】děnghòu** 동 기다리다. [주로 구체적인 대상에 쓰임] ¶耐心~=인내심을 가지고 기다리다. 늑等待
**【等会儿】děnghuìr** 동 좀 기다리다. =【等一会儿】děng·yihuìr ¶~再说=좀 있다가 다시 말하자.
**【等级】děngjí** 1 등급. 차별. ¶茶叶按质量分为不同的~。=찻잎은 품질에 따라 다르게 여러 등급으로 나눈다. 2 계급. ¶~森严=계급이 엄격하다. 형 등급을 나눈. 등급에 이른. ¶~工资制=등급제 임금 제도.
**【等级赛】děngjísài** 명〔體〕등급별 경기.
**【等级制】děngjízhì** 명 등급제.
**【等价】děngjià** 형 1 (다른 상품의) 가치가 같다. 등가의. ¶~的物物交换=등가 방식의 물물교환. 2〔化〕원자 결합가 같다. ¶~化合物=등가의 화합물.
**【等价交换】děngjià jiāohuàn** 동〔經〕등가 교환하다.
**【等价物】děngjiàwù** 명〔經〕등가물.
**【等距离】děngjùlí** 형 이웃한 각 개체 사이의 거리가 같다. 등거리의. ¶~外交=등거리 외교.
**【等靠】děngkào** 동 기다리고 의지하다. [주로 사상이나 방법을 가리킴] ¶年轻人要开拓进取, 不能一味~。=젊은이들은 진취적으로 개척해 나가야지, 기다리고 의지하기만 해서는 안 된다.
**【等离子态】děnglízǐtài** 명〔物〕플라스마(plasma) 상태.
**【等离子体】děnglízǐtǐ** 명〔物〕플라스마(plasma).
**【等量】děngliàng** 형 수량이 같다. 등량의. ¶奖金不能~发放, 要体现竞争原则。=상금을 똑같이 나누어 주어서는 안 되고, 경쟁 원칙을 살려야 한다.
**【等量齐观】děngliàng-qíguān** 성 동일시하다. 동등하게 보다. 늑一视同仁
**【等米下锅】děngmǐ-xiàguō** 성 1 쌀을 사 와서 밥을 안치기를 기다리다. 2〔비〕경제적으로 매우 궁핍하다. 그 날 벌어 그 날 먹고살다. 3〔비〕소극적·피동적으로 상급 또는 다른 기관의 지원을 기다리기만 하다.
**【等内】děngnèi** 형 정한 등급에 든. 기준에 다다른. ¶~品=등급에 든 상품. ↔等外
**【等日】děngrì** 명(부) 며칠 후. 며칠이 지나서. 얼마 지난 후. ¶~再与你商议此事。=며칠 후에 너와 이 일을 다시 의논하겠다.
**【等熵面】děngshāngmiàn** 명〔物〕동일한 열역학적 상태를 지니고 있는 면. 영 isentropic surface
**【等身】děngshēn** 형 (높이가) 제 키만 하다. [주로 수량이 많음을 나타냄] ¶著作~=저작이 대단히 많다.

**【等深线】děngshēnxiàn** 명〔地〕(지도의) 등심선(等深線)
**【等式】děngshì** 명〔數〕등식.
**【等死】děngsǐ** 동 죽음을 기다리다. ¶我们要想办法自救, 不能在这儿~。=우리는 자구책을 강구해야지, 여기서 죽기를 기다릴 수는 없다.
**【等速】děngsù** 형 속도가 같다. 등속의.
**【等速运动】děngsù yùndòng** ☞【匀速运动】yúnsù yùndòng
**【等同】děngtóng** 동 동일시하다. 같이 보다. ¶这完全是两码事, 怎么能~起来呢？=이것은 완전히 다른 일인데, 어떻게 동일시할 수 있지?
**【等外】děngwài** 형 등외의. 등급 밖의. ¶~品=등외품. ↔等内
**【等温】děngwēn** 형 온도가 같다. 등온의. ¶~淬火=같은 온도로 담금질하다.
**【等温线】děngwēnxiàn** 명〔氣〕등온선.
**【等闲】děngxián** 형(문) 1 보통이다. 일반적이다. 평범하다. ¶~之辈=평범한 인물[무리]. 2 되는대로 하다. 등한히 하다. 홀시하다. 함부로 하다. ¶莫~白了少年头, 空悲切。=젊음을 되는대로 보내고 헛되이 슬퍼하지 말라. 3 공연히. 괜히. 뻔히 알면서. 무단히. 이유〔까닭〕없이. ¶~平地起波澜。=공연히 평지풍파를 일으키다.
**【等闲视之】děngxián-shìzhī** 성 (사람·사물을) 예사롭게 대하다〔보다〕. 등한시하다.
**【等线体】děngxiàntǐ** 명 등선체. [인쇄체의 하나. 다른 필획끼리는 물론 한 필획의 처음과 끝의 굵기까지 동일한 활자체]
**【等效】děngxiào** 형 효과가〔영향이〕같다. 당량(當量)의. 등가(等價)의. 등적(等積)의. ¶~噪声=똑같이 영향을 미치는 소음.
**【等压面】děngyāmiàn** 명〔氣〕등압면.
**【等压线】děngyāxiàn** 명〔氣〕등압선.
**【等腰三角形】děngyāo sānjiǎoxíng** 명〔數〕이등변 삼각형.
**【等一会儿】děng·yihuìr** ☞【等会儿】děnghuìr
**【等因奉此】děngyīn fèngcǐ** 성 1 시달하신 지시를 잘 양지하였습니다. [옛날 공문 용어. 일반적으로 상급 관청에서 보내 온 공문 내용을 인용하여 기술한 후 이 말을 쓰고, 이어서 해당 기관이나 자신의 의견을 진술함] 2 요식적인 업무 방식. 틀에 박힌 일처리 방식.
**【等于】děngyú** 동 1 (수량이) …와〔과〕 같다. 맞먹다. ¶二乘三~六。=2 곱하기 3은 6이다. 2 …이나 다름없다. …와 마찬가지이다. …이나 매한가지이다. …에 해당하다. ¶干了活拿不到钱, ~白干了。=일을 하고 돈을 받지 못하면 헛고생한 것이나 다름없다.
**【等于零】děngyúlíng** 형 1〔數〕'0'과 같다. 2〔비〕(효과가 없거나 작용이 없음을 나타내어) 아무 소용〔보람〕이 없다. 하나마나이다. 물거품이 되다. 수포로 돌아가다. ¶我说了半天还是~, 他仍坚持自己的意见。=내가 한참을 말한 보람도 없이 그는 여전히 자신의 의견만을 고집한다.

## děng

**【等雨量线】děngyǔliàngxiàn** 图(气) (일기 도의) 등우량선.

**【等震线】děngzhènxiàn** 图(地) 등진도선(等 震度線).

**【等值】děngzhí** 图 수치가 같은. 등가의. 동가 의. 같은 값의.

**【等值线】děngzhíxiàn** 图(地) 등치선. 이소플 레트. ¶~图=등치선도(isogram).

**【等子】děng·zi** ☞ 【戥子】děng·zi

## 戥 děng 작은 저울 등

图 천평칭(天平秤). 천칭(天秤). 图 천(평)칭으 로 달다. ¶拿戥子~~=~경량 충분히 달아 보다.

**【戥子】[等子] děng·zi** 图⁅方⁆ 천평칭(天平秤). 천 칭(天秤). [귀금속·약품 등을 다는 작은 저울]

## *邓[鄧] Dèng 나라 이름 등

图 성(姓).

## *凳[(橙)] dèng 걸상 등

图 걸상. 등받이가 없는 의자. ¶板~=나무 걸 상. / 圆~=둥근 걸상.

○● 春凳, 机wù凳, 冷板凳

**【凳子】dèng·zi** 图 걸상. 등받이가 없는 의자. 앉은뱅이 의자.

## 嶝 dèng 고개 등

图⁅书⁆ 등산로.

## *澄 dèng 맑을 징

图 1 (액체 안의) 불순물을 침전시키다〔가라앉히 다〕. 맑게 하다. ¶等井水~清了再打.=우물물 이 가라앉아 맑아지면 물을 길어라. 2 图 받다. 건더기는 걸러 내고 액체만을 따로 받아 내다. ¶ 把汤药~出来.=한약을 받아 내다.

☞ chéng

**【澄清】dèng‖qīng** 图 불순물을 침전시키다 〔가라앉히다〕. 맑게 하다. ¶水很浑, ~后才能使 用.=물이 너무 탁해서 가라앉힌 후에야 사용할 수 있다.

☞ chéngqīng

**【澄沙】dèngshā** 图 걸러서 곱게 만든 팥소. ¶ ~包=고운 팥소를 넣은 진빵.

## 磴 dèng 돌계단 등

图⁅书⁆ 돌층계. 영(~儿) 계단. [층계나 사다리 등 을 세는 단위] ¶这截楼梯共有12~.=이 층계 는 모두 12계단이다.

**【磴道】dèngdào** 图⁅书⁆ (산을 오르는) 돌계단 길. 디딤돌을 깐 길.

## *瞪 dèng 바로 볼 징

图 1 (눈을) 크게〔휘둥그렇게〕 뜨다. ¶他~大眼 睛向远处看.=그는 눈을 크게 뜨고 먼 곳을 바 라본다. 2 부라리다. 눈을 부릅뜨고 노려보다. ¶ 多嘴的丈夫被妻子狠狠地~了一眼.=잔소리 많은 남편을 아내는 눈을 부릅뜨고 노려보았다.

**【瞪眼】dèng‖yǎn** 图 1 눈을 크게〔휘둥그렇 게〕 뜨다. ¶他干~没办法.=그는 눈만 동그랗 게 뜬 채 속수무책이다. 2 부라리다. 눈을 부릅뜨 고 노려보다. ¶他性子急, 动不动就跟人~.= 그는 성격이 급해서 걸핏하면 사람들에게 눈을 부라린다.

## 镫[鐙] dèng 등자 등

图 등자(鐙子). ¶执鞭坠~=채찍을 들고 뒤를 따르다. 말 시중을 들다.

☞ dēng

**【镫子】dèng·zi** 图 등자(鐙子). [말을 탔을 때 두 발을 디디는 제구] ¶马~=말등자.

## *蹬 dèng 비틀거릴 등

☞ 【蹭蹬】cèngdèng

☞ dēng

# di

## 氐 dī 별 이름 저

图 1 저. [고대 중국 민족의 하나. 지금의 서북(西北) 일 대에 분포했음] 2 (天) 저수 (氐宿). [이십팔수(二十八宿) 의 하나]

☞ dǐ

| 氐 dī | 羝 dī |
| 底 dǐ | 邸 dǐ |
| 低 dī | 坻 dǐ |
| 抵 dǐ | 砥 dǐ |
| 诋 dǐ | 柢 dǐ |
| 骶 dǐ | 胝 zhī |
| 觝 dǐ | |

## **低 dī 낮을 저

图 1 (높이가) 낮다. ¶燕子飞得很~, 几乎擦着 了水面.=제비가 아주 낮게 나는 것이 거의 수 면을 스칠 듯하다. 2 (등급이) 낮다. ¶他是我们 学校的~年级学生.=그는 우리 학교의 저학년 학생이다. 3 (정도가) 낮다. 뒤떨어지다. ¶眼高 手~=눈만 높고 재주는 뒤떨어지다. 4 (음성·소 리가) 낮다. ¶她说话的声音历来很~.=그녀 의 말소리는 이전부터 매우 낮았다. 5 (지대가) 낮다. ¶地势~平=지대가 낮고 평탄하다. 图 (머리를) 숙이다. ¶举头望明月, ~头思故乡.= 고개 들어 밝은 달을 바라보고, 고개 숙여 고향을 생각한다. ≒矮 ↔高

○● 贬biǎn低, 高低, 减低, 高低杠gàng

**【低矮】dī'ǎi** 图 (사물의 높이가) 낮다. ¶~的草 棚=나지막한 초막.

**【低八度】dībādù** 图(音) 베이스.

**【低倍】dībèi** 图 배수가 낮은. 낮은 배수의. ¶~ 放大镜=배수가 낮은 확대경.

**【低层】dīcéng** 图 1 저층. 낮은 층. ¶他的房子 在高层, 我的在~.=그의 집은 높은 층에 있고, 우리 집은 낮은 층에 있다. 2 낮은 등급. ¶~干 部=말단 간부.

**【低层住宅】dīcéng zhùzhái** 图(建) 저층 주

택. [3층 이하의 주택을 가리킴]

**【低产】dīchǎn** 혱 생산력이 낮다. ¶~作物=소출이 적은 작물. ↔高产

**【低唱】dīchàng** 낮은 소리로 노래하다. ¶轻声~=작고 낮은 소리로 노래하다.

**【低潮】dīcháo** 몡 1 썰물. 2 (비) 저조. 부진. 침체 상태. ¶处于~时期=침체상태에 빠지다. ↔高潮

**【低沉】dīchén** 혱 1 의기소침하다. 기분이 가라앉다. 사기가 떨어지다. ¶神情~=기분이 가라앉다. 2 (소리가) 나지막하다. 낮고 묵직하다. ¶歌声~=노랫소리가 낮고 묵직하다. 3 (날씨가) 흐리다. 우중충하다. 음침하다. ¶~的天空乌云密布。=우중충한 하늘에 검은 구름이 잔뜩 깔렸다. ↔高昂 响亮

**【低处】dīchù** 낮은 곳.

**【低垂】dīchuí** 통 (아래로) 늘어뜨리다. 드리우다. ¶窗帘~=커튼이 드리워지다.

**【低档】dīdàng** 혱 저급(低級)의. 하급(下級)의. ¶~家具=저급 가구. ↔高档

**【低等】dīděng** 혱 1 등급이 낮은. ¶~船舱=일반 선실. 2 (生) 하등의. [생물체의 구조가 단순한] ¶~生物=하등 생물.

**【低等动物】dīděng dòngwù** 몡 (動) 하등 동물.

**【低等植物】dīděng zhíwù** 몡 (植) 하등 식물.

**【低低】dīdī** (~的) 혱 1 낮다. ¶他把头埋得~的。=그는 머리를 깊이 파묻었다. 2 (소리가) 미세하다. 작고 가늘다. 낮다. ¶屋内传来~的谈话声。[방안에서 들려오는 작고 가느다란 말소리.]

**【低低切切】dī·di qièqiè** (~的) 혱 소리가 아주 작고 가늘다.

**【低地】dīdì** 몡 저지. 낮은 곳.

**【低调】dīdiào** (~儿) 몡 1 낮은 소리〔음조·톤〕. 저음. 2 (비) 비관적이거나 소극적인 사상〔언론·논조〕. ¶唱~=비관적인 논조를 펴다. 3 로우키(low-key). [사진이나 화면에서 일부를 제외하고 전체를 어둡게 처리하는 것] ¶~画面=로우키 화면. 통 떠벌리지 않다. 퍼뜨리지 않다. 방법이 비교적 온화하다. ¶~处理=조용히 처리하다. ↔高调

☞ **dītiáo**

**【低毒】dīdú** 혱 독성이 경미한. ¶这种农药~高效。=이 종류의 농약은 독성은 경미하고 효과는 높다.

**【低度】dīdù** 혱 농도〔도수〕가 낮은. ¶~果酒=도수가 낮은 과일주.

**【低端】dīduān** 혱 (동류의 사물에서 비교적) 등급이 낮은. 가격대가 낮은. ¶~市场=저가품 판매 시장.

**【低峰】dīfēng** 몡(비) 최저점. ¶用电~=전력 사용의 최저점. ↔高峰

**【低估】dīgū** 동 과소 평가하다. 낮게 평가하다. 얕잡아 보다. ¶不要~对方的实力。=상대방의 실력을 과소 평가하지 마라.

**【低谷】dīgǔ** 몡 1 낮은 골짜기. 2 (비) 밑바닥. 바닥. 최저점. ¶经济~=경제 바닥. ↔高峰

**【低耗】dīhào** 혱 (원자재 등의) 소모율이 낮은 〔낮다〕. ¶~高产=원자재의 소모율은 낮고 생산성은 높다.

**【低缓】dīhuǎn** 혱 1 지대가 낮고 경사가 심하지 않다. ¶~的山坡=낮고 완만한 산비탈. 2 (소리가) 낮고 느리다. ¶语调~=어조가 낮고 느리다.

**【低回】【低徊】dīhuí** 동(문) 1 배회하다. 2 감돌다. 맴돌다. 선회하다. ¶乐音~=음악 소리가 맴돌다. 3 차마 떠나지 못하다. 서운해 발길이 떨어지지 않다. ¶使人~忘归。=차마 발길이 떨어지지 않다. 머뭇거리게 하다.

**【低徊】dīhuí** ☞【低回】 dīhuí

**【低级】dījí** 혱 1 초보적인. 간단한. ¶~阶段=초보 단계. 2 (식품이) 저급의. 저질의. ¶~食品=저급 식품. 3 저속한. 비속한. 속된. 범속한. ¶~趣味=저속한 취미. ↔高级

**【低价】dījià** 몡 염가. 저가. 헐값.

**【低贱】dījiàn** 혱 1 (지위가) 낮다. 비천(卑贱)하다. (태생이) 천하다. ¶出身~=출신이 비천하다. 2 (가격이) 낮다. ¶米价~=쌀값이 낮다. 3 (인품이나 품질이) 낮다. 떨어지다. 저열하다. 비열하다. 용렬하다. 치사하다. 야비하다. ¶品格~=품격이 낮다. ≒下贱 下流 ↔高贵

**【低就】dījiù** 통(경) 몸을 낮추어 취임〔부임〕하다. ¶你当科室主任可真是~了。=과장이 된 것은 정말 당신에게 걸맞지 않아요.

**【低空】dīkōng** 몡 저공. ¶飞机正在~飞行。=비행기가 저공 비행을 하고 있다.

**【低栏】dīlán** 몡(體) 로 허들(low hurdle). 저장애물 경주.

**【低利】dīlì** 몡 박리. 적은 이익. ¶~行销=박리로 판매하다.

**【低廉】dīlián** 혱 싸다. 저렴하다. ¶物价~=물가가 싸다. ≒便宜 ↔昂贵 高贵

**【低劣】dīliè** 혱 (질이) 낮다. 매우 떨어지다. 저열하다. 비열하다. ¶~商品=저질 상품. / 品质~=품질이 낮다. ↔优良 高超

**【低龄】dīlíng** 혱 저연령의. [어떤 연령층 내에서 나이가 비교적 적은 사람을 가리킴] ¶这是~老人的常见病。=이것은 초로의 노인들에게 자주 볼 수 있는 병이다. ¶~犯罪案件=저연령층 범죄 사건.

**【低龄化】dīlínghuà** 동 저령령되다. ¶青少年犯罪的~现象需要引起重视。=청소년 범죄의 저령화 현상에 주목할 필요가 있다.

**【低龄老人】dīlíng lǎorén** 몡 60~70세의 노인.

**【低落】dīluò** 혱 떨어지다. 하락하다. 낮아지다. ¶情绪~=기분이 가라앉다. ↔高涨

**【低眉顺眼】dīméi-shùnyǎn** (성) 고분고분 순종하는 모양.

**【低迷】dīmí** 혱 떨어지다. 하락하다. 낮아지다. 불경기이다. 불황이다. ¶股市~=주식 시장이 불황이다.

**【低钠盐】dīnàyán** 몡 저염 소금. [나트륨 함량을 낮추고 칼륨·마그네슘 함량을 높인 소금]

**【低能】dīnéng** 혱 1 (몡) 능력이 떨어지다. 무능하다. ¶你也太~了, 这么简单的事都办不了。

=너도 참 무능하다, 이렇게 간단한 일도 해내지 못하다니 말이야. **2** 저능하다. 지능이 떨어지다. ¶~儿童=저능아.
【低能儿】dīnéng'ér 图 **1** 저능아. 정신 지체아. **2** 정신 지체자. 멍청이.
【低年级】dīniánjí 图 저학년. ¶~学生=저학년 학생. ↔高年级
【低频】dīpín 图(電) **1** 저주파. [30~300킬로헤르츠(kHz) 범위 내의 주파수] **2** 저주파. [무선 주파수나 중간 주파수보다 낮은 주파수]
【低聘】dīpìn 图 본인의 원래 직급보다 낮추어 임용하다. 직급을 낮추어 임용하다. ¶高职~=고급 인력을 직급을 낮추어 임용하다.
【低平】dīpíng 图 낮고 평탄하다. ¶地势~=지대가 낮고 평탄하다.
【低平原】dīpíngyuán 图(地) 저평원. 낮은 평원. [해발 200m 이하의 평원]
【低气压】dīqìyā 图(氣) 저기압.
【低热】dīrè 图 **1** 저열. **2** ⇨【低烧】dīshāo
【低人一等】dīrényīděng 图 다른 사람보다 한 수[단계] 아래이다. 지위가 낮다. ¶大家都是靠劳动吃饭, 谁也不~. =모두 노동으로 살아가는 이상 누구도 다른 사람보다 아래에 있지 않다. ↔高人一等
【低柔】dīróu 图 (소리·목소리 등이) 낮고 부드럽다. ¶她的嗓音~甜美. =그녀의 목소리는 나지막하고 달콤하다.
【低弱】dīruò 图 **1** (소리가) 낮고 약하다. 낮다. 희미하다. 뚜렷하지 않다. ¶话音~=말소리가 낮고 약하다. **2** (능력·체질 등이) 약하다. 연약하다. 나약하다. 뒤처지다. 떨어지다. ¶老年人的抵抗力相对~. =노인들의 저항력은 상대적으로 약하다.
【低三下四】dīsān-xiàsì 图 **1** (사회적 지위가) 천하다. 비천하다. **2** 굽신거리다. 비굴하게 굴다. ≒低声下气
【低嗓子】dīsǎng·zi 图 낮은[작은] 목소리.
【低山】dīshān 图 낮은 산.
【低烧】dīshāo 图(醫) 미열(37.5~38°C). ⇨【低热】dīrè
【低伸弹道】dīshēn dàndào 图(軍) 평사 탄도. (平射彈道)
【低声】dīshēng 图 소리가 나지막하다(낮다·작다). ¶~细语=낮은 소리로 속삭이다.
【低声波】dīshēngbō 图(物) 16Hz 이하의 불가청 저음파(低音波).
【低声下气】dīshēng-xiàqì 图 고분고분하고 조심하는 모양. ≒低三下四 ↔不卑不亢 趾高气扬 颐指气使
【低湿】dīshī 图 저습하다. ¶地面~=지면이 낮고 축축하다.
【低首下心】dīshǒu xiàxīn 图 굴복하여 순종하다. 고분고분하다. 머리를 숙이고 자기를 낮추어 조심스럽게 하다.
【低俗】dīsú 图 저속하다. 상스럽다. 비속하다. 천박하다. ¶言谈~=말이 저속하다.
【低速】dīsù 图 저속하다. ¶汽车在~行驶. =차를 저속으로 운전하다.
【低碳钢】dītàngāng 图(金) 저탄소강.
【低糖】dītáng 图 저당의. 당분 함량이 적은. ¶~食品=저당 식품.
【低体重儿】dītǐzhòng'ér 图 (몸무게가 2.5kg을 밑도는) 저체중아.
【低调】dītiáo 图 아래로 조정하다. ¶~房价=집값을 하향 조정하다.
⇨ dīdiào
【低头】dī‖tóu 图 **1** 머리를 숙이다. ¶~不语=머리를 숙이고 말을 하지 않다. **2** 倒 굴복하다. ¶在困难面前, 我们决不~. =어려움이 닥쳐도 우리는 절대 굴복하지 않는다. ↔抬头
【低头不见抬头见】dītóu bù jiàn táitóu jiàn 俗 **1** 머리를 숙이면 보이지 않고, 머리를 들면 보이다. **2** 倒 시도 때도 없이 자주 만나다. 만나기 십상이다. 부딪치지 않을 수 없다.
【低洼】dīwā 图 움푹 패이다. 낮은. 저지의. ¶~地势=지대가 낮다.
【低微】dīwēi 图 **1** 倒 (신분이나 지위가) 낮다. 비천하다. ¶家世~=가문이 비천하다. **2** (소리가) 낮다. 작고 가늘다. ¶~的叹息声=낮은 한숨 소리. **3** (매우) 적다. 미약하다. 보잘것없다. ¶收人~=수입이 적다.
【低纬度】dīwěidù 图(天) 저위도.
【低温】dīwēn 图 **1** 저온. **2**(物) 극저온. [공기를 액화하는 -192°~-263°C] ↔高温
【低温阴雨】dīwēn yīnyǔ 图(氣) (1일 평균 기온이) 10°C 이하의, 비가 오는 날씨.
【低温作物】dīwēn zuòwù 图(農) 저온 작물.
【低息】dīxī 图 저리(低利). [비교적 낮은 이자] ¶~贷款=저리 대출.
【低下】dīxià 图 (아래로) 늘어뜨리다. 드리우다. ¶他不好意思地~脑袋. =그는 부끄러워하며 머리를 떨구었다. 图 **1** (생산 수준·경제적 지위 등이 일반적인 기준보다) 낮다. 떨어지다. ¶生产能力~=생산 능력이 낮다. **2** (품질·격조 등이) 저속하다. 상스럽다. 비속하다. 천박하다. ¶趣味~=취미가 저속하다.
【低限】dīxiàn 图 최저 한계.
【低陷】dīxiàn 图 꺼지다. 가라앉다. ¶地基~=지반이 가라앉다.
【低胸】dīxiōng 图 (여성의 윗옷 가슴 부위가) 깊게 패인. ¶~晚礼服=깊게 패인 이브닝드레스.
【低血糖】dīxuètáng 图(醫) 저혈당증.
【低血压】dīxuèyā 图(醫) 저혈압.
【低压】dīyā 图 **1**(醫) 이완기 혈압. 최저 혈압. ≒【舒张压】shūzhāngyā **2**(氣) 저기압. **3**(物) 저압. **4**(電) 저전압. ↔高压
【低压槽】dīyācáo 图(氣) 기압골.
【低压带】dīyādài 图(氣) 저기압권(低氣壓圈).
【低哑】dīyǎ 图 목이 잠기다(쉬다).
【低盐】dīyán 图 염분이 적은. 저염의. ¶~食品=저염 식품.
【低氧】dīyǎng 图 산소가 부족한. 저산소의. ¶~区域=저산소 구역.
【低音】dīyīn 图 **1** 저음. 낮고 가는 소리. **2**(音)

저음. 베이스. 알토. ¶男～＝베이스.
【低音提琴】dīyīn tíqín [명]《音》 콘트라베이스. 더블베이스. ＝【贝司】bèisī
【低吟浅唱】dīyín-qiǎnchàng [성] 낮은 목소리로 노래하다.
【低幼】dīyòu [형] 초등 학교 저학년과 유치원 아동 연령층의. ¶～读物＝아동 도서.
【低幼儿童】dīyòu értóng [명] 초등 학교 저학년과 유치원의 아동.
【低语】dīyǔ [동] 작은 소리로 말하다. 나지막이 말하다. 소곤소곤 말하다. ¶悄声～＝낮은 소리로 소곤소곤 말하다.
【低云】dīyún [명]《氣》 낮은 구름. [지상으로부터 약 2km 이하에 떠 있는 구름]
【低质】dīzhì [형] 저질의. ¶～商品＝저질 상품.
【低智】dīzhì [형] 지능〔지력〕이 낮은.
【低姿态】dīzītài [명] 떠벌리지 않는〔조용한〕 일처리 방식. 비교적 온화한 방법. ¶保持～＝온화한 방법을 유지하다.
【低走】dīzǒu [동] (상품 가격 등이) 하락 추세를 보이다. ¶汽车售价直线～。＝자동차 판매 가격이 급격히 떨어지다.

## 的 dī 어조사 적
[명][약] 택시(taxi). ¶打～＝택시를 타다.
☞ ·de, dí, dì
【的哥】dīgē [명][구] 남자 택시 기사.
【的姐】dījiě [명][구] 여자 택시 기사.
【的嫂】dīsǎo [명] 여자 택시 기사.
【的士】dīshì [명][외] 택시(taxi).

## 羝 dī 숫양 저
[명][문] 숫양.
【羝羊触藩】dīyáng chùfān [성] 1 저양촉번. 숫양의 뿔이 울타리에 걸려 나아가지도 들어오지도 못하다. 2 [비] 진퇴양난. 진퇴유곡.

## ** 堤[(隄)] dī 둑 제
[명] 둑. 제방. ¶河～＝제방. / 海～＝해안 방파제. ≒坝 堰
【堤岸】dī'àn [명] 둑. 제방. ¶加固～＝제방을 보강하다. ≒堤坝 堤防 堤围
【堤坝】dībà [명] 1 댐과 둑. 2 물을 가로막는 건축물. [예컨대 댐·제언·둑·제방·방죽 등] ≒堤岸 堤防 堤围
【堤底】dīdǐ [명] 제방의 밑부분.
【堤防】dīfáng [명] 제방. ¶修筑～＝제방을 쌓다. ≒堤岸 堤坝 堤围
【堤脚】dījiǎo [명] 제방의 밑부분.
【堤埝】dīniàn [명] 밭〔논〕두둑. 작은 둑〔제방〕.
【堤坡】dīpō [명] 제방의 경사면.
【堤情】dīqíng [명] 제방의 안전 상태〔실상〕. ¶查看～＝제방의 안전 상태를 살펴보다.
【堤围】dīwéi [명] 둑. 제방. ≒堤岸 堤坝 堤防
【堤堰】dīyàn [명] 둑. 제방.
【堤垸】dīyuàn [명][방] 1 둑. 제방. 2 둑으로 둘러싼 곳.

## ** 提 dī 들 제
[동] (손잡이나 끈이 있는 물건을) 들다〔쥐다〕.
☞ tí
【提防】dī·fang [동] 조심하다. 방비하다. 정신차리다. 경계하다. ¶他和你交朋友是有目的的, 你得～着点儿。＝그 사람이 너와 사귀는 것은 목적이 있으니까, 조금은 조심해야 한다.
【提溜】dī·liu [동][방] 손으로 들다. ¶她手里～一篮子蔬菜。＝그녀는 손에 채소 한 바구니를 들고 있다.

## 䃅[磾] dī 비단 검은물 들이는 돌 제
인명에 쓰이는 글자. ¶金日～＝김일제. [중국 한(漢)대 사람]

## * 嘀 dī 중얼거릴 적
☞ dí
【嘀嗒】dīdā ☞【滴答】dīdā
【嘀嗒】dī·da ☞【滴答】dī·da
【嘀里嘟噜】[滴里嘟噜] dī·lidūlū [형] 말을 따다다다〔쏼라쏼라·웅얼웅얼〕해서 알아들을 수가 없다.

## ** 滴 dī 물방울 적
[동] 1 (액체가) 똑똑〔한 방울씩〕 떨어지다. ¶房檐在不停地～水。＝처마 끝에서 낙숫물이 똑똑 계속 떨어진다. 2 (액체를) 한 방울씩 떨어뜨리다. ¶～眼药水＝안약을 넣다. [명] 한 방울씩 떨어지는 액체. ¶雨～＝빗방울. / 汗～＝땀방울. [양] 방울. ¶一～油＝기름 한 방울. / 两～晶莹的泪珠＝투명하게 반짝이는 눈물 두 방울.

> 滴 dī
> 敌 dí
> 嫡 dí
> 嘀 dí
> 镝 dī
> 谪 zhé
> 摘 zhāi

○● 点滴, 涓juān滴, 娇jiāo滴滴

【滴虫】dīchóng [명]《動》 트리코모나스(trichomonas). [동물 및 사람의 입 안·창자·질 따위의 점막(粘膜)에 기생하는 원생동물]
【滴翠】dīcuì [형] 매우 새파랗다. ¶青山～＝푸른 산에서 푸른 물이 뚝뚝 떨어질 것 같다.
【滴答】[嘀嗒] dīdā [의] 1 똑똑. 뚝뚝. [물방울이 떨어지는 소리] 2 똑딱. [시계추가 흔들거리는 소리] ¶屋子里静得只有～的钟声。＝방안에는 똑딱거리는 시계소리만 들린다.
【滴答】[嘀嗒] dī·da [동] (액체가) 똑똑〔한 방울씩〕 떨어지다. ¶刚洗的衣服还～着水。＝금방 빨아 놓은 옷에서 아직도 물이 똑똑 떨어진다.
【滴滴答答】dī·di dādā [의] 똑똑똑똑. 똑딱똑딱. [물방울이 계속 떨어지거나 시계추가 계속 흔들거리는 소리]
【滴滴涕】dīdītì [명][외] 디디티(D.D.T).
【滴定】dīdìng [명]《化》 적정.
【滴定管】dīdìngguǎn [명]《化》 뷰렛(burette).
【滴管】dīguǎn [명] 1《醫》 (물약 투여용) 점적기(點滴器). 드로퍼(dropper). 2 (액체를 작은 방울

로 떨어뜨릴 수 있는) 액즙 주입기(液汁注入器)·스포이트·윤활유 주입기 등.

【滴灌】 dīguàn 명(農) 점적관수(點滴灌水).

【滴剂】 dījì 명(醫) 적제. 방울약.

【滴假不掺】 dījiǎ-bùchān 낱(비) (물건이) 확실히[100%] 진짜이다. 조금도 부풀리지 않은 가격이다.

【滴里搭拉】 dī·lidālā 의 똑똑. 뚝뚝. [액체가 끊임없이 떨어지는 소리] ¶雨－下个不停。=비가 똑똑 그치지 않고 내린다.

【滴里嘟噜】 dī·lidūlū 형 1 (길이·크기가 서로 다른 것들이 무질서하게 쌓여 있는 모양을 나타내어) 주체스럽다. 끌사납다. 모양이 없다. 성가시다. 어색하다. ¶他手里~拿着一大串钥匙。=그는 손에 한 뭉치의 열쇠꾸러미를 들고 있다. 2 (옷차림이) 어울리지 않다. 어색하다. 산뜻하지(말쑥하지·깔끔하지) 않다. ¶这件衣服太大，穿着~的。=이 옷은 너무 커서 남의 옷을 빌려 입은 것 같다. 3 ☞【嘀里嘟噜】 dī·lidūlū

【滴沥】 dīlì 의 똑똑. 뚝뚝. [물방울 등이 떨어지는 소리] ¶雨水~=빗물이 뚝뚝 떨어지다.

【滴溜溜】 dīliūliū (~的) 형(부) 빠르게 빙글빙글 〔데굴데굴·뱅뱅〕 도는 모양. ¶眼珠子~地直转。=눈을 계속해서 데굴데굴 굴리다.

【滴溜溜转】 dīliūliūzhuàn ☞【溜溜转】 liūliūzhuàn

【滴溜儿】 dīliūr 형(부) 1 빠르게 빙글빙글〔데굴데굴·뱅뱅〕 도는 모양. ¶忙得~转=바빠서 왔다 갔다 하다. 2 동그랗다. ¶~圆的眼睛=동그란 눈.

【滴漏】 dīlòu 동 (액체가) 똑똑〔한 방울씩〕 새다. 명 물시계.

【滴落】 dīluò 동 (액체가) 똑똑〔한 방울씩〕 떨어지다.

【滴墨】 dīmò 명 눈곱만큼의 학식. ¶胸无~=일자무식이다.

【滴瓶】 dīpíng 명(化) 점적병(點滴瓶).

【滴水】 dīshuǐ 명 물 한 방울. ¶他病得很厉害，~不进。=그는 병이 대단히 심해서, 물 한 방울도 넘기지 못한다. 동 물이 똑똑〔한 방울씩〕 떨어지다.

【滴水】 dī·shui 명 1 암막새. 내림새. [처마 끝의 기와] 2 처마의 물이 잘 빠지도록 두 건물 처마 사이에 남겨 놓은 공지(空地).

【滴水不漏】 dīshuǐ-bùlòu 성 1 물 한 방울 새지 않다. 2 비 언행에 조금의 빈틈도 없다. 언행에 실수가 없다. 3 비 물샐틈없이 둘러싸다. 빼곡이 들어서다.

【滴水成冰】 dīshuǐ-chéngbīng 성 1 물방울이 얼음이 되다. 2 비 날씨가 아주 춥다.

【滴水穿石】 dīshuǐ-chuānshí ☞【水滴石穿】 shuǐdī-shíchuān

【滴水瓦】 dīshuǐwǎ 명 암막새. 내림새. [처마 끝의 기와]

【滴淌】 dītǎng 동 (피·눈물 등이) 흘러내리다.

【滴血】 dīxuè 명(옛) 피를 떨어뜨려 혈육인지를 분별하는 방법. [옛날, 물에 떨어뜨린 두 사람의 피가 합쳐지면 혈육으로 여김]

嫡 dī 두드리는 소리 적
☞ dí

【嫡嫡】 dīdī 의(부) 똑똑. [문을 두드리는 소리]

镝[鏑] dī 디스프로슘 적
명(외)(化) 디스프로슘(Dy, dysprosium). [희토류(稀土類) 금속 원소의 하나. 원자 번호 66]
☞ dí

狄 Dí 오랑캐 적
명 1 적. [고대 중국 북방 민족의 하나] 2 고대 중국 북방의 소수 민족. 3 성(姓).

迪[廸] dí 이끌 적
동(문) 인도하다. 이끌다. ¶启~后人=뒷사람을 깨우쳐 인도하다.

【迪吧】 díbā 명 디스코텍.

【迪姐】 díjiě 명 (디스코텍의) 디스코걸.

【迪斯科】 dí·sīkē 명(외) 1 (藝) 디스코(disco) 댄스. 2 (音) 디스코(disco) 음악.

【迪斯尼】 dí·sīní 명 디즈니(Disney).

【迪斯尼乐园】 dí·sīní lèyuán 명(외) 디즈니랜드(Disneyland).

【迪厅】 dítīng 명(약) 迪斯科舞厅(디스코텍).

\*\***的** dí 확실할 적
부(문) 정말로. 확실히. 실제로. ¶~是了得=정말 훌륭하다.
☞ ·de, dī, dì

【的当】 dídàng 형 적절하다. 적당하다. 알맞다. ¶这种处理方式十分~。=이런 처리 방식은 아주 적절하다.

【的的】 dídí 부(문) 확실히. 분명히. 정말. 참으로. 실로.

【的情】 díqíng 명 실제 상황. ¶上述确是~。=상술한 것은 실제 상황이다.

【的确】 díquè 부 확실히. 분명히. 정말. 참으로. 실로. ¶事实~如此。=사실이 정말 이렇다.

---

**的确(díquè) / 确实(quèshí)**

① 양자 모두 부사로, 문장에서 부사어 역할을 하며, 서로 호환이 가능함. 중첩 형식은 둘 다 AABB식임. ¶首尔〔汉城〕的确〔确实〕很美。=서울은 확실히 아름답다. / 那天许多人看到的又的确〔确确实实〕是UFO了。=그 날 많은 사람들이 본 것은 또한 확실히 UFO였다. / 我们确确实实〔的的确确〕落后了。=우리들은 확실히 낙후되었다.

② 이 외에 '确实'는 형용사로 쓰일 때 '진실되고 믿을 만하다'라는 의미를 가짐. 문장에서 관형어·술어·보어가 될 수 있음. ¶他带来了确实的消息。=그는 믿을 만한 소식을 가져왔다. / 爸爸说得非常确实。=아빠가 말씀하시는 것은 매우 확실하다. / 证据确实，充分。=증거는 확실하고 충분하다.

---

【的确良】 díquèliáng 명(외)(紡) 데이크론(Da-

cron). 테릴렌(Terylene). [폴리에스테르 계통의 합성 섬유]
【的信】**díxìn** 몡튄 확실한 정보〔소식〕.
【的真】**dízhēn** 혱 진짜와 같다. 핍진하다. 진실에 가깝다. ¶这消息~可信.=이 소식은 진실에 가까워 믿을 만하다.
【的证】**dízhèng** 몡튄 확증.

# 籴[糴] dí 쌀 사들일 적
통 (식량을) 사다〔사들이다〕. ¶~米=쌀을 사다. ↔粜

# 荻 dí 물억새 적
몡(植) 물억새.
【荻芦竹】**dílúzhú** ☞【芦竹】**lúzhú**

# **敌[敵] dí 적 적
몡 적. 상대. 적수. ¶分清~我=적군과 아군을 분명하게 구분하다. 혱 **1** 적대적인. ¶心怀~意=마음에 적의를 품다. **2** (역량이) 비슷하다. 서로 맞먹다. 견줄 만하다. 필적하다. ¶势均力~=세력이 비슷〔백중〕하다. 통 저항하다. 대항하다. 대적하다. 적대하다. ¶寡不~众=중과부적. ↔友

○● 赴fù敌, 公敌, 论敌, 前敌, 轻qīng敌, 情敌, 守敌, 树敌, 死敌, 夙sù敌, 天敌, 通敌, 投敌, 外敌, 顽wán敌, 无敌, 应yìng敌, 政敌

【敌百虫】**díbǎichóng** 몡(農) 디프테렉스. [농업용 살충제] ⓢ Dipterex
【敌稗】**díbài** 몡(農) 디시피에이(DCPA). [제초제의 일종]
【敌兵】**díbīng** 몡 **1** 적병. **2** 적군.
【敌不过】**dí·bu guò** 통 대적할〔당해 낼·막아 낼·저지할·저항할〕 수 없다. ¶对手太强大, 他恐怕~.=상대가 너무 강해서, 그 사람은 아마 대적할 수 없을 것이다.
【敌产】**díchǎn** 몡 적의 재산. 적산.
【敌巢】**díchǎo** 몡 적의 최고 사령부.
【敌敌畏】**dídíwèi** 몡 디디브이피(DDVP). [무색의 액체로 휘발성이 크고 약효가 빠른 유기인계 (有機燐系) 살충제]
【敌对】**díduì** 혱 적대적인. ¶~态度=적대적인 태도. ↔友好
【敌方】**dífāng** 몡 적측. 적편. ↔己方
【敌国】**díguó** 몡 적국. ↔友国
【敌害】**díhài** 몡 해를 주는 것. [주로 동식물에게 쓰임]
【敌后】**díhòu** 몡 적진의 후방. ¶深入~=적진의 후방에 깊숙이 들어가다.
【敌境】**díjìng** 몡 적지(敵地).
【敌军】**díjūn** 몡 적군.
【敌忾】**díkài** 몡 적개심. ¶同仇~=공동의 적에 대하여 적개심을 불태우다.
【敌忾同仇】**díkài tóngchóu** ☞【同仇敌忾】**tóngchóu díkài**
【敌寇】**díkòu** 몡 무장 침략자. 외적(外賊). 외구

(外寇).
【敌情】**díqíng** 몡 **1** 적의 상황〔情況〕. **2** 적정. [적이 이미 행동을 취한 정황] ¶侦察~=적정을 정찰하다.
【敌酋】**díqiú** 몡 적의 우두머리.
【敌区】**díqū** 몡 적지(敵地).
【敌人】**dírén** 몡 적. ↔朋友 友人
【敌视】**díshì** 통 적대시하다. 적대하다. ¶他们俩一直相互~。=그 두 사람은 줄곧 서로 적대시해 왔다. ≒仇视
【敌手】**díshǒu** 몡 **1** 적수. 맞수. ¶他下棋还从未遇到过~。=그는 바둑에서 아직까지 적수를 만나 본 적이 없다. **2** 적의 수중(手中). ¶落人~=적의 수중에 떨어지다.
【敌台】**dítái** 몡 적측의 방송국.
【敌探】**dítàn** 몡 적의 척후〔정탐원〕.
【敌特】**dítè** 몡 적의 특수 요원〔비밀 요원·간첩·스파이〕.
【敌顽】**díwán** 몡 완고한 적.
【敌伪】**díwěi** 몡 (중국에서 항일 전쟁 시기의) 일본 침략자와 매국노 및 괴뢰 정권.
【敌我】**díwǒ** 몡 적(敵)과 아(我). ¶~不分是很危险的.=적아를 구분하지 않는 것은 매우 위험한 행동이다.
【敌我矛盾】**díwǒ máodùn** 몡 적대적 모순.
【敌焰】**díyàn** 몡 적의 기세〔기염〕. ¶~嚣张=적이 날뛰다.
【敌意】**díyì** 몡 적의. ¶消除~=적의를 없애다.
【敌友】**díyǒu** 몡 적과 친구. ¶区分~=적과 친구를 구분하다.
【敌占区】**dízhànqū** 몡 적의 점령 지역〔지구〕.
【敌阵】**dízhèn** 몡(軍) 적진.

# 涤[滌] dí 씻을 척
통 **1** 씻다. 빨다. ¶洗~=세척하다. **2** 튄 깨끗이 없애다. 제거하다. ¶静心~虑=마음을 가라앉히고 근심을 없애다. 몡외양(紡) 涤纶(테릴렌·폴리에스테르). ¶毛~=울과 폴리에스테르 혼방.
【涤除】**díchú** 통 씻어 내다. 제거하다. ¶~污垢=때를 제거하다.
【涤荡】**dídàng** 통 세정하다. 말끔히 씻어〔없애〕 버리다. 제거하다. ¶~陋俗=낡은 풍습을 제거하다.
【涤卡】**díkǎ** 몡(紡) (테릴렌 섬유와 혼방 면사로 짠) 카키(khaki)색 옷감〔천〕.
【涤纶】**dílún** 몡외양(紡) 테릴렌(Terylene). 폴리에스테르(polyester).
【涤棉】**dímián** 몡(紡) 폴리면(polycotton). [폴리에스테르와 면을 혼방한 것] ⓢ【棉的确良】**miándí quèliáng**
【涤瑕荡垢】**díxiá-dànggòu** ⓢ **1** 얼룩과 때를 씻어 내다. **2**(비) 악습을 깨끗이 제거하다. 나쁜 사람과 나쁜 일을 제거하다. =【涤瑕荡秽】**díxiá-dànghuì**
【涤瑕荡秽】**díxiá-dànghuì** ☞【涤瑕荡垢】**díxiá-dànggòu**

# 頔[頔] dí 아름다울 적
[형][문] 아름답다. [주로 인명에 쓰임]

# *笛 dí 피리 적
[명] 1 (音) 피리. 저. 2 사이렌. 기적. 경적. ¶警~=경적. / 汽~=기적.

○● 长笛, 短笛, 风笛

【笛膜】 dímó (~儿) [명] (피리)서. 피리청. 황(簧).
【笛子】 dí·zi [명](音) 피리. =【横笛】 héngdí

# 觌[覿] dí 볼 적
[동][문] 보다. 만나다. 뵈다. 상견하다.
【觌面】 dímiàn [동][문] 만나다. 맞대면하다. 직접 만나다. 얼굴을 맞대다.

# 髢 dí 가발 체
【髢髢】 dí·dí [명][방] 가발.

# *嘀 dí 소곤거릴 적
아래를 참조.
☞ dī
【嘀嘀咕咕】 dí·di gūgū [동] 1 속닥거리다. 수군거리다. 소곤거리다. 2 마음을 놓지 못하다. 머뭇거리다. 주저하다. 망설이다.
【嘀咕】 dí·gu [동] 1 속닥거리다. 수군거리다. 소곤거리다. ¶你们俩~些什么呢?=너희 둘은 뭘 그리 속닥거리고 있니? 2 마음을 놓지 못하다. 머뭇거리다. 주저하다. 망설이다. ¶"这么晚了谁还会来电话?"她心里有点犯~。="이렇게 늦은 밤에 누가 전화를 했지?" 그녀는 마음속으로 조금 머뭇거렸다.

# *嫡 dí 본처 적
[명] 1 (옛) 본처. 정실(正室). ¶此子~出=이 아들은 본처가 낳았다. 2 (옛) 적자. [본처가 낳은 자식] ¶废~立庶=적자를 폐위하고, 서자를 후계자로 세우다. [형] 1 혈육의. 육친의. 직계의. ¶他们是~亲。=그들은 친혈육이다. 2 정통의. 정종(正宗)의. ¶~派传人=정통 계승자. ↔庶
【嫡出】 díchū [동](옛) 본처가 낳다. ↔庶出
【嫡传】 díchuán [동] 직계로 전하다. ¶~弟子=직계 제자.
【嫡母】 dímǔ [명](옛) 적모. [서자가 아버지의 정실을 이르는 말]
【嫡派】 dípài [명] 1 적파(嫡派). (혈족의) 직계. 정통. ¶~后裔=직계 후예. 2 (무예·학술·기예의) 직계. 정통. ¶~真传=직계로 진수(眞髓)를 전수받다.
【嫡亲】 díqīn [형] 혈육의. 육친의. 직계의. ¶~兄妹=친오누이.
【嫡庶】 díshù [명] 1 본처와 첩. 2 적자와 서자.
【嫡嗣】 dísì [명] 1 직계 상속인(계승자). 2 적자(嫡子).
【嫡孙】 dísūn [명](옛) 적손.
【嫡堂】 dítáng [형] 할아버지에서 갈라진 한 할아

버지의. ¶~兄弟=사촌 형제.
【嫡系】 díxì [명] 1 (옛) 적파(嫡派). (혈족의) 직계. ¶~子孙=직계 자손. 2 직계. ¶~部队=직계 부대.
【嫡长子】 dízhǎngzǐ [명](옛) 적장자.
【嫡子】 dízǐ [명](옛) 1 적자. [본처가 낳은 자식] 2 적장자(嫡長子).

# 翟 dí 긴 꽁지 꿩 적
[명] 1 고서(古書)에서 꽁지가 긴 꿩을 가리킴. 2 꿩의 깃털. 무적(舞翟). [옛날의 무용 도구] 3 (Dí) 성(姓).
☞ Zhái

# 樀 dí 처마 적
[명][문] 처마.
☞ dī

# 镝[鏑] dí 살촉 적
[명][문] 1 화살촉. ¶锋~=칼끝과 화살촉. 2 화살. ¶鸣~=명적(鳴鏑). [우는 화살]
☞ dī

# 鬏 dí 가발쪽 적
【鬏髻】 díjì [명][문] (고대의 부녀자들이 장식용으로 사용하던) 망을 씌운 가발쪽.

# 蹢 dí 굽 적
[명][문] 발굽.
☞ zhí

# 氐 dí 근본 저
[명][문] 근본. 근원.
☞ dī

# 邸 dǐ 집 저
[명] 1 높은 관리의 집. 저택. ¶府~=관사. / 官~=관저. 2 (Dǐ) 성(姓).
【邸报】 dǐbào [명](옛) 관보(官報). =【邸抄】 dǐchāo
【邸抄】 dǐchāo ☞【邸报】 dǐbào
【邸第】 dǐdì [명](옛) 귀족·관료 등의 주택. 관저. 관사.
【邸店】 dǐdiàn [명](옛) 옛날의 여관. =【邸舍】 dǐshè
【邸舍】 dǐshè [명] 1 (옛) 귀족·관료 등의 주택. 저. 관사. 2 ☞【邸店】 dǐdiàn
【邸宅】 dǐzhái [명] 저택. 귀족·관료 등의 주택. 저. 관사.

# 诋[詆] dǐ 욕할 저
[동][문] 헐뜯다. 욕하다. ¶丑~=상스럽게 욕설을 퍼붓다.
【诋斥】 dǐchì [동] 꾸짖다. 견책하다. 질책하다. ¶愤怒~=분노하며 질책하다.
【诋毁】 dǐhuǐ [동] 비방하다. 헐뜯다. 모독하다. 중상(中傷)하다. ¶恶言~=악담하며 헐뜯다. ↔

毁谤 诽谤

**坁** dǐ 산비탈 저
명 산비탈. [주로 지명에 쓰임] ¶宝~=바오디. [톈진(天津)에 있는 지명]
☞ chí

**抵**¹ dǐ 막을 저
동 1 떠받치다. 고이다. 괴다. ¶他用手~住下巴颏儿靠在桌子上睡着了。=그는 책상에 손으로 턱을 괴고 잠이 들었다. 2 저항하다. 막다. 버티다. 견디다. ¶~抗来犯之敌=침범한 적에 저항하다. 3 상쇄하다. 서로 비기다. ¶收支互~=수입과 지출이 서로 상쇄되다. 4 상당하다. 맞먹다. 필적하다. 대신할 수 있다. ¶老将出马, 一个~俩。=베테랑이 나서면 혼자 두 사람 몫을 해낸다. 5 배상하다. 변상하다. 보상하다. 물다. 갚다. ¶用货物~债。=물건으로 빚을 갚다. 6 저당하다. 저당잡히다. ¶贷款时暂时把房屋~给银行。=대출을 받을 때 잠시 집을 은행에 저당잡히다. 7 〈書〉도착하다. 다다르다. 이르다. ¶安~省城=성도(省都)에 무사히 도착하다. 명 저당물. ¶用汽车作~=자동차를 저당물로 삼다.

**抵**²〔牴・觝〕 dǐ 부딪칠 저
동 1 (뿔로) 받다. 부딪치다. 2 〈方〉대립하다. 배척하다. ¶相互~触=서로 저촉되다.

○─ 大抵, 进抵, 两抵

【抵补】 dǐbǔ 동 (부족을) 채우다. 보충하다. 메우다. 벌충하다. ¶~亏空=적자를 메우다.
【抵不上】 dǐ·bushàng 1 보상(배상)할 수 없다. 갚을 수 없다. ¶所立的功劳~所犯的罪过。=세운 공로로 지은 죄를 갚을 수 없다. 2 비할 수 없다. 견줄 수 없다. 필적할 수 없다. 감당할 수 없다. 막아 내지 못하다. ¶要论力气, 你们俩也~他一个。=힘으로 말하자면, 너희 둘이 합쳐도 그 사람 하나를 감당할 수 없다.
【抵不住】 dǐ·buzhù 버틸 수 없다. 저항할 수 없다. 막을 수 없다. 견딜 수 없다.
【抵偿】 dǐcháng 동 배상[변상]하다. 물다. 갚다. ¶~损失=손실을 변상하다.
【抵触】 dǐchù 동 저촉되다. 충돌되다. 대립되다. 부딪치다. ¶意见有~时应好好协商。=의견이 대립될 때에는 잘 협상해야 한다.
【抵达】 dǐdá 동 도착[도달]하다. ¶列车~终点=열차가 종착역에 도착하다. ≒到达
【抵挡】 dǐdǎng 동 저항하다. 저지하다. 막(아 내)다. ¶山洪来势凶猛, 无可~。=산의 홍수가 너무 거세어 막아 낼 수가 없다.
【抵当】 dǐdàng 동 저당하다. 저당잡히다. ¶拿金银首饰~借款。=금은 장신구를 저당잡히고 돈을 빌리다. ≒抵押
【抵得上】 dǐ·deshàng 동 …에 상당하다. 견줄 수 있다. 필적할 수 있다. 비할 수 있다. 맞먹다. ¶这孩子干活都快~一个大人了。=이 아이는 일하는 것이 거의 어른과 맞먹는다.

【抵顶】 dǐdǐng 동 보충하다. 채우다. 메우다. 대신하다. ¶以房产~欠账。=부동산으로 빚을 메우다.
【抵还】 dǐhuán 동 상환하다. ¶~债务=채무를 상환하다.
【抵换】 dǐhuàn 동 대체[대신]하다. 바꿔치다. ¶用花盆~花瓶, 可不妥。=화분으로 화병을 대신하는 것은 적당하지 못하다.
【抵交】 dǐjiāo 동 다른 것으로 내야 할 돈이나 물건을 대신하다. 배상하여〔보상하여〕 내다. ¶以劳务~欠款=노동력으로 빚을 대신 갚다.
【抵抗】 dǐkàng 동 저항하다. 대항하다. ¶奋力~=힘을 다해 저항하다. ≒抵御 抗御
【抵抗力】 dǐkànglì 명 (병에 대한) 저항력. ¶坚持锻炼, 增强身体的~。=꾸준히 단련하여 몸의 저항력을 증강하다.
【抵靠】 dǐkào 동 (선박이 부두에) 도착하여 정박하다.
【抵扣】 dǐkòu 동 공제하다. 떼다. 제하다. ¶房租从工资中~。=방세를 월급에서 공제하다.
【抵赖】 dǐlài 동 (실수나 잘못을) 잡아떼다. 부인하다. 발뺌하다. ¶错了就要承认, 不要~。=잘못했으면 인정을 해야지, 발뺌하지 마라. ↔承认
【抵临】 dǐlín 동 (다른 사람이) 이르다. 도달[도착]하다. ¶评估团已~我校。=평가단이 이미 우리 학교에 도착했다.
【抵免】 dǐmiǎn 이중 과세 방지. [다국적 기업이 본국에 세금을 낼 때, 외국에서 낸 소득세를 제해 주는 것]
【抵命】 dǐ‖mìng 동 (자기의) 목숨으로 보상하다. 목숨으로 대가를 치르다. ¶杀人~是天经地义的事。=사람을 죽이면 자신의 목숨으로 대가를 치르는 것이 불변의 진리이다.
【抵塞】 dǐsè 동 얼버무리다. 둘러맞추다. ¶巧言~=교묘한 말로 대충 둘러맞추다.
【抵事】 dǐ‖shì 동 유용하다. 쓸모 있다. 효과가 있다. 소용에 닿다. [주로 부정형으로 쓰임] ¶你说再多也不~, 他听不进去。=네가 아무리 더 말해도 소용 없어, 그 사람은 듣질 않아. ≒顶事
【抵受】 dǐshòu 동 버티다. 견디다. 지탱하다. ¶这点小病还~得住。=이런 작은 병은 그래도 견딜 수 있다.
【抵数】 dǐshù 동 머릿수만 채우다. 숫자만 채우다. ¶不能胡乱拿劣质产品~。=되는대로 저질품으로 숫자만 채워서는 안 된다.
【抵死】 dǐsǐ 부 결사적으로. 결사코. 끝까지. 한사코. ¶他~不认输。=그는 한사코 패배를 인정하지 않는다.
【抵牾】 dǐwǔ 동 저촉되다. 충돌되다. 대립되다. 부딪치다. 서로 모순되다. ¶彼此~=서로 저촉되다.
【抵消】【抵銷】 dǐxiāo 동 상쇄하다. 서로 비기다. 에끼다. 중화(中和)하다. 효력이[효과가] 없어지다. ¶~=서로 상쇄하다.
【抵销】 dǐxiāo 1 (등가물·채권 등으로 빚을) 상쇄하다. 상계하다. 엇셈하다. 획감하다. 2 ☞
【抵消】 dǐxiāo

【抵押】dǐyā 동 저당하다. 저당잡히다. ¶~房产=부동산을 저당잡히다. ≒抵当
【抵押承包】dǐyā chéngbāo 동 (建) 공사 이행 보증금을 납부하고 도급을 맡다.
【抵押贷款】dǐyā dàikuǎn 명 (經) 담보 대출.
【抵押金】dǐyājīn 명 담보금.
【抵押品】dǐyāpǐn 명 담보물.
【抵御】dǐyù 동 막아 내다. 저항하다. ¶~严寒=심한 추위를 막다. ≒抵抗 抗御
【抵债】dǐ∥zhài 동 (등가의 물품·노동력 등으로) 채무를 갚다.
【抵账】dǐ∥zhàng 동 (등가의 물품·노동력 등으로) 채무를 갚다.
【抵制】dǐzhì 동 보이콧(boycott)하다. 배척하다. 억제하다. 저지하다. 거절하다. 거부하다. ¶~诱惑=유혹을 거절하다.
【抵足而眠】dǐzú'érmián 성 두 사람이 한 침대에서 자다. 정의가 매우 두텁다.
【抵罪】dǐzuì 동 죄를 지어 그에 상응하는 벌을 받다.

## **底 dǐ 밑 저

명 1 (~儿) 밑. 바닥. ¶盆~儿=대야 바닥. / 井~之蛙=우물 안 개구리. 2 (~儿) (근거할 수 있는) 초고. 원고. 원본(原簿). ¶寄送杂志社的文章要留个~儿. =잡지사에 보낸 글은 초고를 남겨 두어야 한다. 3 (~儿) (사물의) 기초. 토대. 소질. 소양. 내부 상황〔사정〕. 속사정. 내정(內情). 내막. 속내. ¶家~儿=집안 사정. / 追情究~=진상을 밝히다. 4 (무늬·도안 등의) (밑)바탕. ¶白~红字=흰색 바탕에 빨간 글자. 5 (한 해나 한 달의) 말(末). ¶年~=연말. / 月~=월말. 6 (~儿) (물건의) 나머지. ¶货~儿=재고품. 7 아래층. 아래쪽. ¶尽收眼~=풍경 전체가 한눈에 들어오다. 8 양 〔數〕 底数(밑수). 9 (Dǐ) 성(姓). 동斷 도달하다. 이르다. ¶终~于成=드디어 성공하다. 대斷 1 어떤. 무엇. ¶~事=무슨 일. 2 이(것). 여기. ¶~物非彼物也. =이것은 저것이 아니다. 3 이렇다. 이와 같다. ¶长歌~有情. =소리 높여 부르는 노래가 매우 구성지다.

☞·de

○● 班底, 草底, 彻底, 到底, 兜dōu底, 封底, 根底, 功底, 家底, 交底, 揭jiē底, 老底, 卖底, 谜mí底, 铺pù底, 透tòu底, 卧wò底, 箱底, 泄xiè底, 心底, 眼底, 有底, 月底, 知底

【底案】dǐ'àn 명 1 (소송과 관련된) 사건의 원래 〔최초〕 기록. 2 (근거할 수 있는) 초고. 원본. 원부(原簿). 3 최초의 생각〔타산·계획·설계·디자인〕.
【底版】dǐbǎn ☞【底片】dǐpiàn
【底本】dǐběn 명 1 (초록·인쇄·교감 등에서 의거하는) 저본(底本). 底本. 초고. 2 원본. 3 장사〔사업〕 밑천. 본전. ≒蓝本
【底边】dǐbiān 명 1 (물체의) 밑부분. 바닥. 2 〔數〕 밑변. 저변.
【底标】dǐbiāo 명 (시공사가) 입찰 보안 문서.
【底部】dǐbù 명 저부. 밑바닥 부분.
【底舱】dǐcāng 명 배의 밑바닥 선실. 3등실.
【底册】dǐcè 명 원부(原簿). 원장(原帳). ¶留有~=원부를 남겨 놓다.
【底层】dǐcéng 명 1 (建) 1층. ¶商场~是超市. =상점의 1층은 슈퍼마켓이다. 2 (사물의) 밑바닥. ¶湖水的~可以看得很清楚. =호수의 밑바닥을 아주 똑똑히 볼 수 있다. 3 (사회·조직 등의) (맨) 밑바닥. 하층. 기층. 말단. ¶来自社会~=사회 밑바닥으로부터 생겨나다〔비롯되다〕.
【底朝天】dǐcháotiān 동 (물체의) 밑이 하늘을 향하여 뒤집어지다. (용기가 텅텅 비어 용기 안의) 바닥이 하늘을 보다. ¶把箱子翻了个~. =상자를 뒤집어 놓았다.
【底端】dǐduān 명 아래쪽.
【底肥】dǐféi ☞【基肥】jīféi
【底粪】dǐfèn 명 밑거름용 분뇨.
【底稿】dǐgǎo (~儿) 명 (글·공문·편지 등의) 초고. 원본.
【底工】【底功】dǐgōng 명 기본기. [주로 연극·기예 등을 가리킴] ¶学戏要先练好~. =연극을 배울 땐 먼저 기본기를 잘 연마해야 한다.
【底功】dǐgōng ☞【底工】dǐgōng
【底火】dǐhuǒ 명 1 (연료를 첨가하기 전에 화로 등에 원래 남아 있는) 밑불. 불씨. 2 (軍) (총탄·포탄의) 뇌관.
【底货】dǐhuò 명 재고품. 잔품(殘品).
【底价】dǐjià 명 1 (경매·입찰 전에 미리 정한) 시작 가격. 최저 가격. ¶拍卖~=경매 시작 가격. 2 (經) (상품 판매에서의) 최저 가격. ¶你到底多少钱能卖? 说个~. =도대체 얼마면 팔 수 있어요? 최저 가격을 말해 보세요.
【底架】dǐjià (~儿) 1 (물체 아래에서 버팀 작용을 하는) 밑대〔틀·골격〕. 섀시(chassis). 2 대〔틀·골격〕의 기초 부분.
【底角】dǐjiǎo 명 〔數〕 밑각. 저각.
【底襟】dǐjīn (~儿) 명 중국옷의 안자락.
【底孔】dǐkǒng 명 밑구멍.
【底里】dǐlǐ 명 내부 상황〔사정〕. 속사정. 내정(內情). 내막. 속내. ¶不知~=내부 사정을 모르다.
【底码】dǐmǎ 명 (經) 1 (상품 판매의) 최저 가격. 2 (금융업에서의) 최저 대출 금리.
【底面】dǐmiàn (~儿) 명 밑바닥. ¶柜子~儿=장〔궤짝〕 밑바닥.
【底牌】dǐpái 명 1 (카드놀이에서) 맨 마지막에 내놓는 패. 2 (비) 비장의 무기. 히든 카드(hidden card). 비책. ¶他手上还留有~. =그의 손에 아직 비장의 무기가 남아 있다. 3 (비) 내부 상황〔사정〕. 속사정. 내정(內情). 내막. 속내. ¶现在还摸不透对方的~. =지금은 아직 상대방의 내부 사정을 분명하게 알 수가 없다.
【底盘】dǐpán 명 1 (機) 섀시(chassis). 차대(車臺). 2 (電) 보드(board). 플레이트(plate). 3 (經) 최저 가격. 바닥 시세. ¶房子要卖多少, 你报个~. =집을 얼마에 팔 건지, 최저 가격을 말해 보시오. 4 (數) 물건의 밑바닥.

【底片】 **dǐpiàn** 명 1 (사진의) 원판. =【底版】
**dǐbǎn** 2 (사진을 찍지 않은) 필름.
【底漆】 **dǐqī** 명 (페인트 등의) 초벌칠.
【底气】 **dǐqì** 명 1 (인체의) 호흡량. 폐활량. ¶~
不足=호흡량이 부족하다. 2 (사람의 내재적) 활
력. 생명력. 저력. 잠재력. ¶老头儿~足, 越活越
年轻.=노인네가 활력이 넘쳐, 점점 더 젊어진
다. 3 힘. 기력. 정력. 열정. 열의. 의욕. 믿음. ¶
企业改革后, 员工们的~更足了.=기업 개혁 이
후에 사원들의 의욕이 더 커졌다.
【底情】 **dǐqíng** 명 실정. 내부 상황. 속사정. 내정
(內情). 내막. ¶探知~=실정을 탐지하다.
【底色】 **dǐsè** 명 (그림·도안 등의) 바탕색(깔).
【底墒】 **dǐshāng** 명 (農) (파종 전) 토양의 수분
〔물기·습기〕. ¶庄稼长势不错得益于~好.=농
작물의 성장이 좋은 것은 흙이 촉촉한 덕이다.
【底数】 **dǐshù** 명 1 (數) 밑수. 저수. 2 사건의
경위〔진상·자초지종〕. 예정된 숫자. 생각. 계획.
방법. 방안. ¶心里有了~就好办.=마음의 준
비가 있으면 처리하기 좋다.
【底图】 **dǐtú** 명 (地) 기본도.
【底土】 **dǐtǔ** 명 (農) 하층토(下層土). 〔농경지 심
토(心土)〕층 밑의 성질이 단단한 토양〕. 동【死土】
**sǐtǔ**
【底位】 **dǐwèi** 명 (수치 변화의) 최저점. ↔ 顶位
峰位
【底细】 **dǐ·xì** 명 (사람·사물의) 내부 상황〔사정〕.
속사정. 내정(內情). 내막. 속내. 저의(底意). ¶
我不了解这个人的~.=나는 이 사람의 속내를
모르겠다. ≒内情 内幕
【底下】 **dǐ·xia** 명 1 아래. 밑. ¶楼~=건물 아
래. 2 이후. 다음. 나중. ¶~我就要说到这个问
题.=다음의 이 문제에 대해 말하겠습니다.
【底下人】 **dǐ·xiàrén** 명 1 ☞【下人】 **xiàrén**
2 부하. 수하. 손아래.
【底线】 **dǐxiàn** 명 1 (體) (농구의) 엔드라인(end
line). (축구의) 골라인(goal line). (배드민턴의)
백바운더리라인(back boundary line). 2 (상대방
내부에서 암약하는) 스파이. 첩보원. 끄나풀. 정
보원. 밀정. (고정) 간첩. 3 최저〔최소〕 기준〔조
건·한도〕. 최저선. 마지노선. ¶要守住谈判的~.
=담판의 최저선을 지켜 내야 한다.
【底薪】 **dǐxīn** 명 1 옛 (주요 생필품의 물가 지수
에 따라 조절하는 등의) 탄력적인 기본급. 2 기본
급. 본봉. ¶本公司待遇丰厚, 除~外, 还有较高
的奖励提成.=우리 회사는 대우가 좋다. 기본
급 외에도 꽤 높은 성과급이 있다.
【底样】 **dǐyàng** 명 1 밑그림. 2 원본. 견본. 원형
(原型).
【底蕴】 **dǐyùn** 명운 1 상세한 내용〔경위〕. 내부
상황〔사정〕. 속사정. 내정(內情). 내막. 실정. ¶
熟知个中~.=그 속의 상세한 내용을 숙지하다.
2 묻혀 있는 재지(才智)나 식견. ¶~深厚=
잠재된 재지와 식견이 높다.
【底账】 **dǐzhàng** 명 대장(臺帳). 원부(原簿).
【底止】 **dǐzhǐ** 명 끝. 마지막. 종극(終極). ¶求
知永无~.=지식 탐구는 영원히 끝이 없다.

【底子】 **dǐ·zi** 명 1 (물건의) 밑. 바닥. ¶鞋~=
신발 바닥. 2 기초. 기반. 토대. ¶他家~厚, 有
的是钱.=그의 집은 기반이 탄탄해서 돈은 얼마
든지 있다. 3 원고. 초고(草稿). 원부(原簿). ¶
写作文最好先打个~.=글을 쓸 때는 먼저 초고
부터 쓰는 것이 가장 좋다. 4 (무늬·도안 등의)
(밑)바탕. ¶黄~红花=황색 바탕에 빨간 꽃 모
양. 5 나머지. ¶药~=남은 약. 6 상세한 내용
〔경위〕. 내부 상황〔사정〕. 속사정. 내정(內情).
내막. 실정. 저의(底意). ¶必须摸清他的~.=
반드시 그의 저의를 알아 내야 한다.
【底座】 **dǐzuò** (~儿) 명 밑받침. 받침(판·대). 좌
대. 대석(臺石). 대좌(臺座). ¶台灯~=스탠드
받침.

## 柢 **dǐ** 뿌리 저

명운 나무 뿌리. ¶根深~固=뿌리가 깊고 튼튼
하다.

## 砥 **dǐ** 숫돌 지

명운 결이 고운 숫돌. ¶~石=숫돌. 동운 연마
하다. 단련하다. 수양하다. ¶~节砺行=절조와
덕행을 쌓다.
【砥节】 **dǐjié** 동운 절조〔절개〕를 쌓다.
【砥砺】 **dǐlì** 명운 숫돌. 동운 1 연마하다. 단련하
다. ¶~意志=의지를 연마하다. 2 면려하다. 고
무하다. 격려하다. ¶相互~=서로 격려하다.
【砥柱中流】 **Dǐzhù zhōngliú** ☞【中流砥柱】
**zhōngliú Dǐzhù**

## 骶 **dǐ** 엉덩이 저

명 (生) 엉덩이. 볼기.
【骶骨】 **dǐgǔ** 명 (生) 미저골(尾骶骨). 미려골(尾
閭骨). 꽁무니뼈. =【骶椎】 **dǐzhuī**【荐骨】
**jiàngǔ**【荐椎】 **jiànzhuī**
【骶椎】 **dǐzhuī** ☞【骶骨】 **dǐgǔ**

## **地 dì** 땅 지

명 1 (地) 지구(地球). 지각. ¶顶天立~=하늘
을 떠받치고 땅 위에 우뚝 서다. 2 (地) 육지. 땅.
¶山~=산지. / 高~=고지. 3 바닥. ¶水泥~
=시멘트 바닥. 4 토지. 전지(田地). 논. 밭. ¶菜
~=채소밭. / 犁~=땅을 갈다. 5 지방. 지
역. 구역. 지구. 장소. ¶本~=본지. / 内~=내
지. 6 지점. ¶产~=생산지. / 住~=거주지. 7
장소. 곳. 자리. 부위. ¶无~自容=부끄러워 쥐
구멍에라도 들어가고 싶다. 부끄러워 어쩔 줄 모
르다. 8 (중앙에 대하여) 지방. [각급 행정 구역
의 총칭] ¶军~两用=군대와 지방이 함께 사용
하다. 9 지위. 처지. 형편. 단계. 위치. ¶易~以
处=처지를 바꾸어서 생각하다. 10 경지. ¶出
人头~=남보다 뛰어나다. 11 심적인 활동 영
역. ¶心~=마음씨. / 见~=견해. 12 노정.
길. 거리. [이수(里數)나 정거장 수 뒤에 쓰임] ¶
一站~=한 정거장 거리. / 两地相距二十~.=
두 곳의 거리는 20리 길이다. 13 (~儿) (문양이
나 글자의) (밑)바탕. ¶黑~红字=검은 바탕에

빨간 글씨. **14** 영토. ¶割~赔款＝영토를 할양하여 배상하다. **15** 지구(地區). [중국의 성(省)·자치구(自治區)가 설립됐던 행정 구역. 소도시로 지금은 대부분 '省辖市(성 정부 관할시)'로 바뀌었음] ¶~县两级＝지구(地區)급과 현(縣)급. ↔天
☞ **·de**

○● 暗地, 本地, 边地, 草地, 场地, 赤chì地, 抽chōu地, 春地, 道地, 翻地, 防地, 飞地, 坟fén地, 福地, 伏fú地, 腹fù地, 割gē地, 故地, 旱hàn地, 黑地, 忽hū地, 霍huò地, 迹jì地, 碱jiǎn地, 接地, 禁jìn地, 就地, 绝jué地, 立地, 林地, 落地, 锚máo地, 蓦mò地, 恁nèn地, 坡pō地, 秋地, 扫sǎo地, 胜shèng地, 圣shèng地, 失地, 实地, 倏shū地, 熟地, 属shǔ地, 水地, 死地, 随suí地, 特地, 洼wā地, 席地, 隙xì地, 险xiǎn地, 心地, 养地, 要地, 野地, 义地, 异yì地, 营yíng地, 园地, 匝zā地, 阵zhèn地, 整地, 质zhì地, 重地, 驻zhù地, 坠zhuì地

【地板】**dìbǎn** 몡 **1** 마루. **2** 바닥. ¶大理石~＝대리석 바닥. **3** 튀 전지. 전답. 논밭. 경작지.
【地板革】**dìbǎngé** 몡 (비닐) 장판.
【地板蜡】**dìbǎnlà** 몡 바닥(광택)용 왁스.
【地板砖】**dìbǎnzhuān** 몡 바닥 타일.
【地榜】**dìbàng** ☞【地秤】**dìchèng**
【地薄人穷】**dìbáo-rénqióng** 솅 땅이 메마르고 사는 사람들이 빈궁하다.
【地保】**dìbǎo** 몡옛 지보. [청조(清朝)와 중화 민국 초기에 지방에서 관청을 위해 부역을 과하거나 재물 징발 등을 맡아 보던 사람] ＝【地甲】**dìjiǎ**【保正】**bǎozhèng**
【地堡】**dìbǎo** 몡(軍) 벙커(bunker). 토치카.
【地边】**dìbiān** 몡 논밭의 가장자리.
【地表】**dìbiǎo** 몡(地) 지구의 표면. 지표(면).
【地表波】**dìbiǎobō** ☞【地波】**dìbō**
【地表水】**dìbiǎoshuǐ** 몡(地) 지표수.
【地鳖】**dìbiē** 몡(動) 흙바퀴. ＝【䗪虫】**zhèchóng** 튀【土鳖】**tǔbiē**
【地波】**dìbō** 몡(物) 표면파. ＝【地面波】**dìmiànbō**【地表波】**dìbiǎobō**
【地鵏】**dìbǔ** ☞【大鸨】**dàbǎo**
【地步】**dìbù** 몡 **1** (도달한) 정도. 지경. ¶他们俩已经到了水火不容的~。＝그 두 사람은 이미 물과 불처럼 서로 용납할 수 없는 지경에 이르렀다. **2** 형편. 상황. 처지. 지경. ¶谁也没料到他会落到今天的~。＝그가 오늘의 지경에 이를 줄은 누구도 상상하지 못했다. **3** 여지. ¶说话要留~。＝말을 할 때는 여지를 남겨 두어야 한다. ≒境地 田地
【地蚕】**dìcán** ☞【地老虎】**dìlǎohǔ**
【地层】**dìcéng** 몡(地) 지층.
【地产】**dìchǎn** 몡 **1** 토지[부동산] 자산[재산]. **2** 그 토지의 생산물. ¶~丰富＝토지 산물이 풍부하다.
【地潮】**dìcháo** ☞【固体潮】**gùtǐcháo**
【地秤】**dìchèng** 몡 (무거운 것을 재기 위해 지면과 같은 높이로 바닥에 설치한) 저울. ＝【地磅】**dìbàng**
【地处】**dìchǔ** 통옛 …에 위치하다[자리하다]. ¶~华北平原＝화베이 평원에 위치하다.
【地磁】**dìcí** 몡(物) 지구 자기. 지자기(地磁氣).
【地磁极】**dìcíjí** 몡(物) 지구 자기 극. 지자기 극.
【地大物博】**dìdà-wùbó** 솅 땅이 넓고 생산물이 풍부하다.
【地带】**dìdài** 몡 지대. 지역. 지구. ¶安全~＝안전 지대. / 荒漠~＝황량한 사막 지대.
【地道】**dìdào** 몡 지하도. 터널. 지하 갱도.
【地道】**dì·dao** 혱 **1** 순수하다. 진짜의. 오리지널의. 정통의. 정종의. 전형적인. ¶他的韩国语说得很~。＝그는 정통 한국어를 구사한다. **2** 명산지의. 본고장의. 진짜의. ¶~的绿茶＝명산지 녹차. **3** (일이나 재료의 질이) 알차다. 질이 높다. 뛰어나다. 우수하다. ¶她能做一手~的川菜。＝그녀는 제대로 된 사천 요리를 만들 수 있다. ≒纯正 纯粹
【地地道道】**dì·di dàodào**(~的) 혱 **1** 순수하다. 진짜의. 오리지널의. 정통의. 정종의. 전형적인. **2** 명산지의. 본고장의. 진짜의. **3** (일이나 재료의 질이) 질이 높다. 뛰어나다. 우수하다.
【地点】**dìdiǎn** 몡 지점. 장소. 위치. 소재지. ¶聚会~定在一个茶楼。＝모임 장소는 찻집으로 정해졌다.
【地电】**dìdiàn** 몡(電) 지전류(地電流).
【地动】**dìdòng** ☞【地震】**dìzhèn**
【地动山摇】**dìdòng-shānyáo** 솅튀 큰 변동. 큰 위풍과 기세. ＝【山摇地动】**shānyáo dìdòng**
【地动仪】**dìdòngyí** ☞【候风地动仪】**hòufēng dìdòngyí**
【地洞】**dìdòng** 몡 땅굴. 토굴. 굴.
【地段】**dìduàn** 몡 구간. 구역. ¶繁华~＝번화 구역.
【地对地导弹】**dìduìdì dǎodàn** 몡(軍) 지대지 미사일.
【地对空导弹】**dìduìkōng dǎodàn** 몡(軍) 지대공 미사일.
【地盾】**dìdùn** 몡 **1** (地) 순상지(楯狀地). [방패 모양의 노년기 지형] **2** (갱도를 지지하는) 받침대. 받침목.
【地方】**dìfāng** 몡 **1** (중앙에 대하여) 지방. [각급 행정 구역의 총칭] ¶~政府＝지방 정부. **2** 그(이) 지방. 그(이) 곳. 본지. 현지. 당지. ¶~特色＝그 지방 특색. **3** 관내 기관. 지역 기관. [군대에서 주둔 지역 내의 기관을 가리키는 말. '军队(군대)'와 구별됨] ↔中央
【地方】**dì·fang** 몡 **1** (~儿) 장소. 곳. 자리. 부위. ¶你现在在什么~?＝너 지금 어디에 있니? **2** 부분. 점. ¶他说的有合情合理的~, 也有不合情理的~。＝그가 말하는 것에는 사리에 맞는 부분도 있고 맞지 않는 부분도 있다.
【地方保护主义】**dìfāng bǎohùzhǔyì** 몡 (이기적인) 지방[지역] 보호주의.
【地方病】**dìfāngbìng** 몡(醫) 지방병. 풍토병.
【地方官】**dìfāngguān** 몡 **1** (봉건 시대의) 지

방 관리. **2** 지방 공무원.
【地方话】 **dìfānghuà** 몡(言) 방언.
【地方粮票】 **dìfāng liángpiào** 몡 **1** (중국의 계획 경제 시기에 각 성·자치구·직할시 등이 발행하여 해당 지역에서만 통용되던) 지방 양식 배급표. **2**㉠ 본지〔본 부문·본 계통·본 기관〕에서만 유효한 자격증〔증명서〕.
【地方民族主义】 **dìfāng mínzúzhǔyì** 몡 소수 민족주의. =【狭隘民族主义】 **xiá'ài mínzúzhǔyì**
【地方时】 **dìfāngshí** 몡 지방시.
【地方税】 **dìfāngshuì** 몡 지방세. ㉡【地税】 **dìshuì**
【地方戏】 **dìfāngxì** 몡(劇) 지방〔지역〕극(劇).
【地方性法规】 **dìfāngxìng fǎguī** 몡(法) 자치 법규. [각 지방별로 국가 법령 범위 안에서 제정한 규정. 일반적으로 '条例(조례)·规则(규칙)·实施细则(세칙)' 등이 있음]
【地方性甲状腺肿病】 **dìfāngxìng jiǎzhuàng xiànzhǒngbìng** ☞【地甲病】 **dìjiǎbìng**
【地方政府】 **dìfāng zhèngfǔ** 몡 지방 정부.
【地方志】 **dìfāngzhì** ☞【方志】 **fāngzhì**
【地方种群】 **dìfāng zhǒngqún** 몡(植) 주로 특정 지역에 분포하는 식물 군체.
【地方主义】 **dìfāngzhǔyì** 몡 지방주의.
【地缝儿】 **dìfèngr** 몡 땅의 갈라진 틈. ¶她为自己的失态感到差愧, 恨不得找个~钻进去.=그녀는 자신의 추태가 부끄러워, 쥐구멍이라도 찾아 들어가고 싶은 심정이다.
【地府】 **dìfǔ** 몡 저승. 황천(黃泉). 지부. ¶阴曹~=저승.
【地覆天翻】 **dìfù-tiānfān** ☞【天翻地覆】 **tiānfān-dìfù**
【地埂】 **dìgěng**(~儿) 몡 두둑. =【地埂子】 **dìgěng·zi**
【地埂子】 **dìgěng·zi** ☞【地埂】 **dìgěng**
【地宫】 **dìgōng** 몡 **1** 지하 궁전. [옛날 제왕의 능묘에서 관과 부장품을 놓아 두는 지하 건축] **2**(佛) 지하 궁전. [절에서 사리·기물 등을 보존하는 지하 건축]
【地沟】 **dìgōu** 몡 지하 수로. 암거(暗渠).
【地瓜】 **dìguā** 몡(植) **1** ☞【甘薯】 **gānshǔ 2** ☞【豆薯】 **dòushǔ**
【地广人稀】 **dìguǎng-rénxī** 솅 땅은 넓고 사람은 적다.
【地滚球】 **dìgǔnqiú** ☞【保龄球】 **bǎolíngqiú**
【地核】 **dìhé** 몡(地) (지구의) 핵(核). 코어(core). 지심(地心).
【地黄】 **dìhuáng** 몡(植) 지황. [생뿌리를 생지황, 말린 뿌리를 건지황, 구증구포한 것을 숙지황이라고 하며 약용함]
【地积】 **dìjī** 몡 토지 면적. 지적.
【地基】 **dìjī** 몡 **1** 기초. 토대. 지반. ㉡【地脚】 **dìjiǎo 2** 건축(부)지. 택지.
【地极】 **dìjí** 몡(地) 지구의 양극. 남극과 북극.
【地籍】 **dìjí** 몡 지적.

【地甲】 **dìjiǎ** ☞【地保】 **dìbǎo**
【地甲病】 **dìjiǎbìng** 몡(醫) 지방성 갑상선종(地方性甲狀腺腫). =【地方性甲狀腺肿病】 **dìfāngxìng jiǎzhuàngxiànzhǒngbìng**
【地价】 **dìjià** 몡 **1** 토지 가격. 땅값. 지가. **2** 매우 낮은 가격.
【地脚】 **dìjiǎo** 몡 책장〔페이지〕의 아래쪽 여백. ↔天头
【地脚】 **dì·jiǎo** ☞【地基】 **dìjī**
【地脚螺栓】 **dìjiǎo luóshuān** ☞【地脚螺丝】 **dìjiǎo luósī**
【地脚螺丝】 **dìjiǎo luósī** 몡(機) 기초 볼트 (bolt). =【地脚螺栓】 **dìjiǎo luóshuān**
【地窖】 **dìjiào** 몡 (저장용) 토굴〔땅굴〕. 지하실. 땅광. 움.
【地界】 **dìjiè** 몡 **1** (땅의) 경계. 지계. 지경(地境). ¶划分~=경계를 나누다. **2** 관내. 관할 범위. 지구. ¶这里已是天津~.=이 곳은 이미 톈진 관내로 되었다.
【地锦】 **dìjǐn** ☞【爬山虎】 **páshānhǔ**
【地久天长】 **dìjiǔ-tiāncháng** ☞【天长地久】 **tiāncháng-dìjiǔ**
【地块】 **dìkuài**(~儿) 몡 **1** 덩어리 땅. 필지. 땅. **2**(地) 지괴(地塊).
【地矿】 **dìkuàng** 몡(礦) 지질과 광물.
【地牢】 **dìláo** 몡 지하 감옥.
【地老虎】 **dìlǎohǔ** 몡(動) 야도충. 거염벌레. ㉡【地蚕】 **dìcán**
【地老鼠】 **dìlǎoshǔ** 몡 **1**㉠(動) 두더지. **2**㉠ 약삭빠른 사람.
【地老天荒】 **dìlǎo tiānhuāng** ☞【天荒地老】 **tiānhuāng dìlǎo**
【地雷】 **dìléi** 몡(軍) 지뢰.
【地梨】 **dìlí** ☞【荸荠】 **bí·qí**
【地理】 **dìlǐ** 몡 **1** 지리. ¶人文~=인문 지리. **2** 지리학. **3**㉡ 풍수. ¶~先生=지관. 풍수지리가.
【地理学】 **dìlǐxué** 몡 지리학.
【地力】 **dìlì** 몡 지력. 토지의 생산력. ¶这片地~好, 粮食产量高.=이 땅은 지력이 좋아서 식량 생산량이 높다.
【地利】 **dìlì** 몡 **1** (농작물을 심기에 유리한) 토지 조건. ¶根据~选种适当的作物.=토지 조건에 따라 적당한 작물을 선택하다. **2** 지리적 우세. ¶天时~=하늘이 내린 좋은 기회〔시기〕와 지리적 우세〔이점〕.
【地利人和】 **dìlì rénhé** 솅 **1** 전승할 수 있는 여러 조건 가운데, 하늘이 내려준 호기는 지형의 유리함만 못하고, 지형의 유리함은 인심을 얻는 것만 못하다. **2** 우월한 지리적 조건과 훌륭한 대중적 기초. 지리적 조건이 좋고 사람은 화목하다.
【地栗】 **dìlì** ☞【荸荠】 **bí·qí**
【地量】 **dìliàng** 몡 최저 수량.
【地邻】 **dìlín** 몡 경지(耕地)가 인접한 이웃.
【地灵人杰】 **dìlíng-rénjié** ☞【人杰地灵】 **rénjié-dìlíng**
【地龙】 **dìlóng** 몡(動) '蚯蚓(지렁이)'의 별칭.
【地垄】 **dìlǒng** 몡 (밭)이랑.

【地漏】dìlòu (~儿) 圕 배수구.
【地脉】dìmài 圕 1 지맥. 토맥. ¶山川~=산천의 지맥. 2 (사람의 혈관처럼 분포된) 지하수. 3 옛 (풍수지리상의) 지맥.
【地幔】dìmàn 圕(地) 맨틀(mantle). [지구 내부의 핵과 지각 사이에 있는 부분]
【地貌】dìmào 圕(地) 지구 표면의 형태. 지모.
【地霉素】dìméisù 圕(醫) 테라마이신(Teramycin). 옥시테트라사이클린(oxytetracycline). =【土霉素】tǔméisù
【地冕】dìmiǎn 圕(天) 지오코로나(geocorona). 지구 코로나.
【地面】dìmiàn 圕 1 지면. 지표. ¶~温度=지면 온도. 2 (건축물의) 바닥. ¶水磨石~=인조 대리석 바닥. 3 ㉠ (행정상의) 지역. 구역. 관내. 관할 범위. ¶现在已进入四川~. =지금은 이미 쓰촨 지역으로 편입되었다. 4 (~儿) ㉠ 현지. 당지. 그 지방〔고장〕. 그 곳. ¶他是~儿上的头面人物. =그는 그 지방의 거물이다. ↔天空
【地面波】dìmiànbō ☞【地波】dìbō
【地面站】dìmiànzhàn 圕 (우주 통신용) 지상국. 지상 관제소.
【地名】dìmíng 圕 (도시·마을 등의) 지명.
【地膜】dìmó 圕 농작물을 덮는 비닐막.
【地亩】dìmǔ 圕 전지. 전답. 논밭. 경작지. 토지. ¶丈量~=경작지를 측량하다.
【地莀】dìniè 圕(植) 땅산석류. [학명은 'Melastoma dodecandrum' 임] =【铺地锦】pūdìjǐn
【地石榴】dìshí·liu
【地盘】dìpán (~儿) 圕 1 지반. 근거지. 세력 범위. ¶抢占~=근거지를 뺏다. 2 阇 (건축물의) 기초. 토대. 지반. ¶下陷=지반이 가라앉다.
【地皮】dìpí 圕 1 (~儿) 지표. 지면. ¶刚下过雨,~湿漉漉的。=방금 비가 와서 지면이 질퍽하다. 2 건축(부)지. 택지. ¶出让~=건축 부지를 양도하다.
【地痞】dìpǐ 圕 본바닥〔한 지방〕의 불량배〔건달·깡패〕. ¶流氓~=본바닥 불량배. 늑泼皮
【地平线】dìpíngxiàn 圕 지평선.
【地铺】dìpù 圕 바닥에 깔아 놓은 잠자리. ¶人多只有睡~. =사람이 많아서 바닥에 자리를 깔고 잘 수밖에 없다.
【地契】dìqì 圕 토지 매매 계약(서). 땅문서.
【地壳】dìqiào 圕(地) 지각.
【地勤】dìqín 圕 1 (항공 관계의) 지상 근무. ['空勤(기내 근무)'과 구별됨] ¶~人员=지상 근무 요원. 2 지상 근무자. ['空勤(기내 근무자)'과 구별됨] ¶他是空勤,我是~. =그는 기내 근무자이고, 나는 지상 근무자이다.
【地球】dìqiú 圕(天) 지구.
【地球村】dìqiúcūn 圕 지구촌. 세계촌.
【地球日】dìqiúrì 圕 (4월 22일) 지구의 날.
【地球仪】dìqiúyí 圕 지구의. 지구본.
【地区】dìqū 圕 1 지역. 지구. ¶多山~=산이 많은 지역. 2 지구 (地区). [중국의 성(省)·자치구(自治区)에 설립했던 행정 구역. 소도시로 그 대부분 '省辖市(성 정부 관할시)'로 바뀌었음] 3 식민 지역. 신탁〔위임〕 통치 지구. 4 지역. 지구. [한 국가에 속하면서 어떤 국제 활동에는 단독으로 참가하는 지방 행정 구역. 예컨대 홍콩·마카오 등]
【地区差价】dìqū chājià 圕(經) (동일 상품의) 지역 간의 가격 차이.
【地区经济】dìqū jīngjì 圕(經) 지역 경제. =【地域经济】dìyù jīngjì【区域经济】qūyù jīngjì
【地权】dìquán 圕(法) 토지 소유권.
【地儿】dìr 圕 좌석. 자리. 장소. ¶找个~坐一会. =자리를 찾아 잠시 앉다.
【地热】dìrè 圕(地) 지열. =【地下热】dìxiàrè
【地煞】dìshà 圕 1 (天) 지살성. [이 별을 범하면 죽임을 당한다고 여겼음] 2 흉신 악귀. 3 비 나쁜 세력.
【地上】dìshàng 圕 지상. 땅. ¶~种植着各种花草. =땅에는 갖가지 화초가 심어져 있다.
【地上茎】dìshàngjīng 圕(植) 지상경. 땅위줄기. ['地下茎(땅속줄기)'과 구별됨]
【地石榴】dìshí·liu ☞【地莀】dìniè
【地势】dìshì 圕 지세. 땅의 형세. ¶~险要=지세가 험준하다.
【地瘦】dìshòu 厶圓 땅이 척박하다〔메마르다〕. ¶~人穷=땅이 척박하고 사람들이 가난하다.
【地税】dìshuì 圕【地方税】dìfāngshuì
【地松鼠】dìsōngshǔ ☞【黄鼠】huángshǔ
【地摊】dìtān (~儿) 圕 노점. ¶摆~儿=노점을 벌이다.
【地摊文学】dìtān wénxué 圕 노점에서 파는 조잡하고 외설적인 도서.
【地毯】dìtǎn 圕 양탄자. 카펫. 융단.
【地毯式】dìtǎnshì 圕 물샐틈없는. ¶~搜索=물샐틈없는 수색.
【地铁】dìtiě 圕 1 ☞【地下铁道】dìxià tiědào 2 지하철(도를 운행하는 열차). ¶乘~=지하철을 타다.
【地头】dìtóu 圕 1 (~儿) 논·밭의 가장자리〔두렁〕. ¶他坐在~儿看庄稼. =그는 논두렁에 앉아 농작물을 살펴본다. 2 (~儿) ㉠ 현지. 당지. 그 지방〔고장〕. 그 곳. 본 지역. ¶他~儿熟,准能找到这儿. =그 사람은 본 지역을 잘 아니, 틀림없이 여기를 찾아 낼 것이다. 3 ㉡ 목적지. ¶终于要到~了. =마침내 목적지에 도착하게 된다. 4 책장〔페이지〕의 아래쪽 여백. ↔天头
【地头地脑】dìtóu dìnǎo 圕㉡ 논·밭머리.
【地头蛇】dìtóushé 圕㉡ 본바닥〔한 지방〕의 불량배〔건달·깡패〕.
【地图】dìtú 圕 지도.
【地位】dìwèi 圕 1 (사람이나 물건이 차지한) 자리. ¶那盆花摆的~很合适. =그 꽃이 놓인 자리가 매우 적당하다. 2 (사회적) 지위. 위치. ¶~显赫=지위가 대단하다. / 国际~=국제적 지위.
【地温】dìwēn 圕(地) 지온.
【地物】dìwù 圕(地) 지물.
【地峡】dìxiá 圕(地) 지협.
【地下】dìxià 圕 지하. 땅 밑. ¶~通道=지하 통

로. 휑 비공식적인. 비밀리(에) 활동하는. 언더(under)의. ¶~电影=독립 영화.
【地下】 dì·xia 몡 지면. 땅바닥. ¶不能吃掉在~的食物.=땅에 떨어진 음식을 먹어서는 안 된다. ↔天上
【地下工厂】 dìxià gōngchǎng (음성적으로 운영하는) 무허가 공장.
【地下河】 dìxiàhé 몡(地) 지하천.
【地下茎】 dìxiàjīng 몡(植) 땅속줄기. 지하경. ['地上茎(지상경)'과 구별됨]
【地下热】 dìxiàrè ☞【地热】 dìrè
【地下室】 dìxiàshì 몡 지하실.
【地下水】 dìxiàshuǐ 몡(地) 지하수.
【地下水漏斗】 dìxiàshuǐ lòudǒu 몡 지하수 깔때기 구역. [지하수의 난개발로 수위가 낮아져서 지형이 깔때기 모양으로 우묵하게 내려앉은 구역]
【地下铁道】 dìxià tiědào 몡 지하철(도). 얩【地铁】 dìtiě
【地下资源】 dìxià zīyuán 몡(地) 지하 자원.
【地线】 dìxiàn 몡(电) 접지선(接地線).
【地心】 dìxīn 몡(地) 지심. 지구의 중심.
【地心说】 dìxīnshuō 몡(天) 지구 중심설. 천동설. ↔日心说
【地心引力】 dìxīn yǐnlì 몡(物) 지구 인력. 지축 인력. =【重力】 zhònglì
【地形】 dìxíng 몡 1(地) 지형. 땅의 형세. 2 지형과 지물의 총칭.
【地形图】 dìxíngtú 몡(地) 지형도.
【地形雨】 dìxíngyǔ 몡(气) 지형성 강우.
【地学】 dìxué 몡 지학. 지구 과학.
【地羊】 dìyáng ☞【鼢鼠】 fénshǔ
【地衣】 dìyī 몡(植) 지의류. 지의식물.
【地窨子】 dìyìn·zi 몡 1 지하실. 2 (저장용) 토굴. 땅굴. 지하실. 땅광. 움.
【地应力】 dìyìnglì 몡(地) 지표 응력(地表應力).
【地狱】 dìyù 몡 1(宗) 지옥. 2(喩) 지옥. 아주 비참한〔괴로운〕 지경〔환경〕. ↔天堂 天国
【地域】 dìyù 몡 1 지역. ¶~广阔=지역이 넓다. 2 본고장. 본토(本土). 본향(本鄕). 향토. ¶~观念=향토 의식.
【地域经济】 dìyù jīngjì ☞【地区经济】 dìqū jīngjì
【地缘】 dìyuán 몡 지연. ¶~文化=지연주의.
【地缘关系】 dìyuán guānxi 몡 지연 관계.
【地缘优势】 dìyuán yōushì 몡 (특정 지역과 인접하여 형성된) 지리적 장점.
【地震】 dìzhèn 몡(地) 지진. 동【地动】 dìdòng
【地震波】 dìzhènbō 몡(地) 지진파. =【震波】 zhènbō
【地震带】 dìzhèndài 몡(地) 지진대.
【地震烈度】 dìzhèn lièdù 몡(地) 진도(震度). 얩【烈度】 lièdù
【地震棚】 dìzhènpéng 몡 지진 대피용 천막.
【地震前兆】 dìzhèn qiánzhào 몡(地) 지진 전조.
【地震仪】 dìzhènyí 몡 지진계.

【地震震级】 dìzhèn zhènjí 몡(地) 매그니튜드 (magnitude). 얩【震级】 zhènjí
【地政】 dìzhèng 몡 토지 행정.
【地支】 dìzhī 몡 지지. 십이지(十二支). =【十二支】 shíèrzhī ↔天干
【地址】 dìzhǐ 몡 1 소재지. 주소. 2(컴) 어드레스(address). 주소. [컴퓨터 기억 장치 내의 위치] 3(컴) 어드레스(address). 주소. [컴퓨터 프로그램을 구성하는 명령어들이 존재하는 기억 장치상의 위치]
【地质】 dìzhì 몡(地) 1 지질. 2 지질학.
【地质年代】 dìzhì niándài 몡(地) 지질 연대. 지질 시대.
【地质学】 dìzhìxué 몡 지질학.
【地质灾害】 dìzhì zāihài 몡(地) 지질 재해.
【地中海】 Dìzhōnghǎi 몡(地) 지중해.
【地轴】 dìzhóu 몡(天) 지축.
【地主】 dìzhǔ 몡 1 지주. 2 (타향에서 온 사람에 대한) 본토인. (본)토박이. 본 지방 사람. ¶你远道而来, 我自然应尽~之谊.=멀리서 오셨는데, 제가 당연히 주인의 도리를 다해야겠지요.
【地砖】 dìzhuān 몡(建) 보도 블록(步道block).
【地租】 dìzū 몡 지세. 소작료.

## 玓 dì 빛날 적

【玓瓅】 dìlì 몡(文) 진주빛.

## 杕 dì 홀로 우뚝 설 체

휑(文) 나무가 홀로 우뚝 서 있는 모양.
☞ duó

## **弟 dì 아우 제

몡 1 남동생. 아우. ¶胞~=친남동생. /小~=어린 아우. 2 남동생. (항렬이 같으면서 자기보다 나이가 어린 남자 친척). ¶表~=(내종·외종·이종) 사촌 남동생. /内~=손아래 처남. 3(謙) 제. 저. 소생. 소제(小弟). [남자 친구끼리의 호칭. 주로 서신에 쓰임] ¶愚~=저. 제. 4 문하생. 제자. ¶~徒~=제자. 5(Dì) 성(姓). ↔兄 [고어에서 '悌(tì)'와 같음]

| | | | |
|---|---|---|---|
| ○● | 内弟, 仁rén弟, 如弟, 师弟, 徒tú弟, 兄弟, 子弟 | | |

| ○● | 弟 dì | 剃 tì |
| | 第 dì | 悌 tì |
| | 递 dì | 锑 tī |
| | 睇 dì | 涕 tì |
| | 娣 dì | 鹈 tí |
| | 梯 tī | 绨 tí |

【弟弟】 dì·di 몡 1 아우. 친남동생. 2 남동생. [자기보다 나이 어린 같은 항렬의 남자]
【弟妇】 dìfù 몡 제수(弟嫂). 계수(季嫂). 아우의 아내. 늑弟妹
【弟妹】 dìmèi 몡 1 남동생과 여동생. 2 제수(嫂). 계수(季嫂). 아우의 아내. 늑弟妇
【弟媳】 dìxí 몡 제수(弟嫂). 계수(季嫂). 아우의 아내.
【弟媳妇】 dìxífù 〔~儿〕 몡 제수(弟嫂). 계수(季嫂). 아우의 아내.
【弟兄】 dì·xiong 몡 1 형제. 형과 아우. 2 동배

·동료·부하 남자에 대한 친근한 호칭.
【弟子】dìzǐ 명 제자. 문하생. 학생. ↔师傅

## 的 dì 과녁 적

명 과녁. 목표. 표적. 타깃. ¶众矢之~=뭇 사람의 비난의 대상. / 有~放矢=과녁을 정확히 겨누어 활을 쏘다. 말이나 행동의 목표가 [목적이] 정확하다.
☞ ·de, dī, dí

○● 端的, 目的

## 俤 dì 아우 제

명 '弟(dì)'와 같음. [주로 인명에 쓰임]

## 帝 dì 황제 제

명 1 군주. 황제. 제왕. 천자. ¶称~=왕위에 오르다. / 三皇五~=삼황오제. 2 하느님. 하나님. ¶上~=하느님. / 玉皇大~=옥황상제. 3 ⑦帝国主义(제국주의). ¶反~反封建=반제·반봉건주의.

| 帝 | dì |
| 缔 | dì |
| 蒂 | dì |
| 谛 | dì |
| 碲 | dì |
| 蹄 | tí |
| 啼 | tí |
| 啻 | chì |

【帝俄】Dì'é 명 제정 러시아(帝政 Russia). =〔沙俄〕Shā'é
【帝国】dìguó 명 1 제국. ¶罗马~=로마 제국. 2 제국주의 국가. ¶第三~=제3제국. [나치스 통치하의 독일을 이르던 말] 3 ⑪ 경제력[자본력]이 막강한 기업[그룹]. ¶钢铁~=철강 제국.
【帝国主义】dìguózhǔyì 명 〔政〕 1 제국주의. 2 제국주의 국가.
【帝号】dìhào 명 제호(帝號).
【帝京】dìjīng 명 도성(都城). 도읍.
【帝君】dìjūn 명 제군. [신(神)에 대한 존칭] ¶关圣~=관성제군. [관우(關羽)를 존경하여 높여 부르는 말]
【帝阙】dìquè 명⑤ 궁문(宮門). [황성(皇城)의 궐문(闕門)]
【帝室】dìshì 명 황실.
【帝王】dìwáng 명 제왕. 군주.
【帝王将相】dìwáng jiàngxiàng ⑤ 왕후장상. [봉건 시대의 황제·제후·문무 고급 관리를 아울러 부르는 말]
【帝位】dìwèi 명 황위(皇位). 황조(皇祚). 제위(帝位). ¶继承~=황위를 잇다.
【帝业】dìyè 명 제업(帝業). 제왕의 업적. 개국(開國)의 위업. ¶终成~=마침내 개국의 위업을 달성하다.
【帝制】dìzhì 명 군주제(도). ¶废除~=군주제를 폐지하다.
【帝胄】dìzhòu 명 황손.

## 递[遞] dì 전할 체

통 넘겨주다. 전해 주다. 건네다. 전송하다. ¶投~=배달하다. / 呈~=삼가 제출하다. 부 차례대로. 순서대로. 점차로. 차츰차츰. ¶名次逐年~增=석차〔순위〕가 매년 점차 오르다.

○● 传chuán递, 寄递, 邮递

【递包袱】dì bāo·fu ⑤⑪ 뇌물을 주다〔먹이다〕.
【递变】dìbiàn 통 점차 변하다. 차례로 바뀌다. ¶四季~=사계절이 바뀌다.
【递补】dìbǔ 통 차례대로〔순서대로·서열대로〕 보충하다. ¶依次~=순서에 의거해서 보충하다.
【递换】dìhuàn 통 차례로 바뀌다〔바꾸다〕. ¶兄妹几人~着照顾生病的母亲. =남매 몇이서 편찮으신 어머니를 차례로 보살핀다.
【递加】dìjiā 통 점점 늘다. 점차 증가하다. 체증하다. 차례로 더하다. ¶学费逐年~. =학비가 해마다 인상되다.
【递减】dìjiǎn 통 점점 줄다. 점차 감소하다. 체감하다. ¶厂里效益不好, 职工的收入逐年~. =공장의 채산성이 좋지 않아 근로자의 수입이 해마다 점차 줄어든다. ↔递增
【递降】dìjiàng 통 점점 내려가다〔내리다〕. 체감하다. ¶气温~=기온이 점점 내려가다. ↔递升
【递交】dìjiāo 통 직접 내(주)다. 직접 건네주다. 수교하다. ¶~辞呈=사직서를 직접 건네주다.
【递解】dìjiè 통⑨ (한 장소에서 다른 장소로) 죄인을 압송〔호송〕하다. ¶~出境=범인을 압송하여 경계를 벗어나다.
【递进】dìjìn 명〔言〕 점차적인 서술 방법. =【层递】céngdì 통 차례로 밀고 나가다. 순서대로 나아가다. 차례로 추진하다. ¶各队人马依次~. =각 부대 병력이 차례로 밀고 나가다. ≒层进
【递升】dìshēng 통 점점 높아지다〔상승하다〕. 점차 승진하다〔진급하다〕. ¶职位~=직위가 점점 높아지다. ↔递降
【递送】dìsòng 통 (공문서·우편물을) 보내다. 발송하다. 부치다. 배달하다. ¶~公文=공문을 발송하다.
【递条子】dì tiáo·zi 통 1 쪽지를 건네다. 2 (직권·친분을 이용하여) 돌봐 달라는 편지를 보내다. 협조 요망 서신을 보내다.
【递眼色】dì yǎnsè 통 눈짓하다. 눈짓을 보내다. ¶他给我~了, 示意我到外面去. =그는 나에게 밖으로 나가라고 눈짓하였다.
【递增】dìzēng 통 점점 늘다. 점차 증가하다. 체증하다. ¶产品畅销, 利润~. =물건이 잘 팔려 이윤이 점차 늘다. ↔递减
【递盏】dì‖zhǎn 통 (술이 가득한) 술잔을 권하다. ¶推杯~=가득히 찬 술잔을 건네다.

## 娣 dì 여동생 제

명 1 여동생. [옛날, 여동생을 부르는 말] 2 손아래 동서(同壻).
【娣姒】dìsì 명⑤ 손아래 동서와 손위 동서.

## 苐 dì 연밥 적

명⑤ 연밥. 연자(蓮子).

## 第 dì 차례 제

명 1 ⑤ 과거(科擧). ¶及~=급제하다. / 落

～＝낙제하다. **2** (관료의) 저택. ¶府～＝관사. **3** (일반) 저택. ¶宅～＝저택. **4** 순서. 차례. ¶次～＝순서. [부문] 겨우. 다만. 단지 …할 뿐. ¶～见远山, 烟云而已。＝단지 먼 산과 운무만 보일 뿐이다. [접문] 그러나. 그렇지만. ¶乃至此物之多, ～人不识耳。＝이런 물건은 많지만 사람들이 모를 따름이다. [접두] (수사 앞에서) 제. ¶倒数～一＝마지막에서 첫 번째. / ～十次＝제10차.

O● 次第, 登第, 等第, 科第, 品第

【第二部类】**dì èr bùlèi** [명]《經》(제조업 생산 형태에서) 소비재 생산 부문. 소비재 제조업 분야.

【第二产业】**dì èr chǎnyè** [명] 2차 산업.

【第二次世界大战】**Dì Èr Cì Shìjiè Dàzhàn** [명]《歷》제2차 세계 대전(1939～1945년). [약]【二战】**Èrzhàn**

【第二次鸦片战争】**Dì Èr Cì Yāpiàn Zhànzhēng** [명]《歷》제2차 아편전쟁(1856～1860년).

【第二课堂】**dì èr kètáng** [명] **1** 과외(課外) 활동. 특별 활동. ¶开辟～, 让学生多一些实践经验。＝과외 활동을 개발하여 학생들이 많은 실천과 경험을 쌓게 하다. **2** 현장 학습. 현장 실습. **3** 직업 교육. 성인 교육.

【第二人称】**dì èr rénchēng** [명]《言》제2인칭.

【第二审】**dì'èrshěn** [명]《法》항소심. 제이심(第二審). 이심. ＝【二审】**èrshěn**

【第二声】**dì'èrshēng** [명]《言》(중국어의 사성(四聲) 중) 제2성. 양평성(陽平聲).

【第二世界】**dì èr shìjiè** [명] 제2세계. [최강대국과 개발도상국 중간의 선진국을 총칭하는 말]

【第二梯队】**dì èr tīduì** [명] **1** 제2진. **2** 차세대〔제2세대〕리더〔간부〕.

【第二信号系统】**dì èr xìnhào xìtǒng** [명]《生》(신경 생리학적 활동 체계에서의) 2차 신호 체계.

【第二性】**dì èr xìng** [형] 이차적이다. 부차적이다. [명]《哲》제2의 성질.

【第二性别比】**dì èr xìngbié bǐ** [명] 출생 성비(出生性比).

【第二性征】**dì èr xìngzhēng** ☞【副性征】**fù xìngzhēng**

【第二宇宙速度】**dì èr yǔzhòu sùdù** [명]《物》제2우주 속도. 탈출 속도. ＝【脱离速度】**tuōlí sùdù**

【第二职业】**dì ér zhíyè** [명] 제2직업. 부업(副業).

【第六感觉】**dì liù gǎnjué** [명] 제6감. 육감(六感). 직감. ¶凭～, 我可以判定他是一位画家。＝육감으로 나는 그가 화가임을 알 수 있다.

【第三产业】**dì sān chǎnyè** [명] 3차 산업. 서비스업. 용역 산업. [약]【三产】**sānchǎn**

【第三次浪潮】**dì sān cì làngcháo** [명] 제3의 물결. [고도로 발달한 과학 기술에 힘입은 미래의 대변혁을 이르는 말. 미국의 문명 비평가 토플러가 쓴 책 이름에서 유래함]

【第三次医学革命】**dì sān cì yīxué gémìng** [명]《醫》제3차 의학 혁명. [생명 공학·유전 공학에 의해 생산된 신(新) 호르몬·생장 인자(GF)·천연 단백질을 인체의 면역·내분비·신경 계통에 이용하여 질병을 치료하는 의학 혁명]

【第三纪】**dìsānjì** [명]《地》제3기. [신생대의 전반기로, 약 6,500만년 전부터 약 200만년 전까지의 시기]

【第三人】**dìsānrén** [명]《法》제3자.

【第三人称】**dì sān rénchēng** [명]《言》제3인칭. [현대 표준 중국어에서의 '他'·'她'·'它'·'他们' 등이 이에 속함]

【第三声】**dìsānshēng** [명]《言》(중국어의 사성(四聲) 중) 제3성. 상성(上聲).

【第三世界】**dì sān shìjiè** [명] 제3세계.

【第三梯队】**dì sān tīduì** [명] **1** 제3진. **2** 제3세대 리더〔간부〕.

【第三宇宙速度】**dì sān yǔzhòu sùdù** [명]《物》제3우주 속도.

【第三者】**dìsānzhě** [명] **1** 제삼자. **2** (부부·연인 사이에 끼어든) 제삼자. 애인. ¶～插足＝제삼자가 끼어들다.

【第三种调节】**dì sān zhǒng tiáojié** [명] (경제에 있어서 시장 자체 조절·정부 주관 조절 외에) 기업 윤리에 입각한 조절.

【第三状态】**dì sān zhuàngtài** ☞【亚健康】**yàjiànkāng**

【第三资源】**dì sān zīyuán** [명] 정보 자원.

【第四纪】**dìsìjì** [명]《地》제4기. [약 200만년 전부터 현재에 이르는 지질 시대]

【第四媒体】**dì sì méitǐ** [명] 인터넷 매체.

【第四声】**dìsìshēng** [명]《言》(중국어 사성(四聲) 중) 제4성. 거성(去聲).

【第四宇宙速度】**dì sì yǔzhòu sùdù** [명]《物》제4우주 속도.

【第五纵队】**dì wǔ zòngduì** [명] **1**《歷》제5열. 제5부대. **2** 스파이. 내통자.

【第一】**dìyī** [수] 제1. 최초. 첫(번)째. 맨 처음. ¶他的成绩在全班排名～。＝그의 성적은 반 전체에서 1등이다. [형] 가장 중요하다. 제일이다. ¶～要务＝가장 중요한 일.

【第一把手】**dìyībǎshǒu** [명] 제1인자. 최고 책임자. ＝【一把手】**yībǎshǒu**

【第一部类】**dì yī bùlèi** [명]《經》(제조업 생산 형태에서) 생산재 생산 부문. 생산재 제조업 분야.

【第一产业】**dì yī chǎnyè** [명] 1차 산업.

【第一次】**dìyīcì** [명] 제1차. 최초. 맨 처음. ¶他这是～出远门儿。＝그는 이번에 처음으로 집을 멀리 떠난다.

【第一次世界大战】**Dì Yī Cì Shìjiè Dàzhàn** [명]《歷》제1차 세계 대전(1914～1918년). [약]【一战】**Yīzhàn**

【第一地点】**dì yī dìdiǎn** [명] 최초 발생 지점. 최초 발견 지점.

【第一夫人】**dì yī fū·rén** [명] (대통령) 영부인. 퍼스트 레이디(first lady).

【第一流】**dìyīliú** [형] (제)일류의. 최상급의. 최고급의. ¶～作家＝일류 작가.

【第一炮】**dìyīpào** [명][비] 일의 처음. ¶我们下海办公司, ～一定要打响。＝우리가 회사를 차려

처음 벌이는 일이니 반드시 성공해야 한다.
【第一人称】 dì yī rénchēng 명(言) 제1인칭. [중국어에서 '我'·'我们' 등이 이에 속함] **2** 1인칭 관점. ¶这部中篇以~来写, 读来亲切感人. =이 중편은 1인칭 관점으로 쓰여져서 친근하고 감동적이다.
【第一审】 dìyīshěn 명(法) 제일심(第一審). 일심(一審). 초심(初審). 양【一审】 yīshěn
【第一声】 dìyīshēng 명(言) (중국어의 사성(四聲) 중) 제1성. 음평성(陰平聲).
【第一时间】 dìyīshíjiān 명 **1** 가장 긴요한 때. 가장 관건이 되는 시간. 가장 중(긴)요한 순간. [일반적으로 사건 발생 중의 가장 이른 시간임] ¶接到报警电话, 巡警~赶到了现场. =신고 전화를 받고, 순경은 가장 긴요한 순간에 현장에 도착했다. **2** 직후. 즉후. ¶他的奥运赛事报道都是在~发回的. =그가 쓴 올림픽 관련 보도는 모두 경기 직후에 보내 온 것이다.
【第一世界】 dì yī shìjiè 명 제1세계. 초강대국.
【第一手】 dìyīshǒu 형 직접의. 원시의. 1차의. 자신이 직접 실천·조사해서 얻은. ¶这批新出土的文物是研究夏商历史的~资料. =이번에 새로이 출토된 문물은 하상(夏商)의 역사를 연구하는 1차 자료가 된다.
【第一手材料】 dìyīshǒu cáiliào 명 (직접 조사해서 얻은) 기초 자료. 1차 자료.
【第一线】 dìyīxiàn 명 **1** (軍) 최전선(最前線). 제일선. **2** (직접 어떤 일에 종사하는) 제일선. ¶生产~=생산의 제일선. **3** (직접 진두 지휘하는) 제일선. ¶他年龄大了, 已经从~退下来了. =그는 나이가 들어 이미 제일선에서 물러났다.
【第一信号系统】 dì yī xìnhào xìtǒng 명(生) (신경 생리학적 활동 체계에서의) 1차 신호 체계.
【第一性】 dìyīxìng 형 일차적이다. 가장 근원적이다. ¶物质~, 意识第二性. =물질은 근원적인 것이고 의식은 부차적인 것이다.
【第一性别比】 dì yī xìngbié bǐ 명 태아 성비(胎兒性比).
【第一宇宙速度】 dì yī yǔzhòu sùdù 명(物) 제1우주 속도. =【环绕速度】 huánrào sùdù

## 谛[諦] dì 진리 체

부(문) 자세히. 상세히. 찬찬히. ¶~听良久=오랜 시간 자세히 듣다. 명 **1** (佛) 정리(正理). 진리. 진체(眞體). 참뜻. **2** 도리. 이치. ¶真~=참뜻.
【谛当】 dìdàng 형(문) 정확하다. 알맞다. 적절하다. 자세하고 확실하다. ¶其言甚为~. =그 말이 매우 정확하다.
【谛视】 dìshì 동(문) 자세히 보다. ¶凝神~=정신을 집중하고 자세히 살피다.
【谛听】 dìtīng 동(문) 자세히 듣다. ¶屏息~=숨을 죽이고 자세히 듣다. ≒倾听 聆听

## *蒂[(蔕)] dì 꼭지 체

명 **1** (박과 식물·과일·꽃 등의) 꼭지. ¶花~=꽃자루. / 瓜熟~落=참외가 익으면 꼭지가 저절로 떨어진다. **2** 끝(부분). 말미(末尾). ¶烟

~=담배 꽁초. / 结清~欠=마지막 빚을 청산하다.
○━ 芥jiè蒂, 烟蒂

## 棣¹ dì 아우 체

명 **1** (문) 아우. **2** 贤~=현제. **2** (植) 황매화(黃梅花)나무. 죽도화나무.
【棣棠】 dìtáng 명(植) 황매화(黃梅花)나무. 죽도화나무.

## 棣² dì 산앵두나무 체

☞【棠棣】 tángdì

## 睇 dì 흘끗 볼 제

동 **1** (문) 곁눈질하다. 흘겨보다. **2** (방) (바라)보다.

## *缔[締] dì 맺을 체

동 **1** 맺다. 체결하다. ¶两国~交=양국이 수교하다. **2** 창립(창설)하다. 조직하다. ¶~造大业=대업을 창립하다. **3** 제한하다. 금지하다. 단속하다. ¶取~=단속하다.
【缔和】 dìhé 동 강화(평화) 조약을 체결하다. ¶罢兵~=전쟁을 멈추고 강화 조약을 체결하다.
【缔交】 dìjiāo 동 **1** (친구 간에) 친교를 맺다. 친구가 되다. **2** (국가 간에) 수교하다. 외교 관계를 맺다. ¶中国已和世界上绝大多数国家~. =중국은 이미 세계 대부분의 국가와 수교하였다. ↔绝交
【缔结】 dìjié 동 (조약·동맹 등을) 체결하다. 맺다. ¶~盟约=동맹 조약을 맺다. ≒订立 签定 ↔废除
【缔盟】 dìméng 동 동맹을 맺다. 맹약(盟约)하다. 체맹하다.
【缔姻】 dìyīn 동 혼인을 맺다. 결혼하다. 사돈을 맺다.
【缔约】 dìyuē 동 조약(계약)을 맺다. 체결하다. 체약하다. ¶经过谈判, 三国~. =담판을 통해 삼국이 조약을 맺었다.
【缔约国】 dìyuēguó 명 체약국.
【缔造】 dìzào 동 (위대한 사업을) 창건하다. 건립(창립)하다. ¶~伟业=위업을 창건하다.

## 禘 dì 종묘 제사 이름 체

명 대체(大禘). [천자가 정월에 남교(南郊)에서 하늘에 지낸 제사] 은체(殷禘). [종묘에서 5년마다 지낸 큰 제사] 시체(時禘). [매년 여름에 지낸 종묘 제사]

## 碲 dì 텔루륨 제

명(약) (化) 텔루륨(Te, tellurium). [원자 번호 52]

## 墬 dì 땅 지

명(문) '地(dì)'와 같음.

## 螮[蠕, 蝃] dì 무지개 체

【螮蝀】 dìdōng 명(문) 무지개.

蹀 dì 찰 제
통⟨문⟩ (발로) 차다. 밟다.

## dia

嗲 diǎ 아양떨 다
형⟨방⟩ 1 아양을〔애교를〕 떠는 소리나 자태. 어리광을〔응석을·교태을〕 부리는 소리나 자태. ¶她~声~气的样子真让人受不了。=그녀의 애교를 떠는 꼴은 정말이지 못 봐주겠어. 2 좋다. 특별하다. 우수하다. ¶这道菜的味道真~!=이 음식 맛 정말 끝내주는군!

## dian

*掂[(㨃)] diān 손대중할 점
통 1 (물건을 들어 무게를) 손대중하다. 손어림하다. 손짐작하다. 2⟨방⟩ 들다. ¶他~着一篮子菜往家走。=그는 채소 한 바구니를 들고서 집으로 갔다.
【掂对】 diān·dui 통 1 교환하다. 맞바꾸다. 교체하다. ¶拿麦子跟你~一点儿麦种怎么样?=이 보리로 당신의 보리 종자와 조금 바꾸면 어떨까요? 2 짐작하다. 헤아리다. 고려하다. 숙고하다. 따져 보다. ¶大家~一下, 看这件事这么办行不行。=이 일을 이렇게 처리하면 되는지 모두들 생각해 보세요.
【掂掇】 diān·duo 통 1 예측하다. 추측하다. ¶我~着他能办成那事。=나는 그가 그 일을 해낼 수 있으리라고 예측하고 있다. 2 헤아리다. 고려하다. 숙고하다. 따져 보다. ¶我反复~, 仍是拿不定主意。=거듭 헤아려도 여전히 생각을 정하지 못하겠다. 3 (무게를) 손대중하다. 손어림하다. 손짐작하다.
【掂掇】 diānduó 통 헤아리다. 짐작하다. ¶我~着他可能不会来了。=나는 그가 아마도 오지 못할 거라 짐작한다.
【掂斤播两】 diānjīn-bōliǎng 〈성⟩⟨비⟩ 사소한 일에 지나치게 신경 쓰다. 하찮은 일을 시시콜콜 따지다. =【掂斤簸两】 diānjīn-bǒliǎng
【掂斤簸两】 diānjīn-bǒliǎng ☞【掂斤播两】 diānjīn-bōliǎng
【掂斤量】 diān jīnliàng 통 1 (무게를) 손대중하다. 손어림하다. 손짐작하다. 2⟨비⟩ 남 또는 자기 자신의 능력을 가늠〔짐작〕하다.
【掂量】 diān·liáng 통 1 (무게를) 손대중하다. 손어림하다. 손짐작하다. ¶你~一下这个西瓜有多重。=이 수박 무게가 얼마나 되는지 손대중해 봐라. 2 고려하다. 헤아리다. 따져 보다. ¶遇事要多~, 不要轻率做决定。=어떤 일에 부닥치면 심사숙고해야지, 경솔하게 결정을 내려서는 안 된다.

滇[滇] diān 거꾸로 될 전
형⟨문⟩ (뒤섞여) 어수선하다. 혼란스럽다.

滇[滇] Diān 호수 이름 전
명⟨지⟩ '云南(윈난)' 성의 별칭. ¶川~公路=쓰촨(四川)·윈난(云南) 간 국도.
【滇池】 Diānchí 명⟨지⟩ 뎬츠. 〔윈난(云南)성 쿤밍(昆明)시 서남쪽에 있는 고원 호수. 중국 6대 담수호 중의 하나임〕 =【昆明湖】 Kūnmíng hú
【滇剧】 diānjù 명⟨극⟩ 전극. 〔윈난(云南) 지방 주요 전통극의 하나. 주로 윈난성 전 지역과 구이저우(贵州)·쓰촨(四川) 일부 지역에서 유행함〕

*颠[顛] diān 꼭대기 전
명 1 정수리. 머리꼭지. ¶华~=백발이 희끗희끗한 머리. 2 정상. 꼭대기. ¶树~=나무 꼭대기. / 山~=산꼭대기. 통 1 전복되다. 넘어지다. 뒤집히다. ¶汽车不幸打滑~覆。=자동차가 불행히도 미끄러지면서 전복되다. 2 뒤바뀌다. 착란되다. ¶神魂~倒=정신이 착란되다. 3 (뒤)흔들리다. 요동하다. ¶山路崎岖, 汽车~得人直想吐。=산길이 험해 차가 흔들리는 바람에 자꾸 토할 것만 같다. 4 (~儿) 깡충깡충 뛰(어다니)다. ¶小家伙连跑带~地冲出门去。=녀석들은 깡충깡충 문 밖으로 뛰쳐나갔다. 통 癫(diān)과 같음. 명 (Diān) 성(姓).
【颠簸】 diānbǒ 통 (위아래로) (뒤)흔들리다. 요동하다. ¶风浪太大, 船~得厉害。=풍랑이 무척 커서 배가 심하게 흔들렸다.
【颠倒】 diāndǎo 통 1 (상하·전후의 위치가 원래와 달리) 뒤바뀌다. 전도되다. ¶不要把主次~了。=주객을 전도하지 말아라. 2 착란하다. 뒤섞여 어수선하다. ¶神魂~=정신이 착란되다.
【颠倒黑白】 diāndǎo-hēibái 〈성⟩ 1 흑백을 전도하다. 2 사실을 왜곡하다. 시비를 전도하다. ≒颠倒是非 ↔泾渭分明
【颠倒是非】 diāndǎo shìfēi 〈성⟩ 시비를 전도하다. ≒颠倒黑白 ↔泾渭分明
【颠颠簸簸】 diān·dian bǒbǒ (~的) 형 (위아래로) 무척 흔들리다〔요동치다〕.
【颠颠倒倒】 diān·dian dǎodǎo (~的) 형 (뒤섞여) 무척이나 어수선한 모양.
【颠顶】 diāndǐng 명 정상. 꼭대기.
【颠顿】 diāndùn 통 곤궁에 빠지다. 고달프다. 고생하다. 좌절하다. ¶~~一生=일생을 고달프게 살다.
【颠翻】 diānfān 통 전복하다. 전복되다. 뒤집히다. 뒤엎다. ¶把箱子~过来。=상자를 뒤집어 놓다.
【颠覆】 diānfù 통 1 전복하다. 뒤집다. 뒤엎다. ¶一辆卡车~在路旁的河沟里。=트럭 한 대가 길가 도랑에 전복되었다. 2 (내부 세력이 음모로 합법 정부를) 전복하다. ¶~政权=정권을 뒤집어엎다.
【颠狂】 diānkuáng ☞【癫狂】 diānkuáng

【颠来簸去】**diānlái-bǒqù** ⟨成⟩ 반복해서 흔들리다〔요동치다〕. ¶车子~的, 把人都晃晕了. =차가 계속 흔들려 사람들을 어지럽게 하였다.

【颠来倒去】**diānlái-dǎoqù** ⟨成⟩ (같은 것을) 여러 차례 되풀이하다. ¶他~就这几句话. =그는 이 몇 마디를 여러 차례 되풀이했다.

【颠连】**diānlián** ⟨形⟩⟨书⟩ 1 끊임없이 이어져 있다. ¶山峦~ =산이 끝없이 이어져 있다. 2 (생활이) 가난하다. 어렵다. 고통스럽다. ¶不堪~ =가난을 견딜 수 없다.

【颠鸾倒凤】**diānluán-dǎofèng** ⟨成⟩⟨比⟩ 1 세상일이 뒤죽박죽이다. 세사가 혼란하다. 2 남녀가 뒹굴다. 섹스하다. =【倒凤颠鸾】**dǎofèng-diānluán**

【颠末】**diānmò** ⟨名⟩⟨书⟩ 전말. ¶细述~ =전말을 상술하다.

【颠沛】**diānpèi** ⟨形⟩ 곤궁하다. 고달프다. 고생하다. 좌절하다. ¶~一生 =일생을 곤궁하게 살다.

【颠沛流离】**diānpèi-liúlí** ⟨成⟩ 생활이 어려워서 도처를 떠돌다.

【颠仆】**diānpū** ⟨动⟩ 1 걸려 넘어지다. 2⟨比⟩ 실패하다. 곤란에 빠지다.

【颠扑不破】**diānpū-bùpò** ⟨成⟩ 1 어떻게 해도 깨뜨릴 수 없다. 2⟨比⟩ (이론이나 학설을) 절대 뒤엎을 수 없다.

【颠三倒四】**diānsān-dǎosì** ⟨成⟩ (말·행동·일처리 등이) 조리가 없다. 순서가 없다. 뒤죽박죽이다. 능杂乱无章 语无伦次 ↔井井有条 有条不紊

# 蹎[蹎] **diān** 넘어질 전
⟨动⟩⟨书⟩ (발이 걸려) 넘어지다. 자빠지다.

# 攧[攧] **diān** 넘어질 전
⟨动⟩ (발이 걸려) 넘어지다. [주로 조기 백화문에 보임] ¶不慎~下来. =조심하지 않아 걸려 넘어지다.

# 巅[巔] **diān** 산꼭대기 전
⟨名⟩ 산꼭대기. 산머리. ¶山~ =산꼭대기.

【巅峰】**diānfēng** ⟨名⟩ 1 최고봉. 산 정상. 산꼭대기. 2⟨比⟩ (사물 발전 과정에서) 절정(絶頂). 정점(頂點). 최고봉. 독보적 위치. ¶攀登生物科技的~ =생물 과학 기술의 절정에 오르다.

【巅峰状态】**diānfēng zhuàngtài** ⟨名⟩ (1등의) 최고 수준〔단계〕. 최상의 상태〔컨디션〕. ¶他的研究已经达到~. =그의 연구는 이미 최고 수준에 도달하였다.

# 癫[癲] **diān** 미칠 전
⟨形⟩ (정신이) 착란하다. 미치다. 실성하다. 발광하다. ¶疯疯~~ =미치다.

【癫狂】[顚狂] **diānkuáng** ⟨形⟩ 1⟨醫⟩ 광증(狂症). 전광(癲狂). 광질(狂疾). 2 (언행이) 경박하다. 천박하다. 방정맞다. 점잖지 못하다.

【癫痫】**diānxián** ⟨名⟩⟨醫⟩ 전간(癲癇). 간질(癇疾). 지랄병. ⟨俗⟩【羊痫风】**yángxiánfēng**【羊角风】**yángjiǎofēng**

【癫子】**diān·zi** ⟨名⟩⟨方⟩ 미치광이. 미친 놈. 광인(狂人). 미친 사람.

# **典 diǎn** 법 전
⟨动⟩ 1⟨书⟩ 주관하다. 관장하다. 맡(아 하)다. ¶~试 =시험 업무를 주관하다. 2 전당(典當)잡히다. ¶~当 房屋 =가옥을 전당잡히다. ⟨名⟩ 1⟨书⟩ 제도. 법규. ¶乱世用重~. =난세에는 엄격한 법규를 운용하여야 한다. 2 본보기가 되는 서적. ¶字~ =자전. / 经~ =경전. 3 표준. 법칙. 기준. 모범. 본보기. ¶堪为~范 =본보기가 될 만하다. 4 (성대한) 식. 의식. ¶盛~ =성대한 의식. 5 전고(典故). ¶用~ =전고를 인용하다. 6 (**Diǎn**) 성(姓).

○ 典 diǎn
碘 diǎn
腆 tiǎn

○◆ 操cāo典, 出典, 词典, 辞典, 恩典, 法典, 古典, 经典, 庆qìng典, 释shì典, 应yìng典, 字典

【典常】**diǎncháng** ⟨名⟩ 관습. 관례.

【典当】**diǎndàng** ⟨动⟩ 전당잡히다. =【典押】**diǎnyā** ⟨名⟩⟨方⟩ 전당포.

【典范】**diǎnfàn** ⟨名⟩ 모범. 전범. 본보기. ¶~性的著作 =대표적인 저작. 능模范 榜样

【典故】**diǎngù** ⟨名⟩ (시문에서의) 전고. 고실(故實). ¶引用~ =전고를 인용하다.

【典籍】**diǎnjí** ⟨名⟩ 1 (고대의 법령·제도 등을 기록한) 전적. 책. 2 옛날 책. 고서. ¶~浩繁 =고서가 많다.

【典价】**diǎnjià** ⟨名⟩ 전당 가격.

【典借】**diǎnjiè** ⟨动⟩ 전당을 잡히고 빌리다.

【典礼】**diǎnlǐ** ⟨名⟩ (성대한) 식. 의식. 행사. ¶开幕~ =개막식.

【典卖】**diǎnmài** ⟨动⟩⟨旧⟩ (일정 기간 후) 다시 사는 조건으로 팔다.

【典契】**diǎnqì** ⟨名⟩ (토지·가옥 등의) 전당〔저당〕 계약서.

【典权】**diǎnquán** ⟨名⟩ 전당물 사용권. [일정 액수를 지급하고 남이 전당잡힌 토지·건물 등을 사용하는 권리]

【典身卖命】**diǎnshēn-màimìng** ⟨成⟩ 1 몸을 담보로 하고 목숨을 팔다. 2⟨比⟩ 자기의 모든 것을 바치다. 목숨을 걸다.

【典物】**diǎnwù** ⟨名⟩ 1 전당물. 2 법령. 제도. 규칙. 규정. 법규.

【典型】**diǎnxíng** ⟨名⟩ 1 전형. 대표적인 인물〔일〕. ¶他是当地勤劳致富的~. =그는 그 지방에서 열심히 일해 부자가 된 대표적인 인물이다. 2 (문학·예술 작품에서의) 전형. ⟨形⟩ 전형적인. ¶~事例 =전형적 사례.

【典型化】**diǎnxínghuà** ⟨动⟩ (예술 창작에서) 전형화하다.

【典型性】**diǎnxíngxìng** ⟨名⟩ 전형성. 대표성. ¶这些现象具有一定的~. =이런 현상은 일정한 전형성을 갖추고 있다.

【典押】**diǎnyā** ☞【典当】**diǎndàng**

【典雅】**diǎnyǎ** ⟨形⟩⟨书⟩ 우아하다. ¶陈设~ =장식이 우아하다. ↔粗俗

【典章】diǎnzhāng 몡 법령. 제도. 규칙. 규정. 법규. ¶文物~=문물에 관련된 법령이나 제도.
【典制】diǎnzhì 몡 전장(典章). 법령. 제도. 규칙. 규정. 법규.

**点[點]** diǎn 점 점
몡 1(~儿) (작은) 자국. 반점. 얼룩. ¶斑~=반점. / 泥~儿=흙탕물 얼룩. 2(~儿) (액체) 방울. ¶雨~儿=빗방울. 3 사물의 방면이나 부분. ¶要~=요점. / 缺~=결점. 4 (위치·지점·정도·한도와 같은) 일정한 위치. ¶终~=종점. / 冰~=빙점. 5(~儿) 〈言〉 (한자(漢字) 필획 중의) '丶'. 6(~儿) 〈數〉 (소수의) 점. [주로 '点儿'로 읽음] 7〈數〉 (기하학상의) 점. ¶两~之间直线最短. =두 점 사이의 직선이 가장 짧다. 8 (국문에서 사용하는) 점. ¶文不加~. =글이 더 고칠 필요가 없이 훌륭하다. 9 (시각·군중 소집을 알리는) 운판(雲版). 징. 10 지정된 시간. ¶晚~=연착하다. / 到~=시간이 되다. 11(~儿) (타악기 연주에서 나오는) 리듬. 박자. 가락. 장단. ¶锣鼓~儿=징과 북의 가락. 12 간식. 가벼운 식사. ¶茶~=다과. / 糕~=케이크. 동 1 점을 찍다. ¶画龙~睛=화룡점정. 2 일일이 조사하다. 하나하나 대조하다. ¶清~=일일이 조사하다. / 盘~=재고를 조사하다. 3 지적하다. 가르치다. 일러 주다. 깨우쳐 주다. 귀띔하다. ¶这个道理一~就明. =이 이치는 조금만 일러 주면 금방 분명해진다. 4 주문하다. 지정하다. ¶~菜吃饭=요리를 주문해 식사하다. / 给朋友~歌=친구를 위해 노래를 신청하다. 5 (가볍게) 스치다. 건드리다. 찍다. ¶蜻蜓~水=잠자리가 수면을 스치다. 6 (머리를) 끄덕이다. (손으로) 까딱거리다. ¶他在街对面向我直~头. =그는 길 맞은편에서 나를 향해 계속 머리를 끄덕였다. 7 (액체를) 한 방울씩 떨어뜨리다. ¶~眼药水=안약을 넣다. 8〈農〉 점뿌림(점파)하다. ¶~玉米=옥수수를 점파하다. 9 불을 붙이다. ¶~蜡烛=촛불을 켜다. 10 단장하다. 꾸미다. 장식하다. ¶装~门面=외관을 꾸미다. 11 '踮(diǎn)'과 같다. 양 1(~儿) 약간. 조금. ¶一星半~=아주 조금. / 读一~书=공부를 조금 하다. 2 (사항 등의) 가지. ¶两~说明=두 가지 설명. 3 〈时〉 中午十二~=정오 12시. 4 점. [옛날, 하룻밤을 다섯으로 나눈 '更(gēng)'의 5분의 1을 이르던 시간의 단위] ¶三更两~=밤 12시경. 5 〈印〉 포인트(point). [포인트 활자의 크기 단위. 1포인트는 약 0.35mm다] →面

○- 半点儿, 标biāo点, 查点, 差点, 打点, 掉diào点儿, 丁dīng点儿, 逗dòu点, 蹲dūn点, 观点, 基点, 极点, 加点, 检jiǎn点, 焦jiāo点, 校jiào点, 接点, 力点, 露lù点, 盲máng点, 难点, 盘pán点, 批pī点, 评点, 切qiē点, 圈quān点, 缺quē点, 燃rán点, 熔róng点, 试点, 水点, 晚点, 误wù点, 眼点, 要点, 有点, 正点, 支点, 指点, 质zhì点, 钟点

【点兵】diǎn‖bīng 동 1 몡 부대를 사열하다.

2 옛 (사병이나 장정을) 뽑아서 다른 데로 돌리다. 뽑아서 배치(파견)하다. 3 인력을 안배하다 [배치하다].
【点拨】diǎn·bo 동 지적해 주다. 일깨워 주다. 이끌어 주다. ¶不明白的地方你给一一下. =불명확한 부분을 지적해 주세요.
【点播】diǎnbō 동 1〈農〉 점파(點播)하다. 점뿌림하다. =〖点种〗 diǎnzhòng 2 (청취자·시청자가 방송국 달라고) 노래·만담 따위를 신청하다. 선곡하다. 리퀘스트(request)하다. ¶~歌曲=노래를 신청하다.
【点补】diǎn·bu 동 요기하다. ¶先吃点饼干~一下. =먼저 과자 요기나 해라. ≒点心(diǎn‖xīn) 点饥.
【点菜】diǎn‖cài 동 요리를 주문하다. 요리를 미리 주문(예약)하다.
【点唱】diǎnchàng 동 노래나 중국 전통극의 한 대목을 신청하다(주문하다·선정하다). ¶观众~=관중이 노래를 신청하다.
【点穿】diǎnchuān 동 (한두 마디로 진상·비리·속사정 등을) 폭로하다. 들추어 내다. 까발리다. 간파하다. 갈파하다.
【点窜】diǎncuàn 동 (문장·어구 등을) 바꾸다. 수정하다. 고치다. ¶经他这样一~, 文章精练多了. =그가 이렇게 조금 고치고 나니, 글이 한결 깔끔해졌다.
【点到为止】diǎndào-wéizhǐ 성 (글·연설 등에서) 간략하게만 언급하다. 깊게 분석하지 않다.
【点灯】diǎo‖dēng 동 점등하다. 전등(등불)을 켜다.
【点滴】diǎndī 형 아주 작다(조금이다·미소하다). 자질구레하다. 소소하다. ¶这些~的经验都是在实践中积累起来的. =이러한 작은 경험들은 모두 실천 과정에서 누적되어 온 것이다. 몡 1 사소한 것. ¶这篇文章都是记录生活的~. =이 글은 모두 생활의 사소한 것들을 기록한 것이다. 2〈醫〉 (포도당 용액·생리식염수 등의) 점적(點滴) 주사. ¶打~=점적 주사하다.
【点点】diǎndiǎn 몡 점점(點點). 낱낱의 작은 점. ¶星光~=별빛이 드문드문하다. 동 1 일일이 대조(점검)하다. ¶把钱~, 别弄错了. =돈을 잘 맞춰 봐, 실수하지 말고. 2 점을 찍다. ¶先给古文~, 再作具体分析. =먼저 고문에 점을 찍고, 다시 구체적으로 분석하라. 양 약간. 조금. ¶只喝一~酒. =술을 조금만 마시다.
【点点滴滴】diǎn·dian dīdī (~的) 형 아주 작다(자질구레하다·미소하다). 자질구레하다. 소소하다. ¶~的记忆=소소한 기억
【点定】diǎndìng 동 1 (문장이나 글자를) 고치다. 다듬다. 수정하다. 점찬(點竄)하다. ¶~书稿=원고를 다듬다. 2 지정하다. 주문하다. ¶观众~了要唱这首歌. =관중들은 이 곡을 불러 달라고 주문했다.
【点染】diǎndǔ 동〈美〉 화가가 마음 내키는 대로 윤색을 하다. [중국화 기법의 하나]
【点发】diǎnfā 동 (자동 소총을) 점사(點射)하다. 점발 사격하다.

【点放】diǎnfàng 〔동〕 (꽃불·폭죽을) 터뜨리다. 불을 붙이다. ¶~焰火=꽃불을 터뜨리다.

【点歌】diǎn‖gē 〔동〕 (방송국·가수 등에게) 노래를 신청하다. (노래방에서) 노래를 고르다.

【点鼓】diǎn‖gǔ 〔동〕 북을 약하게(가볍게) 치다.

【点鬼火】diǎn guǐhuǒ 〔동⋅비〕 몰래 선동하다. 은밀히 부추기다. 음모를 꾸미다.

【点焊】diǎnhàn 〔동〕 스폿(spot)용접하다. 점용접하다.

【点号】diǎnhào 〔명〕〔언〕 문장 부호. ['句号(。)·叹号(!)·问号(?)·逗号(,)·分号(;)·顿号(、)·冒号(:)'를 가리킴]

【点化】diǎnhuà 〔동〕 1〔도〕 점화하다. 신선이 도술로 사물을 변화시키다. 2 (승려와 도사가 말로써) 깨우치다. 교화하다. 3 지도하다. 이끌다. 일깨우다. 가르치다. 시사하다. ¶经老师一~, 我很快明白了其中的道理。=선생님의 가르침을 통해 나는 그 이치를 빨리 이해하였다.

【点火】diǎn‖huǒ 〔동〕 1 점화하다. 불을 붙이다〔켜다〕. ¶火箭~升空=점화된 로켓이 하늘로 올라가다. 2〔비〕 선동하다. 부추기다. ¶煽风~=선동하다.

【点击】diǎnjī 〔동〕〔컴〕 클릭(click)하다.

【点饥】diǎn‖jī 〔동〕 요기하다. ≒点补 点心(diǎn‖xīn).

【点检】diǎnjiǎn 〔동⋅문〕 1 조사하다. 점검하다. 2 선발하여 파견하다. 뽑아서 보내다. ¶~兵马=군대를 선발하여 파병하다.

【点将】diǎn‖jiàng 〔동〕 1〔옛〕 사령관이 장군을 지명하여 임무를 부여하다. 2〔비〕 지명하여 임무를 부여하다.

【点交】diǎnjiāo 〔동〕 (돈·물건 등을) 점검〔집계〕후 넘겨주다. ¶~余款=남은 돈을 점검하여 넘겨주다.

【点校】diǎnjiào 〔동〕 구두점을 찍고 교감을 하다. 표점 교감하다. ¶~本=표점 교감본.

【点金成铁】diǎnjīn-chéngtiě 〔성⋅비〕 멀쩡한 것을 공연히 손을 대서 못 쓰게 만들다. ↔点铁成金

【点金乏术】diǎnjīn-fáshù 〔성〕 1 돌을 황금으로 만드는 방술이 통하지 않다. 2〔비〕 어찌할 도리가〔방법이〕 없다.

【点金术】diǎnjīnshù 〔명〕 1 고대에 방사(方士)가 쇠나 돌을 금이 되게 하는 방술. 2〔비〕 마이더스의 손.

【点睛】diǎnjīng 〔동〕 1 점정하다. 점안하다. 2〔비〕 가장 요긴한 대목을 잘 함으로써 전체를 생동적이고 두드러지게 하다. 화룡점정. ¶~之笔=생동감 있는 필치.

【点景】diǎn‖jǐng(~儿) 〔동〕 점경하다. ¶这幅画还需要点点景儿。=이 그림은 점경이 좀 더 필요하다.

【点勘】diǎnkān 〔동〕 (글귀·문자를) 대조 정정하다. 검토 교정하다. ¶~古籍=고서를 대조 정정하다.

【点卤】diǎn‖lǔ 〔동〕 (두부를 굳히기 위해) 간수〔노수〕를 치다.

【点卯】diǎn‖mǎo 〔동〕 1 옛날, 관청에서 묘시(卯時; 오전 5시~7시)에 출근하여 점호하다. 2 출근 도장만 찍다.

【点面结合】diǎn-miàn jiéhé 〔성〕 일부와 전체를 아울러 돌보다. 전체적인 면과 구체적인 면을 고루 고려하다.

【点名】diǎn‖míng 〔동〕 1 출석을 부르다. 점호를 하다. 2 지명하다. ¶领导~要你参加会议。=상사가 당신더러 회의에 참가하라고 지명했습니다.

【点明】diǎnmíng 〔동〕 지적하여 설명하다. 명확하게 지적하다〔밝히다〕. ¶~要点=요점을 명확하게 밝히다.

【点墨】diǎnmò 〔명⋅비〕 최소한의 교양〔소양〕. ¶胸无~=최소한의 교양도 없다.

【点派】diǎnpài 〔동〕 지명하여 파견하다. ¶~扈从=수행원을 지명하여 파견하다.

【点评】diǎnpíng 〔동〕 논평하다. 비평하다. 평론하다. ¶~影片=영화를 논평하다. 〔명〕 논평(문). 비평(문). ¶书中附有名家的~。=책에는 명사의 논평이 함께 수록되어 있다.

【点破】diǎnpò 〔동〕 (한두 마디로 진상·비리·속사정 등을) 폭로하다. 들추어 내다. 까발리다. 간파하다. 갈파하다. ¶事情如果一~, 大家难免会有些尴尬。=일이 폭로되면 모두들 난처함을 면하기 어렵다.

【点钱】diǎn‖qián 〔동〕 돈을 세다.

【点雀子】diǎn qiāo·zi 〔동〕 (약물을 묻혀) 점이나 사마귀를 없애다.

【点清】diǎnqīng 〔동〕 정확하게〔분명하게〕 조사하다. 정산(精算)하다. ¶钱款要当面~。=돈은 직접 앞에서 분명하게 정산해야 한다.

【点球】diǎnqiú 〔명〕〔체〕 페널티 킥(penalty kick).

【点燃】diǎnrán 〔동〕 불을 붙이다. 점화하다. ¶~火把=횃불을 붙이다.

【点染】diǎnrǎn 〔동〕 1〔미〕 점경(點景)하다. 색칠하다. 2〔비〕 글을 꾸미다〔다듬다·윤색하다〕. ¶经他~之后, 文章增色不少。=그가 윤색한 후에 글이 더욱 빛을 발한다.

【点射】diǎnshè 〔동〕〔군〕 (자동소총으로) 점사(點射)하다.

【点石成金】diǎnshí-chéngjīn ☞【点铁成金】 diǎntiě-chéngjīn

【点事不点人】diǎn shì bù diǎn rén 〔성〕 책임자의 이름은 거론하지 않고 일에 대해서만 비판하다.

【点收】diǎnshōu 〔동〕 (화물·자재 등을) 일일이 검수(檢收)하다. ¶~货物=물품을 일일이 검수하다.

【点数】diǎnshù 〔동〕 (숫자를·수량을·금액을) 철저히 조사〔점검〕하다.

【点水】diǎn‖shuǐ 〔동〕 1 수면을 살짝 스치다. 물에 살짝 닿다. ¶要下雨了, 燕子在池塘里不停地~。=비가 오려는지, 제비가 쉴새없이 연못물을 스치며 난다. 2〔비〕 (물건 판매에서 짜고) 바람을 잡다. ¶被人一~, 他也就上当了。=한 사람이 바람을 잡자 그도 넘어갔다.

【点算】diǎnsuàn 〔동〕 검산하다.

【点题】 diǎn‖tí 图 1 (이야기나 문장의) 요점을 지적하다. 핵심을 찌르다. 요약해 내다. 2 대답·해결을 바라는 문제를 지정하다. ¶请市民～, 让市民做好市政建设的好参谋. = 시민들이 문젯거리를 지정하게 함으로써 그들이 시정의 훌륭한 참모가 되게 하다.

【点铁成金】 diǎntiě-chéngjīn 图 1 신선이 쇠붙이에 살짝 손가락을 대어 황금으로 변하게 하다. 2 비 변변찮은 작품을 조금 다듬어서 훌륭하게 만들다. =【点石成金】 diǎnshí-chéngjīn ↔点金成铁

【点头】 diǎn‖tóu (～儿) 图 (허락·찬성·납득·인사의 표시로) 고개를 끄덕이다. ¶看见我, 他～打了个招呼. = 나를 보더니 그가 고개를 끄덕여 인사했다.

【点头哈腰】 diǎntóu-hāyāo 图 1 공손하다. 고분고분하다. 2 과도하게 예의를 차리다. 굽실거리다.

【点头咂嘴儿】 diǎntóu zāzuǐr 图 (탄복·찬탄의 뜻으로) 고개를 끄덕이고 혀를 내두르다.

【点头之交】 diǎntóuzhījiāo 图 인사나 하는 사이. 일면식의 친분.

【点透】 diǎntòu 图 분명하게 지적하다. 명확히〔철저하게〕 밝히다. 파헤치다. ¶你不把事情～, 他是不会明白的. = 네가 분명히 지적하지 않으면, 그는 깨닫지 못할 것이다.

【点戏】 diǎn‖xì (중국 전통극을 관람할 때) 극(劇)을 신청하다〔주문하다·선정하다〕.

【点心】 diǎn‖xīn 图图 요기하다. ≒点补 点饥

【点心】 diǎn·xin 图 1 (떡·과자·빵·케이크 등과 같은) 간식(거리). 2 딤섬(dimsum). ['点心'의 광저우(广州)어 발음에서 유래함]

【点醒】 diǎnxǐng 图 지적하여 깨닫게 하다〔깨우쳐 주다〕. ¶他一句话把我给～了. = 그의 한마디가 나를 깨우쳐 주었다.

【点穴】 diǎn‖xué 图 1 (권법에서 손가락으로) 점혈하다. 혈도를 막히게 하다. 2 (醫) 손가락이나 팔꿈치로 환자의 혈과 기타 특정 부위를 누르다. [안마 요법의 하나] 3 비 (일·문제 등의) 정곡〔핵심〕을 찌르다.

【点验】 diǎnyàn 图 점검하다. 일일이 조사〔검사〕하다. ¶～物资 = 물자를 일일이 조사하다.

【点着】 diǎnzháo 图 점화하다. 불을 붙이다. ¶蜡烛把被褥～了. = 촛불이 이불에 옮겨 붙었다.

【点阵】 diǎnzhèn 图(物) 격자(格子).

【点种】 diǎn‖zhǒng 图(農) 점파(點播)하다. 점뿌림하다.

【点中】 diǎnzhòng ☞【点播】 diǎnbō

【点中】 diǎnzhòng 图 (정곡·핵심·급소·문제점 등을) 찌르다. 적중하다.

【点缀】 diǎn·zhuì 图 1 단장하다. 꾸미다. 장식하다. 돋보이게 하다. 아름답게 하다. ¶几束鲜花把房间～得格外温馨. = 생화 몇 다발이 방을 무척이나 따스하고 향기롭게 한다. 2 숫자〔머릿수〕를 채우다. 구색을 맞추다. 그럴듯하게 꾸미다. 겉치레하다. ¶～升平 = 태평하게 보이게 하다. ≒装点

【点字】 diǎnzì ☞【盲字】 mángzì

【点子】 diǎn·zi 图 1 (작은) 자국. 반점. 얼룩. 점. ¶油～ = 기름 얼룩. 2 (액체) 방울. ¶水～ = 물방울. 3 방법. 생각. 의견. 아이디어. ¶你给出出～. = 네가 방법을 내 봐라. 4 요점. 관건. 급소. 관건. 키 포인트. 핵심. ¶这话算是说到～上了. = 이 말은 핵심을 찔렀다고 할 수 있다. 5 (音) (타악기의) 박자. 리듬. 장단. ¶鼓～ = 북장단. 图 약간. 조금. ¶感冒不严重, 吃～药就没事了. = 감기가 심하지는 않아, 약만 좀 먹으면 괜찮을 것이다.

【点子公司】 diǎn·zi gōngsī 图 컨설팅 회사.

## 碘 diǎn 요오드 전

图团(化) 요오드(I, iodine). [원자 번호 53]

【碘酊】 diǎndīng 图(醫) 요오드팅크. 옥도정기. ≒【碘酒】 diǎnjiǔ

【碘仿】 diǎnfǎng 图(化) 요오드포름(iodoform). 트리요오드메탄(Triiodomethane). =【三碘甲烷】 sān diǎnjiǎwán

【碘化钠】 diǎnhuànà 图(化) 요오드화 나트륨.

【碘化物】 diǎnhuàwù 图(化) 요오드화물.

【碘化银】 diǎnhuàyín 图(化) 요오드화 은.

【碘酒】 diǎnjiǔ ☞【碘酊】 diǎndīng

【碘片】 diǎnpiàn 图(醫) 요오드 정제〔알약〕. [주로 방사선병 예방에 쓰임]

【碘钨灯】 diǎnwūdēng 图 요오드 전구.

【碘盐】 diǎnyán 图 요오드염. [갑상선 비대증 등의 질병을 예방하는 효과가 있음]

## 踮 [(跕)] diǎn 발돋움할 접

图 발돋움하다. 까치발〔깨금발〕을 딛다. ¶他～起脚望露天舞台上看. = 그는 까치발을 딛고 노천 무대 위를 바라보았다.

【踮脚】 diǎnjiǎo (～儿) 图图 한쪽 발을 깨금발을 하고 걷는 모양. 图 발돋움하다. 까치발〔깨금발〕을 딛다. ¶他长了个大个子, 一～就能摸到天花板. = 그는 키가 매우 커서, 까치발을 하면 손이 천장에 닿는다.

## 电 [電] diàn 번개 전

图 1 (物) 전기. ¶发～ = 발전하다. / 用～ = 전기를 사용하다. 2 번개. ¶雷～交加 = 천둥 번개가 한꺼번에 치다. 3 전보. ¶急～ = 급전. 图 1 감전되다. ¶不小心被～了一下. = 조심하지 않아 감전되었다. 2 전보를 치다. 전화를 걸다. 팩스를 보내다. ¶～告上级 = 상부에 전보를 쳐서 알리다.

0● 充chōng电, 触chù电, 带电, 代电, 导dǎo电, 发电, 放电, 负电, 函hán电, 贺hè电, 回电, 机电, 静jìng电, 烤kǎo电, 雷léi电, 联lián电, 漏lòu电, 跑电, 闪shǎn电, 市电, 输shū电, 天电, 阳yáng电, 阴yīn电, 邮电, 正电, 专zhuān电

【电霸】 diànbà 图 악덕 전기 담당자〔담당 기관〕. [전기 관리의 직권을 이용하여 사용자에게 횡포

를 부리는 부서나 개인] =【电老虎】**diànlǎohǔ**
【电版】**diànbǎn** [명]《印》(인쇄에서의) 전기판(電氣版). 일렉트로타이프(electrotype).
【电棒】**diànbàng**(～儿) ☞【手电筒】**shǒu diàntǒng**
【电报】**diànbào** [명] **1** 전보. **2** 전보문. 전문. ¶发～=전문을 보내다.
【电报挂号】**diànbào guàhào** [명] 전신 약호(電信略號). [영] telegraphic address
【电笔】**diànbǐ** ☞【试电笔】**shìdiànbǐ**
【电表】**diànbiǎo** [명]《電》 **1** 테스터(tester). 회로계. 전류계. 볼트미터(voltmeter). **2** ☞【瓦特小时计】**wǎtèxiǎoshíjì**
【电冰柜】**diànbīngguì** [명] (점포·업소용) 냉장고. 냉장 쇼케이스. 아이스크림 냉동고. [약]【冰柜】**bīngguì**
【电冰箱】**diànbīngxiāng** [명] 냉장고. [약]【冰箱】**bīngxiāng**
【电波】**diànbō** ☞【电磁波】**diàncíbō**
【电铲】**diànchǎn** ☞【掘土机】**juétǔjī**
【电厂】**diànchǎng** ☞【发电厂】**fādiànchǎng**
【电场】**diànchǎng** [명]《物》 전기 마당. 전기장. 전장(電場).
【电场线】**diànchǎngxiàn** [명]《物》 전기력선.
【电唱机】**diànchàngjī** [명] 전축. 레코드 플레이어(record player).
【电唱头】**diànchàngtóu** ☞【拾音器】**shíyīnqì**
【电炒锅】**diànchǎoguō** [명] 전기 프라이팬.
【电车】**diànchē** [명] 전차.
【电陈】**diànchén** [동] (사유를) 전보로 진술하다. ¶～原委=사건의 경위를 전보로 진술하다.
【电称】**diànchēng** [동] 전보로 …라고 말하다. ¶厂房～不能按时到货。=시간에 맞춰 입하(入荷)할 수 없다고, 공장에서 전보로 알려 왔다.
【电池】**diànchí** [명]《電》 전지.
【电传】**diànchuán** [동] 팩스〔팩시밀리〕로 보내다. [명] 팩스문.
【电吹风】**diànchuīfēng** [명] 전기 드라이어. 건조기. 머리말리개.
【电炊具】**diànchuījù** [명] (전기 프라이팬·전기밥솥·전기 오븐·전기 주전자 따위의) 전기 취사 도구.
【电锤】**diànchuí** [명]《機》 전기 해머.
【电瓷】**diàncí** [명]《電》 (도기로 만든) 뚱딴지. 애자(碍子). 퓨즈(fuse).
【电磁】**diàncí** [명]《物》 전자. 전자기(電磁氣).
【电磁波】**diàncíbō** [명]《物》 전자파. 전자기파(電磁氣波). =【电波】**diànbō**
【电磁波污染】**diàncíbō wūrǎn** [명] 전자파 오염〔공해〕.
【电磁场】**diàncíchǎng** [명]《電》 전자장. 전자기 마당.
【电磁辐射】**diàncí fúshè** [명]《物》 전자기 복사. [영] electromagnetic radiation
【电磁感应】**diàncí gǎnyìng** [명]《物》 전자 감응. 전자 유도.
【电磁炉】**diàncílú** [명] 전자로. [영] electromagnetic furnace
【电磁炮】**diàncípào** [명]《軍》 (운동에너지 병기 중의) 전자기 포.
【电磁铁】**diàncítiě** [명] 전기 자석.
【电磁灶】**diàncízào** [명] (전자로를 이용한 취사용) 인덕션 쿠커(Induction cooker)·인덕션 레인지(Induction range)·핫플레이트 등.
【电大】**diàndà** ☞【电视大学】**diànshìdàxué**
【电导】**diàndǎo** [명]《物》 전기 전도율(電氣傳導率). 전도도. 전도율. 컨덕턴스(conductance). [단위는 모(mho)]
【电灯】**diàndēng** [명] 전등. 백열등.
【电灯泡】**diàndēngpào**(～儿) [명] **1** (백열등의) 전구. **2** [비] 훼방꾼. 곱사리꾼. [알고 지내는 남녀의 데이트 등을 방해하는 사람을 농담조로 이르는 말] =【电灯泡子】**diàndēngpào·zi**
【电灯泡子】**diàndēngpào·zi** ☞【电灯泡】**diàndēngpào**
【电吊】**diàndiào** [명] 전기 크레인.
【电动】**diàndòng** [형] 전동의. 전기의. ¶～自行车=전기 자전거.
【电动机】**diàndòngjī** [명]《機》 전동기(電動機). 모터(motor).
【电动势】**diàndòngshì** [명]《物》 기전력(起電力). 동전력(動電力). 전동력(電動力). [단위는 볼트(V)]
【电度表】**diàndùbiǎo** [명] 전력계. 전기 계량기. 전기 미터.
【电镀】**diàndù** [동] 전기 도금하다.
【电饭煲】**diànfànbāo** [명] 전기 밥솥. =【电饭锅】**diànfànguō**
【电饭锅】**diànfànguō** ☞【电饭煲】**diànfànbāo**
【电费】**diànfèi** [명] 전기 요금. 전기세.
【电风扇】**diànfēngshàn** [명] 선풍기.
【电复】**diànfù** [동] 전보로 회답하다.
【电杆】**diàngān** ☞【电线杆】**diànxiàngān**
【电杆架】**diàngānjià** [명]《機》 팬터그래프(pantograph). [전기 기관차·전철 등의 집전(集電) 장치] =【导电弓架】**dǎodiàngōngjià**
【电镐】**diàngǎo** [명]《機》 전기 착암기(鑿巖機).
【电告】**diàngào** [동] 전보로 통지〔보고〕하다. ¶将紧急通知～各单位。=긴급 연락을 전보로 각 부서에 알리다.
【电工】**diàngōng** [명] **1** 전기공(電氣工). 전공(電工). 전기 기술자. **2**《電》 전기 공학.
【电工学】**diàngōngxué** [명]《電》 전기 공학.
【电功率】**diàngōnglǜ** [명]《電》 전력. [단위는 와트(W)]
【电购】**diàngòu** [동] 통신 구매를 하다.
【电灌】**diànguàn** [동] 전기 펌프를 사용하여 양수(揚水)·관개(灌溉)하다. ¶～站=전기 관개·양수 펌프장.
【电光】**diànguāng** [명] **1**《電》 전광. 전깃불. **2** 번갯불. **3** (특수 처리를 통해 생긴) 직물의 광택.
【电光石火】**diànguāng-shíhuǒ** [성] **1** 번개와

부싯돌의 불빛. **2**㊗ 전광석화처럼 재빠르게 지나가는 것. 몹시 짧은 시간. 몹시 재빠른 동작.
【电滚子】 **diàngǔn·zi** ㊂㊗ **1** 전동기. 모터. **2** 발전기.
【电函】 **diànhán** ㊂ 전신으로 보낸 소식. [전보문·팩스문·이메일 등을 포함함]
【电焊】 **diànhàn** ☞【电弧焊接】**diànhú hànjiē**
【电焊机】 **diànhànjī** ㊂ 전기 용접기.
【电耗】 **diànhào** ㊂ 전기 소모.
【电耗子】 **diànhào·zi** ㊂ 전기 절도범. [공공 기관의 전기를 몰래 사용하는 사람] =【电老鼠】**diànlǎoshǔ**
【电贺】 **diànhè** ㊂ 전보나 팩스로 축하하다. ¶~母校百年华诞. =축전을 보내 모교의 개교 백 주년을 축하하다.
【电荷】 **diànhè** ㊂(電) 전하. 차지(charge). 하전(荷電).
【电弧】 **diànhú** ㊂(電) 아크 방전(arc放電). 전호(電弧).
【电弧焊接】 **diànhú hànjiē** ㊂ 아크 용접(arc鎔接). 전호 용접. 호광 용접. ㊗ ☞【电焊】**diànhàn**
【电化教育】 **diànhuà jiàoyù** ㊂(教) 시청각 교육(視聽覺敎育). ㊗ ☞【电教】**diànjiào**
【电话】 **diànhuà** ㊂ **1** 전화기. **2** 전화. ¶接~ =전화를 받다.
【电话簿】 **diànhuàbù** ㊂ 전화 번호부.
【电话磁卡】 **diànhuà cíkǎ** ㊂ (마그네틱) 전화 카드.
【电话会议】 **diànhuà huìyì** ㊂ 전화 회의.
【电话机】 **diànhuàjī** ㊂ 전화기. ㊗ ☞【话机】**huàjī**
【电话交换机】 **diànhuà jiāohuànjī** ㊂ 전화 교환기. 교환기.
【电话局】 **diànhuàjú** ㊂ 전화국.
【电话卡】 **diànhuàkǎ** ㊂ 전화 카드(의 총칭).
【电话亭】 **diànhuàtíng** ㊂ 전화 박스.
【电汇】 **diànhuì** ㊂ 전신환을 보내다. ¶明天~五百元给父母. =내일 500위안을 전신환으로 부모님께 보내 드린다. ㊂ 전신환. ¶所收~已经入帐. =받은 전신환을 이미 출납부에 올렸다.
【电火锅】 **diànhuǒguō** ㊂ 전기 전골 냄비.
【电火花】 **diànhuǒhuā** ㊂ 스파크. 전기 불꽃.
【电击】 **diànjī** ㊂ 전기 충격을 받다. 전기 쇼크를 먹다. ¶~身亡 =전기 쇼크로 사망하다.
【电机】 **diànjī** ㊂(機) **1** 전기. 전기 기계. **2** 전동기. 모터. 발전기.
【电极】 **diànjí** ㊂(電) 전극. 터미널(terminal). 폴(pole).
【电价键】 **diànjiàjiàn** ☞【离子键】**lízǐjiàn**
【电键】 **diànjiàn** ㊂ 전건(電鍵). [전화·전신용 스위치·키 따위]
【电教】 **diànjiào** ☞【电化教育】**diànhuà jiàoyù**
【电解】 **diànjiě** ㊂(化) 전기 분해하다. 전해하다.
【电解质】 **diànjiězhì** ㊂(化) 전해질.

【电介】 **diànjiè** ㊂ 유전체(誘電體). 전매질. =【电介体】**diànjiètǐ**【电介质】**diànjièzhì**
【电介体】 **diànjiètǐ** ☞【电介】**diànjiè**
【电介质】 **diànjièzhì** ☞【电介】**diànjiè**
【电介质】 **diànjièzhì** ㊂(物) (유리·에보나이트·고무 따위의) 전기 절연체. 부도체.
【电警棍】 **diànjǐnggùn** ㊂ 전기 경찰봉. 전기 곤봉.
【电锯】 **diànjù** ㊂ 전기톱.
【电抗】 **diànkàng** ㊂(電) 전기 저항. 저항. [단위는 옴(Ω)]
【电烤炉】 **diànkǎolú** ㊂ 전기 오븐.
【电烤箱】 **diànkǎoxiāng** ㊂ (소형) 전기 오븐.
【电喇叭】 **diànlǎ·ba** ㊂㊗ 확성기.
【电缆】 **diànlǎn** ㊂ (전화선·전력선 따위의) 케이블.
【电缆电视】 **diànlǎn diànshì** ☞【有线电视】**yǒuxiàn diànshì**
【电老虎】 **diànlǎohǔ** ☞【电霸】**diànbà**
【电老鼠】 **diànlǎoshǔ** ☞【电耗子】**diànhào·zi**
【电离】 **diànlí** ㊂ **1**(電) 전리(電離)하다. 전리되다. **2**(化) 이온화되다. 이온화하다.
【电离层】 **diànlícéng** ㊂(物) 전리층.
【电离层暴】 **diànlícéngbào** ㊂(物) 이온층 폭풍(ion層暴風). 전리층 폭풍(電離層暴風).
【电力】 **diànlì** ㊂(電) 전력.
【电力纺】 **diànlìfǎng** ㊂(紡) 하보타이(Habotai). [중국산 견직물]
【电力网】 **diànlìwǎng** ㊂(電) 전력 계통. ㊗【电网】**diànwǎng**
【电力线】 **diànlìxiàn** ㊂ **1**(送) 전선. **2**(物) 전기력선(電氣力線). 전기 지력선. 전력선.
【电量】 **diànliàng** ㊂(電) 전기량(電氣量). 전량(電量).
【电疗】 **diànliáo** ㊂(醫) 전기 치료. 전기 요법.
【电料】 **diànliào** ㊂ 전기 기재.
【电铃】 **diànlíng** ㊂ 초인종. 벨. 전기종.
【电流】 **diànliú** ㊂(電) **1** 전류. **2** ☞【电流强度】**diànliú qiángdù**
【电流表】 **diànliúbiǎo** ☞【安培计】**ānpéijì**
【电流强度】 **diànliú qiángdù** ㊂(電) 전류의 강도. 전류의 세기. [단위는 암페어(A)] ㊗【电流】**diànliú**
【电炉】 **diànlú** ㊂ (공업용) 전기로(電氣爐). (가정용) 전기 난로. 전기 스토브.
【电路】 **diànlù** ㊂(電) 전로. 회로.
【电路板】 **diànlùbǎn** ㊂(電) 회로기판.
【电路图】 **diànlùtú** ㊂(電) 전기 회로도.
【电码】 **diànmǎ** ㊂ **1** (모스 부호·인쇄기 부호 따위의) 전신 부호. **2** (한자(漢字)용) 전신 부호. [중국에서 한자(漢字)로 전보를 칠 때, 한 개의 한자(漢字)를 나타내는 네 개의 아라비아 숫자]
【电脉冲】 **diànmàichōng** ㊂(電) 전자 펄스(pulse).
【电鳗】 **diànmán** ㊂(動) 전기뱀장어.
【电门】 **diànmén** ☞【开关】**kāiguān**

## 440 diàn 电

【电母】**diànmǔ** 번개의 여신(女神). [한 손에 거울을 들고 권선징악을 행한다는 중국 전설상의 여신] ¶雷公~ = 우레의 신과 번개의 여신.

【电木】**diànmù** ☞【胶木】**jiāomù**

【电木胶】**diànmùjiāo**（化）베이클라이트(Bakelite). 석탄산수지. 페놀수지.

【电脑】**diànnǎo** ☞【电子计算机】**diànzǐ jìsuànjī**

【电脑犯罪】**diànnǎo fànzuì** ☞【计算机犯罪】**jìsuànjī fànzuì**

【电脑综合征】**diànnǎo zōnghézhēng** ☞【计算机综合征】**jìsuànjī zōnghézhēng**

【电脑病毒】**diànnǎo bìngdú** ☞【计算机病毒】**jìsuànjī bìngdú**

【电脑黑客】**diànnǎo hēikè** 해커(hacker).

【电脑红娘】**diànnǎo hóngniáng** 컴퓨터 중매. 컴퓨터 커플 매칭 시스템.

【电脑化空间】**diànnǎohuà kōngjiān** 가상 공간. 사이버 공간.

【电脑酒吧】**diànnǎo jiǔbā** 인터넷 카페.

【电脑咖啡屋】**diànnǎo kāfēiwū** ☞【网吧】**wǎngbā**

【电脑盲】**diànnǎománg** 컴맹.

【电能】**diànnéng**（电）1 전기 에너지. 2 전기량(電氣量). 전량(電量).

【电钮】**diànniǔ** 전기스위치. 누름단추. 버튼.

【电瓶】**diànpíng** ☞【蓄电池】**xùdiànchí**

【电瓶车】**diànpíngchē**（축전지가 동력 공급원인）전기 자동차. 축전지차.

【电气】**diànqì** 전기. ¶~设备 = 전기 설비.

【电气火车】**diànqì huǒchē** 전기 기관차. 전동차.

【电气化】**diànqìhuà** 전화(電化).

【电气石】**diànqìshí**（礦）전기석.

【电器】**diànqì** 1（电）전기 기구〔설비〕. 2 가전제품. 가전. 가정 전기 기기.

【电桥】**diànqiáo**（电）브리지(bridge). [두 개의 근거리 통신망(LAN)을 상호 접속해 주는 통신망 연결 장치]

【电热】**diànrè** 전열. ¶~处理 = 전열 처리.

【电热杯】**diànrèbēi** 전기컵.

【电热厂】**diànrèchǎng** ☞【热电厂】**rèdiàn chǎng**

【电热器】**diànrèqì** 전열기.

【电热褥】**diànrèrù** ☞【电热毯】**diànrètǎn**

【电热水器】**diànrèshuǐqì** 전기 온수기.

【电热毯】**diànrètǎn** 전기 장판. 전기요. =【电褥·zi】

【电容】**diànróng**（电）1 전기 용량. 정전 용량(靜電容量). 커패시턴스(capacitance). [단위는 '法拉(패럿(farad, F))'이며, 1F는 1C / V임] 2 ☞【电容器】**diànróngqì**

【电容器】**diànróngqì**（电）축전기. 콘덴서(condenser). =【电容】**diànróng**【容电器】**róngdiànqì**

【电褥子】**diànrù·zi** ☞【电热毯】**diànrètǎn**

【电扇】**diànshàn** 선풍기.

【电声】**diànshēng** 전기 음향. ¶~音乐 = 전자음악.

【电声乐队】**diànshēng yuèduì**（音）전자 악기 밴드.

【电石】**diànshí**（化）탄화칼슘. 칼슘카바이드. 아세틸렌화칼슘. 칼슘아세틸리드. 카바이드. [화학식은 CaC₂]

【电石气】**diànshíqì** ☞【乙炔】**yǐquē**

【电视】**diànshì** 1 텔레비전. [사물의 영상 정보를 전기 신호로 전송하는 통신 방식] 2 텔레비전(방송). ¶看~ = TV 방송을 시청하다. 3 텔레비전(수상기). TV. ¶大~ = 대형 화면 TV.

【电视差转台】**diànshì chāzhuǎntái** 중계국. =【电视差转站】**diànshì chāzhuǎn zhàn**

【电视差转站】**diànshì chāzhuǎnzhàn** ☞【电视差转台】**diànshì chāzhuǎntái**

【电视传媒业】**diànshìchuánméiyè** 텔레비전 방송업. [광과민성 간질 환자가 텔레비전 화면을 시청한 후 발병하는 질병]

【电视大学】**diànshì dàxué** 방송 통신 대학. =【广播电视大学】**guǎngbō diànshì dàxué**【电大】**diàndà**

【电视癫痫】**diànshì diānxián**（醫）광과민성 발작. 닌텐도 간질. [광과민성 간질 환자가 텔레비전 화면을 시청한 후 발병하는 질병]

【电视电话】**diànshì diànhuà** 화상 전화.

【电视电影】**diànshì diànyǐng**（映）(TV 방송용으로 제작된) 텔레비전 영화.

【电视短剧】**diànshì duǎnjù** ☞【电视小品】**diànshì xiǎopǐn**

【电视发射塔】**diànshì fāshètǎ** 텔레비전 송신탑. =【电视塔】**diànshìtǎ**

【电视购物】**diànshìgòuwù** TV 홈쇼핑.

【电视柜】**diànshìguì** TV 수상기 세트. 텔레비전 장(欌).

【电视会议】**diànshì huìyì** 화상 회의.

【电视机】**diànshìjī** ☞【电视接收机】**diànshì jiēshōujī**

【电视接收机】**diànshì jiēshōujī** 텔레비전 수상기. ⑤【电视机】**diànshìjī**

【电视剧】**diànshìjù** 텔레비전 드라마.

【电视连续剧】**diànshì liánxùjù** 텔레비전 연속극.

【电视片儿】**diànshìpiānr**（口）(드라마·쇼 등의) 텔레비전 제작물.

【电视片】**diànshìpiàn**（드라마·쇼 등의) 텔레비전 제작물.

【电视频道】**diànshì píndào** 텔레비전 채널.

【电视人】**diànshìrén**（방송국 직원을 포함하여) 텔레비전 방송 사업에 종사하는 사람.

【电视塔】**diànshìtǎ** ☞【电视发射塔】**diànshì fāshètǎ**

【电视台】**diànshìtái** 텔레비전 방송국.

【电视网】**diànshìwǎng** 电视网络(텔레비전 네트워크).

电 diàn 441

【电视文艺】diànshì wényì 图(藝) 텔레비전 문예 작품. [음악·무용·노래·종합 예술·문학 관련 프로그램 등].

【电视系列片儿】diànshì xìlièpiānr 图(구) 텔레비전 시리즈〔연속물〕.

【电视系列片】diànshì xìlièpiàn 图 텔레비전 시리즈〔연속물〕.

【电视小品】diànshì xiǎopǐn 图 (주로 희극적인) 텔레비전 단막극. =【电视短剧】diànshì duǎnjù

【电视兴奋症】diànshì xīngfènzhèng 图(醫) 텔레비전 발작 증세. [텔레비전 시청에서 비롯된 과도한 흥분과 슬픔이 중추 신경을 강하게 자극하여 생기는 병]

【电视眼】diànshìyǎn 图(醫) VDT 증후군. [텔레비전 등으로 인한 눈병의 일종]

【电视综合症】diànshì zōnghézhèng 图(醫) 텔레비전 증후군. [지나친 텔레비전 시청으로 인한 시력 감퇴·식욕 부진·소화 불량·수면 장애 같은 질병의 총칭] (图)【电视病】diànshìbìng

【电势】diànshì 图(物) 전위(電位). =【电位】diànwèi

【电势差】diànshìchā 图 전위차(電位差). 전압. =【电位差】diànwèichā 【电压】diànyā

【电枢】diànshū 图(電) 전기자(電氣子). 아마추어.

【电水壶】diànshuǐhú 图 커피포트.

【电死】diànsǐ 图 감전사(感電死)하다.

【电算】diànsuàn 图 컴퓨터·전자 계산기로 계산하다.

【电台】diàntái 图 1 ☞【无线电台】wúxiàn diàntái 2 라디오 방송국.

【电烫】diàntàng 图 파마를 하다.

【电梯】diàntī 图(機) 1 엘리베이터. 2 에스컬레이터.

【电筒】diàntǒng ☞【手电筒】shǒudiàn tǒng

【电头】diàntóu 图 (전신·통신 보도 등의) 맨 앞 부분. [통신사 명칭·보도 지점·일시 등을 기재함. 예컨대 '新华社北京2月8日电(신화사 통신 북경발 2월 8일자 통신)']

【电网】diànwǎng 图 1 ☞【电力网】diànlì wǎng 2 전기 철조망.

【电位】diànwèi ☞【电势】diànshì

【电位差】diànwèichā ☞【电势差】diànshì chā

【电文】diànwén 图 1 전보문(電報文). 전문. ¶草拟~=전문을 기초(起草)하다. 2 팩스문·이메일 서신 등.

【电悉】diànxī 图 (상황을) 전보나 팩스를 통해 알다. ¶~病情, 甚为挂念. =전보로 병세를 전해 듣고 무척 근심하다.

【电线】diànxiàn 图(電) 전선. 전기선. 전깃줄.

【电线杆】diànxiàngān 图 (목제 또는 시멘트로 된) 전신주. 전봇대. =【电线杆子】diànxiàngān·zi 【电杆】diàngān

【电谢】diànxiè 图 전보나 팩스를 보내 고마움

을 표하다.

【电信】diànxìn 图 전신.

【电信号】diànxìnhào 图 전자파 신호.

【电信局】diànxìnjú 图 전신국.

【电信业务】diànxìn yèwù 图 전신 업무.

【电刑】diànxíng 图 1 전기 사형. 2 전기 고문.

【电须刀】diànxūdāo 图 전기면도기.

【电讯】diànxùn 图 1 전화·전보·팩스·무선 설비 등으로 보내는 소식·보도. 2 인터넷으로 전송되는 소식·보도. 3 무선 신호. 4 전기 통신.

【电压】diànyā ☞【电势差】diànshìchā

【电压表】diànyābiǎo ☞【伏特计】fútèjì

【电压计】diànyājì ☞【伏特计】fútèjì

【电眼】diànyǎn 图 1 사진 판정. 포토 피니쉬 (photo finish). ¶凭~判决输赢. =사진 판정으로 승부를 결정하다. 2 (라디오 등의) 매직 아이 (magic eye). 3 图 감시용 폐쇄 회로 텔레비전.

【电唁】diànyàn 图 조전(弔電)을 치다. 팩스로 애도의 뜻을 표하다. ¶~亡友=죽은 벗을 애도하는 조전을 치다.

【电邀】diànyāo 图 전보나 팩스로 초청하다. ¶~出访=전보로 초청을 받고 외국 방문길에 오르다.

【电椅】diànyǐ 图 전기의자.

【电影】diànyǐng (~儿) 图 1 (映) (종합 예술로서의) 영화. 2 (방영되는) 영화. ¶看通宵~=심야 영화를 관람하다.

【电影剧本】diànyǐng jùběn 图(映) 영화 각본 〔대본〕. 시나리오.

【电影片儿】diànyǐngpiānr 图(구) 1 (방영용) 영화 필름. 영화 시디롬(cd-rom). 2 (방영되는) 영화. =【电影片子】diànyǐngpiān·zi

【电影片子】diànyǐngpiān·zi ☞【电影片儿】diànyǐngpiānr

【电影片】diànyǐngpiàn 图(映) 1 (방영용) 영화 필름. 영화 시디롬(cd-rom). 2 (방영되는) 영화. ¶要放的这部~讲了个喜剧故事. =방영하려는 이 영화는 희극물이다.

【电影摄影机】diànyǐng shèyǐngjī 图(映) 영화 촬영기〔카메라〕. (图)【摄影机】shèyǐngjī

【电影厅】diànyǐngtīng 图 영화 상영 홀(hall).

【电影院】diànyǐngyuàn 图 영화관. 극장.

【电影周】diànyǐngzhōu 图 영화 주간.

【电泳】diànyǒng 图(電) 전기 이동.

【电源】diànyuán 图(電) 전원.

【电晕】diànyùn 图(電) 코로나(corona).

【电熨斗】diànyùndǒu 图 전기다리미.

【电灶】diànzào 图 전기 (오븐) 레인지.

【电闸】diànzhá 图 (대형 전력용) 스위치. 개폐기(開閉器).

【电站】diànzhàn 图 발전소.

【电钟】diànzhōng 图 전기 시계.

【电珠】diànzhū 图 꼬마 전구. 소형 전구.

【电灼疗法】diànzhuó liáofǎ 图(醫) 전기 소작 요법.

【电子】diànzǐ 图(物) 전자. 일렉트론. [기호는 'e']

【电子版】diànzǐbǎn 명 전자판.
【电子笔友】diànzǐ bǐyǒu 명 (이메일을 통한) 키팔(Keypal) 친구. 전자 펜팔 친구. 인터넷 펜팔 친구.
【电子表】diànzǐbiǎo 명 1 전자 시계. 2 ☞【电子手表】diànzǐ shǒubiǎo
【电子秤】diànzǐchèng 명 전자 저울. 전기식 저울.
【电子出版物】diànzǐ chūbǎnwù 명 전자 출판물. [CD-ROM·e-book 등 컴퓨터를 이용한 전자적 기록 매체 형태로 발행된 출판물의 총칭]
【电子词典】diànzǐ cídiǎn 명 전자 사전.
【电子对抗】diànzǐ duìkàng 명(軍) 전자전. ㊌【电子战】diànzǐzhàn
【电子防御】diànzǐ fángyù 명(軍) (전자전에서의) 전자(방해) 방어.
【电子干扰】diànzǐ gānrǎo 명(軍) (전자전에서의) 전자 방해.
【电子管】diànzǐguǎn 명(電) 전자관. 진공관. =【真空管】zhēnkōngguǎn
【电子函件】diànzǐ hánjiàn ☞【电子邮件】diànzǐ yóujiàn
【电子货币】diànzǐ huòbì 명(經) 전자 화폐. 전자돈. 사이버머니.
【电子计算机】diànzǐ jìsuànjī 명(컴) 컴퓨터. ㊌【计算机】jìsuànjī ㊌【电脑】diànnǎo
【电子流】diànzǐliú 명(電) 전자류.
【电子裁判】diànzǐ cáipàn 명(體) (운동 경기의) 컴퓨터 판정. ¶~最大的优点是不像录像那样事后判决, 也不会影响比赛的进程。= 컴퓨터 판정의 가장 큰 장점은 녹화처럼 사후 판정이 아니며, 경기 진행에도 영향을 끼치지 않는다는 것이다.
【电子枪】diànzǐqiāng 명 전자총.
【电子琴】diànzǐqín 명(音) 전자오르간.
【电子商务】diànzǐ shāngwù 명(經) 전자 상거래.
【电子手表】diànzǐ shǒubiǎo 명 전자 손목시계. =【电子表】diànzǐbiǎo
【电子书】diànzǐshū ☞【电子图书】diànzǐ túshū
【电子书籍】diànzǐ shūjí ☞【电子图书】diànzǐ túshū
【电子图书】diànzǐ túshū 명 1 전자 도서. =【电子书】diànzǐshū【电子书籍】diànzǐ shūjí 2 피디에이(PDA). 3 아동 오락용 전자 도서.
【电子书库】diànzǐ shūkù 명 도서 시디롬(cd-rom). 전자 도서 제공 사이트.
【电子束】diànzǐshù 명(物) 전자 빔.
【电子数据处理】diànzǐ shùjù chǔlǐ 명(컴) 전산 정보〔데이터〕처리.
【电子图书馆】diànzǐ túshūguǎn 명 전자 도서관. =【虚拟图书馆】xūnǐ túshūguǎn
【电子玩具】diànzǐ wánjù 명 전자 완구.
【电子污染】diànzǐ wūrǎn 명 1 전자파 오염〔공해〕. 2 (전자파 오염을 유발하는) 전자파.

【电子武器】diànzǐ wǔqì 명(軍) 전자 무기.
【电子雾】diànzǐwù 명 (전자파 오염을 유발하는) 전자파. =【电子烟雾】diànzǐ yānwù
【电子显微镜】diànzǐ xiǎnwēijìng 명 전자 현미경.
【电子相册】diànzǐ xiàngcè 명 전자 앨범. 디지털 포토 앨범.
【电子信箱】diànzǐ xìnxiāng 명 메일 박스. (이메일) 우편함. 편지함. =【电子邮箱】diànzǐ yóuxiāng
【电子烟雾】diànzǐ yānwù ☞【电子雾】diànzǐwù
【电子眼】diànzǐyǎn 명(交) 감시 카메라. 폐쇄 회로용 카메라. ¶各主要交通路口都安装有~。= 각 주요 도로 길목마다 감시 카메라가 설치되어 있다.
【电子音乐】diànzǐ yīnyuè 명(音) 1 컴퓨터 음악. 2 전자 음악.
【电子邮件】diànzǐ yóujiàn 명 전자 우편. 이메일. =【电子函件】diànzǐ hánjiàn
【电子邮箱】diànzǐ yóuxiāng ☞【电子信箱】diànzǐ xìnxiāng
【电子游戏病】diànzǐ yóuxìbìng 명(醫) (과도한 전자 오락으로 인한) 닌텐도 증후군. 온라인 게임 중후군.
【电子游戏机】diànzǐ yóuxìjī 명 전자 오락기. 게임기. ㊌【游戏机】yóuxìjī
【电子游艺机】diànzǐ yóuyìjī 명 (전자오락실에 설치된 대형) 전자 오락기. ㊌【游艺机】yóuyìjī
【电子乐器】diànzǐ yuèqì 명(音) 전자 악기.
【电子战】diànzǐzhàn ☞【电子对抗】diànzǐ duìkàng
【电子照片】diànzǐ zhàopiàn 명 (디지털 카메라로 찍은) 디지털 사진.
【电子政务】diànzǐ zhèngwù 명 전자 정부 (시스템).
【电阻】diànzǔ 명(電) 1 저항. 전기 저항. 2 저항기. 레지스터(register).
【电钻】diànzuàn 명 전기 드릴.
【电嘴】diànzuǐ ☞【火花塞】huǒhuāsāi

* 佃 diàn 소작 전
동 소작하다. ¶~几亩地种。= 몇 묘의 논을 소작하다. 명 (Diàn) 성(姓).
☞ tián

O-● 撤chè佃, 承chéng佃, 东佃, 退佃, 租zū佃

【佃东】diàndōng 명㊂ 지주. [소작인이 자기에게 소작을 준 지주를 일컫는 말]
【佃户】diànhù 명㊂ 소작인. 소작농(가). =【佃农】diànnóng
【佃农】diànnóng ☞【佃户】diànhù
【佃契】diànqì 명 소작 증서.
【佃权】diànquán 명 소작권.
【佃租】diànzū 명 소작료.
【佃作】diànzuò 동 소작하다.

**甸 diàn** 교외 전

[명] **1** 교외. **2** 방목지. [주로 지명에 쓰임] ¶宽~=콴뎬. [랴오닝(辽宁)성에 있는 지명]
【甸子】**diàn·zi** [명][방] 방목지. 목축지.

**阽 diàn / yán** 위태로울 점

[동][문] 위험에 가까워지다〔임박하다〕. ¶~于死亡=죽음에 임박하다.
【阽危】**diànwēi** [동][문] 위험에 가까워지다.

**坫 diàn** 토대 점

[명] **1** 옛날, 실내에 음식물·주기(酒器) 등을 올려놓는 토대(土臺). **2** [문] 가리개. 칸막이.

**店 diàn** 가게 점

[명] **1** 상점. 가게. ¶百货~=백화점. **2** 여관. 여인숙. ¶旅~=여인숙. **3** 지명에 쓰임. ¶驻马~=주마뎬. [허난(河南)성에 있는 지명]

⊙● 出店, 饭店, 分fēn店, 黑店, 客店, 旅店, 马店, 盘pán店, 商店, 书店, 零售língshòu店

【店底】**diàndǐ** [명] 재고(품).
【店东】**diàndōng** [명][옛] (여인숙·가게의) 주인.
【店房】**diànfáng** [명] **1** 상점. 가게. 점포. **2** (여인숙의) 객실.
【店规】**diànguī** [명] 상점의 규칙.
【店号】**diànhào** [명] **1** 점명(店名). 상점 이름. **2** 상점. 가게. 점포.
【店家】**diànjiā** [명] **1** (여인숙·술집·식당의) 주인. 지배인. **2** [옛] 점포. 상점.
【店貌】**diànmào** [명] 상점〔여관〕의 외관.
【店面】**diànmiàn** [명] (상점·식당 등의) 매장. 홀 (hall). 영업 공간. (길가 쪽) 상가의 전면. (전면만 있고 안쪽이 없는) 길가의 상가. ¶~装饰一新。=매장을 새롭게 꾸몄다.
【店铺】**diànpù** [명] 상점. 가게. 점포.
【店钱】**diànqián** [명] (여관의) 숙박비.
【店容】**diànróng** [명] 상점〔여관〕의 외관.
【店堂】**diàntáng** [명] (상점·식당 등의) 매장(賣場). 판매장. (식당의) 홀. ¶~敞亮=매장이 탁 트이고 환하다.
【店小二】**diànxiǎo'èr** [명][옛] (주점·식당·여관의) 심부름꾼. [주로 조기 백화문에 보임]
【店有店规, 铺有铺规】**diàn yǒu diàn guī, pù yǒu pù guī** [속] **1** 객주집에는 객주집의 규칙이 있고, 가게에는 가게의 규칙이 있다. **2** [비] 어떤 일이든지 나름대로 정해진 규칙이 있는 법이다.
【店员】**diànyuán** [명] **1** (상점의) 점원. **2** (서비스업에 종사하는) 직원.
【店招】**diànzhāo** [명] (상점·여관 등의) 간판.
【店主】**diànzhǔ** [명] (가게의) 주인. 점주.

**玷 diàn** 흠 점

[명] 옥의 티. ¶白圭之~=백옥의 티. [동] 더럽히다. ¶~污声誉=명예를 더럽히다. 늑玷

【玷辱】**diànrǔ** [동] 모욕을 당하다. 더럽히다. ¶~门风=가문의 명예를 더럽히다.
【玷污】**diànwū** [동] **1** 더럽히다. ¶活脏, 别~了你的手。=일이 지저분하니, 네 손을 더럽히지 말아라. **2** [비] 모욕하다. 욕되게 하다. 부끄럽게 하다. 창피를 주다. ¶~名声=명성을 욕되게 하다. **3** (여자를) 욕보이다. 강간하다. 능욕하다.

**垫[墊] diàn** 받칠 점

[동] **1** 받치다. 깔다. 괴다. ¶~桌子=탁자를 괴다. /~鞋垫=밑창을 깔다. **2** 잠시 돈을 대신 내다. 입체(立替)하다. ¶你钱不够, 我帮你~上, 以后还我。=네가 돈이 부족하면 내가 낼 테니, 다음에 갚아라. **3** (부족한 것을) 채우다. 메우다. 보충하다. ¶饿了, 先吃饼干~一~。=배가 고프니, 먼저 과자로 요기나 좀 해야겠다. **4** (體) (배구에서) 언더핸드 리시브(underhand receive)하다. ¶球最终被~了起来。=공을 결국은 받아 냈다. [명] (~儿) 방석. 깔개. 매트. ¶坐~儿=방석에 앉다. / 鞋~儿=신발 깔창.

⊙● 赔péi垫, 铺pū垫, 坐垫, 草垫子

【垫板】**diànbǎn** [명] **1** 깔판. **2** (글쓰기용) 받침판. 책받침. **3** (機) 라이너(liner).
【垫被】**diànbèi** [명] 요.
【垫背】**diàn‖bèi** [동][방][비] 남을 대신하거나 함께 과실에 대한 책임을 지다. 희생양이 되다. 총알받이가 되다. ¶死也要找个~的。=죽을 때는 죽더라도 같이 죽을 놈을 찾아야지.
【垫本】**diànběn** [동] 밑천에 보태다. 증자하다. 투자하다. 출자하다.
【垫拨】**diànbō** [동] 잠시 돈을 대신 내다. 입체(立替)하다.
【垫补】**diàn·bu** [동][방] **1** (돈이 부족하여 잠시) 빌려 쓰다. 돌려쓰다. 유용하다. ¶资金还没完全到位, 得找款子~。=자금이 아직 완전히 조달되지 않아서, 잠시 돌려쓸 기금을 마련해야 한다. **2** 요기하다. 간식거리를 먹다. ¶先吃些点心~~。=먼저 간식거리로 요기나 좀 하여라.
【垫底儿】**diàn‖dǐr** [동] **1** (다른 물건을) 밑(바닥)에 깔다. ¶箱子里先用报纸~, 再放书。=상자에 먼저 신문지를 깔고 나서 책을 넣어라. **2** 요기하다. 허기를 달래다. ¶先吃点东西~, 人到齐了就开饭。=먼저 간단히 요기 좀 하고, 사람들이 다 오면 식사를 하자. **3** (기초를 다지다. ¶有你前面的工作, 后续工作就省事多了。=네가 앞에서 기초를 다져 놓아, 다음 일이 훨씬 수월해졌다.
【垫付】**diànfù** [동] 잠시 돈을 대신 내다. 입체(立替)하다. ¶~货款=대금을 우선 대신 지불하다.
【垫话】**diànhuà** [동] (~儿) [방] (사전에) 통지하다. 알리다. ¶(만담에서 본제에 들어가기 전의) 프롤로그. 서두. 머리말.
【垫还】**diànhuán** [동] 남의 빚을 잠시 대신 갚다. ¶~欠款=대신 부채를 잠시 상환하다.
【垫肩】**diànjiān** [명] **1** 어깨받이. [물건을 맬 때 어깨에 받치는 두터운 천 따위] **2** 패드(pad). [옷

의 어깨에 넣어 대는 심]

【垫脚】diàn·jiao ⇒ 깃. 부초(敷草).

【垫脚石】diànjiǎoshí 圖 1 디딤돌. 섬돌. 댓돌. 첨계(檐階). 2 (의) (출세의) 발판.

【垫借】diànjiè 동 (남에게) 돈을 빌리다.

【垫圈】diàn‖juàn 동 (외양간·마구간·닭둥우리 등에) 깃을 깔아 주다.
☞ diànquān

【垫款】diànkuǎn 동 잠시 돈을 대신 내다. 입체(立替)하다. 圖 입체금(立替金).

【垫密片】diànmìpiàn 圖(機) 개스킷(gasket). ¶气缸~=실린더 개스킷

【垫木】diànmù 圖 1 굄목. 고임목. 2 (선체와 진수대(進水臺)의 활주대 사이에 세로로 놓는 지주(支柱). 3 (물건을 쌓을 때 중간에 끼워 넣어 층을 나누는) 목재 파레트. 중간 받침목. 4 (철도의) 침목.

【垫片】diànpiàn (~儿) 圖 와셔(washer). 나사받이. 자릿쇠. [너트 밑에 끼우는 얇은 금속이나 가죽 조각]

【垫铺儿】diàn‖pūr 동(의) 준비를 하다. 기초를 다지다. 포석을 깔다(놓다). 길을 닦다. 미리 조치해 두다. 미리 이야기해 놓다. ¶有你这话~, 我心里就有准儿了. =네가 이렇게 말을 해 주니까, 내 생각이 확실해졌다.

【垫球】diàn‖qiú 동(體) (배구에서) 언더핸드 리시브(underhand receive)하다.

【垫圈】diànquān (~儿) 圖 와셔(washer). 나사받이. 자릿쇠. [너트 밑에 끼우는 얇은 금속이나 가죽 조각]
☞ diàn‖juàn

【垫褥】diànrù 圖 요. 매트리스.

【垫上运动】diànshàng yùndòng 圖(體) 매트 운동.

【垫套】diàntào 圖 쿠션 커버.

【垫债】diàn‖zhài 동 남의 빚을 잠시 대신 갚다. 남의 빚을 입체(立替)해 주다.

【垫支】diànzhī 동 잠시 돈을 대신 내다. 입체(立替)하다. ¶房款先由银行~. =집값은 우선 은행이 지불한다.

【垫砖】diànzhuān 동 벽돌을 바닥에 깔다. 圖 아래에 깐 벽돌.

【垫资】diàn‖zī 동 자금을 잠시 대신 지불하다. ¶~修建教学楼=강의동을 짓는 자금을 대신 지불해 주다.

【垫子】diàn·zi 圖 깔개. 방석. 매트. 받침. ¶沙发~=소파 방석.

# 钿[鈿] diàn 나전 세공 전

圖 1 금·은·보석 등을 상감하여 만든 꽃 모양의 머리 장식. ¶金~=금으로 만든 꽃무늬 머리 장식. 2 (목기·칠기의) 나전(螺钿). 圖 螺~=나전.
동 금·은·보석 등으로 기물을 상감하다.
☞ tián

【钿带】diàndài 圖 금을 상감한 띠.

【钿头】diàntóu 圖 금화(金花)를 상감한 머리 장식.

*淀¹ diàn 얕은 물 전

圖 얕은 호수. [주로 지명에 쓰임] ¶白洋~=바이양덴. [베이징(北京) 남쪽 120km 지점에 있는 허베이(河北) 평원 최대의 담수호]

*淀²[澱] diàn 앙금 전

동 침전하다. ¶红薯的~粉含量比较高. =고구마의 전분 함량은 비교적 높다.

【淀粉】diànfěn 圖(化) 전분. 녹말.

# 惦 diàn 염려할 점

동 늘 생각하다. 항상 마음에 두다. 염려하다. 걱정하다. ¶十分~念=무척 염려하다.

【惦挂】diànguà 동 늘 생각하다. 항상 마음에 두다. 염려하다. 걱정하다. 간절히 생각하다. ¶他离开后, 人们一直~着他. =그가 떠난 후에 사람들은 줄곧 그를 생각하고 있다. ≒惦记 挂念 惦念

【惦记】diàn·jì 동 늘 생각하다. 항상 마음에 두다. 염려하다. 걱정하다. ¶做父母的总是~着儿女的大小事情. =부모는 늘 자식의 크고 작은 일을 걱정하다. ≒惦念 惦挂 挂念

【惦念】diànniàn 동 늘 생각하다. 항상 마음에 두다. 염려하다. 걱정하다. ¶~远方的亲人=먼 곳에 있는 가족들을 염려하다. ≒惦记 惦挂 挂念

*奠 diàn 제사 지낼 전

동 1 제물로 제사를 지내다(올리다). ¶祭~亡灵=망령께 제사를 올리다. 2 정하다. 안정시키다. 건립하다. ¶举行~基典礼=정초식(定礎式)을 거행하다.

【奠定】diàndìng 동 다지다. 닦다. 안정시키다. ¶~基础=기초를 다지다.

【奠都】diàndū 동 수도를 정하다. ¶~北京=베이징(北京)을 수도로 정하다.

【奠基】diànjī 동 1 초석(定礎)하다. 기초를 잡다(닦다). ¶~仪式=정초식(定礎式). 2 (의) (큰 사업의) 창시. 기초. ¶~者=창시자.

【奠基人】diànjīrén 圖 (주로 큰 사업의) 창시자. 기초를 다진 사람.

【奠基石】diànjīshí 圖 1 초석. 주춧돌. 2 정초석(定礎石). [정초(定礎)를 기념하기 위해 지하에 매설하는 돌] 3 (의) (사물 발전의 든든한) 초석. 토대. 기초. 기반.

【奠祭】diànjì 동 제사 지내다. 제(祭)를 올리다. ¶~先祖=조상께 제사를 올리다.

【奠敬】diànjìng ☞【奠仪】diànyí

【奠酒】diànjiǔ 동 제주(祭酒)를 올리다. [술을 땅에 뿌리는 제례의 한 형식]

【奠居】diànjū 동 안주하다. 정착하다. ¶~上海=상하이에 정착하여 살다.

【奠立】diànlì 동 다지다. 닦다. 안정시키다. 창립하다. ¶~基业=기반을 다지다.

【奠文】diànwén 圖 제문(祭文). 축문(祝文).

【奠仪】diànyí 圖 부의(賻儀). 전의(奠儀). 향전(香奠). =【奠敬】diànjìng

**殿** diàn 큰 집 전

**형 1** 높고 큰 건물. **2** 신전. 불전. 궁전. 어전. ¶佛~=불당(佛堂). / 宮~=궁전. **통** 맨 뒤에 위치하다. ¶先锋先行, 主帅~后. =선봉대가 앞장서고 사령관은 맨 뒤에서 따르다.

○● 大殿, 宮gōng殿, 配pèi殿, 正zhèng殿

【殿后】diànhòu **통 1**(軍) (행군할 때) 대열의 맨 뒤에서 걷다. 전군(殿軍)으로 행군하다. ¶部队开拔, 由一连~. =부대가 출발하여 제1중대가 대열의 맨 뒤에서 행군하다. **2** 뒤에 처지다. 뒤에 위치하다. ¶他的成绩在班上从来都是~的. =그의 성적은 지금까지 줄곧 반에서 뒤에 처져 있다.

【殿军】diànjūn **명 1**(軍) 전군(殿軍). [대열의 맨 뒤에 따르는 군대] **2** (시합·경기·경쟁에서) 최후 순위 입상자. **3** (경기·게임 등에서) 꼴찌.

【殿试】diànshì **명** 전시. (황궁(皇宮)의 정전(正殿)에서 황제가 친히 보이던 과거 제도 중 최고의 시험] =【庭试】tíngshì

【殿堂】diàntáng **명 1** 전당. [궁전·묘우(廟宇)·사당·불당 따위의 대형 건축물] **2** 〈비〉 전당. [추상적인 개념으로 장엄하고 엄숙한 장소] ¶艺术~=예술의 전당.

【殿下】diànxià **명** 전하. [원래 태자나 친왕(親王)에 대한 존칭이었으나, 지금은 외교적인 자리에서 쓰임]

【殿宇】diànyǔ **명** 전당. [궁전·묘우(廟宇)·사당·불당 따위의 대형 건축물]

【殿元】diànyuán **명** 장원(壯元). [명청(明淸) 대에 황제가 직접 주지하는 전시(殿試)에서 제1갑(甲)의 1등으로 합격하여 진사(進士)가 된 사람. 2등과 3등을 각각 '榜眼(방안)', '探花(탐화)'라 함]

**靛** diàn 쪽빛 전

**명** 청람(青藍). 인디고(indigo). 양람(洋藍). **형** 남청색의. 인디고 블루(indigo blue)의.

【靛池】diànchí **명** 청람(青藍)[인디고(indigo)] 염색조.

【靛缸】diàngāng **명** 청람(青藍)[인디고(indigo)] 염색항아리.

【靛颏儿】diànkér **명**(動) 울새.

【靛蓝】diànlán **명** 청람(青藍). 인디고(indigo). 양람(洋藍). 〈동〉【蓝靛】lándiàn 【靛青】diànqīng

【靛青】diànqīng **형** 남청색의. 인디고 블루(indigo blue)의. **명** ☞【靛蓝】diànlán

**簟** diàn 대자리 점

**명**〈書〉 대자리. 죽석(竹席). 죽점(竹簟). ¶晒~=대자리를 볕에 말리다.

**癜** diàn 어루러기 전

**명**(醫) 어루러기. 전풍(癜風). ¶白~风=백전풍. 백납. / 紫~=자반병(紫斑病).

---

# diao

**刁** diāo 교활할 조

**형 1** 교활하다. 간사하다. 간교(奸巧)하다. ¶要~=교활하게 굴다. **2** (지나치게) 음식을 가리다. 입이 짧다. 편식하다. ¶嘴~=입이 짧다. **명** (Diāo) 성(姓). ≒狡

○● 撒sā刁

○ 刁 diāo
  叼 diāo
  钓 diào

【刁恶】diāo'è **형** 교활하고 흉악하다. ¶~之徒=교활하고 흉악한 사람(무리).

【刁妇】diāofù **명** 교활한 여자. 간사한 계집.

【刁乖】diāoguāi **형** 교활하고 괴퍅하다. ¶性情~=성질이 교활하고 괴퍅하다.

【刁棍】diāogùn **명** 악한. 무뢰한. 불량배.

【刁悍】diāohàn **형** 교활하고 악랄하다(흉악하다). ¶~之徒=교활하고 흉악한 무리.

【刁横】diāohèng **형 1** 교활하고 난폭하다(거칠다). **2** 无理=교활하고 거칠고 제멋대로이다(이치에 맞지 않다).

【刁滑】diāohuá **형** 교활하다. ≒狡猾

【刁话】diāohuà **명** 교활한 말(이야기).

【刁赖】diāolài **형** 교활하고 막돼먹다. ¶~的市井小民=교활하고 막돼먹은 시정잡배.

【刁蛮】diāomán **형** 교활하고 포악하다. ¶生性~=성질이 교활하고 포악하다.

【刁民】diāomín **명 1** 간악한 사람. **2**〈폄〉 골칫거리 백성. [관청에서 제멋대로 구는 백성을 일컫는 말]

【刁难】diāonàn **통** (고의로 남을) 괴롭히다. 못살게 굴다. 곤란하게 하다. 난처하게 만들다. ¶遇到~的顾客一定要有耐心. =골치 아픈 고객을 만나면 반드시 인내심을 가져야 한다.

【刁巧】diāoqiǎo **형** 교활하다. 영악하다. 약삭빠르다.

【刁顽】diāowán **형** 교활하고 완고하다.

【刁钻】diāozuān **형** 교활하다. 간사하다. ¶~之人=간사한 사람.

【刁钻促狭】diāozuān-cùxiá 〈成〉 교활하고 음흉하다.

【刁钻古怪】diāozuān-gǔguài 〈成〉 **1** 간교하고 괴팍하다. 교활하고 괴벽스럽다. **2** 괴상(괴이)하다. 일반적(정상적)이지 않다.

**叼** diāo 입에 물 조

**통** (물체의 일부분을) 입에 물다. ¶~香烟=담배를 입에 물다. / 狐狸~小鸡=여우가 병아리를 물다. ≒衔

**汈** Diāo 물 이름 조

【汈汊】Diāochà **명**〈地〉 댜오차. [후베이(湖北) 성에 있는 호수 이름]

**凋** diāo 시들 조

⑤ 시들다. 지다. ¶花木~零=초목이 시들어 떨어지다. ⑤ (일·사업 등이) 쇠패(衰敗)하다. 쇠퇴하다. 부진하다. (생활이) 고달프다. 고생(고통)스럽다. 어렵다. 힘들다. ¶百业~敝=모든 업계가 부진하다.

【凋败】 diāobài ⑤ 시들어 쇠퇴하다. 쇠패(衰敗)하다. 시들다. ¶草木~=초목이 시들다.

【凋敝】[雕敝][雕弊] diāobì ⑤ (사업이) 부진하다. (생활이) 고달프다. 고생(고통)스럽다. 어렵다. 힘들다. ¶民生~=민생이 어렵다. ↔兴盛 繁荣

【凋残】 diāocán ⑤ 마르다. 시들다. 쇠잔(衰殘)하다. ¶枯枝~=마른 나뭇가지가 쇠잔하다.

【凋枯】 diāokū ⑤ 마르다. 시들다. ¶枝叶~=나뭇가지와 잎이 말라 시들다.

【凋零】 diāolíng ⑤ 1 (초목이) 말라[시들어] 떨어지다. ¶万木~=온 나무들이 시들다. 2 쇠락하다. 쇠미해지다. 몰락하다. 영락하다. ¶家道~=집안 형편이 기울다. ≒凋谢 凋落

【凋落】[雕落] diāoluò ⑤ 시들어 떨어지다. ¶花草~=화초가 시들어 떨어지다. ≒凋零 凋谢 ↔开放

【凋萎】 diāowěi ⑤ 마르고 시들다. 시들어 떨어지다. ¶树木~=나무가 시들다.

【凋谢】[雕谢] diāoxiè ⑤ 1 (초목·꽃잎이) 시들어[말라] 떨어지다. ¶秋花~=가을꽃이 시들어 떨어지다. 2 (비) (노인이) 죽다. ¶老成~=늙어서 죽다. ≒凋零 凋落 ↔开放

# 蜩 diāo 참매미 조
图(動) 고서(古書)에서 매미를 가리킴.

# 貂 [(貂)] diāo 담비 초
图(動) 담비.

○● 黑貂, 水貂, 紫zǐ貂

【貂蝉】 diāochán 图 1 초선. [담비 꼬리와 금으로 매미 날개처럼 만든 것으로, 옛날 시중(侍中)·상시(常侍) 등의 고관이 관(冠)에 달던 장식] 2 초선. 《삼국연의(三國演義)》에 등장하는 사도(司徒) 왕윤(王允)의 가기(歌妓)]

【貂裘】 diāoqiú 图 담비의 모피로 만든 옷.

【貂熊】 diāoxióng 图(動) 울버린(wolverine). [족제비과의 동물로서 고급 모피의 재료가 됨] =【狼獾】 lánghuān

# 碉 diāo 돌집 조
图(軍) 특화점(特火點). 보루(堡壘). 토치카. ¶明~暗堡=토치카와 벙커.

【碉楼】 diāolóu 图 방어(防禦)를 겸한 망루.

# 雕¹ [(鵰)] diāo 독수리 조
图 1 (動) 수리(개). 콘도르. 독수리. 2 (Diāo) 성(姓).

# 雕² [(彫·琱)] diāo 새길 조
⑤ 1 (대나무·목재·옥석·금속 등에) 새기다. 조각하다. ¶精~细刻=정교하고 세밀하게 조각하다. 2 채색화로 장식하다. ¶宮殿~梁画栋, 富丽堂皇。=궁전은 기둥과 대들보를 채화(彩畵)로 장식하여 화려하고 웅장하다. 图 조각(작)품. 각 예술. ¶冰~=얼음 조각(품). 아이스 카빙 (ice carving) / 根~=나무 뿌리 조각(품). / 石~=석조.

○● 贝bèi雕, 花雕, 漆qī雕, 牙雕, 圆雕, 坐山雕

【雕版】 diāobǎn ⑤ (목판·동판 등을) 조판하다. (요판(凹版) 인쇄술에서) 에칭(etching)하다. [판목에 글자를 새기는 것] ¶~印刷=조판하여 인쇄하다. 图 (인쇄용) 조판.

【雕敝】 diāobì ☞ 【凋敝】 diāobì
【雕弊】 diāobì ☞ 【凋敝】 diāobì

【雕冰画脂】 diāobīng huàzhī (성) 1 얼음에 조각하고 기름덩어리에 그림을 그리다. 2 (비) (보람·성과 없이) 헛수고를[헛일을] 하다.

【雕虫小技】 diāochóng xiǎojì (성)(비) 보잘것없는 재주. 잔재주. [주로 글의 자구(字句)나 수식하는 기교를 가리킴] ↔雄才大略

【雕红漆】 diāohóngqī ☞ 【剔红】 tīhóng

【雕花】 diāohuā ⑤ (목기·창·장지 등에) 문양[도안]을 조각하다[새기다]. ¶~匠=각공(刻工). 각수(刻手). 图 조각 문양[도안]. ¶~栏杆=문양이 조각된 난간.

【雕镌】 diāojuān ⑤(글) 조각하다. 조전하다.

【雕刻】 diāokè ⑤(藝) (금속·상아·뼈 등에) 조각하다. ¶~花纹=문양을 조각하다. 图(藝) 조각(작)품. ¶这套~售价不菲薄。=이 조각품 한 세트의 판매 가격은 만만치 않다. ≒雕琢

【雕梁画栋】 diāoliáng-huàdòng (성) 1 기둥과 대들보를 채화(彩畵)로 화려하게 장식하다. 2 기둥과 대들보를 채화(彩畵)로 장식한 화려한 집. ↔蓬门荜户

【雕零】 diāolíng ☞ 【凋零】 diāolíng

【雕翎】 diāolíng 图 장식용 수리의 깃털.

【雕镂】 diāolòu ⑤(글) 조각하다. 새기다. ¶精心~=정성들여 조각하다.

【雕落】 diāoluò ☞ 【凋落】 diāoluò

【雕漆】 diāoqī ⑤ 퇴주(堆朱)하다. [질그릇·목기 등에 붉은 옻을 두껍게 바르고, 마른 후 각종 문양을 부조(浮彫)하는 일] =【漆雕】 qīdiāo 图 퇴주(堆朱) 공예품. =【漆雕】 qīdiāo

【雕砌】 diāoqì ⑤ (시문의 자구를) 지나치게 수식하다[꾸미다]. ¶行文贵在简明流畅, 切忌~。=글쓰기는 간결하면서도 물 흐르듯 거침없어야 하고, 지나친 수식은 절대 삼가야 한다.

【雕墙】 diāoqiáng ⑤ 벽을 조각하여 장식하다. 图 조각 장식한 벽.

【雕扇】 diāoshàn 图 수리의 깃털로 만든 부채.

【雕饰】 diāoshì ⑤ 1 조각 장식하다. ¶~门窗=문과 창을 조각하여 장식하다. 2 지나치게 수식하다[꾸미다]. ¶她在剧中的表演纯朴自然, 不加~。=그녀의 극중 연기는 소박하면서도 자연스러우며 꾸밈이 없다. 图 조각 장식한 문양·도형 등. ¶石柱上的~因年代久远而有些模糊

了。＝돌기둥에 조각 장식된 문양은 숱한 세월로 인해 다소 흐릿해졌다.

【雕塑】**diāosù** [동]《藝》 조소(彫塑)하다. [명] 조소품. 조각과 소조품.

【雕像】**diāoxiàng** [동] 인물상을 조각하다. [명] 인물상. 조상(彫像). 조각상.

【雕谢】**diāoxiè** ☞【凋谢】**diāoxiè**

【雕凿】**diāozáo** [동] 칼이나 끌로 조각하다.

【雕琢】**diāozhuó** [동] **1** (옥·돌을) 조각하다. ¶ 这尊佛像是用玉～而成的。＝이 불상은 옥을 조각하여 만든 것이다. **2** (자구(字句)를) 지나치게 꾸미다〔수식하다〕. ¶ ～字句＝자구를 지나치게 수식하다. ≒雕刻

## 鲷[鯛] diāo 도미 조

[명]《動》 도미.

## 鸟[鳥] diǎo 수컷의 생식기 조

[명][낮] (사람·짐승의) 자지. 좆. [옛날 소설에서 사람을 욕하는 말로 쓰임] ¶ ～人＝좆 같은 놈. ☞ **niǎo**

## 屌 diǎo 자지 조

[명][낮] 자지. 음경. 좆.

## **吊[(弔)] diào 조문할 조

[동] **1** 제사하다. 조문(弔文)하다. ¶ 前去～丧＝가서 조문하다. **2** 추념(追念)하다. 추모하다. 회상하다. ¶ 凭～＝추모하다. **3**[문] 위로하다. 애처롭게 여기다. 가엾게 여기다. ¶ ～民伐罪, 公理使然。＝고생하는 백성을 다독거리고 못된 통치자를 징벌하는 것은 당연한 공리이다. **4** 걸다. 매달다. ¶ 把灯笼～在门框上。＝초롱을 문틀에 걸다. **5** (끈 따위로 매서) 내려놓다〔들어올리다〕. ¶ ～上来满满的一桶水。＝가득 찬 물통을 들어 올리다. **6** 털가죽을 옷의 겉이나 안에 덧대다. 털옷을 만들다. ¶ ～里子＝안감에 모피를 덧대다. **7** (이미 발급한 증명서 따위를) 회수하다. 철회하다. 취소하다. ¶ ～销营业执照＝영업 허가증을 취소하다. **8**《體》 페인트(feint) 공격하다. ¶ 小心对方～球。＝상대방의 페인트(feint) 공격을 조심해라. **9** 카드놀이에서 특별한 한 장의 카드 또는 한 조의 카드로 상대로 하여금 카드를 내놓게 하다. ¶ 连续～主＝연속으로 카드를 내놓게 하다. [양][옛] 1,000전. [옛날의 화폐 단위] ¶ 一～钱＝1,000전.

O-● 浮fú吊, 陪péi吊, 凭píng吊, 起吊, 上吊, 塔tǎ吊

【吊膀子】**diào bǎng·zi** [동][방][폄] (남녀 간에) 집적거리다. 희롱하다. 시시덕거리다. 꾀다.

【吊脖子】**diào bó·zi** [동][방] 목매달다. 목을 매(어 죽)다.

【吊钹】**diàobó** [명]《音》 서스펜션 심벌즈(suspension cymbals).

【吊车】**diàochē** ☞【起重机】**qǐzhòngjī**

【吊窗】**diàochuāng** [명] 들창(문).

【吊床】**diàochuáng** [명] 해먹(hammock).

【吊打】**diàodǎ** [동] 매달(아 놓)고 때리다〔치다〕.

【吊带】**diàodài** [명] **1** 양말대님. 스타킹 끈〔밴드〕. ＝【吊袜带】**diàowàdài** **2** (양복 바지·치마의) 멜빵. **3**《醫》 암 슬링(arm sling). [어깨에 매는 붕대] **4** (여성용 란제리·수영복 등의) 어깨끈.

【吊胆】**diàodǎn** [동][비] 무서워하다. 두려워하다. 불안해하다. ¶ 提心～＝조마조마 불안해하다.

【吊灯】**diàodēng** [명] 펜던트(pendant)(램프). 샹들리에.

【吊顶】**diào‖dǐng** [동] 천장을 설치하다. [명] 천장. ¶ 客厅～＝거실 천장.

【吊儿郎当】**diào·erlángdāng** [낮] 건들건들하다. 빈둥빈둥하다. 산만하다. 진지하지 않다.

【吊杆】**diàogān** [명] (붐 마이크의 붐대·기중기의 지브(jib) 등) 물건을 달아 올리는 공구.

【吊高球】**diàogāoqiú** [명]《體》 (테니스·탁구 등에서의) 로브(lob). [높고 느린 공을 코트 구석으로 보내는 것] ＝【挑高球】**tiāogāoqiú**

【吊钩】**diàogōu** [명] (물건을 매다는) (갈)고리. 걸이. 후크(hook). 행거.

【吊古】**diàogǔ** [동][문] 옛일을 더듬다. 옛날을 생각하다〔추억하다〕. ¶ ～伤今＝옛일을 더듬으며 오늘을 슬퍼하다.

【吊挂】**diàoguà** [동] (매)달다. 걸다. ¶ 墙壁上～着一些装饰品。＝벽에 약간〔몇 개〕의 장식물이 걸려 있다.

【吊柜】**diàoguì** [명] 벽에 매다는 장. [주로 벽의 윗부분에 설치함]

【吊环】**diàohuán** [명]《體》 **1** 링 운동. 조환 운동(弔環運動). **2** (링 운동의) 링(ring).

【吊祭】**diàojì** [동] (영전이나 묘 앞에서) 제사 지내다. 제(祭)를 올리다. ¶ ～死难者＝재난 희생자에게 제를 올리다.

【吊脚楼】**diàojiǎolóu** ☞【吊楼】**diàolóu**

【吊具】**diàojù** [명] (크레인 따위의) 중량물을 들어올리는 공구.

【吊卷】**diào‖juàn** ☞【调卷】**diào‖juàn**

【吊空】**diàokōng** [동]《經》 공매도한 주식의 가격이 떨어지지 않아 매도가보다 높게 환매수하다.

【吊扣】**diàokòu** [동] (발급한 증(명)서를) 회수하여 압수하다. ¶ ～驾驶证＝운전 면허증을 회수하여 압수하다.

【吊兰】**diàolán** [명]《植》 절학란. 줄모초.

【吊礼】**diàolǐ** [명] (부의금·조화 등) 조의를 표하는 예물.

【吊楼】**diàolóu** [명] **1** 수상 가옥(水上家屋). [건물 뒷부분이 입수(入水)된 기둥으로 지지된 형태의 가옥] ＝【吊脚楼】**diàojiǎolóu** **2** 고상 가옥. [산간 지대의 원두막처럼 생긴, 나무 또는 대나무로 만든 집]

【吊毛】**diàomáo** [동]《劇》 (중국 전통극에서 두 손을 가슴 앞에 모으고 자세를 낮추어 앞구르기를 해서) 갑자기 넘어지는 동작을 하다.

【吊民伐罪】**diàomín fázuì** [성] 고생하는 백성을 위로하고 못된 통치자를 징벌하다.

【吊盘】**diàopán** [명] (수직 갱을 파거나 수직 갱

의 벽면을 쌓을 때 오르내리는) 승강 작업대.

【吊皮袄】**diào pí'ǎo** 통 (저고리에) 모피 안감을 대다. 명 모피 안감을 댄 저고리〔옷〕.

【吊铺】**diàopù** 명 해먹(hammock). 달아매는 그물침대.

【吊桥】**diàoqiáo** 명 **1** 조교(吊橋). 현교(懸橋). 줄다리. 출렁다리. 현수교(懸垂橋). =【悬索桥】**xuánsuǒqiáo** **2** 가동교(可動橋). 개폐교(開閉橋).

【吊球】**diàoqiú** 통(體) 페인트(feint) 공격하다.

【吊丧】**diào‖sāng** 통 조문(弔問)하다. 문상(問喪)하다. 조상(弔喪)하다. ≒吊孝

【吊嗓子】**diào sǎng·zi** 통 (중국 전통극 배우·가수 등이 악기 반주에 맞추어) 발성 연습을 하다. 목소리를 가다듬다.

【吊扇】**diàoshàn** 명 천장 선풍기.

【吊梢眉】**diàoshāoméi** 명 꼬리가 치켜 올라간 눈썹.

【吊水】**diào‖shuǐ** 통 (우물에서 물을) 긷다.

【吊死】**diàosǐ** 통 **1** 목매달아 죽다. **2** 죽은 자를 조상하다. ¶~问丧=죽은 자를 조상하다.

【吊死扶伤】**diàosǐ-fúshāng** 성 죽은 자를 조상하고 다친 사람을 구조하다.

【吊死鬼】**diàosǐguǐ** 명 **1** 목매달아 죽은 귀신. **2** 목매달아 죽은 사람.

【吊死鬼儿】**diàosǐguǐr** 명(⇨)(動) '尺蠖(자벌레)' 의 속칭.

【吊死问疾】**diàosǐ-wènjí** 성 죽은 자를 조상하고 병자를 위문하다.

【吊索】**diàosuǒ** 명 (양 끝이 고정되고) 공중에 가로로 매달린 밧줄이나 쇠사슬.

【吊索桥】**diàosuǒqiáo** 명 조교(吊橋). 현교(懸橋). 줄다리. 출렁다리. 현수교(懸垂橋).

【吊梯】**diàotī** 명 (선박·비행기의) 줄사(닥)다리. 제삭(梯索).

【吊桶】**diàotǒng** 명 두레박.

【吊桶子】**diào tǒng·zi** 통 옷의 안감에 모피를 대다.

【吊袜带】**diàowàdài** ⇨【吊带】**diàodài**

【吊胃口】**diào wèikǒu** (⇨) **1** (맛있는 음식으로) 식욕을 돋구다. **2**(비) (다른 사람으로 하여금) 입맛을 다시게 하다. 흥미나 욕망이 생겨나게 하다. 궁금증이 생기게 한다.

【吊慰】**diàowèi** 통 조문하다. 애도의 뜻〔정〕을 표하다.

【吊文】**diàowén** 명 조문. 조의문(弔意文).

【吊线】**diào‖xiàn** 통 **1** (목공·벽돌쌓기 등에서 수직 유지를 위해) 끈으로 추를 매달아 수직으로 늘어뜨리다. **2**(비) 몰래 쫓아다니다. 미행하다. 뒤를 밟다.

【吊销】**diàoxiāo** 통 (이미 발급한 증(명)서를) 회수하여 취소하다. ¶~执照=면허를 취소〔정지〕하다.

【吊孝】**diào‖xiào** 통 조문하다. 조상하다. ≒吊丧

【吊唁】**diàoyàn** 통 조문하다. 애도의 뜻〔정〕을 표하다.

【吊钟】**diàozhōng** 명 매달린 종.

【吊钟花】**diàozhōnghuā** 명(植) 푸크시아(fuchsia).

【吊装】**diàozhuāng** 통(建) 프리캐스트 세그먼트 공법(precast segmental method, P.S.M.)으로 시공하다. PC 공법으로 시공하다.

【吊子】**diào·zi** ⇨【铫子】**diào·zi**

## 钓[釣] **diào** 낚시 조

통 **1** 낚다. 낚시질하다. ¶垂~=낚시를 드리우다. **2**(비) (명예 등을) 수단을 부려 얻다. 낚아채다. 약탈하다. 빼앗다. ¶沽名~誉=갖가지 수단으로 명예를 낚다. 명 낚시. 낚시바늘. ¶操竿下~=낚싯대를 드리우다.

【钓场】**diàochǎng** 명 낚시터. 조대(釣臺).

【钓饵】**diào'ěr** 명 **1** 미끼. 낚시밥. 고기밥. 구이(鉤餌). 조이(釣餌). **2**(비) 미끼. [사람이나 동물을 꾀어 내는 물건이나 수단] ≒诱饵

【钓竿】**diàogān** (~儿) 명 낚싯대.

【钓钩】**diàogōu** 명 **1** 낚시. 낚시바늘. 조구. **2**(비) (사람을 꾀는) 올가미. 계략. 흉계.

【钓技】**diàojì** 명 낚시 기술.

【钓具】**diàojù** 명 낚시 도구〔장비〕.

【钓龄】**diàolíng** 명 조력(釣歷). 낚시 경력.

【钓名】**diàomíng** 통 수단을 부려 명성을 얻다. 꼼수를 써서 명예를 얻다. ¶~之士=수단을 부려 명예를 좇는 사람.

【钓手】**diàoshǒu** 명 **1** 낚시 선수. **2** (낚시 기술이 뛰어난) 낚시꾼.

【钓台】**diàotái** 명 낚시터. 조대(釣臺).

【钓位】**diàowèi** 명 **1** (낚시터의 구분된) 낚시하는 자리. **2** 낚시하기 좋은 자리. 낚시 포인트.

【钓线】**diàoxiàn** 명 낚싯줄.

【钓鱼】**diào‖yú** 통 **1** 낚시하다. **2**(비) 속임수에 걸려들게 하다.

【钓鱼台】**diàoyútái** 명 댜오위타이. [현재 영빈관(迎賓館)으로 사용되는, 베이징(北京) 시내의 정자와 연못이 딸린 정원]

【钓誉】**diàoyù** 통 명예를 편취(騙取)〔사취〕하다. ¶做这事难免有~之嫌. =이 일을 하면 명예를 편취하였다는 의심을 면하기 어렵다.

## 莜[蓧] **diào** 소쿠리 조

명 고대의 제초용 농기구. [대나무나 초목의 가지를 엮어 만듦]

## 窎[窵] **diào** 그윽할 조

형 심원하다. 아득하다. 그윽하다.

【窎远】**diàoyuǎn** 형(⇨) (거리가) 아득히 멀다. 요원하다.

## 调[調] **diào** 조사할 조

통 **1** (위치를·인원을) 옮기다. 이동하다. 파견하다. 전근시키다. 소환하다. ¶对~=임무를 교체하다. / 抽~=뽑아서 다른 데로 돌리다. **2** (맡긴 돈·물건 등을) 찾다. 인출하다. 추출하다. 뽑아 내다. ¶及时~档=신속하게 문서를 찾아 내

调 **diào** 449

다. / ~卷查阅 = 서류를 꺼내 관련 부분을 읽다. **3** 조사하다. ¶~函= = 통신 방식으로 조사하다. / 内查外~ = 안팎으로 조사하다. 명 **1**(~儿) 말투. 어조. 말씨. 악센트. ¶拿腔做~ = 말투를 바꾸어 말하다. **2**(言)(말소리에서의) 성조(聲調). ¶区分~ = 성조를 구분하다. **3**(~儿)(音) 멜로디. 가락. 곡조. ¶这首歌的~委婉动听. = 이 곡의 멜로디는 부드러워 듣기 좋다. **4**(音) 조(調). ¶C大~ = C장조다. **5**(劇) 중국 전통극을 이루는 기본 곡조. ¶二黄~ = 이황(곡조). **6**(~儿) 논조(論調). ¶唱高~ = 흰소리다. 허풍치다. / 陈词滥~ = 진부하고 현실과 동떨어진 말. **7**(旧) (사람의) 재능. 풍격. 품격. 태도. ¶格~ = 품격. / 情~ = 정서.
☞ **tiáo**

○→ 笔bǐ调, 变调, 步调, 彩cǎi调, 抽chōu调, 词调, 单调, 高调, 格gé调, 宫gōng调, 徽huī调, 基调, 滥làn调, 老调, 论调, 腔qiāng调, 强qiáng调, 情调, 曲qǔ调, 色调, 声调, 时调, 提调, 同调, 外调, 小调, 选xuǎn调, 移yí调, 音调, 语调, 征zhēng调, 转zhuǎn调, 字调, 走调, 唱反调, 唱高调

【调案】**diào'àn** 동 (검토나 보존을 위해 관계 기관에) 사건을 넘기다.
【调班】**diàobān** 동 순번·반 등을 바꾸다. 교대하다. 교체하다. ¶我明天有事, 你能不能跟我~? = 내가 내일 사정이 있어 그러는데, 나와 교대할 수 있나요?
【调包】**diào** ∥ **bāo** ☞ 【掉包】**diào** ∥ **bao**
【调兵遣将】**diàobīng-qiǎnjiàng** 성 **1**(軍) 병력을 이동시키고 장수를 파견하다. **2**(조직의) 인원〔인력〕을 이동 배치하다.
【调拨】**diàobō** 동 **1**(주로 물자를) 조달하다. ¶~粮款 = 식량과 자금을 조달하다. **2** 파견하다. 배정하다. ¶~人员 = 인원을 파견하다.
【调不开脸】**diào·bukāiliǎn** (낯)(旧) 체면상 어쩔 수 없다. 모르는 척할 수 없다. 안 된다고 말할 수 없다. 난처한 입장이다.
【调茬】**diàochá** ☞ 【轮作】**lúnzuò**
【调查】**diàochá** 동 (현장에서) 조사하다. ¶~事故原因 = 사고 원인을 조사하다.
【调查报告】**diàochá bàogào** 명 **1** 조사 보고서. **2** 취재(후 작성한) 보도문.
【调差】**diàochāi** 동 전임(轉任)시키다. 전임하다.
【调车】**diàochē** 동 배차(配車)하다. 조차(操車)하다. ¶临时~前往. = 임시로 배차하여 가다.
【调档】**diào** ∥ **dàng** 동 인사 서류를〔문건을〕 가져다 보다〔꺼내 조사하다〕. ¶~审阅 = 서류를 가져다 조사하다.
【调调】**diào·diao**(~儿) 명 **1**(音) 가락. 멜로디. 곡조(曲调). 선율(旋律). **2**(音) 조(調). **3** 논조(論調).
【调动】**diàodòng** 동 **1**(인원·일 등을) 교환하다. (맞)바꾸다. 변동하다. 옮기다. 이동하다. ¶~工作 = 전근하다. 전임하다. **2** 동원하다. 자극

하다. 환기하다. 불러일으키다. 분기시키다. 결집하다. ¶~员工的积极性、创造性. = 직원의 적극성·창조성을 동원하다.
【调度】**diàodù** 동 **1**(인력·업무·차량 등을) 배치하다. 배정하다. 관리하다. 통제하다. 컨트롤하다. 명 배차원. 업무를 배치하는 사람.
【调防】**diào** ∥ **fáng** 동 (軍)(군대가 이동 배치되어) 방어 임무를 교대하다.
【调访】**diàofǎng** 동 조사 방문하다.
【调干】**diàogàn** 명 간부 신분의 학생이나 연수생. = 调干生 **diàogànshēng**
【调干生】**diàogànshēng** ☞ 【调干】**diàogàn**
【调个儿】**diào** ∥ **gèr** 동 양쪽〔양 끝〕의 위치를 바꾸다. 180도로 방향을 바꾸다. ¶书拿反了, ~. = 책을 거꾸로 들었으니, 바로 돌려라.
【调过来】**diào·guò·lái** 동 바꾸다. 교체하다. 변경하다. ¶把先后顺序~. = 앞뒤 순서를 바꾸다〔뒤집다〕.
【调函】**diàohán** 명 **1** 인사 이동 공문. 배치 명령서. **2**(어떤 사람·일에 대한) 조사 협조 공문.
【调号】**diàohào**(~儿) 명 **1**(言) 성조(聲調) 부호. 《汉语拼音方案(한어 병음 방안)》의 성조 부호는 '¯'(제1성)·'ˊ'(제2성)·'ˇ'(제3성)·'ˋ'(제4성)'이며, 경성은 부호가 없음) **2**(音) 조표(調號).
【调虎离山】**diàohǔ-líshān** 성(旧) 범을 산으로부터 유인해 내다. 적을 유리한 장소나 진지로부터 유인해 내어 그 허점을 이용하여 공략하다. ≒ 声东击西
【调换】**diàohuàn** ☞ 【掉换】**diàohuàn**
【调集】**diàojí** 동 이동 집결시키다. 소집하다. ¶~部队 = 부대를 소집하다.
【调卷】〔吊卷〕**diào** ∥ **juàn** 동 서류나 시험 답안을 꺼내다〔찾다〕. ¶~核查 = 서류를 꺼내서 대조 심의하다.
【调侃儿】〔调坎儿〕**diào** ∥ **kǎnr** 동 동업자들끼리 은어로 말하다. 직업어로 말하다.
【调坎儿】**diào** ∥ **kǎnr** ☞ 【调侃儿】**diào** ∥ **kǎnr**
【调类】**diàolèi** 명 (言)(성조가 있는 언어의) 성조 분류.
【调离】**diàolí** 동 전임〔전근〕시키다. 전출하다. ¶~原单位 = 원래 부서에서 전출시키다.
【调令】**diàolìng** 명 인사 (이동) 명령. 소환령. 전근 명령.
【调门儿】**diàoménr** 명 **1**(노래·말에서의) 음조. 음의 높낮이. 톤. ¶你说话的~能不能别那么高? = 네 말 톤 좀 낮출 수 없겠니? **2**(旧) 논조(論調). ¶座谈会上好几个人的发言都是一个~. = 좌담회 석상의 수많은 사람들의 발언은 모두가 한 논조이다.
【调派】**diàopài** 동 파견하다. 인사 이동하다. ¶~干部 = 간부를 파견하다.
【调配】**diàopèi** 동 이동 배치하다. ¶~生产设备 = 생산 설비를 이동 배치하다.
☞ **tiáopèi**

【调遣】**diàoqiǎn** 통 파견하다. 배정하다. 인사 이동하다. ¶服从~=파견 지시에 따르다.
【调人】**diàorén** 통 **1** 사람을 파견하다. 사람을 전근시키다. **2** 인사 이동하다. 사람을 교체하다.
【调任】**diàorèn** 통 전직하다. 전근하다. ¶~新职=전근하여 새로운 임무를 맡다.
【调升】**diàoshēng** 통 승진하다. 영전(榮轉)하다. ¶~要职=요직으로 승진하다.
【调式】**diàoshì** 명〔音〕음계(音階).
【调头】**diào‖tóu** ☞【掉头】**diào‖tóu**
【调头】**diàotóu** 명 논조. ¶要杜绝假大空的~。=거짓말〔큰소리·헛소리〕 같은 논조는 없애야 한다.
【调头】**diào·tou** 명⟨방⟩ **1** 가락. 멜로디. 곡조. 음조. 어조. **2** 어기. 어세. 어투. 말투.
【调向】**diào‖xiàng** ☞【掉向】**diào‖xiàng**
【调休】**diàoxiū** 통 휴가 날짜를 바꾸다. 바꾸어 쉬다.
【调研】**diàoyán** 통 조사 연구하다. ¶市场~=시장에 대한 조사 연구.
【调研员】**diàoyánuán** 명 조사 연구원. 리서처(researcher).
【调演】**diàoyǎn** 통〔藝〕(한 극단 또는 여러 극단에서) 단원들을 뽑아 합동 공연하다. ¶全省文艺~=성 전체의 극단들이 모여 합동 공연하다.
【调用】**diàoyòng** 통 (인력·물자를) 이동〔조달·동원〕하여 사용하다. 전용(轉用)하다. ¶~物资=물자를 전용하다.
【调阅】**diàoyuè** 통 (보관된 서적·자료 등을) 가져다 열람하다. ¶~案卷=공문서를 가져다 열람하다.
【调运】**diàoyùn** 통 조달하여 운송하다. 옮겨 실어 나르다. ¶~时新果蔬=제철 과일과 채소를 조달하여 운송하다.
【调值】**diàozhí** 명〔言〕성조의 고저장단. 성조값.
【调职】**diào‖zhí** 통 전임(轉任)하다.
【调转】**diàozhuǎn** 통 **1** 전임하다. 직장을 옮기다〔바꾸다〕. 전근하다. ¶办理~手续=전근 수속을 밟다. **2** ☞【掉转】**diàozhuǎn**
【调子】**diào·zi** 명 **1**〔音〕가락. 멜로디. **2**〔音〕조(调). **3**⟨비⟩논조. 논지(論旨). 주지(主旨). 근본이 되는 취지. 주의(主意). ¶他文中的~毫无新意。=그의 글 속의 논조는 아무런 참신함도 없다. **4** 어조. 어투. 뉘앙스. ¶他说话的~有些悲观。=그가 말하는 어조는 약간 비관적이다.
【调子戏】**diào·zixì** ☞【彩调】**cǎidiào**

＊**掉** **diào** 떨어질 도
통 **1** 떨어지다. 떨어뜨리다. 떨구다. ¶她禁不住眼泪直~。=그녀는 흘러내리는 눈물을 참지 못했다. **2** 뒤떨어지다. 처지다. 낙오하다. ¶大家跟上, 别~了队。=모두들 따라붙어, 낙오하지 말고. **3** 빠트리다. 흘리다. 잃다. 잃어버리다. 유실하다. ¶我好像~了什么东西。=내가 뭔가를 빠뜨린 듯하다. **4** (붙어 있어야 할 것들이) 빠지다. 빠져 버리다. 가시다. 벗겨지다. ¶老人满嘴牙~得差不多了。=노인은 이가 거의 다 빠졌다.

**5** (가격·수치 등이) 감소하다. 떨어지다. 내리다. ¶最近西瓜~价了。=최근에 수박값이 내렸다. **6**⟨방⟩요동하다. 흔들(리)다. ¶尾大不~=꼬리가 커서 흔들지 못하다. 부하의 세력이 커서 통제 불능이다. **7**⟨방⟩뽐내다. 자랑하다. 으스대다. ¶他就爱~书袋。=그는 뽐내길 좋아한다. **8** 되돌리다. 방향을 바꾸다. ¶小狗吓得一~头就跑。=강아지는 놀라서 뒤돌아 도망쳤다. **9** (서로) 바꾸다. 교환하다. ¶我和你~一下班怎么样？=(우리) 반을 바꾸어 보는 게 어떻겠니? **10** …해 버리다. 해치우다. (타동사의 뒤에 쓰여 제거함〔없애 버리는 것〕을 나타냄) ¶吃~=먹어 치우다. 〔扔~=내버리다. **11** …해 버리다. (자동사 뒤에 쓰여 떠나감을 나타냄) ¶逃~=도망쳐 버리다. / 死~=죽어 버리다.

⊙● 丢**diū**掉, 干**gàn**掉, 失**shī**掉, 忘掉

【掉包】【调包】**diào‖bāo**(~儿) 통 (나쁜 것을 좋은 것으로, 혹은 가짜를 진짜로) 살짝 바꿔치다〔바꿔치기 하다〕. 환롱(幻弄)치다. ¶货物被人掉了包。=물건을 바꿔치기당하였다.
【掉膘】**diào‖biāo** 통 가축이 마르다〔여위다·살빠지다·살내리다〕. ↔上膘
【掉秤】**diào‖chèng** 통⟨방⟩(무게·양 등이 기존보다) 줄다. 축나다. 감모(减耗)하다.
【掉点】**diào‖diǎnr** 통 빗방울이 떨어지기 시작하다. ¶~了, 快把伞撑起来。=빗방울이 떨어지기 시작하니, 빨리 우산을 펴라.
【掉队】**diào‖duì** 통 **1** (대오에서) 낙오하다. (뒤)처지다. ¶行军途中没有一个人~。=행군하는 도중에 한 명의 낙오자도 없었다. **2**⟨비⟩뒤떨어지다. 처지다. 뒤서다. ¶学习要抓紧, 千万不能~。=바싹 당겨 열심히 공부해야 해, 절대 뒤처지면 안 돼. ≒落伍
【掉份】**diàofèn**(~儿) 통 품위〔지위〕를 잃다. 면목이 없다. 체면이 구겨지다. 위신〔신분·체통〕이 떨어지다. ¶他竟然说出这样~儿的话来！=그가 이런 품위 없는 말을 뱉다니!
【掉个儿】**diào‖gèr** 통 몸을 돌리다. 몸의 방향을 바꾸다. ¶他一下子生气了, ~就回走。=그는 대번에 화가 나서 휙 하니 가 버렸다. **2** (위치·입장·처지 등을) 서로 바꾸다. ¶我们~想一想, 你就会明白的。=우리 서로 처지를 바꾸어 생각해 보면, 넌 곧 이해할 수 있을 것이다.
【掉过儿】**diào‖guòr** 통 (사물·사람의) 위치〔처지〕를 맞바꾸다. ¶这两个沙发掉个过儿, 看起来才顺眼。=이 두 개의 소파 위치를 맞바꾸는 것이 보기에 낫다.
【掉换】【调换】**diàohuàn** 통 **1** 맞바꾸다. 교환하다. ¶~一下位置=위치를 맞바꾸다. **2** 교체하다. 변경하다. 새 것으로 갈다〔바꾸다〕. 경질하다. 인사 이동하다. ¶这个花瓶小了点, ~一个大的。=이 꽃병은 약간 작으니, 큰 것으로 바꾸자.
【掉魂】**diào‖hún**(~儿) 통 **1** 넋을 잃다. 얼이 빠지다. 정신이 나가다. ¶他好像掉了魂似的。=그는 마치 넋을 잃은 듯하다. **2** 깜짝 놀라다. 혼나다.

【掉价】diào‖jià (~儿) 動 1 가격이 내리다. 값이 떨어지다. ¶鸡蛋近来~了。=요새 달걀값이 떨어졌다. 2 (비) (신분·위신 등이) 격하되다. 실추되다. 떨어지다. ¶当那么多人的面, 你竟然说出这样的话, 太~了。=그렇게 많은 사람들 앞에서 그런 말을 꺼내다니, 너무 망신스럽다.

【掉泪】diào‖lèi 動 눈물을 흘리다〔떨구다〕. 울다. ¶伤心~=상심하여 눈물을 흘리다.

【掉脸】diàoliǎn 動 얼굴을〔고개를〕 돌리다. ¶他~去看窗外。=그는 고개를 돌려 창 밖을 바라본다.

【掉落】diàoluò 動 떨어지다. ¶秋天到了, 树叶纷纷~下来。=가을이 되자 나뭇잎이 우수수 떨어진다.

【掉脑袋】diào nǎo·dai 俗 목이 날아가다〔잘리다〕. 살해되다.

【掉枪花】diào qiānghuā 動方비 수작을 피우다. 농간을 부리다. 속임수를 쓰다.

【掉肉】diào‖ròu 動 마르다. 야위다. 살이 빠지다. ¶他最近累得掉了好几斤肉。=그는 최근에 피곤해서 살이 수 킬로그램 빠졌다.

【掉三寸舌】diào sāncùnshé 成 세 치 혀를 놀리다. 입만 잘 놀리다. 열변을 토하다. 유세하다.

【掉色】diào‖shǎi 動 탈색되다. 색이 바래다. ≒脱色(shǎi)

【掉舌】diàoshé 動 말재주를 부리다. 언변을 발휘하다. 유세하다.

【掉事】diàoshì 動(구) 실업(실직)하다. 일자리를 잃다.

【掉手】diào‖shǒu 動 손을 바꾸어 들다〔쥐다·잡다〕.

【掉书袋】diào shūdài 貶 공자왈 맹자왈 하다. 걸핏하면 어려운 말을 써서 자기의 학문이나 재주를 과시하다. [풍자적인 의미를 내포함]

【掉头】diào‖tóu 動 1 고개를 돌리다. 외면하다. ¶~不理=외면하고 거들떠보지 않다. 2 (배·자동차 등이) 방향을 되돌리다〔바꾸다〕. ≒【调头】diào‖tóu ¶路太窄, 车子掉不了头。=길이 너무 좁아 차를 돌릴 수 없다. 3 목이 떨어지다〔날아가다〕. 살해되다.

【掉文】diàowén 動 1 (학문을 뽐내려) 문자〔문언 어구〕를 쓰다. 문자를〔고상한 말을〕 섞어 말하다. 2 재능과 학문을 자랑하다〔뽐내다·과시하다〕. 유식한 척 빼기다〔으스대다〕.

【掉向】[调向] diào‖xiàng 動 1 방향을 잃다. 2 방향을 바꾸다.

【掉牙】diàoyá 動 이가 빠지다. ¶笑掉了牙=이가 빠지도록 웃다.

【掉页】diàoyè 動 책장이 빠지다. 페이지가 떨어져 나가다. 낙장(落張)〔낙정(落丁)〕이 생기다.

【掉以轻心】diàoyǐqīngxīn 成 대수롭지 않게 여기다. 예사로 보아 넘기다. 소홀히 하다. 경솔한 태도를 취하다. 개의치 않다. ↔郑重其事

【掉闸】diào‖zhá 動 안전 스위치가 작동되다〔차단되다〕.

【掉转】[调转] diàozhuǎn 動 반대 방향으로 돌리다. ¶~车头=차머리를 돌리다.

铞[銱] diào 걸쇠 조
☞【钌铞儿】liàodiàor

铫[銚] diào 작은 냄비 요
名 (~儿) 탕관. ¶沙~儿=오지 탕관. / 药~儿=약탕관.
☞ tiáo, yáo
【铫子】[吊子] diào·zi 名 (물을 끓이거나 약을 달이는) 탕관.

# die

*爹 diē 아버지 다
名 1 (구) 아버지. 부친. ¶亲~亲妈=친아버지와 친어머니. 2 어르신. 아버님. 아저씨. [연로한 남자에 대한 존칭] ¶老~=어르신. 아버님.

○● 后爹, 老爹

【爹爹】diē·die 名(방) 1 아버지. 부친. 2 할아버지. 조부.

【爹妈】diēmā 名 부모. 아버지와 어머니. 양친. =【爹娘】diēniáng

【爹娘】diēniáng ☞【爹妈】diēmā

跌 diē 떨어질 접
動(구) 1 넘어지다. 자빠지다. 쓰러지다. 2 떨어지다. 낙하하다. 내리다.

*跌 diē 넘어질 질
動 1 (몸이 균형을 잃고) 쓰러지다. 넘어지다. 자빠지다. 엎어지다. ¶什么地方~倒什么地方爬起来。=어떤 상황에서 실패하더라도 다시 떨쳐 일어서다. 2 (물가가) 내리다. 떨어지다. ¶近来肉价下~。=최근 육류 가격이 내렸다. 3 (물체가) 떨어지다. 낙하하다. ¶失足~水=발을 헛디뎌 물에 빠지다. ↔涨 升

○● 扑跌

【跌打损伤】diē-dǎ sǔnshāng 成 1 (넘어지거나 맞아서) 부상을 당하다. 타박상을 입다. 아픔〔괴로움·손상〕을 입다. 타박상. 2 (비) 외부의 힘으로 빚어진 아픔〔괴로움〕.

【跌宕】[跌荡] diēdàng 形(문) 1 자유분방하다. ¶性情~=성격이 자유분방하다. 2 (가락이) 리드미컬하다. 율동적이다. ¶笛声~悠扬。=피리 소리가 변화무쌍하다. 3 (글이) 생동적이다. 변화가 풍부하다. ¶行文~起伏, 颇有韵致。=글이 변화가 풍부하며 매우 운치가 있다.

【跌荡】diēdàng ☞【跌宕】diēdàng

【跌倒】diēdǎo 動 1 넘어지다. 쓰러지다. 자빠지다. 엎어지다. ¶不慎~在地。=조심하지 않아 땅에 넘어졌다. 2 (비) 좌절하다. 실패하다. ¶~了并不可怕, 重要的是能够爬起来。=실패는 결코 겁나지 않다, 중요한 것은 일어날 수 있다는

것이다.

【跌跌滑滑】diē·die huáhuá(~的) 〔형〕 길이 미끄러워 걸음이 뒤뚱거리다.

【跌跌撞撞】diē·die zhuàngzhuàng(~的) 〔형〕 쓰러질 듯 비틀거리다. 비틀비틀하다.

【跌份】diē‖fèn(~儿) 〔동〕〔방〕 품위〔지위〕를 잃다. 면목이 없다. 체면이 구겨지다. 체면을 잃다. 위신〔신분·체통〕이 떨어지다.

【跌风】diēfēng 〔명〕 내림세. 낙세(落勢).

【跌幅】diēfú 〔명〕 (물가·생산량 등의) 하락폭.

【跌跟头】diē gēn·tou 〔동〕 거꾸러지다.

【跌价】diē‖jià 〔동〕 가격이〔값이·물가가〕 떨어지다〔내리다〕. ↔涨价

【跌交】diē‖jiāo ☞【跌跤】diē‖jiāo

【跌跤】【跌交】diē‖jiāo 〔동〕 1 거꾸러지다. 넘어지다. 쓰러지다. 자빠지다. 엎어지다. ¶路面湿滑, 小心~。=노면이 미끄러우니, 넘어지지 않도록 조심하시오. 2 〔비〕 실수하다. 잘못을 저지르다. 좌절하다. 실패하다. =【跌跤子】diējiāo·zi ≒摔跤

【跌跤子】diējiāo·zi ☞【跌跤】diē‖jiāo

【跌局】diējú 〔명〕 (가격의) 하락 국면. 가격이 속으로 떨어지는 국면〔상황〕.

【跌落】diēluò 〔동〕 1 (물가·생산량 등이) 떨어지다. 내리다. 하락하다. 2 (물체가) 떨어지다.

【跌势】diēshì 〔명〕 (가격의) 하락세.

【跌水】diēshuǐ 〔명〕 1 (지세의 급격한 하강으로) 갑자기 떨어지는 물줄기. 2 〔工〕 호안 블록(護岸 block).

【跌死狐狸弯死蛇】diē sǐ hú·li wān sǐ shé 〔숙〕 1 여우가 자빠져 죽게 하고 뱀이 구부러져 꺾여 죽게 하다. 2 〔비〕 길이 매우 험하다. 매우 걷기 힘들고 험하다.

【跌停板】diētíngbǎn 〔명〕〔經〕 하한가. 〔영〕 limit down ↔涨停板

【跌销】diēxiāo 〔동〕 (상품이) 판로가 좁아지다.

【跌眼镜】diē yǎnjìng 〔숙〕〔비〕 (일의 발전이나 결과가 뜻밖에 이어서 씀) 크게 놀라게 하다. [주로 '大(dà)'와 이어 씀] ¶他的表现令人大~。= 그의 행동은 사람을 크게 놀라게 했다.

【跌撞】diēzhuàng 〔동〕 비틀거리다. 휘청거리다. 비틀비틀하다.

【跌足】diēzú 〔동〕〔비〕 (슬픔·절망·후회 등으로) 발을 동동거리다〔동동 구르다〕. ¶~哀叹 = 발을 동동 구르며 슬피 탄식하다.

【跌坐】diēzuò 〔동〕 (털썩〔철퍼덕〕) 주저앉다. ¶脚下一滑, 她一下子~在泥地上。= 미끄러지는 바람에 그녀는 단박에 진흙탕에 철퍼덕 주저앉아 버렸다.

迭 dié 갈마들 질
〔동〕 1 교체〔교대〕하다. 번갈다. 차례를 바꾸다. 갈마들다. ¶更~=경질하다. 2 이르다. 미치다. 도달하다. 따라잡다. [주로 부정형으로 쓰임] ¶后悔不~=후회막급이다. / 叫苦不~=끊임없이 죽는 소리를 하다. 〔부〕 누차. 여러 번. 수 차례. 자주. 반복적으로. 끊임없이. ¶~有所闻 = 여러 번 들은 바 있다.

【迭出】diéchū 〔동〕 차례로〔끊임없이〕 출현하다. ¶花样~ = 여러 가지 모양이 차례로 출현하다. 온갖 수단이〔술수가〕 다 나오다〔동원되다〕.

【迭次】diécì 〔부〕 누차. 여러 번. 수차례. 자주. 반복적으로. 끊임없이. ¶这一画面在他脑海中~出现。= 이 화면이 그의 뇌리에 누차 떠올랐다.

【迭代】diédài 〔동〕 교체되다. 바뀌다. ¶季节~ = 계절이 바뀌다.

【迭连】diélián 〔동〕 연이어〔잇달아·연거푸·연속하여〕 …하다. ¶观众~发出愉悦的笑声。= 관중들은 연거푸 유쾌한 웃음을 터뜨렸다.

【迭起】diéqǐ 〔동〕 자꾸 일어나다. 잇달아 출현하다. ¶剧情高潮~。= 극의 줄거리에 클라이맥스 장면이 잇달아 나온다.

【迭为宾主】diéwéi-bīnzhǔ 〔성〕 돌아가며 손님과 주인이 되다. 번갈아 서로를 초대하다.

【迭现】diéxiàn 〔동〕 끊임없이〔잇달아·계속하여〕 나타나다〔출현하다〕. ¶危机~ = 위기가 계속하여 나타나다.

【迭兴】diéxīng 〔동〕 차례차례〔잇달아·번갈아〕 흥기하다〔일어나다〕. ¶世代~ = 대대로 잇달아 흥기하다.

垤 dié 개밋둑 질
〔명〕〔문〕 1 작은 언덕〔구릉〕. ¶丘~ = 작은 구릉〔언덕〕. 2 개밋둑. 개미총(塚). 의봉(蟻封). 의질(蟻垤). ¶蚁~ = 개밋둑.

昳 dié 해 기울 질
〔동〕〔문〕 해가 서쪽으로 기울다. 해가 기울다〔지다〕. ¶日~ = 해가 지다.
☞ yì

咥 dié 깨물 절
〔동〕〔문〕 깨물다. 물다. 씹다. 먹다.
☞ xì

绖[絰] dié 삼띠 질
〔명〕 옛날, 상복(喪服)에 두르는 삼베로 만든 (허리)띠.

瓞 dié 북치 질
〔명〕〔문〕 북치. 작은 오이. ¶绵绵瓜~ = 오이가 주렁주렁 열리다. 자손이 번성하다.

*谍[諜] dié 염탐할 첩
〔동〕 첩보 활동을 하다. 스파이 노릇을 하다. 〔명〕 간첩. 스파이. ¶间~ = 간첩.

【谍报】diébào 〔명〕 첩보. 첩정(牒呈).

堞 dié 성가퀴 첩
〔명〕 성가퀴. 성첩(城堞). 보원(堡垣). 여장(女墻). 치성(雉城). [몸을 숨기고 적을 감시하거나 공격하기 위해 성 위에 톱날 모양으로 덧쌓은 낮은 담] ¶城~ = 성첩. 성가퀴.

【堞墙】diéqiáng 〔명〕 성가퀴. 성첩.

# dié 453

**耋** dié 늙은이 질
[형][문] **1** (연령이) 70~80세의. **2** 늙은. 늙다. 늙은이의. 노인의. 노년의. 노령의. ¶耋~之年＝노년. 노령.

**揲** dié 접을 접
[동][문] 접다. 개다. 개키다.
☞ **shé**

**喋**[(喋)] dié 재잘거릴 첩
아래를 참조.
☞ **zhá**
【喋喋】 **diédié** [형] (쉴새없이) 재잘〔조잘〕거리다. 지껄이다. 수다떨다. (말이) 장황하다. 너더분하다. ¶他这人一起来就没完.＝그는 재잘거리기 시작하면 끝이 없다.
【喋喋不休】 **diédié-bùxiū** [성] 재잘재잘 쉴새〔끊임〕없이 지껄이다. 능刺刺不休
【喋血】[蹀血] **diéxuè** [동][문] (사람을 많이 죽여) 사방에 유혈이 낭자하다. 피투성이가 되다. 선혈이 낭자하다. ¶一沙场＝유혈이 낭자한 전쟁터.

**嵽**[嵽] dié 높을 체
【嵽嵲】 **diéniè** [명][문] 고산. 높은 산. 산의 높은 곳. [형] 산이 아주 높다.

**惵** dié 두려워할 접
[동][문] 두려워하다. 무서워하다.

**牒** dié 글씨판 첩
[명] **1** (고대 서사용의) 목편. 죽편. **2** 얇은 책. 서적. ¶史~＝역사책. **3** 첩. 증명서. 공문서. ¶通~＝통첩.
○● 度牒, 戒jiè牒

**叠**[(疊·曡·疊)] dié 포갤 첩
[동] **1** 포개다. 층층이〔겹치어〕쌓다. 누적하다. ¶重~＝중복〔중첩〕하다. **2** 중복하다. 거듭하다. ¶层见~出＝거듭〔연이어〕나타나다. **3** (옷·이불·종이 등을) 개다. 접다. 개키다. ¶~被子＝이불을 개다. [양] 묶음. 단. 다발. [넓고 얇은 물건을 겹치거나 포갠 것을 세는 단위] ¶一~钞票＝한 묶음의 지폐.
○● 打叠, 堆duī叠, 折zhé叠
【叠层】 **diécéng** [동] 겹겹이 쌓다. ¶~放置＝겹이 쌓아 놓다.
【叠床架屋】 **diéchuáng-jiàwū** [성] **1** 침대 위에 침대를, 지붕 위에 지붕을 거듭 얹다. 능屋上架屋. **2** [비] 중복되어 간결하지 않다. 쓸데없이 중복하다. 글이 너더분하다.
【叠翠】 **diécuì** [형] 수풀이 겹겹이 짙푸르다. ¶层峦~＝첩첩이 이어진 산들이 짙푸르다.
【叠放】 **diéfàng** [동] 쌓아〔포개어〕두다〔놓다〕.
【叠合】 **diéhé** [동] 포개어 합치다.

【叠加】 **diéjiā** [동] 하나하나 더하다. 거듭하여 보태다. 한 겹 한 겹 포개다. 함께 겹쳐 쌓다. 층층이 함께 포개다.
【叠罗汉】 **diéluóhàn** [명][체] **1** 인간 피라미드 쌓기. **2** 텀블링(tumbling).
【叠压】 **diéyā** [동] 겹겹이 누르다.
【叠印】 **diéyìn** [동] **1** (映) 랩 디졸브(lap dissolve). 오버랩(overlap). 오엘(OL). **2** (印) 오버프린트(overprint).
【叠韵】 **diéyùn** [명][언] 첩운. [서로 운모가 같거나 비슷한 글자. 예를 들어 '前年(qiánnián)·烂漫(lànmàn)'에서 '前'과 '年', '烂'과 '漫'의 성운 관계를 말함]
【叠嶂】 **diézhàng** [명] 첩장. 첩봉(叠峰). 첩첩이 겹쳐진 산봉우리. ¶重峦~＝첩첩이 이어진 산봉우리.
【叠字】 **diézì** [명][언] 첩자. [같은 글자를 중복시켜 만든 단어. 예를 들어 '青青·莽莽撞撞' 등과 같은 것]

***碟** dié 접시 접
[명] (~儿) **1** 접시. **2** 레이저 디스크(laser disk). 콤팩트 디스크(compact disk). CD. ¶影~＝비디오 CD. / 歌~＝음악 CD.
○● 光碟, 冷碟, 凉liáng碟
【碟片】 **diépiàn** [명][속] 콤팩트 디스크(compact disk). CD. 레이저 디스크(laser disk).
【碟子】 **dié·zi** [명] 접시.

***蝶**[(蜨)] dié 나비 접
[명] **1** (动) 나비. ¶粉~＝흰나비. / 彩~＝채색나비. **2** 나비 모양. 나비 자세. ¶~泳比赛＝접영 경기.
○● 粉蝶, 凤fèng蝶, 蝴hú蝶
【蝶粉】 **diéfěn** [명][动] 나비의 날개에 묻어 있는 인분(鳞粉).
【蝶骨】 **diégǔ** [명][生] 호접골(胡蝶骨).
【蝶泳】 **diéyǒng** [명][체] **1** 접영. 버터플라이 수영법. **2** 돌핀 킥(dolphin kick).

**艓** dié 작은 배 접
[명][문] 작은 배.

**蹀** dié 밟을 접
[동][문] 밟다. 짓밟다. 발을 동동 구르다.
【蹀躞】 **diéxiè** [동][문] **1** 종종걸음치다. **2** 왔다 갔다 하다. 배회하다.
【蹀血】 **diéxuè** ☞【喋血】 **diéxuè**

**蝰** dié 절당 절
☞ **zhì**
【蝰蝑】 **diédāng** [명][动] 땅거미.

**鲽**[鰈] dié 가자미 접
[명][动] 가자미.

# dìng

丁 dīng
顶 dǐng
订 dìng
钉 dīng
盯 dīng
叮 dīng
玎 dīng
疔 dīng
仃 dīng
耵 dīng
酊 dǐng
灯 dēng
町 tǐng
厅 tīng
汀 tīng

**丁** **dīng** 넷째 천간 **정**
[동][문] 만나다. 마주치다. 당하다. 겪다. ¶～兹盛世＝태평성세를 만나다. [명] **1** (～儿) (고기·야채 등을 주사위처럼 작고 네모지게 썬) 도막. 덩이. ¶宫爆鸡～＝궁바오지딩. [뜨거운 기름에 네모지게 썬 닭고기·야채·땅콩 등을 넣어 볶은 요리] / 萝卜～儿＝네모지게 썬 무토막. **2**《天》 정. 천간(天干)의 네 번째. **3** (순서·등급의) 네 번째. ¶列为～等＝4등에 오르다. **4** 성년 남자. 장정. ¶成～＝(남자가) 성년이 되다. **5** 인구. 식구 수. 가족 수. ¶人～兴旺＝가족이 번창하다. **6** 남자 아이. 아들. ¶添～＝아들을 낳다. **7** (전문적인 노동·직업에) 종사하는 사람. ¶园～＝정원사. **8** (**Dīng**) 성(姓).
☞ **zhēng**

白丁, 兵丁, 补bǔ丁, 布丁, 抽丁, 单丁, 地丁, 家丁, 抗kàng丁, 冷丁, 零丁, 亲丁

【丁坝】**dīngbà** [명]《建》 (하안·제방을 보호하기 위해 설치한) 혼합형〔T자형〕 둑.
【丁部】**dīngbù** ☞【集部】**jíbù**
【丁村人】**Dīngcūnrén** [명] 정촌인. [고대 인류의 하나. 구석기 시대 중기에 살았으며, 1954년 산시(山西)성 샹펀(襄汾)현 딩춘(丁村)에서 발굴되었음]
【丁当】[叮当][玎当] **dīngdāng** [의] 댕그랑. 땡그랑. 달그랑. [쇠붙이·옥·자기 그릇 등이 부딪힐 때 나는 맑은 소리] ¶盘碗碰得～作响。＝쟁반과 그릇이 부딪혀 달그랑 소리를 내다.
【丁当响】**dīngdāngxiǎng** [형] **1** 댕그랑거리다. 땡그랑대다. 달그랑거리다. **2** [비] 매우 가난하다. 궁핍하다. ¶穷得～＝가난하여 (밥은 없고 밥그릇 소리만) 달그랑달그랑 하다.
【丁等】**dīngděng** [명] 4급. 4등.
【丁点儿】**dīngdiǎnr** [양][방] 극히 적은 양. 매우 작은 크기. 조금. 조그마한. [매우 양이 적거나 크기가 작은 것을 나타냄. 그 정도가 '点儿' 보다 심함] ¶事关重大, 不能有～的失误。＝일이 중대하여 털끝만한 실수도 있어선 안 된다.
【丁丁】**dīngdīng** [의] 댕댕. 댕그랑. 똑똑. [옥·금속·물방울 등이 서로 부딪히는 소리] ¶～作响＝댕댕 소리를 내다.
【丁丁当当】***dīng·ding dāngdāng*** [의] 댕그랑댕그랑. 땡그랑땡그랑. 달그랑달그랑. [쇠붙이·옥 장식·자기 그릇 등이 계속 부딪혀 나는 소리]
【丁东】[丁冬][叮咚] **dīngdōng** [의] 댕그랑. 딩동. 똑똑. [금속·옥돌·샘물 등이 부딪히거나 떨어지는 소리] ¶玉佩～＝옥패가 댕그랑거리다.
【丁冬】**dīngdōng** ☞【丁东】**dīngdōng**
【丁二酸】**dīng'èrsuān** [명]《化》 호박산(琥珀酸). 숙신산. ＝【琥珀酸】**hǔpòsuān**
【丁二烯】**dīng'èrxī** [명]《化》 부타디엔(butadiene). ＝【二乙烯】**èryǐxī**
【丁赋】**dīngfù** ☞【丁税】**dīngshuì**
【丁基橡胶】**dīngjī xiàngjiāo** [명]《化》 부틸고무. ＝【丁烯橡胶】**dīngxī xiàngjiāo**【异丁烯橡胶】**yìdīngxī xiàngjiāo**
【丁艰】**dīngjiān** ☞【丁忧】**dīngyōu**
【丁克】**dīngkè** [명][외] 딩크(DINK). ['丁克'는 영어의 'DINK' 즉 'double income no kids'의 축약형의 음역임. 부부가 맞벌이하여 수입은 많지만 아이는 낳지 않으려는 생활 방식을 말함]
【丁克家庭】**dīngkè jiātíng** [명] 딩크(DINK) 가정. 딩크(DINK)족.
【丁零】**dīnglíng** [의] 딸랑. 댕그랑. 땡그랑. [방울 소리, 혹은 작은 금속 물체가 서로 부딪힐 때 나는 소리] ¶远处传来～～的驼铃声。＝멀리서 딸랑딸랑 낙타 방울 소리가 들려온다.
【丁零当啷】**dīng·ling dānglāng** [의] 댕그랑댕그랑. 딸랑딸랑. [자기(瓷器)나 금속 등이 계속해서 부딪히는 소리]
【丁男】**dīngnán** [명] 성년 남자. 정남. 장정.
【丁年】**dīngnián** [명] 성년. 정년.
【丁宁】**dīngníng** ☞【叮咛】**dīngníng**
【丁是丁, 卯是卯】[钉是钉, 铆是铆] **dīng shì dīng, mǎo shì mǎo** [속][비] 일처리가 꼼꼼하고 정확하다. 매사에 빈틈이 없다.
【丁税】**dīngshuì** [명][옛] 인두세. ＝【丁赋】**dīngfù**
【丁烷】**dīngwán** [명]《化》 부탄(butane). ¶～气＝부탄 가스.
【丁烯】**dīngxī** [명]《化》 부틸렌(butylene).
【丁烯橡胶】**dīngxī xiàngjiāo** ☞【丁基橡胶】**dīngjī xiàngjiāo**
【丁香】**dīngxiāng** [명]《植》 **1** 라일락. 자정향. ＝【丁香花】**dīngxiānghuā**【紫丁香】**zǐ dīngxiāng** **2** 정향나무.
【丁香花】**dīngxiānghuā** ☞【丁香】**dīngxiāng**
【丁夜】**dīngyè** [명][옛] 사경(四更). 정야. [하루의 밤을 다섯으로 나눈 넷째 시각으로, 오전 1시부터 3시까지를 가리킴]
【丁忧】**dīngyōu** [동][문] **1** 부모상을 당하다. **2** 경야(經夜)하다. [죽은 사람을 장사 지내기 전에 가까운 친척이나 친구들이 관 옆에서 밤을 새워 지키는 일을 가리킴] ＝【丁艰】**dīngjiān**
【丁壮】**dīngzhuàng** [명][문] 장정. 청장년(남자).
【丁字步】**dīngzìbù** [명] T자 서기. [한쪽 발꿈치를 다른 한쪽 발바닥 중심에 가까이 하여 두 발을 90도 각도로 만들어 선 자세]
【丁字尺】**dīngzìchǐ** [명] (회화·디자인용의) T자. 티자. 정자 정규(丁字定規).
【丁字钢】**dīngzìgāng** [명] T형강(T形鋼). [낮]【丁字铁】**dīngzìtiě**
【丁字街】**dīngzìjiē** [명] 정자로(丁字路). (T자형

의) 삼거리.

【丁字铁】dīngzìtiě ☞【丁字钢】dīngzìgāng
【丁字形】dīngzìxíng 명 정(丁)자형. T자형.
【丁字(形)钢】dīngzì(xíng)gāng 명 티형강(T形鋼).

## 仃 dīng 외로울 정
☞【伶仃】língdīng

## **叮 dīng 단단히 부탁할 정
동 **1** 신신당부하다. 재삼〔거듭〕부탁하다. ¶千~万嘱＝신신당부하다. 거듭〔재삼〕부탁하다. **2** 캐묻다. 따지다. 추궁하다. ¶再三一问＝거듭 캐묻다. **3** (모기 등이) 물다. 쏘다. ¶腿上又被蚊子~了一下.＝다리가 또 모기에 물렸다.
【叮当】dīngdāng 의 ☞【丁当】dīngdāng
동 싸우다. 말다툼하다. ¶夫妻俩又~起来了.＝부부가 또 싸우기 시작했다.
【叮咚】dīngdōng 의 ☞【丁东】dīngdōng
【叮咛】[叮宁]dīngníng 동 신신당부하다. 거듭〔재삼〕부탁하다. ¶妈妈一再~出门要注意安全.＝어머니께서는 집 밖에서는 안전에 주의해야 한다고 신신당부하셨다. ≒吩咐 叮嘱
【叮问】dīngwèn 동명 (거듭) 캐묻다. 따지다. 추궁하다.
【叮咬】dīngyǎo (모기 등이) 물다. 쏘다. ¶蚊虫~＝모기가 물다.
【叮嘱】dīngzhǔ 동 신신당부하다. 거듭〔재삼〕부탁하다. ¶老师~大家考试时不要紧张.＝선생님께서는 모두에게 시험을 볼 때 긴장하지 말 것을 신신당부하셨다. ≒叮咛 吩咐 嘱咐

## 玎 dīng 옥소리 정
아래를 참조.
【玎当】dīngdāng ☞【丁当】dīngdāng
【玎玲】dīnglíng 의동 쟁그랑. 댕그랑. [옥석 등이 부딪혀 나는 소리] ¶玉佩~＝옥패가 댕그랑거리다.

## **盯 dīng 똑바로 볼 정
동 주시하다. 응시하다. 뚫어져라 쳐다보다. ¶该罚点球了, 观众的眼睛一下子~住了运动员脚边的足球.＝페널티 킥을 할 차례가 되자, 관중들의 시선은 일제히 선수 발 근처의 축구공으로 집중되었다.
【盯防】dīngfáng 동(体) (구기 운동에서) 밀착 마크하다. 압박 수비하다. ¶一对一地~＝맨투맨〔일 대 일〕 밀착 수비.
【盯人】dīngrén 동(体) (구기 운동에서) 밀착 마크하다. 압박 수비하다. ¶采取~战术＝압박 수비 전술을 취하다.
【盯梢】dīng∥shāo ☞【钉梢】dīng∥shāo
【盯视】dīngshì 동 주시하다. 응시하다. ¶他站在窗前, ~着远山.＝그는 창가에 서서 먼 산을 응시하고 있다.

## 町 dīng 땅 이름 정

명(地) 완딩(畹町). [윈난(云南)성에 있는 지명]
☞ tǐng

## **钉[釘] dīng 못 정
명 (~儿) 못. ¶铁~儿＝쇠못. 동 **1** 바싹 따라〔달라〕붙다. 밀착 마크하다. ¶~在他后面, 看他到底想干什么.＝그의 뒤를 따라붙어 대체 무엇을 하려는지 살펴봐라. **2** 독촉하다. 재촉하다. 다그치다. ¶这事你要经常~着, 不然他非忘不可.＝이 일에 관해 네가 자주 재촉해야지, 그렇지 않으면 그는 잊어버리고 말 것이다. **3** '盯(dīng)'과 같다.
☞ dìng

○● 道钉, 摁èn钉儿, 螺luó钉, 铆mǎo钉, 图钉, 销xiāo钉, 碰钉子, 蚂蟥mǎhuáng钉, 眼中钉

【钉齿耙】dīngchǐbà 명(农) (대형) 써레. =【钉耙】dīngpá
【钉锤】dīngchuí 명 망치. 장도리.
【钉螺】dīngluó 명(动) 옹코멜라니아(oncomelania). [달팽이의 일종. 일본주혈흡충의 중간숙주임]
【钉帽】dīngmào 명 못대가리.
【钉耙】dīngpá 명(农) **1** 자루가 달린 갈퀴. **2** ☞【钉齿耙】dīngchǐbà
【钉梢】[盯梢]dīng∥shāo 동 미행하다. 뒤를 밟다. 몰래 뒤쫓다. ¶他发现后面有人~.＝그는 누군가 뒤에서 미행하고 있는 것을 발견했다. ≒跟梢
【钉是钉, 铆是铆】dīng shì dīng, mǎo shì mǎo ☞【丁是丁, 卯是卯】dīng shì dīng, mǎo shì mǎo
【钉头】dīngtóu 명 못대가리.
【钉头字】dīngtóuzì ☞【楔形文字】xiēxíng wénzì
【钉鞋】dīngxié 명 **1**(体) 스파이크 슈즈(spiked shoes). **2** 우천용 징 신발. [옛날, 밑창에 징을 박고 몸체에 기름을 입힌 방활·방수 신발]
【钉子】dīng·zi **1** 못. **2**(喩) 매복한 비밀 공작원. 밀정. ¶安插~＝밀정을 박아 놓다〔넣다〕. **3**(喩) (문제 해결의) 장애. 장애물. 걸림돌.
【钉子户】dīng·zihù 토지 수용 불복 세대〔가구〕.

## 疔 dīng 부스럼 정
명(医) 정(疔). 급성·악성 종기. 정저(疔疽). 정종(疔腫). 정창(疔瘡).
【疔疮】dīngchuāng 명(医) 정(疔). 급성·악성 종기. 정저(疔疽). 정종(疔腫). 정창(疔瘡).
【疔毒】dīngdú 명(医) 상태가 심한 정창(疔瘡).

## 聍 dīng 귀지 정
【聍聍】dīngníng ☞【耳垢】ěrgòu

## 酊 dīng 팅크 정
명(약외)(医) 팅크(제). 껠 tinctura.
☞ dǐng

## 【酊剂】dīngjì 图(醫) 팅크(tincture). 정기(丁幾). ¶碘~=옥도정기. 요오드 팅크.

## 靪 dīng 기울 정
图 신의 창받이를 하다. 신창을 깁다. ¶~鞋掌=창받이를 하다.

## **顶[頂] dǐng 꼭대기 정
图 1(~儿) (인체·사물의) 꼭대기. 정수리. 마루. 끝. ¶头~=정수리. / 山~=산꼭대기. 2 최고점. 상한(上限). ¶生产速度已经到~了。=생산 속도가 이미 최고점에 달했다. 图 1 머리로 받치다. 머리에 이다. ¶她~着包裹在慢慢地走着。=그는 보따리를 이고 천천히 걷고 있다. 2 (머리·뿔로) 들이받다. ¶运动员轻松地把球~出边线。=운동 선수가 가볍게 헤딩으로 아웃시켰다. 3 (아래로부터) 위로 내밀다〔들어올리다·돋아나다·솟아나다〕. 비집고〔헤집고〕나오다. ¶麦苗~出土来了。=보리싹이 땅에서 돋아난다. 4 무릅쓰다. 마주 대하다. 마주하다. …하다. ¶~风冒雪=눈보라를 무릅쓰다. 5 반박하다. 맞서다. 대들다. 말대답하다. 대립하다. ¶他忍不住跟妻子~了两句嘴。=그는 참지 못하고 아내에게 몇 마디 말대꾸를 했다. 6 괴다. 고이다. 받치다. 떠받치다. 지지하다. 버티다. 지탱하다. ¶用杠子把门~上。=막대기로 문을 괴다. 7 맡다. 담당하다. 주관하다. 견디다. 해내다. 감당하다. ¶家里的重活全由他一个人~。=집안의 힘든 일은 모두 그 혼자서 도맡는다. 8 상당하다. 맞먹다. 필적하다. 대등하다. ¶他身强力壮, 干活一个~两个。=그는 힘이 장사라 일을 하면 두 사람 몫에 상당한다. 9 대신하다. 대체하다. 대용하다. 빈 자리를 메우다. 보충하다. ¶我今天帮同事~班。=그는 오늘 동료를 대신하여 근무를 한다. 10 (기업의 경영권·부동산 임대권 등을) 양도하다. 넘겨주다. 양도받다. 넘겨받다. ¶把铺子~出去。=점포를 양도하다. 11 쓸모 있다. 유용하다. 소용 있다. 유익하다. 도움이 되다. ¶早上吃这点东西不~事。=이 정도의 음식으로는 아침을 해결할 수 없다. 12 團 (어떤 시각에) 이르다. ¶~晚上八点火车才能到达。=저녁 여덟 시는 되어야 기차가 도착할 수 있다. 團 아주. 매우. 상당히. 제일. ¶~小=매우 작다. / ~喜欢看电影=영화 보기를 아주 좋아하다. 양 개. 채. 장. [꼭대기가 있는 물건을 세는 단위] ¶两~帽子=두 개의 모자. / 一~轿子=가마 한 채.

○● 朝cháo顶、出顶、灰huī顶、尖jiān顶、绝jué顶、冒mào顶、灭miè顶、拿顶、透tòu顶、桅wéi顶、歇xiē顶、朱顶

## 【顶班】dǐng‖bān(~儿) 图 근무를 대신하다. 당번을 바꾸다. ¶他今天有事没来, 找的别人~。=그는 일이 있어 안 와서, 다른 사람이 근무를 대신한다.

## 【顶班】dǐngbān 图 (주로 노동력을 필요로 하는 일을) 맡(아서 하)다. 수행하다. 담당하다. 근무하다. ¶~劳动=노동일을 하다.

## 【顶板】dǐngbǎn 图 1 천장. 2(礦) 천판(天板). 천반(天盤). [갱도나 채굴 현장의 천장] 3(礦) 광층 바로 위의 암층. ⑨ strata

## 【顶泵】dǐngbèng 图(機) 공기 잭(jack).

## 【顶部】dǐngbù 图(물체의) 맨 꼭대기〔위쪽〕.

## 【顶不住】dǐng‧buzhù 图 1 지탱하지 못하다. 지지하지 못하다. ¶棍子太短, ~门。=막대기가 너무 짧아 문을 지탱하지 못한다. 2 버티지 못하다. 견디지 못하다. 배겨 내지 못하다. 감당하지 못하다. ¶工作太辛苦, 他快~了。=일이 너무 고되어 그는 버티지 못할 지경이 되었다. 3 이기지 못하다. 막아 내지 못하다. ¶~诱惑=유혹을 이겨 내지 못하다.

## 【顶层】dǐngcéng 图 맨 꼭대기〔위〕층.

## 【顶承】dǐngchéng 图 1 담당하다. 책임지다. 맡다. 감당하다. ¶所有责任由我~。=모든 책임은 내가 진다. 2 받아들이다. 견뎌 내다. 이겨 내다. 감내하다. ¶她~了太多的辛劳。=그녀는 너무나 많은 고생을 감내하였다.

## 【顶到底】dǐng dàodǐ 图 끝까지 해내다〔버티다·견디다·견지하다·지탱하다·고수하다〕. ¶他决心~。=그는 끝까지 해 보기로 결심했다.

## 【顶得住】dǐng‧dezhù 图 1 지탱할 수 있다. 지지할 수 있다. ¶这样他还~, 箱子再重一点他就扛不动了。=이 정도는 감당할 수 있지만, 상자가 조금만 더 무거워도 나를 수가 없다. 2 감당할 수 있다. 버틸 수 있다. 견딜 수 있다. 배겨 낼 수 있다. 막아 낼 수 있다. 저지할 수 있다. ¶你放心, 我~舆论的压力。=안심하십시오, 나는 여론의 압력을 막아 낼 수 있습니다.

## 【顶灯】dǐngdēng 图 1 천장의 전등. 2 자동차 지붕의 표시등.

## 【顶颠】dǐngdiān 图 1⑤ 정수리. 2 (물체의) 꼭대기. 끝. 마루. ¶房屋的~=지붕. 3 (사물 발전의) 정상. 최고봉. 피크(peak). ¶学术的~=학술의 최고봉.

## 【顶巅】dǐngdiān 图 1 산꼭대기. 산마루. 2 (물체) 꼭대기. 끝. 마루. ¶塔的~=탑 꼭대기. 3 (사물 발전의) 정상. 최고봉. 피크(peak). ¶科技的~=과학 기술의 최고봉.

## 【顶点】dǐngdiǎn 图 1(數) 꼭지점. 정점. 2 절정. 극치. 정점. 최고조. 클라이맥스. ¶观众的情绪沸腾到了~。=관중들의 감정이 최고조에 달했다.

## 【顶端】dǐngduān 图 1 꼭대기. 정상. 피크(peak). ¶树的~有个鸟窝。=나무의 꼭대기에 새둥지가 하나 있다. 2 말단. 끄트머리. 말미(末尾). 가장자리. 끝 부분. ¶大桥的~有一座雕塑。=큰 다리의 끝에 조형물이 하나 있다.

## 【顶多】dǐngduō 團 기껏해야. 겨우. 고작. 크게〔많이〕잡아야. 잘해야. 끽해야. ¶这房子~值二十万。=이 집은 많게 잡아야 20만 위안 정도 나간다.

## 【顶房子】dǐng fáng‧zi 图 가옥〔건물〕을 재임대하다.

## 【顶风】dǐng‖fēng 图 1 바람을 무릅쓰다. 바람을 안다. ¶~冒雨=비바람을 무릅쓰다. 2 图

대대적으로 시행되고 있는 법령·법규·정책 등을 버젓이 위반하다. 공공연히 현행 정책이나 법률에 역행하다. ¶~作案=공공연히 사건을 저지르다.

【顶风】 **dǐngfēng** 〖명〗 (거슬러 부는) 역풍. 앞바람. 맞바람.

【顶风臭十里】 **dǐngfēng chòu shí lǐ** 〖속〗 **1** 구린내가 맞바람에도 십리를 간다. **2** 〖비〗 악명이 높다. 악명을 떨치다.

【顶峰】 **dǐngfēng** 〖명〗 **1** (산의) 정상. 최고봉. 꼭대기. 산마루. ¶终于登上了黄山~。=마침내 황산의 최고봉에 올랐다. **2** 〖비〗 (어떤 분야의) 최고봉. 정상. 독보적 위치. ¶努力攀登艺术的~。=노력하여 예술의 최고봉에 오르다.

【顶缸】 **dǐng‖gāng** 〖동〗〖비〗 대신 책임을 지다. 대신 벌을 받다.

【顶岗】 **dǐnggǎng** 〖동〗〖비〗 대신 근무하다. ¶~代课=다른 사람을 대신하여 강의〔수업〕하다.

【顶杠(子)】 **dǐng‖gàng**(·zi) 〖동〗 쟁론을 벌이다. 말다툼하다. 언쟁하다. 논쟁하다. 쟁변하다. ¶他就好跟人~。=그는 사람들과 쟁론하기를 좋아한다.

【顶格】 **dǐnggé**(~儿) 〖동〗 정격으로 정렬하다. [글자를 가로줄 맨 왼쪽 칸 또는 세로줄 맨 위쪽 칸에 쓰거나 조판하는 것으로, 들여쓰기를 하지 않는 것을 가리킴] ¶每段第二行文字要~书写。=매 단락 두 번째 줄〔행〕은 들여쓰기를 해서는 안 된다.

【顶骨】 **dǐnggǔ** 〖명〗〖생〗 두정골(頭頂骨).

【顶呱呱】[顶刮刮] **dǐngguāguā**(~的) 〖형〗 아주〔대단히〕 좋다.〔훌륭하다·우수하다〕. 가장 뛰어나다. 최고이다. 최고급이다. ¶他的普通话说得~。=그는 표준어를 훌륭하게 구사한다.

【顶刮刮】 **dǐngguāguā** ☞【顶呱呱】 **dǐng guāguā**

【顶柜】 **dǐngguì** **1** 벽킬이 장. **2** (장롱 위에 놓는) 상단 장롱.

【顶光】 **dǐngguāng** 〖명〗 (촬영시 피사체 위에서 내리비추는) 탑 라이트(top light).

【顶好】 **dǐnghǎo** 〖부〗 가장〔제일〕 좋은〔나은·바람직한〕 것은. ¶你们~是等雨停后再走。=너희들, 비가 멈춘 후에 가는 게 가장 좋겠다. 〖형〗 가장〔제일〕 좋다. ¶~的茶叶=가장 좋은 찻잎.

【顶换】 **dǐnghuàn** 〖동〗 바꾸다. 갈다. 교환하다. 대체하다. 대리하다. 대신하다. ¶他的录取名额被人~了。=그의 합격 티오(TO)가 다른 사람으로 대체되었다.

【顶回】 **dǐnghuí** 〖동〗 일축하다. 면박을 주다. 말을 되받아치다. ¶我一句话还没说完就被他~来了。=내 말이 한 마디 채 끝나기 전에, 그가 (내 말을) 일축해 버렸다.

【顶级】 **dǐngjí** 〖형〗 최고급의. 최고 수준의. ¶~品牌=최고급 브랜드.

【顶技】 **dǐngjì** 〖명〗 정간(頂杆). [서커스에서 머리에 막대기를 놓고 그 위에 각종 물건을 올려놓는 묘기]

【顶价】 **dǐngjià** 〖명〗 (상품의) 최고 가격. 최고가.

【顶架】 **dǐng‖jià** 〖동〗 (주로 동물이) 머리나 뿔로 서로 들이받다〔싸우다·충돌하다〕. ¶两只羊又顶起架来。=두 마리의 양이 또 서로 들이받으며 싸우기 시작한다.

【顶尖】 **dǐngjiān**(~儿) 〖명〗 **1** ☞【顶心】 **dǐng xīn 2** 꼭대기. 최고. ¶金字塔的~高耸人云。=피라미드의 꼭대기가 높이높이 솟아 있다. 〖형〗 최고의. 최상의. 일등의. 일류의. 수준급의. 수석의. ¶~高手=최고의 고수.

【顶角】 **dǐngjiǎo** 〖명〗〖수〗 꼭지각. 정각(頂角).

【顶抗】 **dǐngkàng** 〖동〗 맞서다. 마주 겨루다. 대들다. ¶要和领导处好关系, 一味~是解决不了问题的。=상사와 관계를 잘 처리해야지, 시종일관 맞서는 것은 문제를 해결하는 길이 아니다.

【顶礼】 **dǐnglǐ** 〖명〗〖불〗 정례. [무릎을 꿇고 두 손으로 땅을 짚은 채, 존경하는 사람의 발에 머리를 조아리는 의례로서, 상대방에 대한 최고의 공경의 표현임]

【顶礼膜拜】 **dǐnglǐ-móbài** 〖성〗〖비〗 남의 발 아래 머리를 조아리며 설설 기다. 맹목적으로 숭배하다.

【顶梁柱】 **dǐngliángzhù** 〖명〗 **1** 동량. 대들보. **2** 〖비〗 중추. 핵심. 기둥.

【顶楼】 **dǐnglóu** 〖건〗 (다층 건물의) 최고층. 맨 꼭대기〔위〕층.

【顶门杠】 **dǐngméngàng** 〖명〗 **1** 대문의 버팀목. **2** 〖비〗 (일의 발전에 장애가 되는) 걸림돌. 장애물. =【顶门棍】 **dǐngméngùn**

【顶门棍】 **dǐngméngùn** ☞【顶门杠】 **dǐng méngàng**

【顶门立户】 **dǐngmén-lìhù** 〖성〗 한 집안을 책임지다〔지탱하다〕. 독립하여 가정을 책임지다〔꾸려 나가다〕.

【顶门儿】 **dǐngménr** 〖명〗 정수리. 정문(頂門). ¶他~上的头发全掉光了。=그의 정수리 부분 머리카락은 전부 빠져 버렸다.

【顶名】 **dǐng‖míng**(~儿) 〖동〗 남의 명의를〔이름을〕 사칭하다〔도용하다〕.

【顶命】 **dǐng‖mìng** 〖동〗 목숨으로 보상하다〔대가를 치르다〕.

【顶牛儿】 **dǐng‖niúr** 〖동〗 **1** 소가 뿔로 서로 떠받다〔박다〕. **2** 〖비〗 서로 다투다〔충돌하다〕. 맞서다. 정면으로 충돌하다. 사이가 틀어지다. 고집하여 양보하지 않다. ¶他俩说着说着就顶起牛儿来了。=두 사람은 말을 하다가 그만 서로 다투기 시작했다. **3** ☞【接龙】 **jiē‖lóng**

【顶盘】 **dǐngpán**(~儿) 〖동〗〖경〗 도산〔파산〕한 공장〔상점〕을 일괄 양도〔인수·넘겨〕받아 계속 운영하다.

【顶棚】 **dǐngpéng** 〖명〗 천장.

【顶破天】 **dǐngpòtiān** 〖부〗〖비〗 기껏해야. 겨우. 고작. 크게〔많이〕 잡아야. 잘해야. 끽해야. ¶他~也就四十出头。=그는 기껏해야 사십 초반이다.

【顶缺】 **dǐngquē** 〖동〗 공석〔결원〕을 메우다〔채우다〕. ¶会计辞职了, 得找人~。=경리가 사직하게 되었으니, 사람을 찾아 공석을 메워야 한다.

【顶儿】 **dǐngr** **1** (인체·물체의) 정상. 꼭대기.

최고점. 정점. 2 ☞【顶珠】dǐngzhū
【顶人】dǐngrén 〔动〕 남을 들이받다. 남과 맞서다〔충돌하다〕. 대들다. ¶他脾气不好, 爱~。= 그는 성격이 좋지 않아 늘 다른 사람과 충돌한다.
【顶事】dǐng‖shì(~儿)〔动〕 쓸모 있다. 유용하다. 소용 있다. 효과가〔효력이·효용이〕 있다. 해결할 수 있다. ¶天气太冷, 穿单衣根本不~。= 날씨가 너무 추워, 홑옷 가지고는 전혀 소용이 없다. ≒抵事
【顶视图】dǐngshìtú ☞【俯视图】fǔshìtú
【顶手】dǐngshǒu 〔动〕 대역. 대리인.
【顶数】dǐng‖shù(~儿)〔动〕 (요구 기준에 떨어지는 사람이나 물건으로) 숫자〔머릿수〕를 채우다. ¶我们招聘的是专业人才, 不能随便找人~。= 우리가 채용하고자 하는 것은 전문 인력이지, 함부로 사람을 끌어와 머릿수를 채울 수는 없다. 〔形〕 쓸모 있다. 유용하다. 소용 있다. 효과가〔효력이·효용이〕 있다. 해결할 수 있다. [주로 부정형으로 쓰임] ¶你说再多也不~。= 네가 아무리 말을 많이 해도 소용 없다.
【顶死】dǐngsǐ 〔动〕 대신 죽다.
【顶替】dǐngtì 〔动〕 (다른 물건·사람으로) 대신하다. 대체하다. 대용하다. 이름을 도용하다〔사칭하다〕. ¶他让学生~他去参加会议。= 그는 학생에게 그 대신 회의에 참석토록 하였다.
【顶天】dǐngtiān 〔形〕〔口〕 최고이다. 최상이다. ¶一年能挣个八九万也就~了。= 일년에 8~9만 위안 정도 벌면 최고라 할 수 있다.
【顶天立地】dǐngtiān-lìdì 〔成〕 하늘을 떠받치고 땅에 우뚝 서다. 기골이 우람하고 장대하며 기개가 범상치 않다.
【顶头】dǐngtóu 〔动〕 1 맞받다. 머리로 서로 들이받다. ¶两只羊不断地~。= 두 마리의 양이 계속해서 머리로 서로 들이받고 있다. 2 마주치다. 뜻밖에 만나다. 부닥치다. 직면하다. ¶一出门, ~碰上了隔壁邻居。= 문을 나서자마자 옆집 이웃과 마주쳤다. 〔名〕 1 정상. 꼭대기. 맨 위. ¶他家在~一层。= 그의 집은 맨 위층이다. 2 끝. 끄트머리. 맨 안쪽. 막다른 곳. ¶他住~那间房。= 그는 맨 안쪽 끝의 집에 산다.
【顶头风】dǐngtóufēng 〔名〕 (거슬러 부는) 역풍. 앞바람. 맞바람.
【顶头上司】dǐngtóu shàng·si 〔名〕〔口〕 직속 상관. 직속 상급 기관.
【顶位】dǐngwèi 〔名〕 최고치. ['底位(최저치)'와 구별됨]
【顶心】dǐngxīn 〔名〕〔植〕 (면화 등 농작물의) 순. =【顶尖】dǐngjiān
【顶芽】dǐngyá 〔名〕〔植〕 (줄기나 가지 끝에 생기는) 꼭지눈. 끝눈. 정아. 우듬지싹.
【顶用】dǐng‖yòng 〔动〕 쓸모 있다. 유용하다. 소용 있다. 효과가〔효력이·효용이〕 있다. 해결할 수 있다. ¶这药吃了不~。= 이 약은 먹어 봤자 효험이 없다.
【顶账】dǐng‖zhàng 〔动〕 (노동이나 물건 등 동일한 가치로) 빚을 엇셈〔획감(劃減)〕하다. 상쇄(相殺)하다. 상계(相計)하다.

【顶着】dǐng·zhe 〔动〕 1 머리로 이다. 받치다. ¶头上~一个瓦罐。= 머리에 항아리 하나를 이고 있다. 2 책임을 짊어지다. 감당하다. ¶你放心, 有什么事儿我~。= 안심해라, 일이 생기면 내가 책임질 테니. 3 무릅쓰다. 아랑곳하지 않다. ¶~风雪前进。= 눈보라를 무릅쓰고 앞으로 나아가다. 4 대항하다. 맞서다. ¶你还是要转变一下观念, 不能老~领导。= 네가 생각을 바꾸는 게 좋을 거야, 늘 상사에게 맞설 수는 없잖아.
【顶针】dǐngzhēn ☞【顶真】dǐngzhēn
【顶真】dǐng·zhen(~儿) 골무.
【顶真】dǐngzhēn 〔名〕 정진법(頂眞法). 연주법(聯珠法). [앞 문장의 끝 단어〔글자〕를 그 다음 문장의 첫머리 단어〔글자〕로 삼아 어기를 일관되게 유지하는 수사 방법. 예를 들어 '由红变黄, 黄变蓝, 蓝再变成银' 과 같은 문장에 적용함] =【顶针】dǐngzhēn 〔形〕〔方〕 성실〔착실·진지·진실〕하다. 열심이다. ¶他做事一贯~。= 그는 한결같이 성실하게 일한다.
【顶职】dǐng‖zhí 〔动〕 1 (남의) 직무를 대신 맡다. 2 (일부 기관·기업에서) 퇴직한 부모 대신에 자식이 그 직장에 들어가 일하다.
【顶珠】dǐngzhū(~儿)〔名〕 정주. [청(清)대 관리의 관모(官帽) 꼭대기에 꾸민, 등급을 나타내는 구슬] =【顶儿】dǐngr【顶子】dǐng·zi
【顶住】dǐngzhù 1 괴다. 고이다. 받치다. 떠받치다. 지지하다. 버티다. 지탱하다. ¶用棍~门上。= 막대기로 문을 괴다. 2 제압하다. 배척하다. 막아 내다. 견디다. 버텨 내다. 참아 내다. 배겨 내다. ¶~各方面的压力= 각 방면의 압력을 막아 내다.
【顶柱】dǐngzhù 〔名〕 버팀목. 지지대.
【顶撞】dǐngzhuàng 〔动〕 (주로 윗사람에게 강경하게) 대들다. 말대꾸하다. 되받아치다. 반박하다. ¶~上司= 상사에게 대들다.
【顶子】dǐng·zi 〔名〕 1 (탑·정자·가마 등의) 꼭대기의 장식 부분. 2 지붕. ¶挑(tiǎo)~= 지붕을 손보다. 3 ☞【顶珠】dǐngzhū
【顶嘴】dǐng‖zuǐ 〔动〕 (주로 어른에게) 말대꾸〔말대답〕하다. 쟁론〔논쟁·쟁변·말다툼〕하다. ¶他从不和父母~。= 그는 이제껏 부모에게 말대꾸한 적이 없다.
【顶罪】dǐng‖zuì 〔动〕 1 남의 죄를〔과실을〕 대신 뒤집어쓰다〔책임지다·떠맡다〕. ¶替人~= 다른 사람의 죄를 대신 떠맡다. 2 (상응하는) 벌을 받다. ¶罚不~= 처벌이 죄에 비해 약하다.

# 酊 dǐng 만취할 정

☞【酩酊】mǐngdǐng
☞ dīng

# *鼎 dǐng 솥 정

〔名〕1 정. [옛날, 다리가 세 개 또는 네 개이고 귀가 두 개 달린 솥. 처음에는 취사용이었으나 후대에 예기(禮器)로 용도가 변경되어 왕권의 상징이 되었음] 2〔名〕〔书〕 왕위(王位). 보좌(寶座). 제업(帝業). 정권(政權). ¶问~= 패권〔대권·우승〕에 도전하

다. **3** ㈀ (세 발 달린 솥과 같이 삼각 구도를 이루어) 병립하는 세 세력. ¶魏, 蜀, 吳三国~立. =위·촉·오 삼국이 정립하다. **4** ㋵ 냄비. 솥. ㋟㋫ 크다. ¶~力相助=진력하여〔있는 힘을 다해〕 서로 돕다. ㋰㋫ 바로. 바야흐로. 이제 한창. ㋐㋫ 처于~盛时期=바야흐로 전성기에 놓이다. ≒锅 釜

o● 问鼎, 赝yàn鼎, 钟鼎文

【鼎鼎】 **dǐngdǐng** ㋟ 성대하다. ¶大名~=명성이 자자하다.
【鼎鼎大名】 **dǐngdǐng-dàmíng** ☞【大名鼎鼎】 **dàmíng-dǐngdǐng**
【鼎沸】 **dǐngfèi** ㋟㋫㋐ 들끓다. 떠들썩하다. 야단법석이다. 왁자지껄하다. 요란하다. 분분하다. 어수선하다. 뒤숭숭하다. ¶人声~=사람 소리로 요란하다.
【鼎革】 **dǐnggé** ㋓㋫ **1** 낡은 것을 제거하고 새롭게 하다. 혁신하다. **2** ㈀ 시대가 바뀌다. 왕조〔조대〕가 교체되다〔바뀌다〕. 크게 개혁되다.
【鼎镬】 **dǐnghuò** ㋑ **1** (발이 없는) 큰 쇠솥. 가마솥. **2** 팽형(烹刑). [사람을 삶아 죽이는 고대의 혹형(酷刑)]
【鼎甲】 **dǐngjiǎ** ㋑ 정갑. [옛날, 과거의 전시(殿試) 합격자 중 가장 우수한 세 사람. 1등 합격자를 장원(壯元), 2등을 아원(亞元) 또는 방안(榜眼), 3등을 탐화(探花)라고 하였음]
【鼎力】 **dǐnglì** ㋰㋫ 강력하게. 힘껏. 대대적으로. 적극적으로. 많이. [주로 감사나 청탁을 나타낼 때 쓰임] ¶~协助=전적으로 협조하다. ≒大力
【鼎立】 **dǐnglì** ㋓ 정립하다. (만만찮은) 세 세력〔방면〕이 서로 병립〔대립·대치〕하다. ¶~之势=정립의 형세. 정족지세(鼎足之势).
【鼎盛】 **dǐngshèng** ㋟ 바야흐로 가장 융성〔흥성·강성·창성〕하다. 한창이다. ¶春秋~=한창 나이이다. ≒全盛
【鼎食】 **dǐngshí** ㋓ **1** 솥을 늘어놓고 식사를 하다. ¶钟鸣~之家=종을 쳐서 식구를 모아 솥을 늘어놓고 식사를 하는 대갓집. **2** 부귀한 집안이 사치스러운 생활을 영위하다.
【鼎新】 **dǐngxīn** ㋓ 혁신하다. ¶革故~=낡은 것을 버리고 새 것을 창조하다.
【鼎新革故】 **dǐngxīn-gégù** ☞【革故鼎新】 **gégù-dǐngxīn**
【鼎言】 **dǐngyán** ㋑ 무게 있는 말. 가치 있는 견해. 귀한 충고.
【鼎峙】 **dǐngzhì** ㋓㋫ 정립하다. (만만찮은) 세 세력〔방면〕이 서로 대치〔대립·병립〕하다.
【鼎助】 **dǐngzhù** ㋓㋬ 많이〔강력하게·힘껏·대대적으로·적극적으로〕 도와 주다. ¶敬请~=많은 도움 바랍니다.
【鼎足】 **dǐngzú** ㋑ **1** 솥발. 정족(鼎足). **2** ㈀ 정립. 세 세력이 서로 대치하고 있는 국면〔형세〕. ¶势成~=세 세력이 정립하는 국면이다.
【鼎足三分】 **dǐngzú-sānfēn** ㋕㈀ **1** 솥 밑에 달린 세 개의 발처럼 분립하다. **2** ㈀ (만만찮은 세력)〔방면〕이 서로 대립〔대치·병립〕하다.
【鼎足之势】 **dǐngzúzhīshì** ㋕㈀ 세 세력〔방면〕

이 정립〔대립·대치·병립〕하는 형세.

**\*\*订 [訂] dìng** 고칠 정

㋓ **1** 예약하다. 주문하다. ¶~预~=예약하다. **2** (계약·조약·계획·규칙 등을) (확)정하다. 맺다. 체결하다. ¶签~合同=서명하여 계약을 맺다. **3** (문자상의 오류를) 고치다. 정정〔수정·교정〕하다. ¶审~=심사하여 수정하다. **4** 제본하다. 장정(裝幀)하다. 책을 매다. ¶合~本=(통)합본. 합정본(合幀本). **5** ㋫ 평의〔평정·평결〕하다. ¶~千古是非=역사적으로 내려오던〔오래 된·묵은〕 시비를 평결하다. ≒定

o● 改订, 考订, 拟nǐ订, 签qiān订, 审shěn订, 增zēng订, 制订, 装订

【订报】 **dìngbào** ㋓ 신문 구독을 신청하다.
【订单】[定单] **dìngdān** ㋑ (상품·물품 예약) 주문서. 주문 명세서.
【订费】 **dìngfèi** ㋑ 구독료.
【订购】[定购] **dìnggòu** ㋓ 예약하여〔주문하여〕 구입하다. 예매하다. 주문하다. ¶~火车票=기차표를 예매하다.
【订户】[定户] **dìnghù** ㋑ (잡지·신문·우유 등의) 정기 구독자〔구매자〕. 정기 구독〔구매〕 단체. ¶杂志~=잡지의 정기 구독자.
【订婚】[定婚] **dìng‖hūn** ㋓ 약혼하다. ↔退婚 退亲
【订货】[定货] **dìng‖huò** ㋓ (상품·물건 등을) 주문하다. 발주(發注)하다. 예약 구매하다. ¶~合同=물품 구매 계약.
【订货】[定货] **dìnghuò** ㋑ 주문 상품. 주문한 물건. ¶~如期运抵.=주문한 상품은 기한 안에 배달된다.
【订货会】 **dìnghuòhuì** ㋑ 상품 판매 박람회. 상품 판매 전시회.
【订交】 **dìngjiāo** ㋓ 교제를 맺다. 친구 하다. 친구로 사귀다.
【订金】 **dìngjīn** ㋑ 계약금. 예약금.
【订立】 **dìnglì** ㋓ (조약·계약 등을 서면으로) 체결하다. 맺다. ¶~双边贸易协定=쌍방이 무역 협정을 체결하다. ≒缔结
【订盟】 **dìngméng** ㋓ 동맹 관계를 맺다. 결맹(結盟)하다. 맹약(盟約)을 맺다.
【订票】[定票] **dìng‖piào** ㋓·(차·선박·항공 등의) 표를 예매하다.
【订期】 **dìngqī** ㋑ 약정 기한〔기일〕. ㋓ 날짜를〔기한을·기일을〕 정하다.
【订亲】 **dìngqīn** ㋓ 약혼〔정친·정혼〕하다.
【订书机】[钉书机] **dìngshūjī** ㋑ **1** 스테이플러 (stapler). 호치키스 (Hotchkiss). **2** 제책기(製冊機). 제본기.
【订销】 **dìngxiāo** ㋓ 예약〔주문〕 판매하다.
【订约】 **dìngyuē** ㋓ (조약·계약 등을) 체결하다. 맺다.
【订阅】[定阅] **dìngyuè** ㋓ (신문·잡지 등을) 구독하다.
【订正】 **dìngzhèng** ㋓ (글의 오류나 오자 등을)

**dìng** 订饤钉定

수정〔정정·교정〕하다. 고치다. ≒勘误
【订座】[定座] **dìngzuò** 동 자리를〔좌석을〕예약하다.
【订做】[定做] **dìngzuò** 동 주문 제작하다. 맞추다. ¶~橱柜=찬장을 주문 제작하다.

## 饤[飣] **dìng** 음식 겹겹이 쌓을 정
☞[饾饤] **dòudìng**

## *钉[釘] **dìng** 못박을 정
동 **1** 못을〔쐐기를〕박다. ¶~水泥钉(dīng)=콘크리트못을 박다. **2** (못·쐐기·나사 등으로) 고정시키다. 붙이다. 달다. 부착하다. 조립하다. 짜다. ¶把合叶~在门上=경첩을 문에 달다. **3** (실과 바늘로 띠·단추 등을) 달다. ¶~扣子=단추를 달다.
☞ **dīng**
【钉马掌】 **dìng mǎzhǎng** 동 말의 편자를 박다〔달다〕.
【钉书机】 **dìngshūjī** ☞【订书机】 **dìngshūjī**
【钉死】 **dìngsǐ** 동 움직이지 않도록 든든히 못질하다. 단단히 고정시키다.

## *定 **dìng** 정할 정
형 **1** 안정적이다. 평안하다. 차분하다. ¶安~=안정적이다. / 心神不~=마음이 불안하다. **2** (이미) 고정적이다. 확정적이다. 확고하다. 고칠 수 없는. 움직일 수 없는. 변하지 않는. ¶已成~局=이미 확정되다. / ~之难改=정론은 고치기 힘들다. **3** 약정된. 규정된. 약속된. 정해진. ¶本店货物一律按~价出售。=본 상점의 상품은 일률적으로 정가에 판매합니다. 동 **1** (마음을) 안정시키다. 평안하게 하다. 가라앉히다. 진정시키다. 차분히 하다. ¶~神而听=마음을 차분히 하고 듣다. / 安邦~国=나라를 안정시키고 군건히 하다. **2** 고정시키다. ¶~睛一看=눈여겨보다. / ~居省城=대도시에 정착하다. **3** 결정하다. 정하다. 확정하다. ¶一锤~音=단 한 번 두드려서 가락을 정하다. 단번에 결정짓다. / 约~俗成=(오랜 관습을 통해 은연중에) 일반화되다. **4** 주문하다. 예약하다. 약정하다. ¶~的那批货已经开始发送。=주문한 물건들은 이미 배송을 시작했다. 튄 반드시. 필히. 꼭. 확실히. ¶~会成功=반드시 성공할 것이다. 명 (**Dìng**) 성(姓). ≒订 ↔乱 动

○● 必定, 不定, 裁cái定, 测cè定, 插chā定, 奠diàn定, 笃dǔ定, 断定, 额é定, 法定, 放定, 更gēng定, 规定, 核hé定, 恒héng定, 假jiǎ定, 坚jiān定, 鉴jiàn定, 厘lí定, 拟nǐ定, 判pàn定, 平定, 评定, 钦qīn定, 确què定, 认rèn定, 人定, 审shěn定, 铁tiě定, 稳wěn定, 限xiàn定, 协xié定, 一定, 预定, 约定, 镇zhèn定, 指定, 制定, 注定, 议yì定书

| | |
|---|---|
| ⊙ 定 | dìng |
| 锭 | dìng |
| 腚 | dìng |
| 碇 | dìng |
| 啶 | dìng |
| 淀 | diàn |
| 靛 | diàn |
| 绽 | zhàn |

【定案】 **dìng‖àn** 동 안건〔의안·방안〕을 최종적으로 확정〔결정〕하다. ¶拍板~=의사봉을 두드려 안건을 최종 결정하다.
【定案】 **dìng'àn** 명 최후 결정〔확정·완결〕된 안건〔의안·방안〕. 최종(방)안. 확정(방)안. ¶已成~, 难以变更。=이미 확정된 안건은 변경하기 어렵다.
【定本】 **dìngběn** 명 (더 이상 고치거나 보탤 것이 없도록 완벽하게 다듬은) 결정판(决定版). 완성판.
【定编】 **dìngbiān** 동 (기구·인원의) 편제를〔티오를〕정비·확정하다. ¶~定岗=편제를 정비하고 직책을 확정하다. 명 확정된 기구〔인원〕편제. ¶他们单位大, ~就有100人。=그들은 부서가 커서 정비하여 확정된 인원이〔티오가〕100명이나 된다.
【定策】 **dìngcè** 동문 정책을 제정하다. 계책〔방안〕을 세우다.
【定产】 **dìngchǎn** 동 **1** 정량 생산하다. **2** 생산량을 확정하다.
【定常流】 **dìngchángliú** ☞【稳定流】 **wěndìngliú**
【定场白】 **dìngchǎngbái** 명(劇) (중국 전통극에서 배우가 처음 무대에 등장했을 때 하는) 자기 소개의 독백.
【定场诗】 **dìngchǎngshī** 명(劇) **1** (중국 전통극에서 배우가 처음 무대에 등장하면서 읊는) 줄거리를 소개하는 시(诗). **2** (어떤 곡예에서 장편의 곡목을 정식으로 부르기 전에 읊는) 관중의 흥미를 불러일으키는 시(诗).
【定单】 **dìngdān** ☞【订单】 **dìngdān**
【定当】 **dìngdàng** 튄 꼭. 반드시. 필히. 틀림없이. ¶~重谢=반드시 후사(厚谢)할 것입니다.
【定当】 **dìngdàng** 형방 타당하다. 적당하다. 알맞다. 순조롭다. ¶安排~=알맞게 안배하다.
【定点】 **dìngdiǎn** 동 거점을〔지점을·위치를〕지정〔선정·확정〕하다. ¶~考察=거점을 정하고 조사를 벌이다. 형 **1** 지정된. 선정된. ¶涉外~宾馆=관광 호텔. 해외 관광객 지정 호텔. **2** 정기적인. 정기의. 시간이 규정된. 고정 시간이 있는. ¶~航班=정기 항공편.
【定点厂】 **dìngdiǎnchǎng** 명 지정 공장.
【定调子】 **dìng diào·zi** (뜻) **1** 노래나 연주 전에 음조를 먼저 확정하다. **2** 비 취지·목적·성격·논조 등을 (사전에) 확정하다. 말과 행동의 원칙과 범위를 (사전에) 정하다.
【定鼎】 **dìngdǐng** 동비 **1** 우(禹)임금이 구주(九州)에서 바친 쇠로 구정(九鼎), 왕권을 상징하는 아홉 개의 정)을 만들어 왕위 계승의 보배로 삼아 수도에 보관하다. **2** 비 수도를 정하다. 왕조를〔정권을〕건립하다〔세우다〕. 천하를 장악하다.
【定定】 **dìngdìng** (~的) 형 주시하는 모양. ¶两眼~地望着前方。=두 눈을 뚫어져라 앞을 바라보고 있다.
【定都】 **dìng‖dū** 동 수도를 정하다. 수도를 ~에 두다. 도읍지를 결정하다. 정도하다.
【定断】 **dìngduàn** 동 결정〔결심〕하다. 결단을

내리다. ¶难以~=결정하기 힘들다.
【定夺】dìngduó 동 가부를 결정하다. 취사선택하다. ¶此事须由大家商讨后~.=이 일은 반드시 모두의 상의를 거쳐 가부를 결정해야 한다.
【定额】dìng'é 명 정량. 정액. 할당량. 기준량. 정원. 노동〔생산〕기준량. ¶按时完成生产~.=기한 내에 책임 작업량을 완성하다. 동 (액수·수량 등을) 정하다. 규정하다. ¶~供应=공급량을 정하여 보급하다.
【定分】dìngfēn 동 몫을 정하다〔나누다〕.
☞ dìngfèn
【定分】dìngfèn 명운 1 명분. 2 결정된 운명.
☞ dìngfēn
【定岗】dìng‖gǎng 동 직무를 결정하다. ¶定员~.=정원을 확보하고 직무를 결정하다.
【定稿】dìnggǎo 동 원고를 최종 마무리하다. 탈고하다〔완성하다〕. ¶他新近创作的小说还没~.=그가 새로 쓴 소설은 아직 최종 마무리되지 않았다. 명 탈고(脱稿)된 원고. 최종 원고. ¶文章~已寄交杂志社.=글의 최종 원고는 이미 잡지사에 부쳤다.
【定格】dìnggé 명 고정 불변의 격식. 고정된 법칙. ¶诗歌创作并无~.=시가 창작에 고정 불변의 격식이란 없다. 동 (映) 1 화면이 정지되다. 2 기준이나 격식을 고정시키다. ¶诗歌创作不能~于一种模式.=시가 창작은 어느 한 패턴〔유형〕에 얽매여서는 안 된다.
【定更】dìnggēng 동옛 옛날, 저녁 8시쯤에 북을 쳐 초경(初更)을 알리다.
【定购】dìnggòu 동 1 (정부나 관공서에서) 미리 가격과 수량을 확정하고 일괄 수매하다〔매상하다·사들이다〕. 2 ☞〖订购〗dìnggòu
【定冠词】dìngguàncí 명(言) 정관사.
【定规】dìngguī 명 규정. 관례. 법칙. 규칙. 상규(常规). 패턴. ¶这种作息习惯已成~.=이렇게 일하고 휴식하는 습관은 이미 관례가 되었다. 동부 결정하다. 정하다. ¶那几件事已~了.=그 몇 가지 일은 벌써 다 결정되었다. 부 꼭. 반드시. 기어코. 필히. [주관적인 의지만을 가리킴] ¶上次没去, 这次~要去.=지난번에 가지 않았으니, 이번엔 꼭 갈 것이다.
【定户】dìnghù ☞〖订户〗dìnghù
【定滑轮】dìnghuálún 명(物) 고정 도르래. 고정 활차(滑车). 붙박이 도르래. 붙음 도르래. ['动滑轮(움직 도르래)'과 구별됨]
【定婚】dìng‖hūn ☞〖订婚〗dìng‖hūn
【定活两便(存款)】dìnghuó liǎngbiàn(cúnkuǎn) (經) 정기 예금과 보통 예금의 두 가지 성격을 겸용한 예금 방식.
【定货】dìng‖huò ☞〖订货〗dìng‖huò
【定货】dìnghuò ☞〖订货〗dìnghuò
【定级】dìng‖jí 등급을 결정하다〔평정하다·매기다〕.
【定计】dìng‖jì 동 미리 계책〔계획〕을 세우다〔정하다·꾸미다〕.
【定价】dìng‖jià 동 가격을 매기다〔정하다〕. ¶统一~=일괄적으로 가격을 매기다.

定 dìng 461

【定价】dìngjià 명 정가. 정찰가. ¶提高~=정가를 올리다.
【定见】dìngjiàn 명 주견. 정견. 확실한 견해〔주장〕. 일정한 견해.
【定金】dìngjīn 명 계약금. 예약금. 역〖定钱〗dìng·qián
【定睛】dìngjīng 동 주시하다. 응시하다. 눈여겨보다. 시선을 집중하다. ¶~细瞧=눈여겨 자세히 살펴보다.
【定居】dìng‖jū 동 정주(定住)하다. 정착하다. 한곳에 자리잡고 살다. ¶~成都=청두시(市)에 정착하다.
【定居点】dìngjūdiǎn 명 (유목민·어민 등의) 정착지〔정주지(定住地)〕.
【定局】dìngjú 동 최후〔최종〕결정을 내리다. 결정되다. 확정되다. ¶目前此事尚未~.=현재 이 일은 아직 최종 결정이 나지 않았다. 명 정해진 국면〔형세〕. 확정된 사태〔사실〕. 기정 사실. 부동의 국면. ¶他们获胜已成~.=그들이 승리할 것은 이미 기정사실화되었다.
【定礼】dìnglǐ 명 납폐(納幣). 납채(納采). [약혼시 신랑집에서 신부집으로 보내는 예물]
【定理】dìnglǐ 명 1 (數) 정리(定理). 역 theorem 2 정해진〔변함없는〕도리〔이치〕. 불변의 도리〔진리〕. ¶优胜劣汰乃自然界的~.=강한 자가 번성하고 약한 자가 도태되는 것은 자연계의 불변의 진리이다.
【定力】dìnglì 명 굳건〔확고〕한 신념〔의지〕.
【定例】dìnglì 명 상례. 관례. 상규. ¶每年年终的业绩评估已成~.=매년 연말의 실적 평가는 이미 관례가 되었다.
【定量】dìngliàng 동 1 양을 결정하다. ¶~供应=정해진 양을 공급하다. 2(化) 물질의 각 성분의 분량을 측정하다. 명 정량. 규정된 분량〔수량〕. 일정량. ¶超出~=정량을 초과하다.
【定量分析】dìngliàng fēnxī 명(化) 정량 분석. [시료를 구성하고 있는 성분 물질의 양을 측정하는 분석 방법. '定性分析(정성 분석)'와 구별됨] 역 quantitative analysis
【定律】dìnglǜ 명 (과학적) 법칙. 정률(定律).
【定论】dìnglùn 명 정설. 정론. ¶事情早有~, 无须再争执了.=일은 벌써 결론이 났으니, 계속 고집부리지 마라.
【定苗】dìng‖miáo 동(農) (마지막 모종솎기로 일정한 간격으로) 남겨 둘 포기를 정하다〔결정하다·확정하다〕.
【定名】dìng‖míng 명칭을 확정짓다. 명명하다. 이름짓다. [사람에게는 쓰지 않음] ¶这幢大楼被~为商贸大厦.=이 대형 빌딩은 상무빌딩〔비지니스빌딩〕이라 명명되었다.
【定盘】dìng‖pán 동 국면을〔형세를〕결정하다. ¶新城区的规划由市政府~.=신지구〔뉴타운〕의 계획〔구상〕은 시정부가 결정하게 된다.
【定盘】dìngpán 명 정해진〔확정된〕형세〔국면〕. 일정한 시세.
【定盘星】dìngpánxīng 명 1 정반성. 저울대의 첫째 눈〔눈금·별〕. [대저울·천칭의 첫 번째 눈금

(중량이 0(零)이 되는 곳)을 표시한 첫 번째 별〔눈금〕] **2** [비] 주관. 주견. 기준. 일정한 견해〔생각〕. [주로 부정형과 의문형으로 쓰임] ¶她容易被别人的意见所左右, 做事没有~。=그녀는 쉽사리 다른 사람의 의견에 좌지우지되는 바람에, 일을 하는 데 주관이 없다.

【定盘子】**dìngpán·zi** [동] (계획·구상 등의) 큰 테두리를〔틀을〕 결정하다. 윤곽〔아웃라인〕을 잡다. 전반적인 계획〔구상〕을 최종적으로 결정하다. ¶这事还得等经理~。=이 일은 아직 사장님이 아웃라인 잡기를 기다려야 한다.

【定票】**dìng‖piào** ☞【订票】**dìng‖piào**

【定评】**dìngpíng** [명] 평판. 정평. ¶这些历史人物都已有~。=이런 역사적인 인물들은 모두 이미 정평이 나 있다.

【定期】**dìngqī** [동] 날짜를〔기일을·기한을〕 정하다〔맞추다·잡다〕. ¶~发货=날짜에 맞추어 물건을 보내다. [형] 정기의. 정기적인. ¶~刊物=정기 간행물.

【定期存款】**dìngqī cúnkuǎn** [명] 정기예금.

【定钱】**dìng·qián** ☞【定金】**dìngjīn**

【定亲】**dìng‖qīn** [동] 정혼하다. 약혼하다. [주로 부모가 주선한 것을 가리킴]↔退亲 退婚

【定情】**dìngqíng** [동] (남녀가 서로 언약의 선물을 주고받으며) 결혼을 약속하다. 혼약하다. 영원한 사랑을 맹세하다. 언약식을 하다. ¶~之物=사랑의 징표.

【定然】**dìngrán** [부] 꼭. 반드시. 틀림없이. 필연코. 결단코. 절대로. ¶他~不会同意你的意见。=그는 절대로 네 의견에 동의하지 않을 것이다. ≒必然 必定 一定

【定神】**dìng‖shén** [동] **1** 마음을 안정시키다. 진정하다. 가라앉히다. ¶这种药有~安眠的效力。=이 약은 진정과 수면 촉진의 효과가 있다. **2** 주의력을 집중하다. 주의를 기울이다. 정신을 가다듬다〔차리다·집중하다〕. 골똘히 생각하다. ¶他~一看, 迎面走来的竟然是多年不见的老同学。=그가 정신을 차리고 살펴보니, 맞은편에서 다가오는 사람은 뜻밖에도 오랫동안 만나 보지 못했던 옛 학우였다.

【定时】**dìngshí** [부] 정시에. 정시로. 제때에. 때맞추어. ¶~上下班=정시에 출퇴근하다. [명] 정시. 제 시간. 일정한 시간〔시기〕. 정해진 시간. ¶一日三餐要有~。=하루 세 끼는 제 시간에 먹어야 한다.

【定时器】**dìngshíqì** [명] 타이머(timer).

【定时炸弹】**dìngshí zhàdàn** [명] **1** 시한폭탄. **2** [비] 잠재된 위험. 숨어 있는 폐해〔화〕.

【定实】**dìngshí** [형][방] (일처리·사람 등이) 실수 없다. 틀림없다. 확실하다. 온당하다. 타당하다. 믿음직하다. ¶这件事一定要弄~了, 别出什么岔子。=이 일은 반드시 확실하게 해야지, 착오가 있어선 안 된다.

【定式】**dìngshì** [명] **1** (장기간 형성된) 고정 방식〔격식·형식〕. 정형. 전형. 관례. (고정된) 관념. 양식. 방식. 패턴. ¶思维~=사고 패턴. **2** 《體》 (바둑의) 정석.

【定势】**dìngshì** [명] **1** 정해진 추세. **2** 성향.

【定数】**dìngshù** [명] **1** 타고난〔정해진〕 운명. 숙명. ¶难逃~=타고난 운명은 피하기 어렵다. **2** 정수. 정해진 수량〔수효〕. 정원. 정액. ¶盘点完了, 才知道货物的~。=재고를 조사해 보고 나서야 화물의 확실한 수량을 파악할 수 있었다. [부][방] 꼭. 반드시. 틀림없이. 확실히. ¶他这次~是要吃官司了。=그는 이번에 반드시 피소될 것이다.

【定说】**dìngshuō** [명] 정설. 정론. 결론. ¶这种现象的成因尚无~。=이러한 현상이 발생한 원인에 대해서 아직 정설은 없다.

【定位】**dìngwèi** [동] **1** (계측기로) 위치를 측정하다. 사물의 자리를 정하다. ¶~仪=위치 추적기. **2** 객관적으로 평가하다. ¶这部电视剧将来的观众有待于进一步地~。=이 연속극은 장래의 시청자들에 의한 보다 객관적인 평가가 필요하다. [명] (측량 후) 확정된 위치. 정해진 자리. ¶半山腰的一处缓坡是登山队大本营的~。=산중턱의 경사가 완만한 곳이 등산대의 베이스 캠프로 확정된 위치이다.

【定息】**dìngxī** [명] **1** 고정 이자〔배당〕. **2** 1956년 중국에서 사기업과 공기업이 합영화(合營化) 후에 취해진 개인 출자 자본에 대한 고정 이자.

【定弦】**dìng‖xián**(~儿) [동] **1** 조율하다. 현악기의 줄〔음〕을 조정하다〔맞추다〕. **2** [방][비] 결정을 내리다. 마음을 정하다. 결심〔결단〕하다. ¶事情究竟怎么处理, 他还没~。=일을 대체 어떻게 처리할 것인지, 그는 아직 결정을 하지 못했다.

【定限】**dìngxiàn** [동] 기한〔기일〕을 정하다. [명] **1** 일정한 한도. **2** 약속 기한. 약정 기한.

【定向】**dìngxiàng** [동] 방향을 측정하다. 방향을 (확)정하다〔잡다〕. ¶~台=방향 탐지기〔측정기〕. [형] 정해진〔일정한〕 방향〔목적〕이 있는. 확정〔결정〕된 방향이〔목표가·진로가〕 있는. (졸업 후) 확정된〔정해진〕 진로〔루트〕가 있는. ¶~分配=이미 결정된 지역·기관·인원수 등의 계획에 따라 직장을 분배하다.

【定向爆破】**dìngxiàng bàopò** [명] 구조물 해체 발파. 지정 발파〔폭파〕. 정향 발파〔폭파〕. [대상물을 지정된 방향으로 폭파되게 제어한 발파]

【定向培养】**dìngxiàng péiyǎng** [명][동]《教》 위탁 교육〔위탁 양성·타깃 교육〕(하다). [교육 기관에서 특정 지역·고용 기관의 필요에 따라 인원을 모집하여 교육하는 시스템. 소정의 과정을 마친 후 사전 계획대로 각 지역·기관으로 돌아가 근무함]

【定向培育】**dìngxiàng péiyù** [명][동]《生》 정향 재배〔양육〕(하다). [적합한 성장 환경을 조성하여 동식물의 유전성을 사람이 원하는 방향대로 육종하는 것]

【定向生】**dìngxiàngshēng** [명]《教》 특수 목적 위탁 교육생.

【定向天线】**dìngxiàng tiānxiàn** [명] 지향성 안테나.

【定向招生】**dìngxiàng zhāoshēng** [명] 위탁 교육생 모집.

【定项】**dìngxiàng** 동 (실시할) 항목을 확정하다. 명 확정된[결정된] 항목[사항].

【定销】**dìngxiāo** 동 1 지정된[선정된] 장소[기관]에서 판매하다. 2 판매액을[매상고를] 정하다. ¶以产~=생산량에 따라 판매액을[매상고를] 정하다.

【定心】**dìngxīn** 동 안심시키다. 진정시키다. 마음을 가라앉히다. 마음을 굳히다. ¶他的话仿佛给他吃了一丸似的.=그의 말은 마치 그에게 안정제를 먹인 것과 같았다. 형 안심하다. 마음놓다. 편안하다. 마음이 차분하다. 마음을 잡다. ¶他这人好高务远,做什么都不~.=그 사람은 눈만 높아서, 무엇을 하든 마음을 잡지 못한다.

【定心丸】**dìngxīnwán** 명 1 진정환. 진정제. 안정제. 2 비 마음을 차분히 가라앉힐 수 있는 말이나 행동.

【定刑】**dìng ‖ xíng** 동 (法) 형을 확정하다. 판결을 내리다. ¶~合当=판결이 합당하다.

【定型】**dìng ‖ xíng** 동 규격화되다. 표준화되다. 정형화되다. 형태가 완성되다. ¶新产品尚未~.=새 상품은 아직 규격화되지 않았다. 형 규격화된. 표준화된. ¶~部件=표준화된 부속.

【定性】**dìng ‖ xìng** 동 (어떤 문제의) 성질을 규정하다. 한계를 분명히 하다. [주로 과실이나 죄상에 대한 것을 가리킴] ¶~准确=죄상(罪狀) [范罪]에 대한 성질 규정이 정확하다.

【定性】**dìngxìng** 동 (化) (물질의) 성분이나 성질을 측정하다. 정성(定性)하다. ¶这种物质的~分析非常复杂.=이런 물질의 정성(定性) 분석은 매우 복잡하다.

【定性分析】**dìngxìng fēnxī** 명 (化) 정성(定性) 분석. [ '定量分析(정량 분석)'와 구별됨] 영 qualitative analysis

【定洋】**dìngyáng** 명 계약금. 예약금. ≒定钱.

【定要】**dìngyào** 부 꼭 (…하다[할 것이다]). 반드시. 틀림없이. 확실히. ¶~获得成功=반드시 성공할 것이다.

【定义】**dìngyì** 명 정의(定义).

【定音】**dìngyīn** 동 1 음계[음조]를 확정하다. 2 비 어떤 일에 대해 최후 결정을[평가를·처리를] 하다. ¶一锤~=징을 한 번 쳐서 음조를 확정하다. 다른 사람의 말 한 마디를 듣고 최후 결정을 내리다.

【定音鼓】**dìngyīngǔ** 명 (音) 팀파니. 케틀드럼(kettledrum).

【定影】**dìngyǐng** 동 (사진에서 현상된) 영상을 정착시키다[고정시키다].

【定于一尊】**dìngyú-yīzūn** 성 1 모든 것은 (최고 권위를 지닌) 황제가 결정하다. 2 (사상·학술·도덕 등의 영역에서) 최고의 권위를 지니는 사람이나 사물을 표준으로 삼다.

【定语】**dìngyǔ** 명 (言) 관형어. [명사 앞에 쓰여, 그 명사의 성질·수량·소속 등을 수식·제한하는 성분]

【定员】**dìngyuán** 동 인원수를 규정[확정]하다. ¶~定编=인원수와 편제를 확정하다. 명 1 정원. 규정 인원. 2 (기관·부대 등의 구성원 및 자동차·선박 등의 승객의) 정원.

【定阅】**dìngyuè** ☞【订阅】**dìngyuè**

【定则】**dìngzé** 명 (공인된) 법칙. 규칙. 정칙.

【定植】**dìngzhí** 동 (農) 1 (나무를) 정식(定植) [아주심기]하다. 묘목을 제자리[일정한 곳]에 이식(移植)하다[제대로 심다]. 2 (온상 등에서 기른 채소 모종을) 정식(定植)[아주심기]하다. 이종(移种)하다. 밭의 제자리로 옮겨 심다. 밭에 내어 제대로 심다.

【定址】**dìngzhǐ** 동 (建) 공사를 시행할 위치를 정[선정]하다. ¶公司总部~上海.=회사의 본부를 상하이에 건설할 것을 결정하다. 명 일정한 주소지. 고정된 거주지. ¶居无~=거주지가 불분명하다. 주거 불명.

【定制】**dìngzhì** 동 주문하여 만들다. 맞춤 제작하다. 명 확립된[정한] 제도. 정제. 제도화. 정례화. ¶按~办=정한 제도에 따라 처리하다.

【定准】**dìngzhǔn** 명 (~儿) 정확한 [일정한·확고한] 표준[기준·규율]. ¶评价作品的好坏应有个~,不能全凭个人的好恶.=작품의 좋고 나쁨을 평가하는 데는 일정한 기준이 있어야지, 한 개인의 주관에만 전적으로 의지해선 안 된다. 동 확정하다. ¶出发日期还没有~.=출발 날짜는 아직 확정하지 않았다. 부 꼭. 반드시. 틀림없이. ¶他~按时到来.=그는 틀림없이 시간 안에 도착할 것이다.

【定子】**dìngzǐ** 명 (機) 고정자(固定子). ['转子(회전자)'와 구별됨] 영 stator

【定罪】**dìng ‖ zuì** 동 (法) (심판 기관이) 죄를 언도[판결]하다. 죄명을 결정하다. 선고를 내리다.

【定座】**dìngzuò** ☞【订座】**dìngzuò**

【定做】**dìngzuò** ☞【订做】**dìngzuò**

# 啶 **dìng** 피리미딘 정
☞【吡啶】**bǐdìng**【嘧啶】**mìdìng**

# 铤[鋌] **dìng** 쇳덩이 정
명 동 (아직 련련하지 않은) 동철(銅鐵). 구리와 철. [고어에서는 '锭(dìng)'과 같음]
☞ **tǐng**

# 腚 **dìng** 볼기 정
명 방 볼기. 엉덩이. 궁둥이. 둔부(臀部).

# 碇[矴·椗] **dìng** 닻 정
명 닻(으로 쓰이는 크고 무거운 돌). ¶下~=닻을 내리다. 입항하다. / 起~=닻을 올리다. 출항하다.

【碇泊】**dìngbó** 동 정박하다. 닻을 내리다. 하묘(下锚)하다. ¶港口~着很多小型货船.=항구에 많은 소형 화물 선박들이 정박하고 있다.

# *锭[錠] **dìng** 은덩이 정
명 1 영 화폐용으로 주조한 금괴[금덩이]나 은괴[은덩이]. 2 (纺) 방추(纺锤). 물렛가락. 가락. 3 (금속의) 덩어리. 덩이. 주괴(鑄塊). (약물의) 알. 정제(锭剂). 알약. ¶钢~=강괴. / 万应

~=만병통치약. ❷ 덩어리. 덩이. 정(錠). 알. 개. [덩어리로 된 물건을 세는 단위] ¶一~金子=금 한 덩이. / 一~墨=먹 한 정(개).

◐ 纺fǎng锭, 纱shā锭, 银yín锭

【锭钢】dìnggāng ❽ 잉곳(ingot) 철. =【锭铁】dìngtiě

【锭剂】dìngjì ❽(醫) 정제(錠劑). 알약. 타블렛(tablet).

【锭铁】dìngtiě ☞【锭钢】dìnggāng

【锭银】dìngyín ❽ 은괴(銀塊). 은덩이.

【锭子】dìng·zi ☞【纱锭】shādǐng

【锭子油】dìng·ziyóu ❽(化) 스핀들 오일 (spindle oil). 방추유. [점도가 중간 정도인 정제된 윤활유. 방직기의 방추 등과 같이 부하가 작고 속도가 빠른 마찰 부위에 쓰임]

# diu

**丢** diū 잃을 주

❶ 잃다. 잃어버리다. 분실〔遺失〕하다. ¶他의 英语教材昨天~了。=그는 어제 영어 교재를 잃어버렸다. ❷ (내)던지다. (내)버리다. ¶禁止乱~果皮纸屑。=쓰레기를〔과일 껍질이나 종이 부스러기를〕 함부로 버리지 마시오. ❸ 내버려 두다. 방치하다. 방기(放棄)하다. ¶他的德语一~就是三年。=그는 독일어를 손에서 놓은 지 벌써 3년이다. ❺ 扔 甩 投 失 ↔ 拣 捡 得 拾

【丢包袱】diū bāo·fu ❀ ❶ 보따리를 내던져 버리다. ❷ ㉮ (마음의) 부담을 덜다. 짐을 내려놓다. ¶丢掉思想包袱, 轻装上阵。=정신적인 부담을 덜고 홀가분한 마음으로 출전하다.

【丢差事】diū chāi·shi ❀☞ 일자리를 잃다. 실직하다. 해고되다.

【丢丑】diū‖chǒu ❀ 체면을 잃다〔구기다〕. 창피를〔망신을〕 당하다. 쪽팔리다. ¶他存心让我在众人面前~。=그는 고의로 나를 여러 사람 앞에서 쪽팔리게 만들었다. ≒丢脸 丢人

【丢到九霄云外】diū dào jiǔxiāo yún wài ㉤ 하늘 밖으로 날려 버리다. 깨끗이〔까마득히〕 잊어버리다. ¶他早把父母的教诲一~了。=그는 부모의 가르침 따위는 일찌감치 깨끗이 잊어버렸다.

【丢掉】diūdiào ❀ ❶ 잃다. 잃어버리다. 없애다. 유실〔遺失〕하다. 분실하다. ¶不小心~了信用卡。=잘못해서 신용카드를 분실하였다. ❷ 던져 버리다. 내(다) 버리다. 떨쳐 버리다. 방치하다. (버리고) 돌보지 않다. 덜다. ¶~废旧物品=폐품을 내다 버리다.

【丢饭碗】diū fànwǎn ❀ ❶ 밥그릇을 잃다. ❷ ㉮ 실직하다. 해고되다.

【丢份(子)】diū‖fèn(·zi)(~儿) ❀❹ 체면을 잃다〔구기다·깎이다〕. 위신〔신분·체통〕이 떨어지다. 체신이 말이 아니다. 창피를 당하다.

【丢官】diūguān ❀ 관직을 잃다. 해직〔해임〕·면직·파면〕당하다. [주로 직위 해제를 가리킴]

【丢光】diūguāng ❀ ❶ 전부〔깡그리·몽땅·모조리〕 잃다〔잃어버리다〕. ¶她包里的钱~了。=그녀는 지갑 속의 돈을 모두 잃어버렸다. ❷ 전부 잊다. 깨끗이 잊어버리다. 몽땅 다 까먹다. ¶他一进山, 所有的烦恼就~了。=그는 산에 오자마자 모든 근심을 잊게 되었다.

【丢荒】diūhuāng ❀ (토지를) 내버려 두다. 놀리다. 돌보지 않다. 황무지로 내버려 두다.

【丢魂】diū‖hún ❀ 넋〔혼〕을 잃다. 제정신을 잃다. 혼이 나가다. 실신하다. ¶他呆呆的直发愣, 跟丢了似的。=그는 내내 멍한 것이 넋을 잃은 듯했다.

【丢魂落魄】diūhún-luòpò ☞【失魂落魄】shīhún-luòpò

【丢车保帅】diūjū-bǎoshuài ❀ ❶ (장기에서) 차(車)를 버려서 장(將)을 지키다. ❷ ㉮ 부차적인 것을 버려서 중요한 것을 지키다〔건지다·건사하다〕.

【丢开】diūkāi ❀ 그만두다. 포기하다. (내)버리다. 손을 떼다. ¶~工作, 好好放松一下。=일에서 손을 떼고 푹 쉬다.

【丢盔弃甲】diūkuī-qìjiǎ ❀(軍) ❶ 투구와 갑옷을 벗어던지다. ❷ ㉮ 전쟁에 패하여 줄행랑을 치다. 참패를 당하다. =【丢盔卸甲】diūkuī-xièjiǎ ↔克敌制胜

【丢盔卸甲】diūkuī-xièjiǎ ☞【丢盔弃甲】diūkuī-qìjiǎ

【丢了西瓜, 拣了芝麻】diū·le xīguā, jiǎn·le zhī·ma ㉤ ❶ 수박을 잃고 참깨를 줍다. ❷ ㉮ 작은 것 때문에 큰 것을 잃다. 소탐대실.

【丢脸】diū‖liǎn ❀ 체면을 잃다〔구기다·깎이다〕. 창피를〔망신을〕 당하다. 쪽팔리다. ≒丢人 丢丑

【丢面子】diū miàn·zi ❀ 체면을 잃다〔구기다·깎이다〕. 창피를〔망신을〕 당하다. 쪽팔리다.

【丢弃】diūqì ❀ (내)버리다. 내다 버리다. 포기하다. ¶他一下子把旧家具全~了。=그는 갑자기 낡은 가구들을 전부 내다 버렸다.

【丢却】diūquè ❀ ❶ (내)버리다. 벗어던지다. 내다 버리다. 포기하다. ¶~烦恼=고민을 벗어던지다. ❷ 잃다. 잃어버리다. 없애다. 유실〔遺失〕하다. 분실하다. ¶他不慎~了身份证。=그는 부주의하여 신분증을 잃어버렸다.

【丢人】diū‖rén ❀ 체면을 잃다〔구기다·깎이다〕. 창피를〔망신을〕 당하다. 쪽팔리다. ¶~现眼=남에게 망신을 당하다. 추태를 보이다. 결점을 드러내다. ≒丢丑 丢脸

【丢三落四】diūsān-làsì ㉤ 흐리멍덩하다. 이것저것 빠뜨리다. 건망증이 심하여 이 일 저 일 잘 잊어버리다.

【丢散】diūsàn ❀ 산실〔遺失〕되다. 흩어지다. ¶这些书稿因年代久远早已~了。=이 원고들은 연대가 오래 되어 일찌감치 산실되었다.

【丢身份】diū shēnfèn ❀ 위신을 잃다. 명예를〔체면을〕 손상시키다〔더럽히다〕.

【丢失】diūshī ❀ 잃다. 잃어버리다. 분실〔상

·유실]하다. ¶~钱包 = 지갑을 분실하다.

【丢手】diū‖shǒu 통 손을 떼다. 관여〔상관〕하지 않다. 내버려 두다. ¶孩子再大一点就可以~了. = 아이가 조금만 더 자라면 〔품에서〕떼어 놓을 수 있다.

【丢脱】diūtuō 통 벗어던지다. 떨쳐버리다. 손을 떼다. 관여〔상관〕하지 않다. 내버려 두다.

【丢乌纱帽】diū wūshāmào 숙어 오사모(烏紗帽)를 벗다. 관직을 잃다. 해직〔해임·면직·파면〕당하다.

【丢下】diūxià 통 내버려 두다. 버리다. 내버리고 돌보지 않다. ¶他一妻子儿女离家出走了. = 그는 아내와 자식을 내버려 두고 집을 나갔다.

【丢眼色】diū yǎnsè 통 눈짓하다. 눈짓으로 암시하다. ¶朋友不停地向我~, 让我快走. = 친구는 자꾸만 나를 보고 빨리 가라고 눈짓으로 암시했다.

【丢在脑后】diūzài-nǎohòu 숙어 깨끗이〔까마득히〕잊어버리다. 전부 잊다. 한 귀로 듣고 한 귀로 흘리다. 전혀 염두에 두지 않다. ¶不要把我说的话~. = 내가 한 말을 잊어서는 안 된다.

【丢卒保车】diūzú-bǎojū 숙어 1 (장기에서) 졸(卒)을 버려서 차(車)를 지키다〔구하다〕. 2 숙어 부차적인 것을 버려서 중요한 것을 지키다〔건사하다·건지다〕.

## 铥[銩] diū 툴륨 주

명 외 (化) 툴륨(Tm, thulium). [원자 번호 69]

# dong

**东[東]** dōng 동녘 동

명 1 동쪽. 동녘. 동편. 동방. ¶旭日~升 = 아침 해가 동편에서 막 솟아오르다. 생기가 넘치고 청춘의 활력이 충만하다. 2 주인. [옛날, 주인의 자리는 동쪽, 손님의 자리는 서쪽이었음] ¶房~ = 집주인. / 股~ = 주주(株主). 3 (~儿) 주최자. 초대자. 주인역. ¶他今天做~请客. = 그는 오늘 한턱 낸다. 4 (Dōng) 성(姓). ↔西

○● 宾bīn东, 财东, 店东, 行háng东

● 东 dōng
冻 dòng
栋 dòng
崬 dōng
鸫 dōng

【东半球】dōngbànqiú 명 (地) (지구의) 동반구. 동반부.

【东北】dōngběi 명 1 동북쪽. 동북방. 동북편. ¶火车站位于城~. = 기차역은 시의 동북부에 위치하고 있다. 2 (Dōngběi) (地) 동북. 중국의 동북 지방. [랴오닝(辽宁)·지린(吉林)·헤이룽장(黑龙江) 및 내몽고(内蒙古) 자치구의 동부를 가리킴]

【东北虎】dōngběihǔ 명 (動) 백두산〔동북·한국·시베리아〕호랑이.

【东奔西跑】dōngbēn-xīpǎo ☞【东奔西走】dōngbēn-xīzǒu

【东奔西逃】dōngbēn-xītáo 숙어 이리저리 도망 다니다. 이리 뛰고 저리 뛰다.

【东奔西走】dōngbēn-xīzǒu 숙어 (생계를 위해) 동분서주하다. 이리저리 뛰어다니다. =【东奔西跑】dōngbēn xīpǎo

【东边】dōng·bian (~儿) 명 동쪽. 동녘. 동편. 동방.

【东不拉】dōngbùlā ☞【冬不拉】dōngbùlā

【东部】dōngbù 명 동부. 동쪽.

【东藏西躲】dōngcáng xīduǒ ☞【东躲西藏】dōngduǒ xīcáng

【东侧】dōngcè 명 동쪽. 동측. 동편.

【东昌纸】dōngchāngzhǐ ☞【毛头纸】máotóuzhǐ

【东扯葫芦西晒瓢】dōng chě hú·lu xī lào piáo 숙어 일정한 주제도 없이 닥치는 대로 얘기를 하다. 밑도끝도없이 본제에서 벗어난 말을 늘어놓다.

【东窗事发】dōngchuāng-shìfā 숙어 1 송(宋)나라 때 진회(秦檜)가 그의 집 동쪽 창 아래에서 그의 아내와 악비(岳飞)를 모함할 것을 상의한 것이 후에 들통나다. 2 숙어 죄상이나 음모가 백일하에 드러나다. 못된 짓이 드러나다. 죄악이 폭로되다. =【东窗事犯】dōngchuāng-shìfàn

【东窗事犯】dōngchuāng-shìfàn ☞【东窗事发】dōngchuāng-shìfā

【东床】dōngchuáng 명 사위. 동상.

【东闯西荡】dōngchuǎng-xīdàng 숙어 여기저기 정처 없이 떠돌다〔돌아다니다·헤매다·방랑하다〕.

【东倒西歪】dōngdǎo-xīwāi 숙어 1 이리저리 비틀거리다. 중심을 잡지 못해 쓰러질 듯하다. 2 (물체가) 이리저리 나뒹굴다. 저저분하게 널려 있다.

【东道】dōngdào 명 1 초대. 접대. ¶打个~ = 초대하다. 한턱 내다. 2 (손님을 초대한) 주인. 주최측. 주최자. 초대측. 초대자. ¶略尽~之宜. = 주인 역할을 제대로 하다. 손님을 초대한 측으로서 의무를 다하다.

【东道国】dōngdàoguó 명 (국제 회의·시합 등의) 주최국.

【东道主】dōngdàozhǔ 명 (손님을 초대한) 주인. 주최측. 주최자. 초대측. 초대자.

【东佃】dōngdiàn 명 지주와 소작농.

【东东】dōngdōng 명 구 물건.

【东躲西藏】dōngduǒ-xīcáng 숙어 여기저기 숨다. =【东藏西躲】dōngcáng-xīduǒ

【东方】dōngfāng 명 1 동방. 동쪽. 동녘. 동편. ¶~泛白 = 먼동이 트다. 2 (Dōngfāng) (地) 아시아. 동양. 동방. 3 (Dōngfāng) 복성(複姓). ↔西方

【东方人】dōngfāngrén 명 동양인. 아시아 인.

【东非】Dōng Fēi (地) 동부 아프리카.

【东风】dōngfēng 명 1 (氣) 동풍. 샛바람. 동부새. 2 봄바람. 춘풍(春風). 3 비 혁명의 역량〔기세〕. 전진하는 세력. 유리한 형세. ¶~浩荡 = 혁

명의 역량이 힘차고 거세다.
【东风吹马耳】**dōngfēng chuī mǎ'ěr** [성] **1** 말의 귀에 동풍이 불어도 아랑곳하지 않다. 마이동풍(馬耳東風). **2** [비] 남의 의견이나 충고에 아랑곳 않다. 남의 말을 귀담아듣지 아니하고 지나쳐 흘려버리다.
【东风压倒西风】**dōngfēng yādǎo xīfēng** [성][비] **1** (주로 부부끼리) 엎치락뒤치락하다. **2** 새로운〔진보적인〕 세력이 낡은〔보수적인〕 세력을 압도하다. 동풍이 서풍을 압도하다.
【东宫】**dōnggōng** [명] **1** 동궁. [태자(太子)·세자(世子)가 거주하던 곳] **2** 태자(太子). 세자(世子). **3** (**Dōnggōng**) 복성(複姓).
【东拐西拐】**dōng guǎi-xī guǎi** [성] (도로·골목길 등이) 구불구불하다.
【东郭】**Dōngguō** [명] 복성(複姓).
【东郭先生】**Dōngguō xiān·sheng** [명] **1** 동곽선생. [명(明)나라 마중석(馬中錫)의《중산랑전(中山狼傳)》에 나오는 어리석고 인정 많은 인물. 사냥꾼에게 쫓기는 이리를 구해 주었다가, 하마터면 도리어 이리에게 잡아먹힐 뻔함] **2** [비] 은혜를 모르는 사람에게 자애를 베풀었다가 도리어 역경에 처하게 되는 어리석은 사람.
【东海】**Dōnghǎi** [명]《地》 **1** (중국의) 동해. 동쪽 바다. [창장(长江) 이남, 타이완(台湾) 해협 이북 일대의 바다] **2** 장쑤(江苏)성에 있는 현(縣) 이름.
【东海扬尘】**dōnghǎi-yángchén** [성] 바다가 변하여 육지로 되다. 세상이 급속히 변하다. 세상의 변천이〔변화가〕 매우 심하다.
【东汉】**Dōng Hàn** [명]《歷》 동한(東漢). [A.D.25~220년. 광무제(光武帝) 건무(建武) 원년부터 헌제(獻帝) 연강(延康) 원년까지를 가리킴. 유수(劉秀)가 건립하였으며 뤄양(洛阳)에 도읍하였음]=【后汉】**Hòu Hàn**
【东胡】**Dōng Hú** [명] 동호(東胡). [중국 춘추 시대(春秋時代)부터 한(漢)나라 초기까지 내몽골 동남 일대에 살았던 수렵 유목 민족. 몽골족과 퉁구스족의 잡종으로, 오환(烏桓)·선비(鮮卑)·거란 등이 그 후예이며, 뒤에 흉노(匈奴)에 복속되었음. 흉노(匈奴), 즉 호(胡)의 동쪽에 분포한 데서 유래한 명칭임]
【东家】**dōng·jia** [명][옛] **1** 피고용인이 고용주를 부르던 호칭. **2** 소작농이 지주를 부르던 호칭.
【东家长西家短】**dōngjiā cháng xījiā duǎn** [낮] 이러쿵저러쿵 남의 집 얘기를 하다. 남의 흉을 보다.
【东郊】**dōngjiāo** [명] 동쪽 교외. 도시의 동쪽 변두리.
【东晋】**Dōng Jìn** [명]《歷》 동진(東晉). [A.D. 317~420년. 원제(元帝) 건무(建武) 원년부터 공제(恭帝) 원희(元熙) 2년까지를 가리킴. 건강(建康), 즉 지금의 난징(南京)에 도읍하였음]
【东京】**Dōngjīng** [명]《地》 **1** 한(漢)나라 때 '洛阳(뤄양)'의 별칭. **2** 동경. [오대(五代)의 진(晉)나라 이후 지금의 카이펑(开封)시를 일컫는 말] **3** 도쿄. 동경. [일본의 수도]
【东经】**dōngjīng** [명]《天》 동경(東經). [영국의 그리니치를 지나는 본초자오선(本初子午線)을 0°로 하여 동쪽으로 180°까지의 사이에 있는 경도〔경선〕]
【东拉西扯】**dōnglā-xīchě** [성] 말〔글〕이 난잡하여 뒤죽박죽이다〔조리가 없다·두서가 없다·무질서하다〕.
【东篱君子】**dōnglí jūnzǐ** [명]《植》 '菊花(국화)'의 별칭. 동리군자(東籬君子).
【东邻西舍】**dōnglín-xīshè** [성] 이웃. 이웃집.
【东鳞西爪】**dōnglín-xīzhǎo** ☞【一鳞半爪】**yīlín bànzhǎo**
【东盟】**Dōngméng** [명][약] 东南亚国家联盟(동남아시아 국가 연합). [영] Association of South East Asian Nations(ASEAN)
【东面】**dōng·miàn** [명] 동쪽. 동편. 동녘. 동방. 동측.
【东南】**dōngnán** [명] **1** 동남쪽. ¶～风＝동남풍. **2** (**Dōngnán**)《地》 중국의 동남부 연해 지역. ↔西北
【东南亚】**Dōngnán Yà** [명]《地》 동남아시아. 동남아(東南亞).
【东挪西借】**dōngnuó-xījiè** [성] (돈·물건 등을) 여기저기서 융통하다. 이리저리 융통해서〔빌려서〕 쓰다.
【东欧】**Dōng Ōu** [명]《地》 동구(東歐). 동유럽. ↔西欧
【东跑西颠】**dōngpǎo-xīdiān** [성] 동분서주하다. 이리저리 바삐 뛰어다니다.
【东拼西凑】**dōngpīn-xīcòu** [성] (돈·물건 등을) 여기저기서 끌어〔긁어〕모으다.
【东三省】**Dōng Sān Shěng** [명]《地》 동북삼성(東北三省). [동북 지역의 랴오닝(辽宁)·지린(吉林)·헤이룽장(黑龙江) 3성(省)의 총칭]
【东沙群岛】**Dōngshā Qúndǎo** [명]《地》 동사군도. [중국 광둥(广东)성 남쪽의 남중국 해상에 있는, 산호초(珊瑚礁)로 이루어진 군도]
【东山再起】**dōng shān zài qǐ** [성] **1** 동산에서 재기하다. [동진(東晉)때 사안(謝安)이 관직에서 물러난 후 동산(東山)에 은거(隱居)하다가, 후에 다시금 요직을 맡게 되었다는 데서 유래함] **2** [비] 세력을 잃었다가 다시 재기하다. 권토중래(捲土重來)하다. 실패한 뒤에 재정비하다〔재기를 꾀하다〕. ≒死灰复燃 卷土重来 ↔一蹶不振
【东施效颦】**Dōngshī xiàopín** [성] **1** 동시(東施)가 서시(西施)의 눈썹 찡그리는 것을 흉내내다. 효빈(效顰). [옛날, 월(越)나라 미녀 서시(西施)가 속병이 있어 눈썹을 찡그리며 아픔을 참는 모습을 같은 마을의 추녀가 보고 아름답다고 여겨 따라 했다고 전해짐. 훗날 사람들이 이 추녀를 '동시(東施)'라 하며 비웃었음] **2** [비] 거죽만 배워 더욱 나쁜 결과를 초래하다. 객관적인 조건을 무시하고 무조건 모방하여 더 나쁜 결과에 이르다. 남의 결점을 장점인 줄 알고 덩달아 흉내내서 더욱 나빠지다. ≒邯郸学步
【东头】**dōngtóu** [명] (건물·거리 등의) 동쪽 끝. 동단. 동쪽 막바지. ¶他家在村～。＝그의 집은 마을 동쪽 끝에 있다.

【东魏】Dōng Wèi 명(歷) 동위(東魏). [A.D. 534~550년. 후위(後魏)의 효무제(孝武帝)가 서쪽으로 도망가자, 고환(高歡)이 따로 효정제(孝靜帝)를 세운 것이 동위(東魏)임]

【东西】dōngxī 명 1 동서. 동쪽과 서쪽. 2 동(쪽)에서 서(쪽)까지(의 거리). ¶小镇一两里, 南北三里. =이 작은 마을은 동쪽에서 서쪽까지가 2리, 남쪽에서 북쪽까지가 3리이다.

【东…西…】dōng…xī… 명 여기저기〔이곳 저곳·이것저것·이리저리〕…하다. ¶~涂~抹=여기저기 뜯어고치며 겨우겨우 글을 쓰다. / ~一句, ~一句=조리 없이 말하다.

【东西】dōng·xi 명 1 (구체적인 혹은 추상적인) 것. 물건. 사물. 물품. ¶我去买点吃的~. =내가 나가서 먹을 것 좀 사 올게. 2 놈. 자식. 새끼. [주로 동물이나 사람을 좋아하거나 싫어하는 감정을 담아 부를 때 쓰임] ¶哈巴狗这小~真逗人喜爱. =이 조그만 발바리는 정말 사랑스럽다.

【东西南北人】dōngxī nánběirén 주거가 일정하지 않은 사람. 정처 없이 떠도는 나그네.

【东乡族】Dōngxiāngzú 명 동향족. [중국 소수민족의 하나. 주로 간쑤(甘肅)성에 분포함]

【东向】dōngxiàng 명 동향. 동쪽 방향. ¶溪水~流去. =시냇물이 동쪽 방향으로 흘러간다. 통 동쪽을 향하다. 동향하다. ¶~而坐=동쪽을 향하여 앉다.

【东亚】Dōng Yà 명(地) 동아. 동아시아.

【东洋】Dōngyáng 명(약)(略) 일본. ¶~货=일본 제품. ↔西洋

【东摇西摆】dōngyáo-xībǎi 성 이리 비틀 저리 비틀하다.

【东野】Dōngyě 명 복성(複姓).

【东一榔头, 西一棒子】dōng yī láng·tou, xī yī bàng·zi 성 조리 없이 말하다. 순서나 요령 없이 일을 하다. 갈피를 못 잡다.

【东瀛】Dōngyíng 명(문) 1 (중국의) 동해(東海). 2(구) 일본. ¶留学~=일본에 유학하다.

【东张西望】dōngzhāng-xīwàng 성 여기저기 두리번거리다. 이쪽 저쪽을 연달아 돌아보다.

【东遮西挡】dōngzhē-xīdǎng 성 이리저리 숨기다. 갖은 힘을 다해 감추다.

【东正教】Dōngzhèngjiào ☞【正教】Zhèngjiào

【东周】Dōng Zhōu 명(歷) 동주(東周). [B.C. 770~256년. 주(周)의 평왕(平王)이 낙읍(洛邑)으로 도읍을 옮긴 후부터 진(秦)에 의해 멸망할 때까지를 가리킴]

**冬¹** dōng 겨울 동
명 1 겨울. 겨울철. 동계. ¶春夏秋~=춘하추동. 봄·여름·가을·겨울. 2 음력 10월에서 12월. 음력 시월·동짓달·섣달. ¶寒~=엄동〔嚴冬〕. / 十一月~腊月=한겨울. 3 (Dōng) 성(姓). ↔夏

| ○ dōng | 终 zhōng |
| 氡 dōng | 螽 zhōng |
| 咚 dōng | 疼 téng |
| 佟 Tóng | 图 tú |

**冬² [鼕]** dōng 북 소리 동
의 둥둥. 동동. 탕탕. [북이나 문을 두드리는 소리. 지금은 주로 '咚(dōng)'을 씀]

○● 帮冬, 款kuǎn冬, 立冬, 麦mài冬, 穷qióng冬, 忍rěn冬, 严冬, 越yuè冬, 仲zhòng冬

【冬奥会】Dōng'àohuì 명(약)(體) 冬季奥林匹克运动会(동계 올림픽).

【冬不拉】[东不拉] dōngbùlā 명(音) 돔브라(dombra) [카자흐(Kazakh)족의 현악기]

【冬菜】dōngcài 명 1 절여서 반건조한 배추〔갓의 잎〕. 2 겨울나기〔월동〕 채소. 월동용으로 장만한 채소.

【冬藏】dōngcáng 통 (수확물을) 겨울 동안 저장하다. 겨울나기〔월동〕 식량을 저장하다〔비축하다〕. 동장하다.

【冬虫夏草】dōngchóng xiàcǎo 명(植) 동충하초. 약【虫草】chóngcǎo

【冬储】dōngchǔ 통 (수확물을) 겨울 동안 저장하다. 겨울나기〔월동〕 식량을 저장하다〔비축하다〕. 동장하다. ¶~大白菜=겨울 저장 배추.

【冬防】dōngfáng 통 1 겨울철에 일어나는 재해를 예방하다. 방한 대책을 세우다. 2 겨울철에 다른 계절에 일어나는 재해를 미리 예방하다.

【冬耕】dōnggēng 통 겨울 밭갈이〔경작〕하다.

【冬宫】Dōnggōng 명 동궁. 겨울 궁전. [러시아 상트페테르부르크에 있는 궁전. 혁명 전까지는 역대 러시아 황제들이 겨울 궁전으로 사용하였음. 러시아 바로크 건축물 중에서 최대이며, 1922년부터는 국립 박물관으로 사용하고 있음]

【冬菇】dōnggū 명(植) 겨울에 딴 표고버섯.

【冬瓜】dōng·guā 명(植) 동아. 동과자. 백과〔白瓜〕. 동과.

【冬灌】dōngguàn 통 겨울 관개〔灌溉〕. 겨울 물대기.

【冬寒】dōnghán 명 겨울 추위. 동한.

【冬烘】dōnghōng 형 학식〔지식〕이 얕고 좁으며 사상〔생각〕이 진부하다〔고루하다·케케묵다〕. ¶头脑~=사고방식이 진부하고 고루하다.

【冬烘先生】dōnghōng xiān·sheng 명 동홍선생. 겨울철에 방안에 앉아서 불만 쬐고 있는 훈장. 얕은 지식과 진부한〔고루한〕 사상의 소유자. [풍자의 뜻을 내포함]

【冬候鸟】dōnghòuniǎo 명(動) 겨울 철새.

【冬季】dōngjì 명 1 겨울. 겨울철. 동계. 2 입동〔立冬〕에서 입춘〔立春〕까지의 3개월. 음력 10·11·12월. 음력 시월·동짓달·섣달. 늦冬天 ↔夏季 夏天

【冬节】dōngjié 명 동지〔冬至〕.

【冬练】dōngliàn 통 동계 훈련을 하다. 겨울 훈련을 하다.

【冬令】dōnglìng 명 1 겨울. 동계. 2 겨울 날씨. ¶春行~=봄 날씨가 겨울 날씨 같다.

【冬麦】dōngmài ☞【冬小麦】dōngxiǎo mài

【冬忙】dōngmáng 명(農) 겨울 농번기. ¶~时节=겨울 농번기〔農繁期〕.

【冬眠】dōngmián 동(生) 겨울잠을 자다. 동면하다.
【冬暖夏凉】dōngnuǎn-xiàliáng 형 겨울에는 따뜻하고 여름에는 시원하다.
【冬青】dōngqīng 명(植) 감탕나무. ¶铁~=먼나무.
【冬青油】dōngqīngyóu 명(化) 살리실산메틸(methyl salicylate). =【水杨酸甲酯】shuǐyángsuānjiǎzhǐ
【冬日】dōngrì 명 1 겨울. 겨울날. 겨울철. 동계. 2 겨울의 태양.
【冬日可爱】dōngrì-kě'ài 형 1 겨울의 태양처럼 사람을 따사롭게 해 준다. 2 비 사람에게 상냥하고 친근하게 대하다.
【冬笋】dōngsǔn 명(植) 겨울 죽순.
【冬天】dōngtiān 명 겨울. 겨울철. 동계.
【冬瘟】dōngwēn 명(醫) 겨울 돌림병. 겨울 전염병.
【冬雾】dōngwù 명 겨울 안개.
【冬闲】dōngxián 명 겨울 농한기(農閑期). 농사일이 뜸한 겨울철. ¶利用~组织村民学习科学种植技术。=농한기를 이용해 마을 사람들을 모아 과학 영농 기술을 학습하다.
【冬小麦】dōngxiǎomài 명(農) 가을밀. [가을에 씨를 뿌려 이듬해 초여름에 거두는 밀] =【冬麦】dōngmài
【冬学】dōngxué 명 동학. [농촌에서 겨울 농한기에 개최하는 계절성 학습 조직. 글이나 상식을 학습하였음]
【冬雪】dōngxuě 명 동설. 겨울에 내리는 눈.
【冬训】dōngxùn 동 1 동계[겨울] 훈련을 하다. 2 (특정 팀이 비시즌인 겨울철에) 동계 훈련을 하다. ¶足球队正在进行~。=축구 팀은 지금 동계 훈련 중이다.
【冬汛】dōngxùn 명 겨울 홍수.
【冬衣】dōngyī 명 겨울옷. 동복(冬服). 방한복.
【冬泳】dōngyǒng 동 겨울[동계]에 수영하다. ¶~训练=동계 수영 훈련.
【冬游】dōngyóu 동 겨울[동계] 여행을 가다.
【冬雨】dōngyǔ 명 겨울비.
【冬月】dōngyuè 명 동짓달. 음력 11월.
【冬运】dōngyùn 명 동계 수송 업무.
【冬运会】dōngyùnhuì 명약 冬季运动会(겨울 운동회).
【冬蛰】dōngzhé 동(生) 겨울잠을 자다. 동면(冬眠)하다.
【冬至】dōngzhì 명 동지. [이십사절기의 하나. 대설(大雪)과 소한(小寒) 사이로, 12월 22일경임] ↔夏至
【冬至点】dōngzhìdiǎn 명(天) 동지점. [춘분점(春分點)에서 황도(黃道)를 따라 서쪽으로 90도 되는 점. 적도(赤道)에서 남반구 쪽으로 가장 먼 점이며, 동지 때 태양이 이 점에 이름]
【冬至线】dōngzhìxiàn 명(天) 남회귀선(南回歸線). 동지선(冬至線).
【冬种】dōngzhòng 동(農) (농작물 등을) 겨울(철)에 심다. 동계에 파종하다.

【冬贮】dōngzhù 동 (수확물을) 겨울 동안 저장하다. 겨울나기[월동] 식량을 저장하다[비축하다]. 동장하다. ¶~蔬菜=겨울 저장 채소.
【冬装】dōngzhuāng 명 겨울옷. 동복(冬服). 겨울 복장. ↔夏装

咚 dōng 쿵 소리 동
의 쿵. 탕탕. 쾅쾅. 둥둥. [무거운 물건이 땅에 떨어지는 소리, 혹은 문을 두드리거나 북을 울리는 소리] ¶一阵~~的敲门声=한 차례 쾅쾅 문을 두드리는 소리.

岽[崬] Dōng 땅 이름 동
【岽罗】Dōngluó 명(地) 둥뤄. [광시(广西) 장족자치구(壯族自治區)에 있는 지명]

氡 dōng 라돈 동
명외(化) 라돈(Rn, radon). [원자 번호 86]

鸫[鶇] dōng 지빠귀 동
명(動) 지빠귀. 티티새.

蝀[蝀] dōng 무지개 동
☞【蝴蝀】dìdōng

*董 dǒng 감독할 동
동문 감독하다. 관리하다. ¶~理=경영하다. 명 1 옛 董事(이사(理事)·중역). ¶校~=학교의 이사. 2 (Dǒng) 성(姓).

○● 古董

【董鸡】dǒngjī 명(動) 뜸부기.
【董酒】dǒngjiǔ 명 동주. [구이저우(贵州)성 쭌이(遵义)에서 나는 고량주(高粱酒)]
【董事】dǒngshì 명 이사(理事). 중역. ¶召开~会议=이사회를 열다.
【董事会】dǒngshìhuì 명 이사회(理事會).
【董事长】dǒngshìzhǎng 명 대표이사. 회장. 이사장.

*懂 dǒng 알 동
동 알다. 이해하다. 터득하다. 정통하다. ¶~道理=이치를 알다. / ~韩国语=한국어를 할 줄 알다. 명 (Dǒng) 성(姓).
【懂得】dǒng·de 동 (뜻·방법 등을) 알다. 이해하다. ¶这样简单的道理谁都~。=이렇게 간단한 이치는 누구나 다 안다.
【懂个屁】dǒng·gepì 낮 쥐뿔도 모르다. 개뿔도 모르다. [욕하는 말로 쓰임] ¶他~, 全是瞎说。=그가 알긴 쥐뿔이나 알아, 다 헛소리지.
【懂行】dǒngháng 형 (어떤 분야에) 정통하다. 능통하다. ¶我们不~, 只能边干边学。=우리는 문외한이니, 하면서 배우는 수밖에 없다.
【懂门路】dǒngmén·lu 동 (일하는) 요령을 터득하다. 문제 해결의 비결[방법]을 훤히 알다. ¶在一行做久了, 自然就~了。=한 분야에 오래

몸담고 있다 보니, 자연스레 요령을 터득하게 되었다.

【懂事】dǒng‖shì 형 철들다. 사리를 [일을] 분별할 줄 알다. 세상 물정을 알다. ¶他儿子不小了, 也该~了。=그의 아들은 제법 컸으니, 철이 들 때도 되었다.

【懂眼】dǒngyǎn 형〔구〕(어떤 분야에) 정통하다. 능통하다.

## 动 [(動)] dòng 움직일 동

동 1 (사물이) 움직이다. 흔들리다. ¶活~=활동하다. 움직이다. / 风吹草~=바람이 불자 풀잎이 흔들리다. 아주 작은 변화[일]에도 영향을 받다. 2 (사물의 위치·순서·모양·상태 등을) 바꾸다. ¶改~=바꾸다. / 兴师~众=군대를 일으키고 대중을 동원하다. 3 (사람이) 움직이다. 행동하다. 동작하다. ¶举~=거동하다. / 轻举妄~=경거망동하다. 4 사용하다. 쓰다. (어떤 작용을) 일으키다. 시작하다. ¶大~干戈=야단법석을 떨다. 5 감격하다. 감동되다. 감동시키다. ¶她的表演非常~人。=그녀의 연기는 매우 감동적이었다. 6 (어떤 사상·감정을) 불러일으키다. 건드리다. 자아내다. 촉발하다. ¶惊心~魄=마음을 놀라게 하고 넋을 뒤흔들다. 손에 땀을 쥐게 하다. 7 (주로 부정형으로 쓰임) ¶他从来不~酒。=그는 여태껏 술을 입에 댄 적이 없다. 형 가변적인. 움직일 수 있는. 동적인. [‘静(정적인)’과 구별됨] ¶不~产=부동산. / 使用~滑轮比较方便。=움직[이동] 도르래를 이용하면 비교적 편리하다. 부 걸핏하면. 툭하면. 자주. 언제나. 종종. 늘. ¶~辄恶语相加=툭하면 악담을 퍼붓다. ↔静

○● 摆bǎi动, 被动, 搏bó动, 颤chàn动, 冲chōng动, 搐chù动, 触chù动, 传动, 蠢chǔn动, 从动, 打动, 带动, 地动, 调动, 抖dǒu动, 发动, 翻fān动, 浮fú动, 改动, 更gèng动, 滚gǔn动, 撼hàn动, 轰hōng动, 滑动, 晃huàng动, 挥huī动, 激jī动, 机动, 搅jiǎo动, 开动, 雷léi动, 脉mài动, 盲máng动, 萌méng动, 能动, 平动, 启qǐ动, 牵qiān动, 倾qīng动, 扰rǎo动, 蠕rú动, 生动, 松动, 耸sǒng动, 胎tāi动, 挑tiǎo动, 跳动, 推tuī动, 妄wàng动, 舞wǔ动, 掀xiān动, 响xiǎng动, 摇yáo动, 一动, 引动, 躁zào动, 震动, 振zhèn动, 主动, 转zhuǎn动, 走动

【动笔】dòng‖bǐ 동 펜(붓)을 들다. 글을 쓰기 시작하다. 그림을 그리기 시작하다. ¶文章已经构思好了, 只是没~。=펜을 들지 않았을 뿐, 글은 이미 구상해 놓았다. ≒下笔

【动兵】dòng‖bīng 동 출병하다. 군대를 출동시키다[움직이다].

【动不得】dòng·bude 동 손을 대서는 안 된다. 움직여서는 안 된다. ¶这些古董只供观赏, ~。=이 골동품은 관람만 가능하고 손을 대서는 안 된다.

【动不动】dòng·budòng 부 걸핏하면. 툭하면. 자주. 언제나. 종종. 늘. [주로 원하지 않거나 싫어하는 하는 행동이나 상황이 쉽게 발생하는 것을 나타냄. 주로 ‘就(jiù)’와 이어 씀] ¶他~就发脾气。=그는 걸핏하면 성질을 낸다.

【动不失时】dòng bù shīshí 성 (제때에 행동하여) 기회를 놓치지 않다.

【动步】dòngbù 동 걸음을 떼다. 발걸음하다. ¶烦劳您~来一趟。=번거로우시더라도 한 번 발걸음해 주십시오.

【动产】dòngchǎn 명 동산. [‘不动产(부동산)’과 구별됨]

【动词】dòngcí 명〔언〕 동사.

【动粗】dòng‖cū 동 (때리고 욕하는 등) 거칠고 사나운[우악스러운] 행동을 하다. 폭력을 휘두르다. 난폭한 짓을 하다. 행패를 부리다. 거칠게 굴다. 완력을 쓰다. ¶有话好好说, 千万不能~。=할 말이 있으면 좋게 말로 해야지, 절대 폭력을 휘둘러서는 안 된다.

【动大手术】dòng dàshǒushù 동 1〔의〕 대수술을 하다. 2 〔비〕 전면적으로 철저하게 정비[개혁·치료]하다.

【动荡】dòngdàng 동 1 동요하다. 일렁[출렁]이다[거리다]. ¶海水~=바닷물이 출렁거리다. 2〔비〕 (정세·상황 등이) 불안하다. 동요하다. 뒤숭숭하다. ¶社会~=사회가 불안하다. ↔安定 稳定 平稳 稳固 平静

【动荡不安】dòngdàng-bù'ān 성 1 동요하다. 일렁[출렁]이다[거리다]. 2 (정세·상황 등이) 불안하다. 동요하다. 뒤숭숭하다.

【动刀】dòngdāo 동 1 흉기[병기]를 사용하다. 칼을 휘두르다. 칼을 대다. ¶~动枪=총칼을 휘두르다. 2〔의〕 메스를 대다. 수술하다. ¶这个肿瘤必须~切除。=이 종양은 반드시 수술을 통해 제거해야[잘라 내야] 한다.

【动肝火】dòng gānhuǒ 동 화를 [성을] 내다. 성질을 부리다. ¶有什么事情好好商量, 不要~。=무슨 일이 있으면 잘 상의해야지, 화를 내면 안 된다.

【动感】dònggǎn 명 생동감(生动感). ¶画中的人物形象极富~。=그림 속 인물들의 모습에 생동감이 넘친다.

【动感情】dòng gǎnqíng 동 감동하다. 감정이 일어나다[북받치다·촉발되다]. ¶她特别容易~。=그녀는 매우 쉽게 감동한다.

【动工】dòng‖gōng 동 1 (토목 공사에서) 착공하다. 공사를 시작하다. ¶地铁刚刚~。=지하철 공사가 막 시작되다. 2 시공하다. ¶前方道路~, 车辆只能绕行。=앞쪽 길이 시공 중이어서 차량은 우회할 수밖에 없다. ↔竣工 下马

【动滑轮】dònghuálún 명〔물〕 움직 도르래. 동활차. 이동 도르래. 이동 활차. [‘定滑轮(고정 도르래)’과 구별됨]

【动画片儿】dònghuàpiānr 명〔구〕 만화 영화.

【动画片】dònghuàpiàn 명〔영〕 만화 영화.

【动换】dòng·huan 동〔구〕 움직이다. 활동하다. 뒤흔들다. ¶浑身麻木, ~不得。=온몸이 마비되어 움직일 수가 없다.

【动火】dòng‖huǒ (~儿) 동〔구〕 성내다. 화를 내

# 470 dòng 动

다. 노하다. ¶为这点小事哪值得~？＝이런 작은 일 때문에 화낼 필요가 있는가?
【动机】**dòngjī** 图 동기. ¶~不纯＝동기가 불순하다.
【动静】**dòng·jing** 图 **1** 인기척. 무슨 소리. 屋里一点~都没有. ＝집 안에는 조금의 인기척도 없다. **2** 동정. 동태. 낌새. 기미. ¶先看看对方有什么~再作打算. ＝상대방의 동정을 먼저 살핀 후에 다시 계획을 세우자.
【动口】**dòngkǒu** 图 **1** 말을 하다. 말로 하다. 입을 놀리다[열다]. ¶俗话说, 君子~不动手. ＝옛 속담에 이르기를, 군자는 점잖게 말로 하지 손을 놀리지 않는다고 했다. **2** 먹다. 입을 놀리다. ¶看看满桌子的菜, 他半天没有~. ＝상 가득 차려진 음식을 바라본 채, 그는 한참 동안이나 입을 대지 않았다.
【动筷子】**dòng kuài·zi** 图 젓가락질을 하다. 수저를 들다[대다]. 음식을 먹기 시작하다. ¶赶快~, 别客气. ＝사양 말고 어서 드세요.
【动力】**dònglì** 图 **1**(物) 동력. ¶~车＝동력차. **2**(비) (일·사업 등을 추진시키는) 동력. 원동력. ¶理想是促使人奋进的~. ＝이상은 사람을 분발하여 나아가게 하는 원동력이다.
【动力机】**dònglìjī** ☞【发动机】**fādòngjī**
【动量】**dòngliàng** 图(物) 운동량.
【动乱】**dòngluàn** 图 (사회·정치 등이) 소란하고 어지럽다. 난리가[동란이] 나다. ¶~年代＝어지러운 시대. ↔安定
【动脉】**dòngmài** 图 **1**(生) 동맥. **2**(비) (교통의) 동맥. 주요 간선(幹線). ¶交通~＝교통의 주요 간선. ↔静脉
【动脉弓】**dòngmàigōng** ☞【主动脉弓】**zhǔdòngmàigōng**
【动脉硬化】**dòngmài yìnghuà** 图(醫) 동맥경화(증).
【动脉粥样硬化】**dòngmài zhōuyàng yìnghuà** 图(醫) 아테롬성 동맥경화(증). ＝【粥样硬化】**zhōuyàng yìnghuà**
【动摩擦】**dòngmócā** 图(物) 운동 마찰(運動摩擦). 동마찰. 영 dynamical friction
【动脑筋】**dòng nǎo·Jīn** 图⑦ 머리를 쓰다[굴리다]. 골똘히 생각하다. 깊이 사고[연구·고려·계획]하다. ＝【动脑子】**dòng nǎo·zi** ¶遇事要多~. ＝일이 생기면 여러 모로 잘 고려하여야 한다.
【动脑子】**dòng nǎo·zi** ☞【动脑筋】**dòng nǎo·Jīn**
【动能】**dòngnéng** 图(物) 운동 에너지.
【动能武器】**dòngnéng wǔqì** 图(軍) 운동 에너지 무기. KEW(kinetic energy weapon). [고속으로 가속된 물체가 지닌 운동 에너지에 의해 목표를 파괴하는 병기. 발사된 후 무선 장치 등으로 유도되는 고속 탄두. 주로 탄도 미사일이나 군용 위성을 요격하는 데 사용됨]
【动怒】**dòng nù** 图 화를[성을] 내다. 노하다. 역정[逆情] 내다. 울화통을 터뜨리다. 분개하다. ¶老年人不宜~. ＝노인은 화를 내면 종지

않다.
【动气】**dòng ‖ qì** 图 화를[성을] 내다. ¶他性情温和, 很少~. ＝그는 성품이 온화하여 좀처럼 화를 내지 않는다.
【动迁】**dòngqiān** 图 (건물의 철거·개축 등으로 인해) 다른 곳으로 이주하다. ¶~费＝이주 비용.
【动迁户】**dòngqiānhù** 图 (토지 수용·도로 확충 등으로 인해) 다른 곳으로 이주하는 세대[가구·기관].
【动情】**dòng ‖ qíng** 图 사랑[애모]의 감정이 생기다. 연정을 품다. 图 흥분하다. 격동되다. 감정이 격앙되다. 북받치다. 벅차다. ¶祖国美好的山水使人格外~. ＝조국의 아름다운 강산은 사람을 가슴 벅차게 한다.
【动人】**dòngrén** 图 감동적이다. ¶她柔美的歌声非常~. ＝그녀의 아름다운 노랫소리는 매우 감동적이다.
【动人心魄】**dòngrén-xīnpò** 图 사람의 마음[넋]을 뒤흔들어 놓다. 사람의 심혼을 진동[감동]시키다.
【动人心弦】**dòngrén-xīnxián** 图 사람의 심금(心琴)을 울리다. 매우 감동[감격]시키다.
【动容】**dòngróng** 图 (얼굴에) 감동의 빛이 어리다[돌다·띠다]. 감동된 표정을 짓다. ¶凄婉的故事令听者无不~. ＝구슬픈 이야기는 듣는 사람들의 얼굴마다 감동의 빛이 돌게 만들었다.
【动如参商】**dòngrúshēnshāng** 图⑦ (동쪽별과 서쪽별이 서로 하늘 아래 있을 수 없듯이) 사람이 한번 이별한 후에 다시는 만날 수 없다.
【动如脱兔】**dòngrú-tuōtù** 图⑦ 달아나는 토끼처럼 날쌔다. 행동이 매우 민첩하다.
【动身】**dòng ‖ shēn** 图 출발하다. 떠나다. 길[여행]을 떠나다. ¶一切都已准备妥当, 明早就~. ＝모든 것이 다 준비되었으니, 내일 아침에 출발한다. ≒起程 启程 动程
【动手】**dòng ‖ shǒu** 图 **1** 손을 대다. 만지다. ¶贵重物品, 请勿~. ＝귀한 물건이니 손대지 마시오. **2** 하다. 시작하다. 착수하다. ¶大家一齐~, 事情很快就做完了. ＝다 같이 함께 하다 보면, 일은 금방 끝낼 수 있다. **3** 때리다. 손찌검하다. ¶有话好好说, 千万不要~. ＝할 말이 있으면 말로 해야지, 절대 손찌검하지 마라. ≒下手
【动手动脚】**dòngshǒu-dòngjiǎo** 图⑦ **1** 이성을[여자를] 집적거리다[희롱하다]. **2** 사람을 때리다. 사람에게 손발을 놀리다.
【动手术】**dòng shǒushù** 图 **1**(醫) 수술하다. **2**(비) (현재 상황에 대하여) 조정을[정비를] 하다. 변화나 개혁을 실시하다. ¶公司最近要对产品质量~. ＝회사는 최근 상품 질량에 대하여 일대 정비를 단행하려 한다.
【动态】**dòngtài** 图 **1** (일·사건의) 변화[발전]하는 상태[움직임]. 동태. 변화의 추이[동향]. ¶文化~＝문화의 동태[추이]. **2** (예술 작품에서 뿜어 나오는) 약동하는 자태[이미지·표정·생기]. ¶石狮子~各异, 富有活力. ＝돌사자의 형상이 각기 달라 생동감이 넘친다. 图 동태적인. 동태적으로 고찰하는[살핀]. ¶~分析＝동태 분석. ↔

静态

【动弹】dòng·tan 동 움직이다. 활동하다. ¶手脚发麻，~不了。=손발이 저려 꼼짝할 수가 없다.

【动听】dòngtīng 형 들음 직하다. 들을 만하다. 듣기 좋다. 듣기에 감동적이다. 재미있다. ¶他讲的故事很~。=그의 이야기는 아주 재미있다. ↔难听

【动土】dòng‖tǔ 동 땅을 파다. 공사를 시작하다. 무덤을 파다. [주로 건축과 매장(埋葬) 등에 쓰임]

【动问】dòngwèn 동 (인사말로) 삼가 여쭙겠습니다. ¶不敢，您是来参加研讨会的吗？=여쭙기 죄송하지만, 당신은 세미나〔연구 토론회·워크숍·심포지엄〕에 참석차 오신 분입니까？

【动窝】dòng‖wō(~儿) 동⟨구⟩ 자리를 뜨다. 옮기다. 이동하다.

【动无明火】dòng wúmínghuǒ ⟨구⟩ 공연히 화를〔성을〕 내다.

【动武】dòng‖wǔ 동 전쟁을 일으키다. 무력〔주먹·폭력〕을 행사하다〔쓰다·동원하다〕.

【动物】dòngwù 명⟨生⟩ 동물.

【动物纤维】dòngwù xiānwéi 명⟨纺⟩ 동물성 섬유.

【动物学】dòngwùxué 명 동물학.

【动物油】dòngwùyóu 명 동물성 기름.

【动物园】dòngwùyuán 명 동물원.

【动向】dòngxiàng 명 동향. 추세. ¶出版~=출판 동향.

【动销】dòngxiāo 동 출시〔출하〕되다. 판매를 시작하다. ¶新产品近期~。=신상품이 곧 출시된다.

【动心】dòng‖xīn 동 마음을 움직이다. 마음이 흔들리다〔동요되다·끌리다〕. 심경에 변화가 생기다. ¶经他这么一说，谁都会~。=그의 이런 말을 듣고 나면, 누구라도 마음이 흔들릴 것이다.

【动心眼儿】dòng xīnyǎnr 온갖 방법을 생각하다. 갖은 궁리를 다하다. 생각을 쥐어짜다. 머리를 굴리다.

【动刑】dòng‖xíng 동 형구를〔형틀을〕 사용하다. 고문하다.

【动摇】dòngyáo 동 1 동요하다. 흔들리다. ¶困难面前决不~。=고난 앞에서 결코 흔들려선 안 된다. 2 동요시키다. 흔들리게 하다. ¶~军心=군심을 동요시키다. ↔坚定

【动一根毫毛】dòng yī gēn háomáo ⟨구⟩⟨비⟩ 털끝이라도 건드리다. 약간 손을 대다. 미미한 상해를 주다〔입히다·받다〕.

【动议】dòngyì 명 (회의 중에) 임시로 제의하다. 동의하다. [회의 중에 예정된 의안 이외의 의제(議題)를 제의하는 것] ¶紧急~=긴급 동의안을 내다. 동 동의(하). [회의 중에 예정된 의안 이외에 제의된 의제(議題)] ¶这一~值得重视。=이 동의안은 중시할 필요가 있다.

【动因】dòngyīn 명 동인. 동기. 원인. 계기.

【动用】dòngyòng 동 (함부로 사용하면 안 되는 물건과 사람을) 가져다 쓰다. 유용(流用)하다. ¶

~储备物资=비축해 둔 물자를 유용하다.

【动员】dòngyuán 동 1 (특정한 일이나 활동에 참가하도록) 동원하다. 설득하다. 교육하다. 작동하다. …하게 하다. 일깨우다. ¶~职工义务献血=직원들에게 의무 헌혈을 하게 (동원)하다. 2 (군사 및 경제를) 전시 체제화하다. 전시 동원 상태에 들어가다.

【动员令】dòngyuánlìng 명 1 전쟁 동원령. 2 (어떤 일에 참가를 호소하는) 동원령.

【动辄】dòngzhé 부⟨문⟩ 걸핏하면. 툭하면. 적하면. ¶~责骂下属实为不智之举。=걸핏하면 부하 직원들을 나무라는 것은 지혜롭지 못한 행동이다.

【动辄得咎】dòngzhé-déjiù ⟨성⟩ 걸핏하면 꾸지람〔책망〕을 듣다. 툭하면 징벌〔처분〕을 받다. 하는 일마다 비난받다〔욕을 먹다〕.

【动真格的】dòng zhēngé·de ⟨구⟩ (말뿐이 아니라) 실제로 행하다. 진짜로 실천하다. 진짜 행동으로 옮기다. ¶惩治贪污腐败必须~。=부정 부패 척결을 실제 행동으로 옮겨야 한다.

【动支】dòngzhī 동 돈을 지출하다〔쓰다〕. ¶~公款=공금을 쓰다. ≒支出

【动嘴】dòngzuǐ 동 1 말하다. 입을 놀리다. ¶只是让你动动嘴，有什么难的？=입만 놀리라는데, 뭐가 어려워？ 2⟨구⟩ 말다툼하다. 입씨름하다. 언쟁하다. ¶夫妻俩从不~。=부부가 여태껏 말다툼 한 번 안 했다.

【动作】dòngzuò 동 움직이다. 행동〔동작·활동〕하다. ¶不知道他们将怎么~。=그들이 어떻게 행동할지 모르겠다. 명 동작. 행동. 움직임. 몸놀림. 동─协调=동작이 조화롭다.

【动作片儿】dòngzuòpiānr 명⟨구⟩ 액션 영화. 액션물. 활극(活劇).

【动作片】dòngzuòpiàn 명⟨映⟩ 액션 영화. 액션물. 활극(活劇).

**冻[凍]** dòng 얼 동

동 1 (액체가·수분이 포함된 물질이) 얼다. 응고되다. 굳다. ¶天寒地~=하늘은 춥고 땅은 얼다. 날씨가 무척 춥다. 2 춥다. 차다. 손발이 얼다〔곱다〕. ¶~手~脚=손발이 얼다. 명 1 결빙(結氷). 동결(凍結). 빙결(氷結). ¶霜~=상해(霜害). 서리 피해. / 上~=(강·땅이) 얼다. 결빙되다. 2(~儿) (국물 등 액체가) 응결되어 반고체나 젤리 모양으로 된 것. ¶果~儿=과일 젤리. / 鱼~儿=생선국물이 엉겨 젤리 상태로 된 것. 3 (Dòng) 성(姓).

○● 冰bīng冻，解冻，冷冻，上冻，霜shuāng冻

【冻冰】dòngbīng 동 물이 얼다. 결빙되다.

【冻病】dòngbìng 동 추위에 병이 나다. ¶你要多穿点，别~了。=추위에 병이 나지 않도록 옷을 든든히 입어라.

【冻藏】dòngcáng 동 냉장하다. 냉동 보관하다. ¶肉食需要~。=육류는 냉장을 요한다.

【冻疮】dòngchuāng 명⟨医⟩ 동상(凍傷).

【冻豆腐】dòngdòu·fu 명 언두부.

【冻粉】dòngfěn ☞【琼脂】qióngzhī
【冻害】dònghài 〈名〉〈农〉동해. 농작물 등이 추위로 해를 입는 일.
【冻红】dònghóng 〈动〉얼어서〔추위에〕피부가 빨개〔벌개〕지다. ¶她的脸被~了。=그녀의 얼굴이 추위에 빨개졌다.
【冻僵】dòngjiāng 〈动〉(추위서) 손발이 곱다. 손발이 얼어붙다. ¶手脚都~了。=손발이 다 얼어붙었다.
【冻结】dòngjié 〈动〉**1** 얼다. 얼리다. **2**〈喻〉(자금·인원 등을) 동결하다. ¶资金~ = 자금 동결. **3**〈喻〉(협의·조약·관계 등을) 당분간 중지하다〔멈추다〕. ¶~贸易关系=무역 관계를 중지하다. ↔融化
【冻馁】dòngněi 〈动〉〈书〉추위와 굶주림에 시달리다. 〈名〉〈书〉추위와 굶주림.
【冻肉】dòngròu 〈名〉얼린 고기. 냉동육. 냉동시킨 고기.
【冻伤】dòngshāng 〈名〉동상. 〈动〉동상에 걸리다. ¶他的手去年冬天~了。=그의 손이 지난해 겨울 동상에 걸렸다.
【冻死】dòngsǐ 〈动〉얼어 죽다. 동사하다. ¶不少害虫都被~了。=적지 않은 해충들이 (죄다) 얼어 죽었다.
【冻挺】dòngtǐng 〈动〉〈方〉꽁꽁 얼다. ¶人都被~了。=(너무 추워) 몸이 다 꽁꽁 얼었다.
【冻土】dòngtǔ 〈名〉언 땅. 동토.
【冻雨】dòngyǔ 〈名〉〈气〉동우. [지면에 닿으면 곧 얼어붙는 비]
【冻原】dòngyuán 〈名〉☞【苔原】táiyuán
【冻云】dòngyún 〈名〉〈气〉눈이 내리기 전에 생기는 먹구름.
【冻着】dòng‖zháo 〈动〉얼어붙다. 꽁꽁 얼다. 추위에 떨다. ¶别把孩子~了。=아이를 추위에 떨게 놔두지 말아라.

## 侗 Dòng 종족 이름 동
〈名〉동족(侗族).
☞ tóng, tǒng

【侗剧】dòngjù 〈名〉동족(侗族)의 희극. [구이저우(贵州)·광시(广西) 등지의 동족(侗族) 거주지에서 유행함]
【侗族】Dòngzú 〈名〉동족(侗族). [중국 소수 민족의 하나. 구이저우(贵州)·광시(广西)·후난(湖南) 등지에 분포함]

## 垌 dòng 동막이 동
〈名〉〈地〉밭. [주로 지명에 쓰임] ¶儒~=루동. [광둥(广东)성에 있는 지명]
☞ tóng

## 栋[棟] dòng 마룻대 동
〈名〉**1**〈书〉마룻대. 용마루. 상량(上樑). ¶画~雕梁=그림이 그려진 마룻대와 조각이 되어 있는 들보. 화려하고 호화로운 건물. **2**〈喻〉집. ¶汗牛充~=실으면 소가 땀을 흘리고, 쌓으면 지붕까지 가득 차다. 장서(藏書)가 매우 많음. 〈量〉동.

채. [건물을 세는 단위] ¶一~房子=집 한 채. ≒梁 幢
【栋梁】dòngliáng 〈名〉**1** 동량(棟梁). 마룻대와 들보. **2**〈比〉나라의 기둥. 국가의 중임을 맡고 있는 인물. ¶~之才=동량지재. (한 집안이나 나라의) 기둥이 될 만한 인물.

## 峒 dòng 산굴 동
〈名〉동굴. 터널. [주로 지명에 쓰임] ¶~中=둥중. [광둥(广东)성에 있는 지명]
☞ tóng

## 胨[腖] dòng 펩톤 동
〈名〉〈药〉〈化〉蛋白胨(펩톤, peptone).

## 洞 dòng 동굴 동
〈名〉**1** (~儿) 구멍. 굴. 동굴. ¶地~=땅굴. / 门~=(중국식 저택에서) 대문에서 집 안으로 통하는 지붕이 있는 통로. **2** 0. 영. [숫자를 말할 때 '零(líng)'을 대신함] 〈动〉꿰뚫다. 관통하다. ¶弹~其腹。=탄환이 복부를 꿰뚫다. 〈形〉**1** 막힘이 없다. 뻥 뚫리다. 통하다. ¶横笛~箫=저와 퉁소. **2** 투철하다. 명백하다. 뚜렷하다. 사리가 밝고 확실하다. 분명하다. 심원하다. 깊고 크다. ¶~鉴古今=고금을 통찰하다. ≒孔 穴
☞ tóng

窗chuāng洞, 地洞, 涵hán洞, 黑洞, 空洞, 孔kǒng洞, 龙洞, 门洞, 桥qiáo洞, 溶róng洞, 隧suì洞, 岩yán洞, 窑yáo洞

【洞谙】dòng'ān 〈动〉〈书〉훤히 알다. 숙지(熟知)하다. ¶~史籍=역사 서적에 대해 훤히 알다.
【洞察】dòngchá 〈动〉통찰하다. 꿰뚫어 보다. 환히 내다보다. ¶~实情=실정을 꿰뚫어 보다.
【洞彻】dòngchè 〈动〉훤히 알다. 명백히 이해하다. ¶~人情世故=세상 물정을 훤히 알다.
【洞穿】dòngchuān 〈动〉**1** 꿰뚫다. 관통하다. ¶子弹~钢盔=실탄이 철모를〔헬멧을〕관통하다. **2** 환히 알다. 명백히 이해하다. 꿰뚫어 보다. ¶~其内心=속마음을 훤히 꿰뚫어 보다.
【洞达】dòngdá 〈动〉통달하다. 막힘없이 훤히 알다. 분명〔명확〕히 알다. ¶~事理=사리에 통달하다.
【洞房】dòngfáng 〈名〉신방(新房). ¶闹~=신혼 초야에 친구나 친척들이 떠들썩하게 신혼부부를 놀리며 놀다.
【洞房花烛】dòngfáng huāzhú 〈成〉**1** 신혼 초야에 신방의 촛불〔화촉〕을 밝히다. **2** 옛날의 결혼 잔치. 결혼식.
【洞府】dòngfǔ 〈名〉신선이 사는 곳.
【洞壑】dònghè 〈名〉동굴과 골짜기.
【洞见】dòngjiàn 〈动〉간파하다. 꿰뚫어 보다. ¶~肺腑=마음 깊숙한 곳까지 알다.
【洞鉴】dòngjiàn 〈动〉통찰하다. 잘 알다. 분명히 이해하다. 명확히 알다. ¶~积弊=오랜 폐단에 대해 잘 알다.
【洞开】dòngkāi 〈动〉(문·창문 등을) 크게 열다.

개방하다. ¶门户~=문호를 개방하다.

【洞口】dòngkǒu 阋 동굴 입구. 구멍의 입구.

【洞明】dòngmíng 통 통찰하다. 잘 알다. 분명히 이해하다. 명확히 알다. ¶~世故=세상 물정을 잘 알다. 阋 매우 밝다. 훤하다. ¶在月光的照耀下, 大地一片~。=달빛 아래 대지는 온통 훤하다.

【洞然】dòngrán 통(阋) 훤히 알다. 분명히 이해하다. ¶~世事=세상사에 훤하다. 阋(阋) 텅 비다. 휑하다. ¶胸中~无物。=가슴이 휑하니 허전하다.

【洞若观火】dòngruòguānhuǒ 阋 명약관화(明若觀火). 불을 보듯 분명하다.

【洞天】dòngtiān 阋 1 (道) 신선이 사는 곳. 2 별천지. 딴 세상. 황홀경. ¶別有~=완전히 다른 세상이다.

【洞天福地】dòngtiān-fúdì 阋 1 (道) 신선이 사는 곳. 2 승경(勝景). 명승지. 명산.

【洞庭湖】Dòngtínghú 阋(地) 동정호. [후난(湖南)성 북부에 있는 호수]

【洞悉】dòngxī 통 통찰하다. 잘 알다. 분명히 알다. ¶一切=모든 것을 통찰하다.

【洞箫】dòngxiāo 阋(音) 통소.

【洞晓】dòngxiǎo 통 정통하다. 정확히 알다. 분명(명확)히 알다. ¶~音律=음악에 정통하다.

【洞穴】dòngxué 阋 (지하나 산중의) 동혈. 땅굴. 동굴.

【洞眼】dòngyǎn (~儿) 阋 작은 구멍.

【洞幽烛微】dòngyōu-zhúwēi 阋 사물의 깊고 오묘한 곳까지 정확히 알다. 깊고 정밀한 사리를 똑똑히 간파하다.

【洞知】dòngzhī 통 잘 알다. 분명히 이해하다. 명확히 알다.

【洞烛其奸】dòngzhú-qíjiān 阋 상대방의 음모〔간계〕를 간파하다〔분명히 알아 내다〕. ≒明察秋毫.

【洞子】dòng·zi 阋 1 구멍. 동굴. 동혈. 땅굴. 2(阋) 온실. 온상. 비닐하우스. ¶花儿~=반지하 형식의 화훼 온실〔비닐하우스〕.

【洞子货】dòngzihuò 阋(阋) 1 (겨울을 나기 위해) 땅굴 속에 저장해 둔 과일이나 채소. 2 겨울에 온실〔비닐하우스〕에서 재배하는 화초나 채소.

恫 dòng 으를 동

통(阋) 위협하다. 으르다. 놀라게 하다. 겁주다. ¶~吓和利诱对他都不会起作用。=겁주기도 하고 구슬려도 보았지만 그에게는 아무런 소용이 없다.

☞ tōng

【恫吓】dònghè 통 위협하다. 으르다. 겁주다. ¶不惧~=위협을 두려워하지 않다.

胴 dòng 큰 창자 동

阋 1 대장(大肠). 2 몸통.

【胴体】dòngtǐ 阋 1 몸통. 동체(胴體). 동부(胴部). 2 (가축을 도살하여 머리·꼬리·사지·내장 등을 빼낸) 몸통. 3 (사람의) 몸. 몸통.

硐 dòng 동굴 동

阋 동굴. 산굴. 광갱(礦坑). ¶矿~=광갱.

## dou

都 dōu 모두 도

囝 1 모두. 다. 전부. [일반적으로 총괄하는 내용 앞에 쓰임] ¶他们夫妻俩~当教师。=그들 부부는 모두 교사이다. 2 이미. 벌써. ¶~这么晚了, 我们快走吧。=벌써 이렇게 늦었으니, 우리 서둘러 갑시다. 3 심지어. …조차도. ¶他待你比待他的亲弟弟~好。=그가 너를 대하는 것이 자기 친동생을 대하는 것보다 낫다. 4 모두 …때문이다. ['是'와 이어 쓰여 이유를 설명함] ¶~是你说漏了嘴, 否则不会这样。=모두 네가 입을 잘못 놀린 탓이야, 아니면 이렇게 되지 않았을 텐데. ≒全

☞ dū

0● 全都

哣 dōu 화내는 소리 두

곈 (화가 나서 꾸짖는 소리로) 야! [주로 조기 백화문에 보임]

兜¹ [(兠)] dōu 투구 두

阋 1 (~儿) 호주머니. 주머니. 자루. ¶衣~=호주머니. / 裤~儿=바지 주머니. 2 '兜(dōu)'와 같음. 통 1 (자루·주머니 형태로 물건을) 싸다. 품다. ¶她用手帕~着几个橘子。=그는 손수건으로 귤 몇 개를 쌌다. 2 책임을 지다. 떠맡다. 도맡다. ¶你们大胆去干, 有什么问题我~着。=너희들은 대담하게 해라, 무슨 문제가 있으면 내가 책임지마. 3 (손님을) 끌어모으다. 유혹하다. 꾀다. ¶~揽顾客=고객을 끌어모으다. 4 우회하다. 빙 돌다. 감돌다. 맴돌다. ¶他小跑着在操场上~圈子。=그는 종종걸음으로 운동장을 빙 돌았다. 5 파헤치다. 샅샅이 들추어 내다. 까발리다. 폭로하다. ¶你要把我惹急了, 我就~你的老底。=네가 나를 건드려 화나게 한다면, 나는 너의 비밀을 샅샅이 폭로하겠다. 6 정면으로 향하다. ¶大雨~头盖脸地下了起来。=폭우가 머리와 얼굴을 정면으로 내리쳤다.

兜² [(兠)] dōu 그루터기 두

'蔸(dōu)'와 같음.

0● 漏lòu兜

【兜捕】dōubǔ 통 포위하여 잡다. ¶~逃犯=도주범을 포위하여 사로잡다.

【兜不转】dōu·buzhuǎn 읗 꼼짝할 수 없다. 어찌할 도리가 없다. ¶那事不要找他, 他~。=그런 일로는 그를 찾지 마라, 그도 어찌할 방법이 없다.

【兜抄】dōuchāo 동 뒤와 양 옆에서 포위하여 공격하다.

【兜底】dōu‖dǐ(~儿) 동⑨ (비밀이나 숨겨진 내막을) 샅샅이 들추어 내다. 전부 까발리다. ¶做人要与人为善, 不要随便兜别人的底。=사람이라면 남과 잘 지내야지, 마음대로 다른 사람의 비밀을 캐지 마라.

【兜兜】dōu·dou 명 1 배두렁이. [가슴과 배만 겨우 가린 마름모형 웃옷] 2 작은 호주머니.

【兜兜裤儿】dōu·doukùr 명 (어린아이가 여름에 입는) 배두렁이가 달린 반바지.

【兜肚】dōu·du 명 배두렁이. [가슴과 배만 겨우 가린 마름모형 웃옷] ≒兜兜.

【兜翻】dōu·fān 동⑨ 1 (오랫동안 쌓아 두었던 물건을) 뒤지다. ¶他把箱子~了遍, 也没找到要找的东西。=그는 상자를 전부 뒤졌지만, 찾으려는 물건을 찾아 내지 못했다. 2 (숨겨진 속사정을) 폭로하다. 파헤치다. 까발리다. 들추어 내다. ¶他把别人的老底都给~出来了。=그는 다른 사람의 비밀을 모두 폭로했다. 3 (지난 일이나 말을) 다시 들추어 내다. 끄집어 내다. ¶别总是~那些陈谷子烂之麻的事。=늘 그런 케케묵은 일이나 들추어 내지 마라.

【兜风】dōu‖fēng 동 1 (돛·차량 덮개·우산 등이) 바람을 막다. ¶扯帆~=돛을 달고 바람을 안다. 2 (말·자동차·유람선 등을 타고) 바람을 쐬다. 돌아다니며 놀다. 드라이브하다. ¶他开着新车~去了。=그는 새 차를 타고 드라이브를 나갔다.

【兜回】dōuhuí 동 빙 돌아오다. ¶他转了一圈, 又~来了。=그는 한 바퀴를 돌고 나서 다시 돌아왔다.

【兜剿】dōujiǎo 동 포위하여 토벌하다. ¶~山贼=산적을 포위하여 토벌하다.

【兜客】dōukè 동 손님을 끌어모으다.

【兜揽】dōulǎn 동 1 (손님을) 끌어모으다. 유혹하다. 꾀다. ¶~生意=손님을 끌어들여 장사하다. 2 (일을) 혼자 도맡다. 관계하다. ¶不该管的事情别要~。=관여하지 말아야 하는 일은 상관하지 마라.

【兜老底】dōu lǎodǐ (비밀이나 숨겨진 내막을) 샅샅이 들추어 내다. 전부 까발리다. ¶他被别人兜了老底, 没脸见人。=그는 다른 사람에게 비밀이 까발려져서, 사람을 대할 면목이 없게 되었다.

【兜卖】dōumài 동 (사방으로) 물건을 팔러 다니다. ≒兜售 兜销.

【兜鍪】dōumóu 명 (옛날에 전투 때 쓰던) 투구.

【兜圈子】dōu quān·zi 동 1 빙 돌다. 선회하다. ¶他骑着车在院子里~。=그는 자전거를 타고 정원 안을 빙 돌았다. 2 (비)돌려 말하다. 말을 에두르다. 변죽을 울리다. ¶有话直说, 别~了。=할 말이 있으면 단도직입적으로 말하세요, 빙빙 돌리지 마시고. 3 (문제를 고려할 때) 어느 부분에만 국한되다. ≒绕圈子.

【兜生意】dōu shēng·yi 동 손님을 끌어모아 장사하다.

【兜售】dōushòu 동 (사방으로) 물건을 팔러 다니다. ≒兜销 兜卖.

【兜头】dōutóu 부 정면으로. 얼굴을 향하여. ¶他~就给人一顿臭骂。=그녀는 정면으로 다른 사람에게 호된 욕을 한바탕 퍼부었다.

【兜头盖脸】dōutóu-gàiliǎn 성 머리와 낯을 정면으로 향하다. =【兜头盖脑】dōutóu gàinǎo ¶她端起一杯水~朝对方泼去。=그녀는 물 한 컵을 상대방의 얼굴에 뿌렸다.

【兜头盖脑】dōutóu-gàinǎo ☞【兜头盖脸】dōutóu-gàiliǎn

【兜销】dōuxiāo 동 (사방으로) 물건을 팔러 다니다. ¶~化妆品=화장품을 팔러 다니다. ≒兜售 兜卖.

【兜着】dōu·zhe 동 전부 떠맡다[감당하다]. ¶出了事情由他~, 你不用担心。=문제가 생기면 그가 모두 책임지기로 했으니, 너는 걱정할 필요 없다.

【兜子】dōu·zi 명 1 주머니. 자루. 2 ☞【篼子】dōu·zi

【兜嘴】dōuzuǐ 동⑨ (가축에게) 부리망을 씌우다. 명 부리망. [동물의 주둥이에 씌우는 물건]

## 蔸 dōu 그루터기 두

명⑨(植) 그루(터기). 포기. ¶禾~=벼의 포기. 양 그루. 포기. ['棵'이나 '丛'에 상당함] ¶一~白菜=배추 한 포기. / 几~树=나무 몇 그루.

## 篼 dōu 광주리 두

명 (등나무·대나무·버드나무 등의 가지로 만든) 광주리. ¶背~=등에 지는 광주리.

【篼子】[兜子] dōu·zi 명⑨ (산길을 갈 때 타는) 대나무로 만든 가마. [대나무 의자를 두 개의 대나무 장대에 묶어서 만듦]

## ✱斗 dǒu 말 두

양 말. [용량 단위. '十升(10되)'이 '一斗(1말)'임] 명 1 ㉠ 말. [옛날, 곡식의 분량을 되는 도구. 용량이 한 말임] ㉡ 车载~量=한 말의 양을 차량에 싣다. 2 (~儿) 말 모양으로 생긴 물건. ¶漏~=깔때기. 3 구기. [옛날의 술을 푸는 도구] 4 서랍. ¶五~桌=서랍이 다섯 개 달린 탁자. 5 둥근 지문. 6 양(天) 북두칠성(北斗七星). 7 (天) 두수(斗宿). [이십팔수(二十八宿)의 하나. '南斗(nándǒu)'라고 통칭함] 형 (아주 크게 또는 작게 말하여) 말 크기의. ¶屈居一室=코딱지만 한 방에서 근근이 살아가다. 명 '陡(dǒu)'와 같음.
☞ dòu

○● 阿斗, 笆bā斗, 抽chōu斗, 挂斗, 戽hù斗, 筋jīn斗, 斤斗, 墨mò斗, 南斗, 壳qiào斗, 市斗, 泰tài斗, 星斗

○ 斗 dǒu
抖 dǒu
蚪 dǒu
料 liào
科 kē
魁 kuí

【斗笔】dǒubǐ 명 큰 붓. 대형모필.

【斗标】dǒubiāo ☞【斗柄】dǒubǐng

【斗柄】dǒubǐng 명(天) 두병. [북두칠성의 자루

쪽에 있는 세 개의 별]=【斗枸】dǒubiāo
【斗车】dǒuchē 图(机) 광차(矿车).
【斗大】dǒudà 图(甲) (담력이나 글자가) 한 말만 큼이나 아주 크다. ¶他没上过学, ~的字也认不得几个。=그는 학교를 다닌 적이 없어서, 아는 글자가 몇 개 없다.
【斗胆】dǒudǎn 圊 대담하게. 과감히. [주로 겸손한 말에 쓰임] ¶~进言=외람되게 말씀드리겠습니다.
【斗方】dǒufāng (~儿) 图 1 서화용(书画用)의 네모꼴 화선지(宗이). 2 새해에 써 붙이는 마름모꼴 서화.
【斗方名士】dǒufāng-míngshì 图 화선지에 시를 쓰거나 그림을 그리면서 고상한 체하는 문인(文人).
【斗拱】[枓拱][枓栱] dǒugǒng / dòugǒng 图(建) 두공. [중국·한국·일본 등의 전통 목조 건축물에서 사용하는 특유의 지붕받침]
【斗斛】dǒuhú 图 1 두(斗)와 곡(斛). 2 용량을 재는 도구. 3 (甲) 소량. 경미한 것. ¶~之禄=박봉(薄俸). 아주 적은 보수.
【斗箕】dǒu·ji 图 지문. [나선형의 지문을 '斗', 흐르는 모양의 지문을 '箕'라고 한 데서 유래함]
【斗酒百篇】dǒujiǔ-bǎipiān 图 1 말술을 마시는 동안에 시 백 편을 쓰다. [두보의 《饮中八仙歌》에서 "李白斗酒诗百篇, 长安市上酒家眠"라는 시구에서 나온 말로, 이백이 술 마신 후에 시를 잘 지었음을 칭찬한 말임] 2 술을 좋아하고 시를 잘 짓다.
【斗笠】dǒulì 图 삿갓.
【斗量】dǒuliáng 图 말로 되다. ¶人不可貌相, 海水不可~。=사람은 겉모습만 보고 판단해서는 안 되고, 바닷물은 말로 될 수 없다.
【斗门】dǒumén 图(农) 댐의 수문(水门). 관개 수로의 수갑(水闸).
【斗篷】dǒu·peng 图 1 망토. 케이프. 2 (甲) 삿갓. 늑斗笠
【斗渠】dǒuqú 图 (밭에 물을 대는) 작은 수로.
【斗儿八升】dǒurbāshēng 图 한 말 가량의 양.
【斗筲】dǒushāo 图(书) 1 한 말들이 말과 한 말 두 되들이 죽기(竹器). 2 (甲) 식견이나 도량이 좁은 사람. 옹졸한 사람. 좀생원. ¶~之辈=옹졸한 무리.
【斗升】dǒushēng 图 1 한 말들이와 한 되들이 등 됫박. 2 (甲) 소량. 경미한 것. ¶~小利=매우 작은 이익.
【斗室】dǒushì 图(书) 매우 작은 방.
【斗烟丝】dǒuyānsī ☞【烟斗丝】yāndǒusī
【斗转参横】dǒuzhuǎn-shēnhéng 图 1 북두성이 방향을 바꾸고 삼성(参星)은 가로놓이다. 2 날이 밝을 무렵.
【斗转星移】dǒuzhuǎn-xīngyí 图 1 북두성이 방향을 틀면 온갖 별들이 자리를 옮긴다. 2 (甲) 계절이 바뀌고 세월이 흐르다.
【斗子】dǒu·zi 图 1 나무통. 광주리. 2 (탄광이나 집에서) 석탄을 담는 쇠통. 3 가정에서 석탄을 담는 철통.

【陡】dǒu 험할 두
圊图(书) '陡(dǒu)'와 같은.

*【抖】dǒu 떨 두
图 1 떨다. 흔들다. ¶~衣服=옷을 털다. 2 털어 내다. ['出来'와 함께 쓰임] ¶把袋里的面粉~出来。=자루 속의 밀가루를 털어 내다. 3 (벌벌) 떨다. ¶战~=부들부들 떨다. / 发~=떨다. 4 기운을 내다. 정신을 차리다(가다듬다). 분발하다. ¶大家一起精神继续赶路。=모두들 기운 내서 계속 길을 가다. 5 (돈을 벌거나 출세를 하여) 거들먹거리다. 뻐기다. 우쭐대다. 폼을 잡다. [풍자의 뜻을 내포함] ¶他发了财之后, ~得不得了。=그는 돈을 번 뒤로 더욱 거들먹거린다. 6 철저히 폭로하다. 까발리다. ['出来'와 함께 쓰임] ¶他恨不得把那个人干的恶心事全~出来。=그는 그 사람이 저지른 악행을 전부 폭로하지 못하는 것이 몹시 안타까웠다.

◐➡ 颤chàn抖, 战抖

【抖包袱】dǒu bāo·fu 图 익살을 부리다. ['相声(만담)' 등에서 웃음거리를 한꺼번에 쏟아 내어 사람들을 웃기는 것을 가리킴]
【抖颤】dǒuchàn 图 떨다. 떨리다. ¶她吓得浑身~。=그녀는 놀라서 온몸을 부르르 떨었다.
【抖动】dǒudòng 图 1 (손으로 물체를) 흔들다. 털다. ¶~被单=침대 시트를 털다. 2 떨다. ¶他的双手因为紧张而不停地~。=그의 두 손은 긴장 때문에 끊임없이 떨었다.
【抖抖索索】dǒu·dǒu suǒsuǒ (~的) 图 부들부들 떨다. ¶他~地伸出一只手来。=그는 부들부들 떨며 한 손을 내밀었다.
【抖搂】dǒu·lou 图(甲) 1 (옷·이불·보 등을) 흔들어 털다. ¶把衣服上的灰尘~干净。=옷의 먼지를 깨끗이 흔들어 털다. 2 전부 쏟아 내다. ¶把口袋~干净。=호주머니 안의 것을 깨끗이 쏟아 내다. 3 들추어 내다. 폭로하다. 까발리다. 전부 말하다. ¶把他做过的坏事全部~出来。=그가 저질렀던 나쁜 짓을 전부 들추어 냈다. 4 낭비하다. 헤프게 쓰다. ¶钱很快被他~光了。=돈은 그의 손에서 금방 탕진되었다.
【抖起来】dǒu·qǐ·lái 图 1 (추워서) 부르르 떨다. ¶他冷得抖了起来。=그는 추워서 부르르 떨었다. 2 우쭐대다〔의기〕양양하다. 의기를 잡다. [풍자의 의미를 내포함] ¶别有了两个钱就~, 不怕别人笑话。=돈이 좀 생겼다고 우쭐대지 마라, 남들이 웃는다.
【抖瑟】dǒusè 图 부들부들〔와들와들〕 떨다. ¶他冻得直~。=그는 몸이 얼어 계속 부들부들 떨었다.
【抖神儿】dǒushénr 图 1 뽐내다. 뻐기다. 위세를 부리다. 거만하게 굴다. ¶别在我面前~！=내 앞에서 뽐내지 말아라! 2 정신을 차리다. 기운을 내다. ¶他们干得正~。=그들은 정말 정신을 차리고 일했다.
【抖擞】dǒusǒu 图 기운을 내다. 정신을 차리다

**dǒu** 抖 枓 陡 蚪 斗

〔가다듬다〕. 분발하다. ¶精神~＝원기가 왕성하다. ≒振作

【抖索】**dǒusuǒ** 동⟨방⟩ 부들부들〔와들와들〕 떨다. ¶一阵寒风吹来, 她禁不住~了两下. ＝한바탕 찬바람이 불어 오자, 그녀는 자기도 모르게 몇 번 부르르 떨었다.

【抖威风】**dǒu wēifēng** 동⟨폄⟩ 위세를 부리다. ¶本事没学到, 倒学会~了. ＝기술은 배우지 못하고 오히려 위세 부리는 것만 배웠다.

**枓 dǒu** 두공 두

아래를 참조.

【枓栱】[枓栱]**dǒugǒng** ☞【斗拱】**dǒugǒng**

【枓栱】**dǒugǒng** ☞【枓拱】**dǒugǒng**

**陡 dǒu** 험할 두

형 가파르다. 깎아지르다. ¶山~路险＝산이 가파르고 길이 험하다. 문 돌연. 갑자기. 별안간. ¶天气~变＝날씨가 돌변하다. ≒突 忽 骤

【陡壁】**dǒubì** 명 벼랑. 절벽. ¶悬崖~＝깎아지른 듯한 절벽.

【陡变】**dǒubiàn** 동 돌변하다. 급변하다. ¶脸色~＝얼굴빛이 갑자기 변하다.

【陡度】**dǒudù** 명 경사도. 경도.

【陡降】**dǒujiàng** 동 갑자기 떨어지다. 돌연 하락하다. ¶气温~＝기온이 갑자기 뚝 떨어지다.

【陡峻】**dǒujùn** 형 (지세가) 높고 가파르다. 험준하다. ¶山势~＝산세가 높고 가파르다.

【陡立】**dǒulì** 동 (산봉우리·건축물 등이) 우뚝 솟다. 치솟다. ¶绝壁~＝절벽이 우뚝 솟아 있다. ↔平缓

【陡坡】**dǒupō** 명 험한 비탈길. 가파른 고개. ↔慢坡

【陡峭】**dǒuqiào** 형 (산세 등이) 험준하다. 가파르다. 깎아지르다. ¶山峰~＝산봉우리가 깎아지른 듯하다. ≒高峻 峻峭 ↔舒缓

【陡然】**dǒurán** 부 갑자기. 돌연. 뜻밖에. ¶他的态度~来了个大转弯. ＝그의 태도가 백팔십 도 확 바뀌었다. ≒突然 忽然

【陡险】**dǒuxiǎn** 형 가파르고 험준하다. ¶山崖极为~. ＝절벽이 지극히 가파르고 험준하다.

【陡斜】**dǒuxié** 형 심하게 가파르다. ¶山坡~＝산비탈이 심하게 가파르다.

【陡削】**dǒuxuē** 형 (산세 등이) 깎아지른 듯하다. 가파르다. 험준하다. 치솟다. ≒陡峭

【陡崖】**dǒuyá** 명 담벼락처럼 똑바로 선 벼랑.

【陡增】**dǒuzēng** 동 갑자기 늘어나다. ¶顾客~＝고객이 갑자기 늘어나다.

【陡长】**dǒuzhǎng** 동 1 (신체·나뭇가지 등이) 갑자기 성장하다. ¶他个子近几年~. ＝그의 키는 근 몇 년 사이에 갑자기 쑥 자랐다. 2 (가격이) 갑자기 오르다. 급등하다. (수위가) 갑자기 올라가다. ¶物价~＝물가가 갑자기 오르다.

【陡涨】**dǒuzhǎng** 동 (가격이) 갑자기 오르다. (수위가) 갑자기 올라가다. ¶河水~＝강물이 갑자기 불어나다.

【陡直】**dǒuzhí** 형 가파르고 험준하다. ¶~的崖壁＝담벼락처럼 가파른 절벽.

**蚪 dǒu** 올챙이 두
☞【蝌蚪】**kēdǒu**

**斗**[鬥, 鬦·鬪·鬭] **dòu** 싸울 투

동 1 싸우다. ¶搏~＝격투하다. / 械~＝무기로 싸우다. 2 (시합에서) 승패를 겨루다. 경쟁하다. 맞서다. ¶~智~勇＝지혜와 용기를 겨루다. 3 (주로 돈내기로) 동물을 싸움 붙이다. ¶~蛐蛐儿＝귀뚜라미를 싸움 붙이다. 4 (한쪽을 제압하기 위해) 투쟁하다. ¶批~＝비판 투쟁하다. 5 노력하다. ¶奋~＝분투 노력하다. 6⟨우⟩ 한데 모으다. 합치다. 맞추다. ¶~榫儿＝장부를 맞추다. / ~钱支援灾区. ＝돈을 모아 재난 지역을 지원하다. 명 (Dòu) 성(姓).

☞ **dǒu**

○→ 搏bó斗, 奋fèn斗, 格gé斗, 角jué斗, 决斗, 战斗, 争zhēng斗

【斗败】**dòubài** 동 1 (싸워) 패배시키다. 꺾다. 무너뜨리다. ¶~对手＝상대를 싸워 무너뜨리다. 2 경쟁(시합)에서 지다. ¶他虽~, 但不气馁. ＝그는 비록 경쟁에서 졌지만 용기를 잃지 않았다.

【斗成】**dòuchéng** 동 한데 긁어모으다. ¶他用几块木板~了一张木床. ＝그는 목판 몇 개를 한데 모아 나무 침상을 만들었다.

【斗而铸兵】**dòu'érzhùbīng** 성 1 전쟁이 일어난 뒤에야 병기를 주조하다. 소 잃고 외양간 고치다. 2⟨비⟩ 사전에 제대로 준비하지 않다. 시기를 놓치다.

【斗法】**dòu‖fǎ** 1 도술을 부려 싸우다. [주로 옛소설에 쓰임] 2⟨비⟩ 꾀를 써서 암투하다. 계책으로 싸우다.

【斗富】**dòu‖fù** 동 재산을 겨루다.

【斗拱】**dòugǒng** ☞【斗拱】**dǒugǒng**

【斗火儿】**dòuhuǒr** 동 부추기다. 꼬드기다. 선동하다. ¶他俩本来没有气, 你就别在中间~了. ＝그 두 사람은 원래 화가 나 있으니, 너는 중간에서 부추기지 마라.

【斗鸡】**dòu‖jī** 동 1 닭싸움을 붙이다. 투계(鬪鷄)를 하다. 2 닭싸움놀이를 하다.

【斗鸡】**dòujī** 명 닭싸움. 투계(鬪鷄).

【斗鸡眼】**dòujīyǎn** (~儿) ☞【内斜视】**nèixiéshì**

【斗鸡走狗】**dòujī-zǒugǒu** 성 1 닭싸움을 붙이고 개를 경주시키다. 2⟨비⟩ 빈둥거리며 본업에 충실하지 않다. ＝【斗鸡走马】**dòujī-zǒumǎ**

【斗鸡走马】**dòujī-zǒumǎ** ☞【斗鸡走狗】**dòujī-zǒugǒu**

【斗技】**dòujì** 동 기예를 겨루다.

【斗剑】**dòujiàn** 동 검술을 겨루다. 펜싱을 하다.

【斗劲】**dòujìn** 동 힘을 겨루다. 우열을 가리다. ¶暗中~＝암암리에 힘을 겨루다.

【斗酒】**dòujiǔ** 동 술마시기 시합을 하다. 술 실력을 겨루다.

【斗酒飞拳】dòujiǔ-fēiquán ❀ 술먹기 내기를 하면서 무술 실력을 겨루다.
【斗口】dòukǒu 통 언쟁하다. 말로 다투다. ¶凡事多忍让, 不要和人～. =모든 일은 많이 참고 양보하며, 남과 다투지 말아야 한다.
【斗口齿】dòukǒuchǐ 통ⓑ 서로 농담하다. 말로 웃기다.
【斗牛】dòuniú 명 1 (스페인의) 투우. 2 (중국의) 소싸움.
【斗牛士】dòuniúshì 명 투우사.
【斗殴】dòu'ōu 통 치고받고 싸우다. 서로 구타하다. ¶打架～ = 때리며 싸우다.
【斗牌】dòu‖pái 통 (도박이나 놀이로) 트럼프·골패(骨牌) 등을 하다.
【斗奇】dòuqí 통 기묘함[신기함]을 겨루다.
【斗气】dòu‖qì 통 울컥하다. 뒤틀리다. 토라지다. 삐치다. 삐딱하게 나가다. 다투다. ¶她心胸狭窄, 总爱和人～. =그녀는 도량이 좁다 보니, 걸핏하면 남과 다툰다.
【斗钱】dòuqián 통 돈을 모으다. 추렴하다. ¶大家～给他买了件生日礼物. =여러 사람들이 돈을 모아 그에게 생일 선물을 사 주었다. ≒凑钱
【斗巧】dòuqiǎo 통 솜씨를 겨루다. 🖬ⓑ 공교롭게. 우연히.
【斗趣儿】dòu‖qùr ☞ 【逗趣儿】dòu‖qùr
【斗士】dòushì 명 투사.
【斗霜傲雪】dòushuāng-àoxuě 성ⓑ 열악한 환경과 흉악한 세력에 맞서 힘껏 싸우다.
【斗闲气】dòu xiánqì 통 공연히 떠들고 싸우다. 쓸데없는 일로 다투다.
【斗心眼儿】dòu xīnyǎnr 통ⓑ 암투를 벌이다. 서로 벼르다. 서로 잡아먹으려고 들다.
【斗妍】dòuyán 통 아름다움을 겨루다. 미모를 다투다. ¶竞相～ = 서로 미모를 겨루다.
【斗眼】dòuyǎn(～儿) ☞ 【内斜视】nèixiéshì
【斗艳】dòuyàn 통 아름다움을 겨루다. 미모를 다투다. ¶争奇～ = 기예와 미모를 다투다.
【斗争】dòuzhēng 통 1 투쟁하다. 싸우다. ¶思想～ = 사상 투쟁. 2 분투·노력하다. ¶为世界和平而～ = 세계 평화를 위하여 분투·노력하다. 3 (군중이 적대 세력에 대항하여) 투쟁하다. ¶批判～ = 비판·투쟁하다. ≒奋斗 ↔调和 妥协
【斗志】dòuzhì 명 투지. 투혼. ¶～昂扬 = 투지가 앙양되다.
【斗智】dòu‖zhì 통 지혜를 다투다.
【斗嘴】[逗嘴] dòu‖zuǐ(～儿) 통ⓑ 1 언쟁하다. 말다툼하다. ¶小两口从不～. =젊은 부부는 여태껏 말다툼한 적이 없다. 2 서로 농담하다. 수다 떨다. 말로 웃기다. ¶取笑～ = 농담하고 웃기다.

*【豆】¹ dòu 제기 이름 두
명 1 두. [고대 식기, 제기(祭器)]로도 쓰였으며 굽이 높고 대부분 뚜껑이 있음] 2 (Dòu) 성(姓).

| ❍ 豆 dòu | 头 tóu |
|---|---|
| 痘 dòu | 短 duǎn |
| 逗 dòu | |

*【豆】²[荳] dòu 콩 두

명 1 (植) 콩. 2 (植) 콩알. 3 콩알처럼 생긴 것. ¶花生～儿 = 땅콩.

○● 巴斗, 菜豆, 蚕cán豆, 胡豆, 槐huái豆, 豇jiāng豆, 料liào豆, 毛豆, 木豆, 土豆, 豌wān豆, 芽yá豆, 芸yún豆

【豆瓣儿】dòubànr 명 콩짜개.
【豆瓣儿酱】dòubànrjiàng 명 된장.
【豆包】dòubāo(～儿) 명 팥소를 넣은 전병. =【豆包子】dòubāo·zi
【豆包子】dòubāo·zi ☞ 【豆包】dòubāo(～儿)
【豆饼】dòubǐng 명 (비료나 사료로 쓰이는) 콩깻묵.
【豆豉】dòuchǐ 명 더우츠. [노란 콩이나 검은콩을 물에 불려서 찌거나 끓인 후에 발효시켜 만든 조미료의 일종]
【豆粉】dòufěn 명 콩가루.
【豆腐】dòu·fu 명 두부.
【豆腐大楼】dòu·fu dàlóu 명ⓑ 부실 건(축)물. 날림으로 지은 건물.
【豆腐坊】dòu·fufáng 명 두부 공장.
【豆腐干】dòu·fugān(～儿) 명 말린 두부. [두부를 베로 싸서 향료를 넣고 찐 후 말린 것]
【豆腐浆】dòu·fujiāng ☞ 【豆浆】dòujiāng
【豆腐脑儿】dòu·funǎor 명 (중국식) 순두부.
【豆腐皮】dòu·fupí 명 1 (～儿) 콩국에 뜨는 단백질 막. 2ⓑ 얇게 썰어 말린 두부.
【豆腐乳】dòu·furǔ 명 (네모난 모양으로 잘게 썰어서) 삭힌[발효시킨] 두부. =【腐乳】fǔrǔ 【酱豆腐】jiàngdòu·fu
【豆腐渣】dòu·fuzhā ☞ 【豆渣】dòuzhā
【豆腐渣工程】dòu·fuzhā gōngchéng 명ⓑ 부실한 건축 공정.
【豆花儿】dòuhuār 명ⓑ (중국식) 순두부. ['豆腐脑儿(dòu·funǎor)' 보다 좀 더 굳힌 것]
【豆荚】dòujiá 명 콩꼬투리.
【豆浆】dòujiāng 명 콩국. =【豆腐浆】dòu·fujiāng 【豆乳】dòurǔ
【豆酱】dòujiàng 명 된장.
【豆角儿】dòujiǎor 명 (식용할 수 있는) 연한 콩꼬투리.
【豆秸】dòujiē 명 콩대. ≒豆萁
【豆蔻】dòukòu 명(植) 1 육두구(肉豆蔻). 2 육두구의 과실이나 종자. =【草果】cǎoguǒ 【草豆蔻】cǎodòukòu
【豆蔻年华】dòukòu niánhuá 성 소녀의 꽃다운 나이. 소녀의 열서너 살 나이.
【豆绿】dòulǜ 형 녹두색의. ≒豆青
【豆面】dòumiàn 명 콩가루. 녹두가루.
【豆苗】dòumiáo 명(植) 1 콩과 작물의 새싹. 2 완두의 새싹.
【豆奶】dòunǎi 명 두유(豆乳).
【豆萁】dòuqí 명 콩대. ≒豆秸
【豆青】dòuqīng 형 녹두색의. ≒豆绿
【豆蓉】dòuróng 명 콩소. ¶～月饼 = 콩소를 넣은 월병.
【豆乳】dòurǔ 명 1 ☞ 【豆浆】dòujiāng 2

(네모나게 썰어) 삭힌〔발효시킨〕두부. ≒豆腐乳.
【豆沙】dòushā 〔名〕콩(을)소. ¶~包=콩소를 넣은 찐빵.
【豆薯】dòushǔ 〔名〕〔植〕더우수. [고구마와 비슷하게 생긴 콩과 식물로 식용하며, 학명은 'Pachyrrhizus erosus'임]〔名〕【地瓜】dìguā【凉薯】liángshǔ
【豆田】dòutián 〔名〕콩밭.
【豆象】dòuxiàng 〔名〕〔動〕콩바구미.
【豆芽菜】dòuyácài ☞【豆芽儿】dòuyár
【豆芽儿】dòuyár 〔名〕1 콩나물. 숙주나물. =【豆芽菜】dòuyácài 2 〔비〕(어린이의) 지나치게 크고 깡마른 체형.
【豆油】dòuyóu 〔名〕콩기름.
【豆渣】dòuzhā 〔名〕콩비지. =【豆腐渣】dòu·fuzhā
【豆汁】dòuzhī 〔名〕1 (~儿) 녹두를 가루로 만들 때 나오는 즙. 2 〔방〕콩국.
【豆制品】dòuzhìpǐn 〔名〕콩으로 만든 식품.
【豆猪】dòuzhū 〔名〕낭충(囊蟲)을 가진 돼지.
【豆子】dòu·zi 〔名〕1〔植〕콩. ¶割~=콩을 베다〔수확하다〕. 2〔植〕콩알. ¶吃~=콩알을 먹다. 3 콩알처럼 생긴 것. ¶金~=금알갱이.

**逗** dòu 머무를 두
〔動〕1 머무르다. ¶~留几日=며칠을 머무르다. 2 자아내다. 끌다. ¶小家伙长得乖, 很~人喜爱.=어린아이가 얌전하게 생겨서 사람들에게 사랑을 받는다. 3 ㉠ 놀리다. 골리다. 집적거리다. 어르다. 구슬리다. 달래다. 꾀다. 구슬려 삶다. ¶他不停地拿一个玩具熊~孩子玩.=그는 끊임없이 곰 인형으로 아이를 어른다. 〔形〕〔방〕(우스갯소리 등이) 우습다. 재미있다. ¶他这个人说话真~.=그 사람이 하는 말은 정말 우습다. 〔名〕☞ 读(dòu).

○● 挑tiǎo逗, 引逗

【逗点】dòudiǎn ☞【逗号】dòuhào
【逗哏】dòu‖gén 〔動〕(주로 만담가가 익살스러운 말·우스갯소리로) 웃기다. 〔名〕2인 만담의 주역. [捧哏(2인 만담의 보조역)'과 구별됨]
【逗号】dòuhào 〔名〕〔言〕쉼표. 콤마(comma). ','. =【逗点】dòudiǎn
【逗火】dòuhuǒ 〔動〕(지분거려) 성나게 하다. ¶~了他可没什么好处.=그를 성나게 했다가는 좋을 게 없다.
【逗哭】dòukū 〔動〕놀려서 울리다. ¶把孩子~了.=아이를 놀려서 울리다.
【逗乐儿】dòu‖lèr 〔動〕웃기다. ¶他一句话就把大家~了.=그는 한 마디 말로 여러 사람을 웃겼다.
【逗留】【逗遛】dòuliú 〔動〕(잠시) 머물다. 체류하다. 체재하다. ¶在亲戚家~了几天.=친척집에서 며칠 머물렀다. ≒勾留
【逗遛】dòuliú ☞【逗留】dòuliú
【逗猫惹狗】dòumāo-rěgǒu 〔숙〕〔비〕도처에서 시비를 일으키다.

【逗闷子】dòumèn·zi 〔動〕〔방〕농담하다. 우스갯소리를 하다.
【逗闹】dòunào 〔動〕웃고 떠들다. 농담하고 놀다. ¶不要在办公室~.=사무실에서 웃고 떠들지 마라.
【逗弄】dòu·nong 〔動〕1 놀리다. 골리다. 집적거리다. 어르다. ¶他在~小狗玩儿.=그는 강아지를 집적거리며 놀고 있다. 2 가지고 놀다. 우롱〔희롱·조롱〕하다. ¶~人总是不好的.=남을 가지고 노는 것은 아무튼 안 좋은 일이다.
【逗趣儿】【斗趣儿】dòu‖qùr 〔動〕웃기다.
【逗人】dòurén 〔形〕즐겁게 하는. 웃기는. 재미있게 하는. 사랑스러운. 귀여운. 매력적인. ¶这孩子的两眼真~.=이 아이의 두 눈은 정말 사랑스럽다.
【逗笑儿】dòu‖xiàor 〔動〕웃기다.
【逗引】dòuyǐn 〔動〕(재미로) 놀리다. 골리다. 집적거리다. 어르다. 꾀어 내다. 유혹하다. ¶拿糖果~小孩儿玩儿.=사탕으로 아이를 놀리다.
【逗着玩】dòu·zhewán 〔動〕골리며〔놀리며·어르며〕놀다. 장난치며 놀다. 장난하다. ¶他跟孩子们~.=그는 아이들과 장난하고 있다.
【逗嘴】dòu‖zuǐ ☞【斗嘴】dòu‖zuǐ

**饾**[餖] dòu 늘어놓을 두
아래를 참조.
【饾版】dòubǎn 〔名〕'木刻水印(목판 인쇄)'의 옛 명칭.
【饾饤】dòudìng 〔名〕1 죽 진열해 놓은 음식. 2〔비〕불필요한 미사여구를 늘어놓은 글.

**读**[讀] dòu 구두 두
〔名〕〔옛〕구두(句讀). [문의(文意)가 끊어지는 곳을 '句', 구(句) 중에서 읽기 순조롭게 쉬는 곳을 '读'라 함] ¶句~=구두.
☞ dú

**酘** dòu 두 번 빚은 술 두
〔名〕〔문〕다시 곤 술.

**脰** dòu 목 두
〔名〕〔문〕(사람의) 목.

***痘** dòu 마마 두
〔名〕〔醫〕1 천연두. 2 천연두 백신. ¶种~=종두하다. 우두를 놓다. 3 (천연두 백신 접종 후에 생기는) 수포.

○● 牛痘, 水痘, 羊痘, 种zhòng痘

【痘疮】dòuchuāng ☞【天花】tiānhuā
【痘痕】dòuhén 〔名〕마맛자국. 천연두 자국.
【痘痂】dòujiā 〔名〕〔醫〕두창(痘瘡) 딱지. 두창 더뎅이.
【痘浆】dòujiāng 〔名〕〔醫〕천연두로 생긴 수포 속의 진물.
【痘苗】dòumiáo 〔名〕천연두 백신. =【牛痘苗】niúdòumiáo

# 窦 窦 乇 都 阇 屍 督 嘟　dū　479

**窦** dòu 땅 이름 두
- 图 시더우(西窦). [광시(广西)성에 있는 지명]

**窦[竇]** dòu 구멍 두
- 图 **1** 구멍. ¶狗~=개구멍. / 疑~=의심적은 곳. / 鼻~=콧구멍. **2**(生) 공동(空洞). 두(竇). [인체의 일부 기관이나 조직의 내부가 오목하게 들어간 부위] ¶鼻~=부비강(副鼻腔). / 情~初开=(처녀가) 사랑에 눈뜨기 시작하다. **3**(Dòu) 성(姓).

## du

**乇** dū 칠 탁
- 图 (손가락·막대기 등으로) 살짝 치다. 가볍게 찍다. ¶点~=화가가 마음 내키는 대로 윤색을 하다. [중국화 기법의 하나]

**都** dū 도읍 도
- 图 **1** 대도시. ¶通~=교통이 발달하고 경제가 번영한 대도시. **2** 어떤 특산물로 유명한 도시. ¶瓷~=도자기 도시. **3** 수도. 서울. ¶建~=수도를 세우다. **4**(Dū) 성(姓). 旺图 합쳐서. 총괄해서. ¶大~=대부분. 거의 모두. 대개. 기본적으로. / ~为一集=총괄하여 한 책으로 만들다.
- ☞ **dōu**

○● 大都, 奠diàn都, 定都, 故都, 国都, 京都, 旧都, 陪péi都, 迁qiān都, 首都, 行都

- 【都城】 dūchéng 图 수도.
- 【都督】 dū·du 图 **1** 도독. [옛날 주(州)의 군사령관] **2** 도독. [중화민국(中華民國) 초기 각 성(省)에 설치한 군정(軍政) 장관]
- 【都会】 dūhuì 图 대도시. ≒都市
- 【都江堰】 Dūjiāngyàn 图 **1** 두장옌. [진(秦)나라 이빙(李冰) 부자가 건설한 수리 시설. 쓰촨(四川)성 두장옌(都江堰)시에 있으며, 세계 자연 유산에 등록되어 있음] **2** 쓰촨(四川)성 두장옌(都江堰)시.
- 【都市】 dūshì 图 대도시. ≒都会
- 【都市化】 dūshìhuà 图 도시화.
- 【都统】 dūtǒng 图 거느리다. 인솔하다. 통솔하다. ¶~部属=부하들을 통솔하다. 图 도통. [청(清)대의 팔기군(八旗軍) 우두머리]

**阇[闍]** dū 망루 도
- 图图 **1** 성문 위의 대(臺). ¶~台=성문 위의 대(臺). **2** 높고 평평한 건축물. 대. 무대. 단.
- ☞ **shé**

**屍[屄]** dū 볼기 독
- 【屍子】 dū·zi 图 **1** 엉덩이. 볼기. **2** 벌·전갈 등의 꼬리 부분.

**督** dū 살필 독
- 图 **1** 살피다. 감찰하다. 감독하다. ¶监~=감찰하다. **2** 감독 지휘하다. ¶前线~战=최전선에서 전쟁을 감독 지휘하다. 图 (Dū) 성(姓).

○● 都督, 基督, 监jiān督, 总zǒng督

- 【督办】 dūbàn 图 감독하다. 관리하다. 지휘하다. ¶~粮饷=군량과 급료를 관리하다. 图 **1** 감독. 관리자. 지배인. **2** 청(清)대의 도독(都督).
- 【督察】 dūchá 图 감독하다. 감찰하다. 관리하다. 지휘하다. ¶严加~=엄하게 감독하다. 图 감독(자). 감찰(인).
- 【督察警】 dūchájǐng 图 (法) 감찰. [경찰을 감독하는 감찰관]
- 【督促】 dūcù 图 감독·재촉하다. 독촉하다. ¶~办理=처리를 독촉하다. ≒敦促 催促
- 【督导】 dūdǎo 图 图 지도 감독하다. ¶欢迎首长莅临~。=총책임자께서 지도 감독하러 오신 것을 환영합니다.
- 【督导员】 dūdǎoyuán 图 (상급 기관에서 하급 기관에 파견되어 온) 지도 감독원.
- 【督抚】 dūfǔ 图 총독(總督)과 순무(巡撫). [명청(明清)대에 지방의 최고 군사 장관과 행정 장관]
- 【督军】 dūjūn 图 독군. [중화민국(中華民國) 초의 성(省)급 최고 군사 장관]
- 【督师】 dūshī 图 (軍) (최고 책임자가 전방에 가서 친히) 군대를 통솔하다. 군대를 감독하다. ¶~出征=직접 군대를 통솔하여 출정하다.
- 【督署】 dūshǔ 图图 (명청(明清)대에 지방의 최고 군사 장관인) 총독(總督)의 관아.
- 【督率】 dūshuài 图 감독·통솔하다. ¶~全军=전군을 감독 통솔하다.
- 【督学】 dūxué 图 독학(督學). 시학(視學). [교육 행정 기관에서 학교를 감독하고 시찰하는 사람]
- 【督战】 dūzhàn 图 **1**(軍) 독전하다. 작전을 지휘하다. ¶师长亲自~=사단장이 직접 작전을 지휘하다. **2** 책임자가 제일선[진두]에서 작업을 지휘하다 (독촉하다). ¶厂长亲临车间~。=공장장이 직접 작업장에 가서 작업을 독려하다.
- 【督阵】 dūzhèn 图 **1**(軍) 진두에서 전투를 지휘하다. ¶首长亲临前线~。=사령관이 직접 전선에 나가 전투를 지휘하다. **2** 책임자가 제일선[진두]에서 작업을 지휘하다[독촉하다]. ¶工程总指挥来工地~来了。=공정 총지휘자가 제일선에서 직접 지휘하기 위해 현장에 왔다.

**嘟** dū 입 나올 도
- 图 뚜우뚜우. 삐익삐익. 빵빵. [나팔·기적 등의 소리] ¶汽车喇叭~~响个不停。=자동차 경적 소리가 끊임없이 빵빵거린다. 图图 (화가 나서) 입이 나오다. 입을 삐죽거리다[내밀다]. ¶小家伙气得~着嘴, 一句话不说。=아이가 화가 나서 입을 삐죽 내밀고 한 마디도 말하지 않는다.
- 【嘟嘟】 dūdū 图 뚜우뚜우. 삐익삐익. 빵빵. [나팔·기적 등의 소리] ¶拖拉机~地向前跑着。=트랙터가 빵빵거리며 앞으로 내달린다. 图 재잘

거리다. 종알거리다. 주절거리다. 계속 지껄이다. 되풀이해서 말하다. 이러쿵저러쿵 말을 많이 하다. 수다스럽다. ¶老太太总是~个没完.=노부인은 늘 주절거린다. 접미 형용사 뒤에 쓰여 어떤 상태를 나타냄. ¶胖~~=뚱뚱하게 살이 찐 모양.

【嘟嘟囔囔】 dū·du nāngnāng 통 (끊임없이) 중얼거리다. 투덜거리다.

【嘟噜】 dū·lu 양 (포도 등의) 송이. ¶一~葡萄=포도 한 송이. 통 축 처지다〔늘어지다〕. 늘어뜨리다. 드리우다. 푹 숙이다. ¶他很不高兴地~着脸.=그는 기분이 매우 상하여 얼굴을 푹 숙였다. 명 (~儿) 혀를 굴리면서 내는 발음. ¶打~儿=혀를 굴리다.

【嘟囔】 dū·nang 통 (끊임없이) 중얼거리다. 투덜거리다. ¶不知道他~些什么.=그가 무어라고 중얼거리는지 모르겠다. ≒嘟哝

【嘟哝】 dū·nong 통 (끊임없이) 중얼거리다. 투덜거리다. ≒嘟囔

**毒** dú 독 독
명 1 독. 독극물. ¶病~=바이러스. / 中~=身亡=중독되어 죽다. 2 비 (사상이나 의식에 영향을 끼치는) 폐해. 폐단. 해독. ¶封建流~=봉건제도에서 생겨난 폐해. 3 마약. ¶吸~=마약을 흡입하다. / 禁~=마약을 금지하다. 4 (Dú) 성 (姓). 형 1 독이 있다. 유해하다. ¶~蛇猛兽=독사와 맹수. 2 혹독하다. 악랄하다. 잔인하다. 악독하다. 고약하다. ¶用心恶~=마음씨가 악랄하다. 3 맹렬하다. 강렬하다. 매섭다. 모질다. 심하다. ¶六月的太阳很~.=유월의 태양은 몹시 강렬하다. 통 독살하다. ¶买点儿药~老鼠.=약을 사다가 쥐를 잡다.

○● 便毒, 惨cǎn毒, 歹dǎi毒, 丹dān毒, 恶è毒, 放毒, 狠hěn毒, 刻kè毒, 狼毒, 煤毒, 胎tāi毒, 荼tú毒, 污wū毒, 五毒, 心毒, 遗yí毒, 阴yīn毒, 余毒, 怨yuàn毒, 鸩zhèn毒

【毒案】 dú'àn 명 (法) 마약 사건.
【毒草】 dúcǎo 명 1 독초. 독풀. 2 비 유해 언론이나 작품.
【毒虫】 dúchóng 명 (動) 독충. 독벌레.
【毒刺】 dúcì 명 (生) (벌 등의) 독침.
【毒打】 dúdǎ 통 심하게〔혹독하게〕 때리다. 흠씬 두들겨패다. ¶遭人~=흠씬 두들겨 맞다.
【毒恶】 dú'è 형 악독하다. 악랄하다. ¶言语~=말이 악랄하다.
【毒饵】 dú'ěr 명 독이 있는 미끼.
【毒犯】 dúfàn 명 마약 범죄.
【毒贩】 dúfàn 명 마약 밀매업자. 마약 판매인.
【毒害】 dúhài 통 해독을 끼치다. 해치다. ¶~身心=심신에 해독을 끼치다. 명 해독물. ¶清除~=해독물을 깨끗이 없애다.
【毒狠】 dúhěn 형 잔혹하다. 악랄하다. ¶心肠~=마음씨가 잔혹하다.
【毒花花】 dúhuāhuā (~的) 형(방) (햇볕이) 쨍쨍 내리쬐다. 작열하다. 맹렬〔강렬〕하다. ¶~的太阳晒得人生疼.=쨍쨍 내리쬐는 햇볕이 따가워 정도이다.

【毒化】 dúhuà 통 1 (마약 등으로) 해독을 끼치다. 해치다. 오염시키다. ¶警惕淫秽光碟~青少年的思想.=음란 DVD가 청소년의 정신을 오염시키는 것을 경계하다. 2 악화시키다. ¶~社会风气=사회 기풍을 악화시키다.
【毒计】 dújì 명 악랄한 계책. 흉계. ¶心生~=마음속에 악랄한 계책이 생겨나다.
【毒剂】 dújì 명 1 독약. 2 (軍) (독가스 등) 유해 화학 물질.
【毒箭】 dújiàn 명 1 독화살. 2 비 악랄한 중상 모략과 공격적인 언행. ¶刮阴风, 放~.=헛소문을 퍼뜨리고 흉계를 쓰다.
【毒菌】 dújūn 명 (生) 독균. 독이 있는 균류.
【毒窟】 dúkū 명 마약 소굴. 아편굴.
【毒辣】 dúlà 형 (수단·마음씨 등이) 악랄하다. 잔혹하다. 잔악하다. 무자비하다. ¶手段~=수단이 잔악하다.
【毒辣辣】 dúlàlà (~的) 형 매우 뜨겁다. [주로 햇볕을 가리킴] ¶~的日头都快把人烤焦了.=뜨겁게 작열하는 태양이 금방 사람을 시커멓게 태웠다.
【毒瘤】 dúliú ☞【恶性肿瘤】 èxìngzhǒngliú
【毒骂】 dúmà 몹시 꾸짖다. 아주 심하게 욕하다. 독설을 퍼붓다. ¶挨一顿~=한바탕 심한 욕을 먹었다.
【毒谋】 dúmóu 명 악랄한 계략. 악독한 음모.
【毒品】 dúpǐn 명 (아편·모르핀·코카인 등과 같은) 마약.
【毒气】 dúqì 명 1 독가스. 2 유독 기체.
【毒气弹】 dúqìdàn 명 (軍) (독)가스탄.
【毒气战】 dúqìzhàn 명 (化学战) huàxuézhàn
【毒热】 dúrè (햇볕이) 몹시 뜨겁다. 지독히 무덥다. ¶这两天~异常.=요 며칠은 이상하게도 몹시 더웠다.
【毒杀】 dúshā 통 독살하다. ¶~害虫=해충을 독살하다.
【毒蛇】 dúshé 명 1 (動) 독사. 2 비 음험하고 악독한 사람. 악독한 년.
【毒蛇猛兽】 dúshé měngshòu 명 1 독사와 맹수. 2 비 탐욕스럽고 잔악한 사람.
【毒手】 dúshǒu 명 독수. 잔혹한〔악랄한〕 수단. ¶惨遭~=잔혹한 수단에 참혹하게 당하다.
【毒素】 dúsù 명 1 독소. 톡신(toxin). 2 비 독소. 언론·저작 중의 해로운 요소. ¶封建~=봉건적인 독소.
【毒瓦斯】 dúwǎsī 명 '毒气(독가스)'의 옛 명칭.
【毒物】 dúwù 명 독물. 유독 물질.
【毒腺】 dúxiàn 명 (生) 독선.
【毒枭】 dúxiāo 명 마약 밀매 조직의 두목.
【毒刑】 dúxíng 명 잔혹한 형벌. 혹형(酷刑). ¶施以~=잔혹한 형벌을 가하다.
【毒性】 dúxìng 명 (化) 독성.
【毒蕈】 dúxùn 명 (植) 독버섯. 독이(毒栮).
【毒牙】 dúyá 명 (독사 등의) 독이 있는 이빨. 독아. 독니.
【毒焰】 dúyàn 명 1 맹렬한〔강렬한〕 화염. ¶

很快吞没了房屋。=맹렬한 화염이 가옥을 금방 삼켜 버렸다. **2**(비) 흉악한 기세. 악랄한 세력. ¶~嚣张=흉악한 기세가 판을 치다.

【毒药】**dúyào** (명) 독약.

【毒液】**dúyè** (동) 독액. 독즙.

【毒瘾】**dúyǐn** (명) 마약 중독. ¶~发作=마약 중독 증상이 발작하다.

【毒源】**dúyuán** (명) 마약 구입처. ¶追查~=마약 구입처를 추적 조사하다.

【毒赃】**dúzāng** (명) 마약 판매 대금. ¶收缴~=마약 판매 대금을 몰수하다.

【毒着儿】**dúzhāor** (명)(구) 악랄한 계책. 잔인한 수단. ¶使~=잔인한 수단을 부리다.

【毒汁】**dúzhī** (명) 독액. 독즙.

【毒质】**dúzhì** (명) 독물. 유독 물질.

【毒资】**dúzī** (명) 마약 판매(구입·거래) 자금. ¶缴获~近三十万。=거의 삼십만 위안의 마약 거래 자금을 몰수하다.

\*\*【独】[獨] **dú** 홀로 독

(형) **1** 단일한. 하나의. ¶孤~一人=한 사람뿐이다. **2**(구) 이기적이다. ¶他为人太~, 几乎没有朋友。=그는 사람됨이 너무 이기적이라, 친구가 거의 없다. (부) **1** 홀로. 혼자. ¶~揽大权=대권을 독점하다. **2** 다만. 오직. 유독. 단지. ¶~此一家, 别无分店。=오직 이 한 가게만이 따로 분점이 없다. **3** 특출나다. 뛰어나다. 특별하다. ¶匠心~具=(문학·예술·공예 등에서) 독자적인 경지에 이르다. 독창성을 갖추다. (명) **1** 늙어서 자식이 없는 사람. 독거 노인. ¶鳏寡孤~=홀아비·과부·고아·독거 노인. **2**(Dú) 성(姓). ↔偶

○● 不独, 单独, 非独, 孤gū独, 惟wéi独

【独霸】**dúbà** (동) 독점하다. 독차지하다. 제패하다. ¶~一方=한쪽을 독차지하다.

【独白】**dúbái** (동) (영화·연속극 등에서) 독백하다. (명) 독백. 모놀로그(monologue).

【独步】**dúbù** (동) 혼자 걷다. ¶~街头=길거리를 혼자 걷다. (형) 독보적이다. 제일이다. 비할 데 없다. 월등하다. ¶~文坛=문단에 독보적이다.

【独步一时】**dúbù yīshí** (성) 한 시대에 독보적이다. 천하제일이다.

【独裁】**dúcái** (동) **1** 독자적으로 판단하다. **2** 독재하다. ¶~统治=독재 통치. ↔民主

【独裁者】**dúcáizhě** (명) 독재자.

【独唱】**dúchàng** (동)(음) 독창하다. [주로 악기 반주와 함께 함] (명)(음) 독창.

【独出乎众】**dúchūhūzhòng** (형) 출중하다. 무리 중에서 뛰어나다. ¶所有绘画作品中, ~的要算这幅山水画。=모든 회화 작품에서 이 한 폭의 산수화가 제일 출중하다고 할 수 있다.

【独出心裁】**dúchū-xīncái** (성) **1** 시문의 구상이 독특하다. **2** 독창적인 방법을 내놓다. 신기축(新機軸)을 창조하다. ↔【自出心裁】**zìchū-xīncái** ↔步人后尘

【独处】**dúchǔ** (동) 혼자 살다. 독거(獨居)하다. ¶他不好热闹, 喜欢~。=그는 떠들썩한 것을 싫

어하고 혼자 지내기를 좋아한다. ≒独居

【独创】**dúchuàng** (동) 독창하다. 독창적으로 하다(만들다). ¶~工艺=공예품을 독창적으로 제작하다.

【独创性】**dúchuàngxìng** (명) 독창성. ¶他在这方面的研究颇具~。=그는 이 방면의 연구에서 상당히 독창성을 갖추고 있다.

【独词句】**dúcíjù** ☞【独语句】**dúyǔjù**

【独当一面】**dúdāng yīmiàn** (성) 독자적으로 어느 한 부분을 담당하다.

【独到】**dúdào** (형) 남다르다. 독특하다. 독창적이다. [주로 좋은 뜻으로 쓰임] ¶~的见解=독특한 견해.

【独到之处】**dúdàozhīchù** (성) (기예·학식·견해 등에서) 남달리 뛰어난 면. 독특한 점.

【独到】**dúdú** (부) 유독. ¶大家都很准时, ~他迟到了。=사람들이 모두 제 시간에 왔는데, 유독 그만 늦게 도착했다.

【独断】**dúduàn** (동) 독단(전단)하다. 독자적으로 결단하다. ¶专横~=독단적으로 전횡하다.

【独断独行】**dúduàn-dúxíng** ☞【独断专行】**dúduàn-zhuānxíng**

【独断专行】**dúduàn-zhuānxíng** (성) 독단적으로 결정하다(처리하다). =【独断独行】**dúduàn dúxíng** ↔群策群力

【独夫】**dúfū** (명) 인심을 잃은 폭군. ¶讨伐~=폭군을 토벌하다.

【独夫民贼】**dúfū-mínzéi** (성) 독재자와 매국노.

【独根独苗】**dúgēn-dúmiáo** (낮)(비) 외아들. 독자(獨子).

【独根儿】**dúgēnr** (명)(비) 외아들. 독자.

【独孤】**Dúgū** (명) 복성(複姓).

【独户】**dúhù** (명) 독립(단독) 가옥. 단독 주택. 독채. ¶独门~=단독 주택.

【独家】**dújiā** (명) 독점의. 단독의. 유일의. 하나뿐인. ¶~新闻=독점 뉴스.

【独家代理】**dújiā dàilǐ** (명) 독점 대리.

【独见】**dújiàn** (명) 남다른(독특한·독창적인) 견해(의견).

【独角戏】【独脚戏】**dújiǎoxì** (명) **1**(劇) 모노드라마(monodrama). **2**(비) 혼자 몇 사람이 해야 할 일을 도맡는 것. **3**(藝) 독각희. [설창 문예의 일종. 상하이(上海)·항저우(杭州)·쑤저우(苏州) 등에서 유행하고, 북방의 '相声(만담)'과 유사함]

【独脚戏】**dújiǎoxì** ☞【独角戏】**dújiǎoxì**

【独居】**dújū** (동) **1** 혼자 살다. 독거하다. ¶~海外=해외에서 혼자 살다. **2** 홀몸으로 살다. 솔로로 지내다. ¶妻子病故后, 他一直~。=아내가 병으로 죽은 뒤로 그는 줄곧 홀몸으로 지낸다. **3** 홀로 어떤 특수한 지위에 처해 있다. ¶他~诗坛霸主的地位。=그는 시단에서 맹주의 지위를 홀로 차지하고 있다. (비) 원룸(one room). ¶他最近买了套~。=그는 최근에 원룸 주택 한 채를 샀다. ≒独处 ↔群居

【独具】**dújù** (동) 독자적으로 갖추다. ¶~一格=독자적으로 하나의 품격을 갖추다.

【独具慧眼】**dújù-huìyǎn** (성) 탁월한 안목(식

견)을 갖추다.
**【独具匠心】dújù-jiàngxīn** ⓥ (문학·예술·공예 등에서) 독자적인 경지에 이르다. 독창성을 갖추다.
**【独具只眼】dújù-zhīyǎn** ⓥ 탁월한 안목〔식견〕을 갖추다.
**【独绝】dújué** ⓗ 유일무이(唯一無二)하다. 딱 하나밖에 없다. ¶此乃世间~之物. = 이것은 세상에서 하나밖에 없는 물건이다.
**【独来独往】dúlái-dúwǎng** ⓥ 1 자유롭게〔마음대로〕 행동하다. 2 다른 사람들과 교류하지 않다.
**【独揽】dúlǎn** ⓓ 1 혼자 틀어쥐다〔좌우하다·농단하다〕. ¶~大权 = 대권을 틀어쥐다. 2 독점하다. 독차지하다. 독판치다. 혼자 떠맡다. 혼자 도급〔청부〕 맡다. ¶该队~了三枚跳水金牌. = 이 팀은 다이빙 종목에서 금메달 세 개를 독차지했다.
**【独力】dúlì** ⓓ 혼자의 힘으로. 독력으로. 독자적으로. ¶~完成 = 혼자 힘으로 완성하다. ↔合力
**【独立】dúlì** ⓓ 1 홀로 서다. ¶嶙峋怪石~山巅. = 우뚝 튀어나온 기암괴석이 산꼭대기에 홀로 서 있다. 2 혼자의 힘으로 하다. 독자적으로 하다. ¶~生活 = 혼자의 힘으로 생활하다. 3 (政) (국가나 정권이) 독립하다. 二战后, 不少原殖民地国家宣布~. = 2차 세계 대전 후, 적지 않은 식민지 국가들이 독립을 선포했다. 4 (军) 예하 직속 부대로 편성되다. ¶~团 = 예하 직속 연대. 5 (한 부문에서) 독립해〔떨어져〕 나가다. ¶这几家公司都是从一个总公司~出来的. = 이 몇 개의 회사들은 모두 한 본사에서 독립되어 나온 것이다.
**【独立国】dúlìguó** ⓝ 독립국. 주권 국가.
**【独立王国】dúlì-wángguó** ⓝ 1 독립 왕국. 2ⓑ 독자적인 영역. 자기들만의 세계.
**【独立性】dúlìxìng** ⓝ 독립성. ¶子公司在人事上不具有~. = 자회사는 인사에 있어서 독립성을 갖고 있지 않다.
**【独立自主】dúlì-zìzhǔ** ⓥ 1 남에 의지하지 않고 스스로 주인 노릇 하다. 2 (국가·민족·정당 등이) 독립된 주권을 행사하다. 자주 독립하다. ↔仰人鼻息 亦步亦趋
**【独联体】dúliántǐ** ⓝⓨ 独立国家联合体(독립국가 연합). [소비에트 사회주의 공화국 연방(소련)이 해체된 후 성립된 개별 독립 공화국들의 연합체]
**【独龙族】Dúlóngzú** ⓝ 독룡족. [중국 소수 민족의 하나. 원난(云南)성에 분포함]
**【独轮车】dúlúnchē** ⓝ 일륜차(一輪車). 바퀴가 하나 달린 손수레.
**【独门】dúmén** ⓝ 한 집의 식구만이 드나드는 전용문. ¶~进出 = 전용문으로 드나들다. ⓗ 독보적인. ¶~绝技 = 독보적인 절기.
**【独门独院】dúmén dúyuàn** ⓝ 독립〔단독〕 가옥. 단독 주택. 독채.
**【独门热货】dúmén-rèhuò** ⓥ 독점 히트 상품.
**【独苗(苗)】dúmiáo(miáo)** (~儿) ⓝⓑ 1 집안의 유일한 후손. 2 외아들. 독자.

**【独木】dúmù** ⓝ 홀로 서 있는 나무. 한 그루의 나무.
**【独木不成林】dúmù bù chéng lín** ⓢ 1 한 그루의 나무로는 숲을 이룰 수 없다. 2ⓑ 혼자의 힘으로는 큰 일을 이룰 수 없다. =【独树不成林】dúshù bù chéng lín
**【独木难支】dúmù-nánzhī** ⓥ 1 한 개의 나무만으로는 저택을 지탱할 수 없다. 2ⓑ 한 사람의 역량으로는 전체 국면을 감당하기 어렵다. ↔众擎易举
**【独木桥】dúmùqiáo** ⓝ 1 외나무다리. 2ⓑ 어려운 길〔과정〕. ¶你走你的阳关道, 我走我的~. = 너는 네 길을 가라, 나는 나의 길을 가련다. ↔阳关道
**【独木舟】dúmùzhōu** ⓝ 마상이. 통나무배. 통목선. 독목주(獨木舟).
**【独幕剧】dúmùjù** ⓝ (剧) 단막극. 일막극. ['多幕剧(장막극)'과 구별됨]
**【独女】dúnǚ** ⓝ 외(동)딸.
**【独辟蹊径】dúpì-xījìng** ⓥ 1 자력으로 길을 개척하다. 2ⓑ 독자적으로 새로운 풍격이나 방법을 창조해 내다. ≒独树一帜 ↔步人后尘
**【独善其身】dúshàn-qíshēn** ⓥ 1 자기 자신의 수양에만 힘쓰다. 2 자기만 생각하고 집단을 생각하지 않다. ≒自私自利
**【独擅】dúshàn** ⓓ 1 전유하다. 독점하다. 독차지하다. ¶~大权 = 대권을 전유하다. 2 혼자서만 뛰어나다〔잘하다·정통하다·재주가 있다〕. ¶~此技 = 혼자서만 이 기술에 정통하다.
**【独擅胜场】dúshàn-shèngchǎng** ⓥ 1 경기의 승리를 독점하다. 2 기예가 출중하다.
**【独身】dúshēn** ⓝ 1 단신(單身). 홀몸. ¶他常年~在外. = 그는 오랜 기간 홀몸으로 외지에 있다. 2 독신. ¶他现在还是~. = 그는 지금 아직도 독신이다.
**【独生】dúshēng** ⓗ (자녀가) 유일하다. ¶他是~子. = 그는 외아들〔독자〕이다.
**【独生女】dúshēngnǚ** ⓝ 외(동)딸. 독녀.
**【独生子】dúshēngzǐ** ☞【独子】dúzǐ
**【独生子女】dúshēng zǐnǚ** ⓝ 외아들이나 외(동)딸. 독자나 독녀.
**【独树】dúshù** ⓝ 홀로 서 있는 나무. 한 그루의 나무.
**【独树不成林】dúshù bù chéng lín** ☞【独木不成林】dúmù bù chéng lín
**【独树一帜】dúshù-yīzhì** ⓥ 1 혼자서 하나의 기를 세우다. 2ⓑ 독자적으로 한 파를 형성하다. ≒独辟蹊径 另起炉灶 ↔步人后尘 人云亦云
**【独特】dútè** ⓗ 독특하다. 특별하다. 특수하다. 특이하다. ¶~的建筑风格 = 독특한 건축 풍격.
**【独体字】dútǐzì** ⓝ(言) 독체자. ['合体字(합체자)'와 구별하여, '木·止' 등의 글자처럼 다시 더 른 글자에 나눌 수 없는 한자(漢字)를 가리킴]
**【独吞】dútūn** ⓓ 독점하다. 독차지하다. 독식하다. ¶~家产 = 가산을 독차지하다.
**【独舞】dúwǔ** ⓝ(艺) 독무. 혼자춤. 솔로 댄스 (solo dance). =【单人舞】dānrénwǔ ⓓ(艺)

독무하다. ¶她~的节目多次获奖。=그녀의 독무는 여러 차례 상을 받았다.

【独享】**dúxiǎng** 图 혼자만 향유하다. 혼자 누리다. ¶大家的成果, 不应由一个人~。=여러 사람의 성과를 어느 한 사람만 향유해서는 안 된다.

【独行】**dúxíng** 图 남다른 행위나 지조. ¶特立~=의지와 품행이 고결하고 세속에 휩쓸리지 않다. 图 1 혼자 길을 가다. ¶踽踽~=쓸쓸히 홀로 걷다. 외로이 타달타달[터덜터덜] 걷다. 2 자기 생각대로 행동하다. 독단적으로 행하다. ¶专断~=독단해 제멋대로[함부로] 행동하다. ≒孤行

【独姓】**dúxìng** 图 한 고장[지역]에 하나밖에 없는 성씨(姓氏). ¶"曹"在当地是~。=차오(曹)씨는 그 지역에서 하나밖에 없는 성씨이다.

【独秀】**dúxiù** 图图 홀로 출중하다〔뛰어나다〕. ¶一枝~=홀로 출중하다.

【独眼龙】**dúyǎnlóng** 图 애꾸눈이. [해학적인 의미를 내포함]

【独一无二】**dúyī-wú'èr** 图 유일하다. 무쌍(無雙)하다. 하나밖에 없다. 같은 것이 없다. 비교할〔견줄〕 것이 없다. ≒盖世无双 空前绝后 ↔无独有偶

【独有】**dúyǒu** 图 혼자만 갖고 있다. 독점하다. 독차지하다. ¶~的技艺=혼자만 가진 기예. 團 오직. 단지. 다만. 유독. ¶大家都按时来, ~来迟到。=모두 제 시간에 왔는데 너만 지각했다.

【独语句】**dúyǔjù** 图〈言〉 독립문. [비주술문의 일종. 하나의 단어나 구로 구성된 문장]=【独词句】**dúcíjù**

【独吟】**dúyín** 图 혼자 읊(조리)다. 홀로 음창〔음송〕하다. ¶低声~=낮은 소리로 혼자 읊다.

【独院】**dúyuàn** (~儿) 图 독채. 외딴집. ¶独门~=독채.

【独运】**dúyùn** 图 (생각·사고 등을) 독특하게 운용하다. ¶匠心~=(문학이나 예술 등의) 기발하고 독특한 발상.

【独占】**dúzhàn** 图 독점하다. 농단하다. ¶~市场=시장을 독점하다.

【独占鳌头】**dúzhàn-áotóu** 图 (과거 시험에서) 장원 급제하다. [장원 급제하면 황궁의 돌층계에 조각되어 있는 큰 거북 머리 장식 앞에서 합격 증서를 받았던 데서 유래함] 2 图 일등〔수석〕을 차지하다.

【独酌】**dúzhuó** 图图 혼자 술을 마시다. 독작하다. ¶独斟~=혼자 술을 마시다.

【独资】**dúzī** 图 개인[단독] 투자하다. ¶~企业=단독 자본 기업. ↔合资

【独子】**dúzǐ** 图 독자. 외아들. =【独生子】**dúshēngzǐ**

【独自】**dúzì** 團 혼자서. 홀로. 단독으로. ¶~出游=혼자 여행을 떠나다. / 弟弟~一人在家。=동생 혼자 집에 있다.

【独奏】**dúzòu** 图(音) 독주하다. [때로는 반주와 함께 하기도 함] ¶吉他~=기타 독주. 图(音) 독주. ↔齐奏

【独奏曲】**dúzòuqǔ** 图(音) 독주곡.

顿[頓] **dú** 흉노 왕 이름 돌
☞【冒顿】Mòdú
☞ **dùn**

*读[讀] **dú** 읽을 독
图 1 글을 소리내어 읽다. 낭독하다. ¶宣~=(법령·포고문 등을) 대중 앞에서 낭독하다. / 朗~=낭독하다. 2 열람[열독]하다. 보다. 읽다. ¶默~=묵독하다. 3 (…라고) 발음하다. ¶破~=한 글자에 두 가지 이상의 뜻이 있고 그에 따라 서로 다른 두 가지 이상의 발음이 있을 때, 보통 쓰는 발음 이외의 독음. 4 공부하다. 학교를 다니다. ¶他没有~过大学。=그는 대학을 다닌 적이 없다. 图 (Dú) 성(姓). ≒念
☞ **dòu**

○● 工读, 攻读, 审shěn读, 释shì读, 诵sòng读, 通读, 异yì读, 阅yuè读, 重读, 走读

【读本】**dúběn** 图 1 교과서. [주로 국어나 문학 교과서를 가리킴] 2 독본. [열독〔열람〕용의 일반적인 판본]

【读博】**dúbó** 图 박사 학위 과정을 공부하다.

【读懂】**dúdǒng** 图 1 읽고 이해하다. 2 (타인이나 예술 작품을) 이해하다. ¶她的心思难以~。=그녀의 마음을 이해하기가 어렵다.

【读法】**dúfǎ** 图 1 발음 방법. 2 독법. 낭독이나 열독 방법.

【读后感】**dúhòugǎn** 图 독후감.

【读经】**dújīng** 图 1 (오경(五經)이나 십삼경(十三經) 등 유가의) 경전을 읽다. 2 (성경이나 불경 등) 종교의 경전을 읽다.

【读秒】**dú‖miǎo** 图 1 초읽기 하다. 2 (體) (바둑·장기 등에서) 초읽기 하다. [보통의 경우는 60초이고, 속기는 30초나 10초 안에 한 수를 두어야 함] 图비 마지막 단계〔관문〕. ¶新产品投产前的~阶段很快就要到了。=신상품을 개발하기 직전의 마지막 단계에 곧 이르게 된다.

【读破】**dúpò** 图 1 독파하다. ¶~万卷诗书。=만 권의 책을 독파하다. 2〈言〉 한 글자에 두 가지 이상의 발음이 있을 때 가장 통상적인 발음으로 읽지 않다. [예를 들면 '爱好'의 '好'를 'hǎo'로 읽지 않고 'hào'로 읽는 것]

【读破句】**dúpòjù** 图 문장을 잘못 끊어 읽다. [앞 문장의 끝 글자를 뒷문장에 내려 붙여 읽거나, 뒷문장의 첫 글자를 앞 문장에 올려 붙여 읽는 것]

【读书】**dú‖shū** 图 1 책을 읽다. 독서하다. ¶朗~=소리내어 책을 읽다. 2 학교를 다니다. ¶他的孩子还在~。=그의 자식은 아직도 학교를 다니고 있다. 3 공부하다. 학습하다. ¶他孩子~很用功。=그의 자식은 매우 열심히 공부한다.

【读书人】**dúshūrén** 图 1 지식인. 학자. 2图 학생. ¶他们家还有个~。=그들 집안에는 아직 학생이 한 명 있다.

【读数】**dúshù** 图 (계량기나 기기 등의) 도수(度数). 눈금.

【读死书】dúsǐshū 贬 공부는 하지만 실제로 써 먹을 줄 모르다. 죽은 공부를 하다. 글뒤주처럼 공부를 하다.

【读物】dúwù 명 (신문·잡지·책 등)읽을거리. ¶科幻~=공상 과학 도서.

【读音】dúyīn 명 글자의 발음. 독음. ¶'数'字有三个~。='数' 자에는 세 가지 독음이 있다.

【读者】dúzhě 명 독자. (신문이나 잡지 등의) 구독자.

## 渎[瀆] dú 도랑 독

명⟨문⟩ 도랑. 수로. ¶沟~=도랑. 통⟨문⟩ 업신여기다. 버릇없이 굴다. 더럽히다. 깔보다. 모멸하다. 모독하다. 불경스럽게 대하다. ¶亵~=모욕하다. 모멸하다.

【渎犯】dúfàn 통 모독하다. 무례하다. 상대방의 기분을 상하게 하다. ¶~上级=상급자를 모욕하다.

【渎职】dúzhí 통 독직하다. 오직(汚職)하다. ¶~罪=직책을 더럽힌 죄.

## 椟[櫝] dú 함 독

명⟨문⟩ 함. 궤. 상자. ¶买~还珠=상자를 사고 구슬을 돌려주다. 안목이 부족하여 취사선택이 부적당하다.

## 犊[犢] dú 송아지 독

명 1 송아지. ¶初生牛~不怕虎。=갓 태어난 송아지는 호랑이를 두려워하지 않는다. 하룻강아지 범 무서운 줄 모른다. 2 (Dú) 성(姓).

【犊子】dú·zi 명 송아지. ¶牛~=송아지.

## *牍[牘] dú 편지 독

명 1 (옛날, 글자를 쓴) 목간(木簡). 2 문건. 문서. 서신. 편지. 서적. 책. ¶文~=문서. / 案~=공문서.
○─ 公牍, 书牍

## 读[讟] dú 원망할 독

명통⟨문⟩ 원망(하다). 비방(하다).

## 黩[黷] dú 더럽힐 독

통⟨문⟩ 1 더럽히다. 때를 묻히다. 욕되게 하다. ¶先贞而后~。=처음에는 지조를 지키다가 나중에는 몸을 더럽히다. 2 경솔하다. 경거망동하다. ¶敬而不~=삼가면서 경거망동하지 않다.

【黩武】dúwǔ 통⟨문⟩ 무력을 남용하다. ¶穷兵~=모든 군사력을 동원하여 무력으로 전쟁을 일삼다.

## 髑 dú 해골 촉

【髑髅】dúlóu 명⟨문⟩ 죽은 사람의 두개골(頭蓋骨). 해골.

## 肚 dǔ 밥통 두

명 (~儿) 위(胃). ¶猪~儿=돼지의 위.

☞ dù

【肚子】dǔ·zi 명 (요리 재료로 쓰는) 가축의 위(胃). ¶羊~=양(羊) 위〔처녑〕.

☞ dù·zi

## 笃[篤] dǔ 도타울 독

형 1 충실하다. 성실하다. 진실하다. 돈독하다. 두텁다. (의지가) 굳다. ¶情爱甚~=애정이 매우 두텁다. 2 (병세가) 위독하다. 심하다. ¶病~=병세가 심하다.
○─ 诚 chéng 笃

【笃爱】dǔ'ài 통 깊이〔아주〕 좋아하다. ¶~舞蹈事业=무용 사업을 아주 좋아하다.

【笃诚】dǔchéng 형 성실하고 진지하다. 참되고 충실하다. ¶~之士=성실하고 진지한 인사.

【笃定】dǔdìng 형⟨방⟩ 매우 침착하다. 허둥대지 않다. 태연자약하다. ¶对于自己的获胜, 他心里很~。=자신의 승리에 대해 그는 확신이 있었다. 부 틀림없이. 반드시. ¶~按时完成任务。=틀림없이 때맞춰 임무를 완성할 것이다.

【笃厚】dǔhòu 형 돈후하다. 충실하다. ¶为人~=사람됨이 돈후하다.

【笃情】dǔqíng 명 진지한 마음.

【笃深】dǔshēn 형 (정이) 깊다. 두텁다.

【笃实】dǔshí 형 1 성실하고 극진하다. 독실하다. ¶~厚道=성실하고 관대하다. 2 착실하다. 건실하다. 꼼꼼하다. 알차다. ¶内容~=내용이 알차다. ↔虚假

【笃守】dǔshǒu 통 충실히 준수하다. 굳게 지키다. ¶~约定=약속을 충실히 지키다.

【笃信】dǔxìn 통 진심으로 믿다. 깊게 믿다. ¶~不移=깊게 믿고 변하지 않다.

【笃行】dǔxíng 통 성실히 실행하다. ¶~而不倦=성실히 실행하는데 게으르지 않다. 형 (품행이) 순박하고 인정 많다. 독실하다. ¶~博学之士=품행이 독실하고 학문이 해박한 학자.

【笃学】dǔxué 통⟨문⟩ 학문에 충실하다. 열성으로 학문을 닦다. ¶~不怠=학문에 충실하며 나태하지 않다.

【笃志】dǔzhì 통⟨문⟩ 일의 전심(一意專心)하다. (뜻한 바에) 전념하다. 온 마음을 쏟다. ¶~经学=경학에 온 마음을 쏟다.

## **堵 dǔ 담 도

통 막다. 틀어막다. 가로막다. ¶下水道被~住了。=하수도가 막혔다. 형 답답하다. 우울하다. 울적하다. ¶心里~得难受。=마음속이 울적해서 견딜 수 없다. 양 담을 세는 단위. ¶一~墙=하나의 울타리. 1 명 담. 2 观者如~=구경꾼이 담을 두른 듯 매우 많다. 2 (Dǔ) 성(姓). ↔通

【堵车】dǔ‖chē 통 교통이 꽉 막히다. 교통이 체증되다. ¶这个地段经常~。=이 구역은 늘 교통이 막힌다.

【堵击】dǔjī 통⟨군⟩ (적의 진격이나 퇴각을) 가로막고 공격하다. 요격(邀擊)하다. 영격(迎擊)하다. ¶~围歼=요격하여 섬멸하다.

【堵截】dǔjié 동 가로막다. 차단하다. ¶围追~=포위하여 추격해서 가로막다.
【堵窟窿】dǔ kū·long 동 1 구멍을 메우다〔막다〕. 2 꾼 돈을 갚다. 3 (성가신 일이 발생하여) 다방면으로 뒤처리를〔뒷수습을〕하다.
【堵漏洞】dǔ lòudòng 동 1 새는 곳을 막다. 2 부족함을 메우다〔보충하다〕.
【堵塞】dǔsè 동 막히다. 가로막다. ¶交通~=교통이 막히다. ↔疏通
【堵死】dǔsǐ 동 1 목이 막혀서 죽다. 2 꽉 막히다. 막아 버리다. ¶走道被拥挤的人群~了。=보도가 가득 찬 인파로 꽉 막혔다.
【堵心】dǔxīn 형 기분이 울적하다. 불쾌하다. ¶一想起这件不愉快的事情就觉得~。=이 불쾌한 일을 떠올리기만 하면 우울해진다.
【堵嘴】dǔ‖zuǐ 동 입을 틀어막다. 말을 못하게 하다. ¶别人爱怎么说就让他说吧，~是堵不住的。=다른 사람이 말하고 싶은 대로 내버려 둬라, 입을 틀어막을 수는 없으니까.

\*赌[賭] dǔ 노름 도
동 1 도박하다. 노름하다. ¶吃喝嫖~=먹고 마시고 계집질하고 도박하다. 2 승부를 겨루다. 내기를 걸다. 내기하다. ¶打~=내기를 하다.
【赌案】dǔ'àn 명(法) 도박 사건.
【赌本】dǔběn 명 1 도박〔노름〕 밑천. 2 비 (모험적인 일을 할 때) 믿는 힘〔것〕.
【赌博】dǔbó 동 1 노름하다. 도박하다. ¶聚众~=사람들을 모아 노름하다. 2 비 위험한 일에 종사하다〔손을 대다〕. ¶政治~=정치 도박.
【赌博罪】dǔbózuì 명(法) 도박죄.
【赌场】dǔchǎng 명 도박장. 노름판.
【赌城】dǔchéng 명 도박의 도시.
【赌点】dǔdiǎn 명(口) 도박장.
【赌东道】dǔdōngdào 동 한턱 내는 내기를 하다. =【赌东儿】dǔdōngr
【赌东儿】dǔdōngr ☞【赌东道】dǔdōngdào
【赌风】dǔfēng 명 도박을 좋아하는 기풍. ¶刹住~=도박 풍조를 근절하다.
【赌鬼】dǔguǐ 명 노름꾼. 도박꾼.
【赌棍】dǔgùn 명 노름꾼.
【赌局】dǔjú 명 노름판. 도박장. ¶开设~=노름판을 벌이다.
【赌具】dǔjù 명 도박용 도구.
【赌气】dǔ‖qì 동 (불만족스럽거나 꾸중을 들어서) 울컥하다. 뒤틀리다. 토라지다. 삐치다. 삐딱하게 나가다. ¶孩子~离家出走了。=아이는 토라져서 집을 나갔다. ≒负气
【赌钱】dǔ‖qián 동 돈을 걸다. 노름을 하다.
【赌输赢】dǔ shūyíng 동 내기를 하다〔걸다〕.
【赌头】dǔ·tou 명 1 도박에 건 물품 2 노름판을 제공하고 개평을 떼는 사람
【赌徒】dǔtú 명 노름꾼.
【赌窝】dǔwō 명 도박 소굴.
【赌瘾】dǔyǐn 명 도박 중독.
【赌债】dǔzhài 명 노름빚.
【赌咒】dǔ‖zhòu 동 맹세하다. 서약하다. ¶~发誓=맹세 서약하다.
【赌注】dǔzhù 명 1 도박〔내기〕에 건 돈. 2 비 모험적인 일에 들인 힘.
【赌资】dǔzī 명 도박에 쓸 돈. 노름 밑천.

\*睹[覩] dǔ 볼 도
동 보다. ¶熟视无~=본체만체하다. /耳闻目~=직접 보고 듣다. ≒见
【睹物伤情】dǔwù-shāngqíng 성 (죽거나 헤어진 사람의) 물건을 보고 마음아파하다.
【睹物思人】dǔwù-sīrén 성 (죽거나 헤어진 사람의) 물건을 보고 그 사람을 생각하다.

芏 dù 풀 이름 토
☞【茳芏】jiāngdù

\*杜 dù 팥배나무 두
동 막다. 근절하다. 방지하다. ¶防微~渐=사소한 것이라도 나쁜 것은 제때에 방지하다. 명 1 (植) 북지콩배나무. [학명은 'Pyrus betulaefolia'임] 2 (Dù) 성(姓).
【杜甫】Dù Fǔ 명(歷) 두보(712~770년). [중국 당(唐)대의 저명한 시인]
【杜衡】dùhéng 명(植) 두형. [족두리풀의 일종]
【杜蘅】dùhéng ☞【杜衡】dùhéng
【杜鹃】dùjuān 명 1 (動) 두견새. 뻐꾸기. =【杜宇】dùyǔ【布谷】bùgǔ【子规】zǐguī 【大~=뻐꾸기. 2 (植) ① 진달래. 아잘레아(azalea). ¶牛皮~=우피두견. /包叶~=좀참꽃. ② 진달래꽃. =【映山红】yìngshānhóng
【杜鹃花】dùjuānhuā 명(植) 진달래. 아잘레아(azalea).
【杜绝】dùjué 동 1 제지하다. 철저히 막다. 두절하다. (나쁜 일을) 소멸하다. 없애다. ¶~盗版=해적판을 철저히 없애다. 2 비 되물리지 않는 조건으로 팔다.
【杜康】dùkāng 명 1 두강. [중국 최초로 술을 빚었다고 전해지는 사람] 2 술. ¶何以解忧，唯有~。=무엇으로 이 근심을 풀까, 오직 술뿐이로구나.
【杜口】dùkǒu 동(文) 입을 봉하다. 침묵을 지키다. ¶~吞声=입을 막고 소리를 삼키다.
【杜梨】dùlí 명(植) 1 북지콩배나무. [학명은 'Pyrus betulaefolia' 임] 2 북지콩배나무의 열매. =【棠梨】tánglí
【杜门】dùmén 동 (바깥출입을 안 하려고) 문을 닫아걸다. ¶~不出=두문불출하다.
【杜门谢客】dùmén xièkè 성 문을 닫아걸고 면회를 사절하다.
【杜塞】dùsāi 동 (틀어)막다. 메우다. 막히다. ¶~言路=언로를 틀어막다.
【杜松】dùsōng ☞【油杉】yóushān
【杜宇】dùyǔ ☞【杜鹃】dùjuān 1
【杜仲】dùzhòng 명(植) 두충나무. [나무껍질을 약용함]
【杜撰】dùzhuàn 동 조작하다. 만들어 내다. 꾸

며 내다. ¶所谓的宫廷秘史大多是后人~的。= 이른바 궁중 비사의 대부분은 후인들이 꾸며 낸 것이다.

**肚** dù 배 두

[图]`(~儿) 배. 복부. ¶挺胸凸~=가슴을 펴고 배를 내밀다. 거드름을 피우고 득의양양하다.
☞ dǔ

○– 兜dōu肚, 跑肚, 泻xiè肚, 小肚子

【肚带】dùdài [图] (말의) 뱃대(끈).
【肚兜】dùdōu [图] **1** 배두렁이. [가슴과 배만 겨우 가린 마름모형 윗옷] **2** 앞치마. 에이프런.
【肚饥】dùjī [图] 배가 고프다. ¶~难耐=배고픈 것을 참기 어렵다.
【肚里】dù·li [图] **1** (사람의) 뱃속. **2**(앞) 마음. 내심. 머릿속. ¶~有数=머릿속에 생각이 있다.
【肚里有货】dù·li yǒuhuò (앞)(비) 사람이 지식도 있고 교양도 있다.
【肚量】dùliàng [图] **1** 식사량. ¶年轻人的~比老年人大。=젊은이의 식사량은 노인에 비해 많다. **2**[口](비) 도량. 아량. 포용력. ¶他~大, 不会为这些小事生气。=그는 도량이 커서 이런 사소한 일 때문에 화를 내지 않을 것이다.
【肚囊】dùnáng [图] (소·돼지 등) 가축의 배.
【肚皮】dùpí [图] **1** 뱃가죽. **2**(방) 복부. 배. ¶眼大~=보기에는 많이 먹을 것 같지만 실제로는 많이 먹지 못하다.
【肚脐】dùqí (~儿) [图] 배꼽. =【肚脐眼儿】dùqíyǎnr
【肚脐眼儿】dùqíyǎnr ☞【肚脐】dùqí
【肚痛】dùtòng [图] 배가 아프다.
【肚胀】dùzhàng [图] 배가 부풀다.
【肚子】dù·zi [图] **1** (사람이나 동물의) 복부. **2**(앞) 마음. 내심. 머리. ¶一~的坏点子=마음속 가득 찬 나쁜 생각. **3** (물체의) 둥글게 볼록한 부분. ¶腿~=장딴지.
☞ dǔ·zi

**妒[妬]** dù 질투할 투

[图] 질투하다. 새암하다. ¶嫉贤~能=어질고 능력 있는 자를 시샘하다.

○– 嫉jí妒, 忌jì妒

【妒恨】dùhèn [图] 질투하다. ¶~强者=강자를 질투하다.
【妒火】dùhuǒ [图] 강렬한 질투심. 질투의 불꽃. ¶~中烧=강렬한 질투심이 활활 타오르다.
【妒嫉】dùjí [图] 샘하다. 질투하다. 녹妒忌, 忌妒
【妒忌】dùjì [图] 샘하다. 질투하다. ¶同事的升迁让他十分~。=동료의 승진이 그를 매우 샘나게 했다. 녹妒嫉, 忌妒
【妒贤嫉能】dùxián-jínéng ☞【嫉贤妒能】jíxián-dùnéng

**度** dù 법도 도

[양] **1** [数] 도. [호·각의 계산 단위] ¶40~角=40

도 각도. **2** [地] 도. [경도·위도의 단위] ¶北纬40~=북위 40도. **3** [电] 킬로와트(kilo-watt). **4** [物] 도. [온도의 단위] ¶水的沸点为100~。=물의 비등점은 100도이다. **5** 회 (回). 차(次). ¶一年一~=1년 1회. [동] **1**(앞) 넘다. 뛰어넘다. 건너다. ¶春风不~玉门关。=봄바람이 옥문관(玉門關)을 넘지 못하다. **2** (시간이) 경과하다. (시간을) 보내다. ¶虚~年华=세월을 허송하다. **3** 수계(受戒)하다. 제도(濟度)하다. 출가(出家)하다. ¶剃~=머리 깎고 축가하다. [图] **1** 길이를 재는 표준과 기구. ¶天平是一种~量衡。=천칭은 도량형의 일종이다. **2** 법칙. 규칙. 준칙. ¶制~=제도. / 法~=법률과 제도. **3** 한도. ¶适~=(정도가) 적당하다. / 伤心过~=상심이 지나치다. **4** 헤아림. 고려(考虑). 헤아리는[따지는] 범위. ¶置之~外=도외시하다. **5** 일정한 범위 안의 시간이나 공간. ¶年~=연도. / 国~=나라. 정도. ¶进~=진도. / 知名~=지명도. **7** 도량. 아량. ¶气~=기백과 도량. **8** 사람의 기질이나 자태. ¶态~=태도. / 风~=풍격. **9** 사물의 어떤 성질이 도달한 정도. ¶温~=온도. / 硬~=경도. **10** [哲] 정도. [어떤 사물이 자신의 본질을 유지하는 양적 변화의 한계] **11** (Dù) 성(姓).
☞ duó

○– 长度, 超chāo度, 程chéng度, 调diào度, 风度, 幅fú度, 光度, 广度, 轨guǐ度, 国度, 合度, 厚度, 弧hú度, 进度, 经度, 刻kè度, 跨kuà度, 宽度, 粒lì度, 量度, 亮liàng度, 烈liè度, 难度, 挠náo度, 粘nián度, 捻niǎn度, 坡pō度, 适shì度, 剃tì度, 弯wān度, 纬wěi度, 无度, 纤xiān度, 限xiàn度, 用度, 照度, 锥zhuī度, 能见度

【度牒】dùdié [图](옛) 도첩. [옛날, 관청에서 승려에게 발급하는 출가 증명서] =【戒牒】jièdié
【度过】dùguò [图] (시간을) 보내다. 지내다. 넘기다. ¶病人~危险期。=환자가 위험한 시기를 넘기다.
【度荒】dùhuāng [图] 기근·흉년을 넘기다. ¶艰难~=힘들게 기근을 넘기다.
【度假】dùjià [图] 휴가를 보내다. ¶海滨~=해변에서 휴가를 보내다.
【度假村】dùjiàcūn [图] 휴양지.
【度冷丁】dùlěngdīng [图][医] 돌란틴(dolantin).
【度量】dùliàng [图] 도량. 아량. ¶他~大, 能容人。=그는 도량이 넓어서 남을 포용할 줄 안다. 녹气量.
【度量衡】dùliànghéng [图] 도량형.
【度命】dùmìng [图] 겨우[근근히] 살아가다. 연명하다.
【度难关】dùnánguān [图] 힘든 시간이나 시기를 지내다[넘기다].
【度曲】dùqǔ [图] **1** 작곡하다. ¶长于~=작곡에 뛰어나다. **2** 곡에 맞추어 노래하다.
【度日】dùrì [图] (어렵게) 날을 보내다. 지내다.

살아가다. ¶艰苦~=고달프게 살아가다.
【度日如年】dùrì-rúnián〈成〉 1 하루를 일년같이 보내다. 하루가 일년 같다. 2〈빈〉 힘든 나날을 보내다.
【度数】dù·shu〈名〉 도수. [도(度)를 단위로 계량하는 수] ¶这个月用电~有所减少。=이번 달 전기 사용량이 다소 감소되었다.
【度宿】dùsù〈动〉 하룻밤 묵다[숙박하다]. ¶他昨晚在同学家~。=그는 어젯밤 친구 집에서 하룻밤을 묵었다.
【度外】dùwài〈名〉 도외. 마음의 밖. 법도의 밖. 헤아리는[따지는] 범위 밖. ¶将个人生死置之~。=개인의 생사를 도외시하다.
【度汛】dùxùn〈动〉 큰물이 지는 시기를 넘기다[지나다]. ¶安然~=무사히 물이 불어나는 때를 넘기다.
【度越】dùyuè〈动〉〈书〉 넘다. 뛰어넘다. 건너다. ¶~关山=관문과 산을 넘다.

## 斁[斁] dù 깨뜨릴 두
〈动〉〈书〉 (명예·풍속 등을) 손상시키다. 망치다. 더럽히다.
☞ yì

## 𨰙[𨰙] dù 더브늄 두
〈名〉〈化〉 더브늄(Db, dubnium). [원자 번호 105]

## 渡 dù 건널 도
〈动〉 1 (물을) 건너다. ¶泅~=헤엄쳐 건너다. / 远~重洋=멀리 외국으로 건너가다. 2 (사람이나 화물을 싣고) 물을 건너다. ¶请船家把我们~过对岸。=뱃사공에게 우리를 맞은편으로 건네 달라고 하다.〈名〉 1 나루터. 도선장. [주로 지명에 쓰임] ¶茅津~=마오진두. [황허(黄河)의 나루로, 산시(山西)성과 허난(河南)성 사이에 있음] 2 나룻배. ¶轮~= (사람이나 화물을 싣고) 강이나 호수, 해협을 가로 건너는 증기선.

◦ 摆bǎi渡、过渡、竞jìng渡、轮lún渡、抢qiǎng渡、泅qiú渡、引渡

【渡槽】dùcáo〈名〉 (계곡·도로 등을 가로지르는) 공중 가설 수로.
【渡场】dùchǎng〈名〉〈军〉 나루터. ≒渡头 渡口
【渡船】dùchuán〈名〉 나룻배.
【渡过】dùguò〈动〉 (물을) 건너다. ¶~长江=창장을 건너다.
【渡河】dùhé〈动〉 강을 건너다.
【渡江】dùjiāng〈动〉 1 강을 건너다. 2 창장(长江)을 건너다.
【渡口】dùkǒu〈名〉 나루터. ≒渡场 渡头
【渡轮】dùlún〈名〉 (사람이나 화물을 싣고) 강이나 호수, 해협을 가로 건너는 증기선.
【渡桥】dùqiáo〈名〉 다리를 건너다. ¶~费=교량 통과비.
【渡头】dùtóu〈名〉 나루터. ≒渡场 渡口

## 镀[鍍] dù 도금할 도
〈动〉〈化〉 도금하다. ¶电~=전기 도금하다.
【镀层】dùcéng〈名〉 도금한 얇은 금속 층.
【镀铬】dùgè〈动〉〈金〉 크롬(chromium) 도금(을 하다).
【镀铬钢】dùgègāng〈名〉〈金〉 크롬 도금강.
【镀金】dù‖jīn〈动〉 1 도금하다. 2〈비〉 간판을 따다. [풍자의 뜻을 내포함] ¶他到国外镀了一层金又回来了。=그는 해외에 나가 간판을 따서 돌아왔다.
【镀锡铁】dùxītiě〈名〉 생철. 양철. =【镀锡铁皮】dùxī tiěpí【马口铁】mǎkǒutiě
【镀锡铁皮】dùxī tiěpí ☞【镀锡铁】dùxītiě
【镀锌】dùxīn〈名〉〈金〉 아연 도금(을 하다).
【镀锌铁】dùxīntiě〈名〉 아연 도금철. 연철. 백철. 함석. =【镀锌铁皮】dùxīn tiěpí【铅铁】qiāntiě【白铁】báitiě
【镀锌铁皮】dùxīn tiěpí ☞【镀锌铁】dùxīntiě
【镀银】dù‖yín〈动〉 은도금을 하다.

## 蠹 dù 좀 두
〈名〉 좀. 반대좀. ¶木~=나무좀.〈动〉 좀먹다. 벌레 먹다. ¶流水不腐, 户枢不~。=흐르는 물은 썩지 않고, 문지도리는 좀이 먹지 않는다. ≒蚛
【蠹弊】dùbì〈名〉 폐해. 폐단.
【蠹虫】dùchóng〈名〉 1 좀. 2〈비〉 좀. 해를 끼치는 나쁜 사람. ¶清除~=좀 같은 사람을 없애다.
【蠹害】dùhài〈动〉 해치다. 손상시키다. 훼손시키다. ¶~朝政=국정을 해치다.
【蠹书虫】dùshūchóng〈名〉〈비〉 책벌레. 공부벌레. [공부만 알고 세상 물정에는 어두운 사람] ≒书呆子
【蠹鱼】dùyú ☞【衣鱼】yīyú

# duan

## *端 duān 바를 단
〈形〉 1 똑바르다. 곧다. ¶~坐正中=한복판에 단정하게 앉다. 2 바르다. 단정하다. ¶品行不~=품행이 단정하지 않다.〈动〉 1 받들다. 받쳐 들다. 똑바로[반듯하게·가지런히] 들다. ¶~茶倒水=차를 대접하다. 2〈비〉 벌여 놓다. 내놓다. ¶有什么问题~出来讨论。=무슨 문제가 있으면 내놓고 토론한다. 3 철저히 제거하다[없애다]. ¶~掉贼窝=도적 소굴을 소탕하다.〈名〉 1 (사물의) 끝. ¶尖~=첨단. / 两~=양 끝. 2 (일의) 발단. 시작. ¶开~=발단. / 发~=발단. 3 원인. 까닭. 이유. ¶无~生事=까닭 없이 말썽을 일으키다. 4 일. [주로 사고나 분규 등 좋지 않은 일을 가리킴] ¶祸~=화근. / 事~=사고. 분규. 5 방면. 항목. ¶变化多~=변화가 다단하다. / 思绪万~=갖가지 생

❶ 端 duān
颛 zhuān
啴 chuān
遄 chuán
湍 tuān
揣 chuǎi
踹 chuài
惴 zhuì
瑞 ruì

487

각. **6** (**Duān**) 성(姓).

○● 笔端, 弊bì端, 大端, 顶端, 祸huò端, 极端, 借端, 事端, 台端, 万端, 无端, 衅xìn端, 要端, 异yì端, 云yún端, 造zào端, 肇zhào端, 争端, 连锁端

【端出去】**duān·chū·qù** 동 **1** (요리 따위를) 받(쳐)들어 내가다[나르다]. 똑바로[반듯하게] 들어 내가다[나르다]. **2** 부 고자질하다. ¶她什么事情都~讲. =그녀는 무슨 일이든지 고자질한다.

【端的】**duāndì** 부 **1** 과연. 정말로. 확실히. 분명히. ¶此人~胆略过人. =이 사람은 정말로 담력과 지략이 남보다 뛰어나다. **2** 도대체. ¶情况~如何? =상황이 도대체 어떤가? 명 경위. 자초지종. 내막. 이유. 까닭. 속사정. ¶在这部早期白话文에 보임 ¶不知~ =자초지종을 모른다.

【端点】**duāndiǎn** 명 **1** (數) 선분의 양 끝점. 사선의 시작점. **2** 사물의 기점이나 종점. ¶开局和结尾这两个~务必要把握好. =처음과 끝 두 부분을 반드시 잘 다잡아야 한다.

【端端正正】**duān·duan zhèngzhèng**(~的) 형 단정하다. 바르다.

【端方】**duānfāng** 형 단정하다. 얌전하고 바르다. ¶为人~ =사람됨이 단정하다.

【端架子】**duān jià·zi** 날 형 거만을 떨다. 거드름피우다. ≒摆架子

【端节】**Duān jié** 명 단오(端午).

【端静】**duānjìng** 형 단아하고 차분하다. ¶~的女子 =단아하고 차분한 여자.

【端口】**duānkǒu** 명(電) 포트(port). 단자.

【端老窝儿】**duān lǎowōr** 낮 동 오랜 동안 생존해 온 본거지를[터전을] 철저히 뿌리뽑다[제거하다].

【端丽】**duānlì** 형 단정하고 아름답다. ¶容颜~ =용모가 단정하고 아름답다.

【端量】**duān·liang** 동 살펴보다. 훑어보다. 관찰하다. 자세히 보다. ¶上下~ =위아래로 자세히 보다. ≒端相 端详

【端面】**duānmiàn**(~儿) 명 단면. 원주형(圓柱形) 기계 부품 양 끝의 평면.

【端木】**Duānmù** 명 복성(複姓).

【端倪】**duānní** 명 실마리. 단서. ¶稍露~ =실마리가 조금 드러나다. 동 시말[전말]을 추측하다. ¶情势变化莫测, 难以~. =정세가 변화불측하여 추측하기 힘들다.

【端平】**duānpíng** 동 **1** (물건을) (똑)바로 들다. **2** 비 공평하게 하다. 공정하게 하다. ¶对待员工要~. =종업원들을 공평하게 대해야 한다.

【端五】**Duānwǔ** 【端午】**Duānwǔ**

【端午】[端五]**Duānwǔ** 명 단오. ≒端阳

【端午节】**Duānwǔ Jié** 명 단오.

【端相】**duānxiāng** 동 자세히 보다. 꼼꼼히 들여다보다. ≒端详 端量

【端线】**duānxiàn** 명(體) 엔드라인(end line). 골 라인(goal line). 백 바운더리 라인(back boundary line). [구기 경기장의 양 끝]

【端详】**duānxiáng** 명 일의 경위. 상세한 사정. ¶细说~ =일의 경위를 자세히 설명하다. 형 단정하고 점잖다. ¶面容~ =얼굴 생김새가 단정하고 점잖다.

【端详】**duān·xiang** 동 자세히 보다. ¶细细~ =꼼꼼히 자세히 보다. ≒端相 端量

【端绪】**duānxù** 명 두서. 단서. 실마리. ¶反复思考, 仍然理不出~. =반복하여 생각해도 여전히 실마리를 찾아 내지 못하다.

【端雅】**duānyǎ** 형 단아하다. 단정하고 아담하다. ¶举止~ =행동거지가 단아하다.

【端砚】**duānyàn** 명 단연. 단계(端溪) 벼루. [최상급의 벼루. 광둥(广东)성 돤저우(端州, 지금의 肇庆(zhàoqìng))에서 생산되어 유래한 명칭]

【端阳】**Duānyáng** 명 단오. ≒端午

【端阳节】**Duānyángjié** 명 단오.

【端由】**duānyóu** 명 원인. 연유. ¶问清~ =원인을 분명히 묻다.

【端正】**duānzhèng** 형 **1** 단정하다. 똑바르다. ¶坐姿~ =앉은 자세가 똑바르다. **2** 바르다. 단정하다. ¶品行~ =품행이 바르다. 동 바로잡다. 바르게 하다. ¶~工作态度 =근무 태도를 바로잡다.

【端直】**duānzhí** 형 **1** 부 똑바르다. 매우 곧다. ¶道路~ =도로가 매우 곧다. **2** 단정하다. 정직하다. ¶品性~ =성품이 정직하다.

【端重】**duānzhòng** 형 정중하다. 단정하고 진중[엄숙]하다. ¶仪容~ =몸가짐이 단정하고 진중하다.

【端庄】**duānzhuāng** 형 단정하고 장중하다. ¶~大方 =단정하고 장중하며 대범하다.

【端子】**duān·zi** 명(電) 단자.

【端坐】**duānzuò** 동 단정하게 앉다. ¶~主席台 =연단에 단정하게 앉다.

## 短 **duǎn** 짧을 단

형 **1** (공간적 거리가) 짧다. ¶~大衣 =짧은 외투. **2** (시간적 거리가) 짧다. ¶昼~夜长 =낮이 짧고 밤이 길다. **3** 천박하다. ¶见识~浅 =견식이 천박하다. 동 결여되다. 결핍되다. 부족하다. 모자라다. ¶缺斤~两 =판매 상품의 분량이 부족하다. 명 **1** (~儿) 결점. 단점. ¶护~ =결점을 감싸다. / 扬长避~ =장점을 발휘하고 단점을 피하다. **2** (**Duǎn**) 성(姓). ↔长

○● 长短, 打短, 简短, 揭jiē短, 亏kuī短, 气短, 缩suō短, 修短

【短兵】**duǎnbīng** 명 (도(刀)나 검 등의) 짧은 병기.

【短兵相接】**duǎnbīng xiāngjiē** 성 **1** 백병전을 벌이다. **2** 비 날카롭게 맞서다. 첨예하게 대립하다.

【短波】**duǎnbō** 명(電) 단파. ↔长波

【短不了】**duǎn·bu liǎo** 동 **1** 없어서는 안 되다. 꼭 필요하다. ¶对她来说, 蔬菜水果一天都~. =그녀에게 야채와 과일은 하루라도 없어서는 안 된다. **2** 피할 수 없다. 불가피하다. …하게

마련이다. ¶在一起过日子，~要红个脸, 争句嘴. =함께 살다 보면, 얼굴을 붉히고 말다툼하는 것을 피할 수 없다.

【短长】**duǎncháng** 圐 **1** 길이. 치수. **2** 시비(是非). 좋고 나쁨. 우열(優劣). **3** (의외의) 사고. 재앙. 변고.

【短程】**duǎnchéng** 闿 거리가 짧다. 단거리의. ¶~航线=단거리 항로.

【短秤】**duǎn‖chèng** 图 근수(斤數)가 부족하다〔모자라다〕.

【短缺】**duǎnquē** 闿 결핍되다. 모자라다. 부족하다. 넉넉하지〔여유롭지〕 못하다. ¶物资~=물자가 넉넉하지 못하다.

【短处】**duǎn·chu** 圐 결점. 단점. 약점. ¶每个人都有自己的~。=사람마다 모두 단점이 있게 마련이다. ↔长处

【短传】**duǎnchuán** 图(體) (축구·럭비 등에서) 짧은〔쇼트〕 패스를 하다. ['长传(롱패스를 하다)'과 구별됨]

【短粗】**duǎncū** 闿 짧고 굵다. [주로 체격을 가리킴] ¶~个儿=땅딸막한 몸집.

【短促】**duǎncù** 闿 (시간이) 매우 짧다. 급박〔촉박〕하다. ¶~的会谈=매우 짧은 회담.

【短打】**duǎndǎ** 图(劇) (중국 전통극에서) 간편한 옷차림으로 격투를 벌이다. [중국 전통극에서 간편한 복장을 하고 격투를 벌이는 배역] **2** 간편한 복장. ¶一身~=간편한 옷차림.

【短笛】**duǎndí** 圐(音) **1** 피콜로. **2** (가로로 부는) 와족(佤族)의 대나무 피리.

【短短】**duǎnduǎn** (~的) 闿 매우 짧다. ¶~的头发=매우 짧은 머리.

【短吨】**duǎndūn** ☞【美吨】**měidūn**

【短多】**duǎnduō** 圐(經) (주식에서 시세 차익을 목적으로 하는) 단기 투자. =【炒短线】**chǎoduǎnxiàn**

【短发】**duǎnfà** 圐 단발머리. 쇼트 커트.

【短工】**duǎngōng** 圐 품팔이꾼.

【短褂】**duǎnguà** 圐 짧은 홑겹 윗옷.

【短号】**duǎnhào** 圐(音) 코넷(cornet).

【短划】**duǎnhuá** 圐(言) 하이픈(hyphen).

【短见】**duǎnjiàn** 圐 **1** 단견. 짧은 생각. 좁은 소견. 어설픈〔천박한〕 견해. ¶这只是我个人的一点~。=이것은 단지 내 개인적인 짧은 생각일 뿐이다. **2** 자살. ¶寻~=자살하다.

【短斤缺两】**duǎnjīn-quēliǎng** 圀 판매 상품의 분량이 부족하다. =【短斤少两】**duǎnjīn-shǎoliǎng** 【缺斤短两】**quējīn-duǎnliǎng** 【缺斤少两】**quējīn-shǎoliǎng**

【短斤少两】**duǎnjīn-shǎoliǎng** ☞【短斤缺两】**duǎnjīn-quēliǎng**

【短句】**duǎnjù** 圐 짧은 문구. 단구. ¶他写文章多用~。=그는 글을 쓸 때 짧은 문구를 많이 사용한다.

【短剧】**duǎnjù** 圐(劇) 토막극. 촌극.

【短撅撅】**duǎnjuējuē** (~的) 闿 **1** 짧다. ¶~的小辫儿=짧게 땋은 머리〔변발〕. **2** (의복이) 껑뚱한 모양. ¶~的旧褂子=껑뚱하고 낡은

중국식 홑저고리〔적삼〕.

【短裤】**duǎnkù** 圐 반바지.

【短路】**duǎnlù** 圐 단락(短絡). 图(방) 길을 막고 강도질하다.

【短命】**duǎnmìng** 闿 단명하다. ¶中年夭亡, 也太~了。=중년에 죽고 말았으니, 너무 단명했다. ≒短寿

【短命鬼】**duǎnmìngguǐ** 圐 (욕하는 말로) 빨리 뒈질 놈. 급살맞을 놈.

【短论】**duǎnlùn** 圐 짧은 논문.

【短跑】**duǎnpǎo** 圐(體) 단거리 경주.

【短篇】**duǎnpiān** 圐 **1** 단편. **2** 단편 소설.

【短篇小说】**duǎnpiān xiǎoshuō** 圐 단편 소설. ↔长篇小说

【短片儿】**duǎnpiānr** 圐(口)(映) 단편 영화. ↔长片儿

【短片】**duǎnpiàn** 圐(映) 단편 영화. ↔长片

【短平快】**duǎn píng kuài** 圐 **1**(體) (배구의) 비퀵(Bquick). **2**(喩) 투자 회수 기간이 짧으며 재빨리 경제적 효과와 이익을 얻는 것. ¶~工程=적은 투자로 단기간에 수익을 올리는 프로젝트.

【短评】**duǎnpíng** 圐 (신문이나 잡지의) 짧고 간단한 평론. 단평. ¶时事~=시사 단평.

【短期】**duǎnqī** 圐 단기(간). ¶~培训=단기 배양. ↔长期

【短期行为】**duǎnqī xíngwéi** 圐 근시안적인 행위.

【短气】**duǎnqì** 闿 낙담〔낙심〕하다. 의기소침하다. 풀 죽다. ¶偶尔失败是很正常的, 不要尽说~话。=이따금 실패하는 것은 정상적인 일이니, 풀 죽은 말만 할 것 없다.

【短浅】**duǎnqiǎn** 闿 (사물에 대한 인식이나 분석이) 짧고 얕다. 피상적이다. ¶见识~=견식이 짧고 얕다.

【短欠】**duǎnqiàn** 图 빚지다. 모자라다. 부족하다. ¶~银行贷款=은행에 빚지다.

【短枪】**duǎnqiāng** 圐 **1** 단총. **2** 권총.

【短球】**duǎnqiú** 圐(體) **1** (테니스·배드민턴 등의) 드롭 샷(drop shot). **2** 쇼트 볼(short ball).

【短缺】**duǎnquē** 图 (물자가) 부족하다. 결핍하다. ¶资金~=자금이 부족하다.

【短裙】**duǎnqún** 圐 짧은 치마. 도랑 치마.

【短人】**duǎnrén** 图(口) 일손이 모자라다. ¶我们这儿~, 正在公开招聘。=우리 쪽은 일손이 모자라서 현재 공개 모집 중이다.

【短少】**duǎnshǎo** 闿 부족하다. 모자라다. [주로 정액보다 적은 것을 가리킴] ¶你交我保管的东西一件也不~。=네가 나한테 보관하라고 맡긴 물건은 하나도 모자라지 않다.

【短视】**duǎnshì** 圐 근시(近视). 闿 근시안적이다. 안목이 좁다. ¶~行为=근시안적 행위.

【短寿】**duǎnshòu** 闿 단명하다. ≒短命

【短途】**duǎntú** 圐 근거리. 단거리. ¶~客运=단거리 여객 운송. ↔长途

【短袜】**duǎnwà** 圐 짧은 양말.

【短文】**duǎnwén** 圐 짧은 글〔문장〕.

【短线】**duǎnxiàn** [형][비] **1** (제품·전공 등의) 수요가 공급을 초과하는. 공급이 달리는. ¶~材料=공급이 달리는 재료. **2** 짧은 시간에 효과와 이익이 나는. ¶~投资=단기간에 수익을 올리는 투자. ↔长线

【短线产品】**duǎnxiàn chǎnpǐn** [명] 공급 부족 제품〔생산물〕

【短线专业】**duǎnxiàn zhuānyè** [명] 공급 부족 전공(專攻). [공급이 수요를 따라가지 못하는 전문 학과]

【短项】**duǎnxiàng** [명] 뛰어나지〔정통하지〕 못한 분야. 잘 하지 못하는 영역. ¶搞策划对他来说是~。=기획은 그가 잘 하지 못하는 분야이다. ↔长项

【短消息】**duǎnxiāo·xi** ☞【短信息】**duǎnxìnxī**

【短小】**duǎnxiǎo** [형] **1** 짧고 작다. ¶篇幅~=편폭이 얼마 안 되다. **2** (몸이) 왜소하다. ¶身材~=체격이 왜소하다.

【短小精悍】**duǎnxiǎo jīnghàn** [성] **1** 몸집이 작지만 민첩하고 용감하다. **2** (글이나 연극 등이) 짧지만 힘이 있다.

【短信】**duǎnxìn** [명] **1** 짧은 편지. **2** ☞【短信息】**duǎnxìnxī**

【短信息】**duǎnxìnxī** [명] **1** (휴대폰으로 보내는) 문자 메시지. **2** 문자 메세지 전송 서비스(SMS). =【短信】**duǎnxìn**【短消息】**duǎnxiāo·xi**

【短袖】**duǎnxiù** [명] **1** 반소매. 짧은 소매. ¶~衬衫=반소매 셔츠. **2** 반소매 옷. 소매가 짧은 옷. ¶天太热了, 该穿~了。=날이 너무 더워서 반소매 옷을 입어야겠다.

【短训】**duǎnxùn** [동] 단기 훈련하다. ¶~班=단기 훈련반.

【短讯】**duǎnxùn** [명] 단신(短信). 짤막한 보도.

【短叶松】**duǎnyèsōng** ☞【油松】**yóusōng**

【短音阶】**duǎnyīnjiē** ☞【小音阶】**xiǎoyīnjiē**

【短语】**duǎnyǔ** [명][언] 구(句). [단어(單語)와 단어(單語)의 결합] [명] phrase

【短元音】**duǎnyuányīn** [명][언] 단모음.

【短暂】**duǎnzàn** [형] (시간이) 짧다. ¶~相聚=잠깐 모이다. ↔长久 漫长 永恒

【短装】**duǎnzhuāng** [명] (긴 두루마기를 입지 않고) 중국식 바지와 윗옷만을 입은 차림새. 간편한 옷차림. ¶他一身~打扮儿。=그는 간편한 옷차림을 했다. [동] 간편한 옷차림을 하다. ¶武术队员~登台表演。=무술 단원이 간편한 옷차림을 하고 무대에 올라 공연한다.

\*\***段 duàn** 구분 단

[동][서] 자르다. 절단하다. 끊다. 나누다. [양] **1** (가늘고 긴 물건의) 토막. 도막. ¶一~木头=나무 한 토막. **2** (한)동안. 얼마간. 기간. 단계. 시기. 구간. 구역. 구획. [시간이나 공간의 일정한 거리를 나타냄] ¶一~路=한 구간의 길. / 一~时

○ 段 **duàn**
　 缎 **duàn**
　 缎 **duàn**
　 椴 **duàn**
　 煅 **duàn**

间=얼마간의 시간. **3** 단락. 토막. [사물의 한 부분을 나타냄] ¶一~文章=문장 한 단락. [명] **1** 연속성을 지닌 사물을 나눈 부분. ¶地~=구간. 구역. / 阶~=계단. **2** 어떤 부문 아래 나누어 설치한 기구. ¶工~=시공 조직. / 机务~=(철도의) 기관구. **3**(체) (바둑·유도 등의) 단. ¶九~棋手=9단 기사(棋士). **4**(**Duàn**) 성(姓).

○ 波段, 唱段, 地段, 工段, 阶jiē段, 片段, 身段, 手段, 线xiàn段

【段落】**duànluò** [명] **1** (문장의) 단락. ¶概括~大意。=단락의 대의를 개괄하다. **2** (작업·일의) 단락. ¶调查工作目前告一~。=조사 업무는 현재 이미 일단락되었다.

【段位】**duànwèi** [명](체) (바둑·장기·유도·태권도 등의) 단.

【段子】**duàn·zi** [명](예) ('相声(xiàng·sheng)'·'评书(píngshū)'·'大鼓(dàgǔ)' 등의) 한 단락〔토막〕.

\*\***断[斷] duàn** 끊을 단

[동] **1** (도막으로) 자르다. 끊다. ¶切~=절단하다. / 截~=자르다. **2** 단절하다. 끊(어지)다. ¶~间=중단되다. / ~了音信=소식이 단절되다. **3** (술·담배 등을) 끊다. ¶他最近~烟了。=그는 최근에 담배를 끊었다. **4** 가로막다. ¶及时抢~对方的球。=제때에 상대의 공을 낚아채다. **5** 판단하다. 결정하다. ¶当机立~=주저 없이 그 자리에서 결단을 내리다. [부][서] 절대로. 반드시. 결코. [주로 부정형으로 쓰임] ¶~不可信=절대로 믿을 수 없다. / ~无消息=전혀 소식이 없다. ≒折 ↔续

○ 不断, 裁cái断, 肠cháng断, 寸cùn断, 隔gé断, 公断, 间jiàn断, 截jié断, 垄lǒng断, 论lùn断, 明断, 片断, 评píng断, 熔róng断, 推tuī断, 望断, 武wǔ断, 续xù断, 臆yì断, 预断, 挣zhèng断, 专zhuān断

【断案】**duàn**∥**àn** [동](법) 안건을 판결하다. ¶秉公~=공정하게 안건을 판결하다.

【断案】**duàn'àn** [명] ☞【结论】**jiélùn**

【断壁】**duànbì** [명] **1** 가파른 절벽. 낭떠러지. 벼랑. ¶悬崖~=낭떠러지. **2** 갈라지고 무너진 벽. ¶~危楼=벽이 무너지고 위태로운 건물.

【断壁残垣】**duànbì-cányuán** ☞【残垣断壁】**cányuán-duànbì**

【断壁颓垣】**duànbì-tuíyuán** ☞【残垣断壁】**cányuán-duànbì**

【断编残简】**duànbiān-cánjiǎn** [명] 훼손되어 온전하지 못한 책이나 글. =【残编断简】**cánbiān-duànjiǎn**【断简残编】**duànjiǎn-cánbiān**

【断简残篇】**duànjiǎn-cánpiān** ☞【残篇断简】**cánpiān-duànjiǎn**

【断层】**duàncéng** [명] **1**(지) 단층. **2**(비) 단절. ¶人才~=인재가 끊어지다.

【断层带】**duàncéngdài** ☞【断裂带】**duànlièdài**

【断层地震】duàncéng dìzhèn ☞【构造地震】gòuzào dìzhèn
【断层山】duàncéngshān 명(地) 단층 산지(山地).
【断肠】duàncháng 형 애끓다. 한없이 슬프다.
【断炊】duàn‖chuī 통 (가난하여) 끼니를 굶다. 밥을 짓지 못하다.
【断代】duàn‖dài 통 1 후대가〔후손이〕끊기다. 2(吏) 사업이 중단되거나 후계자가 없다.
【断代】duàndài 통 시대를 구분하다. ¶对历史进行~研究 = 역사에 대해 시대 구분 연구를 하다.
【断代史】duàndàishǐ 명(歷) 단대사.
【断档】duàn‖dàng 통 (상품이) 매진되다. 매절되다. 품절되다. ¶这本书已经~好几次了. = 이 책은 이미 몇 차례 매진되었다.
【断电】duàndiàn 통 정전되다.
【断定】duàndìng 통 단정하다. 결론을 내리다. ¶我敢~他不会答应你的条件. = 그가 네 조건에 응하지 않으리라 나는 감히 단정한다.
【断断】duànduàn 부 절대로. 결코. 단연코. [주로 부정형으로 쓰임] ¶~不可贸然行事. = 절대로 경솔하게 일을 처리해서는 안 된다. ≒断乎 绝对
【断断续续】duànduànxùxù 형 끊어졌다 이어졌다 하다. 단속(斷續)적으로다. ¶远处传来~的琴声. = 멀리서 끊어졌다 이어졌다 하는 거문고 소리가 전해 온다.
【断顿】duàn‖dùn(~儿) 통〈口〉1 끼니를 잇지 못하다. 2 가난하여 먹을 것이 없다.
【断根】duàn‖gēn 통 1 후대가〔후손이〕끊기다. ¶~绝种 = 대가 완전히 끊기다. 2(吏) 철저히 제거하다. 뿌리를 뽑다. ¶这种病难以~. = 이 병은 완치하기 어렵다.
【断航】duànháng 통 항행을 중단하다. ¶运河~ = 운하의 항행을 중단하다.
【断喝】duànhè 통 고함치다. 소리를 지르다. 호통치다. ¶他一声~, 喧闹的人群立即安静了下来. = 그가 소리를 지르자 떠들썩하던 사람들이 즉각 조용해졌다.
【断后】duàn‖hòu 통 후대가〔후손이〕끊기다.
【断后】duànhòu 통(軍) 1 적의 퇴로를 차단하다〔끊다〕. 2 군부대가 후퇴할 때 부대의 후방을 엄호하다.
【断乎】duànhū 부 절대로. 단연코. [주로 부정형으로 쓰임] ¶~使不得. = 절대로 써서는 안 된다. ≒断断 绝对
【断魂】duànhún 통 1 혼이 몸을 떠나다. 2 극도로 슬퍼하다. 넋을 잃다. 정신이 나가다. 헤어나지 못하다. 푹 빠지다.
【断简残编】duànjiǎn-cánbiān ☞【断编残简】duànbiān-cánjiǎn
【断简残篇】duànjiǎn-cánpiān ☞【断编残简】duànbiān-cánjiǎn
【断交】duàn‖jiāo 통 교제를 끊다. 절교하다. 단교하다. 외교 관계를 끊다. ¶两国~已整整十年. = 양국이 단교한 지 이미 꼬박 10년이 되었다. ≒绝交

【断井颓垣】duànjǐng-tuíyuán 〈成〉1 우물이 무너지고 담장이 쓰러지다. 2(吏) 폐허가 되어 황량한 모습.
【断句】duàn‖jù 통 (구두점이 없는) 중국 고서를 읽을 때, 문장의 뜻에 따라 끊어 읽거나 그 곳에 권점을 찍다.
【断绝】duànjué 통 단절하다. 끊다. 차단하다. ¶~来往 = 왕래를 끊다. ↔不断
【断口】duànkǒu 명(地) 1 갈라진 틈. 2(礦) 광물의 깨진 면.
【断粮】duàn‖liáng 통 식량이 떨어지다. 식량을 끊다. ¶保证供应, 不能让灾民~. = 이재민들에게 식량이 떨어지지 않도록 공급해 주어야 한다.
【断裂】duànliè 통 끊어져 갈라지다. 터지다. 찢어지다. ¶桥身~ = 교량 본체가 갈라졌다.
【断裂带】duànlièdài 명(地) 단층 지역. 단층대. ≒【断层带】duàncéngdài
【断流】duànliú 통 1 물이 끊기다〔마르다〕. ¶河水~ = 강물이 끊기다. 2 물길을 가로막다. ¶筑坝~ = 제방을 쌓아 물길을 가로막다.
【断垄】duàn‖lǒng 통(農) 줄파종한 작물의 일부가 이랑에서 싹이 나지 않거나 죽다.
【断路】duànlù 1 길을 막고 빼앗다. ¶~劫财 = 길을 막고 재물을 빼앗다. 2(電) 전기 회로가 끊기다.
【断梅】duàn‖méi ☞【出梅】chū‖méi
【断面】duànmiàn ☞【剖面】pōumiàn
【断奶】duàn‖nǎi 통 젖을 떼다. 이유(離乳)하다. ≒断乳
【断片儿】duànpiānr 통〈口〉영화 상영 중 필름이 끊어지다.
【断片】duàn‖piàn 통(映) 영화 상영 중 필름이 끊어지다.
【断片】duànpiàn 명 토막. 단편. 부분. ¶书中记录了他家庭生活的~. = 책 속에 그의 가정 생활의 단편이 기록되어 있다.
【断七】duànqī ☞【七七】qīqī
【断气】duàn‖qì 통 숨이 끊어지다. 호흡을 멈추다. 사망하다.
【断桥】duànqiáo 명 1 끊어진 교량. 2 (Duànqiáo) 돤차오. [항저우(杭州) 시후(西湖)에 있는 지명]
【断亲】duànqīn 통 친척 관계를 끊다.
【断情】duànqíng 통 사랑 관계를 끊다. 정을 끊다.
【断然】duànrán 부 단연코. 결단코. 절대로. ¶~不能接受 = 절대로 받아들일 수 없다. 형 단호하다. 절대적이다. 과단(果斷)하다. ¶采取~措施 = 단호한 조치를 취하다.
【断水】duànshuǐ 1 단수하다. 물 흐름을 막다〔끊다〕. 2 물을 마시지 않다. ¶人长时间~会有生命危险. = 사람이 장시간 물을 마시지 않으면 생명이 위험할 수 있다.
【断嗣】duànsì 통 후대가〔후손이〕끊기다.
【断送】duànsòng 통 (생명·희망 등을) 잃다. 내버리다. 상실하다. 망치다. ¶~前程 = 앞길을

## duàn 断 塅 缎 椴 煅 碫 锻

망치다.

【断头】 duàntóu 동 목이 베이다. ¶宁可~, 也不投降。=차라리 목이 베일지언정 투항하지 않는다. 명 (중간에서) 끊어진 부분. ¶接上~=끊어진 부분을 잇다.

【断头台】 duàntóutái 명 1 단두대. 기요틴(guillotine). 2 사형장. 처형장.

【断弦】 duàn‖xián 동 아내가 죽다. 상처(喪妻)하다. 아내와 사별하다. [옛날, 금슬(琴瑟)로 부부를 비유했던 데에서 유래함] ¶~再续=다시(새) 아내를 얻다.

【断线】 duàn‖xiàn 동 1 선이 끊어지다. ¶缝纫机老是~。=재봉틀 실이 자주 끊어진다. 2 (비) (연락·관계 등이) 중단되다〔끊어지다〕. ¶他和我学们~好些年了。=그는 친구들과 연락이 끊긴 지 몇 해나 되었다.

【断线风筝】 duànxiàn-fēng·zheng 성 1 실이 끊어진 연. 2 (비) 한 번 간 후 소식이 없는 사람이나 물건. 함흥차사.

【断想】 duànxiǎng 명 단상. 단편적인 생각. ¶这是我读名人传记的一些~。=이것은 내가 명인의 전기를 읽고 느낀 단편적인 생각들이다.

【断行】 duànxíng 동 단행하다. ¶~有效措施=유효한 조치를 단행하다.

【断续】 duànxù 형 끊어졌다 이어졌다 하다. 단속적이다. ¶屋里有~的谈话声。=방안에서 대화 소리가 끊어졌다 이어졌다 한다.

【断崖】 duànyá 명 단애. 깎아 세운 듯한 낭떠러지. ¶~峭壁=가파른 낭떠러지.

【断言】 duànyán 동 단언하다. ¶我敢~他能赢得这场比赛。=나는 감히 그가 이번 경기를 이기리라 단언한다. 명 단언. ¶现在就下~还为时过早。=지금 단언을 내리기에는 시기상조이다.

【断疑】 duànyí 동 의심을 풀다. 의혹을 해결하다. ¶几番查证, 他才~。=몇 차례 조사·증명을 하고서야 그는 의심을 풀었다.

【断瘾】 duànyǐn 동 (주로 안 좋은 방면으로) 지나치게 즐겨 하는 것을 끊다. ¶尚未~=아직 끊지 못하다.

【断语】 duànyǔ 명 단언. 결론. ¶妄下~=함부로 결론을 내리다.

【断狱】 duànyù 동 안건을 심리·판결하다. ¶~如神=귀신같이 판결하다.

【断垣残壁】 duànyuán-cánbì 성 1 허물어진 담벽. 2 건물이 폐허가 된 모습.

【断章取义】 duànzhāng-qǔyì 성 단장취의. 남의 글이나 말의 일부를 떼어 제멋대로 사용하는 일.

【断着】 duànzháo 동 판단하여 알아맞히다. ¶那事果然被我~了。=그 일은 참말로 내가 알아 맞혔다.

【断肢】 duànzhī 명 (医) 팔이나 다리를 자르다. 명 (医) 잘린 팔이나 다리.

【断肢再植】 duànzhī zàizhí 동 (医) 절단된 사지(四肢)를 잇다.

【断指】 duànzhǐ 동 손가락을 자르다. 명 잘린 손가락.

【断种】 duàn‖zhǒng 동 후대가 끊기다. 멸종하다. ¶要大力保护濒临~的野生动物。=멸종 위기에 처한 야생 동물을 힘써 보호해야 한다.

【断子绝孙】 duànzǐ-juésūn 성 자손이 끊기다. 대가 끊기다. [흔히 악담으로 쓰임] =【绝子绝孙】 juézǐ juésūn

**塅** duàn 평평한 땅 단
명 (방) 평탄하고 비교적 넓은 지역. [주로 지명에 쓰임] ¶中~=중단. [푸젠(福建)성에 있는 지명]

**缎** [緞] duàn 비단 단
명 (纺) 단자(緞子). 새틴(satin). 비단. ¶锦~=수를 놓은 비단. /绫罗绸~=능라주단. [견직물의 총칭]

○→ 贡gòng缎, 锦jǐn缎, 库kù缎, 软ruǎn缎, 洋缎, 羽缎

【缎子】 duàn·zi 명 (纺) 단자(緞子). 비단. 새틴(satin).

**椴** duàn 나무 이름 단
명 (植) 린덴(linden). ¶紫~=피나무.

**煅** duàn 벼릴 단
동 1 (医) (한약의 제조법으로) 약재를 불에 굽다. ¶~石膏=석고를 불에 굽다. 2 '锻(duàn)'과 같음.

【煅烧】 duànshāo 동 하소(煅烧)하다.

【煅石灰】 duànshíhuī ☞ 【生石灰】 shēng shíhuī

**碫** duàn 숫돌 단
명 (문) 숫돌.

**锻** [鍛] duàn 벼릴 단
동 단조(鍛造)하다. ¶~接金属=금속을 단접하다. /~造模具=모형을 단조하다.

【锻锤】 duànchuí 명 (机) 단조 해머. 영 forging hammer

【锻打】 duàndǎ 동 단조 해머로 두드리다. 단조하다.

【锻工】 duàngōng 명 1 단조(鍛造). 2 단조공(鍛造工). 대장장이.

【锻件】 duànjiàn 명 단조품(鍛造品).

【锻接】 duànjiē 동 단접하다. 용접하다.

【锻炼】 duànliàn 동 1 단조하다. 제련하다. 2 (몸을) 단련하다. ¶~身体=신체를 단련하다. 3 (일의 능력이나 마음을) 단련하다. ¶在实践中~提高=실천 가운데 단련하고 제고시키다. ≒磨练 锤炼

【锻铁】 duàntiě 명 (矿) 연철(鍊鐵). 단철(鍛鐵). =【熟铁】 shútiě

【锻压】 duànyā 동 '锻造(단조)'와 '冲压(프레싱(pressing)'의 합성.

【锻冶】 duànyě 동 1 단조하고 제련하다. 2 (비) 단련하다. 연마하다. 글을 다듬다. ¶~文字=글

【锻造】 duànzào 동(機) 단조하다. 벼리어 모양을 만들다.
【锻制】 duànzhì 동 단조 제작하다. 벼리어 만들다. ¶~宝剑＝보검을 담금질하여 제작하다.

# 断[籪] duàn 통발 단
명 어살. 어전(漁箭). 통발.

# dui

**堆** duī 언덕 퇴
명 1 언덕. 작은 산. [주로 지명에 쓰임] ¶双~集＝쌍두이지. [안후이(安徽)성에 있는 지명] 2 (~儿) 더미. 무더기. ¶草~＝풀더미. 3 비 무더기. ¶問題成~＝문제가 무더기로 쌓여 있다. 통 1 (사물이) 쌓여 있다. 쌓이다. 퇴적되다. ¶~土成山＝쌓인 흙이 산을 이루다. 2 (손이나 도구로 물건을) 쌓다. 쌓아올리다. 쟁이다. 퇴적하다. ¶直接把书~在地板上。＝책을 직접 마룻바닥에 쌓아 두다. 양 무더기. 더미. 무리. 떼. ¶一~柴火＝땔나무 한 더미. / 一~粮食＝양식 한 무더기.

◐● 估堆儿, 反应堆, 狗屎shǐ堆, 故纸堆

【堆叠】 duīdié 통 겹겹이 쌓(아올리)다. ¶库房里~着一箱箱货物。＝창고에 화물 상자가 겹겹이 쌓여 있다.
【堆垛】 duīduò 통 (사물이) 쌓여 있다. 쌓이다. 퇴적되다. 퇴적하다. 쌓아올리다. 쌓다. ¶~稻草＝볏짚을 쌓다. 명 더미. ¶场上满是麦秸~。＝마당에 보릿짚 더미가 가득하다.
【堆放】 duīfàng 통 쌓아 두다[놓다]. ¶~粮食＝양식을 쌓아 두다.
【堆房】 duī·fang 명 창고. 헛간. 광.
【堆肥】 duīféi 명(農) 퇴비. 두엄.
【堆焊】 duīhàn 통 (금속 제품의 수명을 늘리기 위해) 부품 표면에 전기 용접이나 산소 용접 등의 방법으로 마모나 녹에 강한 다른 금속을 입히다.
【堆积】 duījī 통 (사물이) 쌓여 있다. 쌓이다. 쟁이다. 퇴적되다. 퇴적하다. ¶问题~如山。＝문제가 산더미처럼 쌓여 있다.
【堆集】 duījí 통 쌓여 있다. 쌓이다. 퇴적되다. ¶工地上~着大量的建材。＝공사장에 대량의 건축 자재가 쌓여 있다.
【堆金积玉】 duījīn jīyù 성 1 금은보화를 쌓아 놓다. 2 재물이 많다. 큰부자이다.
【堆砌】 duīqì 통 1 (벽돌·돌을) 쌓다. ¶~院墙＝정원의 담을 쌓다. 2 비 군더더기 말로 글을 수식하다. ¶~词藻＝군더더기 말로 글을 꾸미다.
【堆笑】 duī‖xiào 통 (의미 있는) 미소를 짓다. 빙긋 웃다. 웃음을 띠다. ¶满脸~＝만면에 웃음을 띠다.
【堆栈】 duīzhàn 명 임시 창고.
【堆子】 duī·zi 명 무더기. 더미. ¶土~＝흙더미.

米. / 粮食~＝양식더미.

**队[隊]** duì 무리 대
명 1 대(隊). [조직·집단의 편제 단위] ¶连~中队. / 支~＝지대. 2 열. 대열. 대오. 행렬. ¶排~＝줄을 서다. / 纵~＝종대. 3 (어떤 성질을 지닌) 단체. 팀. 대. ¶乐~＝악대. / 球~＝구기팀. 4 (중국) 소년 선봉대. ¶升~旗＝소년 선봉대의 기를 올리다. / 今天是~日。＝오늘은 소년 선봉대의 단체 활동날이다. 양 (대열을 갖춘) 무리. ¶一~人马＝한 무리의 인마. / 一~骆驼＝한 무리의 낙타. [고어에서는 '坠(zhuì)'와 같음]

◐● 掉diào队, 归guī队, 横héng队, 客队, 离队, 练队, 领队, 马队, 商队, 梯tī队, 压队, 押yā队, 乐yuè队, 支队, 主队, 纵zòng队

【队部】 duìbù 명 1 (팀·조직·부대 등의) 지휘부. 본부. 2 지휘부[본부]의 소재지.
【队副】 duìfù 명 부팀장. 부주장. 부지휘관. 부관. 부장.
【队礼】 duìlǐ 명 중국 소년 선봉대의 거수 경례. [국민의 이익이 모든 것에 우선 한다는 뜻]
【队列】 duìliè 명 대열. ¶~训练＝대열 훈련.
【队旗】 duìqí 명 1 팀 페넌트(team pennant). 2 소년 선봉대의 기(旗).
【队日】 duìrì 명 (문예·체육 등의) 소년 선봉대의 단체 활동날.
【队伍】 duì·wu 명 1 군대. ¶他刚从~上转业。＝그는 막 군대에서 제대하였다. 2 (조직적인) 대열. 행렬. 대오. ¶游行~＝시위 행렬. 3 (조직이 있는) 집단. 단체. ¶师资~＝교사 집단.
【队形】 duìxíng 명 대형. ¶变换~＝대형을 바꾸다.
【队医】 duìyī 명 (단체의) 전담 의사. 팀 닥터 (team doctor).
【队友】 duìyǒu 명 멤버. 일원. 회원. 동료. 동반 경기자. [팀이나 조직에서 대원간의 친근한 호칭]
【队员】 duìyuán 명 1 대원. 2 중국 소년 선봉대 대원.
【队长】 duìzhǎng 명 팀장. 주장. 대장. 캡틴 (captain). 리더. 지휘관.

**对[對]** duì 대답할 대
통 1(書) 상당하다. 엇비슷하다. 대등하다. 어울리다. 짝이 맞다. 2 대답하다. 응답하다. ¶无言以~＝대답할 말이 없다. 3 향하다. [주로 '着 (·zhe)'를 수반함] ¶他家的门正~着公园。＝그 사람 집의 문은 바로 공원을 향하고 있다. 4 대처하다. 대응하다. 다루다. (想)대하다. ¶我的话~事不~人。＝내 말은 일을 두고 말한 것이지 사람을 두고 말한 것은 아니다. 5 서로 맞서다. 대치하다. 서로 마주 향하다. ¶两军~垒＝양군이 대치하다. 6 (두 사물을) 맞추다. 맞대다. 접촉시키다. ¶把门~上＝두 짝의 문을 맞추어서 닫다. 7 적합하다. (의기)투합하다. 사이가 좋다. 어울리다. ¶两人挺~脾气。＝두 사람은 성격이 아주 잘 맞는다. 8 대조하다. 맞춰 보다. 맞대 보다.

¶~笔迹=필적을 대조하다. **9** 조절하다. 맞추다. ¶照相要~好焦距。=사진 촬영은 초점 거리를 잘 조절해야 한다. **10** 이등분하다. 절반으로 나누다. ¶~开大报=반으로 접게 된 신문. **11** 섞다. 타다. 혼합하다. [주로 액체를 가리킴] ¶开水里~点儿蜂蜜。=끓인 물에 꿀을 조금 타다. **[형] 1** 맞은편의. 적대적인. ¶到~岸去。=맞은편 기슭으로 가다. ¶他不是你的~手。=그는 너의 상대가 안 된다. **2** 맞다. 옳다. 정확하다. 정상이다. ¶他的意见很~。=그의 의견이 아주 옳다. **[개] 1** …에게. …을[를] 향하여. [동작이 행하는 대상을 이끌어 내고, '向(xiàng)·跟(gēn)'에 상당함] ¶那事~谁都不要讲。=그 일을 누구에게도 말하지 마라. **2** …에 대해(서). …에 대하여. [동작이나 행위의 대상을 이끌어 냄] ¶大家~老师很尊敬。=모두가 선생님에 대하여 아주 존경한다. **[명] 1** 짝. 쌍. ¶成双成~=짝[쌍]을 이루다. **2** (~儿) 대구(對句). 대련(對聯). ¶五言~=오언 대구. **[양]** (~儿) 짝. 쌍. ¶一~儿蝴蝶=나비 한 쌍. / 一~恋人=한 쌍의 연인. ↔错

0-● 查对, 酬chóu对, 答对, 敌dí对, 掂diān对, 反对, 放对, 核对, 挤jǐ对, 绝对, 门对, 配pèi对, 相对, 应yìng对, 针zhēn对, 质zhì对

---

### 对(duì) / 对于(duìyú) …에 대해(서)

둘 다 모두 동작이나 행위의 대상을 이끌어 냄. ¶我对[对于]中国文化很感兴趣。=나는 중국 문화에 대해 아주 흥미를 느낀다. / 对[对于]你们的招待表示衷心的感谢。=당신들의 접대에 진심으로 감사드립니다.

对: 동작이나 행위의 방향이나 목표를 이끌어 낼 수 있는데, 이 때 '向'·'朝'와 의미가 같음. ¶老师对我说，=선생님이 내게 말씀하시기를, / 我妈妈对我笑了笑。=우리 엄마는 나를 향해 웃으셨다.

▶ ① '对'는 사람 간의 관계를 나타낼 때에만 사용함. ¶他对孩子非常严厉。=그는 아이에게 매우 엄격하다. / 我对老李没有信心。=나는 이씨에 대해 믿음이 없다.

② '对'는 조동사나 부사 뒤에 놓일 수 있으나 '对于'는 불가능함. ¶你应该对这个问题重新考虑。=너는 이 문제에 대해 다시 고려해야 한다. / 外国留学生都对中国的电影感兴趣。=외국 유학생들은 모두 중국 영화에 대해 흥미를 느낀다.

---

### 对(duì) / 跟(gēn) / 给(gěi) …에게

동작이 행하는 대상을 이끌어 내고, 동작과 관련된 대상을 가리킬 때 바꾸어 쓸 수 있음. ¶有什么想法，对[跟·给]大家说一说。=무슨 생각이 있으면, 모두에게 말해 봐요.

对: 사람간의 관계가 어떠하다는 것을 나타낼 때 사용함. 주로 구어체에 많이 쓰임. ¶大家对我非常热情。=모두들 나에게 아주 친절하다.

跟: 동작이 어떤 협력 관계나 공통의 상호 관계가 있음을 강조할 때 사용함. 쌍방향 관계를 나타내는 동사 '商量·见面·聊天·谈话' 등이나 공통의 의미를 포함하는 '一起·一块儿·一同' 등과 같은 단어와 주로 결합함. ¶即使是件小事，也要跟姐姐商量。=설령 사소한 일이라도 언니와 상의해야 한다. / 从这一天起，再也看不见他跟同学谈话了。=그 날부터 그가 친구와 말하는 것을 더 이상 보지 못했다. / 她只顾跟老师聊天，忘了交代保姆给孩子弄饭。=그녀는 선생님과 이야기를 나누는 데에만 정신이 팔려, 아이에게 먼저 밥을 해 주라고 보모에게 말하는 것을 잊어 버렸다. / 我要跟爸爸一同去"劳动"。=나는 아빠와 함께 "노동"하러 갈 것이다. / 教师跟学生一起分析错误发生的原因。=교사가 학생과 함께 잘못이 발생된 원인을 분석한다.

给: 동작의 수혜자를 나타낼 때 사용함. ¶你愿意给我参谋参谋吗？=너 나에게 조언을 좀 해 줄 수 있겠니? / 我给他买几斤苹果。=나는 그에게 사과 몇 근을 사 주었다.

---

【对岸】**duì'àn** [명] 대안. 맞은편 기슭[언덕].
【对白】**duìbái** [명] (연극·영화·드라마에서 배우 간의) 대화.
【对半】**duìbàn** (~儿) [부] (절)반으로. ¶西瓜~儿分。=수박을 반으로 나누다. [형] 한 배. 곱. 갑절. 더블. ¶开这个店有~儿利。=이 상점을 열어 갑절의 이익을 보았다.
【对本】**duìběn** [동] 이윤[이익]이나 이자가 원금과 같다.
【对比】**duìbǐ** [동] 대비하다. 대조하다. ¶两者相~，差别非常明显。=양자를 서로 대조해 보니, 차이가 아주 명확하다. [명] 비율. ¶全班男女生~是一对三。=반 전체 남녀 학생의 비율은 1 대 3이다.
【对比度】**duìbǐdù** [명] 콘트라스트(contrast). 화면의 명암 대비.
【对比色】**duìbǐsè** [명] 대비색.
【对边】**duìbiān** [명](數) 대변.
【对表】**duìbiǎo** [동] (시계의) 시간을 맞추다. 시계를 맞추다.
【对簿】**duìbù** [동][문] 심문을[취조를] 받다. 법정에서 재판을 받다.
【对簿公堂】**duìbù-gōngtáng** [성] **1** 법정에서 심리하다. **2**[옛] 관아에서 심문을 받다. **3** (싸움이) 법정까지 가게 되다.
【对不起】**duì·buqǐ** [동] **1** (기대 등을) 저버리다. 헛되게 하다. (체면 등을) 떨어뜨리다. 실추하다. 실망시키다. 면목이 없다. ¶你也太~老师的培养了。=너도 선생님의 가르침을 너무 헛되게 했다. **2** 미안합니다. 죄송합니다. 실례합니다. ¶~，打扰了。=미안합니다, 폐를 끼쳤군요. ↔对得起
【对不上号】**duì·bushàng hào** [동] **1** 번호가 서로 맞지 않다. **2**[비] 서로의 말이 맞지 않다[엇갈리다·일치하지 않다].

【对不住】duì·buzhù 동 미안합니다. 죄송합니다.

【对策】duìcè 명 1 대책. [옛날, 과거 응시자가 황제의 치국에 관한 물음에 대답한 책략] 2 대책. 대응책. 대비책. ¶商议~=대책을 상의하다.

【对茬儿】duì‖chár 동⟨방⟩ (서로) 부합하다. 일치하다. 이가 맞다. ¶他俩说的话对不上茬儿。=그 두 사람의 말이 일치하지 않는다.

【对唱】duìchàng 동⟨音⟩ 대창하다. [쌍방이 응답 형식으로 노래하는 것] ¶男女~=남녀가 대창하다. 명⟨音⟩ 대창. 응답 형식의 창법.

【对称】duìchèn 형 (도형이나 물체가) 대칭이다. ¶左右~=좌우가 대칭이다.

【对称轴】duìchènzhóu 명 대칭축.

【对词】duì‖cí(~儿) 동 (배우들이 연습 중에) 대사를 맞추어 보다. ¶他俩休息时间都在~。=그 두 사람은 쉬는 시간에도 대사를 맞추어 보고 있다.

【对答】duìdá 동 대답하다. 응답하다. ¶老师的提问他~不出。=선생님의 질문에 그는 대답하지 못했다.

【对答如流】duìdá-rúliú 성 1 묻는 말에 대답하는 것이 청산유수 같다. 2 ⟨비⟩ 막힘없이 술술 대답하다.

【对打】duìdǎ 동 서로 다투다. 주먹이 오가다. 맞상대해서 싸우다.

【对待】duìdài 동 다루다. 대응하다. 대처하다. (상)대하다. ¶要以虚心的态度~别人的批评。=겸허한 태도로 다른 사람의 비판에 응해야 한다. ≒看待

【对得起】duì·deqǐ 떳떳하다. 면목이 서다. 낯이 서다. 미안할 것 없다. ¶只有努力工作才~领导的信任。=일을 열심히 해야만이 윗사람의 신임에 면목이 선다. ↔对不起

【对等】duìděng 형 (수량·등급·지위 등에서) 대등하다. 평등하다. 동등하다. ¶两家公司派出~人员就合作项目进行了会谈。=두 회사에서는 대등한 인원을 파견하여 합작 항목에 대해 회담을 진행하였다. ≒平等 相等

【对敌】duìdí 동 대적하다. 대항하다. ¶团结~=단결하여 대적하다.

【对调】duìdiào 동 (서로) 교환하다. 맞바꾸다. ¶把这两个词~一下, 句子就通顺了。=이 두 단어를 맞바꾸면 글이 매끄러워진다.

【对顶角】duìdǐngjiǎo 명⟨數⟩ 맞꼭지각. 대정각.

【对对子】duì duì·zi 동 대련(對聯)을 짓다. 2 둘 또는 둘 이상의 사람이 위아래로 대련(對聯)을 맞추어 짓다. [한 사람이 위 구절을 지으면, 다른 한 사람이 거기에 맞춰 아래 구절을 지음]

【对方】duìfāng 명 (주체측에서 본) 상대방. 상대편. ¶多站在~的立场想问题, 矛盾自然就少了。=자주 상대방의 입장에서 문제를 생각하면 마찰은 자연히 줄어들게 된다.

【对分】duìfēn 동 반으로 나누다. ¶~财产=재산을 반으로 나누다.

【对佛说法】duìfó-shuōfǎ 성 1 석가에게 설법하다. 2 ⟨비⟩ 공자 앞에서 문자를 쓰다.

【对付】duì·fu 동 1 대처하다. 다루다. 대응하다. 처리하다. 취급하다. ¶这一大堆事情我一个人~不了。=이렇게 많은 일을 나 혼자서는 처리할 수 없다. 2 그런대로 하다. 아쉬운 대로 하다. ¶这些旧家具暂且~着用吧。=이 남은 가구들을 우선 아쉬운 대로 사용합시다. 형⟨방⟩ (마음이) 맞다. ¶夫妻俩最近好像不~。=부부는 요즘 서로 마음이 맞지 않는 듯하다.

【对歌】duìgē 동⟨音⟩ 일문일답식으로 노래를 하다. 대창하다. [중국의 일부 소수 민족 지역에서 유행하는 노래 형식]

【对攻】duìgōng 동 1 (구기 종목에서) 양 팀이 서로 공세를 취하다. 맞불을 놓다. 맞받아치다. 맞공세를 취하다. ¶两队一上场就~起来。=두 팀은 경기가 시작되자마자 공세를 취하기 시작하였다. 2 서로 공격하다. ¶两人为了点小事便不顾情面地~起来。=두 사람은 사소한 일 때문에 체면을 가리지 않고 공격하기 시작했다.

【对光】duì‖guāng 동 1 (촬영 때) 초점·조리개·노출 시간 등을 맞추다. 2 (현미경·망원경 등의) 도수를 맞추다.

【对过】duìguò(~儿) 명 건너편. 맞은편. ¶学校~是一个公园。=학교 건너편은 공원이다.

【对号】du ‖hào(~儿) 동 1 번호를 맞추다. ¶~领奖=번호를 맞춰 상을 타다. 2 일치하다. 부합하다. 맞다. 매치(match)되다. 적합하다. ¶经常听说这个名字, 但总是没有人对上号。=이 이름을 자주 듣지만, 언제나 사람과 매치가 되지 않는다.

【对号】duìhào(~儿) 명 ('○'·'✓' 등의) 정답 표시 부호(마크). [주로 학생의 숙제나 시험지를 정정·채점할 때 사용함]

【对号入座】duìhào rùzuò 성 1 지정석에 앉다. 번호대로 앉다. 2 ⟨비⟩ 관련된 인물이나 사물을 자기 자신에게 맞춰 보다. 3 ⟨비⟩ 어떤 사람이 한 일을 규칙과 제도에 맞춰 보다.

【对红】duìhóng 동 (앞서 교정한 것이 잘 고쳐졌는지) 교료지(校了紙)를 대조 검토하다.

【对话】duìhuà 동 1 대화하다. ¶~以后, 两人之间的了解加深了。=대화 후에 두 사람 간의 이해가 더 깊어졌다. 2 (양자 혹은 다자간에) 접촉하다. 담판하다. ¶两国领导人就双边关系进行了~。=양국의 지도자는 쌍방의 관계에 대해 담판을 진행했다. 명 (소설·연극 가운데 인물간의) 대화. ¶小说中的人物~非常精彩。=소설 속 인물들의 대화가 아주 훌륭하다.

【对换】duìhuàn 동 서로 교환하다. 맞바꾸다. ¶~坐位=자리를 맞바꾸다.

【对火】duì‖huǒ(~儿) 동 남의 담뱃불을 빌려 자기의 담배에 불을 붙이다.

【对家】duìjiā 명 1 (마작이나 카드놀이를 할 때) 맞은편 사람. 2 (혼사의 상대) 상대(방). ¶~人老实, 也能干。=상대가 성실하고 능력도 있다.

【对讲机】duìjiǎngjī 명 (휴대용) 소형 무전기.

【对焦】duìjiāo 동 초점을 맞추다.

【对角】duìjiǎo 명⟨數⟩ 대각.

【对角线】duìjiǎoxiàn 명⟨數⟩ 대각선.

【对接】duìjiē 통 1 연결하다. 2 (天) 도킹 (docking)하다. 랑데부(rendezvous)하다.

【对襟】duìjīn (~儿) 명 (중국식 상의 중에) 가슴 중앙에서 두 옷자락을 채우게 되어 있는 스타일.

【对劲】duìjìn (~儿) 형 1 사이가 좋다. 의기투합하다. ¶我俩一直很~。=우리 두 사람은 줄곧 사이가 좋다. 2 마음에 들다. 적합하다. ¶家乡菜吃起来就是~。=고향 음식을 먹어 보면 입맛에 딱 맞다.

【对酒】duìjiǔ 통 술을 마주 대하다. ¶~当歌, 人生几何? =술을 마주 대하고 노래하나니, 인생이 얼마나 되는가?

【对局】duìjú 통(體) 1 바둑을[장기를·체스를] 두다. 대국하다. 2 (구기 종목의) 경기를 하다.

【对开】duìkāi 통 1 절반씩 나누다[차지하다·분배하다]. ¶利润~=이윤을 절반씩 분배하다. 2 (차·배 등이) 두 곳에서 서로를 향해 동시에 출발하다. 형(印) 반절지의. 전지 2분의 1의. ¶~的道林纸=반절지 인쇄용지.

【对抗】duìkàng 통 1 적대시하다. 대치하다. 대립하다. ¶~下去, 双方都没有好处。=계속 대립하다가는 쌍방 모두 좋을 것이 없다. 2 대항하다. 저항하다. ¶~法律是没有好结果的。=법률에 대항하면 좋은 결과는 없다. ≒抗拒 反抗

【对抗赛】duìkàngsài 명(體) 대항전.

【对抗性】duìkàngxìng 명 적대성. ¶~关系=적대 관계.

【对抗性矛盾】duìkàngxìng máodùn 명 적대적 모순.

【对空台】duìkōngtái 명 항공 관제탑.

【对口】duìkǒu 형 (藝) 1 두 연기자가 번갈아 가면서 노래하거나 말하다. ¶~相声=두 사람이 번갈아 가며 하는 만담. 2 (~儿) (내용과 성질이) 일치하다. 부합하다. 상관되다. 서로 맞다. ¶专业~=(배운) 전공과 맞다. 3 입맛에 맞다. ¶这道菜很~。=이 요리는 입에 딱 맞는다. 4 (醫) (중의학에서) 목덜미에 생긴. ¶~疮=목덜미에 생긴 종기.

【对口词】duìkǒucí 명(藝) (설창 문예 공연 방식의 하나로) 두 사람이 말을 주고받으며 동작을 곁들이는 공연.

【对口快板儿】duìkǒu kuàibǎnr 명(藝) 두 사람이 말을 주고받으며 공연하는 '快板儿(설창 문예의 일종. 대쪽으로 된 리듬 악기로 박자를 맞추며 압운된 내용을 이야기하는 것)'.

【对口相声】duìkǒu xiāng·sheng 명(藝) 2인 만담.

【对垒】duìlěi 통 1 (軍) 대치하다. ¶两军~=양군이 대치하다. 2 (體) 대전하다. 격돌하다. ¶中韩足球队再次~。=중·한 축구팀이 다시 격돌하다.

【对立】duìlì 통 1 대립하다. 대립되다. 적대하다. 모순되다. ¶~情绪=대립적 감정. 2 (哲) 대립하다. ¶~的统一=대립적 통일. ≒统一

【对立面】duìlìmiàn 명(哲) 대립면. [모순적 통일체에서 서로 의존하면서 서로 투쟁[대립]하는 두 측면]

【对立统一规律】duìlì tǒngyī guīlǜ 명(哲) 대립 통일의 법칙. [유물 변증법의 기본 법칙으로, 모든 사물은 모두 대립적 통일체로 모순을 내포하고 있다는 원칙을 나타냄]

【对联】duìlián (~儿) 명 대련. 주련. [종이나 천에 쓰거나 대나무·나무·기둥 따위에 새긴 대구(對句)]

【对脸儿】duìliǎnr 부 마주 보고. ¶两人一坐着谈得正高兴。=두 사람은 마주 보고 앉아서 한창 즐겁게 이야기하고 있다.

【对流】duìliú 통(物) 대류하다.

【对流层】duìliúcéng 명(天) 대류권.

【对路】duìlù 형 1 마음에 들다. 적합하다. ¶他觉得现在这份工作很~。=그는 지금의 이 일이 아주 마음에 든다고 생각한다. 2 수요[요구]에 맞다. ¶产品只要~, 不愁卖不出去。=상품이 요구에 맞기만 하면, 팔리지 않을까 걱정하지 않는다.

【对门】duìmén (~儿) 통 대문이 마주 대하고 있다. ¶~对户=집이 서로 마주 보다. 명 건너편[맞은편] 집. ¶他们家住~。=그들의 집은 우리 집 건너편이다.

【对面】duìmiàn 명 1 (~儿) 맞은편. 건너편. 반대편. ¶餐厅~是一个超市。=식당 맞은편은 슈퍼마켓이다. 2 바로 앞. 정면. ¶~走来一个老太太。=바로 앞의 맞은편에서 노부인 한 명이 걸어온다. 부 (~儿) 마주 보고. 면전에서. ¶有什么话你最好和他~说清楚。=할 말이 있으면 면전에서 직접 다 말하는 것이 좋겠다.

【对牛弹琴】duìniú tánqín 성 1 쇠귀에 거문고 타기. 2 (비) 쇠귀에 경 읽기.

【对偶】duì'ǒu 명(言) 대구. [수사 방식의 하나. 글자 수가 같고 평측(平仄)이 상반되며, 구의 구조가 같거나 비슷한 어구로 상관되거나 반대되는 내용을 표현하는 것]

【对生】duìshēng 통(生) (잎이) 줄기 양쪽으로 마주나다. 대생하다. 명 마주나기. 대생. ['互生(잎이 줄기 양쪽으로 어긋나게 나다)'와 구별됨]

【对事不对人】duì shì bù duì rén 성 사람에 관계 없이 일만 따지다.

【对视】duìshì 통 서로 바라보다[쳐다보다]. ¶两个人相互~了一眼, 走开了。=두 사람은 서로 한 번 쳐다보고는 지나쳤다.

【对手】duìshǒu 명 1 상대. 적수. ¶这次我们的~是一支享誉球坛的强队。=이번에 우리의 상대는 명성이 자자한 강팀이다. 2 호적수(好敵手). ¶棋逢~, 将遇良才。=호적수끼리 만나다. 쌍방의 기량이 막상막하이다.

【对手戏】duìshǒuxì 명 투샷. [연극·영화·연속극 등에서 두 배우가 짝을 지어 연기하는 대목] ¶他俩在剧中有不少~。=극 중에 그 두 사람의 투샷이 꽤 나온다.

【对数】duìshù 명(수) 대수.

【对台戏】duìtáixì 명 1 (劇) 두 극단이 경쟁하기 위해 동시에 연출한 같은 작품. 라이벌 작품. 2 (비) 맞대응. 대항. 겨룸. 경쟁. ¶和上司唱~没你好处。=상사와 겨뤄 봤자 너에게는 아무

对 **duì** 497

런 이득도 없다.

【对头】**duì ǁ tóu** 〔형〕 **1** 정확하다. 적당하다. 적절하다. 알맞다. ¶这种做法不~。=이러한 처리 방법은 부적당하다. **2** 정상이다. [주로 부정형으로 쓰임] ¶他这两天有点不~, 动不动就发火。=그는 요즘 약간 이상해서, 걸핏하면 화를 낸다. **3** 맞다. 어울리다. [주로 부정형으로 쓰임] ¶两人性格不~, 老是有矛盾。=두 사람은 성격이 맞지 않아 늘 갈등이 있다.

【对头】**duì·tou** 〔명〕 **1** 원수. 적수. ¶死~=앙숙. **2** 상대.

【对外】**duìwài** 〔동〕 **1** (외부·외지·외국 등과) 대외적으로 관계를 맺다. ¶校内学生食堂, 概不~。=교내의 학생 식당은 일체 외부 손님을 받지 않는다. **2** (외부 세력·간섭·압력 등에) 대처하다. 대적하다. 맞서다. ¶团结~=단결하여 대처하다.

【对外开放】**duìwài kāifàng** 〔동〕 대외적으로 개방하다.

【对外贸易】**duìwài màoyì** 〔명〕〔經〕 대외 무역.

【对位】**duì ǁ wèi** 〔동〕 위치를 맞추다〔잡다·설정하다〕. ↔错位

【对味儿】**duì ǁ wèir** 〔형〕 **1** 입맛〔구미〕에 맞다. ¶饭菜吃起来很~。=음식을 먹어 보니 입맛에 딱 맞다. **2** 〔비〕생각에 맞다. 마음에 들다. [주로 부정형으로 쓰임] ¶他的话我听着不~。=그의 말은 듣기에 귀에 거슬린다.

【对胃口】**duì wèikǒu** 〔숙〕 마음에 들다. 입맛〔구미·생각〕에 맞다. ¶他的按排倒挺~。=그의 안배가 꽤 마음에 든다.

【对虾】**duìxiā** 〔명〕〔動〕 참새우의 일종. =【明虾】**míngxiā** 〔동〕 banana prawn

【对象】**duìxiàng** 〔명〕 **1** 대상. ¶研究~=연구 대상. **2** 〔비〕(연애·결혼의) 상대. ¶找~=결혼 상대를 찾다.

【对消】**duìxiāo** 〔동〕 상쇄(相殺)하다. ¶功过难以~。=공로와 과실은 상쇄하기 어렵다.

【对销】**duìxiāo** 〔동〕〔經〕 대응 구매하다. [주로 국제 무역에서 쌍방이 협약에 따라 서로 상대방에게 자국의 상품을 판매하는 것을 가리킴]

【对心思】**duì xīn·si** 〔숙〕 마음에 들다. 의중에 맞다. ¶她很会说话, 听着就是~。=그녀는 말을 아주 잘 해서, 들으면 정말 마음에 든다.

【对眼】**duìyǎn** 〔형〕 눈에 들다. 마음에 들다. ¶这些衣服看着没一件~的。=이 옷들은 보기에 마음에 드는 것이 한 벌도 없다. 〔명〕(~儿) ☞【内斜视】**nèixiéshì**

【对钥匙开锁】**duì yào·shi kāisuǒ** 〔숙〕 방법이 정확해서 문제가 쉽게 해결되다.

【对译】**duìyì** 〔동〕 대역하다. ¶英汉~=영·한〔중〕 대역.

【对弈】**duìyì** 〔동〕〔문〕 대국하다. 바둑을〔장기를·체스를〕 두다.

【对饮】**duìyǐn** 〔동〕 대작하다. 마주 앉아 술을 마시다. ¶举杯~=잔을 들어 대작하다.

【对应】**duìyìng** 〔동〕 대응하다. ¶~关系=대응 관계. 〔형〕 (어떤 상황에) 대응하는. (어떤 상황과) 상응하는. ¶~措施=상응〔대응〕 조치.

【对于】**duìyú** 〔개〕 …에 대해(서). …에 대하여. [동작이나 행위의 대상 또는 관련된 사람이나 사물을 이끌어 냄] ¶~不同意见我们要客观分析, 然后选择性地采纳。=이견(異見)에 대해서 우리는 객관적인 분석을 한 후 선택적으로 받아들여야 한다.

【对仗】**duìzhàng** 〔동〕 (시문(詩文)에서) 대구(對句)를 만들다. ¶律诗的二、三联要一工整。=율시의 2, 3연은 대구를 잘 갖추어야 한다. 〔명〕(言) 대구(對句).

【对照】**duìzhào** 〔동〕 **1** 대조하다. ¶把译文和原文~着审读。=번역문을 원문과 대조하면서 자세히 읽다. **2** (사람·사물을) 대비하다. 비교하다. ¶和学习好的同学~一下, 你会发现自己的很多不足。=공부 잘 하는 급우와 한번 비교해 보면, 너는 자신의 부족한 점을 많이 발견하게 될 것이다.

【对照表】**duìzhàobiǎo** 〔명〕 대조표.

【对折】**duìzhé** 〔동〕 **1** 반값으로 할인하다. ¶~出售=반값에 팔다. **2** 반으로 접다. ¶把纸~裁开。=종이를 반으로 접어 자르다. 〔명〕 50% 할인 〔세일〕. ¶打~=50% 할인하다.

【对着】**duì·zhe** 〔동〕 **1** …(으)로〔을·를〕 향하다. ¶窗户~街。=창은 거리로 향해 있다. **2** 대치〔경쟁〕하고 있다. ¶~使手段=대치한 채 수단을 사용하다.

【对着干】**duì·zhegàn** 〔동〕 **1** 상반된 행동으로 상대방을 반대하거나 무너뜨리다. 맞받아치다. 맞수를 두다. **2** 상대편과 같은 일을 경쟁적으로 하다.

【对着和尚骂贼秃】**duì·zhe hé·shang mà zéitū** 〔숙〕〔비〕 제3자를 비방하는 방식을 빌어 상대방을 정면에서 욕하다. 빗대어 욕을 하다.

【对阵】**duìzhèn** 〔동〕 **1** 〔軍〕 (교전을 위해) 진(陣)을 치다. 진영을 갖추다. 대치하다. ¶两军~=양군이 진영을 갖추다. **2** 〔비〕 (경기에서) 겨루다. 맞붙다. 싸우다. ¶两队多次~, 输赢各半。=두 팀이 여러 차례 겨루었는데, 승패는 반반이었다.

【对证】**duìzhèng** 〔동〕 (진실 여부를 증명하기 위해) 대조하다. 맞추어 보다. ¶死无~=죽은 자는 말이 없으니 사실을 밝힐 길이 없다. 진실을 영영 밝힐 길이 없다.

【对症】**duì ǁ zhèng** 〔동〕 병의 증상에 맞다. 병에 들어맞다. ¶吃这药不~。=이 약을 먹는 것은 증상에 맞지 않다.

【对症下药】**duìzhèng-xiàyào** 〔성〕 **1** 병의 증상에 따라 약을 처방하다. **2** 〔비〕 문제의 구체적인 상황에 맞추어 해결책을 마련하다. 사정에 따라 문제를 해결하다. ≒有的放矢 ↔无的放矢

【对质】**duìzhì** 〔동〕 **1** 〔法〕 대질하다. **2** 문제와 관련된 각 방면에서 맞추어 보다. ≒质对

【对峙】**duìzhì** 〔동〕 **1** 서로 마주 서다. ¶两峰~=두 봉우리가 서로 마주 서 있다. **2** 〔비〕 대치하다. 맞서다. ¶两军~=양군이 대치하다.

【对撞机】**duìzhuàngjī** 〔명〕〔物〕 正负电子对撞机(충돌형 가속기).

【对准】**duìzhǔn** 〔동〕 겨누다. 조준하다. 정확하게

맞추다. ¶钥匙要~锁孔. =열쇠를 구멍에 정확하게 맞추어야 한다.
【对酌】**duìzhuó** 동 대작하다.
【对子】**duì·zi** 명 1 대구(對句)의 어구〔글귀〕. ¶他很擅长对~。=그는 대구(對句)를 아주 잘 짓는다. 2 대련(對聯). ¶贴~=대련을 붙이다. 3 상대. 짝. ¶结~互帮互助。=짝을 지어 서로 서로 돕다.
【对嘴】**duìzuǐ** 동방 말다툼(말대답)하다. 쟁론〔논쟁·쟁변·말다툼〕하다.

## *兑 **duì** 바꿀 태

명 태괘. [8괘의 하나이며 '☱'으로, 연못을 상징함] 동 1 수표·어음 등으로 지불하거나 현금으로 바꾸다. ¶汇~。=환어음. 2 (오래 된 금·은 장식품을 금은방에 가서) 새 것으로 바꾸다. 3 (體) (장기에서) 자기의 짝을 상대의 대등한 짝과 맞바꾸다. ¶~马=마로 마를 맞바꾸다. 4 혼합하다. 섞다. 타다. ¶勾~=다른 술끼리 뒤섞다.

| | |
|---|---|
| 兑 | duì |
| 锐 | ruì |
| 蜕 | tuì |
| 税 | shuì |
| 说 | shuō |
| 阅 | yuè |
| 悦 | yuè |
| 脱 | tuō |

○● 拆chāi兑, 搀chān兑, 汇huì兑, 挤jǐ兑, 商兑, 匀yún兑, 折zhé兑

【兑付】**duìfù** 동 지불하다.
【兑换】**duìhuàn** 동 1 환전하다. ¶用人民币~美元。=런민비를 달러로 바꾸다. 2 현금으로 바꾸다. ¶~现金=현금으로 바꾸다.
【兑奖】**duì∥jiǎng** 동 (당첨된 복권이나 상품권을) 상품이나 상금으로 바꾸다.
【兑取】**duìqǔ** 동 (증권·수표·어음 등을) 현금으로 바꾸다.
【兑现】**duìxiàn** 동 1 (수표·어음 등을) 현금으로 바꾸다. ¶~支票=수표를 현금으로 바꾸다. 2 결산 때 현금을 지급하다. ¶年终~, 拿了三千元奖金。=연말 결산 때, 장려금 3,000위안을 현찰로 받았다. 3 비 약속을 실행하다〔이행하다〕. ¶~承诺=약속을 실행하다.

## 怼[懟] **duì** 원망할 대

동문 원한을 품다. ¶怨~=원망하다.

## 敦[(敦)] **duì** 제기 대

명 고대의 곡식을 담는 그릇.
☞ **dūn**

## 碓 **duì** 방아 대

명 디딜방아.

○● 石碓, 水碓

【碓杵】**duìchǔ** 명 방앗공이.
【碓房】**duìfáng** 명 방앗간. 정미소. =【碓屋】**duìwū**
【碓臼】**duìjiù** 명 방아확.
【碓窝】**duìwō** 명〔子〕 방아확.
【碓屋】**duìwū** ☞【碓房】**duìfáng**

## 镦[錞] **duì** 물미 대

명문 물미. [깃대나 창대 따위의 끝에 끼우는 금속제]
☞ **chún**

## 憝 **duì** 원망할 대

동문 원한을 품다. 원망하다. 형문 악하다. 나쁘다. ¶元恶大~=매우 악독하고 나쁘다.

## 镦[鐓] **duì** 물미 대

명 '錞(duì)'와 같음.
☞ **dūn**

# dun

## **吨[噸] dūn** 톤 둔

양 1 (중국식) 톤(ton). ['1吨'은 1,000kg임] 2 외 (영국식·미국식) 톤(ton). [영국의 '1吨'은 '1016.05kg'이고, 미국식의 '1吨'은 '907.18'kg임] 3 양 등록톤(순톤수(N/T, net tonnage). [배의 총톤수에서 기관실·선원실 등과 같은 선박 운항에 직접 사용되는 부분을 제외하고, 여객 및 화물을 적재하는 장소의 용적을 나타내는 단위] 4 톤. [선박 운송에서 화물의 체적에 따라 운송비를 계산하는 단위]

○● 美吨, 英吨

【吨公里】**dūngōnglǐ** 양 톤 킬로미터(ton kilometer). 톤 킬로. [화물의 수송량을 나타내는 단위. 수송된 화물의 톤수에 수송된 거리를 곱하여 나타냄. 예컨대 '1톤'의 화물을 '1킬로미터' 운반하는 것을 '一吨公里'라고 함]
【吨海里】**dūnhǎilǐ** 양 톤 해리. [해운 화물의 수송량을 나타내는 단위. 수송된 화물의 톤수에 수송된 거리를 곱하여 나타냄. 예컨대 '1톤'의 화물을 '1해리' 운반하는 것을 '一吨海里'라고 함]
【吨级】**dūnjí** 명 톤수. ¶天津港15万~航道一期工程=톈진항의 15만톤급 항로 제1기 공사.
【吨时】**dūnshí** 양 톤 아워(t/h). [화물의 수송량을 나타내는 단위. '1톤'을 '1시간' 동안 운반하는 것을 '一吨时'라고 함]
【吨位】**dūnwèi** 명 최대 적재량. 제한 중량. 양 순톤수(N/T, net tonnage). 등록 톤수(register tonnage). [배의 총톤수에서 기관실·선원실 등과 같은 선박 운항에 직접 사용되는 부분을 제외하고, 여객 및 화물을 적재하는 장소의 용적을 나타내는 단위]

## 惇[憞] **dūn** 돈독할 돈

형문 돈후하다. 돈독하다. 독실하다.
【惇笃】**dūndǔ** 형문 믿음직하다. 독실하다.

## *敦[(敦)] **dūn** 도타울 돈

형 성실하다. 진실하다. ¶为人~厚=사람됨이

돈후하다. 동 독촉하다. ¶再三~促 = 재삼 독촉하다. 명 (Dūn) 성 (姓).
☞ duì
【敦促】dūncù 동 독촉하다. 재촉하다. ¶一再~ = 거듭 독촉하다. ≒督促 催促
【敦敦实实】dūn·dun shíshí (~的) 형 다부지다. 옹골차다. 야무지다.
【敦厚】dūnhòu 형 돈후하다. 돈독하다. 독후하다. ¶生性~ = 품성이 돈후하다. ≒忠厚
【敦煌】Dūnhuáng 명 (地) 둔황. [간쑤(甘肅)성에 있는 지명]
【敦煌石窟】Dūnhuáng Shíkū 명 (地) 1 둔황 스쿠. 돈황 석굴. [간쑤(甘肅)성에 있는 석굴이름. 막고굴(莫高窟)·천불동(千佛洞)·유림굴(榆林窟) 등으로 이루어진 석굴군(石窟群)의 총칭] 2 막고굴(莫高窟).
【敦睦】dūnmù 동(문) 친밀하게 하다. 화목하게 하다. 돈독하게 하다. ¶~邦交 = 국교를 친밀하게 하다.
【敦聘】dūnpìn 동(문) 정중히 초빙하다. ¶高薪~ = 높은 보수로 정중히 초빙하다.
【敦请】dūnqǐng 동 정중히 초빙하다 [부탁하다]. 간청하다. ¶~专家莅临指导 = 전문가를 정중히 초청하여 현장 지도를 받다.
【敦劝】dūnquàn 동 간절하게 권고하다. ¶以礼~ = 예의를 갖춰 간절하게 권고하다.
【敦实】dūn·shi 형 다부지다. 옹골차다. 야무지다. ¶这孩子长得很~ = 이 아이는 아주 다부지게 생겼다.

○ 敦 dūn
墩 dūn
镦 dūn
礅 dūn
憞 duì
暾 tūn

## 墩 [墪] dūn 돈대 돈

명 1 돈대(墩臺). 흙더미. ¶土~ = 흙더미. 2 (~儿) 크고 두터운 나무 혹은 돌. 받침돌. 树~ = 나무 그루터기. 3 그루터기처럼 생긴 의자. ¶坐~ = 그루터기처럼 생긴 의자에 앉다. 4 (풀·나무 등의) 덤불. ¶草~子 = 풀덤불. 명 무더기. 다발. ¶一~荆条 = 가시나무 한 무더기. 동 (대걸레 등으로) 닦다. 쓸다. ¶在把院子~一遍. = 정원을 한바탕 쓸고 있다.

○- 门墩, 桥墩, 矮ǎi墩墩, 厚墩墩, 胖墩墩

【墩布】dūnbù ☞ 【拖把】tuōbǎ
【墩子】dūn·zi 명 크고 두터운 돌 혹은 나무. ¶菜~ = 도마. / 石~ = 받침돌.

## 撴 dūn 잡을 돈

동(방) 꽉 잡다. ¶~住他, 别撒手. = 그를 꽉 잡고 놓치지 말아라.

## 獤 [驐] dūn 짐승 불깔 돈

동(방) 거세(去势)하다. ¶~牛 = 소를 거세하다.

## 礅 dūn 반석 돈

명 평평한 돌. 반석(盤石). ¶石~ = 돌 의자. / 桥~ = 교각.

## 镦 [鐓] dūn 창고달 대

동 1 금속판에 압력을 가하여 성형하다. 2 '墩(dūn)' 과 같음.
☞ duì

## 蹲 dūn 놓을 돈

동(방) (땅에 마대 등을) 거칠게 툭툭 내려다(놓다). ¶把麻袋~一~, 多装点儿. = 마대를 툭툭 내려서 더 많이 담아라.

## **蹲 dūn 쭈그릴 준

동 1 쪼그리고 앉다. 웅크리고 앉다. ¶两人~在路边闲谈. = 두 사람은 길가에 쪼그리고 앉아 한담을 한다. 2 (집에서) 한거(闲居)하다. 틀어박혀 있다. ¶他老~在屋里, 很少出门. = 그는 늘 집에 틀어박혀 있어서, 외출이 드물다. 3 감금당하다. ¶~班房 = 구치소에 감금당하다.
☞ cún

【蹲班】dūn‖bān 동 유급하다. ¶他今年蹲了一班, 还在读五年级. = 그는 올해 유급당해서 아직 5학년에서 공부하고 있다.
【蹲膘】dūn‖biāo (~儿) 동 1 (동물을) 잘 먹이고 활동량을 줄여 살찌우다. 비육(肥肉)하다. ¶催肥~ = (가축을) 비육하다. 2 (사람이) 잘 먹고 활동을 안 해서 비만해지다. ¶他每天吃了睡, 睡了吃, 在家~. = 그는 매일 먹고 자고, 자고 먹기만 해서, 집에서 살만 찌우고 있다.
【蹲点】dūn‖diǎn 동 (말단 부서의 현장에 가서) 실제로 작업에 참가하고 조사하고 연구하다. ¶下乡~ = 농촌에 가서 작업에 참가하면서 조사 연구하다.
【蹲伏】dūnfú 동 1 쪼그리고 앉다. ¶孩子们~在地上玩蚂蚁. = 아이들이 땅에 쪼그리고 앉아서 개미를 가지고 논다. 2 (몸을) 웅크리고 앉아서 지키다.
【蹲坑】dūnkēng (~儿) 동 1 (형사 등이) 잠복근무하다. 2 대소변을 보다. 명 똥통. 변기.
【蹲苗】dūnmiáo 동(农) 싹이 튼 농작물이 뿌리를 깊게 내리고 잎이 튼튼하게 자라도록 일정 기간 동안 비료와 물을 조절하면서 흙을 꼭꼭 다져 주다.
【蹲守】dūnshǒu 동 1 (모처를) 장시간 지키다. 2 (형사 등이) 잠복 근무하다.

## 伔 dǔn 흙덩이 돈

【伔子】dǔn·zi 명(방) 1 평평하고 큰 돌. 2 (질그릇을 만드는) 점토덩이.

## *盹 dǔn 졸 순

명 (~儿) 선잠. 졸음. ¶打~儿 = 졸다. ≒瞌

○- 冲chòng盹儿

## 趸 [躉] dǔn 거룻배 돈

형 도매의. ¶~买~卖 = 도매업을 하다. 동 (팔기 위해) 도매로 사들이다. ¶现~现卖 = 공장이나 도매상에서 받아 바로 되팔다.

【趸船】 **dǔnchuán** 图 (부두에서) 잔교(栈橋)로 쓰는 작은 배.

【趸价】 **dǔnjià** 图 도매가격.

【趸买】 **dǔnmǎi** 图 도매로 사다.

【趸卖】 **dǔnmài** 图 도매로 팔다. ↔零售

【趸批】 **dǔnpī** 图 도매(방식)의. ¶~出售=도매로 팔다.

\***囤 dùn** 곳집 돈

图 통가리. ¶粮食~=곡물 통가리.
☞ tún

**沌 dùn** 어두울 돈
☞ 【混沌】 hùndùn
☞ Zhuàn

**炖 dùn** 삶을 돈

图 **1** (고기 등을) 푹 고다. 푹 삶다. [조리법의 일종] ¶萝卜~牛肉=무에 소고기를 넣고 푹 끓이다. **2** 데우다. 덥게 하다. ¶~酒=술을 데우다.
≒煮. 熬(āo)

**砘 dùn** 다질 돈

图 롤러(roller). [파종 후 덮은 흙을 다지는 농기구] ¶石~=돌 롤러. 图(农) (파종 후 흙을 덮고) 다지다. ¶~地=롤러로 땅을 다지다.

【砘子】 **dùn·zi** 图(农) 롤러(roller). [파종 후 덮은 흙을 다지는 농기구]

\***钝[鈍] dùn** 무딜 둔

图 **1** 무디다. ¶这把镰刀太~了。=이 낫은 너무 무디다. **2** 우둔하다. 멍청하다. ¶迟~=굼뜨고 우둔하다. ↔快 利 锐

○◆ 顽 **wán** 钝

【钝化】 **dùnhuà** 图 **1** (칼날 등이) 무뎌지다. **2**(비) 투지가 약해지다〔꺾이다〕. ¶他早年的锐气早已~了。=그의 젊은 날의 날카로운 기세는 일찌감치 무뎌졌다. **3**(비) 모순〔충돌〕이 격화되지 않고 완화되는 쪽으로 변하다. **4** 공업에서 금속이 양극 산화나 화학 처리 과정을 거친 뒤, 그 성질이 활성에서 비활성 상태로 변하다.

【钝角】 **dùnjiǎo** 图(数) 둔각. [90°보다는 크고 180°보다는 작은 각] ↔锐角

【钝器】 **dùnqì** 图 둔기.

【钝响】 **dùnxiǎng** 图 펑. 퍽. 쿵. 쾅. 털썩. [둔탁한 소리] ¶随着一声~，焰火在空中绚丽绽放。=한 번 펑 하는 소리에 뒤따라 불꽃이 공중에서 화려하게 터졌다.

【钝滞】 **dùnzhì** 图 **1** 멍청하다. 흐리멍덩하다. ¶目光~=눈빛이 흐리멍덩하다. **2** 예리하지 못하다. 무디다. ¶这把刀十分~。=이 칼은 굉장히 무디다. **3** 지체되고 느리다. ¶用兵~=군대 지휘가 지체되고 느리다.

【钝拙】 **dùnzhuō** 图图 우둔하다. ¶生性~=천성이 우둔하다.

\***盾 dùn** 방패 순

图 **1** 방패. ¶拿刀执~=칼을 들고 방패를 잡다. **2** 방패 모양의 물건. ¶金~=금으로 만든 방패 모양의 물건. 图(영) **1** 길더(guilder). [네덜란드의 옛날 본위 화폐 단위] **2** 루피아(rupiah). 동(dong). [인도네시아·베트남 등 동남아시아의 본위 화폐 단위] ↔矛

○ 盾 dùn
遁 dùn
循 xún

○◆ 后盾，矛máo盾

【盾牌】 **dùnpái** 图 **1** 방패. **2**(비) 평계. 변명. ¶你拿我当~没有用，别人不信。=네가 나를 평계 삼아도 소용 없어, 다른 사람들이 믿질 않으니.

\***顿[頓] dùn** 조아릴 돈

图 **1**(書) (머리를) 땅에 닿도록 조아리다. ¶晚辈~首。=후배가 머리를 조아리다. **2** (발을) 구르다. ¶捶胸~足=가슴을 치며 발을 동동 구르다. **3**(書) 주둔하다. ¶~师城外=군사들을 성 밖에 주둔시키다. **4** 잠시 멈추다. 잠깐 쉬다. ¶他~了一下，又接着讲刚才的故事。=그는 잠깐 쉬고 나서 방금 전에 하던 이야기를 이어나갔다. **5** 처리하다. 안치하다. ¶安~=안치하다. / 整~=정돈하다. **6**(艺) (서예에서 붓심을 주기 위해) 붓을 힘주어 종이에 대고 잠시 움직이지 않다. ¶横的起笔和收笔都要~一~。=가로획은 붓을 댈 때와 거둘 때 힘을 좀 주고 잠시 멈추어야 한다. 图 즉시. 돌연히. 문득. 갑자기. ¶茅塞~开=모르고 있던 이치를 갑자기 깨닫다. 생각이 갑자기 탁 트이다. 图 피곤하다. 피로하다. ¶劳~=피로하다. / 困~=몹시 피곤하다. 图 번. 차례. 끼. 바탕. [식사·질책·권고 등을 세는 단위] ¶挨一~批=한바탕 욕을 먹다. / 一天吃三~饭。=하루에 세 끼 식사를 하다. 图 **1**(書) 숙식하는 장소. **2** (Dùn) 성(姓).
☞ dú

○◆ 疲 **pí** 顿，停顿，委顿

【顿挫】 **dùncuò** 图 (어조·음률·필세 등이) 멈추고 바뀌다. ¶抑扬~=소리의 높낮이와 곡절이 조화롭고 리드미컬하다.

【顿号】 **dùnhào** 图(言) 모점. ['、'로 표시하며, 문장에서 병렬 관계인 단어 또는 구 사이의 멈춤을 나타냄]

【顿减】 **dùnjiǎn** 图 갑작스레 줄다. ¶收入~=수입이 갑작스레 줄었다.

【顿脚】 **dùnjiǎo** 图 발을 동동 구르다. ¶她急得直~。=그녀는 급해서 발을 동동 굴렀다.

【顿觉】 **dùnjué** 图 문득(즉시) 느끼다. ¶雨后~空气清新了许多。=비가 내린 뒤 공기가 아주 깨끗해졌다는 것을 바로 느꼈다.

【顿开茅塞】 **dùnkāi-máosè** ☞【茅塞顿开】 **máosè-dùnkāi**

【顿然】 **dùnrán** 图 갑자기. 문득. 별안간. 느닷없이. ¶~醒悟=문득 깨닫다.

【顿时】 **dùnshí** 图 갑자기. 곧바로. 바로. 문득.

일시에. [단지 지나간 사실을 서술하는 데에만 쓰임] ¶听到裁员的消息，大家~议论开了。=감원 소식을 듣자, 모두들 바로 논의하기 시작하였다. ↔渐渐

【顿首】**dùnshǒu** 동 머리를 조아리다. [주로 편지의 첫머리나 끝에 상대편에게 경의를 표하기 위하여 쓰는 인사말]

【顿悟】**dùnwù** 동 1 (佛) 망상을 깨고 교리의 참뜻을 문득 깨닫다. 2 갑자기〔문득〕깨닫다. ↔渐悟

【顿足】**dùnzú** 동 발을 동동 구르다.

【顿足捶胸】**dùnzú-chuíxiōng** ☞【捶胸顿足】**chuíxiōng-dùnzú**

# 遁[(遯)] **dùn** 달아날 둔

동 1 도망치다. 달아나다. ¶远~=멀리 도망치다. 2 숨다. 사라지다. ¶隐~=은둔하다.

○● 水遁

【遁避】**dùnbì** 동문 회피하다. 도피하다.

【遁藏】**dùncáng** 동 도망하여 숨다. 은신하다. ¶四处~=사방으로 도망쳐 숨다.

【遁词】〔遁辞〕**dùncí** 동 핑계〔변명·발뺌〕하는 말. 꾸며 대는 말.

【遁辞】**dùncí** ☞【遁词】**dùncí**

【遁化】**dùnhuà** 동 (道) 죽다. 사망하다.

【遁迹】**dùnjì** 동문 종적을 감추다. 은둔하다. 은거하다. ¶潜形~=종적을 감추다.

【遁入空门】**dùnrù-kōngmén** 성 속세를 떠나 불문(佛門)에 들어가다.

【遁世】**dùnshì** 동문 속세를 떠나 은거하다. 세상을 등지다. ¶~绝尘=속세의 인연을 끊고 은둔하다.

【遁逃】**dùntáo** 동문 도망쳐 숨다. 도피하다.

【遁形】**dùnxíng** 동문 모습을 감추다. 몸을 감추다.

【遁走】**dùnzǒu** 동문 도주하다. 도망치다. 달아나다. ¶~他乡=타향으로 도망치다.

# 楯 **dùn** 방패 순

명문 '盾(dùn)'과 같음.
☞ **shǔn**

# duo

## 多 **duō** 많을 다

형 1 (수량이) 많다. ¶凶~吉少=흉조가 많고 길조는 적다. / 见~识广=식견이 넓다. 2 지나치다. 쓸데없다. ¶不必~心=지나친 걱정을 하지 마라. / 不要~嘴=수다떨지 마라. 3 훨씬. 월등히. ¶他的成绩比我好~了。=그의 성적은 나보다 훨씬 좋다. 동 1 초과하다. 증가하다. 늘어나다. 많아지다. ¶~一个朋友~条路。=친구가 많아지

○● 多 duō
移 yí
侈 chǐ
眵 chī
哆 diē

면 방법도 많아진다. 2 (돈이) 남다. ¶带的钱刚够，一点儿也没~。=지닌 돈이 딱 맞아서 하나도 남질 않는다. ᄆ 1 얼마나. [의문문에 쓰여 정도를 나타냄] ¶你今年~大岁数了？=당신은 올해 연세가 얼마나 되십니까? 2 얼마만큼. 얼마큼. [어느 정도를 가리킴] ¶大家有~大本事就使~大本事。=여러분들, 재능이 얼마 정도 있다면 그만큼 마음껏 발휘하세요. 3 얼마나. 아무리. 제아무리. [감탄문에 쓰여 정도가 매우 높음을 나타냄] ¶你想想，中国经济的发展~快呀！=중국의 경제 발전이 얼마나 빠른지 너 생각해 봐! 주 (수량사 뒤에 쓰여) … 남짓. …여. ¶二十~岁了=20여 세 되다. / 出国三年~了。=출국한 지 3년 남짓 되었다. 명 (Duō) 성(姓). ↔少 寡

○● 大多, 繁fán多, 几多, 居jū多, 许多, 至多, 众zhòng多, 诸zhū多

【多般】**duōbān** 형 갖가지. 가지가지. 여러 가지. 제반. ¶虽身经~磨难但他依然矢志不渝。=비록 갖가지 고난을 몸소 겪으면서도 그는 여전히 자신의 뜻을 굽히지 않았다.

【多半】**duōbàn** (~儿) 수 대다수. 대부분.

【多一半】**duōyībàn** ¶他的提议得到~人的支持。=그의 제의는 대다수의 지지를 얻었다. 부 대개. 대체로. 아마. ¶天阴沉沉的，~是要下雨了。=하늘이 우중충한 것이 아마 비가 내리려는 것 같다.

【多宝槅】**duōbǎogé** 명 (많은 칸으로 이루어져) 골동품·귀금속·공예품 등을 전시하는 진열장. = 【多宝架】**duōbǎojià**

【多宝架】**duōbǎojià** ☞【多宝槅】**duōbǎogé**

【多边】**duōbiān** 형 1 다각〔다변〕적인. 2 다국(多國)적인. 다자(多者)적인. ¶~会谈=다국〔다자〕회담.

【多边贸易】**duōbiān màoyì** 명 (經) 다변적〔다국적〕무역.

【多边形】**duōbiānxíng** 명 (數) 다변형. 다각형. 여러모꼴.

【多变】**duōbiàn** 동 다변하다. 변덕스럽다. 변화가 많다. ¶天气~=날씨가 변덕스럽다.

【多辩】**duōbiàn** 형문 언변이 뛰어나다. ¶擅思~=생각을 잘 하고 언변이 훌륭하다.

【多病】**duōbìng** 동 병이 많다. 병약하다. ¶身体~=몸이 병약하다.

【多才】**duōcái** 동 다재하다. 재주가 많다. ¶他不仅~，而且动手能力强。=그는 재주가 많을 뿐 아니라 실행 능력도 강하다.

【多才多艺】**duōcái-duōyì** 성 다양한 재능을 가지고 있다. 다재다능하다.

【多彩】**duōcǎi** 형 1 다채롭다. 2 (내용·특징 등이) 다양하다. 다채롭다. ¶生活多姿~。=생활이 다채롭다.

【多层】**duōcéng** 형 다방면의. 여러 가지의. ¶这段文字有~意思。=이 단락의 글은 여러 가지 의미가 있다.

【多层住宅】**duōcéng zhùzhái** 명 (建) 고층 주택.

【多产】duōchǎn 圈 1 생산〔생육〕이 많다. 다산하다. 2 웹 창작한 문예 작품이 많다. ¶~作家=다산〔다작〕 작가.
【多吃多占】duōchī-duōzhàn ⑩ 권력을 가진 자가 부당하게 자기 몫 이상의 이권을 차지하다. 탐욕스럽게 집어삼키다.
【多重】duōchóng 圈 다중의. 다층의. ¶~身份=다중적 신분.
【多愁善感】duōchóu-shàngǎn ⑩ 늘 애수에 잠기고 감상적이다. ↔无忧无虑
【多此一举】duōcǐyìjǔ ⑩ 불필요한〔부질없는〕 짓을 하다. 쓸데없는 짓이다.
【多次】duōcì 圈 여러 번의. 다수의. ¶~协商=여러 번 협상하다.
【多党制】duōdǎngzhì 图(政) 1 다수정당제. 다당제. 2 정당연합제. [하나의 다수당이 다른 정당들과 연합하여 공동으로 집권하는 제도]
【多动症】duōdòngzhèng 图(醫) (아동기 장애의 일종인) 과잉 행동이 수반되는 주의 결함 장애(ADD-H). 과잉 활동증.
【多端】duōduān 圈 다양하다. 복잡하다. ¶变化~=변화가 다양하다.
【多】duōduō 圈 많다. 충분하다. ¶得益~=이익이 많다. 图 널리. 많이. 대단히. 충분히. 거듭. ¶招待不周, ~包涵. =접대가 부족하더라도 널리 양해해 주십시오.
【多多少少】duōduō shǎoshǎo 图 많든 적든 간에. 다소간. 얼마간. ¶他的话~有点儿道理. =그의 말에 다소 일리가 있다.
【多多益善】duōduō-yìshàn ⑩ 다다익선이다. 많으면 많을수록 좋다.
【多发】duōfā 圈 다발적이다. ¶这里是交通事故~地段. =이 곳은 교통 사고 다발 지역이다.
【多发病】duōfābìng 图(醫) 다발성 질환.
【多发性】duōfāxìng 图 다발성. [주로 부사로 쓰임] ¶~疾病=다발성 질환.
【多方】duōfāng 图 다방면. 갖은 방법. 다각도. ¶~打听=여러 모로 알아보다.
【多方面】duōfāngmiàn 圈 다방면의. 다각도의. ¶我们需要具有~能力的综合型人才. =우리는 다방면의 능력을 갖춘 전인적인 인재를 필요로 한다.
【多福多寿】duōfú-duōshòu ⑩ 다복하고 장수하다. [주로 축원할 때 쓰임]
【多哥】Duōgē 웹(地) 토고(Togo). [수도는 '洛美(로메: Lome)' 임]
【多功能】duōgōngnéng 圈 다용도의. 다기능의. ¶~词典=다기능 사전.
【多寡】duōguǎ 图 다소. 많고 적음. ¶~悬殊=많고 적은 차이가 아주 심하다.
【多管闲事】duōguǎn-xiánshì ⑩ 쓸데없는 일에 참견하다. 부질없이 참견하다.
【多国公司】duōguó gōngsī ☞【跨国公司】kuàguó gōngsī
【多汗症】duōhànzhèng 图(醫) 다한증.
【多会儿】duō‧huìr 떼 1 언제. 어느 때. ¶你们~认识的? =너희들은 언제 알게 된 거야? 2 언제든지. ¶不着急, 你~来都行. =조급해 하지 마라, 너는 언제든지 와도 되니까. 3 언제. [반어로 쓰여 상대편 의견을 부정함] ¶我~说过这样的话? =내가 언제 이런 말을 한 적 있어? 4 얼마 되지 않아. ['没' 와 이어 쓰여 시간이 오래되지 않음을 나타냄] ¶进屋没~, 他就来电话了. =집에 들어간 지 얼마 되지도 않아 그에게서 곧 전화가 왔다.
【多极】duōjí 圈 다극의. 다원적인. 다방면의. ¶~世界=다원적 세계.
【多娇】duōjiāo 圈 (자태가) 아름답다. 수려하다. 웅장하다. 뛰어나다. ¶江山~=강산이 수려하다.
【多晶体】duōjīngtǐ 图(物) 다결정체.
【多久】duōjiǔ 떼 1 얼마나 오래. 얼마 동안. [주로 시간의 정도를 물을 때 쓰임] ¶电影开始~了? =영화가 시작된 지 얼마나 되었나요? 2 오랫동안. 아주 오래. 장기간. 한참 동안. ¶我和他也是~不见了, 不知道他近况如何. =나도 그와 오랫동안 만나지 못해서, 그의 근황이 어떠한지 모르겠다. 3 얼마가 지나든 간에. 얼마가 지나더라도. 제아무리 오래 되어도. ¶美好的回忆~也忘不了. =아름다운 추억은 얼마가 지나든 간에 잊을 수가 없다. 4 얼마 되지 않아. ['没' 와 이어 쓰여 시간이 오래 되지 않음을 나타냄] ¶他来了没~就回去了. =그는 온 지 얼마 되지 않아 곧 돌아갔다.
【多口相声】duōkǒu xiàng‧sheng 图(藝) 다인(多人) 만담. [여러 사람이 출연하는 만담] =【群口相声】qúnkǒu xiàng‧sheng
【多亏】duōkuī 圈 은혜를 입다. 덕택이다. ¶~你帮忙, 不然这事办不成. =네가 도와 준 덕택이지, 그렇지 않았더라면 이 일은 처리하지 못했을 것이다.
【多劳多得】duōláo-duōdé ⑩ 일을 많이 하면 소득도 많다.
【多棱镜】duōléngjìng 图 1 프리즘. 2 삼각프리즘.
【多礼】duōlǐ 圈 지나치게 정중하다. 과도하게 예의를 차리다. ¶不必~=너무 예의를 차릴 필요는 없다.
【多虑】duōlǜ 图 지나치게 걱정을 하다. ¶他只是随口说说, 没别的意思, 你不要~. =그는 단지 마음 내키는 대로 말을 하였을 뿐 다른 뜻은 없으니, 너는 지나치게 걱정하지 말아라.
【多么】duō‧me 图 1 얼마나. [감탄문에서 정도가 심함을 나타냄] ¶这些天过得~愉快呀! =요 며칠 정말 유쾌하게 보냈다! 2 얼마나. 어느 정도. [의문문에서 정도를 나타냄] ¶这个村子离县城有~远? =이 마을은 현(縣)정부 소재지에서 얼마나 멉니까? 3 아무리. [심한 정도를 나타냄] ¶不管有~困难, 我们都要想办法坚持下去. =아무리 고생스럽다 하더라도 우리는 방법을 강구해서 견뎌 내야만 한다.
【多媒体】duōméitǐ 图 멀티미디어(multimedia).
【多媒体技术】duōméitǐ jìshù 图 멀티미디어 기술.

【多米尼加】Duōmǐníjiā 명외(地) 도미니카공화국(The Domminican Republic). [수도는 '圣多明各(산토도밍고 : Santo Domingo)'임]
【多米尼克】Duōmǐníkè 명외(地) 도미니카연방(Commonwealth of Dominica). [수도는 '罗索(로조 : Roseau)'임]
【多米诺骨牌】duōmǐ·nuò gǔpái 명 1 도미노(domino). [18세기에 유럽에서 발명됨] 2 비 도미노 현상. 연쇄 반응.
【多面手】duōmiànshǒu 명 만능인.
【多面体】duōmiàntǐ 명(數) 다면체.
【多谋善断】duōmóu-shànduàn 성 지략이 뛰어나고 판단이 정확하다.
【多幕剧】duōmùjù 명(劇) 장막극(長幕劇).
【多难】duōnàn 형 어려움이 많다. 다난하다. ¶~之时=다난한 시대.
【多难兴邦】duōnàn-xīngbāng 성 나라에 재난이 많을 때는 국민들이 분발하여 나라를 부강하게 한다.
【多瑙河】Duōnǎohé 명(地) 다뉴브(Danube) 〔도나우(Donau)〕강. [독일의 남서부에서 흘러 흑해로 들어가는, 유럽에서 두 번째로 긴 강]
【多年】duōnián 명 여러 해. 오랜 세월. 다년간. ¶~的交情=다년간의 우정.
【多年的路走成河, 多年的媳妇熬成婆】duōnián·de lù zǒu chéng hé, duōnián·de xífù áo chéng pó 속 1 길도 오래 되면 강이 되고, 며느리 생활도 오래하면 시어머니가 된다. 2 비 여러 해 동안의 경험을 쌓아 최고 자리에 오르다.
【多年生】duōniánshēng 형(植) 다년생의. ¶~植物=다년생 식물.
【多普勒效应】Duōpǔlè xiàoyìng 명(物) 도플러 효과(doppler 效應).
【多歧亡羊】duōqí-wángyáng 성 1 갈림길이 많아 찾던 양을 마침내 잃고 말다. 2 비 주장이나 방법이 너무 많아 핵심을 잡지 못해서 도리어 일을 그르치다.
【多钱善贾】duōqián-shàngǔ 성 자본이 많으면 장사하기 쉽다. 돈이 많은 사람은 장사를 하기가 쉽다.
【多情】duōqíng 형 다정하다. 정이 많다. 감정이 풍부하다. ¶自作~=혼자 사랑에 빠지다. 짝사랑하다. ↔无情 薄情
【多渠道】duōqúdào 명 다방면. 여러 경로. ¶~拓展业务=여러 경로로 업무를 확대하다.
【多日】duōrì 명문 여러 날. 오랫동안. ¶~不见=오랫동안 못 만나다. 대문 며칠. ¶你回来~了？=네가 돌아온 지 며칠이나 되었니?
【多如牛毛】duōrúniúmáo 성비 쇠털같이 많다. 헤아릴 수 없을 만큼 많다.
【多少】duōshǎo 문 1 얼마간. 약간. 다소. 좀. ¶~吃一点=다만 얼마라도 좀 드세요. 2 좀. 조금. 약간. ¶气氛~有点紧张。=분위기가 약간 긴장되었다. 명 (수량의) 많고 적음. 다수. 약간. 양. 액. 분량. ¶每月的收入~不等。=매월 수입액이 일정하지 않다. 비 셀 수 없을 만큼 많다. (수량이) 무수히 많다. ¶~楼台烟雨中。=

【多少】duō·shao 대 1 얼마. 몇. ¶今天来了~人？=오늘 몇 사람이 왔습니까? 2 얼마. [일정하지 않은 수량을 나타냄] ¶他急等用钱, 大家能凑~是~。=그가 돈을 급히 쓸 데가 있으니, 모두를 모을 수 있는 대로 모읍시다.
【多神教】duōshénjiào 명(宗) 다신교.
【多时】duōshí 명 오랫동안. 장시간. ¶等候~=오랫동안 기다리다.
【多事】duō‖shì 동 1 쓸데없는 일을 하다. 필요 이상의 일거리를 만들다. ¶他决心已定, 你就不必~再去劝他了。=그가 결심을 굳혔으니, 너는 다시 가서 그에게 권고하는 쓸데없는 일을 할 필요가 없다. 2 쓸데없이 참견하다. 불필요한 일을 벌이다. ¶他总爱~, 到处惹祸。=그는 언제나 쓸데없이 참견하기를 좋아해서, 가는 곳마다 일을 저지른다.
【多事之秋】duōshìzhīqiū 성 1 다사다난한 시기. 2 비 안정되지 못하고 혼란한 정국.
【多是】duōshì 부 1 아마도 …이다. 대개 …이다. ¶~如此吧！=아마도 이렇겠지요! 2 대부분 …이다. ¶他一年到头~在外奔波。=그는 1년 내내 거의 타지에서 동분서주하며 살아간다. 3 비 모두. ¶孩子的坏脾气~父母给惯出来的。=아이의 나쁜 성질은 모두 부모가 습관을 들인 것이다.
【多手多脚】duōshǒu-duōjiǎo 성 쓸데없이 손을 대다.
【多数】duōshù 명 다수. ¶~人赞同他的观点。=다수가 그의 관점에 찬동한다. ↔少数
【多思】duōsī 동 생각을〔사고를〕 많이 하다. 두루 많이 생각하다. ¶~才能有好的创意。=생각을 많이 해야 비로소 훌륭한 창의가 나올 수 있다.
【多思多虑】duōsī-duōlǜ 성 생각을 많이 하다. 여러 모로 생각하다. 걱정을 많이 하다.
【多头】duōtóu 형 여러 방면의. 다방면의. ¶~联系=다방면으로 연락하다. 명(經) (증권 시장 등에서 시세가 오를 것을 예상하여 대량으로 주식을 구매하는) 사는 쪽. 강세 쪽. ↔空头
【多退少补】duōtuì-shǎobǔ 성 남으면 환불하고 부족하면 보충하다.
【多维】duōwéi 형 다차원의. 복합적인 요소의. 다방면의. ¶~影视画面=다중 매체의 영화나 텔레비전의 화면.
【多位数】duōwèishù 명(數) 복수. [두 자리 이상의 수]
【多向】duōxiàng 형 여러 방향의. 다방면의. 다각도의. ¶~经营=다방면의 경영.
【多项式】duōxiàngshì 명(數) 다항식.
【多谢】duōxiè 동 대단히 감사합니다. ¶~关照=보살펴 주셔서 대단히 감사합니다.
【多心】duō‖xīn 동 멋대로 의심하다. 민감하게 반응하다. 공연한 걱정을 하다. ¶你别~, 我不是说你。=너는 멋대로 의심하지 말아라, 내가 너를 말한 게 아니니까.
【多芯电缆】duōxīn diànlǎn 명(電) 멀티코어

케이블(multicore cable).
【多行不义】**duōxíng-bùyì** [성] 나쁜 짓을 많이 저지르다.
【多行不义必自毙】**duō xíng bùyì bì zì bì** [속] 나쁜 짓을 많이 저지르면 끝내는 죽음을 자초하게 된다.
【多选题】**duōxuǎntí** [명][약] 多项选择题(객관식 다답형).
【多言】**duōyán** [동] 말을 많이 하다. 수다를 떨다. ¶不必~, 他自有分寸。=더 이상 말이 필요없다, 그도 스스로 생각하는 바가 있을 테니.
【多言多语】**duōyán duōyǔ** [성] 말을 많이 하다. 말이 많다. 수다떨다.
【多样】**duōyàng** [형] 다양하다. ¶品种~=품종이 다양하다.
【多样化】**duōyànghuà** [동] 다양화하다. ¶产品逐渐实现~。=상품은 점점 다양화되어 간다.
【多一半】**duōyībàn** ☞【多半】**duōbàn**
【多一事不如少一事】**duō yī shì bùrú shǎo yī shì** [속] **1** 일을 한 가지 보태는 것보다는 한 가지 줄이는 것이 낫다. **2** [비] 쓸데없이 일을 벌이는 것보다는 줄이는 편이 낫다.
【多疑】**duōyí** [동] 지나치게 의심하다. ¶用人切勿~。=사람을 쓸 때 지나친 의심은 금물이다. [형] 의심이 아주 많다. ¶生性~=천성적으로 의심이 아주 많다.
【多义词】**duōyìcí** [명]《言》 다의어(多義語).
【多音词】**duōyīncí** [명]《言》 다음사. [자형(字形)은 같으나 발음 또는 의미가 다른 낱말]
【多音节词】**duōyīnjiécí** [명]《言》 다음절어.
【多音字】**duōyīnzì** [명]《言》 다음자. [두 가지 이상으로 발음되는 글자]
【多用】**duōyòng** [동] **1** (시간적으로) 더 오래 쓸 수 있다. ¶这个品牌的电池能~三四天。=이 상표의 전지는 3, 4일을 더 오래 쓸 수 있다. **2** 더 먹다. ¶请~一些。=더 좀 드십시오. [형] 다용도의. 다기능의. ¶~微波炉=다용도 전자레인지.
【多忧多虑】**duōyōu-duōlǜ** [성] 여러 모로 많은 일을 걱정하다. 근심 걱정이 많다.
【多余】**duōyú** [형] **1** 여분의. 나머지의. ¶把~的钱用来买书。=나머지 돈으로는 책을 사는 데 쓴다. **2** 쓸데없는. 불필요한. 군더더기의. ¶这段文字有些~, 应该删去。=이 단락에는 군더더기가 좀 있으니 삭제해야 한다.
【多元】**duōyuán** [형] 다원의. 다방면의. 다양한. ¶~化经济=다원화된 경제.
【多元化】**duōyuánhuà** [동] 다원화하다. ¶投资渠道~=투자 경로를 다원화하다. ↔一元化
【多元论】**duōyuánlùn** [명]《哲》 다원론. ↔一元论
【多云】**duōyún** [명]《氣》 구름이 많음. 흐린 날씨. [기상 용어]
【多灾多难】**duōzāi-duōnàn** [성] 재해가 많이 겹치다. 다재다난하다.
【多汁果】**duōzhīguǒ** ☞【肉果】**ròuguǒ**
【多种多样】**duōzhǒng-duōyàng** [성] (종류나 모양이) 아주 다양하다.
【多种经营】**duōzhǒng jīngyíng** [동] 다각적으로 경영하다. [한두 가지 종류의 품목을 주로 하면서 동시에 기타 분야를 발전시키는 경영] ¶一业为主, ~。=한 분야를 주종으로 삼아 다각적으로 경영하다. [명] 다각 경영. ¶大力发展~。=다각 경영을 대대적으로 발전시키다.
【多姿】**duōzī** [형] 자태가 다양하다. ¶婀娜~=자태가 우아하고 매혹적이다.
【多姿多彩】**duōzī-duōcǎi** [성] (자태·색채 등이) 갖가지로 다양하다.
【多嘴】**duō‖zuǐ** [동] 쓸데없는 말을 하다. 말참견하다. ¶别人的事情你不要~!=다른 사람의 일을 너는 쓸데없이 떠벌리지 마라.
【多嘴多舌】**duōzuǐ-duōshé** [성] 수다떨다. 말을 쓸데없이 많이 하다. 말참견하다.

## 咄 duō 꾸짖을 돌

[동][문] 꾸짖다. [감][문] (탄식·놀람·경멸을 나타내어) 어허. 참. 쳇.
【咄咄】**duōduō** [감][문] 어이구. 아이고. [뜻밖의 일에 놀라서 지르는 소리] ¶~称奇=어이구! 기특하구나.
【咄咄逼人】**duōduō-bīrén** [성] **1** 기세가 등등하(여 사람을 짓누르)다. **2** 상황이 위급하여 분발하게 만들다. ≒盛气凌人
【咄咄怪事】**duōduō-guàishì** [성] 전연 뜻밖의 일이다. 아주 괴상한 일이다. 예상 못한 괴상망측한 일이다.
【咄嗟】**duōjiē** [동][문] 호통치다. 혼내다. 일갈(一喝)하다.
【咄嗟立办】**duōjiē-lìbàn** [성] **1** 주인이 분부하자마자 하인이 즉시 처리하다. **2** [비] 당장 처리하다.

## *哆 duō 클 치

아래를 참조.
☞ **chǐ**
【哆哆嗦嗦】**duō·duo suōsuō**(~的) [형] 부들부들〔덜덜·벌벌〕떨다.
【哆里哆嗦】**duō·li duōsuō**(~的) [형] 부들부들〔덜덜·벌벌〕 떨다.
【哆嗦】**duō·suō** [동] 떨다. ¶吓得她直~。=그녀는 놀라서 벌벌 떤다. ≒颤抖 发抖

## 剟 duō 깎을 철

[동][문] **1** 깎다. 삭제하다. ¶~繁补缺=번잡한 것은 삭제하고 빠진 것은 보충하다. **2** 찌르다. ¶刺~=찌르다. **3** 벌목하다. 베다. 자르다. ¶~材=재목을 자르다.

## 埱 duō 땅 이름 철

[명] 탕둬(塘埱). [광둥(广东)성에 있는 지명]

## 掇 duō 주을 철

[동] **1** 줍다. 따다. 채취하다. 수습하다. ¶拾~=정돈하다. **2** [방] (의자 등을) 두 손으로 들다. 옮기다. ¶~条凳子来坐。=의자 하나를 들고 와서 앉다.

❂➍ 撺cuān掇, 掂diān掇, 拾shí掇

【掇弄】duōnòng 동 1 수습〔정리〕하다. 수선〔수리〕하다. 손을 보다. ¶钟停了, 经他一~又能走了。=시계가 멈췄었는데, 그가 손을 보자 다시 간다. 2 꼬드기다. 부추기다. ¶受人~=남에게 꼬드김을 당하다.

【掇拾】duōshí 동〔문〕 1 정리하다. ¶~家什=가재도구를 정리하다. 2 수집하다. 주워 모으다. ¶~名人逸事=유명 인사의 일화를 수집하다.

## 裰 duō 기울 철

동 (해진 옷을) 깁다. ¶补~=해진 옷을 깁다.
명 직철(直裰). [편삼(偏衫)과 군자(裙子)를 합하여 하나로 만든 옷으로, 아래에는 주름을 많이 잡음. 스님이나 도사가 입는 옷]

## **夺[奪] duó 빼앗을 탈

동 1 〔문〕 잃어버리다. 놓치다. ¶勿~农时=농사철을 놓치지 말라. 2 빼앗다. 강탈하다. ¶掠~=약탈하다. / 争权~利=권력과 이익을 다투다. 3 다투다. ¶争分~秒=1분 1초를 다투다. 4 잃게 하다. 박탈하다. ¶剥~=박탈하다. / 褫~=(옛날의 법률 용어로) 박탈하다. 5 〔문〕 (글자가) 누락되다. ¶讹~=오자(誤字)와 탈자(脫字). 6 이기다. 압도하다. ¶喧宾~主=주객이 전도되다. / 巧~天工=기술이나 기교가 특출하다. 7 〔문〕 결정하다. ¶裁~=판결짓다. / 定~=결정짓다. ≒抢 ↔予

❂➍ 篡cuàn夺, 劫jié夺, 抢qiǎng夺, 侵qīn夺, 攘rǎng夺

【夺爱】duó'ài 동 (다른 사람이 아끼는 것을) 가로채다. 차지하다. ¶横刀~=칼을 빼어 들고 가로채다. 잔인하게 남의 소중한 것을 가로채다.

【夺杯】duó‖bēi 동 1 트로피를 수상하다〔가져가다〕. 2 우승컵을 차지하다〔거머쥐다〕. 우승하다. ¶最终~=끝내 우승컵을 거머쥐다.

【夺标】duó‖biāo 동 1 (시험에) 합격하다. 급제하다. 2 (경기에서) 우승하다. ¶他们在全国联赛中~。=그들은 전국 대회에서 우승하였다. 3 낙찰되다. ¶他们公司最终在工程招标中~。=그들의 회사는 공사 입찰에서 최종적으로 낙찰되었다.

【夺得】duódé 동 달성하다. 탈취하다. 이룩하다. 얻다. ¶~冠军=우승을 쟁취하다.

【夺冠】duó‖guàn 동 우승을 쟁취하다.

【夺获】duóhuò 동 탈취하다.

【夺眶而出】duókuàng'érchū 성 눈물이 쏟아지다.

【夺魁】duó‖kuí 동 수석을 차지하다. 우승을 차지하다. ¶他在全省数学竞赛中一举~。=그는 전성(省) 대학 수학 경시 대회에서 단번에 수석을 차지하였다.

【夺利】duólì 동 이득을 얻다. 이득을 착취하다. ¶争名~=명리를 다투다.

【夺路而逃】duólù'értáo 성 길을 찾아 도망가다.

【夺门而出】duómén'érchū 성 문을 박차고 뛰어나가다.

【夺目】duómù 형 (불빛·광선 등이) 눈부시다. ¶街道两旁的路灯光彩~。=도로 양측의 가로등 불빛이 눈부시다.

【夺取】duóqǔ 동 1 (무력으로) 빼앗다. ¶~阵地=진지를 빼앗다. 2 애써서 얻다. 쟁취하다. ¶~最好成绩=가장 좋은 성적을 쟁취하다.

【夺权】duó‖quán 동 권력을 빼앗다. [주로 정권 탈취를 가리킴]

【夺人】duórén 동 (눈빛이나 기세로) 남을 압도하다. 분위기를 제압하다. 기선을 잡다. 기세를 꺾다. ¶先声~=먼저 소리를 질러 남의 기세를 꺾다. 대단한 기세로 적을 먼저 압도하다.

【夺占】duózhàn 동 무력으로 강점하다. ¶~敌营=적진을 점령하다.

## 泽[澤] duó 고드름 탁

☞【凌泽】língduó

## **度 duó 잴 탁

동〔문〕 추측하다. 짐작하다. 헤아리다. ¶审时~势=정세를 잘 살피다. / 以己~人=자기의 생각으로 남을 판단하다.
☞ dù

❂➍ 猜cāi度, 裁cái度, 忖cǔn度, 揆kuí度, 推tuī度, 臆yì度

【度德量力】duódé liànglì 성 자신의 덕행과 능력을 헤아려 살피다.

## 铎[鐸] duó 방울 탁

명 1 (옛날, 정책과 법령을 선포하거나 전쟁의 발발을 알릴 때 쓰던) 큰 방울. ¶金~=금탁. [옛날, 군사에 관한 교령(敎令)을 내릴 때 쓰던 큰 방울] / 振~=방울을 흔들다. 2 (Duó) 성(姓).

❂➍ 司铎

## 敓 duó 뺏을 탈

동〔문〕 '夺(duó)'와 같음.

## 踱 duó 맨발 탁

동 거닐다. 천천히 걷다. ¶他在院子里~来~去。=그는 정원에서 천천히 왔다 갔다 한다.

【踱步】duóbù 동 천천히 걷다. ¶他一边~, 一边思考。=그는 천천히 걸으면서 생각한다.

【踱方步】duófāngbù 동 1 팔자걸음을 걷다. 2 천천히 걷다. ¶他背着手在办公室里~。=그는 뒷짐을 지고 사무실 안을 천천히 거닌다.

## 朵[朶] duǒ 송이 타

양 송이. 조각. 점. [꽃·구름이나 그와 비슷한 물건을 세는 단위] ¶一~莲花=연꽃 한 송이. / 两~云=구름 두 조각. 명 (Duǒ) 성(姓).

❂ 朵 duǒ
  剁 duò
  垛 duǒ
  跺 duò
  躲 duǒ

【朵儿】duǒr 명 꽃송이. ¶桂花的

~很小, 却非常香。= 계수나무 꽃송이는 작지만 대단히 향기롭다. 얭 '朶(duǒ)'와 같음.
【朶颐】 duǒyí 통문 우적우적 씹다. ¶大快~ = 아주 맛있게 먹다.

**垛**[**垜**] duǒ 건물 튀어나온 부분 타
명 (성벽·담벽 따위에 밖이나 위로) 툭 튀어나온 부분. ¶城墙~口 = 성가퀴.
☞ duò
【垛堞】 duǒdié 명 성벽·요새의 성가퀴에서 '凹' 형으로 된 부분.
【垛口】 duǒkǒu 명 1 성벽·요새의 성가퀴에서 '凹' 형으로 된 부분. 2 성가퀴. 여장(女墙). 여첩(女堞).
☞ duòkǒu
【垛子】 duǒ·zi 명 성벽·담 등에서 밖이나 위로 툭 튀어나온 부분. ¶门~ = 대문 양쪽에 튀어나 오게 세운 벽돌 기둥.
☞ duò·zi

**哚** duǒ 인돌 타
☞【吲哚】 yǐnduǒ

**埵** duǒ 흙 타
명문 단단한〔굳은〕흙.

***躲** duǒ 피할 타
동 1 피하다. ¶明枪易~, 暗箭难防。= 보이는 창은 피하기 쉽지만, 몰래 쏘는 화살은 막기 어렵다. 음모와 술수는 대처하기 어렵다. 2 숨다. ¶~过初一, 不过十五。= 오늘 피할 수 있다 하더라도 내일도 피할 수는 없다. 언젠가는 잡힌다.
【躲避】 duǒbì 동 1 회피하다. 숨다. ¶来了这么久都没见着你, 是不是有意~我? = 온 지 이렇게 오래 되었는데도 못 만나다니, 고의로 나를 회피한 것이 아닙니까? 2 물러서다. 피하다. ¶~危险 = 위험을 피하다. ≒逃避
【躲藏】 duǒcáng 동 숨다. ¶四处~ = 사방으로 숨다.
【躲躲藏藏】 duǒ·duo cángcáng (~的) 형 꼭꼭 숨다. ¶逃犯过着整天~的日子。= 탈주범은 하루 종일 숨어 지내는 나날을 보내고 있다.
【躲躲闪闪】 duǒ·duo shǎnshǎn 형 1 요리조리 슬슬 피하는. 겉돌다. 위축되다. ¶别~地不敢见人。= 겉돌면서 사람 만나는 걸 겁내지 마세요. 2 에돌다. 빙빙 돌리는. ¶问你什么就说什么, 不要~的。= 에돌리지 말고 묻는 대로 대답하세요.
【躲风】 duǒfēng 동 1 바람을 피하다. ¶~避雨 = 비바람을 피하다. 2〈비〉 자기에게 불리한 국면〔상황〕을 피하다. ¶外出~ = 나가서 잠시 피신하다.
【躲懒】 duǒ‖lǎn(~儿) 동 게으름을 피우다.
【躲难】 duǒnàn 동 피난하다.
【躲让】 duǒràng 동 피하다. 비키다. ¶两人~不及, 撞了个正着。= 두 사람은 미처 피하지 못

해 정면으로 부딪쳤다.
【躲闪】 duǒshǎn 동 1 몸을 재빨리 피하다. ¶一辆汽车飞驰而来, 人们纷纷~。= 자동차 한 대가 나는 듯이 달려오자 사람들은 다투어서 몸을 재빨리 피했다. 2 말을 돌려 대답하다. ¶不要~, 请直接回答提问。= 말을 돌리지 말고 묻는 말에 곧바로 대답해 주시오.
【躲雨】 duǒyǔ 동 비를 피하다.
【躲债】 duǒ‖zhài 동 빚쟁이를 피하다. ¶他出门~去了。= 그는 빚쟁이를 피해 집을 나갔다.

**嚲**[**亸**] duǒ 늘어질 타
동문 아래로 늘어지다.

**軃**[**軃**] duǒ 무거워 늘어질 타
동 '嚲(duǒ)'와 같음.

**驮**[**馱**] duò 짐 실을 태
【驮子】 duò·zi 명 1 짐바리. ¶卸~ = 짐바리를 내리다. 얭 바리. ¶一~货 = 화물 한 바리.
☞ tuó

**杕** duò 키 타
명문 '舵(duò)'와 같음.
☞ dì

**剁** duò 자를 타
동 잘게 다지다. ¶~饺子馅儿 = 만두소를 잘게 다지다.
【剁碎】 duòsuì 동 칼로 다지다.
【剁馅儿】 duòxiànr 동 (고기·채소 등을) 잘게 다져 만두소를 만들다.

**饳**[**飿**] duò 골돌 돌
☞【馉饳】 gǔduò

***垛**[**垜**] duò 쌓을 타
동 차곡차곡 쌓다. ¶把秫秸~起来。= 수숫대를 차곡차곡 쌓아올리다. 가리. ¶麦~ = 보릿가리. 얭 더미. 가리. ¶一~柴火 = 땔나무 한 더미.
☞ duǒ
【垛口】 duòkǒu 명(藝) 곡예(曲藝) 연기자가 창을 할 때 쉬지 않고 연이어서 하는 것.
☞ duǒkǒu
【垛子】 duò·zi 명 가리. 더미. ¶麦秸~ = 보릿짚 더미.
☞ duǒ·zi

**柮** duò 마들가리 돌
☞【榾柮】 gǔduò

**柂** duò 키 타
명문 '舵(duò)'와 같음. 동문 잇다. 연결하다. 서로 통하게 하다. 열다. ¶~以漕渠 = 운하로 잇다.
☞ yí

**柁** duò 키 타

**舵** 명 '舵(duò)'와 같음.
☞ tuó

**舵** duò 키 타
명 (배·비행기 등의) 타. 방향키. 핸들. ¶掌~=방향키를 잡다. / 升降~=승강키.
【舵工】 duògōng 명 키잡이. 조타수.
【舵轮】 duòlún 명 (자동차의) 핸들. (선박의) 조타륜.
【舵盘】 duòpán 명 (자동차의) 핸들. (선박의) 조타륜.
【舵手】 duòshǒu 명 1 조타수. 키잡이. 2 비 지도자.

**堕[墮]** duò 떨어질 타
동 빠지다. 떨어지다. ¶~人五里雾中。=오리무중에 빠져들다. ≒坠 陨 落
☞ huī
【堕地】 duòdì 동 땅에 떨어지다.
【堕楼】 duòlóu 동 빌딩에서 떨어지다. 추락하다. ¶~身亡=빌딩에서 떨어져 죽다.
【堕落】 duòluò 동 1 (사상·행동이) 타락하다. 부패하다. ¶腐化~=부패해 타락하다. 2 영락하다. 떠돌다. 유랑하다. [주로 조기 백화문에 보임] ¶~风尘=윤락가로 흘러들다.
【堕马】 duòmǎ 동문 말에서 떨어지다. 낙마(落馬)하다.

【堕入】 duòrù 동 빠져들다. 빠지다. ¶~深渊=깊은 연못에 빠지다. 깊이 빠지다.
【堕胎】 duò‖tāi ☞【人工流产】réngōng liúchǎn

**惰** duò 게으를 타
형 1 게으르다. 태만하다. ¶懒~=게으르다. 2 변화가 어렵다. 타성에 젖다. ¶这种具有~性。=이러한 것은 타성이 있다. ≒懒 ↔勤
【惰怠】 duòdài 형 태만하다. ¶~成性=태만함이 버릇으로 되다.
【惰性】 duòxìng 명 1 타성. 오래 되어 굳어진 버릇. ¶年轻人千万不可有~。=젊은이들은 절대 타성에 젖으면 안 된다. 2 (化) 불활성(不活性).
【惰性气体】 duòxìng qìtǐ 명(化) 불활성 기체. =【稀有气体】xīyǒu qìtǐ

**媠** duò 게으를 타
형 '惰(duò)'와 같음.

**跺[(跥)]** duò 밟을 타
동 발을 구르다. ¶他气得直~脚。=그는 화가 나서 줄곧 발을 동동 굴렀다.
【跺脚】 duò‖jiǎo 동 (흥분·후회 또는 화가 나서) 발을 동동 구르다. ¶他连连~, 大呼上当。=그는 연속 발을 동동 구르며 속았다고 크게 소리쳤다.

# E

## e

**呃** ē 탄식소리 액
[감] (더듬거리며 우물쭈물하는 말투로) 에. ¶让我发言，~，我没有准备，~，先说个例子吧！= 저더러 한마디 하라고 하는데, 에, 저는 준비한 것도 없고, 에, 먼저 예를 들어봅시다.
☞ è, ·e

**阿** ē 언덕 아
[동] 아첨하다. 영합하다. 한쪽 편을 들다. 한쪽으로 치우치다. ¶思其所想，~其所爱。= 남이 생각하는 바를 살피고, 남이 좋아하는 바대로 영합하다. 남의 비위를 맞추다. [명] 1 [문] 모퉁이. 모서리. ¶山~ = 산모퉁이. 2 큰 언덕. ¶崇~ = 높은 언덕. 3 (Ē) [地] 등어(东阿). [산동(山东)성에 있는 지명] 4 (Ē) 성(姓).
☞ ā

【阿奉】 ēfèng [동][문] 아첨하다. ¶在下不善~之事。= 저는 아첨하는 일은 잘 못합니다.

【阿附】 ēfù [동][문] 아부하다. ¶~权势乃做人之忌。= 권세에 아부하는 것은 사람이라면 삼가야 하는 일이다.

【阿胶】 ējiāo [명][醫] 아교(阿膠). [산동(山东)성 등어(东阿)현에서 생산되며, 보혈·지혈 등에 쓰임] = 【驴皮胶】 lǘpíjiāo

【阿弥陀佛】 Ēmítuófó 1 [佛] 아미타불. [서방 정토에 있는 부처] 2 [佛] (불교 신도가 감사 기도로 외는) 아미타불. 3 아유! 어유! 살았다! [기원이나 감사의 뜻을 나타냄] Amitābha

【阿房宫】 Ēpánggōng [명][歷] 아방궁.

【阿其所好】 ēqísuǒhào [성] 남의 비위를 맞추다. 남이 좋아하는 것에 영합하다.

【阿曲】 ēqū [동] 자기의 뜻을 굽혀 남에게 영합하다. 아첨하다. ¶我辈堂堂正正, 岂能躬背~。= 우리는 정정당당해야지, 어찌 몸을 굽혀 아첨할 수 있겠는가.

【阿世媚俗】 ēshì-mèisú [성] 세상의 속된 분위기에 영합하다.

【阿私】 ēsī [동][문] 한쪽만 두둔하다. 정실(情实)에 치우치다. 한쪽 사정만 보아주다. 편애하다. ¶持事需公, 不可~。= 일은 공정하게 처리해야지 정실에 치우쳐서는 안 된다.

【阿谀】 ēyú [동][문] 아첨하다. 알랑거리다. 아부하다. ¶~屈从 = 아첨하고 굴종하다.

【阿谀逢迎】 ēyú-féngyíng [성][문] 아첨하여 떠받들다.

【阿谀奉承】 ēyú-fèngchéng [성][문] 아첨하여 떠받들다. 아부하다.

**婀** ē 여자의 자(字) 아
【婀娜】 ē'nuó [형][문] (자태가) 유연하고 아름답다.

**屙** ē 뒷간 갈 아
[동][방] 대소변을 보다. ¶~屎 = 대변을 보다. / ~尿 = 소변을 보다.

**娿** [(娿·媕)] ē 아리따울 아
【娿娜】 ē'nuó [형] (자태가) 유연하고 아름답다. ¶夕阳下, 垂柳~多姿。= 석양 아래 늘어진 능수버들이 아리따운 자태를 뽐내다.

**痾** ē 병 더해질 아
[명][문] 질병. 병.

**讹**¹ [訛, 譌] é 거짓될 와
[명] 잘못. ¶以~传~ = 와전되다.

**讹**² [訛] é 속일 와
[동] 사취하다. 편취하다. ¶这些人纯粹想~钱。= 이 사람들은 순전히 돈을 사취하려고 한다. [명] (É) 성(姓).

【讹传】 échuán [명] 와전. 잘못 전해진 소문. ¶此事实属~。= 이 일은 사실 와전된 것이다.

【讹舛】 échuǎn [명] (문자의) 틀림. 잘못. 착오. ¶~百出 = 착오가 많다.

【讹错】 écuò [명] 착오. 틀림. ¶书中~甚多。= 책에 틀린 것이 매우 많다.

【讹夺】 éduó [명] (문자의) 오자와 탈자. ≒讹脱

【讹赖】 élài [동][방] 트집을 잡아 가로채다.

【讹谬】 émiù [명] 착오. 잘못. 오류.

【讹人】 érén [동] 사람을 속이다. ¶~钱财 = 사람을 속여 재산을 가로채다.

【讹索】 ésuǒ [동] 속여서 빼앗다. ¶~财物 = 재물을 속여서 빼앗다.

【讹脱】 étuō [명] (문자의) 오자와 탈자. 착오와 탈락. ≒讹夺

【讹诬】 éwū [동] 모함하다. 중상 모략하다. ¶~好人 = 훌륭한 사람을 모함하다.

【讹误】 éwù [명] (문자·기록의) 착오. 잘못. 오류. ¶经反复校正, 已少有~。= 반복적인 교정을 거쳐 오류가 별로 없다.

【讹言】éyán 명 거짓말. 헛소문. ¶散布~=헛소문을 퍼뜨리다.
【讹诈】ézhà 동 1 사취하다. 편취하다. ¶~钱财=금품을 사취하다. 2 위협하다. ¶核~=핵위협. ≒敲诈
【讹字】ézì 명〔문〕 오자(誤字). 틀린 글자. ¶改正~=오자를 수정하다. 틀린 글자를 바로잡다.

**吪** é 움직일 와
동〔문〕 1 움직이다. 2 변하다. 교화하다.

**囮** é 후림새 와
【囮子】é·zi 명 후림새. [새를 꾀어 유인하기 위해 매어 놓은 동류(同類)의 새] =【鹞子】yóu·zi

**\*俄** é 갑자기 아
부〔문〕 홀연히. 곧. 갑자기. 금세. ¶~而大雨倾盆=갑자기 큰비가 동이로 퍼붓듯이 내렸다. 명〔E〕〔地〕 1 제정러시아(帝政Russia). 2 러시아(연방). 3 ㉿ 소련(蘇聯).

○● 帝Dì俄, 沙Shā俄

【俄而】é'ér 부〔문〕 머지않아. 얼마 되지 않아. 금방. 잠깐 사이에. 삽시간에. ¶~乌云密布=금방 먹구름이 잔뜩 끼었다. ≒俄顷
【俄尔】é'ěr 부〔문〕 머지않아. 얼마 되지 않아. 금방. 잠깐 사이에. 삽시간에.
【俄国】Éguó 명〔舊〕 1〔地〕러시아(연방). [수도는 '莫斯科(모스크바：Moskva)'임] ¶~语=러시아 어. /~人=러시아 인. 2〔歷〕제정러시아(帝政Russia). 3 ㉿ 소련(蘇聯). ≒俄罗斯
【俄罗斯】Éluósī 명〔舊〕 1〔歷〕제정러시아(帝政Russia). 2〔地〕러시아(연방). [수도는 '莫斯科(모스크바：Moskva)'임] 3 ㉿ 소련(蘇聯).
【俄罗斯族】Éluósīzú 명 1 러스(Russ)족. [슬라브계 중국 소수 민족의 하나로, 주로 신장(新疆)에 분포함] 2 러시아족. [러시아연방의 대다수를 차지하는 민족]
【俄顷】éqǐng 부〔문〕 삽시간. 일순간. ≒俄而
【俄然】érán 부〔문〕 돌연히. 갑자기. 별안간. ¶~遁形=갑자기 자기 모습을 감추다.
【俄延】éyán 동〔문〕 시간을 끌다. 지연시키다.
【俄语】Éyǔ 명〔言〕러시아 어.

**莪** é 쑥 아
아래를 참조.
【莪蒿】éhāo 명〔植〕 미나리.
【莪术】ézhú 명〔植〕 봉아술(蓬莪茂).

**哦** é 읊조릴 아
동〔문〕 읊다. ¶吟~=읊조리다.
☞ ó, ò

**峨[峩]** é 높을 아
형 높다. ¶巍~=(산이나 건물이) 우뚝 높이 솟은 모양.

【峨冠博带】éguān-bódài ⊕ 높은 관과 폭이 넓은 띠. 사대부의 복장.
【峨眉山】[峨嵋山]Éméishān 명 1〔地〕어메이 산. [쓰촨(四川)성에 있는 산 이름] 2 어메이산. [쓰촨(四川)성에 있는 도시 이름]
【峨嵋山】Éméishān ☞【峨眉山】Éméishān
【峨巍】éwēi 형〔문〕 높고 웅장하다. ¶群山~=뭇 산들이 높고 크다.

**浂** é 강 이름 아
명〔E〕〔地〕아수(浂水). [현재의 다두허(大渡河)로, 쓰촨(四川)성에 있음]

**娥** é 예쁠 아
형 예쁘다. 아름답다. 곱다. ¶~姣=예쁘다. 명 1 미녀. ¶宫~=궁녀. 2〔É〕성(姓).
【娥眉】[蛾眉]éméi 명 1 (미녀의 가늘고 긴) 아름다운 눈썹. ¶皓齿~=새하얀 이에 아름다운 눈썹. 2 미녀. 미인.
【娥眉月】éméiyuè 명 초승달.

**睋** é 바랄 아
동〔문〕 바라보다. 보다. 부〔문〕 돌연히. 갑자기.

**锇[鋨]** é 오스뮴 아
명〔化〕오스뮴(Os, osmium). [원자 번호 76]

**\*\*鹅[鵝, 鶩·䳘]** é 거위 아
명〔動〕거위.

○● 企qǐ鹅, 天鹅

【鹅蛋】édàn 명 거위알.
【鹅蛋脸】édànliǎn 명 계란형 얼굴. 갸름하게 생긴 얼굴.
【鹅黄】éhuáng 형 담황색의.
【鹅口疮】ékǒuchuāng 명〔醫〕아구창. 아감창(牙疳瘡).
【鹅翎】élíng 명 거위의 날개 또는 꼬리에 난 깃털.
【鹅卵石】éluǎnshí 명 (건축 골재용) 자갈. 난석.
【鹅毛】émáo 명 1 거위의 깃털. 2 비 가볍고 미세한 것. 하찮은 것. ¶千里送~, 礼轻情意重.=멀리서 하찮은 물건을 보내오니, 예의를 다 갖추지 못하였지만 마음만은 지극합니다.
【鹅毛大雪】émáo dàxuě ☞【鹅毛雪】émáo xuě
【鹅毛扇】émáoshàn 명 거위 깃털 부채.
【鹅毛雪】émáoxuě 명 거위털처럼 가벼이 흩날리는 함박눈. =【鹅毛大雪】émáo dàxuě
【鹅绒】éróng 명〔紡〕우단. 벨벳(velvet). 비로드.
【鹅行鸭步】éxíng-yābù ⊕ 1 거위걸음. 오리걸음. 2 비 느려 터진 행동. =【鸭步鹅行】yābù-éxíng【鸭行鹅步】yāxíng-ébù
【鹅掌】ézhǎng 명 거위의 물갈퀴. [고급 요리 재료로 쓰임]
【鹅掌风】ézhǎngfēng 명〔醫〕아장풍. 아장선(鹅掌癣).

**蛾** é 나방 아
[명]《動》 나방.
☞ yǐ
【蛾眉】 éméi ☞【娥眉】 éméi
【蛾子】 é·zi [명]《動》 나방.

**额[額, 頟]** é 이마 액
[명] 1 이마. ¶前～＝앞이마. 2 물체의 꼭대기에 가까운 부분. ¶门～＝상인방(上引枋). 3 액자. ¶匾～＝편액. 현판. 4 일정 수량. ¶名～＝정원(定員).

○● 碑bēi额, 差chā额, 面额, 票额, 前额, 缺quē额, 数额, 税shuì额, 限额, 余额, 员额, 总额

【额定】 édìng [형] 규정된. 정액의. ¶～人员＝규정된 인원.
【额度】 édù [명] 일정한 액수. 규정된 액수. ¶贷款～＝대출 한도액.
【额骨】 égǔ [명]《生》 이마뼈.
【额角】 éjiǎo [명] 관자놀이. ¶～冒汗＝관자놀이에 땀이 나다.
【额手称庆】 éshǒu-chēngqìng [성] 손을 이마에 대고 경의나 축하의 뜻을 표시하다.
【额数】 éshù [명] 정액. 규정된 숫자. 정수.
【额头】 é·tóu [명] 1 (사람의) 이마. 2 (동물의) 이마.
【额外】 éwài [형] 1 정액 외의. 정원 외의. 초과한. 규정된 수량이나 한도를 벗어난. ¶～收入＝초과 수입. 2 별도의. 그 밖의. ¶～的要求＝그 밖의 요구.

**恶[噁]** ě 성낼 오
아래를 참조.
☞ è, wū, wù
【恶心】 ě·xin [동] 1 구역이 나다. 속이 메스껍다. 오심이 나다. ¶一阵～, 差点儿吐出来。＝한바탕 속이 메스꺼워 하마터면 토할 뻔했다. 2 혐오감을 일으키다. ¶他的所作所为真让人～。＝그의 모든 행위는 정말이지 혐오감을 일으키게 한다. 3 [방] (고의로 남의 약점을 들추어 내어) 난감하게 하다. 속을 뒤집어 놓다. 무안을 주다. ¶这家伙是个吝啬鬼, 找机会～一下他。＝이 녀석은 너무 인색한 작자라서, 기회를 보아 속을 뒤집어 놓아야지. ≒作呕
☞ èxīn
【恶心钱】 ěxīnqián [낮] 정당하지 못한 방법으로 번 돈. 구린 돈.

**厄¹[(戹)]** è 재앙 액
[명] 재난. 재해. 곤궁. 고통. ¶困～＝곤궁. 재난. [동] 재난을 당하다.

**厄²[(戹·阨)]** è 좁은 골짜기 액
[명] 요충지. 요해지. ¶险～＝요해지.
【厄尔尼诺现象】 è'ěrnínuò xiànxiàng [명][외]《氣》 엘니뇨(El Niño) 현상.
【厄瓜多尔】 Èguāduō'ěr [명][외]《地》 에콰도르(Ecuador). [수도는 '基多(키토 : Quito)' 임]
【厄境】 èjìng [명] 곤경. 힘든 형편. ¶身陷～＝곤경에 빠지다.
【厄立特里亚】 Èlìtèlǐyà [명][외]《地》 에리트리아(Eritrea). [수도는 '阿斯马拉(아스마라 : Asmara)' 임]
【厄难】 è'nàn [명] 고난. 재난. ¶遭遇～＝재난을 당하다.
【厄运】 èyùn [명] 액운. 재난. 역경. ¶～连连＝액운이 끊이지 않다.

**苊** è 아세나프텐 액
[명][외]《化》 아세나프텐(acenaphthene). [$C_{10}H_6(CH)_2$]

**扼[(搤)]** è 누를 액
[동] 1 손으로 조르다. 틀어쥐다. 억누르다. ¶残酷～杀＝잔혹하게 목 졸라 죽이다. 2 지키다. 수비하다. 제어하다. ¶～守要塞＝요새를 지키다.
【扼喉】 èhóu [동] 1 목을 조르다. 2 [비] 급소를 누르다. 요충을 통제하다. 핵심을 파악하다.
【扼襟】 èjīn [동][문] 급소를 누르다. 핵심을 찌르다. 중심부를 통제하다.
【扼流(线)圈】 èliú(xiàn)quān [명]《電》 초크 코일(choke coil). 색류(塞流) 코일.
【扼杀】 èshā [동] 1 목 졸라 죽이다. 2 [비] 억눌러서 없애거나 발전하지 못하게 하다. ¶～新思想＝새로운 사상을 말살하다.
【扼守】 èshǒu [동] 요충지를 지키다. ¶～关隘＝요충지를 지키다. ≒把守
【扼死】 èsǐ [동] 목 졸라 죽이다.
【扼腕】 èwàn [동][문] (애석함·분발 등의 표시로) 한 손으로 다른 손의 손목을 불끈 쥐다. ¶～叹息＝손목을 불끈 쥐고 탄식하다.
【扼要】 èyào [형] (글이나 말이) 요점을 찌르다. 핵심을 잡다. ¶简明～＝간명하게 핵심을 찌르다. ≒简要 ↔详细
【扼制】 èzhì [동] 제어하다. 억제하다. 통제하다. 억압하다. ¶～情绪＝감정을 억제하다.

**呃** è 소리 액
[의] (감탄·경각심을 나타내어) 어. 참. ¶～, 可能要下雨, 别忘了带伞。＝어, 비가 올 것 같으니 우산 챙겨 가는 거 잊지 마라.
☞ ē, ·e
【呃逆】 ènì [동] 딸꾹질하다. [낮]【打嗝儿】 dǎ‖gér

**轭[軛]** è 멍에 액
[명] 멍에.

**呝** è 새 우는 소리 액
[의][문] 짹짹. [새가 우는 소리] [감] '呃(·e)' 와 같음.

**垩[堊]** è 백토 악
[명] 백토. 백악. [동] 1 [문] 백토로 벽을 바르다. 2 [방] 비료를 주다. 시비(施肥)하다.

**恶[惡]** è 나쁠 악

【恶】 1 나쁘다. 열악하다. ¶~习=악습. 2 모질다. 격심하다. 치열하다. 흉악하다. 흉포하다. ¶一场~战=한바탕 격전. 작행. ¶作~多端=갖은 악행을 저지르다. / 罪大~极=죄악이 극악무도하다. 2 악인. 나쁜 사람. ¶严惩首~=주모자를 엄벌하다. ↔善良

☞ ě, wū, wù

○● 丑chǒu恶, 腐fǔ恶, 狞níng恶, 首恶, 万恶, 险恶, 邪xié恶, 凶xiōng恶, 元恶, 罪恶, 作恶

【恶霸】 èbà 악질 토호(土豪).

【恶报】 èbào 통(佛) 나쁜 짓에 대한 갚음을 받다. 명 악보(惡報). 악과(惡果). ¶善有善报, 恶有~.=선행에는 선과(善果)가 있고, 악행에는 악과(惡果)가 있다. ↔善报

【恶变】 èbiàn 통 1 나쁜 방향으로 변하다. 악화되다. ¶时局~=시국이 악화되다. 2(醫) 종양이 악성으로 변하다.

【恶病】 èbìng 명(醫) 악질.

【恶病质】 èbìngzhì 명(醫) 커켁시(cachexy).

【恶炒】 èchǎo 통 (바르지 못한 목적 달성을 위해) 대대적으로 띄우다〔떠들어 대다·선전하다〕. ¶那个电影演员的性丑闻最近被媒体~.=최근 그 영화 배우의 성추문은 매체에 의해 대대적으로 떠벌려지고 있다.

【恶臭】 èchòu 형 매우 역겹다. 심한 악취를 풍기다. ¶~的气味=역겨운 냄새. 명 악취. 고약한 냄새. ¶不远处飘来一股~.=멀지 않은 곳에서 악취가 풍겨 왔다.

【恶疮】 èchuāng 명(醫) 악성 종기. 악창.

【恶打】 èdǎ 통 패다. 마구 때리다. ¶惨遭~=마구 얻어터지다.

【恶斗】 èdòu 명 고투. 격렬한 투쟁. 악투. ¶一场~=한바탕 격렬한 싸움. 통 고투를〔격전을〕치르다. ¶~不休=격전이 멈추지 않다.

【恶毒】 èdú 형 악랄하다. 악독하다. ¶心肠~=마음이 악랄하다. ↔善良

【恶风】 èfēng 명 1 강풍. 센바람. 2(甲) 사악한 기풍. 나쁜 풍속. ¶~邪气=사악한 기풍. 3(醫) 감기.

【恶感】 ègǎn 명 나쁜 감정. 싫은 느낌. ¶他对你并无~.=그는 너에게 결코 나쁜 감정이 없다.

【恶狗】 ègǒu 명 1 흉악한 개. 맹견. 2(甲) (남을 도와 나쁜 짓을 하는) 나쁜 놈. 주구(走狗).

【恶贯满盈】 èguàn-mǎnyíng〈成〉극악무도하다. 온갖 나쁜 짓을 다 하다. ≒罪大恶极 罪恶滔天

【恶鬼】 èguǐ 명 1(佛) 악귀. 몹쓸 귀신. 사람을 괴롭히는 귀신. 2(甲) 악귀 (같은 놈). 나쁜 놈.

【恶棍】 ègùn 명 불량배. 무뢰한.

【恶果】 èguǒ 명 악과. 나쁜 결과. 나쁜 결말. ¶自食~=스스로 악과를 초래하다.

【恶耗】 èhào 명 나쁜 소식. 흉보.

【恶狠狠】 èhěnhěn(~的) 형 표독스럽다. 흉악하다. 독살스럽다. 모질다. ¶他~地瞪了我一眼.=그는 표독스럽게 나를 쏘아 봤다.

【恶化】 èhuà 통 1 악화되다. ¶病情~=병세가 악화되다. 2 악화시키다. ¶屡次争论~了两人的关系.=그 논쟁은 두 사람의 관계를 악화시켰다.

【恶疾】 èjí 명(醫) 악질. 고질. 숙질. 불치병. 고치기 어려운 병.

【恶迹】 èjì 명 (저지른) 악행. 악업. 구악(舊惡). ¶~累累=악행을 많이 저지르다.

【恶口】 èkǒu 명 악랄한 말. 욕. ¶~伤人=악랄한 말로 남을 헐뜯다.

【恶狼】 èláng 명 1 흉악한 이리. 2(甲) 흉악한〔비정한〕 사람.

【恶浪】 èlàng 명 1 거센 파도. ¶~滔天=거센 파도가 하늘을 삼킬 듯하다. 2(甲) 사악한 세력.

【恶冷】 èlěng 형 매우 춥다. 지독하게 춥다. ¶~的天气=매우 추운 날씨.

【恶脸】 èliǎn 명 흉악한 낯빛. 성난 얼굴. 험악한 인상. ¶~相向=성난 얼굴로 마주하다.

【恶劣】 èliè 형 아주 나쁘다. 열악하다. ¶环境~=환경이 열악하다. ↔良好

【恶露】 èlù 명 1(醫) 오로. [해산 후 음문(陰門)에서 흐르는 액체] 2(佛) (고름·피·똥 등) 몸 밖으로 배설되는 나쁜 진액.

【恶骂】 èmà 통 심하게 욕하다. 모질게 꾸짖다. ¶~一通=한바탕 욕설을 퍼붓다. 명 심한 욕. 모진 꾸지람. ¶劈头一顿~.=다짜고짜 심한 욕을 하다.

【恶梦】 èmèng 명 1 악몽. 흉몽. 무서운 꿈. ¶他最近老做~.=그는 요즘 들어 자주 악몽을 꾼다. 2(甲) 악몽. 기억하고 싶지 않은 경험. ¶经历了那场~, 他现在成熟多了.=그런 악몽을 한바탕 겪고서 그는 이제 많이 성숙해졌다.

【恶名】 èmíng 명 악명. ¶~远扬=악명이 나다〔높다〕. ↔美名

【恶魔】 èmó 명 1(佛) 악마. 귀신. 2(甲) 흉악한 사람. ↔天使

【恶模恶样】 èmú-èyàng 명 흉악한 몰골. 흉악한 얼굴. 흉한 모습.

【恶念】 èniàn 명 사악한 생각. 나쁜 생각. ¶~顿生=불쑥 사악한 생각이 들었다.

【恶癖】 èpǐ 명 나쁜 버릇. 나쁜 기호.

【恶气】 èqì 명 1 악취. 2 ~熏天=악취가 진동하다. 2 노기. 원한. 불만. ¶出了一口~.=속시원하게 화를 풀다. 3 모욕. 수모. 능욕. ¶他好像是受了谁的~.=그는 누군가에게 모욕을 당한 것 같다.

【恶人】 èrén 명 1 악인. 나쁜 사람. 악독한 사람. 2 남의 미움을 사는 사람. 악(인)역. ¶我去找他说, 这个~我来做.=내가 가서 그에게 말할게, 이런 악역은 내가 맡겠다.

【恶煞】 èshà 명 1 액신(厄神). 사기(邪氣). 흉신(凶神). 악살. ¶凶神~=흉악한 귀신. 2(甲) 흉악한 사람. 악한.

【恶煞煞】 èshàshà(~的) 형 표독스럽다. 흉악하다. 독살스럽다. 모질다. ¶~的模样=흉악스런 모습.

【恶少】 èshào 명 불량 청소년. 비행 청소년. ¶流氓~=어린 건달패.

【恶声】 èshēng 명 1〈문〉악명. 좋지 못한 평판. 2 욕설. ¶~责骂=욕하며 꾸짖다.

【恶声恶气】èshēng-èqì 형 말투와 태도가 매우 흉악하다.
【恶食】èshí 명 나쁜 음식.
【恶事】èshì 명 악행. 나쁜 짓. 추악한 일. 못된 짓.
【恶势力】èshì·li 국민을 해치는 못된 정치 세력이나 사회 세력.
【恶水】èshuǐ 명 1 더러운 물. 오수(污水). 2 (비) 열악한 자연 환경. ¶穷山~=자연 조건이 열악하고 산물도 풍부하지 않은 땅. 척박한 땅. 황량한 경치.
【恶俗】èsú 명 좋지 않은 풍속. 형 저속하다. 속되다. 용속하다. ¶言语~=언어가 저속하다.
【恶徒】ètú 명 악당.
【恶习】èxí 명 악습. 나쁜 습관〔버릇〕. ¶~难改=나쁜 습관은 고치기 어렵다.
【恶相】èxiàng 명 흉악한 용모. 흉악한 얼굴. 흉악한 인상.
【恶心】èxīn 명 악심. 악한 마음. 나쁜 마음. ¶顿起~=갑자기 악한 마음이 생기다.
  ☞ ě·xin
【恶行】èxíng 명 악행. 나쁜 행위. ↔善行
【恶性】èxìng 형 악성의. 악질적인. ¶~案件=악질 사안. 악질 사건. ↔良性
【恶性膨胀】èxìng péngzhàng 동 나쁜 방향으로 신속하게 발전하다.
【恶性事故】èxìng shìgù 명 대형 참사. 참혹한 사고. 큰 사고.
【恶性循环】èxìng xúnhuán 동 악순환하다.
【恶性肿瘤】èxìng zhǒngliú 명[醫] 악성 종양. ☞【毒瘤】dúliú
【恶凶凶】èxiōngxiōng (~的) 형 무시무시하다. 흉악하다. ¶~的眼神=무시무시한 눈빛.
【恶言】èyán 명 악언. 악담. 악독한 말. 거친 말. 추잡한 말.
【恶言恶语】èyán-èyǔ 성 악담. 악독한 말. 거친 말. 추잡한 말.
【恶意】èyì 명 악의. ¶他直言相劝, 并无~。=그는 직언으로 권고한 것이지, 결코 악의가 있는 것이 아니다. ↔善意 好心 好意
【恶因】èyīn 명 나쁜 결과를 가져오는 원인.
【恶有恶报】èyǒu-èbào 성 악행을 저지르면 나쁜 대가를 받게 된다.
【恶语】èyǔ 명 악담. 못된 말. 거친 말. ¶~伤人=악담으로 남의 감정을 상하게 하다. ↔良言
【恶语中伤】èyǔ-zhòngshāng 성 악담을 퍼부어 중상하다.
【恶欲】èyù 명 나쁜 욕망.
【恶战】èzhàn 명 치열한 전투〔경기〕. 악전고투. ¶一场~=한바탕 악전고투. 동 치열한 전투〔경기〕를 치르다. 악전고투를 치르다. ¶~多时=오랫동안 악전고투를 치르다.
【恶仗】èzhàng 명 매우 치열한 전투〔경기〕. 악전고투.
【恶浊】èzhuó 형 더럽고 탁하다. 깨끗하지 않다. ¶~的河水=더럽고 탁한 강물.
【恶作剧】èzuòjù 동 짓궂게 굴다. 못되게 굴다. ¶~不能过火。=짓궂게 구는 것도 지나쳐서는

안 된다. 명 못된 장난. 짓궂은 장난. ¶他老喜欢搞~吓唬女同学。=그는 걸핏하면 짓궂은 장난을 쳐서 여학생을 깜짝 놀라게 한다.

* # 饿[餓] è 배고플 아
  형 배고프다. ¶饥~=기아. / 忍饥挨~=배고픈 것을 참다. 동 굶주리다. ¶该吃就吃, 千万不能~着肚子。=끼니는 제때 먹어야지, 절대 배를 곯아서는 안 된다. ↔饱 ≒饥
  
  ⊙─● 饥饿, 解饿

【饿不死】è·busǐ 동 굶어 죽지 않는다. ¶先等一会再吃, ~的。=우선 잠깐 기다렸다가 먹어도 굶어 죽지 않는다.
【饿不着】è·buzháo 동 굶주리지 않는다. 굶지 않다. ¶来我们公司吧, 绝对~。=우리 회사로 오세요, 절대로 굶기지는 않을 테니.
【饿肚】èdù 명 공복. 주린 배.
【饿饭】è·fàn 동(구) 굶주리다.
【饿狗】ègǒu 명 1 굶주린 개. 2 (비) 매우 탐욕스러운 사람.
【饿鬼】èguǐ 명 1 [佛] 아귀. 굶주린 귀신. [생전에 나쁜 일을 많이 저질러서 죽은 뒤에 굶주림의 고통을 받는 귀신] 2 (비) 매우 굶주린 사람. 먹는 것을 아주 밝히는 사람. =【饿死鬼】èsǐguǐ
【饿劲儿】èguòjìnr ☺ 배고픈 정도가 지나쳐 오히려 시장기가 가시다. ¶~反倒不觉得饿了。=배고픈 정도가 지나쳐 오히려 시장기를 느끼지 못하겠다.
【饿汉】èhàn 명 1 굶주린 사람. 굶주린 남자. ¶饱汉不知~的饥。=배부른 사람은 굶주린 자의 배고픔을 알지 못한다. 2 욕망이 끝없는 사람.
【饿虎】èhǔ 명 굶주린 호랑이.
【饿虎扑食】èhǔ-pūshí 성(비) 굶주린 호랑이가 먹을 것을 덮치듯 동작이 신속하고 기세가 맹렬하다. =【饿虎扑羊】èhǔ-pūyáng
【饿虎扑羊】èhǔ-pūyáng ☞【饿虎扑食】èhǔ-pūshí
【饿坏】èhuài 형 몹시 배가 고프다. 배가 고파 죽을〔쓰러질〕 지경이다. ¶你这儿有没有什么吃的, 我~了。=너, 여기 뭐 먹을 만한 거 없어? 배고파 죽을 지경이다.
【饿狼】èláng 명 1 굶주린 이리. 2 (비) 탐욕스러운 사람.
【饿殍】èpiǎo 명(문) 굶어 죽은 사람. 아사한 사람.
【饿殍遍野】èpiǎo-biànyě 성 1 굶어 죽은 시체가 도처에 널리다. 2 (천재지변이나 인재로) 궁핍한 백성들이 대량으로 아사한 처참한 모습. ≒哀鸿遍野
【饿死】èsǐ 동 굶어 죽다. 아사하다.
【饿死鬼】èsǐguǐ ☞【饿鬼】èguǐ

# 鄂 È 땅 이름 악
명 1 [地] '湖北(후베이)' 성의 별칭. 2 성(姓).
【鄂博】èbó ☞【敖包】áobāo
【鄂伦春族】èlúnchūnzú 명 오르죤(Orogen)족. [중국 소수 민족의 하나로, 주로 네이멍구(內

鄂 阏 谔 萼 遏 遌 崿 愕 颚 腭 鹗 锷 颌 噩 鳄 呃 欸 欸 欸　è　513

蒙古)와 헤이룽장(黑龙江)에 분포함]
【鄂温克族】Èwēnkèzú 명 오원커(Ewenki)족. [중국 소수 민족의 하나로, 주로 네이멍구(内蒙古)와 헤이룽장(黑龙江)에 분포함]

## 阏[閼] è 가로막을 알
동(문) 막다. 막히다. ¶~塞=막히다. 명(문) 갑문. ¶堤~=제방의 갑문.
☞ yān

## 谔[諤] è 직언할 악
【谔谔】è'è 형(문) 곧이곧대로 말하는. 사실대로 말하는. 직언하는. 직언하는 모양. ¶千人之诺诺, 不如一士之~. =천 명이 예예 하며 무비판적으로 순종하는 것보다 한 사람이 곧이곧대로 말하는 것이 낫다.

## 萼[(蕚)] è 꽃받침 악
명(植) 꽃받침.
【萼片】èpiàn 명(植) 꽃받침.

## *遏 è 막을 알
동 금지하다. 막다. 저지하다. ¶阻~=저지하다. / 怒不可~=노여움을 참지 못하다. 명 (È) 성(姓).
【遏蓝菜】èláncài ☞【菥蓂】xīmì
【遏抑】èyì 동 억압하다. 억누르다. 억제하다. ¶心中激情澎湃, 难以~. =마음속의 격정이 끓어올라 억누르기 어렵다.
【遏止】èzhǐ 동 힘껏 저지하다. ¶大势所趋, 不可~. =대세의 흐름을 저지할 수 없다.
【遏制】èzhì 동 저지하다. 억제하다. ¶无法~内心的情感. =마음속 감정을 억제할 길이 없다.
【遏阻】èzǔ 동 저지하다. 억제하다. 금지하다. 막다. ¶生老病死是自然规律, 谁也无法~. =생로병사는 자연의 이치라서 그 누구도 막을 길이 없다.

## 遌 è 마주칠 악
동(문) 우연히 만나다.

## 崿 è 낭떠러지 악
명(문) 낭떠러지. 벼랑. 산기슭. ¶危岩峭~=높은 바위와 험준한 절벽.

## *愕 è 놀랄 악
형 놀라다. 섬뜩해지다. ¶惊~=경악하다. 깜짝 놀라다.
【愕然】èrán 형 (깜짝) 놀라다. 아연실색하다. ¶闻听此言, 众皆~. =이 말을 듣자 모두들 아연실색했다.

## 颚[顎] è 콧마루 알
명(문) 콧대.

## 腭[(齶)] è 잇몸 악
명(生) 구개. 입천장. ['上腭(shàngtáng)'이라고 통칭함]
【腭裂】èliè 명(醫) 구개 파열(口蓋破裂).

## 䃎 è 땅 이름 악
【䃎嘉】Èjiā 명(地) 어자. [윈난(云南)성에 있는 지명]

## 鹗[鶚] è 물수리 악
명(動) 물수리. 징경이. ['鱼鹰(yúyīng)'이라고 통칭함]

## 锷[鍔] è 칼날 악
명(문) 칼날. 도검의 날.

## 颌[頷] è 턱 악
명 1(生) 턱. ¶上~=위턱. / 下~=아래턱. 2 '腭(è)'와 같음.
【颌骨】ègǔ 명(生) 턱뼈.

## *噩 è 놀랄 악
형 (불길한 것으로) 사람을 놀라게 하다. ¶惊闻~耗=부음을 듣고 놀라다.
【噩耗】èhào 명 부음(訃音). 부고(訃告). 불길한 소식. ↔喜报 喜讯
【噩梦】èmèng 명 악몽.
【噩音】èyīn 명 불길한 소식. 끔찍한 소식.
【噩运】èyùn 명 불길한 운. 악운.
【噩兆】èzhào 명 불길한 징조. 나쁜 단서.

## *鳄[鰐, 鱷] è 악어 악
명(動) 악어. ['鳄鱼(èyú)'라고 속칭함]
【鳄鱼】èyú 명(문)(動) 악어.
【鳄鱼眼泪】èyú-yǎnlèi 〈成〉 1 (서양 전설로) 악어가 사람이나 동물을 삼킬 때 한편으로는 먹고 한편으로는 눈물을 흘리다. 2〈比〉 악어의 눈물. 나쁜 사람이 자비를 가장하다. 거짓 선을 행하다.

## 呃 ·e 울 액
조 (문장 끝에서) 찬탄이나 경이감을 표시함. ¶你真是个好人~! =너는 정말로 좋은 사람이야!
☞ ē, è

## 欸 ē / ēi 한숨쉴 애
갑 (부름·분부 등을 나타내어) 어이. ¶~, 你快跑过来! =어이, 빨리 뛰어와.
☞ āi, ǎi, ê, ě, è

## 欸 é / éi 한숨쉴 애
갑 (놀람·의아 등을 나타내어) 어. ¶~, 他怎么一个人走了! =어, 그가 왜 혼자 갔지!
☞ āi, ǎi, ê, ě, è

## 欸 ě / ěi 한숨쉴 애
갑 (그렇지 않다는 어감을 나타내어) 으응. 영. ¶~, 不让他参加不合适吧! =엉, 그더러 참가하지 말라는 것은 합당치 않지!
☞ āi, ǎi, ê, ě, è

# en

**欸** è / èi 그러할 애
- 〔감〕 (승낙이나 동의 등을 나타내어) 응. 예. ¶~, 我这就下楼! = 응, 내가 곧 내려갈게!
- ☞ āi, ǎi, ê, ế, ề

**奀** ēn 여월 망
- 〔형〕〔방〕 여위고 작다. [주로 인명에 쓰임]

**恩** ēn 은혜 은
- 〔명〕 1 은혜. ¶感~ = 은혜에 감사하다. 감은하다. / 忘~负义 = 은혜와 의리를 저버리다. 배은망덕(背恩忘德). 2 애정. 사랑. 정. ¶一日夫妻百日~。= 하룻밤 부부라도 만리장성을 쌓는다. 3 (Ēn) 성(姓). ↔仇 怨
- 【恩爱】 ēn'ài 〔형〕 (부부간의) 금슬이 좋다. 애정이 깊다. ¶两口子很~。= 부부 금슬이 매우 좋다.
- 【恩爱夫妻】 ēn'ài fūqī 〔명〕 금슬 좋은 부부.
- 【恩宠】 ēnchǒng 〔동〕 1 (임금의) 총애. 은총. 2 (상사의) 총애. ¶他备受经理~。= 그는 사장의 총애를 한껏 받고 있다.
- 【恩仇】 ēnchóu 〔명〕 1 은혜와 원한. ¶~得报 = 은혜와 원한은 갚아야 한다. 2 은인과 적(원수). ¶~不分 = 은인과 적을 구분하지 않다.
- 【恩赐】 ēncì 〔동〕 1 하사하다. 2 은혜를 베풀다. 인정을 베풀다. ¶好的生活要靠自己去创造, 不能靠别人~。= 행복한 생활은 스스로 창조해야지, 남이 베풀어 주기를 기대해서는 안 된다. 〔명〕 하사품. 은혜. 선물. ¶女儿是上天给我的~。= 딸은 하늘이 내게 준 선물이다. ≒赏赐 赐予
- 【恩德】 ēndé 〔명〕 은혜. 은덕. ≒恩惠
- 【恩典】 ēndiǎn 〔명〕 은혜. 은전. ¶感谢老师的~。= 선생님의 은혜에 감사드립니다. 〔동〕 은혜를 베풀다. ¶恳请皇上~ = 폐하께서 은혜를 베풀어 주시길 간절히 청하옵니다.
- 【恩断义绝】 ēnduàn-yìjué 〔성〕 의절하다. 사이가 틀어지다. 인연을 끊다. (부부간의) 금슬이 깨지다. 애정이 식어 헤어지다.
- 【恩恩爱爱】 ēn·en àiài (~的) 〔형〕 (부부간의) 사랑이 깊다. 금슬이 좋다.
- 【恩恩怨怨】 ēn·en yuànyuàn 〔명〕 은혜와 원망. 은원. 얽히고설킨 정.
- 【恩格尔系数】 Ēngé'ěr xìshù 〔명〕〔경〕 엥겔 지수.
- 【恩公】 ēngōng 〔명〕〔경〕 은인. ¶多谢~相救。= 도와 주신 은인께 깊이 감사드립니다. 은인께서 구해 주셔서 정말 감사합니다.
- 【恩惠】 ēnhuì 〔명〕 은혜. ≒恩德
- 【恩将仇报】 ēnjiāngchóubào 〔성〕 은혜를 원수로 갚다. ≒以怨报德 ↔以德报怨
- 【恩情】 ēnqíng 〔명〕 은정. 은혜. 깊은 정. ¶~深重 = 은혜가 아주 크다.
- 【恩人】 ēnrén 〔명〕 은인. ¶救命~ = 생명의 은인. ↔仇人
- 【恩赏】 ēnshǎng 〔동〕 하사하다. 〔명〕 하사품.
- 【恩师】 ēnshī 〔명〕〔경〕 은사.
- 【恩同再造】 ēntóngzàizào 〔성〕 생명의 은인. 은혜가 한없이 크다.
- 【恩威并施】 ēnwēi-bìngshī 〔성〕 은혜와 위엄을 병행하다. 인자할 때는 인자하고 엄할 때는 엄하다. 상과 벌을 병용하다. =【恩威并用】 ēnwēi-bìngyòng
- 【恩威并用】 ēnwēi-bìngyòng ☞【恩威并施】 ēnwēi-bìngshī
- 【恩义】 ēnyì 〔명〕 은정과 도의. ¶不负~ = 은정과 도의를 저버리지 않다.
- 【恩遇】 ēnyù 〔명〕 1〔옛〕 임금의 지우(知遇). 2 지우(知遇). 극진한 대우. ¶承蒙~ = 극진한 대우를 받다.
- 【恩怨】 ēnyuàn 〔명〕 1 은혜와 원한. 은원. ¶~分明 = 은혜와 원한이 분명하다. 2 원한. ¶旧日~, 不必再提。= 지난날의 원한은 다시 꺼낼 필요 없다.
- 【恩泽】 ēnzé 〔명〕 1 임금이나 관리의 은택. ¶屡受~ = 누차 은택을 입다. 2 (윗사람이 아랫사람에게 베푸는) 은택.
- 【恩重如山】 ēnzhòng-rúshān 〔성〕 은정이 한없이 크다.
- 【恩准】 ēnzhǔn 〔동〕 1 (임금이나 관리가) 은전(恩典)을 베풀다. ¶恳请~ = 은전을 베풀어 주시길 간청하옵니다. 2 허가(허락)하다. [해학적인 의미를 내포함]

**蒽** ēn 안트라센 은
- 〔명〕〔화〕 안트라센(anthracene).

**摁** èn 누를 은
- 〔동〕 (손가락으로) 누르다. ¶~门铃 = 초인종을 누르다. ≒按
- 【摁钉儿】 èndīngr 〔명〕〔구〕 압정.
- 【摁扣儿】 ènkòur ☞【子母扣儿】 zǐmǔkòur
- 【摁住】 ènzhù (손가락이나 손바닥으로) 누르다. ¶~按钮 = 버튼을 누르다.

# eng

**鞥** ēng 말고삐 압
- 〔명〕〔문〕 말고삐.

**嗯** éng 대답할 은
- 〔감〕〔구〕 (의문을 나타내어) 어. ¶~, 你怎么不去看演出? = 어, 너 왜 공연 보러 안 가니?
- ☞ ěng, èng

**嗯** ěng 대답할 은
- 〔감〕〔구〕 (그렇지 않다거나 뜻밖임을 나타내어) 에이. 어. 엉 ¶~, 没有那么复杂吧! = 에이, 그렇게 복잡하진 않겠지!
- ☞ éng, èng

【嗯】 èng 대답할 응
[감](무) 응. ¶~, 就照老规矩办吧！=응, 관례대로 하자!
☞ éng, ěng

# er

**儿[兒]** ér 아이 아
(명) 1 어린이. 아이. ¶幼～=유아. /婴～=育女=자녀를 낳아 기르다. 2 아들. ¶生～育女=자녀를 낳아 기르다. 3 (부모가 자식을 부르는 총칭으로) 자녀. (자식이 부모에게 말하는 자칭으로) 저. ¶妻～老小=처자식과 부모. 온 집안 식구. 4 젊은이. [주로 청년을 가리킴] ¶体育健～=체육계의 건아. (종) 수컷의. ¶这是～马。=이것은 수말이오. (접미)(r) 1 명사 뒤에 쓰여 작은 것을 표시함. ¶小狗～=강아지. / 小孩～=어린아이. 2 동사·형용사 등의 뒤에 쓰여 품사의 변화를 표시함. ① 동사의 명사화. ¶唱～=노래. / 盖～=덮개. ② 형용사의 명사화. ¶亮～=빛. / 热闹～=법석. 소란. 3 명사 뒤에 쓰여 의미가 변했음을 나타냄. ¶白面～=헤로인. [‘白面'은 밀가루라는 뜻] / 老家～=부모와 집안 어른. [‘老家’는 고향이라는 뜻] 4 명사 뒤에 쓰여 구체적인 사물을 추상화시킴. ¶门～=방법. / 油水～=(부당한) 이익. 5 몇몇 특정한 동사 뒤에 쓰임. ¶玩～=놀다. / 火～=화내다. 6 형용사의 중첩형 뒤에 쓰임. ¶慢慢～=천천히. / 好好～=잘.
☞ 兒(ní)

○ 儿 ér
倪 ní
霓 ní
猊 ní
鲵 ní
睨 nì

○→ 产儿, 宠chǒng儿, 孤gū儿, 寄儿, 女儿, 乳rǔ儿, 胎tāi儿, 幼儿, 托儿所, 幼儿园

【儿辈】 érbèi (명) 후대. 자손. 아이들.
【儿大不由爷】 ér dà bù yóu yé (속) 자식도 품 안에 들 때까지 자식이다. 품안의 자식.
【儿歌】 érgē (명)(音) 동요.
【儿化】 érhuà (동)(言) 접미사 ‘儿’이 독자적으로 음절을 이루지 않고, 앞 음절과 결합하면서 앞 음절의 운모를 권설 운모가 되게 하다. [예컨대, ‘玩儿’의 발음은 'wánr'이지 'wán'ér' 이 아님]
【儿皇帝】 érhuángdì (명) 꼭두각시 황제. [오대(五代) 때 석경당(石敬瑭)이 거란과 결탁하여 후진(後晉)을 건립한 후, 거란에 대해 스스로를 ‘儿皇帝'라고 부른 것에서 유래함]
【儿科】 érkē (명)(醫) 소아과. =【小儿科】 xiǎo'érkē
【儿郎】 érláng (명) 1 아들. 2 남아. 남자. 사내아이. 3 사병. 졸개. ¶五千～=오천 명의 사병.
【儿麻】 érmá ☞ 【小儿麻痹症】 xiǎo'ér má bìzhèng
【儿马】 érmǎ (명) 수말.
【儿男】 érnán (명) 1 사내아이. 남아. ¶未曾生养～。=남아를 낳아 기른 적이 없다. 2 사나이. 대장부. ¶立志报国的好～=보국의 뜻을 세운 훌륭한 대장부.
【儿女】 érnǚ (명) 1 자녀. 아들과 딸. ¶抚养～=자녀를 기르다. 2 (문) 남녀. ¶～私情=남녀 간의 연정.
【儿女情长】 érnǚ-qíngcháng (성) 1 남녀 간의 정이 끈끈하다. 2 자식에 대한 부모 사랑이 끔찍하다〔지극하다〕.
【儿女情长, 英雄气短】 érnǚ qíngcháng, yīngxióng qìduǎn (성) 사랑에 연연하여 남자다움을 잃다. 남아의 의기도 여자와의 사랑을 이겨 내지 못한다. [주로 남녀 간의 사랑을 지나치게 중시하는 것을 가리킴]
【儿女亲家】 érnǚ qìng·jia (명) 겹사돈.
【儿女私情】 érnǚ sīqíng (명) 남녀의 연정.
【儿女债】 érnǚzhài (명)(口) (부모가 부담하는) 자녀의 양육비와 결혼 비용.
【儿时】 érshí (명) 어렸을 때. 어린 시절. ¶～伙伴=어린 시절 친구.
【儿孙】 érsūn (명) 1 아들과 손자. 2 후대. 자손.
【儿童】 értóng (명) 아동. 어린이. ¶～文学=아동 문학.
【儿童不宜】 értóng bùyí (성) (영화·출판물·오락장 등의) 아동 관람 불가. 아동 출입 불가.
【儿童村】 Értóngcūn (명)(약) 国际SOS儿童村(국제SOS 어린이 마을).
【儿童节】 Értóngjié ☞【六一儿童节】 Liù-Yī Értóngjié
【儿童剧】 értóngjù (명)(劇) 아동(연)극.
【儿童乐园】 értóng lèyuán (명) 어린이 대공원. 어린이 놀이 동산.
【儿童文学】 értóng wénxué (명) 아동 문학.
【儿媳】 érxí (명) 며느리.
【儿媳妇】 érxí·fu (～儿) ☞【媳妇】 xífù
【儿戏】 érxì (명) 1 어린애 장난. 2 (비) 장난. 중요한 일에 대해서 무책임하고 진지하지 않은 것. ¶事关重大, 不可当～。=매우 중요한 일이니 장난으로 여겨서는 안 된다.
【儿子】 ér·zi (명) 아들. ¶～给您买了件毛衣。=아들이 당신에게 스웨터를 사 주었어.

**而** ér 말 이을 이
(접) 1 …(하)고(도). 그리고. [뜻이 서로 이어지는 성분을 연결하여 순접을 나타냄] ¶席地～坐=땅바닥에 자리를 깔고 앉다. 2 …지만. …나. …면서. 그러나. [뜻이 서로 상반되는 것을 연결하여 전환[역접]을 나타냄] ¶紧张～有秩序=긴박하지만 질서가 있다. 3 긍정과 부정으로 서로 보충하는 성분을 연결시킴. ¶她的妆浓～不艳。=그녀의 화장은 짙지만 야하지 않다. 4 목적 또는 원인 등을 나타내는 성분을 연결시킴. ¶不能因困难～害怕～退缩=어렵다고 해서 무서워하거나 움츠러들어서는 안 된다. 5 시간 또는 방식을 나타내는 성분을 동사와 연결시킴. ¶匆匆～来, 匆匆～去。=총총히 왔다가 총총

○ 而 ér
鸸 ér
鲕 ér

가다. **6** (…부터) …까지. ¶由夏~秋 = 여름부터 가을까지. **7** 만일. 만약. [주어와 술어 사이에 쓰여 가정을 나타냄] ¶学~不精便很难出成果. = 배움이 세심하지 않으면 성과를 내기 어렵다.

○● 从而, 俄而, 反而, 忽而, 既而, 继而, 进而, 然而, 甚而, 时而, 始而, 幸而, 因而

【而后】**érhòu** 접 연후(에). 이후(에). ¶新技术先在部分地区试点, ~在全国推广. = 새로운 기술을 먼저 일부 지역에서 시행해 본 연후에 전국적으로 보급해야 한다.

【而今】**érjīn** 현재. 지금.

【而况】**érkuàng** 접 하물며. ¶这么重的书包, 大人提着都费劲儿, ~孩子. = 이렇게 무거운 책가방은 어른이 들기에도 힘든데, 하물며 어린이는 더 말할 것도 없다.

【而立】**érlì** 명문 30세. ¶~之年 = 나이 30세.

【而且】**érqiě** 접 게다가. 뿐만 아니라. 또한. [앞에 '不但(bùdàn)'이나 '不仅(bùjǐn)' 등과 호응하여 쓰임] ¶他不但为人和善, ~工作出色. = 그는 사람됨이 상냥할 뿐만 아니라, 업무도 훌륭하게 처리한다.

【而上】**érshàng** 동 (위로) 올라가다. ¶逆流~ = 거슬러 올라가다.

【而言】**éryán** 동 …에 대해 말하(자)면, …에 근거해 보(자)면. [대개 '就(jiù)'와 함께 쓰임] ¶就立意~, 这篇文章很深刻. = 구상 면에서 보면 이 글은 아주 인상 깊다.

【而已】**éryǐ** 조 …뿐이다. ¶我只是表明自己的看法~, 主意还得你拿. = 나는 그저 내 생각을 나타냈을 뿐이고, 구체적인 결정은 그래도 네가 해야 한다.

## 洏 ér 눈물 흘릴 이
☞【涟洏】**lián'ér**

## 栭 ér 버섯 이
명문 **1** (植) 목이(木耳). **2** (建) 두공(斗拱).

## 輀[輀] ér 상여 이
명문 영구차. ¶灵~ = 영구차.

## 胹 ér 삶을 이
동문 삶다. 고다.

## 鸸[鴯] ér 제비 이
【鸸鹋】**érmiáo** 명외(動) 에뮤(emu).

## 鲕[鮞] ér 곤이 이
명문 물고기 알.

## *尔[爾, 尒] ér 너 이
대문 **1** 너. 그대. ¶出~反~ = 자업자득. 이랬다저랬다하다. **2** 이. 저. ¶~时 = 이 때. **3** 이러하다. 이와 같다. ¶果~ = 과연 이러하다. 조문 …일 뿐이다. ¶无他, 但手熟~. = 다름이 아니라, 단지 손에 익숙할 뿐이다. 접미 형용사 뒤

에 쓰이며 '然(rán)'과 같이 상태를 나타냄. ¶率~ = 경솔히. / 偶~ = 우연히. 능你↔我

【尔曹】**ércáo** 대문 너희들. 그대들.

【尔尔】**ěr'ěr** 대문 이와 같다. 이러하다. ¶不过~ = 이에 불과하다. 의문 예. 네.

【尔格】**ěrgé** 명(物) 에르그(erg).

【尔后】**ěrhòu** 명 그 후. ¶他出国前来过我家一次, ~我们就再也没见过面. = 그는 출국하기 전 우리 집에 한 번 왔었는데, 그 후론 두 번 다시 만난 적이 없다.

【尔来】**ěrlái** 명문 이래. 그 뒤로. 근래.

【尔许】**ěrxǔ** 대문 이와 같다. ¶~粗鄙之人, 不可为友. = 이와 같이 야비한 사람을 친구로 삼을 수는 없다.

【尔雅】**ěryǎ** 명《爾雅(이아)》. [중국에서 가장 오래 된 자서(字書)] 형문 우아하고 고상하다. 바르고 우아하다. 아정(雅正)하다. ¶温文~ = 태도가 온화하고 거동이 우아하다.

【尔虞我诈】**ěryú-wǒzhà** 성 서로 속고 속이다. = 【尔诈我虞】**ěrzhà-wǒyú** ≒钩心斗角

【尔诈我虞】**ěrzhà-wǒyú** ☞【尔虞我诈】**ěryú-wǒzhà**

○ 尔 ěr
迩 ěr
弥 mí
狝 mí
祢 ní

## *耳 ěr 귀 이
명 **1** 귀. ¶眼花~聋 = 눈이 침침하고 귀가 멀다. **2** 귀처럼 생긴 것. ¶银~ = 흰 목이버섯. 형 양쪽 끝에 있는 것을 가리킴. ¶~门 = 옆문. 조문 …일 따름이다. ¶技止此~ = 재능이 이에 그칠 뿐이다.

○● 苍cāng耳, 刺cì耳, 附耳, 聒guō耳, 焦jiāo耳, 帽耳, 内耳, 逆nì耳, 牛耳, 入耳, 顺耳, 外耳, 悦yuè耳, 中耳, 白木耳, 执zhí牛耳

【耳巴(子)】**ěrbā(·zi)** 명구 따귀.

【耳报神】**ěrbàoshén** 명방비 밀고자(密告者).

【耳背】**ěrbèi** 형 귀가 어둡다. 귀가 멀다. ¶奶奶~, 跟她说话要大点声. = 할머니는 귀가 어두워서, 그녀와 말할 때는 큰 소리로 해야 한다.

【耳边风】**ěrbiānfēng** 명 **1** 귓전에 스치는 바람. **2** 비 마이동풍(馬耳東風). = 【耳旁风】**ěrpángfēng**

【耳鬓厮磨】**ěrbìn-sīmó** 성 **1** 귀와 살쩍을 서로 문지르다. **2** 비 부부가 서로 다정하게 지내다.

【耳不离腮】**ěrbùlísāi** 속비 관계가 밀접하다.

【耳沉】**ěrchén** 형 귀가 어둡다. 귀가 멀다.

【耳垂】**ěrchuí** (~儿) 명(生) 귓불. 귓방울.

【耳聪目明】**ěrcōng-mùmíng** 성 **1** 귀와 눈이 밝다. **2** 매우 총명하다.

【耳朵】**ěr·duo** 명(生) 귀.

【耳朵长】**ěr·duocháng** 숙 **1** 견문이 넓다. **2**

○ 耳 ěr
饵 ěr
洱 ěr
珥 ěr
铒 ěr
佴 nài

잘 엿듣다.

【耳朵底子】ěr·duo dǐ·zi 圀⊕(醫) 중이염.

【耳朵干净】ěr·duo-gānjìng ⊕ 유언비어나 떠절한 일을 듣지 않다. 깨끗한 말만 듣다.

【耳朵尖】ěr·duojiān ⊕ 1 귀가 밝다. ¶小孩子~。= 어린아이가 귀가 밝다. 2 듣는 것이 많다. 소식을 잘 탐문하다. ¶她~, 什么事儿都瞒不过她。= 그녀는 듣는〔아는〕것이 많아서 어떤 일도 속일 수 없다.

【耳朵灵】ěr·duolíng ⊕ 귀가 밝다. ¶这孩子~, 老远的动静都能听见。= 이 아이는 귀가 밝아서 먼 곳의 동정도 들을 수 있다.

【耳朵起茧】ěr·duo-qǐjiǎn ⊕⊕ 귀에 못이 박히도록 듣다.

【耳朵软】ěr·duoruǎn ⊕ 귀가 얇다. 남의 말을 쉽게 믿다. ¶他~, 别人一说就动心。= 그는 귀가 얇아서 누가 뭐라 하면 금방 마음이 흔들린다.

【耳朵眼儿】ěr·duoyǎnr 圀 1 ☞【外耳门】wài'ěrmén 2 귀고리를 하기 위해 귓불에 뚫은 구멍.

【耳房】ěrfáng 圀 정방(正房) 양 옆에 있는 작은 방.

【耳风】ěr·feng 圀⊕ 풍문. 뜬소문.

【耳福】ěrfú 圀 (아름다운 음악·희곡 등을) 들을 복. ¶大饱~= 귀를 실컷 즐겁게 하다.

【耳根(子)】ěrgēn(·zi) 圀 1 귀뿌리. 2 귀. ¶~清净。= 모든 일에 근심 걱정이 없다.

【耳根前】ěrgēnqián 圀⊕ 1 귀 앞쪽 부분. 2 부근. 곁. 바로 옆. ¶别在我~唠叨= 내 옆에서 떠들지 마라.

【耳垢】ěrgòu 圀(生) 귀지. =【耵聍】dīngníng ⊕【耳屎】ěrshǐ

【耳鼓】ěrgǔ ☞【鼓膜】gǔmó

【耳刮子】ěrguā·zi 圀⊕ 양쪽 귀의 뒷부분. 뺨(따귀).

【耳管】ěrguǎn 圀(生) 외청도(外聽道). 외이도(外耳道).

【耳光(子)】ěrguāng(·zi) 圀 1 (뺨)따귀. ¶打~= 따귀를 때리다. 2⊕ 심한 타격. ¶事实给了传播流言的人一记~。= 사실은 유언비어를 펴뜨린 사람에게 심한 타격을 주었다.

【耳郭】ěrguō 圀(生) 귓바퀴.

【耳环】ěrhuán 圀 귀고리.

【耳机】ěrjī 圀 1 이어폰. 리시버(receiver). =【听筒】tīngtǒng 2 ☞【受话器】shòuhuàqì

【耳际】ěrjì 圀 귓가. 귓전. ¶他的语重心长的话一直萦绕在~。= 그의 의미심장한 말이 줄곧 귓전에서 맴돈다.

【耳尖】ěrjiān 圀 청각이 예민하다. 귀가 밝다.

【耳镜】ěrjìng 圀(醫) 검이경(檢耳鏡).

【耳孔】ěrkǒng ☞【外耳门】wài'ěrmén

【耳力】ěrlì 圀 청력. ¶年老了, ~大不如前。= 나이가 들어 청력이 이전보다 훨씬 못하다.

【耳聋】ěrlóng 圀 청력이 감퇴하다. 귀가 먹다.

【耳聋眼花】ěrlóng-yǎnhuā ⊕ 1 귀와 눈이 어둡다. 2 늙다.

【耳轮】ěrlún 圀(生) 귓바퀴.

【耳门】ěrmén 圀 1 옆문. 2(生) 귓문. 이문.

【耳鸣】ěrmíng 圀(醫) 이명. 귀울음.

【耳膜】ěrmó ☞【鼓膜】gǔmó

【耳目】ěrmù 圀 1 귀와 눈. 이목. ¶掩人~= 남의 이목을 가리다. 2 견문. 3 ¶~不广= 견문이 넓지 않다. 3 남의 이목. 세간의 이목. ¶这里~很多, 我们找个僻静的地方谈。= 여기는 남의 이목이 많으니 조용한 곳을 찾아 이야기하자. 4 스파이. 밀정. ¶~众多= 스파이가 많다.

【耳目一新】ěrmù-yīxīn ⊕ 보고 듣는 것이 다 새롭다. 귀와 눈이 번쩍 뜨이다.

【耳畔】ěrpàn 圀 귓가.

【耳旁风】ěrpángfēng ☞【耳边风】ěrbiānfēng

【耳屏】ěrpíng 圀(生) 이주(耳珠).

【耳热】ěrrè ⊕ (흥분·부끄러움 등으로) 귀가 뜨거워지다. 귀가 달아오르다. ¶酒酣~= 술이 올라서 귀가 빨개지다. 술이 얼근하게 오르다.

【耳濡目染】ěrrú-mùrǎn ⊕ 자주 보고 들어서 익숙하고 습관이 되다. 늑耳闻目睹.

【耳软心活】ěrruǎn-xīnhuó ⊕ 생각 없이 남의 말을 쉽게 믿다. 귀가 얇다.

【耳塞】ěrsāi 圀 1 이어폰(earphone). 2 (수영할 때 쓰는) 귀마개.

【耳塞】ěr·sai 圀 귀지.

【耳扇】ěrshàn 圀 방한모에서 (양쪽에 늘어져) 두 귀를 덮는 부분.

【耳勺子】ěrsháo·zi 圀 귀이개.

【耳生】ěrshēng 圀 귀에 설다. 귀에 생소하다. ¶这人的名字听着~。= 이 사람의 이름은 귀에 설다. ↔耳熟.

【耳食】ěrshí 匧⊕ 남의 말을 그대로 받아들이다.

【耳屎】ěrshǐ ☞【耳垢】ěrgòu

【耳饰】ěrshì 圀 귀고리. 귀에 거는 장식품.

【耳熟】ěrshú 圀 귀에 익다. ¶这首歌听着~, 但不知道歌名儿。= 이 노래는 귀에 익은데 제목을 모르겠다. ↔耳生.

【耳熟能详】ěrshú-néngxiáng ⊕ 귀에 익어서 자세히 말할 수 있다. 서당 개 삼 년이면 풍월을 읊는다.

【耳顺】ěrshùn 圀 귀에 거슬리지 않다. 듣기 편하다. ¶还是轻音乐听着~。= 그래도 경음악이 듣기 편하다. 圀 이순(耳顺). 60세. ¶年近~= 60세에 가깝다.

【耳提面命】ěrtí-miànmìng ⊕ 1 귀를 끌어 당겨 얼굴을 맞대고 이야기하다. 2 간곡하게 타이르다.

【耳听八方】ěrtīngbāfāng ⊕ 1 각 방면에 귀를 기울이다. 팔방으로 귀를 기울이다. 2⊕ 기민(機敏)하다. 눈치가 빠르다. 주위 상황을 빨리 파악하다.

【耳听是虚, 眼见为实】ěr tīng shì xū, yǎn jiàn wéi shí ⊕ 들은 것은 믿을 수 없고, 친히 보아야 비로소 믿을 수 있다. 말만 들어서는 믿을 수 없고, 증거가 있어야만 믿을 수 있다.

【耳挖子】ěrwā·zi 圀 귀이개.

【耳闻】ěrwén 匧 귀로 듣다. ¶~不如目见。=

듣는 것은 보는 것만 못하다.
【耳闻目睹】ěrwén-mùdǔ [성] 직접 귀로 듣고 눈으로 보다. ≒耳濡目染 ↔道听途说
【耳蜗】ěrwō [명]《生》(귀의) 달팽이관. 와우각.
【耳下腺】ěrxiàxiàn ☞【腮腺】sāixiàn
【耳性】ěr·xìng [명] 1 기억력. 말귀. ¶这孩子没~, 刚挨了打, 又在淘气了。=이 아이는 말귀가 어두워, 방금 얻어맞고 또 장난을 친다니까. 2 청력. ¶~不济=청력이 안 좋다.
【耳穴】ěrxué [명]《醫》이혈. [인체의 어떤 부위에 병이 나면, 반응이 나타나는 귓바퀴 부위의 통칭]
【耳音】ěryīn [명] 청력. 소리를 알아듣는 능력. 말을 분간하는 능력. ¶~不赖呀, 这么多年不见还能听出我的声音。=청력이 좋구나. 오랜 세월 보지 않았는데, 아직 내 목소리를 알아듣다니.
【耳语】ěryǔ [동] 귓속말[귀엣말]하다.
【耳坠】ěrzhuì(~儿) [명] (늘어뜨리는) 귀고리. =【耳坠子】ěrzhuì·zi
【耳坠子】ěrzhuì·zi ☞【耳坠】ěrzhuì
【耳子】ěr·zi [명] (그릇의) 귀. 손잡이.

## 迩[邇] ěr 가까울 이

[형][문] 가깝다. ¶闻名遐~=명성이 두루 알려져 있다. ↔遐
【迩来】ěrlái [명][문] 요즘. 근래. ¶~天气晴好。=요즘 날씨가 맑고 좋다.

## 洱 ěr 강 이름 이

【洱海】Ěrhǎi [명]《地》이해(洱海). [윈난(云南)성에 있는 호수 이름]

## *饵[餌] ěr 먹이 이

[명] 1 케이크(cake). 과자. ¶果~=사탕과 과자. 2 낚시할 때 쓰는 미끼. ¶鱼~=낚시 미끼. [동][문] (물건으로) 유인하다. 꼬이다. ¶~以重利=큰 이익으로 유혹하다.
【饵料】ěrliào [명] 1 (낚시용) 미끼. 물고기 밥. 물고기 사료. 2 (해충을 죽이기 위해) 독약을 넣은 미끼.
【饵食】ěrshí [명] (낚시용) 미끼. 낚싯밥.
【饵子】ěr·zi [명] (낚시용) 미끼. 낚싯밥.

## 驲[駬] ěr 말 이름 이

☞【騄駬】lù'ěr

## 珥 ěr 귀고리 이

[명][문] 귀고리.

## 铒[鉺] ěr 에르븀 이

[명]《化》에르븀(Er, erbium). [원자 번호 68]

## **二 èr 두 이

[수] 2. 둘. [형] 1 다음 번째. 제2의. 두 번째. 둘째. ¶~等品=이류 상품. 2 다른. 두 가지의. ¶不说~话=두말하지 않다. 3 충성하지 않다. ¶忠贞不~=충성심과 지조가 변하지 않다.

> 二 èr / 贰 èr

> **二(èr) / 两(liǎng) / 俩(liǎ)**
>
> 二 : ① 숫자의 배열·분수·소수 및 서수를 나타낼 때 사용함.
> 二分之一(분수 1/2) 三点二(소수 3.2) 第二 初二 二楼(서수)
> ② 전통적인 도량형 단위 앞에서 많이 사용함.
> 二尺(2척) 二亩(2묘)
> ③ '十·百' 앞에서 보통 '二'로 읽음.
> 20(二十) 200(二百)
>
> 两 : ① 일반 양사 앞에서 사용함.
> 两个人(두 사람) 两把椅子(의자 두 개) 两遍(두 번)
> ② 새로운 도량형 단위 앞에서는 보통 '两'을 사용함.
> 两公斤(2kg) 两公里(2km)
> ③ '千·万·亿' 앞에서 주로 '两'으로 읽음.
> 2,000(两千) 20,000(两万)
>
> 俩 : ① '两个'의 의미이므로 뒤에 어떠한 양사도 오지 못함. ¶我们俩个一起走吧。(×) → 我们俩一起走吧。=우리 둘이 같이 가자.
> ② 인칭대명사나 짝을 이루며 호칭을 나타내는 명사 뒤에 주로 사용함.
> 父子俩(부자 두 사람) 姐妹俩(자매 두 사람)
>
> ▶ '俩'은 소량의 대략적인 숫자를 나타내기도 함. ¶这俩天过得怎么样? =요 며칠 어떻게 지내셨어요?

【二八】èrbā [명][문] 16세. 이팔청춘. 꽃다운 나이. ¶~佳人=16세 아리따운 여인.
【二八年华】èrbā-niánhuá [성] 여자의 젊고 아름다운 시기. 꽃다운 시기.
【二八月】èrbāyuè [명] (음력 2월과 8월의) 농한기(農閑期).
【二八月的庄稼人】èrbāyuè·de zhuāng·jiarén [낮] 1 (음력 2월과 8월의) 농한기에만 농사일을 하는 농부. 2 [비] 어설픈 사람.
【二把刀】èrbǎdāo [형][방] 대강 알다. 미숙하다. [명][방] 미숙한 사람. 얼치기. 풋내기. 엉터리.
【二把手】èrbǎshǒu [명] 두 번째 책임자. 부(副)책임자.
【二百二】èrbǎièr ☞【汞溴红】gǒngxiùhóng
【二百五】èrbǎiwǔ [낮] 1 (놀리는 말로) 멍텅구리. 천치. 바보. 2 [방] 얼치기. 풋내기. 엉터리.
【二板市场】èrbǎn shìchǎng ☞【创业板市场】chuàngyèbǎn shìchǎng
【二部制】èrbùzhì [명]《教》이부제.
【二茬】èrchá [명]《農》이모작(을 해서 거둬들인 농작물). ¶~水稻=이모작 벼.
【二重唱】èrchóngchàng [명][동]《音》이중창(하다). 듀엣(으로 부르다).
【二重性】èrchóngxìng [명] 이중성. =【两重性】liǎngchóngxìng
【二重奏】èrchóngzòu [명][동]《音》이중주(하다).
【二传手】èrchuánshǒu [명] 1《體》(배구의) 세터(setter). 2 [비] 중개인. 중개 단체.
【二次能源】èrcì néngyuán [명] 2차 에너지.

【二次文献】 **èrcì wénxiàn** 圀 (일차 문헌이나 일차 문건 등을 수정한) 이차 문헌〔문건·논문·저서·당안(檔案)〕.

【二当家】 **èrdāngjiā** 圀 둘째 주인. 주인 다음 가는 사람. 주인처럼 행세하는 사람.

【二道贩子】 **èrdào fàn·zi** 圀圀 (전매를 전문으로 하는) 브로커. 암거래상.

【二等】 **èrděng** 圀 이등의. 두 번째의. 이급의. 이류(二流)의. ¶~奖=이등상.

【二等公民】 **èrděng gōngmín** 圀 지위가 남보다 낮은 사람. ¶他们是当官的一等公民, 我们是~. =그들은 보직을 맡고 있는 높은 양반들이고, 우리는 보통 사람들이다.

【二恶英】 **èr'èyīng** 圀(化) 다이옥신(dioxin).

【二二乎乎】 **èr'èr hūhū** (~的) 圀 **1** 위축되다. **2** 망설이다. 의혹을 품다. **3** 모호하다. 어렴풋하다. **4** 그다지 희망이 없다.

【二房】 **èrfáng** 圀⊗ **1** 첩. 작은부인. **2** 가족 중 둘째 항렬 계통. 형제 중에서 차남의 가족.

【二房东】 **èrfángdōng** 圀 (빌린 집·건물을 다시 임대하는) 재임대인.

【二分法】 **èrfēnfǎ** 圀(論) 이분법.

【二伏】 **èrfú** ☞【中伏】 **zhōngfú**

【二副】 **èrfù** 圀 이등 항해사.

【二哥】 **èrgē** 圀 둘째 형〔오빠〕.

【二锅头】 **èrguōtóu** 圀 이과(두)주. [증류할 때 처음과 마지막에 나온 술을 제외한 비교적 순수한 백주(白酒)]

【二号病】 **èrhàobìng** 圀(醫) 콜레라.

【二胡】 **èrhú** 圀(音) 이호. [호금(胡琴)의 일종으로, 현이 두 줄임]

【二乎】【二忽】 **èr·hu** 圀⊗ **1** 위축되다. ¶面对危险, 他从不~. =위험에 직면해서 그는 위축된 적이 없다. **2** 망설이다. 의혹을 품다. ¶我越听他的话我越~. =나는 그의 말을 들을수록 더 의혹을 품게 된다. **3** 모호하다. 어렴풋하다. 아련하다. 방불하다. 비슷하다. ¶我~记得有这么个人来找过我. =나는 그런 사람이 나를 찾아왔던 적이 있었던 것으로 어렴풋이 기억한다. **4** 그다지 희망이 없다. ¶现在看来, 他留学的事儿~了. =지금 보니, 그가 유학 가는 일은 거의 희망이 없다.

【二花脸】 **èrhuāliǎn** ☞【架子花】 **jià·zihuā**

【二话】 **èrhuà** 圀 **1** 다른 말. 두말. 딴소리. 다른 의견. 이견. [주로 부정형으로 쓰임] ¶你说怎么办就怎么办, 我们决无~. =네가 하고 싶은 대로 해도, 우리는 절대 이견이 없다. **2** 불평. 불만. 반대말. ¶人不可能面面俱到, 被人说~也是难免的. =사람이 모든 것을 다 잘할 수는 없기 때문에 다른 사람에게 이런저런 말을 듣는 것은 불가피하다.

【二话不说】 **èrhuà-bùshuō** ⊗ 두말 하지 않다. ¶他~, 马上送了钱过来救急. =그는 두말 하지 않고 곧 돈을 보내 와서 급한 불을 꺼 주었다.

【二黄】【二簧】 **èrhuáng** 圀(劇) 중국 전통극 곡조 중의 하나. [호금(胡琴)으로 반주함]

【二簧】 **èrhuáng** ☞【二黄】 **èrhuáng**

【二婚】 **èrhūn** ⊗ (여자가) 재혼하다. 圀 재혼

【二婚儿】 **èrhūnr** ☞【二婚头】 **èrhūntóu**

【二婚头】 **èrhūntóu** 圀 (경시하는 투로) 재혼한 여자. =【二婚儿】 **èrhūnr**

【二级】 **èrjí** 圀 2급의. 두 번째 급수의. ¶~品=2급 상품.

【二级管】 **èrjíguǎn** 圀(電) 이극 (진공)관. 다이오드(diode).

【二级市场】 **èrjí shìchǎng** 圀 (거래된 적이 있는 집·증권 등의) 중고 시장. ↔一级市场

【二价】 **èrjià** 圀 에누리. 이중 가격. ¶不~=정찰 가격. ⊗ 값을 흥정하다. ¶不容~=에누리 없다.

【二斤半】 **èrjīnbàn** ⊗ 대가리. 대갈통. 머리통. ¶谁要是敢欺负人, 我砸烂他的~. =그 누가 감히 업신여기려 든다면 나는 그 놈의 대가리를 박살내 버리겠다.

【二进宫】 **èrjìngōng** 圀(劇) 전통 경극 목록 중의 하나. ⊗ (해학적인 표현으로) 두 번째로 구류되다〔감옥 가다〕.

【二进制】 **èrjìnzhì** 圀(數) 이진법.

【二赖子】 **èrlài·zi** 圀 건달. 깡패.

【二郎腿】 **èrlángtuǐ** 圀 다리를 꼬고 앉은 자세.

【二老】 **èrlǎo** 圀 **1** 두 노인. ¶您~请坐. =두 어르신, 앉으시지요. **2** 부모. ¶~健在=부모님이 건재하시다.

【二愣子】 **èrlèng·zi** 圀⊗ 덜렁이. 무분별한 사람. 무모한 사람. 막되먹은 사람.

【二流】 **èrliú** 圀 이류의. ¶~画家=이류 화가.

【二流子】 **èrliú·zi** 圀 건달.

【二路货】 **èrlùhuò** 圀 **1** 중고품. **2** ⊕ (경시하는 투의) 재혼한 여자.

【二氯化汞】 **èrlǜhuàgǒng** ☞【升汞】 **shēng gǒng**

【二马一虎】 **èrmǎ-yīhǔ** ⊗ 건성건성 하다. 대강대강 하다. 적당히 일을 얼버무려 버리다.

【二毛】 **èrmáo** 圀⊗ **1** 반백의 머리. 희끗희끗한 머리. **2** 머리가 희끗희끗한 노인.

【二门】 **èrmén** 圀 중문(中門). 중문(重門).

【二秘】 **èrmì** 圀 대사관·영사관의 2등 비서관.

【二拇指】 **èr·muzhǐ** 圀 식지(食指). 집게〔둘째〕손가락.

【二奶】 **èrnǎi** 圀 정부(情婦). 첩. 작은 마누라.

【二年生】 **èrniánshēng** 圀(植) 이년생. ¶~植物=이년생 식물.

【二氧化碳】 **èrqínghuàtàn** 圀(化) 탄산가스. 이산화탄소. =【碳酸气】 **tànsuānqì**

【二渠道】 **èrqúdào** 圀 **1** (상품의) 주요 유통 경로 이외의 유통 경로. **2** '新华书店(신화서점)' 이외의 민간 도서의 발행 경로.

【二人世界】 **èrrén shìjiè** 圀 부부만의 세계. 연인들만의 세계.

【二人台】 **èrréntái** 圀(劇) **1** 이인대. [네이멍구(内蒙古)에서 유행하는 설창 문예의 일종] **2** 이인대. ['二人台'가 발전된 지방 전통극]

【二人同心, 其利断金】 **èr rén tóngxīn, qí lì duànjīn** ⊗ **1** 두 사람이 마음을 합치면 쇠도

자를 수 있다. **2** [비] 단결된 힘은 매우 크다.

【二人转】**èrrénzhuàn** [명]《劇》**1** 이인전. [헤이룽장(黑龙江)·지린(吉林)·창춘(长春) 일대에서 유행하는 설창 문예의 일종] **2** 이인전. [‘二人转’이 발전된 지방 전통극]

【二审】**èrshěn** ☞【第二审】**dì'èrshěn**

【二十】**èrshí** [수] **1** 20. 이십. **2** 20세. ¶小伙子今年～啦。＝이 녀석이 올해 20살이구나.

【二十八宿】**èrshíbā xiù** [명]《天》이십팔수(二十八宿). 28수.

二十八宿(**èrshíbā xiù**)

| 사궁(四宮) | 사신(四神) | 이십팔수(二十八宿) |
|---|---|---|
| 동(東) | 청룡(四神) | 각(角)·항(亢)·저(氐)·방(房)·심(心)·미(尾)·기(箕) |
| 서(西) | 백호(白虎) | 각(奎)·루(婁)·위(胃)·묘(昴)·필(畢)·자(觜)·삼(參) |
| 남(南) | 주작(朱雀) | 정(井)·귀(鬼)·류(柳)·성(星)·장(張)·익(翼)·진(軫) |
| 북(北) | 현무(玄武) | 두(斗)·우(牛)·여(女)·허(虛)·위(危)·실(室)·벽(壁) |

【二十四节气】**èrshísì jiéqì** [명]《氣》24절기. [입춘(立春)·우수(雨水)·경칩(驚蟄)·춘분(春分)·청명(清明)·곡우(穀雨)·입하(立夏)·소만(小滿)·망종(芒種)·하지(夏至)·소서(小暑)·대서(大暑)·입추(立秋)·처서(處暑)·백로(白露)·추분(秋分)·한로(寒露)·상강(霜降)·입동(立冬)·소설(小雪)·대설(大雪)·동지(冬至)·소한(小寒)·대한(大寒)]

【二十四史】**èrshísì shǐ** [명]《書》24사. [지난날 정사(正史)로 일컬어지던 24종의 기전체 역사책. 《史記(사기)》·《漢書(한서)》·《後漢書(후한서)》·《三國志(삼국지)》·《晋書(진서)》·《宋書(송서)》·《南齊書(남제서)》·《梁書(양서)》·《陳書(진서)》·《魏書(위서)》·《北齊書(북제서)》·《周書(주서)》·《隋書(수서)》·《南史(남사)》·《北史(북사)》·《舊唐書(구당서)》·《新唐書(신당서)》·《舊五代史(구오대사)》·《新五代史(신오대사)》·《宋史(송사)》·《遼史(요사)》·《金史(금사)》·《元史(원사)》·《明史(명사)》]

【二十五史】**èrshíwǔ shǐ** [명] 25사. [《二十四史(24사)》와 《新元史(신원사)》의 합칭]

【二手】**èrshǒu**(～儿) [형] **1** 간접적인. 다른 사람이나 장소를 거친. ¶～资料＝간접 자료. **2** 중고의. ¶～汽车＝중고차. [명] 조수. ¶当～＝조수가 되다. 조수를 맡다.

【二手房】**èrshǒufáng** [명] 중고품 가게.

【二手货】**èrshǒuhuò** [명]《經》중고(품).

【二手烟】**èrshǒuyān** [명] 간접 흡연. 2차 흡연. ¶吸～的害处更大。＝간접 흡연의 해로움이 더 크다.

【二水货】**èrshuǐhuò** [명] **1** 중고(품). **2** [비] (경시하는 투의) 재혼한 여자.

【二胎】**èrtāi** [명] 두 번째 태아. 두 번째로 태어난 영아.

【二踢脚】**èrtījiǎo** ☞【双响】**shuāngxiǎng**

【二天】**èrtiān** [명][방] 나중에. 하루 이틀 지나서. 훗날. ¶～我领了奖金请你吃饭。＝나중에 내가 상금 타면 한턱 낼게.

【二五眼】**èr·wuyǎn** [형][방] (사람의) 능력이 모자라다. (물품의) 질이 떨어지다. 질이 낮다. [명][방] 능력이 모자란 사람. 얼치기.

【二弦】**èrxián** ☞【坠琴】**zhuìqín**

【二线】**èrxiàn** [명] **1**《軍》(전쟁에서) 제2방어선. 이선 방어선. ¶～作战＝제2방어선 작전. **2** [비] 2선. 한직. ¶～干部＝2선〔한직〕 간부.

【二心】[貳心] **èrxīn** [명] **1** 이심. 두마음. 이심(異心). ¶我对你忠心耿耿, 决无～。＝나는 당신에게 충성을 다하며, 결코 두마음을 갖지 않는다. **2** 불충. 불성실. ¶做什么事儿都应认认真真, 不能有～。＝무슨 일을 하든지 늘 열심히 해야지, 불성실해서는 안 된다.

【二心不定】**èrxīn-bùdìng** [성] 불성실하다. 전념하지 않다. 딴마음을 갖다. ¶有了工作就好好干, 别～的。＝일자리를 찾았으면 열성적으로 해야지, 딴마음을 가져서는 안 된다.

【二性子】**èrxìng·zi** ☞【两性人】**liǎngxìng rén**

【二氧化氮】**èryǎnghuàdàn** [명]《化》이산화질소($NO_2$).

【二氧化硅】**èryǎnghuàguī** [명]《化》이산화규소($SiO_2$).

【二氧化硫】**èryǎnghuàliú** [명]《化》이산화유황($SO_2$).

【二氧化碳】**èryǎnghuàtàn** [명]《化》이산화탄소($CO_2$). ＝【碳酐】**tàngān**【碳酸气】**tànsuānqì**

【二一添作五】**èr yī tiānzuò wǔ** [담] **1**《數》주산(珠算)의 나눗셈에서 쓰는 구결로, 1/2＝0.5라는 뜻. **2** 둘로 나누다. 이등분하다.

【二乙烯】**èryǐxī** ☞【丁二烯】**dīng'èrxī**

【二意】**èryì** [명] 두마음. 딴마음. ¶三心～＝두〔딴〕마음을 품다.

【二元论】**èryuánlùn** [명]《哲》이원론.

【二月】**èryuè** [명] **1** 음력 2월. **2** 양력 2월.

【二者】**èrzhě** [명] 양자(兩者). ¶工作和学习, ～都不可松懈。＝일과 공부, 양자 모두 게을리해서는 안 된다.

【二者必居其一】**èrzhě bì jū qí yī** [담] 필경 둘 중 하나이다. ¶成功或失败, ～。＝성공이냐 실패냐 필경 둘 중 하나이다.

【二战】**Èrzhàn** ☞【第二次世界大战】**Dì Èr Cì Shìjiè Dàzhàn**

【二指】**èrzhǐ** [명] **1** 식지. 인지. 집게손가락. **2** 손가락 두 개. ¶～深＝손가락 두 개 깊이.

【二致】**èrzhì** [형] 일치하지 않다. 다르다. ¶毫无～＝조금도 다르지 않다.

弎 èr 두 이
㈜ '二(èr)'과 같음.

刵 èr 귀 벨 이
동 (고대(古代) 육형(六刑) 중의 하나로) 귀를 잘라 내다.

佴 èr 이을 이
동㈜ 두다. 머무르다.
☞ Nài

*貳[貳] èr 두 이

㈜ '二(èr)'의 갖은자. 동 배반하다. 변절하다.
¶~臣逆子=반역한 신하. 명 (Èr) 성(姓).
【貳臣】èrchén 명 1 (투항하여) 두 임금을 섬기는 신하. 2 반역자. ¶~賊子=반역자.
【貳心】èrxīn ☞ 【二心】èrxīn

咡 èr 입 이
명㈜ 뺨. 입언저리.

樲[樲] èr 멧대추나무 이
명 《植》 멧대추나무. [고서에 나오는 나무의 종류]

# F

## fa

**＊＊发[發] fā 쏠 발**

○ 发 fā
废 fèi
泼 pō
拨 bō
钹 bó

[동] **1** 쏘다. 발사하다. (빛·열이) 나다. ¶弹无虚～＝총알이 빗나가는 법이 없다. / 引而不～＝활을 제대로 가르치는 자는 활을 당겨 자세만 보일 뿐 쏘지는 않는다. 인도만 할 뿐 대신해 주지는 않는다. **2** 발생하다. 생기다. 생산하다. ¶小草～芽了。＝원지(遠志)의 새싹이 돋았다. / 新修的水电站近期～电。＝새로 건설한 수력 발전소는 가까운 시일 내에 발전을 하게 된다. **3** 행동을 취하다〔개시하다·불러일으키다〕. ¶后～制人＝한 걸음 물러나 있다가 나중에 행동을 취하여 상대를 제압하다. / 奋～向上＝분발하여 더 나은 방향으로 발전시키다. **4** 변하여 …한 상태로 되다. …하게 되다. ¶牛奶有点儿～酸了。＝우유가 좀 시큼해졌다. / 被子～潮了。＝이불이 눅눅해졌다. **5** 감정을 드러내다〔나타내다·보이다〕. ¶他老爱～火。＝그는 자주 화를 낸다. **6** 느끼다. 느낌이 일어나다. [주로 기분이 좋지 않은 상황을 가리킴] ¶双腿～软。＝두 다리에 힘이 빠지다. / 头～蒙。＝머리가 멍해지다. **7** 펼치다. 확대하다. 전개하다. ¶～扬愈挫愈进的科研精神＝좌절을 당할수록 더욱더 분발하는 과학 연구 정신을 발양하다. **8** (음식물이) 발효되어 부풀다. 물에 불어 부풀다. ¶面～好了。＝밀가루 반죽이 다 부풀었다. **9** 크게 부유해지다. 크게 재물을 얻어 왕성해지다〔번창해지다·흥성해지다〕. 벼락부자가 되다. ¶他这两年做服装生意～了。＝그는 요 몇 년 동안 옷 장사로 큰 부자가 되었다. **10** 출발하다. 길을 떠나다. ¶出～＝출발하다. / 朝～夕至＝아침에 출발하여 저녁에 도착하다. **11** 보내다. 사람을 파견하다. ¶打～＝파견하다. 보내다. / ～兵救困＝병사를 파견하여 곤경에서 구해 내다. **12** 열다. 열어젖히다. 폭로하다. 드러내다. 찾아 내다. 발견하다. ¶揭～＝폭로하다. / *～掘古迹＝옛 유적지를 발굴하다.* **13** 발산하다. 흩트리다. 흩어지다. ¶蒸～＝증발하다. / 挥～＝휘발하다. **14** (의견·생각을) 나타내다. 표현하다. 말하다. ¶即兴～言＝즉흥적으로 발언하다. / 论文～表了。＝논문을 발표하였다. **15** 보내다. 건네주다. 교부하다. 발급하다. 부치다. 발송하다. 치다. 내주다. ¶分～＝나누어 보내다. / 收～＝(우편물·공문서 등을) 수발하다. 받고 보내다. 접수하고 발송하다. **16** (생각 등을) 불러일으키다. 일깨우다. 계발하다. 시사하다. 영감을 주다. 불어넣다. ¶这篇文章论述精妙, ～人深省。＝이 글은 논술이 뛰어나서 사람을 깊이 깨닫게 해 준다. **17** [문] (범인을) 압송하다. 유배시키다. ¶充军～配＝범죄자를 군무·노역에 종사시키려고 (변방으로) 유배시키다. [양] 발. [총알이나 포탄을 세는 단위] ¶三～炮弹＝포탄 세 발. / 子弹数十～＝총알 수십 발. ↔收

☞ fà

○● 颁bān发, 暴发, 爆发, 迸bèng发, 并发, 播bō发, 勃bó发, 阐chǎn发, 触chù发, 打发, 大发, 点发, 风发, 告发, 焕huàn发, 激jī发, 击jī发, 进发, 举发, 开发, 萌méng发, 偶ǒu发, 拍pāi发, 喷pēn发, 批pī发, 启qǐ发, 签qiān发, 散发, 沙发, 缮shàn发, 生发, 收发, 抒shū发, 细发, 一发, 益yì发, 印发, 诱yòu发, 越发, 照发, 征zhēng发, 自发

**【发案】fā'àn** [동] 사건이 발생하다. ¶～率＝사건 발생률.

**【发白】fābái** [동] 희게〔밝게〕 되다. 창백해지다. 동이 트다. ¶脸色～＝안색이 창백해지다.

**【发板】fābǎn** [동] 딱딱해지다. 굳어지다. ¶垫絮已经～了。＝방석의 솜이 딱딱해졌다.

**【发榜】fā‖bǎng** [동] **1** 합격자의 명단이나 순위를 공포〔발표〕하다. 방(榜)을 붙이다. 시험 결과를 내붙이다. ¶高考录取名单还没有～。＝대학 입시의 합격자 명단은 아직 발표되지 않았다. **2** 명단을 발표〔공포〕하다. ¶竞选结果明日～。＝경선 결과는 내일 발표된다. ≒放榜

**【发包】fābāo** [동] (건축·가공·주문 등의 일을) 하청 주다.

**【发包人】fābāorén** [명] 하청 발주자〔발주 기관〕. 하청 도급인〔청부인〕.

**【发报】fā‖bào** [동] 발신하다. 전보를 치다. 송신하다. 전송하다.

**【发报机】fābàojī** [명] (전보) 발신기. 송신기. ↔收报机

**【发标】fā‖biāo** [동] **1** 발주자가 입찰 서류를 교부하다. 입찰 모집하다. **2** [방] 으스대다. 위세를 보이다. 화를〔성을〕 내다. 성질부리다.

**【发飙】fābiāo** [동] (언행이) 상례에서 벗어나다. 엉뚱하다. ¶说话要小心, 别～。＝말을 좀 조심해, 엉뚱한 말 하지 말고.

【发表】**fābiǎo** 动 **1** (신문·잡지 등에) 글을 게재하다. 발표하다. ¶ ~诗歌 = 시를 발표하다. **2** (의견을) 단체나 사회에 발표하다. 선포하다. ¶ ~意见 = 의견을 발표하다. **3**〈醫〉 땀을 내서 체내의 사기를 발산시키다. ¶这病吃药发表就好了。 = 이 병은 약을 먹고 땀을 푹 내어 사기를 빼내면 금방 낫는다.

【发憋】**fābiē** 动 **1** 숨이 막히다. 답답하다. 목이 막히다〔잠기다〕. ¶喉咙有点儿~。 = 목이 약간 잠기다. **2** (속이) 답답하다. 우울하다. 울적하다. ¶心里~= 마음속이 답답하다.

【发兵】**fā**∥**bīng** 动 출병하다. 군대를 파견하다. 파병하다.

【发病】**fā**∥**bìng** 动 병이 나다. 발병하다. 병에 걸리다. ¶她体质差, 稍不注意就会~。 = 그녀는 체질이 약해서 조금만 부주의해도 병이 난다.

【发病率】**fābìnglǜ** 명 발병률.

【发播】**fābō** 动 방송하다. 방송으로 내보내다. 보도하다. ¶ ~消息 = 소식을 보도하다.

【发布】**fābù** 动 (명령·지시·뉴스 등을) 선포하다. 발포하다. ¶ ~命令 = 명령을 발포하다.

【发财】**fā**∥**cái** 动 **1** 큰돈을 벌다. 부자가 되다. 큰 재산을 모으다. ¶升官~ = 승진하고 부자가 되다. **2** 근무하다. 돈을 벌다. 〔인사말로 상대방의 근무처를 물을 때 사용함〕您近年在哪里~呀? = 당신은 요사이 어디에서 근무하십니까?

【发颤】**fāchàn** 动 떨다. 덜덜〔벌벌·부들부들〕떨다. 떨리다. ¶身子~ = 몸이 떨리다.

【发潮】**fācháo** 动 습기 차다. 눅눅해지다. ¶洗的衣服没干透, 有点儿~。 = 빨래한 옷이 완전히 마르지 않아 약간 눅눅하다.

【发车】**fā**∥**chē** 动 발차하다. ¶准点~ = 정시에 발차하다.

【发痴】**fā**∥**chī** 动⟨방⟩ **1** 멍해지다. 어리둥절해하다. 어리병병해하다. **2** 미치다. 미쳐 버리다. 발광하다.

【发愁】**fā**∥**chóu** 动 걱정하다. 근심하다. 우려하다. ¶一家人正为好几万的医疗费~。 = 온 가족이 몇만 원의 위안의 의료비 때문에 걱정하고 있다.

【发臭】**fāchòu** 动 나쁜 냄새가 나다. 악취를 풍기다. 쉰〔구린〕내가 나다. ¶换下的衣服久了没洗, 都~了。 = 벗어 놓은 옷을 오랫동안 빨지 않아서 쉰내가 난다.

【发出】**fāchū** 动 **1** (소리 등을) 내다. (의문을) 나타내다. ¶ ~声音 = 소리를 내다. **2** (냄새·열기를) 발산하다. 내뿜다. 뿜어 내다. ¶ ~香味儿 = 향기를 내뿜다. **3** (화물·우편물을) 보내다. 띄우다. 부치다. 발송하다. ¶ ~信件 = 편지를 보내다. **4** 발표하다. (명령이나 지시를) 발포(發布)하다. 내리다. 선포하다. ¶ ~台风警报 = 태풍 경보를 내리다.

【发憷】**fāchù** 动⟨방⟩ 겁먹다. 두려워하다. 무서워하다. 위축되다. 기를 못 펴다. ¶第一次参加大赛, 心里有点~。 = 큰 경기에 처음 참가하여 조금 겁이 난다.

【发喘】**fāchuǎn** 动 숨을 헐떡이다. 숨이 차다. ¶跑了一会儿, 累得直~。 = 좀 뛰었더니 힘이 들어 계속 숨이 헐떡거린다.

【发达】**fādá** 형 (사물·사업이) 발달하다. 흥성하다. 왕성하다. 번성하다. ¶商业~ = 상업이 발달하다. 动 발전(发展)시키다. ¶ ~经济 = 경제를 발전시키다. ↔落后

【发达国家】**fādá guójiā** 명 선진국. 〔'发展中国家(개발 도상국)'와 구별됨〕

【发呆】**fā**∥**dāi** 动 멍하다. 멍해지다. 멍청해지다. 어리둥절하다. 얼이 빠지다. 넋을 잃다〔놓다〕. ¶她一句话不说, 坐在那儿~。 = 그녀는 한 마디도 하지 않고 그 곳에서 멍하니 앉아 있다.

【发单】**fādān** 动 **1** 영수증을〔인보이스를〕발행하다. **2** 송장(送狀)을 발급(發給)하다.

【发嗲】**fādiǎ** 动⟨방⟩ 애교를 부리다. 어리광을 부리다. 아양을 떨다.

【发电】**fādiàn** 动 **1** 발전(發電)하다. ¶火力~ = 화력 발전. **2** 전보를 치다. ¶ ~祝贺 = 축하 전보를〔전문을〕띄우다.

【发电厂】**fādiànchǎng** 명 (대용량) 발전소. =【电厂】**diànchǎng**

【发电机】**fādiànjī** 명〈機〉 발전기. 제너레이터(generator). 다이너모(dynamo).

【发电站】**fādiànzhàn** 명 발전소.

【发动】**fādòng** 动 **1** 시동(발동)을 걸다. 기기를 돌리다〔운전시키다〕. ¶ ~汽车 = 자동차 시동을 걸다. **2** 개시하(게 하)다. 일으키다. 발동하다. 발발시키다. ¶ ~战争 = 전쟁을 일으키다. **3** 행동하게 하다. 발동시키다. 동원하다. ¶ ~全校师生参加植树活动。 = 전교의 선생과 학생을 나무 심기 행사에 동원하다. ≒掀起 启动

【发动机】**fādòngjī** 명 **1**〈機〉 발동기. 엔진. 모터. =【动力机】**dònglìjī 2** 비 (전체를 이끄는) 주축. 구심점. 견인차. 원동력.

【发抖】**fādǒu** 动 (벌벌·부들부들·달달) 떨다. 떨리다. ¶两腿~ = 두 다리를 (벌벌) 떨다. ≒颤抖 哆嗦

【发堵】**fādǔ** 动 (마음이) 답답해지다. 갑갑해지다. 불편해지다. 우울해지다. ¶闷热的天气让人心里~。 = 무더운 날씨는 사람을 갑갑하게 한다.

【发端】**fāduān** 动 발단이〔실마리가〕되다. 시작되다. 비롯되다. ¶中国现代文学~于'新文化运动'。 = 중국 현대 문학은 '신문화 운동'으로부터 발단이 되었다. 명 발단. 실마리. 시작. ¶事件的~ = 사건의 발단.

【发端词】**fāduāncí** ☞【发语词】**fāyǔcí**

【发凡】**fāfán** 动 전체의 요지〔대의〕를 설명하다. ¶ ~起例 = 요지를 설명하고 범례를 들다.

【发烦】**fāfán** 动 귀찮아지다. 싫증이 나다.

【发放】**fāfàng** 动 **1** (정부·단체에서) 돈이나 물자를 방출하다〔배분하다·나누어 주다〕. ¶ ~救济款 = 구제금을 방출하다. **2** 보내다. 내보내다. 방출하다. ¶ ~信号弹 = 신호탄을 쏘다. **3** 처리하다. 처분하다. 처치하다. 처벌하다. 추방하다. 유배하다. [주로 조기 백화문에 보임] ¶ ~边关 = 변방으로 유배하다〔추방하다〕.

【发粉】**fāfěn** ☞【焙粉】**bèifěn**

【发奋】**fāfèn** 动 **1** 분발하다. 진작하다. ¶ ~努

**fā 发**

力=분발하여 노력하다. **2** ☞【发愤】fāfèn ≒奋发

【发愤】[发奋] **fāfèn** 통 분발하다. 발분하다. 열심히 노력할 것을 결심〔다짐〕하다. ¶~钻研=분발하여 깊이 연구하다.

【发愤图强】**fāfèn-túqiáng** 성 분발하여 강성해지려고 노력하다. ↔得过且过

【发疯】**fā‖fēng** 통 **1** 미치다. 발광하다. 미쳐버리다. 돌다. **2**(비) (언행이) 정상이 아니다. 제정신이 아니다. 이성을 잃다. 정신이 나가다. 미친 사람처럼 행동하다. 미친 듯이 날뛰다. ¶你~啦, 买这么贵的衣服！=너 제정신이 아니구나, 이렇게 비싼 옷을 사다니!

【发福】**fā‖fú** 통 **1**(경) 신수가 훤하십니다. [주로 중년 노인에게 듣기 좋은 인사말로 씀] **2** 살이 찌다. 몸이 나다. [주로 중년 노인이 살찐 것을 은밀히 가리킴] ¶他不注意锻炼, 又~了。=그는 운동에 신경 쓰지 않아 또 살이 쪘다.

【发付】**fāfù** 통 **1** 발급하다. 발행하다. 건네주다. 지급하다. 교부하다. ¶按月~工资。=달별로〔다달이〕 임금을 지급하다. **2** 보내다. 파견하다. [주로 조기 백화문에 보임]

【发干】**fāgān** 통 마르다. 건조하다. ¶嘴唇~=입술이 마르다.

【发绀】**fāgàn** 명(醫) 청색병(青色病). 자람증(紫藍症). 청색증(青色症). =【青紫】 **qīngzǐ**

【发高烧】**fā gāoshāo** 통 **1** 고열이 나다. **2**(비) 자신의 언행을 주체하지 못할 정도로 격분하다. 열받다.

【发糕】**fāgāo** 명 (쌀가루나 밀가루 등을) 발효시켜 찐 떡. 술떡.

【发稿】**fā‖gǎo** 통 **1** (출판사·인쇄소로) 원고를 보내다〔발송하다〕. **2** (통신사가 언론사·방송사로) 원고를 전송하다〔보내다·발송하다〕.

【发个儿】**fāgèr** 통〔구〕 몸집이 커지다. 키가 자라다. 건장해지다.

【发给】**fāgěi** 통 발급〔교부〕하다. 주다. 건네주다. 내주다. ¶~合格证书=합격증을 발급하다.

【发哽】**fāgěng** 통 흐느끼다. 흐느껴〔목메어〕 울다. 오열하다. ¶她满眼泪光, 声音~。=그녀는 눈물범벅이 되어 흐느껴 울었다.

【发梗】**fāgěng** 통 **1** (신체 부위가) 뻣뻣해지다. 굳어지다. 딱딱해지다. ¶脖子~=목이 뻣뻣해지다. **2** (마음이) 답답해지다. 갑갑해지다. ¶心中~=마음이 갑갑해지다.

【发光】**fāguāng** 통 **1** 빛나다. 광채를 발하다. 빛을 내다. 발광하다. ¶钻石闪闪~。=다이아몬드가 반짝반짝 빛난다. **2**(비) 공헌하다. 빛내다. ¶为教育事业~添热。=교육 사업을 위해 공헌하다.

【发汗】**fā‖hàn** 통 (약물 등으로) 땀(을) 내다. 발한하다. ¶吃点药发汗, 感冒就好了。=약 좀 먹고 땀을 좀 내면 감기는 금방 낫는다.

【发行】**fāháng** 통(經) 도매하다. ☞ **fāxíng**

【发号施令】**fāhào-shīlìng** 성 불호령을 내리다. 호령〔명령〕질하다. 지휘하여 명령하다. 명령을 내려 그대로 시행하게 하다. 발호시령하다. [지금은 주로 폄하하는 말로 쓰임]

【发黑】**fāhēi** 통 **1** (날이) 컴컴해지다. 어두워지다. ¶天色~=날이 어두워지다. **2** 검어지다. 거무스름해지다. ¶面色~=안색이 거무스름해지다. **3** 눈이 침침하다〔흐리다〕. 아물아물하다. 어른어른하다. ¶两眼~=두 눈이 아물아물하다.

【发狠】**fā‖hěn** 통 **1** 작정하다. 작심하다. 결심하다. 모든 것을 불사하다. 맘먹다. 분발하다. ¶~读书=작심하고 공부하다. **2** 화내다. 노발대발하다. ¶她站在淘气的孩子面前~。=그녀는 말썽피우는 아이 앞에 서서 화를 냈다.

【发恨】**fāhèn** 통 미워〔증오·원망〕하다.

【发横】**fā‖hèng** 통 횡포를 부리다. 난폭하게〔제멋대로〕 굴다. 성질을〔화를〕 내다. ¶有理讲理, ~解决不了问题。=사리를 따져 보아야지, 횡포를 부려서는 문제가 해결되지 않는다.

【发横财】**fā hèngcái** 통 뜻밖의 재물을 얻다. 횡재하다.

【发红】**fāhóng** 통 **1** 붉은색을 띠다. 붉어지다. 빨갛게 되다. 불그스름해지다. ¶一杯酒下肚, 她满脸~。=술 한 잔이 뱃속으로 들어가자, 그녀는 얼굴이 온통 발그스름해졌다. **2**(비) 주목〔인정·신임〕을 받다. 총애〔주시·스포트라이트〕를 받다. 인기가 있다. 잘나가다. ¶他这两年在单位得很。=그는 요 몇 년 직장에서 매우 주목받고 있다.

【发花】**fā‖huā** 통 눈이 침침하다〔흐리다〕. 아물아물하다. 어른어른하다. ¶双眼~=두 눈이 아물아물하다.

【发滑】**fāhuá** 통 미끄러워지다. 미끌미끌해지다. ¶雨后的路面直~。=비가 내린 후 노면이 정말 미끄럽다.

【发猾】**fāhuá** 통 잔꾀를 부리다. 술수를 쓰다. ¶你别在老实人面前~。=너 정직한 사람 앞에서 잔꾀부리지 마라.

【发话】**fā‖huà** 통 **1** 구두로 지시〔경고·요구〕하다. ¶领导不~, 我们谁也不敢走。=상사의 지시가 없으면 그 누구도 가지 못한다. **2** 화가 나서 (노발대발) 말하다. 노기등등하게 말하다.

【发还】**fāhuán** 통 **1** (받은 것을) 반려〔반환〕하다. 도로 돌려주다〔돌려보내다〕. [주로 윗사람이 아랫사람에게 하는 행동에 쓰임] ¶~试卷=시험지를 돌려주다. **2** 약속한 대로 돈이나 재화를 지불하다. ¶~红利=상여금을 지불하다.

【发慌】**fā‖huāng** 통 허둥대다. 당황하다. 갈팡질팡하다. ¶第一次面对这么多人讲话, 心里难免有点儿~。=처음으로 이렇게 많은 사람을 마주하고 말을 하니, 좀 당황스럽지 않을 수 없다.

【发黄】**fāhuáng** 통 누렇게〔노랗게〕 되다〔변하다〕. 누레〔노래〕지다. ¶树叶~=나뭇잎이 누렇게 변하다.

【发灰】**fāhuī** 통 **1** 잿빛이 되다. ¶脸色~=얼굴이 잿빛이 되다. **2** 쇠퇴하다. 쇠약해지다. 쇠락하다. 자신감을 잃다. 낙담하다. ¶接连的失败让人心里~。=연이은 실패는 사람의 자신감을 잃게 만든다.

거리다. ¶小家伙在床上~, 半天起不了床。= 녀석이 침대에서 꾸물거리며 한참 동안 일어나지 못한다. **2** 잡아떼다. 부인하다. 발뺌하다. 시치미떼다. 생떼를 쓰다. 억지를〔고집을〕부리다. 행패를 부리다. ¶说话要算数, 不能~。= 말을 했으면 약속을 지켜야지 시치미를 떼서는 안 된다.

【发懒】**fālǎn** 통 **1** 녹초가 되다. 맥이 빠지다. 노곤〔나른〕해지다. 꼼짝하기 싫어지다. ¶忙了一天, 累得浑身~。= 온종일 바삐 보냈더니, 피곤해서 온몸이 녹초가 되었다. **2** 게으름피우다. 게으름부리다. 태만〔나태〕해지다. 게을러지다.

【发牢骚】**fā láosāo** 통 불평하다. 투덜〔툴툴〕거리다. 원망하다. ¶不要动不动就~。= 걸핏하면 투덜거리는 짓 마라.

【发了】**fā·le** 통 **1** 부자가 되다. 횡재하다. ¶他做第一笔生意就~。= 그는 첫 번째 장사에서 바로 부자가 되었다. **2** (음식물이) 발효되어 부풀다. 물에 붇다. ¶泡的黄豆~。= 물에 담근 콩이 붇다.

【发冷】**fālěng** 통 오한이 들다〔나다〕. 한기〔추위〕를 느끼다. ¶他浑身~, 看样子是感冒了。= 그는 온몸에 한기를 느끼는 것이, 보아하니 감기이다.

【发愣】**fā‖lèng** 통⟨구⟩ 멍하다. 멍해지다. 멍청해지다. 어리둥절하다. 얼이 빠지다. 넋을 잃다〔놓다〕. ¶快干活, 别傻站着~。= 빨리 일을 해라, 바보같이 멍하니 서 있지 말고.

【发利市】**fā lìshì** 통 **1** 마수〔마수걸이·개시〕하다. **2** 방 장사〔돈벌이〕가 잘 되다. 이윤을 남기다.

【发凉】**fāliáng** 통 선선〔싸늘〕해지다. 추워지다. 차가워지다. 오한이 들다〔나다〕. 한기〔추위〕를 느끼다. ¶手脚~。= 손발이 싸늘해지다.

【发亮】**fāliàng** 통 빛나다. 빛을 발하다. 밝아지다. ¶天刚~, 他就出发了。= 날이 막 밝자마자 그는 출발했다.

【发令】**fālìng** 통 명령〔구령〕을 내리다. ¶刚一~, 运动员们就像离弦的箭一样向终点冲去。= 구령이 막 떨어지자마자 선수들은 마치 시위를 떠난 화살처럼 결승점을 향하여 돌진했다.

【发令枪】**fālìngqiāng** 명 (경기에서 출발을 알리는) 신호총(信號銃).

【发聋振聩】**fālóng-zhènkuì** ☞【振聋发聩】**zhènlóng-fākuì**

【发落】**fāluò** 통 처리하다. 처분하다. 처치하다. 징벌하다. ¶听候~。= 처분을 기다리다.

【发麻】**fāmá** 통 저리다. 저리저리〔자리자리〕하다. 감각이 무디다. 마비되다. ¶小腿~。= 장딴지가 저리다.

【发卖】**fāmài** 통 팔다. 발매〔판매·매출〕하다. ¶本店商品降价~。= 본 상점에서는 상품 가격을 낮추어 판매한다.

【发毛】**fā‖máo** 통 **1** 두려워하다. 머리카락이 곤두서다. 쭈뼛거리다. 무서워하다. 놀라서 당황해하다. ¶恐怖电影看得他心里直~。= 공포 영화를 보는 동안 그는 줄곧 머리카락이 쭈뼛거렸다. **2** 방 성질을 내다〔부리다〕. 화내다. ¶千万

别惹他~。= 절대 그 사람을 화나게 하지 마라.

【发霉】**fā‖méi** 통 **1** 곰팡이가 피어〔끼어·돋아·슬어·나서〕변질되다. ¶粮食没晒干很容易~。= 곡식을 잘 말리지 않으면 쉽게 곰팡이가 피어 변질된다. **2** (기물에 습기가 차서) 검은곰팡이가 피다〔끼다·돋다·슬다·나다〕. ¶衣服受了潮, ~了。= 옷에 습기가 차서 검은곰팡이가 피었다.

【发闷】**fāmēn** 통 **1** (기압이 낮고, 덥고, 공기가 통하지 않아) 답답하다. 갑갑하다. ¶胸口~。= 가슴이 답답하다. **2** (소리가) 둔하다. 둔탁하다. ¶古寺的钟声有点儿~。= 고찰의 종 소리가 조금 둔탁하다.

【发闷】**fāmèn** 통 번민하다. 고민하다. 의기소침해지다. 속을 썩이다. 우울해지다. ¶那件事扰得我整天~。= 그 일은 하루 종일 나를 고민스럽게 한다.

【发蒙】**fāmēng** 통⟨구⟩ 멍해지다. 의식이 흐릿해지다. 어리둥절해지다. ¶突然的变故弄得他直~, 半天回不过神来。= 갑작스런 변고가 그를 멍하게 만들어, 한참 동안 정신을 차리지 못하게 하였다.

【发蒙】**fāméng** 통⟨예⟩ 소년·아동에게 쓰기와 읽기를 가르치기 시작하다. 처음 배워야 할 기본 지식과 기능을 전수해 주다. 인습에 젖은 사람을 가르쳐서 깨우쳐 주다. 계몽〔계명·발몽〕하다. ¶~读本 = 계몽 도서. ≒启蒙

【发懵】**fāměng** 통 **1** 멍하다. 어안이벙벙하다. 넋을 잃다〔놓다〕. 얼이 빠지다. **2** 멍해지다. 흐릿해지다. 어리둥절해지다. **3** 현기증이 나다. ¶小孩子吵得人~。= 애가 떠드는 바람에 현기증이 난다.

【发迷糊】**fā mí·hu** 통⟨구⟩ (정신이) 멍〔애매모호·흐릿·어리벙벙·흐리멍덩〕해지다. 어리둥절〔얼떨떨〕해하다. ¶孩子没睡醒, 正~呢。= 애가 잠이 덜 깨서 어리둥절해하고 있다.

【发面】**fā‖miàn** 통 밀가루 반죽을 발효시키다.

【发面】**fāmiàn** 명 발효시킨 밀가루 반죽.

【发面头】**fāmiàntóu** ☞【面肥】**miànféi**

【发明】**fāmíng** 통 **1** 발명하다. ¶爱迪生~了电灯。= 에디슨이 전등을 발명하였다. **2** 서 (창의적으로) 상세히 밝혀 내다. (의미나 이치를) 충분히 나타내다. 설명하다. ¶~大义 = 대의를 상세히 밝혀 내다. ¶他的~获得了国家有关部门的认证。= 그의 발명은 국가 관련 기관의 인증을 받았다. ≒创造

【发明家】**fāmíngjiā** 명 발명가.

【发明权】**fāmíngquán** 명 발명(특허)권.

【发墨】**fā‖mò** 통 (벼루에) 먹이 쉽게〔잘〕 갈리다. ¶这种砚石~较快。= 이런 벼루는 먹이 비교적 빨리 잘 갈린다.

【发木】**fāmù** 통 저리다. 저리저리〔자리자리〕하다. 감각이 무디다. 마비되다. ¶全身~。= 온몸이 마비되다. 형 둔하다. 느리다. 굼뜨다. 무디다. 더디다. 재빠르지〔민첩하지〕 않다. ¶孩子近来有点儿~。= 애가 요즘 좀 둔해졌다.

【发奶】**fā‖nǎi** 통 (약물·음식 등으로) 산모의 젖을 잘 나오게 하다.

【发挥】fāhuī 动 1 발휘하다. ¶~高超的技艺＝뛰어난 기예를 발휘하다. 2 (의견이나 도리를) 충분히 잘 나타내다. 표현하다. 해명하다. ¶借题~＝어떤 일을 기회삼아 자신의 입장이나 의견을 표명하다. 3 (본래의 기초 위에) 더욱더 발전시키다. 진전시키다. 발양하다. ¶本文对他以前的观点有所~。＝본문은 그의 이전 관점에 대해서 진전된 부분이 있다. ≒发扬

【发回】fāhuí 动 (원래 위치로) 돌려보내다. 보내오다. 반환하다. ¶~原处＝원래의 장소로 돌려보내다〔보내오다〕.

【发昏】fā‖hūn 动 1 정신〔의식〕이 흐리멍덩〔혼미〕해지다. 어지러워〔아찔해〕지다. 현기증이 나다. ¶气得~＝화가 나서 눈앞이 아찔해졌다. 2 动 정신이 멍해지다〔나가다〕. 이성을 잃다. 멍청해지다. 바보가 되다. 생각이 흐리멍텅하여 분별력을 잃다. ¶干这事, 你简直就是~了。＝이런 일을 저지르다니, 너 정말로 정신이 나갔구나.

【发浑】fāhún 动 혼탁해지다. 흐려지다. ¶暴雨过后, 河水有些~。＝폭우가 내린 후 강물이 약간 탁해졌다.

【发火】fā‖huǒ 动 1 점화하다. 불을 붙이다. ¶~做饭＝불을 붙여 밥을 하다. 2 (총알·포탄이) 발사되다. 불을 뿜다. 3 (화덕·아궁이의) 불이 잘 붙다. 화력이 좋다. ¶这炉子真~。＝이 화덕은 정말 화력이 좋다. 4 (~儿) 화를 내다. 성질을 부리다. ¶有话心平气和地说, 别~。＝할 말이 있으면 마음을 가라앉히고 말해라, 화내지 말고. 5 图 불이 나다. 화재가 나다. ↔息怒

【发货】fā‖huò 动 출하하다. 화물을 발송하다. ¶~票＝송장(送狀). 인보이스(invoice).

【发货单】fāhuòdān 名 인보이스(invoice). 화물 송장. 적하 명세서.

【发急】fā‖jí 动 조급해하다. 안달하다. 안타까워하다. 초조해하다. 마음을 졸이다. 조바심내다. 안절부절못하다. ¶你先别~, 事情总有解决的办法。＝우선 조급해하지 마라, 일은 언젠가 해결 방법이 있으니까.

【发迹】fā‖jì 动 출세하다. 입신양명하다. 성공하다. ¶他早年是靠做服装生意~的。＝그는 왕년에 옷 장사를 해서 출세했다.

【发悸】fājì 动 두렵다. 무섭다. 불안해〔두려워〕하다. 가슴이 두근두근하다. ¶他一想到这事儿, 心里就~。＝그는 이 일만 생각하면 속으로 두려워진다.

【发寄】fājì 动 (우편물 등을) 보내다. 부치다. 띄우다. 발송하다. 송부하다. ¶~信件＝편지를 부치다.

【发家】fā‖jiā 动 집안을 일으키다〔흥하게 하다〕. ¶~致富＝집안을 일으켜 부유하게 하다.

【发贱】fā‖jiàn 动 천하게〔비굴하게〕 굴다. ¶他根本瞧不起你, 你干吗还~缠着他不放？＝그 사람은 널 완전히 얕잡아 보는데, 뭐 하러 비굴하게 그에게 매달리는가?

【发僵】fājiāng 动 굳어지다. 굳어서 꼿꼿하게 되다. 뻣뻣〔딱딱〕하다. 곱아지다. 경직되다. ¶双脚冻得~。＝두 발이 얼어서 곱다.

【发奖】fā‖jiǎng 动 (수상자에게) 시상하다. 상장〔상품·상금〕을 수여하다.

【发犟】fājiàng 动 막무가내로 굴다. 고집피우다. ¶你要听父母的话, 不要~。＝넌 부모님 말씀을 들어야 해, 고집피우지 말고.

【发酵】[酸酵] fā‖jiào 动 발효하다. 발효시키다. 발배하다. 띄우다.

【发酵粉】fājiàofěn ☞【焙粉】bèifěn

【发酵酒】fājiàojiǔ 名 (포도주·맥주·청주 등과 같은) 발효주. 양조주. ＝【酿造酒】niàngzàojiǔ

【发紧】fājǐn 动 1 (신체의 어떤 부위가) 팽팽〔탱탱〕하게 당기다. ¶头皮~＝두피가 당기다. 形 1 (치수가 작아 몸에) 꽉(이)다. 타이트(tight)하다. ¶这件衣服穿着有些~。＝이 옷은 (입기에) 조금 꽉다. 2 (금전적으로) 여유가 없다. 넉넉하지 않다. 빠듯하다. 타이트(tight)하다. ¶这段时间手头有点儿~。＝근래 수중에 돈이 좀 빠듯하다.

【发噤】fājìn 动 긴장되다. 긴장이 풀리지 않다. ¶他心里一阵阵~。＝그는 마음이 바짝바짝 긴장되고 있다.

【发窘】fājiǒng 动 난처〔난감〕해지다. 곤궁에 빠지다. ¶同事们的玩笑话让她有些~。＝동료들의 농담이 그녀를 좀 난처하게 만들었다.

【发酒疯】fājiǔfēng ☞【撒酒疯】sājiǔfēng

【发觉】fājué 动 (몰랐거나 숨겨진 사실을) 발견하다. 알아차리다. ¶到了办公室他才~忘了带钥匙。＝사무실에 도착해서야 그는 열쇠를 가지고 오는 것을 까먹었다는 것을 알아차렸다. ≒察觉 觉察

【发掘】fājué 动 1 발굴하다. 캐내다. ¶~古墓＝고분(古墳)을 발굴하다. 2 (숨은 인재·물건 등을) 발굴하다. 찾아 내다. 캐내다. ¶~人才＝인재를 발굴하다. ≒挖掘

【发刊】fākān 动 창간〔개간·발간〕하다.

【发刊词】fākāncí 名 창간사. 발간사. 창간〔발간〕 인사말.

【发棵】fākē 动 1 (农) 분얼하다. 새끼치기하다. 겨드랑눈이 자라다. 포기벌기하다. 2 (뿌리·줄기·잎·꽃 등을 가진) 식물체가 차츰차츰 자라다.

【发苦】fākǔ 动 쓴맛이 나다〔생기다〕. ¶这种竹笋略微有些~。＝이런 죽순은 약간 쓴맛이 난다.

【发狂】fā‖kuáng 动 1 미치다. 발광하다. 미쳐 버리다. 돌다. ¶她犯病的时候发起狂来谁都管不住。＝그녀가 병이 도져 발광하게 되면 아무도 말릴 수가 없다. 2 (언행이) 정상이 아니다. 제정신이 아니다. 이성을 잃다. 정신이 나가다. 미친 사람처럼 행동하다. 미친 듯이 날뛰다. ¶他获胜的消息让家人高兴得~。＝그가 승리했다는 소식이 가족들을 기쁨에 겨워 날뛰게 만들었다.

【发困】fākùn 动 졸다. 졸리다. 졸음이 오다. ¶太疲倦了, 人有些~。＝너무 피곤해서 약간 졸린다.

【发赖】fālài 动 1 빈둥거리다. 늑장부리다. 꾸물

【发难】fā‖nàn [동] 1 반항하다. 반란을 일으키다. 반기를 들다. ¶反政府武装频繁~。=반정부 무장 세력이 빈번히 반란을 일으키다. 2 [문] 반복적으로 질의하고 논변하다. 책문하다. 힐문하다. 따져 묻다〔나무라다·책망하다·비난하다〕. ¶对公司出台的裁员方案有很多员工起来~。=회사가 내놓은〔공포한〕 감원 방안에 대해서 많은 직원들이 들고일어나 따져 물었다.

【发恼】fānǎo [동] 1 화내다. 성내다. 2 고민하다. 번민하다. 속을 썩이다. 마음속으로 답답해하다. 울적해하다.

【发腻】fānì [동] 1 (음식이) 느끼하다. 비위에 거슬리다. 느끼해서 먹고 싶지 않다. ¶粉蒸肉太肥, 吃着有点儿~。=펀정러우〔쌀가루를 묻혀서 찐 돼지고기〕는 너무 기름기가 많아 먹기에 좀 느끼하다. 2 (어떤 일에 대해서) 싫증이〔신물이〕 나다. 진저리나다. 물리다. ¶天天收发信件, 干得人~。=날마다 우편물을 수발하느라 진저리가 난다.

【发蔫】fāniān [동] 1 (초목·농작물·과일 등이) 시들다. 말라 생기가 없어지다. ¶树叶被晒得~。=나뭇잎이 햇볕에 시들었다. 2 (사람이) 생기를 잃다. 풀이 죽다. 맥이 빠지다. 의기소침해지다. ¶这几天他有点儿~, 不像平日里总是和人打打闹闹的。=요 며칠 그는 풀이 좀 죽어 있는 것이, 평소에 사람들과 늘 시끌벅적 어울리던 모습과는 다르다.

【发茶】fānié [동] 생기를 잃다. 풀이 죽다. 맥이 빠지다.

【发怒】fā‖nù [동] 화내다. 노하다. 성내다. ¶他涵养好, 从不轻易~。=그는 수양이 잘 되어 있어서, 좀처럼 쉽게 화를 내지 않는다.

【发呕】fā'ǒu [동] 구역질나다. 메스껍다. 메슥메슥하다. ¶一阵阵恶臭令人~。=쿡쿡 찌르는 악취가 사람을 메스껍게 한다.

【发排】fāpái [동] 원고를 조판〔편집〕에 넘기다. ¶书稿将于近期~。=책의 원고는 가까운 시일 안에 조판에 넘길 것이다.

【发盘】fāpán [동]《經》 오퍼(offer)를 내다. ¶~后, 要认真听取对方的意见。=오퍼를 낸 후 상대방의 의견을 진지하게 들어야 된다. [명]《經》 오퍼(offer). ¶对方的~我们还没仔细研究。=상대측의 오퍼에 대하여 우리는 아직 자세히 검토하지 못했다.

【发胖】fāpàng [동] 살찌다. 몸이 나다. 뚱뚱해지다. ¶甜食吃多了容易~。=단 것을 많이 먹으면 쉽게 살이 찐다.

【发泡剂】fāpàojì [명] 발포제.

【发配】fāpèi [동] 범죄자를 군무·노역에 종사시키기 위해 변방으로 유배시키다. [주로 조기 백화문에 보임] ¶~边地=변방의 군대로 유배보내다.

【发脾气】fā pí·qi [동] 성질부리다. 화내다. 성내다. ¶有话慢慢说, 不要~。=할 말이 있으면 천천히 해라, 성질부리지 말고.

【发飘】fāpiāo [동] (몸이) 휘청휘청거리다. ¶大病初愈, 身子还有些~。=큰 병이 막 나은 터라, 몸이 아직도 약간 휘청휘청한다.

【发票】fāpiào [명] 영수증.

【发泼】fāpō [동] 울고불고 억지를 부리다. 행패를 부리다. 생떼를 쓰다.

【发起】fāqǐ [동] 1 (어떤 일을) 발기하다. 제의하다. 제안하다. 앞장서서 제창하다. 창도하다. 선도하다. ¶~成立文学社。='文学社(문학 서클)'를 세울 것을 발기하다. 2 (전쟁·공격 등 행동을) 개시하다. 발동하다. 시작하다. ¶~冲锋=적진으로 돌격을 개시하다.

【发气】fā‖qì [동] 화내다. 노하다. 성내다. ¶稍有不如意他就要~。=조금만 마음에 맞지 않으면 그는 금방 화를 낸다.

【发青】fāqīng [동] 파릇파릇해지다. 새파랗게 되다. 잿빛이 되다. ¶他冻得脸色~。=그는 추위에 얼어서 얼굴이 새파래졌다.

【发情】fāqíng [동] 발정하다. 암내를 내다〔피우다〕. ¶~期=발정기.

【发球】fā‖qiú [명][동]《體》 서브(serve)(를 넣다). ¶~得分=서브로 득점하다.

【发热】fā‖rè [동] 1 ☞【发烧】fā‖shāo 2 온도가 올라가다. 열에너지를 발생하다. 발열하다. ¶太阳本身发光~。=태양은 스스로 빛을 발하고 열을 발생한다. 3 뜨거워지다. ¶浑身~=온몸이 뜨거워지다. 4 [비] (냉정하지 못하고) 열내다. 열받다. 발끈하다. 화가〔열이〕 치밀다. 끓어오르다. 정신을 못 차리다. 정신이 나가다. ¶头脑~=열받다. 화가 치밀다.

【发人深思】fārénshēnsī [성] 사람을 깊이 생각하게 하다.

【发人深省】[发人深醒] fārénshēnxǐng [성] 사람을 깊이 깨닫게 하다.

【发人深醒】fārénshēnxǐng ☞【发人深省】fārénshēnxǐng

【发轫】fārèn [동][문] 1 발인하다. 수레가 떠나가다. 2 [비] 새로운 사물이나 어떤 상황이 나타나기 시작하다. 새로운 일이 시작〔발족〕되다. ¶文艺复兴~于14世纪的意大利。=문예 부흥은 14세기 이탈리아에서 시작되었다.

【发软】fāruǎn [동] 1 (물체가) 물렁물렁해지다. 부드럽고 연해지다. ¶香蕉放几天后就~了。=바나나는 며칠만 두면 물렁물렁해진다. 2 (사지에) 힘이〔맥이〕 빠지다. 나른〔노곤〕해지다. ¶累得周身~。=피곤해서 온몸이 나른하다.

【发散】fāsàn [동] 1 (빛·열·냄새 등이) 발산되다. 퍼지다. 흩어지다. 풍기다. (감정 등을) 발산하다. 발산시키다. ¶~透镜=오목 렌즈. 2《醫》 (땀내는 약으로) 체내의 열을 발산시키다. ¶受了凉, 喝碗姜汤~~就好了。=감기에 걸리면 생강차를 한 그릇 마시고 열을 좀 발산시키면 금방 낫는다.

【发散镜】fāsànjìng ☞【凸面镜】tūmiànjìng

【发散思维】fāsàn sīwéi [명] 일탈적 사유〔사고〕. 발산 사유〔사고〕. 확산 사유. 구이(求異) 사유. =【扩散思维】kuòsàn sīwéi【求异思维】qiúyì sīwéi

【发散透镜】fāsàn tòujìng ☞【凹透镜】

āotòujìng
【发丧】fā‖sāng 〔动〕1 장례〔장사〕를 치르다〔지내다〕. 2 부고를 내다. 부음을 전하다.
【发涩】fāsè 〔动〕1 떫은 맛이 나다. 떫다. ¶李子不太熟, 有点儿~。=자두가 덜 익어서 약간 떫다. 2 매끄럽지 않다. 껄끄럽다. 길이 안 나다. 텁텁하다. 뻑뻑〔빡빡〕하다. ¶新铺的路面有点儿~, 车跑不起来。=새로 포장한 노면이 매끄럽지 않아서 자동차가 제대로 달릴 수 없다.
【发痧】fā‖shā ☞【中暑】zhòng‖shǔ
【发傻】fā‖shǎ 〔动〕1 (뜻밖의 일로) 얼떨떨해하다. 멍해지다. 어리둥절해하다. ¶他被吓得直~。=그는 놀라서 어안이벙벙해졌다. 2 바보 같은 언행을 하다. 바보짓을 하다. ¶别~了, 责任不在你, 你用不着这样自责。=바보같이 굴지 마라, 책임이 네게 있는 것이 아니니 그렇게 자책할 필요 없어.
【发讪】fāshàn 〔动〕부끄러워하다. 겸연쩍어하다. 쑥스러워하다. 수줍어하다. ¶孩子见了生人有些~。=아이는 낯선 사람을 보면 좀 부끄러움을 탄다.
【发烧】fā‖shāo 〔动〕1 〔醫〕열이 나다. =【发热】fā‖rè 2 (어떤 일에 광적으로) 열광하다. 푹 빠지다. 몹시 열중하다. ¶网络~友=인터넷 마니아(mania).
【发烧友】fāshāoyǒu 〔명〕〔동〕애호가. 마니아(mania). 열광자. ···광. ···팬(fan). ¶音响~=오디오 마니아.
【发射】fāshè 〔动〕(총알·포탄·미사일·인공위성·전파 등을) 쏘다. 발사하다. 방출하다. ¶~宇宙飞船=우주(비행)선을 발사하다.
【发射点】fāshèdiǎn ☞【火力点】huǒlìdiǎn
【发身】fāshēn 〔生〕(사춘기가 되어) 생식기 등의 신체 기관이 성숙하다. 어른이 되어 가다.
【发神经】fā shénjīng 〔动〕미치다. 미쳐 버리다. 발광하다. 지랄하다. 정상이 아니다. 제정신이 아니다. 언행이 정상이 아니다.
【发生】fāshēng 〔动〕1 (원래 없던 현상이) 생기다. 일어나다. 발생하다. 벌어지다. 출현하다. ¶~事故=변고가 생기다. 2 개체발생(個體發生)하다. [생물의 개체가 수정란이나 포자에서 완전한 성체(成體)가 되기까지의 과정]
【发声】fāshēng 〔动〕발성하다. 발음하다. ¶~训练=발성 훈련.
【发声器官】fāshēng qìguān 〔명〕〔生〕발성기관.
【发湿】fā‖shī 〔动〕습기가 차다. 눅눅〔축축·촉촉〕해지다. ¶她感动得两眼 ~。=그녀는 감동하여 두 눈이 촉촉해졌다.
【发市】fā‖shì 〔动〕(하루 영업의) 마수〔마수걸이〕를 하다. 첫 거래를 하다.
【发事】fā‖shì 〔动〕일이 생기다. 사건이 발생하다. ¶~现场=사건 발생 현장.
【发誓】fā‖shì 〔动〕맹세하다. ¶他~决不违背诺言。=그는 약속을 절대 어기지 않을 것을 맹세했다. 늑立誓 起誓
【发售】fāshòu 〔동〕발매하다. 판매하다. 팔다. 팔기 시작하다. 매각하다. ¶~纪念邮票=기념우표를 발매하다.
【发抒】fāshū 〔动〕(의견·감정을) 나타내다. 표현하다. 토로하다. ¶~己见=자신의 의견을 토로하다.
【发水】fā‖shuǐ 1 강물이 불다. 물난리〔홍수·수재〕가 나다. 큰물이 지다. 2 물기를 문혀〔머금게 하여〕무겁게 하다. ¶一些不法商贩卖的是发过水的蔬菜。=일부 불법 상인들이 파는 것은 물기를 묻혀 무게를 늘린 채소이다.
【发送】fāsòng 〔动〕1 (무선 신호 등을) 송출하다. 보내다. 발사하다. =【发情】=정보를 보내다. 2 (편지·신문·여객 등을) 보내다. 띄우다. 부치다. 발송하다. 배달하다. 송출하다. ¶~文件=서류를 발송하다.
【发送】fā·song 〔动〕1 장례〔장사〕를 치르다〔지내다〕. 2 발인(發靷)하여 매장하다.
【发酸】fāsuān 〔动〕1 음식물이 쉬다. ¶剩菜了。=남은 음식이 쉬었다. 2 (몸이) 시큰시큰 쑤시다. 쑤시고 나른하다. 시큰거리다. ¶累得腰~。=피곤해서 허리가 시큰거리다. 3 (눈물이 나오려고 콧날·눈시울이) 시큰〔화끈〕거리다. ¶提起伤心事, 她的鼻子不由得一阵~。=가슴아픈 일을 언급하자 그녀의 코가 자신도 모르게 차례 시큰거렸다.
【发态度】fā tàidù 〔口〕화내다. 성내다. 노기를 보이다. 성질을 부리다. 짜증내다. 울화통을 터뜨리다.
【发烫】fātàng 〔动〕뜨거워지다. 달아오르다. 뜨끈뜨끈하다. ¶额头~=이마가 뜨끈뜨끈하다.
【发疼】fāténg 〔动〕통증을 느끼다. 아프다. ¶牙龈~=잇몸이 아프다.
【发甜】fātián 〔动〕단맛이 나다. 달짝지근하다. ¶吃了甘蔗, 半天嘴都~。=사탕수수를 먹었더니 한참 동안이나 입 안이 달짝지근하다.
【发条】fātiáo 〔명〕〔機〕발조. 태엽.
【发痛】fātòng 〔动〕통증을 느끼다. 아프다. ¶关节~=관절이 아프다.
【发威】fā‖wēi 〔动〕권위를 내세우다. 위세를〔위엄을·거만을〕부리다〔떨다〕. 거만하게 굴다. ¶他在下属面前动不动就~。=그는 아랫사람 앞에서 툭하면 위세를 부린다.
【发文】fā‖wén 〔动〕공문을〔통지서를〕발송하다〔보내다·띄우다·부치다〕. ¶市委市政府联合~, 要求做好拆迁户的安置工作。=시 위원회와 시 정부가 연합하여 공문을 발송하여, 이주 가구들의 정착 사업을 잘 처리하도록 요청하였다.
【发文】fāwén 〔명〕발송한 공문〔통지서〕.
【发问】fāwèn 〔动〕(구두로) 질문하다. 문제를 제기하다. ¶新闻发布会上, 记者不断向主方~。=뉴스 브리핑에서 기자들은 주최측에 끊임없이 질문하였다.
【发物】fā·wù 〔명〕〔醫〕질병을 쉽게 유발시키거나 가중시키는 음식물.
【发现】fāxiàn 〔动〕1 발견하다. 알아차리다. ¶我~他的情绪有些反常。=나는 그의 정서가 좀 상하다는 것을 발견했다. 2 (연구·탐색 등으로 새로운 사실을) 발견하다. ¶~新大陆=신대륙

을 발견하다. 圈 발견.
【发现权】fāxiànquán 圈(法) 발견권.
【发香】fāxiāng 图 향기를 내다〔뿜다·발산하다〕. 향기가 나다. ¶这种树叶~。=이런 나뭇잎은 향기가 난다.
【发祥】fāxiáng 图(문) 1 발상하다. [본래 제왕의 탄생·왕조의 건립을 뜻함] 2 (역사적 의의를 가질 만한 현상이) 처음으로 일어나다. 발상〔발원·발생·흥기〕하다. ¶古埃及文明~于尼罗河流域。=옛 이집트 문명은 나일강 유역에서 일어났다. 3 상서로운 일이 일어나다. 행복의 조짐이 나타나다.
【发祥地】fāxiángdì 圈 1 발상지. [본래 나라를 세운 임금의 탄생지나 창업한 곳을 가리킴] 2 (사물·일의) 발상지. 발원지. 기원지.
【发饷】fāxiǎng 图(군) 1 급료를〔봉급을〕 지급하다〔주다〕. 2 군경(軍警)에게 봉급을〔급료를〕 지급하다〔주다〕.
【发笑】fāxiào 图 웃다. 웃기다. ¶逗人~=사람을 웃기다.
【发泄】fāxiè 图 (불만·욕정 등을) 털어놓다. 쏟아 내다. 발산하다. 풀다. 터놓다. 배설하다. 해소하다. ¶~怨气=원한을 쏟아 내다. ↔压抑
【发薪】fāxīn 图 급료를〔봉급을〕 지급하다〔주다〕.
【发信】fāxìn 图 편지를 보내다〔발송하다·띄우다·부치다〕.
【发行】fāxíng 图 (화폐·채권·우표·출판물 등을) 발행하다. 발매하다. (영화를) 배급하다. ¶~期刊=정기간행물을 발행하다.
☞ fāháng
【发行银行】fāxíng yínháng 圈 발권 은행. 발행 은행.
【发性子】fā xìng·zi ⓦ 성질부리다. 화내다. 짜증내다.
【发虚】fāxū 图 1 (몸이) 허약해지다. 쇠약하고 나른하다. 허하고 기력이 없다. ¶病刚好, 身子还有些~。=병이 막 나아서 아직 몸이 허하고 기력이 없다. 2 위축되다. 조마조마하다. 쫄다. 켕기다. ¶初次参加大赛, 心里有点儿~。=큰 대회에 처음으로 참가하는 거라 조마조마하다.
【发噱】fāxué 图(방) 웃기다. 웃음을 자아내게 하다. 웹(방) 1 (남의) 웃음거리가 되는. 웃기는. 우스운. 2 익살맞은. 재미있는. 우스꽝스러운. 재미나는. 즐거운.
【发芽】fā‖yá 图(植) 발아하다. 싹이 트다. ¶玉米~了。=옥수수가 싹이 텄다.
【发哑】fāyǎ 图 목이 쉬다. 목소리가 쉬다. ¶嗓子~=목이 쉬다.
【发烟弹】fāyāndàn ☞【烟幕弹】yāngmùdàn
【发言】fā‖yán 图 의견을 발표하다. 발언하다. [주로 회의에서 발언하는 것을 가리킴] ¶讨论会上大家踊跃~。=토론회에서 모두들 활발하게 의견을 발표하였다.
【发言】fāyán 圈 발언. 발표된 의견. [주로 회의에서 발언하는 것을 가리킴] ¶他的~得到了与会人员的一致认同。=그의 발언은 회의에 참석한 사람들의 전적인 동의를 얻었다.

【发言权】fāyánquán 圈 발언권. ¶在座各位都有~。=자리〔좌중〕에 계신 여러분은 모두 발언권이 있습니다.
【发言人】fāyánrén 圈 대변인(代辯人). ¶外交部~=외교부 대변인.
【发炎】fāyán 图(醫) 염증이 생기다. 염증을 일으키다. ¶咽喉~了。=인후염이 생겼다.
【发扬】fāyáng 图 1 (전통·미풍양속 등을) 선양하여 발전시키다. 드높이다. 더욱더 발전시키다. 발양하다. 발양〔발전·진전〕시키다. ¶~无私奉献的精神=멸사봉공의 정신을 드높이다. 2 (충분히) 발휘하다. ¶~优势=우세한 점을 충분히 발휘하다. ≒发挥
【发扬蹈厉】fāyáng-chuōlì 匧 정신이 분발되고 의기가 앙양되다. =【发扬蹈厉】fāyáng-dǎolì
【发扬蹈厉】fāyáng-dǎolì ☞【发扬蹈厉】fāyáng-chuōlì
【发扬光大】fāyáng-guāngdà 匧 (원래 기초 위에) 더욱더 발전시키다. 가일층 진전시키다. 확대 발전시키다.
【发洋财】fā yángcái 图 1 외국인과 관련된 일을 통해 큰돈을 벌다. 2 (의외로) 큰 재물을 얻다. 큰돈을 벌다. 횡재하다. 벼락부자가 되다.
【发痒】fāyǎng 图 가렵다. 근질근질〔간질간질〕하다. ¶头皮有点儿~。=두피가 좀 가렵다.
【发疟子】fā yào·zi 图(구) 학질에 걸리다. 학질을 앓다.
【发音】fā‖yīn 图 소리를 내다. 발음하다. 발성하다. [주로 말과 음악 소리를 내는 것을 가리킴] ¶美声~技巧=미성 발성 기교.
【发音】fāyīn 圈 발음. ¶他的~有点儿北京味儿。=그의 발음은 약간 베이징 말투〔말씨〕이다.
【发硬】fāyìng 图 딱딱해지다. 굳어지다. 견고해지다. ¶馒头凉了就~。=만터우는 식으면 딱딱해진다.
【发语词】fāyǔcí 圈(言) 발어사. [문언문에서 일종의 허사로, 한 편(篇)이나 한 단락의 맨 앞에 쓰임. 예를 들어 '夫(fū)·唯(wéi)·盖(gài)'와 같음] =【发端词】fāduāncí
【发育】fāyù 图(生) 발육하다. 자라다. 성장하다. ¶~不良=발육 불량.
【发源】fāyuán 图 1 (강물이) 발원하다. 기원하다. 발단이 되다. ¶长江~于青海。=창장은 칭하이에서 발원한다. 2 (비) (사물이 …에서〔…로부터〕) 기원하다. 시작되다. 발단되다. ¶粤剧~于广东。=월극은 광둥에서 기원하였다. ≒起源
【发源地】fāyuándì 圈 1 (강물의) 발원지. 수원지(水源地). 2 (비) (사물의) 발원지. 발생지. 발단이 된 곳. 시작점.
【发愿】fāyuàn 图 발원하다. 소원〔바람·원망〕을 빌다〔나타내다·밝히다·표명하다〕. ¶起誓~=맹세하고 소원을 빌다.
【发晕】fāyūn 图 현기증이 나다. 어질어질하다. 어지럽다. ¶头有点儿~。=머리가 약간 어질어질하다.
【发运】fāyùn 图 (화물을) 운송하다. 실어 보내

다. 발송하다. ¶这批货物已装船~。= 이 화물은 이미 배에 실어 운송하였다.

【发燥】fāzào 됭 건조하고 덥다. 덥다. ¶穿多了, 热得浑身~。= 많이 껴입어서 온몸이 덥다.

【发躁】fāzào 됭 조급해하다. 안달하다. 안타까워하다. 초조해하다. 마음을 졸이다. 조바심내다. 안절부절못하다. ¶别~, 事情会解决的。= 조급해하지 마라, 일은 해결될 것이니까.

【发展】fāzhǎn 됭 1 발전하다. ¶昔日的小乡镇~成了今天的大都市。= 옛날의 조그만 읍내가 오늘의 대도시로 발전되었다. 2 (새로운 사람을 받아들여 조직이나 규모 등을) 확대[발전]하다. 확충하다. ¶~新会员 = 신입 회원으로 하다. ↔倒退 停滞

【发展权】fāzhǎnquán 명 [法] 발전권. 발전[발달]할 권리.

【发展中国家】fāzhǎnzhōng guójiā 명 개발도상국. ['发达国家(선진국)'와 구별됨]

【发站】fāzhàn 명 출발역. 시발역.

【发颤】fāzhàn ☞【发颤】fāzhàn

【发颤】[发战] fāzhàn 됭 (벌벌·부들부들·달달) 떨다. 떨리다. ¶两腿~= 두 다리를 (벌벌) 떨다.

【发胀】fāzhàng 됭 팽창하다. 붇다. 붓다. 부풀어오르다. 팽팽[땡땡]해지다. ¶黄豆泡~了。= 콩이 물에 붇다.

【发照】fāzhào 됭 허가증[면허증] 등을 발급하다[교부하다].

【发赈】fāzhèn 됭 이재민에게 양식이나 구호 물자 등을 보내다[방출하다]. ¶~救灾 = 이재민에게 구호 물자를 보내 구제하다.

【发怔】fāzhèng 됭 멍해지다. 넋을 잃다[놓다]. 얼이 빠지다. ¶他一直坐在那儿~。= 그는 줄곧 그 곳에서 넋을 잃고 앉아 있다.

【发直】fā‖zhí 됭 넋을 놓고 바라보다. 우두커니[멍하니] 바라보다. ¶两眼~= 넋을 잃고 물끄러미 바라보다.

【发滞】fā‖zhì 됭 (눈빛이) 초점을 잃고 힘이 없다. 흐리멍덩하다. 둔해지다. ¶眼神~= 눈빛이 초점을 잃고 흐리멍덩하다.

【发皱】fāzhòu 됭 (옷감·옷에) 주름이 지다[생기다]. ¶棉布很容易~。= 면 옷감은 쉽게 주름이 생긴다.

【发咒】fāzhòu 됭 자기를 저주하는 방식으로 맹세하다[서약하다·보증하다]. 목숨을[자기를] 걸고 맹세하다[서약하다·보증하다].

【发紫】fā‖zǐ 됭 자색(紫色)이 되다. 보랏빛을 띠다. 새파랗게 되다. ¶嘴唇冻得~。= 입술이 얼어서 새파랗게 되다.

【发自…】fāzì… 젠 …로[에서]부터 비롯되다[시작되다]. ¶他的病~了饮酒过量。= 그의 병은 과음에서 비롯되었다.

【发踪指示】fāzōng-zhǐshì ☞【发纵指示】fāzōng-zhǐshì

【发纵指示】fāzòng-zhǐshì 성 1 (사냥꾼이) 들짐승의 종적을 발견하고, 사냥개를 풀어 방향을 지시하며 잡도록 하다. 2 비 배후에서 지휘하다[조종하다]. =【发踪指示】fāzōng-zhǐshì

【发作】fāzuò 됭 1 (잠복되어 있는 사물이나 요소가) 발작하다. 갑자기 일어나다[작용하다]. 효력을 나타내다[발휘하다]. ¶心脏病~ = 심장병이 발작하다. 2 성질부리다. 화내다. 성내다. 울화통을 터뜨리다. ¶脾气~ = 화를 내다.

# 酸[酾] fā 술 괼 발

☞ pō

【酸酶】fā‖jiào ☞【发酵】fā‖jiào

## 乏 fá 모자랄 핍

됭 1 지치다. 피곤하다[피로·고단]하다. 고달프다. ¶劳~ = 피로하다. 지치다. / 人困马~ = 사람과 말이 모두 지치다. 2 모자라다. 결핍되다. 부족하다. ¶匮~ = 결핍하다. 모자라다. / 不~其人 = 그런 사람이 적지 않다. 3 비 효력이 떨어지다[없다]. 약하다. 쓸모 없다. ¶灶里的火~了。= 아궁이의 불이 약하다.

0● 承chéng乏, 道乏, 解乏, 空乏, 匮kuì乏, 困乏, 劳乏, 疲pí乏, 贫pín乏, 穷乏, 缺quē乏, 歇xiē乏.

【乏地】fádì 명 [农] 척박한 땅. 메마른 땅. 거름기가 없는 땅.

【乏顿】fádùn 됭 지치다. 피곤[피로·고단·노곤·나른]하다. 고달프다. ¶疲困~= 지치고 피곤하다.

【乏货】fáhuò 명비 쓸모 없는 놈[녀석]. 못난 놈[녀석]. [욕하는 말로 쓰임]

【乏累】fálèi 됭 지치다. 피곤[피로·고단·노곤]하다. 고달프다.

【乏力】fálì 됭 1 (완전히 지쳐서) 기력[힘]이 없다. ¶浑身~= 온몸에 힘이 없다. 2 능력이 모자라다[없다·부족하다·떨어지다]. ¶企业发展滞后的一个原因就是领导管理~。= 기업의 발전이 침체된 원인의 하나는 바로 경영자의 관리 능력 부족이다.

【乏煤】fáméi 명 덜 연소된 석탄. 불완전 연소탄.

【乏气】fáqì 명 [机] (증기 기관에서 배출되는) 이미 효용을 다한 증기. 폐기된 증기. 폐기(廢氣). 배기(排氣).

【乏人】fárén 됭 사람이[인재가] 없다[모자라다]. ¶后继~= 뒤를 이을 사람이 없다. 명비 쓸모 없는 사람. 효용 가치가 없는 사람. 무기력한 사람.

【乏术】fáshù 됭문 (유효한) 방도[수·도리]가 없다. 손쓸 방법이 없다. ¶分身~= 몸을 뺄 도리가 없다.

【乏透】fátòu 됭 극도로 지치다[피곤하다·고단하다]. 모든 힘이 다 소진되다.

【乏味】fáwèi 됭 맛이 없다. 재미 없다. 무미건조하다. 딱딱하다. ¶枯燥的工作非常~。= 단조롭고 딱딱한 일은 정말 재미 없다. ↔有趣

## 伐 fá 벨 벌

됭 1 베다. 벌목하다. ¶严禁乱砍滥~。= 함부

로 남벌〔마구베기〕하는 것을 엄격히 금하다. **2** 징벌〔공격·토벌·정벌〕하다. 치다. ¶讨~=토벌하다. / 口诛笔~=말과 글로 죄상을 폭로하고 성토하다. **3**〈书〉 스스로 자랑하다〔뽐내다·과시하다〕. 우쭐대다. 우쭐거리다. 자존자대(自尊自大)〔자고자대(自高自大)〕하다. ¶不矜不~=스스로 내세우거나 자랑하지 않다. 〈名〉〈书〉 공로. 전공(戰功). 공적. ≒征

○● 步伐, 采cǎi伐, 砍kǎn伐, 挞tà伐, 主zhǔ伐, 作伐

【伐矜】**fájīn**〈动〉〈书〉 거만〔자만·오만〕하고 과시하다〔뽐내다·잘난 체하다〕. ¶~好(hào)夸=거만〔오만〕하고 독선〔독단〕적이다.

【伐木】**fámù**〈动〉 벌목하다. 나무를 베다. ¶~工人=벌목꾼. 벌목공.

【伐区】**fáqū**〈名〉〈林〉 벌채〔伐採〕〔벌목〕 구역.

【伐善】**fáshàn**〈动〉〈书〉 자신의 장점을 자랑하다〔뽐내다〕. ¶~自矜=자신을 뽐내고 자랑하다.

【伐罪】**fázuì**〈动〉〈书〉 잘못이 있는 통치자를 토벌하다. 벌하다.

## **罚**[罰, 罸] **fá** 벌할 벌

〈动〉 처벌하다. 벌하다. ¶处~=처벌하다. / 赏分明=상벌이 분명하다. ↔奖 赏

○● 惩chéng罚, 处chǔ罚, 受罚, 体罚, 刑罚, 责zé罚

【罚不当罪】**fábùdāngzuì**〈成〉 처벌과 지은 죄가 어울리지〔맞지〕않다. 부당하게 처벌하다. 〔주로 처벌이 과중한 것을 가리킴〕↔罪有应得

【罚不责众】**fábùzézhòng**〈成〉 (마땅히 처벌해야 하지만) 대단위로 저지른 행위는 처벌하기 힘들다. 다수가 저지른 위법 사항은 처벌하기에 마땅치 않다.

【罚出场】**fá chūchǎng**〈动〉〈体〉 퇴장시키다. 퇴장을 선언하다. ¶犯规球员被红牌~=반칙한 선수는 레드카드(red card)를 받고 퇴장당했다.

【罚单】**fádān**〈名〉 벌금 통지서.

【罚分】**fáfēn**〈动〉 벌점(罰點)을 과하다. ¶违反交通规则, 不仅要罚款, 还要~=교통 규칙 위반을 하면 벌금을 내야 할 뿐 아니라 벌점을 과하게 된다. 〈名〉 벌점(罰點). ¶~到了一定的数, 就要去参加交通学习班.=벌점이 일정 점수에 이르면 교통 안전 교육을 받아야 한다.

【罚金】**fájīn**〈名〉〈法〉 **1** 벌금형. **2** 벌금. 벌칙금. 과태료. **3** 위약금. ≒罚款

【罚酒】**fájiǔ**〈动〉 벌주를 마시게 하다. ¶凡迟到者, ~三杯.=지각한 사람은 벌주 석 잔을 내라. 〈名〉 벌주. ¶你不要敬酒不吃吃~.=좋은 말로 할 때 순순히 따를 것이지, 화를 자초하지 마라.

【罚扣】**fákòu**〈动〉 감봉〔감액〕 처분하다. ¶~奖金=보너스를 미지급하다.

【罚款】**fá‖kuǎn**〈动〉 **1** 벌금〔범칙금〕을 부과하다〔물리다〕. ¶违章驾驶要~.=교통 위반 운전은 범칙금을 부과해야 한다. **2** 위약금을 물리다〔부과하다〕. ≒罚金

【罚款】**fákuǎn**〈名〉 **1** 벌금. 범칙금. 과태료. **2** 위약금.

【罚没】**fámò**〈动〉 벌금을 부과하고 (불법 취득한) 재물을 몰수하다. ¶~非法所得=불법 취득한 재물에 대하여 벌금을 부과하고 몰수하다.

【罚球】**fá‖qiú**〈动〉〈体〉 (농구에서) 자유투〔프리스로(free throw)〕를 던지다. (축구에서) 페널티킥(penalty kick)을 차다.

【罚一儆百】**fáyī-jǐngbǎi**〈成〉 일벌백계(一罰百戒)하다.

【罚则】**fázé**〈名〉 벌칙.

## **垡**[1] **fá** 땅 일굴 벌

〈动〉〈方〉 땅을 일구다〔갈다·엎다〕. ¶耕~=땅을 일구어 경작하다. 〈名〉〈方〉 갈아엎은 흙덩어리. ¶晒~=갈아엎은 땅을 햇볕에 쬐다.

## **垡**[2] **fá** 땅 이름 벌

지명에 쓰이는 글자. ¶榆~=위파. [베이징(北京)에 있는 지명]

## **阀**[閥] **fá** 문벌 벌

〈名〉 **1** 문벌. 가문. ¶门~=명문. **2** 특수한 권력이나 세력을 지닌 인물이나 집단. 파벌. ¶财~=재벌. **3**〈机〉 밸브(valve). 변. 개폐기. ['活门(huómén)'이라고 통칭함]

○● 党阀, 门阀, 学阀

【阀门】**fámén**〈名〉〈机〉 밸브(valve). 변. 개폐기.

【阀阅】**fáyuè**〈名〉〈书〉 **1** 공훈. 공로. **2** (공훈이 있는) 명문〔권문〕세가. 벌열. 벌족(閥族).

## **筏**[栰] **fá** 뗏목 벌

〈名〉 뗏목. ¶木~=뗏목. / 皮~子=동물의 가죽에 공기를 넣어 만든 뗏목.

【筏子】**fá·zi**〈名〉 뗏목.

## **法**[1][灋·㳒] **fǎ** 법 법

〈动〉 모방하다. 본받다. 본보기로 삼다. 좋은 점을 배우다. ¶效~=본받다. / 师~=본보기로 삼아 배우다. 〈形〉 합법적인. 적법한. 법을 지키는. 〔부정 부사 뒤에 쓰임〕¶不~之徒=법을 지키지 않는 무리. / 非~收入=불법적인 수입. 〈名〉 **1** (法) 법. 법령. 법률. ¶宪~=헌법. / 贪赃枉~=뇌물을 받아먹고 법을 어기다. **2** 모범. 본보기. 표준. ¶句~=구법. / 不足为~=모범으로 본받기〔삼기〕에는 부족하다. **3** 방법. 방식. ¶办~=(처리) 방법. / 如~炮制=기성의 방법대로 약을 조제하다. 그 모양 그대로 (모방)하다. **4** (佛) 불교의 도리. 불교의 교의(敎義). 불법(佛法). ¶佛~=불법. **5** 방사(方士)들의 술법(術法). ¶作~=법술〔요술·행하다〕. **6** (Fǎ)〈姓〉 法家(법가). **7** (Fǎ)〈地〉 法国(프랑스). **8** (Fǎ) 성(姓).

## **法**[2] **fǎ** 패럿 법

〈量〉〈物〉 法拉(패럿).

## fǎ 法

O● 变法, 笔法, 不法, 长法, 词法, 皴cūn法, 得dé法, 斗法, 非法, 佛fó法, 伏fú法, 公法, 国法, 讲法, 看法, 礼法, 立法, 历法, 枪qiāng法, 取法, 设shè法, 生法, 师法, 手法, 书法, 私法, 司法, 土法, 王法, 枉wǎng法, 违wéi法, 无法, 西法, 戏法, 想法, 约法, 章法, 正法, 政法, 执zhí法, 宗zōng法, 做法

【法案】fǎ'àn 몡 법안.
【法办】fǎbàn 통 법에 따라 처벌〔처분〕하다. ¶严加~=법에 따라 엄하게 처분하다.
【法宝】fǎbǎo 몡 1 (佛) 불법. 법보. [(불佛)·법(法)·승(僧) 삼보(三寶)의 하나] 2 (佛) 승려가 사용하는 석장(錫杖)·의발(衣鉢) 등. 3 ① 신화에서 요괴를 제압하거나 죽일 수 있는 보물. ② (비) 특효가 있는 도구〔방법·경험〕. 신통한 물건. 열쇠. 키(key). 특효약. ¶科学种田是农民发家致富的~.=과학적인 영농은 농민들이 잘살고 부자가 되는 열쇠이다.
【法币】fǎbì 몡 (歷) 국민당 정부가 발행한 법정 지폐. [1935년 11월 4일에 발행되었음. 1948년 8월 19일 '金圆券(jīnyuánquàn)'이 발행되어 '法币'를 대체하였음]
【法不徇情】fǎbùxùnqíng 성 법을 공정하게 집행하며 사적인 감정에 얽매이지 않다.
【法场】fǎchǎng 몡 1 도량(道場). 승려나 도사가 법사(法事)를 행하는 곳. 2 (옛) 형장. 사형장.
【法槌】fǎchuí 몡 법정용 망치. 의사봉.
【法典】fǎdiǎn 몡 법전.
【法定】fǎdìng 법정(法定)의. 법으로 정한. 법률로 규정된. ¶~程序=법정 절차.
【法定代表人】fǎdìng dàibiǎorén 몡 (法) 법정 대표자.
【法定代理人】fǎdìng dàilǐrén 몡 (法) 법정 대리인.
【法定继承】fǎdìng jìchéng 몡 법정상속. ['遗嘱继承(유언상속)'과 구별됨]
【法定假日】fǎdìng jiàrì 몡 법정 공휴일.
【法定人数】fǎdìng rénshù 몡 (의사(議事)를 진행하고 결정하는 데에 필요한) 정수. 정족수.
【法度】fǎdù 몡 1 법률과 제도. ¶遵守国家~。=국가의 법률과 제도를 준수하다. 2 법도. 규칙. 규정. 규범. 행위의 준칙. ¶处事须合~。=일을 처리할 때는 반드시 법도에 맞아야 한다.
【法古】fǎgǔ 통 옛 것〔사람〕을 본받다〔따르다〕. ¶~而不泥古。=옛 것을 본받지만 옛 것에 얽매이지 않다.
【法官】fǎguān 몡 '审判人员(법관·사법관)'의 통칭.
【法规】fǎguī 몡 법규.
【法国】Fǎguó 몡 (地) 프랑스(France). [수도는 '巴黎(Paris)'임]
【法国号】fǎguóhào ☞ 圆号 yuánhào
【法国梧桐】fǎguó wútóng ☞ 悬铃木 xuánlíngmù
【法号】fǎhào ☞ 法名 fǎmíng
【法会】fǎhuì 몡 (佛) 법회.

【法纪】fǎjì 몡 법률과 기율(紀律). ¶目无~=법률과 기율을 안중에 두지 않다.
【法家】fǎjiā 몡 법가. [선진(先秦) 시대 상앙(商鞅)과 한비자(韓非子)를 대표로 하는 제자백가의 일파. 법치(法治)를 숭상하고 예치(禮治)를 반대하였음]
【法界】fǎjiè 몡 1 (佛) 법계. [우주 만법의 본체인 진여(眞如)] 2 사법계.
【法禁】fǎjìn 몡 금령. 금법. 금지령. 법도. 법률. ¶违犯~=법령을 어기다.
【法警】fǎjǐng 몡 (法) 사법 경찰. 법정(法廷) 경찰. 정리(廷吏).
【法拉】fǎlā 몡 (物) 패럿(farad). [전기 용량의 단위. 기호는 F]
【法兰绒】fǎlánróng 몡 (紡) 플란넬(flannel).
【法郎】fǎláng 몡 1 프랑(franc). [프랑스·벨기에·스위스 등 국가의 화폐 단위] 2 프랑(franc). [서아프리카나 중부 아프리카의 옛 프랑스 식민지 국가에서 쓰는 화폐 단위]
【法老】fǎlǎo 몡 (歷) 파라오(Pharaoh). [희랍어 'pharaoh'의 음역. 옛 이집트 국왕의 칭호]
【法理】fǎlǐ 몡 1 법과 이치. ¶~不容=법과 이치가 용납하지 않다. 2 (法) 법학 이론. 3 (佛) 법리. 4 (종) 법칙.
【法力】fǎlì 몡 1 (佛) 법력. 불법(佛法)의 힘〔위력〕. 2 신통력. 신기한 힘. ¶~无边=신통력이 끝이 없다.
【法令】fǎlìng 몡 법령.
【法律】fǎlǜ 몡 (法) 1 법률. 2 형법.
【法律救助】fǎlǜ jiùzhù ☞ 法律援助 fǎlǜ yuánzhù
【法律手段】fǎlǜ shǒuduàn 몡 법률 수단.
【法律援助】fǎlǜ yuánzhù 몡 (法) 법률 원조. [법률적인 문제에 대하여 돈·법률 지식 등이 없는 사람에게 소송 행위를 도와 주는 사회 제도] =【法律救助】fǎlǜ jiùzhù【司法援助】sīfǎ yuánzhù
【法律责任】fǎlǜ zérèn 몡 (法) 법률〔법적〕 책임. [형사·민사·행정 책임이 있음]
【法律制裁】fǎlǜ zhìcái 통 (法) 법적〔법률〕 제재를 가하다.
【法螺】fǎluó 몡 1 (動) 소라. 소라고둥. 나패(螺貝). 해라(海螺). 2 (音) 법라. 나각(螺角).
【法盲】fǎmáng 몡 법률 문외한. 법률 지식이 없는 사람.
【法门】fǎmén 몡 1 (佛) 법문. 불도에 드는 길. 2 (佛) 불문(佛門). 3 (학문이나 수행 등의) 길. 경로. 수단. 방법. 요령. 비결. ¶掌握学习的~。=공부하는 요령을 터득하다.
【法名】fǎmíng 몡 (佛) 법명. =【法号】fǎhào
【法袍】fǎpáo 몡 법복. 법의.
【法器】fǎqì 몡 (宗) (승려나 도사가 종교 의식에 쓰는 인경·법고·징·바라·목어 등의) 법기. 불구(佛具).
【法权】fǎquán 몡 (法) 법률이 부여한 권리. 법권. 특권.
【法人】fǎrén 몡 (法) 법인. ['自然人(자연인)'과

【法人股】 **fǎréngǔ** 名 (經) 법인주(식).
【法人团体】 **fǎrén tuántǐ** 名 (法) 법인 단체.
【法师】 **fǎshī** 名 1 (佛) 법사. 2 승려나 도사에 대한 존칭.
【法式】 **fǎshì** 名 법식. 표준 양식[격식]. ¶古代建筑~=고대 건축 표준 양식. 形 프랑스식의. 프랑스풍의. ¶~卧房家具=프랑스식 침실 가구.
【法事】 **fǎshì** 名 법사. 불사.
【法书】 **fǎshū** 名 1 (藝) 법서. 법첩(法帖). 2 敬 상대의 글씨.
【法术】 **fǎshù** 名 1 법가의 학술. 2 (방사나 무속인의) 술법(術法). 법술. 3 (신화 전설에서 신선이나 기인의) 신통력을 부리는 재주.
【法堂】 **fǎtáng** 名 1 옛 (관리가 사건을 심의하던) 공당(公堂). 법정. 2 (佛) 법당.
【法帖】 **fǎtiè** 名 법첩. 법서(法書). [체법(體法)이 될 만한 명필의 서첩]
【法庭】 **fǎtíng** 名 (法) 1 (형사·민사·행정) 재판정. 2 법정.
【法统】 **fǎtǒng** 名 (法) 법통. 법적 정통성. 헌법과 법률의 전통[계통].
【法王】 **fǎwáng** 名 1 (佛) 석가모니. 석가여래. 불타. 2 원명(元明) 시대 라마교(喇嘛教) 수령에게 내린 봉호(封號).
【法网】 **fǎwǎng** 名 (비) 법망. (그물처럼) 엄밀한 법률 제도. ¶难逃~=법망을 벗어나기 어렵다.
【法文】 **fǎwén** 名 1 법률 조문. 2 (**Fǎwén**) (言) 프랑스어.
【法西斯】 **fǎxīsī** 名② 1 파쇼(fascio). 2 파시즘(fascism). [파시즘적인 운동·경향·단체·지배 체제를 가리킴]
【法西斯蒂】 **fǎxīsīdì** 名② 파시스트(fascist).
【法西斯主义】 **fǎxīsīzhǔyì** 名② 파시즘(fascism).
【法新社】 **fǎxīnshè** 名 프랑스 통신사. AFP.
【法学】 **fǎxué** 名 (法) 법학.
【法眼】 **fǎyǎn** 名 1 (佛) (사물의 진상을 살필 수 있는) 법안. 보살의 눈. 2 예리한 안목[통찰력]. ¶哪怕是一个标点的错误, 也难逃他的~. =설령 구두점 하나의 조그만 실수도 그의 예리한 눈을 벗어나기 힘들다.
【法衣】 **fǎyī** 名 (宗) (승려나 도사가 종교 의식에 입는) 법의.
【法医】 **fǎyī** 名 1 법의. 법의학자. 2 법의학.
【法医学】 **fǎyīxué** 名 (法) 법의학.
【法语】 **fǎyǔ** 名 1 (**Fǎyǔ**) (言) 프랑스어. 2 (佛) 법어. 법담(法談). 법화(法話). 3 書 예법에 합당한 말.
【法院】 **fǎyuàn** 名 (法) 법원.
【法则】 **fǎzé** 名 1 법규. 2 ㉢ 모범. 본보기. 3 규율. 법칙. ¶自然~=자연의 법칙. 4 규범. 규칙. 5 ㉢ =计算 규칙. 계산법.
【法政】 **fǎzhèng** 名㉢ 법률과 정치. 법정.
【法旨】 **fǎzhǐ** 名 1 (佛) 불법의 요지. 2 신의 뜻〔의지·생각〕.
【法制】 **fǎzhì** 名 (法) 법제. 법률 제도. 법률 체계. ¶~建设=법제 건설.
【法治】 **fǎzhì** 動 법으로 다스리다. 名 1 (선진 시기 법가 사상가) 법에 의한 통치. 법치. 2 법치. ¶实行~=법치를 실행하다.
【法子】 **fǎ·zi** 名 방법. 방도. 수단. ¶一时还想不出什么好~. =순간적으로 뾰족한 방법이 떠오르지 않는다.

## 砝 **fǎ** 저울추 법

【砝码】 **fǎmǎ** 名 저울추. 분동(分銅).

## **发[髮]** **fà** 터럭 발

名 머리카락. 두발. 머리털. ¶烫~=파마하다. / 理~=이발(하다). / 白~=백발. 흰머리.
☞ **fā**

鬓bìn发, 毫háo发, 华发, 落发, 胎tāi发, 烫tàng发, 头发, 脱发, 须发, 削xuē发

【发辫】 **fàbiàn** 名 변발.
【发菜】 **fàcài** 名 (植) 발채. [조류식물의 일종으로 칭하이(青海)성·간쑤(甘肃)성 등 서북부 지역에서 많이 생산됨] =【头发菜】 **tóufàcài** 【羊栖菜】 **yángqīcài**
【发带】 **fàdài** 名 머리띠. 리본(ribbon). 헤어밴드(hairband).
【发短心长】 **fàduǎn-xīncháng** 成 1 늙어서 머리카락은 짧지만〔성기지만〕 생각은 깊다. 2 (비) 노인의 사려 깊은 생각.
【发箍】 **fàgū** 名 (플라스틱이나 합성 유리로 만든 반원형의) 머리띠. 헤드밴드(headband).
【发际】 **fàjì** 名 머리카락의 언저리 부분.
【发髻】 **fàjì** 名 1 상투. 2 쪽. 타래머리. 시뇽 헤어(chignon hair).
【发夹】 **fàjiā** 名 머리핀. 헤어핀. ≒发卡
【发剪】 **fàjiǎn** 名 이발용 가위.
【发胶】 **fàjiāo** 名 헤어 젤. 헤어 스프레이(hair spray). 젤 무스(gel-mousse).
【发蜡】 **fàlà** 名 포마드(pomade). [주로 남성이 머리카락에 바르는 반고체의 기름]
【发廊】 **fàláng** 名 이발소. 이용원. 미용실. 미용원. ≒发屋
【发露】 **fàlù** 名 헤어 로션(hair lotion).
【发妻】 **fàqī** 名 본처. 첫 번째 부인.
【发卡】 **fàqiǎ** 名 머리핀. 헤어핀. ≒发夹
【发乳】 **fàrǔ** 名 헤어 크림(hair cream).
【发式】 **fàshì** 名 헤어스타일.
【发刷】 **fàshuā** 名 머리솔. 헤어브러시(hairbrush).
【发套】 **fàtào** 名 1 가발. 다리. 2 헤어네트(hair-net).
【发网】 **fàwǎng** 名 헤어네트(hairnet).
【发屋】 **fàwū** 名 이발소. 이용원. 미용실. 미용원. ≒发廊
【发型】 **fàxíng** 名 헤어스타일(hairstyle). 머리스타일.
【发油】 **fàyóu** 名 머릿기름. 헤어 오일(hair oil).
【发癣】 **fàxuǎn** 名 (醫) 두부백선(頭部白癬). =【白癣】 **báixuǎn** 【白秃风】 **báitūfēng**
【发指】 **fàzhǐ** 動 1 머리털이 위로 치솟다. 2 (비)

매우 분노하다. ¶犯罪分子的残忍手段令人~. =범죄자의 잔인한 수법은 사람들을 매우 분노하게 만들었다.

**珐**[(琺)] **fà** 법랑 법
아래를 참조.
【珐琅】 **fàláng** 〈명〉 법랑. 에나멜(enamel). 파랑.
【珐琅质】 **fàlángzhì** ☞【釉质】 **yòuzhì**

**哒** ·fa 어기사 별
〈조〉〈방〉 '吗(·ma)'에 해당하는 의문 조사. ¶早饭吃了~? =아침밥 드셨어요?

## fan

**帆**[(帆·颿)] **fān** 돛 범
〈명〉 1 돛. ¶扬~远航=돛을 올려 먼 항해를 떠나다. / 一~风顺=순풍에 돛을 올리다. 일이 순조롭게 진행되다. 2〈문〉돛단배. 범선. ¶千~竞发=수많은 배가 앞다투어 내달리다.

○● 扬 **yáng** 帆, 征 **zhēng** 帆

【帆板】 **fānbǎn** 〈명〉〈체〉 1 윈드서핑용 보드. 2 윈드서핑(windsurfing).
【帆板运动】 **fānbǎn yùndòng** 〈명〉〈체〉 윈드서핑(windsurfing).
【帆布】 **fānbù** 〈명〉〈방〉 범포. 돛천. 즈크. 〈네〉 doek ¶~背包=즈크 배낭.
【帆布床】 **fānbùchuáng** ☞【行军床】 **xíngjūnchuáng**
【帆船】 **fānchuán** 〈명〉 1 범선. 돛단배. 2〈체〉 요트(yacht) 경주. 요트 운동.
【帆船运动】 **fānchuán yùndòng** 〈명〉〈체〉 요트(yacht) 경주. 요트 운동.
【帆篷】 **fānpéng** 〈명〉 배의 돛.
【帆樯】 **fānqiáng** 〈명〉 1 돛대. 2 배. ¶~林立=돛대가 숲처럼 서 있다. 배가 매우 많다.
【帆索】 **fānsuǒ** 〈명〉 용총줄. 마룻줄.

**番** **fān** 차례 번
〈명〉〈양〉 외국. 이민족. 다른 나라〔민족〕. ¶异域~邦=이역 타국. / 茄蛋汤=토마토 계란탕. 〈양〉 교대하다. 교체하다. ¶更~=차례를 바꾸다. / 轮~=교대하다. 〈양〉 1 회. 차례. 번. 바탕. [ '回(huí)·次(cì)'와 마찬가지로 동작의 횟수를 세는 단위. 동사 '翻(fān)' 뒤에서 배수를 표시함. 翻两番은 4배, 翻三番은 8배임〕 ¶三~五次=여러 차례. / 讨论一~=한 차례 토론하다. 2 종. 종류. 가지. [사물의 종류를 세는 단위. '种(zhǒng)'에 상당함〕 ¶别有一~滋味在心头. =마음 한 구석에 또 다른 느낌이 있다.

○ 番 **fān**
翻 **fān**
燔 **fán**
蕃 **fán**
蹯 **fán**
幡 **fān**
潘 **pān**
蟠 **pán**
皤 **pó**
播 **bō**
鄱 **pó**

☞ **pān**

○● 更 **gēng** 番, 轮 **lún** 番, 生番, 西番莲 **lián**

【番邦】 **fānbāng** 〈옛〉 외국. 이민족. 다른 나라〔민족〕.
【番菜】 **fāncài** 〈명〉 서양〔외국〕 요리〔음식〕.
【番瓜】 **fānguā** ☞【南瓜】 **nánguā**
【番号】 **fānhào** 〈명〉 번호. 편호(編號). [비밀 유지를 위해 정식 이름 대신 쓰는 부대 번호]
【番椒】 **fānjiāo** 〈명〉〈식〉 고추.
【番茄】 **fānqié** 〈명〉〈식〉 토마토. =【西红柿】 **xīhóngshì**
【番石榴】 **fānshí·liú** 〈명〉〈식〉 구아바(guava).
【番薯】 **fānshǔ** ☞【甘薯】 **gānshǔ**

**蕃** **fān** 오랑캐 번
〈명〉 '番(fān)'과 같음.
☞ **bō, fán**

**幡** **fān** 깃발 번
〈명〉 1 (수직으로 거는) 좁고 긴 깃발. 2 (~儿)〈옛〉 발인할 때 상주가 들고 나가는 좁고 긴 조기(弔旗). ¶打~儿=상주가 조기를 들고 장례 행렬의 앞에 서다.
【幡儿】 **fānr** 〈명〉〈옛〉 발인할 때 상주가 손에 들고 나가는 좁고 긴 조기(弔旗). =【引魂幡】 **yǐnhúnfān** 〈방〉【幡子】 **fān·zi**
【幡然】 **fānrán** ☞【翻然】 **fānrán**
【幡然悔悟】 **fānrán-huǐwù** ☞【翻然悔悟】 **fānrán-huǐwù**
【幡帜】 **fānzhì** 〈명〉 깃발. 기치.
【幡子】 **fān·zi** ☞【幡儿】 **fānr**

**繙**[繙] **fān** 번역할 번
〈동〉 '翻(번역〔통역〕하다)'과 같음.
☞ **fán**

**藩** **fān** 울타리 번
〈명〉 1 울타리. ¶院子四围都是~篱. =뜰의 사방은 모두 울타리이다. 2〈문〉 장벽. ¶屏~=장벽. 3 고대 왕조의 속국이나 속지. ¶外~=외번. 속국. 속지. 속령.
【藩国】 **fānguó** 〈명〉 속국. 예속국.
【藩篱】 **fānlí** 〈명〉 1〈옛〉 울타리. 담장. 2〈비〉 사상의 울타리〔장벽〕. ¶大胆冲破旧观念的~. =낡은 관념의 울타리를 과감하게 타파하다.
【藩属】 **fānshǔ** 〈명〉 고대 왕조의 속국이나 속지.
【藩镇】 **fānzhèn** 〈명〉〈력〉 번진(藩鎮). [당나라 중기에 변경과 중요 지역에서 그 지방의 군정을 관장하던 절도사 또는 그 군진(軍鎭)]

**翻**[(飜)] **fān** 뒤집을 번
〈동〉 1 뒤집다. 뒤집히다. 전복하다. ¶人仰马~=사람이 넘어지고 말이 나뒹굴다. 혼란하여 수습하기 어렵다. / 汽车~了. =자동차가 뒤집혔다. 2 (찾기 위해서) 뒤지다. 헤집다. 들추다. 뒤적이다. (책을) 펼치다. 펴다. ¶从箱子里~出

保存多年的手稿。= 상자 속에서 여러 해 동안 보관해 온 친필 원고를 들추어 내다. **3** 바꾸다. 변환하다. 달라지다. ¶花样~新 = 모양이 완전히 새롭게 바뀌다. **4** 번역(통역)하다. ¶把韩语~成中文。= 한국어를 중국어로 번역하다. **5** (~儿) ㉠ 반목(反目)하다. 사이가 틀어지다. ¶兄弟俩闹~了。= 형제는 서로 사이가 틀어졌다. **6** (기존의 것을) 뒤집다. 번복하다. ¶谋求~案 = 결정된 판결을 뒤집으려 하다. **7** (수량이) 배로 증가하다. 곱이 되다. ¶人均GDP~了两番。= 평균 GDP가 네 배로 늘었다. **8** 넘다. 건너다. 넘어가다. ¶爬过了一道坎，又~过了一座山。= 고개를 넘고 또 산을 넘었다. **9** (화가 나서) 눈을 부라리다. (넋이 나가서) 눈이 휘둥그레지다. ¶她狠狠地~了我一眼。= 그녀는 나에게 눈을 사납게 한번 부라렸다.

○● 兜dōu翻, 滚gǔn翻

**【翻案】fān‖àn** 동 **1** (法) 기존의 판결(판정)을 뒤집다. ¶判决有误就应该~。= 판결에 잘못이 있다면, 마땅히 뒤집어야 한다. **2** 기존의 처분을 [결론을·평가를] 뒤집다. ¶~文章 = 다른 사람의 학설을(견해를) 뒤집는 글.

**【翻案风】fān'ànfēng** 명 기존의 결론을 뒤집으려는 사회 분위기(경향·풍기).

**【翻把】fān‖bǎ** 동 **1** (적대적인 한 쪽이 패배하였다가) 다시 세력을 회복하다. = **[反把] fǎn‖bǎ 2** 이미 승낙한 말(약속)을 뒤집어엎다. 식언하다. 인정하지 않다. 시치미떼다.

**【翻白眼】fān báiyǎn** 숙 **1** (기절하거나 죽을 때) 눈이 뒤집히다. 눈의 흰자위를 까뒤집다. **2** (비) (화가 나거나 업신여길 때) 눈을 흘기다. 흰자위를 번득이다.

**【翻版】fānbǎn** 명 **1** 재판. 되박이. 복제판. 복사판. 복각본. ¶~书 = 재판 서적. **2** (비) 복제판. 복사판. [어설프게 모방 또는 그대로 답습하거나 베낀 문장·관점] ¶他的这个所谓新观点不过是前人观点的~。= 그의 이 이른바 새로운 관점이란 것은 그저 이전 사람 관점의 복제판에 지나지 않는다.

**【翻本】fānběn** 동 (~儿) (도박에서) 본전을 찾다. 잃은 돈을 다시 따다.

**【翻查】fānchá** 동 (서적·간행물 등을) 뒤져서 찾아보다. ¶~资料 = 자료를 뒤져 찾아보다.

**【翻茬】fān‖chá** 동 (農) 수확한 후 가을갈이를 하여 그루터기를 갈아엎다.

**【翻场】fān‖cháng** 동 (農) 널어놓은 곡식이 잘 마르도록 뒤집다.

**【翻车】fān‖chē** 동 **1** 차가 뒤집히다(전복되다). ¶这一路段经常发生~事故。= 이 구간에는 차량 전복 사고가 자주 발생한다. **2** (비) 일이 중도에 좌절되거나 실패하다. ¶女篮出征不利, 半路~了。= 여자 농구팀은 경기가 순조롭지 않아 중도에 탈락했다.

**【翻车】fānchē** 명 수차(水车). 무자위.

**【翻沉】fānchén** 동 (배가) 뒤집혀 가라앉다. 전복하여 침몰하다.

**【翻穿】fānchuān** 동 (옷의 안팎을) 뒤집어 입다. ¶这衣服可以两面~。= 이 옷은 안팎 양면을 뒤집어 입을 수 있다.

**【翻船】fān‖chuán** 동 **1** 배가 전복되다(뒤집히다). **2** (비) (일이 중도에) 좌절되다. 실패하다. 지다. ¶他一路过关斩将, 没想到在决赛中~了。= 그는 줄곧 상대를 꺾고 올라왔는데, 생각지도 못하게 결승전에서 졌다.

**【翻地】fāndì** 동 (農) 땅을 갈아엎다.

**【翻动】fāndòng** 동 원래의 위치나 모양을 바꾸다. ¶桌上的文件被人~过。= 책상 위의 서류를 누군가가 건드렸다.

**【翻斗】fāndǒu** 명 (機) 스킵 버킷(skip bucket).

**【翻斗车】fāndǒuchē** 명 (機) 팁카트(tipcart). 덤프차. 팁퍼. 스킵퍼.

**【翻斗卡车】fāndǒu kǎchē** 명 (機) 팁퍼 로리(tipper lorry). 팁퍼 트럭(tipper truck). 덤프차. 덤프 트럭(dump truck). 덤프 로리(dump lorry).

**【翻番】fān‖fān** 동 수량이 곱으로(배로) 늘다. 갑절(곱·곱절·더블(double)]이 되다. = **【翻一番】fān yīfān** ¶水稻亩产量~。= 벼의 1묘당 평균 생산량이 배로 늘었다.

**【翻飞】fānfēi** 동 **1** 펄럭이다. ¶彩旗~。= 채색 깃발이 펄럭이다. **2** 오르락내리락 날다. 훨훨(획획) 날아다니다. ¶海鸥在空中~。= 갈매기가 하늘에서 오르락내리락 난다.

**【翻覆】fānfù** 동 **1** 전복되다. 뒤집히다. ¶货车~ = 화물차가 전복되었다. **2** (몸을) 뒤척이다. 엎치락뒤치락하다. ¶辗转~ = 몸을 이리저리 뒤척이다. **3** 철저하게 변하다. 완전히(근본적으로) 바뀌다. 천지가 개벽되다. ¶乾坤~ = 하늘과 땅이 서로 뒤바뀌다. **4** (문) (약속하거나 승낙한 일을 중도에) 후회하여 생각을 바꾸다. 번복하다. 뒤집다. 이랬다저랬다하다.

**【翻改】fāngǎi** 동 (헌 옷을) 뜯어고쳐 새로 만들다. 뜯어고치다. 고쳐 짓다. ¶这床小被子是用棉大衣~而成的。= 이 침대 이불은 면 외투를 뜯어고쳐서 만든 것이다.

**【翻盖】fāngài** 동 (建) (낡은 집을) 뜯어 새로 짓다. 재축하다. 다시 짓다. 리노베이션(renovation)하다. ¶~偏房 = 사합원(四合院)의 동서 양쪽 방을 개축하다. ≒翻建

**【翻杠子】fān gàng·zi** 동 (體) 평행봉·철봉·이단평행봉(고저평행봉·이중평행봉)을 하다.

**【翻个儿】fān‖gèr** 동 뒤집다. ¶鸡蛋~再煎一煎。= 계란을 뒤집어서 다시 좀 더 지져라.

**【翻跟头】fān gēn·tou** 동 **1** 공중제비(공중회전)하다. **2** (비) 좌절을 겪다. 쓰라린 경험을 하다. = **【翻斤斗】fān jīn·dou【翻筋斗】fān jīn·dou**

**【翻耕】fāngēng** 동 (農) 땅을 갈다(갈아엎다). 땅을 파서 뒤집다. 경작하다.

**【翻工】fān‖gōng** 동 (방) (공사나 제품이 불합격되어) 재공사하다. 뒷손질하다. 다시 만들다. 재가공하다.

**【翻供】fān‖gòng** 동 (法) 진술을 번복하다. ¶犯罪事实清楚, 想~是不可能的。= 범죄 사실이

분명하여, 진술을 번복하려는 것은 불가능하다.

**【翻滚】fāngǔn** 동 **1** 용솟음〔소용돌이〕치다. 출렁〔일렁〕이다. 부글부글 끓다. ¶波涛~。=파도가 용솟음치다. **2** 이리저리 구르다. 데굴데굴 구르다. 나뒹굴다. ¶孩子们在草地上~着玩儿。=아이들이 풀밭에서 이리저리 구르면서 놀고 있다.

**【翻锅底】fān guōdǐ** 〈낮잡〉(원인 등을) 끝까지 따지다. 규명하다. 추궁하다. ¶既然查, 就要~查个清楚。=기왕 조사할 바에 끝까지 분명하게 조사해야 한다.

**【翻过来】fān guò·lái** 동 뒤집다. (상하나 안팎을) 거꾸로 하다. ¶把被褥~再晒晒。=요와 이불을 뒤집어서 다시 좀 햇볕에 말려라.

**【翻过来, 掉过去】fān guò·lái, diào guò·qù** 〈낮〉 **1** 이리저리 뒤적이다. ¶在床上~, 怎么也睡不着。=침대에서 이리저리 뒤적이기만 할 뿐 아무리 해도 잠이 들지 않는다. **2** (여러 번) 되풀이하다. 반복하다. 중복하다. ¶他~, 就这几句话反复说, 听得人都厌烦了。=그가 이러쿵저러쿵 이 몇 마디를 되풀이하는 통에 사람들이 모두 듣기 싫어했다.

**【翻花样儿】fān huāyàngr** 명 실뜨기.

**【翻黄】**[翻簧] **fānhuáng** ☞【竹黄】**zhúhuáng**

**【翻簧】fānhuáng** ☞【翻黄】**fānhuáng**

**【翻悔】fānhuǐ** 동 (약속하거나 승낙한 일을 중도에) 후회하여 생각을 바꾸다. 번복하다. 뒤집다. 이랬다저랬다하다. 마음이 변하다. ¶答应别人的事就不能~。=남에게 승낙한 일은 번복하면 안 된다.

**【翻家】fānjiā** 동 집을 뒤지다. 가택수색을 하다.

**【翻检】fānjiǎn** 동 (책이나 서류를) 뒤져서 조사하다. ¶~资料=자료를 뒤져 조사하다.

**【翻建】fānjiàn** 동 (낡은 집을) 뜯어 새로 짓다. 개축하다. 다시 짓다. ¶~旧房=낡은 집을 개축하다. ≒翻修 翻盖

**【翻江倒海】fānjiāng-dǎohǎi** 〈성〉 **1** 수세(水势)가 대단하다. **2** 〈비〉 힘이나 기세가 대단하다. =[倒海翻江] **dǎohǎi-fānjiāng**

**【翻浆】fān‖jiāng** 동 (초봄에 땅이 해동되면서 지면이나 노면에 물이 배어 나와) 진창〔진흙탕〕이 되다.

**【翻搅】fānjiǎo** 뒤집(히)다. 휘젓다. 뒤섞다. 일다. ¶乌云~=먹구름이 일다.

**【翻筋斗】fān jīn·dou** ☞【翻跟头】**fān gēn·tou**

**【翻斤斗】fān jīn·dou** ☞【翻跟头】**fān gēn·tou**

**【翻旧账】fān jiùzhàng** 〈낮잡〉 (유쾌하지 않은) 지나간 일을 들추어 내다. 묵은 일을 꺼내다. 과거의 일을 따지다. =【翻老账】**fān lǎozhàng**

**【翻卷】fānjuǎn** 동 소용돌이치다. 빙빙 돌다. 맴돌다. 감돌다. 휘날리다. ¶黑云~=먹구름이 소용돌이치다.

**【翻刻】fānkè** 동 **1** 번각(翻刻)하다. ¶~古籍=고서(古書)를 번각하다. **2** CD를 복제하다. ¶~影碟=CD를 복제하다.

**【翻口】fānkǒu** 이미〔전에〕 한 말을 번복하다

〔뒤집다〕. ¶~不认账=이미 한 말을 번복하고 시치미떼다.

**【翻来覆去】fānlái-fùqù** 〈성〉 **1** 엎치락뒤치락하다. 이리저리 뒤척이다. ¶~, 难以入睡。=이리저리 뒤척이며 잠을 이루지 못하다. **2** (여러 번) 되풀이하다. 반복하다. 중복하다. ¶她一天到晚~就这几句话。=그녀는 온종일 그저 이 몇 마디 말만 되풀이한다. **3** 병세가 좋아졌다 나빠졌다 하다. ¶他这病~总好不了。=그의 이 병은 호전되었다가 또 악화되기도 하는 것이 결국은 완쾌될 수가 없을 것 같다. ≒辗转反侧

**【翻老账】fān lǎozhàng** ☞【翻旧账】**fān jiùzhàng**

**【翻脸】fān‖liǎn** 동 갑자기 태도를〔낯빛을〕 바꾸다. 반목하다. 외면하다. 사이가 틀어지다. 불쾌한 얼굴을 하다. ¶都是老朋友了, 为这点小事~太不值得。=오랜 친구끼리 이만한 일로 반목한다는 것은 바람직한 일이 못 된다.

**【翻脸无情】fānliǎn-wúqíng** 〈성〉 외면하고서 매정하게 대하다. 태도를 달리하며 쌀쌀하게 대하다. 반목하여 원수같이 대하다.

**【翻领】fānlǐng** (~儿) 명 접은〔열린〕 (옷) 깃. 라펠(lapel). ¶~毛衣=라펠(lapel) 스웨터(sweater).

**【翻录】fānlù** 녹음을〔녹화 테이프를·CD를〕 복제하다.

**【翻毛】fānmáo** (~儿) 형 **1** 모피의 털이 겉으로 나온. ¶~大衣=모피 외투. **2** 가죽의 안쪽이 겉으로 나온. 안쪽을 보풀린. ¶~皮靴=스웨이드〔섀미(chamois)〕 구두.

**【翻弄】fānnòng** 동 (책장 등을) 이리저리 넘기다. 뒤적이다. ¶她拿起一本杂志随意~着。=그녀는 잡지 한 권을 집어 들고 뒤적이고 있다.

**【翻拍】fānpāi** 동 (그림이나 사진 등) 원고 원본을 사진으로 찍어 복제하다. ¶~照片=사진을 복제하다.

**【翻牌】fānpái** 동 간판만 바꾸다. 외양〔겉모습·명칭〕만 바꾸다. ¶~公司=(관청 등이) 간판만 바꾼 것 뿐인 회사.

**【翻盆倒罐】fānpén-dǎoguàn** 〈성〉 생활 가구나 일용품들이 뒤죽박죽으로 어질러지다. 집 안이 뒤죽박죽이다〔난잡하다〕. ¶家里面~的, 看起来不成样子。=집 안이 온통 뒤죽박죽이 되어서 꼴이 말이 아니다.

**【翻篇】fānpiān** (~儿) 동 책장을 넘기다.

**【翻皮】fānpí** 형 가죽의 안쪽이 겉으로 나온. 안쪽을 보풀린. ¶~长靴=스웨이드〔섀미(chamois)〕 부츠(boots)〔목 긴 구두·장화〕.

**【翻然】**[幡然] **fānrán** 부 번연히. 불현듯이. 빨리. 철저히. ¶~醒悟=불현듯 깨닫다.

**【翻然悔悟】**[幡然悔悟] **fānrán-huǐwù** 〈성〉 불현듯이 깨달아 철저하게 회개하다〔뉘우치다〕. 불현듯 잘못을 뉘우쳐 깨닫다.

**【翻砂】fānshā** 동 주조하다. 주형을 만들다. 명 ☞【铸工】**zhùgōng**

**【翻晒】fānshài** 동 (햇볕에) 뒤집어 말리다. ¶~稻谷=볍씨를 뒤집어 말리다.

**【翻山越岭】fānshān-yuèlǐng** 〈성〉 **1** 산 넘고 재를 넘다. 험산준령을 넘다. **2** 〈비〉 가는 길이 멀고

험하다. =【爬山越岭】páshān-yuèlǐng
【翻身】fān‖shēn 동 1 누운 채 몸을 굴리다. 이리저리 뒤집다. 뒤척이다. ¶他躺在床上不停地~。=그는 침대에서 끊임없이 몸을 뒤척인다. 2 (비) (압박의 고난에서) 해방되다. ¶~作主=압박에서 벗어나[해방되어] 주인 노릇을 하다. 3 (비) (낙후된 면모나 불리한 처지·상황 등을) 개변[호전·역전·회복]시키다. 고치다. ¶不改革, 我们企业就很难~。=개혁을 하지 않으면 우리 기업은 상황을 호전시키기 매우 어렵다. 4 (비) 몸을 돌리다.
【翻身仗】fānshēnzhàng 명동 낙후되고 어려운 상황이나 국면을 타개[역전·호전·회복]하기 위한 투쟁. 부활전. 기사회생전. ¶新厂长带领全厂职工打了一个漂亮的~。=새로 온 공장장이 전체 직원들을 이끌고 멋진 기사회생전을 펼쳤다.
【翻手】fānshǒu 동 손바닥을 뒤집다. ¶~可得。=손만 뒤집으면 된다. 일이 매우 쉽다.
【翻手为云, 覆手为雨】fānshǒu wéi yún, fù shǒu wéi yǔ ☞【翻云覆雨】fānyún-fùyǔ
【翻书】fān‖shū 동 1 책을 펴다. 책장을 넘기다. 2 서적을 번역하다.
【翻塘】fāntáng 동 산소 부족으로 물고기가 수면으로 뜨다. ¶天气闷热, 鱼都~了。=날씨가 무더워서 물고기가 모두 수면으로 떴다.
【翻腾】fān·téng 동 1 용솟음[소용돌이]치다. 출렁[일렁]이다. 부글부글 끓다. ¶江水~=강물이 출렁이다. 2 들추어 찾다. 헤집어[뒤져] 찾다. 뒤적이다. ¶她在衣柜里~了半天也没找到合意的衣服。=그녀는 한참 옷장을 뒤적였으나 마음에 드는 옷을 찾지 못했다. 3 (體) (다이빙 등에서) 공중돌기하다. 공중회전하다. ¶向内三周半。=안으로 세 바퀴 반을 공중회전하였다. 4 이리저리 뒤척이다. 엎치락뒤치락하다. ¶在床上~了一夜也没能睡着。=침대에서 밤새 뒤척였지만 좀처럼 잠들지 못했다. 5 손을 대다. 뒤적이다. 휘저어 어지럽히다. ¶别让孩子把桌上的东西~乱了。=아이들이 책상 위의 물건을 함부로 어지럽히지 못하게 해라. 6 (비) (지난 일을 다시) 되풀이하여 말하다. 들추어 내어 말하다. 끄집어 내어 말하다. ¶陈年旧账就不要去~了。=해묵고 오래 된 일은 되풀이하여 말하지 마라. 7 (비) 반복해서 생각하다. 생각이 맴돌다. 이리저리 생각하다. ¶很多棘手的问题在他的脑海里~着。=처리하기 까다로운 여러 가지 문제가 그의 머릿속에서 맴돌고 있다.
【翻天】fān‖tiān 동 1 (하늘이 뒤집힐 정도로) 대판 말싸움[말다툼]하다. 떠들썩하게 다투다. 매우 소란을[난리를] 피우다. 야단법석을 떨다. ¶小两口一点小事闹翻了天。=젊은 부부는 조그만 일 때문에 대판 다투었다. 2 (비) 반란을 일으키다.
【翻天覆地】fāntiān-fùdì 성 1 하늘과 땅이 집히다. 큰 변화가[소동이] 일어나다. 철저하게 변하다. 완전하게[근본적으로] 바뀌다. 천지가 개벽하다. ¶城市面貌发生了~的变化。=도시의 면모가 완전히 뒤바뀌었다. 2 난리가 나다. 야

법석이 일어나다. ¶两家人闹得~。=두 집안 사람들이 싸워서 난리가 났다. ≒天翻地覆
【翻蔓儿】fān‖wànr 동 덩굴을 뒤엎(어서 땅에 뿌리를 내리지 못하게 하)다.
【翻胃】fān‖wèi ☞【反胃】fǎn‖wèi
【翻箱倒柜】fānxiāng-dǎoguì 성 샅샅이 뒤지며 철저하게 조사하다[검사하다·수사하다]. =【翻箱倒箧】fānxiāng-dǎoqiè
【翻箱倒箧】fānxiāng-dǎoqiè ☞【翻箱倒柜】fānxiāng-dǎoguì
【翻新】fānxīn 동 1 옷이나 집을 뜯어서 새로 짓다[만들다]. ¶皮衣~=가죽옷을 뜯어서 새로 만들다. 2 낡은 것이 새롭게 변화되다. 새롭게 하다. 일신시키다. ¶花样~=모양[스타일]을 새롭게 하다. 독창적인 새로운 양식을 창출하다.
【翻修】fānxiū 동 (낡은 집이나 도로를) 철거한 후 복원하다[보수하다]. 개축하다. 리노베이션(renovation)하다. ¶~学生宿舍=학생 기숙사를 개축하다. ≒翻建
【翻一番】fān yīfān ☞【翻番】fān‖fān
【翻译】fānyì 동 1 번역하다. 통역하다. ¶把英文~成汉语。=영문을 중문으로 번역하다. 2 표준어와 방언, 방언과 방언, 그리고 고대 중국어와 현대 중국어를 서로 전환하다[바꾸다]. ¶把粤语~成普通话。=광둥(广东)어를 표준어로 바꾸다. 3 언어 문자와 상응하는 부호와 숫자를 서로 전환하다. ¶~电报=전신 부호를 문자로 전환하다. 명 번역자. 통역(원). ¶他当过专职~。=그는 직업 통역사를 지낸 적이 있다.
【翻印】fānyìn 동 (서적이나 그림 등을) 번각[翻刻]하다. 영인(影印)하다. ¶再版~=재판 영인[번각].
【翻涌】fānyǒng 동 (구름이나 강물 등이) 출렁[일렁]이다. 넘실거리다. 용솟음[소용돌이·굽이]치다. 부글부글 끓다. ¶乌云~=먹구름이 소용돌이치다.
【翻阅】fānyuè 동 (서적이나 서류를) 쭉 훑어보다. 쭉 페이지를 넘기다. 뒤져 보다. ¶~报纸=신문을 쭉 훑어보다. ≒披阅 披览
【翻越】fānyuè 동 넘다. 넘어가다. ¶~高山=높은 산을 넘다. ≒跨越
【翻云覆雨】fānyún-fùyǔ 성 1 손바닥을 위로 하면 구름이 되고 손바닥을 아래로 뒤집으면 비가 된다. 2 (비) 이랬다저랬다하다. 농간[변덕]을 부리다. =【翻手为云, 覆手为雨】fānshǒu wéi yún, fùshǒu wéi yǔ ≒朝三暮四
【翻造】fānzào 동 (낡은 것을) 뜯어 새로 짓다. 개축하다. 재생하다. 다시 짓다. 철거한 후 복원하다[보수하다]. 리노베이션(renovation)하다. ¶~教学楼=강의동을 개축하다.

**凡**[凢] fán 무릇 범
형 평범하다. 보통이다. 예사롭다. 용속하다. ¶非~=비범하다. / 自命不~=스스로 비범하다고 여기다[자처하다]. 부 1 (문) 모두. 도합. 통틀어. 전부. ¶不知~几=모두 합해서 얼마나 될지 모른다. 2 무릇. 대저. 대체로. 다

모든. 모두 다. ¶~参与者都有奖励。=모든 참여자에게 다 상이 돌아간다. 3(운) 대요. 요지. 대략. 요약. ¶大~=대개. 대체로. 2 인간 세상. 속세. ¶思~=인간 세상을 그리워하다. 세속적인 욕망이 생기다. / 神仙下~=신선이 인간 세상에 내려오다. 3 (音) 중국 전통 음악 음계 부호의 하나. [중국 고대 악보인 공척보(工尺譜)〔십자보(十字譜)〕 '合·四·一·上·尺·工·凡·六·五·乙'의 하나. '파(fa)'약보(略譜)의 '4'에 해당함] 4 (Fán) 성(姓).

○ 凡 fán
帆 fān
矾 fán
钒 fán
梵 fàn
风 fēng
凤 fèng

○● 不凡, 但凡, 举凡, 平凡, 是凡, 思sī凡

【凡百】**fánbǎi** 劚 모든. 일체의. 온갖. ¶~事务=모든 사무. 모든 일.
【凡辈】**fánbèi** 圀 평범한 사람. 범인. 범부. 보통 사람. 보통인. 일반 사람. 일반인. ¶决非~=결코 평범한 사람이 아니다.
【凡尘】**fánchén** 圀 (주로 불교·도교·신화에서) 인간 세상. 속세. 세속. ¶超脱~=속세를 초탈하다.
【凡此】**fáncǐ** 떼 이들. 이런 것들. 이러한 것들. 이런. 이런. ¶~种种=이러한 갖가지 것들.
【凡尔丁】**fán'ěrdīng** 圀①(紡) 바레틴(valetin).
【凡夫】**fánfū** 圀 평범한 사람. 범인. 범부. 보통 사람. 보통인. 일반 사람. 일반인. ¶我辈~, 恐难当重任。=우리 같은 평범한 사람은 아마도 중임〔중책〕을 감당하기 어려울 것입니다. ≒凡人 ↔神仙 神人 仙人 圣人 伟人
【凡夫俗子】**fánfū súzǐ** 圀 1(佛) 불가(佛家)에 입문하지 않은 속세인〔속인〕. 2 평범한 사람. 범인. 범부. 보통 사람. 보통인. 일반 사람. 일반인.
【凡间】**fánjiān** 圀 인간 세상. 속세.
【凡骨】**fángǔ** 圀 범골. 평범한 사람. 평범한 생김새〔기질〕.
【凡今】**fánjīn** 圀 지금. 이제. 오늘(날). 요즘.
【凡例】**fánlì** 圀 범례.
【凡目】**fánmù** 圀 1 대강(大綱)과 세부 항목. ¶考其~=대강과 세부 항목에 대해 테스트하다. 2 평범한 사람의 식견〔안목〕. 속안(俗眼). 얕은 식견. ¶肉眼~=속안(俗眼)의 얕은 식견.
【凡人】**fánrén** 圀 1 평범한 사람. 범인. 범부. 보통 사람. 보통인. 일반 사람. 일반인. ¶~小事=평범한 사람의 사소한 일. 2 속세인. 속인. ≒凡夫 ↔神仙 神人 仙人 圣人 伟人
【凡士林】**fánshìlín** 圀①(化) 바셀린(Vaseline). =[矿脂] **kuàngzhī**
【凡世】**fánshì** 圀 속세. 인간 세상.
【凡是】**fánshì** 閈 대강. 대체로. 무릇. 모든. 다. ¶~年满十八周岁的公民都享有选举权和被选举权。=나이가 만 18세를 넘는 공민은 모두 선거권과 피선거권을 가진다.
【凡事】**fánshì** 圀 어떤〔무슨〕 일이든. 모든 일. 매사. 만사. ¶你还年轻, ~多听听父母的意见。=넌 아직 젊으니, 무슨 일이든 부모님의 의견을 귀담아듣도록 해라.

【凡俗】**fánsú** 劚 범속하다. 평범하고 속되다. ¶流于=범속으로 흐르다. 범속적이다.
【凡童】**fántóng** 평범한 아이. 보통 아이. ['神童(신동)'과 구별됨]
【凡物】**fánwù** 圀 1 온갖 물건. 모든 물품. 2 보통〔평범한〕 물건. 보통〔평범한〕 사람. [주로 보통 사람을 가리킴]
【凡响】**fánxiǎng** 圀 1 평범한 음악. 2⑪ 평범한 사물. ¶不同~=평범하지〔예사롭지〕 않다.
【凡心】**fánxīn** 圀 속념. 속세에 연연하는 생각. 속세에 대한 미련.
【凡庸】**fányōng** 劚 아주 평범하다. 범용하다. [주로 사람을 형용함] ¶~之辈=평범한 사람들.

# 泛 Fán 성씨 범
圀 성(姓).
☞ fàn

## *矾 [礬] fán 명반 반
圀(化) 반류(礬類). 금속의 황산염(黃酸鹽)〔유산염(硫酸鹽)〕. ¶明~=명반.

○● 胆dǎn矾, 皓hào矾, 红矾, 蓝lán矾, 绿lǜ矾, 明矾

【矾土】**fántǔ** 圀⑪(化) '氧化铝(반토(礬土)·알루미나(alumina)·산화알루미늄)'의 속칭.

# 钒 [釩] fán 바나듐 범
圀①(化) 바나듐(V, vanadium). [원자 번호 23]

## **烦 [煩] fán 번거로울 번
劚 1 번민하다. 답답하다. 산란하다. 괴롭다. 근심스럽다. ¶心~意乱=마음이 답답하고 생각이 어지럽다. 2 성가시다. 귀찮다. 번거롭다. 짜증스럽다. ¶这些话我早都听~了。=이 말들은 내가 일찍이 지겹도록 들었다. 3 장황하다. 번잡하다. ¶要言不~=말〔문장〕이 간결하고 장황하지 않다. 5 성가시게 하다. 귀찮게 하다. ¶你别老在这里~人。=여기서 뭉기적거리며 사람을 성가시게 굴지 마라. 2 폐〔수고〕를 끼치다. 번거롭지만…. 수고스럽지만…. 죄송〔미안〕하지만…. [부탁하는 인사말] ¶有事相~=폐를 끼치게 되었습니다.

○● 麻烦, 磨mò烦, 絮xù烦, 忧yōu烦

【烦呈】**fánchéng** 图 수고스럽지만 글을 좀 올려 주십시오. [부탁하는 인사말]
【烦愁】**fánchóu** 劚 근심하다. 걱정하다.
【烦聒】**fánguō** 劚 성가시게〔귀찮게·듣기 싫게〕 왁자지껄〔시끌벅적·떠들썩〕하다.
【烦惑】**fánhuò** 劚 괴롭고 곤혹스럽다. 번민하다. ¶不解~=번민이 풀리지 않다.
【烦交】**fánjiāo** 劚 번거로우시겠지만 좀 전해 주십시오. [부탁하는 인사말] ¶~李先生=번거로우시겠지만 이 선생께 좀 전해 주십시오.
【烦劳】**fánláo** 劚 성가시고 수고스럽다. 번잡하고 고생스럽다. 图③ 폐〔수고〕를 끼치다. 번거롭

지만…. 수고스럽지만…. 죄송〔미안〕하지만…. 번거롭고 수고스러우시겠지만…. [부탁하는 인사말] ¶~您把这封信转交给他。=번거롭고 수고스러우시겠지만 이 편지를 그 사람에게 전해 주십시오.

【烦乱】fánluàn 혱 1 (마음이) 초조하고 불안하다. 심란하다. ¶这些乱七八糟的事搞得人心里~不堪。=이런 너저분한 일이 사람을 매우 심란하게 한다. 2 ☞【繁乱】fánluàn

【烦忙】fánmáng ☞【繁忙】fánmáng

【烦闷】fánmèn 혱 답답하다. 괴롭다. 울민(鬱悶)하다. 번민하다. 고민하다. 답답하다. 걱정스럽다. 근심스럽다. 염려스럽다. 고민스럽다. ¶考试成绩不理想, 他的心情十分~。=시험 성적이 만족스럽지 못하여 그의 마음은 매우 답답하다. ≒愁闷 郁闷 苦闷 ↔高兴 快乐 快活 愉快 畅快 痛快 开心

【烦难】fánnán 혱 (일이) 번거롭고 처리하기〔다루기·손대기〕 힘들다. 해결이 곤란하다. 골치 아프다. ¶这件事让他感到有些~。=이 일은 그를 좀 골치 아프게 한다.

【烦恼】fánnǎo 혱 번뇌하다. 걱정하다. 마음을 졸이다. 걱정스럽다. 근심스럽다. 고민스럽다. 염려스럽다. ¶一直找不到称心的工作让他很~。=줄곧 마음에 맞는 일을 찾지 못하여 그는 매우 걱정이 된다.

【烦腻】fánnì 동 싫증나(게 하)다. 물리(게 하)다. 진저리(게 하)나다. 짜증나(게 하)다. 성가시(게 하)다. 넌더리나(게 하)다. ¶这孩子~人得很。=이 아이는 사람을 몹시 성가시게 한다.

【烦请】fánqǐng 동⑥ 폐〔수고〕를 끼치다. 번거롭지만〔수고스럽지만·죄송[미안]하지만·번거롭고 수고스러우시겠지만〕해 주세요. [부탁하는 인사말] ¶~您给他带个口信。=번거로우시겠지만 그 사람에게 말씀 좀 전해 주십시오.

【烦扰】fánrǎo 동 (일이나 마음을) 방해하다. 훼방놓다. 어지럽게 하다. 교란시키다. 지장을 주다. 귀찮게〔성가시게〕 하다〔굴다〕. 폐〔수고〕를 끼치다. ¶他正在休息, 别过去~他了。=그 사람 지금 쉬고 있으니까, 가서 방해하지 마라. 짜증스럽다. 심란하다. 괴롭다. ¶心境~=심경이 괴롭다.

【烦人】fánrén 혱 성가시다. 괴롭다. 귀찮다. 번거롭다. 짜증스럽다. ¶连绵的阴雨天真~。=연일 계속되는 궂은 날씨는 정말 짜증스럽다. 동 사람을 성가시게 하다. 짜증스럽게 하다.

【烦冗】【繁冗】fánrǒng 혱⑥ 1 (일이) 번잡하다. ¶杂务~=잡무가 번잡하다. 2 (말·글이) 장황하다. 번잡하다. ¶内容~=내용이 장황하다. ↔简练

【烦神】fánshén 동 1 걱정하다. 신경[마음]을 쓰다. 속을〔골치를〕 썩이다. ¶教育孩子是一件~的事。=자식을 교육시키는 것은 신경 쓰이는 일이다. 2 번거롭다. 수고스럽다. 죄송[미안]하지만. 귀찮으시겠지만. [부탁하거나 감사를 나타낼 때 쓰는 인사말]

【烦碎】fánsuì 혱 잡다하다. 너저분하다. 자질구레하다. ¶~琐事=자질구레한 일.

【烦琐】【繁琐】fánsuǒ 혱 잡다하다. 너저분하다. 자질구레하다. 번거롭다. ¶手续~=수속이 번거롭다. ↔便捷 简便

【烦琐哲学】fánsuǒ zhéxué 명 1 ☞【经院哲学】jīngyuàn zhéxué 2 표면적인 현상만을 시시콜콜 따지는 사유 방법이나 업무 풍조.

【烦托】fántuō 동 폐〔수고〕를 끼치다. 번거로우시겠지만 부탁드립니다. [부탁하는 인사말] ¶这件事就~您了。=이 일은 번거로우시겠지만 당신께 부탁드립니다.

【烦文】fánwén 명 1 불필요한〔장황한·쓸데없는〕 글. ¶~冗句=장황하고 불필요한 문구. 2 ☞【繁文】fánwén

【烦务】fánwù 명 잡다한 일. 번잡한 사무. (성가신) 잡무. ¶~缠身=(성가신) 잡무에 시달리다.

【烦细】fánxì 혱 귀찮다. 성가시다. 번잡하다. 자질구레하다. ¶她操心的都是些~的家务事。=그녀가 걱정하는 것은 모두 성가신 집안일이다.

【烦嚣】fánxiāo 혱 성가시게〔귀찮게·듣기 싫게〕 와자지껄〔시끌벅적·시끌시끌·떠들썩〕하다. ¶山林里少了城市的~, 多了些宁静和清幽。=산 속은 도시의 떠들썩함은 사라지고 고요함과 그윽함이 더해진다.

【烦心】fánxīn 동 1 성가시게 하다. 짜증나게 하다. 귀찮게 하다. ¶工作中遇到了麻烦, 真让人~。=업무 중에 귀찮은 일에 부닥치면 정말 짜증난다. 2⑥ 신경[마음]을 쓰다. 애쓰다. ¶孩子成绩老是上不去, 真让人~。=아이의 성적이 항상 제자리여서 정말 신경 쓰인다.

【烦絮】fánxù 혱 잡다하다. 자질구레하다. 장황하다. 너더분하다. ¶她说话可真够~的。=그녀는 말을 정말 장황하게 한다.

【烦言】fányán 명 1 잔소리. 잡다〔장황·자질구레·너더분〕한 말. =【繁言】fányán ¶务去~=최대한 잡다한 말을 없애다. 2 성내는 말. 말다툼하는 말. 불평하는 말. 투덜거리는 말. ¶啧有~=여러 사람이 입을 모아 불평하다〔비난하다〕. 비난〔불평〕하는 소리가 그치지 않다.

【烦言碎辞】fányán-suìcí 성 말과 글〔문장〕이 장황하고 잡다하다.

【烦厌】fányàn 동 귀찮아하다. 싫어하다. 싫증나다. 물리다. 진저리가 나다. ¶单调乏味的生活真令人~。=단조롭고 무미건조한 생활은 정말 진저리가 난다.

【烦忧】fányōu 혱⑥ 근심하다. 걱정하다.

【烦杂】fánzá ☞【繁杂】fánzá

【烦躁】fánzào 혱 초조하다. 안달하다. 안절부절못하다. ¶~不安=초조하고 불안하다. ≒焦躁

# 墦 fán 무덤 번

명⑥ 무덤. 분묘. 묘.

# 蕃 fán 우거질 번

혱⑥ (초목이) 무성하다. 더부룩하다. 우거지다. 번창하다. 흥성하다. 왕성하다. ¶~盛=번성

蕃樊繙璠膰燔繁

〔무성〕하다. **통〔문〕** 번식하다. 생장 번식하다. 증식하다. 늘어나다. 붇다. ¶~孳=번식하다.
☞ **bō, fān**

【蕃昌】**fánchāng 형〔문〕** (초목이) 무성하다. 번창하다. 창성하다.

【蕃茂】**fánmào 형〔문〕** (초목이) 무성하다. 번성하다.

【蕃息】**fánxī 통〔문〕** (급격히) 번식하다. 증식하다. 불어나다. 늘다. 증가하다. ¶万物~=만물이 번식하다.

【蕃衍】**fányǎn** ☞【繁衍】**fányǎn**

\***樊 fán** 울타리 번
**형** 1 ⓑ 울타리. 2 (Fán) 성(姓).

【樊篱】**fánlí 명** 1 울타리. 2 ⓑ (생각·행동을) 울타리. 제한. 속박. ¶冲破封建婚姻的~。=봉건적인 결혼의 속박을 타파하다.

【樊笼】**fánlóng 명** 1 새장. 우리. 2 ⓑ 자유롭지 못한 처지. ¶逃出~=자유롭지 못한 처지에서 벗어나다.

**繙[繙] fán** 펄럭일 번
☞ **fān**

【繙帛】**fányuān 형〔문〕** 나부끼다. 펄럭이다. 휘날리다. **통〔문〕** 함부로〔제멋대로·마구〕취하다.

**璠 fán** 번여옥 번
**명〔문〕** 아름다운 옥.

【璠玙】**fányú 명〔문〕** 고대의 두 가지 보옥의 이름.=【玙璠】**yúfán**

**膰 fán** 제사 고기 번
**명〔문〕** 고대 제사용의 익힌 고기.

**燔 fán** 구울 번
**통〔문〕** 1 불사르다. 태우다. ¶~烧=불사르다. 2 굽다. ¶~之炙之=굽고 굽다.

【燔针】**fánzhēn** ☞【火针】**huǒzhēn**

\*\***繁[(緐)] fán** 많을 번
**형** 1 많다. 다양하다. 번다하다. ¶头绪纷~=일의 실마리가 뒤엉켜 복잡하다. 2 복잡하다. 번잡하다. ¶删~就简=복잡한 것은 없애고 간략한 것을 취하다. 3 무성하다. 흥성하다. 왕성하다. 번성하다. 번창하다. ¶枝~叶茂=가지와 잎이 무성하다. **통** 번식하다. 증가하다. 불어나다. 늘어나다. 많아지다. ¶~衍后代=자손이 번영하다. →简
☞ **Pó**

○━● 浩 hào 繁, 频 pín 繁

【繁本】**fánběn 명** 여러 가지 판본이 있는 저작 중에서 내용이나 문자가 가장 많은 판본. 간본(简本)이나 축약본의 근간이 되는 원본.

【繁博】**fánbó 형** (인증이) 풍부하고 광범위하다.

【繁多】**fánduō 형** (종류가) 많다. 풍부하다. 다양하다. ¶品种~=품종이 다양하다. ↔稀少

【繁复】**fánfù 형** 번잡하다. 복잡하다. ¶程序~=절차가 복잡하다.

【繁富】**fánfù 형** 1 풍부하다. ¶著述~=저작이 풍부하다. 2 번영하다. 부유하다. 풍요하다. ¶~的都市=풍요한 도시.

【繁花】**fánhuā 명** 무성한 꽃. 갖가지〔다양각색의〕꽃. ¶~怒放=갖가지 꽃들이 만발하다.

【繁花似锦】**fánhuā-sìjǐn 성** 각양각색의 꽃들이 마치 비단에 수를 놓은 것 같다. 갖가지 꽃들이 비단처럼 아름답다.

【繁华】**fánhuá 형** (도시·거리가) 번화하다. ¶~的商业中心=번화한 상업 중심지. ≒繁荣 ↔荒凉 冷落 萧条

【繁礼】**fánlǐ 명** 번잡한 예의범절. 번거로운 의식. ¶不讲~=번잡한 예의범절을 따지지 않다.

【繁丽】**fánlì 형** (문사나 색채가) 풍부하고 화려하다.

【繁乱】[烦乱] **fánluàn 형** (일이) 번잡하다. 복잡다단하다. 복잡하게 얽혀 있다. ¶头绪~=일의 실마리가 복잡하게 얽혀 있다.

【繁忙】[烦忙] **fánmáng 형** 일이 많고 바쁘다. ¶工作~=일이 많고 바쁘다. ≒忙碌 ↔清闲 悠闲

【繁茂】**fánmào 형** (초목이) 무성하다. 우거지다. 번성하다. ¶枝叶~=가지와 잎이 우거지다.

【繁密】**fánmì 형** 많고 빽빽하다. 더부룩하다. ¶人口~=인구가 많고 조밀하다.

【繁难】**fánnán 형** 복잡하고 어렵다. ¶~艰巨的任务=복잡하고 어려운 임무. ↔简易

【繁闹】**fánnào 형** 번화하고 시끌벅적하다. ¶~的集市=번화하고 시끌벅적한 장터.

【繁荣】**fánróng 형** (경제나 사업이) 번영〔번창·창성〕하다. 크게 발전하다. ¶经济~=경제가 번영하다. **통** 번영〔번창〕시키다. ¶~市场=시장을 번영시키다. ≒繁华 ↔萧条 凋敝

【繁荣昌盛】**fánróng-chāngshèng 성** (국가나 사업이) 왕성하게〔역동적으로〕번영〔창성·번창·발전〕하다.

【繁冗】**fánrǒng** ☞【烦冗】**fánrǒng**

【繁缛】**fánrù 형** 복잡하고 세세〔자질구레〕하다. 번잡하고 까다롭다. ¶礼仪~=예의범절이 번잡하고 까다롭다.

【繁省】**fánshěng 형** 번잡하고 간략함. ¶~适度=번잡하고 간략한 정도가 적당하다.

【繁盛】**fánshèng 형** 1 번성하다. 무성하다. 우거지다. ¶草木~=초목이 무성하다. 2 번창〔번영·번화〕하다. ¶~的大都市=번창한 대도시.

【繁碎】**fánsuì 형** 번거롭고 자질구레하다. 복잡하고 장황하다. 잡다하고 소소하다. ¶语言~=말이 장황하고 복잡하다.

【繁琐】**fánsuǒ** ☞【烦琐】**fánsuǒ**

【繁体】**fántǐ 명〔언〕** 번체의. 필획이 간(략)화되지 않은. ¶楹联书法多用~字。=(기둥 위의) 대련(對聯)은 주로 번체자를 쓴다. **명〔언〕** 번체자. ¶'车'的~是'車'。='车'의 번체자는 '車'이다. ↔简体

【繁体字】**fántǐzì 명〔언〕** 번체자. ['简体字(간화자)'와 구별됨] ¶'语'的~是'語'。='语'의 번체자는 '語'이다.

체자는 '語'이다.

【繁条】 **fántiáo** 〖名〗 쓸모〔필요〕없는 (곁)가지. 쓸데없이 자란 가지.

【繁文】[烦文] **fánwén** 〖名〗 번잡하고 불필요한 의식이나 법규. 허례. 형식.

【繁文缛节】 **fánwén-rùjié** 〖成〗 **1** 번잡하고 불필요한 예절〔의식〕. 허례허식. **2**〖中〗 번잡하고 쓸데없는 사항〔일·수속〕. =【繁文缛礼】 **fánwén-rùlǐ**

【繁文缛礼】 **fánwén-rùlǐ** ☞【繁文缛节】 **fánwén-rùjié**

【繁芜】 **fánwú** 〖形〗〖书〗 (내용·문장이) 번잡하고 창황하다. 번잡하고 장황한 문장. ¶删除~=번잡하고 장황한 문장을 삭제하다.

【繁细】 **fánxì** 〖形〗 번잡하고 자질구레하다. ¶目录~=목록이 번잡하고 자질구레하다.

【繁弦急管】 **fánxián-jíguǎn** ☞【急管繁弦】 **jíguǎn-fánxián**

【繁星】 **fánxīng** 〖名〗 뭇별. 무수한 별.

【繁言】 **fányán** ☞【烦言】 **fányán**

【繁衍】[蕃衍] **fányǎn** 〖动〗 번식하다. 증가하다. 불어나다. 늘어나다. 많아지다. 퍼지다. ¶~生息=번식하다.

【繁育】 **fányù** 〖动〗 번식하고 기르다. 번식시키다. ¶~优良品种=우량 품종을 번식시키다.

【繁杂】[烦杂] **fánzá** 〖形〗 (일이) 번잡하다. ¶事务~=업무가 번잡하다.

【繁征博引】 **fánzhēng-bóyǐn** 〖成〗 자료를 널리 풍부하게 인용하다. 박인방증(博引旁證)하다.

【繁殖】 **fánzhí** 〖动〗 번식하다. 증가하다. 불어나다. 늘어나다. 많아지다. 퍼지다. ¶自然~=자연 번식하다.

【繁重】 **fánzhòng** 〖形〗 (임무나 업무가) 번잡하고 많으며 무겁다. 힘들다. 고생스럽다. ¶任务~=임무가 많고 무겁다. ≒沉重 ↔轻便 轻巧 轻松

# 䃼[䃼] **fán** 쇠물닭 번
〖名〗〖动〗 쇠물닭.

# 蹯 **fán** 짐승 발바닥 번
〖名〗〖书〗 짐승의 발(바닥). ¶熊~=곰 발바닥.

# 蘩 **fán** 산흰쑥 번
〖名〗〖植〗 산흰쑥.

# **反** **fǎn** 돌이킬 반
〖动〗 **1** 뒤집다. 바꾸다. 바꾸다. ¶易如~掌=손바닥을 뒤집듯이 쉽다. **2** 돌아가다. 반대로 …하다. ¶迷途知~=길을 잃고서 되돌아올 줄 알다. 자신의 잘못을 깨닫고 고칠 줄 알다. **3** 반대하다. 대항하다. 반항하다. 맞서다. ¶~腐败=부패에 맞서다. **4** 배반하다. ¶官逼民~=관리가 핍박하면 백성이 배반하게 된다. **5** 위배하다. 어기다.

| 反 fǎn | 扳 bān |
| 饭 fàn | 坂 bǎn |
| 返 fǎn | 钣 bǎn |
| 贩 fàn | 舨 bǎn |
| 畈 fàn | 阪 bǎn |
| 版 bǎn | 叛 pàn |
| 板 bǎn | |

거스르다. ¶违~=위반하다. **6** 유추하다. 미루어 짐작하다. ¶举一~三=한 가지 일로부터 많은 것을 유추하고 이해하다. **7** 반절(反切). [한자의 음을 나타낼 때 다른 두 한자의 음을 반씩 따서 합치는 방법] ¶故, 古暮~。='故'의 자음은 '古暮'(성모는 古, 운모와 성조는 暮에서 취하여 합한 것)'이다. 〖形〗 거꾸로의. 반대의. 뒤집힌. ¶适得其~=(예상이나 기대와) 정반대의 결과를 얻다. 〖副〗 반대로. 도리어. 거꾸로. 오히려. 역으로. ¶不以为耻, ~以为荣。=수치로 여기지 않고 도리어 영광으로 여기다. 〖名〗 반혁명분자. 반동(분자). ¶肃~=반동을 숙청하다. ↔正

○● 策cè反, 谋móu反, 平反, 肃sù反, 逃táo反, 违wéi反, 相反, 造反, 唱反调

【反巴掌】 **fǎnbā·zhang** 〖名〗 (권법에서) 손등으로 치기. ¶打~=손등으로 치다.

【反把】 **fǎn**‖**bǎ** 〖动〗 **1** ☞【翻把】 **fān**‖**bǎ 2** 다시(새로) 하다. 거듭해서 하다. 두벌일 하다. ¶事情要做就做好, 免得~。=두벌일 하지 않으려면 일을 제대로 해야 한다.

【反霸】 **fǎnbà** 〖动〗 **1** 악질 토호에 맞서다. 동종업계의 악질에 맞서다. **2** (토지 개혁 시기에) 악질 지주의 죄행을 청산하다. 악질 지주에게 맞서다〔투쟁하다〕. **3** 패권주의에 맞서다〔반대하다〕.

【反败为胜】 **fǎnbài-wéishèng** 〖成〗 역전승하다. =【转败为胜】 **zhuǎnbài-wéishèng**

【反绑】 **fǎnbǎng** 〖动〗 뒷(짐)결박을 하다. 반박(反縛)하다. ¶他被歹徒~在椅子上。=그는 강도에 의해 의자에서 뒷짐결박을 당했다.

【反包围】 **fǎn bāowéi** 〖动〗〖军〗 적의 포위 공격 전술을 분쇄〔돌파〕하다.

【反比】 **fǎnbǐ** 〖名〗 **1** 반비. 역비. **2** ☞【反比例】 **fǎnbǐlì** ↔正比

【反比例】 **fǎnbǐlì** 〖名〗〖数〗 반비례. 〖略〗【反比】 **fǎnbǐ** ↔正比例

【反驳】 **fǎnbó** 〖动〗 반박하다. ¶~错误观点=잘못된 관점을 반박하다. ≒批驳 驳斥 ↔赞成 赞同

【反哺】 **fǎnbǔ** 〖动〗 **1** 까마귀 새끼가 자라서 어미에게 먹이를 되물어다 주다. 반포(反哺)하다. 되갚음하다. 안갚음하다. **2**〖中〗 자식이 자라서 부모를 봉양하다. 부모의 은덕에 보답하다. ¶~报恩=부모를 봉양하며 은혜에 보답하다.

【反侧】 **fǎncè** 〖动〗〖书〗 이리저리 뒤척이다. 반측하다. [주로 잠 못 이루는 것을 나타냄] 〖形〗〖书〗 **1** 이랬다저랬다하다. 변덕스럽기 그지없다. 변화무쌍하다. 변화가 심하여 종잡을 수 없다. ¶天命~=천명은 변화가 심하여 종잡을 수 없다. **2** 따르지 않다. 안정되지 않다. ¶~之民=따르지 않는 백성.

【反差】 **fǎnchā** 〖名〗 **1** (사진·필름이나 경물의 흑백) 대비(对比). 콘트라스트(contrast). **2** (사람이나 사물 사이의 우열·미추 등의) 대비. 대조. 차이. ¶兄弟俩一静一动, 性格~很大。=형제 둘 중 하나는 정적이고 하나는 동적이라, 성격상의 차이가 아주 크다.

【反常】 **fǎncháng** 〖形〗 이상하다. 정상이 아니다. 비정상적이다. ¶举止~=행동거지가 이상하다.

↔正常

【反超】 fǎnchāo 〔동〕〔體〕 역전하다. ¶客队以2：1~主队。=원정팀이 홈팀에 2 대 1로 역전하다.

【反潮流】 fǎn cháoliú 〔동〕 시대의 조류〔흐름〕에 역행하다〔맞서다〕. 사회 발전 추세를 반대하다〔거스르다〕.

【反衬】 fǎnchèn 〔동〕 (상반되는 사람·사물로써) 역으로〔거꾸로〕 부각시키다〔돋보이게 하다〕. ¶改革者的无畏~出守旧者的怯懦。=개혁 세력의 용감함은 수구 세력의 비겁함을 역으로 부각시켰다. 〔명〕 (역으로 부각시켜 주는) 배경. 뒷받침. 조연. 곁다리. 들러리. ¶'鸟鸣山更幽'是拿鸟的鸣叫来作山林幽静的~。='새가 우니 산이 더 고요하다'에서 새의 울음소리는 숲의 고요함을 역으로 부각시켜 주는 배경이 된다.

【反冲】 fǎnchōng 〔동〕〔物〕 반동하다.

【反冲力】 fǎnchōnglì 〔명〕〔物〕 반동력.

【反刍】 fǎnchú 〔동〕 **1** 〔生〕 (소나 양 등이) 반추하다. 새김질하다. 되새김하다. =【倒嚼】 dǎojiáo **2** 〔비〕 (지나간 일을 되풀이하여) 회상하다. 곱씹다. 음미하다.

【反串】 fǎnchuàn 〔동〕 (전통극에서) 다른 배역을 대역하다. ¶青衣~老旦。=청의가 노단역을 대역하다.

【反唇】 fǎnchún 〔동〕 불복하고 맞대들다〔말다툼하다〕.

【反唇相讥】 fǎnchún-xiāngjī 〔성〕 비판을 받아들이지 않고 도리어 상대방을 비난하다. ↔张口结舌

【反唇相稽】 fǎnchún-xiāngjī 〔성〕 비판을 받아들이지 않고 도리어 상대방과 말다툼하다〔논쟁하다·따지고 들다〕.

【反弹道导弹】 fǎndàndào dǎodàn 〔명〕〔军〕 (페트리어트 미사일 같은) 탄도 요격 미사일. 대탄도 미사일. 〔영〕 Anti Ballistic Missile(ABM).

【反倒】 fǎndào 〔부〕 반대로. 도리어. 거꾸로. 오히려. ¶看到双方闹矛盾, 他不但不劝解, ~火上浇油。=쌍방이 서로 사이가 틀어진 것을 보고, 그는 화해를 권고하기는커녕 도리어 불난 집에 부채질을 한다.

【反调】 fǎndiào 〔명〕 반대〔상반된〕 논조〔의견·관점〕. ¶唱~=반대 논조를 펴다.

【反动】 fǎndòng 〔형〕 반동의. 반혁명적인. 반역사적인. 반진보적인. ¶~思想=반동 사상. 〔명〕 반작용. 반동. ¶他的死是对保守的社会力量的~。=그의 죽음은 보수적인 사회 세력에 대한 반동이다. ↔革命

【反动派】 fǎndòngpài 〔명〕 반동파. 반동 세력. 반동 단체. 반동분자.

【反毒】 fǎndú 〔동〕 마약을 단속하다. ¶~禁毒=마약을 단속하고 금지하다.

【反对】 fǎnduì 〔동〕 반대하다. 찬성〔동의〕하지 않다. ¶他的提议遭到众人的一致~。=그의 제의는 뭇 사람들의 하나같이 반대에 부딪혔다. ↔赞成 贊同 支持

【反对党】 fǎnduìdǎng 〔명〕〔政〕 반대당. 야당.

【反对票】 fǎnduìpiào 〔명〕 반대표.

【反而】 fǎn'ér 〔부〕 반대로. 도리어. 거꾸로. 오히려. 역으로. 그런데. [앞 문장과 상반되거나 뜻밖임을 나타내며, 전환 작용을 함] ¶本来是想帮忙, 结果~给你添麻烦了。=본래 도와 주려고 한 것이 결과적으론 오히려 번거롭게 만들고 말았군요. 〔접〕 반대로. 도리어. 거꾸로. 오히려. 으로. [뒷문장에 쓰여 점층 관계를 나타냄. 앞 문장에 주로 '不但·不仅' 등이 호응함] ¶雨不但没小, ~越下越大了。=빗줄기는 작아지기는커녕 오히려 갈수록 거세어졌다.

【反厄尔尼诺现象】 fǎn'è'ěrnínuò xiànxiàng ☞【拉尼娜现象】lānínà xiànxiàng

【反反复复】 fǎnfǎn fùfù (~的) 〔동〕 반복하다. 되풀이하다. 이랬다저랬다 여러 차례 되풀이하다.

【反方】 fǎnfāng 〔명〕 (공개 변론 중의) 반대측. ↔正方

【反讽】 fǎnfěng 〔명〕 반어적인 풍자. ¶他的话充满~的意味。=그의 말은 반어적인 풍자가 가득하다.

【反腐败】 fǎn fǔbài 〔동〕 부패에 맞서다. 부패를 방지〔반대·저지〕하다.

【反腐倡廉】 fǎnfǔ-chànglián 〔성〕 부패를 반대하고 청렴을 제창하다.

【反复】 fǎnfù 〔동〕 거듭하다. 반복하다. 되풀이하다. 번복하다. 이랬다저랬다하다. 변덕스럽다. ¶说定了的事, 不能~。=이미 말로 약속한 일은 번복해서는 안 된다. 〔부〕 거듭. 반복하여. 되풀이하여. ¶~练习=반복하여 연습하다. 〔명〕 반복. 재발. ¶病情可能会有~。=병세가 아마도 재발할 것 같다. ≒重复

【反复无常】 fǎnfù-wúcháng 〔성〕 이랬다저랬다 하다. 변덕스럽기 그지없다. 변화무쌍하다. 변화가 심하여 종잡을 수 없다.

【反感】 fǎngǎn 〔동〕 반감〔불만〕을 가지다. ¶他很~溜须拍马这一套。=그는 아부하는 그런 수법에 매우 반감을 가지고 있다. 〔명〕 반감. 불만. ¶他的盛气凌人引起了大家的~。=그의 안하무인격인 태도는 여러 사람들의 반감을 불러일으켰다. ↔好感

【反戈】 fǎngē 〔동〕 (원래 자기 편이었던 측을 공격하기 위해) 창끝을 반대로 돌리다. ¶阵前~=전쟁에 임하여 창끝을 돌려 원래 자기 편을 공격하다.

【反戈一击】 fǎngē-yījī 〔성〕 **1** 창끝을 돌려 원래 자기 편을 공격하다. **2** 〔비〕 원래 소속을 떠나 반대편에 가담하다.

【反革命】 fǎngémìng 〔형〕 반혁명의. 혁명에 반하는. 혁명을 파괴하는. ¶~组织=반혁명 조직. 〔명〕 반혁명 활동분자. ¶肃清~=반혁명분자를 숙청하다.

【反攻】 fǎngōng 〔동〕 역습하다. 반격하다. ¶发起~=반격을 개시하다.

【反攻倒算】 fǎngōng dàosuàn 〔명〕〔歷〕 무산(無產) 계급에 밀려난 지주(地主) 등이 유산(有產) 계급의 세력에 힘입어 농민들에게 나누어 준 토지와 재산을 되찾고, 간부와 군중을 살육하며 무산 계급 정권을 전복시키려고 했던 일.

【反躬自问】fǎngōng-zìwèn ⓐ 자신을 돌이켜 보다. 스스로에게 묻다. 반성하다. =【抚躬自问】fǔgōng-zìwèn

【反共】fǎngòng 图 반공. 图 공산주의를 반대하다.

【反骨】fǎngǔ 图 1 반골. 모반을 할 골상. 2㉯ 배반의 조짐.

【反顾】[返顾] fǎngù 图 1 되돌아보다. 돌이켜보다. ¶~历史=역사를 돌이켜보다. 2㉯ 머뭇거리다. 후회하다. ¶义无~=정의를 위해 머뭇거리지 않고 의연히 나아가다.

【反观】fǎnguān 图 돌이켜보다. 되돌아보다. 반대 입장에서 관찰하다. ¶不时地~自身, 才能让自己有所进步。=늘 자기 자신을 되돌아보아야만 자신을 진보시킬 수 있다.

【反光】fǎnguāng 图 빛을 반사시키다. ¶镜面~, 房间里显得很敞亮。=거울이 빛을 반사하여 방안이 아주 넓고 밝아 보인다. 图 반사된 빛. 반사 광선. ¶对面玻璃墙的~很刺眼。=건너편 유리벽에서 반사된 빛이 매우 눈부시다.

【反光灯】fǎnguāngdēng 图 반사등.

【反光镜】fǎnguāngjìng 图 반사경. [오목 거울·평면 거울·볼록 거울 따위를 가리킴]

【反过来】fǎnguò·lái 图 1 뒤집다. 거꾸로 하다. 역으로 하다. ¶我们应多关心年迈的父母, 怎么能让父母~为我们操心呢？=당연히 우리가 연로하신 부모님께 많은 관심을 가져야지, 어떻게 부모님이 우리를 걱정하시게 할 수 있겠느냐? 2 바꾸어[뒤집어] 말하다. ¶生产力决定生产关系, ~生产关系又作用于生产力。=생산력이 생산 관계를 결정하는 것이지만, 바꾸어 말하면 생산 관계가 또 생산력에 영향을 미친다고 할 수 있다.

【反华】fǎnhuá 图 중국을 반대하다. ¶国际~势力毕竟是少数。=국제적으로 반중국 세력은 어디까지나 소수이다.

【反话】fǎnhuà 图 반어. 아이러니(irony). [고의적으로 자기의 생각과 반대되게 하는 말]

【反悔】fǎnhuǐ 图 (이전에 승낙한 일을) 후회하여 번복하다. 마음이 변하다. 돌아서다. ¶说话算数决不~。=한 말은 꼭 지키지 절대 번복하지 않는다.

【反击】fǎnjī 图 반격하다. 역습(逆襲)하다. ¶自卫~。=스스로를 지키기 위하여 반격하다. ≒回击 还击

【反季(节)】fǎnjì(jié) 图 제철이 아닌. 당시 계절에 맞지 않는. ¶~蔬菜=제철이 아닌 채소.

【反剪】fǎnjiǎn 图 1 뒷짐을 지워 묶다. 양손을 뒤로 하여 결박하다. 2 뒷짐지다.

【反间】fǎnjiàn 图 1 적의 간첩을 역이용하다. 2 (계략을 써서 적을) 이간시키다.

【反间计】fǎnjiànjì 图 이간책.

【反骄破满】fǎnjiāo-pòmǎn ⓐ 교만을 반대하고 자만을 깨뜨리다.

【反诘】fǎnjié 图 반문하다. ≒反问

【反抗】fǎnkàng 图 반항하다. 저항하다. 반대하다. ¶~压迫=억압에 반항하다. ≒对抗 ↔顺从 屈服 屈伏 压迫

【反客为主】fǎnkèwéizhǔ ⓐ 1 주객이 전도되다. 본말이 전도되다. 2㉯ 피동적이던 것이 주동적으로 되다.

【反恐】fǎnkǒng 图 테러리즘(terrorism)에 맞서다〔저항하다〕.

【反口】fǎnkǒu 图 (원래) 한 말을 뒤집다〔번복하다〕. 식언하다. ¶他刚答应的事情马上又~了。=그는 막 허락한 일을 금방 또 뒤집었다.

【反口咬人】fǎnkǒu-yǎorén ⓐ 이미 한 말을 뒤집어서〔번복하여〕 잘못이나 책임을 오히려 남에게 전가하다.

【反馈】fǎnkuì 图 1(电) 귀환(歸還). 재생. 반결합. 피드백(feedback). 2(医) 피드백(feedback). 귀환(歸還). 되먹이기. 图 (정보나 반응이) 되돌아오다. ¶市场信息~=시장 정보가 되돌아오다.

【反粒子】fǎnlìzǐ 图(电) 반(대)입자.

【反面】fǎnmiàn 图 1(~儿) 이면(裏面). 뒷면. 안. ¶在照片的~写上姓名。=사진의 뒷면에 이름을 쓰시오. 2 (일·문제 따위의) 다른 일면. ¶要养成从~看问题的习惯。=다른 일면에서 문제를 보는 습관을 길러야 한다. 3 부정적이거나 소극적인 일면. ¶~角色=부정적인 배역. 악역. ↔正面

【反面教材】fǎnmiàn jiàocái 图 반면교사가 될 만한 것.

【反面教育】fǎnmiàn jiàoyù 图 반면교사를 통한 교육.

【反面人物】fǎnmiàn rénwù 图 (문학 작품 중의) 반동적이고 부정적인 인물. 악역.

【反目】fǎnmù 图 반목하다. 미워하다. ¶夫妻~=부부가 서로 반목하다.

【反目成仇】fǎnmù-chéngchóu ⓐ 사이가 틀어져 원수가 되다.

【反逆】fǎnnì 图 1 뒤바뀌다. 전도되다. 착란하다. 뒤섞여 어수선하다. 비정상이다. ¶秩序~=질서가 뒤바뀌다. 2 반역하다. 모반하다. 배신하다. 배반하다. 변절하다. ¶~之心=반역의 마음.

【反扒】fǎnpá 图 소매치기를 단속하다. 소매치기를 잡다.

【反拍】fǎnpāi 图(体) (테니스의) 백핸드(backhand).

【反派】fǎnpài 图 (영화·연극·소설 따위의) 악역(惡役). 부정적인 인물.

【反叛】fǎnpàn 图 모반하다. 배신하다. 배반하다. 변절하다. ¶~封建婚姻制度=봉건적 혼인 제도에 맞서다.

【反批评】fǎnpīpíng 图 (주로 학술 논쟁에서) 반대 비평.

【反扑】fǎnpū 图 (맹수나 적 등이 격퇴되었다가) 반격해 오다.

【反璞归真】fǎnpú-guīzhēn ☞【返璞归真】fǎnpú-guīzhēn

【反其道而行之】fǎn qí dào ér xíng zhī ⓐ 상대방과 정반대의 방법을 쓰다.

【反气旋】fǎnqìxuán 图(气) 안티사이클론

(anticyclone).
【反潜】fǎnqián 통(军) 대잠수함 작전을 하다. ¶~战=대잠수함 전투.
【反潜机】fǎnqiánjī 명(军) 대잠수함 전투기.
【反切】fǎnqiè 통(言) 반절. [중국 전통의 음을 표기하는 방법. 두 글자로써 하나의 음을 나타내는데, 위 글자에서는 성모를 취하고 아래 글자에서는 운모와 성조를 취함] ¶如用~给'丽'注音, 就可以标注为'郎计切' 或 '郎计反'. =예를 들어 반절로써 '丽'의 음을 나타낼 경우, '郎计切' 혹은 '郎计反'로 표기한다.
【反倾销】fǎnqīngxiāo 명통(经) 반덤핑(하다). [국제 무역에서 본국의 이익을 보호하기 위하여 높은 관세를 책정하여 외국에서 들어오는 덤핑 상품을 막는 것]
【反求诸己】fǎnqiúzhūjǐ 성 돌이켜 자신에게서 원인을 찾다. 자신에게 엄격하게 요구하다.
【反射】fǎnshè 통 1 (物) 반사하다. 2 (生) 반사 작용을 하다.
【反射炉】fǎnshèlú 명(物) (합금 등에 사용되는) 반사로.
【反射线】fǎnshèxiàn 명(物) 반사 광선.
【反身】fǎnshēn 통 몸을 돌리다. 몸을 뒤치다. 몸을 뒤로 젖히다. ¶他走到半路又~折了回来. =그는 가다가 말고 (도중에) 다시 몸을 돌려 돌아왔다. ≒转身
【反身跳水】fǎnshēn tiàoshuǐ 명(体) (다이빙 경기에서) 몸을 뒤집어 하는 연기.
【反视镜】fǎnshìjìng ☞ 【后视镜】hòushìjìng
【反噬】fǎnshì 통완 자기 잘못을〔죄를〕 남에게 덮어씌우다. 무고하다. ¶窃贼~他人为盗. =도둑이 도리어 남을 도둑이라고 한다.
【反手】fǎn‖shǒu 통 1 완 ① 손바닥을 뒤집다. ② 비 일이 아주 쉽다. ¶~可得=아주 쉽게 얻을 수 있다. 2 손을 뒤로 하다. ¶进房间~把门关上. =방에 들어와서 손을 뒤로 하여 문을 닫았다. 명(体) (탁구나 배드민턴의) 백핸드(back-hand). ¶~击球=백핸드로 공을 치다.
【反水】fǎn‖shuǐ 통 1 후회하다. 마음이 바뀌다. 2 배반하다. 배신하다. 모반하다.
【反水不收】fǎnshuǐ-bùshōu ☞ 【覆水难收】fùshuǐ-nánshōu
【反说】fǎnshuō 통 반대로 말하다. 역(설적)으로 말하다. ¶正话~=역설적으로 말하다.
【反思】fǎnsī 명 반성. 통 (지난 일을) 돌이켜 사색하(여 경험적 교훈을 받아들이)다. ¶~历史=역사를 되돌아보다.
【反诉】fǎnsù 통(法) 반소하다. 맞고소하다.
【反锁】fǎnsuǒ 통 (사람을 안에 두고) 밖에서 문을 걸어잠그다. ¶门被~了, 出不去. =문이 밖으로 잠겨서 나갈 수가 없다.
【反贪】fǎntān 통 부정부패와 싸우다. ¶务必加大~力度. =반드시 부정부패 척결에 힘을 더 쏟아야 한다.
【反弹】fǎntán 통 1 (탄성체가 외력을 받아 변형된 후) 원래대로 회복되다. ¶一松手, 就~回

来. =손을 놓자마자 제 모습으로 돌아왔다. 2 튕겨 나가다. ¶球射中门柱后大力~. =공이 골대를 맞은 후 크게 튕겨 나갔다. 3 비 (가격이나 시세 등이) 내렸다가 다시 오르다. 반등하다. ¶油价~=석유 가격이 반등하다.
【反坦克炮】fǎntǎnkèpào 명(军) 대전차포.
【反特】fǎntè 통 방첩(防谍)하다. 대간첩 작전을 하다.
【反题】fǎntí 명(哲) 반정립(反定立). 안티테제. ⑤ Antithese ↔正题
【反天】fǎn‖tiān 1 천리(天理)를 저버리다. 2 비 정도에 어긋나다. 소란을 피우다. 떠들다. ¶要是没大人管, 孩子们还不反了天? =만약 어른이 단속하지 않으면, 아이들이 제멋대로 소란을 피우지 않겠어?
【反跳】fǎntiào 통 1 튕겨 나가다. 반대 방향으로 튀다. ¶球撞着墙壁~了回来. =공이 벽에 맞고 튕겨 나갔다. 2 비 (가격이나 시세 등이) 내렸다가 다시 오르다. 반등하다. ¶股价又~了. =주가가 다시 반등하였다.
【反推力】fǎntuīlì 명(物) 역추력.
【反卫星武器】fǎnwèixīng wǔqì 명(军) 적의 군사 위성을 무력화시키는 각종 무기.
【反胃】fǎnwèi 통 1 번위하다. 구역질이 나다. =【翻胃】fān‖wèi ¶他着了凉, 吃油腻的东西~. =그는 감기에 걸려서 기름진(느끼한) 음식을 먹으면 구역질이 난다. 2 비 역겹다. 혐오감을 주다. ¶这些格调低下的电影让人~. =이런 격조가 낮은 영화는 사람을 역겹게 한다.
【反文化】fǎnwénhuà 명 (지배적인 문화와 대치되는) 반문화.
【反问】fǎnwèn 통 1 반문하다. ¶我问他下一步有什么打算, 结果他~我有什么建议. =내가 그에게 다음 단계에 어떤 계획이 있냐고 물으니까, 그는 오히려 나에게 무슨 건의가 있냐고 반문했다. 2 (言) 반어로 묻다. ≒反诘
【反诬】fǎnwū 통 (상대방의 지적을 인정하지 않고) 도리어 상대방을 무고하다. ¶他不但不承认自己受贿, 还~举报者蓄意诽谤. =그는 자기가 뇌물을 받은 것을 인정하지 않을 뿐만 아니라 도리어 고발자를 무고하여 비방하려고 한다.
【反物质】fǎnwùzhì 명(物) 반물질.
【反响】fǎnxiǎng 명 반향. ¶此事曝光后在社会上引起了强烈的~. =이 일이 알려진 후 사회에서 엄청난 반향을 일으켰다. ≒反应
【反向】fǎnxiàng 통 역〔반대〕방향으로 향하다. ¶~行驶=역방향으로 운전하다.
【反相】fǎnxiàng 명 반상. 모반을 할 인상.
【反信风】fǎnxìnfēng 명(气) 반대무역풍. 역무역풍.
【反省】fǎnxǐng 통 반성하다. ¶自我~=스스로를 반성하다.
【反咬】fǎnyǎo 통 1 (피고가) 원고·고발인·증인 등에게 죄를 뒤집어씌우다. ¶~原告=원고에게 죄를 뒤집어씌우다. 2 (나쁜 짓을 하고) 도리어 착한 사람을 무고하다. ¶~好人=도리어 착한 사람을 무고하다.

【反咬一口】**fǎnyǎo-yīkǒu**〈成〉〈口〉 **1** 비난받거나 고소당한 사람이 고소인·고발인·증인에게 죄를 뒤집어씌우다. **2** 나쁜 짓을 하고 도리어 착한 사람을 무고하다. ≒倒打一耙
【反义词】**fǎnyìcí**〈名〉〈言〉 반대말. 반의어. ↔同义词
【反应】**fǎnyìng**〈名〉 **1** 〈心〉 반응. ¶~迟钝＝반응이 느리다. **2** 〈物〉 반응. ¶化学~＝화학 반응. **3** 〈化〉 반응. [원자핵이 외부의 힘을 받아 변화하는 것을 가리킴] ¶热核~＝핵융합 반응. **4** 〈医〉 반응. ¶药物~＝약물 반응. **5** 반향. 반응. ¶大家对他的突然辞职~不一。＝그의 갑작스러운 사직에 대해 사람마다의 반응이 다르다. ≒反响

---
**反应**(fǎnyìng) / **反映**(fǎnyìng)

反应(반응하다) : 외부 자극에 의해 나타난 상응 작용으로, 피동적으로 나타나는 의견이나 태도, 행위를 말함. ¶大夫让他叫名字, 但他没有任何反应。＝의사는 그더러 이름을 말하라고 하나, 그는 아무런 반응을 보이지 않는다. / 年轻人对讨论中出现的不同认识做出了不同的反应。＝젊은이들은 토론 중에 나타난 다른 인식들에 대해 서로 다른 반응을 보였다.

反映(반영하다, 전달하다) : 어떤 객관적인 사물의 실질이 드러나는 것으로, 주동적으로 나타나는 행위를 말함. ¶这部电影反映了韩国战争的历史事实。＝이 영화는 한국전쟁의 역사적 사실을 반영했다. / 梦在一定程度上是现实的反映。＝꿈은 어느 정도 현실의 반영이다. /《红楼梦》同样是反映封建社会的黑暗和腐败的。＝《홍루몽》도 똑같이 봉건 사회의 암흑과 부패를 반영한 것이다.

---

【反应堆】**fǎnyìngduī**☞【原子反应堆】**yuánzǐ fǎnyìngduī**
【反应性染料】**fǎnyìngxìng rǎnliào**☞【活性染料】**huóxìng rǎnliào**
【反映】**fǎnyìng**〈动〉 **1**① (사람이나 물체의 형상을) 되비치다. 반사하다. ②〈비〉 반영하다. ¶这部小说~了农村的现实生活。＝이 소설은 농촌의 현실 생활을 반영하였다. **2** (상황이나 의견 등을 상급 기관이나 관련 부서에) 보고하다. 전달하다. 알리다. ¶~情况＝상황을 보고하다. 〈名〉 **1** 〈心〉 반영. **2** 〈哲〉 반영.
【反映论】**fǎnyìnglùn**〈名〉〈哲〉 반영론.
【反语】**fǎnyǔ**〈名〉 반어. 아이러니(irony). [고의적으로 자기의 생각과 반대되게 하는 말]
【反战】**fǎnzhàn**〈动〉 전쟁을 반대하다. 반전하다. ¶~示威＝반전 시위.
【反掌】**fǎnzhǎng**〈名〉 **1** 손바닥을 뒤집다. **2**〈비〉 일이 매우 쉽다. ¶易如~＝손바닥을 뒤집는 것과 같이 쉽다.
【反照】**fǎnzhào**〈动〉 **1** ☞【返照】**fǎnzhào** **2** 반대되는 것으로 부각시키다〔두드러지게 하다〕. 대조하다. ¶以他人的优缺点~自己能促使自己不断进步。＝남의 장단점으로 자신을 비추어 보아 스스로 끊임없이 발전할 수 있게 하다.
【反正】**fǎnzhèng**〈名〉 반면과 정면. 안과 밖. ¶这块布料~都是同样的花色。＝이 천은 안과 밖이 모두 같은 무늬에 같은 색깔이다. 〈动〉 **1** 정상적인 상태로 돌아오다. ¶拨乱~＝혼란 상태를 수습하여 바로잡다. **2** (적의 군대 혹은 사람이) 투항해 오다. 귀순하다. ¶投降~＝투항하여 귀순하다.
【反正】**fǎn·zheng**〈副〉 **1** 아무튼. 어떻든. 어쨌든. 여하튼. 하여튼. [어떤 상황에서도 결과가 같음을 나타냄] ¶不管别人怎么说, ~我是不会改变主意了。＝다른 사람이 어떻게 말하든, 하여튼 나는 생각을 바꾸지 않을 것이다. **2** 어차피. [이유가 충분함을 강조하는 것을 나타냄] ¶~你都要出门, 就顺便帮我把这封信寄了。＝어차피 네가 외출해야 하니까 나가는 길에 이 편지 좀 부쳐다오. **3** 좌우(지)간. 하여간. 여하간. 아무튼. 어쨌든. [단호하게 긍정하는 어기를 나타냄] ¶他说了一大堆, ~都是些无关紧要的话。＝그가 아주 많은 말을 하였지만, 좌우간 모두 쓸데없는 말이었다.
【反证】**fǎnzhèng**〈名〉〈动〉 반증(하다).
【反证法】**fǎnzhèngfǎ**〈名〉 귀류법(歸謬法). 배리법(背理法). ＝【归谬法】**guīmiùfǎ**
【反之】**fǎnzhī**〈连〉 이와 반대로. 바꾸어서 말하면. 바꾸어서 한다면. ¶~也一样＝바꾸어서 말해도 마찬가지이다.
【反之亦然】**fǎnzhī-yìrán**〈成〉 바꾸어서 말해도 역시 그렇다.
【反质子】**fǎnzhìzǐ**〈名〉〈物〉 반양자.
【反中子】**fǎnzhōngzǐ**〈名〉〈物〉 반중성자.
【反转】**fǎnzhuǎn**〈动〉 반대쪽으로 방향을 바꾸다. 반전하다. 역전하다. ¶~身子＝몸을 반대로 돌리다.
【反转片】**fǎnzhuǎnpiàn**〈名〉 반전 필름. 리버설 필름(reversal film).
【反转】**fǎnzhuǎn**〈动〉 반대쪽으로 돌다〔회전하다〕. 반대쪽으로 돌리다〔회전시키다〕. ¶~齿轮＝톱니바퀴를 반대쪽으로 돌리다.
【反嘴】**fǎnzuǐ**〈动〉 **1** 말대답하다. 말대꾸하다. 대들다. **2** 한 말을 뒤집다. 번복하다.
【反坐】**fǎnzuò**〈动〉〈法〉 반좌하다.
【反作用】**fǎnzuòyòng**〈动〉 **1** 〈物〉 반작용. **2** 반작용. 역효과. ¶给孩子施加过多的压力常会起~。＝아이들에게 너무 많은 압력을 주면 늘 역효과가 난다. 〈动〉 반작용하다. 반대로 작용하다. ¶经济基础决定上层建筑, 上层建筑~于经济基础。＝경제의 기초가 상부 구조를 결정하고, 상부 구조는 경제의 기초에 반작용한다.
【反作用力】**fǎnzuòyònglì**〈名〉〈物〉 반작용력. 반작용힘. 반동력.

**返 fǎn** 돌아올 반
〈动〉 돌아오다. 돌아가다. ¶往~＝왕복하다. / 积重难~＝오래 된 풍속이나 습관은 고치기 어렵다. ≒复 ↔往

○→ 遣qiǎn返

【返场】fǎn‖chǎng 동 앙코르(encore)하다.
【返潮】fǎn‖cháo 동 습기가 차다. 축축해지다. 눅눅해지다. ¶连日阴雨，木地板都~了。=연일 날이 궂어서 마루가 모두 축축해졌다.
【返城】fǎnchéng 동 1 도시로 돌아오다. 2 (문화혁명 시기에 농촌이나 산간 지역에 가서 노동에 종사했던 지식 청년이) 도시로 돌아와서 생활하다.
【返程】fǎnchéng 명 귀로(歸路). 돌아가는 길. ¶踏上~=귀로에 오르다.
【返抵】fǎndǐ 동문 귀착하다. 귀환하다. 돌아오다. ¶去各县市调研的人员已陆续~省城。=각 현과 시로 연구 조사차 떠난 사람들이 이미 성도(省都)로 속속 돌아오다.
【返防】fǎn‖fáng 동(军) 기지(基地)로 돌아오다. ¶全体官兵顺利~。=전체 장교와 사병이 순조롭게 기지로 돌아오다.
【返岗】fǎn‖gǎng 동 복직하다.
【返工】fǎn‖gōng 동 (제품이나 공사가 불합격되어) 다시 만들다〔제작하다·가공하다〕. ¶工程验收不合格，必须~。=공사가 검사에 불합격하여 반드시 재시공하여야 한다.
【返顾】fǎngù ☞【反顾】fǎngù
【返归】fǎnguī 동 돌아가다. 돌아오다. 회귀하다. ¶~故里=고향으로 돌아가다.
【返航】fǎn‖háng 동 (배나 비행기 등이) 귀항하다.
【返还】fǎnhuán 동 되돌려주다. 반환하다. ¶~押金=보증금을 되돌려주다. ≒归还
【返回】fǎnhuí 동 (원래의 곳으로) 되돌아가다〔되돌아오다〕. ¶及时~=곧바로 되돌아가다.
【返家】fǎn‖jiā 귀가하다.
【返碱】fǎnjiǎn 동(农) 땅에 염분이 올라오다. 땅에 소금기가 돋아나다. ≒【返盐】fǎnyán
【泛碱】fànjiǎn
【返老还童】fǎnlǎo-huántóng 성 1 노인에서 소년으로 돌아가다. 2 비 늙어서 더욱 기력이 왕성해지다. 회춘하다. 젊음을 되찾다.
【返利】fǎnlì 동《经》(이윤을 얻은 사람이 상대방에게 일정한 방식으로) 일부 이윤을 돌려주다.
【返贫】fǎnpín 동 다시 빈곤해지다.
【返聘】fǎnpìn 동 (큰 공로로서 승진했거나 퇴직한 일반 퇴직한 사람을) 복직시키다. 재임용하다. =【回聘】huípìn
【返璞归真】[反璞归真] fǎnpú-guīzhēn 성 (모든 가식적 태도를 버리고) 애초의 순수함과 순박함으로 돌아가다. 자연으로 돌아가다. =【归真返璞】guīzhēn-fǎnpú
【返迁】fǎnqiān 동 (원래 살던 곳으로) 다시 이사 가다.
【返青】fǎn‖qīng 동 (이식 혹은 월동 후에) 어린 싹이 파릇파릇해지다.
【返俗】fǎn‖sú 동 환속하다.
【返乡】fǎnxiāng 동 고향으로 돌아가다.
【返销】fǎnxiāo 동 1 농촌에서 수매한 식량을 농촌에 다시 판매하다. 2 수입한 원료나 부품으로 완제품을 만들어 그 국가〔지역〕에 되팔다.
【返销粮】fǎnxiāoliáng 명 국가가 양식이 부족한 지역에 판매하는 양식.
【返校】fǎn‖xiào 동 (학생이나 졸업생이) 학교로 돌아가다. ¶开学了，学生们纷纷~。=개학을 하자 학생들이 잇달아 학교로 돌아왔다.
【返修】fǎnxiū 동 1 원래 수리한 곳에〔사람에게〕 돌려보내 다시 수리하다. ¶这只手表都~两次了。=이 손목시계는 두 번씩이나 다시 수리하였다. 2 생산 회사에 돌려보내 수리하다. 리콜(recall)하다. ¶~率=리콜율.
【返盐】fǎnyán ☞【返碱】fǎnjiǎn
【返照】[反照] fǎnzhào 동 (빛이) 반사되다. 되비치다. ¶夕阳~=석양이 붉게 물들다. / 回光~=태양이 지기 직전에 하늘이 반짝 빛나다.
【返转来】fǎnzhuǎnlái 동문 몸을 돌려 돌아오다. ¶他出门没走几步又~了。=그는 집을 나선 지 몇 걸음 못 가서 다시 돌아왔다.
【返祖现象】fǎnzǔ xiànxiàng 명(生) 격세(隔世) 유전. 환원(還原) 유전.

** 犯 fàn 범할 범

동 1 침범하다. 건드리다. ¶进~=침범하다. / 秋毫无~=추호도 건드리지 않다. 2 저촉되다. 충돌되다. 대립되다. 부딪치다. ¶冒~=무례한 짓을 하다. 실례하다. / 众怒难~=군중의 분노는 건드릴 수 없다. 3 위반하다. 어기다. ¶知法~法=법을 알면서 법을 어기다. 4 (위법이나 해서는 안 될 일을) 저지르다. 범하다. ¶明知故~=알면서도 고의로 저지르다. 5 (주로 좋지 않은 일이) 발생하다. 일어나다. ¶他最近又~病了。=그는 최근 또 병이 재발하였다. 6 …할 만한 가치가 있다. …할 필요가 있다. …할 만하다. ¶你~得上为那事儿生气吗？=네가 그 일 때문에 화를 낼 가치가 있니? 명 범인. ¶要~=중범. / 逃~=탈주범.

○→ 冲chōng犯，触chù犯，从犯，窜cuàn犯，干犯，惯guàn犯，监jiān犯，进犯，冒mào犯，侵qīn犯，囚qiú犯，人犯，违wéi犯，凶xiōng犯，要犯，主犯，罪zuì犯

【犯案】fàn‖àn 동 (범죄 행위가) 발각되다.
【犯病】fàn‖bìng 동 1 병이 재발하다. 병이 도지다. ¶他有支气管炎，一到冬天就~。=그는 기관지염이 있는데, 겨울만 되면 재발한다. 2 나쁜 버릇이 되살아나다. ¶你这样大吵大闹的，是不是又~了？=너 이렇게 소란을 피우는데, 또 나쁜 버릇이 되살아나는 것 아니야?
【犯不上】fàn·bushàng 동 …할 만한 가치가 없다. …할 만한 것이 못 되다. …할 필요는 없다. ¶他一个孩子，~跟他计较。=쟤는 어린애니까 같이 승강이할 계제가 못 된다. ≒犯不着↔犯得着 犯得上
【犯不着】fàn·buzháo 동 …할 만한 가치가 없다. …할 만한 것이 못 되다. …할 필요는 없다. ¶~为这点小事生气。=요 작은 일 때문에 화를

犯 **fàn** 547

낼 필요는 없다. ≒犯不上 ↔犯得着 犯得上
【犯愁】**fàn‖chóu** 동 근심하다. 걱정하다. 우려하다. ¶夫妻俩正为孩子的学费~。=부부는 바로 자식의 학비 때문에 걱정하고 있다.
【犯怵】**fàn‖chù** ☞【犯憷】**fàn‖chù**
【犯憷】【犯怵】**fàn‖chù** 동(방) 겁내다. 위축되다. ¶任何场合都没见他犯过憷。=어떤 장소에서든지 그가 위축되는 것을 본 적이 없다.
【犯得上】**fàn·deshàng** 동 …할 만한 가치가 있다. …할 필요가 있다. …할 만하다. ¶为一点小事~发那么大脾气吗? =사소한 일 때문에 그렇게 크게 화를 낼 필요가 있느냐? ≒犯得着 ↔犯不上 犯不着
【犯得着】**fàn·dezháo** 동 …할 만한 가치가 있다. …할 필요가 있다. …할 만하다. [주로 반어에 쓰임] ¶这点事情自己随手就做了, ~请人帮忙吗? =이런 일은 자기가 하는 김에 할 수 있는데, 남에게 부탁할 필요가 있을까? ≒犯得上 ↔犯不着 犯不上
【犯嘀咕】**fàn dí·gu** 동 망설이다. 주저하다. 미심쩍어하다. ¶事情到底该怎么处理, 他的心里直~。=일을 도대체 어떻게 처리해야 할지 그의 마음은 줄곧 결단을 내리지 못하고 있다.
【犯堵】**fàndǔ** 동(방) 속이 답답하다. 숨이 막히다. 마음이 울적하다.
【犯法】**fàn‖fǎ** 동 법을 위반하다〔어기다〕. 범법 행위를 하다. ¶不管是谁, 只要犯了法, 都应受到法律的制裁。=누구든지 법을 어기면 응당 모두 법률의 제재를 받아야 한다. ≒犯科
【犯规】**fàn‖guī** 동 규칙(规则)을 위반하다. 반칙하다. ¶该队员因~被罚下场。=팀 선수 한 명이 반칙으로 퇴장당했다.
【犯讳】**fàn‖huì** 1 동 웃어른이나 윗사람의 존함을 함부로 부르다〔쓰다〕. 2 금기시하는 일이나 불쾌감을 주는 말을 말하다. ¶一大早起来说'鬼'在很多地方都是~的。=이른 아침에 일어나서 귀신 이야기를 하는 것은 많은 지방에서 모두 금기를 범하는 일로 여긴다.
【犯浑】**fàn‖hún** 동 분별 없이 굴다. 앞뒤를 재지 않다. 함부로 굴다. ¶他犯起浑来一点道理都不讲。=그가 함부로 굴기 시작하면 이치는 전혀 따지지 않는다.
【犯急】**fànjí** 동 조급해하다. 성질을 부리다. 화내다. ¶你不要~, 事情总有解决的办法。=너 너무 조급해하지 마라, 일은 언젠가는 해결될 방법이 있다.
【犯忌】**fàn‖jì** 동 금기를 어기다〔범하다〕. 터부 (taboo)를 깨뜨리다. ¶把钟作为礼物往往被认为是~的。=종을 선물하는 것은 ('送终'[장례를 치르다]'과 발음이 같아서) 왕왕 금기를 어기는 것으로 여겨진다.
【犯贱】**fàn‖jiàn** 동(비) 천박〔비굴〕하게 굴다. ¶既然别人讨厌你, 你就不要~死缠的。=기왕에 다른 사람들이 너를 싫어한다고 하니 이상 비굴하게 매달리지 마라.
【犯节气】**fàn jié·qi** 동 (일부 만성 질병이) 환절기에 도지다. ¶他的哮喘~, 一到冬天就发作

得厉害。=그의 천식은 환절기 병이라서 겨울만 되면 아주 심하게 발작한다.
【犯戒】**fàn‖jiè** 동 계율을 어기다〔범하다〕.
【犯界】**fàn‖jiè** 동 국경을〔경계를〕침범하다.
【犯劲】**fàn‖jìn** 동(구) 1 고집을 부리다〔세우다〕. 자기의 의견을 고집하다. ¶明明就是你错了, 还在这儿跟我~。=분명히 네가 잘못했는데도, 여기에서 나에게 고집을 부리는구나. 2 충동이 생기다. 마음을 먹다. ¶他一犯起劲来冲动得很。=그는 하겠다고 마음을 먹으면 패기가 대단하다.
【犯禁】**fàn‖jìn** 동 금(지)령을 어기다〔범하다〕. ¶~物品=금지령을 위반한 물품.
【犯境】**fàn‖jìng** 동 국경을〔경계를〕침범하다.
【犯科】**fànkē** 동 법을 어기다. 범법 행위를 하다. ¶作奸~=나쁜 짓을 하여 법을 어기다. ≒犯法
【犯口舌】**fàn kǒushé** 동(구) 말다툼〔입씨름·승강이〕하다.
【犯困】**fàn‖kùn** 동(구) 졸리다. 잠이 오다. ¶昨晚没睡好, 这会儿有些~。=어젯밤에 잠을 잘 자지 못해서 지금 좀 졸린다.
【犯难】**fàn‖nán** 동(구) (입장 등이) 곤란하다. 난처하다. ¶这件事让他有点~。=이 일은 그를 좀 곤란하게 한다.
【犯难】**fànnàn** 동(문) 모험하다. 위험을 무릅쓰다. 곤경에 처하다. 곤란에 빠지다. ¶冒险~=어려움을 무릅쓰다.
【犯牛劲】**fàn niújìn** 동(비) 황소고집을 부리다.
【犯牛脾气】**fàn niúpí·qi** 동 황소고집을 부리다. ≒犯牛劲.
【犯脾气】**fàn pí·qi** 동 성질〔지랄〕을 부리다. 짜증을 내다. ¶跟孩子发什么脾气? =아이한테 무슨 짜증을 부리세요?
【犯贫】**fànpín** 동(구) 입만 살아서 저속한 농담을 늘어놓다. 쓸데없는 얘기를 끝없이 지껄이다. 잔소리하다. 수다떨다. ¶说正经的, 别~。=진지한 이야기를 합시다, 쓸데없는 얘기는 그만 하고.
【犯人】**fànrén** 명 1 범인. 죄인. 2 재소자. 재감자(在监者).
【犯傻】**fàn‖shǎ** 동(방) 1 멍청한 척하다. 어리석은 체하다. 모르는 체하다. 의뭉을 떨다. ¶你心里明白得很, 就别跟我~了。=너 마음속으로는 잘 알고 있으면서, 나한테 모르는 체하지 마라. 2 멍하다. 어리둥절하다. ¶散戏了, 别在这儿~。=연극이 끝났으니, 여기서 멍청하게 있지 마라. 3 바보짓을 하다. ¶这么好的工作都不要, 你说他是不是~? =이렇게 좋은 직업을 다 싫다고 하니, 그가 바보짓을 하는 것 아니야?
【犯上】**fàn‖shàng** 동 윗사람에게 대들다〔반항하다〕.
【犯上作乱】**fànshàng-zuòluàn** (성) 조정을 거스르고 반역을 꾀하다.
【犯事】**fàn‖shì** 동 1 죄를 저지르다〔범하다〕. 기율을 어기다. 2 (나쁜 짓이) 발각되다. 들통이 나다. 들키다. ¶没有不透风的墙, 早晚得~。=바람이 통하지 않는 벽이 없듯이, 조만간 들통이

나게 되어 있다.

【犯嫌】**fànxián** 동 짓궂은〔미운〕 짓을 하다. 미움을 받다〔사다〕. ¶他这人~得很. =그 사람은 미운 짓만 골라 한다.

【犯相】**fànxiàng** 형 **1** 궁합이 나쁘다〔맞지 않다〕. **2** 마음〔성격〕이 맞지 않다. ¶我跟他~, 合不来. =나는 그와는 상극이라서 마음이 맞지 않는다.

【犯心疼】**fàn xīnténg** 동구 못내 아쉬워하다. 몹시 안타까워하다. 매우 마음아파하다. 정말 애석해하다. ¶做生意血本无归, 真让人~. =장사를 하다 피 같은 본전을 날렸으니, 정말 마음이 아프다.

【犯性】**fànxìng** 동 성질〔지랄〕을 부리다. 짜증을 내다. ¶他性格不好, 动不动就~. =그는 성격이 좋지 않아서 걸핏하면 성질을 부린다.

【犯颜】**fànyán** 동문 군주〔웃어른·윗사람〕에게 무례를 범하다. 군주〔웃어른·윗사람〕의 노여움을 사다. ¶~直谏=군주의 노여움을 사며 바른말을 하다.

【犯疑】**fàn ‖ yí** 의심이 가다〔생기다〕. 의심하다. =【犯疑心】**fàn yíxīn** ¶他的说法前后矛盾, 叫人不得不~. =그의 말은 앞뒤가 맞지 않아서 의심을 하지 않을 수가 없다.

【犯疑心】**fàn yíxīn** ☞【犯疑】**fàn ‖ yí**

【犯嘴】**fàn ‖ zuǐ** 동구 언쟁하다. 말다툼〔입씨름〕하다.

【犯罪】**fàn ‖ zuì** 동 죄를 저지르다〔범하다〕.

【犯罪嫌疑人】**fànzuì xiányírén** 명(法) 범죄 혐의자.

## **饭[飯] fàn** 밥 반

명 **1** 밥. ¶绿豆稀~=녹두죽. **2** 쌀밥. ¶吃~吃面随便. =밥을 먹든 국수를 먹든 마음대로 해라. **3** 식사. ¶晚~=저녁 식사. / 开~=식사를 시작하다. 동 밥을 먹다. ¶~后百步走, 能活九十九. =밥을 먹은 후 100걸음 걸으면 99세까지 살 수 있다.

○➡ 白饭, 包饭, 便饭, 茶饭, 出饭, 饿è饭, 份fèn儿饭, 盖gài饭, 干饭, 开饭, 客饭, 泡pào饭, 喷pēn饭, 响shǎng饭, 讨tǎo饭, 稀xī饭, 下饭, 要饭, 造饭, 斋zhāi饭, 铁tiě饭碗

【饭菜】**fàncài** 명 **1** 밥과 반찬. 식사. **2** 찬. 반찬. ['酒菜(술안주)'와 구별됨]

【饭袋】**fàndài** 명 **1** 밥주머니. 밥통. **2**(비) 밥통. 식충이. 얼간이. 쓸모 없는 인간. ¶酒囊~=쓸모 없는 인간.

【饭店】**fàndiàn** 명 **1** 호텔. ¶四星级~=4성급 호텔. **2**(비) 식당. ≒饭馆 餐馆

【饭馆】**fànguǎn**(~儿) 명 식당. ≒饭店 餐馆

【饭锅】**fànguō** 명 **1** 밥솥. **2**(비) 직업. 생계.

【饭盒】**fànhé**(~儿) 명 도시락. 찬합.

【饭后】**fànhòu** 명 식후. ¶他习惯~吃点儿水果. =그는 식후에 과일을 먹는 습관이 있다.

【饭局】**fànjú** 명 회식. 연회. 잔치. ¶他今天晚上有~. =그는 오늘 저녁에 회식이 있다.

【饭口】**fànkǒu**(~儿) 명 끼니때. 식사 시간. ¶这会儿正是~时间, 餐馆里顾客特别多. =지금이 마침 식사 시간이어서 식당에 손님이 특히[매우] 많다.

【饭来张口】**fàn lái zhāngkǒu** ☞【饭来张口, 衣来伸手】**fàn lái zhāngkǒu, yī lái shēnshǒu**

【饭来张口, 衣来伸手】**fàn lái zhāngkǒu, yī lái shēnshǒu** 숙 **1** 밥이 오면 입을 벌리고, 옷이 오면 손을 내밀다. **2**(비) 안일하고 나태한 생활. ≒【饭来张口】**fàn lái zhāngkǒu**

【饭粒】**fànlì**(~儿) 명 밥알. 밥풀.

【饭量】**fàn·liàng** 명 식사량. ¶~大=식사량이 많다.

【饭囊】**fànnáng** 명 **1** 밥주머니. 밥통. **2**(비) 밥통. 식충이. 밥벌레. 쓸모 없는 인간. ¶~衣架=쓸모 없는 인간.

【饭棚·zi】**fànpéng·zi** 명 (길가에 임시로 천막을 치고 차린) 노점 식당.

【饭票】**fànpiào** 명 식권. =【菜票】**càipiào**

【饭铺】**fànpù**(~儿) 명 (규모가 작은) 식당. 음식점.

【饭前】**fànqián** 명 식전. 밥 먹기 전. ¶~要洗手. =밥 먹기 전에는 손을 씻어야 한다.

【饭钱】**fànqián** 명 밥값. 식비. 식대.

【饭勺(子)】**fànsháo·zi** 명 밥주걱.

【饭时】**fànshí** 명(방) 끼니때. 식사 시간.

【饭食】**fàn·shi**(~儿) 명 밥과 반찬. 식사. [주로 질적인 면에서 말함] ¶单位食堂的~营养搭配合理, 味道也不错. =구내 식당의 식사는 영양을 골루 갖추고 있고 맛도 괜찮다.

【饭堂】**fàntáng** 명 음식점. 식당.

【饭厅】**fàntīng** 명 식당.

【饭桶】**fàntǒng** 명 **1**(밥을 담는) 밥통. **2**(비) 대식가. 먹보. **3**(비) 밥통. 식충이. 밥벌레. 무능한 인간.

【饭碗】**fànwǎn** 명 **1** 밥그릇. 밥공기. **2**(~儿)(비) 직업. ¶铁~儿=철밥통. [주로 국영 기업체 직장을 가리킴]

【饭辙】**fànzhé** 명(방) (먹고) 살 길.

【饭庄】**fànzhuāng** 명 (비교적 규모가 크고 고급인) 식당. 음식점.

【饭桌】**fànzhuō**(~儿) 명 식탁. ≒餐桌

【饭座儿】**fànzuòr** 명 **1** 식당의 좌석. **2** 식당 안의 고객.

## **泛¹[汛·泛] fàn** 뜰 범

동문 (물 위에) 뜨다. 떠우다. ¶湖中~舟=호수에 배를 띄우다. 형 **1** (지식·이해 따위가) 얕다. 깊지 않다. 천박하다. ¶肤~=얕다. **2** 넓다. 광범하다. 일반적이다. 평범하다. ¶宽~=(의미가) 광범하다.

## **泛²[泛] fàn** 넘칠 범

동 (강·호수 등의 물이) 넘치다. ¶历史上, 黄河多次~滥成灾. =역사상 황허(黄河)는 여러 번 범람하여 재앙을 가져왔다.

**泛³ fàn** 나타날 범
동 (물 속·어둠 속 등에) 나타나다. 내밀다. 띠다. 떠오르다. 내뿜다. 발산하다. ¶羞得脸上~出红晕。= 부끄러워서 얼굴에 홍조를 띠다.
명(Fàn) 성(姓).
☞ 氾(Fàn)

○● 肤fū泛，浮fú泛，活泛，宽kuān泛

【泛常】**fàncháng** 부 항상. 늘. 자주. ¶他~在河边散步。= 그는 늘 강변을 산보한다. 형 보통이다. 흔하다. 평범하다. ¶~人物 = 보통 인물.

【泛称】**fànchēng** 동 통칭하다. 일반적으로 이르다. ['特称'(특칭하다)·专称'(전문적으로 이르다)' 과 구별됨]

【泛出】**fànchū** 동 나타나다. 내밀다. 띠다. 드러나다. ¶东方渐渐~鱼肚白。= 동녘 하늘이 점점 어슴푸레 밝아졌다.

【泛读】**fàndú** 동 범독하다. 대강대강(건성건성) 보다. 대충대충 읽다. 데면데면하게 보다. ['精读'(정독)' 와 구별됨]

【泛恶】**fàn'ě** 명(醫) 욕지기. 매스꺼움. 헛구역질. 토기(吐氣).

【泛泛】**fànfàn** 형 1 (지식·이해 따위가) 얕다. 깊지 않다. 천박하다. ¶~之交 = 깊지 못한 교제. 2 보통이다. 평범하다. 일반적이다. ¶~之辈 = 평범한 무리.

【泛泛而谈】**fànfàn'értán** 관 가볍게 이야기를 나누다. 일반적인 이야기를 나누다.

【泛化】**fànhuà** 동 확대되다. 일반화되다. 추상화되다. ¶随着时间的推移, 这个词的意义逐渐~。= 시간의 추이에 따라 이 단어의 의미는 점점 확대되었다.

【泛家浮宅】**fànjiā-fúzhái** ☞ 【浮家泛宅】**fújiā-fànzhái**

【泛碱】**fànjiǎn** ☞ 【返碱】**fǎnjiǎn**

【泛览】**fànlǎn** 동부 1 광범(위)하게 열독하다. 폭넓게 읽다. ¶~中外典籍 = 중국과 외국의 책을 폭넓게 읽다. 2 도처(여기저기)를 유람하다. ¶~名山大川 = 명산대천을 유람하다.

【泛滥】**fànlàn** 동 1 (물이) 범람하다. ¶洪水~ = 홍수가 범람하다. 2 (비) (못된 것이) 범람하다. ¶公款吃喝~ = 공금으로 먹고 마시는 풍토가 범람하다.

【泛滥成灾】**fànlàn-chéngzāi** 관 1 홍수가 범람하여 수해를 입다. 2 (비) 못된 것이 범람하여 해를 끼치다.

【泛论】**fànlùn** 동 1 광범위하게 논술하다. 범론하다. ¶~当代文学名著 = 당대 문학 명작을 광범위하게 논하다. 2 일반적으로 논의하다. ¶~事而不针对人。= 일에 대해 일반적으로 논의할 뿐 특정한 사람을 겨냥하지 않다.

【泛美主义】**Fàn-Měizhǔyì** 명 범미주의. 영 Pan-Americanism.

【泛起】**fànqǐ** 동 떠오르다. 솟구치다. ¶被污染过的河水~一层白沫。= 오염된 강물에 흰 거품이 한 층 떠올랐다.

【泛神论】**fànshénlùn** 명(哲) 범신론.

【泛酸】**fànsuān** 동 위산이 올라오다. ¶着凉了, 胃里有点儿~。= 한기가 들어 신물이 올라오다.
명(化) 판토텐산(pantothenic酸). [비타민 B 복합체의 하나]

【泛问】**fànwèn** 동 가볍게 묻다.

【泛言】**fànyán** 명 1 일반적인 말(이야기). 2 거창한 말(이야기).

【泛音】**fànyīn** 명(音) 배음(倍音). 상음(上音). = 陪音 **péiyīn**

【泛指】**fànzhǐ** 동 1 일반적으로 …을(를) 가리키다. ['特指'(특별히 가리키다)·专指'(전문적으로 가리키다)' 와 구별됨] 2 (단어 풀이의 전문 용어로) 넓게는 …을(를) 가리키다.

【泛舟】**fànzhōu** 동(문) 배를 타고 놀다. ¶~清流 = 맑은 물에서 배를 타고 놀다.

**范¹[範] fàn** 거푸집 범
명 1 모형. 주형. 형. ¶钱~ = 동전의 주형. 2 본보기. 모범. ¶示~ = 시범을 보이다. / 风~ = 풍채와 재능. 3 범위. ¶就~ = 복종하다. 동(문) 제한하다. ¶防~ = 방비하다.

**范² Fàn** 성씨 범
명 성(姓).

○● 风范，轨guǐ范，模mó范，师范，规范化

【范本】**fànběn** 명 본. 본보기. 체본. 모델(model). [주로 서화를 가리킴] ¶临摹~ = 체본을 모사(模写)하다.

【范畴】**fànchóu** 명 1 (哲) 범주. 2 범위. 유형. ¶这个问题不属于我们探讨的~。= 이 문제는 우리들이 토론할 범위에 속하지 않는다.

【范例】**fànlì** 명 범례. 모델(model).

【范围】**fànwéi** 동부 제한하다. 개괄하다. ¶纵横四溢, 不可~。= 넘쳐흘러 주체할 수가 없다. 명 범위. ¶图书发行~ = 도서 발행 범위.

【范文】**fànwén** 명 모범 글(문장).

【范性】**fànxìng** ☞ 【塑性】**sùxìng**

**贩[販] fàn** 팔 판
명 소(매)상인. 행상(인). 도붓장수. ¶商~ = 소상인. / 小~ = 소매업자. 동 (팔기 위해) 구매(구입)하다. 사들이다. ¶~卖货物 = 물건을 (사들여) 판매하다.

○● 行háng贩，商贩，人贩子

【贩毒】**fàndú** 동 마약을 (사들여) 판매하다.

【贩夫】**fànfū** 명(옛) 소(매)상인. 행상(인). 도붓장수. 노점 상인.

【贩黄】**fànhuáng** 동 (잡지·비디오테이프·CD 따위의) 외설물을 (사들여) 판매하다.

【贩假】**fànjiǎ** 동 가짜 위조품을 (사들여) 판매하다.

【贩粮】**fànliáng** 동 식량을 (사들여) 판매하다.

【贩卖】**fànmài** 동 1 (사들여) 판매하다. ¶~水果 = 과일을 (사들여) 판매하다. 2 (비) 잘못되고

## fàn 贩畈梵䅟方

황당한 말을 퍼뜨리다. ¶~迷信=미신을 퍼트리다.

【贩私】**fànsī** 통 밀수품을 (사들여) 판매하다. ¶严厉打击走私~活动.=밀수 거래를 척결하다.

【贩运】**fànyùn** 통 (다른 곳에 가서 팔기 위해) 구매〔구입〕하여 운반하다. ¶~西瓜=수박을 수매하여 운반하다.

【贩子】**fàn·zi** 명 1 행상(인). 도붓장수. 2 ㈎ 호전적인 자〔무리〕. 전쟁광. ¶战争~=전쟁광.

## 畈 **fàn** 평밭 판

명 ㈀ 넓은 논밭. 들. [주로 지명에 쓰임] ¶白水~=바이수이판. [후베이(湖北)성에 있는 지명] ㈁ 구역. [넓은 논밭을 세는 단위] ¶一~田=밭한 구역.

【畈田】**fàntián** 명 들.

## 梵 **fàn** 범어 범

명 ㈀ 1 고대 인도에 관한 것. ¶精通~文=범어에 정통하다. 2 불교에 관한 것. ¶~钟悠扬=범종 소리가 은은하다. ㈁ brahm

【梵呗】**fànbài** 명 ㈎ (佛) 범패. [불교도가 불경을 읽는 소리. '呗'는 범어 'Pthaka'의 음역]

【梵刹】**fànchà** 명 절. 사찰.

【梵蒂冈】**Fàndìgāng** 명 ㈎ 《地》 바티칸시국 (Vatican City State).

【梵宫】**fàngōng** 명 절. 사찰.

【梵文】**Fànwén** 명 《言》 1 산스크리트(Sanskrit) 문자. 2 ☞【梵语】**Fànyǔ**

【梵语】**Fànyǔ** 명 《言》 범어. 산스크리트어(Sanskrit語). =【梵文】**Fànwén**

## 䅟 **fàn** 알 낳을 반

통 ㈀ (조류가) 알을 낳다. ¶母鸡~蛋了.=암탉이 알을 낳았다.

# fang

## **方** fāng 네모 방

명 1 사각형. 육면체. ¶长~=직사각형. / 四~桌=사각 탁자. 2 지방. 곳. ¶天各~=서로 멀리 떨어져 있어서 만나기 힘들다. / 有朋自远~来, 不亦乐乎.=뜻이 맞는 사람이 먼 곳에서 찾아왔으니, 또한 즐겁지 않겠는가? 3 방(方). 쪽. ¶南~=남쪽. / 四面八~=사면팔방. 4 편. 측. ¶对~=상대방. / 劳资双~=노사 양측. 5 ㈎ 법도. 준칙. ¶治国之~=나라를 다스리는 법도. 6 방법. 방식. ¶想~设法=방법을 생각하다. / 教学有~=가르치는 방법이 적절하다. 7 (~儿) 처방(전). ¶偏~儿=

| ⇨ 方 fāng | 妨 fáng |
|---|---|
| 房 fáng | 肪 fáng |
| 放 fàng | 钫 fāng |
| 防 fáng | 彷 fáng |
| 纺 fǎng | 邡 fāng |
| 芳 fāng | 枋 fāng |
| 访 fǎng | 舫 fǎng |
| 仿 fǎng | 鲂 fáng |
| 坊 fāng | |

민간 요법. 8 방술(方術). ¶炼丹~=단약을 조제하는 방술. 9 《數》 제곱. 자승. ¶平~=제곱. / 立~=세제곱. 10 (**Fāng**) 성(姓). 양 1 개. 장. [사각형의 물건을 세는 단위] ¶一~手绢=손수건 한 장. 2 ㈎ 평방(제곱). 입방(세제곱). [주로 제곱미터와 세제곱미터를 가리킴] ¶十~土石=흙과 돌 10세제곱미터(m³). 형 바르다. 정직하다. ¶品行端~=품행이 단정하다. 부 ㈎ 1 바야흐로. 지금 한창. ¶来日~长=바야흐로 앞날이 창창하다. 2 이제 막. 방금. 갓. 비로소. ¶如梦~醒=꿈에서 막 깬 듯하다. ↔圆

○⇨ 比方, 成方, 乘chéng方, 大方, 贷方, 单方, 丹dān方, 斗dǒu方, 端方, 复方, 付方, 古方, 官方, 后方, 己方, 借方, 开方, 开方子, 劳方, 秘方, 男方, 女方, 配pèi方, 十方, 收方, 塌tā方, 坍tān方, 天方, 填tián方, 挖wā方, 万方, 无方, 五方, 游方, 有方

【方案】**fāng'àn** 명 1 방안. ¶桥梁设计~=교량 설계 방안. 2 법식. 표준 양식〔격식〕. 규칙. ¶汉语拼音~=한어 병음 방안. 중국어 발음 표기 규칙. ≒计划

【方苞】**Fāng Bāo** 명 《歷》 방포(1668~1749년). [청(淸)대의 저명한 산문가]

【方便】**fāngbiàn** 형 1 편리하다. ¶交通~=교통이 편리하다. 2 적당하다. 적합하다. 알맞다. ¶有些话不~当众人讲.=어떤 말들은 여러 사람 앞에서 말하기에 적당하지 않다. 3 (돈이) 넉넉하다. ¶这两天手头儿不~.=요 며칠 수중에 돈이 좀 넉넉하지 못하다. 통 1 편리하게 하다. 편의를 봐주다. ¶~大家=모든 사람을 편리하게 해 주다. 2 대소변을 보다. 용변(用便)을 보다. ¶中途休息十分钟, 大家~~.=10분 동안 중간 휴식을 하겠으니, 모두들 용변을 보십시오. 명 편의. 수단. 방편. 방법. ¶给行个~, 请让一下.=좀 양보해 주세요. ≒便利 便当 ↔麻烦

【方便面】**fāngbiànmiàn** 명 라면.

【方便食品】**fāngbiàn shípǐn** 명 인스턴트(instant) 식품.

【方便之门】**fāngbiànzhīmén** 명 편의. 편리. 사정. ¶大开~=크게 편의를 제공하다.

【方步】**fāngbù** 명 양반걸음. ¶迈~=양반걸음으로 걷다.

【方才】**fāngcái** 명 방금. 이제 금방. 지금 막. 조금 전. ¶我~还看见他在办公室.=내가 방금 그가 사무실에 있는 것을 보았다. 부 …서야. …되어서야. ¶费了半天唇舌, ~把他说服.=한나절이나 설명을 한 후에야 비로소 그를 설득했다.

【方材】**fāngcái** 명 각목. 각재. =【方子】**fāng·zi**【枋子】**fāng·zi**

【方程】**fāngchéng** 명 《數》 방정식. =【方程式】**fāngchéngshì**

【方程式】**fāngchéngshì** 명 1 ☞【方程】**fāngchéng** 2 ☞【化学方程式】**huàxué fāngchéngshì**

【方程式赛车】**fāngchéngshì sàichē** 명 포뮬

러(Formula) 경주.

【方尺】 **fāngchǐ** 圏 네 변이 '1尺(자)'인 정사각형. 앵 제곱자(尺). [1方尺는 1/9제곱미터에 상당함]

【方寸】 **fāngcùn** 圏 1 네 변이 '1寸(치)'인 정사각형. ¶~之地=사방 한 치의 땅. 2(문) 마음. 생각. 심정. ¶~已乱=마음이 어수선해졌다. 앵 제곱치(寸). [1方寸은 1/9제곱데시미터에 상당함]

【方寸之地】 **fāngcùnzhīdì** 圏 1 사방 한 치의 땅. [땅이 좁음을 의미함] 2(문) 마음. 심정.

【方凳】 **fāngdèng** 圏 사각 걸상. 네모난 의자.

【方队】 **fāngduì** 圏 사각형의 대열.

【方法】 **fāngfǎ** 圏 방법. 수단. 방식. ¶学习~=학습 방법.

【方法论】 **fāngfǎlùn** 圏 1 (哲) 방법론. 2 (과학적) 방법론.

【方方面面】 **fāngfāng miànmiàn** 圏 각[모든] 방면. 여러 가지 면. ¶~的可能性都要事先考虑到。=모든 방면의 가능성을 사전에 모두 고려하여야 한다.

【方方正正】 **fāngfāng zhèngzhèng**(~的) 阌 정사각형이나 정육면체를 띠는. ¶被子叠得~的。=이불을 네모 반듯하게 개어 놓았다.

【方格】 **fānggé**(~儿) 圏 격자. 체크(check). 바둑판 무늬. ¶~稿纸=원고(용)지. /~窗帘=격자무늬 커튼.

【方根】 **fānggēn** 圏(數) 루트(root). [ '根'이라 약칭하며, 부호는 '√'임]

【方技】 **fāngjì** ☞【方术】 **fāngshù**

【方剂】 **fāngjì**(醫) (예컨대 십전대보탕 등 이미 규범화된) 처방.

【方家】 **fāngjiā** 圏앵 大方之家(대가·전문가).

【方尖碑】 **fāngjiānbēi** 圏(歷) 오벨리스크(obelisk). 방첨탑(方尖塔). [고대 이집트 왕조 때 태양 신앙의 상징으로 세워진 기념비]

【方将】 **fāngjiāng** 뭄圀 막 …하려고 하다.

【方巾气】 **fāngjīnqì** 圏 케케묵은〔낡아빠진·진부한〕 티〔기품·습성〕.

【方今】 **fāngjīn** 圀 지금. 이제. 현재. 오늘날. ¶~盛世=바야흐로 태평성대이다.

【方块】 **fāngkuài** 圏 사각형체 또는 정육면체의 물체. ¶~豆腐=네모난 두부.

【方块图】 **fāngkuàitú** ☞【方框图】 **fāng kuàngtú**

【方块字】 **fāngkuàizì** 圏 한자(漢字).

【方块】 **fāngkuàng** 圏 네모난 틀.

【方框图】 **fāngkuàngtú** 圏 블록다이어그램(block diagram). 흐름도. 순서도. 회로도. 조직도. 계통도. [전기 회로·순서·계통 등을 사각형의 도형으로 그려 내재적인 연결 관계를 나타낸 것] =【方块图】 **fāngkuàitú** 앵【框图】 **kuàngtú**

【方括号】 **fāngkuòhào** 圏 꺾쇠괄호. [ ].

【方里】 **fānglǐ** 圏 사방 1리. 앵 제곱리(里). [1方里는 1/4제곱킬로미터에 상당함]

【方脸】 **fāngliǎn** 圏 네모난 얼굴. 모난 얼굴.

【方略】 **fānglüè** 圏 (전반적인) 계획과 책략. ¶

作战~=작전 계획.

【方面】 **fāngmiàn** 圏 1 방면. 부분. 분야. 영역. 측(면). 쪽. ¶这个学校在语文师资~特别强。=이 학교는 어학 부분 교사의 자질이 특별히 강하다. 2 네모난 얼굴. 모난 얼굴. ¶~大耳=모난 얼굴에 큰 귀.

【方面军】 **fāngmiànjūn** 圏 1(軍) 전략군. [어떤 전략적인 작전 임무를 수행하는 대단위 부대. 몇 개의 군단이나 사단으로 구성된 병단(兵團) 또는 군단을 예하 부대로 둠] 2(비) (어떤 방면의) 방대한 인력과 물력.

【方能】 **fāngnéng** 툉 비로소 …할 수 있다. ¶只有不断进取, ~获得成功。=끊임없이 노력하여야만 비로소 성공할 수 있다.

【方枘圆凿】 **fāngruì-yuánzáo** (成) 1 모난 장부와 둥근 장붓구멍이 서로 맞지 않다. 2(비) 조금도 어울리지 않다. 도무지 맞지 않다. =【圆凿方枘】 **yuánzáo-fāngruì**

【方始】 **fāngshǐ** 뭄 …서야. …서야 비로소. …이되어서야. ¶犹豫再三, ~把这话说出口。=재삼 머뭇거린 후에야 비로소 이 말을 입 밖에 내었다.

【方士】 **fāngshì** 圏 1 방사. 도사. 2 (고대의) 점쟁이. 점성술사. 점성가. 의사.

【方式】 **fāngshì** 圏 방식. 방법. 패턴(pattern). ¶处事~=일처리 방식.

【方术】 **fāngshù** 圏앵 1 방술. [장생불사를 추구하고 단(丹)을 조제하는 방법] 2 의술(醫術)·점(占)·점성(占星)·관상(觀相) 등의 기술. =【方技】 **fāngjì**

【方糖】 **fāngtáng** 圏 각설탕.

【方外】 **fāngwài** 圏(문) 1 이역. 경계 밖. 국외. ¶~之国=외국. 2 속세를 떠난 곳. 세상 밖. ¶~之人=승려. 도사.

【方位】 **fāngwèi** 圏 1 방향과 위치. 방향. 위치. ¶四周雾茫茫的, 辨不清~。=주변이 안개가 자욱하여 방향을 알아볼 수가 없다. 2 방위. ¶东、西、南、北为基本~。=동·서·남·북을 기본 방위로 한다.

【方位词】 **fāngwèicí** 圏(言) 방위사. [방향 또는 위치를 표시하는 명사. 단순 방위사로는 '上·下·左·右' 등이 있고, 합성 방위사로는 '以上·左面·前后' 등이 있음]

【方向】 **fāngxiàng** 圏 방향. ¶森林里很容易迷失~。=숲 속에서는 방향을 잃기 쉽다.

【方向舵】 **fāngxiàngduò** 圏(機) (비행기의) 방향키. 방향타.

【方向盘】 **fāngxiàngpán** 圏(機) (자동차 등의) 핸들(handle). (선박의) 타륜(舵輪). 휠(wheel).

【方兴未艾】 **fāngxīng-wèi'ài** (成) 바야흐로 힘차게 발전하고 있다. 이제 막 한창이다.

【方形】 **fāngxíng** 圏 사각형. 방형. ¶正~=정사각형.

【方言】 **fāngyán** 圏(言) 방언. ¶粤~=광둥(广东) 방언. / 闽~=푸젠(福建) 방언.

【方药】 **fāngyào** 圏(醫) 1 중의학의 처방에 쓰이는 약. 2 (예컨대 십전대보탕 등 이미 규범화

된) 처방.

【方音】**fāngyīn** 명(言) 방언 발음. 사투리 발음. 늑口音

【方圆】**fāngyuán** 명 **1** 주변의 길이[거리]. ¶~百里=주변 길이가 100리이다. **2** 주위. 주변. ¶~左近的人没他不认识的.=주변 사람들 가운데 그가 모르는 사람이 없다. **3**① 사각형과 원형. ②비 일정한 규칙과 표준. ¶没有规矩, 不成~.=규범이나 표준이 없이는 아무것도 이룰 수 없다.

【方丈】**fāngzhàng** 명 네 변이 '1丈(장)'인 정사각형. 명 제곱장(丈). [1方丈은 11㎡제곱데시미터에 상당함]

【方丈】**fāng·zhang** 명 **1** 방장. [주지 스님이나 도관(道觀)을 주지하는 도사의 처소] **2** 주지. 도관(道觀)을 주지하는 도사.

【方针】**fāngzhēn** 명 방침. ¶~政策=방침과 정책.

【方阵】**fāngzhèn** 명 **1** 방진(方陣). [고대의 전쟁에서 병사들을 네모꼴로 배치하는 진형(陣形)] **2** 정방 행렬. **3** 사각형의 대열. ¶海军~=사각 대열의 해군.

【方正】**fāngzhèng** 형 **1** 방정하다. 반듯하다. 바르다. ¶字体~=글자체가 반듯하다. **2** 정직하다. 올바르다. ¶~不阿=올바르고 아첨하지 않다.

【方志】**fāngzhì** 명 지방지(地方誌). [지방의 지리·특산·풍속·인물 등을 기록한 책] =【地方志】**dìfāngzhì**

【方舟】**fāngzhōu** 동명 배 두 척을 나란히 묶다. ¶~而下=배 두 척을 나란히 하여 내려가다. 명 노아(Noah)의 방주(舟).

【方桌】**fāngzhuō** 명 사각 탁자[테이블].

【方子】**fāng·zi** 명 **1**(醫) 처방전. **2** ☞【配方】**pèifāng 3** ☞【方材】**fāngcái**

# 邡 fāng 고을 이름 방

명 **1** 스팡(什邡). [쓰촨(四川)성에 있는 지명] **2** (Fāng) 성(姓).

# *\*坊 fāng 마을 방

명 **1** 골목. 거리. [주로 거리나 골목의 이름에 쓰임] ¶白纸~=바이즈팡. [베이징(北京)에 있는 길 이름] **2** (충효나 정절을 기리기 위한) 패방(牌坊). ¶节义~=절개와 의리를 기리는 패방. **3** (Fāng) 성(姓).
☞ **fáng**

○● 街坊, 书坊

【坊本】**fāngběn** 명예 민간 서점에서 출판한 서적의 판본.

【坊间】**fāngjiān** 명 **1** 거리. 골목. **2** 예 (책을 인쇄하고 판매하는) 가게. 점포.

# *\*芳 fāng 향기 방

형 **1** 향기로운. 순수한. ¶芬~=향기롭다. /~香满园=그윽한 향기가 뜰[정원]에 가득하다. **2** 아름다운. 좋은. ¶请问~名?=(주로 젊은 여성에게) 이름이 어떻게 되시나요? **3**경비 상대방이나 상대방과 관계 있는 사물을 높여서 부르는 말. ¶得遇~邻=좋은 이웃을 만나다. 명 **1**문 화훼. 꽃. ¶群~争艳=뭇 꽃[미녀]들이 아름다움을 다투다. **2**비 훌륭한 덕행이나 명성. ¶青史流~=청사[역사]에 이름을 날리다. **3** (Fāng) 성(姓).

○● 流芳, 群qún芳

【芳草】**fāngcǎo** 명 **1** 방초. 향초. 향기로운 풀. **2** 운비 어질고 충성스러운 사람. ¶天涯何处无~?=세상 어디에 어질고 충성스러운 이가 없겠는가?

【芳辰】**fāngchén** 명 **1** 좋은 시절. [주로 봄을 가리킴] **2** (젊은 여성의) 생일.

【芳醇】**fāngchún** 향긋하고 순수하다. ¶~美酒=향긋하고 순수한 좋은 술.

【芳菲】**fāngfēi** 명형 **1** 화초의 향기. ¶~四溢=화초의 향기가 사방에 진동하다. **2** 화초. ¶~满园=화초가 정원에 가득하다.

【芳馥】**fāngfù** 형 (화초의) 향기가 진하다. ¶满园花草, 四邻~.=정원에 가득한 화초의 향기가 사방에 그윽하다.

【芳华】**fānghuá** 명문 청춘. 젊은 나이. ¶~正茂=한창 젊은 나이이다.

【芳邻】**fānglín** 명 **1** 좋은 이웃. **2**경 (다른 사람의) 이웃.

【芳龄】**fānglíng** 명 방년. 꽃다운 나이. [주로 젊은 여성에 쓰임]

【芳名】**fāngmíng** 명 **1**경 방명. 이름. [주로 젊은 여성에 쓰임] **2** 좋은 명성[평판]. ¶~远播=좋은 명성이 멀리 알려지다.

【芳年】**fāngnián** 명경 방년. 꽃다운 나이.

【芳容】**fāngróng** 명 (여성의) 아름다운[아리따운] 용모.

【芳香】**fāngxiāng** 명 향기. ¶园子里充溢着花草的~。=집 안에 화초의 향기가 가득하다.

【芳香剂】**fāngxiāngjì** 명 방향제.

【芳心】**fāngxīn** 명 젊은 여성의 마음.

【芳馨】**fāngxīn** 명 **1** 향기. **2** 향초(香草). 향기로운 풀.

【芳泽】**fāngzé** 명 **1** (고대 부녀자가 머리에 바르던) 향유(香油). **2** 향기. **3**문 (여자의) 용모. 풍모.

【芳姿】**fāngzī** 명문 (여성의) 아름다운 자태[용모]. 꽃다운 자태.

# 枋 fāng 다목 방

명 **1**(植) (수레 제작에 유용한) 다목. 소방목. **2** 각재. 각목. **3**문 두 기둥을 연결하는 사각 횡목.

【枋子】**fāng·zi** 명 **1** ☞【方材】**fāngcái 2** 관. 널.

# 钫[鈁] fāng 술그릇 방

명 **1** 고대에 술을 담던 사각 용기. **2**문 솥의 일종. **3**화(化) 프랑슘(Fr, francium). [원자 번호

**蚄** fāng 며루 방
【蚵蚄】 zǐfāng

**防** fáng 둑 방
동 1 막다. 방비하다. 방위하다. 방지하다. ¶ 预~ = 예방하다. / 谨~ = 조심하다. 2 지키다. 방어하다. ¶ 联~ = 연합하여 방어하다. / 严~死守 = 죽기를 각오하고 방어하다. 명 1 제방. 둑. ¶ 堤~ = 제방. 2 방어. 방비. 막음. 방위. ¶ 国~ = 국방. / 布~ = 방어 병력을 배치하다. 3 (Fáng) 성(姓).

○● 撤chè防, 城防, 堤dī防, 提dī防, 调防, 冬防, 返fǎn防, 关防, 河防, 换huàn防, 接防, 谨jǐn防, 联lián防, 设shè防, 消xiāo防, 血xuè防, 严yán防, 移yí防, 驻zhù防

【防暴】 fángbào 폭력〔폭동〕을 방지하다. ¶~大队 = 폭동 방지 대대.
【防爆】 fángbào 폭발이나 강렬한 진동 등을 방지하다. ¶~装置 = 폭발 방지 장치.
【防备】 fángbèi 동 방비하다. 대비하다. ¶~山洪 = 산의 홍수를 방비하다. ≒防范.
【防弊】 fángbì 동 폐단을 방지하다. ¶采取~措施 = 폐단을 방지하는 조치를 취하다.
【防避】 fángbì 동 방지하다. 멀리하다. ¶~投资风险 = 투자 위험을 방지하고 피하다.
【防病】 fángbìng 동 질병을 예방하다.
【防波堤】 fángbōdī 명(建) 방파제.
【防不胜防】 fángbùshèngfáng 성 막으려 해도 막을 수가 없다.
【防潮】 fángcháo 동 1 습기를 방지하다. 방습하다. ¶~剂 = 방습제. 2 조수를 막다. ¶~堤 = 방조제.
【防尘】 fángchén 동 먼지를 막다. ¶~罩 = 먼지〔방진〕 커버(cover).
【防虫】 fángchóng 동 해충을 방지하다. 방충하다. ¶~保苗 = 해충을 방지하여 새싹을 보호하다.
【防除】 fángchú 동 방제하다. 예방하여 없애다. ¶~病虫害 = 병충해를 방제하다.
【防磁】 fángcí 형(物) 내자성(耐磁性)의. ¶~手表 = 내자성 손목시계.
【防弹】 fángdàn 동 방탄하다. 총알을 막다. ¶~玻璃 = 방탄 유리.
【防弹背心】 fángdàn bèixīn ☞ 【防弹衣】 fángdànyī
【防弹服】 fángdànfú ☞ 【防弹衣】 fángdànyī
【防弹衣】 fángdànyī 명 방탄복. 방탄 조끼. = 【防弹服】 fángdànfú 【防弹背心】 fángdàn bèixīn
【防盗】 fángdào 동 도난을 방지하다. ¶~装置 = 방범 장치.
【防盗门】 fángdàomén 명 방범용 철문.
【防盗网】 fángdàowǎng 명 방범용 철망.
【防地】 fángdì 명(军) 방어 지역. 수비 지역.

【防冻】 fángdòng 동 1 동해(凍害)를 방지하다. ¶幼苗要注意~. = 새싹은 동해 방지에 주의해야 한다. 2 결빙을 방지하다. ¶~液 = 부동액.
【防冻剂】 fángdòngjì 명 부동액.
【防毒】 fángdú 동 방독하다. ¶~器材 = 방독 기재.
【防毒面具】 fángdú miànjù 명 방독면.
【防范】 fángfàn 동 방비하다. 경비하다. 경계하다. ¶严加~各种犯罪活动. = 각종 범죄 활동을 엄격히 방비하다. ≒防备.
【防风】 fángfēng 동 바람을 막다. ¶~林带 = 방풍림 지대. 명(植) 방풍(나물). [다년생 초본식물로, 묵은 뿌리는 약용함]
【防风林】 fángfēnglín 명(林) 방풍림.
【防辐射】 fángfúshè 명 방사선 방호. 동 방사선을 막다.
【防腐】 fángfǔ 동 부패를 방지하다. 방부하다.
【防腐剂】 fángfǔjì 명 방부제.
【防寒】 fánghán 동 추위를 막다. 냉해를 방비하다. ¶~服 = 방한복.
【防旱】 fánghàn 동 가뭄 피해에 대비하다. 가뭄을 막다. ¶做好~抗旱工作. = 가뭄에 맞설 준비를 잘 해 두다.
【防洪】 fánghóng 동 홍수를 방지하다. ¶~堤坝 = 홍수 방지 제방.
【防护】 fánghù 동 방호하다. ¶井下作业要采取必要的~措施. = 우물 아래에서의 작업은 필요한 방호 조치를 취하여야 한다.
【防护林】 fánghùlín 명(林) 방호림.
【防护罩】 fánghùzhào ☞ 【护罩】 hùzhào
【防滑】 fánghuá 동 미끄럼을 방지하다. ¶~地板 = 미끄럼 방지 바닥.
【防滑链】 fánghuáliàn 명 (자동차의) 타이어 체인.
【防化】 fánghuà 동(军) 화생방 무기의 습격 및 그 피해를 막다. ¶~部队 = 화학 부대.
【防化兵】 fánghuàbīng 명(军) 1 화학 병과. 2 화학병.
【防患】 fánghuàn 동 사고를 예방하다. 재해를 방지하다. ¶~于未然 = 사고〔재해〕를 미연에 방지하다.
【防患未然】 fánghuàn-wèirán 성 사고〔재해〕를 미연에 방지하다. ↔临阵磨枪
【防火】 fánghuǒ 동 화재를 방지하다. 방화하다. ¶~涂料 = 방화 도료.
【防火漆】 fánghuǒqī 명 방화 페인트.
【防火墙】 fánghuǒqiáng 명 1 방화벽. 2 (컴) 방화벽.
【防空】 fángkōng 동(军) 공중을 방어하다. 방공하다.
【防空洞】 fángkōngdòng 명 1 방공호. 대피호. 2 (비) (나쁜 사람이나 나쁜 사상을 숨겨 주는) 비호 세력. 비호자. 바람막이. 보호막.
【防空壕】 fángkōngháo 명 방공호. 대피호.
【防老】 fánglǎo 동 1 노후에 대비하다. ¶攒钱~ = 돈을 벌어 노후에 대비하다. 2 노화를 방지하다. 노쇠를 예방하다. ¶健身~ = 운동으로 노

쇠를 예방하다.
【防涝】fánglào 동 농작물 침수 피해에 대비하다. ¶~保收=침수에 대비한 시설을 확충해서 수확을 보증하다.
【防裂唇膏】fángliè chúngāo 명 립크림(lip cream).
【防凌】fánglíng 동 (해빙시에) 얼음덩이가 수로를 막는 것을 방지하다.
【防乱】fángluàn 동 소란·동란(動亂) 등을 방지하다.
【防区】fángqū 명 방어 구역.
【防龋】fángqǔ 동 충치를 예방하다.
【防热】fángrè 동 과열을 방지하다. ¶~装置=방열 장치.
【防沙林】fángshālín 명 (林) 방사림.
【防晒剂】fángshàijì 명 선 오일(sun oil). =【防晒油】fángshàiyóu
【防晒油】fángshàiyóu ☞【防晒剂】fángshàijì
【防身】fángshēn 동 몸을 지키다. 호신하다. ¶女子~术=여자 호신술.
【防渗】fángshèn 동 (기체·액체의) 누출을 방지하다.
【防湿】fángshī 동 방습하다. 습기를 예방하다.
【防蚀铝】fángshílǚ 명 (金) 방식(防蝕) 알루미늄. 금속 표면의 부식을 막는 알루미늄.
【防守】fángshǒu 동 1 (외부의 침략이나 공격을) 수비하다. 방위하다. 방어하다. ¶~要塞=요새를 지키다. 2 (시합에서) 수비하다. ¶这个球队的~能力相当强。= 이 팀의 수비 능력은 상당히 강하다. ≒防卫 ↔进攻
【防暑】fángshǔ 동 더위를 막다. 열사병을 예방하다. ¶~降温=여름철 더위를 막기 위해 온도를 내리다.
【防水】fángshuǐ 동 방수하다. ¶~布=방수포.
【防缩】fángsuō 형 (紡) 세탁 후에도 줄지 않는다.
【防特】fángtè 동 간첩[스파이·비밀 요원]의 활동을 막다.
【防微杜渐】fángwēi-dùjiàn 성 (잘못이나 나쁜 일의) 싹이 채 자라기도 전에 잘라 버리다. 시작 단계에서 근절하다.
【防伪】fángwěi 동 위조를 방지하다. ¶~标识=위조 방지 마크.
【防卫】fángwèi 동 방위하다. 방어하다. ¶正当~=정당방위. ≒防守 ↔进攻
【防卫过当】fángwèi guòdàng 명 (法) 과잉 방위.
【防污】fángwū 동 오염을 방지하다.
【防务】fángwù 명 국방 사무.
【防线】fángxiàn 명 1 (軍) 방어선. 방위선. ¶巩固~=방어선을 공고히 하다. 2 비 (사람이나 일에 대한) 경계심. ¶心理~=심리적 경계심.
【防锈】fángxiù 동 녹스는 것을 방지하다. ¶~漆=녹 방지 페인트.
【防汛】fángxùn 동 (강물이 불어날 때의) 홍수를 예방하다.
【防疫】fángyì 동 방역하다. 전염병을 예방하다. ¶~措施=방역 조치.
【防疫站】fángyìzhàn 명 방역소.
【防疫针】fángyìzhēn 명 예방 주사.
【防雨布】fángyǔbù 명 방수천. 방수포.
【防御】fángyù 동 방어하다. ¶~工事=방어 공사.
【防灾】fángzāi 동 재해를 예방하다.
【防震】fángzhèn 동 1 지진에 대비하다. ¶提高建筑物的~强度。=건물의 내진(耐震) 강도를 높이다. 2 방진하다.
【防震棚】fángzhènpéng 명 지진 대피 막사.
【防止】fángzhǐ 동 방지하다. ¶~乙肝病毒传染=B형 간염의 전염을 방지하다.
【防治】fángzhì 동 예방 치료[퇴치]하다. ¶~艾滋病=에이즈를 예방 치료하다.
【防皱】fángzhòu 동 주름살을 방지하다.
【防蛀】fángzhù 동 (옷 등이) 좀먹는 것을 방지하다.

**坊** fáng 공장 방
명 (수공업자의) 작업장. ¶作~=작업장. / 染~=염색 작업장.
☞ fāng
⊙ 槽cáo坊, 粉坊, 谷gǔ坊, 酱jiàng坊, 面坊, 碾niǎn坊, 染rǎn坊

**妨** fáng 방해할 방
동 방해하다. 훼방놓다. 손상시키다. ¶无~=무방하다. / 何~=무슨 상관이 있겠는가?
【妨碍】fáng'ài 동 지장을 주다. 방해하다. 저해하다. ¶你不要在这儿大声吵闹，~别人工作。=다른 사람이 일하는 데 방해되니, 당신 여기서 소란피우지 마시오. / 马路旁边摆摊儿，~交通。=큰길 옆에 노점을 설치하여 교통을 방해하다. ≒阻碍
【妨害】fánghài 동 …에 해가 되다. …에 지장을 주다. ¶过量饮酒~身体健康。=지나친 음주는 건강에 해가 된다.
【妨害公务罪】fánghàigōngwùzuì 명 (法) 공무방해죄.

**肪** fáng 기름 방
☞【脂肪】zhīfáng

**房** fáng 방 방
명 1 방. [고대에 정실(正室) 양쪽의 방을 가리킴] 2 집. 주택. 가옥. 건물. ¶楼~=2층 (이상의) 건물. / 商品~=분양 주택. 3 방. ¶书~=서재. / 厨~=주방. 4 구조나 쓰임이 집과 같은 것. ¶蜂~=벌집. 5 명 갈라져 나간 친족. ¶远~亲戚=먼 친척. 6 명 처(妻). ¶正~=정실. 본처. 7 (부부 간의) 성교. 방사. ¶行~=방사하다. 성교를 하다. 8 (天) 방수(房宿). [이십팔(二十八宿) 중의 하나] 9 '坊(fáng)'과 같음. 10 (Fáng) 성(姓). 양 명. [처첩(妻妾) 등을 세는 단위] ¶一~儿媳妇=며느리 한 명. ≒屋

○● 班bān방, 捕bǔ방, 仓cāng방, 茶방, 禅chán방, 厂방, 厨chú방, 洞dòng방, 堆duī방, 碓duì방, 二방, 杠gàng방, 公방, 闺guī방, 柜guì방, 过방, 号방, 花방, 伙huǒ방, 牢láo방, 茅máo방, 门방, 民방, 闹nào방, 陪péi방, 配pèi방, 偏piān방, 票방, 上방, 市방, 私방, 糖방, 堂방, 填tián방, 厅방, 同방, 下방, 厢xiāng방, 新방, 刑방, 绣xiù방, 营yíng방, 圆방, 远방, 毡zhān방, 栈zhàn방, 正방, 住방, 子방

【房补】**fángbǔ** 명양 住房补贴(주택 보조금). [주택 임대 혹은 구매시, 국가나 회사에서 규정에 따라 지급하는 보조금] =【房贴】**fángtiē**

【房舱】**fángcāng** 명 (작은 방의 형태로 된) 1·2등 선실. [ '统舱(3등실)'과 구별됨]

【房产】**fángchǎn** 명 (소유권을 가진) 집. 건물.

【房产税】**fángchǎnshuì** 명 임대 소득세.

【房产主】**fángchǎnzhǔ** 명 건물주. 집주인.

【房颤】**fángchàn** 명〔醫〕심방세동.

【房车】**fángchē** 명 캠핑카(camping car). 트럭 캠퍼(truck camper). 모터홈(motorhome).

【房地产】**fángdìchǎn** 명 부동산. [토지·건물 및 토지·건물에서 옮겨 갈 수 없는 것을 합친 고정 자산을 가리킴]

【房顶】**fángdǐng** 명 지붕. 옥상.

【房顶绿化】**fángdǐng lǜhuà** 명 옥상 녹화.

【房东】**fángdōng** 명 집주인. [ '房客(세입자)'와 구별됨]

【房费】**fángfèi** 명 1 (여관이나 호텔 따위의) 투숙비. 숙박료. 2 집세. 점포세. 방세.

【房改】**fánggǎi** 명양 住房制度改革(주택 제도 개혁). ¶~政策=주택 제도 개혁 정책.

【房管】**fángguǎn** 명양 房产管理(건물 관리). ¶~局=건물 관리국.

【房荒】**fánghuāng** 명 주택 부족 현상. 주택난. ¶~状况已有所缓解。=주택난이 이미 좀 완화되었다.

【房基】**fángjī** 명 건물의 토대. 부지. 집터.

【房脊】**fángjǐ** 명 (지붕의) 용마루. 지붕마루.

【房价】**fángjià** 명〔經〕집〔건물〕가격.

【房间】**fángjiān** 명 방.

【房客】**fángkè** 명 세입자. 임차인. [ '房东(집주인)'과 구별됨]

【房梁】**fángliáng** 명〔建〕1 (건물의) 들보. 빔(beam). 2 (목조 건물의) 들보.

【房檩】**fánglǐn** 명〔建〕도리.

【房龄】**fánglíng** 명 건물 사용 연수.

【房契】**fángqì** 명 집문서. 건물 매매 계약서.

【房钱】**fángqián** 명 1 ☞【房租】**fángzū** 2 집〔건물〕구입 가격. 3 숙박비.

【房山】**fángshān** 명 1 ☞【山墙】**shānqiáng** 2 양 집〔건물〕의 사면 벽. ¶前~=앞 벽.

【房舍】**fángshè** 명(문) 집. 건물.

【房事】**fángshì** 명 방사(房事). 성교.

【房贴】**fángtiē** ☞【房补】**fángbǔ**

【房柁】**fángtuó** 명 보. 들보.

【房屋】**fángwū** 명 집. 주택. 가옥. 건물.

【房型】**fángxíng** 명 집의 유형

【房檐】**fángyán** (~儿) 명 처마. 늑屋檐

【房源】**fángyuán** 명 임대나 판매하는 주택.

【房展】**fángzhǎn** 명 주택 전시 판매회.

【房主】**fángzhǔ** 명 집〔건물〕주인.

【房子】**fáng·zi** 명 집. 건물.

【房租】**fángzū** 명 집세. 임대료. =【房钱】**fángqián**

# 鲂[魴] **fáng** 방어 방
명(動) 방어.

【鲂鮄】**fángfú** 명(動) 성대.

【鲂鱼】**fángyú** 명(動) 방어.

## **仿**¹[(倣)] **fǎng** 본뜰 방

통 1 닮다. 비슷하다. ¶相~=서로 비슷하다. 2 모방하다. 본뜨다. 본받다. ¶模~=모방하다. 명 글씨본대로 쓴 글자. ¶判~=초학자가 글씨 본대로 쓴 글자를 교정해 주다.

## **仿**²[(倣)] **fǎng** 비슷할 방

☞【仿佛】**fǎngfú**

○● 碘diǎn仿, 氯lǜ仿, 模仿, 摹mó仿, 效xiào仿

【仿办】**fǎngbàn** 통 기존의 방식〔양식〕에 따라 처리하다. 전례에 따라 처리하다. ¶这种致富方法各地都可以~。=이러한 치부 방법은 각지에서 모두 따라 할 수 있다.

【仿本】**fǎngběn** 명 1 방본. [원래 간본(刊本)의 형식 및 글꼴을 그대로 본떠 새겨서 인쇄한 책] 2 습자본. 습자첩.

【仿单】**fǎngdān** 명 (상품의) 사용 설명서. [주로 상품의 포장 안에 들어 있음]

【仿佛】[彷彿]**fǎngfú** 분 마치 …인 것 같다. 마치 …인 듯하다. ¶他~没听明白我说什么。=그는 내가 무슨 말을 했는지 못 알아들은 것 같다. 통 비슷하다. 유사하다. ¶他俩年纪相~, 经历也差不多, 因此很谈得来。=그들은 나이와 경력이 비슷해서 말이 매우 잘 통한다.

【仿古】**fǎnggǔ** 통 옛날 기물이나 예술품을 모방하다〔모조하다·본떠서 만들다〕. ¶~建筑=모조 건축물.

【仿建】**fǎngjiàn** 통 (원래의 양식·스타일을) 본떠서 건조하다〔짓다〕.

【仿冒】**fǎngmào** 통 모조〔하여 사칭〕하다. 위조하다. ¶这些皮包都是~名牌的伪劣产品。=이 가죽 가방들은 모두 유명 상표를 모조한 저질 제품이다.

【仿皮】**fǎngpí** 명 인조 가죽. ¶~大衣=인조 가죽 코트.

【仿若】**fǎngruò** 통 마치〔흡사〕 …와〔과〕같다. ¶~仙景=마치 선경과 같다. 분 마치. 흡사. ¶此人~见过。=이 사람은 마치 만난 적이 있는 것 같다.

【仿生】**fǎngshēng** 형 생체〔생물〕공학의. 바이오닉(bionic). ¶~机械人=바이오로봇(bio-

**fǎng** 仿访彷纺昉

robot).
【仿生建筑】**fǎngshēng jiànzhù** 图〔建〕바이오 건축 자재로 지은 건물.
【仿生食品】**fǎngshēng shípǐn** 图 바이오 식품.〔천연 상태를 모방한 식품〕
【仿生学】**fǎngshēngxué** 图 생체〔생물〕공학. 바이오닉스(bionics). ¶~是研究生物系统的结构和性质. = 생체 공학은 생물 계통의 구조와 성질을 연구한다.
【仿宋】**fǎngsòng** 图 방송체.〔인쇄체의 하나. 송(宋)대 판각본의 글자체를 본떠 만든 것〕=【仿宋体】**fǎngsòngtǐ**【仿宋字】**fǎngsòngzì**
【仿宋体】**fǎngsòngtǐ** ☞【仿宋】**fǎngsòng**
【仿宋字】**fǎngsòngzì** ☞【仿宋】**fǎngsòng**
【仿效】**fǎngxiào** 图 모방하다. 흉내내다. 본받다. ¶~前朝吏治 = 전조 관리의 공적을 본받다.
【仿行】**fǎngxíng** 图 본떠서〔따라서〕하다. ¶可以~同类企业先进的管理办法. = 동류 기업의 선진적인 관리 방법을 따라 해도 된다.
【仿影】**fǎngyǐng** 图 습자지의 글씨본.
【仿造】**fǎngzào** 图 모조하다. ¶这个古瓶是~的. = 이 옛날 화병은 모조한 것이다. ≒仿制
【仿照】**fǎngzhào** 图 (기존의 방식·양식에) 따르다. (원형대로) 모방하다. 본뜨다. ¶这条街是~明清建筑风格修建而成的. = 이 골목은 명청시대의 건축 양식에 따라 조성한 것이다.
【仿真】**fǎngzhēn** 图 모의 실험을 하다. 복제하다. ¶~技术 = 복제 기술. 图 진짜 같다. ¶~手枪 = 진짜 같은 권총. 图〔컴〕시뮬레이션(simulation).
【仿纸】**fǎngzhǐ** 图 습자지.
【仿制】**fǎngzhì** 图 모조하다. 복제하다. ¶~古玩 = 모조 골동품. ≒仿造

**访[訪] fǎng** 찾을 방

图 **1**〔문〕자문하다. 의견을 구하다. **2** 조사하다. 탐문하다. 찾다. ¶寻~ = 방문하다. / 明察暗~ = 여러 가지 방법으로 조사 연구하다. **3** 방문하다. ¶出~ = 외국에 방문하러 가다. / 探亲~友 = 친척과 친구들을 방문하다.

○● 查访, 察chá访, 出访, 过访, 回访, 家访, 上访, 私访, 探tàn访, 寻xún访, 造zào访, 走访

【访查】**fǎngchá** 图 방문〔탐방〕조사하다. 찾아가서 조사하다. ¶~失散亲人的下落. = 이산 가족의 행방을 방문 조사하다.
【访古】**fǎnggǔ** 图 고적(古蹟)을 탐방하다. ¶寻幽~ = 명승 고적을 찾아다니다.
【访旧】**fǎngjiù** 图 옛 친구를 찾아가거나 오래 전에 살던 곳을 방문하다. ¶寻根~ = 뿌리를 찾아 고향을 방문하다.
【访客】**fǎngkè** 图 **1** 내방객. 방문객. 손님. **2**〔컴〕방문자. 게스트(guest).
【访觅】**fǎngmì** 图 방문하다. 탐방하여 찾아가 보다. ¶~旧友 = 옛 친구를 찾아가 보다.
【访拿】**fǎngná** 图 탐문·조사하여 체포하다. ¶~案犯 = 용의자를 탐문·조사하여 체포하다.
【访贫问苦】**fǎngpín-wènkǔ**〔성〕가난한 사람을 찾아가 곤란한 점을 알아보다.
【访求】**fǎngqiú** 图 탐문하여 구하다. ¶~治病良方 = 병을 치료하는 좋은 처방을 탐문하여 구하다.
【访视】**fǎngshì** 图 방문하여 병세를 살펴보다.
【访谈】**fǎngtán** 图 **1** 탐방하다. 방문하여 이야기를 나누다. ¶~对象 = 탐방 대상. **2** 방문 취재하다. 취재하고 평론하다. ¶焦点~ = 초점 방문 취재.
【访谈录】**fǎngtánlù** 图 탐방기(록). ¶名人~ = 유명 인사 탐방기.
【访听】**fǎngtīng** 图 (소식을) 탐문하다. 알아보다. ¶不要~别人的私事. = 남의 사사로운 일을 알아보려고 하지 마라.
【访问】**fǎngwèn** 图 **1** 방문하다. 회견하다. 취재하다. 인터뷰(interview)하다. ¶登门~ = 방문하다. **2** (학술적인 교류를 위해) 방문하다. ¶~教授 = 방문 교수. **3** (정식으로) 구경하다. 둘러보다. ¶大家怀着激动的心情~了革命圣地井冈山. = 모두가 흥분된 심정으로 혁명 성지인 징강(井冈)산을 구경했다. **4** (인터넷을) 방문하다. 둘러보다. ¶~学术网站 = 학술 사이트를 방문하다. ≒拜访
【访问学者】**fǎngwèn xuézhě** 图 방문 학자.
【访寻】**fǎngxún** 图 탐문하여〔물어서〕찾다. 탐문하여 구하다. ¶~名医 = 명의를 물어서 찾다.
【访友】**fǎngyǒu** 图 친구를 찾아가다〔방문하다〕.

**彷 fǎng** 비슷할 방
☞ **páng**
【彷佛】**fǎngfú** ☞【仿佛】**fǎngfú**

**纺[紡] fǎng** 실 자을 방

图 (누에고치·마·목화·털 따위로) 실을 잣다〔뽑다〕. ¶混~ = 혼방. 图〔纺〕성기게 짠 가볍고 얇은 견직물. ¶杭~ = 항저우(杭州)산 견직물.

○● 粗cū纺, 混hùn纺, 麻纺, 毛纺, 棉mián纺, 细纺, 小纺

【纺车】**fǎngchē** 图 물레.
【纺绸】**fǎngchóu** 图〔纺〕평직(平織) 견직물의 일종.
【纺锤】**fǎngchuí** 图〔纺〕방추.
【纺锭】**fǎngdìng** ☞【纱锭】**shādìng**
【纺绩】**fǎngjì** 图 방적하다. 실을 잣다〔뽑다〕.
【纺纱】**fǎngshā** 图 방적하다. 실을 잣다〔뽑다〕. ¶~织布 = 실을 자아 베를 짜다.
【纺线】**fǎngxiàn** 图 방적하다. 실을 잣다〔뽑다〕.
【纺织】**fǎngzhī** 图 방직하다. ¶~厂 = 방직공장.
【纺织娘】**fǎngzhīniáng** 图〔动〕베짱이.
【纺织品】**fǎngzhīpǐn** 图 방직(제)품. 직물.
【纺织纤维】**fǎngzhī xiānwéi** 图 방직 섬유.

**昉 fǎng** 날 밝을 방
图〔날이〕밝다. 환하다. 图〔문〕시작하다.

**舫** fǎng 배 방

图 배. ¶游~=유람선. / 画~=화려하게 장식한 배.

**放** fàng 놓을 방

동 **1** (사람을 먼 곳으로) 몰아 내다. 내치다. 쫓아 내다. 추방하다. ¶流~=유배를 보내다. **2** (자유롭게) 놓아주다. 풀어 주다. 석방하다. ¶释~=석방하다. **3** (학교나 직장이) 파하다. 쉬다. 놀다. ¶国庆~假=건국 기념일에 쉬다. **4** 방목하다. 놓아기르다. 놓아먹이다. ¶上山~羊=산에 올라가서 양을 놓아먹이다. **5** 불을 붙이다〔놓다〕. ¶~火烧田=불을 놓아 밭을 불태우다. **6** 쏘다. 발사하다. 내다. 놓다. ¶拉弓~箭=활을 당겨 화살을 쏘다. **7** (돈을) 이자를 놓다. ¶低息~款=저리(低利)로 이자를 놓다. **8** (돈이나 물건을 많은 사람들에게) 지급하다. ¶发~工资=임금을 지급하다. **9** (꽃이) 피다. ¶百花绽~=온갖 꽃들의 꽃망울이 터지다. **10** 넓히다. 확대하다. ¶~长尺寸=사이즈를 늘이다. **11** 놓아 두다. 맡겨 두다. ¶安~行李=짐을 잘 놓아두다. **12** 제쳐놓다. 내버려 두다. 보류하다. 미루어 두다. 방치하다. ¶这个问题~一下, 日后讨论. =이 문제를 미루어 두고 다음에 토론하자. **13** (나무를) 베(어 쓰러뜨리)다. 벌목하다. ¶进山~树=산에 가서 나무를 베다. **14** (집어) 넣다. 타다. 섞다. ¶菜里忘了~盐. =요리에 소금 넣는 걸 잊었다. **15** 거리낌없이 하다. 제멋대로 하다. ¶~声歌唱=목을 놓아 노래를 부르다. **16** 방영하다. 방송하다. 틀다. ¶~电影=영화를 방영하다. **17** (공기나 냄새 따위를) 내보내다. 방출하다. ¶给轮胎~气=타이어의 바람을 빼다. **18** (행동이나 태도를) 조절하다. 절제하다. 억제하다. ¶~慢进度=진도를 늦추다. / ~尊重点儿=좀 존중하시오. **19** 手 발휘하다. 펼치다. 보이다. ¶要赖~刁=행패를 부리며 남을 못살게 굴다. ≒松 纵 ↔拿 关 捕

◆ 安放, 奔bēn放, 粗cū放, 存cún放, 发放, 豪háo放, 寄jì放, 解放, 开放, 狂kuáng放, 牧mù放, 燃rán放, 施shī放, 停放, 投tóu放, 颓tuí放, 下放

【放暗箭】 fàng ànjiàn 贬用 뒤에서 중상 모략하다. 몰래 해코지하다.

【放榜】 fàngbǎng 동 (합격자를) 발표하다. ¶考完十日后~=시험이 끝나고 10일 후 (합격자를) 발표한다. ≒发榜

【放包袱】 fàng bāo·fu 贬用 (마음의) 짐을 내려놓다. 심적 부담을 덜다. =【放下包袱】 fàng xià bāo·fu

【放爆竹】 fàng bàozhú 동 폭죽을 터뜨리다.

【放步】 fàng ‖ bù 동 큰 걸음으로 걷다. 힘차게 〔성큼성큼〕 걷다. 활보하다. ¶~前进=힘차게 앞으로 나아가다.

【放长】 fàngcháng 동 (길게) 늘이다. 연장하다. ¶裤子短了点, 需要~. =바지가 좀 짧으니 늘여야 한다.

【放长线, 钓大鱼】 fàng chángxiàn, diào dàyú 숙用 인내심을 가지고 기회를 기다려 더욱 큰 이익을 얻다.

【放车】 fàngchē 동 (고삐를 늦추어) 수레를 내달리다〔빨리 몰다〕. 수레의 속도를 높이다.

【放出】 fàngchū 동 **1** 석방하다. ¶~牢笼=감옥에서 석방하다. **2** 내뿜다. 발하다. 내보내다. ¶太阳~刺眼的光芒. =태양이 눈부신 빛을 발한다. **3** 대출하다. 빌려 주다. ¶~贷款=대부금을 대출해 주다.

【放黜】 fàngchù 동 쫓아 내다. 내쫓다. 추방하다. 방축(放逐)하다. 물러나게 하다.

【放达】 fàngdá 형用 (말이나 행동이) 세속에 구애받지 않다. 거리낌없다. 대범하다. ¶~不羁=인습에 사로잡히지 않다.

【放大】 fàngdà 동 (화상·소리·기능 등을) 확대하다. 크게 하다. 증폭하다. ¶~音量=소리를 크게 하다. ↔缩小

【放大尺】 fàngdàchǐ ⇨【放大器】 fàngdàqì

【放大镜】 fàngdàjìng ⇨【凸透镜】 tūtòujìng

【放大炮】 fàng dàpào 贬用 **1** 허풍을 치다. 큰 소리치다. ¶他就喜欢~, 吹得天花乱坠. =그는 그럴듯하게 허풍치기를 좋아한다. **2** 직설적으로 퍼붓다〔쏘아 대다〕. ¶他在会上~, 引起了不小的震动. =그가 회의석상에서 직설적으로 쏘아 대어 적지 않은 파문을 일으켰다.

【放大器】 fàngdàqì 명 **1** 확대기. =【放大尺】 fàngdàchǐ **2** (电) 앰프(amplifier). 증폭기.

【放大纸】 fàngdàzhǐ 명 확대용 인화지.

【放贷】 fàngdài 동 대출하다. 대부하다.

【放胆】 fàngdǎn 동 마음을 크게 먹다. 용기를 내다. ¶大家~大干一场. =모두 용기를 내어 힘껏 해 봅시다.

【放诞】 fàngdàn 형用 제멋대로〔마구·거리낌없이〕 행동하다. 허튼소리를 하다. ¶~不拘=거리낌없이 마구 행동하다.

【放荡】 fàngdàng 형 **1** 구애〔구속〕받지 않다. 거리낌없이 행동하다. ¶~不羁=구애받지 않고 싶은 대로 하다. **2** 방탕하다. ¶生活~=생활이 방탕하다. ≒放纵 放浪

【放灯】 fàngdēng 동 **1** 음력 정월 보름날에 등룽을 내걸다. **2** (음력 7월 15일 백중날에) 등룽을 강에 띄워 보내다. '孔明灯(공중에 뜨는 등룽)'을 날려 올리다.

【放电】 fàng ‖ diàn **1** (电) 전기에너지를 방출하다. **2** (电) 방전되다. **3** 手 애정의 눈길을 보내다. ¶两眼~=두 눈으로 추파를 던지다.

【放刁】 fàng ‖ diāo 동 억지를 부리며 남을 못살게 굴다. 포악을 떨며 남을 괴롭히다. 못되게 굴다. ¶~撒泼=억지를 부리며 남을 못살게 굴다.

【放定】 fàng ‖ dìng 동用 (신랑측에서) 약혼 예물을 보내다. 납폐(納幣)하다.

【放毒】 fàng ‖ dú 동 **1** 독을 넣다. **2** 手 반동적이거나 해로운 말을 퍼뜨리다.

【放飞】 fàngfēi 동 **1** (비행기의) 이륙을 허락하

다. ¶大雾弥漫, 机场不能～。=안개가 자욱해서 이륙을 허락할 수 없다. **2** (새나 연을) 날리다. 날려 보내다. ¶～鸽子=비둘기를 날려 보내다. **3** [비] (마음이나 생각·정서 등을) 홀가분하게 하다. 거리낌이 없게 하다. ¶～心情=기분을 홀가분하게 하다.

【放风】**fàng‖fēng** [동] **1** 공기를 통하게 하다. **2** 소식을 흘리다. 소문을 퍼뜨리다. ¶有人～说公司管理层要来一次大调整。=회사 간부급에 대한 대조정이 한 차례 있을 것이라고 어떤 사람이 소문을 퍼뜨리다. **3** 죄인들을 산보시키거나 화장실에 가게 하다. **4** [방] 망을 보다. ¶站在门口～。=문 앞에 서서 망을 보다.

【放风望水】**fàngfēng-wàngshuǐ** [닞] 망을 보다. 지키다. 경계하다.

【放歌】**fànggē** [동] 큰 소리로 노래하다. 고성방가하다. ¶纵情～=큰 소리로 마음껏 노래를 부르다.

【放工】**fàng‖gōng** [동] (노동자가) 일을 끝내다. 퇴근하다.

【放狗屁】**fàng gǒupì** [닞] 헛소리하다. 되는대로 지껄이다. [욕하는 말로 쓰임]

【放狗咬人】**fànggǒu-yǎorén** [닞][비] 부하를 시켜 상대를 해치다.

【放光】**fàngguāng** [동] 빛나다. 광채를〔빛을〕 내다. 발광하다.

【放过】**fàngguò** [동] **1** 놓아주다. 용서하다. 더 이상 추궁하지 않다. ¶你得罪了他, 他决不会～你。=네가 그에게 미움을 샀다면, 그는 절대 너를 그냥 두지 않을 것이다. **2** (기회를) 놓치다. ¶天赐良机, 千万不要～。=하늘이 준 좋은 기회이니 절대 놓쳐서는 안 된다.

【放横炮】**fàng héngpào** [닞][비] 끼어들다. 참견하다.

【放横】**fànghèng** [동] 횡포를 부리다. 난폭하게〔무지막지하게〕 굴다.

【放虎归山】**fànghǔ-guīshān** [성] **1** 호랑이를 놓아 산으로 돌려보내다. **2** [비] 후환을 남기다. =【纵虎归山】**zònghǔ-guīshān** ≒养虎遗患 ↔斩草除根

【放话】**fànghuà** [동] 자기나 단체의 의중을 넌지시 드러내다〔흘리다〕.

【放怀】**fànghuái** [동] **1** 마음을 놓다. 안심하다. 안도하다. ¶孩子孤身在外求学, 父母总是难以～。=자식이 홀몸으로 외지에서 공부를 하고 있으면, 부모는 늘 마음을 놓을 수가 없다. **2** 한껏〔마음껏〕 하다. 하고 싶은 바를 다 하다. ¶～畅饮=마음껏 마시다.

【放还】**fànghuán** [동] **1** 제자리에 놓다. ¶阅览室的报纸借阅后要～原处。=열람실의 신문을 빌려 본 후 제자리에 가져다 놓아야 한다. **2** (가둔 사람이나 가축을) 놓아주다. 풀어 주다. ¶～人质=인질을 풀어 주다.

【放荒】**fàng‖huāng** [동] (어떤 목적을 위해) 들에 불을 지르다.

【放活】**fàng‖huó** [동] 제한을 풀(어 활력과 생기를 불어넣)다. 제한을 완화시키다. ¶～文艺题材, 繁荣文艺创作。=문학 예술 제재의 제한을 풀어 문예 창작을 번영시키자.

【放火】**fàng‖huǒ** [동] **1** (어떤 목적을 위해) 방화하다. 불을 지르다. ¶～烧山=불을 놓아 산을 태우다. **2** [비] 선동하다. ¶这帮人到处～, 企图制造事端。=이 무리들은 가는 곳마다 선동을 하여 문제를 일으키려 한다.

【放假】**fàng‖jià** [동] 방학하다. (학교나 직장이) 쉬다. ¶春节～三天。=구정에 사흘 간 쉰다.

【放箭】**fàngjiàn** [동] 활을 쏘다.

【放开】**fàngkāi** [동] **1** 늦추다. 느슨하게 하다. 관대하게 하다. 완화시키다. 풀다. 해방하다. 놓아주다. 놓다. **2** (경제 방면의) 제한을 풀다. ¶～粮油价格=식량과 식용유의 가격 제한을 풀다.

【放课】**fàngkè** [동] 수업을 마치다. 학교가 파하다. 방과하다.

【放空】**fàng‖kōng** [동] (차나 배 등이) 빈 채로 운행하다. ¶返程～=빈 채로 돌아오다.

【放空炮】**fàng kōngpào** [닞][비] 허풍을 떨다. 큰소리치다. 무책임한 말을 하다. ¶不要只说不做, ～。=하지도 않으면서 큰소리만 치지 마시오.

【放空气】**fàng kōngqì** [닞][폄][비] 여론몰이를 하다. 분위기를 조장하다〔띄우다〕. 소문을 흘리다. ¶他早就放出空气来, 说冠军非他莫属。=그는 1등은 반드시 자기 것이라고 일찍부터 분위기를 조장했다.

【放口风】**fàng kǒufēng** [닞] (고의로) 의사를 내비치다. 말을 흘리다. 귀띔하다. 힌트를 주다. ¶事情进展如何, 你给我们放点口风。=일이 어떻게 진전되는지, 우리에게 귀띔해 주세요.

【放宽】**fàngkuān** [동] 완화하다. 느슨하게 하다. 늦추다. ¶～年龄限制=연령 제한을 완화하다.

【放宽政策】**fàngkuān zhèngcè** [동] 정책 중의 제한을 완화하다.

【放款】**fàng‖kuǎn** [동] **1**《經》(은행 등이) 대출하다. 대부하다. **2** 돈놀이하다. 이자를 놓다.

【放旷】**fàngkuàng** [형][문] 대범하다. 호탕하다. 구애받지 않다. 거리낌없다. 대범하다. ¶恃才～=재주를 믿고 제멋대로 하다.

【放缆】**fànglǎn** [동] (배를 묶는) 밧줄을 풀다. 출항하다. ¶～启航=밧줄을 풀고 출항하다.

【放浪】**fànglàng** [동][문] 구애받지 않다. 방탕하다. ¶举止～=거동이 방탕하다. ≒放纵 放荡

【放浪不羁】**fànglàng-bùjī** [성] (말과 행동이) 자유로워 구속됨이 없다. 구애받지 않고 하고 싶은 대로 하다.

【放浪形骸】**fànglàng-xínghái** [성] 세상 예법에 매이지 않고 하고 싶은 대로 하다.

【放冷风】**fàng lěngfēng** [닞][비] 유언비어를 퍼뜨리다. ¶有些人到处～, 挫伤别人的积极性。=어떤 사람들은 가는 곳마다 유언비어를 퍼뜨려 다른 사람의 적극성을 꺾는다.

【放冷箭】**fàng lěngjiàn** [닞][비] 배후에서 중상모략하다. 몰래 해코지하다.

【放冷枪】**fàng lěngqiāng** [닞][비] 배후에서 중상모략하다. 몰래 해코지하다.

【放脸】**fàng‖liǎn** [동] 인상을 쓰다. 굳은 얼굴

放 fàng 559

을 하다. 얼굴을 붉히다. ¶好言好语跟他商量, 没想到他竟~了。=좋은 말로 그와 의논을 했는데, 오히려 그가 인상을 쓸 줄은 생각도 못했다.

【放量】 fàng‖liàng 통 양을 다하다. 양을 다 채우다. 양껏 하다. ¶饭菜多的是, 你就~吃吧。=밥과 음식은 얼마든지 있으니 마음껏 드세요.

【放疗】 fàngliáo ☞【放射治疗】 fàngshè zhìliáo

【放慢】 fàngmàn 통 (속도를) 늦추다. ¶~脚步=발걸음을 늦추다. ↔加快

【放明】 fàngmíng 통 밝아지다. ¶天色渐渐~。=하늘이 점점 밝아진다.

【放明白】 fàng míng·bai 통 (주의시키는 말로) 똑바로 해. 조심해. ¶你最好~点儿, 别在这儿生事。=너 여기서 사고치지 말고, 똑바로 하는 게 좋을 거야.

【放牧】 fàngmù 통 방목하다. ¶~山羊=산양을 방목하다.

【放牛】 fàngniú 통 소를 방목하다.

【放牛娃】 fàngniúwá 명 소 치는 아이. 목동.

【放排】 fàngpái 통 뗏목을 띄워 보내다.

【放盘】 fàng‖pán(~儿)[經] 1 (상점에서) 할인 판매하다. 2 비싼 값으로 사들이다.

【放炮】 fàng‖pào 통 1 대포를 발사하다. 2 폭죽을 터뜨리다. 3 (광석이나 암석을) 발파하다. ¶~开山=발파하여 산을 깎다. 4 펑크가 나다. 터지다. 파열하다. ¶车胎~=타이어가 펑크나다. 5(口) 맹렬하게 비난하다. ¶说话要有理有据, 不能胡起~。=말을 할 때는 이치와 근거가 있어야지, 함부로 비난해서는 안 된다.

【放屁】 fàng‖pì 통 1 방귀를 뀌다. 2(口) 헛소리를 하다. 말이 안 되는 소리를 하다. 불합리한 말을 하다. [주로 욕하는 말로 쓰임]

【放平】 fàngpíng 통 평평하게 놓다. ¶~躺椅=침대식 의자를 평평하게 놓다.

【放气】 fàngqì 통 (공기·가스 따위를) 방출하다.

【放弃】 fàngqì 통 (권리나 주장·의견 등을) 버리다. 포기하다. ¶~继承权=계승권을 포기하다. ↔保留

【放枪】 fàng‖qiāng 통 총을 쏘다. ¶朝天空放了一枪。=하늘을 향해 총을 한 방 발사하다.

【放青】 fàng‖qīng 통 가축을 몰고 나가 풀을 먹이다. 가축을 초지에 방목하다.

【放情】 fàngqíng 튀 기분 내키는 대로. 마음껏. ¶~高歌=마음껏 노래 부르다.

【放晴】 fàng‖qíng 통 날씨가 개다. ¶连日阴雨之后, 天终于~了。=연일 궂은비가 온 후에 마침내 날씨가 개었다.

【放权】 fàng‖quán 통 일부 권력을 하급자에게[하부 기관에] 넘겨주다. ¶一把手不能事必躬亲, 应适当~。=책임자가 모든 일을 도맡아 할 수 없으므로, 권력을 적당히 아랫사람에게 넘겨주어야 한다.

【放任】 fàngrèn 통 방임하다. 내버려 두다. ¶~不管=내버려 두고 간섭하지 않다.

【放任自流】 fàngrèn-zìliú 성句 제멋대로 되도록 내버려 두다. 자유방임하다.

【放散】 fàngsàn 통 (연기나 냄새 등이) 발산하다. 풍기다. ¶下水道~出一阵阵臭气。=하수도에서 악취가 솔솔 풍긴다.

【放哨】 fàng‖shào 통 보초를 서다. 순찰을 돌다. ¶站岗~=보초 근무를 서다.

【放射】 fàngshè 통 1 방사하다. 방출하다. 뿜어내다. ¶钻石~出耀眼的光芒。=다이아몬드에서 눈부신 빛을 뿜어 낸다. 2 발사하다. ¶~鱼雷=어뢰를 발사하다.

【放射病】 fàngshèbìng 명(醫) 방사능증.

【放射线】 fàngshèxiàn 명(物) 방사선.

【放射形】 fàngshèxíng 명 방사형.

【放射性】 fàngshèxìng 명 1(物) 방사성. ¶~物质=방사성 물질. 2(醫) 방사성. [병증이 사방으로 퍼지는 증상] ¶~疼痛=방사통.

【放射性污染】 fàngshèxìng wūrǎn 명 방사성 오염.

【放射性元素】 fàngshèxìng yuánsù 명(化) 방사성 원소.

【放射源】 fàngshèyuán 명 방사원.

【放射治疗】 fàngshè zhìliáo 명(醫) 방사선 치료. ⑨【放疗】 fàngliáo

【放生】 fàng‖shēng 통 1 살려 놓아주다. 방생하다. 2(佛) 방생하다.

【放声】 fàngshēng 통 소리를 내다. ¶~痛哭=목을 놓아 통곡하다.

【放手】 fàng‖shǒu 통 1 (물건을 잡았던) 손을 놓다[떼다·풀다]. ¶抓紧绳索, 不要~。=줄을 꽉 잡고 놓지 마세요. 2(口) 염려를[마음을] 놓다. 대담하게 하다. ¶~~搏=대담하게 한번 부딪치다. 3 내버려 두다. 상관하지 않다. ¶这件事你千万不能~。=이 일은 네가 절대 그냥 내버려 두어서는 안 된다. 4 포기하다. 중도에 두다. 손을 놓다. 不把事情弄个明白, 他决不~。=일을 확실하게 하기 전에는 그는 절대 그만두지 않는다. ↔把揽

【放水】 fàng‖shuǐ 통 1 물을 내보내다[빼다]. ¶开闸~=수문을 열어 물을 내보내다. 2 (운동 경기에서) 고의로 져 주다.

【放私】 fàngsī 통 밀거래를 불법으로 허가하다.

【放肆】 fàngsì 형 버릇없이[제멋대로] 굴다. 방자하다. ¶他说话没大没小的, 太~了。=그가 말하는 것은 위아래가 없는 것이, 너무 버르장머리가 없다. ↔规矩

【放松】 fàngsōng 통 늦추다. 느슨하게 하다. 이완시키다. 정신적 긴장을 풀다. ¶~警惕=경계심을 늦추다. / ~管理=관리를 느슨하게 하다. ↔抓紧

【放送】 fàngsòng 통 방송하다. ¶电台好歌~不断。=방송국에서 좋은 노래를 끊임없이 방송하다.

【放下】 fàngxià 통 1 (물건을) 내려놓다. ¶~行李=짐을 내려놓다. 2 내버려 두다. 진행을 멈추다. ¶这个问题先暂时~, 等时机成熟了再作讨论。=이 문제는 우선 잠시 중지하고, 시기가 무르익었을 때 다시 토론합시다. 3 넣다. 수용하다. ¶书架不能~所有的书。=책꽂이에 모든 책

【放下包袱】fàngxià bāo·fu ☞【放包袱】fàng bāo·fu

【放下架子】fàngxià-jià·zi 〈俗〉 오만한 태도를 버리다. ¶和群众打成一片。=오만한 태도를 버리고 군중과 하나가 되다.

【放下脸来】fàngxiàliǎnlái 〈俗〉 인상을 쓰다. 굳은 얼굴을 하다. 얼굴을 붉히다.

【放下屠刀】fàngxià-túdāo ☞【放下屠刀，立地成佛】fàngxià túdāo, lìdì chéngfó

【放下屠刀, 立地成佛】fàngxià túdāo, lìdì chéngfó 〈成〉1 (佛) 칼을 내려놓으면 그 자리에서 성불할 수 있다. 2 〈비〉 악한 사람도 회개하면 착한〔선한〕사람이 될 수 있다. =【放下屠刀】fàngxià-túdāo

【放像机】fàngxiàngjī 〈명〉비디오 플레이어. VTR.

【放血】fàngxiě 〈동〉1 (醫) 혈액을 채취하다. 피를 뽑다. 2 〈비〉 돈과 재물이나 신체적으로 손상을 입히다. 피를 보게 하다. 작살을 내다. 3 〈비〉 헐값에 처분하다.

【放心】fàng∥xīn 〈동〉 마음을 놓다. 안심하다. ¶你~,他自己能处理好这件事情。=걱정하지 마세요, 그 혼자서 이 일을 잘 처리할 수 있을 겁니다. 〈형〉 (정상적으로 도축되어) 안심할 수 있는. ¶~猪肉=안심하고 먹을 수 있는 돼지고기. 늑安心

【放心菜】fàngxīncài 〈명〉 무공해 채소.

【放行】fàngxíng 〈동〉 (검문소나 세관에서) 통과를 허가하다. ¶查验证件后~。=증명서를 검사한 후 통과를 허가하다.

【放学】fàng∥xué 〈동〉1 학교가 파하다. 수업을 마치다. 2 (학교가) 방학하다. 쉬다.

【放烟幕】fàng yānmù 〈俗〉1 연막을 피우다. 2 〈비〉 언행으로 진상을 감추다. 연막을 치다. ¶别信他的话, 他这是在~。=그의 말을 믿지 마라, 지금 연막을 치고 있는 거니까.

【放言】fàngyán 〈동〉〈문〉1 거리낌〔기탄〕없이 말하다. ¶~无忌=기탄없이 말하다. 2 세상일을 이야기하지 않다. ¶隐居~=은거하여 세상일을 논하지 않다.

【放眼】fàngyǎn 〈동〉 시야를 넓히다. 시야를 크게 하여 보다. ¶~世界=세계를 바라보다.

【放羊】fàng∥yáng 〈동〉1 양을 방목하다. 2 〈비〉 제멋대로 내버려 두다. ¶自习时间没老师看管, 学生可就~了。=자습 시간에 선생님이 감독을 하지 않으면 학생들은 곧 제멋대로 군다.

【放养】fàngyǎng 〈동〉 (물고기 등을) 놓아기르다. 양식하다. ¶~甲鱼=자라를 양식하다.

【放样】fàng∥yàng (~儿) 〈동〉 (정식 시공 또는 제조 전에) 모형을 만들다.

【放音】fàngyīn 〈동〉 (녹음된) 소리를 내보내다 〔방송하다〕.

【放印子】fàng yìn·zi 〈동〉〈옛〉 일숫돈을 놓다.

【放鹰】fàngyīng 〈동〉 여자를 이용하여 돈을 뜯어〔긁어〕 내다. ¶这群犯罪分子专干~骗人的事。=이 범죄자들은 여자를 이용하여 돈을 뜯어내는 일을 전문으로 한다.

【放映】fàngyìng 〈동〉 방영하다. 상영하다. ¶~电影=영화를 상영하다.

【放映机】fàngyìngjī 〈명〉(機) 영사기.

【放淤】fàngyū 흙탕물로 밭을 걸게 하다. [흙탕물을 밭으로 끌어들여 침전시켜서 토지를 비옥하게 하고 경지 면적을 넓히는 것을 말함]

【放远】fàngyuǎn 〈동〉 먼 곳을 내다보다. 멀리 내다보다. ¶目光要~一些。=먼 앞날을 내다보아야 한다.

【放在脑后】fàng zài nǎohòu 〈俗〉 조금도 마음에 두지 않다. 완전히 잊어버리다. ¶把一切烦恼~。=모든 번뇌를 완전히 잊어버리다.

【放在心上】fàng zài xīn·shàng 〈俗〉〈비〉 마음에 담아 두다. 염두에 두다. ¶你可得把这事~。=너 정말 이 일을 염두에 두고 있어야 한다.

【放在眼里】fàng zài yǎn·li 〈俗〉〈비〉 안중에 두다. 중시하다. 존중하다. ¶他狂妄自大, 从不把别人~。=그는 오만 방자하여 언제나 남을 안중에 두지 않는다.

【放债】fàng∥zhài 〈동〉 돈놀이하다. 이자를 놓다. 방채(放債)하다.

【放账】fàng∥zhàng 〈동〉 돈놀이하다. 이자를 놓다. 방채(放債)하다.

【放赈】fàngzhèn 이재민에게 구제 물자를 지급하다. ¶~救灾=구제 물자를 풀어 이재민을 구원하다.

【放之四海而皆准】fàng zhī sìhǎi ér jiē zhǔn 〈成〉1 어느 곳에 놓아도 꼭 들어맞다. 2 〈비〉 진리는 어느 곳에서도 다 옳다.

【放置】fàngzhì 〈동〉 놓아 두다. 방치하다. 그대로 버려두다. ¶把图书分类~在书架上。=책을 분류하여 책꽂이에 놓아 두다.

【放逐】fàngzhú 〈동〉 (옛날, 죄인을 먼 곳으로) 쫓아 내다. 추방하다. ¶~边地=변방으로 쫓아 내다.

【放恣】fàngzì 〈동〉〈문〉 오만 방자하다. 제멋대로 굴다. ¶肆意~=제멋대로 함부로 굴다.

【放纵】fàngzòng 〈동〉1 방종하다. 규칙을 지키지 않다. 예의가 없다. 구애받지 않다. ¶骄奢~=교만하고 사치스러우며 방종하다. 2 내버려 두다. 방임하다. 눈감아 주다. 단속하지 않다. ¶对孩子的不良习惯决不能~。=아이의 나쁜 습관은 결코 가만 내버려 두어서는 안 된다. 늑放荡放浪 ↔按捺

# fei

**飞**[飛] fēi 날 비

〈동〉1 (새나 곤충 등이) 날다. ¶鹰展翅高~。=매가 날개를 펴고 높이 날다. 2 (자연의 물체가) 휘날리다. 나부끼다. ¶大雪纷~=많은 눈이 흩날린다. 3 (비행기 등이) 비행하다. ¶飞机准备起~。=비행기가 이륙 준비를 하고 있다. 4 나는 듯이 빨리 움직이다. ¶奔而至=나는 듯이 달려서 도착하다. **5** [구] 날아가다. 휘발하다. ¶酒味儿～净了。＝술 냄새가 다 날아갔다. [형] 뜻밖의. 근거 없는. ¶流言～语＝유언비어. [부][방] 매우. 대단히. ¶这药～灵。＝이 약은 대단히 잘 듣는다. [명][방] (자전거의) 플라이휠(flywheel).

○● 阿飞, 起飞, 宇宙yǔzhòu飞船

【飞白】**fēibái** [명] **1**《藝》 비백(飛白). [먹을 적게 하고 운필의 속도를 조절하여 획 안에 흰 잔줄이 생기게 쓰는 서예 기법] ＝【飞白书】**fēibáishū** **2**《言》 비백. [수사(修辭) 방식의 하나. 오자(誤字)를 이용하여 수사적 효과를 거둠]

【飞白书】**fēibáishū** ☞【飞白】**fēibái**

【飞棒】**fēibàng** [동] (체조나 무용에서) 곤봉을 던지다〔다루다〕.

【飞报】**fēibào** [동] 비보(飛報)를 띄우다. 급히 보고하다〔알리다〕. ¶～喜讯＝기쁜 소식을 급히 알리다.

【飞奔】**fēibēn** [동] 나는 듯이 달리다. ¶快马～＝나는 듯이 말을 달리다.

【飞迸】**fēibèng** [동] (사방으로) 흩날리다. 튀다. 튀기다. ¶火花～＝불꽃이 사방으로 흩날리다.

【飞笔】**fēibǐ** [동] (글씨를) 빨리 쓰다. 속필(速筆)로 쓰다. ¶～疾书＝글씨를 매우 빨리 쓰다.

【飞镖】**fēibiāo** [명] **1** 표창. **2**《體》 다트(dart). 화살던지기.

【飞播】**fēibō** [동] 비행기로 파종하다. ¶～造林＝비행기로 파종하여 조림하다.

【飞叉】**fēichā** [명] **1** 'Y' 자형 쇠막대기 묘기. [ 'Y' 자형 쇠막대기를 이용한 서커스의 일종] **2** ( 'Y' 자형 쇠막대기 묘기에 쓰이는) 'Y' 자형 쇠막대기.

【飞车】**fēichē** [명] 나는 듯이 달리는 차. ¶开～很危险。＝지나친 과속은 매우 위험하다. [동] 나는 듯이 차〔오토바이〕를 몰다. ¶～表演＝스피드 카 묘기.

【飞车走壁】**fēichē zǒubì** [명] 차나 자전거를 타고 휘어진 벽을 타고 도는 서커스.

【飞驰】**fēichí** [동] (차나 마차 등이) 나는 듯이 달리다. 질주하다. ¶马群在草原上～。＝말 떼가 초원을 나는 듯이 달린다.

【飞虫】**fēichóng** [명] 나는 곤충.

【飞船】**fēichuán** [명] **1** 우주선. **2** [옛] 비행선. 항공선.

【飞达】**fēidá** [동] 비행기로 도착하다. ¶～北京＝베이징에 비행기로 도착하다.

【飞弹】**fēidàn** [명] **1** 유도탄. 미사일. **2** 유탄.

【飞刀】**fēidāo** [명] 비도. [옛날, 암기의 하나. 표창처럼 던지는 작은 칼]

【飞抵】**fēidǐ** [동] 비행기로 도착하다. ¶～上海＝상해에 비행기로 도착하다.

【飞地】**fēidì** [명] **1** A성(省)〔현(縣)〕에 있으면서 행정상 B성〔현(縣)〕에 예속된 토지. **2** A국 경내에 있으면서 B국에 예속된 토지.

【飞递】**fēidì** [동] 급히 전하다.

【飞碟】**fēidié** [명] **1** [낮] '不明飞行物(비행 접시·UFO)'의 속칭. **2**《體》 클레이 피전(clay pigeon). [클레이 사격에서 사용되는, 흙으로 만든 접시 모양의 목표물]

【飞动】**fēidòng** [동] **1** 빠르게 떠다니다. ¶柳絮～＝버들개지가 빠르게 떠다니다. **2** 빠르게 날다. ¶飞机正在～过程中。＝비행기는 현재 빠르게 날고 있는 중입니다.

【飞渡】**fēidù** [동] 날아서〔나는 것처럼〕 건너가다. ¶～黄河＝비행기로 황허를 건너다.

【飞短流长】**fēiduǎn-liúcháng** [성] 이것저것 낭설을 퍼뜨리다. 이러쿵저러쿵하다.

【飞蛾】**fēi'é** [명]《動》 불나방. ＝【灯蛾】**dēng'é**

【飞蛾扑火】**fēi'é-pūhuǒ** ☞【飞蛾投火】**fēi'é-tóuhuǒ**

【飞蛾投火】**fēi'é-tóuhuǒ** [성] **1** 나방이 불에 날아들다. **2** [비] 스스로 위험한 일에 뛰어들다. 스스로 멸망을 초래하다. ＝【飞蛾扑火】**fēi'é-pūhuǒ**

【飞航】**fēiháng** [동] 비행기로 항해하다. 비행하다. ¶～地中海＝지중해를 비행하다.

【飞红】**fēihóng** [동] (부끄럽거나 수줍어서) 얼굴을 붉히다. ¶她羞得满脸～。＝그녀는 부끄러워 얼굴 전체가 붉어졌다.

【飞虹】**fēihóng** [명] 무지개.

【飞鸿】**fēihóng** [명][문] **1** 기러기. 개리. [학명은 '*Anser cygnoides*' 임] **2** [비] 편지. 서신. 소식. ¶～传情＝편지로 사랑의 감정을 전하다.

【飞狐】**fēihú** [명] 비호. [신화에 나오는, 여우처럼 생긴 날아다니는 동물] ¶雪山～＝설산의 비호.

【飞花】**fēihuā** [명] **1** 나부끼며 떨어지는 꽃잎. **2** [비] 나부끼는 눈송이. ¶～满天＝하늘 가득 나부끼는 눈송이. **3** 솜 부스러기. [동] 떨어진 꽃잎이 나부끼다. ¶春城无处不～。＝봄을 맞은 도시는 온통 꽃잎에 휩싸였다.

【飞黄】**fēihuáng** [명] 비황. [전설 속의 신마(神馬) 이름] [동] 날아서 황허(黄河)를 건너다. ¶驾车～难度相当大。＝자동차 스턴트로 황허를 뛰어넘는 것은 난이도가 매우 높다.

【飞黄腾达】**fēihuáng-téngdá** [성] **1** 신마(神馬)와 같이 빨리 뛰다. **2** [비] 관직이나 직위가 빠르게 상승하다. 고속으로 승진하다. 벼락출세하다. 출세 영달이 빠르다.

【飞蝗】**fēihuáng** [명]《動》 메뚜기.

【飞祸】**fēihuò** [명] 뜻밖의 재난. 급작스런 재화. ¶～难防＝급작스런 재난은 예방하기가 어렵다.

【飞机】**fēijī** [명]《機》 비행기. 항공기.

【飞机场】**fēijīchǎng** [명] 비행장. 공항. [약]【机场】**jīchǎng**

【飞架】**fēijià** [동] (다리 따위가) 높게 건너지르다. ¶一座铁桥～两岸。＝철교가 양안 사이를 높게 건너지르고 있다.

【飞溅】**fēijiàn** [동] 사방으로 튀다〔흩날리다〕. ¶水花～＝물보라가 사방으로 튀다.

【飞脚】**fēijiǎo** [명] 이단차기. [무술 동작의 하나]

【飞经】**fēijīng** [동] 비행기를 타고 지나가다. 날아서 지나가다. ¶～太平洋＝태평양을 비행하여 지나가다.

【飞跨】**fēikuà** [동] 날아서 넘다〔지나다〕.

【飞快】**fēikuài** [형] **1** (칼 따위가) 대단히 예리하다. 굉장히 잘 들다. ¶把刀磨得～。＝칼을 대단

히 예리하게 갈다. **2** 매우 빠르다. 재빠르다. 날래다. ¶列车跑得～。＝열차가 매우 빨리 달린다. ↔缓慢

【飞来横祸】**fēilái-hènghuò** [성] 뜻밖의 재난. 급작스런 재화.

【飞灵】**fēilíng** [형][방] **1** 매우 효과가 있다. ¶这药去火～。＝이 약은 열을 내리는 데 특효가 있다. **2** 대단히 영민하다. ¶脑袋～＝머리가 대단히 좋다.

【飞流】**fēiliú** [명] 비폭. 아주 높은 곳에서 세차게 떨어지는 폭포. ¶～直下三千尺。＝폭포가 까마득히 높은 곳에서 세차게 떨어지다. ≒飞瀑

【飞掠】**fēilüè** [동] 빠르게〔나는 듯이〕 스쳐 지나다. ¶雄鹰从山涧～而过。＝독수리가 산골짜기로 빠르게 스쳐 지나간다.

【飞轮】**fēilún** [명] **1**《機》 플라이휠(flywheel). 회전 속도 조절 바퀴. **2**(～儿) 자전거 뒷바퀴의 톱니바퀴.

【飞落】**fēiluò** [동] 날아 내려오다. 쏟아지다. 추락하다. ¶碎石～＝잔돌이 쏟아지다.

【飞毛腿】**fēimáotuǐ** [명] **1** 매우 빨리 달리는 다리. **2** 준족(駿足). 매우 빨리 달리는 사람. 걸음이 매우 빠른 사람.

【飞沫】**fēimò** [명] **1** 비말. 날아 흩어지는 물방울. ¶～四溅＝물방울이 사방에 흩어지다. **2** 공중에 퍼진 타액. ¶～传染＝비말 전염.

【飞鸟】**fēiniǎo** [명][낮] 새.

【飞盘】**fēipán**(～儿) [명] 프리스비(Frisbee). [서로 주고받으며 노는 작은 플라스틱 원반]

【飞跑】**fēipǎo** [동] 쏜살같이 달리다. 날쌔게 도망치다. ¶～而去＝쏜살같이 달려가다.

【飞蓬】**fēipéng** [명] **1**《植》 민망초. 비봉. [학명은 '*erigeron acris*' 임] ＝【蓬草】**péngcǎo** **2** ① 공중에 날리는 민망초. ② [비] 흔들리며 안정되지 않는 것. ¶心如～＝마음이 뒤숭숭하다. 심란하다.

【飞瀑】**fēipù** [명] 비폭. 아주 높은 곳에서 세차게 떨어지는 폭포. ≒飞流

【飞迁】**fēiqiān** [동] 철새가 이동하다.

【飞潜动植】**fēiqián dòngzhí** [명] 각종〔온갖〕 동식물.

【飞桥】**fēiqiáo** [명] 하늘 높이 가설된 다리. 구름다리. 현수교(懸垂橋). 줄다리.

【飞禽】**fēiqín** [명]《動》 **1** 날짐승. 비금. **2** 조류. ↔走兽

【飞禽走兽】**fēiqín zǒushòu** [명]《動》 금수(禽獸). 조수(鳥獸).

【飞泉】**fēiquán** [명] **1** 절벽〔낭떠러지〕에서 쏟아져 나오는 샘물. **2** 분천(噴泉). [힘차게 솟아오르는 샘]

【飞人】**fēirén** [명] 인간탄환. 인간새. [달리기·높이뛰기·넓이뛰기 등에서의 명선수를 이르는 말] [동] (서커스에서) 공중 곡예를 하다. ¶空中～＝공중 곡예를 하다.

【飞散】**fēisàn** [동] **1** (새 등이) 날아 흩어지다. ¶枪响过后, 林中的鸟儿四处～。＝총 소리가 울리자, 숲 속의 새들이 사방으로 흩어졌다. **2** (연기·안개 등이) 공중에 흩어지다. 공중에 퍼지다. ¶炊烟～＝밥 짓는 연기가 공중에 퍼지다.

【飞沙走石】**fēishā-zǒushí** [성] **1** 모래가 날리고 돌이 뒹굴다. **2** [비] 바람이 세차게 부는 모양.

【飞身】**fēishēn** [동] 가볍게 뛰어오르다. 몸을 날리다. ¶～上马＝가볍게 말에 뛰어오르다.

【飞升】**fēishēng** [동] **1** [옛] (수련에 성공하여) 선경(仙境)에 이르다. **2** 상승하다. 날아오르다. ¶气球在空中缓缓～。＝기구가 공중에 천천히 날아오르다. **3** (물가·주가 따위가) 폭등하다.

【飞石】**fēishí** [명] (옛날, 전쟁에서 기구를 이용하여 쏘아 날리는) 돌. ¶滚木～＝굴리는 나무와 날리는 돌.

【飞驶】**fēishǐ** [동] (차가) 나는 듯이 달리다. ¶汽车～而过。＝자동차가 쏜살같이 지나가다.

【飞逝】**fēishì** [동] 시간이 쏜살같이 지나가다. ¶时光～＝시간이 쏜살같이 지나가다.

【飞熟】**fēishú** [형][방] **1** 잘 알다. 익숙하다. 생소하지 않다. ¶我跟他是老朋友了, ～。＝나와 그는 오랜 친구로 잘 안다. **2** 매우 성숙해 있다. 잘 익다. 충분히 여물다. ¶西瓜～。＝수박이 잘 익었다.

【飞鼠】**fēishǔ** [명]《動》 **1** 하늘다람쥐. **2** [문] 박쥐.

【飞送】**fēisòng** [동] 급송하다. 매우 급히 보내다. ¶～急件＝긴급한 문건을 급송하다.

【飞速】**fēisù** [형] 매우 빠르다. 나는 듯이 빠르다. 급속하다. ¶城市建设～发展。＝도시 건설이 매우 빠르게 발전한다. ≒快速 迅速 急速 火速

【飞腾】**fēiténg** [동] **1** (급속히) 날아오르다. 위로 솟구치다. 공중으로 떠오르다. ¶烈焰～＝맹렬한 불길이 솟구치다. **2** (물가 따위가) 빠르게 상승하다. 폭등하다. ¶物价～＝물가가 폭등하다.

【飞天】**fēitiān** [명]《佛》 비천. 천녀(天女). [불교 벽화 등에 나오는 공중을 나는 선인(仙人)] [동] 하늘을 날다. ¶～梦想＝하늘을 나는 꿈.

【飞天奖】**Fēitiānjiǎng** [명] 비천상. [중국 텔레비전 방송 상(賞)의 한 가지]

【飞帖】**fēitiě** [동] (편지·초대장 등을) 급히 내다. ¶～传信＝편지를 급히 보내다.

【飞艇】**fēitǐng** [명] 비행선.

【飞往】**fēiwǎng** [동] 비행기를 타고 …로 가다〔향하다〕. ¶～东京＝비행기를 타고 도쿄로 가다.

【飞蚊症】**fēiwénzhèng** [명]《醫》 (눈의) 비문증. ＝【飞蝇症】**fēiyíngzhèng**

【飞吻】**fēiwěn** [동] 키스를〔입맞춤을〕 날려 보내다. [자기 손을 입술에 대었다가 상대방에게 날려 보내는 동작]

【飞舞】**fēiwǔ** [동] **1** 춤추며 날다. 춤추듯이 공중에 흩날리다. ¶彩蝶～＝오색나비가 춤추듯이 날다. **2** [비] 생기가 넘치고 활발하다.

【飞雾】**fēiwù** [명] (안개처럼) 흩날리는 물방울. ¶瀑布溅起薄薄一层～。＝폭포가 엷은 물안개층을 만들어 냈다.

【飞袭】**fēixí** [동]《軍》 공중 기습하다. 공습하다. 미사일·항공기로 지상의 목표물을 공격하다.

【飞翔】**fēixiáng** [동] 하늘을 빙빙 돌며 날다. 비상하다. ¶大雁在空中～。＝기러기가 공중을 날

다.
【飞行】fēixíng 图 (비행기·로켓(rocket) 등이) 비행하다.
【飞行器】fēixíngqì 图 공중을 비행하는 기계 장치의 통칭. [항공기·미사일 등]
【飞行员】fēixíngyuán 图 (비행기) 조종사. 비행사.
【飞絮】fēixù 图 바람에 날리는 버들개지. ¶~满天=온 하늘에 버들개지가 흩날린다.
【飞旋】fēixuán 图 **1** 공중에서 선회하다. ¶大雁在空中~。=기러기가 공중에서 선회하다. **2** 빠르게 흩날리다〔날다〕. 휘날리다. (마음이) 소용돌이치다. 맴돌이치다. ¶舞步~=춤스텝이 경쾌하다.
【飞雪】fēixuě 图 흩날리는〔휘날리는〕눈. ¶漫天~=하늘 가득 흩날리는 눈.
【飞檐】fēiyán 图(建) 비첨. 비우(飛宇). [중국 고대 건축 양식의 일종. 처마 끝에 부연을 달아 기와집의 네 귀가 높이 들린 처마]
【飞檐走壁】fēiyán-zǒubì 图 **1** 추녀와 담벼락을 나는 듯이 넘나들다. **2**(비) 동작이 몹시 날쌔다.
【飞眼】fēi∥yǎn(~儿) 图 눈짓을 하다. 추파를 던지다. ¶~传情=사랑의 눈짓을 보내다.
【飞燕】fēiyàn 图 **1** 나는 제비. **2**(비) 날렵한 몸짓. 身轻如~。=날쌘 제비 같다. **3**(Fēiyàn) 조비연(趙飛燕). [한(漢) 성제(成帝)가 총애하던 애첩]
【飞扬】fēiyáng 图 **1** 높이 오르다. 떠오르다. 날려 올라가다. 피어〔솟아〕오르다. ¶尘土~=흙먼지가 오르다. **2** 의기양양하다. 고무되다. 고양되다. 들뜨다. ¶神采~=의기양양해하다.
【飞扬跋扈】fēiyáng-báhù 图 거만하고 횡포하게 굴다. 제멋대로 굴다. 세도를 부리다. ≒耀武扬威
【飞蝇症】fēiyíngzhèng ☞【飞蚊症】fēiwénzhèng
【飞鱼】fēiyú 图(動) 날치.
【飞语】[蜚语]fēiyǔ 图 뜬소문. 낭설. 유언(流言). ¶流言~=유언비어.
【飞跃】fēiyuè 图 **1** 비약하다. 나는 듯이 뛰어오르다. ¶~腾空=공중으로 날아오르다. **2**(비) 비약적으로 발전하다. 급격히 발전하다〔진보하다〕. ¶经济~发展=경제가 비약적으로 발전하다. 图(哲) 비약.
【飞越】fēiyuè 图 **1** 날아서 지나다〔건너다〕. ¶~横栏=난간을 뛰어넘다. **2**(문) 의기양양하다. 고무되다. 고양되다. 들뜨다. ¶心神~=마음이 고무되다.
【飞灾】fēizāi 图 뜻밖의 재난. 졸지의 불행.
【飞灾横祸】fēizāi-hènghuò 图 뜻밖의 재난. 급작스런 재화.
【飞贼】fēizéi 图 **1** (도둑고양이처럼) 날쌘 도둑. **2** 공중으로 침범한 적.
【飞涨】fēizhǎng 图 (물가 따위가) 폭등하다. ¶物价~=물가가 폭등하다.
【飞针走线】fēizhēn-zǒuxiàn 图 바느질이 빠르고 솜씨가 매우 좋다.

【飞舟】fēizhōu 图 나는 듯이 빨리 달리는 배.
【飞转】fēizhuàn 图 (바퀴 따위가) 빨리 돌다. ¶齿轮~=기어(gear)가 빨리 돌다.

## 妃 fēi 왕비 비

图 **1** 후궁. 황제의 첩. ¶后~=후비. **2** 태자·왕·제후의 아내. ¶王~=왕비.
【妃嫔】fēipín 图 후궁. 황제의 첩.
【妃色】fēisè 图 담홍색.
【妃子】fēi·zi 图 후궁. 황제의 첩.

## *非 fēi 아닐 비

图 **1** …에 맞지 않다. 위배하다. ¶~法行为=위법 행위. / ~分之想=분수에 맞지 않는 생각. **2** 그르다고 여기다. 옳지 않다고 여기다. 반대하다. 비난하다. 책망하다. ¶无可厚~=심하게 책망할 수가 없다. ¶是今~古=지금의 것이 옳고 옛 것이 틀리다고 여기다. **3** …이〔가〕 아니다. ['不是'에 상당하며, 부정적인 판단을 표시함] ¶莫~=설마 …란 말인가? 설마 …아니겠지? / 答~所问=동문서답하다. 圆 **1** 부정을 나타내며, '不'에 상당함. **2**=非比寻常=예사롭지 않다. 꼭. 필히. ['不'와 호응함] ¶要发展, ~改革不可。=발전을 하려면, 반드시 개혁을 해야만 한다. **3**(구) 반드시. 꼭. 필히. …하지 않으면 안 된다. [뒤에 '不可(bùkě)·不行(bùxíng)·不成(bùchéng)' 등이 생략됨] ¶不让我去, 我~去。=날 못 가게 해도, 나는 반드시 가야 한다. 图(문) 좋지 않다. 엉망이다. ¶景况日~=형편이 날로 엉망이다. 图 **1** 과실. 잘못. ¶是~曲直=시비곡직. 사리의 옳고 그름. / 文过饰~=과실〔잘못〕을 덮어 감추다. **2**(Fēi)(地) 아프리카(Africa). ¶北~=북아프리카. 接图 명사나 명사성 단어 앞에 쓰여 어떠한 범위에 속하지 않음을 나타냄. ¶~一流演员=일류 연기자에 속하지 않다.

○→ 除非, 错cuò非, 莫mò非, 岂qǐ非, 若ruò非, 无非

【非常】fēicháng 图 예사롭지 않은. 특별한. 특수한. 비상한. 비정상적인. ¶~时期=비상 시기. 圆 대단히. 매우. 심히. 아주. ¶~高兴=매우 기쁘다. 图(문) 변고. 돌발적인 재난. ¶以备~之需=돌발적인 수요에 대비하다. ≒相当 十分
【非处方药】fēichǔfāngyào 图(醫) 일반 의약품. [의사의 처방전이 필요한 '处方药(전문 의약품)'와 구별됨]
【非此即彼】fēicǐ-jíbǐ 图 이것이 아니면 저것이다. 둘 중의 하나이다.
【非但】fēidàn 接 비단 …뿐만 아니라. [주로 '而且(érqiě)·还(hái)' 등과 호응하여 쓰임] ¶他~不

합작, 还跟我顶着干。=그는 협조하지 않을 뿐만 아니라, 나와 대립각을 세우기도 한다. ≒不但 岂但
【非导体】fēidǎotǐ ☞【绝缘体】juéyuántǐ
【非得】fēiděi 🗎 반드시 …해야 한다. …하지 않으면 안 된다. [주로 '不(bù)'와 호응하여 쓰임] ¶这次~你去不可。=이번에 반드시 네가 가야 한다.
【非典】fēidiǎn ☞【非典型性肺炎】fēidiǎn xíngxìng fèiyán
【非典型性肺炎】fēidiǎnxíngxìng fèiyán 🗎 (醫) 사스(SARS). 중증 급성 호흡기 증후군. ㊥
【非典】fēidiǎn
【非电解质】fēidiànjiězhì 🗎 (化) 비전해질.
【非独】fēidú 🗎 …뿐만 아니라. [주로 '而且(érqiě)' 등과 호응하여 쓰임] ¶桂林~山美, 而且水也很美。=계림은 산이 아름다울 뿐만 아니라, 물도 매우 아름답다. 🗎 …에 그치지 않다. 단지 …만이 아니다. ¶不去者~我一人。=안 가는 사람이 나 혼자만은 아니다.
【非对抗性矛盾】fēiduìkàngxìng máodùn 🗎 비적대적 모순.
【非法】fēifǎ 🗎 불법적인. 비합법적인. 위법적인. ¶~出版物=불법 출판물. ↔合法
【非凡】fēifán 🗎 보통이 아니다. 뛰어나다. 비범하다. ¶才智~=재능과 지혜가 뛰어나다. ↔平凡 普通
【非非】fēifēi 🗎🗎 그른 것을 그르다고 하다. 명확히 하다. 확실히 하다. ¶是是~谓之知。=옳은 것을 옳다고 하고 그른 것을 그르다고 하는 것을 앎이라고 한다. 🗎 1 (佛) 철리. 아주 깊고 오묘한 이치. 2㉻ 헛된 생각. 환상. 망상. ¶想入~=헛된 생각에 빠지다.
【非…非…】fēi…fēi… 🗎 …도 …도 아니다. ¶~敌~友=적도 친구도 아니다.
【非分】fēifèn 🗎 1 자기 몫이 아닌. ¶~之财=자기 몫이 아닌 재물. 2 본분을 벗어나다. 분수에 넘치다. 주제넘다. ¶不要存~之想。=분수에 넘치는 생각을 하지 마라.
【非官方】fēiguānfāng 🗎 비공식적인. 사적인. ¶~消息=비공식적인 소식〔뉴스〕.
【非核】fēihé 🗎 핵무기가 없는. ¶~武装=핵무기가 없는 무장.
【非核国家】fēihé guójiā 🗎 비핵보유국.
【非婚生子女】fēihūnshēng zǐnǚ 🗎 사생아(私生兒). 비적출자(非嫡出子). 혼인 외의 출생자. ㊥【私生子女】sīshēng zǐnǚ
【非机动车】fēijīdòngchē 🗎 (주로 인력이나 축력(畜力)에 의존하는) 비동력 차량. ↔机动车
【非…即…】fēi…jí… 🗎 … 아니면 …이다. ¶~亲~友=친족 아니면 친구이다.
【非金属】fēijīnshǔ 🗎 (化) 비금속.
【非晶体】fēijīngtǐ 🗎 (礦) 비결정체.
【非军事人员】fēijūnshì rényuán 🗎 (…에 대하여) 일반 민간인. 군무원(軍務員).
【非君莫属】fēijūn-mòshǔ 🗎 1 (영예·보직·경쟁 등에서) 당신말고 달리 사람이 없다. 바로 당신 차지〔몫〕이다. 2㉻ 당신만이 할 수 있다. 당신이 아니면 안 된다.
【非类】fēilèi 🗎🗎 1 행실이 바르지 않은 자. 나쁜〔못된〕 사람. ¶不交~=나쁜 사람과는 사귀지 않는다. 2 다른 종족. 부류가〔신분이〕 다른 사람. 뜻이 다른 사람. ¶~之人=뜻이 다른 사람.
【非离子】fēilízǐ 🗎 비이온(非ion). [세정제·염색 조제(染色助劑)·섬유 유연제 등에 쓰임]
【非礼】fēilǐ 🗎 1 예의에 어긋나다. 무례하다. ¶~勿听=예의에 어긋나는 것은 듣지 않는다. 2㉻ 성희롱하다. 집적거리다. 농지거리하다. 외설적인〔음란한〕 짓을 하다.
【非驴非马】fēilǘ-fēimǎ 🗎 1 당나귀도 아니고 말도 아니다. 2㉻ 이도 저도 아니다. 죽도 밥도 아니다. 무언가 어설프다.
【非卖品】fēimàipǐn 🗎 비매품.
【非命】fēimìng 🗎 (비명)횡사하다. ¶死于~=비명횡사하다.
【非难】fēinàn 🗎 비난하다. 힐책하다. ¶他这样做合情合理, 无可~。=그가 이렇게 한 것은 합당해서 비난할 수가 없다.
【非亲非故】fēiqīn-fēigù 🗎 1 일가도 친구도 아니다. 2㉻ 서로 아무 관계가 없다.
【非人】fēirén 🗎 사람 같지 않은 사람. 망나니. 🗎 비인간적인. 인간 이하의. ¶~的待遇=비인간적인 대우.
【非手术疗法】fēishǒushù liáofǎ ☞【保守疗法】bǎoshǒu liáofǎ
【非特】fēitè 🗎🗎 …뿐만 아니라. ¶~无术也。=방법만 없는 것이 아니다.
【非条件刺激】fēitiáojiàn cìjī 🗎(心) 무조건 자극. =【无条件刺激】wútiáojiàn cìjī
【非条件反射】fēitiáojiàn fǎnshè 🗎(心) 무조건 반사. =【无条件反射】wútiáojiàn fǎnshè
【非同凡响】fēitóng-fánxiǎng 🗎 (문예 작품 등이) 평범하지 않다. 뛰어나다. 특색이 있다. ≒不同凡响
【非同小可】fēitóng-xiǎokě 🗎 이만저만한 일이 아니다. 보통 일이 아니다. 작은 일이 아니다. 예삿일이 아니다. 경시할 수 없다.
【非同寻常】fēitóng-xúncháng 🗎 1 보통과 다르다. 일반적이지 않다. 각별하다. 예외이다. 2 이만저만한 일이 아니다. 보통 일이 아니다. 작은 일이 아니다. 예삿일이 아니다. 경시할 수 없다. ≒不同寻常
【非统】Fēi Tǒng ☞【非洲统一组织】Fēizhōu Tǒngyī Zǔzhī
【非徒】fēitú 🗎🗎 …뿐만 아니라. [주로 '而且(érqiě)'와 호응하여 쓰임] ¶急功近利, ~无益, 而且有害。=눈앞의 성공과 이익에 급급하면, 이롭지 못할 뿐만 아니라 해롭기까지 하다.
【非笑】fēixiào 🗎 조소하다. 비웃다. ¶遭人~=남의 비웃음을 사다.
【非刑】fēixíng 🗎 부당한 형벌. ¶遭受~=부당한 형벌을 당하다.
【非要】fēiyào 🗎 아무튼. 어쨌든. 하여간. 여하간. 여하튼. [주로 '不可(bùkě)·不行(bùxíng)'등

과 호응하여 쓰임] ¶那事他~亲自办不可. =그 일은 하여간 그가 직접 해야만 한다.
【非议】fēiyì 동 책하다. 탓하다. 책망하다. 꾸짖다. 비난하다. ¶他在工作上尽职尽责, 无可~. =그는 일에 있어서 자기 맡은 바를 다하므로 탓할 수 없다.
【非意】fēiyì 동문 뜻밖이다. 의외이다. ¶如此结局, 实为~. =이런 결말은 정말 뜻밖이다.
【非圆唇元音】fēiyuánchún yuányīn 명《言》비원순 모음. [중국어에서의 a·e·i 등]
【非再生资源】fēizàishēng zīyuán ☞【不可更新资源】bùkě gēngxīn zīyuán
【非正式】fēizhèngshì 형 비정식적인. 비공식적인. 비정식의. 비공식의. ¶~合同=가계약. 임시 계약. /~任命=비공식 임명.
【非织造布】fēizhīzàobù 명 부직포. =【不织布】bùzhībù【无纺布】wúfǎngbù
【非职务发明】fēizhíwù fāmíng 명 아마추어 (amateur) 발명.
【非智力因素】fēizhìlì yīnsù 명 정서적 요소. 정의적 요소.
【非重音】fēizhòngyīn 명《言》강세가 없는 소리〔음〕.
【非洲】Fēizhōu 명(외)(地) 阿非利加洲(아프리카 주).
【非洲统一组织】Fēizhōu Tǒngyī Zǔzhī 명 아프리카 통일 기구. [OAU, Organization of African Unity] 약【非统】Fēi Tǒng

\* 菲 fēi 초목의 향기 짙을 비
형 화초가 아름답고 향기가 짙다. ¶芳~=꽃이 아름답고 향기롭다. 명(외)(化) 페난트렌(phenan-threne).
☞ fěi
【菲菲】fēifēi 형문 1 (화초가) 무성하고 아름답다. ¶眸兮~=화려하고 아름답다. 2 향기가 짙다〔그윽하다〕. ¶芳草~=향초의 향기가 짙다.
【菲林】fēilín 명(외)(攝) 필름(film).
【菲律宾】Fēilǜbīn 명(외)(地) 필리핀(Philippines). [수도는 '马尼拉(마닐라: Manila)' 임]

\*\* 啡 fēi 커피 비
☞【咖啡】kāfēi【吗啡】mǎfēi

骈[騑] fēi 곁마 비
명문 곁마. 비마. 부마(副馬). [두 마리 이상의 말이 마차를 끌 때, 옆에서 끌거나 따라가는 말]

绯[緋] fēi 붉은빛 비
형 빨간색의. 붉은빛의.
【绯红】fēihóng 형 새빨갛다. 선홍색의. 담홍색의. 적색의. ¶晚霞把天空染得~. =저녁 노을이 하늘을 새빨갛게 물들였다.
【绯绿】fēilǜ 명 빨간색과 녹색의.
【绯闻】fēiwén 명 (부정한 남녀 관계와 연관된) 스캔들(scandal). 염문(艷聞). ¶关于影星的一桩~. =영화 배우에 관한 스캔들.

扉 fēi 문짝 비
명 문짝. 门 柴~. =사립문. 늑门 户 扇
【扉画】fēihuà 명 책의 본문 앞에 있는 삽화.
【扉页】fēiyè 명 속표지.

蜚 fēi 날 비
동문 '飞(fēi)'와 같음.
☞ fěi
【蜚短流长】fēiduǎn-liúcháng ☞【飞短流长】fēiduǎn-liúcháng
【蜚声】fēishēng 동문 이름을 날리다. 유명해지다. ¶~国际影坛=국제 영화계에서 이름을 날리다.
【蜚语】fēiyǔ ☞【飞语】fēiyǔ

霏 fēi 눈 펄펄 내릴 비
동문 나부끼다. 휘날리다. 흩날리다. ¶烟~云敛=안개가 날려 흩어지고 구름이 모이다. 형문 (비나 눈이) 흩날리다. (연기·구름 등이) 매우 성하다. 자욱하다. 무성하다. ¶雨雪其~=진눈깨비가 흩날리다.
【霏霏】fēifēi 형문 (비나 눈이) 흩날리다. (연기·구름 등이) 매우 성하다. 자욱하다. 무성하다. ¶细雨~=가랑비가 부슬부슬 내리다.
【霏微】fēiwēi 형문 (안개·가랑비 등이 공중에) 가득하다. 자욱하다. ¶烟雨~=안개비가 하늘에 가득하다.

鲱[鯡] fēi 청어 비
명《動》청어. ['鰊(liàn)'이라고도 함]

\*\* 肥 féi 살질 비
형 1 지방이〔기름이·비계가〕 많다. 살지다. 토실토실하다. 통통하다. 기름지다. [사람에게는 쓰지 않음] ¶大~猪=크고 살진 돼지. 2 비옥하다. 기름지다. ¶地~=땅이 비옥하다. 3 수입이 많다. 부당한 이득이 많다. ¶~缺=부수입이 짭짤한 보직. 4 (옷 등이) 크다. 너르다. 헐렁헐렁하다. ¶裤子做得太~. =바지를 너무 헐렁하게 만들었다. 5〔수〕동 부유하다. 재물이 많다. ¶他这二年投机倒把, ~起来了. =그는 지난 2년간 투기 거래를 하여 부유해졌다. 동 1 비옥하게 하다. ¶烧田~地=밭을 불태워 땅을 비옥하게 하다. 2 부당한 수입으로 부유해지다. ¶假公~私=공적인 이름을 빌어 사리사욕을 채우다. 명 1 비료. 거름. ¶化~=화학 비료. /绿~=풋거름. 2〔수〕이익. 이득. ¶暗中分~=몰래 이익을 나누다. 3 (Féi) 성(姓). 늑胖 ↔瘦 瘠

⊙─◉ 饼bǐng肥, 痴chī肥, 畜chù肥, 春肥, 催cuī肥, 氮dàn肥, 堆duī肥, 分肥, 粪fèn肥, 干肥, 河肥, 基肥, 钾jiǎ肥, 窖jiào肥, 既jiù肥, 圈juàn肥, 菌jūn肥, 粒肥, 磷lín肥, 绿lǜ肥, 面肥, 泥ní肥, 尿niào肥, 沤òu肥, 水肥, 塘táng肥, 育肥, 杂肥, 追zhuī肥, 自肥

【肥差】féichāi 명 생기는 게 많은 보직〔직책·자

리).
【肥肠】féicháng(~儿) 명 (식품으로 쓰이는) 돼지의 대장.
【肥吃肥喝】féichī féihē ☞【肥吃海喝】féichī hǎihē
【肥吃海喝】féichī hǎihē 형용 진탕 먹고 마시다. =【肥吃肥喝】féichī féihē
【肥嘟嘟】féidādā 형 뚱뚱한 모양. 피둥피둥하다. 뒤룩뒤룩하다.
【肥大】féidà 형 1 (생물체나 생물체의 어떤 부분이) 비대하다. 뚱뚱하다. 튼실하다. 두툼하고 큼직하다. ¶茎叶~=줄기와 잎이 튼실하다. 2 (医) 비대하다. 비후하다. ¶肝脾~=간장·비장 비대. 3 (의복 등이) 크다. 헐겁다. 헐렁헐렁하다. ¶这件衣服太~。=이 옷은 커서 헐렁헐렁하다. ↔瘦小
【肥地】féidì 동 땅을 기름지게 하다. ¶淤淤~=흙탕물을 끌어들여 침전시켜서 토지를 비옥하게 하다. 기름진 땅. 비옥한 토지. 옥토. 옥답. ¶这是块~。=이 땅은 기름진 옥토다.
【肥嘟嘟】féidūdū(~的) 형용 토실토실하다. 포동포동하다. 통통하다. 피둥피둥하다. 뒤룩뒤룩하다. ¶~的脸蛋=통통한 얼굴.
【肥墩墩】féidūndūn(~的) 형 땅딸막하다. 토실토실하다. 포동포동하다. 통통하다. 피둥피둥하다. 뒤룩뒤룩하다. ¶小伙子长得~的。=애가 통통하게 생겼다.
【肥肥大大】féi·fei dàdà(~的) 형 1 (의복 등이) 크다. 헐렁헐렁하다. 너르다. ¶~的灯笼裤=윗부분은 헐렁하고 발목 부분은 딱 달라붙는 바지. 2 (생물체나 생물체의 어떤 부분이) 비대하다. 뚱뚱하다. 튼실하다. 두툼하고 큼직하다. ¶~的猪耳朵=두툼한 돼지 귀.
【肥肥胖胖】féi·fei pàngpàng(~的) 형 뚱뚱하다.
【肥肥实实】féi·fei shíshí(~的) 형 1 살지다. 포동포동하다. 2 지방이〔기름이·비계가〕 많다. 3 풍족하다. 부유하다. 돈이 많다.
【肥肥壮壮】féi·fei zhuàngzhuàng(~的) 형 (농작물·가축 따위가) 살지다. 알차다. 옹골지다. 튼실하다. 살지고 힘이 세다.
【肥分】féifèn 명 비료의 성분.
【肥甘】féigān 명문 맛좋은 음식. ¶嗜食~=맛있는 음식을 즐겨 먹다.
【肥厚】féihòu 형 1 토실토실하다. 포동포동하다. 살져서 두텁다. 두툼하다. 살지다. 알차다. 옹골지다. ¶~的仙人掌=두툼한 선인장. 2 (땅이) 비옥하고 두텁다. ¶土质~=토질이 비옥하고 두텁다. 3(医) 비대하다. 비후하다. ¶右心室~=우심실 비대. 4 많다. 풍족하다. 융숭하다. ¶待遇~=대접이 융숭하다.
【肥瘠】féijí 명 1 토지의 기름짐과 메마름. ¶种什么庄稼要依土地的~而定。=어떤 농작물을 심을지는 토지의 기름짐과 메마름에 따라 결정한다. 2 비계와 살코기가 반반 붙어 있는 고기.
【肥力】féilì 명(农) (토양의) 비옥도(肥沃度). ¶土地~不够, 庄稼长势不好。=토지의 비옥도가

부족하면, 농작물의 성장도가 좋지 않다.
【肥料】féiliào 명 비료. 거름.
【肥溜溜】féiliūliū(~的) 형 살지고 윤기가 도는 모양. 포동포동하다. ¶小猪一个个长得~的。=새끼돼지들이 한결같이 포동포동 살졌다.
【肥马轻裘】féimǎ-qīngqiú 성 1 살진 준마를 타고 가벼운 털가죽 옷을 입다. 2 비 생활이 호사스럽다.
【肥煤】féiméi 명(矿) 점결탄.
【肥美】féiměi 형 1 (고기가) 살지고〔기름지고·오동통하고〕 맛있다. ¶~的烤鸭=살지고 맛있는 오리구이. 2 살지다. 포동포동하다. 토실토실하다. 무성하다. 울창하다. ¶水草~=수초가 무성하다. 3 비옥하다. 기름지다. ¶土地~=토지가 비옥하다. ↔瘦弱 瘠薄
【肥嫩】féinèn 형 (고기·생선 등이) 살지고 연하다. 기름지고 부드럽다. ¶羊肉~鲜香。=양고기가 살지고 연하며 맛있다.
【肥腻】féinì 형 (고기·생선 등이) 기름기가 너무 많다.
【肥胖】féipàng 형 (인체가) 뚱뚱하다. 비만하다. ¶体型~=체형이 뚱뚱하다.
【肥胖症】féipàngzhèng 명(医) 비만증.
【肥缺】féiquē 명 부수입이 짭짤한 보직〔직위〕.
【肥肉】féiròu 명 1 비계. 비곗살. 기름이 많은 고기. 2 황금알을 낳는 거위. [사람에게 많은 이득을 안겨 주는 사물을 일컫는 말] ¶那是一块~, 谁都想抢。=그것은 그야말로 대박을 터뜨릴 수 있는 것이라서, 누구라도 차지하고 싶어한다.
【肥实】féi·shi 형용 1 (농작물·가축 따위가) 살지다. 알차다. 옹골지다. 튼실하다. 살지고 힘이 세다. ¶这头牛很~。=이 소는 매우 튼실하다. 2 지방이〔기름이·비계가〕 많다. ¶这块肉很~。=이 고기는 비계가 많다. 3 비 풍족하다. 부유하다. 돈이 많다. ¶他们家日子过得~。=그들 집안은 풍족하게 지낸다.
【肥瘦儿】féishòur 명 1 (옷·신발 등의) 품. 볼. 너비. 폭. 사이즈(size). ¶这身衣服~正合适。=이 옷은 품이 딱 맞는다. 2 (동물의) 살지고 마른 정도. (육류의) 비계와 살코기의 비율. ¶做丸子的肉~要适中。=완자용 고기는 비계와 살코기가 적당히 섞여야 한다. 3 비계와 살코기가 반반 붙어 있는 돼지고기. ¶给我来一斤~。=비계와 살코기가 반반인 고기 한 근 주세요.
【肥水】féishuǐ 명용 1 양분을 함유한 물. 액체 비료. 2 이로운 점. 이익. 이득. ¶~不流外人田。=양분이 풍부한 물을 남의 논으로 흐리지 않는다. 좋은 점을 자기편 사람끼리만 향유하다.
【肥硕】féishuò 형 1 (과일 등이) 크고 알차다. ¶~的果实=크고 알찬 과실. 2 몸이 비대하다. ¶身躯~=신체가 비대하다.
【肥私】féisī 동 자기 잇속을 챙기다. 사리사욕을 채우다. ¶以公~=공적인 것으로 사리사욕을 채우다.
【肥田】féi‖tián 동 논밭을 기름지게〔비옥하게〕 하다. ¶草木灰可以~。=초목의 재는 토지를 기름지게 할 수 있다.

【肥田】féitián 〈名〉 비옥한 전답. 옥토(沃土). 옥답(沃畓). ¶沃土~=기름진 논밭.
【肥头大耳】féitóu-dà'ěr 〈熟〉〈俗〉 1 찐빵 얼굴. 2 〈비〉 뒤룩뒤룩하다. 피둥피둥하다. 육중하다.
【肥土】féitǔ 〈名〉 비옥한 토지. 기름진 땅.
【肥沃】féiwò 〈형〉 비옥하다. ¶~的土地=비옥한 토지. ↔贫瘠 瘦瘠
【肥鲜】féixiān 〈名〉 1 기름진 고기와 신선한 생선. 2 〈비〉 맛있고 신선한 음식. ¶请来碗儿~。=맛있는 음식 좀 주세요.
【肥效】féixiào 〈名〉〈农〉 비효. 비료의 효과. ¶~持久=비료의 효과가 오래 지속되다.
【肥腴】féiyú 〈형〉 1 살지다. 2 비옥하다. ¶土壤~=토양이 비옥하다.
【肥育】féiyù 〈名〉 비육하다. =育肥 yùféi 催肥 cuīféi
【肥源】féiyuán 〈名〉〈农〉 비료의 원료 공급원.
【肥皂】féizào 〈名〉 비누. 〈방〉【胰子】yí·zi
【肥皂剧】féizàojù 〈名〉 (적은 제작비로 가벼운 소재를 다루는 텔레비전) 연속극. 드라마.
【肥皂泡】féizàopào 〈名〉 1 비누 거품. 2 〈비〉 일장춘몽. 하룻밤의 꿈. ¶他的愿望最终成了~。=그의 소망은 결국 일장춘몽이 되고 말았다.
【肥猪】féizhū 〈名〉 1 살진 돼지. 2 〈비〉 뚱뚱이. 뚱뚱보. [놀림이나 해학적인 의미를 내포함]
【肥壮】féizhuàng 〈형〉 (농작물·가축 따위가) 살지다. 알차다. 옹골지다. 튼실하다. 살지고 힘이 세다. ¶牛羊~=소와 양이 튼실하다. ↔瘦瘠 瘦弱

贲 [賁] Féi 성씨 비
〈名〉 성(姓).
☞ bēn, bì

淝 Féi 강 이름 비
〈名〉〈地〉 페이허(淝河). [안후이(安徽)성에 있는 강 이름. 고대에는 '페이수이(淝水)'라 불렀음]

腓 féi 장딴지 비
〈名〉 종아리. 장딴지. 〈동〉〈문〉 병들다. 앓다. 시들다. 생기가 없다. ¶百卉俱~=모든 풀이 시들다.

朏 féi 초승달 비
〈동〉〈문〉 초승달이 빛을 발하기 시작하다.

**匪 fěi 도적 비
〈名〉 강도. 비적(匪贼). 도적. 토비. ¶盗~=도적. / 剿~=비적을 토벌하다. 〈부〉〈문〉 …이[가] 아니다. ['不(bù)·不是(bùshì)'에 상당함] ¶获益~浅=이익을 보는 것이 적지 않다. ≒盗 寇

o-● 绑bǎng匪, 股gǔ匪

【匪帮】fěibāng 〈名〉 강도 떼. (정치적) 도당. 비적의 무리.
【匪巢】fěicháo 〈名〉 강도나 불순 세력의 소굴[은신처]. 비적의 소굴.
【匪盗】fěidào 〈名〉 토비와 강도. 강도. 도적. 무법자. 비적.
【匪患】fěihuàn 〈名〉 강도[비적]에 의한 폐해.
【匪祸】fěihuò 〈名〉 강도에 의한 폐해.
【匪警】fěijǐng 〈名〉 강도 경보.
【匪窟】fěikū 〈名〉 강도나 불순 세력의 소굴[은신처]. 비적의 소굴.
【匪首】fěishǒu 〈名〉 강도 두목. 비적의 두목.
【匪徒】fěitú 〈名〉 1 악당. 무뢰한. 2 강도.
【匪穴】fěixué 〈名〉 강도나 불순 세력의 소굴[은신처]. 비적의 소굴.
【匪夷所思】fěiyísuǒsī 〈성〉 상식적으로 생각할 수 있는 것이 아니다. 보통 사람은 생각해 낼 수 없다. 언행이 기이하다[황당무계하다].

*诽 [誹] fěi 헐뜯을 비
〈동〉 비방하다. 중상하다. 헐뜯다. 비난하다. ¶恶语~谤=악담으로 헐뜯다. ≒谤

o-● 腹fù诽

【诽谤】fěibàng 〈동〉 비방하다. 중상하다. 헐뜯다. 비난하다. ¶造谣~=헛소문을 내어 헐뜯다. ≒毁谤 诋毁
【诽谤罪】fěibàngzuì 〈名〉〈法〉 명예훼손죄.

*菲 fěi 채소 이름 비
〈名〉 고서(古书)에서 무류(类)의 야채를 가리킴.
〈형〉〈문〉 보잘것없다. 변변치 못하다. 적다. 얼마 되지 않다. ¶薪水不~=봉급이 적지 않다.
☞ fēi

【菲薄】fěibó 〈형〉 (능력 등이) 보잘것없다. 변변치 못하다. (대우가) 박하다. (질이) 나쁘다. (수량이) 적다. ¶报酬~=보수가 적다. 〈동〉 경멸하다. 깔보다. 업신여기다. ¶妄自~=지나치게 자신을 낮추다.
【菲敬】fěijìng 〈名〉〈문〉〈겸〉 변변치 못한 선물. 조촐한 선물. 조품(粗品).
【菲仪】fěiyí 〈名〉〈문〉〈겸〉 변변치 못한 선물. 조촐한 선물. 조품(粗品).
【菲酌】fěizhuó 〈名〉〈문〉〈겸〉 변변치 못한 음식. 조촐한 술자리. 박주. ¶略备~=조촐한 술자리를 준비하다.

悱 fěi 표현 못할 비
〈형〉〈문〉 말로 표현하고 싶지만 그러지 못하다. 우물거리다. ¶不~不发=(학생이) 말로 표현하고 싶지만 그러지 못할 때까지 이르지 않으면 깨우쳐 주지 않는다.
【悱恻】fěicè 〈형〉〈문〉 마음속으로 슬퍼하며 괴로워하다. ¶缠绵~=슬픔에 잠기다.

棐 fěi 도울 비
〈동〉〈문〉 보조하다. 도와 주다. 거들어 주다.

斐 fěi 문채 있는 모양 비
〈형〉〈문〉 1 글이 화려하고 아름답다. ¶~然成章=글이 화려하고 아름답다. 2 현저하다. 우수하다. 뛰어나다. 〈名〉(Fěi) 성(姓).

【斐济群岛】Fěijì Qúndǎo 圀㈜(地) 피지 (Fiji). [수도는 '苏瓦(수바 : Suva)'임]
【斐然】fěirán 囫 1 글재주가 있는 모양. ¶文辞~=글이 훌륭하다. 2 현저하다. 우수하다. ¶功绩~=성적이 우수하다.

榧 fěi 비자나무 비
囵(植) 비자(榧子)나무. 〔'香榧(xiāngfěi)'라고 통칭함〕
【榧子】fěi·zi 囵 1(植) 비자나무. 2(植) 비자. [비자나무의 열매] 3㊗ 엄지와 중지를 튀겨 소리를 내는 동작.

蜚 fěi 바퀴 비
囵 고서(古书)에 메뚜기류(类)의 곤충을 가리킴. ☞ fēi
【蜚蠊】fěilián ☞ 【蟑螂】zhāngláng

翡 fěi 물총새 비
囵 1(动) 고서(古书)에서 나오는 깃털이 빨간 새의 일종. 2(Fěi) 성(姓).
【翡翠】fěicuì 囵 1(矿) 비취. 2(动) 물총새.

篚 fěi 대광주리 비
囵㊗ 원형의 대나무 광주리.

芾 fèi 작은 모양 비
☞ 【蔽芾】bìfèi
☞ fú

*吠 fèi 짖을 폐
囻㊗ (개가) 짖다. ¶鸡鸣犬~=닭이 울고 개가 짖다.
【吠形吠声】fèixíng-fèishēng ㊗ 1 개 한 마리가 그림자를 보고 짖으면, 뭇 개들이 따라서 짖는다. 2㊗ 진위를 가리지 않고 무조건 남의 언행을 따라 하다. =【吠影吠声】fèiyǐng-fèishēng
【吠尧犬】fèiyáo-jiéquǎn ㊗ 1 걸왕(桀王)의 개가 요(尧)임금을 보고 짖다. 2㊗ 악인의 앞잡이가 좋은 사람을 공격하다.
【吠影吠声】fèiyǐng-fèishēng ☞【吠形吠声】fèixíng-fèishēng

*肺 fèi 허파 폐
囵(生) 허파. 폐.

○• 尘chén肺, 硅guī肺, 矽xī肺

【肺癌】fèi'ái 囵(医) 폐암.
【肺胞】fèibāo ☞ 【肺泡】fèipào
【肺病】fèibìng ☞ 【肺结核】fèijiéhé
【肺部】fèibù 囵(生) 폐부.
【肺肠】fèicháng 囵 1(生) 폐와 장. 2㊗ 마음. 내심. 심의(心意). ¶不知是何~。=무슨 마음인지 모르겠다.
【肺动脉】fèidòngmài 囵(生) 폐동맥.
【肺腑】fèifǔ 囵 1(生) 폐. 허파. 2㊗ 마음속. 내심. 진심. 폐부. ¶感人~=폐부를 찌르다. 깊은 감명을 주다.
【肺腑之言】fèifǔzhīyán 囵 마음속에서 우러나는 참된 말.
【肺活量】fèihuóliàng 囵 폐활량.
【肺结核】fèijiéhé 囵(医) 폐결핵. ㊗【肺病】fèibìng
【肺静脉】fèijìngmài 囵(生) 폐정맥.
【肺痨】fèiláo 囵(医) (중의학에서의) 폐결핵.
【肺脓肿】fèinóngzhǒng 囵(医) 폐농양(肺膿瘍).
【肺泡】fèipào 囵(生) 폐포(肺胞). 허파꽈리. =【肺胞】fèibāo
【肺气肿】fèiqìzhǒng 囵(医) 폐기종.
【肺水肿】fèishuǐzhǒng 囵(医) 폐수종.
【肺吸虫】fèixīchóng 囵(动) 폐디스토마. =【肺蛭】fèizhì【肺叶蛭】fèiyèzhì
【肺心病】fèixīnbìng 囵(医) 폐성심(肺心病). 폐심증.
【肺循环】fèixúnhuán 囵(生) 폐순환. =【小循环】xiǎoxúnhuán
【肺炎】fèiyán 囵(医) 폐렴.
【肺叶】fèiyè 囵(生) 폐엽.
【肺叶蛭】fèiyèzhì ☞【肺吸虫】fèixīchóng
【肺脏】fèizàng 囵(生) 폐. 허파.
【肺蛭】fèizhì ☞【肺吸虫】fèixīchóng

狒 fèi 비비 비
【狒狒】fèifèi 囵(动) 개코원숭이. 비비.

*废¹[廢] fèi 버릴 폐
囫 1 황폐하다. 쇠퇴하다. ¶~园=황폐한 정원. 2 쓸모 없다. 못 쓰게 된. ¶~旧物品=폐기품. 3 기가 꺾이다. 실망하다. 낙담하다. ¶颓~=의기소침하다. 囻 1 폐기〔폐지〕하다. 그만두다. 포기하다. ¶半途而~=중도에 그만두다. 2㊗ 파면하다. 쫓아 내다. 폐위시키다. ¶~长立幼=장자를 폐위하고 어린 왕자를 내세우다. 囵 못 쓰게 된 것. 폐물. ¶修旧利~=낡은 것을 수리하고, 폐품을 이용하다.

*废²[癈] fèi 고질병 폐
囫 불구의. 장애가 있는. ¶他的双腿都~了。=그의 두 다리는 모두 불구이다. ↔宝 兴

○• 报废, 残cán废, 荒huāng废, 旷kuàng废, 偏piān废, 三废, 颓tuí废, 作废

【废弛】fèichí 囻 (기강·규율·기풍 따위가) 문란해지다. 풀어지다. ¶朝纲~=조정의 기강이 문란해지다.
【废除】fèichú 囻 (법령·제도·조약 등을) 취소하다. 폐지하다. ¶~弊制=나쁜 제도를 폐지하다. ≒破除 取消 ↔缔结
【废黜】fèichù 囻 1㊗ 파면하다. 2 폐위시키다. (특권의 지위에서) 쫓아 내다. 몰아 내다. ¶~帝制=군주제를 폐지하다.
【废次】fèicì 囵 불합격된. 불량한. ¶~产品=불량 제품.

【废帝】fèidì 동 황제를 폐위시키다.
【废耕】fèigēng 동 (농지가 황폐되어) 작물을 심지 않다.
【废话】fèihuà 명 쓸데없는 말〔소리〕. ¶少说＝쓸데없는 말 하지 마라. 동 쓸데없는 말〔소리를〕하다. 허튼소리 하다. ¶少~，干自己的事情去！＝쓸데없는 소리 하지 말고 자기 일이나 하러 가라!
【废话连篇】fèihuà-liánpiān 성 쓸데없는 소리를 늘어놓다. 온통 허튼소리만 지껄이다.
【废旧】fèijiù 형 낡아서 못 쓰게 되다. ¶~物品＝폐기 물품.
【废料】fèiliào 명 폐기물. 폐품. 소용 없는 재료.
【废票】fèipiào 명 무효가 된 표·수표·어음·증권 등.
【废品】fèipǐn 명 1 불량품. 불합격품. 파치. ¶把好质检关，不能让~流入市场．＝품질 검사를 잘 하여, 불량품이 시장에 유입되지 못하도록 하다. 2 폐품. ¶~收购站＝폐품 매입소.
【废品率】fèipǐnlǜ 명 불량률.
【废气】fèiqì 명 폐기 가스.
【废弃】fèiqì 동 폐기하다. ¶原来的考核制度早已~了．＝원래의 심사 제도는 일찌감치 폐기되었다.
【废弃物】fèiqìwù 명 폐기물.
【废寝忘餐】fèiqǐn-wàngcān ☞【废寝忘食】fèiqǐn-wàngshí
【废寝忘食】fèiqǐn-wàngshí 성 1 침식(寢食)을 잊다. 2 (어떤 일에) 전심전력하다. 매우 몰두하다. ＝【废寝忘餐】fèiqǐn-wàngcān ≒夜以继日
【废然】fèirán 형문 낙담하여 넋을 잃은 모양. ¶~长叹＝낙담하여 길게 한숨 쉬다.
【废热】fèirè 명 폐열. 쓰고 남은 열. 여열(餘熱).
【废人】fèirén 명 1 불구자. 폐인. 병신. 2 쓸모없는 사람. 변변치 못한 사람.
【废水】fèishuǐ 명 폐수.
【废铜烂铁】fèitóng-làntiě 성 1 못 쓰게 된 쇠붙이. 2 쓸모 없는 기물. ＝【破铜烂铁】pòtóng-làntiě
【废物】fèiwù 명 폐품. ¶~利用＝폐품 이용.
【废物】fèi·wu 명비 쓸모 없는 놈. 무능한 사람. [주로 욕하는 말로 쓰임]
【废墟】fèixū 명문 폐허. ¶一片~＝온통 폐허이다.
【废学】fèixué 동 (중도에) 학업을 그만두다. ¶中途~＝중도에 학업을 그만두다.
【废液】fèiyè 명 폐액(廢液).
【废油】fèiyóu 명 폐유.
【废渣】fèizhā 명 고형 폐기물. 찌꺼기.
【废止】fèizhǐ 동 (법령·제도 등을) 폐지하다. 없애다. 제거하다. ¶~旧条例＝구(舊) 조례를 폐지하다.
【废址】fèizhǐ 명문 빈터. 폐허. 폐지. ¶古城~＝폐허가 된 옛 성(城).
【废置】fèizhì 동 방치하다. ¶这台机器已~多年．＝이 기계는 방치해 둔 지 이미 여러 해이다.

**沸** fèi 끓을 비

동 끓다. 비등하다. 끓이다. ¶扬汤止~＝물이 끓는 것을 막기 위해서 퍼낸 뜨거운 물을 다시 붓다. 근본적으로 문제를 해결하지 않다.

○● 鼎 dǐng 沸

【沸点】fèidiǎn 명(物) 비등점. ↔冰点
【沸反盈天】fèifǎn yíngtiān 1 소리가 가득하다. 2 된 와자지껄한 모양.
【沸沸扬扬】fèifèi yángyáng 형 1 와자지껄한 모양. ¶集市上~．＝장이 와자지껄하다. 2 의론이 분분한 모양. ¶这件事被炒得~．＝이 일에 대해 의론이 분분하다. ≒满城风雨 议论纷纷
【沸滚】fèigǔn 동 부글부글 끓어오르다. ¶油锅~＝기름 가마가 부글부글 끓어오르다.
【沸泉】fèiquán 명 1 비천(飛泉). 분천. 2 (80°C 이상의) 온천.
【沸热】fèirè 형 끓는 듯이 뜨겁다. 후끈후끈하다. ¶~的钢水＝끓는 듯이 뜨거운 쇳물. /~的心＝뜨거운 마음. 열정.
【沸水】fèishuǐ 명 끓는 물.
【沸腾】fèiténg 동 1 명(物) 비등하다. 2 비 들끓다. 물 끓듯 떠들썩하다. ¶广场上一片~．＝온 광장이 떠들썩하다. 3 비 (감정이) 고취되다. 끓어오르다. ¶热血~＝열정이 끓어오르다.
【沸天震地】fèitiān-zhèndì 성 소리가 천지를 뒤흔들다.
【沸扬】fèiyáng 동 떠들썩하다. 요란하다. 시끌벅적하다. 들끓다. 격앙되다. ¶市声~＝시장의 소리가 시끌벅적 요란하다.
【沸涌】fèiyǒng 동 용솟음치다. 들끓다. ¶激情~＝격정이 용솟음치다.

**费〔費〕** fèi 쓸 비

동 소비하다. 쓰다. 들이다. ¶破~＝돈을 쓰다. /白~口舌＝쓸데없이 말다툼하다. 형 소모가 많다. ¶这种车太~油．＝이런 종류의 차는 기름이 무척 많이 든다. 명 1 비용. 요금. 수수료. ¶学~＝학비. /电话~＝전화 요금. 2 (Fèi) 성(姓). ↔省

○● 白费, 辞费, 稿gǎo费, 公费, 耗hào费, 花费, 汇huì费, 旷kuàng费, 浪费, 路费, 糜mí费, 盘pán费, 抛pāo费, 破费, 膳shàn费, 枉wǎng费, 小费, 用费, 邮费, 运费

【费边社会主义】Fèibiān shèhuìzhǔyì ☞
【费边主义】Fèibiānzhǔyì
【费边主义】Fèibiānzhǔyì 명(政) 페이비어니즘(Fabianism). ＝【费边社会主义】Fèibiān shèhuìzhǔyì
【费财】fèi‖cái 동 (돈이나 재산을) 소비하다. 쓰다.
【费唇舌】fèi chúnshé ⇒ 긴말을 하다. 장광설을 늘어놓다. 반복해서 말하다. 여러 번 말하다. 말품을 팔다. ＝【费口舌】fèi kǒushé ¶你说服不了他，就不要再~了．＝그를 설득시킬 수

费 荆 痱 镄 箅 分

없으니 더 이상 긴말하지 마라.
【费电】**fèi**∥**diàn** 통 전기를 쓰다. 전력을 소비하다〔낭비하다〕.
【费工】**fèi**∥**gōng** 통 시간이 들다〔걸리다〕. 힘이 들다. 일이 많다. 손이 많이 가다. ¶微雕很~, 并且不容易做好。=초소형 조각은 일이 많고 잘 만들기도 어렵다.
【费工夫】**fèi gōng·fu** 통 시간이 들다〔걸리다〕. 힘이 들다. 일이 많다. 손이 많이 가다. 번거롭다. 귀찮다. 까다롭다. ¶这项工作让我们费了不少工夫。=이 일에 우리는 많은 시간을 들였다.
【费话】**fèi**∥**huà** 통 긴말을 하다. 반복해서 말하다. 여러 번 말하다. 말품을 팔다. ¶他人聪明, 一点就明白, 用不着~。=그는 똑똑해서 한 번 지적하면 알아들으니 긴말을 할 필요가 없다.
【费解】**fèijiě** 형 알기〔이해하기〕 어렵다. 난해하다. ¶这篇文章晦涩难懂, 着实令人~。=이 글은 어려워서 정말 이해하기 힘들다.
【费尽心机】**fèijìn-xīnjī** 성 온갖 수를 다 짜내다. 온갖 계책을 다 쓰다. =【费尽心思】**fèijìn-xīnsī**
【费尽心思】**fèijìn-xīnsī** ☞【费尽心机】**fèijìn-xīnjī**
【费劲】**fèi**∥**jìn**(~儿) 통 힘을 들이다. 애를 쓰다. 힘이 들다. ¶箱子太沉, 提起来很~。=상자가 너무 무거워 들어올리기가 매우 힘들다.
【费口舌】**fèi kǒushé** ☞【费唇舌】**fèi chún shé**
【费力】**fèi**∥**lì** 통 힘을 들이다. 애를 쓰다. 힘이 들다. 정력을 소모하다. ¶人年纪大了, 爬起楼来很~。=사람이 나이가 들면 건물을 오르기가 매우 힘들다. →省力
【费力不讨好】**fèilì bù tǎohǎo** 성 힘만 들이고 좋은 결과를 얻지 못하다. 헛되이 애만 쓰다.
【费料】**fèi**∥**liào** 통 재료(비)가 (많이) 들다.
【费难】**fèi**∥**nán** 통형 어렵다. 쉽지 않다. 번거롭다. 귀찮다. 까다롭다. ¶事情简单, 做起来一点都不~。=일이 간단해서, 해 보면 조금도 어렵지 않다.
【费脑筋】**fèi nǎojīn** 통 머리를 쓰다. ¶这些麻烦事够他~的。=이 귀찮은 일들로 그는 아주 골머리를 앓고 있다.
【费钱】**fèi**∥**qián** 통 **1** 돈을 쓰다. ¶孩子的玩具够多了, 不要~再买了。=아이의 장난감이 충분하니, 돈을 들여서 다시 사지 마라. **2** 돈이 많이 들다〔소모되다〕. ¶这是一项~费力的大工程。=이것은 돈과 힘이 많이 들어가는 대형 공사이다.
【费神】**fèi**∥**shén** 통 **1** 마음〔신경〕을 쓰다. 걱정하다. ¶校对稿子太~了。=원고를 교정하는 데 신경이 너무 많이 쓰인다. **2** (부탁이나 감사의 뜻을 나타내는 인사말로) 신경 쓰이게 하다. 수고스럽게 하다. 귀찮게 하다. ¶这房子就劳您~照管一下。=귀찮더라도 이 집을 관리해 주세요.
【费时】**fèishí** 통 시간을 소비하다. 시간이 걸리다〔들다〕. ¶修建这座体育馆至少要~一年。=이 체육관을 짓는 데 최소한 1년은 걸린다.

【费事】**fèi**∥**shì** 통 시간이 들다〔걸리다〕. 힘이 들다. 일이 많다. 손이 많이 가다. 번거롭다. 귀찮다. 까다롭다. ¶打印这样一份文件对他来说并不~。=그 사람이라면 이 정도의 문건을 타이핑하는 데 시간이 얼마 걸리지 않는다. ↔省事
【费手脚】**fèi shǒujiǎo** 성 시간이 들다〔걸리다〕. 힘이 들다. 일이 많다. 손이 많이 가다. 번거롭다. 귀찮다. 까다롭다. ¶没想到这事儿还挺~。=이 일이 이렇게 시간이 걸릴 줄은 생각지도 못했다.
【费唾沫】**fèi tuò·mo** 성 긴말을 하다. 반복해서 말하다. 여러 번 말하다. 말품을 팔다. ¶跟他费了半天唾沫, 仍没能让他改变决定。=그와 긴말을 나누었지만, 여전히 그의 결정을 바꿀 수가 없었다.
【费心】**fèi**∥**xīn** 통 **1** 마음〔신경〕을 쓰다. 걱정하다. 염려하다. ¶这孩子很懂事, 一点都不让父母~。=이 아이는 철이 들어서 부모를 조금도 걱정시키지 않는다. **2** (부탁을 하거나 감사의 뜻을 나타내는 인사말로) 신경 쓰이게 하다. 수고스럽게 하다. 귀찮게 하다. 폐 끼치다. ¶那事让您多~了。=그 일로 당신께 많이 귀찮게 해 드렸습니다. ↔省心
【费眼】**fèi**∥**yǎn** 통 눈을 피로하게 하다. 시력을 상하게 하다. ¶字太小了, 看着~。=글자가 너무 작아서 눈이 피로하다.
【费用】**fèi·yòng** 명 비용. 지출. ¶出差~=출장 비용.

## 荆 **fèi** 발 벨 비
통 (중국 고대 혹형의 하나로) 발을〔종지뼈를〕 베다.

## 痱〔痱〕 **fèi** 땀띠 비
명(醫) 땀띠.
【痱子】**fèi·zi** 명(醫) 땀띠.
【痱子粉】**fèi·zifěn** 명 땀띠약.

## 镄〔鐨〕 **fèi** 페르뮴 비
명왜(化) 페르뮴(Fm, fermium). [원자 번호 100, 인공 방사성 원소의 하나]

## 箅〔篚〕 **fèi** 대자리 폐
명문 대자리. 죽석(竹席).

# fen

**\*\*分** **fēn** 나눌 분

통 **1** 나누다. 가르다. 분류하다. 분리하다. 구분하다. ¶一~为二=하나를 둘로 나누다. / 四五裂=사분오열. **2** 분배하다. 할당하다. 배당하다. ¶~任务=임무를 할당하다. / 每人~得一箱梨=매 사람마다 배를 한 상자씩 분배받았다. **3** 변별하다. 식별하다. 구분하다. 분간하다. 가리다. 분별하다. ¶是非不~=시비를 가리지 않다. / 泾渭~明=시비나 한계가 뚜렷하다. **4**

분수를 나타냄. ¶三～之一＝3분의 1. [형] 갈라져 나온. 파생된. ¶附属～校＝부속 분교. / 第一～厂＝제1 분공장. [명] **1**《數》 분수. ¶约～＝약분. **2** 분. [절기(節氣) 이름] ¶春～＝춘분. **3** [방] 지폐나 10위안짜리 런민비(人民幣). ¶捞～＝돈을 벌다. [수] 데시(deci). [법정 계량 단위의 앞에 쓰여, 그 단위의 10분의 1을 나타냄] ¶～米＝데시미터(decimeter). [양] **1** 10분의 1. 분. 할(割). ¶七～功劳, 三～失误＝7할의 공로(功勞)와 3할의 잘못. **2** 계량 단위의 명칭으로, ① (길이·척도의) 푼. [1자(尺)의 100분의 1] ② (지적·면적의) 분. [1묘(畝)의 10분의 1] ③ (중량의) 푼. [1돈(錢)의 10분의 1] ④ (화폐의) 펀. [1위안(元)의 100분의 1] ⑤ (시간의) 분. ⑥ (경도·위도의) 분. [1도(度)의 60분의 1] ⑦ (호·각도의) 분. [1도(度)의 60분의 1] ⑧ (이율·연리의) 푼. 할. [연리(年利)에서는 1할, 월리(月利)에서는 1푼을 말함] ⑨(～儿) 점. [성적 평가의 점수나 승부의 득점수] ¶得了满～＝100점을 받다. ↔合 并 总

☞ **fèn**

| | |
|---|---|
| 分 | fēn |
| 份 | fèn |
| 芬 | fēn |
| 粉 | fěn |
| 纷 | fēn |
| 忿 | fèn |
| 酚 | fēn |
| 吩 | fēn |
| 氛 | fēn |
| 汾 | fén |
| 棼 | fén |
| 玢 | bīn |
| 鼢 | fén |
| 坌 | bèn |
| 颁 | bān |
| 盼 | pàn |
| 贫 | pín |
| 盆 | pén |
| 湓 | pén |

俵biào分, 得分, 工分, 公分, 瓜guā分, 划huà分, 积分, 记分, 平分, 评píng分, 生分, 十分, 市分, 万分, 微wēi分, 学分

【分班】**fēn‖bān** [동] **1** 반을〔조를·그룹을〕 나누다. ¶文理～＝문과와 이과로 반을 나누다. **2** (학교에서 신입생 모집 후) 분반하다. 반을 나누다. ¶一年级共分为五个班。＝1학년을 모두 5개 반으로 나누다.

【分办】**fēnbàn** [동] (일을) 나누어 처리하다. 분업하다. ¶这两件事要～, 不能一锅煮。＝이 두 가지 일은 나누어서 처리해야지, 한데 뒤섞어서는 안 된다.

【分保】**fēnbǎo** ☞【再保险】**zàibǎoxiǎn**

【分贝】**fēnbèi** [양][외]《物》 데시벨(db, decibel).

【分崩离析】**fēnbēng-líxī** [성] 뿔뿔이 흩어지다. 사분오열하다. 지리멸렬하다. 분열하여 와해되다.

【分辨】**fēnbiàn** [동] 분별하다. 구분하다. ¶～是非＝시비를 가리다. [명]《物》 분해.

【分辨率】**fēnbiànlǜ** [명] 해상도.

【分辩】**fēnbiàn** [동] 변명하다. 해명하다.

【分别】**fēnbié** [동] **1** 헤어지다. 이별하다. ¶～不久又见面了。＝헤어진 지 얼마 되지 않아 또 다시 만났다. **2** 구별하다. 분별하다. 식별하다. ¶～不出两者的差异。＝둘 사이의 차이를 구별해내지 못하다. [명] 차이. 다름. 차별. ¶两个花瓶除了颜色不同以外没什么～。＝이 두 꽃병은 색깔이 다른 것 이외에 차이가 없다. [부] **1** 각각. 따로따로. ¶老师～找了他俩谈话。＝선생님은 그 두 사람을 따로따로 찾아가서 대화를 했다. **2** 다른 방식으로. 다르게. 별도로. ¶～对待＝다르게 대우하다. ≒离别 分离 ↔团聚 结合 相逢

【分兵】**fēnbīng** [동] 병력을 나누거나 분산하다. ¶～把守各个城门。＝병력을 나누어 각각의 성문을 지키다.

【分拨】**fēnbō** [동] **1** (구분하여) 지불하다. 나누어 주다. ¶～救灾物资＝구조품을 나누어 주다. **2** 따로 (내)보내다. 각각 파견하다. 분견(分遣)하다. 배치하다. 배정하다. ¶实习小组～已定。＝실습조를 어떻게 배치할지 이미 정해졌다. **3**(～儿) 몇 개의 조로 나누(어 진행하)다. ¶大伙儿～儿休息。＝여러 사람이 조를 나누어 휴식하다. **4**(～儿) 조를 나누다. 무더기〔더미〕로 나누다. ¶大白菜～卖。＝배추를 무더기로 나누어 팔다.

【分布】**fēnbù** [동] (일정한 지역에) 분포하다. 널려 있다. ¶朝鲜族主要～在东北地区。＝조선족은 주로 동북 지역에 분포해 있다.

【分步】**fēnbù** [부] 단계별로. 한 계단씩. ¶～教学＝단계별 교수.

【分部】**fēnbù** [명] 지부. 지국. 지점. 분과. 부문. ¶总部下面设有七个～。＝본부 아래에 7개의 지부가 설치되어 있다.

【分不开】**fēn·bukāi** [동] 나눌 수 없다. 떼어 놓을 수 없다. 구별할 수 없다. 밀접하게 연관되다〔맞물려 있다〕. ¶孩子的良好习惯是和家长的教育～的。＝어린이의 좋은 습관은 가장의 교육과 밀접하게 연관된 사항이다.

【分不清】**fēn·buqīng** [동] 확실히 분간하지 못하다. 확실히 분간할 수 없다. ¶～东、南、西、北＝동서남북을 분명하게 분간할 수 없다.

【分餐】**fēncān** [동] 따로 식사하다. [단체로 식사를 할 때 개인별로 식사하는 것] ¶肝炎患者最好和家人～。＝간염 환자는 가족과 따로 식사하는 것이 바람직하다. [명] 개별〔개인〕 식사. ¶吃～＝개인별로 식사하다.

【分册】**fēncè** [명] 분책.

【分岔】**fēn‖chà**(～儿) [동] (도로가) 갈라지다. 분기하다. ¶路在前面就～儿了。＝길은 앞에서 바로 갈라진다.

【分杈】**fēn‖chà**(～儿) [동] (나무 등의) 가지를 치다. ¶树枝长着长着就～儿了。＝나뭇가지가 자라고 자라서 가지를 쳤다.

【分杈】**fēnchà**(～儿) [명] (나무 등의) 곁가지. 분지(分枝). ¶把棉花的～打掉。＝목화의 곁가지를 쳤다.

【分产】**fēnchǎn** [동] (부동산 등의) 재산을 나누다〔분배하다〕.

【分厂】**fēnchǎng** [명] 분공장.

【分成】**fēn‖chéng**(～儿) [동] (우수리가 없는 정수로) 나누다. ¶五五～＝반반씩 나누다.

【分乘】**fēnchéng** [동] 나누어 타다. ¶考察团～三辆汽车赶往目的地。＝시찰단은 세 대의 차로 나누어 타고 목적지로 갔다.

【分词】**fēncí** [명]《言》 분사. ¶现在～＝현재 분사. / 过去～＝과거 분사.

【分爨】**fēncuàn** [동][문] 분가하다.

【分寸】**fēncùn** [명] **1** (중국식 도량형 제도에서의) '分(푼·분)'과 '寸(촌·치)'. **2** [비] 조금. 소량.

약간. ¶~之功=약간의 공적. / ~之地=약간의 땅.

【分寸】 fēn·cun 명 (일이나 말의) 분별. 분수. 주제. 한계. 한도. ¶说话做事要掌握好~. =말과 행동에 분별이 있어야 한다.

【分担】 fēndān 통 분담하다. 나누어 맡다. ¶~家务=집안일을 분담하다.

【分档】 fēndàng 통 순위나 등급을 나누다. ¶~谈价=등급을 나누어 가격을 논하다.

【分道】 fēndào 통 도로를 나누다〔구분하다〕. ¶机动车和非机动车~行驶. =자동차와 비동력차량은 도로를 구분하여 운전해야 한다.

【分道扬镳】 fēndào-yángbiāo 성 1 길을 나누어 가다. 2 비 (목표 등이 달라) 각자 자기의 길을 가다. 각자 자기의 일을 하다.

【分得】 fēndé 통 분배받다. 나누어 받다〔갖다〕. ¶大伙儿年终各~奖金5,000元. =모두 연말에 5,000위안의 성과금을 분배받는다.

【分店】 fēndiàn 명 분점. 지점. ¶独此一家, 别无~. =오직 이 집만 있고, 분점은 없다.

【分段】 fēnduàn 통 분단하다. 하나하나의 부분〔단락〕으로 나누다. 단계별로 나누다. ¶~陈述=단계별로 진술하다.

【分队】 fēnduì 명 1 팀(team). 대(隊). 2 (军) 분대. ¶ 본대(本隊)에서 나뉘어 나온 부대를 가리키는 말]

【分而治之】 fēn'érzhìzhī 성 분할 통치하다. 나누어 다스리다.

【分发】 fēnfā 통 1 (하나씩 하나씩) 나누어 주다. ¶~奖金=상금을 한 사람씩 나누어 주다. 2 (인원을 근무처로) 따로 (내)보내다. 각각 파견하다. 분견(分遣)하다. 배치하다.

【分房】 fēn ‖ fáng 통 주택을 배분하다. ¶讨论~方案=주택 분배 방안을 토론하다.

【分飞】 fēnfēi 통 문 비 헤어지다. 이별하다. ¶劳燕~=때까치와 제비가 제각기 다른 방향으로 날아가다. 헤어지다.

【分肥】 fēn ‖ féi 통 이익을 나누어 가지다. [주로 정당하지 못한 것을 가리킴] ¶税款一律上缴, 不得私自~. =세금을 일괄적으로 상납해야지, 마음대로 나누어 가져서는 안 된다.

【分封】 fēnfēng 통 분봉(分封)하다. [군주가 제후 등에게 토지와 작위를 하사하는 것을 말함] ¶~诸侯=제후에게 분봉하다.

【分赴】 fēnfù 통 (다른 행선지로) 각자〔제각기〕 떠나다. ¶~各地=각자 갈 길로 떠나다.

【分付】 fēn·fu ☞ 【吩咐】 fēn·fu

【分高低】 fēn gāodī 승부를 겨루다. 우열을 가리다. 수준 등의 높낮이를 구분하다.

【分割】 fēngē 통 사물의 전체 또는 연관된 부분을 분할하다. 갈라놓다. 갈라서 나누다. ¶~财产=재산을 분할하다. ≒瓜分 ↔ 连接

【分隔】 fēngé 통 갈라놓다. 사이를 두다. ¶两地~=두 지역으로 갈라놓다.

【分工】 fēn ‖ gōng 통 분업하다. 분담하다. ¶~合作=분담하여 협조하다.

【分公司】 fēngōngsī 명 (經) 1 (기업의) 지점(支店). 지사(支社). ¶中国银行上海~=중국은행 상하이 지점. 2 (국영 기업의) 계열 회사.

【分管】 fēnguǎn 통 나누어 관리(관장)하다. ¶~财政=재정을 나누어 관리하다.

【分行】 fēnháng 명 (經) (은행·기관 등의) 지점. 분점. 통 (~儿) 행을 나누다. ¶~书写=행을 나누어 쓰다.

【分毫】 fēnháo 명 1 (중국식 도량형 제도에서의) '分(푼·분)'과 '毫(호)'. 2 비 극히 적은 분량. 아주 미세한 양. 아주 조금. ¶~不爽=조금도 틀림이 없다.

【分号】 fēnhào 명 1 분점. 지점. 2 (言) 반구절점. 쌍반점. 세미콜론. ';'.

【分红】 fēn ‖ hóng 통 (기업 등에서) 이익을 분배하다. 순이익을 배당하다. ¶年终~=연말에 이익을 분배하다.

【分洪】 fēnhóng 통 홍수가 나지 않도록 상류에서 분류(分流)하다.

【分户】 fēnhù 통 1 분가(分家)하다. 분호(分戶)하다. ¶儿女成家后都~单过. =자녀들은 결혼한 후에 모두 분가하여 따로 산다. 2 가구(家口)에 따라 배분하다. ¶~领取稻种=가구별로 볍씨를 수령하다. 3 통장을 별도로 만들다. 임대·임차 관계를 별도로 맺다.

【分化】 fēnhuà 통 1 분화하다. 갈라지다. 벌어지다. ¶贫富两极~=빈부 격차가 크게 벌어지다. 2 분열시키다. ¶~瓦解=분열〔와해〕시키다. 3 (生) 분화하다.

【分化瓦解】 fēnhuà-wǎjiě 성 (이간질 등으로) 상대방을 분열〔와해〕시키다.

【分会】 fēnhuì 명 분회. 지부.

【分机】 fēnjī 명 교환 전화. 구내 전화.

【分级】 fēn ‖ jí 통 등급〔학년〕을 나누다. ¶蚕茧按成色~. =누에고치는 품질〔때깔〕에 따라 등급을 나눈다.

【分家】 fēn ‖ jiā 통 1 분가하다. ¶小两口想~单过. =젊은 부부는 분가해서 단독으로 살고 싶어한다. 2 비 분할하다. 나누다. 분리하다. 떨어지다. ¶机器零件分了家, 没法用了. =기계의 부품을 분리해 내면 쓸모가 없어진다.

【分拣】 fēnjiǎn 통 구별하여 고르다. 가려 내다. 추려 내다. ¶把苹果按大小~出来. =사과를 크기별로 추려 낸다.

【分节歌】 fēnjiégē 명 (音) 여러 절(節)로 이루어진 노래.

【分解】 fēnjiě 통 1 분해하다. ¶因式~=인수분해. 2 분열〔와해〕되다. ¶那一事件导致敌人内部~. =그 사건으로 적의 내부는 분열〔와해〕되었다. 3 (분쟁을) 해결하다. 화해시키다. 중재하다. 조정하다. ¶那起纠纷很难~. =그 분규는 해결하기 어렵다. 4 해설하다. 설명하다. 변명하다. 해명하다. ¶不容~=변명을 용납하지 않다. 5 (化) 분해하다. ¶~作用=분해 작용. ↔合成 组合 化合

【分界】 fēn ‖ jiè 통 경계를 나누다. ¶两省在此~. =두 성은 여기에서 경계가 나뉜다.

【分界】 fēnjiè 명 분계(分界). 경계. ¶这条河是

两县的~。=이 강은 두 현(縣)의 경계이다.
【分界线】fēnjièxiàn 명 1 분계선(分界線). 국경선. 경계선. 2 也 한계. 경계. 2 ❶ 必须弄清是非的~。=옳고 그름의 한계를 분명히 해야 한다.
【分斤掰两】fēnjīn-bāiliǎng 셍 1 근(斤)을 나누고 양을 조개다. 2 ❶ 사소한 것을 지나치게 따지다. 옹졸하게 굴다. 쫀쫀하게 굴다. 매우 인색하다.
【分进合击】fēnjìn-héjī 셍 몇 길로 나누어 진군하여 함께 공격하다.
【分镜头】fēnjìngtóu 명 (映) 스토리보드(storyboard). [감독이나 연출자가 영화나 드라마를 촬영할 때 나누는 장면]
【分居】fēn‖jū 통 1 (가족이) 따로 〔떨어져〕 살다. 분가해 살다. ¶~两地=두 곳에 따로 살다. 2 (法) 별거하다. ¶他和妻子~多年, 夫妻关系早已名存实亡。=그는 부인과 별거한 지 여러 해가 되어, 형식상으로만 부부이다.
【分局】fēnjú 명 분국. 지국(支局).
【分句】fēnjù 명 (言) 복문을 구성하는 단문.
【分开】fēn‖kāi 통 1 갈라지다. 떨어지다. 헤어지다. 분리되다. ¶他和家人~都快两年了。=그는 가족과 떨어진 지 거의 2년이 되어 간다. 2 ❶ 나누다. 가르다. 구별하다. 분리하다. ¶一堵院墙把两户人家~。=담장이 두 집을 나눈다. 늑分离 ↔合并 合拢
【分科】fēn‖kē 통 학문 분야별로 분류하다. ¶~词典=학문 분야별 사전.
【分科】fēnkē 명 분과. ¶几何、代数等都是数学的~。=기하·대수 등은 모두 수학의 분과이다.
【分克】fēnkè 명 데시그램(decigram). [질량의 단위로, 1g의 1/10]
【分类】fēn‖lèi 통 분류하다. ¶把资料~存放。=자료를 분류하여 보관하다.
【分类账】fēnlèizhàng 명 (經) (부기의) 분개장(分介帳).
【分厘】fēnlí 명 극히 적은 분량. 아주 미세한 양. 아주 조금.
【分厘卡】fēnlíkǎ 명 마이크로미터(micrometer). 측미계(測微計). [물건의 안지름·바깥지름, 또는 종이의 두께 등을 정밀하게 재는 기구] =【百分尺】bǎifēnchǐ【千分尺】qiānfēnchǐ
【分离】fēnlí 통 1 헤어지다. 이별하다. ¶骨肉~=혈육이 헤어지다. 2 분리하다. 나누다. 구별하다. ¶从海水中~出盐来。=바닷물에서 소금을 분리해 내다. 늑离别 分开 分别 ↔结合 团聚 团圆
【分理处】fēnlǐchù 명 (經) (은행의) 지점(支店).
【分力】fēnlì 명 (物) 분력.
【分立】fēnlì 통 1 분립하다. ¶这些部门必须~。=이 부문들은 반드시 분립해야 한다. 2 분리하여 제정하다. ¶~法规=법규를 분리하여 제정하다.
【分利】fēnlì 통 1 이윤을 분배하다. 이득을 나누다. ¶按成绩大小~。=성과에 따라 이윤을 분배하다. 2 남의 이익을 나누어 갖다. ¶你的独力成果, 我不能~。=너 혼자의 성과를 내가 나누어

어 가질 수 없다.
【分列】fēnliè 통 분열하다. 분류하여 배열하다. 나누어 늘어놓다. ¶参考文献~如下。=참고 문헌을 분류·배열하면 아래와 같다.
【分列式】fēnlièshì 명 (軍) 분열식.
【分裂】fēnliè 통 1 분열하다. 결렬하다. ¶由于意见不合, 学会成员~为两派。=의견이 안 맞아 학회 회원이 두 파로 분열되었다. 2 분열시키다. ¶决不允许国家~。=국가를 분열시키는 것은 절대 허락할 수 없다. ↔统一
【分流】fēnliú 1 (강물이) 갈라져 흐르다. ¶江水~。=강물이 갈라져 흐르다. 2 ❶ (인원·차량·자금 등이) 다른 길이나 방향으로 움직이다. (사람들의) 진로가 나뉘다. ¶人车~=사람과 차가 다른 길로 다니다. / 机关人员~=기관원들에게 진로를 정해 주다.
【分馏】fēnliú 통 (化) 분별 증류하다. 분류(分溜)하다.
【分路】fēnlù 통 길을 나누(어 진행하)다. 따로 길을 가다. ¶他们出学校大门就~了。=그들은 학교 정문을 나서자마자 따로 길을 갔다. 명 (電) 분로(分路). 션트(shunt).
【分论】fēnlùn 통 나누어 서술하다. 따로 논하다. ¶这一问题我将在下面~。=이 문제는 아래에서 따로 논한다. 명 각론. ¶总论下面还有~。=총론 아래에 또 각론이 있다. ↔总论
【分袂】fēnmèi 통 문 이별하다. 헤어지다. 결별하다.
【分门别类】fēnmén-biélèi 셍 부문별로 나누다.
【分米】fēnmǐ 양 데시미터(decimeter). [길이의 단위로, 1m의 1/10 명 (公尺) gōngcùn
【分米波】fēnmǐbō 명 (電) 데시미터파(decimeter波).
【分泌】fēnmì 통 1 (生) 분비하다. 2 (礦) 암석의 갈라진 틈이 유동(流動)하는 광물로 메워지다. 명 (礦) 2 와 같은 방식으로 형성된 광물.
【分蜜】fēnmì 통 분밀하다. [제당의 마지막 과정으로, 당밀과 설탕의 결정을 분리해 내는 것]
【分娩】fēnmiǎn 통 1 (生) 아기를 낳다. 분만하다. 출산하다. 2 (生) 새끼를 낳다. 3 ❶ (새로운 것이) 탄생하다. 생겨나다. ¶酝酿已久的改革方案终于~了。=오랫동안 협의해 온 개혁 방안이 마침내 탄생했다. 명 (生) 분만.
【分秒】fēnmiǎo 명 1 분초(分秒). 2 ❶ 매우 짧은 시간. ¶光阴如梭, 珍惜~。=세월이 쏜살같이 흘러가니, 매우 짧은 시간도 소중히 하다.
【分秒必争】fēnmiǎo-bìzhēng 셍 분초를 다투다. 일분 일초도 소홀히 하지 않다.
【分明】fēnmíng 혱 명확하다. 분명하다. 확실하다. 뚜렷하다. ¶爱憎~=애증이 확실하다. 문 명백히. 분명히. 확실히. ¶他这样做~就是挑衅。=그가 이렇게 하는 것은 명백히 싸움을 거는 것이다. 늑清楚 ↔模糊
【分母】fēnmǔ 명 (數) (분수의) 분모.
【分蘖】fēnniè 통 (農) 새끼치기하다. 분얼(分蘖)하다. ❶【发稞】fākē
【分派】fēnpài 통 1 (임무 등을) 할당하다. 배정

하다. 배당하다. 배치하다. 따로 (내)보내다. 각각 파견하다. 분견(分遣)하다. ¶~任务＝임무를 배정하다. 2 (부담을) 할당하다. ¶聚餐费用按人头~。＝회식 비용을 사람 수대로 할당하다.

【分配】fēnpèi 동 1 분배하다. 할당하다. 배급하다. ¶~住房＝집을 분배하다. 2 배치하다. 배속하다. 안배하다. ¶毕业后, 他被~到一所中学当教师。＝졸업 후 그는 한 중등 학교의 교사로 배치되었다. 3 (經) 분배하다. ¶按劳~＝노동에 따라 분배하다.

【分批】fēnpī 동 여러 무리[무더기·조·차례]로 나누다. ¶~发货＝화물을 몇 차례로 나누어 발송하다.

【分片】fēn‖piàn (~儿) 동 (넓은 지역이나 큰 범위를) 작은 구역이나 범위로 나누다. 부분으로 나누다. ¶~管理＝작은 구역으로 나누어 관리하다.

【分片包干】fēnpiàn bāogān 동 (일이나 임무를) 분할하여 책임지고 맡다.

【分期】fēnqī 동 시기를[기간을] 나누다. ¶~付款＝분할 납부하다.

【分歧】fēnqí 형 (사상·의견·기재 등이) 불일치하다. 어긋나다. 엇갈리다. 갈라지다. ¶他们意见~。＝그들은 의견이 일치하지 않는다. 명 불일치. 상이. 다름. 차이(점). ¶在这件事上, 两人的~很大。＝이 일에 있어서 두 사람의 차이가 크다. ↔一致

【分清】fēn‖qīng 동 분명하게 가리다[밝히다]. 분명히 하다. ¶~孰是孰非＝누가 옳고 그른지 분명히 가리다.

【分区】fēnqū 동 (큰 구역을) 작은 구역으로 나누다. 분구(分區)하다. ¶~负责＝작은 구역으로 나누어 책임지다. 명 분구(分區). ¶~负责人＝분구 책임자.

【分群】fēn‖qún 동 1 무리를 나누다. 2 분봉(分蜂)하다.

【分散】fēnsàn 형 분산하다. 흩어지다. ¶大家不要坐得太~了。＝모두들 너무 흩어져 앉지 마라. 동 1 분산시키다. ¶~围观人群＝둘러서서 구경하는 사람들을 분산시키다. 2 배포하다. 나누어 주다. ¶~宣传资料＝선전 자료를 배포하다. ↔集中 集合 汇集 聚集 统一

【分色】fēnsè 동 (印) 색분해하다. ¶~样＝색분해하여 견본을 만들다.

【分色机】fēnsèjī 명 (印) (인쇄용) 컬러 스캐너.

【分色镜】fēnsèjìng 명 색분경.

【分设】fēnshè 동 분설하다. 나누어 설치하다. ¶编辑部下面~了五个编室。＝편집부 아래에 5개의 편집실을 나누어 설치하였다.

【分社】fēnshè 명 지사(支社).

【分身】fēn‖shēn 동 1 몸을 나누다. [신화나 소설에서 한 몸이 여러 몸으로 변하는 것] 2 손을 떼다. 몸을 빼다. 다른 일에 관여하다. [주로 부정형으로 쓰임] ¶工作繁忙, 难以~。＝일이 바빠서 몸을 빼기가 어렵다.

【分神】fēn‖shén 동 1 마음을 분산시키다. 한눈[정신]을 팔다. ¶他听课的时候总爱~。＝그는 수업을 들을 때는 늘 한눈판다. 2 폐(수고)를 끼치다. 귀찮게 하다. ¶请~帮我照看一下行李。＝수고스럽겠지만 짐 좀 봐 주세요. ≒分心 ↔凝神

【分升】fēnshēng 양 데시리터(deciliter). [부피의 단위로, 1l의 10분의 1]

【分式】fēnshì 명 (數) 유리분수식.

【分手】fēn‖shǒu 동 1 헤어지다. 이별하다. ¶我们去年~后再没有看见过。＝우리는 작년에 헤어진 이후 다시 본 적이 없다. 2 (남녀가) 헤어지다. ¶他们谈了两个月就~了。＝그들은 2개월 간 사귀더니 헤어져 버렸다. 3 이혼하다. ¶夫妻俩因性格不合而~。＝부부는 성격 차이로 이혼했다.

【分手饭】fēnshǒufàn 명 이별 식사. 이혼 식사.

【分属】fēnshǔ 동 따로 귀속되다[속하다]. ¶这些物品~不同单位。＝이 물품들은 다른 부서에 따로 속한다.

【分数】fēnshù 명 1 (數) 분수. 2 점수.

【分数线】fēnshùxiàn 명 1 커트 라인(cut line). 합격선. 2 (數) 분수에서 분모와 분자를 가르는 선.

【分水岭】fēnshuǐlǐng 명 1 (地) 분수령. 분수 산맥. 분수계(分水界). ≒【分水线】fēnshuǐxiàn 2 비 분수령.

【分水线】fēnshuǐxiàn ☞【分水岭】fēnshuǐlǐng

【分水闸(门)】fēnshuǐzhá(mén) 명 물의 흐름을 나누는 수문(水門).

【分税制】fēnshuìzhì 명 세금(재원) 분배 제도. [중앙 정부와 지방 정부가 세금의 종류와 세원에 따라 전체 세수를 국세와 지방세로 나누어 과세하는 것]

【分说】fēnshuō 동 1 변명하다. 해명하다. 설명하다. [주로 '不容(bùróng)·不由(bùyóu)'의 뒤에 쓰임] ¶不容~＝변명을 허용하지 않다. 2 나누어 말하다. ¶文章采用了先总述后~的叙述方式。＝이 글은 먼저 총괄한 다음에 나누어 말하는 서술 방식을 채택하고 있다.

【分送】fēnsòng 동 나누어 보내다. ¶~文件＝문건을 나누어 보내다.

【分摊】fēntān 동 (부담을) 할당하다. 나누어 부담하다. 균등하게 분담하다. ¶房租由合租者~。＝집세를 (세들어) 사는 사람들이 나누어 부담하다.

【分庭抗礼】fēntíng-kànglǐ 성 1 상호간에 대등한 지위나 예의로써 대하다. 2 (비) 지위가 대등하다. 상호 대립하다.

【分头】fēntóu 부 (일 따위를) 제각기. 각각. 따로따로. 분담하여. 나누어. ¶~行动＝따로따로 행동하다. 명 가르마 탄 머리. ¶他留了个~。＝그는 짧은 머리를 가르마를 탔다.

【分团】fēntuán 명 분단.

【分为】fēnwéi 동 (…으로) 나누다[나누어지다]. ¶不能把人简单地~好人和坏人。＝사람을 단순히 좋은 사람과 나쁜 사람으로 나누어서는 안 된다.

【分文】fēnwén 图 1 1편(分)과 동전 한 닢. 2(田) 아주 적은 돈. 푼돈. ¶身无~=한 푼도 없다.
【分文不取】fēnwén-bùqǔ 図 (당연히 받아야 할 보수나 비용을) 한 푼도 받지 않다.
【分析】fēnxī 图 분석하다. ¶~股市行情=주식 시장의 시세를 분석하다. ≒剖析 ↔综合
【分享】fēnxiǎng 图 (기쁨·행복·좋은 점 등을) 함께 나누다[누리다]. ¶~快乐=기쁨을 함께 나누다.
【分晓】fēnxiǎo 图 뚜렷하다. 분명하다. ¶情况 到底如何, 一定要问个~。=도대체 상황이 어떤 지 반드시 분명하게 물어 보아야 한다. 图 1 일의 진상이나 결과. [주로 '见(jiàn)' 뒤에 쓰임] ¶谁 输谁赢, 现在还难说~。=누가 이기고 누가 질지 현재로서는 아직 결과를 알기 어렵다. 2 도리. 이 치. [주로 부정형으로 쓰임] ¶尽说些没~的话。 =줄곧 도리에 어긋나는 말을 하다.
【分写】fēnxiě 图 떼어 쓰다. ¶这是两个笔画, 应该~。=이것은 두 개의 획이므로 당연히 떼어 써야 한다.
【分心】fēn∥xīn 图 1 마음[신경]을 쓰다. 걱정 하다. 염려하다. ¶这事就不劳您~了。=이 일 은 신경 쓰지 않으셔도 됩니다. 2 한눈[정신]을 팔다. 마음을 분산시키다. ¶集中注意力, 不要 ~。=주의력을 집중하고 한눈팔지 마라. ≒分神
【分叙】fēnxù 图 나누어[따로] 서술하다.
【分野】fēnyě 图 분야. 한계. 영역. ¶思想~= 사상 영역.
【分阴】fēnyīn 图 촌음. 아주 짧은 시간. ¶珍惜 ~=촌음을 아깝게 여기다.
【分忧】fēn∥yōu 图 (다른 사람의) 걱정을 함께 하다[나누다]. ¶替人~=대신 걱정해 주다.
【分赃】fēn∥zāng 图 1 훔친 물건이나 돈을 나 누다. 분장하다. 2(田) 부당한 권리나 이득을 나 누어 갖다. ¶坐地~=자리를 나누어 갖다.
【分灶】fēnzào 图 1 부뚜막을 나누다. 2(田) 분 가하다. 살림을 나누다.
【分张】fēnzhāng 图(书) 이별하다. 헤어지다.
【分账】fēnzhàng 图 (일정한 비례로) 돈이나 재 물을 나누다. 부채 상환 책임을 지다. ¶四六 ~=4 대 6으로 돈을 나누다. 图(經) 계정(計定) 원장. ↔总账
【分针】fēnzhēn 图 (시계의) 분침. 图 (뜨개질 에서) 코 수를 나누다.
【分争】fēnzhēng 图 1 분쟁하다. 갈라져 다투 다. ¶诸侯国~=제후국들이 분쟁하다. 2 변명 하다. 해명하다. 논쟁하다. 쟁론하다. 변론하다. ¶不容~=변명을 용납하지 않다
【分支】fēnzhī 图 갈라져[분리되어] 나온 것. 분 파. 지류. 가지. 분과. 지점. 지부. 분회. 계열. ¶ ~学科=지류 학문 분야.
【分值】fēnzhí 图 1 단위 점수[점수] 환산치. 2 (점수 제 임금 제도에서) 노동 점수의 환산치.
【分至】fēnzhì 图 춘분(春分)·추분(秋分)·하지 (夏至)·동지(冬至).
【分至点】fēnzhìdiǎn 图 춘분점(春分點)·추분 점(秋分點)·하지점(夏至點)·동지점(冬至點).

【分子】fēnzǐ 图 1(化) 분자. 2(數) (분수의) 분자.
☞fènzǐ
【分子量】fēnzǐliàng 图(化) 분자량.
【分子式】fēnzǐshì 图(化) 분자식.
【分组】fēn∥zǔ 图 조를[팀을·그룹을] 나누다. ¶~讨论=조를 나누어 토론하다. 图 분조. ¶以 ~第二的成绩进入半决赛。=분조의 2등 성적으 로 준결승에 들어가다.

## 芬 fēn 향기로울 분

图 향기. 좋은 냄새. ¶~芳扑鼻=향기가 코를 찌르다.
【芬芳】fēnfāng 图 향기롭다. ¶~娇艳的玫 瑰=향기롭고 아름다운 장미.
【芬兰】Fēnlán 图(地) 핀란드(Finland). [수도는 '赫尔辛基(헬싱키)'임]
【芬兰浴】fēnlányù ☞【桑拿浴】sāngnáyù

## 吩 fēn 분부할 분

【吩咐】[分付] fēn·fù 图 분부하다. 명령하다. (말 로) 시키다. ¶他~孩子去开门。=그는 아이더 러 문을 열라고 시켰다. ≒叮嘱 丁宁

## 纷[紛] fēn 어지러울 분

图 많다. 왕성하다. ¶大雪~飞=많은 눈이 흩날 리다. 图 분쟁. 분규. 다툼. ¶排难解~=근심을 덜어 주고 분쟁을 해결해 주다.

○● 缤bīn纷, 纠jiū纷, 乱纷纷

【纷呈】fēnchéng 图 잇달아 드러나다[나타나 다]. ¶精彩~=멋진 것이 잇달아 나타나다.
【纷繁】fēnfán 图 많고 복잡하다. 번잡하다. ¶ 事务~=일이 많고 복잡하다.
【纷飞】fēnfēi 图 (눈·꽃 등이) 흩날리다. ¶落花 ~=떨어지는 꽃이 흩날리다.
【纷纷】fēnfēn 图 (말·눈·비·꽃·낙엽 등이) 분분 하다. 어지럽게 날리다. 흩날리다. ¶细雨~=이 슬비가 흩날리다. 图 (많은 사람이나 사물이) 잇 달아. 연달아. 쉴새없이. 계속해서. 몇 번이고. ¶大家~发表意见。=모두들 잇달아 의견을 발 표하다.
【纷纷扬扬】fēnfēn yángyáng 图 (눈·꽃·낙 엽 등이) 어지럽게 날리다. 흩날리다. ¶雪~地 下着。=눈이 흩날리며 내린다.
【纷纷纭纭】fēnfēn yúnyún 图 (말·일 등이) 분분하다. 많고 어지럽다. ¶各种说法~。=갖 가지 의견이 분분하다.
【纷乱】fēnluàn 图 혼잡하고 어수선하다. 혼란 스럽다. 뒤섞여 어지럽다. 너저분하다. ¶心绪 ~=마음이 혼란스럽다.
【纷忙】fēnmáng 图 바쁘고 어수선하다[혼란스 럽다]. 바빠서 정신이 없다. 바빠서 엉망이다. ¶ 整日~=종일 바쁘고 정신이 하나도 없다.
【纷披】fēnpī 图(书) 어지럽게 퍼지는 모양. ¶枝 叶~=나뭇가지와 잎이 어지럽게 퍼지다.
【纷扰】fēnrǎo 图 혼란스럽다. ¶长年战乱, 时

局~。=장기적인 전란으로 시국이 혼란스럽다.
【纷纭】 fēnyún 〔형〕 (말이나 일 등이) 분분하다. 많고 어지럽다. ¶众说~=의론이 분분하다.
【纷杂】 fēnzá 〔형〕 번잡하다. ¶事务~=사무가 번잡하다.
【纷争】 fēnzhēng 〔명〕 분규. 분쟁. ¶言语失当引起一场~。=말실수가 한바탕 분쟁을 일으켰다.
【纷至沓来】 fēnzhì-tàlái 〔성〕 그치지 않고 계속 오다. 연이어 오다.

## 玢 fēn 옥 무늬 분
☞【赛璐玢】 sàilùfēn
☞ bīn

## *氛[(雰)] fēn 기운 분
〔명〕 기분. 모양. 정세. ¶气~=분위기. / 妖~=사악한 분위기.
【氛围】 fēnwéi 〔명〕 분위기. ¶人们在安乐祥和的~中欢度春节。=사람들은 평안하고 화목한 분위기 속에서 즐겁게 설을 보낸다. ≒气氛

## 棻 fēn 향내 나는 나무 분
〔명〕〔문〕 향기가 나는 나무.

## 酚 fēn 페놀 분
〔명〕〔화〕《化》 석탄산. 페놀(phenol).

## 吩[(嚠)] fēn 아직 아니할 분
〔부〕〔문〕 일찍이 …한 적이 없다. 아직 …하지 않았다. 아직 하지 않다. ¶~说过=아직 말한 적이 없다.

## *坟[墳] fén 무덤 분
〔명〕 무덤. ¶老~=오래 된 무덤. / 上~=성묘.

○● 上坟, 祖zǔ坟

【坟场】 fénchǎng 〔명〕 묘지. 무덤.
【坟地】 féndì 〔명〕 묘지.
【坟典】 féndiǎn 〔명〕 1 (전설 중 중국에서 가장 오래 된 책인)《三墳(삼분)》과《五典(오전)》. 2 고서(古书).
【坟堆】 fénduī 〔명〕 봉분(封墳).
【坟墓】 fénmù 〔명〕 무덤.
【坟丘(子)】 fénqiū(·zi) 〔명〕 봉분(封墳). 무덤.
【坟山】 fénshān 〔명〕 1 묘지로 쓰는 산. 2 묘지. 3 묘 뒤의 흙담. =【坟山子】 fénshān·zi 4 높고 큰 묘.
【坟山子】 fénshān·zi ☞【坟山】 fénshān
【坟头】 féntóu(~儿) 〔명〕 봉분(封墳).
【坟茔】 fényíng 〔명〕〔문〕 묘. 묘지.
【坟冢】 fénzhǒng 〔명〕〔문〕 묘. 분묘.

## 汾 Fén 물 이름 분
〔명〕〔지〕 펀허(汾河). [산시(山西)성에 있는 강 이름]
【汾酒】 fénjiǔ 〔명〕 펀지우. 분주. [산시(山西)성 펀양(汾阳)현 싱화(杏花)촌에서 생산되는 일종의 고량주]

## 蚡 fén 두더지 분
〔명〕〔문〕 '鼢(fén)'과 같음.

## 棼 fén 어지러울 분
〔형〕 어수선하다. 혼란스럽다. 어지럽다. 너저분하다. ¶治丝益~=명주실을 정리하려다가 오히려 더욱 헝클어뜨리다. 일을 오히려 더 복잡하게 만들다.

## *焚 fén 태울 분
〔동〕 불태우다. 불사르다. 불타다. 피우다. ¶心急如~=마음이 불타는 듯 조급〔초조〕하다. / 玉石俱~=옥과 돌이 같이 불타 버리다. 좋은 것과 나쁜 것이 함께 손상을 입다.
【焚风】 fénfēng 〔명〕〔천〕《天》 푄(foehn). (산을 넘어서 내리 부는) 고온 건조한 열풍. 풍염(風炎).
【焚膏继晷】 féngāo-jìguǐ 〔성〕 1 등촉을 밝혀 햇빛을 대신하다. 2 〔비〕 밤낮없이 열심히 면학하다〔일하다〕.
【焚化】 fénhuà 〔동〕 (시신·유상(遺像)·종이돈(紙錢)·화환 등을) 태우다. 불사르다. 화장하다.
【焚毁】 fénhuǐ 〔동〕 불태워 버리다. 소각하다. ¶~山林=산림을 불태워 버리다.
【焚林而猎】 fénlín'érliè 〔성〕 1 숲을 태워서 짐승을 잡다. 2 〔비〕 단지 눈앞의 이익에만 급급하여 장기적인 이익을 고려하지 않다. ≒竭泽而渔 杀鸡取卵
【焚掠】 fénlüè 〔동〕 불을 지르고 약탈하다. ¶大肆~=마구 불을 지르고 약탈하다.
【焚琴煮鹤】 fénqín-zhǔhè ☞【煮鹤焚琴】 zhǔhè-fénqín
【焚烧】 fénshāo 〔동〕 태우다. 불태우다. 불사르다. 불살라〔태워〕 버리다. ¶~毒品=마약을 불태워 버리다.
【焚书坑儒】 fénshū-kēngrú 〔성〕 1 분서갱유(焚書坑儒). [진(秦)나라 진시황(秦始皇)이 책을 불태우고 유생 등을 죽인 사건] 2 〔비〕 문화를 파괴하거나 지식인을 박해하는 것을 가리킴.
【焚香】 fén‖xiāng 〔동〕 1 향을 피우다. ¶~操琴=향을 피우고 거문고를 뜯다. 2 향을 사르다. ¶~拜佛=향을 사르고 불상에 절하다.

## 渍[濆] fén 물가 분
〔명〕〔문〕 물가.

## 豮[豶] fén 불깐 돼지 분
〔명〕〔문〕 가축의 수컷. ¶~猪=수돼지.

## 鼢 fén 두더지 분
【鼢鼠】 fénshǔ 〔명〕〔동〕《动》 두더지. =【盲鼠】 mángshǔ〔방〕【地羊】 dìyáng

## *粉 fēn 가루 분
〔명〕 1 가루. 분말. ¶花~=꽃가루. / 去污~=분말 세제. 2 (화장용) 분. ¶香~=향분. / 油头~面=기름 바른 머리와 분 바른 얼굴. 너무 화려

하게 화장하여 천해 보이다. **3** 전분(澱粉)으로 만든 식품. ¶凉~=녹말묵. **4** 당면. ¶米~=미편. 쌀당면. **5** 밀가루. ¶標准~=표준 밀가루. 동 **1** 가루가 되다. 분쇄하다. ¶~骨碎身浑不怕。=뼈가 가루가 되고 몸이 부서져도 전혀 무섭지〔두려워하지〕 않다. **2** 형 (백토·석회 등을) 바르다. 칠하다. 뿌리다. ¶墙已经~了两遍了。=벽은 이미 두 겹이나 석회를 칠했다. 형 **1** 분홍의. 핑크의. ¶她穿着一件~色衬衫。=그녀는 분홍색 블라우스를 입고 있다. **2** 흰색의. 흰 가루를 띤. ¶~蝶飞舞=하얀 나비가 춤추며 날다. **3** 육감적인. 섹시한. 외설적인. ¶查禁~戏=외설 연극을 조사해 공연을 금하다.

焙bèi粉, 传chuán粉, 蛋dàn粉, 淀diàn粉, 发粉, 骨粉, 齑jī粉, 米粉, 铅qiān粉, 芡qiàn粉, 轻qīng粉, 牲shēng粉, 受粉, 授粉, 水粉, 团粉, 小粉, 鞋粉, 蟹xiè粉, 血粉, 洋粉, 药粉, 鱼粉, 脂zhī粉

【粉白】 **fěnbái** 형 새하얗다. 희디희다. 분처럼 희다. ¶~的纸=새하얀 종이.
【粉白黛黑】 **fěnbái-dàihēi** 성 **1** 흰 분을 바르고 눈썹을 검푸르게 그리다. **2** 비 (여자가) 화장하다. **2** 미녀.
【粉本】 **fěnběn** 명 **1** 초벌그림. 밑그림. 설계도. **2** 비 원본. 저본(底本). 기초.
【粉笔】 **fěnbǐ** 명 백묵. 분필.
【粉彩】 **fěncǎi** 명 분채. 연채(軟彩). (청(淸)대에 도자기에 칠하던 연하고 고운 빛깔의 무늬)
【粉肠】 **fěncháng** (~儿) 명 녹말에 유지·소금 등을 섞어 순대처럼 창자 외피에 넣어 익힌 부식 (副食).
【粉尘】 **fěnchén** 명 분진. 먼지.
【粉刺】 **fěncì** ☞ 【痤疮】 **cuóchuāng**
【粉黛】 **fěndài** 명존 **1** (화장용의) 흰 분과 검푸른 눈썹먹. ¶略施~=엷게 화장하다. **2** 미녀. ¶六宫~=후궁의 미녀.
【粉底】 **fěndǐ** (~儿) 명 메이크업 베이스(make-up base).
【粉坊】[粉房] **fěnfáng** 명 제분소.
【粉房】 **fěnfáng** ☞ 【粉坊】 **fěnfáng**
【粉盒】 **fěnhé** 명 (화장용) 콤팩트(compact). 분갑. 분첩.
【粉红】 **fěnhóng** 형 분홍〔핑크〕의. 분홍색〔핑크빛〕의.
【粉红领】 **fěnhónglǐng** ☞ 【粉领】 **fěnlǐng**
【粉剂】 **fěnjì** 명(醫) 가루약. 분제. 산제(散劑).
【粉笺】 **fěnjiān** 명 연분홍색 편지지. 핑크빛 러브레터. 연애 편지.
【粉连纸】 **fěnliánzhǐ** 명 투사지(透寫紙).
【粉领】 **fěnlǐng** 명 여비서. =【粉红领】 **fěnhónglǐng**
【粉瘤】 **fěnliú** 명(醫) 낭종(囊腫).
【粉煤】 **fěnméi** 명 분탄(粉炭). 가루탄.
【粉面】 **fěnmiàn** 명 분을 바른 얼굴. 도안(圖案)을 그려 넣은 얼굴. ¶油头~=기름 바른 머리와 분 바른 얼굴.

【粉末】 **fěnmò** (~儿) 명 가루. 분말.
【粉末冶金】 **fěnmò yějīn** 명(金) 분말 야금.
【粉墨】 **fěnmò** 명 **1** (화장용) 흰 분과 눈썹먹. **2** (劇) 무대 화장을 끝낸 연기자. 극중 인물로 분장을 한 배우. 동존 문사(文辭)를 수식하다.
【粉墨登场】 **fěnmò-dēngchǎng** 성 **1** 분장을 하고 무대에 등장하다. **2** 비 탈을 쓰고 사회나 정치 무대에 등장하다. [나쁜 사람이 가면을 쓰고 본격적으로 활동하는 것을 풍자함]
【粉嫩】 **fěnnèn** 형 (피부 등이) 희고 보드랍다. ¶~的脸蛋=희고 보드라운 얼굴.
【粉牌】 **fěnpái** 명 분판(粉板). 화이트보드(white board). [썼다 지웠다 할 수 있게 만든 게시〔습자〕용의, 분을 칠한 널조각. 식당 등에서 메뉴와 가격을 소개하거나 임시로 장부나 일을 기록하는 데 사용함]
【粉皮】 **fěnpí** (~儿) 명 얇은 녹말묵. 청포.
【粉扑儿】 **fěnpūr** 명 (화장용) 퍼프. 분첩.
【粉芡】 **fěnqiàn** 명 (가시연밥가루 등으로) 풀처럼 만든 전분. 물전분. 물녹말. [요리를 걸쭉하게 하는 데 사용함]
【粉墙】 **fěnqiáng** 동 벽에 석회〔백토〕를 바르다〔칠하다·뿌리다〕. 명 회벽. 흰 벽. [주로 흰색이나 지금은 다른 색깔도 있음]
【粉色】 **fěnsè** 명 분홍색. 핑크색.
【粉沙】 **fěnshā** 명 미사(微砂). 분사. 실트(silt). 침니(沈泥). [모래와 찰흙의 중간 크기인 흙]
【粉身碎骨】 **fěnshēn-suìgǔ** 성 분골쇄신하다. 몸이 가루가 되고 뼈가 부서지다. 온몸이 으스러지고 가루가 되어 죽다. [주로 어떤 목적을 위해 헌신하는 것을 나타냄]
【粉饰】 **fěnshì** 동 **1** 칠하고 장식하다. 아름답게 꾸미다. ¶办公大楼~一新。=오피스 빌딩이 아름답게 꾸며져 아주 새로워졌다. **2** 비 (오점이나 결점을 덮기 위해) (겉)보기 좋게 꾸미다. 일시적으로 꾸미다. 분식하다. 겉만 좋게 꾸미다. 사실을 숨기고 거짓으로 꾸미다. ¶~现实=현실을 겉보기 좋게 꾸미다. ≒掩饰
【粉饰太平】 **fěnshì-tàipíng** 성 어둡고 혼란한 상황을 감추고 태평한 것처럼 꾸미다. 매우 태평스런 세상으로 꾸미다.
【粉刷】 **fěnshuā** 동 **1** (담이나 지붕 등에 백토·석회 등을) 바르다. 칠하다. 뿌리다. ¶~墙壁=담장을 칠하다. **2** 형 (건축물 겉면을 석회·흙·시멘트 등으로) 미장하다. 명동 **1** 건물의 겉면에 바른 보호층. **2** (~儿) 칠판지우개.
【粉丝】 **fěnsī** 명 (녹두·고구마 등의 녹말로 만든) 실 모양의 당면.
【粉碎】 **fěnsuì** 형 산산조각나다. 박살나다. 가루처럼 되다. ¶磁盘被摔得~。=디스켓이 떨어져 산산조각났다. 동 **1** 분쇄하다. 가루로 만들다. ¶~机=분쇄기. **2** 분쇄하다. 박멸하다. 괴멸하다. 섬멸하다. 박살내다. ¶~阴谋=음모를 분쇄하다.
【粉条】 **fěntiáo** 명 (녹두·고구마 등의 녹말로 만든) 띠 모양의 당면.
【粉团】 **fěntuán** 명동 마단(麻團). [단자의 일종.

찹쌀가루 반죽 속에 설탕을 넣고 동그랗게 만든 다음 참깨를 묻혀 기름에 튀긴 것】

【粉戏】**fěnxì** 囝 외설적인 연극.

【粉线】**fěnxiàn** 囝 분줄.【황색이나 백색 분말을 묻힌 굵은 실. 옷감에 통겨 재단선을 긋는 데 사용함】¶打~=분줄을 퉁기다.

【粉眼儿】**fěnyǎnr** 囝 도발적인〔요염한·색정적인〕눈매.

【粉蒸】**fěnzhēng** 동 (요리법의 일종으로) 쌀가루를 묻혀서 찌다. ¶~排骨=편정파이구. [사천요리의 하나. 쌀가루를 묻혀서 찐 돼지갈비]

【粉蒸肉】**fěnzhēngròu** ☞ 【米粉肉】**mǐfěnròu**

【粉妆】**fěnzhuāng** 동 향분(香粉)으로 치장하다. 화장하다.

【粉妆玉琢】**fěnzhuāng-yùzhuó** 성 1분을 바른 듯 옥을 조각한 듯하다. 2(비) 살결이 희고 보드랍다〔아름답다〕.

【粉子】**fěn·zi** 囝 1가루. 분말. ¶煤~=석탄가루. 2(비) 미인. 아름다운 여자. ¶成都~=청두 미인.

## **分 fēn** 성분분 분

囝 1성분. ¶盐~=염분. / 养~=양분. 2본분. 소임. 직분. 〔지위·직책·권리 등의 한도〕¶过~=과분. /安~守己=성실히 자기의 본분을 지키다. 3자질. ¶天~=천부적 자질. 4 우정. 정분. ¶看在我的~上, 你就原谅他吧. =나와의 우정을 생각해서 그를 용서해 주기를 바란다. 5 인연. 기연. 연분. 호기. ¶缘~=연분. /福~=행운. 6 '份(fèn)'과 같음. 〔전체 가운데 일부분을 뜻함〕추측하다. 예측〔예상〕하다. ¶自~难当此重任. =스스로 이런 중책을 감당하기 어려울 것 같습니다.

☞ **fēn**

○◆ 安分, 辈bèi分, 才分, 充chōng分, 处chǔ分, 非分, 肥分, 福分, 馏liú分, 名分, 情分, 身分, 时分, 天分, 养分, 应分, 逾yú分, 缘yuán分, 职zhí分

【分际】**fēnjì** 囝 1 (일이나 말의) 분별. 분수. 주제. 한계. 한도. ¶说话要注意~. =말을 할 때는 분수에 맞게 해야 한다. 2 (좋지 않은) 처지. 지경. 정도. 형편. 상황. 상태. ¶他竟然固执到这个~. =그는 끝내 이렇게까지 고집을 피운다.

【分里】**fēn·li** 囝 본분. 〔직책·책무·의무〕 내의 것. 본분. 〔직무·책무·의무〕 (으)로서 당연히 해야 하는 것. ¶这是我的~事, 该做的. =이것은 내 본분이므로 당연히 해야 한다.

【分量】【份量】**fēnliàng** 囝 1 중량. 무게. 분량. ¶这袋米的~足有三十斤. =이 자루의 쌀 무게는 족히 30근은 될 것이다. 2(비) (문장·말 등의) 무게. 중량. 뜻. 가치. ¶他的这篇文章很有~. =그의 이 글은 매우 가치가 있다.

【分内】【份内】**fēnnèi** 囝 본분.〔직무·책무·의무〕(으)로서 내의 것. 본분〔직무·책무·의무〕상 당연히 해야 하는 것. ¶~之事=본분에 속하는 일. 의무. 책무. ↔分外

【分所当然】**fēnsuǒdāngrán** ☞【分所应当】

【分所应当】**fēnsuǒyīngdāng** 囵 본분〔직무·책무·의무〕상 당연한 일. 본분〔직무·책무·의무〕상 당연히 해야 하는 일. =【分所当然】**fēnsuǒdāngrán**

【分外】【份外】**fēnwài** 囝 본분〔직무·책무·의무〕 밖의 일. ¶~之事=본분 밖의 일. 囯 유달리. 유난히. 특별히. 각별히. ¶~激动=유달리 감동하다. ↔分内

【分子】【份子】**fēnzǐ** 囝 (전체를 구성하는 개체, 혹은 어떤 특징을 지닌) 사람. 분자. …인(人). ¶知识~=지식인.
☞ **fēnzǐ**

## **份 fèn** 일부분 분

囝 1 전체 중의 일부분. …의 부분. 몫. 배당. ¶等~=등분. / 股~=(주식회사의) 주(株). 2 성(省)·현(縣)·년(年)·월(月) 뒤에 쓰여 구분이나 구획을 나타냄. ¶省~=성(省). [성의 범위·구역] / 月~=월. 3 지위. 위치. 자리. ¶他在学会里还没有~儿. =그는 학회에서 아직 지위가 없다. 4 정도. 지경. 처지. 형편. 상황. 상태. ¶到最后, 她只有哭的~儿. =마지막에 가서 그녀는 그저 울 수밖에 없는 지경이 되었다. 5(비) 위엄. 기세. 위신. 기개. 형편. 형세. ¶他还没到住五星级酒店的~儿. =그는 아직 5성급 호텔에 묵을 형편이 아니다. 6 체면. 면목. ¶丢~儿=체면을 잃다. 얭 (~儿) 1 조각. 〔전체를 나눈 부분을 세는 단위〕¶把西瓜分成五~儿=수박을 다섯 조각으로 나누다. 2 벌. 세트. 〔배합하여 한 벌이 되는 것을 세는 단위〕¶来两~盒饭=도시락 두 개 주십시오. 3 부. 통. 권. [신문·잡지·문건 등을 세는 단위] ¶一~杂志=한 권의 잡지. 4(문) 모양·상태 등에 쓰임. [고어에서는 '彬(bīn)'과 같음] ¶你那~儿德行, 我瞧够了. =너의 그 꼴사서니는 볼 만큼 봤다.

○◆ 等份, 全份, 县xiàn份, 月份, 月份牌

【份额】**fèn'é** 囝 몫. 배당. 할당. 일부분. (상품의) 시장 점유율. [전체에서 차지하고 있는 수량을 나타냄] ¶这个项目中, 他们公司的投资占百分之六十的~. =이 아이템〔항목〕에 대한 그들 회사의 투자는 60%를 차지하고 있다.

【份量】**fènliàng** ☞【分量】**fēnliàng**

【份内】**fènnèi** ☞【分内】**fènnèi**

【份儿】**fènr** 囝 1 분. 벌. 세트. 몫. 조각. 부분. [배합하여 한 벌이 되는 것과 전체를 나눈 부분을 나타냄] ¶把这钱分成三~, 我们每人一~. =이 돈을 세 몫으로 나눠서 각자가 한 몫씩 갖자. 2 지위. 위치. 자리. ¶这个家里哪有我说话的~? =이 집에서 어디 내가 말할 자격이 있단 말이냐? 3 정도. 지경. 처지. 형편. 상황. 상태. ¶谁也没想到事情会闹到这~上. =일이 이렇게까지 시끄러워질 줄은 아무도 생각하지 못했다. 4(비) 위엄. 기세. 위신. 기개. 형편. 형세. ¶摆~=기세

부리다. 거드름피우다.
【份儿菜】fènrcài 명 1 일정 분량 또는 한 접시의 요리. 2 세트로 포장된 요리 재료. 포장 요리.
【份儿饭】fènrfàn 명 정식(定食). 세트 메뉴. ¶吃~=정식을 먹다.
【份外】fènwài ☞【分外】fènwài
【份子】fènzǐ ☞【分子】fènzǐ
【份子】fèn·zi 명 1 (단체로 선물할 때 각자) 분담하는 돈. 낼 몫. 분담금. 할당금. ¶凑~=추렴새를 거두다. 2 부조금. ¶出~=축의금을 내고 축하를 표하다. 조위금을 내고 조의를 표하다.

## 坋 fèn 땅 이름 분

명 (地) 구펀(古坋). [푸젠(福建)성에 있는 지명]
☞ bèn

## *奋[奮] fèn 날개칠 분

동 1 ⓐ (새가) 날개[활개·나래]를 치며 날아오르다. ¶~翅高飞=날개를 치며 높이 날아오르다. 2 분발하다. 진작(振作)하다. 격려하다. 고무하다. 기운을 북돋우다. 원기를 불어넣다 ¶发~=분발하다. / 振~=분발하다. 3 흔들다. 휘두르다. 치켜들다. ¶~臂高呼=팔을 치켜들고 큰 소리로 외치다〔부르짖다〕.

◐❶ 感gǎn↔, 激jī奋, 亢kàng奋

【奋笔疾书】fènbǐ-jíshū 성 1 붓을 치켜들고 빠른 속도로 글을 쓰다. 2 ⓑ 창작시 감정이 세차게 북받쳐오르다.
【奋臂】fènbì 팔을 치켜들다〔흔들다·휘두르다〕. [분기(奋起)하거나 격앙된 모습을 나타냄] ¶~一呼, 应者云集.=팔을 치켜들고 한번 부르짖자 사람들이 구름처럼 모여들었다.
【奋不顾身】fènbùgùshēn 성 자신의 생명을〔안위를〕 돌보지 않고 용감하게 돌진해 가다. 헌신적으로 분투하다.
【奋斗】fèndòu 동 (일정한 목적을 달성하기 위해) 분투하다. ¶为实现自己的理想而~.=자신의 이상을 실현하기 위해 분투하다. ≒斗争
【奋发】fènfā 형 분발하다. ¶~向上=분발해 앞으로 나아가다. ≒发奋
【奋发图强】fènfā-túqiáng 성 (국가·개인의) 부강(번영)을 위해 분발〔열심히 노력〕하다.
【奋发有为】fènfā-yǒuwéi 성 분발하여 뭔가를 이루어 내다. 애쓴 결과 어느 정도 성과를 내다.
【奋飞】fènfēi 동 1 (새가) 날개〔활개·나래〕를 치며 (높이) 날아오르다. 2 기운차게 〔분발하여〕 앞을 향하여 나아가다. 웅비하다. ¶新的世纪是民族~的世纪.=신세기는 민족이 웅비하는 세기이다.
【奋击】fènjī 동 분발하여 공격하다. 힘내어 격투하다.
【奋激】fènjī 형 격앙되다. ¶情绪~=정서가〔감정이〕 격앙되다.
【奋进】fènjìn 동 기운을 떨쳐 나아가다. 용감하게 나아가다. ¶朝着既定目标~.=이미 정해진 목표를 향해 용감하게 나아가다.

【奋亢】fènkàng 형 극도로 흥분하다. ¶~不已=흥분해 마지않다.
【奋力】fènlì 동 있는 힘을 다하다. 필사적으로 [죽어라] 힘을 내다. ¶~拼搏=있는 힘을 다해 필사적으로 싸우다.
【奋袂】fènmèi 동 ⓑ 소매를 떨치다. [결심하고 행동하려는 것을 나타냄] ¶~而起=소매를 떨치고 일어나다.
【奋勉】fènmiǎn 동 ⓑ 분발하여 노력하다. ¶~向前=분발 노력하여 앞을 향해 나아가다.
【奋起】fènqǐ 동 1 힘내어〔힘주어〕 (집어) 들다. ¶~棍棒狠命一击.=집어 든 곤봉으로 전력을 다해 일격을 가하다. 2 기운을 내어 힘차게 일어서다. 힘을 내어 행동하기 시작하다. ¶~反击=기운을 내어 힘차게 반격하다.
【奋起直追】fènqǐ-zhízhuī 성 떨쳐일어나 줄곧 앞을 따라잡다.
【奋强】fènqiáng 동 (국가·개인의) 부강〔번영〕을 위해 분발〔열심히 노력〕하다.
【奋然】fènrán 동 분발하는 모양. 분연하다. 힘차다. 기세 좋다. ¶~直言=분연히 직언하다.
【奋袖】fènxiù 동 격동하여 소매를 휘두르다. ¶~出臂=소매를 휘두르며 팔을 내보이다.
【奋勇】fènyǒng 동 용기를 불러일으키다. 용기를 내다. ¶自告~=자진하여 나서다.
【奋勇当先】fènyǒng-dāngxiān 성 용기를 내어 앞장서다.
【奋战】fènzhàn 동 분전하다. 분투하다. ¶~疆场=전장에서 분투하다.
【奋争】fènzhēng 동 있는 힘을 다해 싸우다〔경쟁하다〕. 필사적으로 다투다. ¶~第一=필사적으로 1등을 다투다.

## *忿¹ fèn 성낼 분

동 분노〔분개〕하다. 화를〔성을〕 내다. ¶~恨在心=분노와 원망이 마음속에 있다. / ~怒不平=불공평한 것에 분노하다.

## *忿² fèn 불복할 분

☞【不忿】bùfèn
【忿忿】fènfèn ☞【愤愤】fènfèn
【忿忿不平】fènfèn bùpíng ☞【愤愤不平】fènfèn bùpíng
【忿詈】fènlì 동 ⓑ 분노하여 꾸짖다〔욕하다〕.

## 偾[僨] fèn 넘어질 분

동 ⓑ 망가뜨리다. 망치다. 그르치다. 못 쓰게 되다. 파괴되다.
【偾事】fènshì 동 ⓑ 일을 망치다. ¶有勇无谋, 只会~.=용감하기만 하고 책략이 없으면 일을 망칠 수밖에 없다.

## *粪[糞] fèn 똥 분

명 똥. 대변. ¶驴~=당나귀똥. / 上~=똥거름을 뿌려 주다. 거름을 주다. 동 ⓑ 1 (똥) 거름을 [비료를] 주다. 시비하다. 비옥하게 하다. ¶~地=거름을〔비료를〕 주다. 2 소제하다. 치우다.

제거하다. 청소하다. ¶~除垃圾＝쓰레기를 치우다.

○● 大粪, 倒dào粪, 底粪, 拖tuō粪, 马粪纸

【粪便】fènbiàn 명 대소변. 똥오줌.
【粪叉(子)】fènchā(·zi) 명 퇴비나 두엄을 쳐내는 쇠스랑.
【粪车】fènchē 명 똥 달구지. 분뇨차. 똥차.
【粪除】fènchú 동 명 제거하다. 치우다. 소제하다. 청소하다.
【粪堆】fènduī 명 두엄〔거름〕더미. 퇴비(堆肥).
【粪肥】fènféi 명 (사람·가축 등의 분뇨로 만든) 똥거름.
【粪箕(子)】fènjī(·zi) 명 (거름을 담아 나르는) 삼태기.
【粪坑(子)】fènkēng(·zi) 명 1 똥구덩이. 2 (변소의) 똥통.
【粪筐】fènkuāng 명 1 똥(을 주워 담는) 광주리. 2 (거름을 담아 나르는) 삼태기.
【粪门】fènmén 명⟨生⟩ 항문.
【粪桶】fèntǒng 명 똥통.
【粪土】fèntǔ 명 1 분뇨와 진흙. 2⟨비⟩ 쓸모 없는 것. 하찮은 것. ¶视金钱如~.＝돈 보기를 똥 보듯 하다. 돈을 하찮게 여기다.

## 愤[憤] fèn 성낼 분

동 (불평·불만으로) 분개〔분노〕하다. 격해지다. 성을 내다. 화내다. ¶气~＝화내다. / 私~＝개인적인 원한.

○● 悲bēi愤, 发愤, 感愤, 民愤, 私愤, 泄xiè愤, 羞xiū愤, 忧yōu愤, 幽yōu愤, 怨yuàn愤

【愤愤】[忿忿] fènfèn 형 매우 화가 난 모양. 몹시 분개하는 모양. ¶~不已＝극도로 화를 내 마지 않다.
【愤愤不平】[忿忿不平] fènfèn-bùpíng 성 불공평한 것에 매우 화가 나다.
【愤恨】fènhèn 동 분노〔분개〕하고 원망〔증오〕하다. ¶不讲社会公德的行为实在令人~.＝사회의 공중 도덕을 생각하지 않는 행위는 정말 사람을 분노하게 한다. ↔喜爱
【愤激】fènjī 동 격분하다. 몹시 노엽고 분한 감정이 북받치다. ¶情绪~＝감정이 격하게 북받쳐오르다.
【愤慨】fènkǎi 형 분개하다. ¶判决不公, 令人~.＝판결이 불공정하여 사람을 분개하게 한다.
【愤懑】fènmèn 동 형 마음이 분하고 답답하다. 화가 나서 속을 끓이다. ¶~之情, 溢于言表.＝분하고 답답한 감정이 말과 표정에 드러나다.
【愤怒】fènnù 형 분노하다. ¶他的无耻言论激起了众人的~.＝그의 후안무치한 말은 군중의 분노를 야기했다. ≒恼怒
【愤然】fènrán 형 동 성을〔화를〕내는 모양. 발끈〔벌컥·왈칵〕하다. ¶~作色＝벌컥 화를 내며 안색이 변하다.
【愤世嫉俗】fènshì-jísú 성 세상의 모든 불합리한 현상에 대하여 분개하고 증오하다. ↔随遇而安

## 鲼[鱝] fèn 가오리 분

명⟨動⟩ 가오리.

## 濆 fèn 샘솟을 분

동⟨문⟩ (물이 땅 속에서) 세차게 흘러나오다. 샘솟다. 펑펑 솟아 나오다. 분출하다. 내뿜다.
【濆泉】fènquán 명 분천. 샘. 용천(湧泉).

# feng

## 丰¹[豐] fēng 넉넉할 풍

형 1 (초목 등이) 무성하다. ¶百草~茂＝온갖 풀이 무성하다. 2 풍만하다. 포동포동하다. [탐스럽게 살져서 아름다운 모양을 나타냄] ¶面颊~润＝볼이 오동통하고 함치르르하다. 볼이 탐스럽게 살져서 아름답다. 3 풍부하다. 풍족하다. 넉넉하다. 윤택하다. ¶人寿年~＝사람들은 장수하고 해마다 풍년이다. 4 높고 크다. 크다. 위대하다. ¶一座~碑＝높고 큰 비석. 명 (Fēng) 성.

## 丰² fēng 풍만할 풍

명 아름다운 자태나 용모. ¶~姿绰约＝풍채가 단아하고〔맵시 있고〕아름답다. / ~采可人＝풍채가 마음에 든다.
【丰碑】fēngbēi 명 1 높고 큰 비석. 2⟨비⟩ 불후의 걸작. 위대한 공적. 금자탑(金字塔). ¶李白的诗是中国浪漫主义诗歌创作的一座~.＝이백의 시는 중국 낭만주의 시가 창작의 금자탑이다.
【丰采】[风采] fēngcǎi 명⟨문⟩ 아름다운 풍채〔자태·모습〕. ¶~动人＝아름다운 자태가 사람의 마음을 움직인다.
【丰餐美食】fēngcān-měishí 성 진수성찬.
【丰产】fēngchǎn 동⟨農⟩ 높은 생산량을 얻다. 수확을 많이 거두다. 풍작을 거두다. ¶麦子连年~.＝보리가 여러 해 계속하여 높은 생산량을 거두었다.
【丰登】fēngdēng 동 풍성하게 수확하다〔거두어들이다〕. ¶五谷~＝오곡의 수확이 풍성하다.
【丰丰盛盛】fēng·feng shèngshèng (~的) 형 (물질이) 매우 풍부하다. 많다. 매우 풍성하다. ¶一顿~的晚餐＝매우 풍성한 저녁 식사.
【丰富】fēngfù 형 많다. 풍부하다. 넉넉하다. 풍족하다. ¶物产~＝산물(產物)이 풍족하다. 동 풍부하게 하다. 풍족하게 하다. ¶努力~市民的文化生活.＝시민의 문화 생활을 풍족하게 하기 위해 노력한다. ≒充实 丰厚 ↔贫乏
【丰富多采】fēngfù-duōcǎi ☞【丰富多彩】fēng fù-duōcǎi
【丰富多彩】[丰富多采] fēngfù-duōcǎi 성 풍부하고 다채롭다. 내용이 알차고 형식이 다양하다.
【丰功伟绩】fēnggōng-wěijì 성 위대한 공적. 위업(偉業). 혁혁한 공로. =【丰功伟业】fēng

gōng-wěiyè ≒汗马功劳
【丰功伟业】fēnggōng-wěiyè ☞【丰功伟绩】fēnggōng-wěijì
【丰厚】fēnghòu (형) 1 두텁다. 두툼하다. 두둑하다. 넉넉하다. ¶酬劳~=사례가 두둑하다. 2 후하다. 푸짐하다. 융숭하다. 풍성하다. 북슬북슬[복슬복슬]하다. ¶皮毛~=털가죽이 복슬복슬하다. ≒丰盛 丰富 ↔贫乏
【丰满】fēngmǎn (형) 1 충분하다. 풍족[풍부]하다. 가득하다. ¶粮仓~=곡식 창고가 가득하다. 2 풍만하다. 포동포동하다. 토실토실하다. ¶体态~=몸매가 풍만하다. 3 (깃털이) 자라다. ¶羽翼~=날개가 날 수 있을 만큼 다 자라다. 활약할 수 있을 만큼 충분히 성장하다. ≒饱满 ↔干瘪 瘦削
【丰茂】fēngmào (형) 무성하다. 우거지다. 울창하다. 울울창창하다. ¶林木~=숲이 우거지다.
【丰美】fēngměi (형) 소담스럽다. 무성하여[푸짐하여] 보기 좋다. ¶水草~=물풀이 무성하여 보기 좋다.
【丰年】fēngnián (명) 풍년. 유년(有年).
【丰沛】fēngpèi (형) (빗물이) 충분하다. 풍부하다. 넉넉하다.
【丰歉】fēngqiàn (명) 풍작과 흉작. 풍년과 흉년. ¶~无忧=풍작이든 흉작이든 아무런 걱정이 없다. 양식 걱정이 없다.
【丰饶】fēngráo (형) 풍요롭다. 매우 넉넉하다. ¶~的天府之国=풍요로운 쓰촨(四川)성. ['天府之国'란 자원이 풍부하고 토지가 비옥한 천혜의 자연 지역을 가리키는 말로, 일반적으로 쓰촨(四川)성을 일컬음]
【丰润】fēngrùn (형) (피부 등이) 풍만하고 윤택하다. 포동포동하다. 오동통하면서 윤기가 흐르다. ¶肌肤~=살갗이 포동포동하다.
【丰赡】fēngshàn (형)(書) 풍부하다. 풍요하다. 충분하다. ¶内容~=내용이 풍부하다.
【丰神】fēngshén (형) 기운이 넘치다. 생기가 충만하다. ¶~洒脱=기운이 넘치고 대범하다.
【丰盛】fēngshèng (형) (음식 등이) 풍성하다. 성대하다. 융숭하다. ¶~的酒席=성대한 연회석. ≒丰厚 丰富 ↔贫乏
【丰实】fēngshí (형) 풍부하다. 알차다. 충실하다. ¶书中资料~，图片精美。=(이) 책에는 자료가 풍부하며 삽화도 정교하고 아름답다.
【丰收】fēngshōu (동) 1 풍작을 이루다. 풍년이 들다. ¶今年小麦~了。=올해 밀농사가 풍년이 들다. 2 (비) 좋은 성적을[성과를] 거두다. ¶我校高考再次~。=우리 학교가 대입 시험에서 또 한번 좋은 성적을 거두었다. (명) 1 풍작. 풍년. ¶今年农作物又获特大~。=올해 농작물이 또 대풍작을 이루었다. 2 (비) (좋은) 성적. 성과. 성취. 업적. ¶公司今年~在望。=회사는 올해 좋은 성과가 예상된다. ↔歉收
【丰硕】fēngshuò (형) 1 (과일 등이) 크고 많다. 알이 굵고 많다. 2 (비) 성과가 크다. ¶近年来，中国在许多科研项目中都取得了~的成果。=요 몇 년 사이 중국은 많은 과학 연구 부분에서

커다란 성과를 이룩하였다.
【丰沃】fēngwò (형) 1 (땅이) 비옥하다. 걸다. 기름지다. ¶土地~=토지가 비옥하다. 2 (사람은) 부유하고 (땅은) 기름지다. ¶~的成都平原=사람은 부유하고 토지는 기름진 청두(成都) 평원.
【丰衣足食】fēngyī-zúshí (성) 1 먹을 것이 풍부하다. 살림이 넉넉하다. 2 (비) (생활이) 넉넉하다. 윤택하다. 풍족하다. ↔饥寒交迫
【丰盈】fēngyíng (형)(書) 1 (몸매·근육·피부 등이) 풍만하다. 토실토실하다. 포동포동하다. ¶体态~=몸매가 풍만하다. 2 풍부[풍족]하다. 부유하다. 넉넉하다. ¶钱粮~=돈과 양식이 넉넉하다.
【丰腴】fēngyú (형) 1 (몸매·근육·피부 등이) 풍만하다. 토실토실하다. 포동포동하다. ¶两颊~=두 뺨이 포동포동하다. 2 (재물·재산 등이) 풍성하다. ¶菜肴~=음식이 풍성하다. 3 (땅이) 비옥하다. 걸다. 기름지다. ¶~良田=비옥한 밭[농토].
【丰裕】fēngyù (형)(書) 부유하다. 윤택하다. 넉넉하다. ¶家境~=가정 환경이 부유하다.
【丰韵】fēngyùn ☞【风韵】fēngyùn
【丰姿】fēngzī ☞【风姿】fēngzī
【丰足】fēngzú (형) 풍족하다. 넉넉하다. ¶衣食~=입을 것과 먹을거리가 풍족하다.

\*\*风[風] fēng 바람 풍

(명) 1 바람. ¶秋~=가을 바람. / 刮~=바람이 불다. 2 풍속. 풍습. 습관. 풍기(風氣). ¶民~=민속. / 伤~败俗=풍기를 문란하게 하다. 3 민요. ¶采~=민요를 채집하다. / 国~=국풍. [중국의《시경(詩經)》가운데 민요 부분을 이르는 말] 4 태도. 기풍. ¶学~=학풍. / 校~=교풍. 5 자세. 태도. 자태. ¶~姿婀娜=자태가 가냘프고 우아하다. / 谈笑~生=이야기꽃을 피우다. 6 (~儿) 소식. 소문. 풍문. ¶望~=망을 보다. / 闻~而动=소문을 듣고 움직이다. 7 풍경. 경치. ¶~光(風光). 경관(景觀). ¶~景优美=풍경이 아름답다. / 大好~光=아름다운 경치. 8 (남녀 간의) 애정. 감정. ¶争~吃醋=질투하여 다투다. / 卖弄~情=교태를 부리다. 9 (醫) (한방에서) 풍. 풍기(風氣). 풍증(風症). 풍질(風疾). ¶抽~=경련을 일으키다. / 羊痫~=간질(癎疾). 지랄병. 10 (醫) 풍. [중의학에서 말하는 육음(六淫), 즉 풍(風)·한(寒)·서(暑)·습(濕)·조(燥)·열(熱)의 하나로, 질병을 유발하는 주요 요인] ¶伤~=감기에 걸리다. / 祛~化痰=풍을 다스리고 가래를 삭이다. 11 (Fēng) 성(姓). (형) 1 뜬소문의. 근거 불명의. ¶此乃~闻, 不可确信。=이것은 뜬소문일 뿐이므로 믿어서는 안 된다. 2 바람에 말린. 자연 건조시킨. ¶买只~鸡下酒。=바람에 말린 닭고기를 사서 술을 마시다. 평지를 안주 삼다. (동) 바람에 말리다. ¶晒干~净=햇볕에 말려 잘 까부르다. [고어에서는 '讽(fěng)'과 같음]

○ 风 fēng
  枫 fēng
  疯 fēng
  讽 fěng
  砜 fēng

⊙● 把风, 成风, 抽风, 顶风, 兜dōu风, 耳风, 放风, 焚fén风, 肝gān风, 观风, 和风, 喉hóu风, 接风, 惊jīng风, 飓jù风, 口风, 狂kuáng风, 临风, 漏lòu风, 门风, 披pī风, 屏píng风, 脐qí风, 清风, 伤风, 上风, 收风, 通风, 透tòu风, 颓tuí风, 望风, 文风, 下风, 信风, 熏xūn风, 巡xún风, 妖yāo风, 遗yí风, 阴yīn风, 迎风, 余风, 涨zhǎng风, 招风

【风暴】**fēngbào** [명] **1** 《氣》 폭풍. 폭풍우. **2** [비] 대규모 사건〔현상〕. 어려운 사태. 위기. 동란. 대소동. 파란. ¶金融～＝금융 위기.

【风泵】**fēngbèng** [명] **1** 공기 펌프. 에어펌프(airpump). **2** 공기 압축기. 에어컴프레서.

【风痹】**fēngbì** [명]《醫》(중의학에서 말하는) 유주성 관절 풍습통(游走性關節風濕痛). [영] wandering arthritis

【风表】**fēngbiǎo** [명] 풍력계. ＝【测风表】**cè fēngbiǎo**

【风波】**fēngbō** [명] **1** 풍파. 풍랑. **2** [비] 풍파. 분쟁. 소란. 동요. ¶政治～＝정치 풍파.

【风不刮, 树不摇】**fēng bù guā, shù bù yáo** [속] **1** 바람이 없으면 나무도 흔들리지 않는다. **2** [비] 원인 없는 결과 없다. 아니 땐 굴뚝에 연기 나랴.

【风采】**fēngcǎi** [명][문] **1** (주로 긍정적인 의미에서, 사람의) 풍채. 풍모. 기품. ¶～依旧＝풍채가 여전하다. **2** 문예 방면의 재능.

【风餐露宿】**fēngcān-lùsù** ☞【餐风宿露】**cānfēng-sùlù**

【风操】**fēngcāo** [명] 풍모와 절도. 몸가짐. 품행.

【风铲】**fēngchǎn** [명]《機》 공기압축식 삽.

【风场】**fēngchǎng** [명]《天》 풍장. [영] wind field

【风潮】**fēngcháo** [명] **1** 거센 바람과 조수. **2** [비] (군중의) 소동. 쟁의. 소요. 충돌. 분쟁. ¶罢工～＝파업 소요.

【风车】**fēngchē** [명] **1**《機》 풍차. 풍구. **2** 팔랑개비. **3** ☞【扇车】**shànchē**

【风尘】**fēngchén** [명] **1** 풍진. 바람에 흩날리는 먼지. **2** 여고(旅苦). 여행 중의 고생. ¶一路～＝고된 여정을 겪다. **3** [문][비] 전란. 병란. 난리. ¶～之警＝전란의 경보〔징조〕. **4** [문][비] 어지러운 사회. 강호(江湖)를 떠도는 신세. ¶～侠士＝강호를 누비는 협객. **5** [문][비] 창기(娼妓)의 생활. ¶沦落～＝창기로 전락하다.

【风尘仆仆】**fēngchén-púpú** [성] 객지를 떠돌며 고생하다. 세상에서 갖은 고초를 다 겪다.

【风驰电掣】**fēngchí-diànchè** [성][비] 번개같이 빠르다. 바람처럼 신속하다. 질풍같이 달리다. ↔蜗行牛步

【风传】**fēngchuán** [동] 풍문이 돌다. 뜬소문이 나다. ¶社会上～物价要上涨。＝사람들 사이에 물가가 오를 것이라는 소문이 돈다. [명] 풍문. 소문. 뜬소문. 가십(gossip). ¶那只是～, 不一定可信。＝그것은 단지 풍문일 뿐 믿을 만한 것이 못된다.

【风吹】**fēngchuī** [동] 바람을 쐬다〔맞다〕. ¶～日晒＝바람이 불고 햇볕이 내리쬐다.

【风吹草动】**fēngchuī-cǎodòng** [성] **1** 바람이 불어 풀잎이 살랑거리다. **2** [비] 아주 경미한 변화나 사고.

【风吹浪打】**fēngchuī-làngdǎ** [성] **1** 거센 풍랑을 만나다. **2** [비] 온갖 풍상을 겪다. ¶多年的～早已让他学会了坚强。＝여러 해 동안의 고초가 그로 하여금 일찌감치 강인함을 배우게 했다.

【风吹雨打】**fēngchuī-yǔdǎ** [성] **1** 비바람을 맞다. **2** [비] 좌절을 맛보다. 고난을 겪다. 온갖 풍상을 겪다. ¶～能磨炼人的意志。＝좌절은 사람의 의지를 단련시킨다.

【风吹云散】**fēngchuī-yúnsàn** [성] **1** 바람이 불어 구름이 흩어지다. **2** [비] 사라지다. 없어지다. 끝나다. ¶陈年往事早已～。＝해묵은 지난 일은 일찌감치 없어졌다.

【风锤】**fēngchuí** [명]《機》 공기 해머. 에어 해머. 공기압축 망치.

【风挡】**fēngdǎng** [명] 바람막이.

【风刀霜剑】**fēngdāo-shuāngjiàn** [성] **1** 바람이 칼날과 같이 살을 에고, 서릿발이 검과 같이 살을 찌르다. **2** 찬바람이 살을 에다. **3** [비] 환경이 열악하다. 인정이 야박하다.

【风道】**fēngdào** [명] 통풍창. 공기 통로.

【风灯】**fēngdēng** [명] 바람막이 램프. ＝【风雨灯】**fēngyǔdēng**

【风笛】**fēngdí** [명]《音》 풍적(風笛). (스코틀랜드 고지인의) 백파이프(bagpipe).

【风动】**fēngdòng** [명] 바람의 움직임. [동]《機》 풍력을 이용하여 움직이게 하다. 공기의 작용에 의해 움직이다. ¶～装置＝공기압 장치.

【风动工具】**fēngdòng gōngjù** [명]《機》 공기 압축 공구.

【风洞】**fēngdòng** [명] 풍동. [빠르고 센 기류를 일으키는 장치]

【风斗】**fēngdǒu**(～儿) [명] 환기구. 통풍구.

【风度】**fēngdù** [명] 품격. 풍모. 기품(氣品). 태도. 매너. ¶～翩翩＝품위 있는 태도.

【风铎】**fēngduó** [명] 풍경(風磬). 풍령(風鈴). 풍탁(風鐸). 첨마(檐馬).

【风发】**fēngfā** [동] **1** 바람같이 빠르다. **2** [비] 분발하다. 왕성하다. ¶意气～＝의기가 왕성하다. 의기양양하다.

【风帆】**fēngfān** [명] **1** (배의) 돛. ¶扬起～＝돛을 올리다. **2** [비] (앞으로 나아가려는) 용기. 포부. ¶鼓起生活的～。＝생활의 용기를 북돋우다. **3** 돛단배. 범선(帆船). ¶～点点＝돛단배들이 드문드문〔점점이〕 흩어져 있다.

【风幡】**fēngfān** [명] 바람에 휘날리는 깃발.

【风范】**fēngfàn** [명][문] 품격. 풍모. 기품. 태도. 매너. 도량. 패기. ¶名家～＝명가다운 품격.

【风风光光】**fēng·feng guāngguāng**(～的) [형] 아주 영예로운. 체면이 서는. ¶婚礼办得～的。＝결혼식을 아주 근사하게 치렀다.

【风风火火】**fēng·feng huǒhuǒ**(～的) [형] **1** 당황하여 어쩔 줄 모르는 모양. 허둥지둥하다. 허둥거리다. 허겁지겁하다. ¶他性子急, 遇事总是

【风风雨雨】fēng·feng yǔyǔ 1 비바람. 2(비) 반복되는 곤경. 간난신고(艱難辛苦). 시련. ¶他的一生经历了无数的~。=그는 한평생 무수한 시련을 겪었다. (형)(비) 1 의론(議論)이 분분하다. 어수선하다. ¶这事儿就~地传开了。=이 일은 벌써 의론이 분분하게 사방에 두루 퍼졌다. 2(비) 번덕스러운 모양. 마음이 동요하는 모양. ¶做事要有耐性, 不能只是~的一阵子。=일을 하려면 인내심이 있어야지, 한동안의 열정만으로는 안 된다.

【风干】fēnggān (동) (그늘에서) 바람에 말리다. ¶葡萄~就成了葡萄干。=포도를 바람에 말리면 바로 건포도가 된다.

【风镐】fēnggǎo (명)(機) 공기 착암기.

【风格】fēnggé (명) 1 성격. 기질. 태도. 성품. [주로 건전하고 고아한 것을 가리킴] ¶发扬无私奉献的高尚~。=사심 없이 헌신하는 고상한 성품을 함양시킨다. 2 풍격. 작품. 기풍(氣風). [서로 다른 시대·민족·유파 혹은 개인의 문예 창작에 있어서 사상적 내용과 예술 기법에 나타나는 특징] ¶创作~=창작의 풍격.

【风骨】fēnggǔ (명) 1 (굽히지 않는) 기개. 기상. 절개. 2 (시문·서화(書畫) 등의) 웅건하고 힘이 있는 풍격. ¶建安~=건안 (시대)의 풍격.

【风光】fēngguāng (명) 풍경. 경치. 풍광. ¶~秀丽=경치가 수려하다.

【风光】fēng·guāng (형)(방) 영광스럽다. 영예롭다. 그럴듯하다. 근사하다. 체면(면목)이 서다. ¶儿子考上了名牌大学, 老两口好不~。=아들이 명문대에 합격하여 노부부는 매우 우쭐했다.

【风光片儿】fēngguāngpiānr (명)(구) 풍경 위주의 영상물.

【风光片】fēngguāngpiàn (명)(映) 풍경 위주의 영상물.

【风柜】fēngguì (명)(農) 풀무식의 대형 탈곡기.

【风害】fēnghài (명) 풍해. 풍재(風災).

【风寒】fēnghán (명) 1 찬바람과 냉기(冷氣). 2 추위. 3(醫) 감기. [찬 기운으로 인해 유발되는 질병] ¶偶感~=우연히 감기에 걸리다.

【风耗】fēnghào (명) 풍식(風蝕).

【风和日丽】fēnghé-rìlì (성) 1 바람은 산들산들하고 햇볕은 따사롭다. 2(비) 날씨가 화창하다. =日丽风和 rìlì-fēnghé.

【风犀】fēnghù (명) 풍력 호두〔용두레〕. [풍력으로 논밭에 물을 대는 기구]

【风花雪月】fēnghuā-xuěyuè (성) 1 바람·꽃·눈·달. [고전 문학의 묘사 대상인 네 가지 자연 경물(景物)] 2(비) 형식은 화려하지만 내용은 공허한 시문. 3(비) 남녀 간의 애정 사건.

【风华】fēnghuá (명) 풍채와 재능. 카리스마. ¶~绝代=풍채와 재능이 당대 으뜸이다.

【风华正茂】fēnghuá-zhèngmào (성) 풍채가 출중하고 재능이 넘치다.

【风化】fēnghuà (명) 풍교(風教). 풍화. 풍속 교화. 감화. ¶有伤~=풍속 교화를 해치다. (동)(地)(化) 풍해(風解)하다. 풍화하다.

【风化壳】fēnghuàqiào (명)(地) 풍화된 표면.

【风鬟雨鬓】fēnghuán-yǔbìn (성) 여인의 흐트러진 머리 모양.

【风火墙】fēnghuǒqiáng (명) 방화벽.

【风鸡】fēngjī (명) 평지(風鸡). [닭의 털은 그냥 둔 채 배를 갈라 내장을 제거하고 산초와 소금 등을 안과 밖에 발라 그늘에서 말린 것]

【风机】fēngjī ☞【鼓风机】gǔfēngjī.

【风级】fēngjí (명)(氣) 풍력 계급. [0등급에서 12등급까지 총 13등급으로 나뉨]

【风纪】fēngjì (명) 풍기. 규율. 기강. ¶~严明=규율이 엄격하고 공정하다.

【风纪扣】fēngjìkòu (명) (제복의 칼라에 달린) 훅 단추.

【风景】fēngjǐng (명) 풍경. 경치. ¶~迷人=경치가 매혹적이다.

【风景区】fēngjǐngqū (명) 관광 벨트〔특구·지구〕. 명승(지) 밀집 구역.

【风景线】fēngjǐngxiàn (명) 1 긴 관광 벨트. 명승지가 길게 밀집된 구역. 2(비) 경관(景觀). 광경. ¶青年人个性化的服饰装扮成了街市上一道亮丽的~。=젊은이들의 개성화된 패션은 거리의 아름다운 광경이 되었다.

【风镜】fēngjìng (명) 풍안(風眼). [바람이나 먼지를 막기 위해 쓰는 안경]

【风卷残云】fēngjuǎn-cányún (성) 1 거센 바람이 남은 구름을 흩뜨리다. 2(비) 한꺼번에 깨끗이 쓸어 없애 버리다.

【风口】fēngkǒu (명) 바람이 통하는 곳. 바람받이. 바람구멍. 통풍구.

【风口浪尖】fēngkǒu-làngjiān (성) 1 바람과 풍랑이 가장 센 곳. 2(비) 투쟁이 가장 격렬하고 첨예한 지역.

【风浪】fēnglàng (명) 1 풍랑. 2(비) 풍파. 고생. 고난. ¶久经~=오랫동안 고생을 겪다.

【风雷】fēngléi (명) 1 광풍과 신뢰(迅雷). 2(비) 맹렬한 힘. 거대한 힘. ¶改革的~滚滚向前。=개혁의 거센 물결은 도도히 앞으로 흘러간다.

【风力】fēnglì (명) 1 풍력. ¶利用~发电。=풍력을 이용하여 발전하다. 2(氣) 풍속(風速). ¶明天~四到五级。=내일의 풍속은 4~5급이다.

【风里来, 雨里去】fēng·li lái, yǔ·li qù (속) 1 바람 불 때 왔다가 비 올 때 가다. 2(비) 비바람을 무릅쓰고 다니다. 모진 고생을 하다.

【风凉】fēngliáng (형) 서늘하다. 시원하다. ¶找个~地儿歇歇脚。=서늘한 곳을 찾아서 쉬다.

【风凉话】fēngliánghuà (명) 조롱〔조소〕하는 말. 찬물을 끼얹는 말. 초치는 말. 비아냥거리는 말. 비꼬는 말. 냉소적인 말. 무책임한 말. ¶不要说~。=찬물 끼얹는 말 좀 하지 마라.

【风量】fēngliàng (명) 풍량. 통풍량. [단위 시간당 공기의 유통량]

【风铃】fēnglíng (명) 풍경(風磬).

【风领儿】fēnglǐngr (명) (세우면 귀까지 덮이는 방한용 외투의) 넓은 깃.

【风流】 fēngliú 웹 1 풍류스럽다. 풍치가 있고 멋스럽다. 멋들어지다. ¶~才子=풍류가. 2 걸출하다. 출중하다. 빼어나다. 공로가 있고 문예 방면의 재능도 갖춤. ¶数~人物, 还看今朝。=걸출한 인물을 꼽아 보자면, 그래도 지금 세상에서 찾아야 한다. 3 남녀 간의 정사(情事)나 연애에 관한. ¶~韵事=스캔들. 4 방탕한. 방종한. ¶~作风=방탕한 기질.

【风流人物】 fēngliú rénwù 圆 1 운치가 있고 멋을 아는 사람. 2 바람둥이. 한량(閑良). 방탕아. 난봉꾼.

【风流倜傥】 fēngliú-tìtǎng 헝 운치가 있고 호방스럽다. 멋을 알고 예법에 얽매이지 않다.

【风流云散】 fēngliú-yúnsàn 헝 1 바람과 같이 사라지고 구름과 같이 흩어지다. 온데간데없이 사라지다. 2 凹 뿔뿔이 흩어지다. =云散风流 yúnsàn-fēngliú

【风炉】 fēnglú 圆 풍로.

【风马牛不相及】 fēng mǎ niú bù xiāng jí 헝 1 암수가 유혹하더라도 말과 소는 따라다니지 않는다. 2 凹 서로 아무 상관이 없다. 양자(兩者)가 아무런 관계도 아니다.

【风帽】 fēngmào 圆 1 (외투에 붙어 있는) 후드 (hood). 2 (뒤가 길어 등까지 내려오는) 방한모.

【风貌】 fēngmào 圆 1 풍모. 풍채와 용모. 2 —如往昔。=풍모가 줄곧 옛날 그대로이다. 2 (사물의) 풍격(風格)과 면모. ¶时代~=시대적 풍격과 면모. 3 풍경. 경치. 풍광. ¶水乡~=수향〔물의 고장〕의 풍경〔면모〕.

【风媒花】 fēngméihuā 圆 [植] 풍매화. [바람에 의하여 수분(受粉)이 되는 꽃]

【风门】 fēngmén 圆 (~儿) 바람막이 덧문. =【风门子】 fēngmén·zi 2 (감방문 상단의) 통풍구. 3 [礦] (바람을 막기 위하여 갱도 안에 설치된) 바람막이문.

【风门子】 fēngmén·zi ☞【风门】 fēngmén

【风靡】 fēngmǐ 圆凹 풍미하다. 유행하다. 휩쓸다. ¶~全国=전국을 휩쓸다.

【风靡一时】 fēngmǐ yīshí 圆 한때 유행하다. 한 시대를 풍미하다.

【风魔】 fēngmó 圆 광풍(狂風). ¶~肆虐=광풍이 위력을 떨치다. 圆 ☞【疯魔】 fēngmó

【风磨】 fēngmò 圆 풍차 방아.

【风鸟】 fēngniǎo ☞【极乐鸟】 jílèniǎo

【风能】 fēngnéng 圆 (에너지로 이용되는) 풍력(風力).

【风派】 fēngpài 圆 기회주의 집단.

【风平浪静】 fēngpíng-làngjìng 헝 1 풍랑이 없이 잔잔하다. 2 凹 (생활·형국 등이) 무사 평온하다. ↔惊涛骇浪

【风起云涌】 fēngqǐ-yúnyǒng 헝 1 거센 바람이 불고 구름이 피어오르다. 2 凹 (어떤 사물이) 급속히 진전되고 기세가 막강하다. ≒如火如荼

【风气】 fēngqì 圆 (사회나 집단의) 풍조(風潮). 기풍(氣風). ¶社会~=사회 풍조.

【风樯】 fēngqiáng 圆 1 돛대. 마스트(mast). 2 돛단배. 범선. ¶~横渡=돛단배가 건너가다〔횡

단하다〕.

【风琴】 fēngqín 圆(音) 풍금. 오르간.

【风清弊绝】 fēngqīng-bìjué ☞【弊绝风清】 bìjué-fēngqīng

【风情】 fēngqíng 圆 1 풍향·풍속 등의 상황. ¶观测~=바람의 상황을 관측하다. 2 囲 (남녀간의) 애정 표현. 사랑의 감정. ¶~万种=매혹적이다. 고혹(蠱惑)적이다. 3 풍토와 인정. 지역적 특색〔생활 양식〕. ¶异域~=이국의 풍토와 인정. 4 凹 감정. 느낌. 기분. ¶心中别有一番~。=가슴 속에 한 자락 또 다른 특별한 감정이 있다. 5 凹 (사람의) 풍채. 자태. 행동거지. ¶~优雅=자태가 우아하다.

【风趣】 fēngqù 헝 (말이나 글 등이) 유머러스하다. 해학적이다. 재미있다. 흥미롭다. ¶言语~=말이 재미있다. 圆 유머. 익살. 해학. 재미. ¶富有~=유머가 풍부하다. ≒幽默

【风圈】 fēngquān (~儿) 圆 1 ☞【月晕】 yuèyùn 2 ☞【日晕】 rìyùn

【风骚】 fēngsāo 圆凹 1《詩經(시경)》의〈國风(국풍)〉과 초사(楚辞)의《離騷(이소)》. 2 문학. 3 재화(才華). 문예 방면의 재능. ¶当今文坛, 惟其独领~。=지금 문단에서 오직 그만이 독보적인 위치를 차지하고 있다. 헝 (여자의 행실이) 경망스럽다. 경박하다. 요염하다. ¶~女人=요염한 여자.

【风骚货】 fēngsāohuò 圆 음탕한 년. 경박한 년. [주로 욕하는 말로 쓰임]

【风色】 fēngsè 圆 1 바람 부는 상황. 풍향. ¶明天是否出海要依~而定。=내일 출항 여부는 풍향에 따라 결정하자. 2 凹 상황. 형세. 동정. 동향. 동태. 정세. ¶看~行事。=상황을 보아 움직이다.

【风沙】 fēngshā 圆 바람에 날리는 모래. 모래흙을 동반한 바람. 풍사(風沙). ¶~漫卷=모래바람이 휘날리다.

【风扇】 fēngshàn 圆 1 機 실내에 장치했던 수동식 선풍기. 2 선풍기. 송풍기. 통풍기. 팬(fan).

【风尚】 fēngshàng 圆 (어느 한 시기에 널리 유행하는) 풍조. 기풍. 풍습. 습관. ¶倡导勤俭节约的~。=근검 절약하는 풍조를 선도하다.

【风生】 fēngshēng 헝 말이나 논의를 잘 하는. ¶谈笑~=이야기꽃을 피우다.

【风声】 fēngshēng 圆 1 바람 소리. 2 凹 풍설. 소문. 평판. 정보. ¶走漏~=정보를 흘리다.

【风声鹤唳】 fēngshēng-hèlì 圆 1 바람 소리와 학의 울음소리도 추격병으로 의심하다. [《진서·사현전(晉書·謝玄傳)》 가운데, 전진(前秦) 때 진왕 부견(苻堅)이 동진(東晉)의 명장 사현(謝玄)에게 대패하고 도망갈 때, 바람 소리와 학의 울음소리를 듣고 추격병이 따라온 줄 알았다는 고사에서 유래함] 2 凹 자라 보고 놀란 가슴 솥뚜껑 보고 놀란다. 놀라고 두려워하다. ≒草木皆兵

【风湿】 fēngshī 圆(醫) 류머티즘.

【风湿病】 fēngshībìng 圆(醫) 류머티즘. 류머티스성 질환.

【风湿痛】 fēngshītòng 圆(醫) 류머티즘. 류머

风 fēng 585

티스성 통증.
【风蚀】fēngshí 동(地) 풍식되다.
【风势】fēngshì 명 1 풍세. 바람의 기세. 2 비 형세. 정세. 상황. ¶看看~再作决定。=상황을 좀 살펴보고 다시 결정하자.
【风霜】fēngshuāng 명 1 바람과 서리. 2 비 (여행·인생에서의 모진) 고난. 고초. 풍상. ¶饱经~=온갖 풍상을 다 겪다.
【风霜虫豸】fēngshuāng-chóngzhì 명 1 바람·서리·해충. 2 비 사람에게 해로운 것.
【风水】fēng·shui 명(옛) 풍수. ¶~宝地=길지 (吉地). [풍수 사상의 관점으로 보아 좋은 땅]
【风丝儿】fēngsīr 명 미풍(微風). 산들바람. 실바람.
【风俗】fēngsú 명 풍속. ¶~习惯=풍속과 습관. 풍습. 늑习俗
【风俗画】fēngsúhuà 명(美) 풍속화. 풍속도.
【风速】fēngsù 명 풍속.
【风瘫】[疯瘫] fēngtān 명(醫) '瘫痪(반신불수·중풍)'의 통칭.
【风涛】fēngtāo 명 풍랑.
【风调雨顺】fēngtiáo-yǔshùn 성비 바람과 비가 알맞다. 날씨가 매우 좋다.
【风头】fēngtóu 명 풍향(風向).
【风头】fēng·tou 명 1 경향. 동향. 추세. 형세. 진전. 사정. 상황. 사태. 대세. ¶到外面避避~。=사태가 안정될 때까지 밖으로 나가서 피하다. 2 비 우쭐대는 것. 주제넘게 나서는 것. 자기를 내세우는 것. 과시하는 것. ¶大出~=한껏 과시하다.
【风土】fēngtǔ 명 풍토.
【风土人情】fēngtǔ rénqíng 명 지방의 특색과 풍습. 풍토와 인심.
【风味】fēngwèi 명 맛. 색채. 기분. 멋. 풍미. [주로 지방적인 색채를 가리킴] ¶西北~=서북 지방의 분위기. / 乡土~=향토색.
【风味小吃】fēngwèi xiǎochī 명 향토 음식[먹을거리]. ¶成都~=청두 먹을거리.
【风闻】fēngwén 동 풍문[소문]을 듣다. 전해 듣다. ¶~学校领导班子要大调整。=학교 임원진을 대대적으로 조정할 것이라는 소문을 듣다.
【风物】fēngwù 명 (지방 특유의) 풍물. 풍경. 경치. ¶~宜人=경치가 마음에 들다.
【风习】fēngxí 명 풍속과 습관. 풍습. ¶~依旧=풍습은 여전하다.
【风险】fēngxiǎn 명 위험(성). 모험. ¶~共担=위험을 함께 감수하다.
【风险贷款】fēngxiǎn dàikuǎn 명(經) 고위험 대출.
【风险企业】fēngxiǎn qǐyè 명 벤처 기업.
【风险投资】fēngxiǎn tóuzī 동(經) 창업 투자를 하다. 벤처 투자하다. =【创业投资】chuàngyè tóuzī
【风险资金】fēngxiǎn zījīn 명(經) 벤처 캐피탈(venture capital). 위험 부담 자본. 투기 자본. 투하(投下) 자본. 창업 자금. =【创业资金】chuàngyè zījīn

【风箱】fēngxiāng 명 풍상. 풀무. 야로(冶爐).
【风向】fēngxiàng 명 1 풍향. 바람 방향. 2 비 정세. 동정. 동향. 동태. ¶看清~=정세를 똑똑히 보다.
【风向标】fēngxiàngbiāo 명 풍향계.
【风信子】fēngxìn·zi 명(植) 히아신스(hyacinth). =【洋水仙】yángshuǐxiān
【风行】fēngxíng 동 1 바람에 날려 가다. 바람이 불다. 2 비 성행하다. 널리 유행하다. 널리 퍼지다. ¶~全世界=전세계적으로 성행하다. 형 빠르다. 신속하다. ¶雷厉~=맹렬하고 신속하다. 늑盛行
【风行草偃】fēngxíng-cǎoyǎn 성 1 바람이 불자 초목이 쓰러지다. 2 비 일이 막힘이 없이 순조롭다.
【风行一时】fēngxíng-yīshí 성 한때 대단히[크게] 유행하다.
【风选】fēngxuǎn 동(農) 까부르다. (바람으로) 선별하다. ¶~机=풍구.
【风雪】fēngxuě 명 풍설. 바람과 눈. 눈보라. 눈바람. 2 엄동. 엄동설한(嚴冬雪寒). ¶经酷暑历~=혹서와 엄동을 나다.
【风雪交加】fēngxuě-jiāojiā 성 눈보라가 휘몰아치다.
【风雪帽】fēngxuěmào 명 방한모.
【风雪载途】fēngxuě-zàitú 성 광풍과 대설의 노정이다. 거리에 눈보라가 휘몰아치다.
【风讯】fēngxùn 명 (바람이 부는 시간·방향·강도 등) 바람에 관한 소식.
【风压】fēngyā 명(氣) 풍압.
【风雅】fēngyǎ 명문 1 풍과 아. [《시경(詩經)》의 〈국풍(國風)〉·〈대아(大雅)〉·〈소아(小雅)〉를 가리킴] 2 시문(詩文)에 관한 일. ¶附庸~=문학 애호자인 척하다. 잘 모르면서 고상한 척하기 위해 문학·예술 등 문화 활동을 하다. 형문 풍아하다. 문아(文雅)하다. 고상하고 멋이 있다. ¶举止~=품행이 풍아하다.
【风烟】fēngyān 명 1문 구름. 안개. 2 ① 바람에 흩날리는 연기와 먼지. ② 전쟁. ¶~突起=전쟁이 갑자기 일어나다.
【风言风语】fēngyán-fēngyǔ 성 1 유언비어. 헛소문. 뜬소문. 근거 없는 말. 허구. 중상하는 말. 2 암암리에 헛소문을 퍼뜨리다. 쑥덕공론하다. 뒷공론하다.
【风谣】fēngyáo 명 민요.
【风衣】fēngyī 명 윈드 재킷(wind jacket). 방풍의(防風衣). 바바리코트. 스프링코트.
【风移】fēngyí 명 바람에 흔들리다. ¶水冲~=물에 쓸리고 바람에 흔들리다.
【风油精】fēngyóujīng 명 평유징. [벌레 물린 데나 정신을 맑게 하는 데, 또 소염·진통 등에 효과가 있는 일종의 의용 상비약]
【风雨】fēngyǔ 명 1 비바람. ¶~大作=비바람이 크게 일다. 2 비 혹독한 시련. 고초. 고통. ¶历经人生~。=인생의 모진 고초를 겪다. 3 비 물의(物議). (뜬)소문. ¶这件事闹得满城~。=이 일은 온 고을에 물의를 일으켰다.

【风雨不透】**fēngyǔ-bùtòu** [성] 빈틈이 없다. 물샐틈없다.
【风雨灯】**fēngyǔdēng** ☞【风灯】**fēngdēng**
【风雨交加】**fēngyǔ-jiāojiā** [성] **1** 바람이 세차게 불고 비가 억수같이 쏟아지다. 거센 폭풍우가 휘몰아치다. **2** [비] 설상가상이다. 엎친 데 덮친 격이다.
【风雨飘摇】**fēngyǔ-piāoyáo** [성] **1** 비바람에 흔들리다. **2** [비] 형세가 매우 불안정하다〔위태위태하다〕. ≒摇摇欲坠
【风雨如晦】**fēngyǔ-rúhuì** [성] **1** 거센 비바람이 휘몰아쳐 하늘이 칠흑 같다. **2** [비] 시국이 암담하여 어수선하다.
【风雨如磐】**fēngyǔ-rúpán** [성] **1** 비가 끊임없이 내리다. 비가 억수같이 내리다. **2** [비] 시국은 암담하고 민중은 도탄에 빠지다.
【风雨同舟】**fēngyǔ-tóngzhōu** [성] **1** 폭풍우 속에 한 배를 타다. **2** [비] 고난을 같이하다. 역경을 함께 헤쳐 나가다. ≒同舟共济
【风雨无阻】**fēngyǔ-wúzǔ** [성] **1** 바람도 비도 (진행을) 막을 수 없다. **2** [비] 어떤 상황이 닥치든 계획대로 진행하다.
【风雨衣】**fēngyǔyī** [명] 방수 코트〔외투〕. 윈드재킷(wind jacket).
【风源】**fēngyuán** [명] **1** 바람의 출처. **2** 나쁜 풍조가 일어나는 근원.
【风月】**fēngyuè** [명] **1** 바람과 달. **2** 풍경. 경치. 경관. ¶～无边＝아름다운 경관이 가없이 펼쳐지다. **3** 남녀 간의 사랑〔연애〕. ¶不解～＝연애에 서투르다. 사랑에 눈뜨지 않다.
【风云】**fēngyún** [명] **1** 바람과 구름. **2** [비] 복잡하게 급변하는 정세. 요동치는 형세. ¶～莫测＝요동치는 정세를 예측할 수 없다.
【风云变幻】**fēngyún-biànhuàn** [성][비] 정세가 변화무쌍하여 예측하기 어렵다.
【风云告急】**fēngyún-gàojí** [성][비] 정세가 혼란하여 아주 위급하다.
【风云人物】**fēngyún rénwù** [명] 풍운아.
【风云突变】**fēngyún-tūbiàn** [성][비] 정세가 돌변하다.
【风晕】**fēngyùn** [명]《天》 월훈. 달무리. 바람이 불 징조.
【风韵】[丰韵] **fēngyùn** [명] (주로 여인의) 우아한 자태. 아름다움. ¶～犹存＝우아한 자태가 변함없다.
【风灾】**fēngzāi** [명] 풍재. 풍해. 폭풍 피해.
【风闸】**fēngzhá** [명]《機》 공기 제동기. 에어 브레이크(air break).
【风障】**fēngzhàng** [명]《農》 방풍원(防風垣). 방풍장(防風牆). 바람막이 바자.
【风疹】**fēngzhěn** [명]《醫》 풍진.
【风疹块】**fēngzhěnkuài** ☞【寻麻疹】***xúnmázhěn***
【风筝】**fēng·zheng** [명] 연.
【风致】**fēngzhì** [명][문] **1** 훌륭한 용모와 행동거지. 품위 있는 태도. ¶～洒脱＝멋있고 소탈하다. **2** (특유의) 맛. 운치. 정취. 분위기. ¶两幅画作，各有～。＝두 회화 작품은 각자 특유의 운치가 있다.
【风中之烛】**fēngzhōngzhīzhú** [성] **1** 풍전등화. 바람 앞의 등불. **2** [비] 존망(存亡)의 위기에 놓인 사람〔사물〕.
【风烛残年】**fēngzhú-cánnián** [성][비] 꺼져 가는 촛불과 같은 여생. 얼마 남지 않은 생애.
【风姿】[丰姿] **fēngzī** [명] 품위 있는 태도. 풍모. 자태. ¶～娴雅＝자태가 우아하다.
【风钻】**fēngzuàn** [명]《機》 **1** 공기압축식 드릴. **2** ☞【凿岩机】**záoyánjī**

## 沣[灃] Fēng 물 이름 풍

[명]《地》 평수이(沣水). [산시(陕西)성에 있는 강 이름]

## 沨[渢] fēng 물 소리 풍

[의][문] 물 소리. 바람 소리.
【沨沨】**fēngfēng** [의][문] 펑펑. 콸콸. 쌩쌩. [물 소리나 바람 소리]

## *枫[楓] fēng 단풍나무 풍

[명]《植》 단풍나무.
【枫树】**fēngshù** [명]《植》 단풍나무. ＝【枫香树】**fēngxiāngshù**
【枫香树】**fēngxiāngshù** ☞【枫树】**fēngshù**
【枫杨】**fēngyáng** ☞【柜柳】**jǔliǔ**

## **封 fēng 봉할 봉

[동] **1** [문] 흙을 쌓아 경계로 삼다. 봉경(封境)을 만들다. **2** 봉하다. (왕이) 토지·작위(爵位)·작품(爵品) 등을 하사하다. ¶～官加爵＝관직과 작위를 내리다. **3** 봉하다. 밀봉하다. 밀폐하다. ¶把信装好～上。＝편지를 넣어 밀봉하다. **4** (통행·활동·연락 등을) 금지하다. 제한하다. ¶查～黄色书籍。＝음란 서적을 조사한 후 봉인하다. [명] **1** [문] 국경. (논밭의) 경계. ¶划定～界＝경계를 확정하다. **2** (～儿) 봉투. 봉지. ¶喜～＝(옛날, 잔치 때 하인들에게 주던) 금일봉. / 信～＝편지 봉투. **3** (소장하기 위한) 기념 봉투. ¶首日～＝우표가 나온 첫날 일부인(日附印)을 찍은 봉투. / 纪念～＝기념 봉투. **4** (**Fēng**) 성(姓). [양] 통. 꾸러미. ¶三～信＝편지 세 통. ≒闭 ↔开

⊶ 查封, 尘chén封, 护hù封, 加封, 弥mí封, 密封, 赏shǎng封, 喜封, 信封, 原封, 自封

【封笔】**fēngbǐ** [동] (작가·화가 등이) 창작 활동을 중단하다. 절필(絶筆)하다. ¶老先生已～多年了。＝어르신께서 붓을 놓으신 지 이미 여러 해 되었다.
【封闭】**fēngbì** [동] **1** (통행하지 못하게 하거나 열지 못하도록) 봉하다. 밀봉하다. 폐쇄하다. 봉쇄하다. ¶～通道＝통로를 폐쇄하다. **2** 조사한 후 봉인하다. ¶～违法企业＝불법 기업을 조사한 후 봉인하다. ↔开放
【封闭疗法】**fēngbì liáofǎ** [명]《醫》 밀폐 요법.
【封闭式】**fēngbìshì** [명] 폐쇄(방)식. ¶～学校＝

폐쇄식 학교.
【封闭系统】fēngbì xìtǒng 명 폐쇄 시스템.
【封闭性】fēngbìxìng 명 폐쇄성. ¶~思维=폐쇄적 사고.
【封存】fēngcún 동 봉인하여 보관하다. ¶~档案=공문서를 봉인하여 보관하다.
【封刀挂剑】fēngdāo-guàjiàn 성어 (군인·운동 선수 생활에서) 은퇴하다.
【封底】fēngdǐ 명 (책의) 뒤표지. =【封四】fēngsì
【封顶】fēngdǐng 동 1 (建) 지붕을 덮다. ¶教学大楼已经~. =강의실 건물은 이미 지붕 공사를 하였다. 2 (植) 식물이 성장을 멈추다. 3 (가격·임금·요금 등의) 최고 한도를〔상한선을〕정하다. ¶年终奖金既不~, 也不保底. =연말 상여금은 최고 한도를 정하지도 않았지만 최저 한도도 정하지 않았다.
【封冻】fēngdòng 동 1 (강이) 얼어붙다. 결빙되다. 2 토지가 얼다.
【封冻期】fēngdòngqī 명 (결빙으로 인한 항구·항선 등의) 운항 금지 기간. 결빙기.
【封堵】fēngdǔ 동 막다. 폐쇄하다. 봉쇄하다. ¶~路口=길목을 봉쇄하다.
【封二】fēng'èr 명 (책의) 앞표지의 뒷면.
【封发】fēngfā 동 (편지·문서 등을) 봉하여 보내다〔발송하다〕.
【封港】fēnggǎng 동 (시공 혹은 결빙 등의 이유로) 항구를 봉쇄하다.
【封官许愿】fēngguān-xǔyuàn 성어 (자기 편으로 끌어들이기 위해) 사전에 자리〔명리〕를 주기로 약속하다.
【封裹】fēngguǒ 동 밀봉하다. 덮어 싸다. ¶风雪~了矮矮的木房. =눈보라가 나지막한 목조 가옥을 덮어 쌌다.
【封航】fēngháng 동 (날씨·사고·전쟁 등으로) 선박·항공기의) 운항을 중단하다.
【封号】fēnghào 명 작호(爵號). 칭호.
【封河】fēng‖hé 동 강이 얼어 뱃길이 막히다.
【封火】fēng‖huǒ 동 아궁이의 불을 덮어 불길을 줄이다.
【封寄】fēngjì 동 (편지 등을) 봉하여 부치다. 발송하다.
【封建】fēngjiàn 명 1 (政) 봉건 제도. 2 봉건 사회〔사상〕. ¶反~=반봉건 사상. 형 봉건적인. ¶头脑~=생각〔사상〕이 봉건적이다.
【封建割据】fēngjiàn gējù 명 봉건 할거.
【封建社会】fēngjiàn shèhuì 명 봉건 사회.
【封建主】fēngjiànzhǔ 명 봉건 영주.
【封建主义】fēngjiànzhǔyì 명 봉건주의.
【封疆】fēngjiāng 명 1문 국경. 강계(疆界). 2명 한 지방을 다스리는 장수. [명청(明淸)대에는 '總督(총독)·巡撫(순무)'라고 하였음] ¶~大吏=변경을 지키는 총독.
【封禁】fēngjìn 동 1 봉쇄하여 금지하다. ¶~非法出版物=불법 출판물을 봉쇄하여 판매 금지하다. 2 봉쇄하다. ¶~人境通道=입국 통로를 봉쇄하다.

【封镜】fēngjìng 동 (영화·드라마 등의) 촬영이 종료되다. ¶那部电视剧已经~. =그 TV드라마는 이미 촬영이 끝났다.
【封局】fēngjú ☞【封棋】fēngqí
【封口】fēng‖kǒu (~儿) 동 1 (상처를) 꿰매다. 봉합하다. (병의 주둥이·봉투 등을) 막다. 봉하다. 밀봉하다. ¶身上的伤还没有~. =몸에 난 상처를 아직 꿰매지 않았다. 2 입을 다물다. 함구하다. ¶对于此事, 大家一致~, 避而不谈. =이 일에 대해 모두들 입을 다물고 언급을 회피했다. 3 딱 잘라 말하다. 단언하다. ¶对方已经~, 再没有商量的余地. =상대방이 이미 딱 잘라 말하니, 더 이상 상의할 여지가 없다. 4 (상처가) 아물다. 낫다. ¶手术后的刀伤快~了. =수술하고 난 매스 자국이 거의 아물어 간다. 5문 규정된 선을 넘지 못하다. ¶对方表示, 给出价是已经~了的. =제시된 가격은 이미 조정될 여지가 없다고 상대방이 표명했다.
【封口】fēngkǒu (~儿) 명 (편지) 봉투의 봉하는 부분. 봉투 입구. ¶把~粘牢. =봉투 입구를 단단히 봉하다.
【封蜡】fēnglà 명 1 ☞【火漆】huǒqī 2 밀봉할 때 쓰는 밀랍.
【封里】fēnglǐ 명 1 앞표지의 안쪽 면. 2 앞표지의 안쪽 면과 뒷표지의 안쪽 면.
【封门】fēng‖mén 동 1 대문을 봉쇄하다. ¶~停业=문을 닫고 영업을 중단하다. 2 문에 봉인 용지를 붙여 출입을 금지하다. ¶春节期间办公大楼要~. =설날 기간에 사무실 빌딩은 봉인 용지를 붙여 출입을 금지한다. 3 (~儿) 딱 잘라 말하다. 단언하다. ¶对方已封了门儿, 只出二十万的价. =상대방은 이미 20만 위안밖에 낼 수 없다고 딱 잘라 말했다.
【封门】fēngmén 명 (웃어른이 돌아가신 집에서) 흰 종이로 대련(對聯)·문신상(門神像)을 덮다.
【封面】fēngmiàn 명 1 (선장본에서 제목·서각자 등을 인쇄한) 속표지. 비지(扉紙). 2 앞표지의 바깥 면. =【封一】fēngyī 3 (현대 서적의) 겉표지.
【封泥】fēngní 명동 봉니. [옛날, 서신·공문이 쓰여진 죽간 등을 묶은 곳에 봉해진, 도장이 찍힌 점토덩이를 가리킴] =【泥封】nífēng
【封盘】fēngpán 동 1 ☞【封棋】fēngqí 2 (經) (주식 시장 등이) 거래를 마감하다.
【封皮】fēngpí 명 1 편지 봉투. 2 표지(表紙). 책의(冊衣). 3문 봉인 용지〔종이〕. 4문 포장지.
【封妻荫子】fēngqī-yìnzǐ 성어 봉건 사회에서, 공신(功臣)의 아내가 봉전(封典)을 받고, 자손이 작위를 세습하다.
【封棋】fēngqí 동 (바둑이나 장기 등에서) 대국을 잠시 중단하다. =【封局】fēngjú【封盘】fēngpán
【封三】fēngsān 명 (책의) 뒤표지의 안쪽 면.
【封杀】fēngshā 동 조사하여 봉쇄하다. 금지하다. ¶~低俗读物=저속한 서적을 금지하다.
【封山】fēngshān 동 1 벌채나 방목을 금지하다. 2 입산을 금지하다.

【封山育林】 fēngshān yùlín 개간·방목·벌채 등을 금지하여 산림 자원을 보호하고 육성하다.

【封禅】 fēngshàn 통存 제왕이 태산(泰山)에 올라가 하늘과 땅에 제사를 올리다.

【封赏】 fēngshǎng 통存 제왕이 토지·작위·칭호·재물 등을 신하에게 하사하다. ¶~群臣=여러 신하들에게 상을 내리다. 명 하사품. ¶领取~=하사품을 수령하다.

【封死】 fēngsǐ 통 1 (통로 등을) 막다. 봉쇄하다. 폐쇄하다. ¶~出口=출구를 봉쇄하다. 2〈体〉(야구에서) 봉살(force out)시키다. (농구에서) 올코트프레싱(all court pressing)하다. 상대편 코트에서부터 강한 압박 수비를 하다. ¶客队已被~。=원정팀이 이미 강한 압박 수비를 당하고 있다.

【封四】 fēngsì ☞【封底】 fēngdǐ

【封锁】 fēngsuǒ 통 1 (군사 등의 조치로) 봉쇄하다. ¶~边境=변경을 봉쇄하다. 2 (강제적 수단으로) 폐쇄하다. 봉쇄하다. 끊다. 단절시키다. 두절시키다. ¶~消息=소식을 단절시키다.

【封锁线】 fēngsuǒxiàn 명 1 봉쇄선. 2 경제 봉쇄선. [한 국가를 고립시키고 그 국가에 제재를 가하기 위해 외교 및 무역 관계를 단절시키는 강제적인 힘]

【封套】 fēngtào (~儿) 명 (문서·책 등을 담는) 봉투.

【封条】 fēngtiáo 명 봉인 용지.

【封土】 fēngtǔ 통 봉토하다. 흙을 쌓아올리다. ¶窖藏=땅 속에 묻고 흙을 쌓아올려 저장하다. 명 1 봉토한 흙. 2存 봉토. 봉강(封疆).

【封王】 fēngwáng 통存 (신하에게) 왕의 칭호를 하사하다. 왕으로 봉하다.

【封网】 fēngwǎng 통存(体) (배구·테니스 등에서) 블로킹하다.

【封一】 fēngyī ☞【封面】 fēngmiàn

【封斋】 fēng‖zhāi 통存(宗) 이슬람교에서 라마단(Ramadan) 기간 동안 금식하다. [이슬람력의 9월 한 달 동안 일출부터 일몰 전까지는 음식을 먹지 않음] ¶把斋 bǎ‖zhāi 통 천주교의 재계 기간. ≒斋戒

【封装】 fēngzhuāng 통 밀봉 포장하다. ¶~商品=상품을 밀봉 포장하다.

【封嘴】 fēng‖zuǐ 통 1 입을 막다. 말을 못 하게 하다. ¶只有钱才能封住他的嘴。=돈이라야만 그의 입을 막을 수 있다. 2 단언하다. 딱 잘라 말하다. ¶先别~，要留有余地。=우선 단언하지 말고 여지를 남겨 둬야지.

## 砜[碸] fēng 술폰 풍

명存(化) 술폰(sulfone).

## **疯[瘋]** fēng 미칠 풍

형 1 미치다. 제정신이 아니다. ¶装~=미친 척하다. / 发~=발광하다. 2 말이 이치에 맞지 않다. 행동이 가볍다. ¶他又在说~话。=그는 또 정신 나간 소리를 하고 있다. 3 (농작물이 열매가 맺지 못하고) 웃자라다. 도장(徒長)하다. ¶玉米一个劲地~长。=옥수수가 줄곧 웃자라다. 통 정신 없이 놀다. 신나게 놀다. 아무 생각 없이 놀기만 하다. ¶你一个人大家，别老是跟孩子们~。=어른이 되어 가지고 노상 아이들하고 놀기만 하지 말아요.

○● 发fā疯, 麻má疯

【疯病】 fēngbìng 명存 정신병.

【疯杈】 fēngchà ☞【疯枝】 fēngzhī

【疯癫】 fēngdiān ☞【疯癫】 fēngdiān

【疯癫】[疯颠] fēngdiān 형 미치다. 실성하다.

【疯疯癫癫】 fēng·feng diāndiān (~的) 형 1 실성한 모양. 정신이 나간 모습. 2 (말이) 경박스럽다. 정상적인 상태가 아니다. ¶他说话~的，没个正经。=그는 말하는 것이 경박스러워 진지한 구석이라곤 없다.

【疯疯傻傻】 fēng·feng shǎshǎ (~的) 형 제정신이 아니다. 정신이 나가다. 뒤죽박죽이다. 엉망이다. 어리숭하다. ¶这丫头~的，让父母操碎了心。=이 계집애는 제정신이 아니어서 부모의 애간장을 태운다.

【疯狗】 fēnggǒu 명 1 미친개. 광견(狂犬). 2 比 (이지(理智)를 상실하여) 가는 곳마다 시비를 일삼거나 남을 해치는 사람. 미친 놈. 또라이. ¶他简直就是一条到处咬人的~。=그는 그야말로 닥치는 대로 사람을 해치는 미친 놈이다.

【疯话】 fēnghuà 명 미친 소리. 정신 나간 소리. 망언. ¶满口~=입만 열면 미친 소리를 하다.

【疯狂】 fēngkuáng 형 1 미치다. 실성하다. 2 比 미친 듯이 날뛰다. 발광하다. 광분하다. ¶~敛财=미친 듯이 돈〔재물〕을 긁어모으다. ≒猖獗 猖狂

【疯魔】[风魔] fēngmó 형 1 미치다. 실성하다. 정신이 나가다. 제정신이 아니다. 2 푹 빠지다. 신들린 듯하다. ¶他看武打小说都~了。=그는 무협 소설에 푹 빠졌다. 통 열광시키다. 빠져들게 하다. ¶世界杯~了全世界的球迷。=월드컵은 전세계의 축구 팬들을 열광시켰다.

【疯牛】 fēngniú 명 미친 소. 광우병에 걸린 소.

【疯牛病】 fēngniúbìng 명存 '牛海绵状脑病(광우병)'의 속칭.

【疯跑】 fēngpǎo 통 미친 듯이 뛰어다니다. ¶他吓得一阵~。=그는 놀라서 한바탕 미친 듯이 뛰어다녔다.

【疯人】 fēngrén 명 1 정신질환자. 미치광이. 광인(狂人). 2 比 이성을 잃은 사람. 미친 놈.

【疯人院】 fēngrényuàn 명 정신 병원.

【疯傻】 fēngshǎ 형 제정신이 아니다. 미치다. 짐짓 어리석은 체하다. 어리숭하다.

【疯瘫】 fēngtān ☞【风瘫】 fēngtān

【疯头疯脑】 fēngtóu-fēngnǎo 성 실성한 모양. 언행이 경망스럽고 상식에 맞지 않는 모양.

【疯玩儿】 fēngwánr 통存 정신 없이 놀다. 신나게 놀다. 아무 생각 없이 놀기만 하다. ¶这孩子整天不学习，就知道~。=이 애는 하루 종일 공부는 하지 않고 아무 생각 없이 놀기만 한다.

【疯丫头】 fēngyā·tou 명存 1 정신 나간 처녀.

미친 년. **2** (익살·해학·애교의 뜻으로) 미친 계집애.
【疯长】**fēngzhǎng** 통 **1** (농작물이 열매를 맺지 않고) 웃자라다. 도장(徒長)하다. **2** (화훼가 개화하지 않고) 웃자라다. 도장하다.
【疯枝】**fēngzhī** 명 열매를 맺지 않은 가지. 웃자란 가지. 도장지(徒長枝). =【疯权】**fēngchà**
【疯子】**fēng·zi** 명 **1** 정신질환자. 미치광이. 광인(狂人). **2** 이성을 잃고 행동하는 사람.

## **峰**[(峯)] **fēng** 산봉우리 봉

명 **1** 산봉우리. ¶山~=산봉우리. 정상. / 主~=주봉. 최고봉. **2** ① 산봉우리처럼 생긴 사물. ¶洪~=물마루. / 駝~=낙타의 육봉(肉峯). ② 비 최고의 경지. ¶登~造极=최고의 경지에 이르다. 양 낙타의 수를 세는 단위. ¶一~骆驼=낙타 한 마리.

○● 冰**bīng**峰, 波峰, 洪**hóng**峰, 山峰, 上峰, 险**xiǎn**峰, 主峰

【峰巅】**fēngdiān** 명 **1** 산꼭대기. 봉두(峯頭). 산의 정상. **2** 비 (성취·기예 등이 다다른) 최고의 경지. ¶艺术的~=예술의 최고 경지.
【峰顶】**fēngdǐng** 명 산꼭대기. 산의 정상. 봉두(峯頭).
【峰回路转】**fēnghuí-lùzhuǎn** 성 산길이 구불구불하게 이어져 있다. =【山回路转】**shānhuí-lùzhuǎn**
【峰会】**fēnghuì** 명 정상 회담. ¶两国~就双边合作进行了进一步磋商。=양국 정상 회담에서 쌍방의 합작에 관하여 심도 깊게 협의하였다.
【峰立】**fēnglì** 통 (산봉우리처럼) 우뚝 솟다. ¶双眉~=두 눈썹이 치켜 올라가다.
【峰峦】**fēngluán** 명 산등성이와 산봉우리. 연봉(連峯). 한 줄기로 죽 이어져 있는 여러 산봉우리. ¶~起伏=산등성이와 산봉우리가 굴곡을 이루다.
【峰峦叠嶂】**fēngluán-diézhàng** 성 **1** 첩첩이 늘어선 산봉우리들이 서로 어우러져 돋보이다. **2** 산세가 웅위(雄偉)하다.
【峰年】**fēngnián** 명 (자연계의 어떤 현상의) 절정의 해. 피크를 이룬 해.
【峰头】**fēngtóu** 명 **1** 산꼭대기. 산의 정상. **2** (홍수(洪水) 등 움직이는 물체의) 맨 앞부분.
【峰位】**fēngwèi** 명 (그래프 등의) 최고점. ¶粮食产量接近历史~。=식량 생산량이 역사상 최고점에 육박하였다. →底位
【峰值】**fēngzhí** 명 피크(peak). 최대치. [주기적 중량(增量)의 최대치]¶年利润达到六千万的~。=연간 이윤이 6,000만 위안으로 최대치에 달하였다.

## **烽** **fēng** 봉화 봉

명 봉화(烽火). 낭연(狼煙). 봉수(烽燧). ¶~燧告急=봉화를 올려 위급함을 알리다. 봉화를 올려 적이 쳐들어옴을 알리다.
【烽鼓】**fēnggǔ** 명 **1** 봉화와 북 소리. **2** 비 전쟁. 전란. ¶~骤起=전쟁이 돌발하다.
【烽鼓不息】**fēnggǔ-bùxī** 성 **1** 봉화와 북 소리가 끊이지 않다. **2** 비 전쟁이 끊이지 않다.
【烽火】**fēnghuǒ** 명 **1** 봉화(烽火). 낭연(狼煙). 봉수(烽燧). ¶~台=봉화대. **2** 비 전쟁. 전란. ¶~连天=전쟁이 도처에서 일어나다. ≒烽烟
【烽火台】**fēnghuǒtái** 명 봉화대. 봉홧둑. 봉수대. 봉대(烽臺). 봉소(烽所).
【烽燧】**fēngsuì** 명 봉화(烽火). 낭연(狼煙). 봉수(烽燧). [적이 침입해 왔을 때, 밤에 불을 올려 알리는 것을 '烽(봉)'이라 하고 낮에 연기를 피우는 것을 '燧(수)'라고 함]
【烽烟】**fēngyān** 명 봉화(烽火). 낭연(狼煙). 봉수(烽燧). ¶~四起=도처에서 전쟁이 일어나다. ≒烽火

## **莑** **fēng** 순무 봉

명 고서(古書)에서 순무를 가리킴.
☞**fēng**

## **锋**[**鋒**] **fēng** 끝 봉

명 **1** (창·검(劍) 등의) 날. 끝. ¶剑~=검의 끝. / 刀~=칼날. **2** (어떤 사물의) 끝 부분. ¶针~=바늘 끝. / 笔~=붓끝. 필봉. **3** 선두. 선봉. 전위(前衛). ¶先~=선봉. / 前~=전위. **4** (氣)전선. ¶暖~=온난 전선. / 冷~=한랭 전선. **5** 비 문장이나 언어의 기세〔힘〕. ¶词~=예리한 문체. / 谈~=날카로운 말솜씨.

○● 笔锋, 冲**chōng**锋, 话锋, 冷锋, 暖锋, 偏**piān**锋, 谈**tán**锋, 中锋, 急先锋

【锋镝】**fēngdí** 명 **1** 칼날과 살촉. **2** 병기. 무기. **3** 비 전쟁. ¶使百姓幸免于~。=백성들이 다행히 전쟁을 면하게 하였다.
【锋发韵流】**fēngfā-yùnliú** 성 비 글의 필치가 날카롭고 거침이 없다.
【锋钢】**fēnggāng** 명 **1** 고탄소강. **2** 고속도강. 하이스(HSS).
【锋口】**fēngkǒu** 명 (칼·검 등의) 끝. 날.
【锋快】**fēngkuài** 형 (공구·무기 등이) 날카롭다. 예리하다. 뾰족하다. ¶刀磨得~。=칼을 날카롭게 갈았다.
【锋利】**fēnglì** 형 **1** (공구·무기 등이) 날카롭다. 예리하다. 뾰족하다. ¶刀口~=칼날이 날카롭다. **2** (언론·필치 등이) 날카롭다. 예리하다. ¶言辞~=말이 예리하다. ≒锐利
【锋芒】【锋铓】**fēngmáng** 명 **1** 칼끝. 예봉. 서슬. **2** 비 투쟁의 칼끝〔예봉〕. ¶斗争的~指向贪污腐败。=투쟁의 예봉을 부정부패를 향하여 겨누다. **3** 비 겉으로 드러나는 재간과 예기. ¶~毕露=재간과 예기(銳氣)를 남김없이 다 드러내다.
【锋芒毕露】**fēngmáng-bìlù** 성 비 재간과 예기(銳氣)를 남김없이 다 드러내다. 능력을 뽐내며 자신을 과시하다.
【锋芒所向】**fēngmáng-suǒxiàng** 성 비 투쟁의 표적〔목표〕.
【锋铓】**fēngmáng** ☞【锋芒】**fēngmáng**

【锋面】fēngmiàn 몡(氣) 전선면. 불연속면.
【锋刃】fēngrèn 몡 (칼·검 등의) 끝. 날.
【锋锐】fēngruì 톙 예리하다. 날카롭다. 첨예하다. ¶~的匕首=날카로운 비수.
【锋头】fēngtóu 몡{비} 1 날카로운 언사. ¶似剑=언사가 마치 검과 같이 예리하다. 2 일의 추세. 자기에게 불리한 상황. 예봉(銳鋒). ¶避~=예봉을 피하다.
【锋线】fēngxiàn 몡(體) (축구에서) 포워드 (forward). 전위. ¶~球员=포워드 진용.

**蜂[(蠭·䗪)]** fēng 벌 봉
몡(動) 1 벌. 2 꿀벌. ¶一罐~蜜=꿀벌 한 통. 뷔{비} 벌 떼같이. 무리{떼}지어. 떼거리로. 한꺼번에. ¶~拥而人=벌 떼같이 밀려들다.

○● 雌cí蜂, 工蜂, 胡hú蜂, 黄蜂, 马蜂, 蚂蜂, 蜜mì蜂, 母蜂, 树蜂, 土蜂, 雄xióng蜂, 熊xióng蜂, 叶蜂, 一窝wō蜂

【蜂虿】fēngchài 몡(動) 1 (벌·전갈 등과 같은) 독충. 2 사람을 해치는 작은 동물.
【蜂虿有毒】fēngchài-yǒudú 솅 1 벌이나 전갈은 비록 작지만 사람을 해칠 수 있다. 2{비} 해를 끼치는 것이 작다고 얕봐선 안 된다.
【蜂巢】fēngcháo 몡 1 벌집. 2 꿀벌 집. ⇨【蜂窝】fēngwō
【蜂巢胃】fēngcháowèi 몡 (반추동물의) 봉소위. 벌집위. 둘째 밥통. 제2위.
【蜂刺】fēngcì 몡 벌침.
【蜂毒】fēngdú 몡 벌의 독.
【蜂房】fēngfáng 몡 벌집.
【蜂糕】fēnggāo 몡 (밀가루·쌀가루를 발효시켜 쪄 낸) 스펀지케이크. [단면이 벌집 모양으로 생겼음]
【蜂花粉】fēnghuāfěn 몡 화분.
【蜂集】fēngjí 동{비} 벌 떼처럼 모이다. ¶客商~=바이어들이 벌 떼처럼 모여들다.
【蜂胶】fēngjiāo 몡 프로폴리스. 밀랍(蜜蠟).
【蜂聚】fēngjù 동{비} 벌 떼처럼 모이다. ¶此地乃文人墨客~之地.=이 곳이 바로 문인 묵객들이 벌 떼처럼 모여드는 곳이다.
【蜂蜡】fēnglà 몡 밀랍. 봉랍. 황랍. ⇨【黄蜡】huánglà
【蜂蜜】fēngmì 몡 벌꿀.
【蜂鸣器】fēngmíngqì 몡 버저(buzzer).
【蜂目豺声】fēngmù-cháishēng 솅 1 벌과 같은 예리한 눈과 승냥이와 같은 날카로운 목소리. 2{비} 얼굴은 흉악하고 목소리는 무시무시하다.
【蜂鸟】fēngniǎo 몡(動) 벌새.
【蜂农】fēngnóng 몡 양봉 농가.
【蜂起】fēngqǐ 동 벌 떼처럼 일어나다. 봉기하다. ¶群雄~=군웅이 봉기하다.
【蜂群】fēngqún 몡 벌 떼.
【蜂乳】fēngrǔ 몡 로열 젤리. 왕유(王乳).
【蜂王】fēngwáng 몡 ⇨【母蜂】mǔfēng
【蜂王浆】fēngwángjiāng 몡 ⇨【王浆】wángjiāng

【蜂王精】fēngwángjīng 몡 로열 젤리. 왕유(王乳).
【蜂窝】fēngwō 몡 1 ⇨【蜂巢】fēngcháo 2 벌집처럼 많은 구멍이 있는 모양. ¶混凝土构件上常见~现象.=콘크리트 부재(部材)에는 기공(가스 구멍) 현상이 자주 나타난다.
【蜂窝煤】fēngwōméi 몡 구멍탄.
【蜂箱】fēngxiāng 몡 벌통.
【蜂腰】fēngyāo 몡 1 벌의 허리. 2{비} 사람의 가느다란 허리. ¶~鹤膝=벌의 허리처럼 잘록하고, 학의 무릎처럼 동그랗고 볼록하다. 〔양(梁)대의 심약(沈約)이 주창한 사성팔병(四聲八病) 가운데 '봉요(蜂腰)'와 '학슬(鶴膝)'을 가리킴〕 3{비} 물체의 잘록한 부위. 매우 좁은 통로. ¶~地段=좁은 구간(구역).
【蜂拥】fēngyōng 동 벌 떼처럼 붐비다. 북적이다. 쇄도하다. ¶~而至=벌 떼처럼 쇄도하다.
【蜂拥而来】fēngyōng'érlái 솅{비} 벌 떼처럼 몰려오다.

**酆** Fēng 나라 이름 풍
몡 성(姓).
【酆都】Fēngdū 몡(地) 펑두. [충칭(重庆)에 있는 현 이름. 지금은 '丰都'라고 씀]
【酆都城】Fēngdūchéng 몡 저승. 명부(冥府). 명도(冥途). 음부(陰府). 황천(黄泉).

**冯[馮]** Féng 성씨 풍
몡 성(姓).
☞ píng

**逢** féng 만날 봉
동 만나다. 마주치다. ¶狭路相~=좁은 길에서 만나다. 외나무다리에서 원수를 만나다. / 千载难~=천재일우(千载一遇). 천재일시(千载一時). 몡 (Féng) 성(姓). ≒遇 ↔别

○● 遭zāo逢

【逢场作戏】féngchǎng-zuòxì 솅 1 기예를 파는 사람이 연출에 적합한 장소를 만나면 연기를 하다. 2{비} 기회가 생긴 김에 끼어들어 놀다. 즉흥적으로 얼버무리다.
【逢集】féngjí 동 장이 서다. ¶今天~, 镇上很热闹.=오늘 장날이라서 읍내는 아주 시끌벅적하다.
【逢年过节】féngnián-guòjié 솅 설이나 명절을 맞다.
【逢人说项】féngrén-shuōxiàng 솅 1 양경지(楊敬之)가 사람을 만날 때마다 항사(項斯)를 칭찬하다. [당(唐)대 양경지가 항사를 좋아하여 자주 그를 칭찬하고, 또 '平生不解藏人善, 到处逢人说项斯(평생 남을 칭찬 않더니, 만나는 사람마다 유독 항사를 칭찬하도다).'라는 시를 지은 데서 유래함] 2{비} 가는 곳마다 어떤 사람(일)을 칭찬하다. 가는 곳마다 다른 사람을 위해 사정을 하다.
【逢山开路】féngshān-kāilù ☞【逢山开路, 遇水搭桥】féng shān kāilù, yù shuǐ dāqiáo

【逢山开路，遇水搭桥】féng shān kāilù, yù shuǐ dāqiáo 〈俗〉 1 산을 만나면 길을 뚫고 강을 만나면 다리를 세우다. 2〈비〉 고난을 두려워하지 않고 앞길을 개척하다. =【逢山开路】féng shān-kāilù
【逢时】féngshí 〈동〉 때를 만나다. ¶生不~= 때를 잘못 타고나다.
【逢世】féngshì 〈동〉 세상을 만나다. ¶生不~= 세상을 잘못 타고나다.
【逢凶化吉】féngxiōng-huàjí 〉 전화위복(轉禍爲福). 재앙이 복이 되다.
【逢迎】féngyíng 〈동〉 아첨하다. 영합하다. 아부하다. 알랑거리다. 비위를 맞추다. ¶阿谀~= 아첨하여 비위를 맞추다. ≒奉迎
【逢遇】féngyù 〈동〉 만나다. 맞다. ¶不少饭店~春节停业。= 많은 식당들이 설을 맞아 임시 휴업을 한다.
【逢源】féngyuán 〈동〉〈비〉 (일처리가) 순조롭게 진행되다. 매우 익숙하다. ¶左右~= 주위 관계를 매끄럽게 처리하다.

## 缝[縫] féng 꿰맬 봉

〈동〉 깁다. 꿰매다. 바느질하다. ¶~衣裳 = 옷을 꿰매다. / 伤口~了三针。= 상처를 세 바늘 꿰맸다.
☞ fèng

○● 裁cái缝, 弥mí缝

【缝补】féngbǔ 〈동〉 깁고 꿰매다. 바느질하다. ¶~衣物 = 옷가지를 깁고 꿰매다.
【缝缝补补】féngféng bǔbǔ 〈동〉 깁고 꿰매다. 바느질하다. ¶~的活儿她很在行。= 바느질에 관해서 그녀는 일가견이 있다.
【缝缝连连】féngféng liánlián 〈동〉 깁고 꿰매다. 바느질하다. ¶她就靠给人~维持生计。= 그녀는 삯바느질해서 생계를 꾸려 간다.
【缝合】fénghé 〈동〉〈醫〉 꿰매다. 봉합하다.
【缝合带】fénghédài ☞【缝合线】fénghéxiàn
【缝合线】fénghéxiàn 〈명〉 1 〈地〉 (텍토닉 플레이트의) 봉합선. =【縫合帶】fénghédài 2 〈醫〉 (외과 수술용) 봉합사. 봉합실.
【缝连】fénglián 〈동〉 깁고 꿰매다. 바느질하다.
【缝穷】féngqióng 〈동〉〈옛〉 삯바느질을 팔아 연명하다. 바느질품을 팔아 연명하다.
【缝纫】féngrèn 〈동〉 재봉하다.
【缝纫机】féngrènjī 〈명〉 재봉틀.
【缝线】féngxiàn 〈명〉 1 재봉실. 2 〈醫〉 (외과 수술용) 봉합사. 봉합실.
【缝衣】féngyī 〈동〉 옷을 꿰매다〔만들다〕.
【缝衣针】féngyīzhēn 〈명〉 (바느질) 바늘.
【缝制】féngzhì 〈동〉 (옷·이불 등을) 짓다. 만들다. 봉제하다. ¶~服裝 = 옷을 만들다.
【缝缀】féngzhuì 〈동〉 1 덧대어 깁다. ¶~纽扣 = 단추를 달다. 2 깁고 꿰매다. 바느질하다. ¶~破衣服 = 해어진 옷을 깁고 꿰매다.

## 讽[諷] fěng 욀 풍

〈동〉 1 〈옛〉 읊다. 외우다. 암송하다. ¶~诵诗文 = 시문을 읊조리다. 2 풍자하다. 완곡한 어조로 타이르다〔질책하다〕. ¶借古~今 = 옛 것을 빌어 현실을 풍자하다. 3 비꼬다. 조소하다. 비고다. ¶冷嘲热~ = 차가운 조소와 신랄한 비난.
【讽刺】fěngcì 〈동〉 (비유·과장 등의 수법으로) 풍자하다. ¶这篇小说狠狠地~了吝啬鬼。= 이 소설은 구두쇠를 신랄하게 풍자하고 있다. 〈명〉 풍자. ¶这确实是一种辛辣的~。= 이것은 확실히 일종의 신랄한 풍자이다. ≒讥讽 挖苦 ↔恭维 歌颂 赞扬
【讽谏】fěngjiàn 〈동〉〈문〉 군주〔윗사람〕에게 넌지시 권고하다〔간언을 드리다〕.
【讽劝】fěngquàn 〈동〉〈문〉 넌지시 타이르다. 슬며시 권고하다. 슬며시 충고하고 격려하다.
【讽诵】fěngsòng 〈동〉〈문〉 낭독하다. 소리내어 읽다. ¶~诗词 = 시와 사를 낭독하다.
【讽一劝百】fěngyī-quànbǎi 〈성〉 따끔한 충고의 말이 화려한 말만 못하다. 잘못을 고치도록 주의를 준다는 것이 도리어 정반대의 결과를 낳다.
【讽喻】fěngyù 〈동〉 풍유하다. [수사법의 하나. 본뜻은 뒤에 숨기고 비유하는 말만 드러내어 그 숨은 뜻을 넌지시 나타내는 표현 방법]. ¶~诗 = 풍유시.

## 覂 fěng 엎을 봉

〈동〉〈문〉 (마차 등이) 엎어지다. 뒤집어지다. 전복되다. ¶~驾 = 마차가 전복되다.

## 唪 fěng 큰 소리 봉

〈동〉 (불교 등 경문을) 큰 소리로 낭송하다. 소리내어 읽다.
【唪经】fěngjīng 〈동〉 (승려·도사 등이) 독경하다. 염불하다.

## 凤[鳳] fèng 봉황새 봉

〈명〉 1 봉황. ¶丹~朝阳 = 단봉조양. 붉은 봉황이 해를 향하다. 현명하고 유능한 인재가 밝은 날을 만나다. / 百鸟朝~ = 뭇 새들이 봉황의 뒤를 따르다. 2 (Fèng) 성(姓).

○● 鸾luán凤

【凤雏】fèngchú 〈명〉〈문〉 1 새끼봉황. 2 〈비〉 재능이 넘치는 소년. 재기발랄한 소년.
【凤蝶】fèngdié 〈명〉〈動〉 호랑나비. 스왈로우테일 (swallowtail). ¶碧~ = 제비나비.
【凤冠】fèngguān 〈명〉 1 (옛날, 황후와 후궁 또는 귀부인들이 쓰던) 봉황 모양의 장식이 달린 관. 2 〈옛〉 여인들이 혼례 때 쓰던 봉황 모양의 장식이 달린 예모(禮帽).
【凤凰】fènghuáng 〈명〉 봉황. 봉조(鳳鳥).
【凤凰琴】fènghuángqín 〈명〉 1 봉황금. 2 귀한 거문고.
【凤凰衣】fènghuángyī 〈명〉〈醫〉 봉황의. [병아리가 부화되어 나온 후 달걀 껍데기 속에 남아 있는 얇은 막]
【凤凰于飞】fènghuáng-yúfēi 〈성〉 1 봉황이 나란히 함께 날다. 2 〈비〉 (주로 축원하는 말로 쓰여)

부부가 화목하고 금슬이 좋다.

【凤梨】**fènglí** 몡(植) 파인애플. ≒【菠萝蜜】bōluómì

【凤侣】**fènglǚ** 몡(문) 반려자. 배우자. [주로 부부를 가리킴]

【凤毛麟角】**fèngmáo-línjiǎo** (성) **1** 봉황의 털과 기린의 뿔. **2** (비) 드물고 귀한 인재〔사물〕.

【凤尾草】**fèngwěicǎo** 몡(植) 봉미초. 봉의 꼬리. [고사릿과의 상록 양치식물]

【凤尾蕉】**fèngwěijiāo** ☞【苏铁】sūtiě

【凤尾松】**fèngwěisōng** ☞【苏铁】sūtiě

【凤尾鱼】**fèngwěiyú** 몡(動) 웅어.

【凤尾竹】**fèngwěizhú** 몡(植) 봉황죽. 관음죽(觀音竹).

【凤仙花】**fèngxiānhuā** 몡(植) 봉선화. ≒【指甲花】zhǐ·jiahuā

【凤眼】**fèngyǎn** 몡 **1** 봉안. 봉황의 눈. **2** (주로 여자에게 쓰여) 봉황의 눈처럼 눈초리가 위로 치켜 올라간 눈. ¶柳眉~=버들잎 모양의 눈썹과 봉안 같은 눈.

**奉 fèng 받들 봉**

동 **1** (문) 공손히 두 손으로 받쳐 들다. **2** (주로 상급자나 연장자로부터) 받다. ¶~命前往=명을 받고 나아가다. **3** 드리다. 바치다. 봉헌하다. ¶~献薄礼=변변찮은 선물을 드리다. **4** 존중하다. 존경하여 받들다. 추대하다. ¶崇~=숭배하다. **5** 믿다. 신봉하다. ¶信~科学=과학을 신봉하다. **6** 모시다. 섬기다. ¶~侍双亲=양친을 봉양하다. 튀(문) 공손히. 삼가. [자기의 행위가 남에게 영향을 끼칠 때 쓰임] ¶难以~陪=동행해 드리지 못함을 양해해 주시기를 바랍니다. 몡(Fèng) 성(姓). ≒承 ↔违

○● 朝cháo奉, 供gòng奉, 敬jìng奉, 趋qū奉

| 奉 | fèng |
| 逢 | féng |
| 缝 | féng |
| 蜂 | fēng |
| 峰 | fēng |
| 锋 | fēng |
| 烽 | fēng |
| 蓬 | péng |
| 篷 | péng |

【奉拜】**fèngbài** 동(문) 공손히 예를 갖추어 절을 올리다. ¶~于名师门下=훌륭한 스승 밑에서 제자가 되다.

【奉承】**fèng·cheng** 동 아첨하다. 알랑거리다. 아부하다. 비위를 맞추다. ¶说~话=아부하는 말을 하다. ≒恭维

【奉辞伐罪】**fèngcí-fázuì** (성) 엄정한 명령을 받들어 죄 있는 자를 토벌하다.

【奉达】**fèngdá** 동(문)(존) (주로 서신에서) 말씀을 올리다. 아뢰다. ¶专此~=각별히 이 말씀을 올립니다.

【奉调】**fèngdiào** 동 상급의 인사 이동에 따르다. ¶~离京=상급의 인사 이동에 따라 서울을 떠나다.

【奉复】**fèngfù** 동(문)(존) (주로 서신에서) 답장을 올리다. 회답하다. 회신하다. ¶谨此~=삼가 이 답장을 올립니다.

【奉告】**fènggào** 동(존) 알려 드리다. ¶无可~=알려 드릴 수 없습니다.

【奉公】**fènggōng** 동 공사를〔공익을〕 위해 힘쓰다. 나라와 사회를 위하여 이바지하다. ¶克己~=멸사봉공(滅私奉公)하다.

【奉公守法】**fènggōng-shǒufǎ** (성) **1** 공무에 충실하고 법을 잘 지키다. **2** 공사(公事)를 중시하고 사사로운 정에 이끌리지 않다.

【奉候】**fènghòu** 동 **1** 명령을 받고 기다리다. 대기하다. **2** (인사말로) 기다려 주십시오.

【奉还】**fènghuán** 동(존) 돌려주다. 반환하다. ¶如数~=숫자대로 돌려주다. ≒归还 ↔抢夺

【奉教】**fèngjiào** 동(존) 겸손히 가르침을 받다. ¶改日~=다음에 가르침을 받겠습니다.

【奉敬】**fèngjìng** 동 (웃어른께) 드리다. 선물을 올리다. 삼가 바치다. ¶~尊长=웃어른께 선물을 드리다.

【奉令】**fèng‖lìng** 동 명령을 받들다. 명령에 따르다. ≒奉命

【奉命】**fèng‖mìng** 동 명령을 받들다. 명령에 따르다. ¶~行事=명령을 받들어 행동하다. ≒奉令

【奉陪】**fèngpéi** 동(존) 동반하다. 함께 하다. [간혹 비꼬는 투로 쓰임] ¶恕不~=함께 못함을 양해해 주시기를 바랍니다. / 要打官司, 我~到底. =소송을 건다면 끝까지 모셔다 드리도록 하죠.

【奉赔】**fèngpéi** 동(존) 배상하다. ¶按价~=금액대로 배상하다.

【奉求】**fèngqiú** 동(존) 부탁드리다. ¶~指教=가르침을 부탁드리다.

【奉劝】**fèngquàn** 동(존) 권고〔충고〕하다. ¶~他不要误入歧途. =그가 그릇된 길로 빠지지 않도록 권고하다. ≒劝告

【奉扰】**fèngrǎo** 동(존) 방해하다. 실례하다. 폐를 끼치다. ¶此番前来, 多有~. =이번에 와서 폐가 많았습니다.

【奉若神明】**fèngruò-shénmíng** (성) (사람이나 사물을) 신처럼 모시다.

【奉上】**fèngshàng** 동 드리다. 바치다. 올리다. ¶~贺礼一份. =축하 선물 하나를 올립니다.

【奉使】**fèngshǐ** 동(문) 사신(使臣)이 되다. ¶~西域=사신으로 서역에 가다.

【奉侍】**fèngshì** 동 섬기다. 모시다. 보살피다. 봉양하다. 시중들다. ¶~父母=부모를 섬기다.

【奉送】**fèngsòng** 동(존) (선물을) 드리다. 바치다. 올리다. ¶如果你喜欢这本书, 我愿意~. =만약 당신께서 이 책을 좋아하신다면 제가 선물로 드리지요.

【奉托】**fèngtuō** 동(문)(존) 부탁드리다. 간곡하게 당부하다. ¶~先生代为转告. =대신 말씀 전해 주시길 선생님께 부탁드립니다.

【奉为圭臬】**fèngwéi-guīniè** (성) 어떤 언론이나 사물을 유일한 준칙〔표준〕으로 삼다.

【奉为楷模】**fèngwéi-kǎimó** (성) 어떤 언론이나 사물을 모범으로〔본보기로〕 삼다.

【奉献】**fèngxiàn** 동 삼가 바치다. ¶为教育事业~青春=교육 사업을 위해 청춘을 바치다. 몡 공헌. 이바지. 기여. ¶无私的~=사심 없는 공헌. ≒贡献

【奉行】fèngxíng 〔동〕 명령을 받들어 수행하다. 신봉하다. ¶他历来~独善其身的处世原则。= 그는 여태까지 자기만을 위한 처세 원칙을 고수하고 있다.

【奉行故事】fèngxíng-gùshì 〔성〕 전례〔관례〕대로 처리하다. 전통을 따르다.

【奉养】fèngyǎng 〔동〕 (웃어른을) 봉양하다. 모시다. 섬기다. 받들다. ¶~二老=부모를 모시다.

【奉迎】fèngyíng 〔동〕 1〔문장〕 영접하다. 맞이하다. 마중 나가다. ¶~宾客=손님을 영접하다. 2 아첨하다. 알랑거리다. 비위를 맞추다. ¶曲意~=자신의 뜻을 굽히면서 아첨하다. ≒逢迎

【奉赠】fèngzèng 〔동〕〔경〕 (윗분께 선물을) 삼가 드리다〔올리다〕.

【奉旨】fèng‖zhǐ 〔동〕〔문〕 임금의 명〔뜻〕을 받들다. 취지를 받들다. ¶~查办=임금의 명을 받들어 처리하다.

**俸** fèng 금지할 봉
〔동〕〔방〕 …할 필요가 없다. ¶要心宽~屋宽。= 마음이 넓어야지 집이 넓을 필요는 없다.

**俸** fèng 봉급 봉
〔명〕 1 녹봉. 녹. 급료. ¶薪~=봉급. 2 (Fèng) 성(姓).

【俸给】fèngjǐ 〔명〕〔문〕 봉급. 녹봉. 녹. 급료.
【俸禄】fènglù 〔명〕〔옛〕 (관료의) 녹봉. 급료.

**葑** fèng 줄 뿌리 봉
〔명〕〔문〕 줄의 뿌리. 고근(菰根).
☞ fēng

**赗[賵]** fèng 부의 봉
〔동〕〔문〕 (초상집에 돈이나 물품을) 부조하다. ¶赙~=부의(賻儀)하다. 〔명〕〔문〕 부의(賻儀). 향료(香料). 향전(香奠). 향촉대(香燭代). [상가에 부조로 보내는 부의품이나 부의금]

**缝[縫]** fèng 솔기 봉
〔명〕 (~儿) 1 이음매. 이음새. 솔기. ¶衣~=옷의 솔기. / 无~钢管=이음매 없는 쇠파이프. 2 틈. 틈새. 갈라진 곳. ¶门~儿=문의 틈새. / 见~插针=틈만 있으면 파고들다. 기회만 되면 곧 그것을 이용하다. 3〔구〕〔방〕 결점. 허점. 실수. 착오. ¶他就爱找~儿整人。=그는 다른 사람의 결점을 찾아 괴롭히기를 좋아한다. ≒隙
☞ féng

○ 拔缝, 夹jiā缝, 裂缝, 眯mī缝, 骑qí缝

【缝儿】fèngr ☞【缝子】fèng·zi

【缝隙】fèngxì 〔명〕 1 틈. 틈새. 갈라진 곳. 터진 자리. ¶从窗户~里透进一丝阳光。=창문 틈새로 한 줄기 햇빛이 스며들다. 2〔비〕 결점. 허점. ¶事要办好, 别留~。=일을 잘 처리하려면 흠점을 남기지 마시오. ≒缝子

【缝子】fèng·zi 〔명〕〔구〕 틈. 틈새. 갈라진 곳. 터진 자리. =【缝儿】fèngr ≒缝隙

## fiao

**覅** fiào 말 표
〔동〕〔방〕 …하지 마라. ¶~发火=화내지 마시오.

## fo

**佛** fó 부처 불
〔명〕 1〔외〕 부처. 불타(佛陀). 2 수행을 잘 한 사람. 불도(佛道)를 깨우친 사람. ¶放下屠刀, 立地成~。=칼을 내려놓으면 그 자리에서 성불할 수 있다. 3 불교. ¶~门弟子=불문의 제자. 4 불상. ¶乐山大~=러산(乐山)의 대불. [중국 쓰촨(四川)성에 있는 명승지] 5 불호(佛號). 불경. ¶吃斋念~=재계(齋戒)하고 불경을〔불호를〕 읽다〔외다〕.
☞ fú

○ 活佛, 念佛

【佛刹】fóchà 〔명〕 절. 사찰.
【佛得角】Fódéjiǎo 〔명〕〔지〕 카보베르데(Cabo Verde). [수도는 '普拉亚(프라이아 : Praia)'임]
【佛典】fódiǎn 〔명〕〔종〕 불전. 불경. 불교의 경전.
【佛法】fófǎ 〔명〕〔종〕 1 불법. 불도(佛道). 불교의 교리. 2 불력(佛力). 부처의 공력. 부처의 힘. ¶~无边=부처님의 힘은 끝이 없다.
【佛光】fóguāng 〔명〕 1〔종〕 중생을 깨우치는 부처님의 광명. ¶~普照=부처님의 광명이 두루 비추다. 2 원광. 배광. 광배. 3 광환(光環). 글로리(glory). [안개 낀 날씨에 햇빛에 반사되어 생기는 고산 꼭대기의 그림자가 안개에 투영되어 나타나는 광환(光環) 현상]
【佛号】fóhào 〔명〕 1 부처님 명호(名號). 불호(佛號). 2 불교인들이 부르는 '아미타불(阿彌陀佛)' 명호.
【佛会】fóhuì 〔명〕 법회(法會).
【佛家】fójiā 〔명〕〔종〕 1 불가. 불교의 학술 사상. 2 중. 승려(僧侶). ≒佛教 佛门
【佛教】Fójiào 〔명〕〔종〕 불교. ≒佛家 佛门
【佛教徒】fójiàotú ☞【佛徒】fótú
【佛经】fójīng 〔명〕 1 불경. 불전(佛典). 불교 경전. [경장(經藏)·율장(律藏)·논장(論藏) 삼장(三藏)으로 분류됨] =【释典】shìdiǎn 2 (특히 삼장(三藏) 중) 경장(經藏).
【佛龛】fókān 〔명〕 (불상을 안치하는) 불단. 벽감(壁龕).
【佛口蛇心】fókǒu-shéxīn 〔성어〕 겉으로는 부처님같이 자비를 말하지만 속은 독사같이 악독하다. 입으로는 좋은 말을 하지만 마음은 아주 악독하다〔흉흉하다〕.
【佛老】Fó-Lǎo 〔명〕 1 석가모니와 노자(老子). 2

불교와 도교.

【佛历】**fólì** 图(佛) 불기(佛紀). 불교력(佛教歷). ¶~2547年庆祝佛诞大会=불기 2547년 석가탄신일 경축 대회.

【佛门】**fómén** 图(宗) 불교. 불문. 석문(釋門). 불가(佛家). ¶皈依~=불교에 귀의하다. ≒佛教 佛家

【佛事】**fóshì** 图(宗) 불사. 법사(法事). 법요(法要). [불교 종교 활동의 통칭]

【佛手】**fóshǒu** 图(植) 1 불수감(佛手柑)나무. [열매의 끝이 손가락처럼 갈라진 것이 부처님의 손같이 생겼다고 하여 붙인 이름이며 식용 또는 약용함] 2 불수감. [불수감나무의 열매]

【佛手瓜】**fóshǒuguā** 图(植) 차요테(chayote). [열대 아메리카산 오이과에 딸린 덩굴식물의 일종이며 열매는 식용함]

【佛寺】**fósì** 图 절. 불사. 사찰. 사원.

【佛塔】**fótǎ** 图 불탑.

【佛堂】**fótáng** 图 불당. 범전(梵殿). 불각(佛閣). 불우(佛宇). 불전(佛殿).

【佛头着粪】**fótóu-zhuófèn** 图 1 부처님 머리에 (새)똥이 떨어지다. 2 图 (풍자의 의미로) 잘 쓴 글씨에 먹물을 떨어뜨리다. 좋은 물건을 못 쓰게 만들다. 남을 모독하다.

【佛徒】**fótú** 图 불도. 불교 신도. 불교도. =【佛教徒】**fójiàotú**

【佛陀】**Fótuó** 图(외)(佛) 불타. 부처. 图 buddha

【佛像】**fóxiàng** 图 불상. 불체(佛體).

【佛心】**fóxīn** 图(刪) 불심. 자비심(慈悲心). 보리심(菩提心).

【佛学】**fóxué** 图 불학. 불교 철학.

【佛牙】**fóyá** 图 부처님 치아 사리. [석가모니를 화장하고 남은 치아이] =【佛牙舍利】**fóyá shèlì**

【佛牙舍利】**fóyá shèlì** ☞【佛牙】**fóyá**

【佛眼相看】**fóyǎn-xiāngkàn** 图(刪) 부처님 자비로써 대하다. 호의를 품고 대하다. 너그럽게 보아주다.

【佛爷】**fó·ye** 图 1 부처님. [석가모니에 대한 존칭] 2 불교에서의 신(神). 3 (清)대 내신(內臣)의 황제·황후·태상황후·황태후에 대한 존칭. 4 청(清)대 내신의 서태후(西太后)를 호칭하는 존칭.

【佛珠】**fózhū** 图(刪) '念珠(염주)'의 속칭.

【佛祖】**Fózǔ** 图(宗) 1 불교의 각 종파의 조사(祖師). 2 불교의 시조. 석가모니.

## fou

**缶 fǒu** 장군 부

图 1 중두리. [배가 불룩하고 아가리가 작으며 손잡이와 뚜껑이 있는 질그릇] 2 (音) 고대. 진흙으로 만든 일종의 타악기.

**否 fǒu** 아닐 부

图 1 부정하다. [동사 앞에 쓰여 동작의 부정을 나타냄] ¶全票~决=만장일치로 부결되다. / 一概~认=모조리 부정하다. 2 图 (대답할 때 단독으로 쓰여) 아니다. 틀리다. ¶~, 此非君子之为也。=아닐세. 이는 군자의 행실이 못 된다네. 3 图 의문문 끝에 쓰여 물음을 나타냄. ¶可~?=가능합니까? ↔可
☞ **pǐ**

【否定】**fǒudìng** 图 1 (어떤 존재나 사실을) 부정하다. ¶不能因为有缺点就~整个人。=결점이 있다고 해서 그 사람 전부를 부정해선 안 된다. 2 (哲) (변증법적 의미에서의) 부정하다. ¶~之一=부정의 부정. 图 부정의. 부정적인. ¶答案是~的。=답은 부정적이다. ↔肯定

【否定词】**fǒudìngcí** 图 1 (言) ('不'·'没有' 등과 같은) 부정사. 2 (論) (수리 논리학에서 부정 명제를 가리키는) 접속사. [부호는 'ㄱ'으로 나타냄]

【否决】**fǒujué** 图 (안건·의견 등을) 부결하다. 거부하다. 기각하다. ¶这个议案被大会~了。=이 의안은 총회에서 부결되었다.

【否决权】**fǒujuéquán** 图(法) 1 거부권. 비토(veto). 2 (회의에서 소수의 다수에 대한) 거부권.

【否认】**fǒurèn** 图 부인하다. 부정하다. ¶事实是不能~的。=사실은 부인할 수 없는 것이다. ↔承认

【否则】**fǒuzé** 接 만약 그렇지 않으면. ¶现在必须马上出发, ~就赶不上航班了。=반드시 지금 바로 출발해야지, 그렇지 않으면 비행기 시간에 댈 수 없다.

【否则的话】**fǒuzé·de huà** ☞ 그렇게 하지 않는다면. ¶大家必须按规定程序操作, ~, 后果自负。=모두들 반드시 규정된 절차에 따라 다루어야지, 그렇지 않으면 뒤탈은 스스로 책임져야 한다.

## fu

**夫 fū** 지아비 부

图 1 성인 남자. 사나이. [성년 남자에 대한 통칭] ¶匹~=필부. 평범한 성인 남자. / 千~所指=뭇 사람의 지탄의 대상이 되다. 2 남편. ¶姨~=이모부. / 姐~=형부. 자형. 3 图 육체노동에 종사하는 사람. ¶车~=인력거꾼. / 农~=농부. 4 图 (관청·군대 등에서 쓰는) 부역꾼. 인부. ¶民~=관가에서 소집하여 쓰는 인부. / 拉~=강제 징용하다. ↔妇
☞ **fú**

○ 夫 fū
扶 fú
肤 fū
趺 fū
蚨 fú
麸 fū
芙 fú

●○ 病夫, 车夫, 船夫, 大dài夫, 独夫, 杠gàng夫, 更gēng夫, 工夫, 鳏guān夫, 火夫, 伙夫, 脚夫, 老夫, 马夫, 妹夫, 懦nuò夫, 千夫, 前夫, 情夫, 人夫, 挑tiāo夫, 屠tú夫, 武夫, 姨yí夫, 丈夫

【夫倡妇随】**fūchàng-fùsuí** ☞【夫唱妇随】

夫 伏 呋 玞 肤 柎 砆 铁 麸 趺 跗 稃 痡 廍 **Fū**

**fūchàng-fùsuí**
【夫唱妇随】[夫倡妇随] **fūchàng-fùsuí** ㉚ **1** 부창부수. 남창여수(男唱女隨). **2** 아내가 남편의 말에 순종하다. **3** ㊙ 부부가 서로 화목하다. **4** ㊙ 부부가 서로 장단이 잘 맞다.
【夫妇】**fūfù** ㊂ 부부. ≒夫妻
【夫家】**fūjiā** ㊂ 시집. 시가(媤家). 시댁.
【夫君】**fūjūn** ㊂㊄ 서방님. 부군. [옛날, 아내의 남편에 대한 호칭]
【夫妻】**fūqī** ㊂ 부부. 남편과 아내. ¶~恩爱=부부가 사랑하다. ≒夫妇
【夫妻店】**fūqīdiàn** ㊂ **1** (일반적으로 점원을 고용하지 않고) 부부 두 사람만이 운영하는 작은 가게. **2** ㊙ 부부가 함께 경영하는 업체[사업]. ¶那家图书销售公司是一个~。=그 서점은 부부가 함께 경영하는 업체이다.
【夫权】**fūquán** ㊂ 부권. [옛날, 남편이 아내 위에 군림하는 권리]
【夫人】**fū·rén** ㊂ **1** 제후(諸侯)의 아내에 대한 호칭. **2** 제왕의 첩[후궁]에 대한 호칭. **3** (명청(明清)대의) 1·2품 관리의 아내에 대한 봉호(封號). **4** 부인. [보통 사람의 아내에 대한 존칭] **5** 기혼 여성에 대한 호칭. [주로 외교석상에서 쓰임]
【夫荣妻贵】**fūróng-qīguì** ㊄ 남편이 입신출세하면 아내의 지위 또한 따라서 상승하다.
【夫婿】**fūxù** ㊂㊄ 아내가 남편을 부르는 호칭.
【夫役】[伕役] **fūyì** ㊂ **1** 부역자. 노무자. 인부. **2** 잡부.
【夫子】**fūzǐ** ㊂ **1** ㉠ 선생님. [학자에 대한 존칭] ¶孔~=공자. ㉡ 제자가 스승에 대해 쓰는 호칭. [주로 서신에서 쓰임] ㉢ ㊄ 아내가 남편을 부르던 호칭. **4** 샌님. [경서를 읽으며 사상이 진부한 사람을 풍자하여 이르는 말] ¶迂~=세상물정에 어두운 사람.
【夫子自道】**fūzǐ-zìdào** ㊄ 남의 이야기를 한다면서 실제로는 자신의 이야기를 하다. 자기를 과시하다.

**伏 fū** 인부 부
㊂㊋ (관청·군대 등에 징집되어 고역[苦役]을 하는) 부역꾼. 노무자.
【伕役】**fūyì** ☞【夫役】**fūyì**

**呋 fū** 푸란 부
아래를 참조.
【呋喃】**fūnán** ㊂㊋(化) 푸란(furan). [화학식은 $C_4H_4O$]
【呋喃西林】**fūnánxīlín** ㊂㊋(醫) 푸라실린(furacillinum). 니트로푸라존(nitrofurazone).

**玞 fū** 무부 부
☞【珷玞】**wǔfū**

**肤[膚] fū** 살갗 부
㊂ 피부. 살갗. ¶肌~=근육과 피부. / 切~之痛=살을 도려 내는 듯한 고통. ㊌ 천박하다. 얄팍하다. 얕다. ¶认识~浅=아는 것이 적다. ◐● 地肤, 肌jī肤, 皮肤, 皮肤病
【肤泛】**fūfàn** ㊌ 피상적이다. 깊은 내용이 없다. 별다른 뜻이 없다. ¶~之言=피상적인 말. 짧은 소견.
【肤觉】**fūjué** ㊂(生) 피부 감각.
【肤廓】**fūkuò** ㊌㊋ 내용에 알맹이가 없고 실제와 부합하지 않다.
【肤皮潦草】**fūpí-liáocǎo** ☞【浮皮潦草】**fúpí-liáocǎo**
【肤浅】**fūqiǎn** ㊌ (학식이) 얕다. 얄팍하다. 천박하다. (이해가) 깊지 못하다. 부족하다. ¶我对藏传佛教的了解很~。=나는 라마불교에 대하여 이해가 부족하다. ↔深刻 高深
【肤色】**fūsè** ㊂ 피부색.

**柎 fū** 꽃받침 부
㊂㊄ **1** (종·북 등의) 받침대 다리. **2** 꽃받침.

**砆 fū** 무부 부
☞【碔砆】**wǔfū**

**铁[鈇] fū** 작두 부
㊂㊄ 작두.

*__**麸[麩, 稃·麬] fū** 밀기울 부__
㊂ 밀기울. 맥부(麥麩). 맥피(麥皮).
【麸壳】**fūké**(~儿) ㊂ 밀기울. 맥부(麥麩). 맥피(麥皮).
【麸皮】**fūpí** ☞【麸子】**fū·zi**
【麸曲】**fūqū** ㊂ 누룩.
【麸星】**fūxīng**(~儿) ㊂ 밀가루에 함유된 소량의 밀기울.
【麸子】**fū·zi** ㊂ 밀기울. 맥부(麥麩). 맥피(麦皮). =【麸皮】**fūpí**

**趺 fū** 책상다리할 부
㊂㊄ **1** '跗(fū)'와 같음. **2** 석부(石趺). 비석 받침. ¶石~=석부. ㊍㊄ 결가부좌하다. ¶~坐静思=가부좌를 틀고 명상에 잠기다.
【趺坐】**fūzuò** ㊍㊄(佛) 결가부좌하다. 가부좌를 틀다.

**跗 fū** 발등 부
㊂㊄ 발등.
【跗骨】**fūgǔ** ㊂(生) 부골. 족근골. 발목뼈.
【跗面】**fūmiàn** ㊂ 발등.
【跗蹠】**fūzhí** ㊂ 부척. [새의 다리에서, 경골(脛骨)과 발가락 사이의 부분]

**稃 fū** 왕겨 부
㊂ 겨. ¶外~=겉겨. 왕겨.

**痡 fū** 앓을 부
㊍㊄ 병들다. 앓다. 과로하다.

**廍 Fū** 땅 이름 부

阅(地) 부현(鄜縣). [산시(陝西)성에 있는 지명. 지금은 '富县'이라고 씀].

## 孵 fū 알 깔 부
동 1 부화하다. 알을 까다. 2 인공 부화하다. ¶刚~了一窝小鸡. = 방금 한 둥우리의 병아리들이 알을 깨고 나왔다.
【孵化】**fūhuà** 동 1 부화하다. 알을 까다. 2 비 (주로 새로 창립된 첨단 기술 산업을) 육성하다.
【孵化器】**fūhuàqì** 명 1 부화기. 부란기. 2 비 창업 보육 센터.
【孵卵】**fūluǎn** 동 1 알을 부화하다. 알을 깨다. 2 인공 부화하다. ¶人工~ = 인공 부화하다.
【孵育】**fūyù** 동 부화하다. 알을 깨다. ¶~雏鸽 = 새끼비둘기가 알을 깨고 나오다.

## 敷 fū 펼 부
동 1 ⟨문⟩ 진술하다. 서술하다. ¶陈其事 = 그 일에 대해 상세하게 설명하다. 2 깔다. 펴다. 설치하다. 부설하다. 꾸미다. ¶~设路基 = 노반을 깔다. 3 바르다. 칠하다. ¶给伤口~药. = 상처에 약을 바르다. 4 충분하다. 넉넉하다. 족하다. ¶人不~出 = 수입이 지출보다 적다.

○● 冷敷, 热敷

【敷陈】**fūchén** 동⟨문⟩ 상술(详述)하다. (전말을) 상세히 설명하다. 진술하다.
【敷衍衍】**fū·fu yǎnyǎn** (~的) 형 무성의하다. 형식적이다. 데면데면하다. ¶你这样~的, 哪能把事情做好? = 네가 이렇게 무성의하다면, 어떻게 일을 잘 처리할 수 있겠는가?
【敷料】**fūliào** 명 ⟨醫⟩ (외과의) 처치용품. 연고·붕대·약솜류.
【敷设】**fūshè** 동 1 (케이블·철로·파이프 등을) 부설하다. 깔다. ¶~输油管 = 송유관을 부설하다. 2 (폭약·지뢰 등을) 설치하다. ¶~水雷 = 수뢰를 설치하다.
【敷贴】**fūtiē** 동 (고약 등을 환부에) 바르다. 붙이다. ¶~膏药 = 고약을 환부에 붙이다.
【敷衍】【敷演】**fūyǎn** 동⟨문⟩ 자세히 서술하다. 부연 설명하다. (의론 등을) 전개하다. 강해(讲解)하다. ¶~经文要旨 = 경문의 요지를 상세히 설명하다.
【敷衍】**fū·yan** 동 1 형식적으로 하다. 무성의하게 하다. 표면적[피상적]으로 하다. 열의가 없이 하다. 데면데면하게 하다. 대강대강 하다. ¶随便~几句就把人打发走了. = 내키는 대로 피상적으로 몇 마디 하고서는 사람을 내보내 버렸다. 2 (생활을) 겨우 유지하다. 가까스로 버티다. ¶手头的钱还可以~个十天半月的. = 수중에 있는 돈으로 한 열사나흘은 버틸 수 있다. ≒搪塞
【敷衍了事】**fū·yan-liǎoshì** 성 대강대강 일을 끝내다. 일을 졸속으로 처리하다.
【敷衍塞责】**fū·yan-sèzé** 성 적당히 얼버무려서 책임을 회피하다. 적당히 일을 얼버무리다. 형식적으로 하다. ↔一丝不苟
【敷演】**fūyǎn** ☞【敷衍】**fūyǎn**

【敷药】**fūyào** 동 약을 바르다. ¶伤口早晚~两次. = 상처에 아침 저녁으로 두 번 약을 바르다.
【敷用】**fūyòng** 동 (약물 등을) 바르다. 칠하다. 붙이다.

## 夫 fú 무릇 부
⟨대⟩⟨문⟩ 1 저. 그. 이. ¶~人不言, 言必有中. = 저 사람은 말이 없지만, 말을 하면 반드시 이치에 들어맞는다. 2 그 (사람). ¶~人为之其君勤也. = 그는 임금을 위해 충성을 다하는 사람이다. 조 1 대저. 무릇. [문장의 발어사] ¶~战, 勇气也. = 대저 전쟁의 승패는 용기에 달렸다. 2 문장의 끝이나 중간에 쓰여 감탄의 뜻을 나타냄. ¶悲~! = 슬프도다! / 逝者如斯~, 不舍昼夜. = 흘러가는 것[세월]은 이와 같이 밤낮으로 멈추지 않는구나!
☞ fū

## 市 fú 슬갑 불
명 '韨(fú)'와 같음.

## 弗 fú 아닐 불
⟨부⟩⟨문⟩ …이[가] 아니다. …않다. [거의 '不'의 의미가 있음] ¶自愧~如 = 남보다 못함을 스스로 부끄러워하다. 명 (Fú) 성(姓).

| 弗 fú | 黻 fú |
|---|---|
| 拂 fú | 佛 fó |
| 氟 fú | 费 fèi |
| 绋 fú | 沸 fèi |
| 砩 fú | 狒 fèi |
| 佛 fú | 镄 fèi |

## 伏 fú 엎드릴 복
동 1 엎드리다. ¶俯~ = 부복하다. 고개를 숙이고 엎드리다. 2 (어떤 것 위에) 엎드려 기대다. ¶~案笔耕 = 책상에 엎드려 글을 쓰다. 3 숨다. 잠복하다. ¶潜~ = 잠복하다. / 危机四~ = 위험 요소가 도처에 숨어 있다. 4 내려가다. 낮아지다. 수그러들다. ¶起~不定 = 기복이 일정하지 않다. / 此起彼~ = 여기저기서 끊임없이 일이 일어나다. 연이어 일어나다. 5 굴복하다. 항복하다. 잘못을 인정하다. ¶认罪~法 = 죄를 인정하고 법 앞에 굴복하다. 6 굴복시키다. 정복하다. 제압하다. 항복하게 하다. ¶制~顽敌 = 완강한 적을 굴복시키다. 명 1 복(날). [초복·중복·말복의 총칭] ¶入~ = 복날이 시작되다. / 出~ = 복날이 지나다. 2 (Fú) 성(姓). 양⟨電⟩ 볼트(volt).

○● 出伏, 倒伏, 二伏, 俯伏, 虎伏, 埋伏, 末伏, 匿nì伏, 起伏, 蜷quán伏, 数shǔ伏, 四伏, 头伏, 降xiáng伏, 歇xiē伏, 隐伏, 蛰zhé伏, 制伏, 中伏, 终伏

【伏安】**fú·ān** 양⟨電⟩ 볼트암페어(volt-ampere).
【伏案】**fú·àn** 동 책상 앞에 앉다. 책상에 엎드리다. ¶~写作 = 책상 앞에 앉아 글을 쓰다.
【伏笔】**fúbǐ** 명 (소설 등에서의) 복선.
【伏辩】【服辩】**fúbiàn** 명⟨文⟩ 반성문. 사과문. 시말서. 자술서. 고백서.
【伏兵】**fúbīng** 명⟨軍⟩ 복병.
【伏倒】**fúdǎo** 동 부복하다. 엎드리다. ¶~在地 = 땅에 엎드리다.

【伏地】 fúdì 동 땅에 엎드리다. ¶~求饶＝땅에 엎드려 용서를 빌다. 형(방) 재래식으로 만든. ¶ 一面＝재래식 밀가루〔소맥분〕.

【伏法】 fúfǎ 동 (죄수가) 사형 집행을 받다. ¶凶 犯已于昨日~. ＝흉악범은 이미 어제 사형 집행을 받았다.

【伏伏贴贴】 fú·fu tiētiē (~的) 형 1 매우 편안 하다. 2 순종적이다. 온순하다. 3 알맞다. 온당 하다. 타당하다. 적절하다.

【伏旱】 fúhàn 명 복중〔한여름〕에 나타난 가뭄 현상.

【伏虎】 fúhǔ 동 1 호랑이를 제압하다. 2 비 강적 〔강대한 세력〕을 제압하다. ¶降龙~＝용과 호 랑이를 제압하다. 강적을 이기다.

【伏击】 fújī 동 (軍) 매복하여 기습하다. ¶~ 战＝매복전.

【伏老】 fúlǎo 동 늙었다고 인정하다. ¶他年纪 这么大了, 但还是不~. ＝그는 나이가 저렇게 들었으면서도, 아직도 늙었음을 인정하려 들지 않는다.

【伏里】 fú·li 명 삼복 동안. 복중(伏中).

【伏枥】 fúlì 동(문) (말이) 마구간에 눕다. ¶老骥 ~, 志在千里. ＝늙은 천리마가 마구간에 누워 있어도 여전히 천리를 달리고 싶어하다. 늙었지 만 아직 원대한 뜻이 있다.

【伏流】 fúliú 명 복류. 암류(暗流). 지하수.

【伏龙凤雏】 fúlóng-fèngchú 성 1 엎드려 있 는 용과 봉황 새끼. [동한(東漢) 말기의 제갈량 (諸葛亮)과 방통(龐統)을 가리킴] 2 비 재능은 있 으나 세상에 드러나지 않은 뛰어난 인재.

【伏侍】 fú·shi ☞ 【服侍】 fú·shi

【伏首帖耳】 fúshǒu-tiē'ěr 성 고개를 숙이고 귀 를 늘어뜨리다. 순종하다. 굽실거리다.

【伏输】 fúshū ☞ 【服输】 fúshū

【伏暑】 fúshǔ 명 복더위.

【伏特】 fútè 양(電) 볼트(volt).

【伏特计】 fútèjì 명 (電) 볼트미터(voltmeter). 전 압계. ＝【电压表】 diànyābiǎo 【电压计】 diànyājì

【伏特加】 fútèjiā 명 보드카(vodka).

【伏天】 fútiān 명 삼복 기간. 복일(伏日).

【伏帖】 fútiē 형 1 편안하다. 기분 좋다. ＝【伏 贴】 fútiē ¶好话谁听了心里都~. ＝좋은 말은 누가 들어도 기분이 좋다. 2 ☞ 【服贴】 fútiē

【伏贴】 fútiē 동 위에 바싹 붙이다. ¶身子紧紧 ~地面. ＝몸을 바싹 지면에 붙이다. 형 ☞ 【伏 帖】 fútiē

【伏线】 fúxiàn 명 (소설 등에서의) 복선. (수수 께끼를 푸는) 실마리. (조사·연구 등의) 단서.

【伏小】 fúxiǎo 동 기꺼이 낮은 위치에 처하다. ¶认低~＝기꺼이 자신의 단점을 인정하다.

【伏休】 fúxiū 명 (수산 자원의 보호를 위해 강이 나 근해에서) 삼복〔한여름〕에 조업을 금하다.

【伏汛】 fúxùn 명 한여름에 발생하는 강물의 범람.

【伏诛】 fúzhū 동(문) 사형 집행을 받다.

【伏罪】 fú‖zuì ☞ 【服罪】 fú‖zuì

*兕[鳬] fú 물오리 부
명(動) 물오리. 동 헤엄치다. ¶~水过河＝헤엄쳐 강을 건너다.

【兕茈】 fúcí 명(문)(植) 올방개. [덩이뿌리는 오우 (乌芋)라 하여 한약재로 쓰임]

【兕趋雀跃】 fúqū-quèyuè 성 너무 좋아서 기 뻐 날뛰다. 흔희작약(欣喜雀躍)하다.

【兕水】 fúshuǐ 동 헤엄치다. 수영하다. ＝【浮 水】 fúshuǐ ¶孩子们在河里~. ＝아이들이 강 에서 헤엄치다.

*芙 fú 부용 부
아래를 참조함.

【芙蕖】 fúqú 명(문)(植) 연꽃.

【芙蓉】 fúróng 명(植) 1 ☞【荷花】 héhuā 2 ☞ 【木芙蓉】 mùfúróng

【芙蓉出水】 fúróng-chūshuǐ ☞ 【出水芙蓉】 chūshuǐ-fúróng

【芙蓉国】 Fúróngguó 명(地) '湖南(후난성)' 의 별칭.

【芙蓉鸟】 fúróngniǎo ☞ 【金丝雀】 jīnsīquè

芾 fú 초목 우거질 불
형(문) (초목이) 무성하다. 우거지다. 명(문) '黻 (fú)'와 같음.
☞ fèi

苻 fú 질경이 부
【苻苢】 fúyǐ 명(植) 고서(古書)에서 '车前(질경 이)' 을 가리킴.

**扶 fú 떠받칠 부
동 1 (손으로) 일으키다. 부축하다. 떠받치다. ¶ ~起不慎摔倒的老人. ＝부주의로 넘어진 노인 을 부축하다. 2 돕다. 거들다. 원조하다. 부조하 다. ¶互相帮~＝서로 돕다. 3 (넘어지지 않도 록) 짚다. 기대다. 의지하다. 지탱하다. 버티다. 괴다. ¶~栏远眺＝난간에 기대어 멀리 바라보 다. 4 (병들거나 상처 입은 몸을) 간신히 버티다. 지탱하다. 무릅쓰다. 이끌다. ¶~病前往＝병든 몸을 이끌고 나아가다. 명(Fú) 성(姓).

○-● 搀chān扶

【扶病】 fúbìng 동 병을 무릅쓰다. ¶~参赛＝병 을 무릅쓰고 시합에 참가하다.

【扶持】 fúchí 동 1 부축하다. ¶她身子很虚, 没 人~就站不起来. ＝그녀는 몸이 허약하여 부축 해 주지 않으면 일어나지 못한다. 2 돕다. 지지하 다. 보살피다. ¶~乡镇企业＝지방 소도시의 기 업을 돕다.

【扶乩】[扶箕] fú‖jī 동 점을 치다. [점술의 일종. 두 사람이 나무 막대기가 매달린 틀을 들고 모래 판에 서 있으면 모래판에 글자나 그림이 나타 나는데, 이를 신이 계시를 내려 막대기가 움직이 는 것으로 여기고, 길흉을 판단함] ＝【扶鸾】 fú ‖luán

【扶箕】fú‖jī☞【扶乩】fú‖jī
【扶将】fújiāng 동준 부축하다. ¶爷娘闻女来, 出郭相~。=양친은 딸이 온다는 소리를 듣고 동구 밖에 나가 서로 의지하고 서 있다.
【扶老】fúlǎo 동 노인을 부축하다.
【扶老携幼】fúlǎo-xiéyòu 성 노인을 부축하고 어린아이를 이끌다.
【扶鸾】fú‖luán ☞【扶乩】fú‖jī
【扶苗】fú‖miáo 동 쓰러진 묘목을 바로세우다.
【扶贫】fúpín 동 빈곤층을 도와 가난을 벗어나게 하다. 가난한 사람들을 구제하다. ¶~政策=빈곤 구제 정책.
【扶贫济困】fúpín-jìkùn 성 가난한 가정〔지역〕을 구제하다.
【扶弱抑强】fúruò-yìqiáng 성 약자를 돕고 강자를 억누르다. =【抑强扶弱】yìqiáng-fúruò
【扶桑】[榑桑] fúsāng 명 1 (Fúsāng) 부상. [동해(東海)에 있는 전설 속의 나라] 2 (Fúsāng) 준(地) 일본. 3 부상. (중국 고대 신화에서 동쪽 바다에 있는 신령스러운 나무로, 이 곳에서 해가 뜬다고 함)
【扶桑】fúsāng ☞【朱槿】zhūjǐn
【扶伤】fúshāng 동 다친 사람을 부축하다. ¶救死~=죽어 가는 사람을 구하고 다친 사람을 부축하다.
【扶上马】fúshàngmǎ 동 1 사람을 부축하여 말의 등에 오르게 하다. 2 비 다른 사람을 도와 새로운 일을 하게 하다. 새 간부를 지도층의 위치까지 밀어 올리다. [주로 '送一程(일정 거리를 배웅하다.)'과 함께 쓰임] ¶对年轻人不仅要~, 还要送一程。=젊은 사람들에게는 일을 할 수 있도록 지도자의 위치에 올려 주어야 할 뿐만 아니라, 일정 기간까지 밀어주어야 한다.
【扶上墙去抽梯子】fú shàng qiáng qù chōu tī‧zi 성 1 담 위에 올라간 뒤에 사다리를 거두다. 2 비 다른 사람을 부추겨 나쁜 일을 하게 하고는 자신은 오히려 도중에 슬쩍 빠지다.
【扶手】fú‧shou 명 손잡이. 팔걸이. 난간. [손으로 붙들고 의지할 만한 것]
【扶手椅】fú‧shouyǐ 명 팔걸이 의자. 안락 의자.
【扶疏】fúshū 형 (가지와 잎이) 무성하면서도 가지런하다. ¶花木~=꽃과 나무가 무성하면서도 가지런하다.
【扶梯】fútī 명 1 (난간이 있는) 계단. 승강대. ¶自动~=에스컬레이터. 2 방 사다리.
【扶危济困】fúwēi-jìkùn 성 위급한 상황에 처한 사람을 돕고 생활이 어려운 사람을 구제하다. =【扶危济急】fúwēi-jìjí 【扶危救困】fúwēi-jiùkùn 【济困扶危】jìkùn-fúwēi
【扶危济急】fúwēi-jìjí ☞【扶困济困】fúwēi-jìkùn
【扶危救困】fúwēi-jiùkùn ☞【扶困济困】fúwēi-jìkùn
【扶养】fúyǎng 동 부양하다. 양육하다. ¶~子女=자녀를 부양하다.
【扶摇】fúyáo 명문 아래에서 위로 몰아치는 회오리바람.

【扶摇直上】fúyáo-zhíshàng 성 1 회오리바람을 타고 하늘로 올라가다. 2 비 (직위·가격 등이) 빠르게 오르다. 줄곧 위로 올라가다.
【扶掖】fúyè 동문 돕다. 부조하다. 부축하다. ¶相互~=서로 돕다.
【扶正】fú‖zhèng 동 1 (기울거나 흔들리는 것을) 바로잡다. 바로 놓다. 2 정도를 걷도록 하다. ¶~祛邪乃侠义本分。=올바른 길을 가도록 하고 사악한 세력을 제거하는 것이야말로 협객의 본분이다. 3 부관(副官)을 정관(正官)으로 하다. ¶他干了多年的副县长, 现在终于~了。=그는 여러 해 동안 부현장을 지냈으나, 지금 마침내 현장으로 승진하였다. 4 옛 첩을 정실로 삼다. 5 (醫) 면역력을 증진시키다.
【扶正黜邪】fúzhèng-chùxié 성 정의를 수호하고 불의를 제거하다. ≒扶正祛邪
【扶正祛邪】fúzhèng-qūxié 성 1 바른 기운을 돕고 사악한 기운을 없애다. 2 (醫) 면역력을 증진시키다. ≒扶正黜邪
【扶植】fúzhí 동 육성하다. 기르다. 자라게 하다. 키우다. ¶~新生力量=새로운 세력을 육성하다.
【扶助】fúzhù 동 부조하다. 도와 주다. 원조하다. ¶~弱小国家=약소 국가를 원조하다. ≒帮助 援助 协助 辅助

# 佛[1] fú 뗄 불
동문 '拂(fú)'와 같음.

# 佛[2] [(髴)] fú 비슷할 불
☞【仿佛】fǎngfú
☞ fó
【佛戾】fúlì 동문 위배되다. 위반하다.

# 孚 fú 미쁠 부
동 믿고 복종하게 하다. ¶难~众望=뭇 사람의 신망을 얻지 못하다.

| ❶孚 fú | 蜉 fú | 郛 fú |
|---|---|---|
| 浮 fú | 稃 fū | 脬 pāo |
| 孵 fū | 桴 fú | 乳 rǔ |
| 俘 fú | 荸 fú | |

# 刜 fú 벨 불
동문 (칼로) 베다. 내리치다.

# *拂 fú 떨 불
동 1 털다. 털어 내다. ¶挥~尘=흔들어 먼지를 털다. 2 가볍게 스치고 지나가다. ¶暖风~面=따스한 바람이 얼굴을 가볍게 스치고 지나가다. 3 가까워지다. ¶~晓时分=동틀 무렵. 4 흔들다. ¶他气得~袖而去。=그는 화가 나서 옷소매를 뿌리치고 떠났다. 5 문 어기다. 위배하다. 거역하다. ¶~人之意=사람의 뜻을 거역하다. [고어에서는 '弼(bì)'와 같음]

○● 吹拂, 飘piāo拂, 照拂

【拂尘】fúchén 명 먼지떨이. 총채. 파리채.
【拂荡】fúdàng 동 (바람이 불어) 흔들리다. ¶柳枝~=버들가지가 바람에 흔들리다.
【拂拂】fúfú 형 (바람이) 솔솔 부는 모양. ¶晚风

~=저녁 바람이 솔솔 불다.

【拂林】**Fúlǐn** 명 고대의 '东罗马帝国(동로마제국)'에 대한 호칭.

【拂面】**fúmiàn** 동 가볍게 얼굴을 스치고 지나가다. ¶秋风~=가을 바람이 가볍게 얼굴을 스치고 지나가다.

【拂逆】**fúnì** 동문 어기다. 위배하다. 거역하다. ¶不敢~尊长的意愿.=웃어른의 바람을 거역하지 못하다.

【拂去】**fúqù** 동 (먼지 등을) 털어 내다. 털어 버리다. ¶~灰尘=먼지를 털어 내다.

【拂拭】**fúshì** 동 (먼지를) 털다. 닦다. ¶把桌椅~干净.=탁자와 의자를 깨끗이 닦다.

【拂晓】**fúxiǎo** 명 새벽녘. 여명. 동틀 무렵. ≒凌晨 黎明

【拂袖】**fúxiù** 동문 (불쾌하거나 화가 나서) 옷소매를 뿌리치다. ¶~而起=옷소매를 뿌리치고 자리를 뜨다.

【拂袖而去】**fúxiù'érqù** 성 (의견이 맞지 않거나 뜻대로 되지 않아) 화가 나서 옷소매를 뿌리치고 가 버리다.

【拂煦】**fúxù** 동문 (바람이) 따스하게 불어오다. ¶春风~=봄바람이 따스하게 불어오다.

【拂意】**fúyì** 동 마음에 들지 않다. 뜻대로 되지 않다. 내키지 않다. 마음에 거슬리다. ¶稍有~, 即勃然大怒.=조금 마음에 들지 않는다고 벌컥 화를 내다.

## 苻 fú 귀목초 부

명 **1** ‘莩(fú)'와 같음. **2** (Fú) 성(姓).

## 茀 fú 풀 우거질 불

형 잡초가 무성하다. 덤불이 우거지다. ¶道~难行=길에 잡초가 무성하여 통행이 어렵다.

명 복. 행복. 행운.

## 彿 fú 비슷할 불

☞【仿彿】**fǎngfú**

## **服** fú 옷 복

동 **1** (옷을) 입다. ¶~丧守孝=상복을 입고 애도를 표하다. 상을 당하여 효를 다하다. **2** (직무를) 맡다. 담당하다. 복무하다. (의무에) 종사하다. ¶为民~务=인민을 위하여 복무하다. **3** 복역하다. 징역을 살다. ¶~刑期满=형기가 만료되다. **4** 따르다. 믿고 복종하다. ¶心悦诚~=마음속으로 기뻐하며 따르다. **5** 설득하다. 납득시키다. 믿고 따르게 하다. 신복(信服)시키다. ¶以理~人=사리로써 남을 설득시키다. **6** 적응하다. 익숙해지다. ¶不~水土=새로운 환경에 익숙해지지 않다. **7** 약을 먹다. 복용하다. ¶按时~药=시간에 맞춰 약을 복용하다. **8** 인정하다. 시인하다. ¶不肯~老=늙었음을 인정하려 하지 않다. 명 **1** 옷. 의복. 의상. ¶西~=양복. /制~=제복. **2** 상복(丧服). ¶有~在身=상중(丧中)이다. **3** (Fú) 성(姓).
☞ **fù**

○● 拜bài服, 被服, 宾服, 朝服, 臣chén服, 成服, 冲chōng服, 除服, 和服, 克服, 佩pèi服, 平服, 屈服, 慑shè服, 盛服, 收服, 舒服, 顺服, 说服, 素服, 叹服, 推服, 微wēi服, 降xiáng服, 孝xiào服, 信服, 驯xùn服, 压服, 悦yuè服, 折服, 征服, 中zhōng服

【服辩】**fúbiàn** ☞【伏辩】**fúbiàn**

【服从】**fúcóng** 동 따르다. 복종하다. ¶~纪律=규율을 지키다. ≒遵从

【服毒】**fú**∥**dú** 동 (자살을 위해) 음독하다. 독약을 먹다. ¶~身亡=음독 자살하다.

【服法】**fúfǎ** 동 법원의 판결에 승복하다(복종하다·따르다). ¶罪犯表示~, 不打算上诉.=범인이 판결에 승복하고 상소하려 하지 않다. 명 (약물의) 복용 방법. ¶向医生咨询药物的~.=의사에게 약물의 복용 방법을 문의(자문)하다.

【服服帖帖】**fú·fu tiētiē**(~的) 형 **1** 고분고분하다. 양순[순종·복종]하다. **2** 타당(온당·합당)하다. **3** 편안하다. 가뿐하다. 상쾌하다. 쾌적하다.

【服管】**fúguǎn** 동 (관리에) 복종[순종]하다. 따르다. ¶有个别学生就是不~.=소수의 학생이 관리에 따르지 않는다.

【服老】**fúlǎo** 동 연로함을 인정하다. 연로하여 기력이 쇠한 것을 인정하고 힘이 부치는 일을 하지 않다. 늙어서 체력이 옛날 같지 않음을 인정하다. [주로 부정형으로 쓰임] ¶老爷子就是不~, 七十多了还抢着干体力活.=아버님은 연로함을 좀처럼 인정하지 않고, 일흔이 넘는 연세지만 육체 노동을 서슴지 않는다.

【服理】**fúlǐ** 동 상대방의 논리에 승복하다. 패배를 인정하다. ¶~认错=상대방의 논리에 승복하여 잘못을 인정하다.

【服满】**fúmǎn** 동 **1** (병역·수감 등의) 복무·복역 기간을 다 채우다. **2** 옛 탈상하다.

【服气】**fúqì** 동 진심으로 탄복[신복·복종]하다. ¶技不如人, 不~不行.=재주가 남보다 못하면서 불복하면은 안 된다.

【服勤】**fúqín** 동 근무하다. 복무하다. ¶~人员=근무 인원.

【服劝】**fúquàn** 동 권고를 듣다. 충고를 받아들이다. ¶他脾气很犟, 一点都不~.=그는 고집이 너무 강해 전혀 충고를 받아들이지 않는다.

【服人】**fúrén** 동 납득시키다. 설복[설득]하다. ¶以理~=이치로 설득하다.

【服软】**fú**∥**ruǎn** 동 **1** 양보하다. 패배를 인정하다. 수그러들다. 굴복하다. ¶两人都逞强, 谁也不~.=두 사람 모두 지기 싫어해서, 누구도 굴복하려 하지 않는다. **2** 잘못을 인정하다. ¶明明知道自己错了, 就是不肯~.=자신이 틀린 것을 분명히 알면서도 잘못을 인정하려 하지 않는다.

【服丧】**fúsāng** 동 상복을 입다. 복상하다.

【服色】**fúsè** 명 옷 색깔. 옷 스타일[양식·디자인]. ¶~新潮=옷 디자인이 최신 유행이다.

【服式】**fúshì** 명 옷 스타일[양식·디자인]. 패션. ¶~别致=옷 스타일이 독특하다.

【服饰】fúshì 명 복식. 의복과 장신구. ¶民族～=민족 복식.
【服侍】[伏侍][服事] fú·shi 동 섬기다. 시중들다. 돌보다. 모시다. 보살피다. ¶～老人=노인을 돌보다. ≒伺候
【服事】fú·shi ☞【服侍】fú·shi
【服输】[伏输] fú∥shū 동 실패[패배]를 인정하다. ¶甘愿～=진심으로 패배를 인정합니다.
【服水土】fú shuǐtǔ 생활하는 곳의 풍토에 적응하다. 그 지방의 풍토에 익숙해지다. ¶他刚到南方, 还不～=그는 막 남방에 와서 이 곳의 풍토에 익숙하지 않다.
【服帖】fútiē 형 1 고분고분하다. 양순〔순종·복종〕하다. =【伏贴】fútiē ¶老虎在驯兽师的调教下变得很～=호랑이가 조련사의 조련 아래 양순해졌다. 2 타당〔온당·합당〕하다. ¶一切都已安排～=모든 것들이 이미 타당하게 안배되었다. 3 기분이 좋다〔끝내주다〕. 편안하다. 기뻐하다. 상쾌하다. 쾌적하다. ¶得了别人的赞许, 心里自是十分～=다른 사람의 칭찬을 받으니 기분이 저절로 매우 좋아졌다.
【服务】fúwù 동 복무하다. 근무하다. 일하다. 봉사하다. 서비스하다. ¶～大众=대중을 위해 봉사하다.
【服务行业】fúwù hángyè 명 서비스업. =【服务业】fúwùyè
【服务器】fúwùqì 명 (컴) 서버(server).
【服务台】fúwùtái 명 (호텔 라운지의) 프런트 데스크. 서비스 카운터. 안내 데스크. 안내소.
【服务性】fúwùxìng 명 서비스성. ¶～单位=서비스 회사〔기관〕.
【服务业】fúwùyè ☞【服务行业】fúwù hángyè
【服务员】fúwùyuán 명 1 (서비스업의) 종업원. 웨이터. 보이(boy). 승무원. 접대원. 2 (기관의) 봉사 인원. 안내원.
【服务站】fúwùzhàn 명 서비스 센터.
【服刑】fú∥xíng 동 (法) 복역하다. 징역 살다. ¶～入狱=수감되다.
【服药】fú∥yào 동 약을 먹다. ¶按时～=제때에 약을 먹다.
【服役】fú∥yì 동 1 옛 부역을 하다. 2 병역에 복무하다. ¶他的儿子在部队～=그의 아들은 군 복무 중이다.
【服膺】fúyīng 동문 1 (도리·격언·부탁 등을) 마음에 새기다. ¶终身～=평생 마음에 새기다. 2 신봉하다. 진심으로 복종하다. ¶～真理=진리를 신봉하다.
【服用】fúyòng 동 (약이나 보신제를) 먹다. 복용하다. ¶～中药=한약을 먹다.
【服装】fúzhuāng 명 복장. 의류. 의상. 의복. ¶～设计=의상〔패션〕 디자인. / 流行～=유행 의상〔패션〕.
【服装模特】fúzhuāng mótè 명 패션 모델.
【服装师】fúzhuāngshī 명 패션 디자이너.
【服罪】[伏罪] fú∥zuì 동 자기 죄(과)를 인정하다. ¶～受罚=자기 죄를 인정하고 벌을 받다.

【佛】fú 발끈할 불
형문 울적〔우울〕하다. 발끈〔불끈·벌컥·왈칵〕하다. ¶内心～郁=내심 울적하다.
【佛然】fúrán 형문 발끈〔불끈·벌컥·왈칵〕하다. ¶～不悦=발끈 화를 내다.
【佛然作色】fúrán-zuòsè 성 발끈〔불끈·벌컥·왈칵〕하며 안색이 변하다. 얼굴에 화난 기색이 드러나다.
【佛郁】fúyù 형문 울적〔우울〕하다. ¶壮志未酬常～=원대한 포부가 실현되지 못해 항상 우울하다.

宓 Fú 성씨 복
명 성(姓).
☞ mì

绂[紱] fú 인끈 불
명 1 인끈. 인수(印綬). 도장에 매는 끈. 2 '黻 (fú)'와 같음.

绋[紼] fú 동아줄 불
명문 1 동아줄. 2 장사 지낼 때 영구(靈柩)를 이끄는 상여줄. ¶执～=상여줄을 잡다. 장송(葬送)하다.

韨[韍] fú 폐슬 불
명문 1 폐슬. 조복(朝服)이나 제복(祭服)을 입을 때 앞에 늘어뜨려 무릎을 가리던, 다룸가죽으로 만든 복식 2 도장을 매는 끈. 인끈. 인수(印綬).

茯 fú 복령 복
【茯苓】fúlíng 명 (醫) 복령.

枹 fú 북채 부
명문 북채.
☞ bāo

罘¹ fú 땅 이름 부
지명에 쓰이는 글자. ¶芝～=즈푸. [산둥(山东)성에 있는 반도와 만(灣) 이름]

罘² fú 그물 부
【罘罳】[罦罳] fúsī 명 1 옛 병풍. 2 새들이 처마 밑에 둥지를 틀지 못하게 만든 쇠그물〔금속 망〕.

氟 fú 불소 불
명문 (化) 불소(F, fluorine). [원자 번호 9]
【氟斑】fúbān 명 치아 표면에 생기는 짙은 갈색 반점. [불소 함유량이 높은 물을 마시면 생김]
【氟化氢】fúhuàqīng 명 (化) 불화수소.
【氟化物】fúhuàwù 명 (化) 불소 화합물.
【氟利昂】fúlì'áng 명문 (化) 프레온(Freon). [미국 뒤퐁사가 만든 '氟氯烷(플루오르화탄화수소)'의 상품 이름. 오존층을 파괴하는 원인이 되는 물질임]
【氟氯烷】fúlǜwán 명 (化) 프레온.

【氟石】**fúshí** ☞【萤石】**yíngshí**

** 俘 fú 사로잡을 부**

[동] 사로잡다. 포로로 잡다. ¶被～=포로가 되다. / 生～=생포하다. 사로잡다. [명] 포로. ¶战～=전쟁포로. / 遣～=포로를 송환하다.

⊶ 伤俘, 生俘

【俘获】**fúhuò** [동] 포로를 잡고 전리품을 얻다. ¶～甚众=포로와 전리품이 매우 많다.

【俘虏】**fúlǔ** [동] **1** 포로로 잡다. ¶～敌军数百人=포로로 잡은 적군이 수백 명이다. **2** (사상이나 세력에) 사로잡히다. 포로가 되다. ¶为享乐主义所～。=향락주의에 사로잡히다. [명] 포로. ¶交换～=포로를 교환하다.

**郛 fú 외성 부**

[명] 외성(外城). 성의 외곽. ¶～郭=성곽. 외성.

**洑 fú 물 돌아 흐를 복**

[명] **1** [문] 소용돌이. **2** (**Fú**) 성(姓). [동][문] 물이 땅속에서 흐르다.

☞ **fù**

**祓 fú 푸닥거리 불**

[명] 푸닥거리. 굿. [동][문] 깨끗이 하다. 일소하다. 제거하다. ¶～除不祥=부정(不淨)〔상서롭지 못한 것〕을 깨끗이 제거하다.

**莩 fú 갈대청 부**

[명][문] **1** 갈대청. 가부(葭莩). 갈대 줄기 속의 얇은 막. **2** 겉씨껍질. 외종피.

☞ **piǎo**

**桴 fú 들보 복**

[명][문] 들보.

**砩 fú 형석 불**

[명]《礦》 형석(螢石). [지금은 '氟石(fúshí)·萤石(yíngshí)'라고 씀]

**蚨 fú 파랑강충이 부**

☞【青蚨】**qīngfú**

** 浮 fú 뜰 부**

[동] **1** 뜨다. 띄우다. ¶小船漂～在湖面上。=작은 배가 호수 위에 떠 있다. **2** (공중에) 떠다니다. ¶～云朝露=뜬구름과 아침 이슬. 매우 짧은 시간. 덧없는 세월. **3** 초과하다. 남다. ¶人～于事=일에 비해 사람이 많다. **4** [방] 헤엄치다. ¶他一口气～过了河。=그는 단숨에 강을 헤엄쳐 건넜다. [형] **1** 공허하다. 실속이 없다. ¶～名无实=공허한 이름에 실속도 없다. **2** 들뜨다. 경솔하다. 경박하다. 침착하지 않다. 경망스럽다. ¶心～气躁=마음이 들뜨고 경망스럽다. **3** 표면적인. 표면상(의). ¶一座～雕=부조 하나. **4** 유동적인. ¶置办～财=동산을 마련하다. **5** 일시적인. 잠시의. 임시의. ¶大概～记一下收支情况。=대략적으로 수지 상황을 기록해 두다. [명] (**Fú**) 성(姓). ≒漂(piāo) 飘 ↔沉 潜

⊶ 沉chén浮, 漂piāo浮, 飘piāo浮, 轻浮, 心浮, 虚xū浮, 悬xuán浮

【浮报】**fúbào** [동] 허위로〔부풀려·과장하여〕 보고하다. ¶～实际产量=실제 생산량을 부풀려 보고하다.

【浮标】**fúbiāo** [명] 부표.

【浮冰】**fúbīng** [명] 부빙. 유빙(遊氷).

【浮薄】**fúbó** [형] 불성실하다. 경박하다. ¶～轻狂=불성실하고 경망스럽다.

【浮财】**fúcái** [명] 동산(動產). [금전·금·은·보석·양식·의복·집기 등 형상·성질 등을 바꾸지 아니하고 옮길 수 있는 재산]

【浮尘】**fúchén** [명] 티끌. 먼지.

【浮沉】**fúchén** [동] **1** 물에 떴다 잠겼다 하다. 부침하다. **2** [비] 자기 주견 없이 시대 조류에 휩쓸리다. 시류를 따르다. ¶与世～=세속에 따라 적당히 살아가다. **3** [비] 관직이 오르내리다. ¶宦海～=관리 사회에서 (관직이) 오르락내리락하다.

【浮出水面】**fúchū shuǐmiàn** [동] **1** 수면으로 떠오르다. **2** [비] 사물이 드러나다. ¶新产品供求之间的矛盾逐渐～。=신상품의 공급과 수요 사이의 모순이 점점 드러나고 있다.

【浮船坞】**fúchuánwù** [명] 부양식 독(浮揚式dock). 부선거(浮船渠).

【浮词】[浮辞] **fúcí** [명] (현실과 부합하지 않는) 공허한 말. 허튼소리. 겉치레로 하는 말. 터무니없는 말. ¶～丽句=겉만 번지르르한 말.

【浮辞】**fúcí** ☞【浮词】**fúcí**

【浮厝】**fúcuò** [동] 개장(改裝)하기 위해 잠시 영구를〔관을〕 벽돌 등으로 덮어서 땅 위에 두다.

【浮袋】**fúdài** [명] (수영 연습용으로 양 겨드랑이에 끼는) 날개꼴 부낭〔부대〕.

【浮荡】**fúdàng** [동] (공중이나 물 위에서) 떠돌다. 부동(浮動)하다. 흔들거리다. 흔들흔들하다. 퍼지다. ¶湖面上～着几只小船。=호수 위에 작은 배 몇 척이 떠다니다. [형] 경박하고 방탕하다. ¶作风～=품행이 경박하고 방탕하다.

【浮雕】**fúdiāo** [명]《藝》 부조. 부각(浮刻).

【浮吊】**fúdiào** [명] 기중기선. =【起重船】**qǐzhòngchuán**

【浮动】**fúdòng** [동] **1** 떠서 움직이다. 유동하다. 부동(浮動)하다. ¶帆船在海面～。=돛단배가 바다 위를 떠간다. **2** 불안정하다. 동요하다. ¶时局动乱，人心～。=시국이 혼란하여 민심이 동요하다. **3** 고정되지 않다. 오락가락하다. 오르락내리락하다. 변동하다. ¶价格～=가격이 오르락내리락하다.

【浮动工资】**fúdòng gōngzī** [명] 유동 임금.

【浮动汇率】**fúdòng huìlǜ** [명]《經》 변동 환율.

【浮泛】**fúfàn** [동] **1** [문] 물 위에 뜨다. ¶轻舟～=쪽배가 물에 뜨다. **2** 나타나다. 떠오르다. 어리다. 드러내다. 보이다. ¶她的脸上～出一丝笑意。=그녀의 얼굴에 한 가닥 웃음기가 어렸다. [형] 표면

【浮沉沉】 fú·fu chénchén(~的) 형 1 물에 떴다 잠겼다 하다. 부침하다. 2 비 자기 주견 없이 시대 조류에 휩쓸리다. 시류를 따르다. 관직이 오르내리다. ¶他这一生~的, 经历了不少磨难. =그는 일생 동안 관직이 오르락내리락하며 적지 않은 시련을 겪었다.

【浮光掠影】 fúguāng-lüèyǐng 성 1 수면에 비친 빛과 스쳐 지나가는 그림자. 2 비 유심히〔자세히〕보지 않아 인상이 희미하다〔깊지 않다〕. 피상적으로 보다. 수박 겉 핥기.

【浮华】 fúhuá 형 실속 없이 겉만 화려하다. 겉치레뿐이다. 부화하다. ¶文辞~=문사가 겉만 화려하다. ↔质朴

【浮滑】 fúhuá 형 경망스럽고〔방정맞고〕뺀질뺀질하다. 경박〔천박〕하고 번지르르하다. ¶性情~=성격이 방정맞고 뺀질뺀질하다.

【浮货】 fúhuò 명 바다에 둥둥 떠다니는 조난선〔사고 선박〕의 잔해나 화물.

【浮记】 fújì 동 1 (상점에서 금전 출납 상황을) 임시 장부에 우선 기록해 두다. 2 (확실하게) 정산〔결산〕하지 않고 잠시 기록해 두다.

【浮家泛宅】 fújiā-fànzhái 성 1 수상 가옥에서 떠다니며 지내다. 2 비 장시간 배〔수상〕에서 생활하다. 선상 생활을 하며 정처 없이 떠다니다. =泛家浮宅 fànjiā-fúzhái

【浮夸】 fúkuā 동 허풍떨다. 허위로 과장하다. 속에 든 것도 없이 우쭐하다. ¶~之辞=과장된 말. ≒虚夸↔切实

【浮夸风】 fúkuāfēng 명 실속 없이 성과를 부풀리는 풍토. ¶彻底整治~。=실속 없이 성과를 부풀리는 풍토를 철저히 응징하다.

【浮浪】 fúlàng 형 경박〔천박〕하고 방탕하다. 허랑방탕하다. ¶~子弟=방탕아. 난봉꾼.

【浮礼儿】 fúlǐr 명동 허례.

【浮力】 fúlì 명〔物〕부력.

【浮利】 fúlì 명 1 불확실한 이익. 실속 없는 이익. 2 덧없는 이익. 중요하지 않은 것. 가치가 없는 것. ¶视金钱地位为~.=금전을 덧없고 가치 없는 것으로 간주하다.

【浮露】 fúlù 동 겉에 나타나다. 떠오르다. 어리다. 드러내다. 보이다. ¶他的脸上~出喜悦之色.=그의 얼굴에 기뻐하는 기색이 어렸다. 형 진지하지 못하다. 실속 없다. 경솔하다. 조심성이 없다. 꼼꼼하지 못하다. 초솔하다. 가볍고 솔직하지 않다. 함축성이 없다. 노골적이다. ¶言辞~=말이 경솔하다.

【浮码头】 fúmǎ·tou 명 부잔교(浮栈橋).

【浮面】 fúmiàn(~儿) 명 겉. 겉면. 표면. 표층. ¶溪水的~漂着片片落叶.=시냇물 위에 낙엽이 조각조각 떠 있다.

【浮名】 fúmíng 명 허명(虚名). ¶不慕~=헛된 명성을 좇지 않다. ≒虚名

【浮沤】 fú'ōu 명 1 물거품. 2 비 짧은 인생. 덧없는 세상. 변화무쌍한〔수시로 변하는〕세상 물정.

【浮皮】 fúpí(~儿) 명구 1 생물체의 표피〔상피〕. 2 물체의 표면〔겉면〕.

【浮皮蹭痒】 fúpí-cèngyǎng 성비 일의 겉만 다루고 근본적인 문제를 건드리지 않다.

【浮皮潦草】 fúpí-liáocǎo 성 건성건성 하다. 대충대충 하다. =【肤皮潦草】 fūpí-liáocǎo

【浮漂】 fúpiāo 동 수면 위에 떠서 물결 따라 움직이다. ¶竹排在江面上~着.=대나무 뗏목이 강 위에 떠다니고 있다. 형비 (작업 태도 등이) 착실〔견실·성실〕하지 않다. 철저〔투철〕하지 않다. 피상적이다. ¶切忌~的工作作风.=불성실한 작업 태도로 임해서는 안 된다.

【浮萍】 fúpíng 명〔植〕개구리밥. 부평초.

【浮签】 fúqiān(~儿) 명 부전(附箋). 책갈피.

【浮浅】 fúqiǎn 형 (학식이나 이해가) 천박〔경박〕하다. 얕다. ¶我对西方音乐只有一些~的认识.=나는 서양 음악에 대해 약간의 천박한 인식만 갖고 있을 뿐이다. ↔高深

【浮桥】 fúqiáo 명 배다리. 선교. 부교.

【浮生】 fúshēng 명문 덧없는〔짧고도 헛된〕인생. ¶~若梦=덧없는 인생은 꿈과 같다. 동 (식물이) 물 위에 떠서 자라다. ¶浮萍是一种常见的~植物.=부평초는 흔히 볼 수 있는 부생 식물이다.

【浮尸】 fúshī 명 물 위에 떠오른 익사체.

【浮石】 fúshí 【浮岩】fúyán

【浮水】 fúshuǐ ☞【凫水】 fúshuǐ

【浮水鸭子】 fúshuǐ yā·zi 명비 실제에 어두운 사람. (연구·학문에) 깊이가 없는 사람.

【浮筒】 fútǒng 명 부표. 띄움표. 계선 부표(繫船浮標). 부이(buoy).

【浮头】 fútóu 동 (수중 산소가 부족할 때 물고기가 호흡을 위해) 수면 위로 머리를 내밀다.

【浮头儿】 fútóur 명동 표면. 겉. 겉면. 높은 쪽. 꼭대기. 위. ¶筐里~的梨又大又好看, 可下面的就不一样了.=광주리 위쪽의 배는 크고 보기도 좋지만, 아래쪽의 것은 그렇지 않다.

【浮图】 fútú ☞【浮屠】 fútú

【浮屠】【浮图】 fútú 명 (佛) 1 부처. 2 문 화상. 스님. 중. 3 불탑. 파고다(pagoda). 스투파(stupa). ¶救人一命, 胜于造七级~=한 사람의 생명을 구하는 것이 칠층 석탑을 건조하는 것보다 낫다.

【浮土】 fútǔ(~儿) 명 1 지표층의 푸석푸석한 흙. 2 기물의 표면에 앉은 먼지.

【浮文】 fúwén 명 부문. 형식만 그럴듯하게 꾸미고 실속은 없는 경박한 글. 내용 없이 공허한 글. 형식적인 글. 내용이 없고 쓸모 없는 글. ¶删削~.=부문을 삭제하다.

【浮现】 fúxiàn 동 1 (지난 일이) 뇌리〔눈앞·머릿속〕에 떠오르다. ¶当年的情景时常在他脑海里~. =그 해의 정경이 항상 그의 뇌리에 떠오른다. 2 드러내다. 나타나다. 보이다. 드러나다. ¶危机~=위기가 나타나다. 3 (감정 등을) 무의식중에 표출하다. 드러내다. 보이다. ¶嘴角~出一丝不屑.=입가에 약간 깔보는 듯한 기색이 드러나다.

【浮想】 fúxiǎng 동 회상하다. 상기하다. 생각해 내다. ¶~往事=지난 일을 회상하다. 명 상념.

떠오르는 감상〔상상〕. ¶他慢慢地沉入～之中。＝그는 상념 속으로 천천히 빠져들었다.

【浮想联翩】**fúxiǎng-liánpiān** [성] 상상이나 생각이 끊임없이 떠오르다〔오락가락하다〕.

【浮小麦】**fúxiǎomài** [명]《醫》 부소맥. 물 위에 뜨는 밀 쭉정이. [바싹 말라 물 위에 뜨는 쭉정이를 한약재로 씀]

【浮性】**fúxìng** [명]《物》 물체가 기체나 액체의 표면이나 그 속에서 부유 상태를 유지할 수 있는 성질〔능력〕. 부성.

【浮选】**fúxuǎn** [명]《礦》 부유선광(浮游選鑛). 부선.

【浮岩】**fúyán** [명]《地》 속돌. 경석. 부석. 거품돌 ＝【浮石】**fúshí**

【浮艳】**fúyàn** [형] **1** 부염하다. 매우 화려하다. 야하다. 속되게 번지르르하다. ¶衣饰～＝옷치장이 매우 화려하다. **2** 글이 내용은 없고 화려하기만 하다. 실속 없이 겉만 아름답다. ¶满篇～之词。＝글이 내용은 없고 화려하기만 하다.

【浮漾】**fúyàng** [동] **1** 어리다. 떠오르다. 나타나다. 넘쳐흐르다. ¶脸上～着笑意。＝얼굴에 웃음이 어려 있다. **2** 떠돌다. 둥둥 뜨다. ¶一叶扁舟～在湖面上。＝일엽편주가 호수 위에 둥둥 떠 있다.

【浮油】**fúyóu** [명] **1** 해상에 떠 있는 석유. **2** 물이나 탕〔국〕에 떠 있는 식용유.

【浮游】**fúyóu** [동] 물이나 공기 중에 떠다니다. ¶～植物＝부유 식물.

【浮游生物】**fúyóu shēngwù** [명]《生》 부유 생물. 플랑크톤(plankton).

【浮员】**fúyuán** [명] 남는〔잉여〕 인원. ¶裁减～＝남는 인원을 감원하다.

【浮云】**fúyún** [명] 뜬구름. 부운.

【浮云蔽日】**fúyún-bìrì** [성] **1** 뜬구름이 태양을 가리다. **2** [비] 간신이 정권을 잡다. 악인이 권력을 쥐다.

【浮躁】**fúzào** [형] 경솔하다. 경박하다. 조급하다. ¶性情～＝성격이 경솔하다. ↔持重 踏实 稳重

【浮渣】**fúzhā** [명]《金》 (녹은 금속의) 뜬 찌꺼기. 불순물.

【浮肿】**fúzhǒng** ☞【水肿】**shuǐzhǒng**

【浮子】**fú·zi** [명][구] 낚시찌. 부표(浮標).

## 菔 **fú** 무 복

☞【莱菔】**láifú**

## 桴 **fú** 마룻대 부

[명] **1** [문] (대나무를 엮어 만든) 작은 뗏목. ¶乘～浮于海。＝작은 뗏목을 타고 바다 위에 떠다니다. **2** [문] 북채. ¶～鼓＝북채와 북. **3** [방] 마룻대.

【桴鼓相应】**fúgǔ xiāngyìng** [성] **1** 북채로 북을 치면 북이 곧 울린다. **2** [비] 서로 호응하고 긴밀하게 어울리다.

【桴子】**fú·zi** [명][방] **1** 작은 뗏목. **2** 마룻대.

## **符 **fú** 부절 부

[명] **1** 신표. 부신. 부절. ¶兵～＝병부. **2** 기호. 표기. ¶休止～＝쉼표. **3** 부적. ¶护身～＝호신부(적). **4** (**Fú**) 성(姓). [동] 부합〔상합〕하다. 들어맞다. 일치하다. [주로 '相(xiāng)·不(bù)' 등과 이어 씀] ¶相～＝서로 들어맞다. / 名不～实＝이름과 실제가 부합되지 않다.

🔑 护符, 画符, 桃符

【符号】**fúhào** [명] **1** 기호. 표기. ¶标点～＝문장부호. **2** (직무·신분 등을 표시하는) 휘장. 표장(標章).

【符号逻辑】**fúhào luó·ji** ☞【数理逻辑】**shùlǐ luó·ji**

【符合】**fúhé** [동] 부합〔상합〕하다. (들어)맞다. 일치하다. ¶～条件＝조건에 부합되다. ↔违反

> **符合(fúhé) / 合适(héshì)**
>
> 符合(맞다, 일치하다) : 동사로, 수량이나 형상, 내용 등이 서로 부합할 때 사용함. ¶产品质量应当符合下列要求。＝상품의 품질은 아래에 열거된 요구에 맞아야 한다.
>
> 合适(알맞다, 적당하다) : 형용사로, 실제 상황이나 객관적인 요구에 맞을 때 사용함. ¶这件衣服你穿着正合适。＝이 옷은 네가 입으니 딱 알맞다.

【符节】**fújié** [명] 부절. 신표. 위임장. 발병부(發兵符). 병부.

【符箓】**fúlù** [명] 부적.

【符咒】**fúzhòu** [명]《道》 부적과 주문.

## 匐 **fú** 기어갈 복

☞【匍匐】**púfú**

## 涪 **Fú** 강 이름 부

[명]《地》 **1** 푸장(涪江). [쓰촨(四川)성에 있는 강 이름] **2** 푸링(涪陵). [충칭(重庆)시에 있는 지명]

## *袱 **fú** 보자기 복

[명] 보. 보자기. ¶包～＝보자기.

## 艴 **fú** 발끈할 불

[형][문] 발끈〔불끈·벌컥·왈칵〕하다. ¶～然大怒＝발끈 화를 내다.

【艴然】**fúrán** [형][문] 발끈〔불끈·벌컥·왈칵〕하다. ¶～而去＝발끈하여 가 버리다.

## **幅 **fú** 너비 폭

[명] **1** (～儿) (옷감의) 너비. 폭. ¶两～＝두 폭. / 宽～＝넓은 폭. **2** 넓이. 폭. ¶振～＝진폭. / 画～＝화폭. [양] (～儿) 폭. [옷감·종이·그림 등을 세는 단위] ¶两～画＝두 폭의 그림. / 一～布＝한 폭의 천.

🔑 边幅, 播幅, 波幅, 横héng幅, 画幅, 篇幅, 条幅

【幅度】**fúdù** [명] **1** 정도. 폭. 너비. **2** [비] 사물의 변동 폭. ¶人均收入大～提高。＝사람들의 평균

수입이 큰 폭으로 올랐다.
【幅宽】fúkuān (천·모직물 등의) 폭. 너비.
【幅面】fúmiàn 명 (천·모직물 등의) 폭. 너비. ¶这块布料~很宽. =이 옷감(천)은 폭이 매우 넓다.
【幅员】fúyuán 명 국토〔영토〕 면적. ¶~辽阔=국토 면적이 넓다.

## 罦 fú 새그물 부
명문 새(잡이)그물.
【罦罳】fúsī ☞【罘罳】fúsī

## *辐[輻] fú 수레바퀴살 복
명 바퀴살. ¶轮~=바퀴살.
【辐辏】fúcòu ☞【辐凑】fúcòu
【辐凑】[辐湊] fúcòu 동문 1 바퀴살이 바퀴통에 모이다. 2 (비) (사람·사물이) 한 곳으로 모여들다. 집결하다. ¶车马~=수레와 말이 집결하다.
【辐合思维】fúhé sīwéi 명 수렴적 사고〔사유〕. ['发散思维(확산적 사고〔사유〕)'와 구별됨]
【辐射】fúshè 동 1 (중심에서 여러 방향으로) 복사하다. 방사(放射)하다. ¶~形=복사형. 복사상. [중앙의 한 점에서 사방으로 거미줄이나 바퀴살처럼 뻗어 나간 모양] 2 (물) 기계파·전자파·다량의 미립자가 사방으로 방출〔방사〕되다. 3 (비) 어떤 사물이 비교적 큰 범위 내에서 적극적으로 영향을 끼치다. ¶这次试点的成功将会~到周围广大地区. =이번 시범 지역에서의 성공은 장차 주변의 광대한 지역에 영향을 미칠 것이다. 명(물) 복사. 방사.
【辐射化学】fúshè huàxué 명 (化) 방사 화학(放射化學).
【辐射力】fúshèlì 명 1 (물) 복사력. 방사력. 2 (비) 영향력. ¶发挥中心城市的~. =중심 도시의 영향력을 발휘하다.
【辐射面】fúshèmiàn 명 1 복사〔방사〕 범위. 2 (비) 영향권. ¶扩大直辖市、省会城市的~。=직할시와 성도(省都)의 영향권을 확대하다.
【辐射能】fúshènéng 명(물) 방사능. 복사〔방사〕에너지.
【辐射热】fúshèrè 명(물) 복사열.
【辐射线】fúshèxiàn 명 방사선.
【辐射源】fúshèyuán 명 복사원. 영 radiation source
【辐条】fútiáo 명 수레의 바퀴살.
【辐照】fúzhào 동(물) 조사(照射)하다. 투사(投射)하다.
【辐照食品】fúzhào shípǐn 명 조사 식품(照射食品). 방사선을 쐰 식품.

## 蜉¹ fú 왕개미 부
☞【蚍蜉】pífú

## 蜉² fú 하루살이 부
【蜉蝣】fúyóu 명(동) 하루살이. 부유.

## 鹏[鵬] fú 새 이름 복
명(動) 고서(古書)에 나오는 올빼미 비슷한 새.

## 鲂[魴] fú 방어 불
☞【鲂鲼】fángfú

## *福 fú 복 복
명 1 행복. ¶造~=행복을 가져오다. / 有~同享, 有难同当. =복이 있으면 같이 누리고, 어려움이 있으면 함께 겪다. 2 복. 행운. ¶托~=덕을 보다. / 无~消受=누릴 복이 없다. 3 (Fú) (地) 푸젠(福建)성. ¶~橘一直很畅销. =푸젠성에서 나는 귤은 항상 잘 팔린다. 4 (Fú) (姓). 동(옛) 부녀자들이 가슴에 두 손을 모으고 절하다. ['万福(두 손을 가볍게 쥐고 가슴 앞에서 아래위로 흔들면서 가볍게 머리를 숙여 절하는 부녀자들의 경례 자세)'를 줄인 말] ¶~了一~=두 손을 모아 절하다. ↔祸

⊙ 发fā福, 洪hóng福, 后福, 口福, 纳nà福, 托tuō福, 万福, 幸xìng福, 眼福, 折zhé福, 祝福

【福地】fúdì 명 1 (道) 신선이 사는 곳. ¶~洞天=신선이 사는 곳. 2 행복한 곳. 보금자리. 안락한 곳. ¶身居~, 乐而忘忧. =몸이 행복한 곳에 머무니 즐거워 근심을 잊는다. 3 행운의 땅. ¶这里真是他的~, 他一来什么都顺了. =이 곳은 그에게 있어서 정말 행운의 땅으로, 이 곳에 온 이후로 무슨 일이든 다 순조롭다. ↔苦海
【福尔马林】fú'ěrmǎlín 명(화)(化) 포르말린(formalin). =(甲醛水) jiǎquánshuǐ
【福尔摩斯】Fú'ěrmósī 명(인) 1 셜록 홈스(Sherlock Holmes). [영국 작가 코난 도일이 쓴 탐정 소설 중의 주인공] 2 탐정.
【福分】fú·fen 명 복. 행운. ¶有你这样的朋友是我的~。=너 같은 친구를 둔 것은 내 복이다. ≒福气
【福建】Fújiàn 명(地) 푸젠(福建)성. 복건성. ['闽(mǐn)'으로 약칭하며, 성도는 '푸저우(福州)'임]
【福将】fújiàng 명 1 복장. (운이 따라) 싸움에 늘 이기는 장수. 2 (비) 만사가 항상 뜻대로 되는 사람.
【福晋】fújìn 명 청(清)대 만주족의 친왕(親王)·군왕(郡王)·친왕세자(親王世子) 등의 정실부인.
【福橘】fújú 명 푸젠(福建)성에서 나는 귤.
【福利】fúlì 명 1 복지. 복리. ¶~事业=복지 사업. 2 (직장인들을 위한 숙식·의료·문화 등의) 후생 복지. ¶他们单位~不错. =그들 회사는 후생 복지가 괜찮다. 동 복리(복지)를 증진시키다. ¶发展经济, ~人民. =경제를 발전시키고 국민의 복지를 증진시키다.
【福利彩票】fúlì cǎipiào 명 복지 복권. 약 【福彩】fúcǎi
【福利费】fúlìfèi 명 후생비. 복리비.
【福利分房】fúlì fēnfáng 명 (국가나 회사가 주택 구입비의 대부분을 부담하는) 후생 복지형 주택 배분 방식.
【福利院】fúlìyuàn ☞【敬老院】jìnglǎoyuàn

【福气】fú·qi 图 복. 행운. ¶有~=복이 있다. 늑福分
【福人】fúrén 图 복 있는 사람.
【福如东海】fúrúdōnghǎi (성비) 동해 바다처럼 한없는 복을 누리십시오. [생일 등을 축하하는 말로, 항상 '寿比南山(만수무강하십시오)'과 함께 쓰임]
【福寿】fúshòu 图 행복과 장수. ¶~双全=행복과 장수를 함께 갖추다〔누리다〕.
【福无双至】fúwúshuāngzhì (성) 복은 겹쳐서 오지 않는다. 행운은 연속해서 오지 않는다. [항상 '祸不单行(재앙은 겹쳐 오게 마련이다)'과 함께 쓰임]
【福相】fúxiàng 图 복상. 복스런 얼굴. ¶一脸~=복 있는 얼굴.
【福星】fúxīng 图 1 (옛) 목성. 2 (행운·희망을 상징하는) 마스코트(mascot). 행운의 신. 구세주. ¶~高照=복성이 높이 비치다. ↔灾星
【福音】fúyīn 图 1 (宗) 복음. 2 (대중에게 유익한) 좋은〔복된〕 소식. ¶他给大家带来了~。=그는 모두에게 좋은 소식을 가져왔다.
【福音书】Fúyīnshū 图 (宗) 복음서. 가스펠(gospel). [신약 성경에서 예수의 생애와 교훈을 기록한 책. '马太福音(마태복음)·路加福音(누가복음)·约翰福音(요한복음)' 등을 가리킴]
【福与天齐】fúyǔ tiānqí (성) 운이 매우 좋다. 정말 유복하다.
【福祉】fúzhǐ 图(문) 행복. 복지. 복리(福利). ¶为人民谋~。=국민의 복지를〔행복을〕 도모하다.
【福至心灵】fúzhì-xīnlíng (성) 운이 트이면 생각도 영민〔영리〕해진다.
【福州】Fúzhōu 图 (地) 푸저우(福州). [푸젠(福建)省의 도읍임]
【福州戏】fúzhōuxì ☞ 【闽剧】mǐnjù

**榑** fú 부상 부
【榑桑】fúsāng ☞ 【扶桑】fúsāng

**箙** fú 전동 복
图(문) 전동(箭筒). 화살을 담아 두는 통.

***蝠** fú 박쥐 복
☞ 【蝙蝠】biānfú

**幞** fú 두건 복
图 1 두건. 2 '袱(fú)'와 같음.
【幞头】fútóu 图 두건.

**黻** fú 수 불
图 1 옛날, 예복에 수놓은 푸르고 검은 무늬. ¶~衣=푸르고 검은 무늬를 수놓은 옷. 2 '黼(fú)'와 같음.

**袱** fú 보자기 복
图(문) 1 침대(보). 시트. 홑이불. 2 '袱(fú)'와 같음. 꾸리다. 싸매다. 싸서 묶다. 포장하다. ¶~被前往=꾸려서 가다.

【袱被】fúbèi 통(문) 보자기로 옷과 이불을 싸서 행장을 꾸리다.

**父** fù 남자 칭호 보
图 1 노년 남자에 대한 존칭. 2 남자에 대한 미칭. 3 어떤 일에 종사하는 사람에 대한 칭호. ¶渔~=어부. / 田~=농부.
☞ fù

***抚[撫]** fǔ 어루만질 무
图 1 쓰다듬다. 어루만지다. ¶小家伙高兴地~摸可爱的小狗。=녀석은 귀여운 강아지를 반갑게 쓰다듬는다. 2 위로〔위문·위안〕하다. ¶安灾民=이재민을 위로하다. 3 돌보다. 보호〔애호〕하다. ¶~育婴儿=영아를 돌보아 기르다. 4 '拊(fǔ)'와 같음.
○● 爱抚, 安抚, 督dū抚, 巡抚, 优抚, 招抚

【抚爱】fǔ'ài 통 (연장자가 연하자를) 전심전력하여 돌보다. 애호하다. 아끼고 사랑하다. 소중히 기르다. 애지중지하다. ¶~幼子=어린 아들을 애지중지하며 기르다.
【抚躬自问】fǔgōng-zìwèn ☞ 【反躬自问】fǎngōng-zìwèn
【抚孤恤寡】fǔgū-xùguǎ (성) 고아를 양육하고 과부를 돌보다.
【抚古思今】fǔgǔ-sījīn (성) 옛날 사물과 접촉하면서 현재에 비추어〔견주어〕 보다. 옛날 일을 추억하여 현실에 비추어 보다.
【抚今思昔】fǔjīn-sīxī ☞ 【抚今追昔】fǔjīn-zhuīxī
【抚今追昔】fǔjīn-zhuīxī (성) 현재의 사물과 접촉하면서 과거를 떠올리게〔회상하게〕 되다. =【抚今思昔】fǔjīn-sīxī
【抚摸】fǔmō 통 어루만지다. 쓰다듬다. ¶她疼惜地~着孩子的脸。=그녀는 사랑스럽게 아이의 얼굴을 쓰다듬고 있다.
【抚摩】fǔmó 통 어루만지다. 쓰다듬다.
【抚弄】fǔnòng 통 어루만지다. 쓰다듬다. 만지작거리다. ¶他一边说话一边~着脚边的小猫。=그는 말하면서 발 옆의 작은 고양이를 어루만지고 있다.
【抚琴】fǔqín 통 가야금을 타다. ¶~低唱=가야금을 연주하며 낮은 소리로 노래 부르다.
【抚慰】fǔwèi 통 위로〔위문·위안〕하다. ¶~受灾群众=재해를 입은 군중을 위로하다. 늑安慰
【抚恤】fǔxù 통 구휼〔무휼〕하다. (국가 유공자·순직자 등과 그 가족들에게) 위로하고 보상하다. 물질적으로 돕고 정신적으로 위로하다. ¶~烈属=열사의 가족을 구휼하다.
【抚恤金】fǔxùjīn 图 구휼금. 국가 유공자〔유족〕 연금. 위로금.
【抚养】fǔyǎng 통 (아이를) 무양(撫養)하다. 무육(撫育)하다. 정성들여 기르다. 어루만지듯이 잘 돌보아 기르다. ¶~子女=자녀를 정성들여 기르다.
【抚养费】fǔyǎngfèi 图 양육비.

【抚育】**fǔyù** 동 **1** (아이를) 무양(撫養)하다. 무육(撫育)하다. 정성들여 기르다. ¶~儿女=아들딸을 정성들여 기르다. 어루만지듯이 잘 돌보아 기르다. **2** (동식물을) 정성껏 키우다〔기르다〕. 육성하다. ¶~森林=산림을 육성하다. ≒培养

【抚掌】**fǔzhǎng** ☞【拊掌】**fǔzhǎng**

## 甫 fǔ 남자 미칭 보

명 **1** 옛 남자 이름 뒤에 붙이던 미칭. [주로 자(字)에 쓰임]. ¶尼~=공자(孔子). **2** 남의 자(字)를 높여 부를 때 쓰임. ¶台~=귀하의 자(字). **3** (Fǔ) 성(姓). 본뜻 막. 이제. 방금. 바야흐로. 비로소. 겨우. 갓. ¶年~三十=나이가 갓 서른이다. / 惊魂~定=놀란 것이 겨우 진정되다.

| 甫 fǔ | 埔 pǔ |
|---|---|
| 缚 fù | 浦 pǔ |
| 敷 fū | 溥 pǔ |
| 辅 fǔ | 脯 pú |
| 傅 fù | 补 bǔ |
| 黼 fǔ | 捕 bǔ |
| 赙 fù | 哺 bǔ |
| 铺 pū | 簿 bù |
| 蒲 pú | 逋 bū |
| 葡 pú | 晡 bū |
| 莆 pú | |

○● 皇Huáng甫, 神shén甫

## 拊 fǔ 어루만질 부

동 문 (손뼉을) 치다. 두드리다. ¶~手称快=손뼉을 치며 쾌재를 부르다.

【拊膺】**fǔyīng** 동 문 (슬픔으로 인하여) 가슴을 치다. ¶~顿足=가슴을 치며 발을 동동 구르다.

【拊掌】[抚掌] **fǔzhǎng** 동 문 손뼉을 치다. 박수하다. ¶~大笑=손뼉을 치며 크게 웃다.

## 斧 fǔ 도끼 부

명 **1** 도끼. ¶班门弄~=노(鲁)나라의 명공(名工) 노반(鲁班)의 문 앞에서 도끼를 가지고 놀다. 공자(孔子) 앞에서 문자 쓰다. 부처에게 설법하다. **2** 고대 병기(兵器)의 일종. [사형 도구로 쓰이기도 함] ¶~钺之诛=참형.

○● 板斧, 资斧

【斧头】**fǔ·tou** 명 도끼.

【斧削】**fǔxuē** 동 문 (시나 문장 등을) 손대다. 고치다. 수정하다. [자신의 문장을 타인에게 헌정하여 수정을 바라는 경에]

【斧钺】**fǔyuè** 명 문 **1** 부월. 작은 도끼와 큰 도끼. [고대 병기(兵器)로, 참형(斩刑)에 쓰임] **2** 중형(重刑). 사형(死刑). 참형(斩刑).

【斧凿】**fǔzáo** 동 도끼와 끌. 문 (문학이나 예술 작품을) 지나치게 다듬고 꾸미다. 과분하게 조탁하다. ¶~痕迹=지나치게 다듬은 흔적.

【斧凿痕】**fǔzáohén** 명 **1** 도끼와 끌로 다듬은 흔적. **2** 비 시나 문장을 지나치게 다듬어 오히려 부자연스럽게 된 것. ¶文中多处用典却无~。=글 가운데 여러 곳에서 전고를 사용하였으나 의외로 부자연스럽지 않다.

【斧正】[斧政] **fǔzhèng** 동 문 (시나 문장 등을) 손대다. 고치다. 수정하다. [자신의 문장을 타인에게 헌정하여 수정을 바라는 경에] ¶敬请~=삼가 많이 고쳐 주시기를 바랍니다.

【斧政】**fǔzhèng** ☞【斧正】**fǔzhèng**

【斧锧】**fǔzhì** 명 문 도끼와 아래에 받친 나무판. [고대에 사람을 베는 형구]

【斧子】**fǔ·zi** 명 도끼.

## 府 fǔ 관청 부

명 **1** 옛 관청의 문서나 물품을 수장하던 곳. 곳집. ¶~库=관청의 문서나 재물을 수장하던 곳집. **2** 문 어떤 사물이 모이는 곳. ¶学~=학부. 학교. 배움의 전당. **3** 옛 관청. 관공서. **4** 국가 행정 기관. ¶政~=정부. **5** 옛 귀족의 저택. 대관의 주택. ¶相~=재상의 저택. **6** 국가 원수가 사무를 보거나 거주하는 곳. ¶总统~=대통령궁. 총통부. **7** 존 댁(宅). ¶贵~=귀댁. **8** 부(府). [당(唐)대부터 청(清)대까지의 행정 구역으로, 현(县)보다 한 단계 높음] ¶开封~=개봉부. **9** (Fǔ) 성(姓). [고어에 '腑(fǔ)'와 같음] ≒官 宫

○● 城府, 地府, 洞府, 幕府, 首府, 王府, 学府, 怨yuàn府, 乐府, 造府, 知府

【府城】**fǔchéng** 명 옛 부(府)의 소재지.

【府绸】**fǔchóu** 명 纺 포플린(poplin).

【府邸】**fǔdǐ** 명 문 (귀족·관료 등의) 관저. 관사. 저택. ≒府第

【府第】**fǔdì** 명 문 (귀족·관료 등의) 관저. 관사. 저택. ≒府邸

【府库】**fǔkù** 명 문 (관청의 문서나 재물을 수장하던) 곳집. 부고.

【府上】**fǔ·shang** 명 존 댁(宅). 귀하의 고향. [상대방의 집이나 고향을 높여 부르는 말] ¶改日到~拜访。=다음에 댁을 방문하겠습니다.

## 俯 [(俛·頫)] fǔ 숙일 부

동 **1** 숙이다. 구부리다. 굽히다. ¶~首沉思=머리를 숙여 곰곰이 생각하다. **2** 아래로 향하다. ¶~冲而下=급강하하다. **3** 옛 존 부디 …해 주시기를 바랍니다. [옛날, 공문서나 서간문 등에 쓰는 용어임] ¶承蒙~允, 不胜感激。=허락하여 주시니 감사한 마음 금할 길 없습니다. ↔仰 ☞俛(miǎn)

【俯察】**fǔchá** 동 문 **1** 굽어 살피다. 내려다보다. ¶仰观~=우러러보고 굽어 살피다. **2** 존 굽어 살펴 주십시오. 양찰(谅察)하여〔헤아려 살펴〕 주십시오. ¶内中实情, 祈请~。=내부의 실정을 굽어 살펴 주시기 바랍니다.

【俯冲】**fǔchōng** 동 (비행기·맹금류 등이) 급강하하다. ¶飞机从高空~下来。=비행기가 고공에서 급강하하였다.

【俯伏】**fǔfú** 동 문 (복종과 존경의 의미로 바닥에) 엎드리다. 부복하다. ¶~听命=엎드려 명령을 따르다.

【俯角】**fǔjiǎo** 명 내림각. 부각. 내려본각.

【俯就】**fǔjiù** 동 **1** 자기를 굽혀 (남을) 따르다. 할 수 없이 따르다. 억지로 응하다. (마지못해) 영합하다. 끌려가다. 우선 아쉬운 대로 참고 견디다.

¶不可凡事～。＝매사에 남에게 끌려가서는 안 된다. **2** [경] 몸을 굽혀 천직(賤職)에 종사하다. 몸을 낮추어 취임하다. (임무·직책 등을) 맡아 주십시오. [남에게 일을 맡아 달라고 의뢰할 때 쓰임] ¶局长一职，祈望～。＝국장직을 맡아 주기를 바랍니다.

【俯瞰】**fǔkàn** [동] (비교적 넓은 곳을) 굽어보다. 내려다보다. 부감하다. ¶～大地＝대지를 굽어보다.

【俯览】**fǔlǎn** [동] 굽어보다. 내려다보다. 부시(俯視)하다. ¶～群山＝뭇 산들을 내려다보다. ≒俯视 ↔仰视 仰望

【俯念】**fǔniàn** [동][경] 굽어 살펴 주십시오. 양해〔이해〕해 주십시오. ¶承蒙～＝보살핌을 입다.

【俯拍】**fǔpāi** [동] 위에서 아래로〔내려다보며·부감으로〕 촬영하다〔찍다〕. 부감 촬영하다. 하이 앵글(high angle)로 찍다. ¶～全景＝전경을 부감으로 촬영하다.

【俯射】**fǔshè** [동] 아래로 사격하다〔쏘다·갈기다〕. (빛이) 내리쬐다. ¶一束强光～下来，照得人睁不开眼。＝강한 빛이 내리쬐어 눈을 뜰 수 없다.

【俯摄】**fǔshè** [동] 위에서 아래로〔내려다보며·부감으로〕 촬영하다〔찍다〕. 부감 촬영하다. 하이 앵글(high angle)로 찍다. ¶航空～＝항공 촬영하다.

【俯身】**fǔshēn** [동] 몸을 구부리다. 허리를 굽히다. ¶～捡取＝허리를 굽혀 줍다.

【俯拾即是】**fǔshí-jíshì** [성] **1** 몸을 굽히기만 하면 얼마든지 주울 수 있다. **2** [비] 물건이 많아 손쉽게〔어디서든〕 얻을 수 있다. 수두룩하다. ＝【俯拾皆是】**fǔshí-jiēshì**

【俯拾皆是】**fǔshí-jiēshì** ☞【俯拾即是】**fǔshí-jíshì**

【俯视】**fǔshì** [동] 굽어보다. 내려다보다. 부시(俯視)하다. ¶登临高处，～山川美景。＝높은 곳에 올라 산천의 아름다운 풍경을 굽어보다. ≒俯览 ↔仰视 仰望

【俯视图】**fǔshìtú** [명] 조감도(鳥瞰圖). 부감도(俯瞰圖). 부시도. ＝【顶视图】**dǐngshìtú**

【俯首】**fǔshǒu** [동] **1** 머리를 숙이다. 고개를 수그리다. ¶～认错＝머리를 숙여 잘못을 시인하다. **2** [비] 순종하다. 굴복하다. ¶～称臣＝머리를 숙여 굴복하다〔신하라 칭하다〕.

【俯首甘为孺子牛】**fǔshǒu gān wéi rúzǐniú** [성] **1** 머리를 숙이고 달게 아이들의 소가 되리라. **2** [비] 성심성의껏 대중을 위해 봉사하다.

【俯首帖耳】[俯首贴耳] **fǔshǒu-tiē'ěr** [성][폄] **1** 고개를 숙이고 귀를 늘어뜨리다. **2** [비] 순종하다. 순순히 따르다〔복종하다〕.

【俯首贴耳】**fǔshǒu-tiē'ěr** ☞【俯首帖耳】**fǔshǒu-tiē'ěr**

【俯卧】**fǔwò** [동] 엎드리다. ¶～在地＝땅에 엎드리다.

【俯卧撑】**fǔwòchēng** [명]《體》 엎드려 팔 굽혀펴기. 푸시업(push-up).

【俯卧式】**fǔwòshì** [명]《體》 (높이뛰기의) 벨리 롤(belly roll).

【俯仰】**fǔyǎng** [동][문] 굽어보고 쳐다보다. 부앙(俯仰)하다. ¶～自如＝자유자재로 굽어보고 쳐다보다. [명][문] 일거일동. 행동거지. ¶～随人＝일거일동을 남을 따라 하다.

【俯仰无愧】**fǔyǎng-wúkuì** [성] 하늘을 우러러 보나 땅을 굽어보나 양심에 부끄러움이 없다. 일거일동이 정정당당하여 조금도 부끄럽지 않다.

【俯仰由人】**fǔyǎng-yóurén** [성][비] 남이 하라는 대로 하다. 남에게 매여 살다.

【俯仰之间】**fǔyǎngzhījiān** [성] **1** 머리를 숙였다 쳐드는 사이. **2** [비] 순식간. 눈 깜짝할 사이.

【俯允】**fǔyǔn** [동] [경] 허락해 주시기를 바랍니다. ¶所请之事，尚祈～。＝요청한 일을 허락해 주시기를 바랍니다.

## 釜 fǔ 가마솥 부

[명] 가마. 솥. ¶破～沉舟＝솥을 부수고 배를 침몰시키다. 배수진을 치다. ≒锅 鼎

【釜底抽薪】**fǔdǐ-chōuxīn** [성] **1** 솥 밑에 타고 있는 장작을 꺼내(어 물이 끓어오르는 것을 막)다. **2** [비] 문제를 근본적으로 해결하다. 발본색원(拔本塞源)하다. ≒抽薪止沸 ↔扬汤止沸

【釜底游鱼】**fǔdǐ-yóuyú** [성] **1** 솥 안에서 헤엄치고 있는 물고기. **2** [비] 죽을 운명에 처한 사람. 매우 위험한 지경에 놓인 사람. 운이 다한 사람.

## **辅[輔] fǔ 도울 보

[동] 돕다. 보조하다. ¶相～相成＝상부상조하다. [명] **1** [문] 수도 부근 지역. 서울 근교. ¶畿～＝수도 부근의 땅. **2** (**Fǔ**) 성(姓).

【辅币】**fǔbì** ☞【辅助货币】**fǔzhù huòbì**

【辅弼】**fǔbì** [동][문] 보좌하다. 보필하다. ¶～之臣＝보좌하는 신하. [명][문] 군주를 보좌하는 사람. [주로 재상을 가리킴] ¶国之～＝나라의 재상. ≒辅佐

【辅弼之勋】**fǔbìzhīxūn** [명] 국가를 보좌한 공로〔공훈〕.

【辅车相依】**fǔchē-xiāngyī** [성] **1** 아래턱뼈와 턱의 관계처럼 서로 밀접한 관계를 가지다. **2** [비] 관계가 밀접하여 서로 의존하다.

【辅导】**fǔdǎo** [동] (학습을) 도우며 지도하다. ¶课外～＝과외 지도.

【辅导班】**fǔdǎobān** [명] (정규 수업 외에 선생이 지도하는) 특별 지도반. 특별 활동반.

【辅导员】**fǔdǎoyuán** [명] (사상 및 학습 지도를 담당하는) 지도원. 교관.

【辅导站】**fǔdǎozhàn** [명] (학습 지도 또는 어떤 기능을 터득하게 하는) 지도소. 훈련소. 상담소.

【辅料】**fǔliào** [명] **1** 보조 재료. 보조재. **2** (파·마늘 등 요리의) 부재료.

【辅路】**fǔlù** [명] 보조 도로.

【辅酶】**fǔméi** [명]《化》 보효소. 보조 효소. 코엔자임(coenzyme).

【辅食】**fǔshí** [명] 보조 간식. [영아 발육에 보조 역할을 하는 식품]

【辅修】**fǔxiū** [명] (대학의) 부전공. 제2전공. ¶他

학的是经济,～法律。=그의 전공은 경제이고 부전공은 법률이다.

【辅音】**fǔyīn**〈言〉자음(子音). ↔元音

【辅助】**fǔzhù** 거들어 주다. 돕다. 협조하다. 보조하다. 도와 주다. ¶这项工作是在大家的一下共同完成的。=이번 일은 여러분들의 협조로 함께 이룬 것이다. 형 보조적인. 부차적인. ¶～材料=보조재(료). ≒扶助

【辅助单位】**fǔzhù dānwèi** 국제 단위계에 쓰이는 보조 단위

【辅助货币】**fǔzhù huòbì** 보조 화폐. 약【辅币】**fǔbì**

【辅佐】**fǔzuǒ** 보좌하다. 보필하다. 도와 주다. 거들어 주다. 협조하다. 보조하다. [주로 대신이 황제를 보좌하는 것을 말함] ¶～朝政=국정을 보좌하다. ≒辅弼

## \*脯 fǔ 말린 고기 포

1 포. 포육(脯肉). 저며서 말린 고기. ¶兔～=토끼고기 포. 2 꿀에 재워 말린 과일. ¶杏～=(씨를 빼고) 꿀에 재워 말린 살구.

☞ **pú**

○● 果脯

## 腑 fǔ 내장 부

〈醫〉육부(六腑). [위·대장·소장·쓸개·방광·삼초의 총칭] ¶五脏六～=오장육부.

○● 肺腑, 六腑

## 滏 Fǔ 강 이름 부

【滏阳】**Fǔyáng** 푸양. [허베이(河北)성에 있는 강 이름]

## \*\*腐 fǔ 썩을 부

(물질이) 썩다. 부패하다. 상하다. 변질되다. ¶流水不～=흐르는 물은 썩지 않는다. 형 1 (제도·조직·기구·조치 등이) 부패하다. 문란하다. 썩다. ¶反～倡廉=부패를 반대하고 청렴을 제창하다. 2 (사상이) 진부하다. 케케묵다. 낡다. 오래 되다. 시대에 뒤떨어지다. 낡아빠지다. ¶迂～=진부하다. 명 두부. ¶一瓶～乳=푸루 한 병. 〔절여 발효시킨 두부〕

○● 豆dòu腐, 防腐, 迂yū腐

【腐败】**fǔbài** (물질이) 썩다. 부패하다. 변질되다. ¶枯叶～=마른잎이 썩다. 형 1 (사상·행동 등이) 부패하다. 타락하다. 낡고 뒤떨어지다. 케케묵다. ¶贪污～=탐오부패. 욕심 많고 하는 짓이 더러우며 썩어빠지다. 2 (제도·조직·기구·조치 등이) 문란하다. 부패하다. 썩다. ¶政治～=정치가 부패하다. ≒腐朽 腐烂 ↔清明

【腐败分子】**fǔbài fèn·zi** 탐관오리. 부정부패 공직자.

【腐臭】**fǔchòu** 형 썩어서 고약한 냄새가 나다. ¶肉已经～, 不能再食用。=고기가 이미 썩어 냄새가 나서, 더 이상 식용할 수 없다. 명 썩은 냄새. ¶～难闻=썩은 냄새가 역겹다.

【腐恶】**fǔ'è** 썩고 흉악하다. ¶～的封建宗法制度=썩어빠진 봉건 종법 제도. 명 부패하고 흉악한 세력.

【腐化】**fǔhuà** 통 1 (사상·행동이) 타락하다. 부패하다. [지나치게 향락을 탐하는 것을 가리킴] ¶～变质=타락하고 변질되다. 2 타락시키다. 썩히다. ¶金钱～了不少人的灵魂。=금전은 많은 사람들의 영혼을 타락시켰다. 3 (물질이) 썩어 변질되다. 부패되다. ¶尸体慢慢～了。=시체가 천천히 부패되어 간다.

【腐旧】**fǔjiù** 형 진부하다. 낡아빠지다. 케케묵다. 뒤떨어지다. 시대에 맞지 않다. 낡다. 오래 되다. ¶～观念=~=관념이 진부하다.

【腐烂】**fǔlàn** 통 (물질이) 부패하다. 부식(腐蚀)하다. 썩어 문드러지다. 변질되다. ¶创面未及时处理, 已开始～。=상처 표면을 제때에 처리하지 않아 이미 썩기 시작하였다. 형 1 (사상·행동이) 진부하다. 타락하다. 고리타분하다. ¶生活～=생활이 타락하다. 2 (제도나 조직·기구·조치 등이) 문란하다. 부패하다. 썩다. ¶封建专制～透顶=봉건 전제의 부패가 극에 달하다. ≒腐败 腐朽

【腐肉】**fǔròu** 명 썩은 고기.

【腐儒】**fǔrú** 명 생각이 낡고 완고하여 쓸모 없는 선비. 썩어빠진 선비. 엉터리 서생. ¶岂能用～!=어찌 썩어빠진 선비를 등용하겠는가!

【腐乳】**fǔrǔ** ☞【豆腐乳】**dòu·furǔ**

【腐生】**fǔshēng** 통 (生) 부생하다. 사물 기생(死物寄生)하다.

【腐蚀】**fǔshí** 1 부식하다. 썩어 문드러지다. ¶硫酸具有很强的～性。=황산은 매우 강한 부식성을 가지고 있다. 2 타락시키다. 부패시키다. 썩히다. ¶不健康的影像制品严重～了青少年的心灵。=불건전한 영상물은 청소년의 영혼을 심하게 타락시켰다. ≒侵蚀

【腐蚀剂】**fǔshíjì** 명(化) 부식제.

【腐熟】**fǔshú** 통 (農) 부식화(腐蚀化)하다. 부식하여 사료(비료)가 되다.

【腐刑】**fǔxíng** ☞【宫刑】**gōngxíng**

【腐朽】**fǔxiǔ** 통 1 (목재나 기타 섬유 물질이) 썩다. ¶枯木～=마른 나무가 썩다. 2 (사상이) 진부하다. 케케묵다. (제도·생활이) 문란하다. 타락하다. ¶生活～=생활이 문란하다. / ～的思想=진부한 사상. ≒腐败 腐烂

【腐殖酸】**fǔzhísuān** 명(化) 부식산.

【腐殖质】**fǔzhízhì** 명(化) 부식질.

【腐竹】**fǔzhú** 명 푸주. 부죽. [길게 말아 압착한 두부]

## 䥽 fǔ 가마솥 부

명(문) '釜(fǔ)'와 같음.

## 簠 fǔ 제기 이름 보

명(문) 보. [제사 때 곡물을 담던, 안은 둥글고 밖은 네모 반듯한 그릇]

黼 fǔ 수 보
명 예복에 수놓은 희고 검은 무늬. ¶~衣=(옛날 희고 검은 무늬를 수놓은) 천자의 예복.

## 父 fù 아버지 부

명 **1** 아버지. 부친. ¶慈母严~=자모 엄부. 자애로운 어머니와 엄한 아버지. **2** (남자) 웃어른에 대한 통칭. ¶叔~=숙부. / 姨~=이모부. **3** 성직자에 대한 존칭. ¶教~=대부. / 神~=신부.

☞ fǔ

| ○● | 父 fù | 爸 bà |
|---|---|---|
| | 斧 fǔ | 爹 diē |
| | 釜 fǔ | 爷 yé |
| | 滏 fǔ | |

姑父, 继jì父, 师父, 叔父, 岳yuè父, 外祖父

【父辈】fùbèi 아버지 대(代). 아버지뻘. 아버지와 동년배의 친구들.
【父本】fùběn (교배에 참여하는) 동식물의 웅성 개체.
【父老】fùlǎo 명 동네에서 나이가 많은 어른. 어르신. 노인장. ¶~乡亲=동네 어르신과 마을 사람들.
【父母】fùmǔ 명 부모.
【父母官】fùmǔguān 명(옛) 백성을 직접 다스리는 주(州)나 현(縣)의 지방 장관에 대한 존칭.
【父母之邦】fùmǔzhībāng 명 고향. 조국.
【父亲】fù·qīn 명 부친. 아버지.
【父权制】fùquánzhì 명 부권제.
【父系】fùxì 명 부계. 아버지 쪽의 혈연 계통. ¶~亲属=부계의 친족. 형 부계의. 아버지 쪽의. 부계 혈통의. ¶~氏族=부계 씨족.
【父兄】fùxiōng 명 **1** 아버지와 형. 부형. **2** 가장(家長).
【父训】fùxùn 명 아버지의 교훈〔가르침〕. 아버지의 가정 교육. ¶~难违=아버지의 가르침을 거스르기 어렵다.
【父业】fùyè 명 부업(父業). 부친의 사업〔직업〕. ¶继承~=부업을 계승하다.
【父执】fùzhí 명(옛) 아버지의 친구.
【父子】fùzǐ 명 부자. 아버지와 아들. ¶~二人都是教师。=아버지와 아들 두 사람 모두 교사이다.

## 讣[訃] fù 부고 부

동 부고하다. 사망을 알리다〔통지하다〕. 명 부고(訃告). 부음.
【讣告】fùgào 동 부고하다. 사망을 알리다〔통지하다〕. 명 부고. 부음.
【讣文】fùwén ☞ 【讣闻】fùwén
【讣闻】fùwén 명 부고. 부음. [일반적으로 망자의 생년월일과 약전(略傳)이 부록되어 있음]

## 付 fù 줄 부

동 **1** 교부하다. 넘겨주다. ¶托~=부탁하다. / 交~=교부하다. **2** 돈을 지급〔지불〕하다. ¶支~=지불하다. / 垫~=잠시 대신 지불하다. 형 '副(fù)'와 같음. 명 (Fù) 성(姓).

○● 拨bō付, 垫diàn付, 兑duì付, 对付, 发付, 分付, 过付, 应付

【付丙】fùbǐng 동(문서나 편지 등을) 불태워 버리다. =【付丙丁】fùbǐngdīng ¶所有信件尽数~。=모든 서신을 다 태워 버리다.
【付丙丁】fùbǐngdīng ☞ 【付丙】fùbǐng
【付酬】fùchóu 동 임금을 지불하다. ¶按月~=달마다 임금을 지불하다.
【付出】fùchū 동 (돈이나 대가를) 지급하다. 내주다. 지불하다. 들이다. 바치다. ¶~心血=심혈을 들이다.
【付方】fùfāng 명(經) 대변(貸邊). 대방(貸方). =【贷方】dàifāng ↔ 收方
【付给】fùgěi 동 (돈 등을 상대방에게) 지불하다. 주다. ¶按天~报酬=날짜에 따라 보수를 지불하다.
【付刊】fùkān 동 (원고를) 출판에 넘기다. ¶书稿已~, 很快就会面世。=원고가 이미 출판에 넘어가서 곧 모습을 드러낼 것이다.
【付款】fùkuǎn 동 돈을 지불하다. ¶按月~=다달이 돈을 지불하다.
【付排】fùpái 동 (원고 따위를) 조판에 넘기다. ¶书稿改定后~。=원고를 수정한 후에 조판에 넘겼다.
【付讫】fùqì 동 (빚을) 청산하다. ¶~欠款=빚을 청산하다. ≒付清
【付钱】fùqián 동 돈을 지급〔지불〕하다. ¶按季度~=분기별로 돈을 지급하다.
【付清】fùqīng 동 (돈이나 물품을 상대방에게 액수대로) 청산하다. ¶~房款=방값을 청산하다. ≒付讫
【付托】fùtuō 동 위탁하다. 부탁하다. ¶此事我已~他人。=이 일은 내가 이미 다른 사람에게 부탁했다.
【付息】fùxī 동 이자를 지급〔지불〕하다. ¶还本~=원금을 갚고 이자를 지급하다.
【付现】fùxiàn 동 현금을 지급〔지불〕하다. ¶请问您是~还是刷卡？=당신은 현금으로 지불하시겠습니까, 아니면 카드로 결제하시겠습니까?
【付型】fùxíng 동(印) 지형(紙型)을 뜨다. ¶书稿已经~=원고는 이미 지형을 떴다.
【付印】fùyìn 동 **1** 인쇄에 넘기다. ¶内文已签字~。=본문은 이미 (인쇄 동의) 서명을 거쳐 인쇄에 넘겨졌다. **2** 원고를 출판사에 넘기다.
【付邮】fùyóu 동 우편으로 부치다. 우송하다.
【付与】fùyǔ 동 교부하다. 건네주다. 넘겨주다. 부여하다. 주다. ¶这是历史~我们的使命。=이것은 역사가 우리에게 부여한 사명이다.
【付账】fù‖zhàng 동 돈을 지불하다. 계산하다. ¶到收银台~=계산대에서 돈을 지불하다.
【付之东流】fùzhī-dōngliú ☞ 【付诸东流】fùzhū-dōngliú
【付之一炬】fùzhī-yījù 〈成〉 전부 불에 태워 버리

다. =【付诸一炬】fùzhū-yījù

【付之一笑】fùzhī-yīxiào ④ 1 일소에 부치다. 한 번 웃고 치우다. 픽 웃고 말다. 2(비) 조금도 개의치 않다. 상대할 가치가 없다고 여기다. ≒一笑置之

【付诸】fùzhū 통 (물건·계획 등을) …에 내맡기다. …에 부치다. …에 넘기다. ¶~实践=실천에 옮기다.

【付诸东流】fùzhū-dōngliú ④ 1 물건을 흐르는 강물에 던지다. 2(비) 수포로 돌아가다. 모든 공이 허사로 돌아가다. =【付之东流】fùzhī-dōngliú

【付诸一炬】fùzhū-yījù ☞【付之一炬】fùzhī-yījù

【付梓】fùzǐ 통 발간하다. 간행하다. 인쇄하다. 상재(上梓)하다. ¶书稿还在校对, 尚未~。=원고가 교열 중이라 아직 발간되지 않았다.

**负[負]** fù 질 부

통 1 (짐을) 지다. 메다. ¶~重渡河=무거운 짐을 지고 강을 건너다. 2 부담하다. (임무를) 맡다. 책임지다. ¶文责自~=자기 글에 대한 책임은 스스로 진다. 3 당하다. 입다. 받다. ¶~屈含冤=억울한 일을 당하여 원한을 품다. 4 향유하다. 누리다. 지니다. ¶久~盛名=유명세를 오래도록 누리다. 5 의지하다. 믿고 두다. 등지다. ¶自~才高=재주가 대단하다고 자부하다. 6 (빚을) 지다. ¶~债累累=빚이 산더미처럼 쌓이다. 7 저버리다. 어기다. 위반하다. ¶有~重托=중대한 사명을 저버리다. 8 실패하다. 지다. ¶胜~难料=승부를 예측하기 어렵다. 명 임무. 책임. ¶如释重~=무거운 짐을 벗어 버린 듯하다. 형 1 (數) 마이너스의. 음(陰)의. 부(負)의. 正数和~数相对。=양수와 음수는 상대적이다. 2 (物) 음(陰)의. 마이너스의. ¶正极和~极相反。=양극과 음극은 서로 반대이다. ≒荷(hè) 败 ↔正 胜

○● 抱负, 背bēi负, 担负, 辜gū负, 肩jiān负, 亏kuī负, 民负, 欺qī负, 自负

【负案】fù'àn 통 수배되다. ¶~在逃=수배 중이다.

【负不起】fù·buqǐ 통 책임질 수 없다. ¶我恐怕~这个责任。=나는 아마 이 책임을 질 수 없을 것 같다.

【负才使气】fùcái-shǐqì ④ 자신의 재능을 믿고 제멋대로 성질을 부리다.

【负担】fùdān 통 (책임·일·비용 등을) 부담하다. 책임지다. ¶所有费用由大家共同~。=모든 비용은 모두 함께 부담한다. 명 부담. 책임. ¶他的家庭~很重。=그가 가정에 지는 부담은 매우 무겁다.

【负得起】fù·deqǐ 통 책임질 수 있다. ¶这个责任你~吗?=이것을 네가 책임질 수 있느냐?

【负电】fùdiàn (電) 음전기. =【阴电】yīndiàn ↔正电

【负电荷】fùdiànhè 명(電) 음전하(陰電荷).

【负电极】fùdiànjí 명(電) 음극(陰極).

【负号】fùhào 명(數) 마이너스 부호. '-'.

【负荷】fùhè 통문 (책임·일·비용 등을) 지다. 맡다. 감당하다. ¶不克~=부담을 감당하지 못하다. 명 부하. 하중. =【负载】fùzài【载荷】zàihè

【负极】fùjí ☞【阴极】yīnjí

【负荆请罪】fùjīng-qǐngzuì ④ 1 스스로 형장(刑杖)을 짊어지고 처벌을 요청하다. [전국(戰國) 시기 조(趙)나라 염파(廉頗)가 웃통을 벗고 형장을 짊어지고 인상여(藺相如)에게 자기의 잘못을 뉘우친 고사에서 유래함] 2(비) 잘못을 인정하고 정중히 사과하다.

【负疚】fùjiù 통문 남에게 미안함을 느끼다. 양심의 가책을 받다. 내심 부끄러워 안절부절못하다. ¶他深深地为自己的过错而~。=그는 자신의 잘못에 대해 매우 깊이 양심의 가책을 느꼈다. ≒抱歉

【负累】fùlěi 통 연루되다. 관련되다. 말려들다. 억울한 죄를 쓰다. ¶尽可能地不要~别人。=될 수 있는 한 남을 연루시켜서는 안 된다. 명 부담. ¶摆脱~=부담에서 벗어나다.

【负离子】fùlízǐ 명(物) 음이온. =【阴离子】yīnlízǐ

【负离子发生器】fùlízǐ fāshēngqì 명 음이온 발생기.

【负利率】fùlìlǜ 명(經) 마이너스 금리.

【负盟】fùméng 통 맹약을 저버리다. ¶~背约=맹약을 저버리다.

【负面】fùmiàn 명 반면(反面). 소극적인 면. 부정적인 면. ¶~影响=부정적인 영향.

【负面新闻】fùmiàn xīnwén 명 (자신이나 회사 등에) 부정적인 뉴스.

【负片】fùpiàn 명 네거티브(negative). 사진의 원판. 음화(陰畫).

【负起】fù·qǐ 통 책임을 지다. 감당하다. ¶你要~自己应负的责任。=너는 자신이 마땅히 져야 할 책임을 져야 한다.

【负气】fùqì 통 버럭 화를 내다. 격앙하다. ¶~离家出走。=화를 버럭 내고는 집을 나가 버렸다. ≒赌气

【负情】fùqíng 통 정의(情誼)를 저버리다. 정리(情理)를 저버리다. 사랑을 배신하다. ¶不忍~=차마 양심을 저버리지 못하다.

【负屈】fùqū 통 굴욕을 당하다. 억울한 일을 당하다. ¶心中深感~。=마음속으로 굴욕감을 깊이 느끼다.

【负伤】fù‖shāng 통 부상당하다. ¶因公~=공무로 인해 부상당하다. ≒受伤

【负数】fùshù 명(數) 음수. ↔正数

【负心】fùxīn 통 인정과 도의를 저버리다. 정(情)을 [정리를·은혜를] 저버리다. [주로 애정을 저버린 것을 가리킴] ¶~薄幸=정분을 저버리다.

【负心汉】fùxīnhàn 명 사랑의 배신자. 박정한 남자.

【负薪】fùxīn 통문 땔나무를 짊어지다. 명(겸) (질)병. ¶有~之忧=병이 나다.

【负薪救火】fùxīn-jiùhuǒ 〈成〉 **1** 섶을 지고 불에 뛰어들다. **2**〈비〉 바라는 결과와 정반대가 되다.

【负义】fùyì 〈동〉〈문〉 의리〔정의(情誼)〕를 저버리다. ¶忘恩～=배은망덕하다.

【负有】fùyǒu 〈동〉 (책임을) 지고 있다. ¶此事你～不可推卸的责任. =이 일에 대해 당신은 회피할 수 없는 책임을 지고 있다.

【负隅顽抗】〔负嵎顽抗〕fùyú-wánkàng 〈成〉 험준한 지형을 방패삼아〔구실삼아〕완강하게 저항하다. ≒困兽犹斗

【负嵎顽抗】fùyú-wánkàng ☞【负隅顽抗】fùyú-wánkàng

【负约】fùyuē 〈동〉 약속을 어기다〔깨다〕. 언약을 저버리다. ¶～背盟=약속을 어기고 맹약을 저버리다.

【负载】fùzài ☞【负荷】fùhè

【负责】fùzé 〈동〉 책임지다. ¶由你～布置会场。=회의장 배치는 네가 책임져라. 〈형〉 맡은 바 책임을 다하다. 책임감이 강하다. 성실히 노력하다. ¶提倡认真～的工作作风。=성실하게 책임을 다하는 작업 태도를 제창하다.

【负责人】fùzérén 〈명〉 책임자.

【负增长】fùzēngzhǎng 〈동〉 마이너스 성장하다. 감소〔하락〕하다. ¶部分地区人口呈现～趋势。=일부 지역에서 인구가 감소하는 추세를 나타내다.

【负债】fù‖zhài 〈동〉 빚을 지다. ¶连年～=여러 해 계속 빚을 지다.

【负债】fùzhài 〈명〉〈經〉 부채.

【负重】fùzhòng 〈동〉 **1** 무거운 짐을 짊어지다. ¶～登山=무거운 짐을 지고 산에 오르다. **2** 중책〔중임〕을 맡다. ¶忍辱～=치욕을 참아 가며 중대한 임무를 맡다.

【负罪】fùzuì 〈동〉 **1** 죄책감을 느끼다. ¶～在身=죄책감에 시달리다. **2** 죄를 덮어쓰다〔짊어지다〕. ¶他因一时的冲动而～。=그는 일시적인 충동으로 죄를 짊어지게 되었다.

## **妇**[婦, 媍] fù 부녀자 부

〈명〉 **1** 부녀자. 여성. ¶幼卫生=부인과 아이의 위생. **2** 기혼 여성. 부인. ¶～家=며느리. 집안. **3** 아내. 처〔妻〕. ¶新婚夫～=신혼 부부. ↔夫

○-○ 产妇, 娼chāng妇, 弟妇, 寡guǎ妇, 农妇, 泼pō妇, 弃qì妇, 情妇, 奷rèn妇, 孀shuāng妇, 媳妇, 新妇, 孕yùn妇, 侄zhí妇, 主妇, 子妇

【妇产科】fùchǎnkē 〈명〉〈醫〉 산부인과.

【妇代会】fùdàihuì 〈명〉〈약〉 妇女代表大会(여성 대표자 대회).

【妇道】fùdào 〈명〉〈옛〉 부도〔婦道〕. 여성이 지켜야 할 규범〔도리〕. ¶恪守～=부도를 삼가 지키다.

【妇道】fù·dao 〈명〉 부녀자. 부인. ¶～人家=부녀자.

【妇科】fùkē 〈명〉〈醫〉 부인과.

【妇联】fùlián 〈명〉〈약〉 中华全国妇女联合会(중화 전국 여성 연합회). =【全国妇联】quánguó fùlián

【妇男】fùnán ☞【家庭主夫】jiātíng zhǔfū

【妇女】fùnǚ 〈명〉 부녀(자). 성인 여성. ¶家庭～=가정 주부.

【妇女病】fùnǚbìng 〈명〉〈醫〉 부인병.

【妇女节】Fùnǚjié ☞【三八妇女节】Sān-Bā Fùnǚjié

【妇人】fùrén 〈명〉〈옛〉 성인 여성. 부인. 기혼 여성. [주로 기혼 여성을 가리킴]

【妇人之仁】fùrénzhīrén 〈成〉 **1** 부인지인. 여자가 지니는 감상적인〔좁은 소견의〕인정. **2**〈비〉 하찮은 일만 세심하게 보살펴 주다.

【妇孺】fùrú 부녀자와 어린이. ¶善待～=부녀자와 어린이를 잘 대우하다. ≒妇幼

【妇孺皆知】fùrú-jiēzhī 〈成〉 **1** 부녀자와 어린이들조차 모두 알고 있다. **2**〈비〉 모든 사람이 알고 있다.

【妇幼】fùyòu 부녀자와 어린이. ¶～保健=부인과 어린이의 보건. ≒妇孺

## **洑** fù 땅 이름 부

〈명〉〈地〉 후푸(湖洑). [장쑤(江苏)성에 있는 지명]

## **附**[(坿)] fù 덧붙일 부

〈동〉 **1** (의견이나 지시에) 따르다. 좇다. 종속하다. 부착하다. 붙다. ¶魂不～体=넋을 잃다. 혼비백산하다. **2** 접근하다. 다가가다. 가까이 대다. ¶～耳低语=귓속말로 소곤소곤 말하다 **3** 부가하다. 덧붙이다. 동봉하다. ¶～加条款=조항을 부가하다.

○-○ 比附, 阿ē附, 归附, 黏nián附, 攀pān附, 趋qū附, 吸附, 依附

【附白】fùbái 〈동〉 설명을 덧붙이다. ¶上一期杂志作者署名有误, 拟在这一期～更正。=지난 호 잡지의 작가 서명이 잘못되어, 이번 호에서 설명을 덧붙여 정정하고자 한다.

【附笔】fùbǐ 〈명〉 추신(追伸). 피에스(P. S.). 편지나 문건을 마치고 별도로 덧붙이는 말.

【附表】fùbiǎo 〈명〉 부표. 본문에 부록된 표.

【附带】fùdài 〈동〉 부가하다. 덧붙이다. ¶这笔贷款没有～任何条件。=이 대출금은 어떤 조건도 붙지 않는다. 〈형〉 부가적인. 부대적인. 부차적인. ¶～的工作=부차적인 일. 〈부〉 곁들여. 덧붙여. 부대적으로. 또 달리 보충하여. ¶～问一句, 你打算怎么处理这件事？=덧붙여서 한마디 묻겠는데, 이 일을 어떻게 처리할 계획이냐？

【附单】fùdān 〈명〉 부표. 별지. 별표.

【附点】fùdiǎn 〈명〉〈音〉 부점.

【附耳】fù·ěr 〈동〉〈문〉 귓속말하다. ¶～交谈=귓속말로 서로 말하다.

【附凤攀龙】fùfèng-pānlóng ☞【攀龙附凤】pānlóng-fùfèng

【附睾】fùgāo 〈명〉〈生〉 부고환.

【附和】fùhè 〈동〉〈폄〉 남의 언행을 따르다. 부화하다. ¶随声～=주관 없이 다른 사람의 말에 맞장구치다.

【附后】fùhòu 〈동〉 (문서 자료를) 뒤에 덧붙이다.

¶使用说明~。=사용 설명을 뒤에 덧붙이다.
【附会】[傅会] **fùhuì** 통 억지로 끌어다 붙이다. 견강부회하다. ¶牵强~=견강부회하다.
【附骥】 **fùjì** 통 1 파리가 말의 꼬리에 붙어서 천리를 가다. 2 (비) 유명한 사람에게 붙어 이름을 내다. ≒[附骥尾] **fùjìwěi**
【附骥尾】 **fùjìwěi** ☞【附骥】 **fùjì**
【附加】 **fùjiā** 통 부가하다. ¶除车费外,还要~过路过桥费。=차비 말고도 도로·교량 통행료가 더 부가됩니다. 형 부가의. 초과의. 별도의. 그 밖의. ¶~分=부가분.
【附加费】 **fùjiāfèi** 명 부가금.
【附加税】 **fùjiāshuì** 명 부가세. ['正税(정세)'와 구별됨]
【附加刑】 **fùjiāxíng** ☞【从刑】 **cóngxíng**
【附件】 **fùjiàn** 명 1 부품. 부분품. 부속. 부속품. ¶手机~=휴대폰 부품. 2 부속 문건. 3 관련 문서[물품].
【附件炎】 **fùjiànyán** 명 (醫) 부속기염.
【附近】 **fùjìn** 형 가까운. 인접한. ¶~地区=인접 지역. 명 부근. 근처. 인근. 가까운 곳. ¶我家就在~。=우리 집은 이 부근에 있다. ≒临近
【附刊】 **fùkān** 명 (본지에 덧붙인 지면이나 따로 내는) 부록(판).
【附款】 **fùkuǎn** 명 부가[부대] 조항.
【附来】 **fùlái** 통 동봉하여 보내 오다. ¶征稿通知随信~。=원고 모집 공고를 서신과 동봉하여 보내 오다.
【附丽】 **fùlì** 통 덧붙이다. 부착하다. ¶无所~=덧붙일 데가 없다.
【附录】 **fùlù** 명 부록.
【附逆】 **fùnì** 통 부역하다. 반역 집단에 붙다. 조국을 배반하다. 반역에 동조하거나 가담하다. ¶变节~=변절하여 조국을 배반하다.
【附上】 **fùshàng** 통 함께 동봉하여 보내다. 첨부하여 보내다. ¶他在信后~了自己的联系方式。=그는 편지 뒷면에 자기의 연락처를 첨부하여 보냈다.
【附设】 **fùshè** 통 부설하다. ¶小区~幼儿园和小学。=단지 내에 유치원과 초등학교를 부설하다.
【附身】 **fùshēn** 통 (귀신이) 몸에 붙어다니다. 따라다니다. ¶鬼魂~=귀신의 혼이 몸에 따라다니다.
【附属】 **fùshǔ** 통 부속되다. 귀속되다. 종속되다. ¶这所中学~于师范大学。=이 중·고등 학교는 사범대학교에 부속되어 있다. 형 (어떤 기관의) 부속의. 부설의. 관할의. ¶~医院=부속 병원. ≒从属 隶属
【附属国】 **fùshǔguó** 명 부속 국가. 속국.
【附送】 **fùsòng** 통 부가적으로 증정하다. 끼워 주다. ¶买空调~空气净化器。=에어컨을 사면 공기 정화기(청정기)를 끼워 준다.
【附随】 **fùsuí** 통 의지하다. 기대하다. 의존하다. 따르다. 의뢰하다. 종속하다. ¶这种昆虫只能~着所寄生的动物生长。=이 곤충은 기생하는 동물에 의존하여서만 자란다. 형 부가적인. 부대적인. 부수적인. ¶~因素=부가적인 요소.

【附体】 **fùtǐ** 통 1 (영혼 등이) 몸에 붙다. ¶吓得魂不~。=놀라서 혼이 빠지다. 2 (귀신이) 몸에 붙어다니다. 따라다니다. ¶吊死鬼~=목매달아 죽은 귀신이 몸에 따라다니다.
【附图】 **fùtú** 명 부도(附圖).
【附小】 **fùxiǎo** 명(약) 附属小学(부속 초등 학교).
【附言】 **fùyán** 명 (편지 등의) 추신. 피에스(P.S.). 단서(但書).
【附页】 **fùyè** 명 첨부 페이지.
【附议】 **fùyì** 통 (다른 사람의) 발의에 지지[동의]하다. 제안에 찬성하다. 제안에 동의하여 공동 제안자가 되다. ¶与会代表纷纷~这项提案。=회의에 참가한 대표들은 잇달아 이 제안에 동의하였다.
【附庸】 **fùyōng** 명 1 예속국(가). 부속국(가). 2 속국. 3 예속물. 종속물. ¶每个人都是独立的个体,而不是他人的~。=모든 사람은 독립된 개체이지, 다른 사람의 종속물이 아니다.
【附庸风雅】 **fùyōng-fēngyǎ** 성 겉치레를 위하여 명사를 사귀고 문화 활동에 참가하다.
【附庸国】 **fùyōngguó** 명 1 예속국(가). 2 속국.
【附有】 **fùyǒu** 통 부가적으로 덧붙이다. ¶除原文以外,还~翻译。=원문 이외에 번역문을 덧붙였다.
【附载】 **fùzǎi** 통 부록하다. 부기(附記)하다. ¶年终总结后面还~了一年来的人员流动情况。=연말 총결산서 뒷면에 1년간의 인원 변동 사항을 부기하였다.
【附则】 **fùzé** 명 부칙.
【附肢】 **fùzhī** 명 (生) 부속 기관(器官).
【附识】 **fùzhì** 명 부기(附記).
【附中】 **fùzhōng** 명(약) 附属中学(부속 중·고등 학교).
【附注】 **fùzhù** 명 주(註). 주석(註釋).
【附赘悬疣】 **fùzhuì-xuányóu** 성 1 붙은 혹과 달린 사마귀. 2 (비) 군더더기. 무용지물(無用之物). 쓸모 없는 물건.
【附着】 **fùzhuó** 통 달라[들어·들러]붙다. 부착하다. ¶病菌~在病人手上很容易导致接触传染。=병균은 환자의 손에 들어붙어 접촉을 통해 매우 쉽게 전염된다.
【附着力】 **fùzhuólì** 명(物) 부착력. 점착력. =【黏着力】 **niánzhuólì**
【附子】 **fùzǐ** 명(植) 부자. 바꽃[오두(烏頭)]의 어린 뿌리.

**咐** fù 분부할 부
☞【吩咐】 **fēn·fù**【嘱咐】 **zhǔ·fù**

**阜** fù 언덕 부
명(문) 토산(土山). 언덕. 형(문) (물자가) 풍부하다. ¶物~民丰=물자가 풍부하고 백성의 생활이 풍요롭다.

**服** fù 첩 복
양 첩. [한방에서, 약봉지로 싼 약을 세는 단위] ¶一~药=약 한 첩.

☞ fú

## 驸[駙] fù 곁마 부
【명】 곁마. 부마(副馬). 비마(騑馬).
【驸马】 fùmǎ 【명】 1 【역】 駙马都尉(부마도위). [한(漢)나라 때 말을 관리하던 관직] 2 황제의 사위. [위진(魏晉) 이후 왕의 사위가 항상 부마도위(駙馬都尉)를 맡게 되어 유래한 명칭임]

## 赴 fù 갈 부
【동】 1 (…로) 가다. 향하다. ¶应邀~宴 = 초대에 응하여 연회에 가다. / 按时~约 = 때에 맞춰 약속 장소로 가다. 2 온 힘을 쓰다. 온몸을 던지다. ¶全力以~ = 전력투구하다. 3 헤엄치다. ¶~水过江 = 헤엄쳐 강을 건너다. 4 부고하다. [' 讣(fù)' 와 같음] 【명】 (Fù) 성(姓).

○● 奔bēn赴, 开赴

【赴敌】 fùdí 【동】【문】 전쟁터로 나가 적과 싸우다. ¶英勇~ = 용감하게 전선으로 나가 적들과 싸우다.
【赴会】 fùhuì 【동】 회의에 참석하다. 모임에 출석하다. ¶准时~ = 시간에 맞춰 회의에 출석하다.
【赴考】 fùkǎo 【동】 시험 치러 가다. 응시하러 가다. ¶进京~ = 베이징에 가서 시험 치다.
【赴难】 fùnàn 【동】 위기에 처한 나라를 구하러 나가다. ¶慷慨~ = 강개하여 위기에 처한 나라를 구하러 가다.
【赴任】 fùrèn 【동】 부임하다. ¶受命~ = 명령을 받아 임지로 가다.
【赴死】 fùsǐ 【동】 (어떤 원인으로) 사지(死地)로 나가다. ¶为国~ = 나라를 위해 사지로 나가다.
【赴汤蹈火】 fùtāng-dǎohuǒ 【성】 끓는 물에 뛰어들고 타는 불을 밟다. 물불을 가리지 않다. 위험을 피하지 않다. 자신의 생명을〔안위를〕 내던지고 두려워하지 않다. ≒出生人死
【赴险】 fùxiǎn 【동】 위험에 몸을 던지다. ¶英勇~ = 용감하게 위험에 몸을 던지다.
【赴宴】 fùyàn 【동】 연회에 참석하다. ¶应邀~ = 초대에 응하여 연회에 참석하다.
【赴义】 fùyì 【동】 정의를 위해 죽음에 뛰어들다. 정의를 위해 나서다. ¶慨然~ = 흔쾌히 정의를 위해 죽음에 뛰어들다.
【赴约】 fùyuē 【동】 약속한 장소로 가다. 약속한 사람을 만나러 가다. ¶欣然~ = 기쁘게 약속한 장소로 나가다.

## 复¹[復] fù 돌아올 복
【동】 1 돌아가다. 돌아오다. 반복하다. ¶往~ = 왕복하다. / 反~ = 반복하다. 2 회답하다. 대답하다. ¶电~ = 전보로 회답하다. / 回~ = 회답하다. 3 보복하다. ¶发誓~仇 = 복수할 것을 맹세하다. 4 회복하다. ¶万劫不~ = 영원히 회복되지 않다. 【부】 다시. 또. 다시. ¶旧病~发 = 옛날 병이 다시 도지다. / 周而~始 = 한 바퀴 돌고 시작하다. ≒返 再 ↔往

◆ 复 fù
  腹 fù
  覆 fù
  蝮 fù
  馥 fù
  履 lǚ

## 复²[複] fù 겹옷 복
【명】【문】 겹옷. 솜옷. 핫옷. 【형】 1 중복되다. 되풀이되다. 여러 개의. ¶山重水~ = 산과 강이 첩첩이다. 2 복잡하다. 번잡하다. ¶问题~杂 = 문제가 복잡하다. ↔单

○● 重chóng复, 答复, 繁fán复, 反复, 恢huī复, 回复, 克复, 批复, 平复, 修复

【复本】 fùběn 【명】 (도서·문건 등의) 부본(副本). 복본(複本).
【复本位制】 fùběnwèizhì 【명】【经】 복본위제. 양본위제. [두 가지 이상의 본위 화폐를 인정하는 통화 제도]
【复辟】 fùbì 【동】 1 복구하다. 복벽하다. 폐위되었던 임금이 다시 왕위에 오르다. 2 타도된 통치자가 지위를 회복하다. 없어진 제도가 부활되다.
【复查】 fùchá 【동】 재조사〔재검사〕하다. ¶把药吃完后来医院~ = 약을 다 먹고 난 후 병원에 와서 재검사를 받도록 하시오.
【复秤】 fùchèng 【동】 (다른 저울로) 다시 저울질하다〔재다·달아 보다〕. ¶你若觉得不够分量可以去~ = 당신이 만약 양이 모자란다고 생각하면 다시 달아 봐도 됩니다.
【复仇】 fù‖chóu 【동】 복수하다. 보복하다. ¶~雪恨 = 복수하여 원한을 씻다. ≒报仇
【复出】 fùchū 【동】 (직책을 내놓거나 사회 활동을 중단한 사람이) 다시 활동을 재개하다. [주로 유명 인사를 가리킴]
【复聪】 fùcōng 【동】【문】 (귀가 먹은 사람이) 청력을 회복하다. ¶经过医治, 双耳~ = 치료를 통해 양쪽 귀가 청력을 회복했다.
【复旦大学】 Fùdàn Dàxué 【명】 푸단(复旦)대학. 복단대학. [상하이(上海)에 있는 교육부 직속의 종합 대학]
【复电】 fùdiàn 【동】 답전을 치다. 회답 전보를 치다. ¶及时~ = 제때에 답전을 치다. 【명】 답전(答電). ¶发出~ = 답전을 치다.
【复读】 fùdú 【동】 재수하다. ¶他今年没考上大学, 打算~一年。 = 그는 올해 대학에 합격하지 못해서 1년 동안 재수할 generic 생각이다.
【复读机】 fùdújī 【명】 반복재생기.
【复读生】 fùdúshēng 【명】 재수생.
【复发】 fùfā 【동】 재발하다. 다시 도지다. ¶旧病~ = 옛 병이 재발하다.
【复返】 fùfǎn 【동】 다시 돌아오다. 되돌아오다. [주로 부정형으로 쓰임] ¶一去不~ = 한 번 가면 다시 돌아오지 않다.
【复方】 fùfāng 【명】【医】 1 복방(複方). [중의학에서 두 가지 이상의 약재로 조제하는 약방문] 2 복방(複方). [양약(洋藥)에서 두 가지 이상의 약품을 배합하여 만든 복합제]
【复分解】 fùfēnjiě 【명】【化】 복분해(複分解).
【复辅音】 fùfǔyīn 【명】【言】 복자음(複子音). 중자음(重子音).
【复岗】 fù‖gǎng 【동】 (퇴직·파업한 직원이) 원래의 자리로 돌아오다〔복귀하다〕. 원래 직책을 회

【复工】fù‖gōng 통 조업을 정지했다가 작업을 다시 재개하다. 파업했다가 다시 일을 시작하다. ¶工程将于近期~。=공사는 장차 가까운 시기에 다시 재개될 것이다. ↔罢工

【复古】fùgǔ 통 복고하다. 옛 제도·풍조·습속 등으로 되돌아가다. ¶时装界掀起了一风潮。=패션계에 복고 풍조를 불러일으키다.

【复归】fùguī 통 (어떤 상태로) 돌아가다. 복귀하다. (어떤 상태로) 되돌아가다. ¶那场风波过后, 人们的生活又~平静。=그 한 차례의 풍파가 지나간 후 사람들의 생활은 다시 평온을 되찾았다.

【复果】fùguǒ 명(植) 집합과(集合果). =【聚花果】jùhuāguǒ

【复函】fùhán 통 회답 편지를 하다. 회신하다. ¶正式~=정식으로 회신하다. 명 회신. ¶~收悉。=회신을 잘 받아 보았습니다.

【复航】fùháng 통 운항(항로의 통행)을 재개하다. ¶运河最近~。=운하가 최근에 통행을 재개하였다.

【复合】fùhé 통 복합하다. ¶~杂交=복합하여 교잡하다.

【复合材料】fùhé cáiliào 명 복합 재료.

【复合词】fùhécí 명(言) 복합어. [ '合成词(합성어)' 의 하나. '朋友' 나 '摄像机' 처럼 두 개 이상의 실질 형태소가 결합하여 만들어진 단어를 가리킴]

【复合肥料】fùhé féiliào 명 복합 비료.

【复合量词】fùhé liàngcí 명 복합 양사. [두 가지 이상의 양사를 복합하여 만든 양사. '人次(연인원)·吨公里(톤킬로미터)' 등이 있음]

【复合饲料】fùhé sìliào 명 복합 사료.

【复合型人才】fùhéxíng réncái 명 복합형 인재. 전문성과 관리 경험을 갖춘 인재.

【复合元音】fùhé yuányīn 명(言) 복모음.

【复核】fùhé 1 다시 맞추어 보다. 대조하다. 점검하다. ¶~账目=장부의 회계를 다시 맞추어 보다. 2 (法) (최고 인민 법원에서 사형 안건에 대하여) 재심리하다.

【复会】fù‖huì 통 회의를 재개하다. ¶何时~, 等待通知。=언제 회의가 재개되는지 통지를 기다리다.

【复婚】fù‖hūn 통 (이혼한) 부부가 다시 재결합하다.

【复活】fùhuó 1 부활하다. 죽었다 다시 살아나다. 소생하다. 2 (비) (타도되거나 소멸된 사물이) 부활하였다. 다시 흥기하다. ¶迷信活动在一些地区重又~了。=미신 활동이 소수 지역에서 다시 부활하다. 3 부활시키다. ¶反对~军国主义。=군국주의의 부활에 반대하다. ≒复生 再生

【复活节】Fùhuójié 명(宗) 부활절.

【复机】fù‖jī 통 (무선 호출기에 호출하여) 회신 전화를 하게 하다. ¶给他打了一个传呼, 他还没~。=그에게 한 차례 호출했는데, 아직 회신 전화가 없다.

【复检】fùjiǎn 통 재검사하다. ¶医生要求他定期到医院~。=의사는 그에게 정기적으로 병원에 와서 재검사할 것을 요구했다.

【复建】fùjiàn 통 (파괴·취소된 것을) 중건하다. 재설립하다. ¶~钟楼=종루를 중건하다.

【复交】fùjiāo 통 1 우의 관계를 회복하다. 2 외교 관계를 회복하다. 국교를 회복하다.

【复旧】fù‖jiù 통 1 (예전의 관습이나 제도로) 복귀하다. 2 원상태를 회복하다. 복구(復舊)하다. ¶~如初=처음처럼 복구하다.

【复句】fùjù 명(言) 복문(複文). ↔单句

【复刊】fù‖kān 통 복간하다.

【复课】fù‖kè 통 수업을 재개하다.

【复垦】fùkěn 통(農) 황무지를 다시 개간하다.

【复利】fùlì 명(經) 복리(複利). ↔单利

【复名数】fùmíngshù 명(數) 제등수(諸等數). 복명수. [몇 개의 단위를 조합하여 표시하는 명수(名數). '五元八角' 등이 있음]

【复明】fùmíng 통 (실명했다가) 시력을 회복하다. 소경이 눈을 뜨다. ¶通过手术, 他的眼睛~了。=수술을 받고 그의 눈이 시력을 회복하다.

【复命】fùmìng 통 복명하다. 명령을 집행하고 결과를 보고하다.

【复排】fùpái 통 1 (예전 프로그램을 재공연하기 위해) 다시 연습에 돌입하다. 2 다시 편집하다.

【复牌】fùpái 통(經) (중지되었던 증권 시장이나 증권 등이) 교역을 재개하다.

【复盘】fùpán 통 (바둑을) 복기(復碁)하다.

【复聘】fùpìn 통 다시 초빙[임용]하다.

【复评】fùpíng 통 다시 선정하다. 다시 평점을 매기다.

【复赛】fùsài 명(體) 준(준)결승.

【复审】fùshěn 통 1 재심사하다. ¶书稿已完成初审, ~正在终审。=원고가 이미 초심과 재심을 마치고 지금 종심 중에 있다. 2 (法) 재심하다. ¶被告方在~时又提供了新的证据。=피고측은 재심에서 또 새로운 증거를 내놓았다.

【复生】fùshēng 통 되살다. 부활하다. 소생하다. ¶死而~=죽었다 다시 살아나다. ≒复活

【复食】fùshí 통 (단식·병 등으로 음식을 끊었던 사람이) 식사를 회복하다. 다시 음식을 먹다.

【复市】fùshì 통 (상점·시장 등이) 영업을 재개하다.

【复式】fùshì 명 복식의. 복층의. ¶~别墅=복층 별장.

【复式教学】fùshì jiàoxué 명(教) 복식 수업. [한 학급에서 두 학년 이상의 학생들을 상대로 이르는 수업 형태]

【复式住宅】fùshì zhùzhái 명(建) 복층 구조 주택. 복층형 주택.

【复试】fùshì 명 (일·이차로 나누어 치르는 시험의) 이차 시험. 두 번째 시험. ↔初试

【复视】fùshì 명(醫) 복시. 이중시(二重視).

【复述】fùshù 통 1 다시 말하다. ¶~课文=본문을 복창하다. 2 (배운 것이나 읽은 내용을 이해하여) 자신의 말로 바꿔 말하다.

【复数】fùshù 1 (言) 복수. 2 (數) 복소수(複

素數). [실수와 허수의 합으로 나타내는 수]

【复诵】 **fùsòng** 통 **1** 복창하다. **2** 다시 한 번 송독(誦讀)하다. ¶~这首诗. =이 시를 다시 한 번 송독한다.

【复苏】 **fùsū** **1** 소생〔재생〕하다. 회복〔회생〕하다. ¶大地回春, 万物~. =대지에 봄이 돌아오고 만물이 소생하다. **2** (경제나 생산이) 회생〔회복〕하다. ¶经济~=경제가 회복되다.

【复退】 **fùtuì** 통 제대하다. 퇴역하다. 전역하다.

【复位】 **fù‖wèi** 통 **1** 이탈된 관절이 제 위치로 회복되다. **2** 폐위된 임금이 다시 지위를 되찾다. 복위하다.

【复位术】 **fùwèishù** 명(醫) 정복술(整復術). 골절된 뼈를 맞추는 의료 기술.

【复胃】 **fùwèi** 명(生) 반추위. 새김위.

【复习】 **fùxí** 통 복습하다. ¶~功课=수업 내용을 복습하다. ≒温习↔预习

【复现】 **fùxiàn** 통 (지나간 일이) 다시 떠오르다〔나타나다〕. ¶脑海里又~出往日的情景. =머릿속에 지난날의 정경이 다시 떠오른다.

【复线】 **fùxiàn** 명 (철도·전철의) 복선. [ '单线 (단선)'과 구별됨]

【复写】 **fùxiě** 통 먹지를 대고 쓰다.

【复写纸】 **fùxiězhǐ** 명 먹지. 먹종이.

【复信】 **fù‖xìn** 통 회신하다. ¶未能及时~, 敬请原谅. =제때에 회신하지 못하였사오니, 삼가 헤아려 주시길 바랍니다.

【复信】【覆信】 **fùxìn** 명 회신. 답장. ¶尚未收到~. =아직 답장을 받지 못하였다.

【复兴】 **fùxīng** 통 **1** 부흥하다. ¶民族~=민족이 부흥하다. **2** 부흥시키다. ¶~航天工业=우주 항공 사업을 부흥시키다.

【复姓】 **fùxìng** 명 복성. [두 글자로 된 성(姓)]. '司马·诸葛' 등이 있음]

【复选】 **fùxuǎn** 통 결선 투표하다. 이차 선발하다. 재선거하다.

【复学】 **fù‖xué** 통 복학하다. ↔休学

【复眼】 **fùyǎn** 명(動) 겹눈. 복안(複眼).

【复验】 **fùyàn** 통 재검사하다. 다시 검사하다. ¶~票据=어음을 재검사하다.

【复业】 **fùyè** 통 **1** (상점이) 영업을 재개하다. ¶餐厅装修, 下月~. =식당이 내부 수리를 하고 서, 다음 달에 다시 영업을 재개한다. **2** (직업을 바꾼 뒤) 다시 본업으로 돌아오다. 옛 직업을 회복하다.

【复叶】 **fùyè** 명(植) 겹잎. 복엽(複葉).

【复议】 **fùyì** 통 이미 결정된 일을 다시 한번 토론하다. ¶此事有待~. =이 일은 다시 한번 토론을 거쳐야 한다.

【复音】 **fùyīn** 명 **1**(物) 복음. 복합음. **2** 답장. [상대편의 답장을 높여 이르는 말]

【复音词】 **fùyīncí** 명(言) 다음절어. [두 개 이상의 음절로 이루어진 말. '经济·喜剧片' 등과 같은 단어를 가리킴]

【复印】 **fùyìn** 통 **1** 원래 모양대로 다시 찍다. 복제하다. **2** (복사기로) 복사하다. ¶~材料=자료를 복사하다.

【复印机】 **fùyìnjī** 명 복사기.

【复印件】 **fùyìnjiàn** 명 복사물. 복사본.

【复元】 **fù‖yuán** ☞【复原】 **fù‖yuán**

【复元音】 **fùyuányīn** 명(言) 복모음. [중국어의 'ia·ou·ai' 등을 가리킴]

【复员】 **fù‖yuán** 통 **1** 제대하다. ¶~军人=제대 군인. **2** (국가나 사회가) 전시 상태에서 평화 상태로 되다.

【复原】【复元】 **fù‖yuán** 통 **1** 건강을 회복하다. 원기를 회복하다. ¶他病后身体还没~. =그는 앓고 난 후로 아직 건강이 회복되지 않았다. **2** 원래의 상태로 회복하다. ¶书已被毁, 无法~了. =책이 이미 훼손되어 원래 상태로 복원할 방법이 없다.

【复圆】 **fùyuán** 통(天) 복원(復圓)하다. (일식 또는 월식이 끝나고 해나 달이) 본디의 둥근 모양으로 돌아가다.

【复杂】 **fùzá** 형 (사물의 종류나 두서가) 복잡하다. ¶他的社会关系很~. =그의 사회 관계는 매우 복잡하다. 单纯 简单

【复杂化】 **fùzáhuà** 통 복잡하게 하다. ¶不要随便把问题~. =문제를 제멋대로 복잡하게 하지 마라. ↔简单化

【复杂劳动】 **fùzá láodòng** 명 숙련 노동. 복잡 노동. ↔简单劳动

【复辙】 **fùzhé** ☞【覆辙】 **fùzhé**

【复诊】 **fùzhěn** 통(醫) 재진하다. ¶服完一个疗程的药后, 他又到医院~. =한 치료 과정의 약을 다 복용한 후, 그는 다시 병원에 가서 재진하였다.

【复职】 **fù‖zhí** 통 복직하다. ↔停职

【复制】 **fùzhì** 통 (주로 문물·예술품 등을) 복제하다. ¶~品=복제품.

【复种】 **fùzhòng** 명(農) 이모작. 그루갈이. 다모작. 근경(根耕).

【复转】 **fùzhuǎn** 통 (군대에서) 제대하다. 전역하다.

【复壮】 **fùzhuàng** 통(農) 품종 원래의 우량성을 되살리고 종자의 생장력을 향상시키다. ¶品种~=품종이 원래의 우량한 특성에 가까워지고 생장력이 향상되다.

## 洑 fù 헤엄칠 복

통 헤엄치다. 수영하다. ¶~水=수영하다. ☞ **fú**

## 衬 fù 합사할 부

명⟨⟩ 합사(合祀). [옛날, 신주(神主)를 조묘(祖廟)〔사당〕에 모시는 제사의 하나] 통⟨⟩ 합장(合葬)하다.

## *副 fù 버금 부

통⟨⟩ **1** 쪼개다. 가르다. 나누다. **2** 부합하다. 들어맞다. 적합하다. ¶名~其实=명실상부하다. 형 **1** 제2의. 보조의. 부. ¶~县长=부현장. ¶~编审=부편집. **2** 부수적인. 부대적인. 부차적인. ¶农~产品=농업 부산물. **3** 차등의. 둘째의. ¶这些都是~品。=여기 있는 것들은 하등 품이다. 양 **1** 켤레. 쌍. 짝. [쌍이나 짝으로 된 물건을 세는 단위] ¶一~手套=장갑 한 켤레. **2** 벌. 세트. [한 벌 또는 세트로 된 물건을 세는 단위] ¶一~象棋=장기 한 벌. **3** 얼굴 표정에 쓰임. [수사는 '一(yī)'만 씀] ¶一~笑脸=웃는 얼굴. 명 **1** 부직. 보좌직. 보조 직무를 담당하는 사람. ¶大~=일등 항해사. / 队~=부대장. **2** (Fù) 성(姓). ↔正 主

○● 二副, 三副

【副本】 **fùběn** 명 **1** (문건의) 부본. 사본. **2** (원고 외의) 복사본. 복제본. ↔正本
【副标题】 **fùbiāotí** ☞【副题】 **fùtí**
【副产品】 **fùchǎnpǐn** 명 부산물. =【副产物】 **fùchǎnwù**
【副产物】 **fùchǎnwù** ☞【副产品】 **fùchǎnpǐn**
【副词】 **fùcí** 명〈언〉 부사.
【副高】 **fùgāo** 명양 副高级职称(부고급 직함). ['부(副)'자가 들어가는 고급 직함. 예컨대, '副教授(부교수)' 등] =【副高职】 **fùgāozhí**
【副高职】 **fùgāozhí** ☞【副高】 **fùgāo**
【副歌】 **fùgē** 명〈音〉 (노래의) 후렴.
【副官】 **fùguān** 명양〈军〉 부관.
【副虹】 **fùhóng** 명〈天〉 (쌍무지개에서 빛이 엷고 흐린) 이차 무지개. 암무지개.
【副教授】 **fùjiàoshòu** 명 부교수.
【副经理】 **fùjīnglǐ** 명 (회사·호텔 등의) 부사장. 부지배인.
【副卷】 **fùjuàn** 명 (문제 유출 방지나 재시험을 위한) 예비용 시험 문제.
【副刊】 **fùkān** 명 특별 페이지. 특별란. 칼럼.
【副科】 **fùkē** 명 **1** 부전공 과정. **2** 계(系). [과(科) 아래의 행정 직급]
【副品】 **fùpǐn** 명 하등품. 저질품. ↔正品
【副热带】 **fùrèdài** ☞【亚热带】 **yàrèdài**
【副伤寒】 **fùshānghán** 명〈醫〉 파라티푸스(Paratyphus).
【副肾】 **fùshèn** ☞【肾上腺】 **shènshàngxiàn**
【副食】 **fùshí** 명 부식(물). ↔主食
【副食店】 **fùshídiàn** 명 식료품점.
【副手】 **fùshǒu** 명 조수. 보조원. 보조인. ≒助手
【副署】 **fùshǔ** 통 부서하다. (국가의) 최고 지도자가 서명한 뒤 다시 관계 책임자가 서명하다.
【副题】 **fùtí** 명 부제. 부제목. =【副标题】 **fùbiāotí**
【副线圈】 **fùxiànquān** 명〈物〉 2차 코일. =【次级线圈】 **cìjí xiànquān**
【副项】 **fùxiàng** 명 부차(이차)적인 항목.
【副性征】 **fùxìngzhēng** 명〈生〉 제2차 성징(第二次性徵). 이차 성징. 제2성징. =【第二性征】 **dì èr xìngzhēng**
【副修】 **fùxiū** 통 부전공하다. ¶主修中国语言文学, ~新闻传播学。=중어중문학을 전공하고 신문방송학을 부전공하다.
【副业】 **fùyè** 명 부업.
【副油箱】 **fùyóuxiāng** 명 보조 연료 탱크.
【副职】 **fùzhí** 명 부직. 보좌직.
【副作用】 **fùzuòyòng** 명 부작용. ¶这种药的~很小。=이 약의 부작용은 매우 작다.

# 蝜[蝜] fù 부판 부

【蝜蝂】 **fùbǎn** 명 고대 우언에 나오는, 무거운 물건을 잘 짊어지는 작은 벌레.

\* # 赋[賦] fù 세금 부

명 **1**〈옛〉 농지세. 전답세. ¶田~=농지세. **2** 사람의 천성. 천부적인 자질. ¶天~=천부적인 자질. **3** 부. [중국 고대 문체로 한위육조(漢魏六朝) 시대에 성행되었고, 운문과 산문의 혼합 형식임] ¶写~=부를 짓다. 통 **1** (위에서 아래로) 주다. 부여하다. ¶~予重任=중임을 부여하다. **2** 〈문〉 (세금을) 징수하다. 세금을 거두다. ¶~以重税=무거운 세금을 징수하다. **3** (시가·사(詞) 등을) 창작하다. 짓다. ¶~诗填词=시를 짓고 사를 짓다. ≒税

○● 禀bǐng赋, 辞赋

【赋格曲】 **fùgéqǔ** 명〈音〉 푸가(fuga). 둔주곡(遁走曲).
【赋诗】 **fùshī** 통 시를 짓다. ¶~一首=시 한 수를 짓다.
【赋税】 **fùshuì** 명 토지세와 각종 세금의 총칭. 조세.
【赋闲】 **fùxián** 통 **1** 관직을 그만두고 한거(閑居)하다. [진(晉)대 반악(潘岳)이 관직을 그만두고 집에 한거하면서《한거부(閑居賦)》를 지은 데서 유래함] **2** 〈비〉 직업 없이 집에서 놀다.
【赋性】 **fùxìng** 명 천성. ¶~忠厚=천성이 충직하고 온후하다.
【赋役】 **fùyì** 명 조세와 부역.
【赋有】 **fùyǒu** 통 (어떤 성격·기질 등을) 지니다. 가지다. 구비하다. ¶他天生~领导才能。=그는 천성적으로 지도자 재능을 지니고 있다.
【赋予】 **fùyǔ** 통 (중대한 임무나 사명 등을) 부여하다. 주다. ¶~权力=권한을 주다.

\*\* # 傅 fù 보좌할 부

통 **1** 보조하다. 보좌하다. 거들어 주다. 도와 주다. 가르치다. 교도하다. **2** 붙이다. 덧붙이다. 부착하다. 더하다. 보태다. 첨가하다. ¶皮之不存, 毛将安~? =가죽이 없다면, 털이 어떻게 붙어 있겠는가? [사물은 바탕이 있어야 존재한다는 뜻] **3** 바르다. 칠하다. ¶搽脂~粉=연지를 바르고 분을 바르다. 명 **1** 스승. 사부. ¶师~=스승. **2** (Fù) 성(姓).

○● 皮傅, 大师傅

【傅粉】 **fù**∥**fěn** 통〈文〉 분을 바르다. 화장하다.
【傅会】 **fùhuì** ☞【附会】 **fùhuì**

\*\* # 富 fù 넉넉할 부

형 **1** 많다. 풍부하다. 넉넉하다. ¶~于营养=영양이 풍부하다. **2** 재산이 많다. 잘살다. 부유하다.

다. ¶贫~悬殊=빈부 격차가 심하다. 동 부유하게 하다. 잘살게 하다. 풍족하게 하다. ¶~民政策=부민 정책. ¶ 1 자원. 이재. 재산. 2 부자. 부호(富户). ¶当地首~=현지 갑부. 3 (Fù) 성(姓). 늑裕 贵 余 ↔贫 穷

○● 丰富, 豪富, 露lòu富, 首富

【富产】fùchǎn 동 풍부하게 산출되다. ¶中东地区~石油.=중동 지역은 석유가 풍부하게 산출된다.

○ 畐 fú
副 fù
幅 fú
富 fù
福 fú
辐 fú
蝠 fú
匍 fú
逼 bī

【富富有余】fùfù-yǒuyú 형 매우 여유가 있다. 매우 풍부하다. 매우 넉넉하다.

【富富裕裕】fù·fu yùyù (~的) 형 부유하다. ¶日子过得~的.=부유한 나날을 지내다.

【富贵】fùguì 형 부귀하다. ¶生于~之家.=부귀한 집안에서 태어나다. ↔贫贱

【富贵病】fùguìbìng 명 호강병. 사치병. 부자병. [장기 요양·보양을 필요로 하고 힘든 일을 할 수 없는 만성병의 통칭]

【富贵不能淫】fùguì bùnéng yín 돈이나 지위에 의해 현혹되지 않다. 재물과 직위로도 유혹할 수 없다.

【富贵浮云】fùguì-fúyún 성용 재물과 권세는 뜬구름과 같다. 부귀공명은 변화무상하다.

【富国】fùguó 명 부국. 부유한 나라. 동 나라를 부유하게 하다. ¶~裕民=나라와 백성을 부유하게 하다.

【富国安民】fùguó-ānmín 성 부국안민. 나라를 부강하게 하고 백성을 편안케 하다.

【富国强兵】fùguó-qiángbīng 성 부국강병. 나라를 부유하게 하고 군대를 강하게 하다.

【富国兴邦】fùguó-xīngbāng 성 나라를 부강하고 번성하게 하다.

【富含】fùhán 동 대량으로 함유하다. ¶水果~维生素.=과일에는 비타민이 대량으로 함유되어 있다.

【富豪】fùháo 명 부자. 부호.

【富户】fùhù 명 부잣집. 부호.

【富家】fùjiā 명 부잣집.

【富矿】fùkuàng 명 (矿) 부광. 품질이 좋은 광석(광석). ['贫矿(빈광)'과 구별됨]

【富丽】fùlì 형 대단히 화려하다. 웅대하고 아름답다. ¶豪华~=호화스럽고 화려하다.

【富丽堂皇】fùlì-tánghuáng 성 웅장하고 화려하다.

【富民】fùmín 동 국민을 부유하게 하다. ¶富国~=나라와 국민을 부유하게 하다.

【富农】fùnóng 명 부농.

【富婆】fùpó 명 돈이 많은 중·노년 부인.

【富强】fùqiáng 형 (나라가) 부강하다. ¶繁荣~=번영하고 부강하다. ↔贫穷

【富强粉】fùqiángfěn 명 일[특]등급 밀가루. [출분율이 60～70%인 고급 밀가루]

【富饶】fùráo 형 (물산이나 자원이) 풍요롭다.

풍족하다. 부유하다. ¶~的天府之国=풍요로운 천혜의 자연 지역. [일반적으로 쓰촨(四川)성을 가리킴] ↔贫困 贫穷

【富人】fùrén 명 부자.

【富商】fùshāng 명 부유한 상인. 부상. 호상(豪商). 거상.

【富商大贾】fùshāng dàgǔ 명 호상(豪商). 거상(巨商).

【富实】fù·shí 형 (가산·자재 따위가) 풍부하다. 넉넉하다. 부유하다. ¶家业~=가산이 넉넉하다.

【富庶】fùshù 형 물산이 풍부하고 인구가 많다. 풍요롭다. ¶~之地=풍요로운 땅.

【富态】fù·tɑi 형(구) 복스럽다. (보기 좋게) 통통하다. [살진 것을 은밀히 가리킴] ¶她长得很~.=그녀는 매우 복스럽게 생겼다.

【富翁】fùwēng 명 부자. 부옹.

【富营养化】fùyíngyǎnghuà 동 (수질이) 부영양화되다.

【富有】fùyǒu 동 충분히 가지다. 다분하다. 풍부하다. ¶~创新精神=창조적인 정신이 풍부하다. 형 부유하다. ¶他家很~.=그의 집은 아주 부유하다. ↔贫寒 穷苦 穷困

【富于】fùyú 동 …이[가] 풍부하다. ¶~想象力=상상력이 풍부하다.

【富余】fùyú 동 남다. ¶~两千元钱.=2,000위안이 남다.

【富余】fù·yu 동 남아돌다. 넉넉하다. 여유가 있다. ¶把~的钱用来投资.=여유 자금을 투자에 쓰다.

【富裕】fùyù 형 부유하다. ¶国家强盛, 人民~.=국가가 강성하고 국민이 부유하다. 동 부유하게 하다. ¶发展经济, ~人民.=경제를 발전시켜 백성을 부유하게 하다. 늑充裕 ↔贫穷 贫困 穷困 穷苦

【富源】fùyuán 명 부원. 부의 원천. 천연 자원. ¶开发~=천연 자원을 개발하다.

【富在深山有远亲】fù zài shēnshān yǒu yuǎnqīn 속 부귀하면 깊은 산 속에 살아도 먼 친척이 찾아온다.

【富足】fùzú 형 풍족하다. 넉넉하다. ¶人们的生活日渐~.=사람들의 생활이 나날이 풍족해지다. ↔贫困

**腹** fù 배 복

명 (生) 배. [肚子(dù·zi)'라고 통칭함] ¶食不果~=배불리 먹지 못하다. 2 내심. 마음. 가슴 속. ¶口蜜~剑=말은 달콤하게 하면서 속으로는 남을 해칠 생각을 품다. 3 (지역의) 중앙부. 가운데. 중심. ¶亚洲~地=아시아의 중심. 4 (산·솥·항아리·병 등의) 배. 중앙에 내민 부분. ¶瓶~=병의 배. ↔背

○● 果腹, 空腹, 口腹, 捧pěng腹, 气腹, 小腹, 心腹, 韵yùn腹, 遗腹子

【腹案】fù'àn 1 복안. [마음속으로 생각해 놓은 방안] ¶只是有个~, 还没形成文字.=복안만 있지 아직 문서화되지 않다. 2 복안. 계획안.

[이미 입안을 하였지만 아직 공개하지 않은 방안] ¶这是调研组长期研究得出的~。=이것은 조사 연구팀에서 장기간 연구하여 얻어 낸 계획안이다.

【腹背】**fùbèi** 〖명〗 **1** 복부〔배〕와 등. **2** 앞뒤. ¶~夹击=앞뒤로 협공하다.

【腹背受敌】**fùbèi-shòudí** 〈成〉 앞뒤에서 적의 공격을 받다.

【腹部】**fùbù** 〖명〗 **1** 배. 복부. **2** 중심 지역〔지대〕. 내지. 오지(奧地). ¶地处欧洲~。=땅이 유럽 중심에 자리잡고 있다.

【腹地】**fùdì** 〖명〗 중심 지역〔지대〕. 내지(內地). 오지(奧地). ¶深入~=내지로 깊숙이 들어가다. ≒内地

【腹非】**fùfěi** ☞ 【腹诽】**fùfěi**

【腹诽】**fùfěi** 〖동〗 마음속으로 옳지 않다고 여기다. =【腹非】**fùfěi** ¶~已久=마음속으로 이미 오래 전부터 잘못되었다고 생각하다.

【腹股沟】**fùgǔgōu** 〖명〗〈生〉 서혜부(鼠蹊部). [불두덩 옆에 오목하게 된 부분. 하복부와 허벅다리가 맞닿은 안쪽] =【鼠蹊】**shǔxī**

【腹面】**fùmiàn** 〖명〗 복면. 배와 가슴이 있는 쪽.

【腹膜】**fùmó** 〖명〗〈生〉 복막.

【腹膜炎】**fùmóyán** 〖명〗〈醫〉 복막염.

【腹鳍】**fùqí** 〖명〗〈動〉 배지느러미.

【腹腔】**fùqiāng** 〖명〗〈生〉 복강.

【腹水】**fùshuǐ** 〖명〗〈醫〉 복수.

【腹泻】**fùxiè** 〖명〗〈醫〉 설사. =【水泻】**shuǐxiè**〈俗〉【拉稀】**lāxī**【泻肚】**xièdù**【闹肚子】**nàodù·zi**

【腹心】**fùxīn** 〖명〗 **1**〈俗〉 진심. 성심. ¶~相照=진심이 서로 통하다. **2** 심복(心腹). 측근(側近). ¶~之人=심복. **3** 급소. 중심부. ¶~要地=요충지.

【腹心之患】**fùxīnzhīhuàn** 〈成〉 **1** 배나 가슴 등 중요 기관에 생긴, 고치기 어려운 질환. **2**〈比〉 요해처에 생긴 우환. 중요한 곳에 발생한 재난. 내부 깊숙이 스며든 우환. =【腹心之疾】**fùxīnzhījí**

【腹心之疾】**fùxīnzhījí** ☞ 【腹心之患】**fùxīnzhīhuàn**

【腹议】**fùyì** 〖동〗〖문〗 말은 하지 않으나 마음속으로는 이의가 있다.

【腹胀】**fùzhàng** 〖동〗 복부가 팽창하다.

# 鲋[鮒] **fù** 붕어 부

〖명〗〈動〉 붕어. ¶涸辙之~=물이 고갈된 수레바퀴 자국 속의 붕어. 곤경에 처해 간절히 도움을 바라는 사람.

# *缚[縛] **fù** 묶을 박

〖동〗 묶다. 동여매다. 속박하다. ¶束~=속박하다. / 手无~鸡之力。=닭 잡을 힘도 없다. 힘이 매우 약하다.

# 赙[賻] **fù** 부의 부

〖동〗 (초상난 집에) 부조하다. 부의(賻儀)하다. ¶~金=부의금.

【赙仪】**fùyí** 〖명〗〈문〉 (상가에 부조로 보내는) 부의. 부의품. 조의금. 조의품.

【赙赠】**fùzèng** 〖동〗〈문〉 (상갓집에) 부조하다. 부의하다.

# 蝮 **fù** 살무사 복

【蝮蛇】**fùshé** 〖명〗〈動〉 살무사. [중국에서 가장 광범위하게 서식하고 개체 수도 가장 많은 유독성 뱀으로, 술에 담가 약용하기도 함]

# 鳆[鰒] **fù** 전복 복

〖명〗〈動〉 전복.

【鳆鱼】**fùyú** ☞ 【鲍鱼】**bàoyú**

# **覆 fù** 뒤집힐 복 / 덮을 부

〖동〗 **1** 뒤집(히)다. 엎어지다. 전복되다. 고꾸라지다. ¶天翻地~=천지가 뒤집히다. **2** 멸망하다. ¶顷刻~灭=순식간에 멸망하다. **3** 덮다. 뒤덮다. 씌우다. 덮어 가리다. ¶天~地载=하늘이 만물을 뒤덮고 땅이 일체 만물을 받아들이는 듯하다. 은택이 깊고 두텁다. **4** 반복하다. 이랬다저랬다하다. [ '复(fù)'와 같음] **5** 회답하다. 대답하다. [ '复(fù)'와 같음]

○→ **颠**diān覆, 翻覆, 倾qīng覆

【覆被】**fùbèi** 〖동〗〖문〗 (뒤)덮다. 가리다. 〖명〗 **1** 초목으로 뒤덮인 곳. ¶森林~几乎占全县面积的二分之一。=삼림으로 뒤덮인 것이 현 전체 면적의 거의 반을 차지한다. **2** 뒤덮인 초목. ¶保护~=뒤덮인 초목을 보호하다.

【覆巢无完卵】**fù cháo wú wánluǎn** 〈成〉 **1** 엎어진 둥지에 성한 알이 없다. **2**〈比〉 전체가 잘못되면 개인도 화를 면할 수 없다.

【覆车之鉴】**fùchēzhījiàn** 〈成〉 **1** 앞차가 뒤집히는 것을 보고 뒷차가 교훈으로 삼다. **2**〈比〉 실패의 교훈.

【覆盖】**fùgài** 〖동〗 덮다. 뒤덮다. 덮어 가리다. ¶冰雪~大地。=빙설이 대지를 뒤덮다. 〖명〗 지면을 덮은 식물. ¶~有利于水土保持。=지면을 덮은 식물은 물과 토양의 유실을 방지하는 데 이롭다.

【覆盖层】**fùgàicéng** 〖명〗〈地〉 지표면을 덮고 있는 유기물층. 〈英〉 overburden

【覆盖率】**fùgàilǜ** 〖명〗 복개율. 지표면을 덮은 지역이 전체 면적에 차지하는 비율. ¶全市森林~达40%。=전체 시의 삼림 복개율은 40퍼센트에 달한다.

【覆盖面】**fùgàimiàn** 〖명〗 **1** 복개면. 초목으로 뒤덮인 면적. ¶森林~广。=삼림으로 뒤덮인 면적이 광대하다. **2**〈比〉 영향을 미치는 범위. 전파 범위. ¶进一步扩大卫星节目的收视~。=위성 프로그램의 시청 가능 범위를 한층 더 확대하다.

【覆灭】**fùmiè** 〖동〗 전멸하다. 멸망하다. ¶全军~=전군이 전멸하다.

【覆没】**fùmò** 〖동〗 **1**〖문〗 (배가) 뒤집혀 침몰하다. **2**〈比〉 (군대 등이) 전부 전멸되다. ¶全军~=

覆 馥 **fù**

군이 전멸되다. **3**㉡㉖ (영토나 도시 등이 적에게) 함락되다. 점령당하다. 적의 수중에 떨어지다. ¶中原~=중원이 적의 수중에 떨어지다.
【覆盆】**fùpén** ㉢ **1** 엎어 놓은 대야〔버치〕. **2**《植》복분자(覆盆子). 요강딸기.
【覆盆之冤】**fùpénzhīyuān** ㉛ (동이를 엎어 놓아 안에 빛이 비추지 못하듯) 어디에도 호소할 곳이 없는 억울함.
【覆盆子】**fùpénzǐ** ㉢《植》**1** 복분자. **2** 산딸기. 멍덕딸기.
【覆手】**fùshǒu** ㉠ **1** 손바닥을 뒤집다. **2**㉖ 일 처리가 매우 쉽다. ¶~可得=손바닥 뒤집듯이 쉽게 얻다.
【覆水】**fùshuǐ** ㉢ 땅에 엎지른 물.
【覆水难收】**fùshuǐ-nánshōu** ㉛ **1** 한번 엎지른 물은 다시 담지 못한다. **2**㉖ 저지른 일은 만회하기 어렵다. =【反水不收】**fǎnshuǐ-bùshōu**.
【覆土】**fùtǔ** ㉠ 흙으로 덮다. 흙을 덮다. ¶播种后~掩埋。=과종한 후 흙을 덮어 묻다. ㉢ 복토. 흙덮기. 위에 덮은 흙. ¶~很厚=덮은 흙이

두둑하다.
【覆亡】**fùwáng** ㉠ 멸망하다. ≒灭亡.
【覆信】**fù‖xìn** ☞【复信】**fù‖xìn**.
【覆信】**fùxìn** ☞【复信】**fùxìn**.
【覆辙】[复辙] **fùzhé** ㉢ **1** 뒤집힌 수레의 바퀴. **2**㉖ 이전에 실패한 방법. 실패의 전례(前例). 전철(前辙). ¶重蹈~=전철을 거듭 밟다.
【覆舟】**fùzhōu** ㉠㉖ **1** 전복시키다. ¶水能载舟, 亦能~。=물은 배를 띄울 수 있지만 전복시킬 수도 있다. **2**㉖ 와해시키다. 무너뜨리다. 실각시키다. 쓰러뜨리다. 멸망시키다.

## 馥 **fù** 향기 복

㉠㉖ 향기롭다. 향기가 짙다. ¶芳~=향기가 짙다. 꽃향기가 농후하다.
【馥馥】**fùfù** ㉠㉖ 향기가 매우 짙다. ¶花香~=꽃 향기가 아주 짙다.
【馥郁】**fùyù** ㉠㉖ 향기가 짙다. ¶满园的鲜花散发着~的香味。=정원 가득한 생화가 짙은 향기를 풍기고 있다.

# G

## ga

**夹[夾]** gā 겨드랑이 협
☞ jiā, jiá
【夹肢窝】【胳肢窝】gā·zhiwō ☞【腋窝】yèwō

**旮** gā 구석 욱
아래를 참조.
【旮旮旯旯儿】gā·ga lálár 〈명〉 구석구석. 이 구석 저 구석. ¶把~都打扫干净. = 구석구석 모두 깨끗이 청소하다.
【旮旯儿】gālár 〈명〉 **1** 구석. ¶墙~ = 담벼락의 구석. **2** 구석진〔후미진〕곳. 모퉁이. ¶山~ = 산골짜기.

**伽** gā 음역자 가
아래를 참조.
☞ jiā, qié
【伽马刀】gāmǎdāo 〈명〉〈외〉 감마나이프(gamma-knife). =【光刀】guāngdāo
【伽马射线】gāmǎ shèxiàn ☞【丙种射线】bǐngzhǒng shèxiàn

**呷** gā 소리의 형용 합
☞ xiā
【呷呷】gāgā ☞【嘎嘎】gāgā

**咖** gā 음역자 가
☞ kā
【咖喱】gālí 〈명〉〈외〉 카레(curry).

**胳** gā 겨드랑이 각
☞ gē, gé
【胳肢窝】gā·zhiwō ☞【夹肢窝】gā·zhiwō

**嘎[(嘎)]** gā 소리의 형용 알
〈의〉 좍. 쩍. 끽. 툭. 딱. 까악. [짧고 우렁찬 소리] ¶湖面上的冰~的一声裂开了. = 호수 수면의 얼음이 좍 하고 갈라졌다.
☞ gá, gǎ
【嘎巴】gābā 〈의〉 툭. 딱. 탁. 짤깍. 지끈. 우지끈. 우지직. [나뭇가지 등이 부러지는 소리] ¶~一声,树枝被折断了. = 우지끈 하고 나뭇가지가 부러졌다.
【嘎巴】gā·ba 〈동〉〈방〉(끈적끈적한 것이 용기의 표면에) 달라붙다. 들러붙다. 말라붙다. 엉기다. 눌어붙다. ¶粥~在碗边儿上,不容易洗净. = 죽이 그릇에 달라붙어 잘 씻겨지지 않는다. 〈명〉〈방〉(~儿) (용기에 말라붙은 죽이나 풀 따위의) 더께. 더뎅이. 딱지. ¶粥~ = 죽의 말라붙은 딱지.
【嘎嘣脆】gā·bēngcuì 〈형〉〈방〉 **1** (과자 등이) 아삭아삭하다. 바삭바삭하다. 파삭파삭하다. ¶~的炒黄豆 = 바삭바삭하게 볶은 콩. **2** 명쾌하다. 간단명료하다. 시원시원하다. 솔직하다. ¶他是个爽快人,说话做事~. = 그는 호쾌한 사람이라서 말이나 행동이 시원시원하다.
【嘎噔】gādēng 〈의〉 쿵. 꽈당. 쿵덩. 덜컹. ¶椅子~一声被撞倒了. = 의자가 꽈당 하면서 바닥에 넘어졌다.
【嘎嘎】【呷呷】gāgā 〈의〉 꽥꽥. 까약까약. 끼루룩. 끼룩끼룩. [기러기나 오리 등이 우는 소리] ¶鸭子~~地叫个不停. = 오리가 꽥꽥 하면서 쉴새없이 울어 댄다.
☞ gá·ga
【嘎渣儿】gā·zhar 〈명〉 **1** (상처의) 딱지. 부스럼 딱지. **2** (용기에 타거나 눌어서 딱딱하게 붙은) 더께. 더뎅이. 딱지.
【嘎吱】gāzhī 〈의〉 삐걱. 삐거덕. [크고 단단한 물체가 서로 닿아서 마찰할 때 나는 소리. 주로 중첩하여 쓰임] ¶他挑着担子,扁担不停地~~的响. = 그가 짐을 메고 가는데, 멜대가 줄곧 삐걱거렸다.

**轧[軋]** gá 서로 다툴 알
〈동〉〈방〉 **1** 밀다. 밀치다. 밀려들다. 붐비다. 서로 밀고 당기다. ¶广场上简直是人~人. = 광장은 그야말로 사람들로 북새통을 이룬다. **2** 대조하다. 점검하다. 계산하다. ¶~账 = 장부를 결산하다. **3** 사귀다. ¶~朋友 = 친구를 사귀다.
☞ yà, zhá

**钆[釓]** gá 가돌리늄 가
〈명〉〈화〉(化) 가돌리늄(Gd, gadolinium). [원자 번호 64]

**尜** gá 팽이 가
아래를 참조.
【尜儿】【嘎嘎】gá·ga 〈명〉〈구〉 **1** (~儿) (가운데가 볼록하고 양쪽 끝이 뾰족한) 팽이. =【尜儿】gár **2** 팽이 모양의 물건. ¶~枣 = 양쪽 끝이 뾰족하고 가운데가 볼록한 대추.
【尜儿】gár ☞【尜尜】gá·ga

嘎[(嘠)] gá 새 소리 알
아래를 참조.
☞ gā, gǎ
【嘎调】gádiào 명 (劇) 가조. [경극(京劇)의 노래 곡조에서 어떤 한 가사를 특별히〔갑자기〕높여서 노래하는 것이 있는데, 이 때 내는 음을 가조(嘎調)라고 함]
【嘎嘎】gá·ga ☞【尜尜】gá·ga

噶 gá 음역자 갈
아래를 참조.
【噶伦】gálún 명(티) 옛날 티베트 지방 정부의 주요 관원.
【噶厦】gáxià 명(티) 옛날 티베트 지방 정부. [4명의 '噶伦(gálún)'으로 구성되었으며, 1959년에 해체됨]

尕 gǎ 까불 가
형(방) 1 짓궂다. 장난이 심하다. 별나다. 까불기를 좋아하다. ¶小子 = 장난끼가 심한 녀석. 2 괴팍하다. 성질이 고약하다. 약스럽다. ¶这人~得很, 总一个人独来独往. = 이 사람은 성질이 괴팍해서 늘 혼자서 다닌다.
【尕古】gǎ·gu 형(방) 1 (사람의 성격·물건의 품질·일의 결말 등이) 좋지 않다. 나쁘다. 이상하다. 2 괴벽스럽다. 가스러지다. ¶他这人很~, 没有几个朋友. = 그 사람은 성격이 괴팍해서 친구가 몇 명 없다.
【尕子】[嘎子] gǎ·zi 명(방) 개구쟁이. 장난꾸러기. 악동이. 짓궂은 아이. [애정 어린 호칭으로, 아이를 부를 때 사용하기도 함]

尜 gǎ 귀여울 가
형(방) 작다. 자그맣다. 귀엽다. ¶~娃 = 꼬마.

嘎[(嘠)] gǎ 까불 가
형(방) '尕(gǎ)'와 같음.
☞ gā, gá
【嘎子】gǎ·zi ☞【尕子】gǎ·zi

尬 gà 부자연스러울 개
☞【尴尬】gāngà

## gai

**该¹[該]** gāi 마땅히 해
동 1 (마땅히) …해야 한다. …하는 것이 당연하다. ¶论学术实力, ~张老师升教授. = 학술(연구) 능력으로 논하자면 장 선생님이 교수로 승진되어야 한다. 2 …의 차례〔순서〕이다. ¶明天~小李值班. = 내일은 샤오리가 당직이다. 3 …할 만하다. …해도 싸다. …하는 게 당연하다. 쌤통이다. ¶~, 谁让你贪小便宜的. = 거 쌤통이다, 누가 너더러 공짜 좋아하래? 4 …하는 것이 마땅하다〔도리이다〕. ¶我们~回家了. = 우리는 이제 집에 돌아가야 할 때가 되었다. 5 …해야 할 것이다. 대개는 …일 것이다. [이치·경험 등에 비추어 볼 때 도출 가능한 결과를 나타내며, 감탄 어구에 쓰여 그 어기를 강조함] ¶再过一段时间, ~穿毛衣了. = 이제 좀 더 지나면 스웨터를 입어야겠다. / 如果能在这儿好好玩儿上几天, ~多好啊! = 만약 여기서 며칠 실컷 놀 수 있다면 얼마나 좋을까! 6 대 빚지다. ¶我~他几大千. = 나는 그에게 수천의 (큰)돈을 빚졌다. 대 (앞에서 언급한) 이. 그. 저. ['此(cǐ)'·'这个(zhè·ge)'에 상당함] ¶~片下周上映. = 이 영화는 다음 주에 상영한다. / ~公司即将上市. = 이 회사는 곧 (주식 시장에) 상장된다.

**该²[該]** gāi 재물 해
'赅(gāi)'와 같음.
【该班】gāi ‖ bān (~儿) 동 당직을 설 차례이다. ¶今天该他的班. = 오늘은 그가 당직이다.
【该博】gāibó ☞【赅博】gāibó
【该打】gāidǎ 동 맞을 만하다. 맞아도 싸다. ¶这孩子太调皮了, ~. = 이 애는 장난이 너무 심해서 맞아도 싸다.
【该当】gāidāng 동 1 (문) 당연히 져야 하다. …에 해당하다. ¶~何罪? = 무슨 죄에 해당하는가? 2 …해야 하다. …하는 것이 당연하다. 마땅하다. 응당하다. ¶你有困难, 我~尽力帮助. = 네게 어려움이 있으면, 내가 있는 힘껏 돕는 게 당연하다.
【该欠】gāiqiàn 동 빚지다. ¶这笔款子已~好几年了. = 이 빚을 진 지 여러 해 되었다. 명 (갚거나 돌려받아야 할) 돈. 빚. 부채. 차용금. ¶有些~必须在年底收回. = 빌려 준 돈 중 어떤 것은 반드시 연말에 회수해야 한다.
【该死】gāisǐ 형 제기랄. 우라질. 빌어먹을. ¶~, 我竟然把这么重要的事给忘了. = 제기랄, 내가 이렇게 중요한 일을 잊어버리다니.
【该账】gāizhàng 동 빚지다. 외상하다. ¶为了给他治病, 家里到处~. = 그의 병을 고치기 위해 우리 집은 여기저기 빚을 졌다. 명 (갚거나 돌려받아야 할) 돈. 빚. 부채. 차용금. ¶尽快把~还了. = 빠른 시일 내에 빚을 갚으세요.
【该着】gāizháo 부(동) …할 운명이다. 불가피하다. ¶这回可是~他发财了. = 이번에는 그는 반드시 돈을 벌게 되어 있다.

陔 gāi 층층대 해
명(문) 1 계단 아랫부분. 2 단계. 등급. 3 논〔밭〕두렁.

垓 gāi 수의 단위 해
수(문) 해. [경(京)의 1만 배. 10의 20제곱] 명 해하(垓下). [고대의 지명. 지금의 안후이(安徽)성 링비(灵璧)현 동남쪽에 있었음]
【垓心】gāixīn 명 해심. 포위된 한가운데. [주로 옛 소설에서 쓰임] ¶被困~ = 포위되어 한가운데 갇히다.

荄 **gāi** 풀뿌리 해
⟦명⟧⟦문⟧ 풀뿌리. 초근(草根).

赅[賅] **gāi** 족할 해
⟦형⟧⟦문⟧ 두루 갖추다. 완비하다. ¶言简意～＝말은 간략하나 뜻은 모두 들어 있다. ⟦동⟧ 겸하다. 포괄하다. 포함하다. 함유하다. ¶举一～百＝하나의 예를 들어 모든 것을 설명하다.
【赅备】 **gāibèi** ⟦형⟧⟦문⟧ 두루 갖추다. 완비하다. ¶周全～＝빈틈없이 두루 갖추다.
【赅博】[該博] **gāibó** ⟦형⟧⟦문⟧ 해박하다. 박학다식하다. 학식이 풍부하다. ¶学识～＝학식이 풍부하다. ↪渊博
【赅括】 **gāikuò** ⟦동⟧⟦문⟧ 개괄하다.

**改** gǎi 고칠 개
⟦동⟧ **1** 고치다. 바꾸다. 달라지다. 변화시키다. 변경하다. ¶面不～色＝얼굴빛 하나 변하지 않다. / ～名换姓＝성과 이름을 바꾸다. **2** 바로잡다. 개정하다. ¶屡教不～＝여러 차례 가르쳐도 고치지 않다. / 知错不～＝잘못을 알고도 고치지 않다. **3** 수정하다. 정정하다. ¶篡～＝왜곡하다. / 批～作文＝작문한 것을 정정하고 비평하다. **4** 개혁하다. ¶教～＝교육 개혁. / 房～＝주택 제도 개혁. ⟦명⟧ (Gǎi) 성(姓). ↪更 换

○→ 窜cuàn改, 篡cuàn改, 更gēng改, 悔huǐ改, 校jiào改, 劳改, 批改, 删shān改, 涂tú改, 土改, 修改

【改版】 **gǎibǎn** ⟦동⟧ (신문·잡지·TV 프로그램 등을) 개판[레이아웃]하다. ¶本报明年～. ＝본 신문은 내년에 개판[레이아웃]한다.
【改扮】 **gǎibàn** ⟦동⟧ 변장하다. ¶为便于侦查案情, 他～成一个小商贩. ＝사건 수사를 위해 그는 장사꾼으로 변장했다.
【改编】 **gǎibiān** ⟦동⟧ **1** 개편하다. [주로 군대의 편제를 가리킴] ¶把原来的两个连～为一个连. ＝원래의 두 개 중대를 일 개 중대로 개편하다. **2** (원작을) 개작하다. 각색하다. ¶这部电影根据同名小说～. ＝이 영화는 동일 제목의 소설을 각색한 것이다.
【改变】 **gǎibiàn** ⟦동⟧ **1** 변하다. 바뀌다. 달라지다. ¶近年的经济发展使城市～了面貌. ＝최근 몇 년의 경제 발전은 도시의 면모를 바꾸어 놓았다. **2** 고치다. 바꾸다. 달리 하다. ¶～态度＝태도를 바꾸다. ↪更动
【改产】 **gǎi‖chǎn** ⟦동⟧ 생산 품목을 바꾸다. 다른 품목을 생산하다.
【改常】 **gǎicháng** ⟦동⟧ 비정상적이다. 평소와 다르다. ¶他今天有点儿～, 说话颠三倒四的. ＝그는 오늘 평소와 달리 말이 뒤죽박죽이다〔조리가 없다〕.
【改朝换代】 **gǎicháo-huàndài** ⟦성⟧ **1** 새로운 왕조가 서다. **2** 정권이 바뀌다.
【改称】 **gǎichēng** ⟦동⟧ 명칭[호칭]을 바꾸다. 고쳐 부르다. 개칭하다. ¶他刚开始叫我老师, 熟了以后就～大哥了. ＝그는 처음에는 나를 선생님이라고 불렀으나 친해진 뒤로는 형으로 호칭을 바꾸었다.
【改乘】 **gǎichéng** ⟦동⟧ (교통 수단을) 갈아타다. 바꿔타다. ¶大桥禁止通行, 只有～渡轮过河. ＝대교가 통행이 금지되어 배를 타고 강을 건널 수밖에 없었다.
【改窜】 **gǎicuàn** ⟦동⟧ (글 등을) 개찬(改竄)하다. 함부로 고치다〔변경하다〕. 왜곡하다.
【改错】 **gǎicuò** ⟦동⟧ 잘못을 고치다〔바로잡다〕. ¶发现了错误就要及时～. ＝잘못을 발견했으면 즉시 바로잡아야 한다.
【改刀】 **gǎidāo** (야채·고기 등을 썰 때) 써는 방법을 바꾸다. ¶肉片切得太厚了, 需要～. ＝편육이 너무 두꺼우니 다시 썰어야겠다. ⟦명⟧ ☞
【改锥】 **gǎizhuī**
【改道】 **gǎi‖dào** ⟦동⟧ **1** 길을 바꾸다. ¶前方施工, 车辆～绕行. ＝전방에 시공 중이어서 차량들은 길을 바꾸어 우회했다. **2** 물길이 바뀌다. ¶河流～. ＝강의 물길이 바뀌었다.
【改点】 **gǎi‖diǎn** (원래 계획했던) 시간을 변경하다. ¶航班～了. ＝항공편 운항 시간이 변경되었다.
【改调】 **gǎidiào** ⟦동⟧ 직장을〔근무처를〕 옮기다. 전근하다. ¶他很快～了别的单位. ＝그는 아주 빨리 다른 부서로 옮겼다.
【改订】 **gǎidìng** ⟦동⟧ (문장·법규 등을) 개정(改訂)하다. 고쳐 쓰다. ¶～考评制度＝심사 평가 제도를 개정하다.
【改定】 **gǎidìng** ⟦동⟧ **1** 개정(改定)하다. 경정(更定)하다. 고쳐 다시 정하다. 고치다. 변경하다. ¶稿件～后立即发排. ＝원고를 다시 고친 뒤 즉시 조판에 들어갔다. **2** 별도로〔따로〕 정하다. ¶会期～. ＝회의 일자는 별도로 정한다.
【改动】 **gǎidòng** ⟦동⟧ (문구·항목·순서 등을) 고치다. 바꾸다. 변경하다. 변동하다. ¶修订再版时对原书作了多处～. ＝수정판을 낼 때 초판에서 많은 부분을 고쳤다. ↪变动
【改恶从善】 **gǎi'è-cóngshàn** ⟦성⟧ 개과천선(改過遷善)하다. 개과자신(改過自新)하다. 잘못을 뉘우치고 바른길로 들어서다.
【改稿】 **gǎigǎo** ⟦동⟧ 원고를 수정하다. ⟦명⟧ (원고의) 수정본. ¶～比原稿精练了许多. ＝수정본은 초고보다 훨씬 정련(精練)되었다.
【改革】 **gǎigé** ⟦동⟧ 개혁하다. ¶～人事制度＝인사 제도를 개혁하다. ⟦명⟧ 개혁. ¶这项～深得人心. ＝이 개혁안은 사람들에게 좋은 평가를 받았다. ↪改造
【改革开放】 **gǎigé kāifàng** ⟦명⟧ 개혁 개방.
【改观】 **gǎiguān** ⟦동⟧ 변모하다. 면모를 일신하다. 모습이 바뀌다. ¶绿化工程的实施使城区的面貌大为～. ＝녹화 사업의 실시는 도시의 면모를 크게 바꾸어 놓았다.
【改过】 **gǎiguò** ⟦동⟧ 행실을 고치다. 잘못을 고치다〔시정하다〕. 과실을 바로잡다. ¶勇于～＝과감히 잘못을 고치다.
【改过自新】 **gǎiguò-zìxīn** ⟦성⟧ 개과자신하다. 개

과천선(改過遷善)하다. 과오를 뉘우치고 새사람이 되다.

【改行】gǎi‖háng 동 직업〔업종〕을 바꾸다. 전업(轉業)하다. ¶他原来是老师, 现在~做了记者。= 그는 원래 선생님이었는데, 지금은 (직업을 바꾸어) 기자가 되었다.

【改换】gǎihuàn 동 (원래의 것을 다른 것으로) 바꾸다. 옮기다. 대신하다. ¶~发型 = 머리 모양을 바꾸다.

【改换门庭】gǎihuàn-méntíng 성 1 출신 가문을 바꾸어 사회적 지위를 높이다. 2 비 새로운 주인이나 세력에 의지하여 유지·발전을 꾀하다.

【改悔】gǎihuǐ 동 회개하다. 잘못을 뉘우치고 고치다. ¶经过教育, 他已有~表现。= 교육을 통해 그는 잘못을 뉘우치는 태도가 보인다.

【改嫁】gǎi‖jià 동 개가하다. 재가(再嫁)하다.

【改建】gǎijiàn 동 개조하다. 개축하다. 재건하다. ¶把旧教学楼~为学生宿舍。= 옛 교사(校舍)를 학생 기숙사로 개조하다.

【改醮】gǎijiào 동완 개가하다. 재가(再嫁)하다.

【改进】gǎijìn 동 개진하다. 개선하다. 개량하다. ¶~工作方法 = 업무 방식을 개진하다.

改进(gǎijìn) / 改善(gǎishàn) 개선하다
改进 : 방법, 조치 등이 불완전한 상황이나 이전의 상황을 변화시켜 상황이 진전되는 것을 가리킴. ¶加强管理, 改进产品质量。= 관리를 강화하여 상품의 품질을 개선한다.
改善 : 생활·조건·환경·대우·관계 등 사물이 원래 갖고 있는 상황을 바꾸어 더욱 좋게 만드는 것을 가리킴. ¶改善教师各方面的待遇, 逐渐提高教师的社会地位。= 교사들의 각 방면의 대우를 개선하여 점차 교사의 사회적 지위를 향상시킨다.

【改旧翻新】gǎijiù-fānxīn 성 낡은 것을 고쳐 새 것으로 만들다.

【改刊】gǎikān 동 개판(改版)하다. 개간(改刊)하다. [신문·잡지·서적 등의 내용·지면·발행 주기 등에 변화를 주는 것을 가리킴]

【改口】gǎi‖kǒu 동 1 말을 바꾸다. 말투〔어투〕를 바꾸다. 말을 바로잡다. ¶他意识到自己说错了话, 于是連忙~。= 그는 자기가 말을 잘못했음을 알아차리고 재빨리 말을 철회했다. 2 호칭을 바꾸다. 바꿔 부르다. ¶叫惯了伯父伯母, 现在要~叫爸妈, 还真不习惯。= 아저씨·아주머니라고 부르다가 아버님·어머님이라고 호칭을 바꾸려니 정말 어색하다.

【改良】gǎiliáng 동 1 개량하다. ¶~稻种 = 볍씨를 개량하다. 2 개선하다. ¶~职工生活 = 직공들의 생활을 개선하다. 명 개량. 개혁. 혁신. ¶政治~ = 정치 개혁. 늑改→

【改良派】gǎiliángpài 명정 사회 개량주의자.

【改良主义】gǎiliángzhǔyì 명정 사회 개량주의.

【改名】gǎimíng 동 개명하다. 이름〔명칭〕을 바꾸다.

【改年】gǎinián 동 연호(年號)를 바꾸다. 명 다른 해. 이후. 나중. [말하는 시점에서 그리 멀지 않은 미래를 가리킴] ¶买新房子的事, ~再说吧。= 새 집 마련하는 일은 다음 해로 미룹시다.

【改判】gǎipàn 동 1 (法) (상급 법원이) 원심(原審)을 깨다〔뒤집다〕. 원심 법원이 판결을 번복하다〔뒤집다〕. 2 (體) (심판이〔판정위원회가〕) 판정을 번복하다.

【改期】gǎi‖qī 동 기일을 변경하다. 일자가 변경되다. ¶比赛因故~。= 시합은 사고로 일자가 변경되었다.

【改任】gǎirèn 동 전임하다. 전임되다. 전근하다. 전근되다. 자리를 옮기다. 새 임무를 맡다. ¶他最近~公司董事长。= 그는 최근 회사의 대표 이사로 전임되었다.

【改日】gǎirì 명 후일. 다른 날. 나중. ¶此事~再谈。= 이 일은 나중에 다시 이야기합시다. 늑改天

【改容】gǎiróng 동 1 용모를 달리 하다. 면모를 일신하다. 2 안색〔얼굴빛〕을 바꾸다. 표정을 바꾸다. 태도를 고치다. 정색하다.

【改色】gǎisè 동 1 색깔을 바꾸다. ¶大地回春, 林木~。= 대지에 봄이 돌아오니 수목이 색깔을 바꾸도다. 2 안색〔얼굴빛〕을 바꾸다. 표정을 바꾸다. 태도를 고치다. ¶面不~ = 얼굴빛 하나 변하지 않다. 천연덕스럽다.

【改善】gǎishàn 동 개선하다. 개량하다. ¶~居住环境 = 거주 환경을 개선하다. 늑改良

【改水】gǎishuǐ 동 수질을 개선하다. ¶~工程 = 수질 개선 프로젝트.

【改天】gǎitiān 명 후일. 다른 날. 다음 날. 나중. ¶~登门道谢。= 후일 댁으로 찾아뵙고 감사 인사를 드리겠습니다. 늑改日

【改天换地】gǎitiān-huàndì 성 하늘과 땅을 바꾸다. 자연 환경을 새롭게 바꾸다. 사회적인 면모를 철저히 일신하다.

【改头换面】gǎitóu-huànmiàn 성완비 형식만 변하고 내용은 그대로이다. 겉모습만 바꾸다.

【改土】gǎitǔ 동(農) 토양〔토질〕을 개량하다.

【改土归流】gǎitǔ-guīliú 성 족장을 폐하고 중앙 관리를 임명하다. [명청(明淸)대에, 변경에 대한 통치를 강화하기 위해 윈난(云南)·구이저우(贵州)·쓰촨(四川)·광시(广西) 등 소수 민족 지역의 족장들을 폐하고 중앙 관리를 임명하던 정책] ¶改土为流 gǎitǔ-wéiliú

【改土为流】gǎitǔ-wéiliú ☞【改土归流】gǎitǔ-guīliú

【改为】gǎiwéi 동 변하여 …이〔가〕 되다. …(으)로 변하다〔바뀌다〕. ¶荒地~良田。= 황무지가 변하여 옥토가 되다.

【改弦更张】gǎixián-gēngzhāng 성 1 거문고의 줄을 새로 갈고 같이 조율하다. 2 비 제도를 개혁하다. 방법을 바꾸다. 방침을 변경하다.

【改弦易辙】gǎixián-yìzhé 성 1 거문고의 줄을 갈고 차선을 변경하다. 2 비 방법을〔태도를·생각을〕 바꾸다.

【改线】gǎi‖xiàn 동 (전화·대중 교통·배관 등의) 노선을〔선로를〕 변경하다. ¶公交车~行驶.

=시내 버스 노선을 바꾸어 운행하다.
【改向】gǎixiàng 동 방향을 바꾸다. ¶汽车~行驶. =자동차가 방향을 바꾸어 주행하다.
【改邪归正】gǎixié-guīzhèng 성 개과천선〔회과천선〕하다. 잘못을 깨닫고 바른길로 돌아오다. 마음을 고쳐먹다. ≒弃暗投明
【改写】gǎixiě 동 1 (원작을) 개작(改作)하다. 각색(脚色)하다. ¶将小说~成电影剧本。=소설을 영화 대본으로 각색하다. 2 다시 쓰다. 수정하다. ¶小说在定稿前~了三次。=탈고 전에 소설을 세 번이나 수정하였다.
【改型】gǎixíng 동 (구형 장치·모델 등을) 개장〔갱신〕하다. 바꾸다. ¶产品要不断~才有竞争力. =끊임없이 모델을 바꾸어야만 제품은 경쟁력을 지닐 수 있다.
【改性】gǎixìng 동 (化) 변성(變性)하다.
【改姓】gǎi‖xìng 동 성을 갈다〔바꾸다〕. ¶他以前姓王, 现在随母亲~李。=그는 이전에는 왕(王)씨였으나, 지금은 어머니의 성을 따라 리(李)씨로 바꾸었다.
【改选】gǎixuǎn 동 (임기가 만료되어) 개선하다. 새 선거를 하다. 새로 선출하다. (어떤 원인으로 임무를 수행할 수 없어) 재선거하다. 보궐 선거하다. ¶~学生会=학생회 임원진을 새로 선출하다.
【改样】gǎi‖yàng(~儿) 동 양식〔형식·모양·모습〕이 바뀌다. ¶这些年她一点都没~。=요 몇 년 동안 그녀는 조금도 변한 게 없다.
【改业】gǎiyè 동 직업〔업종〕을 바꾸다. 전업(轉業)하다.
【改易】gǎiyì 동 바꾸다. 변경하다. ¶~名称=명칭을 바꾸다.
【改用】gǎiyòng 동 다른 것으로 바꾸어 쓰다〔사용하다〕. 고쳐 쓰다. ¶~新型建筑材料=신형 건축 자재로 바꾸어 사용하다.
【改元】gǎiyuán 동 연호(年號)를 바꾸다. [새로운 연호가 시작되는 첫 해를 원년(元年)이라 한 데서 생겨난 말]
【改葬】gǎizàng 동 개장하다. 이장(移葬)하다. 무덤을 옮기다.
【改造】gǎizào 동 1 개조하다. 재제조하다. ¶~老城区=도시의 옛 구역을 개조하다. 2 (일부분 또는 전체를) 본질적으로 바꾸다. 개변하다. 개혁하다. 재건하다. ¶~世界=세계를 근본적으로 변화시키다. 3 (특정한 방식으로 사고·사상 등을) 개조하다. ¶~思想=사상을 개조하다. ≒改革
【改章】gǎizhāng 동⑤ (규칙·규정 등을) 수정하다. 고치다. 개정하다. ¶~建制=제도를 수정하다.
【改辙】gǎi‖zhé 동 1 (자동차 등의) 노선을 변경하다〔바꾸다〕. 2 (⽐) (종래의) 방법〔직업〕을 바꾸다. 3 (⽐) (전통 희곡·가사 등의) 운을〔곡조를〕 바꾸다.
【改正】gǎizhèng 동 (잘못을·착오를) 개정하다. 시정하다. ¶~错误=잘못을 시정하다. ≒矫正 更正

【改制】gǎizhì 동 (주로 정치·경제 등의) 체제〔제도〕를 바꾸다. ¶经济~=경제 제도의 개조.
【改种】gǎizhǒng 동 품종을 개량하다. 종자를 바꾸다.
【改种】gǎizhòng 동 원래의 재배 계획을 수정하다. 다른 것으로 바꾸어 심다. ¶小麦地~油菜. =밀밭에 유채를 심다.
【改装】gǎizhuāng 동 1 옷차림〔복장·장식〕을 바꾸다. 다르게 꾸미다. ¶她这一~, 我差点没认出来。=그녀가 이렇게 옷차림을 바꾸면 나는 하마터면 몰라볼 뻔했다. 2 (원래의) 설비〔장비〕를 바꾸다. ¶~设备, 提高生产效率。=장비를 교체하여 생산 효율을 향상시키다. 3 포장을 바꾸다. ¶生产厂家和产品都没变, 只是~了。=제조업체와 상품에는 전혀 변화가 없고, 단지 포장만 바꾸었다.
【改锥】gǎizhuī 명 드라이버(driver). 나사돌리개. =【改刀】gǎidāo 【螺丝刀】luósīdāo
【改组】gǎizǔ 동 (조직·인원 등을) 개편하다. 재정비하다. ¶~董事会=이사회를 개편하다.
【改嘴】gǎi‖zuǐ 동⑤ 말투〔어조〕를 바꾸다. (했던 말을) 고치다〔정정하다〕. (이전의 말을) 철회하다〔취소하다〕.

**胲** gǎi 뺨 해
동⑤ 뺨(볼)의 근육.
☞ hǎi

***丐** [(匃·匄)] gài 빌 개
동⑤ 1 구걸하다. 빌다. ¶~食=밥을 빌어먹다. 2 주다. 베풀다. ¶~施贫氏=가난한 사람들에게 베풀어 주다. 명 거지. 비렁뱅이. 걸인. 걸개. ¶乞~=거지.
【丐帮】gàibāng 명 거지 조직〔무리〕.
【丐头】gàitóu 명 거지 두목〔우두머리〕.

***芥** gài 갓 개
아래를 참조.
☞ jiè
【芥菜】gàicài ☞【盖菜】gàicài
☞ jiècài
【芥蓝(菜)】gàilán(cài) 명(植) 동갓.

**陔** [陔] gài 기댈 개
동⑤ 1 ···에 기대다. ···에 기대어 세우다. ···에 비스듬히 기대어 놓다. ¶他~在门框上。=그는 문틀에 기대고 서 있다. 2 (남에게) 의지하다〔의뢰하다·기대다〕. ¶~牌头=연줄에 의지하다.

***钙** [鈣] gài 칼슘 개
명⑤(化) 칼슘(Ca, calcium). [원자 번호 20]
【钙化】gàihuà 동⑤(醫) 석회화〔칼슘화〕하다. 굳어지다.
【钙化点】gàihuàdiǎn 명⑤(醫) (사람이나 동물 몸 안의) 석회화된 부위.
【钙片】gàipiàn 명⑤(醫) 칼슘 정제(錠劑).
【钙质】gàizhì 명⑤(化) 칼슘.

**盖[蓋]** gài 덮을 개
**동 1** 덮다. 뒤덮다. 덮어 가리다. ¶覆~=덮어 쐬우다. **2** 가리다. 감추다. 숨기다. ¶欲~弥彰=(진상을) 감추려 하다가 도리어 드러나게 되다. **3** (도장을) 찍다. 날인하다. ¶签名~章=사인하고 도장을 찍다. **4** 압도하다. 능가하다. ¶气~山河=기개가 산천을 뒤덮다[압도하다]. **5** (건물·가옥 등을) 짓다. 건축하다. ¶翻~房子=집을 개축하다. **부접** 대개. 대략. 어쩌면. 아마도. ¶与会者~五六百人。=회의에 참석한 사람은 대략 500~600명 가량이다. **접** 구(句)의 첫머리에 쓰여 어기(語氣)를 나타냄. [위의 문장을 이어받아 이유나 원인 등을 나타내며, '原来(yuánlái)'에 상당함] ¶有所不知, ~未学也。=모르는 이유는 배우지 않았기 때문이다. **조접** 대저. 무릇. [구(句)의 첫머리에 쓰여 발어사로 쓰임] ¶~闻古人钻木取火。=무릇 옛 사람은 나무를 문질러 불씨를 얻었다고 들었다. **형접** 아주 훌륭하다. 매우 좋다. ¶今年的春节晚会真~。=올해의 설 디너쇼는 아주 훌륭했다. **명 1** (~儿) 뚜껑. 덮개. 마개. ¶锅~=솥뚜껑. 냄비 뚜껑. / 茶杯~=찻잔 뚜껑. **2** (수레 등의) 덮개. 차양. [기물의 윗부분을 가리는 구실을 하는 것] ¶冠~相望=고관대작들이 서로 마주하다. **3 문** 우산. 양산. ¶华~=옛날 수레 위에 치는 큰 양산. **4** (~儿) 인체 부위에서 덮개 모양의 뼈의 조직. ¶膝~=무릎. 슬개. / 天灵~=두개골. **5** (~儿) 갑각(甲殼). 갑(甲). 동물의 등딱지. ¶乌龟~=거북의 등딱지. **6** 써레. **7** (Gài) 성(姓). →揭 掀
☞ **gě**

○● 覆fù盖, 铺pū盖, 修盖, 磕膝kēxī盖

【**盖菜**】[芥菜] gàicài **명식** 갓.
【**盖地**】gàidì **동 1** 대지를 뒤덮다. 땅을 덮다. **2 비** 수량이 많다. 기세가 등등하다[드높다]. ¶铺天~=천지를 뒤덮다.
【**盖饭**】gàifàn ☞【盖浇饭】gàijiāofàn
【**盖棺论定**】gàiguān-lùndìng **성** 한 사람의 일생의 공과(功過)와 시비(是非)는 그 사람이 죽은 후에야 최종 평가를 내릴 수 있다. 그 사람이 죽기 전에는 그 사람에 대한 올바른 평가를 내릴 수 없다.
【**盖火**】gài·huo **명** 난로 뚜껑. 화로 뚜껑.
【**盖建**】gàijiàn **동** (건물·가옥 등을) 짓다. 세우다. 건축하다. 건립하다. ¶~厂房=공장 건물을 짓다.
【**盖浇饭**】gàijiāofàn **명** 덮밥. =【盖饭】gàifàn
【**盖巾**】gàijīn ☞【盖头】gài·tou
【**盖韭**】gàijiǔ **명** 겨울에 비닐을 덮어 기른 부추.
【**盖帘**】gàilián (~儿) **명** (수숫대로 만든) 항아리 덮개.
【**盖帽儿**】gài‖màor **동체** (농구에서) 슛을 쳐내다. 슛블로킹하다. **형** 매우 좋다. 특출하다. [아주 좋음을 형용함] ¶她的舞跳得真~了。=

그녀는 춤을 정말 잘 춘다.
【**盖然率**】gàiránlǜ **명** 확률. 개연율.
【**盖然性**】gàiránxìng **명** 개연성. ['必然性(필연성)'과 구별됨]
【**盖世**】gàishì **형** (재능·업적 등이) 당대에서 으뜸이다. 세상에서 최고이다. ¶~英才=당대 최고의 영재.
【**盖世太保**】Gàishìtàibǎo **명외** (歷) 게슈타포 (Gestapo).
【**盖世无双**】gàishì-wúshuāng **성** 천하무쌍이다. 천하제일이다. 유일무이하다. ≒独一无二
【**盖柿**】gàishì **명식** 납작하고 큰 감. [꼭지 부분이 움푹 들어가고 씨가 없음]
【**盖斯勒管**】gàisīlèguǎn **명외** (電) 가이슬러관 (geissler管).
【**盖头盖脑**】gàitóu-gàinǎo **성 1** 머리 위에서 누르다. 엄습하다. **2 비** 기세가 맹렬하다[사납다].
【**盖头**】gài·tou **명** 구식 혼례 때 신부의 얼굴을 가리던 붉은 수건. =【盖巾】gàijīn
【**盖碗**】gàiwǎn (~儿) **명** 개완. [뚜껑과 잔받침이 있는 일인용 다기(찻잔)] ¶~茶=개완으로 우려 마시는 차.
【**盖销**】gàixiāo **동** (우표·수입 인지 등에) 소인을 찍다.
【**盖印**】gài‖yìn **동** 도장을 찍다. 날인하다. ¶签字~=사인하고 도장을 찍다.
【**盖造**】gàizào **동** (건물·가옥 등을) 짓다. 세우다. 건축하다. 건립하다. 건설하다. ¶~体育馆=체육관을 건설하다.
【**盖章**】gài‖zhāng **동** (서명란·서류의 절취선 부분에) 도장[직인]을 찍다. 날인하다. ¶合同签字~后生效。=계약서에 사인하고 날인해야 효력이 발생한다.
【**盖子**】gài·zi **명 1** 뚜껑. 덮개. 마개. ¶水壶~=(물)주전자의 뚜껑. **2 비** (비리·잘못·일의 진상 등을) 은폐하는) 덮개. ¶捂~=덮개로 가리다. 은폐하다. **3** 동물 등껍질. 갑각(甲殼). 갑(甲).

**溉** gài 물댈 개
**동문** 물을 대다. 관개하다. 물을 주다. ¶灌~=관개하다.

**概[槩]** gài 대략 개
**명 1** 평미레. 양개(量概). 평목(平木). **2** 기개. 절개. 절조. 기풍. ¶气~=기개. **3** 대략. 대개. ¶梗~=경개. 줄거리. **부** 일률적으로. 일체. 전부. 예외 없이. ¶~不考虑=일체 고려하지 않는다. / ~不负责=일체 책임지지 않는다.

○● 大概, 一概

【**概而不论**】gài'érbùlùn **성** 일체 논하지 않다. 조금도 개의치 않다. 전혀 문제삼지 않다.
【**概观**】gàiguān **동** 개관하다. 전체를 대강 살펴보다. ¶~世界形势=세계 정세를 대강 살펴보다. **명** 개관. [주로 서명(書名)에 쓰임] ¶《民族风情~》=《민족 풍토 개관》. ≒概况
【**概况**】gàikuàng **명** 개황. 대개의 상황. 대강의

형편. ¶我只了解事情的~, 具体细节并不清楚. =나는 단지 대강의 상황만 알 뿐 자세한 사정은 모른다. ≒梗概 概观 ↔详情

【概括】 gàikuò 통 개괄하다. 요약하다. 총괄하다. 귀납하다. 간추리다. ¶同学们提了很多意见,~起来主要有两点. =학우들이 많은 의견을 제시했는데, 간추리면 대략 두 가지이다. 형 간단한. 간략한. ¶他把情况跟大家作了~的介绍. =그는 여러 사람들에게 상황을 간략하게 소개했다. ≒综合 归纳 ↔具体 详尽 详情

【概括性】 gàikuòxìng 명 개괄성. ¶本文颇具~. =이 글은 매우 개괄적이다.

【概览】 gàilǎn 통 대충 훑어보다. 대강 둘러보다. 명 개관. [주로 서명(书名)에 쓰임] ¶《中国世界自然文化遗产~》=《중국 세계 자연 문화 유산 개관》.

【概率】 gàilǜ 명 (数) 확률. 개연율. 공산(公算). =[几率] jīlǜ

【概略】 gàilüè 부 짤막하게. 간단히. 간결하게. 간명하게. ¶~地说明=간결하게 설명하다. 명 개략. 요약. 개요. 대요. 대략. ¶故事~=이야기의 개요. 줄거리.

【概论】 gàilùn 명 개론. 개설. [주로 서명(书名)에 쓰임] ¶《美学~》=《미학 개론》.

【概貌】 gàimào 명 대체적인 상황. 개략적인 모습. 개황. ¶巴蜀山水~=쓰촨(四川) 풍경 개황.

【概莫能外】 gàimònéngwài 성 절대 예외가 있을 수 없다. 일체 이 범위를 벗어나지 않는다. ¶实践出真知, 古今中外, ~. =참된 지식은 실천으로부터 나온다는 사실에는 동서고금에 예외가 없다.

【概念】 gàiniàn 명 (哲) 개념. ¶这件事情我一点~也没有. =이 일에 대해 나는 아무런 개념도 없다.

【概念化】 gàiniànhuà 통 개념화하다. 추상화하다. 법칙화하다. ¶这部作品中的人物形象有些~. =이 작품 중의 인물 이미지는 다소 추상화되어 있다.

【概述】 gàishù 통 개술하다. 약술하다. 줄거리만 대강 말하다. 개괄적으로 서술하다. ¶~事件始末=사건의 전말을 개술하다. 명 개술. 개설. 개론. [주로 서명(书名)·편명(篇名)에 쓰임] ¶《武侠电影~》=《무협 영화 개술》.

【概数】 gàishù 명 근사치. 근사값.

【概说】 gàishuō 명 개론. 개설. [주로 서명(书名)·편명(篇名)에 쓰임] ¶《市场经济~》=《시장 경제 개설》.

【概算】 gàisuàn 통 개산하다. 어림셈하다. 추산하다. 어림잡아 셈하다. ¶~生产成本=생산 원가를 대략 추산하다. 명 예산. 견적.

【概要】 gàiyào 명 개요. [주로 서명(书名)에 쓰임] ¶《外国文学~》=《외국 문학 개요》. ≒提要 摘要

戤 gài 의지할 개
통 방 1 이익을 얻기 위하여 남의 상표를 도용하다. 2 '隑(gài)'와 같음.

# gan

*干¹ gān 방패 간
통 1 문 범하다. 건드리다. 어기다. 저촉되다. 위반하다. 남의 감정을 해치다. ¶有~禁令=금령에 저촉되다. 2 방해하다. 어지럽히다. 교란하다. ¶别人做事, 我们不要在一旁~扰. =다른 사람이 일을 하는데, 우리는 옆에서 방해하지 말자. 3 문 (직업·봉급 등을) 추구하다. 구하다. 요구하다. 시도하다. 노력하다. ¶~禄=관직을 구하다. 4 연루되다. 관련되다. 관계하다. 미치다. ¶不相~=서로 아무런 상관이 없다. 명 1 (옛날의) 방패. ¶大动~戈=개전하다. 출전하다. 2 문 물가. ¶河~=강가. 3 천간(天干). ¶~支纪年=간지 기년. 천간(天干)과 지지(地支)로 헤아린 햇수. 4 (Gān) 성(姓).

| ○干 | gān |
| 干 | gàn |
| 赶 | gǎn |
| 竿 | gān |
| 肝 | gān |
| 杆 | gān |
| 秆 | gǎn |
| 旰 | gàn |
| 酐 | gān |
| 矸 | gān |
| 汗 | hàn |
| 旱 | hàn |
| 焊 | hàn |
| 罕 | hǎn |
| 捍 | hàn |
| 悍 | hàn |
| 尉 | hān |

*干² [乾, 乹·亁] gān 마를 건
형 1 건조하다. 마르다. ¶这个地方常年~旱少雨. =이 지역은 일 년 내내 비가 내리지 않고 가물다. 2 고갈되다. 사라지다. 없어지다. ¶河水~涸. =강물이 마르다. 3 물을 사용하지 않은. ¶毛料西服必须~洗. =모직 양복은 반드시 드라이클리닝을 해야 한다. 4 (혈연이나 혼인이 아닌) 의리로 맺은 친족 관계. ¶~儿子=수양아들. /~妹妹=의매(义妹). 5 공허하다. 텅 비다. 실없다. 휑하다. ¶外强中~=겉은 강해 보이나 속은 약하다. 6 閔 무뚝뚝하다. 퉁명스럽다. 무례하다. ¶你说话怎么老是这么~? =넌 말하는 게 왜 늘 그렇게 퉁명스럽니? 부 1 공연히. 헛되이. 쓸데없이. ¶~着急, 没办法. =쓸데없이 조급해해 봤자 소용이 없다. 2 형식적으로. 겉으로만. 건성으로. 억지로. ¶不好意思地~笑了两声. =그는 계면쩍게 억지웃음을 두어 번 흘렸다. 통 1 깨끗이 비우다. 조금도 남기지 않다. 텅 비다. ¶连~三杯酒. =연거푸 술 세 잔을 마셨다. 2 閔 냉대하다. 푸대접하다. 등한시하다. 냉담하게 대하다. 쌀쌀맞게 대하다. 방치하다. ¶不要把客人~在那儿. =손님을 거기에 홀로 내버려 두지 마시오. 3 閔 (대놓고 화를 내거나 원망을 하여) 무안을 주다. 난감(난처)하게 하다. 괴롭히다. ¶他又被人~了一回. =그는 사람들에게 또 한 차례 무안을 당했다. 명 (~儿) (가공을 거친) 건조된 식품. 말린 음식. ¶饼~=과자. /牛肉~儿=쇠고기 육포. ≒燥 ↔湿 潮 稀
☞ gàn, qián(乾)

O● 白干儿, 包干儿, 饼bǐng干, 风干, 糕gāo干, 阑lán干, 若干, 射干, 天干, 香干, 相干, 一干, 阴干, 折zhé干

【干碍】 gān'ài 통 1 관계되다. 관련되다. 연관되

다. 연루되다. 말려들다. ¶他们之间毫无~。= 그들 사이는 아무런 관계도 아니다. **2** 방해가 되다. 지체하게 되다. 늦게 하다. ¶连续的旱情~了粮食的播种。=계속되는 가뭄이 곡식의 파종에 지장을 주었다.

【干巴】**gān·ba** 혱 **1** (말라서) 딱딱하다. 시들다. 쪼글쪼글하다. 쭈그러들다. 오그라들다. 줄어들다. ¶柿子都晒~了。=감이 햇볕에 말라 쪼글쪼글해졌다. **2** (피부가) 마르다. 거칠어지다. 까칠하다. 거칠다. 건조하다. ¶老人~的脸上写满了沧桑。=노인의 쪼글쪼글한 얼굴에는 세월을 거친 흔적이 가득 쓰여 있다. **3** 〈비〉 (언어·글 등이) 무미건조하다. 지루하다. 내용이 빈약하다. 활기 없다. 흥미 없다. 생동감이 없다. ¶文章写得很~, 没有可读性。=글이 매우 무미건조하여 읽을 맛이 안 난다.

【干巴巴】**gānbābā**(~的) 혱 **1** (땅 등이) 바짝 마르다. (말라서) 딱딱하다. 굳다. ¶~的玉米馍, 一点也不好吃。= 말라서 딱딱해진 옥수수빵이 맛이 하나도 없다. **2** (언어·문장 등이) 무미건조하다. 지루하다. 내용이 빈약하다. 활기 없다. 흥미 없다. 생동감이 없다. ¶他的发言~的, 引不起大家的兴趣。=그의 발언은 생동감이 없어 사람들의 흥미를 끌지 못했다.

【干白】**gānbái** 명 백포도주.

【干板】**gānbǎn** 명 (사진의) 건판. =【硬片】**yìngpiàn**

【干杯】**gān‖bēi** 동 건배하다. 잔을 비우다. 축배를 들다. [술을 권하거나 축배를 들 때 쓰임] ¶为大家的健康~。=모두의 건강을 위해 건배합시다.

【干贝】**gānbèi** 명 말린 패주(貝柱). 말린 조개관자.

【干煸】**gānbiān** 동 (물을 붓지 않고 기름으로만) 볶다. [요리 방법의 하나] ¶~四季豆=어린 강낭콩을 꼬투리째 볶은 요리.

【干瘪】**gānbiě** 혱 **1** 말라서 쪼글쪼글〔쭈글쭈글〕하다. 말라비틀어지다. 비쩍 마르다. ¶这~老头儿精神可好着呢。=이 쭈글쭈글한 노인은 그래도 정신만은 아주 멀쩡해. **2** 〈비〉 (시문 등의 내용이) 빈약하다. 무미건조하다. 지루하다. 딱딱하다. 생동감이 없다. 운치〔재미〕가 없다. ¶文章~, 缺乏文学色彩。=글이 문학적 색채가 결핍되어 단조롭다. ↔饱满 丰满

【干瘪瘪】**gānbiěbiě**(~的) 혱 **1** 말라서 쪼글쪼글〔쭈글쭈글〕하다. 말라비틀어지다. 비쩍 마르다. **2** 〈비〉 (시문 등의 내용이) 빈약하다. 무미건조하다. 지루하다. 딱딱하다. 생동감이 없다. 운치〔재미〕가 없다.

【干冰】**gānbīng** 명 드라이아이스(dry ice).

【干菜】**gāncài** 명 (햇볕이나 바람에) 말린 채소.

【干草】**gāncǎo** 명 **1** 마른 풀. 건초. **2** 볏짚.

【干柴烈火】**gānchái-lièhuǒ** 성 **1** 마른 장작이 거센 불길을 만나다. **2** 〈비〉 일촉즉발의 위기. **3** 〈비〉 정욕에 불타는 남녀.

【干唱】**gānchàng** 동 (주로 중국 전통극에서) 반주 없이 노래하다. ¶他~了一段黄梅戏。=그는 '황매희(黄梅戏)'중의 한 대목을 반주 없이 노래했다.

【干城】**gānchéng** 명〈문〉 **1** 방패와 성벽. **2** 〈비〉 나라를 지키는 군인〔장병〕.

【干醋】**gāncù** 명 까닭 없는〔이유 없는〕 질투. ¶吃~=까닭 없는 질투를 하다.

【干脆】**gāncuì** 혱 (언행이) 명쾌하다. 시원스럽다. 간단명료하다. 솔직하다. 거리낌없다. ¶他性情爽直, 说话做事都很~。=그는 성격이 호탕하여 말을 하거나 일을 함에 있어서도 모두 명쾌하였다. 튀 아예. 차라리. ¶时间已经晚了, ~不去了。=시간이 이미 늦었으니 차라리 가지 않겠다. ≒痛快 爽快 索性 ↔拖沓 拖拉

【干脆利落】**gāncuì-lì·luo** 성 (언행이) 명쾌하다. 시원스럽다. 간단명료하다. 솔직하다. 거리낌없다. =【干脆利索】**gāncuì-lì·suo**

【干脆利索】**gāncuì-lì·suo** ☞【干脆利落】**gāncuì-lì·luo**

【干打雷, 不下雨】**gān dǎléi, bù xiàyǔ** 〈속〉〈비〉 큰소리만 치고 실천하지 않다.

【干打垒】**gāndǎlěi** 동 담틀〔축판〕에 점토와 자갈을 넣고 다져서 담을 쌓다. 명 '干打垒(gāndǎlěi)'의 방법으로 지은 집.

【干瞪眼】**gāndèngyǎn** 동 속수무책이다. 멍하니 눈 뜨고 바라보는 수밖에 없다. ¶平时不努力, 考试的时候只能~。=평소에 노력하지 않으면 시험 때는 속수무책일 수밖에 없다.

【干电池】**gāndiànchí** 명 건전지.

【干爹】**gāndiē** 명〈구〉 '义父(수양아버지·의부(義父)·대부(代父))'의 속칭.

【干儿(子)】**gān'ér(·zi)** 명〈구〉 '义(수양아들·의자(義子))'의 속칭.

【干犯】**gānfàn** 동〈문〉 범하다. 저지르다. 거스르다. 저촉되다. 위반하다. ¶~律令=법령〔규정〕을 어기다.

【干饭】**gānfàn** 명 밥. ↔稀饭

【干肥】**gānféi** 명 말린 거름〔퇴비〕.

【干粉】**gānfěn** 명 **1** 마른 당면. **2** 가루. 분말. ¶江米~=찹쌀가루. **3** 인산암모늄 분말. ¶灭火器=ABC 분말 소화기.

【干干巴巴】**gān·gan bābā**(~的) 혱 **1** (말라서) 딱딱하다. 시들다. 쪼글쪼글하다. 쭈그러들다. 오그라들다. 줄어들다. **2** (피부가) 마르다. 쪼글쪼글하다. 까칠하다. 거칠다. 건조하다. **3** 〈비〉 (언어·문장 등이) 무미건조하다. 지루하다. 내용이 빈약하다. 활기 없다. 흥미 없다. 생동감이 없다.

【干干瘪瘪】**gān·gan biěbiě**(~的) 혱 **1** 말라서 쪼글쪼글〔쭈글쭈글〕하다. 말라비틀어지다. 비쩍 마르다. **2** 〈비〉 (시문 등의 내용이) 빈약하다. 무미건조하다. 지루하다. 딱딱하다. 생동감이 없다. 운치〔재미〕가 없다.

【干干脆脆】**gān·gan cuìcuì**(~的) 혱 (언행이) 명쾌하다. 시원스럽다. 간단명료하다. 솔직하다. 거리낌없다. ¶不想做的事情就~地回绝。=하기 싫은 일은 딱 잘라서 거절해라.

【干干净净】**gān·gan jìngjìng**(~的) 혱 **1** 깨

끗하다. 청결하다. 말끔하다. **2**㉤ 하나도 남지 않다. 완전히〔완벽하게·철저히〕 없애다. **3** (언행이나 행동이) 깔끔하다. 간결하다.

**【干戈】gāngē** ㊇ **1** 방패와 창. **2** 무기. **3** 전쟁. ¶~四起＝전쟁이 사방에서 일어나다. ↔玉帛

**【干沟】gāngōu** ㊇ 물이 마른 도랑. 물길이 끊긴 도랑.

**【干股】gāngǔ** ㊇ 무상주(無償株).

**【干果】gāngguǒ** ㊇ **1** (햇볕에) 말린 과일. **2** (밤·호두 등의) 건조과(乾燥果). 건과(乾果).

**【干旱】gānhàn** ㊉ 가뭄. 가물. 한기(旱氣). 염발(炎魃). 한발(旱魃). ¶~之年，粮食大幅度減产。＝가뭄이 든 해에는 식량 생산이 대폭 줄어든다.

**【干号】[干嚎]gānháo** ㊇ 눈물은 흘리지 않고 큰 소리로 울다.

**【干嚎】gānháo** ☞【干号】gānháo

**【干耗】gānhào**(~儿) ㊇ 시간〔정력〕을 허비하다. ¶~时间＝시간을 허비하다.

**【干涸】gānhé** ㊉ (강이나 연못 등의) 물이 마르다. ¶久旱无雨，池塘都~了。＝오랜 가뭄에 연못의 물이 바싹 말랐다.

**【干红】gānhóng** ㊇ 적포도주.

**【干花】gānhuā**(~儿) ㊇ (건조제 등을 사용하여) 말린 꽃. 건화(乾花).

**【干货】gānhuò** ㊇ **1** (상품으로서의) 말린 과일류. 말린 견과(堅果). (과일 통조림 등의) 가공 식품. 물기가 없는 화물. **2**㉤ 실질적인 내용. 알맹이. ¶本文水分太多，~太少。＝이 글은 공허한 내용만 많고 알맹이가 너무 적다. **3**㉤ 현금. 현찰. ¶手上没有多少~了。＝수중에 현금이 얼마 없다.

**【干急】gānjí** ㊇ 걱정은 하지만 속수무책이다. 안달하다. 애타다. 속만 태우다. ＝【干着急】gānzháojí ¶他帮不上一点儿忙，只有在一旁~。＝그는 조금도 도움을 줄 수가 없어 그저 옆에서 애만 태우고 있을 뿐이다.

**【干季】gānjì** ☞【旱季】hànjì

**【干讲】gānjiǎng** ㊇ 말만 하다. ¶~不做是不行的。＝말만 하고 행동으로 옮기지 않으면 소용이 없다.

**【干将】gānjiāng** ㊇ **1** 간장. [중국 춘추 시대 전설 속의 보검(寶劍). 주조한 사람의 이름이 '干将'인데서 붙여진 이름으로, 주로 '莫邪(mòyé)'와 함께 쓰임] **2** 보검. 명검.

**【干酵母】gānjiàomǔ** ㊇ 누룩. 고체 효모(균).

**【干结】gānjié** ㊇ 굳다. 되다. 마르다. 딱딱하다. 건조하다. ¶土壤~＝토양이 굳다.

**【干姐妹】gānjiěmèi** ☞【干姐儿们】gānjiěr·men

**【干姐儿们】gānjiěr·men** ㊇ 의자매(義姉妹). ＝【干姐妹】gānjiěmèi

**【干井】gānjǐng** ㊇ 마른 우물. 마른 유정(油井). 마른 천연 가스정.

**【干净】gānjìng** ㊉ **1** 깨끗하다. 청결하다. 말끔하다. ¶把脸洗~。＝얼굴을 깨끗이 씻다. **2**㉤ 하나도 남지 않다. 완전히〔완벽하게·철저히〕 없애다. ¶把害虫消灭~。＝해충을 철저히 소멸하다. **3** (언행이나 행동이) 깔끔하다. 간결하다. ¶办事~利索。＝일처리가 깔끔하다. ≒清洁 ↔肮脏 污秽

**【干净利落】gānjìng-lì·luo** ㊂ (말을 하거나 일을 하는 것이) 깔끔하다. 매끈하다. ＝【干净利索】gānjìng lì·suo

**【干净利索】gānjìng-lì·suo** ☞【干净利落】gānjìng-lì·luo

**【干酒】gānjiǔ** ㊇ 당분이 첨가되지 않은 술. ['甜酒(당분 함량이 높은 술)'과 구별됨]

**【干咳】gānké** ㊇ 마른기침을 하다.

**【干渴】gānkě** ㊉ 목이 마르다. 갈증이 나다. 입술이 마르다. ¶~得嘴唇开裂。＝갈증이 심해 입술이 갈라졌다.

**【干枯】gānkū** ㊉ **1** (초목이) 마르다. 시들다. ¶树木~＝나무가 시들다. **2** (피부가) 건조하다. 까칠까칠하다. 푸석푸석하다. **3** (강이나 연못 등의 물이) 마르다. 고갈되다. ¶河道~＝수로가 물이 마르다. ≒干涸 枯萎 ↔湿润

**【干哭】gānkū** ㊇ 눈물은 흘리지 않고 울다.

**【干酪】gānlào** ㊇ 치즈(cheese).

**【干冷】gānlěng** ㊉ (날씨가) 건조하고 차갑다. 한랭 건조하다. ¶~的天气＝한랭 건조한 날씨.

**【干连】gānlián** ㊇ 관련되다. 관계하다. 연루되다. ¶这是我们俩之间的事情，与别人毫无~。＝이것은 우리 둘 사이의 일이니 다른 사람과는 아무런 관계가 없다.

**【干粮】gānliáng** ㊇ 건량(乾糧). 건조 식품. 비상 식량.

**【干料】gānliào** ㊇ 말린 재료. [주로 목재를 가리킴]

**【干裂】gānliè** ㊇ 건조하여 갈라지다〔트다·금이 가다·균열이 생기다〕. ¶土地~＝땅이 말라서 갈라지다.

**【干馏】gānliú** ㊇ ㊗ 건류(乾溜)하다. ＝【碳化】tànhuà

**【干妈】gānmā** ㊇ **1**㊃ '义母(의모·수양어미)'의 속칭. **2**㊂ 엄마. 어머니. [기녀가 기생어미를 부를 때 쓰는 호칭]

**【干面】gānmiàn** ㊇ 밀가루.

**【干娘】gānniáng** ㊇ ㊃ '义母(의모·수양어미)'의 속칭.

**【干女儿】gānnǚr** ㊇ ㊃ '义女(의녀·수양딸)'의 속칭.

**【干呕】gān'ǒu** ㊇ 헛구역질하다.

**【干啤】gānpí** ㊇ (저열량·저가당의) 맥주. 드라이맥주.

**【干亲】gānqīn** ㊇ (혈연·혼인 관계가 없이) 의리로 맺은 친족 관계.

**【干卿底事】gānqīngdǐshì** ☞【干卿何事】gānqīnghéshì

**【干卿何事】gānqīng héshì** ㊂ 당신과 무슨 관계가 있습니까? 당신과는 아무 관계도 없다. 당신이 관여할 일이 아니다. ＝【干卿底事】gānqīng dǐshì

**【干亲家】gānqìng·jia** ㊇ 수양아들 혹은 수양

干 gān 629

딸로 들어갔을 때, 양가 부모들 간의 호칭.

【干扰】 gānrǎo 통 1 (남의 일을) 방해하다. (남의 일에) 지장을 주다. 곤란시키다. ¶他正在复习功课, 不要去~他。=그는 지금 공부를 하고 있으니, 그를 방해하지 말아라. 2《物》 (전파·신호를) 방해하다.

【干扰素】 gānrǎosù 명 《化》 인터페론(interferon).

【干热】 gānrè 형 (공기가) 고온 건조하다. ¶天气~=날씨가 고온 건조하다. 동 건조한 상태로 가열하다. ¶~灭菌=건조멸균하다.

【干涩】 gānsè 형 1 깔깔하다. 메마르다. 윤기가 없다. 까칠까칠하다. 뻑뻑하다. ¶眼睛~=눈이 뻑뻑하다. 2 (목이) 쉬다. 칼칼하다. 허스키 (husky)하다. ¶嗓子~=목이 칼칼하다. 3 (표정이나 동작이) 딱딱하다. 자연스럽지 못하다. 가식적이다. 멋적다. ¶他~地笑了笑。=그는 멋적은 웃음을 지어 보였다. 4 (문체가) 유창하지 못하다. 매끄럽지 못하다. ¶文笔~=문체가 매끄럽지 못하다.

【干涉】 gānshè 동 간섭하다. ¶两国互相尊重, 互不~内政。=양국은 서로 존중하며 내정에 대해서는 서로 간섭하지 않는다. 명 관계, 간섭. ¶此事与我并无~。=이 일은 나와 아무런 관계가 없다. ≒干预

【干尸】 gānshī 명 미라(mirra).

【干瘦】 gānshòu 형 빼빼 마르다. 여위다. 뼈만 앙상하다. ¶老人~~的, 但精神很好。=노인은 뼈만 앙상하게 남았지만 정신은 맑다.

【干爽】 gānshuǎng 형 1 (기후가) 쾌적하다. 쾌청하다. 상쾌하다. ¶秋天的天气~宜人。=가을의 날씨는 쾌적하다. 2 (땅·길 등이) 마르다. 건조하다. 보송보송하다. ¶路面~=노면이 말라 있다.

【干死】 gānsǐ 동 (초목이) 말라 죽다. ¶天旱, 禾苗全都~了。=날씨가 가물어서 볏모가 전부 말라 죽었다.

【干松】 gān·song 형⟨方⟩ 건조하고 폭신폭신하다. 보송보송하다. ¶~的草堆=푹신푹신한 짚더미.

【干笋】 gānsǔn 명 말린 죽순.

【干洗】 gānxǐ 1 드라이클리닝하다. 2 (물을 쓰지 않고 샴푸 등으로) 머리를 감다.

【干系】 gān·xi 명 (책임이나 분쟁을 유발할 수 있는) 관계. 관련. 책임. ¶这事你脱不了~。=이 일은 네가 책임을 면하기 어렵다.

【干鲜果品】 gānxiān guǒpǐn 명 말린 과일·청과물·과자 등의 식품.

【干笑】 gānxiào 억지웃음짓다. 억지로 웃다.

【干薪】 gānxīn 명 1 (이름이나 직위만 걸어 놓고 받는) 무노동 임금[급료]. 2 (기타 보너스 등을 포함하지 않은) 월급. 고정 수입. 본봉(本俸).

【干性油】 gānxìngyóu 건성유. 건유(乾油).

【干血浆】 gānxuèjiāng 명 《生》 건조 혈장(乾燥血漿).

【干血痨】 gānxuèláo 명 《醫》 (여성의) 생식기 결핵. [월경불순·불임 등의 증상이 나타남].

【干眼症】 gānyǎnzhèng 명 《醫》 안구 건조증 (眼球乾燥症). = 眼干燥症 yǎngānzào zhēng

【干咽】 gānyàn 동 (약이나 먹을 것을) 물 없이 삼키다.

【干咽】 gānyè 동 흐느껴 울다. 나지막이 눈물을 삼키며 울다.

【干谒】 gānyè 통⟨문⟩ (고관이나 권력자를) 목적을 가지고 방문하다. 부탁하기 위해 면회를 요청하다.

【干衣机】 gānyījī 명 빨래건조기.

【干硬】 gānyìng 형 딱딱하다. 마르고 단단하다. ¶~的馒头=말라서 딱딱해진 만두우.

【干与】 gānyù ☞【干预】 gānyù

【干预】[干与] gānyù 동 관여[간여]하다. 간섭하다. 방해하다. 개입하다. 참견하다. ¶别人的私事你无权~。=다른 사람의 사생활에 너는 간섭할 권리가 없다. / ~经济=경제에 개입하다. ≒干涉

【干哕】 gān·yue 동⟨口⟩ 헛구역질하다.

【干云蔽日】 gānyún-bìrì 성 간운폐일. (큰 나무나 높은 건축물이) 구름을 범하고 해를 가리다. 하늘을 찌를 듯이 높이 솟아 있다.

【干燥】 gānzào 형 1 건조하다. ¶气候~=기후가 건조하다. 2 딱딱하다. 재미 없다. 무미건조하다. ¶陈词滥调~乏味。=케케묵고 진부하여 딱딱하고 재미 없다. 통 말리다. 건조시키다. ¶~机=건조기. ↔湿润

【干燥剂】 gānzàojì 명 건조제. 방습제. [다른 물질에서 수분을 제거하여 건조시키는, 흡습성이 강한 물질. 염화칼슘·진한 황산·수산화나트륨·산화칼슘·실리카겔 등이 있음]

【干燥箱】 gānzàoxiāng 명 건조상자. 건조박스. (상자식) 건조기.

【干着急】 gānzháojí ☞【干急】 gānjí

【干证】 gānzhèng 명 (사건의) 관련 증인.

【干政】 gānzhèng 동⟨문⟩ 정치에 간섭(개입)하다. ¶宦官~=환관이 정치에 간섭하다.

【干支】 gānzhī 간지. 천간(天干)과 지지(地支). [천간의 갑(甲)·을(乙)·병(丙)·정(丁)·무(戊)·기(己)·경(庚)·신(辛)·임(壬)·계(癸) 10가지와 지지의 자(子)·축(丑)·인(寅)·묘(卯)·진(辰)·사(巳)·오(午)·미(未)·신(申)·유(酉)·술(戌)·해(亥) 12가지를 60가지로 조합하여 연월일을 표시하며, 순환하여 사용함]

【干皱】 gānzhòu 형 (피부가) 여위어서 쭈글쭈글하다. 주름이 가득하다. ¶老太太~的脸上露出了笑容。=노부인의 쭈글쭈글해진 얼굴에 웃음기가 떠올랐다.

【干贮】 gānzhù 동 가축의 꼴을 (마초를) 저장하다 (갈무리하다).

【干赚】 gānzhuàn 동 자본을 투자하지도 않고 이윤을 얻다. 본전 없이 이윤을 벌다. ¶这桩生意让他~了不少钱。=이번 사업으로 그는 자본을 투자하지도 않고 적지 않은 돈을 벌었다.

【干租】 gānzū 명 운용 리스(lease). [설비와 차량 등을 임대할 때 유지 관리 인원은 포함하지 않는

임대 방식]↔湿租

**甘** gān 달 감
[형] 달다. 감미롭다. 달콤하다. ¶同~共苦=동고동락하다. [동] 흔쾌히 …하다. 서슴없이 …하다. 기꺼이 …하다. 달갑게 …하다. 자진하여〔스스로〕…하다. ¶自~堕落=스스로 타락하다.
[명] (Gān) 성(姓). ≒甜 ↔苦

○● 不甘

【甘拜下风】gānbàixiàfēng [성]
(선의의 경쟁 등에서) 패배를 인정하다. 남보다 못한 것을 솔직하게 인정하다. 상대방의 우세를 진심으로 인정하다. 진심으로 복복하다.
【甘草】gāncǎo [명] (植) 감초.
【甘脆】gāncuì [형] 달고 바삭바삭하다. ¶~可口=달고 바삭하니 맛이 있다.
【甘当】gāndāng [동] (어떤 종류의 사람을) 기꺼이 …하다. …해도 상관 없다. (형벌·처벌 등을) 기꺼이 받아들이다. ¶~无名英雄=기꺼이 무명의 영웅이 되고자 하다.
【甘芳】gānfāng [형] (음식물이) 달콤하고 향기롭다.
【甘服】gānfú [동] 진심으로 탄복하다. 달갑게 복종하다.
【甘汞】gāngǒng [명] (化) 염화제일수은. 감홍. 칼로멜(calomel). =【轻粉】qīngfěn
【甘瓜苦蒂】gānguā-kǔdì [성] (比) 달콤한 참외도 꼭지는 쓰다. 꿀은 달지만 벌은 침으로 쏜다. 모든 것이 완벽할 수는 없다.
【甘蕉】gānjiāo ☞【香蕉】xiāngjiāo
【甘结】gānjié [명] (옛) 1 (관청에서 판결 후 죄인이 써낸) 인정서. 2 (관청(관아)의 명을 받아 일을 맡을 때 꾸미는) 보증서. 각서. 서약서.
【甘居】gānjū [동] (낮은 지위 등에) 기꺼이 처하다. 만족해하다. ¶~人下=기꺼이 남의 아래에 있는 데에 만족해하다.
【甘居下游】gānjū-xiàyóu [성용] 뒤처져 있는 것을 스스로 만족하다〔각오하다〕. 남에게 뒤져도 태연하다.
【甘居中游】gānjū-zhōngyóu [성용] 중간 정도에 있는 것을 만족하다. 평범하게 살아가는 것을 만족해하다.
【甘苦】gānkǔ [명] 1 (比) 단맛과 쓴맛. 즐거움과 괴로움. 고락(苦樂). 기쁨과 슬픔. 순경(顺境)과 역경(逆境). ¶~与共=고락을 함께하다. 2 쓴맛. 고충. 어려움. 고통. ¶这次实习让他充分感受到了做一名乡村教师的~。=이번 실습은 그로 하여금 시골 교사의 고충을 충분히 체험하게 하였다.
【甘蓝】gānlán [명] (植) 양배추. 캐비지.
【甘洌】gānliè [형] (물·술 등이) 달콤하고 맑다. 감미롭고 청량하다. ¶~的泉水=달콤하고 청량한 샘물.

| ○ 甘 | gān |
| 柑 | gān |
| 疳 | gān |
| 泔 | gān |
| 苷 | gān |
| 绀 | gàn |
| 坩 | gān |
| 嵌 | qiàn |
| 钳 | qián |
| 箝 | qián |
| 酣 | hān |
| 邯 | hán |
| 蚶 | hān |
| 甜 | tián |

【甘霖】gānlín [명] (오랜 가뭄 끝에 내리는) 단비. 감우(甘雨). 적우(適雨). 호우(好雨). 고우(膏雨).
【甘露】gānlù [명] 감로. 단이슬. 은혜. 은택. ¶时雨~=적시에 내리는 비와 감로.
【甘美】gānměi [형] 감미롭다. 달콤하다. ¶~可口=맛이 감미롭다.
【甘泉】gānquán [명] 1 감천. 감미로운 샘물. 2 감천. 물맛이 좋은 샘.
【甘柿】gānshì [명] 감시. 단감.
【甘受】gānshòu [동] 기꺼이 받아들이다. 감수하다. ¶~重罚=중벌을 감수하다.
【甘薯】gānshǔ [명] (植) 고구마. ⑤【红薯】hóngshǔ【白薯】báishǔ【番薯】fānshǔ【地瓜】dìguā【山芋】shānyù【红苕】hóngsháo【芋头】yù·tou【山药】shān·yao
【甘肃】Gānsù [지] 간쑤(甘肃)성. 감숙성. ['甘(Gān)' 또는 '陇(Lǒng)'으로 약칭하며, 성도는 란저우(兰州)임].
【甘甜】gāntián [형] 감미롭다. 달다. 유쾌하다. 즐겁다. ¶~爽口=달고 상큼하다.
【甘为】gānwéi [동] 기꺼이 …을〔를〕 담당하다〔맡다〕. 기꺼이 … 노릇을 하다. ¶俯首~孺子牛。=머리를 숙이고 기꺼이 (아이들을 등에 태우는) 소가 되겠습니다. 기꺼이 국민을 위해서 봉사하겠습니다.
【甘味】gānwèi [명] (문) 감미. 단맛. 진미(珍味). 맛있는 것. [동] (문) 맛있다고 느끼다. ¶食不~=먹어도 음식 맛을 모르다.
【甘心】gānxīn [동] 1 달가워하다. 기꺼이 원하다. ¶谁也不会~受穷。=누구도 가난에 찌드는 것을 달가워하지〔원치〕 않을 것이다. 2 …에 만족하다〔흡족해하다〕. 체념하다. 단념하다. ¶不成功, 岂能~? =성공하지 않고 어찌 단념할 수 있겠는가? ↔不甘
【甘心情愿】gānxīn-qíngyuàn ☞【心甘情愿】xīngān-qíngyuàn
【甘休】gānxiū [동] 기꺼이 포기하다. 기꺼이 중도에서 그만두다. 기꺼이 손을 놓다. [주로 부정형이나 반어형으로 쓰임] ¶岂能善罢~? =어찌 이대로 포기할 수가 있겠는가? ≒罢休
【甘言】gānyán [명] (문) (남의 비위에 맞추거나 속이기 위하여 듣기 좋게 꾸미어 하는) 감언. 달콤한 말. ¶~蜜语=달콤한 밀어.
【甘油】gānyóu [명] (化) 글리세린(glycerin). =【丙三醇】bǐngsānchún
【甘于】gānyú [동] 기꺼이 …하다. …할 각오가 되어 있다. …을〔를〕 감수하다. …을〔를〕 달가워하다. ¶不能~平庸。=평범함〔용속〕한 것을 당연히 여겨선 안 된다.
【甘雨】gānyǔ [명] 단비. 고우(膏雨). 적우(適雨). 호우(好雨).
【甘愿】gānyuàn [동] 기꺼이 …하다. 달갑게 하다. 진심으로 원하다. ¶~受罚=벌을 달갑게 받다.
【甘蔗】gān·zhe [명] (植) 사탕수수.
【甘之如饴】gānzhī-rúyí [성] 1 엿〔사탕〕과 같이

甘 忓 玕 杆 肝 坩 苷 矸 泔 **gān**

달콤하다. **2**㈁ 어렵고 힘든 것을 기꺼이 받아들이다.
【甘旨】**gānzhǐ** 몡문 맛있는 음식. ¶饥之于食,不待~。=굶주린 사람은 맛있는 음식을 기다리지 않는다. 시장이 반찬이다.
【甘紫菜】**gānzǐcài** 몡(植) 김. 해태(海苔). 늎【紫菜】**zǐcài**

## 忓

**gān** 방해할 간
동㈂ 방해하다. 귀찮게 하다. 교란하다.

## 玕

**gān** 옥돌 간
☞【琅玕】**lánggān**

## *杆

**gān** 막대 간
몡 기둥. 막대. 장대. ¶旗~=깃대.
☞**gǎn**

○● 标杆, 拉杆, 栏lán杆, 桅wéi杆

【杆塔】**gāntǎ** 몡 (전신주·철탑 등의) 가공(架空) 송전 선로 지지물.
【杆子】**gān·zi** 몡 **1** (어떤 용도가 있는) 막대기. 장대. 기둥. ¶电线~=전신주(전봇대). **2**방 도적 떼. 산적. ¶~头儿=산적 두목.
☞**gǎn·zi**

## *肝

**gān** 간 간
몡 **1**(生) 간. 간장. **2** (식용으로 쓰는 동물의) 간. ¶酱~儿=(된장·간장 등에) 절인 간.

○● 夹jiā肝, 沙shā肝儿, 心肝, 鱼肝油

【肝癌】**gān'ái** 몡(醫) 간암.
【肝病】**gānbìng** 몡(醫) 간질환.
【肝肠】**gāncháng** 몡 **1** 간장. 간과 창자. **2**㈁ 애. 마음. ¶~欲裂=애간장〔마음〕이 찢어질 듯하다.
【肝肠寸断】**gāncháng-cùnduàn** 솅 **1** 가슴이 토막토막 찢어지는 듯이 아프다. 애간장을 저미다. **2**㈁ 몹시 비통하다.
【肝胆】**gāndǎn** 몡 **1** 담낭. 간과 쓸개. **2**㈁ 진심. 진실한 마음. ¶~楚越=막역한 친구 사이가 멀어지다. **3**㈁ 용기. 혈기. ¶~过人=용맹이 뛰어나다.
【肝胆相照】**gāndǎn-xiāngzhào** 솅㈁ 간담상조. 서로 속마음을 털어놓고 진심으로 사귀다. 늎 披肝沥胆 ↔勾心斗角
【肝胆照人】**gāndǎn-zhàorén** 솅㈁ 진심으로 남을 대하다.
【肝功】**gāngōng** 몡 간기능.
【肝功能】**gāngōngnéng** 몡(醫) 간기능. ¶~正常=간기능이 정상이다.
【肝昏迷】**gānhūnmí** 몡(醫) 간성혼수(hepatic coma). [간장병 때문에 간세포가 많이 죽거나 약해져서 간부전이 생겨 정신이 혼미해지는 증상]
【肝花】**gān·hua** 몡㈂ **1** 간장. **2** 간.
【肝火】**gānhuǒ** 몡 **1**(醫) 간화(肝火). [중의학에서 간기에 화(肝氣)가 지나치게 왕성하여 생기는 열]

**2** 화. 울화. 분통. 부아. 짜증. 신경질. [마음이 조급해지고 쉽게 화를 내는 감정을 가리킴] ¶大动~=분통을 터뜨리다.
【肝火旺】**gānhuǒwàng** 늎㈁ 화를 잘 내다. 성질이 조급하다. 성마르다.
【肝脑涂地】**gānnǎo-túdì** 솅 **1** 간뇌도지하다. 참혹한 죽음을 당하여 간장(肝臟)과 뇌수(腦髓)가 땅에 널려 있다. **2**㈁ 전쟁통에 비참하게 죽다. **3**㈁ 나라를 위하여 목숨을 돌보지 않고 애를 쓰다. 희생을 무릅쓰고 충성을 다하다.
【肝气】**gānqì** 몡 **1**(중의학에서) 간장의 정기. **2**(醫) 간기 울결. 간울혈. [중의학에서, 간기가 원활하게 소통되지 못하고 한곳에 몰려 있는 증상을 가리키며, 양 옆구리가 그득하고 뻐근하며, 우울하고 화를 잘 냄] **3** 화를 잘 내는 심정〔성미〕. 울뚝밸.
【肝儿】**gānr** 몡 (식용으로 쓰는 돼지·소·양 등의) 간.
【肝儿颤】**gānrchàn** 혱㈁ 간담이 서늘하다. 두려워하다. 벌벌 떨다. ¶吓得~=놀라 간담이 서늘하다.
【肝素】**gānsù** 몡(生) 헤파린(heparin).
【肝糖】**gāntáng** 몡(化) 글리코겐(glycogen). =【糖原】**tángyuán**
【肝吸虫】**gānxīchóng** 몡(生) 간디스토마(肝 distoma). =【肝蛭】**gānzhì**【肝叶虫】**gānyèchóng**
【肝炎】**gānyán** 몡(醫) 간염.
【肝叶虫】**gānyèchóng** ☞【肝吸虫】**gānxīchóng**
【肝硬变】**gānyìngbiàn** 몡(醫) 간경변.
【肝硬化】**gānyìnghuà** 몡(醫) 간경화.
【肝脏】**gānzàng** 몡(生) 간장.
【肝掌】**gānzhǎng** 몡(醫) 간경변 환자의 손바닥에 나타나는 분홍색 핏발이나 반점.
【肝蛭】**gānzhì** ☞【肝吸虫】**gānxīchóng**
【肝肿大】**gānzhǒngdà** 몡(醫) 간종창(肝腫脹). 간종대(肝腫大).

## 坩

**gān** 도가니 감
몡문 도가니. 감과(坩堝).
【坩埚】**gānguō** 몡 도가니. 감과.

## 苷

**gān** 감초 감
☞【糖苷】**tánggān**

## 矸

**gān** 산돌 간
몡(礦) 맥석(脈石).
【矸石】**gānshí** 몡(礦) (석탄에 섞어 있는) 맥석(脈石).
【矸子】**gān·zi** 몡 맥석(脈石).

## 泔

**gān** 뜨물 감
몡 구정물.
【泔脚】**gānjiǎo** 몡방 구정물.
【泔水】**gān·shuǐ** 몡 구정물. 방【潲水】**shào·shuǐ**

**柑** gān 감자나무 감
〈명〉(植) 1 감자수. 홍귤나무. 2 감자(柑子). 홍귤나무의 열매.
　○● 广柑, 橘jú柑, 蜜mì柑
【柑橘】gānjú 〈명〉(植) 감귤.
【柑子】gān·zi 〈명〉 1 감자수. 홍귤나무. 2 감자(柑子). 홍귤나무의 열매.

**竿** gān 장대 간
〈명〉 대나무 막대. 장대. 장간(長竿). ¶钓鱼~=낚싯대. / 立~见影=장대를 세우면 그림자가 나타난다. 즉시 효과가 나타난다.
　○● 滑竿, 马竿, 竹竿
【竿子】gān·zi 〈명〉 대나무 장대.

**酐** gān 쓴 술 항
〈명〉〈양〉(化) 酸酐(무수물).

**疳** gān 감질 감
〈명〉(醫) 감(疳). 감적(疳積). 감기(疳氣). 감질(疳疾). 감병(疳病).
　○● 牙疳
【疳积】gānjī 〈명〉(醫) 감(疳). 감적(疳積). 감기(疳氣). 감질(疳疾). 감병(疳病). [중의학에서, 어린 아이의 얼굴이 누렇게 뜨고 몸이 여위며 복부가 팽창하는 병].

**尴**[尷] gān 걸끄러울 감
【尴尬】gāngà 〈형〉 1 입장이 곤란하다〔난처하다〕. ¶处境~=입장이 난처하다. 2 〈방〉(기색·태도 등이) 부자연스럽다. 어색하다. 쑥스럽다. 당혹스럽다. 난감하다. 쪽팔리다. ¶谎言被当众揭穿, 让他十分~=거짓말이 여러 사람 앞에서 들통나는 바람에 그는 무척 쑥스러웠다.

**漧** gān 건조할 건
〈형〉〈문〉 건조하다.

**杆**[(桿)] gǎn 막대 간
〈명〉(~儿) 대. 막대. 자루. [기물의 길다란 막대 모양 부분] ¶秤~儿=저울대. 笔~儿=붓대. 〈양〉 자루. 대. [대〔자루〕가 있는 물건을 세는 단위] ¶一~秤=대저울 한 개. / 两~笔=두 자루의 붓.
☞ gān
　○● 杠gàng杆, 光杆儿, 连杆
【杆秤】gǎnchèng 〈명〉 대저울.
【杆菌】gǎnjūn 〈명〉(生) 간균. 간상균(桿狀菌). 막대 박테리아. 바실루스(bacillus).
【杆子】gǎn·zi 〈명〉 대. 자루. [기물의 길다란 막대 모양 부분] ¶枪~=총대.

**秆**[(稈)] gǎn 짚 간
〈명〉(~儿) (식물의) 줄기. 대. ¶麦~儿=보릿대. / 麻~儿=삼대.
【秆锈病】gǎnxiùbīng 〈명〉(農) 줄기 녹병. 수병. 엽삽병(葉澁病).
【秆子】gǎn·zi 〈명〉 (식물의) 줄기. 대. ¶高粱~=수숫대.

**赶**[趕] gǎn 쫓을 간
〈동〉 1 뒤쫓다. 따라가다. 추격하다. ¶追~=뒤쫓다. 추격하다. / 迎头~上=선두를 따라잡다. 선두를 앞서 나가다. 2 서두르다. 다그치다. 재촉하다. ¶~作业=숙제를 서둘러 하다. / 匆忙~路=길을 재촉하다. 3 쫓아 내다. 쫓아 버리다. 축출하다. 내쫓다. 몰아 내다. ¶~走侵略者=침략자를 쫓아 내다. 4 몰다. 부리다. ¶~牛=소를 몰다. / ~大车=큰 수레를 몰다. 5 (시간이 정해진 장소에) 가다. 참가하다. ¶起早~集=일찍 일어나 시장에 가다. 6 (어떤 상황을·때·기회를) 타다. ¶小麦刚好~上一场大雪。=밀이 때마침 큰 눈을 만났다. 〈개〉〈주〉 …에 이르러. …때가 되어. …에 가서. [시간 명사 앞에 쓰여 어떤 시기에 다다름을 나타냄] ¶~明儿我们去韩国玩儿。=내일이면 우리는 한국으로 놀러 갈 것이다.
【赶办】gǎnbàn 〈동〉 서둘러 처리하다. ¶事情紧急, 必须~。=사정이 급하니 반드시 서둘러 처리해야 한다.
【赶奔】gǎnbèn 〈동〉 (목적지를 향해) 신속히 달리다. 내달리다. ¶日夜~家乡。=밤낮으로 고향을 향해 달려가다.
【赶不及】gǎn·bují 〈동〉 (시간이 부족하여) …할 시간이 없다. 돌볼 틈이 없다. (정해진 시간에) 대지 못하다. 늦다. ¶时间仓促, ~多做准备。=시간이 급박하여 충분한 준비를 할 시간이 없었다. ↔来不及 ↔赶得及 来得及
【赶不上】gǎn·bushàng 〈동〉 1 따라잡지 못하다. 쫓아가지 못하다. ¶他走得太快, 我~。=그의 걸음이 너무 빨라서 나는 따라잡을 수 없다. 2 〈비〉비교가 안 되다. …만 못하다. ¶我的功课~她。=나의 성적이 그녀보다 못하다. 3 (시간이 부족하여) …할 시간이 없다. 돌볼 틈이 없다. (정해진 시간에) 대지 못하다. 늦다. ¶火车五分钟以后就要开了, 已经~了。=기차가 5분 후면 곧 출발할 텐데, 이미 늦었다. 4 (바라던 바를) 만나지 못하다. 얻지 못하다. 놓치다. ¶这是~的好机会, 别错过了。=이것은 만나기 어려운 절호의 기회이니 놓치지 마세요. ↔赶得上
【赶不上趟】gǎn·bushàngtàng 〈동〉 1 뒤떨어지다. 낙후되다. ¶人笨, 学什么都~。=사람이 머리가 둔해서 뭘 배워도 뒤진다. 2 (좋은 기회를) 만나지 못하다. (바라던 바를) 놓치다. ¶他运气不好, 几次调资都~。=그는 운이 나빠 몇 차례의 임금 조정 기회를 모두 놓쳐 버렸다.
【赶场】gǎn∥cháng 〈동〉〈방〉 장터〔재래 시장〕에 장을 보러 가다. ≒赶集
【赶场】gǎn∥chǎng 〈동〉 (연예인이) 다음 공연 장소로 서둘러 이동하다.

【赶超】gǎnchāo 〔동〕(수준을) 따라가서 앞지르다. 추월하다. ¶~一流=일류를 앞지르다.
【赶潮】gǎncháo 〔동〕1 뒤로 물러나는 파도를 따라 뛰어놀다. 2 썰물 때를 이용하여 해산물을 잡다〔채취하다〕.
【赶潮流】gǎn cháoliú 〔동〕(비〕 유행을 따르다. 시대의 추이를 따르다.
【赶车】gǎn‖chē 〔동〕1 마차〔달구지〕를 몰다. ¶~拉粮=달구지〔마차〕로 양식을 나르다. 2 차 시간에 대다. ¶早点动身, 别误了~。=차를 놓치지 않도록 좀 일찍 출발해라.
【赶出去】gǎnchū·qù 〔동〕1 쫓아 내다. 내쫓다. 몰아 내다. 축출하다. ¶把侵略者~! =침략자를 몰아 내다. 2 (문 밖으로) 급히 나가다. 뒤쫓아가다. ¶我~的时候, 他已经走远了。=내가 뒤쫓아갔을 때 그는 이미 멀찌감치 가고 있었다.
【赶到】gǎndào 〔동〕 서둘러 가다〔도착하다〕. 서둘러 행동하다. ¶我们必须在上午10点以前~。=우리는 반드시 오전 10시 이전에 서둘러 도착해야 한다.
【赶到点子上】gǎndào diǎn·zi shàng 〔동〕 기회를 만나다. 결정적인 때를 만나다. 때마침 도착하다. ¶他刚到新单位就遇上了集资建房, 真是~了。=그가 막 새 직장에 부임했을 때, 마침 자금을 모아 가옥을 신축한다고 하니, 정말 기회를 만난 것이다.
【赶道】gǎndào(~儿) 〔동〕 길을 재촉하다. 서둘러 가다.
【赶得及】gǎn·dejí 〔동〕 시간에 댈 수 있다. 늦지 않다. ¶时间还早, ~。=시간이 아직 이르니 늦지 않을 것이다. ↳来得及 ↔赶不及 来不及
【赶得上】gǎn·deshàng 〔동〕1 따라잡을 수 있다. ¶他刚走, 你马上出门还~他。=그가 방금 떠났으니 바로 출발하면 따라잡을 수 있을 것이다. 2 (비) (사람·시류 등에) 뒤떨어지지 않을 수 있다. 지지 않을 수 있다. 견줄 만하다. ¶你的英语水平~他。=네 영어 수준은 그와 견줄 만하다. 3 시간에 댈 수 있다. 늦지 않다. ¶~回家吃晚饭。=식사 시간에 맞추어 집에 갈 수 있다. 4 (바라던 바를) 만나다. 마주치다. ¶~好机会, 我一定不会错过。=좋은 기회를 만났으니, 나는 기필코 놓치지 않을 것이다. ↳赶不上
【赶点】gǎn‖diǎn 〔동〕1 (연발한 기차·배 등이) 정시에 도착하기 위해 속도를 높이다. 2(~儿) 때마침 도착하다. ¶我们这里正缺人, 你真是赶上点儿了。=우리가 일손이 부족한데, 너 마침 잘 왔어. 3 주사위놀이를 할 때 한편에서 숫자 몇이 나오라고 소리지르다.
【赶赴】gǎnfù 〔동〕 (어디로) 급히 달려가다. ¶~事故现场。=사고 현장으로 급히 달려가다.
【赶工】gǎngōng 〔동〕 (완공 시간을 앞당기기 위하여) 서둘러 일하다. 다그쳐 일하다. 바쁘게 일하다. ¶昼夜~。=주야로 바쁘게 일하다.
【赶功课】gǎn gōngkè 〔동〕 학업의 진도를 높이다. 서둘러 숙제를 하다.
【赶海】gǎn‖hǎi 〔동〕(비) 썰물 때를 이용하여 해산물을 잡다〔채취하다〕.

【赶汗】gǎn‖hàn〔동〕(비)(감기 치료를 위해 뜨거운 생강차 등을 마시고) 땀을 내다. 발한(發汗)하다. 취한(取汗)하다.
【赶黑】gǎnhēi〔동〕해가 지기 전에 서둘러 일을 마치다. ¶~把地耕完。=해가 지기 전까지 밭을 다 갈아야 해.
【赶回来】gǎnhuí·lái〔동〕1 급히〔서둘러〕 돌아오다. ¶听到消息, 他马上~了。=소식을 듣고 그는 서둘러 돌아왔다. 2 급히 돌아오도록 시키다. 급히 돌아오게 하기를 강요하다. ¶组长把他从抗洪前线上~了, 让他好好养病。=조장은 그를 수해 복구 현장에서 어서 돌아오게 하여 편안히 요양하도록 하였다. 3 (우마차·가축 등을) 몰고 돌아오다. ¶天黑了, 把羊群~。=날이 어두워지자 양 떼를 몰고 돌아왔다.
【赶回去】gǎn·huí·qù〔동〕 급히〔서둘러〕 돌아가다.
【赶会】gǎnhuì〔동〕(절 경내 혹은 절 입구에서 펼치는) 묘회〔사원의 임시 시장〕에 가다.
【赶活】gǎnhuó(~儿)〔동〕(완공 시간을 앞당기기 위하여) 서둘러 일하다. 다그쳐 일하다. 바쁘게 일하다. ¶他们正忙着~儿。=그들은 지금 바삐 일하고 있다.
【赶货】gǎnhuò〔동〕급히 제품을 생산하다〔발송하다〕.
【赶集】gǎn‖jí〔동〕장터〔재래 시장〕에 장을 보러 가다. 장터〔재래 시장〕에 물건을 팔러〔사러〕 가다. ≒赶场(cháng)
【赶脚】gǎnjiǎo〔동〕당나귀·노새 등을 몰고 다니면서 삯을 받고 짐을 실어나르다. 삯짐을 싣다. 마바리를 끌다.
【赶街】gǎn‖jiē〔동〕(비) 장터〔재래 시장〕에 장을 보러 가다. 장터〔재래 시장〕에 물건을 팔러〔사러〕 가다.
【赶紧】gǎnjǐn〔부〕 서둘러. 재빨리. 황급히. 얼른. 어서. ¶他们等着要这份材料, ~送去。=그들이 이 자료를 기다리고 있으니 얼른 갖다 주세요.
【赶尽杀绝】gǎnjìn-shājué〔성〕1 모조리 없애다. 싹 쓸어 버리다. 근절하다. 몰살하다. 2(비) 악독하다. 흉악하다. 독살스럽다.
【赶考】gǎnkǎo〔동〕(옛) 과거를 보러 가다. ¶赴京~=서울로 과거를 보러 가다.
【赶快】gǎnkuài〔부〕 황급히. 다급하게. 재빨리. 속히. 어서. ¶天快黑了, ~回家吧。=날이 곧 어두워지려 하니, 빨리 집으로 돌아가자.
【赶浪头】gǎn làng·tou〔동〕(비) 유행을 따르다. 시류에 편승〔순응〕하다. 시대의 조류를 따르다.
【赶路】gǎn‖lù〔동〕 길을 재촉하다. 서둘러 가다. ¶早点睡, 明天还要~呢。=일찍 자거라, 내일 또 길을 재촉해야 하잖니.
【赶忙】gǎnmáng〔부〕 서둘러. 재빨리. 황급히. 얼른. 어서. ¶看见有客人来, 他~起身招呼。=손님이 들어오는 것을 보고 그는 황급히 일어나 인사를 했다.
【赶庙会】gǎn miàohuì〔동〕(절 경내 혹은 절 입구에서 펼치는) 묘회에 가다.
【赶明儿】gǎn míngr〔동〕내일이 되다. 〔부〕 나중

에. 후일에. 이후에. 다음에. ¶~孩子长大了，就不用这么操心了。=후일 아이가 성장하면, 이렇게 노심초사할 필요가 없을 것이다.

【赶命】gǎnmìng 통 (어떤 일을) 대단히 서둘러 하다. 필사적으로 하다. 목숨 걸고 하다. ¶明天就要考试了，他~似地复习了一个通宵。=내일이 시험이라 그는 필사적으로 밤을 새워 공부하였다.

【赶跑】gǎnpǎo 통 내쫓다. 몰아 내다. 쫓아 내다. ¶去把瓜地里的猪~。=오이밭에 있는 돼지를 내쫓아라. ≒赶走

【赶前】gǎnqián 통 앞서 가다. 앞장서다. ¶做事，一般~不赶后。=일은 앞당겨 하는 것이 미루는 것보다 낫다.

【赶前错后】gǎnqián-cuòhòu 성 앞당기거나 뒤로 미루다.

【赶巧】gǎnqiǎo 円 공교롭게도. 마침. ¶我正想去找你，~你就来了。=내가 막 당신을 찾아가려고 했는데, 마침 오셨군요.

【赶热闹】gǎn rè·nao 통 사람이 북적대는 곳으로 구경 가다. ¶他生性不喜欢~。=그는 천성이 북적거리는 곳을 좋아하지 않는다.

【赶任务】gǎn rèn·wu 통 서둘러 임무를 완수하다. ¶他们最近在拼命地~。=그들은 최근 온 힘을 다하여 임무를 수행하고 있다.

【赶上】gǎnshàng 통 1 따라잡다. 따라붙다. 추월하다. ¶他快被其他选手~了。=그는 곧 다른 선수들에 의해 추월당하려 한다. 2 우연히 만나다〔마주치다〕. 뜻밖에 만나다. ¶~了当地少数民族的传统节日。=뜻밖에 현지 소수 민족의 전통 축제를 만났다. 3 시간에 대다. ¶他还没~准备就被点名发言。〔주로 부정형으로 쓰임〕¶他还没~准备就被点名发言。=그가 미처 준비가 되기도 전에 지명되어 발언을 하게 되었다. 4 구축하다. 내몰다. 내쫓다. ¶新兵被纳粹充先兵~战场。=신병은 나치 헌병에 의해 전쟁터로 내몰렸다.

【赶时间】gǎn shíjiān 통 시간을 재촉하다〔서두르다〕.

【赶时髦】gǎn shímáo 통 유행을 따르다.

【赶趟儿】gǎn‖tàngr 통 제 시간에 도착하다. 제 시간에 대다. ¶再不出发就赶不上趟儿了。=지금 출발하지 않으면 제 시간에 도착할 수 없을 것이다.

【赶先进】gǎn xiānjìn 통 앞선〔선진〕 수준으로 힘껏 따라잡다.

【赶形势】gǎn xíngshì 통 형세〔대세〕를 따르다. ¶~，但不盲从。=대세를 좇지만 무턱대고 따르지는 않는다.

【赶圩】gǎn‖xū 통円 장터〔재래 시장〕에 장을 보러 가다. 장터〔재래 시장〕에 물건을 팔러〔사러〕가다.

【赶鸭子上架】gǎn yā·zi shàng jià 성 오리를 몰아 홰에 오르게 하다. 2 비 할 수 없는 일을 남에게 강요하다. 남을 곤경에 빠뜨리다. ≒【打鸭子上架】dǎ yā·zi shàng jià

【赶早】gǎnzǎo(~儿) 円 일찍감치. 서둘러서. 급히. 재빨리. ¶~把这件事办了。=서둘러서 이 일을 처리하시오.

【赶造】gǎnzào 통 서둘러 만들다〔제작하다〕. ≒赶制

【赶制】gǎnzhì 통 서둘러 만들다〔제작하다〕. ¶工厂正在连夜~运动会的吉祥物。=공장에서는 밤을 새워 체육 대회의 마스코트를 서둘러 제작하고 있다. ≒赶造

【赶走】gǎnzǒu 통 쫓아 내다. 내몰다. 내쫓다. 몰아 내다. ¶泡个热水澡能~疲劳。=뜨거운 물에 몸을 담그고 목욕하면 피로를 풀 수 있다. ≒赶嘴

【赶嘴】gǎn‖zuǐ 통円 다른 사람이 막 무엇을 먹으려 할 때 나타나다. 먹을 복이 있다. 발이 길다.

**筸** gǎn 화살대 간
명문 화살대.

**敢** gǎn 감히 감
형 용기가 있다. 용감하다. 담력이 세다. ¶果~=과감하다. / 勇~=용감하다. 통 1 용기를 내다. 용기 있게 행동하다. ¶他这人耿直得很，~说~做。=그는 성격이 강직하여 용기 있게 말하고 용기 있게 행동한다. 2 자신 있게 …하다. 과감하게 …하다. ¶我不~断定他在没在家。=나는 그가 집에 있는지 없는지 장담할 수 없다. 円 1 통경 외람히. 감히. ¶~请给老爷让个道。=외람히 할아버지께 길을 비켜 달라고 요청합시다. 2 방 설마. 혹시. 아마도. 어쩌면. ¶有人敲门，~是你妈妈回来了。=누가 문을 두드리는데, 아마도 네 어머니께서 돌아오셨나 보다.

○ 敢 gǎn
橄 gǎn
澉 gǎn
憨 hān
撖 Hàn
瞰 kàn
阚 Kàn

○ 胆敢，果敢，勇敢

【敢保】gǎnbǎo 통 책임지다. 보증하다. 굳게 믿다. ¶我~他能完成任务。=나는 그가 임무를 완성하리라고 굳게 믿는다.

【敢当】gǎndāng 통 감당하다. 짊어지다. 맡다. 담당하다. ¶~重任=막중한 책임을 맡다.

【敢干】gǎngàn 통 용감하게 행동하다. 두려움〔거리낌〕 없이 행동하다. ¶敢想~=대담하게 생각하고 거리낌 없이 행동하다.

【敢怒而不敢言】gǎn nù ér bù gǎn yán 성 격분하고 있지만 감히 말은 하지 못한다. 화를 억누르다.

【敢怕】gǎnpà 円방 설마. 어쩌면. 아마도. 혹시. ¶~他已经下班回家了。=아마 그는 이미 퇴근해서 집에 갔을 것이다.

【敢情】gǎn·qing 円방 1 원래. 알고 보니. 의외로. 뜻밖에도. ¶我说他怎么会知道这事呢，~是你在通风报信呀。=그가 어떻게 이 일을 알게 되었나 했더니. 알고 보니 당신이 소문을 흘렸군요. 2 당연히. 확실히. 참으로. 정말로. ¶要在这儿建一个公园，那~好！=여기에 공원을 조성한다니, 정말 잘됐다!

【敢是】gǎn·shì 円방 혹시. 설마. 어쩌면. 아마

도. ¶他今天没来上班, ~家里有什么事? =그는 오늘 출근하지 않았는데, 혹시 집에 무슨 일이 생긴 것은 아닐까?
【敢死队】gǎnsǐduì 명(軍) 결사대.
【敢为人先】gǎnwéirénxiān 성 남이 하지 않았던 일을 용감하게 하다. 용감히 앞장서다.
【敢问】gǎnwèn 동겸 당돌하게 묻다. 외람되이 여쭈다. ¶~您贵姓? =당돌하게 여쭙겠습니다만, 당신의 함자가 어떻게 되십니까?
【敢想】gǎnxiǎng 동 대담하게 상상하다. ¶~敢为=대담하게 생각하고 과감히 행동하다.
【敢许】gǎnxǔ 부방 아마도. 혹시. 어쩌면.
【敢于】gǎnyú 동 (…할) 용기가 있다. 용감하게도 …하다. 결의를 가지고 …을〔를〕하다. 대담하게 …을〔를〕하다. ¶~承担责任=책임을 질 용기가 있다.
【敢字当头】gǎnzì-dāngtóu 성 1 용감할 감(敢)자를 맨 앞에 두다. 2비 용감함을 신조로 삼다. 주저 없이 대담하게 행동하다.
【敢自】gǎnzì 부방 1 원래. 알고 보니. 의외로. 뜻밖에도. 2 당연히. 확실히. 참으로. 정말로.
【敢作敢当】gǎnzuò-gǎndāng 성 1 대담하게 시도하고 결과에 책임을 지다. 2 패기 있게 일을 하고 결과에 대한 책임을 두려워하지 않다.
【敢作敢为】gǎnzuò-gǎnwéi 성 1 대담하게 시도하다. 2 패기 있게 일을 하다. 힘들고 위험한 것을 두려워 않다.

## *感 gǎn 느낄 감

동 1 감동하다. 감명을 받다〔주다〕. 감동시키다. ¶深有~触=깊은 감동을 받다. 2(醫) 감기에 걸리다. ¶外~内伤=감기에 걸리다. 3 감사하다. 고맙게 여기다. ¶~激不尽=감격해 마지않다. 4 느끼다. 생각하다. 여기다. ¶颇~意外=무척 의외라고 생각하다. 5 감광하다. …에 감광성을 주다. ¶~光胶片=감광 필름. 명 정감. 느낌. 생각. 감. ¶痛~=뼈저리게 느끼다. / 成就~=성취감. / 百~交集=만감이 교차하다. 매우 착잡하다.

○-● 百感, 电感, 恶感, 反感, 观感, 快感, 灵líng感, 流感, 敏mǐn感, 铭míng感, 情感, 善感, 伤感, 手感, 同感, 痛感, 遥yáo感, 预感, 杂感

【感触】gǎnchù 명 (어떤 사물을 대하여 촉발된) 감동. 감개. 감회. 느낌. 감명. ¶回国观光后, 老华侨们~颇多。=귀국 관광 이후에 나이 든 화교들은 감회가 자못 깊었다.
【感传】gǎnchuán 동(醫) 중의학에서, 침을 맞을 때 경락을 따라 감응되어 전달되는 힘이 느껴지다.
【感戴】gǎndài 동 감격하여 떠받들다. 감사하여 옹호하다. [주로 상급자에게 쓰임] ¶他十分~提携自己的老领导。=그는 자신을 이끌어 준 원로 간부에게 감격해 마지않는다.
【感到】gǎndào 동 느끼다. 여기다. ¶他~形势有些不妙。=그는 정세가 다소 심상치 않다고 여겼다.

---

感到(gǎndào) / 觉得(jué·de) 느끼다

感到 : 어떤 객관적인 요인이나 조건으로 인해 몸 또는 마음으로 느끼는 것을 가리킴. ¶我突然感到一阵钻心的牙痛。= 나는 갑자기 극심한 치통을 느꼈다.

觉得 : 객관적 사물에 대한 어떤 생각을 나타낼 때 사용함. ¶我觉得他的建议可以考虑。= 나는 그의 건의가 고려해 볼 만하다고 느꼈다.

---

【感德】gǎn‖dé 동 고맙게 여기다. 감사해 마지않다. 은혜에 감사하다.
【感动】gǎndòng 동 1 감동하다. 감동되다. 감격하다. ¶他无私奉献的可贵精神令我们深受~。=그의 사심 없이 헌신하는 고귀한 정신은 우리를 깊이 감동시켰다. 2 감동시키다. 감격하게 하다. ¶这部悲剧~了所有观众。=이 비극은 모든 관중들을 감동시켰다.
【感恩】gǎn‖ēn 고맙게 여기다. 감사해 마지않다. 은혜에 감격하다. ¶~不尽=감사하기 그지없다.
【感恩戴德】gǎn'ēn-dàidé 성 충심으로 감사하다. 대단히 감사하다.
【感恩节】Gǎn'ēnjié 명 추수감사절.
【感恩图报】gǎn'ēn-túbào 성 은혜에 보답하려 애쓰다.
【感发】gǎnfā 동 사람의 마음을 감동시켜 움직이다. ¶~怀古之思。=옛 향수를 회고하다.
【感奋】gǎnfèn 동 감분하다. 감동하여 분발하다. 감발(感發)하다. 열광하다. ¶得知胜利的消息, 人们无不~。=승리의 소식을 듣고 열광하지 않는 사람이 없었다.
【感愤】gǎnfèn 동 감분하다. 분함을 느끼다. 분개하다. ¶裁决不公引起众人~。=판결이 불공정하여 많은 사람들의 분개를 샀다.
【感服】gǎnfú 감복하다. 감격하다.
【感官】gǎnguān ☞【感觉器官】gǎnjué qìguān
【感光】gǎn‖guāng 동 감광하다.
【感光材料】gǎnguāng cáiliào 명 감광 재료. [감광 능력을 나타내는 수치(數值). 흔히 아사(ASA)·딘(DIN) 등으로 표시함]
【感光片】gǎnguāngpiàn 명 감광 필름.
【感光纸】gǎnguāngzhǐ 명 감광지.
【感化】gǎnhuà 동 감화하다. 감화시키다. ¶~失足青年=비행 청소년을 감화하다.
【感怀】gǎnhuái 동 1 그리워하다. ¶~旧事=(옛일을) 그리워하다. 2 감회에 젖다. ¶月夜~=달밤에 감회에 젖다.
【感激】gǎn·jī 동 감격하다. ¶他非常~朋友们对他的帮助。=그는 친구들의 도움에 매우 감격했다.
【感激涕零】gǎn·jī-tìlíng 성 1 감격하여 눈물을 흘리다. 2비 깊이 감격하다.
【感觉】gǎnjué 명(生) 감각. 느낌. 동 1 느끼다. ¶赶了一天的路, ~有些累了。=하루 종일

길을 걸었더니 좀 피곤하다. **2** 여기다. 생각하다. ¶我~他话里有话。=나는 그의 말 속에 뼈가 있다고 생각한다.

【感觉器官】gǎnjué qìguān 명(生) 감각 기관.
∽【感官】gǎnguān

【感觉神经】gǎnjué shénjīng 명(生) 감각 신경. =【传入神经】chuánrù shénjīng

【感慨】gǎnkǎi 동 감격하다. 감개무량하다. ¶追古思今，~万千。=추억을 돌이켜보니 감개가 무량하다.

【感慨万端】gǎnkǎi-wànduān ☞【感慨万千】gǎnkǎi-wànqiān

【感慨万千】gǎnkǎi-wànqiān 성 감개가 무량하다. =【感慨万端】gǎnkǎi-wànduān

【感慨系之】gǎnkǎi-xìzhī 성 **1** 슬픔에 젖어 한탄하다. **2** 개탄하다. 탄식하다. 애석해하다. 아까워하다.

【感抗】gǎnkàng 명(電) 이끎성들이저항. 유도성 저항(inductive reactance).

【感喟】gǎnkuì 동문 애석해하다. ¶人生苦短，令人~伤怀。=인생의 괴롭고 덧없음이 애석하고 슬프구나.

【感愧】gǎnkuì 동 감사하면서도 송구스럽다. 황송하다. ¶~不已=황송해 마지않다.

【感冒】gǎnmào 명(醫) 감기. 동 **1**(醫) 감기에 걸리다. ¶他这两天~了。=그는 요 며칠 감기에 걸렸다. **2**(叶) (어떤 일이나 사람에게) 흥미를 느끼다. 관심을 가지다. ¶大家对这件事都不~。=모두들 이 일에는 흥미가 없다.

【感念】gǎnniàn 동 감격〔감동〕하여 그리워하다. 가슴에 아로새기다. ¶~不忘=가슴에 새겨 잊지 않다.

【感佩】gǎnpèi 동 탄복하다. 감복하다. ¶他的奉献精神令人~。=그의 헌신적인 정신에 감복한다.

【感泣】gǎnqì 동 감읍하다. 감격의 눈물을 흘리다. 감격하여 흐느끼다.

【感情】gǎnqíng 명 **1** 감정. ¶~激动=감정이 격해지다. **2** 정. 애정. 친근감. ¶每个人对故乡都有着浓厚的~。=사람들은 모두 고향에 대해 깊은 애정을 가지고 있다. ∽情感

【感情投资】gǎnqíng-tóuzī 성 정을 쌓기 위해 공을 들이다. 감정 투자.

【感情用事】gǎnqíng-yòngshì 성 (냉정하게 생각하지 않고) 일시적인 감정에 의하여 일을 처리하다. 비이성적으로 일을 처리하다. 감정적으로 일을 처리하다.

【感染】gǎnrǎn 동 **1**(醫) 감염되다. 전염되다. ¶春天容易~感冒。=봄에는 감기에 전염되기 쉽다. **2** (다른 사람의 사상이나 감정에) 영향을 끼치다. 감화시키다. 감동시키다. ¶她欢快的笑声~了每一个在场的人。=그녀의 유쾌한 웃음소리가 그 자리에 있던 사람들을 즐겁게 했다.

【感染力】gǎnrǎnlì 명 감화력. 호소력. ¶这部电影有很强的艺术~。=이 영화는 매우 강한 예술적 감화력을 지니고 있다.

【感人】gǎnrén 동 감동시키다. 감격시키다. 감명을 주다. ¶他动情的演讲十分~。=그의 열정적인 강연은 아주 감명 깊었다.

【感人肺腑】gǎnrén-fèifǔ 성 깊은 감명을 주다. 감동이 폐부를 찌르다. ∽回肠荡气

【感纫】gǎnrèn 동문 감격하다. [주로 편지글에 쓰임]

【感伤】gǎnshāng 동 슬퍼하다. 비탄에 잠기다. 감상에 빠지다. ¶离别的场面令人~。=이별 장면은 사람을 슬프게 한다.

【感生电流】gǎnshēng diànliú ☞【感应电流】gǎnyìng diànliú

【感时】gǎnshí 동문 시국이 혼란해져 감을 한탄하다. ¶~花溅泪, 恨别鸟惊心。=시절을 애상히 여기니 꽃이 나의 눈물을 뿌리게 하고, 이별하였음을 슬퍼하니 새가 나의 마음을 놀라게 하는구나.

【感世】gǎnshì 동 그릇된 세태에 통탄하다. ¶~之作=그릇된 세태를 통탄한 작품.

【感受】gǎnshòu 동 (영향을) 받다. 감수하다. 느끼다. ¶肩上的重担让他~到了很大的压力。=짊어진 막중한 임무에 그는 매우 심한 중압감을 받았다. 명 느낌. 인상. 체득. 체험. 감상. ¶对知名企业的考察让这些管理人员~很深。=유명 기업에 대한 시찰은 경영인들에게 깊은 인상을 주었다.

【感叹】gǎntàn 동 탄식하다. 한탄하다. 한숨 쉬다. 감탄하다. ¶他的不幸遭遇让人~不已。=그의 불행한 처지에 사람들은 탄식해 마지않는다.

【感叹词】gǎntàncí 명(言) 감탄사.

【感叹号】gǎntànhào 명(言) 느낌표. 감탄부호. ¶'!'.

【感叹句】gǎntànjù 명(言) 감탄문.

【感天动地】gǎntiān-dòngdì 성 하늘과 땅을 감동시키다. 온 세상을 감동시키다.

【感同身受】gǎntóngshēnshòu 성 직접 은혜를 입은 것처럼 감사하게 생각하다. [주로 다른 사람을 대신하여 감사를 표시할 때 쓰임]

【感悟】gǎnwù 동 깨닫다. 느끼다. ¶对生命的意义有所~。=생명의 의미에 대해 좀 깨닫다. 명 깨달음. 돈오(頓悟). ¶顿生~=문득 깨닫다.

【感想】gǎnxiǎng 명 감상. 느낌. 소감. ¶这篇文章让人产生不少的~。=이 글은 사람들에게 많은 것을 생각하게 하였다.

【感谢】gǎnxiè 동 고맙다. 감사하다. 고맙게 여기다. ¶~大家的关心和支持。=여러분들의 관심과 성원에 감사합니다.

【感谢信】gǎnxièxìn 명 감사의 편지.

【感性】gǎnxìng 형 감성의. 감성적인. ¶认识的~阶段=인식의 감성적 단계. ↔理性

【感性认识】gǎnxìng rèn·shi 명 감성적 인식.

【感言】gǎnyán 명 소감. 감상을 나타내는 말. [주로 글의 제목에 쓰임] ¶新春~=새해 소감.

【感应】gǎnyìng 동 **1**(電) 유도(하다). 감응(하다). =【诱导】yòudǎo ¶~电流=유도〔감응〕전류. **2** (자극에 대하여) 반응하다. ¶心理~=심리적 반응.

【感应电流】gǎnyìng diànliú 명(電) 유도 전

류(誘導電流). 감응 전류. =【感生电流】**gǎn shēng diànliú**
【感应圈】**gǎnyìngquān** 〔名〕유도 코일.
【感召】**gǎnzhào** 〔动〕감화를 받다. 감동을 불러일으키다. ¶他的讲话具有很强的~力. =그의 발언은 강한 감화력을 지녔다.
【感知】**gǎnzhī** 〔动〕 느끼다. 감지하다. ¶~家庭的温暖. =가정의 따스함을 느끼다. 〔名〕감지. 지각. 철. 인식.

## 澉 **gǎn** 땅 이름 감
【澉浦】**Gǎnpǔ** 〔名〕(地) 간푸. [저장(浙江)성에 있는 지명]

## *橄 **gǎn** 감람나무 감
아래를 참조.
【橄榄】**gǎnlǎn** 〔名〕(植) 1 감람나무. 2 감람나무의 열매. 3 ☞【油橄榄】**yóugǎnlǎn**
【橄榄绿】**gǎnlǎnlǜ** 〔名〕감람색. 올리브색의.
【橄榄帽】**gǎnlǎnmào** 〔名〕(军) 베레모.
【橄榄球】**gǎnlǎnqiú** 〔名〕(体) 1 미식축구. 럭비. 풋볼(rugby football). 2 럭비공.
【橄榄色】**gǎnlǎnsè** 〔名〕감람색. 올리브색.
【橄榄石】**gǎnlǎnshí** 〔名〕(矿) 감람석.
【橄榄岩】**gǎnlǎnyán** 〔名〕(矿) 감람암.
【橄榄油】**gǎnlǎnyóu** 〔名〕올리브유.
【橄榄枝】**gǎnlǎnzhī** 〔名〕1 올리브〔감람나무〕가지. 2 (비) 평화.

## 擀[(扞)] **gǎn** 국수 밀 간
〔动〕 1 (가루 반죽을) 밀방망이로 얇고 평평하게 밀다. 국수〔만두피〕를 밀다. ¶~饺子皮儿. =만두피를 밀다. 2 〔방〕 세심하게 닦다. 꼼꼼히 문지르다. ¶先用水擦净桌面, 然后再~一过儿. =먼저 물로 탁자 위를 깨끗이 닦고 다시 한 번 세심하게 닦아 내다.
【擀面】**gǎnmiàn** 〔动〕(밀가루 반죽을 밀방망이로) 얇게 밀어 펴다.
【擀面杖】**gǎnmiànzhàng** 〔名〕밀방망이.
【擀毡】**gǎn‖zhān** 〔动〕 1 (양털·낙타털 등으로) 모포〔펠트(felt)〕를 만들다. 2 〔비〕 (털·머리카락 등이) 납작하게 뭉치다. ¶棉袄~了. =솜저고리가 납작하게 눌렸다.

## 鳡[鱤] **gǎn** 자가사리 감
〔名〕(动) 잉어과에 속한 사나운 물고기. [몸이 길쭉하여 마치 베틀의 북과 같이 생겼고, 학명은 'Elopichthys bambusa'임. '黄钻(huángzuān)·竿鱼(gānyú)'라고도 부름]

## *干¹[幹, 榦] **gàn** 줄기 간
〔名〕(사물의) 주요 부분. 주체. 줄기. ¶骨~=골간. 골격. /躯~=몸통. 동체(胴體). 사물의 가장 주요한 부분.

## **干² [幹] **gàn** 일할 간
〔动〕 1 일을 하다. ¶大~=적극적으로 하다. 일

을 크게 벌리다. /埋头苦~=몰두하여 열심히 일하다. 2 담당하다. 종사하다. 맡다. 담임하다. ¶他~过记者. =그는 기자를 한 적이 있다. 3 〔방〕남자가 여자를 성폭행하다. ¶~你妈. =니미럴. 지기미. [욕하는 말] 〔名〕 1 일하는 능력. ¶才~=재간. 재능. 2 간부. ¶提~=간부로 발탁하다〔되다〕. 3 일. 사정. 용무. 볼일. ¶公~=공무. 용건. 〔形〕유능하다. 능력 있다. 재주가 있다. ¶精明强~=머리가 좋고 능력이 뛰어나다.
☞ **gān**

○● 才干, 单干, 公干, 基干, 精干, 苦干, 蛮mán干, 能干, 躯qū干, 主干

【干不过】**gàn·buguò** 〔动〕이길 수 없다. 이기지 못하다. ¶比摔跤, 你~他. =씨름으로 겨룬다면 너는 그를 이길 수 없다. ↔干得过
【干不来】**gàn·bulái** 〔动〕할 줄 모르다. (감당)하지 못하다. ¶她~针线活. =그녀는 바느질을 할 줄 모른다. ↔干得来
【干部】**gànbù** 〔名〕 1 간부. 2 지도자. 관리자. ↔群众
【干部学校】**gànbù xuéxiào** 〔名〕간부 학교. 〔약〕【干校】**gànxiào**
【干才】**gàncái** 〔名〕 1 재간. 수완. 재능. ¶他很有~. =그는 수완이 좋다. 2 재간꾼. 인재. 유능한 사람. ¶他是做销售工作的~. =그는 판촉에 있어서 유능한 인재이다. ↔庸才
【干道】**gàndào** 〔名〕간선 도로. ↔支线
【干得过】**gàn·deguò** 〔动〕이길 수 있다. ¶比力气, 我相信你~他. =힘으로 겨룬다면 네가 그를 이길 수 있다고 나는 믿는다. ↔干不过
【干得来】**gàn·delái** 〔动〕할 수 있다. 능력이 된다. ¶这么简单的事情谁都~. =이렇게 간단한 일은 누구든지 다 할 수 있다. ↔干不来
【干掉】**gàn‖diào** 〔动〕제거하다. 해치우다. 죽여 버리다.
【干活】**gànhuó**(~儿) 〔动〕 1 (육체적) 노동을 하다. ¶她在一家服装厂~. =그녀는 한 의류 공장에서 일한다. 2 일하다. ¶不能光拿钱不~. =돈만 받고 일을 하지 않을 수 없다.
【干家】**gànjiā** 〔名〕집안일을 하다. [주로 조기 백화문에 보임] 〔名〕 능력〔수완〕 있는 사람. 수완가. 달변가. ¶他做事雷厉风行, 是个~. =일처리가 맹렬하고 신속한 그는 수완이 있는 사람이다.
【干架】**gàn‖jià** 〔动〕〔방〕 (치고 받고) 싸우다. 말다툼하다. ¶两个孩子又~了. =두 아이가 또 싸웠다.
【干将】**gànjiàng** 〔名〕 수완가. 민완가(敏腕家). 인재. ¶他是老总手下的得力~. =그는 사장 수하의 유능한 인재이다.
☞ **gānjiāng**

【干劲】**gànjìn**(~儿) 〔名〕 (일하려는) 의욕. 열정. 열의. 열성. ¶~十足. =의욕이 넘치다. 정력이 충만하다.
【干警】**gànjǐng** 〔名〕 1 (공안·검찰·법원의) 간부와 경찰. 2 경찰.
【干练】**gànliàn** 〔形〕 노련하다. 능수능란하다. 경

험이 풍부하다. ¶他精明~,深得领导器重.=그는 똑똑하고 노련하여 상관의 깊은 신임을 얻었다. ≒老练

【干流】gànliú 몡 (강물의) 간류(幹流). 본류(流). 주류. =【主流】zhǔliú ↔支流

【干路】gànlù 몡 간선 도로.

【干吗】gànmá 대ⓖ 1 왜. 어째서. 무엇 때문에. ¶你~要这样做? =너는 왜 그랬어? 2 뭐해? 무엇을 하는가? ¶你早~去了,现在才知道着急? =너는 여태 뭣 하다 와서 이제야 조급해 하니?

【干渠】gànqú 몡 간선 수로. 주요 용수로.

【干群】gànqún 몡 간부와 대중. ¶~关系=간부와 대중의 관계.

【干啥】gànshá 통ⓖ 무엇을 하는가? 무엇 때문인가? 어째서 …하는가? ¶你去那里~? =너 거기 무엇 하러 가니?

【干上】gàn·shang 통 1 일을 시작하다. ¶工人们已经在工地上~。=노동자들은 이미 현장에서 일을 시작하였다. 2 말다툼하다. ¶他竟和上司~了。=그는 놀랍게도 상사와 말다툼을 하였다.

【干什么】gàn shén·me 통 무엇을 하는가? 무슨 일을 하는가? ¶你现在在~? =너 지금 뭐 하고 있니? 대 왜. 어째서. 무얼 하러. 무엇 때문에. ¶你到这儿来~? =너 여기 왜 왔니?

【干事】gàn‖shì 통 일을 (처리)하다. ¶他一天懒懒散散的,哪是~的样子。=그 사람 하루 종일 빈둥빈둥 노는 게, 그게 어디 일하는 꼴인가?

【干事】gàn·shi 몡 간사. 사무 담당자. 책임자. ¶文娱~=레크리에이션 간사. 오락 책임자.

【干事业】gàn shìyè 통 열심히 사업하다. 큰 일을 하다. ¶年轻人都想着要干一番事业。=젊은 이들은 모두 큰일을 해 보려는 생각을 하고 있다.

【干探】gàntàn 몡 노련한 형사.

【干细胞】gànxìbāo 몡(生) 1 줄기 세포. 2 조혈 모세포.

【干线】gànxiàn 몡 (교통망·전선·수송관 등의) 간선. ¶铁路~=간선 철도. ↔支线

【干校】gànxiào ☞【干部学校】gànbù xuéxiào

【干休所】gànxiūsuǒ 몡ⓖ 老干部休养所(퇴직 간부 휴양소).

【干仗】gàn‖zhàng 통방 싸우다. 말다툼하다. 맞겨루다.

## 旰 gàn 해질 간

몡ⓖ 저녁 무렵. 저녁. 해질녘. ¶宵衣~食=날이 새기 전에 옷을 입고, 해가 진 뒤에야 밥을 먹다. 침식을 잊고 나랏일에 열중하다. 몡ⓖ (날이) 저물다. 늦다. ¶日~=날이 저물다.

## 绀[紺] gàn 감색 감

ⓑ 흑자주색의. 다크퍼플색의(dark purple)의. ¶发~=치아노제(cyanosis). [산소 결핍 때문에 혈액이 검푸르게 되는 상태]

【绀青】gànqīng 몡 흑자주색. 다크퍼플(dark purple). =【绀紫】gànzǐ【红青】hóngqīng 【绀紫】gànzǐ ☞【绀青】gànqīng

## 淦 Gàn 강 이름 감

몡 1 (地) 간수이(淦水). [장시(江西)성에 있는 강 이름] 2 성(姓).

## 骭 gàn 정강이뼈 간

몡ⓖ 1 아랫다리. 종아리. 정강이. 2 늑골. 갈비.

## 赣 Gàn 땅 이름 감

【赣井沟】Gànjǐnggōu 몡 (地) 간징거우. [쓰촨 (四川)성에 있는 지명]

## 赣[贛,赣·灨] Gàn 강 이름 감

몡 (地) 1 간장(赣江). [장시(江西)에 있는 강 이름] 2 간저우(赣州). [장시(江西)에 있는 지명] 3 '장시(江西)성'의 별칭. ¶~南=장시(江西)성 남부. [고어에서는 '贡(gòng)과 같음]

【赣方言】gànfāngyán 몡(言) 장시(江西) 방언[사투리]. [장시(江西) 중북부와 후난(湖南) 동부 및 푸젠(福建) 서북부에 분포함]

【赣剧】gànjù 몡 감극. [장시(江西)성의 지방 전통극. '弋阳腔(익양강)'에서 발전한 것으로, 상라오(上饶) 및 징더(景德) 등의 지역에서 유행함]

# gang

## 冈[岡] gāng 산등성이 강

몡 1 (비교적 낮고 평평한) 산등성이. 언덕. 산의 등줄기. 능선. 2 언덕. 작은 산. 낮은 산봉우리. ¶山~=산등성이. ≒岭

| ⓞ | 冈 gāng |
|---|---|
| | 刚 gāng |
| | 钢 gāng |
| | 纲 gāng |
| | 岗 gǎng |

ⓞ-ⓞ 青冈, 茨Cí冈人

【冈比亚】Gāngbǐyà 몡ⓖ(地) 감비아(Gambia). [수도는 '班珠尔(반줄: Banjul)'임]

【冈陵】gānglíng 몡 산등성이와 구릉.

【冈峦】gāngluán 몡 연이어진 산등성이. ¶~起伏=연이어진 산들이 기복을 이루며 중첩되어 있다.

## 江 Gāng 성씨 강

몡 성(姓).

## 扛[(搃)] gāng 들 강

통 1ⓖ 두 손으로 무거운 물건을 들다. ¶力能~鼎=힘이 세 발 달린 솥을 들 만하다. 2방 물건을 함께 들다. 맞들다.
☞ káng

## 刚[剛] gāng 굳을 강

ⓑ 1 단단하다. 딱딱하다. 강하다. 굳다. ¶猪的~毛=돼지의 빳빳한 털. 2 (성격이나 태도가) 강경하다. 완강하다. 강건하다. 의연하다. 굳세

다. ¶性格~强=성격이 강하다〔억세다〕. 🖻 **1** 방금. 막. 바로. 지금. ¶天~黑=날이 방금 어두워졌다. **2** 겨우. 간신히. 가까스로. ¶他学汉语的时间不长, ~会汉语拼音。=그가 중국어를 배운 시간이 길지 않아, 겨우 한어병음을 익혔을 뿐이다. **3** 마침. 꼭. ¶这件衬衫不大不小, 穿着~合适。=이 셔츠는 크지도 작지도 않은 것이, 입기에 딱 알맞다. **4** …하자마자 곧. [복문에서 '就(jiù)'와 호응하여 두 일이 긴밀하게 연결되어 있음을 가리킴] ¶~进教室, 上课铃就响了。=그가 교실에 들어서자마자 수업 시작종이 울렸다. 🖻 (Gāng) 성(姓). ≒柔 ↔柔

○● 金刚, 金刚石, 金刚钻zuàn

【刚愎】 **gāngbì** 阌 괴팍스럽다. 고집불통이다. 옹고집이다. ¶~不仁=괴팍스럽고 모질다.
【刚愎自用】 **gāngbì-zìyòng** 冽 고집을 피우고 남의 의견을 듣지 않다. 잘난 체하며 독단적으로 일을 처리하다.
【刚才】 **gāngcái** 阌 지금 막. 방금. 막. 이제 금방. 방금 전. ¶~他还在办公室。=방금 전까지 그는 사무실에 있었다.

---
刚才(gāngcái) / 刚刚(gānggāng)
방금, 막

刚才: 명사로, 말하기 전 바로 앞 시간을 가리킴. ¶刚才跟孩子吵架, 他心里窝着火。=지금 방금 아이들과 싸워, 그는 속으로 화가 치밀었다. / 你刚才说什么?=너 방금 뭐라고 했어?

刚刚: 부사로, 동작이 발생한 시간이 멀지 않음을 나타냄. 시간·공간·수량이 딱 맞거나 적당한 정도에 이름을 나타내기도 함. ¶他刚刚说了几句, 就闭了嘴。=그는 막 몇 마디를 하고는, 입을 다물었다. / 你穿刚刚好。=네가 입으니 딱 좋다.
---

【刚肠】 **gāngcháng** 阌(书) 강인한 의지〔성격〕. ¶~侠骨=강직하고 굽힐 줄 모르는 기개.
【刚度】 **gāngdù** 阌(物) 강도.
【刚风】 **gāngfēng** ☞【罡风】 **gāngfēng**
【刚刚】 **gānggāng** 阊 **1** 지금 막. 방금 막. 이 제 금방. 방금 전. ¶会议~结束。=회의가 지금 막 끝났다. **2** 겨우. 간신히. 가까스로. ¶他这次考试~及格。=그는 이번 시험에서 간신히 합격했다. **3** 마침. 꼭. ¶衣服长短~合适。=옷의 길이가 마침맞다. **4** …하자마자 곧. [복문에서 '就(jiù)'와 호응하여 두 일이 긴밀하게 연결되어 있음을 가리킴] ¶他~进屋, 电话铃就响了。=그가 집에 들어오자마자 곧 전화벨이 울렸다.
【刚果】 **Gāngguǒ** 阌(외)(地) 콩고(The Congo). [수도는 '布拉柴维尔(브라자빌 : Brazzaville)'임]
【刚好】 **gānghǎo** 阌 꼭 알맞다. 마침맞다. 적합하다. ¶这件衣服他穿着不大不小, ~。=이 옷은 그가 입으니, 크지도 작지도 않고 꼭 알맞다. 阊 공교롭게. 알맞게. 때마침. ¶我去找他的时候他~要出门。=내가 그를 찾아갔을 때 그는 마침 집을 나서려 하고 있었다.
【刚健】 **gāngjiàn** 阌 (성격·풍모·자세 등이) 굳세다. 힘있다. 강인하다. ¶他的书法~粗犷。=그의 서예 필체는 힘있고 거침이 없다.
【刚介】 **gāngjiè** 阌(书) (성격이나 의지가) 굳세다. 강직하다. 올곧다. ¶~之士=올곧은 선비.
【刚劲】 **gāngjìng** 阌 (자태나 풍격이) 굳세다. 강하다. 힘있다. ¶字体~有力。=글자체가 강하고 힘있다.
【刚烈】 **gāngliè** 阌 강직하다. 외곬이다. 기개 있다. ¶禀性~=천성이 강직하다.
【刚毛】 **gāngmáo** 阌(生) 강모. [사람이나 포유동물의 털 가운데서 단단하고 빳빳한 털]
【刚气】 **gāngqì** 阌 굳세다. 억세다. 강직하다. ¶他真~, 那么重的伤, 他一声疼也不喊。=그 사람 정말 꿋꿋하네, 그렇게 심한 상처를 입고도 아프다는 소리 한 마디 하지 않네. 강직한 기개와 도량. ¶他的眉宇间透出一股~。=그의 양미간에 강직한 기개와 도량이 드러난다.
【刚强】 **gāngqiáng** 阌 (성격이나 의지가) 굳세다. 억세다. 강직〔강경〕하다. 꿋꿋하다. 완강하다. ¶他很~, 这点挫折是打不垮他的。=그는 매우 꿋꿋하여 이 정도의 좌절은 그를 무너뜨릴 수 없다. ≒坚强 ↔脆弱 软弱
【刚巧】 **gāngqiǎo** 阊 때마침. 마침. 뜻밖에. ¶在火车上~碰上了老同学。=기차 안에서 때마침 옛 동창을 만났다.
【刚韧】 **gāngrèn** 阌 **1** (자재 등이) 부드러우면서도 강인하다. **2** (성격이나 의지가) 강인하다. 굳세다.
【刚柔】 **gāngróu** 阌 굳셈과 부드러움. 강한 것과 부드러운 것.
【刚柔相济】 **gāngróu-xiāngjì** 冽 강함과 부드러움이 서로 조화를 이루다.
【钢砂】 **gāngshā** ☞【金刚砂】 **jīngāngshā**
【刚体】 **gāngtǐ** 阌(物) 강체. [어떤 힘을 가하여도 그 모양이나 부피가 변하지 않는 가상의 고체]
【刚性】 **gāngxìng** 阌 **1** (물체의) 강성. ¶~材料=강성 재료. **2** 강한 성질. ¶~指标=강한〔단단한〕 목표. ↔柔性
【刚毅】 **gāngyì** 阌 (성격이나 의지가) 굳다. 단단하다. 꿋꿋하다. 강인하다. ¶~的神情=꿋꿋한 표정.
【刚硬】 **gāngyìng** 阌 **1** 꿋꿋하다. 강하다. ¶~的性格=꿋꿋한 성격. **2** (태도·성격 등이) 강경하다. 변함이 없다. 고집이 세다. ¶~的口气=강경한 말투. **3** 단단하다. 강하다. 부드럽지 못하다. 연하지 않다. ¶~的材料=단단한 재료.
【刚玉】 **gāngyù** 阌(矿) 금강석.
【刚正】 **gāngzhèng** 阌 강하고 정직하다. 강직하다. 올곧다. ¶他为官~, 从不屈服于权贵。=그는 관리로서 강직하여 여태껏 집권자에게 굴복한 적이 없다. ≒刚直
【刚正不阿】 **gāngzhèng-bù'ē** 冽 강직하여 아첨하지 않다. 올곧고 비굴하지 않다. 원칙을 고수하며 사납고 폭악한 세력과 권력을 두려워하지 않다.

【刚直】gāngzhí 형 강직하다. ¶为人~=사람됨이 강직하다. ≒刚正

## 杠 gāng 깃대 강
명문 1 깃대. 2 다리.
☞ gàng

## 岗[崗] gāng 산등성이 강
명 '冈(gāng)'과 같음.
☞ gǎng

## 肛[(疘)] gāng 똥구멍 항
명 똥구멍. 항문. ¶脱~=탈항.
【肛表】gāngbiǎo 명 항문(에 넣어 사용하는) 체온계.
【肛道】gāngdào 명(生) 항도. [직장 끝에서 항문으로 통하는 부분] =【肛管】gāngguǎn
【肛管】gāngguǎn ☞【肛道】gāngdào
【肛裂】gāngliè 명(醫) 항문열상(肛門裂傷). [항문 주위의 피부가 갈라지는 증상]
【肛瘘】gānglòu 명(醫) 치루(痔瘻). [직장 점막·항문관·항문 주위 피부에 누공(瘻孔)이 있는 질환] =【痔漏】zhìlòu【漏疮】lóuchuāng
【肛门】gāngmén 명 항문. 똥구멍.

## 纲[綱] gāng 벼리 강
명 1 벼리. 벼릿줄. [그물의 위쪽 코를 꿰어 오므렸다 폈다 하는 줄] ¶提~挈领=그물 벼리를 잡고 옷깃을 거머쥐다. 요점을 간단명료하게 제시하다. 2 (비) 사물의 중요 부분. 중심이 되는 줄거리. ¶大~=대강〔요강〕. 提~=대요〔제요〕. 3 (生) 강(綱). [생물학의 분류법 가운데 하나로 문(門) 아래, 목(目)의 위] 4 옛 대량 화물 운송 조직. ¶盐~=관염(官盐)의 집단 수송 조직. ≒领 ↔目

○● 党纲, 纪纲, 网纲, 政纲, 总纲

【纲常】gāngcháng 명약 三纲五常(삼강오륜).
【纲纪】gāngjì 명 (사회와 국가의) 기강. 질서. ¶~废弛=기강이 문란하다.
【纲举目张】gāngjǔ-mùzhāng 성 1 그물의 벼리를 집어 올리면, 그물의 작은 구멍은 저절로 따라서 열린다. 2 비 사물의 핵심을 파악하면 그 밖의 것은 저절로 해결된다. 3 비 글의 조리가 분명하다.
【纲领】gānglǐng 명 1 강령. 대강(大綱). 2 政治~=정치 강령. 2 지도 원칙. ¶~性文件=지도 원칙적인 문헌.
【纲目】gāngmù 명 사물의 대강(大綱)과 세목(細目). ¶《本草~》=《본초강목》.
【纲要】gāngyào 명 1 강령. 대요(大要). 요지(要旨). ¶发言~=발표 개요. 2 대강. 개요. [주로 서명·서류명에 쓰임] ¶《地方经济发展~》=《지방 경제 발전 개요》. ≒提纲 概要 大纲

## 枫[橺] gāng 강나무 강
☞【青枫】qīnggāng

## 矼 gāng 징검다리 강
명문 징검다리. 돌다리.

## 釭[釘] gāng 등잔 강
명문 등불. 등잔불.

## *钢[鋼] gāng 강철 강
명 강철.
☞ gàng

○● 槽cáo钢, 磁cí钢, 铬gè钢, 硅guī钢, 角钢, 炼liàn钢, 锰měng钢, 镍niè钢, 硼péng钢, 钨wū钢, 矽xī钢, 型钢, 殷yīn钢, 圆钢, 轧zhá钢, 不锈xiù钢, 低碳tàn钢, 高碳钢, 工字钢, 中碳钢

【钢板】gāngbǎn 명 1 강판. =【钢版】gāngbǎn 2 등사판용 줄판. 3 자동차의 스프링.
【钢版】gāngbǎn ☞【钢板】gāngbǎn
【钢包】gāngbāo 명 주물을 담는 내열성 용기. 도가니. =【钢水包】gāngshuǐbāo
【钢镚儿】gāngbèngr 명 동전. 니켈 경화(硬貨). =【钢镚子】gāngbèng·zi
【钢镚子】gāngbèng·zi ☞【钢镚儿】gāngbèngr
【钢笔】gāngbǐ 명 1 펜. =【蘸水钢笔】zhànshuǐ gāngbǐ 2 만년필. =【自来水笔】zìláishuǐbǐ
【钢鞭】gāngbiān 명 강편. [고대 병기의 하나. 쇠막대기 몇 개를 고리로 이어 만들었고, 날이 없음. 구절편(九節鞭) 등]
【钢材】gāngcái 명 강재.
【钢叉】gāngchā 명 1 삼지창. 당파창. [고대 병기의 하나] 2 막대기 끝에 Y자형의 강철을 꽂은 공구.
【钢尺】gāngchǐ 명 강철로 된 자.
【钢窗】gāngchuāng 명 (알루미늄 등의) 금속으로 된 창틀. 새시(sash).
【钢带】gāngdài 명 철강 벨트.
【钢刀】gāngdāo 명 1 강철로 된 칼. 2 강철로 된 자르는 공구.
【钢钉】gāngdīng 명 강철로 된 못.
【钢锭】gāngdìng 명 용광로에서 뽑은 쇳덩어리. [각종 강재 제조의 원료가 됨]
【钢鼓】gānggǔ 명(音) 강철북. [2차 대전 이후 카리브해·가이아나 등지에서 유행하던 악기]
【钢骨】gānggǔ ☞【钢筋】gāngjīn
【钢骨混凝土】gānggǔ hùnníngtǔ ☞【钢筋混凝土】gāngjīn hùnníngtǔ
【钢骨凝土】gānggǔ níngtǔ ☞【钢筋混凝土】gāngjīn hùnníngtǔ
【钢骨水泥】gānggǔ shuǐní ☞【钢筋混凝土】gāngjīn hùnníngtǔ
【钢管】gāngguǎn 명 강관. 강철 파이프.
【钢轨】gāngguǐ 명 철도 레일. =【铁轨】tiěguǐ
【钢号】gānghào 명 1 강철의 모델 번호. 2

【钢印】gāngyìn 쇳물의 불꽃.
【钢花】gānghuā 图 쇳물의 불꽃.
【钢化】gānghuà 图 (경도를 높이기 위해) 유리를 열처리하다.
【钢化玻璃】gānghuà bō·li 图 강화 유리.
【钢婚】gānghūn 图 강철혼식. [서양에서의 결혼 11주년]
【钢筋】gāngjīn 철근. =【钢骨】gānggǔ
【钢筋混凝土】gāngjīn hùnníngtǔ 图 철근 콘크리트. 【钢骨混凝土】gānggǔ hùnníngtǔ 【钢骨凝土】gānggǔ níngtǔ【钢骨水泥】gānggǔ shuǐní
【钢筋铁骨】gāngjīn-tiěgǔ 图 1 근육과 뼈가 강철 같다. 2图 체격이 건장하고, 의지가 굳세다.
【钢精】gāngjīng 图 알루미늄. =【钢种】gāngzhǒng ¶~锅=알루미늄 솥.
【钢锯】gāngjù 图 활톱.
【钢口】gāng·kou (~儿) 图 (칼·검 등의) 날의 재질. ¶这把刀~不错=이 칼은 날이 훌륭하다.
【钢箱】gāngkòu 图(纺) 철제 바디. 철제 리드 (reed).
【钢盔】gāngkuī 图 철모. 헬멧(helmet).
【钢缆】gānglǎn 图 강삭. 와이어 로프(wire rope).
【钢梁】gāngliáng 图 강철[철제] 대들보.
【钢炮】gāngpào 图 신식 대포의 총칭.
【钢坯】gāngpī 图 강철괴. 강철 조각.
【钢瓶】gāngpíng 图 (가스·고압 산소·석유 액화 가스 등을 저장하는) 강철로 만든 통.
【钢钎】gāngqiān 图 강철 끌. 드릴 로드(drill rod).
【钢枪】gāngqiāng 图 소총의 범칭.
【钢琴】gāngqín 图(音) 피아노.
【钢琴曲】gāngqínqǔ 图(音) 피아노곡.
【钢球轴承】gāngqiú zhóuchéng ☞【滚珠轴承】gǔnzhū zhóuchéng
【钢圈】gāngquān 图 1 (자동차·트랙터 등의) 림(rim). 2 철근 띠.
【钢水】gāngshuǐ 图 액체 상태의 쇠. 쇳물.
【钢水包】gāngshuǐbāo ☞【钢包】gāngbāo
【钢丝】gāngsī 图 (강철의) 철사. 강선.
【钢丝背心】gāngsī bèixīn 图 1 (가슴과 허리의 기형을 교정하는) 보정 옷. 2图 '防弹衣(방탄조끼)'의 속칭.
【钢丝床】gāngsīchuáng 图 스프링 침대.
【钢丝锯】gāngsījù 图 실톱.
【钢丝钳】gāngsīqián 图 펜치(penchi).
【钢丝绳】gāngsīshéng 图 강선을 꼬아 만든 줄. 와이어 케이블(wire cable). 스틸 케이블 (steel cable). 와이어 로프(wire rope).
【钢索】gāngsuǒ 图 강삭. 케이블 와이어(cable wire). 와이어 로프(wire rope). 스틸 로프(steel rope).
【钢条】gāngtiáo 图 철근. 철봉.
【钢铁】gāngtiě 图 1 강과 철. 2 강철. 3图 견고함. 강함. 굳셈. ¶~战士=강철 전사.

【钢铁厂】gāngtiěchǎng 图 강철 공장.
【钢铁工业】gāngtiě gōngyè 图 강철 공업.
【钢印】gāngyìn 图 1 강철 자형으로 금속 기물 위에 찍은 자국. =【钢号】gānghào 2 (기관·단체·학교·기업에서 공문서나 증명서에 찍는) 철인(鐵印). 3 철인(鐵印) 자국.
【钢渣】gāngzhā 图 강재(鋼滓).
【钢针】gāngzhēn 图 1 바늘. 2 바늘 모양의 금속 제품. ¶留声机唱头上的~需要清洗一下。=전축의 픽업(pick up) 바늘을 청소해 줘야 한다.
【钢制品】gāngzhìpǐn 图 강철 제품.
【钢种】gāngzhǒng ☞【钢精】gāngjīng
【钢珠】gāngzhū(~儿) ☞【滚珠】gǔnzhū
【钢钻】gāngzuàn 图 드릴.

## 缸 gāng 항아리 항

图 1 (~儿) 항아리. 독. 단지. ¶酒~=술단지/鱼~=어항. /浴~=욕조. 2 항아리 모양의 기물. ¶汽~=실린더. 3 모래·도토 등의 혼합물. ¶买个和面的~盆。=밀가루 반죽용 질자배기를 사다.

☞ 顶缸, 汽缸, 染rǎn缸, 浴yù缸

【缸管】gāngguǎn ☞【陶管】táoguǎn
【缸盆】gāngpén 图 질자배기〔바닥이 넓고 납작한 항아리·화분 등〕.
【缸瓦】gāngwǎ 图 모래·도토 등의 혼합물.
【缸砖】gāngzhuān 图 오지 벽돌.
【缸子】gāng·zi 图 마실 물이나 물건을 담는 작은 그릇.

## 罡 gāng 북두성 강

图 1 (天) 북두칠성. 2 두병. [북두칠성의 자루쪽에 있는 세 개의 별] 3 (Gāng) 성(姓).
【罡风】【刚风】gāngfēng 图 1 도가(道家)에서 말하는 하늘 가장 높은 곳에서 부는 바람. 2 세찬 바람.

## 堽 gāng 산봉우리 강

【堽城屯】Gāngchéngtún 图(地) 강청툰. [산둥(山东)성에 있는 지명]

## 岗[崗] gǎng 언덕 강

图 1 (~儿) 낮은 산. 작은 언덕. ¶黄土~儿=황토로 된 작은 언덕. 2 (~儿) 평면 위에 길게 솟은 부분. ¶胸口上肿起一道~儿。=가슴에 한 줄기 부어오르는 증세가 나타났다. 3 보초 서는 곳. 초소. ¶站~放哨=보초를 서다. 4 직장. 부서. 근무처. ¶在~职工=근무자. 5 보초. 경비. ¶门~=수위.

☞ gāng

【岗地】gǎngdì 图 민틋한 비탈밭.
【岗警】gǎngjǐng 图 초소에 근무하는 경찰.
【岗楼】gǎnglóu 图 망대. 망루.
【岗坡】gǎngpō 图 산비탈.
【岗卡】gǎngqiǎ 图 보초막. 초소.
【岗哨】gǎngshào 图 1 초소. 2 보초.

【岗台】gǎngtái 감시대. 망대.
【岗亭】gǎngtíng 검문소. 초소.
【岗位】gǎngwèi 1 보초 서는 곳. 2 직장. 부서. 근무처. ¶工作～=근무처.
【岗位责任制】gǎngwèi zérènzhì 부서 책임제.
【岗子】gǎng·zi 1 낮은 산. 작은 언덕. ¶土～=작은 흙산. 2 길게 부푼 부분. 산등성이. 두둑. 이랑. 융기선. 자국. ¶车轮在土路上碾出了一道道～。=차바퀴가 흙길 위에 갈래갈래 두둑 같은 자국을 만들어 냈다.

## 岘 gǎng 밭길 강

1 강. [윈난(云南)성 태족(傣族) 지역의 옛날 농촌 행정 단위. '향(乡)'에 해당함] 2 강(岘)의 추장. 3 岘(gǎng)과 같음.

## 䃎[䃎] gǎng 염전 강

염전.

## 港 gǎng 항구 항

1 강의 지류. [주로 강 이름에 많이 쓰임] ¶江山～=장산강. [저장(浙江)성에 있는 강 이름] 2 항만. 항구. ¶军～=군항. / 不冻～=부동항. 3 비행장. 공항. ¶航空～=공항. 4 (Gǎng) 홍콩. ¶～台文学=홍콩과 대만 문학.

○● 汉chà港, 海港, 领lǐng港, 入港, 外港, 引港, 渔港

【港澳】Gǎng-Ào (地) 홍콩과 마카오. ¶～同胞=홍콩과 마카오 동포.
【港澳台】Gǎng-Ào-Tái (地) 홍콩·마카오·대만.
【港胞】Gǎngbāo 홍콩 동포.
【港币】Gǎngbì 홍콩 달러(화폐).
【港埠】gǎngbù 1 항구. 2 대외 무역항.
【港汊】gǎngchà 강이나 호수와 연결된 작은 물길. ¶～纵横=강이나 호수와 연결된 작은 물길이 종횡으로 펼쳐지다.
【港府】Gǎngfǔ 1 홍콩 정부. 2 (1997년 7월 1일 이후의) 홍콩 특별행정구 정부.
【港警】gǎngjǐng 항구 경찰.
【港客】gǎngkè 대륙에 온 홍콩 동포.
【港口】gǎngkǒu 항구. 항만. ≒口岸
【港口城市】gǎngkǒu chéngshì 항구 도시. 항도.
【港口交(货)】gǎngkǒu jiāo(huò) ☞船上交(货) chuánshàng jiāo(huò)
【港派】gǎngpài 홍콩 동포. 홍콩의 습관·정서·풍격.
【港人】Gǎngrén 홍콩 사람. ¶～治港=홍콩 사람이 홍콩을 다스리다.
【港衫】gǎngshān 홍콩식 셔츠(shirt). [홍콩에서 중국 대륙으로 전해진 일종의 여름 상의. 반팔에 옷깃이 있고, 가슴 좌우에 두 개의 주머니가 달림]
【港商】gǎngshāng 홍콩 상인.
【港式】gǎngshì 홍콩 스타일. 홍콩식. 홍콩풍. ¶～服装=홍콩식 의상.
【港台】Gǎng-Tái (地) 홍콩과 대만.
【港湾】gǎngwān 항만.
【港味儿】gǎngwèir 홍콩의 특색. ¶～餐馆=홍콩식 음식점.
【港务】gǎngwù 항만 사무. ¶～局=항만 사무국.
【港资】gǎngzī 홍콩의 자본.

## 杠[摃] gàng 막대기 강

1 약간 굵은 막대기. 몽둥이. ¶木～=나무 막대기. / 顶门～=대문의 버팀목. 2 (옛) 출관(出棺)할 때 관을 나르던 도구. ¶抬～=관을 메다. 3 (体) 철봉. ¶单～=철봉. / 高低～=이단 평행봉. 4 (机) 공작 기계 중에 막대기 모양의 부속품. ¶丝～=리드 스크루(lead screw). 5 (～儿) 문장을 정정하거나 책을 읽을 때 긋는 줄. ¶作业中错误的地方都被老师打上了红～。=숙제 중 틀린 곳에 선생님이 모두 빨간 줄을 치셨다. 6 깡(패). [마작에서 같은 네 개의 패를 갖는 것] ¶明～=깡(패)임을 밝히다. 7 (～儿) (비) 정책 규정의 제한〔기준〕. ¶针对面试, 我们还是要定几条～。=면접에 대비하여 우리는 아무래도 몇 가지 기준을 정해야 한다. (동) 1 통하지 않는 글이나 잘못된 글자에 줄을 긋거나 그것을 삭제하다. ¶作文中的错字和病句都被老师～掉了。=작문에서 틀린 글자와 문법이 맞지 않은 문장을 선생님이 모두 삭제하셨다. 2 쟁론하다. 논쟁하다. 끝까지 우기다. ¶他又跟人～上了。=그는 또 사람들과 쟁론한다.

☞ gāng

○● 滚gǔn杠, 抬杠, 高低杠, 敲竹杠

【杠棒】gàngbàng 멜대.
【杠房】gàngfáng 옛날의 장의사.
【杠夫】gàngfū (옛) 상여꾼. 상두꾼.
【杠杆】gànggǎn 1 지레. 지렛대. 2 (비) 균형을 잡아 주거나 조정을 해 주는 사물 또는 역량. 지렛대. ¶经济～=경제 지렛대.
【杠杠】gàng·gang (구) 1 문장을 정정하거나 책을 읽을 때 긋는 줄. ¶他用红笔在刚读的那句话下面画了一条～。=그는 빨간 펜으로 방금 읽은 그 문장 아래에 빨간 줄을 한 줄 그었다. 2 (비) 정책 규정의 제한·기준. ¶这次干部调整规定了十条～。=이번에 임원 조정에서 열 개 항의 기준을 규정하였다.
【杠铃】gànglíng (体) 바벨(barbell).
【杠头】gàngtóu 1 (옛) '杠夫(상여꾼)'의 우두머리. 2 (비) 입씨름을 좋아하는 사람. ¶他一直是个～。=그 사람은 늘 쟁론을 좋아하는 그런 사람이다.
【杠子】gàng·zi 1 굵은 막대기. 2 (体) 철봉. ¶盘～=철봉을 하다. 3 문장을 정정하거나 책을 읽을 때 긋는 줄. ¶作业上打了～的句子都是病句。=숙제에 빨간 줄을 그은 문장은 모두 틀린 것이다.

**钢[鋼]** gàng 단단할 강
【형】⊙ 단단하다. 【동】 **1** (칼날을) 벼리다. ¶铡刀钝了, 该～了.＝작두가 무디어져서 벼려야 한다. **2** 칼을 돌·가죽 등에 갈다. ¶把刀在磨刀石上～一～.＝칼을 숫돌에 갈다.
☞ **gāng**

**筻** gàng 땅 이름 강
【筻口】**Gàngkǒu**【명】(地) 강커우. [후난(湖南)성에 있는 지명]

**戆[戇]** gàng 어리석을 당
【형】⊙ 어리석다. 바보스럽다. ¶～头～脑＝바보스럽다.
☞ **zhuàng**
【戆大】**gàngdà**【명】⊙ 바보. 멍텅구리.
【戆头】**gàngtóu**【명】⊙ 바보. 멍텅구리.

## gao

**皋[(皐·皐)]** gāo 언덕 고
【명】⊙ **1** 물가의 언덕. ¶江～＝강 언덕 **2** 높은 곳. 언덕. ¶山～＝산 언덕. **3** (Gāo) 성(姓).
【皋芦】**gāolú**【苦丁茶】**kǔdīngchá**

**\*高** gāo 높을 고
【형】**1** (높이가) 높다. ¶山～路险＝산은 높고 길은 험하다. / 债台～筑＝빚이 산더미 같다. **2** (등급이) 높다. ¶～官显贵＝고관과 유명한 사람. / ～级轿车＝고급 자가용. **3** (수준·정도 등이) 보통보다 높다. ¶质量～＝품질이 좋다. / 见解～明＝견해가 남보다 뛰어나다. **4** 크다. ¶年事已～＝나이가 이미 많이 크다. / 劳苦功～＝고생하여 세운 공이 크다. **5**② 상대를 존경하는 하는 말. 고견. ¶我们想听听您的～见.＝우리는 당신의 고견을 듣고 싶다. **6** (化) 산기 또는 화합물의 표준 산기가 산소 분자를 하나 더 포함한 것. ¶～锰酸钾可作氧化剂.＝과망간산칼륨으로 산화제로 쓸 수 있다. 【명】**1** 높이. ¶身～1.8米.＝키가 1미터 80센티미터이다. **2** 높은 곳. ¶登～远望＝높은 곳에 올라가 먼 곳을 바라보다. **3** (數) (삼각형·평행사변형 등의) 높이. ¶等～三角形＝높이가 같은 삼각형. **4** (Gāo) 성(姓). ↔低 矮 矬 下

| 高 gāo |
| 搞 gǎo |
| 稿 gǎo |
| 膏 gāo |
| 篙 gāo |
| 缟 gǎo |
| 槁 gǎo |
| 镐 gǎo |
| 嚆 hāo |
| 蒿 hāo |
| 敲 qiāo |

○~ 拔bá高, 标高, 崇chóng高, 登高, 孤高, 清高, 提高, 体高, 跳高, 斜xié高, 音高, 增zēng高, 唱高调, 制高点

【高矮】**gāo'ǎi**【명】(～儿) 높이. 높낮이. ¶他们俩～差不多.＝그 두 사람은 키가 비슷하다. 【형】높고 낮다. ¶大小不等, ～不一, 크기와 높이가 다르다. 【부】아무튼. 어떻든. 어쨌든. 여하튼. 하여튼. ¶说了多少次, 老张～不同意.＝여러 번 이야기했지만 라오장은 어쨌든 동의하지 않는다.

【高昂】**gāo'áng**【형】**1** (목소리·정서 등이) 높아지다. 고양되다. ¶士气～＝사기가 높아지다. **2** (가격이) 비싸다. ¶钻石售价～＝다이아몬드 판매 가격이 매우 비싸다. 【동】 높이 들다. ¶～着头＝머리를 높이 쳐들다. ↔低廉 低沉

【高傲】**gāo'ào**【형】**1** 거만하다. 오만하다. 건방지다. ¶～自大＝거만하고 건방지다. **2** 자부심을 느끼다. 스스로 자랑스러워하다. 긍지를 느끼다. ¶雄鹰在草原上～地飞翔.＝독수리가 초원 위에서 도도하게 난다. ↔谦虚 谦逊

【高八度】**gāobādù**【명】**1** (音) 한 옥타브 (octave) 높은 음. **2** (비) (말하는 사람의) 목소리. 목청. ¶她说话总是～.＝그녀는 말할 때 늘 목소리가 크다.

【高保真】**gāobǎozhēn**【형】 그림·소리 등을 선명하게 유지하다. 원음·원물을 그대로 재현하다. 고화질의. 하이파이(Hi-Fi)의. ¶～DVD机＝고화질 DVD 플레이어

【高倍】**gāobèi**【형】배수가 크다. ¶～望远镜＝고배율 망원경.

【高标号】**gāobiāohào**【형】높은 등급의. 고품질의. ¶～水泥＝고품질 시멘트.

【高拨子】**gāobō·zi**【명】(劇) 고발자. [안후이(安徽)성 지방극·경극 등 중국 전통극에서 사용하는 곡조의 하나]④【拨子】**bō·zi**

【高不成, 低不就】**gāo bù chéng, dī bù jiù**【성】**1** 높은 것은 바라볼 수 없고, 낮은 것은 눈에 차지 않다. **2** (비) (직업이나 배우자를 구할 때) 요구가 비현실적이어서 이루어지기 힘들다. 어중간해서 이것저것 다 맞지 않다.

【高不可攀】**gāobùkěpān**【성】**1** 너무 높아서 오를 수 없다. **2** (비) 도달하기 어렵다. 접근하기 힘들다.

【高才】【高材】**gāocái**【명】**1** 뛰어난 재능. ¶现代社会急需～的IT人才.＝현대 사회는 뛰어난 재능을 가진 IT 방면의 인재를 급하게 필요로 한다. **2** 탁월한 재능을 가진 사람. 고급 인재. 고수. ¶股东, 你当之无愧.＝너는 주식의 고수라고 일컬을 만하다.

【高才生】【高材生】**gāocáishēng**【명】우등생. 성적이 뛰어난 학생. 수재.

【高材】**gāocái** ☞【高才】**gāocái**

【高材生】**gāocáishēng** ☞【高才生】**gāocáishēng**

【高参】**gāocān**【명】**1** 고급 참모. 브레인. **2** 참모. ¶这事得请位～.＝이 일은 반드시 참모를 모셔야 한다.

【高层】**gāocéng**【형】**1** 고층의. ¶～电梯公寓＝고층 엘리베이터 아파트. **2** 고위(층)의. ¶集团～领导＝단체의 고위 간부. 【명】(建) 높은 층(수). 고층. ¶我住～, 他住低层.＝나는 높은 층에 살고, 그는 낮은 층에 산다.

【高层建筑】**gāocéng jiànzhù**【명】(建) 고층 건물. [7층 이상의 건축물을 가리킴]

【高差】gāochā 비고(比高). ¶两座山峰~近一百米.=두 산의 봉우리는 100미터 정도의 높이 차이가 난다.
【高产】gāochǎn 생산량[수확량]이 높다. ¶~稻种=고수확 볍씨. 높은 생산량[수확량]. ¶粮食连年~.=곡식이 여러 해 계속 높은 생산량을 보인다. ↔低产
【高唱】gāochàng 1 높은 소리로 노래 부르다. 2 큰 소리로 외치다. ¶他们一~仁义道德, 实则干的都是些坑蒙拐骗的事.=그들이 인의도덕을 외치면서 실제 하는 일은 죄다 사람을 속이고 기만하는 짓들이다.
【高唱入云】gāochàng-rùyún 1 노랫소리가 매우 드높다. 노랫소리가 높고 맑게 울리다. 2 (비) 문장의 격조가 매우 높다.
【高超】gāochāo 빼어나다. 출중하다. 특출나다. 뛰어나다. 기막히다. ¶棋艺~=바둑 솜씨가 특출나다. ↔低劣
【高潮】gāocháo 1 만조. ¶海水~已退.=바닷물이 만조가 되었다가 이미 빠졌다. 2 (최)고조. 클라이맥스(climax). 절정. 정점. 극치. 최고점. [사물이 고도로 발전한 상태] ¶掀起高科技产业投资的新~.=첨단 기술 산업에 대한 투자가 새롭게 고조되고 있다. 3 (소설·연극·영화의) 클라이맥스(climax). 절정. 고조. ¶故事情节渐渐进入~.=이야기의 줄거리가 점점 절정으로 들어간다. 4 오르가즘. ↔低潮
【高程】gāochéng 고도(高度). 높이.
【高醋】gāocù 1 (약간 단맛이 나는) 고급 식초. 질이 좋은 식초. 2 식초.
【高大】gāodà 1 높고 크다. ¶身材~=몸집[체격]이 크다. 2 숭고하고 위대하다. ¶~的英雄人物形象=숭고하고 위대한 영웅의 형상. 3 (나이가) 많다. [주로 조기 백화문에 보임] ¶老年纪~=나[늙은이]는 나이가 많다. ↔矮小
【高蛋白】gāodànbái 고단백의. ¶~食物=고단백 음식물.
【高档】gāodàng 고급의. 상등의. ¶~服装=고급 의상. ↔低档
【高等】gāoděng 1 고등의. 수준이 높은. ¶~数学=고등 수학. 2 고급의. ¶~学府=고급 학부. 3 고등의. 물체의 조직이 복잡하며 완벽한. ¶~生物=고등 생물. ↔下等
【高等动物】gāoděng dòngwù 1 고등 동물. 2 포유류(哺乳類).
【高等教育】gāoděng jiàoyù 고등 교육. 【高教】gāojiào
【高等学校】gāoděng xuéxiào (전문대학·대학교 등의) 고등 교육 기관. 【高校】gāoxiào
【高等植物】gāoděng zhíwù 고등식물.
【高低】gāodī 1 높고 낮다. 높이가 다르다. ¶这屋子里的地~不平.=이 집의 지면 높이가 고르지 못하다. 1 고저. 높이. 고도. ¶文化水平一~体现着一个国家现代文明的程度.=문화 수준의 높이는 한 나라의 문명 정도를 보여 준다. 2 우열. 승부. 고하. 정도. ¶两人各有长短, 难

分~.=두 사람은 각자 장단점을 가지고 있어 우열을 가리기 어렵다. 3 (말이나 일의) 심도. 경중. ¶他说话一贯不知~.=그는 말을 할 때 일관되게 일의 경중을 가릴 줄 모른다. 1 어쨌든. 여하튼. 아무튼. ¶今天~得把论文写完.=오늘 어쨌든 논문을 다 써야 한다. 2 (부) 마침내. 결국. ¶说了半天, ~把他说动了.=한참 동안 말해서 결국 그를 설득시켰다.
【高低杠】gāodīgàng 1 이단 평행봉. 2 이단 평행봉 경기.
【高地】gāodì 1 고지. 2 (軍) (군사상의) 고지.
【高调】gāodiào (~儿) 1 높은 음조[톤(tone)]. 2 (비) 탁상공론. 그럴싸한 말. 번지르르한 말. ¶唱~=탁상공론하다. 3 하이키(high-key). [사진에서 일부를 제외하고 전체를 밝게 처리하는 것] ↔低调
【高度】gāodù 고도. 높이. ¶这幢大楼的~是六十米.=이 건물의 고도는 60미터이다. 정도가 매우 높다. ¶城市人口~密集.=도시 인구가 고도로 밀집되어 있다.
【高额】gāo'é 고액의. 높은 액수의. ¶~利润=고액의 이윤.
【高尔夫球】gāo'ěrfūqiú 1 골프(golf). 2 골프공.
【高发】gāofā (질병·사고 등의) 발병률[발생률]이 높다. ¶春天是流感的~季节.=봄은 유행성 감기의 발병률이 높은 계절이다.
【高法】gāofǎ 最高人民法院(최고 인민법원 / 대법원).
【高飞】gāofēi 1 높이 날다. ¶展翅~=날개를 펴고 높이 날다. 2 (비) 멀리 도망가다[달아나다]. ¶远走~=먼 곳으로 도망가다.
【高分】gāofēn 고득점. 높은 점수.
【高分低能】gāofēn-dīnéng 시험 점수는 높지만 실제 능력은 부족하다.
【高分子】gāofēnzǐ 1 고분자. ¶~化学=고분자 화학. 2 고분자 화합물.
【高分子化合物】gāofēnzǐ huàhéwù 고분자 화합물.
【高分子聚合物】gāofēnzǐ jùhéwù 고분자 화합물. 【高聚物】gāojùwù
【高风】gāofēng 1 큰[센] 바람. 2 고상한 기풍. ¶久仰先生~.=선생님의 고상한 기풍을 오래 전부터 들어 왔습니다.
【高风亮节】gāofēng-liàngjié 인격이 높고 절개가 곧다.
【高峰】gāofēng 1 고봉. ¶攀登世界第一~珠穆朗玛峰.=세계 최고봉인 에베레스트 산(초모룽마봉)에 오르다. 2 절정. 극치. 정점. 최고조. 클라이맥스(climax). 최고점. ¶勇攀科学~.=과학의 절정에 오르다. ↔低峰
【高峰会议】gāofēng huìyì 정상 회담. 영수회담. 최고 경영자 회의. 【峰会】fēnghuì
【高峰期】gāofēngqī 절정기. 극성기. ¶春秋季是流行性感冒发病的~.=봄가을은 유행성 감기가 발병하는 극성기이다.
【高干】gāogàn 高级干部(고급 간부).

【高高矮矮】gāo·gao ǎi'ǎi(~的) 형 어떤 것은 높고 어떤 것은 낮다. 높이가 다르다. ¶~的树木=높이가 서로 다른 수목.

【高高大大】gāo·gao dàdà(~的) 형 높고 크다. ¶小伙子长得~的。=아이가 건장하게 자랐다.

【高高低低】gāo·gao dīdī(~的) 형 어떤 것은 〔때는〕 높고 어떤 것은〔때는〕 낮다. 높이〔정도〕가 다르다. ¶~的楼房=높낮이가 서로 다른 아파트.

【高高兴兴】gāo·gao xìngxìng(~的) 형 기쁘고 흥분된 모습. ¶一家人~地吃团圆饭。=한 가족이 추석에 모여 즐겁게 식사를 하다.

【高高在上】gāo·gāo-zàishàng 성 지도자가 현실 속에 들어가지 못하고 대중과 동떨어져 있다.

【高歌】gāogē 통 소리 높여 노래 부르다. ¶引吭~=소리 높여 노래를 부르다.

【高歌猛进】gāogē-měngjìn 성 1 소리 높여 노래 부르며 용감하게 전진하다. 2 비 투지만만하게 전진하다. 용감하게〔힘차게〕 나아가다.

【高阁】gāogé 명 1 높고 큰 누각. 2 (서적이나 기물을 놓아 두는) 높은 선반〔대〕. ¶束之~=방치해 두다.

【高个儿】gāogèr ☞【高个子】gāogè·zi

【高个子】gāogè·zi 명 1 큰 키. 2 키다리. =【高个儿】gāogèr

【高跟儿鞋】gāogēnrxié 명 하이힐.

【高工】gāogōng ☞【高级工程师】gāojí gōngchéngshī

【高估】gāogū 통 높이 평가하다. ¶他过于~了自己的实力。=그는 지나치게 자신의 실력을 과대 평가한다.

【高官】gāoguān 명 1 고위 관직. 높은 직위〔자리·벼슬〕. ¶~显位=고위 관직. 2 고관. 지위가 높은 관리. ¶政府~=정부 고관.

【高官厚禄】gāoguān-hòulù 성 높은 벼슬과 많은 녹봉. 높은 직위와 많은 월급.

【高贵】gāoguì 형 1 (신분이) 고귀하다. 지체가 높고 귀하다. ¶出身~=신분이 고귀하다. 2 귀중하다. 진귀하다. ¶~的服饰=귀중한 의복과 장신구. 3 (성품이) 고귀하다. 기품이 높다. ¶气质~=기품이 높다. ↔卑贱 下贱 低贱 低廉

【高寒】gāohán 형 지세가 높고 춥다. 고냉의. ¶~地带=고냉 지대.

【高喊】gāohǎn 통 큰 소리로 외치다. ¶~口号=구호를 큰 소리로 외치다.

【高呼】gāohū 통 큰 소리로 부르다. ¶振臂~=팔을 휘두르며 큰 소리로 부르다.

【高胡】gāohú 명(音) 고음의 이호(二胡).

【高级】gāojí 형 1 (단계·급수 등이) 상급인. 고급인. 선임인. ¶~职称=고급 직함. 2 (품질 또는 수준 등이) 고급인. ¶~香水=고급 향수. ↔低级

【高级工程师】gāojí gōngchéngshī 명 선임 엔지니어. ㉔【高工】gāogōng

【高级人民法院】Gāojí Rénmín Fǎyuàn 명 (法) 고급 인민 법원. ㉔【高院】Gāo Yuàn

【高级人民检察院】Gāojí Rénmín Jiǎnchá yuàn 명(法) 고급 인민 검찰원. ㉔【高检】Gāo Jiǎn

【高级神经活动】gāojí shénjīng huódòng 명(生) (인간의) 대뇌피층의 작용.

【高级小学】gāojí xiǎoxué 명(教) 고급 초등학교. 중국에서 한동안 실시한 적이 있는 교육 제도. 초등 학교 6년 과정을 초급 4년과 고급 2년으로 나눔 ㉔【高小】gāoxiǎo

【高级知识分子】gāojí zhī·shi fènzi 명 상층 지식인. [정교수·부교수·수석 연구원·부연구원 등의 고급 직함을 가진 지식인을 가리킴] ㉔【高知】gāozhī

【高级中学】gāojí zhōngxué 명(教) 고등 학교. ㉔【高中】gāozhōng

【高技术】gāojìshù 명 첨단 기술. 하이 테크놀로지(high-technology).

【高技术战争】gāojìshù zhànzhēng 명(军) 첨단 전쟁.

【高甲戏】gāojiǎxì 명(剧) 고갑희. [지방 전통극의 일종. 푸젠(福建)성 취안저우(泉州)·샤먼(厦门)·장저우(漳州)와 타이완(台湾) 등에서 유행함] =【戈甲戏】gējiǎxì【九角戏】jiǔjiǎoxì

【高价】gāojià 명 고가. 비싼 값. ¶~收购老式家具。=고가로 구식 가구를 구매하다. ↔廉价

【高架路】gāojiàlù 명 고가 도로.

【高架桥】gāojiàqiáo 명 고가 다리.

【高检】Gāo Jiǎn ☞【高级人民检察院】Gāojí Rénmín Jiǎncháyuàn

【高见】gāojiàn 명㊂ 고견. ¶不知您有何~? =당신은 어떤 고견을 가지고 계신가요? ≒卓见 ↔浅见 拙见

【高教】gāojiào ☞【高等教育】gāoděng jiàoyù

【高洁】gāojié 형 (생각이나 품격 등이) 고결하다. 고상하고 순결하다. ¶品行~=품행이 고결하다.

【高精尖】gāo jīng jiān 형 (기술이나 제품이) 고급·정밀·첨단인. ¶~技术=고급·정밀·첨단 기술.

【高就】gāojiù 명㊂ 영전하다. 더 좋은 자리〔직위〕로 옮기다. ¶另谋~=더 좋은 일자리를 찾다.

【高举】gāojǔ 통 높이 들(어올리)다. 추켜들다. ¶~奖杯=트로피를 높이 들어올리다.

【高踞】gāojù 통 군림하다. ¶任何干部都不能~于群众之上。=어떤 간부라도 대중 위에 군림해서는 안 된다.

【高聚物】gāojùwù ☞【高分子聚合物】gāofēnzǐ jùhéwù

【高峻】gāojùn 형 매우 높다. 높고 험준하다. ¶山势~=산세가 높고 험준하다. ≒峻峭 陡峭

【高看】gāokàn 통 과대 평가하다. ¶你~他了, 他哪有那么大的本事! =너는 그를 과대 평가했어. 그에게 어디 그만한 능력이 있다는 거니!

【高亢】gāokàng 형 1㊂ 거만하다. 건방지다. 오만하다. 방자하다. ¶神态~=태도가 거만하

다. **2** (소리가) 높고 낭랑하다. 우렁차다. ¶歌声~嘹亮。=노랫소리가 높고 낭랑하다. **3** (지세가) 높다. ¶~地=고지대.

【高考】**gāokǎo** 명⟨약⟩ 高等学校招生考试(대학 입학 시험).

【高考状元】**gāokǎo zhuàngyuán** 명 (성·시·현의) 대학 입학 시험 수석자.

【高科技】**gāokējì** 명 첨단 기술. 하이 테크놀로지(high-technology).

【高空】**gāokōng** 명 고공. ¶飞机飞行在万米~。=비행기가 10,000미터 고공에서 비행하고 있다.

【高空脊】**gāokōngjǐ** ☞【高压脊】**gāoyājǐ**

【高空作业】**gāokōng zuòyè** 명 높은 곳에서의 작업.

【高旷】**gāokuàng** 형 높고 넓다. 높고 탁 트이다. ¶我们终于登上了~的青藏高原。=우리는 드디어 높고 드넓은 칭짱(青藏) 고원에 올랐다.

【高栏】**gāolán** 명⟨體⟩ 고장애물 경주.

【高丽】**Gāolí** **1**⟨歷⟩ 고려. [918~1392년] **2** (**gāolí**)⟨地⟩ 조선. 한국. 한국과 관련된 것. ¶~参=고려삼. 한국 인삼.

【高丽纸】**Gāolízhǐ** 명 한지(韓紙).

【高利】**gāolì** 명 고리. ¶牟取~=고리로 이익을 도모하다.

【高利贷】**gāolìdài** 명 고리대금. ¶放~=고리대금을 하다.

【高粱】**gāoliáng** 명⟨植⟩ 고량. 수수. =【蜀黍】**shǔshǔ**

【高粱米】**gāoliángmǐ** 명 수수쌀.

【高粱面】**gāoliángmiàn** 명 수수가루.

【高龄】**gāolíng** 명⟨敬⟩ 고령. [주로 60세 이상을 가리킴] ¶老人已八十~。=노인은 이미 팔순 고령이시다. 형 나이가 비교적 많은. 고령의. ¶~孕妇=나이 많은 임산부.

【高岭土】**gāolǐngtǔ** 명 고령토.

【高领】**gāolǐng** 명 높은 옷깃. 하이칼라. ¶~毛衣=옷깃이 높은 스웨터.

【高楼】**gāolóu** 명 빌딩. 고층 건물.

【高楼大厦】**gāolóu dàshà** 명 고층 빌딩. 고층 건물.

【高炉】**gāolú** 명⟨金⟩ 용광로.

【高铝砖】**gāolǚzhuān** 명 고알루미나 벽돌. ⟨영⟩ high alumina brick.

【高氯酸】**gāolǜsuān** 명⟨化⟩ 과염소산.

【高论】**gāolùn** 명⟨경⟩ 고론. 훌륭한 의론. 동 한껏 의론을 펼치다. 열띤 의론을 벌이다. ¶放言~=열띤 의론을 벌이다. ↔拙见

【高迈】**gāomài** 형⟨문⟩ **1** 나이가 많다. ¶年已~=나이가 많다. **2** 빼어나다. 출중하다. 특출나다. 뛰어나다. 비범하다. 기막히다. 고상하다. 초탈하다. 속되지 않다. ¶风神~=풍채가 고상하다.

【高慢】**gāomàn** 형 거만하다. 오만하다. 건방지다. ¶~无礼=거만하고 무례하다.

【高帽儿】**gāomàor** ☞【高帽子】**gāomào·zi**

【高帽子】**gāomào·zi** 명 **1** ⟨비⟩ 아첨하는 말. 알랑거리는 말. 치켜세우는 말. =【高帽儿】**gāomàor** ¶别给我戴~。=치켜세우지 말아라. 비행기 태우지 말아라. **2** 고깔모자. [주로 징계에 쓰임]

【高锰酸甲】**gāoměngsuānjiǎ** 명⟨化⟩ 과망산칼륨. ⟨약⟩【灰锰氧】**huīměngyǎng**

【高门】**gāomén** 명 **1** 문턱이 높은 문. **2** 부귀한 집안. 높은 가문. ¶~望族=지체가 높은 집안.

【高妙】**gāomiào** 형 고묘하다. 기막히다. 수준이 높고 솜씨가 뛰어나다. 매우 우수〔훌륭〕하다. ¶技艺~=기예가 뛰어나다.

【高明】**gāomíng** 형 (견해·기예 등이) 고명하다. 기막히다. 빼어나다. 출중하다. 특출나다. 뛰어나다. 광장하다. ¶手段~=수단이 뛰어나다. 명 고명한 사람. ¶另请~=고명한 사람을 따로 청하다. ↔拙劣

【高难】**gāonán** 형 (기교상에서) 매우 어렵다. 고난도이다. ¶~动作=고난도 동작.

【高能】**gāonéng** 형⟨物⟩ 고에너지의. ¶~燃料=고에너지 연료.

【高年】**gāonián** 형 **1** 고령의. 노련한. ¶~医生=고령의 의사. **2** 오래 되다. ¶~老酒=오래된 술. 명 **1** ⟨경⟩ 나이 드신 부모. 侍奉~=연로하신 부모를 모시다. **2** 노인. 고령자. 노령자. ¶赡养~=노인을 공양하다.

【高年级】**gāoniánjí** 명 고학년. ↔低年级

【高攀】**gāopān** 동 사회적 신분이 자기보다 높은 사람과 교제하거나 인척 관계를 맺다. ¶不敢~=감히 사귈 수가 없습니다. 감히 쳐다볼 수가 없습니다.

【高朋满座】**gāopéng-mǎnzuò** ⟨성⟩ **1** 훌륭한 사람들이 좌석에 가득 차 있다. **2** ⟨비⟩ 손님이 아주 많다.

【高频】**gāopín** 명 **1** ⟨電⟩ 고주파. [15,000 또는 20,000Hz보다 높은 주파수] **2** ⟨電⟩ 고주파. [3~30MHz 범위의 전파] **3** 비교적 높은 빈도. ¶~词=출제 빈도수가 높은 단어.

【高坡】**gāopō** 명 (가파르고 높은) 산비탈의 밭. ¶黄土~=산비탈의 황토밭.

【高企】**gāoqǐ** 동 (가격·수치 등이) 높은 데서 떨어지지 않다. ¶房价~=높은 집값이 떨어지지 않는다.

【高起点】**gāoqǐdiǎn** 명 한 차원 높은 단계〔수준〕. ¶他博士毕业才参加工作,一开始就是~。=그는 박사를 졸업한 후에야 직장에 들어갔는데, 시작하자마자 차원이 달랐다.

【高气压】**gāoqìyā** ☞【高气压区】**gāoqìyāqū**

【高气压区】**gāoqìyāqū** 명⟨天⟩ 고기압 지구. =【高气压】**gāoqìyā** ⟨약⟩【高压】**gāoyā**

【高腔】**gāoqiāng** 명 고강. [중국 전통극 곡조의 하나. 익양강(弋陽腔)과 각지의 민간 곡조가 결합된 것으로, 음률을 높고 낭랑하며 오직 타악기만으로 반주함]

【高强】**gāoqiáng** 형 (무예나 수단이) 출중하다. 특출나다. 비범하다. 뛰어나다. 훌륭하다. 고강하다. ¶武艺~=무예가 고강하다.

【高强度】**gāoqiángdù** 명⟨金⟩ 고강도. ¶~钢=고강도강.

【高墙】gāoqiáng 〈名〉 1 높은 벽. 2 감옥.
【高跷】gāoqiāo 〈名〉 1 높은 나무다리 타기. [민간 무도의 일종. 연기자가 두 다리를 각각 긴 나무 막대기를 발에 묶고 걸어가면서 공연하는 것] 2 이와 같은 놀이에 쓰이는 높은 나무다리.
【高峭】gāoqiào 〈形〉 (벼랑이) 높고 가파르다.
【高清晰度电视】gāoqīngxīdù diànshì 〈名〉 고화질 텔레비전(HDTV).
【高情】gāoqíng 〈名〉〈文〉 1 고상한 심경〔심정·심사〕. 고상하고 우아한 정취. ¶~逸兴=고아하고 우아한 정취. 2 깊은 (애)정. ¶拜谢~=깊은 애정으로 삼가 감사드립니다.
【高擎】gāoqíng 〈动〉 높이 들어올리다〔치켜들다〕. ¶~大旗=큰 깃발을 높이 치켜들다.
【高热】gāorè ☞【高烧】gāoshāo
【高人】gāorén 〈名〉 1 〈文〉 고사. 뜻이 크고 인격이 높은 선비. [주로 은사를 가리킴] 2 명인. 달인. 명수. 〈动〉 남보다 뛰어나다. ¶~一筹=남보다 한 수 높다.
【高人一等】gāorén-yīděng 〈成〉〈名〉 1 남보다 한 수 위다. 2 일반 사람보다 뛰어나다. ↔低三下四
【高人云霄】gāorù-yúnxiāo 〈名〉 산봉우리나 나무 꼭대기 등이 하늘 높이 솟아 있다.
【高僧】gāosēng 〈名〉 고승.
【高山】gāoshān 〈名〉 1 고산. 높은 산. 2 〈比〉 숭고한 덕행.
【高山病】gāoshānbìng ☞【高山反应】gāoshān fǎnyìng
【高山反应】gāoshān fǎnyìng 〈名〉〈醫〉 고산병. =【高山病】gāoshānbìng
【高山景行】gāoshān-jǐngxíng 〈名〉〈比〉 1 (높은 산과 큰 길처럼) 도덕이 고상하고 행위가 공명정대하다. 2 숭고한 덕행.
【高山流水】gāoshān-liúshuǐ 〈名〉 1 고산유수. 높은 산과 흐르는 물. 2 〈比〉 지기는 얻기 힘들다. 3 〈比〉 악곡이 매우 훌륭하다.
【高山仰止】gāoshān-yǎngzhǐ 〈名〉〈比〉 숭고한 덕행을 몹시 앙모하다.
【高山族】Gāoshānzú 〈名〉 고산족. [중국 소수 민족의 하나로 주로 타이완(台湾)성에 분포함]
【高尚】gāoshàng 〈形〉 1 도덕적으로 고결하다〔고매하다〕. ¶品德~=성품이 고결하다. 2 고상하다. 품위 있다. 우아하다. ¶~的休闲运动=고상한 레포츠. ≒崇高 ↔卑鄙 卑劣 庸俗 俗气 下贱 下流
【高烧】gāoshāo 〈名〉〈醫〉 고열. =【高热】gāorè
【高射机关枪】gāoshè jīguānqiāng 〈名〉〈军〉 고사 기관총. 〈约〉 ☞【高射机关枪】gāoshè jīqiāng
【高射机枪】gāoshè jīqiāng ☞【高射机关枪】gāoshè jīguānqiāng
【高射炮】gāoshèpào 〈名〉〈军〉 고사포.
【高深】gāoshēn 〈名〉 깊이. 높이. ¶莫测~=깊이를 헤아릴 수 없다. 〈形〉 (학문·기술의) 수준이 높다. 깊이가 있다. ¶~的学问=수준 높은 학문. ↔肤浅 浮浅
【高深莫测】gāoshēn-mòcè ☞【莫测高深】mòcè-gāoshēn

高 gāo 647

【高升】gāoshēng 〈动〉 1 (직책 등이) 높아지다. 오르다. 승진하다. ¶步步~=차츰차츰 승진하다. 2 〈敬〉 가오성! [승진을 축하하는 데 쓰임] ¶祝您再次~！=재차 승진하시길 바랍니다. 〈名〉〈方〉 폭죽의 일종. [불을 붙이면 공중으로 솟구침]
【高声】gāoshēng 〈形〉 소리가 크다. ¶~喧哗=큰 소리로 떠들썩하다.
【高师】gāoshī 〈名〉〈约〉 高等师范学校(고등 사범 학교).
【高士】gāoshì 〈名〉〈文〉 고사. 뜻이 크고 인격이 높은 선비. [주로 은사를 가리킴]
【高视阔步】gāoshì-kuòbù 〈名〉 1 눈을 높이 치켜뜨고 활보하다. 2 〈比〉 기개가 비범하거나 태도가 오만한 모양.
【高手】gāoshǒu(~儿) 〈名〉 고수. 달인. 명수. ¶国际象棋~=국제적인 장기의 고수.
【高寿】gāoshòu 〈形〉 장수하다. 오래 살다. 〈名〉〈敬〉 춘추. 연세. [노인에게 나이를 묻는 말] ¶您老~啊？=어르신은 연세가 어떻게 되십니까？
【高爽】gāoshuǎng 〈形〉 (지세·하늘 등이) 높고 시원하다. 훤하다. ¶天气晴朗~。=날씨가 맑고 시원하다.
【高耸】gāosǒng 〈动〉 높이 솟다. 우뚝 솟다. ¶~人云=구름 속으로 높이 솟다.
【高速】gāosù 〈名〉 고속의. ¶机器~运转。=기계가 고속으로 돌아간다.
【高速公路】gāosù gōnglù 〈名〉 1 고속 도로. 2 정보 고속 도로.
【高速铁路】gāosù tiělù 〈名〉 고속 철도.
【高抬】gāotái 〈动〉 1 높이 들어올리다. ¶~手臂=팔뚝을 높이 들어올리다. 2 (인사말로) 지나치게 치켜세우다〔밀어주다·배려하다·보살피다〕. ¶你说这话是~我了。=당신이 이런 말을 하는 것은 나를 너무 치켜세우는 것이다. 3 〈婉〉 높이다. 올리다. ¶~售价=판매가를 올리다.
【高抬贵手】gāotái-guìshǒu 〈婉〉 관대히 봐주세요. 용서해 주세요.
【高谈】gāotán 〈动〉 당당하고 차분하게 말하다. 한껏 의론을 펼치다. 열띤 의론을 벌이다. ¶别~时事, 说点儿身边的事。=시사 문제는 그만 늘어놓고 우리 신변 얘기나 하자.
【高谈阔论】gāotán-kuòlùn 〈名〉 1 고상하고 오묘한 의론을 끊임없이 주고받다. 2 〈貶〉 공리공론〔탁상공론〕을 끊임없이 늘어놓다. 한없이 거창한 얘기를 늘어놓다.
【高碳钢】gāotàngāng 〈名〉 고탄소강.
【高汤】gāotāng 〈名〉 1 돼지나 닭을 곤 국물. 2 (일반적으로) 기름기나 건더기가 없는 멀건 국물.
【高堂】gāotáng 〈名〉 1 〈文〉 높은 대청〔홀〕. 2 〈敬〉 부모. ¶~老母=노모. 3 (Gāotáng) 복성(複姓).
【高挑】gāotiǎo 〈动〉 높이 들어올리다〔쳐들다〕. ¶~着一面大旗=큰 깃발을 높이 쳐들다. 〈形〉〈口〉(~儿) 키가 늘씬하다. ¶~儿身材=늘씬한 몸매.
【高挑挑】gāotiǎotiāo(~的) 〈形〉 키가 크고 늘씬하다. ¶~的个子=늘씬한 체격.
【高统靴】gāotǒngxuē 〈名〉 (목이 무릎까지 오는) 부츠(boots). 말장화. 목(이) 긴 구두. 롱 부

【高头大马】 gāotóu-dàmǎ (성) **1** 커다란 말(馬). **2** (비) 몸집이 큰 사람.

【高徒】 gāotú (명) **1** 뛰어난 제자〔문하생·문인〕. 고제. 고족. 고족 제자. **2** 훌륭한 학생. ¶名师出~。=훌륭한 스승이 훌륭한 학생을 배출한다.

【高危】 gāowēi (형) 위험성이 높은. ¶艾滋病~人群=에이즈 전염 위험성이 높은 그룹.

【高纬度】 gāowěidù (명)(地) 고위도.

【高位】 gāowèi (명) **1**(문) 높은 지위〔자리〕. 고위. ¶~厚禄=높은 벼슬과 많은 녹봉. 높은 직위와 많은 월급. **2**(사지(四肢)의) 윗부분. ¶~截肢=고위 절단 수술. **3**(여러 등급의 수의 단위에서) 큰 자리의 수. 가장 높은 자리의 수. ¶股价在~盘整。=주가가 최고치이다.

【高温】 gāowēn (명) 고온. ¶~消毒=고온 소독하다. ↔低温

【高温合金】 gāowēn héjīn ☞【耐热合金】nàirè héjīn

【高温作业】 gāowēn zuòyè (동) 고온의 작업장에서 작업하다.

【高卧】 gāowò (동)(문) **1** 베개를 높이고 자다. **2** 아무 걱정도 없이 편안하게 누워 있다. **3** 은거하다. ¶诸葛亮~隆中。=제갈량은 융중에 은거해 있었다.

【高屋建瓴】 gāowū-jiànlíng (성) **1** 높은 지붕 위에서 병에 든 물을 쏟다. **2**(비) 유리한 지세 또는 위치에 처해 있다.

【高息】 gāoxī (명) 매우 높은 이자. ¶~贷款=고리대금.

【高下】 gāoxià (명) 우열. 고하. 승부. ¶两队实力相当, 难分~。=두 팀의 실력은 비슷해서 우열을 가리기가 어렵다.

【高限】 gāoxiàn (명) **1** 상한선. **2** (산악 지대에 생물이 분포하는) 최고 한계.

【高香】 gāoxiāng (명) 고급 선향(線香). ¶烧~=선향을 태우다.

【高消费】 gāoxiāofèi (동) 고(액)소비하다. ¶~社会=고소비 사회.

【高消耗】 gāoxiāohào (형) (에너지·원자재 등의) 소비량〔소모량〕이 크다. ¶~的产品=소모량이 큰 상품.

【高小】 gāoxiǎo (명) **1** ☞【高级小学】gāojí xiǎoxué **2** 초등 학교 5·6학년.

【高校】 gāoxiào ☞【高等学校】gāoděng xuéxiào

【高效】 gāoxiào (형) 높은 능률(의). 높은 효능(의). ¶优质~地完成生产任务。=우수한 품질과 높은 효율로 생산 임무를 완성하다.

【高效率】 gāoxiàolǜ (형) 높은 효율의. ¶~生产=고효율 생산.

【高效能】 gāoxiàonéng (형) 효율이〔효능이·효과가〕 높은. 고효능의. 고효율. ¶~燃料=고효율 연료.

【高新技术】 gāoxīn jìshù (명) 첨단 기술. 하이테크놀로지(high-technology).

【高薪】 gāoxīn (명) 높은 급여〔임금〕. ¶~待遇=높은 봉급으로 대우하다.

【高兴】 gāoxìng (형) 기쁘다. 즐겁다. 좋아하다. 유쾌하다. 흥겹다. 흐뭇하다. 신나다. 신명나다. ¶得知老朋友要来, 他心里很~。=오랜 친구가 온다는 것을 알고 그는 마음이 매우 기뻤다. (동) …하기를 좋아하다. ¶你~干什么就干什么。=네가 좋아하는 것을 해라. ≒喜悦 愉快 ↔烦闷 苦恼 郁闷 难过 痛苦 不快

【高悬】 gāoxuán (동) (공중에) 높이 달아매다. ¶明镜~=판결이 공정하다.

【高血压】 gāoxuèyā (명)(醫) 고혈압.

【高血脂】 gāoxuèzhī (명)(醫) 고지혈.

【高压】 gāoyā (동) 강압하다. 마구 억누르다. 억압하다. ¶~统治=강압 통치. (명) **1**(物) 높은 압력. **2**(電) 높은 전압. **3** ☞【高气压区】gāoqìyāqū **4**(生) '收缩压(수축기 혈압·최고 혈압)'의 통칭. ↔低压

【高压电】 gāoyādiàn (명)(電) **1** 고압 전기. [공업용으로 3,000~11,000볼트의 전류를 가리킴] **2** 고압 전기. [조명용으로 250볼트 이상의 전류를 가리킴]

【高压釜】 gāoyāfǔ ☞【加压釜】jiāyāfǔ

【高压锅】 gāoyāguō (명) 압력솥. 압력 냄비. =【压力锅】yālìguō

【高压脊】 gāoyājǐ (명)(天) 기압마루. =【高空脊】gāokōngjǐ【高压楔】gāoyāxiē

【高压线】 gāoyāxiàn (명) **1**(電) 고압선. **2**(비유) 어겨서는 안 되는 규정〔조항·조례〕. ¶不能随便碰政策的~。=함부로 정책 중의 민감한 규정을 건드려서는 안 된다.

【高压楔】 gāoyāxiē ☞【高压脊】gāoyājǐ

【高崖】 gāoyá (명) 높고 가파른 낭떠러지〔절벽〕. ¶~壁立=가파른 낭떠러지가 벽처럼 서 있다.

【高雅】 gāoyǎ (형) 고아하다. 고상하다. 우아하다. 격조가 있다. ¶格调~=격조가 고아하다. ↔卑劣 庸俗 粗俗 鄙俗

【高扬】 gāoyáng (동) **1** 고양되다. 높아지다. ¶士气~=사기가 고양되다. **2** 고양하다. ¶~爱国主义精神=애국주의 정신을 고양하다.

【高腰】 gāoyāo(~儿) (형) (신발·양말의) 목이 높다〔길다〕. =【高勒】gāoyào ¶~皮靴=가죽 부츠. /~袜子=목이 긴 양말.

【高勒】 gāoyào ☞【高腰】gāoyāo

【高音】 gāoyīn (명) 고음. ¶男~=테너.

【高音喇叭】 gāoyīn lǎ·ba (명) 트위터(tweeter). 고음용 스피커.

【高于】 gāoyú (형) **1** …보다 높다. ¶这座山峰~对面的那座山峰。=이 산봉우리가 맞은편의 저 산봉우리보다 더 높다. **2** (지위·수준 등이) …보다 높다. ¶引进外资的增幅~去年同期。=외자 유치의 증가폭이 작년 같은 시기보다 높다.

【高原】 gāoyuán (명)(地) 고원. ↔平原 平地

【高远】 gāoyuǎn (형) **1** (공간 따위가) 높고 멀다. ¶~的天空=높고 먼 하늘. **2** 원대하다. 크다. ¶志向~=포부가 원대하다. **3** 훌륭하고 심원하다. ¶意境~=(문학·예술 작품에 표현된) 경지가 뛰어나고 심원하다.

【高院】Gāo Yuàn ☞ 【高级人民法院】Gāojí Rénmín Fǎyuàn

【高瞻远瞩】gāozhān-yuǎnzhǔ 성 ❶ 높은 곳에 서서 멀리 보다. ❷ (비) 식견이 높다. 멀리 앞(일)을 내다보다. 선견지명이 있다.

【高涨】gāozhǎng 동 (정서·물가 등이) 급증하다. 급상승하다. 뛰어오르다. 고조하다. 등귀하다. ¶激情~ = 격정이 고조되다. ↔低落

【高招】gāozhāo (~儿) 명 ❶ (무술의) 기막힌 [절묘한] 동작〔기술〕. ❷ (비) 좋은 생각〔방법〕. 상책(上策). ¶你有什么~就说出来吧. = 네게 무슨 좋은 생각이 있으면 말해 봐라.

【高着】gāozhāo (~儿) 명 ❶ (바둑·장기의) 기막힌 수〔행마법〕. ❷ (비) 좋은 생각〔방법〕. ¶给出个~儿. = 좋은 생각을 해내다.

【高枕】gāozhěn 동 베개를 높이(고 자)다. ¶~而卧 = 베개를 높이고 걱정 없이 잘 자다.

【高枕无忧】gāozhěn-wúyōu 성 ❶ 베개를 높이고 걱정 없이 잘 자다. ❷ (비) 마음이 편안하고 근심 걱정이 없다.

【高枝儿】gāozhīr ❶ 높은 가지. ❷ ❶ 나은〔높은〕 곳〔지위〕. ¶另择~ = 달리 나은 곳을 택하다. ❸ (비) 지위가 높은 사람. ¶攀~ = 지위가 높은 사람에게 붙다.

【高知】gāozhī ☞ 【高级知识分子】gāojí zhī·shi fènzǐ

【高脂血】gāozhīxuè 명 (醫) 고지혈.

【高职】gāozhí 명 양 ❶ 高级职称(고급직(함)) ❷ 高级职员(고급 직원). ❸ 高等职业技术学校(고등 직업 기술 학교).

【高职低聘】gāozhí dīpìn 동 직급을 낮추어 임용하다.

【高中】gāozhōng ☞ 【高级中学】gāojí zhōngxué

【高中生】gāozhōngshēng 명 고등 학생.

【高姿态】gāozītài 명 (자기에게는 엄하고 남에게는) 관대한 태도. ¶双方都~, 事情一下就解决了. = 쌍방이 모두 관대해서 일이 단번에 해결되었다.

【高走】gāozǒu 동 (가격 등이) 상승세〔오름세〕이다. ¶房价一路~. = 집값이 계속 오름세이다.

【高足】gāozú 명 ❸ 귀 제자. [남의 제자를 높여 부르는 말]

【高祖】gāozǔ 명 ❶ 고조부. ❷ 역대 왕조의 원조. 시조.

【高祖父】gāozǔfù 명 고조부.

【高祖母】gāozǔmǔ 명 고조모.

*羔 gāo 새끼양 고
명 (~儿) ❶ 새끼양. ¶羊~儿 = 새끼양. ❷ 일부 동물의 새끼. ¶兔~儿 = 새끼토끼.

【羔皮】gāopí 명 일부 동물의 새끼의 털가죽. [일반적으로 새끼양을 가리킴]

【羔羊】gāoyáng 명 ❶ 새끼양. ❷ (비) 어린 양. [천진·순결·연약함을 빗대어 말함] ¶替

罪~ = 속죄양.

【羔子】gāo·zi 명 ❶ 새끼양. ❷ 일부 동물의 새끼. ¶鹿~ = 새끼사슴. ❸ (욕하는 말로) 새끼. 자식.

榚 gāo 두레박 고
☞【桔榚】jiégāo

睾 gāo 불알 고
명 (生) 고환. 불알. ¶附~ = 부고환.

【睾丸】gāowán 명 (生) 고환. 불알. = 【精巢】jīngcháo

*膏 gāo 살진 살 고
명 ❶ (문) 기름진〔살진〕 고기. ¶梁人家 = 부잣집. ❷ (문) 등잔 기름. ¶~火明灭 = 등잔불이 가물거리다. ❸ 기름. 지방. ¶春雨如~ = 봄비가 기름처럼 귀하다〔값지다〕. ❹ 걸쭉한 화장품. ¶洗发~ = 샴푸. / 唇~ = 립스틱(lipstick). ❺ (연고 등) 걸쭉한 풀 모양의 사물. ¶牙~ = 치약. ❻ (醫) 심장 끝의 지방. [고대 의학에서 약효가 미치지 못한다고 여긴 부분] ¶病入~肓 = 병이 더 이상 치료할 수 없는 지경에 이르다. 일이 만회할 수 없는 지경에 이르다. 형 (문) 비옥하다. ¶~壤 = 기름진 땅.

☞ gào

❶❶ 唇膏, 浸jìn膏, 石膏, 糖膏, 烟膏, 药膏, 脂zhī膏

【膏肓】gāohuāng 명 (醫) 고황. [약효가 미치지 못한다고 여기는 부분] ¶~之疾 = 불치병.

【膏火】gāohuǒ 명 (문) ❶ 기름불. 등화(燈火). ❷ (비) 야간 작업비. 야간 학비.

【膏剂】gāojì 명 (醫) 끈득끈득한 상태의 내복약.

【膏粱】gāoliáng 명 ❶ 기름진 고기와 차진 곡식. ❷ 맛좋은 음식. 미식(美食). ❸ 부귀. 부자.

【膏粱子弟】gāoliáng-zǐdì 성 부잣집 자제.

【膏血】gāoxuè 명 ❶ (사람의) 기름과 피. ❷ (비) 고혈. 피땀.

【膏药】gāo·yao 명 (醫) 고약.

【膏腴】gāoyú 형 (문) 비옥하다. ¶~之地 = 비옥한 땅.

【膏泽】gāozé 명 (문) ❶ 단비. 감우. ❷ 약효. 동 (비) 은혜를 〔혜택을〕 베풀다. ¶~下民 = 백성들에게 은혜를 베풀다.

【膏子】gāo·zi 명 (醫) 고약. 연고. 끈득끈득한 상태의 내복약.

*篙 gāo 상앗대 고
명 ❶ 나무 장대. ❷ 상앗대. 삿대. ¶竹~ = 대나무 삿대.

【篙头】gāo·tou 명 양 상앗대. 삿대.

【篙子】gāo·zi 명 양 ❶ 상앗대. 삿대. ❷ 빨래 말리는 장대. ❸ 건축 현장에서 비계용으로 사용하는 대나무 또는 나무 장대.

*糕[(餻)] gāo 떡 고
명 (쌀가루나 밀가루 등으로 만든) 떡. 케이크

(cake). 빵. 푸딩(pudding). ¶蛋~=케이크. / 年~=설 떡.

**【糕饼】gāobǐng** 뗑(부) 케이크·과자·빵·떡 등의 총칭.

**【糕点】gāodiǎn** 뗑 케이크·과자·빵·떡 등의 총칭.

**【糕干】gāo·gan** 뗑 가오간. [쌀가루에 설탕 등을 가미한 후, 약한 불로 구워 만든 일종의 젖 대용품. 대개 물에 풀어 풀 모양으로 만들어서 영아에게 먹임]

**櫜 gāo** 활집 고
뗑(문) 투구·갑옷·활·화살 등을 보관하는 기구. 동 저장하다. 넣어 두다.

**杲 gǎo** 밝을 고
혱 밝다. ¶~日=밝은 태양. 뗑 (Gǎo) 성(姓).

**【杲杲】gǎogǎo** 혱(문) 밝다. 환하다. ¶秋阳~=가을 해가 유난히 밝다.

**\*\*搞 gǎo** 할 고
동 1 하다. 처리하다. 취급하다. 다루다. 종사하다. ¶乱~=함부로 하다. / ~工作=일을 하다. / ~经济建设=경제 건설을 하다. 2 손에 넣다. 장만하다. 마련하다. 얻다. 구하다. ¶请帮我~张球票。=나 대신 축구 시합 입장권을 좀 구해 주세요. 3 혼내다. 따끔하게 다스리다. 따끔한 맛을 보이다. 응징하다. 손보다. 헐뜯다. ¶他们合起来~人。=그들이 합세하여 사람을 헐뜯는다. 4 목적어와 결합하여 그것의 동작이나 행위를 나타냄. ¶~文艺=문예 활동에 종사하다. / ~卫生=청소를 하다. / ~阴谋诡计=음모를 꾸미다. ≒做 作

**【搞臭】gǎochòu** 동 얼굴을 못 들게 하다. 체면을 구기게 하다. 사회적으로 매장해 버리다. 기세를 납작하게 만들다. ¶把他~了对你有什么好？=그의 체면을 구긴다고 너에게 무슨 좋은 점이 있니?

**【搞错】gǎocuò** 동(부) 잘못하다. 그르치다. 실수하다. ¶资料归类存放，不要~了。=자료는 분류해서 보관해야 하니 실수하지 마라.

**【搞定】gǎodìng** 동(부) (타당하게) 처리하다. 해결하다. 풀다. 해내다. ¶这事只有他能~。=이 일은 오직 그 사람만이 해결할 수 있다.

**【搞对象】gǎo duìxiàng** 동 연애 대상을 찾다. 연애하다. 교제하다. ¶小伙子都三十了，还没~。=총각은 벌써 서른인데, 아직도 사귀는 사람이 없다.

**【搞法】gǎofǎ** 뗑 방법. 방식. ¶这种~只会把事情弄糟。=이런 방법은 일을 더 망칠 뿐이다.

**【搞关系】gǎo guānxi** 동(부) 관계를 맺다. 연줄을 만들다. 친분을 쌓다. 안면을 트다.

**【搞鬼】gǎo‖guǐ** 동 나쁜 짓을[꿍꿍이를·모략을·음모를] 꾸미다. [계획하다·획책하다]. 수작을 부리다. 짓궂은[못된] 장난을 하다. ¶要不是他~，这事早成了。=만약 그가 수작을 부리지만 않더라면, 일은 일찍감치 성사되었을 것이다.

**【搞好】gǎohǎo** 동 잘 해내다. 잘 처리하다. ¶~救灾工作=재난 구제 사업을 잘 해내다. / ~关系=관계를 잘 맺다.

**【搞黄】gǎohuáng** 동 일을 그르치다. 계획을 수포로 만들다. ¶眼看就要做成的生意被~了。=곧 성사될 듯하던 장사가 깨지고 말았다.

**【搞活】gǎohuó** 동 활기를 띠게 하다. 생기 있게 하다. ¶~经济=경제를 활성화시키다.

**【搞垮】gǎokuǎ** 동 깨뜨리다. 망치다. 무너뜨리다. 못 쓰게 만들다. 그르치다. 훼손시키다. ¶由于领导无能，好好一个企业被~了。=지도자의 무능력으로 인해 잘나가던 기업이 무너지고 말았다.

**【搞乱】gǎoluàn** 동 1 엉망(진창)으로 만들다. 뒤죽박죽이 되게 하다. 뒤범벅이 되게 하다. 헷갈리게 하다. 혼란스럽게 하다. ¶不要把顺序~了。=순서를 엉망으로 만들지 마라. 2 헷갈리게 하다. 어리둥절하게 하다. 얼떨떨하게 하다. ¶~思想=생각을 헷갈리게 하다.

**【搞清楚】gǎo qīng·chu** 동 분명히 하다. 명백히[명확하게] 하다. ¶把情况~。=상황을 분명하게 하다.

**【搞通】gǎotōng** 동 납득하다. 이해하다. 숙지하다. 정통하다. ¶~基本原理=기본 원리를 이해하다.

**【搞头】gǎo·tou** 뗑 (어떤 일을) 해 볼 만한 가치〔의의〕. ¶快餐业很有~。=패스트푸드 사업은 해 볼 만한 가치가 있다.

**【搞小动作】gǎo xiǎodòngzuò** 동(부) 1 몰래 남이나 단체의 활동을 방해하다. ¶上课时间不要~。=수업 시간에 딴 짓을 하지 마라. 2 (개인적인 목적을 위해) 몰래 부정한 행동을 하다. 엉뚱한 짓을 하다. 꼼수를 부리다. 장난을 치다. ¶做人要光明磊落，不要~。=사람은 떳떳해야지 꼼수를 부려서는 안 된다.

**【搞笑】gǎoxiào** 동(부) 웃기다. ¶他的滑稽表演很~。=그의 코믹한 연기는 아주 웃긴다.

**【搞笑片儿】gǎoxiàopiānr** 뗑(구) 코믹 영화.

**【搞糟】gǎozāo** 동 망치다. 잘못하다. 못 쓰게 만들다. 그르치다. 훼손시키다. ¶事情被他~了。=일이 그 사람 때문에 잘못되었다.

**缟[縞] gǎo** 명주 호
뗑 흰 견직(생견). ¶~衣=흰 견직 옷. 혱(부) 흰색의. ¶~羽=흰색의 털.

**【缟素】gǎosù** 뗑(부) 1 흰색 옷. 2 상복(丧服). 소복(素服).

**槁[(槀)] gǎo** 마를 고
혱 (초목이) 마르다. 시들다. ¶枯~=마르고 시들다. ≒枯

**【槁木】gǎomù** 뗑 말라 죽은 나무. 고목. ¶形如~=말라 죽은 나무 꼴이다.

**【槁木死灰】gǎomù-sǐhuī** 솅 1 말라 죽은 고목 나무와 불기 없는 재. 2(비) 아무런 느낌이 없다. 조금도 동요하지 않다. 무관심[무감동]하다. 냉담하다.

# 皜 镐 稿 藁 告 gào

**皜** gǎo 흴 호
- 〖형〗〖문〗 희다.
- ☞ hào(皓)

***镐[鎬]** gǎo 곡괭이 호
- 〖명〗 (곡)괭이. ¶鸭嘴~=(티(T)자형의) 곡괭이.
- ☞ Hào
- 【镐头】 gǎo·tou 〖명〗 (곡)괭이.

***稿[稾]** gǎo 볏짚 고
- 〖명〗 **1** 〖문〗 짚. ¶编~荐=돗자리를 짜다. **2** (~儿) (시문·공문·도면·그림 등의) 초고. 초안. 원고. 저고. 스케치. 밑그림. ¶草~=초고. 拟~=초고를 작성하다. **3** (완성된) 원고. 그림. 작품. ¶投~=투고하다. / 发~=원고를 발송하다. **4** (~儿) 생각. 계획. 궁리. 구상. 타산. ¶对这事, 我心里也没有个~儿. =이 일에 대해서는 나도 복안이 없다.
- 【稿本】 gǎoběn 〖명〗 초고. 원본. 그림본. ¶纸~=종이 원고.
- 【稿酬】 gǎochóu 〖명〗 원고료. ≒稿费
- 【稿费】 gǎofèi 〖명〗 원고료. ≒稿酬
- 【稿件】 gǎojiàn 〖명〗 원고. 작품.
- 【稿荐】 gǎojiàn 〖명〗 (볏짚·보릿짚 등으로 엮은) 깔개. 돗자리.
- 【稿源】 gǎoyuán 〖명〗 원고를 쓰기 위한 자료. 원고거리. 작품거리. ¶~充足=원고거리가 충분하다.
- 【稿约】 gǎoyuē 〖명〗 원고 모집 요강.
- 【稿纸】 gǎozhǐ 〖명〗 원고(용)지.
- 【稿子】 gǎo·zi 〖명〗 **1** (시문·공문·도면·그림 등의) 초고. 초안. 원고. 저고. 스케치. 밑그림. **2** (완성된) 원고. 그림. 작품. **3** 생각. 계획. 궁리. 구상. 타산. ¶事到临头了, 您还没有准备~怎么行? =일이 코앞에 닥쳤는데, 아직 정해 둔 계획이 없으면 어떡해요?

**藁** gǎo 땅 이름 고
- 【藁城】 Gǎochéng 〖명〗(地) 가오청. [허베이(河北)성에 있는 지명]

***告** gào 알릴 고
- 〖동〗 **1** (상급 또는 윗사람에게) 말하다. 알리다. 보고하다. ¶禀~=(관청이나 윗사람에게) 보고하다. / 电~=中央=중앙에 전보나 전화로 보고하다. **2** (상황·의견 등을) 진술하다. 설명하다. 표시하다. ¶转~=전하다. / 正~=정식으로 알리다. **3** 표명하다. ¶自~奋勇=(어려운 일에) 자진해서 나서다. / 挥手~别=손을 들어 작별하다. **4** 요청하다. 바라다. 부탁하다. ¶哀~=간절히 요청하다. / 央~=애원하다. **5** (과정이 끝났거나 목표가 실현되었음을) 선포하다. 나

| 告 | gào |
|---|---|
| 部 | Gào |
| 诰 | gào |
| 锆 | gào |
| 酷 | kù |
| 嚳 | Kù |
| 鹄 | hú |
| 浩 | hào |
| 皓 | hào |
| 靠 | kào |
| 窖 | jiào |
| 造 | zào |

타내다. ¶~一段落=일단락을 지었다. / 大功~成=큰 일의 완성을 선언하다. 큰 일을 마치다. **6** (국가 기관에) 고발하다. 신고하다. ¶控~=고소하다. / 诬~=무고하다. ≒报 诉 诰

○● 哀告, 被告, 禀bǐng告, 布告, 祷dǎo告, 电告, 奉fèng告, 讣fù告, 公告, 警告, 控kòng告, 求告, 劝告, 上告, 文告, 诬wū告, 宣xuān告, 央告, 预yù告, 原告, 正告, 忠告, 转告

- 【告白】 gàobái 〖명〗 공고. 게시. 광고. 〖동〗 고백하다. 나타내다. 설명하다. 해석하다. 표명하다. ¶向朋友~自己的苦闷. =친구에게 자신의 고민을 털어놓다.
- 【告败】 gàobài 〖동〗 패배(실패)를 알리다. 패배하다. 실패하다. ¶甲队最终以0比3~。=갑 팀은 결국 0 대 3으로 패했다.
- 【告便】 gào‖biàn 〖동〗 잠깐 실례하겠습니다. [주로 화장실에 갈 때 쓰임]
- 【告别】 gào‖bié 〖동〗 **1** 고별하다. 작별 인사를 하다. ¶走之前和朋友们一一~. =떠나기 전에 친구들과 일일이 작별 인사를 하다. **2** 떠나다. 뜨다. ¶~母校=모교를 떠나다. **3** 고별하다. 죽은 사람에게 이별을 알리다. ¶遗体~仪式=고별식. 영결식. **4** 어떤 업종에서 물러나다(떠나가다·은퇴하다). ¶~体坛=체육계를 떠나다. ≒辞别 告辞
- 【告病】 gàobìng 〖동〗 **1**〖婉〗 관리가 병(病)을 이유로 사직(辞职)을 청하다. **2** 병가(病假)를 얻다〔내다〕. ¶~在家休养. =병가를 얻어 집에서 요양하다.
- 【告成】 gàochéng 〖동〗 (비교적 중요한 일의) 완성을 알리다. 완성되다. 끝맺다. 이루어지다. 완수되다. ¶两国建交最终~. =양국의 국교 수립이 마침내 이루어졌다.
- 【告吹】 gàochuī 〖동〗 (일·정(情) 등이) 깨지다. 갈라지다. 망가지다. 결딴나다. 허사가 되다. 무산되다. 잘못되다. ¶两公司合作一事~了. =두 회사의 합작 건이 무산되었다.
- 【告辞】 gào‖cí 〖동〗 이별을 고하다. 하직하다. 하직을 고하다. 작별을 고하다. 작별 인사를 하다. ¶起身~=일어서서 작별 인사를 하다. ≒告别
- 【告贷】 gàodài 〖동〗 돈을 꾸어 달라고 부탁하다. ¶四处~=사방으로 돈을 빌리다.
- 【告贷无门】 gàodài-wúmén 〈성〉 돈을 빌릴 곳이 없다.
- 【告倒】 gàodǎo 〖동〗 승소하다. 소송에서 이기다. ¶对方有钱有势, 不容易~. =상대가 돈과 권력을 갖고 있어 승소하기가 쉽지 않다.
- 【告地状】 gàodìzhuàng 〈婉〉 길가에서 자기의 불행한 처지를 적어 놓고 사람들에게 구걸하거나 도움을 청하다.
- 【告刁状】 gàodiāozhuàng 〈婉〉 상급자 앞에서 다른 사람을 모함하다.
- 【告发】 gàofā 〖동〗 신고하다. 고발하다. ¶他贪污公款的事被人~了. =그가 공금을 횡령한 일이 고발당했다.
- 【告负】 gàofù 〖동〗 (체육 시합 등에서) 지다. 패하다. 실패하다. ¶乙队以1比2~. =을 팀이 1 대

【告急】gào‖jí 동 (군사·재해 등의) 위급함〔다급함〕을 알리다. 구조를〔구원을〕요청하다. ¶洪水泛滥, 灾区~。 = 홍수가 범람한 재해 지역에서 긴급 구조를 요청하다.
【告假】gào‖jià 동 휴가를 신청하다〔얻다·내다〕. ¶~一周 = 1주일 휴가를 얻다. ≒请假
【告结】gàojié 동 종결을 알리다. 끝나다. 마치다. ¶全部赛事~。 = 모든 시합이 다 끝났다.
【告捷】gào‖jié 동 1 승리를 알리다. ¶向祖国人民~。 = 조국의 국민에게 승리를 알리다. 2 (전투·시합 등에서) 승리하다. 이기다. 물리치다. ¶首战~ = 서전을 승리로 장식하다.
【告竭】gàojié 동 (재물·자원 등이) 다 없어지다. 다 쓰다. ¶储备~ = 비축해 둔 것을 다 쓰다.
【告戒】gàojiè ☞ 【告诫】gàojiè
【告诫】[告戒] gàojiè 동 훈계하다. 타이르다. [주로 상급자〔연장자〕가 하급자〔연하자〕에게 사용함] ¶他再三~孩子要诚实做人。 = 그는 아이에게 성실한 사람이 되라고 거듭 훈계했다. ≒劝诫
【告借】gàojiè 동 돈〔물건〕을 꾸어 달라고 부탁하다. ¶~无门 = 돈을 빌릴 곳이 없다.
【告紧】gàojǐn 동 (군사·재해 등의) 위급함〔다급함〕을 알리다. 구조를〔구원을〕요청하다.
【告警】gàojǐng 동 1 위급한 상황을 알리고 경계를 강화하거나 원조해 줄 것을 요청하다. ¶~电话 = 긴급 전화. 2 경찰에 신고하다〔알리다〕.
【告绝】gàojué 동 근절되었음을 알리다. 자취를 감추다. 사라지다. 종식하다. ¶这一古老民俗已在多年前~。 = 이런 옛날 풍습은 이미 몇 년 전에 사라졌다.
【告竣】gàojùn 동 완성을 알리다. 준공되다. 완공되다. 완성되다. 끝맺다. 이루어지다. [비교적 큰 공사나 항목을 가리킴] ¶通向省城的高速公路将于年底~。 = 성도(省都)로 통하는 고속 도로가 연말에 완공된다.
【告劳】gàoláo 동 다른 사람에게 자신의 노고를 알리다. ¶所做都是分内之事, 怎敢~。 = 하는 일이 모두 당연히 해야 하는 것들인데, 어떻게 감히 힘들다고 하겠습니까?
【告老】gào‖lǎo 동 1㉠ 관리가 나이 들어 사직을 청하다. 2 노령으로 퇴직하다〔사직하다〕. ¶~还乡 = 노령으로 퇴직하고 고향으로 돌아가다.
【告满】gàomǎn 동 정한 인원이 다 차다. 만원(满员)이다. ¶这部电影场场~。 = 이 영화는 회마다 만원이다.
【告密】gào‖mì 동㉠ 밀고하다. 일러바치다. 이르다. 고자질하다. 고해바치다. ¶对方如此了解我们的情况, 定是有人~。 = 상대방이 우리의 상황을 이렇게 잘 알고 있는 것을 보면, 누군가 밀고한 것이 틀림없다.
【告破】gàopò 동 사건을 파헤치다. 사건의 진상이 밝혀지다. 범죄자를 체포하다. ¶这件悬案最终~。 = 이 미해결 사건은 결국 진상이 밝혀졌다.
【告罄】gàoqìng 동 몽땅 써 버리다. 다 없어지다. 다 팔리다. ¶存货~ = 재고가 다 팔리다.
【告缺】gàoquē 동 모자라다. 부족하다. 결핍되다. ¶药物~ = 약품이 모자라다.
【告饶】gào‖ráo 동 용서를 빌다. 사죄하다. ¶求情~ = 용서를 빌다.
【告扰】gàorǎo ㉠ 폐를 끼쳤습니다. ¶多有~, 实在抱歉。 = 많은 폐를 끼쳐서 정말 죄송합니다.
【告胜】gàoshèng 동 이기다. 물리치다. 승리하다. ¶三场比赛接连~。 = 세 차례 시합을 연이어 이기다. ↔告负
【告示】gào·shi 명 1 공고문. 게시문. 포고문. ¶安民~ = 민심을 안정시키는 공고문. 2㉠ 표어. ¶红绿~ = 울긋불긋한 표어.
【告诉】gàosù (法) 고소하다. 기소하다.
【告诉】gào·su 말하다. 알리다. ¶他把他的想法~了我。 = 그는 자기의 생각을 나에게 알려 주었다.

---

告诉(gào·su) / 说(shuō) 말하다

告诉: 목적어를 두 개 갖는 쌍빈어 동사. [告诉+사람+내용] ¶他们也告诉我一个笑话。 = 그들도 내게 웃기는 얘기를 해 주었다.

说: 목적어를 하나 갖는 동사. [说+내용, 对/跟+사람+说] ¶你跟老师说我有病不能去。 = 네가 선생님께 내가 병이 나서 갈 수 없다고 말씀드려라.

▶ "说" 뒤에 바로 사람을 나타내는 단어가 나오면 비평이나 꾸짖는 의미를 가짐. ¶这孩子真不听话了, 等他回来我一定要好好说他。 = 이 녀석 정말 말을 안 듣네, 돌아오면 내가 반드시 혼구멍을 내 줘야지.

---

【告退】gàotuì 동 1㉠ 사직을 청하다. ¶年老~ = 연로하여 사직을 청하다. 2 (모임에서) 먼저 가겠다고 하다. ¶我还有别的事情, 先~了。 = 저는 또 다른 일이 있어 먼저 실례하겠습니다. 3 단체에서 물러나다. 탈퇴하다. ¶球队年龄大的队员已陆续挂靴~。 = 나이가 많은 팀원들은 이미 속속 은퇴하였다.
【告危】gàowēi 동 1 다른 사람에게 위험한 상황을 알리다. ¶~急呼 = 위험을 알리고 급히 부르다. 2 위독해지다. 위중해지다. (병이) 위험한 상태가 되다. ¶病人~ = 환자가 위독해지다.
【告慰】gàowèi 동 위로하다. 안위하다. ¶~亲人在天之灵。 = 하늘에 계신 육친의 영혼을 위로하다.
【告一段落】gào yīduànluò ㉠ 일이 일단락지어지다. ¶培训工作~。 = 훈련 업무가 일단락지어지다.
【告谕】gàoyù 동㉠ (주로 위에서 아래로) 분명하게 알리다. 효시하다. 효유하다. ¶~百姓 = 백성들에게 효시하다. 명㉠ (관아의) 공고문. 게시문. 포고문.
【告枕头状】gào zhěn·touzhuàng ㉠ 잠자리에서 남편에게 호소〔부탁〕하다. 베갯머리송사를 하다.
【告知】gàozhī 동 알리다. 알려 주다. 고지하다. ¶~实情 = 사실을 고자질한다.

【告终】gàozhōng 통 끝을 알리다. 끝나다. ¶这项计划以失败而~。=이 계획은 실패로 끝났다.
【告状】gào‖zhuàng 통 1 (당사자가 사법 기관에) 고소하다. 기소하다. 2 일러바치다. 이르다. 고자질하다. 고해바치다. ¶他经常给领导~, 说同事的种种不是。=그는 자주 상사에게 동료들의 이런저런 잘못들을 고자질한다.
【告罪】gàozuì 통 용서를 바랍니다. 양해를 구합니다. 실례의 말씀을 드립니다.

## 郜 Gào 성씨 고
명 성(姓).

## 诰[誥] gào 고할 고
통1 명 (윗사람이 아랫사람에게) 말하다. 알려 주다. ¶명 1 고. 훈계, 면려에 쓰이는 문체] 2 고. ¶임금이 명령을 내리는 서면 통고] 늑告 诉
【诰封】gàofēng 통 옛날, 관원 및 그 조상과 아내에게 작위나 칭호를 수여하다.
【诰命】gàomìng 명 1 임금이 신하에게 내리는 명령. 2 임금이 작위나 관직을 내리는 명령. 3 옛날, 봉호(封號)를 받은 부녀(婦女). [주로 조기 백화문에 보임] ¶~夫人=고명 부인.

## 锆[鋯] gào 지르코늄 고
명외(化) 지르코늄(Zr, zirconium). [원자 번호 40]

## *膏 gào 기름 칠 고
통 1 图 촉촉하게 하다. 축이다. 적시다. 2 윤활유를 치다. ¶~车=차에 기름을 치다. 3 붓을 먹에 적시고 붓끝을 고르다. ¶~墨=붓을 먹에 적시고 붓끝을 고르다.
☞ gāo

# ge

## 戈 gē 창 과
명 1 창. 2 무기. ¶大动干~=전쟁을 일으키다. / 枕~待旦=무기를 베고 날이 밝기를 기다리다. 늘 적에 대한 경계를 게을리하지 않고 싸울 태세를 갖추다. 3 (Gē) 성(姓). ↔干

○ 戈 gē 找 zhǎo 戕 qiāng 划 huá

○ 兵戈, 倒dǎo戈, 反戈, 干戈, 探tàn戈
【戈比】gēbǐ 명외 코페이카. [러시아·우크라이나 등의 화폐 단위. 100코페이카가 1루블임]
【戈壁】gēbì 명용 (地) 자갈 사막. [거친 모래와 자갈이 딱딱한 토양에 뒤덮인 지형을 가리킴]
【戈壁滩】gēbìtān 명 (地) 사막. [거친 모래와 자갈이 딱딱한 토양에 뒤덮인 지형을 가리킴]
【戈甲戏】gējiǎxì ☞【高甲戏】gāojiǎxì

## 仡 gē 종족 이름 흘
☞ yì
【仡佬族】Gēlǎozú 명 흘로족. [중국 소수 민족의 하나로, 주로 구이저우(贵州)에 분포함]

## 圪 gē 높은 곳 을
아래를 참조.
【圪垯】gē·da 명 1 조그마한 언덕. 둔덕. =【圪塔】gē·da 2 ☞【疙瘩】gē·da
【圪节】gē·jie 명 1 (벼·보리·수수·대나무 등의 줄기의) 마디. 2 마디와 마디 사이. 3 길고 가는 것의 한 토막. ¶把甘蔗分成三~。=사탕수수를 세 토막으로 나누다.
【圪蹴】gē·jiu 통 쪼그리고 앉다. 웅크리고 앉다. ¶赵大爷~在田坎上抽旱烟。=조씨 할아버지가 논두렁에 웅크리고 앉아 잎담배를 피우고 있다.
【圪崂】gē·láo 명위 구석. 궁벽한 곳. [지명으로도 쓰임] ¶屋~=방구석. / 王家~=왕자거라오. (산시(陕西)성에 있는 지명]
【圪针】gē·zhen 명위 일부 식물의 가시. ¶枣~=대추나무의 가시.

## 屹 gē 우뚝할 흘
아래를 참조.
【屹垯】gē·da 명 구릉. 언덕.
【屹塔】gē·da ☞【疙瘩】gē·da

## 纥[紇] gē 실매듭 흘
☞ hé
【纥繨】gē·da 명 덩이. 덩어리. 뭉치. 매듭. [주로 실·천 등에 쓰임] ¶线~=실뭉치.

## *疙 gē 부스럼 흘
아래를 참조.
【疙疤】gē·ba 명용 부스럼·상처의 딱지. ¶疮~=상처의 딱지. 부스럼 딱지.
【疙疸】gē·da ☞【疙瘩】gē·da
【疙瘩】[疙疸][圪垯][圪塔] gē·da 명 1 종기. 뾰두라지. 구진(丘疹). 부스럼. ¶脸上长满了小红~。=얼굴에 조그맣고 빨간 뾰두라지가 잔뜩 났다. 2 덩이. 덩어리. 뭉치. 매듭. 사이. ¶土~=흙덩어리. 3 비 의혹과 근심. 풀기 힘든 갈등. 응어리. ¶思想上有解不开的~=마음에 풀리지 않는 응어리가 있다. 명 의견이 맞지 않다. 사이가 좋지 않다. ¶两人之间有一些~。=두 사람 사이에 약간의 껄끄러운 면이 있다. 명 덩이. 덩어리. 뭉치. ¶一~石头=돌 한 덩이.
【疙瘩汤】gē·datāng 명 수제비.
【疙疙瘩瘩】gē·ge dādā (~的) 형구 1 울퉁불퉁하다. 울툭불툭하다. ¶石子儿路~的, 不好走。=자갈길이 울퉁불퉁해서 걷기가 힘들다. 2 까다롭다. 어렵다. 만만치 않다. ¶这事~的, 办起来很不顺手。=이 일은 까다로워서 처리하기가 여간 어려운 게 아니다. 3 매끄럽지 못하다. 유창하지 못하다. ¶他念起课文来~的。=그는 본문을 읽는 것이 매끄럽지 못하다. =【疙里疙

瘩】gē·li gēdā
【疙里疙瘩】gē·li gēdā ☞【疙疙瘩瘩】gē·ge dādā

## 咯 gē 소리의 형용 각
아래를 참조.
☞ kǎ, luò

【咯噔】[格登] gēdēng ⓔ 1 쿵쿵. 쾅쾅. 투벅투벅. 뚜벅뚜벅. 또각또각. [물체가 갑자기 부딪치거나 진동하는 소리] ¶她穿着高跟儿鞋, 走起路来~~地响。=그 여자는 하이힐을 신어서 걸으면 또각또각 소리가 난다. 2 ⓔ 쿵쿵. [심장 뛰는 소리] ¶听到他出事的消息, 我心里一~一下。=그가 사고를 당했다는 소식을 듣고 나는 금방 가슴이 쿵쿵거렸다.
【咯咯】gēgē ☞【格格】gēgē
【咯吱】gēzhī ⓔ 삐걱. [대나무나 무 짐기가 눌리는 소리] ¶门一~一声被推开了。=문이 삐걱 소리를 내며 열렸다.

## 咯[餎] gē 각답 각
☞ ·le
【咯馇】gē·zha ⓝ 거자. [콩가루를 둥글넓적하게 부친 식품. 두께가 일정하지 않고, 잘라서 튀기거나 볶아서 먹음] ¶绿豆~ = 녹두 거자.

## 格 gē 소리의 형용 격
아래를 참조.
☞ gé
【格登】gēdēng ☞【咯噔】gēdēng
【格格】[咯咯] gēgē ⓔ 1 껄껄. 깔깔. [웃음소리] ¶孩子们被逗得~地直笑。=아이들은 우스워서 깔깔거리며 웃어 댔다. 2 드르륵. [기관총 소리] ¶远处传来~的机枪声。=멀리서 드르륵드르륵 하는 기관총 소리가 들려온다. 3 꽥꽥. [새가 지저귀는 소리] ¶河里的野鸭~地欢叫着。=강의 물오리들이 꽥꽥 신나게 울고 있다. 4 뿌드득. [이 가는 소리] ¶牙咬得~~响。=뿌드득뿌드득 이 가는 소리를 내다.

## **哥 gē 형 가
ⓝ 1 형. 오빠. ¶大~=큰형. 큰오빠. 2 같은 항렬의 친척 중 나이가 많은 남자. ¶堂~=사촌형. 육촌형. 팔촌형. 3 같은 또래의 남자에 대한 존칭. ¶李大~=이 형. 4 (Gē) 성(姓).

○ 袍 páo 哥, 鹦 yīng 哥

【哥德巴赫猜想】Gēdébāhè cāixiǎng ⓝⓔ (數) 골드바흐의 추측. ⓔ goldbach's conjecture.
【哥德式】gēdéshì ☞【哥特式】gētèshì
【哥哥】gē·ge ⓔ 1 형. 오빠. 2 형. 오빠. [같은 항렬의 친척 중 나이가 많은 남자] ¶远房~=먼 친척 오빠. 3 오빠. 자기. [여자가 자신의 애인이나 남편을 부르는 애칭] 4 형. 오빠. [자기보다 나이가 약간 많은 남자를 친근하게 부르는 호칭]
【哥老会】Gēlǎohuì ⓝ(歷) 가로회. [청(清)대 초기 민간의 비밀 결사 조직인 천지회(天地會)

분파. 창장(长江) 유역에서 활동했음]
【哥伦比亚】Gēlúnbǐyà ⓝⓐ(地) 콜롬비아(Colombia). [수도는 '圣菲波哥大(산타페데보고타：Santa Féde Bogotá)'임]
【哥罗仿】gēluófǎng ☞【氯仿】lǜfǎng
【哥们儿】gē·menr ⓔ 1 형제들. ¶他们家~五个。=그의 집은 형제가 다섯이다. 2 형제 같은 [절친한・둘도 없는] 친구. 아삼륙. 단짝. 사이 좋은 친구. [친구 사이에 친근함을 내포한 호칭] ¶他是我的好~。=그는 나의 형제 같은 친구이다. =【哥儿们】gēr·men
【哥儿】gēr ⓔ 1 (본인을 포함한) 형제. ¶~几个都很有出息。=형제 몇 명이 모두 장래성이 있다. 2 당신. 자네. 형씨. [같은 또래의 남자에 대한 호칭] ¶你老~真义气。=자네 정말 의리가 있군. 3 도련님. 4 公子~=도련님.
【哥儿俩】gērliǎ ⓔ 1 형제. ¶他们~个头差不多。=그들 형제는 키가 비슷하다. 2 친한 두 친구. 단짝. [남자를 가리킴] ¶这小~小时候就是好朋友。=이 둘은 어려서부터 단짝으로 지냈다.
【哥儿们】gēr·men ☞【哥们儿】gē·menr
【哥萨克人】Gēsàkèrén ⓝⓐ 코사크족 사람.
【哥嫂】gēsǎo ⓔ 형과 형수. ¶~二人一同进城了。=형 부부는 함께 시내에 갔다.
【哥斯达黎加】Gēsīdálíjiā ⓝⓐ(地) 코스타리카(Costa Rica). [수도는 '圣何塞(산호세：San José)'임]
【哥特式】gētèshì ⓝⓐ(藝) 고딕 양식. =【哥德式】gēdéshì ¶~艺术=고딕 예술.

## **胳[肐)] gē 팔 각
아래를 참조.
☞ gā, gé
【胳臂】gē·bei ⓔ 팔. ⇨胳膊
【胳膊】gē·bo ⓔ 팔. ⇨胳臂
【胳膊拧不过大腿】gē·bo nǐng·bu guò dàtuǐ ⓔ 1 팔로는 허벅지를 비틀지 못한다. 2 ⓔ 약자가 강자를 당해 낼 수 없다. =【胳膊扭不过大腿】gē·bo niǔ·bu guò dàtuǐ
【胳膊扭不过大腿】gē·bo niǔ·bu guò dà tuǐ ☞【胳膊拧不过大腿】gē·bo nǐng·bu guò dàtuǐ
【胳膊腕儿】gē·bowànr ☞【胳膊腕子】gē·bowàn·zi
【胳膊腕子】gē·bowàn·zi ⓔ 팔목. =【胳膊腕儿】gē·bowànr
【胳膊肘朝外拐】gē·bo zhǒu cháo wài guǎi ⓢⓔ 팔이 밖으로 굽다. 자기 사람 대신에 다른 사람을 편들다. =【胳膊肘向外拐】gē·bo zhǒu xiàng wài guǎi
【胳膊肘向外拐】gē·bo zhǒu xiàng wài guǎi ☞【胳膊肘朝外拐】gē·bo zhǒu cháo wài guǎi
【胳膊肘儿】gē·bozhǒur ☞【胳膊肘子】gē·bozhǒu·zi
【胳膊肘子】gē·bozhǒu·zi ⓔ 팔꿈치. =【胳膊肘儿】gē·bozhǒur

**鸽[鴿]** gē 집비둘기 합
**명(動)** 비둘기. ¶家~=집비둘기.
  ○- 家鸽, 野鸽, 原鸽
【鸽派】**gēpài 명(집)** 비둘기파. 온건파. ['鹰派(매파·강경파)'와 구별됨]
【鸽哨】**gēshào 명** 비둘기 꼬리에 단 호루라기. [비둘기가 날면 소리가 남]
【鸽子】**gē·zi 명 1(動)** 비둘기. **2(집)** 평화.

**袼** gē 소매 각
【袼褙】**gē·bei 명** 자투리 천이나 낡은 천에 종이 속을 대어 만든 두터운 조각. [주로 신발 제작에 쓰임]

**搁[擱]** gē 놓을 각
**동 1** 놓다. 두다. ¶把书~在书桌上。=책을 책상 위에 두다. **2** 방치하다. 내버려 두다. 보류하다. 그만두다. ¶这事~几天再说。=이 일은 며칠 간 보류했다가 다시 이야기하자. **3** 넣다. 첨가하다. ¶菜里忘了~盐。=음식에 소금 넣는 것을 잊었다.
☞ gé
  ○- 担搁, 耽dān搁, 延yán搁
【搁板】**gēbǎn 명** 선반. ¶搭~=선반을 달다.
【搁笔】**gēbǐ 동 1** (글쓰기·그림에서) 붓을 놓다[멈추다]. ¶他写了一上午, 一直没~。=그는 오전 내내 글을 쓰면서 줄곧 붓을 멈추지 않았다. **2** (작가·화가 등이) 창작 활동을 중단하다. 절필(絶筆)하다. ¶早在十年前他就~了。=그는 10년 전 일찌감치 글 쓰는 것을 중단했다.
【搁不开】**gē·bukāi 동** (공간이 좁아서 물건을) 벌여[펼쳐] 놓을 수가 없다. 배치[배열]할 수가 없다. ¶客厅小, 沙发~。=거실이 좁아서 소파를 배치할 수가 없다. ↔搁得开
【搁不下】**gē·buxià 동 1** (공간이 좁아서 물건을) 놓아 둘 수가 없다. ¶储藏室很小, ~这么些东西。=창고가 좁아서 이 물건들을 놓아 둘 수가 없다. **2** 안심할 수가 없다. 걱정하다. ¶她心里~年幼的孩子, 出差没两天就提前回来了。=그녀는 어린아이가 걱정이 되어서 출장 간 지 이틀 되지 않아 앞당겨 돌아왔다. ↔搁得下
【搁得开】**gē·dekāi 동** (공간이 충분해서) 벌여[펼쳐] 놓을 수 있다. 배치[배열]할 수 있다. ¶大厅~十张桌子。=거실이 탁자 열 개도 배열할 수 있다. ≒搁开 ↔搁不开
【搁得下】**gē·dexià 동** (공간이 충분해서) 물건을 놓아 둘 수 있다. ¶箱子没装满, 还~一点东西。=상자가 다 차지 않아서 아직 물건을 조금 더 넣을 수 있다. ↔搁不下
【搁放】**gēfàng 동 1** 두다. 놓다. ¶书房里可以~一个双人沙发。=서재 안에 2인용 소파를 놓을 수 있다. **2** 방치하다. 내버려 두다. ¶这个问题先~一段时间再讨论。=이 문제는 먼저 잠시 내버려 두었다가 다시 이야기하자. ≒放置

【搁开】**gē‖kāi 동 1** (공간이 충분해서) 벌여[펼쳐] 놓을 수 있다. 배치[배열]할 수 있다. ¶主卧室可以~一米八宽的大床和床头柜。=침실에 180센티미터의 침대와 침대 머릿장을 배치할 수 있다. **2** (물체를 원래 있던 곳에서) 옮기다. 치우다. ¶搁凳子~一点。=걸상을 조금 옮기다. ≒搁得开
【搁起来】**gēqǐ·lái 동** 두다. 놓다. 보관해 두다. ¶老太太有一点钱就~, 舍不得用。=할머니는 돈이 조금만 생기면 모아 놓고, 차마 쓰지를 못하신다.
【搁浅】**gēqiǎn 동 1** (배가) 좌초하다. ¶货轮~了。=화물선이 좌초되었다. **2(집)** 일이 진척되지 않다. 좌초하다. 곤경에 빠지다. 결렬되다. ¶计划~=계획이 수포로 돌아가다.
【搁上】**gē·shàng 동** 더하다. 넣다. ¶在咖啡里~一点牛奶和糖。=커피에 우유와 설탕을 조금 넣다.
【搁下】**gē·xià 동** 내려놓다. 내버려 두다. 보류해 두다. (도중에) 그만두다. ¶这事就这样被~了, 没有了下文。=이 일은 이렇게 내버려진 채 진전이 없다.
【搁心眼儿】**gē xīnyǎnr ⟨방⟩** 마음에 두다. 신경을 쓰다. 걱정하다. ¶他是一个马大哈, 什么事都不~。=그는 덜렁이라서 어떤 일도 신경 쓰지 않는다.
【搁置】**gēzhì 동** 놓다. 내버려 두다. 보류해 두다. 그만두다. ¶这个问题要尽快处理, 不能~。=이 문제는 시급히 처리해야지 내버려 두어서는 안 된다.

**割** gē 나눌 할
**동 1** (칼로) 절단하다. 자르다. 절개하다. 끊다. 베다. 절단하다. ¶收~庄稼=곡식을 수확하다. **2** 분할하다. 갈라놓다. 갈라서 나누다. ¶诸侯据=제후들이 할거하다. **3** 포기하다. 내버리다. 내놓다. 삭제하다. ¶难以~舍=내버리지 못하다. ≒砍
  ○- 分割, 交割, 脔luán割, 气割, 切qiē割, 收shōu割, 阉yān割, 氧yǎng割, 余yú割, 宰zǎi割, 正割
【割爱】**gē'ài 동** 아끼는 것을 포기하다[버리다·넘겨주다]. 미련을 버리다. 단념하다. ¶忍痛~=아픔을 참고 아끼는 것을 버리다.
【割草机】**gēcǎojī 명(機)** 제초기.
【割除】**gēchú 동** 잘라 내다. 잘라 버리다. 베어 버리다. 베어 내다. 제거하다. 없애다. ¶~肿瘤=종양을 잘라 내다.
【割地】**gē‖dì 동** 영토[토지]를 할양하다. ¶~赔款=영토를 할양하여 배상하다.
【割断】**gēduàn 동** 자르다. 끊다. 절단하다. 단절시키다. ¶电线被~了。=전선이 잘렸다.
【割鸡焉用牛刀】**gē jī yān yòng niúdāo ⟨속⟩ 1** 닭 잡는 데 어찌 소 잡는 칼을 쓰랴. **2(집)** 작은 일을 하는 데 큰 힘을 들일 필요가 없다.
【割胶】**gē‖jiāo** (고무를 얻기 위해) 고무나

무에 칼금을 내다.
【割炬】gējù ☞【割枪】gēqiāng
【割据】gējù 통 할거하다. ¶军阀~=군벌 할거.
【割礼】gēlǐ 명〔宗〕할례.
【割裂】gēliè 통 (본래 통일되어 있거나 서로 연관된 것을) 가르다. 나누다. 분리하다. 떼어 놓다. [주로 추상적인 사물을 가리킴] ¶~文义=문장의 뜻을 나누다. ↔衔接
【割蜜】gēmì 통 (재래식 양봉의 꿀 채취법으로 벌집을 칼로 도려 내어) 꿀을 따다.
【割袍断义】gēpáo-duànyì 성 연 교제를 끊다. 절교〔단교〕하다.
【割漆】gē∥qī 통 (옻을 얻기 위해) 옻나무에 칼금을 내다.
【割弃】gēqì 통 잘라 내다. 잘라 버리다. 없애 버리다. 제거하다. 빼 버리다. 포기하다. ¶讲稿中的套话、空话都应~。=연설 원고 중의 인사말이나 쓸모 없는 말은 모두 빼 버려라.
【割枪】gēqiāng 명 절단용 토치 램프(torch lamp). =【割炬】gējù
【割切】gēqiē ☞【切割】qiēgē
【割青】gēqīng 통 싱싱한 풀이나 풋곡식을 베다.
【割让】gēràng 통 (전쟁에서 패하거나 침략을 당해 영토를) 할양하다. ¶~领土=영토를 할양하다.
【割肉】gē∥ròu 통 1 고기를 베어 내다. 살을 에다. 2 (비) 손해를 보고 팔다. [주로 증권 거래에 쓰임] 3 (방) 고기를 사다. [주로 돼지고기를 가리킴] ¶他从集市上割了一斤肉回来。=그는 시장에서 돼지고기 한 근을 사 왔다.
【割舍】gēshě 통 내버리다. 포기하다. 내놓다. 삭제하다. ¶多年的情义无法~。=여러 해 동안의 정을 버릴 수가 없다.
【割席】gēxí 통〔문〕 친구와 절교하다. 【《세설신어·덕행(世说新语·德行)》가운데, 삼국(三国) 시대 때 관녕(管宁)과 화흠(华歆)이 한자리에 앉아서 공부를 했는데, 나중에 관녕이 화흠의 사람됨을 경멸하여 자리를 잘라 따로 앉았다는 고사에서 유래함】
【割席分坐】gēxí-fēnzuò 성 1 칼로 자리를 잘라 나눠 앉다. 2 (비) 친구와 절교하다.
【割席绝交】gēxí-juéjiāo 성 칼로 자리를 잘라 따로 앉아서 친구와의 절교를 나타내다.
【割线】gēxiàn 명〔수〕할선.
【割占】gēzhàn 통 영토를 분할하여 점거하다 〔차지하다〕. ¶大片领土被列强~。=대부분의 영토가 열강들에게 분할 점거되다.
【割治】gēzhì 통〔의〕절단〔절개〕 수술로 치료하다. ¶~白内障=백내장을 수술로 치료하다.

**歌** [(謌)] gē 노래 가
통 1 노래 부르다. 노래하다. 가창하다. ¶引吭高~=목청을 돋우어 노래 부르다. / 长~当哭=목청껏 노래 부르는 것으로 울음을 대신하다. 2 노래하다. 극구 찬양하다. 칭송하다. ¶讴~=구가하다. 可歌可泣=감동적이고 눈물겹다. 명 노래. 가요. ¶国~=국가. / 民~=민요.

○- 悲歌, 唱歌, 对歌, 儿歌, 夯hāng歌, 凯kǎi歌, 俚lǐ歌, 恋歌, 民歌, 牧mù歌, 讴ōu歌, 情歌, 笙shēng歌, 颂sòng歌, 踏tà歌, 挽wǎn歌, 秧yāng歌, 渔歌, 乐yuè歌, 赞zàn歌, 战歌, 组歌

【歌本】gēběn (~儿) 명 1 노래책. 2 노래(를 베껴 놓은) 노트.
【歌唱】gēchàng 통 1 노래를 부르다. 노래하다. 가창하다. ¶放声~=목청껏 노래를 부르다. 2 노래하다. [노래·낭송 등의 형식으로 찬미하는 것을 가리킴] ¶~美丽的家乡=아름다운 고향을 노래하다.
【歌唱家】gēchàngjiā 명 가수. 성악가.
【歌词】gēcí 명 가사.
【歌带】gēdài 명 노래 테이프.
【歌单儿】gēdānr ☞【歌篇儿】gēpiānr
【歌功颂德】gēgōng sòngdé 성연 (위정자의) 공적과 은덕을 찬양하다. ≒树碑立传
【歌喉】gēhóu 명 1 노래하는 사람의 목청. 목소리. 2 노랫소리. ¶~婉转动人。=노랫소리가 구성져 사람들의 심금을 울린다.
【歌后】gēhòu 명 여자 가수왕. 가요계의 여왕.
【歌会】gēhuì 명 노래 공연. 노래 경연 대회.
【歌伎】gējì 명〔구〕가희(歌姬).
【歌妓】gējì 명〔구〕가기.
【歌剧】gējù 명〔극〕가극. 오페라.
【歌诀】gējué 명 기억하기 쉽게 비슷한 내용을 노래 형식으로 만든 운문이나 글귀. ¶珠算~=주산 구구.
【歌迷】gēmí 명 노래 팬(fan).
【歌女】gēnǚ 명〔구〕가희(歌姬).
【歌篇儿】gēpiānr 명 낱장 악보. =【歌单儿】gēdānr
【歌谱】gēpǔ 명 노래 악보.
【歌鸲】gēqú 명〔동〕1 울새. 2 나이팅게일(nightingale).
【歌曲】gēqǔ 명 노래. 가곡.
【歌声】gēshēng 명 노랫소리. ¶~盈耳=노랫소리가 귀에 가득하다.
【歌手】gēshǒu 명 가수. ¶民间~=민간 가수. 민중 가수.
【歌颂】gēsòng 통 1 (시로) 찬양하다. 찬미하다. 칭송하다. 2 (글로) 찬양하다. 찬미하다. 칭송하다. ¶~祖国=조국을 찬미하다. ↔讽刺
【歌台舞榭】gētái wǔxiè 명연 노래하고 춤추는 무대. =【舞榭歌台】wǔxiè gētái
【歌坛】gētán 명 가요계. 성악계. ¶独步~=가요계에서 독보적이다.
【歌厅】gētīng 명 노래방. 가라오케.
【歌王】gēwáng 명 남자 가수왕. 가요계의 황제.
【歌舞】gēwǔ 명 가무. 노래와 춤. ¶~节目=쇼 프로그램. 통 노래 부르고 춤을 추다. ¶~升平, 一片盛世景象。=춤과 노래로 태평세대를 찬미하니 흥성한 시대의 모습이다.
【歌舞伎】gēwǔjì 명〔극〕가부키. [일본 전통극의 일종. 연기자는 노래는 하지 않고 동작과 대사

만 하고, 따로 음악을 반주하는 사람이 연기자의 동작에 맞추어 뒤에서 노래를 함]
【歌舞剧】 gēwǔjù 〔名〕(剧) 가무극.
【歌舞升平】 gēwǔ-shēngpíng 〔成〕 1 춤과 노래로 태평성세를 찬미하다. 2 태평성세. 3 어둡고 혼란한 상황을 감추고 태평한 것처럼 꾸미다. 매우 태평스런 세상으로 꾸미다.
【歌舞厅】 gēwǔtīng 〔名〕 댄스홀(dance hall).
【歌舞团】 gēwǔtuán 〔名〕 가무단.
【歌星】 gēxīng 〔名〕 유명 가수.
【歌吟】 gēyín 〔动〕 가행. [고대시 양식의 하나. 악부(樂府)에서 발전된 것으로 음절과 율격이 비교적 자유로우며, 5언과 7언 위주임]
【歌谣】 gēyáo 〔名〕 가요. [민간 문학 중의 운문으로 민가·민요·동요 등을 포함함]
【歌吟】 gēyín 〔动〕〔书〕 노래하고 읊조리다. ¶低声~=작은 소리로 읊조리다.
【歌咏】 gēyǒng 〔动〕 1 노래하다. 음송하다. ¶~比赛=노래 경연 대회. 2 찬미하다. 찬양하다. 칭송하다. ¶~勤劳的人民=근면한 국민을 찬미하다.
【歌咏队】 gēyǒngduì 〔名〕 합창단.
【歌仔戏】 gēzǎixì 〔名〕(剧) 가자희. [타이완(台灣) 전통극의 일종. 타이완(台灣)과 푸젠(福建) 남쪽의 샹장(芗江) 일대에서 유행함]
【歌子】 gē·zi 〔名〕〔口〕 노래. 가곡. ¶他一边走, 一边哼着~=그는 걸으면서 노래를 흥얼거린다.

## 革 gé 고칠 혁

〔动〕 1 고치다. 바꾸다. ¶变~=변혁하다. / 鼎~=왕조가 바뀌다. 2 면직시키다. 해고하다. 제명하다. ¶开~=해직하다. / 斥~=파면하다.
〔名〕 1 무두질한 가죽. 유피(鞣皮). 다룸가죽. ¶皮~=가죽. / 人造~=인조 가죽. 2 (Gé) 성(姓). ≒皮

○→ 革 gé 绊 kè 勒 lè

○→ 斥chì革, 鼎dǐng革, 兴xīng革, 沿yán革

【革出】 géchū 제명하다. 제적하다. ¶~教会=교회에서 제적하다.
【革除】 géchú 〔动〕 1 뿌리뽑다. 깨끗이 제거하다. 없애다. ¶~陋习=나쁜 습관을 뿌리뽑다. 2 면직시키다. 해고하다. 제명하다. ¶~公职=공직에서 해고하다.
【革故鼎新】 gégù-dǐngxīn 〔成〕 묵은 것〔낡은 것〕을 버리고 새 것을 창조하다. 개혁하다. 혁신하다. ≒革新鼎故. dǐngxīn-gégù ≒除旧布新 破旧立新
【革胡】 géhú 〔名〕(音) 혁호. [현악기의 일종]
【革履】 gélǚ 〔名〕 가죽 구두. ¶西装~=양복과 가죽 구두. ≒皮鞋
【革面洗心】 gémiàn-xǐxīn ☞【洗心革面】 xǐxīn-gémiàn
【革命】 gémìng 〔动〕 1 〔动〕 혁명하다. 왕통(王統)을 뒤집다. [이전의 왕조를 뒤집고 다른 왕조가 들어서는 것을 가리킴] 2 혁명하다. [폭력적인 수단으로 정치 권력을 잡는 것을 가리킴] ¶辛亥~=신해 혁명. 〔形〕 혁명적이다. ¶~文学=혁명적인 문학. / 树立~人生观=혁명적인 인생관을 세우다. ≒革命. 대변혁. ¶产业~=산업 혁명. ↔反动
【革命化】 gémìnghuà 〔动〕 혁명화하다. 혁명적인 방법으로 처리하다. ¶干部队伍要实现~、知识化、年轻化。=간부급들은 혁명화·지식화·소장화를 실현해야 한다.
【革命家】 gémìngjiā 〔名〕 혁명가.
【革新】 géxīn 〔动〕 회개하다. 뉘우쳐 고치다. 마음을 고치다. 마음을 새롭게 하다. ¶~易行=마음과 행동을 반성하고 바로잡다.
【革新】 géxīn 〔动〕 혁신하다. ¶技术~=기술 혁신. ↔守旧
【革职】 gé‖zhí 〔动〕 면직하다. 파면하다. 해직하다. ¶~查办=해직시키고 조사 처리하다.

## 茖 gé 달래 각

【茖葱】 gécōng 〔名〕(植) 산마늘. 멩이풀. 망부추.

## 阁 [閣, 閤] gé 누각 각

〔名〕 1 〔书〕 (물건을 얹어 두는) 시렁. ¶束之高~=물건을 묶어 높은 시렁에 올려놓아 두다. 방치한 채 사용하지 않다. 2 큰 방에 딸린 작은 방. ¶暖~=옛날, 난방 설비를 하여 몸을 녹일 수 있게 했던 큰 방에 딸린 작은 방. 3 누각. 높다란 집. ¶亭台楼~=(공원·정원 등에 건조된) 정자·누대·누각 등. 4 〔书〕 규방. ¶闺~=규방. 5 각. [도서나 집기 등을 수납하는 방] ¶麒麟~=기린각. 6 옛날, 중앙 정부 기구. ¶台~=대각. 7 내각(內閣). ¶组~=내각을 구성하다.
阁 ☞ 合 (hé)

○→ 暖nuǎn阁, 抬tái阁

【阁僚】 géliáo 〔名〕 내각의 고위 관료.
【阁楼】 gélóu 〔名〕 다락방.
【阁下】 géxià 〔名〕〔敬〕 각하. 귀하. [고대에는 주로 서신에 쓰였는데, 지금은 외교적인 자리에서 사용됨] ¶总统~=대통령 각하.
【阁员】 géyuán 〔名〕 각료.
【阁子】 gé·zi 〔名〕 1 작은 나무집. 나무 막사. ¶板~=판잣집. 2 〔方〕 다락방.

## 格 gé 제한할 격

〔动〕 1 〔书〕 방해하다. 지장이 되다. 저지하다. 제한하다. ¶~于成例=선례(先例)에 방해가 되다. 2 〔书〕 (원인이나 이치를) 규명하다. 연구하다. 추구하다. ¶~古通今=고금에 정통하다. 3 치다. 때리다. ¶单兵~斗=적은 수의 병사로 전투를 하다. 〔名〕 1 (~儿) 격자. 네모 칸. 칸. ¶方~=네모 칸. / 表~=표. 양식. 2 규격. 격식. 표준. 격(定格). ¶合~=합격하다. / 不拘一~=한 가지 방식과 규칙에만 구애받지 않다. 3 품성. 격. ¶人~=인격. / 国~=국가 존엄. 4 〔言〕 격(格). ¶主~=주격. / 宾~=목적격. 5 (Gé) 성(姓).
☞ gē

摆bǎi格, 标格, 表格, 出格, 尔ěr格, 风格, 规guī格, 扦hàn格, 降jiàng格, 离格儿, 炮páo格, 润rùn格, 赏shǎng格, 升shēng格, 严yán格, 眼格, 影格儿, 资zī格

【格调】**gédiào** 图 1 (문예 작품의) 격조. 풍격. 스타일(style). ¶她的散文~清新、典雅。=그녀의 산문은 풍격이 참신하고 우아하다. 2 (사람의) 품격. 인품. ¶~粗俗=인품이 저속하다.

【格斗】**gédòu** 图 격투하다. ¶徒手~=맨손으로 격투하다.

【格格不入】**gégé-bùrù** 图 1 서로 뜻이 맞지 않다. 마음이 일치하지 않다. 2 전혀 어울리지 않다. 도무지 맞지 않다. 저촉되다.

【格格】**gé·ge** 1 图 공주. [만주족의 공주와 친왕의 딸에 대한 호칭] 2 격자. 네모 칸. 칸. ¶先画~, 再工工整整地写字。=먼저 네모 칸을 그리고 또박또박 글씨를 쓴다.

【格局】**géjú** 图 짜임새. 구조. 구성. 골격. 패턴(pattern). 양식. 배치. ¶庭院的~非常别致。=정원의 짜임새가 아주 독특하다.

【格里历】**Gélìlì** 图图 그레고리력(Gregory 曆). 양력.

【格林纳达】**Gélínnàdá** 图图(地) 그레나다(Grenada). [수도는 '圣乔治'(세인트조지스·Saint George's)'임]

【格林尼治时间】**Gélínnízhì shíjiān** 图图 그리니치시(Greenwich時). 세계 표준시.

【格鲁吉亚】**Gélǔjíyà** 图图(地) 그루지야(Georgia). [수도는 '第比利斯(트빌리시·Tbilisi)'임]

【格律】**gélǜ** 图 율격. [시(詩)·부(賦)·사(詞)·곡(曲) 등의 자수(字數)·구수(句數)·운(對偶)·평측(平仄)·압운(押韻) 따위와 관련된 격식과 규칙]

【格律诗】**gélǜshī** 图 율격시. [전통 시의 양식. 보통 5언 율시(律诗)·7언 율시·절구(絶句)·배율(排律)을 가리킴]

【格杀】**géshā** 图 때려죽이다. 죽이다. ¶~不贷=죽여도 책임을 지지 않는다.

【格杀勿论】**géshā-wùlùn** 图 사람을 때려죽여도 무방하다.

【格式】**gé·shi** 图 격식. 양식. 규칙. 서식. ¶书信~=편지 양식.

【格式合同】**géshì hé·tóng** 图 표준 계약. [계약 조항을 당사자 한쪽이 먼저 작성하는 계약을 가리킴] 图 standard contract

【格式化】**géshìhuà** 图 1 격식화하다. 2 (컴) 포맷(format)하다.

【格套】**gétào** 图 일정한[틀에 박힌] 방식[격식] (pattern). ¶种地不能仅按老~, 要讲科学。=농사는 틀에 박힌 방식만 따라 해서는 안 되고, 과학적으로 해야 한다.

【格外】**géwài** 图 1 별도로. 따로. 달리. 그 밖에. 그 외에. ¶她胃不舒服, ~给她熬了粥。=그녀는 위가 좋지 않아 따로 죽을 끓여 주었다. 2 각별히. 유달리. 특별히. 유난히. ¶~小心=각별히 조심하라.

【格物】**géwù** 图 사물의 이치를 따져서 밝히다. ¶~穷理=사물의 이치를 파헤치다.

【格物致知】**géwù zhìzhī** 图 격물치지. 사물의 이치를 파고들어 지식을 명확히 하다.

【格言】**géyán** 图 격언.

【格纸】**gézhǐ** 图 칸이 쳐 있는 편지지나 원고지.

【格致】**gézhì** 图图 사물의 이치를 따지고 파고들어 지식을 명확히 하다. 图 1 풍격. 정취. ¶诗作~清新自然。=시의 풍격이 참신하고 자연스럽다. 2 청말(清末), 물리·화학 등 자연 과학에 대한 총칭.

【格子】**gé·zi** 图 격자. 네모 칸. 칸. ¶~布=체크무늬 천.

**鬲**¹ **gé** 사람 이름 격
인명에 쓰이는 글자. ¶胶~=교격. [은말(殷末) 주초(周初) 때의 사람]

| ○ 鬲 gé | 镉 gé |
|---|---|
| 隔 gé | 嗝 gé |
| 塥 gé | 膈 gé |

**鬲**² **gé** 땅 이름 격
☞ lì

【鬲津】**Géjīn** 图(地) 거진. [허베이(河北)성에서 발원하여 산둥(山东)성으로 흘러 들어가는 강 이름]

**胳** **gé** 겨드랑이 각
☞ gā, gē

【胳肢】**gé·zhi** 图 간지럽히다. 간질이다. ¶她生来不怕~。=그녀는 어려서부터 간지럼을 타지 않는다.

**葛** **gé** 칡 갈
图 1 (植) 칡. ['葛麻(gémá)'라고 통칭함] 2 (紡) 포플린(poplin). ¶毛~=모포플린.
☞ Gě

○─ 瓜guā葛, 纠jiū葛

【葛布】**gébù** 图(紡) 갈포.

【葛粉】**géfěn** 图 갈분.

【葛根】**gégēn** 图 칡뿌리.

【葛花】**géhuā** 图(植) 칡꽃. 갈화.

【葛麻】**gémá** 图 1 (植) 칡. 2 칡 섬유.

【葛藤】**géténg** 图 1 칡과 등나무. 2 (비) 갈등.

**搁**[擱] **gé** 참을 각
图 견디다. 참다. 이겨 내다. ¶人一上年纪, 就~不住折腾了。=사람은 나이가 들면 괴로움을 이겨 내지 못한다.
☞ gē

【搁不住】**gé·buzhù** 图 견디지[이겨 내지] 못하다. ¶再有钱也~这么浪费。=아무리 돈이 많아도 이런 낭비는 감당해 내지 못한다. ↔搁得住

【搁得住】**gé·dezhù** 图 견디어 내다. ¶这点小挫折我还~。=이런 작은 좌절은 나는 견뎌 낼 수 있다. ↔搁不住

**蛤** **gé** 대합조개 합

蛤 颌 隔 **gé**

**蛤** 〈動〉 조개.
☞ **há**

○● 文蛤

【蛤蚧】**géjiè** 〈動〉 도마뱀붙이.
【蛤蜊】**gé·lí** 〈動〉 **1** 동죽(조개). **2** ☞【文蛤】**wéngé**
【蛤子】**gézǐ** ☞【蛤子】**gé·zi**
【蛤子】**gé·zi** 〈動〉 바지락(조개). =【蛤仔】**gézǎi**【玄蛤】**xuángé**

**颌**[頜] **gé** 아래턱 합
〈名〉 **1** 〈□〉 입. **2** (Gé) 성(姓).
☞ **hé**

***隔** **gé** 사이 뜰 격
〈動〉 **1** 차단하다. (가로)막다. 막히다. ¶~河相望=강을 사이에 두고 서로 바라보다. **2** (공간적·시간적으로) 떨어져 있다. 사이를〔간격을〕두다. ¶天悬地~=차이가 현저하다. 천양지차.

○● 分隔, 间隔, 悬xuán隔, 纵zòng隔, 阻zǔ隔

【隔岸观火】**gé'àn-guānhuǒ** 〈成〉 **1** 강가에 앉아 맞은편 기슭에 난 불을 바라보다. **2** 〈비〉 강 건너 불 보듯 하다. 수수방관하다.
【隔板】**gébǎn** 〈名〉 칸막이.
【隔壁】**gébì** 〈名〉 이웃집. 옆집. 이웃. ¶他就住我~。=그는 바로 내 옆집에 산다.
【隔别】**gébié** 〈동〉 헤어지다. 갈라지다. ¶和亲人~多年。=가족과 여러 해 동안 헤어지다.
【隔长不短】**géchǎng-bùduǎn** 〈구〉 오래 지나지 않다. 자주. ¶他~要回家看看父母。=그는 자주 부모님을 뵈러 집에 들를 작정이다.
【隔断】**géduàn** 〈動〉 갈라놓다. 가로막다. 단절시키다. ¶大山~了山民们和外界的联系。=큰 산이 산골 주민들과 바깥세상 사이의 연계를 가로막다. ≒隔绝
【隔断】**gé·duan** 〈名〉 칸막이. 칸막이벽. 장지. ¶房间大, 可以打个~分作两间。=방이 커서 칸막이를 쳐서 방을 두 개로 만들 수 있다.
【隔房】**géfáng** 〈형〉 종친의. 일가 친척의. ¶~姐妹=일가 자매.
【隔行】**géháng** 〈동〉 직업〔직종〕이 다르다. 분야가 다르다. ¶~不隔理。=분야가 달라도 그 이치는 같다. 〈형〉 한 줄씩 거른. 한 줄씩 건너〔걸러〕. ¶~书写=한 줄씩 건너서 글씨를 쓰다.
【隔行如隔山】**géháng rú géshān** 〈成〉 **1** 직업〔직종〕이 다르면 산을 사이에 둔 것과 같다. **2** 〈비〉 직업이 다르면 서로 이해하지 못한다.
【隔阂】**géhé** 〈名〉 (생각·감정의) 틈. 간격. 거리. 소원(疏遠). 장벽. 엇갈림. ¶随着地位的变化, 昔日的好友也渐渐有了~。=(사회적인) 지위의 변화에 따라 지난날의 친한 친구들도 점점 소원하게 되었다. ≒隔膜
【隔绝】**géjué** 〈동〉 단절시키다. 차단하다. 막히다. ¶海岛上的渔民过着与世~的生活。=섬의 어민들은 세상과 단절된 생활을 하고 있다. ≒隔断
【隔开】**gékāi** 〈동〉 **1** 분리시키다. 떼어 놓다. 차단하다. 단절시키다. 격리시키다. 갈라놓다. 나누다. ¶一条江把两省~了。=한 줄기 강이 두 성을 갈라놓았다. **2** 거리를 두다. 떨어지다. ¶大家别坐那么挤, ~一点。=모두들 그렇게 비좁게 앉지 마시고 좀 널찍하게 앉으세요.
【隔栏】**gélán** 〈名〉 장벽(障壁).
【隔离】**gélí** 〈동〉 **1** 분리시키다. 떼어놓다. 차단하다. 단절시키다. 격리시키다. 갈라놓다. 나누다. ¶~审查=격리 심사. 격리 취조. **2** (전염병을 앓고 있는 사람·동물을) 격리시키다. ¶病人需要~治疗。=환자는 격리 치료가 필요하다. ↔接触
【隔离墩】**gélídūn** 〈名〉 (도로의) 중앙 분리대.
【隔离室】**gélíshì** 〈名〉 **1** 격리 병실. **2** 격리 취조실. **3** 격리 사형 주사실.
【隔离线】**gélíxiàn** 〈名〉 차폐선(遮蔽線). 차폐 케이블(遮蔽cable).
【隔凉】**gé‖liáng** 〈동〉 냉기를 막다〔단절하다〕. 온기를 보존하다. ¶被子太薄, 不~。=이불이 너무 얇아서 냉기를 막을 수가 없다.
【隔膜】**gémó** 〈名〉 (생각·감정의) 틈. 간격. 거리. 소원(疏遠). 장벽. 엇갈림. ¶我们虽然年龄相差很大, 却没有一点~。=우리는 비록 나이 차이는 많지만 전혀 거리감이 없다. 〈형〉 문외한이다. 이해하지 못하다. 정통하지〔익숙하지〕 못하다. 경험이 없다. 사정에 어둡다. ¶我对经商很~。=나는 사업에 대해 아주 문외한이다. ≒隔阂
【隔年】**génián** 〈동〉 일년의 간격을 두다. 한 해(씩) 거르다. ¶他~回一次老家。=그는 한 해 걸러 한 번씩 고향(집)에 간다.
【隔年皇历】**génián-huáng·li** ☞【隔年黄历】**génián-huáng·li**
【隔年黄历】[隔年皇历] **génián-huáng·li** 〈成〉 **1** 해 지난 책력. **2** 〈비〉 이미 시기가 지난 사물〔일·경험〕.
【隔片】**gépiàn** 〈名〉(機) 스페이서(spacer).
【隔墙】**géqiáng** 〈동〉 벽〔담〕을 사이에 두다. ¶~而居=담을 사이에 두고 살다. 〈名〉 칸막이벽. 격벽(隔壁). 〈동〉 挡风~=바람막이 칸막이벽.
【隔墙有耳】**géqiáng yǒu'ěr** 〈成〉 **1** 벽에도 귀가 있다. 밖에서 누가 엿듣고 있다. **2** 〈비〉 비밀리에 한 말도 새나갈 수가 있다. 낮말은 새가 듣고 밤말은 쥐가 듣는다. =【壁有耳】**bìyǒu'ěr**
【隔热】**gé‖rè** 〈동〉 단열(斷熱)하다. ¶~材料=단열재.
【隔日】**gérì** 〈동〉 하루 거르다. 하루씩 거르다. 〈名〉 격일. ¶他~上一次晚班。=그는 격일에 한 번씩 저녁에 근무한다.
【隔三岔五】**gésān-chàwǔ** ☞【隔三差五】**gésān-chàwǔ**
【隔三差五】[隔三岔五] **gésān-chàwǔ** 〈成〉 (일정한 시간을 두고) 늘. 언제나. 자주. 며칠에 한 번씩. ¶他出差机会多, ~往外地跑。=그는 출장 기회가 많아 자주 밖으로 돌아다닌다.
【隔山】**géshān** 〈동〉 산을 사이에 두다. ¶~而

**gé** 隔 塥 嗝 漍 槅 猲 膈 骼 镉 镉 个 合 各 哿 舸 盖 葛 个

居＝산을 사이에 두고 거주하다. 【형】【ㅁ】 이복 형제 자매〔사이〔관계〕〕인. ¶~兄妹＝이복오빠와 이 복여동생. 이복오누이.

【隔扇】**gé·shan**【명】 칸막이. 장지. ＝【槅扇】**gé·shan**

【隔声】**géshēng**【명】 방음(防音).

【隔世】**géshì**【동】 세대를 거르다. 한 세기를 넘기 다. ¶恍若~＝마치 딴 세상 같다.

【隔天】**gétiān**【동】 하루 거르다. 하루씩 거르다.

【隔心】**géxīn**【동】 격의가 있다. 서로 마음이 맞지 않다. 불화가 있다. 마음이 통하지 않는다. 서로 간격이 있다. 마음의 장벽이 있다. ¶他们俩很要好，相互从不~。＝그 두 사람은 아주 사이가 좋아서 여태껏 서로 불화가 있은 적이 없다.

【隔靴搔痒】**géxuē-sāoyǎng**【성】**1** 신을 신은 위로 가려운 곳을 긁다. 신 신고 발바닥 긁기. **2**【비】 (말·작문·일처리에 있어서) 정곡을 찌르지 못하다.

【隔夜】**gé**‖**yè**【동】 하룻밤을 거르다〔넘기다〕. 하룻밤이 지나다. ¶不要喝~茶。＝하룻밤 지난 차는 마시지 마세요.

【隔音】**gé**‖**yīn**【동】 방음하다. ¶这种板材有~的功效。＝이러한 종류의 판재(板材)는 방음 효과가 있다.

【隔音板】**géyīnbǎn**【명】 방음판.

【隔音符号】**géyīn fúhào**【명】【언】 격음 부호. '. [예컨대 **fāng'àn**(方案)]

【隔音室】**géyīnshì**【명】 방음실.

【隔音纸】**géyīnzhǐ**【명】 방음용 판지.

**塥** **gé** 마른 땅 혁
【명】【방】 모래땅. 사지(沙地). [주로 지명에 쓰임] ¶青草~＝칭차오거. [안후이(安徽)성 첸산(潜山)현에 있는 지명]

**嗝** **gé** 딸꾹질 격
【명】(~儿) **1** 트림. ¶打饱~儿＝트림을 하다. **2** 딸꾹질.

◇● 饱**bǎo**嗝儿，噎**yē**嗝

**漍** **Gé** 호수 이름 격
【명】(地) 거후(漍湖). [장쑤(江苏)성에 있는 호수 이름]

**槅** **gé** 선반 격
【명】**1** 격자(格子). **2** 층으로 된 선반. ¶多宝~＝골동품·귀중품을 진열하는 다층 선반.
【槅门】**gémén**【명】 격자문. 문살문.
【槅扇】**gé·shan** ☞【隔扇】**gé·shan**
【槅子】**gé·zi**【명】 격자. 층으로 된 선반.

**猲** **gé** 껴안을 격
【동】【방】 힘껏 껴안다.

**膈** **gé** 횡격막 격
【명】(生) 격막. 횡격막.

☞ **gè**

【膈膜】**gémó**【명】(生) 격막. 횡격막. 가로막.
【膈疝】**géshàn**【명】(醫) 횡격막 탈장.
【膈食(病)】**géshí(bìng)**【명】(醫) (중의학에서) 흉복(胸腹)이 부어오르고 통증이 있으며, 음식물을 삼키기 어렵고 신물을 토하는 질병.

**骼** **gé** 뼈 격
【명】 골격. ¶骨~＝골격.

**镉[鎘]** **gé** 카드뮴 격
【명】(외)(化) 카드뮴(Cd, cadmium). [원자 번호 48]

**辖[轕]** **gé** 뒤섞일 갈
☞【轇辖】**jiāogé**

**个[個]** **gě** 낱 개
☞【自个儿】**zìgěr**
☞ **gè**

* **合** **gě** 홉 갑
【명】 홉. [도량형기의 일종]【양】 홉. [한 되의 10분의 1]
☞ **hé**

**各** **gě** 다를 각
【형】【방】【ㅁ】 특별하다. 유별나다. 남다르다. ¶这家伙有点儿~。＝이 녀석은 유별난 데가 있다.
☞ **gè**

**哿** **gě** 좋을 가
【형】【문】 괜찮다. 좋다.【동】【문】 좋다고 인정하다. 칭송하다. 괜찮다고 여기다.

**舸** **gě** 큰 배 가
【명】【문】 **1** 큰 배. **2** 배. ¶百~争流＝모든 배가 먼저 도착하기 위해 다투다.

* **盖[蓋]** **Gě** 성씨 갑
【명】 성(姓).
☞ **gài**

* **葛** **Gě** 성씨 갈
【명】 성(姓).
☞ **gé**

* **个[個, 箇]** **gè** 낱 개
【양】**1** 개. 사람. 명. [개개의 사람이나 물건에 쓰임] ¶三~人＝세 사람. / 两~梨＝배 두 개. **2** 전용 양사(量詞)가 없는 사물에 두루 쓰임. ¶一~想法＝한 생각. / 两~小时＝두 시간. **3** 일부 전용 양사(量詞)가 있는 사물에도 쓰임. ¶两~桌子＝탁자 두 개. / 一~学校＝한 학교. **4** 개략적인 수 앞에 쓰여 말투가 경쾌하고 자유로움을 나타냄. ¶他每周要进~两三次城。＝그는 매주 두세 번씩 시내에 들어가야 한다. **5** 일부 동사와 목적어 사이에 쓰여 동량사와 비슷한 역할을 함. ¶他就爱画~画儿，写~字什么的。＝그는 그

림을 그리거나 글씨를 쓰는 것들을 좋아한다. **6** 일부 동사와 보어 사이에 쓰여 보어를 이끄는 '得(de)'와 비슷한 역할을 함. [때로 '得(·de)'와 함께 쓰임] ¶玩儿~不停。=끊임없이 놀다. /吵得~昏天黑地。=정신 없이 떠들다. **7** ㋐ '没(méi)·有(yǒu)'와 일부 동사·형용사 사이에 쓰여 강조를 나타냄. ¶唠叨~没完。=끊임없이 잔소리를 한다. /这么做对你还有~好? =이렇게 한다고 너한테 덕 될 일이 있느냐? /이렇게 하고도 너한테 좋은 일 있을 줄 아냐? ㋑ 단독의. 개별의. 일반적이 아닌. ¶富有~性=개성이 풍부하다. /~人隐私=개인 프라이버시. ㋒(~儿) (사람의) 키. (물건의) 크기. ¶大~子=키다리. /西瓜的~儿真大。=수박의 크기가 정말 크다. 때㋓ 이. ¶~中痛苦, 只有他本人知道。=이 가운데〔속〕의 고통은 본인만이 안다. 접미 ㋔ 양사 '些(xiē)' 뒤에 쓰임. ¶那些~人都不是好惹的。=저 사람들은 모두 만만한 사람들이 아니다. /这些~事儿不好办。=이 일들은 처리하기 쉽지 않다. **2** ㋐ 일부 시간 명사 뒤에 쓰임. ¶昨儿~是星期几? =어제는 무슨 요일이었지요? /我们明儿~去逛街。=우리는 내일 쇼핑 간다.
☞ **gě**

○● 挨āi个儿, 矮ǎi个儿, 成chéng个儿, 单个儿, 各个, 换huàn个儿, 那个, 是个儿, 谁个, 些个, 这个, 真个, 整zhěng个, 逐zhú个

【个案】**gè'àn** 몡 개별적이거나 특수한 안건〔사례〕. ¶~分析=개별 안건으로 분석하다.
【个把】**gèbǎ** 주 한두. 일이(一二). [개략적인 수를 나타냄. 수량이 적음을 강조함] ¶这项工作一月是完成不了的。=이 작업은 한두 달로는 마칠 수 없다.
【个别】**gèbié** 혱 **1** 개개의. 개별적인. 단독의. ¶老师对他进行~辅导。=선생님이 그에 대해 개별 지도를 한다. **2** 극소수의. 일부의. 특별한. 극히 드문. ¶这种现象是极~的。=이런 현상은 극히 특별한 것이다.
【个唱】**gèchàng** 몡 독창회. ¶开~=독창회를 열다.
【个个】**gègè** 뛔 개개. 각각. 각개. 낱낱. 하나하나. 모두. ¶这些姑娘~能歌善舞。=이 아가씨들은 모두 노래도 잘 하고 춤도 잘 춘다.
【个股】**gègǔ** 몡 개별 주식. ¶~行情=개별 주식 시세.
【个例】**gèlì** 몡 **1** 구체적인 사례. ¶举~说明。=구체적인 사례를 들어 설명하다. **2** 개별적인 사례. 특수한 사례. ¶~不具有代表性。=개별적인 사례는 대표성을 가지지 못한다.
【个儿】**gèr** 몡 **1** (사람의) 체격. 키. ¶~高=키가 크다. **2** (물체의) 크기. 부피. ¶枣子的~很小。=대추(의 크기)는 아주 작다. **3** 매 사람〔사물〕. 하나하나. 개수. ¶打~招呼。=하나하나 인사하다. /鸡蛋论~卖。=계란은 개수로 판다. **4** 몡 적수. 상대. ¶他把谁都不当~。=그는 누구도 적수로 생각하지 않는다.
【个人】**gèrén** 몡 개인. [ '集体(단체)'와 구별됨] ¶~利益应服从集体利益。=개인의 이익은 마땅히 단체의 이익에 종속되어야 한다. 때 나 (자신). 저 (개인). 이것은 저는 我~的意见。=이것은 다만 저 개인의 의견입니다. ↔集体, 大家
【个人崇拜】**gèrén chóngbài** 몡 개인 숭배. 우상화.
【个人电脑】**gèrén diànnǎo** ☞【个人计算机】**gèrén jìsuànjī**
【个人股东】**gèrén gǔdōng** 몡(经) 개인 투자자. 소주주(小株主).
【个人计算机】**gèrén jìsuànjī** 몡(컴) 개인용 컴퓨터. 퍼스널 컴퓨터(personal computer). 피시(PC). =【个人电脑】**gèrén diànnǎo**
【个人数字助理】**gèrén shùzì zhùlǐ** 몡(컴) 피디에이(PDA). 개인용 휴대 단말기. ㉧【掌上电脑】**zhǎngshàng diànnǎo**
【个人所得税】**gèrén suǒdéshuì** 몡 개인소득세.
【个人问题】**gèrén wèntí** 몡 **1** 개인(적인) 문제. ¶这是他的~, 旁人不便过问。=이것은 그의 개인적인 문제이므로 제삼자가 참견〔간섭〕하기가 뭐하다. **2** 연애. 결혼. ¶他的~还没有解决。=그의 결혼 문제는 아직 해결되지 않았다.
【个人主义】**gèrénzhǔyì** 몡 개인주의.
【个数】**gèshù** 몡 개수. ¶数数苹果的~。=사과의 개수를 세어 보다.
【个体】**gètǐ** 몡 **1** 개체. 개물(個物). 개인. 인간. ¶任何~离不开群体。=어떠한 개체도 집단을 벗어날 수 없다. **2** 자영업(자). 개인 사업(자). 他辞职干起了~。=그는 사직을 하고 개인 사업을 시작하였다. ↔群体, 整体, 总体
【个体工商户】**gètǐ gōngshānghù** 몡 **1** 자영업. 개인 사업. **2** 자영업자 (계층). 개인 사업자 (계층). ㉧【个体户】**gètǐhù**
【个体户】**gètǐhù** ☞【个体工商户】**gètǐ gōngshānghù**
【个体经济】**gètǐ jīngjì** 몡(经) 개인 경제.
【个体所有制】**gètǐ suǒyǒuzhì** 몡(经) 개인 소유제. 사유제. ↔集体所有制
【个头儿】**gètóur** 몡 **1** (사람의) 키. 체격. 몸집. ¶他~不高。=그는 키가 크지 않다. **2** (물건의) 크기. ¶这种梨~很大。=이 품종의 배는 아주 굵다.
【个位】**gèwèi** 몡(数) 한 자리. 1의 자릿수. ¶~数=한 자릿수.
【个性】**gèxìng** 몡 **1**(心) 개성. ¶他是一个很有~的人。=그는 아주 개성이 있는 사람이다. **2**(哲) 개별성. ↔共性
【个性化】**gèxìnghuà** 동 **1** (작품 중의 인물·사건·배경 등을) 개성화시키다. **2** 독특한 특색을 갖게 하다. ¶打造产品的~品牌。=상품의 독특한 브랜드를 만들다.
【个展】**gèzhǎn** 몡 개인 작품 전시회. 개인전. ¶办~=개인전을 열다.
【个中】**gèzhōng** 몡〈文〉 그〔이〕 가운데〔속〕. 기중. 그 중. ¶~甘苦只有自己能够体会。=그 속의 고락은 자기 자신만이 느낄 수 있다.

【个中人】gèzhōngrén 명 당사자. 관계자. ¶~的心情是局外人难以理解的。=당사자의 심정을 제삼자가 이해하기는 어려운 것이다.

【个子】gè·zi 명 1 (사람의) 키. 체격. ¶高~=키다리. 2 (동물의) 몸집. (물건의) 크기. ¶这狗的~大。=이 개는 몸집이 크다. 3 (함께 묶은) 단. ¶麦~=보릿단.

## 各 gè 여러 각

대 각. 여러. 갖가지. 여러 가지. [일정 범위 내의 모든 개체를 가리킴] ¶~家~户=집집마다. 가가호호. / 世界~地=세계 각지. 부 각자. 각기. 각각. 저마다. ¶~随所好=각자가 좋아하는 대로 (하다). / ~想的办法。=각자 각각의 방법을 생각하다.
☞ gě

【各半】gèbàn 동 1 각각 반을 얻다. 반으로〔평등하게〕 나누다. 균분하다. ¶合资经营, 收益~。=합자 경영은 수익을 평등하게 나눈다. 2 반반이다. 각각 반을 차지하다. ¶班上学生男女~。=반에 남녀 학생이 반반이다.

【各奔前程】gèbèn-qiánchéng 성 자기 뜻대로 각자의 일을 처리하다. 각기 제 갈 길을 가다. 각기 자기의 목표를 향해 노력하다. 각자 제멋대로 행동하다.

【各别】gèbié 형 1 각기 다르다. 분별〔구별〕이 있다. 개개의. 각각의. ¶~对待=각기 다르게 대우하다. 2 방 특별하다. 유별나다. 별나다. ¶他的性情很~, 跟大家老处不好。=그의 성격이 아주 유별나서 사람들과 자주 부딪친다. 3 방 색다르다. 별나다. 독특하다. 신기하다. 특이하다. 유별나다. 유다르다. ¶这套沙发的样式很~。=이 소파는 스타일이 아주 색다르다.

【各不相让】gèbùxiāngràng 성 서로 양보하지 않다.

【各不相扰】gèbùxiāngrǎo 성 서로 상관하지 않다.

【各不相同】gèbùxiāngtóng 성 서로 다르다. 제각기 다르다.

【各持己见】gèchí-jǐjiàn 성 각자 자기의 견해를 고집하다. ↔畅所欲言

【各处】gèchù 명 각처. 여러 곳. 곳곳. ¶房间里~都摆满了书。=방안 곳곳에 책이 가득 진열되어 있다.

【各打五十大板】gè dǎ wǔshí dàbǎn 속방 잘잘못〔옳고 그름〕을 가리지 않고 양쪽 모두 징벌하다.

【各得其所】gèdé-qísuǒ 성 각자〔물건이〕 자기가 있을 자리에 있다.

【各地】gèdì 명 각지. 각처. 여러 곳. ¶全国~=

| 各 gè |
|---|
| 格 gé |
| 阁 gé |
| 搁 gē |
| 胳 gē |
| 铬 gè |
| 硌 gè |
| 骼 gé |
| 袼 gē |
| 咯 kǎ |
| 洛 luò |
| 落 luò |
| 骆 luò |
| 络 luò |
| 珞 luò |
| 烙 lào |
| 路 lù |
| 露 lù |
| 赂 lù |
| 潞 lù |
| 辂 lù |
| 璐 lù |
| 鹭 lù |
| 额 é |
| 略 lüè |
| 撂 liào |

전국 각지.

【各方】gèfāng 명 각 방면. 각계(各界). ¶~代表=각계 대표.

【各付其责】gèfù-qízé 성 각자 져야 할 책임을 지다.

【各搞一套】gègǎo-yītào 성 1 각자 개인의 견해에 따라 일을 하다. 2 비 전체를〔전국을〕 고려하지 않고 제각기 자기 생각대로만 일을 하다. 각자 제멋대로 일하다. ≒各自为政

【各个】gègè 대 각개의. 개개의. 각각의. ¶~地区=각 지역. 부 하나하나(씩). 차례차례(로). ¶~解决=하나하나씩 해결하다.

【各个击破】gègè-jīpò 성 1 (軍) 각개 격파하다. 2 하나하나 해결하다.

【各顾各】gègùgè 속 각자가 제 이익만 생각〔고려〕하다. ≒【各管各】gèguǎngè ¶大家要互相帮助, 不能~。=모두들 서로 도와야지 제 생각만 하면 안 된다.

【各管各】gèguǎngè ☞【各顾各】gègùgè

【各国】gèguó 명 각국. 각 나라. ¶~来宾齐聚一堂。=각국 내빈이 한자리에 모이다.

【各行各业】gèháng-gèyè 성 각종 직업〔직종〕. 모든 직업〔직종〕.

【各家各户】gèjiā-gèhù 성 집집마다. 가가호호.

【各界】gèjiè 명 각계. 각 분야〔방면〕. ¶~人士=각계 인사.

【各尽】gèjìn 동 각자 최선을 다하다. 각자 온 힘을 다하다〔쏟다〕. ¶~其力=각자 온 힘을 다하〔쏟다〕.

【各尽其职】gèjìn-qízhí 성 각자 맡은 바 업무를 완수하다. =【各司其职】gèsī-qízhí

【各尽所能】gèjìn-suǒnéng 성 각자가 능력을 다하여 일하다. 모든 노동자가 자기의 능력을 다하여 사회를 위해 봉사하다.

【各就各位】gèjiù-gèwèi 성 각자가 자기의 위치〔자리〕에 서다.

【各类】gèlèi 각〔여러〕 종류의. 모든 부문〔영역·방면〕의. ¶书店里~图书应有尽有。=서점에는 각 분야의 서적이 다 갖추어져 있다.

【各路】gèlù 명 1 각 도로. 2 각지. 여러 지방. ¶~人马=각지의 (유능한) 일꾼〔요원·인원〕. 형 여러 가지의. 각양각색의. 각종의. 다양한. ¶~商品=각양각색의 상품.

【各取所需】gèqǔ-suǒxū 성 각자 자기가 필요한 것을〔만큼〕 가지다.

【各人】gèrén 명 각자. 각각. 각 개인. 각인. ¶~的习惯不尽相同。=각 개인의 습관이 다 같은 것은 아니다.

【各人自扫门前雪】gèrén zì sǎo ménqián xuě 속 1 각자가 자기 집 앞의 눈을 쓸다. 2 비 각자가 자기 일에만 신경을 쓰고 남의 일에는 무관심하다.

【各色】gèsè 형 1 여러 가지(의). 가지가지(의). 각종의. 각양각색의. ¶~人等=각양각색의 사람들. 2 방비 특별하다. 유별나다. 별나다. 독특하다. ¶他这人太~, 到处跟人闹矛盾。=그 사람은 아주 유별나서 가는 곳마다 사람들과 의견

충돌이 일어난다.
【各色各样】gèsè-gèyàng [성] 각양각색. 각종. 여러 가지 종류.
【各式】gèshì [형] 각종(의). 갖가지(의). 각양각색(의). ¶～服装＝각양각색의 복장.
【各式各样】gèshì-gèyàng [성] 각양각색. 여러 종류〔가지〕. 가지각색.
【各抒己见】gèshū-jǐjiàn [성] 각자 자기의 의견을 발표하다. ≒畅所欲言
【各司其职】gèsī-qízhí ☞【各尽其职】gèjìn-qízhí
【各位】gèwèi [대] 여러분. [앞에 있는 모든 사람을 이르는 말] ¶请～依次入场。＝여러분, 순서대로 입장하십시오.
【各显其能】gèxiǎn-qínéng [성] 제각기 자기 솜씨를 발휘하다.
【各显神通】gèxiǎn-shéntōng [성] 제각기 자기 재간을 드러내다.
【各项】gèxiàng [명] 각 항. 각종 항목. ¶～指标＝각종 항목의 지표.
【各行其是】gèxíng-qíshì [성] **1** 각자가 다 자기가 옳다고 생각하는 대로 하다. 각자가 다 자기 주장대로〔멋대로〕 하다. **2** 사상〔행동〕이 일치하지 않다.
【各样】gèyàng [형] 여러 가지의. 각양각색의. 가지각색의. ¶～家具都有。＝각양각색의 가구가 다 있다.
【各异】gèyì [형] 제각기 다르다. ¶神态～＝표정이 각기 다르다.
【各有千秋】gèyǒu-qiānqiū [성] **1** 제각기 존재의 가치를 지니고 있다. **2** 제각기 자기의 장점〔특색〕을 가지고 있다.
【各有所爱】gèyǒu-suǒ'ài ☞【各有所好】gèyǒu-suǒhào
【各有所长】gèyǒu-suǒcháng [성] 제각기 자기의 장점을〔가치를〕 가지고 있다.
【各有所得】gèyǒu-suǒdé [성] 저마다 얻는 바가〔이익이〕 있다.
【各有所好】gèyǒu-suǒhào [성] 제각기 자기가 좋아하는 바가 있다. ＝【各有所爱】gèyǒu-suǒ'ài
【各执己见】gèzhí-jǐjiàn [성] 각자 자기의 의견을 주장하다〔고집하다〕.
【各执一词】gèzhí-yīcí [성] 제각기 자기의 의견을 고집하고 팽팽히 맞서다.
【各执一端】gèzhí-yīduān [성] 제각기 자기의 의견을 고집하고 팽팽히 맞서다.
【各种】gèzhǒng [형] 각종의. 갖가지의. ¶～情形＝각종 상황.
【各种各样】gèzhǒng-gèyàng [성] 여러 종류. 각종. 각양각색. 가지각색.
【各自】gèzì [대] 각자. 제각기. ¶大家必须把～的任务完成。＝모두 반드시 각자의 임무를 완수하여야 합니다.
【各自为政】gèzì-wéizhèng [성] **1** 제각기 자기 생각〔주장〕대로만 일하다. 각자 독자적으로 일하다. **2** [비] 전체를〔전국을〕 생각하지〔고려하지〕 않고 제멋대로 하다. ≒各搞一套
【各走各的路】gè zǒu gè·de lù [낫] **1** 각자 제 갈 길을 가다. **2** [비] 서로 전혀 상관이 없이 각자 자기의 일을 하다.

## 虼 gè 말똥구리 걸

아래를 참조.
【虼螂】gèláng [명]《動》 말똥구리. 쇠똥구리.
【虼蚤】gè·zao ☞【跳蚤】tiào·zao

## 硌 gè 단단할 락

[동][구] (뾰족하거나 울퉁불퉁한 물건에 닿아) 배기다. 찔리다. 손상을 입다. (이물질이) 씹히다. ¶～脚＝발이 배기다. / ～牙＝(돌 등이) 이에 씹히다.
☞ luò
【硌窝儿】gèwōr [형][방] (달걀이나 오리알 등이) 눌려서 금가다〔약간 깨지다〕. ¶～鸡蛋＝약간 깨진〔금이 간〕 달걀.

## 铬[鉻] gè 크롬 각

[명][외]《化》 크롬(Cr, chromium). [원자 번호 24]

## 膈 gè 미울 격

☞ gé
【膈应】gè·ying [동][방] 밉다. 싫다. 혐오하다. 짜증이 나다. 메스껍다. ¶他那副假正经的样子真让人～。＝그의 저 점잖은 체하는 꼴이 정말 메스껍다.

# gei

## **给[給] gěi 줄 급

[동] **1** 주다. ¶朋友～了我一块表。＝친구가 나에게 시계 하나를 주었다. **2** (…에게) …을〔를〕 주다. …당하게 하다. ¶要～他点儿颜色看看。＝그에게 본때를 좀 보여 주어야겠다. **3** …하도록 하다. (…에게) …을〔를〕 시키다〔하도록 하다〕. [ '叫(jiào)·让(ràng)'에 상당함] ¶这事应～大家知道。＝이 일은 당연히 모두가 알도록 해야 한다. / 注意, 别～人钻了空子。＝남에게 틈을 파고들 기회를 주지 않도록 주의해라. [개] **1** (…에게) …을〔를〕 당하다. [동작 행위의 주동자를 이끌어들임. '被(bèi)'에 상당함] ¶树～雷劈了。＝나무가 벼락을 맞았다. **2** 동작 행위의 피해자를 이끌어들임. ¶别把书～我弄脏了。＝(나의) 책을 더럽히지 마라. **3** 교부·전송 등 동작의 접수자를 이끌어들임. ¶有事～我发e-mail。＝무슨 일이 있으면 나에게 이메일을 보내세요. **4** …에게. …을〔를〕 향하여. [동작의 대상을 이끌어들임. '朝(cháo)'·'向(xiàng)'에 상당함] ¶～人家道个歉。＝그에게 사과를 하다. **5** …을〔를〕 위하여. …을〔를〕 대신하여. [동작 행위의 수혜자를 이끌어들임. '为(wèi)·替(tì)'에 상당함] ¶～大家当导游。＝여러분을 위해 가이드〔안내〕를 해

드리겠습니다. **6** 명령구에 쓰여 화자의 의지를 나타내고, 어기(語氣)를 강하게 함. [뒤에 목적어 '我(wǒ)'를 수반함] ¶你~我滚出去.=꺼져 버려. 꺼져. 📕 직접 동사 앞에 쓰여, 처치의 어기를 강화함. ¶手机让我~摔坏了.=휴대폰을 떨어뜨려 고장이 나 버렸다.
☞ **jǐ**

○● 发给, 还huán给, 交给, 送给, 献xiàn给

【给不了】**gěi·buliǎo** 튕 (아무것도) 줄 수가 없다. (아무것도) 주지 못하다. 지불하지 못하다. ¶实在是抱歉, 我~你帮助.=아무것도 도와 드릴 수가 없어서 정말 죄송합니다.

【给出路】**gěi chūlù** 튕 **1** 살아갈 방도를 주다. 살 길을 터 주다. ¶要给下岗工人一个出路.=실직 노동자에게 살아갈 방도를 터 주어야 한다. **2** 개과천선할 기회를 주다. 출로〔활로〕를 마련해 주다. ¶要给这些非故意犯罪的人一个出路.=우발범들에게 활로를 마련해 줘야 한다.

【给脸】**gěiliǎn** ☞【给面子】**gěi miàn·zi**

【给脸上抹黑】**gěi liǎn·shang mǒ hēi** ⓢ튕 (자기의) 체면을 손상시키다. (자기를) 깎아 내리다. 얼굴에 먹칠하다.

【给脸子瞧】**gěi liǎn·zi qiáo** 불쾌하거나 싫은 표정을 보이다. 싫은 얼굴을 하다. 얼굴을 찡그리다. ¶有意见尽管说, 别~.=얼굴 찡그리지 말고 의견이 있으면 바로 말을 해라.

【给晾了】**gěiliàng·le** ☞【给晒了】**gěishài·le**

【给面子】**gěi miàn·zi** 튕 체면을 세워 주다. =【给脸】**gěiliǎn** ¶咱们是多年老朋友了, 你总得给我点面子吧.=우린 오랜 친구잖아, 어쨌든 네가 내 체면 좀 세워 줘라.

【给晒了】**gěishài·le** 튕 푸대접하다. 내버려 두다. 상대하지 않다. =【给晾了】**gěiliàng·le** ¶他只顾和别人说话, 把我~.=그는 나를 내버려 둔 채 옆 사람과 이야기만 한다.

【给小鞋儿穿】**gěi xiǎoxiér chuān** 튕 **1** 작은 신발을 신기다. **2** 암암리에 타격을 입히다. 냉대하다. 못살게 굴다. 난처하게 만들다. 갈구다.

【给颜色看】**gěi yánsè kàn** 튕 싫은 얼굴을 하다. 낯을 찡그리다. 불쾌하거나 싫은 표정을 보이다. **2** 본때를 보여 주다.

【给以】**gěi‖yǐ** 튕 **1** ⋯을〔를〕 주다. ¶~关心和帮助=관심과 도움을 주다. **2** ⋯을〔를〕 당하다. ⋯하게 하다. ¶~严惩=엄한 처벌을 받게 하다.

【给予】**gěiyǔ** 튕빙 주다. 해 주다. 베풀어 주다. [주로 추상적인 사물에 쓰임] ¶~照顾=보살펴 주다.

# gen

**根 gēn** 뿌리 근

빙 **1** (~儿) 뿌리. ¶树~=나무 뿌리. / 斩草除~=화근을 철저히〔뿌리째〕 없애 버리다. **2** (~儿) 근본. 근원. 내력. 진상. 기초. 유래. ¶寻~=근원을 찾다. / 祸~=화근. **3** 의거. 근거. 의거〔근거〕로 삼는 사물. ¶存~=부본(副本). 无~之谈=근거 없는 말. 낭설. **4** 빙 자손. 후손. 후대. ¶他们家就这一个~.=그들 집안에 자손밖에 없다. **5** (~儿) (물체의 아랫부분이나 어떤 부위가 다른 부분과 연결된 곳인) 밑동. 뿌리. ¶牙~=이뿌리. / 墙~=담장 밑. **6** 쉥(數) 근(根). 루트(root). **7** (數) 근. 대수학에서 방정식을 만족시키는 미지수의 값. 일원방정식의 해(解). **8** (化) 기(基). ¶酸~=산기(酸基). 빙 근본적으로. 철저하게. ¶这种病很难~治.=이 병은 근치〔근본적인 치료〕가 어렵다. 빙 (~儿) 개. 가닥. 대. [가늘고 긴 것을 헤아리는 단위] ¶一~儿葱=파 한 개. / 两~儿牙签=이쑤시개 두 개. ≒本

○● 病根, 侧cè根, 除根, 词根, 存根, 复根, 高根, 假jiǎ根, 块根, 芦lú根, 命根, 胚pēi根, 票根, 气根, 山根, 生根, 宿sù根, 酸根, 吐tǔ根, 须根, 银根, 扎zhā根, 直根, 主根, 追zhuī根

【根本】**gēnběn** 빙 근본. 근원. 기초. 가장 주요한 부분. ¶必须从~上解决问题.=반드시 근본에서부터 문제를 해결해야 한다. 빙 주요한. 중요한. 기본적인. ¶~原因=중요한 원인. 빙 **1** 시종(始终). 처음부터 끝까지. 전적. 도무지. 아예. [주로 부정형으로 쓰임] ¶我~不知道这些情况.=나는 이러한 상황을 전혀 몰랐다. **2** 뿌리〔송두리〕째. 철저하게. 완전하게. 몽땅. ¶她~适应不了北方的气候.=그녀는 근본적으로 북방 기후에 적응하지 못한다. **3** 여태껏. 이제〔지금〕까지. 본래. 원래. ¶我~没说过这种话.=나는 여태껏 이런 말을 한 적이 없다. ≒本来

【根本法】**gēnběnfǎ** 빙(法) **1** 헌법. **2** 기본법. 기본 법률.

【根本矛盾】**gēnběn máodùn** ☞【基本矛盾】**jīběn máodùn**

【根插】**gēnchā** 튕 뿌리꽂이하다. 뿌리삽하다. 근삽(根插)하다.

【根除】**gēnchú** 튕 뿌리〔송두리〕째 뽑다. 근절(根绝)하다. 철저하게 제거하다. ¶~陈规陋习=케케묵은 규범이나 낡은 습관을 뿌리뽑다. ≒根绝 铲除

【根底】**gēndǐ** 빙 **1** 내부 상황〔사정〕. 속사정. 내정(内情). 내막. 속내. 저의. 경위. 배경. ¶我们对他的~不了解.=우리는 그의 배경에 대해 알지 못한다. **2** 기초. 바탕. 토대. 근저. 밑뿌리. 근본. ¶他的英语~不错.=그는 영어 기초가 튼튼하다. ≒基础

【根蒂】**gēndì** 빙 **1** (식물의) 뿌리와 꼭지. **2** 빙 기초와 내력〔원인〕. ¶要正确分析判断事物的~.=사물의 기초와 내력을 정확하게 분석하고 판단하여야 한다.

【根雕】**gēndiāo** 빙(藝) **1** 나무 뿌리 조각 예술〔공예〕. ¶学习~=나무 뿌리 조각 공예를 배우다. **2** 뿌리 조각(공예)품. ¶~展览=나무 뿌리 조각(공예)품 전시회.

【根号】gēnhào 圂(數) 루트(root, √). 근호.
【根基】gēnjī 圂 1 (건축물의) 토대. ¶修房子~要打牢。=그 집을 짓는 데는 토대를 견고하게 하여야 한다. 2 圂 기초. ¶他的外语~不太好。=그는 외국어 기초가 그리 튼튼하지 못하다. 3 圂 집안의 생활[경제적] 기반. ¶他家~薄, 日子过得紧巴巴的。=그의 집은 경제적 기반이 약해 생활이 빠듯하다. 즉基础
【根脚】gēn·jiao 圂 1 (건축물의) 토대. 기초. ¶这座楼的根脚很结实。=이 건물의 토대가 아주 견실[튼튼]하다. 2 출신. 내력. [주로 조기 백화문에 보임] ¶此人~不明。=이 사람은 내력이 불분명하다.
【根接】gēnjiē 圂(植) 뿌리나 뿌리목을 접본(대목(臺木))으로 삼아 접목하다. 뿌리접을 하다.
【根茎】gēnjīng 圂(植) 뿌리줄기. 근경(根莖).
【根究】gēnjiū 圂 철저히 규명하다. 철저히 추궁하다. 철저히 조사하다. ¶~事故发生的原因。=사고가 난 원인을 철저히 규명하다.
【根据】gēnjù 圂 근거. ¶科学~=과학적 근거. / 事实~=사실적 근거. 圂 근거하다. 의거하다. 따르다. ¶这部电影是~同名小说改编的。=이 영화는 동명 소설에 근거하여 각색한 것이다. 圂 …에 의거하여. ¶~以上分析, 可以得出这样的结论。=이상의 분석에 의거하여 이러한 결론을 얻어 낼 수 있을 것이다. 즉依据
【根据地】gēnjùdì 圂 1 근거지. 2 혁명 근거지. [특히 2차 국내 혁명 전쟁·항일 전쟁·해방 전쟁 시기의 혁명 근거지를 가리킴]
【根绝】gēnjué 圂 근절하다. 뿌리뽑다. 철저히 없애다[제거하다]. ¶~瘟疫=전염병을 근절하다. 즉根除
【根瘤】gēnliú 圂(植) 뿌리혹. 근류(根瘤).
【根瘤菌】gēnliújūn 圂(植) 뿌리혹 박테리아(bacteria). 근류균. 뿌리혹균.
【根毛】gēnmáo 圂(植) 뿌리털. 근모. 즉【根须】gēnxū
【根苗】gēnmiáo 圂 1 뿌리와 싹. 2 圂 근원. 유래. 내력. 원인. ¶事故的~前一段时间就显露出来了。=사고의 근원은 일전에 이미 나타났다. 3 圂 후손. 후대. 자손. ¶这孩子是老张家的独~。=이 아이는 장씨 집안의 유일한 후손이다.
【根深柢固】gēnshēn-dǐgù 圂 1 실뿌리가 깊이 내리고 원뿌리가 튼튼하다. 2 圂 기초가 튼튼하여 흔들리지 않다.
【根深蒂固】gēnshēn-dìgù 圂 기초가 튼튼하여 쉽게 흔들리지 않다.
【根深叶茂】gēnshēn-yèmào 圂 1 뿌리가 깊이 내리면 가지와 잎이 무성하다. 2 圂 기초를 잘 다지면 사업이 왕성하게 뻗어 나간다.
【根式】gēnshì 圂(數) 무리식(無理式).
【根系】gēnxì 圂(植) 근계(根系). 뿌리. [원뿌리와 곁뿌리의 총칭]
【根性】gēnxìng 圂 본성. 본질. 근성. ¶劣~=저열한 근성.
【根须】gēnxū ☞【根毛】gēnmáo

【根芽】gēnyá 圂(植) 싹. 움.
【根由】gēnyóu 圂 내력. 유래. 연고. 원인. 연유. ¶说明~=연고를 설명하다. 즉缘由 缘故
【根源】gēnyuán 圂 1 뿌리와 수원(水源). 2 圂 근원. 근본. 원인. ¶贫穷是山区孩子缺乏教育的~。=빈곤은 산간 지역 아이들이 교육을 받지 못하는 근본 원인이다. 圂 …에서 비롯되다〔기원하다〕. ¶这些愚昧的婚姻现象~于封建宗法观念。=이러한 어리석은 혼인 제도는 봉건 사회의 종법 관념에서 비롯되었다. 즉本源
【根植】gēnzhí 圂 1 (식물의) 뿌리를 내리다. 2 圂 뿌리를 두다[박다]. 튼튼한 근거를 두다. [뒤에 주로 '于(yú)·在(zài)' 등이 쓰임] ¶~于生活的艺术才能保持永久的生命力。=생활 속에 뿌리를 둔 예술만이 영원한 생명력을 가질 수 있다.
【根治】gēnzhì 圂 1 완치(근치) 하다. 근절하다. 근본적으로[철저하게] 치료하다. ¶~肺结核=폐결핵을 완치하다. 2 근본적으로 다스리다. ¶~淮河=화이허(淮河)를 근본적으로 다스리다.
【根子】gēn·zi 1 (식물의) 뿌리. 2 圂 (사물의) 근원. ¶找出病~, 对症下药。=병의 근원을 찾아 증상에 맞게 약을 쓰다.

**跟** gēn 발꿈치 근

圂 (~儿) 발뒤꿈치. (구두) 굽. 뒷굽. 양말 뒤축. ¶脚~=발뒤꿈치. / 鞋~儿=구두 굽. 圂 1 따라가다. 좇아가다. 계속되다. 뒤따르다. 붙다. ¶我们走得太快, 女士们~不上。=우리가 너무 빨리 가서 여자들이 따라오지 못한다. 2 圂 시집가다. ¶虽然有怨言, 但最后还是~了他。=비록 불평은 했지만 결국 그에게 시집 갔다. 囝 1 …와[과]. [동작과 관련 있는 대상을 이끌어들일 때 쓰임. '同(tóng)'에 상당함] ¶他~那事没有什么瓜葛。=그는 그 일과는 어떤 관련도 없다. 2 …와[과]. [비교의 대상을 이끌어들일 때 쓰임. '同(tóng)'에 상당함] ¶~去年比, 今年的雨水更多。=작년과 비교하여 올해는 비가 더 많이 온다. 3 …에게. …을[를] 향해. [동작의 대상을 이끌어들일 때 쓰임. '对(duì)·向(xiàng)'에 상당함] ¶把你的想法~大家说说。=너의 생각을 모두에게 좀 말해라. 囝 …와[과]. [병렬 관계를 나타냄. '和(hé)'에 상당함] ¶他~他爱人都是博士。=그와 그의 아내는 모두 박사이다. 즉和 同 及 并
【跟班】gēn‖bān 圂 (작업반이나 학습반에서) 함께 하다[공부하다]. ¶~听课=같은 반에서 함께 공부하다.
【跟班】gēnbān 圂圂 시종. 종자(從者). 수행원. =【跟班儿的】gēnbānr·de 즉跟差
【跟班儿的】gēnbānr·de ☞【跟班】gēnbān
【跟包】gēnbāo 圂圂 중국 전통극 배우의 분장과 기타 잡무 담당자. [중국 전통극 배우의 분장과 기타 잡무를 돌보아 줌]
【跟不上】gēn·bushàng 圂 1 따라갈 수 없다. 따라잡을 수 없다. 뒤따를 수 없다. 뒤떨어지다. ¶他走得太快了, 我~。=그가 너무 빨리 걸어서 나는 따라갈 수가 없다. 2 圂 …만 못

하다. 미치지 못하다. 비교가 되지 않다. ¶他底子差，学习有些~其他同学。=그는 기초가 약하여 공부가 다른 급우들만 못하다. ↔跟得上

【跟差】gēnchāi 명 옛 시종. 종자(從者). 수행원. ≒跟班(gēnbān).

【跟从】gēncóng 동 (뒤)따르다. 동행하다. 따라가다. 추수〔追隨〕하다. 뒤쫓아 따르다. ¶~师傅学艺=사부를 따라서 기예를 배우다. 명 옛 시종. 종자(從者). 수행원.

【跟得上】gēn·deshàng 동 1 따라갈 수 있다. 따라잡을 수 있다. 시간에 댈 수 있다. ¶他年纪虽大, 但思想完全~潮流。=그는 비록 나이가 많지만, 생각이 조류를 따라가는 데에는 아무 문제가 없다. 2 비 비교되다. 견줄 만하다. …에 상당하다. 견줄 수 있다. 필적할 수 있다. 비할 수 있다. 맞먹다. ¶我们这儿的条件哪~发达地区？=우리 이 곳의 조건이 어디 발달한 지역과 견줄 수 있겠는가? ↔跟不上

【跟斗】gēn·dou 명 옛 공중제비. 재주넘기. 곤두박질.

【跟风】gēnfēng 동 (자기 주견이 없이) 남이 말하는 대로 따라 하다. 바람에 휩쓸리다. 시대의 조류에 영합하다. ¶不可盲目~。=맹목적으로 바람에 휩쓸려서는 안 된다.

【跟脚】gēnjiǎo 형 옛 (신발이) 발에 딱 맞다. ¶这双鞋很~。=이 신발은 발에 딱 맞다. 동 옛 1 명 따라다니며 시중들다. ¶~的=시중꾼. 말구종. 2 (아이가) 어른을 졸졸 따라다니다. ¶孩子大了, 慢慢也就不~了。=아이가 크니까 점차 따라다니지 않게 되더라. 명 곧바로. 바로. 즉각. 즉시. 곧. [걸음 등의 동작에 한정되어 쓰임] ¶你先走, 我~就来。=네가 먼저 가, 내가 곧바로 따라 갈게.

【跟进】gēnjìn 동 따라서 나아가다. 앞으로 따라가다. ¶通知后续部队迅速~。=후속 부대에 신속히 앞으로 따라가라고 전달하라.

【跟屁虫】gēnpìchóng (~儿) 명 구 늘 남의 꽁무니를 따라다니는 사람. 주견이 없는 사람. [성가시다는 뜻이 내포됨]

【跟前】gēnqián 명 1 (~儿) 곁. 신변. 옆. 부근. 근처. ¶他把车停在了大门~。=그는 차를 대문 옆에 세워 두었다. 2 (어떤 시기에) 가까운〔근접한〕때. ¶年关~=세밑. 설 대목.

【跟前】gēn·qian 명 슬하. 어버이의 곁. [자식이 있고 없는 것을 말하는 것만 가리킴] ¶老两口~就这一个儿子。=노부부 슬하에 이 아들 하나밖에 없다.

【跟上】gēn·shàng 동 뒤를 쫓다. 뒤따르다. 따라붙다. 따라잡다. 시간에 대다. ¶~队伍=대오를 따라잡다. / ~形势=추세에 따르다.

【跟梢】gēn‖shāo 동 뒤를 밟다. 미행하다. 몰래 뒤쫓다. ≒盯梢

【跟手】gēnshǒu (~儿) 부 옛 1 …하는 김에. 겸해서. ¶一发现输人错误, 他~就改过来。=그는 입력이 잘못된 것을 발견한 김에 수정하였다. 2 곧바로. 뒤따라. 바로. 즉각. 즉시. 곧. 즉석에서. 뒤따라서. ¶一接到电话, 他~儿就赶往医院。= 전화를 받자마자 그는 곧바로 병원으로 달려갔다.

【跟随】gēnsuí 동 (뒤)따르다. 동행하다. 따라가다. ¶他从小就~父亲学手艺。=그는 어릴 때부터 아버지를 따라 기술을 배웠다. 명 수행원. ≒追随 尾随 ↔引导

【跟趟儿】gēn‖tàngr 1 늦지 않다. 시간에 대어가다. 시간이 되다. ¶听完讲座回家吃饭还~。=강좌를 다 듣고 집에 돌아가서 식사를 해도 늦지 않다. 2 (일반인의 수준을) 따라갈 수 있다. 따라갈 수 있다. ¶他基础好, 学习能跟上趟儿。=그는 기초가 튼튼하여 공부를 따라갈 수 있다.

【跟头】gēn·tou 명 1 곤두박질. ¶他不小心摔了大~。=그는 실수하여 크게 곤두박질쳤다. 2 공중제비. 재주넘기. ¶杂技演员一出场就翻了几个~。=서커스 배우는 무대에 나가자마자 공중제비를 몇 번 돌았다.

【跟头虫】gēntouchóng ☞【孑孓】jiéjué

【跟着】gēn·zhe (뒤)따르다. 동행하다. 따라가다. 쫓아가다. ¶要吃火锅的~小王走。=샤브샤브 요리를 먹고 싶은 사람은 샤오왕을 따라가세요. 부 곧이어. 막바로. 계속하여. 뒤따라. ¶会后~就分组讨论。=회의 후에 이어서 조별 토론을 하다.

【跟住】gēn·zhù 동 바짝 붙어다니다. ¶~他, 别让他跑掉。=그가 도망가지 못하게 바짝 붙어 다녀라.

【跟踪】gēnzōng 동 바짝 뒤를 따르다. 밀착 서비스하다. 미행하다. 추적하다. ¶~调查=따라다니며 조사하다.

## 哏 gén 우스울 근

형 옛 우습다. 재미있다. 익살스럽다. ¶这个小品真~。=이 촌극은 정말 재미있다. 명 옛 익살스러운 말〔동작〕. ¶逗~=(우스운 말과 몸짓으로) 웃기다.

## 艮 gěn 딱딱할 간

형 옛 1 (음식이) 질기다. 딱딱하다. ¶发~=딱딱해지다. 2 비 (성질이) 고지식하다. 곧다. 강직하다. (말이) 부드럽지 못하다. 딱딱하다. ¶他这个人真~, 高低不听劝。=그 사람 참 고지식해서 여하튼 충고를 듣지 않는다.

☞ gèn

| ○ | 艮 gěn | 垦 kěn |
|---|---|---|
| | 根 gēn | 恳 kěn |
| | 跟 gēn | 很 hěn |
| | 哏 gén | 恨 hèn |
| | 茛 gèn | 痕 hén |
| | 银 yín | 狠 hěn |
| | 垠 yín | 眼 yǎn |
| | 龈 yín | 艰 jiān |
| | 恳 kěn | 限 xiàn |

## 亘[（亙）] gèn 뻗칠 긍

동 (공간적·시간적으로) 끊임없이 이어지다. 계속되다. ¶绵~=(산맥·성 등이) 끊임없이 이어져〔뻗쳐〕 있다. / 横~=(다리·산맥이) 가로놓여 있다. 횡으로 걸쳐 있다.

○-○ 连lián亘, 盘pán亘

【亘古】gèngǔ 명 1 옛날. 먼〔오랜〕 옛날. 태고(太古). ¶~以来=예부터. 2 예부터. 옛날부터

지금까지. ¶~至今=예부터 지금까지.
【亘古未有】 gèngǔ-wèiyǒu ⓘ 아직까지 한 번도 있어 본 적이 없다. 미증유(未曾有). 전대미문(前代未聞). 전례가 없다.

艮 gèn 괘 이름 간
명 1 간(艮)괘. 팔괘(八卦)의 하나. 괘형(卦形)은 '☶'이며, 산을 대표함] 2 (Gèn) 성(姓).
☞ gěn

茛 gèn 독초 이름 간
☞【毛茛】 máogèn

# geng

**更** gēng 고칠 경
동 1 변경하다. 고치다. 바꾸다. ¶变~=변경하다. / 万象~新=모든 것이 일신되다[새로워지다]. 2 양 경험하다. ¶少不~事=젊어서 경험이 적다. 명 1 옛 경. [옛날, 야간의 시간 단위. 하룻밤을 오경(五更)으로 나눔. 1경은 약 2시간임] ¶半夜三~=한밤중. 2 경고. 시각을 알리는 큰북. ¶打~=(딱따기·징·북으로) 시각을 알리다.
3 (Gēng) 성(姓). ≒改 换
☞ gèng

| 更 | gēng |
| 梗 | gěng |
| 埂 | gěng |
| 鲠 | gěng |
| 哽 | gěng |
| 绠 | gěng |
| 硬 | yìng |
| 筻 | gàng |

○● 定dìng更, 起更, 值zhí更.

【更次】 gēngcì 명 두(어) 시간. 1경(更)의 시간. 5경(五更) 중의 1경. ¶刚睡一个~就再也睡不着了.=방금 두어 시간 잤더니 더 이상 잠이 오지 않는다.
【更递】 gēngdì 동 교대하다. 번갈아 교체하다.
【更迭】 gēngdié 동 교대하다. 번갈아 교체하다. 인사 이동하다. 경질하다. 순번대로[번갈아서] …하다. ¶政权~=정권 교체.
【更订】 gēngdìng 동 수정하다. 개정하다. 고치다. 바꾸다. 변경하다. 변동하다. ¶~文字=문장을 수정하다.
【更定】 gēngdìng 동 수정하다. 개정(改定)하다. 변경하다. 고쳐 확정하다. ¶~管理制度=관리 제도를 개정하다.
【更动】 gēngdòng 동 교대하다. 변경하다. 바꾸다. 변동하다. ¶日程安排有所~。=일정이 다소 변경되었다. ≒变动 改变
【更番】 gēngfān 부 번갈아 가며. 차례[순번]대로. ¶~看护病人=번갈아 가며 환자를 간호하다. ≒轮番
【更夫】 gēngfū 명옛 야경꾼.
【更改】 gēnggǎi 동 변경하다. 바꾸다. 변동하다. 고치다. ¶~姓名=이름을 바꾸다.
【更鼓】 gēnggǔ 명 1 경고(更鼓). 2 시각을 알리는 북 소리. 경고(更鼓) 소리.

【更互】 gēnghù 동부 교대하다. 교체하다. 바꾸다. 교대로 하다. 순번[차례]대로 하다. ¶~服役=교대로 부역하다.
【更换】 gēnghuàn 동 바꾸다. 교체하다. 변경하다. 새 것으로 갈다[바꾸다]. 경질하다. 인사 이동하다. ¶~比赛场地=경기 장소를 바꾸다.
【更阑】 gēnglán 형옛 밤이 깊다. 한밤중이다. ¶~人静=밤이 깊어 세상이 고요하다.
【更名】 gēngmíng 동 이름을 갈다[고치다·바꾸다]. 명칭을 바꾸다. ¶~启事=(신문 등의) 개명 공고.
【更年期】 gēngniánqī 명(生) 갱년기.
【更年期综合症】 gēngniánqī zōnghézhèng 명(醫) 갱년기 증후군.
【更仆难数】 gēngpú-nánshǔ ⓘ 1 (주인과 객이 대화를 하는데) 여러 하인이 번갈아 시중을 들어도 할 말을 다 못하다. 사람을 바꾸어 가면서 헤아려도 다 헤아리지 못하다. 2 비 (사람이나 사물이) 아주 많다. 헤아릴 수 없이 많다. 수두룩하다. 번잡하고 많다. 부지기수이다.
【更嬗】 gēngshàn 동옛 바꾸다. 변경하다. 교체하다. 변천하다.
【更深】 gēngshēn 형 밤이 깊다. 한밤중이다. ¶~夜静=밤이 깊어 세상이 고요하다.
【更深人静】 gēngshēn-rénjìng ⓘ 밤이 깊어 세상이 고요하다.
【更生】 gēngshēng 동 1 갱생하다. 다시 생명을 얻다. 2 비 부흥하다. 떨쳐 일으키다. 흥성하게 하다. ¶自力~=자력으로 떨쳐 일어나다. 3 재생하다. ¶~布=재생 천.
【更始】 gēngshǐ 동옛 갱신하다. 혁신하다. 낡은 것을 없애고 새 것을 창조하다. 처음부터 다시 시작하다. ¶万象~=모든 것이 일신되다[새로워지다].
【更事】 gēngshì 동옛 경험을 쌓다. 세상사를 겪다. ¶~不多=경험이 적다. 명옛 일상사. 평범한 일. 일반적인 현상.
【更替】 gēngtì 동 교환하다. 교체하다. 바꾸다. 교대하다. ¶季节~=계절이 바뀌다.
【更新】 gēngxīn 동 1 (갱신)하다. 새롭게 바꾸다. 혁신하다. ¶技术~=기술 혁신. 2 (산림이 벌목이나 화재로 파괴된 후) 다시 우거지다.
【更新换代】 gēngxīn-huàndài ⓘ 낡은 것을 새 것으로 바꾸다. 구식을 새로운 기술이나 설비로 바꾸다.
【更新世】 gēngxīnshì 명(地) 홍적세(洪積世). 갱신세. 플라이스토세(Pleistocene世).
【更性】 gēngxìng 동 성을 바꾸다[갈다].
【更衣】 gēngyī 동부 1 옷을 갈아입다. ¶上楼~=위층에 올라가서 옷을 갈아입다. 2 화장실에 가다.
【更衣室】 gēngyīshì 명부 1 탈의실. 2 화장실.
【更易】 gēngyì 동 변경하다. 바꾸다. 변동하다. 고치다. 바꾸다. 변경하다. 변동하다. ¶文中字句略有~。=문장의 자구가 약간 바뀌었다.
【更张】 gēngzhāng 동 1 악기[거문고]의 줄을 조절하다. 2 비 변경하다. 개혁하다. 새롭게 바꾸

다. 새 것으로 갈다. ¶改弦~=금슬(琴瑟)의 현을 새로 갈다. 제도를[방침을·방법을] 바꾸다.
【更正】gēngzhèng 통 (이미 발표한 담화나 문장 중의 착오를) 정정하다. 잘못을 고치다. 개정(改正)하다. ¶~启事=정정 공고. ≒改正 纠正

## 庚 gēng 일곱째 천간 경

명 1 〔天〕 경(庚). 천간(天干)의 일곱 번째. 2 연세. 나이. 연령. 춘추. ¶贵~?=연세가 어떻게 되십니까? / 年~=연세. 3 (Gēng) 성 (姓).

○ 庚 gēng
廐 gēng

○→ 仓cāng庚, 长cháng庚, 贵guì庚

【庚齿】gēngchǐ 명⟨문⟩ 연세. 나이. 연령.
【庚甲】gēngjiǎ 명 1 연세. 나이. 연령. 2⟨예⟩ 출생 연월일시.
【庚日】gēngrì 명 경일(庚日). 간지(干支)로 따져서 일곱 번째 천간(天干)의 날.
【庚帖】gēngtiě 명 사주단자. =【八字帖儿】bāzìtiěr

## *耕[畊] gēng 밭갈 경

통 1 논밭을 갈다. ¶中~=사이갈이하다. / 深~细作=깊이 갈고 정성껏(알뜰하게) 가꾸다. 2⟨비⟩ 생계를 도모하다. 어떤 일에 전념하다. ¶笔~=필경하다. 글을 써서 먹고살다.

○→ 备bèi耕, 笔耕, 春耕, 伙耕, 机耕, 秋耕, 舌shé耕, 深耕, 套tào耕, 中zhōng耕

【耕畜】gēngchù 역축. 농사에 부리는 가축.
【耕地】gēng‖dì 논밭을 갈다.
【耕地】gēngdì 명 경지. 전지. ¶~面积=경지 면적.
【耕读】gēngdú 통 농사지으며 공부하다(가르치다). ¶~之家=부지런히 일하며 공부에 힘쓰는 집.
【耕翻】gēngfān 통 (논밭을) 갈아엎다. ¶~田地=논밭을 갈아엎다.
【耕具】gēngjù 명 농기구.
【耕牛】gēngniú 명 경우. 논밭을 갈 때 부리는 소. 밭갈이 소.
【耕田】gēng‖tián 통 1 논밭을 갈다. 2 농사짓다. ¶以~为生=농사를 생업으로 하다.
【耕田】gēngtián 명 논밭. 경작지.
【耕云播雨】gēngyún-bōyǔ ⟨성⟩ 1 (인력으로) 강우를 조절하고 자연을 개조하다. 2⟨비⟩ 어떤 분야가 활짝 꽃피도록 여건을 조성하다.
【耕耘】gēngyún 통 1 땅을 갈고 김을 매다. 2 경작하다. 3⟨전⟩ 부지런히(근면하게) 일하다. 정성을 기울이다. ¶这些著作是他多年~的收获。=이 저작들은 그가 다년간 부지런히 일한 수확이다.
【耕织】gēngzhī 통 1 경작하고 베를 짜다. 2 농사를 짓다.
【耕种】gēngzhòng 통 땅을 갈고 파종하다. ¶~土地=땅을 경작하다.

【耕作】gēngzuò 통 경작하다. 농사짓다. ¶精心~=정성껏 경작하다.

## 浭 Gēng 물 이름 경

명〔地〕 경수이(浭水). [허베이(河北)성에 있는 강 이름]

## 赓[賡] gēng 이을 갱

통⟨문⟩ 연속하다. 계속하다. 계속되다. 잇다. ¶~续旧好=옛날의 교분을 다시 계속하다. 명 (Gēng) 성(姓).

【赓续】gēngxù 통⟨문⟩ 계속되다. 잇다. ¶~祖业=선조의 유업을 잇다.

## 绠[綆] gēng 동아줄 긍

명⟨방⟩ 동아줄. 굵은 밧줄. ¶~桥=동아줄로 만든 다리.

【绠索】gēngsuǒ 명⟨방⟩ 동아줄. 굵은 밧줄.

## 鹒[鶊] gēng 꾀꼬리 경

명 →【鸧鹒】cānggēng

## *羹 gēng 국 갱

명 (야채나 고기 등으로 만든 걸쭉한) 국. 수프. ¶莲子~=연밥 수프. / 西湖牛肉~=시후(西湖) 쇠고기 수프.

○→ 调tiáo羹, 羊yáng羹, 闭门bìmén羹

【羹匙】gēngchí 명 숟가락.
【羹汤】gēngtāng 명 국. 수프.

## *埂 gěng 두둑 경

명⟨문⟩ 1 (흙으로 만든) 제방. 둑. ¶堤~=제방. 2 둔덕. ¶山~=작은 둔덕. 3 (~儿) (논밭의) 두렁. 두둑. ¶田~儿=밭두렁.

【埂子】gěng·zi (논밭의) 두렁. 두둑. ¶地~=두렁.

## *耿 gěng 빛날 경

형 1⟨문⟩ 밝다. ¶~辉=밝게 빛나다. 2 정직⟨강⟩하다. 바르고[꿋꿋하고] 곧다. ¶~介之士=강직한 선비. 3 (Gěng) 성(姓).

【耿耿】gěnggěng 형 1 마음 졸이다. 근심 걱정이다. 시름이 있다. ¶~于怀=항상 마음에 두고 있다. 2 충성스럽다. 충직하다. ¶忠心~=대단히 충성스럽다. 3 밝다. ¶~星河=밝은 은하수.

【耿介】gěngjiè 형⟨문⟩ 바르고[꿋꿋하고] 곧다. 강직(정직)하다. ¶性情~=성품이 강직하다.

【耿直[梗直·鲠直]】gěngzhí 형 (성격이) 정직[강직]하다. 바르고[꿋꿋하고] 곧다. (성격이) 정직하고 시원시원하다. 소탈하고 솔직하다. ¶为人~=사람됨이 바르고 곧다.

## 哽 gěng 목멜 경

통 1 (음식이) 목에 걸리다. 목메다. ¶吃慢点儿, 别~着。=목이 메지 않게 천천히 먹어요. 2 (감정이 격동하여) 목이 막히다. 흐느끼다. 목이 메다. ¶声音~咽=소리가 흐느끼다.
【哽塞】gěngsè 통 목이 메다. ¶她非常难过,说着说着就~了。=그녀는 너무 슬퍼서 말하면서 목이 메었다.
【哽噎】gěngyē 통 1 (음식이) 목에 걸리다. 목이 메다. ¶一块馒头~在咽喉里,半天才吞下去。=만터우 조각이 목구멍에 걸렸다가 한참 만에야 내려갔다. 2 목메어 울다. 흐느껴 울다. 오열하다. ≒哽咽
【哽咽】[梗咽] gěngyè 통 목메어 울다. 흐느껴 울다. 오열하다. ≒哽噎
【哽阻】gěngzǔ 통 목구멍이 막히다.

## 绠[綆] gěng 두레박줄 경

명 두레박줄.
【绠短汲深】gěngduǎn jíshēn 성 1 두레박줄은 짧은데 우물은 깊다. 2 (비) 능력에 비해 임무가 너무 막중하다. [주로 겸손한 말투에 쓰임]

## *梗 gěng 가지 경

명 (~儿) 줄기. 가지. ¶菠菜~儿=시금치 줄기 / 荷~儿=연 줄기. 통 1 쭉 펴다. 똑바로 하다. 곧추세우다. ¶~着脖子瞧=목을 꼿꼿이 세워서 쳐다보다. 2 막히다. 방해하다. 막다. ¶从中作~=중간에서 방해하다. 형 1 완고하다. 고집스럽다. ¶顽~=완고하다. 2 (성격이) 정직하고 시원시원하다. 소탈하다. ¶生性~直=성품이 시원시원하다. 강직하다. ≒茎

○○ 桔jié梗, 顽wán梗, 阻zǔ梗

【梗概】gěnggài 명 대강. 줄거리. 경과. 대략적인 내용. ¶故事~=이야기 줄거리. ≒概况 大概
【梗塞】gěngsè 통 1 (소통되지 않고) 막히다. ¶道路~=길이 막히다. 2 (醫) 경색되다. 동맥 일부가 막혀서 피가 흐르지 않다.
【梗死】gěngsǐ 통 (醫) 경색되다. ¶心肌~=심근경색.
【梗咽】gěngyè ☞【哽咽】gěngyè
【梗直】gěngzhí ☞【耿直】gěngzhí
【梗滞】gěngzhì 통 정체되다. 막히다. ¶交通~=교통이 정체되다.
【梗子】gěng·zi 명 (식물의) 줄기. 가지. ¶高粱~=수수의 줄기.
【梗阻】gěngzǔ 통 1 막히다. 두절되다. ¶山体滑坡, 公路~。=산사태가 나서 도로가 두절되었다. 2 가로막다. 방해하다. 저지하다. ¶强行~=강제로 가로막다. 3 (醫) 폐색(閉塞)되다. ¶肠~=장폐색. ≒拦截

## **颈[頸] gěng 목 경

☞【脖颈儿】bógěngr
☞ jǐng

## 鲠¹[鯁, 骾] gěng 가시 걸릴 경

명 (물고기의) 가시. 뼈. ¶如~在喉=목에 가시가 걸린 듯하다. 통 (물고기 가시가) 목에

걸리다. ¶他的喉咙被鱼刺~住了。=그의 목구멍에 가시가 걸렸다.

## 鲠²[鯁] gěng 뼈 경

형 정직하다. 성질이 바르고 곧다. ¶~直不阿=강직하여 아첨하지 않다.
【鲠直】gěngzhí ☞【耿直】gěngzhí

## *更 gèng 다시 갱

부 1 (문) 다시. 또. 또한. 되풀이해서. 게다가. ¶百尺竿头, ~进一步。=백척간두(百尺竿頭)에서 다시 한 발 내딛다. 이미 도달한 탁월한 경지에 만족하지 않고 더욱더 노력하다. 2 더욱. 더. 훨씬. 한층 더. 가일층. 더군다나. 보다 더. ¶肩上的担子~重了。=어깨의 짐〔책임〕이 더욱더 무거워졌다.
☞ gēng

---

**更(gèng) / 还(hái) 더욱**

① 更 : 비교 구문과 평서문에서 정도가 심함을 나타낼 수 있음. ¶我比他更大些。=나는 그보다 나이가 좀 더 많아.

还 : 비교 구문에 쓰여 정도가 심함을 나타냄. ¶他受罪, 我还受罪啊! =그 사람 고생스럽지만, 난 더 고생스러워요.

② '更'이 사용된 비교 구문에서 술어 성분 뒤에는 정확한 비교의 수량을 쓰지 않지만 '还'는 이런 제한이 없음. ¶上海的夏天比以前更热了。=상하이의 여름은 이전보다 더 더워졌어. / 我比他还大两岁呢。=나는 그보다 두 살이 더 많아.

---

【更别说】gèng·bié shuō 숙 더 말할 나위도 없다.
【更不必说】gèng bùbì shuō 숙 더 말할 나위도 없다.
【更不要说】gèng bùyào shuō 숙 더 말할 나위도 없다.
【更不用说】gèng bùyòng shuō 숙 더 말할 나위도 없다. ¶这么繁重的劳动连强壮的年轻人都承受不了, ~上了年纪的人了。=이토록 심한 노동은 건장한 젊은이조차 견뎌 내기 힘든데, 하물며 나이 든 사람이야 더 말할 나위도 없다.
【更待何时】gèng dài héshí 숙 어느 세월에야. 얼마나 또 기다려야. 언제 가야. 언제까지 기다려야. ¶这么好的机会还不抓住, 你~? =이런 좋은 기회를 잡지 않고 또 얼마나 기다리려고 하니?
【更何况】gèng hékuàng 숙 하물며. 게다가. ¶连动物都知道自我保护, ~人呢? =동물조차도 자신을 보호할 줄 아는데, 하물며 사람이야?
【更加】gèngjiā 부 더욱. 더. 훨씬. 한층 더. 가일층. 더군다나. ¶生活条件比以往~好了。=생활 여건이 과거보다 더욱더 좋아졌다.
【更其】gèngqí 부 더욱. 더. 한층 더. 가일층. 더군다나.
【更上一层楼】gèng shàng yī céng lóu 성 1

한 층 더 올라가다. **2**㉯ 더욱더 정진하다. 진일 보하다. 한 단계 더 놓이다. 더 좋은 성적을〔결과를〕얻다.

【更是】**gèng·shì** 🅟 더욱. 더. 훨씬. 한층 더. 가일층. 더군다나. 보다 더. ¶大家的情绪~激动了.＝모든 사람의 감정이 더욱더 격렬해졌다.

【更为】**gèngwéi** 🅟 더욱. 더. 훨씬. 한층 더. 가일층. 더군다나. 보다 더. ¶色彩~鲜艳.＝색깔이 한층 더 산뜻해졌다.

【更有甚者】**gèngyǒushènzhě** 🅞 더욱더 심한 것〔사람〕. 이보다 더 심한 것. ¶有的同学屡屡迟到，~，个别同学经常无故缺席.＝어떤 급우들은 자주 지각을 하는데, 더욱더 심한 것은 몇몇 급우들은 아무 이유도 없이 자주 결석을 한다는 것이다.

## 埂 **gèng** 길 긍
🅜㉦ 도로.

## 暅 **gèng** 쬘 긍
🅣㉦ 햇볕에 쬐다〔말리다〕.

# gong

## 工 **gōng** 장인 공
🅜 **1** 장인. 일꾼. 노동자. ¶电~＝전기 기술자. 전공. / 能~巧匠＝숙련공. 기능공. **2** 작업. 노동. 일. ¶手~＝수공. 손으로 하는 공예. / 加~＝가공. **3** 공수(工數). 1인의 하루 노동량. 하루 작업량. [일정한 작업에 필요한 인원수를 노동 시간 또는 노동일로 나타낸 수치] 일손. 인력. 품. ¶粉刷墙壁需要三个~.＝벽을 칠하는데 세 공수가〔사람의 일손이〕필요합니다. **4** 공업. ¶化~＝화학 공업. / 轻~＝경공업. **5** 공사. ¶施~＝시공. / 竣~＝준공. **6** 기사(技师). 엔지니어. ¶张~＝장 기사. / 高~＝고급 엔지니어. 1급 기사. **7** (~儿) 기능. 기예. 솜씨. 재간. 실력. ¶唱~＝노래 실력〔솜씨〕. / 武~＝무공. **8** (音) 공. [전통 음악 음계 부호의 하나. 약보(略谱)의 ‘3’에 해당함] 🅗 **2** 정교하다. 세밀하다. 섬세하다. ¶异曲同~＝곡은 달라도 정교한 솜씨는 같다. 작품은 다르지만 똑같이 뛰어나다. 방법은 다르지만 같은 효과를 내다. 🅣 (…에) 뛰어나다. 정통하다. 능숑하다. (…을〔를〕) 잘 하다. ¶~于心计＝책략〔이해타산〕에 뛰어나다.

○● 罢**bà**工, 帮工, 包工, 刨**bào**工, 变工, 拨**bō**工, 长工, 唱工, 车工, 出工, 怠**dài**工, 底工, 电工, 短工, 锻**duàn**工, 翻工, 返**fǎn**工, 放工, 分工, 复工, 雇**gù**工, 焊**hàn**工, 河工, 华工, 换工, 机工, 记工, 监**jiān**工, 交工, 金工, 军工, 开工, 苦工, 揽**lǎn**工, 劳工, 零**líng**工, 美工, 民工, 牧**mù**工, 泥**ní**工, 评工, 漆**qī**工, 跷**qiāo**工, 青工, 日工, 施**shī**工, 试工, 收工, 手工, 水工, 替工, 童工, 徒**tú**工, 完工, 窝**wō**工, 武工, 铣**xǐ**工, 细工, 下工, 险**xiǎn**工, 小工, 歇**xiē**工, 兴**xīng**工, 羊工, 夜工, 营**yíng**工, 佣**yōng**工, 员工, 月工, 铸**zhù**工, 壮**zhuàng**工

【工本】**gōngběn** 🅜 생산 원가. ¶不惜~＝생산 원가를 고려하지 않다.

【工笔】**gōngbǐ** 🅜(美) 세밀화의 화법. [중국화 화법의 하나. ‘写意(사물의 형태보다는 그 내용이나 정신에 치중하여 그리는 화법)’와 구별됨]

【工笔画】**gōngbǐhuà** 🅜(美) 세밀화(细密画).

【工兵】**gōngbīng** ☞【工程兵】**gōngchéngbīng**

【工部】**gōngbù** 🅜 공부. [수당(隋唐)대에서 청(清)대까지 설치된 중앙 행정 기구인 육부의 하나. 나라의 공사·교통·수리·둔전(屯田) 등을 관장하였음]

【工厂】**gōngchǎng** 🅜 공장.

【工厂主】**gōngchǎngzhǔ** ☞【厂主】**chǎngzhǔ**

【工场】**gōngchǎng** 🅜㉠ 수공업장.

【工潮】**gōngcháo** 🅜 노동 쟁의.

【工尺】**gōngchě** 🅜(音) 중국 전통 음악의 음계 부호. [合·四·一·上·尺·工·凡·六·五·乙 열 가지로, 솔·라·시·도·레·미·파·솔·라·시에 해당함]

【工程】**gōngchéng** 🅜 공학. ¶土木~＝토목 공학. / 水利~＝수리 공학. **2** 공사. 대공사. ¶三峡~＝싼샤(三峡) 대공사. **3** (관련 범위가 넓고 각 방면의 협력이 필요하며 많은 인력과 물자가 투입되는) 프로젝트. 사업. 프로그램. 계획. 공정. ¶希望~＝희망 공정. 희망 프로젝트. [빈곤 지역 아동들에게 교육의 기회를 주기 위해 사회적인 관심을 이끌어 내자는 계획과 조치. 아동은 국가의 희망이라는 의미에서 명명됨]

【工程兵】**gōngchéngbīng** 🅜(军) **1** 공병대. **2** 공병. ＝【工兵】**gōngbīng**

【工程车】**gōngchéngchē** 🅜 작업 차량. 공사 차량.

【工程队】**gōngchéngduì** 🅜 작업대(队). 작업반. 시공반.

【工程师】**gōngchéngshī** 🅜 기사(技师). 엔지니어.

【工程院】**gōngchéngyuàn** 🅜 공정원(工程院). [공학 과학 기술계의 최고 학술 기구. 원사(院士)로 구성되며, 공학 방면의 학술 연구와 자문을 담당함]

【工党】**gōngdǎng** 🅜(政) 노동당(劳动党).

【工地】**gōngdì** 🅜 공사장. 공사 현장. ¶建筑~＝건축 공사 현장.

【工点】**gōngdiǎn** 🅜(建) 공사 지점.

【工读】**gōngdú** 🅣 **1** 고학(苦学)하다. 일하면서

배우다. ¶他打算到国外~深造。=그는 외국에 가서 고학하면서 학업에 정진할 계획이다. **2** 비행 청소년을 선도 교육하다.
【工读教育】**gōngdú jiàoyù** [명]《教》 비행 청소년을 선도하는 교육.
【工读生】**gōngdúshēng** [명] **1** 고학생. **2** 비행 청소년 선도 학교 학생.
【工读学校】**gōngdú xuéxiào** [명]《教》 비행 청소년 선도 학교.
【工段】**gōngduàn** [명] **1**《工》(건축·교통·수리 등 공사의 시공 조직인) 부. 부서. 파트. **2** 작업 부서. [공장 작업 현장의 생산 단위〔조직〕. 아래에 반·조·팀 등이 조직되어 있음]
【工房】**gōngfáng** [명][방] **1** 작업장. **2** (국가나 단체에서 지은) 노동자 기숙사.
【工分】**gōngfēn** [명] (1950년대에서 1980년대 초까지 농촌 집단 경제 조직의) 노동량과 임금의 계산 단위. 노동 점수〔단위〕.
【工分值】**gōngfēnzhí** [명] 노동 단위〔점수〕 환산치. (점수제 임금 제도에서) 노동 점수의 환산치〔실제 화폐 가치〕.
【工蜂】**gōngfēng** [명]《動》 일벌.
【工夫】**gōngfū** [명][옛] 임시 고용 노동자. 품팔이꾼. 품꾼.
【工夫】[功夫] **gōng·fu**(~儿) [명] **1** (소비한) 시간. ¶他半天~就学会了骑自行车。=그는 한나절만에 자전거 타는 법을 배웠다. **2** 틈. 여가. ¶他很忙, 没~管这些闲事。=그는 바빠서 이런 쓸데없는 일에 신경 쓸 틈이 없다. **3**[방] 때. 시. ¶我们小孩子那~, 哪有这么些好吃的、好玩的? =우리가 어릴 때 이렇게 맛있고 재미있는 것들이 어디 있었겠어요?
【工夫茶】**gōng·fuchá** ☞【功夫茶】**gōng·fuchá**
【工工整整】**gōng·gong zhěngzhěng**(~的) [형] 매우 반듯하고 또박또박하다. ¶字要写得~的, 别乱草。=글자는 반듯하게 써야지, 흘려 쓰면 안 돼요.
【工行】**gōngháng** ☞【中国工商银行】**Zhōngguó gōngshāng yínháng**
【工会】**gōnghuì** [명] 노동 조합. 노조.
【工价】**gōngjià** [명] 임금. 품삯. 인건비.
【工架】[功架] **gōngjià** [명] 연극배우의 몸짓과 자세.
【工间】**gōngjiān** [명] (일과 시간 중의) 짬. (빈) 틈. 휴식 시간. 커피 타임. 중간 휴식 시간. ¶~休息=일과 중에 틈을 내어 쉬다.
【工间操】**gōngjiāncāo** [명] 업무 중〔간〕 체조. 중간 체조.
【工件】**gōngjiàn** ☞【作件】**zuòjiàn**
【工匠】**gōngjiàng** [명] 공예가. 장인(匠人).
【工交】**gōngjiāo** [명] 공업과 교통 운수업. ¶~系统=공업과 교통 운수업 시스템〔체계〕.
【工具】**gōngjù** [명] **1** 공구. 작업 도구. **2**[비] 수단. 도구. 방법. ¶文字是人们表达情感和意愿的~。=문자는 인간이 감정과 의사를 표현하는 수단이다.
【工具钢】**gōngjùgāng** [명] 공구강. 공구용강.
【工具机】**gōngjùjī** ☞【工作母机】**gōngzuò mǔjī**
【工具栏】**gōngjùlán** [명]《컴》 도구 막대. 툴 바(tool bar).
【工具书】**gōngjùshū** [명] (사전·색인·연감·연표 등과 같은) 기본 참고서. 참고 도서. 도구서. 공구서.
【工卡】**gōngkǎ** [명] (근무 중에 차는) 신분증.
【工楷】**gōngkǎi** [명] 반듯한 해서(楷書). 또박또박 쓴 정자.
【工科】**gōngkē** [명] 공과. ¶~院校=공과 대학.
【工矿】**gōngkuàng** [명] 공업과 광업. 광공업. ¶~企业=광공업 기업.
【工力】**gōnglì** [명] **1** 공력. 실력. 재량. 기술. 능력. 기술과 힘. 재간과 역량. ¶颇见~=꽤나 공력이 보인다. **2** (작업에) 필요한 인력. 노동력. ¶这项工程需要投入大量的~。=이 공사는 대량의 인력이 필요하다.
【工力悉敌】**gōnglì-xīdí** [성] 실력이 비슷하여 우열을 가리기 힘들다.
【工料】**gōngliào** [명] **1** 노동력과 재료. 인력과 자재. **2** 공사 자재. ¶购买~=공사 자재를 구입하다.
【工龄】**gōnglíng** [명] 재직 연수. 근무 연한. 취직 연한.
【工贸】**gōngmào** [명] 공업과 무역업. ¶~集团=공업 무역업 그룹.
【工贸结合】**gōngmào jiéhé** [명] 공업과 무역업의 결합 시스템.
【工农】**gōngnóng** [명] **1** 노동자와 농민. ¶~大众=노동자 농민 대중. **2** 노동자 계급과 농민 계급. ¶~联盟=노동자 농민 연맹. **3** 공업과 농업. ¶~并重=공업과 농업을 동시에 중시하다.
【工农兵】**gōngnóngbīng** [명] 노동자·농민·군인. ¶~代表=노동자·농민·군인 대표.
【工农业】**gōngnóngyè** [명] 공업과 농업의 합칭. 농공업.
【工棚】**gōngpéng** [명] (작업·숙박용의) 공사 현장 가설 건물.
【工期】**gōngqī** [명] 공기. 공사 기한. 작업 기일. ¶延长~=공기를 연장하다.
【工钱】**gōng·qian** [명] **1** 품삯. 공전. **2**[방] 월급. 급료. 임금.
【工巧】**gōngqiǎo** [형] (시·서화·공예품 등이) 섬세하다. 정교하다. 솜씨가 좋다. ¶笔法~=필법이 정교하다.
【工青妇】**gōng qīng fù** [명] '工会(노조)·共青团(공산당 청년단)·妇联(중화 전국 부녀자 연합회)'의 합칭.
【工区】**gōngqū** [명] (공업이나 광업 회사의) 작업 구역. 공사 구역. 공구.
【工人】**gōngrén** [명] 노동자.
【工人阶级】**gōngrén jiējí** [명] 노동자 계급.
【工日】**gōngrì** [명] 작업 일수. 노동 일수. 인일(人日). [한 사람이 하루 동안 일한 양을 나타내는 단위]
【工伤】**gōngshāng** [명] 산업 재해. 산재. ¶~

事故=산업 재해 사고.
【工商】gōngshāng 몡 공업과 상업. 상공. ¶~企业=상공 기업.
【工商行】gōngshāngháng 몡(약) 中国工商银行(중국 공상 은행).
【工商界】gōngshāngjiè 몡 상공업계.
【工商局】gōngshāngjú 몡(약) 工商行政管理局(상공 행정 관리국).
【工商联】gōngshānglián 몡(약) 中华全国工商业者联合会(중화 전국 상공업자 연합회).
【工商税】gōngshāngshuì 몡 영업세와 소득세. 공상세.
【工商所】gōngshāngsuǒ 몡 工商行政管理所(상공 행정 관리소).
【工商行政管理局】gōngshāng xíngzhèng guǎnlǐjú ☞【工商局】gōngshāngjú
【工商行政管理所】gōngshāng xíngzhèng guǎnlǐsuǒ ☞【工商所】gōngshāngsuǒ
【工商业】gōngshāngyè 몡 상공업.
【工时】gōngshí 몡 작업 시간. 노동 시간. 근무 시간. 인시(人時). [한 사람이 한 시간 동안 일하는 양을 나타내는 단위]
【工事】gōngshì 몡(군) (방어와 공격을 위해 구축한) 참호·진지·보루 등과 같은 건축물의 총칭.
【工头】gōngtóu (~儿) 몡 작업 반장. 십장. 직공장(職工長). 현장 주임. 도목수.
【工团主义】gōngtuánzhǔyì 몡(철) 생디칼리슴. 佛 syndicalisme
【工委】gōngwěi 몡(약) 1 中共中央直属机关工作委员会(중공 중앙 직속 기관 공작 위원회). 2 中共中央国家机关工作委员会(중공 중앙 국가 기관 공작 위원회).
【工稳】gōngwěn 혱(문) 짜임새가 있다. [주로 시문이나 서화를 가리킴] ¶对仗~=대구가 짜임새가 있다.
【工细】gōngxì 혱 정교하다. 섬세하다. ¶刻画~=섬세하게 묘사하다. ≒精细 精巧 精致
【工效】gōngxiào 몡 작업의 효율〔능률〕. ¶提高~=일의 효율을 높이다.
【工薪】gōngxīn 몡 월급. 임금. ¶~收入=월급 수입. ≒工资
【工薪阶层】gōngxīn jiēcéng 몡 샐러리맨 계층. 봉급 생활자 계층.
【工薪族】gōngxīnzú 몡 월급쟁이. 샐러리맨. 봉급〔임금〕생활자.
【工形钢】gōngxínggāng ☞【工字钢】gōngzìgāng
【工休】gōngxiū 몡 1 (일과 중간의) 짧은 휴식. ¶~时间大家聚在一块儿闲聊.=휴식 시간에 모두 함께 모여서 이야기하다. 2 휴무. ¶~假=휴무일.
【工序】gōngxù 몡 1 제조 공정. 2 제조 절차〔순서〕.
【工业】gōngyè 몡 공업.
【工业产权】gōngyè chǎnquán 몡(법) 상표권과 특허권.
【工业革命】gōngyè gémìng 몡(력) 산업 혁명. =【产业革命】chǎnyè gémìng
【工业国】gōngyèguó 몡 공업국.
【工业化】gōngyèhuà 통 공업화하다. ¶~进程=공업화의 추이〔진행 과정〕.
【工业链】gōngyèliàn 몡 공업 벨트.
【工业品】gōngyèpǐn 몡 공산품.
【工业企业】gōngyè qǐyè 몡 공업 기업.
【工业区】gōngyèqū 몡 공단. 공업 단지. 공장지대. =【工业园区】gōngyè yuánqū
【工业园区】gōngyè yuánqū ☞【工业区】gōngyèqū
【工蚁】gōngyǐ 몡(동) 일개미.
【工艺】gōngyì 몡 1 공예. (원자재나 반제품을) 가공하는 작업〔방법·기술〕. ¶~复杂=가공 작업이 복잡하다. 2 수공예. ¶~超群=수공예 솜씨가 탁월하다.
【工艺美术】gōngyì měishù 몡(미) 공예미술.
【工艺品】gōngyìpǐn 몡 (수)공예품.
【工友】gōngyǒu 몡 1(옛) 일꾼. 노동자. 2(옛) 일꾼끼리의 호칭. 3 (기관이나 학교의) 소사. 사환. 잡역부. 고용원.
【工于】gōngyú …에 뛰어나다. …을〔를〕잘하다. …에 능숙하다. ¶~水粉画=구아슈〔불투명 수채화〕를 잘 그린다. ≒善于
【工余】gōngyú 몡 업무 외 시간. 여가. 노동의 여가. ¶他利用~时间学习外语.=그는 여가를 활용해서 외국어를 배운다.
【工欲善其事, 必先利其器】gōng yù shàn qí shì, bì xiān lì qí qì 속 1 장인이 일을 잘 하려면 먼저 도구를 잘 다듬어야 한다. 2(비) 모든 일은 기초가 제일 중요하다.
【工运】gōngyùn 몡(약) 工人运动(노동 운동).
【工长】gōngzhǎng 몡 부서장. 작업 반장. 직공장(職工長). 현장 주임.
【工贼】gōngzéi 몡 노동 운동의 배신자. 파업을 파괴하는 배반자. 파업 이탈〔방해〕자.
【工整】gōngzhěng 혱 1 (글씨 등이) 반듯하고 또박또박하다. 깔끔하다. ¶他的字写得相当~.=그의 글씨는 상당히 깔끔하다. 2 (대구가) 잘 짜여 있다. 짜임새가 있다. ¶对仗~=대구가 짜임새가 있다. ↔潦草
【工致】gōngzhì 혱 정교하다. 섬세하다. ¶描绘~=섬세하게 묘사하다.
【工种】gōngzhǒng 몡 (광공업에서) 노동의 종류. 직무.
【工装】gōngzhuāng 몡 작업복. 노동복. 일복.
【工装裤】gōngzhuāngkù 몡 작업용 멜빵바지. 작업복 바지.
【工资】gōngzī 몡 월급. 임금. 노임. ≒工薪 薪水 薪资
【工字钢】gōngzìgāng 몡 I형 강철. =【工形钢】gōngxínggāng
【工字形】gōngzìxíng 몡 아이(I)형. ¶~钢材=아이(I)형강(재).
【工作】gōngzuò 통 1 일하다. 작업하다. 노동하다. ¶努力~=열심히 일하다. 2 작동하다. 운전하다. ¶电脑正在~.=컴퓨터가 켜져 있다.

图 **1** 근무. 작업. 일. 업무. 공작. 노동. ¶他主要负责宣传~=그는 주로 선전 임무를 맡았다. **2** 직업. 일자리. ¶找~=직업을 구하다.

【工作餐】**gōngzuòcān** 图 **1** 사내 급식. 직장에서 제공하는 식사. **2** (회의 등) 공무를 보면서 먹는 밥. 업무 활동 중의 식사.

【工作队】**gōngzuòduì** 图 (비교적 규모가 큰) 작업반. 작업팀. 근무팀.

【工作服】**gōngzuòfú** 图 작업복. 근무복. 노동복. 일복.

【工作简历】**gōngzuò jiǎnlì** 图 근무 경력.

【工作量】**gōngzuòliàng** 图 작업량. 근무량. 노동량. ¶科研~=과학 연구 작업량.

【工作面】**gōngzuòmiàn** 图 **1**(礦) 막장. 채광현장. 채굴장. 채벽. **2**(機) 가공면.

【工作母机】**gōngzuò mǔjī** 图(機) 선반. 공작기계. =【机床】**jīchuáng**【工具机】**gōngjùjī** ☞【母机】**mǔjī**

【工作日】**gōngzuòrì** 图 **1** 근무일. 작업 일. **2** 근무 시간. 작업 시간.

【工作站】**gōngzuòzhàn** 图 **1** 분소. 지소. 사무소. 영업소. 작업소. 서. 국. ¶卫生防疫~=위생방역소. **2**(컴) 워크스테이션(workstation).

【工作者】**gōngzuòzhě** 图 근무자. 종사자. 일하는 사람. 관계자. 취급자. ¶新闻~=뉴스 종사자. 저널리스트. 언론인.

【工作证】**gōngzuòzhèng** 图 (근무처에서 발행하는) 신분증. 신분 증명서. 아이디(ID) 카드.

【工作组】**gōngzuòzǔ** 图 (특별히 임시로 파견된) 근무팀. 작업팀. ¶扶贫~=빈민 구제 작업반.

## \*\* 弓 **gōng** 활 궁

图 **1** 활. ¶拉~=활을 당기다. 弹~=탄궁. **2** (~儿) 모양 또는 작용이 활과 같은 기구. ¶绷~儿=(문 위의) 자동 닫음 장치. 개폐용의 용수철. **3** (토지 측량에 쓰이는) 궁형(弓形) 나무자. **4** (Gōng) 성(姓). 옛날, 지적의 계산 단위. [1弓은 5尺(chǐ)에 해당함] 图 구부리다. ¶老人~着腰慢慢走着.=노인이 허리를 구부려서 천천히 걸어가고 있다.

○● 弩 **nǔ** 弓, 硬 **yìng** 弓

○ 弓 **gōng**
躬 **gōng**
穹 **qióng**

【弓背】**gōngbèi** 图 활등. 활등처럼 구부러진 부분. 图 등이 굽다. 등을 구부리다. ¶弯腰~=허리를 굽히고 등을 구부리다.

【弓步】**gōngbù** ☞【弓箭步】**gōngjiànbù**

【弓袋】**gōngdài** 图 궁대. 활집. =【弓衣】**gōngyī**

【弓箭】**gōngjiàn** 图 활과 화살.

【弓箭步】**gōngjiànbù** 图 궁전보. [한 발은 앞으로 굽히고 한 발은 뒤로 곧게 뻗은 자세] =【弓步】**gōngbù**

【弓马】**gōngmǎ** 图 **1** 기사(騎射). 말 타고 활쏘기. **2** 무예. ¶演习~=무예를 연마하다.

【弓弩】**gōngnǔ** 图 **1** 궁(弓)과 노(弩). 활과 쇠뇌. **2** 활과 화살. ¶~手=궁수.

【弓身】**gōngshēn** 图 몸을 굽히다. 허리를 굽히다. 몸을 구부리다. ¶~屈膝=몸을 굽히고 무릎을 꿇다.

【弓弦】**gōngxián** (~儿) 图 **1** 활시위. **2**(転) 똑바른〔곧은〕 길. ¶走~, 近得多.=똑바른〔곧은〕 길로 가면 훨씬 가깝다.

【弓形】**gōngxíng** 图 **1**(數) 활꼴. 궁형. **2** 아치형. ¶一座~桥横跨河面.=한 개의 아치형 다리가 강을 가로지르고 있다.

【弓腰】**gōngyāo** 图 허리를 굽히다. ¶~驼背=허리가 구부러지고 등이 굽다. 곱사등이.

【弓衣】**gōngyī** ☞【弓袋】**gōngdài**

【弓子】**gōng·zi** 图 모양 또는 작용이 활과 같은 기구. ¶胡琴~=호궁〔胡弓〕의 활.

## \*\* 公 **gōng** 함께할 공

形 **1** 국유의. 국가의. 공유의. 공공의. 집단적인. ['私(사유의)'와 구별됨] ¶爱护~物=공공 기물을 애호하자. / 社会~仆=사회의 공복(公僕). **2** 공평하다. 공정하다. 사사로움〔사심〕이 없다. ¶秉~执法=사심 없이 공정하게 법을 집행하다. / 大~无私=공평무사하다. **3** 공통의. 공동의. 공인된. 모두가 인정하는. ¶卫生~约=위생 공약. **4** 국제적인. 국제 통용의. 세계 공통의. ¶~海捕捞=공해에서 어획하다. **5** 공개된. 공포된. ¶联合~报=공동 성명. **6** (금수의) 수컷의. ¶~鸡=수탉. / ~牛=황소. 動 공개하다. 알게 하다. 공포하다. 선포하다. ¶~告天下=세상에 공포하다. / ~布于众=대중에게 공포하다. 图 **1** 국가. 단체. ¶归~=국가에 귀속시키다. 공유화하다. / 交~=나라에 바치다. **2** 공무. 사무. ¶办~时间=근무 시간. / 克己奉~=사심을 버리고 국가에 이바지하다. **3** (中国 고대 귀족 5등급의 작위 가운데 제1등) ¶王~大臣=왕공 대신. **4** 공. [남자에 대한 존칭] ¶许~=허 공. / 愚~移山=우공이 산을 옮기다. **5** 시아버지. ¶孝敬~婆=시부모님을 잘 섬기고 공경하다. **6** (Gōng) 성(姓). ≒私 母 婆

| ○● | 办公, 秉 **bǐng** 公, 伯 **bó** 公, 不公, 充 **chōng** 公, 归公, 老公, 雷公, 艄 **shāo** 公, 师公, 叔 **shū** 公, 太公, 天公, 外公, 王公, 相公, 寓 **yù** 公 |

○ 公 **gōng**
蚣 **gōng**
松 **sōng**
宋 **sòng**
颂 **sòng**
讼 **sòng**
菘 **sōng**
淞 **sōng**
崧 **sōng**
忪 **sōng**
翁 **wēng**
嗡 **wēng**
鳌 **wěng**
蓊 **wěng**

【公安】**gōng'ān** 图 **1** 치안. ¶~机关=치안 기관. **2** 경찰. ¶他干了十多年的~.=그는 10여 년 간 경찰에 몸담았다.

【公安部队】**gōng'ān bùduì** 图(軍) 공안 부대. 치안 부대. 보안 부대.

【公安局】**gōng'ānjú** 图 공안국. 경찰국.

【公案】**gōng'àn** 图 **1** 풀기〔해결하기〕 어려운 사건〔안건〕. 현안. ¶无头~=실마리를 잡을 수 없는 사건. **2** 쟁점이 되고 있는 일〔사건〕. 기이한 일〔사건〕. ¶~小说=공안 소설. **3**(轉) 재판관이

사건을 심리할 때 쓰던 책상.
【公办】 gōngbàn 〔동〕 공공 기관이 경영하다. ¶~学校=공립 학교. ↔民办
【公报】 gōngbào 〔명〕 1 성명(聲明). 성명서. 코뮈니케. ¶新闻~=신문·방송을 통한 성명. 2 관보(官報). 공보.
【公报私仇】 gōngbào-sīchóu 〔성〕 공적인 일로써 사적인 원한을 풀다. =【官报私仇】 guānbào-sīchóu
【公倍数】 gōngbèishù 〔명〕〔數〕공배수.
【公比】 gōngbǐ 〔명〕〔數〕공비.
【公秉】 gōngbǐng ☞【千升】 qiānshēng
【公布】 gōngbù 〔동〕 공포〔공표〕하다. ¶~获奖名单=수상자 명단을 공포하다.
【公厕】 gōngcè 〔명〕 공중 화장실.
【公差】 gōngchā 〔명〕 1〔數〕공차. 2〔機〕공차. 오차의 한계. 오차의 허용 범위.
【公差】 gōngchāi 〔명〕 ① 관아의 심부름꾼. 2 출장 공무. ¶出~=공무 출장을 가다.
【公产】 gōngchǎn 〔명〕 공공 재산. ¶侵吞~=공공 재산을 착복〔횡령〕하다. ↔私产
【公车】 gōngchē 〔명〕 1 관용차(량). 2〔방〕 버스.
【公称】 gōngchēng 〔명〕 공칭. 기기의 성능이나 도면 치수의 규격·표준.
【公尺】 gōngchǐ 〔양〕 '米(미터, meter)'의 옛 명칭.
【公出】 gōngchū 〔동〕 공무 외출하다. 공무 출장가다. ¶因工作需要, 他长期~在外. =일 때문에 그는 장기간 외부에 출장 나가 있다.
【公畜】 gōngchù 〔명〕 1 가축의 수컷. 2 종축(種畜). 씨짐승.
【公寸】 gōngcùn ☞【分米】 fēnmǐ
【公担】 gōngdàn 〔양〕 100킬로그램.
【公道】 gōngdào 〔명〕 정의. 공리. 정도. 바른 도리. ¶主持~=정의를 주재(主宰)하다. ↔不公
【公道】 gōng·dao 〔형〕〔구〕 공평하다. 공정하다. 정의롭다. 합리적이다. ¶处事~=공평하게 일을 처리하다.
【公德】 gōngdé 〔명〕 공중도덕. ¶社会~=사회의 공중도덕.
【公敌】 gōngdí 〔명〕 공적. 공공〔공동〕의 적. ¶人民~=인민의 공적.
【公地】 gōngdì 〔명〕 공공 용지. 공지. 공유지. ¶不能随便占用~. =공유지를 마음대로 점유해서는 안 된다.
【公爹】 gōngdiē 〔명〕〔방〕 시아버지.
【公断】 gōngduàn 〔동〕 1 공정하게 판단하다. 공평하게 재판하다. ¶是非曲直, 法官自会~。=시비곡절은 법관이 스스로 알아서 공정하게 판단할 것이다. 2 중재하다. ¶听由旁人~. =주위 사람들의 공정한 판단을 기다리다. 3 관청에서 판결하다. 재판하다. ¶这事最好~, 不要私了. =이 일은 재판하는 것이 제일 좋지, 그냥 당사자끼리 화해하지 마세요.
【公吨】 gōngdūn 〔명〕 톤(ton).
【公而忘私】 gōng'érwàngsī 〔성〕 국가나 단체의 이익을 위해 개인의 이익은 돌보지 않다. 공적인 이익을 위하여 개인의 이익을 희생하다.

【公法】 gōngfǎ 〔명〕〔法〕 1 공법. 2 국제(공)법. ¶国际~=국제법. ↔私法
【公方】 gōngfāng 〔명〕 (민관 합작 기업에서) 정부측. 기관측. ['私方(기업측·민간측)'과 구별됨] ¶~代表=정부측 대표. 〔양〕 입방미터.
【公房】 gōngfáng 〔명〕 공공 주택.
【公费】 gōngfèi 〔명〕 공비. 국비. ¶~留学=국비유학.
【公费旅游】 gōngfèi lǚyóu 〔동〕 공금으로 여행하다.
【公费生】 gōngfèishēng 〔명〕 1 국비 유학생. 2 국비생.
【公费医疗】 gōngfèi yīliáo (국가나 회사에서 의료 비용을 부담하는) 무상 의료 제도.
【公分】 gōngfēn 〔명〕 1 센티미터(centimeter). 2 그램(gram).
【公分母】 gōngfēnmǔ 〔명〕〔數〕 공통 분모.
【公愤】 gōngfèn 〔명〕 대중의 분노. 공분. ¶他的狂妄自大激起了~。=그의 오만 방자한 행동은 대중의 분노를 불러일으켰다.
【公干】 gōnggàn 〔동〕 공무를 처리하다〔보다〕. ¶外出~=외출하여 공무를 처리하다. 〔명〕 공무. 용무. 볼일. 용건. ¶您来此地有何~? =무슨 일로 오셨죠?
【公告】 gōnggào 〔명〕 공고. 공포. 알림. 공시. 선언. 〔동〕 공포하다. 공고하다. ¶特此~=특별히 공고하다.
【公共】 gōnggòng 〔형〕 공공의. 공중의. 공용의. 공동의. ¶~财物=공공 재산. / ~场所=공공 장소. / ~道德=공중도덕.
【公共电脑屋】 gōnggòng diànnǎowū ☞【网吧】 wǎngbā
【公共关系】 gōnggòng guānxì 〔명〕 공공 관계. 〔약〕【公关】 gōngguān
【公共课】 gōnggòngkè 〔명〕 공통 과목. 필수 교양 과목.
【公共汽车】 gōnggòng qìchē 〔명〕 버스.
【公共外语】 gōnggòng wàiyǔ 〔명〕 공통외국어.
【公共秩序】 gōnggòng zhìxù 〔명〕 공공 질서. 사회 질서. ¶维护~=사회 질서를 유지하다.
【公公】 gōng·gong 〔명〕 1 시아버지. 2 노인장. 3 내시. [주로 조기 백화문에 보임] 4〔방〕 할아버지. 5〔방〕 외할아버지.
【公公平平】 gōng·gong píngpíng (~的) 〔형〕 대단히 공평하다.
【公狗】 gōnggǒu 〔명〕〔動〕 수캐.
【公股】 gōnggǔ 〔명〕〔經〕 (민관 합작 기업의) 정부측〔기관측〕 주식.
【公关】 gōngguān 〔명〕 1 ☞【公共关系】 gōnggòng guānxì 2 섭외. 홍보. 공보. 피아르(PR). ¶她在单位里搞~。=그녀는 회사에서 섭외를 담당하고 있다.
【公关部】 gōngguānbù 〔명〕 홍보〔섭외〕부.
【公关先生】 gōngguān xiān·sheng 〔명〕 홍보〔섭외〕를 담당하는 남자 직원.
【公关小姐】 gōngguān xiǎojiě 〔명〕 홍보〔섭외〕를 담당하는 여직원.

【公馆】gōngguǎn 명㉠ 공관. 관원·부자의 호화 주택.
【公国】gōngguó 명 공국. [중세 유럽에서, 큰 나라로부터 '공(公)'의 칭호를 받은 군주가 다스리던 작은 나라. 현재는 리히텐슈타인 공국·모나코 공국 등이 있음]
【公海】gōnghǎi 명 공해.
【公害】gōnghài 명 1 공해. 2㉣ 공해. 유해물. ¶黃色书籍是一大~。= 음란 서적이 크나큰 (사회의) 공해이다.
【公函】gōnghán 명 공문. 공함.
【公毫】gōngháo ☞【厘克】líkè
【公侯】gōnghóu 명 1 공작과 후작. 공후. 2 작위가 있는 귀족과 직위가 높은 관리.
【公会】gōnghuì ☞【同业公会】tóngyè gōnghuì
【公贿】gōnghuì 통 공금으로 뇌물을 먹이다.
【公积金】gōngjījīn 명 1 (기업의) 적립금. 준비금. 2 (전문 항목의 공공 복지 사업을 위한) 장기성 적립금. ¶住房~= 주택 적립금.
【公祭】gōngjì 통 공공 단체·기관·사회 각계에서 추모식[추도식]을 지내다. 명 공적인 추모식[추도식]. ¶~将在上午10点开始。= 추도식은 오전 10시에 시작될 것이다.
【公价】gōngjià 명(經) 공정 가격. 공정가.
【公假】gōngjià 명 공가(公暇). 공적인 휴가. [출산 휴가·병가·연월차 휴가 등]
【公家】gōng·jia 명 국가나 공공 단체[기관]. ¶不得私自挪用~的钱款。= 공금을 사사로이 유용해서는 안 된다. ↔私人
【公检法】gōngjiǎnfǎ 명 '公安机关(공안 기관)·检察院(검찰청)·人民法院(인민법원)'의 합칭.
【公交】gōngjiāo 명 공공[대중] 교통. ¶~车= 버스.
【公教人员】gōngjiào rényuán 명㉠ 공무원과 교직원.
【公斤】gōngjīn ☞【千克】qiānkè
【公举】gōngjǔ 통 공동으로 추천하다. ¶全厂职工~他为先进工作者。= 전체 종업원들이 그를 우수 근로자로 추천하였다.
【公决】gōngjué 통 (중대한 사안을) 공동으로 결정하다. ¶全民~= 전체 인민이 공동으로 결정하다.
【公爵】gōngjué 명 1 공작. [중국 고대 귀족 5등급의 작위 가운데 제1등] 2 공작. [유럽 일부 국가 귀족의 최고 작위]
【公开】gōngkāi 형 공개적인. 터놓은. 오픈된. 드러난. ¶~发行= 공개적으로 발행하다. 통 공개하다. 공개되다. ¶~他人隐私= 타인의 프라이버시를 공개하다. ↔秘密
【公开化】gōngkāihuà 통 공개화하다. ¶政务~= 정부 업무의 공개화.
【公开赛】gōngkāisài 명(體) 오픈 대회.
【公开信】gōngkāixìn 명 공개장.
【公筷】gōngkuài 명 공용 젓가락.
【公款】gōngkuǎn 명 공금. ¶挪用~= 공금을 유용하다.
【公厘】gōnglí ☞【毫米】háomǐ
【公里】gōnglǐ ☞【千米】qiānmǐ
【公理】gōnglǐ 명 1 공리. 일반 사람과 사회에서 두루 통하는 진리·도리. 정당한[바른] 도리. 2 《數》 공리.
【公历】gōnglì 명(天) 양력. =【格里历】gélǐlì ㉣ 阳历】yánglì
【公立】gōnglì 통 국가나 공공 기관에서 설립하다. ¶~大学= 공립 대학. ↔私立
【公例】gōnglì 명 일반적인 규율[법칙]. 통칙.
【公粮】gōngliáng 명 식량으로 내는 현물세(現物稅). 공량.
【公了】gōngliǎo 통 (분쟁을) 공적[법적]으로 해결하다. ≒官了↔私了
【公路】gōnglù 명 (주로 차가 다니는 시외의) 도로. 고속 도로. 지방도. 국도. 공로.
【公论】gōnglùn 명 공론. 공정한 여론. 공평한 평론. ¶是非自有~。= 옳고 그름은 저절로 가려질 것이다.
【公螺】gōngluó 명(動) 밤고둥과에 딸린 복족류의 일종. [불꽃 모양의 무늬가 있는 회백색 껍질은 단단하고 원추형이며, 입구는 편평하고 비스듬한 모양임] =【大马蹄螺】dà mǎtíluó 명 top shell
【公买公卖】gōngmǎi gōngmài 통 공정하게 거래하다. 공정하게 팔고 사다.
【公民】gōngmín 명 국민. 공민.
【公民权】gōngmínquán 명(法) 민권. 공민권. 시민권.
【公民基本权利】gōngmín jīběn quánlì 명 기본권. 국민[公民]의 기본권. 국민의 기본적인 권리.
【公亩】gōngmǔ 명 아르(are). [100평방미터. 약 30.25평]
【公墓】gōngmù 명 공동 묘지. ¶烈士~= 열사 공동 묘지.
【公派】gōngpài 통 국가에서 [공무로·국비로] 파견하다. ¶~留学生= 국비 유학생.
【公判】gōngpàn 통 1 대중이 판정[평가·평판]하다. ¶此事交由民众~。= 이 일은 대중들이 판정하도록 해야 한다. 2《法》 공개적으로 선고하다.
【公平】gōngpíng 형 공평하다. 공정하다. ¶~竞争= 공정한 경쟁. 페어 플레이(fair play). ↔不平
【公平秤】gōngpíngchèng 명 공평 저울. [시장·상점 등에서 근수가 정확한지를 달아 보는 저울]
【公评】gōngpíng 명 대중이 평론[비평·평가]하다. ¶孰是孰非, 有待~。= 누가 옳고 그른지는 대중의 평론에 맡겨야 한다. ≒公正한 평론.
【公婆】gōngpó 명 1 시아버지와 시어머니. 시부모. 2㉣ 부부. ¶两~= 한 쌍의 부부. 부부 두 사람.
【公仆】gōngpú 명 공복(公僕). 공무원. ¶人民~= 국민의 공복.
【公切线】gōngqiēxiàn 명《數》 공통 접선. 공절선.

【公勤人员】gōngqín rényuán 몡 공무원과 잡역부.[고용원].
【公卿】gōngqīng 몡 문 1 삼공 구경(三公九卿). 2 (조정의) 고관.
【公顷】gōngqǐng 양 헥타르(hectare). [1헥타르는 1아르의 100배로 10km²임]
【公请】gōngqǐng 통 1 공동으로 초대〔초청〕하다. ¶~知名专家担任顾问。= 유명한 전문가들을 공동으로 초빙하여 고문으로 삼다. 2 공동으로 식사 초대를 하다. ¶我们今晚～他，给他接风。= 우리는 오늘 저녁 그를 초대하여 환영 만찬회를 열어 준다.
【公然】gōngrán 부 공개적으로. 거리낌없이. 공공연히. ¶~违约=공공연히 약속을 어기다.
【公人】gōngrén 몡옛 (관아의) 심부름꾼. 잡역부. [주로 조기 백화문에 보임]
【公认】gōngrèn 통 공인하다. 모두가 인정하다. ¶他的敬业精神是为大家所～的。= 그의 철저한 직업 의식은 모든 사람이 인정한다.
【公伤】gōngshāng 몡 공상.
【公设】gōngshè 몡(數) 공리.
【公社】gōngshè 몡 1 (고대의) 공동 사회. 공동체. ¶氏族～=씨족 공동체. 2 코뮌. ¶巴黎～=파리 코뮌. 약 commune 3 인민 공사.
【公审】gōngshěn 통(法) 공개재판〔심리〕하다.
【公升】gōngshēng 양 리터(liter).
【公使】gōngshǐ 몡 공사.
【公使馆】gōngshǐguǎn 몡 공사관.
【公示】gōngshì 통 공시하다. ¶实行干部任免～制。= 간부의 임명과 파면에 대한 공시제를 실시하다.
【公式】gōngshì 몡 1 (數) 공식. 2 일반 법칙.
【公式化】gōngshìhuà 통 1 (예술·문학 창작에서) 형식화하다. 2 공식화하다.
【公事】gōngshì 몡 1 공무. ¶他外出办～去了。= 그는 공무를 처리하기 위해 외출하였다. 2 (법) 공문. 공문서. ¶他在办公室看～。= 그는 사무실에서 공문을 본다.
【公事公办】gōngshì-gōngbàn 성 1 공적인 일은 원칙에 따라 공정하게 처리한다. 2 원칙대로 하여 사사로운 정에 끌리지 않다.
【公署】gōngshǔ 몡옛 관공서. 관아. ¶长官～=장관의 관공서. 2 공서. [지역 행정 기관]
【公说公有理, 婆说婆有理】gōng shuō gōng yǒulǐ, pó shuō pó yǒulǐ 속비 저마다 자기가 옳다고 하다.
【公司】gōngsī 몡 회사. 직장.
【公私】gōngsī 몡 공사. 정부와 민간. 공공〔집단〕과 개인. 공과 사. ¶～两便=공공과 개인의 이익에 다 유리하다. 누이 좋고 매부 좋다. 양쪽 다 좋다.
【公私合营】gōngsī héyíng 명 민관 합작 경영. [중국의 사회주의와 자본주의의 과도적 경제 제도로서, 반관반민(半官半民)의 기업 형태]
【公私兼顾】gōngsī-jiāngù 집단〔공공〕과 개인의 이익을 다 같이 돌보다.
【公诉】gōngsù 몡(法) 공소.

【公诉人】gōngsùrén 몡(法) 검사. 검찰관.
【公孙】Gōngsūn 몡 복성(複姓).
【公孙树】gōngsūnshù 몡(植) 은행나무.
【公所】gōngsuǒ 몡 1 관공서. 관청. 공소. ¶区～=구청. / 村～=촌사무소. 2 동업 조합 사무소. 향우회 사무소. ¶布业～=포목업 조합 사무실.
【公摊】gōngtān 통 균등하게 분담하다. 공동으로 분담〔출자〕하다. ¶商品房的～面积必须合理。= 분양 주택의 공용 면적은 반드시 합리적이어야 한다.
【公堂】gōngtáng 몡 1옛 관아. 2 법정. ¶对簿～=법정에 가서 재판을 받다. 3 사당(祠堂).
【公帑】gōngtǎng 몡문 공금. ¶糜费～=공금을 낭비하다.
【公推】gōngtuī 통 공동 추천〔추대〕하다. ¶大家～他为谈判代表。= 모든 사람이 그를 협상 대표로 추천하였다.
【公文】gōngwén 몡 공문.
【公文包】gōngwénbāo 몡 서류 가방.
【公文旅行】gōngwén-lǚxíng 성 1 공문이 정처 없이 떠돌다〔표류하다〕. 각 기관이 공문을 서로 떠넘기다. 2 (일처리의) 수속이 번잡하고 시간을 질질 끌다.
【公务】gōngwù 몡 공무. ¶执行～=공무를 집행하다.
【公务员】gōngwùyuán 몡 1옛 잡역부. 고용원. 2 공무원.
【公物】gōngwù 몡 공공 기물. ¶爱惜～=공공 기물을 아끼자.
【公心】gōngxīn 몡 1 공평〔공정〕한 마음. ¶秉持～=공평심을 갖추다. 2 공공심. 공익적인 마음. ¶他这样做完全是出于～。= 그가 이렇게 한 것은 완전히 공공심에서 나온 것이다. ↔私心
【公信力】gōngxìnlì 몡 공신력. ¶诚信是商家赢得～的关键。= 신용은 상인이 공신력을 얻는 중요한 관건이다.
【公休】gōngxiū 통 국가 법정 휴일에 쉬다. ¶～日=공휴일.
【公选】gōngxuǎn 통 공동으로 추천하여 선출하다. ¶全员～=전원이 공동으로 추천하여 선출하다.
【公学】gōngxué 몡 1 공학. [영국의 귀족 사립 기숙 학교] 2 공학. [중국 공산당이 항일 전쟁 시기 창설한 간부 양성 학교] 3 공학. [해방 이후 소수 민족 학생을 양성하는 학교]
【公鸭嗓】gōngyāsǎng (～儿) 몡비 날카롭고 쉰 목소리. =【公鸭嗓】gōngyāsǎng·zi
【公鸭嗓子】gōngyāsǎng·zi ☞【公鸭嗓】gōngyāsǎng
【公演】gōngyǎn 통 공연하다. ¶该剧将于下月～。= 그 연극은 다음 달에 공연할 것이다.
【公羊】gōngyáng 몡 1 숫양. 2 (Gōngyáng) 복성(複姓).
【公议】gōngyì 통 공의하다. 공론하다. 협의하다. 공동으로 토론을 벌이다. ¶同行～=동종업자들이 공동으로 의논하다.

【公益】gōngyì 圕 공익. 공공 이익. ¶~事业=공익 사업.
【公益广告】gōngyì guǎnggào 圕 공익 광고.
【公益金】gōngyìjīn 圕 공익금.
【公意】gōngyì 圕 대중의 바람[소원]. 뭇 사람(대중)의 의견. 여론. 총의. 중의. ¶~不可违. =중의를 저버려서는 안 된다.
【公营】gōngyíng 圕 국가가 경영하다. 단체가[공공 기관이] 경영하다. ¶~企业=국영 기업. 공공 기업.
【公映】gōngyìng 圐 방영하다. 상영하다. 개봉하다. 공개 방영하다. ¶这部影片一~便引起了极大的轰动. =이 영화는 상영되자마자 상당한 센세이션을 불러일으켰다.
【公用】gōngyòng 圐 공동으로 사용하다. 공용하다. ¶~设施=공동[공중] 시설.
【公用电话】gōngyòng diànhuà 圕 공중전화.
【公用事业】gōngyòng shìyè 圕 공공[공익] 사업.
【公有】gōngyǒu 圐 국가[공공 기관·단체]에서 소유하다. ¶~财产=국유[공유] 재산.
【公有制】gōngyǒuzhì 圕(經) 국유제. 공유제. ↔私有制
【公余】gōngyú 圕 여가 시간. ¶他~喜欢读书、写作. =그는 여가 시간에 독서와 글짓기를 좋아한다.
【公寓】gōngyù 圕 1 (옛) 월세 여관. 하숙집. 2 아파트. 3 (관리인이 있는) 단체 기숙사. ¶学生~=학생 기숙사.
【公元】gōngyuán 圕 서기(西紀).
【公园】gōngyuán 圕 공원.
【公约】gōngyuē 圕 1 공약. (셋 이상의 국가가 체결한 조약) 2 단체의 공약. (공동으로 지켜야 하는 규정) ¶市民文明~=문화 시민의 공약.
【公约数】gōngyuēshù 圕(數) 공약수.
【公允】gōngyǔn 圐 공평 타당하다. ¶评价~=평가가 타당하다. ↔偏颇
【公债】gōngzhài 圕 나랏빚. 국채. 공채.
【公债券】gōngzhàiquàn 圕 공채[국채] 증권.
【公章】gōngzhāng 圕 공인(公印). 관인(官印). ↔私章
【公正】gōngzhèng 圐 공정[공평]하다. 공명정대하다. ¶处事~=일처리가 공정하다.
【公证】gōngzhèng 圐 공증하다.
【公证处】gōngzhèngchù 圕 공증 사무소.
【公证人】gōngzhèngrén 圕 공증인.
【公之于世】gōngzhīyúshì 圐 세상에[사회에] 공개하다.
【公之于众】gōngzhīyúzhòng 圐 대중에게 공개하다.
【公职】gōngzhí 圕 공직. ¶开除~=공직에서 면직시키다.
【公制】gōngzhì 圕⒪ 국제공제(미터법).
【公众】gōngzhòng 圕 대중. ¶维护~的利益. =대중의 이익을 보호하다.
【公众人物】gōngzhòng rénwù 圕 공인.
【公诸】gōngzhū 圐 …에 공개하다. ¶~社会=사회에 공개하다.
【公诸同好】gōngzhū-tónghào 圐 (아끼는 물건 등을) 동호인과 함께 즐기다.
【公主】gōngzhǔ 圕 공주.
【公助】gōngzhù 圐 1 국가가 보조하다. ¶这是一所民办的小学. =이 학교는 국가가 보조하는 민간 초등 학교이다. 2 함께 돕다. ¶慈善事业得到社会各界~. =자선 사업은 사회 각계의 공조를 얻을 수 있다.
【公转】gōngzhuàn 圐(天) 공전하다. ['自转(자전하다)' 과 구별됨]
【公子】gōngzǐ 圕 1 공자. [제후의 자제] 2 공자. [관료나 부귀한 집안의 자제] 3 영식(令息). 영랑(令郎). 공자. [남의 자제에 대한 존칭]
【公子哥儿】gōngzǐgēr 圕 1 (세상물정 모르는) 부잣집이나 관리의 자제. 2 (응석받이로) 곱게 자란 도련님.
【公子王孙】gōngzǐ wángsūn 圕⒨ 귀족이나 관료의 자제.

**功** gōng 공로 공
⓵ 1 공로. 공훈. 공적. ¶立~=공로를 세우다. / 无~受禄=공이 없이 녹을 받다. 하는 일 없이 보수를 받다. 2 성과. 효과. 효용. 업적. ¶成~=성공하다. / 事半~倍=적은 노력으로 큰 성과를 거두다. 3 (~儿) 기술. 솜씨. 기능. ¶练~=기술을 연마하다. / 唱~=(중국 전통극의) 노래 솜씨. 4 (物) 일. 일의 양. ≒劳 ↔罪 过

○→ 成功, 归功, 记功, 居jū功, 苦功, 卖功, 内功, 评píng功, 气功, 事功, 殊shū功, 外功, 武wǔ功, 叙xù功, 邀yāo功, 阴功, 用功, 幼yòu功

【功败垂成】gōngbài-chuíchéng 圐 성공 직전에 실패하다. 거의 다 되다 말다. [안타까움을 내포함] ≒功亏一篑 前功尽弃
【功臣】gōngchén 圕 1 공신. ¶建国~=건국 공신. 2 어떠한 사업에 눈에 띄는 공로가 있는 사람. 공신. ¶航天事业的~=항공 사업의 공로자. 3 국민이나 국가에 큰 공로가 있는 사람. 공신. ¶人民~=인민의 공신.
【功成不居】gōngchéng-bùjū 圐 공적을 자기 것으로 차지하지 않다. 공로를 남에게 돌리다. 공로자로 자처하지 않다.
【功成名就】gōngchéng-míngjiù 圐 공을 세워 이름을 떨치다. =[功成名立] gōngchéng-mínglì [功成名遂] gōngchéng-míngsuì
【功成名立】gōngchéng-mínglì ☞【功成名就】
【功成名遂】gōngchéng-míngsuì ☞【功成名就】
【功成身退】gōngchéng-shēntuì 圐 공을 세운 뒤 곧 물러나서 명성을 지키다.
【功到自然成】gōng dào zìrán chéng 圐 공을 들이면 자연히 성공한다.
【功德】gōngdé 圕 1 공로와 은덕. 공덕. ¶他的~人们将永世不忘. =그의 공로와 은덕은 사람

들이 영원히 잊지 않을 것이다. **2**〔佛〕공덕. ¶做~=공덕을 쌓다.

【功德无量】gōngdé-wúliàng 〈성〉 공덕이 무량하다.

【功德圆满】gōngdé-yuánmǎn 〈성〉 **1**〔佛〕불사(佛事)를 잘 치르다. **2**〔喩〕일이 원만히 이루어지다.

【功底】gōngdǐ 〈명〉 기초. 기본. ¶~深厚=기초가 튼튼하다.

【功夫】gōng·fu 〈명〉 **1** 재주. 솜씨. 조예. ¶演员的即兴表演很见~。=연기자의 즉흥적인 연기가 매우 솜씨 있다. **2** (무술 방면의) 재주. 솜씨. ¶中国~=중국 무술 솜씨. **3** ☞【工夫】gōng·fu

【功夫茶】[工夫茶] gōng·fuchá 〈명〉 궁푸차. [푸젠(福建)성·광둥(广东)성 일대에서 성행하는 다도법의 한 가지. 다기가 매우 정교하고, 일정한 방식과 예의범절에 따라 차를 마심]

【功夫片儿】gōng·fupiānr 〈명〉〈구〉 무술 영화.

【功夫片】gōng·fupiàn 〈명〉〈영〉 무술 영화.

【功过】gōngguò 〈명〉 공과. 공적과 과실. 잘잘못. ¶是非~=시비와 공과.

【功绩】gōngjì 〈명〉 공적. 공로. 공훈. ¶~卓著=공적이 탁월하다. ↔罪过

【功架】gōngjià ☞【工架】gōngjià

【功课】gōngkè 〈명〉 **1** (학)과목. 강의. 수업. (학교) 공부. 학업. 학습. ¶她每门~都很好。=그녀는 모든 과목의 성적이 매우 좋다. **2** 숙제. 리포트(report). ¶睡前必须把所有~做完。=잠자기 전에 반드시 모든 숙제를 끝내야 한다. **3**〔佛〕공부.

【功亏一篑】gōngkuīyīkuì 〈성〉 **1** 아홉길 높이의 산을 쌓는 데 한 삼태기 흙이 모자라 다 쌓지 못하다. [《尚书·旅獒》편에서 "为山九仞, 功亏一篑"에서 유래한 말] **2**〔喩〕(인력·물력 등이) 조금 부족하여 성공을 눈앞에 두고 실패하다. 거의 다 되다 말다. ≒功败垂成 前功尽弃

【功劳】gōng·láo 〈명〉 공로. ¶汗马~=전쟁에서 세운 큰 공로. ↔过错

【功劳簿】gōng·láobù 〈명〉 공적 기록부. ¶我们要继续努力, 不能躺在~上睡大觉。=우린 계속 노력해야지, 지금까지의 공적에 만족하여 나태해서는 안 된다.

【功力】gōnglì 〈명〉 **1** 효력. 효능. 효과. 효험. ¶这种农药~很强。=이 농약의 효력은 매우 강하다. **2** 공력. 솜씨와 힘. ¶白费~=공력을 헛들이다. ≒功效

【功利】gōnglì 〈명〉 실리. 실익. 공리. 효용. 유용. 유익. ¶他这样做没有任何的~目的。=그가 이렇게 한 것에는 어떤 실리적인 목적도 갖고 있지 않다. **2** 공리. 공명(功名)과 이욕(利慾). ¶追逐~=공명과 이욕을 추구하다.

【功利主义】gōnglìzhǔyì 〈명〉 공리주의.

【功烈】gōngliè 〈명〉〈츠〉 공적. 업적. ¶千秋~=길이 남을 공적.

【功率】gōnglǜ 〈명〉(物) 공률(工率). 출력.

【功名】gōngmíng 〈명〉 **1** 공명. **2** 옛날, 관직이나 서의 지위, 또는 과거에서의 명예. ¶~利禄=공명과 관록.

【功能】gōngnéng 〈명〉 기능. 작용. 효능. ¶多~计算器=다기능 계산기. ≒功用 功效

【功能键】gōngnéngjiàn 〈명〉〈컴〉 기능키.

【功效】gōngxiào 〈명〉 효능. 효과. ¶这种药物有镇痛的~。=이 약물은 진통의 효과가 있다. ≒功用 功力 功能 效力

【功勋】gōngxūn 〈명〉 공로. 공훈. ¶~卓著=공로가 탁월하다. ≒勋劳 勋绩

【功业】gōngyè 〈명〉 공훈과 업적. ¶千秋~=천추에 남을 공훈과 업적.

【功用】gōngyòng 〈명〉 기능. 작용. 효능. 용도. ¶空调的主要~是调节室内温度。=에어컨의 주요한 기능은 실내 온도를 조절하는 것이다. ≒功能 功效

【功罪】gōngzuì 〈명〉 공로와 죄과. ¶~相抵=공로와 죄과를 상쇄하다.

# 红[紅] gōng 일 공

☞【女红】nǚgōng

☞ hóng

# 攻 gōng 칠 공

〈동〉 **1** 공격하다. 치다. 쳐부수다. 진공하다. ¶伴~=양동 작전(을 펴다). 거짓 공격(을 하다). / 反守为~=수세에서 공세로 전환하다〔바꾸다〕. **2**〔书〕책망하다. 비난하다. ¶群起而~之。=사람들이 들고 일어나 비난하다. **3** 연구하다. 캐다. 파(고들)다. ¶专~经济学=경제학을 전공하다. ≒征 伐 袭 讨 ↔守

○➜ 反攻, 会攻, 火攻, 夹jiā攻, 进攻, 强qiáng攻, 佯yáng攻, 主攻, 助攻

【攻博】gōngbó 〈동〉 박사 학위 과정을 이수하다.

【攻城打援】gōngchéng-dǎyuán 〈성〉〈軍〉 성을 공격하면서 아울러 적의 지원〔증원〕 부대를 섬멸하다.

【攻城略地】gōngchéng-lüèdì 〈성〉 성을 공격하여 그 땅을 빼앗다.

【攻错】gōngcuò 〈동〉〈문〉 **1** 옥돌을 다듬다. **2**〔喩〕타산지석. 남의 장점으로 자신의 단점을 보완하다. 다른 사람의 비판과 충고로 자신의 결점을 보완할 수 있다.

【攻打】gōngdǎ 〈동〉 공격하다. ≒进攻

【攻读】gōngdú 〈동〉 공부하다. 전공하다. 연마하다. ¶潜心~=몰두하여 공부하다. / ~哲学经典=철학 경전을 공부하다.

【攻防】gōngfáng 공방. 공격과 방어. ¶~兼备=공수를 겸비하다.

【攻关】gōngguān 〈동〉 **1** 요소(要所)를 공격하다. **2**〔喩〕난관을〔장애를·애로를〕 뛰어넘다〔극복하다〕. ¶科研~=과학 연구에서의 난관을 극복하다.

【攻击】gōngjī 〈동〉 **1** 공격하다. 진공하다. ¶发动~=공격을 개시하다. **2** 악의적으로 비난하다. 공격하다. ¶人身~=인신 공격. ≒抨击

【攻歼】gōngjiān 动 공격하여 섬멸하다.
【攻坚】gōngjiān 动 1 완고한 적과 그 견고한 방어물을 공격하다. 2 (비) 가장 어려운 문제를 해결하다. 난관을 〔장애를·애로를〕뛰어넘다 〔극복하다〕. 핵심 문제를 풀다. ¶技术～=기술상의 핵심 문제를 해결하다.
【攻坚战】gōngjiānzhàn 名 1 적의 요새 공격전. 2 (비) 힘겨운 싸움. ¶在大峡谷架设铁路桥是一场～。=큰 협곡에 철도 교량을 설치하는 것은 힘겨운 싸움이다.
【攻讦】gōngjié 动(문) (이해 관계로 남의 허물이나 비밀을) 폭로하고 공격하다. 비방하다. 비난하다. ¶相互～=서로 비방하다.
【攻克】gōngkè 动 1 (적의 거점 등을) 점령하다. 함락시키다. 정복하다. 2 (비) (난제나 난관 등을) 극복하다. 뛰어넘다. 돌파하다. ¶～难关=난관을 극복하다. ≒攻占
【攻擂】gōnglèi 动 1 (무예를 겨루는) 무대에 올라 무예를 겨루다. 2 응전하다.
【攻掠】gōnglüè 动 공략하다. 공격하여 탈취하다. ¶～城池=성을 공략하다.
【攻破】gōngpò 动 쳐부수다. 돌파하다. ¶～军事防线=군사 방어선을 돌파하다.
【攻其不备】gōngqíbùbèi ☞【攻其无备】gōngqíwúbèi
【攻其无备】gōngqíwúbèi 成 허를 찔러 공격하다. =【攻其不备】gōngqíbùbèi
【攻其一点, 不及其余】gōng qí yīdiǎn, bù jí qíyú 成 다른 많은 장점은 무시하고 한 가지 결점만으로 사람을 공격하다.
【攻取】gōngqǔ 动 공격해 빼앗다. ¶～战略要地=전략적 요충지를 공격해 빼앗다.
【攻势】gōngshì 名 공세. ¶猛烈～=공세가 맹렬하다. ↔守势
【攻守】gōngshǒu 名 공수. 공격과 수비. ¶双方互有～。=쌍방이 공방을 주고받다.
【攻守同盟】gōngshǒu-tóngméng 成 1 공수동맹. 2 공동 모의.
【攻无不克】gōngwúbùkè 成 1 공격하면 반드시 이긴다. 2 싸우면 반드시 이긴다. 백전백승하다. 가는 곳마다 승리하다. ≒战无不胜
【攻袭】gōngxí 动 기습하다. 습격하다. ¶～要塞=요새를 기습하다.
【攻下】gōng‖xià 动 (적의 거점 등을) 점령하다. 함락하다. 정복하다. 공격해 빼앗다. ¶～敌军据点=적군의 거점을 공격하여 함락시키다.
【攻陷】gōngxiàn 动 (적의 거점 등을) 점령하다. 함락하다. 정복하다. 공격해 빼앗다. ¶～敌方军事重镇=적의 군사적 요충지를 함락하다.
【攻心】gōngxīn 动 1 상대의 투지나 의지를 와해시키다〔꺾다〕. 적의 전의를 상실시키다. 상대의 마음을 공략하다. ¶～战术=심리 전술. 2 (독기·화기 등이) 몸에 침습하여 생명이 위태롭게 되다. (비통함·분노 등으로) 의식이 혼미해지다. 화가 날 대로 나다. ¶毒气～=독기가 침습하여 생명이 위험해지다. /火气～=화가 날 대로 나다.

【攻心为上】gōngxīn-wéishàng 成 심리전으로 상대를 이기는 것이 상책이다.
【攻研】gōngyán 动 열심히 연구하다. ¶刻苦～=어려움을 참고 견디면서 열심히 연구하다.
【攻占】gōngzhàn 动 공격하여 점령하다. 함락하다. ¶～都城=수도를 함락하다. ≒攻克

**供** gōng 공급할 공
动 1 공급하다. ¶～需平衡=공급과 수요의 형평을 맞추다. 2 제공하다. ¶仅～参考=단지 참고로 제공하다. 名 (Gōng) 성(姓). ↔求需
☞ gòng

【供不过来】gōng·buguò·lai 动 (수요량이 많아) 모두 공급할 수 없다. (물건이 모자라) 공급이 딸리다. ¶产品市场需求量很大, 生产厂家～。=제품 시장의 수요량이 너무 많아서 제조업체의 공급이 딸린다.
【供不应求】gōngbùyìngqiú 成 공급이 수요를 따르지 못하다. 공급이 딸리다.
【供大于求】gōngdàyúqiú 成 공급이 수요를 초과하다. 공급이 넘치다.
【供电】gōngdiàn 动 전력을 공급하다. ¶保障～=전력 공급을 보장하다.
【供稿】gōnggǎo 动 원고를 제공하다. ¶本刊欢迎作者踊跃～。=본 잡지는 작가들의 활발한 원고 제공을 환영한다.
【供过于求】gōngguòyúqiú 成 공급이 수요를 초과하다. 공급이 넘치다.
【供货】gōnghuò 动 물품을 공급하다. ¶～厂商=물품 공급업자.
【供给】gōngjǐ 动 공급하다. 대다. 대어 주다. 제공하다. 급여하다. ¶特困生的学费由国家～。=생활이 특별히 빈곤한 학생의 학비는 국가에서 대 준다. ≒供应
【供给制】gōngjǐzhì 名 현물 공급제. [중화 인민 공화국 건립을 전후한 시기에 오늘날의 공무원들에게 무료로 생필품을 제공하던 분배 제도]
【供楼】gōnglóu 动 주택 할부금을 납부하다. ¶～对于工薪阶层来说是一笔不小的开销。=주택 할부금은 월급쟁이들에게 있어서 적지 않은 지출이다.
【供暖】gōngnuǎn 动 난방하다. ¶～设备=난방 설비. 名 난방. 온방.
【供求】gōngqiú 动 공급하고 수요되다. [주로 상품을 가리킴] ¶～矛盾=공급과 수요의 모순.
【供求关系】gōngqiú guān·xi 名 공급과 수요 관계.
【供求率】gōngqiúlǜ 名 수요 공급의 비율.
【供销】gōngxiāo 动 (상품을) 공급하고 판매하다. ¶～两旺=공급과 판매가 모두 왕성하다.
【供销合作社】gōngxiāo hézuòshè 名 공급 수매 합작사. [상업적 성격의 공공 기관. 농촌에 생산 도구·생필품 등을 판매하고, 동시에 농민들에게 농산품·부업 생산물 등을 사들임] ⇨【供销社】
【供销社】gōngxiāoshè ☞【供销合作社】gōngxiāo hézuòshè

【供需】gōngxū 동 공급하고 수요되다. ¶~脱节=공급과 수요가 조화되지 못하다.
【供养】gōngyǎng 동 (노인을) 부양하다. ¶~父母=부모를 부양하다.
☞ gòngyǎng
【供应】gōngyìng 동 제공하다. 공급하다. 보급하다. ¶限量~=제한적으로 공급하다. ≒供给
【供应点】gōngyìngdiǎn 명 (일반적으로 소규모의) 보급소. 보급 센터. ¶液化气~=액화 가스 보급소.
【供应舰】gōngyìngjiàn 명 (軍) 보급선. =【补给舰】bǔjǐjiàn
【供应站】gōngyìngzhàn 명 (일반적으로 대규모의) 보급소. 보급 센터. 공급소. ¶热力~=열 에너지 보급소.

肱 gōng 팔뚝 굉
명 1 문 팔뚝. 상박. 상완(上腕). [어깨부터 팔꿈치까지의 부분] 2 팔. ¶曲~而枕=팔을 구부려 베개로 삼다.

宮 gōng 집 궁
명 1 집. 주택. 가옥. 건물. 2 궁궐. 궁전. ¶皇~=황궁. / 行~=행궁. 3 (신화에서) 신선이 사는 곳. ¶天~=천궁. / 月~=월궁. 4 (도교·라마교 등의) 사원(寺院). ¶雍和~=옹화궁. 5 (音) 궁. [고대 오음(五音)의 하나] 6 일부 문화·오락 장소의 명칭. ¶少年~=소년궁. / 文化~=문화궁. 7 (生) 자궁. ¶刮~=자궁을 긁어내다. 8 (Gōng) 성(姓). ≒府
○→ 白宮, 逼bī宮, 春宮, 梵fàn宮, 刮guā宮, 皇宮, 冷宮, 寝qǐn宮, 守shǒu宮, 王宮, 子宮
【宫灯】gōngdēng 명 궁등. [경축일이나 축제 때 추녀 끝에 걸어 두는 팔각형 또는 육각형의 등롱(燈籠). 각 면은 비단을 붙이거나 유리를 끼우고, 채색 그림을 그려 넣음. 원래 궁궐에서 전용한 데서 유래한 명칭임]
【宫殿】gōngdiàn 명 궁전. ≒宮闕
【宫调】gōngdiào 명 (音) 궁조. [중국 고대 음악의 음계. 궁(宫)·상(商)·각(角)·치(徵)·우(羽)·변치(變徵)·변궁(變宫) 7음 음계로 이루어지고, 이 각각의 음이 주음(主音)이 되어 하나의 음계를 이룰 수 있음. 궁을 주음(主音)으로 하는 음계를 궁(宫)이라 하고, 그 밖의 음을 주음(主音)으로 하는 음계를 조(調)라고 부름]
【宫娥】gōng'é 명 궁녀. ≒宮女
【宫禁】gōngjìn 명 1 문 궐문(闕門). 금령. 2 궁궐. ¶~重地=황궁
【宫颈】gōngjǐng ☞【子宫颈】zǐgōngjǐng
【宫女】gōngnǚ 명 궁녀. ≒宮娥
【宫墙】gōngqiáng 명 궁궐을 둘러싼 담. 궁성.
【宫阙】gōngquè 명 궁궐. ≒宮殿
【宫纱】gōngshā 명 (紡) 가볍고 투명한 견직물.
【宫扇】gōngshàn 명 1 황제가 사용하는 의장용의 자루가 긴 부채. 2 ☞【团扇】tuánshàn
【宫室】gōngshì 명 1 가옥. 집. 2 궁전. 궁궐.

【宫廷】gōngtíng 명 1 궁궐. 궁정. 궁전. 2 조정. 봉건 시대의 통치 집단.
【宫廷政变】gōngtíng zhèngbiàn 명 1 궁궐 내의 왕위 찬탈 사건. 2 (국가의) 권력 쟁탈 (전).
【宫外孕】gōngwàiyùn 명 (醫) 자궁외 임신.
【宫闱】gōngwéi 명 1 궁궐. 궁전. 2 황후와 후궁.
【宫刑】gōngxíng 명 궁형. [옛날, 생식기를 거세하는 형벌] =【腐刑】fǔxíng
【宫掖】gōngyè 명 문 후궁의 거처. 궁전.
【宫苑】gōngyuàn 명 궁정(宫庭).

恭 gōng 공손할 공
형 공손하다. ¶谦~=공손하고 겸손하다. / 毕~毕敬=매우 공손한 태도를 취하다. 명 (Gōng) 성(姓). ≒敬 尊 ↔倨
【恭凳】gōngdèng 명 (노인·환자·장애인용) 좌식 변기.
【恭恭敬敬】gōng·gong jìngjìng (~的) 형 공손하다. 고분고분하다. 정중하다. 예의가 바르다. ¶他向祖父~地行了一个礼。=그는 조부(祖父)를 향해 공손하게 인사를 올렸다.
【恭贺】gōnghè 동 삼가 축하하다. ¶~乔迁之喜。=승진을 삼가 축하하다.
【恭候】gōnghòu 동 삼가 [공손히] 기다리다. ¶~多时=공손히 기다린 지 오래 되다.
【恭谨】gōngjǐn 형 공손하고 조심성 있다. 정중하다. 예의가 바르다. ¶待人~=공손하고 조심스럽게 사람을 대하다.
【恭敬】gōngjìng 형 공손하다. 정중하다. 예의가 바르다. ¶~有礼=공손하고 예절바르다.
【恭敬不如从命】gōngjìng bùrú cóngmìng 숙 염치 불구하고 따르겠습니다 [받아들이겠습니다]. [주로 초청이나 선물을 받아들일 때 사용함]
【恭请】gōngqǐng 동 삼가 초대하다 [청하다]. ¶~光临=왕림해 주시면 감사하겠습니다.
【恭顺】gōngshùn 동 공손하고 순종하다. 고분고분하다. ¶他在父亲面前很~。=그는 아버지 앞에선 매우 고분고분하다. ≒顺从
【恭听】gōngtīng 동 공손히 듣다. ¶洗耳~=귀를 씻고 공손히 듣다. 마음을 쏟아 가르침을 받다.
【恭桶】gōngtǒng 명 변기.
【恭惟】gōng·wei ☞【恭维】gōng·wei
【恭维】[恭惟] gōng·wei 동 아첨하다. 알랑거리다. 치켜세우다. ¶他生性爽直, 不会~人。=그는 본성이 솔직 담백하여 남에게 알랑거리지 못한다. ≒奉承 ↔讽刺
【恭喜】gōngxǐ 동 축하하다. ¶~发财=돈 많이 버세요. ≒道喜 贺喜
【恭迎】gōngyíng 동 공손하게 맞이하다. ¶~贵宾=귀빈을 공손하게 맞이하다.
【恭祝】gōngzhù 동 (주로 편지에 쓰여) 삼가 축하하다. ¶~金榜题名!=시험 합격을 삼가 축하 드립니다.

蚣 gōng 지네 공

☞【蜈蚣】wúgōng

**躬[(躳)] gōng 몸 궁**

[명] 몸. 신체. ¶鞠～尽瘁＝나라를 위해 온 힘을 다하다. [부][문] 몸소. 친히. 손수. 직접. ¶～行实践＝몸소 실천하다. [동] (몸을) 구부리다. ¶打～作揖＝읍하다.

0● 背bèi躬

【躬逢】gōngféng [동][문] 친히 만나 보다. 몸소 만나 보다. ¶～其盛＝성대한 행사〔모임·자리〕에 친히 참가하다.

【躬耕】gōnggēng [동][문] 스스로 직접 농사를 짓다. ¶～乐道＝직접 농사를 지으며 성현의 도를 즐기며 지키다.

【躬亲】gōngqīn [동][문] 몸소〔친히·손수·직접〕 하다. ¶事必～＝일은 반드시 직접 해야 한다.

【躬身】gōngshēn [동] 몸을 굽히다. ¶～下拜＝몸을 굽혀서 인사하다.

【躬行】gōngxíng [동][문] 몸소〔친히·손수·직접〕 행하다. ¶～节俭＝몸소 절약하다.

**鹎[鵯] gōng 티나무 공**

[명]《動》 티나무(tinamou). [도요타조목에 속하는 조류로, 학명은 '*Rynchotus rufescens*' 임]

**龚[龔] Gōng 성씨 공**

[명] 성(姓).

**塨 gōng 사람 이름 공**

인명에 쓰이는 글자. ¶李～＝이공. [청나라 초기의 학자]

**觥 gōng 뿔잔 굉**

[명] 굉. [고대에, 술을 담아 마실 때 쓰던 주기(酒器)의 하나. 동물의 뿔·청동 등으로 만듦] ¶～爵＝술잔.

【觥筹交错】gōngchóu-jiāocuò [성] **1** 주기(酒器)와 벌주 잔을 세는 산가지가 왔다 갔다 하다. **2** [비] 떠들썩한〔요란스러운〕 술자리. 술잔이 왔다 갔다 하다. 술자리가 떠들썩하게 벌어지다. 연회가 성대하고 활기차게 진행되다.

【觥觥】gōnggōng [형][문] 강직하다.

**巩[鞏] gǒng 굳건할 공**

[형] 견고하다. 튼튼하다. 굳건하다. 공고하다. ¶～固国防＝국방을 공고히 하다. [명] (Gǒng) 성(姓).

【巩固】gǒnggù [형] 견고하다. 공고하다. 튼튼하다. [주로 추상적인 사물에 쓰임] ¶基础～＝기초가 튼튼하다. [동] 견고하게〔공고히〕 하다. 튼튼히 다지다. ¶～防线＝방어선을 공고히 하다.

【巩膜】gǒngmó [명]《生》 (안구의) 공막.

**汞 gǒng 수은 홍**

[명][외]《化》 수은(Hg, mercury). [원자 번호 80, '水银(shuǐyín)' 이라 통칭함]

0● 甘gān汞, 红汞, 雷léi汞, 升shēng汞

【汞灯】gǒngdēng ☞【水银灯】shuǐyíndēng

【汞溴红】gǒngxiùhóng [명]《醫》 머큐로크롬(Mercurochrome). ＝【红汞】hónggǒng [낮]【红药水】hóngyàoshuǐ【二百二】èrbǎi'èr

【汞柱】gǒngzhù [명] 수은주. 수은 기둥.

**拱 gǒng 두 손 맞잡을 공**

[동] **1** 가슴 높이에서 두 손을 맞잡고 인사하다. ¶～手相让＝순순히 넘겨주다. **2** 에워〔둘러〕싸다. ¶众星～月＝많은 별들이 달을 에워싸다. **3** (팔다리와 몸을) 움츠리다. 웅크리다. ¶猫～了～腰, 爬了起来。＝고양이가 허리를 움츠리고 기어오르기 시작했다. **4** (몸이나 몸의 일부를 이용하여) 떼밀다. 밀어젖히다. 들어올리다. 파다. 헤집다. (파)헤치다. ¶猪～食＝돼지가 먹이를 헤집다. / ～开大门＝대문을 밀어 열다. **5** (식물이) 트다. 돋(아나)다. 솟(아나)다. ¶豆苗儿～出土来了。＝콩의 싹이 돋아나다. [형] (건축물이) 아치형의. 궁륭형의. ¶石～桥＝아치형 돌다리. 무지개 다리.

0● 斗dǒu拱

【拱坝】gǒngbà [명] 아치 댐(arch dam).

【拱抱】gǒngbào [동] 둘러〔에워〕싸다. ¶群山～＝뭇 산이 에워싸고 있다.

【拱璧】gǒngbì [명][문] **1** 큰 옥(玉). **2** 진귀한 물건. ¶视若～＝진귀한 물건으로 간주하다. 보물처럼 여기다.

【拱顶】gǒngdǐng [명] 돔(dome). 둥근〔아치형〕 천장.

【拱火】gǒng‖huǒ(～儿) [동][방] (언행으로) 화를 돋우다. 더욱 화나게 하다.

【拱肩缩背】gǒngjiān-suōbèi [성] **1** 어깨를 웅크리고 등을 굽히다. **2** 몸을 움츠린 모양.

【拱廊】gǒngláng [명]《建》 아케이드(arcade).

【拱立】gǒnglì [동][문] (가슴 높이에서) 두 손을 맞잡고 서다. 공손하게 서다. ¶～而侍＝공손히 서서 시중들다.

【拱门】gǒngmén [명] 아치형 문.

【拱棚】gǒngpéng [명] 아치형 비닐하우스.

【拱桥】gǒngqiáo [명] 아치형 다리. 무지개 다리.

【拱圈】gǒngquān [명] 아치(형).

【拱让】gǒngràng [동] 순순히 넘겨주다〔포기하다〕. 빤히 눈뜨고서 양도하다. 정중하게 양보하다. ¶自己的科研成果怎能～他人? ＝자신의 과학 연구 성과를 어떻게 순순히 남에게 넘겨줄 수 있겠는가?

【拱绕】gǒngrào [동] 둘러〔에워〕싸다. ¶村舍四周绿树～。＝시골집 주변을 푸른 나무들이 에워싸고 있다.

【拱手】gǒng‖shǒu [동] (가슴 높이에서) 두 손을 맞잡고 인사하다. 공수하다. ¶～道别＝공수하고 이별하다.

【拱卫】gǒngwèi [동] 둘러싸고 지키다. 수호하다. 호위하다. 지키다. ¶高高的城墙～着古城。

= 높디높은 성벽이 고성을 호위하고 있다.
【拱形】 gǒngxíng 圐 아치형. 돔형. 반달 모양.
【拱券】 gǒngxuàn 圐 (건축물의) 아치형. 돔형. 반달 모양.

**琪** gǒng 큰 옥 공
圐徂 큰 옥(玉).

**栱** gǒng 두공 공
☞【枓栱】 dǒugǒng

**蛩** gǒng / qióng 귀뚜라미 공
圐 고서(古書)에서 귀뚜라미를 가리킴.

**\*\*共** gòng 함께 공
圐 함께〔같이〕하다. 공유하다. ¶同甘一苦=동고동락하다. / 休戚与~=슬픔과 기쁨을 같이하다. 匢 같은. 동일한. 공통의. ¶公~=공공의 / 无有~性=공통성이 없다. 團 1 전부. 모두. 통틀어. 도합. ¶总~=전부. / 全书~30万字.=책은 모두 30만 자이다. 2 함께. 같이. 공동으로. ¶有目睹=누구나 다 보고 있다. 세상이 다 알고 있다. / 同舟一济=같은 배를 타고 함께 건너다. 어려움 속에서 일심 협력하다. 圐㉻ 共产党(공산당). ¶中~中央=中国共产党中央委员会(중국 공산당 중앙위원회). [고어에서는 '恭(gōng)·供(gōng)'과 같음] ≒公

○ 共 gòng
供 gōng
恭 gōng
拱 gǒng
龚 Gōng
珙 gǒng
洪 hóng
烘 hōng
哄 hōng
鬨 hòng

○● 公共, 拢lǒng共, 通共, 统tǒng共, 一共, 总共

【共餐】 gòngcān 圐 함께 식사하다. ¶同桌~=한 식탁에서 함께 식사하다.
【共产党】 gòngchǎndǎng 圐(政) 공산당.
【共产党员】 gòngchǎndǎngyuán 圐 공산당원. 중국 공산당의 당원.
【共产主义】 gòngchǎnzhǔyì 圐 공산주의.
【共产主义青年团】 gòngchǎnzhǔyì qīngniántuán 圐 1 공산주의 청년단. 2 중국 공산주의 청년단. ㉻【青年团】 qīngniántuán 【共青团】 gòngqīngtuán
【共处】 gòngchǔ 圐 함께 살다. 함께 지내다. 공존하다. ¶和平~=평화 공존하다.
【共存】 gòngcún 圐 공존하다. ¶~共荣=공존공영하다.
【共度】 gòngdù 圐 함께〔같이〕 보내다〔지내다·쇠다〕. ¶~佳节=명절을 함께 쇠다.
【共犯】 gòngfàn 圐(法) 공범하다. 함께 범죄를 저지르다. 圐(法) 공범자.
【共管】 gòngguǎn 圐 1 공동 관리하다. ¶环境保护需要各部门齐抓~.=환경 보호는 각 부문이 협력하여 공동 관리해야 한다. 2 ☞【国际共管】 guójì gòngguǎn
【共和】 gònghé 圐 1 (歷) 공화. [서주(西周)

여왕(厲王)이 실정한 후 선왕(宣王)이 집정하기 전까지의 14년을 가리킴. B.C.841년인 공화(共和) 원년(元年)은 중국 역사에서 연대가 알려진 가장 이른 시기임] 2 공화제(도). 공화 정체.
【共和国】 gònghéguó 圐 공화국.
【共和制】 gònghézhì 圐(政) 공화제(도). 공화 정체. [「君主制(군주제)」와 구별됨]
【共话】 gònghuà 圐 함께 이야기하다. 같이 논의〔담론〕하다. ¶~未来=미래에 대해 같이 이야기하다.
【共患难】 gòng huànnàn 圐 고난〔환난·고생〕을 함께 하다. ¶同甘苦, ~.=동고동락하다. 고락을 함께 하다.
【共基极】 gòngjījí 圐(電) 공통 베이스.
【共计】 gòngjì 圐 1 합계하다. 합하여 계산하다. ¶房屋维修费用~六千元.=집 수리비는 모두 합쳐서 6천 위안이다. 2 함께 계획하다. ¶~大事=큰일을 함께 계획하다. ≒总计
【共价】 gòngjià 圐(化) 공유 원자가. ¶~键=공유 결합(covalent bond).
【共建】 gòngjiàn 圐 함께 건설하다〔만들다〕. ¶全体市民~卫生城市.=전체 시민이 함께 위생적인 도시를 만들다.
【共居】 gòngjū 圐 1 함께 거주하다. ¶和父母~=부모와 함께 거주하다. 2 공존하다. [주로 추상적인 사물을 가리킴] ¶~前列=함께 선두에 속하다.
【共聚】 gòngjù 圐 1 함께 모이다. ¶~一堂=한 차례 함께 모이다. 2 (化) 혼성 중합하다. 공중합(共重合)하다. ¶~物=혼성 중합체.
【共勉】 gòngmiǎn 圐 서로 용기를 북돋다. 서로 격려하다. 함께 힘을 내다. ¶确定工作目标, 与全体同仁~.=일의 목표를 확정한 다음 전체 동료들과 서로 격려하다.
【共鸣】 gòngmíng 圐 1 (物) 공명. 2 ㉻ 공감. 동감. 공명. ¶作品的真挚情感引起了读者的~.=작품의 진실한 감정이 독자의 공감을 불러일으킨다.
【共谋】 gòngmóu 圐徂 동모하다. 함께 꾀하다〔계획하다·꾸미다〕. 공모하다. ¶~大业=대업을 함께 계획하다.
【共栖】 gòngqī 圐(生) 편리(片利) 공생하다.
【共青团】 gòngqīngtuán ☞【共产主义青年团】 gòngchǎnzhǔyì qīngniántuán
【共青团员】 gòngqīng tuányuán 圐 1 공산주의 청년단 단원. 2 중국 공산주의 청년단 단원.
【共商】 gòngshāng 圐 함께 상의하다. ¶~大计=큰 계획을 함께 상의하다.
【共商国事】 gòngshāng guóshì 匢 국가의 대사를 함께 상의하다.
【共生】 gòngshēng 圐 1 (生) 공생하다. 상리(相利) 공생하다. 2 (地) 공생하다. [종류가 다른 두 광물이 한데 생성되어 산출되는 것을 가리킴]
【共生矿】 gòngshēngkuàng 圐(礦) 공생광.
【共识】 gòngshí 圐 공통된 인식. 인식의 일치. ¶双方已达成~.=쌍방은 이미 공통된 인식을 갖게 되었다.

【共时】gòngshí 형 동일한 시기의. ¶~性=공시성.
【共事】gòng‖shì 동 함께 일하다. ¶我和他~已有十余年。=나와 그는 이미 10여 년을 함께 일했다. ≒同事
【共通】gòngtōng 형 1 통용되는. ¶~的规律=통용되는 규율. 2 공통의. 공동의. ¶急躁是他俩~的毛病。=조급함은 그 두 사람의 공통된 단점이다.
【共同】gòngtóng 형 공동의. 공통의. ¶~的愿望=공동의 소망. 부 함께. 다 같이. 더불어. ¶~努力=함께 노력하다. ↔单独
【共同点】gòngtóngdiǎn 명 공통점. 공통 사항. ¶两人的兴趣没有~。=두 사람의 취미는 공통점이 없다.
【共同市场】gòngtóng shìchǎng 명(經) 공동 시장.
【共同体】gòngtóngtǐ 명 1 공동체. 공동 사회. ¶利益~=이익 공동체. 2 공동체. [국제 연합 형식의 하나] ¶欧洲经济~=유럽 경제 공동체(EEC).
【共同性】gòngtóngxìng 명 공통성. 공통점. ¶两者之间没有~=두 사람 사이에는 공통성이 없다.
【共同语】gòngtóngyǔ 명(言) 공통어.
【共同语言】gòngtóng yǔyán 명 공통어. [통된 생각·인식·취미 등을 가리킴] ¶他俩各有所好, 没有~。=그 둘은 좋아하는 바가 각각 다르고, 서로 간에 공감대가 없다.
【共享】gòngxiǎng 동 함께 누리다. ¶~胜利的喜悦。=승리의 기쁨을 함께 누리다.
【共享软件】gòngxiǎng ruǎnjiàn 명(컴) 쉐어웨어(shareware).
【共享文件】gòngxiǎng wénjiàn 명(컴) 공유 파일.
【共性】gòngxìng 명(哲) 공통성. ¶各文学流派有其鲜明的个性, 但同时又具有一定的~。=문학의 각 유파는 각자 선명한 개성을 갖지만 동시에 일정한 공통성도 가지고 있다. ↔个性
【共议】gòngyì 동 공론하다. 함께 의논하다. ¶~改革方案=개혁 방안을 함께 의논하다.
【共用】gòngyòng 동 공용하다. 함께 사용하다. ¶两人~一间办公室。=두 사람이 한 사무실을 함께 사용한다.
【共有】gòngyǒu 동 공유하다. ¶~财产=재산을 공유하다.
【共振】gòngzhèn 동(物) 공진하다.
【共职】gòngzhí 동 함께 재직하다[근무하다·일하다]. ¶我们曾~多年, 相互非常了解。=우리는 오랫동안 함께 재직해서 서로 매우 잘 안다.
【共总】gòngzǒng 부 모두. 전부. 통틀어. 도합. ¶一年级~有七个班。=한 학년에는 모두 7개 반이 있다.

**贡[貢]** gòng 바칠 공
동 1 조공하다. 공물을 바치다. ¶朝~=조공하다. 2 바치다. 드리다. 올리다. ¶~献毕生精力=평생의 정력을 바치다. 3 과거에 있던 시절, 인재를 뽑아 조정에 추천하다. ¶得荐~生=공생으로 추천되다. 명 1 바치는 물품. 헌물. 공물. 진상물. ¶进~=공물을 바치다. / 纳~=공물을 바치다. 2 (Gòng) 성(姓). ≒供(gòng)
【贡缎】gòngduàn 명(紡) 공단.
【贡奉】gòngfèng 동 (물품을) 헌납하다. 바치다. 공물을 바치다.
【贡赋】gòngfù ☞【贡税】gòngshuì
【贡品】gòngpǐn 명 (옛날, 제왕에게 바치는) 공물. 진상물. 헌상품.
【贡生】gòngshēng 명 공생. [명청(明淸)대의 과거 제도에서, 부(府)·주(州)·현(縣)에 있는 학교의 추천을 받아 수도의 국자감에 가서 공부하던 사람]
【贡税】gòngshuì 명 (옛날, 황실에 바치는) 공물(貢物). 진상물. 헌상품. 부세(賦稅). =【贡赋】gòngfù
【贡献】gòngxiàn 동 1 바치다. 헌납하다. 봉납하다. ¶~钱财=금품을 바치다. 2 공헌하다. 기여하다. 이바지하다. ¶~卓著=현저하게 기여하다. ≒奉献
【贡院】gòngyuàn 명 공원. [옛날, 향시(鄕試)나 회시(會試)를 치르던 과거 시험장]

**供** gòng 바칠 공
동 1 (제물을) 바치다. ¶桌上~着果品、鲜花。=탁자 위에 과일과 꽃을 바치다. 2 종사하다. 맡다. 담당하다. ¶~职于高等院校=고등 교육 기관에 종사하다. 3 자백하다. 공술하다. ¶彻底~认=낱낱이 자백하다. 명 1 공물. 제물. ¶上~=공물을 올리다. 2 자백. 진술. ¶口~=자백. / 录~=자백을 기록하다. ≒贡
☞ gōng

○● 笔供, 串chuàn供, 画供, 录lù供, 攀pān供, 上供, 自供

【供案】gòng'àn 명 제삿상.
【供称】gòngchēng 동 진술하다. 공술하다. ¶罪犯~, 凶器藏匿在屋后的树下。=범인은 흉기를 집 뒤의 나무 밑에 숨겨 두었다고 진술했다.
【供词】gòngcí 명 자백. 진술.
【供奉】gòngfèng 동 1 (제물을) 바치다. 공양하다. 모시다. ¶~神佛=신불에게 공양하다. 2 (돈이나 물건을) 조정에 바치다. 명 1 황제의 예인(藝人). 2 궁중의 배우[광대].
【供果】gòngguǒ 명 제삿상에 놓는 과일류.
【供品】gòngpǐn 명 공물. 제물.
【供认】gòngrèn 동 자백하다. ¶拒不~=한사코 자백하지 않다. ≒招认
【供认不讳】gòngrèn-bùhuì 성 숨김없이 자백하다.
【供事】gòngshì 동 부 근무하다. 일하다. 봉직하다. 직무를 맡다.
【供述】gòngshù 동 진술하다. 공술하다.
【供养】gòngyǎng 동 (신불과 조상에게) 공양하다. 공물을 바쳐 제사 지내다.

☞ **gōngyǎng**
【供职】**gòng‖zhí** 图 근무하다. 일하다. 봉직하다. 직무를 맡다. ¶他在外交部~。=그는 외교부에서 근무한다.
【供状】**gòngzhuàng** 图 진술서. 자백서.
【供桌】**gòngzhuō** 图 제삿상.

# 唝 **gòng** 땅 이름 홍
☞ **hǒng**
【唝吥】**Gòngbù** 图(地) 캄포트(Kampot). [캄보디아에 있는 지명]

# gou

\*\***勾** **gōu** 굽을 구
图 (갈고리처럼) 굽은. ¶鹰~鼻子=매부리코. 图 **1** ('∨' 부호로) 중점을 표시하다. 체크 표시하다. 지우다. 삭제하다. ¶一笔~销=청산하다. ¶/~出文中重点=글의 중점에 체크 표시하다. **2** (윤곽을) 간단히 그리다. 스케치하다. 묘사하다. ¶他几笔就~出寺庙的轮廓。=그는 몇 번의 붓놀림으로 사원의 윤곽을 그려 냈다. **3** 결합하다. 결탁하다. 내통하다. 짜다. ¶相互~结=서로 결탁하다. **4** 불러일으키다. 상기시키다. ¶抒情的诗句~起了他对故乡的回忆。=서정이 넘치는 시구는 그에게 고향에 대한 추억을 불러일으켰다. **5** 뒤섞어 〔휘저어〕 끈적끈적하게 하다. ¶汤里~点儿芡。=국에 전분을 넣어 걸쭉하게 하다. **6** (틈새를) 발라 메우다. ¶~墙缝儿=벽의 틈새를 발라 메우다. 图 **1** (數) 옛날, 직각삼각형의 짧은 변. **2** (Gōu) 성(姓).
☞ **gòu**

○ 勾 gōu
沟 gōu
钩 gōu
购 gòu
构 gòu

【勾除】**gōuchú** 图 (이름·항목에 체크하여) 삭제하다. 지우다. 취소하다.
【勾搭】**gōu·da** 图 **1** 결탁하다. 내통하다. ¶他们暗中~，干下不少坏事。=그들은 남몰래 내통하여 나쁜 짓을 많이 했다. **2** (남녀가) 사통하다. 통정하다. 내통하다. 밀통하다. ¶~成奸=몰래 간통하다.
【勾动】**gōudòng** 图 불러일으키다. 상기시키다. 일으키다. 야기하다. 자아내다. (손가락을) 까딱하다. (걸어) 당기다. ¶~情思=감정을 불러일으키다.
【勾兑】**gōuduì** 图 (다른 술이거나 술과 과일 주스를) 뒤섞다. 혼합하다. 배합하다. 블렌드하다. (술·음료 등에 불순물을) 섞다. 타다.
【勾缝】**gōufèng** 图 (석회·시멘트 등으로 틈새를) 발라 메우다. ¶瓷砖刚贴好，还没有~。=타일을 금방 붙여서 아직 틈새를 메우지 않았다.
【勾勾搭搭】**gōu·gou dādā** (~的) 图 **1** 유인하거나 결탁하여 나쁜 짓을 하는 모양. **2** 남녀가 시시덕거리는 모양.
【勾股定理】**gōugǔ dìnglǐ** 图(數) 피타고라스 정리.
【勾股形】**gōugǔxíng** 图(數) 직각삼각형.
【勾划】**gōuhuà** ☞【勾画】**gōuhuà**
【勾画】[勾划] **gōuhuà** 图 **1** (윤곽을) 간단히 그리다. 스케치하다. 묘사하다. ¶~草图=간단히 스케치하다. **2** (간결하고 세련된 글로) 묘사(기술·서술)하다. 그려 내다. ¶寥寥几笔~出一个性格鲜明的人物形象。=간결한 필치로 개성이 뚜렷한 인물 형상을 그려 냈다.
【勾绘】**gōuhuì** 图 (윤곽을) 간단히 그리다. 스케치하다. 묘사하다. ¶文中~了三峡雄奇秀美的迷人风景。=글에서 싼샤의 웅장하고 아름답고 매혹적인 풍경을 묘사했다.
【勾魂】**gōu‖hún** (~儿) 图 **1** 영혼을 앗아 가다. ¶使者=저승사자. **2**(비) 정신이 나가다. 얼이 빠지다. 넋을 잃다. 홀리다. ¶他一整天都心神不定，像是被什么东西勾了魂似的。=그는 종일 안절부절못하며 제정신이 아닌 것이 마치 무엇인가에 홀린 듯하다.
【勾魂摄魄】**gōuhún-shèpò** (成) **1** 영혼을 앗아가다. **2** (사물이 강한 매력을 지녀) 혼을 빼다. 정신 나가게 하다. 넋을 잃게 하다. 현혹시키다. 얼빠지게 하다.
【勾稽】**gōujī** ☞【钩稽】**gōujī**
【勾结】**gōujié** 图 결탁하다. 내통하다. 짜다. 공모하다. ¶暗中~=암암리에 결탁하다. ↔勾通
【勾栏】[勾阑] **gōulán** 图 **1** 송원(宋元) 시기의 대중 연예장. **2** 극장. **3** 기생집. 기루. **4**(書) 난간.
【勾阑】**gōulán** ☞【勾栏】**gōulán**
【勾勒】**gōulè** 图 **1** (윤곽을) 간단히 그리다. 스케치하다. 묘사하다. **2** 간결한 필치로 묘사하다. ¶~生活场景=사는 모습을 묘사하다.
【勾连】[勾联] **gōulián** 图 **1** 결탁하다. 내통하다. 짜다. 공모하다. ¶暗中~=남몰래 결탁하다. **2** 관련되다. 연루되다. ¶此事和他并无~。=이 일과 그는 전혀 관련되지 않았다.
【勾联】**gōulián** ☞【勾连】**gōulián**
【勾脸】**gōu‖liǎn** (~儿) 图(劇) (중국 전통극에서 배우가) 얼굴 분장을 하다.
【勾留】**gōuliú** 图 머무르다. 체류하다. 체재하다. 묵다. ¶在北京~了几天。=북경에 며칠 묵었다. ↔逗留
【勾描】**gōumiáo** 图 (윤곽을) 간단히 그리다. 스케치하다. 묘사하다. ¶~临摹=베껴 그리다.
【勾芡】**gōu‖qiàn** 图 전분을 풀어 넣어 걸쭉하게 하다.
【勾曲】**gōuqū** 图 굽다. 구부러지다. ¶他的鼻子有点儿~。=그의 코는 약간 구부러졌다.
【勾惹】**gōurě** 图 **1** (나쁜 길로) 유혹하다. 꾀다. 홀리다. **2** 건드리다. 약올리다. 집적거리다. 놀리다. 골리다. ¶他正生气呢，别去~。=그는 지금 화가 나 있으니 건드리지 말아라.
【勾三搭四】**gōusān-dāsì** (成) 바람피우다. 놀아나다. 사통하다. 집적거리다.
【勾摄】**gōushè** 图(書) 체포하다. 사로잡다. ¶~入狱=체포하여 투옥시키다.
【勾神】**gōu‖shén** 图 마음이 끌리다. 정신을

勾 句 佝 沟 枸 钩 **gōu** 685

빼앗기다. 넋을 잃다. 홀리다. 얼이 빠지다. 현혹되다. ¶他被优美的旋律勾住了神。= 그는 우아한 선율에 그만 넋을 잃고 말았다.

【勾通】**gōutōng** 동 결탁하다. 내통하다. 짜다. 공모하다. ¶相互~, 狼狈成奸。= 서로 공모해서 한패가 되어 못된 짓을 하다. ≒勾结

【勾消】**gōuxiāo** ☞【勾销】**gōuxiāo**

【勾销】[勾消] **gōuxiāo** 동 지우다. 없애다. 말살하다. 삭제하다. (빚을) 청산하다. ¶~旧账 = 묵은 빚을 청산하다.

【勾心斗角】**gōuxīn-dòujiǎo** ☞【钩心斗角】**gōuxīn-dòujiǎo**

【勾乙】**gōuyǐ** 동 인용부(「」) 표시를 하다.

【勾引】**gōuyǐn** 동 1 결탁하다. 내통하다. (나쁜 길로) 유혹하다. 꾀다. 호리다. ¶他在坏人的~下逐步走向堕落。= 그는 나쁜 사람의 꾐에 넘어가 점차 타락하였다. 2 일으키다. 유발하다. 야기하다. 상기시키다. ¶眼前的景象~起我对童年的回忆。= 눈 앞의 풍경은 나에게 어린 시절에 대한 기억을 불러일으켰다.

【勾账】**gōu‖zhàng** 동 빚을 갚다. 변제하다.

【勾针】**gōuzhēn** ☞【钩针】**gōuzhēn**

## 句 **gōu** 사람 이름 구

인명·지명에 쓰이는 글자. ¶~践 = 구천. [춘추(春秋) 시대 월(越)나라 왕의 이름] / 高~丽 = 고구려. [고어에서는 '勾(gōu)'와 같음]
☞ **jù**

## 佝 **gōu** 곱사등이 구

아래를 참조.

【佝偻】**gōulóu** 동 (등을) 구부리다. ¶~着背 = 등을 구부리고 있다.

【佝偻病】**gōulóubìng** 명 (醫) 곱삿병. 구루병. = 软骨病 **ruǎngǔbìng**

## 沟[溝] **gōu** 봇도랑 구

명 1 (논밭의) 도랑. ¶垄~ = 밭도랑. 2 (~儿) 개울. 개천. 도랑. 내. 시내. 수거(水渠). ¶小河~儿 = 시내. 3 고랑 모양의 인공 방어 시설물. ¶壕~ = 참호. 4 협곡. 골짜기. 계곡. ¶山~ = 산골짜기. 5 (~儿) (도랑 같은) 얕은 홈. 골. 고랑. ¶车辙~儿 = 차바퀴 자국.

○- 地沟, 海沟, 壕**háo**沟, 河沟, 鸿**hóng**沟, 垄**lǒng**沟, 明沟, 渗**shèn**沟, 天沟, 檐**yán**沟, 阳沟, 阴沟

【沟播】**gōubō** 동 (農) 밭고랑에 파종하다.

【沟渎】**gōudú** 명 운 관개 수로. 배수구(排水沟). 용수로. 도랑. 개울. 내.

【沟盖儿】**gōugàir** 명 하수도 덮개.

【沟沟坎坎】**gōu·gou kǎnkǎn** 명 1 울퉁불퉁한 도로 위의 수많은 물웅덩이와 흙두둑. 2 (비) 인생에서 겪는 각종 장애와 고난.

【沟谷】**gōugǔ** 명 물이 흘러 패인 고랑(골).

【沟灌】**gōuguàn** 동 (農) 휴간 관개(畦間灌漑)하다. 고랑에 물대다.

【沟壕】**gōuháo** 명 1 참호. 2 도랑. 내.

【沟壑】**gōuhè** 명 계곡. 협곡. 산골짜기. ¶~纵横 = 종횡으로 난 계곡.

【沟坎】**gōukǎn** 명 1 도랑과 두둑. 2 도랑. 배수구. 하수구. ¶跳过一道道~。= 도랑을 하나하나 뛰어넘어가다.

【沟泥】**gōuní** 명 하수구 또는 도랑의 진흙.

【沟堑】**gōuqiàn** 명 1 참호. 2 도랑. 내.

【沟渠】**gōuqú** 명 관개 수로. 배수구(排水沟). 용수로. 도랑. 개울. 내.

【沟蚀】**gōushí** 명 (地) 구곡 침식(構谷浸蝕).

【沟塘】**gōutáng** 명 개천과 못.

【沟通】**gōutōng** 동 잇다. 연결하다. 서로 통하게 하다. 교류하다. 의견을 나누다. 통하다. 소통하다. 트다. 열다. ¶~两岸的跨江大桥 = 강을 가로질러 두 기슭을 연결해 주는 대교. / ~思想 = 생각을 교류하다.

【沟洫】**gōuxù** 명 운 논밭의 수로. 관개 수로. 배수구(排水沟). 용수로. 도랑. 개울. 내.

【沟沿儿】**gōuyánr** 명 도랑의 양쪽 둑. 개울가. 도랑가. 냇가. 시냇가.

【沟眼】**gōuyǎn** 명 하수구. 수챗구멍.

【沟子】**gōu·zi** 명(方) 도랑. 개울. 개천. 내. 시내. 협곡. 계곡. 골짜기. ¶山~ = 산골짜기.

## 枸 **gōu** 탱자나무 구
☞ **gǒu**, **jǔ**

【枸橘】**gōujú** 명 (植) 탱자나무.

## 钩[鉤, 鉤] **gōu** 갈고리 구

동 1 (갈고리 모양의 것으로) 끄집어 내다. 끌어올리다. 걸다. 매달다. 잇다. 연결하다. ¶把掉在水里的东西~上来。= 물 속에 빠뜨린 물건을 끌어올리다. 2 (운) 탐구하다. ¶~沉拾遗 = 산실된 자료를 집록하다. 3 코바늘로 뜨다. ¶~一幅手套 = 장갑 한 짝을 뜨다. 4 감치다. 꿰매다. ¶~贴边 = 가선을 대고 가장자리를 감치다. 명 1 (~儿) 갈고리 (모양의) 것. ¶鱼~儿 = 낚싯바늘. / 秤~儿 = (고리가 있는) 대저울. 2 (~儿) 갈고리 모양의 한자 필획. 'ㅣ, ㄱ, ㄴ, ㄴ' 등. 3 체크(✓) 표시. ¶在正确答案的序号前打个~。= 정답의 번호 앞에 체크 표시를 하다. 4 ('9'의 모습이 갈고리와 비슷하여) 특별한 경우, 숫자 '9'를 대신함. ¶洞~洞拐 = 0907. 5 (Gōu) 성(姓).

○- 车钩, 钓**diào**钩, 挂**guà**钩, 挠**náo**钩, 上钩, 双钩

【钩鼻子】**gōubí·zi** 명 매부리코.

【钩沉】**gōuchén** 동 (운) 심오한 이치를 탐구하다. 산실된 자료를 집록하다. ¶《古小说~》=《고소설구침》.

【钩秤】**gōuchèng** 명 (고리가 있는) 대저울.

【钩尺】**gōuchǐ** 명 곱자. 곡척.

【钩虫】**gōuchóng** 명 (動) 구충. ¶美洲~ = 아메리카구충. / 十二指肠~ = 십이지장충.

【钩环】**gōuhuán** 명 (연결용) U자형 고리.

【钩稽】[勾稽] **gōujī** 동 1 조사하다. 살펴보다. ¶

~文坛旧事。=문단의 옛일을 조사하다. **2** (상세하게) 계산하다. ¶反复~=반복 계산하다.

【钩拳】 **gōuquán** 图(體)〔권투의〕훅(hook).

【钩心斗角】【勾心斗角】 **gōuxīn-dòujiǎo** 國 **1** 궁전의 구조가 정교하다. **2** 用 서로 아웅다웅〔옥신각신〕하다. 서로 속고 속이다. 아귀다툼을 하다. 암투를 벌이다. ≒尔虞我诈 ↔肝胆相照.

【钩玄】 **gōuxuán** 图(文) 참뜻〔깊은 뜻〕을 탐구하다〔찾다〕. ¶~提要=요점을 찾다.

【钩爪】 **gōuzhǎo** 图 동물의 갈고리 발톱〔손톱〕.

【钩针】【勾针】 **gōuzhēn** (~儿) 图 (뜨개질의) 코바늘.

【钩子】 **gōu·zi** 图 **1** 갈고리. **2** 갈고리 모양의 물건. ¶注意，蝎子的~叮人。=조심해라, 전갈의 침은 사람을 쏜다.

# 缑[緱] **gōu** 칼자루 감을 구

图 **1** 図 칼등의 손잡이를 감는 끈. **2** (**Gōu**) 성(姓).

# 篝 **gōu** 배롱 구

图図 (위는 크고 아래는 작으면서 긴) 대바구니. ¶衣物满~=옷과 일상용품이 대바구니에 가득 차다.

【篝火】 **gōuhuǒ** 图 **1** 바구니로 덮은 불. **2** 모닥불. 캠프파이어. 화톳불. ¶~晚会=캠프파이어.

【篝火狐鸣】 **gōuhuǒ-húmíng** 國用 봉기〔거사〕를 꾀하다. 〔진(秦)말, 진섭(陳涉)이 바구니로 불을 덮어 도깨비불처럼 만들고, 여우 소리를 내어 변방 수비병들의 봉기를 유도한 데서 유래함〕.

# 鞲 **gōu** 팔찌 구

【鞲鞴】 **gōubèi** ☞【活塞】 **huósāi**.

# 芶 **Gǒu** 성씨 구

图 성(姓).

# *苟 **gǒu** 함부로 구

國 되는대로 하다. 함부로 하다. 대충 하다. 경솔하다. 소홀히 하다. ¶一丝不~=조금도 소홀히 하지 않다. 副 **1** 함부로. 터무니없이. 멋대로. ¶不~言笑=함부로 말하거나 웃지 않다. **2** 우선. 당분간. 잠시. 임시로. ¶蝇营狗~=공명과 출세를 위해 방법과 수단을 가리지 않다. 接图 만약. 만일. 가령. ¶~富贵，无相忘。=만약 부유해져도 서로 잊지 말자. 图 (**Gǒu**) 성(姓).

【苟安】 **gǒu'ān** 图 일시적인 안일을 탐하다. ¶~一时=눈앞의 일시적인 안일에 빠지다.

【苟存】 **gǒucún** 图図 그럭저럭 되는대로 살아가다. ¶~人世=그럭저럭 세상을 살아가다.

【苟得】 **gǒudé** 图 부당하게〔함부로〕 취득하다. 속여서 제 것으로 만들다. ¶不巧取，不~=교묘한 수단으로 취하지도 않고 부당한 방법으로 갖지도 않다.

【苟合】 **gǒuhé** 图 **1** 무원칙으로〔분별 없이〕 부화하다〔영합하다〕. 눈치를 살피다. 비위를 맞추다. 맞장구나 치다. ¶为人~=남의 비위나 맞추는 사람. **2** 간통하다. 사통하다. 내통하다. 바람피우다.

【苟合取容】 **gǒuhé-qǔróng** 國 무원칙적으로〔분별 없이〕 부화하여〔영합하여〕 남의 환심을 사다.

【苟活】 **gǒuhuó** 图 그럭저럭 되는대로 살아가다. ¶忍辱~=치욕을 삼키고〔참고〕 그럭저럭 살아가다.

【苟简】 **gǒujiǎn** 國 어설프다. 엉성하다. 초라하다. 형편 없다. 초솔(草率)하다. 적당히 하다. ¶行文~=글이 어설프다.

【苟且】 **gǒuqiě** 國 **1** 대충대충이다. 졸속이다. 적당히 얼버무리다. 되는대로이다. 소홀하다. ¶因循~=적당히 얼버무리다. **2** 정당하지 못한. 부적절한. 옳지 못한. 퇴폐적인. 〔주로 남녀 관계를 가리킴〕 ¶~之事=정당하지 못한 일. 國 구차하다. 되는대로. 그럭저럭. ¶~生存=구차하게 생존하다.

【苟且偷安】 **gǒuqiě-tōu'ān** 國 눈앞의 안일만 탐내며 되는대로 살아가다. ≒得过且过 ↔宁死不屈.

【苟且偷生】 **gǒuqiě-tōushēng** 國 구차하게 살아가다. 그럭저럭 억지로 살아가다.

【苟全】 **gǒuquán** 图 구차하게 (목숨을) 보전하다. 그럭저럭〔일시적으로〕 부지하다. ¶~性命=구차하게 목숨을 부지하다.

【苟同】 **gǒutóng** 图図 무작정〔경솔하게·쉽게〕 동의하다〔맞장구치다〕. ¶未敢~=경솔하게 동의하지는 못하겠습니다.

【苟延残喘】 **gǒuyán-cánchuǎn** 國 **1** 남은 목숨을 겨우 부지하다. 간신히 생명을 유지하다. **2** 用 가까스로 살아가다. 죽지 못해서 살다. **3** 用 (사물이) 간신히 존재하다. 가까스로 유지되다.

# 岣 **gǒu** 봉우리 이름 구

【岣嵝】 **Gǒulǒu** 图(地) 거우러우. 〔후난(湖南)성에 있는 형산(衡山)의 최고봉〕.

# **狗 **gǒu** 개 구

图 **1**図(動) 개. ¶猎~=사냥개. / 狼心~肺=흉악하고 잔인한 인간. **2** 用 (나쁜 사람의) 앞잡이. 끄나풀. 주구. ¶走~=앞잡이.

○- 豺chái狗, 疯fēng狗, 海狗, 狼láng狗, 猎liè狗, 鱼狗, 走狗, 落luò水狗

【狗宝】 **gǒubǎo** 图(醫) 구보. 구사(狗砂). 구황(狗黄).

【狗吃屎】 **gǒuchīshǐ** 囗 앞으로 자빠지다〔고꾸라지다〕. 앞으로 얼굴을 처박다. ¶脚下一滑，摔了个~。=다리가 미끄러져 앞으로 자빠지다.

【狗胆】 **gǒudǎn** 图图 나쁜 짓을 저지를 담력.

【狗胆包天】 **gǒudǎn-bāotiān** 國 겁이 없이 함부로 행동하다. 함부로 날뛰다. 간덩이가 붓다. 간덩이가 크다. 매우 대담하다.

【狗东西】 **gǒudōng·xi** 图 (욕하는 말로) 개자식. 개새끼. 개 같은 놈.

【狗改不了吃屎】 **gǒu gǎi·buliǎo chī shǐ** ⟨⟩

1 개는 똥을 먹는 버릇을 고칠 수 없다. 2 (비) 제 버릇 개 못 준다. 본성은 쉽게 바뀌지 않는다.

【狗苟蝇营】 gǒugǒu-yíngyíng ☞【蝇营狗苟】 yíngyíng-gǒugǒu

【狗官】 gǒuguān (명) (욕하는 말로) 썩어빠진 관리. 부정부패를 일삼는 관리. 탐관오리.

【狗獾】 gǒuhuān (명)(動) 오소리.

【狗急跳墙】 gǒují-tiàoqiáng (성) 1 개도 급하면 담장을 뛰어넘는다. 2 (비) 쥐도 궁지에 몰리면 고양이를 문다.

【狗命】 gǒumìng (명)(비) 천한 목숨. 하찮은 생명. ¶饶了你的~。=너의 천한 목숨을 용서한다.

【狗拿耗子】 gǒu ná hào·zi (헐) 1 개가 쥐를 잡다. [뒤에 '多管闲事'가 붙음] 2 (비) 쓸데없는 일을 하다. 쓸데없이 참견하기 좋아하다.

【狗男女】 gǒunánnǚ (명) (욕하는 말로) 개 같은 연놈(들).

【狗刨】 gǒupáo (명) 개헤엄.

【狗皮膏药】 gǒupí-gāo·yao (명) 1 개가죽에 발라 만든 고약. 2 (비) 엉터리 상품. 가짜 제품.

【狗屁】 gǒupì (명) (욕하는 말로) 개소리. ¶~不通=(말·글이) 조리가 없고 당치도 않다.

【狗日的】 gǒurì·de (명) (욕하는 말로) 개 같은 놈. 개자식. 개새끼.

【狗屎】 gǒushǐ (명) 개똥. 아무 가치도 없는 사물. ¶~不如=개똥만도 못하다.

【狗屎堆】 gǒushǐduī (명)(비) 개똥 같은 놈. 남에게 혐오감을 주는 사람. ¶不齿于人类的~。=인간 축에도 끼지 못하는 개똥 같은 놈.

【狗头】 gǒutóu (명) (욕하는 말로) 골통. 대가리. 개대가리. ¶小心你的~。=너의 대가리를 조심해라.

【狗头军师】 gǒutóu jūnshī (명) 악인의 모사꾼. 명청이 참모.

【狗腿子】 gǒutuǐ·zi (명)(비) (욕하는 말로) 앞잡이. 주구.

【狗尾巴草】 gǒuwěi·bacǎo ☞【狗尾草】 gǒuwěicǎo

【狗尾草】 gǒuwěicǎo (명)(植) 강아지풀. =【狗尾巴草】 gǒuwěi·bacǎo

【狗尾续貂】 gǒuwěi-xùdiāo (성) 1 구미속초. 담비 꼬리가 모자라 개의 꼬리로 잇다. 2 (비) 훌륭한 것 뒤에 보잘것없는 것이 뒤따르다. 작품의 마무리가 형편 없다.

【狗窝】 gǒuwō (명) 1 개집. 2 (겸) 자신의 누추한 거처.

【狗熊】 gǒuxióng (명) 1 ☞【黑熊】 hēixióng 2 (비) 겁쟁이. 변변치 않은 인간. 쓸모 없는 인간.

【狗血】 gǒuxuè (명) 개의 피. [미신에서 요술을 물리칠 수 있다고 여겼음]

【狗血淋头】 gǒuxuè-líntóu ☞【狗血喷头】 gǒuxuè-pēntóu

【狗血喷头】 gǒuxuè-pēntóu (성)(비) 욕을 매우 심하게 퍼붓다. =【狗血淋头】 gǒuxuè-líntóu

【狗眼】 gǒuyǎn (명) 1 개의 눈. 2 (비) (권세나 재물에 빌붙는) 소인배의 눈. 속물의 눈.

【狗眼看人低】 gǒuyǎn kàn rén dī (헐) 권세에 빌붙은 인간이 사람을 업신여기다.

【狗养的】 gǒuyǎng·de (명) (욕하는 말로) 개자식. 개새끼.

【狗咬狗】 gǒuyǎogǒu (헐) 1 개가 개를 물다. 2 (비) 악인들끼리 서로 배척하다. 같은 패끼리 알력이 생기다.

【狗咬狗, 一嘴毛】 gǒu yǎo gǒu, yī zuǐ máo (속) 1 개가 개를 물어 보았자 털을 물어 뽑는 데 지나지 않는다. 2 (비) 서로 끊임없이 싸워도 큰일은 벌어지지 않는다. 칼로 물 베기.

【狗咬吕洞宾】 gǒu yǎo Lǚ Dòngbīn (속) 1 개가 여동빈(呂洞宾; 전설 속의 여덟 신선 중의 한 명으로 선한 일을 많이 함)을 물다. 2 (비) 사람을 몰라보다. 남의 호의를 몰라주다. 시비를 가릴 줄 모르다.

【狗鱼】 gǒuyú (명)(動) 창꼬치.

【狗杂种】 gǒuzázhǒng (명) (욕하는 말로) 개잡놈.

【狗仔队】 gǒuzǎiduì (명) 파파라치(paparazzi).

【狗崽子】 gǒuzǎi·zi (명) 1 강아지. 2 (욕하는 말로) 개자식.

【狗仗人势】 gǒuzhàngrénshì (성) 1 개가 주인을 믿고 사납게 굴다. 2 (비) 세력에 기대어 남을 업신여기다. ≒狐假虎威

【狗彘】 gǒuzhì (명) 1 개와 돼지. 2 (비) 개돼지 같은 인간.

【狗彘不如】 gǒuzhì bùrú ☞【狗彘不若】 gǒu zhì-bùruò

【狗彘不若】 gǒuzhì-bùruò (성) 1 개돼지만도 못하다. 2 (비) 인품이 비열하기 짝이 없다. =【狗彘不如】 gǒuzhì bùrú

【狗子】 gǒu·zi (명) 1 개. 2 (경) 새끼. 녀석. 개자식. 놈. ¶土匪~=강도새끼.

【狗嘴吐不出象牙】 gǒuzuǐ tǔ·buchū xiàng yá (속) 1 개 입에서 상아를 토해 낼 수 없다. 2 (비) 나쁜 사람에게서 좋은 말이 나올 수 없다. =【狗嘴长不出象牙】 gǒuzuǐ zhǎng·buchū xiàngyá

【狗嘴长不出象牙】 gǒuzuǐ zhǎng·buchū xiàngyá ☞【狗嘴吐不出象牙】 gǒuzuǐ tǔ·buchū xiàngyá

# 耇[耉] gǒu 오래 살 구
(명)(문) 장수. 고령.

# 枸 gǒu 구기자 구
아래를 참조.
☞ gōu, jǔ

【枸杞】 gǒuqǐ (명)(植) 구기. 구기자.

【枸杞子】 gǒuqǐzi (명)(醫) 구기자.

# 笱 gǒu 통발 구
(명)(문) 통발.

# 勾¹ gòu 많을 구
'够(gòu)'와 같음. [주로 조기 백화문에 보임]

# 勾² Gòu 성씨 구

阌 성(姓).
☞ gōu

【勾当】gòu·dàng 阌 1 일. 2 阌 짓. 수작. ¶见不得人的~=사람으로서는 할 수 없는 짓.

**构**¹[構，搆] gòu 얽을 구
阌 1 구성하다. 얽다. 얽어 짜다. 짜다. 이루다. 짜 맞추다. 조합하다. 결합하다. ¶~筑房屋=집을 짓다. /~图方法=구도 방법. 2 결성하다. 조직하다. 만들다. [추상적인 사물에 쓰임] ¶向壁虚~=터무니없는 생각을 하다. 터무니없이 날조하다. /~思巧妙=구상이 절묘하다. 阌 文예 작품. ¶佳~=가작.

**构**²[構] gòu 닥나무 구
阌(植) 닥나무. [楮(chǔ)라고도 함]

⊙ 机jī构, 结jié构

【构成】gòuchéng 阌 구성하다. 짜다. 이루다. 형성하다. ¶这部电影由五个小故事~=이 영화는 다섯 개의 토막 이야기로 구성되어 있다. 阌 구성. 형성. ¶教师的年龄~较为合理。=교사의 연령 구성이 비교적 합리적이다.

【构词法】gòucífǎ 阌(言) 조어법(造语法).

【构架】gòujià 阌 1 (건축물의) 틀. 뼈대. 골격. 프레임(frame). ¶大楼的~已基本完工。=빌딩의 골격은 이미 기본적으로 완성되었다. 2 (事物의) 구성. 구조. 틀. 구도. ¶小说的~比较合理。=소설의 구조가 비교적 합리적이다. 阌 세우다. 수립하다. 구축하다. [주로 추상적인 사물에 쓰임] ¶~新的理论体系=새로운 이론 체계를 수립하다.

【构件】gòujiàn 阌 1 (建) 부재(部材). 구재(構材). 구조재. 2 (機) 부품. 부속품.

【构建】gòujiàn 阌 세우다. 수립하다. 구축하다. [주로 추상적인 사물에 쓰임] ¶~全新的艺术理念=완전히 새로운 예술 이념을 수립하다.

【构拟】gòunǐ 阌 구상하여 설계하다〔짜다·디자인하다〕. (언어학에서 옛 음 등을) 재구성하다. ¶~地铁施工方案=지하철 시공 방안을 구상하여 설계하다.

【构思】gòusī 阌 구상하다. ¶~新作=새로운 작품을 구상하다. 阌 구상. ¶~新颖=구상이 참신하다. ⊙构想

【构图】gòutú 阌(美) 구도를 잡다.

【构陷】gòuxiàn 阌 모함하다. ¶遭人~=모함을 당하다.

【构想】gòuxiǎng 阌 구상하다. ¶~设计方案=설계 방안을 구상하다. 阌 구상. 의견. 생각. 계획. ¶提出建设生态居住环境的~。=환경친화적 거주 환경을 건설하는 구상을 제시하다. ⊙构思

【构象】gòuxiàng 阌(化) 배좌(配座).

【构型】gòuxíng 阌 형(型)〔꼴·모양〕을 구상하다. ¶设计人员为新产品~。=디자이너가 신제품의 모양을 구상하다. 阌 1 형(型). 형태. 꼴. 모습. 모양. 형상. ¶~别具一格=모습이 독특하다. 2

(化)(分子의) 구성. 배열. ¶~作用=분자의 배열 작용.

【构怨】gòuyuàn 阌 원한을 품다. ¶~于人=사람에게 원한을 품다.

【构造】gòuzào 阌 건조하다. 짓다. 세우다. 가설하다. 조립하다. ¶~房屋=집을 짓다. 阌 구조. ¶人体~=인체 구조.

【构造地震】gòuzào dìzhèn 阌(地) 구조 지진.【断层地震】duàncéng dìzhèn

【构筑】gòuzhù 阌 1 건조하다. 짓다. 세우다. 가설하다. 조립하다. 건설하다. 건축하다. ¶~堤坝=댐을 짓다. 2 세우다. 수립하다. 구축하다. [주로 추상적인 사물에 자주 쓰임] ¶~经济良性发展的新框架。=경제가 순조롭게 발전할 수 있는 새로운 틀을 구축하다.

【构筑物】gòuzhùwù 阌(建) 건축물. 구조물.

**购**[購] gòu 살 구
阌 구매하다. 사다. 사들이다. 구입하다. ¶收~=수매하다. /持币待~=돈을 들고 사려고 기다리다. ⊖买 ↔销 售

⊙ 订dìng购, 定购, 函hán购, 抢qiǎng购, 认购, 收购, 套tào购, 邮购, 预购, 征zhēng购

【购办】gòubàn 阌 구매하다. 사들이다. ¶~原材料=원자재를 구매하다.

【购备】gòubèi 阌 구매하다. 미리 사 두다. ¶~年货=설에 쓰이는 물건을 미리 사 두다.

【购并】gòubìng 阌 인수 합병하다. ¶该集团已先后~三家大型公司。=이 그룹은 이미 잇따라 세 개의 대형 회사를 인수 합병했다.

【购得】gòudé 阌 매입하다. 손에 넣다. ¶~大米六吨=쌀 6톤을 매입하다.

【购货】gòuhuò 阌 물품〔화물〕을 구매하다. ¶~款已经结清。=물품 구매 비용은 이미 계산을 마쳤다.

【购货券】gòuhuòquàn 阌 상품권.

【购价】gòujià 阌 구입 가격. ¶~偏低=구입 가격이 낮은 편이다.

【购进】gòujìn 阌 구입하다. 사들이다. ¶最近新~了一批药材。=최근 한 무더기의 약재를 새로 구입했다.

【购买】gòumǎi 阌 사다. 구매〔구입〕하다. ¶~家具=가구를 구매하다.

【购买力】gòumǎilì 阌 구매력.

【购物】gòuwù 阌 물품을 구매하다. 물건을 사다. ¶~环境=구매 환경.

【购物中心】gòuwù zhōngxīn 阌 대형 쇼핑센터〔몰〕.

【购销】gòuxiāo 阌 구입하고 판매하다. ¶~失调=구입과 판매의 불균형.

【购置】gòuzhì 阌 (장기간 사용할 것을) 사들이다. ¶~房产=부동산을 사다. ⊖置办 置备

【购主】gòuzhǔ 阌 구매자. 매주(買主).

**诟**[詬] gòu 욕할 후
阌 치욕. 수치. 모욕. ¶忍辱含~=치욕을 참

고 견디다. 動尊 욕하다. 욕설을 퍼붓다. 욕설을 퍼부어 창피를 주다. ¶百般~詈=온갖 욕설을 퍼붓다. ⇨骂

【诟病】gòubìng 動尊 꾸짖다. 지적하다. 지탄하다. 질책하다. 책망하다. 비난하다. ¶为世人所~.=세인의 지탄을 받다.

【诟詈】gòulì 動尊 욕설을 퍼붓다. 욕설을 퍼부어 창피를 주다.

【诟骂】gòumà 動尊 꾸짖다. 욕하다. 나무라다. ¶相互~=서로 욕하다.

【诟辱】gòurǔ 動尊 욕설을 퍼붓다. 창피를 주다. ¶遭人~=욕을 먹다.

* **垢** gòu 때 구

名 1 때. 먼지. 더러운〔불결한〕것. ¶尘~=먼지와 때. 藏污纳~=나쁜 사람과 악행을 감싸주다. 2 尊 '诟(gòu)'와 같음. ¶含~忍辱=치욕을 참고 견디다. 動尊 더럽다. 불결하다. ¶蓬头~面=흐트러진 머리와 때묻은 얼굴. ⇨污 浊

○- 尘chén垢, 耳ěr垢, 污wū垢

【垢秽】gòuhuì 形尊 더럽다. 불결하다.
【垢泥】gòuní (몸에) 때.
【垢腻】gòunì (몸이나 물건에) 때. 더러운 것. ¶满脸~=온 얼굴에 때가 끼다. 形尊 더러운. 불결한. ¶~之物=더러운 물건.
【垢污】gòuwū 名 (몸이나 물건에) 때. 더러운 것. ¶浑身~=온몸이 때투성이이다.

**姤** gòu 만날 구

動尊 '遘(gòu)'와 같음. 形尊 좋다. 훌륭하다.

**冓** gòu 궁중의 깊숙한 곳 구

名尊 궁궐의 깊숙한 곳. 내실(内室). 지밀.

| 冓 gòu | 媾 gòu |
| 韝 gòu | 篝 gōu |
| 觏 gòu | 讲 jiǎng |
| 遘 gòu | 搆 jiǎng |

** **够[(夠)]** gòu 충분할 구

動 1 필요한 수량·기준 등을 만족시키다. ¶最近两年总觉得时间不~用. =최근 두 해는 늘 시간이 부족한 느낌이 든다. 2 尊 (손 등을 뻗어) 닿다. 미치다. 가져오다. ¶把书架顶上的书~下来. =책꽂이 꼭대기의 책을 내리다. 副 제법. 비교적. 자못. 꽤(나). 썩. 퍽. ¶这两天~热的. =요즘은 제법 덥다. 形 질리다. 지겹다. 지긋지긋하다. 싫증나다. ¶吃~了=질리도록 먹었다. / 睡~了=지긋지긋하게 잤다.

○- 能够, 足zú够

【够本】gòu∥běn(~儿) 動 1 본전이 되다. 밑지지 않다. ¶这个买价只是~. =이 판매가는 본전일 뿐이다. 2 尊 득실이 서로 같다. 본전이 되다. ¶他虽说被辞退了, 但得了一笔丰厚的赔偿金, 也算~了. =그는 비록 퇴임당했다고 말하지만, 많은 배상금을 얻었으므로 본전이라고 할 수 있다.

【够不到】gòu·budào 動 1 (손이) 닿지〔미치지〕 못하다. 2 尊 미치지〔이르지〕 못하다. 힘에 부치다. ⇨够不着

【够不上】gòu·bushàng (어떤 기준에) 이르지〔미치지〕 못하다. ¶这种行为~犯罪. =이런 행위가 범죄가 되지는 않는다.

【够不着】gòu·buzháo 動 1 (손이) 닿지〔미치지〕 못하다. ¶箱子放得太高了, 我~. =상자를 너무 높이 놔두어서, 나는 손이 닿지 않는다. 2 尊 미치지〔이르지〕 못하다. 힘에 부치다. ¶虽然进步很大, 但还是~'三好学生'的边儿. =비록 많이 향상되었지만, 아직 모범 학생의 근처에도 가지 못한다. ⇨够不到

【够得到】gòu·dedào 動 1 (손이) 닿다〔미치다〕. 2 尊 미치다. 이르다. 힘이 닿다. ⇨够得着

【够得着】gòu·dezháo 動 1 (손이) 닿다〔미치다〕. ¶跳起来~树上的苹果. =뛰어오르면 나무에 달려 있는 사과에 손이 닿는다. 2 尊 미치다. 이르다. 힘이 닿다. ¶所定的指标不能太高, 努力以后要能~. =목표 설정이 너무 높아서는 안 되고 노력하면 이를 수 있어야 한다. ⇨够得到

【够份】gòufèn(~儿) 動尊 꽤〔제법〕 멋지다〔근사하다·품이 난다〕. ¶你这一身打扮, ~儿. =너의 차림새가 제법 근사하다.

【够哥们儿】gòu gē·menr 動尊 친구답다. 친구라고 할 만하다. 친구의 도리를 다하다. 의리가 있다.

【够格】gòu∥gé(~儿) 動 자격이 있다. 어울리다. 걸맞다. ¶要说评优秀教师, 他完全~. =우수한 선생을 이야기하자면 그는 충분히 자격이 있다.

【够交情】gòu jiāo·qing 尊 1 교분이 두텁다. ¶他俩, 有福同享, 有难同当. =그 두 사람은 교분이 두터워서 동고동락한다. 2 친구답다. 친구라고 할 만하다. 친구의 도리를 다하다. 의리가 있다. ¶他很~, 从来总是把别人的事当自己的事. =그는 의리가 있어 항상 남의 일을 자기 일처럼 해 왔다. ⇨够朋友

【够劲儿】gòujìnr 形尊 1 큰 힘이 들다. ¶他一个人提这么多东西, 真~. =그가 혼자서 이렇게 많은 물건을 들었으니 정말 많이 힘든 거지요. 2 (정도가) 대단하다. (극)심하다. 엄청나다. 상당하다. 지독하다. 강하다. 세다. ¶这天冷得~. =오늘 날씨는 대단히 춥다.

【够了】gòu·le 動 충분하다. 넉넉하다. 족하다. ¶打一个暑假的工, 学费就~. =여름 방학 동안 아르바이트를 하면 학비는 충분하다. 形 됐다. ¶~, 你们不要再争论了. =됐다, 너희들 더 이상 논쟁을 하지 마라.

【够面子】gòu miàn·zi 形尊 1 의리가 있다. 인정이 두텁다. ¶他真~, 竟然请来了歌坛大腕儿. =그는 정말 의리가 있어서, 뜻밖에도 가요계의 대스타를 불러 왔다. 2 체면〔면목〕 이 서다. 그럴듯하다. 근사하다. ¶他们的结婚典礼很隆重, ~. =그들의 결혼식은 매우 성대하여 근사했다.

【够派头】gòu pàitóu(~儿) 形尊 꽤〔제법〕 멋지다〔근사하다·품이 나다·산뜻하다〕. 자못 맵시가

나다. ¶他这身打扮~的。=그의 이번 치장은 아주 멋지다.
【够朋友】gòu péng·you 친구답다. 친구라고 할 만하다. 친구의 도리를 다하다. 의리가 있다. ¶他真~, 我买房时他拿出了所有的积蓄。=그는 정말 의리가 있는 친구야, 내가 집을 살 때 자기의 모든 예금을 내주었거든. ⇨够交情
【够呛】gòuqiàng ☞【够戗】gòuqiàng
【够戗】【够呛】gòuqiàng 대단하다. 엄청나다. 굉장하다. 힘들다. 고되다. 힘겹다. 죽겠다. 견딜 수 없다. (시간 등이) 빠듯하다. ¶最近忙得~。=요즈음 바빠 죽겠다.
【够瞧的】gòuqiáo·de 1 (정도가) 대단하다. (극)심하다. 엄청나다. 상당하다. 지독하다. 놀랄 정도이다. ¶天干得真~, 河水都快断流了。=가뭄이 너무 심각해서 강물이 곧 끊어지겠어. 2 매우 나쁘다. ¶这孩子在学校的表现~。=이 아이가 학교에서 하는 짓은 정말 나쁘다.
【够受的】gòushòu·de (못 견디게) 고되다. 힘들다. 힘겹다. 죽겠다. 견디기 힘들다. 모질다. 호되다. ¶持续高温, 热得可真~。=고온이 계속되어 정말 견디기 힘들다.
【够数】gòu‖shù(~儿) 요구하는 수량에 이르다. 수량이 충분하다. ¶你领的表格~没有? =네가 수령한 서식은 충분하나?
【够岁数】gòu suì·shù(~儿) (규정된 기준의) 나이가 되다〔차다〕. ¶他今年十八, ~儿参军了。=그는 올해 18세로 군대에 갈 나이가 됐다.
【够损的】gòusǔn·de 1 (말이) 신랄하다. 매정하다. 모질다. 각박하다. ¶他说这话可真~。=그의 이 말은 정말 모질다. 2 (행위가) 악랄하다. 악하다. 악독하다. ¶他这事做得可真~。=그가 한 이 일은 정말 악랄하다.
【够条件】gòu tiáojiàn 요구하는 조건에 이르다. 자격이 충분하다. ¶他完全~报考飞行员。=그는 비행사 시험을 볼 자격이 충분하다.
【够味儿】gòuwèir (음식이) 아주 맛있다. 제맛이 난다. (기술 등이) 대단하다. 훌륭하다. 상당하다. 굉장하다. 나무랄 데가 없다. 빼어나다. 매우 높은 수준에 이르다. ¶他的京戏唱得很~。=그의 경극 노래 솜씨는 상당하다.
【够意思】gòu yì·si 1 대단하다. 훌륭하다. 상당하다. 굉장하다. 나무랄 데가 없다. 빼어나다. 뛰어나다. ¶这些手工艺品细巧, 精致, 真~。=이 수공예품들은 섬세하고 정밀한 것이 그야말로 대단하다. 2 친구답다. 친구라고 할 만하다. 친구의 도리를 다하다. 의리가 있다. ¶朋友大老远来, 他连面都不见, 真不~。=친구가 아주 멀리서 찾아 왔는데 얼굴조차 볼 수 없다니, 정말 의리가 없는 친구야.

遘 gòu 만날 구
만나다. 조우(遭遇)하다. ¶~患=우환을 만나다.
【遘会】gòuhuì 만나다.
【遘时】gòushí 좋은 기회를 맞다. 호기에 맞이하다.

彀¹ gòu 활 당길 구
활을 힘껏 당기다. 1 화살이 닿는 범위. 2 (비)올가미. 함정. ¶入~=함정에 빠지다.

彀² gòu 충분할 구
'够(gòu)'와 같음.
【彀中】gòuzhōng 1 화살이 닿는 범위. 2 (비)올가미. 함정. ¶入我~=나의 속임수에 빠지다.

雊 gòu 꿩 울 구
꿩이 울다.

媾 gòu 결혼인 구
1 결혼인하다. 2 결혼하다. ¶婚~=결혼하다. 3 화친하다. 강화하다. ¶两国~和=양국이 강화하다. 4 교배하다. 성교하다. ¶交~=성교하다.
【媾合】gòuhé 성교하다.
【媾和】gòuhé 강화하다. ¶签订~协议。=강화 협의를 체결하다.

觏 [覯] gòu 만날 구
만나다. 체험하다. 보다. ¶罕~=드물게 만나다〔보다〕.

# gu

估 gū 값 고
평가하다. 추측하다. 어림잡다. 짐작하다. ¶低~=과소 평가하다. / ~~一~这箱苹果有多重。=이 상자의 사과가 무게가 얼마나 되는지 짐작해 봐라.
☞ gù
【估猜】gūcāi 추측하다. 예측하다. 어림잡다. 헤아리다. 짐작하다. ¶结局实难~。=결과는 정말 추측하기 어렵다.
【估测】gūcè 추측하다. 예측하다. 어림잡다. 헤아리다. 짐작하다. ¶你~一下新产品的市场前景。=너는 신제품 시장 전망을 추측해 보아라.
【估产】gū‖chǎn 생산량을 추측〔예측〕하다. [주로 농산물을 가리킴]
【估堆儿】gū‖duīr 한 무더기로 값을 정하다〔매기다〕. 모두 합쳐서 수량이나 값을 치다. ¶这些萝卜~卖。=이 무들은 무더기로 값을 매겨 판매한다.
【估分】gūfēn 점수를 예측하다.
【估划】gūhuà 추측하다. 예측하다. 어림잡다. 헤아리다. 짐작하다. ¶你~一下今年麦子的收成。=너는 올해 보리 작황을 예측해 보아라.
【估计】gūjì 추측하다. 예측하다. 어림잡다. 헤아리다. 짐작하다. ¶他情绪很低落, ~遇到什么烦心事了。=그는 기분이 매우 가라앉은 것으로 보아 무슨 근심스런 일에 부닥친 것 같다. ⇨

估量 估摸

【估价】gū‖jià 통 (가격을) 치다. 매기다. ¶这些首饰您给估个价。=이 장신구들을 당신이 가격을 매겨 보세요.

【估价】gūjià 통 (사람이나 사물에 대해) 평가하다. ¶应客观、公正地~历史人物的是非功过。=마땅히 객관적이고 공정하게 역사 인물의 시비와 공과를 평가해야 한다. 图 1 (사람이나 사물에 대한) 평가. ¶对他的作用要给以正确的~。=그의 역할에 대해 정확한 평가를 내려야 한다. 2 예상 가격. ¶这只是~, 不是定价。=이건 단지 예상 가격일 뿐 정해진 가격이 아니다. ≒评估 评价

【估量】gū·liáng 통 추측하다. 예측하다. 어림잡다. 헤아리다. 짐작하다. ¶这次事故造成的损失难以~。=이번 사고로 생긴 손실은 추측하기 힘들다. ≒估计 估摸

【估摸】gū·mo 통⟨구⟩ 추측하다. 예측하다. 어림잡다. 헤아리다. 짐작하다. ¶我~着他这会儿应该在家。=나는 그가 이번에는 집에 있을 것이라고 짐작하고 있다. ≒估计 估量

【估算】gūsuàn 통 추산하다. ¶~利润=이윤을 추산하다.

【估损】gūsǔn 통 손실을 헤아리다.

# 菇 gū 줄풀 고
명 '菰(gū)'와 같음.

# *咕 gū 소리의 형용 고
의 꼬꼬. 구구. 꾸꾸. [닭·비둘기 등이 우는 소리. 주로 중첩하여 쓰임] ¶老母鸡~~地叫个不停。=암탉이 계속 꼬꼬 하고 울어 댄다.

○→ 叨dáo咕, 嘀dí咕, 叽jī咕, 唧jī咕, 挤jǐ咕, 捅tǒng咕

【咕哧】gūchī 의 철벅철벅. 철버덕철버덕. 절벅절벅. 절버덕절버덕. [흙탕물을 밟는 소리] ¶他低着头在泥地里~~地走着。=그는 고개를 떨구고 진창 속에서 철벅철벅 걷고 있다. 통 속닥거리다. 중얼거리다. ¶他俩在里屋~了半天。=그 두 사람은 뒷방에서 한참 동안 소곤거렸다.

【咕嗒】gūdā 의 꿀꺽꿀꺽. 벌컥벌컥. ¶他~~几口就把一大碗水喝完了。=그는 벌컥벌컥 몇 모금에 큰 대접의 물을 다 마셔 버렸다.

【咕叽】gū·ji 통 (작은 소리로) 재잘거리다. 중얼거리다. 종알거리다. 계속 지껄이다. ¶不知道她们在~些什么。=그녀들이 뭐라고 중얼거리는지 모르겠다.

【咕咚】gūdōng 의 1 쿵. 쾅. 꽝. [무거운 물체가 땅에 떨어지는 소리] 2 꿀꺽꿀꺽. 벌컥벌컥. [물 따위를 시원스레 많이 들이키는 소리] ¶他一仰脖子, 一声, 一杯酒就下了肚。=그가 목을 젖히자 꿀꺽 하는 소리와 함께 술 한 잔이 단번에 뱃속으로 넘어갔다.

【咕嘟】gūdū 의 1 보글보글. 펄펄. 콸콸. 쫠쫠. [액체가 끓거나 솟아나는 소리] ¶泉水~~直往上冒。=샘물이 콸콸 계속 솟아 나온다. 2 꿀꺽. 벌컥벌컥. [물 따위를 시원스레 많이 들이키는 소리]

【咕嘟】gū·du 통 1 (골이 나서) 입을 삐죽 내밀다. 입을 뾰루퉁하게 내밀다. ¶她~着嘴, 一副很不高兴的样子。=그녀는 입을 삐죽거리며 매우 불쾌한 모습을 짓고 있다. 2⟨방⟩ 오랫동안 끓이다. ¶肉已经~烂了。=고기는 이미 오래 삶아 흐물흐물해졌다.

【咕咕唧唧】gū·gu jījī(~的) 형 소곤소곤하다. 중얼중얼하다. ¶小姐妹俩~地说个不停。=자매가 끊임없이 소곤거린다.

【咕咕哝哝】gū·gu nóng·nong(~的) 형 중얼거리는〔꿍얼거리는·우물우물하는·투덜거리는〕 모양. ¶她一直~地抱怨着。=그녀는 계속 꿍얼꿍얼 원망을 하고 있다.

【咕叽】gūjī ☞【咕唧】gūjī

【咕叽】gū·ji ☞【咕唧】gū·ji

【咕唧】[咕叽] gūjī 의 철벅철벅. 철버덕철버덕. 철썩철썩. 절벅절벅. 절버덕절버덕. [물이 압력을 받아 튀면서 나는 소리] ¶雨靴里进了水, 走起路来~直响。=장화에 물이 들어가서 길을 가는 동안 줄곧 철버덕철버덕 소리가 난다.

【咕唧】[咕叽] gū·ji 소곤거리다. 중얼거리다. ¶两人在办公室里~了半天。=두 사람은 사무실에서 한참 동안 소곤거렸다.

【咕隆】gūlōng 의 우르르. 우르릉. 데굴데굴. [천둥 소리나 물건이 구르는 소리] ¶~~的雷声接连不断。=우르릉우르릉 천둥 소리가 끊이지 않고 계속된다.

【咕噜】gūlū 의 꾸르륵. 꼬르륵. 쪼르르. 쫠쫠. 쫠쫠. 데굴데굴. [물이 흐르거나 물건이 구르는 소리] ¶一块大石头从山上~~地滚了下来。=커다란 돌 하나가 산 위에서 데굴데굴 굴러 내려왔다.

【咕噜】gū·lu 통 1 낮은 소리로 이야기하다. 속삭이다. 속닥이다. ¶两个人~了好长时间了。=두 사람은 꽤 오랜 시간 속닥거리고 있다. 2 중얼거리다. 우물우물하다. 속삭이다. 투덜거리다. ¶她小声~着, 不知道在说些什么。=그녀가 작은 목소리로 중얼중얼하는데, 무슨 말을 하는지 모르겠다. ≒咕哝

【咕哝】gū·nong 통 중얼거리다. 우물우물하다. 속삭이다. 투덜거리다. ¶他~了几句, 转身走了出去。=그는 몇 마디 중얼거리더니 몸을 돌려 걸어 나갔다. ≒咕噜

【咕容】gū·rong 통 꿈틀거리다. ¶婴儿不停地在妈妈的怀里~。=갓난아이가 엄마의 품속에서 계속 꿈틀거린다.

# 呱 gū 갓난아이 울음소리 고
아래를 참조.
☞ guā, guǎ

【呱呱】gūgū 의통 응애응애. [갓난아이의 울음 소리] ¶~而泣=응애응애 울다.
☞ guāguā

【呱呱坠地】gūgū-zhuìdì 성 1 갓난아이가 태어나다. 2⟨비⟩ 새로운 사물이 탄생하다.

**沽**¹ **gū** 팔 고
동[문] **1** 사다. ¶~酒=술을 사다. **2** 팔다. ¶待价而~=값이 오를 때를 기다려 팔다.

**沽**² **Gū** 땅 이름 고
명[(地)] '天津(톈진)'의 별칭.

【沽名】 **gūmíng** 동 (작위적으로, 또는 수단을 부려) 명예를 탐내다〔추구하다〕. ¶~之作=명예를 좇는 작품.

【沽名钓誉】 **gūmíng-diàoyù** 성 (작위적으로 또는 수단을 부려) 명예를 탐내다〔추구하다〕.

**孤** **gū** 외로울 고
형 **1** 어려서 어버이를 여읜. ¶那次洪水之后, 他成了~儿。=지난번 홍수가 있은 후, 그는 고아가 되었다. **2** 고독하다. 외롭다. ¶~单一人=외톨이. **3** 독특한. 특출한. ¶性格~僻=성격이 괴팍하다. 명 **1** 고아. ¶遗~=고아. **2** 옛날, 천자와 제후의 자칭. ¶称~道寡=스스로 왕이라고 일컫다. 자기가 최고라고 우쭐대다. **3 (Gū)** 성(姓).

【孤哀子】 **gū'āizǐ** 명[예] 고애자. (어버이를 여읜 아들. 아버지를 여읜 아들은 '孤子', 어머니를 잃은 아들은 '哀子'라고 부름)

【孤傲】 **gū'ào** 형 (시)건방지다. 거만하다. 도도하다. 방자하다. 난 체하다. 거드름피우다. ¶性情~=성격이 건방지다. ≒孤高.

【孤本】 **gūběn** 명 **1** 유일본. 세상에 하나뿐인 서적. **2** 유일한 미간행 수고(手稿) 또는 탁본.

【孤臣孼子】 **gūchén-nièzǐ** 성 **1** 고립무원(孤立無援)의 신하와 황제의 은총을 잃은 서자(庶子). **2** (비) 무리에서 고립된 사람. 외톨이. 고립무원(孤立無援)의 사람. 중용되지 않고도 충정(忠貞)이 변하지 않는 사람.

【孤城】 **gūchéng** 명 **1** 고립무원(孤立無援)의 성. ¶困于~=고립무원의 성에 갇히다. **2** 고립된 외진 도시. ¶戈壁~=고비사막의 외진 도시.

【孤雏腐鼠】 **gūchú-fǔshǔ** 성 **1** 외로운 새끼새와 썩은 쥐. **2** (비) 보잘것없는 사람이나 사물.

【孤雌生殖】 **gūcí shēngzhí** 명[(生)] 단성(單性)생식. =[单性生殖] **dānxìng shēngzhí**

【孤单】 **gūdān** 형 **1** 외톨이이다. 외롭다. 쓸쓸하다. 고적하다. 고독하다. ¶老人一个人住, 很~。=노인 혼자 사니 매우 쓸쓸하다. **2** (힘이) 미약하다. ¶~无助=힘이 미약하고 도움도 없다.

【孤单单】 **gūdāndān** (~的) 형 외돌토리이다. 외롭다. 고독하다. 적적하다.

【孤胆】 **gūdǎn** 형 담력이 남다르다. 감히 홀로 많은 적을 상대하는. 일당백(一當百)의. ¶~英雄=일당백의 영웅.

【孤岛】 **gūdǎo** 명 **1** 고도. 낙도. 외딴 섬. 이도(離島). **2** (비) 적에게 포위된 지역.

【孤灯】 **gūdēng** 명 고등(孤燈). 외따로 켜 있는 등불. ¶~幽暗=고등이 어두컴컴하다.

【孤独】 **gūdú** 명 어려서 아버지가 없는 사람과 늙어서 자식이 없는 사람. ¶鳏寡~=환과고독. 홀아비와 과부와 어려서 아버지가 없는 사람과 늙어서 자식이 없는 사람. 적적하다. ¶没有朋友相伴, 他感到很~。=함께할 친구가 없어서 그는 무척 외로움을 느낀다.

【孤儿】 **gū'ér** 명 **1** 아버지를 여읜 아이. ¶~寡妇=아버지가 없는 아이와 과부. **2** 부모가 없는 고아. ¶收养遗弃的~=버려진 고아를 입양하다.

【孤儿寡母】 **gū'ér-guǎmǔ** 과부와 그 자식.

【孤儿院】 **gū'éryuàn** 명 고아원.

【孤帆】 **gūfān** 명 고주(孤舟). 외롭게 떠 있는 배. ¶~远影碧空尽, 唯见长江天际流。=외로운 돛 그림자는 멀리 푸른 하늘로 사라지고, 다만 양자강이 하늘가로 흐르네.

【孤芳自赏】 **gūfāng-zìshǎng** 성 **1** 자신을 둘도 없는 향기로운 꽃이라고 여기고 스스로 감상하다. **2** (비) 자신을 고결한 인격자라고 여기며 스스로 만족해하다. ≒自命不凡 ↔自惭形秽

【孤峰】 **gūfēng** 명 고봉. 홀로 솟은 산봉우리. ¶~独秀=홀로 솟은 봉우리가 출중하다.

【孤负】 **gūfù** ☞【辜负】 **gūfù**

【孤高】 **gūgāo** 형[문] 고고하다. 거만하다. 도도하다. 시건방지다. ¶~不群=거만하여 무리와 어울리지 않다. ≒孤傲

【孤孤单单】 **gū·gu dāndān** (~的) 형 외롭다. 고독하다. 쓸쓸하다. 적적하다. ¶他在这儿无亲无友, 一个人~的。=그는 여기에서 친한 사람 하나 없이 혼자서 외롭다.

【孤孤独独】 **gū·gu dúdú** (~的) 형 고독하다. 외롭다. 쓸쓸하다. 적적하다. ¶老人~地过完了余生。=노인은 고독하게 여생을 마쳤다.

【孤孤零零】 **gū·gu línglíng** (~的) 형 외롭다. 고독하다. 적적하다.

【孤寡】 **gūguǎ** 명 고아와 과부. 아버지가 없는 아이와 과부. ¶老弱~=노인·신체 허약자·고아·과부. 형 고독하다. 외롭다. 쓸쓸하다. [주로 노인에게 쓰임] ¶~老人=고독한 노인.

【孤拐】 **gūguǎi** 명 **1** 광대뼈. **2** 발바닥 앞쪽의 양쪽으로 도드라진 부분.

【孤魂】 **gūhún** 명 고혼. 의지할 곳 없이 떠돌아다니는 외로운 넋. ¶~野鬼=떠도는 외로운 넋.

【孤寂】 **gūjì** 형 고적하다. 외롭고 쓸쓸하다. ¶~的内心=외롭고 쓸쓸한 마음.

【孤家】 **gūjiā** 명 과인. [군주 스스로의 겸칭. 주로 중국 전통극에 보임]

【孤家寡人】 **gūjiā-guǎrén** 성 **1** 과인. ['孤家(또는 '孤')'와 '寡人' 모두 군주 스스로의 겸칭임] **2** (비) 외톨이. 고립무원(孤立無援)의 사람.

【孤孑】 **gūjié** 형[문] 고독하다. 외롭다. 적적하다. 외톨이이다. ¶~特立=홀로 우뚝 서다.

【孤介】 **gūjiè** 형[문] 고개하다. 절개가 굳고 올바르며 속셈에 물들지 않다.

【孤军】 **gūjūn** 명 고군. 고립무원(孤立無援)의 군대. 도움을 받지 못하게 고립된 군대. ¶~深入=누구의 도움도 없이 열심히 노력하다. 고군분투하다.

【孤军奋战】 **gūjūn-fènzhàn** 성 **1** 고군분투하

다. 외로이 떨어져 있는 군대가 용감하게 잘 싸우다. **2** 〈軍〉 고군분투하다. 한 사람이나 소수 인원이 도움이 없는 상황에서 분투하다.

【孤苦】 **gūkǔ** 〈形〉 외롭고 가난하다. 외롭고 처량하다. 외롭고 쓸쓸하다. ¶~无依 = 외롭고 처량하며 의지할 데가 없다.

【孤苦伶仃】[孤苦零丁] **gūkǔ-língdīng** 〈成〉 외롭고 처량하며 의지할 데가 없다. 외롭고 쓸쓸하다. 고적(孤寂)하다.

【孤苦零丁】 **gūkǔ-língdīng** ☞【孤苦伶仃】 **gūkǔ-língdīng**

【孤老】 **gūlǎo** 〈形〉 외롭고 연로하다. 〈名〉 외로운 노인. ¶赡养~ = 외로운 노인을 부양하다.

【孤立】 **gūlì** 〈形〉 **1** 고립되어 있다. ¶~无援 = 고립무원. 고립되어 동정과 구원을 받지 못하다. **2** 따로 떨어지다. 고립적이다. ¶不能~地看待这个问题。 = 고립적으로 이 문제를 보아서는 안 된다. 〈动〉 고립하다. 고립시키다. ¶他被众人~了起来。 = 그는 무리들에게 고립되었다.

【孤立木】 **gūlìmù** 〈名〉〈林〉 고립목. ['林木(임목)'과 구별됨]

【孤立无援】 **gūlì-wúyuán** 〈成〉 고립무원. 고립되어 동정과 구원을 받지 못하다.

【孤立语】 **gūlìyǔ** ☞【词根语】 **cígēnyǔ**

【孤零零】 **gūlínglíng** 〈形〉 외롭다. 고독하다. 적적하다. ¶湖面上只有一只小船。 = 호수에는 외로운 배 한 척만이 있다.

【孤陋寡闻】 **gūlòu-guǎwén** 〈成〉 학문이 얕고 견문이 좁다. 보고 들은 것이 적다. ↔见多识广

【孤闷】 **gūmèn** 〈形〉 고독하고 울적하다. ¶~难耐 = 고독과 울적함을 참기 힘들다.

【孤女】 **gūnǚ** 〈名〉 부모를 여윈 여자 아이.

【孤僻】 **gūpì** 〈形〉 괴팍하다. ¶性情~ = 성격이 괴팍하다. ↔合群

【孤弱】 **gūruò** 〈名〉〈文〉 어버이를 여윈 아이. 고아. 〈形〉 외롭고 연약하다. ¶~女子 = 외롭고 연약한 여자.

【孤身】 **gūshēn** 〈名〉 홀몸. 단신. ¶~一人 = 홀몸.

【孤孀】 **gūshuāng** 〈名〉 **1** 고아와 과부. **2** 〈方〉 과부.

【孤行】 **gūxíng** 〈动〉 (반대를 무릅쓰고) 혼자 (일을) 하다. 독자적으로 (일을) 하다. ¶一意~ = 남의 의견을 받아들이지 않고 자기의 고집대로만 하다. ≒独行

【孤王】 **gūwáng** 〈名〉 과인. [구소설이나 희극 속에서 군주 스스로의 겸칭]

【孤雁】 **gūyàn** 〈名〉 외로운 기러기. ¶~哀鸣 = 외로운 기러기의 애절한 울음소리.

【孤雁单飞】 **gūyàn-dānfēi** 〈成〉 **1** 외로운 기러기가 홀로 날다. **2** 〈軍〉 홀로 길을 떠나다. 독자적으로 행동하다.

【孤云】 **gūyún** 〈名〉 고운. 외로이 떠 있는 구름.

【孤云野鹤】 **gūyún-yěhè** 〈成〉 **1** 외로이 떠 있는 구름과 무리에서 벗어난 학. **2** 〈軍〉 한가롭고 자유로운 은사(隐士).

【孤掌难鸣】 **gūzhǎng-nánmíng** 〈成〉 **1** 한쪽 손바닥으로는 소리를 내지 못하다. **2** 〈軍〉 세력

[힘]이 약해 일을 이루지 못하다.

【孤证】 **gūzhèng** 〈名〉 불충분한 증거〔예증〕.

【孤舟】 **gūzhōu** 〈名〉 고주. 외로이 떠 있는 배.

【孤注一掷】 **gūzhù-yīzhì** 〈成〉 **1** (도박에서) 올인(all-in)하다. 남은 밑천을 다 걸고 최후의 승부를 걸다. **2** 〈軍〉 승부수를 던지다. 올인(all-in)하다. ≒铤而走险 破釜沉舟

【孤子】 **gūzǐ** 〈名〉 **1** 〈文〉 아버지를 여윈 아들. [어머니는 계시고, 부친의 상중에 있는 사람의 자칭] **2** 고아.

## 姑 gū 시어미 고

〈名〉 **1** 〈文〉 시어머니. ¶翁~ = 시부모. **2** (~儿) 고모. ¶大~ = 큰고모. **3** 시누이. ¶小~子 = 손아래 시누이. **4** (존의) 젊은 여자. ¶村~ = 촌의 젊은 여자. **5** (집을 떠난) 여승. 여도사. 무당. ¶尼~ = 여승. 비구니. ¶三~六婆 = 정당한 직업에 종사하지 않는 부녀자. **6** (Gū) 성(姓). 〈副〉〈文〉 잠시. 잠깐. 우선. ¶~妄言之 = 우선 되는대로 말하다.

○● 慈 **cí** 姑, 道姑, 仙 **xiān** 姑

【姑表】 **gūbiǎo** 〈名〉 고종 사촌. 내종 사촌. ['姨表(이종사촌)'와 구별됨] ¶~亲戚 = 고종 사촌간의 친척. ≒姑舅

【姑爹】 **gūdiē** 〈名〉〈方〉 고모부.

【姑夫】 **gū·fu** 〈名〉 고모부. ≒姑丈 姑父

【姑父】 **gū·fu** 〈名〉 고모부. ≒姑丈 姑夫

【姑姑】 **gū·gu** 〈名〉 고모. ≒姑母

【姑家】 **gūjiā** 〈名〉 고모 쪽 집안.

【姑舅】 **gūjiù** 〈名〉 고종 사촌. ¶~兄弟 = 고종 사촌 형제. ≒姑表

【姑宽】 **gūkuān** 〈动〉 관대하게 대하다. 관용을 베풀다. ¶~谬误 = 잘못에 대해 관용을 베풀다.

【姑老爷】 **gūlǎo·ye** 〈名〉 **1** 처가에서 사위를 높여 부르는 말. **2** 어머니의 고모부.

【姑姥姥】 **gūlǎo·lao** 〈名〉 어머니의 고모.

【姑姥爷】 **gūlǎo·ye** 〈名〉 어머니의 고모부.

【姑妈】 **gūmā** 〈名〉 (기혼의) 고모.

【姑母】 **gūmǔ** 〈名〉 고모. ≒姑姑

【姑奶奶】 **gūnǎi·nai** 〈名〉 **1** 고모할머니. 왕고모. 대고모. **2** 시집 간 딸을 친정에서 부르는 호칭. 어미. **3** 윗사람이 아직 미혼인 여자를 부르는 호칭. 계집애. 새끼. 딸. 아가씨. [꾸짖거나 친근한 의미를 내포함] ¶我的~,可回来了 = 내 딸, 돌아왔구나. **4** 성질이 사나운 여자가 다른 사람을 멸시할 때의 자칭. 마님. ¶~我今天就饶你一回。 = 마님이 오늘은 한 번 봐준다. **5** 성질이 사나운 여자에 대한 해학적인 호칭. 계집애. ¶~,你就别缠磨了好不好? = 계집애야! 성가시게 안 할 수 없니?

【姑娘】 **gūniáng** 〈名〉〈方〉 **1** 고모. **2** 시누이.

【姑娘】 **gū·niang** 〈名〉 **1** 처녀. 아가씨. **2** 딸.

【姑娘家】 **gū·niang·jia** 〈名〉 미혼인 젊은 여자. 처녀. 아가씨.

【姑娘儿】 **gū·niangr** 〈名〉〈方〉 창녀. 매춘부. 윤락녀. 기녀.

## gū

**【姑婆】** gūpó 名方 1 고모할머니. 왕고모. 대고모. 2 시고모.
**【姑且】** gūqiě 副 잠시. 잠깐. 우선. ¶这件事~放一放, 以后再谈. = 이 일은 잠시 두었다가 나중에 다시 이야기하자.
**【姑嫂】** gūsǎo 名 시누이와 올케.
**【姑太太】** gūtài·tai 名 1 증대고모. [아버지의 고모할머니] 2 친정에서 이미 출가한 손윗여자에 대한 호칭.
**【姑妄听之】** gūwàngtīngzhī 成 (반드시 믿을 필요는 없이) 우선 말하는 대로 들어 보다.
**【姑妄言之】** gūwàngyánzhī 成 우선 되는대로 말하다〔말해 보다〕. [반드시 정확하지 않음을 나타냄]
**【姑息】** gūxī 動 지나치게〔무원칙적으로〕 관용을 베풀다. 제멋대로 하게 두다. ¶对孩子的不良习惯不能~. = 아이의 잘못된 습관에 대해 지나치게 관용을 베풀어서는 안 된다.
**【姑息疗法】** gūxī liáofǎ 名 [醫] 고식(적) 요법. [병·통증 등을 일시적으로 억제하는 치료법]
**【姑息养奸】** gūxī-yǎngjiān 成 지나친 관용은 필연적으로 나쁜 사람을〔일을〕 키운다〔조장한다〕. 악인에게 관용을 베풀어 나쁜 일을 하도록 조장하다.
**【姑爷】** gūyé ☞【姑爷爷】
**【姑爷爷】** gūyé·ye 名 고모할아버지. 대고모부. 왕고모부. ⇒【姑爷】 gūyé
**【姑爷】** gū·ye 名 처가에서 사위를 부르는 말.
**【姑丈】** gūzhàng 名 고모부. ≒姑夫 姑父
**【姑子】** gū·zi 名 비구니. 여승.

## 轱 [軲] gū 수레 고

아래를 참조.
**【轱轳】** gū·lu ☞【轱辘】 gū·lu
**【轱辘】**【轱轳】【毂辘】 gū·lu 名ㅁ 차바퀴. 차륜. ¶四个~的马车 = 사륜마차. 動 구르다. 굴러가다. 회전하다. ¶皮球~远了. = 가죽 공이 멀리 굴러갔다.

## 轱 [軱] gū 큰 뼈 고

名ㅁ 큰 뼈.

## *骨 gū 구를 골

아래를 참조.
☞ gǔ
**【骨朵儿】** gū·duor 名방 꽃봉오리. ¶花~ = 꽃봉오리.
**【骨骨碌碌】** gū·gu lūlū 形 빨리 구르는〔도는〕 모양. 데굴데굴. 떼굴떼굴. 대굴대굴. 뱅글뱅글. 빙글빙글. ¶石头~滚下山去. = 돌이 데굴데굴 산 밑으로 굴러 내려갔다.
**【骨碌碌】** gūlūlū 形 빨리 구르는〔도는〕 모양. 데굴데굴. 떼굴떼굴. 대굴대굴. 뱅글뱅글. 빙글빙글. ¶小姑娘的两只大眼睛~转个不停. = 소녀의 큰 두 눈동자가 끊임없이 되록되록 구른다.
**【骨碌】** gū·lu 動 (데굴데굴) 구르다. ¶小家伙用力一踢, 皮球就~出老远. = 아이가 힘껏 차자 공이 아주 멀리 떼굴떼굴 굴러갔다.

## 鸪 [鴣] gū 자고 고

☞【鹁鸪】 bógū【鹧鸪】 zhègū

## 罛 gū 큰 어망 고

名ㅁ 큰 어망.

## *菇 gū 버섯 고

名ㅁ (植) 버섯. ¶香~ = 표고버섯. / 冬~ = 겨울에 나는 표고버섯.
◯● 草菇, 春菇, 蘑mó菇, 泡pào蘑菇

## 菰 gū 줄풀 고

名ㅁ (植) 1 줄(풀). 2 '菇(gū)'와 같음.

## 蛄 gū 땅강아지 고

☞【蟪蛄】 huìgū【蝼蛄】 lóugū
☞ gǔ

## 菁 gū 골풀 골

**【菁葖】** gūtū 名 1 (植) 골돌. 2 꽃봉오리.

## *辜 gū 허물 고

動ㅁ 배신하다. 배반하다. 위배하다. 어기다. ¶~恩背义 = 배은망덕하다. 名 1 죄. 죄과. ¶死有余~ = 죽어도 그 죄를 씻을 수 없다. 2 (Gū) 성(姓).
**【辜负】**【孤负】 gūfù 動 (호의·기대·도움 등을) 헛되게 하다. 저버리다. 어기다. ¶他决心不~爸妈的期望. = 그는 부모님의 기대를 저버리지 않기로 결심했다.

## 酤 gū 술 살 고

名ㅁ 변변찮은 술. 박주. 청주. 맑은 술. 動ㅁ 1 술을 사다. 2 술을 팔다.

## 觚 gū 술잔 고

名 1 고. [고대, 주기(酒器)의 하나] 2 옛날, 글자를 쓰던 목판. ¶操~ = 글을 짓다. 3 口 모서리. 귀퉁이. 규각(圭角).

## 毂 [轂] gū 바퀴 곡

☞ gǔ
**【毂辘】** gū·lu ☞【轱辘】 gū·lu

## *箍 gū 테 고

動 (댓조각·금속 띠 등으로) 동여매다. 졸라매다. (띠 같은 것으로) 테를 씌우다. 둘둘 감다. ¶~桶匠 = 통의 테두리를 씌우는 장인. / 老太太头上~了条白毛巾. = 할머니가 머리에 흰 수건을 동여맸다. 名 (~儿) (단단히 동여매거나 물건의 외부에 씌운) 테. 테두리. 띠. ¶铁~儿 = 쇠로 만든 테. / 紧~咒 = 사람을 속박하는 수단.
◯● 针zhēn箍, 紧jǐn箍咒

【箍眼】gūyǎn 명위 눈가리개. 안대.
【箍嘴】gūzuǐ ☞【笼嘴】lǒngzuǐ

## 古 gǔ 옛 고

형 **1** 오래 되다. ¶一座~刹=오래 된 절 한 채. / ~城春秋=오래 된 도시의 역사. **2** 질박하다. 순박하다. ¶人心不~=인심이 순박하지 않다. **3** 예스럽다. 고풍스럽다. ¶文笔~朴=필치가 예스럽다. **4** 집요하다. 고집스럽다. ¶脾气~板=성격이 완고하다. 명 **1** 옛날. 고대. ¶上~=상고 (시대). / 旷~=미증유. 공전(空前). **2** 옛 사물. ¶~考~=고고하다. ¶怀~=회고하다. **3** 고체시(古體詩). ¶五~=오언 고시. / 七~=칠언 고시. **4** (Gǔ) 성(姓). ↔今

○─ 博bó古, 仿fǎng古, 复古, 怀huái古, 近古, 考古, 旷kuàng古, 拟nǐ古, 泥nì古, 盘Pán古, 千古, 万古, 远古, 中古, 终zhōng古, 自古, 作古

【古奥】gǔ'ào 형 오래 되고 심오하여 이해하기 어렵다. [주로 시문(詩文)을 가리킴] ¶词句~难懂. =문구〔시구〕가 오래 되고 심오하여 이해하기 어렵다.
【古巴】Gǔbā 명지 쿠바(Cuba). [수도는 '哈瓦那(아바나: Havana)'임]
【古板】gǔbǎn 형 (생각·태도 등이) 고루하다. 진부하다. 완고하다. 경직되다. 융통성〔탄력성〕이 없다. 고지식하다. 판에 박은 듯하다. 틀에 박히다. 단조롭다. ¶性格~, 不善变通. =성격이 고지식해서 융통성이 없다.
【古堡】gǔbǎo 명 오래 된 보루나 성(보).
【古本】gǔběn 명 고서. 고본.
【古币】gǔbì 명 옛날 화폐〔돈〕. =【古钱】gǔqián
【古刹】gǔchà 명 고찰. 오래 된 사찰. ¶~钟声=고찰의 종 소리.
【古城】gǔchéng 명 고도(古都). 오래 된 도시.
【古代】gǔdài 명(歷) **1** 고대. **2** 원시 공동체 사회와 노예제 사회 시대.
【古代汉语】gǔdài hànyǔ 명(言) **1** 고대 중국어. [5·4운동 이전에 보편적으로 사용되었던 구어와 동떨어진 문어] **2** 고대 중국어. [고대 중국어를 연구하는 학문 분야] ☞【古汉语】gǔhànyǔ
【古道】gǔdào 명 **1**문 옛날의 정치〔사상·풍조·습관·풍습〕. 옛날 방식. 옛날의 가르침. ¶~犹存=옛날의 풍습이 아직 남아 있다. **2** 옛 길. 오래 된 길. 고도. ¶丝绸~=옛 실크로드.
【古道热肠】gǔdào-rècháng 형 질박하고 다정하게 사람을 대하다. =【热肠古道】rècháng-gǔdào
【古典】gǔdiǎn 명 **1** 전고(典故). ¶援引~=전고를 인용하다. 형 고전적. ¶~音乐=고전 음악.
【古典文学】gǔdiǎn wénxué 명 고전 문학.
【古典主义】gǔdiǎnzhǔyì 명 고전주의.
【古董】【骨董】gǔdǒng 명 **1** 골동품. ¶~商=골동품상. **2** 골동품. [시대에 뒤떨어지는 물건이나 완고하고 보수적인 사람을 풍자적으로 이르는 말] ¶他可真是一个老~。=그는 정말 골동품이다. ≒古玩
【古都】gǔdū 명 고도. 옛 도읍. ¶六朝~=난징(南京).
【古尔邦节】Gǔ'ěrbāngjié 명위(宗) 이드 알 아드하. [이슬람교 2대 축제의 하나. 이슬람력 12월 10일에 메카 근교 미나의 골짜기에서 양·낙타 등의 가축을 신에게 희생 제물로 바치는 축제] =【宰牲节】Zǎishēngjié【牺牲节】Xīshēngjié ['古尔邦'은 아랍어 'al-Qurbān'의 음역임]
【古方】gǔfāng (~儿) 명 옛날부터 전해 내려오는 처방.
【古风】gǔfēng 명 **1** 고풍. 옛날의 풍속. 옛날의 사회적 풍조. ¶~犹存=고풍이 아직 남아 있다. **2** 옛날의 검소하고 소박하던 기풍. **3** ☞【古体诗】gǔtǐshī
【古古怪怪】gǔ·gu guàiguài (~的) 형 괴이하다. 기괴하다. 기이하다. ¶他的神情~的。=그의 표정이 괴이하다〔기괴하다〕.
【古怪】gǔguài 형 괴상하다. 괴이하다. 기괴하다. 기이하다. 괴팍하다. ¶脾气~=성질이 괴상하다. ≒怪僻
【古国】gǔguó 명 **1** 고대의 국가. 고국. ¶楼兰~=누란 왕국. **2** 역사가 오래 된 국가. 고국. ¶文明~=문명 고국.
【古汉语】gǔhànyǔ ☞【古代汉语】gǔdài hànyǔ
【古画】gǔhuà 명 고화. 옛날 그림.
【古话】gǔhuà 명 옛 격언.
【古籍】gǔjí 명 고서. ¶~整理=고서를 정리하다. ≒古书
【古迹】gǔjì 명 고적. ¶名胜~=명승고적.
【古建】gǔjiàn 명 **1** 옛날 건축물. 고건축물. **2** 모조 건축물.
【古今】gǔjīn 명 고금. 예전과 지금. 고대와 현대. ¶纵论~=고금을 넘나들며 논하다.
【古今中外】gǔjīn-zhōngwài 성 동서고금(東西古今). 고금동서(古今東西). 동양과 서양, 옛날과 지금.
【古井无波】gǔjǐng-wúbō 성 **1** 물이 마른 옛 우물에는 물결이 일지 않는다. **2**비 마음이 바깥 세계의 사물에 흔들리지 않다. 과부가 재가할 마음이 없다.
【古劲】gǔjìng 형 (서예·도장 등이) 소박하면서도 강건하다. 예스러우면서도 힘이 있다. 수수하면서도 힘차다. ¶笔法~=필치가 소박하면서도 강건하다.
【古旧】gǔjiù 형 낡다. 오래 되다. 노후하다. 케케묵다. 구식이다. 진부하다. ¶~家具=오래 된 가구.
【古柯碱】gǔkējiǎn ☞【可卡因】kěkǎyīn

○ 古 gǔ
故 gù
姑 gū
固 gù
估 gū
咕 gū
沽 gū
轱 gū
铑 gū
酤 gū
诂 gǔ
牯 gǔ
蛄 gū
罟 gǔ
胡 hú
怙 hù
祜 hù
岵 hù
苦 kǔ
枯 kū
骷 kū
做 zuò

【古来】gǔlái 📖 자고이래로. 예로부터 지금까지. ¶~少有=자고이래로 거의 없었다.
【古兰经】Gǔlánjīng 📖(외)(宗) 코란(Koran). =【可兰经】Kělánjīng ['古兰·可兰'은 아랍어 'Qur'ān'의 음역임]
【古老】gǔlǎo 📖 오래 되다. ¶~的国度=오래 된 국가 제도.
【古里古怪】gǔ·ligǔguài(~的) 📖 괴상하다. 괴이하다. 기괴하다. 기이하다. ¶他这人~的, 很难相处.=그 사람은 괴상해서 어울리기 매우 힘들다.
【古墓】gǔmù 📖 고묘. 옛 무덤.
【古朴】gǔpǔ 📖 소박하고 예스럽다. 수수하면서 고풍스럽다. 질박하고 고풍스럽다. ¶~的民风=소박하고 예스러운 민속.
【古钱】gǔqián ☞【古币】gǔbì
【古琴】gǔqín 📖(音) 칠현금(七絃琴). =【七弦琴】qīxiánqín
【古曲】gǔqǔ 📖(音) 옛 악곡. 옛 노래.
【古人】gǔrén 📖 1 옛 사람. 2 고대의 영웅·현인·성인 등과 같은 사람. ¶前不见~, 后不见来者.=이전에는 이만한 성인(聖人)이 없었고, 장래에는 이만한 현자(賢者)가 없을 것이다. 3 구인(舊人). [인류 진화의 순서를 4단계로 나눌 때 세 번째에 해당하는 인류]
【古色古香】gǔsè·gǔxiāng 📖 (건축물·기물·서화 등이) 고색이 창연하다. 옛 모습 그대로이다. 소박하고 우아하다.
【古生代】gǔshēngdài 📖(地) 고생대.
【古生物】gǔshēngwù 📖 고생물.
【古诗】gǔshī 📖 1 ☞【古体诗】gǔtǐshī 2 고시. 고대의 시.
【古时】gǔshí 📖 고대. 옛날.
【古书】gǔshū 📖 고서. 옛날 책. ≒古籍.
【古体诗】gǔtǐshī 📖 고체시. [당(唐)대 근체시가 생겨나기 이전의 초사(楚辭)를 제외한 각종 시의 통칭] =【古诗】gǔshī【古风】gǔfēng
【古铜色】gǔtóngsè 📖 고동색.
【古玩】gǔwán 📖 골동품. ≒古董.
【古往今来】gǔwǎng-jīnlái 📖 옛날부터 지금까지.
【古为今用】gǔwéijīnyòng 📖 옛날의 문화 유산을 오늘의 현실에 맞게 받아들이다.
【古文】gǔwén 📖 1 선진(先秦)·양한(兩漢) 시기의 산문체 문장[글]. 2 5·4운동 이전의 문어이의 통칭. [변문(騈文)은 포함하지 않음] 3 선진(先秦) 이전의 글자체. 허신(許慎)의 설문해자(說文解字)에 수록된 고문(古文). [선진(先秦) 시기의 동방 6국에서 사용하던 글자체]
【古文献】gǔwénxiàn 📖 고문헌. 옛 문헌.
【古文字】gǔwénzì 📖 1 옛날 문자. 2 (중국의) 전문체(篆文體) 계통의 문자. 3 진(秦) 이전의 문자. [예컨대 갑골문(申骨文)과 금문(金文)]
【古物】gǔwù 📖 옛 물건. 고물. ¶赏玩~=옛 물건을 감상하다.
【古昔】gǔxī 📖(문) 옛날. 고대. 옛적. ¶~圣贤 =고대의 성현.

【古稀】gǔxī 📖 고희. 70세. ¶年逾~=나이가 고희를 넘다.
【古训】gǔxùn 📖 고훈. 옛 사람의 교훈.
【古雅】gǔyǎ 📖 고아하다. 예스럽고 우아하다. [주로 기물과 시문을 가리킴] ¶文辞~=문사가 고아하다.
【古谚】gǔyàn 📖 옛날 속담.
【古已有之】gǔyǐyǒuzhī 📖 (사물·현상이) 옛날부터 있었다.
【古音】gǔyīn 📖(言) 1 고대의 어음(語音). 2 주진(周秦) 시기의 어음(語音). ↔今音
【古语】gǔyǔ 📖 1 옛 격언. 2 고어. 옛말. ¶一些生僻的~加有注释.=일부 생경한 고어에 주석을 달다.
【古远】gǔyuǎn 📖 매우 오래 되다. 먼 옛날의. ¶~的传说=먼 옛날의 전설.
【古镇】gǔzhèn 📖 오래 된 촌락[마을].
【古筝】gǔzhēng 📖(音) 쟁.
【古装】gǔzhuāng 📖 고대의 복장. ¶~电视剧=고대 복장으로 분장한 TV 드라마. ↔时装
【古装戏】gǔzhuāngxì 📖 (고대 복장으로 분장한) 시대극. 전통극.
【古拙】gǔzhuō 📖 소박하다. 수수하다. ¶这个根雕~而独具韵味.=이 나무 뿌리 조각품은 소박하면서도 독특하다.

**谷¹** gǔ 골짜기 곡
📖 1 계곡. 골짜기. 산곡. 곡지(谷地). ¶山~=산골짜기. / 峡~=협곡. 2(방) 막다른 골목. 궁지. ¶进退维~=진퇴유곡. 이러지도 저러지도 못하고 꼼짝할 수도 없는 궁지. 3 (Gǔ) 성(姓).

| ❶谷 gǔ | 裕 yù |
| 俗 sú | 峪 yù |
| 欲 yù | 壑 hè |
| 浴 yù | |

**谷²[穀]** gǔ 곡식 곡
📖 1 곡식. 곡물. ¶五~丰登=오곡이 풍성하다. 2 조. ¶给牛槽里加点儿~草.=소 여물통에 조짚을 조금 더 넣어 주어라. 3(방) 벼. 쌀. ¶稻~=벼. ≒古粟
☞ yù

◐ 包谷, 波谷, 布谷, 稻谷, 毒谷, 河谷, 落谷, 钱谷, 山谷, 五谷, 溪xī谷, 峡xiá谷, 幽谷

【谷氨酸】gǔ'ānsuān 📖(化) 글루탐산.
【谷氨酸钠】gǔ'ānsuānnà 📖(化) 글루탐산 나트륨(MSG).
【谷仓】gǔcāng 📖 곡창. 곡식 창고.
【谷草】gǔcǎo 📖 1 조짚. 2(방) 볏짚.
【谷底】gǔdǐ 📖 1(地) 곡저. 골밑. 골짜기의 밑바닥. 2(비) 밑바닥. 최저점. ¶股票价格一路下滑, 现已跌至~.=주식 가격이 줄곧 곤두박질치더니, 지금은 이미 밑바닥에 이르렀다.
【谷地】gǔdì 📖(地) 곡지. 골짜기.
【谷风】gǔfēng 📖(气) 곡풍. 골바람.
【谷贱伤农】gǔjiàn-shāngnóng 📖 (작황이 좋아서) 곡식값이 떨어져 농민의 수익에 해를 끼

치다.
【谷糠】gǔkāng 옝 쌀겨.
【谷壳儿】gǔkér 옝 겨. [벼·보리·조 따위의 곡식을 찧어 벗겨 낸 껍질의 통칭]
【谷类作物】gǔlèi zuòwù 옝 곡류 작물.
【谷粒】gǔlì 옝 곡립. 낟알.
【谷胚】gǔpēi 옝 (곡식의) 배아(胚芽). 씨눈.
【谷神星】gǔshénxīng 옝 〈天〉 케레스(Ceres).
【谷穗】gǔsuì(~儿) 옝 조이삭. 벼이삭.
【谷物】gǔwù 옝 1 곡물. 곡식. 곡속(穀粟). 2 곡식의 낟알.
【谷芽】gǔyá 옝 1 (곡물의) 어린 싹. 2 〈醫〉 곡아. [소화불량·식욕부진 등의 증상에 쓰는 발아 건조 현미]
【谷雨】gǔyǔ 옝 곡우(穀雨).
【谷子】gǔ·zi 〈植〉 1 조. 2 조의 낟알. 3 옝 벼 낟알.

## 汩 gǔ 물 흐르는 소리 골

【汩】 옝 물이 흐르는 모양.
【汩汩】gǔgǔ 의 졸졸. 꼴꼴. 콸콸. [물이 흐르는 소리] ¶小溪～流淌. =시냇물이 졸졸 흘러내린다. 옝옝 1 물이 흘러가는 모양. 2 옝 문사(文思)가 막힘이 없다. ¶笔下情思～奔涌. =문사가 막힘없이 솟구치다.
【汩没】gǔmò 통옝 매몰되다. ¶～人性＝인간성을 매몰시키다.

## 诂[詁] gǔ 주석 달 고

통옝 고어를 해석하다. 주해하다. 주석하다. ¶训～＝훈고.

## **股 gǔ 넓적다리 고

옝 1 대퇴. 넓적다리. 허벅다리. ¶头悬梁, 锥刺～. ＝상투를 대들보에 매달고, 송곳으로 허벅지를 찌르다. 각고의 노력으로 공부하다. 2 (기관·기업·단체 등 조직의) 부문. 계. [일반적으로 과(課)보다 급이 낮음] ¶人事～＝인사계. 3 (~儿)毛线＝세 가닥으로 꼰 털실. 4 (~儿) 배당. 몫. 출자금. ¶分～＝몫을 배분하다. ／人～＝지분을 사다. 5 주식. 증권. ¶原始～＝공모주. ／绩优～＝우량주. 블루 칩(blue chip). 6 〈數〉 부등변 직각삼각형에서 긴 직각변. ¶勾～形＝직각삼각형. 영 (~儿) 1 가닥. 줄기. [한 줄기를 이룬 물건을 세는 단위] ¶一～绳＝줄 한 가닥. ／两～车道＝두 줄기의 찻길. 2 줄기. [맛·기체·냄새·힘 따위를 세는 단위] ¶一～浓烟＝한 줄기의 짙은 연기. ／一～花香＝한 줄기의 꽃 향기. 3 옝 무리. 패거리. [집단을 세는 단위] ¶一～强盗＝한 무리의 도적 떼. ／两～敌军＝두 무리의 적군.

○→ 八股, 干股, 公股, 合股, 屁pì股, 私股, 招zhāo股

【股本】gǔběn 옝〈經〉 1 주식 자본. 2 출자금.
【股东】gǔdōng 옝〈經〉 1 주주. 2 출자자.
【股分】gǔfèn ☞ 【股份】gǔfèn

【股份】[股分] gǔfèn 옝〈經〉 주(株). 주권. 주식.
【股份公司】gǔfèn gōngsī 옝 주식회사.
【股份经济】gǔfèn jīngjì 옝〈經〉 주식 경제.
【股份无限公司】gǔfèn wúxiàn gōngsī 무한책임회사. 합명회사.
【股份有限公司】gǔfèn yǒuxiàn gōngsī 유한회사.
【股份制】gǔfènzhì 옝〈經〉 주주제.
【股肱】gǔgōng 옝읭 1 다리와 팔. 2 ⟨비⟩ 유능한 보좌관. ¶～之臣＝고굉지신. 임금이 가장 신임하는 신하.
【股骨】gǔgǔ 옝〈生〉 대퇴골(大腿骨). 비골(髀骨). 넓적다리뼈. 환도뼈.
【股海】gǔhǎi 옝⟨비⟩ 주식계. [변화무쌍하고 위험이 충만한 주식 시장을 가리킴] ¶～沉浮＝주식계가 부침을 하다.
【股价】gǔjià 옝 주가(株價). ¶～攀升＝주가가 오르다.
【股金】gǔjīn 옝〈經〉 출자금.
【股利】gǔlì ☞ 【股息】gǔxī
【股栗】gǔlì 통읭 (무서워서) 다리가 떨리다〔후들거리다〕. 벌벌 떨다. 몹시 두려워하다.
【股民】gǔmín 옝〈經〉 개인 투자자.
【股票】gǔpiào 옝〈經〉 주. 주식. (유가)증권.
【股票价格】gǔpiào jiàgé 옝〈經〉 주식 가격.
【股票价格指数】gǔpiào jiàgé zhǐshù 옝〈經〉 주가 지수. 얍【股指】gǔzhǐ
【股评】gǔpíng 통 주가와 주식 동향에 대해 분석〔평론〕하다. 옝 주식 평론.
【股权】gǔquán 옝〈經〉 주주권.
【股市】gǔshì 옝 1 주식 시장. ¶～行情＝주식 시장의 시세. 2 주가. ¶～上扬＝주가가 오르다.
【股息】gǔxī 옝〈經〉 주식 배당금. ＝【股利】gǔlì
【股灾】gǔzāi 옝 주가 폭락으로 인해 사회 경제적으로 입게 되는 중대한 손실.
【股指】gǔzhǐ ☞ 【股票价格指数】gǔpiào jiàgé zhǐshù
【股子】gǔ·zi 영 1 갈래. 줄기. 가닥. [길쭉하게 생긴 물건을 세는 단위] ¶一～棉线＝무명실 한 가닥. 2 줄기. 갈래. [맛·기체·힘 등을 세는 단위] ¶一～热气＝한 줄기의 열기. 3 옝 무리. 패거리. [무리를 세는 단위] ¶一～土匪＝한 무리의 도적 떼.

## **骨 gǔ 뼈 골

옝 1 뼈. ¶肋～＝늑골. 갈빗대. ／粉身碎～＝분신쇄골하다. 2 ⟨비⟩ 기골. 기개. ¶傲～＝오만한 성격. ／奴颜媚～＝(환심을 사려고) 남에게 비굴하게 알랑거리다. 비굴하게 남에게 빌붙다. 3 (시문의 기세가) 웅장하고 힘찬 풍격. ¶风～＝풍골. ／颇见～力＝자못 웅건한 필세가 보이다. 4 ⟨비⟩ 물체 내부의 골격 역할을 하는 뼈대. ¶伞～＝우산살. ／钢～水泥＝철근 콘크리트.
☞ gū

○ 骨 gǔ
鹘 gǔ
滑 huá
猾 huá

○● 扁biǎn骨, 髌bìn骨, 长骨, 肠cháng骨, 彻chè骨, 尺骨, 耻chǐ骨, 锤chuí骨, 刺cì骨, 脆cuì骨, 镫dèng骨, 骶dǐ骨, 蝶dié骨, 顶骨, 短骨, 腓féi骨, 风骨, 跗fū骨, 肱gōng骨, 股gǔ骨, 骸hái骨, 胯kuà骨, 胛jiǎ骨, 荐jiàn骨, 接骨, 筋骨, 刻骨, 胯kuà骨, 髋kuān骨, 肋lèi骨, 颅lú骨, 露骨, 颞niè骨, 排骨, 髂qià骨, 颧quán骨, 桡ráo骨, 入骨, 软骨, 筛shāi骨, 尸shī骨, 锁suǒ骨, 听骨, 头骨, 腕wàn骨, 尾骨, 胸xiōng骨, 掌zhǎng骨, 砧zhēn骨, 枕zhěn骨, 正骨, 跖zhí骨, 指骨, 趾zhǐ骨, 椎zhuī骨, 坐骨

【骨刺】gǔcì 몡(醫) 골증식체(骨增殖體). 골극(骨棘). 오스테오파이트(osteophyte). [뼈에 돌기가 생겨 통증을 수반함]

【骨雕】gǔdiāo 몡 1 골조(骨雕) 공예. 2 골조(骨雕) 공예품.

【骨董】gǔdǒng ☞【古董】gǔdǒng

【骨粉】gǔfěn 몡 골분. [지방을 뽑아 낸 동물의 뼈로 만든 가루. 사료 또는 과일 나무나 담배 따위의 비료로 쓰임]

【骨干】gǔgàn 몡 1 골간. 2(叟) 기본적이며 핵심적인 부분. ¶业务~=업무 핵심 요원.

【骨干网】gǔgànwǎng [컴] 기간망(基幹網). 백본(back bone). =【主干网】zhǔgànwǎng

【骨骼】gǔgé 몡(生) 골격.

【骨骼肌】gǔgéjī 몡 수의근. 맘대로근. 횡문근. 가로무늬근. =【随意肌】suíyìjī【横纹肌】héngwénjī

【骨鲠】gǔgěng 몡(叟) 생선뼈. 생선가시. 혭(叟) 정직하다. 강직하다. ¶~之气=정직한 태도.

【骨鲠在喉】gǔgěng-zàihóu 囵 1 생선가시가 목구멍에 걸리다. 2(叟) 마음속에 있는 말을 하지 못해 아주 답답하다.

【骨关节】gǔguānjié 몡(生) 골관절. 골절.

【骨骺】gǔhóu 몡(生) 골단(骨端). 장골(長骨)의 양쪽 끝.

【骨化】gǔhuà 동(醫) 골화하다. 화골하다.

【骨灰】gǔhuī 몡 1 유골(遺骨). 2 골회. [동물의 뼈를 태워서 얻은 흰빛의 가루]

【骨架】gǔjià 몡 1 골격. 뼈대. ¶他个子高,~大。=그는 키가 크고 골격도 크다. 2(叟) (사물을 이루고 있는) 골격. 뼈대. ¶大剧院的~已经建好。=대극장의 골격은 이미 세워졌다.

【骨胶】gǔjiāo 몡 (동물의 뼈에서 뽑아 낸) 아교풀. 갖풀.

【骨节】gǔjié 몡 골절. 골관절.

【骨结核】gǔjiéhé 몡(醫) 골결핵.

【骨科】gǔkē 몡(醫) 정형외과. ¶~医院=정형외과 의원[병원].

【骨库】gǔkù 몡 뼈은행. [병원에서 냉장법(冷藏法)등의 과학적인 방법으로 이식용(移植用) 뼈를 저장하는 설비]

【骨痨】gǔláo 몡(醫) (중의학에서의) 골결핵.

【骨力】gǔlì 몡(叟) (시문·서예에서의) 웅장한 필력[필세]. ¶这幅书法作品写得很有~。=이 서예 작품은 필세가 매우 웅장하다.

【骨力】gǔ·li 혭(叟) 질기다. 튼튼하다. 견고하다. 단단하다. ¶这把伞真~。=이 우산은 정말 견고하다.

【骨立】gǔlì 혭(叟) (말라서 뼈가 드러날 정도로) 앙상하다. ¶形销~=야위어서 뼈가 앙상하다.

【骨料】gǔliào 몡(建) 골재.

【骨龄】gǔlíng 몡 골연령(骨年齡). 골화(骨化) 연령.

【骨瘤】gǔliú 몡(醫) 골종(骨腫).

【骨膜】gǔmó 몡(生) 골막.

【骨牌】gǔpái 몡 골패. [납작하고 네모진 작은 나무 조각 32개에 각각 흰 뼈를 붙이고, 여러 가지 수효의 구멍을 판 노름 기구]

【骨牌效应】gǔpái xiàoyìng 몡(叟) 연쇄 파급. 도미노(domino) 현상.

【骨盆】gǔpén 몡(生) 골반.

【骨片】gǔpiàn ☞【骨针】gǔzhēn

【骨气】gǔqì 몡 1 (강직하고 굽히지 않는) 기개. 패기. 줏대. 대. 배짱. ¶做人要有~。=사람은 기개가 있어야 한다. 2 (서예에서의) 웅장한 필세. ¶他的字遒劲有力, 很有~。=그의 글씨는 강건하고 힘이 있고 필세가 매우 웅장하다.

【骨肉】gǔròu 몡 1 뼈와 살. 2(叟) (부모·형제·자매 등의) 혈육. 육친. ¶~团聚=혈육이 한자리에 모이다. 3(叟) 떨어질 수 없는 긴밀한 관계. ¶亲如~=혈육같이 친하다.

【骨肉相连】gǔròu-xiānglián 囵 1 뼈와 살처럼 밀접하게 연결되다. 2(叟) (부모·형제·자매 등과 같은) 친족 관계. 3(叟) 떨어질 수 없는 긴밀한 관계.

【骨软筋酥】gǔruǎn-jīnsū 囵(叟) 1 (두렵거나 깜짝 놀라서) 옴짝달싹 못 하다. 오금을 못 쓰다. 온몸이 후들후들하다. 2 (유혹을 견디지 못해) 헤어나지 못하다. 폭 빠지다. 오금을 못 쓰다.

【骨殖】gǔ·shi 몡 유골. 해골. 백골.

【骨瘦如柴】[骨瘦如豺] gǔshòu-rúchái 囵 장작개비같이 바싹 마르다. 뼈뻐 마르다. 몹시 야위어 몰만 앙상하다. 피골이 상접하다. 수척하다. →脑满肠肥 大腹便便

【骨瘦如豺】gǔshòu-rúchái ☞【骨瘦如柴】gǔshòu-rúchái

【骨髓】gǔsuǐ 몡(生) 골수.

【骨炭】gǔtàn 몡(化) 골탄.

【骨痛热】gǔtòngrè ☞【登革热】dēnggérè

【骨头】gǔ·tou 몡 1 뼈. 2(叟) …한 놈. ¶贱~=천박한 놈. 3(叟) 뼈. 가시. [말 속에 숨어 있는 불만·풍자 등의 의미로 쓰임] ¶谁都听得出他话里有~。=누구라도 그의 말 속에 가시가 들어 있다는 것을 알아차릴 수 있다.

【骨头架子】gǔ·tou jià·zi 몡 1 (사람 또는 고등 동물의) 골격. 해골. ¶~大=골격이 크다. 2 해골. [여위어 뼈만 앙상하게 남은 사람을 비유함] ¶这些年病痛缠身, 他都成了~了。=요 몇 년 동안 병고로 시달리더니, 그는 해골이 되었다.

【骨头节儿】gǔ·toujiér 몡(叟) 골절. 골관절.

【骨头软】gǔ·tou ruǎn 囵(叟) 사람이 줏대가 없다.

【骨头硬】gǔ·tou yìng 〈낮춰〉 사람이 완강하여 굽히지 않다.
【骨相】gǔxiàng 골상. 생김새. 용모. ¶~异常=용모가 범상치 않다.
【骨血】gǔxuè 〈명〉 육친. 혈육. [주로 자녀를 가리킴] ¶这个儿子是老两口唯一的亲~.=이 아들은 노부부의 유일한 친혈육이다.
【骨折】gǔzhé 〈동〉 골절되다. 뼈가 부러지다.
【骨针】gǔzhēn 〈명〉〈생〉 미부 골침.→【骨片】gǔpiàn
【骨质】gǔzhì 골질. [뼈를 구성하는 물질. 뼈와 같이 단단한 물질]
【骨子】gǔ·zi 〈명〉 (물건·사물의) 뼈대. ¶伞~=우산살.
【骨子里】gǔ·zilǐ 〈명〉 1 (신체의) 뼈 속. 몸 속. ¶天太冷了, 简直冷到~去了. =날씨가 너무 추워 뼈 속까지 시리다. 2 〈비〉 이면. 내심. 속마음. 밑바닥. 근저. 실제로. 본질적으로. ¶别看他表面上和你客客气气的, ~却根本瞧不起你. =그가 표면상으로 너에게 겸손해하는 것 같지만, 내심으론 오히려 아예 너를 업신여긴다. 〈형〉〈방〉 개인의. 사적인. 개인에 관한. 사사로운. =【骨子里头】gǔ·zilǐ·tou ¶这是他俩~的事, 旁人不好多问. =이것은 그 두 사람 간의 사적인 일이라서, 남들이 묻기가 좀 뭐하다.
【骨子里头】gǔ·zilǐ·tou ☞【骨子里】gǔ·zilǐ

**牯** gǔ 거세한 소 고
〈명〉 수소. 황소.
【牯牛】gǔniú 〈명〉 수소. 황소.

***贾**[賈] gǔ 장사 고
〈동〉〈문〉 1 장사하다. 사업하다. ¶多财善~=자본이 많으면 장사하기가 좋다. 2 사다. ¶~马=말을 사다. 3 팔다. ¶余勇可~=나의 용맹은 아직 쓸 만하다. 4 초래하다. 야기하다. 자초하다. ¶~害=화를 초래하다. 〈명〉 상인. ¶富商大~=호상(豪商). 부고(富賈). ≒商
☞ Jiǎ
⊙ 贾 gǔ 价 jià
【贾祸】gǔhuò 〈동〉〈문〉 스스로 화를 부르다. 화를 자초하다. ¶骄贪~=교만과 탐욕이 화를 부르다.
【贾人】gǔrén 〈명〉〈문〉 상인.
【贾怨】gǔyuàn 〈동〉 원한을 사다.

**眖** gǔ 노려볼 고
〈동〉〈방〉 (불만의 표시로) 눈을 부릅뜨다. 노려보다.

**罟** gǔ 그물 고
〈명〉〈문〉 어망. ¶网~=그물. 〈동〉 그물로 물고기를 잡다.

**钴**[鈷] gǔ 다리미 고
〈명〉〈외〉〈化〉 코발트(Co, cobalt). [원자 번호 27]
【钴胺素】gǔ'ànsù 〈명〉〈化〉 비타민 B₁₂.
【钴姆】gǔmǔ 〈명〉 다리미.
【钴炮】gǔpào 〈명〉 코발트 60 원격 치료 장치.

**羖**[羖] gǔ 거세한 양 고
〈명〉〈문〉 검은 숫양.

**蛄** gǔ 땅강아지 고
☞【蝼蛄】lóugǔ【蝲蝲蛄】làlàgǔ
☞ gū

**蛊**[蠱] gǔ 독 고
〈명〉〈문〉 1 고(蛊). 고대 전설상의 독충. [그릇 안에 많은 독충을 넣고 서로 잡아먹게 하여 최후까지 남은 독충을 고(蛊)라고 함] 〈동〉 독으로 해치다. 고혹하다. 미혹하다. 현혹하다. ¶~惑人心=사람의 마음을 고혹시키다.
【蛊毒】gǔdú 〈동〉 암암리에 독살하다.
【蛊惑】gǔhuò 〈동〉 고혹하다. 미혹하다. 현혹하다. 꾀다. ¶传播黄色书刊, ~他人犯罪. =선정적인 간행물 유포는 사람을 범죄로 빠져들게 한다.

**鹄**[鵠] gǔ 과녁 곡
〈명〉〈문〉 1 과녁. ¶中~=과녁[정곡]에 명중하다. 2 (일의) 목표. 목적. ¶终达~的=마침내 목표를 달성하다.
☞ hú
【鹄的】gǔdì 〈명〉〈문〉 1 과녁의 중심. 정곡. ¶三箭全中~. =세 발 모두 과녁의 중심에 명중하였다. 2 (일의) 목적. 목표. ¶实现~=목적을 실현하다.

**馉**[餶] gǔ 고기만두 골
【馉饳】gǔduò 〈명〉 구뒤. [고기만두의 일종. 지금의 '훈툰(馄饨)'과 비슷함]

***鼓**[皷] gǔ 북 고
〈명〉 1 (~儿) 북. ¶大~=큰북. /敲锣打~=징을 울리고 북을 치다. 야단법석을 떨다. 2 모양·소리·작용 따위가 북과 비슷한 것. ¶耳~=고막. /蛙~=개구리 울음소리. /货郎~=황아장수가 치고 다니는 북. 3 경. 고. [옛날, 시간을 알릴 때 치던 북] ¶五~天明=오경이 되어 날이 밝다. 먼동이 트다. 4 (Gǔ) 성(姓). 〈동〉 1 북을 치다[두드리다]. ¶一~作气=북을 쳐서 사기를 진작시키다. 2 (악기 등을) 타다. 치다. 두드리다. 울리다. ¶~琴而歌=거문고를 타면서 노래하다. 3 고무하다. 분발하다. 진작시키다. 떨쳐 일으키다. 북돋우다. ¶欢欣~舞=기뻐서 춤을 덩실덩실 추다. /~动人心=사람의 마음을 부추기다. 4 (풀무 따위로) 부채질하다. (바람을) 일으키다. ¶~风=바람을 내보내다. 5 부풀어 오르다. 팽창하여 커지다. 불거져 나오다. ¶头上~起一个大包. =그의 머리에 커다란 혹이 나가 생겼다. 〈형〉 가득 차다. 팽팽하다. 땡땡하다. 포만하다. 충만하다. ¶轮胎打得太~了. =바퀴에 바람을 아주 팽팽하게 넣었다. ↔瘪 泄 陷
⊙ 鼓 gǔ 臌 gǔ 瞽 gǔ

○● 板鼓, 长鼓, 捣dǎo鼓, 花鼓, 羯jié鼓, 手鼓, 堂鼓, 鱼鼓, 渔鼓, 战鼓, 拨浪鼓, 吹鼓手, 石鼓文, 敲边鼓

【鼓板】gǔbǎn ☞【拍板】pāibǎn
【鼓包】gǔǁbāo(~儿) 동 (물체·몸 등에) 돌기〔종기〕가 나다. 혹이 생기다. 융기가 일어나다. ¶小家伙脸上鼓了一个包. =어린애 얼굴에 종기가 하나 났다.
【鼓包】gǔbāo(~儿) 명 (물체·몸 등에 난) 돌기. 종기. 혹. 융기. ¶手臂上长了个~. =팔뚝에 종기가 났다.
【鼓绷绷】gǔbēngbēng(~的) 형 불룩하다. 빵빵하다. ¶书包裝得~的. =책가방을 불룩하게 쌌다.
【鼓床】gǔchuáng ☞【鼓架子】gǔjià·zi
【鼓吹】gǔchuī 동 1 고취하다. 주창하다. 창도하다. 부르짖다. 선동하다. (사기를) 북돋우다. ¶~文明执法=합리적인 법 집행을 고취하다〔장려하다〕. 2 치켜세우다. 과장해서 말하다. 나발(을) 불다. 허풍을 떨다. ¶实力不是~出来的. =실력은 허풍을 떨어서 나오는 것이 아니다. ≒煽动 怂恿
【鼓槌】gǔchuí 명 북채.
【鼓词】gǔcí 명〔藝〕1 고(아)사의 노래 가사.
【鼓儿词】gǔrcí 2 ☞ 고자사(鼓子词). ['曲艺(설창 문예)'의 한 가지]
【鼓荡】gǔdàng 동 (마음·감정을) 뒤흔들다. 충격을 주다. 설레게 하다. 격동시키다. ¶他激情的演讲~人心. =그의 열정적인 강연은 사람들의 마음을 격동시켰다.
【鼓捣】gǔ·dao 동⑤ 1 부추기다. 꼬드기다. 교사하다. 선동하다. 충동질하다. ¶自己要有主见, 不能别人~什么就干什么. =스스로 주관을 가져야지, 다른 사람이 부추기는 대로 따라해서는 안 된다. 2 (고치려고) 주무르다. 만지작거리다. 가지고 놀다. ¶他总爱~家里的各种电器. =그는 늘 집 안에 있는 각종 전기 제품을 만지작거리길 좋아한다.
【鼓倒掌】gǔ dàozhǎng ⑤ 불만·야유의 박수를 치다.
【鼓点】gǔdiǎn(~儿) 명 1 타고 가락〔곡조〕. 2 (희곡에서 연주를 이끄는) 박자판의 가락. =【鼓点子】gǔdiǎn·zi
【鼓点子】gǔdiǎn·zi ☞【鼓点】gǔdiǎn
【鼓动】gǔdòng 동⑤ 1 부치다. 흔들다. ¶~翅膀=날갯짓을 하다. 2 선동하다. 부추기다. 꼬드기다. 충동질하다. ¶在他的~下, 好些同事都开始锻炼身体了. =그의 선동 아래 많은 동료들이 모두 체력을 단련하기 시작하였다. ≒煽动
【鼓风机】gǔfēngjī 명〔機〕(공기) 송풍기. =【风机】fēngjī
【鼓风炉】gǔfēnglú 명 1 (송풍식) 용광로. 고로. 2 용광로의 송풍 장치.
【鼓鼓】gǔgǔ(~的) 형 불룩하다. 볼록하다. [부풀어오른 모양] ¶肚子撑得~的. =배가 터지도록 볼록하다.

【鼓鼓囊囊】gǔ·gu nāngnāng(~的) 형 불룩하다. 볼록하다. 빵빵하다. 울룩불룩하다. [주머니·자루 등에 물건을 가득 담아 불룩 튀어나온 모양] ¶口袋裝得~的. =자루에 불룩하도록 집어넣었다.
【鼓惑】gǔhuò 동 고혹하다. 미혹하다. 현혹하다. 유혹하다. 꾀다. ¶受人~=꾐에 빠지다.
【鼓架子】gǔjià·zi 명 북을 올려놓은 틀. =【鼓床】gǔchuáng
【鼓键子】gǔjiàn·zi 명 (작은북을 치는) 참대 북채. =【鼓箭子】gǔjiàn·zi
【鼓箭子】gǔjiàn·zi ☞【鼓键子】gǔjiàn·zi
【鼓角】gǔjiǎo 명 고각. [옛날, 군대에서 호령(숙)할 때 쓰던 북과 나팔] ¶~齐鸣=고각이 일제히 울다.
【鼓劲】gǔǁjìn(~儿) 동 격려하다. 고무하다. 기운을〔사기를〕북돋우다. 원기를 불어넣다. ¶他暗暗为自己~. =그는 암암리에 스스로 용기를 북돋우었다.
【鼓励】gǔlì 동 격려하다. (용기를) 북돋우다. ¶领导的信任大大地~了他. =지도자의 신임은 그에게 대단한 용기를 북돋아 주었다. ≒勉励 ↔ 打击
【鼓溜溜】gǔliūliū(~的) 형 (많이 먹어 배가) 불룩하다. 볼록하다. 빵빵하다. ¶~的肚子=볼록한 배.
【鼓楼】gǔlóu 명⑤ 고루. [커다란 북을 단 누각]
【鼓膜】gǔmó 명〔生〕고막. =【耳鼓】ěrgǔ【耳膜】ěrmó
【鼓囊囊】gǔnāngnāng(~的) 형 불룩하다. 볼록하다. 빵빵하다. [주머니·자루 등에 물건을 가득 담아 불룩 튀어나온 모양] ¶背包裝得~的. =배낭에 불룩하게 담았다.
【鼓弄】gǔ·nong 동⑤ 주무르다. 만지작거리다. 가지고 놀다. ¶他一有空就~他的照相机. =그는 틈만 났다 하면 자신의 사진기를 만지작거린다.
【鼓起】gǔqǐ 동 1 부풀어오르다. 튀어나오다. ¶~腮帮子 =뺨을 불룩하게 내밀다. 2 분발하게 하다. (용기를) 불러일으키다. ¶~勇气=용기를 불러일으키다.
【鼓气】gǔqì 동 격려하다. 고무하다. 사기를 북돋우다. 원기를 불어넣다. ¶为队员们加油~. =대원들에게 사기를 진작시키다.
【鼓儿词】gǔrcí ☞【鼓词】gǔcí
【鼓煽】gǔshān 동 선동하다. 꼬드기다. 부추기다. 부채질하다.
【鼓舌】gǔǁshé 동⑤ 혀를 움직여 대다. 지껄이다. 입에 발린 말을 하다. 수다를 떨다. [주로 감언이설을 가리킴] ¶摇唇~=입심 좋게 지껄여대다.
【鼓师】gǔshī 명 (중국 전통극 악단의) 고수. 단면고를 치는 사람.
【鼓室】gǔshì 명〔生〕중이(中耳). 가운뎃귀.
【鼓手】gǔshǒu 명 고수.
【鼓书】gǔshū 명〔藝〕대고(大鼓). ['鼓(儿)词'에 속하는 '曲艺(설창 문예)'의 일종. 鼓(북)·板

(박자판)·三弦(삼현금) 등의 반주에 맞춰 운문으로 된 이야기를 연기로 노래로 풀어 나가며, 간혹 대사를 끼워 넣음. 유행 지역이 비교적 광범위함]

**【鼓凸】gǔtū** 통 불룩하게 나오다. 두드러지다. ¶腹部~ =복부가 불룩하게 나오다.

**【鼓舞】gǔwǔ** 통 **1** 격려하다. 고무하다. 기운 나다. ¶令人~ =용기를 북돋우게 하다. **2** 분발하게 하다. 자신감을 불어넣고 용기를 북돋우다. ¶~士气 =사기를 북돋우다.

**【鼓眼睛】gǔyǎn·jing** 통 눈방울을.

**【鼓乐】gǔyuè** 명 연주 소리. ¶~喧天 =연주 소리가 매우 요란하다.

**【鼓噪】gǔzào** 통 **1** (옛날, 출진(出陣)시) 북을 치고 함성을 질러 기세(氣勢)를 올리다. **2** 떠들어 대다. 왁자지껄하다. ¶聚众~ =많은 사람들이 모여서 떠들어 대다.

**【鼓掌】gǔ‖zhǎng** 통 손뼉을 치다. 박수하다. ¶~欢迎 =박수로 환영하다.

**【鼓胀】gǔzhàng** 형 불룩하다. 튀어나오다. 땡땡하다. ¶~的皮包 =불룩한 가방. 명 ☞【臌胀】gǔzhàng

**【鼓子词】gǔ·zicí** 명 (藝) **1** 고사사. [주로 三弦(삼현)·琵琶(비파)·筝(쟁)·檀板(단판)·八角鼓(팔각고) 등으로 반주하며, 창을 할 때 몇 개의 곡조를 연속해서 사용하는 중국 전통 '曲艺(설창 문예)'의 일종으로, 허난(河南)성 카이펑(开封)·뤄양(洛阳) 등지에서 유행함] = 【大调曲子】**dàdiào qǔ·zi 2** 고사사. [송대 설창 문예의 하나. 같은 곡조를 여러 번 반복해서 창을 하는데, 중간에 대사를 넣기도 함. 설창할 때 북을 쳐 반주를 하는 데서 붙여진 이름임]

**【鼓足干劲】gǔzú gànjìn** 〈成〉 열의를〔의욕을〕북돋우다. 젖 먹던 힘까지 다하다. 최대한의 노력을 기울이다.

# 毂[轂] gǔ 바퀴 곡
명 바퀴통. ¶击~摩肩 =수레의 바퀴통이 서로 닿고 사람의 어깨와 어깨가 스치다. 오가는 사람과 수레로 붐비다. 교통이 매우 혼잡하다.
☞ gū
○● 轮毂

# 榾 gǔ 그루터기 골
**【榾柮】gǔduò** 명 통 그루터기. 밑동 줄기.

# 榖 gǔ 닥나무 곡
명(植) 닥나무.

# 蝦 gǔ/jiǎ 복 하
명 통 행운. 행복. 복. ¶祝~ =생일을 축하하다.

# 鹘[鶻] gǔ 산비둘기 골
☞ hú
**【鹘鸠】gǔzhōu** 명(動) 산비둘기. 반구(斑鳩).

# 糓 gǔ 녹봉 곡

명 녹봉(祿俸). 형 문 좋다. 훌륭하다. ¶~旦 =길일(吉日).

# 蛊 gǔ 질솥 고
**【蛊子】gǔ·zi** 명 (밑이 깊은) 질솥. 탕솥. [중국 요리에서 '汤(탕국)'을 오랫동안 우려낼 때 사용함] ¶沙~ =질솥.

# 臌 gǔ 부풀 고
명(醫) 고창(鼓胀). 복부 창만(腹部脹滿). ¶气~ =기종(氣腫). / 水~ =복수(腹水).
**【臌胀】[鼓胀]gǔzhàng** 명(醫) 창만(脹滿)증. 복창(腹脹)증. [복부가 부풀고 사지가 마르는 증상]

# 瞽 gǔ 소경 고
통 문 눈이 멀다. ¶~者 =맹인. 시각장애자. 형 문 맹목적이다. 분별력이 없다. 식별력이 없다. 무분별하다. ¶~论 =맹목적인 언론.
**【瞽说】gǔshuō** 명 문 턱없는 이론. 무분별한 학설[언론].
**【瞽言】gǔyán** 명 문 무분별한 말. 조리가 맞지 않는 말. 근거가 없는 말. [주로 자신의 의견이나 주장을 낮추어 이르는 말] ¶~刍议 =조리가 맞지 않고 보잘것없는 주장.

# 盬 gǔ 소금 못 고
명 문 염호(鹽湖). 함수호. 형 문 견고하지 않다.
통 문 멈추다. 정지하다.

# 濲 Gǔ 땅 이름 곡
명(地) 구수이(濲水). [후난(湖南)성에 있는 강 이름]

# 估* gù 헌 옷 고
☞ gū
**【估衣】gù·yi** 명 판매용 헌〔싸구려〕옷. ¶~铺 =헌 옷 가게. 싸구려 옷 가게.

# 固* gù 단단할 고
형 **1** 튼튼하다. 탄탄하다. 견고하다. ¶坚~ =견고하다. / 稳~ =든든하다. **2** 굳다. 딱딱하다. ¶凝~ =응고하다. **3** 쉽게 변하지 않다. ¶顽~ =완고하다. **4** 문 비루하다. 천박하다. 무식하다. ¶~陋 =고루하다. 식견이 좁다. **5** '痼(gù)'와 같음. 통 견고하게 하다. 강화하다. ¶防洪~堤 =제방을 견고히 하여 홍수를 막다. 부 **1** 굳이. 단호히. 굳건히. ¶~辞不就 =단호히 사양하고 나가지 않다. / 据险~守 =험준한 곳에 의지하여 굳게 지키다. **2** 문 본래. 본디. 원래. 전부터. ¶~当如此 =원래부터 이러하다. 접 물론 …지만. 물론 …이나. 당연히. ¶人~不易知, 知人亦未易也. =다른 사람이 나를 알아주는 것도 물론 쉽지 않지만, 내가 다른 사람을 잘 알아보는 것 역시 쉽지 않다. 명(Gù) 성(姓).

○ 固 gù
崮 gù
鲴 gù
锢 gù
痼 gù
个 gè

◐ 保bǎo固, 坚jiān固, 牢láo固, 强qiáng固, 顽wán固, 胆dǎn固醇chún

【固步自封】gùbù-zìfēng ☞【故步自封】gùbù-zìfēng

【固辞】gùcí 〔동〕굳이 사양하다. ¶~不受=사양하고 받지 않다.

【固氮】gùdàn 〔명〕(化) 공중 질소 고정(법).

【固氮菌】gùdànjūn 〔명〕(生) 질소 고정 박테리아(azotobacter).

【固定】gùdìng 〔형〕고정되다. 불변하다. ¶~收入=고정 수입. 〔동〕고정하다〔고정시키다〕. ¶把员工培训制度~下来。=종업원 양성 제도를 정착시키다. ↔流动

【固定汇率】gùdìng huìlǜ 〔명〕(經) 고정 환율.

【固定价格】gùdìng jiàgé ☞【不变价格】bùbiàn jiàgé

【固定资产】gùdìng zīchǎn 〔명〕(經) 고정 자산. ↔流动资产

【固定资金】gùdìng zījīn 〔명〕(經) 고정 자금. ↔流动资金

【固化】gùhuà 〔동〕1 (物) 응고〔응결·결정〕시키다. 굳히다. 2 견고히 하다. 공고히 하다. 확고히 하다. 안정시키다. ¶~合作伙伴关系=협력 동반 관계를 공고히 하다.

【固件】gùjiàn 〔컴〕펌웨어(firmware).

【固结】gùjié 〔동〕1 굳게 뭉치다. 굳히다. 단단하게 하다. 2 (地) (모래나 흙이) 다져져 굳어지다〔단단해지다〕. ¶~土壤=굳어진 토양.

【固陋】gùlòu 〔형〕(문) 고루하다. 식견이 좁다. 견문이 좁다. ¶~无知=고루하고 무식하다.

【固然】gùrán 〔부〕물론 …하[이]지만. ¶这个方案~很好, 但却需要耗费大量的人力和物力。=이 계획이 물론 좋기는 하지만 대량의 인력과 물력을 소모해야 한다. 2 물론 …(이)거니와. ¶你能来~好, 若真有事来不了也没关系。=네가 올 수 있다면 물론 좋지만, 만약 일이 있어 올 수 없다 해도 상관 없다. 늑诚然

【固若金汤】gùruòjīntāng 〔성〕(金城汤池)처럼 견고하다. 방어 시설이 잘 되어 있어 좀처럼 함락되지 않다. 금성철벽이다. 늑稳如泰山

【固涩法】gùsèfǎ 〔명〕(醫) 수렴성 치료. [발한·만성 설사·만성 기침·유정(遗精)·월경 과다 출혈·요실금 등을 멈추게 해서 인체의 기혈·영양·원기 등이 평형을 되찾도록 해 주는 치료].

【固沙】gùshā 〔동〕(초목을 심어) 방사(防沙)하다. 모래 유실을 방지하다. ¶~造林=방사 조림.

【固沙林】gùshālín 〔명〕방사림(防沙林). 모래막이숲.

【固守】gùshǒu 〔동〕1 고수하다. 굳게 지키다. ¶~阵地=진지를 고수하다. 2 〔부〕고집하다. ¶~陈规=낡은 관습을 고집하다.

【固态】gùtài 〔명〕(物) 고체 상태.

【固体潮】gùtǐcháo 〔명〕(地) 지구 조석. [달이나 태양의 (引力)으로 말미암아 지구가 변형되

는 현상] =【地潮】dìcháo

【固体燃料】gùtǐ ránliào 〔명〕고체 연료.

【固体饮料】gùtǐ yǐnliào 〔명〕고체 음료. [물을 부으면 액체 음료가 되는 물질]

【固习】gùxí ☞【痼习】gùxí

【固有】gùyǒu 〔형〕고유의. ¶各民族都有自己~的风俗。=각 민족마다 자신들의 고유한 풍속을 지니고 있다.

【固执】gù·zhí 〔동〕고집하다. ¶~成见=선입견을 고집하다. 〔형〕완고하다. 고집스럽다. 집요하다. ¶你不要那么~, 应多听取别人的意见。=당신은 그렇게 고집피울 게 아니라 다른 사람의 의견에 귀를 많이 기울여야 합니다. 늑执拗 执着 顽固

【固执己见】gùzhí-jǐjiàn 〔성〕남의 의견을 받아들이지 않고 자기의 고집대로만 하다. 자기 의견을 고집하다. 늑一意孤行

**故** gù 연고 고

〔명〕1 원인. 연고. 이유. ¶托~=핑계로 삼다. 구실을 만들다. / 借~=핑계를 대다. 빙자하다. 2 일. 사건. ¶掌~=역사적 일화. / 细~=자질구레한 일. 3 사고. 사건. ¶变~=변고. 갑작스럽게 발생한 사고〔재앙〕. / 事~=사고. 4 옛 것. 오래 된 것. 이전의 것. 낡은 것. ¶革~鼎新=옛 것을 없애고 새로운 것을 세우다. / 温~知新=옛 것을 익히고 그것을 미루어서 새 것을 알다. 과거를 돌이켜보고 현재를 이해하다. 5 친구. 지인. ¶一见如~=한번 보고도 오랜 친구처럼 되다. / 三亲六~=일가붙이와 친지. 〔형〕원래의. 종전의. 과거의. ¶~国之思=조국 생각. 〔부〕依然~我=예전 모습 그대로의 자기이다. 구태의연하다. 〔부〕고의로. 일부러. 계획적으로. ¶欲擒~纵=(더 큰 것을) 잡기 위해 일부러 놓아주다. / 明知~犯=알면서 고의로 죄를 범하다. 〔접〕그러므로. 그래서. 고로. …한 까닭에. …하기 때문에. ¶此句重复, ~删去。=이 구절이 중복되기 때문에 삭제하였다. 〔동〕(사람이) 죽다. 사망하다. ¶亡~=죽다. / 病~=병사하다. 병으로 죽다. ↔新

◐ 典diǎn故, 国故, 借故, 旧jiù故, 如故, 世故, 事故, 亡wáng故, 物故, 细故, 原故, 缘yuán故, 掌故

【故步自封】[固步自封] gùbù-zìfēng 〔성〕1 제자리걸음하다. 2 〔부〕진보를 바라지 않고 현상에 안주하다. 답보하다.

【故常】gùcháng 〔명〕(문) 관례. 전례. 선례. 관습. ¶习以为~=관례가 되다.

【故城】gùchéng 〔명〕오래 된 도시.

【故此】gùcǐ 〔접〕그러므로. 그래서. 고로. …한 까닭에. …하기 때문에. ¶因为大家不甚了解, ~需要说明一下。=왜냐 하면 여러분이 잘 모르기 때문에 설명이 좀 필요합니다. 늑所以 因此 因而

【故道】gùdào 〔명〕1 옛 길. 옛 수로. ¶黄河~=황하의 옛 수로. 2 옛 길. 고도(古道). 옛 방법. ¶重走~=옛 길을 다시 걷다. 옛날 방법

【故地】**gùdì** 〔명〕 전에 살던 곳. ¶重访~=전에 살던 곳을 다시 방문하다. ↔异地

【故地重游】**gùdì-chóngyóu** 〔성〕 전에 살던 곳을 다시 찾아가 돌아보다.

【故都】**gùdū** 〔명〕 고도. 옛 수도. 옛 도읍지.

【故而】**gù'ér** 〔접〕 그러므로. 그런 까닭에. …때문에. ¶由于航班延误, ~未能及时到达。=항공편이 늦어져서 제 시간에 도착할 수 없었다. ≒因此 因而

【故犯】**gùfàn** 〔동〕 고의로 죄를 범하다. ¶明知~=알면서 고의로 죄를 범하다.

【故宫】**gùgōng** 〔명〕 1 고궁. 옛 왕궁. 옛 궁전. 2 고궁. [북경(北京)에 있는 청(清)대의 궁전을 가리킴]

【故国】**gùguó** 〔명〕〔문〕 1 역사가 오래 된 나라. 2 이미 멸망한 나라. 전대(前代)의 왕조. ¶~神游=망국의 혼이 떠돌아다니다. 3 조국. 고국. ¶漂泊异域, 怀想~。=이역을 떠돌아다니며 조국을 그리워하다. 4 고향. ¶~父老=고향 어르신.

【故技】**gùjì** ☞【故伎】**gùjì**

【故伎】[故技] **gùjì** 〔명〕 이미 다 써먹은 방법. 낡은 수법. 상투적인 수단. ¶~重施=예전 수법을 다시 시행하다.

【故伎重演】**gùjì-chóngyǎn** 〔성〕 예전 기량을 다시 선보이다. 과거의 방법을 되풀이하다.

【故迹】**gùjì** 〔명〕 고적. 구적. 유적. 옛 터. 옛 자취. ¶古战场~=옛 전쟁터.

【故家】**gùjiā** 〔명〕〔문〕 고가. 여러 대(代)에 걸쳐 벼슬하며 잘 살아온 집안. 권문세가. ¶~子弟=대대로 벼슬한 권문세가의 자손.

【故交】**gùjiāo** 〔명〕 고우. 오랜 친구. ¶新知~齐聚一堂。=새 친구와 오랜 친구가 모두 한자리에 모이다.

【故旧】**gùjiù** 〔명〕〔문〕 옛 친구. 오랜 친구. ¶亲朋~=친지와 친구.

【故居】**gùjū** 〔명〕 예전에 살았던 집. ¶老舍~=라오서가 살았던 집. ≒旧居 ↔新居

【故里】**gùlǐ** 〔명〕 고향(집). ¶重返~=고향으로 되돌아가다.

【故弄玄虚】**gùnòng-xuánxū** 〔성〕 1 고의로 미혹시키다. 2〔비〕 간단한 것을 고의로 짐짓 현묘(玄妙)한 것처럼 꾸미다. 고의로 신비화하다.

【故去】**gùqù** 〔동〕 돌아가시다. 세상을 뜨다. [주로 연장자를 가리킴] ¶老先生已于一年前~。=어르신은 이미 1년 전에 세상을 뜨셨다.

【故人】**gùrén** 〔명〕〔문〕 1 고인. 죽은 사람. ¶凭吊~=고인을 추모하다. 2 옛 친구. 옛 벗. ¶~团聚=옛 친구들이 한자리에 모이다.

【故实】**gùshí** 〔명〕〔문〕 1 옛 사실. 역사적 사실. ¶谙熟~=역사적 사실에 정통하다. 2 고실. 전고(典故). 출처. ¶征引~=전고를 인용하다.

【故世】**gùshì** 〔동〕 세상을 떠나다. 서거하다. ¶他父亲已~多年。=그의 부친은 돌아가신 지 이미 몇 년이 되었다. ≒去世

【故事】**gùshì** 〔명〕 1 과거지사. 지나간 일. 옛일. ¶~重提=지난 일을 다시 언급하다. 2 이전에 행했던 제도. 관례. ¶奉行~=종래의 관례대로 일을 집행하다.

【故事】**gù·shi** 〔명〕 1 고사. 옛날 이야기. ¶神话~=신화 이야기. 2 줄거리. 플롯(plot). ¶~性强的小说更能吸引读者。=줄거리가 잘 짜여진 소설은 독자를 더욱 매료시킬 수 있다.

【故事片儿】**gù·shipiānr** 〔명〕〔구〕 극영화(劇映畵).

【故事片】**gù·shipiàn** 〔명〕〔영〕 극영화(劇映畵).

【故书】**gùshū** 〔명〕〔문〕 1 낡은〔헌〕 책. 2 고서(古书). 고서적.

【故态】**gùtài** 〔명〕 지난날의 성질〔상황·태도·버릇〕. ¶~重现=옛날 버릇이 또 나오다.

【故态复萌】**gùtài-fùméng** 〔성〕 지난날의 나쁜 습성〔버릇〕이 다시 나타나다.

【故土】**gùtǔ** 〔명〕 고향. ¶远离~=고향을 멀리 떠나다. ≒故园 故乡

【故土难离】**gùtǔ-nánlí** 〔성〕 고향 땅이 그리워 차마 떠나지 못하다. 고향·땅·조국을 떠나기 서운해하다. =【故土难移】**gùtǔ-nányí**

【故土难移】**gùtǔ-nányí** ☞【故土难离】**gùtǔ-nánlí**

【故我】**gùwǒ** 〔명〕〔문〕 이전의 나. 옛날의 나. ¶今非~=지금은 옛날의 내가 아니다.

【故习】**gùxí** 〔명〕 구습. 예전부터 내려오는 낡은 풍습. ¶~难改=예전부터 내려오는 낡은 습관은 고치기 어렵다. ≒旧习

【故乡】**gùxiāng** 〔명〕 고향. ¶怀念~=고향을 그리워하다. ≒故土 故园 ↔异乡

【故意】**gùyì** 〔형〕 고의로. 일부러. ¶~刁难=고의로 난처하게 하다. 〔법〕 고의.

【故友】**gùyǒu** 〔명〕 1 옛 친구. ¶~重逢=옛 친구를 다시 만나다. 2 작고한 벗. ¶悼念~=죽은 친구를 추모하다.

【故园】**gùyuán** 〔명〕 고향. ¶重回~=고향으로 되돌아가다. ≒故土 故乡

【故宅】**gùzhái** 〔명〕 예전에 살았던 집. ¶修缮~=옛 집을 보수하다.

【故障】**gùzhàng** 〔명〕 1 (기계 따위의) 고장. ¶排除~=고장을 수리하다. 2〔비〕 장애. 결함. 실수. ¶这次谈判, 差点儿出了~。=이번 회담에서 하마터면 장애가 발생할 뻔했다. ≒障碍

【故知】**gùzhī** 〔명〕 옛 친구. 오랜 친구. ¶他乡遇~=타향에서 옛 친구를 만나다.

【故址】**gùzhǐ** 〔명〕 이전의 주소.

【故纸堆】**gùzhǐduī** 〔명〕 헌 서적더미. [많은 양의 낡은 서적·자료 따위]

【故智】**gùzhì** 〔명〕〔문〕 이전에 사용한 계책〔방법〕. ¶蹈袭~=예전 방법을 답습하다.

【故作】**gùzuò** 〔동〕 일부러 꾸미다〔하다〕. 고의로 짓다. ¶~姿态=자태를 연출하다. 애써 모습을 꾸미다.

## **顾[顧]** gù 돌아볼 고

〔동〕 1 뒤돌아보다. 돌이켜보다. 바라보다. 회고하다. ¶瞻前~后=앞뒤를 살피다. 사전에 매우 신중히 생각하다. / 环~四周=사방을 살피다. 2

탐방하다. 방문하다. 찾아가다. ¶三~茅庐＝초가집을 세 차례 방문하다. 인재를 맞아들이기 위하여 참을성 있게 노력하다. **3** 고객이 오다. ¶欢迎惠~＝어서 오십시오. 오신 것을 환영합니다. **4** 돌보다. 보살펴 주다. 주의하다. 배려하다. ¶自~不暇＝자기 자신을 돌볼 겨를도 없다. 자신의 일만으로도 힘에 벅차다. / ~全大局＝전반적인 정세를 고려하다. **5** 그리워하다. 생각하다. 불쌍히 여기다. ¶奋不~身＝자신의 생명을〔안위를〕 돌보지 않고 용감하게 돌진하다. 具오히려. 어찌. 설마. ¶人之立志, ~不如蜀鄙之僧哉?＝사람이 뜻을 세움에 어찌 변경의 승려보다도 못하단 말인가? 接连다만. 그러나. 그런데. 하지만. ¶彼非不爱其弟, ~有所不能忍者也。＝그는 그의 동생을 사랑하지 않는 것이 아니라 다만 돈을 쓰기 아까워했던 것에 지나지 않는다. 图 **1** 고객. 단골. ¶主~＝단골손님. **2** (Gù) 성(姓).

○● 反顾, 后顾, 回顾, 兼jiān顾, 眷juàn顾, 看顾, 瞻zhān顾, 照zhào顾

【顾不得】**gù·bu·de** 匼 돌볼 겨를〔틈〕이 없다. 생각조차 못하다. ≒顾不上 顾不及 ↔顾得

【顾不过来】**gù·bu guòlái** 匼 (일이 많아서) 미처 돌볼 틈〔겨를〕이 없다. 미처 돌보지 못하다. ¶他又要工作, 又要照顾家人, 真有些~。＝그는 출근하랴, 가족 돌보랴, 정말 눈코 뜰 새 없다.

【顾不及】**gù·bují** 匼 돌아볼 겨를〔틈〕이 없다. 생각조차 못하다. ≒顾不上 顾不及

【顾不了】**gù·buliǎo** 匼 미처 돌볼 수가 없다. ¶由别人说去, 我也~那么多了。＝다른 사람한테 가서 말해, 나는 그렇게 많이 돌볼 틈이 없어. ↔顾得了

【顾不上】**gù·bushàng** 匼 돌볼 틈이 없다. 생각도 할 수 없다. ¶他~休息, 又开始忙别的工作了。＝그는 휴식할 틈도 없이 또 다른 일을 하기 시작했다. ≒顾不得 顾不及

【顾此失彼】**gùcǐ-shībǐ** 匽 **1** 하나를 돌보다가 다른 것을 놓치다. **2** 匃 (일 따위가 번거로워) 한 번에 여러 가지를 다 할 수가 없다. 두루 다 돌볼 수가 없다. ↔两全其美

【顾得】**gù·de** 匼 …에 주의하다. …을〔를〕 보살피다. ¶只~说话, 竟忘了给客人让座。＝이야기하는 데에만 정신이 팔리다 보니 손님에게 자리 권하는 것을 잊어버렸다. ↔顾不得

【顾得了】**gù·deliǎo** 匼 …에 주의할 수 있다. …을〔를〕 보살필 수 있다. ¶他身体好, 心眼细, 能~。＝그는 몸도 건강하고 마음씨도 세심하여 보살필 수 있을 것이다. ↔顾不了

【顾及】**gùjí** 匼 …에 주의하다. …을〔를〕 고려하다. …에 …을〔를〕 배려하다. ¶他说话做事从不~别人的感受。＝그는 말을 하든 일을 하든 이제까지 한 번도 다른 사람의 느낌을 배려하지 않았다.

【顾忌】**gùjì** 匼 염려하다. 고려하다. 걱정하다. 우려하다. 꺼리다. 망설이다. ¶无所~＝우려할 것이 없다. ≒顾虑

【顾家】**gù‖jiā** 匼 집안을 돌보다. 가정을 보살

피다. 가족을 부양하다. ¶他责任心强, 很~。＝그는 책임감이 강해서 가정을 잘 보살핀다.

【顾客】**gùkè** 匽 고객. 손님. ¶~就是上帝。＝손님은 왕이다. ≒顾主 客人

【顾客至上】**gùkè-zhìshàng** 匽 손님은 왕이다. 손님이 첫째〔우선〕이다. 모든 것은 손님을 위해서이다.

【顾怜】**gùlián** 匼 보살피다. 귀여워하다. 사랑하다. ¶~幼子＝막내아들을 귀여워하다.

【顾脸】**gù‖liǎn** 匼 체면을 중시하다. 안면을 세우다. ¶你也算有身份的人, 怎么说话不~呢? ＝당신도 지체가 있는 사람인데, 어떻게 함부로 말을 하세요?

【顾恋】**gùliàn** 匼 걱정하다. 염려하다. 그리워하다. ¶~亲人＝가족을 애틋하게 그리워하다.

【顾虑】**gùlǜ** 匼 고려하다. 걱정하다. 근심하다. 염려하다. 고민하다. 우려하다. 주저하다. ¶不要~那么多, 大胆去干就好了。＝너무 그렇게 염려하지 말고 대범하게 가서 처리하면 된다. 匽 고려. 염려. 우려. 근심. ¶打消~＝근심을 없애다. ≒顾忌

【顾虑重重】**gùlǜ-chóngchóng** 匽 근심 걱정이 가득하다.

【顾盼】**gùmiǎn** 匼 뒤를 돌아보다. ¶从容~＝침착하게 뒤를 돌아보다.

【顾名思义】**gùmíng-sīyì** 匽 이름을 보고 그 뜻을 생각하다. 명칭을 보고 그 뜻을 짐작할 수 있다.

【顾命】**gùmìng** 匼 생명을 중히 여기다. 목숨을 아끼다. ¶他这样干, 简直就是不~了。＝그가 이렇게 일하는 건 그야말로 목숨을 돌보지 않고 하는 것이다. 匽 고명. 유조(遺詔). 임금의 유언. ¶~大臣＝고명 대신. 임금의 유언으로 나라의 뒷일을 부탁 받은 대신.

【顾念】**gùniàn** 匼 생각하다. 염려하다. ¶~亲友＝친한 친구를 그리워하다.

【顾盼】**gùpàn** 匼 주위를 둘러보다. ¶左右~＝좌우를 둘러보다.

【顾盼自雄】**gùpàn-zìxióng** 匽 자기도취에 빠지다. 잘난 체하며 우쭐대다. [매우 득의한 모양]

【顾前不顾后】**gù qián bù gù hòu** 匽 **1** 앞만 주의하고 뒤는 주의하지 못하다. **2** 匃 (말·일에 있어서) 눈앞의 일만 고려하고 장래의 일은 고려하지 않다. 결과는 고려하지 않고 앞으로만 달리다. 경솔한 행동을 하다. ≒顾头不顾尾

【顾全】**gùquán** 匼 손해를 입지 않도록 배려하다. 만전을 기하다. ¶~名誉＝명예를 보존하다.

【顾全大局】**gùquán-dàjú** 匽 전반적인 국면을 고려하여야 한다.

【顾头不顾尾】**gù tóu bù gù wěi** 匽 **1** 일의 시작만 주의하고 끝은 돌아보지 않는다. **2** 匃 (말·일에 있어서) 시작만 고려하고 결말은 돌아보지 않다. 결과는 고려하지 않고 앞으로만 달리다. ≒顾前不顾后

【顾问】**gùwèn** 匽 고문. ¶技术~＝기술 고문.

【顾惜】**gùxī** **1** 소중히 하다. ¶~声誉＝명예를 소중히 여기다. **2** 불쌍히 여겨 보살피다. 동정하여 돌보아 주다. ¶~孤儿＝고아를 동정하여 돌보아

돌보아 주다.
【顾绣】gùxiù 명 구슈. [쑤저우(苏州)에서 생산되는 자수(刺繡) 제품. 명(明)대에 진사를 지낸 고명세(顾名世)의 집안에서 창시한 데서 붙여진 이름]
【顾影自怜】gùyǐng-zìlián 성 1 자신의 그림자를 돌아보고 자신을 연민하다. 2(비) 고독하고 실의 모양. 3(비) 자아도취에 빠지다.
【顾主】gùzhǔ 명 고객. 손님. 바이어(buyer). ¶老~=단골손님. 늑顾客

堌 gù 방죽 고
명 제방. 방죽. [주로 지명에 쓰임] ¶龙~=룽구. [장쑤(江苏)성에 있는 지명]

梏 gù 수갑 곡
명 고대의 목제(木製) 수갑. ¶桎~=질곡. 차꼬와 수갑.

崮 Gù 산 이름 고
명 사방이 가파르고 산꼭대기가 비교적 평평한 산. [주로 지명에 쓰임] ¶孟良~=멍량구. [산둥(山东)성에 있는 지명]

牿 gù 우리 곡
명(문) 1 (마소의) 우리. 2 사람을 떠받지 못하도록 쇠뿔에 묶어 놓은 횡목.

*雇¹[(僱)] gù 고용할 고
동 1 고용하다. ¶解~=해고하다. / ~保姆=보모를 고용하다. 2 (운전자를 포함하여) 세내다. ¶~船=배를 세내다. / ~车=차를 세내다. 3 고용되다. ¶公司~员=회사 고용원.

*雇² Gù 성씨 고
명 성(姓).

【雇不到】gù·budào 동 (시간이 긴박하거나 조건이 너무 까다로워서) 고용하지 못하다. 늑雇不着
【雇不起】gù·buqǐ 동 (돈이나 조건을 맞춰 줄 능력이 안 되어) 고용할 수 없다. ¶他的要求那么高, 我们可~。=그의 요구가 저렇게 높으니 우리는 전혀 고용할 능력이 없다.
【雇不着】gù·buzháo 동 (시간이 긴박하거나 조건이 너무 까다로워서) (적합한 대상을) 고용[채용]하지 못하다. ¶一时间~熟练工。=시간이 촉박하여 일시에 숙련공을 채용[고용]하지 못한다. 늑雇不到
【雇工】gù∥gōng 동 직공을 고용하다. ¶忙不过来的时候再临时~。=쉴새없이 바쁠 때는 다시 임시로 직공을 고용한다.
【雇工】gùgōng 명 1 고용 인부. 2 고농(雇農). 고용농. 머슴.
【雇脚】gùjiǎo 동 짐꾼을 고용하다. ¶~挑行李。=짐꾼을 고용하여 짐을 메게 하다.
【雇农】gùnóng 명 고농(雇農). 고용농. 머슴.
【雇请】gùqǐng 동 ¶~勤杂工=잡역

부를 고용하다.
【雇用】gùyōng 동 고용하다. ¶~合同=고용 계약.
【雇佣兵】gùyōngbīng 명(贬) 용병. ['义务兵(의무병)'과 구별됨]
【雇佣观点】gùyōng guāndiǎn 명 도덕적 해이. 주인 의식이 결핍된 태도. [피고용인이 받는 보수만큼만 일을 하겠다는 소극적인 태도]
【雇用】gùyòng 동 고용하다. ¶~临时工=임시 직공을 고용하다.
【雇员】gùyuán 명 고용원. 고용인. 고용자. 고용직 공무원. ¶高级~=고급 고용원.
【雇主】gùzhǔ 명 고용주.

锢[錮] gù 땜질할 고
동 1 (물체의 틈새를) 땜질하다. 때우다. 2(문) 가두다. 감금하다. 구금하다. ¶党~=당고지화. [반대파들을 종신 금고에 처하여 벼슬길을 막아 버린 일] 형(문) 막히다. 폐색(閉塞)되다. ¶~蔽=막히다.
【锢漏】【錮漏】gù·lou 동 땜질하다.
【锢露】gù·lou ☞【锢漏】gù·lou

痼 gù 고질 고
형 1 오랫동안 앓고 있어 고치기 어려운. 고질적인. ¶~疾难医=고질병은 치료하기 어렵다. 2 오래 가서 바로잡기 어려운. 고질적인. ¶积年~习=오래 된 고질적인 습성.
【痼弊】gùbì 명 뿌리가 깊어 고치기 어려운 폐단. 인이 박여 고치기 어려운 병폐. 고폐. 고막(痼瘼). ¶根除~=고폐를 근절하다.
【痼疾】gùjí 명 고질(병). 지병. ¶~缠身=고질병으로 시달리다.
【痼癖】gùpǐ 명 고벽. 아주 굳어져 고치기 어려운 버릇. ¶他就是改不了赌博的~。=그는 도벽만은 고칠 수 없는 사람이다.
【痼习】[固习] gùxí 명 고질적인 습관. 오랫동안 몸에 배어 고치기 어려운 습관. ¶~难改=고질적인 습관은 고치기 어렵다.

鲴[鮔] gù 참마자 고
명(动) 참마자.

# gua

**瓜 guā 오이 과
명 1(植) 박과 식물의 통칭. 2(植) 박과 식물의 과실. 3 박과 같이 생긴 것. ¶脑袋~儿=머리통. 대갈통. 4(Guā) 성(姓).

○● 北瓜, 菜瓜, 打瓜, 地瓜, 番fān瓜, 胡hú瓜, 黄瓜, 金瓜, 苦瓜, 癞lài瓜, 木瓜, 南瓜, 傻shǎ瓜, 丝sī瓜, 笋sǔn瓜, 糖瓜, 甜瓜, 倭wō瓜, 香瓜, 油瓜, 越瓜, 哈hā密瓜, 老倭瓜

【瓜代】guādài 통⟨문⟩ 1 박이 열리면 교체하다. [춘추(春秋) 때 제나라의 양공(襄公)이 양련칭(連稱)과 관지보(管至父) 두 사람에게 규구(葵丘) 지방을 지키게 하면서 다음 해 박이 익을 때 다시 교체해 주기로 하였다는 고사에서 유래함] 2 ⟨비⟩ 임기가 끝나 교체하다.

【瓜地】guādì 명⟨農⟩ (참외·오이·수박 등의) 박과 식물을 재배하는 밭.

【瓜蒂】guādì 명⟨醫⟩ 과체. 고정향. [중의학〔한방〕에서 참외 꼭지를 이르는 말]

【瓜蒂绵延】guādì-miányán ⟨성⟩ 1 오이가 끊임없이 계속 열리다. 2 ⟨비⟩ 자손이 번성하다.

【瓜瓞绵绵】guādié-miánmián ⟨성⟩ 1 오이가 끊임없이 계속 열리다. 2 ⟨비⟩ 자손이 번성하다. =【绵绵瓜瓞】miánmián-guādié

【瓜分】guāfēn 통⟨비⟩ (박을 쪼개듯이) 분할하다. 나누다. 분배하다. [주로 영토나 재산을 분할함을 가리킴] ¶财产~=재산을 분할하다. ≒分割

【瓜葛】guāgé 명 1 박과 칡. 2 ⟨비⟩ (사람과의) 관계. 관련. 연고. 3 ⟨비⟩ (일 사이의) 관련. 관계. 분규. ¶他和这事毫无~。=그는 이 일과 아무런 관련이 없다.

【瓜果】guāguǒ 명 1 참외와 과일. 2 과일.

【瓜架】guājià 명 넝쿨을 받쳐 주기 위해 세운 버팀목.

【瓜芦】guālú ☞【苦丁茶】kǔdīngchá

【瓜纽】guāniǔ (~儿) 명 애호박. 어린 오이. [성숙되지 않은 어린 박과 식물] =【瓜纽子】guāniǔ·zi

【瓜纽子】guāniǔ·zi ☞【瓜纽】guāniǔ

【瓜农】guānóng 명 1 (참외·오이·수박 등) 박과 식물 재배를 업으로 하는 농민. 2 수박농. 수박 재배 농가〔농민〕.

【瓜棚】guāpéng 명 참외 원두막.

【瓜皮帽】guāpímào (~儿) 명 과피모. [중국식 모자의 일종. 여섯 조각의 검은 천을 잇대어 만든 것으로, 수박을 반 자른 모양처럼 생겼고 차양이 없으며 정수리에 꼭지가 달려 있음]

【瓜片】guāpiàn 명 과편. [녹차의 일종으로, 안후이(安徽)의 류안(六安)·훠산(霍山) 일대에서 생산됨]

【瓜瓤】guāráng (~儿) 명 (수박·참외 등) 박과 식물의 과육. 열매살.

【瓜剖豆分】guāpōu-dòufēn ⟨성⟩⟨비⟩ (영토나 재산이) 분할되다. 쪼개지다. 나눠지다.

【瓜熟蒂落】guāshú-dìluò ⟨성⟩ 1 오이가 익으면 저절로 꼭지가 떨어진다. 2 ⟨비⟩ 조건이 성숙되면 일은 쉽게 이루어진다. ≒水到渠成

【瓜藤】guāténg 명 (박·오이 등 박과 식물의) 덩굴줄기.

【瓜田】guātián 명⟨農⟩ 오이·참외·수박 등 박과 식물을 심은 밭.

【瓜田不纳履, 李下不整冠】guātián bù nà lǚ, lǐxià bù zhěng guān ⟨성⟩ 1 오이밭에서는 허리를 굽혀 신발을 추스르지 아니하고, 자두나무

아래서는 손을 올려 갓을 고쳐 쓰지 않는다. 2 ⟨비⟩ 남에게 의심받을 만한 일은 해서는 안 된다.

【瓜田李下】guātián-lǐxià ⟨성⟩⟨비⟩ 의심을 받기 쉬운 곳〔상황〕.

【瓜条】guātiáo 명 동아를 가늘게 썰어 설탕에 절인 것. [베이징의 절임 과일 중 하나]

【瓜蔓】guāwàn (~儿) 명 (박·오이 등 박과 식물의) 덩굴〔넝쿨〕.

【瓜秧】guāyāng (~儿) 명 (박·오이 등 박과 식물의) 새싹. 유묘. 어린 모종.

【瓜子】guāzǐ (~儿) 명 1 (박·오이 등 박과 식물의) 종자. 씨. 2 과즈. [수박씨·해바라기씨·호박씨 등에 소금이나 향료를 넣어 볶은 것]

【瓜子(儿)脸】guāzǐ(r)liǎn 명 수박씨같이 위는 둥글고 아래는 갸름한 얼굴형. 계란형 얼굴.

呱 guā 소리의 형용 고

⟨의⟩ 1 쩌당. 딱. 퍽. [단단한 물체가 서로 부딪치는 소리] ¶~的一声, 一记耳光已经打在了他的脸上。=퍽 하는 소리와 함께 따귀 한 대가 벌써 그의 뺨에 올려붙여졌다. 2 개굴개굴. 개골개골. 왝왝. 꽉꽉. [오리나 개구리가 우는 소리]

☞ gū, guǎ

【呱哒】guādā ☞【呱嗒】guā·da

【呱嗒】[呱哒] guādā 명 쩌당. 달각. 딸각. 딸가닥. 달가닥. [단단한 것이 서로 부딪혀 나는 소리] ¶她赤脚穿着木屐, 走起路来~~响。=그녀는 맨발에 나막신을 신어서 걸을 때마다 딸각딸각 소리가 난다. 통⟨비⟩ 조롱하다. 비꼬다. 빈정대다. 놀리다. 비방하다. 풍자하다. ¶他又在~人了。=그는 또 사람을 비방하고 있다.

【呱嗒】[呱哒] guā·da 통⟨비⟩ 1 (화가 나거나 불쾌해서) 얼굴을 찌푸리다. 얼굴빛이 변하다. ¶他~着脸, 一句话不说。=그는 얼굴을 찌푸리고 한 마디도 하지 않았다. 2 ⟨비⟩ 끊임없이 지껄이다. 재잘거리다. ¶她一~起来就没完。=그녀가 재잘거리기 시작하면 끝이 없다.

【呱嗒板儿】guā·dabǎnr 명 1 박판. [중국 설창 문예에서 리듬을 맞추기 위해 쓰는, 대나무로 만든 타악기] 2 ☞【趿拉板儿】tā·labǎnr

【呱呱】guāguā 명 꽉꽉. 개굴개굴. [오리나 개구리가 우는 소리]

☞ gūgū

【呱呱叫】[刮刮叫] guāguājiào ⟨형⟩⟨구⟩ 아주 좋다. 훌륭하다. 대단하다. 능숙하다. 능란하다. 일류의. 최고의. ¶她的英语说得~。=그녀는 영어를 대단히 잘 한다.

【呱唧】guā·ji 명 짝짝. [손뼉 치는 소리] ¶他一唱完, 听众们就~~地鼓起掌来。=그가 노래를 마치자 청중들이 짝짝짝 손뼉을 치기 시작했다. 통 손뼉 치다. ¶大家给他~~, 让他为我们表演一个节目。=우리를 위해 연기를 보여 주도록 여러분, 그에게 박수를 보냅시다.

**刮¹ guā 깎을 괄

통 1 (칼날로) 깎(아내)다. 긁어 내다. 벗겨 내다.

¶~锅=솥을 긁어 내다. **2** (재물을) 긁어 내다. 빼앗다. 약탈하다. ¶搜~=수탈하다. **3** 천 등에 풀을 묻혀 물체의 표면에 대고 균일하게 바르다. ¶~糨子=풀을 바르다. **4** 〈방〉 훈계하다. 타이르다. 꾸짖다. ¶他又被他爹~了胡子. =그는 또 아버지한테 꾸지람을 들었다.

**刮²[颳]** guā 바람 불 괄
〈동〉(바람이) 불다. ¶大风整整~了一夜. =큰바람이 밤새도록 불었다.

○○搜sōu刮, 顶dǐng刮刮

【刮鼻子】guā bí·zi 〈동〉 **1** (트럼프 등 놀이를 할 때 벌칙으로) 이긴 사람이 집게손가락으로 진 사람의 코를 긁다. 꿀밤을 주다. **2** 자신의 코를 비벼서 부끄러움 혹은 송구스러움을 (상대방에게) 나타내다. **3** 〈방〉 훈계하다. 질책하다. 꾸짖다. 견책하다. 비판하다. ¶捣乱的学生们被老师狠狠地刮了顿鼻子. =장난쳤던 학생들이 선생님에게 호되게 훈계를 들었다.

【刮刀】guādāo 〈명〉 스크레이퍼(scraper).

【刮地皮】guā dìpí 〈낮〉〈비〉(옛날에) 탐관오리가 백성의 고혈을 짜내다.

【刮风】guāfēng 〈동〉 **1** 바람이 불다. ¶~下雨=비바람이 불다. **2** 〈비〉 실제 상황을 고려하지 않고 일을 일률적으로 단순화시키려고 하다. ¶干工作要实事求是, 不能乱~. =일을 하려면 실사구시의 태도로 처리해야지, 일률적으로 함부로 처리해서는 안 된다.

【刮宫】guā‖gōng 〈동〉〈醫〉 자궁(내)의 태아나 자궁 내막을 긁어 내다. [주로 낙태를 가리킴]

【刮垢磨光】guāgòu-móguāng 〈成〉〈비〉 **1** 심혈을 기울여 인재를 배양하다. **2** 깊이 학문적으로 연구하여 학문의 조예가 깊고 기예가 숙련되도록 노력하다.

【刮刮叫】guāguājiào ☞【呱呱叫】guā guājiào

【刮胡刀】guāhúdāo 〈명〉 면도기. 면도날.

【刮胡子】guā hú·zi 〈동〉 **1** 수염을 깎다. 면도하다. **2** 〈방〉 훈계하다. 질책하다. 꾸짖다. 견책하다. ¶他平时吊儿郎当的, 常被领导~. =그는 평소에 옷매무새가 단정하지 못하여 늘 상사에게 훈계를 듣는다.

【刮冷风】guā lěngfēng 〈동〉 **1** 〈天〉 찬바람이 불다. **2** 〈비〉 냉소적인 말을 퍼뜨리다. 상대방의 의기소침하도록 만들다. 찬물을 끼얹는 말을 하다. ¶有些人不但不做事, 还在一旁~. =어떤 사람들은 일은 하지 않을 뿐만 아니라 옆에서 찬물을 끼얹는 소리까지 한다.

【刮脸】guā‖liǎn 〈동〉 면도하다.

【刮脸皮】guā liǎnpí 〈동〉〈방〉(수치스러운 일임을 나타내기 위하여) 손가락으로 얼굴을 긁다.

【刮目】guāmù 〈동〉 괄목하다. 눈을 비비고 다시 보다. ¶令人~=새로운 안목으로 보게 하다.

【刮目相待】guāmù-xiāngdài ☞【刮目相看】guāmù-xiāngkàn

【刮目相看】guāmù-xiāngkàn 〈成〉 눈을 비비고 상대편을 보다. 새로운 안목으로 대하다. 괄목상대하다. =【刮目相待】guāmù-xiāngdài 늑另眼相看

【刮跑】guā‖pǎo 〈동〉(물건이) 바람에 불려 날려 가다. ¶报纸被风~了. =신문지가 바람에 날아갔다.

【刮痧】guāshā 〈명〉〈醫〉 괄사. [중의학으로, 민간 요법으로, 동전이나 숟가락·사발 등에 기름을 묻혀 환자의 목·가슴·등을 긁어서 몸 안의 염증을 없애는 치료법]

【刮水器】guāshuǐqì ☞【刮雨器】guāyǔqì

【刮削】guāxiāo 〈동〉 **1** (칼 따위로) 깎아 내다. 벗겨 내다. **2** 〈비〉(재물을) 가로채다. 착취하다. ¶~财物=재물을 착취하다.

【刮雨器】guāyǔqì 〈명〉〈機〉(자동차의) 와이퍼(wiper). =【刮水器】guāshuǐqì

**苦** guā 하눌타리 괄
【苦蒌】guālóu ☞【栝楼】guālóu

**括** guā 구김 없을 괄
☞【挺括】tǐng·guā
☞ kuò

**胍** guā 구아니딘 고
〈명〉〈化〉 구아니딘(guanidine).

**栝** guā 노송나무 괄
〈명〉〈문〉 **1** 오늬. **2** 〈植〉 전나무.
☞ kuò

【栝楼】[苦蒌] guālóu 〈명〉〈植〉 **1** 하눌타리. **2** 하눌타리의 열매.

**绔[綱]** guā 자청색 인끈 왜
〈명〉 자청색 인끈. 〈양〉〈문〉 사리. [옛날, 여인의 사리어 감은 머리를 세던 단위]

**骊[騧]** guā 공골말 와〔왜〕
〈명〉〈문〉 주둥이가 검은 누런 말. 공골말.

**鸹[鴰]** guā 재두루미 괄
☞【老鸹】lǎo·guā

**剐** guā 도려 낼 괄
〈동〉 긁어 내다. 도려 내다.

**呱** guā 잡담할 고
☞【拉呱儿】lāguǎr
☞ gū, guā

**剐[剮]** guǎ 살 바를 과
〈동〉 **1** (팔이나 다리를) 자르다. 토막을 내다. ¶千刀万~=갈래갈래 자르다. 갈기갈기 찢어죽이다. 능지처참하다. **2** (날카로운 것에) 할퀴다. 찢다. ¶腿上被~了一条血印子. =다리에 혈흔 한 줄이 그어졌다.

***寡** guǎ 적을 과

**1** 적다. 모자라다. 부족하다. ¶少言~语＝말수가 적다. 과묵하다. ／孤陋~闻＝아는 것이 적고 보고 들은 것이 적다. **2** 과부인. 남편이 없는. ¶守~＝과부로 수절하다. ／鳏~孤独＝늙어서 아내 없는 사람·젊어서 남편 없는 사람·어려서 어버이 없는 사람·늙어서 자식 없는 사람. **3** 싱겁다. ¶清汤~水＝멀건 국물. 園㉤ 과인. 고과(孤寡). [왕후(王侯)가 자기를 낮추어 이르던 일인칭 대명사] ¶称孤道~＝스스로 왕이라고 일컫다. 園㉥ 아주. 매우. 대단히. 극히. ¶~瘦的脸＝매우 마른 얼굴. 늑少 鲜 ↔众 多

【寡白】**guǎbái** 園㉥ (안색이) 창백하다. 새하얗다. 파리하다. 해쓱하다. ¶面色~＝얼굴색이 창백하다.

【寡不敌众】**guǎbùdízhòng** 園 적은 수효로 많은 수효를 대적하지 못하다. 중과부적이다. 늑众寡悬殊

【寡淡】**guǎdàn** 園 **1** 담백하다. 무미건조하다. 재미가 없다. ¶~无味的菜汤＝담백한 야채 국. ／~乏味的谈话＝무미건조한 대화. **2** 쌀쌀맞다. 냉담하다. 무관심하다. ¶态度~＝태도가 쌀쌀맞다.

【寡断】**guǎduàn** 園 우유부단(優柔不斷)하다. 결단성이 부족하다. 과단성이 없다. ¶优柔~＝우유부단하다.

【寡妇】**guǎ·fu** 園 과부.

【寡合】**guǎhé** 園㉤ (성격이) 남과 잘 어울리지 못하다. ¶落落~＝말이 없고 성격이 별나 남들과 잘 어울리지 못하다.

【寡欢】**guǎhuān** 園 기쁨이 적다. 별로 기쁘지 않다. ¶郁郁~＝기분이 우울하여 즐겁지 않다.

【寡酒】**guǎjiǔ** 園 강술. 독작(獨酌). ¶喝~＝강술을 마시다.

【寡居】**guǎjū** 園 과부살이를 하다. ¶~多年＝오랫동안 과부살이를 하다. 늑守寡

【寡廉鲜耻】**guǎlián-xiǎnchǐ** 園 염치가 없다. 뻔뻔스럽다. 파렴치하다. 부끄러움을 모르다.

【寡陋】**guǎlòu** 園㉤ 과루하다. 견문이 좁고 학식이 천박하다. 견식이 좁다. ¶~无知＝견식이 좁고 사리에 어둡다.

【寡母】**guǎmǔ** 園 미망인. 과부. 홀어미. ¶孤儿~＝가장(家長)을 잃은 모자.

【寡情】**guǎqíng** 園 박정하다. 인정이 야박하다. 매정하다. ¶~薄义＝인정이 야박하다.

【寡人】**guǎrén** 園 **1** 덕이 부족한 사람. **2** 과인. [군주가 자기를 낮추어 이르던 일인칭 대명사]

【寡瘦】**guǎshòu** 園㉤ 몹시 여위다. ¶他长得~。＝그는 호리호리하다.

【寡头】**guǎtóu** 園 과두. ¶金融~＝금융 과두.

【寡头政治】**guǎtóu zhèngzhì** 園(政) 과두정치.

【寡味】**guǎwèi** 園 맛이 없다. 무미하다. ¶饭食清淡~。＝음식이 싱겁고 맛이 없다. 맛이 무미건조하다.

【寡闻】**guǎwén** 園 과문하다. 견문이 적다. 보고 들은 것이 적다. ¶孤陋~＝배운 것이 적고 체험한 것이 넓지 못하여 융통성이 없다. 학문이 얕고 견문이 좁다.

【寡言】**guǎyán** 園 말수가 적다. 과묵하다. 말이 없다. ¶~少语＝말수가 적다.

【寡欲】**guǎyù** 園 욕심이 적다. 과욕(寡慾)하다. ¶清心~＝마음의 근심 걱정을 떨쳐 버리고 욕심을 없애다.

【寡助】**guǎzhù** 園 도움이 적다. ¶得道者多助, 失道者~。＝도의에 부합하는 사람은 많은 도움을 받고, 도의에 어긋나는 사람은 도움을 받지 못한다.

*卦 **guà** 점괘 괘
園 **1** 괘. ¶八~＝팔괘. **2** 점괘. ¶打~求签＝길흉을 점치다.
○● 八卦, 变biàn卦, 算卦

【卦辞】**guàcí** ☞ 【彖辞】**tuàncí**

【卦摊儿】**guàtānr** 園 점쟁이가 길가에 벌여 놓은 판.

## 诖[註] **guà** 속일 괘

園㉤ **1** 연루되다[연루시키다]. 관련되다. ¶~误全家＝(한 사람의 범죄에) 온 가족이 연루되다. **2** 속이다. 기만하다. ¶~上之罪＝군주를 기만한 죄.

【诖误】[註误] **guàwù** 園㉤ 남의 죄에 연루되다. ¶~百姓＝백성들에게 연루되다.

*挂¹[(掛·罣)] **guà** 걸 괘
園 **1** (고리·못 따위에) 걸다. ¶悬~＝걸다. ／墙上~着吊钟。＝벽에 괘종이 걸려 있다. **2** (고리·못 따위에) 걸리다. ¶衬衫被钉子~烂了。＝서츠가 못에 걸려 찢어졌다. **3** (마음으로) 걱정하다. 근심하다. 생각하다. 염려하다. ¶牵肠~肚＝늘 마음에 걸리다. 늘 걱정을 하다.

*挂²[(掛)] **guà** 등록할 괘
園 **1** (물체 표면에) 붙어 있다. 덮여 있다. 띠고 있다. 칠해져 있다. 발라져 있다. ¶脸上~着迷人的微笑。＝얼굴에 매혹적인 미소를 띠고 있다. ／树枝上~着一层霜。＝나뭇가지 위에 서리가 한 층 쌓여 있다. **2** (미해결 상태로) 남겨 두다. 접어 두다. 내버려 두다. 일손을 놓다. ¶这个问题有点复杂, 先~起来。＝이 문제는 좀 복잡하니 우선 접어 둡시다. **3** 전화를 끊다. 수화기를 내려놓다. ¶电话别~, 我查一下告诉你。＝전화를 끊지 말고 있어, 내가 찾아서 알려 줄게. **4** 전화를 연결하다. ¶请帮我~香港分公司。＝홍콩 분사를 연결해 주세요. **5** 전화를 걸다. ¶我已经给老家~了电话。＝나는 이미 고향집에 전화를 걸었다. **6** 등록하다. 접수시키다. 신청하다. ¶寄一封~号信。＝등기 우편 한 통을 부치다. ／快去银行~失。＝빨리 은행에 가서 분실 신고를 하세요. 앵 **1** 줄. 꿰미. 덩이. [꾸러미나 세트로 된, 어디에 걸 수 있는 물건을 세는 단위] ¶一~念珠＝염주 한 줄. ／一~葡萄＝포도 한 송이. **2** 대. 바리. [가축이 끄는 수레를 세는 단위] ¶一~大车＝큰 수레 한 대.

## 挂 guà

○● 记挂, 披pī挂, 牵qiān挂, 树shù挂, 悬xuán挂, 张挂

【挂碍】guà'ài 〔동〕 장애(방해)를 받다. 지장을 받다. ¶处处受人~。=가는 곳마다 사람들의 방해를 받는다. 〔명〕 근심. 걱정. ¶了无~=조금도 걱정이 없다. ≒牵挂

【挂包】guàbāo 〔명〕 (어깨에 메는) 배낭. 가방.

【挂鞭】guàbiān 〔동〕 1 교편(教鞭)을 놓다. 2㊂ 교직을 그만두다. ¶~从商=교직을 그만두고 사업을 하다. 〔명〕 연발 폭죽.

【挂不住】guà·buzhù 〔동〕㊂ 부끄러워 견딜 수 없다. 쑥스럽다. 멋적다. 창피하다. 무안하다. ¶别当这么多人面批评他, 让别人~。=이렇게 많은 사람들 앞에서 그를 나무라지 마세요. 그러면 사람이 무안하잖아요.

【挂彩】guà‖cǎi 〔동〕 1 (축하하기 위해) 오색 비단을 드리우다. ¶披红~=붉은 비단을 목에 두르고 오색 비단을 처마에 드리우다. 축하를 하다. 2 (전투에서) 부상을 당하다. 부상을 입어 피를 흘리다. ¶~的战士全部撤离了前线。=부상병들은 모두 전방에서 철수하였다. ≒挂花 挂红

【挂车】guàchē 〔명〕 트레일러(trailer).

【挂扯】guàchě 1 걸려 찢어지다. ¶衣服被桌子~坏了。=옷이 탁자에 걸려 찢어졌다. 2㊂ 연루되다. 관련되다. ¶他和这事根本~不上。=그는 이 일과는 전혀 관계가 없다.

【挂齿】guàchǐ 〔동〕 언급하다. 거론하다. 제기하다. [주로 겸손의 뜻을 나타내는 말에 쓰임] ¶区区小事, 何足~。=별것 아닌 사소한 일이니 거론할 가치가 없다.

【挂锄】guà‖chú 〔동〕 1 호미를 걸어 두다. 2 김매기가 끝나다.

【挂褡】guàdā ☞【挂单】guàdān

【挂单】guàdān 〔동〕 행각승이 절간으로 가서 자다. =【挂褡】guàdā

【挂挡】guà‖dǎng 〔동〕 변속 기어를 넣다[걸다].

【挂灯】guàdēng 〔명〕 장식용 채색 등롱. ¶枝形~=샹들리에.

【挂斗】guàdǒu 〔명〕 트레일러(trailer).

【挂断】guàduàn 〔동〕 전화를 끊다. ¶~电话=전화를 끊다.

【挂钩】guà‖gōu 〔동〕 1 열차의 연결기를 연결하다. 2㊂ 손을 잡다. 제휴하다. 동맹을 맺다. 연계를 맺다. 결탁하다. ¶产销~=생산과 판매를 연결하다.

【挂钩】guàgōu 〔명〕 1 (열차 등의) 연결기. ¶火车~=기차 연결기. 2 갈고리. 걸이.

【挂冠】guàguān 〔명〕㊂ 관모(官帽)를 걸다. 2㊂ 관직을 그만두다. 사직하다. ¶~归隐=관직에서 물러나다.

【挂果】guà‖guǒ 〔동〕 (과수가) 열매를 맺다. 열매가 열리다. ¶桃树~了。=복숭아나무에 열매가 열렸다.

【挂号】guà‖hào 〔동〕 1 등록하다. 접수시키다. 수속하다. ¶~看病=접수를 하고 진찰을 받다. 2 (편지를) 등기로 부치다.

【挂号信】guàhàoxìn 〔명〕 등기 우편.

【挂红】guàhóng 〔동〕 1 (개업 등을 경축할 때 문밖에) 붉은 비단을 드리우다. ¶~庆祝新店开张。=문 앞에 붉은 비단을 드리우고 신장 개업을 축하하다. 2 (전투에서) 부상을 당하다. 부상을 입어 피를 흘리다. ¶排长~了。=소대장이 부상을 당하였다. 3 (술을 마셔서) 얼굴이 붉그레하다. 홍조를 띠다. ¶三杯酒下肚, 他脸上就~了。=술 석 잔이 들어가더니, 그의 얼굴이 발그스름해졌다. ≒挂彩 挂花

【挂花】guà‖huā 〔동〕 1 (나무에) 꽃이 피다. ¶新种的这批果树明年就会~。=신품종인 이 과일 나무들은 내년이면 꽃이 필 것이다. 2 (전투에서) 부상을 당하다. 부상을 입어 피를 흘리다. ¶在这次战斗中, 好几位战士挂了花。=이번 전투에서 꽤 여러 명의 병사가 부상을 당하였다. ≒挂彩 挂红

【挂怀】guàhuái 〔동〕 근심하다. 염려하다. 걱정하다. ¶家里一切都好, 无须~。=집안은 모두 평안하니 염려할 필요 없다. ≒挂念 ↔忘怀

【挂幌子】guà huǎng·zi 〔동〕 1 간판을 걸다. 2㊂ 겉으로 나타나다[드러나다]. ¶他羞得脸都~了。=그는 수줍어서 얼굴마저 붉어졌다.

【挂火】guàhuǒ (~儿) 〔동〕㊂ 화내다. 성내다. 노하다. ¶有事好商量, 千万别~。=일이 있으면 좋게 상의합시다, 절대 화내지 마세요.

【挂机】guàjī 〔동〕 수화기를 내려놓다. 전화를 끊다. ¶对方已~了。=상대방은 이미 전화를 끊었다.

【挂记】guà·ji 〔동〕 마음에 걸리다. 걱정하다. ¶他一人在外, 很让父母~。=그가 혼자 외지에 있으니 부모님을 아주 많이 걱정하게 한다.

【挂家】guàjiā 〔동〕 가족을 염려하다[걱정하다]. ¶你要安心工作, 不要~。=너는 가족 걱정하지 말고 일에만 전념해라.

【挂甲】guàjiǎ 〔동〕 1 ① 투구와 갑옷을 걸다. ② (군인 등이) 퇴역하다. 제대하다. ¶~归田=제대하여 고향으로 돌아가다. 2 ① (출정을 위해) 갑옷을 입다. 무장하다. ② 군복을 입다. 군장을 차리다. ¶~上阵=군장을 차리고 싸움터로 나가다.

【挂件】guàjiàn 〔명〕 1 (벽·목 등에) 걸 수 있는 장식(품). 장신구. ¶银质~=은 장신구. 2 부(속)품. ¶汽车~=자동차 부품.

【挂镜线】guàjìngxiàn 〔명〕 실내 네 벽의 상단 부분에 수평으로 박아 놓은 나무오리. [주로 그림·거울 따위를 거는 데 쓰임] =【画镜线】huàjìngxiàn

【挂驹】guàjū 〔동〕 (말·당나귀 등이) 새끼 배다.

【挂靠】guàkào 〔동〕 (한 조직이 명의나 조직 등의 관계에서 더 큰 다른 조직에) 예속되다. 부속되다. ¶本学会~省社科联。=본 학회는 성(省)의 사커렌(社科联, 사회 과학 연합회)에 예속되어 있다.

【挂累】guàlěi 〔동〕 1 걱정하다. 근심하다. ¶父母的身体总让他~。=부모님의 건강이 늘 그를 걱정하게 한다. 2 연루되다. 관련되다. ¶他不愿~

家人. =그는 가족이 연루되는 것을 원치 않는다. ④ 걱정거리. 근심거리. ¶有了孩子, 心里就多了一份~. =아이가 생기면 마음속에 걱정거리가 하나 더 는다.

【挂历】guàlì ④ (벽에 거는) 달력〔일력〕.

【挂镰】guà‖lián ⑤ 1 낫을 걸어 놓다. 2 일년 중 가을 수확이 끝나다.

【挂零】guàlíng (~儿) ⑤ …좀 넘다. …남짓하다. ¶看样子他也就三十~. =모습을 보아하니 그도 30은 좀 넘은 것 같다.

【挂漏】guàlòu ⑤ 하나를 인용하고 만 개를 빠뜨리다. 누락된 것이 많다. 면밀하지 못하다. ¶书中难免~, 敬请读者指正. =책 속에 누락된 부분이 있을 수 있으니, 삼가 독자들의 질정을 바랍니다.

【挂虑】guàlǜ ⑤ 늘 생각하다. 항상 마음에 두다. 염려하다. 걱정하다. 간절히 생각하다. ¶此事我们会尽快处理, 您不必~. =이 일은 우리가 되도록 빨리 처리할 것이니 당신은 걱정하지 마십시오.

【挂面】guàmiàn ④ 걸어 말린 국수. [가늘고 둥근 것과 납작한 것이 있음]

【挂名】guà‖míng (~儿) ⑤ 1 이름을 기입하다〔등록하다·걸다〕. 2 ⓗ 명의만 걸어 놓다. 이름만 걸어 놓다. ¶他这个处长只是~的, 没什么权. =그의 처장 직함은 단지 이름만 걸어 놓은 것이므로 별 권한이 없다.

【挂念】guàniàn ⑤ 근심하다. 염려하다. 걱정하다. 늘 생각하다. 항상 마음에 두다. 그리다. ¶~远方的亲人. =먼 곳에 있는 가족들을 걱정하다. ≒挂怀 惦挂 惦记 惦念 牵挂

【挂拍】guàpāi (~儿) ⑤ 1 라켓을 놓다. 2 (탁구·테니스·배드민턴 등 라켓을 사용하는 운동을 하던 선수가) 은퇴하다. ¶他打完这次比赛就正式~. =그는 이번 시합을 마치고 정식으로 은퇴한다. 3 (탁구·테니스·배드민턴 등의 시합이) 끝나다. 종결되다. ¶全国网球公开赛~. =전국 오픈 테니스 대회가 끝났다.

【挂牌】guà‖pái ⑤ 1 (기관·기업의) 현판을 걸다. 간판을 걸다. ¶举行~仪式 =현판식을 거행하다. 2 (의사·변호사 등이) 개업하다〔개소하다〕. 점포를 열다. ¶~行医 =병원을 개업하다. 3 (~儿) 가슴패를 달다. ¶上岗~ =표찰을 가슴에 달고 근무하다. 4 (관련 단체·조직에서) 이적을〔트레이드를〕 요구하는 선수의 명단을 공포하다. 5 (經) 증권의 거래 자격을 획득하다. ¶这家公司的股票已~上市. =이 회사의 주식은 이미 자격을 얻어 거래를 시작했다.

【挂牌上市公司】guàpái shàngshì gōngsī ④ 상장 회사.

【挂牌证券】guàpái zhèngquàn ④ 상장 주식〔주〕.

【挂屏】guàpíng (~儿) ④ 액자.

【挂起来】guà qǐ·lai ⑤ 1 (물체를) 걸다. ¶把衣服~. =옷을 걸다. 2 (문제나 안건을) 보류하다. 대기 발령하다. ¶这个问题~有几年了, 一直得不到解决. =이 문제는 보류한 지 몇 년이 다 되었지만 아직까지 해결하지 못했다.

【挂气】guàqì (~儿) ⑤ 화내다. 성내다. 노하다. ¶为这点儿事~, 不值得. =이 조그만 일로 화내는 건 가치가 없어.

【挂牵】guàqiān ⑤ 근심하다. 염려하다. 걱정하다. 늘 생각하다. 항상 마음에 두다.

【挂欠】guàqiàn ⑤ 외상으로 사다〔팔다〕. ¶他这几个月的房租一直~着. =그는 요 몇 개월 방세가 줄곧 밀려 있다.

【挂伤】guàshāng ⑤ 상처를 입다〔내다〕. 부상당하다. ¶他腿上~了. =그는 다리에 상처를 입었다.

【挂失】guà‖shī ⑤ (수표·신분증 등의) 분실 신고를 하다. ¶身份证~ =신분증 분실 신고를 하다.

【挂帅】guà‖shuài ⑤ 1 장수의 인장을 손에 넣다. 명령권을 가지다. 지휘권을 잡다. 2 ⓗ 지도자 위치에 서다. 통솔자 위치에 앉다. ¶这次行动由局长亲自~. =이번 작전은 국장이 직접 지휘봉을 잡는다.

【挂锁】guàsuǒ ④ 맹꽁이자물쇠.

【挂毯】guàtǎn ☞【壁毯】bìtǎn.

【挂图】guàtú ④ 괘도. ¶医学~ =의학 괘도.

【挂相】guàxiàng ⑤ 얼굴에 아주 흉한 표정을 짓다.

【挂孝】guà‖xiào ⑤ (부모 등의 상에) 상복을 입다. 상장을 달다.

【挂笑】guàxiào ⑤ 웃음을 띠다. ¶满脸~ =얼굴에 웃음을 가득 띠다.

【挂鞋】guàxié ☞【挂靴】guàxuē.

【挂心】guàxīn ⑤ 근심하다. 염려하다. 걱정하다. ¶家里有我照顾, 你就别~了. =집안일은 내가 돌볼 테니 당신은 염려하지 마세요.

【挂靴】guàxuē ⑤ 1 신발을 갈무리하다〔간수하다〕. 2 ⓗ (축구·스키·육상 경기 등의 운동 선수들이) 선수 생활을 청산하다. 은퇴하다. ≒【挂鞋】guàxié

【挂羊头卖狗肉】guà yángtóu mài gǒuròu ㉠ 1 양의 머리를 걸어 놓고 개고기를 팔다. 2 ⓗ 겉과 속이 다르다. 표리(表裏)가 부동하다.

【挂一漏万】guàyī-lòuwàn ㉠ 1 하나를 인용하고 만 개를 빠뜨리다. 2 ⓗ 유루(遺漏)가 대단히 많다. 내용이 부족하고 누락된 것이 아주 많다. ↔包罗万象

【挂掌】guàzhǎng ⑤ 편자를 박다.

【挂账】guà‖zhàng ⑤ 외상으로 팔다〔사다〕. 외상 판매를 하다. ¶一手交钱一手交货, 一律不~. =돈과 물건을 직접 맞교환해야지, 예외 없이 외상으로 하지 않는다. ≒赊账

【挂职】guàzhí ⑤ 1 (기층 부서로 내려가기 위해) 원래의 직무를 잠시 보류하다. ¶~下放 =원래 직무를 잠시 보류하고 (공장·농촌·광산 등) 기층 부서로 내려가다. 2 (행정 경험을 쌓기 위해) 임시 직무를 담당하다. ¶他在县上~当副县长. =그는 현에서 임시로 부현장직을 담당하고 있다.

【挂钟】guàzhōng ④ 괘종시계. 벽시계. [ '座钟' (탁상시계)'과 구별됨] =【壁钟】bìzhōng

【挂轴】guàzhóu(~儿) 图 족자. 걸그림.

## 绐[絓] guà 맬 괘
동⇒ 막히다. 맺히다.

## 罣 guà 걸 괘
'挂(guà)'의 1과 같음.
【罣误】guàwù ☞【诖误】guàwù

## *褂 guà 마고자 괘
명(~儿) 중국식 홑옷.
○- 汗hàn褂儿
【褂子】guà·zi 명 중국식 홑저고리. 마고자.

## guai

## *乖 guāi 어그러질 괴
동⇒ 위배되다. 어긋나다. 모순되다. 맞지 않다. 상반되다. ¶时~命蹇=시운이 나쁘다. 운수가 나쁘다. 형 1 (성격·행동이) 괴팍하다. 고집이 세다. 심술궂다. 비뚤어지다. ¶性情~戾=성격이 고집이 세다. 2 (어린아이가) 얌전하다. 착하다. 말을 잘 듣다. ¶这孩子真~, 大人叫干什么就干什么。=이 아이는 정말 착해서 어른이 시키면 시키는 대로 한다. 3 영리하다. 기민하다. 눈치가 빠르다. 똑똑하다. ¶吃了一次亏, 他也学~了。=손해를 한 번 보더니, 그도 영리해졌다〔요령을 배웠다〕. ≒舛 戾
【乖舛】guāichuǎn 형⇒ 1 틀리다. 잘못되다. ¶文辞~=문장에 오류가 있다. 2 순조롭지 않다. ¶命途~=팔자가 사납다. 운명이 평탄하지 못하다. 3 일치하지 않다. 맞지 않다. 모순되다. ¶前后~=앞뒤가 모순되다.
【乖乖】guāiguāi 명 1 귀염둥이. 순둥이. 무던이. [어린아이에 대한 애칭] ¶小~, 你真聪明。=순둥이, 너 참 똑똑하구나. 2 자기. [애인·부인에 대한 애칭] 형 얌전히. 순하게. 얌전하다. ¶孩子们~儿地跟着老师学唱歌。=아이들이 얌전하게 선생님을 따라 노래를 배운다.
【乖乖】guāi·guai 감 와. 우와. [놀람·찬탄을 나타냄] ¶~, 他的力气可真大!=우와, 그의 힘이 정말 세구나!
【乖蹇】guāijiǎn 형⇒ (운명이) 기구하다. 순탄치 않다. 운이 나쁘다[불운하다]. ¶时运~=시운이 좋지 않다.
【乖觉】guāijué 형 기민하다. 눈치가 빠르다. 동작이 날쌔다. ¶这孩子~伶俐, 很招人喜欢。=이 아이는 기민하고 영리해서 사람들이 좋아한다. ↔愚笨
【乖剌】guāilà 형⇒ (성격·행동 등이) 괴팍하다. 고집이 세다. 심술궂다. 비뚤어지다. ¶措置~=조치가 부적절하다.
【乖离】guāilí 동⇒ 1 괴리되다. 거꾸로 되다. 위배되다. 어긋나다. ¶上下~, 互相指责。

=상하가 괴리되어 서로 비난하다. 2 이별하다. 헤어지다. 떨어져 있다. ¶长相~=서로 오랫동안 떨어져 있다.
【乖戾】guāilì 형 (성격·행동 등이) 괴팍하다. 고집이 세다. 심술궂다. 비뚤어지다. 이치에 어긋나다. ¶性格~=성격이 고집이 세다.
【乖谬】guāimiù 형 도리에 맞지 않다. 황당무계하다. 터무니없다. ¶言行~=언행이 황당무계하다.
【乖僻】guāipì 형 (성격·성질이) 괴팍하다. 비뚤어지다. 까다롭다. ¶生性~=타고난 성격이 괴팍하다. ≒乖张
【乖巧】guāiqiǎo 형 1 영리하다. ¶孩子~懂事。=아이가 영리하고 사리에 밝다. 2 (언행 등이) 귀엽다. 사랑스럽다. ¶她善解人意, 处事~。=그녀는 다른 사람의 의중을 잘 헤아려 귀여움을 받게끔 일을 처리한다. ↔愚笨
【乖违】guāiwéi 동⇒ 1 배반하다. 위배하다. 어기다. 어긋나다. 모순되다. ¶亲朋~=친지의 사이가 틀어지다. 2 정상이 아니다. 변칙적이다. 이상하다. ¶寒暑~=날씨가 정상이 아니다. 3 헤어지다. 갈라지다. 떨어지다. ¶久相~=오랫동안 서로 떨어져 있다.
【乖张】guāizhāng 형⇒ 1 순조롭지 않다. 평탄하지 못하다. ¶命运~=운명이 순조롭지 못하다. 2 (성격이) 괴팍하다. 비뚤어지다. ¶性情~=성격이 괴팍하다. ≒乖僻

## 掴[摑] guāi/guó 칠 괵
동 손바닥으로 때리다〔치다〕. ¶~了他两耳光。=그의 양쪽 귀싸대기를 때렸다.

## *拐¹[(枴)] guǎi 지팡이 괴
명 지팡이. 단장(短杖). ¶雕花~杖=꽃무늬 지팡이.

## *拐² guǎi 절뚝거릴 괴
명 1 목다리. 목발. 협장(脇杖). ¶双~=목발. 2 숫자 '七'의 별칭. ¶洞~=공칠(07). 3 모서리. 모퉁이. ¶门~=문 모서리. ¶墙~=담 모퉁이. 동 1 다리를 절다. 절름거리다. 절뚝거리다. ¶一瘸一~=절뚝거리다. 2 방향을 바꾸다. 꺾어 돌다. 돌아가다. ¶摩托车~进了一条小胡同。=오토바이가 골목으로 꺾어 들어갔다. 3 편취하다. 속여서 빼앗다. 유괴하다. ¶诱~=유괴하다. ¶坑蒙~骗=남을 속여 재물을 빼앗다. 형 잘못되다. 틀리다. ¶说话注意点儿, 别说~了。=조심해서 말해, 잘못 말하지 말고.
○- 孤gū拐, 诱yòu拐
【拐棒】guǎibàng(~儿) 명 1 구부러진 몽둥이. 2 (소·양·돼지의) 다리뼈.
【拐脖儿】guǎibór 명 엘보. [이음용 'ㄴ'자 모양의 연통]
【拐带】guǎidài 동 유괴하(여 데리고 가)다. 편취하다. ¶~儿童=아동을 유괴하여 데려가다.
【拐点】guǎidiǎn 명 1 (數) 변곡점. 2 ④ 전환

【拐棍】guǎigùn (~儿) 名 1 지팡이. 단장(短杖). 2 비 버팀목. 후원자. ¶小家伙给爷爷当~儿。=꼬마 녀석이 할아버지에게 버팀목이 되어 준다. ≒拐杖

【拐角】guǎijiǎo (~儿) 名 모퉁이. 구석. 귀퉁이. ¶街口~有一家文具店。=길 입구 모퉁이에 문구점이 있다.

【拐卖】guǎimài 动 (사람을) 유괴하여 팔아먹다. ¶~人口=인신매매하다.

【拐骗】guǎipiàn 动 (사람이나 물건을) 속여서 가져〔데리고〕가다. 편취(騙取)하다. 유괴하다. ¶~妇女=부녀자를 유괴〔납치〕하다.

【拐弯】guǎi‖wān (~儿) 动 1 굽다〔커브〕를 돌다. 방향을 틀다. ¶顺着这条路一直往前走, 不要~。=커브 돌지 말고 이 길을 따라 똑바로 가시오. 2 (비) (생각・말 따위의) 방향을 바꾸다. 돌려서 말하다. ¶他生性爽直, 说话从不~。=그는 천성이 호쾌해서 절대 말을 돌려서 하지 않는다. 名 모퉁이.

【拐弯抹角】guǎiwān-mòjiǎo 成 1 구불구불한 길을 따라 가다. (길을) 이리저리 돌아가다. 빙빙 돌아가다. 2 (비) (말・글을) 빙빙 돌려서 하다. 旁敲侧击

【拐诱】guǎiyòu 动 유괴하다. 납치하다. 농락하다. 매수하다. ¶~少女=소녀를 유괴하다.

【拐枣】guǎizǎo 名〔植〕 1 호깨나무. 허깨나무. =〔枳椇〕zhǐjǔ〔鸡爪树〕jīzhǎoshù 2 호깨나무의 과실과 열매 꼭지.

【拐杖】guǎizhàng 名 지팡이. 단장(短杖). ≒拐棍

【拐肘】guǎizhǒu 名〔口〕팔꿈치. ¶衣袖的~磨破了。=소매 팔꿈치가 닳아 해졌다.

【拐子】guǎi·zi 名〔口〕 1 목발. 목다리. 2 절름발이. [존중하지 않는 의미를 내포함] 3 유괴범. 사기꾼. 4 실패. 얼레. 릴(reel).

夬 guài 쾌괘 쾌
名 쾌괘(夬卦). [《역경(易經)》64괘(卦)의 하나]

**怪[(恠)]** guài 괴상할 괴
形 이상하다. 괴상하다. ¶稀奇古~=기괴(奇)하다. / 奇形~状=괴상한 형상이다. 动 1 의심쩍다. 괴이하다. ¶大惊小~=별것 아닌 일에 크게 놀라다. 2 책망하다. 원망하다. 꾸짖다. 훈계하다. ¶责~=책망하다. / 见~=나무라다. 副〔口〕매우. 아주. 대단히. 몹시. ¶您这么客气, 我们~不好意思的。=당신이 이렇게 겸손하시니 우리가 대단히 쑥스럽습니다. 名 1 기괴한 사물 또는 사람. ¶妖~=요괴. / 扬州八~=양주팔괴. 〔청나라 건륭제 때 양저우(扬州)에서 활약한 여덟 명의 화가〕 2 (Guài) 성(姓). ≒奇 异

○● 错怪, 古怪, 诡guǐ怪, 骇hài怪, 精怪, 魔mó怪, 难怪, 奇怪, 神怪, 无怪, 妖怪, 作怪

【怪不得】guài·bu·de 动 책망할 수 없다. 탓할 수 없다. 나무랄 수 없다. ¶事情本就难办, 办不好也~你。=본래 처리하기 어려운 일이니, 잘 처리하지 못했다고 하더라도 너를 책망할 수는 없다. 副 과연. 그러기에. 어쩐지. ¶~屋里这么凉快, 原来是开了空调。=어쩐지 방이 시원하다 했더니, 알고 보니 에어컨을 틀어 놓았구나.

【怪不着】guài·bu·zháo 动 책망할 수 없다. 탓할 수 없다. 나무랄 수 없다. ¶是你自己的错, ~别人。=네 스스로 저지른 잘못이니, 다른 사람을 탓할 수는 없다.

【怪才】guàicái 名 괴재. 기인.

【怪诞】guàidàn 形 기괴하고 황당하다. 황당무계하다. 터무니없다. ¶关于这些奇石的形成, 曾有很多~的传说。=이런 기암괴석의 형성에 관하여 터무니없는 전설이 파다하였다.

【怪诞不经】guàidàn-bùjīng 成 황당무계하다. 괴상하고 망측하다. 괴상하기 짝이 없다.

【怪话】guàihuà 名 1 기괴하고 허황한 말. 괴담. ¶这些~, 绝对不可信。=이런 괴상한 말은 절대 믿을 수 없다. 2 불평. 불만. 넋두리. 푸념. 투덜거림. ¶有意见当面提, 不要背后说~。=의견이 있으면 직접 앞에서 제기하지, 뒤에서 불평하지 마세요.

【怪叫】guàijiào 动 괴성을 지르다. ¶他突然一声~, 冲出房门。=그는 갑자기 괴성을 지르더니 대문을 뛰쳐나갔다. 名 괴성. 이상한 소리. ¶森林里经常传来野兽的~。=숲 속에서는 자주 들짐승의 괴성이 들려온다.

【怪杰】guàijié 名 기인. 괴짜. ¶影坛~=영화계의 기인.

【怪谲】guàijué 形 기괴하고 황당하다. 기묘하다. 이상야릇하다. ¶~的传闻=괴이하고 황당한 뜬소문.

【怪里怪气】guài·liguàiqì 形 (모양・차림새・소리 따위가) 기괴하다. 괴상하다. 이상야릇하다. ¶她今天说话~的, 让人听着不舒服。=그녀는 오늘따라 목소리가 괴상해서, 듣기 거북하다.

【怪论】guàilùn 名 황당한 논조. 괴상한 이론. ¶奇谈~=기이하고 이치에 맞지 않는 황당한 이야기.

【怪模怪样】guàimú-guàiyàng (~儿的) 成 形 기묘한 모습. 괴상망측한 모양. ¶他上身穿西装, 下身穿运动裤, 看起来~儿的。=그는 위에는 양복을 입고 아래에는 트레이닝 바지를 입고 있어서 이상하게 보인다.

【怪癖】guàipǐ 名 괴벽. 이상한 버릇.

【怪僻】guàipì 形 괴벽하다. 괴이하다. 기이하다. 괴팍하다. ¶性情~=성정이 괴팍하다. ≒古怪 乖张

【怪气】guàiqì 形 (용모・행동 등이) 기이하다. 이상야릇하다. ¶这人有点儿~, 大冷天穿个短裤。=이 사람은 성격이 약간 괴팍해서, 아주 추운 날씨인데도 반바지를 입는다.

【怪圈】guàiquān 名 악순환. ¶必须走出一边治理环境, 一边破坏环境的~。=한편으로는 환경을 미화하고 다른 한편으로는 환경을 훼손하

는 악순환 속에서 반드시 벗어나야 한다.

【怪人】**guàirén** 명 괴인. 괴상한 사람. ¶他寡言少语, 在大家眼里是一个~。=그는 말수가 적어 사람들의 눈에 괴상한 사람으로 보인다. 통 남을 책망하다〔나무라다·탓하다〕. ¶自己的错, 不要乱~。=자신의 잘못을 함부로 남 탓으로 돌리지 마세요.

【怪声】**guàishēng** 명 괴성.

【怪声怪气】**guàishēng-guàiqì** 성 귀에 거슬리는 괴상한 소리를 내다. 기괴한 소리를 지르다.

【怪石嶙峋】**guàishí-línxún** 성 기묘한 바위가 빼곡하게 솟아 있다.

【怪事】**guàishì** 명 괴이한 일〔현상〕. 불가사의한 일. ¶咄咄~。=전연 뜻밖의 일이다. 아주 괴상한 일이다.

【怪兽】**guàishòu** 명 1 괴수. [신화·전설에 나오는 괴상한 동물] 2 괴수. [괴상하게 생긴 야수]

【怪胎】**guàitāi** 명 1 기형 태아. 2 명 (의식적으로 조성한) 기이하고 추악한 사물. 괴물.

【怪头怪脑】**guàitóu-guàinǎo** 성 생김새도 이상하고 생각도 독특하다.

【怪味儿】**guàiwèir** 명 1 특별한 맛. 별난 맛. 독특한 맛. ¶~花生=별미의 땅콩. 2 이상한 맛〔냄새〕. 고약한 냄새. ¶酸奶有~了。=요구르트에서 이상한 냄새가 난다.

【怪物】**guàiwu** 명 1 괴물. 2 기이한 물건. 3 비 괴물. [성격이나 행동이 아주 괴팍한 사람]

【怪相】**guàixiàng** 명 1 괴이한 용모〔모습〕. ¶妖魔生着一副~。=요괴가 괴이한 모습을 하고 있다. 2 (고의로 지은) 익살스런 표정. ¶他做了个~把老师、同学都逗笑了。=그가 익살스런 표정을 지어 선생님과 학우들을 모두 웃겼다.

【怪笑】**guàixiào** 명 비웃다. 조소하다. ¶你对此~, 想必有高见。=당신이 이것을 비웃는 걸 보니, 틀림없이 고견을 갖고 계시겠군요. 명 기묘한 웃음. 괴상한 웃음소리. ¶山腰上传来一声~。=산허리에서 괴상한 웃음소리가 전해 온다.

【怪讶】**guàiyà** 통 놀라다. 매우 기괴하다. 의아하다. ¶他的这番言论令众人十分~。=그의 이번 말은 대중들을 깜짝〔매우〕 놀라게 했다.

【怪样儿】**guàiyàngr** 명 1 괴이한 모습. 이상한 모양. 우스꽝스러운 태도. 불가사의 모양.

【怪异】**guàiyì** 형 괴이하다. 기이하다. 별나다. 보통이 아니다. 우스꽝스럽다. ¶~的举动=괴이한 행동. 명 괴이〔기이〕한 현상. ¶~丛生=기괴한 현상이 속출하다.

【怪怨】**guàiyuàn** 통 비난하다. 불평하다. 원망하다. ¶人应该多作自我反省, 不要总是~别人。=사람은 마땅히 자기 반성을 자주 해야지, 늘 다른 사람을 원망해서는 안 된다.

【怪哉】**guàizāi** 감탄 정말 이상하구나. 귀신이 곡할 노릇이다. ¶~, 我的手机怎么不翼而飞了。=귀신이 곡할 노릇이군, 내 휴대폰이 온데간데 없다.

【怪罪】**guàizuì** 통 책망하다. 원망하다. 탓하다. ¶事情没办好是我的责任, 不能~别人。=일을 제대로 못한 것은 내 책임이지 다른 사람을 책망할 수는 없다.

# guan

\*关[關] **guān** 닫을 관

통 1 (문) 관통하다. 꿰뚫다. 2 닫다. 덮다. ¶把窗户~上。=창문을 닫는다. 3 끄다. ¶下班时~机。=퇴근할 때는 전원을 끄세요. / 睡觉前注意~灯。=취침 전에 불 끄는 것을 주의해라. 4 (기업 등이) 문을 닫다. 도산하다. 폐업하다. ¶由于经营不善, 那家铺子去年就~了。=경영을 잘못하여 그 점포는 작년에 문을 닫았다. 5 가두다. 감금하다. ¶把罪犯~进了监狱。=범인을 감옥에 가두었다. 6 관계가 있다. 관련되다. 파급되다. 영향을 미치다. ¶无~紧要=중요하지 않다. 대수롭지 않다. / 息息相~=서로 관계가 아주 밀접하다. 7 (임금을) 주다〔받다〕. ¶明天单位~工资。=내일 회사에서 임금을 지급한다. 명 1 빗장. ¶斩~落锁=빗장을 벗기고 자물쇠를 끊다. 2 관문. ¶一夫当~, 万夫莫开。=한 사람이 관문을 지키면 만 사람이 달려들어도 열지 못한다. 3 산하이관(山海关). ¶闯~东=관등(关东)으로 뛰어들다. 4 성 밖 부근. ¶城~=성문 부근. / 南~=남문 부근. 5 세관. ¶海~=세관. 6 명 관문. 고비. ¶难~=난관. 어려운 고비. 7 명 (중요한) 전환점. 난관. ¶技术攻~=기술상의 난관을 돌파하다. 8 전환 작용을 하는 부분. ¶洞内装有机~。=동굴 안에 기관을 설치하다. / 节痛=관절통. 9 관계. 관련. ¶有~人员=관계자. / 彼此无~=서로 관련이 없다. 10 (醫) 관맥(關脈). ¶寸、尺=촌(寸口)·관맥·척중(尺中). 11 (Guān) 성(姓). ≒闭 合 圈 ↔开 放 启 张

◐━ 报关、边关、插chā关儿、城chéng关、过关、交关、开关、双shuāng关、无关、相关、雄xióng关、牙关

【关爱】**guān'ài** 통 관심을 갖고 돌보다. 사랑으로 돌보다. 귀여워하다. ¶孩子们在父母的~下快乐地成长。=아이들은 부모의 사랑 속에서 즐겁게 성장한다.

【关隘】**guān'ài** 명(문) 요새(지). 요충지. ¶把守~=요새를 지키다.

【关碍】**guān'ài** 통 지장을 주다. 방해하다. 저해하다. ¶此事对我们的计划并无~。=이 일은 우리의 계획에는 전혀 지장이 없다.

【关闭】**guānbì** 통 1 닫다. ¶~房门=방문을 닫다. 2 (기업 등이) 문을 닫다. 도산하다. 파산하다. ¶这家餐厅因卫生检查不合格被勒令~。=이 식당은 위생 검사 불합격으로 인해 폐쇄 처분을 받게 되었다. ≒倒闭 ↔敞开 开放 启动

【关帝庙】**Guāndìmiào** 명 관왕묘(關王廟). [관우(關羽)를 모시는 사당]

【关东】**Guāndōng** 명 1 관동. [산하이관(山海关)의 동쪽 지역] 2 동북(東北)의 각 성(省).

【关东糖】guāndōngtáng 图 관둥(关东)엿. [맥아와 쌀로 만든, 동북 삼성(東北三省)에서 생산되는 엿]

【关防】guānfáng 图 1 ⟨军⟩ 주둔군이 있는 요새. ¶~要地=요충지. 2 기밀 누설 방지 조치. ¶~严密=기밀 누설 방지 조치가 빈틈이 없다. 3 ⟨旧⟩ 관인. 관청 또는 군대에서 사용하던 인신(印信). [장방형 모양으로 생긴 공문서 위조 방지를 위한 도장]

【关公】Guāngōng 图 관공(關公). [삼국(三國) 시대 촉한(蜀漢)의 대장군인 관우(關羽)에 대한 존칭]

【关顾】guāngù 图 관심을 가지고 돌보다. 관심을 쏟다. ¶大家的~让她十分感动.=여러분들의 관심이 그녀를 아주 감동케 하였다.

【关乎】guānhū 图 …에 관계되다. …에 관련되다. ¶这是~公司发展的大事.=이것은 회사 발전에 관련된 대사이다.

【关怀】guānhuái 图 (주로 윗사람이 아랫사람에게) 관심을 가지고 보살피다. 배려하다. ¶老师的亲切~让他备感温暖.=선생님의 친절한 보살핌은 그로 하여금 충분히 포근함을 느끼게 하였다. ≒关心

【关机】guānjī 图 1 전원을 끄다. 2 상영이 끝나다. 3 핸드폰을 끄다.

【关键】guānjiàn 图 1 빗장, 또는 빗장의 역할과 같은 것. 2 ⟨喩⟩ 관건. 열쇠. 키포인트. ¶能否学习好,方法是~.=공부를 잘 할 수 있느냐 없느냐의 여부는 (학습) 방법이 관건이다. 图 결정적인 작용을 하는. 매우 중요한. ¶~问题=관건. 결정적인 문제.

【关键词】guānjiàncí 图 키워드(key word). 핵심 단어.

【关节】guānjié 图 1 ⟨生⟩ 관절. ¶膝~=무릎 관절. 2 결정적인 역할을 하는 마디. 중요한 부분. ¶找出问题的~所在.=문제의 핵심 부분을 찾아 내다. 3 뒷거래. 청탁. 내통. [연줄을 대거나 공무원과 내통하는 일] ¶打通~=연줄을 대다.

【关节炎】guānjiéyán 图 ⟨医⟩ 관절염. 류머티즘성 관절염.

【关津】guānjīn 图 ⟨文⟩ 1 고개와 나루. 2 (고개나 나루터에 설치된) 검문소.

【关紧】guānjǐn 图 ⟨方⟩ 중요하다.

【关口】guānkǒu 图 1 (왕래할 때 반드시 거치는) 요로(要路). 중요한 길목. ¶把守~=중요한 길목을 지키다. 2 결정적인 역할을 하는 마디. ¶危急~=위급한 고비.

【关里】Guānlǐ ☞ 【关内】Guānnèi

【关连】guānlián ☞ 【关联】guānlián

【关联】[关连] guānlián 图 관련(연관)되다. 관계되다. ¶密切~=밀접하게 관련되다.

【关联词】guānliáncí 图 ⟨言⟩ 연결어. ['因为… 所以…' (왜냐 하면… 그래서…), '总而言之(총괄적으로 말하자면)' 등이 있음] ≒【关联词语】guānlián cíyǔ

【关联词语】guānlián cíyǔ ☞ 【关联词】guānliáncí

【关门】guān‖mén 图 1 문을 닫다. ¶随手~=드나드는 김에 문을 닫다. 2 ⟨转⟩ 문을 닫다. 영업을 마치다. 휴업하다. 조업을 중지하다. 도산하다. 폐업하다. ¶商场晚上十点才~.=가게는 저녁 10시가 되어야 문을 닫는다. 3 ⟨喩⟩ 남의 의견)을 받아들이지 않다. 폐쇄적이다. 외부와 두절하다. ¶~办报是不可能办好的.=폐쇄적으로 신문을 발행하면 성공할 수 없다. 4 ⟨喩⟩ 상의할 여지가 없다. ¶对方还没~,还有回旋的余地.=상대방이 상의할 여지를 남겨 두었으므로 아직 돌이킬 수 있는 여지가 있다. 图 ⟨喩⟩ 최후의. 마지막의. ¶~之作=최후의 작품. ≒歇业

【关门】guānmén 图 관문.

【关门打狗】guānmén-dǎgǒu 图 1 문을 닫고 개를 때리다. 2 ⟨喩⟩ 적을 포위권에 몰아넣고 쳐부수다[섬멸하다]. 빠져 나가지 못하게 하고 족치다.

【关门大吉】guānmén-dàjí 图 (상점·공장·기업 등이) 문을 닫다. 도산하다. 휴업하다. [민간 속어인 '开门大吉(개업을 축하하는 말)'을 모방하여 쓴 야유·조롱투의 말]

【关门弟子】guānmén dìzǐ 图 마지막 제자.

【关门主义】guānménzhǔyì 图 폐쇄주의. 배타주의(排他主義).

【关内】Guānnèi 图 관내. 산하이관(山海关) 서쪽과 쟈위관(嘉峪关) 동쪽 일대. ≒【关里】Guānlǐ↔关外

【关卡】guānqiǎ 图 1 세관. 초소. 검문소. 관문. 톨게이트. 2 ⟨喩⟩ 난관. ¶通过很多道~才把这事办成.=여러 난관을 거치고 나서야 겨우 이 일을 해냈다.

【关切】guānqiè 图 많은 관심을 갖다. 배려하다. ¶人们很~这些残疾儿童的未来.=사람들은 이러한 장애 아동들의 미래에 대해 매우 관심을 가진다. 图 정이 두텁다. 친절하다. ¶她待人~、和善.=그녀는 친절하고 사근사근하게 사람을 대한다. ≒关注

【关塞】guānsài 图 변경의 관문과 요새. ¶镇守~=변경의 요새를 군대를 주둔시켜 수비하다.

【关山】guānshān 图 관새(關塞)와 산악(山岳). ¶~阻隔=관새(關塞)와 산악(山岳)에 의해 가로막히다.

【关山迢递】guānshān-tiáodì 图 갈 길이 아득히 멀다.

【关上】guānshàng 图 ⟨医⟩ 관맥(關脈). [맥을 짚을 때, 검지·중지·약지 세 손가락을 손목에 대는데, 그 중의 두 번째 손가락, 즉 중지에 해당하는 손부위]

【关涉】guānshè 图 관계되다. 관련되다. ¶这事和他毫无~.=이 일은 그와는 전혀 관계가 없다.

【关书】guānshū 图 (교사·막료 등을) 초빙하는 계약서.

【关税】guānshuì 图 관세.

【关税壁垒】guānshuì bìlěi 图 관세 장벽.

【关说】guānshuō 图 알선하다. 청탁하다. 남을 대신해 말하다.

【关天】guāntiān 형비 몹시 중요하다. ¶人命~=사람의 목숨과 관련된 일이다. 사람의 목숨이 달린 중대한 일이다.

【关停并转】guān-tíng-bìng-zhuǎn 동 (결손이 난 국영 기업을 상황에 따라) 폐쇄·중지·합병·전환하다.

【关头】guāntóu 명 결정적인 시기. 중요한 시기. 전환점. 고비. ¶紧急~=긴급한 시기.

【关外】Guānwài 명 1 산하이관(山海关) 동쪽 혹은 자위관(嘉峪关) 서쪽 일대. 2 관둥(關東). ↔关内

【关系】guān·xì 명 1 (사람과 사람 또는 사물 사이의) 관계. 연줄. ¶同事~=동료 관계. / 拉~, 走后门。=관계를 이용하여 뒷문으로 들어가다. 연줄로 낙하산 타다. 2 (사물 사이의) 관계. ¶要正确处理经济发展与国防建设之间的~。=경제 발전과 국방 건설 간의 관계를 정확하게 처리하여야 한다. 3 (서로 관련된 것 사이의) 영향. 중요성. [ '没有(없다)·有(있다)' 와 이어 씀] ¶你去不去都没~。=네가 가든 안 가든 상관 없다. / 这事对你很有~。=이 일은 너에게는 아주 중요하다. 4 (원인·이유·조건 등을 나타내는) 관계. [주로 '由于(…로 인하여)·因为(왜냐 하면)' 등과 이어 씀] ¶由于时间的~, 我们没有详细交谈。=시간 관계로 인하여 우리는 자세한 이야기를 나누지 못했다. 5 (어떤 조직·단체에 대한) 관계 서류. ¶团的~要及时转来。=연맹의 관계 서류는 제때에 돌아와야 한다. 6 (남녀 사이의 성에) 관계. ¶两人发生了不正当~。=두 사람 사이에 부적절한 관계가 있었다. 동 관계하다. 관련되다. [주로 '到(dào)' 와 이어 씀] ¶此事~到全体员工的利益。=이 일은 전체 직원의 이익과 관련된다.

【关系户】guān·xihù 명 연줄〔인맥〕이 닿는 기관 또는 관계자.

【关系网】guān·xiwǎng 명 연줄망. 연고주의적 관계망. 인간 관계망(關係網). 인맥.

【关系学】guān·xixué 명 관계학. [청탁·내통·뒷거래 등의 수단을 풍자적으로 일컫는 말]

【关厢】guānxiāng 명 (옛날의) 성 밖의 큰 거리와 그 일대.

【关饷】guān‖xiǎng 동 1 옛 (군경(軍警)에게) 봉급을〔급료를〕 지급하다〔주다〕. 2 급료를〔봉급을〕 지급하다〔주다〕.

【关心】guān‖xīn 동 (사람 또는 사물에 대해) 관심을 갖다. 관심을 기울이다. ¶~孩子的身心健康。=아이의 심신 건강에 대해 관심을 기울이다. ≒关怀

关心(guān‖xīn) / 关怀(guānhuái)
관심을 갖다
关心 : 사람과 사물이 모두 대상이 될 수 있음. ¶希望大家都关心, 支持这一事业的发展。=모두들 이 사업의 발전에 관심을 갖고 지지해 주시기 바랍니다. / 希望你们能够喜欢我, 关心我, 帮助我。=여러분이 나를 예뻐해 주고 관

심을 가져 주고 도와 주기 바랍니다.
关怀 : 주로 사람이 대상이 되며, 윗사람이 아랫사람에게 보이는 관심을 말함. ¶老舍先生对他的关怀给我留下挺深印象。=라오서 선생의 그에 대한 배려는 내게 아주 깊은 인상을 남겼다. / 党组织的关怀进一步激发了职工为公司作贡献的积极性。=당 조직의 배려는 직원들이 회사에 기여하려는 적극성을 한층 더 불러일으켰다.

【关押】guānyā 동 감옥에 가두다. 수감(收監)하다. ≒看押

【关于】guānyú 개 1 …에 관해서〔관하여〕. [어떤 행위의 관계자를 이끌어들여 개사 구조를 이루어 부사어로 쓰임] ¶~人选问题, 目前还没最后确定。=인선 문제에 관해서는 아직까지 최종 확정을 하지 않았다. 2 …에 관한. [어떤 행위의 관계자를 이끌어들여 개사 구조를 이루어 부사어를 만들거나(뒤에 '的' 를 더함) '是…的(…인 것이다)' 구문에서 술어로 쓰임] ¶这是一本~自然科学的书。=이것은 자연 과학에 관한 책이다.

【关羽】Guān Yǔ 명 역 관우. [삼국 시대에 촉한(蜀漢)의 명장으로 후세에 '關公(관공)' 으로 존칭됨]

【关张】guān‖zhāng 동 1 (상점이) 도산하다. 폐업하다. 문을 닫다. 2 (상점이) 영업을 마치다. ↔开张

【关照】guānzhào 동 1 돌보다. 보살피다. 배려하다. ¶单位的领导和同事对她都很~。=회사의 임원과 동료들이 그녀를 잘 배려해 준다. 2 통지(通知)하다. 알리다. 말하다. ¶你~小王一声, 让他下午在办公室等我。=네가 샤오왕에게 통보해서 오후에 사무실에서 나를 기다리라고 해라. 3 협력하다. 호응하다. ¶彼此~=서로 협력하다. ≒照顾

【关中】Guānzhōng 명 (지) 관중. [고대 지명으로 지금의 산시(陝西)성에 해당함] 2 관중. [지금은 산시(陝西)성 웨이허(渭河) 평원 일대를 가리킴]

【关注】guānzhù 동 주시하다. 관심을 가지〔고 중시하〕다. 배려하다. ¶此事引起了社会各界的~。=이 일은 사회 각계의 관심을 불러일으켰다. ≒关切

【关子】guān·zi 명 1 (소설이나 연극 따위의) 절정. 클라이맥스(climax). 최고조. [주로 '卖' 와 이어 씀] ¶你快说那事的结果吧, 别卖~了。=그 일의 결과를 빨리 말해 봐, 애태우지 말고. 2 비 일의 관건. 중요한 대목.

**观[觀] guān 볼 관**

동 보다. 살피다. 구경하다. ¶坐井~天=우물에 앉아 하늘을 보다. 견문이 좁다. / 走马~花=말 타고 가면서 꽃구경하다. 자세히 살피지 아니하고 대충대충 보고 지나가다. 명 1 경치. 풍경. 풍광. ¶绝世奇~=절세의 기관〔기이한 광경〕. / 大有改~=면모가 크게 달라졌다. 2

(사물에 대한) 인식. 견해. 관점. ¶悲~=비관적이다. / 人生~=인생관. **3**(**Guān**) 성(姓). ≒视 望 看
☞ guàn

○● 鼻观, 参观, 达观, 大观, 概观, 宏hóng观, 旧观, 可观, 客观, 美观, 通观, 微wēi观, 雅yǎ观, 直观, 主观, 综zōng观, 纵zòng观

【观测】guāncè 动 **1**(천문·지리·기상·방향 등을) 관측하다. ¶~风速=풍속을 관측하다. **2**(정황을) 살피다. 관찰하다. ¶~动向=동향을 살피다.
【观察】guānchá 动 (사물·현상을) 관찰하다. 살피다. ¶~动物的生活习性。=동물의 생활 습성을 관찰하다. ≒察看
【观察家】guānchájiā 名 정치 평론가.
【观察力】guāncháli 名 관찰력.
【观察哨】guāncháshào 名 (军) **1** 감시초(监视哨). 감시 초소. **2** 감시병. =【瞭望哨】liàowàngshào
【观察室】guāncháshì 名 (医) 관찰실. [병을 확실하게 진단하기 위하여 환자를 관찰하도록 설치한 전용 간이 병실]
【观察所】guāncháusuǒ 名 (军) 관측소.
【观察员】guāncháyuán 名 (국제 회의의) 옵서버(observer).
【观场】guānchǎng 动 (재미있는 것을) 구경하다.
【观潮】guāncháo 动 **1** 조수를 구경하다. **2**방관하고 비평하다.
【观潮派】guāncháopài 名 기회주의자. 방관자. 구경꾼.
【观灯】guāndēng 动 (음력 정월 보름날 밤에) 관등(놀이)하다. 등불 구경을 하다.
【观点】guāndiǎn 名 **1** 관점. 견지(見地). 견해. ¶学术~=학술적 관점. **2** 정치적 관점. ¶~正确, 立场鲜明。=정치적 관점이 정확하게, 입장은 명확하게 하다.
【观风】guān‖fēng 动 **1**〈□〉 풍속을 자세히 살펴보다. 관풍찰속(觀風察俗)하다. ¶~问俗=관풍찰속하다. **2**동정을 살피다. 기회를 엿보다. 망을 보다. ¶两个人在门外~。=두 사람을 보내 문 밖에서 망을 보게 하였다.
【观感】guāngǎn 名 감상. 소감. 보고 느낀 점. ¶大家坐在一起畅谈访欧~。=모두들 한자리에 모여 앉아 유럽 방문 소감을 마음껏 이야기하다.
【观光】guānguāng 动 관광하다. 참관하다. 견학하다. ¶每年都有很多中外游客到峨眉山~。=매년 많은 국내외 여행객이 어메이산(峨眉山)을 관광하고 있다.
【观光客】guānguāngkè 名 관광객.
【观光农业】guānguāng nóngyè ☞【旅游农业】lǚyóu nóngyè
【观后感】guānhòugǎn 名 **1** 감상. **2** 감상문.

| | |
|---|---|
| 莋 | guàn |
| 观 | guàn |
| 罐 | guàn |
| 灌 | guàn |
| 鹳 | guàn |
| 欢 | huān |
| 獾 | huān |
| 权 | quán |
| 劝 | quàn |
| 颧 | quán |

관람기.
【观看】guānkàn 动 보다. 참관하다. 관람하다. ¶~文艺表演=문예 공연을 관람하다.
【观览】guānlǎn 动 관람하다. 구경하다. ¶~名胜古迹=명승고적을 구경하다.
【观礼】guān‖lǐ 动 (초청되어) 의식을 참관하다. 의식에 참석하다. ¶国庆~=건국 기념일 경축 행사에 참석하다.
【观礼台】guānlǐtái 名 관람대.
【观摩】guānmó 动 (주로 같은 업종의 사람들이 서로의 장점이나 경험을 교류하고 배울 목적으로) 보다. 참관하다. 구경하다. 견학하다. ¶~教学=연구 수업(을 하다).
【观念】guānniàn 名 **1** 관념. 생각. ¶参观后, 我们对这些乡镇企业有了全新的~。=참관 후 우리는 중소 기업들에 대하여 완전히 새로운 생각이 들었다. **2** 사고 방식. 의식. 사상. 관념. ¶~陈旧=의식이 케케묵다.
【观念形态】guānniàn xíngtài ☞【意识形态】yìshí xíngtài
【观色】guānsè 动 색깔을 보다. 안색을 살피다. ¶察言~=사람의 말투와 안색을 살펴 심중을 헤아리다.
【观赏】guānshǎng 动 감상하다. 관상하다. 보고 즐기다. ¶~名家画作=유명 화가의 작품을 감상하다. ≒观瞻
【观赏鱼】guānshǎngyú 名 관상어. 관상용 물고기.
【观赏植物】guānshǎng zhíwù 名 관상 식물.
【观世音】Guānshìyīn 名外 (佛) 관세음(보살). =【观自在】Guānzìzài 【观音大士】Guānyīn dàshì 约【观音】Guānyīn 梵 Avalokiteśvara
【观望】guānwàng 动 **1** 둘러보다. 살펴보다. 바라보다. ¶四下~=사방을 살펴보다. **2**(걱정하는 마음으로) 사태의 추이를 살피다. 관망하다. ¶他还在迟疑~, 没有作出决定。=그는 아직도 망설이고 관망하면서 결정을 짓지 못하고 있다. ≒张望
【观象台】guānxiàngtái 名 (天) 관상대. 기상대. 관측소. 측후소. 천문대. [고대의 천문(天文)·기상(氣象)·지자기(地磁氣)·지진(地震) 등을 관측하는 기구]
【观音】Guānyīn ☞【观世音】Guānshìyīn
【观音大士】Guānyīn dàshì ☞【观世音】Guānshìyīn
【观音粉】Guānyīnfěn ☞【观音土】guānyīntǔ
【观音柳】Guānyīnliǔ ☞【柽柳】chēngliǔ
【观音菩萨】Guānyīn púsà 名 (佛) 관세음(보살). 관음보살.
【观音市】Guānyīnshì ☞【三月街】sānyuèjiē
【观音土】guānyīntǔ 名 관음토. [기근이 들었을 때 굶주림을 이기기 위해 먹었던 백색 점토. 이 흙을 먹으면 배가 팽창하여 죽음] =【观音粉】guānyīnfěn
【观瞻】guānzhān 动 바라보다. 관찰하다. 구경

하다. 감상하다. 참관하다. 보고 즐기다. ¶~山川美景＝산천의 아름다운 경치를 구경하다. 图 구경(거리). 눈요기. 경치. 겉모습. 외관. ¶有碍~＝미관을 해친다. 늑观赏

【观战】 guānzhàn 图 1 관전(觀戰)하다. 전쟁을〔전투를〕 직접 살펴보다. 2 관전하다. (경기 등을) 관람하다.

【观照】 guānzhào 图 1 관조하다. 2 자세히 관찰하다. 자세히 살피다. ¶小说对人物心理作了更多的~。＝소설은 인물의 심리에 대하여 더 많은 역점을 두었다.

【观者如堵】 guānzhě-rúdǔ 图 1 구경꾼이 담처럼 에워싸다. 2 刚 구경꾼이 구름처럼 많다.

【观阵】 guānzhèn 图 1 (전장(戰場)의) 진형(陣形)을 살피다. 전투 배치를 살피다. 전황을 살피다. 2 구경하다. 관람하다. ¶这场比赛吸引了数万球迷~。＝이 경기는 수만 명의 축구 팬들을 몰려들게 하였다.

【观止】 guānzhǐ 图图 1 더 이상 볼 필요가 없다. 2 더 이상 좋을 수 없을 만큼 지극히 훌륭하다. 더할 나위 없이 좋다. ¶叹为~＝더할 나위 없이 좋다. 더 이상 좋을 수는 없다.

【观众】 guānzhòng 图 관중. 구경꾼.

【观自在】 Guānzìzài ☞【观世音】 Guānshìyīn

## 纶[綸] guān 두건 관
☞ lún

【纶巾】 guānjīn 图图 관건. [고대에 푸른 실띠로 만든 두건. 제갈공명이 사용하였다 하여 '诸葛巾(zhūgějīn)'이라고도 함] ¶羽扇~＝손에 우선(羽扇)을 들고 머리에 관건을 쓰다. 위풍당당하다.

## *官 guān 관청 관

图 1 국가〔정부〕에 속하는 것. ¶~办企业＝국영〔관영〕기업. / 方消息＝정부측 소식. 2 관료. 장교. ¶文~＝문관. / 军~＝장교. 3 공공의 것. 공용의 것. 공유의 것. ¶~道＝공도(公道). / 成都~话＝청두 관화〔만다린〕. 4 (신체의) 기관. ¶感~＝감관. / 五~＝오관. 5 (Guān) 성(姓). 늑僚 府 ↔民

○ 官 guān
管 guǎn
馆 guǎn
棺 guān
涫 guàn
倌 guān
逭 huàn
绾 wǎn
菅 jiān

○● 罢bà官. 达dá官. 法官. 副官. 宦huàn官. 将官. 教官. 考官. 判官. 器官. 清官. 冗rǒng官. 上官. 史官. 尉wèi官. 校官. 赃zāng官. 职官. 做官

【官办】 guānbàn 彫 국영의. 관영의. 공립의. ¶~学校＝공〔국〕립 학교.

【官报】 guānbào 图 관보.

【官报私仇】 guānbào-sīchóu ☞【公报私仇】 gōngbào-sīchóu

【官本位】 guānběnwèi 图 관본위. 〔관직〔직위〕의 고저나 권력의 대소를 판단의 기준으로 삼는 가치관〕

【官逼民反】 guānbī-mínfǎn 图 관리가 백성을 착취함으로써 백성이 궁지에 몰려 반란을 일으키게 만들다. 관리의 횡포가 심하여 백성이 반항하게 되다.

【官兵】 guānbīng 图 1 장교와 사병. 2 및 관병. 관군. 정부군.

【官差】 guānchāi 图 1 관청〔정부〕의 공무. ¶出~＝공무로 출장을 가다. 2 및 관아의 하급 관리. 관아의 심부름꾼.

【官场】 guānchǎng 图 관장. 관계(官界). 관료 사회. ¶《~现形记》＝《관장현형기》

【官倒】 guāndǎo 图 국가 기관이나 공무원이 직권을 이용하여 불법 전매를 하다. ¶严禁~＝국가 기관이나 공무원의 직권을 이용한 불법 전매 활동을 엄금하다. 图 직권을 이용하여 불법 전매 활동을 하는 국가 기관 또는 공무원.

【官邸】 guāndǐ 图 관저. 공관. 공저(公邸). ¶大使~＝대사 관저. ↔私邸

【官方】 guānfāng 图 정부 당국. 정부측. ¶~人士＝정부 인사.

【官费】 guānfèi 图및 관비. 국비. 공비(公費). ¶~留学＝관비〔국비〕 유학.

【官风】 guānfēng 图 1 관료적 기풍. ¶~不正, 则民风不正. ＝관료적 기풍이 바로 서지 않으면 사회 분위기도 바르지 않게 된다. 2 관료주의적 풍조. ¶~~盛行, 百害而无一益. ＝관료주의적 풍조가 성행하게 되면 하나 이로울 게 없다.

【官府】 guānfǔ 图및 1 관청. 관아. 2 지방 행정 기관. 지방 (행정) 관청. 3 관리. 관원.

【官复原职】 guānfùyuánzhí 图 면직된 관리가 복직되다.

【官官相护】 guānguān-xiānghù 图 관리들끼리 서로 비호하다. 관리들끼리 서로 눈감아 주다. ＝【官官相卫】 guānguān-xiāngwèi

【官官相卫】 guānguān-xiāngwèi ☞【官官相护】 guānguān-xiānghù

【官话】 guānhuà 图 1 (言) 관화. 〔원명청(元明清)대 이래 베이징 방언을 대표로 하는 북방어의 통칭. 관청에서 공용어로 쓰기 때문에 명명됨〕 2 《言》 '普通话(표준어)'의 옛 명칭. 3 관료적인 말투. 원칙적인 말. ¶你别跟我满口~, 事情到底怎么解决？＝당신 나한테 원칙적인 말만 하지 마시오, 도대체 일을 어떻게 해결할 겁니까?

【官宦】 guānhuàn 图 관료. 관리. 관인. ¶~子弟＝관료〔관리〕의 자제.

【官级】 guānjí 图 관리의 등급 또는 직급. 관계(官階).

【官家】 guānjiā 图및 1 관청. 관아. 관가. 관부. 조정. 2 관리. 3 황제에 대한 호칭.

【官价】 guānjià 图 공정가(격). ¶本店商品一律~出售. ＝본 가게의 상품은 일률적으로 공정가로 판매한다.

【官架子】 guānjià·zi 图图 관료의 티. 관료주의적인 태도. ¶别看他官儿不大, ~可不小. ＝그 사람 직위는 높지 않지만 관료티를 내는 건 아주 다분해.

【官阶】guānjiē 명 관계. 관리의 등급.
【官爵】guānjué 명 관작. 관직과 작위.
【官老爷】guānlǎo·ye 명 관리나리. 고관나리. [풍자의 의미를 내포함]
【官吏】guānlì 명(옛) 관리. 관료.
【官僚】guānliáo 명 1 관료. 관리. 관원. ¶封建~=봉건 관료. 2 관료주의적 태도. ¶耍~=관료주의적 작태를 부리다.
【官僚主义】guānliáozhǔyì 명 관료주의.
【官僚资本】guānliáo zīběn 명 관료 자본.
【官僚资本主义】guānliáo zīběnzhǔyì 명 관료 자본주의.
【官僚资产阶级】guānliáo zīchǎn jiējí 명 관료 자산 계급.
【官了】guānliǎo 동 (분쟁을) 공적[법적]으로 해결하다. ¶你不愿~咱们就私了.=당신이 공적으로 처리하기 싫다면 우리 사적으로 해결합시다. 公了↔~私了
【官迷】guānmí 명(옛) 관직[벼슬]에 눈이 먼 사람. 관료가 되고 싶어 안달하는 사람. 관직 제일주의자. [폄하하는 뜻을 내포함]
【官名】guānmíng 명 1 관직명. 2 옛 (아명 이외의) 정식 이름. ['小名(아명)·乳名(유명)'과 구별됨]
【官能】guānnéng 명(生) 기관의 생리 기능.
【官能症】guānnéngzhèng 명(醫) (생물체) 기관의 생리 기능 장애. ¶神经~=신경 기능 장애.
【官派】guānpài 명 관료주의. 관료티. 관료풍. 관료 근성. 관료 냄새. ¶他官儿没当几天, ~倒挺足.=그는 높은 자리에 오른 지 며칠 되지도 않았는데 꽤 관료티를 낸다.
【官气】guānqì 명 관료주의. 관료티. 관료풍. 관료 근성. 관료 냄새. ¶~十足=관료 냄새가 가득하다.
【官腔】guānqiāng 명 1 관료적인 말투. 사무적인 말투. 2 관료주의. 정책이나 제도 등 거창한 이유로 발뺌하거나 나무라는 말투. ¶打~=관료적인 말투를 쓰다.
【官人】guānrén 명 1(옛) 관리. 벼슬아치. 2 송(宋)대의 일반 남자에 대한 존칭. 3 서방님. [아내가 남편을 부르는 말로, 조기 백화문에 보임]
【官商】guānshāng 명 1 관영 상업. 국영 상업. 공영 상업. 2(옛) 관영 상인. 국영 상인. 공영 상인. 3 관료주의적 색채가 강한 상업 단체나 상인. 4 정부와 기업인(상인).
【官绅】guānshēn 명(옛) 관료와 토호[지방 세력가]. 지역 유지.
【官事】guānshì 명(옛) (정부나 정부 기관의) 공적인 일.
【官署】guānshǔ 명(옛) 관청. 관아.
【官司】guān·si 명 1 소송. 송사. ¶打~=소송을 걸다. 2(비) 쟁론. 논쟁. 논전. ¶笔墨~=필전(筆战).
【官厅】guāntīng 명(옛) 관청. 관아.
【官位】guānwèi 명 관직. 관리의 직위.
【官衔】guānxián(~儿) 명 관함. 관리의 직함(職銜). 관직명.

【官修】guānxiū 형 정부 기관에서 주관하여 편찬함. ¶~史书=정부 기관에서 주관하여 편찬한 역사서.
【官学】guānxué 명(옛) 관학. ['私学(사학)'과 구별됨]
【官样文章】guānyàng wénzhāng 명 1 격식이 정해진 공문. 2(비) 형식적인 행사·활동·말.
【官窑】guānyáo 명 1 관요. [궁정에서 쓸 도자기를 굽는, 관아에서 운영하던 도요] 2 (특히) 송(宋)대와 명청(明清)대의 관요.(官窯)
【官瘾】guānyǐn 명 벼슬에 대한 욕망. 벼슬을 하고 싶어 안달하는 병. ¶过~=벼슬에 대한 욕망이 지나치다.
【官员】guānyuán 명 관원. 관리. [주로 외교관을 가리킴] ¶来访~=내방한 (외교) 관원.
【官运】guānyùn 명 관운. 관복. 관리의 (승진)운. ¶~不佳=관운이 좋지 않다.
【官运亨通】guānyùn-hēngtōng 성(비) 관운이 형통하다.
【官长】guānzhǎng 명 1(옛) (행정 기관의) 주임 관원이나 주임 장교. 2 관리.
【官职】guānzhí 명 관직. 관원의 직위.
【官佐】guānzuǒ 명(옛) 군관. 장교.

☆**冠** guān 갓 관
명 1 관. 갓. 모자. ¶衣~楚楚=옷매무새가 단정하고 맵시가 있다. / 张~李戴=장씨의 갓을 이씨가 쓰다. 이름과 실상이 일치하지 못하다. 갑을 을로 알다. 대상을 잘못 알다. 2 갓(처럼) 생긴 것. ¶花~=화관. / 鸡~=닭의 볏. ⇨冕 弁 帽
☞ guàn

○● 凤fèng冠, 根冠, 桂guì冠, 极jí冠, 林冠, 肉冠, 树冠, 王冠, 羽yǔ冠, 衣冠冢zhǒng

【冠带】guāndài 명(문) 1 갓과 허리띠. 2 옛 관리들의 제복. 3 관리. 관료. 벼슬아치. ¶~如云=관리가 구름처럼 많다.
【冠盖】guāngài 명 1 고대 관리의 관복(冠服)과 수레 덮개. 2 관리. 고관. ¶~云集=관리들이 구름처럼 모여들다.
【冠冕】guānmiǎn 명 고대 제왕이나 관원이 쓰던 모자. 형(문) 허울 좋다. 그럴싸하다. 겉모양이 번지르르하다. ¶别说些~话, 做点真正有帮助的事儿.=늘 겉만 번지르르한 말만 하지 말고 실제적으로 도움이 되는 일을 좀 해라.
【冠冕堂皇】guānmiǎn-tánghuáng 성 겉모양이 번지르르하다. 허울 좋다. 그럴듯하다. 근사하다. ⇨堂而皇之
【冠心病】guānxīnbìng 명(약)(醫) 관상동맥경화성 심장병(관상 동맥 죽상 경화성 심장병).
【冠状病毒】guānzhuàng bìngdú 명(醫) 코로나 바이러스(coronavirus).
【冠状动脉】guānzhuàng dòngmài 명(生) 관상 동맥. 심장 동맥.
【冠子】guān·zi 명 볏. 관모(冠毛). 우관(羽冠). 도가머리. ¶鸡~=닭의 볏. / 孔雀~=공작새

의 관모(冠毛).

## 矜 guān 홀아비 환

[형][문] '鰥(guān)'과 같음. [명][문] '瘝(guān)'과 같음.
☞ jīn, qín

## 莞 guān 골풀 완

[명] 1 (植) 골풀. 2 (Guān) 성(姓).
☞ guǎn, wǎn

## 倌 guān 종업원 관

[명] (~儿) 1 (옛) (주점·식당 등의) 심부름꾼. 종업원. 사환. ¶堂~儿=주점[식당]에서 일하는 심부름꾼. 2 농촌의 가축 전문 사육자. ¶猪~儿=돼지 치는 사람. / 羊~儿=양치기. 목동.

◐● 羊 yáng 倌

## *棺 guān 관 관

[명] 관. 널. ¶盖~论定=한 사람의 공과(功過)는 본인이 죽은 후에 결정된다.
【棺材】 guān·cai [명] 관. 널. ≒棺木 棺椁
【棺材瓤子】 guān·cai ráng·zi [명] (노인이나 병약한 사람을 욕하는 말로) 늙다리. 늙정이. 영감쟁이. 영감탱이.
【棺椁】 guānguǒ [명] 1 관과 곽. 2 관. 널. ≒棺材 棺木
【棺柩】 guānjiù [명][문] 관. 널.
【棺木】 guānmù [명] 관. 널. ≒棺材 棺椁

## 瘝 guān 앓을 환

[명][문] 병. 고통. 아픔. ¶恫~在抱=언제나 백성의 고통을 생각하다. 남의 고통을 자기 고통처럼 아파하다.

## 鰥[鳏] guān 홀아비 환

[형] 아내가 없는. 홀아비의. ¶~居独处=홀아비로 지내다. (남자가) 독신으로 지내다.
【鳏夫】 guānfū [명] 홀아비. 독신 남자.
【鳏寡孤独】 guān-guǎ-gū-dú (성) 1 홀아비와 과부와 고아와 무자식의 노인. 2 (비) 경제 능력도 없고 의지할 곳도 없는 사람.
【鳏居】 guānjū [동] (성인 남자가) 독신으로 살다. 홀아비로 살다. ¶老人~多年。=노인은 여러 해를 홀아비로 살았다.

## 莞 guǎn 땅 이름 관

지명에 쓰이는 글자. ¶东~=동관. [광둥(广东)성에 있는 지명]
☞ guān, wǎn

## *馆[館, 舘] guǎn 집 관

[명] 1 손님이나 여행객에게 숙식을 제공하는 장소. ¶旅~=여관. 호텔. / 宾~=영빈관. 호텔. 2 호화로운 주택. ¶公~=(상대의 집에 대한 존칭으로) 댁. 3 외교관들이 머무는 곳. ¶大使~=대사관. 4 고대 관청의 명칭. ¶弘文~=홍문관. 5 문물을 소장·진열하거나 문화·체육 활동을 하는 곳. ¶图书~=도서관. / 博物~=박물관. / 体育~=체육관. 6 (옛) 훈장이 글을 가르치던 곳. ¶坐~=서당에서 훈장 노릇을 하다. 7 (~儿) 서비스 업종의 영업장. ¶照相~=사진관. 茶~儿=찻집.

◐● 报馆, 公馆, 会馆, 蒙 méng 馆, 史馆, 书馆

【馆藏】 guǎncáng [동] (도서관·박물관 등이) 수장(收藏)하다. 소장하다. ¶~珍贵文物上万件。=(박물관은) 만여 가지의 진귀한 문물을 소장하고 있다. [명] 도서관·박물관 등이 수장하고 있는 도서나 문물. ¶~丰富=소장하고 있는 도서가 [문물이] 아주 많다.
【馆舍】 guǎnshè [명][문] 관사. 객사. 객관. 여관. 영빈관.
【馆员】 guǎnyuán [명] 1 관원. [도서관·박물관 등에 근무하는 직원] 2 관원(館員). [도서관·박물관 등에서 일하는 전문 기술직 중급 직원의 직무상 칭호]
【馆子】 guǎn·zi [명] 1 음식점. 식당. 요릿집. ¶下~=음식점에 식사하러 가다. 2 (옛) (중국 전통극을 공연하는) 극장. ¶去~看戏=극장에 가서 전통극을 보다.

## 琯 guǎn 옥피리 관

[명] 옥피리. 옥퉁소.

## 輨[辊] guǎn 줏대 관

[명][문] 줏대. 수레바퀴의 쇠테.

## 筦 Guǎn 성씨 관

[명] 성(姓).

## 痯 guǎn 병에 지칠 관

[형][문] 피곤하다. 병들다.

## *管¹[[筦]] guǎn 피리 관

[명] 1 (音) 관. [대로 만든 피리. 오죽관(烏竹管) 한쪽 편을 베어서 두 개를 맞대어 붙이고 다섯 쌍의 구멍을 뚫었는데, 지금은 전해지지 않음] 2 (音) '管乐器(관악기)'의 통칭. ¶黑~=클라리넷. 萨克斯~=색소폰. 3 (원통형의) 관. 호스. ¶钢~=강관. 쇠파이프. / 橡皮~=고무호스. 4 (영) 붓. 모필. ¶搦~=붓을 쥐다. 5 관 모양의 전기 부품. ¶晶体~=트랜지스터(transistor). [양] 원통형의 물건을 세는 단위. ¶一~毛笔=붓한 자루. / 两~长笛=플루트 두 개. [동] 1 관할하다. ¶这个市~四个县。=이 시는 네 개의 현을 관할한다. 2 관리하다. 지키다. ¶谁~图书室?=누가 도서실을 관리하죠? 3 (업무를) 맡다. 담당하다. ¶我~教学, 你~科研。=나는 수업을 맡을 테니 당신은 연구를 맡으세요. 4 지도하다. 통제하다. 돌보다. 단속하다. ¶要~~这个调皮的孩子。=이 장난꾸러기 애를 좀 단속해야 한다. 5 관여하다. 참견하다. ¶多~闲事=쓸

데없는 일에 참견하다. **6** 책임지고 제공하다. ¶会议期间, ~吃~住. = 회의 기간 동안에는 숙식을 제공한다. **7** 보증하다. ¶本店所售商品, 十天之内~换. = 본점에서 판매한 상품은 열흘 내에는 교환해 준다. **8** 〈助〉 관계가 있다. 관련이 되다. ¶他自己不干的, ~我什么事? = 그 사람이 스스로 그만둔 것인데, 나랑 무슨 상관이야? 〈接〉〈助〉 …을〔를〕 막론하고. ¶别~是谁, 一律按规定办. = 누구를 막론하고 일률적으로 규정에 따라 처리한다.

**管**² **guǎn** 어조사 관

〈介〉 **1** …을〔를〕 (…라고 부르다). ['把(bǎ)'에 해당하며, 반드시 '管… 叫…'의 형식을 이루어 사람이나 사물을 지칭함] ¶大家都~他叫小可爱. = 모두들 그를 '小可爱(귀염둥이)'라고 부른다. **2** 〈助〉 행위의 대상을 앞으로 끌어 내는 역할을 하며, '向(xiàng)'의 용법과 비슷함. ¶没钱~你妈要. = 돈이 없으면 네 엄마한테 달라고 해라. 〈名〉 (Guǎn) 성(姓).

> 包管, 保管, 别管, 肠cháng管, 吹管, 胆管, 导管, 缸gāng管, 共管, 涵hán管, 黑管, 监jiān管, 接管, 尽管, 经管, 拘jū管, 看kān管, 雷管, 瘘lòu管, 食管, 试管, 陶táo管, 托管, 信管, 袖xiù管, 掌管, 照管, 只管, 主管

【管扳子】**guǎnbān·zi** ☞【管钳子】**guǎnqián·zi**

【管饱】**guǎnbǎo** 〈动〉 배불리 먹을 수 있도록 보증하다. 실컷 먹도록 하다. ¶饭菜好不好无所谓, ~就行. = 밥반찬이 맛이 있건 없건 상관 없고, 배만 부를 수 있으면 된다.

【管保】**guǎnbǎo** 〈动〉 보증하다. 보장하다. 자신하다. ¶你放心, ~让你满意. = 안심하세요, 당신이 만족하게끔 보증하니까.

【管不了】**guǎn·buliǎo** 관여할 수 없다. 참견할 수 없다. ¶这事我~. = 이 일은 내가 관여할 수 없다.

【管不着】**guǎn·buzháo** 〈动〉 관여할〔참견할〕 권리가 없다. ¶别人的事咱们~. = 남의 일은 우리가 관여할 수 없다.

【管不住】**guǎn·buzhù** 〈动〉 통제할 수가 없다. 지도할 수가 없다. ¶这孩子太调皮, 谁都~. = 이 애는 너무 말썽을 피워서 아무도 통제할 수가 없다.

【管材】**guǎncái** 〈名〉 관의 재료. 배관 재료.

【管待】**guǎndài** 〈动〉 관대하다. 접대하다. 대접하다. ¶悉心~ = 정성을 다하여 대접하다.

【管道】**guǎndào** 〈名〉 **1** (기체나 액체를 수송하는) 파이프라인. 수송관로. 도관(導管). **2** 〈喩〉 방도. 경로. 루트. 통로. ¶协商~畅通. = 협상의 통로가 활짝 트여 있다.

【管段】**guǎnduàn** 〈名〉 분담하여 관리하는 구역〔구간〕. 관리 구간〔구역〕. ¶这一~的路面质量在整条高速公路中是最好的. = 이 구간의 노면 품질은 전체 고속 도로 가운데에서 가장 좋다.

【管饭】**guǎnfàn** 〈动〉 식사를 제공하다. 식사 제공을 책임지다. ¶除工资以外还要~. = 임금 이외에 식사를 제공하여야 한다.

【管风琴】**guǎnfēngqín**〈音〉 파이프오르간.

【管够】**guǎngòu** 만족을 보장〔보증〕하다. ¶饭菜~ = 밥과 반찬은 충분하게 보장한다.

【管护】**guǎnhù** 〈动〉 관리하고 보호하다. ¶~果园 = 과수원을 관리하고 보호하다.

【管换】**guǎnhuàn** 〈动〉 책임지고 교환해 주다. 교환을 보증하다. ¶产品有质量问题~. = 제품의 품질에 문제가 있으면 책임지고 교환해 드립니다.

【管家】**guǎn·jiā** 〈名〉 **1** 〈旧〉 집사(執事). **2** (단체를 위해 재무나 일상 생활을 관리하는) 살림꾼. ¶李会计是我们公司的好~. = 회계원 이씨는 우리 회사의 훌륭한 살림꾼이다.

【管家婆】**guǎnjiāpó** 〈名〉 **1** 〈旧〉 부잣집에서 가사를 돌보는 지위가 비교적 높은 여성 하인. **2** 살림꾼. 부엌데기. [가정 주부가 자조적이거나 장난섞인 말투로 자신을 일컫는 말]

【管见】**guǎnjiàn** 〈名〉 **1** 관을 통해 보이는 것. **2** 〈喩〉〈謙〉 좁은 소견. 자신의 미숙한 의견. ¶略陈~ = 좁은 소견을 대강 피력하다.

【管教】**guǎnjiào** 〈动〉 **1** 단속하고 가르치다. 교육시키다. ¶他对子女~很严. = 그는 자녀에 대한 교육이 매우 엄격하다. **2** 통제하여 (일을) 시키고 가르치다. ¶~人员 = 인원을 통제하여 시키고 가르치다. **3** 보증하다. 보장하다. 자신하다. ¶看过以后, ~让你终身难忘. = 보고 나면 당신으로 하여금 죽을 때까지 잊지 못하게 할 것이라고 자신하다.

【管教所】**guǎnjiàosuǒ** 〈名〉 소년원.

【管界】**guǎnjiè** 〈名〉 **1** 관할 구역. 관할 지역. **2** 관할 지역의 경계 지역.

【管井】**guǎnjǐng** 〈名〉 관정. [둥글게 판 우물, 또는 둘레가 대롱 모양으로 된 우물]

【管控】**guǎnkòng** 〈动〉 관리하고 통제하다. ¶严加~ = 엄격하게 관리 통제하다.

【管窥】**guǎnkuī** 〈动〉 대롱을 통해 들여다보다. 〈名〉〈喩〉 좁은 소견. 편협한 의견. ¶~之见 = 좁은 소견.

【管窥蠡测】**guǎnkuī-lícè** 〈成〉 **1** 대롱을 통해서 하늘을 보고 표주박으로 바닷물을 재다〔되다〕. **2** 〈喩〉 시야가 좁고 식견이 얕다.

【管理】**guǎnlǐ** 〈动〉 **1** 보관하고 처리하다. 관리하다. 관할하다. ¶~档案材料 = 문서 자료를 관리하다. **2** (어떤 일을) 맡아서 처리하다. 관리하다. ¶~公司业务 = 회사 업무를 맡아서 처리하다. **3** (사람이나 동물을) 돌보다. 관리하다. ¶~孩子 = 아이를 돌보다.

【管理员】**guǎnlǐyuán** 〈名〉 **1** 관리인. **2** 관리 직원. ¶库房~ = 창고 관리인.

【管路】**guǎnlù** 〈名〉 파이프라인. 수송관로. 도관(導管). ¶铺设~ = 파이프라인을 깔다.

【管片】**guǎnpiàn** 〈名〉 분담 구역. 관할 구역. 할당 책임 구역. ¶这一~的拆迁工作已近尾声. = 이 관할 구역의 철거 작업은 이미 마무리 단계에 이르렀다.

【管卡压】guǎn-qiǎ-yā 명 행정 명령 등 수단에만 의거하여 단속·저지·억제하는 통제 방법.
【管钳子】guǎnqián·zi 명 파이프렌치(pipe wrench). =【管扳子】guǎnbān·zi
【管区】guǎnqū 명 관할 구역. ¶这个~的流动人口最多。=이 관할 구역의 유동 인구가 가장 많다.
【管儿灯】guǎnrdēng 명 '管形萤光灯(형광등)'의 속칭.
【管事】guǎn‖shì 동 관리 업무를 맡다〔담당하다〕. ¶他在厂里任了个闲职, 不~。=그는 공장에서 한가한 일자리에 있기에 결정권이 없다. 형 (~儿) 효과가 있다. 쓸모 있다. 유용하다. ¶父母的话对他很~儿。=부모님의 말씀은 그에게 매우 효과가 있다. 명 옛 (기업이나 부잣집의) 집사. 총관리인.
【管束】guǎnshù 동 통제하다. 단속하다. ¶严加~=엄중히 단속하다.
【管睡】guǎn‖shuì 동 숙소 제공을 보장하다.
【管他】guǎntā 튄 어떻게 되든 말든 간에. 어떻게 되든 상관 없이. 어떻게 하든지 간에. 될 대로 되라. ¶~的, 让他自己去社会上闯。=어떻게 되든지 간에 그가 스스로 사회를 경험하도록 내버려 둬라.
【管辖】guǎnxiá 동 관할하다. ¶该县共~十五个乡镇。=이 현(縣)은 모두 15개의 향진(鄕鎭)을 [소도시를] 관할한다.
【管闲事】guǎn xiánshì 동 쓸데없는 일에 참견하다. 쓸데없이 남의 일에 참견하다. ¶你最好不要~。=너는 가능하면 쓸데없이 남의 일에 참견하지 않는 게 좋아.
【管弦】guǎnxián 명 (音) 관현(악기). 사관(絲管). 사죽(絲竹).
【管弦乐】guǎnxiányuè 명 (音) 관현악.
【管线】guǎnxiàn 명 파이프라인·선로·전선·케이블 등의 합칭. ¶维修~=파이프 및 케이블을 관리하고 보수하다.
【管押】guǎnyā 동 임시 구금하다. 구류〔유치〕하다.
【管涌】guǎnyǒng 명 구멍이 뚫려 물이 뿜어 나오다. [수위가 높아져 제방에 물 침투가 심해지면 가는 모래가 함께 딸려 나와 구멍이 생겨서 물이 뿜어 나오는 현상]
【管用】guǎn‖yòng 형 효과적이다. 유용하다. 쓸모 있다. ¶你这办法还真~。=너의 이 방법이 정말 쓸모가 있구나.
【管乐】guǎnyuè 명 (音) 관악.
【管乐队】guǎnyuèduì 명 (音) 관악대. 취주(吹奏)악대.
【管乐器】guǎnyuèqì 명 (音) 관악기. 취주악기. =【吹奏乐器】chuīzòu yuèqì
【管账】guǎnzhàng 동 회계 장부를 관리하다. 회계를 담당하다. 부기를 담당하다.
【管制】guǎnzhì 동 1 관제하다. 통제하다. 강제로 관리·제한하다. ¶对烟花爆竹的生产要严加~。=불꽃놀이 폭죽의 생산에 대해서는 엄격하게 관리·통제해야 한다. 2 (범인에 대해) 강제로 단속하다. 통제하다. ¶~犯人=범인을 단속하다. 명 1 관제. 단속. 통제. ¶交通~=교통 관제. 2 (法) 강제적 관리. [법에 따라 범죄자에 대해 어떤 사항을 강제적으로 관리하고 제한하는 형벌의 일종임]
【管中窥豹】guǎnzhōng-kuībào (成) 1 대롱 속으로 표범을 엿보다. 2 (喩) 사물의 일부분만 보고 전체는 보지 못하다. 시야가 매우 좁다. ↔一览无余
【管中窥豹, 可见一斑】guǎnzhōng kuībào, kějiàn yībān (成) 1 대롱을 통하여 표범을 보고서 표범의 전체적인 모습을 추측하여 알다. 2 (喩) 일부분을 보고서 전체의 모습을 미루어 알 수 있다.
【管自】guǎnzì 부동 1 곧장. 곧바로. ¶他忙得饭也没吃, ~上班去了。=그는 바빠서 밥도 먹지 않고 곧바로 출근했다. 2 오로지. 다른 것은 신경 쓰지 않고. ¶他~干活, 一句话也不说。=그는 오로지 일에만 열중하고 한 마디 말도 하지 않는다.
【管子】guǎn·zi 명 대롱. 관. 호스. 파이프. ¶煤气~=가스관.

## 鳤[鱔] guǎn 긴솔치 관
명 (動) 긴솔치.

## 毌 guàn 꿸 관
'贯(guàn)'과 같음.

⊙ 毌 guàn  惯 guàn
  贯 guàn  掼 guàn

## 丱 guàn 쌍상투 관
형퇸 어린아이의 머리를 두 갈래로 묶어 뿔처럼 위로 올린 모양.

## 观[觀] guàn 망루 관
명 1 고대의 누대 따위의 높은 건축물. ¶楼~=누각. 2 도교(道敎)의 사원. ¶道~=도관. 도교 사원. 3 (Guàn) 성(姓). ⇨寺 庙 庵
☞ guān

## 贯[貫] guàn 꿸 관
동 1 꿰뚫다. 관통하다. ¶融会~通=융회관통하다. 2 줄을 잇다. 꿰다. 연잇다. ¶鱼~而入=(물고기처럼) 꼬리에 꼬리를 물고 들어오다. 양 관(貫). [엽전 1천 개를 꿴 것을 1貫이라 함] ¶腰缠万~=허리춤에 만 관을 두르다. 명 1 꿰미. [엽전을 꿰던 끈] 2 본관(本貫). 관향(貫鄕). ¶籍~=관적. 본관. 3 퇸 관례. 선례. 사례. ¶一仍旧~=옛 관례를 그대로 답습하다. 4 (Guàn) 성(姓). ⇨串

⊙⊕ 横贯, 籍jí贯, 连贯, 联贯, 条贯, 万贯

【贯彻】guànchè 동 (방침·정책·정신·방법 등을) 관철시키다. 철저히 실현하다. ¶~落实扶贫政策=빈곤 구제 정책을 관철하여 실행에 옮기다.
【贯穿】guànchuān 동 1 꿰뚫다. 관통하다. ¶

尼罗河~非洲南北。=나일강은 아프리카의 남과 북을 관통한다.『实事求是的论辩精神~全文。=실사구시적인 논증 태도가 문장 전체에 일관되다.

【贯串】guànchuàn 동 처음부터 끝까지 꿰뚫다. 일관되다.『作者的思乡之情~整首长诗。=고향을 그리는 작자의 마음이 긴 시 전체에 일관되게 나타난다.

【贯口】guànkǒu (藝) 설창 문예 공연에서 한 소절이나 한 단락을 단숨에 재빨리 이어서 설창(說唱)하는 기교.

【贯气】guànqì 동 (풍수에서) 지맥이 관통하다. 운수대통하다. [지맥이 관통하면 운수가 대통할 풍수라고 봄]

【贯通】guàntōng 동 1 통달하다.『~古今=고금을 통달하다. 2 연결되다. 통하다. 잇다. 관통하다.『新修的高速公路已全线~。=새로 닦은 고속 도로는 이미 모든 노선이 연결되었다.

【贯注】guànzhù 동 1 (정신이나 정력 따위를) 집중하다. 집중시키다. 경주(傾注)하다.『全神~=온 정신을 집중시키다. 2 (의미나 어투가) 일맥상통하다. 일관되다.『行文流畅, 前后~。=문장이 유창하고 앞뒤가 일맥상통하다.

**冠** guàn 갓 관
동 1 음 모자를〔갓을〕 쓰다.『未~=(아직 갓을 쓰지 않는) 미성년. 2 으뜸 가다. 일등하다.『勇~三军=용맹스러움이 삼군 중에서 으뜸 가다. 3 (명칭이나 글자를) 앞에 덧붙이다.『公司名字的前面最好~以所在城市的名字。=회사의 이름 앞에 가능하면 소재하고 있는 도시 이름을 넣는 것이 좋다〔바람직하다〕. 명 1 우승.『夺~=우승하다. 2 (Guàn) 성(姓).
☞ guān

0-0 弱ruò冠

【冠词】guàncí (言) 관사.『定~=정관사.
【冠军】guànjūn 명 우승(자). 우승팀. 1등.
【冠军赛】guànjūnsài 명 선수권 대회.
【冠名权】guànmíngquán 명 타이틀 스폰서.『有好几家企业在竞争这支球队的~。=많은 기업이 이 구단(球團)의 타이틀 스폰서권을 따내려고 경쟁하고 있다.
【冠世】guànshì 동 세상에서 으뜸 가다. 뛰어나다. 걸출하다.『英才=걸출한 영재.
【冠以】guànyǐ 앞에 …(이)라고 이름을 붙이다. 앞에 …(이)라고 갓다 붙이다.『不要动辄给年轻人'著名作家'的称号。=젊은 사람에게 툭하면 '저명 작가' 라는 칭호를 갓다 붙이지 마라.

**掼[摜]** guàn 내던질 관
동방 1 내던지다. 내팽개치다.『把帽子~在沙发上。=모자를 소파에 내팽개치다. 2 넘어지다. 넘어뜨리다.『他被~了一个跟头。=그는 발이 걸려 곤두박질쳤다. 3 (사물의 한쪽 끝을 잡고 다른 쪽 끝을) 털다. 타작하다.『~稻=벼를 타작하다〔털다〕.

【掼跤】guàn‖jiāo 동방 씨름하다.
【掼纱帽】guàn shāmào 방 1 사모(紗帽)를 내팽개치다. 2 비 분개하여〔불만으로〕 사직하다.

**涫** guàn 끓을 관
동문 (물이) 끓다. 비등(沸騰)하다.『~沸=물이 끓다.

**惯[慣]** guàn 버릇 관
형 습관이 되다. 익숙해지다.『吃~了, 不觉得辣。=먹는 데 습관이 되어, 맵게 느껴지지 않는다. 동 (버릇없이) 멋대로 하도록 내버려 두다. 응석받이로 키우다.『娇生~养=귀엽게 응석받이로 자라다〔키우다〕.

0-0 习惯, 习惯法

【惯常】guàncháng 형 습관적인. 상투적인. 습관이 된.『~做法=상투적인 방법.
【惯盗】guàndào 명 상습 절도범.
【惯犯】guànfàn 명 (法) 상습범.
【惯匪】guànfěi 명 상습적인 강도〔도적〕. 직업적인 강도.
【惯坏】guànhuài 동 (자식을 응석받이로 키워) 나쁜 버릇이 들게 하다.『这孩子被~了, 一点礼貌都不懂。=이 아이는 응석받이로 자라 예의를 조금도 모른다.
【惯伎】guànjì ☞ 【惯技】guànjì
【惯技】[惯伎] guànjì 명방 늘 쓰는 수법. 상투적인 수단.『这些都是骗子常用的~。=이러한 것들은 모두 사기꾼이 늘 쓰는 수법이다.
【惯家·jia】guàn·jia 꾼. 전문가. 숙련가. 베테랑. (어떤 일에) 이골이 난 사람. 노련한 사람.『干这种缺德事儿, 他已经是~了。=그는 이러한 비양심적인 일을 하는 것에는 이미 이골이 난 사람이다.
【惯例】guànlì 명 1 관례. 관행. 상규.『打破~=관례를 타파하다. 2 (法) 관례.『国际~=국제 관례. ≒常规 常例.
【惯量】guànliàng 명 (物) 관성(타성) 질량.
【惯扒】guànpá 명 상습 소매치기.
【惯骗】guànpiàn 명 상습 사기꾼.
【惯窃】guànqiè 명 상습 절도범. ≒惯偷 惯贼.
【惯熟】guànshú 형동 숙련이 되다. 매우 익숙하다. 매우 잘 알다.『你的大名我早已听得~了。=당신의 존함은 제가 일찍부터 들어 잘 알고 있습니다.
【惯偷】guàntōu 명 상습 절도범. ≒惯窃 惯贼.
【惯性】guànxìng 명(物) 관성.
【惯用】guànyòng 동 관용하다. 상용하다. 사용에 익숙하다. 습관적으로 사용하다. 상투적으로 쓰다.『~手法=상투적인 수법. ≒习用
【惯用语】guànyòngyǔ 명(言) 관용구. 숙어.
【惯于】guànyú 동…에 익숙하다. …에 습관이 되다.『很多人~早晨锻炼身体。=많은 사람은 새벽에 운동을 하는 것에 익숙해져 있다.
【惯贼】guànzéi 명 상습 절도범. ≒惯窃 惯偷.
【惯纵】guànzòng 동 제멋대로 하도록 내버려

두다. 버릇없이 키우다. ¶~孩子有害无益。= 아이를 버릇없이 제멋대로 하도록 내버려 두는 것은 백해무익하다.

**祼** guàn 강신제 관
⟨동⟩ 옛날, 땅에 술을 부어 강신(降神)을 빌던 제례(祭禮).

**盥** guàn 대야 관
⟨동⟩⟨문⟩ (손이나 얼굴 등을) 씻다. ⟨명⟩⟨문⟩ 세숫대야.
【盥漱】 guànshù ⟨동⟩ 세수하고 양치질하다.
【盥洗】 guànxǐ ⟨동⟩ (손이나 얼굴을) 씻다. 세면하다. 세수하다.
【盥洗室】 guànxǐshì ⟨명⟩ **1** 세면실. 욕실. **2** 화장실. 변소.

**灌** guàn 물댈 관
⟨동⟩ **1** 물을 대다. 관개하다. ¶排~=배수(排水)와 관개(灌漑). / 引水~田=물을 끌어 논을 관개하다. **2** 주입하다. 쏟아 붓다. 부어 넣다. [주로 액체·기체 혹은 과립 모양의 물건을 가리킴] ¶一口气~了两瓶啤酒。=단숨에 맥주 두 병을 부어 넣었다〔마셨다〕. / ~一暖瓶开水。=보온병에 끓인 물을 부어 넣었다. **3** 녹음하다. 취입하다. ¶这是他~的第一张唱片。=이것이 그가 취입한 첫 번째 레코드이다. ⟨명⟩ (Guàn) 성(姓).
⚬➡ 春灌, 电灌, 冬灌, 沟gōu灌, 浇jiāo灌, 井灌, 漫灌, 排灌, 畦qí灌, 提灌, 淹yān灌, 淤yū灌
【灌肠】 guàn‖cháng ⟨동⟩⟨醫⟩ 관장하다.
【灌肠】 guàn·chang ⟨명⟩ **1** 소시지. **2** ⟨방⟩ (베이징 사람들이 간식으로 즐겨 먹는) 중국식 순대.
【灌唱片】 guàn chàngpiān(~儿) ⟨동⟩ 레코드를 취입〔녹음〕하다. ¶他目前已灌了三张唱片。=그는 현재 이미 레코드를 세 장 취입〔녹음〕했다.
【灌顶】 guàndǐng ⟨명⟩⟨佛⟩ 관정. 관욕.〔계(戒)를 받거나 일정한 지위에 오른 수도자의 정수리에 물이나 제호(醍醐)를 뿌리는 일, 또는 그런 의식〕
【灌服】 guànfú ⟨동⟩ (주로 환자에게 약 따위를) 억지로 먹이다. ¶病人昏迷不醒, 药物只能~。=환자가 의식이 없으니, 약을 억지로 먹이는 수 밖에 없다.
【灌溉】 guàngài ⟨동⟩ 논밭에 물을 대다. 관개하다. ¶引水~=물을 끌어 관개하다.
【灌溉渠】 guàngàiqú ⟨명⟩ 관개 수로. =【灌渠】 guànqú
【灌浆】 guàn‖jiāng ⟨동⟩ **1**⟨建⟩ 회삼물(灰三物)을 붓다. 콘크리트를 치다. **2**⟨農⟩ 물알이 들다. **3**⟨醫⟩ (천연두가) 발진(發疹)하다.
【灌录】 guànlù ⟨동⟩ (레코드나 녹음테이프를) 취입하다. ≒灌制 录制
【灌米汤】 guàn mǐ·tang ⟨숙⟩ 달콤한 말로 아부하거나 미혹하다. 비행기를 태우다.
【灌木】 guànmù ⟨명⟩⟨植⟩ 관목.
【灌区】 guànqū ⟨명⟩ 관개 지구. 관개 지역. ¶都江堰~=두장〔都江〕댐 관개 지구.

【灌渠】 guànqú ☞【灌溉渠】 guàngàiqú
【灌输】 guànshū ⟨동⟩ **1** 물을 대다. **2**⟨喩⟩ (지식이나 사상 등을) 주입하다. ¶~新的管理理念=새로운 관리 이념을 주입시키다.
【灌水】 guàn‖shuǐ ⟨동⟩ **1** 논밭에 물을 대다. 관개하다. **2** 용기에 물을 붓다. 물을 주입하다.
【灌洗】 guànxǐ ⟨동⟩⟨醫⟩ (위장 등을) 세척하다. ¶~液=(위·장 등 기관의) 세척액.
【灌音】 guàn‖yīn ⟨동⟩ 녹음하다. ≒录音
【灌制】 guànzhì ⟨동⟩ (녹음테이프나 레코드를) 취입하다. ¶~中国语教学磁带=중국어 학습 테이프를 녹음하다. ≒灌录 录制
【灌注】 guànzhù ⟨동⟩ **1** 부어 넣다. 주입하다. ¶把钢水~进模型里。=쇳물을 주형에 부어 넣다. **2**⟨喩⟩ (어떤 일이나 사업에 정력이나 심혈을) 기울이다. 쏟아 붓다. ¶他把所有的精力~在文学创作上。=그는 모든 정력을 문학 창작에 기울였다.
【灌装】 guànzhuāng ⟨동⟩ (액체나 기체를) 용기에 주입하고 밀봉하다.

**瓘** guàn 옥 이름 관
⟨명⟩ 관옥. [고서(古書)에 나오는 옥의 일종]

**鹳[鸛]** guàn 황새 관
⟨명⟩⟨動⟩ 황새.

**罐[(鑵)]** guàn 항아리 관
⟨명⟩ **1** (~儿) 단지. 항아리. ¶瓦~=질항아리. / 玻璃~儿=유리항아리. **2** 탄차(炭車).
⚬➡ 火罐儿, 柳liǔ罐, 汤罐, 药罐子
【罐车】 guànchē ⟨명⟩ 탱크로리(tank lorry). 탱크차. 탱크카.
【罐笼】 guànlóng ⟨명⟩⟨礦⟩ 케이지(cage). 탄광의 승강기.
【罐头】 guàn·tou ⟨명⟩ **1** 통조림. **2**⟨방⟩ 깡통. 양철통. 단지. 항아리.
【罐头盒】 guàn·touhé ⟨명⟩ 통조림용 캔. 음료용 캔.
【罐装】 guànzhuāng ⟨형⟩ 통조림으로 된. 캔에 든. ¶~饮料=캔 음료.
【罐子】 guàn·zi ⟨명⟩ 단지. 항아리.

# guang

**光** guāng 빛 광
⟨명⟩ **1**⟨物⟩ 빛. 광선. ¶日~=일광. 햇빛. / 火~=불빛. **2** 영광. 명예. ¶争~=명예를 쟁취하다. / 增~=영예를 더하다. 명예를 더욱 빛내다. **3**⟨喩⟩ 덕. 음덕. 이득. 이익. ¶沾~=덕을 보다. / 借~=혜택을 입다. 덕을 보다. **4** 날. 시간. 세월. ¶时~=시간.

⟹ 光 guāng
  桄 guāng
  晄 guāng
  胱 guāng
  晃 huǎng
  恍 huǎng
  幌 huǎng

세월. / ～阴如梭＝세월이 매우 빠르다. **5** 경물. 풍물. 풍경. 경치. ¶风～＝풍광. 경치. / 观～＝관광. **6** (**Guāng**) 성(姓). [형] **1** 빛나다. 밝다. ¶通体～明＝전체가 밝게 빛나다. / 金属～泽＝금속 광택. **2** 윤이 나다. 광택이 있다. 반들반들하다. 매끄럽다. ¶磨～＝광택이 나게 갈다. / 溜～＝매끌매끌하다. **3** 아무것도 없이 텅 비다. 하나도 남아 있지 않다. ¶用～＝조금도 남김없이 다 쓰다. / 一扫而～＝일소하다. 완전히 없애 버리다. [부] **1** [경] 영광스럽게. ¶欢迎～临。＝영광스럽게 왕림해 주심을 환영합니다. / 请大驾～顾。＝오셔서 자리를 빛내 주십시오. **2** 단지. 오로지. 다만. ¶～说不做是不行的。＝단지 말만 하고 실행하지 않으면 안 된다. [동] **1** 영예롭게 하다. 빛내다. ¶你这次是衣锦还乡，～宗耀祖。＝넌 이번에 금의환향하여 가문과 조상을 빛냈다. **2** (신체를) 드러내다. 노출하다. 벗다. ¶～着脚＝맨발.

◑ 暴光, 曝bào光, 背光, 采光, 辰chén光, 晨光, 电光, 对光, 耳光, 反光, 感光, 观光, 黑光, 候光, 弧hú光, 激jī光, 极光, 借光, 开光, 冷光, 亮光, 磷lín光, 灵光, 溜liū光, 流光, 漏lòu光, 镁光, 逆nì光, 年光, 抛pāo光, 偏光, 平光, 容光, 色光, 闪光, 赏光, 韶sháo光, 生光, 时光, 曙shǔ光, 丝光, 天光, 霞xiá光, 眼光, 验光, 阳光, 荧yíng光, 油光, 圆光, 月光, 增光, 沾zhān光, 折光, 争光, 烛zhú光, 荧yíng光屏píng, 八面光, 亮光光

【光斑】**guāngbān** [명]《天》(태양) 백반(白斑).

【光板儿】**guāngbǎnr** [명] **1** 털이 닳아 없어진 모피옷. **2** 겉감이나 안감을 대지 않은 털가죽 안감. **3** [옛] 무늬가 없는 동전.

【光膀子】**guāng bǎng·zi** [동] 상반신을 드러내다. ¶天太热了，他一回到家里就～。＝날이 너무 더워서 그는 집에 돌아오자마자 윗옷을 벗어 버렸다. [명] 발가벗은 상반신. ¶露着～太不雅，快穿上衣服。＝웃통을 벗는 것은 아주 보기가 좋지 못하니, 얼른 입어라.

【光笔】**guāngbǐ** [명]《컴》 전자펜.

【光标】**guāngbiāo** [명]《컴》 커서(cursor).

【光波】**guāngbō** [명]《物》 광파.

【光彩】**guāngcǎi** [명] 빛. 광채. 빛깔. ¶各色宝石～夺目。＝각양각색의 보석 빛깔이 눈을 부시게 한다. [형] 영예롭다. 영광스럽다. 체면이 서다. ¶出了个世界冠军，全村人都觉得很～。＝마을에서 세계 챔피언이 나오자 온 마을 사람들이 모두 영광스럽게 생각한다. ≒光荣 荣耀

【光彩夺目】**guāngcǎi-duómù** [성] **1** 광채가 눈부시다. **2** [비] 사람이나 사물이 아름다워 사람의 이목을 끌다.

【光彩照人】**guāngcǎi-zhàorén** [성] **1** 사람이나 사물이 아름답고 눈부셔서 사람의 이목을 끌다. **2** [비] 예술적 업적이 휘황찬란하여 다른 사람들의 이목을 끌고 존중을 받다.

【光灿灿】**guāngcàncàn**(～的) [형] 반짝반짝 빛이 나다. 눈부시게 빛나다. ¶～的钻石＝반짝반짝 빛이 나는 다이아몬드.

【光赤】**guāngchì** [동] (몸을) 발가벗다. 몸을 드러내다. 알몸을 하다. ¶～着上身＝상반신을 드러내다. ≒裸露

【光打雷, 不下雨】**guāng dǎléi, bù xiàyǔ** [성] **1** 천둥만 치고 비는 오지 않다. **2** [비] 큰소리만 치고 행동에 옮기지는 않다.

【光大】**guāngdà** [동][문] 빛내고 발전시키다. ¶～传统美德＝전통적인 미덕을 더욱 빛내고 발전시키다. [형][문] 크고 넓다. 광대하다.

【光刀】**guāngdāo** ☞【伽马刀】**gāmǎdāo**

【光导】**guāngdǎo** [명]《物》 광전도. 내부 광전효과. 빛 전도. 빛에 의하여 물체의 전기전도율이 변화되는 현상.

【光导管】**guāngdǎoguǎn** [명]《電》 광도관.

【光导纤维】**guāngdǎo xiānwéi** [명]《物》 광섬유. 광학 섬유. 광파이버. ＝【光学纤维】**guāngxué xiānwéi** [약]【光纤】**guāngxiān**

【光电】**guāngdiàn** [명]《物》 광전기(에너지). 빛에 의하여 산생되는 전기에너지.

【光电池】**guāngdiànchí** [명] 광전지.

【光电管】**guāngdiànguǎn** [명] 광전관.

【光电子】**guāngdiànzǐ** [명]《物》 광전자.

【光电子技术】**guāngdiànzǐ jìshù** [명] 광전자 기술.

【光碟】**guāngdié** ☞【光盘】**guāngpán**

【光度】**guāngdù** [명] **1**《物》 광도. [단위는 촉광(燭光) 또는 칸델라(candela)] **2**《天》 항성(恒星) 광도.

【光风霁月】**guāngfēng-jìyuè** [성] **1** 비가 그치고 날이 갠 후의 공기가 맑고 달이 밝은 모습. **2** [비] 탁 트인 도량과 솔직 담백한 마음씨. **3** [비] 맑고 깨끗한 정치. ＝【霁月光风】**jìyuè-guāngfēng**

【光辐射】**guāngfúshè** [명]《物》 **1** 가시광의 복사(輻射). **2** 핵폭발 후의 복사광(輻射光).

【光复】**guāngfù** [동] 광복되다. 광복하다. (잃어버린 영토를) 수복하다. 되찾다. ¶～山河＝잃어버렸던 산하를 되찾다. ≒收复 恢复 克复

【光复旧物】**guāngfù-jiùwù** [성] 국토를 온전히 회복하다. 원형대로 되돌리다.

【光杆儿】**guānggǎnr** [명] **1** 꽃과 잎이 다 떨어진 초목. 받쳐진 잎이 없는 꽃. ¶一阵冰雹过后，地里的玉米全都成了～。＝한바탕 우박이 내린 후 밭의 옥수수는 모두 줄기만 앙상하게 남게 되었다. **2** [비] 외로운 사람. 고독한 사람. ¶爱人、孩子全走亲戚去了，家里只剩我一个～。＝아내와 아이들은 모두 친척집에 가고 집에는 나 혼자 외롭게 남았다.

【光杆儿司令】**guānggǎnr sīlìng** [명] **1** 사병이 없는 사령관. **2** 대중의 지지를 받지 못하는 지도자. 대중으로부터 고립된 지도자.

【光顾】**guānggù** [동][문][경] (손님을 맞을 때 쓰는 말로) 애고(愛顧)하시다. 찾아 주시다. 보살펴 주시다. ¶欢迎～＝이 곳을 찾아 주신 것을 환영합니다. [부] (다른 것은 생각하지 않고) …(에)만 보다. …(에)만 신경 쓰다. ¶看长远一点，不要～

光 guāng 725

眼前利益。=눈앞의 이익만 보지 말고, 좀 멀리 내다보아라. ≒光临

【光怪陆离】guāngguài-lùlí ⓐ (현상이나 형상이) 기이하고 다채롭다.

【光光滑滑】guāng·guang huáhuá(~的) ᢀ 반들반들하다. 매끌매끌하다.

【光光亮亮】guāng·guang liàngliàng(~的) ᢀ 반짝반짝 광택이 나다. 윤기가 흐르다. 아주 밝다.

【光光溜溜】guāng·guang liūliū(~的) ᢀ 미끌미끌하다.

【光光鲜鲜】guāng·guang xiānxiān(~的) ᢀ (색상이) 산뜻하다. 맑고 깨끗하다. 선명하다.

【光棍】guāng·gùn ᐯ 1 깡패. 건달. 부랑자. 악당. 2 ᢀ (주로 폄의로) 시세(時勢)에 밝은 사람. 현명한 사람. 약삭빠른 사람. ¶不吃眼前亏。=약삭빠른 사람은 눈앞에서 벌어지는 불리한 상황을 피하고, 그냥 당하지 않는다.

【光棍儿】guānggùnr ᐯ (남자) 독신자. 홀아비. =【光棍儿汉】guānggùnrhàn

【光棍儿汉】guānggùnrhàn ☞【光棍】guānggùn

【光合作用】guānghé zuòyòng ᐯ(植) 광합성 작용.

【光华】guānghuá ᐯ 광채(光彩). 광휘(光輝). 찬란한 빛. ¶日月~=햇빛과 달빛. ≒光辉

【光滑】guāng·huá ᢀ (물체의 표면이) 매끌매끌하다. 반들반들하다. 빤질빤질하다. ¶~的绸缎=매끄러운 비단. ≒平滑

【光化学反应】guānghuàxué fǎnyìng ☞【光化学作用】guānghuà zuòyòng

【光化学烟雾】guānghuàxué yānwù ᐯ(化) 광화학 스모그(photochemical smog). [자동차 배기 가스 중의 산화질소와 탄화수소 화합 물질이 공기 중에서 태양 자외선의 영향에 의해 일련의 복잡한 광화학 반응을 일으키면서 형성하는 스모그] ᢀ【光雾】guāngwù

【光化作用】guānghuà zuòyòng ᐯ(化) 광화학 작용. [빛의 쪼임에 의하여 발생하는 물질의 화학 반응] =【光化学反应】guānghuàxué fǎnyìng

【光环】guānghuán ᐯ 1(天) 행성을 둘러싼 밝은 빛의 고리. 2(天) (해·달의) 무리. 훈륜(暈輪). 3 고리 모양의 빛. 4(佛) 원광(圓光). 후광. 배광. 광배.

【光辉】guānghuī ᐯ 광휘. 찬란한 빛. ¶朝阳的~撒满大地。=아침의 찬란한 빛이 온 대지를 비추다. ᢀ 찬란하다. 밝게 빛나다. ¶~前程=밝은 장래. ≒光华

【光辉灿烂】guānghuī-cànlàn ⓐ 1 빛이 찬란하여 눈부시다. 2 ᐯ 사물이 웅장하고 아름답다.

【光火】guāng‖huǒ ᐯᢀ 노하다. 화내다. ¶他的失职让老板为~。=그의 직무상 과실로 사장을 노발대발하게 만들었다.

【光激射器】guāngjīshèqì ☞【激光器】jīguāngqì

【光脚】guāng‖jiǎo ᢀ 맨발을 하다. ¶~走路=맨발로 걷다. ᐯ 맨발. ¶一双~=두 맨발.

【光脚的不怕穿鞋的】guāngjiǎo·de bùpà chuānxié·de 1 ᢀ 맨발을 한 사람은 구두 신은 사람을 두려워하지 않는다. 2 ᐯ 아무것도 가진 것이 없는 사람은 두려울 게 없다.

【光洁】guāngjié ᢀ 윤이 나고 깨끗하다. 반질반질하고 깨끗하다. ¶~的大理石桌面=윤이 나고 깨끗한 대리석 탁자.

【光洁度】guāngjiédù ᐯ᠐ 기계 부품 표면의 매끄러운 정도.

【光解作用】guāngjiě zuòyòng ᐯ(化) 광분해 작용.

【光景】guāngjǐng ᐯ 1 경치. 경색. 풍경. ¶江南~=강남의 풍경. 2 시간. 세월. ¶翻越这座大山得要七八个小时的~。=이 큰 산을 넘으려면 여덟 시간쯤 소요된다. 3 상황. 경우. 광경. ¶他家的~比以前好了很多。=그의 집안 사정은 예전보다 훨씬 나아졌다. 4 (시간이나 수량사 뒤에 쓰여) 대략. 정도. 쯤. ¶他非常年轻, 就二十~。=그는 매우 젊은데, 스무 살 정도이다.

【光可鉴人】guāngkějiànrén ⓐ 표면이 반들반들하여 사람의 모습을 비춰 볼 수 있다.

【光孔】guāngkǒng ☞【光圈】guāngquān

【光控】guāngkòng ᐯ(物) 광제어하다. [빛의 유무 혹은 강약에 의해 제어하는 것] ¶~法=광제어 방법.

【光阑】guānglán ☞【光圈】guāngquān

【光缆】guānglǎn ᐯ 광케이블(光cable). [광신호를 전송하기 위하여 여러 갈래의 광섬유로 합성된 케이블]

【光亮】guāngliàng ᢀ 밝게 빛나다. 밝다. 환하다. ¶擦拭后的银器~如新。=닦은 후의 은그릇은 새 것처럼 빛이 난다. ᐯ 밝은 빛. 밝기. ¶手电筒的~十分微弱。=손전등의 밝기가 매우 약하다. ≒明亮

【光亮亮】guāngliàngliàng(~的) ᢀ 밝게 빛나다. 반들반들 윤이 나다.

【光量子】guāngliàngzǐ ☞【光子】guāngzǐ

【光疗】guāngliáo ᐯ(醫) (적외선 등을 이용한) 광선 요법. 태양 광선 혹은 인조 광선을 이용하여 질병을 방지하고 치료하는 것.

【光临】guānglín ᐯᢀ 광림하시다. 광고(光顧)하시다. [남이 찾아오는 일을 높여 이르는 말] ¶欢迎~=왕림해 주심을 환영합니다. ≒光顾来临

【光溜溜】guāngliūliū(~的) ᢀ 1 (윤이 나서) 반들반들하다. 반질반질하다. 매끌매끌하다. ¶他的头发梳得~的。=그는 머리를 반질반질하게 빗었다. 2 (지면·물체·신체 등을) 적나라하게 아무것도 가리지 않은 모습. ¶脱得~的孩子们在小河里戏水。=발가벗은 아이들이 개울에서 물놀이를 한다.

【光溜】guāng·liu ᢀ (윤이 나서) 반들반들하다. 반질반질하다. 매끌매끌하다. ¶打磨过的玉石十分~。=갈아서 윤을 낸 옥돌은 매우 반질반질하다.

【光芒】guāngmáng ᐯ 광망(光芒). 빛살. 빛.

¶~四射=빛(살)이 사방에 비치다.

【光芒万丈】**guāngmáng wànzhàng** 🄟 **1** 빛살이 사방으로 멀리까지 비추다. 눈부시게 빛나다. 찬연하다. **2** 🅙 사람이나 업적〔작품〕이 위대하여 오래도록 불멸하다. 찬란하게 빛나다.

【光面】**guāngmiàn** 🄝 **1** (~儿) 반들반들한 표면. ¶这种纸有~背面之分。=이런 종이는 반들반들한 면과 뒷면의 구분이 있다. **2** (국물만 넣고 아무것도 넣지 않은) 맨국수.

【光敏电阻】**guāngmǐn diànzǔ** 🄝🄔 광저항.

【光明】**guāngmíng** 🄖 **1** 밝게 빛나다. 환하다. ¶广场上灯光交相辉映，一片~。=광장에 등불이 서로 어울려 비치어 온통 환하다. **2** 광명하다. 떳떳하다. 사심이 없다. ¶~正大=광명정대하다. 정정당당하다. **3** 🅙 정의롭다. 희망차다. ¶前途~=장래가 희망차다. 🄝 광명. 빛. ¶那是黑暗中仅有的一线~。=그것은 암흑 속의 유일한 한 줄기 빛이다. ↔黑暗

【光明磊落】**guāngmíng-lěiluò** 🄟 광명정대하다. 공명정대하다. 정정당당하다.

【光明正大】**guāngmíng-zhèngdà** 🄟 광명정대하다. 공명정대하다. 정정당당하다. =『正大光明』**zhèngdà-guāngmíng**

【光脑】**guāngnǎo** 🄝🄘 광컴퓨터.

【光能】**guāngnéng** 🄝🄔 빛에너지.

【光年】**guāngnián** 🄝🄪 광년. [천문학에서 거리 단위의 일종으로, 빛이 진공 속에서 1년간 지나가는 거리. 약 94,605억km]

【光盘】**guāngpán** 🄝 시디(CD). 콤팩트디스크. =『光碟』**guāngdié**

【光盘驱动器】**guāngpán qūdòngqì** 🄝 시디드라이브(CD drive). 🅨『光驱』**guāngqū**

【光谱】**guāngpǔ** 🄝🄔 분광(分光). 스펙트럼(spectrum).

【光谱线】**guāngpǔxiàn** 🄝🄔 스펙트럼선(spectrum線).

【光谱仪】**guāngpǔyí** 🄝🄔 분광기. 스펙트로스코프(spectroscope).

【光前裕后】**guāngqián-yùhòu** 🄟 (주로 다른 사람의 업적을 기리는 말로) 조상을 빛내고, 후손을 복되게 하다.

【光驱】**guāngqū** ☞『光盘驱动器』**guāngpán qūdòngqì**

【光圈】**guāngquān** 🄝 (사진기의) 조리개. 카메라 렌즈 속의 빛의 양을 조절하는 장치. =『光孔』**guāngkǒng** 『光阑』**guānglán**

【光荣】**guāngróng** 🄖 영광스럽다. 영예롭다. ¶能为残疾人做点儿贡献是无上~的。=장애인들을 위해서 약간의 공헌을 할 수 있다는 것은 무한히 영광스러운 일이다. 🄝 영예. 영광. ¶~并不是我个人的，而应属于大家。=영광은 저 개인의 것이 아니라, 당연히 모든 사람들의 것입니다. 늑光彩 荣耀 ↔耻辱 可耻 羞耻

【光荣榜】**guāngróngbǎng** 🄝 (벽 등에 붙인) 영예의 인물 명단. 우수자 명단. [사진과 선진적인 사적을 덧붙이기도 함]

【光润】**guāngrùn** 🄖 매끄럽다. 함치르르 윤기가 흐르다. 매끄럽고 윤이 나다. [주로 피부를 가리킴] ¶肌肤~=피부가 매끄럽다.

【光栅】**guāngshān** 🄝🄔 회절 격자(回折格子). 회절발.

【光闪闪】**guāngshǎnshǎn** (~的) 🄖 빛이 반짝반짝하다. 반짝거리다. ¶~的水晶=반짝반짝 빛나는 수정.

【光身】**guāng‖shēn** 🄓 알몸을 하다. 발가벗다. ¶~游泳=누드 수영.

【光身】**guāngshēn** 🄝 **1** 홀몸. 독신. ¶~老汉=홀아비. 독신남. **2** 맨몸. 아무것도 지니지 아니한 상태나 형편. ¶~出门=맨몸으로 문을 나서다.

【光是】**guāngshì** 🄟 단지. 다만. 겨우 …만. ¶~准备材料，就花了三天时间。=단지 재료를 준비하는 데에만 3일이 걸렸다.

【光束】**guāngshù** 🄝🄔 광속. 광다발. 광류(光流). [빛에너지가 전파되는 경로를 나타내는 다발들의 묶음]

【光速】**guāngsù** 🄝🄔 광속도. [진공 속에서 빛이 나아가는 속도. 1초에 약 30만km임]

【光堂堂】**guāngtángtáng** (~的) 🄖 윤이 나서 반들반들하다. ¶桌面，的，一尘不染。=탁자가 반들반들하여 먼지 하나 묻지 않았다.

【光趟】**guāng·tang** 🄖🅙 매끄럽다. 매끌매끌하다. 반들반들하다. ¶地板打磨得真~。=바닥을 정말 반들반들하게 갈아서 윤을 냈다. 바닥을 닦아서 정말 반들반들하다.

【光天化日】**guāngtiān-huàrì** 🄟 **1** 태평성세(太平盛世). **2** 🅙 대명천지(大明天地). 백주대낮. 백일(白日).

【光通量】**guāngtōngliàng** 🄝🄔 광속(束). [빛이 진행하는 방향에 수직인 단위 면적을 단위 시간에 지나가는 빛의 양. 광속의 국제 단위는 루멘(lumen)]

【光通信】**guāngtōngxìn** 🄝 광통신. 광섬유 통신망. [데이터·소리·영상 등 정보를 레이저 빛의 강약 변화 등으로 전환시켜 전송하는 방식] =『激光通信』**jīguāng tōngxìn**

【光瞳】**guāngtóng** 🄝 동공(瞳孔). 눈동자.

【光头】**guāng‖tóu** 🄓 모자를 쓰지 않다. ¶这么冷的天，他还光着个头。=이렇게 추운 날 그는 여전히 모자를 쓰지 않고 있다.

【光头】**guāngtóu** 🄝 까까머리. 빡빡 깎은 머리. 대머리.

【光秃】**guāngtū** 🄖 (산이) 헐벗다. 민둥민둥하다. ¶~的荒山=헐벗고 황폐한 벌거숭이산.

【光秃秃】**guāngtūtū** (~的) 🄖 헐벗다. 민둥민둥하다. 번들번들하다. ¶头顶~的。=머리가 벗겨져 번들번들하다.

【光网络】**guāngwǎngluò** 🄝🄘 광네트워크.

【光污染】**guāngwūrǎn** 🄝 빛 공해. [건물 유리의 반사광·네온사인·꺼지지 않는 불빛 등으로 인한 오염]

【光雾】**guāngwù** ☞『光化学烟雾』**guāng huàxué yānwù**

【光纤】**guāngxiān** ☞『光导纤维』**guāng**

dǎo xiānwéi
【光纤电缆】guāngxiān diànlǎn 團 광섬유 케이블.
【光纤通信】guāngxiān tōngxìn 團 광섬유 통신. 광통신.
【光鲜】guāngxiān 圈 1 산뜻하다. 선명하고 아름답다. ¶衣着~=옷차림이 산뜻하다. 2 영광스럽다. 영예롭다. 빛나다. ¶这不是什么~的事, 你就不要到处去讲了。=이것은 무슨 영예로운 일도 아니니, 넌 아무 데나 가서 얘기하지 마라.
【光线】guāngxiàn 團(物) 광선. 빛.
【光学】guāngxué 團(物) 광학.
【光学玻璃】guāngxué bō·lí 광학 유리.
【光学纤维】guāngxué xiānwéi ☞【光导纤维】guāngdǎo xiānwéi
【光压】guāngyā 團(物) 광압. [빛이 피사체에 주는 압력]
【光艳】guāngyàn 圈 산뜻하고 아름답다. ¶火红的石榴花~夺目。=붉은 석류꽃이 산뜻하고 아름다워 시선을 끈다.
【光焰】guāngyàn 團 1 광염. 불꽃. 화염. ¶烈火的~照亮了夜空。=세차게 타오르는 불빛이 밤 하늘을 밝게 비추었다. 2 광휘(光輝). 광망(光芒). 빛. ¶~四射=빛이 사방을 비추다.
【光洋】guāngyáng 團⟨방⟩ 은화. 은전. 은돈.
【光耀】guāngyào 團 1 찬란한 빛. 광휘(光輝). ¶~可鉴=찬란한 빛이 나다. 圈 영예롭다. 영광스럽다. ¶~荣华=영예스럽고 영화롭다. 團 1 더욱 빛내다. 발전시키다. ¶~门楣=가문을 빛내다. 2 (주로 비유로 쓰여) 빛내다. ¶~史册=역사에 이름을 빛내다.
【光阴】guāngyīn 團 1 시간. 세월. ¶荏苒~=세월이 덧없이 흐르다. 2 생활. 생계. 날. 시절. ¶赶上了好~。=좋은 시절을 만나다.
【光阴似箭】guāngyīn-sìjiàn ⟨成⟩⟨比⟩ 세월이 화살처럼 빠르게 지나가다. 세월이 유수와 같다.
【光源】guāngyuán 團 1(物) 광원. 2 제 스스로 빛을 발하는 물체.
【光泽】guāngzé 團 광택. 윤기. 빛. ¶她的眼睛已失去过去的~。=그녀의 눈은 이미 과거의 눈빛을 잃었다.
【光闸】guāngzhá 團 (조명 등의) 셔터(shutter). 사진기의 셔터.
【光照】guāngzhào 團 1 두루 비추다. 두루 비치다. ¶~四海=빛을 사해에 비추다. 2 (태양이) 내리쬐다. ¶在高原上, ~时间较长。=고원에서는 일조(日照) 시간이 비교적 길다.
【光照度】guāngzhàodù 團(物) 조도(照度). ⟨同⟩【照度】zhàodù
【光针】guāngzhēn 團 1 레이저 침. 2 레이저 빔(laser beam).
【光柱】guāngzhù 團 광속(光束). 광다발. 광류(光流). ¶手电筒的~忽隐忽现。=손전등의 빛 줄기가 사라졌다 나타났다 한다.
【光子】guāngzǐ 團 광자. 광양자(光子). =【光量子】guāngliàngzǐ

【光宗耀祖】guāngzōng yàozǔ ⟨成⟩ 조상과 가문을 빛내다.

## 洸 guāng 물 이름 광
☞【洛洸】Hánguāng

## 咣 guāng 소리의 형용 광
團 쾅. 쿵. 꽝. [물체가 부딪쳐 나는 소리] ¶~的一声, 脸盆掉在了地上。= 꽝 하며 세숫대야가 땅에 떨어졌다.
【咣当】guāngdāng 團 쾌당. 쾅. [물체가 부딪쳐 나는 소리] ¶大门~一声关上了。=대문이 쾌당 소리를 내더니 닫혔다.

## 桄 guāng 광랑나무 광
☞【桄】guāng
【桄榔】guāngláng 團(植) 1 광랑. [야자과의 상록 교목] 2 광랑의 열매. =【砂糖椰子】shā táng yē·zi

## 胱¹ guāng 시스틴 광
【胱氨酸】guāng·ānsuān 團(化) 시스틴(cystine).

## 胱² guāng 오줌통 광
☞【膀胱】pángguāng

## 珖 guāng 옥 이름 광
團⟨書⟩ 옥(玉)의 일종. [주로 인명에 쓰임]

## *广[廣] guǎng 넓을 광
圈 1 넓다. ¶地~人稀=땅은 넓고 사람은 드물다. 2 광범하다. 보편적이다. ¶内容~泛=내용이 광범하다. 3 많다. ¶大庭~众=대중이 많이 모인 공개적인 장소. 團 확대하다. 확충하다. 넓히다. ¶推而~之=범위를 넓혀 나가다. / ~为流传=널리 전해지다. 團 (Guǎng) 1 (地) 광동(广东)성. ¶新进~货=새로 광동성의 물건을 들이다. 2 (地) 광동(广东)성과 광시(广西)성. ¶两~=광동성과 광시성. 3 (地) 광저우(广州)시. ¶参加~交会=광저우(广州) 무역 전시회에 참석하다. 4 성(姓). ↔狭 窄
☞ ān

○● 深广

【广板】guǎngbǎn 團(音) 라르고(largo).
【广播】guǎngbō 團 1⟨喩⟩ 널리 전파되다. 널리 퍼지다. ¶声名~=명성이 널리 퍼지다. 2 방송하다. ¶正在~晚间新闻。=지금 저녁 뉴스를 방송하고 있다. 團 방송 프로그램. ¶收听~=방송 프로그램을 청취하다. ≒播送
【广播操】guǎngbōcāo ☞【广播体操】guǎngbō tǐcāo
【广播电视大学】guǎngbō diànshì dàxué ☞【电视大学】diànshì dàxué
【广播电台】guǎngbō diàntái 團 (라디오) 방송국.

【广播段】guǎngbōduàn 〖電〗 무선 방송용 주파수 대역(帶域).
【广播剧】guǎngbōjù 〖명〗 라디오 방송극.
【广播体操】guǎngbō tǐcāo 〖명〗 라디오 체조. [국민 체조] =【广播操】guǎngbōcāo
【广播卫星】guǎngbō wèixīng 〖명〗 방송 위성.
【广博】guǎngbó 〖형〗 (학식이나 도량이) 넓고 크다. 해박하다. ¶学识~=학식이 풍부하다. 박식하다. ≒渊博
【广场】guǎngchǎng 〖명〗 1 넓은 공간. 2 광장. ¶天安门~=텐안먼 광장. 3 형 규모가 비교적 큰 판매 혹은 서비스 센터. ¶购物~=쇼핑센터.
【广橙】guǎngchéng ☞【甜橙】tiánchéng
【广大】guǎngdà 〖형〗 1 (면적이나 공간이) 광대하다. 크고 넓다. 넓다. 널찍하다. ¶区域~=구역이 넓다. 2 (범위나 규모가) 크다. 거대하다. 광범하다. ¶在全国掀起了~的群众性体育运动.=전국적으로 대중적인 운동 열풍이 일었다. 3 (사람 수가) 많다. ¶~消费者=대중 소비자. ≒广阔 广袤 宽广 辽阔 浩翰
【广电】guǎngdiàn 〖명〗 라디오 방송과 TV 방송.
【广东】Guǎngdōng 〖명〗 광둥성. 광동성. ['粤(Yuè)'로 약칭하며, 성도는 광저우(广州)임].
【广东话】guǎngdōnghuà ☞【粤方言】yuèfāngyán
【广东戏】guǎngdōngxì 〖명〗〖劇〗 광둥희. [광둥(广东)성의 지방 전통극으로, '粤剧(yuèjù)'라고도 함]
【广东音乐】Guǎngdōng yīnyuè 〖명〗〖音〗 광둥 음악. [광둥성 일대(광둥·홍콩·마카오 등)에서 유행하는 민간 음악. 주로 高胡(호금)·扬琴(양금) 등 현악기를 위주로 하고 가끔 笛子(피리)·洞箫(퉁소)를 쓰기도 함]
【广度】guǎngdù 〖명〗 넓이. 범위. 폭. ¶他的论述既有~, 又有深度.=그의 논술은 범위가 넓을 뿐만 아니라 깊이도 있다.
【广而告之】guǎng'érgàozhī 〖성〗 (사람들에게) 널리 알리다.
【广而言之】guǎng'éryánzhī 〖성〗 일반적으로 말하면. 보편적으로 말하면. 대체적으로 말하면.
【广泛】guǎngfàn 〖형〗 광범(위)하다. 폭넓다. 두루 미치다. ¶~听取各方意见.=광범위하게 각 방면의 의견을 듣다. ↔狭窄
【广柑】guǎnggān ☞【甜橙】tiánchéng
【广告】guǎnggào 〖명〗 광고. 선전.
【广告牌】guǎnggàopái 〖명〗 광고판.
【广告色】guǎnggàosè 〖명〗 포스터 칼라.
【广告衫】guǎnggàoshān 〖명〗 홍보용 셔츠.
【广寒宫】guǎnghángōng ☞【月宫】yuègōng
【广货】guǎnghuò 〖명〗 광둥(广东)성에서 생산된 상품.
【广交】guǎngjiāo 〖동〗 (친구를) 두루두루 널리 사귀다〖교제하다〗.
【广交会】guǎngjiāohuì 〖명〗〖약〗 광저우 수출 상품 교역회.
【广角镜】guǎngjiǎojìng 〖명〗 1 광각 렌즈. 와이드 렌즈(wide angle lens). 2 〖비〗 시야를〖안목을〗 넓혀 주는 사물. ¶这个电视栏目是了解世界、增长知识的~.=이 TV 프로그램은 세계를 이해하고 지식을 넓혀 주는 광각 렌즈와도 같다.
【广角镜头】guǎngjiǎo jìngtóu 〖명〗 광각 렌즈. 와이드 렌즈.
【广开才路】guǎngkāi-cáilù 〖성〗 더 많은 인재가 능력을 발휘할 수 있는 길을 열다.
【广开财路】guǎngkāi-cáilù 〖성〗 돈을 벌 수 있는 더 많은 기회를 만들다.
【广开言路】guǎngkāi-yánlù 〖성〗 누구나 다 자신의 의견을 말할 수 있게 하다.
【广阔】guǎngkuò 〖형〗 넓다. 광활하다. ¶~的大草原=광활한 대초원.
【广袤】guǎngmào 〖명〗〖문〗 (토지의) 넓이〔면적〕. [동서의 길이를 '广(guǎng)'이라 하고, 남북의 길이를 '袤(mào)'라 함] ¶~千里=넓이가 천 리에 이르다. 〖형〗〖문〗 광활하다. 넓다. ¶~的平原一望无际.=광활한 평원은 끝이 보이지 않는다.
【广漠】guǎngmò 〖형〗 광막하다. 넓고 아득하다. ¶~的戈壁滩=광막한 고비사막.
【广谋从众】guǎngmóu-cóngzhòng 〖성〗 여러 사람과 상의한 후 다수의 의견을 따르다.
【广求】guǎngqiú 〖동〗〖문〗 널리 구하다. 널리 찾다. ¶~贤士=뛰어난 인재를 널리 구하다.
【广厦】guǎngshà 〖명〗〖문〗 높고 넓은 집. 대저택.
【广土众民】guǎngtǔ-zhòngmín 〖성〗 국토가 넓고 인구가 많다.
【广为】guǎngwéi 〖부〗 널리. 광범하게. 폭넓게. ¶~宣传=널리 홍보하다.
【广西壮族自治区】Guǎngxī Zhuàngzú zìzhìqū 〖명〗〖地〗 광시〔광서〕 장족 자치구. ['桂(Guì)'로 약칭하며, 정부 소재지는 '난닝(南宁)'임]
【广绣】guǎngxiù 〖명〗 광둥(广东)성에서 생산되는 자수(品). =【粤绣】yuèxiù
【广学】guǎngxué 〖형〗 학식이 해박하다. ¶~之士=학식이 해박한 사람.
【广义】guǎngyì 〖명〗 광의. ¶~地解释=광의〔넓은 의미〕로 설명하다. ↔狭义
【广域网】guǎngyùwǎng 〖명〗 광역 통신망. 광역 네트워크.
【广远】guǎngyuǎn 〖형〗 광원하다. 넓고 멀다. ¶传播~=넓고 멀리 전파되다.
【广众】guǎngzhòng 〖명〗 대중(大衆). 군중. 많은 사람. ¶大庭~=대중이 많이 모인 공개적인 장소.
【广种薄收】guǎngzhòng-bóshōu 〖성〗 1 넓은 땅에 파종하여 적은 수확을 올리다. 2 〖비〗 광범위하게 시행하지만 효과는 적다.
【广州】Guǎngzhōu 〖명〗〖地〗 광저우. 광주. [광(广东)성의 성도]

## 犷[獷] guǎng 사나울 광

〖형〗〖문〗 거칠다. 조야(粗野)하다. ¶粗~=조야하다. 거칠고 상스럽다.
【犷悍】guǎnghàn 〖형〗 거칠고 사납다.
【犷俗】guǎngsú 〖명〗 비속. 저속. 거친 풍속.

## 桄 guàng 실타래 광

명 1 실패. 얼레. 릴(reel). 2 (~儿) (얼레 따위에 감은 후 걷어 낸) 타래. ¶~线~儿=실 타래. 동 실을 실패에 감다. ¶~线=실을 타래에 감다. 명 (~儿) 타래. ¶两~线=실 두 타래.
☞ guāng

【桄子】guàng·zi 명 실패. 얼레. 릴(reel).

## 逛 guàng 거닐 광

동 거닐다. 배회하다. 돌아다니다. 산보하다. 구경하다. ¶闲~=한가로이 이리저리 거닐다. / ~公园=공원을 거닐다. / ~超市=슈퍼마켓에 가서 쇼핑하다.

○● 闲逛, 游逛

【逛荡】guàng·dang 동반 어슬렁거리다. 빈둥거리다. ¶他什么事也不做, 整天四处~。=그는 아무 일도 하지 않고 온종일 여기저기 어슬렁거린다. ↔闲逛

【逛灯】guàng∥dēng 동 (정월 대보름날 밤) 등불 구경을 가다.

【逛街】guàng∥jiē 동 길거리를 한가로이 거닐며 구경하다. 아이쇼핑하다.

【逛游】guàng·you 동 쏘다니다. 할 일 없이 돌아다니다. [비방하는 뜻을 내포함] ≒闲逛

# gui

## **归[歸]** guī 돌아갈 귀

동 1 돌아가다. 돌아오다. ¶荣~故里=금의환향하다. / 满载而~=가득 싣고 돌아오다. 2 돌려주다. 귀환하다. ¶完璧~赵=물건을 원상태로 주인에게 돌려주다. / 物~原主=물건을 원래의 주인에게로 돌려주다. 3 한곳으로 향하여 모이다. ¶百川~海=모든 하천은 바다로 모여든다. / 殊途同~=길은 달라도 목적지는 같다. 4 의지하다. ¶无所~依=의지할 곳이 없다. 5 …에 속하다. …에 귀속되다. ¶这几套房子~单位所有。=이 몇 채의 집은 회사(기관) 소유이다. 6 (동일한 동사 사이에 쓰여, 동작이 별로 효과가 없음을 나타내어) …은 …이고. ¶玩笑~玩笑, 事情还得认真去做。=농담은 농담이고, 일은 그래도 진지하게 해야 한다. 개 …가(이) (맡다). …가 (책임지다). ¶这方面的业务~小李负责。=이 방면의 업무는 샤오리가 책임진다. 명 1(数) 주산의 나눗셈. (산가지나 주산으로 구귀가를 응용하여 셈하는 나눗셈) ¶九~=구귀제법. 2 (Guī) 성(姓).

○● 当归, 飞归, 回归, 九归, 来归, 荣归, 同归, 终zhōng归, 总归

【归案】guī∥àn 동 피의자나 범인이 체포되어 관련 부서로 넘겨지다. ¶将凶手捉拿~。=범인을 체포하여 재판에 회부하다.

【归并】guībìng 동 1 합병하다. 병합하다. ¶把两家公司~为一家。=두 회사를 하나로 합병하다. 2 합치다. 모으다. ¶把这组成员~到其他各组。=한 팀을 줄여서 그 팀원들을 다른 각 팀으로 합치다. ≒归拢

【归程】guīchéng 명 귀로(歸路). 돌아가는(돌아오는) 길. ¶~遥远=돌아갈 길이 아득히 멀다. / 踏上~=귀로에 오르다.

【归除】guīchú 명(数) 주산에서 두 자리 수나 두 자리 수 이상의 나눗셈(제법).

【归档】guī∥dàng 동 문서나 자료를 분류하여 보관하다.

【归队】guī∥duì 동 1 귀대하다. 부대로 돌아가다. 2 (轉) 본업으로 돌아가다. ¶他辞职经商多年, 最后还是~当了老师。=그는 사직하고 여러 해 동안 사업을 하다가 결국은 본업으로 돌아와 선생님이 되었다. ↔离队

【归帆】guīfān 명 항해에서 돌아오는 범선. ¶片片~驶向港口。=항해에서 돌아오는 각각의 범선들이 항구를 향했다.

【归服】guīfú 동 귀순하여 복종하다.

【归附】guīfù 동 귀순하여 따르다. …을(를) 따르다. ¶各路人马纷纷~革命军。=각 노선의 병사가 잇달아 혁명군에 귀순하였다.

【归根】guī∥gēn 동(轉) 타향살이를 하던 사람이 고향(조국)으로 돌아오다. ¶叶落~=잎은 떨어져서 뿌리로 돌아간다. 타향살이를 하던 사람이 끝내 고향으로 돌아오다.

【归根到底】guīgēn-dàodǐ 성 근본으로 돌아가다. 결국. 끝내.

【归根结柢】[归根结底]guīgēn jiédǐ 성 근본으로 돌아가다. 결국 가서는. =【归根结蒂】guīgēn-jiédǐ

【归根结柢】guīgēn-jiédǐ ☞ 【归根结底】guīgēn-jiédǐ

【归根结蒂】guīgēn-jiédǐ ☞ 【归根结底】guīgēn-jiédǐ

【归公】guī∥gōng 동 국가나 기관으로 귀속시키다. ¶所有罚款一律~。=모든 벌금을 일률적으로 국가나 기관으로 귀속시킨다.

【归功】guīgōng 동 공로를 …(으)로 돌리다. ¶成绩~于全体师生。=성과를 전체 선생님과 학생들에게 돌리다.

【归国】guīguó 동 조국으로 돌아가다(돌아오다). 귀국하다. ¶~华侨=조국으로 돌아온 화교.

【归化】guīhuà 동 귀화하다.

【归还】guīhuán 동 돌려주다. 반환하다. ¶图书借阅后要及时~。=도서를 빌려 본 후 제때에 반환해야 한다. ≒交还, 返还, 奉还 ↔抢夺

【归回】guīhuí 동 1 돌아가다. 돌아오다. ¶~故里=고향으로 돌아가다(돌아오다). 2 되돌려주다. 반환하다. ¶杂志阅后~原处。=잡지를 본 후에 원위치에 반환해놓다.

【归集】guījí 동 한 곳에 모으다. 한 곳에 집결시키다. ¶把所有材料~起来。=모든 자료를 한 곳에 모으다.

【归结】guījié 동 귀납하거나 총괄하다. 귀결시

키다. ¶大家的意见~起来不外两点。=모두의 의견을 귀납하면 결국 두 가지를 벗어나지 않는다. 명 결과. 귀결. ¶这场官司总算有了~。=이 소송은 마침내 결말을 보게 되었다.

【归咎】guījiù 동 잘못을 (…에게로) 돌리다. …의 탓으로 돌리다. ¶把错误全~于他一个人是不妥的。=잘못을 모두 그 한 사람에게 돌리는 것은 옳지 않다. ≒归罪

【归聚】guījù 동④ 한 곳에 모으다. 집결시키다. ¶把晒的粮食~到一块。=말린 식량을 한 곳에 끌어모으다. ≒归拢

【归口】guī‖kǒu 동 1 (업무나 기구를 특성에 따라) 체계적으로 귀속시키다. ¶~管理=체계적 집중 관리. 2 본업으로 돌아가다. ¶他改行十多年，现在~专业难免有些生疏。=그는 10여 년 동안 업종을 바꾸었다가 지금 다시 본래의 업종으로 돌아왔으니 좀 생소할 수밖에 없다.

【归来】guīlái 동 돌아오다. 본래의 자리로 돌아오다. ¶平安~=평안하게 돌아오다.

【归了包堆】guī·lebāoduī ☞【归里包堆】guī·libāoduī

【归类】guīlèi 동 분류하다. 종별(種別)하다. 유별(類別)하다. ¶图书~摆放，以便查找。=책을 찾기 쉽도록 종류별로 분류하여 놓다.

【归理】guīlǐ 동 정리하다. 치우다. ¶我刚进门，行李还没来得及~。=내가 막 돌아와서 짐을 아직 정리할 겨를이 없었다.

【归里包堆】guī·libāoduī 부④ 모두 합해서. 전부. =【归了包堆】guī·lebāoduī ¶所有开销~一千五百元。=모든 지출은 합계 1,500위안이다.

【归拢】guī·lǒng 동 한곳에 모으다. 집결하다. ¶把这些杂物~~。=이 잡동사니들을 한곳에 좀 모아라. ≒归聚 归并

【归路】guīlù 명 귀로.

【归谬法】guīmiùfǎ ☞【反证法】fǎnzhèngfǎ

【归纳】guīnà 동 귀납하다. 종합하다. ¶他把参会人员的发言~成了几个要点。=그는 회의에 참석한 사람들의 발언을 몇 가지 요점으로 종합하였다. 명 (論) 귀납법. ≒概括 综合 ↔演绎

【归纳法】guīnàfǎ 명 (論) 귀납법. =【归纳推理】guīnà tuīlǐ

【归纳推理】guīnà tuīlǐ ☞【归纳法】guīnàfǎ

【归宁】guīníng 동④ 귀녕하다. 근친(覲親)하다. 친정 가다. ¶~省亲=친정에 가서 부모님을 찾아뵙다.

【归期】guīqī 명 돌아갈 날. ¶~已定=돌아갈 날이 이미 정해졌다.

【归齐】guīqí 동④ 합치다. 합계하다. ¶能筹到的钱~不到一万。=끌어모을 수 있는 돈은 모두 합해서 만 (위안)이 되지 않는다. 명 결국. 결과. ¶大伙商议了半天，~还是没拿定主意。=모두들 오래도록 상의하였으나 결국 여전히 결정을 하지 못했다.

【归侨】guīqiáo 명 귀국한 교포.

【归去】guīqù 동④ 돌아가다. 되돌아가다. ¶离家已久，理当~。=집을 떠난 지 이미 오래 되었

으니, 마땅히 돌아가야 한다.

【归属】guīshǔ 동 …에 속하다. …에 귀속되다. ¶这几家工厂都~一个公司。=요 몇몇 공장은 모두 한 회사이다. 명 귀속. 소유(권). 관할(권). ¶房产的~未定。=부동산의 소유권은 아직 정해지지 않았다.

【归顺】guīshùn 동 귀순하다. 귀복(歸服)하다. ¶~朝廷=조정에 귀복하다.

【归宿】guīsù 명 (사람이나 사물이) 마지막으로 의지할 곳. 귀결점. 귀착점. ¶道人空门对他来讲或许是最好的~。=불교에 귀의하는 것이 그에게 있어서는 어쩌면 가장 좋은 귀착점일지도 모른다.

【归天】guī‖tiān 동 죽다. 돌아가다. 서거하다.

【归田】guītián 동 1④ 사직하고 고향으로 돌아가다. ¶解甲~=군대에서 전역하고〔제대하여〕고향으로 돌아가다. 2 농지로 흘러들어가게 하다. ¶滴水~=한 방울의 물이라도 논으로 흘러들어가게 하다.

【归途】guītú 명 귀로(歸路).

【归西】guī‖xī 동 죽다. 돌아가다.

【归降】guīxiáng 동 항복하다. 투항하다. 귀순하다. ≒投降

【归向】guīxiàng 동 …쪽으로 기울다. …쪽으로 향하다. ¶人心~=사람의 마음이 향하는 방향.

【归心】guīxīn 동 심복하다. 진심으로 귀순하다. ¶万民~=온 국민이 진심으로 심복하다. 명 집〔고향〕으로 돌아가고 싶은 마음. ¶早有~=일찌감치 고향으로 돌아가고 싶은 생각이 있었다.

【归心似箭】guīxīn-sìjiàn 성어④ 집으로 돌아가고 싶은 생각이 시위를 떠난 화살처럼 급하다. 집으로 돌아가고 싶은 마음이 굴뚝같다. 집으로 빨리 돌아가고 싶어 안달하다.

【归省】guīxǐng 동④ 귀성하다. 고향에 돌아가서 (부모님을) 찾아뵙다.

【归依】guīyī 1④ 맡기다. 의탁하다. 의지하다. ¶身心有所~。=몸과 마음을 의탁할 곳이 있다. 2 ☞【皈依】guīyī

【归阴】guī‖yīn 동 죽다. 사망하다.

【归因】guīyīn 동 원인을 …의 탓으로 돌리다. ¶球队的失败完全~于教练是不正确的。=팀의 실패 원인을 완전히 코치의 탓으로 돌리는 것은 옳지 않다.

【归隐】guīyǐn 동④ 민간이나 고향으로 돌아가서 은거하다. ¶~故园=고향으로 돌아가서 은거하다.

【归于】guīyú 1 (주로 추상적인 사물을) …에(게) 돌리다. …에 속하다. ¶荣誉~集体。=영광을 단체에 돌리다. 2 …(으)로 귀결되다. …쪽으로 향하다. ¶经过协商，众人的意见~一致。=협상을 거친 후 모두의 의견은 일치하는 쪽으로 귀결되었다.

【归葬】guīzàng 동 (시신을) 귀장하다. [다른 고장에서 죽은 사람의 시체를 고향으로 옮겨 장사지내는 것을 가리킴]

【归着】guī·zhe 동⑦ (어지러이 흩어진 물건을)

치우다. 정리하다.
【归真】 guīzhēn 〖동〗 1 본연의 모습으로 돌아가다. ¶返璞~=본연의 참되고 순박한 마음으로 돌아가다. 2 (불교·중국 이슬람교에서 쓰는 말로) 죽다.
【归真返朴】 guīzhēn-fǎnpú ☞ 【归真返璞】 guīzhēn-fǎnpú
【归真返璞】[归真返朴] guīzhēn-fǎnpú ☞ 【返璞归真】 fǎnpú-guīzhēn
【归整】 guī·zhěng 〖동〗 (어지러이 흩어진 물건을) 정리〔정돈〕하다. 치우다. ¶~散放的书籍=어지러이 흩어진 책을 정돈하다.
【归正】 guīzhèng 〖동〗 귀정되다. 올바르게 되다. 올바른 길로 돌아오다. ¶改邪~=잘못을 고쳐서 올바른 길로 가다.
【归置】 guī·zhi 〖동〗 (어지러이 흩어진 물건을) 치우다. 정리하다. 수습하다. ¶房间里乱七八糟的, 得好好~~。=방안이 엉망으로 어지러져 있으니 잘 좀 치워야지.
【归宗】 guīzōng 〖동〗 (양자로 갔거나 타지를 떠돌던 사람이) 생가로 되돌아오다〔귀속하다〕. ¶认祖~=본래의 부모 밑으로 입적하다.
【归总】 guīzǒng 〖동〗 한 곳으로 모으다. 한 곳에 합치다. 합계하다. ¶把统计数据~~下。=통계 숫자를 한번 합쳐 보자. 〖부〗 모두. 전부. 합해서. ¶公司员工~不超过两百人。=회사의 직원은 모두 합해서 200명을 넘지 않는다.
【归罪】 guīzuì 잘못을 …의 탓으로 돌리다. …에게 죄를 돌리다. ¶~于人=잘못을 남의 탓으로 돌리다. ≒归咎

## 圭 guī 홀 규

〖명〗 1 규. (옥으로 만든 홀(笏). 위 끝은 뾰족하고 아래는 네모남. 옛날 중국에서 천자(天子)가 제후를 봉하거나 신을 모실 때 쓰임) 2 규표(圭表). 해시계. 〖양〗 옛 도량형의 단위로 1升(되)의 10만분의 1. [일설에는 1升(되)의 4천분의 1이라고도 함]
【圭表】 guībiǎo 〖명〗〖천〗 해시계. 규표(主表).
【圭角】 guījiǎo 〖명〗〖비〗 1 규각. 규의 뾰족한 부분. 2 〖비〗 (드러나는) 재주나 능력. ¶初露~=처음으로 재능을 나타내다.
【圭臬】 guīniè 〖명〗〖문〗 1 규표. 해시계. 2 〖비〗 준칙. 법도. 규범. 표준. 모범. ¶奉为~=모범으로 받들다.
【圭亚那】 Guīyànà 〖명〗〖외〗〖지〗 1 가이아나(Guyana). [수도는 '乔治敦(조지타운): Georgetown'임] 2 기아나(Guiana). [남아메리카 북동부에 있는 대서양 연안 지방]

圭 guī
硅 guī
桂 guī
闺 guī
奎 kuí
跬 kuí
喹 kuí
逵 kuí
悝 huī
挂 guà
褂 guà
卦 guà
诖 guà
蛙 wā
哇 wā
娃 wá
洼 wā
佳 jiā
街 jiē
鞋 xié
畦 qí

## 龟[龜] guī 거북 귀

〖명〗〖동〗 거북.
⇒ jūn, qiū

○● 海龟, 金龟, 乌wū龟
【龟板】 guībǎn 〖명〗〖의〗 (중의학에서) 귀갑(龜甲). [거북의 껍질을 약재로 씀]
【龟背】 guībèi 〖명〗 1 거북의 등. 2 거북의 등처럼 생긴 모양. ¶~构造的熔岩=거북 등 모양으로 생긴 용암. 3 〖의〗 구루병. 곱삿병.
【龟趺】 guīfū 〖명〗 귀부. 귀두. [거북 모양으로 만든 비석의 받침돌]
【龟公】 guīgōng 〖명〗 1 바람난 여자의 남편. 오쟁이 진 사람. [욕하는 말로 쓰임] 2 기생집의 남자 주인. 남자 포주. 뚜쟁이.
【龟鹤延年】 guī hè yánnián 〖성〗 거북이나 학처럼 장수하다. [주로 노인에 대한 축사로 쓰임]
【龟甲】 guījiǎ 〖명〗 1 귀갑. 귀각. 거북의 등딱지. [옛날, 점치는 데 사용함] 2 ☞ 【龟板】 guībǎn
【龟鉴】 guījiàn 〖명〗〖문〗 1 (점치는 데 사용하는) 귀갑과 거울. 2 〖비〗 귀감. 모범. 본보기. =【龟镜】 guījìng
【龟镜】 guījìng ☞ 【龟鉴】 guījiàn
【龟年鹤寿】 guīnián-hèshòu 〖성〗 거북이나 학처럼 장수하다. [주로 노인에 대한 축사로 쓰임]
【龟孙(子)】 guīsūn(·zi) 〖명〗 개자식. 개새끼. 후레자식. 짐승 같은 놈. [욕하는 말로 쓰임]
【龟缩】 guīsuō 〖동〗 (거북의 목처럼) 움츠리다. 숨다. 틀어박히다. ¶逃犯~在山洞里不敢露面。=도주범은 산의 동굴 속에 틀어박혀서 감히 얼굴을 내밀지 못했다. ≒卷缩
【龟头】 guītóu 〖명〗〖생〗 귀두.
【龟纹豹】 guīwénbào ☞ 【云豹】 yúnbào
【龟足】 guīzú ☞ 【石蜐】 shíjié

## 妫[嬀] Guī 강 이름 규

〖명〗 1 〖지〗 구이수이(妫水). [허베이(河北)성에 있는 강 이름] 2 성(姓).

## 规[規, 槼] guī 법 규

〖명〗 1 각도기. 컴퍼스. ¶圆~=컴퍼스. 2 규범. 준칙. 관례. ¶法~=법규. / 校~=교칙. ¶墨守成~=기존의 관례를 고수하다. 〖동〗 1 기획하다. 꾀하다. 계획하다. ¶认真~划=진지하게 기획하다. 2 권유하다. 권고하다. ¶再三~劝=재삼 권유하다.

○● 常规, 陈规, 成规, 定规, 法规, 犯规, 行háng规, 家规, 教规, 陋lòu规, 清规, 日规, 正规, 子规

【规避】 guībì 〖동〗 피하다. 회피하다. ¶~风险=모험〔위험〕을 회피하다.
【规程】 guīchéng 〖명〗 규정. 준칙. 규칙. ¶施工~=시공 규칙.
【规定】 guīdìng 〖동〗 규정하다. 정하다. ¶必须在~时间内完成任务。=반드시 정해진 시간 내에 임무를 완성해야 한다. 〖명〗 규정. 규칙. ¶关于提成比例, 公司有明确的~。=공제 비율에 관해서 회사에 명확한 규정이 있다.
【规定动作】 guīdìng dòngzuò 〖명〗〖체〗 (다이

빙·체조 등의 종목에서의) 규정 동작. 한다.
【规范】guīfàn 圈 규범. 표준. 준칙. 본보기. 모 【规模效益】guīmó xiàoyì 圈 규모 경제 효과.
범. ¶行为~=행위 규범. 통 규범에 맞게 하다. 【规劝】guīquàn 통 타이르다. 충고하다. 권고
규범화하다. ¶~管理制度=관리 제도를 규범화 하다. 정중하게 권하다. ¶在亲友的一再~下, 他
하다. 휑 규범에 맞는. 규범적이다. ¶操作程序很 决定戒毒. =친지들이 거듭 타이르자 그는 마약
~. =조작 순서가 매우 규범적이다. 을 끊기로 결정했다.
【规范化】guīfànhuà 통 규범화하다. 규범에 맞 【规条】guītiáo 圈 조항. 규정.
도록 하다. ¶售后服务~. =애프터서비스(AS) 【规行矩步】guīxíng·jǔbù 図 1 규정에 따라 걷
를 규범화하다. 다. 2 [비] 언행이 반듯하여 함부로 하지 않다. 규
【规费】guīfèi 圈 (국가 기관이 받는) 규정[소정] 범대로 행동하다. 3 [비] 보수적이고 고지식하여
수수료. 융통성이 없다.
【规格】guīgé 圈 1 표준. 규격. ¶产品~合乎要 【规约】guīyuē 圈 규약. 조약. 규정. ¶遵守~=
求. =제품의 규격이 요구에 부합하다. 2 규정된 규약을 준수하다. 통 제한하다. 구속하다. 제약
요구나 조건. ¶此次接待来宾的~相当高. =이 하다. ¶用理智~言行. =이지(理智)로써 언행
번 손님 접대는 요구 조건이 상당히 높다. 을 제약하다.
【规规矩矩】guī·gui jǔjǔ(~的) 휑 규칙을 준 【规则】guīzé 圈 규칙. 규정. 법규. ¶交通~=
수하다. 정직하고 반듯하다. 단정하고 예의가 바 교통 법규. 휑 (형태·구조·분포 따위가) 규칙적
르다. ¶他向来是~地做生意, 违法的事从来 이다. 일정하다. 가지런하다. 조리가 있다. ¶有
不干. =그는 줄곧 정직하고 반듯하게 장사를 하 些瓷器的形状很不~. =어떤 자기(瓷器)는 모
여 법을 어기는 일은 아직까지 하지 않았다. 양이 아주 불규칙적이다. ≒规章
【规划】guīhuà 통 기획하다. 계획하다. 꾀하다. 【规章】guīzhāng 圈 1 규칙. 규정. 장정(章程).
¶多个大城市正在~修建地铁. =많은 대도시 ¶~制度=규정. 2 국가 기관의 규정. ≒规则
가 지금 지하철 건설을 계획하고 있다. 圈 발전 法则
계획. 기획. [비교적 종합적이고 장기적인 발전 【规整】guīzhěng 휑 정연하다. 반듯하다. 가지
계획에 쓰임] ¶制定企业发展的新~. =기업 발 런하다. 일정하다. ¶书架上的图书摆放得很~.
전의 새로운 계획을 제정하다. ≒计划 =책꽂이에 책이 가지런하게 놓여 있다. 통 정리
【规谏】guījiàn 통 충심으로 권고하다. 충고 하다. 치우다. ¶把这些餐具好好~~. =이 식
하다. 기들을 잘 치워 놓아라.
【规戒】guījiè ☞【规诫】guījiè 【规正】guīzhèng 통 [문] 타이르다. 권고하다. 바
【规诫】[规戒]guījiè 통 충고하다. 훈계하다. 타 로잡다. 시정하다. ¶互相~=서로 충고하여 바
이르다. 주의시키다. ¶婉言~=완곡하게 충고 로잡아 주다. 휑 반듯하다. 가지런하다. ¶大家
하다. ≒劝诫 围坐成一个很不~的圆圈, 边吃边聊. =모두들
【规矩】guī·ju 圈 1 규구. 곱자와 그림쇠. 2 [비] 아무렇게나 둘러앉아 음식을 먹으면서 이야기를
표준. 법칙. 규율. 규정. 습관. ¶行业~=업계의 나누었다.
규율. 휑 (행위가) 단정하고 정직하다. 모범적이 【规制】guīzhì 圈 1 (건축물의) 규모와 형태[구
다. ¶他是个~人, 从不胡来. =그는 모범적인 조]. ¶这座古楼的~相当宏伟. =이 옛 건축물
사람이라 여태껏 함부로 행동하는 일이 없다. ↔ 의 규모가 매우 웅장하다. 2 규칙. 규정. ¶加强
放肆 企业内部的~建设=기업 내부의 규정을 보강하
【规矩绳墨】guī·ju shéngmò ☞【规矩准绳】 다. 통 규제하다. 제약하다. ¶~房地产业的盲
guī·ju zhǔnshéng 目投资状况=부동산업의 맹목적인 투자 현상을
【规矩准绳】guī·ju-zhǔnshéng 図[비] (반드시 규제하다.
지켜야 할) 규범. 준칙. 법칙. =【规矩绳墨】
guī·ju-shéngmò 邽 Guī 땅 이름 규
【规律】guīlǜ 圈 규율. 법칙. 규칙. ¶生老病死 圈 1 (地) 구이(邽). [옛 지명. 지금의 간쑤(甘肃)
是自然界的客观~. =생로병사는 자연계의 객 성에 있었음] 2 성(姓).
관 법칙이다. 휑 규율에 맞다. 규칙적이다. ¶他
每天按时就餐、休息, 生活很有~. =그는 매일 皈 guī 돌아갈 귀
제 시간에 식사하고 휴식하며 생활이 매우 규칙 【皈依】[归依]guīyī 통 1 [佛] 귀의하다. 2 종교
적이다. 를 독실하게 신봉하다. 종교를 깊이 믿고 의지하
【规律性】guīlǜxìng 圈 법칙성. 법칙. 규칙. 패 다. ¶~佛门=불교를 신봉하다.
턴. ¶人类社会的发展是有~的. =인류 사회의
발전은 규칙성이 있다. *闺[閨] guī 규방 규
【规模】guīmó 圈 규모. 형태. 범위. 영역. ¶初 圈 1 (옛) 위는 둥글고 아래는 네모난 작은 문. 2
具~=기본적으로 규모를 갖추다. 안방. 3 (옛) 규방. 도장방. ¶深~=규방.
【规模经营】guīmó jīngyíng 圈 체계적으로 【闺范】guīfàn 圈 규범. [부녀자가 지켜야 할
경영하다. ¶农村经济必须走~的道路. =농촌 도리나 범절] 2 부녀자의 풍도(風度). ¶大家
경제는 반드시 체계적으로 경영하여 나아가야 ~=양갓집 부녀자의 풍도.

【闺房】 guīfáng 閔옛 규방. 부녀자의 침실. ≒闺阁
【闺阁】 guīgé 閔 규방. ≒闺房
【闺阃】 guīkǔn 閔옛 규방.
【闺门】 guīmén 閔 1 규방의 문. 2 규방.
【闺门旦】 guīméndàn 閔(劇) 규문단. [중국 전통극에서의 소녀 역]
【闺女】 guī·nü 1 처녀. 규방아가씨. 2 딸.
【闺秀】 guīxiù 閔옛 규수. 지체가 있는 집안의 교양이 있는 딸. ¶大家~=대갓집 아가씨.
【闺怨】 guīyuàn 閔문 규원. ¶~诗=규원시. [사랑하는 사람에게 버림받은 여자의 원한을 노래한 시가]

## 珪 guī 홀 규
'圭(guī)'와 같음.

## *硅 guī 규소 규
閔(化) 규소. 실리콘(Si, silicon). [원자 번호 14]
【硅肺】 guīfèi 閔(醫) 규폐증(硅肺症). [옛날에는 '矽肺(xīfèi)'라고 함]
【硅钢】 guīgāng 閔(金) 규소강. [옛날에는 '矽钢(xīgāng)'이라고 함]
【硅谷】 guīgǔ 閔 1 실리콘 밸리(Silicone Valley). 2 첨단 공업 단지.
【硅化】 guīhuà 통 규산염화(silication)하다.
【硅胶】 guījiāo 閔(化) 실리카겔(silica gel). =氧化硅胶 yǎnghuà guījiāo
【硅砂】 guīshā 閔(礦) 규사.
【硅树脂】 guīshùzhī 閔(化) 규소 수지.
【硅酸】 guīsuān 閔(化) 규산(硅酸). =矽酸 xīsuān
【硅酸盐】 guīsuānyán 閔(化) 규산염.
【硅铁】 guītiě 閔 규소철.
【硅酮橡胶】 guītóng xiàngjiāo ☞【硅橡胶】 guīxiàngjiāo
【硅橡胶】 guīxiàngjiāo 閔(化) 규소 고무. =硅酮橡胶 guītóng xiàngjiāo
【硅砖】 guīzhuān 閔 (내화성이 뛰어난) 규소 벽돌.

## 傀 guī 괴이할 괴
형문 1 괴이하다. 이상하다. ¶~奇=기괴하다. 2 홀로 선 모습. ¶~然独立=외로이 홀로 우뚝 서다.
☞ kuǐ

## 嬀 Guī 산 이름 괴
閔(地) 구이산(嬀山). [허난(河南)성 뤄양(洛阳) 서쪽에 있는 옛 산 이름. 지금은 구쿠우산(谷口山)이라 함]
☞ wěi

## *瑰¹[瓖] guī 구슬 이름 괴
閔 구슬. 보석. ¶琼~玉佩=옥구슬과 옥 패물. 형 진귀하다. 진기하다. ¶色彩~丽=색채

가 진기하고 아름답다.

## *瑰² guī 장미 괴
☞【玫瑰】 méiguī
【瑰宝】 guībǎo 閔 진귀한 보물. 보배. ¶京剧是中国民族文化的~。=경극(京劇)은 중국 민족 문화의 보배이다.
【瑰丽】 guīlì 형 놀랄 만큼 아름답다. 비할 데 없이 아름답다. ¶~的山川美景=놀랄 만큼 아름다운 산천의 풍경. ≒绚丽
【瑰奇】 guīqí 형 기이하다. 기상천외하다. ¶峨眉山云海=기상천외한 어메이산(峨眉山)의 운해(雲海). ≒瑰异
【瑰伟】 guīwěi ☞【瑰玮】 guīwěi
【瑰玮】[瑰伟] guīwěi 형문 1 (기품이) 진기하다. 기이하고 특이하다. 뛰어나다. ¶~大度=기품이 뛰어나고 도량이 넓다. 2 (글이) 화려하다. ¶文辞~=문장이 화려하다.
【瑰异】 guīyì 형 기이하다. 기상천외하다. 매우 이상하다. ≒瑰奇

## 鲑[鮭] guī 연어 규
閔(動) 연어과 물고기의 총칭.
☞ xié

## 鬶[鬹] guī 세발가마솥 규
閔 (도기로 만든) 세발솥.

## 氿 guǐ 샘 궤
閔문 산비탈에서 솟아 나오는 샘물. ¶~泉=산비탈의 샘.
☞ jiǔ

## 宄 guǐ 도둑 귀
閔문 나쁜 사람. 악인. ¶奸~=악인.

## **轨[軌] guǐ 궤도 궤
閔 1 옛 차 (수레) 바퀴 자국. 2 궤도. ¶运动~迹=운동 궤적. 3 방법. 규칙. 법도. 질서. ¶越~=규칙을 어기다. / 常~=상궤. 통상적인 질서. 4 철도. 철궤(鐵軌). 레일(rail). ¶铁~=철궤. (철도의) 레일. / 钢~=(강철로) 레일. 5 철로(鐵路). ¶脱~=탈선하다. / 有~电车=궤도 전차. 6 (Guǐ) 성(姓). 통문 따르다. 준수하다. ¶~于法令=법령에 따르다.

⊙ 不轨, 链liàn轨, 路轨, 铺pū轨, 双轨, 铁轨, 脱轨

【轨道】 guǐdào 閔 1 (天) 궤도. 궤적. [천체가 우주에서 운행하는 궤도] =【轨迹】 guǐjì 2 궤도. 궤적. ¶人造卫星的运行~=인공위성의 운행 궤적. 3 철로. 선로. 4 (행동의 준칙이나 범위로서의) 궤도. ¶公司的经营管理已逐步走上~。=회사의 경영 관리가 이미 궤도에 올랐다. 5 인생 노정(路程). ¶人生~=인생 노정.
【轨道衡】 guǐdàohéng 閔 궤도 계중대(軌道計重臺).

【轨度】guǐdù 명문 궤도(軌度). 법도. 본보기. ¶不循~=법도를 따르지 않다.

【轨范】guǐfàn 명 행동의 준칙. 규범. ¶道德~=도덕 규범.

【轨迹】guǐjì 명 1 (數) 궤적. 2 궤적. 3 ☞【轨道】guǐdào 4 団 인생의 역정(歷程). 행적. 지나온 발자취. ¶这本传记记录了他一生的~。=이 전기는 그의 일생의 역정을 기록하였다.

【轨距】guǐjù 명 철로 간의 간격. 궤간(軌間).

【轨辙】guǐzhé 명 1 차〔수레〕바퀴 자국. 2 団 전철. 지나간 일의 자취.

【轨枕】guǐzhěn 명 (철궤의) 침목.

庋 guǐ 시렁 기
명문 선반. 시렁. 동 보존하다. 저장하다. ¶~藏=저장하다.

匦[匭] guǐ 상자 궤
명 함. 상자. 궤짝. 갑. ¶票~=투표함.

佹 guǐ 기이할 궤
부문 우연히. ¶~得~失=우연한 성공과 우연한 실패. 형 1 (성격이나 언행이) 이치에 닿지 않다. 비뚤어지다. 2 기이하다. 괴상하다.

*诡[詭] guǐ 속일 궤
형 1 속이다. 기만하다. ¶阴谋~计=음모와 계략. 2 문 기이하다. 괴상하다. 이상야릇하다. ¶波谲云~=문장이 굴곡과 변화가 많다. 사태의 변화불측하다. ╺诡

【诡辩】guǐbiàn 동 궤변을 늘어놓다. ¶在事实面前,~总是显得苍白无力。=진실 앞에서 궤변은 늘 창백하고 무력하게 보이게 된다. 명(論) 궤변.

【诡称】guǐchēng 동 가장하다. 사칭(詐稱)하다. 위칭(僞稱)하다. 속이다. ¶他~自己将退出比赛以迷惑对手。=그는 자신이 시합에 참가하지 않을 것이라고 속여 상대 선수를 현혹시켰다.

【诡诞】guǐdàn 형 터무니없다. 황당하다. ¶~之论=터무니없는 말. 황당한 말.

【诡怪】guǐguài 형 이상야릇하다. 수상쩍다. 괴상하다. 이상하다. ¶他性情孤僻, 行事~。=그는 성격이 괴팍하고, 하는 일도 수상하다.

【诡幻】guǐhuàn 형 기이하고 변화무쌍하다. ¶~境界=기괴하고 변화무쌍한 경지.

【诡计】guǐjì 명 모략. 계략. 궤모(詭謀). 간계(奸計). ¶揭穿~=계략을 폭로하다.

【诡计多端】guǐjì-duōduān 성 교활한 속임수나 나쁜 꾀가 매우 많다. 대단히 교활하다.

【诡谲】guǐjué 형 1 기이하고 변화가 많다. ¶~多变=괴이하고 변화무쌍하다. 2 기괴하다. 괴이하다. ¶言行~=언행이 기괴하다. 3 교활하다. 간사하다. ¶~的表情=교활한 표정.

【诡秘】guǐmì 형 (행동·태도 등이) 은밀해서 잡을 수가 없다. ¶行迹~=행적이 묘연해서 잡을 수 없다.

【诡奇】guǐqí 형 괴이하다. 기이하다. ¶~的神话故事=기이한 신화 이야기.

【诡笑】guǐxiào 동 묘하게 웃다. ¶暗自~=몰래 혼자 묘하게 웃다.

【诡异】guǐyì 형 기이하다. 기괴하다. 특이하다. ¶~的自然奇观=기이한 자연 경관.

【诡诈】guǐzhà 형 교활하다. 간악하다. 간사하다. ¶~异常=간사하기 이를 데 없다.

垝 guǐ 허물어질 궤
동문 무너지다. 허물어지다. 붕괴하다. ¶~垣=허물어진 담.

**鬼 guǐ 귀신 귀
명 1 귀신. ¶吊死~=목매달아 죽은 귀신. / 装神弄~=농간을 부려 사람을 현혹시키다. 2 귀신. 놈. 쟁이. [어떤 특징을 가지고 있는 사람에 대한 멸시의 호칭] ¶懒~=게으름뱅이. / 小气~=구두쇠. 3 흉계. 간계. 음모. ¶搞~=음모를 꾸미다. / 心里有~=마음속에 음모가 있다. 4 (주로 미성년자에 대한 애칭으로) 녀석. ¶小~=녀석. 꼬맹이. / 调皮~儿=개구쟁이. 5 (天) 귀수. [이십팔수(二十八宿) 중의 하나] 형 1 정당하지 않다. 공명정대하지 않다. ¶到处~混=발 닿는 대로 아무렇게나 지내다. 2 열악하다. 지독하다. ¶~天气=변덕스러운 날씨. 3 영리하다. 총명하다. 똑똑하다. 영악하다. 눈치 빠르다. ¶这小家伙~得很!=요 녀석 진짜 영리하네!

○ 鬼 guǐ
瑰 guī
傀 kuǐ
魁 kuí
傀 kuǐ
槐 huái
块 kuài

▷打鬼, 搞鬼, 见鬼, 魔mó鬼, 闹鬼, 弄nòng鬼, 死鬼, 小鬼, 醉zuì鬼, 做鬼, 冒失鬼, 油炸鬼

【鬼把戏】guǐbǎxì 명 1 기만술. 속임수. 2 음모. 흉계.

【鬼才】guǐcái 명 1 특이한 재주. 2 특별한 재능을 가진 사람. 귀재(鬼才). 기재(奇才). ¶画坛~=미술계의 귀재.

【鬼打墙】guǐdǎqiáng 명 1 귀신에게 홀리다. [밤에 길을 잃고 원래 있던 자리에서 왔다 갔다 하는 것을 가리킴] 2 団 몰래 만들어 놓은 보이지 않는 장애(물).

【鬼点子】guǐdiǎn·zi 명 1 못된 생각. 나쁜 꾀 〔아이디어〕. 2 교묘한 생각. ¶多亏小家伙的~, 否则今天可麻烦了。=다행히 녀석의 교묘한 아이디어가 망정이지, 그렇지 않았다면 오늘 좀 곤란했을 겁니다.

【鬼风疙瘩】guǐfēng gē·da ☞【荨麻疹】xúnmázhěn

【鬼斧神工】guǐfǔ-shéngōng 성 1 기교가 귀신이 만든 것처럼 뛰어나다. 2 団 건축이나 조각 등의 기교가 사람이 했다고는 할 수 없을 정도로 정교하다. =【神工鬼斧】shéngōng-guǐfǔ

【鬼怪】guǐguài 명 1 귀신과 요괴. 2 団 사악한 세력이나 집단. ¶铲除~=사악한 세력을 뿌리뽑다. ╺鬼魅

【鬼鬼祟祟】guǐguǐ suìsuì (~的) 행동이 괴이쩍고 정정당당하지 못하다. ↔堂堂正正
【鬼画符】guǐhuàfú 명(н) 1 조잡한 글씨. 지렁이 기어가는 듯한 글씨(체). ¶你怎么写的,满篇都是~。=너는 글씨를 어떻게 썼느냐, 온통 지렁이가 기어가는 듯하잖아. 2 가식적인 말. 거짓말. 속임수. ¶他说的都是~, 千万信不得。=그가 말하는 건 다 거짓말이야, 절대 믿으면 안 돼.
【鬼话】guǐhuà 명 허튼소리. 거짓말. 말도 안 되는 소리. ¶~连篇=줄곧 허튼소리만 늘어놓다. 늑谎话
【鬼魂】guǐhún 명 영혼. 망령. 유령.
【鬼混】guǐhùn 통 1 빈둥거리다. 빈둥빈둥 하는 일 없이 세월을 보내다. ¶他在外面~多年, 终究还是一事无成。=그는 밖에서 몇 년을 빈둥거리더니 결국 한 가지 일도 이룬 것이 없다. 2 못된[나쁜] 짓을 하며 보내다. 올바르지 않은 생활을 하다. ¶他最近常和一些不三不四的人~。=그는 요즘 어중이떠중이들하고 어울려서 나쁜 짓거리를 하며 보낸다. 3 남녀가 멋대로 놀아나다. 남녀가 놀아나다.
【鬼火】guǐhuǒ ☞【磷火】línhuǒ
【鬼机灵】guǐjī·ling 형 매우 영리하고 총명하다. 아주 기민하다. 약삭빠르다. ¶这孩子~。=이 아이는 매우 영리하다. 명 매우 영리하고[약삭빠른] 사람. ¶他真是一个~。=그는 정말 약삭빠른 사람이다.
【鬼节】guǐjié 명 1 중원. 백중날. [음력 7월 15일로, 선조에게 제사를 올리는 날] 2 (서양의) 핼로윈(Halloween).
【鬼精灵】guǐjīnglíng ☞【鬼灵精】guǐlíngjīng
【鬼哭狼嚎】guǐkū-lángháo 성(н) 처량하게 울부짖다. 처절하게 통곡하다. 처참하게 아우성치다. =【狼嚎鬼哭】lángháo-guǐkū
【鬼脸】guǐliǎn (~儿) 명 1 가면. 2 일부러 짓는 익살맞은 (얼굴) 표정. ¶做~=익살맞은 표정을 짓다.
【鬼灵精】guǐlíngjīng 명(н) 지극히 영리한 사람. =【鬼精灵】guǐjīnglíng
【鬼魅】guǐmèi 명 귀매. 도깨비와 두억시니. ¶~伎俩=귀매의 술책. 늑鬼怪
【鬼门关】guǐménguān 명 1 지옥문. 저승길. 2 (н) 위험한 곳. 생사의 갈림길.
【鬼迷心窍】guǐmíxīnqiào 성(н) 귀신에게 홀리다.
【鬼名堂】guǐmíng·tang 명 꿍꿍이(속). ¶这家伙又在搞什么~?=이 녀석 또 무슨 꿍꿍이를 꾸미나?
【鬼魔】guǐmó 명 요괴와 마귀.
【鬼目】guǐmù ☞【凌霄花】língxiāohuā
【鬼神】guǐshén 명 귀신. ¶惊天地, 泣~。=천지를 놀라게 하고 귀신을 울리다.
【鬼神莫测】guǐshén-mòcè 성 신출귀몰하다. 종잡을 수가 없다. 매우 신기하다.
【鬼使神差】guǐshǐ-shénchāi 성 1 마치 귀신이 하는 일 같다. 2 (н) 귀신이 곡할 노릇이다. =【神差鬼使】shénchāi-guǐshǐ【神使鬼差】shénshǐ-guǐchāi
【鬼祟】guǐsuì 명(문) 못된 짓을 하는 귀신. 형(н) 행동이 괴이쩍고 정정당당하지 못하다. 하는 짓이 미심쩍다. ¶行为~=행동이 괴이쩍고 정정당당하지 못하다.
【鬼胎】guǐtāi 명(н) 음흉한 생각. ¶心怀~=마음에 음흉한 생각을 품다.
【鬼剃头】guǐtìtóu ☞【斑秃】bāntū
【鬼头】guǐtóu 형(구) 영리하고 장난기가 많다. ¶这孩子怪~的。=얘는 정말 영리하고 장난기가 많다. 명(구) 영리하고 장난기가 많은 아이. ¶小~=영리하고 장난기가 많은 꼬마.
【鬼头鬼脑】guǐtóu-guǐnǎo 성 행동이 괴이쩍고 정정당당하지 못하다. 살금살금 못된 짓을 하다. 교활하고 음흉하다.
【鬼物】guǐwù 명(문) 귀신. 요괴. 도깨비.
【鬼黠】guǐxiá 형 매우 영리하고 약삭빠르다. 음흉하다. 교활하다.
【鬼晓得】guǐxiǎo·de (н) 귀신만이 안다. 아무도 모르다.
【鬼雄】guǐxióng 명 귀신 영웅. [장렬하게 죽은 사람을 칭송하는 말] ¶生当作人杰, 死亦为~。=살아서는 인걸이었고 죽어서도 백귀 중의 영웅이 되다.
【鬼蜮】guǐyù 명(문) 1 귀신과 유령. 2 요괴. 도깨비. 3 (н) 음험하게 남을 해치는 사람. 악의 화신. ¶~横行=악인이 설치고 다니다.
【鬼蜮伎俩】guǐyù-jìliǎng 성(н) 흉계. 음모. 계략. 술책.
【鬼知道】guǐzhī·dao (н) 아무도 모르다. 알 수가 없다. ¶~这到底是怎么一回事。=이것이 어떻게 된 일인지 누가 알겠나?
【鬼主意】guǐzhǔ·yi 명 1 못된 생각. 나쁜 꾀[아이디어]. 음험한 계략. 2 교묘한 생각.
【鬼子】guǐ·zi 명 놈. [침략자에 대한 경멸의 호칭] ¶洋~=양놈.

## 妫 guī 얌전할 궤

【妫嬀】guīhuà 형(문) (여성이) 얌전하고 아름답다. (여성의 행동이나 태도가) 얌전하다.

## 癸 guǐ 열째 천간 계

명(天) 계(癸). [천간(天干)의 열 번째]

## 晷 guǐ 해 그림자 구

명 1 (문) 일영(日影). 해 그림자. ¶焚膏继~=밤낮으로 공부하다. 2 (문) 세월. 시간. ¶日无暇~=하루도 한가할 날이 없다. 3 (天) 해시계.

○● 日晷

## 簋 guǐ 제기 이름 궤

명 궤. [제사 때 쓰던 귀가 달린 제기(祭器)]

## **柜[櫃] guì 궤짝 궤

명 1 (~儿) 궤(짝). 함. [물건을 넣을 수 있게 나무로 네모나게 만든 그릇] ¶书~=책장. / 大衣~=옷장. 장롱. / 消毒~=소독함. **2** 계산대. 카운터. ¶现金已经交~。=현금은 이미 카운터에 넘겼다. **3** 가게. 상점. ¶老掌~的=나이 든 가게 주인. 가게 주인의 아버지.
☞ **jǔ**

⓿ 橱chú柜, 拦柜, 躺tǎng柜, 掌柜

【柜橱】**guìchú** 囝 서랍장. 수납장.
【柜房】**guìfáng** 囝 계산대. 카운터.
【柜上】**guì‧shang** 囝 **1** 카운터. 계산대. **2** 가게. 상점. 점포.
【柜台】**guìtái** 囝 **1** 계산대. 카운터. **2** 은행이나 서비스 기관의 업무 창구.
【柜员】**guìyuán** 囝 **1** 카운터 직원. **2** (특히) 금융기관의 창구 직원.
【柜员机】**guìyuánjī** 囝 현금인출기.
【柜子】**guì‧zi** 囝 궤짝. 함. 장롱. ¶打开~放东西=궤짝을 열고 물건을 넣다.

## 炅 Guì 성씨 계
囝 성(姓).
☞ **jiǒng**

## 刿[劌] guì 상처 입힐 귀
통문 (찔러서) 상처 입히다. 베다.

## *刽[劊] guì 끊을 회
통문 자르다. 끊다. 절단하다. 잘라 내다.
【刽子手】**guì‧zishǒu** 囝 **1**⓿ 회자수(劊子手). 망나니. 사형 집행인. **2**⑪ 하수인. 살육자. 도살자.

## 炔 Guì 성씨 계
囝 성(姓).
☞ **quē**

## **贵[貴] guì 귀할 귀
형 **1** (가격이나 가치가) 높다. 비싸다. 귀하다. 귀중하다. ¶昂~=비싸다. / 春雨~如油。=봄비는 기름처럼 귀중하다. / 今年的物价比去年~。=올해 물가가 작년에 비해 비싸다. **2** (사회적) 지위가 높다. ¶显~=높은 지위에 있는 사람. / 权~=권세가 있고 지위가 높은 사람. **3** 평가가 높다. 중시하다. 귀중하다. 드물다. ¶宝~=귀중하다. / 难能可~=아주 기특하다. **4**ⓔ 상대방과 관련 있는 사물을 높여 부르는 말. ¶~国=귀국. / 高抬~手=관대히 봐주다[봐주세요]. 통 (…을[를]) 귀중히 여기다. 중시하다. 존중하다. ¶兵~神速=군사 행동은 신속한 것이 최고이다. / 人~有自知之明。=사람은 누구나 자기 자신을 정확히 아는 것이 중요하다. 囝 **1**⓿ 贵州(구이저우)성. ¶云~高原=윈구이 고원. **2** (Guì) 성(姓). ≒富
↔贱

⓿ 贵 **guì**
溃 **kuì**
馈 **kuì**
匮 **kuì**
愦 **kuì**
聩 **kuì**
蒉 **kuì**
遗 **yí**

⓿ 昂áng贵, 富贵, 高贵, 华贵, 娇jiāo贵, 名贵, 亲贵, 权贵, 腾téng贵, 显贵, 云Yún贵, 珍贵, 尊贵

【贵宾】**guìbīn** 囝 귀빈. 귀중한 손님. ¶~室=귀빈실.
【贵耳贱目】**guì‧ěr-jiànmù** 성 전해 들은 말은 쉽게 믿고 직접 눈으로 본 사실은 믿지 않다.
【贵妃】**guìfēi** 囝 귀비. [황후 다음 가는 비빈(妃嫔)의 지위]
【贵妇】**guìfù** 囝옛 귀부인. [고귀한 집안의 부녀자에 대한 경칭]
【贵干】**guìgàn** 囝⑳ (귀하의) 용무. 일. ¶您来此地有何~?=여기 무슨 용무로 오셨습니까?
【贵庚】**guìgēng** 囝⑳ 연세. 춘추. 귀경. ¶~几何?=연세가 얼마나 되십니까?
【贵贱】**guìjiàn** 囝 **1** 귀천. 귀하고 천한 것. ¶人生来都是平等的, 没有~之分。=사람은 태어날 때부터 귀천이 없이 누구나 평등하다. **2** 비싼 것과 싼 것. ¶他买东西从来不问~, 喜欢就买。=그는 늘 물건을 살 때 가격이 얼마인지 따지지〔묻지〕 않고 좋으면 그냥 사 버린다. 〔부〕ⓔ 어쨌든. 어떻든. 아무튼. ¶~也不能干违法的事。=어쨌든 법을 어기는 일은 해서는 안 된다.
【贵金属】**guìjīnshǔ** 囝 귀금속.
【贵客】**guìkè** 囝 귀빈. 귀한 손님. 귀객.
【贵人】**guìrén** 囝 **1** 귀인. 신분이 고귀한 사람. ¶达官~=직위가 높고 신분이 귀한 사람. **2** 귀인. [황후 다음 가는 궁중의 여관(女官)]
【贵人多忘事】**guìrén duō wàngshì** 성 **1** 지위가 높은 사람은 잘 잊어버린다. **2** 건망증이 심한 사람을 조소하는 말.
【贵人眼高】**guìrén-yǎngāo** 성 **1** 지위가 높은 사람은 일반 사람을 업신여긴다. **2** 사람이 겸손하지 못하고 남들과 잘 인사하지 않거나 모른 체 하는 사람을 조소하는 말.
【贵体】**guìtǐ** 囝⑳ 옥체. 귀체. ¶听说~欠安, 特来探望。=옥체가 편찮으시다 하셔서 병문안 왔습니다.
【贵姓】**guìxìng** 囝⑳ (상대방의) 성. 성씨. ¶请问您~?=성씨가 어떻게 되십니까?
【贵阳】**Guìyáng** 囝(地) 구이양. [구이저우(贵州)성의 성도]
【贵恙】**guìyàng** 囝⑳ (상대방의) 병. 병환. ¶~是否痊愈?=병환은 다 나으셨는지요?
【贵重】**guìzhòng** 형 귀중하다. 중요하다. 진기하다. ¶~物品=귀중품.
【贵州】**Guìzhōu** 囝(地) 구이저우(贵州)성. 귀주성. 〔'黔(Qián)'이라 약칭하며, 성도는 '구이양(贵阳)'임〕
【贵胄】**guìzhòu** 囝문 귀족의 자손〔후손·후예〕.
【贵子】**guìzǐ** 囝⑳ 아드님. [주로 축하의 말로 쓰임] ¶喜得~=아드님 얻으신 것을 축하합니다.
【贵族】**guìzú** 囝 **1** 귀족. **2**⑪ 특수한 권리를 누리는 사람. ¶单身~=독신 귀족. 화려한 싱글〔솔로·독신〕. / 精神~=지적인 귀족. ↔贫民
【贵族学校】**guìzú xuéxiào** 囝 귀족 학교. [최

고급 교육 시설에 서비스가 일류이나 학비가 비싸서 주로 부잣집 자제들이 다니는 학교」

**桂** guì 계수나무 계
[名] 1(植) 계수나무. 육계(肉桂). ¶~枝=계수나무 가지. 2 월계수. ¶戴上一冠=월계관을 쓰다. 3(植) 목서나무. ¶金~=금계. 4(植) 계피나무. 5(Guì)(地) 구이장(桂江). [광시(广西)성에 있는 강 이름] 6(Guì)(地) '广西(광시)'성의 별칭. 7(Guì) 성(姓).

【桂冠】 guìguān [名] 1 월계관. 계관. [고대 그리스에서 걸출한 시인이나 경기 우승자에게 수여하였음] 2 영예로운 칭호. 경기의 우승자. ¶她曾两次获得奥斯卡最佳女主角的~。=그녀는 아카데미상 최우수 여우 주연상의 영예를 두 번이나 차지하였다.

【桂花】 guìhuā ☞【木犀】 mù·xi

【桂剧】 guìjù [名](劇) 계극. [구이린(桂林)·류저우(柳州) 일대에서 유행하는 광시(广西) 지방 전통극]

【桂林】 Guìlín [名](地) 구이린. [광시(广西)성에 있으며, 중국의 유명한 명승지 중 하나임] ¶~山水甲天下。=구이린(桂林)의 풍광은 천하제일이다.

【桂皮】 guìpí [名] 1(植) 계피나무. 2 계피나무의 껍질. 계피. 3(醫) 육계(肉桂).

【桂香柳】 guìxiāngliǔ ☞【沙枣】 shāzǎo

【桂鱼】 guìyú ☞【鳜鱼】 guìyú

【桂圆】 guìyuán ☞【龙眼】 lóngyǎn

【桂月】 guìyuè [名] 1 계월(桂月). 음력 팔월. 2 달. [달에 계수나무가 있다는 전설에서 유래함]

【桂竹】 guìzhú [名](植) 계죽(桂竹). [구이양(贵阳)현에서 나는 대나무] =【箇竹】 guìzhú

【桂子】 guìzǐ [名](植) 금계의 꽃. 계화(桂花). 계화꽃. ¶~飘香=계화 향기가 사방에 풍기다.

【桂子兰孙】 guìzǐ-lánsūn [名] 아드님과 손주님. [상대방 자손에 대한 미칭]

**桧[檜]** guì 전나무 회
[名](植) 전나무.
☞ huì

【桧柏】 guìbǎi [名](植) 향나무. =【刺柏】 cìbǎi ⓔ Chinese juniper

**匮[匱]** guì 상자 궤
[名] 고어에서 '柜(guì)'와 같음.
☞ kuì

**筀** guì 대 이름 계
【筀竹】 guìzhú ☞【桂竹】 guìzhú

**硊** guì 강 이름 귀
지명에 쓰이는 글자. ¶石~镇=스구이진. [안후이(安徽)성에 있는 지명]

**跪** guì 꿇어앉을 궤
[動] 무릎을 꿇다. 꿇어앉다. ¶下~!=무릎 꿇어! 늑踣 ↔站

【跪拜】 guìbài [動] 무릎을 꿇고 엎드려 절하다. [옛날 예절의 하나]

【跪射】 guìshè [動] 한쪽 무릎을 꿇고 사격하다. 무릎 쏴 하다.

【跪姿】 guìzī [名] 무릎을 꿇은 자세.

**鲑[鮭]** guì 모치 궤
[名](動) 연준모치.

**鳜[鱖]** guì 쏘가리 궐
[名](動) 쏘가리.
【鳜鱼】[桂鱼] guìyú [名](動) 중국쏘가리. ⊜【花鲫鱼】 huājìyú

# gun

**衮** gǔn 곤룡포 곤
[名] 곤룡포. ¶~冕=곤면. 곤룡포와 면류관.
【衮服】 gǔnfú [名] 곤복. 곤룡포.
【衮衮】 gǔngǔn [形](文) 많다. 수두룩하다. 끝이 없다.
【衮衮诸公】 gǔngǔn zhūgōng (成) 무위도식하는 고관들.

**绲[緄]** gǔn 띠 곤
[名] 1(文) 짜서 만든 띠. ¶~带=짜서 만든 띠. 2(文) 새끼. 줄. 끈. ¶麻~=삼밧줄. [動] (옷의) 가두리를 두르다. 옷단을 달다. 가장자리를 달다. ¶在衣领上一条白边。=옷깃에 흰 가두리를 두르다.
【绲边】[滚边] gǔnbiān(~儿) [動] 가두리를 두르다. 옷단을 달다. 가장자리를 달다. [名] 가두리.

**辊[輥]** gǔn 빨리 구를 곤
[名](機) 롤러. ¶轧~=압연 롤러.
【辊轴】 gǔnzhóu [名](機) 롤러축.
【辊子】 gǔn·zi [名](機) 롤러.

**滚** gǔn 구를 곤
[動] 1 구르다. 뒹굴다. ¶翻~=이리저리 구르다. 데굴데굴 구르다. / 打~儿=뒹굴다. 2 굴리다. 굴리면서 (무엇이) 달라붙게 하다. ¶~元宵=굴려 탕위안(汤园)을 만들다. 3(卑) (눈덩이처럼 점점) 불붙다. 늘다. 커지다. ¶利~利=이자에 이자가 덧붙다. 4 (액체가) 부글부글〔펄펄〕 끓다. ¶锅里的水~了。=솥의 물이 펄펄 끓었다. 5 나가(다). 떠나(다). [질책의 의미를 내포함] ¶~出去!=꺼져 버려! 6 '绲(gǔn)'과 같음. [재봉 방법의 하나] [副] 아주. 대단히. 특별히. ¶水烧得~烫。=물이 펄펄 끓었다. / 猪的肚子涨得~圆。=돼지의 배가 아주 둥글게 부풀었다.
[名](Gǔn) 성(姓).
◊● 打滚, 翻滚, 电滚子, 驴lú打滚

【滚边】gǔnbiān ☞【绲边】gǔnbiān
【滚齿机】gǔnchǐjī 圀(機) 기어 호빙 머신(gear hobbing machine). 기어 절삭용 공작 기계.
【滚存】gǔncún 圀 이월하다.
【滚蛋】gǔn‖dàn 圄 꺼져 버려! 물러가라! [꾸짖거나 욕하는 말임]
【滚荡】gǔndàng 圄 용솟음치다. 솟구치다. 굽이치다. 출렁거리다. ¶湖水~=호수의 물이 출렁거리다.
【滚刀】gǔndāo 圀 호빙 커터(hobbing cutter). 기어 절삭용 커터.
【滚刀肉】gǔndāoròu 偙偙 1 자르면 돌돌 말리는 고기. 2㉧ 상대할 수가 없는 사람. 막무가내인 사람.
【滚地球】gǔndìqiú 圀(體) (야구의) 땅볼.
【滚动】gǔndòng 圄 1 (물체가) 구르다. 굴러가다. 회전하다. ¶玻璃珠在桌面上~。=유리 구슬이 탁자 위에서 구른다. 2 (눈덩이처럼 점점) 불어나다. 덧붙다. 늘다. 커지다. 돌리다. 굴리다. ¶~发展=끊임없이 성장 발전하다. 3 연이어서 진행하다. ¶~播出比赛实况=운동 경기 실황을 연이어서 방송하다.
【滚动条】gǔndòngtiáo 圀(컴) 스크롤 바(scroll bar).
【滚动轴承】gǔndòng zhóuchéng 圀(機) 구름 베어링(rolling bearing).
【滚翻】gǔnfān 圀(體) 구르기. ¶前~=앞구르기. / 侧~=옆돌기.
【滚肥】gǔnféi 圀 피둥피둥[뒤룩뒤룩] 살지다. [주로 동물을 가리킴] ¶圈里的猪全都~~的。=우리 속에 있는 돼지는 모두 피둥피둥 살졌다.
【滚沸】gǔnfèi 圄 (물이) 부글부글〔펄펄〕 끓어오르다. ¶烧了一壶~的水。=물 한 주전자를 펄펄 끓였다.
【滚杠】gǔngàng 圀 굴림대. 롤러.
【滚瓜烂熟】gǔnguālànshú 偙 (읽거나 외우는 것이) 유창하다. 막힘이 없다. 숙련되다. 능하다. 줄줄 외우다.
【滚瓜溜圆】gǔnguāliūyuán 偙 1 아주 둥글다. 동글동글하다. 2 (가축 등이 살져서) 통통하다.
【滚瓜流油】gǔnguāliúyóu 偙 1 동글동글하고 번지르르하다. 2㉧ (가축이 살져서) 아주 통통하다.
【滚滚】gǔngǔn 偙 1 세차게 출렁이는〔굽이치는·용솟음치는〕 모양. 급속도로 구르는 모양. ¶波涛~=파도가 거세게 일다. 2 끊임없는 모양. ¶财源~=돈이 끊임없이 들어오다.
【滚开】gǔnkāi 圄 1 (액체가) 펄펄 끓다. ¶一壶~的水=펄펄 끓는 물 한 주전자. 2 꺼져! 사라져!
【滚雷】gǔnléi 圀 1 연속으로 울리는 천둥. 2 (軍) 롤링 마인(rolling mine). [높은 곳에서 폭발하여 연속적으로 터지는 지뢰]
【滚轮】gǔnlún 圀(體) 후프(hoop). =【虎伏】hǔfú
【滚落】gǔnluò 圄 굴러 떨어지다. ¶露水从树叶上~下来。=이슬이 나뭇잎 위에서 아래로 굴러 떨어진다.
【滚木】gǔnmù 圀 전투할 때 높은 곳에서 아래로 굴리는 통나무.
【滚热】gǔnrè 偙 몹시 뜨겁다. [주로 음식이나 체온을 가리킴] ¶喝了一碗~的姜汤。=뜨끈뜨끈한 생강탕을 한 사발 마셨다.
【滚石乐】gǔnshíyuè 圀(音) 로큰롤.
【滚水】gǔnshuǐ 圀 펄펄 끓는〔끓인〕 물.
【滚淌】gǔntǎng 圄 (눈물·땀이) 굴러 떨어지다. 흘러내리다. ¶两行热泪从她的脸上~下来。=두 줄기의 뜨거운 눈물이 그녀의 얼굴에서 흘러내린다.
【滚烫】gǔntàng 偙 몹시 뜨겁다. ¶孩子发烧了, 浑身~。=아이가 열이 나서 온몸이 몹시 뜨겁다.
【滚梯】gǔntī ☞【自动扶梯】zìdòng fútī
【滚筒】gǔntǒng 圀(機) 실린더. 롤러. [기계에서 원통형 회전 물체의 통칭]
【滚雪球】gǔn xuěqiú 圄 1 눈덩이를 굴리다. 2㉧ 갈수록 커지다(불어나다).
【滚油浇心】gǔnyóu-jiāoxīn 偙 1 펄펄 끓는 기름을 가슴에 붓다. 2㉧ 슬픔으로 인해 마음이 몹시 고통스럽다.
【滚圆】gǔnyuán 偙 아주 동그랗다. 매우 둥글다. 동글동글하다. ¶她瞪着一双~的大眼睛。=그녀는 동그란 두 눈을 휘둥그렇게 떴다.
【滚针轴承】gǔnzhēn zhóuchéng 圀(機) 니들 베어링(needle bearing).
【滚轴】gǔnzhóu 圀(機) 1 차축(車軸). 굴대. 2 기계의 축.
【滚珠】gǔnzhū (~儿) 圀(機) 스틸 볼(steel ball). 볼베어링의 쇠구슬. =【钢珠】gāngzhū
【滚珠轴承】gǔnzhū zhóuchéng 圀(機) 볼베어링(ball bearing). =【珠轴承】zhūzhóuchéng =【球轴承】qiúzhóuchéng【钢球轴承】gāngqiú zhóuchéng
【滚柱轴承】gǔnzhù zhóuchéng 圀(機) 롤러 베어링(roller bearing).
【滚装船】gǔnzhuāngchuán 圀 (자동차 따위를 운반하는) 로로선(roro船).
【滚壮】gǔnzhuàng 偙偙 (가축 등이 살져서) 아주 통통하다. 뚱뚱하다. ¶牛犊子一个个长得~。=송아지가 어느 것 할 것 없이 모두 통통하니 살쪘다.
【滚子】gǔn·zi 圀 롤러(roller).

# 磙 gǔn 땅 고를 곤

圀 (돌로 만든) 땅다지개. 굴밀이. 굴레. 돌태. 궁글대. 롤러. ¶石~=돌날대. 돌망다지개. 圄 땅다지개로 다지다. ¶~地=땅을 평평하게 다지다.
【磙子】gǔn·zi 圀 1 (돌로 만든) 땅다지개. 굴밀이. 롤러. 2 굴레. 돌태. 3 원주형의 다지는 기구. ¶碾盘上新换了~。=연자매의 맷돌을 새로 갈았다.

# 鲧[鯀] gǔn 물고기 이름 곤

圀 1 (動) 곤. [고서(古書)에 나오는 큰 물고기] 2

棍 过 扩 呙 埚 郭 涡 崞 聒 锅 蝈 国 **guó** 739

(Gǔn) 곤. [하(夏)나라 우(禹)임금의 아버지]

**棍 gùn** 몽둥이 곤
- 명 1 (~儿) 몽둥이. 막대기. ¶木~=나무 막대기. / 铁~=쇠몽둥이. 2 무뢰한. 나쁜 놈. 건달. 악당. ¶恶~=악당. / 淫~=색마(色魔).

⊙─ 冰棍儿, 拐guǎi棍, 光棍, 光棍儿, 夹棍, 土棍, 学棍

【棍棒】**gùnbàng** 명 1 막대기. 방망이. 몽둥이. 2 (옛날의 무술용) 방망이. (체조용) 곤봉. ¶~操=(리듬 체조에서) 곤봉 연기.

【棍儿茶】**gùnrchá** 명 (차나무의 잎줄기나 연한 가지로 만든) 질이 낮은 차.

【棍子】**gùn·zi** 명 막대기. 몽둥이.

# guo

**过[過] Guō** 성씨 과
- 명 성(姓).
- ☞ guò

**扩[彍, 彉] guō** 활시위 당길 확
- 동 문 활시위를 당기다.

**呙[咼] Guō** 성씨 화
- 명 성(姓).

**埚[堝] guō** 도가니 과
- ☞【坩埚】**gānguō**

**郭 guō** 성곽 곽
- 명 1 성곽. 외곽. ¶城~=성곽. 2 가장자리. 테. 틀. ¶耳~=귓바퀴. 3 (Guō) 성(姓). ≒城

**涡[渦] Guō** 물 이름 과
- 명 (地) 궈허(涡河). [허난(河南)성에서 발원하여 안후이(安徽)성으로 유입되는 강 이름]
- ☞ wō

**崞 Guō** 산 이름 곽
- 지명에 쓰이는 글자. ¶~山=궈산. [산시(山西)성에 있는 산 이름]

**聒 guō** 떠들썩할 팔
- 동 떠들썩하다. 시끄럽다. 요란하다. ¶~噪不止=끊임없이 시끄럽다.

【聒耳】**guō'ěr** 형 (소리가) 귀가 따갑다. 시끄럽다. 요란하다. 떠들썩하다. ¶蝉鸣~=매미 소리가 요란하다.

【聒噪】**guōzào** 동 요란하다. 떠들썩하다. 시끄럽다. ¶~之声不绝于耳.=떠들썩한 소리가 끊이질 않는다.

**锅[鍋] guō** 솥 과

- 명 1 솥. 냄비. 가마. ¶铁~=쇠솥. / 高压~=압력밥솥. 2 (~儿) 솥처럼 생긴 물건. ¶烟袋~儿=담뱃대통. 3 끓이는 기구. ¶火~=샤브샤브. 신선로. ≒釜 鼎

⊙─ 回锅, 开锅, 罗luó锅, 气锅, 汤锅, 腰锅, 砸zá锅

【锅巴】**guōbā** 명 1 누룽지. 2 쌀가루 등을 재료로 만든 누룽지 모양의 가공 식품.

【锅饼】**guō·bing** 명 궈빙. [딱딱하고 크고 두껍게 만든 중국식 전병]

【锅铲】**guōchǎn** (주방용) 뒤집개.

【锅底】**guōdǐ** 명 1 솥바닥. 가마 밑. 2 (~儿) 신선로〔샤브샤브〕의 탕거리. 3 (~儿) 솥에 남아 있는 음식. 솥바닥에 깔려 있는 음식.

【锅耳】**guō'ěr** 명 냄비의 손잡이. 솥귀.

【锅盖】**guōgài** 명 솥뚜껑.

【锅盔】**guō·kuī** 명 자그마하게 구운 궈빙(锅饼). 자그마한 밀전병.

【锅炉】**guōlú** 명 보일러.

【锅炉房】**guōlúfáng** 명 보일러실.

【锅台】**guōtái** ☞【灶tái】**zàotái**

【锅贴儿】**guōtiēr** 명 군만두.

【锅筒】**guōtǒng** 명 보일러의 증기나 물을 저장하는 원통(圆筒).

【锅碗瓢盆】**guō wǎn piáo pén** 명 (솥·그릇·국자·사발 등) 취사 도구. 주방용구. 부엌 세간.

【锅烟子】**guōyān·zi** 명 (솥 밑의) 검댕. 그을음. 그음.

【锅灶】**guōzào** 명 솥과 부뚜막.

【锅庄】**guōzhuāng** 명(干) 궈좡. [남녀가 원을 그리며 왼쪽으로 돌면서 노래하며 추는 장족(藏族)의 민속 무용]

【锅子】**guō·zi** 명 1 (方) 솥. 가마. 2 샤브샤브. 신선로. ¶涮~=샤브샤브. 신선로. 3 솥처럼 생긴 물건. ¶烟袋~=담뱃대통.

**蝈[蟈] guō** 여치 괵

【蝈蝈儿】**guō·guor** 명(动) 여치.

**国[國] guó** 나라 국

- 명 1 국가. 나라. ¶祖~=조국. / 强~=강국. 2 나라를 대표하거나 상징하는 것. ¶~旗飘扬=국기가 휘날리다. / 高奏~歌=국가를 소리 높이 연주하다. 3 자기 나라의 것. 본국의 것. 자국의 것. ¶汽车~产化=자동차 국산화. 4 중국의 것. ¶精通~画=중국화에 능통하다. 5 국내 최고의 것. ¶围棋~手=바둑 국수. 6 (Guó) 성(姓). ≒邦

○ 国 guó
  帼 guó
  掴 guó
  蝈 guó

⊙─ 爱国, 报国, 北国, 岛国, 敌国, 帝国, 公国, 建国, 旧国, 救国, 开国, 列国, 美国, 盟méng国, 南国, 叛pàn国, 强国, 窃qiè国, 山国, 属国, 锁suǒ国, 天国, 殉xùn国, 异yì国, 泽国

【国办】**guóbàn** 명(干) 国务院办公厅(국무원 판공청〔청사〕)

## guó 国

**【国宝】guóbǎo** 图 **1** 국보. 나라의 보배. **2** 국보. [국가에서 중요시하는 문물] **3** ㉯ 국보. [국가에 특별한 공로가 있는 사람] ¶这些老科学家是我们的~。= 이 노과학자들은 우리 나라의 국보이다.

**【国本】guóběn** 图 나라〔건국〕의 근본. ¶民为~ = 백성〔국민〕은 국가의 근본이다.

**【国标】guóbiāo** ☞【国家标准】guójiā biāozhǔn

**【国别】guóbié** 图 소속 국가의 명칭. 국별. 나라별. ¶护照上注明了持照人的~、姓名、出生年月等。= 여권에 여권 소유자의 국가·이름·생년월일 등이 기록되어 있다.

**【国宾】guóbīn** 图 국빈.

**【国宾馆】guóbīnguǎn** 图 영빈관. 국빈관.

**【国柄】guóbǐng** 图㉡ 나라의 대권(大權). 국권(國權). 정권(政權).

**【国步】guóbù** 图㉡ 국운. 나라의 운명. ¶~艰难 = 국운이 어렵다.

**【国策】guócè** 图 국책(國策). 국가의 기본 정책.

**【国产】guóchǎn** 图 국산의. 본국이 생산한. ¶~汽车 = 국산 자동차.

**【国产化】guóchǎnhuà** 图 국산화하다.

**【国产片儿】guóchǎnpiānr** 图㉠ 국산 영화.

**【国产片】guóchǎnpiàn** 图(映) 국산 영화.

**【国耻】guóchǐ** 图 국치. 나라의 치욕. 나라의 수치. ¶不忘~ = 국치를 잊지 않다.

**【国仇】guóchóu** 图 나라의 원한. ¶~家恨 = 나라의 원한과 가정의 원한.

**【国粹】guócuì** 图 국수. 한 나라나 민족이 지닌 고유한 문화의 정화. ¶京剧一直被视为中国的~。= 경극은 줄곧 중국의 국수로 알려져 왔다.

**【国道】guódào** 图 국도.

**【国都】guódū** 图 수도. ≒首都

**【国度】guódù** 图 국가. 나라. [주로 영역과 역사의 관점에서 말하는 것임] ¶本校拥有上千名来自不同~的留学生。= 본교에는 서로 다른 나라에서 온 천여 명의 유학생이 있다. ≒国家

**【国法】guófǎ** 图 국법. ¶~难容 = 국법이 용납하기 힘들다.

**【国防】guófáng** 图 국방. ¶~力量 = 국방력.

**【国防建设】guófáng jiànshè** 图 국방 건설.

**【国防教育】guófáng jiàoyù** 图 국방 교육.

**【国防军】guófángjūn** 图(军) 국방군.

**【国防绿】guófánglǜ** 图 국방색의. ¶~大衣 = 국방색 외투. 图 군복. ¶着~的女兵 = 군복을 입은 여군.

**【国防体制】guófáng tǐzhì** 图 국가 방위 체제.

**【国风】guófēng** 图 **1** 국풍. [《诗经(詩經)》의 한 부분〔체(體)〕] **2** 국풍. [한 나라의 특유한 풍속] ¶~淳正 = 나라의 풍속이 순박하고 정직하다.

**【国父】guófù** 图 국부. [국가의 창건에 특별한 공로가 있어서 국민들로부터 숭앙받는 위대한 지도자]

**【国富民安】guófù-mínān** 图 국가는 부강하고 국민은 평안하다.

**【国富民强】guófù-mínqiáng** 图 국가는 부유하고 국민은 강대하다.

**【国歌】guógē** 图 국가.

**【国格】guógé** 图 (국제 사회에서) 국가의 존엄〔명예〕. ¶在任何情况下都不能丧失~。= 어떠한 경우에도 나라의 존엄을 잃어서는 안 된다.

**【国故】guógù** 图 **1**㉡ (한발·역병·전쟁 등) 국가의 중대 사고〔변고·재난〕. **2** 국고. [중국 전통의 고대 문화·학술 등을 가리킴] ¶整理~ = 중국 고대의 문화 유산·학술을 정리하다.

**【国光】guóguāng** 图 국가의 영광.

**【国号】guóhào** 图 국호.

**【国花】guóhuā** 图 국화.

**【国画】guóhuà** 图(美) 중국화. [‘西洋画(서양화)’ 와 구별됨]

**【国徽】guóhuī** 图 국장(國章). 국가의 휘장. 국가 표지.

**【国会】guóhuì** ☞【议会】yìhuì

**【国魂】guóhún** 图 국혼. 나라의 혼. [한 국가 특유의 발양할 만한 정신]

**【国货】guóhuò** 图 국산품.

**【国籍】guójí** 图 **1** (사람의) 국적. **2** (비행기나 선박 등의) 국적. 소속국. ¶一艘~不明的货船 = 국적 불명의 화물선 한 척.

**【国计民生】guójì-mínshēng** 图 국가 경제와 국민 생활.

**【国技】guójì** 图 국기. [한 국가의 고유하거나 특출한 기예] ¶柔道被日本人视为~。= 유도는 일본인들이 저들의 국기라고 생각한다.

**【国际】guójì** 图 국제. ¶~协定 = 국제 협정. 图 국제의. 국제적인. ¶~准则 = 국제 규범.

**【国际标准】guójì biāozhǔn** 图 국제 규격. 국제 표준〔기준〕.

**【国际裁判】guójì cáipàn** 图(体) 국제 심판.

**【国际单位制】guójì dānwèizhì** 图 국제 단위계(SI, International System of Units). ㉮【国制】guójìzhì

**【国际儿童节】Guójì Értóngjié** ☞【六一儿童节】Liù-Yī Értóngjié

**【国际法】guójìfǎ** ☞【国际公法】guójì gōngfǎ

**【国际妇女节】Guójì Fùnǚjié** ☞【三八妇女节】Sān-Bā Fùnǚjié

**【国际歌】Guójìgē** 图 국제 무산 계급 혁명가. 인터내셔널의 노래.

**【国际公法】guójì gōngfǎ** 图(法) 국제 공법. 국제법. ㉮【国际法】guójìfǎ

**【国际公制】guójì gōngzhì** 图 미터법. =【米制】mǐzhì ㉮【公制】gōngzhì

**【国际共管】guójì gòngguǎn** 图 (어떤 지역이나 국가 또는 어떤 국가의 부분 영토를) 2개국 이상이 공동 관리〔통치〕하다. ㉮【共管】gòngguǎn

**【国际惯例】guójì guànlì** 图 국제 관례.

**【国际互联网】guójì hùliánwǎng** 图 **1** ‘因特网(인터넷)’의 옛 명칭. **2** 국제 네트워크〔연결망〕.

**【国际化】guójìhuà** 图 국제화하다. ¶结算方式

~=결산 방식을 국제화하다.

【国际劳动妇女节】Guójì Láodòng Fùnǚjié ☞【三八妇女节】Sān-Bā Fùnǚjié

【国际劳动节】Guójì Láodòngjié ☞【五一国际劳动节】Wǔ-Yī Guójì Láodòngjié

【国际劳工组织】Guójì Láogōng Zǔzhī 뗑 국제 노동 기구(ILO).

【国际贸易】guójì màoyì 뗑(經) 국제 무역.

【国际日期变更线】guójì rìqī biàngēng xiàn 뗑(天) 날짜 변경선. =【日界线】rìjiè xiàn

【国际狮子会】guójìshī·zihuì ☞【狮子会】shī·zihuì

【国际私法】guójì sīfǎ 뗑(法) 국제 사법.

【国际象棋】guójì xiàngqí 뗑 체스(chess). 서양 장기.

【国际性】guójìxìng 뗑 국제성. ¶反恐是具有~的事务. =반테러리즘은 국제성을 띠는 일〔사안〕이다.

【国际音标】guójì yīnbiāo 뗑(言) 국제 음성 자모〔기호〕.

【国际制】guójìzhì ☞【国际单位制】guójì dānwèizhì

【国际主义】guójìzhǔyì 뗑(政) 국제주의.

【国际组织】guójì zǔzhī 뗑 국제 조직.

【国家】guójiā 뗑 국가. 나라. ≒国度

【国家标准】guójiā biāozhǔn 뗑 국가 규격. 국가 표준〔기준〕. 粵【国标】guóbiāo

【国家裁判】guójiā cáipàn 뗑(粵)(體) 국가급 재판원(국가 심판). [중화 인민 공화국에서 공인한 심판]

【国家队】guójiāduì 뗑(體) 국가 대표팀.

【国家公园】guójiā gōngyuán 뗑 국립 공원.

【国家机关】guójiā jīguān 뗑 1 국가 기관. =【政权机关】zhèngquán jīguān 2 중앙 일급(中央一级) 기관.

【国家赔偿】guójiā péicháng 용 국가가 배상하다.

【国家税】guójiāshuì ☞【中央税】zhōngyāngshuì 粵【国税】guóshuì

【国家所有制】guójiā suǒyǒuzhì 뗑 국유제.

【国家预算】guójiā yùsuàn 뗑 국가 예산.

【国家元首】guójiā yuánshǒu 뗑 국가 원수.

【国将不国】guójiāngbùguó 용 1 나라가 곧 망하려 하다. 2 시국이 힘들고 망국의 위험에 직면하다.

【国交】guójiāo 뗑 국교. ¶恢复~=국교를 회복하다. ≒邦交

【国脚】guójiǎo 뗑 축구 국가 대표 선수.

【国教】guójiào 뗑 국교.

【国界】guójiè 뗑 국경선.

【国境】guójìng 뗑 1 국경. 2 국경 지대. 변경. ¶跨越~=국경을 넘다.

【国境线】guójìngxiàn 뗑 국경선.

【国境站】guójìngzhàn 뗑 (철도의) 국경역.

【国剧】guójù 뗑 1 국극. [한 나라에서 가장 널리 유행하는 전통극] 2(粵) 경극(京劇).

【国君】guójūn 뗑 국왕. 국군.

【国库】guókù ☞【金库】jīnkù

【国库券】guókùquàn 뗑(經) 국고 채권. 粵【库券】kùquàn

【国力】guólì 뗑 국력. ¶~雄厚=국력이 튼튼하다.

【国立】guólì 혱 국립의. 국가가 설립한. ¶~大学=국립 대학.

【国脉】guómài 뗑(粵) 국가의 명맥. ¶~民命=국가와 국민의 운명.

【国门】guómén 뗑 1(粵) 수도의 성문. 2 변경. 국경. ¶走出~=출국하다.

【国民】guómín 뗑 국민.

【国民待遇】guómín dàiyù 뗑 (외국 공민·기업·선박〔상선〕 등에 대한 민사상의) 내국민〔자국민〕 대우.

【国民党】Guómíndǎng 뗑(政) (중국) 국민당.

【国民经济】guómín jīngjì 뗑(經) 국민 경제.

【国民经济和社会信息化】guómín jīngjì hé shèhuì xìnxīhuà ☞【信息化】xìnxīhuà

【国民生产总值】guómín shēngchǎn zǒngzhí 뗑(經) 국민 총생산. 지엔피(GNP).

【国民收入】guómín shōurù 뗑(經) 국민소득.

【国难】guónàn 뗑 1 국난. 국가의 위난. 2 (외국의 침입으로 인한) 국가 재난. ¶~当头=국난이 눈앞에 닥치다. 국난에 직면하다.

【国内】guónèi 뗑 국내. ¶~市场=국내 시장.

【国破家亡】guópò-jiāwáng 용 국가가 멸망하고 가정이 파괴되다.

【国戚】guóqī 뗑 국척. 제왕의 외척(外戚). ¶皇亲~=황제의 친척과 외척.

【国旗】guóqí 뗑 국기.

【国企】guóqǐ ☞【国有企业】guóyǒu qǐyè

【国情】guóqíng 뗑 국정. 나라의 정세. 나라의 형편.

【国情咨文】guóqíng zīwén 뗑 연두〔연차〕 교서. 일반 교서.

【国庆】Guóqìng 뗑 건국 기념일. 독립 기념일.

【国人】guórén 뗑 국민. 본국인. 그 나라 사람.

【国丧】guósāng 뗑 국상. 국애(國哀).

【国色】guósè 뗑 1(粵) 국색. [그 나라에서 용모가 가장 뛰어난 여자] ¶天姿~=절세미인. 2 모란. ¶天香~=절묘한 향기와 아름다움을 갖춘 모란. 절세미인.

【国色天香】guósè-tiānxiāng ☞【天香国色】tiānxiāng-guósè

【国色天姿】guósè-tiānzī ☞【天姿国色】tiānzī-guósè

【国殇】guóshāng 뗑(粵) 순국열사.

【国史】guóshǐ 뗑 1 국사. [한 나라 또는 한 왕조의 역사] 2 국사. [고대의 사관]

【国士】guóshì 뗑 국사. 한 나라의 걸출한 인물. 온 나라에서 추앙받는 인물.

【国士无双】guóshì-wúshuāng 용 1 국내에서 필적할 만한 사람이 없는 걸출한 인물. 2 당대의 걸출한 인재.

【国势】guóshì 뗑 1 국력. ¶~强大=국력이 강

**guó**

대하다. **2** 국세. 나라의 형세. ¶~稳定=나라의 형세가 안정되다.

【国事】 **guóshì** 명 국사. 국가 대사. 나랏일. ¶操劳~=국사를 열심히 돌보다.

【国事访问】 **guóshì fǎngwèn** 동 (국가 원수·정부 수뇌 등이) 공식 방문하다.

【国是】 **guóshì** 명문 국시. 국가의 기본 방침. ¶共商~=국가의 방침을 함께 상의하다.

【国手】 **guóshǒu** 명 **1** 국수. [의술·바둑 등의 기량] 국내 최고인 사람] **2** 국가 대표.

【国书】 **guóshū** 명 (대사·공사 등의 파견 취지와 신분을 상대국에 통고하는) 신임장. 국서.

【国术】 **guóshù** 명 국술. 중국 전통 무술.

【国税】 **guóshuì** 명 **1** 국세. 국가의 세수. ¶国家财政主要来源于~。=국가의 재정은 주로 국세에서 나온다. **2** ☞ 【国家税】 **guójiāshuì**

【国泰民安】 **guótài-mín'ān** 성 국태민안. 나라가 평화롭고 백성의 생활이 안정되다.

【国帑】 **guótǎng** 명문 국가의 공금. 나라의 재산. ¶消耗~=나라의 공금을 소모하다.

【国体】 **guótǐ** 명 **1** (政) 국체. 국가의 정치 체제. **2** 국가의 존엄[체면]. ¶有伤~=국가의 존엄이 손상을 받다.

【国土】 **guótǔ** 명 국토.

【国外】 **guówài** 명 국외. 외국. ¶引进~资金=외국 자금을 끌어들이다.

【国王】 **guówáng** 명 국왕.

【国威】 **guówēi** 명 국위. 국가의 위세. 나라의 위력. ¶重振~=국위를 다시 한번 진작시키다.

【国文】 **guówén** 명 **1** 국문. 중국 어문. **3** 영 (초·중등 학교) 국어[어문] 과목.

【国务】 **guówù** 명 국무. 국가의 정무[사무].

【国务卿】 **guówùqīng** 명 **1** 국무경. [중화민국(中華民國) 초기, 대총통(大總統)의 보좌역] **2** (미국의) 국무 장관.

【国务委员】 **guówù wěiyuán** 명 국무 위원(國務委員).

【国务院】 **guówùyuàn** 명 **1** 국무원. [중화 인민 공화국의 최고 행정 기관] **2** 국무원. [중화민국 초기의 내각] **3** (미국의) 국무성.

【国学】 **guóxué** 명 **1** 국학. [철학·사학·문학·고고학·언어학 등 중국 고유의 학술 문화를 연구하는 학문] **2** (고대의) 국가가 설립한 학교.

【国宴】 **guóyàn** 명 (국빈을 초대하거나 경축일에) 정부에서 주최하는 연회.

【国药】 **guóyào** 명영 한약(漢藥).

【国医】 **guóyī** 명영 한의(漢醫).

【国音】 **guóyīn** 명 중국어 국가 표준 발음.

【国营】 **guóyíng** 형 국영의. 국가에서 경영하는. ¶~单位=국영 기업.

【国优】 **guóyōu** 명 전국에서 가장 우수한 제품〔업적〕. 전국 최우수 제품〔업적〕. ¶争~=전국 최우수 제품을 만들기에 최선을 다하다.

【国有】 **guóyǒu** 형 국유의. 국가 소유의. ¶~资产=국유 자산.

【国有股】 **guóyǒugǔ** 명 (經) 국유 주식.

【国有化】 **guóyǒuhuà** 동 국유화하다.

【国有经济】 **guóyǒu jīngjì** 명 (經) 국유 경제.

【国有企业】 **guóyǒu qǐyè** 명 국유 기업. ㈜ 【国企】 **guóqǐ**

【国有资产】 **guóyǒu zīchǎn** 명 국유 자산.

【国语】 **guóyǔ** 명 **1** 국어. **2** 영 표준 중국어. **3** 영 (초·중등 학교) 국어[어문] 과목. **4** 《Guóyǔ》《국어》. [춘추(春秋) 시대 좌구명(左丘明)이 엮은 책]

【国乐】 **guóyuè** 명 (중국) 국악.

【国运】 **guóyùn** 명 국운. 나라의 운명. ¶~昌隆=국운이 번창하다.

【国葬】 **guózàng** 명 국장.

【国贼】 **guózéi** 명 매국노. 민족 반역자.

【国债】 **guózhài** 명 국가의 채무.

【国债券】 **guózhàiquàn** 명 국채.

【国政】 **guózhèng** 명 국정.

【国子监】 **guózǐjiàn** 명 국자감. [옛날, 중앙 교육 관리 기관. 어떤 조대에서는 최고의 학부를 겸하였음]

## 掴[摑] **guó** 칠 괵

掴(guāi)의 다른 음.

## 帼[幗] **guó** 머리 장식 괵

명 (고대 부녀자의) 머리 장식. ¶巾~=(옛날 부녀자들이 두르던) 두건.

## 涸[滬] **guó** 물 이름 괵

지명에 쓰이는 글자. ¶北~=베이귀. [장쑤(江苏)성에 있는 하천 이름]

## 腘[膕] **guó** 오금 괵

명(生) 오금.

【腘窝】 **guówō** 명(生) 오금.

## 虢 **Guó** 나라 이름 괵

명 [歷] 괵나라. [주대(周代) 제후국의 하나. 서괵(西虢)은 지금의 산시(陕西)성 바오지(宝鸡) 동쪽에 있다가 후에 허난(河南)성 산(陕)현 동남쪽으로 천도하였고, 동괵(東虢)은 지금의 허난(河南)성 잉양(荥阳)에 있었음] **2** 성(姓).

## 馘[(聝)] **guó** 벨 괵

동 (옛날, 전쟁에서) 적의 왼쪽 귀를 잘라 전공을 계산하다. 명 잘라 낸 왼쪽 귀.

## 漍 **guó** 물 소리 괵

의문 졸졸. 좌좌. [물 흐르는 소리] ¶溪水~~=계곡물이 졸졸 흐르다.

## *果¹[(菓)] **guǒ** 열매 과

명(植) 과일. 열매. ¶水~=과일. / 开花结~=꽃이 피고 열매를 맺다. 순조롭게 좋은 결과를 맺다.

## *果² **guǒ** 결과 과

명 **1** (사물의) 결말. 귀결. 결과. ¶恶~=나쁜 결과. / 互为因~ = 서로 인과〔원인과 결과〕가 되다. **2 (Guǒ)** 성(姓). **[형]** 과단성〔결단력〕이 있다. ¶英勇~敢 = 용맹하고 과감하다. **[부]** 과연. 참으로. ¶~真如此. = 과연 정말 그렇구나. ↔因

○≎ 白果, 草果, 翅chì果, 核hé果, 荚jiá果, 假果, 坚果, 浆jiāng果, 结果, 蜡là果, 乐果, 落果, 杧máng果, 苹果, 青果, 球果, 仁果, 肉果, 沙果, 瘦果, 蒴shuò果, 糖果, 卧果儿, 喜果, 鲜果, 效果, 腰yāo果, 液yè果, 因果, 颖yǐng果, 斋zhāi果, 战果, 真果, 正果

【果报】 **guǒbào [명]** (佛) 인과응보. ¶~不爽 = 인과응보는 착오가 없다.
【果不其然】 **guǒ·buqírán [성]** 과연. 아니나다를까. = 【果不然】 **guǒ·burán** ¶我说过他一定会来, ~, 他真来了. = 나는 그가 꼭 올 거라고 했는데, 아니나다를까 그가 정말 왔다.
【果不然】 **guǒ·burán** ☞【果不其然】 **guǒ·buqírán**
【果菜】 **guǒcài [명]** 과일과 채소.
【果茶】 **guǒchá [명]** 과육이 들어 있는 과즙 음료.
【果丹皮】 **guǒdānpí [명]** 귤단피. 〔말린〔신선한〕 아가위나 '红果脯(아가위 절임)·苹果脯(사과 절임)'를 만들 때 생기는 부산물로 만든, 얇은 모양의 음식물〕
【果冻儿】 **guǒdòngr [명]** 과일 젤리.
【果断】 **guǒduàn [형]** 과단성〔결단력〕이 있다. ¶处事~ = 일처리가 과단성이 있다. ↔迟疑 犹豫 踌躇
【果饵】 **guǒ'ěr [명]** 과자.
【果脯】 **guǒfǔ [명]** 설탕 절임한 과일.
【果腹】 **guǒfù [동][문]** 배부르다. ¶食不~ = 배불리 먹지 못하다.
【果干儿】 **guǒgānr [명]** 말린 과일.
【果敢】 **guǒgǎn [형]** 과감하다. ¶行动~ = 행동이 과감하다.
【果核】 **guǒhé [명]** 과일의 씨.
【果核儿】 **guǒhúr [명][구]** 과일의 씨.
【果酱】 **guǒjiàng [명]** 과일 잼. = 【果子酱】 **guǒ·zijiàng**
【果胶】 **guǒjiāo [명]** (化) 펙틴(pectin).
【果酒】 **guǒjiǔ [명]** (과일을 발효하여 만든) 과일주. 과실주. = 【果子酒】 **guǒ·zijiǔ**
【果决】 **guǒjué [형]** 결단력이 있다. ¶他处理问题一贯很~. = 그는 문제를 처리함에 있어서 한결같이 매우 결단력이 있다.
【果料】 **guǒliào (~儿) [명]** 빵과 과자의 고명. 〔과자나 케이크 등에 모양과 맛을 내기 위해 올려놓는 건포도·씨의 속살 같은 과일 가공물〕
【果绿】 **guǒlǜ [명]** 연녹(색)의. 연두(색)의.
【果木】 **guǒmù [명]** 과수(果樹). 과일 나무.
【果木园】 **guǒmùyuán** ☞【果园】 **guǒyuán**
【果衣】 **guǒnóng [명]** 과수 재배자. 과일 제품 생산자.

| ○ 果 guǒ |
|---|
| 裹 guǒ |
| 猓 guǒ |
| 菓 guǒ |
| 裸 luǒ |
| 棵 kē |
| 颗 kē |
| 课 kè |
| 窠 kē |
| 锞 kè |
| 稞 kē |
| 髁 kē |
| 骒 kè |

果 馃 椁 蜾 裹 **guǒ** 743

【果盘】 **guǒpán (~儿) [명]** 과일 쟁반.
【果皮】 **guǒpí [명]** (植) **1** 과일 껍질. 과피. **2** 과일 외피. 열매의 겉껍질.
【果品】 **guǒpǐn [명]** 신선한 과일과 말린 과일의 총칭. 과일류.
【果儿】 **guǒr [명][방]** 계란. ¶卧~ = 수란(水卵)을 뜨다.
【果然】 **guǒrán [부]** 과연. 아니나다를까. 생각한 대로. ¶~不出所料 = 과연 예상한 대로. **[접]** 만약 …한다면. ¶~像你说的那么简单, 我们就不用担心了. = 만약 네가 말한 대로 그렇게 간단하다면 우리는 걱정할 게 없지. 늑果真 当(dàng)真
【果仁】 **guǒrén (~儿) [명]** 과일의 핵〔씨〕.
【果肉】 **guǒròu [명]** 과육. 과실의 살.
【果实】 **guǒshí [명] 1** 과실. **2** [비] 성과. 수확. ¶胜利~ = 승리의 수확.
【果树】 **guǒshù [명]** 과수. 과일 나무.
【果酸】 **guǒsuān [명]** (化) 타르타르산. 주석산(酒石酸).
【果穗】 **guǒsuì [명]** (옥수수·수수 등의) 이삭.
【果糖】 **guǒtáng [명]** (化) 과당. = 【左旋糖】 **zuǒxuántáng**
【果毅】 **guǒyì [형][문]** 과감하고 의연하다. 결단력 있고 꿋꿋하다. ¶刚强~ = 용감하고 군세다.
【果蝇】 **guǒyíng [명]** (動) 초파리. = 【黄果蝇】 **huángguǒyíng**
【果园】 **guǒyuán [명]** 과수원. = 【果木园】 **guǒmùyuán**
【果真】 **guǒzhēn [부]** 과연. 정말. 진실로. ¶他~说到做到. = 그는 과연 말하면 말한 대로 한다. **[접]** 만약 정말이라면. 사실이 …(이)라면. ¶~是他当我们的老师, 那就太好了. = 그가 정말 우리 선생님이 된다면 참 좋겠다. 늑果然 当(dàng)真
【果汁】 **guǒzhī [명] 1** 과일즙. **2** 과일 주스.
【果枝】 **guǒzhī [명] 1** 과실을 맺은 가지. **2** 면화 그루의 다래가 열리는 가지.
【果子】 **guǒ·zi [명] 1** 과일. 과실. **2** ☞【馃子】 **guǒ·zi**
【果子酱】 **guǒ·zijiàng** ☞【果酱】 **guǒjiàng**
【果子酒】 **guǒ·zijiǔ** ☞【果酒】 **guǒjiǔ**
【果子狸】 **guǒ·zilí** ☞【花面狸】 **huāmiànlí**
【果子露】 **guǒ·zilù [명]** 과일 시럽.

# 馃[餜] **guǒ** 떡 과

[명] 과자.
【馃子】[果子] **guǒ·zi [명] 1** 귀쯔. 〔기름에 튀긴 밀가루 식품〕**2** [방] 전통 간식〔과자〕.

# 椁[(槨)] **guǒ** 외관 곽

[명] 곽. 외관(外棺). 겉널. ¶棺~ = 속널과 겉널.

# 蜾 **guǒ** 나나니 과

【蜾蠃】 **guǒluǒ [명]** (動) 나나니(벌).

# **裹 guǒ** 쌀 과

**[동] 1** 싸다. 싸매다. 휘감다. 묶어 싸다. ¶包~ = 포장하다. 소포. / 马革~尸 = 말가죽으로 시체

를 싸다. 전쟁터에서 죽다. **2** (강제로) 휘감아 들어가다. 말려들다. 휩쓸려들다. ¶汹涌的潮水把几个观潮的游人~进了湖里。= 치솟아 오르는 조수가 구경꾼 몇 사람을 호수 속으로 휘감아 들어갔다. **3** 🕑 (젖을) 빨다. 빨아들이다. ¶小孩儿有滋有味地~着奶。= 아기가 아주 맛있게 젖을 빨고 있다. 🕒 포장된 물건. 보따리. ¶大包小~=크고 작은 보따리.

🔷 嚼jiáo裹儿, 装裹

【裹脚】guǒ‖jiǎo 🕐 🕑 전족(纏足)하다.
【裹脚】guǒ·jiao 🕑 부녀자의 전족(纏足)용 긴 천. =【裹脚布】guǒ·jiaobù
【裹脚布】guǒ·jiaobù ☞【裹脚】guǒ·jiao
【裹腿】guǒ·tui 🕒 각반. 행전.
【裹胁】guǒxié 🕐 (나쁜 일에) 협박하여 끌어들이다.
【裹挟】guǒxié 🕐 **1** (시대 정세나 조류 등이) 사람을 말려들게 하다. **2** (바람이나 강물이) 휩쓸다. ¶巨浪~着大量泥沙奔涌而来。= 거대한 파도가 엄청난 진흙과 모래를 휩쓸며 세차게 내려온다.
【裹扎】guǒzā 🕐 묶다. 동여매다. ¶~伤口=상처를 동여매다. ≒包扎
【裹足不前】guǒzú-bùqián 🔄 **1** 머뭇거리며 앞으로 나아가지 못하다. 발을 멈추고 앞으로 나아가지 않다. **2** 🕑 겁이 나서〔우려하는 바가 있어〕 앞으로 가지 못하고 멈춰 서다. ↔勇往直前

## 过¹[過] guò 지날 과

🕐 **1** 가다. 건너다. (지점을) 지나다. 경과하다. ¶~江=강을 건너다. / 路~此地=이 곳을 지나다. **2** (시점을) 지나다. 지내다. 경과하다. ¶~几天就到年了。=며칠 있으면 연말이 된다. **3** (범위나 한도를) 넘다. 초과하다. ¶太~分了。=너무 지나치다. / 年~半百=나이가 반백〔쉰〕이 넘었다. **4** 초과하다. 넘다. 낫다. 우월하다. [형용사 뒤에 쓰여 초과함을 나타냄] ¶弟弟的个子高~哥哥了。=동생의 키가 형보다 더 크다. **5** 옮기다. **6** 办理房产~户手续。=부동산의 명의 이전 수속을 밟다. **6** (어떤 처리를) 거치다. ¶把粮食~一下秤。=양식을 저울로 한번 달아 보자. / 你把钱~个数。=돈을 한번 세어 봐라. **7** 보다. 훑어보다. 생각해 보다. 돌이켜보다. ¶人选名单他已~目。=입선 명단을 그는 벌써 훑어보았다. / 他把老师昨天复习的内容在脑子里~了一遍。=그는 머릿속에서 어제 선생님이 복습하신 내용을 한 번 돌이켜보았다. **8** 동사 뒤에 쓰여 사람이나 물건이 동작에 따라 다른 곳으로 이동함을 나타냄. ¶翻~前面这座山就到了。=앞에 있는 이 산만 넘으면 곧 도착한다. **9** 동사 뒤에 쓰여 물체가 동작에 따라 방향이 변화함을 나타냄. ¶她回~头看了我一眼。=그녀는 머리를 돌려 나를 한번 쳐다보았다. **10** 동사 뒤에 쓰여 동작이 적당한 한도를 초과하였음을 나타냄. ¶明天有考试, 要早起, 别睡~头。=내일 시험이 있으니 일찍 일어나라. 늦잠 자지 말고라. **11** 동사 뒤에 쓰여 (역량이나 품질이) 우월하거나 통과됨을 나타냄. ['过'와 앞의 동사 사이에 '得'나 '不'를 붙일 수 있음] ¶这个厂的产品质量信得~。=이 공장의 제품의 품질은 믿을 수 있다. / 我英语口语比不~他。=내 영어 회화는 그보다 못하다. **12** 🕑 방문하다. ¶有客~访。=손님이 방문하다. **13** 🕑 죽다. 사망하다. 세상을 뜨다. ¶老人~了快半个月了。=노인이 사망한 지 보름이 다 되어 간다. **14** 🕑 전염되다. ¶他得的那个病~人。=그가 걸린 병은 다른 사람에게 전염된다. 🕒 지나치다. 너무. 과하게. ¶操之~急=일처리하는 데 너무 조급하다. / 对这事儿, 她有点儿~敏。=이 일에 대하여 그녀는 좀 지나치게 민감하다. 🕓 과실. 잘못. 과오. ¶改~=잘못을 고치다. / 将功补~=공으로써 과오를 씻다. 🕔 번. 회. 차. [동작의 횟수를 세는 단위] ¶被单已经洗了三~了。=이불 커버를 벌써 세 번이나 빨았다. ↔功

## 过²[過] ·guo 지날 과

🕒 **1** 동사 뒤에 쓰여 동작의 완료를 나타냄. ¶我们吃~饭再继续工作。= 우리는 밥을 먹고 난 다음 계속 일을 했다. **2** …적이 있다. [동사 뒤에 쓰여 어떤 동작이나 변화가 일찍이 발생하였음을 나타냄] ¶他来~成都。=그는 청두(成都)에 온 적이 있다. / 他当~教师。= 그는 교사 생활을 한 적이 있다. **3** …하곤 하였다. …한 적이 있다. [형용사 뒤에 쓰여 지금과 비교해서 과거에 어떤 성질이나 상태가 있었음을 나타냄] ¶打春以前还冷~几天。=입춘 전에 며칠씩 춥곤 했다. / 为这事, 他前两天还苦恼~。=이 일 때문에 며칠 전에 괴로워한 적이 있다.

☞ **Guō**

🔷 补过, 不过, 超过, 错过, 对过, 好过, 悔huǐ过, 经过, 路过, 难过, 通过, 委过, 越过, 罪过, 走过场

【过半】guòbàn 🕐 절반을 넘다. ¶假期~=휴가가 절반이 지났다.
【过磅】guò‖bàng 🕐 무게를 달다. ¶每一袋粮食都要~。=모든 포대의 식량은 무게를 달아야 한다.
【过不惯】guò·buguàn 🕐 (생활) 습관이 안 맞다〔되다〕. 익숙하지 않다. ¶这些城里孩子到农村~。=이 도시 애들은 농촌에 가는 것이 익숙하지 않다.
【过不来】guò·bulái 🕐 지나올 수 없다. 건너올 수 없다. 못 오다. ¶路还在抢修, 他们今天~。=길은 아직 긴급 수리 중이어서 그들은 오늘 못 온다.
【过不去】guò·buqù 🕐 **1** 지나갈 수가 없다. 통과할 수가 없다. ¶前面塌方, ~。=앞쪽 길이 붕괴되어 지나갈 수가 없다. **2** 넘지 않는다. 초과하지 않는다. ¶到场观众~八百人。=현장에 온 관중은 팔백 명을 넘지 않는다. **3** 괴롭히다. 못살게 굴다. 난처하게 만들다. ¶你这不是存心和我~吗?=너 이거 작심하고 나를 괴롭히는 것 아

또 번복하였다.

【过户】 guò‖hù 통 소유권의 명의를 변경하다.

【过话】 guò‖huà (~儿) 통 1 말을 전하다. ¶他让我给你~，说他今天有事，来不了。 = 그가 오늘 일이 있어서 올 수 없다고 너한테 전하라고 하더라. 2 이야기를[말을] 주고받다. ¶我和他就打了个招呼，没有~儿。 = 그 사람과 인사만 했지 이야기를 나누지는 않았어요.

【过活】 guòhuó 통 생활하다. 살아 나가다. 생계를 잇다. ¶一家人就靠父亲拉三轮~。 = 온 가족은 아빠가 삼륜차 모는 것으로 살아 나가고 있다.

【过火】 guò‖huǒ 형 (말이나 일처리가) 너무 나치다. 도를 넘다. 과격하다. ¶你这样说未免太~了。 = 이렇게 말씀하시면 너무 지나친 면이 있어요.

【过激】 guòjī 형 과격하다. ¶言行~ = 언행이 너무 과격하다.

【过继】 guòjì 통 (형제나 친척의 아들을) 양자로 삼다[들이다]. 양자로 보내다. ¶他自幼就被~给了他的大伯。 = 그는 어려서부터 그의 큰아버지 양자로 들어갔다.

【过家伙】 guò jiā·huo ☞【打出手】 dǎ chū shǒu

【过家家】 guòjiā·jia 명 소꿉장난.

【过江之鲫】 guòjiāngzhījì 성(비) (사람의) 수가 많다.

【过奖】 guòjiǎng 통(겸) 지나치게 칭찬하십니다. 과찬이십니다. 과분한 칭찬입니다. ¶您~了, 这些都是不值一提的小事。 = 과찬이십니다. 이것들은 모두 언급할 가치도 없는 사소한 일입니다.

【过街老鼠】 guòjiē-lǎoshǔ 성 큰길을 가로지르는 쥐. 2 (비) 많은 사람들의 원성과 지탄을 받는 사람. [주로 '人人喊打(사람마다 고함치며 때리다)'와 이어 씀] 늑众矢之的

【过街柳】 guòjiēliǔ ☞【雪柳】xuěliǔ

【过街楼】 guòjiēlóu 명 도로 또는 골목을 가로질러 지은 건물. [아래로 통행이 가능하도록 설계된 건물]

【过街桥】 guòjiēqiáo ☞【过街天桥】 guòjiē tiānqiáo

【过街天桥】 guòjiē tiānqiáo 명 육교. =【过街桥】 guòjiēqiáo

【过节】 guò‖jié 통 1 명절에 경축 활동을[축하 행사를] 하다. ¶~的时候人们通常都要走亲访友。 = 명절 때 사람들은 보통 친지와 친구들을 방문한다. 2 명절을 쇠다[보내다]. ¶~后大家又投入到紧张的工作中去了。 = 명절을 쉰 후 사람들은 다시 바쁘게 일에 몰두하였다.

【过节儿】 guò·jiér 명(방) 1 예절. 예의. 절차. ¶接待外宾, 在~上可不能有差错。 = 외빈을 접대하는 데 예의 면에 어떤 실수도 있어서는 안 된다. 2 사소한 부분. 자질구레한 일. 사소한 일. ¶在科研工作中, 任何小~都不能忽视。 = 과학 연구를 할 때는 어떤 사소한 부분도 소홀해서는 안 된다. 3 알력. 틈. 불화. ¶他俩是多年的朋友, 彼此之间并无~。 = 그들은 오랜 친구여서 서로 간에 조금의 알력도 없다.

【过劲儿】 guòjìnr 형 도가 지나치다. 과도하다. ¶饿~就不觉得饿了。 = 너무 배가 고프면 배고픈 줄도 모른다.

【过境】 guò‖jìng 통 국경을[경계를] 넘다. ¶~船只 = 국경을〔경계를〕넘는[넘어온] 선박.

【过客】 guòkè 명 길손. 나그네. 과객. 여행자.

【过快】 guòkuài 형 너무[지나치게] 빠르다. ¶宏观调控经济的~增长。 = 거시적으로 경제의 지나친 성장을 조절하다.

【过来】 guò‖lái 통 1 오다. 다가오다. ¶你~一下, 我有话跟你说。 = 이리 와요, 할 말이 있어요. 2 겪다. 경험하다. 지나오다. ¶那么大的困难都~了, 还怕这么点小事? = 그렇게 큰 어려움도 다 겪었는데, 이렇게 작은 일을 걱정하겠어요?

【过来】 ‖·guò·lái 통 1 동사 뒤에 쓰여 사람이나 사물이 자신의 쪽으로 다가옴을 나타냄. ¶一辆汽车正向这边开~。 = 자동차 한 대가 이쪽으로 오고 있다. 2 동사 뒤에 쓰여 원래〔정상적인·호전된〕상태로 돌아옴을 나타냄. ¶昏迷三天后, 他终于醒~了。 = 사흘 간 혼수 상태에 빠졌다가 마침내 깨어났다. 3 동사 뒤에 쓰여 물체가 자신의 쪽으로 방향을 바꿈을 나타냄. ¶他转过脸来, 我才认出是中学时的同学。 = 그 얼굴을 내 쪽으로 돌리자, 그제야 나는 중학교 동창인 것을 알아봤다. 4 동사 뒤에 쓰여 시간·능력·수량이 충분함을 나타냄. [주로 '得(de)'나 '不(bu)'와 이어 씀] ¶人手不够, 忙不~。 = 인력이 부족해서 미처 해내지 못하다.

【过来人】 guò·láirén 명 경험자. 몸소 체험한 사람. 베테랑.

【过了】 guò·le 통 지나다. 지나가다. ¶~半个月仍然没有消息。 = 보름이 지났는데도 여전히 소식이 없다.

【过了这个村, 没有这个店】 guò·le zhè·ge cūn, méiyǒu zhè·ge diàn 성 1 이 마을을 지나서는 묵을 곳이 없다. 2(비) 이런 기회를 놓치면 다시는 기회가 없다.

【过冷】 guòlěng 형 너무 춥다[차다]. 지나치게 춥다. ¶忌吃~的食物。 = 너무 찬 음식을 먹는 것을 삼가야 한다.

【过礼】 guò‖lǐ 통 1(옛) (남녀 양측이 서로) 납폐를[예물을] 보내다. 2(옛) 신랑측에서 신부측에 납폐를[예물을] 보내다. 3 상견례하다. 공식적으로 인사하다.

【过梁】 guòliáng 명(건) 상인방(上引枋). 상방. [창·문 등의 위로 가로지른 나무]

【过量】 guò‖liàng 형 양[한계량]을 초과하다. ¶~饮酒。 = 과음하다. ↔适量

【过淋】 guòlìn 통 거르다. 여과하다.

【过录】 guòlù 통 베끼다. 카피하다. ¶把书上的批注~到笔记本上。 = 책의 주석을 노트에 베껴 적다.

【过路】 guòlù 통 길을 지나가다. 통과하다. 통행하다. ¶精彩的表演吸引了许多~的人。 = 뛰어난 공연은 많은 길 가는 사람들을 끌어모았다.

【过路财神】 guòlù-cáishén 성(비) 잠시 목돈을

냐? **4** 미안해하다. 죄송하게 생각하다. 마음에 꺼리다. 마음이 편치 않다. 마음이 시원하지 않다. ¶总是给你添麻烦, 心里实在~。=늘 너를 번거롭게 해서 정말 마음이 편치 않다. ↔过得去

【过场】**guòchǎng**〔劇〕등장 인물이 나타나 무대를 가로질러 지나가다. ¶走~=대강대강 해치우다. 〔劇〕(경극에서) 극의 흐름을 보여 주기 위한 막간극. ¶~戏=막간극.

【过程】**guòchéng**〔名〕과정. ¶了解~=과정을 이해하다. / 制作~=제작 과정. ≒进程

【过秤】**guò ‖ chèng**〔動〕저울에[무게를] 달다. ¶还有几筐蔬菜没。=몇 광주리의 채소는 아직 무게를 달지 않았다.

【过从】**guòcóng**〔動〕〔文〕왕래하다. 교제하다. 사이좋게 지내다. ¶~甚密=깊이 교제하다.

【过错】**guòcuò**〔名〕**1** 잘못. 허물. 과오. **2**〔法〕과실. ≒过失 错误 差错 ↔功劳

【过大】**guòdà**〔形〕너무 크다. 지나치게 크다. ¶压力~导致体操运动员发挥失常。=지나친 스트레스로 체조 선수들이 실력을 제대로 발휘하지 못했다.

【过当】**guòdàng**〔形〕지나치다. 한도를 넘다. 분에 넘치다. ¶防卫~=과잉 방어.

【过道】**guòdào**〔名〕**1** 복도. 통로. **2** 통로 **3** 굴처럼 생긴 문.

【过得去】**guò·dequ**〔動〕**1** (장애물이 없어) 지나갈[건너갈] 수 있다. ¶路面很不平整, 只有越野车才~。=노면이 평탄하지 않아 지프차만이 지나갈 수 있다. **2** (생활에) 큰 어려움이 없다. (그럭저럭) 살아갈 만하다. 지낼 만하다. ¶日子还算~。=파손된 전선을 건드리지 마세요, 감전에 조심하세요. **2** 전기로 고문하다. 전기로 사형을 시행하다. 살아갈 만하다. 그런대로 괜찮다. 무난하다. ¶举行婚宴不必铺张浪费, ~就行了。=결혼식을 올리는 데 지나치게 차린다거나 낭비할 필요 없이 무난하면 된다. **4** 마음에 꺼리지 않다. 마음에 미안하지 않다. 꺼림칙한 것이 없다. [주로 반어로 쓰임] ¶多次打扰, 叫我心里怎么~呢? =여러 번 폐를 끼쳤는데, 내 마음이 어찌 미안하지 않겠습니까? ↔过不去

【过得硬】**guò·deyìng** ☞ 【过硬】**guò ‖ yìng**

【过低】**guòdī**〔形〕지나치게[너무] 낮다. ¶要有信心, 不要对自己的能力估计~。=자신감을 가져, 자신의 능력을 너무 과소평가하지 마. ↔过高

【过电】**guò ‖ diàn**〔動〕**1** (몸에) 전류〔전기〕가 흐르다. 감전되다. ¶不要触碰破损的电线, 小心~。=파손된 전선을 건드리지 마세요, 감전에 조심하세요. **2** 전기로 고문하다. 전기로 사형을 시행하다.

【过电影】**guò diànyǐng**〔慣用〕(지난 일이나 배운 지식을) 영화 화면처럼 머릿속에 떠올리다. 돌이켜 머릿속에 그려 보다. ¶他每天睡前都要把当天所学的知识过一下电影。=그는 매일 잠자기 전에 그 날 배운 지식을 한 번씩 머리에 떠올려 본다.

【过冬】**guò ‖ dōng**〔動〕월동하다. 겨울을 나다〔지내다〕. ¶储备~粮食。=월동 식량을 준비〔비축〕하다.

【过冬作物】**guòdōng zuòwù** ☞ 【越冬作物】**yuèdōng zuòwù**

【过度】**guòdù**〔形〕과도하다. 지나치다. ¶劳累~=지나치게 과로. ↔适度

【过渡】**guòdù**〔動〕**1** (배를 타고 강을) 건너다. 넘다. ¶摆船~=나룻배로 강을 건너다. **2** (사물이) 한 단계에서 점점 발전하여 다음 단계로 바뀌어 가다. 과도하다. 넘어가다. 이행하다. ¶~时期=과도기.

【过渡内阁】**guòdù nèigé** ☞ 【看守内阁】**kānshǒu nèigé**

【过多】**guòduō**〔形〕과다하다. 너무〔지나치게〕 많다. ¶吃甜食~容易发胖。=단 것을 너무 많이 먹으면 살찌기 쉽다.

【过犯】**guòfàn**〔動〕〔名〕죄를 범하다. 〔名〕〔名〕잘못. 과실. 과오.

【过房】**guòfáng**〔動〕〔名〕(형제나 친척의 아들을) 양자로 삼다〔들이다〕. 양자로 보내다.

【过访】**guòfǎng**〔動〕〔文〕방문하다. ¶~亲朋=친척과 친구들을 방문하다.

【过分】**guò ‖ fèn**〔動〕지나치다. 분에 넘치다. 과분하다. ¶~紧张=너무 긴장하다. ≒过头(guò ‖ tóu) 过甚 ↔适当

【过高】**guògāo**〔形〕너무〔지나치게〕 높다. ¶对他的评价~, 不切实际。=그에 대한 평가가 지나치게 높아 사실과 맞지 않는다. ↔过低

【过关】**guò ‖ guān**〔動〕**1** 관문을 통과하다. 고비를 넘기다. ¶~需查验各种证件。=관문을 통과하는 데 각종 증명서를 검사해야 한다. **2**〔喻〕표준이나 요구에 이르러 통과하다〔인가받다〕. ¶产品质量还不~。=제품의 품질이 아직 표준에 맞지 않다.

【过关斩将】**guòguān-zhǎnjiàng**〔成〕**1** 관문을 통과하고 적장을 베다. [《삼국연의(三國演義)》에서 관우(關羽)가 조조(曹操) 진영에서 출발해서 다섯 관문을 넘고 여섯 명의 적장을 죽이고 마침내 결의 형제 유비(劉備)를 찾았다는 고사에서 유래함] **2**〔喻〕경쟁자를 물리치고 승리해서 다음 경기로 나아가다. 전진하면서 많은 난관을 극복하고 성공하다.

【过惯】**guòguàn**〔動〕(생활) 습관이 되다. ¶他~教书育人的生活。=그는 글을 가르치고 제자를 기르는 생활에 습관이 되었다.

【过河拆桥】**guòhé-chāiqiáo**〔成〕**1** 강을 건넌 뒤 다리를 부숴 버리다. **2**〔喻〕배은망덕하다. 목적을 이룬 후 도와 준 사람의 은혜을 으로 모르다. 이용 후에 모른 체하다. ≒得鱼忘筌 兔死狗烹 鸟尽弓藏 ↔饮水思源

【过河卒子】**guòhé-zú·zi**〔成〕**1** 장기에서 중앙을 넘은 졸(卒). **2**〔喻〕목적을 위해 전진만을 하는 사람. 남을 위해 기꺼이 물러서지 않고 앞장서는 사람.

【过后】**guòhòu**〔名〕**1** 이후에. 이 다음에. ¶先把人安顿下来, 其他的事情~再说。=먼저 사람을 적절하게 배치하고, 다른 일은 다음에 다시 처리합시다. **2** 그 후. 그 뒤에. ¶他先前是同意的, ~又反悔了。=그는 일전에 동의하였다가 그 뒤에

취급하는 사람. 수중에 뭉칫돈이 거쳐 지나간 사람. 남의 돈을 잠시 취급하고 있는 사람.

【过路人】guòlùrén 图 1 행인. 2 (비) 상관 없는 사람.

【过虑】guòlǜ 图 지나치게 걱정하다〔염려하다〕. 쓸데없이 걱정하다. ¶他能处理好这些事情,你就不必～了。=그 사람은 이런 일들을 충분히 처리할 수가 있으니, 지나치게 걱정하지 마세요.

【过滤】guòlǜ 图 거르다. 여과하다. 받다. ¶豆浆磨好后需要用纱布～一下。=콩을 갈고 난 다음 거즈로 걸러야 된다.

【过滤器】guòlǜqì 圀 여과기. 필터(filter).

【过滤嘴】guòlǜzuǐr(～儿) 图 1 (담배의) 필터. 2 필터 담배.

【过慢】guòmàn 圀 너무〔지나치게〕 느리다. ¶这部电视剧的节奏～。=이 드라마의 흐름은 너무 느리다.

【过门】guò‖mén(～儿) 图 1 문 앞을 지나가다. ¶～不入=문 앞을 지나며 들르지 않다. 2 출가하다. 시집 가다. ¶她是去年过的门。=그녀는 작년에 시집 갔다.

【过门儿】guòménr 图(音) 간주(間奏). 창(唱)과 창(唱) 사이의 간주.

【过猛】guòměng 圀 너무〔지나치게〕 세차다〔맹렬하다〕. ¶慢慢来, 别用力～。=천천히 해요, 너무 힘을 주지 마세요.

【过密】guòmì 圀 너무 긴밀하다〔친밀하다·빽빽하다·촘촘하다〕. ¶植株～=나무를 너무 빽빽하게 심다.

【过敏】guòmǐn 图(医)(약물이나 외부 자극에) 이상 반응을 나타내다. 알레르기 반응을 보이다. ¶药物～=약물 이상 반응을 나타내다. / 皮肤～=피부가 알레르기 반응을 보이다. 圀 과민하다. 예민하다. ¶神经～=신경이 과민하다.

【过目】guò‖mù 图 1 훑어보다. 한번 보다. ¶～不忘=한번 보면 잊지 않다. 기억력이 대단히 좋다. 2 심사하다. 심사하여 결정하다. 심의하다. ¶会议日程已安排好, 请～。=회의 일정이 이미 다 잡혔는데, 한번 살펴보세요.

【过目成诵】guòmù-chéngsòng 圀 1 한 번 보고 외우다. 2 (비) 기억력이 대단히 좋다. 기억력이 뛰어나다.

【过年】guò‖nián 图 1 설이나 새해에 경축 활동을〔축하 행사를〕 하다. ¶今年～咱们好好热闹热闹。=금년 설은 우리 시끌벅적하게 지내 보자. 2 설을 쇠다. 새해를 맞다. ¶这项工程～之后立即上马。=이 공사는 설을 쇤 후에 즉시 시작한다.

【过年】guò‧nian 图 내년. 명년. ¶孩子～就该上中学了。=아이가 내년이면 중학교에 올라간다.

【过硼酸钠】guòpéngsuānnà 图(化) 과붕산나트륨.

【过期】guò‖qī 图 기한을 넘기다. 기일이 지나다. ¶～作废=기한을 넘기면 무효다. 기일을 넘기면 폐기하다. ≒逾期

【过谦】guòqiān 圀 너무 겸손하다. 과도하게 겸손

〔지나치게〕 겸손하다. ¶你是当之无愧的优秀教师, 就不必～了。=당신은 명실상부한 우수 교사인데, 너무 겸손할 필요가 없어요.

【过去】guòqù 图 1 과거. ¶～的艰苦磨难成了他受用一生的财富。=과거의 고난은 그가 일생 동안 쓸 수 있는 재산이 되었다. 2 과거사. 옛일. ¶忘记～就意味着背叛。=옛일을 잊는다는 것은 배신을 의미한다.

【过去】guò‖·qù 图 1 지나가다. [화자나 서술 대상이 있는 시점이나 지점을 거쳐 지나감을 나타냄] ¶他刚从门口～。=그는 방금 입구 쪽으로 지나갔다. 2 지나다. [일찍이 어떤 단계를 거쳤음을 나타냄] ¶十多年～了, 小镇的面貌已焕然一新。=십여 년이 흘러 작은 마을의 모습도 완전히 새로워졌다. 3 지나가다. [어떤 시기나 상황이 모두 지나가거나 없어졌음을 나타냄] ¶最艰难的日子已经～了。=가장 어려운 날도 이미 다 지나갔다. 4 죽다. 사망하다. 세상을 뜨다. 돌아가시다. [반드시 뒤에 '了'를 써야 함] ¶老人今天早上～了。=노인은 오늘 아침에 돌아가셨다.

【过去】‖·guò·qù 图 1 동사 뒤에 쓰여 사람이나 사물이 동작에 따라 다른 곳으로 움직이는 것을 나타냄. ¶把他要的资料送～。=그가 요구한 자료를 보낸다. 2 동사 뒤에 쓰여 원래의 정상적인 상태를 잃는 것을 나타냄. ¶她突然晕～了。=그녀는 갑자기 기절하였다. 3 동사 뒤에 쓰여 사물이 동작에 따라 방향을 바꾸는 것을 나타냄. ¶把身子背～。=몸을 돌리다. 4 동사 뒤에 쓰여 통과나 동작의 완결을 나타냄. ¶驼队从荒漠里穿了～。=낙타 무리가 사막을 가로질러 갔다. 5 형용사 뒤에 쓰여 초과의 뜻을 나타냄. [주로 '得(·de)'나 '不(·bu)'와 이어 씀] ¶你跑得再快, 也快不过车轮去。=네가 아무리 빨리 달린다 해도 자동차보다 빠르지는 않다.

【过儿】guòr 劤 회. 번. 차. ¶这本书我都看过几～了。=이 책을 나는 몇 번이나 보았다.

【过热】guòrè 圀 1 너무 뜨겁다. 2 (비) 과열되다. 적정 수준 이상으로 달아오르다. ¶房地产开发～。=부동산 개발이 과열되다.

【过人】guòrén 图 1 (남을) 능가하다. 뛰어나다. ¶聪慧～=뛰어나게 총명하다. 2 (体) (수비수를) 제치다. ¶他的～技术相当好。=그는 제치는 기술이 상당히 좋다.

【过日子】guò rì‧zi 图 생활하다. 날을 보내다. 지내다. 살다. ¶一家人和和睦睦地～。=온 가족이 화목하게 지내다.

【过筛子】guò shāi‧zi 图 1 체로 치다. 체질하다. ¶新收的小麦还没有～。=새로 수확한 보리는 아직 체질하지 않았다. 2 (비) 엄격히 가려 내다. 고르다. 선발하다. ¶参加辩论赛的学生是～选出来的。=변론 대회에 참가한 학생은 엄격하게 선발된 학생이다.

【过山车】guòshānchē 圀 청룡열차. 롤러 코스터(roller coaster). 활주 궤도차.

【过山龙】guòshānlóng ☞ 【虹吸管】hóngxīguǎn

【过晌】guòshǎng 图圀 정오를 지나다.

【过甚】guòshèn 형 (정도가) 지나치다. 너무 심하다. 과장되다. ¶言之~=말이 지나치다. ≒过头(guò‖tóu) 过分

【过甚其词】guòshèn-qící 성 과장해서 말하다. 말이 지나쳐서 사실과 맞지 않다.

【过生日】guò shēng·ri 동 생일을 쇠다. 생일 파티를 하다. ¶孩子们都很喜欢~。=애들은 모두 생일 쇠는 것을 무척 좋아한다.

【过剩】guòshèng 동 1 (수량이) 필요한 한도를 크게 지나치다. 과잉되다. ¶精力~=정력이 넘치다. 2 공급이 수요 또는 시장의 구매력을 초월하다. 과잉되다. ¶商品~=제품이 과잉되다.

【过失】guòshī 명 1 잘못. 잘못. 과오. 과실. 우연한 실수. 2〈法〉과실. ¶~杀人=과실 치사. ≒过错

【过时】guò‖shí 동 1 시한(제 시간)을 넘기다. ¶~不候=시간이 지나면 기다리지 않는다. 형 유행이 지나다. 시대에 뒤떨어지다. ¶这些服装款式早就~了。=이런 옷의 디자인은 이미 유행이 지났다.

【过世】guò‖shì 동 죽다. 돌아가시다. 세상을 뜨다. ¶祖母多年前就~了。=할머니는 여러 해 전에 돌아가셨다.

【过手】guò‖shǒu 동 (금전이나 재물 등을) 처리하다. 취급하다. 중개하다. 손을 거치다. ¶这笔款子不是他~的。=이 돈은 그가 처리한 것이 아니다.

【过数】guò‖shù (~儿) 동 수를 세다. 맞추어 보다. ¶货已到齐, 请~。=물건이 이미 모두 도착했으니, 세어 보세요.

【过速】guòsù 형 과속하다. 너무 빠르다. ¶心跳~。=심장이 너무 빨리 뛴다.

【过塑】guòsù 동 코팅하다. ¶照片~后更易于保存。=사진을 코팅한 후에는 보관하기가 훨씬 쉽다.

【过堂】guò‖táng 동옛 법정에서 재판을 받다.

【过堂风】guòtángfēng (~儿) 명 (마주 열려 있는 창·문 등으로) 지나가는 바람. 맞바람.

【过厅】guòtīng 명 1 앞뒤에 문이 있어 통할 수 있는 대청. 2 복도.

【过天】guòtiān 명 후일. 며칠 뒤.

【过头】guò‖tóu (~儿) 형 1 도가 지나치다. 너무하다. 과분하다. ¶不要说~话。=도가 지나친 이야기하지 마. 2 넘다. 초과하다. 지나치다. ¶这个月的开支~了。=이번 달의 지출이 초과 되었다. ≒过分 过甚

【过·tou】guò·tou 살맛. 사는 맛. 생활의 보람. ¶这样乏味的日子没一点~。=이렇게 무미건조한 나날은 살맛이 나지 않는다.

【过屠门而大嚼】guò túmén ér dàjué 성 1 푸줏간 앞을 지나면서 힘차게 씹는 시늉을 하다. 2 비 바라는 바를 실현하지 못하였을 때 비현실적인 방법으로 자위(만족)하는 것.

【过往】guòwǎng 동 1 오가다. 왕래하다. ¶~行人=오가는 행인. 2 교제하다. 교류하다. ¶~甚密=교류가 매우 밀접하다. 매우 친하다. 명 지난날. 옛날. ¶~的事他不愿多说。=난날의 일을 그는 말하기를 원치 않는다.

【过望】guòwàng 동 기대를 넘다. 기대 이상이다. ¶大喜~=기대 이상의 큰 기쁨.

【过问】guòwèn 동 1 참견하다. 따져 묻다. 관여하다. 물어 보다. ¶这些小事他从不~。=이런 작은 일에 대해서 그는 전혀 관여하지 않는다. 2 관심을 가지다. 신경을 쓰다. ¶他平时很少~儿子的学习。=그는 평소에 아들의 공부에 관해 신경 쓰지 않는다. 3 간섭하다. ¶这事不该你管, 你~不了。=이 일은 당신이 상관할 일이 아니니, 간섭할 수 없어요.

【过午】guòwǔ 동 1 정오를 지나다. ¶他们~出发。=그들은 정오가 지나서야 출발했다. 2 명 점심 먹다. ¶都两点过了, 工人们还没~。=벌써 두 시가 지났는데, 일꾼들이 아직 점심도 안 먹었어요. 명 오후. 정오 이후. ¶我上午不上班, 请你~再到我办公室来吧。=오전에 출근하지 않으니, 오후에 다시 제 사무실로 오세요.

【过五关, 斩六将】guò wǔ guān, zhǎn liù jiàng 성 1 다섯 관문을 지나, 여섯 장수를 베다. [《삼국연의(三國演義)》에서 관우(關羽)가 조조(曹操) 진영에서 출발해서 다섯 관문을 넘고 여섯 명의 적장을 죽이고 마침내 결의 형제 유비(劉備)를 찾았다는 고사에서 유래함] 2 비 경쟁자를 물리치고 승리해서 다음 경기로 들어가다. 전진하면서 많은 난관을 극복하고 성공하다.

【过细】guòxì 형 자세하다. 꼼꼼하다. 면밀하다. 너무 잘다. ¶必须~检查产品的质量。=제품의 품질을 반드시 꼼꼼하게 검사해야 한다.

【过小年】guò xiǎonián 동 음력 12월 23일 또는 24일, '灶王爷(부뚜막신·조왕신)'에게 제사 지내다.

【过眼】guò‖yǎn 동 훑어보다. 보다.

【过眼烟云】guòyǎn-yānyún ☞【过眼云烟】guòyǎn-yúnyān

【过眼云烟】guòyǎn-yúnyān 성 1 눈 앞에서 흩날리는 구름과 연기. 2 비 금방 사라져 버리는 사물. 덧없는 것. =【过眼烟云】guòyǎn-yānyún【云烟过眼】yúnyān-guòyǎn

【过氧化】guòyǎnghuà 명〈化〉과산화 현상.

【过氧化氢】guòyǎnghuàqīng 명〈化〉과산화수소.

【过夜】guò‖yè 동 1 밤을 지내다〈새우다·보내다〉. 외박하다. ¶考古队员们通常在野外~。=고고학 대원들은 늘 야외에서 밤을 보내곤 한다. 2 하룻밤이 지나다. ¶喝~茶对身体有害。=하룻밤이 지난 차를 마시는 것은 몸에 해롭다.

【过一天, 算一天】guò yītiān, suàn yītiān 성 내일을 생각하지 않고 어물어물 세월을 보내다. 하루하루 허송세월하다. 그날 그날 살아가다.

【过意】guòyì 동 1 지나치게 마음을 쓰다. 마음에 꺼리다. 신경 쓰다. ¶他说的都是气话, 你别~。=그가 화가 나서 한 말이니, 너무 신경 쓰지 마. 2 마음에 꺼리지 않다. 마음에 미안하지 않다. 꺼림칙한 것이 없다. [주로 부정형으로 쓰임] ¶不~=미안해하다.

【过意不去】guòyìbùqù 성 미안해하다. 죄송하

过 guò 749

게 생각하다. 마음이 불편하다. 송구스럽다. ¶打扰你这么长时间, 心里着实~。=이렇게 오랜 시간 폐를 끼쳐서 마음속으로 죄송하게 생각합니다.

【过瘾】 guò‖yǐn 형 1 (특별한 기호를 만족시켜) 짜릿하다. 끝내주다. 죽여주다. 굉장하다. 2 신나다. 만족하다. 흡족하다. 스릴 있다. ¶这个游戏玩起来真~。=이 게임을 해 보니 정말 신난다.

【过硬】 guò‖yìng 형 (기술이나 솜씨 등이) 훌륭하다. 대단하다. 탄탄하다. 견실하다. 세련되다. (어려움이나 시련 등을) 견뎌 낼 수 있는. =【过得硬】 guò·deyìng ¶技术~=기술이 탄탄하다(대단하다).

【过犹不及】 guòyóubùjí 성 지나친 것은 모자라는 것과 같다. ≒恰如其分

【过油】 guòyóu 동 (조리 전에) 요리 재료를 기름에 슬쩍 튀기다. ¶先把茄子~, 然后再烧。=먼저 가지를 슬쩍 튀겨 낸 다음에 다시 (소스를 넣고) 볶다.

【过于】 guòyú 부 지나치게. 너무. 과도하게. 몹시. ¶~谨慎 =너무 신중하다.

【过誉】 guòyù 동② 과분하게 칭찬하다. 과찬하다. [감당할 수 없음을 나타냄] ¶您~了, 我实在不敢当。=과찬입니다. 정말 몸 둘 바를 모르겠습니다.

【过逾】 guò·yu 형 과도하다. 지나치다. 분에 넘치다. 과분하다. ¶小心没~。=지나치지 않도록 조심하세요.

【过载】 guòzài 동 1 (다른 배로) 옮겨 싣다. =【过儎】 guòzài 2 짐을 너무 많이 싣다. 과적(過積)하다. 초과 적재하다. 과부하가 걸리다. ¶货车~=화물차에 짐을 너무 많이 실었다.

【过儎】 guòzài ☞【过载】 guòzài

【过早】 guòzǎo 형 너무 이르다[빠르다]. 시기상조이다. ¶现在下结论还为时~。=지금 결론을 내리기엔 시기상조이다. 동④ 아침을 먹다. ¶都这么晚了, 你还没~呢? =(시간이) 이렇게 늦었는데 아직도 아침을 안 먹었어요?

【过账】 guò‖zhàng 동 1 장부에 전기(轉記)하다. 다른 장부에 옮겨 적다. 2 (經) 계정을 대체하다.

【过重】 guòzhòng 동 1 (짐이나 편지 등이) 중량을 초과하다. ¶行李~, 需要补交托运费。=짐이 중량을 초과해서 운송료를 더 내셔야 합니다. 2 (능력을) 초과하다. ¶负担~=부담이 너무 크다. 3 무게를 달다. ¶还有几箱水果没有~。=과일 몇 상자는 아직 무게를 달지 않았다.

# H

## ha

**哈** hā 웃는 소리 합
[甲] 아하! 오! 거봐! 와! [마음먹은 대로 되거나 기쁠 때의 놀라움을 나타냄] ¶~, 我猜对了! =아하, 내가 알아맞혔지! [乙] 하하. [크게 웃는 소리를 나타내며, 주로 중복하여 사용함] ¶教室里传出~~的笑声。=교실에서 하하거리는 웃음소리가 들려온다. [동] 1 (하[후·호] 하고) 숨을 내쉬다. 입김을 불다. ¶他长长地~了一口气。=그는 후하고 길게 숨을 내쉬었다. 2 (허리를) 굽히다. ¶点头~腰=고개를 끄덕이고 허리를 굽히다. 굽실거리다.
☞ hǎ, hà

○● 打哈哈, 马大哈, 笑哈哈

【哈尔滨】 Hā'ěrbīn [명](地) 하얼빈. [헤이룽장(黑龙江)성의 성도(省都)임]
【哈哈镜】 hāhājìng [명] 요술거울. 오목하고 볼록한 거울. [비추어 보면 모습이 괴상하여 웃음을 자아내게 함]
【哈哈】 hā·ha [감] 하하. [웃음소리를 나타냄] ¶~大笑=하하거리며 크게 웃다. [동] 농담하다. 웃기다. 놀리다. 장난치다. [주로 '打(dǎ)'와 연용함] ¶跟你说正事呢, 别打~。=진지하게 얘기하는 건데, 농담하지 마.
【哈哈儿】 hā·har [명]〈方〉 우스운 일. 가소로운 일. 익살스러운 일. 농담. 장난. ¶注意点儿, 别闹~。=조심해, 장난하지 마.
【哈喇子】 hā·lá·zi [명]〈方〉 (군)침. ¶馋得直流~。=게걸스럽게 군침을 질질 흘리다.
【哈喇】 hā·la [형]〈方〉 (식용유나 기름기 있는 음식물이 오래 되어) 변질되다. 상하다. ¶月饼~了, 有股儿怪味儿。=월병이 상해서 이상한 냄새가 난다. [동] 죽이다. [주로 조기 백화문에 보임]
【哈雷彗星】 Hāléi huìxīng [명]〈天〉 핼리 혜성 (Halley's comet). [육안으로도 볼 수 있는 유명한 주기성 혜성. 1705년 영국의 천문학자 핼리가 이것의 운행 궤도와 주기(약 76년에 태양을 한 바퀴 돎)를 계산해 내어 붙여진 명칭]
【哈里发】 hālǐfā [명]〈宗〉 1 상속자. 대리인. 계승자. 2 칼리프 (caliph). [마호메트가 죽은(632년) 후, 정교합일의 이슬람교단의 영수를 부르는 호칭] 3 〈宗〉 하리파. [아] khalīfah [중국 이슬람교도들이 이슬람 사원에서 이슬람 경전을 공부하는

사람을 부르는 호칭]
【哈密瓜】 hāmìguā [명]〈植〉 (신장(新疆) 하미(哈密) 일대에서 나는) 멜론 (melon).
【哈姆雷特】 Hāmǔléitè [명]〈인〉 햄릿(Hamlet).
【哈尼族】 Hānízú [명] 합니족. 하니족. [중국 소수 민족의 하나로, 주로 윈난(云南)성에 분포함]
【哈气】 hā‖qì [동] 입김을 불다. ¶他哈了一口气, 暖了暖手。=그는 입김을 한번 불어서 손을 따뜻하게 했다.
【哈气】 hāqì [명] 1 입김. 2 (유리 등의 물체의 표면에 서린) 김.
【哈欠】 hā·qian [명] 하품. ¶打~=하품을 하다.
【哈萨克斯坦】 Hāsàkèsītǎn [명]〈地〉 카자흐스탄 (Kazakhstan). [수도는 '阿斯塔纳(아스타나 : Astana)'임]
【哈萨克族】 Hāsàkèzú [명] 1 카자흐족. 합살극족. [중국 소수 민족의 하나로, 주로 신장(新疆)·간쑤(甘肃)성·칭하이(青海)성 등지에 분포함] 2 카자흐족. [카자흐스탄 공화국(Kazakhstan)의 주요 민족]
【哈手】 hā‖shǒu [동] 손에 입김을 불(어 따뜻하게 하)다.
【哈腰】 hā‖yāo [동] 1 〈口〉 허리를 굽히다. ¶一~把掉在地上的笔捡起来。=허리를 굽혀서 바닥에 떨어진 펜을 주웠다. 2 〈口〉 허리를 살짝 굽혀서 인사하다. 가벼운 인사를 하다. ¶脱帽~=모자를 벗고 인사하다.

**铪[鉿]** hā 하프늄 합
[명]〈化〉 하프늄(Hf, hafnium). [원자 번호 72]

**虾[蝦]** há 두꺼비 하
☞ xiā
【虾蟆】 há·ma ☞ 【蛤蟆】 há·ma

*蛤 há 두꺼비 합
아래를 참조.
☞ gé
【蛤蟆】[虾蟆] há·ma [명] 개구리와 두꺼비의 통칭.
【蛤蟆夯】 há·māhāng [명]〈機〉 (개구리처럼 앞으로 뛰면서 땅을 다지는) 기계식〔전동〕 달구. 람마〔램머·래머〕(rammer).
【蛤蟆镜】 há·majìng [명]〈속〉 안경테가 큰 선글라스. [개구리 눈을 닮아서 붙여진 명칭]

**哈** hǎ 꾸짖을 합
[동][方] 질책하다. 탓하다. 꾸짖다. 호통치다. ¶他

被 父亲~了一顿。=그는 아버지께 한바탕 꾸지람을 들었다. 명 (Hǎ) 성(姓).
☞ hā, hà

【哈巴狗】hǎ·bagǒu 명 1 (~儿) 발바리. [애완견의 일종으로, 몸집이 작고 털이 길며 다리가 짧음] =【狮子狗】 shī·zigǒu【巴儿狗】bār gǒu 2 (된) (주인에게 무조건 순종하는) 아첨꾼. 알랑쇠. 똘마니. 하수인. 주구(走狗).

【哈达】hǎdá 명된 하다(hada). [티베트족과 일부 몽골족 사람들이 경의나 축하를 표시할 때 신에게 바치거나 상대방에게 선사하는 (긴) 비단 스카프(scarf). 주로 흰색이 많음]

畲 hǎ 땅 이름 반
【畲(饣)屯】Hǎbātún 명(地) 하바툰. [베이징(北京)에 있는 지명]

*哈 hà 개구리 합
아래를 참조.
☞ hā, hǎ

【哈巴】hà·ba 동방 밭장다리로 걷다. ¶他~着腿走出门去。=그는 밭장다리를 하고 문 밖으로 걸어나갔다.

【哈士蟆】hà·shimá ☞【哈什蟆】hà·shimǎ
【哈什蟆】hà·shimǎ 명(動) 하스마. 중국 임와(林蛙). [개구리의 일종. 암컷의 말린 것이나 수란관의 말린 것은 약재로 쓰임. 주로 중국 동북 지역과 몽고 등지에 분포함] =【哈士蟆】hà·shimá【中国林蛙】Zhōngguó línwā

## hai

哈 hāi 비웃을 해
동문 1 비웃다. 조소하다. 조롱하다. 놀리다. ¶为众所~。= 많은 사람들의 비웃음거리가 되다. 2 환소하다. 즐겁게 웃다. 기뻐하다. 즐거워하다. 유쾌해하다. ¶欢~=기뻐하다. 된 【咳(hāi)】와 같음.

*咳 hāi 부르는 소리 해
갑 1 아이참! 하! 허! 아이고! 아! [슬픔이나 후회를 나타냄] ¶~, 我怎么干这样的傻事儿!=허! 내가 왜 이런 바보 같은 일을 했지! 2 어! 어이! 자! 이봐! [남을 부르거나 주의를 환기시킴을 나타냄] ¶~, 你去哪儿? =어이! 너 어디 가니? 3 아! 어! 아이쿠! 아이참! [놀람을 나타냄] ¶~, 真有这么奇怪的事?=어! 정말 이런 희한한 일이 있다니?
☞ ké

嗨 hāi 부르는 소리 해
갑 (남을 부르거나 주의를 환기시킴을 나타내어) 어! 어이! 자! 이봐! [【咳(hāi)】와 같음] 된 가사 중에 의미 없이 쓰이는 글자. ¶呼儿~哟=에헤요.
☞ hēi

【嗨呀】hāi·ya 갑 아이고! 어이구! 어이쿠! [놀라나 괴로움 따위를 나타냄] ¶~, 这么大的雪!=어이구, 이렇게 많은 눈이!

【嗨哟】hāiyāo 갑 영차. 영치기영차. 어기여차. [힘든 일을 함께 할 때, 힘을 모으거나 호흡을 맞추기 위하여 함께 내는 소리] ¶大家加把劲儿哟!~!=모두 더 힘을 내세! (영치기)영차!

*还[還] hái 여전히 환
부 1 여전히. 아직도. 아직. [동작이나 상태가 그대로 유지되어 지속됨을 나타냄. '仍然(여전히)'에 해당함] ¶都快元旦了, 天气~这么暖和。=신정이 가까워졌는데, 날씨가 아직도 이렇게 따뜻하다니. 2 또. 더. 게다가. [이미 지정된 범위 외에 더 증가하거나 보충됨을 나타냄] ¶要了一盘卤肉, 两碗面, ~要了两瓶啤酒。=수육 한 접시와 국수 두 그릇, 그리고 또 맥주 두 병을 시켰다. 3 더. 더욱. ['比'와 함께 쓰여 비교되는 사물의 성상·정도가 심함을 나타냄. '更加(더욱)'에 해당함] ¶今天的雨比昨天~大。=오늘 비는 어제보다 더 많이 내린다. 4 …도. …조차. …까지도. 그래도. 그럼에도 불구하고. [앞 구절에 쓰여 배경을 깔고, 다음 구절에서 추론함. '尚且(…조차 …한데)'에 해당함] ¶大人~搬不动, 何况小孩儿呢?=어른조차 옮길 수 없는데, 하물며 어린아이야? 5 그만하면. 그런대로. 그럭저럭. 꽤. 비교적. [형용사 앞에 쓰여 억지로 어떤 정도에 다다름을 나타냄. 보통 그런대로 만족스럽거나 좋은 쪽으로 가는 것을 말함] ¶他刚才的发言讲得~不错。=그가 방금 한 발언은 그만하면 괜찮다. 6 의외나 뜻밖이라는 어감을 더욱 두드러지게 함. ¶下这么大的雨, 想不到你~准时到了。=이렇게 비가 많이 내리는데, 제 시간에 맞추어 올 줄은 생각지도 못했다. 7 …면서도. …라면서도. [마땅히 해야 하는 것을 하지 못하여 꾸짖거나 풍자하는 어감을 나타냄] ¶亏你~是哥哥呢, 也不帮着点妹妹。=너는 오빠라면서도 여동생을 좀 도와 주지 않느냐. 8 일찍이. 벌써. 이미. [벌써부터 이러함을 나타냄] ¶~在三年前, 张教授就发表过这方面的论文了。=일찍이 3년 전에 장 교수는 이 분야의 논문을 발표한 적이 있다.
☞ huán, xuán

【还好】háihǎo 형 1 그럭저럭〔그런대로·대체로〕 괜찮다〔지낼 만하다〕. [주로 대답에 쓰임] ¶"最近身体怎么样?", "~, 没怎么生病。"=요즘 몸이 어때?" "그럭저럭 괜찮아, 달리 아픈 데도 없고." 2 다행히(도). 운 좋게(도). [주로 삽입어로 쓰임] ¶~, 抢救及时, 没造成更大的损失。=다행히도, 제때에 구조하여 더 큰 피해를 입지 않았다.

【还是】hái·shi 부 1 여전히. 아직도. 변함없이. 원래대로. 그래도. 끝내. 역시. [동작이나 상태가 그대로 유지되는 것을 나타냄. '仍然'에 상당함] ¶虽然时间紧, 我们~圆满地完成了任务。=시간이 촉박했지만 우리들은 그래도 원만하게 임무를 완수했다. 2 …하는 편이 (더) 좋다. [문장에

주로 상의나 희망의 어감이 담겨 있음》¶这不是一件小事, 你～同家里人好好商量商量。= 이건 작은 일이 아니니, 넌 가족들과 잘 상의하는 것이 좋겠다. **3** 의외로. 뜻밖에. 〔어떤 사물에 대해 그럴 줄 몰랐는데, 뜻밖임을 나타냄〕¶这么大的困难, ～被他克服了。= 이렇게 큰 어려움을 그가 뜻밖에도 극복했다. 〔접〕 **1** 또는. 아니면. 〔흔히 '是(shì)'와 호응하여 의문문에 쓰여, 선택을 나타냄〕¶客人上午到～下午到? = 손님이 오전에 도착합니까, 아니면 오후에 도착합니까? **2** …든. …도. …뿐만 아니라. 〔'无论(wúlùn)'·'不管(bùguǎn)'·'不论(bùlùn)'과 '都(dōu)'와 함께 쓰여, 예를 든 범위 안에서는 모두 그러함을 나타냄〕¶无论夏天～冬天, 他都坚持游泳。= 여름이든 겨울이든 그는 꾸준하게 수영을 한다.

**孩** hái 어린아이 해
〔명〕(～儿) 애. 어린이. (어린)아이. 아동. ¶小～儿=어린아이. / 女～儿=여자 아이.

○● 婴 yīng 孩

【孩儿】**hái·ér**〔명〕아이. 애. 자녀. 소자. 소녀. [부모가 자녀를 부르거나, 자녀가 부모에게 자신을 칭하는 말. 주로 조기 백화문에 보임]
【孩儿参】**hái·érshēn**☞【太子参】**tàizǐshēn**
【孩提】**háití**〔명〕유아. 애. 어린이. (어린)아이. 아동. ¶～时代=유아기.
【孩童】**háitóng**〔명〕유아. 애. 어린이. (어린)아이. 아동.
【孩子】**hái·zi**〔명〕**1** 애. 어린이. (어린)아이. 아동. ¶他还是个～, 不懂事。= 그는 아직은 어린아이여서 철이 없다. **2** 자녀〔자식〕. 아들과 딸. ¶他的两个～都在外地工作。= 그의 두 자녀는 모두 외지에서 일한다.
【孩子气】**hái·ziqì**〔명〕치기(稚氣). 애티. 어리광. ¶都快二十的人了, 还满脸～。= 곧 있으면 스무 살인 사람이, 아직도 얼굴 가득 애티가 난다. 〔형〕(성격이나 행동이) 어린아이 같다. 유치하다. 철없다. 철모르다. ¶不要说这些～的话。= 이런 유치한 말은 하지 마.
【孩子头】**hái·zitóu**(～儿)〔명〕**1** 골목대장. 꼬마 대장. = 【孩子王】**hái·ziwáng**¶他是这群孩子的～儿。= 그는 요 조무래기들의 골목대장이다. **2** 어른 골목대장. [어린애들과 놀기를 좋아하는 어른] ¶都三十好几的人了, 怎么还像个～。= 이미 서른이 훨씬 넘은 사람이 어째 아직도 어른 골목대장 같니.
【孩子王】**hái·ziwáng**〔명〕**1** ☞【孩子头】**hái·zitóu 2** 아이들의 왕〔두목〕. 어른 골목대장. [유치원 교사나 초등 학교 교사에 대한 놀림조의 호칭. 어떤 때는 경시의 의미가 담겨 있음] ¶他呀, 幼儿园的老师。= 그 말이야, 유치원 교사잖아, 아들 골목대장 말이야.

**骸** hái 뼈 해
〔명〕**1** 뼈. 해골. [주로 죽은 사람의 뼈를 가리킴] ¶尸～=유골. **2** 신체. 몸. ¶病～=병든 몸.

○● 残 cán 骸, 尸 shī 骸
【骸骨】**háigǔ**〔명〕뼈. 해골. [주로 죽은 사람의 뼈를 가리킴]

**胲** hǎi 히드록실아민 해
〔명〕〔외〕(化) 히드록실아민(hydroxylamine).
☞ gǎi

**浬** hǎilǐ/lǐ 해리 리
〔양〕해리(sea mile). '海里(해리)'의 옛 명칭.

**海** hǎi 바다 해
〔명〕**1** 바다. ¶黄～= 황해. / 出～=바다로 나가다. **2** 큰 호수. [일부 호수의 명칭에 쓰임] ¶里～～=카스피 해. / 洱～=(云南)성에 있는 호수 이름) **3** 〔비〕바다처럼 많음〔넓음〕. [아주 많은 사람이나 사물이 모여 있는 것을 나타냄] ¶人山人～= 인산인해. 모인 사람이 대단히 많음. / 学～无涯=학문의 세계는 끝이 없다. **4** 해물. 해산물. ¶吃～鲜=해물을 먹다. / 一碗～味面=해물(탕)면 한 그릇. **5** 옛날, 해외에서 건너온 것. ¶春～棠=봄날의 꽃해당화. **6** (**Hǎi**) 성(姓). 〔형〕**1** (그릇이나 용량 등이) 큰. 대형의. ¶一～碗面=큰 사발의 국수 한 그릇. / 他喝酒可是～量。= 그는 주량이 정말 대단하다. **2** 〔방〕매우(상당히) 많다. [뒤에 보통 '了(·le)' '啦(·la)' 등을 수반함] ¶广场上的人可～啦。= 광장에 있는 사람들이 상당히 많다. 〔부〕무턱대고. 무작정. ¶想～一通=무작정 이것저것 얘기하다. **2** 마구잡이로. 한없이. 아무렇게나. 함부로. ¶胡吃～喝=마구 먹고 마시다.

○● 沧 cāng 海, 出海, 蹈 dǎo 海, 公海, 航海, 淮 Huái 海, 宦 huàn 海, 近海, 苦海, 领海, 刘海儿, 墨海, 脑海, 内海, 四海, 下海, 血 xuè 海, 烟海, 沿海, 渊 yuān 海, 云海, 秋海棠 táng

【海岸】**hǎi'àn**〔명〕해안. 연해안. 바닷가.
【海岸炮】**hǎi'ànpào**〔명〕(軍) 해안포. [해안이나 섬에 설치한 대포. 해군 기지나 항구 따위를 보호하는 데 쓰임] =【岸炮】**ànpào**
【海岸线】**hǎi'ànxiàn**〔명〕해안선. 연안선. 정선(汀線).
【海拔】**hǎibá**〔명〕해발. =【拔海】**báhǎi**
【海白菜】**hǎibáicài**☞【石莼】**shíchún**
【海蚌】**hǎibàng**☞【西施舌】**xīshīshé**
【海报】**hǎibào**〔명〕(문예 공연·영화·운동 경기 등의) 포스터. 광고 전단. 광고지. 벽보. 대자보.
【海豹】**hǎibào**〔명〕(動) 바다표범. 해표.
【海边】**hǎi·bian**〔명〕**1** 해변. 바닷가. ¶那家五星级宾馆就在～。= 그 5성급 호텔은 바로 해변에 있다. **2** 해안. ¶停着一艘汽艇。= 해안에 모터보트 한 척이 정박해 있다.
【海滨】**hǎibīn**〔명〕해변. 바닷가. 해안. ¶～城市=해안 도시.
【海波】**hǎibō**〔명〕〔외〕(化) 하이포(hypo). 티오황산나트륨(Sodium thiosulfate). 티오황산소다.

(Sodium Thiosulphite).

【海不扬波】**hǎibùyángbō** (성) **1** 해수면이 잔잔하고 풍랑이 없다. **2** (비) 나라가 태평하다.

【海菜】**hǎicài** 〔명〕(植) (미역·다시마 등과 같은) 식용 해초〔海藻〕. 식용 바다 식물.

【海槽】**hǎicáo** 〔명〕해구(海溝). 해분(海盆). 해연(海淵). [양쪽 측면 경사가 급하고 깊이가 6,000m를 넘는 바닷속 협곡]

【海草】**hǎicǎo** 〔명〕(植) 해초. 해조. 바닷말.

【海产】**hǎichǎn** 〔명〕해산물. ¶~丰富=해산물이 풍부하다. 〔형〕바다에서 생산되는. 해산의. 바다산의. ¶~鱼类=바다에서 생산되는 어류.

【海产品】**hǎichǎnpǐn** 〔명〕해산물.

【海昌蓝】**hǎichānglán** 〔명〕**1** 하이드론 블루 (hydron blue). 청색 염료. [주로 면포·마섬유 등을 염색하는 데 쓰임] **2** 하이드론 블루로 염색한 옷감〔천〕.

【海潮】**hǎicháo** 〔명〕해조. 조수(潮水). 조석수(潮汐水). 밀세기.

【海程】**hǎichéng** 〔명〕 (바다의) 뱃길. 선로(船路). 배의 이정(里程). 항해 거리. 항정(航程). ¶两地之间只有两小时的~。=두 지역 사이는 뱃길로 단 두 시간 거리이다.

【海船】**hǎichuán** 〔명〕해선.

【海带】**hǎidài** 〔명〕(植) 다시마. 곤포.

【海带芽】**hǎidàiyá** 〔명〕(植) 미역. =【嫩海带】**nènhǎidài**

【海胆】**hǎidǎn** 〔명〕(動) 성게. 해담. 섬게.

【海岛】**hǎidǎo** 〔명〕섬. 해도.

【海岛棉】**hǎidǎomián** 〔명〕(植) 해도면. 시아일랜드면(sea-island cotton).

【海盗】**hǎidào** 〔명〕해적.

【海道】**hǎidào** 〔명〕(배가 다니는) 항로(航路). 해로. 뱃길.

【海堤】**hǎidī** 〔명〕방파제.

【海底】**hǎidǐ** 〔명〕해저. 바다의 밑바닥. ¶沉入~=바다 밑바닥으로 가라앉다.

【海底捞月】**hǎidǐ-lāoyuè** (성) **1** 해저에서 달을 건지다. **2** (비) 되지도 않을 일을 하여 헛수고만 하다. 헛수고만 할 뿐 전혀 가능성이 없다. =【水中捞月】**shuǐzhōng-lāoyuè**【海中捞月】**hǎizhōng-lāoyuè 3** ① 해중로월. [중국 무술 동작의 하나] ② (손으로) 건져 올리다. 걷어올리다. [아래에서 위로 건져 올리는 동작] ¶她一个~，把球救了起来。=그녀가 걷어올려 공을 살려 냈다.

【海底捞针】**hǎidǐ-lāozhēn** (성) **1** 해저에서 바늘을 건지다. **2** (비) 대단히 찾기 힘들다. =【大海捞针】**dàhǎi-lāozhēn**

【海地】**Hǎidì** 〔명〕(地) 아이티(Haiti). [수도는 '太子港(포르토프랭스: Port-au-Prince)' 임]

【海钓】**hǎidiào** 〔동〕바다(에서) 낚시하다.

【海防】**hǎifáng** 〔명〕(軍) 해방. 해안 방비. 해안 방어.

【海匪】**hǎifěi** 〔명〕해적.

【海风】**hǎifēng** 〔명〕**1** 해상에서 부는 바람. **2** (氣) 바닷바람. 해풍. 해연풍. 갯바람. [기상학에서 연해 지대에서 바다로부터 육지로 부는 바람을 가리킴]

【海港】**hǎigǎng** 〔명〕 (해안에 있는) 항구. 항만.

【海沟】**hǎigōu** 〔명〕해구. [양쪽 측면 경사가 급하고 깊이가 6,000m를 넘는 바닷속 협곡]

【海狗】**hǎigǒu** 〔명〕(動) 물개. 해구. =【海熊】**hǎixióng**【腽肭兽】**wànàshòu**

【海关】**hǎiguān** 〔명〕세관(稅關).

【海归派】**hǎiguīpài** 〔명〕귀국파. 해외 귀국파. [1970년대 이후 출국하여 2000년대 초에 귀국한 중국의 해외 유학 인력]

【海龟】**hǎiguī** 〔명〕(動) 바다거북. ¶绿~=청바다거북. / 红~=붉은바다거북.

【海涵】**hǎihán** 〔동〕(경) 너그럽게 용서하다. 바다와 같은 아량으로 관용을 베풀어 주시길 바랍니다. 넓은 도량으로 양해해 주십시오. 널리 이해해 주십시오. ¶不周之处，敬请~。=대접이 변변치 못한 점이 있어도 널리 양해해 주십시오.

【海话】**hǎihuà** 〔명〕(방) 허풍. 큰소리. 흰소리. 터무니없는 소리. ¶他尽喜欢说~。=그는 허풍떨기를 정말 좋아한다.

【海黄瓜】**hǎihuángguā** ☞【海参】**hǎishēn**

【海魂衫】**hǎihúnshān** 〔명〕(남색과 백색이 가로로 뒤섞인 줄무늬 긴소매) 해군 셔츠〔유니폼〕. 해군 풀오버.

【海货】**hǎihuò** 〔명〕 (시장에서 파는) 해산물.

【海基会】**Hǎijīhuì** 〔명〕(약) 海峡交流基金会(타이완(台湾)의 해협 교류 재단).

【海脊】**hǎijǐ** ☞【海岭】**hǎilǐng**

【海疆】**hǎijiāng** 〔명〕영해〔연해〕지역. 연안해(沿岸海). ¶驻守~=연해 지역에 주둔하여 지키다.

【海椒】**hǎijiāo** ☞【辣椒】**làjiāo**

【海角】**hǎijiǎo** 〔명〕곶. 갑. 해각.

【海角天涯】**hǎijiǎo-tiānyá** ☞【天涯海角】**tiānyá-hǎijiǎo**

【海界】**hǎijiè** 〔명〕해양〔영해〕경계선.

【海进】**hǎijìn** ☞【海侵】**hǎiqīn**

【海禁】**hǎijìn** 〔명〕해금. [명청(明清)대에 실시되었던 항해에 관한 금령. 중국 상선의 해외 출항과 외국 상선의 중국 연해 진입을 금하는 법령]

【海景】**hǎijǐng** 〔명〕바다 경치. ¶观赏~=바다 경치를 감상하다.

【海警】**hǎijǐng** 〔명〕해경.

【海军】**hǎijūn** 〔명〕(軍) 해군.

【海军航空兵】**hǎijūn hángkōngbīng** 〔명〕(軍) 해군 항공병.

【海军陆战队】**hǎijūn lùzhànduì** 〔명〕(軍) 해군 해병대.

【海军呢】**hǎijūnní** 〔명〕(紡) 올이 굵은 모직물의 하나. 해군 외투 옷감. [해군 제복에 많이 쓰임]

【海口】**hǎikǒu** 〔명〕**1** 해구. **2** 만(灣)에 위치한 항구. **3** ① 대단히 큰 입. ② 허풍. 큰소리. 흰소리. ¶夸下~=허풍을 떨다. **4** (Hǎikǒu) (地) 하이커우. [하이난(海南)성의 성도임]

【海寇】**hǎikòu** 〔명〕해적.

【海枯石烂】**hǎikū-shílàn** (성) **1** 바닷물이 마르

아하다.

## 氦 hài 헬륨 해
명외《化》헬륨(He, helium). [원자 번호 2. '氦气(hàiqì)'로 통칭함]

## **害 hài 해칠 해
동 **1** 손해를 입히다. 해를 끼치다. 해치다. ¶危~=해를 끼치다. / 伤天~理=사람으로서 도저히 못할 짓을 하다. **2** 죽이다. 살해하다. ¶遇~=살해당하다. / 杀~=살해하다. **3** 병에 걸리다. 병을 앓다. 발병하다. ¶他最近~了一场大病。=그는 요즘 한차례 큰 병을 앓았다. **4** (어떤 불안한 느낌이나 정서가) 생기다. 일어나다. 일다. 느껴지다. ¶在生人面前, 小女孩儿有点儿~羞。=낯선 사람 앞에서 소녀는 조금 부끄러움을 탄다. 명 **1** 나쁜 점. 해로운 점. 결점. 해. 손해. ¶有益无~=유익하고 해롭지 않다. **2** 화. 재해. 재난. 재앙. ¶祸~/水~=수해. **3** 해롭다. 유해하다. ¶苍蝇是一种~虫。=파리는 해충의 하나이다. [고어에서 '曷(hé)'와 같음] ↔益 利

○● 暗害, 病害, 残cán害, 谗chán害, 虫害, 冻害, 毒害, 妨害, 风害, 公害, 祸huò害, 坑kēng害, 苦害, 涝lào害, 雷害, 冷害, 厉害, 利害, 鸟niǎo害, 迫害, 戕qiāng害, 杀害, 伤害, 受害, 损sǔn害, 危害, 诬wū害, 无害, 陷xiàn害, 要害, 贻yí害, 灾害, 糟zāo害

【害病】hài‖bìng 동 병이 나다. 병들다. 병을 앓다. 발병하다. 병에 걸리다. ¶他身体很好, 几乎从不~。=그는 건강해서 이제까지 거의 병에 걸리지 않았다.
【害虫】hàichóng 명 해충. ↔益虫
【害处】hài·chu 명 해. 손해. 결점. 나쁜[해로운] 점. 폐해. ¶饮酒过量对身体很有~。=술을 너무 많이 마시면 몸에 아주 해롭다. ↔益处 利益 好处
【害肚子】hài dù·zi 동방 설사하다. ¶吃了不卫生的食品很容易~。=비위생적인 음식을 먹으면 설사하기 십상이다.
【害河】hàihé 명 유해[해로운] 하천. [유해 물질 함량이 기준을 초과한 하천이나 홍수 등 수해를 자주 일으키는 하천] ¶治理~=유해 하천을 다스리다.
【害命】hàimìng 동 살해하다. (사람을) 죽이다. ¶谋财~=재물을 탐내 사람을 죽이다.
【害鸟】hàiniǎo 명 유해 조수. 해조. ↔益鸟
【害怕】hài‖pà 동 겁내다. 두려워하다. 무서워하다. ¶她~一个人深夜回家。=그녀는 혼자 심야에 귀가하는 것을 무서워한다. ≒恐惧 惧怕 畏惧
【害群之马】hàiqúnzhīmǎ 성 **1** (무리 가운데서) 다른 말들에게 해를 끼치는 말. **2**비 (집단에서) 다른 사람들에게 해가 되는 사람. 사회에 해를 끼치는 사람.
【害人】hài‖rén 동 남[다른 사람]을 해치다. 남

[다른 사람]에게 (손)해를 끼치다. ¶~之事不可为。=다른 사람에게 손해를 끼치는 일을 하면 안 된다.
【害人不浅】hàirén-bùqiǎn 성 사람에게 해를 크게 입히다.
【害人虫】hàirénchóng 명비 남[다른 사람]을 해치는 사람. 남[다른 사람]에게 (손)해를 끼치는 사람. 인간쓰레기. 사회의 해충.
【害人精】hàirénjīng 명 **1** 사람을 해치는 요괴. **2**비 다른 사람에게 (손)해를 끼치는 사람이나 사물.
【害臊】hài‖sào 동구 부끄러워하다. 수줍어하다. 겸연쩍어하다. 쑥스러워하다. 창피스러워하다. ¶说出这样的脏话, 你就不觉得~? =이런 상스러운 말을 하다니, 넌 부끄럽지도 않니? ≒害羞 怕羞
【害死】hàisǐ 동 **1** 살해하다. 죽이다. ¶这群恶霸~了不少人。=이 악질 토호(土豪)들이 많은 사람들을 죽였다. **2** (정신적·육체적·경제적) 고통[괴로움]을 주다. 손실을[손해를] 입히다[끼치다]. 피곤하게 만들다. ¶说好的事情临到头他又反悔, 真是~我了。=그가 하기로 한 일이 임박해서 번복되니, 정말 괴로워 죽겠다.
【害兽】hàishòu 명 유해 짐승. 해로운 짐승.
【害喜】hài‖xǐ 동구 입덧을 하다. ¶她正~, 吃不下什么东西。=그녀는 지금 입덧을 하는 중이어서 아무것도 먹지 못한다.
【害羞】hài‖xiū 동 부끄러워하다. 수줍어하다. 겸연쩍어하다. 쑥스러워하다. 창피스러워하다. ¶第一次在这么多人面前讲话, 他有些~。=처음으로 이렇게 많은 사람들 앞에서 말을 하려니, 그는 조금 부끄러웠다. ≒害臊 怕羞
【害眼】hài‖yǎn 동구 눈병을 앓다. 눈병이 나다. ¶他正~, 看东西不是很清楚。=그는 지금 눈병을 앓고 있어서, 똑똑하게 보이지 않는다.

## 嗐 hài 탄식하는 소리 해
감 **1** 아아. 허. [애석함·안타까움이나 후회를 나타냄] ¶~, 这下糟糕透了! =아아, 이제 완전히 끝장났구나! **2** 에이! 아니! [불만을 나타냄] ¶~, 戏没这么演的! =아니, 이렇게 하는 연극이 어디 있나!

# han

## 犴 hān 낙타사슴 안
명《动》말코손바닥사슴. 낙타사슴. 엘크(elk).
☞ àn

## 顸[頇] hān 굵을 한
형 굵다. ¶这棵树可真~。=이 나무는 정말 굵다.
【顸实】hān·shi 형방 (물체가) 굵고 단단[튼튼·튼실]하다. ¶这拐杖挺~的。=이 지팡이는 굵고 단단하다.

豻 hān 낙타사슴 안
[명][동] '犴(hān)'과 같음.

蚶 hān 새꼬막조개 감
[명][動] (조개의 일종인) 피조개. 새꼬막. 피안다 미조개.
【蚶田】hāntián [명] 피조개 양식장.
【蚶子】hān·zi [명][動] (조개의 일종인) 피조개. 새꼬막. 피안다 미조개. ⇨【瓦垄子】wǎlǒng·zi【瓦楞子】wǎléng·zi

酣 hān 즐길 감
[형] 1 기분 좋게 마음껏 마시다. 거나하게 취하다. ¶酒~=술이 거나하게 취하다. 2 후련하다. 통쾌하다. 기분 좋다. 신나다. 한창이다. 절정이다. 무르익다. 고조되다. 깊어가다. 심하다. 깊다. ¶兴趣正~=흥취가 한창 고조되다. 3 (전투가) 격렬하다. 치열하다. ¶万马战犹~=천군만마가 격렬하게 싸우다.
【酣畅】hānchàng [형] 1 상쾌하다. 유쾌하다. 쾌적하다. 기분 좋다. [주로 잠을 자거나 술을 마시는 데에 쓰임] ¶这一觉睡得可真~=이번 잠은 정말 상쾌하게 잘 잤다. 2 (문장 표현이) 충분하다. 충만하다. 통쾌하다. 쾌적하다. 시원시원하다. ¶文章一气呵成，~淋漓=글이 막힘이 없이 시원시원하다.
【酣歌】hāngē [동] 마음껏 (흥을 다해·흥에 겨워) 노래하다. ¶纵情~=마음껏 노래하다.
【酣梦】hānmèng [명] 달콤한 꿈. 깊은 잠. ¶一阵雷声把他从~中惊醒。=천둥 소리가 그를 깊은 잠에서 깨어나게 하였다.
【酣眠】hānmián [동] 깊이 잠들다. 달게 자다. 숙면(熟眠)하다. 푹 자다. ¶一夜~之后，精神好了许多。=하루 저녁 푹 자고 나니, 정신이 꽤 맑아졌다.
【酣然】hānrán [형] 상쾌하다. 유쾌하다. 쾌적하다. 기분 좋다. ¶~入睡=기분 좋게 잠들다.
【酣适】hānshì [형] (잠이) 달콤하고 편안하다.
【酣熟】hānshú [형] 숙면하다. 깊이 잠들다. 푹 자다.
【酣睡】hānshuì [동] 깊이 잠들다. 숙면하다. 푹 자다. ¶孩子们都在~。=아이들이 모두 곤하게 자고 있다. 늦熟睡
【酣甜】hāntián [형] (잠이) 깊고 달콤하다. ¶他睡得正~，不忍叫醒他。=그가 달콤하게 자고 있어서, 차마 깨울 수 없다.
【酣笑】hānxiào [동] 마음껏 웃다. 활짝 웃다.
【酣饮】hānyǐn [동] (술을) 거나하게 마시다. 마음껏 마시다. 신나게 마시다. ¶开怀~=마음을 터놓고 신나게 술을 마시다.
【酣战】hānzhàn [동] (싸움이나 경기에서) 격렬하게〔치열하게〕 싸우다. ¶两组武林高手~数十回合，仍难分胜负。=무림고수 두 명이 수십 합을 격렬하게 싸웠으나, 여전히 승부를 가리기 힘들다.
【酣醉】hānzuì [동] 만취하다. 몹시 취하다. 대취

하다. 거나하게〔근근하게〕 취하다. ¶~而归=만취하여 돌아가다.

憨 hān 어리석을 감
[형] 1 어리석다. 멍청하다. 미련하다. 바보 같다. ¶他自小就有点~。=그는 어렸을 때부터 조금 멍청했다. 2 소박하다. 꾸밈이 없다. 천진하다. ¶生性一直~=천성이 꾸밈없고 솔직하다. [명] (Hān) 성(姓).

o-o 娇jiāo憨

【憨痴】hānchī [형] 어리석다. 멍청하다. 미련하다. 바보 같다. ¶~愚笨=우둔하고 어리석다.
【憨厚】hān·hòu [형] 소박하고 정직하다. 충실하고 무던하다. 성실하고 우직하다. 천진난만하다. ¶为人~=사람됨이 충실하고 무던하다.
【憨气】hānqì [명] 천진난만한 표정〔기색〕. 소박〔충실〕하고 정직〔무던〕한 표정〔기색〕. ¶满脸~=천진난만한 표정이 가득하다.
【憨傻】hānshǎ [형] 바보 같다. 무던하고 어수룩하다. ¶他那~的样子让人又好气又好笑。=그의 그런 어수룩한 모습에 화가 치밀기도 하고 우습기도 하다.
【憨实】hānshí [형] 무던〔소박〕하고 착실〔성실〕하다. ¶~的山民=무던하고 착실한 산골 주민.
【憨态】hāntài [명] 귀엽고 천진난만한 표정〔기색〕. 소박〔충실〕하고 정직〔무던〕한 표정〔기색〕. ¶一脸~=천진난만한 모습이 얼굴에 가득하다.
【憨态可掬】hāntài-kějū [성] 1 천진난만함이 얼굴에 가득하다. 2 (비) 귀엽고 천진난만한 모습이 유난히 두드러지다.
【憨笑】hānxiào [동] 멍청하게 웃다. 바보같이 웃다. 천진난만하게 웃다. ¶他一句话不说，就知道~。=그는 한 마디도 하지 않고 멍청하게 웃기만 한다.
【憨直】hānzhí [형] 꾸밈없이 솔직하다. 소박하고 시원시원하다. ¶待人~=꾸밈없이 솔직하게 사람을 대하다.
【憨子】hān·zi [명][동] 바보. 멍청이. 멍텅구리. 얼뜨기. 얼간이.

鼾 hān 코 골 한
[명] 코 고는 소리. ¶打~=코를 골다.
【鼾声】hānshēng [명] 코 고는 소리. ¶~如雷=코 고는 소리가 우레 같다. / ~大作=코 고는 소리가 크게 나다.
【鼾睡】hānshuì [동] 코를 골며 자다. ¶~不醒=깨지 않고 코를 골며 자다.

邗 hán 땅 이름 한
【邗江】Hánjiāng [명][地] 한장. 〔장쑤(江苏)성에 있는 지명〕

汗 hán 오랑캐 추장 한
[명][동] 可汗(kèhán, 칸(khan, 군주)). ¶成吉思~=징기스칸.
☞ hàn

흘리고, 쌓으면 들보에까지 차다. **2** (비) 장서가 매우 많다.

【汗青】**hànqīng** (동) **1** (글씨를 쓰기 전에) 대나무를 불에 쬐어 땀내 말리다. [옛날, 죽간(竹簡)에 글을 쓸 때, 먼저 생대나무를 불에 쬐어 수분을 없앤 데서 유래한 말] **2** 저작을 완성하다. ¶~有日 = 저작이 거의 완성되어 가다. (명) 사서(史書). 청사(青史). 역사책. ¶流芳~ = 청사[역사책]에 훌륭한 명성을 길이 전하다[남기다].

【汗衫】**hànshān** (명) **1** (긴소매 혹은 짧은소매가 있는) 러닝셔츠. 내의. **2** (방) 와이셔츠. 셔츠. 블라우스.

【汗水】**hànshuǐ** (명) **1** 땀. [비교적 많이 흘리는 땀을 가리킴] ¶衣服全被~打湿了. = 옷이 땀에 흠뻑 젖었다. **2** 힘든[고된] 일. ¶一滴~, 一份收获. = 힘들게 일한 만큼 수확이 있다.

【汗褟儿】**hàntār** (명)(방) (여름에 입는 중국식) 땀받이.

【汗腺】**hànxiàn** (명)(生) 땀선. 땀샘. 한선.

【汗腥气】**hànxīngqì** (명)(醫) 땀내.

【汗颜】**hànyán** (동)(문) **1** 부끄러워 온 얼굴에 땀이 흐르다. 부끄러워 진땀이 나다. **2** 부끄러워하다. 창피해하다. 수치스러워하다. ¶~无地 = 부끄러워 몸둘 바를 모르다.

【汗液】**hànyè** (명) 땀.

【汗衣】**hànyī** (명)(방) (긴소매 혹은 짧은소매가 있는) 러닝셔츠. 내의.

【汗疹】**hànzhěn** (명) 땀띠.

【汗珠】**hànzhū**(~儿) (명) 땀방울. =【汗珠子】**hànzhū·zi**

【汗珠子】**hànzhū·zi** ☞【汗珠】**hànzhū**

【汗渍渍】**hànzīzī**(~的) (형)(구) 땀이 조금씩 나는 모양.

【汗渍】**hànzì** (명) 땀자국.

【汗渍渍】**hànzìzì**(~的) (형) 땀이 송골송골[촉촉]하다. 땀이 촉촉하게 나는 모양. 땀에 젖은 모양. ¶天太热, 身上总是~的. = 날이 너무 더워서 몸에 항상 땀이 촉촉하다.

**旱** **hàn** 가물 한

(형) **1** 가물다. ¶干~ = 가뭄. / 天~ = 날이 가물다. **2** 물이나 비와 무관한[관계 없는]. ¶滑~冰 = 롤러스케이트를 타다. / 吸~烟 = 잎담배를 피다. **3** 논이 아닌. 지상의. 육상의. ¶~船 = 포한선. [(무대 도구용) 배를 타고 남자가 사공 역을 하고, 여자가 손님 역을 하며 춤추고 노래부르는 민간 예술] / 收割~稻 = 밭벼를 수학하다. (명) **1** 가뭄. 한재. 한해. ¶抗~ = 가뭄과 싸우다. **2** 육상 교통. ¶起~ = 육로로 가다. ↔涝

○● 伏旱, 干旱, 亢**kàng**旱

旱 **hàn**
焊 **hàn**
捍 **hàn**
悍 **hàn**

【旱魃】**hànbá** (명) 한발. [가뭄을 일으킨다는 전설상의 괴물] ¶~为虐 = 한발이 미쳐 날뛰다. 지독한 가뭄이 들다.

【旱冰】**hànbīng** (명)(體) 롤러스케이트. ¶~鞋 = 롤러스케이트 신발.

【旱冰场】**hànbīngchǎng** (명) 롤러스케이트장.

【旱船】**hànchuán** (명) **1** 민간 예술인 '跑旱船(포한선)'에 사용되는, 뱃놀이극에 사용하는 도구용 배. **2** (방) 정원의 물가에 있는 배 모양의 집[누각].

【旱道】**hàndào**(~儿) (명)(방) 육로(陸路).

【旱稻】**hàndào** (명)(農) 밭벼. 산도(山稻). 육도(陸稻). 한도. =【陆稻】**lùdào**

【旱地】**hàndì** (명) 밭. 한지. 한전(旱田). 육전(陸田). 늑旱田.

【旱季】**hànjì** (명) 건기(乾期). =【干季】**gānjì** ↔雨季

【旱井】**hànjǐng** (명) **1** 한정. 가뭄 대비용 우물. [수자원이 부족한 지방에서 빗물을 저장하기 위해 판, 입구가 작고 배가 큰 우물] **2** 한정. 우물 같은 구덩이. [야채나 고구마 따위를 저장하기 위한 우물 모양의 지하 토굴]

【旱涝保收】**hànlào-bǎoshōu** (성) **1** 농경지가 가뭄이나 홍수가 들어도 영향을 받지 않고, 수확량을 보장하다. **2** (비) 어떤 위험 요소가 있더라도, 당사자의 수익에는 아무런 영향을 받지 않다. 어떤 경우에도 성과를 거둘 수 있다.

【旱柳】**hànliǔ** (명)(植) 용버들. 능수버들.

【旱路】**hànlù** (명) 육로(陸路). 육상 교통 노선. ↔水路

【旱魔】**hànmó** (명) 한발. 심한 가뭄. 매우 심한 한재(旱災).

【旱桥】**hànqiáo** (명) 구름다리. 고가도로. 육교. 고가교(高架橋). 산골짜기나 물이 마른 하천에 놓인 교량[다리].

【旱情】**hànqíng** (명) 가뭄의 상태[상황·정도]. ¶这场大雨使~有所缓解. = 이번 큰비가 가뭄의 상태를 어느 정도 완화시켜 줄 것이다.

【旱区】**hànqū** (명) 한재(旱災)를 입은 지역. 한재(旱災)를 당한 곳.

【旱伞】**hànsǎn** ☞【阳伞】**yángsǎn**

【旱獭】**hàntǎ** (명)(動) 마멋(marmot). =【土拨鼠】**tǔbōshǔ**

【旱田】**hàntián** (명) **1** 밭. 한지. 한전(旱田). 육전(陸田). **2** 천수답. 천둥지기. 늑旱地 ↔水田

【旱象】**hànxiàng** (명) 가무는 현상. 가뭄 현상. ¶~严重 = 가뭄 현상이 심각하다.

【旱鸭子】**hànyā·zi** (명)(구)(비) 수영을 못 하는 사람. 헤엄을 못 치는 사람. 맥주병. [해학적인 의미를 내포함]

【旱烟】**hànyān** (명) 잎담배. 살담배. [담뱃대로 피우는 담배잎[부스러기]]

【旱烟袋】**hànyāndài** (명) (잎담배나 살담배를 넣고 태우는) 담뱃대. [「水烟袋(수연통. 물담뱃대)」와 구별됨] (웅)【烟袋】**yāndài**

【旱烟管】**hànyānguǎn** (명) (잎담배나 살담배를 넣고 태우는) 담뱃대. [「水烟袋(수연통. 물담뱃대)」와 구별됨]

【旱灾】**hànzāi** (명) 한재. 한해. 재한(災旱).

【旱作】**hànzuò** (명) 밭작물(밭作物). (동) 밭에 심다[재배하다]. ¶花生适宜~. = 땅콩은 밭재배가 적합하다.

# hàn

**埠** hàn 언덕 한
- 명 작은 둑. 물가. [주로 지명에 쓰임] ¶中~=중한.[안후이(安徽)성에 있는 지명]

**捍**[(扞)] hàn 막을 한
- 동 막다. 지키다. 방어하다. 호위하다. 저항하다. ¶~卫主权=주권을 지키다.
- 【捍卫】 hànwèi 동 지키다. 수호하다. 방위하다. 보위하다. ¶~民族尊严=민족의 존엄을 지키다. ≒保卫
- 【捍御】 hànyù 동 막다. 지키다. 방어하다. 보위하다. 저항하다. ¶~外侮=외국의 침략과 억압을 막아 내다.

**悍**[(猂)] hàn 사나울 한
- 형 1 용감하다. 용맹하다. 날래다. 노련하다. 능수능란하다. 경험이 풍부하다. ¶剽~=민첩하고 용맹하다. / 精~=날래고 용감하다. 2 사납다. 거칠다. 악랄하다. 난폭하다. 흉포하다. 포악하다. 무지막지하다. ¶凶~=흉포하다. / 刁~=교활하고 악랄하다.
- ○● 刁diāo悍, 犷guǎng悍, 精悍, 剽piāo悍
- 【悍妇】 hànfù 명 (주로 욕하는 말로) 무지막지한 여자. 사납고 거센 여자. ≒泼妇
- 【悍将】 hànjiàng 명 용맹스러운 장수.
- 【悍然】 hànrán 부 거칠게. 제멋대로. 서슴없이. 거리낌없이. 단호하게. 우악스럽게. 난폭하게. 무지막지하게. ¶~撕毁和约=제멋대로 계약을 파기하다.
- 【悍勇】 hànyǒng 형 용맹스럽다. 강하고 용감하다. ¶~善战=용맹스럽고 싸움을 잘하다.

**菡** hàn 연봉오리 함
- 【菡萏】 hàndàn 명문 연꽃.

**焊**[(釬·銲)] hàn 용접할 한
- 동 용접하다. 땜질하다. 납땜하다. ¶电~=전기 용접. / 气~=가스 용접.
- ○● 点焊, 电焊, 堆焊, 冷焊, 气焊, 烧shāo焊
- 【焊缝】 hànfèng 동 용접으로 틈새를〔갈라진 부분을〕잇다. 명 (금속 부품의) 용접으로 이은 자리. 용접의 흔적. 비드(bead).
- 【焊工】 hàngōng 명 1 용접〔땜질〕작업. 2 용접공.
- 【焊花】 hànhuā 명 아크 불꽃. 전기 용접할 때 튀는 불꽃〔스파크·불똥〕. 스패터(spatter).
- 【焊剂】 hànjì 명 (용접할 때 사용하는 염산 따위의) 용제(溶劑). 플럭스(flux). =【焊药】 hànyào
- 【焊接】 hànjiē 동 1 땜질하다. 납땜하다. 2 용접하다.
- 【焊炬】 hànjù ☞【焊枪】 hànqiāng
- 【焊口】 hànkǒu 명 (용접 또는 납땜한) 이음매.
- 【焊蜡】 hànlà 명 1 연납(軟鉛). 2 ☞【焊锡】 hànxī
- 【焊料】 hànliào 명 땜납재. 금속 접합제.
- 【焊钳】 hànqián 명 용접봉 홀더(electrode holder). [두 개의 손잡이가 있는 집게처럼 생긴, 전기 용접에 쓰이는 집게]
- 【焊枪】 hànqiāng 명 용접 토치(welding torch). =【焊炬】 hànjù
- 【焊丝】 hànsī 명 용접 와이어(solder wire).
- 【焊条】 hàntiáo 명 용접봉.
- 【焊锡】 hànxī 명 경납(硬鉛). =【白镴】 báilà
- 【焊镴】 hànlà 명 【锡镴】 xīlà
- 【焊药】 hànyào ☞【焊剂】 hànjì
- 【焊液】 hànyè 명 용접액. 납땜액.

**睅** hàn 눈 부릅뜰 환
- 동 (눈이 튀어나올 정도로) 눈을 부릅뜨다.

**颔**[颔] hàn 턱 함
- 명문 아래턱. ¶燕~虎颈=제비 같은 턱과 범 같은 목. 무장의 위용이 있는 용모. 동 (고개를) 끄덕이다. ¶~首微笑=고개를 끄덕이며 미소를 짓다.
- 【颔骨】 hàngǔ 명(生) 아래턱뼈. 하악골.
- 【颔联】 hànlián 명 함련. [율시(律詩)의 세 번째 와 네 번째 구. 대구(對句)를 이루어야 함] =【次联】 cìlián 【胸联】 xiōnglián
- 【颔首】 hànshǒu 동문 고개를 끄덕이다. ¶~示意=고개를 끄덕여 의사 표시를 하다.

**撖** Hàn 성씨 감
- 명 성(姓).

**菡** hàn 개갓냉이 한
- 【菡菜】 hàncài 명(植) 개갓냉이.

**暵** hàn 말릴 한
- 동 1 (햇볕에 쬐어) 말리다. 바짝 말리다. 2 마르다. 시들다.

**熯** hàn 말릴 한
- 동방 1 (약재·식품·찻잎·담뱃잎 따위를) 약한 불로 말리다. 2 찌다. 3 (기름을 약간만 넣고) 부치다〔지지다〕.

**撼** hàn 흔들 감
- 동 뒤흔들다. 움직이다. 동요하다. 요동하다. ¶摇~=흔들(리)다. / 震~=진동하다. 뒤흔들다.
- 【撼动】 hàndòng 동 요동하다. 진동하다. 뒤흔들다. ¶爆破声~了整个山谷. =폭파 소리가 온 산골짜기를 뒤흔들었다.
- 【撼天动地】 hàntiān dòngdì 성 1 천지를〔하늘과 땅을〕뒤흔들다〔진동하다〕. 2 비 소리나 기세가 대단히 크다.

***翰** hàn 깃털 한
- 명문 1 길고 빳빳한 깃털. 2 붓. 문장. 서신. [옛

을 나타냄] ¶他从这笔业务中捞了不少~。=그는 이 업무를 하면서 적지 않은 이익을 챙겼다. ↔害处 坏处

【好处费】hǎochùfèi 몡 커미션. 리베이트. 뇌물. 사례비. [주로 정당하지 못한 것을 나타냄] ¶不得从中收取~。=중간에서 커미션을 챙겨서는 안 된다.

【好大】hǎodà 혱 대단히 크다. 아주 크다. ¶~的胆子!=간이 대단히 크구먼! 간이 부었구먼!

【好歹】hǎodǎi 혱 옳고 그르다. 좋고 나쁘다. 무엇이 좋고 무엇이 나쁜지. ¶他这人可真不知~。=이 사람은 무엇이 좋고 나쁜 건지 모른다. 튀 1 되는대로. 대충대충. 그런대로. 아무렇게나. ¶~住一宿, 明日再作打算。=(오늘은) 되는대로 하룻밤 묵고, 내일 다시 생각해 보자. 2 어쨌든. 아무튼. 하여튼. 이유를 불문하고. 좋든 나쁘든. ¶~你得拿个主意。=어쨌든 네가 방법을 강구해 봐. 몡 (~儿) 생명의 위험. 의외의 사고. ¶万一孩子有个~, 我可怎么交代?=만일 아이한테 무슨 사고라도 생기면, 나 어떻게 책임져? ≒好赖

【好的】hǎo·de 갑 좋아. 됐어. [주로 구의 앞에 쓰여 동의 혹은 한 단락이 끝났음을 나타냄] ¶~, 就照你说的办。=좋아요, 그럼 당신 말대로 합시다. 혱 좋은 것. 우수한 것(사람). ¶招聘员工, 当然要选~。=직원 모집은 당연히 우수한 사람을 선발해야 한다.

【好端端】hǎoduānduān (~的) 혱 (사람이) 온전하다. 멀쩡하다. 아무 탈 없다. 건장하다. ¶早上还~的, 怎么这会儿突然发起烧来了?=아침에는 멀쩡하더니, 어째서 갑자기 열이 나지?

【好多】hǎoduō 준 1 아주〔대단히 · 꽤〕 많다. ¶今天酒店里来了个~客人。=오늘 호텔에 아주 많은 손님이 왔다. 2 얼마. 몇. ¶参加运动会的学生有~?=운동회에 참가한 학생이 얼마나 되니? ≒许多

【好感】hǎogǎn 몡 호감. 좋은 감정. ¶他的善解人意赢得了众人的~。=그는 남의 의중을 잘 헤아려서 많은 사람들의 호감을 샀다. ↔反感

【好钢用在刀刃上】hǎogāng yòng zài dāorèn·shang 속 1 좋은 쇠는 칼날을 만드는 데 써야 한다. 2 비 좋은 사람[사물]은 요긴한[결정적인] 곳에 써야 한다.

【好狗不挡道】hǎogǒu bù dǎng dào 속 1 좋은 개는 사람이 다니는 길을 막지 않는다. 2 비 길이나 햇빛을 가로막고 있는 사람에게 하는 말.

【好过】hǎoguò 형 1 (생활이) 부유하다. 풍족하다. (살아가기에) 여유가 있다. 느슨하다. 살기가 좋다. ¶如今的日子比以前~多了。=지금은 예전보다 훨씬 살기가 좋다. 2 상쾌하다. 기분이 좋다. 쾌적하다. ¶得知这个不幸的消息, 大家心里很不~。=불행한 소식을 듣자 모두들 기분이 무척 우울하였다. ↔难过

【好汉】hǎohàn 몡 사내대장부. 호한. 호걸. ¶~做事~当。=사내대장부는 자기 한 일은 자기가 책임진다.

【好好儿】hǎohāor (~的) 혱튀 좋다. 성하다.

온전하다. 멀쩡하다. 정상이다.

【好好】hǎohǎo (~的) 혱 좋다. 성하다. 온전하다. 멀쩡하다. 정상이다. ¶~的一场聚会被他搅得不欢而散。=아주 멀쩡하던 모임이 그로 인해 기분 나쁘게 헤어졌다. 튀 1 푹. 마음껏. 실컷. 충분히. 전력을 기울여. 최대한. 잘. ¶累了这么些天, 大家~地休息一下。=요 며칠 피곤할테니, 모두들 마음껏 쉬세요. 2 얌전하게. 반듯하게. ¶你就在家~地呆着, 哪儿都别去。=넌 아무 데도 가지 말고 집에서 얌전하게 있어라.

【好好先生】hǎohǎo xiān·sheng 몡 무골호인(無骨好人).

【好喝】hǎohē 혱 (음료수 따위가) 맛있다. 마시기 좋다[쉽다]. ¶新鲜果汁真~。=신선한 과일즙이 참 맛있다.

【好合】hǎohé 혱 사이좋게 지내다. 화목하다. [주로 부부 사이를 가리킴] ¶百年~=평생을 화목하게 지내다.

【好话】hǎohuà 1 듣기 좋은 말. 칭찬. ¶我们想听的是意见, 不是~。=우리가 듣고 싶은 것은 의견이지, 듣기 좋은 말이 아니다. 2 유익한 말. (올)바른 말. ¶您的这番~我一定牢记在心。=당신의 이번의 유익한 말씀을 제 마음속에 꼭 기억하겠습니다. 3 용서를 구하는 말. 사과하는 말. 사정하는 말. ¶~说尽, 他仍是不愿帮忙。=그토록 사정했건만, 그는 여전히 도와 주려 하지 않는다.

【好坏】hǎohuài 혱 좋고 나쁘다. ¶~不分=잘잘못을 따지지 않다. 좋고 나쁨을 구분하지 않다.

【好货】hǎohuò 몡 1 좋은 물건. 좋은 것. ¶不便宜, 便宜没~。=좋은 물건은 싸지 않고, 값싼 물건은 좋은 것이 없다. 2 비 좋은 사람. [주로 부정형으로 쓰임] ¶这个人不是~。=이 사람은 좋은 놈이 아니다.

【好几】hǎojǐ 쉬 1 여러. 몇. [양사·시간 명사 앞에 쓰여 많거나 오래 됨을 나타냄] ¶这事你都说过~回了。=이 일은 네가 이미 몇 번 말했어. 2 정수 뒤에 쓰여 나머지가 더 많이 있음을 나타냄. ¶老人都七十~了。=노인은 벌써 일흔이 훨씬 넘었어.

【好记】hǎojì 기억하기 쉽다. ¶这首诗很~。=이 시는 아주 기억하기 쉽다. ↔难记

【好家伙】hǎojiā·huo 갑튀 그것 참! 허! 야. 우와. 아! [칭찬·감탄·놀람을 나타냄] ¶~, 他跑得可真快!=우와, 그는 참 빠르구나!

【好景】hǎojǐng 몡 좋은 때[시절]. 호경기(好景气) ¶但愿~长在。=좋은 시절이 영원했으면 좋겠다.

【好景不长】hǎojǐng-bùcháng ☞【好景不常】hǎojǐng-bùcháng

【好景不常】[好景不长] hǎojǐng-bùcháng 성 좋은 날이 오래 가지 않는다. 화무십일홍(花無十日紅)이다. [주로 과거의 아름다웠던 시절이 흘러가 버린 데 대한 안타까움이나 슬픔을 나타냄]

【好久】hǎojiǔ (시간이) 오래다. ¶我都~没有见着他了。=나는 오랫동안 그를 보지 못했다.

【好看】hǎokàn 혱 1 아름답다. 근사하다. 보기

좋다. ¶这件旗袍很~。=이 치파오(旗袍)는 아주 아름답다. 2 (내용이) 훌륭하다. 재미있다. 즐겁다. 흥미진진하다. ¶这本探案小说非常~。=이 탐정 소설은 대단히 흥미진진하다. 3 얼굴이 빛나다. 체면[면목]이 서다. 영광스럽다. 생광스럽다. ¶儿子出人头地, 做父母的脸上也~。=아들이 출세를 하면 부모의 얼굴도 빛이 난다. 4 난처하다. 곤란하다. 무안하다. 망신하다. 웃음거리가 되다. 창피를 당하다. [반어문에 쓰여 난감·난처함을 나타냄] ¶等着瞧, 有你~的!=두고 봐, 너도 난처할 때가 있을 거야. ↔难看

【好来宝】 hǎoláibǎo ☞ 【好力宝】 hǎolìbǎo

【好莱坞】 hǎoláiwù 명 1 (地) 할리우드 (Hollywood). 2 미국 영화 제작사.

【好赖】 hǎolài 형 옳고 그르다. 좋고 나쁘다. 무엇이 좋고 무엇이 나쁜지. ¶别不识~。=옳고 그름을 혼동하지 마라. 타인의 호의를 간과하지 마라. 부 1 되는대로. 대충대충. 그런대로. 아무렇게나. ¶吃点儿, 免得路上饿肚子。=도중에 배 곯지 않도록 되는대로 좀 먹어 둬라. 2 어쨌든. 아무튼. 하여튼. 좌우간. 이유를 불문하고. 좋든 나쁘든. ¶做都做了,~也得做完。=이미 시작했으니, 아무튼 끝을 내야지. ≒好歹

【好了疮疤忘了痛】 hǎo·le chuāngbā wàng·le tòng 숙 1 종기가 낫자 아팠던 기억을 잊어버리다. 2 비 똥 누러 갈 적 마음 다르고 나올 적 마음 다르다. 개구리 올챙이 적 생각을 못하다.

【好力宝】 hǎolìbǎo 명 숙 하오리바오. [몽고족의 설창 문예의 하나. 네이멍구(內蒙古) 자치구에서 유행하며, 원래는 혼자서 연주와 설창을 하였으나, 지금은 독창·대창·중창·합창 등 갖가지 형식이 있으며, 일반적으로 마두금으로 반주를 하지만 어떤 때에는 빠른 리듬의 대사를 끼워 넣기도 함] ≒【好来宝】 hǎoláibǎo

【好脸】 hǎoliǎn(~儿) 명 구 상냥스러운 얼굴. 환한 얼굴. 온화한 낯빛. 희색이 만면한 얼굴. 사근사근한 태도. 친절한 얼굴. ¶老板一天到晚没个~, 就跟谁欠他钱似的。=마치 누가 그에게 돈을 빚진 것처럼 주인은 온종일 환한 표정이 아니다.

【好马】 hǎomǎ 명 좋은 말. 잘 달리는 말.

【好马不吃回头草】 hǎomǎ bù chī huítóucǎo 숙 1 좋은 말은 머리를 돌려 자기가 밟고 온 풀을 먹지 않는다. 2 비 사나이는 지난 일에 연연하지 않는다. 사나이는 이미 헤어진 여자나 부인을 다시 찾지 않는다. 정숙한 부인은 재혼하지 않는다.

【好梦】 hǎomèng 명 1 아름다운 꿈. 달콤한 꿈. 행복한 꿈. ¶做了一个~。=행복한 꿈을 꾸었다. 2 비 아름다운 소원. 희망. 꿈. ¶~成真=꿈이 이루어지다.

【好评】 hǎopíng 명 구 좋은 평판. 호평. ¶~如潮=호평이 자자하다.

【好气儿】 hǎoqìr 명 구 좋은 기색[기분]. 호의적인 태도. [주로 부정형으로 쓰임] ¶今天不知谁得罪了他, 一整天都没~。=오늘 누가 그의 기분을 상하게 했는지 몰라도, 하루 종일 기색이 좋지 않다.

【好球】 hǎoqiú 명 (體) 1 나이스 볼 (nice ball). 2 (야구의) 스트라이크(strike).

【好述】 hǎoqiú 명 좋은 배필[짝]. ¶窈窕淑女, 君子~。=아리따운 아가씨는 건장한 청년의 좋은 배필일세.

【好儿】 hǎor 명 1 찬사. 칭찬. 환호. 갈채. 좋은 소리. ¶费力不讨~。=힘만 들이고 좋은 소리도 못 듣다. 헛되이 애만 쓰다. 2 안부(의 말). ¶替我给你父母带个~。=내 대신에 부모님께 안부 좀 전해 주세요. 3 구경거리. 볼거리. 우스개. ¶大家就等着瞧他的~吧!=모두들 그의 우스개 보기를 기다려 봅시다! 4 은혜. 호의. 친절. ¶咱们要记住过去别人对咱们的~。=우리들은 옛날에 남들이 우리에게 베푼 친절을 기억해야 한다. 5 이점. 이득. 이로움. 좋은 것[일]. ¶这事儿如果让经理知道了, 没你的~。=이 일이 만약 사장에게 알려지면, 너에게 이로울 게 없어.

【好惹】 hǎorě 형 상대하기 쉽다. 만만하다. [주로 부정형으로 쓰임] ¶他可不是~的。=그는 결코 만만한 사람이 아니다.

【好人】 hǎorén 명 1 좋은 사람. 착한 사람. 앞선 사람. 품행이 단정한 사람. ¶~终有好报。=착한 사람에게는 반드시 좋은 보답이 있다. 2 건강한 사람. 병이 없는 사람. ¶他什么病没有, 完全是个~。=그는 아무런 병도 없는 건강한 사람이다. 3 호인. 성품이 좋은 사람. 남의 비위에 두루 맞는 사람. ¶不能凡事不讲原则, 一味当~。=매사에 원칙을 따지지 않고 남의 비위에 두루 맞는 호인이 되어서는 안 된다. ↔坏人

【好人好事】 hǎorén-hǎoshì 성 착한 사람과 좋은 일. 품행이 단정하고 모범적인 사람과 사회에 유익한 일.

【好人家】 hǎorénjiā(~儿) 명 훌륭한 가정. 양가(良家).

【好人主义】 hǎorénzhǔyì 명 아무런 원칙도 없이 좋은 게 좋다고 생각하는 주의[태도].

【好日子】 hǎorì·zi 명 1 행복한 생활. ¶村里家家户户都过上了~。=마을의 집집마다 모두 행복한 생활을 누릴 수 있게 되었다. 2 결혼식날. 경사스러운 날. ¶明天是他俩的~, 我们都要去道贺。=내일은 그 두 사람의 결혼식날이니, 우리 모두 축하하러 가야 한다. 3 길일(吉日). 좋은 날. ¶今天是个~, 新老朋友欢聚一堂。=오늘은 길일인지라 모든 친구들이 즐겁게 한 자리에 모였다.

【好容易】 hǎoróngyì 부 가까스로. 겨우. 간신히. =【好不容易】 hǎobù-róngyì ¶天黑路滑, 登山队员们一才回到山下的营地。=날은 어둡고 길은 미끄러워서 등산 대원들은 가까스로 산 아래의 야영지로 돌아왔다.

【好身手】 hǎoshēnshǒu 명 1 뛰어난 무예[솜씨·기예]. 건장한 체격. 씩씩하고 날렵한 체격. ¶夏练三伏, 冬练三九, 他终于练成一副~。=가장 더운 삼복(三伏)에도 훈련하고, 가장 추운 삼구(三九)에도 훈련하여, 그는 마침내 뛰어난 무예를 연마하였다. 2 고수. 무예가 뛰어나고 체격이 건장한 사람. ¶参加比武的个个都是~。=

무술 시합에 참가한 사람은 하나같이 모두 고수들이다.

【好生】hǎoshēng (부)(방) **1** 잘. 주의하여. 정성을 들여서. 충분히. 마음껏. ¶~听课, 不要讲话. =잡담하지 말고, 주의를 기울여 수업을 들으세요. **2** 꽤. 다소간. 상당히. 매우. 대단히. ¶此事让我~为难. =이 일은 나로 하여금 아주 난처하게 만든다.
☞hàoshēng

【好声好气】hǎoshēng-hǎoqì (형) 말투가 부드럽고 태도가 온화하다. 상냥한 목소리. 친절한 태도.

【好使】hǎoshǐ (형) 쓰기가 간편하다〔쉽다·좋다〕. 성능이〔효과가〕좋다. ¶这把刀很~. =이 칼은 참 쓰기가 편하다. / 年纪大了, 眼睛不~. =나이가 많아 눈이 잘 안 보인다.

【好事】hǎoshì (명) **1**(口) 경사. 호사. 좋은 일. ¶~从天而降. =경사가 하늘에서 떨어지다. 좋은 일이 갑자기 생기다. **2**(口) 결혼. 결혼. ¶两人历经磨难, 终成~。 =두 사람이 여러 차례 어려움을 겪고 마침내 함께 있게 되었다. **3** 좋은 유익한 일. ¶他走到什么地方, ~就做到什么地方. =그는 가는 곳마다 좋고 유익한 일을 한다. **4**(완) 자선 사업. ¶行~者自有好报. =자선 사업을 행하는 사람은 좋은 보답이 있게 마련이다. **5** 불공. ¶请僧人做了几天~. =승려를 모셔서 며칠간 불공을 드렸다. **6** 잘한 일. [불만스러운 일을 나타내며, 반어로 쓰임] ¶瞧你干的~, 把要到手的生意搅没了. =네가 잘한 일 좀 봐, 거의 다 성사된 거래를 망쳐 버리다니. ↔坏事
☞hàoshì

【好事多磨】hǎoshì-duōmó (성) 호사다마. 좋은 일에는 흔히 방해되는 일이 많다.

【好手】hǎoshǒu (명) 숙련가. 달인. 대가. 전문가. ¶他养蚕是一把~. =그는 양잠일에는 달인이다.

【好受】hǎoshòu (동) 기분이 좋다. 편안하다. 상쾌하다. 안락하다. 쾌적하다. ¶比赛失利让他很不~. =경기에서 패배한 것이 그를 무척 슬프게 만들었다. ↔难受

【好书】hǎoshū (명) 양서(良書).

【好说】hǎoshuō (동) **1** 천만의 말씀입니다. 과찬이십니다. [남이 자신을 칭찬하거나 자기에게 감사의 뜻을 전할 때, 고마워할 가치가 없거나 과분함〔사양하는 말〕을 나타냄] ¶~, ~! 您太客气了. =천만의 말씀입니다. 너무 정중하시군요. **2** 쉽게 상의할 수 있다. 걱정할 필요 없다. 동의할 수 있다. ¶大家都是老朋友了, 一切都~. =다들 친한 친구 사이니까, 편하게 얘기하면 돼.

【好说歹说】hǎoshuō-dǎishuō (숙) 입이 닳도록 설득하다. 온갖 방법을 써서 설득하다. ¶~才让他打消了这个念头. =입이 닳도록 설득해서야 비로소 그에게 그 생각을 단념하도록 했다.

【好说话】hǎoshuōhuà (형) (성격이 유순하여) 쉽게 대화(상의)할 수 있다. 쉽게 부탁할 수 있다. 말하기가 편하다. ¶他这人~, 找他准没错. =그는 쉽게 대화할 수 있는 사람이니까, 그를 찾아가면 틀림없다.

【好死】hǎosǐ (동) 천수를 다하고 죽다. 제 명에 죽다. [주로 부정형으로 쓰임] ¶不得~. =비명에 죽다. 제 명에 죽지 못하다.

【好似】hǎosì **1** 마치 ···과 같다(비슷하다). ¶夜空中的星星~一盏盏明灯. =밤 하늘의 별들이 마치 무수하게 켜져 있는 등불과 같다. **2** ···보다 낫다(좋다). ¶经过治疗, 他的身体一日~一日. =치료를 받고 나서 그의 건강은 나날이 좋아져 간다. ≒好像

【好天儿】hǎotiānr (명)(구) 맑은(좋은) 날씨. ¶找个~, 我们去动物园玩儿. =날씨가 맑은 날 택해서 우리 동물원에 놀러 가자.

【好听】hǎotīng (형) **1** (소리가) 듣기 좋다. 감미롭다. ¶这支曲子很~. =이 곡은 아주 듣기 좋다. **2** (말이) 듣기 좋다. 만족스럽다. 비위에 맞다. ¶说得~没有用, 关键是看实际行动. =듣기 좋은 말을 해 봐야 소용 없어, 관건은 실질적인 행동이에요. **3** 체면이 서다. 영광스럽다. ¶这些丢人的事说出去不~. =이런 창피한 일들이 새나가면 체면이 안 선다.

【好玩儿】hǎowánr (형) 재미있다. 흥미 있다. 놀기가 좋다. ¶孩子们觉得游泳很~. =애들은 수영이 아주 재미있다고 느낀다.

【好闻】hǎowén (형) 냄새가 좋다. 향긋하다. ¶梅花的香味很~. =매화의 향기가 아주 좋다.

【好戏】hǎoxì (명) **1** 좋은 연극〔드라마〕. 훌륭한 연극〔드라마〕. ¶~一连台. =훌륭한 연극이 이어어 공연되다. **2**(비) 웃음거리. 놀림감. 참기 어려운 상황. 난처한 국면〔상황〕. [반어로 쓰이며, 주로 '看'과 연용됨] ¶他这样胡搞一气, 等着瞧吧, ~在后头. =그가 한바탕 제멋대로 놀았으니 기다려 봐, 재미있는 것은 뒤에 있으니까.

【好下场】hǎoxià·chǎng (명) 좋은 결말〔결과〕. [주로 부정형으로 쓰임] ¶作恶的人是不会有~的. =나쁜 짓을 하는 자는 끝이 좋을 리 없다.

【好险】hǎoxiǎn (형) 큰일날 뻔했구나. 아이쿠 위험해. [놀람의 의미를 내포함] ¶刚才~哪, 我差点儿掉进湖里去. =방금 큰일날 뻔했구나, 하마터면 호수에 빠질 뻔했어.

【好像】hǎoxiàng (동) 닮다. 유사하다. 비슷하다. ¶春天的原野就~一座大花园. =봄날의 들판은 커다란 정원과 유사하다. (부) 마치 ···과 같다〔비슷하다〕. ¶他~不知道这件事. =그는 마치 이 일을 모르는 것 같았다. ≒好似

【好笑】hǎoxiào (형) **1** 우습다. 웃기다. 재미있다. ¶他们表演的滑稽小品很~. =그들이 공연한 코믹 촌극은 아주 웃긴다. **2** 가소롭다. ¶他这样自不量力, 实在是太~了. =그가 이렇게도 주제넘으니, 정말 가소롭기 짝이 없다.

【好些】hǎoxiē (수)(구) 수많은. 꽤 많은. 여러. ¶我们都认识~年了. =우리가 안 지도 여러 해가 되었다.

【好心】hǎoxīn (명) 선의. 호의. 좋은 마음. ¶他也是一片~, 想帮帮你. =그도 좋은 마음에서 당신을 도우려고 한 것이었어요. (형) (마음이) 착하다. 선량하다. 절친하다. ¶她真是一个~人. =그녀

【好心当成驴肝肺】hǎoxīn dàngchéng lǘgānfèi〈속〉호의를 악의로 받아들이다.

【好心好意】hǎoxīn hǎoyì〈성〉성의. 호의. 선의. 성심성의.

【好心人】hǎoxīnrén〈명〉마음씨 착한 사람.

【好性儿】hǎoxìngr〈구〉온화한〔착한〕성격. 좋은 성격. ¶只有他~, 对你一再忍让.=오직 그는 착한 성격이라, 너에게 줄곧 참고 양보한다.

【好言】hǎoyán 유익한 말. 좋은 말. ¶~相劝=좋은 말로 권고하다.

【好言好语】hǎoyán-hǎoyǔ〈성〉1 정곡을 찌르는 말. 정확한 말. 2 듣기 좋은 말. 친절한 말.

【好样儿的】hǎoyàngr·de〈명〉〈구〉호한. 호남아. 장한 사람. 대단한 사람. ¶小伙子见义勇为, 真是~!=그 젊은이는 정의를 보고 용감하게 나서니, 정말 호남아이다.

【好一个】hǎoyī·ge 얼마나. 정말. [명사 앞에 쓰여 감탄이나 칭찬의 어기를 나타냄] ¶~伶牙俐齿的小姑娘!=이 얼마나 말솜씨가 뛰어난 꼬마 아가씨인가!

【好一会儿】hǎoyīhuìr〈명〉한참 동안. 오랜 시간. ¶等了~, 公共汽车才来.=한참 동안 기다려서야 버스가 왔다.

【好一阵(子)】hǎoyīzhèn(·zi)〈명〉한참 동안. 오랜 시간. ¶演出都开始~了.=공연이 시작된 지가 한참 지났다.

【好意】hǎoyì〈명〉호의. 선의. ¶我们决不能辜负了父母的一片~.=우리들은 결코 부모님의 호의를 저버릴 수 없다. ≒好心 善意 美意 ↔恶意

【好意思】hǎoyì·si〈형〉부끄럽지 않다. 쑥스럽지 않다. 창피스럽지 않다...할 용기가 있다. [주로 반어문이나 부정형으로 쓰임] ¶你这样白吃白拿, ~吗?=너 이렇게 그저 먹고 그저 가져가고서 부끄럽지도 않니?

【好用】hǎoyòng〈형〉쓰기가 간편하다. 성능이 〔효과가〕좋다.

【好友】hǎoyǒu〈명〉친한 친구. ¶亲朋~=친지와 친구.

【好运】hǎoyùn〈명〉행운. 좋은 기회. ¶走~=운이 좋다. 운이 트이다.

【好在】hǎozài〈부〉다행히도. 운 좋게. ¶~发现及时, 没有酿成大祸.=다행히도 제때 발견되어 큰 화를 초래하지 않았다.

【好找】hǎozhǎo〈동〉1 찾기 쉽다. ¶那家书店~, 就在火车站旁边.=그 서점은 찾기 쉽지, 바로 기차역 옆에 있으니까. 2 어렵게 찾다. 겨우 찾다. [감탄의 어기를 띰] ¶原来你在这儿哪, 可让我~!=알고 보니 여기 있었구나, 내가 얼마나 찾았는고!

【好转】hǎozhuǎn〈동〉호전되다. 좋아지다. ¶病情有所~.=병세가 어느 정도 호전되었다.

【好自为之】hǎozìwéizhī〈성〉스스로 알아서 처리하다. [일깨워 주거나 경고의 의미를 내포함]

【好走】hǎozǒu〈동〉1 (길이) 걷기가 좋다. ¶那截路已铺上了沥青, ~.=그 길은 이미 아스팔트가 깔려서 걷기가 편하다. 2 잘 (안녕히) 가세요. [인사말로, 주로 손님을 배웅할 때 쓰임] ¶就送到这儿了, 您~.=여기까지만 배웅할게요, 안녕히 가세요.

## 郝 Hǎo 성씨 학
〈명〉성(姓).

## **号[號] hào 부를 호

〈동〉1 외치다. 부르다. 소리지르다. ¶国家~召开发西部.=국가는 서부 지역 개발을 호소하다. 2 (명령을) 전달하다. 명령하다. ¶~令全军=전군을 호령하다. 3 표시를 하다. 기호를 표시하다. [사용 혹은 소유가 누구에게 귀속되는지를 나타냄] ¶~房子=집에 번호를 표시하다. 가옥을 징벌하다. 4 ⋯를 호로 삼다. 호로 부르다. ¶苏轼, 字子瞻, ~东坡居士.=소식은 자를 자첨이라 하고, 호를 동파거사라고 부른다. 5(醫) 맥을 짚다. 진맥하다. ¶让老先生给~~脉.=노의사에게 진맥 좀 하도록 하세요.〈명〉1 명령. 호령. 지시. ¶发~施令=명령을 내리다. 호령하다. 2 호통. 장명(長鳴). [군중(軍中)에서 불어 호령을 전달하는 데 쓰는 악기] ¶吹~=호통(號筒)을 불다. 3 (서양식) 나팔. ¶军~=군대의 나팔. 4 나팔 소리. ¶集合~=집합 나팔 소리. / 起床~=기상 나팔 소리. 5 이름. 명칭. ¶称~=칭호. / 国~=국호. 6 호. [이름과 자 이외에 부르던 호칭] 7 별호. [이름을 제외한 호칭] ¶半山是王安石的~.=반산은 왕안석의 별호이다. 8 (~儿) 표지. 기호. 부호. 신호. ¶符~=부호. / 记~=기호. 9 (~儿) (차례나 순번을 표시하는) 번호. ¶挂~=등록하다. 접수시키다. / 对~入座=번호대로 자리에 앉다. 10 (~儿) 호(수). 등급. 사이즈. ¶五~字=5호 글자체. / 加大~=특대호. 특대형 사이즈. 11 종류. 부류. 따위. [주로 사람이나 사물을 경멸할 때 사용함] ¶最好离这~人远点儿.=저런 사람은 되도록 멀리하는 게 좋아요. 12 (~儿) 특수한 상황에 처한 사람. ¶伤~=부상자. / 病~=환자. 13〈명〉상호. 점포. 가게. [점포 이름에 쓰임] ¶恒源~=헝위안 상점. 14〈명〉상점. ¶银~=은행. / 商~=상점. 15 (~儿) 호. [일반적인 순서를 나타냄] ¶第45~文件=제45호 문건. 16 (~儿) 일. [날짜를 가리킴] ¶今天是12月15~.=오늘은 12월 15일이다. 〈양〉1 명. [사람 수를 나타내는 '个(gè)'에 해당함] ¶食堂可供三百来~人就餐.=식당은 300여 명의 식사를 제공할 수 있다. 2 (~儿) 번. 차례. [거래가 이루어진 횟수를 나타냄] ¶今天生意不好, 没做成几~买卖.=오늘은 장사가 안 되어, 몇 건 못 팔았다.

☞ háo

● 标号, 别号, 病号, 彩号, 称号, 乘号, 出号, 除号, 代号, 等号, 调号, 逗号, 对号, 顿号, 番号, 符fú号, 负号, 根号, 呼号, 徽huī号, 诨hùn号, 记号, 减号, 句号, 口号, 括kuò号, 溜liū号, 螺luó号, 马号, 冒号, 庙号, 牌号, 票

○ 号 hào
枵 xiāo
饕 tāo

号, 旗号, 伤号, 外号, 问号, 信号, 星号, 型号, 引号, 正号, 专号, 字号

【号兵】**hàobīng** [명] 신호병. (군대의) 나팔수.
【号称】**hàochēng** [동] **1** …로 알려져 있다. …로 불리다. …로 유명하다. ¶四川～天府之国。＝쓰촨은 토지가 비옥하고 자원이 풍부한 지역으로 알려져 있다. **2** 공언하다. 떠벌리다. [과장적 요소가 포함됨] ¶该报～发行百万份儿。＝그 신문은 백만 부를 발행했다고 공언했다.
【号灯】**hàodēng** [명] (선박용) 신호등.
【号房】**hàofáng** [명][옛] (관청 등의) 관리실. 접수처. 접수실. 관리원. [동] (부대가 행군할 때) 선발대를 배치하다. 방을 배정하다.
【号角】**hàojiǎo** [명] **1** 호각. 호루라기. **2** 나팔.
【号令】**hàolìng** [동] (명령을) 발포하다. 전달하다. 호령하다. 명령하다. ¶～全军将士＝전군의 장병을 호령하다. [명] 명령. 호령. ¶发布～＝명령〔호령〕을 발포하다.
【号码】**hàomǎ**(～儿) [명] 번호. 숫자. ¶电话～＝전화 번호.
【号码机】**hàomǎjī** [명] 번호기. 넘버링 머신.
【号脉】**hào‖mài** ☞【诊脉】**zhěn‖mài**
【号牌】**hàopái**(～儿) [명] 번호표. 번호패. 번호판. ¶车辆～＝차량 번호판.
【号炮】**hàopào** [명] 호포. 신호포.
【号旗】**hàoqí** [명] 신호기.
【号儿】**hàor** ☞【号子】**hào·zi**
【号手】**hàoshǒu** [명] 나팔수. (군대의) 나팔수.
【号数】**hàoshù** [명] 호수. ¶按～排先后顺序。＝호수에 따라 선후를 배열하다.
【号筒】**hàotǒng** [명][옛] 호통. 장명. [군중(軍中)에서 불어 호령을 전달하는 데 쓰는 악기]
【号头】**hàotóu** [명] **1**(～儿) [구] 번호. **2** [방] 날. [한 달 중의 특정한 어느 하루]
【号外】**hàowài** [명] (신문의) 호외.
【号型】**hàoxíng** [명] 사이즈. 호수. 치수. [주로 신발이나 의류에 쓰임]
【号衣】**hàoyī** [명][옛] 호의. [사병이나 하급 관리 등의 신분을 나타내는 글씨가 쓰여진 옷]
【号召】**hàozhào** [동] (정부·정당·단체가 국민에게) 호소하다. ¶市政府～全体市民珍爱环境, 保护环境。＝시 정부는 전 시민에게 환경을 아끼고 보호하자고 호소했다. [명] 호소. ¶响应～＝호소에 응하다. ≒宣传
【号召书】**hàozhàoshū** [명] 호소문(號召文). 당부의 말씀.
【号志灯】**hàozhìdēng** [명] (철도용의) 신호용 손전등. 휴대용 신호등.
【号子】**hào·zi** [명] **1** [구] 감방. **2** [구][폄] 종류. 부류. 따위. [주로 사람이나 사물을 경멸할 때 사용함] ¶这～人不能惹。＝이 따위 사람은 건드려서는 안 된다. / 那～事儿别沾。＝저 따위 일에 손대지 마라. ＝【号儿】**hàor** **3** [방] 기호. 표지(標識). **4** 영치기. 메기는 소리. 선소리. 앞소리. 선창. 구호. 입타령. [노동이나 단체 활동시에 손발을 맞추거나 사기를 올리기 위해 외치는 구호나 노래] ¶船工～＝선원들의 영치기.

****好 hào 좋아할 호**
[동] 좋아하다. 즐기다. ¶勤学～问＝부지런히 공부하고 질문하기를 좋아하다. / ～喝酒＝술을 좋아하다. [부] …하기 쉽다. …하기 일쑤다. 걸핏하면 …하다. 잘 …하다. ¶～晕船＝배멀미를 잘 하다. / 这个路口～堵车。＝이 길목은 걸핏하면 차가 막힌다. ↔厌 恶
☞ **hǎo**

0● 爱好, 癖pǐ好, 同好, 喜好

【好吃】**hàochī** [동] 먹기 좋아하다. 좋은 것 먹기를 즐기다. ¶他不但～, 还很会吃。＝그는 좋은 것 먹기를 즐길 뿐만 아니라 먹을 줄 안다.
【好吃懒做】**hàochī-lǎnzuò** [성] **1** 먹는 것만 밝히고 일은 게을리하다. **2** 즐기려고만 하지 일하려고 하지 않는다.
【好大喜功】**hàodà-xǐgōng** [성][폄] **1** 큰 일을 하거나 공을 세우기 좋아하다. **2** 일처리가 현실적이지 못하고 지나치게 겉치레에 신경 쓰다. 일하는 것이 과장되고 실속이 없다. 앞에 나서기를 좋아하다. 자기를 내세우는 것을 좋아하다.
【好斗】**hàodòu** [동] 다투기〔투쟁하기〕를 좋아하다. 싸움을 좋아하다. ¶他总喜欢和人抬杠, 像个～的公鸡。＝그는 다른 사람과 말다툼하기를 좋아해서 마치 싸움닭 같다.
【好高务远】**hàogāo-wùyuǎn** ☞【好高骛远】**hàogāo-wùyuǎn**
【好高骛远】[好高务远] **hàogāo-wùyuǎn** [성] 비현실적으로 이상만 높다. 주제넘게 높은 데만 바라보다. 걷지도 못하면서 날려고 하다. ↔脚踏实地
【好客】**hàokè** [형] 손님 접대를 좋아하다. 손님을 좋아하다. ¶这家主人非常～。＝이 집 주인은 손님 접대를 상당히 좋아한다.
【好奇】**hàoqí** [형] 호기심을 갖다. 궁금하게〔이상하게〕 생각하다. 신기한 것을 좋아하다. 유별난 것을 좋아하다. ¶对于他的突然离职, 大家都很～。＝그의 갑작스러운 퇴직에 대해 모든 사람들은 궁금하게 생각한다.
【好奇心】**hàoqíxīn** [명] 호기심. ¶小家伙的～很强。＝녀석의 호기심은 아주 강하다〔많다〕.
【好强】**hàoqiáng** [형] 승부욕〔승부 근성〕이 강하다. 지려고 하지 않다. ¶他很～, 事事不甘落后。＝그는 승부욕이 강해서, 모든 일마다 뒤지는 것을 달갑지 않게 생각한다.
【好色】**hàosè** [형] (남자가) 여색을 밝히다〔좋아하다〕. 호색하다. ¶贪财～＝재물을 탐하고 색을 밝히다.
【好善乐施】**hàoshàn-lèshī** [성] 선한 일을 하기 좋아하고 즐거이 남에게 베풀다.
【好尚】**hàoshàng** [명] 기호와 취향. 애호와 숭상. ¶～各异＝기호와 취향은 사람마다 각각 다르다.
【好生】**hàoshēng** [형] 생명을 아끼고 사랑하다. ¶～之德＝살아 있는 것을 아끼어 함부로 살생

하지 않는 품덕. 사정에 처할 죄인을 특사(特赦)하여 살려 주는 제왕의 덕.
☞ **hǎoshēng**

【好胜】**hàoshèng** 형 승부욕이 강하다. 지려고 하지 않다. ¶~争强~=승부욕이 강해 이기려 애쓰다.

【好事】**hàoshì** 형 참견하기를 좋아하다. 약방의 감초처럼 끼어들기 좋아하다. ¶~之徒=호사가. 참견하기를 좋아하는 사람.
☞ **hǎoshì**

【好为人师】**hàowéirénshī** 성 1 남의 스승 노릇하기를 좋아하다. 2 겸손하지 못하고 삼가는 태도가 없다. 걸핏하면 잘난 체하며 남을 가르치려고 한다. 아는 체하기를 좋아하다.

【好问】**hàowèn** 통 다른 사람에게 잘 묻다. 묻기를 좋아하다. ¶他~, 学什么都快。=그는 다른 사람에게 묻기를 좋아해서, 무엇을 배워도 다 빠르다.

【好恶】**hàowù** 명 호오. 좋아함과 싫어함. ¶人各有~。=사람은 각기 선호하는 것이 다르다.

【好学】**hàoxué** 통 배우는 것을 좋아하다. ¶勤奋~=근면하고 열성적으로 공부하다.

【好逸恶劳】**hàoyì-wùláo** 성 편한 것만 꾀하고 일하기를 싫어하다.

【好战】**hàozhàn** 통 전쟁을 좋아하다. 호전적이다. ¶~分子=호전적인 사람.

【好整以暇】**hàozhěngyǐxiá** 성 매우 바쁜 와중에도 여유를 갖고 서두르지 않다.

## 昊 hào 하늘 호
형부 가없이 넓다. ¶~天=가없이 넓은 하늘.
명부 가없이 넓은 하늘. ¶苍~=맑고 푸른 하늘.

【昊天罔极】**hàotiān-wǎngjí** 성비 1 부모님의 은혜는 하늘과 같이 끝이 없다. 2 은혜가 깊고도 넓다. =【昊天无极】**hàotiān-wújí**

【昊天无极】**hàotiān-wújí** ☞ 【昊天罔极】**hàotiān-wǎngjí**

## ＊＊耗 hào 소비할 모
통 1 소모[소비]하다. 낭비하다. ¶消~精力=정력을 소모하다. / ~费时间=시간을 소모하다. 2 비 시간을 (질질) 끌다. 꾸물〔어물〕거리다. ¶别~着, 快点儿出发。=꾸물거리지 말고 빨리 출발하자. 명 나쁜 소식. 불길한 통보. ¶噩~=악보. 흉보. / 音~=소식. 기별.

○● 空耗, 亏kuī耗, 煤耗, 磨耗, 内耗, 伤耗, 折shé耗, 损sǔn耗, 消耗

【耗材】**hàocái** 통 재료를 소모하다. 재료가 소모되다. ¶按这种设计装修, ~太多。=이런 설계에 따라 인테리어를 하면 재료 소모가 너무 많다. 명 소모품. 소모성 재료. ¶节约~=소모품을 절약하다.

【耗电】**hàodiàn** 통 (필요 이상으로) 전기를 소비[소모]하다. ¶这台机器不怎么~。=이 기계는 전기가 별로 많이 들지 않는다.

모량이 별로 많지 않다.

【耗费】**hàofèi** 통 들이다. 낭비하다. 소비[소모]하다. 써 버리다. ¶~人力物力=인력과 물자를 낭비하다. 명 소비한 금액과 물자. 투입한 비용과 물자. ¶这项工程~太大。=이 공사는 비용이 너무 많이 든다. ≒消耗 损耗

【耗竭】**hàojié** 통 다 써 버리다. 다 소비[소모]하다. 고갈되다. ¶物资~=물자가 고갈되다. ≒耗尽

【耗尽】**hàojìn** 통 다 써 버리다. 다 소비[소모]하다. ¶~心血=심혈을 다 쏟아붓다. ≒耗竭

【耗量】**hàoliàng** 명 소모량.

【耗率】**hàolǜ** 명 소모율.

【耗能】**hàonéng** 통 에너지를〔에너지원을〕 소비[소모]하다. ¶生产线全部运转后~激增。=생산 라인(line)을 모두 가동하자 에너지 소비가 급증하였다.

【耗散】**hàosàn** 통 (열 따위가) 방산(放散)하다. 흩어지다. 산실(散失)되다. 소모하다. ¶财物~殆尽。=재물이 모두 산실되다.

【耗神】**hàoshén** 통 정력을 소모하다. ¶~费力=정력과 체력을 소모하다.

【耗损】**hàosǔn** 통 다 써 버리다. 낭비하다. 소모되다. 소모하다. 잃다. ¶~精力=정력을 소모하다. 명 손실. ¶粮食在运输过程中有一定的~。=양식의 운반 과정에서 어느 정도 손실이 생긴다.

【耗用】**hàoyòng** 명 비용. ¶这个月的~比上个月大。=이 달의 비용은 저번 달보다 많다. 통 써 버리다. ¶~钱财=재물[금품]을 써 버리다.

【耗油】**hàoyóu** 통 연료를 소비하다. 기름을 쓰다. ¶越野车比较~。=지프(jeep)차는 기름 소비가 비교적 많다.

【耗油量】**hàoyóuliàng** 명 연료 소모량. ¶这款汽车~低。=이 모델의 자동차는 연료 소모량이 적다.

【耗资】**hàozī** 통 자금을[자재를] 소모[소비]하다. 돈을 들이다. ¶~千万=(비용으로) 천만 위안을 들이다.

【耗子】**hào·zi** 명방(動) 쥐.

## ＊＊浩 hào 클 호
형 1 (기세나 규모가) 대단히 크다. 거대하다. 막대하다. ¶声势~大=위세[기세]가 대단히 크다. 2 많다. ¶征引~博=인용 자료가 풍부하다.

【浩博】**hàobó** 형 풍부하다. 많고 넓다. ¶涉猎~=많고 넓게도 섭렵하다.

【浩大】**hàodà** 형 (기세·규모·수량 등이) 엄청나게 크다. 성대하다. 거대하다. ¶气势~=기세가 엄청나게 크다. ≒盛大

【浩荡】**hàodàng** 형 1 (물살이) 호탕하다. 광대하다. 도도하다. 물이 넓어서 끝이 없다. 호호탕탕하다. ¶江水~=강물이 광대하다. 2 강력하다. 웅대하다. 규모가 크고 기세가 드높다. ¶军威~=군사들의 위세가 웅대하다.

【浩繁】**hàofán** 형 (규모가) 엄청나게 크다. 성대하다. (수량이) 아주〔엄청나게〕 많다. ¶典籍

**hào** 浩 淏 皓 鄗 滈 镐 皞 澔 颢 灏 诃 呵

**【浩歌】hàogē** 동문 큰 소리로〔목놓아〕노래 부르다. ¶临风~=바람을 쐬며 큰 소리로 노래 부르다.

**【浩瀚】hàohàn** 형 1 호한하다. 드넓다. 광활하다. 아득히 멀고 너르다. 넓고 커서 질펀하다. 海水~无垠.=바다가 넓고 넓어 끝이 없다. 2 무수히 많다. ¶~的古籍=무수히 많은 옛날 전적. ≒广大

**【浩浩】hàohào** 1 성대하다. 도도하다. ¶~江水奔流不息.=도도한 강물이 끊임없이 세차게 흐르다. 2 호호하다. 광대하다. 광활하다. 한없이 넓고 크다. 무한하다. ¶~太空=가없이 넓은 우주 공간.

**【浩浩荡荡】hàohào dàngdàng** 형 1 성대하다. 도도하다. 호호탕탕하다. 기세가 드높다. 2 호호하다. 광대하다. 광활하다. 한없이 넓고 크다. 무한하다.

**【浩劫】hàojié** 명 대참사. 재앙. 큰 재난. ¶惨遭~=대참사를 당하다.

**【浩茫】hàománg** 형 (수면이) 넓고 끝이 없다. 가없이 넓다. ¶~的苍穹=넓고 끝이 없는 창공.

**【浩淼】[浩渺] hàomiǎo** 명 (수면이) 한없이 넓고 아득하다. ¶烟波~=안개 낀 수면이 가없이 아득하다.

**【浩渺】hàomiǎo** ☞【浩淼】hàomiǎo

**【浩气】hàoqì** 명 호기. 호연지기(浩然之氣). ¶~长存=호연지기는 영원하다. 호연지기는 결코 사라지지 않는다.

**【浩然】hàorán** 형문 1 호연하다. 넓고 크다〔성대하다〕. 거대하다. ¶洪波~=파도가 거대하다. 2 정의로. 청렴 강직한. 굳세고 도도하다. ¶~正气=굳세고 도도하며 올바른 기개.

**【浩然之气】hàoránzhīqì** 성 호연지기. 거침없이 넓고 큰 기개. 공명정대하고 강직한 정신.

**【浩如烟海】hàorúyānhǎi** 성 1 망망대해처럼 넓고 끝이 없다. 2 (서적이나 자료가) 헤아릴 수 없을 정도로 많다. 대단히 풍부하다.

**【浩叹】hàotàn** 동 크게〔길게〕 탄식하다. 장탄식을 하다. ¶连声~=연거푸 길게 탄식하다.

**【浩特】hàotè** 명 1 몽고족 유목민의 촌락〔거주 지역〕. 2 몽고족이 거주하는 도시.

**淏 hào** 맑을 호
형문 물이 맑다.

**皓[皓・暠] hào** 흴 호
형 1 밝다. ¶~月当空=밝은 달이 하늘〔공중〕에 걸려 있다. 2 새하얗다. 희다. ¶~首苍颜=흰 머리에 늙어서 여윈 얼굴
☞ 暠(gǎo)

**【皓白】hàobái** 형문 새하얗다. 희다. 밝다. ¶须发~=수염과 머리카락이 새하얗다.

**【皓齿】hàochǐ** 명문 하얀 이. ¶朱唇~=하얀 이에 붉은 입술.

**【皓齿明眸】hàochǐ-míngmóu** ☞【明眸皓齿】míngmóu-hàochǐ

**【皓矾】hàofán** ☞【硫酸锌】liúsuānxīn

**【皓首】hàoshǒu** 명문 흰 머리. 백발. [노인을 가리킴] ¶~穷经=늙은 나이임에도 불구하고 경서를 궁구하다. 노년에도 불구하고 열심히 연구하다.

**【皓月】hàoyuè** 명 밝은 달. ¶~千里=밝은 달이 천리를 비추다.

**鄗 Hào** 땅 이름 호
명(地) 하오. [옛 현 이름. 지금의 허베이(河北)성 보상(柏乡)현 북쪽에 있었음]

**滈 Hào** 강 이름 호
명(地) 하오. [옛 강 이름. 지금의 산시(陕西)성 창안(长安)현에 있었음]

*  **镐[鎬] Hào** 땅 이름 호
명(地) 하오. [북조(周朝) 초기의 수도. 지금의 산시(陕西)성 시안(西安)시 서남쪽에 있었음]
☞ gǎo

**皞 hào** 밝을 호
형문 밝다.

**澔 hào** 클 호
형문 '浩(hào)'와 같음.

**颢[顥] hào** 클 호
형문 희고 빛나다. ¶天白~~=하늘이 희고 빛나다.

**灏[灝] hào** 넓을 호
형문 1 '浩(hào)'와 같음. 2 '皓(hào)'와 같음.

# he

**诃[訶] hē** 꾸짖을 가
음역용 글자. ¶契~夫=체호프(Chekhov, Anton Pavlovich) / 《摩~婆罗多》=《마하바라다(Mahabharata)》. [옛 인도의 대서사시]

**【诃子】hēzǐ** 명(植) 1 가리륵. 가자나무. [학명은 'Terminalia chebula' 임] 2 가리륵의 열매. 가자. =【藏青果】zàngqīngguǒ

*  **呵¹[訶] hē** 꾸짖을 가
동 (큰 소리로) 꾸짖다. 질책하다. ¶厉声~斥=준엄하게 꾸짖다.

*  **呵² hē** 입김 불 가
동 1 입김을 불다. ¶一气~成=단숨에 문장을 지어 내다. 단숨에 일을 해치우다. / 他冻得直~手. =그는 손이 시려 줄곧 호호 분다. 의 하하. 허허. [웃음소리] ¶笑~~=허허 웃다. 감 '嗬(hē)'과 같음.

☞ kē

○● 叱chì呵, 乐lè呵呵, 傻shǎ呵呵

【呵叱】 **hēchì** 동 큰 소리로 꾸짖다〔질책하다·책망하다〕. 분노하여 소리치다. ¶有话好好说, 不用这样~。= 할 말이 있으면 차근차근하게 해, 이렇게 큰 소리로 꾸짖지만 말고.

【呵斥】 **hēchì** 동 준엄하게〔호되게〕 꾸짖다. 꾸짖어 책망하다. ¶他被父亲~了一顿。= 그는 아버지에게 준엄한 꾸중을 들었다. ≒呵责

【呵呵】 **hēhē** 의 하하. 허허. (웃음소리) ¶孩子们~地笑个不停。= 애들은 끊임없이 하하 하고 웃는다.

【呵喝】 **hēhè** 동〈문〉(질책·협박·제지하기 위해) 큰 소리로 외치다. 호통치다. 호령하다. 큰 소리로 제지하다.

【呵护】 **hēhù** 동 가호하다. 애지중지하다. 보우하다. 비호하다. 애호하다. 보호하다. ¶备受~。= 비호를 받다.

【呵欠】 **hē·qiàn** 명동 하품.

【呵责】 **hēzé** 동〈문〉준엄하게〔호되게〕꾸짖다. 꾸짖어 책망하다. ¶妈妈把他~得够戗。= 엄마는 그를 몹시 꾸짖었다. ≒呵斥

**喝** hē 마실 갈

동 1 마시다. ¶~酒=술을 마시다. / ~咖啡=커피(coffee)를 마시다. 2 술을 마시다. 음주하다. ¶他昨天晚上又~醉了。= 그는 어젯밤에 또 술에 취하였다. 갑 '嗬(hē)'와 같음.

☞ hè

【喝不下去】 **hē·buxiàqù** 동 마실 수 없다. 삼킬 수 없다. ¶药太苦, 她~。= 약이 너무 써서 그녀는 마실 수가 없다.

【喝闷酒】 **hē mènjiǔ** 동 (홧김에 또는 답답해서) 혼자 술을 마시다. 술로써 마음을 달래다. 홧술을 마시다. ¶他今天心情不好, 一个人在酒吧~。= 그는 오늘 기분이 좋지 않아 술집에서 혼자 술을 마시고 있다.

【喝墨水】 **hē mòshuǐ** 유 먹물을 먹다. 글을 배우다. 교육을 받다. 학교에 다니다. ¶他有文化, 是喝过墨水的人。= 그는 학식이 있는, 교육을 받은 사람이다.

【喝西北风】 **hē xīběifēng** 유 굶주리다. 먹을 것이 아무것도 없다. ¶像这样只出不进, 早晚得~。= 이렇게 나가기만 하고 들어오는 게 없으면 조만간 굶주려야 한다.

【喝醉】 **hēzuì** 동 (술에) 취하다. ¶饮酒要适量, 不要~。= 술은 적당히 마셔야지 취하도록 마시면 안 된다.

**嗬** hē 놀라는 소리 하

감 (놀라움을 나타내어) 와아! 아! 허! 아! ¶~, 这西瓜真大！= 와아! 이 수박 정말 크구나. / ~, 你的身体真棒！= 야! 너 몸 정말 좋구나.

**蠚** hē 쏠 학

동 (전갈이나 벌 따위가) 쏘다.

**禾** hé 벼 화

명 1〈문〉조. 좁쌀. 2 곡식의 모. (특히 벼모를 가리킴) 3 벼. 4 (Hé) 성(姓).

○ 禾 hé
和 hé
黍 shǔ
香 xiāng

【禾本科】 **héběnkē** 명〈식〉벼과. 화본과.

【禾草】 **hécǎo** 명〈식〉화초. 포아풀. [학명은 'Poa sphondylodes' 임]

【禾场】 **hécháng** 명 탈곡장.

【禾谷】 **hégǔ** 명 화곡(禾穀). 곡류 작물.

【禾苗】 **hémiáo** 명 화묘. 곡류의 모〔싹〕. 볏모.

**合**[1] hé 합할 합

동 1 닫다. 다물다. 덮다. 감다. 붙이다. ¶~上书=책을 덮다. / 左思右想, 一夜都没~上眼。= 이런저런 생각으로 밤새 눈을 붙이지 못했다. 2 합치다. 모으다. ¶悲欢离~=슬픔과 기쁨, 이별과 만남. / 同心~力=한마음 한뜻으로 힘을 합치다. 일치단결하다. 3 맞다. 어울리다. 부합하다〔부합되다〕. ¶志同道~=지향하는 바가 일치하다. / 不谋而~=약속이나 한 듯이 서로의 견해나 행동이 완전히 일치하다. 4 상당하다. 해당하다. 맞먹다. ¶一米~三尺。= 1미터는 3척에 해당한다. 부 1〈문〉응당 …해야 한다. 마땅히 …해야 한다. ¶理~声明=마땅히 성명해야 한다. 2 함께. 공동으로. ¶这本书由两人~编。= 이 책은 두 사람이 함께 편찬했다. 양합. [교전하는 쌍방의 칼이나 창이 서로 마주치는 횟수를 세는 단위. 주로 조기 백화문에 보임] ¶大战三十~, 难分胜负。= 30합을 교전했지만 승부를 가리기가 어려웠다. 명 1〈천〉합. [행성이 태양과 같은 황경(黃經)에 있게 됨] 2〈음〉합. [중국 전통 음악의 음계의 하나. 현대 음계의 '솔'에 상당함] 3 (Hé) 성(姓). ≒闭 关 禽 同 ↔ 开 分 拆 张

○ 合 hé
盒 hé
蛤 gé
鸽 gē
颌 hā
铪 hā
恰 qià
洽 qià
袷 jiá
答 dá

**合**[2] [閤] hé 모두 합

형 전부의. 모든. 온. ¶~家团聚=온 가족이 함께 모이다.

☞ gě

☞ 閤(阁) gé

○● 暗àn合, 百合, 不合, 参合, 场合, 重chóng合, 凑còu合, 撮cuō合, 缝合, 符合, 复合, 苟gǒu合, 化合, 回合, 汇huì合, 会合, 混合, 集合, 胶合, 接合, 结合, 纠jiū合, 就合, 聚合, 理合, 联合, 六合, 捏niē合, 啮niè合, 偶ǒu合, 配合, 契qì合, 巧合, 切合, 热合, 融róng合, 糅róu合, 适shì合, 水合, 说合, 缩suō合, 投合, 吻wěn合, 迎合, 愈yù合, 遇合, 折zhé合, 缀zhuì合, 综zōng合, 总合, 组合

【合办】 **hébàn** 동 공동으로 경영〔주관〕하다. ¶

~食品公司 = 식품 회사를 공동으로 경영하다.

【合抱】**hébào** 동 양 팔로 껴안다. [주로 나무나 기둥 등의 굵기를 가리키는 아름의 뜻으로 쓰임] ¶庭院里有一棵两人~的大树. = 정원에 두 아름이나 되는 큰 나무 한 그루가 있다.

【合璧】**hébì** 동 1 두 개의 반달 모양의 벽(璧)을 하나의 원형 벽으로 합치다. 2 (비) 서로 다른 것을 잘 배합하다. 두 가지를 잘 절충하다. 두 개가 잘 어울리다. ¶诗画~ = 시와 그림이 함께 잘 어울리다. 3 (비) 두 가지를 (한 군데에 배열하여) 대조하다. ¶中西~ = 중국 것과 서양 것을 함께 배열하여 대조하다.

【合编】**hébiān** 동 1 공동으로 편찬〔편집〕하다. ¶此书是多位专家~的. = 이 책은 여러 분의 전문가가 공동으로 편찬한 것이다. 2 단행본으로 만들다. 한 권으로 합치다. ¶这本书~了当代多位作家的近百篇散文. = 이 책은 당대 여러 작가의 근 100편의 산문을 단행본으로 만든 것이다.

【合并】**hébìng** 동 1 합병하다. 합치다. ¶这家印制公司是由几家小型印刷厂~而成的. = 이 인쇄소는 몇 개의 소형 인쇄소가 합쳐진 것이다. 2 (醫) 합병증을 일으키다. (병이) 병발(併發)하다. ¶麻疹~肺炎. = 홍역에 폐렴이 겹치다. ↔ 分开

【合并症】**hébìngzhèng** 명 (醫) 합병증.

【合不来】**hé·bulái** 동 마음〔손발〕이 맞지 않다. 마음이 통하지 않다. ¶不知为什么, 他俩就是~. = 무슨 까닭인지 그 두 사람은 마음이 통하지 않는다. ↔ 合得来

【合不拢】**hé·bulǒng** 동 (눈과 입을) 다물지 못하다. 합쳐지지 않다. ¶他笑得~嘴. = 그는 우스워서 입을 다물지 못하였다.

【合槽】**hécáo** 동 가축을 한 곳에 모아서 기르다. 가축을 공동 사육하다.

【合唱】**héchàng** 동 (音) 합창하다. ¶两人~了一首歌. = 두 사람은 노래 한 곡을 합창했다. 명 (音) 합창. ¶女声小~ = 여성(女聲) 소합창.

【合称】**héchēng** 동 병칭하다. 둘 이상을 아울러서 칭하다. 합쳐서 명명하다. ¶生物和化学~生化. = 생물과 화학을 합해서 생화학이라 한다. 명 병칭. ¶诗画是诗和画的~. = 시화는 시와 그림을 합쳐서 부르는 말이다.

【合成】**héchéng** 동 1 합성하다. 합쳐 …이 되다. 합쳐 이루어지다. ¶录音~绿음을 합성하다. 2 (化) 합성하다. ¶~橡胶 = 합성 고무. ↔ 分解

【合成词】**héchéngcí** 명 (言) 복합어와 파생어의 합칭. [두 개 이상의 어소가 합쳐져서 이루어진 단어. '单纯词(단순어)'와 구별됨]

【合成革】**héchénggé** 명 합성 피혁. 인조 가죽.

【合成染料】**héchéng rǎnliào** 명 합성 염료.

【合成洗涤剂】**héchéng xǐdíjì** 명 (化) 합성 세제. 동 【洗涤剂】**xǐdíjì**

【合成洗衣粉】**héchéng xǐyīfěn** 명 (세탁용) 합성 세제. 동 【洗衣粉】**xǐyīfěn**

【合成纤维】**héchéng xiānwéi** 명 (紡) 합성 섬유. 화학 섬유. 인조 섬유.

【合成橡胶】**héchéng xiàngjiāo** 명 합성 고무. 인조 고무.

【合得来】**hé·delái** 동 마음〔손발〕이 맞다. 잘 어울리다. ¶他们俩很~. = 그 두 사람은 마음이 잘 맞는다. ↔ 合不来

【合得着】**hé·dezháo** 동 (비) 수지 맞다. 가치 있다. ¶花这点儿钱买这么多东西~! = 적은 돈으로 이렇게 많은 물건을 사다니, 수지 맞았다.

【合订本】**hédìngběn** 명 합본. 합책. ¶《小说月报》2003年~ = 《小说月报(소설월보)》 2003년도 합본.

【合度】**hédù** 형 (기준 원리에) 걸맞다. 적당하다. 적절하다. 알맞다. ¶长短~ = 장단이 적당하다. / 言行~ = 언행이 적절하다.

【合而为一】**hé'érwéiyī** 성 합쳐서 하나로 하다. 하나로 혼합하다. ¶干脆把剩下的油漆~吧. = 아예 남은 페인트를 한 곳에 합치세요.

【合二而一】**hé'èr'éryī** 성 1 두 개의 물건을 하나로 합치다. = 【合二为一】**hé'èrwéiyī** ¶把办公室和总编室~. = 사무실과 총편집실을 하나로 합치다. 2 (哲) 대립된 두 사물이 하나로 합치다.

【合二为一】**hé'èrwéiyī** ☞ 【合二而一】**hé'èr'éryī**

【合法】**héfǎ** 형 법에 맞다. 합법적이다. 합법하다. 적법하다. ¶~权益 = 합법적인 권익. ↔ 非法 不法 违法

【合法化】**héfǎhuà** 동 합법화하다. ¶经营妓院在有些国家已~. = 창녀촌 경영이 어떤 국가는 이미 합법화되었다.

【合肥】**Héféi** 명 (地) 허페이. [중국 안후이(安徽)성의 성도]

【合缝】**héfèng** 동 (이음새가) 꼭 맞다. ¶这款衣柜的门~不严密. = 이 옷장의 문이 꼭 맞지 않다. 형 빈틈이 없다. ¶严丝~ = (사이에 조금의) 빈틈도 없다.

【合该】**hégāi** 동 당연히 …할 것이다〔…해야 한다〕. …하는 것이 마땅하다. ¶~受罚 = 벌을 받을 것이다. 벌받는 게 마땅하다.

【合格】**hégé** 형 규격〔표준〕에 맞다. 합격이다. ¶质量~ = 품질이 규격에 맞다.

【合共】**hégòng** 동 합치다. 합쳐 계산하다. ¶学院~一千多名教职员工. = 단과 대학에는 모두 합쳐 천여 명의 교직원이 있다.

【合股】**hégǔ** 동 1 여러 가닥의 실을 합쳐 한 가닥으로 만들다. ¶~缆绳 = 여러 가닥으로 꼰 케이블(cable)선. 2 공동 출자하다. 합자하다. ¶~开公司 = 공동 출자해서 회사를 창립하다.

【合乎】**héhū** 동 …에 맞다. …에 부합하다. ¶~礼仪 = 예의에 부합하다.

【合欢】**héhuān** 명 (植) 자귀나무. = 【马缨花】**mǎyīnghuā** 【夜合花】**yèhéhuā** 동 1 함께 모여 즐기다. 친목을 맺다. ¶年三十, 一家老小共进~宴. = 음력 12월 30일, 온 집안 식구가 함께 모여 즐기다. 2 성교하다.

【合伙】**héhuǒ** 동 한패가 되다. 동료가 되다. 동업하다. ¶~经商 = 공동 경영하다. 늑搭伙 结火

**合 hé**

【合伙企业】héhuǒ qǐyè 명 합명회사.
【合击】héjī 통 협공하다. 연합하여 공격하다. ¶分进~=몇 길로 나누어 진군하여 협공하다.
【合计】héjì 통 합계하다. 합치다. ¶各项开支三千余元。=각 항목의 지출을 합계하니 삼천여 위안(元)이 되다.
【合计】hé·ji 통 1 의논[토의·상의]하다. ¶此事如何处理, 大家~~。=이 일을 어떻게 처리할지 모두 함께 의논이나 좀 합시다. 2 타산하다. 따져 보다. 계산하다. ¶对于来年的收益, 他早就在~了。=내년의 수익에 대해 그는 진작에 따져 보고 있는 중이다.
【合剂】héjì 통〔醫〕(약을) 조제하다. 배합하다.
【合家】héjiā 명 온〔전〕 가족. 가족 전체. ¶~欢乐=온 가족이 함께 즐기다.
【合家欢】héjiāhuān 명 가족 사진.
【合脚】hé‖jiǎo 통 (신발이나 양말이) 발에 맞다. ¶这双鞋有点小, 不太~。=이 신발은 좀 작아서 발에 잘 맞지 않는다.
【合金】héjīn 명 합금.
【合金钢】héjīngāng 명 합금강. 특수강.
【合卺】héjǐn 통 1 합근하다. 교배주(交杯酒)를 마시다. 2 성혼(成婚)하다. 혼례식을 치르다.
【合刊】hékān 통 합본(合本)을 간행하다. 명 (시집·문집·정기 간행물의) 합장본(合裝本).
【合口】hé‖kǒu 통 상처가 아물다. ¶刀伤一周就可~。=칼에 벤 상처는 일 주일만에 아물 수 있다.
【合口】hékǒu 형 (식품이나 요리가) 입에 맞다. ¶菜肴~=요리가 입에 맞다.
【合口呼】hékǒuhū 명〔言〕합구호. [중국 음운학에서 주요 원음(元音)이나 개음(介音)이 'u'인 자음을 가리킴]
【合辙】hé·le ☞【饸饹】hé·le
【合理】hélǐ 형 도리에 맞다. 합리적이다. ¶房间布局很~。=방안의 배치가 아주 합리적이다.
【合理化】hélǐhuà 통 합리화하다. ¶~建议=합리적인 건의. 건설적인 건의.
【合力】hélì 통 힘을 합치다〔모으다〕. ¶齐心~=힘과 마음을 함께 모으다. 명〔物〕합력.
【合流】héliú 통 1 (하천이) 합류하다. ¶嘉陵江与长江在重庆~。=자링장(嘉陵江)과 창장(长江)은 충칭(重庆)에서 합류한다. 2 (비) (학술·예술 방면의 서로 다른 유파가) 융화하다. 합쳐서 하나가 되다. ¶儒道—而相玄学。=유가와 도가가 융화하여 현학을 낳았다. 3 (비) (사상이나 행동면에서) 같은 보조를 취하다. 합류되다. 한패거리로 되다. 휩쓸리다. ¶多种势力最终~。=여러 종류의 세력들이 최종에는 같은 보조를 취하다.
【合龙】hé‖lóng 통 (양편에서 동시에 건설하오던 다리〔제방〕의 시공에서 마지막으로) 중간 부분을 이어 붙이다. ¶拦河大坝即将~。=강물을 막는 댐 공사는 곧 중간을 이어 붙인다.
【合拢】hé‖lǒng 통 1 닫다. 붙이다. 감다. 덮다. ¶~双眼=두 눈을 감다. 2 한데 모으다〔합치다〕. 걷다. 죄다. ¶村里的人~在一起, 共庆丰收。=마을 사람들이 한데 모여서 풍년을 축하하

다. ↔分开
【合谋】hémóu 통 공모(共謀)하다. ¶~不轨=함께 반역을 꾀하다. 반역을 공모하다.
【合拍】hé‖pāi 통 1 박자가 맞다. ¶她的演唱跟乐曲很~。=그녀의 노래와 곡조는 박자가 맞다. 2 (비) 손발이 맞다. 호흡이 맞다. 일치하다. 부합하다. 협조가 잘 되다. ¶两人的想法很~。=두 사람의 생각이 아주 일치한다.
【合拍】hépāi 통 1 공동으로 촬영·제작하다. 함께 촬영하다. ¶这是一部中韩~的电影。=이 영화는 한·중 합작 영화이다. 2 함께 사진을 찍다. ¶这是他和同事~的照片。=이 사진은 그와 동료들이 함께 찍은 것이다.
【合浦珠还】hépǔ-huánzhū ☞【合浦珠还】hépǔ-zhūhuán
【合浦珠还】hépǔ-zhūhuán 성(비) 잃어버렸던 물건을 다시 찾다. 떠나간 사람이 다시 돌아오다. =【合浦还珠】hépǔ-huánzhū
【合情合理】héqíng-hélǐ 성 정리와 사리에 맞다. 인정상 도리상 모두 적절하다.
【合群】héqún 형 (~儿) 사람들과 잘 어울리다. ¶他性情随和, 很~。=그는 성격이 부드럽고 상냥해서 다른 사람과 잘 어울린다. 통 모여서 한 무리〔패〕가 되다. 떼를 짓다. ¶~结伙=모여서 한패가 되다. 무리를 이루다. ↔孤僻
【合扇】héshàn ☞【合叶】héyè
【合身】hé‖shēn (~儿) 형 (의복이) 몸에 (꼭) 맞다. ¶这件外套很~。=이 외투는 몸에 꼭 맞다. ≒合体
【合十】héshí 통〔佛〕합장(合掌)하다. ¶双手~=두 손으로 합장하다.
【合时】héshí 형 시대에 맞다〔어울리다〕. 시류에 맞다. 유행에 맞다. ¶衣着~=복장이 시대에 어울리다.
【合式】héshì 형 1 (일정한) 규격〔격식〕에 맞다. 2 ☞【合适】héshì
【合适】[合式]héshì 형 적당〔적합〕하다. 알맞다. ¶他担任这个职务很~。=이 사람이 이 직무를 맡는 것은 아주 적합하다. ≒适宜
【合手】hé‖shǒu 통 1 합장하다. 2 손을 합하다. 손을 맞잡다. 협력하다. 의기투합하다. ¶两家公司~开发新产品。=이 두 회사는 손을 맞잡고 신상품을 개발한다.
【合手】héshǒu 형 알맞다. 적당하다. 손에 맞다〔익다〕. ¶新剪刀用起来不太~。=새 가위는 사용하기에 손에 익지 않다.
【合署】héshǔ 통 (한 사무실로) 관계 기관이 합치다. 합치어 사무를 보다.
【合数】héshù 명〔數〕합성수.
【合算】hésuàn 형 1 수지가〔채산이〕 맞다. ¶这套家具质量好, 还便宜, 买得很~。=이 가구 세트는 품질도 좋고 가격이 싸서, 수지가 맞다. 2 (종합적으로) 고려하다. 생각하다. 따져 보다. ¶这笔生意能不能做, 你好好~~。=이 거래를 할지 말지 잘 고려해 보세요. ≒划算〈心〉
【合体】hé‖tǐ 형 (의복이) 몸에 맞다. ≒合身
【合体】hétǐ 명〔言〕합체. [두 개 이상의 독체(獨

體)가 합쳐서 이루어진 한자 구조. 예를 들면 '样'은 '木'과 '羊'이 합쳐져서 이루어진 것임]

【合体字】**hétǐzì**〈言〉합체자. [두 개 이상의 독체자(獨體字)로 이루어진 글자로, '独体字'와 구별됨. 예를 들면 '明'은 독체자인 '日'과 '月'로 구성된 합체자임]

【合同】**hé·tong** 명 계약서. ¶图书出版~=도서 출판 계약서.

【合同工】**hé·tonggōng** 명 계약 노동자. 임시 노동자.

【合同书】**hé·tongshū** 명 계약서.

【合同制】**hé·tongzhì** 명 (노동) 계약제.

【合围】**héwéi** 동 1 (적이나 사냥감을) 포위하다. 2 양 팔을 벌려 껴안다. ¶这棵大树三个人才能~。=이 나무는 세 사람이 양 팔을 벌려야 껴안을 수 있다. ≒包围

【合胃口】**hé wèikǒu** 동 1 (음식물 따위가) 입맛〔구미〕에 맞다. ¶今天的菜不太~。=오늘 요리는 입맛〔구미〕에 그다지 맞지 않는다. 2 ⑪ 구미에 맞다. 마음에 들다. 마음에 맞다. 마음과 지향하는 바가 같다. ¶科幻小说很合他的胃口。=공상 과학 소설은 그의 구미에 맞다.

【合写】**héxiě** 동 공저(共著)하다. 공동으로 저술하다. 같이 쓰다. ¶这本书是他们三个人~的。=이 책은 그 세 사람이 공동으로 저술한 것이다.

【合心】**héxīn** 형 1 마음을 합치다. 뜻을 모으다. 합심하다. ¶~协力=뜻을 모아 협력하다. 2 마음에 맞다. 마음에 들다. ¶这里的居住环境很合他的心。=이 곳의 거주 환경은 그의 마음에 꼭 든다.

【合眼】**hé‖yǎn** 동 1 두 눈을 붙이다. 잠을 자다. 눈을 감다. ¶他心里有事, 到半夜也没能~。=그는 걱정이 있어 한밤까지도 잠을 이룰 수가 없었다. 2 죽다.

【合演】**héyǎn** 동 함께〔합동〕 공연하다. ¶他俩~了一个小品。=그 두 사람은 단막극 하나를 함께 공연했다.

【合叶】[合页] **héyè** 명 경첩. 접철(摺鐵). 합엽(合葉). 힌지(hinge). ⑪【合扇】**héshàn**

【合页】**héyè** ☞【合叶】**héyè**

【合一】**héyī** 동 1 하나로 합치다. 하나가 되다. ¶二~洗发露=린스 기능이 합쳐진 샴푸. 2 통일하다. 일치하다. ¶知行~=지식과 행동이 일치하다.

【合宜】**héyí** 형 적합〔적당〕하다. 알맞다. ¶这事由他出面调解很~。=이 일은 그가 나서서 중재하는 것이 아주 적합하다.

【合议】**héyì** 동 1 함께 의논하다. 공동으로 상의하다. 2 (法) 재판관이 공통으로 안건을 심리〔재판〕하다. 합의하다.

【合议庭】**héyìtíng** 명〈法〉합의 법정.

【合议制】**héyìzhì** 명〈法〉합의제.

【合意】**héyì** 동 마음에 들다. 마음에 맞다. ¶你的想法正合我意。=너의 생각이 내 마음에 꼭 든다. ≒中意

【合音字】**héyīnzì** 명〈言〉합(음)자. [두 자의 음을 합친 글자로 된 글자. 예를 들면 '诸(zhū)'

는 '之(zhī)'와 '于(yú)' 두 글자가 합쳐진 것임]

【合营】**héyíng** 동 공동 경영하다. ¶公私~=민관이 공동으로 경영하다. ≒联营

【合影】**hé‖yǐng** 동 함께 사진을 찍다. ¶旅行团所有成员合了一张影。=여행단의 모든 구성원이 함께 사진 한 장을 찍었다.

【合影】**héyǐng** 명 단체 사진. 함께 찍은 사진. ¶你们俩照张~吧。=너희 두 사람이 함께 사진 한 장 찍어라.

【合用】**héyòng** 동 1 공동으로 사용하다. 공용하다. 같이 쓰다. ¶几家住户~一个洗衣机。=몇 가구가 하나의 세탁기를 공동으로 사용한다. 2 쓰기에 알맞다. 쓸모 있다. ¶这包太小了, 不太~。=이 가방은 너무 작아 쓰기에 적합하지 않다.

【合于】**héyú** 동 …에 맞다. …부합하다. 적합하다. ¶~国情=나라의 정서에 부합하다.

【合约】**héyuē** 명 (비교적 간단한) 계약. 협의.

【合葬】**hézàng** 동 1 합장하다. 부장(附葬)하다. 부폄(祔窆)하다. 합부(合祔)하다. 합폄(合窆)하다. 2 부부를 합장하다.

【合闸】**hézhá** 동〈電〉스위치〔개폐기〕를 켜다〔넣다〕.

【合掌】**hézhǎng** 동 합장하다. ¶~诵经=합장하고 독경하다.

【合照】**hézhào** 동 함께 사진을 찍다. ¶全班同学~了一张相。=반 전체 학생들이 함께 사진 한 장을 찍었다. 명 단체 사진. 함께 찍은 사진. ¶这是他和家人的~。=이 사진은 그와 가족들의 단체 사진이다.

【合辙】**hézhé** 동 1 수레바퀴의 자국과 길에 난 바퀴자국이 서로 합치되다. 제 궤도에 오르다. 이가 맞다. 정상으로 돌아가다. 2 ⑪ (성격이나 생각이) 일치하다〔맞다〕. 의기투합하다. ¶他们俩趣味相投, 挺~的。=그 두 사람은 취향이 서로 비슷해서 의기투합이 잘 된다〔생각이 잘 맞다〕. 3 (희곡 따위에서) 운을 맞추다. 압운(押韻)하다. 운이 맞다. ¶唱词都是~的, 记起来很容易。=가사는 모두 압운이 되어 있어 기억하기에 아주 쉽다.

【合众国】**hézhòngguó** 명 합중국.

【合著】**hézhù** 동 공동 집필하다. 공저하다.

【合资】**hézī** 동 합자하다. 공동으로 출자하다. ¶中外~企业=중국과 외국의 합자 기업. ↔独资

【合资公司】**hézī gōngsī** 명〈經〉합자회사.

【合子】**hézǐ**〈生〉접합자. 접합체.

【合子】**hé·zi** 명 1 전병(煎餠). 부꾸미. 호떡. [밀가루 반죽에 고기·야채 등의 소를 넣어 기름에 부친 둥근 전병(煎餠)] ¶韭菜~=부추를 넣어 만든 전병. 2 ☞【盒子】**hé·zi**

【合纵连横】**hézòng-liánhéng** ⑳ 합종연횡. [합종(合縱)은 중국 전국 시대에 소진(蘇秦)이 주창한 것으로, 남북으로 위치한 한(韓)·위(魏)·조(趙)·연(燕)·초(楚)·제(齊)의 여섯 나라를 연합하여 강국 진(秦)에 맞서게 한 공수 동맹(攻守同盟)의 정책임. 연횡(連橫)은 장의(張儀)가 주창한 것으로, 진(秦)의 동쪽의 여섯 나라를 가로로 연결

하여 진을 섬기게 하려 했던 정책임]

【合奏】**hézòu** 통(音) 합주〔협주〕하다. ¶管弦乐~=관현악을 합주하다.

【合作】**hézuò** 통 협력하다, 협력하다. ¶分工~=일을 나누어서 협력하다. ↔单干

---

合作(hézuò) / 协作(xiézuò) 협력하다

合作: 공동으로 협력하여 일을 완성하는 것으로, 참가자는 주와 부의 구분이 없음. ¶近年来, 中美两国在经贸领域的合作与交流呈现了良好的发展势头。=근래에 중미 양국은 경제 무역 분야의 협력과 교류에서 좋은 발전 추세를 나타냈다.

协作: 서로 협조·협력하여 일을 완성하는 것으로, 한쪽이 주가 되는 경우가 있음. ¶这是香港与美国有关方面专家共同协作完成的科研成果。=이것은 홍콩이 미국 유관 부처의 전문가와 공동으로 협력하여 완성한 과학 연구 성과물이다.

▶ 이 외에, '协作'는 다수가 합쳐 통일된 대규모 행동을 취하는 것을 의미하기도 함. ¶韩国国防部14日宣布停止举行1996年度的韩美'协作精神'联合军事演习。=한국 국방부는 14일에 1996년도 한미 '팀스피리트' 연합 군사 훈련을 중지한다고 선포했다.

---

【合作社】**hézuòshè** 명 합작사, 협동 조합. ¶信用~=신용 합작사, 신용 협동 조합.

## 纥 [紇] **hé** 종족 이름 흘

☞ [回纥] **Huíhé**
☞ **gē**

## **何** **hé** 어찌 하

대문 **1** 의문을 나타냄. ① 무엇, 무슨, 어떤, 어느. ¶有~贵干?=무슨 용무가 있습니까? ② 어디. ¶用意~在?=의도가 어디 있니? ③ 왜, 어째서, 무엇 때문에. ¶吾~畏彼哉?=내가 왜 그를 두려워하겠는가? **2** 어찌 하겠는가? [반문을 나타냄] ¶谈~容易?=말하기가 어찌 쉽겠는가? 문 얼마나. ['多么(duō·me)'에 상당함] ¶~其愚也!=얼마나 멍청한가! 명 (Hé) 성(姓). [고어에서 '荷(hè)'와 같음]

○● 几何, 奈nài何, 任何, 如何, 若何, 为何, 无何, 没mò奈何

❖ 何 hé
荷 hé

【何必】**hébì** 문 구태여〔하필〕 …할 필요가 있는가, …할 필요가 없다. ¶都是一家人, ~见外?=모두 한 집안 가족인데, 뭘 그렇게 남처럼 대할 필요가 있겠니?

【何必当初】**hébì-dāngchū** 성 **1** 당초에 꼭 그렇게 할 필요가 있었나. **2** 애당초 왜 그랬을까? [주로 '早知今日(일찍이 오늘과 같은 일이 있을 줄 알았다면)'와 함께 쓰여, 지난 잘못에 대한 원망이나 후회를 나타냄]

【何不】**hébù** 문 어찌〔왜〕 …하지 않느냐? 마땅히 …해야 한다. ¶既然不愿意, ~回绝?=원치 않으면 왜 거절하지 않았니?

【何曾】**hécéng** 문 언제 …한 적이 있었느냐. ¶她从小娇生惯养, ~吃过这样的苦?=그녀는 어릴 때부터 응석받이로 자라서, 언제 이런 고생을 한 적이 있었겠느냐.

【何尝】**hécháng** 문 언제 …한 적이 있었느냐. 결코 …가 아니다. ¶我~不想帮你, 可实在是无能为力。=내가 왜 너를 도와 주고 싶지 않겠니? 하지만 정말 도와 줄 힘이 없다.

【何啻】**héchì** 문(문) 어찌 …뿐이랴. 오직 …만이 아니다. ¶~一万千=어찌 수천 수만뿐이겠는가.

【何处】**héchù** 대 어디, 어떤 장소, 어느 곳. ¶今宵酒醒~, 杨柳岸晓风残月。=오늘 밤 술이 깨면 또 어디일까? 버들잎 강변엔 새벽 바람이 쓸쓸히 불어오고, 하늘엔 희미한 달빛만이 남아 있네.

【何等】**héděng** 대 어떤, 어떠한. ¶来的是~人物, 排场竟然这么大?=온 사람들이 어떤 인물이길래 겉치레가 이토록 요란한가? 문 얼마나, 어쩌면 그토록. ¶这是~精湛的工艺啊!=이것은 얼마나 정교한 솜씨인가!

【何妨】**héfáng** 통 무슨 상관이 있겠는가. (…해도) 무방하다〔괜찮다〕. ¶没做怎么知道不行, 试一试又~?=해 보지도 않고 안 되는지 어떻게 알겠어요, 한번 해 본다고 무슨 상관이 있겠어요?

【何干】**hégān** 통 무슨 상관이 있겠는가. ¶你自己闯下的祸事, 与我~?=네 자신이 저지른 일인데, 나하고 무슨 상관이 있니?

【何敢】**hégǎn** 통 어찌 감히 …할 수 있겠느냐. ¶在高人面前, 我~造次?=고수 면전에서 어찌 제가 감히 경솔하게 행동할 수 있겠습니까?

【何故】**hégù** 대 왜, 무슨 까닭. ¶~一再拖延交货时间?=무슨 까닭으로 납품 시기를 계속 질질 끕니까?

【何苦】**hékǔ** 통 무엇이 아쉬워서인가〔안타까워서인가〕, 왜 괴롭히는가, 무엇 때문에 못살게 구느냐. ¶你~跟自己过不去?=당신은 무엇 때문에 자신을 괴롭히는가?

【何况】**hékuàng** 접 **1** 말할 필요가 없다. ¶大风大浪都经历过了, ~这么点小挫折?=큰 풍파를 모두 겪었는데, 이렇게 작은 좌절쯤이야 말할 필요가 있겠어요? **2** 더군다나, 하물며, 황차(况且). ¶这活儿大人干着都吃力, ~他还是个孩子。=이 일은 어른이 하기에도 힘이 드는데, 하물며 그는 아직 어린아이인데 (더 말할 필요가 있겠어요)?

【何乐而不为】**hé lè ér bù wéi** 성 왜 즐거하지〔기꺼이〕 …않겠는가, 무엇 때문에 …하기 싫어하겠는가. ¶这是对大家都有利的事, ~?=이것은 모두에게 유익한 일인데, 왜 하기 싫어하겠어요?

【何其】**héqí** 문 얼마나, 어찌 그렇게, 어찌 그리. ['怎么那样(어찌 그렇게)'에 상당함] ¶言行~荒唐!=언행이 어찌 그렇게 황당한가!

【何去何从】**héqù-hécóng** 성 어느 것을 버리고

어느 것을 따를 것인가? 어디로 갈 것인가? 어떻게 선택할 것인가?

【何人】**hérén** 대 누구. 어떤 사람. ¶~如此大胆！=누가 이토록 대담한가！

【何日】**hérì** 어느 날. 언제. ¶此番别过之后，不知~才能相见。=이번 이별 후 언제 또 만날 수 있을지 모르겠구나.

【何如】**hérú** 대문 **1** 어떠한가? 어떠냐? ¶一同前往，~？=함께 가면 어떠한가? **2** 어떤. 어떠한. ¶张某~人也？=장 모는 어떤 사람인가? 동 어찌 …만 하겠는가. …만 못하다. ¶与其坐以待毙，~奋力一搏。=앉아서 죽음을 기다리느니 어찌 힘을 다해 싸워 보는 것만 하겠는가? 앉아서 죽음을 기다리느니 차라리 힘을 다해 싸우는 게 낫다.

【何伤】**héshāng** 동문 어찌 손상하겠는가? 특별히 손상되지 않는다. ¶~大雅？=어찌 고상함을 해치겠는가?

【何时】**héshí** 명 언제. 어느 때. ¶你打算~动身？=너 언제 출발할 예정이니?

【何事】**héshì** 대 **1** 무슨 일. ¶你有~？=너 무슨 일 있니? **2** 어째서. 왜. ¶春风不相识，~入罗帷？=봄바람은 나와 알지도 못하는데, 어찌 나의 비단 휘장에 스며들어오는가? 봄바람아, 나와 알지도 못하는데, 너는 어찌 나의 비단 휘장에 들어와 나의 마음을 흔들어 놓는냐.

【何首乌】**héshǒuwū** 명[植] **1** 하수오. **2** 하수오. 새박뿌리. 적갈. 토우(土芋). =【首乌】**shǒuwū**

【何谓】**héwèi** 동문 **1** 무엇을 …라 하는가. …란 무엇인가. ¶~幸福？=무엇을 행복이라 하는가? **2** 무엇을 가리키는가. 무슨 뜻인가. [뒤에 항상 '也'를 동반함] ¶此~也？=이것이 무슨 뜻인가?

【何物】**héwù** 대 무슨〔어떠한〕 물건. ¶此乃~？=이것은 무슨 물건인가?

【何须】**héxū** 부문 어찌 …할 필요가 있겠는가? …할 필요가 없다. ¶小事一桩，~劳师动众？=작은 일 한 가지로 어찌 많은 사람들을 동원할 필요가 있겠는가?

【何许】**héxǔ** 대문 **1** 어디. 어느 곳. ¶贵乡~？=그대의 고향이 어디인가? **2** 어떤. 어떠한. ['人'과 함께 쓰여 해학의 의미를 내포함] ¶~人，竟敢如此放肆！=어떤 사람이 감히 이처럼 방자한가!

【何以】**héyǐ** 부문 **1** 왜. 어찌하여. ¶兄弟~反目成仇？=형제가 어찌하여 사이가 틀어져 원수가 되었는가? **2** 무엇으로써. 무슨 일로써. 어떻게. ¶~为生？=무엇으로 살아가지?

【何异】**héyì** 동문 무엇이 다른가. 무슨 차이가 있는가. ¶此二者~？=이 두 개 무슨 차이가 있는가?

【何在】**hézài** 동문 어디에 있는가. ¶天理~？=천리는 어디에 있는가?

【何止】**hézhǐ** 동 어찌 …에 그치겠는가. 어찌 …뿐이겠는가. ¶蜀中美食~这些？=촉 지역의 맛있는 음식이 어찌 이것들 뿐이겠는가?

【何足】**hézú** 부문 어찌 …할 만하겠는가? …하지 않다. …할 가치〔필요〕가 없다. ¶~为奇=어찌 뭐 이상할 게 있는가? 전혀 이상하지 않다.

【何足挂齿】**hézúguàchǐ** 성 어찌 입에 올릴 만한 가치가 있겠는가. 사소하여 거론할 가치조차 없다.

【何罪之有】**hézuìzhīyǒu** 성 무슨 죄가 있는가? 무엇이 잘못되었는가?

# 龢[龢] **hé** 화평할 화

형문 화목하다. 화평하다. [주로 인명에 쓰이는 글자]

\*\***和**¹[(龢・咊)] **hé** 화목할 화

동 **1** 화해하다. 화의하다. ¶媾~=화해하다. /讲~=강화하다. **2** (바둑이나 시합 따위에서) 비기다. ¶一盘棋两个人下了半天，最后还是~了。=바둑을 두 사람이 한참을 두었지만 결국 비기고 말았다. 형 **1** 조화롭다. 화목하다. 화애롭다. ¶言语失~=말이 화애롭지 않다. 좋은 말이 오가지 않다. / 天时、地利、人~=하늘이 내린 좋은 기회와 우월한 지리적 조건과 사람 간의 화목함. **2** 부드럽다. 온화하다. 친절하다. 따스하다. ¶温~=온화하다. / 心平气~=마음이 차분히 가라앉고 태도가 부드럽다. **3** 날씨가 따뜻하다. 기후가 따스하다. ¶气候~暖=날씨가 따뜻하다. / 风~日丽=바람은 산들산들하고 햇볕은 따스롭다. 날씨가 화창하다.

\*\***和**² **hé** 와 화

동 …한〔인〕 채로. ¶~衣而卧=옷을 입은 채로 눕다. 개 **1** …와. …과. [함께 움직이는 대상을 끌어들임] ¶~别人一起去。=다른 사람과 함께 가다. **2** …과〔와〕. …에게. [동작이 관련되거나 비교의 대상을 끌어들임] ¶他~那没有丝毫干系。=그는 그것과 전혀 관련이 없다. 접 …과〔와〕. [품사 유형이나 구성 조직이 비슷한 단어나 구를 연결하여 병렬 관계나 선택 관계를 나타냄. '跟(gēn)'과 '与(yǔ)'에 상당함] ¶成都~广州都是中国的省会城市。=청두와 광저우는 모두 중국의 성도(省都)이다. 명 **1**〔數〕합. ¶3加3的~是6。=3과 3의 합은 6이다. **2** (Hé) 일본(민족). [일본은 자칭 대화민족(大和民族)이라 일컬으며, 약칭하여 '和(Hé)'라고 함] ¶《汉~词典》=《중일사전》. **3** (Hé) 성(姓). 늑跟 同

☞ **hè, hú, huó, huò**

| ○● 饱和，醇chún和，慈cí和，共和，缓huǎn和，谋móu和，平和，谦qiān和，晴和，求和，劝quàn和，人和，失和，顺和，说和，随和，调和，谐xié和，协xié和，宣和，言和，议和，中和，总和 |

和(hé) / 跟(gēn) …와〔과〕

접속사로, 둘 다 모두 대명사나 명사를 연결시켜 병렬 관계를 나타내며, 이 때 서로 바꾸어 사용할 수 있

음. ¶我和〔跟〕她都是韩国人。=나와 그녀는 모두 한국인이다.
▶ '和'는 동사나 형용사를 연결하기도 함. ¶一种东西往往在它失去之后, 才显得更加宝贵和珍重。=어떤 것은 종종 그것을 잃은 후에 비로소 더욱 귀중하고 소중하게 생각된다. / 我们要学习和研究这些内容。=우리는 이런 내용들을 공부하고 연구해야 한다.
▶ '跟'은 전치사로서 '…에게, …따라서'의 의미로 쓰이기도 함. ¶如果有事不能来上课, 要跟老师打声招呼。=만약 일이 생겨 수업에 올 수 없으면 선생님께 말씀드려야 한다. / 跟我走吧, 我带你去。=나를 따라와, 내가 너를 데리고 갈게.

【和蔼】 hé·ǎi 형 상냥하다. 부드럽다. 사근사근하다. ¶~亲切=상냥하고 친절하다. ≒慈祥 ↔厉害 粗暴 凶恶 蛮横
【和蔼可亲】 héǎi-kěqīn 성 상냥하고 친절하다. 온화하고 정겹다.
【和畅】 héchàng 형 (날씨가) 화창하다. 따뜻하고 좋다. ¶春风~=봄바람이 화창하다.
【和风】 héfēng 명 화풍. 산들바람. 화창한 바람. 부드러운 바람. [주로 봄날의 미풍을 가리킴] ¶~拂面=산들바람이 얼굴을 스치다.
【和风细雨】 héfēng-xìyǔ 성 1 부드러운 바람과 가랑비. 2 (비) 온건하고 부드러운 태도를〔방식을〕 취하다. ↔凄风苦雨
【和服】 héfú 명 기모노(kimono). 일본 전통 복장〔옷〕.
【和光同尘】 héguāng-tóngchén 성 1 빛과 먼지를 동등하게 보다. 2 (비) 빛을 감추고 세속에 섞이다. 자신의 지덕과 재기를 감추고 속세와 어울리다.
【和好】 héhǎo 동 화해하다. 사이가 다시 좋아지다. 화목한 관계를 회복하다. 화목하게 되다. ¶~如初=화해하여 처음처럼 화목하게 되다. 형 화목하다. 우호적이다. ¶邻里~=이웃과 화목하게 지내다. ↔拌嘴 失和 吵嘴 吵架
【和合】 héhé 형 사이좋다. 화합하다. 마음이 맞다. 명 화합신(和合神). 화합이선(和合二仙). [금슬 좋은 부부를 상징하는 신. 원래는 하나의 신이었지만, 나중에 전설에서 두 신으로 나누어져 화합이선(和合二仙)이라 일컬음]
【和和美美】 hé·he měiměi 형 사이가 좋다. 화목하다. 정답다. 의좋다.
【和和睦睦】 hé·he mùmù 형 사이가 좋다.
【和和气气】 hé·he qìqì 형 1 (태도가) 온화하다. 부드럽다. 상냥하다. 2 (관계가) 화목하다. 사이가 좋다.
【和和善善】 hé·he shànshàn 형 온화하고 선량하다. 사근사근하다.
【和缓】 héhuǎn 형 부드럽다. 온화하다. ¶语气~=말투가 부드럽다. 동 완화되다. 완화시키다. 느슨하게 하다. ¶两国紧张的双边关系有所~。=양국의 긴장 관계가 어느 정도 완화되었다. ↔紧张
【和会】 héhuì 명 평화 회의. 평화 회담.
【和解】 héjiě 동 화해하다. 화의하다. 〔재판에 의하지 않고 분쟁 당사자가 서로 양보하여 분쟁을 끝내는 일〕 ¶经过调停, 双方已~。=조정을 거쳐 쌍방은 이미 화해하였다.
【和局】 héjú 명 (바둑이나 시합 따위에서) 무승부. 비김.
【和乐】 hélè 형 화목하다. 즐겁다. ¶家庭~=가정이 화목하다.
【和美】 héměi 형 사이가 좋다. 화목하다. 정답다. 의좋다. ¶~的生活=화목한 생활.
【和睦】 hémù 형 화목하다. 사이가 좋다. ¶姊妹~=자매가 화목하다. ≒和气 ↔不和
【和暖】 hénuǎn 형 (날씨가) 따뜻하다. 온난하다. 따스하다. 따사롭다. ¶春风~=봄바람이 따스하다.
【和盘托出】 hépán-tuōchū 성 1 쟁반째로 내놓다. 2 (비) 있는 대로 다 털어놓다〔내놓다〕. 낱낱이 말하다.
【和平】 hépíng 명 평화. ¶~年代=평화로운 시대. 형 1 (성질이) 순하다. 부드럽다. 온화하다. 따뜻하다. ¶药性~=약성이 온화하다. 2 평온하다. 차분하다. 가라앉다. ¶众人的劝慰使他的内心~了许多。=많은 사람들의 위로는 그의 마음을 많이 가라앉게 하였다. ↔战争
【和平鸽】 hépínggē 명 평화의 비둘기.
【和平共处】 hépíng gòngchǔ 평화가 공존하다.
【和平共处五项原则】 hépíng gòngchǔ wǔxiàng yuánzé 명 평화 공존 5대 원칙.
【和平谈判】 hépíng tánpàn 명 평화 담판.
【和棋】 héqí 명 무승부 바둑.
【和气】 hé·qi 형 1 (태도가) 온화하다. 부드럽다. 상냥하다. ¶待人~=온화하게 사람을 대하다. 2 (관계가) 화목하다. 사이가 좋다. ¶妯娌间很~。=동서지간에 화목하다. 명 화기. 화목한 감정. 의. ¶有事好商量, 别伤了~。=일이 있으면 잘 의논해 보자, 의를 상하게 하지 말고. ≒和睦 ↔粗暴 蛮横 凶恶 厉害
【和气生财】 hé·qi-shēngcái 성 웃는 얼굴에 부를 가져다 준다〔부른다〕.
【和洽】 héqià 형 화기애애하다. 화목하고 잘 어울리다. 사이가 좋다. ¶相处~=화기애애하게 지내다.
【和亲】 héqīn 동 화목하고 친하다. 화친하다. ¶~政策=화친 정책.
【和善】 héshàn 형 온화하고 선량하다. 사근사근하다. ¶为人~=사람 됨됨이가 온화하고 착하다. ↔凶恶 厉害 粗暴 蛮横
【和尚】 hé·shang 명 (佛) 중. 승려. 화상. 비구(승).
【和尚头】 hé·shangtóu 명 까까머리. 중머리.
【和声】 héshēng 명 (音) 화성. 화음. 하모니. 형 (말투가) 부드럽다. ¶~细气=부드럽고 가늘다. 나긋나긋하다.
【和声细语】 héshēng-xìyǔ 성 목소리가 부드럽

고 어조가 온화하다. 목소리가 나긋나긋하다.
【和事佬】[和事老] **héshìlǎo** 명 **1** 중재인. 조정자. **2** 원칙 없이 분쟁을 조정하는 사람.
【和事佬】 **héshìlǎo** ☞【和事老】 **héshìlǎo**
【和数】 **héshù** 명 (數) 합. 합계. 총계.
【和顺】 **héshùn** 형 온순하다. 얌전하다. 양순하다. 착하다. ¶性情~=성격이 온순하다.
【和谈】 **hétán** 통 평화 회담[교섭]하다. ¶双方还在~。=쌍방은 아직 평화 교섭을 하고 있는 중이다. 명 평화 회담. ¶~结束=평화 회담을 마치다.
【和婉】 **héwǎn** 형 (말투나 소리 따위가) 부드러우면서도 완곡하다. ¶语气~=말투가 부드럽고 완곡하다.
【和文】 **héwén** 명 일본어. 일본 문자.
【和弦】 **héxián** 통 (音) 화음(和音)을 맞추다.
【和祥】 **héxiáng** 형 자상하다. 상냥하다. 인자하다. 겸허하다. ¶态度~=태도가 상냥하다.
【和谐】 **héxié** 형 잘 어울리다. 조화롭다. 잘 맞다. ¶色彩~=색깔이 잘 어울리다. / ~融洽的气氛=조화롭고 융화된 분위기. ≒谐和 谐调
【和煦】 **héxù** 형 (날씨 따위가) 따사롭다. 온화하다. ¶~的阳光=따스스한 햇빛.
【和颜悦色】 **héyán-yuèsè** 성 **1** 상냥스러운 얼굴. 환한 얼굴. 웃음 어린 표정. **2** 상냥하고 친절하다. 온화하고 정겹다.
【和议】 **héyì** 명 **1** 화의. 강화(講和). ¶力主~=화의를 강력히 주장하다. **2** 평화 협정. ¶达成~=평화 협정을 체결하였다.
【和易】 **héyì** 형 온화하고 상냥하다. 사근사근하다. ¶谦逊~=겸손하고 사근사근하다.
【和约】 **héyuē** 명 강화 조약. 평화 조약.
【和悦】 **héyuè** 형 화락(和樂)하다. 화기애애하다. 상냥하다. 환하다. 사근사근하다. ¶神情~=표정이 환하다.
【和衷共济】 **hézhōng-gòngjì** 성 한마음으로 협력하여 난관을 극복하다. 마음을 합쳐 서로 돕다.

## 郃 **Hé** 성씨 합
명 성(姓).
【郃阳】 **Héyáng** 명 (地) 허양. [산시(陝西)성에 있는 지명. 지금은 '合阳(héyáng)'으로 씀]

## 劾 **hé** 캐물을 핵
통 (죄상을) 드러내다. 폭로하다. 까발리다. ¶弹~=탄핵하다.

## *河 **hé** 강 이름 하
명 **1** 강. 하천. ¶江~=강과 하천. / 运~=운하. **2** (Hé) 황허(黃河). ¶~西=황하의 서쪽 지방. **3** 은하계. ¶天~=은하수.
○● 冰河, 漕cáo河, 长河, 封河, 减河, 界河, 开河, 山河, 淘táo河, 梯tī河, 天河, 先河, 星河, 阴河, 引河

【河岸】 **hé'àn** 명 강변. 강가. 강기슭.
【河坝】 **hébà** 명 **1** 댐. **2** 강둑. 제방.
【河浜】 **hébāng** 명(方) 시내. 개천. 개울.
【河蚌】 **hébàng** 명(動) 민물조개.
【河北】 **Héběi** 명 (地) 허베이(河北)성. ['冀(Jì)'라 약칭하며, 성도는 스자좡(石家庄)임]
【河北梆子】 **Héběi bāng·zi** 명 (劇) 허베이(河北)성 지역의 전통극의 하나. =【京梆子】 **jīngbāng·zi**【直隶梆子】 **zhílì bāng·zi**
【河边】 **hébiān** 명 강변. 강가. 강기슭.
【河滨】 **hébīn** 명 강변. 물가.
【河槽】 **hécáo** 명 ☞【河床】 **héchuáng**
【河汊(子)】 **héchà(·zi)** 명 (큰) 강의 지류.
【河川】 **héchuān** 명 하천. ¶~纵横=하천이 종횡으로 펼쳐지다.
【河床】 **héchuáng** 명 하상. =【河槽】 **hécáo**【河身】 **héshēn**
【河道】 **hédào** 명 **1** 강줄기. **2** (배가 다닐 수 있는) 수로. 물길. ¶疏浚~=물길을 준설하다.
【河堤】 **hédī** 명 하천 제방. 하천 둑.
【河东狮吼】 **hédōng-shīhǒu** 성 **1** 질투가 심한 부인이 포악하게 굴다. **2** (轉) 공처가.
【河段】 **héduàn** 명 하항. 하천의 한 구간.
【河防】 **héfáng** 명 **1** ① 치수 사업. 수방(水防). ② 황허(黃河)의 치수 사업. ¶~工程=황허(黃河)의 치수 공사. **2** ① 하천의 제방. ② 하천의 제방. ¶加固~=둑을 견고히 하다. 하천 제방을 강화하다. **3** (軍) 황허(黃河)의 군사 방어. ¶~部队=황허(黃河)의 방어 부대.
【河肥】 **héféi** 명 하천 바닥의 진흙. 개흙. [비료로 쓰임]
【河港】 **hégǎng** 명 하천에 있는 항구.
【河工】 **hégōng** 명 **1** 치수(治水) 공사. **2** 치수 공사 인부.
【河沟】 **hégōu** 명 시내. 개울. 개천. 하천.
【河谷】 **hégǔ** 명 하곡.
【河汉】 **héhàn** 명(文) **1** 은하수. ¶星沉~=별이 은하수에 잠기다. **2** (轉) 허황된 말. ¶~无际之言=허황하기 짝이 없는 말. 통(轉) (남의 말을) 무시하다〔믿지 않다〕. ¶幸毋~斯言。=이 말을 무시하지 마시길 바랍니다.
【河口】 **hékǒu** 명 하구.
【河狸】 **hélí** 명(動) 해리(海狸). 비버(beaver). 바다삵.
【河里】 **hélǐ** 명 하천 안. 강물 속. ¶孩子们在~游泳。=아이들이 물에서 수영한다.
【河流】 **héliú** 명 강. 하천.
【河漏】 **hé·lou** 명 ☞【饸饹】 **hé·le**
【河马】 **hémǎ** 명(動) 하마.
【河鳗】 **hémán** 명(動) 뱀장어.
【河漫滩】 **hémàntān** 명 하천 부지. [강의 양쪽 기슭에 홍수로 인해 토사가 충적되어 생긴, 경작이 가능한 평지]
【河面】 **hémiàn** 명 강[하천]의 수면. 물 위. ¶野鸭在~上觅食。=물오리가 물 위에서 먹잇감을 찾는다.
【河南】 **Hénán** 명 (地) 허난(河南)성. ['豫(Yù)'로 약칭하며, 성도는 정저우(郑州)임]

【河南梆子】Hénán bāng·zi ☞【豫剧】yùjù
【河南坠子】Hénán zhuì·zi ☞【坠子】zhuì·zi
【河泥】héní 명 하천 바닥의 진흙. 개흙. [비료로 쓰임].
【河畔】hépàn 명 하반. 강변. 강가.
【河清海晏】héqīng-hǎiyàn 성 1 황허(黄河)의 물은 맑고 바다는 잔잔하다. 2 (비) 천하가 태평성대이다. 태평세월이다. =海晏河清 hǎiyàn-héqīng
【河曲】héqū 명 강굽이.
【河渠】héqú 명 1 하천과 도랑. 2 수로(水路). ¶~密布=수로가 빽빽하게 분포되어 있다.
【河山】héshān 명 1 하천과 산. 2 국토. 강산. 산하. ¶锦绣~=금수강산.
【河身】héshēn ☞【河床】héchuáng
【河滩】hétān 명 (강가의) 모래톱.
【河塘】hétáng 명 1 하천과 못〔지당〕. 2 저수지. 연못. ¶~养殖=저수지 양식.
【河套】hétào 명 1 물굽이. 2 물굽이에 둘러싸인 지역. 3 (Hétào) (지) 허타오. [황허(黄河) 닝샤(宁夏)에서 산시(陕西)성까지 굽이돌아 흐르는 곳]
【河豚】hétún 명 (동) 복어.
【河外星系】héwài xīngxì 명 (천) 은하계 밖의 성운. =河外星云 héwài xīngyún
【河外星云】héwài xīngyún ☞【河外星系】héwài xīngxì
【河湾】héwān 명 하만. 후미. 강이 굽이도는 곳.
【河网】héwǎng 명 수로망(水路網). ¶如织~=수로망이 종횡으로 그물처럼 형성되어 있다.
【河网化】héwǎnghuà 동 (관개 혹은 교통을 위해) 수로망을 건설하다.
【河西走廊】Héxī Zǒuláng 명 (지) 허시(河西) 회랑. [간쑤(甘肃)성 서북부의 치롄산(祁连山) 이북, 허리산(合黎山)·룽서우산(龙首山) 이남, 우차오링(乌鞘岭) 서쪽으로 이어져 있는 좁고 긴 지대. 동서 길이 약 1,000km, 남북 길이는 100~200km에 달하며, 황허 서쪽에 있어 허시(河西) 회랑이라 불림. 예로부터 신장(新疆)과 중앙 아시아를 왕래하는 요도(要道)였음]
【河系】héxì 명 수계(水系). 하계.
【河虾】héxiā 명 민물새우.
【河鲜】héxiān 명 민물에서 나는 신선한〔산〕 어패류.
【河心】héxīn 명 강 복판. ¶~亭=강 복판에 지은 정자.
【河沿】héyán 명 강가. 강변.
【河鱼】héyú 명 1 민물고기. 강물고기. 담수어. 2 (비) 배탈. 설사. ¶~之疾=배탈.
【河源】héyuán 명 수원(水源).
【河运】héyùn 명 배로 운반하다. ¶把货物从上海~到南京=화물을 상하이에서 난징까지 배로 운반하다. 명 하천 운수. 수운(水運). ¶搞好~=하천 운수를 잘 하다.

**曷** hé 어찌 갈

河 曷 饸 阂 盍 荷 核 **hé** 787

대문 1 무슨. 무엇. 어느. [`何(hé)`·`什么(shén·me)`에 상당함] ¶~为久居此而不去?=무엇이 이곳에 오래도록 머물게 하고 떠나지 못하게 하는가? 2 왜. 무슨 까닭에. 어디. 어찌. [`为什么(wèishén·me)`·`哪里(nǎ·li)`에 상당함] ¶~足道哉?=어디 말할 가치가 있는가? 3 언제. 어느. 며칠. [`何日(hérì)`·`何时(héshí)`에 상당함] ¶吾子其~归?=내 아들은 언제 돌아오는가?

☞ 曷 hé
 喝 hē
 褐 hè
 渴 kě
 揭 jiē
 竭 jié
 偈 jié
 歇 xiē
 蝎 xiē
 葛 gé

## 饸[餄] hé 틀국수 협

【饸饹】[合饹] hé·le (메밀가루나 수수가루 따위로 만든) 틀국수. =【河漏】hé·lou

## 阂[閡] hé 문 잠글 애

동 막히다. 두절되다. 간격〔틈〕이 생기다. ¶隔~=틈이 생기다. 소원하다. 사이가 뜨다.

## 盍[盇] hé 어찌 합

부 어찌 …않는가? ¶~往视之?=어찌 가서 보지 않는가?

## *荷 hé 연 하

명 1 (植) 연(蓮). ¶月光下的~塘外迷人。=달빛 아래의 연못은 유난히 매혹적이다. 2 (Hé) 명 荷兰(네덜란드). ¶中~两国于1952年建交。=중국과 네덜란드는 1952년에 수교했다.
☞ hè

⊙─⊙ 薄荷, 藕ǒu荷

【荷包】hé·bāo 명 1 염낭. 두루주머니. 쌈지. 2 호주머니.
【荷包蛋】hé·bāodàn 명 달걀 프라이. 지단.
【荷包牡丹】hébāomǔdān 명 (植) 금낭화. 며느리주머니. 며늘취. 등모란.
【荷尔蒙】hé'ěrméng 명 (외) `激素(호르몬, hormone)`의 옛 명칭.
【荷花】héhuā 명 (植) 1 연(蓮). 2 연꽃.
【荷兰】Hélán 명 (지) 네덜란드(Netherlands). [수도는 `阿姆斯特丹(암스테르담: Amsterdam)`임]
【荷兰豆】hélándòu 명 (植) 완두콩의 일종.
【荷兰牛】hélánniú 명 `黑白花牛(홀스타인, Holstein)`의 옛 명칭. [몸에 검고 흰 얼룩무늬가 있는 젖소]
【荷兰猪】hélánzhū ☞【豚鼠】túnshǔ
【荷塘】hétáng 명 연못.
【荷叶】héyè 명 연잎.
【荷叶豹】héyèbào ☞【云豹】yúnbào

## *核¹ hé 씨 핵

명 1 과일의 씨. 핵. ¶杏~=살구씨. / 枣~=대추씨. 2 사물의 핵(심). ¶细胞~=세포핵. / 菌~=세균핵. 3 핵. [원자핵·원자력 에너지·핵무기 따위를 가리킴] ¶开发~能=원자력 에너지를 개발하다. / 控制~武器=핵무기를 제어하다.

*＊*核²[(覈)] **hé** 조사할 핵
[동] 대조하다. 자세히 대조하여 살피다. 따져서 확인하다. ¶ 考～＝심사하다. 대조하다. / 审～＝심사하다. [형][문] 진실하다. ¶ 其文直, 其事～。＝그 글은 직설적이고, 그 일은 진실하다.
☞ **hú**

0-● 复核, 稽jī核, 结核, 菌jūn核, 考核

【核按钮】**hé'ànniǔ** [명] **1** 핵단추. **2** [비] 핵사용 명령권.
【核保护伞】**hébǎohùsǎn** [명] 핵우산.
【核裁军】**hécáijūn** [명] 핵무기 감축. 핵군축(核軍縮).
【核查】**héchá** [동] 대조 검사하다. 심의하다. 검증하다. 조사 검토하다. ¶ ～账目＝장부를 대조 검사하다.
【核尘】**héchén** [명] 방사성 낙진.
【核磁共振】**hécí gòngzhèn** [명]《物》 핵자기공명(NMR).
【核大国】**hédàguó** [명] 핵 보유국.
【核弹】**hédàn** [명]《軍》 핵폭탄.
【核弹头】**hédàntóu** [명]《軍》 핵탄두.
【核蛋白】**hédànbái** [명]《生》《化》 핵단백질.
【核导弹】**hédǎodàn** [명]《軍》 핵미사일.
【核电】**hédiàn** [명] 원자력 발전.
【核电厂】**hédiànchǎng** [명] 원자력 발전소.
【核电站】**hédiànzhàn** [명] 원자력 발전소.
【核定】**hédìng** [동] 심사〔조사〕하여 결정하다. 사정(査定)하다. ¶ ～流动资金＝유동 자금을 사정하다. ≒审定
【核动力】**hédònglì** [명] 원자력.
【核对】**héduì** [동] 대조 확인〔검토〕하다. 조합(照合)하다. ¶ ～引文＝인용문을 대조 확인하다.
【核讹诈】**hé'ézhà** [동]《軍》 핵으로 위협하다. 핵으로 공갈하다.
【核发】**héfā** [동] 심사하여 발급하다. ¶ ～营业执照＝영업 허가증을 심사 발급하다.
【核反应】**héfǎnyìng** [명] 핵반응.
【核反应堆】**héfǎnyìngduī** ☞【原子反应堆】**yuánzǐ fǎnyìngduī**
【核废料】**héfèiliào** [명] 핵폐기물.
【核辐射】**héfúshè** [동] 복사선〔방사(능)선〕을 방출하다. [명] 복사선. 방사(능)선. 원자핵 복사.
【核苷酸】**hégānsuān** [명]《生》《化》 뉴클레오시드(nucleoside).
【核果】**héguǒ** [명]《植》 핵과.
【核黄素】**héhuángsù** ☞【维生素$B_2$】**wéi shēngsù** $B_2$
【核计】**héjì** [동] 상세히 계산하다. 정산(精算)하다. 산정하다. 채산하다. ¶ ～固定资产＝고정 자산을 정산하다. ≒核算
【核价】**héjià** [동] 가격을 조사·결정하다. 값을 산정하다. ¶ ～拍卖＝값을 결정해서 경매하다.
【核减】**héjiǎn** [동] 심사하여 (값을) 삭감하다. 조사하여 줄이다. ¶ ～经费＝경비를 심사하여 삭감하다.
【核禁试】**héjìnshì** [동] 핵실험을 (전면) 금지하다.
【核聚变】**héjùbiàn** [명]《物》 핵융합.
【核军备】**héjūnbèi** [명]《軍》 핵무기 군사 장비. ¶ ～竞赛＝핵무기 경쟁.
【核扩散】**hékuòsàn** [명]《軍》 핵확산. ¶ 制止～＝핵확산을 억제하다.
【核力】**hélì** [명]《物》 핵력. 핵에너지.
【核裂变】**hélièbiàn** [명] 핵분열.
【核垄断】**hélǒngduàn** [명] 핵독점.
【核能】**hénéng** ☞【原子能】**yuánzǐnéng**
【核潜艇】**héqiántǐng** [명]《軍》 핵잠수함.
【核燃料】**héránliào** [명] 핵연료.
【核仁】**hérén** [명] **1**《植》 과실의 속 알맹이. 씨. **2**《生》 핵소체. (세포핵 속의) 인(仁).
【核审】**héshěn** [동] 심의〔결정〕하다.
【核实】**héshí** [동] 실태를〔진상을〕 조사하다. 확인하다. 사실을 확인하다. 맞추어 보고 확인하다. ¶ ～数据＝실태 조사 수치. ≒证实
【核实验】**héshíyàn** [명]《軍》 핵실험.
【核酸】**hésuān** [명]《生》《化》 핵산.
【核算】**hésuàn** [동] **1** 자세히 따져 계산하다. **2** (기업에서) 정산하다. 견적하다. 채산하다. ¶ ～成本＝원가를 계산하다. ≒核计
【核糖】**hétáng** [명]《生》《化》 리보오스(ribose).
【核糖核酸】**hétáng hésuān** [명]《生》《化》 리보핵산(RNA).
【核桃】**hé·tao** [명]《植》 **1** 호두나무. **2** 호두. ＝【胡桃】**hútáo**
【核桃仁儿】**hé·taorénr** [명]《植》 호두의 속 알맹이. 호두의 과육.
【核威慑】**héwēishè** [명] 핵 억지력.
【核污染】**héwūrǎn** [명] 핵오염.
【核武器】**héwǔqì** [명]《軍》 핵무기. ＝【核子武器】**hézǐ wǔqì**【原子武器】**yuánzǐ wǔqì**
【核销】**héxiāo** [동] 자세히 심사한 후 장부에서 삭제하다. ¶ ～账目＝장부를 자세히 심사한 후 장부에서 삭제하다.
【核心】**héxīn** [명] 핵심. ¶ ～作用＝핵심 작용. 중심적 역할. / 领导～＝중요〔핵심〕 지도자. ≒中心 ↔外围
【核心家庭】**héxīn jiātíng** [명] 핵가족. 소가족. [부부와 미혼 자녀만으로 이루어진 가족]
【核心期刊】**héxīn qīkān** [명] 핵심 정기 간행물.
【核验】**héyàn** [동] 조사하다. 검사하다. ¶ ～血型＝혈액형을 검사하다.
【核战争】**hézhànzhēng** [명]《軍》 핵전쟁. [‘常规战争(재래식 전쟁)’과 구별됨]
【核账】**hézhàng** [동] 장부를 심사·대조하다.
【核装置】**hézhuāngzhì** [명] 핵장치.
【核准】**hézhǔn** [동] 심사 비준하다. ¶ 这项计划已报上级部门～。＝이 계획은 이미 상급 기관에 보고하여 심사 비준을 요청했다
【核资】**hézī** [동] 자금·자산을 조합(照合)하다〔대조하다〕. ¶ 清产～＝자산을 정리하고 자금을 조합하다.
【核子】**hézǐ** [명] 핵입자.
【核子武器】**hézǐ wǔqì** ☞【核武器】**héwǔqì**

盉 **hé** 주전자 화
  명 허. [옛날, 발이 세 개 달린 청동기 술주전자]

菏 **hé** 땅 이름 하
  【菏泽】**Hézé** 명(地) 허쩌. [산둥(山东)성에 있는 지명]

龁[齕] **hé** 깨물 흘
  통문 깨물다. 씹다.

** 盒 **hé** 그릇 합
  명(~儿) **1** 통. 함. 합. 갑. 곽. ¶文具~儿=필통. / 饭~儿=도시락. **2** 상자 모양의 폭죽. ¶花~=꽃불. 갑. 통. ¶一~香烟=담배 한 갑. / 两~火柴=성냥 두 갑.

  ○● 墨**mò**盒, 提盒, 闸**zhá**盒

  【盒带】**hédài** 명양 盒式录音磁带(카세트 테이프). 录像磁带(비디오 테이프).
  【盒饭】**héfàn** 명 도시락(밥).
  【盒式】**héshì** 형 곽(상자)에 담긴. 상자형의. ¶~快餐=도시락에 담아 파는 패스트푸드. / ~歌带=노래 카세트 테이프.
  【盒装】**hézhuāng** 형 갑(곽)으로 포장된. ¶~糖果=곽으로 포장된 사탕.
  【盒子】**hé·zi** 명 **1** 작은 상자. 합. 곽. ¶火柴~=성냥곽. 성냥상자. **2** 상자형 폭죽. **3** 모제르(Mauser)총. 모슬총(毛瑟銃).
  【盒子炮】**hé·zipào** ☞ 【驳壳枪】**bókéqiāng**
  【盒子枪】**hé·ziqiāng** ☞ 【驳壳枪】**bókéqiāng**

涸 **hé** 물 마를 학
  형문 (물이나 액체가) 마르다. ¶干~=바싹 마르다.
  【涸渴】**hékié** 형 (물이) 고갈되다. ¶溪水~=계곡물이 마르다.
  【涸泽而渔】**hézé'éryú** ☞ 【竭泽而渔】**jiézé'éryú**
  【涸辙之鲋】**hézhézhīfù** 성 **1** 물 마른 수레바퀴 자국 속의 붕어. **2** (비) 궁지에 빠져 간절히 도움 〔구원〕을 필요로 하는 사람. 사정이 너무 어렵고 힘든 사람.

颔[頷] **hé** 아래턱 합
  명(生) 턱. ¶上~=위턱.
  ☞ **gé**
  【颔骨】**hégǔ** 명(生) 턱뼈.
  【颔下腺】**héxiàxiàn** 명(生) 악하선(顎下腺). 턱밑샘.

貉 **hé** 너구리 락
  명(動) 너구리.
  ☞ **háo**, **mò**

阖[闔] **hé** 문 닫을 합

  통 닫다. ¶~户=방문을 닫다. 형문 온. 전부의. 모든. ¶~城=성 전체. 온 도시.
  【阖府】**héfǔ** 명문(경) 댁내. 귀댁. 당신네 온 집안 〔온 가족〕. ¶祝~康泰=댁내 모두 평안하시길 빕니다.
  【阖家】**héjiā** 명(경) 온 집안. ¶祝~团圆=온 집안 식구가 함께 모이시길 바랍니다.
  【阖眼】**hé‖yǎn** 통 눈을 감다. 눈을 붙이다. 잠을 자다.

鹖[鶡] **hé** 할계 할
  명(動) 고서(古书)에 나오는 싸움을 잘 하는 산새.
  【鹖鸡】**héjī** 【褐马鸡】**hèmǎjī**

翮 **hé** 깃촉 핵
  명문 **1** 깃촉. **2** 새의 날개. ¶振~高飞=날개를 퍼덕여 높이 날다.

鞨 **hé** 말갈 갈
  ☞ 【靺鞨】**Mòhé**

** 吓[嚇] **hè** 위협할 혁
  감 (불만을 나타내어) 흥. 허. 쯔쯔. ¶~, 你这不是有意捣乱嘛?=흥, 너 일부러 소란 피우는 것 아니야? 통 위협하다. 공갈하다. 으르다. ¶恐~=공갈하다.
  ☞ **xià**

  ○● 恫**dòng**吓, 恐吓, 威**wēi**吓

** 和 **hè** 화답할 화
  통 **1** (화음이 되게) 따라 부르다. 화음을 맞추다. ¶曲高~寡=곡조가 수준이 높아서 따라 부를 수 있는 사람이 드물다. **2** 다른 사람을 따라 (말)하다. 추종하다. 부화(附和)하다. ¶随声附~=남이 말하는 대로 따라 말하다. 부화뇌동하다. **3** (다른 사람의 시에) 화답하다. ¶奉~一首=삼가 시를 한 수 지어 화답합니다.
  ☞ **hé**, **hú**, **huó**, **huò**

  ○● 唱和, 酬**chóu**和, 附和, 应和

  【和诗】**hè‖shī** 통 (시를 지어) 화답하다. 명 화답시(和答詩).
  【和韵】**hèyùn** 통 같은 운으로 시를 짓다. 차운(次韵)하다. [남의 시에 화답할 때 원래 시의 운자를 써서 시를 짓는 것]

佫 **Hè** 성씨 각
  명 성(姓).

** 贺[賀] **hè** 축하할 하
  통 경축〔경하〕하다. 축하하다. ¶庆~=경축하다. / 道~=축하의 말을 하다. 명(**Hè**) 성(姓).

  ○● 电贺, 庆**qìng**贺

  【贺匾】**hèbiǎn** 명 축하 편액(匾额).
  【贺词】[贺辞] **hècí** 명 축사. 축하말. ¶致~=축

사를 하다.
【贺辞】hècí ☞【贺词】hècí
【贺电】hèdiàn 명 축전(祝電).
【贺函】hèhán ☞【贺信】hèxìn
【贺卡】hèkǎ 명 축하 카드.
【贺礼】hèlǐ 명 축하 선물〔예물〕. 축의금.
【贺联】hèlián 명 축하 대련(對聯). [축하를 나타내는 대련]
【贺年】hè‖nián 통 새해를 축하하다. ¶向亲友~. =친지와 친구들에게 새해를 축하하다. ≒贺岁
【贺年卡】hèniánkǎ ☞【贺年片】hèniánpiàn
【贺年片】hèniánpiàn 명 연하장. 신년 카드. =【贺年卡】hèniánkǎ
【贺岁】hè‖suì 통 새해를 축하하다. ¶~节目=새해 축하 프로그램. ≒贺年
【贺岁片儿】hèsuìpiānr 명⟨구⟩ 신년 영화. 신년 특집 방영물.
【贺岁片】hèsuìpiàn 명 신년맞이 영화. 신년 특집 방영물.
【贺喜】hè‖xǐ 통 경사를 축하하다. 축하의 말을 하다. ¶乔迁新居, 亲友纷纷登门~. =친지와 친구들이 잇달아 찾아와 새 집으로의 이사를 축하해 주다. ≒道喜 恭喜
【贺信】hèxìn 명 축하 편지. =【贺函】hèhán
【贺仪】hèyí 명 축의(祝儀). 축하 예물.
【贺幛】hèzhàng 명 축하의 글이 쓰인 비단 천.

**荷** hè 짊어질 하
통 1 지다. 짊어지다. (어깨에) 메다. ¶~锄=괭이를 메다. 2 문 (떠)맡다. 책임지다. 담당하다. 감당하다. 부담하다. ¶~天下之重任. =천하의 중임을 맡다. 3 은혜를 입다. [인사말로 주로 편지에 쓰임] ¶是~=…하여 주시면 감사하겠습니다. …하여 주시길 바랍니다. / 感~=은혜에 감사드립니다. 명 1 전하(電荷). ¶负~=부하. 2 부담. 짐. 책임. ¶肩负重~=어깨에 무거운 짐을 지다. ≒负
☞ hé

○● 电荷, 负荷, 载zài荷

【荷枪实弹】hèqiāng-shídàn 〈성〉 1 총을 메고 총알을 장전하다. 2〈비〉 완전 무장하고 전투 태세를 갖추다.
【荷载】hèzài 명 짐. 하중. ¶~限度=하중 한도. / 超~=초과 하중. 통 (떠)맡다. 책임지다. 지다. 담당하다. 감당하다. 부담하다. ¶~重任=중임을 맡다.
【荷重】hèzhòng 통 무거운 물체를 감당하다〔더 내다〕. ¶病体难以~. =병든 몸으로는 무거운 걸 이겨 낼 수 없다. 명 하중. ¶~系数=하중 계수.

**喝** hè 외칠 갈
통 크게 외치다〔소리치다〕. 고함지르다. ¶大~一声=크게 한번 외치다.
☞ hē

○● 叱chì喝, 呵hē喝

【喝彩】hè‖cǎi 통 갈채하다. 큰 소리로 좋다고 외치다. ¶连声~=연거푸 갈채를 보내다.
【喝倒彩】hè dàocǎi 통 야유하다. ¶演员的失误让观众喝起了倒彩. =배우의 실수가 관중들의 야유를 불러일으켰다.
【喝道】hèdào 통 갈도(喝道)하다. 가도(呵導)하다. 옛날, 관리가 행차할 때 길을 인도하는 사람이 행인들에게 길을 비키라고 소리치다.
【喝令】hèlìng 통 소리지르다〔큰 소리로〕 명령하다. ¶~随从=수행원에게 큰 소리로 명령하다.
【喝问】hèwèn 통 소리지르다〔큰 소리로〕 묻다. ¶严词~=매섭게 큰 소리로 묻다.

**猲** hè 으를 갈
형 문 헐떡거리며 겁먹은〔두려워하는〕 모양.
통 문 위협하다. 으르다.
☞ xiē

**愒** hè 으를 할
통 문 으르다. 위협하다. 협박하다. 깜짝 놀라게 하다. ¶恐~=공갈하다.
☞ kài, qì

**赫** hè 현저할 혁
형 현저하다. 뚜렷하다. 몹시 빛나다. 대단하다. 성대하다. 왕성하다. ¶显~=(권세나 명성 따위가) 혁혁하다. 양양 (物) 赫兹(헤르츠(Hz)). ¶兆~=메가헤르츠(MHz). 명 (He) 성(姓).

○● 马赫, 显赫, 煊xuān赫

【赫赫】hèhè 형 혁혁하다. 빛나다. 눈부시다. 두드러지다. 자자하다. 높다. ¶声名~=명성이 자자하다.
【赫赫有名】hèhè-yǒumíng 〈성〉 명성이 매우 높다. 명성이 자자하다.
【赫然】hèrán 형 문 1 사람을 깜짝 놀라게 하거나 사람의 주의를 끄는 사물이 갑자기 나타나는 모양. 갑자기. 별안간. 불쑥. 느닷없이. ¶~在目=갑자기 눈앞에 나타나다. 2 흥성하고 눈부신 모양. 혁혁하다. 빛나다. 눈부시다. 대단하다. 자자하다. ¶权势~=권세가 대단하다. 3 벌컥 버럭. 발끈. [몹시 화내는 모양] ¶~大怒=발끈 크게 성을 내다.
【赫哲族】Hèzhézú 명 혁철족. [중국 소수 민족의 하나로, 주로 헤이룽장(黑龙江)성에 분포함]
【赫兹】hèzī 양 (物) 헤르츠(Hz).

**褐** hè 털옷 갈
명 문 털옷. 거친 삼베옷. ¶无衣无~, 何以卒岁?=털옷 하나 없이 추운 겨울을 어떻게 보낼 수 있겠는가? 형 갈색의. ¶~色上衣=갈색 상의.
【褐斑病】hèbānbìng 명 (農) 갈반병. 갈색점무늬병. [작물이나 과수의 잎에 갈색의 점이 생기는 병]
【褐变】hèbiàn 통 갈변하다. 갈색으로 변하다.

[과일이나 채소 따위의 자른 자리가 갈색으로 변하는 것]

【褐马鸡】 **hèmǎjī** 명 (動) 갈색귀꿩. [학명은 'Crossoptilon mantchuricum' 임】=【鹖鸡】**héjī**

【褐煤】 **hèméi** 명 (礦) 갈탄.

【褐色】 **hèsè** 명 갈색.

【褐色土】 **hèsètǔ** 명 (地) 갈색토. =【褐土】**hètǔ**

【褐铁矿】 **hètiěkuàng** 명 (礦) 갈철광.

【褐土】 **hètǔ** ☞【褐色土】**hèsètǔ**

【褐藻】 **hèzǎo** 명 (植) 갈조. 갈색 조류.

## 鹤[鶴] **hè** 학 학

명(動) 두루미. 학.

○● 白鹤, 水鹤, 仙鹤

【鹤发鸡皮】 **hèfà-jīpí** 성 백발이 성성하고 피부가 쭈글쭈글하다. =【鸡皮鹤发】**jīpí-hèfà**

【鹤发童颜】 **hèfà-tóngyán** 성 1 백발홍안. 2 노인이 혈색이 좋고 건강하다. =【童颜鹤发】**tóngyán-hèfà**

【鹤驾】 **hèjià** 동 1 신선이 학을 타고 승천하다. 2 죽다. 사망하다.

【鹤立】 **hèlì** 동 1 우뚝 서다. [일반 사람과 다름을 드러냄]¶ ~ 不群=우뚝 서서 다른 사람과 무리 짓지 않다. 2 목을 길게 빼고 서 있다. …을 간절히 기다리다. 학수고대하다. ¶ ~ 远望=목을 길게 빼고 멀리 바라보다. 학수고대하다. 3 공손하게 서 있다. 정중하게 서 있다. 숙연히 기립하다. 경건하게 서 있다. ¶静默 ~ =말없이 공손하게 서 있다.

【鹤立鸡群】 **hèlì-jīqún** 성 1 학이 닭의 무리 가운데 우뚝 서 있다. 2 (비) 사람의 재능이나 외모가 출중하다. 군계일학.

【鹤望兰】 **hèwànglán** 명 (植) 극락조화.

【鹤嘴锄】 **hèzuǐchú** ☞【鹤嘴镐】**hèzuǐgǎo**

【鹤嘴镐】 **hèzuǐgǎo** 곡괭이. =【鹤嘴锄】**hèzuǐchú**【十字镐】**shízìgǎo** 동【洋镐】**yánggǎo**

## 翯 **hè** 깃 하얗고 윤나는 모양 학

【翯翯】 **hèhè** 형식 깃털이 새하얗고 윤이 나는 모양. ¶白鸟 ~ =흰 새가 새하얗고 윤기가 돈다.

## 壑 **hè** 골 학

명 1 골짜기. 골. ¶丘 ~ =언덕과 골짜기. 2 깊은 도랑. 구렁. 웅덩이. ¶沟 ~ =계곡.

# hei

## 黑 **hēi** 검을 흑

형 1 검다. 까맣다. ¶乌 ~ =새까맣다. / 白纸 ~ 字=백지에 쓴 검은 글씨. (명문화된) 명백한 증거. 2 어둡다. 어두컴컴하다. 어둑어둑하다. ¶昏 ~ =어둑어둑하다. / 漆 ~ 一片=

| 黑 | hēi |
| 嘿 | hēi |
| 墨 | mò |
| 默 | mò |

온통 칠흑같이 어둡다. 3 (비) 올바르지 않다. 그르다. ['白(bái)'와 나란히 사용됨]¶ ~ 白不分=흑백을 가리지 않다. 4 나쁘다. 음흉하다. 악독하다. 고약하다. 사악하다. ¶心 ~ 手毒=음흉하고 악랄하다. 5 은밀한. 비밀의. 불법의. ¶ ~ 市交易=암시장 거래. 6 반동적인. ¶ ~ 帮组织=반동 조직. 동(구) 법에 어긋나고 양심을 속이는 일을 하다. ¶他把大家的钱 ~ 了。=그는 모두의 돈을 착복했다. 명 1 밤. 야간. ¶起早贪 ~ =아침 일찍 일어나고 밤늦게 자다. 매우 부지런하고 근면하다. 2 (Hēi) 명 (地) 黑龙江(헤이룽장〔흑룡강〕)성. 3 (Hēi) 성(姓). ≒暗 玄 乌 ↔白 朱 红 赤 亮

○● 傍黑儿, 擦黑儿, 昏黑, 焦黑, 黎lí黑, 摸黑儿, 抹mǒ黑, 漆qī黑, 黢qū黑, 碳tàn黑, 乌 wū黑

【黑暗】 **hēi'àn** 형 1 어둡다. 캄캄하다. ¶四周一片 ~ 。=사방이 온통 캄캄하다. 2 (비) 부패하다. 암담한. 암흑의. 반동의. 반역사적인. ¶ ~ 统治=암흑 통치. ↔光明 明亮

【黑白】 **hēibái** 명 1 검은 것과 흰 것. 흑백. ¶ ~ 照片=흑백 사진. 2 (비) 시비. 선악. 흑백. ¶ ~ 颠倒=시비곡직이 전도되다.

【黑白电视机】 **hēibái diànshìjī** 명 흑백 텔레비전. 흑백 수상기.

【黑白分明】 **hēibái-fēnmíng** 성(비) 시비곡직이 분명하다. 좋고 나쁨이 뚜렷하다.

【黑白片儿】 **hēibáipiānr** 명(구) 흑백 영화.

【黑白片】 **hēibáipiàn** 명 (映) 흑백 영화. ['彩色片(컬러 영화)'과 구별됨]

【黑斑】 **hēibān** 명 흑반. 검은 반점.

【黑斑病】 **hēibānbìng** 명 (植) 흑반병. 검은별무늬병. [고구마·사탕무우·선인장 따위 식물의 잎·줄기·덩이뿌리 등에 흑갈색의 반점이 생기는 병]

【黑板】 **hēibǎn** 명 칠판.

【黑板报】 **hēibǎnbào** 명 (공장·기관·학교 등에서) 칠판에 내는 신문〔벽보〕.

【黑板擦】 **hēibǎncā** 명 칠판지우개.

【黑帮】 **hēibāng** 명 1 반동 조직. 암흑가 조직. 범죄 집단. 조직 폭력배. 2 반동 조직·암흑가 조직·범죄 조직 등의 구성원.

【黑不唧】 **hēi·bujī** 형(구) 까무퇴퇴하다. 거무칙칙하다. 까무칙칙하다. 까무잡잡하다. 시커멓다. ¶一双手 ~ 的, 快去洗洗。=두 손이 시커멓네, 빨리 가서 씻어라.

【黑不溜秋】 **hēi·buliūqiū** (~的) 형 거무튀튀하다. 우중충하다. 거무칙칙하다. 까무칙칙하다. 거무데데하다. ¶这东西 ~ 的, 不知是什么玩意儿。=거무칙칙한 이것이 도대체 무엇인지 모르겠다.

【黑材料】 **hēicáiliào** 명 (남을 모함하려고 수집한) 음해성 자료.

【黑黪黪】 **hēicāncān** (~的) 형(구) 검푸르다.

【黑黪黪】 **hēicǎncǎn** (~的) 형 검푸르다. ¶ ~ 的松林=검푸른 소나무 숲.

【黑潮】 **hēicháo** 명 1 흑조. 2 (地) 쿠로시오(く

ろしお) 난류. [태평양과 일본열도 사이를 흐르는 검푸른색의 난류대] =【台湾暖流】**Táiwān nuǎnliú**【日本暖流】**Rìběn nuǎnliú 3**圖 (정치나 사상 따위의 방면에서) 반동 조류.

【黑车】**hēichē** 圖 **1** 불법 운행〔영업〕차량. **2** 출처 불명의 차량.

【黑沉沉】**hēichénchén**(～的) 圖 어둡다. 캄캄하다. [주로 하늘빛에 쓰임] ¶天空～的, 乌云密布. = 하늘이 컴컴한 것이 먹구름이 잔뜩 졌다.

【黑船】**hēichuán** 圖 **1** 불법 운항 선박. **2** 출처 불명의 선박.

【黑疸病】**hēidǎnbìng** ☞【黑穗病】**hēisuìbìng**

【黑道】**hēidào**(～儿) 圖 **1** 어두운 밤길. ¶她胆小, 怕走～. = 그녀는 겁이 많아서 어두운 밤길을 걷는 것을 무서워한다. **2** 불법 행위. 불법 경로〔과정〕. ¶～交易 = 밀거래. **3** 암흑가 조직. 마피아. 범죄 조직. ¶～人物 = 암흑가의 인물.

【黑道日(子)】**hēidàorì**(·zi) 圖 불길한 날. 흉일(凶日).

【黑灯瞎火】**hēidēng xiāhuǒ** 圈句 칠흑 같다. 컴컴하다. =【黑灯下火】**hēidēng xiàhuǒ** ¶屋外～的, 什么也看不见. = 집 밖은 칠흑같이 어두워서 아무것도 보이지 않는다. ↔灯火辉煌

【黑灯下火】**hēidēng xiàhuǒ** ☞【黑灯瞎火】**hēidēng xiāhuǒ**

【黑地】**hēidì** 圖 (고의로 숨긴) 미등기 토지. =【黑田】**hēitián**

【黑点儿】**hēidiǎnr**(～儿) 圖 **1** 검은 점. **2** 圓 오점. 흠이 되는 일. 떳떳하지 못한 일. 명예롭지 못한 일. 죄스러운 일.

【黑点子】**hēidiǎn·zi** 圖 **1** 검은 점 [자국]. **2** 나쁜 생각〔마음〕. 사악한 음모. 나쁜〔못된〕방법.

【黑店】**hēidiàn** 圖 **1** 길손의 재물을 빼앗고 목숨을 해칠 목적으로 악당들이 열어 놓은 객점〔여인숙〕. [주로 조기 백화문에 보임] **2** 무허가 업소.

【黑貂】**hēidiāo** ☞【紫貂】**zǐdiāo**

【黑洞洞】**hēidōngdōng**(～的) 圈 캄캄한 모양. 매우 어두운 모양.

【黑洞】**hēidòng** 圖 **1**(天) 블랙홀(black hole). =【坍缩星】**tānsuōxīng 2** 圈 (사회 깊은 곳에서 암약하는) 방대한 검은 세력.

【黑洞洞】**hēidòngdòng**(～的) 圈 캄캄한 모양. ¶楼道里～的, 下楼时要当心. = 통로가 캄캄하니, 아래층으로 내려갈 때 조심해야 한다.

【黑豆】**hēidòu** 圖(植) 검은콩.

【黑非洲】**Hēi Fēizhōu** 圖(地) 블랙 아프리카 (Black Africa).

【黑粉病】**hēifěnbìng** ☞【黑穗病】**hēisuìbìng**

【黑钙土】**hēigàitǔ** ☞【黑土】**hēitǔ**

【黑格尔】**Hēigé'ěr** 圖(歷) 헤겔(Hegel, 1770～1831년). [칸트 철학을 계승한 독일의 철학자]

【黑更半夜】**hēigēng bànyè**(～的) 圖 심야. 한밤중. ¶这～的, 你要上哪儿去? = 이런 한밤중에, 너 어디 가려고 하니?

【黑咕隆咚】**hēi·gulōngdōng**(～的) 圈 (공간이) 아주 캄캄하다〔컴컴하다〕. (물체가) 매우 시커멓다. ¶山洞里～的, 伸手不见五指. = 동굴이 아주 캄캄하여 눈 앞도 보이지 않을 정도이다.

【黑管】**hēiguǎn** ☞【单簧管】**dānhuáng guǎn**

【黑光】**hēiguāng** 圖 자외선.

【黑光灯】**hēiguāngdēng** 圖 자외선 램프. 자외선 유아등(誘蛾燈).

【黑锅】**hēiguō** 圖 억울한 죄. 누명. [주로 '背(bēi)'와 이어 씀] ¶背～ = 누명을 쓰다.

【黑孩(子)】**hēihái**(·zi) 圖 (중국의 산아 제한 정책을 어기고 낳아 출생 신고를 하지 않은) 호적이 없는 아이.

【黑海】**Hēihǎi** 圖(地) 흑해.

【黑黑实实】**hēi·hei shíshī**(～的) 圈 (사람이) 거무스름하고 건장하다. 까무잡잡하고 튼튼하다. ¶小伙子长得～的. = 젊은이가 거무스름하고 건장하게 생겼다.

【黑黑瘦瘦】**hēi·hei shòushòu**(～的) 圈 검고 여위다〔마르다〕.

【黑红】**hēihóng** 圈 검붉다. ¶～～的脸庞 = 검붉은 얼굴.

【黑乎乎】**hēihūhū** ☞【黑糊糊】**hēihūhū**

【黑糊糊】[黑乎乎] **hēihūhū**(～的) 圈 **1** 시꺼멓다. 새까맣다. ¶～的泥浆 = 시꺼먼 흙탕물. **2** 어두컴컴하다. 캄캄하다. 어둡다. ¶停电后, 走廊里～的. = 정전이 된 후 복도가 어두컴컴해졌다. **3** (뚜렷하지 않게 사람이나 물건이 많이 모여 있는 것을 나타내어) 새까맣다. 거무스름하다. 우중충하다. ¶前方是一大片～的灌木丛. = 전방에 드넓고 우중충한 관목 숲이다.

【黑户】**hēihù** 圖 **1** 호적이 없는 거주자〔세대〕. **2** 무허가 회사〔기관·업소〕.

【黑户口】**hēihùkǒu** 圖 호적이 없는 거주자〔세대〕. 호적 수속을 하지 않은 인구.

【黑话】**hēihuà** 圖 **1** 은어. 변말. 곁말. 암호말. **2** 반동적인 언론. 반역사적인 언론.

【黑鲩】**hēihuàn** ☞【青鱼】**qīngyú**

【黑货】**hēihuò** 圖 **1** 장물. 탈세품. 밀수품. 금지품. 위반품. ¶严查～ = 금지된 물품을 엄격히 조사하다. **2** 圓 반동적인〔부패한·유해한〕사상·문화·물품 등. ¶贩卖～, 毒害青少年. = 유해 물품을 판매하여 청소년을 해치다.

【黑间】**hēi·jian** 圖口 밤. 야간.

【黑白日】**hēi·jian báirì** ☞【黑天白日】**hēitiān báirì**

【黑胶绸】**hēijiāochóu** 圖(紡) 여름용의 엷은 비단. [서랑(薯莨)즙을 입힌 평직(平織) 비단으로, 주로 광동(广东)성·푸젠(福建)성 등지에서 생산됨] =【莨绸】**liángchóu**【拷绸】**kǎochóu**

【黑金】**hēijīn** 圖圈 (관가에 나도는) 검은돈.

【黑金子】**hēijīn·zi** 圖 석탄. 석유.

【黑客】**hēikè** 圖(외) **1** 해커(hacker). [컴퓨터 시스템에 대하여 강한 흥미를 갖고 전문적으로 연구하여 뛰어난 실력을 갖춘 사람] **2** 해커(hacker).

黑 hēi 793

[남의 컴퓨터 시스템에 무단으로 침입하여 정보를 이용하거나 프로그램을 수정·파괴하는 사람]
【黑口】**hēikǒu** 흑구. [선장본 판식(板式)의 일종. 책장이 접힌 곳의 위아래에 묵선(墨線)이 있는 것을 말함. '白口(백구)'와 구별됨]
【黑牢】**hēiláo** 〔명〕 음산하고 깜깜한 감옥. 어두컴컴한 감방.
【黑亮】**hēiliàng** 〔형〕 까맣고 빛이 나다. ¶~的大眼睛=까맣고 반짝이는 눈.
【黑亮亮】**hēiliàngliàng**(~的) 〔형〕 까맣고 빛이 나는 모양. ¶新漆的家具~的。=새로 옻칠한 가구가 까맣게 빛이 난다.
【黑溜溜】**hēiliūliū**(~的) 〔형〕 까맣고 빛이 나는 모양. ¶~的大眼珠转个不停。=까맣고 반짝이는 큰 눈동자를 쉴새없이 굴리다.
【黑龙江】**Hēilóngjiāng** 〔명〕〔地〕 **1** 헤이룽장성. 흑룡강성. ['黑(Hēi)'로 약칭함. 성도는 하얼빈(哈尔滨)임] **2** 헤이룽장. 흑룡강.
【黑绿】**hēilǜ** 〔형〕 진녹색의. ¶~的麦苗=진녹색의 보리싹.
【黑马】**hēimǎ** 〔명〕〔비〕 다크 호스(dark horse). 유력한 경쟁 상대. 복병. 변수. ¶他成了这次游泳比赛的一匹~。=그는 이번 수영 시합의 다크 호스(dark horse)이었다.
【黑麦】**hēimài** 〔명〕〔植〕 호밀. 라이(rye) 보리.
【黑茫茫】**hēimángmáng**(~的) 〔형〕 캄캄하고 아득한[망망한] 모양. [주로 야경을 표현할 때 쓰임] ¶夜幕降临, 荒原上~的一片。=밤의 장막이 찾아들자, 드넓은 황야는 어둠에 잠겼다.
【黑霉】**hēiméi** 〔명〕〔生〕 검은곰팡이.
【黑蒙蒙】**hēiméngméng**(~的) 〔형〕 어두컴컴한 모양. 어둑하다. 어슴푸레하다. ¶树林里~的, 辨不清东南西北。=숲 속이 어두컴컴하여 동서남북을 구별할 수가 없다.
【黑米】**hēimǐ** 〔명〕〔植〕 **1** 줄(풀)의 씨. **2** 흑미. 검은 쌀.
【黑面】**hēimiàn** 〔명〕 (밀기울이 많이 들어간) 약간 검은 밀가루.
【黑面包】**hēimiànbāo** 〔명〕 호밀빵. 쌀보리빵. =(裸麦面包) **kēmài miànbāo**
【黑名单】**hēimíngdān** 〔명〕 블랙리스트(black list). 감시 대상 명단. 요주의자 명단.
【黑木耳】**hēimù'ěr** ☞【木耳】**mù'ěr**
【黑幕】**hēimù** 〔명〕 흑막. (어두운) 내막. ¶揭穿~=흑막을 파헤치다.
【黑奴】**hēinú** 〔명〕 흑인 노예.
【黑啤酒】**hēipíjiǔ** 〔명〕 흑맥주.
【黑漆寥光】**hēiqī liáoguāng**(~的) 〔형〕〔방〕 어두컴컴한 모양. 깜깜하다. 컴컴하다. ¶屋里~的, 一点儿亮也没有。=방안이 어두컴컴하고 빛이라고는 조금도 없다.
【黑漆漆】**hēiqīqī**(~的) 〔형〕 칠흑같이 어둡다. 매우 캄캄하다. ¶~的夜空=칠흑같이 어두운 밤하늘.
【黑钱】**hēiqián** 〔명〕 (뇌물 따위의) 검은돈.
【黑枪】**hēiqiāng** 〔명〕 **1** 불법 소지 총기류. **2** 불의의 총탄. 해코지. 불의의 일격. ¶打~=불의의

에 일격을 가하다. 몰래 해코지하다.
【黑黢黢】**hēiqūqū**(~的) 〔형〕〔방〕 매우 캄캄하다. ¶地下室里~的。=지하실이 아주 캄캄하다.
【黑热病】**hēirèbìng** 〔명〕〔醫〕 흑열병. 칼라 아자르(Kala azar).
【黑人】**hēirén** 〔명〕 **1** 무적자(無籍者). 호적에 이름이 등기되지 않은 사람. **2** (죄를 짓거나 그 밖의 이유로) 숨어 사는 사람. **3** (**Hēirén**) 흑인. 흑색 인종.
【黑色】**hēisè** 〔명〕 흑색. 검은색. 〔비〕 불법적인. 비합법적인. 위법적인. ¶获取~收入是违法的。=불법 수입을 획득하는 것은 위법이다.
【黑色火药】**hēisè huǒyào** 〔명〕 흑색 화약. [중국 고대 4대 발명의 하나]
【黑色金属】**hēisè jīnshǔ** 〔명〕 철금속. 철화합물. ⓔ ferrous metal
【黑色食品】**hēisè shípǐn** 〔명〕 흑색 식품. [예컨대, 흑미·검은깨·목이버섯 등]
【黑色收入】**hēisè shōurù** 〔명〕 검은[불법] 수입. ['白色收入(합법적인 수입)'·'灰色收入(봉급 이외의 합법적인 수입)'와 구별됨]
【黑色素】**hēisèsù** 〔명〕〔生〕 멜라닌(melanin).
【黑色幽默】**hēisè yōumò** 〔명〕 블랙 유머(black humour).
【黑森森】**hēisēnsēn**(~的) 〔형〕 **1** 어둡고 음산하다. 음침하다. ¶~的山洞=음침한 산굴. **2** 까맣고 빽빽한 모양. ¶~的高粱地=까맣고 빽빽한 수수밭.
【黑纱】**hēishā** 〔명〕 검은 천. 상장(喪章). ¶戴~=상장(喪章)을 달다.
【黑哨】**hēishào** 〔명〕 심판의 편들기. [심판이 호루라기를 사용하기 때문에 이렇게 말함]
【黑社会】**hēishèhuì** 〔명〕 암흑가. 범죄 조직. 마피아.
【黑市】**hēishì** 〔명〕 암시장. 블랙 마켓(black market). ¶~买卖=암시장 거래.
【黑手】**hēishǒu** 〔명〕〔비〕 검은손. 마수. 흑수. ¶一只无形的~操控着这一切。=무형의 어떤 검은손이 이 모든 것을 조종하고 있다.
【黑手党】**Hēishǒudǎng** 〔명〕 마피아 (조직).
【黑瘦】**hēishòu** 〔형〕 검고 여위다[마르다]. ¶~的脸庞=검고 여윈 얼굴.
【黑霜】**hēishuāng** 〔명〕 블랙 프로스트(black frost). [건조하고 맹렬한 한기로 식물의 잎과 싹을 까맣게 타게 하는, 서리 피해나 추위를 말함]
【黑死病】**hēisǐbìng** ☞【鼠疫】**shǔyì**
【黑穗病】**hēisuìbìng** 〔명〕〔農〕 (보리나 옥수수 따위의) 흑수병. 깜부기병. =【黑粉病】**hēifěnbìng**【黑疸病】**hēidǎnbìng**
【黑糖】**hēitáng** ☞【红糖】**hóngtáng**
【黑陶】**hēitáo** 〔명〕〔歷〕 흑도. [신석기 시대의 검은색 토기]
【黑陶文化】**hēitáo wénhuà** ☞【龙山文化】**Lóngshān wénhuà**
【黑桃】**hēitáo** 〔명〕 (트럼프의) 스페이드(spade).
【黑腾腾】**hēitēngtēng**(~的) 〔형〕 시꺼멓고 소용돌이치는 모양. ¶一团~的浓烟=소용돌이치는

한 덩이 시꺼먼 연기.
**【黑体】hēitǐ** 명 1 〈物〉흑체. =【绝对黑体】juéduì hēitǐ 2 (印) 고딕 활자. ['白体(필획이 비교적 가는 보통 활자체)'와 구별됨]
**【黑体字】hēitǐzì** 명 (印) 고딕 활자.
**【黑天】hēitiān** 명 밤. 야간.
**【黑天白日】hēitiān báirì** ❹ 밤낮으로. 자나깨나. =【黑间白日】hēi·jian báirì =【黑夜白日】hēiyè báirì ¶经过两个月~地写作, 他终于按时完成了书稿. =두 달 동안 밤낮으로 집필하여, 그는 마침내 기일 안에 원고를 완성했다.
**【黑田】hēitián** ☞【黑地】hēidì
**【黑帖】hēitiě** (~儿) 명⟨구⟩(무고(誣告)나 비밀 폭로를 위한) 익명의 밀고장 [쪽지].
**【黑头】hēitóu** 명 (劇) 흑두. [중국 전통극 배역의 하나. 얼굴을 검게 분장해서 붙여진 이름임]
**【黑土】hēitǔ** 명 (地) 흑(색)토. 검은 흙. =【黑钙土】hēigàitǔ
**【黑窝】hēiwō** 명 소굴. 범죄 집단의 본거지. 아지트. =【黑窝点】hēiwō diǎn
**【黑窝点】hēiwōdiǎn** ☞【黑窝】hēiwō
**【黑乌乌】hēiwūwū** (~的) 형 시꺼멓다. 새까맣다. ¶~的眉毛=시꺼먼 눈썹.
**【黑屋子】hēiwū·zi** 명 1 컴컴한 방. 어두운 방. 2 (어두운) 감옥. 3 영화관.
**【黑瞎子】hēixiā·zi** 명⟨방⟩⟨動⟩흑곰.
**【黑匣子】hēixiá·zi** 명 (비행기의) '飞行记录仪(블랙박스, black box)'의 통칭.
**【黑线】hēixiàn** 명 1 (범죄의) 비밀 연락 경로. 2 [문화 혁명 시기에 자본주의나 수정주의 같은] 반동적인 노선.
**【黑箱】hēixiāng** 명 (電) 블랙박스(black box).
**【黑箱操作】hēixiāng cāozuò** ☞【暗箱操作】ànxiāng cāozuò
**【黑心】hēixīn** 명 나쁜 마음. 흑심. 검은〔고약한〕심보. ¶贪欲使他起了~. =탐욕이 그로 하여금 나쁜 마음을 갖도록 하였다. 형 마음씨가 나쁘다. 속이 검다. 마음이 음흉하다〔악랄하다·무자비하다〕. 심보가 고약하다. ¶他真是太~了. =그는 정말로 심보가 너무 고약하다.
**【黑信】hēixìn** 명 익명의 협박장 [날조된 투서].
**【黑星病】hēixīngbìng** 명(農)검은별무늬병. 흑성병.
**【黑猩猩】hēixīng·xing** 명(動)침팬지(chimpanzee).
**【黑熊】hēixióng** 명(動)아시아흑곰. 반달가슴곰. =【狗熊】gǒuxióng
**【黑魆魆】hēixūxū** (~的) 형 캄캄하다. 아주 어둡다. 매우 깜깜하다. ¶隧道里~的, 什么也看不见. =터널 안이 캄캄하여 아무것도 보이지 않는다.
**【黑压压】[黑鸦鸦] hēiyāyā** (~的) 형 (사람이나 물건 등이 많이 밀집된 것을) 새까맣다. ¶看台上挤满~的观众. =관람석에 관중들이 새까맣게 꽉 차 있다.
**【黑鸦鸦】hēiyāyā** ☞【黑压压】hēiyāyā
**【黑眼珠】hēiyǎnzhū** (~儿) 명 검은 눈동자.

**【黑夜】hēiyè** 명 흑야. 컴컴한 밤. 칠야(漆夜). ↔白天 白昼
**【黑夜白日】hēiyè báirì** ☞【黑天白日】hēi tiān báirì
**【黑影】hēiyǐng** 명 검은 그림자. 땅거미.
**【黑油油】[黑黝黝] hēiyóuyóu** (~的) 형 검고 윤기가 나다. 거머번지르하다. ¶~的土地=검고 윤기가 나는 땅.
**【黑幽幽】hēiyōuyōu** ☞【黑黝黝】hēiyǒuyǒu
**【黑黝黝】hēiyǒuyǒu** (~的) 형 1 어두컴컴하다. =【黑幽幽】hēiyōuyōu ¶窗外~的, 只有几点微弱的星光. =창 밖은 어두컴컴하고, 단지 몇 개의 미미한 별빛이 있을 뿐이다. 2 ☞【黑油油】hēiyóuyóu
**【黑鱼】hēiyú** ☞【乌鳢】wūlǐ
**【黑雨】hēiyǔ** 명 검은 비. [내리는 과정에서 연기·먼지·검은 포자 등이 모여 검게 변한 비]
**【黑云】hēiyún** 명 검은 구름.
**【黑云母】hēiyúnmǔ** 명(礦)흑운모.
**【黑运】hēiyùn** 명 불운. 악운. ¶走~=운이 나쁘다.
**【黑枣】hēizǎo** 명 1 (植) 고욤나무. 2 (植) 고욤나무의 열매. 3 ⟨방⟩⟨비⟩총알. 탄환. ¶吃~=총살당하다.
**【黑账】hēizhàng** 명 비밀 장부.
**【黑芝麻】hēizhī·ma** 명 (植) 검은깨.
**【黑痣】hēizhì** 명 검은 (반)점. 검은 모반(母斑).
**【黑种】Hēizhǒng** ☞【尼格罗-澳大利亚人种】Nígéluó-Àodàlìyà rénzhǒng
**【黑种人】hēizhǒngrén** 명 흑인종. 흑색 인종. 니그로이드(Negroid).
**【黑竹】hēizhú** ☞【紫竹】zǐzhú
**【黑紫】hēizǐ** 형 검은빛이 나는 자주색의. 검자주색의. ¶~的脸膛=검자주색의 얼굴.
**【黑子】hēizǐ** 명 1 ⟨문⟩검은 (반)점. 검은 모반(母斑). 사마귀. 2 검은 바둑돌. 3 ☞【太阳黑子】tàiyáng hēizǐ

**嗨 hēi** 웃음소리 해
갑 '嘿(hēi)'와 같음.
☞ hāi

***嘿 hēi** 웃음소리 해
갑 1 (득의함이나 찬탄을 나타내어) 야. 이봐. ¶~, 你这篇散文写得真不错! =야, 너 이 산문 정말로 잘 썼구나! 2 (남을 부르거나 주의를 환기시켜) 어이. 이봐. 여보시오. ¶~, 吃饭了吗? =어이, 밥 먹었나? /~, 小心地(di)滑. =이봐, 바닥이 미끄러우니 조심해. 3 (놀라움을 나타내어) 하. 허. 야. ¶~, 你怎么来得这么早? =야, 너 어떻게 이렇게도 일찍 왔니? 의 헤헤. [웃음소리를 나타내며, 주로 중첩해서 씀] ¶他没有说话, 只是~~地干笑了两声. =그는 말없이 헤헤거리며 억지 웃음만 두 번 지었다.
☞ mò
**【嘿嘿】hēihēi** 의 헤헤. [웃음소리] ¶~地傻笑=헤헤거리며 실없이 웃다.

## 镖[鏢] hēi 하슘 흑

**명**[화] 하슘(Hs, hassium). [원자 번호 108. 주기율표 제8족에 속하는 초우라늄족 원소]

# hen

## *痕 hén 흔적 흔

**명 1** 상처. 상처 자국. ¶伤~=상흔. / 瘢~=흉터. **2** 흔적. 자국. 자취. 자리. ¶污~=얼룩. / 泪~=눈물 자국.

○● 创chuāng痕, 污痕, 印痕

【痕迹】hénjì **명 1** 흔적. 자취. 자국. ¶雪地里留下了马队的~。=눈 덮인 곳에 기마대가 지나간 흔적이 남았다. **2** 잔흔(残痕). 남은 흔적. ¶战争的~在这座城市里还随处可见。=전쟁이 남긴 흔적을 아직도 이 도시 곳곳에서 볼 수 있다.

## *很 hěn 매우 흔

**부** 매우. 대단히. 아주. 잘. 몹시. 퍽. 정말. ¶~舒服=매우 편하다. / 雨~大。=비가 아주 세차게 내리다.

## *狠 hěn 모질 한

**형 1** 흉악하다. 잔인하다. 악독하다. 모질다. ¶凶~=흉악하다. / 心~手辣=마음이 독하고 수단이 악랄하다. **2** 호되다. 준엄하다. 매섭다. ¶~~打击贩毒分子。=마약 판매책을 척결하다. **3** 결연하다. 단호하다. ¶抓紧售业务=판촉 업무에 있는 힘을 다 쏟다. ¶~(마음을) 다잡다. 다지다. 모질게 마음먹다. [주로 중첩하여 쓰고, 혹은 중첩한 사이에 '了(·le)'를 붙임] ¶她~了~心, 离家出走了。=그녀는 모질게 마음먹고 집을 나섰다. **부** '很(hěn)'과 같음. [주로 조기 백화문에 보임] ↔慈 善

○● 发狠, 恶è狠狠

【狠巴巴】hěnbābā(~的) **형** 흉악하다. 표독하다. 사납고 거칠다. 악랄하다. 독살스럽다. 악독하다. ¶她~的样子真吓人。=그녀의 독살스러운 꼴은 사람을 무섭게 한다.

【狠毒】hěndú **형** 잔인하다. 악독하다. 흉악하다. 표독하다. ¶心肠~=마음씨가 악독하다. ≒毒狠 ↔善良

【狠狠】hěnhěn **부** 잔인하게. 호되게. 매섭게. ¶她~地痛骂了他一顿。=그녀는 그에게 한바탕 호된 욕설을 퍼부었다.

【狠辣】hěnlà **형** 잔인하다. 모질다. 악랄하다. 인정 사정 없다. ¶手段~=수단이 모질다.

【狠命】hěnmìng **부** 결사적으로. 필사적으로. 죽기살기로. ¶~奔逃=필사적으로 도주하다.

【狠心】hěn xīn 모질게 마음먹다. ¶他狠了心要把这场官司打下去。=그는 이번 소송을 끝까지 마음먹고 밀어붙이려고 한다.

## 【狠心】hěnxīn **형** 모질다. 잔인하다. ¶母亲~地抛弃了年幼的孩子。=모친은 모질게 어린 자식을 포기했다. **명** 모진 마음. 독한 마음. ¶他下~要学好英语。=그는 모진 마음을 먹고 영어를 마스터하려고 한다.

【狠心狼】hěnxīnláng **명** 잔인한 사람. 악독한 사람. 모진 사람.

【狠抓】hěnzhuā **동** 엄격하게 관리하다. 힘껏 매진하다. 전력투구하다. ¶~素质教育=소질 교육에 힘껏 매진하다. / 非~不行=전력투구하지 않으면 안 된다.

## *恨 hèn 한스러울 한

**동 1** 원망하다. 한하다. 증오하다. 적대시하다. 원수로 여기다. ¶仇~=증오. / 怨~=원한. **2** 〈문〉 유감스러워하다. 후회하다. 회한하다. ¶相见~晚=일찍 만나지 못한 것을 한탄하다. **명** 한. 원한. 원망. 증오. ¶深仇大~=깊고 크나큰 원한. 철천지한. ↔爱

○● 抱恨, 怅chàng恨, 仇chóu恨, 愤恨, 怀恨, 悔恨, 嫉jí恨, 记恨, 可恨, 恼恨, 痛恨, 衔xián恨, 遗yí恨, 饮恨, 怨恨, 憎zēng恨

【恨不得】hèn·bu·de **동** …하지 못해 한스럽다〔안타깝다〕. 간절히 …하고 싶다. ≒【恨不能】hèn·bu néng ¶她~代替儿子承受病痛的折磨。=그녀는 아들이 받고 있는 병마의 고통을 대신할 수 없음을 한스러워한다.

【恨不能】hèn·bu néng ☞【恨不得】hèn·bu·de

【恨海】hènhǎi **명**〈비〉(바다처럼) 깊은 원한. 끝없는 원한. ¶情天~=깊은 애증의 바다.

【恨人】hènrén **동**〈방〉화[성]나게 하다. 밉살스럽다. 밉살맞다. 원망〔증오〕스럽게 하다. ¶孩子光淘气, 真~。=아이가 장난만 심하니, 정말 밉살스럽다.

【恨入骨髓】hènrù-gǔsuǐ ☞【恨之入骨】hènzhī-rùgǔ

【恨事】hènshì **명** 유감스러운 일. 한스러운 일. 원통한 일. 안타까운 일. ¶没能让孩子完成学业是他一生的~。=아이가 학업을 마치지 못하게 된 것은 그의 평생 동안 한스러운 일이다.

【恨死】hènsǐ **동** 극도로〔죽도록·몹시〕 증오하다〔원망하다·적대시하다〕. ¶我~这种鬼天气了。=나는 이런 변덕스런 날씨가 죽도록 원망스럽다.

【恨铁不成钢】hèn tiě bù chéng gāng 〈속〉**1** 무쇠가 강철로 되지 못함을 안타까워하다. **2**〈비〉(기대하는 이가) 훌륭한 사람이 되지 못함을 안타까워하다. 훌륭한 재목이 되지 못해 애태우다.

【恨透】hèntòu **동** 죽도록〔극도로·몹시〕 증오하다〔원망하다〕. ¶他~了那些虚伪狡诈的人。=그는 그 위선적이고 교활한 사람들을 죽도록 증오한다.

【恨之入骨】hènzhī-rùgǔ 〈성〉원한이 골수에 사무치다. 뼈에 사무치도록 미워하다. ≒【恨入骨髓】hènrù-gǔsuǐ

# heng

## 亨 hēng 형통할 형
혱 순조롭다. 거침없다. 원활하다. 막힘이 없다. 형통하다. ¶万事~通=만사형통. 양왕(電) 亨利(헨리, henry). 명 (Hēng) 성(姓). [고어에서 '烹(pēng)'과 같음]

○ 亨 hēng
　 哼 hēng
　 烹 pēng

○● 大亨, 来亨鸡

【亨利】hēnglì 양왕(電) 헨리(henry).
【亨通】hēngtōng 혱 형통하다. 순조롭다. ¶财运~=재운이 트이다.
【亨途】hēngtú 명왕 평탄한 길. ¶一路~=줄곧 평탄하다.

## *哼 hēng 신음할 형
통 1 신음하다. 끙끙거리다. ¶他疼得直~~。=그는 아파서 계속 끙끙거린다. 2 콧노래 부르다. 흥얼거리다. 읊조리다. ¶他一边走, 一边着歌。=그는 걸으면서 노래를 흥얼거리고 있다. 의 힝. 흥. [콧속에서 나오는 소리] ¶他~~唧唧地叫个不停。=그는 계속해서 흥흥거린다.
☞ hèng
【哼唱】hēngchàng 통 흥얼거리다. 콧노래 부르다. ¶~小曲儿=노랫가락을 흥얼거리다.
【哼哧】hēngchī 의 헉헉. 헐떡헐떡. 헐레벌떡. 할딱할딱. ¶楼上楼下跑了几趟, 累得他~~地直喘。=위아래층을 몇 차례 뛰어다닌 탓에, 그는 힘이 들어 헉헉거린다.
【哼哈】hēnghā 통 모호하게 대답하다. ¶同不同意你给一句话, 别跟我在这儿~。=동의하는지 안 하는지 한 마디로 말해라, 모호하게 대답하지 말고.
【哼哈二将】Hēng Hā'èrjiàng 명 1 (佛) 인왕(仁王). 금강역사(金剛力士). 금강신(金剛神). [사찰의 문을 지키는 두 신(神). 전설에 하나는 코로 흰 연기를 내뿜고, 하나는 입으로 노란 연기를 내뿜는다고 함] 2 (비) 실력자의 두 앞잡이. 3 (비) 한통속이 되어 나쁜 짓을 하는 두 사람.
【哼哼】hēng·heng 통 1 (아파서) 끙끙거리다. 신음하다. ¶她疼得不停地~。=그녀는 아파서 계속 끙끙거린다. 2 흥얼거리다. 읊조리다. ¶没唱什么, 随便~两句。=노래라고 할 것 없고, 그냥 아무렇게나 몇 구절 흥얼거렸을 뿐이야. 의 끙끙. [아파서 내는 (고통으로 신음하는) 소리] ¶病人的~声一晚上都没停。=환자의 끙끙거리는 신음 소리가 밤새도록 멈추지 않았다.
【哼哼唧唧】hēng·heng jījī 의 홍얼홍얼. 우물우물. 웅얼웅얼. 통 홍얼거리다. 콧노래 부르다. 읊조리다.
【哼唧】hēng·ji 의 우물우물. 중얼중얼. 홍얼홍얼. 웅얼웅얼. [주로 중첩해서 사용함] ¶他~了半天, 也没把事情说清楚。=그는 한참을 우물거렸을 뿐, 일을 분명하게 설명하지 못했다. 통 우

물우물하다. 중얼중얼하다. 홍얼홍얼하다. ¶老太太腿疼得受不住, 一天到晚~个不停。=할머니는 다리가 아픈 것을 참지 못해 온종일 중얼거리신다.
【哼儿哈儿】hēngrhār 의 응응. 예예. [주로 건성으로 대답하거나 무조건 순종하는 태도를 형용하는 데 쓰임] ¶我费了半天口舌, 他~地根本没听进去。=나는 한참 동안 얘기했지만, 그는 그저 예예 할 뿐 전혀 귀담아듣지 않았다.
【哼唷】hēngyō 갑 영차. 여차. 어기여차.

## 啈 hēng 말리는 소리 행
갑 (못하게 말릴 때 내는 소리로) 아.
☞ hèng

## 脝 hēng 배불러오른 모양 형
☞【膨脝】pénghēng

## 行 héng 덕행 행
☞【道行】dàoxíng
☞ háng, hàng, xíng

## **恒[(恆)] héng 항상 항
혱 1 영구하다. 영원하다. 영속하다. 오래다. 꾸준하다. 불변하다. ¶永~=영구하다. 2 일반적인. 보통의. 평상의. ¶人之~情=인지상정. 명 1 항심(恒心). ¶有~=항심을 가지다(지니다). 2 (Héng) 성(姓).

○● 无恒

【恒产】héngchǎn 명 부동산.
【恒常】héngcháng 부 늘. 항상. 자주. 수시로. 언제나. 혼히. ¶这种事~发生。=이런 일은 혼히 발생한다.
【恒齿】héngchǐ 명 (生) 영구치. =【恒牙】héngyá
【恒等式】héngděngshì 명 (數) 항등식.
【恒定】héngdìng 혱 항구 불변하다. 항상 일정하다. ¶~电压=고정 전압.
【恒河】Hénghé 명 (地) (인도의) 갠지스(Ganges) 강.
【恒河沙数】Hénghé-shāshù 상(비) 갠지스(Ganges) 강의 무수한 모래알처럼 무한하다.
【恒久】héngjiǔ 혱 항구하다. 영원하다. ¶~不变=영원 불변하다. ¶为~的和平而努力=항구적인 평화를 위해 노력하다. ≒永久。
【恒量】héngliàng =【常量】chángliàng
【恒山】Héngshān 명 (地) 형산. [산시(山西)성에 있는 산으로, 중국 오악(五嶽)의 하나임]
【恒生指数】Héngshēng zhǐshù 명 항생지수(HSI). [홍콩의 항생은행(恒生銀行)이 홍콩 증권거래소에 상장된 우량 종목을 대상으로 발표하는 주가 지수]
【恒湿】héngshī 명 항습. 늘 일정한 습도. ¶~器=항습기.
【恒温】héngwēn 명 항온. 늘 일정한 온도. ¶保持~=항온을 유지하다.

【恒温动物】héngwēn dòngwù 名 항온동물. =【常温动物】chángwēn dòngwù【温血动物】wēnxuè dòngwù【热血动物】rèxuè dòngwù
【恒心】héngxīn 名 변함없는〔꾸준한〕 마음〔의지〕. 항심. ¶要想获得成功, 就必须有~. =성공을 얻고자 한다면 반드시 꾸준한 마음을 가져야 한다.
【恒星】héngxīng 名〔天〕항성.
【恒星年】héngxīngnián 名〔天〕항성년.
【恒星系】héngxīngxì 名〔天〕항성계. ☞【星系】xīngxì
【恒性】héngxìng 名 변하지 않는 품성. 끈기. 뚝심. ¶学习一定要有~. =공부하는 데는 반드시 끈기를 가져야 한다.
【恒牙】héngyá ☞【恒齿】héngchǐ

## 姮 héng 항아 항
【姮娥】Héng'é 名→ 상아(嫦娥). 항아. [월궁(月宫)에 산다는 신화 속의 선녀]

## 珩 héng 노리개 형
名 패옥(佩玉) 중에서 위쪽의 것. [경쇠처럼 생겼으나 그보다는 좀 작음]
【珩磨】héngmó 名〔机〕호닝(horning).

## 桁 héng 도리 형
名〔建〕도리. ¶屋~ =도리.
【桁架】héngjià 名〔建〕트러스(truss). 구형(構桁).

## 鸻[鴴] héng 물떼새 행
名〔动〕물떼새.

## **横 héng 가로 횡
形 1 가로의. 횡의. [지면과의 평행을 가리킴] ¶架设~梁 =대들보를 가설하다. 2〔地〕가로의. 횡의. [지리상 동서(東西)의 방향을 가리킴] ¶~渡大西洋 =대서양을 횡단하다. 3 불합리하다. 무리하다. 부당하다. 난폭하다. 제멋대로이다. ¶~加阻拦 =제멋대로 저지하다. 4 가로의. 횡의. [좌우 방향을 가리킴] ¶排成~队 =횡대로 배열하다. 5 가로의. 횡의. [물체의 긴 변(邊)과 수직이 되는 것을 가리킴] ¶人行~道 =횡단보도. 6 난잡하다. 너저분하다. 어수선하다. 어지럽다. ¶血肉~飞 =피와 살이 사방으로 튀다. 动 (긴 물체를) 가로로 하다. 가로놓다. 가지다. 잡다. ¶~刀夺爱 =강제로 좋아하는 것을 빼앗다. 副 1 어쨌든. 하여간. 아무튼. ¶我~不按他说的办. =나는 어쨌든 그가 말한 대로 하지 않을 것이다. 2 아마(도). 어쩌면. 혹. 대개. 대체로. ¶都等了半个小时了, 他~不来了. =이미 30분을 기다렸으니, 그는 아마 오지 않을 것이다. 名 (~儿) 한자의 가로획. ¶先~后竖 =먼저 가로획을 긋고, 나중에 세로획을 긋는다. 2 (Héng) 성(姓). ↔竖 直 纵 ☞ hèng

○→ 打横, 纵zòng横
【横匾】héngbiǎn 名 가로 액자.
【横标】héngbiāo 名 가로 쓴 표어.
【横波】héngbō 名 1 동 횡류(橫流)하는 물. 2 동 用 곁눈질. 추파. 3 동 用 여자의 눈. 4 (物) 횡파. ['纵波(종파)' 와 구별됨]
【横产】héngchǎn 名〔医〕횡산. [아이를 가로로 낳는 것]
【横陈】héngchén 动 가로로 진열하다. 가로놓다. ¶香案~ =향안을 가로놓다.
【横冲直闯】héngchōng-zhíchuǎng ☞【横冲直撞】héngchōng-zhízhuàng
【横冲直撞】héngchōng-zhízhuàng 成 1 이리저리 부딪치다〔충돌하다〕. 종횡무진 돌진하다. 2 제 세상인 양 설치고 다니다. 제멋대로 활개치다. 좌충우돌하다. =【横冲直闯】héngchōng-zhíchuǎng
【横穿】héngchuān 动 가로지르다. 가로질러 가다. 횡단하다. 옆으로 꿰뚫다. ¶~马路 =길을 횡단하다.
【横挡】héngdāng 名 1 바지 샅부분 둘레의 치수. 2 바지 샅부분.
【横刀】héngdāo 动 큰 칼을 빗겨 들고 비범한 기개를 보이다. ¶我自一向天笑, 去留肝胆两昆仑. =내 의연히 하늘을 향해 웃음짓나니, 진심은 두 곤륜에 남기리.
【横刀立马】héngdāo-lìmǎ ☞【横刀跃马】héngdāo-yuèmǎ
【横刀跃马】héngdāo-yuèmǎ 成 1 손에 병기를 쥐고, 말을 내달리다. 2 전쟁터에서 용감하게 싸우다. =【横刀立马】héngdāo-lìmǎ
【横倒竖歪】héngdǎo-shùwāi 成 너저분하게 널려져 있다. 아무렇게나 널브러져 있다.
【横笛】héngdí ☞【笛子】dí·zi
【横渡】héngdù 动 (강·하천·호수 등을) 가로건너다. 가로지나다. 횡단하다. ¶~黄河 =황허를 건너다.
【横断】héngduàn 动 가로 자르다〔끊다〕. 횡단하다. ¶把竹竿~成四截. =대나무 장대를 네 마디로 가로 자르다.
【横断面】héngduànmiàn ☞【横剖面】héngpōumiàn
【横队】héngduì 名 횡대. ↔纵队
【横额】héng'é 名 1 가로 쓴 편액·현판·액자. 2 가로로 쓴 표어·기. 가로 그린 그림.
【横幅】héngfú 名 1 가로폭 서화·표어·기·현수막 등. ¶~字画 =가로폭 서화. 2 (직물 따위의) 폭. 너비. ¶~三尺 =폭이 석 자이다.
【横格纸】hénggézhǐ 名 괘선지. 패지.
【横膈膜】hénggémó 名〔生〕격막. 가로막. 횡격막.
【横亘】hénggèn 动 1 (교량이) 가로 걸쳐〔걸려〕 있다. 가로놓여 있다. 횡으로 누워 있다. ¶一座铁桥~江面. =철교 하나가 강 위에 가로놓여 있다. 2 (산 등이) 가로〔횡으로〕 뻗어 있다. ¶群山~ =많은 산이 횡으로 뻗어 있다.

【横贯】héngguàn 동 (산천·하류·도로 등이) 가로지르다. 횡관하다. 가로 꿰뚫다〔관통하다〕. ¶亚马逊河~南美洲北部。=아마존 강은 남아메리카 북부를 가로지른다.

【横加】héngjiā 동 함부로〔무리하게·터무니없이·마구·무턱대고·제멋대로〕…하다. ¶~干涉=함부로 간섭하다.

【横街】héngjiē 1 동서로 난 길. 2 큰길과 연결된 좁은 길. 옆길. ¶~窄巷=좁은 길과 골목.

【横结肠】héngjiécháng 명(生) 횡행 결장.

【横截面】héngjiémiàn ☞【横剖面】héngpōumiàn

【横截面积】héngjié miànjī 명 단면적(斷面積). 횡단면적.

【横空】héngkōng 동 공중에 가로 걸려 있다. ¶雨过天晴, 彩虹~。=비가 지나가고 날씨가 개자 무지개가 공중에 가로 걸렸다.

【横空出世】héngkōng-chūshì 성 1 인간 세상을 벗어나 하늘에 걸려 있다. 2 (비) 매우 특출하다〔굉장하다〕. 세상에 보기 드물다.

【横跨】héngkuà 동 뛰어넘다. 건너뛰다. [주로 다른 두 공간이나 시간을 가리킴] ¶大桥~南北两岸。=큰 교량이 남북 양안을 가로질러 놓여 있다.

【横联】hénglián 동 횡적으로 연합하다. 명 1 대련(對聯)과 짝을 이루는 가로폭 서화·횡축(橫軸) 등. 2 가로폭 서화·표어·기·현수막 등.

【横梁】héngliáng 명(建) 도리. 대들보.

【横列】hénglie 명 횡렬.

【横流】héngliú 1 명 (눈물이) 마구〔평평〕 흐르다. 넘쳐흐르다. 2 (물이) 넘쳐흐르다. 범람하다. 횡류하다. ¶洪水~=홍수가 넘쳐흐르다. 3 (못된 것이) 범람하다. 흘러넘치다. ¶物欲~=물욕이 흘러넘치다.

【横眉】héngméi 동 눈썹을 추켜세우다. 사납게 노려보다. 화난 눈초리를 하다. 사나운 표정을 짓다. ¶~冷对千夫指, 俯首甘为孺子牛。=매서운 눈초리로 뭇 사람들의 질타에 맞서며, 기꺼이 백성들을 위해 봉사하리라.

【横眉立目】héngméi-lìmù ☞【横眉怒目】héngméi-nùmù

【横眉努目】héngméi-nǔmù ☞【横眉怒目】héngméi-nùmù

【横眉怒目】héngméi-nùmù 송 눈썹을 추켜세우다. 눈을 부라리다. 사나운 표정을 짓다. 노기등등하다. =【横眉努目】héngméi-nǔmù, 【横眉立目】héngméi-lìmù, 【横眉竖眼】héngméi-shùyǎn

【横眉竖眼】héngméi-shùyǎn ☞【横眉怒目】héngméi-nùmù

【横楣】héngméi 명 문미(門楣).

【横拍】héngpāi 명(体) 탁구(球) 셰이크핸드그립(shake-hand grip). ↔直拍

【横排】héngpái 동 1 옆으로 배열하다. ¶~成行=옆으로 열을 짓다. 2 횡조(橫組). 가로조판. ¶《诗经》~重印。=《시경》을 가로조판으로 재판(再版)하다. 명 횡대(橫隊). ¶球员们排成了一个~。=선수들이 횡대를 이루고 있다.

【横批】héngpī 명 대련(對聯)과 짝을 이루는 가로폭 서화·횡축(橫軸).

【横披】héngpī 명 가로폭 서화.

【横剖面】héngpōumiàn 명 횡단면. =【横断面】héngduànmiàn【横切面】héngqiēmiàn【横截面】héngjiémiàn

【横七竖八】héngqī-shùbā 성 어수선하게 흩어져 있는 모양. 무질서하게 널려 있는 모양.

【横切面】héngqiēmiàn ☞【横剖面】héngpōumiàn

【横秋】héngqiū 동(문) 1 기세가 쇠락하다. [주로 노쇠함을 가리킴] ¶老气~=늙어서 기력이 쇠하다. 2 (가을에) 적막한〔쓸쓸한〕 기운이 가득하다. ¶霜气~=서릿발이 가을 하늘을 가로지르다. 태도가 추상 같다.

【横肉】héngròu 명 흉악한 얼굴 근육. 험상궂은 인상. ¶满脸~=인상이 매우 험상궂다.

【横扫】héngsǎo 동 1 쓸어 버리다. 소탕하다. 일소하다. 퇴치하다. ¶~一封建余孽=봉건 잔당을 소탕하다. 2 휙 둘러보다. 휙 둘러보다. ¶他把阅览室~了一遍, 没有发现要找的人。=그는 열람실을 한 번 휙 둘러보았는데, 찾는 사람을 발견하지 못했다.

【横生】héngshēng 동 1 뒤엉켜 무성하게 자라다. ¶蔓草~=덩굴풀이 무성하다. 2 끊임없이 나타나다. ¶妙趣~=미묘한 흥취가 연이어 나타나다. 3 뜻밖에〔의외로〕 발생하다〔일어나다·생기다〕. ¶~事端=뜻밖에 사고가 생기다.

【横生枝节】héngshēng-zhījié 성(비) 뜻밖의 문제가 생기다.

【横是】héng·shi 부(방) 아마(도). 어쩌면. 혹. 대개. 대체로. ¶下这么大雨, 他们~赶不来了吧。=이렇게 큰비가 내리니, 그들은 아마 제때에 오지 못할 거야.

【横竖】héng·shù 부 어쨌든. 아무튼. 하여튼. 어떻든. [긍정을 나타냄] ¶这活儿~都是你干, 早干完不是更好吗? =어차피 이 일은 어쨌든 모두 네가 해야하니까, 일찍 끝내면 더 좋지 않겠니?

【横躺竖卧】héngtǎng-shùwò 성 1 (사람들이) 여기저기 나뒹굴다. 2 (물건들이) 아무렇게나 널려져 있다.

【横挑鼻子竖挑眼】héng tiāo bí·zi shù tiāo yǎn (속)(비) 온갖 트집을 다 잡다. 사사건건 흠을 잡다. 남의 흠을 마구 들춰 내다.

【横纹肌】héngwénjī ☞【骨骼肌】gǔgéjī

【横纹小鹗】héngwén xiǎoxiāo ☞【鹪鹩】xiūliú

【横卧】héngwò 동 가로눕다. 가로누이다.

【横向】héngxiàng 형 1 가로의. 횡방향의. 가로 방향의. 동서 방향의. ¶~发展=횡적 발전. / 长江、黄河是中国两条主要的~河流。=창장과 황허는 중국의 횡으로 흐르는 양대(兩大) 주요 하류이다. 2 횡적. 평행의. 수평적. 대등한. 동등한. ¶~协作=대등한 협업. ↔纵向

【横向联合】héngxiàng liánhé 동 (횡방향 또

는 대등한 관계의 기관이나 지역 따위) 횡적으로 연합하다.
【横向联系】héngxiàng liánxì 명 횡적 합작.
【横写】héngxiě 동 가로 쓰다.
【横心】héng‖xīn 동 마음을 다잡다. 모진 마음을 먹다. 결심을 다지다. 마음을 굳게 먹다. ¶他这次是横了心, 不达目的誓不罢休.=그는 이번에 목표를 달성하지 못하면, 절대로 중도에 그만두지 않겠노라고 마음을 다잡았다.
【横行】héngxíng 동 (세력을 믿고) 제멋대로 행동하다. 날뛰다. 횡행하다. 횡포한 짓을 하다. ¶~乡里=마을을 횡행하다.
【横行霸道】héngxíng-bàdào 성 세력을 믿고 제멋대로 날뛰다. 세력을 믿고 포악하게 굴다. ≒作威作福.
【横行无忌】héngxíng-wújì 성 세력을 믿고 아무 거리낌 없이 횡포한 짓을 하다.
【横痃】héngxuán 명(醫) 가래톳. =【便毒】biàndú
【横逸】héngyì 형〈文〉 (사상·감정·문장의 기세 따위가) 자유분방하다. ¶文风~洒脱.=글의 풍격이 자유분방하고 거리낌이 없다.
【横溢】héngyì 동 1 (강물 따위가) 범람하다. ¶连降暴雨, 江河~.=연이어 폭우가 쏟아져 강이 범람했다. 2(비) (재능·기분 따위가) 넘쳐흐르다. 넘치다. ¶才华~=재능이 넘쳐흐르다.
【横越】héngyuè 동 (횡으로·동서 방향으로) 뛰어넘다. 건너뛰다. 가로지르다. ¶一座石桥~河面.=돌다리 하나가 강 위에 가로놓여 있다.
【横遭】héngzāo 동 뜻밖에 또는 이유 없이 …을 당하다. ¶~诬陷=공연히 모함을 당하다.
【横征暴敛】héngzhēng-bàoliǎn 성 터무니없이 무거운 세금을 징수하다. 가렴주구(苛敛诛求)하다.
【横直】héngzhí 부〈方〉 어쨌든. 아무튼. 하여튼. 어떻든. ¶不管怎样, ~你得去这一趟.=어떻든지 너는 이번에 가야 한다.
【横坐标】héngzuòbiāo 명〈数〉 가로 좌표. ↔纵坐标

**衡** héng 저울대 형
명 1〔훈〕 저울. 2〔훈〕 무게를 다는 기구. 3 (Héng) 성(姓). 동 1〔훈〕 무게를 달다〔재다〕. 저울질하다. ¶其轻重=무게를 재다. 2 가늠하다. 따져 보다. 헤아리다. 짐작하다. 비교하다. 판단하다. 평정하다. 고려하다. ¶权~利弊=이해를 가늠하다. 형〔훈〕 평평하다. 고르다. 동등하다. ¶均~=균등하다. ≒秤

○● 常衡, 金衡, 均衡, 抗kàng衡, 平衡, 权衡, 药衡, 争衡, 度量衡

【衡量】héng·liáng 동 1 비교하다. 재다. 측정하다. 판단하다. 평가하다. 평정하다. ¶仔细~以后再决定取舍.=자세하게 비교한 후에 다시 취사선택을 결정하다. 2 고려하다. 숙고하다. 고찰하다. 생각하다. 따져 보다. 비교·검토하다. 헤아리다. ¶这事怎么办, 你自己好好~一下.=이 일을 어떻게 해야 할 것인지, 네 스스로 잘 생각해 보아라.
【衡法】héngpíngfǎ 명〈法〉 형평법. 에퀴티(equity).
【衡器】héngqì 명 형기. 물건의 무게를 다는〔재는〕 기구.
【衡情度理】héngqíng-duólǐ 성 사리〔정리·도리〕를 따지다.
【衡山】Héngshān 명〈地〉 1 형산. 형산. [중국 후난(湖南)성에 있는 오악(五岳)의 하나] 2 형산(衡山)현. [후난(湖南)성에 있는 현 이름]

**蘅** héng 족두리풀 형
☞【杜蘅】dùhéng

**哼** hèng 불만의 소리 형
〔갑〕 1 (불만·멸시·분개를 나타내어) 흥. ¶~, 别臭美!=흥, 우쭐거리지 마! 2 (위협을 나타내어) 흥. ¶~, 你小心着!=흥, 너 조심해라!
☞ hēng

**哼** hèng 작심하는 소리 행
〔의〕 흥. [단단히 화가 나서 내는 소리] ¶他~了一下说: "我一定要收拾他!"=그는 흥 하며 "내 그 자식 가만 놔 두지 않겠어!"라고 내뱉었다.
☞ hēng

**横** hèng 횡포할 횡
형 1 난폭하다. 포악하다. 횡포하다. 방자하다. ¶蛮~无理=무지막지하다. / 专~跋扈=제멋대로 날뛰다. 2 뜻밖의. 정상이 아닌. 불길한. ¶惨遭~祸=뜻밖의 참혹한 일을 당하다.
☞ héng

○● 挡dǎng横儿, 豪háo横, 骄jiāo横, 凶xiōng横, 专横

【横暴】hèngbào 형 횡포하다. ¶~的歹徒=횡포한 강도.
【横财】hèngcái 명 횡재. 뜻밖의 재물. 부정하게 얻은 재물. ¶大发~=크게 횡재하다.
【横祸】hènghuò 명 의외의 재난. 불의의 화. ¶飞来~=뜻밖의 재난이 닥치다.
【横蛮】hèngmán 형 난폭하다. 횡포하다.
【横逆】hèngnì 명 횡포한 행위. 무리한 처사. ¶某殊不幸, 遭此~.=내가 이런 부당한 처사를 당하다니, 이 얼마나 불행한 일인가.
【横事】hèngshì 명 흉사. 나쁜 일. 뜻밖의 재난. 불의의 화. ¶死于~=뜻밖의 재난으로 죽다.
【横死】hèngsǐ 동 횡사하다. ↔善终
【横遭】hèngzāo 동 뜻밖에 …을 당하다. 무고하다 …을 당하다. ¶~蹂躏=무고하게 짓밟히다.

# hm

**噷** hm 나무라는 소리 흠

〔감〕 (질책하거나 불만을 나타내어) 흥. 허. ¶~, 闹腾个没完了。=허, 아직도 떠들고 있네. / ~, 他骗得了我？=흥, 그 녀석이 나를 속일 수 있어?

# hong

**轰[轟] hōng** 큰 소리 굉
〔의〕 쾅. 쿵. 꽝. 우르르 쾅쾅. [대포나 우레 따위가 요란스럽게 울리는 소리] ¶~的一声，定点爆破的危楼倒塌了。=쿵 하는 소리와 함께 발파하여 해체하기로 한 위태로운 건물이 와르르 무너졌다. 〔동〕 **1** 천둥치다. 폭발하다. 포격하다. 폭격하다. ¶雷~电闪=천둥과 번개가 치다. / 万炮齐~=모든 대포가 일제히 포격하다. **2** 몰다. 내쫓다. 쫓아 내다. 몰아 내다. ¶~牲口=가축을 몰다. / 他被在场的人~走了。=그는 현장에 있던 사람한테 내쫓겼다.

【轰动】【哄动】 **hōngdòng** 〔동〕 뒤흔들다. 들끓게 하다. 떠들썩하게 하다. 파문을 일으키다. 센세이션(sensation)을 불러일으키다. 선풍(旋風)을 일으키다. ¶这一消息~全国。=이 소식은 전국을 뒤흔들었다.

【轰动效应】 **hōngdòng xiàoyìng** 〔명〕 반향 효과. 센세이션(sensation) 효과.

【轰赶】 **hōnggǎn** 〔동〕 쫓다. 쫓아 내다. 몰아 내다. ¶把稻田里的麻雀~出去。=논의 참새를 쫓아 내다.

【轰轰烈烈】 **hōnghōng lièliè** 〔형〕 기세가 드높다. 줄기차다. 활기차다. 기운차다. 장렬하다. ¶大家要全力以赴，~地干它一场。=모두가 전력투구하여 기운차게 해내야 한다.

【轰击】 **hōngjī 1** 포격[폭격]하다. 천둥과 번개가 기습적으로 치다. ¶~敌人军事要地。=적군의 군사 요지를 포격하다. **2** [物] (입자 따위에) 충격을 주다. ¶中子~=중성자 충격.

【轰隆】 **hōnglōng** 〔의〕 쾅. 쿵쿵. 우르르. 덜커덕덜커덕. 윙윙. 우르릉. 꽈르릉. [천둥·폭음·기계·바퀴 따위의 소리] ¶直升机发出~~的声响。=헬리콥터가 뚜뚜뚜뚜 하는 소리를 낸다.

【轰鸣】 **hōngmíng** 〔동〕 거대한[요란한] 소리를 내다. 굉음을 내다. 요란스럽게[우렁차게] 울리다. ¶雷声~=천둥 소리가 요란스럽게 울리다. 〔명〕 굉음. 요란한[거대한·우렁찬] 소리. ¶随着一声声~，绚烂的礼花在空中竞相绽放。=연이어 울리는 굉음과 함께, 현란한 축하 행사 불꽃이 공중에서 경쟁하듯 피어올랐다. ≒轰响

【轰然】 **hōngrán** 〔형〕 와르르. 쿵. 꽝. 와. 굉음과 〔시끄러운 소리와〕 함께. [소리가 크게 울려 퍼지는 것을 나타냄] ¶围墙~倒塌。=벽이 와르르 무너졌다.

【轰嚷】 **hōngrǎng** 〔동〕 떠들썩하게 퍼뜨리다[퍼지다]. 떠들썩하다. 이목을 끌다. ¶那个喜讯很快就在当地~开了。=그 기쁜 소식은 금방 현지에서 떠들썩하게 퍼졌다.

【轰响】 **hōngxiǎng** 〔동〕 거대한[요란한] 소리를 내다. 굉음을 내다. 요란스럽게[우렁차게] 울리다. ≒轰鸣

【轰炸】 **hōngzhà** 〔동〕(軍) (비행기 따위가) 폭격하다. 폭탄을 투하하다. ¶轮番~=교대로 폭격하다.

【轰炸机】 **hōngzhàjī** 〔명〕(軍) 폭격기. 전폭기.

**哄 hōng** 떠들썩할 홍
〔의〕 와. 와자지껄. 와글와글. 와그르르. [여럿이 한데 모여 동시에 크게 웃거나 떠드는 소리] ¶中心闹~~的。=시내가 와글와글하다. 〔동〕 와자지껄하다. 떠들썩거리다. 와글거리다. 시끌벅적하게 떠들다. ¶四处~传=사방으로 떠들썩하게 전해지다.
☞ **hǒng**, **hòng**

【哄传】 **hōngchuán** 〔동〕 (소문이) 넓게 퍼지다. 도처에 떠돌다. 떠들썩하게 전해지다. ¶~一时=한동안 소문이 도처에 떠돌았다.

【哄动】 **hōngdòng** ☞【轰动】 **hōngdòng**

【哄闹】 **hōngnào** 〔동〕 (많은 사람이) 와자지껄하다. 떠들다. 떠들며 대다. 소란피우다. 시끄럽게 다투다. ¶一群人在街边~。=한 무리의 사람들이 길 옆에서 와자지껄하다.

【哄抢】 **hōngqiǎng** 〔동〕 떼를 지어 다투어 사다. 떼를 지어 강탈하다. ¶~~空=순식간에 다 팔리다.

【哄然】 **hōngrán** 〔형〕 와 하고 소리지르는 모양. 와자하다. 떠들썩하다. 시끌시끌하다. 요란하다. 시끄럽다. [많은 사람이 한꺼번에 소리를 내는 것을 나타냄] ¶~大笑=와그르르 웃다.

【哄抬】 **hōngtái** 〔동〕 (상인이) 앞다투어 물가를 올리다. ¶~物价=앞다투어 물가를 올리다.

【哄堂大笑】 **hōngtáng-dàxiào** 〔성〕 장내가[집안이·방안이] 떠들썩하게[떠나가도록] 크게 웃다. 동시에 웃음보를 터뜨리다.

【哄笑】 **hōngxiào** 〔동〕 떠들썩하게 웃어 대다. ¶他的话引来一阵~。=그의 이야기는 한바탕 홍소를 자아냈다.

**訇¹ hōng** 큰 소리 굉
〔의〕〔동〕 쿵. 꽝. 둥. 와그르르. [큰 소리를 나타냄] ¶~然倒地=쿵 하며 땅에 쓰러지다. 〔명〕(Hōng) 성(姓).

**訇² hōng** 이슬람 성직자 굉
☞【阿訇】 **āhōng**

**烘 hōng** 횃불 홍
〔동〕 **1** (불에) 말리다. 쪼이다. 쬐다. 데우다. 덥히다. 굽다. ¶~手=손을 쬐다. / ~衣服=옷을 말리다. **2** 부각시키다. 돋보이게[드러나게] 하다. 받쳐 주다. 부상(浮上)시키다. 두드러지게 하다. ¶~托作用=두드러지게 하는 작용.

○-◎ 冬烘，臭烘烘，毛烘烘，暖烘烘，热烘烘

【烘焙】hōngbèi 동 (약한 불이나 전열 기구로) 말리다. 건조시키다. ¶~茶叶=찻잎을 말리다.

【烘衬】hōngchèn 동 돋보이게 하다. 부각시키다. 드러나게 하다. 받쳐 주다. ¶山峰在云雾的~下显得更加雄伟.=구름이 받쳐 주어 산봉우리가 더욱 웅장하게 보인다.

【烘房】hōngfáng 명 건조실.

【烘干】hōnggān 동 (불이나 전열 기구에) 말리다. 건조시키다. ¶把湿衣服~.=젖은 옷을 불에 말리다.

【烘干机】hōnggānjī 명 건조기. 드라이어.

【烘烘】hōnghōng 의 활활. 훨훨. [불길이 힘차게 타오르는 모양]. ¶篝火~地燃烧着.=모닥불이 활활 타오르고 있다.

【烘烤】hōngkǎo 동 (불이나 전열 기구에) 굽다. 말리다. ¶~面包=빵을 굽다.

【烘篮】hōnglán 명 도기 화로가 들어 있는 대바구니. [손·발을 쬘 수 있음]

【烘笼】hōnglóng (~儿) 명 (옷을 말리기 위해 난로에 씌우는) 참대·싸리·철사·버드나무 가지 등으로 만든 바구니.

【烘炉】hōnglú 명 식품을 굽거나 불을 쬐는 난로. [옛날에는 주로 목탄을 연료로 하였으나, 현재는 일반적으로 전기를 씀]

【烘漆】hōngqī 명 물체 표면에 바른 후 말려서 막을 이룬 칠. (가구 따위의 마무리 처리로) 도료를 칠하고 구워서 광내기.

【烘染】hōngrǎn 동 부각시키다. 두드러지게 하다. 돋보이게 하다. 과장하다. 윤색하다. ¶影片用灰暗的色彩和低沉的音乐~出强烈的悲剧氛围.=영화는 어두운 색채와 나지막한 음악으로 강렬한 비극적 분위기를 부각시켰다.

【烘托】hōngtuō 동 1 (美) 형체 주변을 묵(墨)이나 엷은 색으로 칠하여 형체를 두드러지게 하다. [중국 화법의 하나] 2 (글을 쓸 때 측면 묘사를 통해 주요 사물을) 부각시키다. 두드러지게 하다. 돋보이게 하다. ¶这段景物描写~出人物喜悦的心情.=이 풍경 묘사는 인물의 기쁜 마음을 부각시켜 준다. 3 부각시키다. 돋보이게 하다. 받쳐 주다. 두드러지게 하다. 뒷받침하다. ¶在绿叶的~下, 莲花显得更加娇艳.=녹색 잎이 받쳐 주어 연꽃이 한결 더 아름답고 요염해 보인다.

【烘箱】hōngxiāng 명 오븐(oven).

【烘云托月】hōngyún-tuōyuè (成) 1 형체 주변을 묵(墨)이나 엷은 색으로 칠하여 형체를 두드러지게 하다. [중국 화법의 하나] 2 (刑) 측면 묘사를 통해 주요 사물을 부각시키는 작문 수법.

【烘炙】hōngzhì 동 (불이나 전열 기구에) 굽다. 말리다.

薨 hōng 죽을 훙
동 1 제후가 사망하다. 2 고관(高官)이 죽다. 훙서(薨逝)하다.

弘 hóng 넓을 홍
형 크다. 넓다. [현재는 주로 '宏'으로 씀] 넓히다. 확장〔확대〕하 ⊃ 弘 hóng / 泓 hóng

다. 발양(發揚)하다. 진작시키다. ¶恢~=광대하다. (Hóng) 성(姓).

【弘大】hóngdà ☞【宏大】hóngdà
【弘论】hónglùn ☞【宏论】hónglùn
【弘图】hóngtú ☞【宏图】hóngtú
【弘扬】[宏扬] hóngyáng 동 더욱 발전·확대시키다. 발양하다. 발양〔진전〕시키다. 선양하다. 드높이다. ¶~民族文化=민족 문화를 더욱 발전시키다.
【弘愿】hóngyuàn ☞【宏愿】hóngyuàn
【弘旨】hóngzhǐ ☞【宏旨】hóngzhǐ

**红[紅] hóng 붉을 홍**

형 1 붉다. 빨갛다. ¶鲜~=새빨갛다. / 墙绿瓦=붉은 담에 녹색 기와 건물. 2 경사스럽다. ¶村里的~白喜事, 总少不了他这个大厨.=마을의 경조사에 언제나 음식 솜씨가 좋은 이 사람이 없어서는 안 된다. 3 (사업 따위가) 순조롭다. 성공적이다. 번창하다. 인기가 있다. 명성이 있다. 잘 팔리다. ¶满堂~=도처에서 대성황을 이루다. / 走~=한창 인기가 있다. 4 혁명적이다. 정치 사상이 진보적이다. ¶又~又专=사상이 진보적이고 자기 분야의 능력이 뛰어나다. 명 1 붉은 직물. ¶披~挂绿=경축 분위기. 2 붉은 꽃. ¶落~=떨어진 붉은 꽃. 3 선혈. 붉은 피. ¶刀刀见~=말이 신랄하다. 모든 조치가 급소를 찌르다. 4 주식 배당. 초과 배당금. 상여금. 보너스. ¶分~=초과 배당금을 나누다. 5 (Hóng) 성(姓). ≒赤 丹 ↔黑

☞ gōng

○● 潮红, 赤chì红, 川红, 大红, 绯fēi红, 粉红, 花红, 火红, 橘jú红, 口红, 品红, 祁Qí红, 肉红, 水红, 桃红, 剔tī红, 通红, 鲜红, 猩xīng红, 杏xìng红, 血红, 嫣yān红, 殷Yān红, 眼红, 洋红, 银红, 枣zǎo红, 朱红, 紫红, 西红柿, 猩红热, 满堂红, 山里红, 雪里红, 映山红

【红案】hóng'àn (~儿) 명 (식당의) 주방에서 요리를 만드는 일. ↔白案
【红白事】hóngbáishì ☞【红白喜事】hóng-bái xǐshì
【红白喜事】hóng-bái xǐshì 명 1 남녀의 결혼(喜事)과 천수를 다하고 죽은 이의 장례(喜丧)를 합쳐 일컫는 말. 2 경조사. 애경사. 길흉사. =【红白事】hóngbáishì
【红百合】hóngbǎihé ☞【山丹】shāndān
【红斑】hóngbān 명 1 붉은 반점. 붉은 얼룩무늬. 2 (醫) 홍반(紅斑). 홍진(紅疹). (몸에 나는) 붉은 반점.
【红斑狼疮】hóngbān lángchuāng 명 (醫) 홍반성 낭창.
【红榜】hóngbǎng 명 (붉은 종이에 쓴) 영예의 인물 명단. 우수자(優秀者) 명단.
【红包】hóngbāo (~儿) 명 1 (축의금·세뱃돈 등을 넣는) 붉은 종이 봉투. 2 (특별) 상여금. 보너스. 용돈. 뇌물.
【红宝石】hóngbǎoshí 명 (礦) 루비(ruby). 홍

보석. 홍옥.
【红不棱登】hóng·bulēngdēng(~的) 혱㊀ 불그죽죽하다. [싫어하는 의미를 내포함] ¶这条裙子~的, 你穿着太难看。=이 치마는 불그죽죽해서, 네가 입으니 정말로 보기 흉하다.
【红茶】hóngchá 몡 홍차.
【红场】Hóngchǎng 몡 붉은 광장. [러시아 연방 모스크바의 중앙부, 크렘린 성벽의 북동쪽에 접한 광장]
【红潮】hóngcháo 몡 1 홍조. 부끄러워 얼굴이 빨개지는 것. 2 (부녀자의) 월경. 3 ☞【赤潮】chìcháo
【红尘】hóngchén 몡 1㊀ 번화가에 이는 먼지. 2㊀ 번화하고 시끌벅적한 곳. 3㊀【佛】【道】(불교·도교 등에서 말하는) 번잡한 세상. 속세. 인간 세상. ¶看破~=속세를 달관하다. 속세의 덧없음을 깨닫다.
【红赤赤】hóngchìchì(~的) 혱 (눈이나 얼굴이) 새빨갛다. ¶两眼熬夜熬得~的。=밤을 새워 두 눈이 새빨개졌다.
【红筹股】hóngchóugǔ 몡 레드칩(red chip). [홍콩 증시에 상장된 중국 기업들의 주식을 통칭하는 것]
【红丹丹】hóngdāndān(~的) 혱 새빨갛다. ¶~的杜鹃花=새빨간 진달래꽃.
【红蛋】hóngdàn 몡 붉게 물들인 달걀. [옛날 풍속에서 출산을 축하하기 위해 친지들에게 보내는데 사용했음]
【红得发紫】hóng·de fā zǐ 성 제 능력[실력]보다 더 인정받다[중시되다]. [풍자적인 의미를 내포함] ¶这位歌星当下真是~。=이 가수는 지금 정말로 분에 넘치는 인기를 누리고 있다.
【红灯】hóngdēng 몡 1 붉은 등(롱). [경사 때 내걸거나 혹은 평상시에 장식용으로 씀] 2 빨간 신호등. 적신호. ¶闯~=신호를 위반하다. 3㊁ 장애(물). 금지령. ¶必须对盲目的形象工程亮~。=맹목적인 전시 효과만을 노린 건축 공사에 대해 반드시 금지령을 내려야 한다.
【红灯区】hóngdēngqū 몡 1 윤락가. 홍등가. 사창가. 2【经】경제적 손실·위험·장애가 존재하는 상황.
【红澄澄】hóngdēngdēng(~的) 혱 새빨갛다. ¶~的柿子挂满枝头。=새빨간 홍시가 가지에 주렁주렁 매달려 있다.
【红点颏】hóngdiǎnké 몡【动】진홍가슴. 붉은 턱울타리새. =【红喉歌鸲】hónghóu gēqú ㊁【红靛颏儿】hóngdiànkér
【红靛颏儿】hóngdiànkér ☞【红点颏】hóngdiǎnké
【红豆】hóngdòu 몡【植】1 (열대 식물의 하나인) 홍두(紅豆). 상사자(相思子). 2 홍두(紅豆)의 씨. [중국 고대 문학 작품에서 남녀 간의 그리움을 나타내는 데 주로 쓰였음] =【相思豆】xiāngsīdòu 3 붉은 팥.
【红豆杉】hóngdòushān 몡【植】주목.
【红矾】hóngfán ☞【砒霜】pīshuāng
【红粉】hóngfěn 몡㊁ 1 연지와 분. 2 미녀. ¶

~佳人=아름다운 여인. 3 낙화. 떨어진 꽃. ¶流水暗随~去。=떨어진 꽃은 몰래 물을 따라 흘러가네.
【红汞】hónggǒng ☞【汞溴红】gǒngxiù hóng
【红股】hónggǔ 몡 배당주.
【红光满面】hóngguāng-mǎnmiàn 성 얼굴의 혈색이 좋다. =【满面红光】mǎnmiàn-hóngguāng
【红果儿】hóngguǒr 몡【植】1 ☞【山楂】shānzhā 2 ☞【山里红】shān·lihóng
【红海】Hónghǎi 몡【地】홍해.
【红红火火】hóng·hong huǒhuǒ(~的) 혱 1 (장면이) 번화하다. 홍성거리다. 떠들썩하다. 시끌벅적하다. 북적북적하다. 와자지껄하다. 활기넘치다. 들끓다. 뜨겁다. 붐비다. 부산하다. 홍청거리다. 흐드러지다. 2 (생계나 사업 따위가) 번창하다. 홍성하다. 왕성하다.
【红红绿绿】hónghóng lǜlǜ 혱 알록달록하다. 울긋불긋하다. ¶墙壁上贴满了~的广告。=담장에 알록달록한 광고가 잔뜩 붙어 있다.
【红红润润】hóng·hong rùnrùn(~的) 혱 (피부가) 볼그스름하다. 볼그레하다. 혈색이 좋고 윤기가 흐르다.
【红喉歌鸲】hónghóu gēqú ☞【红点颏】hóngdiǎnké
【红狐】hónghú ☞【赤狐】chìhú
【红花】hónghuā 몡 1【植】홍화. 홍람(紅藍). 잇꽃. 2【植】(특히) 홍화의 꽃. 3 붉은 꽃. ¶~还得绿叶衬。=붉은 꽃도 푸른 잎으로 받쳐 주어야 한다.
【红花草】hónghuācǎo ☞【紫云英】zǐyúnyīng
【红火】hóng·huo 혱 1 (장면이) 번화하다. 홍성거리다. 떠들썩하다. 시끌벅적하다. 와자지껄하다. 활기넘치다. 들끓다. 뜨겁다. 붐비다. 부산하다. 홍청거리다. 흐드러지다. ¶满山的茶花开得十分~。=온산의 차나무 꽃이 흐드러지게 피었다. 2 (생계나 사업 따위가) 왕성하다. 번창하다. 홍성하다. ¶小食店的生意很~。=조그만 음식점의 장사가 매우 잘 된다. ↔清淡
【红货】hónghuò 몡㊁ 보석류. ¶~铺=보석 가게.
【红教】hóngjiào 몡【佛】홍교. [8~9세기에 성행했던 라마교의 한 분파. 이 파의 라마승이 붉은 승모(僧帽)를 썼기 때문에 붙여진 명칭]
【红净】hóngjìng 몡【剧】홍정. [중국 전통극에서 얼굴에 붉은 분장을 하는 충신·열사 등의 남자 배역]
【红角】hóngjué(~儿) 몡㊁ 인기 배우[연기자]. 명배우[연기자]. 스타.
【红军】Hóngjūn 몡 1【中国工农红军】Zhōngguó Gōng Nóng Hóngjūn 2 붉은 군대. [1946년 이전의 소련 군대를 가리킴]
【红利】hónglì 몡 1 주식 배당. 초과 배당금. 2 상여금. 보너스(bonus).

【红脸】hóng ‖ liǎn 동 1 (부끄러워) 얼굴을 붉히다. ¶这孩子一见生人就~。=이 아이는 낯선 사람을 보기만 하면 얼굴을 붉힌다. 2 (화가 나서) 얼굴〔낯〕을 붉히다. ¶夫妻俩从未红过脸。=부부는 여태껏 얼굴을 붉힌 적이 없다.

【红脸】hóngliǎn 명 (劇) 1 홍검. [중국 전통극에서 얼굴에 붉은 분장을 하는 충신·열사 등의 남자 배역] 2 (비) 걸핏하면 화를 내는 사람. 쉽게 얼굴을 붉히는 사람. 솔직하고 성실한 사람.

【红磷】hónglín 명 (化) 적린. =【赤磷】chìlín

【红铃虫】hónglíngchóng 명 (動) 목화붉은씨벌레.

【红领巾】hónglǐngjīn 명 1 붉은 삼각건. [중국 소년 선봉대(中國少年先鋒隊) 대원이 목에 두르는 것으로, 홍기(紅旗)의 일부를 대표하며, 혁명 전통을 상징함] 2 중국 소년 선봉대(中國少年先鋒隊) 대원. ¶对面走来了一群~。=맞은편에서 한 무리의 소년 선봉대 대원들이 걸어왔다.

【红领章】hónglǐngzhāng 명 (중국 인민 해방군 등의 제복 옷깃에 붙이는) 붉은 금장(襟章).

【红柳】hóngliǔ ☞【柽柳】chēngliǔ

【红绿灯】hónglǜdēng 명 (교통) 신호등.

【红螺】hóngluó 명 (動) 참고둥. 피뿔고둥. [학명: 'Rapana thomasiana' 임]

【红麻】hóngmá 명 (植) 1 개정향풀. 2 개정향풀의 줄기껍질 섬유.

【红麻料儿】hóngmáliàor ☞【朱雀】zhūquè

【红马甲】hóngmǎjiǎ 명 1 붉은 조끼. 2 (증권거래소의) 거래원. [업무를 볼 때 붉은색 조끼를 입음]

【红帽子】hóngmào·zi 명 1 (민국(民國) 시대에) 공산주의자의 혐의를 받는 것. 2 (정거장·역·부두에서 붉은색 모자를 쓰고 짐을 나르는) 짐꾼.

【红媒】hóngméi 명 (미혼녀에 대한) 초혼 중매. 초혼. 중매인.

【红煤】hóngméi ☞【无烟煤】wúyānméi

【红霉素】hóngméisù 명 (醫) 에리트로마이신 (erythromycin).

【红米】hóngmǐ 명 (農) 붉은쌀.

【红棉】hóngmián ☞【木棉】mùmián

【红模子】hóngmú·zi 명 (아동의 붓글씨 연습을 위해 붉은 글씨가 인쇄되어 있는) 습자 용지.

【红木】hóngmù 명 (植) 1 홍목. [서양의 마호가니(mahogany)와 유사한 상록 관목 또는 작은 교목] 2 화류(樺榴). 홍목. [자단(紫檀)류의 목재를 가리키는 말] ¶~家具 = 화류 가구.

【红男绿女】hóngnán-lǜnǚ 성 산뜻하게〔화려하게·아름답게〕 차려입은 젊은 남녀.

【红娘】hóngniáng 명 1 홍낭. [중국 고전 희곡 작품인《서상기(西廂記)》에 나오는 '崔莺莺(최앵앵)'의 시녀. 주인공인 최앵앵과 장생(張生)의 사이에서 연애 편지를 전달해 주어 두 사람의 결합에 도움을 줌] 2 남녀 간의 사랑을 맺어 주는 여자. 중매쟁이.

【红牌】hóngpái 명 1 (體) 레드카드(red card). 2 (비) (부실 기업이나 학교 등에 대한) 제재〔징계〕 조치. 처벌 조치. 정지 명령.

【红盘】hóngpán (~儿) 명 1 (옛) (상점의) 음력설 이후의 첫 거래 가격. 2 (經) 오른 주식 가격. 오른 주가 지수. [증권거래소의 전광판에 붉은 숫자로 표시되므로 붙여진 명칭] ↔绿盘

【红喷喷】hóngpēnpēn (~的) 형 불그스레하다. ¶姑娘~的脸颊汗津津的。=아가씨의 불그스레한 뺨에 땀이 송골송골 맺혔다.

【红砒】hóngpī ☞【砒霜】pīshuāng

【红皮柳】hóngpíliǔ ☞【杞柳】qǐliǔ

【红皮书】hóngpíshū 명 1 (政) 정부 문건. [스페인·미국·영국 등과 같은 일부 국가의 정부 또는 의회에서 정식으로 공개 발표하는 문건] 2 멸종 위기에 처한 동식물에 관한 문건.

【红票】hóngpiào 명 (옛) 1 초대권. 우대권. 무료 입장권. 2 붉은 편지지로 만든 돈표. [민간에서 화폐로 대용할 수 있었음]

【红萍】hóngpíng 명 (植) 물개구리밥. 부평초 (浮萍草). 수평(水萍).

【红扑扑】hóngpūpū (~的) 형 얼굴에 홍조를 띤 모양. 불그스레하다. 불그스름하다. ¶~的脸蛋 = 불그스레한 얼굴.

【红葡萄藤】hóngpú·taoténg 명 (植) 담쟁이덩굴. =【爬墙虎】páqiánghǔ

【红旗】hóngqí 명 1 적기(赤旗). 붉은 깃발. [혁명을 상징함] 2 ~飘扬 = 붉은 깃발이 휘날리다. 3 (우승자에게 주는) 영예의 붉은 기. 우승기. 모범. 우수. 선진(先進). ¶~单位 = 모범 기관.

【红旗手】hóngqíshǒu 명 (선진적인) 모범 생산자. 모범 근무자. [영예 칭호의 일종] ¶三八~ = 모범 부녀자. [매년 3월 8일 '국제 여성의 날'에 사회주의 건설에 공헌이 큰 부녀자에게 수여하는 영예 칭호]

【红契】hóngqì 명 (등기를 낸) 부동산 매매 계약서. 공인된 집〔땅〕문서. ['白契(báiqì)'와 구별됨]

【红青】hóngqīng ☞【绀青】gànqīng

【红区】hóngqū 명 (歷) 홍색 지구. 제2차 중국 국내 혁명 전쟁 당시 중국 공산당 통치하의 지구. ['白区(báiqū)'와 구별됨]

【红曲】hóngqū 명 멥쌀밥에 누룩을 섞고 밀봉하여 발효시킨 것. [빛깔이 붉으며 양념이나 약재로 씀]

【红壤】hóngrǎng 명 (地) 적색토. 홍토. =【红土】hóngtǔ

【红热】hóngrè 명 (物) 적열.

【红人】hóngrén (~儿) 명 윗사람에게 인정〔총애〕받는 사람. 잘나가는 사람. 오른팔. 총아(寵兒). ¶他现在是局长面前的大~。=그는 현재 국장에게 가장 총애를 받는 사람이다.

【红日】hóngrì 명 (막 떠오른) 붉은 해. 아침 해. 조일(朝日). ¶一轮~冉冉升起。=둥글고 붉은 해가 천천히 떠오른다.

【红润】hóngrùn 형 (피부가) 불그스름하다〔불그레하다〕. 혈색이 좋고 윤기가 흐르다. ¶面色~ = 얼굴 혈색이 좋고 윤기가 흐르다. ↔惨白

【红润润】hóngrùnrùn (~的) 형 (피부가) 매우 불그스름하다〔불그레하다〕. 혈색이 좋고 윤기가 흐르

흐르다. ¶少女~的脸蛋挂着微笑. =소녀의 매우 볼그레한 얼굴에 미소가 어려 있다.
【红色】hóngsè 圈 1 붉은색. 빨강. 적색. 2 혁명. ¶~娘子军=혁명 낭자군.
【红烧】hóngshāo 圈 (요리 방법의 하나로) 고기나 생선 등을 살짝 볶은 다음, 간장을 넣어 색을 입히고 다시 조미료를 가미하여 졸이거나 뚜껑을 닫고 익히다.
【红苕】hóngsháo ☞【甘薯】gānshǔ
【红参】hóngshēn 圈(植) 1 인삼. [열매가 익을 때 붉은색을 띠므로 붙여진 명칭] 2 홍삼.
【红生】hóngshēng 圈(劇) 홍생. [중국 전통극에서 얼굴을 붉게 분장하는 남자 배역]
【红十字会】Hóngshízìhuì 圈 적십자사. 적십자회.
【红薯】hóngshǔ ☞【甘薯】gānshǔ
【红树】hóngshù 圈(植) 홍수.
【红松】hóngsōng 圈(植) 홍송.
【红糖】hóngtáng 圈 갈색 설탕. 똉【黑糖】hēitáng【黄糖】huángtáng
【红彤彤】hóngtōngtōng (~的) 圈ு 새빨갛다. 시뻘겋다.
【红通通】hóngtōngtōng ☞【红彤彤】hóngtóngtóng
【红铜】hóngtóng ☞【紫铜】zǐtóng
【红彤彤】hóngtóngtóng (~的) 圈 새빨갛다. =【红通通】hóngtōngtōng ¶落日的余晖把天空染得~的. =석양볕이 하늘을 새빨갛게 물들였다.
【红头文件】hóngtóu wénjiàn 圈 1 중국의 당정(黨政) 지도부에서 하달하는 문건. 2 중앙정부의 문건. [문서 상단의 문서명 등이 붉은색으로 인쇄되어 붙여진 명칭]
【红土】hóngtǔ 圈 1 ☞【红壤】hóngrǎng 2 ☞【红土子】hóngtǔ·zi
【红土子】hóngtǔ·zi 철단. 변병(辨柄). =【铁丹】tiědān【红土】hóngtǔ
【红外光】hóngwàiguāng ☞【红外线】hóngwàixiàn
【红外线】hóngwàixiàn 圈(物) 적외선. =【红外光】hóngwàiguāng【热线】rèxiàn
【红卫兵】hóngwèibīng 圈 1 홍위병. [중국의 문화 대혁명 기간 동안, 대학생·고등학생·중학생으로 이루어진 군중 조직] 2 홍위병의 구성원.
【红细胞】hóngxìbāo 圈(生) 적혈구. =【红血球】hóngxuèqiú
【红霞】hóngxiá 圈 붉은 노을. ¶~满天=노을이 하늘을 붉게 물들이다.
【红线】hóngxiàn 圈 1 붉은 줄[선·실]. 2 (글이나 저작을 일관하는) 바른 사상[생각]. 3 (전체 문학 작품을 일관하는) 주제. 줄거리. ¶这条~贯穿整部小说的始终. =이 주제는 소설의 처음부터 끝까지 일관된다. 4 (도시 건축 설계도상의) 건축 용지와 도로 용지의 경계선. [흔히 붉은 선으로 구분하기 때문에 붙여진 명칭]
【红小兵】hóngxiǎobīng 圈 1 홍소병. [중국의 문화 대혁명 기간 동안, 초등학생으로 이루어진 군중 조직] 2 홍소병의 구성원.
【红小豆】hóngxiǎodòu ☞【赤小豆】chì xiǎodòu
【红小鬼】hóngxiǎoguǐ 圈 꼬마 홍군(紅軍). [홍군 시기의 소년병을 친근하게 부르던 말]
【红心】hóngxīn 圈 1 혁명 사업에 충성하는 마음. ¶为祖国的建设事业献出一颗~. =조국 건설을 위해 충성심을 바치다. 2 (트럼프의) 하트(heart).
【红星】hóngxīng 圈 1 (5각형의) 붉은 별. 2 인기 스타. ¶影视~=인기 연기자.
【红杏】hóngxìng 圈(植) '杏树(살구나무)'의 속칭. ¶春色满园关不住, 一枝~出墙来. =뜰 안의 완연한 봄기운 어찌할 수 없어, 살구나무 가지 하나 담을 넘네.
【红袖】hóngxiù 圈 1 붉은 소매. 2 아름다운 여인. 미녀. ¶~添香=공부하는 데 미녀가 짝이 되어 주다.
【红学】hóngxué 圈 홍학. [중국 고전 소설인 《홍루몽(紅樓夢)》을 연구하는 학문] ¶~家=홍루몽 연구가.
【红血球】hóngxuèqiú ☞【红细胞】hóngxìbāo
【红殷殷】hóngyānyān (~的) 圈 검붉다. ¶~的血迹=검붉은 혈흔.
【红颜】hóngyán 圈 1 미모(美貌). 2 미인. 미녀. ¶~知己=미인(여인)의 지기.
【红眼】hóng‖yǎn 圈 질투하다. 샘내다. 시새우다. ¶看到同事步步高升, 他不免有些~. =동료가 차츰차츰 승진하는 것을 보고, 그는 조금 샘이 날 수밖에 없다. 圈 눈에 핏발을 세우다. 눈이 뒤집히다. 물불 가리지 않다. 격노[분노·분개]하다. ¶两人争红了眼打了起来. =그 둘은 눈에 핏발을 세우고 싸우기 시작하였다.
【红眼病】hóngyǎnbìng 圈 1(醫) 전염성 급성 결막염. 2(비) 질투병.
【红眼鱼】hóngyǎnyú ☞【赤眼鳟】chìyǎnzūn
【红艳艳】hóngyànyàn (~的) 圈 (눈이 부실 정도로) 붉고 아름답다. 선홍색이다. ¶~的牡丹=붉고 아름다운 모란.
【红样】hóngyàng 圈 붉은 연필로 고친 교정쇄.
【红药水】hóngyàoshuǐ ☞【汞溴红】gǒngxiùhóng
【红叶】hóngyè 圈 단풍(잎). 홍엽. 붉은 잎.
【红衣主教】hóngyī zhǔjiào 圈(宗) '枢机主教(추기경·홍의주교)'의 별칭. [붉은색의 주교복을 걸치기 때문에 붙여진 명칭]
【红缨枪】hóngyīngqiāng 圈 (창 끝에) 붉은 술이 달린 창. [옛날, 병기의 하나]
【红玉】hóngyù 圈 1(植) (사과의 일종인) 홍옥. 2(礦) 귀첨정석(貴尖晶石)의 일종. 똉 balas
【红云】hóngyún 圈 홍조. ¶一杯酒下肚, 她脸上泛起了~. =술이 한 잔 넘어가자, 그녀의 얼굴에 홍조가 떠올랐다.
【红运】【鸿运】hóngyùn 圈 행운. ¶~当头=행운이 찾아들다.
【红晕】hóngyùn 圈 홍조(紅潮). ¶他激动得脸

上 泛出~。=그는 격동하여 얼굴에 홍조를〔홍조가〕 띠었다〔떠올랐다〕.
【红枣】 hóngzǎo (~儿) 명 붉은 대추. 말린 붉은 대추.
【红涨】 hóngzhàng 형 (부끄럽거나 성이 나서) 얼굴이 붉어지다. ¶他~着脸, 一时不知说什么好. =그는 얼굴을 붉히고는, 한동안 어떤 말을 해야 좋을지 몰라했다.
【红疹】 hóngzhěn 명(醫) 장미진(薔薇疹).
【红蜘蛛】 hóngzhīzhū 명(動) 점박이응애. 영 spider mite
【红肿】 hóngzhǒng 동(醫) 피부가 빨갛게 붓다. ¶伤口~=상처가 빨갛게 붓다.
【红种人】 hóngzhǒngrén 명[속] '美洲印第安人种(아메리카 인디언; American Indian)'의 통칭.
【红烛】 hóngzhú 명 붉은 초.
【红柱石】 hóngzhùshí 명(礦) 홍주석.
【红专】 hóngzhuān 형 사상적으로 진보적이고 자기 분야의 능력이 뛰어나다. [주로 1950~1960년대에 쓰인 표현임]
【红妆】 hóngzhuāng ☞【红装】 hóngzhuāng
【红装】〔红妆〕 hóngzhuāng 명(文) 1 여성들의 붉은 치장. 2 여성의 화사한 옷차림〔차림새〕. ¶~素裹=화사한 옷차림과 소박한 차림새. 3 젊은 여성. ¶一代~照汗青. =한 시대를 풍미한 젊은 여인. 청사에 길이 남을 여인.
【红嘴雁】 hóngzuǐyàn 명(動) 회색기러기.

## 吰 hóng 쇠북 소리 횡
☞ 【嘡吰】 chēnghóng

## 闳[閎] hóng 마을 문 굉
형(文) 크다. 웅대하다. 거대하다. 광대하다. 널찍하다. ¶~议=웅대한 의견. 명 1 골목〔좁은 길〕어귀의 문. 2 (Hóng) 성(姓).
【闳中肆外】 hóngzhōng-sìwài 성 글의 내용이 풍부하고 필치가 호방하다.

## 宏 hóng 클 굉
형 광대하다. 장대하다. 원대하다. 넓고 크다. ¶~伟蓝图=장대한 청사진. /~图大展=원대한 계획을 크게 펼치다. 동 크게 하다. 넓히다. 확대하다. [현재는 주로 '弘(hóng)'으로 씀] ¶~扬传统美德. =전통 미덕을 발양하다. 명 (Hóng) 성(姓).
【宏才】 hóngcái 1 비범한 재능. ¶卓识=비범한 재주와 탁월한 식견. 2 걸출한 인재. ¶体坛~=체육계의 뛰어난 인재.
【宏达】 hóngdá 형(文) 1 해박하다. 박학하다. 통달하다. 밝다. ¶学识~=박학하다. 2 (마음이) 확 트이다. 마음〔속·도량〕이 넓다. 너그럽다. ¶胸襟~=마음이 너그럽다.
【宏大】〔弘大〕 hóngdà 형 (규모나 기백 따위가) 웅대하다. 거대하다. 장대하다. 방대하다. ¶规模~=규모가 웅장하다.
【宏富】 hóngfù 형 풍부하다. ¶征引~=인용이 풍부하다.
【宏观】 hóngguān 형 1 (자연 과학에서) 거시적. 매크로(macro). ¶~观察=거시적 관찰. 2 거시적. ¶~控制=거시적 통제. ↔微观
【宏观经济】 hóngguān jīngjì 명(經) 거시 경제.¶~微观经济
【宏观经济学】 hóngguān jīngjìxué 명(經) 거시 경제학.
【宏观世界】 hóngguān shìjiè 명 거시적 세계. 대우주. 매크로코스모스(macrocosmos). ↔微观世界
【宏观调控】 hóngguān tiáokòng 동 거시적으로 제어하고 조절하다.
【宏阔】 hóngkuò 형 광활하다. 넓고 넓다. 광대하다. 광막하다. ¶~的天空=넓고 넓은 하늘.
【宏丽】 hónglì 형 웅장(웅대)하고 화려하다. ¶~的建筑群=웅대하고 화려한 건축 단지.
【宏亮】 hóngliàng ☞【洪亮】 hóngliàng
【宏论】〔弘论〕 hónglùn 명 박학하고 깊이 있는 언론〔의론·견해〕. ¶发表~=박학하고 깊이 있는 견해를 발표하다.
【宏儒】 hóngrú ☞【鸿儒】 hóngrú
【宏图】〔弘图·鸿图〕 hóngtú 명(文) 원대한 계획. 웅대한 구상. ¶大展~=웅대한 계획을 크게 펼치다.
【宏伟】 hóngwěi 형 (규모·기세 따위가) 웅장하다. 웅대하다. 장대하다. 장엄하다. 굉장하다. 거창하다. ¶气势~=기세가 굉장하다.
【宏扬】 hóngyáng ☞【弘扬】 hóngyáng
【宏愿】〔弘愿〕 hóngyuàn 명 원대한 뜻〔포부〕. 큰 희망. 대지(大志). 대망(大望). ¶立下~=원대한 뜻을 세우다.
【宏旨】〔弘旨〕 hóngzhǐ 명 주된 취지. 주요 주제. 대지(大旨). 주지(主旨). 주의(主意). ¶无关~=주된 취지와 무관하다.

## 纮[紘] hóng 갓끈 굉
명 갓끈.

## 泓 hóng 깊을 홍
형 물이 깊고 넓다. 명 줄기. [맑은 샘물·강 등에 쓰이며, '道(dào)'·'片(piàn)'에 상당함] ¶一~秋水=넓게 펼쳐진 가을철의 맑은 물.

## 荭[葒] hóng 말여뀌 홍
【荭草】 hóngcǎo 명(植) 말여뀌. 마료(馬蓼). =【水荭】 shuǐhóng

## **虹 hóng 무지개 홍
명 무지개. 채홍(彩虹). 홍예(虹霓).
☞ jiàng

○● 副虹, 霓ní虹灯

【虹彩】 hóngcǎi 명(生) '虹膜(홍채)'의 옛 명칭.
【虹膜】 hóngmó 명(生) 홍채.
【虹桥】 hóngqiáo 명 무지개 다리. 아치(arch)형 다리. 궁륭(穹窿)형 다리.
【虹吸管】 hóngxīguǎn 명 사이펀(siphon). [속]

【过山龙】guòshānlóng
【虹吸现象】hóngxī xiànxiàng 명(物) 사이펀(siphon) 현상.
【虹鳟】hóngzūn 명(動) 칠색송어. 무지개송어.

## 铵[鈜] hóng 쇳소리 횡
의(음) 땡땡. 땡그렁. 땡그랑. [금속이 부딪칠 때 나는 소리. 주로 인명에 쓰이는 글자]

## 竑 hóng 넓을 횡
형(음) 광대하다. 넓고 크다. ¶正言~议=바른말과 웅대한 의견.

## *洪 hóng 큰물 홍
형 크다. 우렁차다. ¶声如~钟=소리가 종 소리처럼 우렁차다. 명 1 큰물. 홍수. 물사태. 시위. 창수(漲水). ¶山~=산의 홍수. / 防~=홍수를 방지하다. 2 (Hóng) 성(姓).

○● 暴洪, 分洪, 蓄xù洪, 拦洪坝bà

【洪帮】Hóng Bāng 명옛 홍방. [명말 청초(明末清初)의 민간 비밀 결사 조직. 반청 복명(反清復明)을 꾀하고 제국주의 침략에 항거했음] =【洪门】Hóng Mén
【洪波】hóngbō ☞【洪涛】hóngtāo
【洪大】hóngdà 형 (물의 기세나 소리가) 매우 크다. 우렁차다. 굉장하다. ¶瀑布飞泻而下, 发出~的声响. =폭포가 날아 내리면서 우렁찬 소리를 낸다.
【洪都拉斯】Hóngdūlāsī 명(地) 온두라스(Honduras). [수도는 '特古西加尔巴(테구시갈파: Tegucigalpa)' 임]
【洪泛区】hóngfànqū 명 홍수 피해 지역. 수해 지역.
【洪峰】hóngfēng 명 1 (하천에 물이 붇는 기간 동안의) 최고 수위. 2 최고 수위에 달한 홍수.
【洪福】[鸿福] hóngfú 명 크나큰 복. ¶~齐天=더할 수 없이 크나큰 행복. 무상(無上)의 행복.
【洪荒】hónghuāng 명 1 (우주 형성 이전의) 혼돈 몽매한 상태. 2 (인류의) 까마득한 옛날. 태고적. ¶~时代=태고 시대.
【洪涝】hónglào 명 논밭이 침수되는 재해. ¶~灾害=논밭의 침수 재해.
【洪亮】[宏亮] hóngliàng 형 (소리가) 크고 낭랑하다. 우렁차다. ¶歌声~=노랫소리가 크고 낭랑하다.
【洪量】hóngliàng 명 1 넓은 도량[아량]. 관대. 대범. ¶您老~, 大人不计小人过.=어르신의 넓은 도량으로 소인의 허물을 용서해 주십시오. 2 큰 주량. 대주객(大酒客). 큰 술꾼. 주호(酒豪).
【洪流】hóngliú 명 1 도도하고 거센 물줄기. 2 (비) 거역할 수 없는 사회 발전 추세. 거센[큰] 흐름. ¶时代的~=거역할 수 없는 시대의 흐름.
【洪炉】hónglú 명 1 큰 화로(용광로). 2 (비) 사람을 배양하고 단련시키는 환경. 용광로. 도가니. ¶走出校园, 进入社会这个~.=학교를 나와,

마침내 사회라는 큰 용광로로 들어서다.
【洪门】Hóng Mén ☞【洪帮】Hóng Bāng
【洪水】hóngshuǐ 명 큰물. 홍수. 물사태. 시위. 창수(漲水). ¶~肆虐=홍수가 위세를 떨치다.
【洪水猛兽】hóngshuǐ-měngshòu 성 1 홍수와 맹수. 2 (비) 엄청난 위험을 내포하고 큰 재난을 초래할 수 있는 사물. 엄청난 재앙거리.
【洪涛】hóngtāo 명 큰 파도. =【洪波】hóngbō ¶~滚滚=큰 파도가 용솟음치다.
【洪灾】hóngzāi 명 수재. 수해.
【洪泽湖】Hóngzéhú 명(地) 홍택호. [장쑤(江苏)성 서부에 있는 호수로, 중국 4대 담수호 중의 하나임]
【洪钟】hóngzhōng 명(음) 1 큰 종. 2 큰 종 소리. ¶声若~=소리가 큰 종 소리 같다.

## 蚣[蚣] hóng 벌레 날 굉
동(음) (벌레가) 날다.

## 鉷[鉷] hóng 돌쇠뇌 홍
명(음) 쇠뇌의 시위를 걸어 매는 곳.

## 魟[魟] hóng 가자미 홍
명(動) 가자미.

## *鸿[鴻] hóng 큰기러기 홍
형 크다. 넓다. ¶~图大略=원대한 계획과 큰 책략. 명 1 (動) 큰기러기. ¶雪泥~爪=눈 위의 기러기 자국. 어떤 사람이나 지난 일의 흔적. 2 (음) 서신. 편지. ¶来~=서신이 왔다. 3 (Hóng) 성(姓).
【鸿福】hóngfú ☞【洪福】hóngfú
【鸿沟】hónggōu 명 1 홍구. [진(秦) 말기에 한(汉)과 초(楚)가 천하를 양분할 때 경계선이었던 운하. 현재의 허난(河南)성 잉양(荥阳)현에 있었다고 함] 2 (비) 뚜렷한 경계선. 큰 틈[간격·차이·갭(gap)·격차]. ¶两人之间似乎存在着一道不可逾越的~.=두 사람 사이에는 마치 넘을 수 없는 큰 갭이 존재하는 것 같다.
【鸿鹄】hónghú 명 1 (動) 백조. 큰고니. 큰새. 2 (비) 포부가 원대한 사람. 큰 뜻을 품은 사람. 큰 인물. 영웅호걸. ¶~高翔=영웅호걸이 높이 비상하다.
【鸿鹄之志】hónghúzhīzhì 명(비) 원대한 뜻. 크나큰 포부.
【鸿毛】hóngmáo 명(음) 1 기러기의 털. 2 (비) 하찮은 것. 보잘것없는 것. 썩 가벼운 것. ¶死有重于泰山, 轻于~.=죽음에는 태산보다 무거운 것도 있고, 기러기털보다 가벼운 것도 있다.
【鸿门宴】Hóngményàn 명 1 홍문연. 《사기(史记)》에서, 기원전 206년에 유방(刘邦)이 함양(咸阳)을 선점한 후 병력을 보내 함곡관(函谷关)을 지키도록 하였으나, 곧바로 항우가 대군을 이끌고 들이닥쳐 홍문(鸿門)에서 주연을 베풀고 유방을 초대하였는데, 주연에서 항우의 모사인 범증(范增)이 항장(項莊)에게 검무를 추는 체하다 유방을 죽이도록 명하였으나, 유방은 위험을 알

아차린 부하 장수인 번쾌(樊噲) 등의 호위로 무사히 위기를 벗어날 수 있었던 고사에서 유래함] **2** [비] 초청객을 모해할 목적으로 차린 주연(酒宴).
【鸿蒙】 **hóngméng** [명][문] 천지개벽(天地開闢) 이전의 혼돈 상태. ¶～初辟＝천지가 개벽하다.
【鸿篇巨制】 **hóngpiān-jùzhì** [성] 대작. 규모가 방대〔웅대〕한 저작. 스케일이 큰 저작. ＝【鸿篇巨著】 **hóngpiān-jùzhù**
【鸿篇巨著】 **hóngpiān-jùzhù** ☞【鸿篇巨制】 **hóngpiān-jùzhì**
【鸿儒】[宏儒] **hóngrú** [명][문] 대학자. 박학하고 역량이 큰 학자.
【鸿图】 **hóngtú** ☞【宏图】 **hóngtú**
【鸿雁】 **hóngyàn** [명] **1** 《動》 기러기. 개리. ＝【大雁】 **dàyàn** **2** [문][비] 서신. 편지. ¶～往来＝서신을 왕래하다.
【鸿运】 **hóngyùn** [명] **1** [문] 왕조가 융성할 운명. 대운(大運). **2** ☞【红运】 **hóngyùn**
【鸿爪】 **hóngzhǎo** [명] **1** (눈이 녹아 뒤범벅이 된 진땅에 남겨진) 기러기의 발자국. **2** [비] 지나간 일이 남긴 흔적.
【鸿著】 **hóngzhù** [명] 거작. 대작. 거저. ¶恭祝～付梓。＝대작의 출판을 축하드립니다.

## 荭 **hóng** 말여뀌 홍
'葓(hóng)'과 같음.

## 葒 **hóng** 갓 홍
☞【雪里蕻】 **xuělǐhóng**
☞ **hòng**

## 黉[黌] **hóng** 글방 횡
[명] 고대의 학교. ¶～舍＝고대의 학교.
【黉门】 **hóngmén** [명][문] **1** 학교의 문. **2** 학교. ¶～学子＝(학교의) 학생.

## **哄 **hǒng** 속일 홍
[동] **1** (거짓말로) 속이다. 기만하다. ¶我说的句句是实, 绝不～人。＝내가 하는 말들은 모두 사실로, 절대 사람을 속이지 않는다. **2** 달래다. 어르다. 구슬리다. 비위를 맞춰 주다. ¶你女朋友不高兴了, 快去～～她。＝네 여자 친구가 기분이 나쁘니, 빨리 가서 비위 좀 맞춰 주어라. **3** (어린아이를) 어르다. 달래다. 돌보다. ¶老太太整天在家里～孙子。＝할머니는 종일 집에서 손자를 돌보신다.
☞ **hōng, hòng**

0-● 瞒mán哄, 蒙méng哄, 欺qī哄

【哄逗】 **hǒngdòu** [동] 달래다. 어르다. 구슬리다. 비위를 맞춰 주다. 달래어 기쁘게 하다. ¶～小孩儿＝어린아이를 어르다.
【哄弄】 **hǒng·nòng** [동][방] 속이다. 기만하다. 농락하다. 가지고 놀다. ¶别～人。＝사람을 농락하지 마라.
【哄骗】 **hǒngpiàn** [동] (거짓말로) 속이다. 기만하다. 농락하다. ¶你别想～我!＝날 가지고 농락할 생각 마라. ≒诓骗 瞒哄
【哄劝】 **hǒngquàn** [동] 좋은 말로 달래다〔권유하다·위로하다〕. ¶～了半天, 小姑娘终于破涕为笑。＝한참 동안 달래서야, 여자 아이는 마침내 울음을 그치고 웃었다.
【哄人】 **hǒngrén** [동] **1** (사람을) 속이다. 기만하다. 농락하다. ¶这些都是～的话。＝이것들은 모두 사람을 기만하는 말이다. **2** (사람을) 즐겁게 하다. 기쁘게 하다. ¶孩子牙牙学语, 会～了。＝아이가 옹알옹알 말을 배워서, 사람을 즐겁게 한다.

## 唝[嗊] **hǒng** 노래 홍
[명] 나홍곡(羅嗊曲). [사패(詞牌) 이름]
☞ **gòng**

## 讧[訌] **hòng** 다툴 홍
[동][문] 말다툼하다. 분쟁이 생기다〔일어나다〕. 혼란이 일다. ¶内～＝내분이 일어나다.

## **哄[(鬨·鬨)] **hòng** 떠들썩할 홍
[동] (큰 소리로) 떠들어 대다. 시끄럽게 굴다. 소란을 피우다. 야단법석을 떨다. ¶一～而散＝한바탕 소란을 피우고 흩어지다.
☞ **hōng, hǒng**
【哄场】 **hòngchǎng** [동] (관중이 무대를 향해) 야유하다.
【哄闹】 **hòngnào** [동] (많은 사람이 한 곳에 모여) 왁자지껄하다. 시끌벅적하다. ¶教室里一片～声。＝교실 안이 온통 왁자지껄한 소리로 가득하다.

## 澒[澒] **hòng** 가득할 홍
【澒洞】 **hòngdòng** [형][문] 가득하다. 가득 차다. 자욱하다.

## 葒 **hòng** 무성할 홍
[형] **1** [문] 무성하다. 우거지다. **2** [방] (일부) 채소의 긴 줄기. 장다리. ¶菜～＝장다리.
☞ **hóng**

# hou

## 齁 **hōu** 코 고는 소리 후
[의] 쿨쿨. 드르렁드르렁. [코 고는 소리] ¶～～熟睡＝쿨쿨 깊이 자다. [동] (음식물이 너무 짜거나 달아서) 입 안과 목구멍을 거북하게 하다. ¶腌菜咸得～人。＝야채 절임이 너무 짜다. [부][방] 매우. 너무. 몹시. 대단히. 지독하게. [주로 불만을 나타내는 데 쓰임] ¶～酸＝너무 시다. / ～热＝지독하게 뜨겁다.
【齁齁】 **hōuhōu** [의] 쿨쿨. 드르렁드르렁. ¶鼻息～＝드르렁드르렁 코를 골다.
【齁声】 **hōushēng** [명] 코 고는 소리. ¶～如雷＝코 고는 소리가 마치 천둥 소리 같다.

## *侯 hóu 제후 후

**名 1** (고대 5등급 작위의 두 번째인) 후. 후작. ¶公~伯子男=공후백자남. **2** 제후. 고관대작. ¶王~将相=왕후장상. **3** (Hóu) 성(姓).

☞ hòu

| 侯 hóu | 喉 hóu |
| 侯 hòu | 猴 hóu |
| 猴 hóu | 瘊 hóu |
| 篌 hóu | |

○● 王侯, 诸zhū侯, 万户侯

【侯服玉食】hóufú-yùshí 〈成〉 **1** 제후가 입는 옷을 입고 산해진미와 같은 좋은 음식을 먹다. **2** 〈비〉 생활이 사치스럽고 호화롭다.

【侯爵】hóujué 〈名〉 후작. [고대 5등급 작위의 두 번째 작위]

【侯门】hóumén 〈名〉〈옛〉 고관대작의 저택.

【侯门如海】hóumén-rúhǎi 〈成〉 **1** 고관대작의 저택은 일반 백성이 출입하기 어렵다. **2** 〈비〉 잘 알던 사람이 지위 차이로 인하여 소원해지다. = 【侯门似海】hóumén-sìhǎi

【侯门似海】hóumén-sìhǎi ☞【侯门如海】hóumén-rúhǎi

## *喉 hóu 목구멍 후

〈名〉(生) 목구멍. 인후(咽喉).

○● 白喉, 歌喉, 结喉, 咽yān喉

【喉擦音】hóucāyīn 〈名〉〈言〉 마찰 후음.

【喉管】hóuguǎn 〈名〉 **1** 〈音〉 관악기의 일종. [광둥(广东)·광시(广西) 지역에서 유행함] **2** 〈生〉 기관(氣管).

【喉结】hóujié 〈名〉〈生〉 결후. 울대뼈. 후골. = 【结喉】jiéhóu

【喉咙】hóu·lóng 〈名〉 목구멍. 인후. 늑嗓子.

【喉塞音】hóusèyīn 〈名〉〈言〉 후색음. 성문 폐쇄음. [국제음표(I.P.A.)에서의 '?' 음]

【喉舌】hóushé 〈名〉 **1** 목구멍과 혀. **2** 〈비〉 대변인. 대중 매체. 미디어(media). ¶宣传~=홍보 대변인.

【喉头】hóutóu 〈名〉〈生〉 후두.

【喉炎】hóuyán 〈名〉〈醫〉 후두염.

## *猴 hóu 원숭이 후

〈名〉(動) 원숭이. ['猴子(hóu·zi)'라고 통칭함] 〈名〉〈방〉 원숭이처럼 쪼그리고 앉다. ¶他~在台阶上看报.=그는 계단에 쪼그리고 앉아서 신문을 본다. 〈形〉 영리하다. 똑똑하다. 기민하다. 기지가 있다. 재치 있다. 약다. 깜찍하다. 장난이 심하다. 말을 듣지 않다. [주로 어린아이에게 씀] ¶小家伙~得很.=꼬마가 아주 영리하다.

○● 猕mí猴, 棉猴儿, 皮皮猴, 猿猴, 金丝猴

【猴筋儿】hóujīnr ☞【猴皮筋儿】hóupíjīnr

【猴年马月】hóunián-mǎyuè ☞【驴年马月】lǘnián-mǎyuè

【猴皮筋儿】hóupíjīnr 〈名〉〈口〉 고무줄. 고무 밴드. =【猴筋儿】hóujīnr

【猴拳】hóuquán 〈名〉 후권. [원숭이의 동작과 모습을 본떠 만든 무술]

【猴儿】hóur ☞【猴子】hóu·zi

【猴儿急】hóurjí 〈形〉 안달하다. 조바심하다. 안절부절못하다. ¶时间还早, 干吗那么~? =시간이 아직 이른데, 뭘 그렇게 안달하니?

【猴儿精】hóurjīng 〈形〉〈방〉 똑똑하다. 총명하다. 영리하다. 약삭빠르다. 머리가 아주 뛰어나다. 기지가 있다. 재치 있다. ¶这个人~得很.=이 사람은 아주 영리하다. 〈名〉 영리하고 장난을 좋아하는 사람. 장난꾸러기. 말썽꾸러기. 개구쟁이. 약삭빠른 사람. ¶他生来就是一个~.=그는 나면서부터 장난꾸러기였다.

【猴狲】hóusūn 〈名〉〈방〉 원숭이.

【猴头】hóutóu ☞【猴头菌】hóutóujūn

【猴头菌】hóutóujūn 〈名〉〈植〉 노루궁뎅이(버섯). 원숭이머리버섯. [턱수염버섯과의 버섯] ⑤ 【猴头】hóutóu

【猴王】hóuwáng 〈名〉《서유기(西游记)》에 나오는) 손오공(孙悟空).

【猴戏】hóuxì 〈名〉 **1** 원숭이 서커스 [곡예]. **2** 후희. [손오공(孙悟空)을 주인공으로 하는 중국 전통극 제목]

【猴枣】hóuzǎo 〈名〉〈醫〉 후조. [중국 약의 일종. 원숭이 등의 쓸개나 소화 기관 중의 결석(結石)으로 만드는데, 타원형으로 대추처럼 생겼음]

【猴子】hóu·zi 〈名〉〈동〉 원숭이. =【猴儿】hóur

## 瘊 hóu 사마귀 후

〈名〉 사마귀. ¶刺儿~=끝이 딱딱한 사마귀.

【瘊子】hóu·zi 〈名〉〈낮〉 사마귀.

## 骺 hóu 뼈끝 후

〈生〉 골단(骨端). 장골(長骨)의 양쪽 끝. ¶骨~=골단(骨端).

## 篌 hóu 공후 후

☞【箜篌】kōnghóu

## 糇[餱] hóu 말린 밥 후

〈名〉〈문〉 건량(乾糧). ¶~粮=건량(乾糧).

## *吼 hǒu 고함칠 후

〈動〉 **1** (사람이 화나거나 흥분하여) 고함치다. 소리지르다. 큰 소리로 외치다. ¶大~一声=크게 한번 소리지르다. **2** (맹수가) 울부짖다. 포효하다. 으르렁거리다. ¶狮~=사자후. 사자의 포효. **3** (바람·기적·대포 등이) 노호(怒號)하다. 크게 울리다. 큰 소리를 내다. ¶寒风怒~=찬바람이 노호(怒號)하다.

【吼喊】hǒuhǎn 〈動〉 고함치다. 외치다. 울부짖다. 소리지르다. 으르렁거리다. 포효하다. 큰 소리로 울다. 노호(怒號)하다. ¶大声~=큰 소리로 외치다.

【吼猴】hǒuhóu 〈名〉〈動〉 짖는 원숭이. [원숭이의 일종. 목구멍 부분에 큰 공기주머니가 있어 소리

가 멀리까지 울려 퍼져서 붙여진 이름】
【吼叫】hǒujiào 통 고함치다. 외치다. 울부짖다. 소리지르다. 으르렁거리다. 포효하다. 큰 소리로 울다. 노호(怒號)하다. ¶老虎~着扑向猎物。= 호랑이가 포효하며 사냥감을 덮쳤다.
【吼声】hǒushēng 명 대단히 큰 소리. 크게 부짖는 소리. 크게 울리는 소리. 노호하는 소리. ¶~如雷=우레와 같은 큰 소리

## 犼 hǒu 산개 후
명 후. [옛날, 전설에 나오는 개와 비슷한 식인 야수의 일종] ¶金毛~=금모후.

## 后¹ hòu 왕비 후
명 1 (문) 군주(君主). ¶商之先~=상(商)의 옛 군주. 2 황후(皇后). 군주의 본처. ¶皇~=황후. 3 (Hòu) 성(姓).

## 后²[後] hòu 뒤 후
형 1 (시간상으로) 뒤의. 후의. 다음의. 나중의. 장래의. 미래의. ¶日~=훗날. / 先来~到=선착순(으로 순서를 정하다). 2 (순서상으로) 뒤의. 후의. 말미의. ¶~十名=끝에서 열 명. / 他坐在~排=그는 뒷줄에 앉았다. 명 1 후대. 자손. 자식. 후계자. ¶无~=대가 끊기다. / 无~=자손이 없다. 2 (사람·건물·사물의) 뒤. 후. ¶车前马~=다른 사람의 앞뒤를 쫓아다니며 견마지로를 아끼지 않다. / 前街~巷=거리와 골목. ↔先 前

○● 背后, 产后, 敌后, 殿后, 断后, 而后, 尔ěr后, 过后, 今后, 绝后, 落后, 末后, 幕后, 前后, 然后, 日后, 善后, 身后, 事后, 书后, 嗣sì后, 随后, 太后, 王后, 往后, 午后, 预后, 之后, 扯chě后腿, 大后方, 拉后腿, 马后炮pào, 拖tuō后腿

【后爸】hòubà 명口 계부(繼父). 의붓아버지. [지칭하는 말로 쓰임]
【后半】hòubàn 명 후반. ¶~场比赛=후반전 경기.
【后半辈(子)】hòubànbèi(·zi) 명 후반생. 남은 반평생. =【下半辈(子)】xiàbànbèi(·zi) ↔前半辈(子)
【后半年】hòubànnián 명 (일년의) 하반기(下半期). =【下半年】xiàbànnián ↔前半年
【后半晌】hòubànshǎng (~儿) 명方 오후. =【下半晌】xiàbànshǎng ↔前半晌
【后半天】hòubàntiān (~儿) 명口 오후. 하오(下午). =【下半天】xiàbàntiān ↔前半天
【后半夜】hòubànyè 명 (자정 이후부터 날이 밝기 전까지의) 밤중. =【下半夜】xiàbànyè ↔前半夜
【后半月】hòubànyuè 명 후보름. 후망(後望). =【下半月】xiàbànyuè ↔前半月
【后备】hòubèi 형 예비의. 비축의. 저장의. 확보의. 적립의. ¶~物资=예비 물자. 명 예비 인력(人員). ¶~充足=예비 물자가

이 충분하다.
【后备存储器】hòubèi cúnchǔqì 명(컴) 백업 메모리(backup memory). 백업 기억 장치.
【后备军】hòubèijūn 명 1 (軍) 예비군. 2 예비 인력(人員).
【后备役】hòubèiyì ☞【预备役】yùbèiyì
【后背】hòubèi 명 등.
【后辈】hòubèi 명 1 후대. 후손. 자손. 2 후배. 후진(後進). 후생(後生). ≒晚辈 ↔前辈 先辈
【后边】hòu·bian (~儿) 명 1 뒤. 뒤쪽. 뒷면. 2 (공간적인 순서나 위치의) 뒤쪽. 3 (시간적으로) 뒤. 이후. 다음. 나중. ≒后面 ↔前边
【后补】hòubǔ 통 나중에 보충하다 [채우다·보태다]. ¶所缺商品不日~。=부족한 상품을 머지 않아 보충하다.
【后步】hòubù 명 여지. 여유. 말미. 유여. 퇴로. 빠질 구멍. ¶话不要说死, 留个~。=딱 잘라 말하지 않고, 여지를 남기다. ≒后路
【后舱】hòucāng 명 (배나 비행기의) 뒤쪽 선실[좌석]. 뒤쪽의 짐을 싣는 곳.
【后撤】hòuchè 통 철수하다. 퇴각하다. 후퇴하다. 뒤로 물러서다. ¶命令部队立即~。=부대에 즉각 철수하도록 명령하다.
【后尘】hòuchén 명书 1 (걸을 때) 뒤에서 나는 먼지. 2 (비유) 남의 뒤. ¶步人~=남의 뒤를 따르다 [따라가다].
【后代】hòudài 명 1 후대. 후세. ¶这座古寺建于宋代, ~曾多次修缮并扩建。= 이 옛 사찰은 송(宋)대에 지어져서, 후대에 여러 차례 보수하고 중축되었다. 2 후대〔후세〕 사람. ¶造福于~。=후세 사람들을 행복하게 하다. 3 후손. 후대. 자손. ¶我希望自己的~一个个都有出息。= 그는 자신의 후손들이 모두 잘되기를 바란다.
【后灯】hòudēng 명 (자동차의) 후미등(後尾燈). 리어컴비네이션 램프(rear combination lamp).
【后殿】hòudiàn 명 (묘우(廟宇)나 궁전 따위에서) 뒤〔안〕쪽에 있는 전당.
【后爹】hòudiē 명口 계부(繼父). 의붓아버지.
【后盾】hòudùn 명 1 (뒤를 지켜 주기 위해 다른 사람이 들고 있는) 등 뒤의 방패. 2 비 배경. 지지자. 원조자. 후원자. 후견인. 백그라운드. 뒷받침. ¶以强大的经济实力做~。=강대한 경제적 능력을 배경으로 삼다.
【后腭音】hòu'èyīn 명(言) 연구개음(軟口蓋音). 어린입천장소리.
【后发制人】hòufā-zhìrén 성 기회가 무르익기를 기다렸다가 일거에 상대자〔적〕를 제압하다. ↔先发制人
【后方】hòufāng 명 1 뒤. 뒤쪽. 뒷면. 후방. ¶他家院子的~有一个池塘。=그의 집 정원 뒤쪽에는 연못이 하나 있다. 2 (싸움터에서의) 후방. ¶~医院=후방 병원. ↔前方 前线
【后宫】hòugōng 명 황후와 후궁.
【后夫】hòufū 명 후부. 후남편(後男便). 후서방. 두 번째의 남편.
【后福】hòufú 명 미래〔말년〕의 복. ¶大难不死,

必有~. =큰 재난을 겪고도 살아남으면, 훗날 반드시 복이 따른다.

【后父】hòufù 〈명〉계부(繼父). 의붓아버지.

【后跟】hòugēn (~儿)〈명〉뒤축. 발뒤꿈치. ¶鞋~=신발 뒤축.

【后宫】hòugōng〈명〉 1 후궁. [후궁이 사는 궁전] 2 후궁. 황제의 첩.

【后顾】hòugù〈동〉 1 회고하다. 회상하다. 돌이켜 생각하다. ¶~之余, 颇多感慨. =회고해 보면 감개무량하다. 2 뒤를 돌보다. 뒷일을 걱정하다. (남의) 뒤를 봐주다. ¶无暇~=뒤를 돌볼 틈이 없다.

【后顾之患】hòugùzhīhuàn ☞【后顾之忧】hòugùzhīyōu

【后顾之虑】hòugùzhīlǜ ☞【后顾之忧】hòugùzhīyōu

【后顾之忧】hòugùzhīyōu〈성〉 1 뒷걱정. 뒷근심. 2 후방 걱정. 가족 걱정. =【后顾之虑】hòugùzhīlǜ【后顾之虞】hòugùzhīyú【后顾之患】hòugùzhīhuàn

【后顾之虞】hòugùzhīyú ☞【后顾之忧】hòugùzhīyōu

【后滚翻】hòugǔnfān〈명〉〈체〉뒤구르기.

【后果】hòuguǒ〈명〉(주로 안 좋은) 결과. 뒷일. 뒤탈. ¶否则, ~将不堪设想. =그렇지 않으면, 상상할 수도 없는 결과를 초래할 것이다.

【后汉】Hòu Hàn〈명〉〈歷〉 1 ☞【东汉】Dōng Hàn 2 후한. [947~950년. 오대(五代)의 하나로, 유지원(劉知遠)이 세움]

【后话】hòuhuà〈명〉뒷말. 뒷이야기. 뒷일. ¶先把当前的问题解决了, 以后会遇到什么问题, 那是~. =먼저 눈앞의 문제부터 해결하고, 이후에 어떤 문제에 부닥치면, 그건 나중의 일이다.

【后患】hòuhuàn〈명〉후환. 뒤탈. 뒷걱정. ¶~无穷=후환이 끝이 없다.

【后悔】hòuhuǐ〈동〉후회하다. 뉘우치다. ¶如何抉择你要考虑清楚, 以免将来~. =무엇을 선택할지 너 잘 생각해야 해, 장차 후회하지 않게 말이야.

【后悔莫及】hòuhuǐ-mòjí〈성〉후회막급이다. 후회해도 소용 없다. =【后悔无及】hòuhuǐ-wújí

【后悔无及】hòuhuǐ-wújí ☞【后悔莫及】hòuhuǐ-mòjí

【后悔药】hòuhuǐyào〈명〉(비)후회. 자책. 지난 일에 대한 구제책〔치료약〕. ¶吃~=후회하다.

【后会有期】hòuhuì-yǒuqī〈성〉 1 재회할 날이 또 있다. 다시 만날 때가 또 있다. 후에 다시 만납시다. [오랜 시간 동안 이별할 때 쓰여, 위로·희망 등을 나타냄]

【后婚】hòuhūn (~儿)〈명〉재혼. ¶他的~妻子很贤惠. =그의 재혼한 부인은 매우 어질다. 〈명〉재혼한 부인이나 남편.

【后脊梁】hòují·liang〈명〉등(골). 등뼈. 척추.

【后记】hòujì〈명〉후기. 발문(跋文). 맺는 말.

【后继】hòujì〈동〉뒤를 잇다. 후계하다. ¶前仆~=앞사람이 쓰러지면 뒷사람이 그 뒤를 이어 계속 앞으로 나아가다. 희생을 두려워하지 않고 용감하게 전진하다.

【后继乏人】hòujì-fárén〈성〉계승할 사람이 없다. 후계자가 없다.

【后继有人】hòujì-yǒurén〈성〉뒤를 이을 (마땅한) 사람이 있다. 후계자가 있다.

【后脚】hòujiǎo〈명〉 1 (걸음걸이에서의) 뒷발. 2 바로 뒤. 직후. 즉후(卽後). ['前脚(한 발 먼저)'와 같이 쓰여 두 사람의 동작이 바로 이어짐을 나타냄] ¶我前脚刚到, 他~就跟来了. =내가 한 발 먼저 도착하고, 그가 바로 뒤에 왔다.

【后街】hòujiē〈명〉뒷길. 뒷거리. ¶~小巷=뒷길의 좁은 골목.

【后金】Hòu Jīn〈명〉〈歷〉후금. [1616~1636년. 여진족(女眞族)의 누르하치가 세운 왕조로 청(清)의 전신]

【后襟】hòujīn〈명〉(윗옷의) 뒷자락. 뒷섶.

【后进】hòujìn〈명〉 1〈존〉후진. 후배(後輩). 후생(後生). ¶扶持~=후배를 돕다. 2 후진〔낙후·수준이 낮은〕사람이나 단체. ¶对~要多帮助. =뒤떨어진 단체를 더 많이 도와야 한다. 〈형〉후진의. 뒤떨어진. 낙후한. 수준이 낮은. ¶~单位=뒤떨어진 부서. ↔先进

【后劲】hòujìn〈명〉 1 뒷심. ¶他~很足, 在最后一百米超过了所有对手. =그는 뒷심이 좋아서 마지막 백미터에서 모든 상대를 제쳤다. 2 후에 나타나는 기운이나 작용. 뒤끝. ¶这酒喝起来没感觉, ~却很大. =이 술은 마실 때는 별 느낌이 없지만 나중에 취기가 많이 오른다.

【后晋】Hòu Jìn〈명〉〈歷〉후진. [936~947년. 오대(五代)의 하나로, 석경당(石敬瑭)이 세움]

【后景】hòujǐng〈명〉배경. ¶舞台的~是一片广阔的草原. =무대의 배경은 광활한 초원이다.

【后空翻】hòukōngfān〈명〉〈체〉뒤로 재주넘기〔공중회전·공중제비〕. 백 섬머솔트(back somersault).

【后来】hòulái〈명〉 1 그 후. 그 뒤. 그 다음. ¶几年前听说他辞职了, ~就没他的消息了. =몇 년 전에 그가 사직했다고 들었는데, 그 후에는 소식이 끊겼다. 2 뒤에 도착한 사람. 후진. 신참. 후발 주자. ¶~的请尽快入坐. =나중에 도착한 사람은 빨리 자리에 앉아 주세요. ↔起初

---

后来(hòulái) / 以后(yǐhòu) 그 후, …후에

▶ '后来'는 과거에 일어난 일을 설명하는 데 쓰이는 반면 '以后'는 과거와 미래에 모두 사용될 수 있음. ¶以前他住在上海, 后来搬到北京去了. =예전에 그는 상해에 살았는데, 그 후에 북경으로 이사 갔다. / 等我考上了大学以后再说吧. =내가 대학에 붙은 후에 다시 말하자.

▶ '以后'는 시간사나 어떤 사건을 나타내는 어휘 뒤에 쓰일 수 있으나, '后来'는 이런 기능이 없음. ¶大学毕业以后, 你想做什么工作? =대학 졸업 후에 너는 무슨 일을 하고 싶니? / 不行, 十点以后来找我. =안 돼, 10시 이후에 찾아와라.

【后来居上】**hòulái-jūshàng** [성] **1** 후진이 오히려 윗자리에 오르다. 인사가 공정하지 못하다. 굴러온 돌이 박힌 돌을 빼내다. [《사기·급정열전(史記·汲鄭列傳)》가운데, 한(漢) 무제(武帝)가 급암(汲黯)을 중용할 때 공손홍(公孫弘) 등은 관직이 낮았는데, 후에 급암과 공손홍 등의 처지가 뒤바뀌자 급암이 인사가 공정하지 못함을 풍자하여 "폐하의 신하 등용은 땔나무를 쌓듯 하여, 후진이 오히려 윗자리에 오릅니다."라고 말한 고사에서 유래함] **2** 젊은 세대가 기성 세대를 능가하다. 후발 주자가 선발 주자를 추월하다. 뒤졌던 사람이〔것이〕 앞선 사람을〔것을〕 추월하다. 뒤에 난 뿔이 우뚝하다.

【后来人】**hòuláirén** [명] **1** 후진. 신참. 후발 주자. **2** 후계자. 계승자. 후임자.

【后浪推前浪】**hòulàng tuī qiánlàng** [성] **1** 뒤의 물결이 앞의 물결을 밀어서 나가게 하다 **2** [비] 신진 대사를 통해 끊임없이 전진하다.

【后脸儿】**hòuliǎnr** [명][방] 사람의 뒷모습. 사물의 뒷면. ¶看～, 前面那个人很像我的一个同学。＝뒷모습을 보니 앞에 저 사람이 내 학교 때 친구를 많이 닮았다.

【后梁】**Hòu Liáng** [명]《歷》후량. [907～923년. 오대(五代)의 하나로, 주온(朱温, 후에 '全忠'으로 이름을 바꿈)이 세움]

【后路】**hòulù** [명] **1** 후로. 퇴로. 후방의 보급로. ¶抄～＝뒤로 돌아가서 습격하다. 배후에서 적을 습격하다. **2**(～儿) 여지. 여유. 말미. 유여. 퇴로. 빠질 구멍. ¶别把话说绝了, 得留条～。＝딱 잘라 말하지 말고 여지를 남겨 두어야 한다. ≒后步 退步

【后轮】**hòulún**(～儿) [명] 뒷바퀴.

【后妈】**hòumā** [명][구] 계모(繼母). 의붓어머니. [지칭하는 말로 쓰임]

【后门】**hòumén**(～儿) [명] **1** 후문. 뒷문. **2** [비] 연줄. 연고. 친분. 백(back). ¶拉关系, 走～。＝연줄을 대다. ↔前门

【后面】**hòu·miàn**(～儿) [명] **1** 뒤. 뒤쪽. 뒷면. ¶学校的～有一座山。＝학교 뒤쪽에는 산이 하나 있다. **2** (공간적인 순서나 위치의) 뒷부분. ¶～的位子还没有坐满。＝뒷부분의 자리는 아직 다 차지 않았다. **3** (시간적으로) 뒤. 이후. 다음. 나중. ¶～的事就交给我来办。＝뒷일은 제게 맡겨 주세요. ≒后边 ↔前面

【后母】**hòumǔ** [명] 계모(繼母). 의붓어머니. [지칭하는 말로 쓰임]

【后脑】**hòunǎo** [명] **1**《生》후뇌. **2** 뒤통수. 뒷골. 뒷머리.

【后脑勺儿】**hòunǎosháor** [명][방] 뒤통수. 뒷골. 뒷머리. ＝【后脑勺子】**hòunǎosháo·zi**

【后脑勺子】**hòunǎosháo·zi** ☞【后脑勺儿】**hòunǎosháor**

【后年】**hòunián** [명] 후년. 내명년. 재명년.

【后娘】**hòuniáng** [명][구] 계모(繼母). 의붓어머니. [지칭하는 말로 쓰임]

【后怕】**hòupà** [동] 사후(事後)에 무서움을 느끼다〔겁이 나다·두렵다〕. ¶想起那年的地震, 现在都还有些～。＝그 해의 지진을 생각하면 지금도 무섭게 느껴진다.

【后排】**hòupái** [명] **1** (대오나 회의장 따위의) 뒷줄. **2**《體》(배구의) 후위(後衛).

【后妻】**hòuqī** [명] 후처. 후실(後室).

【后期】**hòuqī** [명] 후기. ¶20世纪～＝20세기 후기〔후반〕.

【后起】**hòuqǐ** [형] 나중에〔새로〕 나타난. 신진의. 신흥의. ¶他们都是～的青年作家。＝그들은 모두 신진 청년 작가들이다.

【后起之秀】**hòuqǐzhīxiù** [성] 새로운 우수 인재. 뛰어난 신인. 신예.

【后勤】**hòuqín** [명] **1** 후방 근무. 병참 보급 업무. **2** (기관이나 학교 등의) 물자 조달·관리 업무. ¶～人员＝물자 관리 담당자.

【后鞧】**hòuqiū** [명] **1** (말의) 껑거리끈. 말치끈. [주로 가죽끈이나 범포끈 등으로 만듦] **2** 가축의 둔부. ¶牛～＝소 궁둥이.

【后儿(个)】**hòur(·ge)** [명][구] 모레. 명후일. 재명일. ¶～我再来看你。＝모레 내가 다시 널 보러 올게.

【后人】**hòurén** [명] **1** 자손. 후손. ¶这家的～个个都很争气。＝이 집안 자손들은 하나같이 자기 몫을 다한다. **2** 후인. 후세〔후대〕 사람. ¶这些古文的标点和注释都是～添加上去的。＝이런 고문들의 구두점(句讀點)과 주석은 모두 후세 사람들이 첨가한 것이다.

【后任】**hòurèn** [명] 후임(자). ↔前任

【后日】**hòurì** ☞【后天】**hòutiān**

【后厦】**hòushà** [명] 집 뒤쪽의 복도. ¶前廊～＝집 앞쪽의 복도와 뒤쪽의 복도.

【后晌】**hòushǎng** [명][방] 오후. 하오(下午). ¶她是～来的。＝그녀는 오후에 왔다.

【后晌】**hòu·shang** [명][방] 저녁. 일석(日夕). ¶～饭＝저녁 식사.

【后身】**hòushēn** [명] **1**(～儿) 뒷모습. ¶看～, 母女俩简直一个样子。＝뒷모습을 보니, 모녀 둘이 거의 똑같다. **2**(～儿) (윗옷의) 뒷자락. ¶这件夹克的～稍稍短了点儿。＝이 재킷(jacket)은 뒷자락이 조금 짧다. **3**(～儿) (집·정원 등의) 뒤. 뒤곁. ¶房屋～有一个菜园子。＝집 뒤곁에 채소밭이 있다. **4**《佛》후신. 환생한 몸. **5** (기구나 단체의) 후신. 바뀐 이름. ¶棉纺厂的～就是现在的纺织集团。＝방적 공장의 후신이 바로 지금의 방직 그룹이다. ≒前身

【后生】**hòu·shēng** [명][방] 젊은 남자. 젊은이. 후생. 후배. 후진. 손아랫사람. ¶这～挺实诚的。＝이 젊은이는 아주 성실하다.

【后生可畏】**hòushēng-kěwèi** [성] 젊은이가〔후진이〕 앞사람의 성취를 뛰어넘어 경외할 만하다. 젊은 세대가 무섭다. 젊은 세대는 가능성이 크다.

【后世】**hòushì** [명] **1** 후대. 후세. ¶唐诗宋词对～文学有较大的影响。＝당시(唐詩)와 송사(宋詞)는 후대 문학에 커다란 영향을 주었다. **2** 후예. 자손. 후손. ¶那批移民的～已逐渐融进当地的文化习俗。＝그 이주민들의 후예는 이미 현지의 문화와 습관에 점점 융화되었다. **3**《佛》내세

(來世). ¶前世积德, ~享福。= 전세에 덕을 쌓으면 내세에 복을 누린다.

【后市】 hòushì 명(經) (증권 시장 등의) 오후 장. 다음 장. 이후의 시장 시세. 후장(後場). ↔前市

【后事】 hòushì 1 뒷일. 후사. ¶欲知~如何, 且听下回分解。= 뒤에 어떻게 될지 궁금하면, 다음 회의 이야기를 들어 보시오. 2 후사. 죽은 뒤의 일. 사후의 뒤처리. ¶料理~= 후사(後事)를 처리하다.

【后事之师】 hòushìzhīshī 성 뒷날〔일〕의 귀감. ¶前事不忘, ~。= 이전 일을 잊지 않으면 뒷날의 귀감이 된다. 지난날의 경험은 오늘날의 교훈이 된다.

【后视镜】 hòushìjìng 명 백미러(back mirror). =反视镜 fǎnshìjìng

【后手】 hòushǒu 동 (바둑·장기에서) 뒤에 두다. (쟁탈에서) 후에 손을 쓰다. ¶这盘棋我让你先手, 我~。= 이번 판 바둑은 네가 먼저 두고 내가 뒤에 두게 해 주마. 명 1 (바둑·장기에서의) 후수. 수세. (경쟁에서의) 불리한 국면. ¶一旦落了~就很被动。= 일단 후수가 되면 매우 끌려가게 된다. 2 (~儿) 여지. 여유. 말미. 빠질 구멍. 유여. ¶无论做什么都要留个~。= 어떤 일을 하던지 항상 여지를 남겨 두어야 한다. 3㉠ 후임. 4㉠ 유가 증권〔영수증〕 인수인. ↔先手

【后嗣】 hòusì 후사. 자손. 후손. 후계자.

【后台】 hòutái 명 1 무대 뒤. 막 뒤. 분장실. [장막으로 '前台(무대 앞쪽)'와 나뉘어져 있음] 2㉠ 뒤를 봐주는 사람이나 세력. 백(back). 배후 조종자〔세력〕. 막후의 인물. 뒷 배경. ¶这个走私团伙肯定有~。= 이 밀수 조직은 분명히 배후 세력이 있을 것이다. ↔前台

【后台老板】 hòutái lǎobǎn 명 1 극단 주인. (공연시 주로 무대 뒤에 있음) 2㉠ 뒤를 봐주는 사람이나 세력. 백(back). 배후 조종자〔세력〕. 막후의 인물. 배경. 뒷배.

【后唐】 Hòu Táng 명(歷) 후당. [923~936년. 오대(五代)의 하나로. 이존욱(李存勖)이 세움]

【后天】 hòutiān 1 모레. =【后日】 hòurì 2 후천(적). ¶人的天赋很重要, ~的培养也不可忽视。= 사람의 타고난 소질도 아주 중요하지만 후천적인 배양도 소홀하면 안 된다. ↔先天

【后头】 hòu·tou 명 1 뒤. 뒤쪽. 뒷면. 2 (공간적인 순서나 위치에서) 뒷부분. 3 (시간적으로) 뒤. 이후. 다음. 나중. ↔先头

【后腿】 hòutuǐ 명 뒷다리. ¶ (사람이 걸을 때) 뒤에 오는 다리.

【后退】 hòutuì 동 뒤로 물러나다. 후퇴하다. 퇴각하다. ¶吓得一连~了几步。= 놀라서 연거푸 몇 걸음을 뒤로 물러났다. 2 퇴보하다. ¶他这学期的成绩不但没提高, 反而~了。= 그의 이번 학기 성적은 향상되지 않고 오히려 퇴보됐다〔떨어졌다〕. ↔前进

【后臀尖】 hòutúnjiān 명 (식용 동물의) 둔부 살코기.

【后卫】 hòuwèi 명 1(軍) 후위(대). ¶担任~= 후위를 맡다. 2(體) 후위. 수비 선수. (농구의

가드. (축구의) 풀백.

【后效】 hòuxiào 명 이후의 품행〔효과·효력·효험〕. ¶留校察看, 以观~。= 학교에 남겨서, 이후의 품행을 살펴보다.

【后心】 hòuxīn 명 (사람의) 등 복판.

【后行】 hòuxíng 부 나중에. 뒤에. (그) 다음에. ¶先行试验, ~推广。= 먼저 실험을 해 보고, 그 다음에 널리 보급하다. ↔先行

【后续】 hòuxù 형 후속의. ¶~工程= 후속 프로젝트. 동㉠ 재취하다. 후처를 맞다. 재혼하다.

【后学】 hòuxué 후학. [겸어로 많이 쓰임]

【后仰】 hòuyǎng 동 고개를〔상반신을〕 뒤로 젖히다. ¶前俯~= 몸을 앞뒤로 흔들다. [주로 크게 웃을 때를 가리킴]

【后腰】 hòuyāo 명 등허리. [등의 허리 부분]

【后遗症】 hòuyízhèng 명 1(醫) 후유증. 2㉠ 후유증. 부작용. 여파. ¶一味地强调工程进度必将留下~。= 덮어놓고 공사의 진척만 강조하다가는 분명 부작용을 낳게 될 것이다.

【后尾儿】 hòuyǐr 명㉠ 후미. 말미. 끝. 뒤. 뒤쪽. ¶我们的节目被排到~去了。= 우리들의 공연은 뒤쪽에 배정받았다.

【后裔】 hòuyì 후예. 후손. 자손. 후대.

【后影】 hòuyǐng (~儿) 명 (사람의) 뒷모습. ¶只看见了一个~儿, 没看清是谁。= 단지 뒷모습만 봤을 뿐, 누군지 확실히 보지 못했다.

【后元音】 hòuyuányīn 명(言) 후모음(後母音). [표준어에서의 u·o 등]

【后援】 hòuyuán 동 후원하는. ¶~部队= 후속 지원 부대. 명 1 원군(援軍). 지원군(支援軍). 원병(援兵). ¶~不足= 원군이 부족하다. 2 후원. 지원. 지지. ¶没有~= 후원이 없다.

【后院】 hòuyuàn (~儿) 명 1 뒤뜰. 뒷마당. 후원. 2㉠ 후방. 내부. ¶~起火= 내부에서 갈등이 빚어지다.

【后账】 hòuzhàng 명 1 비밀 장부. 나중에 결산하는 장부. 2 사후의 책임 추궁. ¶有问题现在说清楚, 不要留着算~。= 문제가 있으면 지금 확실히 말해, 나중에 따지지 말라.

【后者】 hòuzhě 대 후자. 뒤의 것. ¶理论和实践相比, 我更注重~。= 이론과 실천을 비교하자면 나는 후자에 더 치중한다. ↔前者

【后肢】 hòuzhī 명(動) (곤충이나 척추 동물의) 뒷다리.

【后周】 Hòu Zhōu 명(歷) 후주. [951~960년. 오대(五代)의 하나로 곽위(郭威)가 세움]

【后轴】 hòuzhóu 명(機) (자동차의) 후차축. 뒤 액슬(rear axle).

【后缀】 hòuzhuì 명(言) 접미사. [예컨대, '桌子(책상)'의 '子'] =【词尾】 cíwěi ↔前缀

【后坐】 hòuzuò 동(軍) (총탄이나 포탄을 발사했을 때 생기는) 후좌(後座). 반동(反動). ¶~速度= 반동 속도.

【后坐力】 hòuzuòlì 명(軍) (총탄이나 포탄을 발사했을 때 생기는) 후좌력. 반동력(反動力).

【后座】 hòuzuò 명 1 뒷좌석. 2 말석(末席). 말단(末端). 중요하지 않은 위치〔자리〕. ¶~议

员＝말단 의원.

# 邱 Hòu 땅 이름 후
[명] **1** (地) 후. [지금의 산둥(山东)성 둥핑(东平) 동남쪽에 있었던 옛 지명] **2** 성(姓).

# 厚 hòu 두터울 후
[형] **1** 두껍다. 두텁다. ¶~被子＝두꺼운 이불. / 这本词典真~。＝이 사전은 정말 두껍다. **2** (이윤이나 수량이) 크다. 많다. ¶赚取~利＝이윤이 많다. **3** (선물의 가치가) 높다. 크다. ¶赠送~礼＝후한 선물을 증정하다. **4** (재산이) 부유하다. 넉넉하다. ¶他的家底儿~。＝그의 집안 형편은 탄탄하다. **5** (감정이) 두텁다. 깊다. ¶两人交情很~。＝두 사람의 우정이 아주 두텁다. **6** (사람을 대하는 데 있어) 후하다. 너그럽다. 관대하다. 친절하다. 무던하다. 인정이 많다. ¶忠~老实＝충직하고 성실하다. **7** (맛이) 진하다. 독하다. ¶酒味醇~＝술맛이 깔끔하고 진하다. [동] 중시하다. 우대하다. 떠받들다. ¶学术研究要实事求是，不能~今薄古。＝학술 연구는 사실을 토대로 진리를 탐구해야지, 요즘 것만 중시하고 옛 것을 경시하면 안 된다. [명] **1** 두께. ¶雪足有一尺~。＝눈이 족히 한 자는 쌓였다. **2** (Hòu) 성(姓). ↔薄

○● 薄bó厚, 淳chún厚, 醇chún厚, 笃dǔ厚, 敦dūn厚, 丰厚, 憨hān厚, 浑hún厚, 浓厚, 朴pǔ厚, 仁厚, 深厚, 温厚, 雄xióng厚, 优厚

【厚爱】hòu'ài [동] **1** 특별히 보살피다〔돌보다·배려하다·아끼다·위하다〕. 깊은 관심을 보이다. ¶~下属＝아랫사람을 끔찍하게 아낀다. **2** 〔경〕 (상대방이 자신을) 특별히 보살피다〔돌보다·배려하다·아끼다·위하다·귀여워하다〕. ¶承蒙~，不胜感激。＝특별한 보살핌을 입어 감격해 마지않는다.

【厚薄】hòubó [명] **1** 두께. ¶被子的~正合适。＝이불의 두께가 딱 알맞다. **2** (어떤 사물의) 분량. 정도. 깊이. ¶他对酒味的~很在意。＝그는 술맛의 깊이를 많이 따진다. **3** (감정이나 관계의) 깊이. 친분. ¶都是好朋友，哪还分什么~？＝다 같이 좋은 친구들인데, 무슨 친분을 또 따져?

【厚薄规】hòubóguī (機) 틈새 게이지(feeler gauge). ＝塞尺 sāichǐ

【厚此薄彼】hòucǐ bóbǐ [성] **1** 한쪽은 중시〔우대〕하고 다른 한쪽은 경시〔냉대〕하다. **2** 불공평하게 대하다. ↔一视同仁

【厚待】hòudài [동] 후하게 대접하다. 우대하다. ¶人家这样~我们, 我们拿什么回报? ＝다른 사람은 이렇게 우리를 후하게 대접하는데, 우리가 무엇으로 보답하지?

【厚道】hòu·dao [형] 후하다. 너그럽다. 관대하다. 친절하다. 무던하다. 인정이 많다. ¶为人~＝사람됨이 관대하다. ↔尖刻 刻薄

【厚度】hòudù [명] 두께.

【厚墩墩】hòudūndūn(~的) [형][구] 두툼하다. 두껍다. ¶~的棉袄＝두툼한 솜저고리.

【厚非】hòufēi [동] 지나치게〔심하게〕 비난하다〔책망하다〕. ¶无可~＝심하게 책망할 수 없다.

【厚古薄今】hòugǔ-bójīn [성] (학술 연구 방면에서) 옛 것을 중시하고 요즘 것을 경시하다. ↔厚今薄古

【厚黑】hòuhēi [명] (아첨·기만·사기 등) 관리의 온갖 파렴치한 작태.

【厚厚道道】hòu·hou dàodào (~的) [형] 후하다. 너그럽다. 관대하다. 친절하다. 무던하다. 인정이 많다.

【厚厚实实】hòu·hou shíshí (~的) [형][구] 두툼하다. 두껍다. ¶炕上铺得~的。＝방구들에 두툼하게 깔다.

【厚今薄古】hòujīn-bógǔ [성] (학술 연구 방면에서) 요즘 것을 중시하고 옛 것을 경시하다. ↔厚古薄今

【厚礼】hòulǐ [명] 귀한〔후한·정중한〕 선물. ¶以~相赠。＝후한 선물을 증정하다.

【厚利】hòulì [명] 높은 이자(이윤). 큰 이득(이익). ¶贪图~＝큰 이익을 탐하다.

【厚脸(皮)】hòu‖liǎn(pí) [동] 얼굴에 철판을 깔다. 염치를 모르다. 부끄러운 줄 모르다. 뻔뻔스럽게 하다. 체면을 아랑곳하지 않다. ¶他厚着脸皮去央求别人。＝그는 뻔뻔스럽게도 다른 사람을 찾아가서 애원하였다.

【厚脸(皮)】hòuliǎn(pí) [형] 뻔뻔스럽다. 낯가죽이 두껍다. 염치 없다. ¶这小子太~了。＝이 녀석은 너무 뻔뻔스럽다. [명] 철면피. 두꺼운 낯짝. 뻔뻔스러운 사람. 파렴치한. ¶他生来就一副~。＝그는 날 때부터 철면피였다.

【厚禄】hòulù [명][문] 후한〔많은〕 녹봉〔봉록〕. ¶高官~＝높은 직위와 후한 녹봉.

【厚貌深情】hòumào-shēnqíng [성] 외모는 믿음직하지만 마음은 알 수 없다.

【厚密】hòumì [형] 두껍고 세밀하다〔촘촘하다〕. ¶老绵羊全身长满~的卷毛。＝면양의 온몸에 두텁고 촘촘하며 구불구불한 털이 자라났다.

【厚实】hòu·shi [형][구] **1** 두툼하다. 두껍다. ¶这床垫挺~。＝이 침대 매트리스(mattress)는 아주 두툼하다. **2** 풍족하다. 풍부하다. 부유하다. 유복하다. 넉넉하다. 여유 있다. ¶家底~＝집안 형편이 넉넉하다. **3** 견실하다. 탄탄하다. 단단하다. 착실하다. ¶他的绘画功底很~。＝그의 회화 기초는 아주 착실〔탄탄〕하다. **4** 넓고 두텁다. 두툼하고 실하다. 튼실하다. ¶~的胸膛＝넓고 두터운 가슴. **5** 〔방〕 충직하고 성실하다. 듬직하다. 믿음직하다. ¶心眼~＝마음씨가 충직하고 성실하다.

【厚望】hòuwàng [명] 간절한 희망〔기대〕. ¶他没有辜负大家的~，最终获得了冠军。＝그는 모두의 간절한 기대를 저버리지 않고, 결국 우승을 따냈다.

【厚颜】hòuyán [형] 뻔뻔스럽다. 낯가죽이 두껍다. 염치 없다. ¶如此~，真是闻所未闻。＝이렇게 염치 없는 경우는 정말 평생 들어보지 못했다.

【厚颜无耻】hòuyán-wúchǐ [성] 후안무치하다. 뻔뻔스럽게 부끄러운 줄 모르다.

【厚谊】hòuyì 명 두터운〔돈독한〕 우정〔우애·정의〕.¶深情~=깊고 돈독한 우정.
【厚意】hòuyì 명 후의. 두터운 (인)정. 친절.¶感谢您的~。=당신의 후의에 감사드립니다.
【厚遇】hòuyù 명 후한〔융숭한〕 대우. 후대.
【厚葬】hòuzàng 통 장례를 성대하게 치르다. ↔薄葬
【厚重】hòuzhòng 형 1 두껍고 무겁다.¶~的皮大衣=두껍고 무거운 가죽 외투. 2 풍성하다. 풍성하다. 융숭하다. 귀하다.¶这份礼物如此~, 实在受之有愧。=이 선물은 너무 귀해서 정말로 받기가 부끄럽다. 3 (태도가) 너그럽고〔관대하고〕 듬직하다〔진중하다〕.¶为人~=사람됨이 너그럽고 듬직하다.

\*侯 hóu 땅 이름 후
지명에 쓰이는 글자.¶闽~=민허우. [푸젠(福建)성에 있음]
☞ hóu

垕 hòu 땅 이름 후
지명에 쓰이는 글자.¶神~=선허우. [허난(河南)성에 있음]

逅 hòu 만날 후
☞【邂逅】xièhòu

\*候 hòu 물을 후
통 1 문 안부를 묻다. 문안하다.¶敬~起居=삼가 안부를 여쭙니다. 2 망보다. 파수를 보다. 감시하다. 관찰하다. 살피다.¶~斥=정찰하다. 3 기다리다.¶大家请稍~, 车马上就来。=모두 잠시만 기다려 주세요, 차가 곧 옵니다. 명 1 기상 상황.¶气~=기후. 2 5일. 닷새. [옛날, 5일을 '一候'라고 하였음. 현재 기상학에서 아직도 사용함]¶~平均气温=5일의 평균 기온. 3 때. 철. 시절. 시기.¶时~=때. 4 (~儿) (어떤 변화 중의) 상황. 상태. 증상. 징후. 정도.¶火~=불의 세기. / 症~=증후. 증상. 5 (Hòu) 성(姓).

○⊖ 测候, 斥chì候, 伺cì候, 恭候, 立候, 侍shì候, 守候, 天候, 听候, 问候, 物候, 迎候, 征zhēng候, 伫zhù候

【候补】hòubǔ 형 후보의.¶~委员=후보 위원. ↔正式
【候场】hòuchǎng 통 (공연을 위해 출연자가) 무대에 오르는 것을 기다리다.¶演员在后台~。=배우가 무대 뒤에서 대기하다.
【候车】hòuchē 통 차를 (타려고) 기다리다.¶乘客们在站台上~。=승객들이 승강장에서 차를 기다리다.
【候车室】hòuchēshì 명 대합실.
【候虫】hòuchóng 명 (動) 후충. 철벌레.
【候风地动仪】hòufēng dìdòngyí 명 후풍지동의. [중국 동한(東漢) 때의 천문학자 장형(張衡)이 발명한 세계 최초의 지진계]【地动仪】dìdòngyí

【候光】hòuguāng 통 오시기를 기다리겠습니다. [주로 초대장 문구에 쓰임]¶浩樽~=박주(薄酒)를 준비하고 오시기를 기다리겠습니다. [초대장에 쓰는 문구]
【候机】hòujī 통 비행기에 탑승하려고 기다리다.¶~大厅=대합실 로비.
【候机楼】hòujīlóu 명 공항 여객 터미널. 공항청사.
【候机室】hòujīshì 명 공항 대합실.
【候教】hòujiào 통 가르침을 기다리겠습니다. (편지에서) 회답을 기다립니다.
【候鸟】hòuniǎo 명 (動) 철새. 후조. ['留鸟(텃새)'와 구별됨]
【候缺】hòuquē 통 결원이 생긴 관직에 임명되기를 기다리다.
【候审】hòushěn 통 (法) (원고·피고 등이) 심문을〔조사를〕 기다리다.¶出庭~=법정에 나가 심문을 기다리다.
【候温】hòuwēn 명 (氣) 매 5일의 평균 온도.
【候选】hòuxuǎn 통 1 (조정의) 임용〔선발〕을 기다리다. 2 입후보하다.
【候选人】hòuxuǎnrén 명 입후보자.
【候账】hòuzhàng 통 (주로 음식값을) 지불하다. 계산하다.
【候诊】hòuzhěn 통 진찰을 기다리다.¶~室=진찰 대기실.

堠 hòu 보루 후
명 (옛날, 적정(敵情)을 살피기 위해 흙으로 쌓은) 보루(堡壘). 보채(堡砦). 영루(營壘).¶烽~=봉화대.

鲎 [鱟] hòu 참게 후
명 1 (動) 투구게. 참게. 2 방 무지개.
【鲎虫】hòuchóng 명 (動) 갑옷새우. 철모새우.
⊕【水鳖子】shuǐbiē·zi
【鲎鱼】hòuyú 명⊕(動) '鲎(투구게·참게)'의 통칭.

# hu

\*\*乎 hū 어조사 호
조문 1 문장 끝에 쓰여, 의문 또는 반문 등의 어기를 나타냄. ['吗'에 상당함]¶王侯将相宁有种~？=왕후장상이 어찌 씨가 따로 있겠는가？ 2 문장 끝에 쓰여, 선택의 어기를 나타냄. ['呢'에 상당함]¶然~？否~？=그런가？ 그렇지 않은가？ 3 문장 끝에 쓰여 추측의 어기를 나타냄. ['吧'에 상당함]¶日食饮得无衰~？=매일의 음식이 줄지 않겠지요？ 4 문장 끝에 쓰여, 명령·요구 등의 어기를 나타냄. ['吧'에 상당함]¶长铗归来~！=장검아, 돌아가자꾸나！ 갑 문장 끝에 쓰여 감탄을 나타냄. ['啊'에 상당함]¶天~！=하늘이여！ 개 동사

| ⦿ 乎 hū |
| 呼 hū |
| 烀 hū |
| 轷 Hū |

뒤에 쓰여 장소·시간·원인 등을 끌어들임. ['于'에 상당함] ¶出~意料 = 뜻밖이다. / 合~常理 = 이치에 맞다. 接尾 ❶ 형용사·부사 뒤에 쓰임. ¶郁郁~ = 아름답다. / 确~重要 = 확실히 중요하다. ❷ 동사 뒤에 쓰임. ['于'에 상당함] ¶毫不在~ = 조금도 마음에 두지 않다.

**戏**[(戲, 戯)] hū 탄식 소리 호
☞【於戏】wūhū
☞ xì

**怃**[憮] hū 클 무
形 文 ❶ 넓고 크다. 크다. ❷ 거만하다. 오만하다. 거드름부리다. 도도하다. 건방지다. 불손하다. 냉대하다. 푸대접하다. 등한히(소홀히) 하다. ¶~而无礼 = 오만하고 무례하다. 動 文 덮다. 뒤덮다. 덮어 가리다. ¶地里~满了野草. = 땅은 온통 풀로 뒤덮였다.

**昒** hū 새벽 홀
形 文 희미하게 날이 밝아 오는 모양. ¶~爽 = 동틀 무렵.

**呼**¹ hū 부를 호
動 ❶ 숨을 내쉬다. ¶~吸正常 = 호흡이 정상이다. ❷ 부르다. 외치다. ¶招~ = 부르다. / 一~百应 = 한 사람이 외치자 많은 사람이 호응하다. 擬 ❶ 휙. 휙. [바람 부는 소리] ¶大风~~地吹着. = 거센 바람이 휙휙 불고 있다. ❷ 호. 후. [입김 부는 소리] ¶他~的一声把蜡烛吹灭了. = 그는 후 하는 소리와 함께 촛불을 불어서 껐다. 名 (Hū) 성(姓). ↔吸

**呼**²[(虖·嘑·謼)] hū 부르짖을 호
動 소리지르다. 큰 소리로 외치다. 고함을 지르다. ¶高~ = 큰 소리로 외치다. / 大声疾~ = (주의를 환기시키기 위해서) 큰 소리로 외치다.

○● 称呼, 传呼, 高呼, 四呼, 呜wū呼, 招呼

【呼哱哱】hūbōbō ☞【戴胜】dàishèng
【呼哧】[呼蚩] hūchī 擬 헉헉. 헐떡헐떡. [숨차서 헐떡이는 모습 또는 그 소리] ¶他累得~~地喘个不停. = 그는 힘들어서 헉헉거리며 계속 숨을 헐떡였다.
【呼蚩】hūchī ☞【呼哧】hūchī
【呼斥】[呼叱] hūchì 動 호통치다. 큰 소리로 꾸짖다. ¶厉声~~ = 사나운 목소리로 크게 꾸짖다.
【呼叱】[呼叱] ☞【呼斥】hūchì
【呼风唤雨】hūfēng-huànyǔ 成 ❶ (신선이나 도사가) 비바람을 부르다. ❷ 喩 (강력한 힘을 사용하여) 자연을 지배하다. 어떤 국면을 좌우하다. ❸ 喩 선동적인 행동을 하다. 소동을 일으키다. 혼란을 일으키다.
【呼喊】hūhǎn 動 외치다. 소리치다. 부르짖다. 고함치다. 큰 소리로 부르다. ¶大声~~ = 큰 소리로 외치다. ≒叫喊
【呼号】hūháo 動 ❶ 큰 소리로 울부짖다. 슬

피 목놓아 울다. 통곡하다. =【呼嚎】hūháo ¶痛彻心扉, ~不止. = 가슴에 사무치도록 계속 울부짖다. ❷ (지지를 구하기 위해) 호소하다. [주로 '奔走(bēnzǒu)'와 이어 씀] ¶奔走~~ = 사방으로 돌아다니며 호소하다.
【呼嚎】hūháo 動 ❶ (야수가) 포효하다. 효후(哮吼)하다. 으르렁거리다. (바람이) 노호(怒號)하다. 휙휙 소리를 내다. ¶狼在森林里~着. = 늑대가 밀림 속에서 으르렁거리고 있다. ❷ ☞【呼号】
【呼号】hūhào 名 ❶ (방송이나 통신에서 사용하는) 콜 사인(call sign). ❷ (어떤 조직이나 기관의) 슬로건(slogan). 모토(motto). 표어. 구호(口號).
【呼和浩特】Hūhéhàotè 名〈地〉후허하오터. [중국 도시 이름. 네이멍구(内蒙古) 자치구(自治區)의 정부 소재지]
【呼唤】hūhuàn 動 ❶ 외치다. 소리치다. 부르짖다. 고함치다. 큰 소리로 부르다. ¶他~着远处的同伴. = 그는 먼 곳에 있는 동료에게 소리치고 있다. ❷ 부르다. [주로 추상적인 사물에 쓰임] ¶祖国~着海外的赤子. = 조국이 해외 동포를 부르고 있다.
【呼饥号寒】hūjī háohán ☞【啼饥号寒】tíjī háohán
【呼机】hūjī ☞【寻呼机】xúnhūjī
【呼机号】hūjīhào 名 삐삐(비퍼) 번호. 호출 번호.
【呼叫】hūjiào 動 ❶ 외치다. 소리치다. 부르짖다. 고함치다. 큰 소리로 부르다. ¶高声~~ = 큰 소리로 외치다. ❷ (무선으로) 호출하다. 부르다. 연락하다.
【呼救】hūjiù 動 (소리쳐서) 구조를 요청하다. 도움을 청하다. ¶大声~~ = 큰 소리로 구조를 요청하다.
【呼啦】[呼喇] hūlā 擬 ❶ 펄럭펄럭. [(크고 긴 천 따위가 바람에 세차게) 흔들리거나 나부끼는 소리. 주로 중첩하여 쓰임] =【呼啦啦】hūlālā ¶彩旗在风中~~直响. = 오색 깃발이 바람에 펄럭펄럭 계속 소리를 낸다. ❷ 우르르. 와르르. 후다닥. [건물이 갑자기 무너지거나 군중이 재빨리 흩어질 때 나는 소리] ¶下雨了, 街上的人~一下全散了. = 비가 내리자, 거리의 사람들이 후다닥 단번에 모두 흩어졌다.
【呼啦啦】hūlālā 擬 ❶ 졸졸. 푸다닥. 퍼드덕. [물이 흐르는 소리·새 날갯짓 소리 등] ¶溪水~地流淌着. = 시냇물이 졸졸 흘러내리다. ❷ ☞【呼啦】hūlā
【呼啦圈】hūlāquān 名 훌라후프(hula hoop).
【呼喇】hūlā ☞【呼啦】hūlā
【呼隆】hūlōng 擬 쿵쾅. [무거운 물건이 구르거나 진동하는 소리. 주로 중첩하여 쓰임] ¶一块巨石~~从山上滚下来. = 거대한 바위 하나가 쿵쾅거리며 산 위에서 굴러 내려온다.
【呼噜】hūlū 名 가르랑. 그렁. 꼴깍. 꿀꺽. 꿀떡. [숨을 쉴 때 기도(氣道)에서 거칠적거리는 소리 또는 음식을 삼킬 때 목구멍에서 나는 소리] =【呼噜噜】hūlūlū ¶他感冒了, 喉咙里老是~~地响. =

그가 감기에 걸려 목구멍에서 자꾸만 그르렁거리는 소리가 난다.

【呼噜噜】**hūlūlū** ☞ 【呼噜】**hūlū**

【呼·噜】**hū·lu** 图(구) 드르렁. [잠잘 때 코 고는 소리] ¶打~=코를 골다.

【呼朋引类】**hūpéng-yǐnlèi** 图图 한통속인 사람을 불러〔끌어〕들이다. 작당(질)하다.

【呼气】**hū∥qì** 图 숨을 내쉬다. ¶用力吸气, 然后大口~. =힘껏 숨을 들이마신 후, 입을 크게 벌리고 숨을 내쉬다.

【呼扇】[唿扇] **hū·shān** 图(구) (편평하고 얇은 물체가) 흔들리는〔떨리는〕모양. ¶这木板桥走上去直~. =이 나무다리는 걸어갈 때 계속 흔들거린다. 图 (얇고 편평한 물건으로) 부채질하다. 바람을 일으키다. ¶他热得直淌汗, 拿起一张报纸不停地~. =그는 더워서 줄곧 땀이 흐르자, 신문을 집어 들고 연방 부채질을 해댄다.

【呼哨】[唿哨] **hūshào** 图 휘파람. ¶打~=휘파람을 불다. 의 씽. 핑. 쌩쌩. 휙. 휙익. [물체가 공중에서 아주 빠른 속도로 움직일 때 나는 날카로운 소리] ¶子弹~而过. =총알이 핑 하고 지나갔다.

【呼声】**hūshēng** 图 1 고함 소리. 부르는 소리. 외치는 소리. 2 사람들의 강력한 요구와 바람. 대중의 목소리. ¶这次换届选举, 他连任的~很高. =이번 교체 선거에서 그가 연임하라는 대중의 목소리가 아주 높다.

【呼台】**hūtái** ☞ 【寻呼台】**xúnhūtái**

【呼天抢地】**hūtiān-qiāngdì** 图 1 큰 소리로 하늘을 부르고, 머리로 땅을 치다. 2 (비) 극도로 비통해하다.

【呼吸】**hūxī** 图 호흡하다. 숨을 쉬다. ¶~新鲜空气=신선한 공기를 마시다. 图图 1 한 번의 호흡. 2 (비) 짧은 시간. 순식간. 잠깐 사이. 눈 깜짝할 사이. ¶成败在~之间. =성패는 순간에 달려 있다.

【呼吸道】**hūxīdào** 图(生) 호흡 기관.

【呼吸相通】**hūxī-xiāngtōng** 图 1 숨을 들이마시고 내쉬는 것은 하나로 연결되어 있다. 2 (비) 생각이 일치하고 이해 관계를 같이하다. 상관 관계가 있다. 관계가 매우 밀접하다.

【呼吸与共】**hūxī-yǔgòng** 图 1 같이 호흡하다. 2 (비) 생각이 일치하고 이해 관계를 같이하다. 상관 관계가 있다. 관계가 매우 밀접하다.

【呼啸】**hūxiào** 图 (휙휙·씽씽 등) 날카롭고 긴 소리를 내다. ¶寒风~=찬바람이 획획 소리를 내다.

【呼延】**Hūyán** 图 복성(複姓).

【呼幺喝六】**hūyāo-hèliù** 图 1 원하는 숫자를 질러 대며 도박을 하다. 2 큰 소리로 떠들며 위세를 부리다.

【呼应】**hūyìng** 图 1 호응하다. 의기상통하다. ¶遥相~=멀리서 서로 호응하다. 2 (앞뒤가) 상응하다. ¶文章前后~, 浑然一体. =문장의 앞 뒤가 상응하며 일체감을 이루다.

【呼吁】**hūyù** 图 (동정이나 지지를) 구하다. 청하다. 호소하다. ¶~社会各界捐助残疾儿童. =사회 각계 각층에 장애 아동을 위해 기부하기를 호소하다.

【呼吁书】**hūyùshū** 图 (동정이나 지지를 구하는) 호소문.

【呼之即来】**hūzhī-jílái** 图 1 부르기만 하면 곧 바로 달려오다. 2 부름에 항시 대기하다.

【呼之即来, 挥之即去】**hūzhī jílái, huīzhī jíqù** 图 1 부르면 오고 가라면 가다. 2 사람을 마음대로 부리다. 언제든지 파견 지시에 따르다.

【呼之欲出】**hūzhī-yùchū** 图 1 (인물화 등이 진짜와 똑같아서) 부르면 걸어 나올 것 같다. 2 (문학 작품 속의) 인물이나 배경의 묘사가 매우 사실적이고 생동감 있다. 3 조치나 정책이 곧 시행되다.

## 忽

**hū** 소홀히 할 홀

图 소홀히 하다. 등한히 하다. 부주의하다. 대수롭지 않게 넘기다. ¶疏~=소홀히 하다. / 玩~职守=직무를 소홀히 하다. 图 1 갑자기. 별안간. 돌연. 문득. ¶~如一夜春风来, 千树万树梨花开. =문득 밤사이 봄바람 부는가 싶더니, 온 나무마다 배꽃이 피어난 듯 눈이 내렸네. 2 뜻이 상반되는 두 형용사나 동사 앞에서 짝을 이루어 쓰여, '이랬다저랬다함'을 나타냄. ¶~高~低=높아졌다 낮아졌다 하다. / ~行~停=가다 서다 하다. 图 어떤 계량 단위의 1/100,000임을 나타냄. ¶~米=센티밀리미터. 图 1 길이 단위로, 0.00003센티미터. ['1忽'는 '1丝'의 1/10임] 2 무게 단위로, 0.00005그램. ['1忽'는 '1丝'의 1/10임] 图 (**Hū**) 성(姓). ≒突 陡

○● 飘**piāo**忽, 倏**shū**忽, 玩忽, 奄**yǎn**忽, 一忽儿, 悠**yōu**忽

○● 忽 hū
   惚 hū
   唿 hū

【忽布】**hūbù** ☞ 【啤酒花】**píjiǔhuā**

【忽地】**hūdì** 图 갑자기. 홀연. 별안간. 돌연. 문득. 어느덧. ¶~刮起了大风. =별안간 세찬 바람이 불기 시작했다.

【忽而】**hū'ér** 图 1 갑자기. 홀연. 별안간. 돌연. 문득. 어느덧. [주로 문어에 쓰임] ¶心中~有些犹疑. =마음속으로 문득 조금 망설여졌다. 2 뜻이 상반되거나 관련되는 두 단어 앞에 동시에 쓰여, 상황의 변화가 빠르고 일정하지 않음을 나타냄. ¶天气变化多端, ~晴, ~雨. =날씨 변화가 심해서, 맑았다가 비가 왔다 하다.

【忽忽】**hūhū** 图图 1 어느덧. 어느새. 잠깐 동안에. 벌써. 금세. 순식간에. ¶离开家乡, ~已是十余年. =고향을 떠난 지 어느새 벌써 십여 년이 되었다. 2 실의한 모양. 허전하다. 공허하다. 서운하다. ¶~如有所失. =마치 무언가 잃은 듯이 허전하다.

【忽冷忽热】**hūlěng-hūrè** 图 1 갑자기 추웠다 더웠다 하다. 2 기온의 변화가 심하다. 3 (비) 감정의 기복이 심하다. 변덕이 심하다.

【忽律】**hūlǜ** ☞ 【狐猁】**hūlǜ**

【忽略】**hūlüè** 图 1 소홀히 하다. 등한히 하다. 등한시하다. 부주의하다. ¶他只顾自己说着高

兴, 完全～了别人的感受。＝그는 자기만 신이 나서 얘기하며, 다른 사람의 느낌은 완전히 등한시했다. **2** (일부러) 그냥 넘어가다〔지나치다〕. 따지지 않다. 빼버리다. 무시하다. [뒤에 주로 '不计(bùjì)'가 따라나옴] ¶零头可以～不计。＝자투리돈은 따지지 않아도 된다.

【忽明忽暗】**hūmíng-hū'àn** [성] **1** (빛이나 모습이) 밝아졌다 어두워졌다 하다. 깜빡이다. 반짝이다. **2** [비] 상황이 명확하지 않다. 상황에 변수가 많다.

【忽然】**hūrán** [부] 갑자기. 홀연. 별안간. 돌연. 문득. 어느덧. ¶汽车～停了下来。＝차가 갑자기 멈춰 섰다. ≒突然 猛然 陡然 骤然

【忽闪】**hūshǎn** [형] 번쩍이는〔빛나는〕 모양. 반짝반짝하다. 번쩍번쩍하다. 깜박깜박하다. ¶信号灯～一亮, 几秒钟后又～一亮。＝신호등이 번쩍 켜졌다가, 몇 초 뒤에 또 번쩍 켜졌다.

【忽闪】**hū·shan** [동] (눈빛 따위가) 번쩍거리다. 반짝이다. 빛을 발하다. 빛을 뿜어 내다. ¶小女孩儿～着圆圆的大眼睛。＝어린 소녀는 둥글고 커다란 눈을 반짝였다.

【忽视】**hūshì** [동] 소홀히 하다. 등한히 하다. 홀시하다. 경시하다. 주의하지 않다. ¶不要只埋头工作而～了身体健康。＝너무 일에만 몰두하여 몸 건강을 소홀히 하면 안 된다. ≒无视

【忽微】**hūwēi** [명][문] 아주 미세한 것. 극미(極微)한 것. ¶祸患常积于～。＝재난은 흔히 아주 작은 것이 쌓여서 비롯된다.

【忽隐忽现】**hūyǐn-hūxiàn** [성] 없어졌다 나타났다 하다.

【忽悠】**hū·you** [동][방] 펄럭이다. 흔들거리다. ¶风一吹, 烛光直～。＝바람이 불어 촛불이 계속 흔들거린다.

# 轷[軤] Hū 성씨 호

[명] 성(姓).

# 烀 hū 삶을 호

[동][구] (소량의 물로 음식을) 삶다. 찌다. ¶～红薯＝고구마를 찌다.

# 唿 hū 바람 소리 홀

아래를 참조.

【唿扇】**hū·shān** ☞【呼扇】**hū·shān**

【唿哨】**hūshào** ☞【呼哨】**hūshào**

# 滹 hū 악어 홀

【滹律】[忽律] **hūlǜ** [명]《動》 악어.

# 滹 hū 물 빨리 흐를 올

【滹浴】**hū‖yù** [동][방] 목욕하다. 몸을 씻다.

# 惚 hū 황홀할 홀

☞【恍惚】**huǎnghū**

# 滹 hū 강 이름 호

【滹沱】**Hūtuó** [명]《地》 후퉈. [산시(山西)성에서 발원하여 허베이(河北)성으로 유입되는 강 이름]

# **糊 hū 바를 호

[동] (진득거리는 것으로 틈·표면·구멍을) 막다. 메우다. 칠하다. 바르다. ¶～墙缝＝담장 틈을 메우다.

☞ **hú, hù**

# 囫 hú 온전할 홀

아래를 참조.

【囫囵】**húlún** [형] 전체의. 온전한. 완전한. 통째로. 모조리. 송두리째. ¶～而食＝통째로 먹다.

【囫囵个儿】**húlúngèr** [형][구] 전체의. 온전한. 완전한. 모조리. 통째로. 송두리째. ¶嚼碎了再咽, 别～吞。＝씹어서 삼켜야지, 송두리째 삼키지 말아라.

【囫囵觉】**hú·lunjiào** [명] 밤에 깨지 않고 푹 자는 잠. 줄곧 자는 잠. 온전한 잠. ¶他一连三天没睡过一个～。＝그는 삼일째 온전한 잠을 잔 적이 없다.

【囫囵吞枣】**húlún-tūnzǎo** [성] **1** 대추를 통째로 삼키다. **2** [비] 기계적으로〔무비판적으로〕 받아들이다. ≒生吞活剥 不求甚解

# 和 hú 이길 화

[동] (마작이나 트럼프에서) 나다. 이기다. ¶打了半天的麻将, 没开过～。＝한나절 동안 마작하면서 한 번도 난 적이 없다.

☞ **hé, hè, huó, huò**

# **狐 hú 여우 호

[명] **1**《動》 여우. ['狐狸(hú·li)'라고 통칭함] **2** (**Hú**) 성(姓).

○● 白狐, 草狐, 赤chì狐, 红狐, 火狐, 玄xuán狐, 银狐

【狐步舞】**húbùwǔ** [명]《藝》 폭스트롯(foxtrot). [미국에서 생겨난, 두 사람이 추는 4분의 4박자의 비교적 빠른 템포의 사교 댄스]

【狐臭】[胡臭] **húchòu** [명] 액취(腋臭). 암내. 호취. ＝【狐臊】**húsāo**

【狐假虎威】**hújiǎ-hǔwēi** [성] **1** 호가호위. 여우가 호랑이의 위세를 빌리다. **2** [비] 남의 권세를 빌려 위세를 부리다. 호가호위하다. ≒狗仗人势

【狐狼】**húláng** ☞【胡狼】**húláng**

【狐狸】**hú·li** [명][낮] **1**《動》 여우. **2** [비] 교활한 인간. [욕하는 말] ¶这个老～!＝이 늙은 여우!

【狐狸精】**hú·lijīng** [명] **1** 옛날, 전설에서 여우가 변해서 된 미녀. **2** [비] 여우 같은 년. 음탕한 여자. [욕하는 말] **3** [비] 간사하고 교활한 인간. [욕하는 말]

【狐狸尾巴】**hú·li wěi·ba** [명][비] 나쁜 짓을 한 후 남은 흔적이나 증거. [옛날, 여우가 사람으로 변해도 그 꼬리는 감추지 못한다는 고사에서 유래함]

【狐媚】**húmèi** [동] 요염한 모습으로 사람을 홀리다. 알랑거려서 남을 홀리다.

【狐朋狗党】húpéng-gǒudǎng ☞【狐群狗党】húqún-gǒudǎng

【狐朋狗友】húpéng-gǒuyǒu 〈성〉〈비〉 어중이떠중이 친구. 못된 친구. 그렇고 그런 친구. 너절한 친구. 불량배.

【狐裘】húqiú 〈명〉 여우의 가죽으로 만든 옷.

【狐群狗党】húqún-gǒudǎng 〈성〉〈비〉 못된 패거리. 너절한 무리. =【狐朋狗党】húpéng-gǒudǎng

【狐臊】húsāo ☞【狐臭】húchòu

【狐死首丘】húsǐ-shǒuqiū 〈성〉 ❶ 여우가 죽을 때 반드시 자신이 살던 굴 쪽으로 머리를 향한다. 호사수구. 수구초심(首丘初心). ❷〈비〉 고향을 그리워하다. 근본을 잊지 않다.

【狐仙】húxiān 〈명〉 호선. [옛날, 전설에서 수련하여 신선이 되거나 사람으로 변한 여우]

【狐疑】húyí 〈동〉 여우처럼 의심이 많다. 의심하다. ¶~不决=의심이 많아 쉽게 결정하지 못하다.

\*\***弧** hú 활 호

〈명〉 ❶〈문〉 나무 활. ❷〈문〉 활. ¶弦木为~=활줄을 나뭇가지에 묶어 활을 만들다. ❸〈數〉 호. 원호(圓弧). 곡선. 커브(curve). 호선. ¶圆~=원호.

○─● 岛弧, 电弧, 括kuò弧, 劣liè弧, 优弧

【弧度】húdù 〈명〉〈數〉 라디안(radian). 호도. [각도의 단위]

【弧光】húguāng 〈명〉〈電〉 호광. 아크 방전광.

【弧光灯】húguāngdēng 〈명〉 호광등. 호등(弧燈). 아크등(arc lamp). =【炭精灯】tànjīngdēng

【弧圈球】húquānqiú 〈명〉〈體〉 (탁구의) 루프 드라이브(loop drive). =【弧旋球】húxuánqiú

【弧弦】húxián 〈명〉〈數〉 호. 원호(圆弧). 곡선. 커브(curve). 호선.

【弧线球】húxiànqiú 〈명〉〈體〉 바나나킥(banana kick).

【弧形】húxíng 〈명〉 ❶ 호형 ❷ 활 모양. 궁형(弓形). 궁상(弓狀). 부채꼴. ¶~构造=호형 구조.

【弧旋球】húxuánqiú ☞【弧圈球】húquānqiú

\*\***胡**¹ hú 함부로 호

〈대〉〈문〉 왜. 무엇 때문에. 어째서. ¶~不归?=왜 돌아가지 않나? 〈부〉 근거 없이. 함부로. 아무렇게나. 멋대로. ¶~说一通=멋대로 한바탕 지껄이다. 〈명〉 ❶ (Hú) 오랑캐. [고대 중국 북방과 서방의 이민족] ¶五~十六国=오호십육국. ❷〈音〉 호금(胡琴). ¶二~=이호. ❸ 옛날, 북방이나 서방의 오랑캐로부터 들어온 물건. ¶~琴=호금. ❹ 외국으로부터 들어온 물건. ¶~椒=후추. ❺ (Hú) 성(姓).

○─● 胡 hú, 湖 hú, 糊 hú, 蝴 hú, 葫 hú, 瑚 hú, 醐 hú, 煳 hú, 猢 hú

\*\***胡**² [鬍] hú 수염 호

〈명〉 수염. ¶山羊~=염소수염. 늑수.

\*\***胡**³ [衚] hú 거리 호
☞【胡同】hú·tòng

○─● 板胡, 柴chái胡, 东胡, 二胡, 京胡, 南胡, 四胡

【胡编】húbiān 〈동〉 멋대로 날조하다. 근거 없이 조작하다. ¶这些事都是他~出来的。=이 일들은 모두 그가 제멋대로 날조해 낸 것이다.

【胡编乱造】húbiān-luànzào 〈성〉 아무 근거 없이 제멋대로 날조하다. 아무렇게나 엉터리로 꾸며 대다.

【胡缠】húchán 〈동〉 멋대로 귀찮게 굴다. 무턱대고 성가시게 굴다. 치근거리다. 귀찮게 따라다니다. ¶你怎么~个没完?=넌 왜 끝도 없이 성가시게 굴어?

【胡扯】húchě 〈동〉 제멋대로 말하다. 되는대로 지껄이다. 허튼소리 하다. 터무니없는 소리 하다. 잡담을 나누다. 한담하다. ¶别听他~，根本没这回事儿。=그 사람의 허튼소리를 듣지 말아라, 전혀 그런 일이 없으니.

【胡臭】húchòu ☞【狐臭】húchòu

【胡吹】húchuī 〈동〉 허풍떨다. 허튼소리 하다. 근거 없이 큰소리치다. ¶他哪有那么大本事, 都是他~的。=그가 무슨 대단한 능력이 있어, 모두 허풍이야.

【胡蝶】húdié ☞【蝴蝶】húdié

【胡豆】húdòu ☞【蚕豆】cándòu

【胡匪】húfěi 〈명〉〈완〉 토비(土匪). 토구(土寇). 마적(馬賊). 토적(土賊). 도적(盜賊). =【胡子】hú·zi

【胡蜂】húfēng 〈동〉 호봉. 말벌. 〈비〉【马蜂】mǎfēng

【胡服骑射】húfú-qíshè 〈성〉 ❶ 호복기사. [전국(戰國) 시대 조(趙)나라의 무령왕(武靈王)이 백성들에게 호복을 입고 말을 타고 활쏘기를 익히게 하여 강력한 기병 부대를 양성한 것을 이름] ❷〈비〉 남의 장점을 잘 배우다.

【胡搞】húgǎo 〈동〉 ❶ 멋대로 하다. 함부로 (행동)하다. ¶~一气=한바탕 멋대로 굴다. ❷ (이성과) 난잡하게 놀아나다.

【胡瓜】hú·gua ☞【黄瓜】huáng·gua

【胡花】húhuā 〈동〉 (돈을) 함부로 쓰다. 허투루 쓰다. ¶钱要节约着用, 别~。=돈을 절약하면서 써야지, 허투루 쓰지 마라.

【胡话】húhuà 〈명〉 ❶ 헛소리. 섬어(譫語). 허성(虛聲). ¶他高烧不退, 一直说~。=그는 열이 내리지 않아, 내내 헛소리를 한다. ❷ 허튼소리. 근거 없는 말. 터무니없는 말. ¶满嘴~=온통 허튼소리뿐이다.

【胡笳】hújiā 〈명〉〈音〉 (옛날, 중국 북방 민족의) 피리와 비슷한 관악기.

【胡椒】hújiāo 〈명〉〈植〉 ❶ 후추〔호초〕나무. ❷ 후추. 호초. [후추의 열매]

【胡椒面儿】hújiāomiànr 〈명〉 ❶ 후춧가루. ❷〈비〉 수량이 적고 흩어진 것. [주로 '洒(sǎ)'와 함께 씀] ¶投资项目要集中, 不能洒~。=투자 항목을 집

중시켜야지, 분산시켜서는 안 된다.
【胡搅】**hújiǎo** 〔動〕**1** 귀찮게 굴다. 성가시게 하다. 훼방놓다. ¶我们都在工作, 你别在这儿~了。 =우리 모두 일하고 있으니, 너는 여기서 훼방놓지 마라. **2** 강변(强辯)하다. 생트집잡다. 억지로 궤변을 늘어놓다. 교활하게 변명을 늘어놓다. ¶事实明摆着, 你就别~了。 =사실은 분명히 드러나 있으니, 억지로 변명하지 마라.
【胡搅蛮缠】**hújiǎo-mánchán** 〔慣〕 막무가내로 귀찮게 굴다. 함부로 치근거리다. 마구 생트집을 잡다. ☞【死搅蛮缠】**sǐjiǎo-mánchán**
【胡来】**húlái** 〔動〕**1** 마음대로[제멋대로] 행동하다. 함부로 굴다. 소란을 피우다. ¶这里是法庭, 由不得他~。 =이 곳은 법정이니, 그가 함부로 소란을 피워서는 안 된다. **2** 규정대로 하지 않고 마음대로 하다. (원칙 없이) 제멋대로 하다. ¶这样不顾实际地蛮干, 不是~吗? =이렇게 실제 상황을 고려하지 않고 무모하게 일을 한다면, 제멋대로 하자는 것 아닌가?
【胡狼】〔狐狼〕**húláng** 〔名〕〔動〕자칼.
【胡噜】**hú·lu** 〔動〕〔方〕**1** 털어 내다. 쓸어 버리다. 쓸어 모으다. ¶把桌子上的果皮~到垃圾桶里。 =식탁 위의 과일 껍질을 쓰레기통에 쓸어 넣다. **2** 대처하다. 처리하다. ¶这么多事, 他一个人怕~不过来。 =이렇게 많은 일을 그 사람 혼자서 다 처리해 내지 못할 것이다. **3** 어루만지다. 쓰다듬다. ¶他不停地~着疼的膝盖。 =그는 넘어져 아픈 무릎을 연방 어루만지고 있다.
【胡乱】**húluàn** 〔副〕**1** 함부로. 멋대로. 아무렇게나. ¶别人的私事, 不要~猜测。 =남의 사적인 일을 함부로 추측하지 마라. **2** 대충대충. 얼렁뚱땅. ¶~吃了几口饭就又去干活儿了。 =그는 밥을 대충 몇 숟가락 먹고는 또 가서 일을 했다.
【胡萝卜】**húluó·bo** 〔名〕〔植〕당근. 홍당무.
【胡萝卜素】**húluó·bosù** ☞【叶红素】**yèhóngsù**
【胡麻】**húmá** 〔名〕〔植〕**1** 검은 참깨. **2** 아마(亞麻). 양삼. 린트(lint).
【胡闹】**húnào** 〔動〕**1** 제멋대로 굴다. 함부로 굴다. 소동을 피우다. 법석을 떨다. ¶任意~ =제멋대로 굴다. **2** 함부로 하다. 무모하게 하다. ¶他这样随心所欲地干部直是~。 =그가 이렇게 자기 마음대로 하니, 정말 무모하기 짝이 없다.
【胡呾】**húqìn** 〔動〕헛소리하다. 터무니없는 말을 하다. ¶别听这家伙~! =그 자식의 헛소리를 듣지 마라.
【胡琴】**hú·qin** (~儿) 〔名〕〔音〕**1** 호금. [중국 서방과 북방 오랑캐로부터 전해진 모든 찰현(擦絃) 악기를 가리킴] **2** 이호(二胡). 호궁(胡弓). 경금(京弓). 완금(碗琴).
【胡人】**húrén** 〔名〕호인(胡人). 오랑캐. [고대, 중국의 북방이나 서방의 이민족을 일컫던 말]
【胡说】**húshuō** 〔動〕헛소리하다. 함부로 지껄이다. 말도 안 되는 소리를 하다. ¶~, 你什么时候征求过我的意见? =말도 안 되는 소리, 네가 언제 내 의견을 물어 봤어? 〔名〕허튼소리. 말도 안

되는 소리. 터무니없는 말.
【胡说八道】**húshuō-bādào** 〔慣〕말도 안 되는 소리를 하다. 입에서 나오는 대로 지껄이다. 터무니없는 말을 하다. 허튼소리를 지껄이다. =【瞎说八道】**xiāshuō-bādào**
【胡思乱想】**húsī-luànxiǎng** 〔慣〕허튼 생각을 하다. 터무니없는 생각을 하다.
【胡荽】**hú·suī** ☞【芫荽】**yán·suī**
【胡桃】**hútáo** ☞【核桃】**hé·tao**
【胡同】**hú·tòng** (~儿) 〔名〕골목.
【胡涂】**hú·tú** ☞【糊涂】**hú·tu**
【胡须】**húxū** 〔名〕수염.
【胡言】**húyán** 〔動〕〔方〕허튼소리하다. 함부로[되는 대로] 지껄이다. ¶休得~ =함부로 지껄이지 마. 〔名〕허튼소리. 터무니없는 말. 말도 안 되는 소리. ¶一派~ =온통 허튼소리.
【胡言乱语】**húyán-luànyǔ** 〔慣〕**1** 터무니없는 말을 제멋대로 지껄이다. **2** 터무니없는 말. 허튼소리. 말도 안 되는 소리. 늑言不及义 ↔言必有中
【胡杨】**húyáng** 〔名〕〔植〕(중국 서북부에서 자라는) 포플러의 일종. [학명은 'Populus euphratica' 임]
【胡诌】**húzhōu** 〔動〕함부로 말하다. 제멋대로 꾸며 대다. ¶他~了一个理由搪塞了过去。 =그는 이유 하나를 아무렇게나 꾸며 대고서 얼버무리고 넘어갔다.
【胡子】**hú·zi** 〔名〕**1** 수염. **2** ☞【胡匪】**húfěi**
【胡子茬儿】**hú·zichár** 〔名〕짧은 수염.
【胡子工程】**hú·zi gōngchéng** 〔名〕지지부진한 〔질질 끄는〕 공사.
【胡子拉碴】**hú·zilāchā** (~的) 〔形〕수염이 뻣뻣한〔더부룩한〕.
【胡作非为】**húzuò fēiwéi** 〔慣〕제멋대로〔마구〕 못된 짓을 하다. 도리에 어긋나는 짓을 하다. 늑倒行逆施

## 壶[壺] **hú** 항아리 호

〔名〕**1** 병. 항아리. 주전자. ¶暖~ =보온병. / 茶~ =찻주전자. **2** (**Hú**) 성(姓).

○● 便壶, 漏壶, 暖壶, 汤壶, 投壶, 悬xuán壶, 夜壶

【壶漏】**húlòu** ☞【漏壶】**lòuhú**
【壶碗】**húwǎn** 〔名〕주전자와 찻잔.

## 核 **hú** 씨 핵
☞ **hé**

【核儿】**húr** 〔名〕**1** 핵(核). 씨. ¶桃~ =복숭아씨. **2** 핵과류의 씨앗같이 생긴 것. ¶煤~ =타다 남은 연탄재.

## 斛 **hú** 휘 곡

〔名〕휘. 곡(斛). 〔量〕휘. [과거 용량의 단위로, '1곡(斛)'은 본래 '10두(斗)'였으나, 나중에 '5두(斗)'로 바뀜]

## 搰 **hú** 팔 골

〔動〕**1** 파다. **2** 휘젓다. 교란하다. 휘저어 어지

럽히다.

## 葫 hú 호리병박 호

○● 闷mēn葫芦, 水葫芦, 糖táng葫芦, 西葫芦, 油葫芦

【葫芦】hú·lu 圆(植) 1 호리병박(나무). 조롱 박. 2 호리병박의 열매.

## 鹄[鵠] hú 고니 곡

圆(雩)(动) 백조. 고니. ¶鸠形~面=몸이 수척하고 얼굴이 초췌하다.
☞ gǔ

【鹄立】húlì 동(雩) (백조처럼) 우뚝 서다. 똑바로〔반듯이〕서다. ¶瞻望~=학수고대하다.
【鹄面】húmiàn 圆(雩) 고니처럼 비쩍 마른 얼굴.
【鹄面鸠形】húmiàn jiūxíng ☞ 【鸠形鹄面】jiūxíng húmiàn
【鹄望】húwàng 동(雩) 1 학처럼 고개를 길게 빼고〔늘이고〕바라보다. 2 학수고대하다.

## 猢 hú 원숭이 호

【猢狲】húsūn 圆(动) 1 미후(獼猴)의 일종. 2 원숭이. ¶树倒~散=나무가 쓰러지면 원숭이는 흩어지게 마련이다. 우두머리가 권력을 잃게 되면 부하들은 흩어지게 마련이다.

## *湖 hú 호수 호

圆 1 호. 호수. ¶洞庭~=동정호. 둥팅후. / 江河~海=강과 하천과 호수와 바다. 2 (Hú) 저장(浙江)성의 후저우(湖州). [지금의 우싱(吳兴)임] ¶~笔=저장(浙江)성의 후저우(湖州)에서 생산되는 붓. 3 (Hú) 후난(湖南)성과 후베이(湖北)성. ¶两~=후난(湖南)성과 후베이(湖北)성.

○● 江湖, 泻xiè湖, 盐yán湖, 太湖石

【湖北】Húběi 圆(地) 후베이(湖北)성. 호북성. ['鄂(È)'로 약칭하며 성도는 우한(武汉)임]
【湖笔】húbǐ 圆 저장(浙江)성의 후저우(湖州)에서 생산되는 붓.
【湖滨】húbīn 圆 호숫가. 호반. ¶~公园=호반 공원.
【湖汊】húchà 圆 (육지로 좁고 길게 들어간) 호수 지류. 호수로 유입되는 강줄기.
【湖光】húguāng 圆 1 호수면에 반짝이는 빛. 2 호수의 풍경. ¶~与山色交相辉映.=호수와 산의 경치가 서로 아름답게 어우러지다.
【湖光山色】húguāng-shānsè (成) 호수와 산이 서로 어우러져 이루는 아름다운 경치.
【湖广】Húguǎng 圆(地) 후베이(湖北)성과 후난(湖南)성. [원(元)대에는 광둥(广东)성과 광시(广西)성을 포함시킨 명칭이었으며, 명(明)대에 분리되었으나 명칭은 그대로 씀] ¶~熟, 天下足.=후광(湖广) 지역의 농작물이 익으면 온 세상이 풍족하게 된다.
【湖蓝】húlán 圆 남색.
【湖绿】húlǜ 圆 연두색.

【湖面】húmiàn 圆 호수의 수면. ¶几只水鸟在~上低飞.=물새 몇 마리가 호수의 수면 위를 낮게 난다.
【湖南】Húnán 圆(地) 후난(湖南)성. 호남성. ['湘(Xiāng)'으로 약칭하며, 성도는 창사(长沙)임]
【湖畔】húpàn 圆 호반. 호숫가. ¶~烟柳=호반의 안개같이 일렁이는 버드나무.
【湖盆】húpén 圆 호수처럼 생긴 웅덩이.
【湖泊】húpō 圆 호수의 통칭.
【湖色】húsè 圆 연두색. 담록색.
【湖滩】hútān 圆 호숫가 모래톱.
【湖田】hútián 圆 호수 주변에 제방을 쌓아 개간한 논.
【湖心】húxīn 圆 호수의 중심〔한가운데〕.
【湖心亭】húxīntíng 圆 호수 가운데 지은 정자(亭子).
【湖羊】húyáng 圆(动) (타이후(太湖) 유역에 분포하는〔서식하는〕) 면양의 일종.
【湖泽】húzé 圆 늪과 호수. 호소. 소호(沼湖).
【湖沼】húzhǎo 圆 늪과 호수. 호소. 소호(沼湖).
【湖绉】húzhòu 圆(纺) 후저우 주름〔크레이프〕비단. [저장(浙江)성 후저우(湖州)에서 생산되는 주름진 견직물]

## 瑚¹ hú 제기 호

【瑚琏】húliǎn 圆 1 옛날, 종묘에서 곡식을 담아놓던 제기. 2 (비) 재능이 있는 사람. 기량이 뛰어난 사람.

## 瑚² hú 산호 호

☞ 【珊瑚】shānhú

## 煳 hú 탈 호

(动) (음식이나 옷감 따위가) 눋다. 타다. ¶馒头烤~了.=만터우가 타 버렸다.

## 鹕[鶘] hú 사다새 호

☞ 【鹈鹕】tíhú

## 斛 hú 부셸 곡

圆 '蒲式耳(부셸, bushel)'의 옛 명칭.

## 鹘[鶻] hú 송골매 홀

圆(动) 매.
☞ gǔ

## 槲 hú 떡갈나무 곡

圆(植) 떡갈나무. 도토리나무. 곡목(槲木). 대엽력. 대엽작.
【槲栎】húlì 圆(植) 갈참나무. =【青冈】qīnggāng

## *蝴 hú 나비 호

아래를 참조.
【蝴蝶〔胡蝶〕】húdié 圆(动) 나비.
【蝴蝶斑】húdiébān 圆(医) 기미. 간반(肝斑). 황갈반(黄褐斑).

【蝴蝶花】húdiéhuā 명 (植) 붓꽃.
【蝴蝶结】húdiéjié 명 나비넥타이. 보타이(bow tie). =【蝴蝶扣儿】húdiékòur
【蝴蝶扣儿】húdiékòur 1 (중국식 상의의) 나비매듭 단추. 2 ☞【蝴蝶结】húdiéjié
【蝴蝶瓦】húdiéwǎ ☞【小青瓦】xiǎoqīngwǎ
【蝴蝶装】húdiézhuāng 명 호접장(蝴蝶裝). 접엽(粘葉).

**糊**¹ hú 풀 호
명 1 죽. 2 풀. ¶糨~=풀. 동 풀로 붙이다. 바르다. ¶裱~=도배하다. / ~窗户=창문을 바르다. 형 '煳(hú)'와 같음.

**糊**² [ 粘·餬 ] hú 입에 풀칠할 호
동 죽으로 허기를 채우다. ¶勉强~口=가까스로 입에 풀칠하다.
☞ hū, hù

○● 裱biǎo糊, 稠chóu糊, 含糊, 糨jiàng糊, 烂làn糊, 迷糊, 面糊, 模糊, 粘nián糊

【糊糊】hú·hu 명 옥수수 가루나 밀가루로 쑨 죽. ¶棒子~=옥수수죽.
【糊糊涂涂】hú·hu tūtū 형 흐리멍덩하다. 어리석다. 명청하다.
【糊口】húkǒu 동 입에 풀칠하다. 겨우 연명하다. ¶养家~=집안 식구를 가까스로 부양하다.
【糊里糊涂】hú·lihútú 형 흐리멍덩하다. 얼떨떨하다. 어리둥절하다. 어리벙벙하다.
【糊墙纸】hú qiángzhǐ 동 벽지를 바르다. 도배하다.
【糊刷】húshuā 명 표구용(表具用) 솔.
【糊涂】[胡涂] hú·tu 형 1 어리석다. 명청하다. 흐리멍덩하다. ¶这么简单的道理都不明白, 你可真一啊!=이렇게 간단한 이치도 모르다니, 너 정말 명청하구나! 2 혼란하다. 엉망이 되다. 뒤죽박죽이다. ¶一塌~=엉망진창이다. 3 애매하다. 흐릿하다. 분명하지 않다. ¶天色渐晚, 远处的山林已一不清了。=날이 점점 저물어 가자, 멀리 있는 산은 이미 흐릿해서 잘 보이지 않는다. ↔明白 清楚 清醒
【糊涂虫】hú·tuchóng 명 (욕하는 말로) 멍청이. 바보. 멍텅구리.
【糊涂账】hú·tuzhàng 명 1 내용이 분명하지 않은 장부. 2 명 내용이 뒤죽박죽이 되어 분명하지 않은 일. ¶当时的情形究竟如何谁也说不清楚, 成了一笔~。=당시의 상황이 도대체 어떠했는지 아무도 분명하게 말할 수가 없어 하나의 수수께끼로 남았다.

**縠** hú 주름 비단 곡
명문 주름 비단. 지지미 견직물.

**醐** hú 제호 호
☞【醍醐】tíhú

**觳** hú 두려운 모양 곡

【觳觫】húsù 동문 무서워서 벌벌〔부들부들〕떨다. 전율하다.

**虎** hǔ 호랑이 호
명 1 (動) 범. 호랑이. ['老虎(lǎohǔ)'라고 통칭함] ¶狐假~威=호가호위. 2 (Hǔ) 성(姓). 형 (中) 용맹스럽다. 사납다. ¶~~生风=활력과 생기가 넘쳐나다. 동 1 (方) 흉악한 인상을 짓다. ¶他顿时~起脸来。=그는 갑자기 흉악한 인상을 지었다. 2 (中) '唬(hǔ)'와 같음.
☞ hù

○● 白虎, 壁bì虎, 灯虎, 马虎, 貔pí虎, 松虎, 蝎xiē虎, 蝇yíng虎, 拦lán路虎, 笑面虎, 纸老虎

⇨ 虎 hǔ
   唬 hǔ
   琥 hǔ

【虎背熊腰】hǔbèi xióngyāo 성 1 범의 등과 곰의 허리. 2 (비) 기골이 장대하다.
【虎贲】hǔbēn 명 용사(勇士). 무사(武士).
【虎彪彪】hǔbiāobiāo 형 건장하고 늠름하다. 위풍당당하다. 씩씩하다. 헌걸차다. ¶~的汉子=건장한 젊은이.
【虎步】hǔbù 명 씩씩한〔늠름한·위풍당당한〕 발걸음. ¶迈着~走上领奖台。=늠름한 발걸음으로 수상대에 오른다. 형 씩씩하다. 늠름하다. 위풍당당하다. ¶龙行~=위풍당당한 거동. 동문 한 지역을 제패하다. ¶~江东=강동 지역을 제패하다.
【虎胆】hǔdǎn 명 1 호담. 호랑이의 쓸개. 2 (비) 두려움이 없는 담력. ¶英雄~=영웅의 담력.
【虎毒不食儿】hǔ dú bù shí ér ☞【虎毒不食子】hǔ dú bù shí zǐ
【虎毒不食子】hǔ dú bù shí zǐ 성 1 아무리 배고픈〔잔인한〕 호랑이도 자기 새끼를 잡아먹지는 않는다. 2 (비) 아무리 흉포한 사람이라 하더라도 제 새끼는 다 사랑한다. =【虎毒不食儿】hǔ dú bù shí ér
【虎耳草】hǔ'ěrcǎo 명 (植) 바위취. 호이초. 산야초.
【虎伏】hǔfú ☞【滚轮】gǔnlún
【虎符】hǔfú 명 동호부(銅虎符). [옛날, 범 모양의 병부(兵符)]
【虎骨】hǔgǔ 명 호골. 호랑이뼈.
【虎骨酒】hǔgǔjiǔ 명 (醫) 호골주.
【虎虎】hǔhǔ 형 강력하다. 활기차다. 원기왕성하다. ¶~有生气=활력과 생기가 넘쳐난다.
【虎虎势势】hǔ·hu shìshì 형문 아주 건장하다. 아주 원기왕성하다. 헌걸차다.
【虎将】hǔjiàng 명 1 용장(勇將). 용맹스러운 장수. 2 패기 있는 유능한 인재.
【虎劲】hǔjìn (~儿) 명 범 같은 힘. 용맹한 기세. ¶他身上有股子天不怕地不怕的~儿。=그에게는 하늘도 땅도 두려워하지 않는 용맹스런 기세가 있다.
【虎鲸】hǔjīng 명 (動) 범고래. =【杀人鲸】shārénjīng
【虎踞龙盘】[虎踞龙蟠] hǔjù-lóngpán 성 1 범이 버티고 앉아 있는 듯하고 용이 서려 있는 듯하

다. 2 [비] 지세가 험준하고 웅장하다. =【龙盘虎踞】lóngpán-hǔjù
【虎踞龙蟠】hǔjù-lóngpán ☞【虎踞龙盘】hǔjù-lóngpán
【虎口】hǔkǒu [명] 1 호구. 범의 아가리. 2 [비] 매우 위태로운 처지〔형편〕. ¶逃出～=위태로운 처지에서 헤어나다. 3 범아귀. 윗아귀. [엄지손가락과 집게손가락이 갈라진 사이]
【虎口拔牙】hǔkǒu-báyá [성] 1 범의 아가리에서 이빨을 뽑다. 2 [비] 지극히 위험한 모험을 하다.
【虎口余生】hǔkǒu-yúshēng [성] 1 호랑이의 아가리에서 목숨을 건지다. 2 [비] 구사일생으로 겨우 살아나다.
【虎狼】hǔláng [명][비] 잔악무도한 사람. 매우 흉포한 사람. ¶～之辈=호랑이같이 흉포한 사람.
【虎里虎气】hǔ·lihǔqì [형] 용맹스럽고 힘센 모양. 건장하고 힘있는 모양. ¶～的小伙子=용맹스러운 젊은이.
【虎皮宣】hǔpíxuān [명] 범무늬 선지(宣紙).
【虎魄】hǔpò ☞【琥珀】hǔpò
【虎气】hǔ·qì [명] 호랑이같이 용맹한 기세. ¶～十足=용맹한 기세가 충만하다.
【虎钳】hǔqián ☞【老虎钳】lǎohǔqián
【虎入羊群】hǔrùyángqún [성][비] 강자가 약자들의 무리 속에서 마음대로 활개치다.
【虎生生】hǔshēngshēng(～的) [형] 위풍당당하다. 생기가 왕성하다. 씩씩하고 늠름하다. ¶这群～的年轻人很有干劲。=씩씩하고 늠름한 이 젊은이들은 매우 활력이 있다.
【虎市】hǔshì [명]《經》(주가의 등락폭이 심한) 널뛰기장.
【虎视】hǔshì [동] 1 호시하다. 위엄 있게 노려보다〔주시하다〕. ¶～仇敌=적을 위엄 있게 노려보다. 2 호시하다. 탐욕스럽고 사납게 노려보다. 날카로운 눈으로 노려보다. ¶～中原=중원을 탐욕스럽게 주시하다.
【虎视眈眈】hǔshì-dāndān [성][비] 호시탐탐하다. 호시탐탐 기회를 노리다.
【虎势】[虎实] hǔ·shi [형][방] 건장하다. 늠름하다. 헌걸차다. ¶小伙子膀大腰圆的, 长得挺～。=젊은이는 어깨가 넓고 허리가 굵은 것이 아주 건장하게 생겼다.
【虎实】hǔ·shi ☞【虎势】hǔ·shi
【虎头虎脑】hǔtóu-hǔnǎo [성] 씩씩하고 늠름하다. [주로 어린이를 가리킴]
【虎头蛇尾】hǔtóu-shéwěi [성] 1 용두사미(龍頭蛇尾). 2 [비] 처음은 왕성하나 끝이 부진하다.
【虎威】hǔwēi [명] 1 호랑이의 위풍〔위세〕. ¶狐假～=호가호위. 2 [비] 장수의 위풍〔위엄〕. ¶冒犯～=장수의 위풍을 건드리다. 3 [비] 늠름한 기개. ¶一抖～=늠름한 기개를 한번 떨치다.
【虎尾春冰】hǔwěi-chūnbīng [성] 1 호랑이 꼬리를 밟거나 초봄의 얼음 위를 걷다. 2 [비] 매우 위험한 짓을 하다.
【虎啸猿啼】hǔxiào-yuántí [성] 호랑이가 포효하고 원숭이가 처량하게 울다.
【虎穴】hǔxué [명] 1 호랑이굴. 2 [비] 매우 위험한 곳. ¶龙潭～=용이 사는 연못과 호랑이가 사는 굴. 매우 위험한 곳.
【虎穴龙潭】hǔxué-lóngtán ☞【龙潭虎穴】lóngtán-hǔxué
【虎牙】hǔyá [명] 1 호랑이의 이빨. 2 [났] 덧니.
【虎跃龙腾】hǔyuè-lóngténg ☞【龙腾虎跃】lóngténg-hǔyuè
【虎掌草】hǔzhǎngcǎo ☞【天南星】tiānnánxīng
【虎子】hǔzǐ [명] 1 새끼호랑이. ¶不入虎穴, 焉得～。=호랑이굴에 들어가지 않고 어떻게 호랑이 새끼를 잡을 수 있겠는가. 2 [비] 용감하고 건장한 젊은이. ¶将门～=장수 가문의 용감하고 건장한 후예.

## 浒[滸] hǔ 물가 호

[명][문] 물가.
☞ xǔ
【浒湾】Hǔwān [명]《地》후완. [허난(河南)성에 있는 지명]
☞ Xǔwān

## *唬 hǔ 부르짖을 호

[동] (허세를 부려) 속이다. 겁주다. 으르다. 엄포 놓다. 공갈하다. ¶吓～=겁주다. 으르다. / 诈～=공갈하다.
☞ xià
【唬人】hǔrén [동] 속이다. 겁주다. 으르다. ¶有一说一, ～是没有用的。=있는 대로 말해야지, 사람을 속여 봐야 소용 없는 일이다.

## 琥 hǔ 호박 호

【琥珀】[虎魄] hǔpò [명]《礦》호박(琥珀).
【琥珀酸】hǔpòsuān ☞【丁二酸】dīng'èrsuān

## **互 hù 서로 호

[부] 서로. ¶～致问候=서로 안부를 묻다. / ～不干涉=서로 간섭하지 않다.

0-● 交互, 相互

【互爱】hù'ài [동] 서로 아끼다〔사랑하다〕. ¶互敬～=서로 공경하고 사랑하다.
【互帮互学】hùbāng-hùxué [성] 서로 돕고 배우다.
【互补】hùbǔ [동] 1 서로 보충하고 보완하다. ¶性格～=성격을 서로 보완하다. 2《數》서로 보각(補角)을 이루다.
【互不侵犯条约】hùbùqīnfàn tiáoyuē [명] 상호 불가침 조약.
【互斥】hùchì [동] 서로 배척하다. ¶同性～=같은 성질은 서로 밀어 낸다〔배척한다〕.
【互动】hùdòng [동] 상호 작용을 하다. ¶充分调动学生的积极性, 从而实现教(jiāo)学～。=학생들의 적극성을 충분히 고취시켜 교육과 학습이 상호 작용하게 하다.
【互访】hùfǎng [동] 상호 방문하다. ¶频繁～=빈번하게 상호 방문하다.

【互感】 hùgǎn 몡(電) 상호 감응. 상호 유도. =
【互感应】 hùgǎnyìng ¶~器=상호 인덕터.
【互感应】 hùgǎnyìng ☞【互感】 hùgǎn
【互换】 hùhuàn 통 서로 교환하다. ¶~名片=
명함을 서로 교환하다.
【互惠】 hùhuì 통 서로 혜택을 주고받다. ¶~条
约=호혜 조약.
【互惠待遇】 hùhuì dàiyù 몡 호혜 대우.
【互惠关税】 hùhuì guānshuì 몡(經) 호혜 관
세. 상호 특혜 관세.
【互惠互利】 hùhuì hùlì ☞【互利互惠】 hùlì
hùhuì
【互见】 hùjiàn 통 1 (두 곳 또는 그 이상의 글자
가) 서로 참고하거나〔설명해 주거나〕보충〔보완〕
하다. ¶两条注释彼此~。=두 주석이 서로 보
완 관계에 있다. 2 (문) (두 가지가) 공존하다. 모
두 다 있다. ¶瑕瑜~=장점과 단점이 공존하다.
【互教互学】 hùjiāo-hùxué 성 (지식이나 기예
를) 서로 가르쳐 주고 서로 배우다.
【互敬】 hùjìng 통 서로 공경하다. ¶~互重=서
로 공경하고 존중하다.
【互利】 hùlì 통 서로 이익을 주다. ¶平等~=평
등하게 서로 이익을 주다.
【互利互惠】 hùlì hùhuì 성 상호 이익과 혜택을
주다. =【互惠互利】 hùhuì hùlì
【互联网】 hùliánwǎng 몡(컴) 인터넷.
【互谅】 hùliàng 통 서로 양해〔이해〕하다.
【互谅互让】 hùliàng-hùràng 성 서로 양해하
고 양보하다.
【互勉】 hùmiǎn 통(문) 서로 격려〔고무〕하다. ¶
学友~=학우들이 서로 격려하다.
【互派】 hùpài 통 상호 파견하다. ¶~留学生=
유학생을 상호 파견하다.
【互让】 hùràng 통 서로 양보〔겸양〕하다. 서로
주고받다. ¶大家合作, 一定要有~的精神。=
모두가 협력하려면 반드시 서로 양보하는 정신이
있어야 한다.
【互溶】 hùróng 통(化) 서로 용해되다.
【互生】 hùshēng 통 (植) 호생하다. 어긋나게
나다.
【互市】 hùshì 통(經) 호시하다. 국가 간에 통상
〔무역〕을 하다.
【互通】 hùtōng 통 서로 통하다. 서로 교환하다.
¶~信息=정보를 서로 교환하다.
【互通有无】 hùtōng-yǒuwú 성 유무상통(有無
相通)하다. 있는 것과 없는 것을 서로 융통하다.
【互为】 hùwéi 통 서로 …(의 관계)가 되다. ¶~
师友=서로 사우 관계가 되다.
【互为因果】 hùwéi-yīnguǒ 성 서로 인과 관계
를 이루다.
【互文】 hùwén 몡 호문. [앞뒤의 문구에서 각기
교차 생략하고, 상호 보충하는 수사(修辭) 방식.
예컨대, '秦时明月汉时关(진한(秦漢)대의 밝은
달과 진한(秦漢)의 관문)' 등]
【互相】 hùxiāng 图 서로. 상호. ¶~帮助=서
로 돕다. ≒相互
【互信】 hùxìn 통 서로 믿다. ¶缺乏~=서로 간

에 믿음이 부족하다.
【互训】 hùxùn 통(言) 호훈(互訓)하다. [뜻이 서
로 같은 글자로 해석하는 것을 말함] ¶避免~=
호훈하지 마라.
【互译】 hùyì 통 대역(對譯)하다. ¶汉英~=중
영 대역(對譯).
【互质】 hùzhì 몡(數) 서로소(relative prime).
【互质数】 hùzhìshù 몡(數) 서로소인 두 정수.
【互助】 hùzhù 통 서로 돕다. ¶团结~=단결하
고 서로 돕다.
【互助会】 hùzhùhuì 몡 상조회(相助會).
【互助组】 hùzhùzǔ 몡 1 农业生产互助组(농
업 생산 호조회). [중화 인민 공화국 건립 이전의
중국 공산당이 통치한 지역(解放區)과 건국 초기
농촌에서의 노동력 상호 품앗이 조직] 2 생산·작
업·학습 등 방면에서 서로 돕는 소그룹.

\*\*【户】 hù 지게문 호
몡 1 외짝문. 지게문. 2 문. ¶夜不
闭~=밤에도 문을 닫지 않는다. 3
인가. 주택. 가구. 집. 세대. ¶千家
万~=수많은 가구. / 家喻~晓=
집집마다 다 알다. 4 어떤 직업에 종
사하는 업자〔사람〕. ¶猎~=수렵꾼. 사냥꾼. /
工商~=공상업자. 5 집안. 가문. 문벌. ¶门当
~对=혼인할 남녀의 두 집안이 걸맞다. 6 (經)
계좌. ¶开~=계좌를 개설하다. / 账~=계좌.
7 (Hù) 성(姓). ≒门 扉

○● 船户, 窗户, 佃 diàn 户, 订 dìng 户, 过户, 绝
户, 立户, 粮 liáng 户, 猎户, 农户, 棚 péng 户,
铺户, 屠 tú 户, 小户, 阴户, 用户, 乐户, 债 zhài
户, 住户, 庄户, 租户, 万户侯

○ 户 hù
护 hù
沪 Hù

【户籍】 hùjí 몡 1 호적부. 2 호적. ¶他的~在山
东老家。=그의 호적은 산둥(山东)의 본가로 되
어 있다.
【户籍警】 hùjíjǐng 몡 호적 담당 경찰.
【户均】 hùjūn 몡 가구 평균. ¶全市~储蓄额2
万元。=전체 시의 가구 평균 저축액은 2만 위안
이다.
【户口】 hùkǒu 몡 1 호구. ¶常住~=상주 호
구. 상주 인구. 2 호적. ¶他们一家的~都迁走
了。=그들 전 가족의 호적을 모두 옮겨갔다.
【户口本】 hùkǒuběn (~儿) ☞【户口簿】 hù
kǒubù
【户口簿】 hùkǒubù 몡 호적부. =【户口本】 hù
kǒuběn
【户枢不蠹】 hùshū-bùdù 성 1 늘 회전하는 문
지도리는 좀이 먹지 않는다. 2 (비) 늘 움직이는 물
건은 쉽게 부식되지 않는다. [주로 '流水不腐(흐
르는 물은 썩지 않는다)' 와 연이어서 쓰임]
【户头】 hùtóu 몡(經) 계좌. ¶开~=계좌를 열
다〔개설하다〕.
【户外】 hùwài 몡 집밖. 야외. ¶~写生=야외
사생하다.
【户限】 hùxiàn 몡(문) 문지방.
【户限为穿】 hùxiàn-wéichuān 성 1 문지방이

닿아 낮아지다. **2**㉯ 내왕하는 사람이 매우 많다. 방문자가 그치지 않다.

【户型】**hùxíng** 몡 가옥 실내의 구조〔형태〕. [예컨대, 방 둘 거실 하나, 방 셋 거실 둘 등] =【房型】**fángxíng**

【户养】**hùyǎng** 통 집에서 기르다. ¶~鸡=집닭. 집에서 기르는 닭.

【户牖】**hùyǒu** 몡㉴ 창문. 문. ¶~紧闭=문에 빈틈이 없다.

【户长】**hùzhǎng** 몡㉰ 호주. 가장. 세대주.

【户主】**hùzhǔ** 몡 호주. 가장. 세대주.

# 冱 **hù** 얼 호

통㉴ **1** 얼어붙다. 동결〔빙결〕되다. 응고되다. ¶~寒=호한. 혹한. **2**㉴ 막다. 막히다. ¶~涸=막히다. 폐색〔閉塞〕되다.

# \*\*护[護] **hù** 보호할 호

통 **1** 보호하다. 막다. 지키다. 비호하다. ¶爱~=애호하다. **2** 편들다. 봐주다. 감싸다. 비호하다. ¶庇~=비호하다. 몡 **(Hù)** 성(姓).

○● 保护, 庇bì护, 辩biàn护, 防护, 呵hē护, 回护, 监jiān护, 看kān护, 偏护, 守护, 袒tǎn护, 调护, 维护, 卫护, 掩yǎn护, 养护, 拥护, 照护

【护岸】**hù'àn** 몡(工) 호안. 통 제방을 보호하다. ¶~工程=호안 공사.

【护岸林】**hù'ànlín** 몡 호안림.

【护壁】**hùbì** ☞【墙裙】**qiángqún**

【护臂】**hùbì** 몡 손목〔팔목〕 보호대.

【护兵】**hùbīng** 몡 호위병.

【护城河】**hùchénghé** 몡 해자(垓字). 성호(城壕). 외호(外壕).

【护持】**hùchí** 통 **1** 보호하고 유지하다. ¶美丽的城市环境要靠全体市民来~. =아름다운 도시 환경은 모든 시민들이 보호하고 유지해야 한다. **2** 애호하고 돌보아 주다. ¶她像母亲一样地~我. =그녀는 어머니처럼 나를 사랑하고 돌보아 준다.

【护从】**hùcóng** 통 따라다니며 보호하다. 호위〔호종〕하다. ¶左右~=좌우에서 호위하다. 몡 호위대. 수행원. 경호원. 보디가드. ¶随身~=수행 보디가드.

【护堤】**hùdī** 몡 제방을 보호〔보강〕하다.

【护犊子】**hù dú·zi** 통㉴㉯ 자기 자식을 감싸다〔비호하다〕.

【护短】**hù**∥**duǎn** 통 (자신이나 자신과 가까운 사람의) 잘못〔결점〕을 두둔하다. ¶孩子犯了错误要批评教育, 不能~. =아이가 잘못하면 나무라고 가르쳐야지 두둔해서는 안 된다.

【护耳】**hù'ěr** 몡 (방한용) 귀덮개.

【护法】**hùfǎ** 통 **1**(佛) 불법(佛法)을 수호하다. **2** 법률을 수호하다. 몡 **1**(佛) 불법을 수호하는 사람. **2** 시주. 절에 시주하는 사람.

【护发】**hùfà** 통 머릿결을 보호하다. ¶~素=린스(rinse).

【护发精】**hùfàjīng** 몡 헤어컨디셔너(hair condi-tioner).

【护发精油】**hùfàjīngyóu** 몡 헤어 컨디셔닝 오일(hair conditioning oil).

【护发丝】**hùfàsī** 몡 헤어린스(hair rinse).

【护封】**hùfēng** 몡 (책표지에 씌우는) 커버. 책가의. 책가위. 책갑(冊甲).

【护肤】**hùfū** 통 피부를 보호하다〔관리하다·가꾸다〕. ¶~品=피부 보호용 화장품.

【护符】**hùfú** ☞【护身符】**hùshēnfú**

【护工】**hùgōng** 몡 **1** 간병인(看病人). **2** 돌보아 주는 일을 하는 사람.

【护航】**hùháng** 통 (선박이나 비행기를) 호송하다. 호위하다. ¶~战斗机=호위 임무를 수행하는 전투기.

【护航舰】**hùhángjiàn** 몡 호송함(護送艦). 호위함(護衛艦).

【护驾】**hùjià** 통 **1** 천자(天子)를 호위하다. **2** 수행하며 호위하다.

【护肩】**hùjiān** 몡㉰ 어깨받이. 어깨받치개. [무거운 어깨에 물건을 멜 때 받치는 보호대]

【护具】**hùjù** 몡㉱ 호구(護具). 방구(防具). 프로텍터(protector).

【护栏】**hùlán** 몡 **1** 울. 울짱. 울타리. **2** 가드레일(guardrail). 난간.

【护理】**hùlǐ** 통 **1** (환자를) 돌보다. 간호하다. ¶~病人=병자를 간병하다. **2** (제대로 생장할 수 있도록) 보호 관리하다. 보살피다. ¶~幼林=어린 수목을 보호 관리하다. 몡 간병인. 간호사. ¶医务~=간호 조무사.

【护脸】**hùliǎn** ☞【护面】**hùmiàn**

【护林】**hùlín** 통 삼림을 보호하다〔감시하다·지키다〕. ¶~员=삼림 감시원.

【护领】**hùlǐng** 몡【衬领】**chènlǐng**

【护路】**hùlù** 통 도로〔철도〕를 보호 보수하다. ¶~工=철도 보선공. 도로 보수공.

【护面】**hùmiàn** 몡㉱ 마스크(mask). =【护脸】**hùliǎn**

【护目镜】**hùmùjìng** 몡 보안경. 양목경(養目鏡).

【护坡】**hùpō** 몡 보호 경사면.

【护青】**hùqīng** 통 성장기의 작물을 보살피다.

【护秋】**hùqiū** 통 가을 작물을 보살피다.

【护身】**hùshēn** 통 자신을 보호하다. 호신하다. ¶~术=호신술. 몡 허리 보호대.

【护身符】**hùshēnfú** 몡 **1** 호신부. 부적(符籍). **2**㉯ 비호자. 옹호자. 방패막이. =【符护】**hùfú**

【护士】**hù·shi** 몡 간호사.

【护送】**hùsòng** 통 호송하다. ¶~国宾=국빈을 호송하다.

【护田林】**hùtiánlín** 몡 농지 보호숲.

【护腿】**hùtuǐ** 몡㉱ 정강이 보호대. 레그 가드(leg guard).

【护腕】**hùwàn** 몡㉱ 손목 보호대.

【护卫】**hùwèi** 통 호위하다. 보호하다. ¶~大坝=제방을 보호하다. 몡 호위. 보디가드(body-guard). 경호원. ¶贴身~=경호원.

【护卫舰】**hùwèijiàn** 몡 호위함(護衛艦).

【护卫艇】hùwèitǐng 명 호위정. 포함(砲艦).
【护膝】hùxī 명(體) 무릎 보호대. 무릎받이.
【护校】hùxiào 명(약) 护士学校(간호 학교). 통 학교의 안전을 지키다. 학교의 질서를 수호하다.
【护胸】hùxiōng 명(體) 가슴 보호대. 체스트 가드(chest guard). 체스트 프로텍터(chest protector).
【护养】hùyǎng 통 1 보수하다. 정비하다. ¶~设备=설비를 점검하다. 2 경작하다. 재배하다. 기르다. 보살펴 가꾸다. ¶~树苗=어린 나무를 재배하다.
【护佑】hùyòu 통 보우(保佑)하다. 보호하고 돕다. ¶乞求神灵~。=신령에게 도움을 빌다.
【护渔】hùyú 통 해군이 해상의 어업 생산과 어업 자원을 보호하기 위하여 순시하다.
【护院】hùyuàn 통 정원을 가꾸다. ¶看家~=집을 보며 정원을 가꾸다. 명 정원사.
【护照】hùzhào 명 1 여권. 2 옛 (출장·운송·여행 따위의) 통행증. 증명서.
【护罩】hùzhào 명 보호용 덮개. 프로텍터(protector). =【防护罩】fánghùzhào【保护罩】bǎohùzhào

\*沪[滬] Hù 강 이름 호
명(地) '上海(상하이)'의 별칭. ¶~宁线=상해 남경 노선. 호녕선.
【沪剧】hùjù 명(劇) 호극. 상하이 지방극. [상하이(上海)의 탄황(灘簧)이 발전되어 생겨나 상하이·장쑤(江苏)성·저장(浙江)의 일부 지역에서 유행함]
【沪市】Hùshì 명(약) 上海股市(상하이 증권시장).

枑 hù 가로막이 호
☞【梐枑】bìhù

虎 hù 호랑이 호
☞ hǔ
【虎不拉】hù·bulǎ ☞【伯劳】bóláo

岵 hù 산 호
명(文) 초목이 있는 산.

怙 hù 의지할 호
통(文) 기대다. 의지하다. ¶无父何~，无母何恃？=아버지가 안 계시니 어디에 기대나, 어머니가 안 계시니 누구를 믿을꼬? ¶失~=아버지를 여의다.
【怙恶不悛】hù·è bùquān 성 잘못을 뉘우칠 줄 모르다.
【怙恃】hùshì 통(文) 기대다. 의지하다. ¶~权势=권력에 기대다 명 부모. ¶少失~=어려서 부모를 여의다.

戽 hù 두레박 호
명 1 호두. 용두레. 2 관개용 농기구. ¶风~=관개용 풍차. 통 (용두레 따위로 논밭에) 물을 퍼서 대다. ¶~水=용두레나 무자위 따위로 논밭에 물을 퍼서 대다.
【戽斗】hùdǒu 명 호두. 용두레.

祜 hù 복 호
명(文) 복. 행복. 행운. ¶受天之~=하늘에서 내린 복을 받다.

笏 hù 홀 홀
명 홀(笏). [옛날, 관원이 임금을 알현할 때 조복(朝服)에 갖추어 손에 쥐던 패]

瓠 hù 표주박 호
명 1(植) 호리병박(나무). 2 (Hù) 성(姓).
【瓠瓜】hùguā ☞【瓠子】hù·zi
【瓠果】hùguǒ 명(植) 호과. 박열매.
【瓠子】hù·zi 명(植) 1 호리병박. 2 조롱박. =【瓠瓜】hùguā 동【蒲瓜】púguā

扈 hù 뒤따를 호
통(文) 수행하다. 보호하다. 경호하다. ¶~卫=경호하다. 명 (Hù) 성(姓).
【扈从】hùcóng 통(文) 따라다니다. 수행하다. ¶随驾~=왕을 수행하다. 명(文) 제왕 혹은 관리의 수행원.

楛 hù 나무 이름 호
명 고서(古书)에서 모형(牡荆) 종류의 식물을 가리킴. [줄기는 화살대를 만드는 데 쓰임]
☞ kǔ

鄠 Hù 땅 이름 호
명 1(地) 후. [산시(陕西)성에 있는 현 이름. 지금은 '户'로 씀] 2 성(姓).

\*\*糊 hù 죽 호
명 죽. ¶芝麻~=참깨죽.
☞ hū, hú
【糊弄】hù·nong 통(방) 1 속이다. 기만하다. ¶他又在说假话~人。=그는 또 거짓말을 하여 사람을 기만한다. 2 그런대로 …할 만하다. 아쉬운 대로 …할 만하다. ¶这套沙发还能~着用，没必要买新的。=이 소파는 아직 아쉬운 대로 쓸 만하니 새 것을 살 필요가 없다.

護[鸌] hù 슴새 호
명(動) 슴새.

鱯[鱯] hù 큰 메기 호
명(動) 메기.

# hua

化 huā 쓸 화
통 '花(쓰다)'와 같음. ¶~工夫=시간을 들이다 (소비하다).

☞ **huà**
【化子】huà·zi ☞【花子】huà·zi

## 花¹ [(苍·蒴)] huā 꽃 화

[명] **1** (~儿)(植) 꽃. ¶开~=꽃이 피다. /百~齐放=많은 꽃이 일제히 피다. **2** (~儿) 화초(花草). 꽃나무. ¶种~儿=화초를 심다. /移~接木=꽃을 떼어 나무에 접목시키다. 현실성이 결여된 얕은 꾀로 남을 속이는 계략. **3** (~儿) 꽃처럼 생긴 것. ¶浪~儿=물보라. /雪~儿=눈꽃. **4** 불꽃. 축포. ¶礼~=축포. 꽃불. /放~=꽃불을 올리다. **5** (~儿) 꽃무늬. 도안. ¶蓝地白~儿=푸른 바탕에 흰색 무늬. **6** ㉮ 미녀. ¶校~=학교에서 가장 아름다운 여학생. /姊妹~=미녀 자매. **7** ㉯ 기녀. 기녀와 관련된 것. ¶寻~问柳=기생집에 출입하다. **8** ㉰ 정수(精髓). 정화(精華). ¶艺术之~=예술의 정수(精髓). **9** 면화. ¶纺~=솜을 타다. /弹~=솜을 틀다. **10** (~儿) 방울. 과립. 부서진 조각 같은 것. ¶泪~=눈물방울. /油~儿=(국물에 뜬) 기름방울. **11** 상처. 외상. ¶挂~=부상을 입다. **12** (~儿) ㉮ 천연두. 마마. ¶出~儿=천연두에 걸리다. **13** (일부 동물의) 어린 새끼. ¶鱼~=치어. [형] **1** 꽃이나 꽃무늬로 장식된. ¶美丽的~环=아름다운 화환. /五彩的~灯=각양각색의 꽃등. **2** 얼룩얼룩한. 알록달록한. 희끗희끗한. ¶~马=얼룩말. /头发~白=머리카락이 희끗희끗하다. **3** 겉만 번지르르하고 실용성이 없는. 사람을 현혹시키는. ¶摆~架子=겉멋을 부리다. /耍~招儿=술책을 부리다. **4** (눈이) 침침하다〔흐리다〕. ¶头昏眼~=머리가 어지럽고 눈이 침침하다. **5** 옷이 (닳아서) 너덜너덜하다. ¶毛衣袖子磨~了.=스웨터 소매가 닳아서 너덜너덜해졌다.

## 花² huā 쓸 화

[동] 쓰다. 소비하다. 소모하다. 들이다. ¶~时间=시간을 들이다. /这纯粹是~钱买罪受.=이건 순전히 돈 주고 고생을 사서 하는 거야. [명] (Huā) 성(姓).

○● 白花, 刨bào花, 补花, 菜花, 插chā花, 茶花, 串chuàn花, 葱cōng花, 雕diāo花, 豆花儿, 飞花, 钢花, 挂花, 桂花, 荷花, 红花, 黄花, 谎huǎng花, 酒jiǔ花, 开花, 葵kuí花, 蜡là花, 兰花, 烙lào花, 泪花, 零花, 芦花, 麻花, 帽花, 皮花, 绒róng花, 松花, 昙tán花, 探tàn花, 唐花, 堂花, 烫花, 题花, 提花, 挑花, 尾花, 鲜花, 香花, 绣xiù花, 牙花, 烟花, 盐花, 扬花, 腰花, 印花, 樱yīng花, 油花, 邮花, 鱼花, 扎zhā花, 烛zhú花, 着zhuó花, 紫花, 叫花子, 茶叶花, 啤酒花, 白花花

【花把式】huābǎ·shi ☞【花把势】huābǎ·shi
【花把势】[把式] huābǎ·shi [명]㉮ **1** 원예농. 원예사. 정원사. **2** 화훼 전문가.
【花白】huābái [형] (두발이나 수염이) 희끗희끗하다. 반백이다. ¶~胡子=희끗희끗한 수염.
【花斑】huābān [명] (동물 가죽의) 얼룩무늬. 반점. ¶~豹=얼룩무늬 표범.
【花瓣】huābàn [명](植) 꽃잎. 화판(花瓣).
【花苞】huābāo [명] 꽃봉오리. 포(苞).
【花被】huābèi [명](植) 꽃덮이. 화피(花被).
【花边】huābiān [명] **1** (~儿) (그리거나 상감한) 꽃[무늬] 테두리(가장자리). ¶碗口上有一道深蓝色的~.=그릇의 가장자리에 짙은 남색의 줄무늬 테두리가 있다. **2** (~儿) (纺) 레이스(lace). ¶领口和袖口都镶有漂亮的~.=옷깃과 소맷부리에 모두 예쁜 레이스가 둘러져 있다. **3** (印) (~儿) 화변(花邊). ¶~文学=테두리에 무늬를 두른 신문〔잡지〕의 문학. **4** ㉯ '银圆(은화(銀貨)·은전(銀錢))'의 속칭.
【花边新闻】huābiān xīnwén [명] 화변 뉴스. 테두리에 무늬를 두른 뉴스 기사. [주로 독자의 주의를 끌기 위해 쓴 재미있는 기삿거리]
【花柄】huābǐng ☞【花梗】huāgěng
【花不棱登】huā·bulēngdēng(~的) [형][방] 얼룩덜룩하다. ¶这件上衣~的, 你穿不合适.=이 옷은 얼룩덜룩해서 너한테 어울리지 않는다.
【花布】huābù [명] 꽃무늬 천.
【花菜】huācài ☞【花椰菜】huāyēcài
【花草】huācǎo [명] 화초. 화훼.
【花插】huāchā [명] **1** (꽃꽂이용) 침봉(針峰). **2** 꽃꽂이 병. 꽃꽂이 수반.
【花插】huā·chā [동][방] 뒤섞이다. 섞이다. [뒤에 주로 '着(·zhe)'가 따라옴] ¶各单位员工~坐在会场里.=각 부서의 직원들이 대회장에 뒤섞여서 앉아 있다.
【花茶】huāchá [명] 화차. 꽃차. [녹차(또는 오룡차)를 원료로 하여 각종 꽃을 첨가하여 제조함] =【香片】xiāngpiàn
【花车】huāchē [명] 꽃차. 꽃수레.
【花池子】huāchí·zi [명] 화단.
【花窗】huāchuāng ☞【漏窗】lòuchuāng
【花丛】huācóng [명] 꽃무더기. 꽃밭. ¶蜜蜂在~中采蜜.=꿀벌은 꽃무더기에서 꿀을 채취한다.
【花簇】huācù [명] 꽃떨기. ¶梨花盛开, 雪白的~飘散着淡淡的芳香.=배꽃이 만개〔만발〕하여 새하얀 꽃떨기가 은은한 향을 뿜어 낸다.
【花搭】huā·dā [동][방] (서로 다른 품종이나 질이 다른 물건을) 엇섞다. 뒤섞다. [뒤에 주로 '着(·zhe)'가 따라옴] ¶米饭和面食~着吃.=쌀밥과 국수를 뒤섞어서 먹다.
【花旦】huādàn [명](劇) 화단. [중국 전통극에서의 말괄량이 여자 배역]
【花灯】huādēng [명] **1** 꽃등. **2** 정월대보름의 관상용 꽃등. **3** (藝) 정월대보름 등의 명절에 연출하는 일종의 민속놀이.
【花灯戏】huādēngxì [명](劇) 화등희. 꽃등놀이극. [주로 윈난(云南)·쓰촨(四川)·충칭(重庆) 등의 지역에서 유행함]
【花点子】huādiǎn·zi [명][방] **1** 현실성이 없는 아이디어. ¶这种~没有实用价值.=이런 현실성이 없는 의견은 실용적인 가치가 없다. **2** 기만술. 교활한 술수. 책략. 속임수. 계책. ¶他的~

최多。=그는 속임수가 가장 많다.
【花雕】huādiāo 몡 화댜오. 화조. [고급의 소흥주(紹興酒). 채색의 꽃조각을 한 술단지에 저장하여 붙여진 명칭]
【花朵】huāduǒ 몡 1 꽃(잎). ¶月季的~有好几种颜色。=월계화의 꽃은 여러 가지 색깔이 있다. 2 (비) 어린아이. ¶儿童是祖国的~。=아동은 조국의 꽃이다.
【花萼】huā'è 몡〔植〕꽃받침.
【花儿】huā'ér 몡〔音〕민가의 하나. [간쑤(甘肅)성·칭하이(青海)성·닝샤(宁夏)성 일대에서 유행함]
【花房】huāfáng 몡 화초를 재배하는 온실.
【花舫】huāfǎng 몡 꽃배. 꽃놀잇배. 아름답게 장식한 유람선.
【花肥】huāféi 몡 1 목화나 유채 따위의 개화기에 주는 비료. 2 분재 화초용 비료.
【花费】huāfèi 동 (돈·시간·정력을) 쓰다. 소비하다. 소모하다. 들이다. ¶~心血=심혈을 기울이다.
【花费】huā·fei 몡 경비. 쓴 돈. ¶这次出国旅游的~真不少。=이번 외국 여행 경비가 정말 만만치 않구나.
【花粉】huāfěn 몡 1〔醫〕천화분(天花粉). 과루근(瓜蒌根). 괄루근(栝蒌根). 천과근(天瓜根). [하눌타리 뿌리로 만든 가루] =【天花粉】tiān huāfěn 2〔植〕꽃가루. 화분.
【花岗石】huāgāngshí ☞【花岗岩】huā gāngyán
【花岗岩】huāgāngyán 몡 1〔礦〕화강암. =【花岗石】huāgāngshí (약)〔麻石〕máshí 2 (비) 완고한 사상. 고루한 생각. ¶~脑袋=경직된 사고.
【花糕】huāgāo 몡 화가오. 화고. [주로 중양절에 먹는 중국 전통의 떡]
【花梗】huāgěng 몡〔植〕화경(花梗). 꽃자루. =【花柄】huābǐng
【花骨朵】huāgū·duo ☞【花蕾】huālěi
【花鼓】huāgǔ 몡〔藝〕화고. [주로 후베이(湖北)성·후난(湖南)성·장쑤(江苏)성·장시(江西)성·안후이(安徽)성 등지에서 유행한 민간 가무 형식으로 주로 남녀 두 사람이 공연하며, 여자는 소고(小鼓), 남자는 징을 두드림]
【花鼓戏】huāgǔxì 몡〔劇〕화고희. [화고(花鼓)에서 발전된 지방극. 주로 후베이(湖北)성·후난(湖南)성·안후이(安徽)성 등지에서 유행함]
【花冠】huāguān 몡 1〔植〕화관(花冠). 꽃부리. 2 (옌) (여자가 시집 갈 때 쓰던) 화관.
【花棍舞】huāgùnwǔ ☞【霸王鞭】bàwáng biān
【花果山】Huāguǒshān 1 화과산. 《〈서유기(西游记)〉》에 묘사된 손오공이 거주한 산) 2 꽃과 과수나무가 가득한 산.
【花海】huāhǎi 몡 1 꽃의 바다. 2 꽃이 많은 모양. ¶广场被装扮成绚丽的~。=광장은 아름다운 꽃들로 꾸며져 있다.
【花好月圆】huāhǎo-yuèyuán (성)(비) 행복하고 원만하다. [주로 신혼을 축복하는 데 쓰임]
【花和尚】huāhé·shang 몡〔佛〕파계승(破戒僧).
【花红】huāhóng 몡 1〔植〕능금나무. 2 능금. =【沙果】shāguǒ〔林檎〕línqín 3 (옌) (혼인 등) 경사의 예물. ¶~彩礼=(신랑측이 신부에게 주는) 결혼 예물. 4 (옌) 배당금. 보너스. 상여금. ¶分~=배당금을 분배하다. 5 (일을 부려먹은 사람에게 주는) 사례금. 상금. 행하(行下). 수고비. 팁. ¶没拿半分~。=사례금을 반 푼도 받지 못하다.
【花红柳绿】huāhóng-liǔlǜ (성) 1 꽃은 붉고 버들가지는 짙푸르다. 2 (비) 꽃과 나무가 무성하고 경관이 아름답다. 3 (비) 산뜻하고 아름답다. 곱고 울긋불긋하다. 빛깔이 산뜻하고 아름답고 울긋불긋한 모양. ¶打扮得~的姑娘们跳起了优美的舞蹈。=산뜻하고 곱게 단장한 아가씨가 우아하고 아름다운 춤을 춘다.
【花花点点】huāhuā diǎndiǎn (~的) 몡 얼룩얼룩하다. 얼룩얼룩한 모양. ¶初冬的太阳透过树枝洒下一地~的光斑。=초겨울의 햇볕이 나뭇가지 사이로 온 땅바닥에 얼룩얼룩한 반점을 그리며 내리쬐고 있다.
【花花公子】huāhuā gōngzǐ 몡 플레이보이(playboy). 바람둥이. 한량. 난봉꾼. 제비.
【花花绿绿】huāhuā lǜlǜ (~的) 몡 빛깔이 곱고 [선명하고] 울긋불긋〔알록달록〕하다. 빛깔이 울긋불긋한 모양. 알록달록한 모양. ¶街上到处都是~的宣传画。=거리 여기저기가 모두 울긋불긋한 선전 포스터이다.
【花花世界】huāhuā shìjiè 몡 1 번화한 도시. 2 향락가. 유흥가. 향락 세계. 3 (옌) 인간 세상. 속세.
【花花肠子】huā·hua cháng·zi 몡(속) 잔꾀. 술책. 술수. 속임수. 음모. 계교. 계략. 책략. ¶这家伙满肚子~。=이 녀석은 잔꾀가 많다. 이 녀석은 꾀보이다.
【花花搭搭】huā·hua dādā (~的) 몡 1 뒤섞여 있다. ¶粗粮、细粮~地换着样儿地吃。=잡곡과 쌀이나 밀가루 음식을 바꾸어 가며 먹다. 2 들쑥날쑥하다. 들쭉날쭉하다. 얼룽덜룽하다. 고르지 않다. 가지각색이다. 크기나 밀도가 고르지 않은 모양. ¶地里~长着树苗。=땅에 묘목이 듬성듬성 자란다.
【花环】huāhuán 몡 1 (공연이나 축하용) 화환. 2 (조의용) 화환.
【花卉】huāhuì 몡 1 화훼. 화초(花草). 2 (美) 화초도(花草圖). [화초를 제재(題材)로 한 중국화(中國畫)]
【花会】huāhuì 몡 1 화훼 전시 판매회. 2 화회. [주로 설날 기간에 거행되는 민간 체육·문예 활동의 하나] ¶赶~=화회에 가다.
【花鸡】huājī ☞【燕雀】yànquè
【花季】huājì 몡 1 꽃이 만발하는 계절. 2 (비) 꽃다운 나이. 사춘기. [15～18세까지의 사춘기 전후의 연령대] ¶~少女=꽃다운 나이의 소녀.
【花鲫鱼】huājìyú ☞【鳜鱼】guìyú

【花甲】huājiǎ 图 1 옛 환갑. 회갑. 화갑. 2 60세. ¶年逾~=나이가 60이 넘었다.
【花架】huājià ☞【花架子】huājià·zi
【花架子】huājià·zi 图 1 화분 받침대. =【花架】huājià 2 폼만 그럴싸한 무술 자세. 모양만 좋고 실용적이지 못한 무술 동작. 3 (비) 겉만 번지르한 물건[것]. 모양만 좋고 실용 가치가 없는 물건[것]. 4 (비) 형식적인 일처리 태도[방식]. ¶多办实事, 不要搞~。=구체적으로 일을 처리해야지, 형식적으로 해서는 안 된다.
【花剑】huājiàn 图(體) 1 (펜싱의) 플뢰레(fleuret) 종목. 2 플뢰레(검). [끝을 둥그렇게 해 놓은 펜싱용 검]
【花椒】huājiāo 图 1 산초나무. 2 산초. 분디.
【花轿】huājiào 图옛 꽃가마.
【花街柳巷】huājiē-liǔxiàng 图 홍등가. 유흥가. 환락가. =【柳巷花街】liǔxiàng-huājiē
【花镜】huājìng 图 돋보기 안경. 노안경.
【花酒】huājiǔ 图 기생을 데리고 마시는 술. ¶吃~=기생을 데리고 술을 마시다.
【花卷】huājuǎn (~儿) 图 꽃빵. 화권. [층과 층 사이에 기름이나 양념을 바른 찐빵]
【花魁】huākuí 图 1 꽃의 여왕. 제일 먼저 피는 꽃. 화괴. [주로 매화를 가리킴] 2 (비)옛 명기(名妓).
【花篮】huālán 图 1 아름답게 장식한 바구니. 도안을 넣어 짠 바구니. 2 꽃바구니.
【花蕾】huālěi 图 꽃봉오리. 꽃망울. ⓐ【花骨朵】huāgū·duo
【花梨木】huālímù ☞【花榈木】huālǘmù
【花里胡哨】huā·lihúshào (~的) 图 1 ⓐ 색깔이 지나치게 화려하고 복잡하다. 천하고 울긋불긋하다. 야하고 알록달록하다. 색깔이 지나치게 화려한 모양. ¶你怎么打扮得~的。=어떻게 이렇게 울긋불긋 야하게 치장했냐. 2 (비) 언사가 부화(附和)할 뿐 실제적이지 못하다. 말이 화려하고 착실하지 못하다. 들뜨고 착실하지 못하다. ¶这篇文章~的, 没什么实际内容。=이 글은 부화하고 화려할 뿐 아무 실제적인 내용이 없다.
【花鲢】huālián ☞【鳙鱼】yōngyú
【花脸】huāliǎn 图⑧(劇) 화검. [중국 전통극의 '净角(용맹하고 강렬하거나 난폭하고 간사한 남자 배역)'의 통칭. 반드시 배역 성격에 따라 얼굴을 분장하기 때문에 붙여진 명칭]
【花翎】huālíng 图 화령. [청(淸)대 관모(官帽)에 관직의 높낮이를 표시하는 공작의 깃]
【花令】huālìng 图(植) 개화(開花) 시기. ¶报~=개화 시기를 알리다.
【花柳】huāliǔ 图옛(비) 창기(娼妓). 기생. ¶~人家=기생.
【花柳病】huāliǔbìng 图(醫) 성병(性病).
【花露水】huālùshuǐ 图 화장수(化粧水). 로션(lotion). 오일 크림.
【花榈木】huālǘmù 图(植) 화려목(花櫚木). 화리목(花梨木). 화리(花梨). 화려(華櫚). 화류(樺榴). ⓐ【花梨木】huālímù
【花麻】huāmá ☞【枲麻】xǐmá

【花蜜】huāmì 图 1 화밀. 2 벌꿀.
【花面狸】huāmiànlí 图(動) 줄머리사향삵[고양이]. =【果子狸】guǒ·zilí【青猺】qīngyáo
【花苗】huāmiáo 图 (관상용) 꽃과 나무의 (새)싹[芽].
【花名】huāmíng 图 1 인명(人名). [옛날, 호적부를 편성할 때 인명을 화명(花名)이라고 칭하였음] 2 옛 기명(妓名). 기녀의 예명(藝名).
【花名册】huāmíngcè 图 명부(名簿).
【花木】huāmù 图 1 꽃과 나무. 2 관상용 꽃과 나무.
【花呢】huāní 图(紡) (줄·격자·점 등의) 무늬가 있는 모직물.
【花鸟】huāniǎo 图 1 꽃과 새. 화조. ¶~虫鱼=꽃과 새와 벌레와 물고기. 2 (美) 화조화(花鳥畵). ¶擅长~=화조화에 뛰어나다.
【花鸟画】huāniǎohuà 图(美) 화조화. [화훼·날짐승을 제재(題材)로 한 중국화(中國畵)]
【花农】huānóng 图 화농. 꽃(재배) 농(가). [꽃재배를 직업으로 하는 농민]
【花盘】huāpán 图 1 (植) 꽃받침. 2 (機) 면판(面板).
【花炮】huāpào 图 꽃불[불꽃]놀이와 폭죽의 통칭. 화포.
【花盆】huāpén 图 화분.
【花瓶】huāpíng (~儿) 图 1 화병. 꽃병. 2 (비) (제대로 된 역할은 하지 못하고 장식품에 지나지 않는 인물[사람]. 얼굴만 예쁘고 자기 역할을 제대로 (소화) 못하는 여자. ¶她希望自己成为有实力的演员, 而不仅仅是~。=그녀는 얼굴만 예쁜 것이 아니라 스스로 연기력을 갖춘 배우가 되기를 원한다.
【花圃】huāpǔ 图 화포. 화단. 꽃밭.
【花期】huāqī 图(植) 개화기(開花期). 꽃 피는 시기. ¶桂花的~在秋季。=계수나무꽃의 개화기는 가을철이다.
【花旗】huāqí 图 1 성조기(星條旗). 2 미국.
【花旗参】huāqíshēn 图 미국 인삼. 미국산 서양 인삼. 화기삼.
【花扦儿】huāqiānr 图 1 (가지가 붙어 있는) 생화(生花). 2 (인공으로 만든) 비단꽃. 종이꽃. 조화(造花).
【花前月下】huāqián-yuèxià ⓐ 1 꽃그늘과 달빛 아래. 2 (비) 사람의 감정을 불러일으키는 환경[분위기]. 연애하기 좋은 환경[분위기].
【花钱】huā‖qián 图 (돈을) 쓰다. 들이다. 소비하다. ¶衣、食、住、行没有一样不~的。=입고, 먹고, 자고, 여행하는 데 돈이 들어가지 않는 것은 하나도 없다.
【花枪】huāqiāng 图 1 화창. [옛날, 병기(兵器)의 하나로, 술이 달린 짧은 창] 2 (비) 꾀. 수작. 술수. 술책. ¶耍~=술수를 쓰다.
【花腔】huāqiāng 图 1 (音) 콜로라투라(coloratura). [중국 전통극이나 성악에서 기본 곡조를 일부러 굴절, 변화시키는 창법(唱法)] ¶~女音=콜로라투라 소프라노. 2 (비) 교묘한 말솜씨. 감언이설(甘言利說). 입에 발린 말. 달콤한 말.

남의 비위에 맞게 꾸민 말투. ¶耍~=달콤한 말을 하다.

【花墙】 huāqiáng 명 화장. [중국 전통 건축물의 윗부분에 무늬 모양의 구멍을 내어 쌓은 담]

【花墙洞】 huāqiángdòng ☞【漏窗】lòuchuāng

【花俏】 huāqiào 형 곱다. 화려하다. 멋지다. 맵시 있다. 수려하다. 아리땁다. 아름답다. ¶她今天打扮得很~。=그녀는 오늘 매우 맵시 있게 차려입었다.

【花圈】 huāquān 명 (조의용) 화환.

【花拳】 huāquán 명 동작이나 자세는 화려하고 보기 좋지만, 정작 싸울 때는 별로 쓸모 없는 권술(拳術). ¶他练过的那几路~并没有实用处。=그가 연마한 그 몇 가지 동작이 화려한 권술은 결코 실제적인 쓸모가 없다.

【花拳绣腿】 huāquán-xiùtuǐ 성 1 (실제 쓸모가 없는) 화려한 권술을 펼치고, 멋있는 발동작을 하다. 2 비 겉으로만 번지르르한 언행. 겉으로만 그럴싸한 언행.

【花雀】 huāquè ☞【燕雀】yànquè

【花儿洞子】 huārdòng·zi 명 꽃을 재배하는 반지하 온실.

【花儿匠】 huārjiàng 명 1 꽃 장사. 꽃을 가꾸어 파는 사람. 2 꽃꽂이나 조화를 만드는 사람.

【花儿样子】 huāryàng·zi 명 수본(繡本).

【花儿针】 huārzhēn 명 수(繡)바늘.

【花容月貌】 huāróng-yuèmào 성 화용월태 (花容月態). 꽃다운 얼굴과 달 같은 자태. 여인의 용모가 아름답고 수려한 모양. ≒如花似玉

【花蕊】 huāruǐ 명(植) 화예. 수꽃과 암꽃의 통칭. 수꽃술과 암꽃술. ◇【花心】huāxīn

【花色】 huāsè 명 1 꽃의 색깔. 2 무늬와 색깔. ¶这幅窗帘的~很淡雅。=이 커튼의 무늬와 색깔이 매우 단아하다. 3 (같은 품종의) 종류. 가짓수. 유형(類型). ¶商场里, 皮包的~非常多。=시장에는 가방의 종류가 매우 많다.

【花色品种】 huāsè-pǐnzhǒng 명 제품의 색깔·스타일(style)과 종류. ¶~齐全=제품의 색깔·스타일과 종류가 완비되다. 구색을 갖추다.

【花纱布】 huāshābù 명 면화와 면사, 면직물의 합칭.

【花哨】 huā·shao 형 1 (색채 따위가) 화려하다. 화사하다. ¶这件衣服太~了。=이 옷은 너무 화사하다. 2 다양하다. 변화가 많다. ¶现在的广告越来越~了。=현재의 광고는 갈수록 다양해진다.

【花舌子】 huāshé·zi 명동 1 감언이설. 입에 발린 말. ¶他就会耍~。=그가 입에 발린 말을 하다. 2 감언이설[입에 발린 말]을 잘 하는 사람. ¶我不相信那个~。=나는 입에 발린 말을 잘 하는 사람은 믿지 않는다.

【花生】 huāshēng ☞【落花生】luòhuāshēng

【花生饼】 huāshēngbǐng 명 땅콩 깻묵.

【花生豆儿】 huāshēngdòur ☞【花生米】huāshēngmǐ

【花生酱】 huāshēngjiàng 명 땅콩잼.

【花生米】 huāshēngmǐ 명 땅콩 알맹이. =【花生仁】huāshēngrén ⑤【花生豆儿】huāshēngdòur

【花生仁】 huāshēngrén (~儿) ☞【花生米】huāshēngmǐ

【花生油】 huāshēngyóu 명 땅콩기름.

【花时】 huāshí 명 화기(花期). 개화기. 꽃 피는 시기.

【花市】 huāshì 명 꽃시장.

【花事】 huāshì 명 개화(開花) 상황. (화초의) 꽃이 피는 상황. ¶眼下, ~最盛的去处要数桃花沟了。=지금 꽃이 가장 한창이며, 볼 만한 곳으로 타오화거우(桃花溝)를 꼽을 수 있다.

【花饰】 huāshì 명 장식 무늬. ¶铜器上刻有精美的~。=동기에 정교하고 아름다운 무늬가 새겨져 있다.

【花鼠】 huāshǔ 명(動) 다람쥐. =【五道眉】wǔdàoméi

【花束】 huāshù 명 꽃다발.

【花说柳说】 huāshuō liǔshuō 동성 입에 발린 말[감언이설]을 하다. ¶别听他~。=그가 하는 감언이설을 듣지 마시오.

【花丝】 huāsī 명(植) 수술대. 꽃실. 화사.

【花坛】 huātán ☞【花坛】huātán

【花坛】 huātán 명 화단. =【花台】huātái

【花桃】 huātáo ☞【山桃】shāntáo

【花天酒地】 huātiān-jiǔdì 성 먹고 마시고 즐기는 부패하고 사치스런 생활. 주색(酒色)에 빠진 방탕한 생활. 주지육림(酒池肉林). ≒灯红酒绿 纸醉金迷

【花厅】 huātīng 명 화청. [화원이나 안채에 붙어 있는 뜰에 세운 비교적 크고 전망이 좋으며, 밝고 아름답게 장식된 응접실]

【花筒】 huātǒng 명 원통 모양의 폭죽. 화포. =【喷花筒】pēnhuātǒng

【花头】 huā·tóu 명 1 (장식용의) 도안이나 무늬. 2 비 술수. 계책. 술책. ¶出~=술수를 내다. 3 (같은 품종의) 종류. 가짓수. 유형(類型). ¶灯具的~挺多的。=조명 기구의 종류가 매우 많다. 4 기발한 생각이나 방법. ¶办晚会, 她的~多。=이브닝 파티(evening party)를 하는데 그녀의 기발한 아이디어가 많다. 5 오묘한 점. 심오한 점. 기묘한 점. ¶这种游戏的~还真不少。=이러한 놀이는 오묘한 점이 실로 적지 않다.

【花团锦簇】 huātuán-jǐncù 성 1 꽃다발과 비단더미, 꽃과 비단이 무더기로 있다. 2 비 오색찬란하여 매우 화려한 모양.

【花托】 huātuō 명(植) 꽃받침. 화탁.

【花纹】 huāwén (~儿) 명 각종 무늬와 도안.

【花线】 huāxiàn 명 1 (電) 피복선. 절연 코드 (cord). =【软线】ruǎnxiàn 2 비 색실.

【花香】 huāxiāng 명 꽃 향기. ¶~满院=꽃 향기가 정원에 가득하다.

【花香鸟语】 huāxiāng-niǎoyǔ ☞【鸟语花香】niǎoyǔ-huāxiāng

【花项】 huā·xiàng 명동 비용 항목. 돈 쓸 곳 [데]. ¶下个月有不少~。=다음 달에 돈 쓸 곳

이 적잖이 있다.
**【花消】huā‧xiāo** ☞ **【花销】huā‧xiāo**
**【花销】[花消] huā‧xiāo** 동 지불하다. 지출하다. 쓰다. 소비하다. 소모하다. 들이다. ¶每个月的工资就只够～, 存不了什么钱. =매달 월급이 그저 쓰기에 족할 뿐, 저축 같은 것은 할 수가 없다. 명 **1** 🖙 지출. 경비. 비용. 지불. 씀씀이. ¶孩子上学后～就更大了. =아이가 학교에 들어간 후엔 지출이 더욱 많아졌다. **2** 🖙 (부동산이나 상품매매의) 중개 수수료. 세금. ↪进项
**【花心】huāxīn 1** ☞ **【花蕊】huāruǐ 2** 바람기. ¶他很爱自己的妻子, 从来没有～. =그는 자신의 아내를 매우 사랑해서 여태껏 바람을 피운 적이 없다. 형 애정이 한결같지 않다. 바람기가 있다. 사랑이 변덕스럽다. ¶谁也不愿意承认自己～. =어느 누구도 자신의 바람기를 인정하고 싶어하지 않는다.
**【花信】huāxìn** 명 **1** 꽃 피는 시기. 개화기(開花期). **2** ☞ **【花信风】huāxìnfēng**
**【花信风】huāxìnfēng** 명 꽃이 필 무렵에 불어오는 바람. 화신풍. [소한(小寒)에서 곡우(穀雨)까지 이십사후(二十四候) 사이에, 닷새마다 새로운 꽃이 피고, 그 때마다 새로 오는 바람에 그 꽃이 핀다는 소식을 알려 준다고 여김. 이에 따라 이십사번화신풍(二十四番花信風)이라는 설이 있음] = **【花信】huāxìn**
**【花须】huāxū** 명 꽃술. 화수.
**【花序】huāxù** 명 (植) 꽃차례. 화서.
**【花絮】huāxù** 명 **1** (植) 꽃씨의 하얀 솜털. **2** (비) 재미있는 토막 기사[뉴스]. 가십(gossip). [주로 뉴스의 보도 표제에 쓰임] ¶《世界杯～》= 《월드컵 토막 뉴스》.
**【花押】huāyā** 명 (옛) 서명(署名). 사인(sign). 화압. 수결(手決).
**【花芽】huāyá** 명 (植) 꽃눈.
**【花言巧语】huāyán-qiǎoyǔ** 성 **1** 감언이설. 달콤한 말. **2** 감언이설을 하다. 달콤한 말을 하다. ≒甜言蜜语
**【花眼】huāyǎn ‖ yǎn** 동 **1** (피로해서) 눈이 침침하다. 눈이 흐릿하다. (빛 때문에) 눈이 부시다. ¶对面来的汽车的车灯照得人都～了. =맞은편에서 오는 자동차의 전조등이 눈부시게 비춘다. **2** (물건이 많아서) 제대로 볼 틈이 없다. ¶各式各样的装饰品让人挑花了眼. =각양각색의 장식물들은 너무 화려해서 제대로 고를 수가 없다.
**【花眼】huāyǎn** ☞ **【老视(眼)】lǎoshì(yǎn)**
**【花秧】huāyāng** 명 꽃과 나무의 묘목.
**【花样】huāyàng(～儿)** 명 **1** (무늬의) 모양새. 양식. 스타일. 디자인. **2** (사물의) 양식. 스타일. 종류. 가짓수. ¶～繁多=종류가 아주 많다. **3** 수본(繡本). ¶描～=수본을 그리다. **4** (비) 속임수. 수작. 술수. 술책. ¶玩～=술수를 부리다. 형 각종 모습의. 각종 스타일(style)의. ¶～跳伞=각종 스타일의 낙하산. ≒名堂
**【花样刀】huāyàngdāo** 명 (體) 피겨 스케이트(figure skate) 날.
**【花样翻新】huāyàng fānxīn** 성 **1** 모양을 새롭게 하다. ¶近年来, 家用汽车的款式不断～. =최근에 자가용 승용차의 디자인이 끊임없이 새로워진다. **2** 새로운 수작을[술수를] 부리다. ¶尽管这些人的骗术不断～, 但我是决不上当的. =이 사람들의 속임수가 부단히 새로워진다 해도, 나는 결코 걸려들지 않을 것이다.
**【花样滑冰】huāyàng huábīng** 명 (體) 피겨 스케이팅(figure skating).
**【花样游泳】huāyàng yóuyǒng** 명 (體) 수중발레(ballet). 싱크로나이즈드 스위밍(synchronized swimming). = **【水上芭蕾】shuǐshàng bālěi**【水中芭蕾】shuǐzhōng bālěi**【花泳】huāyǒng**
**【花药】huāyào** 명 **1** (植) 꽃가루주머니. 꽃밥. **2** 꽃의 병충해 치료약.
**【花椰菜】huāyēcài** 명 (植) 꽃양배추. 컬리플라워(cauliflower). = **【菜花】càihuā**  (비) **【花菜】huācài**
**【花叶病】huāyèbìng** 명 (農) 모자이크병(mosaic 病).
**【花泳】huāyǒng** ☞ **【花样游泳】huāyàng yóuyǒng**
**【花园】huāyuán(～儿)** 명 **1** 화원. = **【花园子】huāyuán‧zi 2** (가든으로 명명된) 아파트[주택단지·빌라(villa)]의 이름. ¶紫荆～=쯔징 가든.
**【花园工厂】huāyuán gōngchǎng** 명 환경을 화원처럼 아름답고 산뜻하게 꾸민 공장.
**【花园子】huāyuán‧zi** ☞ **【花园】huāyuán**
**【花账】huāzhàng** 명 허위 장부. 이중 장부. ¶开～=허위 장부를 개설하다.
**【花障】huāzhàng(～儿)** 명 화초로 된 울타리[울바자].
**【花招】[花着] huāzhāo(～儿)** 명 **1** (무술에서) 허세가 가미된 화려한[현란한] 동작. 겉폼. **2** (교묘하게 부각시키는·그럴듯한) 수법. 기교. **3** (비) 속임수. 술수. 술책. 수단. 수완. (잔)꾀. ¶你想跟我要什么～! =나에게 무슨 수작 부릴 생각은 하지도 마시오. ≒把戏
**【花着】huāzhāo** ☞ **【花招】huāzhāo**
**【花朝】huāzhāo** 명 꽃의 생일. 화조. [음력 2월 12일 혹은 2월 초이틀 또는 2월 15일 경]
**【花朝月夕】huāzhāo-yuèxī** 성 **1** 꽃피는 아침과 달 밝은 저녁. 좋은 시절과 아름다운 풍경. **2** 음력 2월 15일과 8월 15일.
**【花枝招展】huāzhī-zhāozhǎn** 성 **1** 활짝 핀 꽃가지가 바람에 흔들거리다. **2** (비) 여자가 유달리 아름답게 치장하다. (여자의) 몸단장이 몹시 화려하고 아름답다.
**【花轴】huāzhóu** 명 (植) 꽃줄기. 꽃대. 화축.
**【花烛】huāzhú** 명 (신혼방의) 화촉.
**【花柱】huāzhù** 명 (植) 암술대. 화주.
**【花砖】huāzhuān** 명 (바닥에 까는) 무늬 타일(tile).
**【花子儿】[花籽儿] huāzǐr** 명 **1** 꽃씨. **2** (비) 면화씨. 목화씨.
**【花子】[化子] huā‧zi** 명 (구) 거지. 비렁뱅이. 걸

인. 늑을뜯

【花籽儿】huāzǐr ☞【花子儿】huāzǐr

**眷 huā** 빠르게 나는 소리 획
⟨의⟩ 휙. 푸드득. [빠르게 움직일 때 나는 소리] ¶老鹰~的一声从树上向高空飞去。= 독수리가 푸드득 하고 나무 위에서 하늘로 날아가 버리다.

**哗[嘩] huā** 비 내리는 소리 화
⟨의⟩ 콸콸. 졸졸. [물 흐르는 소리] 좍좍. 뚝뚝. 주룩주룩. [비 내리는 소리] ¶秋雨~~地下着。= 가을비가 주룩주룩 내린다.
☞ huá
【哗啦】huālā ⟨의⟩ 좍좍. 뚝뚝. 주룩주룩. [비 내리는 소리] 콸콸. 졸졸. [물 흐르는 소리] 와르르. [건물이 붕괴될 때 나는 소리] ¶【哗啦啦】huālālā ¶天突然~~地下起雨来。= 하늘에서 갑자기 주룩주룩 비가 내리기 시작했다.
【哗啦啦】huālālā ☞【哗啦】huālā

**划¹ huá** 배 저을 획
⟨동⟩ 물을 헤치고 앞으로 나아가다. 배를 젓다. ¶运动员们在奋力地~船。= 운동 선수들이 힘을 내어 배를 젓다. ⟨형⟩⟨구⟩ 수지가 맞다. ¶这笔买卖~不来。= 이번 거래는 수지가 맞지 않는다.

**划²[劃] huá** 벨 획
⟨동⟩ 베다. 긋다. ¶手被刀子~破了。= 손이 칼에 베여 상처가 났다. / 火柴怎么也~不着(zháo)。= 성냥을 아무리 그어도 켜지지 않는다.
☞ huà
【划不来】huá·bulái ⟨형⟩ 수지가 [타산이] 맞지 않다. 가치가 없다. =【划不着】huá·buzháo ¶买一双鞋花这么多钱, 真是~。= 신발 한 켤레를 사는데 이렇게 많은 돈을 쓴다는 것은 정말 가치가 없다. ↔划得来
【划不着】huá·buzháo ☞【划不来】huá·bulái ② (성냥에) 불을 붙일 수 없다. 불이 나지[붙지·켜지] 않는다. ¶火柴回潮了, ~。= 성냥이 눅눅해져서, 아무리 그어도 켜지지 않는다. ↔划得着
【划船】huáchuán ⟨동⟩ (노 따위로) 배를 젓다.
【划船运动】huáchuán yùndòng ⟨명⟩ 카누(canoe) 경기. 보트 레이스(boat race).
【划得来】huá·delái ⟨형⟩ 수지가 맞다. 타산이 맞다. 가치가 있다. =【划得着】huá·dezháo ¶衣服都在打折, 现在买很~。= 옷을 모두 세일 중이니, 지금 사면 수지가 맞는다. ↔划不来
【划得着】huá·dezháo ⟨동⟩ ① ☞【划得来】huá·delái ② (성냥에) 불이 켜지다[붙다]. ¶火柴~吗? = 성냥이 켜집니까?/划不着
【划桨】huájiǎng ⟨명⟩ 노 (을 젓다).
【划拉】huá·la ⟨동⟩ ① 훔치다. 털어 버리다. 쓸다. ¶拿块抹布把桌椅~~。= 걸레를 가져다가 책걸상을 훔쳐라. ② 아무렇게나 쓰다. 휘갈겨 쓰다. 어지럽게 갈겨쓰다. 낙서하다. ¶这本子是新的, 别在上面乱~。= 이 공책은 새 것이니, 위에

다 제멋대로 낙서하지 마라. ③ 찾다. 얻다. 구하다. ¶你从什么地方~的这些破烂儿? = 어디에서 이런 폐품을 구했냐? ④ 긁어모으다. 끌어모으다. 그러모으다. ¶去山上~些柴火。= 산에 가서 땔감을 긁어모으다. ⑤ ⟨비⟩ (돈이나 재물을 부정한 방법으로) 얻다. 가로채다. ¶他一天到晚想着怎么~钱。= 그는 하루 종일 돈을 어떻게 챙길까 궁리하다.
【划痕】huáhén ⟨명⟩ 긁힌 자국〔흔적〕. 생채기.
【划拳】[豁拳][搳拳] huá‖quán ⟨동⟩ 화권놀이하다. [술자리에서 두 사람이 손가락을 내밀면서 숫자를 말하는데, 말하는 숫자와 쌍방에서 내미는 손가락의 수가 부합되면 이기는 것으로, 지는 사람은 벌주를 마시는 놀이] ¶~行令 = 술자리에서 가위바위보를 하며 술을 권하는 놀이를 하다. ≒猜拳
【划伤】huáshāng ⟨동⟩ 베이다. 긁히다. ¶他的脚被碎玻璃~了。= 그의 다리가 유리 조각에 베였다. ⟨명⟩ (필름·시디(CD)·자기 테이프 따위의) 홈. 홈집. 긁힌 자국. 긁힌 흔적. ¶影碟有很多~, 播放不出来了。= VCD에 긁힌 흔적이 너무 많아 방영이 안 된다.
【划水】huáshuǐ ⟨동⟩ 물(살)을 헤치고 앞으로 나아가다. 수영하다.
【划算】huásuàn ⟨동⟩ 계산하다. 타산하다. 따지다. 셈이 하다. ¶这笔钱用来干些什么他早~好了。= 이 돈을 어디에 쓸 것인지 그는 벌써 계산해 놓았다. ⟨형⟩ 수지가[타산이] 맞다. 채산이 서다. 계산이 맞다. ¶这包实用, 价钱又便宜, 很~。= 이 가방은 실용적이고 가격도 싸서 수지가 맞는다. ≒合算
【划艇】huátǐng ⟨명⟩《體》 ① 조정(漕艇). 카누(canoe). ② 조정 경기. 카누 경기.
【划行】huáxíng ⟨동⟩ 노를 저어 (앞으로) 나아가다.
【划子】huá·zi ⟨명⟩ 작은 배. 마상이.

**华[華] huá** 번화할 화
⟨형⟩ ① 번화하다. 번성하다. 번영하다. ¶荣~富贵 = 부귀영화. / 繁~ = 번화하다. ② 사치하다. 호화롭다. ¶奢~ = 사치스럽고 화려하다. / 浮~ = 실속 없이 겉만 화려하다. 겉치레뿐이다. 부화하다. ③ 광채가 나다. 찬란하다. 밝게 빛나다. 눈부시다. ¶质朴无~ = 꾸밈없이 소박하다. / ~灯初上 = 화려한 등불이 처음 밝혀질 때. 초저녁. ④ ⟨문⟩⟨경⟩ 상대방과 관련된 사물을 일컫는 데 쓰임. ¶百年~诞 = 100세 생신. ⑤ (머리가) 희끗희끗하다. ¶早生~发 = 일찍 희끗희끗한 머리가 나다. ⟨동⟩ ① 꽃이 피다. ¶春~秋实 = 봄에 꽃이 피고 가을에 열매가 맺히다. ⟨명⟩ ① 日~·月~ = 햇무리. / 月~ = 달무리. ② (아름답·행복한·좋은) 세월. 때. 시간. 시절. ¶似水年~ = 유수 같은 세월. / 韶~易逝 = 꽃다운 세월이 쉽게 흘러가 버리다. ③ 정화(精華). 정수(精髓). ¶才~ = 뛰어난 재능. / 含英咀~ = 문장이 아름답다. 문

○ 华 huá
哗 huá
铧 huá
桦 huá
骅 huá
晔 yè
烨 yè

huá 华 哗

장의 정화를 잘 음미하(고 새겨 읽)다. **4** 샘물의 광물질이 침적되어 생긴 물질. ¶钙~=칼슘 침적물. **5**(Huá) 중국. ¶海外~侨=해외 화교. / ~东地区=화동 지구. **6**(Huá) 중국어. ¶~文报纸=중국어 신문. /《英~词典》=《영중사전》. **7**(Huá) 성(姓). [고어에서 '花(huā)'와 같음]
☞ huà

○◆ 纷华, 风华, 豪华, 精华, 菁jīng华, 硫liú华, 年华, 凝níng华, 韶sháo华, 升shēng华, 无华, 中华

【华北】**Huáběi** 몡(地) 화북. [중국 북부 지역. 베이징(北京)·톈진(天津)·허베이(河北)·산시(山西)·네이멍구(内蒙古) 지역을 포함함]
【华表】**huábiǎo** 몡 **1** 화표. [원고(遠古) 시기, 길을 가리키거나, 왕이 신하의 간언을 채택하려 음을 표시하는 나무 기둥] **2** 화표. 화표주(華表柱). 망주석(望柱石). 망두석(望頭石). [옛날 궁전이나 성벽·능(陵) 따위의 큰 건축물 앞에 아름답게 조각한 장식용 돌기둥. 기둥 상부에 꽃을 조각한 구름 모양의 석판이 꽂혀 있음]
【华埠】**huábù** 몡 중국인 거리. 차이나타운(China town).
【华彩】**huácǎi** 몡 화려한 색채. ¶~纷呈=오색 찬란하다. 혱 화려하고 다채롭다. 각양각색이다. ¶~的诗文=화려한 시문(詩文).
【华达呢】**huádání** 몡(纺) 개버딘(gabardine).
【华诞】**huádàn** 몡(문)(경)(남의) 생신. 탄생일. 창립 기념일. ¶母校五十~=모교 50주년 개교 기념일.
【华灯】**huádēng** 몡 화려한 장식등. 휘황찬란한 등불. ¶~辉映=화려한 장식등이 눈부시게 비추다.
【华东】**Huádōng** 몡(地) 화동. [중국 동부 지역. 상하이(上海)·산둥(山东)성·안후이(安徽)성·장쑤(江苏)성·저장(浙江)성·장시(江西)성·푸젠(福建)성·타이완(台湾) 지역을 포함함]
【华而不实】**huá'érbùshí** 셩 **1** 꽃만 피고 열매는 맺지 않다. **2**⋓ 겉만 번지르르하고 실속이 없다. 빛 좋은 개살구.
【华尔街】**Huá'ěrjiē** 몡(地) **1** 월가(Wall Street). [미국 뉴욕시의 한 구역으로 금융 시장의 중심지] **2** 미국의 대재벌.
【华尔兹】**huá'ěrzī** 몡(외)(艺) 왈츠(waltz).
【华发】**huáfà** 몡(문) 희끗희끗한 머리.
【华盖】**huágài** 몡 **1**(문) 옛날, 왕후장상의 수레 위에 씌우는 일산(日傘). **2** 왕후장상의 수레. **3**(天) 화개성(華蓋星). **4** 화개성을 건드려서 초래된 나쁜 운명(운세). ¶交~运=화개성의 운세가 되다. 나쁜 운세가 되다.
【华工】**huágōng** 몡 외국에서 일하는 중국인 노동자.
【华贵】**huáguì** 혱 **1** 화려하고 귀중[진귀]하다. ¶~的钻石项链=화려하고 귀중한 다이아몬드 목걸이. **2** 부귀하다. 부유하고 고귀하다. ¶雍~=온화하고 점잖으며 부귀한 티가 나다.
【华翰】**huáhàn** 몡(문)(경) 귀함(貴函). 화간(華

簡). 화한. [상대방이 보내 온 편지를 이르는 말]
【华里】**huálǐ** 양 '市里(리)'의 옛 명칭.
【华丽】**huálì** 혱 화려하다. 아름답다. ¶词藻~=사조가 화려하다. ≒华美 ↔简陋 朴素 朴实
【华美】**huáměi** 혱 화려하고 정교하다. ¶~的服饰=화려한 의복. ≒华丽 ↔简陋 朴素
【华南】**Huánán** 몡(地) 화남. [중국 남부 지역. 광둥(广东)성·광시(广西)성·하이난(海南)·홍콩(香港)·마카오(澳门) 지역을 포함함]
【华年】**huánián** 청소년 시대. 꽃다운 나이. 화년. ¶正当~=바야흐로 꽃다운 나이이다.
【华侨】**huáqiáo** 몡 화교. [외국에 거주하는 중국인] ¶归国~=조국으로 돌아온 화교.
【华人】**huárén** 몡 **1** 중국인. **2** 거주국의 국적을 가진 중국인. ¶美籍~=미국적 중국인. 중국계 미국인.
【华氏温标】**Huáshì wēnbiāo** 몡 화씨 온도급.
【华氏温度】**Huáshì wēndù** 몡 화씨 온도. [기호 "F"로 표시함]
【华氏温度计】**Huáshì wēndùjì** 몡 화씨 온도계.
【华文】**huáwén** 몡 중국어. [외국인이, 또는 중국인이 외국인에게 중국어를 지칭하는 말] ¶~学校=중국어 학교.
【华屋丘墟】**huáwū-qiūxū** ☞【华屋山丘】**huáwū-shānqiū**
【华屋山丘】**huáwū-shānqiū** 셩 **1** 화려한 건축물이 폐허가 되다. **2**⋓ 큰 재난을 당하다. 엄청난 재앙이 닥치다. 급격히 쇠망하다. =【华屋丘墟】**huáwū-qiūxū**
【华西】**Huáxī** 몡(地) 화시. 화서. [중국 창장(长江) 상류 지역의 쓰촨(四川)·충칭(重庆) 일대를 가리킴]
【华夏】**Huáxià** 몡 **1** '中国(중국)'의 고대 명칭. 화하. **2** 중화민족. ¶~子孙=중화민족의 자손.
【华严宗】**huáyánzōng** 몡(佛) 화엄종.
【华艳】**huáyàn** 혱 화려하고 아름답다〔농염하다〕. ¶文辞~=글이 화려하고 아름답다.
【华裔】**huáyì** 몡 **1** 중국과 중국의 인접지. **2** 교가 거주국에서 낳은 자녀. **3** 외국의 중국인 후예〔자손〕.
【华语】**Huáyǔ** 몡 중국어.
【华章】**huázhāng** 몡(문)(경) 아름다운 시문(詩文). [주로 남의 글을 칭송할 때 쓰임] ¶披阅~=그대의 아름다운 시문(詩文)을 쭉 훑어보았습니다.
【华中】**Huázhōng** 몡(地) 화중. [중국의 중부 지역. 허난(河南)성·후베이(湖北)성·후난(湖南)성 지역을 포함함]
【华胄】**huázhòu** 몡(문) **1** 한족(漢族). 중화민족의 후예〔자손〕. **2** 명문 귀족의 후예.
【华族】**huázú** 몡 명문 귀족. ¶~之后=명문 귀족의 후예.

**哗[嘩, 譁]** huá 시끄러울 화
혱 떠들썩하다. 시끌시끌하다. 왁자하다. 소란하다. 시끄럽다. ¶寂静无~=고요하고 시끄럽지 않다. 매우 조용하다. / 举座~然=동석한 사람들이 모두 와자지껄하다.
☞ **huā**

○● 喧xuān哗

【哗变】 **huábiàn** 동 (군대가) 반란을 일으키다.
【哗然】 **huárán** 형 많은 사람들이 (떠들썩하게) 큰 소리로 떠드는 모양. ¶全场~=온 장내가 시끌벅적하다.
【哗笑】 **huáxiào** 동 입을 벌려 크게 웃다. 떠들썩하게 웃다. ¶他的表演引起观众一阵~。=그의 연기에 관중들은 한바탕 크게 웃어 댔다.
【哗众取宠】 **huázhòng-qǔchǒng** 성어 말이나 행동으로 사람들에게 영합하여 칭찬과 지지를 얻다. 뭇 사람을 웃기어 환심을 사다. 말재주를 부려 환심을 사다.

## 骅[驊] **huá** 붉은 준마 화

【骅骝】 **huáliú** 명문 **1** 화류. [적색의 준마(骏马)] **2** 준마(骏马). ¶~骐骥, 日行千里. =화류나 기기 같은 준마는 하루에 천리를 간다.

## 铧[鏵] **huá** 보습 화

명(农) 보습. 보습날.

## 猾 **huá** 교활할 활

형 교활하다. 간악하다. 간사하다. ¶狡~=교활하다. / 老奸巨~=매우 교활하고 간사하다.

○● 奸jiān猾, 狡jiǎo猾

## 滑 **huá** 미끄러울 활

형 **1** 반들반들하다. 매끈매끈하다. 미끄럽다. 빤질빤질하다. ¶雨后的沥青路面~得很。=비 온 후의 아스팔트 노면은 매우 미끄럽다. **2** 교활하다. 빤들거리다. 구변이 좋다. ¶油腔~调=언변이 좋다. 동 **1** 미끄러지다. ¶他不小心~了一跤。=그는 조심하지 않아 미끄러졌다. **2** 속여서 어물쩍 넘어가다. 속이다. 현혹하다. 기만하다. 얼버무리다. 빠져 나가다. ¶人赃俱在, 你想~也~不过去。=범인과 장물이 모두 있으니 어물쩍 넘어가려 해도 넘어갈 수 없다. 명 (Huá) 성(姓). ↔涩

○● 打滑, 刁滑, 光滑, 平滑, 润滑, 油滑, 圆滑

【滑板】 **huábǎn** 명(體) 스케이트보드(skate-board).
【滑冰】 **huá‖bīng** 얼음을 지치다. 스케이트를 타다.
【滑冰】 **huábīng** 명(體) 스케이팅. ¶花样~=피겨 스케이팅.
【滑不唧】 **huá·bují** ☞【滑不唧溜】 **huá·bujīliū**
【滑不唧唧】 **huá·bujījī** ☞【滑不唧溜】 **huá·bujīliū**
【滑不唧溜】 **huá·bujīliū** (~的) 형방 매우 미끄러운 모양. (사람됨이) 빤질빤질하다. 약삭빠르다. 교활하다. 빤들거리다. 가살스럽다. [혐오의 뜻을 내포함]=【滑不唧】 **huá·bují** 【滑不唧唧】 **huá·bujījī** ¶下过雨后, 路上~的。=비가 와서 길이 매우 미끌미끌하다.
【滑车】 **huáchē** 명(機) 도르래〔활차〕의 통칭.
【滑道】 **huádào** 명 활강사면로(滑降斜面路). 활강로. 슬라이드(slide). 미끄럼틀.
【滑动】 **huádòng** 동 미끄러지며 움직이다. 미끄러지다. 지치다. [ '滚动(구르다)'과 구별됨] ¶孩子们穿着冰鞋在冰场里来回~。=아이들이 스케이트를 신고 스케이트장에서 왔다 갔다 얼음을 지친다.
【滑竿】 **huágān** (~儿) 명 활간. 대나무 가마. [두 개의 긴 대나무 장대 사이에 좌석을 장착한 대나무 가마. 주로 명산 관광지에서 손님을 나를 때 사용됨]
【滑旱冰】 **huáhànbīng** 명(體) 롤러 스케이팅.
【滑稽】 **huá·jī** (말·행동·자태가) 웃음을 자아내게 하다. 익살맞다. 익살스럽다. ¶他的表情很~。=그의 표정이 매우 익살맞다. 명(藝) 활계. [상하이(上海)·항저우(杭州)·쑤저우(苏州) 등지에서 유행하는 북방의 '相声(만담)'과 비슷한 설창 문예 형식의 하나]↔严肃
【滑稽剧】 **huájìjù** ☞【滑稽戏】 **huájìxì**
【滑稽戏】 **huájìxì** 명(劇) 골계희. [상하이(上海)·장쑤(江苏)성·저장(浙江)성 일대에서 유행하는 익살스런 광대극]=【滑稽剧】 **huájìjù**
【滑精】 **huá‖jīng** 동(醫) 활정하다. (몽정(梦精)이 아닌 평소나 한낮에) 유정(遗精)하다.
【滑溜】 **huáliū** ☞【滑熘】 **huáliū**
【滑溜】 **huá·liu** 형구 반들반들하다. 매끄럽다. 매끈매끈하다. 반질반질하다. [호감의 뜻을 내포함] ¶这大理石面真~。=이 대리석 바닥은 정말 반질반질하다.
【滑溜溜】 **huáliūliū** (~的) 형 매우 매끈매끈하다. 무척 미끄럽다. 매끄럽다. 반들반들하다. 반질반질하다. 빤질빤질하다. ¶~的泥鳅=아주 매끈매끈한 미꾸라지.
【滑熘】 **huáliū** 동 썬 고기나 생선 조각을 녹말가루에 버무려 기름에 약간 볶은 후, 다시·생강 등을 넣어 걸쭉하게 볶다. ¶~里脊=화류리지. [등심을 녹말가루에 버무려 기름에 볶은 후, 파·생강 등을 넣고 걸쭉하게 볶은 요리]
【滑轮】 **huálún** 명(機) 활차. 도르래.
【滑轮包】 **huálúnbāo** 명 바퀴 달린 여행 가방.
【滑轮组】 **huálúnzǔ** 명(機) 도르래 장치.
【滑落】 **huáluò** 동 미끄러져 내리다. 하락하다. ¶货物顺着滑道从高处~下来。=화물이 활강로를 따라 높은 곳에서 미끄러져 내려오다.
【滑嫩】 **huánèn** 형 매끈매끈하고 부드럽다. ¶鱼片~爽口。=회가 매끈매끈하고 부드럽고 담백하다.
【滑腻】 **huánì** 형 (피부가) 윤이 나고 부드럽다. 부드럽다.
【滑腻腻】 **huánìnì** (~的) 형 매우 매끈매끈하고 부드럽다. ¶~的鲇鱼=매끈매끈한 메기.
【滑坡】 **huápō** 동 **1**(地) 사태(沙汰)가 나다. ¶

산体~ = 산사태가 나다. **2** (町) 내려가다. 떨어지다. 하락하다. 내리막길을 걷다. ¶成绩~ = 성적이 떨어지다.

【滑润】**huárùn** (형) 미끄럽다. 매끈매끈하다. 반질반질하다. ¶~的肌肤 = 매끈매끈한 피부.

【滑石】**huáshí** (명)(礦) 활석.

【滑石粉】**huáshífěn** (명) 활석분. 활석 가루. 텔컴 파우더(talcum powder).

【滑爽】**huáshuǎng** (형) 매끄럽고 시원하다. ¶粉丝口感~。= 당면은 매끄럽고 개운하다.

【滑水】**huáshuǐ** (동)(體) 수상 스키.

【滑水板】**huáshuǐbǎn** (명)(體) 수상 스키보드.

【滑膛】**huátáng** (명)(軍) 활당. [선조(旋線)가 없는 총강(銃腔)이나 포강(砲腔)] ¶~炮 = 활강포.

【滑梯】**huátī** (명) 미끄럼대. 미끄럼틀.

【滑天下之大稽】**huá tiānxià zhī dàjī** (成) 언행이 몹시 익살스럽고 우스꽝스럽다. 언행이 극도로 익살스러운 모양.

【滑头】**huátóu** (형) 교활하다. 약삭빠르다. 반질(반들)거리다. 불성실하다. 가살스럽다. ¶他这个人~得很。= 그 사람은 매우 약삭빠르다. (명) 교활한 사람. 약발이. 가살쟁이. ¶老~ = 교활한 놈. 늙은 여우.

【滑头滑脑】**huátóu-huánǎo** (성) 교활하다. 약삭빠르다. 반질(반들)거리다. 불성실하다. 가살스럽다. 모든 일에 잔꾀만 부리다. 약삭빠르고 교활한 모양.

【滑翔】**huáxiáng** (동) (공기의 힘을 이용하여) 떠 다니다. 활공(滑空)하다.

【滑翔机】**huáxiángjī** (명) 활공기. 글라이더 (glider).

【滑行】**huáxíng** (동) **1** 지쳐 나가다. 활주하다. 미끄러지며 움직이다. ¶速滑运动员在冰上飞速~。= 스피드스케이팅(speed skating) 선수가 빠른 속도로 지쳐 나간다. **2** (차가 관성의 힘이나 경사를 이용하여) 미끄러져 나가다.

【滑雪】**huá‖xuě** (동) 스키를 타다.

【滑雪】**huáxuě** (동)(體) 스키. ¶高山~ = 고산 스키.

【滑雪板】**huáxuěbǎn** (명)(體) 스키(판).

【滑雪衫】**huáxuěshān** (명) 스키복. 스키 파카.

【滑音】**huáyīn** (명)(音) 포르타멘토(portamento).

# 搳 **huá** 할권 할

【搳拳】**huá‖quán** ☞【划拳】**huá‖quán**

# 鳛[鰙] **huá** 누치 활

(명)(動) 누치.

# 豁 **huá** 활권 활

☞ **huō**, **huò**

【豁拳】**huá‖quán** ☞【划拳】**huá‖quán**

# **化** **huà** 변화할 화

(동) **1** 변하다. 변화하다. ¶转~ = 변하다. / 千变万~ = 천변만화. 한없이 변화하다. **2** 변화시키다. ¶~悲痛为力量 = 비통을 역량으로 승화시키다. **3** 감화하다. 감화시키다. ¶潜移默~ = 저도 모르는 사이에 감화되다. **4** 녹다. 풀리다. 용화되다. 융화(鎔化)되다. ¶山顶上的雪终年不~。= 산 정상의 눈은 일년 내내 녹지 않는다. **5** 삭이다. 소화(消化)하다. 없애다. 제거하다. ¶~痰止咳 = 가래를 삭이고 기침을 멎게 하다. **6** 태우다. 타다. 불사르다. ¶火~ = 태워 버리다. **7** (승려·도사가) 죽다. ¶羽~登仙 = 도사가 죽다. 신선이 되다. **8** (승려·도사가) 보시(布施)를 청하다. 동냥하다. 탁발하다. ¶募~ = (승려·도사가) 탁발하다. 보시를 받다. / 斋而食 = 승려·도사가 동냥하여 먹다. (명) **1** 기풍. 풍조. 풍속. ¶有伤风~ = 풍속 교화를 해치다. **2** 화학. ¶~工原料 = 화학 공업 원료. (접미) …화하다. [명사·형용사성 어소나 어소구 뒤에 쓰여 동사로 되어 어떤 성질이나 상태로 변함을 나타냄] ¶美~ = 미화. / 信息~ = 정보화. 늪变

☞ **huā**

○━ 成化, 丑chǒu化, 春化, 醇chún化, 磁化, 淡化, 点化, 毒dú化, 儿化, 分化, 孵fū化, 腐fǔ化, 钙gài化, 骨化, 幻huàn化, 活化, 机化, 极化, 简化, 僵jiāng化, 焦化, 开化, 克化, 裂化, 硫liú化, 煤化, 奴nú化, 贫pín化, 功化, 热化, 溶化, 熔化, 融róng化, 乳化, 烧化, 深化, 熟化, 糖化, 蜕tuì化, 物化, 硝xiāo化, 驯xùn化, 演化, 氧yǎng化, 异yì化, 造化, 皂化, 转化

【化除】**huàchú** (동) 해소하다. 없애다. 없어지다. 제거하다. 삭이다. [주로 추상적인 사물에 쓰임] ¶~矛盾 = 모순을 없애다.

【化冻】**huà‖dòng** (동) (얼음이나 얼었던 것이) 녹다. 풀리다. 해동되다. ¶天气暖和起来了, 湖面开始慢慢地~。= 날씨가 따뜻해지자 호수가 서서히 녹기 시작한다. ↔上冻

【化肥】**huàféi** ☞【化学肥料】**huàxué féiliào**

【化粪池】**huàfènchí** (명) (분뇨) 정화조(淨化槽). 정화 탱크.

【化干戈为玉帛】**huà gāngē wéi yùbó** (成) **1** 병기를 옥과 비단으로 바꾸다. **2** (비) 전쟁을 평화로 바꾸다. 전쟁을 그만두고 강화(講和)하다.

【化工】**huàgōng** ☞【化学工业】**huàxué gōngyè**

【化公为私】**huàgōngwéisī** (成)(貶) 공공 재물을 개인의 재물로 만들다. 공동의 것을 개인의 것으로 만들다. 공적인 것을 사적인 것으로 하다.

【化合】**huàhé** (동)(化) 화합하다. 친화하다. [「混合(혼합)」와 구별됨] ↔分解

【化合价】**huàhéjià** (명)(化) 원자가(原子價). = 【原子价】**yuánzǐjià**

【化合物】**huàhéwù** (명)(化) 화합물. [「混合物(혼합물)」와 구별됨]

【化简】**huàjiǎn** (동)(數) (분수·방정식·행렬 등) 간단히 하다. 수식(數式)을 간단히 하다.

【化解】**huàjiě** (동) 없애다. 제거하다. 풀리다. 없어지다. ¶~仇怨 = 원한이 풀리다.

【化境】 huàjìng 명 입신(人神)의 경지. 최고의 경지. 절정. 극치. [주로 예술 기교 따위를 가리킴] ¶他的书法渐入~。=그의 서법이 최고의 경지에 (점점) 들어섰다.

【化疗】 huàliáo 동(醫) (악성 종양 따위를) 화학 약물로 치료하다.

【化零为整】 huàlíngwéizhěng 성 흩어진 것을 한데 모으다.

【化名】 huà‖míng 동 이름을 바꾸다. 변성명하다. ¶犯罪分子~潜逃。=범죄자가 이름을 바꾸고 몰래 도망가다.

【化名】 huàmíng 명 바꾼 이름. 가명. 변성명. ¶这个名字是他的~, 他的真名叫李成。=이 이름은 그의 가명이고, 본명은 리청(李成)이다.

【化募】 huàmù 동 (승려·도사가) 동냥하다. 탁발하다. 보시를 받다.

【化脓】 huà‖nóng 동(醫) 곪다. 화농하다. ¶伤口~=상처가 곪다.

【化身】 huàshēn 명 1(佛) 변화신(變化身). 성육신(成肉身). 2 화신. [추상적 관념을 구체적으로 형상화한 것을 가리킴] ¶诸葛亮在人们的心目中已成为智慧的~。=제갈량은 사람들 마음 속에 이미 지혜의 화신이 되었다.

【化生】 huàshēng 동 1〈문〉 낳아 기르다. 만들어 자라게 하다. 변화하여 생기다. ¶天地~万物。=하늘과 땅이 만물을 낳아 기르다. 2〈生〉 화생하다. 변태(變態)하다.

【化石】 huàshí 명(歷) 화석. ¶动物~=동물 화석.

【化痰】 huàtán 동(醫) 가래를 삭이다. 거담(去痰)하다.

【化铁炉】 huàtiělú 명(金) 용선로(鎔銑爐). 큐폴라(cupola).

【化外】 huàwài 명〈옛〉 (위정자의) 교화·은택이 미치지 못하는 곳. 문화가 뒤떨어진 곳. 문명에서 뒤떨어진 곳. 외지. 벽촌. ¶~之民=궁벽한 지역의 백성.

【化为泡影】 huàwéi-pàoyǐng 성 1 물거품이 되다. 수포로 돌아가다. 2 (비) 희망이 완전히 허사가 되다. 허망한 결과가 되다. 헛수고가 되다.

【化为乌有】 huàwéi-wūyǒu 성 1 아무것도 없게 되다. 2 몽땅 없어지다. 헛수고가 되다. 수포로 돌아가다.

【化纤】 huàxiān ☞【化学纤维】 huàxué xiānwéi

【化纤布】 huàxiānbù 명 화학 섬유로 짠 옷감.

【化险为夷】 huàxiǎnwéiyí 성 위험한 상태를 평온하게 하다. 위험하던 것을 안전하게 만들다. 위험이 사라지다. 늑转危为安

【化形】 huàxíng 동 (신화나 전설 따위로) 요괴가) 변신하다. 둔갑하다. 위장하다.

【化学】 huàxué 명 1(化) 화학. 2〈방〉 '赛璐珞(셀룰로이드)'의 속칭. ¶这套餐具是~的。=이 식기 세트는 셀룰로이드 제품이다.

【化学变化】 huàxué biànhuà 명(化) 화학 변화.

【化学镀】 huàxuédù 명(化) 화학 도금.

【化学电池】 huàxué diànchí 명(電) 화학 전지(chemical cell).

【化学反应】 huàxué fǎnyìng 명(化) 화학 반응. [물질이 화학 변화를 일으키는 과정]

【化学反应式】 huàxué fǎnyìngshì ☞【化学方程式】 huàxué fāngchéngshì

【化学方程式】 huàxué fāngchéngshì 명(化) 화학 방정식. =【化学反应式】 huàxué fǎnyìngshì 〈방〉【方程式】 fāngchéngshì

【化学肥料】 huàxué féiliào 명 화학 비료. 〈방〉【化肥】 huàféi

【化学分析】 huàxué fēnxī 명(化) 화학 분석.

【化学工业】 huàxué gōngyè 명 화학 공업. 〈방〉【化工】 huàgōng

【化学键】 huàxuéjiàn 명(化) 화학 결합. 본드(bond). [화학 구조식에서 기호 '-'로 표시함]

【化学能】 huàxuénéng 명(化) 화학 에너지.

【化学平衡】 huàxué pínghéng 명(化) 화학 평형.

【化学式】 huàxuéshì 명(化) 화학식.

【化学武器】 huàxué wǔqì 명(軍) 1 화생방 무기. 2 화학 무기.

【化学纤维】 huàxué xiānwéi 명 화학 섬유. 〈방〉【化纤】 huàxiān

【化学性质】 huàxué xìngzhì 명(化) 화학 성질. [화학 반응 때 나타나는 물질의 성질]

【化学元素】 huàxué yuánsù 명(化) 화학 원소. 〈방〉【元素】 yuánsù

【化学战】 huàxuézhàn 명(軍) 화생방전. 화학전(쟁). =【毒气战】 dúqìzhàn

【化验】 huàyàn 동 화학 실험을〔분석을·검사를〕하다. ¶~小便=소변을 분석하다.

【化验室】 huàyànshì 명 1 화학 실험 기구(機構). 2 화학 실험실.

【化验员】 huàyànyuán 명 화학 실험 연구원.

【化油器】 huàyóuqì ☞【汽化器】 qìhuàqì

【化瘀】 huàyū 동(醫) 맺혀 있는 피를 통하게 하다. 어혈(淤血)을 삭이다. 맺혀 있는 피를 없애다. =【祛淤】 qūyū

【化瘀活血】 huàyū huóxuè 명(醫) 어혈을 제거하여 혈액의 소통을 원활하게 하는 치료 방법. =【祛淤活血】 qūyū huóxuè

【化瘀】 huàyū 동(醫) 어혈(淤血)을 삭이다. 맺혀 있는 피를 없애다. =【祛瘀】 qūyū ¶消积~=맺혀 있는 어혈(淤血)을 삭이다.

【化雨春风】 huàyǔ-chūnfēng ☞【春风化雨】 chūnfēng-huàyǔ

【化育】 huàyù 동 자양(滋養)하다. 낳고 기르다. 양육하다. 육성하다. ¶阳光雨露, ~万物。=천지 자연이 만물을 생성하고 발육시키다.

【化缘】 huà‖yuán 동 1(佛)(道) (승려나 도사가) 보시(布施)를 청하다. 탁발하다. 동냥하다. 2 (남에게) 금전〔물건〕을 청하다. ¶我来替那些孤儿来向你厂~来的。=나는 그 고아들을 위해 당신 공장에 자선금을 청하러 왔습니다.

【化斋】 huà‖zhāi 동 (승려나 도사가) 동냥하다. 걸식하다. 남에게 빌어먹다.

【化整为零】huàzhěngwéilíng 집중된 것을 분산시키다〔흩어지게 하다〕. 집중된 것을 분산시켜 목표나 사물이 쉽게 발각되지 않게 하다. [주로 전술상의 용어로 쓰이나, 일반 사물에도 쓰임]
【化妆】huà‖zhuāng 화장하다. ↔卸妆
【化妆品】huàzhuāngpǐn 화장품.
【化装】huà‖zhuāng 1 분장하다. 2 가장하다. 변장하다. ¶~舞会=가장 무도회. ↔卸装

## 划[劃] huà 그을 획

1 (금을) 긋다. 가르다. 나누다. 구분〔할〕하다. ¶~定范围=범위를 정하다. / ~清界限=한계를 분명하게 긋다. 2 (장부나 금전을) 갈라 주다. 떼어 주다. 넘겨주다. 돌리다. ¶~付货款=대금을 대체하여 지불하다. 대금을 지불하다. / ~拨物资=물자를 떼어 주다. 3 계획〔기획·설계〕하다. 대책을 궁리하다. ¶筹~=계획하다. / 规~=기획하다. 4 '画(그리다·손짓하다)'와 같음. ⑤ '画(한자의 획·한자의 가로획)'와 같음.
☞ huá

○● 策cè划, 规划, 计划, 谋划, 区划

【划拨】huàbō 1 (예금이나 금전을) 다른 계좌로 이체하다. 대체(對替)하다. ¶购书款已经通过银行~到出版社的帐号上了.=도서 구입비는 이미 은행을 통해 출판사 계좌로 이체되었다. 2 (재물 등을) 나누어(떼어) 주다. 갈라 주다. ¶~化肥=화학 비료를 배당하다.
【划策】【画策】huàcè 획책하다. 계책을 세우다. 방도를 마련하다. ¶出谋~=계책〔계략〕을 꾸미다.
【划定】huàdìng (범위나 한계를) 획정하다. 나누어 정하다. 명확히 구분하다. ¶~分管区域=담당 관리 구역을 획정하다.
【划分】huàfēn 1 (전체를 여러 부분으로) 나누다. 구획하다. ¶全省~为一百多个县、市.=전 성을 백여 개의 현과 시로 나누다. 2 구분하다. ¶~界限=경계를 구분하다.
【划粉】huàfěn 초크(chalk).
【划杠杠】huà gàng·gang 선을 긋다. 줄을 그어 표시하다. 한계를 짓다. (조건·범위·표준을) 대략적으로 정하다. 큰 테두리를 잡다. ¶公司进人标准, 先要请总经理来划个杠杠.=회사의 사원 선발 기준은 먼저 사장님께 큰 테두리를 잡아주기를 요청해야 한다.
【划归】huàguī 구분 편입하다. 구분하여 …으로 돌리다. 구분하여 귀속시키다. ¶~国有=국유에 귀속시키다.
【划价】huà‖jià 〔醫〕(병원의 약국에서) 환자의 약값과 진료비를 산출하여 진단서에 기입하다. 환자의 의료비를 산정〔算定〕하다.
【划界】huà‖jiè 경계선을 긋다.
【划框框】huà kuàng·kuang (사전에 행위나 사상의) 기준을 정하다. 제약하다. ¶你让他们自由去做, 不要划那么多框框.=그들에게 대담하게 하도록 하세요. 그렇게 너무 제한하지 말고.

【划清】huàqīng 분명하게 구분〔구별〕하다. ¶是非界限一定要~.=옳고 그름의 한계는 반드시 분명하게 구분해야 한다.
【划时代】huà shídài 시대를 긋다. 새로운 시대를 열다. 획기적이다. [주로 관형어로 쓰임] ¶~的发明=획기적인 발명.
【划一】huàyī 획일〔일률·통일〕적이다. 하나같다. ¶步伐整齐~=걸음걸이가 정연(整然)하고 획일적이다. 획일화시키다. 일치시키다. 통일화하다. ¶~体例=체제를 통일화하다.
【划一不二】huàyī-bù'èr 1 정찰 가격〔판매〕. 에누리가 없다. 가격 할인을 안 하다. ¶货真价实, ~. =물건도 진짜이고〔믿을 만하고〕값도 공정하여 가격 할인을 하지 않는다. 2 〔喩〕획일〔일률·고정〕적이다. 판에 박은 듯하다. ¶诗歌创作形式多样, 没有~的模式.=시가 창작 형식은 다양해서 고정적인 유형〔패턴〕이 없다.

## 华[華] Huà 산 이름 화

1 (地) 화산(華山). [산시(陕西)성에 있는 산 이름] 2 성(姓).
☞ huá

【华佗】Huà Tuó 〔歷〕화타(141～203년). [한(漢)말의 명의(名醫)]

## 画[畫] huà 그림 화

1 (땅에) 경계선을 긋다. 구분하다. 분할하다. ¶~江而治=강을 경계로 통치하다. 2 (그림을) 그리다. ¶~一幅素描=한 폭의 소묘를 그리다. / ~鬼容易~人难.=귀신을 그리는 것은 쉬워도 사람을 그리기는 어렵다. 3 (언어로) 묘사하다. ¶刻~人物=인물을 묘사하다. 4 (기호나 선을) 긋〔그리〕다. ¶签字~押=서명하다. 수결(手決)하다. / 在重要的词句下~线.=중요한 문구 밑에 선을 긋다. 5 손짓하다. ¶比~=손짓으로 흉내내다. / 指手~脚=손짓 발짓 하다. ⑤ 그림으로 장식된. ¶雕梁~栋=기둥과 대들보를 채화(彩畫)로 장식한 화려한 집. ⑩ 1 (~儿) 그림. ¶油~=유화. / 国~=중국화. / 诗情~意=시적인 정취와 그림 같은 아름다움. (풍경 따위가) 시나 그림처럼 아름답다. 2 (한자의) 획. ¶笔~=필획. 3 ⑤ (한자의) 가로획.

○● 版画, 比画, 帛bó画, 插chā画, 扉fēi画, 勾gōu画, 国画, 绘huì画, 刻画, 漫画, 描画, 入画, 书画, 铁画, 图画, 西画, 指画, 字画, 组画

【画板】huàbǎn 〔美〕화판.
【画报】huàbào 화보. 그림 잡지〔신문〕. ¶《电影~》=《电影画报(영화 화보)》.
【画笔】huàbǐ 〔美〕화필. 그림붓.
【画饼充饥】huàbǐng-chōngjī 1 그림의 떡으로 굶주림을 달래다. 2 ⑪ 상상이나 공상으로 스스로를 위로하다. 3 ⑪ 이름뿐이고 실속이 없다. 그림의 떡. 늑望梅止渴
【画布】huàbù 〔유화용〕캔버스(canvas).
【画册】huàcè 화첩〔畫帖〕. 화집〔畫集〕.
【画策】huàcè ☞【划策】huàcè

【画船】huàchuán 图 화방(畫舫). 그림배. 아름답게 장식한 놀잇배.

【画到】huàdào 图 출근부〔출석부〕에 서명하다. 늑签到

【画等号】huà děnghào 图 1 등호(=)를 긋다. 2田 두 가지 사물을 동등하게 보다. 양자를 동일시하다. ¶这两件事性质不同, 不能~。= 이 두 가지 일은 성질이 다르기 때문에 동등하게 봐서는 안 된다.

【画地为牢】huàdì-wéiláo 图 1 땅바닥에 동그라미 하나를 그려 놓고 감옥으로 삼다. 2田 한정된 범위 내에서만 활동하다. 자신을 스스로 제한하다.

【画栋雕梁】huàdòng-diāoliáng ☞【雕梁画栋】diāoliáng-huàdòng

【画法】huàfǎ 图(美) 화법. ¶~细腻传神。= 화법이 섬세하고 생동적이다.

【画舫】huàfǎng 图 화방. 그림배. 아름답게 장식한 놀잇배.

【画符】huà ‖ fú 图 1 (도사·법사 등이) 부적을 그리다〔쓰다〕. ¶~念咒= 부적을 쓰고 염불을 외다. 2田 휘갈겨 쓰다. 날려 쓰다. ¶鬼~= 조잡한 글씨.

【画幅】huàfú 图 1 그림. ¶美术馆收藏的~都是名家手笔。= 미술관에 소장되어 있는 그림은 모두 대가들의 작품이다. 2 화폭. 그림의 치수. ¶~大小不一。= 화폭의 크기가 같지 않다.

【画稿】huà ‖ gǎo 图 책임자가 공문서 문안(文案)에 서명하다. 결재하다.

【画稿】huàgǎo(~儿) 图 밑그림. 러프 스케치(rough sketch).

【画工】huàgōng 图 1 화공. 화사(畫師). 2 ☞【画功】huàgōng

【画功】[画工] huàgōng 图 화법. 회화 기법. 그림 솜씨. ¶~精细=화법이 정교하고 섬세하다.

【画供】huà ‖ gòng 图 (범인이) 진술서에 서명하다.

【画虎不成反类狗】huà hǔ bùchéng fǎn lèi gǒu ☞【画虎类狗】huàhǔ lèigǒu

【画虎类狗】huàhǔ-lèigǒu 图 1 호랑이를 그리려 했는데, 그려 놓고 보니 꼭 강아지 같다. 2田 서투른 솜씨로 흉내내려다가 오히려 웃음거리가 되다. 뱁새가 황새 따라 가다가 가랑이 찢어진다. =【画虎类犬】huàhǔ-lèiquǎn【画虎不成反类狗】huà hǔ bùchéng fǎn lèi gǒu

【画虎类犬】huàhǔ-lèiquǎn ☞【画虎类狗】huàhǔ-lèigǒu

【画集】huàjí 图 화집. 화첩.

【画夹】huàjiā 图 아트백.

【画家】huàjiā 图 화가.

【画架】huàjià 图 이젤(easel). 화가. 화판틀.

【画匠】huàjiàng 图 1 화공. 2田 환쟁이. 하류 화가.

【画境】huàjìng 图 1 그림 속의 경관. 2田 그림처럼 경치가 아름다운 곳. ¶风景秀丽, 犹如~。=경치가 빼어나고 아름다워 마치 한 폭의 그림 같다.

【画镜线】huàjìngxiàn ☞【挂镜线】guàjìngxiàn

【画句号】huà jùhào 图 1 마침표를 찍다. 2田 마치다. 끝내다. 마무리짓다. ¶盛大的闭幕式为这届奥运会画上了圆满的句号。=성대한 폐막식으로 이번 올림픽에 원만한 마침표를 찍었다. 성대한 폐막식을 끝으로 이번 올림픽을 원만하게 마무리지었다.

【画具】huàjù 图(美) 화구.

【画卷】huàjuàn 图 1 두루마리 그림. 2田 웅장하고 아름다운 자연 환경이나 감동적인 장면.

【画绢】huàjuàn 图 중국화용 비단천.

【画刊】huàkān 图 화보(畫報).

【画框】huàkuàng(~儿) 图 액자. 그림틀.

【画廊】huàláng 图 1 그림으로 장식된 복도. 2 화랑. [그림이나 사진 등의 전시 공간] 3 화랑. [미술품을 파는 상점]

【画龙点睛】huàlóng-diǎnjīng 图 1 용을 그리고 마지막으로 눈동자에 점을 찍다. [양(梁)나라 때의 화가 장승요(張僧繇)가 네 마리 용을 그렸는데, 그 중 두 마리의 눈을 그려 넣자 용이 되어 하늘로 올라갔다는 고사에서 유래함. 그림의 신비함을 형용하는 말] 2田 (문학이나 예술 등의 창작에서) 가장 요긴한 어느 한 대목을 잘 함으로써 전체가 생동하게 살아나거나 활기 있게 되다. 가장 중요한 부분을 완성하다. 화룡점정.

【画眉】huàméi 图(動) 화미조.

【画眉笔】huàméibǐ 图 아이펜슬(eye pencil).

【画面】huàmiàn 图 화면. ¶电视~很清晰。=텔레비전 화면이 아주 또렷하다.

【画派】huàpài 图 화파.

【画皮】huàpí 图 1〈畫皮〉. [청(清)대 포송령(蒲松齡)이 지은《요재지이(聊齋志異)》의 편명. 미녀 모습의 허울을 덮어 쓴 악귀를 묘사했음] 2田 탈. 가면. 허울.

【画片儿】huàpiānr 图(口) 인쇄된 소형의 그림〔사진〕. 그림 카드.

【画片】huàpiàn 图 인쇄된 소형의 그림〔사진〕. 그림 카드.

【画屏】huàpíng 图 그림 병풍.

【画谱】huàpǔ 图 1 화보. 화첩. 2 그림 감정을 논한 책. 3 화법을 논한 책.

【画圈儿】huà ‖ quānr 图 (문서의 자기 이름 위에) 동그라미 표시를 하다. [이미 열람했거나 동의함을 표시함]

【画蛇添足】huàshé-tiānzú 图 1 뱀을 그리는데 다리를 그려 넣다. 2田 쓸데없는 짓을 하여 도리어 일을 잘못되게 하다. 재주를 피우려다 일을 망치다. 사족을 가하다.

【画师】huàshī 图 1 화가. 2 화공. 화사.

【画十字】huà shízì 图 1 '十'자를 그리다. [글자를 모르는 사람이 계약서나 문서에 '十'를 그려서 사인을 대신했음] 2(宗) 성호(聖號)를 긋다. (손으로) 십자가를 그리다.

【画室】huàshì 图 1 화실. 아틀리에(atelier). 2 그림을 배우는 기관. 미술용품을 파는 상점.

【画坛】huàtán 图 화단(畫壇). 회화계. 미술계.

【画堂】huàtáng 名 1 채화로 장식한 홀(hall)〔대청〕. 2 장식이 화려한 홀(hall)〔대청〕.
【画帖】huàtiè 名 화첩.
【画图】huà‖tú 动 지도를 그리다. 도형을 그리다. 디자인을 하다. ¶设计师正在~.=설계사가 도면을 그리고 있는 중이다.
【画图】huàtú 名 그림. [주로 비유에 쓰임] ¶这首诗描绘了一幅田园生活的美丽~.=이 시는 한 폭의 전원 생활의 아름다운 그림을 묘사했다.
【画外音】huàwàiyīn 名〔映〕(영화·텔레비전에서) 화면에 나오지 않는 사람 혹은 물체가 내는 소리.
【画像】huà‖xiàng 动 초상화를 그리다. ¶他在公园里为游人~.=그는 공원에서 여행객에게 초상화를 그려 준다.
【画像】huàxiàng 名 화상. 畫像(繪像). ¶他一直收藏着母亲的~.=그는 줄곧 어머니의 화상을 소장하고 있다.
【画选】huàxuǎn 名 회화 선집.
【画行】huà‖xíng 动 공문서의 끝에 책임자가 '行' 자를 써서 인가를 나타내다. 공문서를 결재하다.
【画押】huà‖yā 动〔旧〕서명하다. 사인을 하다. 화압(畫押)하다. 수결(手決)하다. [당사자가 공문서나 계약서 혹은 진술서에 '押' 자나 '十' 자를 쓰고 지장을 찍어 인가·동의를 나타냄] ¶签字~=서명하고 지장을 찍다.
【画页】huàyè 名 (책 따위의) 삽화가〔도판·도판이〕 있는 쪽〔페이지〕. ¶彩色~=컬러(color) 삽화.
【画苑】huàyuàn 名 1 회화 작품이 모여 있는 곳. 2 미술계. 회화계. 화단.
【画院】huàyuàn 名 1 화원. 한림 도화원(翰林圖畫院). [옛날, 궁중의 회화 제작 기관] 2 화원. [연구와 창작 및 교류를 주요 활동으로 하고 있는 회화 제작 기관]
【画展】huàzhǎn 名 화전. 회화 전람회. ¶个人~=회화 개인전.
【画知】huà‖zhī 动 (연명의 초대장에) '知' 자를 써서 알았음을〔참석의 의미를〕 나타내다.
【画脂镂冰】huàzhī-lòubīng 成 1 유지(油脂)에 그림을 그리고 얼음을 조각하다. 2 旧 쓸데없이 힘만 낭비하고 아무런 성취도 이루지 못하다. 공연히 헛수고하다.
【画中人】huàzhōngrén 名 그림 속의 여자. 미인. [아름다운 여자에 대한 미칭] ¶小姑娘长得像个~.=젊은 아가씨는 그림 속의 미인처럼 생겼다.
【画中有诗】huàzhōng-yǒushī 成 1 그림 속에 시적인 정취가 그윽하다. 2 旧 그림의 이미지가 생동적이고 정취가 넘쳐나다.
【画轴】huàzhóu 名 1 족자축. 2 족자(簇子). ¶山水~=산수화 족자.
【画字】huà‖zì 动 旧 화압하다. 수결하다. 서명하다. 사인하다. [주로 '十' 자를 그리는 것을 가리킴]
【画作】huàzuò 名 회화 작품.

## 话[話, 諙] huà 말할 화

名 1 (~儿) 말. ¶套~=인사치레의 말. 넌지시 말을 유도하다. / 打开窗户说亮~.=솔직하게 터놓고 말하다. 2 언어. 방언. 사투리. ¶普通~~=现代 中国 표준어. / 广东~=광동 방언. 3 이야기. ¶神~=신화. 动 말하다. 이야기하다. ¶对~=대화하다. / 茶~会=다과회.

白话, 插chā话, 传话, 词话, 粗话, 答话, 大话, 二话, 反话, 废fèi话, 费话, 怪话, 官话, 鬼guǐ话, 过话, 喊话, 行háng话, 好话, 黑话, 胡话, 谎huǎng话, 回话, 活话, 佳jiā话, 空话, 老话, 炼liàn话, 梦话, 赔péi话, 平话, 评话, 情话, 诗话, 说话, 私话, 谈话, 听话, 通话, 外话, 瞎xiā话, 象话, 训xùn话, 走话, 漂亮话

【话把儿】huàbàr 名〔口〕이야깃거리. 화제. 구실.
【话白】huàbái 名 1〔劇〕(중국 전통극 중의) 대사. 2〔旧〕평서(評書) 연기자가 무대에 등장한 후 먼저 상장시(上場詩)를 읽은 후, 성목(醒木; 청중의 주의를 환기시키거나 분위기를 고조시키기 위해 사용하는 단단한 나무 토막)을 두드리고 본 내용을 이끌어 내는 말을 하는 것.
【话本】huàběn 名 화본. [송원(宋元)대에 민간 설화인(說話人)이 설창(說唱)하던 저본]
【话别】huà‖bié 动 이별의 말을 나누다. 작별 인사를 하다. ¶与亲友~.=친한 친구와 작별 인사를 하다. ≒辞别
【话柄】huàbǐng 名 이야깃거리. 화제. 말꼬리. 구실. ¶不要给人留下~.=다른 사람에게 이야깃거리를 남기지 마라. 남의 구설수에 오르지 않도록 해라.
【话不投机】huàbùtóujī 成 1 서로 말이 통하지 않다. 2 旧 서로의 의견이〔견해가〕 다르다.
【话不投机半句多】huà bù tóujī bànjù duō 俗 1 말이 통하지 않으면 반 마디 말도 낭비이다. 2 旧 견해가 다르면 서로 이야기할 수 없다.
【话茬儿】huàchár 名 口 1 화제. 화두. 말머리. ¶既然说到这儿了, 我想接着~再多说两句.=기왕 여기까지 이야기했으니, 화제를 이어서 몇 마디 더 하고 싶다. 2 어투. 말투. ¶听他的~,这件事有点儿麻烦.=그의 말투를 들어보니, 이 일은 좀 골치 아프겠다.
【话费】huàfèi 名 전화비. ¶缴纳~=전화비를 내다.
【话锋】huàfēng 名 말머리. 화제. ¶~一转, 说到别的事情上去了.=말머리를 돌려 다른 이야기를 하기 시작했다. ≒话头
【话机】huàjī ☞【电话机】diànhuàjī
【话家常】huà jiācháng 动 일상적인 이야기를 하다. 이런저런 이야기를 나누다.
【话旧】huàjiù 动 (오랜만에 만난 친구와) 지난 일을 이야기하다. ¶和同窗好友~, 仿佛又回到了学生时代.=동창들과 지난 일을 이야기하다 보니, 마치 학생 시절로 다시 돌아간 것 같았다.
【话剧】huàjù 名〔劇〕연극.
【话口儿】huàkǒur 名 口 어조. 말씨. 말투. ¶

听那~,他是不想去外地工作。=말투를 들어 보니, 그 사람은 외지에 일하러 가기 싫어한다.

【话里有话】**huà·li-yǒuhuà**〈名〉1 말 속에 말이 있다. 2〈비〉말 속에 다른 뜻이 있다. 말 속에 뼈가 있다. 언중유골이다. =【话中有话】**huàzhōng-yǒuhuà**

【话料】**huàliào**〈名〉〈ㅁ〉이야깃거리.

【话篓子】**huàlóu·zi**〈名〉〈ㅁ〉〈비〉수다쟁이.

【话梅】**huàméi**〈名〉소금과 설탕에 절여 햇빛에 말린 매실.

【话说】**huàshuō**〈동〉1 화설. 이야기는 이렇습니다. [옛날, 화본이나 장회 소설에서 이야기를 시작할 때에 쓰는 발어사(發語詞)] 2 이야기하다. 담론하다. 강술하다. ¶《~黄河》=《황허를 이야기하다》.

【话题】**huàtí**〈名〉화제. 논제. 이야기의 주제. ¶热门~=인기 화제.

【话亭】**huàtíng**〈名〉공중 전화 박스.

【话筒】**huàtǒng**〈名〉1 전화기의 송수화기. 2 ☞【微音器】**wēiyīnqì** 3 ☞【传声筒】**chuánshēngtǒng**

【话头】**huàtóu**(~儿)〈名〉〈ㅁ〉말머리. 말의 실마리. 말허리. 말의 방향. 화제. 이야깃거리. ¶他猛地闯进来, 打断了大家的~。=그가 갑자기 뛰어들어오는 바람에 사람들의 화제가 끊겨 버렸다. ↳话锋

【话外音】**huàwàiyīn**〈名〉말 속에 숨은 뜻. ¶他的~谁都听出来了。=그의 말 속에 숨은 뜻은 누구라도 알아들을 수 있다.

【话网】**huàwǎng**〈名〉전신망.

【话务员】**huàwùyuán**〈名〉전화 교환원.

【话匣子】**huàxiá·zi**〈名〉1〈方〉유성기. 축음기. 2 라디오. 3〈비〉수다쟁이. ¶他是个~, 一说起来就没完。=그는 수다쟁이라, 이야기를 시작하면 끝도 없다.

【话言话语】**huàyán-huàyǔ**〈名〉여러 가지 이야기. 이런저런 말들. ¶听他的~, 那事办起来不难。=그 사람의 이런저런 말들을 들으니, 그 일은 하기에 결코 어렵지 않다.

【话音】**huàyīn**(~儿)〈名〉1 이야기 소리. 말소리. ¶~刚落, 屋外就响起了敲门声。=이야기가 막 끝나자 방 밖에서 문 두드리는 소리가 났다. 2〈ㅁ〉말투. 말눈치. 말 속에 숨은 뜻. ¶听他的~儿, 似乎有什么难言之隐。=그의 말투를 들으니 말 못 할 고충이 있는 것 같다.

【话语】**huàyǔ**〈名〉말. 언사. ¶他~不多, 可句句都在理。=그는 말을 많이 하지 않았지만, 구구절절 모두 일리가 있다.

【话中有话】**huàzhōng-yǒuhuà** ☞【话里有话】**huà·li-yǒuhuà**

*桦[樺] **huà** 자작나무 화
〈名〉〈植〉자작나무.
○● 白桦, 黑桦

婳[嫿] **huà** 정숙할 획

☞【姽婳】**guǐhuà**

# huai

**怀[懷]** **huái** 품을 회
〈동〉1〈문〉품다. ¶~珠抱玉=구슬과 옥을 품에 지니다. 2 (마음속에) 간직하다. 품다. ¶心~大志=큰 뜻을 품다. / 不~好意=호의를 갖고 있지 않다. 3 생각하다. 사색하다. 그리워하다. ¶缅~=회고하다. / ~念祖国=조국을 그리워하다. 4 배다. 임신하다. ¶~有身孕=아이를 배고 있다. 〈名〉1 가슴. 품. ¶敞胸露~=가슴을 풀어헤치다. / 孩子依偎在妈妈~里。=아이가 엄마의 품에 안겨 있다. 2 마음. 심정. 기분. ¶情~=심사. 기분. / 襟~坦白=포부가 담백하다. 3 (Huái) 성(姓).

○● 骋**chěng**怀, 感怀, 关怀, 开怀, 空怀, 满怀, 缅**miǎn**怀, 愜**qiè**怀, 情怀, 忘怀, 下怀, 心怀, 胸怀, 萦**yíng**怀, 追怀

【怀抱】**huáibào**〈동〉1 품에 안다. (팔에) 껴안다. ¶~幼子=어린아이를 품에 안다. 2 (마음속에) 품다. ¶~远大理想=원대한 이상을 마음속에 품다. 〈名〉1 품. 가슴. ¶婴儿睡在母亲温暖的~里。=갓난아이는 엄마의 따스한 품에서 잠을 잔다. 2 포부. 야망. 이상. ¶别有~=또 다른 야망이 있다. 3 (~儿)〈방〉유아기. ¶这孩子从~儿起就爱闹病。=이 아이는 유아기 때부터 병이 잦았다.

【怀璧其罪】**huáibì-qízuì**〈성〉1 단순히 몸에 구슬을 지니고 있다가 죄를 얻다. 2 재물이 화를 부르다. 3〈비〉지위나 재능으로 인해 남의 시샘을 받아 화를 입다.

【怀表】**huáibiǎo**〈名〉회중시계.

【怀才不遇】**huáicái-bùyù**〈성〉1 재능과 학문이 있으면서도 펼칠 기회를 만나지 못하다. 2〈비〉뜻을 이루지 못하다. 바람〔소망·소원〕을 실현하지 못하다. [주로 명리에 대한 욕망을 가리킴]

【怀春】**huáichūn**〈동〉(소녀가) 이성을 그리워하다. 사랑으로 번민하다.

【怀古】**huáigǔ**〈동〉옛일〔사람〕을 그리워하다. 회고하다. 회상하다. ¶~伤今=옛일을 회고하고 현재를 슬퍼하다.

【怀鬼胎】**huái-guǐtāi**〈성〉〈비〉떳떳하지 못한 나쁜 생각을 품다.

【怀恨】**huái∥hèn**〈동〉원한을 품다. 앙심을 품다. 한스럽게 생각하다. 한을 품다. ¶~在心=마음속에 원한을 품다. ↳衔恨

【怀旧】**huáijiù**〈동〉옛일을〔친구를〕회상하다. 추억하다. 생각하다. 회고하다. ¶老人时常~。=노인들은 가끔 옛날을 회상한다. ↳念旧

【怀恋】**huáiliàn**〈동〉(옛일이나 옛 친구를) 그리워하다. 생각하다. ¶~故土=고향 땅을 그리워하다.

【怀念】**huáiniàn**〈동〉회상하다. 추억하다. 생각

하다. 회고하다. 그리워하다. ¶~逝去的青春岁月 = 지나간 젊은 시절을 회상하다. 늑想念 怀想 思念 缅怀

【怀柔】**huáiróu** 동⟨예⟩ 회유하다. ¶~政策 = 회유 정책.

【怀胎】**huái‖tāi** 동 임신하다. ¶十月~ = 10개월 동안 아이를 배다. 늑怀孕

【怀乡】**huáixiāng** 동 고향을 그리워하다. 향수에 젖다. ¶~之情 = 향수.

【怀想】**huáixiǎng** 동 회상하다. 추억하다. 생각하다. 회고하다. 그리워하다. ¶~儿时的伙伴 = 어린 시절 친구를 그리워하다. 늑怀念

【怀疑】**huáiyí** 동 **1** 의심하다. 의심을 품다. 회의하다. ¶他从来没有~过自己的能力. = 그는 자신의 능력을 한 번도 의심해 본 적이 없다. **2** 추측하다. 짐작하다. ¶我~他改变主意了. = 난 그가 생각을 바꿨다고 추측한다. 늑疑惑 疑心 ↔相信 信任

【怀有】**huáiyǒu** 동 (마음속에) 품고 있다. 지니고 있다. ¶~美好的愿望 = 아름다운 꿈을 지니고 있다.

【怀孕】**huái‖yùn** 동 임신하다. ¶她怀了孕. = 그녀가 임신하였다. 늑怀胎

*徊 **huái** 노닐 회
☞【徘徊】**páihuái**

*淮 **Huái** 강 이름 회
명(地) 화이허(淮河). [허난(河南)성에서 발원하여 안후이(安徽)성을 거쳐 장쑤(江苏)성으로 유입되는 강 이름]

【淮北】**Huáiběi** 명(地) **1** 화이허(淮河) 이북 지역. **2** 안후이(安徽)성의 북부. **3** 화이베이. [안후이(安徽)성에 있는 도시 이름]

【淮海】**Huái Hǎi** 명(地) 화이하이. [쉬저우(徐州)를 중심으로 한 화이허(淮河) 이북과 롄윈강(连云港) 서쪽 지역]

【淮剧】**huáijù** 명(剧) 회극. [화이안(淮安) 일대에서 기원한 지방극으로, 상하이(上海)와 장쑤(江苏)성 화이안(淮安)·옌청(盐城) 일대에서 유행함]

【淮南】**Huáinán** 명(地) **1** 화이허(淮河) 이남 지역. [화이허(淮河) 이남, 창장(长江) 이북 지역] **2** 안후이(安徽)성 중부 지역. **3** 화이난. [안후이(安徽)성에 있는 도시 이름]

**槐 huái** 홰나무 괴
명 **1**(植) 홰나무. 회화나무. **2** (Huái) 성(姓).

○● 刺槐, 洋槐

【槐豆】**huáidòu** 명(植) 느티나무 열매.
【槐花】**huáihuā** 명(植) 느티나무 꽃.
【槐树】**huáishù** 명(植) 회화나무. 홰나무. 괴나무. 괴목.

**踝 huái** 복사뼈 과
명(生) 복사뼈.

○● 内踝, 外踝

【踝骨】**huáigǔ** 명(生) 복사뼈.
【踝子骨】**huái·zigǔ** 명 (양쪽) 복사뼈. [안쪽 복사뼈와 바깥쪽 복사뼈의 통칭]

**耲 huái** 써레 회
【耲耙】**huái·bà** 명 (동북 지방에서 흙을 고를 때 쓰는) 써레〔갈퀴〕.

**坏[壞] huài** 상할 괴
동 **1** 상하다. 고장나다. 망가지다. 탈나다. 썩다. ¶苹果~了. = 사과가 상했다. / 手机~了. = 핸드폰이 고장나다. **2** 나쁘게 하다. 상하게 하다. 망치다. 탈이 나다. 썩히다. ¶看电脑显示屏久了容易~眼睛. = 컴퓨터 모니터를 낡으면 눈을 쉽게 상하게 한다. 형 **1** 나쁘다. ¶~习惯. / 他的学习成绩不~. = 그의 학습 성적은 나쁘지 않다. **2** (품질이나 성격이) 나쁘다. 불량하다. 사악하다. 부도덕하다. ¶这个人人品太~. = 이 사람은 인품이 너무 부도덕하다. **3** …하여 죽겠다. 너무 …하다. [동사나 형용사 뒤에 쓰여 지나치게 심한 정도에 도달했음을 나타냄] ¶累~了.=너무 피곤해 죽겠다. / 饿~了. = 너무 배고프다. 명 못된 수작. 비열한 술책. 나쁜 생각. ¶这都是他使的~. = 이것은 모두 그가 꾸민 비열한 술책이다. ↔好

○● 败坏, 毁**huǐ**坏, 破坏, 使坏, 损**sǔn**坏

【坏包儿】**huàibāor** 명〈口〉 나쁜 놈. 악당. 말썽꾸러기. 장난꾸러기. 개구쟁이. [친근한 의미를 내포함] ¶这个小~儿, 我非收拾他不可. = 요놈의 말썽꾸러기, 내가 반드시 따끔한 맛을 보여 주리라.

【坏处】**huài·chu** 명 나쁜 점. 결점. 해로운 점. ¶多学知识只有好处没有~. = 지식을 많이 습득하는 것은 좋은 점만 있지 나쁜 점은 없다. ↔好处

【坏蛋】**huàidàn** 명 나쁜 놈. 몹쓸 놈. 악당.

【坏点子】**huàidiǎn·zi** 명〈口〉 나쁜 착상〔생각·아이디어〕. 나쁜 술책〔방법〕.

【坏东西】**huàidōng·xi** 명〈口〉 나쁜 자식〔놈〕.

【坏分子】**huàifènzi** 명 **1** 불량분자. **2** 불량배. 건달. 불한당.

【坏话】**huàihuà** 명 **1** 그른 말. 틀린 말. 귀에 거슬리는 말. 고언(苦言). ¶好话谁都喜欢听, ~却不尽然. = 좋은 말은 누구라도 다 듣기 좋아하지만, 귀에 거슬리는 말은 오히려 다 그렇지는 않다. **2** 험담. 욕. ¶别在背后说人~. = 뒤에서 남의 험담을 하지 마라.

【坏家伙】**huàijiā·huo** 명〈口〉 몹쓸 자식. 나쁜 자식. 못된 놈. 변변치 못한 놈.

【坏疽】**huàijū** 명〈醫〉 괴저(坏疽).

【坏脾气】**huàipí·qi** 명 고약한 성미. 나쁜 성질. 못된 성깔. ¶你这~要不得. = 너 이런 고약한 성깔을 부려서는 안 된다.

【坏球】**huàiqiú** 명〈體〉 (야구에서의) 볼.

【坏人】**huàirén** 명 **1** 나쁜 사람. 불량배. 건달.

불한당. **2** 불량분자. ↔好人

【坏事】**huài‖shì** 〔동〕 일을 망치다〔그르치다〕. ¶他这样莽莽撞撞的, 非~不可.＝그 사람은 이렇게 거칠고 경솔하니, 반드시 일을 그르치고 말 것이다.

【坏事】**huàishì** 〔명〕 나쁜 일. 해로운 일. ¶坏人～＝나쁜 사람이 나쁜 일을 저지른다. ↔好事

【坏水】**huàishuǐ**(～儿) 〔명〕〔방〕〔비〕 고약한〔못된〕 심보〔생각〕. ¶这小子一肚子～.＝이 녀석은 뱃속이 온통 나쁜 생각으로 가득하다.

【坏死】**huàisǐ** 〔동〕〔의〕 괴사하다. ¶肌肉～＝근육이 괴사하다.

【坏心眼儿】**huàixīnyǎnr** 〔명〕 나쁜〔고약한〕 심사. 나쁜 생각. ¶他人很好, 没什么～.＝그는 나쁜 심사라고는 없는 참 좋은 사람이다.

【坏血病】**huàixuèbìng** 〔명〕〔의〕 괴혈병.

【坏账】**huàizhàng** 〔명〕 악성 부채. 회수가 불가능한 빚.

【坏种】**huàizhǒng** 〔명〕〔구〕 악종. 못된 놈. 개망나니. 악인.

# huan

**欢**[歡, 懽·讙·驩] **huān**
기뻐할 환

〔형〕 **1** 즐겁다. 기쁘다. ¶悲～离合＝슬픔과 기쁨, 이별과 만남. / 不～而散＝불쾌하게 헤어지다. **2**〔구〕 활발하다. 활기차다. 흥겹다. 신나다. 기세 좋다. 세차다. 힘차다. 원기가 왕성하다. 매우 빠르다. ¶孩子们越闹越～.＝아이들은 놀면 놀수록 더욱 활기차다. / 鸟儿叫得真～.＝새들이 정말 흥겹게 지저귄다. 〔동〕 좋아하다. ¶博取～心＝환심을 얻다〔사다〕. 〔명〕 **1** 좋아하는 남자 애인. [고악부(古樂府)에서 주로 남자 애인을 가리킴] **2** 애인. 사랑하는 사람. ¶另有新～＝따로 새 애인이 있다. ≒乐 ↔悲

○● 承chéng欢, 合欢, 狂欢, 联欢, 撒sā欢儿, 失欢

【欢蹦乱跳】**huānbèng-luàntiào** 〔성〕 **1** 기뻐서 깡충깡충 뛰다. **2**〔비〕 생기가 넘치고 활발한 모양. ＝【活蹦乱跳】**huóbèng-luàntiào** ¶跟这些～的孩子在一起, 人都好像年轻了许多.＝이런 생기 있고 활발한 애들과 함께 있으니, 사람들조차 훨씬 젊어지는 것 같다. ↔泥塑木雕

【欢唱】**huānchàng** 〔동〕 즐겁게 노래하다. ¶鸟儿在枝头～.＝새가 나뭇가지 위에서 즐겁게 노래한다.

【欢畅】**huānchàng** 〔형〕 즐겁다. 유쾌하다. 통쾌하다. ¶满心～＝가슴 가득 즐겁다. ↔郁闷

【欢度】**huāndù** 〔동〕 즐겁게 지내다〔보내다〕. ¶～春节＝설날을 즐겁게 지내다.

【欢歌】**huāngē** 〔동〕 즐겁게 노래하다〔노래 부르다〕. ¶纵情～＝마음껏 즐겁게 노래하다. 〔명〕 즐거운 노랫소리. ¶山坡上传来姑娘们的阵阵～.＝산비탈에서 아가씨들의 즐거운 노랫소리가 간간이 들려온다.

【欢歌笑语】**huāngē-xiàoyǔ** 〔성〕 **1** 즐거운 노랫소리와 웃음소리. **2**〔비〕 분위기가 즐겁고 마음이 상쾌한 모양. ＝【欢声笑语】**huānshēng xiàoyǔ**

【欢呼】**huānhū** 〔동〕 환호하다. 즐겁게 외치다. ¶～雀跃＝환호하며 깡충깡충 뛰다. ↔哀号 哀嚎 哀鸣

【欢欢畅畅】**huān·huan chàngchàng**(～的) 〔형〕 매우 즐겁다. 유쾌하다. 통쾌하다.

【欢欢乐乐】**huān·huan lèlè**(～的) 〔형〕 즐겁다. 유쾌하다.

【欢欢实实】**huān·huan shíshí**(～的) 〔형〕〔방〕 활발하다. 생기발랄하다. 매우 신나다. 흥겹다. 매우 힘차다. 기세 좋다.

【欢欢喜喜】**huān·huan xǐxǐ**(～的) 〔형〕 매우 기쁘다. 매우 즐겁다.

【欢聚】**huānjù** 〔동〕 즐겁게 모이다. ¶亲友～＝친척과 친구들이 즐겁게 모이다.

【欢聚一堂】**huānjù-yītáng** 〔성〕 **1** 즐겁게 한 방에 모이다. **2** 즐겁게 한자리에 모이다. 기쁘게 함께 모이다.

【欢快】**huānkuài** 〔형〕 유쾌하다. 즐겁고 경쾌하다〔명랑하다〕. 통쾌하다. ¶～的舞曲＝즐겁고 경쾌한 무도곡.

【欢乐】**huānlè** 〔형〕 즐겁다. 유쾌하다. ¶节日里, 到处都是～的人群.＝명절날 온통 즐거운 인파로 가득 차다. ≒快乐 快活 愉快 ↔悲伤 忧愁 悲哀 哀伤

【欢闹】**huānnào** 〔동〕 신나게 떠들고 놀다. ¶尽情～＝신나게 떠들고 놀다. 〔형〕 요란하다. 시끌벅적하다. ¶大街上传来～的鼓乐声.＝큰 거리에서 시끌벅적한 음악 소리가 들려온다.

【欢洽】**huānqià** 〔형〕 즐겁고 마음이 맞다〔융화하다〕. ¶两情～＝두 사람은 마음이 잘 맞는다.

【欢庆】**huānqìng** 〔동〕 즐겁게 축하하다. 경축하다. ¶～新年＝신년을 즐겁게 축하하다.

【欢声】**huānshēng** 〔명〕 환호하는 소리. 환성. ¶～处处一片.＝도처에 온통 환호 소리로 가득 차 있다.

【欢声雷动】**huānshēng-léidòng** 〔성〕 **1** 환호하는 소리가 우레와 같다. **2** 열렬히 환호하다.

【欢声笑语】**huānshēng-xiàoyǔ** ☞【欢歌笑语】**huāngē-xiàoyǔ**

【欢实】**huān·shi** 〔형〕〔방〕 활발하다. 생기발랄하다. 신나다. 흥겹다. 힘차다. 기세 좋다. ¶瞧, 孩子们玩得多～!＝보세요, 애들이 얼마나 신나게 놀고 있는지!

【欢送】**huānsòng** 〔동〕 환송하다. ¶～优秀毕业生＝우수 졸업생을 환송하다.

【欢腾】**huānténg** 〔동〕 기뻐 날뛰다. 매우 기뻐하다. ¶火炬点燃的一刹那, 奥运会主会场上一片～.＝횃불을 점화하는 순간, 올림픽 주경기장은 온통 환호성으로 가득 찼다.

【欢天喜地】**huāntiān-xǐdì** 〔성〕 매우 기쁘다. 기쁨이 넘치다. ≒欢欣鼓舞

【欢跳】**huāntiào** 동 기뻐 날뛰다. 기뻐 깡충깡충 뛰다. ¶听到这个喜讯, 人们不由得~起来。=기쁜 소식을 듣고, 사람들은 자신도 모르게 기뻐 날뛰었다.

【欢慰】**huānwèi** 형 기쁘고 안심되다. 기쁘고 위안이 되다. ¶看到学生们有了成就, 他感到十分~。=학생들이 성공을 이룬 것을 보고, 그는 상당히 기쁘고 위안이 되었다.

【欢喜】**huānxǐ** 형 기쁘다. 즐겁다. ¶内心~=마음이 기쁘다. 동 좋아하다. ¶这孩子~看科幻图书。=이 애는 공상 과학 도서를 보는 것을 좋아한다. ≒欢欣 ↔悲痛 悲伤

【欢喜冤家】**huānxǐ yuānjiā** 명 미운 정 고운 정이 든 연인. ¶他们真是一对~。=그들은 정말 미운 정 고운 정이 든 짝이다.

【欢笑】**huānxiào** 동 즐겁게 웃다. ¶教室里传来一阵阵~声。=교실에서 즐거운 웃음소리가 간간이 들려온다.

【欢心】**huānxīn** 명 환심. ¶讨人~=남의 환심을 사다.

【欢欣】**huānxīn** 형 기쁨에 차다. 유쾌하다. ¶他的成功令人~。=그의 성공은 사람들을 유쾌하게 했다.

【欢欣鼓舞】**huānxīn-gǔwǔ** 성 날 듯이 기뻐하다. 펄쩍 뛰면서 좋아하다. 기뻐서 춤을 추다. 매우 기뻐하다. ≒欢天喜地

【欢颜】**huānyán** 명문 기쁜 표정. 웃는 얼굴. ¶强作~=억지로 기쁜 표정을 짓다.

【欢宴】**huānyàn** 동 1 환영 연회를 열다. ¶~宾客=내빈을 위하여 환영 연회를 열다. 2 잔치〔연회〕를 즐기다. ¶合家~=온 가족이 잔치를 벌여 흥겹게 놀다.

【欢迎】**huānyíng** 동 1 환영하다. 기쁘게 맞이하다〔영접하다〕. ¶~各方来宾=각지에서 온 내빈을 환영하다. 2 즐겁게〔기꺼이〕 받아들이다. 환영받다. ¶这类图书在年轻读者中很受~。=이런 종류의 도서는 젊은 독자들에게 많은 환영을 받는다.

【欢娱】**huānyú** 동 즐거워하다. 기뻐하다. ¶纵情~=마음껏 즐거워하다.

【欢愉】**huānyú** 형 유쾌하고 즐겁다. ¶心情~=마음이 유쾌하고 즐겁다.

【欢悦】**huānyuè** 형 기쁘다. 즐겁다. ¶~的气氛=즐거운 분위기.

【欢跃】**huānyuè** 동 너무 기뻐서 날뛰다. 대단히 기뻐하다.

# 獾[貛·貆] **huān** 오소리 환
명(動) 오소리.

○● 狗獾, 狼獾, 沙獾

【獾猪】**huānzhū** ☞【猪獾】**zhūhuān**

# 还[還] **huán** 돌아올 환
동 1 돌아가다. 돌아오다. (원상태로) 되돌아가다. 환원하다. ¶生~=살아서 돌아오다. / 衣锦~乡=비단옷을 입고 귀향하다. 금의환향하다.

2 돌려주다. 갚다. 반납하다. 상환하다. ¶~书=책을 반납하다. / 偿~债务=빚을 갚다. 3 갚다. 보답하다. 보복하다. ¶以牙~牙, 以眼~眼。=이에는 이, 눈에는 눈. 명 (Huán) 성(姓)

☞借

☞ **hái, xuán**

○● 璧bì还, 偿cháng还, 发还, 奉fèng还, 归还, 交还, 清还, 生还, 退还, 往还, 挪zhí还

【还报】**huánbào** 동 (은혜 따위에) 보답하다. ¶~养育之恩=길러 주신 은혜에 보답하다.

【还本】**huán‖běn** 동 원금을 갚다. ¶~付息=원금과 이자를 지불하다.

【还贷】**huán‖dài** 동 차관〔빌린 돈〕을 갚다. 대출금을 상환하다.

【还魂】**huán‖hún** 동 1 부활하다. 죽은 자의 넋이 살아 돌아오다. 2 비 소생하다. 3 비 재생하다. ¶~橡胶=재생 고무.

【还击】**huánjī** 동 반격하다. ¶奋起~=분연히 일어나 반격하다. ≒回击 反击

【还家】**huán‖jiā** 동 1 귀가〔귀향〕하다. 집〔고향〕으로 돌아가다. 2 원래 자리로 돌아가다.

【还价】**huán‖jià**(~儿) 동 값을 깎다. 에누리하다. ¶讨价~=값을 흥정하다.

【还口】**huán‖kǒu** 동 말대꾸하다. 말대답하다. ¶他一直在忍让, 怎么说他都不~。=그는 계속 참고 있으면서, 무슨 말을 하더라도 말대꾸하지 않는다. ≒还嘴

【还款】**huánkuǎn** 동 돈을 갚다.

【还礼】**huán‖lǐ** 동 1 (남의 경례에 대하여) 답례하다. ¶首长向站岗的士兵~。=지휘관이 보초를 서고 있는 사병에게 답례하다. 2 선물에 대한 답례를 하다.

【还林】**huánlín** 동 (훼손된) 산림을 복원하다. 삼림으로 환원하다. ¶退耕~=경작지를 삼림으로 환원하다.

【还盘】**huánpán** 명(經) 반대 신청〔제의〕. 카운터 오퍼(counter offer).

【还迁】**huánqiān** 동 (주택의 재건축으로 인해 다른 곳으로 일단 옮겼다가) 다시 새로 지은 주택으로 돌아오다.

【还钱】**huánqián** 동 빚을 갚다. 빌린 돈을 되돌려주다. ¶欠债~=부채를 갚다.

【还清】**huánqīng** 동 (빚을) 완전히〔깔끔히〕 갚다. 청산하다. ¶~欠款=빚진 돈을 완전히 갚다. 부채를 청산하다.

【还情】**huán‖qíng** 동 (은혜나 인정에) 보답하다. 답례를 하다.

【还手】**huán‖shǒu** 동 되받아치다. 반격하다. ¶打不~, 骂不还口。=때려도 되받아치지 않고, 욕을 해도 말대답하지 않다.

【还俗】**huán‖sú** 동 환속하다.

【还田】**huán‖tián** 동 1 점유한 토지를 농민에게 되돌려주다. 2 (農) 작물을 논밭에 내어 썩혀서 거름이 되게 하다.

【还童】**huántóng** 동 (사람이) 회춘하다. 젊음을〔원기를〕 회복하다. ¶返老~=다

시 젊어지다.

【还席】**huán**‖**xí** 〈동〉 답례의 연회를 열다. ¶今天晚上我~, 以感谢大家的盛情款待。= 여러분들의 후의에 감사하다는 뜻으로 오늘 저녁에 제가 답례 연회를 열려고 합니다.

【还乡】**huán**‖**xiāng** 〈동〉 귀향하다. 환향하다. 고향으로 돌아가다. ¶告老~ = 늙어서 고향으로 돌아가다.

【还阳】**huán**‖**yáng** 〈동〉 **1** 양계(陽界)로 되돌아오다. 죽었다가 되살아나다. **2** 의식을 잃었다가 다시 깨어나다.

【还原】**huán**‖**yuán** 〈동〉 **1** 원상 회복하다. 환원하다. 복원하다. **2** 〈化〉 환원하다. [산화물에서 산소가 빠지거나 산화물이 수소와 화합함] **3** 〈化〉 환원하다. [원자·분자·이온 따위가 전자를 얻는 변화]

【还原剂】**huányuánjì** 〈명〉〈化〉 환원제.

【还愿】**huán**‖**yuàn** 〈동〉 **1** (소원이 이루어진 후에) 신에게 발원할 때 한 약속을 지키다. **2** 약속을 지키다. 승낙한 말을 이행하다. ¶他曾说过要给女儿买架钢琴, 今天终于~了。= 그는 일찍이 딸에게 피아노를 사 주겠다고 말한 적이 있었는데, 오늘 마침내 그 약속을 이행했다. ↔许愿

【还债】**huán**‖**zhài** 〈동〉 빚을 갚다. 부채를 상환하다. ≒还账 ↔借债 借账

【还账】**huán**‖**zhàng** 〈동〉 외상을 갚다. 빚을 갚다. ≒还债 ↔借账 借债

【还嘴】**huán**‖**zuǐ** 〈동〉 말대답하다. 말대꾸하다. ¶别人说得再难听他也没~。= 다른 사람이 아무리 듣기 싫은 말을 해도 그는 말대꾸를 하지 않는다. ≒还口

\*\***环[環]** **huán** 고리 환
〈동〉 둘러〔에워〕싸다. 돌다. ¶四面~水 = 사면이 물로 둘러싸다. /~太平洋地区 = 환태평양 지구. 〈양〉(양궁이나 사격에서) 점(點). [표적의 점수 단위] ¶他连续两枪打了10~。= 그는 연속 두 발 모두 10점을 맞췄다. 〈명〉 **1** (~儿) 고리. ¶玉~ = 옥고리. **2** (~儿) 고리 모양의 둥근 물건. ¶花~ = 화환. / 耳~ = 귀걸이. **3** 사방. 주위. ¶举目~顾 = 눈을 들어 사방을 바라보다. **4** 일환. 고리. ¶牢记单词是学好外语的重要一~。= 단어를 단단히 암기하는 것은 외국어를 배우는 데 중요한 일환이다. **5** (도시의) 순환 도로. 환상 도로. ¶北京东四~ = 베이징 동변 제4 순환 도로. **6**(**Huán**) 성(姓).

○→ 吊diào环, 光环, 回环, 连环, 兽shòu环, 循xún环, 指zhǐ环, 门环子, 日环食, 四环素, 大循环

【环靶】**huánbǎ** 〈명〉 둥근 과녁. 라운드 타깃 (round target).

【环保】**huánbǎo** ☞【环境保护】**huánjìng bǎohù**

【环保产业】**huánbǎo chǎnyè** 〈명〉 환경 보호 산업. =【绿色产业】**lǜsè chǎnyè**

【环保饭盒】**huánbǎo fànhé** 〈명〉 자연 분해되는 재료로 만든 도시락.

【环保型汽车】**huánbǎoxíng qìchē** 〈명〉 환경 보호형 자동차. [액화 가스 혹은 전지 사용 자동차를 가리킴]

【环保营销】**huánbǎo yíngxiāo** ☞【绿色营销】**lǜsè yíngxiāo**

【环抱】**huánbào** 〈동〉 둘러〔에워〕싸다. [주로 자연 경관에 대해 쓰임] ¶村寨四周, 青山~。= 촌락 주위는 푸른 산이 둘러싸고 있다.

【环衬】**huánchèn** 〈명〉(책의 겉장과 속표지 사이에 있는) 헛장.

【环城】**huánchéng** 〈동〉 도시를 순환하다. ¶~马拉松赛跑 = 도시 일주 마라톤 경기.

【环岛】**huándǎo** 〈명〉 환상 교차로. 로터리.

【环堵萧然】**huándǔ-xiāorán** 〈성〉 **1** 집안에 네 벽만 썰렁하게 있다. **2** 〈비〉 가난하여 가진 것이 아무것도 없다. 찢어지게 가난하다.

【环肥燕瘦】**Huánféi-Yànshòu** 〈성〉 **1** 양옥환(楊玉環)의 뚱뚱한 몸매와 조비연(趙飛燕)의 날씬한 몸매. **2** 미녀들의 자태는 다르지만 각각 총애하는 사람들이 있다. **3** 〈비〉 각각의 사람·사물은 나름대로의 풍격과 특색을 지니고 있다.

【环顾】**huángù** 〈동〉 사방을 둘러보다. ¶~四野 = 너른 들판을 둘러보다.

【环海】**huánhǎi** 〈동〉 바다로 둘러싸이다. ¶半岛三面~。= 반도 삼면이 바다로 둘러싸이다.

【环合】**huánhé** 〈동〉 둘러〔에워〕싸다. [주로 자연 경치에 쓰임] ¶群山~ = 첩첩한 산이 둘러싸다.

【环环紧扣】**huánhuán-jǐnkòu** ☞【环环相扣】**huánhuán-xiāngkòu**

【环环相扣】**huánhuán-xiāngkòu** 〈성〉 **1** 체인이 한 고리 한 고리 서로 채워져 있다. **2** 〈비〉(일의 과정이) 한 단계 한 단계 긴밀하게 연결되어 있어 질서 정연하다. **3** 〈비〉 몇 개의 사물이 밀접하게 연결되어 있다. =【环环紧扣】**huánhuán-jǐnkòu**

【环节】**huánjié** 〈명〉 **1**〈動〉 환절. 고리마디. [환형동물이나 절지동물 몸의 마디] **2** 〈비〉 일환. ¶关键~ = 중요한 일환.

【环节动物】**huánjié dòngwù** 〈명〉 환절동물. 체절동물.

【环境】**huánjìng** 〈명〉 **1** 환경. ¶~清幽 = 환경이 아름답고 그윽하다. **2** 주위 상황〔조건〕. ¶工作~ = 작업 환경.

【环境保护】**huánjìng bǎohù** 〈명〉 환경 보호. ⇨【环保】**huánbǎo**

【环境保护法】**huánjìng bǎohùfǎ** 〈명〉〈法〉 환경 보호법.

【环境保护日】**huánjìng bǎohùrì** 〈명〉 환경의 날. [6월 5일]

【环境壁垒】**huánjìng bìlěi** ☞【绿色壁垒】**lǜsè bìlěi**

【环境标准】**huánjìng biāozhǔn** 〈명〉 환경 표준〔기준〕.

【环境标志】**huánjìng biāozhì** 〈명〉 환경 표지. =【绿色标志】**lǜsè biāozhì**【生态标志】**shēngtài biāozhì**

## huán

**【环境规划】** huánjìng guīhuà 図 환경 계획.
**【环境监测】** huánjìng jiāncè 図 환경 감시.
**【环境科学】** huánjìng kēxué 図 환경 과학.
**【环境人口容量】** huánjìng rénkǒu róng liàng 図 계획 인구. 적정 인구. 포화 인구. [예견할 수 있는 시기 내에 지속적으로 부양할 수 있는 인구 수].
**【环境退化】** huánjìng tuìhuà 図 환경의 퇴화.
**【环境污染】** huánjìng wūrǎn 図 환경 오염.
**【环境效益】** huánjìng xiàoyì 図 환경 보호의 효과와 이익.
**【环境要素】** huánjìng yàosù 図 환경 요소.
**【环境意识】** huánjìng yì·shí 図 자연〔환경〕보호 의식.
**【环境噪声】** huánjìng zàoshēng 図 환경 소음. =**【环境噪音】** huánjìng zàoyīn
**【环境噪音】** huánjìng zàoyīn ☞**【环境噪声】** huánjìng zàoshēng
**【环境质量】** huánjìng zhìliàng 図 환경의 질.
**【环境治理】** huánjìng zhìlǐ 図 환경 복원.
**【环境自净】** huánjìng zìjìng 図 자정 작용.
**【环流】** huánliú 図 환류. ¶海洋~=해양 환류.
**【环路】** huánlù 図 순환 도로. 환상(環狀) 도로. ¶二~=제2 순환 도로.
**【环幕电影】** huánmù diànyǐng 図(映) 아이맥스(IMAX) 영화.
**【环球】** huánqiú 툐 전세계를 일주하다. ¶~旅行=세계 일주. 図 전세계. 천하. 지구 전체. ¶~战略=세계 전략.
**【环球网】** huánqiúwǎng 図(외)(컴) 웹. 월드 와이드 웹(world wide web).
**【环绕】** huánrào 툐 둘러〔에워〕싸다. 감돌다. 둘레를 돌다. ¶苍翠的松林~着湖泊.=짙푸른 송림이 호수를 에워싸고 있다.
**【环绕速度】** huánrào sùdù ☞**【第一宇宙速度】** dì yī yǔzhòu sùdù
**【环山】** huánshān 툐 **1** 산으로 둘러싸여 있다. 산에 에워싸이다. ¶四面~=사면이 산으로 둘러싸여 있다. **2** 산을 에워싸다〔돌다〕. 산을 감고 돌다. ¶公路~.=국도가 산을 에워싸고 돌다.
**【环蛇】** huánshé 図(動) 고리살모사.
**【环生】** huánshēng 툐 (도처에서) 연이어 생겨나다. 꼬리를 물고 일어나다. 끊임없이 발생하다. ¶险象~=위험한 상황이 연이어 발생하다.
**【环食】** huánshí 図(天) 금환일식(金環日蝕). =**【日环食】** rìhuánshí
**【环视】** huánshì 툐 (주위를) 둘러보다. ¶~四周=사방을 둘러보다.
**【环卫】** huánwèi 図(약) 环境卫生(환경 위생).
**【环线】** huánxiàn 図 순환(노)선. 환상선. ¶地铁~~=지하철 순환선.
**【环行】** huánxíng 툐 주위를 (빙빙) 돌다. ¶游船围绕海岛~一周.=유람선이 섬 둘레를 한 바퀴 빙 돌다.
**【环形】** huánxíng 図 고리 모양. 환상(環狀)(輪狀). ¶~门=원형문.

**【环形交叉】** huánxíng jiāochā 図 환상 교차로. 로터리(rotary).
**【环形山】** huánxíngshān 図(天) (행성 표면의) 크레이터(crater). 환상산.
**【环氧树脂】** huányǎng shùzhī 図(化) 에폭시(epoxy) 수지.
**【环游】** huányóu 툐 주유(周遊)하다. 두루 돌아다니다. 돌아다니며 구경하다. ¶~世界=세계를 주유하다. 세계 일주 여행을 하다.
**【环宇】** huányǔ ☞**【寰宇】** huányǔ
**【环志】** huánzhì 図 (철새의 다리에 부착하는) 고리형 표지.
**【环状】** huánzhuàng 図 고리 모양. 환상. 윤상(輪狀). ¶~星云=환상 성운.
**【环状软骨】** huánzhuàng ruǎngǔ 図(生) 환상 연골.
**【环子】** huán·zi 図 고리. ¶钥匙~=열쇠고리.

### 郇 Huán 성씨 순
図 성(姓).
☞ Xún

### 荁 huán 개제비꽃 환
図(植) 개제비꽃.

### 洹 Huán 강 이름 원
図(地) 환수이. [허난(河南)에 있는 강 이름으로, 안양허(安阳河)라고도 부름].

### 垸 Huán 바를 완
툐(문) 칠에 뼛가루를 섞어서 기물(器物)에 바르다.
☞ yuàn

### 桓 Huán 성씨 환
図 성(姓).

○● 盘pán桓

### 萑 huán 물억새 환
図(植) 물억새. ¶七月流火, 八月~苇.=(하력(夏曆)) 칠월은 더위가 점점 물러가는 계절이고, 팔월은 갈대를 수확하는 계절이다.
**【萑苻(泽)】** Huánfú(zé) 図 **1**(地) 춘추 시대 때 정(鄭)나라의 호수 이름. [《좌전(左傳)》에 의하면 이 곳에 자주 도적이 출몰했었다고 함] **2** 도적이 출몰하는 지역. 도적.

### 貆 huán 호저 환
図(문)(動) **1** 담비 새끼. **2** 호저(豪豬). 아프리카 바늘두더지. [고어에서 '獾(huān)'과 같음]

### 锾[鍰] huán 무게 단위 환
図 환. [옛날의 무게 단위로, 1환은 지금의 6량에 상당함]

### 圜 huán 두를 환

동[운] 둘러싸다. ¶～流九十里。＝90리를 둘러싸고 흐르다.
☞ yuán

## 阛[闤] huán 거리 환
【阛阓】huánhuì 명[운] 시가. 저잣거리. 가두.

## 瀖 Huán 강 이름 환
명(地) 환수이(瀖水). [후베이(湖北)성에 있는 강 이름]

## 寰 huán 기내 환
명 1[운] 수도 부근의 지역. 기내(畿內). 2 광대한 [넓은] 지역. ¶～海＝광대한 바다. / 慘絶人～＝비할 바 없는 비극[참상].

○● 尘chén寰, 瀛yíng寰

【寰内】huánnèi 명 1[운] 수도 주위 지역. 기내(畿內). ¶～诸侯＝환내 제후. 2 천하. 전세계. ¶雄视～＝세계를 호방하게 바라보다. 천하를 응시하다.
【寰球】huánqiú 전세계. 천하. 온 지구. 지구 전체. ¶～共享太平。＝세계가 함께 평화를 누리다.
【寰宇】[环宇] huányǔ 명[운] 전세계. 천하. 온 지구. 지구 전체. ¶声震～＝전 세계에 울려 퍼지다.
【寰中】huánzhōng 명 천하. 전세계. 온 지구. 지구 전체. ¶名扬～＝이름을 전세계에 떨치다.

## 嬛 huán 천제의 서고 환
☞【琅嬛】lánghuán

## 缳[繯] huán 올가미 현
명[운] 올가미. ¶投～＝목매 죽다. 자살하다.
동[운] 1 줄로 둘둘 감다. 밧줄로 휘감다. 2 교살(絞殺)하다. 목을 졸라 죽이다. ¶～首＝교수(絞首)하다.

## 瓛[瓛] huán 옥홀 환
명[운] 옥홀(玉笏). [주로 인명에 쓰이는 글자]

## 镮[鐶] huán 산 이름 환
☞ huàn
【镮辕】Huányuán 명(地) 1 환위안산. [허난(河南)성에 있는 있는 산 이름] 2 환위안. [허난(河南)성 환위안(镮辕)산에 있는 관(關) 이름]

## 鹮[鹮] huán 따오기 환
명(動) 따오기.

## 鬟 huán 쪽 찐 머리 환
명 (옛날 여자들의) 쪽을 찐 머리. ¶云～＝운환. 여자의 탐스러운 쪽 찐 머리.

○● 丫yā鬟

## **缓[緩] huǎn 느릴 완
형 1 (형세나 분위기 따위가) 느슨하다. 느긋하다. ¶灾情有所～解。＝재해 상황이 어느 정도 완화되다. 2 느리다. 더디다. 완만하다. ¶迟～＝느리다. / 迂～＝꾸물거리다. 동 1 미루다. 늦추다. 연기하다. ¶～期付款＝지불 기한을 늦추다. / 此事一办＝이 일을 늦추어 처리하다. 2 소생하다. 되살아나다. 회복하다. 건강해지다. 정신이 들다. ¶他昏迷半天了, 现在也没～过来。＝그는 한참 동안 정신을 잃었는데, 아직도 의식을 회복하지 못했다. ≒徐 慢 迟 ↔急 疾 速

○● 弛chí缓, 和缓, 平缓, 坦tǎn缓, 延缓, 迂 yū缓, 展缓

【缓办】huǎnbàn 동 (일을) 늦추어 처리하다. ¶这件事可以～几日。＝이 일은 며칠 늦추어 처리해도 된다.
【缓兵之计】huǎnbīngzhījì 성 1 적의 공격을 지연시키는 계책. 2 시간을 벌기 위한 계책.
【缓不济急】huǎnbùjìjí 성 위급한 상황에 대처하기에 행동[방법]이 너무 늦다.
【缓步】huǎnbù 동 천천히[느리게] 걷다. ¶代表们～走进会场。＝대표들은 천천히 회의장 안으로 걸어 들어간다.
【缓步代车】huǎnbù-dàichē 성 차를 타지 않고 천천히 걸어가다. ＝【缓步当车】huǎnbù-dāngchē
【缓步当车】huǎnbù-dāngchē ☞【缓步代车】huǎnbù-dàichē
【缓冲】huǎnchōng 동 완충하다. 충돌을 시키다. ¶～作用＝완충 작용.
【缓冲器】huǎnchōngqì 명(機) 완충기.
【缓和】huǎnhé 형 (상황·분위기 등이) 완화하다. 느슨해지다. ¶气氛～＝분위기가 느긋하다. 동 완화시키다. 누그러뜨리다. 진정시키다. ¶～矛盾＝모순을 완화시키다. ≒舒缓 ↔紧张
【缓化剂】huǎnhuàjì 명(化) 화학 반응 억제제.
【缓缓】huǎnhuǎn 느릿느릿하다. ¶～而行＝느릿느릿 걸어가다.
【缓急】huǎnjí 완급. 늦음과 빠름. ¶做事要分清轻重～。＝일은 경중과 완급을 분명하게 나누어서 해야 한다. 명 긴급한 일. 곤란한 일. 어려운 일. ¶～相助＝어려운 일을 서로 돕다.
【缓颊】huǎnjiá 동[운] (남을) 대신해서 사정하다. 중재하다.
【缓建】huǎnjiàn 동 건설을 연기하다. ¶由于资金不足, 这个机场暂时～。＝자금 부족으로 인해 이 공항은 잠시 건설을 연기하였다.
【缓解】huǎnjiě 동 1 (정도가) 완화되다. 호전되다. 누그러지다. 풀리다. 개선되다. ¶这场大雨使旱情得到了～。＝이번 호우로 가뭄이 해결되었다. 2 (정도를) 완화시키다. 호전시키다. 누그러뜨리다. 개선시키다. ¶～市区停车难的状况。＝시내의 주차난을 완화시키다.
【缓慢】huǎnmàn 형 (속도가) 느리다. 완만하다. ¶水流～＝물의 흐름이 느리다. ≒迟缓 慢慢 舒缓 ↔急promotion 飞快 迅速 湍急
【缓聘】huǎnpìn 동 임용[초빙]을 미루다. ¶～

半年=임용을 반 년 동안 미루다.
【缓坡】huǎnpō 완만한 비탈.
【缓期】huǎnqī 통 기한을 늦추다. 연기하다. ¶～执行=집행을 연기하다.
【缓气】huǎn‖qì 통 1 숨을 돌리다. ¶别着急, 先让我缓口气再说.=서두르지 말고, 먼저 숨 좀 돌리고 나서 말을 하게 해 주십시오. 2 (극도의 피로 후에) 잠시 쉬다. 긴장 상태를 풀다. ¶工人们连夜抢修, 根本没有～的时间.=노동자들은 밤을 새워 가며 서둘러 건설하느라 전혀 쉴 틈이 없다.
【缓限】huǎnxiàn 통 기한을 연장하다〔늦추다〕. ¶请～几日.=며칠만 기한을 연장해 주십시오.
【缓泻】huǎnxiè 통(醫) (설사약으로) 변이 통하게 하다. 대변 배설을 원활하게 하다. 변통(便通)하게 하다. ↔〔轻泻〕qīngxiè
【缓刑】huǎnxíng 통(法) 형집행을 유예하다.
【缓行】huǎnxíng 통 1 서행(徐行)하다. 천천히 가다. ¶下雨路滑, 车辆～.=비가 와서 길이 미끄러워 차들이 서행하다. 2 (조례나 규정 따위를) 연기해서〔미루어〕 시행하다. 시행을 잠시 늦추다. ¶高校扩招计划～一年.=대학 증원 모집 계획이 1년 연기되었다.
【缓醒】huǎnxǐng 통방 (의식을 잃었다가) 회복하다. 깨어나다. 정신이 들다.
【缓役】huǎnyì 통 징병을 유예하다. 입영을 연기하다. ¶准予～=징병 연기를 허가하다.
【缓征】huǎnzhēng 통 (세금의) 징수를 연기하다. 징집을 연기하다.

**幻** huàn 미혹할 환
형 허망하다. 공허하다. 비현실적인. 상상의. 가공의. ¶梦～泡影=허황한 공상. 물거품. 환상. 통 예측할 수 없게 변화하다. ¶变～莫测=변화를 예측할 수 없다.
○● 变幻, 空幻

【幻灯】huàndēng 명 1 슬라이드(slide). 환등. ¶看～=슬라이드를 보다. 2 ☞【幻灯机】huàndēngjī
【幻灯机】huàndēngjī 명 환등기. 슬라이드 영사기. =【幻灯】huàndēng
【幻灯片儿】huàndēngpiānr 명(구) 환등 슬라이드. 영사 슬라이드.
【幻灯片】huàndēngpiàn 명 1 (환등용) 슬라이드. 영사 슬라이드. 2 슬라이드. [환등기에서 방영되는 내용]
【幻化】huànhuà 통 몽환처럼 기이하게 바뀌다〔변화하다〕. ¶卡夫卡《变形记》中的主人公一夜之间～成了一只甲壳虫.=카프카의 《변신(變身)》에 나오는 주인공은 밤사이에 갑각충으로 변해 버렸다.
【幻景】huànjǐng 명 환상. 꿈.
【幻境】huànjìng 명 꿈나라. 유토피아. 선경(仙境). ¶梦中～=꿈 속의 나라. 선경(仙境).
【幻觉】huànjué 명 환각. ¶～症=환각증.

【幻梦】huànmèng 명 1 허황한 꿈. 2(비) (실현 불가능한) 환상. ¶一场～=한 차례의 환상.
【幻灭】huànmiè 통 (기대 따위가) 환영(幻影)처럼 깨지다〔사라지다〕. ¶理想～=이상이 깨지다. ≒破灭
【幻视】huànshì 명(醫) 환시. [실제로 있지 않은 것을 보이는 것처럼 느끼는 환각 현상] ¶～效应=환시 현상.
【幻术】huànshù 명 1 마법. 2 ☞【魔术】móshù
【幻听】huàntīng 명(醫) 환청. ¶病人有～现象.=환자에게 환청 증세가 있다.
【幻想】huànxiǎng 명 공상. 환상. 몽상. ¶人类关于飞行的～最终成为了现实.=인류는 비행(飛行)에 대한 공상을 끝내 현실로 이루어 냈다. 통 공상하다. 상상하다. ¶他～着自己能成为一位力大无比的巨人.=그는 자신이 비할 바 없는 힘을 가진 거인이 되는 공상을 하고 있다.
【幻想曲】huànxiǎngqǔ 명 1 (音) 환상곡. 2(비) 환상적인 일. ¶他描绘的未来只是一曲～而已.=그가 묘사한 미래는 단지 환상곡〔환상〕에 지나지 않는다.
【幻象】huànxiàng 명 환상. ¶梦里出现了许多奇异的～.=꿈에 많은 기이한 환상들이 나타났다.
【幻影】huànyǐng 명 환영. 환상.

**奂** huàn 빛날 환
형문 1 성대하다. 많다. 2 (무늬·빛깔·광채 따위가) 선명하다. 빛나다. 명 (Huàn) 성(姓).

**宦** huàn 벼슬 환
통 관리가 되다. 벼슬살이하다. ¶仕～=관리가 되다. 명 1 관리. ¶官～人家=관리의 집안. 2 환관(宦官). ¶阉～=환관. 3 (Huàn) 성(姓).
【宦官】huànguān 명 환관. 내시. =【太监】tàijiàn
【宦海】huànhǎi 명통(비) 관료 사회. 관계(官界). 정계. 관리가 공명과 부귀를 추구하는 장소. ¶～风波=관료 사회의 풍파(風波).
【宦海沉浮】huànhǎi-chénfú 〈성〉 1 관료 사회의 부침(浮沈). 2 관료 사회는 변화무쌍하여 부침을 예측하기 어렵다. =【宦海浮沉】huànhǎi-fúchén
【宦海浮沉】huànhǎi-fúchén ☞【宦海沉浮】huànhǎi-chénfú
【宦途】huàntú 명(문) 벼슬길. 출세. 환로(宦路). ¶～险恶=벼슬길은 험악하다.
【宦游】huànyóu 통 관계(官界)에서 바쁘게 돌아다니다. 벼슬을 얻기 위해 분주하다. ¶～四方=벼슬자리를 찾아 사방으로 돌아다니다.

**换** huàn 바꿀 환
통 1 교환하다. ¶调～=교환하다. / 偷天～日=기만술로 남을 속이다. 2 바꾸다. 변환하다.

○ 奂 huàn
换 huàn
唤 huàn
涣 huàn
焕 huàn
痪 huàn

교체하다. ¶ ~衣服 = 옷을 바꾸다. / ~~口味 = 입맛을 좀 바꾸다. **3** 환전하다. 바꾸다. ¶ ~外汇 = 외국환으로 바꾸다. ≒更 改 易

0-● 变换, 岔chà换, 撤chè换, 串chuàn换, 倒换, 抵换, 掉换, 动换, 兑duì换, 改换, 更gēng换, 轮换, 淘táo换, 替换, 贴换, 退换, 置换, 转换, 金不换

【换班】**huàn‖bān** [동] 근무를 교대하다.

【换边】**huàn‖biān** [동] (배구·배드민턴·농구 등 경기에서) 코트를 바꾸다.

【换茬】**huàn‖chá** [동]《農》 돌려짓기하다. 윤작(輪作)하다.

【换车】**huàn‖chē** [동] **1** (차를) 갈아타다. ¶请问去北京大学要~吗? = 실례합니다만, 북경대학으로 가려면 차를 갈아타야 합니까? **2** (차·자전거 등을) 교환하(여 타)다. **3** (차를) 교체하다. 바꾸다. ¶小王最近~了, 奥拓变成了索纳塔。 = 샤오왕은 최근에 차를 오토에서 소나타로 교체하였다.

【换乘】**huànchéng** [동] (차를) 갈아타다〔바꿔 타다〕. ¶下火车后再~汽车。 = 기차에서 내린 다음 다시 차를 갈아타다.

【换代】**huàndài** [동] **1** 왕조(王朝)를 바꾸다. ¶改朝~ = 왕조를 바꾸다. **2** (제품을) 세대 교체하다. ¶~产品 = 세대 교체 제품. 신상품.

【换挡】**huàn‖dǎng** [동] 기어(gear)를 변속하다. 기어를 바꾸다.

【换发球】**huànfāqiú** [동]《體》 서비스 체인지(service change)하다.

【换防】**huàn‖fáng** [동]《軍》 방어 임무 주둔지를 교체하다〔옮기다〕.

【换房】**huàn‖fáng** [동] **1** 주택을 서로 바꾸다. **2** 주택을 교체하다.

【换岗】**huàn‖gǎng** [동] **1** 보초〔근무〕를 교대하다. ¶定时~ = 정시에 보초를 교대하다. **2** 부서를 바꾸다〔이동하다〕. ¶~实习 = 부서를 바꾸어 실습하다.

【换个儿】**huàn‖gèr** [동][구] 서로 위치를 바꾸다. ¶把这两盆花换个个儿。 = 이 화분 두 개의 위치를 맞바꾸다.

【换工】**huàn‖gōng** [동] **1** 품앗이하다. **2** 자원해서 직종을 바꾸(어 일하)다.

【换汇】**huànhuì** [동] 외화로 바꾸다.

【换货】**huàn‖huò** [동] **1** 물품을 바꾸다. ¶~贸易 = 구상(求償) 무역. 바터(barter) 무역. **2** 물품을 교환하다. ¶产品质量有问题可以要求商家~。 = 제품의 품질에 문제가 있으면 가게에 교환을 요구할 수 있다.

【换机】**huàn‖jī** [동] **1** 비행기를 갈아타다〔환승하다〕. **2** 기계를 바꾸어〔교체하여〕 사용하다. **3** 기계를 교환하다.

【换季】**huàn‖jì** [동] 계절이 바뀌다. 철따라 교체하다. ¶~的时候添置了一些衣物。 = 계절이 바뀔 때 옷을 추가로 구입하다.

【换肩】**huàn‖jiān** [동] (어깨에 지고 있던 짐을) 바꾸어 메다.

【换届】**huànjiè** [동] (기관·부서의 임원의 임기가 만료되어) 새 임원으로 교체하다. ¶~选举 = 임기 만료에 의한 교체 선거.

【换景】**huàn‖jǐng** [동] 무대 배경을 바꾸다.

【换句话说】**huànjùhuàshuō** [낮] 바꾸어 말하면. 다시 말하자면. ¶全员竞聘上岗, ~, 就是打破铁饭碗, 实行聘用制。 = 모든 직원을 경쟁을 통하여 임용한다. 다시 말하자면, 철밥통을 깨뜨리고 임용제를 실시한다는 것이다.

【换马】**huànmǎ** [동][폄][비] (중도에) 인원을〔담당자를〕 교체하다. (임기 만료 전에) 지도자를 교체하다.

【换毛】**huàn‖máo** ☞ 【换羽】**huàn‖yǔ**

【换脑筋】**huàn nǎojīn** [낮] 사고 방식을 바꾸다〔고치다〕. 관념을 바꾸다. ¶他的观念这么陈旧, 真该换换脑筋了。 = 그의 관념이 이렇게 낡았으니, 정말 사고 방식〔관념〕을 좀 바꾸어야겠다.

【换气】**huàn‖qì** [동] **1** 숨을 멈추었다가 크게 들이마시다. 숨을 돌리다. ¶她刚学游泳了, 还不会~。 = 그녀는 막 수영을 배워서, 아직은 호흡 조절을 할 줄 모른다. **2** 환기하다. ¶把窗户打开换换气。 = 창문을 열어 환기 좀 시켜라. **3** 액화 가스를 충전하다. ¶这罐气快用完了, 得~了。 = 가스통에 가스를 거의 다 써 가니까, 충전을 해야 한다.

【换气扇】**huànqìshàn** [명] 환풍기. 환기팬(換氣 fan). = 【排风扇】**páifēngshàn**

【换钱】**huàn‖qián** [동] **1** 환전하다. 잔돈을(으로) 바꾸다. **2** 물건을 팔아 돈을 마련하다. 물건을 돈으로 바꾸다.

【换亲】**huànqīn** [동] 두 집안이 서로 상대방의 딸을 며느리로 맞다.

【换取】**huànqǔ** [동] 교환하(여 얻)다. 바꾸어 가지다. 대가를 치르고 얻다. ¶村民们用辛勤的劳作来~幸福的生活。 = 마을 사람들은 부지런히 일해서 행복한 생활을 하게 되었다.

【换人】**huàn‖rén** [동] **1** 교대하다. ¶卖火车票的~了。 = 열차 매표원이 교대되었다. **2**《體》 선수를 교체하다. ¶对方教练请求~。 = 상대팀 코치가 선수 교체를 요구하였다.

【换容】**huànróng** [동] **1** (수술로) 용모를 고치다. ¶~手术 = 성형 수술. **2** (사람이나 사물의) 면모를 바꾸다〔일신하다〕. ¶经过几年的改造, 老城区整个~了。 = 몇 년 간의 개량으로 낡은 지역 전체가 면모를 일신하였다.

【换算】**huànsuàn** [동] 환산하다. ¶把欧元~成人民币。 = 유로화를 인민폐로 환산하다.

【换汤不换药】**huàn tāng bù huàn yào** [속][폄][비] 형식은 변했지만 내용은 변하지 않다.

【换帖】**huàn‖tiě** [동][옛] (의형제를 맺기 위해) 성명·연령·본적·가계 등을 기입한 증서를 교환하다.

【换头儿】**huàn‖tóur** [동] (어떤 부서의) 책임자를 바꾸다.

【换位】**huànwèi** [동] 위치를〔각도를·방향을〕 바꾸다. ¶~体验 = 각도를 바꾸어 체험하다.

【换位思考】**huànwèi sīkǎo** [동] 상대방의 입장

**biànwèi sīkǎo** 과 각도〔관점〕에서 고려하다. [주로 다른 사람을 위해 고려하는 것을 가리킴] =【变位思考】 bianwei sikao ¶每个人都应该经常~, 多体谅别人的难处。= 개개의 사람들은 늘 상대방의 입장에서 생각하고, 상대방의 어려운 점을 참작해야 한다.

【换文】 huàn‖wén 〔동〕 (국가 간에) 외교 문서를 교환하다.

【换文】 huànwén 〔명〕 (공동) 각서, 양해 각서.

【换洗】 huànxǐ 〔동〕 옷을 갈아입고 바꾸어 빨다 〔세탁하다〕. ¶床单被套要经勤~。= 침대보와 이불 홑청은 자주 세탁하여야 한다.

【换血】 huàn‖xiě 1 〔醫〕 혈액을 교체하다. 2 〔비〕 내용을 바꾸다〔교체하다〕. 3 〔비〕 인원을 조정하다〔교체하다〕. ¶这一次, 厂里的领导班子要大~。= 이번에 공장의 임원진을 대대적으로 교체하려 한다.

【换心】 huàn‖xīn 〔동〕 1 진심으로써 진심을 바꾸다〔교환하다〕. 2 〔비〕 서로 진심으로〔솔직하게〕 대하다. ¶他有几个可以~的好朋友。= 그에게는 막역한 친구가 몇 명 있다. 3 〔醫〕 심장을 이식하다. ¶~手术 = 심장 이식 수술.

【换型】 huàn‖xíng 〔동〕 (유형을) 바꾸다〔교체하다〕. ¶这些落后的设备应~了。= 이런 낙후된 설비는 마땅히 바꾸어야 한다.

【换牙】 huàn‖yá 〔동〕 이갈이를 하다.

【换言之】 huànyánzhī 〔접속〕 바꾸어 말하면, 환언하면.

【换样】 huàn‖yàng (~儿) 〔동〕 1 모양을 바꾸다. ¶她的发型又~了。= 그녀의 머리 모양이 또 바뀌었다. 2 면모를 바꾸다. ¶绿化工程使小区的环境换了样。= 녹화 사업은 (주택) 단지의 환경을 바꾸어 놓았다.

【换羽】 huàn‖yǔ 〔동〕〔動〕 털갈이를 하다. =【换毛】 huàn‖máo

## **唤** huàn 부를 환

〔동〕 외치다. 부르다. ¶召~ = 부르다. 소환하다. / 千呼万~ = 부르고 또 부르다. 자꾸 재촉하다.

 传唤, 高唤, 叫唤, 使唤, 召zhào唤

【唤起】 huànqǐ 〔동〕 1 환기하다. 불러일으키다. ¶~民众 = 민중을 환기〔분기〕시키다. 2 끌어 내다. 자아내다. ¶这张照片~了他对那段美好岁月的回忆。= 이 사진은 그에게 있어서 아름다웠던 시절에 대한 회상을 자아내었다.

【唤头】 huàn·tou 〔명〕 골목을 누비는 수리공·도붓장수·엿장수 등이 손님을 끌기 위해 소리를 내는 도구.

【唤醒】 huànxǐng 〔동〕 1 깨우다. 일깨우다. ¶孩子们睡得正香, 别~他们。= 아이들이 아주 달게 자고 있으니, 깨우지 마세요. 2 깨우치다. 각성시키다. ¶~民众 = 민중을 깨우치다.

## **涣** huàn 흩어질 환

〔형〕〔문〕 흐름이 세차다. 물이 많은 모양. 〔동〕 사라지다. 소멸하다. 흩어지다. ¶人心~散 = 사람 마음

이 해이해지다.

【涣涣】 huànhuàn 〔형〕〔문〕 물이 세차게 흐르다. ¶河水~ = 강물이 세차게 흐르다.

【涣然】 huànrán 〔형〕 (악감정·의심·오해 따위가) 완전히 사라지다. ¶步入山林, 心中的郁闷顿时~无存。= 숲 속에 들어서니, 마음속의 답답함이 일순간에 사라져 없어졌다.

【涣然冰释】 huànrán-bīngshì 〔성〕 1 얼음 녹듯이 풀리어 없어지다. 2 〔비〕 의심이나 오해가 완전히 사라지다.

【涣散】 huànsàn 〔형〕 (정신 집중이) 느슨해지다. 풀어지다. 이완되다. (조직·단결 따위가) 해이하다. 흐트러지다. ¶纪律~ = 기율이 해이하다. 〔동〕 느슨하게 하다. 풀어지게 하다. 흐트러뜨리다. 이완시키다. ¶~军心 = 군대의 사기를 흐트러뜨리다.

## **浣[(澣)]** huàn 빨 완

〔동〕〔문〕 씻다. (옷을) 빨다. 세탁하다. ¶~衣 = 옷을 빨다. 〔명〕 1 완(浣). [당(唐)대에 관리들에게 열흘마다 한 번씩 목욕하고 휴식을 취하도록 제도로 규정하였는데, 그 휴가를 차례로 '上浣'·'中浣'·'下浣'이라 하였음] 2 순(旬). [상순(上旬)·중순(中旬)·하순(下旬)을 상완(上浣)·중완(中浣)·하완(下浣)이라 불렀음]

【浣溪沙】 huànxīshā 〔명〕 1 완계사. [당(唐)대 교방(教坊)의 곡명으로, 후에 사패(詞牌)로 쓰였음] 2 완계사. [곡패(曲牌)의 명칭]

【浣熊】 huànxióng 〔명〕〔動〕 아메리카너구리. 라쿤(racoon). [음식을 물에 씻어 먹는 습관 때문에 붙여진 명칭]

## **患** huàn 근심 환

〔동〕 1 걱정하다. 근심하다. 염려하다. ¶忧~ = 우환. 2 병이 나다〔들다〕. 병에 걸리다. ¶身~重病 = 중병에 걸리다. 〔명〕 1 재해. 재난. ¶后~无穷 = 후환이 끊이지 않다. 2 질병. 폐해. ¶疾~ = 질병. 3 (Huàn) 성(姓).

 匪fěi患, 后患, 祸huò患, 疾jí患, 外患, 隐yǐn患, 灾zāi患

【患病】 huàn‖bìng 〔동〕 병에 걸리다. 병을 앓다. 병이 나다. 병들다.

【患处】 huànchù 〔명〕 환부(患部). 환처. 병이나 상처가 난 자리.

【患得患失】 huàndé-huànshī 〔성〕 1 없을 때에는 얻을 것을 걱정하고, 얻고 난 후에는 잃을 것을 걱정한다. 2 개인의 이해득실만 따지다.

【患难】 huànnàn 〔명〕 우환과 재난. ¶~之交 = 고난을 같이한 친구.

【患难与共】 huànnàn-yǔgòng 〔성〕 우환과 재난을 같이하다. 고난을 함께 겪다.

【患者】 huànzhě 〔명〕 환자. 병자. ¶感冒~ = 감기 환자.

## **焕** huàn 빛날 환

〔형〕 밝다. 환하다. 선명하다. ¶~然夺目 = 눈부

시다. 동 (빛을) 뿜다. 방출하다. 분출하다. ¶精神~发=생기를 발산하다.

【焕发】**huànfā** 휘황하게〔환하게〕 빛나다. 반짝이다. 빛을 발산하다. 뿜어 내다. ¶英姿~=늠름한 자태가 빛나다. 기세당당하다. 동 분기하다. 분발하다. 진작하다. 분출하다. ¶~青春=(노인이) 젊음의 활기를 분출시키다.

【焕然】**huànrán** 형 밝다. 환하다. 빛나다. ¶容光~=얼굴빛이 환하다.

【焕然一新】**huànrán-yīxīn** 성 (사람·사물의) 면모가 새롭게 달라지다. 면모를 일신하다.

**逭** **huàn** 면할 환
동문 도망가다. 달아나다. 숨다. 회피하다. ¶罪无可~=죄는 피할 수가 없다.

**睆** **huàn** 밝을 환
형문 **1** 밝다. 환하다. **2** 아름답다.

*瘓 **huàn** 중풍 환
☞【瘫瘓】**tānhuàn**

**奐** **Huàn** 성씨 환
명 성(姓).

**豢** **huàn** 기를 환
동 (가축을) 기르다. 사육하다. ¶~养牛羊=소와 양을 기르다.

【豢养】**huànyǎng** 동 **1** (동물을) 기르다〔사육하다〕. ¶~猎犬=사냥개를 기르다〔사육하다〕. **2** (비) (하수인을) 매수하다. ¶这些人都是他~的爪牙. =이 사람들은 모두 그가 매수한 앞잡이〔하수인〕들이다.

**漶** **huàn** 흐릿할 환
☞【漫漶】**mànhuàn**

**鲩**[**鯇**] **huàn** 산천어 환
명(動) 초어(草鱼).

【鲩鱼】**huànyú** ☞【草鱼】**cǎoyú**

**擐** **huàn** 입을 환
동문 (옷을) 입다. 걸치다. ¶~甲执兵=갑옷을 입고 무기를 들다.

**轘**[**轘**] **huàn** 환형 환
명 환형(轘刑). 거열형(車裂刑).
☞ **huán**

# huang

**肓** **huāng** 명치끝 황
명(醫) 심장과 횡격막 사이. 약효가 미치지 못하는 부분. ¶病人膏~=병이 더 이상 치료할 수 없는 지경에 이르다.

*荒 **huāng** 거칠 황
형 **1** 황무하다〔황폐하다〕. ¶地摞~了. =땅을 묵혀 두었다. **2** 흉년이 들다. 수확이 좋지 않다. ¶连逢~年=연속적으로 흉년을 맞다. **3** 황량하다. 황폐하다. 사람이 살지 않다. ¶~岛余生=무인도에 살아남다. **4** 터무니없다. 황당하다. ¶~诞离奇=황당하고 기괴하다. **5** 명 무절제하다. 방종하다. ¶~淫无道的暴君=황음무도한 폭군. **6** 형 불확실한. 모호한. ¶他说的只是个~信儿. =그가 말한 것은 불확실한 소식일 뿐이다. 동 소홀히 하다. 등한히 하다. 게을리 하다. ¶~废学业=학업을 등한히 하다. 명 **1** 황무지. ¶垦~=황무지를 개간하다. / 生~=전혀 개간되지 않은 땅. **2** 흉작. 흉년. 기근. ¶逃~=기근을 피해 도망가다. / 备~=기근에 대비하다. **3** 결핍. 부족. ¶水~=물 부족. / 房~=주택난.

➡ 荒 huāng
   慌 huāng
   谎 huǎng

○● 备荒, 草荒, 放荒, 洪荒, 饥jī荒, 碱jiǎn荒, 救荒, 撂liào荒, 落荒, 闹荒, 抛pāo荒, 沙荒, 烧荒, 拾荒, 拓tuò荒, 灾荒

【荒草】**huāngcǎo** 명 잡초(雜草).

【荒村】**huāngcūn** 명 외딴 마을. 산간 벽지.

【荒诞】**huāngdàn** 형 황당하다. 허황하다. 터무니없다. ¶这部戏剧的情节非常~. =이 극은 줄거리가 너무 황당하다. ≒荒谬 荒唐

【荒诞不经】**huāngdàn-bùjīng** 성 (믿기지 않을 정도로) 황당하다. 터무니없다. 황당하여 도리에 맞지 않다.

【荒诞无稽】**huāngdàn-wújī** 성 황당무계하다.

【荒岛】**huāngdǎo** 명 무인도. 황폐한 섬.

【荒地】**huāngdì** 명 황무지. ¶开垦~=황무지를 개간하다.

【荒废】**huāngfèi** 동 **1** (땅을) 경작하지 않다. 묵히다. ¶人手不足, 不少土地都~了. =일손이 부족해서 적지 않은 땅들을 묵히고 있다. **2** (학업·기술 따위를) 소홀히 하다. 등한히 하다. ¶~业务=업무를 등한시하다. **3** 허비〔낭비〕하다. ¶~时日=시간을 허비하다.

【荒沟】**huānggōu** 명 황폐한 도랑(溝渠). 황량한 산골짜기. 인적이 드문 두메산골.

【荒古】**huānggǔ** 명 태고. 상고. 아주 오랜 옛날. ¶~时代=태고 시대.

【荒旱】**huānghàn** 명 기근과 가뭄. ¶连年~=여러 해 계속 기근과 가뭄이 들다.

【荒荒凉凉】**huāng·huang liángliáng**(~的) 형 황량하다.

【荒荒唐唐】**huāng·huang tángtáng**(~的) 형 방종하다. 방탕하다. 행실이 단정〔방정〕하지 못하다.

【荒火】**huānghuǒ** 명 들불.

【荒瘠】**huāngjí** 형 황폐하고 척박하다〔메마르다〕. ¶~的山地=황폐하고 척박한 산지.

【荒寂】**huāngjì** 형 황량하고 적막하다. ¶~的山谷=황량하고 적막한 산골짜기.

【荒郊】huāngjiāo 〔명〕 황량한 교외〔시골〕. ¶~野外=황량한 야외.

【荒里荒唐】huāng·lihuāngtáng(~的) 〔형〕방종하다. 방탕하다. 행실이 단정하지 못하다. ¶他整天就~地过日子。=그는 온종일 방탕한 나날을 보낸다.

【荒凉】huāngliáng 〔형〕황량하다. 쓸쓸하다. ¶~的小岛=황량한 작은 섬. ↔繁华

【荒乱】huāngluàn 〔형〕(국면·정세가) 동요하다. 불안하다. 뒤숭숭하다. 흉흉하다. ¶在那~的年月，人们过着颠沛流离的生活。=그 어수선했던 세월, 사람들은 도처를 떠돌아다니는 고달픈 생활을 했다.

【荒谬】huāngmiù 〔형〕 엉터리이다. 터무니없다. 황당무계하다. ¶~的言论=엉터리 의견. ≒荒诞 荒唐

【荒谬绝伦】huāngmiù-juélún 〔성〕 황당무계하기 짝이 없다.

【荒漠】huāngmò 〔형〕1 황막하다. 거칠고 아득하게 넓다. ¶~的戈壁滩=황막한 고비 사막. 〔명〕1 황량한 사막. 황량한 광야. ¶一望无际的~=끝없이 넓은 황량한 사막. 2 〔비〕 황무지. [주로 추상적인 사물에 쓰임]¶文化~=문화 황무지.

【荒漠化】huāngmòhuà 〔동〕 사막화되다. =〔沙漠化〕shāmòhuà

【荒年】huāngnián 〔명〕 흉년.

【荒僻】huāngpì 〔형〕 황량하고 외지다. 궁벽하다. ¶~的穷山沟=가난하고 궁벽한 산골짜기.

【荒坡】huāngpō 〔명〕 황폐한 경사지〔산비탈〕. 잡초가 우거진 산비탈.

【荒弃】huāngqì 〔동〕 경작하지 않고 오랫동안 내버려 두다. 황폐화되다. ¶农田~=농지를 오랫동안 내버려 두다.

【荒歉】huāngqiàn 〔형〕 흉작이다. 흉년이다. ¶~之年=흉년.

【荒丘】huāngqiū 〔명〕 황폐한 언덕. 잡초가 우거진 언덕.

【荒沙】huāngshā 〔명〕 황량한 사막 지대.

【荒山】huāngshān 〔명〕 황폐한 산. 개간하지 않은 황량한 산〔들판〕.

【荒山秃岭】huāngshān-tūlǐng 〔성〕 개간하지 않은 민둥산.

【荒时暴月】huāngshí-bàoyuè 〔성〕1 흉년. 2 보릿고개.

【荒疏】huāngshū 〔형〕(학업·기능 따위를) 오래도록 쓰지 않아 생소하다. ¶专业知识多年不用, 都~了。=전공 과목을 오랫동안 공부하지 않아 벌써 생소해졌다. ≒生疏

【荒数】huāngshù(~儿) 〔명〕 대략적인 숫자.

【荒滩】huāngtān 〔명〕 황폐한 모래사장.

【荒唐】huāng·táng 〔형〕1 황당하다. 터무니없다. ¶他这个想法太~了。=그의 생각이 너무 황당하다. 2 (행위가) 방탕하다. 행실이 단정하지 못하다. ¶你已经老大不小的了, 不能老这样在外面~。=너도 이미 나이가 적지 않으니, 늘 이렇게 밖으로만 나돌아 다녀서는 안 된다. ≒荒谬 荒诞

【荒无人烟】huāngwúrényān 〔성〕 황량하고 인적이 없다.

【荒芜】huāngwú 〔형〕 잡초가 우거지다. ¶这片果园早已~了。=이 과수원은 이미 잡초가 무성하다.

【荒信】huāngxìn(~儿) 〔명〕 확인되지 않은 소식. 믿을 수 없는 소식.

【荒野】huāngyě 〔명〕 황량한 들판.

【荒淫】huāngyín 〔형〕 황음하다. ¶~无度=황음무도하다.

【荒淫无耻】huāngyín-wúchǐ 〔성〕 부끄러움을 모르고 주색에 빠지다. 드러내 놓고 방탕한 생활을 하다.

【荒原】huāngyuán 〔명〕 황량한 벌판. 황야.

【荒置】huāngzhì 〔동〕 내버려 두다. 방치하다. ¶房屋~=집을 방치하다.

【荒冢】huāngzhǒng 〔명〕 황폐해진 무덤. 잡초가 무성한 무덤.

璜 huāng 원광석 황
〔명〕〔지〕 원광석. 조광(粗鑛).

**慌**¹ huāng 다급할 황
〔형〕 허둥대다. 당황하다. 갈팡질팡하다. 덤비다. ¶惊~=놀라서 허둥대다. / 心~意乱=당황하여 어찌할 바를 모르다.

**慌**² ·huang 절박할 황
〔형〕〔구〕 ('得(·de)' 뒤에 쓰여 보어 역할을 하여) 육체적·심리적으로 견딜 수 없음을 나타냄. ¶气~~=참을 수 없을 정도로 화가 나다. / 疼得~=견디기 힘들 정도로 아프다.

○─○ 发慌, 恐慌, 心慌, 着zháo慌

【慌不择路】huāngbùzélù 〔성〕 도망갈 때는 길을 가리지 않는다. ¶饥不择食, 慌~。=배고플 때는 음식을 가리지 않고, 도망갈 때는 길을 가리지 않는다.

【慌促】huāngcù 〔형〕 급박하다. 황망하다. 황급하다. ¶~逃窜=황급하게 도망치다.

【慌慌乱乱】huāng·huang luànluàn(~的) 〔형〕 허둥거리다. 허둥대다.

【慌慌忙忙】huāng·huang mángmáng 〔형〕 황망하다. 허둥지둥하다.

【慌慌张张】huāng·huang zhāngzhāng(~的) 〔형〕 황망하다. 쩔쩔매다. 허둥대다. 동요하다. 갈팡질팡하다.

【慌里慌张】huāng·lihuāngzhāng(~的) 〔형〕 허둥지둥〔갈팡질팡〕하는 모양. ¶他接了一个电话后~地跑了出去。=그는 전화를 받고 나서 허둥지둥 밖으로 뛰어나갔다.

【慌乱】huāngluàn 〔형〕 허둥거리다. 허둥대다. 산란하다. ¶~无主=갈피를 잡지 못하다. ≒忙乱 ↔从容 镇定

【慌忙】huāngmáng 〔형〕 황망하다. 허둥지둥하다. ¶~之中, 我把钱包落在家里了。=황망한 가운데 나는 지갑을 집에 두고 왔다. ↔从容

【慌神儿】huāng‖shénr 동 구 당황하다. (마음이 초조하여) 안절부절못하다. ¶遇事要沉着, 不能~。 =일에 부닥치면 침착해야지, 당황해서는 안 된다.
【慌手慌脚】huāngshǒu-huāngjiǎo(~的) 성 당황하여 어쩔 줄 모르다. 허둥대다.
【慌张】huāngzhāng 형 당황하다. 쩔쩔매다. 허둥대다. 동요하다. ¶神色~=당황하는 기색이 어리다〔역력하다〕. →沉着 从容 镇静 镇定
【慌作一团】huāngzuòyītuán 성 몹시 당황하여 허둥대다.

**皇** huáng 임금 황

형 문 크다. ¶~~文告=방대한 공문서. 명 1 (원고(遠古) 시대) 임금. 군주. ¶三～五帝=삼황오제. 2 황제. ¶继承~位=황위를 계승하다. 3 (Huáng) 성(姓). [고어에서는 '遑(huáng)'과 같음]

○● 仓cāng皇, 教皇, 女皇, 三皇, 堂皇, 天皇, 张皇

【皇朝】huángcháo 명 조정(朝廷). [당대(當代)의 조정을 '황조(皇朝)'라고 부름]
【皇城】huángchéng 명 1 경성(京城)의 내성(內城). 2 경성(京城). 수도(首都).
【皇城根儿】huángchénggēnr 명 구 1 황성 부근. 2 경성(京城). 수도(首都).
【皇储】huángchǔ 명 황태자.
【皇帝】huángdì 명 1 황제. [최고 통치자의 칭호] 2 황제. [중국 진(秦) 이후 봉건 왕조의 최고 통치자] 3 비 황제. [현대 생활 속에서 지위가 혁혁하고 독특한 인물] ¶小~=작은 황제. / 土~=지방의 황제〔독재자〕.
【皇甫】Huángfǔ 명 복성(複姓).
【皇宫】huánggōng 명 황궁.
【皇冠】huángguān 명 1 왕관. 2 비 최고의 권위. 최고의 수준.
【皇后】huánghòu 명 황후.
【皇皇】huánghuáng 형 1 문 (기세가) 장대하다. 성대하다. ¶~巨著=위대한 거작. 2 ☞ 【惶惶】huánghuáng 3 ☞ 【遑遑】huánghuáng
【皇家】huángjiā 명 황가. 황실(皇室).
【皇历】[黄历]huáng·li 명 구 책력(冊曆). ¶老~=오래 된 책력. 지나간 역사. 낡은 관습.
【皇粮】huángliáng 명 1 옛날, 관아〔정부〕에서 지급해 주는 식량. 2 국가에서 공급하는 경비·물자 등.
【皇亲】huángqīn 명 황제의 친척.
【皇亲国戚】huángqīn-guóqī 성 1 황제의 가솔과 친척. 2 세도가.
【皇权】huángquán 명 황권. 황제의 권력.
【皇上】huáng·shang 명 구 황상. [황제를 부르는 칭호]
【皇室】huángshì 명 1 황실. 황제의 가족. 2 조정(朝廷). ¶~衰微=조정이 쇠퇴하다.
【皇太后】huángtàihòu 명 황태후.
【皇太子】huángtàizǐ 명 황태자.
【皇天】huángtiān 명 하늘. 황천. ¶~不负有心人。 =하늘은 스스로 돕는 자를 돕는다.
【皇天后土】huángtiān-hòutǔ 성 황천후토. 하늘과 땅. 하늘의 신과 땅의 신.
【皇位】huángwèi 명 1 황위. 황제의 자리. 2 황제의 통치 지위.
【皇庄】huángzhuāng 명 (명청(明淸)의) 황실의 장원(莊園).
【皇子】huángzǐ 명 황제의 아들.
【皇族】huángzú 명 황족. 황제의 가족.

**黄** huáng 누를 황

형 1 노랗다. 누렇다. ¶杏~=살구〔황적〕색. 2 선정적인. 도색적인. 색정적인. 음란한. 포르노의. [선정적인 책·비디오 테이프·사진 등을 형용] ¶查禁一碟=음란 CD를 단속하다. 동 구 1 실패하다. 수포로 돌아가다. 허사가 되다. ¶生意~了。 =영업이 실패했다.
명 1 노란색 사물. ¶牛~=우황. / 韭~=온실에서 재배한 부추. 2 황금. ¶~白之物=황금과 백은(白銀). 3 (~儿) 노른자. ¶双~蛋=(노른자위가 둘인) 쌍알. 4 (Huáng) 황제. ¶炎~子孙=염제와 황제의 자손. 중국인. 5 (Huáng) 황하(黃河). ¶治~=황하의 홍수를 다스리다. 6 포르노 영화〔책·그림〕. ¶扫~=음란물을 소탕하다. 7 (Huáng) 성(姓).

○● 黄huáng, 簧huáng, 磺huáng, 潢huáng, 蟥huáng, 璜huáng

○● 皇huáng, 凰huáng, 惶huáng, 蝗huáng, 煌huáng, 隍huáng, 篁huáng, 徨huáng, 鳇huáng, 遑huáng, 湟huáng

○● 苍cāng黄, 橙chéng黄, 雌cí黄, 大黄, 蛋黄, 地黄, 鹅é黄, 二黄, 翻黄, 槐huái黄, 昏黄, 鸡黄, 姜jiāng黄, 金黄, 韭jiǔ黄, 橘jú黄, 枯黄, 蜡黄, 卵luǎn黄, 麻黄, 米黄, 篾miè黄, 嫩nèn黄, 牛黄, 皮黄, 蒜suàn黄, 藤téng黄, 土黄, 蟹xiè黄, 杏xìng黄, 雄黄, 鸭黄, 竹黄, 核黄素, 老黄牛, 麻黄素

【黄斑】huángbān 명 (生) 황반.
【黄榜】huángbǎng 명 황제의 조서(詔書). [주로 노란 종이를 사용함]
【黄包车】huángbāochē ☞ 【人力车】rénlìchē
【黄骠马】huángbiāomǎ 명 흰 점이 뒤섞인 누런 말.
【黄表纸】huángbiǎozhǐ 명 제사 지낼 때 쓰는 누런 종이.
【黄病】huángbìng ☞ 【黄疸】huángdǎn
【黄柏】huángbò ☞ 【黄檗】huángbò
【黄檗】[黄柏]huángbò 명 (植) 황벽나무.
【黄灿灿】huángcàncàn(~的) 형 금빛 찬란하다. ¶春天的田野, 到处都是~的菜花。 =봄날의 들판에는 온통 금빛 찬란한 유채이다.
【黄疸】huángdǎn 명 1 (醫) 황달. 동 【黄病】

**huángbìng 2** ☞【黄绣病】**huángxiùbìng**
【黄道】**huángdào** 圖(天) 황도.
【黄道带】**huángdàodài** 圖(天) 황도대. 수대(獸帶).
【黄道吉日】**huángdào jírì** 圖 길일(吉日). =【黄道日】**huángdàorì**
【黄道日】**huángdàorì** ☞【黄道吉日】**huángdào jírì**
【黄道十二宫】**huángdào shí'èr gōng** 圖(天) 황도십이궁. 십이성좌. [황도대에 있는 열두 별자리. 성좌 이름은 '양자리, 황소자리, 쌍둥이자리, 게자리, 사자자리, 처녀자리, 천칭자리, 전갈자리, 궁수자리, 염소자리, 물병자리, 물고기자리' 임]
【黄灯区】**huángdēngqū** 圖 위기의 조짐이 나타나기 시작하는 경제 상태.
【黄澄澄】**huángdēngdēng** (~的) 圈 금빛 찬란하다. ¶~的谷穗儿=금빛 찬란한 이삭.
【黄帝】**Huángdì** 圖 황제. [중국 중원 지방 각 부족 공통의 시조. 성은 공손(公孫), 이름은 헌원(軒轅)임]
【黄帝陵】**Huángdìlíng** 圖 황제능. [지금의 산시(陝西)성 황릉(黄陵)현에 있음] =【黄陵】**Huánglíng**
【黄碘】**huángdiǎn** 圖(化) 요오드포름(iodoform).
【黄豆】**huángdòu** 圖(植) 황두. (누런) 콩. 대두(大豆).
【黄豆芽】**huángdòuyá** 圖 콩나물.
【黄毒】**huángdú** 圖 **1** 음란물〔포르노〕. **2** 음란물〔포르노〕해독. ¶肃清~=음란물 해독을 일소하다.
【黄泛区】**huángfànqū** 圖 **1** 황허(黄河)의 범람으로 인한 모래 재해 지구. [1938년 6월, 일본군이 중원 지방으로 진군하자 국민당이 황허의 제방을 폭파시킬 때 재해를 입은 허난(河南)성·안후이(安徽)성·장쑤(江苏)성 등 지역] **2** 음란 사업이 만연하는 지역.
【黄贩】**huángfàn** 圖 음란물 판매상.
【黄蜂】**huángfēng** 圖(動) 말벌.
【黄狗契约】**huánggǒu qìyuē** 圖(經) 황견 계약. 비열 계약. [노동 조합에 가입하지 않을 것을 조건으로 하는 고용 계약]
【黄姑鱼】**huánggūyú** 圖(動) 수조기. [학명은 'Nibea albiflora' 임] ⇨【白花鱼】**báihuāyú**
【黄瓜】**huáng·gua** 圖(植) 오이. ⇨【胡瓜】**hú·gua**
【黄果蝇】**huángguǒyíng** ☞【果蝇】**guǒyíng**
【黄海】**Huánghǎi** 圖(地) 황해. [한국의 서해를 가리킴]
【黄河】**Huánghé** 圖(地) 황허(黄河).
【黄褐斑】**huánghèbān** 圖(醫) 기미. 황갈반.
【黄褐色】**huánghèsè** 圖 황갈색.
【黄鹤】**huánghè** 圖 황학. [전설 속에 신선이 타고 다녔다는 학] ¶昔人已乘~去, 此地空余黄鹤楼。=옛 사람은 이미 황학을 타고 떠나 버렸으니, 이 곳에는 황학루만 덩그러니 남았구나.

【黄鹤楼】**Huánghèlóu** 圖 황학루. [후베이(湖北)성 우한(武汉) 시내에 있음]
【黄花】**huánghuā** 圖(植) **1** 국화. **2** (~儿) ☞【金针菜】**jīnzhēncài** 圈(口) 숫총각인. 숫처녀인. ¶~姑娘=숫처녀. / ~后生=숫총각.
【黄花菜】**huánghuācài** ☞【金针菜】**jīnzhēncài**
【黄花闺女】**huánghuā guīnǔ** ☞【黄花女儿】**huánghuā nǔ'ér**
【黄花女儿】**huánghuā nǔ'ér** 圖(口) 처녀. =【黄花闺女】**huánghuā guīnǔ**
【黄花晚节】**huánghuā-wǎnjié** 圆(비) 노년의 국화와 같은 고결한 절조. 만년의 절개.
【黄花鱼】**huánghuāyú** ☞【黄鱼】**huángyú**
【黄昏】**huánghūn** 圖 황혼. 해질 무렵. ¶夕阳无限好, 只是近~。=석양은 비록 한없이 아름답지만, 다만 황혼에 다다른 것이 아쉽구나. ↔黎明
【黄昏恋】**huánghūnliàn** 圖 황혼 로맨스.
【黄酱】**huángjiàng** 圖 된장.
【黄教】**Huángjiào** 圖⦗佛⦘ 황교. 황모파(黄帽派). 도덕파(道德派). [라마교의 신파(新派). 14세기 말에 총카파(Tsong Khapa)가 홍교(红教)를 혁신하기 위하여 세웠는데, 노란색 법의(法衣)와 모자를 써서 다른 종파와 구별하였음]
【黄金】**huángjīn** 圖⦗喻⦘ 황금. ['金(jīn)'의 통칭] ¶~有价人无价。=황금은 가치를 매길 수 있지만, 사람은 가치를 매길 수 없다. 圈(비) 진귀하다. 귀중하다. ¶~水道=황금 뱃길〔수로〕.
【黄金储备】**huángjīn chǔbèi** 圖(經) (발권 은행의) 금 준비.
【黄金搭档】**huángjīn dādàng** 圖(비) 황금 콤비. ¶这对跳水选手战绩辉煌, 堪称~。=이 2인조 다이빙 선수들은 전적이 휘황찬란하니 황금 콤비라고 할 만하다.
【黄金地带】**huángjīn dìdài** 圖 **1** 도심지. 다운타운. **2** 노른자위 땅. 금싸라기 땅. =【黄金地段】**huángjīn dìduàn**
【黄金地段】**huángjīn dìduàn** ☞【黄金地带】**huángjīn dìdài**
【黄金分割】**huángjīn fēngē** 圖(數) 황금 분할. =【中外比】**zhōngwàibǐ**
【黄金时代】**huángjīn shídài** 圖 **1** 황금 시대. [정치·경제·문화가 가장 발전한 시대] ¶唐宋时期是中国历史上诗词创作的~。=당송(唐宋) 시기는 중국 역사상 시와 사 창작의 황금 시대였다. **2** 황금기. [인생의 가장 소중한 시기] ¶他创作的~写出了大量的诗歌和散文。=그는 창작의 황금기에 많은 시가와 산문을 썼다.
【黄金时段】**huángjīn shíduàn** ☞【黄金时间】**huángjīn shíjiān**
【黄金时间】**huángjīn shíjiān** 圖 **1** (하루 중) 가장 좋은〔귀한〕시간. **2** (방송에서의) 골든 타워(golden hour). 황금 시간대. =【黄金时段】**huángjīn shíduàn**
【黄金周】**huángjīnzhōu** 圖 황금 주간. [음력설·노동절(5월 1일)·건국 기념일(10월 1일) 때의

黄 **huáng** 853

1주일 연휴 기간을 가리킴]
【黄猄】 **huángjīng** 몡(動) 짖는 사슴. 문트작(muntjak).
【黄酒】 **huángjiǔ** 몡 황주. [차조·쌀·수수 등을 주원료로 하여 만든 누런 색깔의 알콜 도수가 낮은 술]
【黄口】 **huángkǒu** 몡 1 갓난 새 새끼의 부리. 2(비) 황구. 황구 소아. 황구 유아. 갓난아기. 풋내기. 애송이. [주로 철없이 미숙한 젊은 사람을 낮잡아 이르는 데 쓰이는 말]
【黄口小儿】 **huángkǒu xiǎo·ér** 몡(비) 황구. 황구 소아. 황구 유아. 갓난아기. 풋내기. 애송이. [주로 철없이 미숙한 사람을 낮잡아 이르는 데 쓰이는 말]
【黄蜡蜡】 **huánglālā**(~的) 혱(구) (얼굴빛이) 누렇다. 누렇게 뜨다. 핏기가 없다.
【黄蜡】 **huánglà** ☞【蜂蜡】 **fēnglà**
【黄蜡蜡】 **huánglàlà**(~的) 혱 (안색이) 누렇다. 누렇게 뜨다. 핏기가 없다. ¶他病倒了, ~的脸有些浮肿. = 그는 병으로 쓰러졌는데, 누렇게 뜬 얼굴이 좀 부어 있다.
【黄老】 **Huáng Lǎo** 몡 1 황제(黄帝)와 노자(老子). 2 도가(道家).
【黄梨】 **huánglí** 몡 1 '菠萝(파인애플)'의 속칭. 2(비) '梨(배)'의 통칭.
【黄鹂】 **huánglí** 몡(動) 꾀꼬리. =【鸧鹒】 **cānggēng**【黄莺】 **huángyīng**【黄鸟】 **huángniǎo**
【黄历】 **huáng·li** ☞【皇历】 **huáng·li**
【黄连】 **huánglián** 몡(植) 황련. 깽깽이풀. [뿌리는 약용함]
【黄连木】 **huángliánmù** 몡(植) 황련목. [옻나무과에 속하는 낙엽교목의 하나. 학명은 'Pistacia chinen sis Bunge' 임](비)【楷树】 **jiēshù**
【黄连素】 **huángliánsù** 몡(醫) 베르베린(berberine).
【黄粱美梦】 **huángliáng měimèng** ☞【黄粱梦】 **huángliángmèng**
【黄粱梦】 **huángliángmèng**(성) 1 황량몽. 황량일취몽(黄粱一炊夢). 일장춘몽. [당(唐)대 심기제(沈旣濟)의《침중기(枕中記)》에, 노생(盧生)이라는 서생이 하루는 여관에서 잠을 자다가 온갖 부귀영화를 누리는 꿈을 꾸었는데, 잠에서 깨어 보니 아까 주인이 짓던 조밥이 채 익지 않았다던 고사에서 유래함] 2(비) 인생이 덧없고 영화(榮華)도 부질없다. =【黄粱美梦】 **huángliángměimèng**【一枕黄粱】 **yīzhěn-huángliáng**
【黄磷】 **huánglín** ☞【白磷】 **báilín**
【黄陵】 **Huánglíng** ☞【黄帝陵】 **Huángdìlíng**
【黄龙】 **huánglóng** 몡 1 (Huánglóng)(地) 황룡부(黄龍府). 고대 금(金)나라의 지명. 지금의 지린(吉林)성 눙안(农安)현에 해당함 2 적의 요지[수도]. ¶痛饮~=적의 수도인 황룡부(黄龍府)를 함락시키고 나서 술을 마음껏 마시자[통음하자]. 3(비) 황허(黄河). ¶征服~=황하를 정복하다.
【黄栌】 **huánglú** 몡(植) 거먕옻나무. [꽃차례가

연기처럼 보임]
【黄麻】 **huángmá** 몡(植) 황마. =【络麻】 **luòmá**
【黄毛丫头】 **huángmáo yā·tou** 몡 계집아이. [놀림조나 멸시하는 뜻을 내포함]
【黄梅调】 **huángméidiào** ☞【黄梅戏】 **huángméixì**
【黄梅季】 **huángméijì** 몡 매우기(梅雨期). 매우시(梅雨時). [늦봄이나 초여름에 창장(长江) 중하류 지역의 장마철을 말하는데, 이 때가 매실이 누렇게 익어 가는 시기이므로 붙여진 명칭] =【黄梅季节】 **huángméi jìjié**【黄梅天】 **huángméitiān**【梅天】 **méitiān**
【黄梅季节】 **huángméi jìjié** ☞【黄梅季】 **huángméijì**
【黄梅天】 **huángméitiān** ☞【黄梅季】 **huángméijì**
【黄梅戏】 **huángméixì** 몡(劇) 황매희. 황메이(黄梅)극. [안후이(安徽)성 중부 지방에서 유행한 지방극. 주된 곡조가 후베이(湖北)성 황메이(黄梅) 지역의 채다조(采茶調)에서 변하였기 때문에 붙여진 명칭] =【黄梅调】 **huángméidiào**
【黄梅雨】 **huángméiyǔ** 몡 매우(梅雨). 장마. =【梅雨】 **méiyǔ**
【黄米】 **huángmǐ** 몡 기장쌀.
【黄鸟】 **huángniǎo** ☞【黄鹂】 **huánglí**
【黄牛】 **huángniú** 몡 1 (動) 황소. 2(비) 암표장수. 암거래상. 거간꾼. 브로커. 3(비) 허풍쟁이.
【黄牌】 **huángpái** 몡 1 (體) (일부 구기 종목의) 옐로우 카드(yellow card). 2(비) (법을 어기거나 불법으로 경영하는 단체나 개인에게 주는) 경고. ¶这家造纸厂被环保部门亮了~. = 이 제지 공장은 환경 보호 부서로부터 경고를 받았다.
【黄排】 **huángpái** ☞【胭脂鱼】 **yān·zhīyú**
【黄袍加身】 **huángpáo jiāshēn** (성) 1 황포를 몸에 걸치다. 2(비) 정변을 일으켜 권력을 장악하다.
【黄皮寡瘦】 **huángpí guǎshòu** 혱(비) 앓아서 얼굴색이 누렇게 되고 야위다.
【黄皮书】 **huángpíshū** 몡(政) 황서. [외교 교섭의 경과를 발표하는 프랑스 외교부의 누런 종이로 된 문서]
【黄皮子】 **huángpí·zi** ☞【黄鼬】 **huángyòu**
【黄片儿】 **huángpiānr** 몡(구) 음란 비디오[동영상물].
【黄片】 **huángpiàn** 몡 음란 비디오[동영상물].
【黄浦江】 **Huángpǔjiāng** 몡(地) 황푸장(黄浦江). 황포강. [상하이(上海)에 있는 강 이름]
【黄芪】 **huángqí** 몡(植) 황기. 기초(芰草)의 뿌리. 단너삼의 뿌리.
【黄芩】 **huángqín** 몡(植) 황금. 속서근풀. 편금(片芩).
【黄曲霉】 **huángqūméi** 몡(生) 황곡 곰팡이. =【黄曲霉菌】 **huángqū méijūn**
【黄曲霉菌】 **huángqū méijūn** ☞【黄曲霉】 **huángqūméi**
【黄泉】 **huángquán** 몡 1 지하의 샘물. 2 무덤.

**3** 저승. 황천. ¶命赴~=황천객이 되다. ↔碧落
【黄雀】huángquè 圀(動) 검은방울새.
【黄壤】huángrǎng 圀(地) 황토.
【黄热病】huángrèbìng 圀(醫) 황열.
【黄色】huángsè 圀 노랑. 노란색, 황색. 囲 **1** (도서나 음반물의 내용이) 퇴폐적인. 외설적인. 도색적인. 음탕한. 음란한. 포르노의. ¶~录像=음란 비디오 테이프. **2** 어용의. ¶~工会=어용 노동 조합.
【黄色炸药】huángsè zhàyào 圀(化) 티엔티(TNT). 트리니트로톨루엔(trinitrotoluene). 황색화약. =【梯恩梯】tī'ēntī
【黄沙】huángshā 圀 **1** 황사. ¶北风呼啸, ~漫天.=북풍이 씽씽 불면 황사가 온 하늘에 자욱하다. **2** 사막. ¶茫茫~, 寸草不生.=망망한 사막에는 풀 한 포기도 자라지 않는다.
【黄山】Huángshān 圀(地) 황산. [안후이(安徽)성에 있는 산 이름]
【黄瘦】huángshòu 囲 (얼굴이) 누렇고 비쩍 마르다.
【黄书】huángshū 圀 음란 서적.
【黄熟】huángshú 囲 누렇게 익다. ¶水稻已经~, 可以收割了.=벼가 이미 누렇게 익었으니, 수확할 시기가 되었다.
【黄鼠】huángshǔ 圀(動) 얼룩다람쥐. =【地松鼠】dìsōngshǔ
【黄鼠狼】huángshǔláng ☞【黄鼬】huángyòu
【黄水疮】huángshuǐchuāng 圀(醫) 농포(膿疱). 고름집.
【黄檀】huángtán 圀 **1**(植) 황단. **2** 황단. [향의 일종]
【黄汤】huángtāng 圀(字) 황주. 술. [다른 사람이 술 마시는 것을 꾸짖을 때 씀]
【黄糖】huángtáng ☞【红糖】hóngtáng
【黄体】huángtǐ 圀(生) 황체. 노란치.
【黄铜】huángtóng 圀 황동. 놋쇠.
【黄土】huángtǔ 圀(地) 황토.
【黄土高原】huángtǔ gāoyuán 圀(地) 황토고원. [세계에서 가장 크고 두터운 황토 퇴적지대. 중국 타이항산(太行山) 서쪽·우사오링(乌鞘岭) 동쪽·만리장성(万里长城) 남쪽·친링(秦岭) 북쪽에 있으며, 산시(山西)성 전체와 간쑤(甘肃)성·칭하이(青海)성·네이멍구(内蒙古)·닝샤(宁夏)·산시(陕西)성·허난(河南)성의 일부 지역을 포함하고 있음]
【黄萎病】huángwěibìng 圀(農) 황위병. 위황병. 누른고갈병. 누른오갈병.
【黄绣病】huángxiùbìng 圀(植) 줄녹병. 황수병. =【黄疸】huángdǎn
【黄癣】huángxuǎn 圀(醫) 황선. 읍 【秃疮】tūchuāng【癞痢】là·lì
【黄羊】huángyáng 圀(動) 몽골가젤(Mongolian gazelle).
【黄杨】huángyáng 圀(植) 회양목. 고향나무. 황양목.
【黄杨木】huángyángmù 圀(植) 회양목 목재.

【黄猺】huángyáo ☞【青鼬】qīngyòu
【黄页】huángyè 圀 **1** 옐로우페이지. 전화번호부에서 상업용 전화번호가 인쇄된 부분. **2** 전화번호부. [노란색 종이로 인쇄되어 붙여진 명칭. '白页(당(黨)과 정부 기관이나 단체의 전화번호가 인쇄된 부분)' 와 구분됨]
【黄莺】huángyīng ☞【黄鹂】huánglí
【黄油】huángyóu 圀 **1** 그리스(grease). **2** 버터(butter).
【黄鼬】huángyòu 圀(動) 족제비. 읍【黄鼠狼】huángshǔláng 읍【黄皮子】huángpí·zi
【黄鱼】huángyú 圀 **1**(動) 조기. =【黄花鱼】huánghuāyú **2** 읍 '金条(막대형 금괴·골드바)' 의 속칭.
【黄纸板】huángzhǐbǎn 圀 마분지. 읍【马粪纸】mǎfènzhǐ
【黄种】huángzhǒng ☞【蒙古人种】Měnggǔ rénzhǒng
【黄种人】huángzhǒngrén 圀 황인종. 황색인종.
【黄钻】huángzuàn 圀(動) 잉어과에 딸린 사나운 물고기. [몸이 길쭉하여 마치 베틀의 북과 같이 생겼고, 학명은 '*Elopichthys bambusa*' 임]

## 凰 huáng 봉황새 황
圀 (전설 속의) 봉. 봉황새의 암컷.

## 隍 huáng 해자 황
圀(字) (물이 없는) 성호(城壕). 해자(垓字). ¶城~=해자(垓字).

## 喤 huáng 어린아이 울음소리 황
【喤喤】huánghuáng 囲(字) **1** 으앙으앙. 응애응애. 앙앙. [어린애의 우렁찬 울음소리] **2** 둥둥. 댕댕. [크고 낭랑하며 조화로운 북과 종의 소리] ¶钟鼓~=종과 북의 소리가 크고 잘 어울리다.

## 遑 huáng 허둥거릴 황
圀(字) 여가. 짬. 틈. 겨를. ¶不~=겨를이 없다.
【遑遑】【皇皇】huánghuáng 囲(字) (마음이 안정되지 않고) 다급하다. 촉박하다. 황급하다. 황망하다. 총망하다. ¶~欲何之?=다급히 어디를 가려고 합니까?
【遑论】huánglùn 圄(字) 논할 필요 없다. (···라고 까지) 말할 수 없다. 말할 나위가 못 되다. ¶生计无着, ~享乐.=생계도 꾸려 나갈 방법이 없는데, 향락은 말할 나위 없다.

## 徨 huáng 노닐 황
☞【彷徨】pánghuáng

## 馆[餭] huáng 엿 황
☞【饸馆】zhānghuáng

## 湟 Huáng 강 이름 황
圀(地) 황수이(湟水). [칭하이(青海)성에서 발원

湟 惶 煌 锽 潢 璜 蝗 篁 艎 磺 锽 癀 蟥 簧 鳇 **huáng** 855

하여 간쑤(甘肃)성을 지나, 황허(黄河)로 들어가는 강 이름]

【湟鱼】**huángyú** 몡(動) 칭하이후(青海湖) 잉어. [칭하이후(青海湖)에서 서식하는 비늘 없는 잉어] =【青海湖裸鲤】**Qīnghǎihú luǒlǐ**

## *惶 **huáng** 두려워할 황

톙 두렵다. 무섭다. 당황스럽다. ¶惊~=두려움에 떨다.

【惶惶】[皇皇] **huánghuáng** 톙 놀라고 두려워 불안한 모양. 놀라서 황급한 모양. ¶人心~~=사람들이 두려움에 떨다.

【惶惶不安】**huánghuáng-bù'ān** 셩 걱정되고 불안하다.

【惶惶惑惑】**huáng·huang huòhuò** 톙 두렵고 당혹해하다.

【惶惶然】**huánghuángrán** ☞【惶然】**huángrán**

【惶惑】**huánghuò** 톙 두렵고 당혹해하다. ¶终日~不宁.=하루 종일 두렵고 당혹스러워 마음이 편치 않다.

【惶急】**huángjí** 톙 황급하다. 두렵고 초조하다〔조급하다〕. ¶~不安=조바심하다. 불안하여 안달하다.

【惶遽】**huángjù** 톙뵘 두려워 당황하다. 깜짝 놀라다. 놀라서 허둥지둥하다. ¶神色~=두려워 당황하는 기색이다.

【惶恐】**huángkǒng** 톙 놀라고 두렵다. 황공하다. 부끄럽고 황송하다. ¶内心极度~. =마음속으로 대단히 황공하다.

【惶愧】**huángkuì** 톙 황송하고 부끄럽다. ¶~交集=황송함과 부끄러움이 교차하다.

【惶然】**huángrán** 톙 두렵고 불안해하는 모양. 깜짝 놀라는 모양. 질겁하는 모양. =【惶惶然】**huánghuángrán** ¶~不知所措. =두렵고 불안하여 어찌할 바를 모르다.

【惶悚】**huángsǒng** 톙뵘 무서워하다. 겁에 질리다. ¶~不安=두렵고 불안하다.

## **煌 **huáng** 빛날 황

톙 밝게 빛나다. 밝다. 환하다. 반짝이다. ¶辉~=휘황찬란하다. 눈부시게 빛나다.

○● 金煌煌

【煌煌】**huánghuáng** 톙뵘 밝게 빛나다. 밝다. 환하다. 찬란하다. ¶明星~~=밝은 별이 찬란하게 빛나다.

## 锽[鍠] **huáng** 도끼 황

몡 황. [고대 병기의 일종]

【锽锽】**huánghuáng** 의뵘 땡땡. 둥둥. [종 소리나 북 소리] ¶钟鼓~~=종 소리·북 소리가 둥둥 울리다.

## 潢 **huáng** 웅덩이 황

몡뵘 웅덩이. 물이 괸 곳. ¶~池=연못. 통 먹이다. 물들이다. [좀이 먹는 것을 방지하기 위해 황벽(黄蘗)나무 즙을 종이에 먹임] ¶装~=황벽나무 즙으로 종이를 물들이다.

【潢纸】**huángzhǐ** 몡 황벽(黄蘗)나무 즙으로 물들인 종이. [서화용으로 사용하였으며, 좀을 방지할 수 있음]

## 璜 **huáng** 옥 이름 황

몡 반원형의 옥.

## *蝗 **huáng** 메뚜기 황

몡(動) 메뚜기. 풀무치. ¶灭~=메뚜기를 박멸하다.

【蝗虫】**huángchóng** 몡(動) 메뚜기. 통【蚂蚱】**mà·zha**

【蝗害】**huánghài** 몡 황재(蝗災). 황해.

【蝗蝻】**huángnǎn** 몡(動) 메뚜기의 약충〔애벌레〕. =【跳蝻】**tiàonǎn**

【蝗灾】**huángzāi** 몡 황재. 황해(蝗害).

## 篁 **huáng** 대숲 황

몡뵘 1 대나무 숲. 대숲. 죽림(竹林). ¶幽~=그윽한 대나무 숲. 2 대나무. ¶修~=쭉쭉 뻗은 대나무.

## 艎 **huáng** 큰 배 황

☞【艅艎】**yúhuáng**

## *磺 **huáng** 유황 황

몡 유황(硫磺). [합성어로 쓰임] ¶硝~=초석(硝石)과 유황.

○● 硫磺, 硫磺泉**quán**

【磺胺】**huáng'àn** 몡(약)(化) 氨基苯磺酰胺(술파닐아미드(sulphanilamide)).

## 锽[鐄] **huáng** 자물쇠 용수철 횡

몡뵘 자물쇠의 용수철.

## 癀 **huáng** 황달 황

【癀病】**huángbìng** 몡(의) (소나 말 따위의 가축에 생기는) 탄저병(炭疽病). 비탈저(脾脫疽).

## 蟥 **huáng** 말거머리 황

☞【蚂蟥】**mǎhuáng**

## 簧 **huáng** 악기 혀 황

몡 1 리드(reed). 서. 황엽(簧葉). 악기의 혀. ¶巧舌如~=말재주가 아주 뛰어나다. 2 용수철. 스프링. ¶锁~=자물쇠의 용수철. / 弹~=용수철.

○● 绷**bēng**簧, 双簧, 滩**tān**簧, 投簧

【簧片】**huángpiàn** 몡(音) (피리) 서. 황(簧). 황엽(簧葉). 악기의 혀. 리드(reed). [주로 얇은 금속 판으로 만듦]

## 鳇[鰉] **huáng** 철갑상어 황

명(動) 철갑상어. 황어(鲤魚).

## 恍¹[(怳)] huǎng 어렴풋할 황
[형] 모호하다. 희미하다. 어렴풋하다. 흐릿하다. ¶我~惚回到了童年时代。=나는 마치 유년 시절로 되돌아간 듯했다.

## 恍² huǎng 마치 황
[부]〔통〕마치 …인 것 같다〔…인 듯하다〕. 마치 …인 것처럼 생각되다〔보이다〕. ['如(rú)'·'若(ruò)' 등과 이어서 쓰임]. ¶~若梦境=마치 꿈속인 듯하다. [형] 갑자기〔문득〕깨닫는 모양. ¶顿时~悟=갑자기 깨닫다.

【恍忽】huǎnghū ☞【恍惚】huǎnghū

【恍惚】[恍忽] huǎnghū [형] 1 (정신이) 얼떨하다. 흐리멍덩하다. 흐리터분하다. ¶精神~=정신이 흐리멍덩하다. 2 희미하다. 어련하다. 어렴풋하다. 아스라하다. ¶我~记得他说过这样的话。=나는 어렴풋하게 그가 이런 말을 했던 기억이 난다.

【恍恍惚惚】 huǎng·huang hūhū [형] 1 (정신이) 얼떨하다. 흐리멍덩하다. 흐리터분하다. 2 희미하다. 어련하다. 어렴풋하다. 아스라하다.

【恍然】huǎngrán [형] 갑자기〔문득〕깨닫는 모양. ¶~醒悟=문득 깨닫다.

【恍然大悟】 huǎngrán-dàwù 〈성〉문득 모든 것을 깨치다. 갑자기 모두 알게 되다. 마음이 탁 트이다. ≒茅塞顿开

【恍如】huǎngrú 〔통〕마치 …인 것 같다〔…인 듯하다〕. ¶~仙境=마치 신선이 사는 곳 같다.

【恍如隔世】 huǎngrúgéshì 1 마치 한 세대를 거른 것 같다. 2 마치 딴 세상 같다. 〔경치가〕크게 변화하다.

【恍若】huǎngruò 〔통〕마치 …인 것 같다〔…인 듯하다〕.

【恍悟】huǎngwù 〔통〕문득〔갑자기〕깨닫다. ¶他想了半天才~过来。=그는 한참 동안 생각해서야 깨달았다.

## 晃¹ huǎng 밝을 황
[형]〔통〕밝게 빛나다. 밝다. 환하다. 〔통〕(빛이) 눈부시게 하다〔빛나다〕. 바로 보지 못하게 하다. ¶太阳~得人睁不开眼。=태양이 눈부시게 빛나 눈을 뜰 수가 없다.

○ 晃 huǎng
幌 huǎng

## 晃²[㨴] huǎng 번쩍 스칠 황
〔통〕번개같이 스쳐 지나가다. 번쩍 하고 지나다. ¶三年的时间一~就过去了。=3년이란 시간이 순식간에 지나갔다.
☞ huàng

【晃眼】huǎngyǎn [형] 눈부시다. ¶车灯光太~了。=자동차 헤드라이트가 매우 눈부시다. 눈을 깜박하다. 〔짧은 시간을 나타냄〕¶刚才还跟他说话呢, 怎么一~人就跑不见了？=조금 전까지도 와 얘기했는데, 어쩐 눈 깜박할 사이에 사라졌?

## 谎[謊] huǎng 거짓말 황
[명] 거짓말. 거짓. 허언(虚言). ¶撒~=거짓말을 하다. / 弥天大~=엄청난〔뻔뻔스러운〕거짓말. [형] 거짓의. 가짜의. 위조의. ¶~报军情=군사 상황을 허위 보고하다. / ~称生病=꾀병을 부리다.

○─● 扯chě谎, 圆谎

【谎报】huǎngbào 〔통〕허위〔거짓〕보고하다. 속이다. ¶~产量=생산량을 허위 보고하다.

【谎称】huǎngchēng 〔통〕거짓으로 …라고 칭하다〔사칭하다〕. 핑계를 대다. ¶他~身体不适, 没有出席酒会。=그는 몸이 불편하다는 핑계를 대고 술자리에 나가지 않았다.

【谎花】huǎnghuā (~儿) [명] 수꽃. 웅화(雄花).

【谎话】huǎnghuà [명] 거짓말. 허튼소리. 허언(虚言). ¶说~=거짓말을 하다. ≒谎言 鬼话 ↔ 实话

【谎价】huǎngjià (~儿) [명] 에누리. 월가(越價).

【谎骗】huǎngpiàn 〔통〕거짓말로 속이다. 사취(詐取)하다. ¶~钱财=거짓말로 속여 재물을 가로채다.

【谎信】huǎngxìn (~儿) [명]〔통〕믿을 수 없는 소식. 확실치 않은 소식.

【谎言】huǎngyán [명] 거짓말. ¶捏造~=거짓말을 꾸미다. ≒谎话 ↔ 实话

## 幌 huǎng 휘장 황
[명] 1〔통〕막. 장막. 휘장. 커튼. ¶窗~=커튼. 2 현수막. (경영〔영업〕을 알리는) 깃발. ¶酒~=‘酒’자가 쓰여진 깃발.

【幌子】huǎng·zi [명] 1 현수막. 경영〔영업〕항목을 나타내는 글귀가 쓰여진 깃발. 2〈비〉구실. 핑계. 위장. 미명. 명목. ¶打着招工的~骗取他人钱财。=직원을 모집한다는 명목으로 남의 재물을 편취하다.

## 晃¹[㨴] huàng 흔들릴 황
〔통〕흔들다. 흔들리다. 젓다. 요동하다. ¶摇头~脑=머리를 흔들다. 잰체하다. / 他喝多了, 走起路来直~悠。=그는 (술을) 많이 마셔서 줄곧 비틀거린다. ≒摇

## 晃² Huàng 땅 이름 황
[명]〈지〉황(晃)현. [후난(湖南)성에 있는 현 이름]
☞ huǎng

○─● 打晃儿, 摇yáo晃, 一晃

【晃板】huàngbǎn [명] 둥근 통 위에 판자를 올려놓고 중심잡기. 〔서커스 묘기의 하나로, 둥근 통 위에 나무 판자를 올려놓고 올라서서, 두 발로 균형을 잡으면서 각종 동작을 취함〕

【晃荡】huàng·dang [통] 흔들리다. 흔들거리다. 휘청거리다. ¶盆里的水太满了, 一~就撒了出来。=대야에 물이 너무 가득해서, 흔들리기만 하면 넘쳐흐른다. 2 빈둥거리며 돌아다니다. 어

슬렁거리다. 배회하다. 싸돌아다니다. ¶他整天在外面~, 也不干点正经事儿. =그는 하루 종일 밖에서 빈둥거리며 본업은 아예 하지 않는다. ≒晃动 晃摇 晃悠
【晃动】huàngdòng 동 흔들다. 흔들리다. 흔들거리다. 휘청거리다. ¶树枝在风中不停地~. =나뭇가지가 바람에 끊임없이 흔들린다. ≒晃荡 晃悠 摇晃
【晃晃荡荡】huàng·huang dàngdàng(~的) 형 (끊임없이·계속해서) 흔들다. 흔들거리다. 휘청거리다. ¶他一看他~的样子, 就知道他又喝多了. =그가 휘청거리는 모양만 봐도 또 (술을) 많이 마신 것을 알 수 있다.
【晃晃悠悠】huàng·huang yōuyōu 형&#47;동 1 (천천히 반복해서) 흔들흔들하다. 흔들거리다. 휘청거리다. ¶柳枝被风吹得~的. =버드나무 가지가 바람에 흔들흔들하다. 2 비틀거리다〔휘청거리는〕모양. ¶他大病初愈, 走路还~的. =그는 큰 병이 막 나은 터라, 걸음이 아직은 비틀거린다.
【晃摇】huàng·yao 동&#47;형 흔들리다. 흔들거리다. 휘청거리다.
【晃悠】huàng·you 동&#47;형 1 (천천히 반복해서) 흔들다. 흔들리다. 흔들거리다. ¶门口挂的灯笼随着风轻轻~. =대문 앞에 걸어 둔 등롱이 바람 따라 가볍게 흔들거린다. 2 빈둥거리며 돌아다니다. 어슬렁거리다. 배회하다. 싸돌아다니다. ¶他在街上~了一天. =그는 하루 종일 거리를 싸돌아다녔다. 형 비틀거리다. 휘청거리다. ¶她身体太虚弱了, 走起路来有些~. =그녀는 몸이 너무 허약해서, 길을 걸을 때 조금씩 휘청거린다. ≒晃荡 晃动 晃摇

滉 huàng 물 깊고 넓을 황
형&#47;문 물이 깊고 넓다.

幌 huàng 장막 황
명&#47;문 막. 장막. 커튼. 휘장. 병풍.

皝 huàng 사람 이름 황
인명에 쓰이는 글자. ¶慕容~=모용황. [동진(東晉) 원년 선비족(鮮卑族)의 우두머리로 전연(前燕)을 세웠음]

# hui

** 灰 huī 재 회
명 1 재. ¶烟~=담뱃재. / 香~=향의 재. 2 가루. 먼지. ¶青~=흑연 가루. / 吹~之力=먼지를 부는 힘. 매우 적은 힘. 3 석회(石灰). ¶抹~=석회를 바르다. 형 1 회색의. 잿빛의. ¶银~=은회색. / ~布衣服=회색 옷. 2 링 낙담하다. 낙심하다. 의기소침하다. 풀이[기가] 죽다. (기분이) 가라앉다. 사기가 떨어지다. ¶心~意懒=실망하여 의기소침하다.

○→白灰, 草灰, 骨灰, 藕ǒu灰, 炮pào灰, 石灰, 死灰, 油灰

【灰暗】huī'àn 형 (빛·색이) 어둑어둑하다. 어슴푸레하다. ¶天色~=날이 어둑어둑하다. ↔鲜艳
【灰白】huībái 형 회백색의. 희끗희끗하다. ¶头发~=머리카락이 희끗희끗하다.
【灰不喇叽】huī·bulājī(~的) 형 희끄무레하다. [혐오의 의미를 내포함] ¶这条裤子~的, 你穿不好看. =이 바지는 희끄무레해서, 너한테는 잘 안 어울린다.
【灰不溜】huī·buliū(~的) ☞【灰不溜丢】huī·buliūdiū
【灰不溜丢】huī·buliūdiū(~的) 형 희끄무레하다. [혐오의 의미를 내포함] =【灰不溜】huī·buliū【灰不溜秋】huī·buliūqiū ¶这件衣服~的, 太老气了. =이 옷은 희끄무레한 게, 무척 노티가 난다.
【灰不溜秋】huī·buliūqiū(~的) ☞【灰不溜丢】huī·buliūdiū
【灰菜】huīcài 명 (植) 명아주. =【灰灰菜】huīhuīcài
【灰尘】huīchén 명 먼지. ¶把家具上的~擦干净. =가구에 묻은 먼지를 깨끗이 닦다. ≒尘埃
【灰沉沉】huīchénchén(~的) 형 (날이) 우중충하다. 잔뜩 흐리다. 음침하다. ¶~的天空=우중충한 하늘.
【灰顶】huīdǐng 명 (기와를 잇지 않고) 시멘트나 석회를 바른 지붕.
【灰斗(子)】huīdǒu(·zi) 명 미장용 몰탈 바가지. [미장용 몰탈을 담는 통]
【灰度】huīdù 명 그레이스케일(grayscale). 흑백톤. 흑백 스케일. [흑백 사진이나 흑백 이미지의 선명도] ¶~等级=그레이스케일(grayscale) 단계[등급]
【灰飞烟灭】huīfēi-yānmiè 성&#47;비 1 사물이 완전히 사라지다[없어지다]. 2 사람이 죽다.
【灰分】huīfēn 명 회분.
【灰粪】huīfèn 명 1 인분과 재를 섞어 만든 거름. 2 추수 후 들에 불을 놓아 짚을 태운 재.
【灰膏】huīgāo 명 소석회(消石灰) 침전물.
【灰化土】huīhuàtǔ 명 (地) 회백토. 포드졸(podzol). =【灰壤】huīrǎng
【灰灰菜】huīhuīcài ☞【灰菜】huīcài
【灰灰蒙蒙】huī·hui mēngmēng(~的) 형 어스름하다. 어스레하다. 어둑어둑하다. ¶~的天空飘着零零星星的雪花. =어둑어둑한 하늘에 드문드문 눈송이가 날리고 있다.
【灰浆】huījiāng 명 1 회반죽. 2 ☞【砂浆】shājiāng
【灰烬】huījìn 명 회신. 재. 잿더미. ¶一场大火把整栋房子化为~. =한 차례 큰 화재가 집 한 채를 잿더미로 만들었다.
【灰蓝】huīlán 명 회남색의. ¶老人穿着一身~的土布衣服. =노인은 온 몸에 회남색 무명옷을 입고 있다.
【灰冷】huīlěng 형 기가[풀이] 죽다. 우울하다.

울적하다. 기분이 가라앉다. ¶心意~ = 마음이 울적하다.

【灰领工人】huīlǐng gōngrén 圐 그레이칼라 노동자.

【灰溜溜】huīliūliū(~的) 阍 1 어둠침침하다. 희끄무레하다. 거무스레하다. ¶这条围巾~的, 一点也不好看。= 이 스카프는 희끄무레한 것이 조금도 예쁘지 않다. 2 풀이[기가] 죽다. 의기소침하다. 기가 꺾이다. 주눅이 들다. ¶他挨了批评, 一整天都~的。= 그는 야단을 맞더니 하루 종일 풀이 죽어 있다.

【灰蒙蒙】huīméngméng(~的) 阍 어스레하다. 어스름하다. 어둑어둑하다. ¶~的夜色 = 어둑어둑한 밤.

【灰锰氧】huīměngyǎng ☞【高锰酸甲】gāoměngsuānjiǎ

【灰泥】huīní 圐 회반죽. 플라스터(plaster).

【灰壤】huīrǎng ☞【灰化土】huīhuàtǔ

【灰色】huīsè 圐 회색. 잿빛. ¶~的院墙 = 회색 담장. 阍圐 1 퇴폐적인. 음울한. 침울한. 우울한. 절망적인. 비관적인. 염세적인. ¶~的心情 = 침울한 기분. 2 비정규적인. ¶他工资不高, 但~收入不低。= 그의 기본급은 많지 않지만, 부수입이 적지 않다. 3 (태도나 주장 따위가) 애매하다. 불분명하다. 불명료하다. 확실하지 않다. ¶在改革的问题上, 他的态度是~的。= 개혁 문제에 있어서 그는 불분명한 태도를 취하였다.

【灰色市场】huīsè shìchǎng 圐(經) 회색 시장. 그레이마켓(gray market). ⊙【灰市】huīshì

【灰色收入】huīsè shōurù 圐 부수입. [정식 급여 이외에 합법적으로 수입으로 상금·복지 수당·수고비·겸직 수당 등을 가리킴] 2 봉급 이외의 합법적이지만 공개되지 않는 수입. [「白色收入」(합법적인 수입)·「黑色收入」(불법적인 수입)와 구별됨]

【灰市】huīshì ☞【灰色市场】huīsè shìchǎng

【灰鼠】huīshǔ 圐(動) 친칠라(chinchilla).

【灰头土脸】huītóu tǔliǎn 阍 1 (~儿的) 얼굴이 온통 먼지투성이인 모양. ¶他从工地上回来, 整个人~儿的。= 그가 막 공사장에서 돌아왔는데, 온통 먼지투성이다. 2 (~儿) 의기소침하거나 낙담한 모양. ¶看他~儿的样子就知道事情办得很不顺利。= 그의 낙담하는 모습을 보니, 일처리가 아주 순조롭지 못함을 알 수 있다.

【灰土】huītǔ 圐 1 석회토. [소석회 30%와 점토 70%를 섞은 것] =【三七土】sānqītǔ 2 먼지. 티끌.

【灰心】huī‖xīn 圐 낙담하다. 낙심하다. 의기소침하다. ¶虽然遇到了很多挫折, 他仍然没有~。= 많은 실패를 겪었지만 그는 여전히 낙심하지 않는다.

【灰心丧气】huīxīn sàngqì 阍 (실패나 좌절로) 낙담하다. 낙심하다. 의기소침하다. 풀이[기가] 죽다. ≒垂头丧气 ↔得意洋洋 沾沾自喜

【灰指甲】huīzhǐ·jia 圐(醫) 손발톱 무좀. 조갑백선. 조갑진균증. =【甲癬】jiǎxuǎn

【灰质】huīzhì 圐(生) (뇌수·척수의) 회백질.

【㧟[撝]】huī 지시할 휘
圐圐 지휘하다. 지시하다.

【䜣[詼]】huī 농담할 회
圐圐 농담하다. 웃기다. 익살떨다. 놀리다. ¶~笑 = 웃기다. 阍圐 (말투가) 유머러스(humorous)하다. 해학적이다. 재미있다. ¶谈吐~谐 = 말투가 유머러스하다.

【䜣谐】huīxié 阍 유머러스하다. 해학적이다. 익살맞다. 우스꽝스럽다. 재미있다. ¶语言~ = 말이 익살스럽다.

【䜣谑】huīxuè 圐 우스갯소리하다. 해학적인 말로 농담하다.

**【挥[揮]】huī 휘두를 휘
圐 1 휘두르다. 흔들다. 내두르다. ¶~刀 = 칼을 휘두르다. /一~而就 = (글·씨를) 단번에 써내다. 2 (눈물·물 따위를) 훔쳐 뿌리다. 닦아 내다. ¶~泪而别 = 눈물을 훔치며 헤어지다. 3 발산하다. 흩뿌리다. 흩어지다. ¶汽油~发了。= 휘발유가 날아갔다. 4 (군대를) 지휘하다. 호령하다. 지시하다. ¶~师南下 = 군대를 지휘하여 남하하다.

【挥鞭】huībiān 圐 1 채찍질하다. 2 (군대가) 힘차게 앞으로 나아가다. 씩씩하게 전진하다. ¶~驰骋 = (군대가) 힘차게 앞으로 질주하다.

【挥斥】huīchì 圐圐 질책하다. 탓하다. 꾸짖다. ¶愤然~ = 발끈 화를 내며 꾸짖다. 阍圐 (의기가) 구속받지 않다. 자유롭다. 분방하다. ¶书生意气, ~方遒。= 학자의 의지와 기개가 자유분방하다.

【挥动】huīdòng 圐 흔들다. 휘두르다. 내두르다. ¶~旗帜 = 깃발을 휘두르다. ≒挥舞

【挥发】huīfā 圐(化) 휘발하다. ¶~作用 = 휘발 작용.

【挥发油】huīfāyóu 圐 1 휘발성 유류(油類). 2 휘발유. 가솔린.

【挥戈】huīgē 圐圐 1 무기를 휘두르다. 2 (군대가) 용감하게 앞으로 나아가다. 용감하게 전진하다. ¶~北上 = (군대가) 용감하게 북상하다.

【挥汗】huīhàn 圐 땀을 훔치다[닦아 내다].

【挥汗成雨】huīhàn-chéngyǔ 圐 1 땀이 마치 비 오듯 하다. 2 사람이 대단히 많다. 3 땀을 많이 흘리다. ¶~ =【挥汗如雨】huīhàn-rúyǔ

【挥汗如雨】huīhàn-rúyǔ ☞【挥汗成雨】huīhàn-chéngyǔ

【挥毫】huīháo 圐圐 휘호하다. ¶~泼墨 = 붓으로 글씨를 쓰다. 그림을 그리다.

【挥霍】huīhuò 圐 돈을 헤프게 쓰다. 돈을 물 쓰듯 하다. 돈을 무절제하게 함부로 쓰다. ¶大肆~ = 무절제하게 함부로 쓰다. 阍圐 경쾌하다. 날렵하다. 거리낌 없다. 스스럼없다. 시원스럽다. 대범하다. ¶运笔~ = 운필이 시원스럽다.

【挥霍无度】huīhuò-wúdù 圐 재산을 무절제하게 제멋대로 쓰다. 돈을 물 쓰듯 하다.

【挥金如土】huījīn-rútǔ 〈성〉 **1** 금덩이를 마치 흙덩이 던지듯 하다. 돈을 물 쓰듯 하다. **2** 극도로 사치하고 낭비하다.
【挥泪】huīlèi 〈동〉 눈물을 훔치다. ¶~分手=눈물을 훔치며 이별하다.
【挥拳】huīquán 〈동〉 (사람에게) 주먹을 휘두르다. 주먹으로 때리다.
【挥洒】huīsǎ 〈동〉 **1** (눈물이나 피 따위가) 흩어져 떨어지다. 흩뿌리다. ¶~一腔热血=뜨거운 피를 흩뿌리다. **2** (비) (글을 쓰거나 그림을 그릴 때) 거리낌없이 붓을 놀리다. 마음 내키는 대로 글을 쓰다[그림을 그리다]. ¶~随意=마음 내키는 대로 글을 쓰다. 〈형〉〈문〉 거리낌없다. ¶风神~=풍채가 자유스럽고 얽매이지 않다.
【挥洒自如】huīsǎ-zìrú 〈성〉 **1** 자유자재로〔마음먹은 대로·내키는 대로〕 휘두르다. **2** 자유자재로〔능수능란하게〕 글을 쓰다〔그림을 그리다〕.
【挥师】huīshī 〈동〉 군대를 거느리다〔이끌다·인솔하다·통솔하다〕. ¶~东进=군대를 이끌고 동쪽으로 진격하다.
【挥手】huī‖shǒu 〈동〉 **1** 손을 흔들다〔내젓다〕. ¶~致意=손을 흔들어 인사하다. **2** 지휘하다. 호령하다. 지시하다. ¶~前进=전진하도록 지휘하다.
【挥舞】huīwǔ 〈동〉 팔을 들어 (손에 든 물건까지 같이) 휘두르다〔흔들다·내두르다〕. ¶他~着帽子向山下的朋友呼喊。=그는 모자를 흔들며 산 아래 친구를 향해 소리쳤다. ≒挥动.

**尰** huī 지쳐 앓을 회
아래를 참조.
☞ huī
【尰隤】[尰隤] huītuí 〈형〉〈문〉 (주로 말이) 지치고 병들다. 피로하여 병이 나다.
【尰隤】huītuí ☞【尰隤】huītuí

**咴** huī 말 우는 소리 회
【咴儿咴儿】huīrhuīr 〈의〉 히힝. [말이 우는 소리] ¶马~地叫个不停。=말이 쉴새없이 히힝거리며 운다.

**恢** huī 넓을 회
〈형〉 넓다. 드넓다. 너르다. 널따랗다. 널찍하다. 광대하다. ¶气势~弘=기세가 드넓다.
【恢复】huīfù 〈동〉 **1** 회복하다. 회복되다. ¶经过治疗, 他的身体逐渐~。=치료를 통해 그의 건강이 점차 회복되어 간다. **2** 회복시키다. ¶~邦交=국교를 회복시키다. ≒光复
【恢弘】[恢宏] huīhóng 〈형〉〈문〉 넓다. 드넓다. 너르다. 널따랗다. 광대하다. ¶气度~=기개가 드넓다. 〈동〉〈문〉 (원래 기초 위에) 더욱 더 발전시키다. 가일층 진전시키다. 확대 발전시키다. ¶~正气=정기를 더욱 발전시키다.
【恢宏】huīhóng ☞【恢弘】huīhóng
【恢恢】huīhuī 〈형〉 매우 넓다. 매우 광대하다. ¶天网~, 疏而不漏。=하늘의 그물은 매우 넓고 성글지만 빠뜨리지 않는다. 죄인은 반드시 벌을 받게 되어 있다.
【恢廓】huīkuò 〈형〉〈문〉 매우 넓다. 광대하다. ¶~的胸襟=크나큰 도량. 〈동〉〈문〉 넓히다. 펼치다. 확장하다. ¶~祖业=선조의 유업을 펼치다.

**袆**[褘] huī 황후 제복 휘
〈명〉 옛날, 왕후가 입던 오색 깃 꿩무늬의 제례복(祭禮服).

**珲**¹[琿] huī 옥 이름 휘
〈명〉〈문〉 아름다운 옥.

**珲**²[琿] huī 땅 이름 휘
☞【瑷珲】Àihuī
☞ hún

**豗** huī 떠들썩할 회
☞【喧豗】xuānhuī

**晖**[暉] huī 햇빛 휘
〈명〉 햇빛. 햇살. 일광. ¶朝~=아침 햇살. / 春~=봄볕.
○─○ 斜xié晖
【晖映】huīyìng ☞【辉映】huīyìng

**眭** huī 움평눈 휴
〈형〉〈문〉 (눈빛이) 깊다. ¶~然能视=(주목하여) 잘 볼 수 있다.
☞ suī

**辉**[輝, 煇·暉] huī 빛날 휘
〈명〉 광휘. 광채. ¶落日余~=석양의 잔조(殘照). / 蓬荜增~=가난하고 천한 사람의 집에 영광스러운 일이 생기다. 〈동〉 빛나다. 비추다. 반짝이다. ¶交相~映=서로 어울려 비치어 온통 환하다.
【辉长岩】huīchángyán 〈명〉〈礦〉 반려암(斑糲岩).
【辉光】huīguāng 〈명〉 **1** 찬란한 빛. 광휘(光輝). 광채. ¶太阳的~映照着大地。=태양의 찬란한 빛이 대지를 환하게 비추다. **2** 글로(glow). ¶~灯=글로 램프(glow lamp).
【辉煌】huīhuáng 〈형〉 **1** (빛이) 휘황찬란하다. 눈부시다. ¶灯火~=등불이 휘황찬란하다. **2** (성취·성과가) 눈부시다. 뚜렷하다. 두드러지다. 돋보이다. 뛰어나다. ¶成就~=성과가 눈부시도록 뛰어나다.
【辉石】huīshí 〈명〉〈礦〉 휘석.
【辉锑矿】huītīkuàng 〈명〉〈礦〉 휘안광(輝安鑛).
【辉铜矿】huītóngkuàng 〈명〉〈礦〉 휘동광.
【辉银矿】huīyínkuàng 〈명〉〈礦〉 휘은광.
【辉映】[暉映] huīyìng 〈동〉 (빛이나 광채가) 눈부시게 비치다〔빛나다〕. ¶绚烂的朝霞~着起伏的山峦。=찬란한 아침 노을이 높고 낮게 연이어진 산들을 눈부시게 비추고 있다.

**翚**[翬] huī 훨훨 날 휘

명 오색 깃의 꿩. 통 펄펄 날다. 훨훨 날다. 비상(飛翔)하다. ¶~飞=비상(飛翔)하다.

## 麾 huī 대장기 휘
명 옛날, 군대를 지휘할 때 쓰던 깃발. ¶旌~=지휘기(指揮旗). 통 (군대를) 지휘하다. 지시하다. 호령하다. ¶~军北上=군대를 지휘하여 북상하다.
【麾下】huīxià 명 1 휘하. 장수의 지휘 아래. [즉, 부하를 가리킴] 2 명 장군(님).

## *徽 [(徵)] huī 아름다울 휘
명 1 표지. 휘장. 기장(記章). 배지(badge). ¶校~=학교의 배지. / 国~=국장(國章). 2 (Huī) (地) 후이저우(徽州). [고대의 부(府) 이름. 지금의 안후이(安徽)성 서(歙)현 일대에 있었음] ¶~墨闻名全国。=후이저우(徽州)의 먹은 전국에서 유명하다. 형 통 아름답다. 훌륭하다. ¶~音=아름다운 음.

○● 军徽, 帽徽

【徽班】huībān 명 휘극(徽劇)을 공연하는 극단.
【徽标】huībiāo 명 표지. 마크(mark). 로고(logo).
【徽调】huīdiào 명 (劇) 1 취야(吹腔)·고발자(高撥子)·서피(西皮)·이황(二黄)을 포함한 휘극(徽劇)의 곡조. [청(清)대에 베이징(北京)으로 전해 들어와서 경극(京劇) 곡조의 형성에 커다란 영향을 끼침] 2 휘극(徽劇)의 옛 명칭.
【徽号】huīhào 명 아름다운 칭호. 미칭(美稱). ¶他在同学中有'才子'的~。=그는 급우들 사이에서 '재자(才子)'로 불린다.
【徽记】huījì 명 표지. 마크. 로고. ¶员工的制服上印有公司的~。=직원의 유니폼에 회사 마크가 찍혀있다.
【徽剧】huījù 명 (劇) 휘극. [안후이(安徽)성 지방의 중국 전통극의 하나. 명말(明末)·청초(清初)에, 후이저우(徽州) 곡조와 청양(青陽) 곡조·난탄(亂彈)·취강(吹腔) 등이 어우러져 만들어졌으며, 안후이(安徽)성·장쑤(江蘇)성·저장(浙江)성·장시(江西)성 등지에서 유행함]
【徽墨】huīmò 명 안후이(安徽)성의 옛 후이저우(徽州)(지금의 서(歙)현)에서 생산되는 먹.
【徽章】huīzhāng 명 휘장. 배지.

## 隳 huī 깨뜨릴 휴
통 문 파괴하다. 깨뜨리다. 부수다. ¶~人城池=도시를 파괴하다. 나를 피해 다닌다.

## *回² huí 되돌아올 회
동 1 방향을 180도 전환하다. 반대 방향으로 돌리다. 전향하다. 유턴(U-turn)하다. ¶~过去=몸을 뒤로 돌리다. / ~头观望=고개를 돌려 둘러보다. 2 (원래의 곳으로) 되돌리다. 되돌아가다. 되돌아오다. ¶退~=반환하다. / 起死~生=기사회생하다. 3 대답하다. 보답하다. 회답하다. ¶望速~信=속히 회신을 주기를 바라다. / ~赠礼品=답례 선물을 보내다. 4 (초청·방문 등을) 사절하다. 거절하다. (예약된 연회 따위를) 취소하다〔물리다〕. ¶我不见他, 你去把他给~了。=나는 그를 만나고 싶지 않으니, 네가 가서 그를 돌려보내라. 5 보고하다. 아뢰다. 말씀드려 알리다. ¶~~大人, 一切都安排妥了。=어르신께 아룁니다, 모두 다 잘 처리했습니다. 6 다시〔재차〕 처리하다. ¶把剩菜~一下锅再吃。=남은 음식을 다시 한번 데워서 먹다. 양 1 회. 번. 차례. [동작·행위에 쓰이며, '次(cì)'에 상당함] ¶来过两~=두 번 온 적이 있다. / 说了几~=몇 차례나 말했다. 2 가지. 종류. [일·사건에 쓰이며, '件(jiàn)' 또는 '种(zhǒng)'에 상당함] ¶它们是两~事。=그것들은 서로 다른 일이다. 3 회. 단락. ['评书(píngshū)'·'平话(pínghuà)'·'弹词(táncí)' 등의 한 단락. 장회 소설(章回小說)의 한 회] ¶且听下~分解。=잠시 쉬었다가 다음 회(回)를 기대해 주세요. / 《水浒传》第八~=《水滸傳(수호전)》제8회. 명 (Huí) 1 회족(回族). ¶~民餐馆=회족(回族) 식당. 2 성(姓). ↔来

○● 驳bó回, 撤chè回, 低回, 返回, 来回, 轮回, 退回, 萦yíng回, 折zhé回

【回拜】huíbài 동 답방(答訪)하다. 답례(答禮)로 방문하다. ¶登门~=집으로 찾아가 답방하다. ≒回访
【回报】huíbào 동 1 (임무나 사명 완수·진행 상황을) 보고하다. ¶及时~进展情况。=일의 진척 상태를 제때에 보고하다. 2 (행동으로) 보답하다. ¶无以~=보답할 방법이 없다. 3 보복하다. 복수하다. 반격하다. ¶作恶者, 必遭~。=나쁜 짓을 한 사람은 반드시 보복을 당한다.
【回避】huíbì 동 1 회피하다. 피하다. 비켜가다. ¶~敏感问题=민감한 문제를 회피하다. 2 회피하다. ¶~制度=회피 제도.
【回禀】huíbǐng 동 (상급자나 웃어른에게 상황을) 보고하다. 아뢰다.
【回波】huíbō 명 굽이치는 물결. 전자파의 반사. 에코(echo).
【回驳】huíbó 동 반박하다. ¶据理~=이치에 근거하여 반박하다.
【回采】huícǎi 동 (礦) (갱도를 보수한 후) 채광하다. 채굴하다.
【回茬】huíchá 명 (農) 뒷그루. 후작(後作). ¶~麦=뒷그루 보리.
【回肠】huícháng 명 (生) 회장. 돌창자. 동 문

*回¹ [(迴·廻·逥)] huí 돌 회
동 1 (구불구불) 돌다. 선회하다. 회전하다. 굽이지다. 구불구불하다. ¶迂~=우회하다. / 峰~路转=굽이진 산등성이를 따라서 길이 구불구불하게 나 있다. 2 회피하다. 옆으로 비키다. ¶他一直像躲鬼似地~避我。=그는 계속 귀신처럼 나를 피해 다닌다.

○ 回 huí
   蚵 huí
   茴 huí
   洄 huí
   徊 huái

【回肠荡气】 **huícháng-dàngqì** ㊉ (문장·악곡 따위가) 깊은 감명을 주다. 심금을 울리다. 매우 감동적이다. =【荡气回肠】**dàngqì-huícháng** ≒感人肺腑

【回潮】 **huí∥cháo** 동 1 (말랐던 것이) 다시 습해지다. ¶这几天湿气大, 粮仓里的小麦~了。= 요 며칠 습도가 높아서 곡식 창고 안의 밀이 다시 습해졌다. 2 (비) (옛날 사물이나 습관이) 다시 나타나다. 되살아나다. ¶迷信活动近年来在某些地方有所~。= 미신 활동이 최근 몇 년 사이 일부 지방에서 되살아나고 있다.

【回车】 **huíchē** 동 1 (반대 방향으로) 차를 돌리다. 2 (컴) 리턴 키〔엔터 키〕를 치다〔누르다〕.

【回车键】 **huíchējiàn** 명 (컴) 리턴 키(Return key). 엔터 키(Enter key).

【回撤】 **huíchè** 동 철수하다. 철퇴하다. 퇴각하다. ¶迅速~ = 신속하게 철수하다.

【回嗔作喜】 **huíchēn-zuòxǐ** ㊉ 화를 내다가 기뻐하다.

【回程】 **huíchéng** 명 되돌아가는 길. 돌아오는 길. 귀로(歸路). ¶~车 = 되돌아가는 차.

【回春】 **huíchūn** 동 1 (겨울이 가고) 봄이 돌아오다. ¶大地~ = 대지에 봄이 돌아오다. 2 (비) (뛰어난 의술이나 영험으로) 중한 병에서 회복되어 건강을 되찾다. 회춘시키다. ¶妙手~ = 훌륭한 의술로 건강을 되찾다.

【回窜】 **huícuàn** 동 (원래 있던 곳으로) 되돌아 도망치다. ¶逃犯~到原籍。= 도주범이 원적지로 되돌아 도망가다.

【回答】 **huídá** 동 대답하다. 회답하다. 응답하다. ¶这个问题他~不上来。= 이 문제는 그가 대답하지 못한다. 명 회답. 대답. 응답. ¶老师对他的~非常满意。= 선생님이 그의 대답에 대단히 만족해하다. ≒答复 ↔提问 讯问

回答(huídá) / 答复(dáfù)
대답하다, 회답하다

回答 : 일반적인 문제에 대한 대답을 가리키며, 주로 구어체에서 사용됨. ¶学前儿童就可以回答这个问题。= 취학 전 아동이라도 이 문제에 대답할 수 있다.

答复 : 구어체와 문어체에 모두 쓰이는데, 문어체에서는 엄숙하고 진지한 어감을 줌. ¶他希望能得到一个明确的答复。= 그는 명확한 대답을 얻기를 희망한다. / 在今天的会晤中, 中方答复了英方提出的20多个有关问题。= 오늘 회담에서 중국 측은 영국 측이 제시한 20여 개의 관련 문제에 회답했다.

【回单】 **huídān** (~儿) 명 (우편물이나 물품을 받았다는 표시의) 영수증. 수령증. 인수증.

【回荡】 **huídàng** 동 (소리 따위가) 울리다. 메아리치다. 반향하다. ¶船工的号子在峡谷里~。= 사공의 메김소리가 협곡에 메아리치다.

【回到】 **huídào** 동 1 (원래의 곳으로) 되돌아가다〔되돌아오다〕. ¶飞机晚点, ~家已是深夜了。= 비행기가 연착되어 집에 도착하니 이미 한밤중이었다. 2 (상황이 변한 후 다시) 원래 상태로 되돌아가다. ¶午后, 气温又~28度。= 오후에 기온이 또 28도로 되돌아가다.

【回电】 **huí∥diàn** 동 회전하다. 답전(答電)하다. 반전(返電)하다. ¶给他~, 告诉他货物已如期发出。= 그에게 답전하여, 화물을 이미 예정대로 부쳤다고 알려라.

【回电】 **huídiàn** 명 회전. 답전(答電). 반전(返電). ¶他在~上说一切顺利。= 그는 답전에 모든 것이 순조롭다고 말했다. ↔来电

【回跌】 **huídiē** 동 (올랐다가) 다시〔도로〕 하락하다. 떨어지다. 반락(反落)하다. ¶汇率~ = 환율이 반락(反落)하다. ≒回落 ↔回升 回涨

【回返】 **huífǎn** 동 (원래의 곳으로) 되돌아가다〔되돌아오다〕. ¶~故乡 = 고향으로 되돌아가다.

【回访】 **huífǎng** 동 1 답방하여 방문하다. 2 방문하여 상품에 대한 의견을 청취하다. [기업이 물품 구매자를 방문하여 상품에 대한 의견을 청취하는 것을 뜻함] ¶对用户进行定期~。= 물품 구매자에 대해 정기적으로 방문하여 의견을 청취하다. ≒回拜 ↔来访

【回放】 **huífàng** 동 재방송하다. 재방영하다. ¶精彩片段~ = 멋진 장면을 재방영하다.

【回府】 **huífǔ** 동 (고관·귀족 등이 외출 후) 댁으로 돌아가다. ¶打道~ = 벽제(辟除)하여 댁으로 돌아가다.

【回复】 **huífù** 동 1 회신하다. 답신하다. 답장하다. ¶来信未能一一~, 敬请原谅。= 보내 주신 편지에 대해 일일이 답장하지 못함을 양해해 주시기 바랍니다. 2 (사물이 원래 모습을) 회복하다. ¶过完节日, 人们的生活又~了常态。= 명절이 끝나자 사람들의 생활이 다시 평소의 상태로 돌아갔다. ≒答复

【回顾】 **huígù** 동 1 뒤돌아보다. 고개를 돌려서 보다. ¶频频~ = 번번이 뒤돌아보다. 2 회고하다. 회상하다. 돌이켜보다. 되돌아보다. ¶~历史 = 역사를 회고하다. ≒回忆 ↔展望

【回顾展】 **huígùzhǎn** 명 회고전. ¶中外经典影片~ = 중국과 외국의 명화 회고전.

【回光返照】 **huíguāng-fǎnzhào** ㊉ 1 해가 질 때, 빛이 반사되어 하늘이 잠시 밝게 빛나는 현상. 2 (비) 사람이 죽기 전에 정신이 잠깐 맑아지는 현상. 3 (비) 사물이 소멸되기 전에 잠시 왕성해지는 현상.

【回光镜】 **huíguāngjìng** 명 반사경.

【回归】 **huíguī** 동 회귀하다. (원래의 곳으로) 되돌아가다. ¶~故里 = 고향으로 되돌아가다.

【回归带】 **huíguīdài** ☞【热带】**rèdài**

【回归年】 **huíguīnián** 명 (天) 회귀년. 분점년. 평균 태양년. 평년. =【太阳年】**tàiyáng nián**

【回归热】 **huíguīrè** 명 (醫) 회귀열. 재귀열.

【回归线】 **huíguīxiàn** 명 (地) 회귀선. 회귀권.

【回锅】 **huí∥guō** 동 (식은 음식을) 다시 데우다. ¶菜凉了, 拿去回锅。= 음식이 식었으니,

가져가 다시 좀 데워라.

【回锅肉】**huíguōròu** [명] 후이궈러우. [삶은 고기를 썰어서 각종 재료를 넣어 볶은 요리]

【回国】**huí‖guó** [동] 귀국하다.

【回航】**huíháng** [동] (배나 비행기 따위가) 귀항〔회항〕하다.

【回合】**huíhé** [명] **1** [옛] 회합. [서로 한번 교전하는 것을 1회합이라고 함] **2** 회. 번. 라운드. ¶几个～下来, 双方运动员的体力消耗都很大。＝몇 라운드가 지나자 양쪽 운동 선수의 체력이 모두 크게 소진되었다.

【回纥】**Huíhé** [명] 회흘. 위구르족. [중국 고대 민족으로, 주로 지금의 어얼훈허(鄂尔浑河) 유역에 분포되어 있음] ＝【回鹘】**Huíhú**

【回鹘】**Huíhú** ☞【回纥】**Huíhé**

【回护】**huíhù** [동] 비호하다. 감싸 주다. 두둔하다. 편들다. ¶你总这样～着他, 那只会让他更加肆无忌惮。＝네가 항상 이렇게 그를 감싸 주면, 그는 더욱 방자하고 제멋대로 행동할 것이다.

【回话】**huí‖huà** [동] 대답하다. 회답하다. 응답하다. ¶去不去你回个话。＝갈지 말지, 너 회답해 줘.

【回话】**huíhuà**(～儿) [명] 대답. 회답. 응답. ¶大家都等着你的～呢。＝모두 너의 회답을 기다리고 있다.

【回还】**huíhuán** [동] (원래 자리로) 돌아오다. ¶一去不～。＝한 번 가서는 돌아오지 않다.

【回环】**huíhuán** [동] **1** 반복하여 순환하다. ¶世事～＝세상일이 반복하여 순환하다. **2** 빙빙 돌다. 에돌다. 휘감아 돌다. 감돌다. ¶溪水～＝시냇물이 빙빙 돌며 흐르다. [명]《言》회문. [수사(修辭)상에서 단어를 반복 사용하여 두 종류의 사물이 서로 제약하거나 의존 관계임을 나타내는 방법. 예를 들면, '人人为我, 我为人人(모든 사람들은 나를 위하고, 나는 모든 사람들을 위한다)'이 이에 해당함]

【回回】**huíhuí** [부] 매번. 그 때마다. ¶～都是你帮我, 真是感激不尽。＝매번 당신이 저를 도와주셔서 정말 감격스럽기 그지없습니다.

【回回】**Huí·hui** [명][옛] 회족(回族).

【回火】**huí‖huǒ** [동] **1**《金》템퍼링(tempering)하다. 뜨임하다. ＝【配火】**pèihuǒ** **2** 역화(逆火)하다. 백파이어(backfire)하다.

【回击】**huíjī** [동] 반격하다. 반공하다. ¶奋力～＝힘을 내어 반격하다. ≒反击 还击

【回家】**huíjiā** [동] 집으로 돌아가다. 귀가하다. 귀성하다. ¶他已经下班～了。＝그는 이미 퇴근해서 집으로 돌아갔다.

【回见】**huíjiàn** [동][구] 이따 봅시다. 나중에 다시 봅시다. [인사말로 쓰임]

【回教】**Huíjiào** [명]《宗》회교. 이슬람교.

【回教徒】**Huíjiàotú** [명] 회교도. 이슬람교도.

【回京】**huíjīng** [동] **1** [옛] 귀경하다. **2** 베이징(北京)으로 돌아오다〔돌아가다〕.

【回敬】**huíjìng** [동] **1** (다른 사람의 인사 또는 선물에) 답례하다. ¶客人们纷纷～, 他一下就喝了好几杯酒。＝손님들이 잇달아 답례하자, 그는 술을 연거푸 여러 잔을 마셨다. **2** 보복하다. 복수하다. 반격하다. 역습하다. ¶他出口伤人, 我忍无可忍才～了他两句。＝그가 마음의 상처를 주는 말을 하니, 나는 참을 수가 없어서 그에게 몇 마디 반격을 했다.

【回绝】**huíjué** [동] (상대방의 요구나 청(請)을) 거절하다. 사절하다. ¶一口～＝한 마디로 거절하다. ≒拒绝

【回空】**huíkōng** [동] (차·배 등이) 빈 채로 돌아오다〔돌아가다〕. ¶没拉上乘客, 这一趟只有～了。＝승객을 잡지 못해서 이번에는 빈 차로 돌아갈 수밖에 없다.

【回口】**huí‖kǒu** [동][방] 말대답을 하다. 말대꾸를 하다.

【回扣】**huíkòu** [명] **1** 수수료. 커미션. 리베이트(rebate). [방]【回佣】**huíyòng** **2** 사례금. 팁.

【回馈】**huíkuì** [명] **1** 보답. 답례. ¶以更好的服务～消费者。＝더욱 나은 서비스로 소비자들에게 보답하다. **2** 귀환(歸還). 재생. 반결합. 피드백(feedback). ¶信息～＝정보 귀환.

【回来】**huí‖·lái** [동] (화자가 있는 곳으로) 되돌아오다. ¶他出差还没有～。＝그는 출장 가서 아직 돌아오지 않았다.

【回来】‖**·huí**‖**·lái** [동] 동사 뒤에 쓰여, 동작이 사람이나 사물로 하여금 다른 곳에서 원래 있던 곳이나 화자가 있는 곳으로 되돌아감을 나타냄. ¶把车开～。＝차를 몰고 오세요.

【回廊】**huíláng** [명] 회랑.

【回老家】**huí lǎojiā** [동][맞] **1** 고향으로 돌아가다〔되돌아오다〕. **2** [비] 죽다. 사망하다. 돌아가다. [해학적인 의미를 내포함]

【回礼】**huí‖lǐ** [동] **1** (상대방의 인사에) 답례하다. ¶师长向战士们回了一个礼。＝사단장이 병사들에게 답례를 했다. **2** (상대방의 선물에) 답례 선물을 하다. ¶总收别人的礼物, 不～说不过去。＝늘 다른 사람의 선물을 받기만 하고 답례하지 않는다면 말이 안 되지.

【回礼】**huílǐ** [명] 답례(품). 답례 선물. ¶刚才老张送来一份～。＝방금 라오장이 답례 선물을 보내 왔다.

【回历】**Huílì** [명]《宗》회교력. 이슬람력.

【回流】**huíliú** [동] 역류하다. 되돌아흐르다. ¶河水～＝강물이 되돌아흐르다. [명] 역류하는 물. 되돌아흐르는 물. 썰물. ¶截断～＝역류하는 물을 차단하다.

【回笼】**huí‖lóng** [동] **1** (식은 음식을 찜통에 넣고) 다시 찌다. **2** (재활용품을) 회수하다. **3** 유통된 화폐가 발행한 은행으로 다시 되돌아오다. ¶货币～＝화폐가 발행한 은행으로 되돌아오다.

【回笼觉】**huílóngjiào** [명] 개잠. 한 번 깨었다가 다시 자는 잠. ¶今天早上睡了一个～, 很舒服。＝오늘 아침에 개잠을 잤더니 아주 개운하다.

【回炉】**huí‖lú** [동] **1** (금속을) 다시 녹이다. ¶废铁～＝고철을 다시 녹이다. **2** (음식을) 다시 굽다〔데우다〕. ¶把烧饼拿去回回炉。＝사오빙을 가져가서 다시 굽다.

【回禄】**Huílù** [명][문] **1** 회록. [전설 속의 불의 신

이름] **2** 화재. ¶惨遭~=화재 참사를 당하다.

【回路】 **huílù** 몡 **1** 돌아오는 길. 귀로(歸路). ¶~已被洪水截断。=귀로가 이미 홍수로 끊겼다. **2**(电) 회로. [주로 닫힌 회로(폐회로)를 가리킴]

【回落】 **huíluò** 동 (수위·물가 등이) 올라갔다가 다시 떨어지다[하락하다]. 반락(反落)하다. ¶水位~=수위가 도로 떨어지다. ↳回跌 ↔回升 回涨

【回马枪】 **huímǎqiāng** 몡 **1** 고개를 돌려 찌르기. [고대 창법의 하나로, 짐짓 도망가는 척하다가 갑자기 고개를 돌려 추격자를 찌르는 창법] **2** 갑자기 병력을 되돌려 적을 습격하는 전술. ¶杀了一个~。=불의의 반격을 가하다. **3** (비) 동료가 갑자기 입장을 바꿔 원래의 동료를 고발하고 공격하는 행위.

【回门】 **huí ‖ mén** 동 (남편과 함께) 친정을 방문하다. 근친(覲親)을 가다. 귀녕(歸寧)하다. [민간 풍습에, 여자가 시집 간 뒤 규정된 시일 내에 남편과 함께 친정 부모님께 인사하러 가는 것]

【回民】 **Huímín** 몡 회족(回族). (한족) 회교도.

【回眸】 **huímóu** 동 뒤돌아보다. 고개를 돌려서 보다. ¶~一笑=뒤돌아보고 웃다.

【回目】 **huímù** 몡 **1** (장회체[章回體] 소설에서) 매회의 제목[표제]. **2** (장회체[章回體] 소설에서) 제목[표제]의 총목록.

【回念】 **huíniàn** 동 회상하다. 회고하다. 돌이켜 보다. 되돌아보다. ¶~童年往事=지난 유년시절의 일을 회상하다.

【回娘家】 **huí niáng·jia** 동 **1** (기혼 여자가) 친정에 가다. **2** (비) (어떤 직장을 떠났던 사람이) 원래 장소를 찾아오다[방문하다]. [친근한 의미를 내포함] ¶以前的同事都说欢迎你时不时~看看。=이전의 동료들이 모두 당신을 환영한다고 하니, 이따금 들러 주세요.

【回暖】 **huínuǎn** 동 (춥던 날씨가) 다시 따뜻해지다. ¶天气~=날씨가 다시 따뜻해지다.

【回聘】 **huípìn** ☞【返聘】**fǎnpìn**

【回棋】 **huí ‖ qí** ☞【悔棋】**huí ‖ qí**

【回迁】 **huíqiān** 동 (원래 살던 곳을 떠났다가) 다시 새로 지은 주택으로 이사 오다. ¶小区改建好后,原住户纷纷~。=주택 단지 재건축이 완성되고 나자 원래 주민들이 잇달아 새 주택으로 돌아온다.

【回青】 **huí ‖ qīng** 동 (이식 혹은 월동 후에) 어린 싹이 파릇파릇해지다.

【回请】 **huíqǐng** 동 (접대를 받은 후 초대한 사람을) 답례로 초대하다.

【回去】 **huí ‖ ·qù** 동 (원래 자리로) 되돌아가다. ¶他家离学校远, 他只有周末才~。=그의 집은 학교에서 멀어서, 그는 주말이 되어야 (집으로) 돌아간다.

【回去】 ‖ **huí ‖ ·qù** 동 동사 뒤에 쓰여, 동작이 사람이나 사물로 하여금 원래 있던 곳 또는 화자가 있는 곳으로 되돌아감을 나타냄. ¶把借的书还~。=빌려 간 책을 돌려주다.

【回绕】 **huírào** 동 구불구불 감돌다. ¶此处溪流~, 古木参天, 好一派人间仙境。=이 곳이 시냇

물이 구불구불 감돌고, 고목이 하늘 높이 우뚝 솟아 있어, 정말 인간 세상의 선경(仙境)의 모습이구나!

【回煞】 **huíshà** 동 죽은 사람의 넋이 죽은 뒤 며칠 만에 자기 집에 한 번 돌아오다.

【回身】 **huí ‖ shēn** 동 몸을 (뒤로) 돌리다. ¶他说完这几句话, ~就走了。=그는 이 몇 마디 말을 하고는 몸을 돌려 가 버렸다.

【回神】 **huí ‖ shén** (~儿) 동 (놀라거나 당황하여 넋을 놓고 있다가) 제정신으로 돌아오다. 정신이 들다. 정신을 차리다. ¶听到这个令人震惊的消息, 他半天没有回过神儿来。=이 깜짝 놀랄 만한 소식을 듣고, 그는 한동안 정신을 차리지 못했다.

【回升】 **huíshēng** 동 (시세·경기·기온 따위가 내려갔다가) 다시 상승하다[오르다]. 반등(反騰)하다. ¶气温~=기온이 다시 상승하다. ↳回涨 ↔回落 回跌

【回生】 **huíshēng** 동 **1** (죽었거나 죽으려는 상태에서) 다시 살아 돌아오다. 생기를 되찾다. 회생하다. 소생하다. ¶起死~=기사회생하다. **2** (원래 익숙했던 것이 오랜 기간 쓰지 않아) 생소해지다. 서툴어지다. 미숙해지다. ¶几天不打字, 手指都~了。=며칠 동안 타자를 치지 않았더니, 손가락이 서툴어졌다.

【回声】 **huíshēng** 몡 메아리. 반향(反響). 에코(echo). ¶空谷~=빈 계곡의 메아리.

【回师】 **huíshī** 동 (전시에) 회군(回軍)하다. 군대를 되돌리다.

【回事】 **huíshì** 동 옛 (상급자나 웃어른에게) 보고하다.

【回收】 **huíshōu** 동 **1** (폐품이나 오래 된 물건을) 회수하다. 회수하여 이용하다. ¶~旧家具=오래 된 가구를 회수하여 이용하다. **2** (내보낸 물건을) 되찾다. 회수하다. ¶~贷款=대출금을 회수하다.

【回手】 **huíshǒu** 동 **1** 손을 뒤로 뻗치다. 몸을 돌려 손을 뻗치다. ¶出去的时候~把门带上。=(문을) 나가면서 손을 뒤로 돌려 문을 걸어 잠그다. **2** 되받아치다. 반격하다. ¶再怎么打他都不~。=아무리 때려도 그는 반격하지 않는다.

【回首】 **huíshǒu** 동 **1** (뒤로) 고개를[머리를] 돌리다. ¶他频频~, 不忍与家人分离。=그는 자꾸만 뒤로 돌아보며, 차마 가족과 헤어지지 못한다. **2** 동 회상하다. 돌이켜보다. ¶~往事=지난 일을 되돌아보다.

【回书】 **huíshū** 명동 답신. 답장. 회신.

【回赎】 **huíshú** 동 (대금을 치르고 저당물을 되) 찾다. (대가를 지불하고) 되돌려받다. ¶~当物=저당물을 되찾다.

【回数】 **huíshù** 명 횟수. 도수.

【回水】 **huíshuǐ** 몡 (강이나 하천이 막혀서) 되돌아가는 물. 역류하는 물.

【回思】 **huísī** 동 회상하다. 추억하다. ¶~往昔=옛날을 회상하다.

【回溯】 **huísù** 동 회고하다. 회상하다. 돌이켜보다. 되돌아보다. ¶~创业的艰难岁月=창업의

험난했던 세월들을 돌이켜보다.
**【回天】 huítiān** 图 (위험하고 곤란한 국면을) 만회하다. 되돌리다. ¶无力~=(어려운 형세를) 되돌릴 힘이 없다.
**【回天乏术】 huítiān-fáshù** 函田 어려운 형세를 (국면을) 되돌릴 방법이 없다.
**【回天之力】 huítiānzhīlì** 函田 어려운 형세를 되돌릴 만큼 강력한 힘과 능력.
**【回填】 huítián** 图(土) (파낸 흙과 돌을) 되묻다. 도로 메우다. ¶管道铺设完后, 挖出的土石要全部~。=파이프라인을 다 깐 후에 파낸 흙과 돌을 다시 메우다.
**【回条】 huítiáo** (~儿) 명 (우편물이나 물품을 받았다는 표시의) 수령증. 인수증. ≒回执
**【回帖】 huítiě** (~儿) 명田 우편환의 수취서.
**【回头】 huí∥tóu** 图 1 (뒤로) 고개를(머리를) 돌리다. ¶他一看, 发现是一位老熟人在叫他。=그가 뒤를 돌아보니, 잘 아는 사람이 자기를 부르는 것이 보였다. 2 되돌아오다. ¶~再来一遍。=돌아와서 다시 한 번 해 보다. 3 田 뉘우치다. 회개하다. 반성하다. 후회하다. ¶你现在~还来得及。=너 지금 뉘우치더라도 아직 늦지 않다.
**【回头】 huítóu** 閃 조금 있다가. 잠시 후에. ¶你先忙吧, ~我再来找你。=너 우선 일봐, 조금 있다가 다시 찾아올게.
**【回头见】 huítóujiàn** 图 조금 이따 보자. 나중에 보자. [인사말로 쓰임]
**【回头客】 huítóukè** 명 (상점·식당·여관 등에) 다시 찾아오는 손님(고객).
**【回头路】 huítóulù** 명 1 이미 지나온(걸어온) 길. 2 퇴로(退路). 뒤로 물러서는 길. 퇴보(退步)의 길. ¶改革没有~可走。=개혁에는 퇴로가 없다.
**【回头是岸】 huítóu-shì'àn** 函 1 (佛) 고개만 돌리면 피안이다. 깨달으면 극락. [불교에서 말하는 '苦海无边, 回头是岸(고해는 끝이 없으나, 깨달으면 극락)'의 뜻으로, 괴로움과 고난은 바다와 같이 한도 끝도 없으나, 불법을 깨달으면 그런 고해(苦海)에서 해탈할 수 있음을 말함] 2 田 뉘우치기만 하면 구원받는다.
**【回味】 huíwèi** 명 (식사 후의) 뒷맛. ¶~甜=뒷맛이 달콤하다. 图 (지내 온 일이나 겪었던 일을) 회상하다. 돌이켜보다. 돌이켜 음미하다. ¶那段美好的时光时常令他~。=그 아름다웠던 시간들이 가끔 그로 하여금 지난 일들을 회상하게 한다.
**【回味无穷】 huíwèi-wúqióng** 函 1 (식사 후의) 뒷맛이 무궁무진하다. 2 田 (일이 끝난 후) 생각할수록 의미심장하다.
**【回文】 huíwén** 명 1 (言) 회문. [글의 수사 방법] 2 회문시(回文詩) 3 답장. 회신. 답신. 회답. 4 (Huíwén) 위구르.
**【回文诗】 huíwénshī** 명 회문시. [옛날, 시 형식의 하나. 앞에서 읽으나 거꾸로 읽으나 뜻이 통하는 시구. 주로 옛날 문인들의 문자 놀이의 한 형식임]
**【回席】 huí∥xí** 图 (다른 사람의 접대를 받은 후) 답례로 초대하다.
**【回戏】 huí∥xì** 图 (특별한 사정으로) 임시로 공연을 취소하다. ¶票都全部卖出去了, 怎么能~呢? =표도 이미 다 팔았는데, 어떻게 공연을 취소할 수 있겠어?
**【回乡】 huíxiāng** 图 귀향하다. 고향으로 돌아오다(돌아가다). ¶~办厂=고향으로 돌아가 공장을 경영하다.
**【回翔】 huíxiáng** 图 선회하면서(빙빙 돌면서·맴돌면서) 날다. ¶海鸥在大海上~。=갈매기가 바다 위를 빙빙 돌면서 난다.
**【回响】 huíxiǎng** 图 (소리 등이) 울리다. 메아리치다. ¶嘹亮的歌声在大厅里久久~。=낭랑한 노랫소리가 홀에 오래오래 울려 퍼지다. 명 메아리. 반향(反響). 에코(echo). ¶捐助贫困大学生的倡议在社会上引起了极大的~。=빈곤한 대학생을 돕자는 제안이 사회적으로 대단한 반향(反響)을 일으켰다.
**【回想】 huíxiǎng** 图 회상하다. ¶~当年=그 때를 회상하다.
**【回销】 huíxiāo** 图 1 농촌에서 수매한 식량을 농촌에 다시 판매하다. 정부가 비축했던 식량을 방출하다. 2 수입한 원료나 부품으로 완제품을 만들어 다시 그 국가(지역)에 되팔다.
**【回心转意】 huí xīn zhuǎn yì** 函 마음을 돌리다. 태도를 바꾸다. 기존의 편견이나 주장을 포기하다. =(心回意转) xīn huí yì zhuǎn
**【回信】 huí∥xìn** 图 회신하다. 답신하다. 답장하다. ¶他正在给朋友~。=그는 지금 친구에게 답장을 쓰고 있는 중이다.
**【回信】 huíxìn** 명 1 회신. 답신. 답장. ¶他天天盼着家人的~。=그는 날마다 가족의 답장을 간절히 기다리고 있다. 2 (~儿) 답변. 대답. 회답. ¶你考虑考虑, 我等你的~儿。=잘 고려해 봐, 너의 회답을 기다릴게.
**【回形针】 huíxíngzhēn** ☞【曲别针】qūbiézhēn
**【回修】 huíxiū** 图 (공장으로) 회수하여 수리하다. ¶~活儿=회수 수리 작업.
**【回叙】 huíxù** 图 1 (옛일을) 회상하며 서술하다(이야기하다). ¶作者在文中~了一段自己多年前的经历。=작자는 글에서 자신의 몇 년 전의 경력을 서술하였다. 2 도서(倒敍)하다. 플래시백(flashback)하다. [글·영화 등에서 역사적인 시간의 흐름과는 반대로 거슬러 올라가면서 기술하는 수법]
**【回旋】 huíxuán** 图 1 선회하다. 빙빙 돌다. 맴돌다. ¶苍鹰在山谷间~。=참매가 산골짜기 사이에서 맴돈다. 2 변통하다. 융통하다. ¶他丝毫不让步, 看来是没有~的余地了。=그가 조금도 양보하지 않는 걸 보니, 변통의 여지가 없는 것 같다.
**【回旋曲】 huíxuánqǔ** 명(音) 회선곡. 론도(rondo). [주제가 몇 번 반복되는 악곡 형식의 하나]
**【回血】 huí∥xuè** 图 (정맥 주사를 놓을 때) 약간의 피가 주사기로 역류하다.

【回忆】huíyì 동 회상하다. 추억하다. ¶~过去=과거를 회상하다. 명 회상. 추억. ¶他沉浸在美好的~中。=그는 아름다운 추억에 젖어 있다. ≒回顾

【回忆录】huíyìlù 명 회상록. 회고록.

【回音】huíyīn 명 1 산울림. 메아리. 반향. 2 회신. 답신. 답장. 회답. ¶我托他办的事一直没有~。=내가 그 사람에게 부탁한 일이 줄곧 아무런 회신이 없다.

【回音壁】huíyīnbì 명 1 회음벽. 메아리를 만드는 원형 벽. 2 (Huíyīnbì) 회음벽. [베이징 톈탄(天坛) 공원 남쪽의 원형 담장]

【回应】huíyìng 동 대답하다. 응답하다. ¶他在楼下喊了半天都没人~。=그는 아래층에서 한참 동안 불렀지만 아무도 대답하지 않았다.

【回佣】huíyòng ☞【回扣】huíkòu

【回游】huíyóu 동 1 (물이) 돌아서 흐르다. 회류하다. 회유하다. 2 ☞【洄游】huíyóu

【回援】huíyuán 동 (군대가) 방향을 돌려 우군을 지원하다.

【回赠】huízèng 동 (선물을 받은 후) 선물로 답례하다.

【回涨】huízhǎng 동 (내렸던 물가·수위 따위가) 다시 오르다. 반등하다. ≒回升 ↔回跌 回落

【回执】huízhí 명 1 (물품·우편물을 받은 뒤 써 주는 간단한) 영수증. 수령증. 2 (우편) 배달 증명서. ≒回条

【回转】huízhuǎn 동 1 되돌아오다〔되돌아가다〕. ¶~故里=고향으로 되돌아오다〔되돌아가다〕. 2 (방향을) 돌리다. ¶船头=뱃머리를 돌리다. 3 순환하다. ¶四季~=사계절이 순환하다.

【回族】Huízú 명 회족. [중국 소수 민족의 하나로, 주로 서북 지구·허난(河南)성·허베이(河北)성·산둥(山东)성·윈난(云南)성·안후이(安徽)성·랴오닝(辽宁)성·베이징(北京)·톈진(天津) 등 지역에 분포함]

【回嘴】huí‖zuǐ 동 말대꾸〔말대답〕하다. 쟁론〔논쟁·쟁변·말다툼〕하다. 맞받아 욕하다. ¶他心里有愧, 任怎么说都不~。=그는 마음속에 부끄러운 것이 있는지, 어떻게 말해도 말대꾸를 하지 않는다.

*【茴】huí 회향풀 회
아래를 참조.

【茴香】huíxiāng 명 (植) 1 회향. 팔각회향. 동 【小茴香】 xiǎohuíxiāng 2 분 (약재로 쓰는) 팔각회향의 열매.

【茴香豆】huíxiāngdòu 명 회향두. [잠두(蚕豆)를 물에 불린 다음 회향·계피·소금을 넣어 만든 식품으로, 맛이 맑고 향기로우며 씹는 맛이 있어 술안주로 쓰임]

【徊】huí 배회할 회
☞【低徊】dīhuí
☞ huái

【洄】huí 거슬러 올라갈 회

동 물이 선회하다〔빙빙 돌다〕. 물이 빙 돌아서 흐르다. 물의 흐름을 거슬러 올라가다.

【洄游】【回游】huíyóu 동 (물고기 등이) 회유하다. 거슬러 올라가다.

*【蛔】[(蛕·蚘·痐·蚘)] huí 회충 회

【蛔虫】huíchóng 명(动) 회충. 거위.

【鮰】[鮰] huí 종어 회

명(动) 종어. 여메기. [양자강 하류에서 나는, 메기를 닮은 동자갯과의 민물고기]

【虺】huǐ 독사 훼
명(动) 고대 전설 속의 독사.
☞ huī

【虺虺】huǐhuǐ 의 동 우르릉. 꽈르릉. 쾅쾅. [우레 소리]

【虺蜴】huǐyì 명 동 1 고서(古书)에 나오는 독충(毒蟲). 도마뱀. 2 비 악랄한 사람. 남에게 해를 끼치는 존재. ¶~之性不可改也。=악랄한 성격은 고칠 수가 없다.

【虺蜮】huǐyǔ 명 동 1 독사와 물에 사는 괴물. 2 비 사악〔흉흠〕한 사람. 음험하고 악랄한 놈. 남에게 해를 끼치는 존재.

**【悔】huǐ 뉘우칠 회

동 후회하다. 뉘우치다. ¶忏~=참회하다. / 追~莫及=후회해도 소용 없다.

○● 背悔, 翻悔, 反悔, 改悔, 后悔, 失悔, 痛tòng悔, 追悔

【悔不当初】huǐbùdāngchū 성 애당초 그렇게 했어야〔그렇게 하지 말았어야〕 했는데 하고 후회하다.

【悔不该】huǐbùgāi 분 애당초 그렇게 말았어야 했는데 하고 후회하다. ¶~一时大意, 犯下这么严重的错误。=한때 부주의로 이렇게 엄청난 잘못을 저지르지 말았어야 했는데.

【悔改】huǐgǎi 동 (자기의 잘못을) 회개하다. 뉘우쳐 고치다. ¶他不思~, 简直无可救药。=그는 회개할 생각도 없으니 정말 구제불능이다.

【悔过】huǐguò 동 (자기의) 잘못을 뉘우치다〔인정하다〕. ¶他有~的表现。=그는 잘못을 뉘우치는 태도가 보인다. ≒悔悟 悔恨

【悔过书】huǐguòshū 명 반성문. 자백서. 회개서. 시말서(始末書). =【检讨书】 jiǎntǎoshū

【悔过自新】huǐguò-zìxīn 성 개과천선(改過遷善)하다. 개과자신(改過自新)하다. 잘못을 뉘우치고 새로운 사람이 되다〔새출발하다〕.

【悔恨】huǐhèn 동 뼈저리게 뉘우치다〔후회하다〕. ¶~不已=뼈저리게 뉘우쳐 마지않다. ≒悔过 悔悟

【悔婚】huǐ‖hūn 동 (약혼 후 어느 한쪽이) 혼약을 파기〔취소〕하다.

【悔棋】huǐ‖qí 동 (바둑·장기에서) 수를 무르다. =【回棋】huí‖qí

【悔悟】huǐwù [동] (자기의 잘못을 안 후) 후회하고 깨닫다〔뉘우치다〕. ¶幡然～=불현듯 깨닫고 뉘우치다. ≒悔过 悔恨
【悔约】huǐ‖yuē [동] 계약이나 승낙을 후회하고 취소를 요구하다.
【悔之无及】huǐzhī-wújí [성] 후회해도 소용 없다. 후회해도 이미 늦다. 엎질러진 물이다.
【悔罪】huǐ‖zuì [동] 죄를 뉘우치다.

**毁[(燬[1]·譭[3])] huǐ 망가뜨릴 훼**
[동] **1** 태우다. 불사르다. 태워 없애다. 태워 버리다. 소각하다. ¶焚～=불살라 버리다. **2** 파괴하다. 부수다. 훼손하다. 망쳐 버리다. 망가뜨리다. ¶一失足便～了自己的前程。=한 번 실수로 자신의 앞날을 망쳐 버렸다. **3** 헐뜯다. 비방하다. 중상하다. ¶诋～=비방하다. **4** [방] (헌 물건을) 다른 것으로 개조하다. 고쳐 만들다. [주로 의복을 가리킴] ¶女儿的这条裤子是她妈妈的裙子～的。=딸의 이 바지는 엄마의 치마를 개조해서 만든 것이다. ↔誉

○● 拆chāi毁, 摧cuī毁, 捣dǎo毁, 击jī毁, 平毁, 撕sī毁, 销xiāo毁, 坠zhuì毁

【毁败】huǐbài [동] 파괴하다. 파손하다. 망가뜨리다. 망가지다. 파괴되다. ¶山上的小庙已～不堪了。=산 위의 작은 절은 이미 형편없이 파괴되어 버렸다.
【毁谤】huǐbàng [동] 비방하다. 헐뜯다. 중상(中傷)하다. ¶恶意～=악의적으로 비방하다. ≒诽谤 诋毁
【毁害】huǐhài [동] 훼손하다. 파손하다. 해치다. 다치게 하다. ¶野猪常在夜里出来～庄稼。=멧돼지가 자주 밤에 나타나서 농작물을 훼손한다.
【毁坏】huǐhuài [동] 부수다. 파손하다. 파괴하다. 훼손하다. 무너뜨리다. ¶不得～公物。=공공기물을 훼손해서는 안 된다. ≒破坏
【毁家纾难】huǐjiā-shūnàn [성] 가산을 모두 털어 국난을 구제하다. 모든 재산을 털어서 국가의 위난을 완화시키다.
【毁灭】huǐmiè [동] 훼멸〔파괴·괴멸·섬멸·박멸·파멸〕시키다. ¶森林大火～了无数的房屋和树木。=산림의 대화재는 무수한 가옥과 나무를 삼켜 버렸다.
【毁灭性】huǐmièxìng [명] 치명적인〔결정적인〕 성격. ¶这次地震对整个城市的破坏是～的。=이번 지진으로 인한 전 도시의 파괴는 치명적이었다.
【毁弃】huǐqì [동] 파기하다. ¶原始档案一律封存, 不得～。=원본 서류는 일률적으로 봉해서 보관해야지, 파기해서는 안 된다.
【毁容】huǐ‖róng [동] 얼굴을 망가뜨리다〔훼손하다〕.
【毁伤】huǐshāng [동] 해치다. 손상하다. 다치다. 훼손하다. 파손하다.
【毁损】huǐsǔn [동] 훼손하다. 손상하다. ¶个别玻璃器皿在运输过程中难免～。=몇 개의 유리 기물은 운반 과정에서 훼손될 수도 있다.
【毁于一旦】huǐyú-yīdàn [성] **1** 하루 만에 파괴〔괴멸·섬멸·훼손〕되다. 하루 아침에 망치다〔무너지다〕. **2** [비] 오랜 노력의 성과나 귀한 물건이 한순간에 훼손되다. [안타까움을 내포함]
【毁誉】huǐyù [명] 비방과 칭찬. ¶～不一=비방과 칭찬이 하나같지 않다.
【毁誉参半】huǐyù-cānbàn [성] (어떤 사람과 사물에 대해) 비방 반 칭찬 반이다. 비방과 칭찬이 각각 반반이다.
【毁约】huǐ‖yuē [동] 계약〔협약·조약〕을 파기하다. ¶～责任=계약 파기 책임.
【毁证】huǐ‖zhèng [동] 증거를 없애다〔인멸하다〕. ¶～灭迹=증거를 인멸하다.

**卉 huì 화초 훼**
[명] 각종 풀의 총칭. 화초. [주로 관상용 화초를 가리킴] ¶花～=화훼.

**汇[1][匯·彙, 滙] huì 무리 휘**
[동] 종합하다. 한데 모으다. 집결하다. ¶～报情况=상황을 종합하여 보고하다. / 资料～编=자료를 집대성하다. [명] 집(대)성. 총집. 휘편. ¶词～=어휘. / 语～=어휘.

**汇[2][匯, 滙] huì 어음환 회**
[동] **1** (물이) 한곳으로 모이다. ¶～成巨流=물이 모여서 큰 강물〔흐름〕이 되다. **2** (우체국이나 은행 등을 통해) 환으로 보내다. (돈을) 부치다. 송금하다. ¶电～=전신환. [명] 외화. ¶换～=외화로 바꾸다.

○● 侨qiáo汇, 邮汇, 语汇, 字汇

【汇报】huìbào [동] (상황이나 관련 자료를) 종합하여 (상급자나 대중에게) 보고하다. ¶～工程进度=공사의 진도를 종합하여 보고하다.
【汇编】huìbiān [동] 자료를 집대성하다. 한데 모아 편집하다. ¶把会议纪要～成册。=회의의 요점을 모아 책으로 편집하다. [명] **1** 휘편. 집(대)성. 총집. [주로 책 이름으로 쓰임] ¶《交通法规～》=《교통 법규 총집》. **2** 《컴》 어셈블리(assembly). ¶～程序=어셈블리 프로그램(assembly program). 어셈블러 프로그램(assembler program).
【汇编语言】huìbiān yǔyán [명] 《컴》 어셈블리(assembly) 언어. 어셈블러(assembler) 언어. ¶～加工程序=어셈블리 언어 프로세서(assembly processor).
【汇单】huìdān ☞【汇票】huìpiào
【汇兑】huìduì [동] (은행이나 우체국에서) 환으로 보내진 돈을 수취인에게 지불하다. ¶～业务=환 업무.
【汇费】huìfèi [명] 환 수수료. =【汇水】huìshuǐ
【汇合】huìhé [동] **1** (물줄기가) 합류하다. 한데 모이다. ¶两江～=두 강이 합류하다. **2** [비] (군중·의지·힘 등을) 한데 모으다. 합치다. ¶只要我们的力量～起来, 就没有克服不了的困难。=우리들의 힘을 한데 모으기만 하면 극복할 수 없

는 곤란은 없다.
**【汇集】huìjí** 〔동〕 모으다. 집중시키다. 모이다. 집중하다. ¶~各方面的意见=각 방면의 의견을 모으다. ↔分散
**【汇寄】huìjì** (전신 또는 우편)환으로 송금하다. ¶~稿费=원고료를 환으로 송금하다.
**【汇价】huìjià** ☞【汇率】huìlǜ
**【汇聚】huìjù** 〔동〕 한데 모으다[모이다·축적하다]. 모여들다. [주로 물건에 쓰임] ¶港口~了发往各地的货物。=항구에 각지로 발송하는 화물이 한데 모였다.
**【汇款】huì‖kuǎn** 〔동〕 환으로 송금하다. 돈을 부치다. ¶他定期给老家的父母~。=그는 정기적으로 고향의 부모님께 송금한다.
**【汇款】huìkuǎn** 〔명〕 부친[부쳐 온] 돈. 송금한 돈. ¶领取~=부쳐 온 돈을 찾다.
**【汇款单】huìkuǎndān** 〔명〕 송금 영수증. 송금장. 송금 확인증.
**【汇流】huìliú** 〔동〕 **1** (물이) 합류하다. ¶几条小溪在山下~成了一条河。=몇 개의 작은 시내가 산 아래에서 하나의 강으로 합류한다. **2** (사람들이) 모이다. 모여들다. ¶欢乐的人们从四面八方~到了广场。=기쁨에 찬 사람들이 사방팔방에서 광장으로 모였다.
**【汇拢】huìlǒng** 〔동〕 (한곳에) 모이다. 모으다. 합치다. ¶各组队员最后在山顶~。=각 조의 대원들은 최후에 산 정상에서 모인다.
**【汇率】huìlǜ** 〔명〕〔經〕 환율. =【汇价】huìjià
**【汇票】huìpiào** 〔명〕 환어음. =【汇单】huìdān ¶银行~=은행환.
**【汇齐】huìqí** 〔동〕 모아서 갖추다. 다 모으다. [주로 물건을 가리킴] ¶本书~了十位当代著名诗人近两年的诗作。=이 책은 열 분의 당대 유명 시인들의 최근 2년 동안의 시작품을 다 모아 놓았다.
**【汇钱】huì‖qián** 〔동〕 환으로 송금하다.
**【汇市】huìshì** 〔명〕〔經〕 **1** 외국환[외환] 시장. **2** 외환 거래 시세.
**【汇水】huìshuǐ** ☞【汇费】huìfèi
**【汇算】huìsuàn** 〔동〕 한데 모아 계산하다. 총결산하다. ¶请把这次的差旅费~一下。=이번의 출장 경비를 결산하여 주세요.
**【汇演】huìyǎn** ☞【会演】huìyǎn
**【汇映】huìyìng** 〔동〕 (연관성이 있는 영화를 같은 시기·장소에서) 집중 상영하다. 동시 상영하다. 한꺼번에 여러 편을 모아서 상영하다. ¶韩国电影~=한국 영화 집중 상영.
**【汇展】huìzhǎn** 〔동〕 (상품 등을) 한데 모아 전시[전람]하다. ¶世界著名服装设计师作品~=세계 유명 디자이너(designer)의 작품을 한데 모아 전시하다.
**【汇总】huìzǒng** 〔동〕 (상황·자료 등을) 한데 모으다. 종합하다. ¶把调查情况~上报。=조사 상황을 종합하여 보고하다.

## **会[會]** huì 모일 회

〔동〕 **1** 모이다. 모으다. 집중하다. ¶年终~

餐=송년 회식. / 聚精~神=정신을 한곳에 모으다. **2** 만나다. ¶最近我没有跟他~过面。=최근에 나는 그 사람과 만난 적이 없다. **3** 이해하다. 파악하다. 깨닫다. ¶体~=체득하다. / 心领神~=마음속으로 깨닫고 이해하다. **4** 능숙하다. 숙달하다. 통달하다. 잘 알다[하다]. ¶他~韩国语。=그는 한국어를 잘 한다. **5** (배워서) …를 할 수 있다. …할 줄 알다. [이해하거나 능력이 있어서 어떤 일을 하는 것을 나타냄. 동사 목적어를 동반하며, 단독으로 문제에 대답할 수 있음] ¶他~开车。=그는 차를 운전할 줄 안다. / 我不~游泳。=나는 수영을 할 줄 모른다. **6** …을[를] 잘 하다. …에 뛰어나다[능하다]. [어떤 일에 뛰어남을 나타냄. 동사 목적어를 동반하며 단독으로 물음에 대답할 수 없음] ¶能说~道=구변이 좋다. / 她很~唱歌。=그녀는 노래를 아주 잘 부른다. **7** …할 가능성이 있다. …할 것이다. [실현 가능성이 있음을 나타냄. 단독으로 물음에 대답할 수 있음] ¶只要努力, 你的理想一定~实现。=노력만 하면 너의 이상은 반드시 이루어질 것이다. **8** (식당·찻집등에서) 돈을 지불하다[치르다]. ¶他已经把饭钱~过了。=그가 이미 밥값을 지불했다.
〔부〕〔조〕 **1** 마침. 때마침. 공교롭게도. ¶~有客来。=때마침 손님이 오다. **2** 반드시 …해야 한다[…할 것이다]. ¶长风破浪~有时。=원대한 포부를 펼 때가 반드시 있을 것이다. 〔명〕 **1** 회. 모임. 집회. 회합. ¶舞~=무도회. / 欢送~=환송회. **2** 재회(齋會). [옛날 등에 절 안이나 인근에 개설되던 임시 시장] ¶赶~=재회에 가다. **3** 민간에서 영지(靈地)를 참배하거나 풍작을 기원하기 위해 조직된 모임[집단 행사]. ¶香~=향회. [명산 사찰을 찾아 참배하기 위해 조직한 행사(모임)] **4** 회. 단체. 조직. ¶工~=노동 조합. / 董事~=이사회. **5** 계(契). **6** 중심 도시. 대도시 혹은 행정의 중심지. ¶省~=성도(省都). 성 소재지. / 大都~=대도시. **7** 시기. 기회. ¶机~=기회. / 适逢其~=적시(適時)를 만나다. **8** (~儿) ㉠ 짧은 시간. 잠깐 동안. ¶一~儿=잠시. 잠깐 동안. / 请坐一~儿。=잠시 앉으세요. 능能
☞ kuài

◎ 会 huì
  绘 huì
  烩 huì
  浍 huì
  荟 huì
  刽 guì
  侩 kuài
  哙 kuài
  郐 Kuài
  狯 kuài
  脍 kuài

0◎ 拜bài会, 帮会, 常会, 傅fù会, 附会, 工会, 公会, 行háng会, 和会, 花会, 酒会, 聚jù会, 理会, 领会, 庙会, 年会, 农会, 融róng会, 赛sài会, 商会, 时会, 堂会, 晚会, 兴会, 延会, 议会, 幽yōu会, 约会, 照会, 这会儿, 知会
☞ kuài

**【会标】huìbiāo** 〔명〕 **1** 단체나 집회를 대표하는 표지. 단체 마크. 대회 마크. ¶世界红十字会的~是一个白底的红'十'字。=세계 적십자회의 표지는 흰색 바탕에 붉은색 십(十)자이다. **2** 회의[집회] 명칭이 쓰여져 있는 플래카드(placard). ¶主席台上悬挂着~。=연단 위에는 플래카드

가 걸려 있다.

【会餐】huì‖cān 동 회식하다. ¶节日~=명절날 회식하다.

【会操】huì‖cāo 동 합동 연습〔훈련〕하다. ¶全连~=전 연대가 합동으로 훈련하다.

【会场】huìchǎng 명 회의장. 집회 장소.

【会钞】huì‖chāo ☞【会账】huì‖zhàng

【会车】huìchē 동 (열차·자동차 등이 마주 만나서) 교행하다. 교차하여 통과하다.

【会当】huìdāng 동문 반드시 …할 것이다. 마땅히 …해야 한다. ¶~凌绝顶, 一览众山小。=반드시 최고봉에 올라 모든 산을 한 번 내려다볼 것이다.

【会党】huìdǎng 명옛 일부 민간 비밀 결사 단체의 통칭. [가노회(哥老會)·삼합회(三合會) 등이 있음]

【会道门】huìdàomén (~儿) 명 '会门(민간 종교 단체)'과 '道门(비밀 결사)'의 합칭. 비밀 결사의 성격을 띤 종교 단체. 종교적 색채를 띤 비밀 결사.

【会的不难, 难的不会】huì·de bùnán, nán·me bùhuì 숙 할 줄 아는 사람은 어렵지 않고, 할 줄 모르는 사람에게는 어렵다. 알면 쉽고 모르면 어렵다.

【会典】huìdiǎn 명 회전. [한 조대(朝代)의 법령 제도와 사례를 기록한 책. 주로 책 이름으로 쓰임] ¶《明~》=《明會典(명회전)》.

【会费】huìfèi 명 회비. ¶缴纳~=회비를 내다.

【会风】huìfēng 명 회의나 어떤 협회·단체의 풍기(氣風). 회의를 하는 방법·태도. ¶整顿~=회의 기풍을 정돈하다.

【会歌】huìgē 동 함께 모여 노래 시합하다. ¶当地的民歌手每年春节期间都要~。=현지의 민요 가수들은 매년 설날 때 함께 모여 노래 시합을 한다. 명(音) 대회 주제가. (어떤 단체의) 회가. ¶奥运会~=올림픽 대회 주제가.

【会攻】huìgōng 동 연합하여 공격하다. 합동 공격하다. ¶两个小分队前后夹击, ~匪徒的窝点。=두 개의 분대가 앞뒤로 협공하여 악당들의 은신처를 연합 공격하다.

【会馆】huìguǎn 명옛 회관. [동향인·동종업자들의 친목을 위해 경성 등 도시에 설립한 관사]

【会规】huìguī 명 1 (단체의) 회칙. 회규. 2 회의 규정.

【会海】huìhǎi 명비 극히 잦은〔빈번한〕회의. ¶文山~=산더미 같은 문서와 매우 잦은 회의.

【会合】huìhé 동 합류〔회합〕하다. 한데 모이다. ¶大家约好在校门口~。=모두 교문 입구에서 모이기로 약속했다.

【会合点】huìhédiǎn 명 합류점. 합류지. 집결지. 집회소.

【会话】huìhuà 동 회화하다. [주로 외국어로 하는 대화를 가리킴] ¶两个人正在用英语~。=두 사람은 영어로 대화하고 있는 중이다.

【会徽】huìhuī 명 회의 휘장(徽章). 단체나 집회의 마크. ¶亚运会~=아시안 게임 휘장.

【会集】huìjí 동 모이다. 회합하다. [주로 사람에

게 쓰임] ¶人们从四面八方~到一起, 参加盛大的节日庆典。=사람들은 사방팔방에서 함께 모여 성대한 기념일 축제에 참가하였다.

【会籍】huìjí 명 회원의 적(籍). 회적.

【会见】huìjiàn 동 회견하다. 접견하다. 만나다. ¶~外宾=외빈을 접견하다.

【会剿】huìjiǎo 동 몇 개 부대가 함께 적을 토벌하여 섬멸하다. ¶~匪徒=악당들을 토벌하여 섬멸시키다.

【会聚】huìjù 동 모이다. 집합하다. [주로 사람에게 쓰임] ¶亲朋~=친척과 친구들이 모이다.

【会聚透镜】huìjù tòujìng ☞【凸透镜】tū tòujìng

【会聚镜】huìjùjìng ☞【凹面镜】āomiàn jìng

【会刊】huìkān 명 (학회·모임·단체 등의) 회보. 간행물.

【会考】huìkǎo 동 (일정한 범위 내에서) 동일한 〔통일된〕 문제로 측정용 시험을 치르다. ¶全省~=전성 연합 고사.

【会客】huì‖kè 동 손님을 만나다. 면회하다. ¶开会时间, 概不~。=회의 시간에는 일체 면회 사절이다.

【会客室】huìkèshì 명 응접실. 면회실.

【会来事】huì láishì (~儿) 동 대인 관계를 잘 처리하다. 인간 관계에서 생기는 문제를 잘 해결하다. ¶他这个人很~儿。=그는 대인 관계를 잘 처리한다.

【会门】huìmén (~儿) 명옛 (민간의) 미신 단체. 종교 단체〔조직〕. 종교 색채를 띤 비밀 결사.

【会盟】huìméng 동옛 (임금·제후가) 동맹을 맺다. 회맹하다.

【会面】huì‖miàn 동 만나다. 대면하다.

【会期】huìqī 명 1 회기. 회의 기간. ¶~一周=회의 기간은 1주일이다. 2 회의 (시작) 일자. ¶~定于10月9日。=회의 시작 일자는 10월 9일로 정해졌다.

【会齐】huì‖qí 동 다 모이다. 집합하다. 회합하다. ¶同学们~后就出发。=급우들이 다 모인 다음에 출발한다.

【会旗】huìqí 명 회의 깃발. 회기. ¶奥运会~=오륜기. 올림픽 회기.

【会签】huìqiān 동 (쌍방 또는 그 이상이) 공동 서명하다.

【会儿】huìr 명구 잠시. 잠깐. ¶这~=이 때. /等~=잠깐 기다리다.

【会商】huìshāng 동 (쌍방 또는 그 이상이) 만나서〔모여서〕 의논하다. 공동으로 상의하다. ¶~计策=계책을 함께 모여 의논하다.

【会社】huìshè 명 1 공동 목적을 위해 결성된 단체나 조직. 2 회사. [주로 한국·일본에서 사용함] ¶株式~=주식회사.

【会审】huìshěn 동 1 (안건을) 공동〔합동〕 심리하다. 2 공동 심사·심의하다. ¶~规划方案=기획 방안을 공동으로 심의하다.

【会师】huì‖shī 동 1 (軍) 부대가 합류〔집결〕하다. ¶胜利~=승리를 거두고 합류하다. 2 비

각 방면의 인원과 힘을 합치다. 많은 사람이 집결하다. ¶几支文艺队伍在京城~。 = 몇 개의 문예 단체가 수도에 집결하다.

【会试】huìshì 图 회시. [명청(明清)대에 북경(北京)에서 3년마다 한 번 치르던 과거의 하나. 향시(鄕試)에 합격한 거인(擧人)들이 응시했고, 합격자를 공사(貢士)라고 불렀음. 공사(貢士)가 된 후에 전시(殿試)에 참가할 수 있음]

【会首】huìshǒu 图叉 (민간의) 각종 '会(회)'로 명명된 조직의 대표자. 회장. = 【会头】huìtóu

【会水】huì∥shuǐ 图 수영을 할 줄 안다. 헤엄을 칠 줄 알다. ¶他~, 能一口气游到对岸去。=그는 수영을 할 줄 알아서 한번에 맞은편까지 헤엄쳐 갈 수 있다.

【会说】huìshuō 阌 말을 잘하다. 구변〔언변〕이 좋다. ¶她真~。= 그녀는 참 말을 잘한다.

【会谈】huìtán 图 회담하다. ¶经过多次~, 两国签署了贸易协定。= 몇 번의 회담을 통해 양국은 무역 협정을 체결하였다.

【会堂】huìtáng 图 회당. 강당. 의사당. 공회당. [주로 건축물의 이름으로 쓰임] ¶人民大~。= 인민대회당.

【会通】huìtōng 图叉 훤히 알다. 정통하다. ¶~古今 = 고금에 정통하다.

【会同】huìtóng 图 회동하다. ¶省交通厅~当地政府联合调查事故原因。= 성(省)의 교통청이 현지 정부와 회동하여 사고 원인을 연합 조사하다.

【会头】huìtóu ☞ 【会首】huìshǒu

【会务】huìwù 图 회무. 집회나 회의에 관한 사무. 단체나 조직의 여러 가지 사무. ¶~工作 = 회무 작업.

【会晤】huìwù 图 만나다. 회견하다. ¶两国元首在北京~。 = 양국 원수가 북경에서 만나다.

【会衔】huìxián 图 (둘 혹은 그 이상의 기관이 공문서에) 연명으로 서명하다.

【会心】huìxīn 图 남의 의중을 이해하다〔납득하다.깨닫다〕. ¶彼此~地笑了笑。= 서로 의중을 알았다는 듯이 웃음짓다.

【会演】〖汇演〗huìyǎn 图 (각지 예술 단체의 공연 프로그램을) 모아서 합동으로 공연하다.

【会厌】huìyàn 图(生) 후두덮개. 회염. 후두개 (喉頭蓋).

【会厌软骨】huìyàn ruǎngǔ 图(生) 후두개 연골. 회염 연골.

【会要】huìyào 图 회요. [한 조대(朝代)의 경제·정치·전장·제도 등을 기록한 총집. 주로 책 이름으로 쓰임] ¶《清~》=《清會要(청회요)》.

【会议】huìyì 图 1 회의. [여럿이 모여 의논하는 또는 그런 모임] ¶招生工作~ = 신입생 선발 업무 회의. 2 회의. [중요 사무를 의논·처리하기 위한 상설 조직이나 기관] ¶部长~ = 장관 회의.

【会意】huìyì 图(言) 회의. [육서(六書)의 하나로 두 개 혹은 두 개 이상의 독체자(獨體字)가 서로 합쳐 새로운 뜻의 합체자(合體字)를 만드는 조자법(造字法). '人(사람)' 과 '木(나무)' 를 '休(사람+나무 = 쉬다)' 자를 만드는 방식] 图 남의 의중을 깨닫다〔이해하다.알다〕. ¶他~地点

了点头。= 그는 (상대방의 의중을) 알았다는 듯이 고개를 끄덕였다.

【会阴】huìyīn 图(生) 회음.

【会饮】huìyǐn 图 모여서 함께 술을 마시다.

【会友】huìyǒu 图 1 및 벗을〔친구를〕사귀다. 친구가 되다. 교제를 맺다. ¶以诗~ = 시로써 친구를 사귀다. 2 친구와 만나다. ¶访亲~ = 친척을 방문하고 친구를 만나다. 图 회우. 회원.

【会元】huìyuán 图 회원. [명청(明清)대의 과거 시험인 '會試(회시)'의 장원임]

【会员】huìyuán 图 회원. ¶作家协会~ = 작가협회 회원.

【会员国】huìyuánguó 图 회원국.

【会员证】huìyuánzhèng 图 회원증.

【会展经济】huìzhǎn jīngjì 图(經) 전시 컨벤션 산업〔경제〕. 박람회 경제. [회의나 전람회의 장소와 관련 서비스를 제공하여 이익을 얻는 경제 행위]

【会战】huìzhàn 图 1 (軍) 쌍방의 주력 부대가 일정한 장소와 시간에 (대규모의) 결전을 벌이다. 2 비 힘을 집중하여 단시일 내에 공동으로 어떤 임무를 완성하다. ¶水库大~ = 댐 건설을 위한 대결전.

【会章】huìzhāng 图 1 회칙. 협회·단체 등의 규정. 2 협회·단체 등의 인장〔도장〕.

【会长】huìzhǎng 图 회장.

【会账】huì∥zhàng 图 (남을 위해) 계산을 치르다. 돈을 지불하다. [주로 식당에서 여러 사람을 초대하여 음식비를 한 사람이 도맡아 내는 것을 가리킴] = 【会钞】huì∥chāo

【会诊】huì∥zhěn 图(醫) 대진(對診)하다. (두 명 이상의 의사가) 합동 진찰〔진단〕하다. ¶医院安排了几位老专家为他的病~。= 병원은 몇 분의 경험이 풍부한 전문가들을 배치하여 그의 병을 대진했다.

【会址】huìzhǐ 图 1 개최지. 회의지. 2 단체나 조직의 소재지. ¶本研究会~在北京。= 본 연구회의 소재지는 베이징이다.

【会众】huìzhòng 图 1 회중. 회의 출석자. 회합에 모인 대중. 2 叉 비밀 결사〔종교 단체〕에 가입한 사람. 图 많은 사람들이 모이다. 많은 사람들을 모으다. ¶~滋事 = 많은 사람들이 모여 문제를 일으키다.

【会子】huì·zi 图叉 잠깐. 잠시. ¶他出去有一~了。 = 그 사람이 나간 지 잠깐 되었다.

*讳[諱] huì 꺼릴 휘

图 1 叉 제왕이나 윗사람의 이름을 직접 부르지 못하다. [고인이 된 사람을 포함함] 2 꺼리다. 거리끼다. 감히 말하려고 하지 않다. 기피하다. 금하다. 금물로 여기다. 꺼리어 피하다. 감추다. 기휘하다. ¶忌~ = 기피하다. 꺼리다. / 直言不~ = 직언을 서슴지 않다. 거리낌없이 말하다. 图 1 叉 휘. [직접 부르지 못하는 제왕이나 윗사람의 이름] ¶名~ = 이름과 휘. 2 금기. 터부(taboo). 꺼리는 〔금기하는〕사물〔말·일〕. ¶可别犯了他的~了。= 그의 금기를 절대 건드리지 마라.

**huì** 讳 沫 荟 哕 浍 海 绘 恚 桧 贿

○● 避bì讳, 不讳, 名讳

【讳疾忌医】**huìjí-jìyī** 1 병을 숨기고 고치려 하지 않다. 병을 감추고 의료를 꺼리다. 2 자기의 결점이 드러날까 봐 다른 사람이 시정해 주려는 것을 꺼리다. 자기의 결점을 감추고 남의 충고를 들어서 고치려 하지 않다. ≒文过饰非

【讳忌】**huìjì** 기피하다. 꺼리다. ¶毫不~=조금도 꺼리지 않다.

【讳莫如深】**huìmòrúshēn** 깊이 꼭꼭 숨기다. 감추고 누설하지 않다.

【讳言】**huìyán** 말하려 하지 않다. 말하기를 꺼리다. ¶毋庸~=말을 꺼릴 필요가 없다. 서슴지 않고 곧이곧대로 말하다.

## 沫 **huì** 세수할 회

얼굴을 씻다. 세면하다.
☞ **mèi**

## 荟[薈] **huì** 무성할 회

(초목이) 무성하다. 우거지다. ¶木~草蔚=초목이 무성하게 우거지다. 모이다. 집결하다. ¶名家~集=대가들이 집결하다.

【荟萃】**huìcuì** (걸출한 사람이나 훌륭한 사물이) 한데 모이다〔모으다〕. ¶精品~=우수한 작품〔정품〕을 한데 모으다. / 人材~之地=인재가 모이는 곳.

【荟集】**huìjí** (걸출한 사람이나 훌륭한 물품이) 모이다. 집결하다. 집중되다. ¶精英~=뛰어난 인재들이 집결하다.

## 哕[噦] **huì** 새 소리 홰

쨱쨱. [새가 우는 소리]
☞ **yuě**

【哕哕】**huìhuì** 1 짤랑짤랑. 딸랑딸랑. [방울 소리] 2 쨱쨱. [새가 우는 소리]

## 浍[澮] **Huì** 강 이름 회

(地) 후이허(浍河). [허난(河南)성에서 발원하여 안후이(安徽)성으로 흘러들어가는 강 이름]
☞ **kuài**

## 海[誨] **huì** 가르칠 회

1 가르치다. 지도하다. 교도(教導)하다. 가르쳐 인도하다. ¶教~=가르쳐 인도하다. 2 유도하다. 교사하다. ¶决不能干~淫~盗之事。=결코 간음과 도둑질을 하도록 가르치다〔교사해〕서는 안 된다.

○● 训xùn诲

【诲人不倦】**huìrén-bùjuàn** 힘든 줄도 모르고 꾸준히 남을 가르치다. 싫증내지 않고 남을 교도하다. 가르침에 게으르지 않다. 꾸준히 남을 교육하다.

【诲淫诲盗】**huìyín-huìdào** 다른 사람에게 간음·절도 따위의 나쁜 짓을 하도록 가르치다〔교사하다〕.

## 绘[繪] **huì** 그림 회

1 (그림·도안·도면 등을) 그리다. 채색하다. ¶~制图形=도형을 그리다. / ~画作品=작품을 그리다. 2 묘사하다. ¶他的描述可谓~影~声。=그의 묘사는 생동감이 넘친다.

○● 彩绘, 测cè绘, 描绘, 摹mó绘

【绘画】**huìhuà** (美) 그림을 그리다. (美) 회화. 그림.

【绘声绘色】**huìshēng-huìsè** 1 소리와 모습〔표정〕을 묘사하다. 2 (묘사나 서술이) 생생하다. 생동감이 넘치다. ≒绘影绘声 **huìyǐng-huìshēng**【绘声绘影】**huìshēng-huìyǐng** ≒有声有色

【绘声绘影】**huìshēng-huìyǐng** ☞【绘声绘色】**huìshēng-huìsè**

【绘事】**huìshì** 회화에 관한 일.

【绘图】**huìtú** 제도하다. 도면을〔지도를〕그리다. ≒制图

【绘图板】**huìtúbǎn** 1 제도판. 2 (컴) 그림판〔소프트 웨어〕.

【绘图仪】**huìtúyí** (도형·도안·제도를 위한) 제도기(기). 제도 기계.

【绘影绘声】**huìyǐng-huìshēng** ☞【绘声绘色】**huìshēng-huìsè**

【绘制】**huìzhì** 제도하다. (도면·도표 따위를) 제작하다. ¶~施工图=시공도를 제작하다.

## 恚 **huì** 성낼 에

노하다. 화내다. 원망하다. ¶忿~=분노하다.

【恚恨】**huìhèn** 원망하다. ¶~不已=원망해 마지않다.

## 桧[檜] **huì** 사람 이름 회

인명에 쓰이는 글자. ¶秦~=진회. [악비(岳飛)를 모해한 남송(南宋)의 간신]
☞ **guì**

## 贿[賄] **huì** 뇌물 회

1 재물. 재화. ¶妄取民~=백성의 재물을 제멋대로 가져가다. 2 뇌물. ¶索~=뇌물을 요구하다. / 受~=뇌물을 받다. 뇌물을 주다. ¶~选丑闻=뇌물 선거 추문〔스캔들〕.

○● 纳nà贿

【贿金】**huìjīn** 뇌물로 준〔받은〕 돈.

【贿款】**huìkuǎn** 뇌물로 준〔받은〕 돈.

【贿赂】**huìlù** 뇌물을 주다. ¶~海关人员=세관 직원에게 뇌물을 주다. 뇌물. ¶收受~=뇌물을 수수하다.

【贿赂公行】**huìlù-gōngxíng** 뇌물 수수가 공공연히 행해지다. 공공연하게 뇌물을 주고받다.

【贿买】**huìmǎi** 뇌물로 매수하다. ¶~人心=인심을 뇌물로 매수하다.

【贿通】**huìtōng** 뇌물로 매수하다. ¶~看

守=간수를 뇌물로 매수하다.
【贿选】huìxuǎn 통 (선거에서) 당선되기 위해 뇌물을 쓰다.

## 烩[燴] huì 모아 끓일 회

통 **1** 볶은 후에 소량의 물과 전분을 넣어 걸쭉하게 끓이다. ¶~什锦=후이스진. [돼지고기에 갖가지 재료를 함께 넣어 볶은 후에 물과 전분을 넣어 끓인 요리] **2** 쌀밥 등과 육류와 여러 가지 야채를 함께 넣어 끓이다. ¶大杂~=(고기·야채 등을 넣고 함께 끓인) 잡탕.
【烩饼】huìbǐng 명 후이빙. 회병. ['大饼(밀가루를 반죽하여 크고 둥글게 구은 떡)'을 가늘게 채를 썰어 갖가지 재료와 물을 넣고 걸쭉하게 끓인 요리]
【烩饭】huìfàn 명 회반. 후이판. [쌀밥에 갖가지 재료를 넣고 걸쭉하게 끓인 요리]

## 彗 huì 비 혜

명 **1** 빗자루. 비. **2** 〈天〉 혜성.
【彗核】huìhé 명 〈天〉 혜성의 핵.
【彗尾】huìwěi 명 〈天〉 혜성의 꼬리.
【彗星】huìxīng 명 〈天〉 혜성. ↘【扫帚星】sào·zhouxīng

## *晦 huì 그믐 회

명 **1** (음력) 그믐날. ¶望圆~缺=보름달에 둥글고 그믐날에 이지러지다. **2** 밤. ¶风雨如~=비바람이 몰아쳐 밤과 같다. 형 **1** 어둡다. 캄캄하다. ¶风雨~瞑=비바람이 어두컴컴하다. **2** (의미가) 분명〔명확〕하지 않다. ¶曲折隐~=복잡하게 얽혀 있고 뜻이 명확하지 않다. 통 숨기다. 감추다. ¶韬~=재능을 감추고 드러내지 않다.
【晦暗】huì'àn 형 어둡다. 어두컴컴하다. 암담하다. ¶天色~=날이 어두컴컴하다.
【晦明】huìmíng **1** 밤과 낮. 어둠과 밝음. ¶~兼程=밤낮으로 길을 재촉하다. **2** 흐린 날과 맑은 날. ¶~交替=날씨가 흐렸다 개었다 하다.
【晦冥】huìmíng ☞【晦暝】huìmíng
【晦暝】[晦冥] huìmíng 형통 어둡다. 어두컴컴하다. ¶风雨大作, 天地~=비바람이 거세게 몰아쳐 천지가 어두컴컴하다.
【晦气】huì·qi 명 (병색이 돌거나 액운이 끼어) 어두운〔창백한〕 기색. 불길한 기색. ¶满脸~=얼굴색이 매우 어둡다. 형 재수 없다. 불운하다. 불행하다. 운수사납다. ¶今天真~, 出门就摔了一跤.=오늘 정말 운수가 사나워서, 문을 나서자마자 넘어졌다.
【晦涩】huìsè 형 (시나 문장이) 어렵고 애매하다. 뜻을 알기 어렵다. 난해하다. ¶这篇古文非常~, 很难读懂.=이 고문은 매우 난해하여 뜻을 이해하기가 어렵다. ↘【明快】
【晦朔】huìshuò 명통 **1** 그믐날과 초하루. **2** 해 질녘부터 동틀 때까지.

## *秽[穢] huì 더러울 예

형 **1** 더럽다. 불결하다. ¶污~=불결하다. **2** 추악하다. 추잡하다. 추하다. ¶自惭形~=행색이 스스로 추악한 것을 스스로 부끄러워하다. 남보다 못함을 스스로 부끄러워하다. **3** 저질의. 음탕한. 음란한. ¶淫~=음란하다.

○● 芜wú秽, 淫yín秽

【秽迹】huìjì 명통 추악한 행적.
【秽乱】huìluàn 통 음란하다. 추잡하다. 난잡하다. ¶~宫闱=궁궐을 난잡〔음란〕하게 하다.
【秽气】huìqì 명 악취.
【秽水】huìshuǐ 명 더러운 물. 오염된 물.
【秽土】huìtǔ 명 더러운 흙. 쓰레기.
【秽闻】huìwén 명통 더러운〔나쁜·추잡한〕 명성. 추문. 스캔들. [주로 음란한 명성을 가리킴] ¶~远扬=추문이 널리 알려지다〔퍼지다〕.
【秽物】huìwù 명통 추잡스러운 것. 더러운 것. 오물.
【秽亵】huìxiè 형통 더럽다. 추잡하다. 저질이다. 음란〔음탕〕하다. 외설적이다. ¶画面~, 不堪入目.=화면이 너무 외설적이어서 차마 눈에 담을 수가 없다.
【秽行】huìxíng 명통 추악한 행위. [주로 음란한 행위를 가리킴]
【秽言】huìyán 명 (귀에 담지 못할) 저질인 말. 더러운 말. 욕지거리. 음란한 말. 상스런 말. ¶市井~=시정의 상스러운 말.
【秽语】huìyǔ 명 욕. 비천한 말. 저질인 말. 욕지거리. 음란한 말. 상스러운 말. ¶污言~=더러운 말과 욕지거리.

## **惠 huì 은혜 혜

형 **1** 통 자애롭다. 어질다. 인자하다. ¶昊天不~=하늘이 자애롭지 않다. **2** 부드럽다. 유순하다. 온화하다. ¶贤~=어질고 온화하다. 통 다른 사람에게 혜택을 주다. 은혜를 베풀다. ¶平等互~=평등호혜. 부경 상대방의 행동이 자기에게는 은혜임을 나타내는 공경스런 말. ¶敬请~顾=삼가 보살펴 주십시오. / 恩师~存=은사님이 받아 간직해 주십시오. 명 **1** 혜택. 이점. 이익. 은혜. ¶实~=실리. 실익. / 小恩小~=(사람을 꾀기 위하여 베푸는) 작은 선심. **2** (Huì) 성(姓). [고어에서 '慧(huì)'와 같음]

○● 恩ēn惠, 口惠, 实惠, 市惠, 贤xián惠, 小惠, 优惠

○ 惠 huì
　蕙 huì
　蟪 huì
　穗 suì

【惠存】huìcún 통경 혜존. 받아 간직해 주십시오. [주로 서적이나 사진 따위의 기념품을 드릴 때 씀] ¶学长~=선배님께서 받아 간직해 주십시오.
【惠而不费】huì'érbùfèi 성 **1** 남에게 은혜를 베풀면서도 비용이 들지 않다. **2** 비 그다지 비용을 들이지 않고 큰 이익을 얻다.
【惠风】huìfēng 명통 따뜻하고 부드러운 바람. 훈풍. ¶~和畅=부드럽고 따뜻한 바람이 불다.

惠喙翙阓溃缋殨蔧嘒慧蕙槥潓靧蟪昏

【惠顾】huìgù 통경 보살펴 주십시오. 자주 왕림해 주십시오. [주로 상점에서 고객에게 찾아 주셔서 고맙다는 것을 나타내는 데 씀] ¶欢迎~=자주 왕림하시는 것을 환영합니다.

【惠及】huìjí 통문 (어떤 사람 또는 장소에) 은혜가 (혜택이) 미치다. ¶~后世=후세까지 혜택이 미치다.

【惠临】huìlín 통경 혜림하다. 왕림하다. ¶各位~舍下, 不胜荣幸。=여러분이 저의 집에 왕림해 주셔서 너무 영광스럽습니다.

【惠允】huìyǔn 윤허하시다. ¶承蒙~, 感激不尽。=당신이 윤허해 주셔서 감격스럽기 그지없습니다.

【惠赠】huìzèng 통경 주시다. 증정하시다. ¶此物乃先生~, 珍藏至今。=이 물건은 선생께서 주신 것으로, 오늘날까지 잘 간직하고 있습니다.

**喙** huì 부리 훼

명문 1 (새)의 부리. (짐승의) 주둥이. ¶长~=긴 주둥이. 2 (사람의) 입. ¶毋庸置~=말참견을 하지 마라.

【喙长三尺】huìcháng-sānchǐ 성 1 입이 석 자나 되다. 2 비 말솜씨가 좋다. 달변이다. 언변〔구변〕이 좋다.

**翙[翽]** huì 날개 치는 소리 홰

【翙翙】huìhuì 의문 푸드덕. 푸르르. [새가 나는 소리] ¶~其羽=푸드덕 날개 치다.

**阓[闠]** huì 바깥문 궤

☞【阛阓】huánhuì

**溃[潰]** huì 문드러질 궤

통 (상처나 부스럼이) 물러터지다. 문드러지다. ¶疮~脓了。=부스럼이 짓무르고 곪다〔고름이 생기다〕.
☞ kuì

【溃脓】[殨脓] huìnóng 통 짓무르고 곪다〔고름이 생기다〕. 화농(化膿)하다.

**缋[繢]** huì 색칠할 괴

통문 '绘(그림 그리다)'와 같음.

**殨[殨]** huì 짓무를 궤

통 '溃(huì)'와 같음.

【殨脓】huìnóng ☞【溃脓】huìnóng

**蔧** huì 대싸리 수

☞【王蔧】wánghuì

**嘒** huì 작을 혜

형문 아주 작다. 미소(微小)한 모양. 아주 작은 모양.

***慧** huì 슬기로울 혜

형문 총명하다. 현명하다. 슬기롭다. 재주〔지혜〕가 있다. ¶聪~=똑똑하다. / 智~=지혜롭다. 늑

聪 ↔ 笨

○● 颖 yǐng 慧

【慧根】huìgēn 명 1 (佛) 혜근. [우주의 진리를 깨치는 데 필요한 타고난 자질] 2 천부적으로 총명한 자질. 타고난 총기〔지혜〕.

【慧黠】huìxiá 형문 총명하고 교활하다〔약삭빠르다〕. ¶~过人=총명하고 교활함이 다른 사람을 능가하다.

【慧心】huìxīn 명 1 (佛) 혜심. [진리를 깨치는 데 필요한 타고난 마음] 2 혜심. 총명하고 슬기로운 마음. 지혜로운 마음.

【慧眼】huìyǎn 명 1 (佛) 혜안. [과거와 미래를 볼 수 있고 우주의 진리를 깨달은 안목] 2 사물의 실상을 분별할 줄 아는 통찰력. 예리한 안목. 지혜. ¶独具~=탁월한 안목〔식견〕을 갖추다.

【慧眼识英雄】huìyǎn shí yīngxióng 성 1 예리한 안목을 지닌 자는 영웅을 알아본다. 2 비 사람을 관찰하는 데 뛰어나다. 인재를 알아보는 데 뛰어나다. 탁월한 식견을 가진 사람만이 인재를 알아본다.

**蕙** huì 혜초 혜

명문 (植) 1 혜초(蕙草). 영릉향(零陵香). 2 혜란(蕙蘭).

【蕙兰】huìlán 명문 (植) 혜란(蕙蘭).

【蕙心】huìxīn 명비 여자의 순결하고 아름다운 마음.

【蕙心兰质】huìxīn-lánzhì 성비 여자의 고결한 품행. =【蕙质兰心】huìzhì-lánxīn

【蕙质兰心】huìzhì-lánxīn ☞【蕙心兰质】huìxīn-lánzhì

**槥** huì 작은 관 혜

명문 조잡하게 짠 작은 관(棺). 허름하고 너절한 작은 널.

**潓** Huì 물 이름 혜

명문 (地) 후이. [지금의 안후이(安徽)성에 있는 옛 강 이름]

**靧[靧]** huì 세수할 회

통문 얼굴을 씻다. 세면하다.

**蟪** huì 털매미 혜

【蟪蛄】huìgū 명 (動) 털매미. 씽씽매미.

# hun

**昏[(昏)]** hūn 어두울 혼

명 저녁〔해질〕 무렵. 황혼녘. ¶晨~=아침과 저녁. 형 1 어둡다. 어두컴컴하다. 어슴푸레하다. 희미하다. 가물가물하다. ¶天~地暗=온 천지가 컴컴하다. / 老眼~花=늙

○ 昏 hūn
婚 hūn
阍 hūn

어서 눈이 어두침침하다. **2** (정신이) 흐리멍덩하다. 혼란하다. 혼미하다. ¶头脑发~=정신이 혼란하다. / 利令智~=이욕〔사사로운 욕심〕은 사람의 지혜를 혼미하게 만든다. 图 의식을 잃다. 기절하다. 까무러치다. 혼절하다. 실신하다. ¶~倒在地=의식을 잃고 땅에 넘어지다. [고어에서 '婚(hūn)'과 같음] ↔晨

【昏暗】 **hūnˋàn** 图 (빛이) 어둡다. 어두컴컴하다. ¶烛光~=초의 불빛이 어두컴컴하다. ↔明亮

【昏沉】 **hūnchén** 图 **1** (날이) 어둡다. 어둑어둑하다. ¶天色~=날이 어둑어둑하다. **2** (정신이) 몽롱하다. 어지럽다. 흐리멍덩하다. ¶睡眠不足, 头脑~。=수면이 부족해서 머리가 몽롱하다. ↔清醒

【昏沉沉】 **hūnchénchén** (~的) 图 어둡다. 어둑어둑하다. 몽롱하다. 어지럽다. 흐리멍덩하다.

【昏倒】 **hūndǎo** 图 기절하다. 까무러치다. 졸도하다. ¶由于劳累过度, 她突然~了。=과로로 인해 그녀는 갑자기 졸도하였다.

【昏定晨省】 **hūndìng-chénxǐng** 图 자식이 저녁에는 이부자리를 봐 드리고, 아침에는 문안을 올리다. 자식이 아침 저녁으로 부모님께 문안하여 효성을 다하다.

【昏官】 **hūnguān** 图 어리석고 무능한 관리. 아둔한 관리.

【昏过去】 **hūn·guo·qu** 图 (잠시) 의식을 잃다. 까무러치다. 졸도하다. ¶他累~了。=그는 과로해서 까무러쳤다.

【昏黑】 **hūnhēi** 图 어두컴컴하다. 어둑어둑하다. ¶停电了, 四周一片~。=정전이 되어 사방이 온통 어두컴컴하다.

【昏花】 **hūnhuā** 图 (시력이) 침침하다. 가물가물하다. ¶两眼~=두 눈이 침침하다.

【昏话】 **hūnhuà** 图 **1** 헛소리. 정신 나간 말. ¶这孩子烧得直说~。=이 아이는 열이 나서 계속 헛소리를 한다. **2** 터무니없는 말. 황당한 말. 쓸데없는 소리. ¶蛮横无理, 满嘴~。=무지막지하고 난폭해서, 하는 말이 모두 다 터무니없는 말들이다.

【昏黄】 **hūnhuáng** 图 어스레하다. 어슴푸레하다. 으스름하다. 흐릿하다. 몽롱하다. ¶~的路灯=어슴푸레한 가로등.

【昏昏】 **hūnhūn** 图 어두컴컴하다. 정신 없이 잠자다. 헝클어지다. 혼미하다. 가물가물하다. 몽롱하다. 아둔하다. 침침하다. 어두운 모양. 깊이 잠든 모양. 머리가 어지러운 모양. 혼미한 모양. 정신이 가물가물한 모양. 우매한 모양. 눈이 침침한 모양. ¶~熟睡=깊이 잠들다.

【昏昏欲睡】 **hūnhūn-yùshuì** 图 **1** (정신이나 의식이) 몽롱하여 졸리다. **2** 아주 피곤하거나 원기가 없다.

【昏昏沉沉】 **hūn·hun chénchén** 图 어둡다. 어둑어둑하다. 몽롱하다. 어지럽다. 흐리멍덩하다. 혼미하다.

【昏昏迷迷】 **hūn·hun mímí** 图 의식이 혼미하다. 인사불성이다. ¶他病得不轻, 一直都是~的。=그는 병이 심해서 줄곧 의식불명이다.

명이다.

【昏镜重磨】 **hūnjìng-chóngmó** 图 **1** 때가 낀 거울을 다시 닦아 광을 내다. **2**〔비〕 다시 광명을 보다.

【昏厥】 **hūnjué** 图(医) 혼절하다. 의식을 잃다. 졸도하다. 까무러치다. 기절하다. 기함하다. =【晕厥】 **yūnjué**

【昏君】 **hūnjūn** 图 어리석고 무능한 군주. 아둔한 군주. 혼군. 우매하고 무능한 임금.

【昏聩】 **hūnkuì** 图 **1** 눈은 침침하고 귀는 어둡다. **2** 머리가 아둔하여 시비를 못 가리다. 우매하다. ¶神志~=정신이 우매하다.

【昏乱】 **hūnluàn** 图 **1** (머리가 혼란스럽고) 어지럽다. 혼미하다. ¶脑子~得很, 理不出一点头绪。=머리가 너무 혼란스러워 갈피를 잡기 어렵다. **2**〔喩〕 (정치가 암담하여) 세상이 어지럽다〔혼란하다〕.

【昏迷】 **hūnmí** 图(医) 혼미하다. 의식불명이다. 인사불성이다. ¶~不醒=정신을 잃고 깨어나지 못하다. ↔清醒

【昏睡】 **hūnshuì** 图 혼수하다. 정신 없이 잠자다. ¶做完手术后, 病人一直在~。=수술을 마친 후 환자는 줄곧 혼수 상태에 빠져 있다.

【昏死】 **hūnsǐ** 图 혼절하여 인사불성이 되다. 까무러치다. 기절하다. ¶她悲痛难忍, 一下~过去了。=그녀는 슬픔을 참을 수가 없어 잠시 혼절하였다.

【昏天黑地】 **hūntiān-hēidì** 图 **1** 사방이 온통 캄캄하다. **2** 정신이 혼미〔아찔〕하다. 눈앞이 캄캄하다. **3** (생활이) 방탕〔방종·문란〕하다. 퇴폐적이다. **4** 세상이 어지럽다〔혼란하다·암담하다〕. **5** 싸움이나 말다툼이 몹시 심하다.

【昏头昏脑】 **hūntóu-hūnnǎo** 图 정신이 얼떨떨하다. 멍청하다. 어리병벙하다. 우두망찰하다. =【昏头胀脑】 **hūntóu-zhàngnǎo**

【昏头胀脑】 **hūntóu-zhàngnǎo** ☞【昏头昏脑】 **hūntóu-hūnnǎo**

【昏星】 **hūnxīng** 图(天) **1** 해가 진 뒤에 서쪽 하늘에 뜨는 별. **2** 수성(水星)과 금성(金星).

【昏眩】 **hūnxuàn** 图 머리가 어지럽고 눈앞이 아찔하다. 현기증이 나다. 어질어질하다. 아찔하다. 어찔하다. ¶突然一阵~, 差点儿摔倒在地。=갑자기 현기증이 나서 하마터면 땅에 넘어질 뻔했다.

【昏庸】 **hūnyōng** 图 우매하다. 우둔하다. 멍청하고 어리석다. 흐리멍덩하다. ¶~无能=우매하고 무능하다.

\***荤[葷]** **hūn** 매운 채소 훈

图 **1**(佛) 훈채(葷菜). [파·마늘·부추 등 특이한 냄새가 나는 채소] ¶五~=오훈. 오훈채(五葷菜). **2** 육식. 육류로 만든 요리. 고기 요리. ¶开~=정진 기간이 끝나 평상시의 식사로 돌아가다. 图(卑) 선정적인. 외설의. 음란한. 저속한. 저질의. ¶他老爱讲一些~段子。=그는 언제나 선정적인 단락〔대목〕을 얘기하는 것을 좋아한다. ↔素

☞ xūn
○● 冷荤

【荤菜】hūncài 图 고기 요리. 생선〔육류〕요리.
【荤话】hūnhuà 图 선정적인〔외설적인〕말. 음담패설. 저속한〔상스러운〕말.
【荤口】hūnkǒu 图 (곡예 공연에서의) 저속한〔상스러운〕말. 육담(肉談). [『净口(정화된 말)』와 구별됨]
【荤食】hūnshí 图 고기 식품. 육식. 图 육식하다. ¶不宜~=육식하지 않는 게 좋다.
【荤腥】hūnxīng 图 (생선이나 고기같이) 비린내 나는 음식. 육식. ¶不沾~=육식을 전혀 입에 대지 않다. ↔素食
【荤油】hūnyóu 图 돼지기름. 라드(lard).

# 阍[閽] hūn 문지기 혼

图⟨문⟩ 1 문지기. ¶司~=문지기. 2 문. [주로 궁문을 가리킴] ¶叩~=문을 두드리다. 图⟨문⟩ 문을 지키다. ¶~者=문지기.

# 惛 hūn 어리석을 혼

图⟨문⟩ 어리석다. 우둔하다. 멍청하다. 흐리멍덩하다. 미욱하다. ¶病则~乱=병이 들면 정신이 흐리멍덩해진다.

# *婚 hūn 혼인할 혼

图 결혼하다. 혼인하다. ¶未~=미혼. / 新~=신혼. 图 혼인. ¶订~=정혼하다. 약혼하다. / 结~=결혼하다.

○● 成婚, 重chóng婚, 初婚, 定婚, 订dìng婚, 悔huǐ婚, 金婚, 求婚, 群婚, 通婚, 退婚, 晚婚, 许婚, 银婚, 再婚, 早婚, 主婚

【婚变】hūnbiàn 图 혼인 관계의 변화. [부부가 이혼하거나 혼외 정사 등의 원인으로 혼인 관계의 변화가 생겼음을 나타냄]
【婚典】hūndiǎn 图 결혼식. 혼례. ¶传统~=전통 혼례.
【婚假】hūnjià 图 결혼 휴가.
【婚嫁】hūnjià 图 1 시집 가다. 2 결혼하다.
【婚检】hūnjiǎn 图 결혼 전에 건강 진단을 하다.
【婚介】hūnjiè 图 혼인 소개〔상담〕업무. ¶~机构=혼인 소개소. 결혼 상담소.
【婚礼】hūnlǐ 图 1 결혼식. 혼례. 2 결혼 축하 예물〔선물〕.
【婚恋】hūnliàn 图 연애와 결혼.
【婚龄】hūnlíng 图 1 ⟨법⟩ 법정 결혼 연령. 혼령. 2 결혼한 햇수. ¶他和妻子的~已有三十多年。=그와 아내의 결혼한 햇수는 이미 삼십여 년이 되었다.
【婚配】hūnpèi 图 결혼하다. ¶尚未~=아직 결혼하지 않았다.
【婚期】hūnqī 图 결혼 날짜. 결혼식 일자. ¶~定在5月8日。=결혼 날짜는 5월 8일로 정했다.
【婚庆】hūnqìng 图 결혼식.
【婚娶】hūnqǔ 图 장가 가다. 장가가는 색시를

【婚丧】hūnsāng 图 '结婚(혼례)'과 '丧葬(장례)'의 합칭. ¶~嫁娶=관혼상제(冠婚喪祭).
【婚纱】hūnshā 图 신부 드레스. ¶~照=드레스를 입고 찍은 웨딩 사진.
【婚生子女】hūnshēng zǐnǚ 图⟨법⟩ 혼인 중의 출생 자녀. 정식 결혼에 의하여 출생한 자녀.
【婚事】hūnshì 图 혼사. ¶他们俩正忙着办~。=그 두 사람은 지금 혼사로 바삐 보내고 있다.
【婚书】hūnshū 图⟨문⟩ 혼서. 결혼 증(명)서.
【婚俗】hūnsú 图 결혼 풍속. ¶各个少数民族的~各有所不同。=각각의 소수 민족의 결혼 풍속은 모두 다른 점이 있다.
【婚外恋】hūnwàiliàn 图 혼외 연애〔정사〕.
【婚外情】hūnwàiqíng 图 혼외 사랑〔연정〕.
【婚外孕】hūnwàiyùn 图 혼외 임신.
【婚宴】hūnyàn 图 결혼 피로연.
【婚姻】hūnyīn 图 1 혼사. 2 혼인. 결혼. ¶~美满=결혼 생활이 아름답고 원만하다.
【婚姻法】hūnyīnfǎ 图⟨법⟩ 혼인법. 2《中华人民共和国婚姻法(중화 인민 공화국 혼인법)》.
【婚姻介绍所】hūnyīn jièshàosuǒ 图 혼인 상담소. 결혼 소개소.
【婚育】hūnyù 图 혼인과 출산.
【婚约】hūnyuē 图 혼약. 결혼 약속. 약혼. ¶解除~=혼약을 깨다. 약혼을 파기하다.
【婚照】hūnzhào 图 결혼 사진.

# 棔 hūn 자귀나무 혼

图⟨植⟩ 자귀나무.

# **浑[渾] hún 흐릴 혼

图 1 (물이) 흐리다. 혼탁하다. ¶把水搅~=물을 휘저어 혼탁하게 만들다. 2 멍청〔미련·우매〕하다. 어리석다. 무지몽매하다. ¶这个人是个地道的~人。=이 사람은 진짜 멍청한 사람이다. 3 순수한. 순진한. 꾸밈이 없는. 천연의. 질박한. 자연스러운. ¶字体~朴=글자체가 질박하다. 4 모든. 온. ¶~身是汗=온몸이 땀투성이이다. 图 하나가 되다. 서로 섞이다. ¶~俗和光之徒=속세와 섞여 자신의 재주를 숨기는 무리. 재지(才智)를 숨기고 남과 다투지 않는 사람. 图 (Hún) 성(姓). ↔清

○● 搅jiǎo浑, 雄xióng浑, 圆浑

【浑蛋】[混蛋] húndàn 图 개새끼. 개자식. 망할〔어리석은〕놈〔자식〕. 머저리 같은 놈.
【浑噩】hún'è 图 멍청하다. 흐리멍덩하다. 무지하다. 무식하다. ¶~愚钝=멍청하고 우둔하다.
【浑古】húngǔ 图 고아하다. 소박하고 고풍스럽다. 질박하고 예스럽다. ¶书体苍劲~。=서체가 힘차고 고아하다.
【浑厚】húnhòu 图 1 순박〔질박〕하고 성실〔온후·돈후〕하다. ¶生性~=천성이 순박하고 돈후하다. 2 (소리가) 낮고 힘〔우렁〕차다. ¶嗓音~=목소리가 낮고 힘차다. 3 (시문·서화 등의 격조가) 질박하고 자연스럽다. 꾸밈이 없다. ¶

풍격~ = 풍격이 질박하고 자연스럽다.
【浑话】 húnhuà 圆 허튼소리. 헛소리. 터무니없는 말. 무의미한〔시시한〕 말.
【浑浑噩噩】 húnhún è'è 圈 무지몽매하다. 멍청하다. 순박하고 천진하다.
【浑家】 húnjiā 圆 아내. 처. [주로 조기 백화문에 보임]
【浑金璞玉】 húnjīn-púyù ☞【璞玉浑金】 púyù-húnjīn
【浑朴】 húnpǔ 圈 (인품·풍격·풍속 따위가) 온후〔돈후〕하고 질박〔순박〕하다. 소박하다. ¶他的画~自然, 不加雕饰. = 그의 그림은 질박하고 자연스러우며 꾸밈이 없다.
【浑球儿】[混球儿] húnqiúr 圆團 개새끼. 개자식. 망할〔어리석은〕 놈〔자식〕. 머저리 같은 놈. 바보.
【浑然】 húnrán 圈 혼연일체가 된 모양. 한 덩어리로 되어 가를 수 없는 모양. ¶~天成 = 자연스럽게 저절로 이루어지다. 서로 잘 어우러져 조탁한 흔적이 없다. 團 완전히. 아주. 전혀. 전연. 온통. ¶~不知 = 전혀 알지 못하다.
【浑然一体】 húnrán-yītǐ 圈 혼연일체가 되다. 완전히 하나로 어우러지다. ↔支离破碎
【浑人】[混人] húnrén 圆 바보. 멍청이. 머저리.
【浑如】 húnrú 圄 너무〔똑같이〕 닮다. 마치 …와 같다. 아주 흡사하다. ¶两个人非常要好, ~亲兄弟一般. = 두 사람은 아주 친해서 마치 친형제와 같다.
【浑身】 húnshēn 圆 전신. 온몸. ¶~干劲儿 = 온몸이 의욕으로 가득 차다.
【浑身是胆】 húnshēn-shìdǎn 圈 1 온몸에 배짱이〔용기가·담력이〕 두둑하다. 2 담이 커서 두려워하는 것이 없다. 아주 대담하다. =【一身是胆】 yīshēn-shìdǎn
【浑身解数】 húnshēn-xièshù 圈 1 온몸의 능력〔기예〕. 전신의 모든 재주. 2圃 온 힘〔전심전력〕을 기울이다. 전력을 투구하다. 최선을〔혼신의 노력을〕 다하다.
【浑水】[混水] húnshuǐ 圆 흐린 물.
【浑水摸鱼】[混水摸鱼] húnshuǐ-mōyú 圈圃 혼란한 틈을 타서 한몫 보다. 혼란한 틈을 타서 정당하지 못한 이익을 챙기다.
【浑说】 húnshuō 圄 함부로 지껄이다. 제멋대로 말하다. 허튼소리 하다. 엉터리로 말하다. ¶信口~ = 입에서 나오는 대로 함부로 지껄이다.
【浑似】 húnsì 圄 아주 흡사하다. 꼭 그대로이다. 너무 닮다. [주로 조기 백화문에 보임]
【浑俗和光】 húnsú-héguāng 圈 1 세속과 함께 섞이다. 각양각색의 사람과 섞이다. 2圃 재주와 지혜를 숨기고 남과 다투지 않다.
【浑天仪】 húntiānyí 圆(天) 1 ☞【浑仪】 húnyí 2 ☞【浑象】 húnxiàng
【浑头浑脑】 húntóu-húnnǎo 圈 머리가 흐리멍덩하고 우둔하다. 어리석고 우매하다. 정신이 얼떨떨하다. 멍멍하다. 어리벙벙하다. 혼미하다.
【浑象】 húnxiàng 圆(天) 혼천의. 혼의. [중국 고대의 천문기기로, 현재의 천구의(天球儀)와 비

숫함] =【浑天仪】 húntiānyí
【浑小子】 húnxiǎo·zi 圆(口) 바보 녀석. 멍청이. 밥통 같은 자식.
【浑仪】 húnyí 圆(天) 혼천의. 혼의. =【浑天仪】 húntiānyí
【浑圆】 húnyuán 圈 아주 둥글다. 똥그랗다. ¶月亮像一个~的玉盘. = 달이 똥그란 옥쟁반을 닮았다.
【浑浊】 húnzhuó 圈 (물·공기 따위가) 혼탁하다. 흐리다. ¶空气~ = 공기가 혼탁하다. ↔清澈

## 珲[琿] hún 아름다운 옥 혼

圆圄 옥(玉)의 일종.
☞ huī
【珲春】 Húnchūn 圆(地) 훈춘. [지린(吉林)성에 있는 지명]

## 馄[餛] hún 떡 혼

【馄饨】 hún·tun 圆 훈툰. 혼돈. 혼돈자. [얇은 밀가루피에 고기 소를 넣고 싸서 찌거나 끓여서 먹는 음식]

## **混 hún 혼탁할 혼

圈 '浑(혼탁하다·어리석다)'과 같음.
☞ hùn
【混蛋】 húndàn ☞【浑蛋】 húndàn
【混球儿】 húnqiúr ☞【浑球儿】 húnqiúr
【混人】 húnrén ☞【浑人】 húnrén
【混水】 húnshuǐ ☞【浑水】 húnshuǐ
【混水摸鱼】 húnshuǐ-mōyú ☞【浑水摸鱼】 húnshuǐ-mōyú

## **魂[(靈)] hún 넋 혼

圆 1 (~儿) 혼. 넋. 영혼. 혼령. ¶借尸还~ = 죽은 사람의 혼이 다른 사람의 시체를 빌어 부활하다. 2 정신. 얼. 정서. 기분. ¶神~颠倒 = 제정신이 아니다. 3 사물에 존재하는 인격화된 정신. ¶诗~ = 시혼. / 花~ = 화혼. 4 숭고한 정신〔넋·얼〕. ¶民族~ = 민족혼. / 国~ = 나라의 정신.

○● 还huán魂, 惊魂, 神魂, 亡wáng魂, 销xiāo魂, 阴魂, 英魂, 幽yōu魂, 冤yuān魂, 招魂

【魂不附体】 húnbùfùtǐ 圈 1 영혼이 육체에서 떠나다. 영혼이 몸에 붙어 있지 않다. 2 넋을 잃다. 3圃 혼비백산하다. ≒失魂落魄
【魂不守舍】 húnbùshǒushè 圈 1 영혼이 몸에서 떠나다. 2 넋이 나가다. 얼빠지다. 3圃 혼비백산하다.
【魂飞魄散】 húnfēi-pòsàn 圈 1 영혼이 육체에서 떠나다. 2圃 혼비백산하다.
【魂灵】 hún·líng (~儿) 圆 영혼. 혼. 넋.
【魂魄】 húnpò 圆 혼백. 넋.
【魂牵梦萦】 húnqiān-mèngyíng 圈 오매불망 그리워하다. 사무치게 그리워하다.

## 诨[諢] hùn 농담할 원

圄 농담을 하다. 우스갯소리를 하다. ¶'黑牡丹'

是 大家给她起的~名。='흑모란'은 모두가 그녀에게 지어 준 별명이다. 몡 유머. 익살. 농담. 우스갯소리. ¶插科打~=익살이나 유머를 섞어서 남을 웃기다.

**【诨号】hùnhào** 몡 별명. ¶同学们给他起了个~叫 "瞌睡虫"。=학우들은 그에게 '잠벌레'라는 별명을 하나 지어 주었다. ≒诨名 外号

**【诨名】hùnmíng** 몡 별명. ≒诨号 外号

**圂 hùn** 돼지우리 혼

몡된 **1** 돼지우리. **2** 뒷간. 변소. ≒溷

**混¹ hùn** 섞을 혼

동 **1** (뒤)섞다. 혼합하다. ¶鱼龙~杂=나쁜 사람과 좋은 사람이 함께 뒤섞여 있다. **2** 함께 교류하다. 사귀다. ¶两个人整天鬼~在一起。=두 사람은 온종일 함께 못된 짓을 한다. **3** 되는대로 살다. 그럭저럭 살다. ¶他~了半辈子也没出个名堂。=그는 반평생을 살았지만, 아무런 성과도 내지 못했다. 囝 함부로. 되는대로. 분별 없이. 제멋대로. ¶别~出主意。=함부로 (쓸모 없는) 아이디어를 내놓지 마라.

**混²[(溷)] hùn** 물 흐릴 혼

동 남을 속이다. 기만하다. 가장하다. 위장하다. ¶鱼目~珠=물고기 눈알을 진주라고 속이다. 가짜를 진짜라고 속이다. 톙 더럽다. 혼탁하다. ¶~浊的水=혼탁한 물. ↔清
☞ hún

鬼guǐ混, 含hán混, 搅jiǎo混, 蒙méng混

**【混编】hùnbiān** 동 혼합 편성하다. ¶把男女生~成一个队参加拔河比赛。=남녀 학생을 한 팀으로 혼합 편성하여 줄다리기 시합에 참가하다.

**【混成】hùnchéng** 동 **1** 혼성하다. 뒤섞어 만들다. 혼합하여 이루어지다. ¶把所有剩菜~了一锅。=모든 남은 음식을 한 냄비에 뒤섞었다. **2** (어떤 신분이나 직위를) 가까스로 얻다. 겨우 차지하다. ¶他在机关干了十多年，终于~了一个处长。=그는 기관에서 십여 년을 일한 끝에, 마침내 가까스로 처장 자리 하나를 꿰차게 되었다. **3** 자주 어울려서 …관계를 맺다. ¶他很快就和新同事们~了好朋友。=그는 아주 빨리 새 동료들과 어울려 친한 친구 관계를 맺었다.

**【混充】hùnchōng** 동 사칭하다. 속이다. 가장하다. ¶~行家=전문가를 사칭하다.

**【混沌】hùndùn** 몡 혼돈. 카오스(chaos). [천지개벽 초에 아직 만물이 확실히 구별되지 않은 상태] ¶~初开=천지가 처음으로 개벽하다. 세상이 처음 열리다. 톙 모호하다. 어리석다. ¶~无知=무지몽매하다.

**【混饭(吃)】hùn‖fàn(chī)** 동 **1** 밥벌이나 하다. 그럭저럭(대충대충) 살아가다. ¶他既没学识, 又没能力, 工作还不认真, 纯粹是在~。=그는 학식도 없고 능력도 없으며, 일도 열심히 하지 않고, 단순히 밥벌이나 한다. **2** 근근히[겨우] 살아가다. ¶收入不高，只能说是混口饭吃。=수입이 많지 않아, 겨우 밥이나 먹고 살 정도이다. **3** 동 (다른 사람한테) 공짜로 밥을 얻어먹다. ¶我中午在朋友那里混了顿饭。=나는 점심 때 친구 있는 데서 밥 한끼를 얻어먹었다.

**【混纺】hùnfǎng** 동(纺) 혼방하다. [두 종류 이상의 이질(異質) 섬유를 혼합하여 방적하는 일] 몡(纺) 혼방 직물.

**【混合】hùnhé** 동 **1** 혼합하다. 함께 섞다. ¶男女~双打=남녀 혼합 복식. **2** (化) 혼합하다. ['化合(화합하다)'와 구별됨]

**【混合面儿】hùnhémiànr** 몡(农) 혼합 가루. [옥수수·콩깻묵·겨 등을 섞어 만든 가루로, 중국 항일 전쟁(抗日戰爭) 시기에 북쪽 일본 점령 지대 주민들의 주식]

**【混合物】hùnhéwù** 몡(化) 혼합물.

**【混合泳】hùnhéyǒng** 몡(体) 혼영. [수영 경기 종목의 하나로, 일정한 거리를 몇 개의 구간으로 나누어 한 사람이 여러 가지 수영 방법으로 헤엄치는 것]

**【混合语】hùnhéyǔ** 몡 혼합어. [두 가지 이상의 언어가 서로 합쳐져 생겨난 말]

**【混混儿】hùn·hunr** 몡됨 건달. 백수. 일정한 직업이 없는 자. 발록구니.

**【混迹】hùnjì** 동 (신분을 숨기거나 가짜 자격으로) 끼어들어 섞이다. 섞여 들어가다. ¶~江湖=강호 속에 섞여 들어가다.

**【混交】hùnjiāo** 동(林) (여러 종류의 나무가) 함께 뒤섞이어 자라다. ¶带状~=띠 모양으로 섞여 자라다. 띠 모양으로 혼합림(混合林)을 이루다.

**【混交林】hùnjiāolín** 몡(林) 혼합림. 혼요림(混淆林).

**【混进】hùnjìn** 동 잠입하다. 섞여 들다. ≒混入

**【混乱】hùnluàn** 톙 혼란하다. 문란하다. 어지럽다. ¶场面~=장면이 혼란스럽다.

**【混棉机】hùnmiánjī** 몡(机) 솜틀. 타면기(打綿機).

**【混凝土】hùnníngtǔ** 몡(建) 콘크리트.

**【混日子】hùn rì·zi** 동 **1** 아무 일도 하지 않고 나날을 보내다. 그럭저럭 나날을 보내다. 허송세월하다. 빈둥거리다. ¶年轻人要有所追求, 不能~。=젊은 사람이 추구하는 바가 있어야지, 아무 일도 하지 않고 나날을 보내서는 안 된다. **2** 간신히[겨우] 생계를[생활을] 유지하다. ¶这点儿工资就只够~。=이렇게 적은 봉급으로는 간신히 생계만 유지할 정도이다.

**【混入】hùnrù** 동 **1** (어느 조직이나 지역에) 잠입하다. 혼입하다. ¶这名通缉犯已~我市。=이 지명 수배범은 이미 우리 도시에 잠입했다. **2** 한데 섞여 들다. 끼어들다. ¶盐里面~了一些味精。=소금에 약간의 화학 조미료가 섞여 들어갔다. ≒混进

**【混声】hùnshēng** 몡(音) 혼성. [남녀가 목소리를 합하여 노래하는 것을 가리키며 '同声(동성)'과 구별됨] ¶~合唱=혼성 합창.

**【混世魔王】hùnshì mówáng** 몡④ **1** 세상을 어지럽히고 사람들에게 해를 끼치는 포악무도(暴

惡無道)한 놈. **2** 말썽쟁이. 말썽꾼. [집안에서 유난히 말썽피우는 아이를 해학적으로 부르는 말]

【混事】**hùn‖shì** 동(구) (그럭저럭) 밥벌이나 하다. (그저 먹고살기 위해) 일을 하다. [해학적인 의미를 내포함] ¶他如今在一家电视台~. = 그는 지금 한 텔레비전 방송국에서 밥벌이하고 있다.

【混双】**hùnshuāng** 명(양)(體) 男女混合双打 (남녀 혼합 복식)

【混同】**hùntóng** 동 혼동하다. ¶这两个概念有本质的区别, 不能~. = 이 두 개념은 본질적인 차이가 있으니, 혼동해서는 안 된다.

【混为一谈】**hùnwéiyītán** 성 **1** (서로 다른 사물을) 한데 섞어 동일 사물로 논하는 것을 시하다. 똑같이 취급하다. ≒同日而语 相提并论 并为一谈

【混淆】**hùnxiáo** 동 **1** 뒤섞이다. 헛갈리다. 섞갈리다. [주로 추상적인 사물에 쓰임] ¶真伪~. = 진위가 뒤섞이다. **2** 뒤섞다. 헛갈리게 하다. ¶~黑白 = 흑백〔옳고 그름〕을 헛갈리게 하다.

【混淆是非】**hùnxiáo-shìfēi** 성 시비를 뒤섞어 분간할 수 없게 하다.

【混淆视听】**hùnxiáo-shìtīng** 성 남의 이목을 현혹시켜 진위를 분간할 수 없게 하다.

【混血儿】**hùnxuè'ér** 명 혼혈아.

【混血种】**hùnxuèzhǒng** 명 **1** 잡종. **2** 혼혈아. [경멸·멸시의 의미를 내포함]

【混养】**hùnyǎng** 동 섞어서 양식하다. 한데 기르다. ¶这些鱼可以~. = 이 물고기들은 한데 섞어서 양식할 수 있다.

【混一】**hùnyī** 동 혼일하다. 섞여서 하나가 되다.

【混杂】**hùnzá** 동 뒤섞(이)다. ¶真伪~ = 진위가 뒤섞이다. ↔纯粹

【混战】**hùnzhàn** 동(軍) 혼전을 벌이다. 혼전하다. 난투하다. ¶一场~ = 한차례 혼전을 벌이다. 명 혼전. 난투. ¶军阀~ = 군벌들의 난투전.

【混账】**hùnzhàng** 형 (언행이) 염치없다. 뻔뻔하다. 개 같다. 비열하다. [욕설로 쓰임] ¶~小子 = 개새끼. 개자식.

【混浊】**hùnzhuó** 형 **1** (물·공기 따위가) 혼탁하다. ¶河水~ = 강물이 혼탁하다. **2** (세상이) 혼탁하다. 암담하고 추악하다. ↔清澈

【混子】**hùn·zi** 명 건달. 백수. 일정한 직업이 없는 자.

【混作】**hùnzuò** 동(農) 섞어짓기하다. 혼작하다. [두 종류 이상의 작물을 같은 경지에 동시에 재배하는 것을 가리킴]

## 溷 **hùn** 더러울 혼

형 **1** 더럽다. 혼탁하다. 흐리다. ¶~浊之水 = 혼탁한 물. **2** 돼지우리. ¶猪~ = 돼지우리. **2** 뒷간. 변소. ¶~厕 = 변소. ≒圂

【溷厕】**hùncè** 명(문) 변소.

【溷浊】**hùnzhuó** 형(문) 혼탁하다.

## 慁 **hùn** 근심할 혼

동(문) **1** 근심하다. 걱정하다. **2** 어지럽게 하다. 교란(攪亂)하다.

# huo

## 耠 **huō** 밭 갈 합

동 (극쟁이 따위로 땅을) 일구다. 갈다. ¶~地 = 땅을 갈다.

【耠子】**huō·zi** 명(農) 극쟁이. [논밭을 가는 데 쓰는 농기구의 한 가지로, 쟁기와 비슷하나 술이 조금 곧게 내려가고 보습 끝이 넓적하고 무딤]

## 騞〔騞〕 **huō** 갈라지는 소리 획

의(문) 찌익. 쩌억. 획. [물건이 갈라지는 소리]

## 锪〔鎪〕 **huō** 뚫을 홀

동 (절삭 공구로 부품의) 구멍을 가공하다〔뚫다·넓히다〕. ¶~孔 = 구멍을 가공하다.

## 劐 **huō** 벨 확

동 **1**(구) (칼로) 째다. 자르다. ¶把米袋子~个口子 = 쌀자루를 째서 구멍을 내다. **2** '耠(huō)'와 같다.

## 嚄 **huō** 외칠 획

감 와. 우와. [놀람을 나타냄] ¶~, 你的新房子真大呀! = 와, 당신의 새 집은 정말 크네요! / ~, 真了不起! = 우와, 정말 대단하다!
☞ **huō**, **ǒ**

## **豁** **huō** 터질 활

동 **1** 터지다. 째지다. 갈라지다. 금가다. 쪼개지다. ¶碗~了一个口子. = 그릇에 이가 하나 빠졌다. **2** 큰맘 먹고〔기꺼이〕 내던지다. 내걸다. 내바치다. 희생하다. ¶~出一周时间陪你去欧洲旅游. = 큰맘 먹고, 1주일 시간을 내어 너를 데리고 유럽 여행을 가마.
☞ **huá**, **huò**

【豁出去】**huō·chu·qu** 동 어떤 희생을〔대가를〕 치르더라도 하다. 죽기살기로 하다. 필사적으로 하다. ¶事情到了这个地步, 我只有~了. = 일이 이 지경에 이르렀으니, 나는 죽기살기로 할 수밖에 없다.

【豁口】**huōkǒu**(~儿) 명 (성벽이나 기물 따위의) 갈라진 틈. 갈라진 곳. 이 빠진 부분. ¶城墙~ = 성벽을 허물고 만든 출입구.

【豁命】**huō‖mìng** 동 **1** 목숨을 걸다〔돌보지 않다〕. **2** 엄청난 대가를 치르다. ¶~也不能让洪水漫堤. = 엄청난 대가를 치르더라도 홍수가 제방을 넘게 해서는 안 된다.

【豁牙子】**huōyá·zi** 명(방) **1** 앞니가 빠진 이. 사이가 벌어진 이. **2** 앞니가 빠진 사람.

【豁子】**huō·zi** 명(방) **1** (성벽이나 기물 등의) 갈라진 틈. 갈라진 곳. 이 빠진 부분. ¶盘子的边上有一个~. = 접시 가장자리에 이가 하나 빠져 있다. **2** 언청이.

【豁嘴】**huōzuǐ**(~儿) 명 **1** ☞【唇裂】**chúnliè 2**(방) 언청이.

**攉** huō 옮길 확

⟨동⟩ (쌓여 있는 물건을) 옮기다. 이동하다. ¶~土=흙더미를 옮기다.
【攉煤机】 huōméijī ⟨명⟩⟨機⟩ 채탄용 파워 셔블 (power shovel). (흙을 파는) 동력 삽.

**和** huó 반죽할 화

⟨동⟩ 개다. 이기다. 반죽하다. ¶~泥=진흙을 이기다.
☞ hé, hè, hú, huò
【和面】 huó‖miàn ⟨동⟩ 밀가루를 반죽하다.

**活** huó 살 활

⟨동⟩ **1** 살다. 생존하다. 생활하다. ¶存~=생존하다. / 死去~来=죽었다가 살아나다. 지극히 비통하다. **2** 살리다. 목숨을 구하다. ¶养家~口=가족을 부양하다. ⟨형⟩ **1** 유동적[이동식·조립식]이다. 고정되어 있지 않다. 흔들리다. ¶死结扣=옭매듭과 풀매듭. / 页本=(종이를 마음대로 뺐다 끼웠다 할 수 있는) 루스 리프(loose leaf)식 공책. **2** 활기차다. 생기 있다. 생생하다. 생동적이다. ¶气氛一跃=분위기가 활기차다. / 心眼儿~=머리가 잘 돌아간다. ⟨부⟩ **1** 산 채로. 통째로. 기계적으로. ¶生吞~剥=산 채로 껍질을 벗겨 생으로 삼키다. 맹목적으로 답습하다. **2** 진실로. 참으로. 완전히. 그야말로. ¶你这是~受罪=너의 이런 행동은 정말 생고생이다. ⟨명⟩(~儿) **1** 일. 노동. [일반적으로 육체 노동을 일컬음] ¶干~儿=노동을 하다. / 轻~儿=수월한 일. **2** 제품. 상품. 세공품. 생산품. ¶铜~=동 세공품. / 不出~儿=제품을 생산하지 않다. ↔死板

◦─ 长活, 成活, 粗cū活, 复活, 苟gǒu活, 过活, 扛káng活, 快活, 零活儿, 灵líng活, 忙活, 衣活, 羌qiāng活, 轻活, 生活, 死活, 铁活, 外活, 养活

【活靶(子)】 huóbǎ(·zi) ⟨명⟩ **1** (사격 훈련용) 이동 표적. **2** ⟨비⟩ 살아 있는 표적. [보통 대중의 비판과 투쟁의 표적이 되고 있는 사람을 가리킴]
【活版】 huóbǎn ☞ 【活字版】 huózìbǎn
【活榜样】 huóbǎngyàng ⟨명⟩ 생생한 본보기.
【活宝】 huóbǎo ⟨명⟩ 익살꾼. 웃음거리 인물. 웃음보따리. [해학적인 의미를 내포함]
【活报剧】 huóbàojù ⟨명⟩ 촌극(寸劇). 토막극. [시사 문제 따위를 드라마 형식으로 다루어 대중에게 쉽게 이해시키는 일종의 계몽·선전극으로, 주로 거리나 광장에서 공연함]
【活蹦蹦】 huóbēngbēng(~的) ⟨형⟩ 활발하고 생기 넘치는 모양. 생동감 있는 모양. ¶~的小虾(há).=활기 있고 생기 넘치는 개구리.
【活蹦乱跳】 huóbèng-luàntiào ☞【欢蹦乱跳】 huānbèng-luàntiào
【活便】 huó·bian ⟨형⟩⟨구⟩ **1** (몸놀림이) 재빠르다. 민첩하다. 기민하다. ¶老人的手脚都还很~.=노인의 손발놀림이 아직도 매우 민첩하다. **2** 간

편[편리]하다. 손쉽다. 사용하기 좋다. ¶现在有了互联网, 查找资料比以前~多了.=현재는 네트워크(network)로 연결되어 있어, 자료를 찾는 데도 예전에 비해 훨씬 간편하다.
【活茬】 huóchá(~儿) ⟨명⟩⟨방⟩ 들일. 농사일.
【活存】 huócún ☞ 【活期存款】 huóqī cún kuǎn
【活地图】 huódìtú ⟨명⟩⟨비⟩ 살아 있는[걸어다니는] 지도. [어떤 지역의 지리에 아주 밝은 사람]
【活地狱】 huódìyù ⟨명⟩⟨비⟩ 생지옥.
【活动】 huó·dòng ⟨동⟩ **1** (몸을) 움직이다. 운동하다. 놀리다. ¶多~有益于身体健康.=많이 움직이는 것은 건강에 도움이 된다. **2** 요동하다. 흔들리다. 놀다. ¶旗杆有些~了.=깃대가 약간 흔들린다. **3** (어떤 목적을 이루기 위해) 뛰다. 활동[행동]하다. 움직이다. ¶这伙小偷常在车站附近~.=이 도둑 떼는 항상 정거장 부근에서 활동한다. **4** (부당한 방법으로) 손을 쓰다. 공작하다. 운동을 하다. 뇌물을 쓰다. ¶他为了得到这个职位正在四处~.=그는 이 직위를 얻기 위하여 사방에 손을 쓰고 있다. ⟨형⟩ 가변성[융통성]이 있는 모양. 유동적인 모양. ¶~模型=이동 모형. ⟨명⟩ 활동. 운동. 행사. 모임. ¶课外~=과외 활동.

---

活动(huó·dòng) / 运动(yùndòng)
움직이다, 운동하다

活动 : 주로 비교적 힘이 들지 않는 신체 활동이나 규모가 별로 크지 않는 행동을 말함. ¶他们也积极开展了丰富多采的敬老活动.=그들도 풍부하고 다채로운 경로 활동을 적극적으로 전개하였다.

运动 : 체육 활동이나 체육 종목을 가리킴. 그 외에 명사로 쓰여 정치·문화·생산 등의 방면에서 규모가 크고 중대한 의미가 있는 군중 행동을 말하기도 함. ¶我每天上午都要去稍场运动一下, 而且特别喜欢跑步.=나는 매일 오전 운동장에 가서 운동을 하는데, 달리기를 특히 좋아한다. / 他参加过法国地下抵抗运动.=그는 프랑스의 지하 저항 운동에 참가한 적이 있다.

---

【活动房】 huódòngfáng ⟨명⟩ 이동식[조립식·간이용] 가옥.
【活动家】 huódòngjiā ⟨명⟩ 활동가. 행동주의자.
【活动铅笔】 huódòng qiānbǐ ☞ 【自动铅笔】 zìdòng qiānbǐ
【活动室】 huódòngshì ⟨명⟩ (특별) 활동실.
【活度】 huódù ⟨명⟩⟨化⟩ 활성도.
【活法】 huófǎ(~儿) ⟨명⟩⟨구⟩ 삶의 방식. 생활 태도. 생활 방식. ¶每个人都有自己的~儿.=모든 사람은 다 각기 자신의 삶의 방식이 있다.
【活泛】 huó·fan ⟨형⟩⟨구⟩ **1** 재치가 있다. 기민하다. 임기응변에 능하다. 머리가 잘 돈다. 반응이 빠르다. ¶他脑子挺~的.=그는 머리가 폐 잘 돌아가는 편이다. **2** (몸·동작이) 민첩하다. 재빠르다. ¶手脚~=손발놀림이 민첩하다. **3** (경제

적으로) 여유 있다. 형편이 좋다. ¶买车的事儿稍缓一缓, 等手头~了再说. =차 사는 일은 잠시 미루어 두고, 형편이 나아지면 그 때 다시 이야기하자.

【活佛】 **huófó** 圕 1 (宗) 라마교(喇嘛敎)의 수장(首長). 전생활불(轉生活佛)의 약칭. 2 생불. 살아 있는 부처. [옛 소설에서 고승을 가리키는 말]

【活该】 **huógāi** 1 ㉮ …한 것은 당연하다. …해도 싸다. …꼴을 당해도 마땅하다. [동정할 가치가 없음을 나타냄] ¶他说话没大没小的, ~挨骂! =그는 말할 때 버르장머리가 없으니, 욕먹어도 싸다! 2 ㉯ 마땅히 …해야 한다. …하는 것이 당연하다. [운명이 정해졌음을 나타냄] ¶碰上好医生, 他~有救. =좋은 의사를 만났으니, 그는 당연히 치료될 수 있다.

【活工资】 **huógōngzī** 圕 (공헌도·수익 효과도 등의 요인에 따라 변동하는) 성과급. 상여금. 보조금. 보너스.

【活化】 **huóhuà** 圄 1 활성화하다. 기민하게 하다. 재빠르게 만들다. ¶~用工制度=고용 제도를 활성화하다. 2 (化) (물질의 분자나 원자의 에너지를) 활성화하다. ¶~剂=활성제.

【活化石】 **huóhuàshí** 圕 살아 있는 화석(으로 불리는 동물이나 식물). 산 화석. [예컨대, 판다(panda)·은행 등]=【子遗生物】 **jiéyí shēngwù** ㉮ living fossil

【活话】 **huóhuà** (~儿) 애매한 말. 확실치 않은 약속. 유동적인 말. 다른 여지가 있는 말. ¶他留下个~儿, 说到时候能不能来得看情况. =그는 애매한 말을 남겼는데, 올 수 있을지 없을지는 그 때 가서 상황을 봐야 한다고 했다.

【活活】 **huóhuó**(~儿的) 圕 1 생으로. 산 채로. 무참하게. 멀쩡하게. [주로 불행을 당하는 데 쓰이며, '好端端地(아무 까닭 없이)'에 상당함] ¶~气死=멀쩡한 사람을 화나 미치게 하다. 2 꼭. 마치. 완전히. 흡사. ¶这孩子穿得破破烂烂的, ~一个小乞丐. =이 아이는 옷차림이 남루해서 마치 어린 거지와 같다. 圄 생기〔생동감〕 넘치다. 싱싱하다. ¶这虾都是~的, 还在蹦呢. =이 새우들은 모두 싱싱해요, 아직도 뛰고 있잖아요.

【活活泼泼】 **huó·huo pōpō**(~的) 圕 활기찬. 발랄한. 생기 넘치는. 활달한. 생동적이다. ¶一个~的小姑娘突然站在面前. =생기 넘치는 소녀가 갑자기 앞에 나타났다.

【活火】 **huóhuǒ** 圕 타오르는 불꽃. 이글거리는 불. 잉걸불.

【活火山】 **huóhuǒshān** 圕(地) 활화산.

【活计】 **huó·ji** 圕 1 (여성들이 주로 하는) 수예·바느질·자수일. 2 (생활 유지를 위한 각종의) 육체 노동. 일. ¶他正在忙~, 走不开. =그는 한창 일하느라 바쁜 중이어서 자리를 뜰 수가 없다. 3 (완성 또는 미완성의) 수공예품. ¶她的~做得很精细. =그녀가 만든 수공예품은 아주 정교하고 세밀하다.

【活检】 **huójiǎn** 圕(醫) 생체 (조직) 검사.

【活见鬼】 **huójiànguǐ** ㉮ 귀신에 홀린 듯하다. 참으로 이상〔괴이〕하다. 정말로 뚱딴지같다. ¶明明就是这把钥匙, 打不开了, 真是~! =분명히 이 열쇠가 맞는데, 왜 열리지 않지? 참으로 귀신이 곡할 노릇이네.

【活校】 **huójiào** 圄 (출판 교정 업무시) 원고에 따라 교정하면서, 원고의 잘못된 곳이나 빠진 곳도 교정하다. ['死校(원고대로만 교정하고 원고에 대해서만 책임을 지다)'와 구별됨]

【活教材】 **huójiàocái** 圕 산 교재. 생생한 본보기. [교육적 의미가 깊은 생생한 사건이나 인물을 가리킴]

【活结】 **huójié** 圕 풀매듭. 풀기 쉽게 맨 매듭] =【活扣】 **huókòu** ↔死结

【活口】 **huókǒu** 1 생존 중인. 2 (상황에 대한 정보·단서를 제공할 수 있는) 포로. 3 (~儿) ㉮ 확실치 않은 약속. 애매한 말. 바꿀 수 있는 말. 여지가〔가변성이〕 있는 말. 둘러대는 말.

【活扣】 **huókòu**(~儿) ☞【活结】 **huójié**

【活劳动】 **huóláodòng** 圕(經) 무형적(無形的) 노동. [물품 생산시의, 노동자의 체력과 두뇌의 소모를 가리킴]

【活雷锋】 **huóléifēng** 圕㉯ 살아 있는 레이펑(雷锋). 봉사심이 많은 사람. 남을 위해 좋은 일을 많이 하는 사람.

【活力】 **huólì** 圕 활력. 생기. 원기. 활기. 생기가 넘치는 힘. 살아 움직이는 힘. ¶~四射=활력이 사방으로 발산하다.

【活灵活现】 **huólíng-huóxiàn** ㉭ (묘사·서술·연기 따위가) 생생하게 살아 있다. 매우 생동감이 있어 마치 진짜 같다. =【活龙活现】 **huólóng-huóxiàn** ≒跃然纸上

【活龙活现】 **huólóng-huóxiàn** ☞【活灵活现】 **huólíng-huóxiàn**

【活路】 **huólù** 1 통한〔뚫린〕 길. 막히지 않은 길. 통행할 수 있는 길. ¶在前面路口向右拐是条~. =앞의 길목에서 우측으로 돌면 뚫린 길이다. 2 ㉯ 살 길. 활로. 살아 나갈 방도. ¶一家人都等着吃饭呢, 得找条~才行. =온 가족이 모두 끼니를 기다리고 있으니, 살 길을 찾아야만 한다. 3 ㉯ 타개책. 해결책. 실행 가능한 방법. 여지. ¶他提出的这个解决方案说不定是条~. =그가 제안한 이 해결 방안은 어쩌면 타개책이 될지도 모른다. ↔死路

【活路】 **huó·lu** 육체 노동. 일. ¶地里~多, 他一个人干不过来. =밭에 할 일이 많아, 그 혼자서는 다 해낼 수 없다.

【活络】 **huóluò** 圄 (기계의 부품 등이) 헐거워지다. 헐렁해지다. 느슨해지다. ¶门把手~了, 得修一修. =문의 손잡이가 헐거워져 좀 수리해야겠다. 圄 1 (머리가) 잘 돈다. 기민하다. 머리 회전이 빠르다. ¶他脑子~, 办法多, 找他准没错. =그는 머리가 잘 돌아가서 방법이 많을 테니, 그를 찾으면 틀림없을 것이다. 2 애매모호하다. 불확실하다. 유동적이다. ¶他说得很~, 不知道究竟什么时候能回来. =그가 애매하게 말해서, 도대체 언제 올 수 있을지 알 수 없다.

【活埋】 **huómái** 圄 생매장하다. 산 채로 묻다.

【活卖】 **huómài** 圄 (부동산을) 다시 사는 조건

으로 팔다.

【活门】 huómén 圀(機) 밸브(valve).

【活命】 huó‖mìng 图 1 (그럭저럭) 살아가다. 생계를 유지하다. 연명하다. ¶靠拉三轮～.＝삼륜자전거를 끌면서 생계를 유지하다. 2圄 생명을 구해 주다. 목숨을 살리다. ¶～之恩＝생명의 은인.

【活命】 huómìng 圀 목숨. 생명. ¶给他留一条～.＝그의 목숨을 살려 주다.

【活腻】 huónì 图⟨口⟩ 사는 게 지겹다. 삶에 진절머리가 나다. [뒤에 주로 '了'가 따라옴]

【活泼】 huó•po 圈 1 활발하다. 활달하다. 활기차다. 생동감이 있다. ¶～可爱的小姑娘＝활발하고 귀여운 어린 아가씨. 2(化)(물질의 움직임이 활발해 타 물질과) 용이하게 화학 반응을 일으키다. ↔呆板 死板 严肃 深沉

【活泼泼】 huópōpō (～的) 圈 아주 활발한. 매우 생기 넘치는. ¶一脸～的笑容＝만면에 생기 넘치게 웃는 얼굴.

【活菩萨】 huópú•sa 圀(俗) 살아 있는 보살. 구원자. 구세주.

【活期】 huóqī 圀 비정기의. 보통 예금. 예금자가 수시로 인출할 수 있는 당좌의. ¶～存款＝보통 예금. 당좌 예금. 圀 보통 예금 방식. 당좌 방식. ¶这笔钱存的是～.＝이 예금 방식은 보통 예금이다. ↔定期

【活期储蓄】 huóqī chǔxù ☞【活期存款】 huóqī cúnkuǎn

【活期存款】 huóqī cúnkuǎn 圀《經》 보통 예금. 당좌 예금. ＝【活存】 huócún【活期储蓄】 huóqī chǔxù

【活气】 huóqì 圀 원기. 생기. 활기. 활력. ¶四周是一片荒山, 没有一点～.＝사방은 온통 황막한 산뿐이라서 생기라곤 전혀 없다.

【活契】 huóqì 圀 옛날, 부동산 매매 계약을 맺을 때 다시 살 수 있는 규정을 포함한 계약. ↔死契

【活钱儿】 huóqiánr 圀⟨口⟩ 1 현금. 현찰. 유동 자금. ¶手头留点～, 以备不时之需.＝불시의 필요에 대비해서 수중에 현찰을 좀 남겨 둬라. 2 부수입. 과외 수입. ¶除了工资外, 他还能挣点～.＝월급 이외에 그는 과외 수입을 조금 벌 수 있다.

【活人】 huórén 圀 산 사람. 살아 있는 사람. 생명이 있는 사람. [주로 '死人(죽은 사람)'과 비교되어 쓰임] ¶～哪能被尿憋死.＝산 사람 걱정할 필요는 없다.

【活塞】 huósāi 圀(機) 실린더(cylinder). 기통. 피스톤(piston). 밸브. ＝【鞲鞴】 gōubèi

【活生生】 huóshēngshēng (～的) 圈 생명력이 있는. 생동감이 넘치는. 생생한. 살아 있는. ¶小说中塑造了众多～的人物形象.＝소설에서 상당히 많은 인물의 생생한 이미지를 묘사해 냈다. 圄 산 채로. 공연히. 까닭 없이. 무참히. ¶他们一～地被海啸吞噬了.＝그들은 산 채로 해일에 빨려들어갔다.

【活食】 huóshí (～儿) 圀 (동물의 먹이로 쓰는) 살아 있는 먹이. 생명이 있는 먹이.

【活受罪】 huóshòuzuì 〈喩〉 (과장된 표현으로) 심한 시달림[괴로움·고통]을 받다. 생고생을 하다. 아주[너무] 고생스럽다. 매우 고통스럽다. ¶有话憋在心里不能说, 简直是～！＝하고 싶은 얘기가 마음속에 억눌러 두고 말을 못 하니, 정말로 생고생이구나.

【活栓】 huóshuān ☞【旋塞】 xuánsāi

【活水】 huóshuǐ 圀 활수. 흐르는 물. 고여 있지 않는 물. ¶～养鱼＝활수 양어. ↔死水

【活死人】 huósǐrén 圀 무능한 사람. 생기[활기]가 없는 사람.

【活似】 huósì 图 너무 흡사하다. 매우 비슷하다〔닮았다〕. 빼다박았다. ¶他～他爸爸年轻时候的样子.＝그는 아버지의 젊은 시절의 모습을 빼다박았다.

【活体】 huótǐ 圀 생체(生體). 살아 있는 생명체.

【活头儿】 huó•tour 圀 살맛. 사는 즐거움〔재미〕. 생활의 의미. 삶의 가치. ¶现在是越活越有～了.＝요즘은 살면 살수록 살맛이 난다.

【活土层】 huótǔcéng 圀 (땅을 갈고 난 뒤에 경작에 적합하도록) 부드러워진 토양층.

【活脱】 huótuō (～儿) 图 (행동거지·태도·모습이) 신통하게 닮다〔같다〕. 매우 비슷하다. 흡사하다. 빼다박은 것처럼 닮다. ¶她这样一化装, ～儿一个农村老太太.＝그녀가 이렇게 화장을 하니, 마치 농촌 할머니를 빼다박은 것처럼 닮았다. 圈 반응이 빠르다. (육감이) 예민하다. 민감하다. 생기 넘치고 자연스럽다. ¶孩子们又蹦又跳的, 就像一个个～儿的小猴子.＝아이들이 깡충깡충 뛰는 것이, 하나같이 생기 넘치는 새끼원숭이 같구나.

【活脱脱】 huótuōtuō (～的) 圈 (행동거지·태도·모습이) 신통하게 닮다. 매우 비슷하다. 흡사하다. 빼다박은 것처럼 닮다. ¶在舞台上他～是个包黑子.＝무대 위의 그의 모습은 신통할 정도로 포청천(包青天)과 흡사하다.

【活物】 huówù 圀 (살아 있는) 생물. ¶荒漠里看不见一个～.＝황량한 사막에서 살아 있는 생물이 하나도 보이지 않는다.

【活下来】 huó•xià•lái 图 살아나다. 살아남다. 죽음의 위기〔고비〕를 벗어나다. ¶抢救了三天三夜, 他终于～了.＝삼일 밤낮을 응급 구조한 끝에, 그는 마침내 살아났다.

【活下去】 huó•xià•qù 图 (어려운 환경 속에서도) 살아 나가다. 버텨 나가다. ¶再难, 我们也要～.＝아무리 힘들더라도, 우리는 버텨 나가야 한다.

【活鲜鲜】 huóxiānxiān (～的) 圈 1 생생한. ¶～的情景＝생생한 정경. 2 활기찬. 생기 넘치는. ¶～的鱼虾＝팔팔 뛰는 물고기와 새우.

【活现】 huóxiàn 图 생생하게 되살아나다. 선하게 떠오르다〔드러나다〕. ¶当时的情景～在我的眼前.＝당시의 정경이 내 눈앞에 생생하게 되살아났다.

【活像】 huóxiàng 图 꼭 …와 같다〔닮다〕. 아주 비슷하다. ¶瞧你这邋遢的样子, ～一个逃难的.＝너의 이 칠칠치 못한 모습 좀 봐라, 꼭 피난민

【活心铅笔】huóxīn qiānbǐ ☞【自动铅笔】zìdòng qiānbǐ

【活性】huóxìng [형](化) 흡착성〔반응 능력〕이 강하다. (반응 속도가) 활발하고 빠르다. ¶~化=활성화

【活性染料】huóxìng rǎnliào [명] 활성 염료. =【反应性染料】fǎnyìngxìng rǎnliào

【活性炭】huóxìngtàn [명](化) 활성탄.

【活血】huóxuè [동](醫) 혈액 순환을 촉진하다. 혈관을 잘 통하게 하다. ¶舒筋~=근육을 풀어 주어 혈액 순환을 촉진시키다.

【活阎王】huóyán‧wang [명][비] 산 염라대왕. 극악무도한 자. 흉악무도한 자.

【活页】huóyè [명] (종이를 마음대로 뺐다 끼웠다 할 수 있는) 루스 리프(loose leaf)식의 낱장. ¶~笔记本=루스 리프식 노트.

【活用】huóyòng [동] 1 활용하다. [知识要活学~。=지식은 배워서 융통성 있게 활용할 수 있어야 한다. 2 (단어의 어법·의미를) 활용하다. ¶他在這篇散文中把名词'青春'~为形容词, 说成'很青春'。=그는 이 산문에서 명사인 '青春(청춘)'을 형용사로 활용하여, '很青春(아주 젊다)'이라 말했다.

【活跃】huóyuè [형] 활동적이다. 활기 있다. 활기차다. ¶新年晚会开得很~。=신년 파티가 아주 활기차게 개최되었다. [동] 1 활기를 띠게 하다. 활발하게 하다. 활성화하다. ¶~气氛=분위기를 활기차게 만들다. 2 활약하다. 적극적으로 활동하다. ¶这几位都是如今~在话剧舞台的著名演员。=이 몇 분은 모두 현재 연극 무대에서 활약하는 유명한 배우들이다. →沉闷

【活质】huózhì [명](生) 원생질(原生質). 원형질(原形質). 바이오플레즘(bioplasm). [가장 기본적인 생명 물질로, 주로 단백질로 이루어짐]

【活捉】huózhuō [동] 사로잡다. 생포하다. ¶~匪首=도적의 두목을 생포하다. ≒生擒

【活字】huózì [명](印) 활자.

【活字版】huózìbǎn [명] 1 (印) 활판. 활자판. 식자판. 2 활판본. =【活版】huóbǎn

【活字典】huózìdiǎn [명] 1 산 사전. 걸어다니는 사전. [글자나 어휘 등에 대한 지식에 특별히 밝은 사람] 2 척척박사. 만물박사. [어떤 업무나 사정에 특별히 정통한, 언제든 필요로 하는 정보를 제공해 주는 사람]

【活字印刷】huózì yìnshuā [명](印) 활자〔활판〕 인쇄.

【活罪】huózuì [명] 생고생. 고생살이. ¶受~=생고생을 하다.

**火**¹ huǒ 불 화

[명] 1 (~儿) 불. 화염. ¶生~=불을 지피다. / 熊熊烈~=맹렬하게 활활 타는 불. 2 (~儿) [비] 성. 화. 노기. ¶怒~=불길 같은 분노. / 心里冒~=마음속에 분노가 끓어오르다. 3 무기. 탄약. ¶走~=폭발하다. 오발하

➡ 火 huǒ
伙 huǒ
钬 huǒ

다. / 军~=병기. 무기. 4 [비] 싸움. 전투. 전쟁. ¶停~=휴전〔정전〕. / 交~=교전하다. 5 (醫) 열. 화기. [중의학에서 병을 일으키는 여섯 가지 원인인 '风(風)·寒(寒)·暑(暑)·湿(濕)·燥(燥)·火(火)' 중의 하나를 가리킴] ¶清~=열을 내리다. (상초에) 열이 나다. 6 (Huǒ) 성(姓). [동] (~儿) 화내다. 성내다. ¶他说着说着就~了。=그는 계속 나무라다가 그만 화를 내었다. [형] 1 붉은색의. 붉은빛의. ¶一只~鸡=한 마리의 칠면조. 2 [구][비] 왕성〔흥성〕하다. 번창하다. 열렬하다. ¶买卖越做越红~。=장사를 하면 할수록 번창해진다. [부][비] 긴급하게. 황급하게. 화급하게. 절박하게. ¶十万~急=매우 긴급하다. ↔水

**火**² huǒ 화반 화

'伙(huǒ)'와 같음.

○- 兵火, 柴chái火, 淬cuì火, 打火, 底火, 动火, 封火, 烽fēng火, 肝gān火, 膏gāo火, 篝gōu火, 挂火, 光火, 鬼火, 过火, 红火, 回火, 活火, 交火, 接火, 借火, 救火, 举火, 磷lín火, 流火, 榴liú火, 笼lóng火, 灭miè火, 恼火, 怒火, 炮pào火, 起火, 去火, 热火, 烧火, 社火, 生火, 失火, 水火, 天火, 停火, 退火, 文火, 窝wō火, 武火, 熄xī火, 香火, 向火, 心火, 星火, 烟火, 焰yàn火, 洋火, 营火, 灶zào火, 纵zòng火, 打火机

【火把】huǒbǎ [명] 횃불. ≒火炬

【火把节】Huǒbǎjié [명] 횃불 명절. 횃불 축제. [이족(彝族)·백족(白族)·납서족(納西族)·율속족(傈僳族)·납호족(拉祜族) 등 중국 소수 민족의 전통적인 명절로, 해충을 몰아 내는 의미로 횃불을 대문에 가지고 다니며 밭을 밟기도 함. 보통 음력 6월 24일경에 열림]

【火伴】huǒbàn ☞【伙伴】huǒbàn

【火棒】huǒbàng [명] (오락용) 횃불 방망이.

【火暴】[火爆] huǒbào [형][동] 1 (성격이) 성급〔조급〕하다. 거칠다. 사납다. 충동적이다. ¶脾气~=성질이 거칠고 성급하다. 2 왕성하다. 뜨겁다. 열기가 넘치다. 한창이다. 홍성하다. 번창하다. ¶演唱会的场面非常~。=콘서트(concert)의 장면이 아주 뜨겁다.

【火爆】huǒbào ☞【火暴】huǒbào

【火并】huǒbìng [동] 내분을 벌이다. 내분으로 서로 싸우다. ¶黑帮~导致了这起命案。=깡패 조직의 내분 싸움이 이 살인 사건을 초래했다.

【火柴】huǒchái [명] 성냥.

【火场】huǒchǎng [명] 불난 곳. 화재 현장.

【火车】huǒchē [명] 기차. 열차.

【火车皮】huǒchēpí [명] 기차의 차체. (기관차를 제외한) 차량.

【火车头】huǒchētóu [명] 1 ☞【机车】jīchē 2 [비] 견인차. 선구자. 선도자. 앞에 서서 인도하는 사람〔사물〕.

【火车站】huǒchēzhàn [명] 기차역.

【火车座】huǒchēzuò [명] 기차 의자처럼 배열된

【火成岩】 huǒchéngyán 명(礦) 화성암.
【火炽】 huǒchì 형 1 (불처럼) 이글이글하다. 치열하다. 격렬하다. 2 (비) 왕성하다. 열렬하다. ¶漫山遍野的桃花开得真~。=온 산천에 가득한 복숭아꽃이 정말 흐드러지게 피었다.
【火铳】 huǒchòng 명 화통(火筒). 화승총.
【火刀】 huǒdāo 명(비) 부시. 화도.
【火电】 huǒdiàn ☞【火力发电】 huǒlì fādiàn
【火电站】 huǒdiànzhàn 명(약) 火力发电站(화력 발전소).
【火毒】 huǒdú 형 작열(灼熱)하다. 맹렬하다. 악랄하고 잔인하다. ¶~的阳光炙烤着大地。=작열하는 햇빛이 대지를 달구고 있다.
【火堆】 huǒduī 명 불더미.
【火夫】 huǒfū 명 1(구) 화부. 2 ☞【伙夫】 huǒfū
【火攻】 huǒgōng 통 화공하다. 불로 공격하다.
【火钩(子)】 huǒgōu(·zi) 명 불갈고리.
【火罐儿】 huǒguànr 명(醫) 부항단지. 흡각(吸角). 흡종(吸鍾).
【火光】 huǒguāng 명 불빛. 화광. ¶~冲天=불빛이 하늘을 찌르다.
【火锅】 huǒguō (~儿) 명 신선로. [숯을 사용하는 구식 신선로 외에 전기 신선로·가스 신선로가 있음]
【火海】 huǒhǎi 명 1 불바다. ¶一片~=온통 불바다이다. 2(비) 아주 위험하고 험악한 곳. ¶上刀山, 下~。=칼산을 오르고 불바다에 들어가다. 어떤 어려움도 두려워하지 않다.
【火海刀山】 huǒhǎi-dāoshān ☞【刀山火海】 dāoshān-huǒhǎi
【火红】 huǒhóng 형 1 시뻘겋다. 타는 듯 붉다. ¶~的山茶花=타는 듯 붉은 동백꽃. 2(비) 왕성하다. 생기 넘치다. 열렬하다. ¶~的青春岁月=정열에 불타는 젊은 시절.
【火候】 huǒ·hou (~儿) 명 1 (요리할 때) 불의 상태. 불의 세기와 시간. ¶做菜要掌握好~。=요리는 불의 상태를 잘 파악해야 한다. 2(비) 적시. 결정적인 순간. 호기(好機). ¶现在还没到~, 不要贸然行事。=아직 때가 안 됐으니, 경솔하게 행동하지 마라. 3(비) 숙달된 경지. 완숙한 경지. 능수능란한 단계. ¶她的小提琴拉到~了。=그녀의 바이올린 켜는 솜씨가 숙달된 경지에 올랐다.
【火呼呼】 huǒhūhū (~的) 형 (분이 치밀어) 씩씩거리는 모양. ¶他~的, 不知又生谁的气了。=그는 분이 치밀어 씩씩거리고 있는데, 누가 또 그를 화나게 만들었는지 모르겠구나.
【火花】 huǒhuā 명 1 불꽃. 불똥. 불티. 스파크(spark). ¶篝火噼里啪啦不停地迸出~。=모닥불이 타닥타닥 쉴새없이 불똥을 튀겨댄다. 2(비) 불꽃. [머리에 짧은 순간에 번득이는 생각] ¶智慧的~=지혜의 불꽃. / 生命的~=생명의 불꽃. 3 (~儿) 성냥갑에 붙인 그림. ¶集~=성냥갑 그림 수집.
【火花放电】 huǒhuā fàngdiàn 명(電) 기체 방전(氣體放電). [기체를 통해서 방전하는 현상으로, 불꽃이 일거나 터지는 소리가 남]
【火花塞】 huǒhuāsāi 명(機) 점화 플러그(plug). 점화전(點火栓). 발화전(發火栓). 착화전(着火栓). (약)【电嘴】 diànzuǐ
【火化】 huǒhuà 통 화장(火葬)하다.
【火化场】 huǒhuàchǎng 명 화장터.
【火浣布】 huǒhuànbù 명 석면포(石棉布).
【火鸡】 huǒjī 명(動) 칠면조. =【吐绶鸡】 tǔshòujī【八卦鸡】 bāguàjī
【火急】 huǒjí 형 화급하다. 다급하다. ¶十万~=매우 긴급하다. ≒紧急 紧迫
【火急火燎】 huǒjí-huǒliǎo 성 애간장을 태우다. 몹시 초조해하다.
【火剪】 huǒjiǎn 명 1 (불을 지필 때 쓰는) 부집게. =【火钳】 huǒqián 2 (미용 기구인) 인두. 고데.
【火碱】 huǒjiǎn 명 가성 소다.
【火箭】 huǒjiàn 명 1 불화살. 화전. 2 로켓.
【火箭弹】 huǒjiàndàn 명(軍) 1 로켓탄. 미사일. 2 로켓 탄두.
【火箭炮】 huǒjiànpào 명(軍) 로켓포.
【火箭筒】 huǒjiàntǒng 명(軍) (개인 휴대용) 로켓 발사기.
【火井】 huǒjǐng 명(礦) 천연 가스가 분출되는 곳. 천연 가스전.
【火警】 huǒjǐng 명 화재. 화재 사건. ¶~电话=화재 신고 전화.
【火镜】 huǒjìng 명 볼록 렌즈(lens).
【火酒】 huǒjiǔ 명(방) 알코올. 주정(酒精). 도수가 높은 술.
【火居道士】 huǒjū dào·shi 명 아내와 가정이 있는 도사.
【火具】 huǒjù 명 화구. [뇌관·도화선 등의 점화나 기폭(起爆) 기구의 총칭]
【火炬】 huǒjù 명 1 횃불. 2 (금속제의 신식) 횃불. 성화. ≒火把
【火炬计划】 huǒjù jìhuà 명 횃불 계획. [중화 인민 공화국이 1988년 8월부터 실시한, 고급 신기술을 개발, 그 성과를 이용하여 상품화·산업화·국제화를 꾀한 대규모의 산업 개발 계획]
【火炕】 huǒkàng 명 온돌.
【火坑】 huǒkēng 명(비) 불구덩이. 비참한 생활 환경. 고경(苦境). ¶跳出~=비참한 생활 환경을 벗어나다.
【火筷子】 huǒkuài·zi 명 부젓가락. 화저(火箸). 부저.
【火辣】 huǒlà 형 1 매우 맵다. 얼얼하다. 혀끝이 아리다. ¶吃了一个辣椒, 嘴里~~的。=고추를 하나 먹었더니 입 안이 얼얼하다. 2 (성격이) 사납다. 불같다. 기승스럽다. 말이 날카롭다. ¶她的性子~得很。=그녀의 성격이 아주 불같다. 그녀는 성격이 대단하다.
【火辣辣】 huǒlàlà (~的) 형 1 (화상·물린 상처·채찍질 따위로 인해) 매우 아리고 얼얼하다. 뜨끔뜨끔하다. ¶手被烧伤了, ~地疼得厉害。=손이 불에 데어서 뜨끔뜨끔한 것이 몹시 아프다. 2

火 huǒ 883

몹시 뜨겁다. 작열하다. 이글이글 끓다. ¶~的太阳=작열하는 태양. 3 지나치게 흥분하다. 감정이 북받쳐오르다. 격정에 사로잡히다. ¶队员们心里~的, 恨不得马上就到赛场上去和对方比个高低. =대원들은 지나치게 흥분하여, 지금 당장 시합장으로 가서 상대방하고 우열을 가리지 못하는 것을 한스러한다. 4 사납다. 거세다. 악랄하다. 신랄하다. ¶~的脾气=사납고 거센 성질.

【火老鸹】 huǒlǎoguā ☞【火老鸦】huǒlǎoyā
【火老鸦】 huǒlǎoyā 명동 세찬 불길〔화염〕. 큰 불꽃. =【火老鸹】huǒlǎoguā
【火力】 huǒlì 명 1 화력. ¶烧的是天然气, ~很强. =천연 가스를 태우기 때문에 화력이 아주 세다. 2 (명) 화력. 무기의 위력. ¶加强~=화력을 강화하다. 3 (인체의) 내한력. 추위를 견디는 힘. ¶这小伙子~旺, 大冷的天就只穿一件衬衣. =이 녀석은 내한력이 뛰어나, 아무리 추운 날이라도 단지 셔츠 한 벌만 입는다.
【火力点】 huǒlìdiǎn 명 (軍) 화력 집결지. =【发射点】fāshèdiǎn
【火力发电】 huǒlì fādiàn 명 화력 발전. 역
【火电】 huǒdiàn
【火力圈】 huǒlìquān 명 (軍) 화력권. 무기의 사정 거리권.
【火力网】 huǒlìwǎng ☞【火网】huǒwǎng
【火镰】 huǒlián 명 부시. 화도.
【火燎眉毛】 huǒliǎo-méi·mao ☞【火烧眉毛】 huǒshāo-méi·mao
【火龙】 huǒlóng 명 1 화룡. 불의 용. [전설상에 나오는 온몸에 불을 띤 신룡(神龍)] 2 (用) (용 모양의) 등불 행렬〔화염〕. ¶河堤上的灯光连成了一条长长的~. =하천 제방의 등불들이 하나의 기나긴 용 모양의 행렬을 이루었다. 3 (명) 방고래.
【火笼】 huǒlóng 명동 도기 화로가 들어 있는 대바구니.
【火炉】 huǒlú(~儿) 명 화로. 난로. 화덕. 스토브(stove). =【火炉子】huǒlú(·zi)
【火炉子】 huǒlú(·zi) ☞【火炉】huǒlú
【火轮】 huǒlún ☞【火轮船】huǒlúnchuán
【火轮船】 huǒlúnchuán 명(옛) 기선(汽船). =【火轮】huǒlún
【火冒三丈】 huǒmào sānzhàng (성) 화가 머리 끝까지 치밀어오르다. 격노하다.
【火媒】 huǒméi ☞【火煤】huǒméi
【火煤】 [火媒] huǒméi(~儿) 명 불쏘시개. =【火煤子】huǒméi(·zi)
【火煤子】 huǒméi(·zi) ☞【火煤】huǒméi
【火苗】 huǒmiáo(~儿) ☞【火焰】huǒyàn
【火磨】 huǒmò 명 동력 제분기.
【火捻】 huǒniǎn(~儿) 명 1 초산을 바른 종이 끈. [불을 붙일 때 사용함] =【火纸捻】huǒzhǐniǎn 【火纸筒】huǒzhǐtǒng 2 불쏘시개.
【火炮】 huǒpào 명(軍) 화포.
【火盆】 huǒpén 명 화로. [용기 안에 숯불을 넣어 난방을 하거나 옷을 말리는 데 쓰임]
【火拼】 huǒpīn 동 분열되어 싸우다. 내분을 벌이다.

【火漆】 huǒqī 명 봉랍. [편지·포장물·병 등을 봉하여 붙이는 데에 쓰는 수지질(樹脂質)의 혼합물] =【封蜡】fēnglà
【火气】 huǒqì 명 1 혈기. 뜨거운 기운. ¶年轻人~旺, 不怕冷. =젊은 사람이 혈기가 왕성해서 추위를 타지 않는다. 2 (用) 노기. 성. 화. 분. 성깔. 정열. 정열. ¶谁惹您了, ~那么大? =누가 너의 성깔을 건드렸기에 그렇게 크게 화를 내니? 3 (醫) 화기. 열.
【火器】 huǒqì 명 (軍) 화기.
【火钳】 huǒqián ☞【火剪】huǒjiǎn
【火枪】 huǒqiāng 명 구식 산탄총. [현재는 주로 수렵을 하는 데 쓰임]
【火墙】 huǒqiáng 명 1 큰 불길로 만들어 놓은 장애물. =【火网】huǒwǎng 2 난방을 위해 벽 속에 화도(火道)를 설치한 벽. 페치카. 3 화력망.
【火情】 huǒqíng 명 화재 상황. ¶~严重=화재 상황이 심각하다.
【火球】 huǒqiú 명 불덩어리.
【火热】 huǒrè 형 1 불처럼 뜨겁다. ¶~的岩浆=불처럼 뜨거운 마그마(magma). 2 (用) 친밀〔다정〕하다. ¶他们俩正打得~, 几乎天天泡在一块儿. =그 두 사람은 열애 중이라서 거의 매일 함께 있다. 3 열렬하다. 정열적이다. ¶~的心=불같이 뜨거운 마음. 4 (用) 격렬하다. 치열하다. ¶~的斗争=격렬한 투쟁.
【火绒】 huǒróng 명 부싯깃. [부시를 칠 때 불똥을 받아서 불을 댕기는 물건으로, 보통 쑥잎·수리취 따위를 불에 볶아 비벼서 만듦]
【火肉】 huǒròu 명동 중국식 햄(ham).
【火色】 huǒsè 명 (요리할 때) 불의 세기와 시간. ¶看~=불의 세기와 시간을 보다.
【火山】 huǒshān 명(地) 화산.
【火山地震】 huǒshān dìzhèn 명(地) 화산 지진. [화산 폭발로 인해 생기는 지진]
【火山灰】 huǒshānhuī 명 화산재.
【火山口】 huǒshānkǒu 명 1 화산 구멍. 화산 분출구. 2 (用) 가장 위험한 곳.
【火伤】 huǒshāng 명 화상.
【火上加油】 huǒshàng-jiāyóu (성) 1 불에 기름을 끼얹다. 2 (用) 불난 집에 부채질하다. =【火上浇油】huǒshàng-jiāoyóu
【火上浇油】 huǒshàng-jiāoyóu ☞【火上加油】huǒshàng-jiāoyóu
【火烧】 huǒshāo 동 (불로) 태우다. 굽다. 불질러 없애다.
【火烧】 huǒ·shao 명 사오빙(烧饼). [밀가루를 반죽하여 원형 또는 사각의 평평한 모양으로 만들어, 표면에 참깨를 뿌려 구운 빵의 일종]
【火烧火燎】 huǒshāo-huǒliǎo(~的) (성) 1 (몸이) 후덥지근 달아올라 견디기 어렵다. 2 (用) 몹시 초조하다. 애간장을 태우다.
【火烧眉毛】 huǒshāo-méi·mao (성) 1 불이 눈썹을 태우다. 2 (用) 발등에 불이 떨어지다. 매우 급박하다. 절박하다. =【火燎眉毛】huǒliǎoméi·mao ¶都~了他还不着急. =이미 발등에 불이 떨어졌는데, 그는 아직도 조급해하지 않

는다.

【火烧云】 huǒshāoyún 몡 (아침·저녁의) 노을. 놀.

【火舌】 huǒshé 몡 불살. 불길. ¶很快蹿上了房顶=타오르는 불길이 금세 지붕을 덮쳤다.

【火蛇】 huǒshé 몡 (뱀의 혀처럼 타오르는) 불살. 불길. 화염. ¶~乘着风势迅速蔓延。=뱀 같은 불길은 바람을 타고 신속하게 퍼져 나간다.

【火绳】 huǒshéng 몡 화승. [약쑥이나 풀을 꼰 노끈으로 불을 붙여 모기를 쫓거나 불을 붙이는 데 씀]

【火石】 huǒshí 몡 1 ☞【燧石】 suìshí 2 라이터 돌.

【火势】 huǒshì 몡 불길. 불타는 기세. ¶消防队员赶到后, ~得到了控制。=소방대원이 도착한 후, 불길이 잡혔다.

【火树银花】 huǒshù-yínhuā 솅 등불·불꽃놀이 등이 휘황찬란하다.

【火速】 huǒsù 혱 지급(至急)하다. 황급하다. 화급하다. 긴급하다. ¶~赶往事故现场。=신속하게 사고 현장으로 가다. ↔飞速

【火炭】 huǒtàn 몡 벌겋게 타고 있는 숯〔장작〕.

【火塘】 huǒtáng 몡 방바닥을 파서 만든 화로. [화로 주위에 벽돌로 둘러 쌓고 불을 붙여 난방이나 취사 등을 함]

【火烫】 huǒtàng 혱 매우 뜨겁다. 뜨끈뜨끈하다. ¶地面被太阳晒得~。=지면이 태양에 내리 쪼여 매우 뜨겁다. 통 (머리를)파마〔고데〕하다.

【火头】 huǒtóu 몡 1 (~儿) 불꽃. 화염. 불길. ¶柴火烧起来~儿很大。=장작이 타기 시작하니 불길이 아주 세다. 2 (~儿) 불의 상태. 불의 세기와 시간. ¶~儿不到, 汤的味道就出不来。=불의 상태가 적절하지 않으면 탕의 맛을 낼 수가 없다. 3 (~儿) 화. 노기. 부아. ¶把~压一压, 消消气。=노기를 좀 가라앉히고, 화를 풀어라. 4 불을 처음 낸 집. 발화 지점.

【火头军】 huǒtóujūn 몡옛 군대의 취사병. [해학적인 의미를 내포함]

【火头上】 huǒtóu·shang 몡此 한창 성이 나 있을 때. ¶他这会儿正在~, 什么话都听不进去。=그가 지금 한창 성나 있으니, 무슨 말을 해도 귀에 들어갈 리가 없다.

【火腿】 huǒtuǐ (중국식) 햄(ham).

【火网】 huǒwǎng 몡 1 (军) 화력망. [화기(火器)로 그물처럼 짜 놓은 사격의 범위]=【火力网】 huǒlìwǎng 2 ☞【火墙】 huǒqiáng

【火险】 huǒxiǎn 몡 1 화재〔실화〕 위험. ¶~预警仪=화재 경보기. 2 화재 보험. ¶保~=화재 보험에 들다.

【火线】 huǒxiàn 몡 1 (军) 최전선. 전장. 2 (电) (전류가 흐르는) 전선. ['零线(전류가 흐르지 않는 전선)'과 구별됨] 3 (화재의) 전선(前線). ¶~前线

【火巷】 huǒxiàng 몡 방화선. 방화 통로. [화재 발생시 대피 및 진화 및 불길의 번짐을 막기 위해 건물의 뒤쪽 또는 옆쪽에 내어 기존의 통로와 연결시킨 통로]

【火硝】 huǒxiāo ☞【硝石】 xiāoshí

【火星】 huǒxīng 몡 1 (~儿) 불티. 불똥. 불꽃. =【火星子】 huǒxīng·zi ¶~四溅=불똥이 사방으로 튀다. 2 (天) 화성.

【火星子】 huǒxīng·zi ☞【火星】 huǒxīng

【火性(子)】 huǒxìng(·zi) 몡 발끈하는 성미. 불같은 성질. 격하기 쉬운 성질. 조급한 성미.

【火眼】 huǒyǎn 몡(医) 급성 결막염(結膜炎).

【火眼金睛】 huǒyǎn-jīnjīng 솅 1 《서유기(西游记)》의 손오공이 팔괘로(八卦炉) 안에서 터득해 낸 요괴·악마 등을 식별해 낼 수 있는 안목. 2 (비) 모든 것을 꿰뚫어 볼 수 있는 안목. 예리한 안목. 혜안.

【火焰】 huǒyàn 몡 화염. 불꽃. ⇨【火苗】 huǒmiáo

【火焰喷射器】 huǒyàn pēnshèqì ☞【喷火器】 pēnhuǒqì

【火药】 huǒyào 몡 화약.

【火药库】 huǒyàokù 몡 화약고.

【火药味】 huǒyàowèi (~儿) 몡 1 화약 냄새. 2 격렬한 충돌 분위기. 강렬한 적의. ¶两人的争论充满了~。=두 사람의 논쟁은 적의로 가득차 있다.

【火印】 huǒyìn 몡 소인. 낙인. 화인.

【火油】 huǒyóu ☞【煤油】 méiyóu

【火源】 huǒyuán 몡 인화성 물질.

【火灾】 huǒzāi 몡 화재.

【火葬】 huǒzàng 통 화장하다.

【火葬场】 huǒzàngchǎng 몡 화장터.

【火针】 huǒzhēn 몡(医) 1 화침 시술. 불침 시술. =【燔针】 fánzhēn【焠针】 cuìzhēn【烧针】 shāozhēn 2 불침. 화침. (종기를 따는) 뜨겁게 달군 침.

【火纸】 huǒzhǐ 몡 1 초산을 바른 종이. 도화지(導火紙). 2 제사 지낼 때 태우는 종이.

【火纸捻】 huǒzhǐniǎn ☞【火捻】 huǒniǎn

【火纸筒】 huǒzhǐtǒng ☞【火捻】 huǒniǎn

【火中取栗】 huǒzhōng qǔlì 솅 1 남의 꾐에 넘어가 위험을 무릅쓰고 불 속에서 밤을 줍다. 2 (비) 아무런 이익도 보지 못하고 남에게 이용당하다.

【火种】 huǒzhǒng 몡 1 불씨. 2 (비) 어떤 일을 발생·발전시키는 실마리. 씨앗. ¶播下革命的~。= 혁명의 씨앗을 뿌리다.

【火烛】 huǒzhú 몡 1 등화. 등불. 2 인화물. 인화성 물질. ¶小心~。=인화물 조심.

【火主】 huǒzhǔ 몡 (불이 났을 때) 불이 처음 난 집. 발화 지점.

【火柱】 huǒzhù 몡 불기둥.

【火箸】 huǒzhù 몡 부젓가락. 부저. 화저. [화로에 꽂아 두고 불덩이를 집는 데 쓰는 쇠젓가락]

【火砖】 huǒzhuān 몡 내화 벽돌.

**伙**¹ huǒ 화반 화

몡 1 고대 병제(兵制)에서 열 명의 병사를 한 조로 이루어 '火'(화)라고 불러 공동 취사(炊事)를 하였는데, 후에는 '伙'(화)라고 씀. 2 (학교·군대 등에서의) 공동 취사. 단체 식사. ¶包~=식사

**伙²[夥]** huǒ 동아리 화

⟨명⟩ **1** 동료. 친구. 동무. ¶他和几个小~伴在湖边玩儿。=그와 몇 명의 어린 친구들이 호숫가에서 놀고 있다. **2** 떼. 패. 동아리. 일단. 무리. 일행. ¶入~=패거리에 들어가다. / 成群结~=무리를 이루다. **3** ⟨명⟩ 점원. ¶店~=점원. ⟨동⟩ 합작〔연합·협력〕하다. 어울려 하다. ¶合~=동업하다. / 同作案=한패가 되어 범죄를 저지르다. ⟨양⟩ 떼. 패. 무리. ¶三个一群, 五个一~。=삼삼오오 떼를 짓다.

◦● 拆chāi伙, 打伙儿, 大伙儿, 锅guō伙, 家伙, 开伙, 入伙, 退伙

【伙伴】[火伴] huǒbàn ⟨명⟩ **1** 고대 병제(兵制)에서 열 명의 병사를 한 조로 이루어 '火(화)'라고 불러 공동 취사(炊事)를 하였는데, 후에는 '伙(화)'라고 씀. 처음에는 '火伴(동료)'이라고 부르다가 후에 '伙伴(동료)'으로 씀. **2** 동료. 친구. 동반자.
【伙房】 huǒfáng ⟨명⟩ (학교·회사·부대 등의) 취사장. 부엌. 주방.
【伙夫】[火夫] huǒfū ⟨명⟩⟨옛⟩ 취사부(炊事夫). 취사원(炊事員).
【伙耕】 huǒgēng ⟨동⟩ 공동 경작하다. ¶他们采用机械化手段, ~了百十亩地。=그들은 기계화로 110묘(亩)의 땅을 공동 경작했다.
【伙计】 huǒ·ji ⟨명⟩ **1** 점원. 머슴. 장기 고용인. ¶他在药铺当过十多年~。=그는 약방에서 10여 년 점원 노릇을 한 적이 있다. **2** 동업자. **3** 동료. 동무. 짝패. 친구. [친근감을 표시함] ¶~, 加把劲儿, 就快干完了。=친구야, 힘 좀 내라, 다 끝나 간다.
【伙食】 huǒ·shí ⟨명⟩ (학교·회사·부대 등의) 구내 식당의 식사. ¶改善~=구내 식당의 식사를 개선하다. / 学生食堂~不错。=학생 식당의 급식이 괜찮다.
【伙同】 huǒtóng ⟨동⟩ 함께 일을 하다. 한패가 되다. 결탁하다. ¶他~几个待业青年办起了木材加工厂。=그는 미취업 청년 몇 명과 같이 동업해서 목재 가공 공장을 차렸다.
【伙种】 huǒzhòng ⟨동⟩ 공동 경작하다.
【伙友】 huǒyǒu ⟨명⟩ 동료. 동반자. 동무. [주로 조기 백화문에 보임]
【伙子】 huǒ·zi ⟨양⟩ 패. 떼. 무리. ¶他跟那几个人是一~。=그와 그 몇 명은 한패이다.

# 钬[鈥] huǒ 홀뮴 화
⟨명⟩⟨화⟩《化》 홀뮴(Ho, holmium). [원자 번호 67]

# 漷 huǒ 강 이름 곽
⟨명⟩(地) 휘(漷)현. [베이징(北京)시 퉁저우(通州)구에 있는 지명]

# 夥 huǒ 많을 과
⟨형⟩⟨옛⟩ 많다. ¶获益甚~=이득이 매우 많다.

**或** huò 혹시 혹

⟨대⟩⟨옛⟩ 어떤 사람. 아무개. 혹자. 모인(某人). ¶人固有一死, ~重于泰山, ~轻于鸿毛。=사람은 반드시 한 번은 죽게 마련인데, 어떤 사람은 태산보다 무거운 값있는 죽음을 맞고, 어떤 사람은 기러기털보다 가벼운 하찮은 죽음을 맞는다. ⟨부⟩ **1** 조금. 약간. ¶不可~缓=조금이라도 소홀히 해서는 안 된다. **2** 혹시. 아마도. 어쩌면. ¶广场改造工程~可提前竣工。=광장을 개조하는 공사는 아마도 앞당겨 준공할지도 모른다. ⟨접⟩ 혹은. 또는. 그렇지 않으면. ¶~你去, ~他去, 都可以。=네가 가든지, 혹은 그가 가든지, 모두 다 된다.

○ 或 huò
  惑 huò
  国 guó
  馘 guó

◦● 即或, 间jiàn或, 容或, 设或, 甚shèn或, 倘tǎng或

【或多或少】 huòduō-huòshǎo ⟨성⟩ 어느 정도. 많거나 적거나. 많든지 적든지 간에. ¶他作出这个决定~受了父母的影响。=그가 이러한 결정을 내리게 된 것은 많든지 적든지 간에 부모의 영향을 받았다.
【或然】 huòrán ⟨형⟩ 혹 그럴 수 있다. 어쩌면 …일 수 있다. ¶~误差=확률 오차.
【或然率】 huòránlǜ ⟨명⟩⟨수⟩ '概率(확률)'의 옛 명칭.
【或然性】 huòránxìng ⟨명⟩ 개연성. 불확실한 가능성. ↔必然性
【或是】 huòshì ⟨부⟩ 아마. 혹시. ¶他还没到, ~路上堵车了。=그가 아직 도착하지 않았는데, 아마 길에서 차가 막혀 그럴 것이다. ⟨접⟩ …이거나 혹은 …이다. …이 아니면 …이다. ¶~看电影, ~去公园, 随你决定。=영화를 보든 혹은 공원에 가든지, 네 마음대로 결정해라.
【或许】 huòxǔ ⟨부⟩ 아마. 어쩌면. 혹시 (…인지 모른다). ¶这些天没见着他, ~是出差了。=요 며칠 간 그를 보지 못했는데, 어쩌면 출장 갔는지도 모른다. 늑也许 兴许
【或则】 huòzé ⟨접⟩ …이 아니면 …이다. [주로 중복하여 씀] ¶每个周末, 他~和朋友出去玩儿, ~在家看看书。=매번 주말이 되면, 그는 친구와 놀러 나가든지 아니면 집에서 책을 본다.
【或者】 huòzhě ⟨부⟩ 아마. 어쩌면. 혹시(…인지 모른다). ¶打个电话给他, ~他会来。=그에게 전화를 하면 혹시 그가 올지도 모른다. ⟨접⟩ **1** …이든가 아니면 …이다. [선택 관계를 나타냄] ¶~你来接我, ~我自己去, 都可以。=네가 와서 나를 마중하든지, 아니면 나 혼자 찾아가든지, 다 괜찮다. **2** …를 하든지 아니면 …을 한다. [여러 상황이 동시에 발생하거나 혹은 교차적으로 일어남을 나타냄] ¶晨练的人们~跑步, ~跳舞, ~打太极拳。=새벽 운동을 하는 사람들은 달리기를 하거나, 춤을 추던가, 아니면 태극권을 한다. **3** …이든 간에 …을 한다. [선택의 여지가 없음을 나타냄] ¶不管严寒~酷暑, 他都坚持晨跑。=엄동설한이든 혹서든 상관 없이, 그는 매일 꾸준히

조깅을 한다. **4** …이거나 혹은 …이다. [동등 관계를 나타냄] ¶学校的同事都叫他老张～张老师。= 학교의 동료들은 모두 그를 장 형(張兄)이나 장 선생님이라고 부른다.

## **和** huò 섞을 화

동 **1** 섞다. 젓다. 배합하다. 혼합하다. [주로 분말 입자 형태에 쓰임] ¶～泥 = 진흙을 이기다. / 搅～ = 뒤섞다. **2** (물에) 타다. ¶～麦片 = 납작보리를 물에 타다. 양 번. 차례. [약을 달이거나 세탁할 때 물을 간 횟수를 나타냄] ¶衣服已经洗两～了。= 옷을 이미 두 번이나 빨았다. / 头～药 = 첫 번째 달인 약.
☞ hé, hè, hú, huó

拌bàn和, 搀chān和, 搅jiǎo和, 暖和, 热和, 软和, 温和, 匀yún和, 杂和菜, 杂和面儿

【和弄】huò·nong 통③ **1** (휘저어) 뒤섞다. 버무리다. ¶面粉里面加了鸡蛋以后要好好～～。= 밀가루 속에 계란을 넣은 다음 잘 섞어야 한다. **2** 이간시키다. 충동질하다. 분쟁을 일으키다. 부추기다. 선동하다. ¶都是他在中间～，才闹出这么些事情来。= 모두 그가 중간에서 이간질하여, 이러한 사태가 발생했다.

【和稀泥】huò xīní 통 **1** 진흙 속에 물을 섞어서 희석시키다. **2**〈비〉(사태·불화 따위를) 두루뭉실하게 수습하다. (원칙 없이) 되는대로〔대강대강〕하다.

## **货[貨]** huò 재물 화

명 **1**〈존〉 재물. [돈·금은보화·비단 따위의 총칭] ¶杀人越～ = 사람을 죽이고 재물을 약탈하다. **2** 돈. 화폐. ¶通～ = 통화. **3** 물품. 상품. 화물. ¶进～ = 상품을 들여오다. / 抢手～ = 잘 팔리는 상품. **4** 놈. 자식. [품행이 떨어지는 사람을 욕하는 말] ¶蠢～ = 멍텅구리. / 骚～ = 화냥년. 동〈폄〉 (내다) 팔다. ¶～卖 = 팔아먹다.

残cán货, 炒货, 次货, 存货, 定货, 乏fá货, 干货, 广货, 国货, 行háng货, 黑货, 进货, 冷货, 年货, 盘货, 泡pào货, 皮货, 期货, 山货, 识货, 私货, 土货, 外货, 鲜货, 现货, 卸xiè货, 杂货, 售货员, 大路货, 剔tī庄货, 小百货

【货币】huòbì 명〈经〉 화폐.
【货币贬值】huòbì biǎnzhí 명〈经〉 (화폐의) 평가 절하. 통화 가치의 하락.
【货币升值】huòbì shēngzhí 명〈经〉 (화폐의) 평가 절상. 통화 가치의 상승.
【货驳】huòbó 명 (부두와 본선 사이를 왕복하며) 화물을 나르는 거룻배〔전마선〕.
【货财】huòcái 명〈존〉 (돈·금은보화·비단 따위) 재물. 재산.
【货仓】huòcāng 명 화물 창고.
【货舱】huòcāng 명 (배나 비행기의) 짐칸〔물칸〕.
【货场】huòchǎng 명 (역·상점·교역 시장 등의) 화물 하치장.

【货车】huòchē 명 화차. 화물 열차. 화물차.
【货船】huòchuán 명 화물선.
【货单】huòdān 명 하물 송장.
【货底子】huòdǐ·zi 명 재고품(在庫品).
【货柜】huòguì 명 **1** 상품 진열장. 쇼케이스(showcase). **2**☞【集装箱】jízhuāngxiāng
【货贿公行】huòhuì gōngxíng 성 **1** 공공연하게 재물로 다른 사람을 매수하다. **2** 사회의 부패가 만연하여, 대놓고 노골적으로 뇌물을 주고받다.
【货机】huòjī 명 화물 수송기.
【货价】huòjià 명 상품 가격.
【货架(子)】huòjià(·zi) 명 **1** (상점·창고 등에 설치해 놓은) 상품 진열대. **2** 자전거의 짐받이.
【货检】huòjiǎn 명 (수출입) 상품 검사. ¶这批货物已经通过～。= 이 화물들은 이미 상품 검사를 통과했다.
【货款】huòkuǎn 명 상품 대금. 물건값.
【货郎】huòláng 명 황아장수. [주로 여성용 잡화·일용품 등을 지고 농촌 산간 지구 등을 다니면서 파는 소행상]
【货郎担】huòlángdàn 명 황아장수가 지고 다니는 짐보따리.
【货郎鼓】huòlánggǔ 명 황아장수가 고객을 부르기 위하여 치고 다니는 북.
【货流】huòliú 명 물류.
【货轮】huòlún 명 화물선.
【货卖识家】huò mài shíjiā 속 상품은 그 가치를 잘 아는 이에게 팔린다.
【货票】huòpiào 명 상품 전표. 슬립(slip). 전표.
【货品】huòpǐn 명 **1** 상품. 물품. 화물. **2** 상품의 종류. ¶～繁多 = 상품의 종류가 아주 많다.
【货色】huòsè 명 **1** 상품의 종류와 품질. 물품. ¶这些茶叶都是上等～。= 이 찻잎들은 모두 상등품이다. **2**〈폄〉〈비〉 하찮은 것. 잡동사니. 쓰레기. 나부랭이. [인품 혹은 사상·언론·작품 등을 비난할 때 쓰임] ¶这些文章空洞无物，都是一路～。= 이 글들은 모두 내용이 없어, 모두 하나같이 하찮은 작품이다.
【货声】huòshēng 명 **1** 행상인이 물건을 사라고 외치는 소리. **2** 수선하는 사람이 길거리나 골목을 다니면서 고객을 부르는 소리.
【货损】huòsǔn 명 (운송 과정에서의) 화물 파손. ¶减少～ = 화물 파손을 줄이다.
【货摊】huòtān (～儿) 명 노점. 난전.
【货梯】huòtī 명 화물용 엘리베이터.
【货位】huòwèi 명 **1** (화차 한 량에 적재할 수 있는 양의 화물을 쌓아 두는) 임시 화물 거치 공간. **2** (부두·항구·창고·역 따위의) 지정 화물 거치 장소.
【货物】huòwù 명 물품. 상품. 화물.
【货箱】huòxiāng 명 컨테이너(container). 화물 적재 박스.
【货样】huòyàng 명 상품 견본. 샘플.
【货源】huòyuán 명 화물·상품의 공급원. ¶～充足 = 화물·상품의 공급원이 충분하다.
【货运】huòyùn 명 화물 운송. ¶～单 = 화물 운송장.

【货栈】huòzhàn 명 화물 창고.
【货真价实】huòzhēn-jiàshí 성 1 품질도 믿을 만하고 가격도 공정하다. 물건도 진짜이고 값도 싸다. 2 비 조금도 거짓이 없다. 진짜이다. 철두철미하다.
【货殖】huòzhí 통 옛 상공업·광업 등에 종사하다. 영리 사업에 종사하다. 명옛 상인. 장사꾼.
【货主】huòzhǔ 명 화물의 주인. 하주(荷主).

# 获[獲1,2, 穫3] huò 얻을 획

통 1 잡다. 붙잡다. ¶擒~=사로잡다. / 捕~=포획하다. 2 얻다. 획득〔취득〕하다. ¶如~至宝=지극히 귀중한 보물을 얻은 것이나 다름없다. 3 (농작물을) 베어들이다. 수확하다. ¶收~=수확하다.

○• 抄chāo获, 创chuàng获, 缴jiǎo获, 截jié获, 虏lǔ获, 拿获, 破获

【获得】huòdé 통 얻다. 취득하다. 획득하다. 손에 넣다. ¶~知识=지식을 얻다. ↔剥夺
【获得性免疫】huòdéxìng miǎnyì 명 [醫] 후천 면역. 후천성 면역력.
【获奖】huòjiǎng 통 상을 타다. 수상하다. ¶他曾多次在全国中学生作文比赛中~。=그는 전국 중학생 작문 대회에서 여러 차례 상을 탔다.
【获救】huòjiù 통 구조되다. 구조를 받다. ¶被洪水围困的村民已全部~。=홍수로 포위〔고립〕된 마을 주민들은 이미 전부 구조되었다.
【获利】huòlì 통 이익을 얻다. ¶从中~=중간에서 이익을 얻다.
【获取】huòqǔ 통 얻다. 취득〔획득〕하다. ¶~利润=이윤을 얻다.
【获胜】huòshèng 통 승리를 얻다. 이기다. 승리하다.
【获释】huòshì 통 석방되다. ¶刑满~=형기가 다 차서 석방되다.
【获悉】huòxī 통 (書) (어떤 소식·상황을) 알게 되다. 정보를 얻다. ¶近日~他已出国讲学。=최근에 그가 이미 강의하러 출국했다는 것을 알게 되었다.
【获选】huòxuǎn 통 (선거·심사 등에서) 선발되다. 뽑히다. 당선되다. ¶这次征文大赛有近三十篇作品~。=이번 원고 공모 대회에서 삼십여 편에 가까운 작품이 선발되었다.
【获益】huòyì 통 이득〔이익〕을 얻다. ¶~不浅=꽤 많은 이득을 얻다.
【获益匪浅】huòyì-fěiqiǎn ☞ 【受益匪浅】shòuyì-fěiqiǎn
【获知】huòzhī 통 알게 되다. 정보를〔소식을〕 듣다. ¶~自己得奖的消息, 他激动得流下眼泪。=자기가 상을 탄다는 소식을 듣고, 그는 감격에 겨워 눈물을 흘렸다.
【获致】huòzhì 통 얻다. 획득하다. 실현하다. ¶他的著作~评委的一致肯定。=그의 저작은 심사위원들로부터 한결같이 인정을 받았다.
【获准】huòzhǔn 통 허가받다. 허가를 얻다. 비준을 얻다. ¶她~到国外考察一个月。=그녀는 한 달간 외국에 시찰 가는 것을 허가받았다.
【获罪】huòzuì 통(書) 유죄라고 인정되다. 죄를 받다〔얻다〕. ¶动辄~=걸핏하면 죄를 받다.

## **祸[禍, 旤] huò 재앙 화

명 화. 재앙. 재난. 사고. ¶车~=차 사고. / 天灾人~=천재와 인재. 통 화를 입히다. 피해〔손해〕를 입히다〔끼치다〕. 해치다. ¶~及百姓=화가 백성에까지 이르다. ↔福

○• 惨cǎn祸, 匪fěi祸, 横hèng祸, 巨祸, 外祸, 遭祸, 灾zāi祸, 战祸, 肇zhào祸, 召祸

【祸不单行】huòbùdānxíng 성 재앙은 항상 겹쳐 오기 마련이다. 엎친 데 덮치다. 설상가상. 어려운 일이 연거푸 발생하다.
【祸从口出】huòcóngkǒuchū 성 화는 입에서 나온다. 말을 신중히 하지 않으면 화를 불러들인다.
【祸从天降】huòcóngtiānjiàng 성 1 재난이 마치 하늘에서 떨어지는 것 같다. 2 재난이 갑자기 닥쳐오다. 뜻밖의 재난에 부닥치다.
【祸端】huòduān 명(書) 화근.
【祸福】huòfú 명 화(祸)와 복(福). ¶~无门=화와 복은 각자가 하기 나름이다.
【祸根】huògēn 명 화근. ¶铲除~=화근을 없애다.
【祸国殃民】huòguó-yāngmín 성 국가와 백성에게 재앙을 가져오다.
【祸害】huò·hai 1 화. 재난. 환난. ¶防火意识淡漠, 酿成~。=불조심 의식이 희박해서, 재난을 초래한다. 2 화근. 문제를 일으키는 사람. 골칫거리. ¶这伙抢匪是当地的一大~。=이 강도 패거리는 현지의 큰 골칫거리이다. 통 큰 화를 입히다. 큰 피해를 주다. ¶~百姓=백성에게 큰 재앙을 입히다.
【祸患】huòhuàn 명 재난. 재해. 재앙. ¶根除~=재난을 없애다.
【祸及】huòjí 통 화가〔재앙이〕 미치다. ¶~无辜=무고한 사람에게 화가 미치다.
【祸乱】huòluàn 명 재난과 변란. ¶~频仍=재난과 변란이 자주 생하다.
【祸起萧墙】huòqǐ-xiāoqiáng 성 1 재난은 집안에서 일어난다. 2 비 재난〔분쟁〕은 내부에서 발생한다. 화는 가까운 곳에서 일어난다. =【萧墙祸起】xiāoqiáng-huòqǐ
【祸事】huòshì 명 재난. 재앙. 재해. 불행. ¶~临头=재난이 눈앞에 닥치다.
【祸首】huòshǒu 명 (재난 등을 일으킨) 장본인. 주모자. 원흉. ¶罪魁~=재난을 일으킨 주모자.
【祸水】huòshuǐ 명 1 옛 화근. 재앙의 근원. [옛날, 주로 여성을 가리킴] 2 비 화나 재난을 야기하는 사회의 불순 세력.
【祸祟】huòsuì 명 화. 재해. 재앙. [귀신이 인간에게 내린 재앙을 가리킴]
【祸胎】huòtāi 명 화근.
【祸心】huòxīn 명 앙심. 못된 생각. 악의. ¶包藏~=앙심을 품다.

【祸殃】**huòyāng** 명 재앙. 재난. 불행. ¶惨遭～=참혹한 재앙을 당하다.
【祸枣灾梨】**huòzǎo-zāilí** ☞【灾梨祸枣】**zāilí-huòzǎo**
【祸种】**huòzhǒng** 명 화근. 화근거리. 화를 불러일으키는 사물·사람. ¶留下～=화근거리를 남겨 두다.

**惑 huò** 미혹할 혹
형 혹[미혹]하다. 당황[당혹]하다. 혼란하다. 정신을 못 차리다. 갈팡질팡하다. 어리둥절하다. ¶困～=곤혹하다. / 大～不解=도무지 이해가 되지 않다. 통 홀리다. 미혹시키다. ¶迷惑시키다. / 造谣～众=유언비어를 날조하여 대중을 현혹시키다.

○● 蛊gǔ惑, 困惑, 迷mí惑, 煽shān惑, 疑yí惑, 荧yíng惑, 诱yòu惑

【惑乱】**huòluàn** 통 미혹시키다. 혼란시키다. 마음이 흐려져서 홀리다. ¶～人心=사람 마음을 미혹시키다.
【惑然】**huòrán** 형 어찌할 바를 몰라 난처해하는 모양. ¶～不解=도무지 이해가 되지 않다.
【惑人耳目】**huòrén'ěrmù** 성 1 사람의 눈과 귀를 미혹시키다. 2 허상(虚像)으로 사람에게 사실을 감추고 미혹시키다.
【惑众】**huòzhòng** 통 대중을 현혹시키다. 많은 사람을 미혹시키다. ¶妖言～=요사스러운 말로 대중을 현혹시키다.

**謋[謋] huò** 갈라지는 소리 획
의 쫙. 찌익. [빠르게 갈라지는 소리].
【謋然】**huòrán** 형의 재빠르게 찢어지는 모양. ¶～已解=쫙 (고기와 뼈가) 갈라졌다.

**臒 huò** 고깃국 학
명의 '臛(huò)'와 같음.

*霍 **huò** 빠를 곽
형 신속하다. 재빠르다. ¶他～地冲出门去.=그는 재빠르게 문을 박차고 나갔다. 명 (Huò) 성(姓).

○● 挥huī霍

【霍地】**huòdì** 부 갑자기. 선뜻. 돌연히. ¶他～从椅子上站了起来.=그는 갑자기 의자에서 일어섰다.
【霍夫曼反应】**Huòfūmàn fǎnyìng** 명 (化) 호프만 반응.
【霍霍】**huòhuò** 의 썩썩. 쓱쓱. ¶磨刀～向猪羊.=칼을 썩썩 갈아 돼지나 양에 이대다. 통 번쩍번쩍[번뜩번뜩] 하다. ¶电光～=스파크(spark)가[번갯불이] 번쩍번쩍하다.
【霍乱】**huòluàn** 명 (醫) 1 콜레라(cholera). 2 곽란. [설사·구토·복통 따위를 수반하는 급성 위장염의 일종임]
【霍然】**huòrán** 형의 (질병이 신속하게) 싹 낫는

모양. ¶病体～.=병든 몸이 신속하게 싹 나았다. 부 갑자기. 갑작스레. 돌연히. ¶～转身=갑자기 몸을 돌리다.
【霍闪】**huòshǎn** 명방 번개.

**嚯 huò** 외칠 획
통문 큰 소리로 외치다〔웃다·부르다〕. 감문 (놀람을 나타내어) 헉. 아이쿠. 아야. 아하.
☞ **huō, ǒ**
【嚯唶】**huòzé** 통문 크게 소리지르다.

**鱯[鱯] huò** 물고기 이름 혁
명문(動) 바닷물고기의 하나.

**臒 huò** 진사 확
명문 1문 진사(辰砂). 주사(朱砂). 단사(丹砂). 2 좋은 색깔. ¶丹～=고운 붉은색.

*豁 **huò** 트인 골짜기 활
명문 훤히 트인 넓은 산골짜기. 형 1 넓다. 드넓다. 너르다. 널찍하다. 활짝 열리다. 확 트이다. 거침없이 통하다. ¶～亮的大厅=널찍한 홀 (hall). 2 확 트이다. 막힘이 없다. 거침없다. ¶醒～=(의사·생각·말 등이) 확연하다. 통 면제하다. 풀어 놓다. ¶～免其税=세금을 면제하다.
☞ **huá, huō**

○● 开豁, 醒xǐng豁

【豁达】**huòdá** 형 도량이 넓다. 속이 깊고 너그럽다. 생각이 확 트이다. 성격이 활달하다〔명랑하다〕. ¶心胸～=속이 넓다. ≒旷达
【豁达大度】**huòdá-dàdù** 성 활달하고 도량이 넓다.
【豁朗】**huòlǎng** 형 쾌활하고 명랑하다. 탁 트이다. ¶他的心情一下子～多了.=그의 기분이 단번에 명랑해졌다.
【豁亮】**huòliàng** 형 1 (막힘없이) 넓고 환하다. 환하게 탁 트이다. ¶屋舍～=가옥이 훤하게 탁 트였다. 2 (소리가) 우렁차다. 크고 낭랑하다. ¶这小伙子的嗓子真～.=이 젊은이의 목소리가 정말로 우렁차다.
【豁免】**huòmiǎn** 통 (법에 의거하여 세금이나 부역 따위를) 면제하다. 면해 주다. ¶外交～权=외교 면제 특권.
【豁然】**huòrán** 형 (마음이) 활짝〔탁〕 트이는 모양. 시원하고 후련한 모양. ¶～醒悟=확연히 깨닫다.
【豁然贯通】**huòrán-guàntōng** 성 1 훤히 뚫리다. 2 부 갑자기 깨닫다.
【豁然开朗】**huòrán-kāilǎng** 성 1 답답하고 침침하다가 갑자기 확 트이다. 눈앞이 환해지다. 2 부 갑자기 깨닫다.

**镬[鑊] huò** 가마 확
명 1 (고기나 생선 따위를 끓이는) 가마. 솥. 2 큰 가마. [옛날, 사람을 삶아 죽이는 형구(刑具)] ¶斧锯鼎～=목을 베고 솥에 삶아 죽이는 참

한 형구.
【镬子】 huò·zi 명(방) 솥. 냄비. 가마.

## 藿 huò 콩잎 곽
명(문) 콩잎. ¶葵~=해바라기와 곽향. [윗사람에게 자신을 낮추는 말]
【藿香】 huòxiāng 명(植) 곽향. [학명은 'Teucrium veronicoides' 임]

## 嚯 huò 놀라는 소리 학
감 (놀람·찬탄을 나타내어) 허. 아이쿠. 아야. 아아. ¶~, 你穿这套西服真帅!=야아, 네가 이 양복을 걸치니 정말로 멋있구나! 의 하하. 허허. [웃음소리] ¶他~~地笑个不停。=그는 계속 하하 하 웃는다.

## 蠖 huò 자벌레 확
☞ 【尺蠖】 chǐhuò

## 貜 huò 오카피 확
【貜狐狓】 huòjiāpí 명(외)(動) 오카피(okapi). [기린과로, 당나귀와 비슷하게 생겼음]

## 臛 huò 고깃국 학
명(문) 고깃국.

# J

## ji

**几**¹ jī 안석 궤
  图 (~儿) 작은 탁자. 작은 상. ¶茶~儿=차탁. ≒案

**几**² [幾] jǐ 거의 기
  副团 거의. 하마터면. ¶柔肠~断=극도로 상심하다.
  ☞ jǐ

  ○● 庶shù几, 条几

【几案】jǐ'àn 图团 1 긴 책상(탁자). 긴 테이블.
  2 책상. 탁자.
【几乎】jīhū 副 1 거의. 거진. ¶观众席上~没有一个空位。=관중석에 빈 자리가 거의 없다. 2 하마터면. ¶脚下一滑, ~跌倒。=발이 미끄러져, 하마터면 넘어질 뻔했다. ≒差点
【几近】jǐjìn 图 거의 …에 이르다. 거의 …에 가까워지다. ¶因为这件事, 两人~决裂。=이 일 때문에, 두 사람은 거의 관계가 끊어지게 되었다.
【几净窗明】jǐjìng-chuāngmíng ☞【窗明几净】chuāngmíng-jǐjìng
【几率】jǐlǜ ☞【概率】gàilǜ
【几微】jīwēi 函团 사소하다. 미세하다. ¶~之差=사소한 차이. 图 징조. 조짐. 기미. 낌새. 전조. 징후. ¶年少气锐, 不识~=젊고 기세만 드높지, 기미는 알아차리지 못하다.
【几维鸟】jīwéiniǎo ☞【无翼鸟】wúyìniǎo

**讥** [譏] jī 나무랄 기
  团 조소하다. 조롱하다. 풍자하다. 비꼬다. 비웃다. 비아냥거리다. 놀리다. 약올리다. 빈정대다. 비방하다. 헐뜯다. ¶反唇相~=오히려 상대방을 빈정대다.
【讥嘲】jīcháo 团 조소하다. 비웃다. 비꼬다. 조롱하다. 놀리다. 빈정거리다. 비아냥거리다. 비방하다. ¶受人~=남의 비웃음을 당하다.
【讥刺】jīcì 团 풍자하다. 비웃다. 험담하다. ≒讽刺 讥讽
【讥讽】jīfěng 团 비꼬다. 비웃다. 조롱하다. 비난하다. 풍자하다. ¶冷言~=냉소적인 말로 비꼬다. ≒讽刺 讥刺
【讥评】jīpíng 团 풍자하고 비난하다. ¶~时政=시정을 풍자하고 비난하다.
【讥诮】jīqiào 团 비웃다. 조소하다. 조롱하다. 비꼬다. ¶妄加~=터무니없이 비꼬다.
【讥弹】jītán 团团 비웃고 비난하다(공격하다·규탄하다). ¶~时弊=시대의 폐단을 비웃고 규탄하다.
【讥笑】jīxiào 团 비웃다. 조소하다. 조롱하다. 비꼬다. 놀리다. ¶不懂就不要乱发言, 以免被人~。=모르면 함부로 지껄이지 마라, 사람들에게 비웃음당하지 않도록. ≒嘲笑 取笑
【讥议】jīyì 团 비웃으며(비꼬며·조소하며) 비평하다. 비난하다. ¶~他人=타인을 비꼬며 비평하다.

**击** [擊] jī 칠 격
  团 1 치다. 두드리다. ¶旁敲侧~=양 옆пsi 측면을 치다. 빙빙 돌려 말하다. 2 찌르다. 죽이다. ¶反戈一~=창 끝을 돌려 원래 자기편을 찌르다. 3 공격하다. 치다. ¶打~=치다. 타격을 주다. / 无懈可~=공격할 만한 허술한 곳이 전혀 없다. 빈틈없다. 4 부딪치다. 마주치다. 마주 닿다. 접촉하다. ¶撞~=부딪치다. / 冲~=돌격하다. 충격.
【击败】jībài 团 격파하다. 패배시키다. 쳐부수다. ¶~对手=상대방을 격파하다.
【击毙】jībì 团 사살하다. 총살하다. 쳐죽이다. ¶当场~=현장에서 사살하다.
【击沉】jīchén 团 격침하다. ¶~敌舰=적함을 격침시키다.
【击穿】jīchuān 团 뚫고 지나가다. ¶子弹~玻璃。=총알이 유리를 뚫고 지나가다.
【击打】jīdǎ 团 치다. 두드리다. 때리다. ¶浪涛~着礁石。=파도가 암초를 때려댄다.
【击发】jīfā 团 격발하다.
【击鼓】jīgǔ 团 북을 치다(두드리다). ¶~鸣金=북을 두드리고 징을 울리다.
【击毁】jīhuǐ 团 격파하다. 때려부수다. 파괴하다. 분쇄하다. 산산이 부수다. ¶~敌机=적기를 격추시키다.
【击剑】jījiàn 图(体) 펜싱.
【击节】jījié 团 1 박자를 맞추다. 2 칭찬을 금치 못하다. 매우 감탄하다. ¶~叹赏=격절탄상(击节叹赏). 무릎을 치면서 탄복하고 칭찬하다.
【击溃】jīkuì 团 쳐부수다. 섬멸하다. 격멸하다. 격파하다. ¶~敌军=적군을 쳐부수다.
【击落】jīluò 团 격추하다. ¶~敌机=적기를 격추시키다.
【击破】jīpò 团 격파하다. 쳐부수다. ¶各个~=

각개 격파(하다).

**【击伤】jīshāng** 동 (주로 무기로) 상처를 입히다. ¶腿部被~。=다리 부분에 상처를 입다.

**【击赏】jīshǎng** 동⟨문⟩ 격상하다. 무릎을 치며 탄복하고 칭찬하다. ¶~不已=감탄과 칭찬을 금치 못하다.

**【击水】jīshuǐ** 동 **1** 수면을 치다. ¶举翼~=날개를 들어 수면을 치다. **2**⟨문⟩ 수영하다. ¶到中流~, 浪遏飞舟。=중류에서 수영하며 일으킨 물결이 나는 듯이 나아가는 배를 가로막았노라.

**【击碎】jīsuì** 동 타파하다. 깨다. 때려부수다. 산산이 부수다. 쳐부수다. ¶玻璃被~了。=유리가 산산조각났다.

**【击退】jītuì** 동 격퇴하다. ¶~侵略者=침략자를 격퇴하다.

**【击掌】jīzhǎng** 동 **1** 손뼉 치다. 박수치다. ¶~称好=박수치며 칭찬하다. **2** 서로 손바닥을 마주치다. ¶~为盟=서로 손바닥을 마주쳐서 맹세하다.

**【击中】jīzhòng** 동 **1** 명중하다. ¶~目标=목표에 명중하다. **2**⟨비⟩ 닿다. 건드리다. 언급하다. 적중하다. 정곡을 찌르다. ¶~要害=급소를 찌르다.

*叽[嘰] jī 짹짹거릴 기

의 짹짹. 꼬꼬. [새나 병아리가 우는 소리. 주로 중첩하여 사용함] ¶小鸟在树上~~地叫着。=새가 나무에서 짹짹 지저귄다.

**【叽咕】[唧咕] jī·gu** 동 소곤거리다. 속삭이다. 작은 소리로 얘기하다. ¶她把嘴凑到丈夫的耳朵上~了几句。=그녀는 입을 남편의 귓가에 가까이 대고 몇 마디 소곤거렸다.

**【叽叽嘎嘎】[唧唧嘎嘎] jī·ji gāgā** 깔깔. 껄껄. 웃고 떠드는 소리. ¶一屋子的人~地又说又笑。=온 방안의 사람들이 깔깔거리며 웃고 떠든다.

**【叽叽咕咕】jī·ji gūgū** 동 소곤거리다. 작은 소리로 얘기하다.

**【叽叽喳喳】[唧唧喳喳] jī·ji zhāzhā** 의 재잘재잘. 조잘조잘. 지지배배. ¶小鸟在树枝上~地叫着。=새가 나뭇가지 위에서 지지배배 지저귄다.

**【叽里旮旯儿】jī·ligālár** ⟨방⟩ 이곳 저곳. 구석구석. 구석마다. 도처. 각처. ¶~都找遍了, 还是没找到那支笔。=이곳 저곳을 모두 뒤져보았지만, 끝내 그 펜을 찾지 못했다.

**【叽里咕噜】jī·ligūlū** 의 **1** 중얼중얼. 쭝얼쭝얼. 종알종알. 웅얼웅얼. 수군수군. 소곤소곤. 꿍얼꿍얼. 투런투런. ¶两个人~地说了好一阵子。=두 사람은 수군수군 한동안 이야기하였다. **2** 데굴데굴. 뎅굴뎅굴. 물체가 굴러가는 소리. ¶水桶~滚出了几丈远。=물통이 데굴데굴 몇 미터나 굴러갔다.

**【叽里呱啦】jī·liguālā** 의 왁자지껄. 왁자그르. =【叽里哇啦】jī·liwālā ¶孩子们特别兴奋, ~地说个没完。=아이들이 유달리 흥분하여 왁자지껄하게 계속 떠들어 댄다.

**【叽里哇啦】jī·liwālā** ☞ 【叽里呱啦】jī·liguālā

*饥¹[飢] jī 굶주릴 기

형 배가 고프다. 굶주리다. 허기가 지다. ¶如~似渴=마치 굶주리고 목마른 듯하다. 애타게 갈망하다. ≒饿 ↔饱

*饥²[饑] jī 흉년 기

형 흉년이 들다. 흉작이 되다. ¶连年大~=여러 해 계속 흉년이 들다. / 大~之年=심하게 흉년이 든 해.

⊙—⊙ 充饥, 点饥, 疗liáo饥

**【饥饱】jībǎo** 명 **1** 굶주림과 배부름. **2** 고달픈〔어려운〕생활. ¶要多关心下岗工人的~。=실직자들의 생활에 관심을 가져야 한다.

**【饥不择食】jībùzéshí** ⟨성⟩ **1** 배고플 때는 찬밥 더운밥 가릴 여유가 없다. **2**⟨비⟩ 다급하게 되면 이것저것 가릴 틈이 없다.

**【饥餐渴饮】jīcān kěyǐn** ⟨성⟩ **1** 배가 고프면 밥을 먹고, 목이 마르면 물을 마시다. **2** 여정(旅程)이 고달프고 힘들다.

**【饥肠】jīcháng** 명⟨문⟩ 굶주린 배. ¶夜来~如转雷。=밤이 되자 허기진 배가 요란하게 꼬르륵거린다.

**【饥肠辘辘】jīcháng lùlù** ⟨성⟩ **1** 배가 고파 뱃속에서 꼬르륵 소리가 나다. **2** 몹시 배고프다.

**【饥饿】jī'è** 형 배고프다. 굶주리다. 기아에 허덕이다. ¶~难忍=배고픔을 참기 힘들다.

**【饥饿线】jī'èxiàn** 명 기아지경. 기아선상. 굶주리는〔굶어 죽는〕지경. ¶那个时候吃了上顿没下顿, 时常在~上挣扎。=그 시절에는 한 끼를 먹고 나면 다음 끼니가 걱정되는 상황이라, 늘 기아지경에서 허덕였다.

**【饥寒】jīhán** 명 굶주림과 추위. ¶~难耐~=기아와 추위를 참기 어렵다.

**【饥寒交迫】jīhán-jiāopò** ⟨성⟩ **1** 굶주림과 추위가 동시에 닥치다. **2**⟨비⟩ 생활이 극도로 빈한〔궁핍〕하다. ↔丰衣足食

**【饥荒】jī·huang** 명 **1** 기근. 흉작. ¶过去这地方十年九旱, 常常闹~。=과거에 이 지방은 거의 매년마다 가뭄이 들어 늘 기근에 허덕였다. **2**⟨구⟩ 경제적 어려움〔곤란〕. ¶家里正闹~, 实在是拿不出这么多钱。=집은 한창 생활고에 쪼들려, 정말 이렇게 많은 돈을 낼 수가 없다. **3**⟨구⟩ 빛. 채무. ¶拉~=돈을 차용하다.

**【饥馑】jījǐn** 명⟨문⟩ 기근. 흉작. ¶~之年=흉년.

**【饥渴】jīkě** 형 **1** 배고프고 목마르다. ¶~难忍=기아와 갈증을 참기 어렵다. **2**⟨비⟩ (정신적 또는 심리적으로) 배고프다. 목마르다. ¶知识~=지식에 목말라하다.

**【饥民】jīmín** 명 (흉년으로 인하여) 굶주린 백성. 기아에 허덕이는 백성. ¶赈济~=굶주린 백성을 구휼하다〔구제하다〕.

**【饥馁】jīněi** 형⟨문⟩ 배가 고프다. 굶주리다. 기아에 허덕이다.

**【饥色】jīsè** 명 굶주린 기색〔얼굴빛·표정〕. ¶面带~=얼굴에 굶주린 빛을 띠다.

## 玑[璣] jī 구슬 기

**명 1** 문 둥글지 않은 진주. ¶珠~=진주. 주옥(珠玉). **2** ⊕ 아름다운 시문·그림 등. **3**〔天〕옛날 천문 관측 기구의 하나.

## 圾 jī 쓰레기 급

☞【垃圾】lājī

## 芨 jī 자란 급

☞【白芨】báijī

【芨芨草】jījīcǎo 명〔植〕대남풀. [숙근 초본식물의 하나. 학명은 'Achnatherum splendens' 임]=【枳机草】zhǐjīcǎo

## 机[機] jī 기계 기

**명 1** 고대, 궁노의 목제 발사틀. ¶弩~=쇠뇌틀. **2** 기계. 기기. 기구. ¶拖拉~=트랙터. / 计算~=컴퓨터. **3** 비행기. ¶班~=정기 항공편. 定期 여객기. / 袭炸~=폭격기. **4**〔生〕(생물체 기관의) 기능. 작용. 활동 능력. ¶有~体=유기체. / 无~化合物=무기 화합물. **5** (일의) 계기. 실마리. 기틀. 전기. 고동. 중요한 고리. ¶生~=살아갈 길. 생기(生機). / 契~=계기. **6** 고비. 시기. 기회. ¶乘~=기회를 타다. / 勿失良~=좋은 시기를 놓치지 마라. **7** 기밀. 비밀. ¶军~=군사 기밀. / ~密大事=중대한 기밀. **8** 중요한 일〔사무〕. ¶日理万~=정무에 몹시 바쁘다. [주로 고급 간부에게 쓰임] **9** 생각. 마음. 의사. ¶杀~=살기. / 灵一动=영감이 탁 떠오르다. 형 기민하다. 민첩하다. 영민하다. ¶反应~敏=반응이 기민하다. / ~智万分=기지가 대단히 뛰어나다.

○● 班机, 扳机, 禅chán机, 唱机, 触机, 待机, 电机, 动机, 耳机, 良机, 临机, 灵líng机, 母机, 契qì机, 汽机, 热机, 杀机, 失机, 枢shū机, 司机, 天机, 投机, 万机, 相机, 心机, 玄xuán机, 寻xún机, 有机, 战机, 主机, 专机, 钻zuān机

【机变】jībiàn 통문 임기응변하다. ¶善于~=임기응변에 능하다. 명문 임기응변 능력. 기지. 재치. 꾀. 他做事很认真, 就是缺少~. =그는 일은 매우 열심히 하는데, 꾀가 부족하다.

【机不可失】jībùkěshī 성 기회를 놓쳐서는 안 된다. 물실호기(勿失好機)하라. ¶~, 时不再来. =좋은 기회는 놓치면 다시 오지 않는다.

【机舱】jīcāng 명 **1** 배의 기관실. **2** 비행기의 객실 또는 화물칸. 기내.

【机场】jīchǎng ☞【飞机场】fēijīchǎng

【机车】jīchē 명 기관차. ¶【火车头】huǒchētóu

【机窗】jīchuāng 명 비행기의 창문.

【机床】jīchuáng 명〔機〕**1** ☞【工作母机】gōngzuò mǔjī **2** 선반. 절삭 기계. 공작 기계.

【机电】jīdiàn 명 전기 기계. 동력 전기. 기계 설비와 전력 설비. ¶~产品=전기 기계 제품.

【机顶盒】jīdǐnghé 명 '数字视频解码接收器(디지털 방송 수신용 셋톱박스(set top box))'의 통칭. [일반적으로 TV 수상기 위에 놓는 데서 붙여진 이름]

【机动】jīdòng 형 **1** 발동기〔엔진·모터〕로 움직이는. ¶~车辆=자동차. **2** 기동적인. 기민하다. ¶有些事情可以根据具体情况~处理. =어떤 일들은 구체적인 상황에 따라서 기민하게 처리할 수 있다. **3** 탄력적으로 운용하는. 융통성이 있는. 유연성이 있는. 탄력적인. ¶~名额=탄력적인 정원.

【机动车】jīdòngchē 명 **1** 자동차. 동력 엔진 차량. **2** 탄력적으로 운용하는 차량. ¶春运期间增开了几十辆~=설 연휴 특별 운송 기간에 몇십 대의 임시 차량을 증편 운행한다. ↔非机动车

【机读目录】jīdú mùlù 명 기계 가독형 목록. MARC(MAchine-Readable Cataloging).

【机断】jīduàn 형문 임기응변으로 결단하다. 탄력적으로〔융통성 있게〕결정을 내리다. ¶~行事=재량에 따라 일을 처리하다.

【机帆船】jīfānchuán 명 기범선. 동력 기관을 갖춘 범선.

【机房】jīfáng 명 **1** ⊕ 방직실. 베틀방. **2** 기계실. 기관실. ¶~重地, 非工作人员不得入内. =기계실은 중요한 곳이라서, 근무자 외에는 출입할 수 없다.

【机锋】jīfēng 명문 **1**〔佛〕(선종(禪宗)에서) 기봉. 예봉. 날카로운 말〔논조〕. **2** 기민한 창작력〔구상력〕. ¶语多~=말 속에 기민한 창작력이 많이 담겨 있다.

【机耕】jīgēng 통〔農〕(트랙터 등의) 기계로 경작하다. ¶~地=기계화 경작지.

【机耕船】jīgēngchuán 명 논을 가는 트랙터.

【机工】jīgōng 명 기계공.

【机构】jīgòu 명 **1**〔機〕기구. [기계의 내부 구조나 장치] ¶传动~=전동 기구. **2** 기구. [기관·단체 등의 업무 단위] ¶军事~=군사 기구. **3** 기구. [기관·단체 등의 내부 조직] ¶精简~=기구를 간소화하다.

【机关】jīguān 명 **1**〔機〕기관. 기계 장치. 기어. 전동(傳動) 장치. ¶打开~, 启动车床=전동 장치를 열고 선반을 작동하다. **2** 기관. [공공 사무를 처리하는 부서나 조직] ¶行政~=행정 기관. **3** 계책. 책략. 계략. 심계. 속셈. 심산(心算). 흉산(胸算). 꾀. 궁리. ¶识破~=계략을 간파하다. 통 기계로 제어하는. ¶~布景=기계 제어하는 배경.

【机关报】jīguānbào 명 기관지. 기관 간행물.

【机关刊物】jīguān kānwù 명 기관지. 기관 간행물.

【机关炮】jīguānpào 명〔军〕기관포.

【机关枪】jīguānqiāng 명 기관총. ⊕【机枪】jīqiāng

【机关用尽】jīguān-yòngjìn 성⊕문 온갖 꾀를 다 부리다. 온갖 잔머리를 굴리다. 온갖 궁리를 다하다. ¶~, 最终还是没有逃脱法律的惩罚. =온갖 꾀를 다 부려 보았지만 결국 법적인 처벌은 피해갈 수 없었다.

【机灌】jīguàn 동(農) 기계 펌프로 관개하다.
【机徽】jīhuī (국가·소속 회사 등을 나타내는) 항공기 휘장〔식별 표지·엠블럼(emblem)〕.
【机会】jī·huì 명 기회. 시기. 찬스. ¶不要错过这个好～。=이처럼 좋은 기회를 놓치지 마라. ≒机遇
【机加工】jījiāgōng 동 기계 가공하다. =【机械加工】jīxiè jiāgōng
【机件】jījiàn 명(機) (기계의) 부품. 부속.
【机井】jījǐng 명 모터 펌프 우물.
【机警】jījǐng 형 기민하다. 재빠르다. 민활하다. ¶～过人=남보다 기민하다. ≒机灵 机智 机敏 ↔迟钝
【机具】jījù 명 기구. 기계와 도구.
【机库】jīkù 명 (비행기의) 격납고.
【机理】jīlǐ 명 1 (기계의) 메커니즘(mechanism). 체제. 시스템. 구조와 동작 원리. 2 (유기체의) 메커니즘. 체제. 구조·기능 및 상호 관계. 3 자연 현상의 물리 화학적 규칙.
【机伶】jī·ling ☞【机灵】jī·ling
【机灵】[机伶] jī·ling 형 영리하다. 똑똑하다. 재치 있다. 눈치 빠르다. 약삭빠르다. 재빠르다. ¶这孩子～着呢, 可别小瞧了他。=이 아이는 영리해서 절대 우습게 보아서는 안 된다. 통 ☞【激灵】jī·ling 机警 机智 机敏 ↔迟钝
【机灵鬼】jī·lingguǐ 명 영리한〔눈치 빠른·재치 있는〕사람. 똑똑이. 재간둥이. 재주덩어리. ¶你这个小～, 懂得可真不少。=이 똑똑이가 아는 것이 정말로 많네.
【机灵劲儿】jī·lingjìnr 재기 넘치는 표정이나 모습. ¶小家伙的这股～真逗人爱。=이 아이의 재기 넘치는 표정이 정말로 사랑스럽다.
【机米】jīmǐ 명 1 정미기로 찧은 쌀. 2 정미기로 찧은 멥쌀.
【机密】jīmì 형 기밀이다. 극비이다. ¶～文件=기밀 문건. 명 기밀. 극비. ¶国家～=국가 기밀. ≒秘密
【机敏】jīmǐn 형 기민하다. 재빠르다. 민활하다. ¶～过人=남보다 기민하다. ≒机智 机警 机灵
【机谋】jīmóu 명(貶) (임기응변할 수 있는) 책략. 계략. 전략. ¶～在心, 稳操胜券。=마음속에 책략이 있으면, 승산이 있다.
【机能】jīnéng 명(生) 기능. ¶生理～=생리 기능. /消化～=소화 기능.
【机票】jīpiào 명 비행기표. 항공권. ¶预定～=항공권을 예약하다.
【机器】jī·qì 1 기계. 기기. ¶检修～=검수 기기. 2(비) 기구(機構). 기관. 조직. ¶国家～=국가 기관.
【机器翻译】jī·qì fānyì 통 기계 번역을 하다. =【自动化翻译】zìdònghuà fānyì 비【机译】jīyì
【机器脚踏车】jī·qì jiǎotàchē ☞【摩托车】mótuōchē
【机器人】jī·qìrén 명 로봇(robot).
【机器油】jī·qìyóu 명 기계유. 기계 기름. =【机油】jīyóu

【机器语言】jī·qì yǔyán 명(컴) 기계 언어. 기계어.
【机枪】jīqiāng ☞【机关枪】jīguānqiāng
【机巧】jīqiǎo 형 기민하다. 재치 있다. 교묘하다. 영리하다. ¶应对～=재치 있게 응대하다.
【机群】jīqún 명 비행기 편대. 비행대.
【机身】jīshēn 명 (비행기의) 기체. 동체.
【机师】jīshī 명 1 기사. 기술자. 기계 관리자. 2(방) 비행기 조종사. 파일럿.
【机时】jīshí 양 (기계를 사용하는) 시간.
【机体】jītǐ 명 1(生) 생물체. 유기체. =【有机体】yǒujītǐ 2 (비행 기구의) 기체. 동체.
【机头】jītóu 명 (비행기의) 기수(機首). 기계의 앞 부분.
【机尾】jīwěi 명(機) 기미. 항공기의 꼬리 부분.
【机位】jīwèi 명 1 (카메라·비디오 카메라 등) 촬영기의 위치. ¶调整～=촬영기의 위치를 조정하다. 2 비행기를 세워 두는 곳. 스팟(spot). ¶机场扩建后增加了二十多个～。=공항을 확장 건설한 후 이십여 개의 스팟(spot)이 늘어났다. 3 비행기의 좌석. ¶客舱内一共有近三百个～。=비행기의 객실에는 모두 삼백 석에 가까운 좌석이 있다.
【机务】jīwù 명 기관차 등의 조종·정비 등에 관련된 일. ¶～员=정비공.
【机务段】jīwùduàn 명 기관구(機關區). 기관차 사무소. 유지 보수 부서. 〔기관차 등의 조종·정비 등을 책임지는 부서〕
【机械】jīxiè 명 기계. 기계 장치. 형 기계적이다. 융통성이 없다. 판에 박은 듯하다. 고지식하다. ¶处事～=일처리가 기계적이다.
【机械波】jīxièbō 명(物) 역학적 파동.
【机械化】jīxièhuà 동 기계화하다. ¶电器组装已全部实现～。=가전 제품의 조립은 이미 기계화를 실현하였다.
【机械加工】jīxiè jiāgōng ☞【机加工】jījiāgōng
【机械利益】jīxiè lìyì 명 기계의 이익.
【机械论】jīxièlùn ☞【机械唯物主义】jīxiè wéiwùzhǔyì
【机械码】jīxièmǎ 명 기계 코드.
【机械能】jīxiènéng 명(物) 기계 에너지. 역학적 에너지.
【机械师】jīxièshī 명 기계 제작 수리공. 기계사.
【机械手】jīxièshǒu 명(機) 기계손. 머니퓰레이터(manipulator). 매직핸드.
【机械唯物主义】jīxiè wéiwùzhǔyì 명 기계론적 유물론. =【机械论】jīxièlùn
【机械效率】jīxiè xiàolù 명 기계 효율.
【机械运动】jīxiè yùndòng 명 기계 운동.
【机心】jīxīn 명 1(문) 간교한 심보. 교활한 마음 씨. ¶毫无～=간교한 심보가 조금도 없다. 2 ☞【机芯】jīxīn
【机芯】[机心] jīxīn 명 (시계 등) 기계 내부의 부품〔부속〕.
【机型】jīxíng 명 1 기계의 모델〔형(型)〕. 2 비행기의 모델. 기종.

【机修】jīxiū 통 기계를 점검 수리하다. ¶~厂= 기계 수리 공장.

【机绣】jīxiù 형 기계(자)수의. ¶~织品=기계 수 직물.

【机要】jīyào 형 기밀의. 극비의. ¶~部门=기 밀 부서.

【机宜】jīyí 명 (기의)적절한 대책. 가이드라 인(guideline). 지침. 정책. ¶面授~=시의(時 宜)적절한 대책을 직접 일러 주다.

【机译】jīyì ☞【机器翻译】jī·qì fānyì

【机翼】jīyì 명 기익. 비행기의 날개.

【机引】jīyǐn 명 기계로 끄는. ¶~农具=기계로 끄는 농기구.

【机油】jīyóu 명 1 ☞【机器油】jī·qìyóu 2 윤 활유.

【机遇】jīyù 명 (좋은) 기회. 찬스. 시기. 호기. ¶ 这是一个难得的~。=이것은 얻기 어려운 좋은 기회이다. ≒机会

【机缘】jīyuán 명 기연. 기회와 인연. ¶~巧 合=기회와 인연이 딱 들어맞다.

【机运】jīyùn 명 1 기회와 시운. 기회. 찬스. 시 기. ¶~不济=기회와 시기가 좋지 않다. 2 운 명. 운(수). ¶他做什么事也不主动，只相信~。 =그는 어떤 일도 주동적으로 하지 않고, 오로지 운명만을 믿는다.

【机载】jīzài 형 비행기에 탑재한〔실은·적재한〕. ¶~导弹=비행기 탑재 미사일.

【机诈】jīzhà 형 교활하다. 간교하다. 꾀가 많 다. 사기치다.

【机长】jīzhǎng 명 (비행기의) 기장.

【机织】jīzhī 명 기계로 짠. 기계 직조의. ¶~毛 衣=기계로 짠 스웨터.

【机制】jīzhì 형 기계로 제조한. ¶~馒头=기계 제조 만두. 명 1 (기계의) 메커니즘(mechanism). 체제. 시스템. 구조와 동작 원리. ¶暖风机的~ 并不复杂。=온풍기의 구조와 동작 원리는 복잡 한 것이 아니다. 2 (유기체의) 메커니즘. 체제. 구조·기능 및 상호 관계. ¶生理~=생리 메커니 즘. 3 자연 현상의 물리 화학적 규칙. ¶优选 ~=자연 현상의 물리 화학적인 법칙을 우선으로 다. 4 (조직 등의) 메커니즘. 체제. 시스템. ¶竞 争~=경쟁 메커니즘.

【机智】jīzhì 형 기지가 넘치다. ¶~勇敢=기지 가 넘치고 용감하다. ≒机警 机灵 机敏 ↔笨拙

【机种】jīzhǒng 명 1 기종. 기계의 종류. 2 기 종. 비행기나 컴퓨터의 종류.

【机杼】jīzhù 명 1 베틀. 기서. 2 (비) 문장의 구상과 구성. ¶自出~=문장의 구상과 구성이 독 특하다.

【机子】jī·zi 명 1 각종 기계 장치. ¶这台~的 性能很好。=이 기계 장치의 성능은 매우 좋다. 2 (총의) 방아쇠.

【机组】jīzǔ 명 1 (機) 유닛(unit). 세트(set). ¶ 汽轮发电~=증기 터빈 발전 세트. 2 (항공기) 승무원 조. ¶~人员=항공기 승무원.

【机座】jīzuò 명 1 여객기의 좌석. 2 (機) 기계를 설치하는 대.

几 jī 점칠 계
☞【扶几】fújī

**肌** jī 살 기
명 1 근육. ¶横纹~=횡문근. / 面黄~瘦=얼 색이 누렇고 몸이 수척하다. 2 (문) 피부. 살갗. ¶ ~理细腻=살결이 부드럽다.

【肌肤】jīfū 명 근육과 피부. ¶~之亲=혈육.

【肌腱】jījiàn 명 (生) 건(腱). 힘줄.

【肌理】jīlǐ 명 살결.

【肌肉】jīròu 명 (生) 근육. =【筋肉】jīnròu

【肌肉注射】jīròu zhùshè ☞【肌注】jīzhù

【肌体】jītǐ 명 1 몸. 신체. ¶老人和孩子的~免 疫力相对较差。=노인과 아이의 신체 면역력은 상대적으로 뒤떨어진다. 2 (비) 조직. 기구. ¶防 止歪风邪气侵害我们党的~。=좋지 않은 풍조 가 우리 당의 조직을 침해하는 것을 방지하다.

【肌纤维】jīxiānwéi 명 근섬유(筋纖維).

【肌注】jīzhù 명 (醫) 肌肉注射(근육주사). =【肌肉注射】jīròu zhùshè

礼[禨] jī 빌 기
명(문) 복. 상서로움.

矶[磯] jī 물가 자갈밭 기
명 수면에 노출된 큰 바위나 자갈밭. [주로 지명에 쓰임] ¶钓~=낚시할 때 앉을 수 있는 바위. / 采石~=차이스지. [안후이(安徽)성에 있는 지명]

**鸡[鷄, 雞]** jī 닭 계
명 1 (動) 닭. 2 (하) 윤락녀. 창녀. 화류계 여자.

○- 草鸡, 柴鸡, 火鸡, 锦jǐn鸡, 沙鸡, 山鸡, 松 鸡, 笋sǔn鸡, 田鸡, 秧yāng鸡, 野鸡, 竹鸡

【鸡巴】jī·ba 명(구) 음경. 자지.

【鸡雏】jīchú 명 병아리. 영계.

【鸡蛋】jīdàn 명 계란. 달걀.

【鸡蛋羹】jīdàngēng 명 계란국.

【鸡蛋里挑骨头】jīdàn·li tiāo gǔ·tou (속) 1 달걀 속에서 뼈를 찾다. 2 (비) 억지로 남의 흠을 들추어 내다.

【鸡蛋碰石头】jīdàn pèng shí·tou (속) 1 계 란으로 바위 치기 격이다. 2 멸망을 자초하다.

【鸡丁】jīdīng 명 작게 썬 닭고기. 닭고기 조각.

【鸡多不下蛋】jī duō bù xiàdàn (속) 1 닭이 많 으면 알을 낳지 않는다. 2 (비) 사공이 많으면 배가 산으로 올라간다.

【鸡飞蛋打】jīfēi-dàndǎ (성) 1 닭은 날아가고 달 걀도 깨지다. 2 (비) 양쪽으로 다 망치다. 게도 구 럭도 다 놓치다.

【鸡飞狗窜】jīfēi-gǒucuàn ☞【鸡飞狗跳】jīfēi-gǒutiào

【鸡飞狗跳】jīfēi-gǒutiào (성) 매우 놀라고 당황 하다. 매우 혼란스럽다〔어수선하다〕. =【鸡飞狗 走】jīfēi-gǒuzǒu【鸡飞狗窜】jīfēi-gǒucuàn

【鸡飞狗走】jīfēi-gǒuzǒu ☞【鸡飞狗跳】jīfēi-

gǒutiáo
【鸡粉】jīfěn ☞【鸡精】jījīng
【鸡公】jīgōng 〔名〕〔방〕수탉.
【鸡公车】jīgōngchē 〔名〕〔방〕(운반용의) 외바퀴 손수레.
【鸡冠(子)】jīguān(·zi) 〔名〕닭의 볏.
【鸡冠花】jīguānhuā 〔名〕〔植〕1 맨드라미. 계관초. 2 맨드라미꽃.
【鸡冠石】jīguānshí ☞【雄黄】xiónghuáng
【鸡黄】jīhuáng 〔名〕〔방〕갓 부화한 병아리.
【鸡奸】[鸡奸] jījiān 〔动〕남성끼리 성교하다. 계간〔비역〕하다.
【鸡精】jījīng 〔名〕닭고기 다시다. =【鸡粉】jīfěn
【鸡口牛后】jīkǒu-niúhòu 〔成〕닭의 머리가 될지언정 소꼬리는 되지 않는다. ['宁为鸡口, 无为牛后'의 준말] =【鸡尸牛从】jīshī-niúcóng
【鸡肋】jīlèi 〔名〕〔문〕1 계륵. 닭갈비. 2〔비〕그다지 가치는 없으나 버리기는 아까운 것.
【鸡零狗碎】jīlíng-gǒusuì 〔成〕(일이나 사물이) 자질구레하다. 사소하다. 보잘것없다.
【鸡笼】jīlóng 〔名〕닭장.
【鸡毛】jīmáo 〔名〕1 닭털. 2〔비〕사소한 일. ¶别拿着~当令箭, 我不吃这一套. =사소한 일을 가지고 야단법석을 떨지 마라, 난 안 넘어가니까.
【鸡毛菜】jīmáocài 〔名〕〔방〕순무의 어린 싹.
【鸡毛掸子】jīmáo dǎn·zi 〔名〕닭털로 만든 먼지떨이.
【鸡毛店】jīmáodiàn 〔名〕〔옛〕몹시 누추한 여인숙.
【鸡毛蒜皮】jīmáo-suànpí 〔成〕1 닭털과 마늘 껍질. 2〔비〕사소한 일. 아무 가치가 없는 물건. 전혀 쓸모 없는 물건.
【鸡毛信】jīmáoxìn 〔名〕〔옛〕긴급 편지. 긴급 공문. [닭털을 끼워서 긴급한 정도를 표시하였음]
【鸡毛帚】jīmáozhǒu 〔名〕〔방〕닭털로 만든 먼지떨이. ≒鸡毛掸子
【鸡鸣】jīmíng 〔动〕1 닭이 울다. 2 날이 밝다. 동이 트다. ¶~而起=날이 밝아 일어나다.
【鸡鸣狗盗】jīmíng-gǒudào 〔成〕1 계명구도. [《사기·맹상군열전(史記·孟嘗君列傳)》에서, 제(齊)나라의 맹상군(孟嘗君)이 진왕(秦王)에게 잡혀 있을 때, 식객 가운데 개로 가장하여 도둑질을 잘 하는 자와 닭의 울음소리를 잘 흉내내는 자의 도움으로 무사히 제(齊)나라로 돌아왔다는 고사에서 유래함] 2〔비〕좀도둑질. 3〔비〕별 볼일 없는 재주.
【鸡母】jīmǔ 〔名〕〔방〕암탉.
【鸡内金】jīnèijīn 〔名〕〔醫〕닭 위의 내피(內皮)〔속껍질〕. [약재의 하나. 비장(脾臟) 강화·소화 촉진에 쓰임]
【鸡棚】jīpéng 〔名〕계사(鷄舍). 닭 축사.
【鸡皮】jīpí 〔名〕1 닭껍질. 2 노인의 쭈글쭈글한 피부.
【鸡皮疙瘩】jīpí gē·da 〔名〕소름. 닭살.
【鸡皮鹤发】jīpí-hèfà ☞【鹤发鸡皮】hèfà-jīpí
【鸡栖凤巢】jīqī-fèngcháo 〔成〕1 닭이 봉황의 둥지에 들어가 살다. 2〔비〕좋은 자리·처소 등에 어울리지 않는 사람이나 사물이 차지하다.
【鸡犬不惊】jīquǎn-bùjīng 〔成〕1 (군대가 지나가는데) 닭이나 개조차도 놀라지 않다. 2 군대의 기율이 매우 엄해 백성들을 조금도 성가시게 하지 않다.
【鸡犬不留】jīquǎn-bùliú 〔成〕1 개나 닭마저도 남겨 두지 않다. 2〔비〕몰살하다. 모조리 죽이다. 씨를 말리다.
【鸡犬不宁】jīquǎn-bùníng 〔成〕1 개나 닭조차도 편안하지 못하다. 2〔비〕매우 소란스럽고 불안하다.
【鸡犬升天】jīquǎn-shēngtiān 〔成〕1 계견승천. [(전설에서) 한(漢)나라의 회남왕(淮南王) 유안(劉安)이 수련을 통해 신선이 되었는데, 그 집의 닭과 개도 단약(丹藥)을 먹고 승천하였다고 한 데서 유래함] 2〔비〕한 사람이 높은 벼슬에 오르면, 그 주변 사람들도 권세를 얻는다.
【鸡犬相闻】jīquǎn-xiāngwén 〔成〕1 닭이 울고 개가 짖는 소리를 서로 들을 수 있다. 2〔비〕아주 가까이 있다.
【鸡群】jīqún 〔名〕닭의 무리. ¶鹤立~=군계일학. 많은 사람 가운데서 유난히 뛰어난 사람.
【鸡舍】jīshè 〔名〕닭장. 계사. =【鸡窝】jīwō
【鸡尸牛从】jīshī-niúcóng ☞【鸡口牛后】jīkǒu-niúhòu
【鸡虱(子)】jīshī(·zi) 〔名〕〔動〕닭니.
【鸡丝】jīsī 〔名〕실처럼 가늘게 썬 닭고기. ¶~面 三丝면. [가늘게 썬 닭고기를 얹은 국수]
【鸡嗉子】jīsù·zi 〔名〕닭똥집. 닭의 모이주머니〔멀떠구니〕.
【鸡头】jītóu 〔名〕1 닭의 머리. 2〔植〕가시연.
【鸡头米】jītóumǐ ☞【芡实】qiànshí
【鸡尾酒】jīwěijiǔ 〔名〕칵테일.
【鸡瘟】jīwēn 〔名〕(각종) 닭의 급성 전염병.
【鸡窝】jīwō ☞【鸡舍】jīshè
【鸡心】jīxīn 〔名〕1 하트형. ¶~领=브이넥. 삼각 목둘레. 2 하트형의 장신구〔액세서리〕.
【鸡胸】jīxiōng 〔名〕〔醫〕새가슴. 계흉. [구루병으로 흉골이 볼록하게 튀어나오는 증상]
【鸡血石】jīxuèshí 〔名〕〔礦〕계혈석. 주사석.
【鸡血藤】jīxuèténg 〔名〕〔植〕계혈등. 콩과 식물인 밀화두의 작은 가지]
【鸡鸭鱼肉】jī-yā-yú-ròu 〔名〕1 닭·오리·생선·고기로 만든 요리. 2 맛있는 요리. 진수성찬.
【鸡眼】jīyǎn 〔名〕〔醫〕티눈. [형상이 닭의 눈과 비슷해서 붙여진 이름임] =【肉刺】ròucì
【鸡杂】jīzá 〔~儿〕〔名〕(음식 재료로 쓰는) 닭내장.
【鸡爪树】jīzhǎoshù ☞【拐枣】guǎizǎo
【鸡子】jī·zi 〔名〕〔방〕닭.
【鸡子儿】jīzǐr 〔口〕달걀. 계란.
【鸡坳】jīzōng 〔名〕〔植〕버섯의 일종. [학명은 'Collybia albuminosa'임]

# 其

**其** jī 사람 이름 기
인명에 쓰이는 글자. ¶郦食(Lì Yì)~=역이기. [서한(西漢) 사람]
☞ qí

**奇** jī 홀수 기
〖형〗홀수의. ¶~偶=홀수와 짝수. 〖명〗〖구〗우수리. 단수(端數). 끝수. 나머지. ¶三尺有~=삼 척 남짓. ↔偶
〖동〗qí
【奇零】[畸零] jīlíng 〖명〗〖구〗우수리. 단수(端數). 끝수. 나머지.
【奇数】jīshù 〖명〗〖수〗홀수. 기수. ↔偶数

**奀** jī 비역 기
【奀奸】jījiān ☞【鸡奸】jījiān

**咭** jī 웃음소리 길
〖의〗'叽(jī)'와 같음.

**剞** jī 조각칼 기
【剞劂】jījué 〖명〗끝이 구부러진 조각칼. 〖동〗〖구〗서적을 판각하다. 목판에 글자를 새기다.

**唧** jī 뿜을 즉
〖동〗(액체를) 뿜다. 분사하다. 뿌리다. ¶他被~了一身水。=그는 온몸에 물을 뒤집어썼다. 〖의〗'叽(jī)'와 같음.

○● 吧唧, 咕gū唧, 呱唧, 哼hēng唧

【唧咕】jī·gu ☞【叽咕】jī·gu
【唧唧】jījī 〖의〗쨱쨱. 찍찍. 찌르르찌르르. [새·벌레 등의 우는 소리] ¶小鸟在鸟巢里~地叫个不停。=어린 새가 둥지 안에서 쨱쨱거리며 계속 지저귀고 있다.
【唧唧嘎嘎】jī·ji gāgā ☞【叽叽嘎嘎】jī·ji gāgā
【唧唧喳喳】jī·ji zhāzhā ☞【叽叽喳喳】jī·ji zhāzhā
【唧哝】jī·nong 〖동〗소곤거리다. 속삭이다. ¶他们俩~了一会儿, 然后就一起出去了。=그 둘은 잠시 소곤거리더니 곧 함께 나가 버렸다.
【唧筒】jītǒng 〖명〗펌프(pump).

**积**[積] jī 쌓을 적
〖동〗1 (사물이) 쌓여 있다. 쌓이다. 퇴적되다. 쌓아올리다. 쟁이다. 퇴적하다. ¶货物山~=화물이 산처럼 쌓이다. 2 (조금씩) 쌓이다. 누적하다. 축적되다. ¶日~月累=세월이 쌓이다. 〖형〗오랜 기간 누적된. 오래 된. 장기간의. ¶~弊难除=오래 된 폐단은 없애기 어렵다. 〖명〗1〖의〗오랜 내장 질병. 2〖의〗어린아이의 소화 불량. 체기(滯氣). ¶奶~=젖먹이의 체기. 3〖수〗〖수〗곱. 승적(乘積).

○● 材积, 沉chén积, 冲积, 地积, 堆积, 聚jù积, 累lěi积, 面积, 捏niē积, 痞pǐ积, 容积, 山积, 体积, 囤tún积, 蓄xù积, 淤yū积, 郁yù积

【积案】jī'àn 〖명〗장기 미해결 사건〔안건·사안〕. 현안(懸案). ¶~如山=현안이 산처럼 쌓이다. ↔现案

【积案盈箱】jī'àn-yíngxiāng 〖성〗1 책상과 상자를 가득 채우다. 2〖비〗서류·책 등이 매우 많다.
【积弊】jībì 〖명〗적폐. 오랜 폐단. ¶革除~=오랜 폐단을 뿌리뽑다.
【积不相能】jībùxiāngnéng 〖성〗이전부터 사이가 나쁘다. 줄곧 화목하지 못하다.
【积储】jīchǔ 〖동〗모아 두다. 적립하다. 축적하다. 저장하다. 쌓아 두다. 저축하다.
【积存】jīcún 〖동〗모아 두다. 적립하다. 축적하다. 저장하다. 쌓아 두다. 저축하다. ¶~粮食=식량을 모아 두다. 〖명〗적립해〔모아〕둔 돈이나 물건. ¶手头没多少~。=수중에 모아 둔 돈이 얼마 없다.
【积德】jī‖dé 〖동〗덕을 쌓다. 적덕하다. 좋은 일을 하다. ¶~行善=덕을 쌓고 선을 행하다.
【积淀】jīdiàn 〖동〗누적되다. 쌓이다. 축적되다. [주로 사상이나 문화 등을 가리킴] ¶数千年~下来的传统观念仍根植于人们的内心深处。=수천 년 동안 쌓인 전통 관념이 여전히 사람들 마음속 깊은 곳에 뿌리내려져 있다. 〖명〗누적된〔쌓인〕사상·문화 등. ¶历史~=역사의 누적물. ≒沉淀
【积恶】jī‖è 〖동〗1 악을 쌓다. 2 온갖 악한 짓을 저지르다. ¶~之家, 必有余殃。=나쁜 짓을 많이 한 집안은 반드시 후에 재앙이 있다.
【积恶】jī'è 〖명〗쌓이고 쌓인 죄악. 적악. ¶查抄逆产, 以清~。=반역자의 재산을 몰수하여 쌓인 죄악을 청산하자.
【积非成是】jīfēi-chéngshì 〖성〗틀린 것이 오래 되면 옳은 것이 되어 버린다. 잘못된 것이 오래 되면 옳은 것으로 받아들여진다.
【积肥】jī‖féi 〖동〗〖농〗비료를 쌓다. 거름을 모으다. 퇴비를 만들다.
【积分】jīfēn 〖명〗1〖수〗적분. 2 (시합에서의) 누계 점수. 점수의 합계. ¶~排名第一。=누계 점수가 일등이다.
【积愤】jīfèn 〖명〗쌓이고 쌓인 분노〔원망·울분〕. 적분(積忿). ¶~难平=쌓인 분노를 가라앉히기 힘들다.
【积垢】jīgòu 〖명〗묵은〔쌓인〕때. ¶清除~=묵은 때를 깨끗이 없애다.
【积毁销骨】jīhuǐ-xiāogǔ 〖성〗비방이 거듭되면 사람이 파멸한다.
【积极】jījí 〖형〗1 긍정적이다. 건설적이다. ¶~影响=긍정적인 영향. 2 적극적이다. 열성적이다. 의욕적이다. 진취적이다. ¶对公益活动, 他一向很~。=공익 활동에 대하여 그는 언제나 매우 열성적이다. ≒踊跃 ↔消极
【积极分子】jījí fènzǐ 〖명〗1 정치적으로 진보적이고 업무에서는 진취적인 사람. 2 (어떤 일이나 활동에) 적극적인〔열성적인〕사람. 열성가. 열성 분자. 활동가.
【积极性】jījíxìng 〖명〗적극성. ¶要充分调动公司员工的~。=회사 종업원들의 적극성을 불러일으키도록 한다.
【积久】jījiǔ 〖동〗오랜 세월이 지나다. 오래 되다. 오랜 세월 동안 쌓이다〔누적되다〕. ¶这是~的毛病, 一时半会儿好不了。=이는 오래 된 문제로

로 단시간에는 좋아지지 않는다.
**【积聚】jījù** 图 (쌓아) 모으다. 축적되다. ¶~力量=역량을 쌓다. ≒积累
**【积劳】jīláo** 图图 오랜 기간 피로가 쌓이다〔누적되다〕. ¶他的病纯粹是~所致。=그의 병은 순전히 피로가 누적되어서 생긴 병이다.
**【积劳成疾】jīláo-chéngjí** 图 피로가 쌓여 병이 되다.
**【积累】jīlěi** 图 (조금씩) 쌓이다. 누적되다. 축적하다. ¶~经验=경험을 쌓다. 图 1 축적된〔쌓인〕 것. 축적. 축적물. ¶生活~=생활의 축적. 2(經) (자본의) 축적. 누적. 축재. 적립금. [국민 소득 중에서 확대 재생산에 쓰이는 부분] ≒积聚

积累(jīlèi) / 累计(lèijì)
쌓다, 축적하다, 누적하다, 합치다

积累 : 수량이 부단히 증가하는 것을 나타냄. 자금이나 재료가 증가하거나, 경험이나 지식을 말함. ¶她又积累了一些待人处世的经验。=그녀는 또 사람을 대하는 처세 경험을 쌓았다.

累计 : 합쳐서 계산하거나 총계를 나타내며 뒤에 수량사가 많이 쓰임. ¶我家每个月支出的房费、水电费等，累计要1000元左右。=우리 집이 매달 지출하는 방세, 수도세, 전기세 등은 합쳐서 1,000위안 정도가 된다.

**【积累基金】jīlěi jījīn** 图(經) 적립금. [국민 소득 중에서 확대 재생산·비생산성 기본 건설·물자 비축 등에 쓰이는 기금]
**【积木】jīmù** 图 쌓기놀이〔블록쌓기〕 장난감.
**【积年】jīnián** 图图 오랜 세월. 여러 해. 다년간. ¶~旧案=오래 된 안건.
**【积年累月】jīnián-lěiyuè** 图 **1** 연월을 거듭하다. **2**(비) 오랜 세월.
**【积欠】jīqiàn** 图 체납하다. 연체하다. (빚이) 밀리다. ¶~货款=물건값을 체납하다. 图 쌓인 빚. 밀린 빚. 묵은빚. ¶偿还~=밀린 빚을 상환하다.
**【积弱】jīruò** 图 오랜 쇠퇴와 허약. ¶~不振=오랫동안 쇠퇴하며 부진하다.
**【积沙成塔】jīshā-chéngtǎ** ☞ 【聚沙成塔】jùshā-chéngtǎ
**【积善】jī‖shàn** 图图 **1** 적선하다. **2** 좋은 일을 많이 하다. ¶~之家，必有余庆。=좋은 일을 많이 한 집안은 반드시 후에 경사와 복이 있다.
**【积少成多】jīshǎo-chéngduō** 图 티끌 모아 태산.
**【积食】jī‖shí** 图图 소화가 안 되다. 체하다. 얹히다. [주로 어린이의 경우를 가리킴]
**【积食】jīshí** 图 위에 남아 있는 음식물.
**【积水】jī‖shuǐ** 图 **1** 물이 괴다. ¶~成渊=물이 모여 큰 못을 이루다. **2**(醫) 환자 체내의 세포 사이에 액체가 고이다. ¶胸腔~=흉수증(胸水症).
**【积水】jīshuǐ** 图 고인 물. ¶开沟引渠，排除田中~。=도랑을 파고 수로를 내어 밭에 고인 물을 빼다.

**【积愫】jīsù** 图图 오랫동안 가슴 속에 쌓인 진심〔진정〕. ¶倾叙~=진심을 털어놓다.
**【积土成山】jītǔ-chéngshān** 图 **1** 흙을 쌓아 산을 이루다. **2**(비) 티끌 모아 태산.
**【积微成著】jīwēi-chéngzhù** 图 사소한 것도 쌓이면 현저해진다.
**【积温】jīwēn** 图(氣) 적산(積算) 온도.
**【积习】jīxí** 图 오랜 습관. 고질적인 습관. [주로 나쁜 것을 가리킴] ¶~难改=고질적인 습관은 고치기 어렵다.
**【积薪厝火】jīxīn-cuòhuǒ** ☞ 【厝火积薪】cuòhuǒ-jīxīn
**【积蓄】jīxù** 图 저축하다. 축적하다. 모으다. 쌓다. ¶~财物=재물을 축적하다. 图 저금. 모아 둔 돈. ¶他这两年有了点儿~。=그는 최근 이삼년 동안 저축을 좀 해 두었다. ↔消耗
**【积雪】jīxuě** 图 쌓인 눈. 적설. ¶山上~终年不化。=산 위의 적설이 일년 내내 녹지 않는다.
**【积压】jīyā** 图 (오랫동안) 내버려 두다. 방치해 두다. 놓아 두다. 묵혀 두다. 사장하다. ¶~产品=오래 묵은 상품.
**【积余】jīyú** 图 조금씩 모으다〔적립하다·쌓아 두다·저축하다·저금하다〕. ¶这几年他~了不少钱。=요 몇 년 동안 그는 적지 않은 돈을 모았다. 图 조금씩 모아 둔 재물. 저금. 저축. ¶他的大部分~投向了股市。=그는 대부분의 저금을 주식 시장에 투자했다.
**【积羽沉舟】jīyǔ-chénzhōu** 图 **1** 새털도 쌓이면 배를 가라앉힌다. **2**(비) 작은 힘도 합하면 큰 힘이 된다. **3**(비) (나쁜 방면으로) 사소한 것도 쌓이면 엄청난 결과를 초래한다.
**【积雨】jīyǔ** 图 여러 날 내린 비. 장맛비. ¶~成灾=여러 날 내린 비로 수재가 나다.
**【积雨云】jīyǔyún** 图(氣) 적란운. =【雷雨云】léiyǔyún
**【积郁】jīyù** 图 (근심·분노 등이) 맺히다. 응어리지다. 울결하다. ¶~成疾=가슴에 맺혀 병이 되다. 图 쌓이고 쌓인 근심〔분노〕. 응어리. 명울. 한. ¶心中的~难以排解。=마음속의 응어리는 쉽게 풀어지지 않는다.
**【积怨】jīyuàn** 图 오래 묵은 원한. 쌓이고 쌓인 원한. ¶~甚深=묵은 원한이 매우 깊다.
**【积云】jīyún** 图(氣) 적운. 뭉게구름.
**【积攒】jīzǎn** 图图 조금씩 모으다〔적립하다·쌓아 두다·저축하다·저금하다〕. ¶他用多年~的钱买了一套公寓。=그는 여러 해 동안 조금씩 저축한 돈으로 아파트 한 채를 장만했다.
**【积重难返】jīzhòng-nánfǎn** 图图 **1** 오래 되고 상황이 심각하여 고치기 힘들다. **2** 누적된 악습〔폐단〕은 고치기 어렵다.
**【积铢累寸】jīzhū-lěicùn** ☞ 【铢积寸累】zhūjī-cùnlěi

# 笄 jī 비녀 계

图图 (여자가 15세가 되어 성년이 되었다는 의미로) 쪽을 찌어 올리고 비녀를 꽂다. ¶~礼=계례. 여자의 성년식. 图 비녀.

**屐** **jī** 나막신 극

[명] **1** 나막신. ¶木～=나막신. **2** [문] 신발. ¶～履=신발.

**姬** **jī** 여자의 미칭 희

[명] **1** 옛날, 여자에 대한 미칭. ¶秦～越女=진나라와 월나라의 미희. **2** 첩. ¶侍～=시첩. **3** [옛] 노래와 춤을 업으로 삼던 여자. ¶歌～=가희. **4** (**Jī**) 성(姓).

【姬妾】**jīqiè** [명][문] 첩.

****基** **jī** 터 기

[명] **1** 기초. 토대. 터. ¶房～=집의 기초. / 路～=노반. **2**《化》기. ¶氨～=아미노기. [형] 기초적인. 기본적인. 근본적인. ¶调整～价=기준 가격을 조정하다. / ～层干部=말단 간부.

【基本】**jīběn** [형] **1** 기본의. 기본적인. 근본적인. ¶～原则=기본 원칙. **2** 주요한. 주된. 중요한. ¶～条件=주된 조건. [부] 대체로. 거의. 기본적으로. ¶～实现了既定目标。=이미 정한 목표를 대체로 실현하였다. [명] 기본. 근본. ¶教育是国家发展的～。=교육은 국가 발전의 근본이다.

【基本词汇】**jīběn cíhuì** [명]《言》기본 어휘.

【基本单位】**jīběn dānwèi** [명] 기본 단위. [미터(m)·킬로그램(kg)·초(S)·암페어(A)·켈빈(K)·몰(mol)·칸델라(cd) 등]

【基本点】**jīběndiǎn** [명] 기본점. 주요 방면. 근본 방면.

【基本法】**jīběnfǎ** [명]《法》기본법. 근본법.

【基本功】**jīběngōng** [명] 기초적인 지식과 기능. 기본기(基本技). 기본적 기량. 기초적 훈련. 기초적 수업(修業). ¶～很扎实=기본기가 튼튼하다.

【基本工资】**jīběn gōngzī** [명] 기본급. 본봉.

【基本国策】**jīběn guócè** [명] 국가의 기본 정책.

【基本建设】**jīběn jiànshè** [명] **1** 기간 산업 건설. [국민 경제 각 부문에서의 고정 자산을 증가시키기 위한 건설] **2** [비] 기초 작업〔공사〕. ¶教材的研究与开发是提高教学质量的一项～。=교재의 연구와 개발은 교학의 질을 제고하는 기초 작업이다. [약]【基建】**jījiàn**

【基本粒子】**jīběn lìzǐ** [명]《物》소립자(素粒子). =【粒子】**lìzǐ**

【基本矛盾】**jīběn máodùn** [명]《哲》기본 모순. =【根本矛盾】**gēnběn máodùn**

【基本上】**jīběn·shang** [부] **1** 주로. 대부분은. ¶厂里的日常管理工作～由他负责。=공장 안의 일상 관리 업무는 주로 그가 책임진다. **2** 대체로. 거의. 대개. ¶这项工作到年底～可以完成。=이 업무는 연말이 되면 거의 끝낼 수 있다.

【基本义】**jīběnyì** [명]《言》기본 의미(뜻).

【基层】**jīcéng** [명] 기층. 저층. 기저층. 밑바닥. 저변. (조직의) 말단. (최)하부 조직. ¶深入～=기층으로 깊이 파고들다.

【基础】**jīchǔ** [명] **1** (건축물의) 토대. 기초. ¶房子的～很牢固。=집의 토대가 아주 견고하다. **2** 기초. 바탕. 밑바탕. 기틀. 토대. 기반. 근본. 기본. 기간. 근저. ¶～知识=기초 지식. **3** ☞【经济基础】**jīngjì jīchǔ** ≒根基 根底

【基础代谢】**jīchǔ dàixiè** [명]《生》기초 대사.

【基础工业】**jīchǔ gōngyè** [명] 기초 공업.

【基础教育】**jīchǔ jiàoyù** [명]《教》**1** 기초 교육. 국민 교육. **2** (아동에 대한) 초등 교육.

【基础科学】**jīchǔ kēxué** [명] 기초 과학.

【基础课】**jīchǔkè** [명] 기초 과목. 교양 과목. ['专业课(전공 과목)'와 구별됨]

【基底】**jīdǐ** [명] **1** 기저. 기초. 밑바탕. 토대. 근본. 기본. 기간. 근저. ¶文化建设要以民族文化为～。=문화 건설은 민족 문화를 기저로 삼아야 한다. **2** 바탕색. ¶封面以浅绿色为～。=겉표지는 옅은 녹색을 바탕색으로 한다.

【基地】**jīdì** [명] **1** 근거지. 본거지. 거점. ¶汽车工业～=자동차 공업의 본거지. **2** 기지. ¶卫星发射～=위성 발사 기지.

【基点】**jīdiǎn** [명] **1** 기점. 시작점. 시점. 출발점. 중심. 중점. 센터. ¶以中小学为～，大力推广普通话。=초·중·고등 학교를 기점으로, 힘껏 표준 중국어를 널리 보급한다. **2** 근본. 기초. 근간. 근저. 기반. ¶完善的管理制度是一个企业正常运转的～。=완벽한 관리 제도는 한 기업이 정상적으로 운영될 수 있는 근본이다.

【基调】**jīdiào** [명] **1**《音》주조(主調). **2** [비] 기조. 기본 정신. 기본 관념. ¶反思过去、图谋发展是这篇报告的～。=과거를 돌이켜보고 발전을 도모하고자 하는 것이 이 보고서의 기본 정신이다.

【基督】**Jīdū** [명][외]《宗》**1** 구세주. 그리스도. **2** 예수(Jesus). [그] Christos

【基督教】**Jīdūjiào** [명]《宗》**1** 기독교. **2** 신교. 프로테스탄트(Protestant).

【基督徒】**jīdūtú** [명] 기독교인. 기독교도. 크리스천(Christian). 기독교 신자.

【基肥】**jīféi** [명]《農》기비. 밑거름. =【底肥】**dǐféi**

【基干】**jīgàn** [명] 기간. 기초. 기저. 밑바탕. 근본. 기본. 근저. 골간. 중심. ¶～队伍=기간 부대.

【基价】**jījià** [명] **1** 기준 가격. **2**《經》기준 단가.

【基建】**jījiàn** ☞【基本建设】**jīběn jiànshè**

【基金】**jījīn** [명] 기금. 기본금. ¶教育～=교육 기금.

【基金会】**jījīnhuì** [명] 재단. ¶中国青少年发展～=중국 청소년 발전 재단.

【基里巴斯】**Jīlǐbāsī** [명][외]《地》키리바시(Kiribati). [수도는 '塔拉瓦(타라와 : Tarawa)'임]

【基尼系数】**Jīní xìshù** [명]《經》지니 계수. [영] Gini's coefficient

【基诺族】**Jīnuòzú** [명] 기낙족. [중국 소수 민족의 하나로 윈난(云南)성에 분포함]

【基盘】**jīpán** [명] 기반. 기초.

【基期】**jīqī** [명] (통계에서) 기준시.

【基色】**jīsè** ☞【原色】**yuánsè**

【基石】**jīshí** [명] **1** 초석(礎石). 초반(礎盤). 주춧돌. **2** [비] (사물의) 토대. 기초. 근원. 초석. ¶科技是经济发展的～。=과학 기술은 경제 발전의 초석이다.

【基数】jīshù 图 1(數) 기수. 기본수. 밑수. [ '序数(서수)'와 구별됨] 2 (통계에서) 기준수. 기준으로 삼는 숫자.
【基态】jītài 图(物) 기저 상태(基底狀態). 바닥 상태.
【基体】jītǐ 图 주물질. [두 종류 또는 두 종류 이상의 혼합물 중 주체가 되는 물질]
【基围虾】jīwéixiā 图(動) 홍새우의 일종. [바닷물과 담수가 만나는 곳에서 서식하다가 파도를 타고 '基围(제방)' 아래의 물살이 완만한 곳에 가서 알을 낳기 좋아하여 붙여진 이름임] =【基尾虾】jīwěixiā
【基尾虾】jīwěixiā ☞【基围虾】jīwéixiā
【基线】jīxiàn 图 기선.
【基性岩】jīxìngyán 图(礦) 염기성암.
【基岩】jīyán 图(礦) 기반암(基盤岩).
【基业】jīyè 图 1 기간 산업. 기초 산업. ¶开创~=기간 산업을 일으키다. 2 (건물·토지·공장과 광산 등 주로 개인 소유의) 부동산. 기업(基業). ¶这房子是他家祖上留下来的~=이 집은 그의 집안 조상으로부터 전해 내려오는 부동산이다.
【基因】jīyīn 图(외)(生) 유전자. 유전 인자.
【基因重组技术】jīyīn chóngzǔ jìshù ☞【基因工程】jīyīn gōngchéng
【基因工程】jīyīn gōngchéng 图 유전자 공학. =【遗传工程】yíchuán gōngchéng【基因重组技术】jīyīn chóngzǔ jìshù
【基因库】jīyīnkù 图 유전자 은행. 유전자 풀 (pool).
【基因疗法】jīyīn liáofǎ 图(醫) 유전자 요법.
【基因芯片】jīyīn xīnpiàn 图(電) 유전자 칩 (chip).
【基因学说】jīyīn xuéshuō 图 유전자설.
【基因组】jīyīnzǔ 图 게놈(genome). =【染色体组】rǎnsètǐzǔ
【基音】jīyīn 图 1(音) 바탕음. 기음. 기본음. 2 (物) 기본음. 기음. 원음(原音).
【基于】jīyú 囦 …에 근거하다. … 때문에. ¶~上述原因, 我不能接受这个条件. =앞에서 말한 원인 때문에 나는 이 조건을 받아들일 수 없다.
【基质】jīzhì 图(生) 1 기질. [결합 조직의 기본 물질] 2 기질. [효소와 작용하여 화학 반응을 일으키는 물질] ¶凡士林可以用作化妆品、药膏等的~. =바셀린(vaseline)은 화장품·연고 등의 기질로 쓰일 수 있다.
【基准】jīzhǔn 图 1 기준. 2 표준. 기준. ¶要掌握好质量评估的~=품질 평가의 기준을 잘 파악해야 한다.
【基座】jīzuò 图 (비석·불상·조각상 등의) 대좌 (臺座).

萁 jī 물억새 기
图(植) 고서(古書)에서, 물억새와 비슷하나 좀 더 가는 풀을 가리킴. ¶~服=물억새풀로 만든 전통(箭筒)〔화살통〕.
☞ qí

靰[鞿] jī 고삐 기
图(문) 말고삐.

期[朞] jī 돌 기
图(문) 만 일 년. 만 한 달. ¶~月=만 일 개월. / ~年=만 일 년.
☞ qī

赍[賫, 賷·齎] jī 줄 제
图(문) 1 (물건을) 주다. 바치다. 선물하다. ¶~助=도와 주다. 2 (어떤 생각을) 품다. ¶~恨而亡=한을 품고 죽다.
【赍发】jīfā 图(문) (금전을) 증여하다. (재물로) 보살펴 주다. 돕다. ¶~盘缠=여비를 주다.
【赍恨】jīhèn 图(문) 원한을 품다. ¶机遇若失, 将~终身. =기회를 놓친다면 평생 한이 될 것이다.
【赍赏】jīshǎng 图(문) 상을 내리다. 하사하다.
【赍志而殁】jīzhì'érmò 囵 뜻을 이루지 못하고 죽다.

犄 jī 두 뿔 마주할 의
아래를 참조.
【犄角】jījiǎo(~儿) 图 1 각. 모서리. ¶桌子~=책상 모서리. 2 구석. 모퉁이. 귀퉁이. ¶院子的~儿有一棵杏树. =정원의 구석에 살구나무가 한 그루 있다.
【犄角】jī·jiao 图(주) (짐승의) 뿔. ¶牛~=쇠뿔. / 鹿~=녹각.
【犄角旮旯儿】jījiǎo gālár 图(주) 구석구석. 구석마다. ¶~都堆满了书. =구석구석 책이 가득 쌓여 있다.

嵇 jī 성씨 혜
图 성(姓).

缉[緝] jī 찾을 집
图 검색하다. 수색하다. 뒤져서 찾다. 수사하다. 체포하다. ¶通~=지명 수배하다.
☞ qī

o-● 侦zhēn缉

【缉捕】jībǔ 图 수색하여 검거〔체포〕하다. 붙잡다. ¶~逃犯=탈주범을 붙잡다. ≒缉拿
【缉查】jīchá 图 검색하다. 수색하다. 뒤져서 찾다. 수사하다. ¶~毒品=마약류를 수색하다.
【缉毒】jīdú 图 마약류를 수색하다. 마약 사범을 수색하여 검거하다. ¶~大队=마약 검거대.
【缉获】jīhuò 图 수사하여 체포하다. 수색하여 (장물〔臟物〕·반입 금지 물품 등을) 압수하다. 잡다. 포획하다. 체포하다. ¶~凶犯=흉악범을 체포하다.
【缉拿】jīná 图 수색하여 검거〔체포〕하다. ¶~归案=체포하여 재판에 회부하다. ≒缉捕
【缉私】jīsī 图 밀수 행위를 수사하다. 밀수범을 검거〔체포〕하다. ¶加大~力度. =밀수범 검거에 더 큰 힘을 쏟다.

【缉凶】jīxiōng 통 흉악범을 검거〔체포〕하다. 붙잡다. ¶限期~=기한 내에 흉악범을 검거하다.

*畸 jī 돼기밭 기
명 1 돼기밭. [정전(井田)으로 구성하고 남은 우수리 땅] 2 나머지, 우수리, 단수(端數) 2 十米有~=10미터 조금 넘는다. 형 1 불규칙적이다. 비정상적이다. 기형적이다. ¶遺傳~變=유전 변이. 2 편중되다. 한 방면에 치우치다. 기울다. ¶学生要文理并重, 不能~轻~重. =학생은 문과와 이과를 다 같이 중시해야지, 어느 한쪽으로 치우치면 안 된다.

【畸变】jībiàn 명 1 변이. ¶物种~=종(種)의 변이. 2 (物)(상(像)의) 뒤틀림. 3 ☞【失真】shīzhēn

【畸恋】jīliàn 명 비정상적인 연애〔사랑〕.

【畸零】jīlíng 명통 ☞【奇零】jīlíng 형통 외롭다. 고독하다. ¶~无侶=반려자가 없어 외롭다.

【畸轻畸重】jīqīng-jīzhòng 성 1 너무 가볍거나 너무 무겁다. 2 비 평형을 잃다. 편중되다. 치우치다. 기울다. (사람이나 사물에 대해) 공정하지 못하다.

【畸形】jīxíng 형 1 (발육이) 기형적이다. 비정상적이다. ¶先天~=선천적으로 기형이다. 2 (사물의 발전이) 기형적이다. 비정상적이다. ¶经济发展水平地域差异大的~状况正在逐步改变. =경제 발전 수준이 지역에 따라 큰 차이가 나는 비정상적이던 상태가 점차 변해 가고 있다.

跻[躋] jī 오를 제
통 상승하다. 위로 올라가다. 오르다. ¶~升=상승하다.

【跻攀】jīpān 통 오르다. 등반하다.

【跻身】jīshēn 통 (어떤 대열·위치에) 들어서다〔오르다〕. 몸을 담다. ¶~商界=상업계에 몸을 담다.

锜[錡] jī 호미 기
☞【镃锜】zījī

裱[襀] jī 옷주름 적
명통 옷의 주름.

*箕 jī 키 기
명 1 키. 쓰레받기. ¶粪~=(거름을 담아 나르는) 삼태기. 2 키 모양의 지문. ¶左手有两个~三个斗. =왼손에 두 개의 키 모양의 지문과 세 개의 둥근 지문이 있다. 3 (天) 기수(箕宿). [이십팔수(二十八宿)의 하나 4 (Jī) 성(姓).

○● 撮cuō箕, 粪fèn箕, 扶fú箕, 筲shāo箕

【箕斗】jīdǒu 명통 1 (天) 기수(箕宿)와 두수(斗宿). 2 군성(群星). 뭇별. 3 지문. [키 모양의 ‘箕(jī)’, 나선형은 ‘斗(dǒu)’라고 부름] 형통 허명(虚名)만 있는. 유명무실한. 이름뿐이.

【箕踞】jījù 명통 다리를 뻗고 앉다. [옛 사람들은 거만하고 무례한 행위로 보았음]

【箕宿】jīxiù 명 (天) 기성(箕星). 기수(箕宿). [이십팔수(二十八宿)의 하나.

*稽 jī 머무를 계
통 1 (잠시) 머물다. 정체하다. 지체하다. 미루다. 연기하다. ¶~延时日=시일을 끌다. 2 심사하다. 조사하다. 고찰하다. 고증하다. ¶无~之谈=터무니없는 말. 근거 없는 말. 3 입씨름하다. 다투다. 따지다. ¶反唇相~=비판을 받아들이지 않고 도리어 상대방과 말다툼하다. 명 (Jī) 성(姓).

☞ qǐ

○● 钩gōu稽, 滑稽

【稽查】jīchá 통 (위법 행위를) 조사하다. 검사하다. 검열하다. 사찰하다. ¶~偷税漏税行为=탈세 행위를 조사하다. 명 검사원. 조사원.

【稽核】jīhé 통 (주로 장부를) 조사하다. 회계를 감사하다. ¶对全年的账目逐一~. =한 해 동안의 장부를 일일이 검사하다.

【稽考】jīkǎo 통통 고찰하다. 조사하다. ¶无从~=조사할 길이 없다.

【稽留】jīliú 통통 (잠시) 머물다. 묵다. 체류하다. 계류하다. ¶途中未曾~. =중도에 체류한 적이 없다.

【稽延】jīyán 통통 (시간을) 끌다. 지연하다. 연기하다. 뒤로 미루다. ¶~多日=여러 날 지연시키다.

【稽征】jīzhēng 통 조사하여 세금을 징수하다. ¶~营业税=영업세를 조사 징수하다.

畸 jī 외짝 기
형통 ‘奇(홀수의)’와 같음. 명통 홀수.

齑[齏] jī 잘게 부술 제
명 (조미료용으로) 잘게 다진 생강·마늘 등. 형 잘다. 미세하다. 곱다. 가늘다. ¶化为~粉=가루가 되다.

【齑粉】jīfěn 명통 가루. 분말. ¶碾成~=가루가 되도록 갈다〔빻다〕.

畿 jī 경기 기
명 고대에, 수도 부근의 땅을 가리킴. ¶京~=경기(京畿).

【畿辅】jīfǔ 명 고대에, 수도 부근의 땅을 가리킴.

礉 jī 날벼락돌 격
☞【炭礉】tànjī

*激 jī 물결 부딪쳐 흐를 격
통 1 (물결이) 일다. 튀기다. 솟구치다. ¶一石起千层浪. =돌 하나가 수많은 물결을 일으키다. 2 (감정이) 격동되다. 일어나다. ¶感~涕零=감격하여 눈물을 흘리다. 3 (감정을) 흥분시키다. 자극하다. ¶劝不如~将. =정면으로 부탁하는 것보다 말로 자극하여 하게끔 하는 것이 낫다. 4 (찬물로 자극을 받아) 병이 나

다. ¶他感冒了, 被雨水～着了。＝그는 비를 맞고 감기에 걸렸다. **5** [방] (음식물을 찬물에 담가) 차게 하다. ¶把西瓜放在水里～一下再吃。＝수박을 물에 담가 두었다가 차게 해서 먹자. [형] 과격하다. 격렬하다. 맹렬하다. 세차다. 거세다. ¶言辞偏～＝말이 과격하다.

O● 过激, 偏piān激, 冰bīng激凌líng

【激昂】**jī'áng** [형] (감정·어조 등이) 격앙되다. ¶歌声～＝노랫소리가 격앙되다.
【激昂慷慨】**jī'áng-kāngkǎi** ☞【慷慨激昂】**kāngkǎi-jī'áng**
【激变】**jībiàn** [동] **1** 격분시켜 변란이 일어나게 하다. **2** 격변하다. 극변(劇變)하다. 변화가 극심하다. ¶局势～＝정세가 격변하다.
【激波】**jībō** [명]《物》 충격파.
【激磁】**jīcí** [동]《物》 자화(磁化)하다. 여자(勵磁)하다. ＝【励磁】**lìcí**
【激荡】**jīdàng** [동] **1** 격동하다. 흔들리다. 울렁거리다. 출렁거리다. ¶海浪～＝파도가 출렁거리다. **2** 격동시키다. 설레게 하다. 울렁이게 하다. ¶雄壮的音乐～着听众的内心。＝웅장한 음악이 청중의 마음을 울렁이게 한다.
【激动】**jīdòng** [동] **1** (감정 등이) 격하게 움직이다. 감격하다. 감동하다. 흥분하다. ¶心情～＝마음이 흥분하다. **2** (감정을) 불러일으키다. 끓어오르게 하다. 감동시키다. 감격시키다. ¶～人心＝사람의 마음을 감동시키다. [형] (감정이) 충동적이다. ¶他太～了。＝그는 너무 충동적이다. ↔冷静
【激发】**jīfā** [동] **1** (감정을) 불러일으키다. 끓어오르게 하다. 분발시키다. 격발하다. ¶～潜能＝잠재력을 불러일으키다. **2**《物》 (분자·원자 등을) 여기(勵起)시키다. ¶～活性物质＝활성 물질을 여기시키다.
【激奋】**jīfèn** [형] 격분하다. 몹시 흥분하다. 분발하다. 진작하다. ¶精神～＝정신이 흥분하다. [동] 흥분시키다. 분발시키다. 북돋우다. 진작시키다. ¶～人心＝사람의 마음을 분발하게 하다.
【激忿】**jīfèn** ☞【激愤】**jīfèn**
【激愤】[激忿] **jīfèn** [형] 격분하다. 몹시 분노하다. ¶群情～＝군중들의 감정이 격분되다.
【激光】**jīguāng** [명] 레이저(laser).
【激光唱机】**jīguāng chàngjī** [명] 콤팩트 디스크 플레이어. CD 플레이어.
【激光唱片】**jīguāng chàngpiàn** ☞【激光数码唱片】**jīguāng shùmǎ chàngpiàn**
【激光打印机】**jīguāng dǎyìnjī** [명] 레이저 프린터.
【激光刀】**jīguāngdāo** [명]《醫》 레이저 메스(laser mes).
【激光电视】**jīguāng diànshì** [명] 디지털 텔레비전.
【激光反导】**jīguāng fǎndǎo** [명]《軍》 레이저 탄도탄 요격 미사일. ABM.
【激光盘】**jīguāngpán** [명] 시디(CD). 콤팩트 디스크.
【激光器】**jīguāngqì** [명] 레이저(laser). ＝【光激射器】**guāngjī shèqì**
【激光枪】**jīguāngqiāng** [명] 레이저(laser) 총.
【激光视盘】**jīguāng shìpán** [명] 비디오 콤팩트 디스크(VCD). 레이저 디스크(LD).
【激光数码唱片】**jīguāng shùmǎ chàngpiàn** [명] 레이저 디스크(laser disk). 콤팩트 디스크(compact disc). 시디(CD). ＝【激光唱片】**jīguāng chàngpiàn**【数字唱片】**shùzì chàngpiàn**
【激光通信】**jīguāng tōngxìn** ☞【光通信】**guāngtōngxìn**
【激光武器】**jīguāng wǔqì** [명] 레이저 무기.
【激光照排】**jīguāng zhàopái** [명]《印》 컴퓨터 조판 시스템.
【激光制导】**jīguāng zhìdǎo** [명] 레이저 유도.
【激化】**jīhuà** [동] **1** 격화되다. ¶双方的矛盾进一步～。＝쌍방의 갈등이 더욱 격화되었다. **2** 격화시키다. ¶～矛盾＝갈등을 격화시키다.
【激活】**jīhuó** [동] **1**《生》 활성화하다. 반응을 촉진하다. [유기체 내의 어떤 물질을 자극시켜 활기를 띠게 함] ¶～细胞机能＝세포 기능을 활성화하다. **2** [비] 활성화하다. [어떤 사물에 자극·영향을 주어 활기를 띠게 함] ¶～消费市场＝소비 시장을 활성화하다.
【激活能】**jīhuónéng** [명]《化》 활성화 에너지.
【激将】**jījiàng** [동] (자극적인 말이나 반어적인 말로 상대방이 어떤 일을 하도록) 자극하다. 분발시키다. ¶劝将不如～。＝정면으로 일을 권유하는 것보다 말로 자극하여 하게 하는 것이 낫다.
【激将法】**jījiàngfǎ** [명] 남을 자극하여 분발하게 하는 방법. 자극법. [자극적인 말이나 반어적인 말로 장군을 자극하여 출전하게 하거나, 원래는 하기 싫었던 어떤 일을 하도록 만드는 일종의 수단] ¶他是一个不愿服输的人, ～对他很管用。＝그는 지기 싫어하는 사람이라 자극법이 그에게는 잘 먹힌다.
【激进】**jījìn** [형] 급진적이다. 과격하다. ¶思想～＝사상이 급진적이다. ↔保守
【激剧】**jījù** [형] **1** 급격하다. 급속하다. ¶形势发生了～的变化。＝형세에 급격한 변화가 생겼다. **2** (동작·말 등이) 격렬하다. 치열하다. 극렬하다. 맹렬하다. ¶他内心的思想斗争很～。＝그의 마음속 심리적 갈등이 매우 극렬하다.
【激浪】**jīlàng** [명] 격랑. 격파(激波). 거센 파도.
【激励】**jīlì** [동] 격려하다. 북돋워 주다. ¶～斗志＝투지를 북돋워 주다.
【激励机制】**jīlì jīzhì** [명] 격려 제도. ¶完善～＝격려 제도를 완비하다.
【激烈】**jīliè** [형] **1** (동작·말이) 격렬하다. 치열하다. 극렬하다. 맹렬하다. ¶大家展开了～的争论。＝모두들 격렬한 논쟁을 벌였다. **2** (성격·감정 등이) 꼿꼿하고 강직하다. 격앙하다. 드높이다. ¶壮怀～＝원대한 포부로 격앙되다. ≒剧烈
【激灵】[机灵] **jī·ling** [동][방] 깜짝 놀라게 하다. 펄쩍 뛰게 하다. 부르르 떨게 하다. ¶一声巨响吓得他一～。＝몹시 큰 소리에 그가 깜짝 놀랐다.

【激流】jīliú 圕 격류.
【激论】jīlùn 圕 격론. 격렬한 논쟁.
【激酶】jīméi 圕(生) 키나아제(kinase).
【激怒】jīnù 圄 분노하게 하다. 격노시키다. 격분시키다. 자극하여 노하게 하다. ¶他被这些恶意中伤的话~了。=그는 이런 악의적인 중상에 격분했다.
【激起】jīqǐ 圄 1 (물결이) 일다. 솟구치다. ¶海水拍打着礁石, ~朵朵的浪花。=바닷물이 암초를 때리자 송이송이 물보라가 일었다. 2 (자극으로 …를) 일어나게 하다. 야기하다. ¶~民愤=민중의 분노를 일으키다.
【激切】jīqiè 匣圄 (말이) 격렬하고 직설적이다. 격하고 솔직하다. ¶言辞~=말이 격렬하고 직설적이다.
【激情】jīqíng 圕 격정. 열정적인 감정. ¶演员充满~的表演深深地打动了观众。=배우의 열정으로 가득 찬 연기는 관중들을 깊이 감동시켰다.
【激赏】jīshǎng 圄圄 격찬하다. 극찬하다. ¶~不已=격찬해 마지않다.
[激素] jīsù 圕(生) 호르몬.
【激扬】jīyáng 圄 1 크게 흔들리다. 높이 치솟다. 높이 출렁거리다. ¶波涛翻滚, 浊浪~。=파도가 용솟음치며 높이 치솟다. 2 나쁜 것을 비평하고 좋은 것을 칭송하다. ¶指点江山, ~文字。=정권의 잘잘못을 평론하고 글의 좋고 나쁨을 비평하다. 3 격려하여 진작시키다. 앙양하다. 북돋우다. ¶~士气=사기를 진작시키다. 4 활발하고 기운차다. 원기왕성하다. 열정적이다. 크고 낭랑하다. ¶歌声~=노랫소리가 격앙되어 활발하고 기운차다.
【激越】jīyuè 匣 1 (소리가) 우렁차다. 높고 맑게 울리다. ¶琴声~=거문고 소리가 높고 맑게 울리다. 2 (감정이) 격앙하다. 고조되다. ¶感情~=감정이 고조되다.
【激增】jīzēng 圄 (수량 등이) 급격히 증가하다. ¶产量~=생산량이 급격히 증가하다.
【激战】jīzhàn 圄 격전하다. 치열한 전투를 벌이다. ¶双方正在~。=쌍방이 치열한 전투를 벌이고 있다.
【激浊扬清】jīzhuó-yángqīng 匣 1 탁한 물을 흘려보내고 맑은 물을 끌어들이다. 2(비) 나쁜 것을 비평하고 좋은 것을 칭송하다. =【扬清激浊】yángqīng-jīzhuó

# 羁[羈, 羇] jī 굴레 기

圕 굴레. 고삐. 无~之马=굴레 벗은 말. 제 멋대로 거칠게 행동하는 사람. 圄 1 구속하다. 속박하다. ¶落拓不~=(성격이) 형식과 인습에 얽매이지 않다. 2 (외지에) 머무르다. 기거하다. 묵다. 체류하다. ¶~旅之思=타향에 머무는 심정. ≒绊

【羁绊】jībàn 圄圄 구속하다. 속박하다. 견제하다. ¶冲破传统观念的~。=전통 관념의 속박을 타파하다.
【羁缚】jīfù 圄 1 줄로 묶다. 결박하다. 포박하다. ¶~敌酋=적의 우두머리를 포박하다. 2 통제하다. 제어하다. 구속하다. 속박하다. ¶摆脱教条主义对我们的~。=우리는 교조주의의 속박에서 벗어나야 한다.
【羁客】jīkè 圕圄 나그네. 여인(旅人). 여행객.
【羁勒】jīlè 圄圄 구속하다. 속박하다. 제한하다. ¶不受陈规陋习~。=케케묵은 규범이나 낡은 관습의 구속을 받지 않는다.
【羁留】jīliú 圄 1 (외지에서) 장기간 머물다. 체류하다. ¶~海外=해외에 장기간 체류하다. 2 구금하다. 구류하다. 구치하다. ¶~嫌犯=용의자를 구금하다.
【羁旅】jīlǚ 圄圄 (장기간) 타향에 거류하다. 체류하다. ¶~异乡=타향에 거류하다.
【羁縻】jīmí 圄圄 1 (고대 왕조의 속국이나 속지 등을) 농락하다. 회유하다. 구슬리다. 얌전히 따르게 하다. 2 (외지에서) 장기간 머물다. 묵다. 체류하다. 3 구금하다. 구류하다. 구치하다.
【羁束】jīshù 圄 구속하다. 속박하다. 제한하다.
【羁押】jīyā 圄圄 구금하다. 구류하다. 구치하다. 감옥에 가두다. 수감(收監)하다. ¶~人犯=범인을 수감하다.
【羁滞】jīzhì 圄圄 (타향에) 체류하다. 장기간 머물다. 묵다. ¶~江南=강남에 장기간 머물다.

## **及 jí 미칠 급

圄 1 뒤에서 따라붙다. ¶望尘莫~=앞사람이 일으키는 먼지만 바라볼 뿐 따라잡지 못하다. 2 도달하다. 이르다. 미치다. ¶波~=파급되다. / 有过之而不~。=지나친 것은 있어도 모자라는 것은 없다. 3 대등하다. 필적하다. 비할 수 있다. 견줄 수 있다. 좇아갈 수 있다. [주로 부정형으로 쓰임] ¶论学问, 我不~你。=학문으로 따진다면 나는 너를 따라갈 수 없다. 4 …을 틈타. (시간・기회를) 이용하여. ¶~时行乐=시기를 놓치지 않고 즐기다. 5 圄 말려들다. 연루되다. 누가 미치다. ¶城门失火, 殃~池鱼。=성문에 난 불을 끄려고 해자의 물을 다 퍼 써서 물고기가 말라 죽는 화를 입다. 6 圄 …까지 미치(게 하)다. …을[를] 배려하다. ¶攻其一点, 不~其余。=다른 많은 장점은 무시하고 한 가지 결점만으로 사람을 공격하다. 匫 및. …와[과]. [명사나 명사구를 연결하여 병렬 관계를 나타내며, '跟(gēn)'과 '和(hé)'에 상당함] ¶老张、老张的女儿~女婿都来了。=장씨와 장씨의 딸 및 사위까지 모두 왔다. 圕(Jí) 성(姓). ≒跟

| ○ 及 jí | 圾 jī |
| 急 jí | 笈 jí |
| 级 jí | 芨 jī |
| 极 jí | 岌 jí |
| 汲 jí | 吸 xī |

○➡ 比及, 齿chǐ及, 顾gù及, 惠huì及, 累lěi及, 料及, 旁及, 普及, 企qǐ及, 涉shè及, 推及, 危wēi及, 无及, 以及, 又及

【及第】jídì 圄 1 급제하다. 과거에 합격하다. 2 진사(進士)에 급제하다[합격하다]. 3 급제하다. [명청(明清)대의 전시(殿試)에서 3등 안에 든 것을 일컬음]
【及锋而试】jífēng'érshì 匣 1 사기가 왕성할

때 군대를 부려 싸움을 하다. **2**㉯ 사람이 성취가 있을 때 임용하다. **3**㉯ 기회를 잡아 적시에 행동하다. 쇠는 달았을 때 두드려라.
【及格】**jí gé** ㉰ 합격하다. ¶他的英语刚刚~。=그는 영어 시험에 겨우 합격했다.
【及冠】**jíguàn** ㉰㉤ 약관(弱冠)이 되다. 남자가 만 20세가 되다. 남자가 성년이 되다. [옛날, 남자 나이 만 20세가 되면 관례(冠禮)를 치르고 갓을 써서 이미 어른이 되었음을 나타내었음]
【及笄】**jíjī** ㉰㉤ 여자가 만 15세가 되다. 여자가 성년이 되다. [옛날, 여자 나이 만 15세가 되면 머리를 감아 올리고 비녀를 꽂아 결혼할 수 있는 나이가 되었음을 나타내었음]
【及齡】**jílíng** ㉰ 규정된 나이에 이르다. 적령이 되다. ¶~儿童要及时入学。=적령이 된 아동은 제때에 입학해야 한다.
【及門】**jímén** ㉰㉤ 정식으로 제자가〔문하생이〕 되다. ¶~弟子=문하생.
【及期】**jíqī** ㉰ 기일〔기한〕이 되다. ¶~而返=기한이 되어 돌아가다.
【及其】**jíqí** ㉱ …및 그에 따르는. [명사나 명사구를 연결하여 후자가 전자에 대해 종속 관계임을 나타냄] ¶归国科研人员~家眷都已得到妥善安置。=귀국한 과학 연구자 및 그의 가족들은 모두 이미 적절하게 배치를 받았다.
【及时】**jíshí** ㉦ 시기 적절하다. 때가 맞다. ¶这批货到得很~。=이번 화물들이 아주 때맞춰 도착하였다. ㉭ 즉시. 곧바로. 신속히. ¶出现险情要~排除。=위험한 상황이 발생하면 신속히 제거해야 한다.
【及时雨】**jíshíyǔ** ㉯ **1** 때맞춰 내리는 비. 단비. **2** ㉯ 위난을 적시에 해결해 주는 사람〔사물〕.
【及物动词】**jíwù dòngcí** ㉯㉦ 타동사.
【及早】**jízǎo** ㉭ 미리. 일찌감치. 서둘러서. 앞질러서. ¶大家要~做好准备。=모두들 일찌감치 준비를 해야 합니다.
【及至】**jízhì** ㉱ …에 이르러. …의 때가 되어. [어떤 상황이 발생한 후에, 사건의 변화가 일어남을 나타내며, '等到'에 상당함. 흔히 '才'와 함께 쓰임] ¶~亲身体验后才知道其中艰辛。=몸소 겪어 본 후에야 그 과정의 고달픔을 알 수 있다.

**伋** **jí** 사람 이름 급
인명에 쓰이는 글자. ¶孔~=공급. [공자의 손자]

**吉** **jí** 길할 길
㉦ 행복하다. 길하다. 좋다. ¶逢凶化~=전화위복(轉禍爲福). 재앙이 복이 되다. / 大~大利=대 길 하 다. ㉯(Jí) **1**㉤ 지린(吉林)성의 약칭. ¶黑~辽三省=헤이룽장(黑龙江)성·지린(吉林)성·랴오닝(辽宁)성의 3성. **2** 성(姓). ≒祥 瑞 ↔凶

○● 择zé吉

| ○ 吉 jí | 桔 jié |
| 佶 jí | 拮 jié |
| 咭 jí | 鲒 jié |
| 结 jié | 诘 jié |
| 洁 jié | 颉 xié |
| 秸 jié | |

【吉卜赛人】**Jíbǔsàirén** ㉯ 집시(Gypsy). =【茨冈人】**Cígāngrén**
【吉布提】**Jíbùtí** ㉯㉤(地) 지부티(Djibouti). [수도는 '吉布提(지부티 : Djibouti)'임]
【吉大】**Jí Dà** ☞【吉林大学】**Jílín Dàxué**
【吉旦】**jídàn** ㉯㉢ **1** 매월 음력 초하루. **2** 길일. 좋은 날.
【吉尔吉斯斯坦】**Jí'ěrjísīsītǎn** ㉯㉤(地) 키르기스스탄(Kirgizstan). [수도는 '比什凯克(비슈케크 : Bishkek)'임]
【吉光片羽】**jíguāng-piànyǔ** ㉦ **1** 길광(吉光)의 모피 조각. [전설에서 길광은 신령한 동물로, 그 모피로 가죽옷을 만들면 물에 가라앉지 않고, 불에도 타지 않는다고 함] **2** ㉯ 잔존하는 진귀한 문물.
【吉剧】**jíjù** ㉯(剧) 길극. [지린(吉林)성에서 유행하는 지방 전통극의 하나로, '이인전(二人轉 ; 설창 문예의 하나)'의 기초 위에 발전한 것임]
【吉利】**jílì** ㉦ 길하다. ¶不要说不~的话。=불길한 말을 하지 마세요.
【吉林】**Jílín** ㉯(地) 지린성. 길림성. ['吉(Jí)'로 약칭하고, 성도는 창춘(长春)임]
【吉林大学】**Jílín Dàxué** ㉯ 지린〔길림〕대학. [창춘(长春)시에 있음] ☞【吉大】**Jí Dà**
【吉尼斯纪录】**Jínísī Jìlù** ㉯㉤《吉尼斯世界纪录大全(기네스북, Guinness Book)》.
【吉普(车)】**jípǔ(chē)** ㉯㉤ 지프(jeep)(차).
【吉期】**jíqī** ㉯ **1** 길일. 좋은 날. **2** 결혼식 날.
【吉庆】**jíqìng** ㉦ 상서롭다. 길하다. 경사스럽다. 운이 좋다. 행운이다. ¶~有余=경사스러움이 여유가 있다. ≒吉祥
【吉人】**jírén** ㉯ 선인(善人). 착한 사람.
【吉人天相】**jírén-tiānxiàng** ㉦ 착한 사람은 하늘이 돕는다. [주로 위험이나 곤란을 당했을 때 위로의 말로 쓰임]
【吉日】**jírì** ㉯ 길일. 운수 좋은 날. ¶良辰~=길일. 운수 좋은 날.
【吉他】**jítā** ㉯㉤(音) (악기) 기타(guitar). =【六弦琴】**liùxiánqín**
【吉祥】**jíxiáng** ㉦ 상서롭다. 길하다. 운수가 좋다. 행운이다. ¶平安~=평안하고 길하다. ≒吉庆 ↔不祥
【吉祥物】**jíxiángwù** ㉯ 마스코트(mascot). [주로 주최국 또는 주최지를 대표하는 동식물을 선택하여 사용함]
【吉星】**jíxīng** ㉯ **1** 길성. [복성(福星)·녹성(祿星)·수성(壽星) 등 3성을 가리킴. 옛날 사람들은 이들이 행운을 가져온다고 여김] **2** ㉯ 행운을 가져다 주는 사람〔사물〕.
【吉星高照】**jíxīng-gāozhào** ㉦ **1** 길성(복성(福星)·녹성(祿星)·수성(壽星))이 높은 곳에서 비치다. [옛날 사람들은 길성이 높은 곳에서 비추면 모든 일이 뜻대로 될 징조라고 여김] **2** ㉯ 운수가 좋다. 운이 트이다.
【吉凶】**jíxiōng** ㉯ 길흉. 운이 좋고 나쁨. ¶~未卜=길흉을 예측할 수 없다.
【吉言】**jíyán** ㉯ 축복〔행운〕의 말. 상서로운 말.

【吉兆】jízhào 명 길조. 좋은 조짐. ↔凶兆

## 岌 jí 높을 급

형문 **1** 산이 높다. 산이 우뚝하다. ¶白浪若山~.＝흰 물결이 마치 우뚝 솟은 산과 같다. **2** 매우 위태롭다. 위급하다. ¶~不可终日.＝매우 위급하여 하루도 지탱하기 힘들다.

【岌岌】jíjí 형문 **1** 높이 솟은 모양. 우뚝 솟은 모양. ¶山峰~＝산봉우리가 우뚝하다. **2** 매 매우 위험한 모양. ¶~可危＝매우 위험하다. 아슬아슬하다.

## 汲 jí 물 길을 급

통 **1** 우물물을 긷다. **2** 물을 퍼올리다. ¶~水＝물을 퍼올리다. 명 (Jí) 성(姓).

【汲汲】jíjí 형문 급급하다. 절박하다. 다급하다. 간박하다. ¶~以求＝급급하게 구하다. 통문 절실히 추구하다. 간절히 추구하다. ¶~于功名＝공명을 간절히 추구하다.

【汲取】jíqǔ 통 흡수하다. 빨아들이다. 끌어내다. 얻다. (물을) 긷다. ¶~经验＝경험을 얻다. ≒吸取 吸收

【汲深绠短】jíshēn-gěngduǎn 성 **1** 깊은 우물 물을 긷고자 하나 두레박줄이 짧아 물을 푸지 못하다. **2** 임무는 막중한데 방법 또는 능력이 부족하다.

【汲引】jíyǐn 통문 **1** 물을 길어 올리다. **2** 문 (인재를) 추천하여 발탁하다.

## 伋 jí 빠를 급

형문 '急(jí)'와 같음.

## 级[級] jí 등급 급

명 **1** 등급. 계급. ¶等~＝등급. / 上~＝상급. **2** 층계. 계단. 섬돌. ¶石~＝섬돌. **3** 학년. ¶升~＝학년이 오르다. / 同~同班＝같은 학년 같은 반. 양 층. 계단. 급. [층계·계단·탑 등의 층을 세는 단위] ¶十一台阶＝10층으로 된 계단.

○● 班级, 超级, 初级, 等级, 低级, 风级, 降jiàng级, 阶级, 晋jìn级, 能级, 年级, 品级, 评级, 首级, 梯tī级, 跳级, 下级, 学级, 越级, 震级, 中级, 终极

【级别】jíbié 명 등급. 단계. 계급. 등급의 높낮이. 차례. ¶柔道比赛各个~的冠军都已决出.＝유도 경기의 각 체급의 우승자가 모두 이미 결정되었다.

【级差】jíchā 명 등급 간의 차액. ¶工资和业绩挂钩, 拉大~.＝월급을 실적과 연계하여 등급 간의 차액이 더 벌어졌다.

【级差地租】jíchā dìzū 명(經) 차액 지대(差額地代).

【级任】jírèn 명 학급 담임(교사). [주로 지금은 '班主任(bānzhǔrèn)'이라고 부름]

【级数】jíshù 명(數) 급수.

## 极[極] jí 다할 극

명 **1** 정점. 절정. 최고점. 꼭대기. 끝. ¶登峰造~＝산의 정상에 오르다. 최고조에 이르다. **2** (地) (지구의 남·북). ¶南~＝남극. / 北~＝북극. **3** (物) (자성체(磁性體)의) 극. ¶磁~＝자극. **4** (電) (전원·전기 기구에서 전류가 들어가나 나가는) 극. ¶阴~＝음극. / 阳~＝양극. 통 다하다. 정점에 이르다. ¶物~必反＝사물의 발전이 극에 달하면 반드시 반전한다. 형 최고도의. 극도의. 최종의. ¶达到~限＝극한에 도달하다. 문 아주. 매우. 지극히. 몹시. 매우. [가장 높은 정도를 나타냄] ¶~明显＝매우 뚜렷하다. / 一个别＝아주 개별적이다.

○● 板极, 北极, 磁cí极, 登极, 地极, 电极, 负极, 积极, 基极, 两极, 屏píng极, 栅shān极, 消极, 阳极, 正极, 终极, 太极拳quán

【极板】jíbǎn 명(電) 극판.

【极处】jíchù 명 **1** 아주 높고 아주 먼 곳. 궁극에 다다른 곳. 맨 끝. ¶天山~＝톈산(天山)의 맨 끝. **2** 궁지. 매우 험악한 곳. ¶~逢生＝죽을 고비에서 다시 살아나다.

【极大】jídà 문 더할 수 없이 크게. 한껏. 최대 한도로. ¶首轮比赛的胜利~地鼓舞了队员们的斗志.＝제1라운드 경기의 승리로 대원들의 투지가 한껏 고무되었다. 형 최대값. 최대치.

【极地】jídì 명(地) 극지. 극지방.

【极点】jídiǎn 명 극점. 최고도. 최고 한도. 최고조. 절정. ¶困倦到了~.＝피곤으로 졸음이 최고조에 달했다. ≒极端

【极顶】jídǐng 명 **1** 산정(山顶). 산 정상. 산꼭대기. ¶珠峰~＝주무랑마(珠穆朗玛)의 정상. **2** 극점. 최고도. 최고 한도. 최고조. 절정. ¶她对你钦佩到了~.＝그녀는 당신에 대해 더할 나위 없이 탄복하였다. 문 아주. (지)극히. 몹시. 대단히. ¶~聪明＝대단히 총명하다.

【极度】jídù 명 극도. 극한. 최고도. ¶身体的承受能力已经到了~.＝신체가 감당할 수 있는 능력이 이미 한계에 이르렀다. 문 아주. (지)극히. 몹시. 매우. 대단히. 극도로. ¶~兴奋＝몹시 흥분하다.

【极端】jíduān 명 극단. ¶片面地看问题难免走向~.＝편면적으로 문제를 바라보면 극단으로 나아갈 수 있다. 문 아주. (지)극히. 몹시. 매우. 대단히. 극도로. ¶~认真＝아주 착실하다. ≒极点

【极而言之】jí'éryánzhī 성 극단적으로 말하자면. ¶~, 即使彻底失败了, 我也决不后悔.＝극단적으로 말해서, 설령 완전히 실패하더라도 나는 절대로 후회하지 않는다.

【极冠】jíguān 명(天) 극관.

【极光】jíguāng 명(天) 극광. 오로라(aurora).

【极口】jíkǒu 문 극구. 온갖[갖은] 말을 다하여. ¶~称赞＝극구 칭찬하다.

【极乐鸟】jílèniǎo 명(動) 극락조. ＝【风鸟】fēngniǎo

【极乐世界】jílè shìjiè 명(佛) 극락세계. ＝【西天】xītiān

【极力】jílì 〖副〗 극력으로. 있는 힘을 다하여. ¶~劝阻=있는 힘을 다하여 말리다.

【极量】jíliàng 〖名〗 1〖医〗 극량. [일정한 시간 내에 환자에게 쓸 수 있는 최대의 분량을 가리킴] 2 극량. 극도의 분량. 규정된 최대의 분량. ¶生产能力已达到~。=생산 능력이 이미 최대치에 달했다.

【极目】jímù 〖动〗 시력이 미치는 데까지 바라보다. ¶~远眺=눈길이 닿는 데까지 멀리 바라보다.

【极品】jípǐn 〖名〗〖书〗 1 극품. 극상품. 가장 좋은 품질의 상품. ¶这个紫砂壶是陶器中的~。=이 자사호(紫砂壶)는 도기(陶器) 중의 극상품이다. 2 최고의 관계(官阶). 공무원의 최고 등급. ¶官居~=최고의 관직에 있다.

【极其】jíqí 〖副〗 아주. (지)극히. 몹시. 매우. 대단히. 극도로. [다음절 형용사·동사만 수식함] ¶~残忍=지극히 잔인하다.

【极圈】jíquān 〖名〗〖地〗 극권.

【极权】jíquán 〖名〗 독재(獨裁). 강권(强權). ¶~统治=강권 통치.

【极盛】jíshèng 〖形〗 극성하다. 절정이다. 아주 흥성하다. ¶明清是中国古典白话小说的~时期。=명청(明清)대는 중국 고전 백화(白話) 소설의 절정기였다.

【极为】jíwéi 〖副〗 아주. (지)극히. 몹시. 매우. 대단히. 극도로. [문어체에 쓰이며, 어투가 장중함] ¶~不满=대단히 불만이다.

【极限】jíxiàn 〖名〗 1 극한. 궁극의 한계. 최대 한도. ¶汽车的速度已经达到了~。=자동차의 속도가 이미 최대 한도에 달했다. 2〖数〗 극한(값).

【极限运动】jíxiàn yùndòng 〖名〗〖体〗 극한 스포츠. [암벽타기, 번지점프 등]

【极限量规】jíxiàn liángguī ☞【界限量规】jièxiàn liángguī

【极刑】jíxíng 〖名〗 극형. [사형(死刑)을 가리킴] ¶处以~=극형에 처하다.

【极夜】jíyè 〖名〗〖天〗 극야.

【极意】jíyì 〖副〗 마음〔정성〕을 다하여. 온갖 궁리를 다하여. ¶~逢迎=온갖 궁리를 다하여 영합하다.

【极右】jíyòu 〖形〗 극우의. ¶~路线=극우 노선. ↔极左

【极值】jízhí 〖名〗〖数〗 극값. 극치. [극대값과 극소값의 총칭]

【极昼】jízhòu 〖名〗〖天〗 백야.

【极左】jízuǒ 〖形〗 극좌의. ¶~思想=극좌 사상. ↔极右

# 戺 jí 문빗장 급
〖名〗〖书〗 문빗장.

# *即 jí 곧 즉
〖动〗 1 다가가다. 가까이 가다. 접근하다. ¶不~不离=가까이 하지도 않고 멀리 하지도 않다. 2 자리에 나아가다. (역할·임무를) 맡다. 종사하다. ¶太子~位=태자로 즉위하다. 3 지금. 현재. 목전. 눈앞. ¶成功在~=성공이 눈앞에 있다. 4〖介〗 (당면한 상황을) 때〖机〗에. ¶~兴演讲=즉흥 연설을 하다. 〖副〗 1 (…하자마자) 즉각. 곧. 바로. [앞의 일이 발생하고, 뒤의 일이 연이어 발생함] ¶一拍~合=한번에 바로 합의되다. 2 …하면 바로〔즉각·곧〕. [어떤 조건 아래에서 어떤 결과가 발생함을 나타냄] ¶招之~来, 挥之~去。=오라고 손짓하면 오고, 가라고 손짓하면 간다. 3 바로. 곧. [긍정의 어기를 강조함] ¶工作难以开展的原因~在于此。=작업을 진행시키기 어려운 원인이 바로 여기에 있다. 4 곧. 즉. 바로. [판단문에 쓰여 긍정을 나타내며, '就(jiù)'·'就是(jiùshì)'에 상당함] ¶非此~彼。=이것이 아니면 바로 저것이다. 〖连〗〖书〗 설령 …하더라도〔할지라도·일지라도〕. [구와 구를 연결하여 가설 겸 양보를 나타내며, '即使(jíshǐ)'에 상당함] ¶~遇困难, 也要设法如期完成。=설령 어려움에 부닥치더라도 방법을 강구하여 기한 안에 완성해야 한다. ↔离

○-● 当即, 立即, 随即, 迅xùn即

【即便】jíbiàn 〖连〗 1 설령 …하더라도〔할지라도·일지라도〕. [가설 겸 양보를 나타내며, 흔히 '也(yě)'·'还(hái)' 등의 부사와 함께 쓰임] ¶~不愿意也不要当面拒绝。=설령 원치 않더라도 면전에서 거절하지 마세요. 2 모종의 극단적인 상황을 나타냄. ≒即或 即使

【即或】jíhuò 〖连〗 1 설령 …하더라도〔할지라도·일지라도〕. [가설 겸 양보를 나타내며, 흔히 '也(yě)'·'还(hái)' 등의 부사와 함께 쓰임] ¶~有更好的选择我也不会改变初衷。=설령 더 좋은 선택이 있더라도 나는 최초의 소망을 바꾸지 않을 테다. 2 모종의 극단적인 상황을 나타냄. ≒即便 即使

【即将】jíjiāng 〖副〗 곧. 머지않아. 불원간. ¶舞蹈大赛~拉开帷幕。=댄스 경연 대회가 곧 막을 열 것이다.

【即景】jíjǐng 〖动〗〖书〗 (시문을 짓거나 그림을 그릴 때) 눈앞에 보이는 경물(景物)을 대하다. ¶古镇~=오래 된 촌락의 경물.

【即景生情】jíjǐng-shēngqíng 〖成〗 눈앞의 정경에 의해 감흥이 일다〔떠오르다〕.

【即可】jíkě 〖副〗 …하면 곧〔바로〕 …할 수 있다. 바로 가능하다. ¶加热~食用。=가열하기만 하면 바로 먹을 수 있다.

【即刻】jíkè 〖副〗 곧. 즉각. 즉시. 당장. 바로. ¶接到通知, ~启程。=통지를 받고 즉시 출발하다.

【即令】jílìng 〖连〗 1 설령 …하더라도〔할지라도·일지라도〕. [가설 겸 양보를 나타내며, 흔히 '也(yě)'·'还(hái)' 등 부사와 함께 쓰임] ¶~深冬, 此地也不冷。=설령 한겨울일지라도 이 곳은 춥지 않다. 2 모종의 극단적인 상황을 나타냄.

【即期】jíqī 〖副〗〖经〗 정기적으로. ¶~付现=정기적으로 현금을 지불하다. 〖形〗〖经〗 즉시의. 현금 지불의. 현금 거래의. 당기(當期) 시장의. ¶~汇票=D/D (송금환)

【即日】jírì 〖名〗 즉일. 그 날. 당일. ¶合同签订后~生效。=계약서에 서명하면 당일로 효력을

발생한다. **2** 가까운 시일 내. 근일 내. 수일 내. ¶书稿~完成. =원고가 수일 내에 완성된다.

【即如】**jírú** 동 바로 …와 같다. 즉 …와 같다. ¶~古人所言, "人无远虑, 必有近忧". =옛 사람이 말한 것처럼, "사람이 원려(遠慮)가 없으면 반드시 눈앞에 근심이 생기는 법이라."

【即若】**jíruò** 접〈문〉**1** 설령 …하더라도〔지라도·일지라도〕. [가설 겸 양보를 나타내며, 흔히 '也(yě)'·'还(hái)' 등의 부사와 함께 쓰임] ¶~三岁孩童也知此. =세 살짜리 어린애도 이것을 안다. **2** 모종의 극단적인 상황을 나타냄.

【即时】**jíshí** 곧. 즉각. 즉시. 당장. 바로. ¶~答复=곧바로 대답하다.

【即食】**jíshí** 동 곧바로 먹을 수 있다. ¶开袋~=봉지를 뜯어 곧바로 먹을 수 있다.

【即使】**jíshǐ** 접 **1** 설령 …하더라도〔할지라도·일지라도〕. [가설 겸 양보를 나타내며, 흔히 '也(yě)'·'还(hái)' 등의 부사와 함께 쓰임] ¶~有再大的困难, 也要按时完成任务. =설령 더 큰 어려움이 있더라도 제때에 임무를 완성해야 한다. **2** 모종의 극단적인 상황을 나타냄. ¶~看一眼也行. =설령 단 한 번만 볼 수 있더라도 좋다. ≒即便 即或 纵使 纵然 纵令

【即事】**jíshì** 눈앞에 일어나는 일에 대하여 말하거나 쓰다. ¶~诗 =즉흥시.

【即位】**jí∥wèi** 동 **1** (임금이 될 사람이) 자리에 오르다. 즉위하다. **2** 제왕이〔제후가〕 되다. ¶皇帝~=황제가 되다.

【即席】**jíxí** 동 **1** 자리에 앉다. 자리로 나아가다. 착석하다. ¶来宾依次~. =내빈이 순서대로 자리에 착석하다. **2** (연설·시작(詩作) 등을) 즉석에서 하다. ¶~赋诗=즉석에서 시를 짓다.

【即兴】**jíxìng** 동 즉흥적으로 하다. 그 자리에서 감흥이〔흥치가〕 바로 일어나다. ¶~表演=즉흥적으로 장기 자랑을 하다.

# 佶

**jí** 건장할 길

형〈문〉 건장하다.

【佶屈】[诘屈] **jíqū** 형〈문〉 구불구불하다. 이해하기 어렵다.

【佶屈聱牙】**jíqū-áoyá** 성 문구가 어렵고 까다로 우며 읽기에도 부자연스럽다.

# 诘

**jí** 물을 힐

☞ **jié**

【诘屈】**jíqū** ☞ 【佶屈】**jíqū**

# 亟

**jí** 빠를 극

부 절박하게. 절실하게. 다급하게. 촉박하게. (시)급히. 긴급히. 조속히. ¶~待处理=절박하게 처리를 기다리다. / ~须注意=절실하게 주의를 필요로 하다.

☞ **qì**

【亟待】**jídài** 동 시급히〔긴급히·조속히〕…을 하다〔기다리다〕. ¶问题~解决. =문제를 시급히 해결해야 한다.

【亟亟】**jíjí** 부 형 급히. 신속히. 서둘러. 재촉하는

【亟盼】**jípàn** 동 절박하게〔절실히·간절히〕 바라다. ¶~与亲人团聚. =가족과 한자리에 모이기를 간절히 바라다.

【亟宜】**jíyí** 동 최대한〔가급적·되도록〕 빨리 …해야 한다. ¶这些历史文献~整理. =이런 역사 문헌들은 최대한 빨리 정리해야 한다.

# 革

**jí** 위급할 극

형〈문〉 (병이) 위급하다. ¶病~=병이 위급하다.
☞ **gé**

# 笈

**jí** 책상자 급

명〈문〉 **1** 책상자. 책을 담는 상자. ¶负~从师 =책상자를 메고 스승을 따르다. **2** 서적. 전적(典籍). ¶武林秘~=무림비급.

# \*\*急

**jí** 급할 급

형 **1** 급하다. 빠르다. 세차다. 급격하다. ¶水流湍~. =물살이 세다. **2** 급박하다. 긴급하다. ¶他正有一事, 不能来. =그는 마침 급한 일이 생겨서 오지 못한다. **3** (성미가) 급하다. 조급하다. 쉽게 화를 내다. ¶操之过~ =너무 성급하게 일 처리를 하다. 동 **1** (남의 일을) 서둘러 돕다. ¶~人之难(nàn)=남의 재난을 서둘러 돕다. **2** 초조하다. 안달하다. 조급하게 굴다. 서두르다. ¶听说母亲病重, 他连夜~着往回赶. =모친께서 병이 위독하다는 말을 듣고, 그는 그 날 밤으로 서둘러 돌아갔다. **3** 조급하게 하다. 초조하게 하다. 애를〔속을〕 태우다. 안달케 하다. ¶等了半天还不来, 真~人. =한참을 기다려도 오지 않다니, 정말 초조하게 만드는군. **4** 화내다. 분개하다. 노하다. 성내다. ¶谁要再拿这事儿说, 我跟他~. =누구든지 또 이 일을 가지고 쓸데없는 말을 한다면 난 그에게 화를 낼 것이다. 명 긴급한 일. 급박한 사태. 급무(急務). ¶当务之~ =당장 급히 처리해야 하는 일. 급선무. ≒突 ↔缓

| ⊶ 褊biǎn急, 发急, 干gān急, 缓急, 火急, 焦急, 紧急, 狷juàn急, 峻jùn急, 内急, 起急, 气急, 情急, 湍tuān急, 危急, 心急, 迅xùn急, 应急 |

【急案】**jí'àn** 긴급한 안건. 즉시 처리해야 할 안건.

【急巴巴】**jíbābā** 형〈구〉 다급한〔급박한〕 모양. 조급하다. 서두르다. 재촉하다. ¶孩子们~地盼着过年. =아이들은 조급한 마음으로 설 쇠기를 기다리고 있다.

【急板】**jíbǎn** 명〈음〉 프레스토(presto).

【急暴】**jíbào** 형 성급하고 성을 잘 내다. ¶脾气~. =성격이 급하고 성질을 잘 내다.

【急变】**jíbiàn** 명 돌연한〔갑작스런〕 변고. ¶沉着应对~. =침착하게 돌연한 변고에 대응하다.

【急病】**jíbìng** 명 급병.

【急不可待】**jíbùkědài** 성 **1** 조급하여 더 기다릴 수 없다. 한시도 참을 수 없다. **2**〈비〉 대단히 절박하다. =【急不可耐】**jíbùkěnài**

【急不可耐】**jíbùkěnài** ☞【急不可待】**jíbù kědài**

【急不如快】**jí bùrú kuài** [성] 안달하느니 차라리 재빨리 해결해 버리는 것이 낫다.

【急步】**jíbù** [부] 빠른 걸음으로. ¶～走出门来迎接客人。＝빠른 걸음으로 문 밖으로 나가서 손님을 맞이하다.

【急茬儿】**jíchár** [명][방] 긴급한 일〔상황〕. ¶这可是～, 一刻也不能耽误。＝이것은 대단히 긴급한 일이니 잠시도 지체해서는 안 된다.

【急扯白脸】**jíchěbáiliǎn**(～的) ☞【急赤白脸】**jí·chibáiliǎn**

【急赤白脸】**jí·chibáiliǎn**(～的) [형][방] 마음이 조급하여 얼굴이 붉으락푸르락하다. ＝【急扯白脸】**jíchěbáiliǎn**

【急匆匆】**jícōngcōng**(～的) [형] 허둥대는 모양. 급히 서두르는 모양. ¶他饭都没吃就～地上班去了。＝그는 밥도 안 먹고 서둘러 출근했다.

【急促】**jícù** [형] **1** 빠르다. 급하다. 다급하다. 가쁘다. ¶～的敲门声＝다급하게 문 두드리는 소리. **2** (시간이) 매우 짧다. 촉박하다. 급박하다. 바쁘다. ¶时间～, 细节问题还未商谈。＝시간이 매우 촉박하여 세부 사항은 아직 협의하지 못했다. ↔缓慢 舒缓

【急待】**jídài** [동] 급히 …해야 하다. 시급히〔긴급히·조속히〕 …을 요하다〔기다리다〕. ¶～解决＝급히 해결을 해야 한다.

【急等】**jíděng** [동] 급히 …해야 하다. ¶这本书我～要看。＝이 책은 내가 급히 보아야 한다.

【急电】**jídiàn** [동] 급전을 띄우다. 지급 전보를 치다. ¶～各地做好防汛准备。＝계절성 홍수 방비를 잘 하도록 각지로 급전을 띄우다. [명] 급전. 지급 전보.

【急风暴雨】**jífēng-bàoyǔ** [성] **1** 사나운 비바람. 폭풍우. **2** [비] 기세가 맹렬하고 세력이 거대하다.

【急腹症】**jífùzhèng** [명]《醫》 급성 복통·급성 충수염·위장 천공·장폐색증 등의 총칭.

【急告】**jígào** [동] 급히 알리다. ¶～有关人员, 一个小时后开会。＝한 시간 후에 회의를 연다고 관계자들에게 급히 알리다.

【急公好义】**jígōng-hàoyì** [성] 공공 복지 사업에 열성이다. 공공심(公共心)이 강하다.

【急功近利】**jígōng-jìnlì** [성] 조급한 성공과 눈앞의 이익에만 급급하다.

【急管繁弦】**jíguǎn-fánxián** [성] 관현악의 빠른 리듬과 풍부한 멜로디. ＝【繁弦急管】**fánxián-jíguǎn**

【急火】**jíhuǒ** [명] **1** (요리할 때의) 화력이 센 불. ¶熬粥不能用～。＝죽을 쑬 때는 센 불을 쓰면 안 된다. **2**《醫》 중의학에서 조급해서 생기는 화기(火氣). ¶～攻心＝조급해서 생긴 화기가 심장을 공격하다. 조급하게 공을 세우려고 하다.

【急急风】**jíjífēng** [명]《劇》 **1** 중국 전통극에서, 긴장감이나 급박한 분위기를 표현하기 위하여 타악기로 리듬이 급하고 고조되게 치는 방법. **2** 이런 반주에 맞추어 공연하는 재빠른 동작.

【急急如律令】**jíjí rú lǜlìng** [성] 즉시 명령대로 따르다. [원래는 한(漢)대에 공문에 쓰이던 말이었으나, 나중에 도사(道士)들이 주문을 외워 귀신이 물러가라는 뜻으로 맨 끝에 이 문구를 씀]

【急急巴巴】**jí·ji bābā**(～的) [형] 다급한 모양. ¶既然来了就多玩儿几天, 不要～地往回赶。＝기왕 왔으니 며칠 더 놀다 가세요, 급하게 돌아가지 말고.

【急急惶惶】**jí·ji huánghuáng**(～的) [형] 급하고 당황하는 모양. ¶刚才有一个人～地跑过去了。＝방금 어떤 사람이 겁에 질려서 허둥지둥 뛰어갔다.

【急急忙忙】**jí·ji mángmáng**(～的) [형] 다급한 모양. ¶她～地拦了辆的士赶往机场。＝그녀는 황급히 택시를 잡아타고 비행장으로 달려갔다.

【急煎煎】**jíjiānjiān**(～的) [형] 초조하여 애태우는 모양. 안절부절못하는 모양. ¶他怕误火车, 心里～的。＝그는 기차를 놓칠까 봐 몹시 초조해한다.

【急件】**jíjiàn** [명] 긴급 문건〔우편물·물품〕.

【急进】**jíjìn** [형] 급진적이다. ¶观点～＝관점이 급진적이다.

【急惊风】**jíjīngfēng** [명] **1**《醫》 급경풍. **2** [비] 급한 성격. ¶她生来就是个～。＝그녀는 천성적으로 급한 성격이다.

【急救】**jíjiù** [동] 응급 처치〔치료〕를 하다. 구급 치료를 하다. ¶～危重病人＝위독한 환자에게 응급 치료를 하다. ≒抢救

【急救包】**jíjiùbāo** [명]《醫》 구급낭.

【急救车】**jíjiùchē** ☞【救护车】**jiùhùchē**

【急救箱】**jíjiùxiāng** [명]《醫》 구급 상자.

【急救站】**jíjiùzhàn** [명] 구급 센터. 응급 센터.

【急就章】**Jíjiùzhāng** [명] **1**《급취편(急就篇)》. 《급취장》. [중국 한나라의 사유(史游)가 편찬한 자서(字書)] **2** (**jíjiùzhāng**) (임시변통으로) 급히 완성한 글〔일〕. ¶连夜赶出一篇～。＝밤새 서둘러 속성으로 글 한 편을 써냈다.

【急剧】**jíjù** [부] 급격하게. 급속히. [주로 일어나지 않기를 바라는 일에 쓰임] ¶火势～蔓延。＝불길이 급격하게 번진다.

【急遽】**jíjù** [부] 급속히. 매우 빠르게. ¶～升温＝급속도로 온도가 올라가다.

【急口令】**jíkǒulìng** ☞【绕口令】**ràokǒulìng**

【急来抱佛脚】**jí lái bào fójiǎo** [담] **1** (평소에는 불교를 믿지 않다가) 어려움이 닥쳐서야 부처님께 빌다. **2** [비] (평소에는 아무런 준비도 하지 않다가) 급하게 되어서야 부랴부랴 대책을 강구하다.

【急溜溜】**jíliūliū**(～的) [형] 매우 급한 모양. 급박한〔절박한〕 모양. ¶他放下碗筷, 二话没说, 就～地出去了。＝그는 수저를 놓더니 아무 말도 없이 황급히 나갔다.

【急流】**jíliú** [명] 급류. 세찬 물살.

【急流勇进】**jíliú-yǒngjìn** [성] **1** 급류를 거슬러서 용감하게 앞으로 나아가다. **2** [비] 힘들고 험난한 것을 두려워하지 않고 용감하게 나아가다.

【急流勇退】**jíliú-yǒngtuì** [성] **1** 배가 급류 속에서 과감하고 신속하게 물러나다. **2** [비] 관직이 아

직 순조로울 때 관계(官界)에서 물러나다. 사업이 성공하였을 때 적시에 빠져 나오다. 복잡하게 얽힌 투쟁 속에서의 일찌감치 빠져 나오다.

【急忙】jímáng 〖부〗급히. 황급히. 바삐. ¶听说有学生病了，他一赶往学校。=어떤 학생이 병이 났다는 소식을 듣고, 그는 급히 학교로 달려갔다. ≒连忙

【急忙忙】jímángmáng(~的)〖형〗다급한 모양.

【急难】jí‖nàn〖동〗〖문〗열성적으로 남을 도와 재난에서 구원하다. ¶扶危~=위난에 처한 사람을 도와 구원하다.

【急难】jínàn〖명〗갑자기 닥친 어려운 일. 급난. 재난. ¶邻居们有~，他从来都是热心相助。= 이웃들에게 급난이 있으면, 그는 언제나 열성[적극]적으로 돕는다.

【急迫】jípò〖형〗1 긴급하다. 다급하다. 촉박하다. 급박하다. 절박하다. ¶情势~=정세가 급박하다. 2 신속하다. 촉박하다. 다급하다. 급촉하다. ¶~的门铃声=다급하게 울리는 초인종 소리. ≒紧迫 迫切

【急起直追】jíqǐ-zhízhuī〖성〗분발하여 곧장 따라붙다.

【急切】jíqiè〖형〗1 절박하다. 촉박하다. 긴박하다. 절실하다. ¶他求学的愿望很~。= 그는 배움에 대한 소망이 매우 절실하다. 2 황급하다. 긴박하다. 다급하다. 창졸하다. 급하다. ¶~间想不出更好的办法。=당장 더 좋은 방법이 떠오르지 않다. ↔迫切

【急如闪电】jírúshǎndiàn〖성〗〖비〗아주 급박하다.

【急如星火】jírúxīnghuǒ〖성〗〖비〗매우 급박하다.

【急三火四】jísān huǒsì(~的)〖방〗다급한 모양. ¶你看他~的样子，就知道又出什么漏子了。=너 재가 허둥대는 꼴을 좀 봐, 또 무슨 실수를 저지른 게 분명해.

【急刹车】jíshāchē〖동〗1 급브레이크를 밟다. 2〖비〗갑자기 중지하다. 서둘러 금지하다.

【急事】jíshì〖명〗긴급한 사건. 급한 일. 급히 처리해야 할 일.

【急死】jísǐ〖동〗1 갑자기 사망하다. 돌연사하다. 급사하다. 2 몹시 초조하게〔애타게〕하다. ¶火车快开了，你还不来，真能把人~。=기차는 곧 출발하려고 하는데, 네가 오지 않으니 정말 애타 죽을 뻔했어.

【急速】jísù〖부〗쏜살같이. 빠르게. 급속히. 신속하게. ¶江水~奔流。=강물이 빠르고 세차게 흐른다. ≒飞速

【急湍】jítuān〖명〗급류. 빠른 물살.〖형〗물살이 급하다〔세다〕. ¶~的溪水=물살이 급한 시냇물.

【急弯】jíwān〖명〗1 급커브. ¶注意，前面有个~。=조심하세요, 앞에 급커브가 있습니다. 2 (차·배·비행기 등의) 급커브. ¶车突然转了个~，向旁边的岔道驶去。=차가 갑자기 급커브를 돌리더니 옆의 샛길로 달려간다.

【急务】jíwù〖명〗급무. 급선무. 급한 사무. ¶当前的~是想办法把损失减少到最低程度。=당면한 급선무는 손실을 최소한으로 줄이는 방법을 강구하는 것이다.

【急先锋】jíxiānfēng〖명〗〖비〗급선봉. 적극적으로 앞장서는 사람.

【急行军】jíxíngjūn〖동〗〖군〗급행군하다.

【急性】jíxìng〖형〗1 성미가 조급한. 급한. ¶~脾气=조급한 성격. 2 급성의. ¶~阑尾炎=급성 맹장염.〖명〗(~儿) 성질이 급한 사람. 성급한 사람. ↔慢性

【急性病】jíxìngbìng〖명〗1〖의〗급성병. 급성 질환. 2〖비〗조급성. 조급증. ¶我们要计划好，不能犯~。=우리들은 계획을 잘 세워야지, 조급증에 걸려서는 안 된다.

【急性子】jíxìng·zi〖형〗(성질·성격이) 조급한. 성급한. ¶~人=성급한 사람.〖명〗(성질·성격이) 조급한 사람. 성급한 사람. ¶他是个~，什么事情都恨不得马上就能办好。=그는 성질이 급한 사람이라서 무슨 일이든 당장 처리하고 싶어한다.

【急需】jíxū〖동〗(다)급히〔절박하게〕필요로 하다. ¶~援助=다급하게 원조를 필요로 하다.

【急眼】jí‖yǎn〖동〗〖방〗1 조급하다. 초조하다. 애타다. 안달하다. ¶这么多天都没有回信儿，他有些~了。=이렇게 오랫동안 답장이 없으니, 그는 약간 초조해졌다. 2 성내다. 화내다. ¶他脾气很好，从没见他和人家急过眼。=그는 성격이 좋아서, 여태껏 남에게 화내는 걸 본 적이 없다.

【急用】jíyòng〖동〗급히 쓸 때가 있다. ¶他~，我把手上的一点钱都给他了。=그가 급하게 쓸 데가 있어서, 나는 수중에 있는 얼마 되지 않는 돈을 모두 그에게 주었다.

【急于】jíyú〖동〗서둘러 …하려 하다. …에 급급하다. …하기 위해 급히 서두르다. ¶他~知道招聘结果。=그는 채용 결과를 급히 알려고 한다.

【急于求成】jíyú-qiúchéng〖성〗객관적인 조건을 무시하고, 서둘러 목적을 달성하려 하다.

【急躁】jízào〖형〗1 조바심내다. 초조해하다. 안달하다. 마음을 졸이다. 화를 잘 내다. ¶性情~=성격이 화를 잘 낸다. 2 성급하다. 조급하다. ¶~冒进=성급하게 돌진하다. ↔稳重 耐心

【急诊】jízhěn〖명〗〖의〗응급 진료. 급진. ¶~室=응급 진료실.〖동〗응급 진료〔치료〕가 필요하다. ¶~病人=응급 환자.

【急症】jízhèng〖명〗급증. 급병. 몹시 위급한 병.

【急智】jízhì〖명〗임기응변의 재치[기지]. ¶他素来有~，这点儿事难不倒他。=그는 평소부터 임기응변의 재치가 있어, 이 정도의 일은 그한테 문젯거리가 안 된다.

【急中生智】jízhōng-shēngzhì〖성〗다급한 가운데 좋은 생각이 떠오르다. 궁하면 통한다.

【急骤】jízhòu〖형〗다급하다. 빠르고 맹렬하다. ¶~的暴雨=거세고 사나운 폭우.

【急转弯】jízhuǎnwān〖동〗1 (차량 등이) 급회전하다. 방향을 급히 바꾸다. 2〖비〗일의 방향을 돌연 급선회하다. 급선회.

【急转直下】jízhuǎn-zhíxià〖성〗1 급전직하하다. 2〖비〗(상황·줄거리 등이) 급진전되다.

# 姞 Jí 성씨 길

〖명〗성(姓).

**疾** jí 병 질

형 **1** 빠르다. 신속하다. ¶手～眼快=동작이 재빠르고 날쌔다. **2** 빠르고 맹렬하다. 날쌔고 사납다. ¶～走如飞=나는 듯이 질주하다. 동 **1** 근심하다. 고통스러워하다. 마음아파하다. ¶痛心一首=가슴아프게 느끼다. 뼈저리게 뉘우치다. **2** 미워하다. 증오하다. ¶他素来光明磊落, ～恶如仇.=그는 평소에 정정당당하여, 나쁜 일이나 나쁜 사람을 원수처럼 증오하다. 명 **1** 질병. 근심. 고통. ¶积劳成～=피로가 쌓여 병이 되다. **2** (생활상의) 고통. 괴로움. ¶民生～苦=민생의 고통. ↔缓 徐

○● 暗疾, 残cán疾, 恶疾, 痼gù疾, 痢lì疾, 宿疾, 迅xùn疾, 隐疾

【疾病】jíbìng 명 병. 질병. ¶防治～=병을 예방하고 치료하다.
【疾步】jíbù 부 빠른 걸음으로. ¶～走上前去.=빠른 걸음으로 앞으로 나아간다.
【疾驰】jíchí 동 질주하다. 쏜살같이(빨리) 달리다. ¶列车在平原上～.=열차가 평원을 질주하고 있다.
【疾恶如仇】[嫉恶如仇] jí'è-rúchóu 성 나쁜 일이나 나쁜 사람을 원수처럼 증오하다.
【疾风】jífēng 명 **1** 질풍. ¶～暴雨=질풍과 폭우. **2** (氣) 센바람. [풍력 계급 7급 바람]
【疾风劲草】jífēng-jìngcǎo 성 **1** 세찬 바람이 불어야 억센 풀을 알 수 있다. **2** 비 역경에 처할 때 비로소 누구의 의지가 가장 강한지 알 수 있다.
【疾风知劲草】jífēng zhī jìngcǎo ☞【疾风劲草】jífēng-jìngcǎo
【疾呼】jíhū 동 다급히 외치다. ¶大声～=큰 소리로 다급하게 외치다.
【疾患】jíhuàn 명동 질환. 질병.
【疾进】jíjìn 동 쾌속 전진하다. 빠르게 앞으로 나아가다. ¶队伍向目的地～.=대오가 목적지를 향해 쾌속 전진하다.
【疾苦】jíkǔ 명 고통. 괴로움. 질고. ¶了解民众的～.=민중의 고통을 이해하다.
【疾驶】jíshǐ 동 질주하다. 빨리 몰다. ¶汽车～而过.=자동차가 질주해 지나갔다.
【疾首蹙额】jíshǒu-cù'é 성 **1** 골머리를 앓고 이맛살을 찌푸리다. 몹시 언짢아 이맛살을 찌푸리다. **2** 싫어하거나 몹시 증오하다.
【疾书】jíshū 동부 (글을) 빨리 써 나가다. ¶奋笔～=붓을 들고 빠른 속도로 글을 써 나가다.
【疾速】jísù 부 신속하게. 몹시 빠르게. 쏜살같이. ¶～前进=신속하게 전진하다.
【疾言厉色】jíyán-lìsè 성 **1** (화가 나서) 말이 빨라지고 험한 표정을 짓다. **2** 격분해서 말하다.
【疾走】jízǒu 동 질주하다. ¶快步～=빠른 걸음으로 질주하다.

**棘** jí 멧대추나무 극

명(植) **1** 멧대추나무. **2** 가시나무. 가시가 달린 초목. ¶披荆斩～=가시덤불을 헤치고 나아가다. 동 (가시나 바늘 등으로) 찌르다. 가시에 찔리다. ¶这事确实～手.=이 일은 확실히 처리하기가 곤란한 문제이다.

○● 荆jīng棘

【棘刺】jícì 명 **1** 가시나무의 가시. **2** 동식물의 가시.
【棘皮动物】jípí dòngwù 명 극피동물.
【棘手】jíshǒu 형 **1** (가시가) 손을 찌르다. **2** (처리하기가) 곤란하다. 골치 아프다. 까다롭다. 애먹다. 난처하다. ¶遇到了一件很～的事情.=아주 골치 아픈 일에 봉착했다. ≒辣手

**殛** jí 죽일 극

동⟨文⟩ 죽이다. ¶雷～=벼락 맞아 죽다.

**戢** jí 거둘 집

동⟨文⟩ 거두다. 삼가다. 그치다. 소장하다. 보존하다. ¶～怒=노기를 거두다. 명 (Jí) 성(姓).

**集** jí 모일 집

동 모여들다. 같이 모이다. 회합하다. 합류하다. 집합시키다. 모으다. ¶聚～=모이다. / 汇～=집중시키다. 명 **1** 집(集). 시가·문장 등을 모은 서책. ¶诗～=시집. / 全～=전집. **2** 분책. (영화·텔레비전 드라마 등의) 편. 집. 회. ¶《水浒全传》下～=《수호지전집》하편. / 45～电视连续剧=45회 텔레비전 연속극(드라마). **3** (농촌이나 소도시의 정기적인) 시장. 장. ¶赶～=장보러 가다. **4** (Jí)(數) 집합(집합). **5** (Jí) 성(姓). ≒聚 ↔散(sàn)

○● 背集, 别集, 采集, 筹chóu集, 丛cóng集, 凑còu集, 调集, 逢féng集, 汇huì集, 交集, 结集, 纠jiū集, 聚集, 密集, 募mù集, 年集, 凝níng集, 市集, 收集, 搜sōu集, 猬wèi集, 文集, 选集, 邀yāo集, 影集, 约集, 云集, 招集, 召集, 征zhēng集, 总集

【集报】jíbào 동 신문을 수집하다. ¶～爱好者=신문 수집 애호가.
【集部】jíbù 명 집부. [중국 고전을 경(經)·사(史)·자(子)·집(集)의 사부로 분류한 것 중에서 '집(集)'에 딸린 부류로, 각종 체재의 문학 작품이 이에 속함] =丁部 dīngbù
【集材】jícái (林) (채벌장에서) 목재를 집합시키다.
【集藏】jícáng 동 수장하다. 소장하다. 수집하다. ¶～名家字画=대가의 글씨를 수장하다.
【集成】jíchéng 동 **1** 집성하다. [주로 서명(書名)으로 쓰임]《先秦散文～》=선진 산문 집성. **2** 통합하다. 집적하다. 집약하다. ¶～芯片=집적 칩(chip).
【集成电路】jíchéng diànlù 명(電) 집적 회로.
【集成电路卡】jíchéng diànlùkǎ ☞【智能卡】zhìnéngkǎ
【集成化】jíchénghuà 동 통합하다. 집성하다.

¶系统运行~=시스템 운행을 통합하다.

**【集成块】jíchéngkuài** 圄 집적 회로 기판에 들어가는 부품〔부속〕.

**【集萃】jícuì** 圄 정선(精選)하다. ¶新闻~=뉴스 하이라이트. 간추린 뉴스.

**【集大成】jídàchéng** 圄 집대성하다. ¶他是东西方绘画艺术的~者.=그는 동서양 회화 예술의 집대성자이다.

**【集电极】jídiànjí** 圄(電) 집전 장치. 컬렉터(collector).

**【集管】jíguǎn** 圄(機) (배관 따위의) 헤더(header). 본관(本管).

**【集合】jíhé** 동 1 집합하다. ¶全校师生到操场~, 参加升旗仪式.=전교의 교사와 학생들이 운동장에 모여서 국기 게양식에 참가한다. 2 모으다. 집중시키다. 집합시키다. ¶~资料=자료를 모으다. 圄(數) 집합. ↔分散

**【集会】jíhuì** 동 집회를 열다. ¶各界代表在北京隆重~.=각계 대표가 북경에서 성대하게 집회를 열었다. 圄 집회. ¶群众性~=대중 집회.

**【集结】jíjié** 동 1 집결하다. 한데 모이다. 2(軍) (군대 등이) 한군데로 집결하다. ¶~兵力=병력을 집결하다.

**【集解】jíjiě** 동 집해하다. =【集释】**jíshì** 圄 집해. [여러 가지 해석을 모은 책] ¶《詩經~》=《시경 집해》.

**【集锦】jíjǐn** 圄 대표 선집. 걸작 모음집. [주로 표제로 쓰임] ¶《老邮票~》=《옛 우표 대표 선집》.

**【集居】jíjū** 동 집거하다. 모여 살다. ¶傣族~在云南西双版纳等地.=태족(傣族)은 윈난(云南)성 시쐉반나(西双版纳) 등지에 집거하고 있다.

**【集句】jíjù** 圄 집구. [옛 사람들이 지은 시구를 모아 새로이 만든 시]

**【集聚】jíjù** 동 모이다. 집합하다. 집결하다. ¶人们~在公园参加花会.=사람들이 공원에 모여 화훼 전시회에 참가한다. ↔散布

**【集刊】jíkān** 圄 (정기・부정기의) 논문집. ¶《红楼梦研究~》=《홍루몽 연구 논문집》.

**【集流环】jíliúhuán** 圄(電) 집전자(集電子).

**【集拢】jílǒng** 동 집합하다. 모이다. 한 곳으로 집중하다. ¶展览前~了很多观众.=전시대 앞에 많은 관중들이 모였다.

**【集录】jílù** 동 집록하다.

**【集贸】jímào** ☞【集市贸易】**jíshì màoyì**

**【集贸市场】jímào shìchǎng** 圄 (농촌・소도시의) 재래 시장.

**【集纳】jínà** 동 모아서 채택하다. 집중하여 귀납하다.

**【集权】jíquán** 동 권력을 집중시키다. ¶中央~=중앙에 권력을 집중시키다.

**【集群】jíqún** 동 무리를 이루다. 떼를 짓다. ¶~而居=무리를 이루어 살다.

**【集日】jírì** 圄 장날. 장이 서는 날.

**【集散】jísàn** 동 (대량 화물이) 집산하다. ¶物资~=물자 집산.

**【集散地】jísàndì** 圄 집산지. ¶海产品~=해산물 집산지.

**【集少成多】jíshǎo-chéngduō** 成 티끌 모아 태산. 아무리 작은 것이라도 쌓이고 쌓이면 큰 덩어리가 된다.

**【集市】jíshì** 圄 (농촌・소도시의) 재래 시장.

**【集市贸易】jíshì màoyì** 圄 (농촌・소도시의) 정기 시장의 거래. 약【集贸】**jímào**

**【集释】jíshì** 동 1 ☞【集解】**jíjiě** 2 ☞【集注】**jízhù**

**【集束】jíshù** 웡 묶음으로 된. 한데 모아 묶어 만든. ¶~炸弹=집속폭탄. 클러스트 폭탄.

**【集水区】jíshuǐqū** 圄 집수 구역. [모든 하천이 한데 모여 바다로 흘러들어가는 구역]

**【集思广益】jísī-guǎngyì** 成 1 여러 사람의 지혜를 모으면 훨씬 더 좋은 효과를 거둘 수 있다. 세 사람이 모이면 문수보살의 지혜가 나온다. 2 일을 하는데, 자신의 의견만 고집하지 않고 여러 사람의 의견을 묻고 참고하다.

**【集体】jítǐ** 圄 집단. 단체. ¶~荣誉=단체 명예상(名譽賞). 단체가 얻은 명예. ≒群体 ↔个人

**【集体户】jítǐhù** 圄 1 몇몇 독신자들이 함께 거주하는 가구. 2 문화대혁명 시기에 농촌에 내려가 정착하여 활동하던 청년 지식인 집단.

**【集体户口】jítǐ hùkǒu** 圄 1 단체〔집단〕호구. 2 집단 호구 중의 개인 호구.

**【集体婚礼】jítǐ hūnlǐ** 圄 합동 결혼식.

**【集体经济】jítǐ jīngjì** 圄(經) 공동〔집단〕경제.

**【集体所有制】jítǐ suǒyǒuzhì** 圄(經) 집단〔공동〕소유제. ↔个体所有制

**【集体舞】jítǐwǔ** 圄 1(藝) 단체 무용. 군무(群舞). =【群舞】**qúnwǔ** 2 (형식이 자유롭고 오락성 높은) 집단 무용.

**【集体照】jítǐzhào** 圄 단체 사진.

**【集体主义】jítǐzhǔyì** 圄 집단주의.

**【集团】jítuán** 圄 1 집단. 단체. 무리. ¶走私~=밀수 단체. 2(經) (기업) 집단. (기업) 그룹(group). ¶产业~=산업 그룹.

**【集团军】jítuánjūn** 圄(軍) (군단・사단 따위의) 집단군. 군대 집단.

**【集训】jíxùn** 동 합동〔합숙〕훈련하다. ¶新兵~=신병 합동 훈련.

**【集腋成裘】jíyè-chéngqiú** 成 1 적은 양의 백여우 겨드랑이 가죽을 모아서 갖옷을 만들다. 2 ⑪ 티끌 모아 태산. ≒聚沙成塔

**【集邮】jí‖yóu** 동 우표를 수집하다. ¶~爱好者=우표 수집 애호가.

**【集邮册】jíyóucè** 圄 우표 수집 책〔앨범〕. =【插册】**chācè**

**【集约】jíyuē** 圄 1(農) 농업 집약. 2(經) 경영 집약.

**【集约化】jíyuēhuà** 동 (농업・경영을) 극대화하다. 집약시키다.

**【集约经营】jíyuē jīngyíng** 圄(農)(經) 집약 경영 방식.

**【集运】jíyùn** 동 1 (화물을) 한데 모아 운송하다. ¶~建材=건설 재료를 한데 모아 운송하다. 2 컨테이너(container)에 실어 운송하다. ¶~公司=컨테이너 화물 운송 회사.

【集镇】 jízhèn 명 비농업 인구 위주의 작은 규모의 거주 지역. ['城市(도시)'보다는 규모가 작은 지방의 중심이 되는 도시]
【集中】 jízhōng 동 집중하다. 모으다. 집중시키다. 집중되다. ¶~人力=인력을 모으다. 형 집중된. 전심전력의. 집결된. ¶注意力不~。=주의력이 산만하다. ↔分散
【集中营】 jízhōngyíng 명 (강제) 수용소.
【集注】 jízhù 동 1 집주하다. =【集释】 jíshì 2 (시선·정신 등이) 집중되다. 모이다. 쏠리다. ¶学生们的目光~在老师身上。=학생들의 시선이 선생님에게 집중된다. 명 집주하여 펴낸 서적. [주로 서명(书名)으로 쓰임] ¶《论语~》=《논어 집주》.
【集装箱】 jízhuāngxiāng 명 컨테이너. 통 货柜】 huòguì
【集资】 jízī 동 자금을 모으다. ¶~办厂=자금을 모아 공장을 세우다.
【集子】 jí·zi 명 문집. 시문집. ¶这本~收录了他的主要诗作。=이 문집은 그의 주요 시작을 수록하였다.

## 蒺 jí 남가새 질

【蒺藜】 jí·lí 명 1 (植) 질려. 남가새. [남가새과의 일년초. 전체에 가시가 나 있으며 열매는 강장제나 해열제로 쓰임] 2 (植) 질려 열매. 3 질려처럼 가시가 나 있는 것. ¶铁~=마름쇠.

## 楫[(檝)] jí 노 집

명 문 노. ¶舟~=배와 노.

## *辑[輯] jí 편집할 집

동 편집(편찬)하다. 종합하다. 집록(辑录)하다. ¶~刊=집간. / 剪~=편집하다. 명 집. [총서·자료집 등을 발표된 순서나 내용별로 구분해 놓은 각 부분] ¶这套书一共有十一~。=이 총서는 전부 10집으로 이루어져 있다.

○→ 编biān辑, 剪辑, 逻luó辑, 特辑

【辑集】 jíjí 동 (수집한 작품·자료 등을) 집으로 편찬하다. 편집하다. ¶将数十篇论文~成书。=수십 편의 논문을 책으로 편찬하다.
【辑录】 jílù 동 집록하다. 수집하여 기록하다.
【辑要】 jíyào 명 요점을 정리한 것. 요점을 모은 책. ¶内容~=내용 요점을 모은 것.
【辑佚】[辑逸] jíyì 동 집일하다. 유실된 옛 사람의 글·작품을 수집하다. ¶本社最近~并刊印了多种古籍。=본사에서는 최근 유실된 옛 사람의 글·작품을 수집하여 여러 종의 고적을 간행하였다. 명 집일하여 편찬한 책·문집. [주로 서명(书名)으로 쓰임] ¶《乐府民歌~》=《악부 민가 집일》.
【辑逸】 jíyì ☞【辑佚】 jíyì

## 嵴 jí 산등성이 척

명 문 산등성이. 산마루.

## *嫉 jí 시기할 질

동 1 질투하다. 시기(샘)하다. ¶~妒之心=질투심. 2 미워하다. 증오하다. ¶愤世~俗=세상의 불합리한 모든 것에 분개하고 증오하다.
【嫉妒】 jídù 동 질투하다. 시기하다.
【嫉恶如仇】 jí'è-rúchóu ☞【疾恶如仇】 jí'è-rúchóu
【嫉恨】 jíhèn 동 질투하고 미워하다. ¶~贤良=어진 사람을 질투하고 미워하다.
【嫉贤妒能】 jíxián-dùnéng 성 자기보다 현명하고 능력 있는 사람을 시기하다. =【妒贤嫉能】 dùxián-jínéng

## 蕺 jí 삼백초 즙

【蕺菜】 jícài 명 (植) 즙채. 삼백초(三白草). =【鱼腥草】 yúxīngcǎo

## 踖 jí 공손할 적

☞【踧踖】 cùjí

## 瘠 jí 야윌 척

형 1 (몸이) 야위다. 수척하다. 비쩍 마르다. ¶枯~=수척하다. 2 (땅이) 메마르다. 척박하다. ¶贫~=땅이 척박하다. ↔肥沃
【瘠薄】 jíbó 형 (땅이) 메마르다. 척박하다. ¶土地~=토지가 척박하다. ↔肥美
【瘠瘦】 jíshòu 형 1 여위다. 수척하다. 비쩍 마르다. ¶~的脸颊=비쩍 마른 뺨. 2 메마르다. 척박하다. ¶~的土地=메마른 땅.
【瘠田】 jítián 명 척박한 논밭.
【瘠土】 jítǔ 명 척박한 토양.

## 鹡[鶺] jí 할미새 척

【鹡鸰】 jílíng 명 (動) 척령. 할미새.

## *藉 jí 짓밟을 적

동 문 짓밟다. 유린하다. 모욕(능욕)하다. ¶人皆~之=사람들이 모두 그를 유린한다. 형 아주 많다. 난잡하다. 뒤죽박죽이다. ¶狼~=낭자하다. 명 (姓) 성(姓).
☞ jiè(借), jiè
【藉藉】 jíjí 형 문 1 난잡하게 어질러진 모양. 이리저리 널브러진 모양. ¶尸骨~=시체가 이리저리 널브러져 있다. 2 현저하고 성대한 모양. ¶名声~=명성이 혁혁하다.

## 踖 jí 살금살금 걸을 척

동 문 살금살금 걷다. 종종걸음치다. ¶~步=종종걸음.
【踖地局天】 jídì-jútiān 성 대단히 신중하고 조심하는 모양. =【局天踖地】 jútiān-jídì

## **籍 jí 서적 적

명 1 (옛날의) 세금·호구 장부. 2 서적. 책자. ¶古~=고적. / 典~=전적. 3 출생지. 본적. 고향. ¶原~=원적. 4 적. [개인의 국가·조직 간의 소속 관계] ¶学~=학적. / 国~=국적. 5 (Jí) 성(姓). 늑簿

○● 薄bù籍, 典籍, 户籍, 军籍, 客籍, 秘籍, 书籍, 图籍, 土籍, 外籍, 祖籍

【籍贯】jíguàn 몡 출생지. 원적. 고향. ¶他的~是山西。= 그의 원적은 산시(山西)성이다.

【籍没】jímò 동문 (가산을) 몰수하다. 적몰하다.

## 几[幾] jǐ 몇 기

주 1 몇. [숫자가 그렇게 많지 않을 때 사용함] ¶你是~班的学生? = 너는 몇 반 학생이지? 2 몇. [주로 10 이하의 확실치 않은 수를 물을 때 쓰임] ¶他今年二十~岁。= 그는 올해 스물 몇 살이다. 3 몇. [구체적인 문장 속에서 확실한 숫자를 대신할 때 쓰임] ¶教室里只有刘华、张娟、李伟和我~个人。= 교실 안에는 류화, 장쥐안, 리웨이와 나 (이렇게) 몇 사람뿐이다.

☞ jī

○ 几 jī
机 jī
肌 jī
饥 jī
讥 jī
矶 jī
虮 jī
叽 jī
玑 jī

○● 老几, 无几

【几曾】jǐcéng 믄 언제 …한 적이 있었는가. [반문의 어기를 나타냄] ¶他对工作兢兢业业，~有过丝毫的懈怠? = 그는 일에 대하여 부지런하고 성실한데, 언제 조금이라도 게을리한 적이 있겠는가?

【几次三番】jǐcì-sānfān 셩 재삼재사. 여러 번. 한 차례 또 한 차례. ¶我~地提醒过他，但他都不以为意。= 내가 여러 차례씩 그에게 주의를 주었지만, 그는 전혀 마음에 두지 않는다.

【几度】jǐdù 몇 차례. 몇 번. ¶两人~携手合作。= 두 사람은 몇 차례 손을 잡고 협력하였다.

【几多】jǐduō 대 1문 몇. 얼마. ¶问君能有~愁? 恰似一江春水向东流。= 그대에게 묻나니, 근심이 얼마나 많았겠는가? 마치 봄 강물이 동쪽으로 흘러가는 것과 같다네. 2형 얼마. 몇. [수량을 물을 때 쓰임] ¶这桶油里有~斤? = 이 통의 기름은 얼마나 무겁니? 3형 얼마나. [막연한 수량을 나타냄] ¶父母在这个孩子身上不知花了~精力。= 부모는 이 아이한테 얼마나 많은 정성을 들였는지 모른다. 문 얼마나. [정도가 아주 높음을 나타냄] ¶小家伙~聪明! = 어린 녀석이 얼마나 똑똑하니!

【几分】jǐfēn 수 십분의 몇. 얼마간. 좀. 약간. 다소. ¶他言谈之中有~得意。= 그의 말 속에는 약간의 자신감이 배어 있다.

【几何】jǐhé 대문 얼마. 몇. ¶芳龄~? = 방년 몇 살이죠? 몡 ☞【几何学】jǐhéxué

【几何体】jǐhétǐ 몡(數) 입체. 기하체. =【立体】lìtǐ

【几何图形】jǐhé túxíng 몡(數) 기하도형. 형

【几何学】jǐhéxué 몡(數) 기하학. =【几何】jǐhé

【几经】jǐjīng 동 몇 번[차례] 겪다. ¶~磨难 = 여러 차례 역경을 겪다.

【几内亚】Jǐnèiyà 몡외(地) 기니(Guinea). [수도는 '科纳克里(코나크리 : Conakry)'임]

【几内亚比绍】Jǐnèiyà Bǐshào 몡외(地) 기니비사우(Guinea-Bissau). [수도는 '比绍(비사우 : Bissau)'임]

【几起几伏】jǐqǐ-jǐfú ☞【几起几落】jǐqǐ-jǐluò

【几起几落】jǐqǐ-jǐluò 셩 (정치·운동·토론 등에서) 여러 차례나 기복을 거듭하다. =【几起几伏】jǐqǐ-jǐfú

【几儿】jǐr 대문 무슨[어느] 날. 며칠. ¶今儿是~啊? = 오늘이 며칠이지?

【几时】jǐshí 대 언제. ¶你打算~动身? = 너는 언제 출발하려고 하니?

【几许】jǐxǔ 대문 얼마. ¶庭院深深~? = 정원엔 적막함이 그윽한데, 그 깊이를 누가 알리요?

## 己 jǐ 자기 기

대 자기. 자신. ¶知~ = 자신을 알다. / 身不由~ = 자신의 뜻대로 할 수 없다. 몡 기(己). 천간(天干)의 여섯 번째. ↔彼

○● 防己, 克kè己, 梯tī己, 一己, 异yì己, 知己, 自己

【己方】jǐfāng 몡 자기 편. 우리 편. ¶重申~观点。= 자기 편의 관점을 거듭 밝히다. ↔敌方

【己见】jǐjiàn 몡 자기 견해[의견]. 사견. ¶各持~ = 각자 자기 견해를 견지하다.

【己任】jǐrèn 몡 자기의 소임[임무·책임]. ¶以天下为~。= 천하의 일을 자신의 소임으로 삼다.

【己酸】jǐsuān 몡(化) 카프로산.

【己所不欲，勿施于人】jǐ suǒ bù yù, wù shī yú rén 셩 자기가 (하기) 싫은 것은 남에게 강요하지 마라.

○ 己 jǐ
记 jì
纪 jì
忌 jì
起 qǐ
岂 qǐ
芑 qǐ

## 纪[紀] Jǐ 성씨 기

몡 성(姓).
☞ jì

## 虮[蟣] jǐ 서캐 기

몡(動) 서캐. 이의 알. ¶~虱 = 이.

【虮子】jǐ·zi 몡(動) 서캐. 이의 알.

## 挤[擠] jǐ 밀 제

동 1 떼밀다. 비집다. 서로 밀치다. 밀어 제치다. 밀치락달치락하다. 밀고 당기다. ¶他在人群中~来~去，不知想干什么。= 그가 사람들 속에서 밀치락달치락하는데, 무얼 하려고 하는지 모르겠다. 2 배제하다. 배척하다. 내쫓다. ¶他的名额被~了。= 그의 몫이 없어졌다. 그는 정원에서 제외되었다. 3 짜다. ¶~牛奶 = 우유를 짜다. 4 빽빽이 들어차다. 가깝게 붙어 있다. 붐비다. 촘촘하다. 죄다. ¶拥~不堪 = 대단히 붐비다.

○● 排挤, 拥yōng挤

【挤兑】jǐduì 동 (은행에서 신용 위기 폭발·통화 팽창 등으로 인해) 예금을 찾으려고 고객들이 쇄도하다.

【挤对】jǐ·dui 동방 강요하다. 궁지로 몰다. 난처하게 하다. ¶他不答应一定是有难处, 你就别~他了.=그가 허락하지 않는 데는 분명히 고충이 있을 테니, 그를 난처하게 만들지 말아라.

【挤咕】jǐ·gu 동방 눈을 끔벅이다. 깜짝거리다. 슴벅거리다. 눈짓을 하다. ¶他冲我直~眼儿, 想让我替他说几句好话.=그는 줄곧 나를 향해 눈짓을 하며, 내가 자기 대신 몇 마디 좋은 말을 해 주기를 바랐다.

【挤挤插插】jǐ·ji chāchā (~的) 형방 (사람·사물로 인해) 빽빽이 붐비는 모양. 빼곡한 모양. ¶客来了很多, ~的一屋子.=손님들이 아주 많이 와서, 온 방 안이 빽빽이 붐비다.

【挤垮】jǐkuǎ 동 1 밀어뜨리다. 넘어뜨리다. 망가뜨리다. ¶成百上千的观众把临时搭建的看台~了.=수천 수백의 관중들이 임시로 가설한 관중석을 망가뜨렸다. 2(비) (치열한 경쟁으로) 도산되다. 해체되다. 무너지다. ¶一些实力不强的小厂纷纷被~了.=일부 견실하지 못한 작은 공장들이 줄지어 도산되었다.

【挤眉弄眼】jǐméi-nòngyǎn 성 추파를 던지다. 눈짓하다. 윙크하다. 곁눈질하다.

【挤塞】jǐsè 동 (물샐틈없이) 꽉 차다. 가득 차다. ¶街道被人群~得水泄不通.=도로는 인파로 꽉 차서 물샐틈없었다.

【挤提】jǐtí 동방 서둘러 은행에서 예금을 인출하다. 서둘러 자금을 회수하다.

【挤压】jǐyā 동 (좌우·상하로부터) 내리누르다. 눌러 밀어 넣다. ¶易碎物品, 请勿~.=깨지기 쉬운 물품이니 누르지 마시오.

【挤牙膏】jǐ yágāo 동 1 치약을 짜다. 2(비) 찔끔찔끔 말(일)하다. 대답이 시원시원하지 않고 조금씩 본마음을 실토하다.

【挤轧】jǐyà 동 밀어 내다. 배척하다. 알력이 생기다. ¶~异己=반대파를 밀어 내다.

【挤眼】jǐ∥yǎn 동 눈짓하다. 눈을 끔벅이다. ¶他~让我发言.=그는 내가 발언하도록 눈짓을 주었다.

【挤占】jǐzhàn 동 강제로 점거〔점용〕하다. ¶不得~车辆通道.=강제로 차도를 점거해서는 안 된다.

**济**[濟] Jǐ 강 이름 제

명(地) 지수이(济水). [옛 강 이름으로, 허난(河南)성에서 발원하여 산둥(山东)성을 거쳐 보하이(渤海)로 유입됨. 현재의 황허(黄河) 하류가 바로 지수이(济水)인데, 허난(河南)성의 지위안(济源)·산둥(山东)성의 지난(济南)·지닝(济宁)·지양(济阳)은 모두 지수이(济水)로 인해 붙여진 이름임] ☞ jì

【济济】jǐjǐ 형 사람이 많은 모양.

【济济一堂】jǐjǐ yītáng 성 많은 인재가 한데〔한 곳에〕모이다.

【济南】Jǐnán 명(地) 지난. 제남. [산둥(山东)성

의 성도]

**给**[給] jǐ 공급할 급

동 공급하다. ¶自~自足=자급자족. 형 넉넉하다. 풍족하다. ¶家~户足=집집마다 풍족하다. ☞ gěi

○● 供给, 配给, 取给, 薪xīn给, 仰yǎng给

【给付】jǐfù 동 급부하다. 교부하다. ¶~退休金=퇴직금을 교부하다.

【给水】jǐshuǐ 동 급수하다. 생활용수를 대 주다. ¶保障城市~=도시의 급수를 보장하다.

【给养】jǐyǎng 명 (군대의) 보급품. 급양 물자. ¶补充~=보급품을 보충하다.

【给与】jǐyǔ ☞【给予】jǐyǔ

【给予】[给与] jǐyǔ 동방 주다. ¶~奖励=장려하다. 칭찬〔표창〕하다.

**脊** jǐ 등뼈 척

명 1 척추. 등골뼈. 등심대. ¶无~椎动物=무척추동물. 2 물체의 생김새가 등마루같이 생긴 것. ¶屋~=용마루. / 书~=책등.

○● 背脊, 里脊

【脊背】jǐbèi 명 등.

【脊梁】jǐliáng 명 1 척추. 등뼈. 등심대. 2(비) 중추. 주축. 중견인. ¶这些不屈的斗士是整个民族的~.=이 불굴의 투사들은 온 민족의 주축이다.

【脊梁】jǐ·liang 명(구) 등.

【脊梁骨】jǐ·lianggǔ 1 ☞【脊柱】jǐzhù 2(비) 기개. 의지. 역량. ¶做人不能没有~.=사람이 되려면 기개가 없어서는 안 된다. 3(비) 관건. 요점. 중추. ¶他是这个家的~.=그는 이 집의 중추이다.

【脊檩】jǐlǐn 명(建) 대들보. 큰들보. 대량(大樑). =【大梁】dàliáng【正梁】zhèngliáng

【脊鳍】jǐqí ☞【背鳍】bèiqí

【脊神经】jǐshénjīng 명(生) 척추 신경.

【脊髓】jǐsuǐ 명(生) 척수.

【脊髓灰质炎】jǐsuǐ huīzhìyán 명(醫) (척수성) 소아마비. 급성 회백수염(灰白髓炎). =【小儿麻痹症】xiǎo'ér mábìzhèng

【脊髓炎】jǐsuǐyán 명(醫) 척수염.

【脊索】jǐsuǒ 명 척색. 척삭.

【脊索动物】jǐsuǒ dòngwù 명 척삭동물.

【脊瓦】jǐwǎ 명(建) 용마루 기와.

【脊柱】jǐzhù 명 척추. 척추. 등심대. ⇒【脊梁骨】jǐ·lianggǔ

【脊椎】jǐzhuī 명(生) 1 척주. 척추. 등심대. ¶~动物是动物界最高等的一类.=척추동물은 동물계에서 최고등 동물의 한 종류이다. 2 추골. 척추골. 등골뼈.

【脊椎动物】jǐzhuī dòngwù 명 척추동물.

【脊椎骨】jǐzhuīgǔ ☞【椎骨】zhuīgǔ

**掎** jǐ 끌 기

동방 1 잡아끌다. 끌어당기다. 2 견제하다.

【掎角之势】jǐjiǎozhīshì ㉨ 1 사슴을 잡을 때, 앞쪽에선 뿔을 잡고 뒤에선 다리를 붙잡는 형세. 2 ㈐ 군대를 나누어 적을 견제하거나 협공하는 형세.

## 魢[魢] jǐ 벵에돔 기
㊔(動) 벵에돔. [학명은 'Girella punctata' 임]

## 戟 jǐ 창 극
㊔ 미늘창. [옛날, 병기의 하나로 끝이 두세 가닥으로 갈라져 있는 창] ¶刀枪剑~=칼·창·검·미늘창 등의] 각종 무기. 2 ㈐ 자극하다.
【戟指】jǐzhǐ ㊓ 삿대질하다. 손가락을 미늘창 모양으로 세우다.
【戟指怒目】jǐzhǐ-nùmù ㉨ 1 삿대질하며 눈을 부릅뜨다. 삿대질하다. 2 ㈐ 크게 노하여 눈을 부라리면서 욕을 해대는 모양.

## 麂 jǐ 짖는 사슴 궤
㊔(動) 문착. 짖는사슴. [사슴과에 속하며 중국·티베트·동남아시아에 분포함. 학명은 'Muntiancus muntjac' 임]
【麂子】jǐ·zi ㊔㋶(動) 문착. 짖는사슴.

## **计[計] jì 셀 계
㊓ 1 세다. 셈하다. 계산하다. ¶统~=통계. / 不~其数=부지기수. 2 총계하다. 합계하다. ¶全班~50人.=반은 모두 합한 인원이 50명이다. 3 계획하다. 기도하다. 꾸미다. ¶商~=상의하다. / 设~=설계하다. 4 따지다. 고려하다. 문제시하다. ¶不~报酬=보수를 따지지 않다. / 无暇~及=고려할 겨를이 없다. ㊔ 1 꾀. 계략. 계책. 방책. 주의. ¶无~可施=아무런 계책이 없다. 손쓸 길이 없다. / 言听~从=어떤 말이나 계획을 모두 듣고 따르다. 2 계기. 계량기. ¶体温~=체온계. / 血压~=혈압계. 3 (Jì) 성(姓).

○● 大计, 得计, 毒dú计, 估gū计, 诡guǐ计, 核计, 合计, 活计, 伙计, 家计, 狡jiǎo计, 决计, 会kuài计, 巧计, 设计, 生计, 失计, 算计, 统tǒng计, 献xiàn计, 心计, 预计, 约计, 综zōng计, 总计, 空城计, 苦肉计, 木马计

【计步表】jìbùbiǎo ☞【计步器】jìbùqì
【计步器】jìbùqì ㊔(體) 만보계. =【计步表】jìbùbiǎo
【计策】jìcè ㊔ 계책. 계략. 술책. ¶善用~=계략을 잘 쓰다. ≒计谋
【计程表】jìchéngbiǎo ☞【计程仪】jìchéngyí
【计程车】jìchéngchē ㊔㋶ (소형) 택시(taxi).
【计程仪】jìchéngyí ㊔ 측정기. =【计程表】jìchéngbiǎo
【计酬】jìchóu ㊓ 보수를 계산하다. 임금을 셈하다. ¶按时~=시간에 따라 보수를 계산하다.
【计出万全】jìchū-wànquán ㉨ 주도면밀하게 계획을 세우다. 만반의 준비를 하다.

【计费】jìfèi ㊓ 비용을 계산하다. ¶出租车按里程~。=택시는 거리에 따라 비용을 계산한다.
【计分】jìfēn ㊓ 채점하다. 점수를 계산하다. ¶统一~标准=통일 채점 표준.
【计划】jìhuà ㊓ 계획하다. 기획하다. 꾸미다. …할 계획이다. ¶~缩减开支。=지출을 감축하려 계획이다. ㊔ 계획. 작정. 방안. ¶年度~=연도 계획. ≒打算 规划 方案
【计划单列市】jìhuà dānlièshì ㊔ 중앙 직속 중점 개발 도시. [행정 체계는 그대로 유지하면서 경제 체제와 관리 권한은 독립성을 유지한 성(省)급에 준하는 도시. 광저우(广州)·청두(成都)·우한(武汉)·선양(沈阳)·샤먼(厦门)·선전(深圳)·다롄(大连) 등이 있음]
【计划经济】jìhuà jīngjì ㊔(經) 계획 경제. ['市场经济(시장 경제)'와 구별됨]
【计划免疫】jìhuà miǎnyì ㊔ 예방 접종. ㋶
【计免】jìmiǎn ☞【计划免疫】jìhuà miǎnyì
【计划生育】jìhuà shēngyù ㊔ 산아 제한 계획. 가족 계획.
【计价】jìjià ㊓ 가격을 계산하다. ¶论质~=품질에 따라 가격을 계산하다.
【计件】jìjiàn ㊔ 생산 건수로 계산하다. ¶~付酬=작업 건수로 보수를 지불하다.
【计件工资】jìjiàn gōngzī ㊔ 성과급. ['计时工资(시간급)'와 구별됨]
【计较】jìjiào ㊓ 1 따지다. 계산하여 비교하다. 염두에 두다. 문제시하다. ¶不要过于~个人得失。=개인의 득실을 지나치게 따지지 마라. 2 계획[생각]하다. 상의[상담]하다. 협상하다. ¶这件事日后再作~。=이 일은 차후에 다시 상의하자. 3 논쟁하다. 승강이하다. ¶随他怎么说, 我没心思和他~。=그가 무어라고 하든, 나는 그와 승강이할 기분이 아니다.
【计量】jìliàng ㊓ 1 계량하다. 재다. 2 헤아리다. 계산하다. ¶此事造成的负面影响是不可~的。=이 일로 초래된 부정적인 영향은 헤아릴 수 없다.
【计谋】jìmóu ㊔ 책략. 계략. ¶他是一个很有~的人。=그는 책략이 뛰어난 사람이다. ≒计策
【计票】jìpiào ㊓ 1 표수를 계산하다. 2 선거 표수를 통계 내다.
【计穷智短】jìqióng-zhìduǎn ㉨ 계략을 다 써버리고 더 이상 어떠한 방법[대책]도 생각해 내지 못하다.
【计日程功】jìrì-chénggōng ㉨ 1 날짜를 세며 진도를 재다. 2 일의 진척이 빨라 머지않아 성공한다. 완성의 날까지 얼마 남지 않다.
【计上心来】jìshàngxīnlái ㉨ 계략[책략]이 떠오르다.
【计时】jìshí ㊓ 1 시간을 표시하다[나타내다]. ¶~器=스톱워치(stop watch). 크로노그래프(chronograph). 2 시간에 따라 비용을 계산하다. ¶~收费=시간에 따라 돈을 받다.
【计时工资】jìshí gōngzī ㊔ 시간급. ['计件工资(성과급)'와 구별됨]

【计数】jìshǔ 통 헤아리다. 통계하다. 계산하다. ¶难以~=헤아리기 어렵다.
☞ jì ‖ shù
【计数】jì ‖ shù 통 수를 세다. 통계를 내다. ¶~单位=계수 단위.
☞ jìshǔ
【计数器】jìshùqì 명 계수기.
【计算】jìsuàn 통 1 계산하다. 산출하다. 셈하다. ¶~平均值=평균값을 산출하다. 2 고려하다. 계획하다. ¶每一步该怎么办, 心中都要~好。=매 단계마다 어떻게 해야할지, 마음속에 모두 계획되어 있어야 한다. 3 음해(陰害)하다. 몰래 모해(謀害)하다. ¶被人~=음해를 당하다.
【计算尺】jìsuànchǐ 명 계산자.=【算尺】suànchǐ
【计算机】jìsuànjī 명 1 계산기. 2 컴퓨터.
【计算机病】jìsuànjībìng ☞【计算机综合征】jìsuànjī zōnghézhēng
【计算机病毒】jìsuànjī bìngdú 명(컴) 컴퓨터 바이러스. =【电脑病毒】diànnǎo bìngdú
【计算机程序】jìsuànjī chéngxù 명(컴) 컴퓨터 프로그램.
【计算机断层扫描】jìsuànjī duàncéng sǎomiáo ☞【计算机体层成像】jìsuànjī tǐcéng chéngxiàng
【计算机犯罪】jìsuànjī fànzuì 명(法) 사이버 범죄. =【电脑犯罪】diànnǎo fànzuì
【计算机服务网】jìsuànjī fúwùwǎng 명(컴) 컴퓨터 서비스 네트워크.
【计算机辅助设计】jìsuànjī fǔzhù shèjì 명(컴) 캐드(CAD). 컴퓨터 이용 설계.
【计算机体层成像】jìsuànjī tǐcéng chéngxiàng 명(醫) 컴퓨터 단층 촬영. CT(computer tomography). =【计算机断层扫描】jìsuànjī duàncéng sǎomiáo【计算机体层摄影】jìsuànjī tǐcéng shèyǐng
【计算机体层摄影】jìsuànjī tǐcéng shèyǐng ☞【计算机体层成像】jìsuànjī tǐcéng chéngxiàng
【计算机图形学】jìsuànjī túxíngxué 명(컴) 컴퓨터 그래픽스.
【计算机外围设备】jìsuànjī wàiwéi shèbèi 명(컴) 컴퓨터 주변 기기.
【计算机网络】jìsuànjī wǎngluò 명(컴) 컴퓨터 네트워크.
【计算机综合征】jìsuànjī zōnghézhēng 명(醫) 컴퓨터 증후군. =【电脑综合征】diànnǎo zōnghézhēng【计算机病】jìsuànjī bìng
【计算器】jìsuànqì 명 (소형) 전자 계산기.
【计算中心】jìsuàn zhōngxīn 명 컴퓨터〔저 나〕 센터.
【计委】jìwěi 명(약) 计划委员会(계획 위원회).
【计息】jìxī 통 (일정한 이율과 시간에 맞춰) 이자를 계산하다.
【计议】jìyì 통 상의〔협의〕하다. 기도하다. 꾸미다. ¶从长~=천천히 신중하게 상의하다.

\*\*记[記]jì 기록할 기
통 1 적다. 기록하다. 기재하다. ¶登=등기하다. / 摘~=요점만을 골라 적다. 2 기억하다. 명심하다. 암기하다. ¶惦~=항상 마음에 두다. / 他~性好, 忘不了。=그는 기억력이 좋아서 잊어버리지 않는다. 명 1 (~儿) 기호. 부호. 표지. ¶标~=표지. / 暗~儿=암호. 2 (날 때부터 몸에 있는) 점(胎记·斑点). ¶胎~=태기. 모반(母斑). 3 (내용을 기재·묘사한) 책이나 글. [주로 서명(書名)·편명에 쓰임] ¶日~=일기. /《桃花源~》=《도화원기》. 양(양) 번. 대. [동작의 횟수를 나타냄] ¶一~响亮的耳光=철썩하며 갈기는 따귀 한 대. ↔忘

○● 碑bēi记, 表记, 簿bù记, 侧cè记, 场记, 戳chuō记, 惦记, 浮记, 后记, 铭míng记, 切记, 失记, 手记, 书记, 速记, 图记, 忘记, 游记, 杂记, 札zhá记, 摘zhāi记, 传记

【记不得】jì·bu·de 통 기억할 수 없다. 기억하지 못하다. 잊어버리다. ¶我~他是哪天去上海的。=나는 그가 며칠날 상해로 갔는지 기억할 수 없다. ↔记得
【记不起来】jì·bu·qǐ·lái 통 생각나지 않다. 기억해 내지 못하다. 떠오르지 않다. ¶你那天说的什么,我~了。=네가 그 날 무엇을 얘기했는지 나는 생각나지 않는다. ↔记起来
【记不下】jì·buxià 통 잘 기억하지 못하다. 제대로 외우고 있지 못하다.
【记不住】jì·buzhù 통 잘 기억하고 있지 않다. 제대로 외우고 있지 못하다. ¶这几个英语单词我老是~。=이 몇 개 영어 단어들은 나는 항상 제대로 기억하고 있지 못하다.
【记吃不记打】jì chī bù jì dǎ (속) 1 먹는 것만 기억하고 얻어맞은 일은 잊어버리다. 2 (비) 쓰라린 교훈은 잊어버리고 얻은 이익만을 생각하다.
【记仇】jì ‖ chóu 통 원한을 새기다. 앙심을 품다. ¶事情过去了就算了, 不要~。=원한을 품지 마, 다 지난 일인데 뭘.
【记大过】jì dàguò 통 중과실(重過失)을 기록해 남기다.
【记得】jì·de 통 기억하고 있다. 잊지 않고 있다. ¶我~他说过这样的话。=나는 그가 이런 말을 한 것을 기억하고 있다. ↔记不得
【记分】jì ‖ fēn (~儿) 통 (시합·게임 성적 등의) 점수를 기록하다. ¶~员=점수 기록원.
【记工】jì ‖ gōng 통 (농업 생산 단위에서) 작업 시간〔작업량〕을 기록하다.
【记功】jì ‖ gōng 통 공적을 기록하다. ¶给全团官兵集体~一次。=전 사단의 장교와 사병들에게 단체로 한 번의 공적을 기록하다〔인정하다〕.
【记挂】jìguà 통(방) 염려하다. 근심하다. ¶他心里一直~着远方的亲人。=그는 마음속으로 줄곧 멀리 있는 가족을 염려하고 있다.
【记过】jì ‖ guò 통 잘못을 기록하다.
【记号】jì·hao 명 기호. 표시. ¶把需要重点掌握的知识做个~。=중점적으로 파악해야 하는

지식에 표시를 하다. ↳标记 标志

【记恨】jì·hèn 통 원한을 새기다. 미워하다. 앙심을 품다. ¶他一直为这事儿~我。=그는 이 일 때문에 줄곧 나한테 원한을 품고 있다.

【记录】[纪录] jìlù 통 기록하다. ¶~在案=문서에 기록하다. 명 1 기록. ¶会议~=의사록. 2 서기. 기록 담당자. ¶讨论会由他担任~。=토론회에서 그가 서기를 맡는다. 3 (인물·사건 등의) 기록. 다큐멘터리. ¶新闻~片=뉴스 기록 영화. 4 (일정·시기 범위 내에서 이루어진) 최고 기록〔성적〕. ¶打破世界~=세계 기록을 깨다. ↳记载

【记录片儿】jìlùpiānr ☞【纪录片儿】jìlùpiānr
【记录片】jìlùpiàn ☞【纪录片】jìlùpiàn
【记名】jìmíng 통 기명하다. ¶无~投票=무기명 투표.
【记名股票】jìmíng gǔpiào 명〔经〕기명 주식〔주권〕. [특정한 주주의 성명이 주권면 및 주주명부에 표시되어 있는 주식]
【记名债券】jìmíng zhàiquàn 명〔经〕기명 채권.
【记念】jìniàn ☞【纪念】jìniàn
【记念】jì·nian 염려하다. 마음에 두다. 늘 생각하다.
【记起来】jì·qǐ·lái 통 회상〔기억〕해 내다. 떠올려 내다. ¶那件事我终于~了。=그 일을 나는 마침내 기억해 냈다. ↔记不起来
【记取】jìqǔ 통 (교훈 등을) 명심하다. 기억하다. ¶~失败的教训=실패의 교훈을 명심하다.
【记认】jìrèn 통 1 (기억하여) 알아보다. 분간하다. 판별하다. ¶字迹潦草, 难以~。=필체가 갈겨써서 알아보기 힘들다. 통 2 표시. 표기. 기호. ¶借来的椅子要做个~, 以后好还。=빌려 온 자에 나중에 잘 돌려줄 수 있게 표시를 해 두세요.
【记时器】jìshíqì 명 타임 리코더(time recorder). 시간 기록계. =【记时钟】jìshízhōng
【记时仪】jìshíyí 명〔天〕크로노그래프(chronograph).
【记时钟】jìshízhōng ☞【记时器】jìshíqì
【记事】jì‖shì 통 1 일을 기록하다. ¶~本=수첩. 2 역사적 사실을 기술하다. ¶开国大典~=개국 기념 행사 사료(史料).
【记事儿】jìshìr 통 (어린아이가) 사물을 구별하고 기억하다. ¶我那时候还不~, 对这段经历没有任何印象。=나는 그 때 아직 어리고 세상 물정을 잘 몰라서, 이 과정에 대하여 전혀 인상이 없다.
【记述】jìshù 통 기술하다. ¶书中翔实地~了那段历史。=책에 상세하고 확실하게 그 부분의 역사를 기술하였다.
【记诵】jìsòng 통 암송하다. 외우다. ¶这些古诗词他自幼就能~。=이런 고시들은 그가 어려서부터 암송할 수 있었다.
【记下】jì‖xià 통 1 확실히 기억해 두다. 똑똑히 암기해 두다. ¶我每天能~十个英语单词。=나는 매일 10개의 영어 단어를 확실히 외워 둘 수 있다. 2 적어 두다. 써 두다. ¶老师刚才说的~了吗？=선생님께서 방금 전에 말씀하신 걸 적어 두었니?

【记协】jìxié 명〔약〕记者协会(기자 협회).
【记性】jì·xing 명〔口〕기억력. ¶人上了年纪, ~也差了。=사람이 나이가 들면, 기억력도 떨어진다. ↔忘性
【记叙】jìxù 통 서술하다. 기술하다. ¶~旅途见闻=여행의 견문을 서술하다.
【记叙体】jìxùtǐ 명 서술체.
【记叙文】jìxùwén 명 1 서술체 문장. 2 (사람·사건·풍경 등을) 이야기한 글.
【记要】jìyào ☞【纪要】jìyào
【记忆】jìyì 통 기억하다. 떠올리다. ¶眼前的情景让我~起多年前的一件往事。=눈앞의 정경이 나로 하여금 여러 해 전의 옛 일을 떠올리게 한다. 명 기억. ¶时间久远, ~已经模糊了。=시간이 오래 되어서, 기억이 이미 모호해졌다.
【记忆合金】jìyì héjīn ☞【形状记忆合金】xíngzhuàng jìyì héjīn
【记忆力】jìyìlì 명 기억력. ¶~很强=기억력이 매우 좋다.
【记忆犹新】jìyì-yóuxīn 〈成〉 아직도 기억에 생생하다. 마치 엊그제 일 같다.
【记载】jìzǎi 통 기재하다. 기록하다. ¶~事情的始末=일의 전말을 기록하다. 명 기록. 기사. 사료. ¶关于这位诗人的生平, 历史上没有~。=이 시인의 일생에 관하여, 역사상 기록이 없다. ↳记录
【记账】jì‖zhàng 통 장부에 적다. 외상 거래를 하다.
【记者】jìzhě 명 기자.
【记者招待会】jìzhě zhāodàihuì 명 기자회견.
【记住】jì·zhu 통 확실히 기억해 두다. 똑똑히 암기해 두다. ¶关键的知识点你要~。=꼭 알아야 할 지식을 너는 확실히 기억해 두어야 한다.

## 伎 jì 재주 기

명 1 기예. 기능. 솜씨. ¶故~重演=예전 기량을 다시 선보이다. 2 기생. 기녀. ¶舞~=무기.
【伎俩】jìliǎng 명 부정당한 수단. 수법. 잔꾀. ¶这些都是骗人的~。=이것들은 모두 사람을 속이는 수법이다.

## 齐[齊] jì 고루 섞을 제

통〔书〕고루 섞다. 배합하다. 명〔书〕 1 조미료. 양념. 2 합금. [이 뜻으로 쓰일 때 지금은 주로 'qí'로 읽음] ¶锰镍铜~=망간(Mn)·니켈(Ni)·구리(Cu) 합금.
☞ qí

## **纪[紀] jì 기율 기

명 1〔书〕비단의 실마리와 짜임새. 2 규율. 법도. 질서. 법. ¶法~=법도. / 军~严明=군기가 엄하고 분명하다. 3 연대. 기. [고대에는 12년을 1기로 삼았으나, 오늘날은 100년임] ¶世~=세기. 4 (지질)기. [지질 시대의 구분 단위] ¶侏罗~=쥐라기. 통 기록하다. 기재하다. ¶结婚纪念日=결혼 기념일. / 文献~录片=문헌 기록 영화. 다큐멘터리.
☞ **Jǐ**

0● 本纪, 党纪, 法纪, 纲gāng纪, 经纪, 军纪, 年纪

【纪纲】**jìgāng** 圐🔒 기강. 법도. ¶~废弛=기강이 문란하다.
【纪检】**jìjiǎn** 圐 기율 검사. 기강 점검. ¶~工作=기율 검사 업무.
【纪录】**jìlù** ☞【记录】**jìlù**
【纪录片儿】[纪录片儿] **jìlùpiānr** 圐🔒 기록 영화. 다큐멘터리 영화.
【纪录片】[纪录片] **jìlùpiàn** 圐(映) 기록 영화. 다큐멘터리 영화.
【纪律】**jìlù** 圐 기율. 기강. 법도. ¶遵守~=기율을 준수하다.
【纪年】**jìnián** 圐 연대를 기재하다. ¶干支~=간지로 연대를 기재하다. / 公历~=양력으로 연대를 기재하다. 圐 기년체. 편년체. ¶《竹书~》=《죽서기년》.
【纪念】[记念] **jìniàn** 圐 기념하다. ¶中国的传统节日端午节相传是为了~伟大的诗人屈原的。=중국의 전통 명절인 단오절은 위대한 시인인 굴원을 기념하기 위해서 전해진다. 圐 기념물. 기념품. ¶这支笔送给你留个~吧。=이 펜을 너에게 기념으로 주마. 🔒 기념으로 삼는. 기념하는. ¶~塔=기념탑.
【纪念碑】**jìniànbēi** 圐 기념비. 공적비.
【纪念币】**jìniànbì** 圐 기념 주화. 기념 화폐.
【纪念册】**jìniàncè** 圐 기념첩.
【纪念封】**jìniànfēng** 圐 기념 봉투.
【纪念馆】**jìniànguǎn** 圐 기념관.
【纪念品】**jìniànpǐn** 圐 기념품.
【纪念日】**jìniànrì** 圐 기념일.
【纪念邮票】**jìnián yóupiào** 圐 기념 우표.
【纪念章】**jìniànzhāng** 圐 기념 휘장(배지).
【纪实】**jìshí** 🔒 실제의 상황을 기록하다. ¶~文学=기록 문학. 圐 실제 사건의 기록. 현장 기록. [주로 편명·서명(书名)으로 쓰임] ¶《历史博物馆修建~》=《역사 박물관 건설 현장 기록》.
【纪事】**jìshì** 🔒 사실을 기록하다. ¶~诗=기사시. 圐 기사. [주로 서명(书名)으로 쓰임] ¶《唐诗~》=《당시 기사》.
【纪事本末体】**jìshì běnmòtǐ** 圐 기사(본말)체. [연대나 인물보다 사건에 중점을 두고 기술하는 역사 편찬 방식]
【纪委】**jìwěi** 圐🔒 纪律检查委员会(기율 검사 위원회).
【纪行】**jìxíng** 圐 기행. [주로 표제어로 쓰임] ¶《西欧~》=《서구 기행》.
【纪要】[记要] **jìyào** 圐 기요. 요록. ¶会谈~=회담 요록.
【纪元】**jìyuán** 圐 **1** 기원. [햇수를 세는 기준이 되는 해] **2** 시대. ¶人类社会进入了一个历史新~。=인류 사회는 새로운 시대로 접어들었다.
【纪传体】**jìzhuàntǐ** 圐 기전체. 기전. [연대나

인물에 중점을 두고 기술하는 역사 편찬 방식]

**技** **jì** 기술 기

圐 (어떤 방면의) 능력. 재능. 기능. 기술. 수완. 기량. ¶演~=연기. / 绝~=뛰어난 기술.

0● 车技, 方技, 故技, 惯技, 竞jìng技, 科技, 口技, 特技, 献xiàn技, 演技, 杂技

【技法】**jìfǎ** 圐 기법. 기교와 방법. ¶绘画~=회화 기법.
【技改】**jìgǎi** ☞【技术改造】**jìshù gǎizào**
【技工】**jìgōng** 圐 기능공. 기술자.
【技工学校】**jìgōng xuéxiào** 圐(教) 직업 전문 학교. 기능공 양성 학교. 🔒【技校】**jìxiào**
【技击】**jìjī** 圐🔒 (무술의) 격투 기술. ¶精于~=격투 기술이 뛰어나다.
【技能】**jìnéng** 圐 기능. 솜씨. ¶劳动~=노동 기능. ≒技巧 技术 技艺
【技巧】**jìqiǎo** 圐 **1** 기교. 기예. 테크닉(technic). ¶表演~=연출 기교. **2** (體) 곡예 체조. 텀블링(tumbling). 아크로바틱(acrobatics). ≒技术 技艺 技能
【技巧运动】**jìqiǎo yùndòng** 圐(體) 아크로바틱(acrobatic) 체조. 스포츠 아크로바틱(sports acrobatic). 텀블링. 아크로스포츠(acrosports).
【技穷】**jìqióng** 🔒 기능을 소진하다. 능력(힘)을 다 써 버리다. ¶黔驴~=얼마 안 되는 재주마저 다 써 버리다. 쥐꼬리만한 재주마저 바닥이 나다.
【技师】**jìshī** 圐 기사. ['初级工程师(초급 엔지니어)'나 '高级技术员(고급 기술자)'에 해당함]
【技士】**jìshì** 圐 기사. 기술자. ['工程师(엔지니어)'보다 낮은 직급]
【技术】**jìshù** 圐 **1** 기술. ¶科学~=과학 기술. **2** 기교. 재량. 능력. ¶~纯熟=기교가 숙련되다. **3** 기술 장비. ¶~更新=기술 장비를 (새 것으로) 바꾸다. ≒技艺 技能 技巧
【技术改革】**jìshù gǎigé** ☞【技术革新】**jìshù géxīn**
【技术改造】**jìshù gǎizào** 🔒 **1** 새로운 기술로 국민 경제의 각 분야를 개선하다. **2** 기술을 개선하다. 🔒【技改】**jìgǎi**
【技术革命】**jìshù gémìng** 圐 기술 혁명.
【技术革新】**jìshù géxīn** 圐 기술 혁신. =【技术改革】**jìshù gǎigé**
【技术含量】**jìshù hánliàng** 圐 (생산품이나 생산 과정 등의) 기술 수준. 기술 함량.
【技术诀窍】**jìshù juéqiào** ☞【专有技术】**zhuānyǒu jìshù**
【技术科学】**jìshù kēxué** 圐 응용 과학.
【技术秘诀】**jìshù mìjué** ☞【专有技术】**zhuānyǒu jìshù**
【技术人员】**jìshù rényuán** 圐 기술자. 기사. 엔지니어.
【技术市场】**jìshù shìchǎng** 圐 기술 시장.
【技术性】**jìshùxìng** 圐 기술적인 면〔성격·특성〕. ¶软件开发是一项~要求很高的工作。=소프트웨어 개발은 기술적 요구가 아주 높은 작

업이다. 형 기술상의. 기술적인. 기술 방면의. ¶这是个~的问题.=이것은 기술상의 문제이다.
【技术学校】jìshù xuéxiào 명(敎) 기술 학교. [전문 기술 인력을 육성하는 중등 학교] 약【技校】jìxiào
【技术员】jìshùyuán 명 1 기술자. 기사(技士). [ᅳ'助理工程师(보조 엔지니어)'보다 낮은 직급의 기술자] 2 (전문) 기술자. ¶张~最近要来厂里调研.=장 기사는 최근 공장에 와서 조사 연구를 하려고 한다.
【技术转让】jìshù zhuǎnràng 명 기술 이전. =【技术转移】jìshù zhuǎnyí
【技术转移】jìshù zhuǎnyí ☞【技术转让】jìshù zhuǎnràng
【技术装备】jìshù zhuāngbèi 명 기술 장비.
【技术作物】jìshù zuòwù ☞【经济作物】jīngjì zuòwù
【技校】jìxiào 명 1 ☞【技工学校】jìgōng xuéxiào 2 ☞【技术学校】jìshù xuéxiào
【技痒】jìyǎng 통 솜씨를[재능을] 뽐내고 싶어서 몸이 근질거리다. ¶看见别人踢球, 他不觉有些~.=그는 다른 사람들이 축구하는 것을 보면 저도 모르게 실력을 뽐내고 싶어서 몸이 근질거린다.
【技艺】jìyì 명 기예. 기술. 기교. ¶~精湛=기예가 정밀하고 뛰어나다. ≒技术 技巧 技能

# 芰 jì 마름 기
명(植) 마름.

# 系[繫] jì 맬 계
통 매다. 묶다. 채우다. ¶~围巾=목도리를 매다. /~鞋带=신발끈을 묶다. ↔解
☞ xì

# **忌 jì 꺼릴 기
통 1 시기하다. 질투하다. ¶猜~=시기하다. / 畏~=두려워하고 꺼려하다. 2 두려워하다. 겁내다. ¶顾~=꺼리다. / 投鼠~器=쥐를 잡고 싶어도 주위의 기물을 깰까 봐 겁내다. 나쁜 놈을 벌하고 싶어도 도리어 더 큰 손해를 볼까 봐 꺼리다. 3 꺼리다. 기피하다. 싫어하다. 금기하다. 가리다. ¶~生冷=날음식과 찬 음식을 기피하다〔삼가다〕. / 百无禁~=조금도 거리낌이 없다. 4 끊다. 그만두다. ¶~酒=술을 끊다. / ~烟=담배를 끊다.

○-○ 避忌, 妒dù忌, 犯忌, 戒忌, 禁忌, 切忌, 畏wèi忌, 疑yí忌

【忌辰】jìchén 명 기일(忌日).
【忌惮】jìdàn 통(문) 두려워하다. 꺼리다. 기탄하다. ¶肆无~=아무 거리낌없이 제멋대로 굴다.
【忌妒】jì‧du 통 질투하다. 시기하다. ¶他出众的才华令很多人~.=그의 출중한 재능은 많은 사람들을 시샘하게 한다.
【忌恨】jìhèn 통 시기〔질투〕하여 미워〔원망〕하다. 시새우다.

【忌讳】jì‧huì 통 1 (말이나 행동을) 금기하다. 꺼리다. 기피하다. ¶送人上飞机~说'一路顺风'.=비행기 타는 사람을 배웅할 때 '一路顺风'이라고 말하지 않는다. 2 힘써 피하여 삼가다. 막다. 금물이다. ¶学习最~不能持之以恒.=공부에서 최대의 금물은 변함없이 꾸준하게 하지 못하는 것이다. 명(방) 식초. ≒避开
【忌克】jìkè ☞【忌刻】jìkè
【忌刻】[忌克] jìkè 통 시기〔질투〕하고 각박하다. ¶心胸狭隘, 对人~.=속이 좁아서 사람들에게 각박하다.
【忌口】jì‖kǒu 통 (병이나 다른 원인으로) 음식을 가리다. =【忌嘴】jì‖zuǐ ¶只是感冒而已, 不需要~.=그냥 감기일 뿐이니 음식을 가려먹을 필요는 없다.
【忌日】jìrì 명 1 기일. 2 액일(厄日).
【忌食】jìshí 통 1 (종교 계율을 지키기 위해 특정한 음식을) 먹는 것을 피하다〔삼하다〕. 먹지 않다. ¶僧徒~荤腥.=불교 신자는 생선이나 고기를 먹지 않는다. 2 (병이나 기타 원인으로 특정한) 음식을 가리다. 음식을 먹어서는 안 된다. ¶胃病患者~生冷.=위(장)병 환자들은 날음식과 찬 음식을 먹어서는 안 된다.
【忌嘴】jì‖zuǐ ☞【忌口】jì‖kǒu

# *际[際] jì 가장자리 제
명 1 모서리. 2 경계. 가. 가장자리. ¶天~=하늘가. / 边~=끝. 3 가운데. 안. 속. ¶脑~=머릿속. / 胸~=가슴 속. 4 사이. 상호간. ¶国~=국제. / 人~关系=인간 관계. 5 앞뒤가 잇닿은〔바뀌는〕 때〔사이〕. 즈음. 무렵. 시기. ¶宋元之~=송원(宋元)이 바뀌는 때. 6 (특정한) 때. 시기. ¶患难之~=고난의 시기. 통 1 (서로) 교제하다. ¶社会交~=사회 교제. 2 (어떤 시기나 경우를) 때마침 만나다〔마주하다〕. ¶~此盛会=때마침 이 성대한 모임을 맞이하다. 3 통 조우하다. ¶遭~=조우하다.

○-○ 交际, 空际, 实际, 无际

【际会】jìhuì 통(문) (우연히) 만나다. 조우하다. ¶风云~=격동의 시기를 만나다. 명(문) 호기. 기회. ¶能有如此~, 实为大幸.=이렇게 좋은 기회가 있다는 것은 정말 큰 행운이다.
【际涯】jìyá 명(문) 끝. 경계. 가. ¶渺无~=끝없이 아득하다.
【际遇】jìyù 명(문) 호기. 기회. [주로 좋은 기회를 가리킴] ¶人生~=인생의 좋은 기회.

# 妓 jì 기생 기
명 1 옛날, 가무 잡기를 전문으로 하는 여자. ¶歌~=가기. 소리를 잘하는 기생. 2 기녀. 기생. 매춘부. ¶娼~=창기.
【妓女】jìnǚ 명 기생. 창기. 매춘부. 창녀.
【妓院】jìyuàn 명 기원. 기생집. 매음굴. 유곽.

# **季 jì 계절 계
명 1 (형제 중의) 넷째. 막내. ¶伯仲叔~=

백중숙계. **2**〔名〕(어떤 시기의) 말년(末年). 말(末). 말기(末期). 말세(末世). ¶明~=명나라 말기. **3**〔名〕계절의 마지막〔세번째〕달. ¶春时节=늦은 봄. 음력 3월. **4**계. 1년의 4분의 1. 3 개월. ¶春~=춘계. 가을철. **5**~〔儿〕철. 계절. 절기. 시기. ¶淡~=비수기. 불황기. / 旱~= 건기. **6** (Jì) 성(姓).

○● 春季, 淡dàn季, 冬季, 旱hàn季, 换季, 秋季, 四季, 夏季, 月季, 黄梅季

【季春】jìchūn〔名〕늦은 봄. 음력 3월.
【季弟】jìdì〔名〕〔牍〕막내동생.
【季冬】jìdōng〔名〕늦은 겨울. 음력 12월.
【季度】jìdù〔名〕사분기(四分期). 분기. ¶这个~的销售量有所增加. =이번 분기의 판매량은 다소 증가했다.
【季风】jìfēng〔名〕계절풍. 몬순(monsoon).
【季风气候】jìfēng qìhòu〔名〕계절풍 기후.
【季风雨】jìfēngyǔ〔名〕계절풍에 의한 비.
【季父】jìfù〔名〕〔牍〕막내삼촌. 계부.
【季节】jìjié〔名〕계절. 철. 절기. ¶农忙~=농번기. 늦节令 时令
【季节工】jìjiégōng〔名〕계절 노동자. =【季节性工人】jìjiéxìng gōngrén
【季节洄游】jìjié huíyóu〔名〕계절 회유. [어류들의 철에 따른 정기적인 대이동]
【季节性】jìjiéxìng〔名〕계절성. ¶~工作=계절성 직업. 계절성 업무.
【季节性工人】jìjiéxìng gōngrén ☞【季节工】jìjiégōng
【季军】jìjūn〔名〕(운동 경기 등의) 3등.
【季刊】jìkān〔名〕계간.
【季世】jìshì〔名〕〔牍〕말엽. 말기. 말세. ¶春秋~=춘추 시대 말기.

**\*剂[劑]** jì 약 지을 제
〔动〕(약이나 맛을) 배합하여 만들다. 조제하다. 조절하다. ¶调~=조제하다. 〔名〕**1**〔医〕약제(藥劑). 제제(製劑). 조제한 약. ¶板蓝根冲~=판람근충제. [사스 예방약으로 알려져, 물에 타서 먹는 약] **2**제. (화학이나 물리 기능이 있는 물품의 통칭) ¶催化~=촉매제. / 冷冻~=냉동제. **3**(~儿) (만두나 교자를 만들 때) 가래 같은 밀가루 반죽에서 떼 놓은 작은 덩어리. ¶面~儿=밀가루 반죽의 작은 덩어리. 〔量〕〔医〕제. [탕약을 셀 때 쓰는 단위. '服(fù, 제)'라고도 함] ¶一~中药=한약 한 제.

○● 酊dīng剂, 毒dú剂, 方剂, 膏gāo剂, 焊hàn剂, 浸jìn剂, 溶róng剂, 熔róng剂, 乳rǔ剂, 散sǎn剂, 试剂, 栓shuān剂, 汤剂, 调tiáo剂, 药剂, 制剂

【剂量】jìliàng〔名〕**1**〔医〕(약의) 조제량. **2**(화학 시험제와 치료에 쓰이는 방사선 등의) 사용량.
【剂型】jìxíng〔名〕조제한 약의 형태. 제형.
【剂子】jì·zi〔名〕(만두나 교자를 만들 때) 가래 같은 밀가루 반죽에서 떼 놓은 작은 덩어리. ¶慢

头~=반죽에서 떼 놓은 만두우용 작은 덩어리.

**垍** jì 굳은 흙 기
〔名〕단단한 흙.

**\*荠[薺]** jì 냉이 제
〔名〕〔植〕냉이. ¶其甘如~=냉이처럼 달다.
☞ qí
【荠菜】jìcài〔名〕〔植〕냉이.

**\*迹[(跡·蹟)]** jì 자취 적
〔名〕**1**발자국. (발)자취. ¶足~=족적. / 蛛丝马~=거미줄과 말 발자국. 단서. **2**흔적. 자국. ¶墨~=먹물 자국. / 痕~=흔적. **3**행적. 행동. ¶行~=행적. / 毁尸灭~=시체를 훼손하고 증거를 없애다. **4**유적. 유물. 사적. [일반적으로 건축물이나 기물 등을 가리킴] ¶陈~=옛 유적. / 名胜古~=명승고적.

○● 笔迹, 遁dùn迹, 发迹, 轨guǐ迹, 痕hén迹, 秽huì迹, 脚迹, 浪làng迹, 敛liǎn迹, 劣liè迹, 灭迹, 墨迹, 匿nì迹, 奇迹, 人迹, 胜迹, 史迹, 手迹, 心迹, 形迹, 行迹, 遗yí迹, 字迹, 踪zōng迹

【迹地】jìdì〔名〕〔林〕벌채(伐採)한 후 나무를 심지 않은 땅.
【迹象】jìxiàng〔名〕흔적. 자취. 형적. 현상. 징조. 조짐. 기미. ¶种种~表明, 他刻意掩盖了事实真相. =여러 가지 흔적에서 드러나듯이 그는 고의로 사실의 진상을 감추려고 사력을 다하였다.

**洎** jì 미칠 기
〔动〕〔牍〕이르다. 미치다. ¶自古~今=예로부터 지금까지.

**\*济[濟]** jì 건널 제
〔动〕**1**(물을) 건너다. ¶同舟共~=한 배를 타고 물을 건너다. 서로 힘을 합해 난관을 극복하다. **2**(금전과 물건으로) 돕다. 구제하다. ¶救~=구제하다. / 扶危~困=위험에 처한 사람을 도와주고 곤경에 빠진 사람을 구제하다. **3**(일에) 도움이 되다. 유익하다. 소용〔쓸모〕있다. (일을) 이루다. 성취(성공)하다. ¶假公~私=공적인 이름을 빌어 자기 배를 채우다. / 这点儿钱不~事. =이 정도의 돈은 별 도움이 안 될 것이다. 〔形〕도움. 이익. 이점. ¶得~=도움을 받다. / 无济于事=아무런 도움이 못 되다.
☞ jǐ

○● 不济, 得济, 经济, 救济, 赈zhèn济, 周济

【济公】Jìgōng〔名〕제공. [남송(南宋) 시대의 승려. 성명은 이심원(李心遠)임. 민간 전설에서 정의를 보고 용감하게 뛰어들고, 위험에 처한 사람을 도와 주고, 곤궁에 빠진 사람을 구제하는, 미치광이 승려로 형상화되었음]
【济困扶危】jìkùn-fúwēi ☞【扶危济困】fúwēi-jìkùn

【济贫】jìpín 동 빈민을 구제하다. ¶賑灾~=이재민을 구휼하고 빈민을 구제하다.

【济世】jìshì 동 세상을 구하다. ¶~之才=세상을 구할 인재.

【济事】jìshì 동 유용하다. 쓸모 있다. 효과가 있다. [주로 부정형으로 쓰임] ¶這些都是空話, 說得再多也不~。=이 모든 것은 빈말이니 더 이상 말을 해도 아무 소용이 없다.

**既 jì 이미 기

동문 끝나다. 완료되다. 다하다. 마치다. ¶食~=식사를 마치다. 이미. 벌써. ¶一言~出, 駟馬難追。=말이 입 밖을 나가면 사두마차도 따라잡지 못한다. 말을 한번 하면 다시 수습하지 못한다. 접 1 …할 뿐만 아니라. …이며. …뿐더러. …하고 도. [‘又(yòu)’·‘且(qiě)’·‘也(yě)’ 등과 결합하여 두 개의 상황이 동시에 존재하는 것을 나타냄] ¶~快又好=빠르고도 좋다. / ~高且大=높으면서도 크다. 2 (이왕) …한 바에는. (기왕) …한 이상은. [흔히 ‘就(jiù)’·‘則(zé)’·‘那么(nà·me)’ 등과 호응함] ¶~来了, 就多玩几天。=기왕 왔으니 며칠 더 놀아라.

○ 既 jì
概 gài
溉 gài
慨 kǎi
厩 jiù

【既成事实】jìchéng shìshí 명 기정 사실.
【既得利益】jìdé lìyì 명 기득권. 기득 이익.
【既定】jìdìng 형 기정의. 이미 정한. ¶~目标=이미 정한 목표.
【既而】jì'ér 부동 얼마 안 있어. 이윽고. 곧. 잠깐 후에. ¶狂风骤起, ~大雨倾盆。=광풍이 갑자기 불기 시작하더니, 얼마 안 있어 비가 억수같이 내렸다.
【既来之, 则安之】jì lái zhī, zé ān zhī 성 1 왕 먼 곳의 사람을 귀순시켰으면 그들을 안착시켜야 한다. 2 기왕 온 바에는 마음을 편하게 가지고 현실을 직시해야 한다.
【既然】jìrán 접 …된 바에야. …인[된] 이상. … 만큼. [흔히 ‘就(jiù)’·‘也(yě)’·‘还(hái)’ 등과 호응하여 먼저 조건을 제시하고 뒤에 추론을 하는 것을 나타냄] ¶~大家都没有异议, 那就这么决定了。=모두들 이의가 없다고 한 만큼 이렇게 결정합시다.
【既是】jìshì 접 …된 바에야. …인[된] 이상. …만큼. [흔히 ‘就(jiù)’와 결합하여 쓰임] ¶~你决意如此, 那我就不再多说了。=당신이 이렇게 결심한 이상 나는 더 말하지 않겠다.
【既往】jìwǎng 명 과거. 이전. 이왕. 기왕. ¶一如~=모두 예전과 같다.
【既往不咎】jìwǎng-bùjiù 성 과거의 잘못은 묻지 않다. =【不咎既往】bùjiù-jìwǎng
【既望】jìwàng 명 음력 매월 16일. 기망. 보름날의 다음 날.

觊[覬] jì 바랄 기

동문 기도(企圖)하다. 바라다. 희망하다.
【觊觎】jìyú 동문 (분에 넘치는 것을) 바라다. 노리다. 얻고자 희망하다. ¶~已久=노리고 있은

지 오래 되다. 명문 (분수에 맞지 않은) 희망. 바람. 의도. ¶心怀~=마음속으로 야심을 품다.

**继[繼] jì 이을 계

동 접속하다. 잇다. 이어지다. 계속하다. 지속하다. 연속하다. ¶夜以~日=밤낮으로 (이어서) 계속하다. / 后~有人=뒷사람이 이어가다. 부 뒤이어. 계속해서. 그 다음에. ¶初感头晕, ~又呕吐。=처음에는 머리가 어지럽더니만, 뒤이어 구토가 났다.

○→ 承chéng继, 出继, 过继, 后继, 相继

【继承】jìchéng 동 1 (유산·권리 등을) 상속하다. ¶~家业=가업을 상속하다. 2 (이전 사람의 기풍·문화·지식 등을) 이어받다. 계승하다. ¶~文化遗产=문화 유산을 이어받다. 3 (이전 사람의 유지·사업 등을) 이어받다. 계승하다. 물려받다. ¶~先辈的遗志=선열의 유지를 이어받다. ≒承继
【继承法】jìchéngfǎ 명(法) 상속법.
【继承权】jìchéngquán 명 상속권.
【继承人】jìchéngrén 명 1 상속인. 2 왕위 계승자.
【继电器】jìdiànqì 명(電) 계전기. 릴레이.
【继而】jì'ér 부 계속하여. 이어서. [‘接着(jiē·zhe)’에 상당함] ¶他先是一愣, ~恍然大悟。=그는 처음에는 어리둥절하더니 뒤이어 갑자기 크게 깨달았다.
【继父】jìfù 명 계부. 의붓아버지. [지칭하는 말로 쓰임]
【继母】jìmǔ 명 계모. 의붓어머니. [지칭하는 말로 쓰임]
【继配】jìpèi 명 후처(後妻). =【继室】jìshì
【继任】jìrèn 동 직무를 이어받다. ¶厂长一职由副厂长~。=공장장 직책은 부공장장이 이어받았다.
【继室】jìshì ☞【继配】jìpèi
【继嗣】jìsì 동문 1 이어지다. 계속되다. 잇다. ¶汉室~四百余年。=한나라 왕실은 400여 년이 어졌다. 2 대를 잇다. ¶无人~=대를 이을 사람이 없다. 3 양자를 들이다. 양자를 들여 대를 잇다. 명문 1 후대. 상속인. 계승자. 2 왕위 계승자. 3 양자를 들인 자녀. 대를 이을 양자.
【继往开来】jìwǎng-kāilái 성 이전 사람의 사업을 계승하여 앞길을 개척하다.
【继位】jì‖wèi 동 왕위를 계승하다[이어받다].
【继武】jìwǔ 동문 1 앞의 발걸음을 따르다. 2 앞사람의 일을 이어받다.
【继续】jìxù 동 계속하다. 끊임없이 하다. ¶~深造=계속해서 깊이 연구하다. 명 연속. 계속. 속편. ¶抗日战争是中华民族反对外来侵略斗争的~。=항일 전쟁은 중화 민족이 외래 침략을 반대하는 투쟁의 연속이다. ≒持续 延续 连续 ↔中止 中断
【继续教育】jìxù jiàoyù 명(教) 성인 교육.
【继业】jìyè 동 앞사람의 사업을 계승하다. 선조의 업적을 이어받다. ¶承师~=스승을 받들

어 그 일을 이어받다.
【继子】jìzǐ 명 1 양자. 양아들. 2 의붓아들.
【继女】jìzǐnǚ 명 1 양자녀. 2 의붓자식.

## 偈 jì 게송 게

명(된)(佛) 1 가타(伽陀). 게. 불경의 노래 가사. 2 게. 불교 시가. 불교 색채를 띤 시가. ¶诵~=게를 낭송하다. [송(頌)의 뜻인 범어 'gatha'를 음역한 '偈陀'의 약칭]
☞ jié
【偈语】jìyǔ 명 게. 가타(伽陀).
【偈子】jì·zi 명 게. 가타(伽陀).

## 徛 jì 일어설 기

동함 서다. 일어서다.

## 祭 jì 제사 제

동 1 제사 지내다. ¶~天=하늘에 제사 지내다. / ~祖=조상에게 제사 지내다. 2 (제사를 지내) 추모하다. 추도하다. ¶公~死难者=공공단체에서 희생자를 추모하다. 3 (주문으로) 법보를 부리다. [주로 옛날 소설에 보임] ¶随手~起一件法宝.=자유 자재로 법보를 부리다.
☞ Zhài

| 祭 jì |
|---|
| 际 jì |
| 蔡 cài |
| 察 chá |
| 擦 cā |
| 礤 cǎ |

○● 路祭, 陪péi祭, 獭tǎ祭, 主祭

【祭拜】jìbài 동 제사 지내다. ¶~先祖=조상들에게 제사 지내다.
【祭奠】jìdiàn 동 (제사를 지내어) 추모하다. 추도하다. ¶~亡灵=죽은 영혼을 추모하다.
【祭告】jìgào 동 제사를 지내어 조상[신]에게 알리다. ¶~先人=조상에게 제사 지내어 알리다.
【祭礼】jìlǐ 명 1 제례. 2 제물. 제품(祭品).
【祭灵】jìlíng 동 (망령에게) 제사 지내다.
【祭品】jìpǐn 명 제물. 제수. 제품(祭品).
【祭器】jìqì 명 제기.
【祭扫】jìsǎo 동 벌초하고 제사 지내다. 성묘하다. ¶~祖坟=조상의 무덤에 성묘하다.
【祭司】jìsī 명(宗) 제사장. 제사(祭司). [종교에서 제사 의식을 관장하는 사람을 가리킴]
【祭祀】jì·sì 동 명 (신이나 조상에게) 제사 지내다.
【祭坛】jìtán 명 제단.
【祭文】jìwén 명 제문.
【祭灶】jì‖zào 명 부뚜막 신에게 제사 지내다. [음력 12월 23일 또는 24일에 지냄]
【祭幛】jìzhàng 명 제전(祭奠)시 사용하는 만장(輓章).

## 悸 jì 두근거릴 계

동함 1 (심장이) 두근거리다. ¶心~=가슴이 두근거리다. 2 놀라다. 무서워하다. ¶惊~=놀라서 가슴이 두근거리다.

○● 心悸, 余悸

【悸动】jìdòng 동 (무서워서 가슴이) 두근거리

다. ¶想起那次可怕的经历, 心中仍~难安.=그 때의 무서운 기억을 떠올리면 가슴이 여전히 두근거리고 불안하다.

## 寄 jì 부칠 기

동 1 문 (사람에게 부탁하여) 전하다. 보내다. 전달하다. ¶~书旧友=(인편에) 옛 친구에게 서신을 전하다. 2 (우편으로) 부치다. 보내다. 우송하다. 송달하다. ¶邮~=우편으로 부치다. / ~包裹=소포를 보내다. 3 위탁하다. 맡기다. 부탁하다. ¶~存包裹=소포를 맡겨 두다. / ~情山水=자연에 기탁하다. 4 (사람 또는 장소에) 기대다. 의탁하다. 신세를 지다. ¶~食于人=다른 사람에게 기식하다. / ~居上海=상해에 기거하다. 명 의(義)를 맺은. ¶~子=수양아들. / ~女=수양딸.

○● 邮寄

【寄存】jìcún 동 맡겨 두다. 보관시키다. ¶~行李=짐을 맡겨 두다. ≒存放
【寄存器】jìcúnqì 명(컴) 레지스터(register). [일시적으로 정보를 저장하는 장치]
【寄递】jìdì 동 (우체부가) 우편을 배달하다.
【寄发】jìfā 동 우편으로 보내다. 우송하다. 우편으로 발송하다. ¶文件已~各地.=문서를 이미 각지에 우송하였다.
【寄放】jìfàng 동 맡기다. 보관하다. ¶这些书暂时~在你这儿.=이 책들을 잠시 네게 맡기자.
【寄费】jìfèi 명 우송료. 우편료.
【寄父】jìfù 명 수양아버지.
【寄怀】jìhuái 동 문 생각이나 감정을 기탁하다. 생각이나 감정을 다른 사물에 빗대어 토로하다. [주로 작품 이름에 쓰임] ¶《暮春~》=《늦봄의 감회》
【寄籍】jìjí 명 본적지를 떠나 기거하는 곳에 적을 두다. 기류(寄留)하다. ¶他~成都已有十余年了.=그는 청두에 적을 둔 지 10여 년이나 되었다. 명 기류적(寄留籍). ¶他原籍山东, ~广州.=그는 본적은 산동(山东)성이고, 기류적은 광저우(广州)이다. ↔原籍
【寄迹】jìjì 동 문 (외지에) 거주하다. 머물다. ¶~海外=해외에 거주하다. ≒寄身
【寄件人】jìjiànrén 명 발송인. 발신인.
【寄居】jìjū 동 (외지 또는 남의 집에) 기거하다. 얹혀살다. 기숙하다. ¶他现在~在亲戚家.=그는 현재 친척집에 기거한다.
【寄居虾】jìjūxiā 령 ⇒【寄居蟹】jìjūxiè
【寄居蟹】jìjūxiè 명(動) 소라게. ≒【寄居虾】jìjūxiā
【寄款】jìkuǎn 동 (우편으로) 돈을 부치다. 송금하다.
【寄卖】jìmài 동 1 (자기의 물건을) 위탁 판매하다. ¶他把自己的画作放在这家画廊~.=그는 자신의 그림을 이 화랑에 놓고 위탁 판매한다. 2 (다른 사람의 물건을) 위탁 판매하다. ¶这个商行承揽~业务.=이 상점은 위탁 판매 업무를 맡는다. =【寄售】jìshòu

【寄卖行】jìmàiháng 圀 위탁 판매 상점.
【寄母】jìmǔ 圀 수양어머니.
【寄名】jìmíng 图 (옛날, 아이의 장수를 바라는 뜻에서) 중을 스승으로 삼다. 남을 의부모로 삼다.
【寄情】jìqíng 图 감정을 기탁하다. 무엇에 의탁하여 감정을 나타내다. ¶~于诗=시에 감정을 기탁하다.
【寄人篱下】jìrén-líxià 图 1 유숙하다. 남의 집에 기거하다. 2 图 남에게 의지하여 살아가다. 남에게 얹혀살다.
【寄身】jìshēn 图图 (어떤 곳에) 몸을 의탁하다. 몸을 맡기다. ¶~异乡=타향에 몸을 의탁하다. ≒寄迹
【寄生】jìshēng 图 1 (生) 기생하다. 2 일하지 않고 남을 착취하여 생활하다. ¶~生活=남에게 빌붙어서 살다.
【寄生虫】jìshēngchóng 图 1 (動) 기생충. 2 일하지 않고 남을 착취하여 생활하는 사람. 기생충 같은 사람.
【寄生蜂】jìshēngfēng 图 (動) 기생벌. 기생봉.
【寄食】jìshí 图图 기식하다. 남에게 붙어살다.
【寄售】jìshòu ☞【寄卖】jìmài
【寄宿】jìsù 图 1 잠시 남의 집에 기거[기숙]하다. ¶在朋友家~了几晚。=친구 집에서 며칠 밤을 기거했다. 2 (학생이 학교 기숙사에) 기숙하다. ['走读(통학)'와 구별됨] ¶~学校=기숙학교.
【寄宿生】jìsùshēng 图 기숙생. 기숙사생.
【寄托】jìtuō 图 1 기탁하다. 의탁하다. 맡기다. 의뢰하다. ¶夫妻俩长年在外工作, 孩子~在爷爷奶奶家。=부부가 다년간 외지에서 일을 하다 보니, 아이들은 할아버지 할머니 집에 맡겨 두었다. 2 (이상·희망·감정 등을 다른 사람이나 어떤 사물에) 걸다. 두다. 의탁하다. 기탁하다. ¶他把丰富的情感~在诗歌创作中。=그는 풍부한 감정을 시가 창작에 기탁했다. ≒寄寓
【寄信】jìxìn 图 (우편으로) 편지를 부치다.
【寄押】jìyā 图 (미결수를) 잠시 구류[구금]하다. ¶嫌疑犯被~在看守所。=혐의범이 구치소에 잠시 구금되었다.
【寄养】jìyǎng 图 (남에게) 양육을 맡기다. 맡겨 기르다[키우다]. ¶他从小~在大伯家。=그는 어려서부터 큰아버지 집에서 양육되었다.
【寄意】jìyì 图 마음을 기탁하다. ¶~诗文=마음을 시에 기탁하다.
【寄与】jìyǔ ☞【寄予】jìyǔ
【寄予】[寄与] jìyǔ 图 1 (관심·동정 등을) 주다. 보내다. ¶~深切的关怀=깊은 관심을 주다. 2 (기대·희망 등을) 걸다. 두다. ¶父母对他~很大的期望。=부모는 그에게 큰 기대를 걸고 있다. ≒寄托
【寄语】jìyǔ 图 말을 전하다. 전갈하다. ¶~广大青少年读者。=수많은 청소년 독자들에게 메시지를 전달하다. 전갈하는 말. 전갈. [주로 문장이나 지면의 명칭으로 쓰임] ¶新春~=새봄의 메시지.
【寄寓】jìyù 图 1 기거하다. 기숙하다. 머물러살다.

몸을 붙이고 지내다. 기우하다. ¶~异域=외국에 기거하다. 2 (어떤 생각이나 감정을) 기탁하다. ¶字里行间~着对故土的热爱之情。=구절마다 고향에 대한 뜨거운 정이 담겨져 있다.
【寄主】jìzhǔ 图 (生) 숙주. 기주. =【宿主】sùzhǔ

## *寂 jì 고요할 적

图 1 조용하다. 고요하다. ¶沉~=고요하다. /~无一人=인기척 하나 없이 조용하다. 2 쓸쓸하다. 적막하다. 적적하다. 외롭다. ¶幽~=쓸쓸하고 적막하다. /孤~=외롭고 쓸쓸하다.

○▶ 岑cén寂, 孤寂, 冷寂, 死寂, 幽yōu寂, 圆寂

【寂寂】jìjì 图 적적하다. 조용하다. ¶山野~=산야가 고요하다.
【寂静】jìjìng 图 조용하다. 고요하다. ¶~的寒夜=고요한 겨울 밤. ≒宁静 ↔喧闹 喧哗 喧嚣
【寂寥】jìliáo 图 1 조용하다. 고요하다. ¶~无声=쥐 죽은 듯이 고요하다. 2 광활하다. 넓디넓다. ¶~的夜空=광활한 밤 하늘.
【寂寞】jìmò 图 1 외롭다. 쓸쓸하다. 적막하다. ¶身边无人陪伴, 老人感到很~。=옆에 아무도 없어 노인은 매우 외롭다. 2 고요하다. 조용하다. ¶~的荒野=고요한 황야.
【寂然】jìrán 图 조용[고요]하다. 조용[고요]한 모양. ¶~无声=쥐 죽은 듯이 조용하다.

## *绩¹[績] jì 실 뽑을 적

图 (삼이나 기타 섬유로 꼬아 실을) 뽑다. 잣다. 삼다. ¶纺~=방적하다.

## *绩²[績, 勣] jì 공적 적

图 공적. 공업(功業). 성과. ¶业~=업적. / 丰功伟~=위대한 공적. 위업.

○▶ 败绩, 考绩, 伟绩, 勋xūn绩, 业绩, 战绩, 政绩

【绩效】jìxiào 图 업적과 성과. ¶~显著=업적과 성과가 두드러지다.
【绩优股】jìyōugǔ 图 (經) 우량주.

## 惎 jì 미워할 기

图图 1 원망하다. 시기하여 쌀쌀[박정]하게 대하다. 2 가르치다. 지도하다. 지적하다.

## 塈 jì 맥질할 기

图图 1 지붕을 맥질하다. 맥질하다. 2 쉬다. 휴식하다. 3 취하다. 가지다.

## 蓟[薊] jì 엉겅퀴 계

图 1 (植) 엉겅퀴. 2 (Jì) (地) 계. [옛 지명. 지금의 베이징(北京)의 서남쪽에 해당하며, 주(周)나라 때 연(燕)의 수도였음]

## 霁[霽] jì 갤 제

图图 1 (비나 눈이 그치고) 날이 개다. ¶雨~=

霁 跽 穊 鰶 漈 暨 穄 鲫 髻 冀 穄 罽 蟣 檵 鱭 驥 加 **jiā** 923

비가 멎고 날이 개다. **2** 화가〔노여움이〕풀리다. ¶色~=얼굴빛이 온화해지다. 화가 누그러지다. 톙 쾌청하다. 말끔히 개다. 밝다. 환하다. ¶光风~月=공기가 맑고 달이 밝다.
【霁月光风】**jìyuè-guāngfēng** ☞【光风霁月】**guāngfēng-jìyuè**

## 跽 jì 꿇어앉을 기
동 꿇어앉다. ¶~坐=꿇어앉다.

## 穊 jì 조밀할 기
톙 배다. 촘촘하다. 조밀하다. ¶深耕~种=깊이 갈고 촘촘히 심다.

## 鰶[鰶] jì 싱어 제
몡(動) 싱어.

## 漈 jì 물가 제
몡 물가.

## 暨 jì 및 기
동 이르다. 다다르다. ¶~今=오늘에 이르다. 젭 및. 와. 과. ¶总统~夫人一行=대통령과 부인 일행.

## 穄 jì 기장 직
몡 **1**(植) 기장. [일설에는 '谷子(조)'라고도 함] **2** 오곡의 신. ¶社~=사직. 국가.

## 鲫[鯽] jì 붕어 즉
몡(動) 붕어.
【鲫鱼】**jìyú** 몡(動) 붕어.

## 髻 jì 묶은 머리 계
몡 (여자들의) 쪽. ¶发~=쪽. / 高~=높이 틀어 올린 쪽.
【髻子】**jì·zi** 몡 쪽. ¶脑后挽了一个~。=머리 뒤에 쪽을 틀어 올려 얹다.

## *冀 jì 바랄 기
동 희망하다. 바라다. 기대하다. ¶希~=바라다. 몡 (**Jì**) **1** (地) 허베이(河北)성의 별칭. ¶~中平原=지중 평원. **2** 성(姓).
【冀求】**jìqiú** 동 얻기를 바라다. 희구(希求)하다. ¶~功名=공명을 얻기를 바라다.
【冀图】**jìtú** 동 바라다. 희망하다. 기대하다. 도모하다. ¶~成就大业=대업을 이루길 바라다.
【冀望】**jìwàng** 동 기대하다. 희망하다. ¶~重铸辉煌=(과거의) 휘황찬란함을 다시 이룩하기를 기대하다.

## 穄 jì 검은 기장 제
몡(植) 메기장.
【穄子】**jì·zi** 몡(植) **1** 메기장. **2** 메기장 낟알. 〔씨앗〕. =【糜子】**méi·zi**

## 罽 jì 융단 계

몡 양탄자. 융단. 모전(毛毡). 카펫. ¶~帐=양탄자.

## 蟣[鱀] jì 백기돈 기
☞【白蟣豚】**báijìtún**

## 檵 jì 조롱나무 계
몡(植) 조롱나무〔하마멜리스〕과의 상록 관목. [학명은 'Loropetalum chinense' 임]
【檵木】**jìmù** 몡(植) 조롱나무〔하마멜리스〕과의 상록 관목. [학명은 'Loropetalum chinense' 임]

## 鱭[鱭] jì 전어 제
몡(動) 전어.

## 驥[驥] jì 천리마 기
몡 **1** 천리마. 준마. ¶按图索~=그림을 보고 그와 같은 준마를 찾다. **2** 비 걸출한 인재. ¶~才=훌륭한 인재.

# jiā

## **加 jiā** 더할 가
동 **1** 더하다. 보태다. ¶黄袍~身=황포를 몸에 걸치다. 정변을 일으켜 권력을 잡다. **2** (본래 없던 것을) 붙이다. 넣다. 첨가하다. 달다. ¶往汤里~点儿味精。=국에 조미료를 조금 넣다. **3** (어떤 행동을 남에게) 가하다. ¶施~影响=영향을 주다. / 严~管教=엄하게 가르치다. **4** 증가하다. 늘다. 확대되다. 늘리다. 불리다. 향상되다. ¶~快进度=진도를 빠르게 하다. / ~强管理=관리를 강화하다. **5** 시행하다. 채용하다. ¶多~注意=더욱 주의하다. **6** (數) 더하다. ¶1~2等于3。=1 더하기 2는 3이다. 몡 (**Jiā**) 성(姓). 另添 ↔ 减 去

○ 参加, 递**dì**加, 附加, 更加, 横**héng**加, 交加, 强加, 施**shī**加, 外加, 五加, 愈**yù**加, 增**zēng**加, 追加

| 加 jiā |
| 架 jià |
| 嘉 jiā |
| 驾 jià |
| 伽 jiā |
| 枷 jiā |
| 迦 jiā |
| 痂 jiā |
| 跏 jiā |
| 笳 jiā |
| 珈 jiā |
| 袈 jiā |
| 茄 qié |
| 咖 kā |
| 贺 hè |

【加班】**jiā**∥**bān** 동 초과 근무를 하다. 시간 외 근무를 하다. 특근하다. 잔업하다. ¶这个周末要~。=이번 주말에는 특근을 해야 한다.
【加班费】**jiābānfèi** 몡 특근 수당.
【加保】**jiābǎo** 동 (보험 계약 유효 기간 내에) 피보험자가 보험 금액의 증가를 신청하다.
【加倍】**jiā**∥**bèi** 동 배가하다. 갑절이 되게 하다. ¶~赔偿=배로 배상하다. 튀 갑절로. 각별히. 배로. 특히. 더더욱. ¶~努力=갑절로 노력하다.
【加餐】**jiā**∥**cān** 동 **1** 식사 횟수를 늘리다. 새참을 먹다. ¶课间~=수업과 수업 사이에 새참을 배치하다. **2** (단체 식당이 특정 상황에서) 음식

을 개선하다. 특색이 나오다. ¶每逢节日，职工食堂都要~。=매번 명절 때가 되면 직원 식당은 언제나 특색이 나온다.

【加餐】jiācān 통 참. 새참. ¶他晚上有吃~的习惯。=그는 밤에 밤참을 먹는 습관이 있다.

【加车】jiā‖chē 통 증차하다. 차량을〔운행 횟수를〕증편하다. ¶五一期间，各条旅游专线共~二十余辆。=노동절 기간에는 각 여행 노선에 모두 차량 20여 대를 증편한다.

【加车】jiāchē 명 증차. 임시 열차〔버스〕. ¶增开~=임시 열차〔버스〕를 증편 운행하다.

【加大】jiādà 통 (수량·정도를) 확대하다. 늘리다. 더하다. 증가하다. ¶~投入=투입을 늘리다〔확대하다〕.

【加德满都】Jiādémǎndū 명(地) 카트만두 (Katmandu). [네팔의 수도]

【加点】jiā‖diǎn 통 초과 근무하다. 시간 외 근무를 하다. 연장 근무를 하다. 잔업하다. ¶为按时交货，工人们都在加班~地干。=제때에 물품을 인도하기 위해 근로자들은 모두 연장 근무를 하면서 일한다.

【加法】jiāfǎ 명(數) 덧셈.

【加封】jiā‖fēng 통 봉하다. 봉인 종이〔용지〕를 붙이다. ¶假期里，教学楼都要~。=휴일 기간에 강의동은 모두 봉쇄된다.

【加封】jiāfēng 통 (봉건 시대에) 임금이 신하에게 추가로 벼슬·토지를 봉하다. 녹봉이나 벼슬을 올려 주다. ¶~爵位=작위를 추가로 봉하다.

【加盖】jiāgài 통 (도장을) 찍다. ¶~印章=도장을 찍다.

【加高】jiāgāo 통 (높이를) 높이다. ¶~加厚防洪堤坝=홍수 방지 제방을 높이고 두텁게 쌓다.

【加工】jiā‖gōng 통 ❶ 가공하다. ¶~机器零件=기계 부품을 가공하다. ❷ 다듬다. 가공하다. ¶这篇小说还需要进一步~。=이 소설은 한층 더 다듬어야 한다.

【加工水】jiāgōngshuǐ 명 가공 처리한 물. 가공수.

【加固】jiāgù 통 단단하게〔굳게〕하다. 강화〔보강〕하다. 견고〔공고〕히 하다. ¶~堤防=제방을 견고히 하다.

【加官进爵】jiāguān-jìnjué 〈성〉 벼슬이 높아지다. 승급하다.

【加害】jiāhài 통 (의도적으로) 해를 입히다. 가해하다. ¶~于人=남에게 해를 입히다.

【加号】jiāhào 명 ❶(數) 덧셈 부호. '+'. ❷ (醫) 포지티브(positive). 양성(반응). '+'.

【加急】jiājí 형 지급의. 긴급의. ¶~电报=지급 전보.

【加价】jiājià 통 가격〔값〕을 올리다. ¶~出售=값을 올려 팔다.

【加减】jiājiǎn 통 더하거나 빼다. 늘리거나 감소시키다. 가감하다. ¶未经元允许,不得~税收项目。=허가 없이 세수(稅收) 항목을 늘리거나 줄여서는 안 된다.

【加紧】jiājǐn 통 박차를 가하다. 다그치다. 강화하다. 속도를 내다. 서둘러 하다. 바짝 힘을 내다.

¶~训练=훈련에 박차를 가하다. ≒抓紧

【加劲】jiā‖jìn(~儿) 통 힘을 (더) 내다. 노력하다. ¶大家~儿干，争取提前完工。=모두들 힘을 내서 앞당겨 일을 끝마칩시다.

【加剧】jiājù 통 격화되다. 악화되다. 심해지다. ¶矛盾~=모순이 격화되다.

【加开】jiākāi 통 (임시로) 차량을 증편하여 운행하다. 기계 가동을 늘리다. ¶每年春运期间都要~一定数量的列车。=매년 설날 특별 운송 기간에는 언제나 일정 수량의 열차를 증편 운행한다.

【加快】jiākuài 통 속도(스피드)를 올리다. 빠르게 하다. ¶~步伐=발걸음을 빨리 하다. ❷완행 기차표를 급행 기차표로 바꾸다. ↔延缓 放慢

【加宽】jiākuān 통 넓히다. 넓게 하다. ¶~道路=도로를 넓히다.

【加勒比海】Jiālèbǐhǎi 명(地) 카리브(Caribbean)해.

【加料】jiā‖liào 통 원료를 기계로 보내다〔넣다〕. ¶自动~=자동 원료 공급.

【加料】jiāliào 형 특제의. 좋은 재료를 쓴. 원료를 늘려서 품질〔효능〕을 높인. ¶~饼干=특제 과자.

【加榴炮】jiāliúpào ☞ 【加衣榴弹炮】jiānóng liúdànpào

【加仑】jiālún 양(量) 갤런(gallon). [아드파운드법에 의한 부피의 단위. 1갤런은 1쿼트의 네 배, 1파인트의 여덟 배로, 영국에서는 약 4.546리터, 미국에서는 약 3.785리터에 해당함]

【加码】jiā‖mǎ 통 ❶(~儿) 값〔가격〕을 올리다. ¶部分商品又~了。=몇 가지 상품이 가격이 또 올랐다. ❷ 수량의 지표〔목표〕를 높이다. ¶生产任务一再~。=생산 할당량을 거듭 높이다. ❸ (도박의) 판돈을 올리다.

【加盟】jiāméng 통 단체〔조직〕에 가입하다. 가맹하다. 입단하다. ¶国际巨星~使这部影片增色不少。=국제적인 스타의 합류는 많은 면에서 이 영화에 인기를 더해 주었다.

【加密】jiā‖mì 통 ❶ 빽빽〔촘촘〕하게 하다. ¶~客车班次=객차의 운행 횟수를 촘촘하게 하다. ❷ 문서의 보안성을 규정하다. ¶~文件=보안이 필요한 문서. 기밀 문서. ❸ (컴퓨터·전화·통장 등에) 암호(비밀 번호)를 설정하다.

【加冕】jiā‖miǎn 통 (국왕이 즉위식에서) 왕관을 쓰다. 대관(戴冠)하다.

【加拿大】Jiānádà 명(地) 캐나다(Canada). [수도는 '渥太华(오타와 : Ottawa)'임]

【加纳】Jiānà 명(地) 가나(Ghana). [수도는 '阿克拉(아크라 : Accra)'임]

【加衣榴弹炮】jiānóng liúdànpào 명(軍) 캐년유탄포. 〈약〉【加榴炮】jiāliúpào

【加衣炮】jiānóngpào 명(軍) 캐넌포 (cannon砲).

【加派】jiāpài 통 증파하다. ¶~救援人员=구조 대원을 증파하다.

【加蓬】Jiāpéng 명(地) 가봉(Ghabon). [수도는 '利伯维尔(리브르빌 : Libreville)'임]

【加强】jiāqiáng 통 강화하다. 증강하다. ¶~

管리=관리를 강화하다. 늑增强 ↔削弱

**加强(jiāqiáng) / 增强(zēngqiáng)**
강화하다, 늘리다, 증진시키다

加强 : 더 굳세거나 효과가 나도록 강화하는 것을 말함. ¶医生劝他加强体育锻炼. = 의사는 그에게 체력 단련을 강화하라고 권장한다. / 采用 "扩写" 或 "缩写" 的方式, 加强儿童的写作训练. = 문장을 늘여 쓰거나 줄여 쓰는 방식을 채택하여 아동들의 작문 훈련을 강화시키다.

增强 : 더욱 튼튼하고 확고하게 힘을 증가하는 것을 나타냄. ¶教师就必须采用一切增强学习兴趣的办法. = 교사는 반드시 학습 흥미를 늘릴 모든 방법을 취해야 한다. / 韩中两国是近邻, 两国少年的友好交往, 增强了两国人民的友谊, 对两国人民都有好处. = 한중 양국은 이웃 국가로 양국 어린이들의 우호적인 왕래는 양국 국민의 우의를 증진시키고 양국 국민에게 모두 이로움이 있다.

【加权】jiāquán 동(數) 가중하다. =【权重】quánzhòng
【加热】jiā‖rè 동 가열하다. ¶把豆奶~了再喝. = 두유를 데운 다음에 마셔라.
【加人一等】jiārén-yīděng 성 1 남보다 한층 더 뛰어나다. 2 학문이나 재능이 출중하다.
【加入】jiārù 동 1 넣다. 붙이다. 보태다. ¶菜里面~适量的盐. = 요리에 적당량의 소금을 넣다. 2 가입하다. 참가하다. 참여하다. ¶~世界贸易组织 = 세계 무역 기구에 가입하다. ↔退出
【加塞儿】jiā‖sāir 동(구어) 새치기하다. ¶请大家排队购票, 不要~. = 여러분, 줄을 서서 표를 사시고, 새치기하지 마세요.
【加深】jiāshēn 동 깊어지다. 깊게 하다. 심화하다. ¶~了解 = 더 깊이 이해하다.
【加湿器】jiāshīqì 명 가습기.
【加时赛】jiāshísài 명(體) (운동 경기에서) 연장전.
【加试】jiāshì 동 (어떤 과목을) 시험에 추가하다. ¶~口语 = 구술 시험을 추가하다.
【加数】jiāshù 명(數) 가수.
【加速】jiāsù 동 1 가속하다. 속도를 내다. ¶~前进 = 속도를 내어 앞으로 나아가다. 2 가속시키다. 빨리 하다. ¶~改革的进程 = 개혁의 진도를 가속시키다.
【加速度】jiāsùdù 명(物) 가속도.
【加速器】jiāsùqì 명 1(物) 가속기. 가속 장치. 2 (자동차의) 액셀러레이터(accelerator). ¶踏~. = 액셀러레이터를 밟다.
【加添】jiātiān 동(구) 첨가하다. 더하다. 보태다. 증가하다.
【加头】jiā·tou 명(구) 덤.
【加委】jiāwěi 동 위임하다. 임명하다. [옛날, 주무 기관이 하부 기관이나 대중 단체가 추천한 공직 인원에 대해 위임 수속을 하는 것을 가리킴]
【加温】jiāwēn 동 1 가온하다. 온도를 가리다.

2 (비) (어떤 행동의) 강도를 높이다. 열의를 더하다. 기세를 올리다. ¶给全民健身运动~. = 전 국민의 건강 증진 운동에 열기를 드높이다.
【加洗】jiāxǐ 동 (사진을) 추가 인화하다. ¶~照片 = 사진을 추가 인화하다.
【加楔儿】jiāxiēr 동(비) 새치기하다.
【加薪】jiā‖xīn 동 임금(봉급)이 오르다. ¶~晋级 = 봉급이 오르고 진급하다.
【加刑】jiā‖xíng 동 형벌을 가중하다. ¶给以~处罚. = 가중 처벌하다.
【加压】jiāyā 동 가압하다. 압력을 가하다. 압력을 높이다. ¶不要给队员~, 让他们轻松上阵. = 팀원들에게 스트레스를 주지 말고 가벼운 마음으로 경기에 나서도록 해야 한다.
【加压釜】jiāyāfǔ 명 고압솥. =【热压釜】rèyāfǔ【高压釜】gāoyāfǔ
【加以】jiāyǐ 동 …을 가하다. …하다. [2음절 동사 앞에 쓰여 뒤의 동사가 앞에 제시된 사물에 대해 어떤 동작을 가하는 것을 나타냄] ¶这项技术要尽快~推广. = 이 기술은 되도록 빨리 널리 보급시켜야 한다. 접 게다가. …한데다가. 그 위에. [앞 문장을 이어받아 한층 더한 원인이나 조건을 제시함] ¶他很有天赋, ~勤学苦练, 所以进步非常快. = 그는 타고난 재질이 있는데다가 부지런하고 열심히 배워서, 진보가 아주 빠르다.
【加意】jiāyì 동 특별(각별)히 주의(중시)하다. ¶~维护 = 특별히 주의하여 보호하다.
【加印】jiāyìn 동 1 도장을 찍다. 2 (사진을) 추가 인화하다. 3 (인쇄품을) 더 인쇄하다. 더 찍다. 인쇄 수량을 늘리다. ¶这本书再~5000册. = 이 책은 다시 5,000권을 더 인쇄했다.
【加油】jiā‖yóu 동 1 급유하다. 기름을 넣다. 윤활유를 치다. ¶车要~了. = 차에 기름을 넣어야 한다. 2 (~儿)(비) 힘을 내다. 기운을 내다. 한층 더 노력하다. 격려하다. 응원하다. ¶你要~啊, 不然就要落后了. = 힘을 더 내라, 그렇지 않으면 뒤처지게 된다.
【加油加醋】jiāyóu-jiācù ☞【添枝加叶】tiānzhī-jiāyè
【加油添醋】jiāyóu-tiāncù ☞【添枝加叶】tiānzhī-jiāyè
【加油站】jiāyóuzhàn 명 주유소.
【加之】jiāzhī 접 그 위에. 게다가. ¶他身体本来就不好, ~劳累过度, 一下子就病倒了. = 그는 건강이 원래 좋지 않은데다 과로한 탓에 갑자기 병으로 쓰러졌다.
【加枝添叶】jiāzhī-tiānyè ☞【添枝加叶】tiānzhī-jiāyè
【加重】jiāzhòng 동 (분량이나 정도 등을) 늘리다. 증가하다. 가중하다. 심해지다. ¶~负担 = 부담을 가중시키다. ↔减轻
【加注】jiā‖zhù 동 주석(註釋)을 달다. ¶难以理解的字词都已加了注. = 이해하기 어려운 글자와 단어는 이미 주를 달았다.

**夹 [夾]** jiā 낄 협
동 1 (양쪽에서) 집다. 조이다. 끼우다. ¶~

菜=음식을 집다. / 两面~击=양면에서 협공하다. **2** 겨드랑이에 끼다. ¶他~着教案往教室走去.=그는 교안을 겨드랑이에 끼고서 교실로 걸어갔다. **3** 끼이다. 틈 사이에 놓이다. 양쪽에서 구속당하다. 사이에 두다. ¶把照片~在像册里.=사진을 앨범에 끼우다. **4** 섞다. 뒤섞다. 뒤섞이다. 혼합하다. ¶天气预报说明天雨~雪,温度还要降.=일기 예보에서 내일은 진눈깨비가 내리고 기온도 더 떨어진다고 하였다. 图 집게. 클립(clip). 끼우개. 폴더. ¶发~=머리핀. / 讲义~=강의 자료 폴더.
☞ **gā, jiá**

| 夹 jiā |
| 荚 jiá |
| 颊 jiá |
| 铗 jiá |
| 浃 jiā |
| 郏 Jiá |
| 蛱 jiá |
| 挟 xié |
| 狭 xiá |
| 侠 xiá |
| 峡 xiá |
| 硖 xiá |
| 惬 qiè |
| 箧 qiè |

【夹板】**jiābǎn** 图 협판. 물체를 양쪽에서 누르거나 대는 판자. 부목.
【夹板气】**jiābǎnqì** 图 중간에 끼여 대립하는 양쪽으로부터 받는 책망〔비난·화풀이〕. ¶受~=(양쪽에서) 화풀이를 당하다.
【夹层】**jiācéng** 图 이중 판상 구조에서의 사이 공간. 사이층. 이중. 칸. ¶这个包的~多, 能放不少东西.=이 가방은 칸이 많아서 많은 물건을 넣을 수 있다.
【夹层玻璃】**jiācéng bō·li** 图 이중 유리. [주로 승용차나 비행기의 문 유리로 쓰임]
【夹带】**jiādài** 图 **1** 뒤섞이다. ¶河水~着泥沙滚滚而下.=진흙과 모래가 뒤섞인 강물이 세차게 흘러간다. **2** 물건을 몰래 숨기거나 다른 물건 속에 숨겨 휴대하다. ¶~违禁品=금지품을 휴대하다. 图 커닝용 자료. 부정 행위용 자료.
【夹道】**jiādào** 图 (~儿) 담장〔건물〕 사이의 길〔통로〕. ¶两栋大楼之间有一个狭长的~.=두 빌딩 사이에 좁고 긴 길이 하나 있다. 图 길 양쪽에 늘어서다. ¶~欢迎=길가에 늘어서서 환영하다.
【夹缝】**jiāfèng**(~儿) 图 **1** 틈. 틈새. ¶衣柜和墙的~里面积满了灰尘.=옷장과 벽 사이의 틈새에 먼지가 가득 쌓였다. **2** 图 두 대립 세력 사이에 끼어 있는 처지. 샌드위치 신세. ¶在~中生存的滋味很不好受.=중간에 끼어 살아가는 게 정말 괴롭다.
【夹攻】**jiāgōng** 图 협공하다. ¶两面~=양쪽에서 협공하다. 뜻夹击
【夹棍】**jiāgùn** 图图 주릿대. [주리를 트는 데 사용하던 두 개의 긴 나무 막대]
【夹击】**jiājī** 图 협공하다. ¶前后~=앞뒤로 협공하다. 뜻夹攻
【夹剪】**jiājiǎn** 图 (가위 모양의) 집게.
【夹角】**jiājiǎo** 图图 협각.
【夹具】**jiājù** 图(機) (공작물을) 고정시키는 장치 〔공구〕. 바이스(vise). 죔쇠. 픽쳐(fixture). = 〖卡具〗**qiǎjù**
【夹克】[夹克] **jiākè** 图图 재킷(jacket).
【夹批】**jiāpī** 图 (서적이나 원고의) 행과 행 사이의 여백에 단 주해〔평어〕.
【夹七夹八】**jiāqī-jiābā** 图 두서 없다. 혼란스

고 조리가 없다. ¶他~地说了一大通, 还是没把问题说清楚.=그는 두서 없이 장황하게 말했지만, 여전히 문제를 분명하게 설명하지 못했다.
【夹生】**jiāshēng** 图 **1** (밥이) 설익다. ¶水加少了, 饭有点~.=물을 적게 넣어서 밥이 조금 설익었다. **2**(方) (지식이) 미숙하다. 깊이 있게 알지 못하다. 설익다. 어중간하다. ¶他学习不用心, 功课全是~的.=그는 공부를 열심히 하지 않아서 학업이 모두 어중간하다.
【夹生饭】**jiāshēngfàn** 图 **1** 설익은 밥. **2**(喻) 어중간하게 된 일. 처음에 제대로〔철저하게〕 하지 않아 나중에 해결〔완성〕하기 곤란한 문제〔일〕. ¶事情一旦搞成~就不好办了.=일이 일단 어중간하게 되어 버리면 처리하기 쉽지 않다.
【夹馅】**jiāxiàn**(~儿) 图 (음식물 가운데) 소를 넣다. ¶~面包=소를 넣은 빵.
【夹心】**jiāxīn**(~儿) 图 소를 넣다. ¶~饼干=(크림이나 잼 등을 사이에 넣은) 비스킷.
【夹叙夹议】**jiāxù jiāyì** 图 서술하면서 논평을 하는 글 쓰는 방법.
【夹杂】**jiāzá** 图 (다른 물건을) 혼합하다. 뒤섞다. ¶他的话里面还~着一些乡音.=그의 말에는 아직도 약간의 고향 사투리가 뒤섞여 있다.
【夹峙】**jiāzhì** 图 양면에(마주하여) 우뚝 솟다. ¶峡谷两边绝壁~.=협곡 양쪽에는 절벽이 우뚝 솟아 있다.
【夹竹桃】**jiāzhútáo** 图(植) 협죽도.
【夹注】**jiāzhù** 图 협주. [본문 속에 끼워 넣은 주석. 일반적으로 본문보다 글자가 작음]
【夹子】**jiā·zi** 图 집게. 끼우개. 클립. 폴더. 바인더. ¶文件~=폴더. 바인더.

# 伽 **jiā** 음역자 가
图图(物) 갈(gal). [중력 가속도를 나타내는 단위인 갈릴레이(伽里略)의 약칭. 명칭은 이탈리아의 물리학자 갈릴레이의 이름에서 유래하였음]
☞ **gā, qié**
【伽利略】**jiālìlüè** 图图 **1** (Jiālìlüè) 갈릴레이(Galilei, 1564~1642년). [이탈리아 과학자] **2**(物) 갈릴레이. [중력 가속도의 단위. 1gal은 1cm/sec²와 같음]
【伽倻琴】**jiāyēqín** 图图(音) 가야금.

# 茄¹ **jiā** 연줄기 가
图 고서(古书)에 연(꽃)의 줄기를 가리킴.

# 茄² **jiā** 연줄기 가
☞〖雪茄〗**xuějiā**
☞ **qié**
【茄克】**jiākè** ☞【夹克】**jiākè**

# 佳 **jiā** 아름다울 가
图 좋다. 아름답다. 훌륭하다. 멋지다. ¶美酒~肴=좋은 술과 좋은 안주. / 身体欠~=몸이 좋지 않다.
【佳宾】**jiābīn** ☞【嘉宾】**jiābīn**
【佳话】**jiāhuà** 图 미담. 가화. 아름답고 좋은 내

용의 이야기. 입에 오르내리는 좋은〔재미있는·우스운·흥미로운〕 일. ¶传为～＝미담으로 전해지다.

【佳绩】**jiājì** [명] 우수한 성적. 좋은 업적. ¶创造～＝우수한 성적을 내다.

【佳节】**jiājié** [명] 즐거운 명절. 아름다운〔좋은〕 명절. 가절. ¶新春～＝신춘가절.

【佳境】**jiājìng** [명] **1** 경치가 아름다운〔좋은〕 곳〔장소〕. ¶西湖～＝시후의 가경. **2** 뛰어난〔좋은·아름다운·훌륭한〕 경지〔경계〕. 가경. ¶渐人～＝점입가경.

【佳句】**jiājù** [명] (시문 가운데) 아름다운〔좋은·훌륭한·뛰어난·멋진〕 글귀. ¶传世～＝대대로 전해지는 아름다운 글귀.

【佳丽】**jiālì** [형][문] 아름답다. 수려하다. ¶容貌～＝용모가 수려하다. [명][문] 미녀. ¶后宫～＝후궁의 미녀.

【佳酿】**jiāniàng** [명] 좋은 술. 미주(美酒). ¶陈年～＝오래 묵은 좋은 술.

【佳偶】**jiā'ǒu** [명][문] **1** 좋은 배우자〔배필〕. ¶求得～＝좋은 배우자를 얻다. **2** [문] 행복한 부부. ¶～天成＝좋은 배필은 하늘이 정해 준다.

【佳品】**jiāpǐn** [명] 우량품. 고급품. 상등품. 상품. ¶茶中～＝고급차.

【佳期】**jiāqī** [명] **1** [문] 데이트하는 시간〔날〕. **2** 결혼 날짜.

【佳趣】**jiāqù** [명][문] 고상〔고아〕한 취미.

【佳人】**jiārén** [명][문] 미녀. 미인. 가인. ¶绝色～＝절세가인.

【佳婿】**jiāxù** [명] 좋은〔훌륭한〕 사위. 마음에 드는 사위.

【佳肴】**jiāyáo** [명] 맛있는〔좋은·훌륭한〕 요리〔안주〕. ¶美味～＝맛있는 요리.

【佳音】**jiāyīn** [명][문] 기쁜〔좋은〕 소식. 희소식. ¶静候～＝조용히 희소식을 기다리다.

【佳作】**jiāzuò** [명] 우수한〔뛰어난〕 작품. 가작. ¶～不断＝뛰어난 작품이 끊이지 않다.

## 珈 **Jiā** 원숭이 가

☞【貜珈狓】**huòjiāpí**

## 浉 **jiā** 물 이름 가

[명]《地》 자허(浉河). [둥자(东浉)와 시자(西浉) 두 갈래로 나뉘며, 둘 다 산둥(山东)성에서 발원하여 장쑤(江苏)성에 이르러 합류하여 대운하(大運河)로 유입됨]

## 迦 **jiā** 석가모니 가

음역자(音譯字)로 쓰이는 글자. ¶释～牟尼＝석가모니.

## 珈 **jiā** 머리꾸미개 가

[명] (옛날, 부녀자의) 머리꾸미개.

## *枷 **jiā** 칼 가

[명] 칼. [옛날, 죄인의 목에 씌우던 형틀] ¶披～戴锁＝칼을 채우고 쇠사슬로 묶다.

【枷锁】**jiāsuǒ** [명] **1** 칼과 족쇄〔쇠사슬〕. **2** [비] 속박. 멍에. ¶精神～＝정신적 속박. ≒桎梏

## 浃[浹] **jiā** 두루 미칠 협

[동][문] 스며들다. 축축이 적시다〔배다·젖다〕. 골고루 퍼지다. 두루 미치다. ¶汗流～背＝땀이 흘러 등에 배다.

## 痂 **jiā** 부스럼 가

[명] 부스럼〔헌데·상처〕 딱지. ¶疮～＝부스럼에 앉은 딱지. / 结了～就快好了。＝딱지가 앉았으니 곧 나을 거야.

## **家[1] **jiā** 집 가

> ❶ 家 jiā
> 嫁 jià
> 稼 jià
> 镓 jiā

[명] **1** 집. ¶他的～在三楼。＝그의 집은 3층에 있다. **2** 부대나 기관 구성원의 집무실〔근무처〕. ¶在～的几位副校长全部参加了会议。＝집무실에 있는 몇 명의 부총장은 전부 회의에 참가하였다. **3** 가정. 집안. 인가. ¶勤俭持～＝부지런하고 알뜰하게 살림하다. / 成～立业＝결혼하여 자립하다. **4** 학파. 학술상의 유파. ¶儒～＝유가. / 自成一～＝스스로 일가를 이루다. **5** 어떤 업종을 경영하는 인가나〔집이나〕 어떤 신분을 지닌 사람. ¶酒～＝주가. 술집 / 农～＝농가. **6** 어떤 사회 활동이나 어떤 지식·기예에 정통하고 지명도가 있는 사람. 어떤 특징을 지닌 사람. ¶画～＝화가. / 文学～＝문학가. / 政治～＝정치가. **7** 민족. ¶侗～＝동족. / 傣～小伙＝태족 청년. **8** 쪽. 측. 편. [대립하고 있는 한쪽을 가리킴] ¶上～＝(도박·술좌석에서 어떤 사람의 바로) 앞 순서의 사람. / 公～＝국가나 공공단체〔기관〕. **9** [겸] 저의. 남에게 자기보다 항렬이 높거나 동배 가운데 자기보다 나이가 많은 친족을 일컬을 때 씀. ¶～母身体还好。＝저의 어머니는 건강이 그런대로 괜찮습니다. / ～兄在北京谋事。＝저의 형은 북경에서 일하고 있습니다. **10** 자기와 어떤 관련이 있는 인가나〔집이나〕 사람. ¶本～＝일가. / 冤～路窄＝원수는 외나무다리에서 만난다. **11** (**Jiā**) 성(姓). [형] **1** 집에서 기른〔길들인·키운〕. ¶饲养～禽～畜＝가축과 가금을 기르다. **2** [방] 길들여지다. 길들다. ¶马戏团的狮子已经养～了。＝곡마단의 사자는 이미 길들었다. [양] 집·점포·공장 등을 세는 단위. ¶山上住有两～人家。＝산에는 두 집이 살고 있다. / 一～工厂＝공장 하나. ↔野

## 家[2][傢] **jiā** 가구 가

[형] 가정용의. ¶购买～具＝가구를 사다. / 锣鼓～什＝징과 북 등의 타악기. [접미] (**·jia**) **1** 일부 사람을 가리키는 명사 뒤에 쓰여 어떤 류에 속하는 사람인지를 나타냄. ¶姑娘～＝소녀들. / 学生～＝학생들. / 孩子～＝아이들. **2** [방] 남자 이름이나 형제의 순서 뒤에 쓰여 그의 아내를 가리킴. ¶春生～＝춘성댁. 춘성의 처. / 老二～＝둘째의 아내.

☞ **·jie**

◐● 安家, 把家, 搬家, 兵家, 病家, 抄chāo家, 成家, 持家, 仇chóu家, 大家, 当家, 到家, 东家, 发家, 方家, 公家, 官家, 管家, 惯家, 皇huáng家, 浑hún家, 居家, 客家, 老家, 良家, 男家, 奴nú家, 女家, 婆pó家, 铺pù家, 起家, 人家, 洒sǎ家, 丧sāng家, 上家, 身家, 世家, 俗sú家, 通家, 外家, 窝wō家, 下家, 冤yuān家, 岳yuè家, 咱家, 住家, 庄家, 自家, 败bài家子, 传chuán家宝

【家财】jiācái 몡 가재. 집안 재산. 가산. ¶~万贯 = 재산이 많다. ≒家当 家产 家业

【家蚕】jiācán 몡 (動) 집누에. 가잠. = 【桑蚕】sāngcán

【家产】jiāchǎn 몡 가산. 집안 재산. 가재. ¶继承~ = 가산을 계승하다. ≒家当 家业 家财

【家长里短】jiācháng-lǐduǎn (~儿) 성어 집안〔가정 생활〕의 자질구레한 일.

【家常】jiācháng 혱 평상의. 보통의. 일상의. ¶~日用 = 집에서 늘 사용하는. 몡 가정의 일상 생활. 일상적인 일. ¶拉~ = 일상사를 한담하다.

【家常便饭】jiācháng biànfàn 몡 1 집에서 일상적으로 먹는 보통 식사〔밥〕. 2 비 지극히 평범한 일. 흔히 있는 일. 다반사. ¶加班对他来说是~。= 잔업은 그에게는 아주 흔한 일이다. = 【家常饭】jiācháng fàn

【家常菜】jiāchángcài 몡 일상 가정 요리.

【家常饭】jiāchángfàn ☞ 【家常便饭】jiācháng biànfàn

【家常话】jiāchánghuà 몡 일상적인 이야기. 보통 흔히 있는 이야기. 잡담. 한담.

【家成业就】jiāchéng-yèjiù 성어 결혼을 하고 사업도 성공하다.

【家丑】jiāchǒu 몡 1 집안의 불미스러운〔명예롭지 못한〕일. 집안 허물〔망신·수치〕. ¶~不可外扬。= 집안의 허물은 밖으로 드러내서는 안 된다. 2 어떤 기관·지역·국가 내부의 허물〔망신·수치·불미스러운 일·명예롭지 못한 일〕.

【家畜】jiāchù 몡 가축. ≒牲畜

【家传】jiāchuán 동 대전하다. 대대로 집안에 전해 내려오다. ¶~技艺 = 집안에 전해 내려오는 기예.

【家祠】jiācí 몡 조묘. 조상의 신주를 모신 사당.

【家慈】jiācí 몡(문)(자) 가자. 가모(家母). 저의 어머니. [남에게 자기의 어머니를 일컫는 말]

【家当】jiā·dàng (~儿) 몡 가산. 가재. 집안 재산. ¶置办~ = 가산을 마련하다. ≒家业 家产 家财

【家道】jiādào 몡 집안의 경제 상황. ¶~殷实 = 집안 형편이 부유하다.

【家底】jiādǐ (~儿) 몡 집안의 경제〔생활〕기반. 대대로 내려오는 재산. 집안의 경제력〔자산〕. ¶~儿厚 = 집안의 경제 기반이 두텁다.

【家电】jiādiàn ☞【家用电器】jiāyòng diànqì

【家丁】jiādīng 몡(옛) 하인. 사내종. 노복. 가복. (家僕).

【家法】jiāfǎ 몡 1 사제 간에 전승되는 학문 연구 방법과 학술 이론. 2 가법. [한 집안의 법도나 규율]. 3 가법. [봉건 시대에 가장이 자제와 노비를 벌주는 몽둥이·회초리 등의 도구] ¶拿~来! = 몽둥이를 가져와라!

【家访】jiāfǎng 동 가정 방문하다. ¶他经常到学生家~。= 그는 자주 학생 집에 방문한다.

【家风】jiāfēng 몡 가풍. ¶败坏~ = 가풍을 손상시키다.

【家父】jiāfù 몡(자) 가부. 가친. [남에게 자기의 아버지를 일컫는 말] ¶~已经八十多岁了。= 저의 아버지는 이미 80세가 넘었습니다.

【家鸽】jiāgē ☞【鹁鸽】bógē

【家馆】jiāguǎn 몡(옛) (자제 교육을 위해 가정교사를 초빙하여) 집안에 설치한 서당. 가숙(家塾).

【家规】jiāguī 몡 집안 규칙. 가규. 가법. ¶国有国法, 家有~。= 나라에는 나라 법이 있고, 집에는 집안 규칙이 있다.

【家伙】jiā·huo 몡 1 공구. 도구. 무기. 병기. 타악기. ¶抄~ = 무기를 들다. 2 놈. 녀석. 자식. 인간. [사람을 경시하거나 친해서 막부르는 칭호] ¶他这个~滑头得很。= 그 녀석은 매우 교활하다. 3 녀석. 놈. [가축을 친근하게 가리켜 부르는 말] ¶这一~见生人就汪汪直叫。= 이 놈은 낯선 사람을 보면 왕왕거리며 짖는다.

【家鸡】jiājī 몡 (집에서 기르는) 닭.

【家给人足】jiājǐ-rénzú 성어 집집마다 (살림이) 넉넉하고 사람마다 (의식이) 풍족하다.

【家计】jiājì 몡 가계. 생계. ¶~艰难 = 가계가 매우 어렵다.

【家祭】jiājì 동 집에서 조상에게 제사 지내다.

【家家】jiājiā 몡 집집마다. 매 집마다. 집집이. 어느 집이나. ¶~都有一本难念的经。= 집집마다 곤란한 일이 있는 법이다.

【家家户户】jiājiā hùhù 몡 가가호호. 집집마다. 매 집마다. 집집이.

【家教】jiājiào 몡 1 가교. 가정 교육. ¶这孩子很有~。= 이 아이는 가정 교육이 잘 되었다. 2 ☞【家庭教师】jiātíng jiàoshī 동 남의 집에 초빙되어 (아이를) 가르치다. ¶~工作 = 가정교사일.

【家诫】jiājiè ☞【家训】jiāxùn

【家景】jiājǐng 몡 집안 형편. 생활 형편. 집안 경제 상황.

【家境】jiājìng 몡 집안 형편. 생활 형편. 집안 경제 상황. ¶~富裕 = 집안 형편이 부유하다.

【家居】jiājū 동 (직업 없이) 집에 박혀 있다. 집에서 놀고 있다. 집에서 빈둥거리다. ¶~时间了难免觉得无聊。= 집 안에 박혀 있는 시간이 길어지면 지루하게 마련이다. 몡 집안 거실. ¶~装饰 = 거실 장식.

【家具】jiā·jù 몡 가구.

【家眷】jiājuàn 몡 1 가솔. 가족. 가권. 2 처. 아내. 부인. ≒家属

【家口】jiākǒu 몡 식구. 집(안)식구. 가족. ¶~少, 没必要买那么大的房子。= 식구가 적으니 그렇게 큰 집을 살 필요가 없다.

【家况】jiākuàng [명] 집안 형편. 생활 형편. 집안 경제 상황.
【家累】jiālěi [명] 가정 부담. ¶他一个单身汉, 没什么～。=그는 독신이어서 가정 생활에 대한 부담이 별로 없다.
【家里】jiā·li [명] 1 집. 집안. 가정. ¶～来客人了。=집에 손님이 왔다. 2 [구] 처. 아내. 마누라. 집사람. ¶我陪～逛街。=나는 아내를 동반하고 쇼핑을 나갔다. 3 출장이나 외부에서 연수 등을 하는 사람이 원래 직장을 일컫는 말. ¶小张, 你来给我讲讲～的技改情况。=샤오장, 나에게 회사의 기술 개혁 상황을 말해 주시오.
【家里的】jiā·li·de [명][구] 처. 아내. 집사람. 마누라. =【家里人】jiā·lirén
【家里人】jiā·lirén ☞【家里的】jiā·li·de
【家门】jiāmén [명] 1 자기 집 대문. 2 자기 집. ¶远离～, 来到异国他乡。=집을 멀리 떠나 이국 타향에 왔다. 3 [문] 자기의 가족〔집안·가정〕. 가문. ¶辱没～=가문을 더럽히다. 4 개인의 가세·경력·가족 및 경제 상황 등. ¶自报～=자기소개를 하다. 5 [방] 일가. 한 집안. ¶他也姓曹, 是我的～。=그 역시 성이 조씨로 나의 일가이다.
【家庙】jiāmiào [명] 조묘(祖廟). 조상의 신주를 모신 사당.
【家母】jiāmǔ [명][겸] 가모. 가자(家慈). 저의 어머니. [남에게 자기의 어머니를 일컫는 말]
【家奴】jiānú [명] 가노. 종. 하인. 집노비. 가복(家僕).
【家贫如洗】jiāpín-rúxǐ [성][비] 집안이 씻은 듯이 가난하다. 집안이 매우 빈궁하다.
【家破人亡】jiāpò-rénwáng [성] 1 (재난으로) 가정이 파괴되고 가족이 죽다. 2 [비] 집안이 참혹하게 불행을 당하다.
【家谱】jiāpǔ [명] 가보. 족보(族譜).
【家雀儿】jiāqiǎor ☞【麻雀】máquè
【家禽】jiāqín [명] 가금.
【家人】jiārén [명] 1 한 집안 식구〔사람〕. 한 가족〔식구〕. 가인. ¶～团聚=가족이 한자리에 모이다. 2 [옛] 하인. 종. 고용인.
【家史】jiāshǐ [명] 가사. 집안의 내력〔역사〕. ¶诉说～=집안의 내력을 말하다.
【家世】jiāshì [명][문] 가세. 집안의 가문과 세계(世系). ¶～显赫=가세가 찬란하다.
【家事】jiāshì [명] 1 가사. 집안일. ¶操持～=가사를 처리하다. 2 [방] 집안 형편. 생활 형편. 집안 경제 상황.
【家室】jiāshì [명] 1 [문] 가옥. 집. 주택. 2 가정. 처자. 가권. 가솔. 가족. ¶无～之累=가족의 부담이 없다. 3 처. 아내. 집사람. 가실. ¶尚无～=아직 아내가 없다.
【家什】jiā·shi [명][구] 가구. 가재도구. 도구. 용구. 기물. 집기. ¶最近添置了一些做饭用的～。=최근에 약간의 취사 도구를 추가 구입하였다.
【家书】jiāshū [명][문] 가족 사이에 왕래한 편지. 가서. 가신. ¶烽火连三月, ～抵万金。=봉화가 연이어 계속되니 집 소식 만금보다 귀하네. 난리통이라 집안 소식이 매우 궁금하다.
【家塾】jiāshú [명][옛] 가숙. 문숙(門塾). [집안에 설치한 글방으로 가정 교사를 초빙하여 자제를 교육하였음. 때로 친우의 자제도 받아들였음]
【家属】jiāshǔ [명] 1 가솔. 가속. 가권. 딸린 식구. [가정에서 호주 외의 구성원] 2 가솔. 가속. 가권. 딸린 식구. [근로자 본인 이외의 가정 구성원] ≒家眷
【家属委员会】jiāshǔ wěiyuánhuì [명] (사원) 가족 위원회. [사원 사택에 설립된 대중 자치 조직. 기능은 '居民委员会(주민위원회)'와 비슷함] [약]【家委会】jiāwěihuì
【家鼠】jiāshǔ [명]《動》 집쥐.
【家数】jiāshù [명] 1 (학술·기예 등의) 유파. 파별. 분파. ¶你的字是哪个～? =너의 서체는 어느 유파냐? 2 [비] 기법. 기교. 수법. 수단. 수완. 방도. ¶他的～还真不少。=그의 수단은 정말 많다.
【家私】jiāsī [명] 가산. 가재. 집안의 재산. ¶万贯～=대단히 많은 가산.
【家天下】jiātiānxià [명][문] 한 집안의 천하. [제왕이 국가를 자기 일가의 재산으로 간주하여 대대로 물려주는 제도]
【家庭】jiātíng [명] 1 가정. ¶～主妇=가정 주부. 2 [비] 같은 환경에 처한 공동체. ¶社会大～=사회 공동체.
【家庭病床】jiātíng bìngchuáng [명]《醫》 가정 병상. 환자의 집에 설치한 병상. [1970년대부터 시행된, 병상 부족 해결을 위해 병상을 집 안에 설치하고 의사가 정기적으로 방문하여 치료하는 의료 제도. 가정 병상은 주로 거동이 불편한 만성병 노년 환자를 위해 설치됨] =【家庭病房】jiātíng bìngfáng
【家庭服务员】jiātíng fúwùyuán [명] 가정부.
【家庭妇男】jiātíng fùnán ☞【家庭主夫】jiātíng zhǔfū
【家庭妇女】jiātíng fùnǚ [명] 가정주부.
【家庭副业】jiātíng fùyè [명] 가정 부업.
【家庭教师】jiātíng jiàoshī [명] 가정 교사. [약]【家教】jiājiào ¶他上大学的时候当过～。=그는 대학 다닐 때 가정 교사를 한 적이 있다.
【家庭联产承包责任制】jiātíng liánchǎn chéngbāo zérènzhì [명] 가족 단위 농업 생산 책임제.
【家庭农场】jiātíng nóngchǎng [명] (소형) 가족 농장.
【家庭托儿所】jiātíng tuō'érsuǒ [명] 가정탁아소. 개인이 자기 집에 연 소형 탁아소.
【家庭影院】jiātíng yǐngyuàn [명] 홈시어터.
【家庭主夫】jiātíng zhǔfū [명] 살림하는 남자. 집안일을 맡아 하는 남자. =【妇男】fùnán【家庭妇男】jiātíng fùnán
【家庭主妇】jiātíng zhǔfù [명] 가정주부.
【家童】jiātóng [명][옛] 어린 종. 심부름꾼 아이. 동복. 사내아이 종.
【家徒壁立】jiātú-bìlì ☞【家徒四壁】jiātú-sìbì
【家徒四壁】jiātú-sìbì [성] 1 집 안에는 사방의 벽

밖에 없다. **2**(비) 매우 빈궁하다. 너무 가난하다. =【家徒壁立】 **jiātú-bìlì**

【家兔】**jiātù** (명)(動) 집토끼.

【家委会】**jiāwěihuì** ☞【家属委员会】**jiāshǔ wěiyuánhuì**

【家务】**jiāwù** (명) 가사. 집안일. ¶料理~=가사를 처리하다.

【家乡】**jiāxiāng** (명) 고향. ↔他乡

【家小】**jiāxiǎo** **1** 처자. 처와 자식. ¶经理明天携~外出旅游。=사장은 내일 처자를 데리고 외지로 여행을 간다. **2** 처. 아내. ¶未娶~=아직 미혼이다.

【家信】**jiāxìn** (명) 가신. 가서. 가족 사이에 왕래한 편지.

【家兄】**jiāxiōng** (명)(경) 가형. 저의 형. [남에게 자기의 형을 부르는 말]

【家学】**jiāxué** (명) **1** 가학. 집안 대대로 전하여 내려오는 학문. ¶~渊源=가학 연원이 깊다. **2** 가숙(家塾).

【家训】**jiāxùn** (명)(문) 가훈. =【家诫】**jiājiè**

【家严】**jiāyán** (명)(문)(경) 가부. 가친. 가엄. [남에게 자기의 아버지를 일컫는 말]

【家宴】**jiāyàn** (명) 집안 잔치.

【家燕】**jiāyàn** (명)(動) (집)제비. ↓【燕子】**yàn·zi**

【家养】**jiāyǎng** (통) (인공) 사육하다. 양식하다. ['野生(야생)'과 구별됨] ¶~甲鱼=양식 자라.

【家业】**jiāyè** (명) **1** (문) 가업. ¶传承~=가업을 계승하다. **2** 가산. 가재. 집안 재산. ¶~丰盈=가산이 넉넉하다. ≒家财 家当 家产

【家蝇】**jiāyíng** (명)(動) (집)파리.

【家用】**jiāyòng** (명) 가용. 생활비. ¶贴补~=생활비를 보조하다. (형) 가정용의. ¶~消毒柜=가정용 소독기(살균기).

【家用电器】**jiāyòng-diànqì** (명) 가전. 가정용 전기제품. (약)【家电】**jiādiàn**

【家喻户晓】**jiā yù hù xiǎo** (성) **1** 집집마다 다 알다. **2** 사람마다 모두 알다.

【家园】**jiāyuán** (명) **1** 집의 정원. **2** 고향. 가정. ¶帮助灾民重建~。=이재민을 도와 고향을 재건하다. (형)(비) 집 정원에서 가꾼 것. ¶~茶叶=집에서 가꾼 찻잎.

【家院】**jiāyuàn** (명)(옛) 사내종. 남자 하인.

【家贼】**jiāzéi** (명) **1** 집안 도둑. **2** (비) 조직 내부의 적. 내부에 숨어 있는 나쁜 사람. ¶~难防=내부의 적은 막기 힘들다.

【家宅】**jiāzhái** (명) **1** 가택. 집. 가옥. 개인 주택. **2** 가정. ¶~不宁=가정이 안녕치 못하다.

【家长】**jiāzhǎng** (명) **1** 가장. 세대주. **2** (미성년의) 학부모. 보호자. ¶每个学期学校都要召开~会。=매학기 학교에서는 학부모회를 연다.

【家长学校】**jiāzhǎng xuéxiào** (명) 학부모 학교. [학부모에게 자녀의 부양과 교육에 대한 것을 지도하기 위하여 개설한 학교]

【家长制】**jiāzhǎngzhì** (명) **1** 가부장제. **2** (비) 지도자 독단적으로 전횡하는 것. ¶要善于听取群众意见,不能搞~。=대중의 의견을 경청해야 지, 지도자가 독단적으로 행하여서는 안 된다.

【家珍】**jiāzhēn** (명) 가보(家寶). ¶如数~=자기 집의 보물을 헤아리는 것 같다. 손바닥을 보듯 환히 꿰뚫고 있다. 속속들이 알고 있다.

【家政】**jiāzhèng** (명) 가사 관리. 가정. ¶~服务=가사 관리 서비스.

【家种】**jiāzhòng** (명) **1** 인공 재배한. ¶~药材=인공 재배한 약재. **2** 집에서 재배한. ¶~蔬菜=집에서 재배한 채소.

【家主】**jiāzhǔ** (명) 가장. 세대주.

【家资】**jiāzī** (명) 가산. 집안 재산. 가재. ¶~百万=가산이 매우 많다.

【家子】**jiā·zi** (명)(구) 가정. 집. 가족. ¶他们这几~相处得非常融洽。=그들 몇 집은 아주 잘 지낸다. (접미) 동사 뒤에 쓰여 그 동작을 잘 하는 사람을 나타냄. ¶败~=집안을 망치는 자식. 방탕아. / 玩儿~=잘 노는 사람. 한량.

【家族】**jiāzú** (명) **1** 가족. ¶~成员=가족 구성원. **2** 같은 계열·체계·풍격·성질의 사람(사물). 일족. 일문. 일당. ¶富人~=부자. 부호. / 彩电~=컬러 TV를 보유한 가정.

## 笳 **jiā** 갈잎피리 가

(명)(音) 호가. [옛날 북방 민족의 피리와 비슷한 관악기. 원래 갈대잎을 말아서 만들었음]

## 袈 **jiā** 가사 가

【袈裟】**jiāshā** (명) 가사. (범) kasaya

## 葭 **jiā** 갈대 가

(명)(문) 어린 갈대. ¶蒹~=갈대.

【葭莩】**jiāfú** (명)(문) **1** 갈대청. 갈청. 가부. **2** (비) (혈연) 관계가 먼 친척. ¶~之亲=먼 친척.

## 跏 **jiā** 책상다리할 가

【跏趺】**jiāfū** (명)(佛) 가부. 가부좌. 결가부좌.

## 筴[筴] **jiā** 집게 협

(명)(문) 젓가락.
☞ 策(cè)

## **嘉 jiā 아름다울 가

(형) 좋다. 훌륭하다. 아름답다. 근사하다. ¶宾如云=내빈이 구름같이 많다. 찬미하다. 칭찬하다. 표창하다. ¶精神可~=정신은 칭찬할 만하다. (명)(Jiā) 성(姓).

【嘉宾】(佳宾)**jiābīn** (명) 귀빈. (존)귀한 손님. 가빈(佳賓). 내빈. ¶~满座=내빈이 가득 차다.

【嘉奖】**jiājiǎng** (통) 표창하고 장려하다. 기리다. ¶通令~=동문(同文) 명령으로 표창하고 장려하다. (명) 표창과 장려(격려). ¶大家的信任就是对我最大的~。=여러분의 신임이 저에게는 가장 큰 격려입니다.

【嘉靖】**Jiājìng** (명)(歷) 가정(1522~1566년). [(明)대 세종(世宗) 주후총(朱厚熜)의 연호]

【嘉礼】**jiālǐ** (명)(문) 결혼식. 혼례.

【嘉勉】**jiāmiǎn** (통)(문) 표창하고 격려하다. ¶函

전~=편지와 전보로 표창하고 격려하다.

【嘉名】jiāmíng 명(문) 좋은 명성. ¶~远扬=좋은 명성이 멀리 전해지다.

【嘉纳】jiānà 동(문) 칭찬하고 받아들이다. 기꺼이 받아들이다. ¶~雅言=바른말을 기꺼이 받아들이다.

【嘉年华会】jiāniánhuáhuì ☞【狂欢节】kuánghuānjié

【嘉庆】Jiāqìng 명(历) 가경(1796~1820년). [청(清)대 인종(仁宗)의 연호]

【嘉许】jiāxǔ 동(문) 칭찬하다. 찬양하다. ¶勤勉好学, 深得师长~. =근면하고 배우기를 좋아하여 선생님의 칭찬을 많이 받는다.

【嘉言懿行】jiāyán-yìxíng 성 좋은 언사와 고상한 행위. 아름답고 훌륭한 언행.

【嘉峪关】Jiāyùguān 명(地) 1 자위관. 가욕관. [만리장성의 서쪽 끝. 간쑤(甘肃)성 자위관(嘉峪关)시에 있음] 2 자위관. [간쑤(甘肃)성에 있는 도시 이름]

## 镓[鎵] jiā 갈륨 가

명(化) 갈륨(Ga, gallium). [원자 번호 31]

## 豭 jiā 수퇘지 가

명(动) 1 수퇘지. 2 돼지.

## 麚 jiā 수사슴 가

명(문) 수사슴.

## 夹[夾, 袷·袷] jiá 겹옷 겹

형 (두)겹의. [주로 옷이나 이불 등을 가리킬 때 쓰임] ¶~袍子=두 겹으로 된 긴 옷. ↔单
☞ gā, jiā
袷(qiā)

【夹袄】jiá'ǎo 명 겹저고리.
【夹被】jiábèi 명 겹이불.
【夹衣】jiáyī 명 겹옷.

## 郏[郟] Jiá 땅 이름 겹

명 1 (地) 자(郏)현. [허난(河南)성에 있는 지명] 2 성(姓).

## 荚[莢] jiá 꼬투리 협

명(植) 협. 협과(荚果). 꼬투리. ¶豆~=콩꼬투리. /槐树~=회화나무의 협과.

【荚果】jiáguǒ 명(植) 협과.

## 恝 jiá 근심 없는 모양 괄

형(문) 개의치 않다. 마음에 두지 않다. 홀시하다. ¶~然置之=내버려 두다.

【恝然】jiárán 형(문) 개의치 않는 모양. 냉담한 모양. ¶~而去=개의치 않고 가 버리다.

【恝置】jiázhì 동(문) 내버려 두고 거들떠보지 않다. 방치하다.

## 戛[戞] jiá 두드릴 알

동(문) 가볍게 두드리다[치다]. ¶~击=가볍게

치다.

【戛戛】jiájiá 형(문) 1 곤란하다. ¶~乎难哉!=참으로 어렵구나. 2 독창적이다. ¶~独造=굉장히 독창적인 경지에 이르다.

【戛然】jiárán 형(문) 1 맑고 깨끗한 새 소리. ¶~长鸣=맑고 깨끗하게 길게 울다. 2 소리가 갑자기 멈추다. 소리가 탁〔뚝〕 끊어지다. ¶~而止=소리가 뚝 멈추다.

## 铗[鋏] jiá 집게 협

명(문) 1 (단련·주조 등에 쓰이는) 대장간의 집게. ¶铁~=쇠집게. 2 검. 칼. ¶长~=장검. 3 칼자루. ¶按~=칼자루를 잡다.

## 颊[頰] jiá 뺨 협

명 뺨. 볼. ¶面~=뺨.

○● 缓huǎn颊, 批颊, 腮sāi颊

【颊骨】jiágǔ 명 광대뼈. 협골.
【颊囊】jiánáng 명(动) 협낭. [다람쥐·원숭이 등의 볼 안에 있는, 먹이를 저장하는 주머니] =【颊嗛】jiáqiǎn
【颊嗛】jiáqiǎn ☞【颊囊】jiánáng

## 蛱[蛺] jiá 나비 협

【蛱蝶】jiádié 명(动) 네발나빗과의 나비.

## 跲 jiá 넘어질 겁

동(문) 걸려 자빠지다. 실족하여 넘어지다.

## **甲 jiǎ 첫째 천간 갑

동 제일이다. 첫째이다. ¶桂林山水~天下. =구이린 산수는 천하에서 제일이다. 1 갑. 십간(十干)의 첫째. 2 순서나 등급의 첫째. ¶~组=1부. 갑조. /~级品=일등품. 3 (거북 등의 몸을 보호하는) 단단〔딱딱〕한 껍데기. ¶龟~=귀갑. 4 손톱. 발톱. ¶趾~=발톱. 5 갑옷. ¶铠~=갑옷. 6 (금속으로 만든) 보호 작용을 하는 장비. ¶装~车=장갑차. 7 옛 갑. [호구 편제 단위의 하나. 몇 개의 호구가 모여 '일갑(一甲)'이 되고, 몇 개의 '갑(甲)'이 '일보(一保)'를 이룸] ¶保~=보갑. 8 (Jiǎ) 성(姓).

○● 鼻甲, 花甲, 鳞lín甲, 六甲, 马甲, 披pī甲, 趾zhǐ甲, 装甲

○ 甲 jiǎ
钾 jiǎ
岬 jiǎ
胛 jiǎ
匣 xiá
狎 xiá
柙 xiá
呷 xiā
押 yā
鸭 yā
闸 zhá

【甲A】jiǎA 명(体) (중국 축구·농구 리그에) 갑A조. 1부 리그. 1군.
【甲B】jiǎB 명(体) (중국 축구·농구 리그에) 갑B조. 2부 리그. 2군.
【甲板】jiǎbǎn 명 1 갑판. 2 장갑차 차체의 방탄강판.
【甲板交(货)】jiǎbǎn jiāo(huò) ☞【船上交(货)】chuánshàng jiāo(huò)
【甲苯】jiǎběn 명(化) 톨루엔(toluene). 메틸벤젠

(methyl benzene).
【甲兵】jiǎbīng 명 ① 갑옷과 병기. ② 무기 장비. 군비(軍備). ③ 갑옷을 입고 병기를 든 병사. 무장한 병사. 갑병.
【甲部】jiǎbù ☞【经部】jīngbù
【甲虫】jiǎchóng 명(動) 갑충. 딱정벌레.
【甲醇】jiǎchún 명(化) 메틸알코올(methyl alcohol). =【木醇】mùchún【木酒精】mù jiǔjīng
【甲等】jiǎděng 명 일등. ¶~品=일등품.
【甲第】jiǎdì 명 ① 큰 저택. 관료·호족의 주택. ② 원(元)대 이후 가장 높은 과거 시험. 전시(殿試).
【甲方】jiǎfāng 명 갑방. (둘이나 둘 이상의 기관이나 개인이 계약이나 협의시 어느 한편을 갑방(甲方), 다른 한편을 을방(乙方)이라고 함. 일반적으로 위탁하는 측을 갑방(甲方)이라고 함]
【甲肝】jiǎgān ☞【甲型病毒性肝炎】jiǎxíng bìngdúxìng gānyán
【甲骨文】jiǎgǔwén 명 갑골문.
【甲亢】jiǎkàng 명(醫) 甲状腺功能亢进症 (갑상선 기능 항진증).
【甲壳】jiǎqiào 명 갑각.
【甲壳动物】jiǎqiào dòngwù 명 갑각 동물. 갑각류.
【甲壳质】jiǎqiàozhì 명(生) ① 키틴질. 갑각질. ② 키토산(chitosan).
【甲醛】jiǎquán 명(化) 포름알데히드(form-aldehyde). 메틸알데히드. 메탄알. =【蚁醛】yǐquán
【甲醛水】jiǎquánshuǐ ☞【福尔马林】fú'ěr mǎlín
【甲午战争】Jiǎwǔ Zhànzhēng 명(歷) 갑오전쟁. [1894~1895년. 한국을 병탄하고 중국을 침략하려고 일본이 일으킨 청일전쟁. 1894년이 갑오년(甲午年)이므로 갑오전쟁이라고 함]
【甲型病毒性肝炎】jiǎxíng bìngdúxìng gānyán 명(醫) A형 (전염성) 간염. 약【甲型肝炎】jiǎxíng gānyán【甲肝】jiǎgān
【甲型肝炎】jiǎxíng gānyán ☞【甲型病毒性肝炎】jiǎxíng bìngdúxìng gānyán
【甲癣】jiǎxuǎn ☞【灰指甲】huīzhǐ·jia
【甲鱼】jiǎyú 명(動) 자라.
【甲种粒子】jiǎzhǒng lìzǐ 명(物) 알파 입자. =【阿尔法粒子】ā'ěrfǎ lìzǐ
【甲种射线】jiǎzhǒng shèxiàn 명(物) 알파선. =【阿尔法射线】ā'ěrfǎ shèxiàn
【甲胄】jiǎzhòu 명 갑옷과 투구. 갑주.
【甲状软骨】jiǎzhuàngruǎngǔ 명(生) 갑상연골.
【甲状腺】jiǎzhuàngxiàn 명(生) 갑상선.
【甲状腺素】jiǎzhuàngxiànsù 명(生) 갑상선 호르몬. 티록신(thyroxine).
【甲状腺炎】jiǎzhuàngxiànyán 명(醫) 갑상선염.
【甲子】jiǎzǐ 명 육십갑자(六十甲子). 육갑.
【甲紫】jiǎzǐ ☞【龙胆紫】lóngdǎnzǐ

岬 jiǎ 산골짜기 갑
명 ① 갑. 곶. [주로 지명에 쓰임] ¶成山~=청산자. ['成山角(청산자오)'라고도 하며, 산둥(山东)성에 있음] ② 산골짜기. 산과 산 사이.
【岬角】jiǎjiǎo 명 갑. 곶.

胛 jiǎ 어깨뼈 갑
명 어깨뼈. 견갑(肩胛). ¶~骨=견갑골.
【胛骨】jiǎgǔ ☞【肩胛骨】jiānjiǎgǔ

贾[賈] Jiǎ 성씨 가
명 성(姓). [고어에서 '价(價, jià)'와 같음]
☞ gǔ
【贾宪三角】Jiǎ Xiàn sānjiǎo ☞【杨辉三角】Yáng Huī sānjiǎo

钾[鉀] jiǎ 칼륨 갑
명외(化) 칼륨(K, potassium). [원자 번호 19]
【钾肥】jiǎféi 명 칼륨 비료.
【钾硝石】jiǎxiāoshí ☞【硝石】xiāoshí
【钾盐】jiǎyán 명(礦) 칼리암염.

*假¹[叚] jiǎ 빌릴 가
동운 빌리다. 빌다. 차용하다. 꾸다. ¶他打算~道广州去香港。=그는 광저우를 경유하여 홍콩에 가려고 한다.

*假² jiǎ 거짓 가
동 ① 빌다. 의거하다. 핑계되다. 구실로 하다. 빙자하다. 이용하다. ¶狐~虎威=호가호위. 여우가 호랑이의 위세를 빌려 호기를 부리다. 남의 권세를 빌려 위세를 부리다. ② 가정하다. ¶~言判断=가언(적) 판단. 형 거짓의. 가짜의. 위조의. 인조의. 모조의. ¶虚情~意=표면적인 (겉치레) 호의. 접 만일. 만약. 혹시. ¶~如这样, 事情不就糟了吗?=만약 이와 같다면 일은 잘못된 게 아니냐? 명 가짜 상품. 위조품. 모조품. 나쁜 물건. 열등품. ¶制~=위조품을 제작하다. / 打~=모조품의 제작·판매를 금지하다.
→真
☞jià

|●|叚 jiǎ|
|假 jiǎ|
|葭 jiā|
|蝦 jiǎ|
|瘕 jiǎ|
|霞 xiá|
|暇 xiá|
|遐 xiá|
|瑕 xiá|

┌● 搀chān假, 宽kuān假, 通假, 虚xū假, 装假, 作假

【假案】jiǎ'àn 명 (남을 무고하기 위하여) 허위로 조작한 사건.
【假扮】jiǎbàn 동 (고의로) 가장(변장)하다. ¶警察~成商贩来观察犯罪分子的动静。=경찰이 장사꾼으로 변장하고 범죄자의 동정을 관찰하다.
【假币】jiǎbì 명 위조 화폐.
【假唱】jiǎchàng 동 가짜로 노래하다. 립싱크(lip sync)하다. →真唱
【假钞】jiǎchāo 명 위조 지폐.

【假充】 jiǎchōng 동 사칭하다. 속여서 …하다. …인 체하다. …로 가장하다. ¶~行家＝전문가로 사칭하다.

【假传圣旨】 jiǎchuán-shèngzhǐ 성 1 날조된 황제의 성지를 전달하다. 2 비 날조된 상급 기관의 지시를 전달하다.

【假大空】 jiǎdàkōng 명 '假话(거짓말)'·'大话(큰소리)'·'空话(헛소리)'의 합칭. ¶这篇文章全是些~, 没有任何实际内容. ＝이 글은 전부 거짓말·큰소리·헛소리뿐이고, 아무런 실제 내용이 없다.

【假道】 jiǎdào 동文 길을 빌리다. 경유하다. 거쳐서 지나가다. ¶~上海去苏州. ＝상하이를 경유하여 쑤저우에 가다.

【假道学】 jiǎdàoxué 명 위군자. 위선자. 겉으로 착한 체하는 사람.

【假定】 jiǎdìng 동 가정하다. 가령 …라고 하다. ¶~下月动工, 办公楼明年年初就能建成. ＝다음 달에 착공한다고 가정하면, 사무동은 내년 연초에 완공할 수 있다. 명 가설. 가정.

【假动作】 jiǎdòngzuò 명(體) 페인트(feint). 속이는(현혹시키는) 동작.

【假发】 jiǎfà 명 가발.

【假分数】 jiǎfēnshù 명(數) 가분수.

【假根】 jiǎgēn 명(植) 가근. 헛뿌리.

【假公济私】 jiǎgōng-jìsī 성 공적인 명의를 빌어서 자기 잇속을 채우다.

【假果】 jiǎguǒ 명(植) 헛열매. 가과. 위과(僞果). 부과(副果).

【假花】 jiǎhuā (~儿) 명 조화(造花). ['鲜花(생화)'와 구별됨]

【假话】 jiǎhuà 명 거짓말.

【假货】 jiǎhuò 명 모조품. 위조품. 가짜 상품. ↔ 真货

【假借】 jiǎjiè 동 1 (목적을 달성하기 위해 어떤 명의나 힘을) 빌다. 빌리다. 차용하다. 구실로 삼다. ¶这些人~考察的名义, 四处游山玩水. ＝이 사람들은 답사를 빌미로 곳곳에 관광 다닌다. 2 서 관용하다. 너그럽게 받아들이다. ¶不稍~＝시대적 폐단을 지적하고 비판하는 데 조금도 관용을 베풀지 않다. 명(言) 가차. [육서(六书)의 하나. 어떤 뜻을 나타내는 한자가 없을 때, 뜻은 다르나 음이 같은 글자를 빌려 쓰는 방법. 예를 들어 '求'는 본의(本義)는 '모피'이나 후에 가차되어 동사로 쓰여 '청구하다'를 뜻하게 되었는데, 동사 '求(청구하다)'를 가차자(假借字)라고 함]

【假冒】 jiǎmào 동 사칭하다. 속여서 …하다. …인 체하다. 가장하다. 가짜가 진짜인 것처럼 하다. ¶~名牌＝가짜 [모조] 명품.

【假冒伪劣】 jiǎmào-wěiliè 성 가짜가 진짜를 대신하여 품질이 떨어지다. [주로 상품을 가리킴]

【假寐】 jiǎmèi 동文 가매하다. 옷을 벗지 않고 쪽잠을 자다. ¶闭目~＝눈을 감고 쪽잠을 자다.

【假面具】 jiǎmiànjù 명 1 가면. 탈. 2 비 위장한 겉모양〔외모〕. 탈. ¶撕下骗子的~. ＝사기꾼의 탈을 찢다.

【假名】 jiǎmíng 명 1 가나(Kana). [일본어의 자모] 2 허명. 가명. ¶张建是他用的~. ＝장젠은 그가 사용하는 가명이다.

【假模假式】 jiǎ·mo-jiǎshì 성 겉으로만〔짐짓〕 그럴싸한 체하다. 진지한〔진정인〕 체하다. 일부러 티를 내다. ＝【假模假样】 jiǎ·mo-jiǎyàng

【假模假样】 jiǎ·mo-jiǎyàng ☞ 【假模假式】 jiǎ·mo-jiǎshì

【假撇清】 jiǎpiēqīng 동방 (나쁜 일과) 관계 없는 체하다. 무죄인 체하다. 결백〔청백·깨끗〕한 척하다.

【假球】 jiǎqiú 명 (구기) 경기를 조작하다.

【假仁假义】 jiǎrén-jiǎyì 성 거짓 인의도덕. 위선. 가식된 인의.

【假如】 jiǎrú 접 만약. 만일. 가령. ['如果(만약)'에 상당함. 뒤에 흔히 '那么(nà·me)'·'就(jiù)'·'便(biàn)' 등과 호응하여 씀] ¶~你这次选择放弃, 以后就很难再有机会了. ＝만약 네가 이번에 포기한다면, 이후에 다시는 기회가 없을 것이다.

【假若】 jiǎruò 접 만약. 만일. 가령.

【假嗓子】 jiǎsǎng·zi 명(音) 가성(假聲). 꾸민 목소리.

【假山】 jiǎshān 명 (정원에 만든) 석가산(石假山). 가산.

【假设】 jiǎshè 동 1 가정하다. ¶~这事发生在你身上, 你将如何处置？＝이 일이 너한테 일어난다고 가정하면, 너는 어떻게 처리할거냐？ 2 꾸며 내다. 날조하다. 허구하다. 가공하다. ¶电影情节全部是~的. ＝영화 줄거리는 전부 꾸며 낸 것이다. 명 가설. 가정.

【假声】 jiǎshēng 명(音) 가성. 꾸민 목소리.

【假使】 jiǎshǐ 접 만약. 만일. 가령.

【假释】 jiǎshì 동(法) 가석방.

【假手】 jiǎ‖shǒu 동 1 (목적을 달성하기 위해) 남의 손을 빌다. 남을 이용하다. ¶~于人＝남의 손을 빌다. 2 남에게 대필을 부탁하다. ¶论文必须自己完成, 不能~他人. ＝논문은 반드시 스스로 완성해야지, 남에게 대필을 부탁해서는 안 된다.

【假睡】 jiǎshuì 동 자는 체하다. 겉잠 자다.

【假说】 jiǎshuō 명 가설. 가정.

【假死】 jiǎsǐ 동 1(醫) 가사. [생리적 기능이 약화되어 죽은 것처럼 보이는 상태] 2 가사. [일부 동물·곤충이 위험에 닥쳤을 때 자신을 보호하기 위해 죽은 듯이 가장하는 것]

【假途灭虢】 jiǎtú-mièGuó 성 길을 빌린다는 명목이지만 실제로는 그 나라와 그 집단을 멸망시키는 책략.

【假腿】 jiǎtuǐ 명 의족(義足).

【假托】 jiǎtuō 동 1 핑계를 대서 거절하다. 핑계하다. 핑계삼다. 구실삼다. 빙자하다. ¶他~身体不适, 没去参加会议. ＝그는 몸이 불편하다는 핑계를 대고 회의에 참가하지 않았다. 2 가탁하다. 빌다. 의거하다. ¶作者这是~寓言表明心志. ＝작자는 우언을 빌어 의지를 밝힌 것이다. 3 (명의를) 사칭하다. 빌다. 가장하다. ¶这伙人~学校的名义, 到处招生, 骗人钱财. ＝이 패거

리는 학교의 명의를 사칭하며 도처에서 학생을 모집하여 돈을 사취하였다.

【假戏真作】jiǎxì-zhēnzuò 〈成〉 **1** 가짜 일을 진짜 일처럼 하다. **2** 가짜인 것이 진짜가 되다.

【假想】jiǎxiǎng 〈동〉 가상하다. 상상하다. 가공하다. 허구하다. ¶这是～的未来世界的状况. =이것은 가상적인 미래 세계의 상황이다. 〈명〉 상상. 가상. 허구. 가공. 픽션. ¶这个推断只是一个～,目前还没有得到证实. =이 추론은 그저 가상일 뿐이지 현재 아직 실증되지 않았다.

【假想敌】jiǎxiǎngdí 〈명〉 **1**〈军〉가상의 적. **2** 적이 될 가능성이 있는 나라·단체·사람.

【假相】jiǎxiàng ☞【假象】jiǎxiàng

【假象】[假相] jiǎxiàng 〈명〉 가상. 거짓〔허위〕현상. ¶保持清醒的头脑,不要被～所迷惑. =맑은 정신 상태를 유지해야만 허상에 현혹되어서는 안 된다. ↔真象

【假小子】jiǎxiǎo·zi 〈명〉 (성격이나 생김새·옷차림이) 사내 같은 여자. 선머슴 같은 여자.

【假惺惺】jiǎxīng·xīng 〈형〉 진지한〔진실한·진심인〕 체하는 모양. 위선적인 모양.

【假牙】jiǎyá 〈명〉 의치(義齒). 틀니. =【义齿】yìchǐ

【假眼】jiǎyǎn 〈명〉 의안(義眼).

【假药】jiǎyào 〈명〉 **1** 함량이 표준에 부합하지 않는 약품. **2** 가짜약.

【假意】jiǎyì 〈명〉 거짓된 마음〔호의〕. ¶假心～=거짓 호의. 〈부〉 허위로. 일부러. 고의로. 짐짓. ¶～推辞=짐짓 사양하다. ↔真心

【假造】jiǎzào 〈동〉 **1** 위조하다. ¶～公章=위조 관인(官印). **2** 날조하다. ¶～事实=사실을 날조하다.

【假正经】jiǎzhèng·jing 〈명〉 **1** 점잖은〔얌전한·단정한·진지한·근실한〕체함. 위선. ¶不要这～,本来怎么样就怎么样. =점잖은 체하지 말고 생긴 대로 놀아라. **2** 점잖은〔얌전한·단정한·진지한·근실한〕체하는 사람. 위선자. ¶我一看就知道他是个～. =나는 척 보고 그가 위선자라는 것을 알았다.

【假肢】jiǎzhī 〈명〉 (의수·의족 등과 같은) 의지(義肢).

【假装】jiǎzhuāng 〈동〉 가장하다. (짐짓) …체하다. ¶他不闻不问,～不知道这事儿. =그는 일절 관여하지 않고 이 일을 짐짓 모르는 체한다. ≒佯裝

【假座】jiǎzuò 〈동〉 장소를 빌다. 대관하다. ¶～老年活动中心举办新春茶话会. ='老年活动中心(노인복지관)'을 빌려 신춘 다과회를 열다.

## 斚 jiǎ 술잔 가

〈명〉 고대의 주둥이가 둥글고 다리가 세 개인 술잔.

## 嘏 jiǎ 클 하

〈명〉〈文〉'嘏(gǔ)'의 다른 음.

## 槚[檟] jiǎ 개오동나무 가

〈명〉〈植〉 **1** 개오동나무. **2** 차나무.

## 榎 jiǎ 개오동나무 가

〈명〉〈문〉 '槚(jiǎ)'와 같음.

## 瘕 jiǎ 적취 가

〈명〉〈醫〉 적취(積聚). 적병(積病). ¶症(zhēng)～=징가.

## 价[價] jià 값 가

〈명〉 **1** 값. 가격. ¶市～=시가. / 货真～实=물건도 진짜고〔믿을 만하고〕값도 공정하다. **2**〈經〉가치. ¶等～交换=등가 교환. **3**〈化〉'化合价(원자가)'. ¶氧是二～的元素. =산소는 2가 원소이다.
☞ jiè, ·jie

> 半价, 比价, 变价, 标价, 差chā价, 打价, 代价, 单价, 跌diē价, 定价, 工价, 估gū价, 官价, 还huán价, 谎huǎng价, 基价, 讲价, 廉lián价, 牌价, 平价, 评价, 杀价, 身价, 声价, 时价, 市价, 抬tái价, 讨价, 特价, 提价, 压价, 要价, 议价, 造zào价, 折zhé价, 重价, 租价, 作价, 保价信

【价差】jiàchā 〈명〉 가격차(이).

【价格】jiàgé 〈명〉 가격. 값. ¶零售～=소매가.

【价格体系】jiàgé tǐxì 〈經〉 가격 체계. 가격 시스템.

【价格战】jiàgézhàn 〈명〉 가격 전쟁.

【价款】jiàkuǎn 〈명〉 대금. 값.

【价廉物美】jiàlián wùměi ☞【物美价廉】wùměi jiàlián

【价码】jiàmǎ (～儿)〈명〉〈口〉값. 가격. 정가. ¶～偏高=가격이 너무 비싸다.

【价目】jiàmù 〈명〉 값. 가격. 정가. ¶～表=가격표.

【价签】jiàqiān 〈명〉 정가표. 가격표.

【价钱】jià·qian 〈명〉 값. 가격. ¶～便宜=값이 싸다.

【价位】jiàwèi 〈명〉 가격 수준. 가격. ¶～适中=가격이 알맞다.

【价值】jiàzhí **1**〈經〉가치. **2**〈비〉사물의 용도나 긍정적인 작용. 값어치. 값. 가격. 쓸모 있는 가치. ¶这些低俗读物毫无～可言. =이런 저속한 간행물은 전혀 가치를 논할 건더기가 없다.

【价值观】jiàzhíguān 〈명〉 가치관.

【价值规律】jiàzhí guīlǜ 〈經〉 가치 법칙.

【价值连城】jiàzhí-liánchéng 〈成〉 **1** 가치가 죽 이어진 성과 같다. [《史记·廉颇蔺相如列传(史记·廉颇蔺相如列전)》에서 전국(戰國) 시대 조(趙)나라 혜문왕(惠文王)이 화씨벽(和氏璧)을 얻었다는 소문을 듣고 진(秦)나라 소왕(昭王)이 15개의 성과 바꿀 용의가 있다고 한 고사에서 유래함] **2**〈비〉물건이 특별히 가치가 있다. 물품이 매우 진귀〔귀중〕하다.

【价值量】jiàzhíliàng 〈명〉 가치량. 가치의 크기. [상품의 생산에 지출된 사회적 필요 노동량]

【价值形式】jiàzhí xíngshì 〈經〉 가치 형태. 교환 가치.

**驾[駕] jià** 탈 가

동 **1** (수레나 농기구를) 가축에 끌다[몰다·부리다]. ¶马~着车飞奔=말이 수레를 나는 듯이 끈다. **2** (올라)타다. ¶腾云~雾=운무(雲霧)를 타다. **3** 운전하다. 조종하다. 몰다. 운행하다. ¶~飞机=비행기를 조종하다. **4** 제어하다. 부리다. ¶局面难以~御=국면을 제어하기 힘들다. 명 **1**① 차량. 수레. ② 상대방의 차량(수레). ③경 상대방. ¶大~=천자가 타는 수레. 귀하. / 屈~=왕림해 주시기를 바랍니다. **2**① 제왕(군주)의 수레. ② 제왕. 군주. ¶晏~=붕어하다. / 保~=황제를 호위하다.

◦⇒ 保驾, 车驾, 凌líng驾, 屈qū驾, 劝驾, 枉wǎng驾, 晏yàn驾

**【驾崩】jiàbēng** 동문 제왕이 서거하다. 붕어하다. 안가하다.

**【驾到】jiàdào** 동경 (손님이) 도착하시다. 오시다. 왕림하시다.

**【驾犁】jiàlí** 동 쟁기질하다. 쟁기를 몰다. ¶~耕地=쟁기를 몰아 토지를 갈다.

**【驾临】jiàlín** 동경 (손님이) 도착하시다. 오시다. 왕림하시다. ¶恭候~=왕림해 주시기를 삼가 기다리고 있사옵니다.

**【驾凌】jiàlíng** 동 (다른 사람 또는 사물을) 뛰어넘다. 능가하다. 압도하다.

**【驾龄】jiàlíng** 명 (자동차·기차·비행기 등을) 운전(운행·운항·조종)한 햇수(연수·경력). ¶他开车很早, 一快三十年了=그는 오래 전부터 운전을 시작했고 운전 경력이 30년이 다 되어 간다.

**【驾轻就熟】jiàqīng-jiùshú** 성 **1** 가벼운 수레를 몰고 아는 길을 가다. **2**비 하는 일에 숙달되어 처리하는 것이 매우 쉽다.

**【驾驶】jiàshǐ** 동 (자동차·선박·비행기 등을) 운전(조종·운항)하다. ¶~轮船=기선을 운항하다.

**【驾驶舱】jiàshǐcāng** 명 (선박·비행기 등에서) 조종석. 조종실. 조타실.

**【驾驶室】jiàshǐshì** 명 조종실. 운전실. 조타실.

**【驾驶员】jiàshǐyuán** 명 (자동차·배·비행기 등의) 운전사. 항해사. 기관사. 조종사.

**【驾驶证】jiàshǐzhèng** 명 운전 면허증. 비행기 조종사 면허증. 해기사 면허증. =【驾驶执照】jiàshǐ zhízhào【驾照】jiàzhào

**【驾驶执照】jiàshǐ zhízhào** ⇒【驾驶证】jiàshǐzhèng

**【驾校】jiàxiào** 명약 汽车驾驶技术学校(자동차 운전 학원).

**【驾驭】[驾御] jiàyù** 동 **1** 가축을 부리다. 차를 몰다. ¶~马车=마차를 몰다. **2** 지배하다. 제어하다. 통제하다. 관리하다. 다스리다. 컨트롤하다. ¶局面复杂, 难以~=국면이 복잡하여 통제하기 힘들다.

**【驾御】jiàyù** ⇒【驾驭】jiàyù

**【驾辕】jià‖yuán** 동 끌채를 메워 수레를 끌게 하다. ¶这匹马是~的. =이 말은 끌채를 메워 수레를 끌 말이다.

**【驾照】jiàzhào** ⇒【驾驶证】jiàshǐzhèng

**架 jià** 시렁 가

명 **1** 물체의 구성 요소를 지탱하거나 기물을 놓아 두는 도구. 선반. 시렁. 골조. 틀. 대. 걸개. 받침대. 덕. 덕대. ¶三脚~=삼각대. 삼발이. / 葡萄~=포도나무의 시렁. **2**비 인체나 사물의 조직(구조·구성·짜임새). ¶骨~=뼈대. / 间~=结构=틀. 구조. 동 지탱하다. 버티다. 받치다. 세우다. 놓다. 가설하다. 놓다. 조립하다. ¶~电线=전선을 가설하다. / 铺路~桥=도로를 포장하고 다리를 놓다. **2** 부축하다. 붙잡아 주다. ¶连搀带~=부축하다. **3** 납치하다. 유괴하다. ¶绑~=납치하다. **4** 저항하다. 방지하다. 막다. 저지하다. 감당하다. 이겨 내다. ¶招~不住=당해 내지 못하다. **5** 구타하다. 말다툼하다. ¶打~=싸우다. / 吵~=말싸움하다. 양 **1** 일부 주나 뼈대가 있는 물체를 세는 단위. ¶一~飞机=비행기 한 대. / 两~钢琴=피아노 두 대. **2**비 산을 세는 단위. ('座(zuò)'에 해당함) ¶一~山=산 하나.

◦⇒ 绑bǎng架, 笔架, 担架, 工架, 骨架, 桁héng架, 画架, 间架, 绞jiǎo架, 井架, 举架, 拉架, 落lào架, 陆架, 骂架, 闹架, 塌tā架, 屋架, 招架, 支架, 摆bǎi架子, 货架子, 空架子, 脚手架

**【架不住】jià·buzhù** 동문 **1** 견디지(감당하지·참지·버티지·이겨 내지·당해 내지) 못하다. ¶他~孩子们的纠缠, 只好答应带他们出去玩儿. =그는 아이들이 치근대는 것을 당해 내지 못하고 하는 수 없이 그들을 데리고 나가겠다고 승낙할 수밖에 없었다. **2** 비할 수 없다. 견줄 수 없다. 필적할 수 없다. 감당할 수 없다. 막아 내지 못하다. ¶他做事效率高, 两三个人也~他一个人. =그는 일처리 효율이 높아서, 두세 사람도 그 한 사람을 감당하지 못한다.

**【架次】jiàcì** 양 연대수(延臺數). 연기수(延機數). [일정 시간 내에 비행기가 출항(출격)하거나 출현한 대수와 횟수의 총량을 표시하는 복합 양사. 한 대의 비행기가 한 번 출동하는 것을 '1架次'라고 함]

**【架得住】jià·de·zhù** 동문 견디다. 감당하다. 참다. 버티다. 이겨 내다. 당해 내다. [주로 반문에 쓰임] ¶这点儿钱哪~他这样大手大脚地花? =이 정도의 돈으로 어떻게 그 사람의 이런 낭비벽을 감당할 수 있겠어?

**【架豆】jiàdòu** 명(植) 강낭콩.

**【架构】jiàgòu** 명 **1** 틀. 구조. 짜임새. 구성. ¶掌握汉字的~特点是写好汉字的前提. =한자의 구조 특징을 이해하는 것이 한자를 잘 쓰는 전제조건이다. **2** 사물의 구조(구성·짜임새·격식). ¶一明一暗两条线索构成了小说的基本~. =드러나고 감추어진 두 갈래의 줄거리가 소설의 기본 구조를 구성하고 있다. 동 구축하다. 건조하다. ¶~销售网络=판매망을 구축하다.

**【架空】jiàkōng** 동 **1** (물건으로 건축물·기물을) 떠받쳐 공중에 뜨게 설치하다(가설하다). ¶楼

房的底层是~的，专供停放车辆。= 다층 건물의 1층은 공중에 뜨게 지어 차량을 주차하는 데만 사용된다. **2**〈비〉기초〔근거·토대〕가 없다. 공중에 떠 있다. ¶这只是一个~的设想, 根本不可能变成现实。= 이는 그냥 근거가 없는 구상으로 도무지 실현이 불가능하다. **3**〈비〉암암리에 배척하여 실권을 잃어버리게 하다. ¶他这个总经理是被~了的，已有决策权。= 이 사장은 배척당하여 실권을 잃어버려서, 결정권이 없다.

【架棚】jiàpéng 〈명〉(포도·수세미 등의 재배를 위한) 받침대. 지지대.

【架设】jiàshè 〈동〉(공중에 떠 있는 물체를) 가설하다. ¶~桥梁 = 교량을 가설하다.

【架式】jià·shi ☞【架势】jià·shi

【架势】【架式】jià·shi 〈명〉**1** 자세. 모양. 형. 자태. 모습. ¶一看他那~就知道是外行。= 그 자세를 보자마자 그가 문외한이라는 것을 바로 알 수 있다. **2**〈비〉형세. 정세. 추세. 태세. ¶看这~, 今年又是一个丰收年。= 이 추세를 보면 금년에는 또 풍년이 들 것 같다.

【架子】jià·zi 〈명〉**1** 물체의 구성 요소를 지탱하거나 기물을 놓아 두는 도구. 선반. 시렁. 골조. 틀. 대. 결개. 받침대. 덕. 덕대. [주로 대나무·나무·파이프 등을 종횡으로 교차하여 만듦] ¶~上放满了书。= 선반 위에 책이 가득 놓여있다. **2**〈비〉사물의 조직〔구조·구성·짜임새〕. ¶导演对剧本现在的~不太满意。= 감독은 극본의 현재 구성에 대하여 그다지 마음에 들어 하지 않는다. **3** 자태. 모습. 모양. 태도. 폼. ¶看他的~还像那么回事儿。= 그의 태도를 보니 이런 것 같다. **4** 거만한〔건방진〕표정〔태도〕. 거드름피우는〔뽐내는〕태도. 허세. 티. ¶官~ = 관료티.

【架子车】jià·zichē 〈명〉(인력으로 밀고 끄는) 나무로 만든 두 바퀴 짐수레.

【架子工】jià·zigōng 〈명〉〈건〉 **1** (건축업에서) 전문적으로 비계를 설치·철거하는 일〔공사〕. **2** 비계 설치공〔철거공〕.

【架子花】jià·zihuā 〈명〉〈극〉자즈화. 가자화. [중국 전통극 배역의 하나. 얼굴을 여러 색의 물감으로 분장하고, 연기에서 무예와 대사를 중시함] =【架子花脸】jià·zi huāliǎn【二花脸】èrhuāliǎn

【架子花脸】jià·zi huāliǎn ☞【架子花】jià·zihuā

【架子猪】jià·zizhū 〈명〉몸체는 다 자랐지만 아직 살이 찌지 않은 돼지. 〈비〉【壳郎猪】ké·langzhū

*\***假** jià 휴가 가

〈명〉휴가. 휴일. 방학. ¶休~ = 휴가. / 寒~ = 겨울 방학.

☞ jiǎ

○● 产假, 长假, 春假, 告假, 寒假, 例假, 年假, 销xiāo假, 休假, 续xù假

【假期】jiàqī 〈명〉휴가〔휴일·방학〕기간.

【假日】jiàrì 〈명〉휴일.

【假日经济】jiàrì jīngjì 〈명〉〈경〉휴일 경제. [휴일의 집중 소비에 따라 요식업·관광업 등의 발전을 유발시키는 경제 활동]

【假条】jiàtiáo (~儿) 〈명〉휴가원. 휴가 신청서.

*\***嫁** jià 시집 갈 가

〈동〉**1** 시집 가다. 출가하다. ¶出~ = 시집 가다. **2** (화·죄명 등을) 남에게 덮어씌우다〔전가시키다〕. ¶转~ = 전가하다. ↔娶

○● 改嫁, 婚hūn嫁, 陪péi嫁, 再嫁

【嫁祸】jiàhuò 〈동〉(재화·죄과 등을) 남에게 덮어씌우다〔전가시키다〕. ¶~他人 = 남에게 전가하다.

【嫁祸于人】jiàhuòyúrén 〈성〉(재화·죄과 등을) 남에게 덮어씌우다〔전가시키다〕.

【嫁鸡随鸡】jiàjī-suíjī ☞【嫁鸡随鸡, 嫁狗随狗】jià jī suí jī, jià gǒu suí gǒu

【嫁鸡随鸡, 嫁狗随狗】jià jī suí jī, jià gǒu suí gǒu 〈성〉여자는 출가 후에 싫든 좋든 일생토록 남편을 따라야 한다. =【嫁鸡随鸡】jiàjī-suíjī

【嫁接】jiàjiē 〈동〉〈식〉접목하다. 접붙이다. ¶~果树 = 접붙인 과수나무.

【嫁娶】jiàqǔ 〈동〉시집 가고 장가들다. ¶婚丧~ = 혼사〔혼례〕와 상사〔장례〕.

【嫁人】jià‖rén 〈동〉출가하다. 처녀가 시집 가다. ¶她早就~了。= 그녀는 일찌감치 결혼했다.

【嫁妆】【嫁装】jià·zhuang 혼수. 여자가 시집 갈 때 가지고 가는 물품. ≒陪嫁

【嫁装】jià·zhuang ☞【嫁妆】jià·zhuang

*稼 jià 심을 가

〈동〉〈문〉(농작물을) 재배하다. 심다. ¶耕~ = 경작하다. 〈명〉곡물. 곡식. ¶庄~ = 농작물.

○● 庄稼汉, 庄稼活儿

【稼穑】jiàsè 〈동〉〈문〉 **1** 파종하고 수확하다. **2** 농사를 짓다. ¶~艰难 = 농사짓기가 매우 힘들다.

# jian

戋[戔] jiān 적을 전

【戋戋】jiānjiān 〈형〉〈문〉적다. 작다. 미세하다. 보잘 것없다. ¶为数~ = 수가 적다.

| | | | |
|---|---|---|---|
| 戋 jiān | 浅 qiǎn |
| 贱 jiàn | 钱 qián |
| 溅 jiàn | 线 xiàn |
| 践 jiàn | 栈 zhàn |
| 笺 jiān | 盏 zhǎn |
| 钱 jiàn | 残 cán |

*尖 jiān 뾰족할 첨

〈형〉**1** 날카롭다. 뾰족하다. 예리하다. ¶~刀利刃 = 뾰족한 칼에 예리한 칼날. **2** 첨단이다. 선진적이다. 앞서 있다. ¶高精~ =〔기술이나 제품이〕고급스러우면서 정밀하고 선진적이다. **3** (소리가) 높고 날카롭다. 새되다. ¶~声~气 = 목소리가 날카롭다. **4** (귀·눈·코 등의 감각이) 예민하다. 민감하다. 예리하다. ¶眼~=시각이 예민하다. / 鼻子~=코가 민감하다. **5** (말이) 신랄하다. 입이 험하다. ¶她说话又~又毒, 你忍着点儿。=그녀는 말하는 게 신랄하고 악독하니, 네가 좀 참아라. **6** 인색하다. 인색해서 교제하기 힘들다. ¶他这个人~得很, 不可交。=그는 몹시 인색하고 인색해서 사귈 친구가 못 된다. 图 **1** (~儿) 물체의 뾰족한 끝 부분. ¶针~儿=바늘 끝. / 笔~儿=붓끝. 펜촉. **2** (~儿) 물체의 뾰족하게 돌출한 부분. 정점(頂点). ¶鼻子~儿=코끝. / 浪~儿=파도의 꼭대기. **3** (~儿) 같은 무리 중 뛰어난 사람[사물]. ¶冒~=두드러지다. / 他在班里可是拔~儿的。=그는 반에서 정말 출중한 학생이다. 图 목소리를 날카롭게 내다. ¶他~着嗓子朝山下喊。=그는 날카로운 목소리로 산 아래를 향해 소리쳤다. ↔秃

○→ 拔bá尖儿, 打尖, 脚尖, 冒尖, 臀tún尖, 心尖, 爪zhuǎ尖儿, 嘴尖, 上尖儿

【尖兵】**jiānbīng** 图 **1**(军) 첨병. 선봉장. **2**● 개척자. 선구자. ¶航天科技的~=항공 우주 과학 기술의 개척자.

【尖脆】**jiāncuì** 图 (소리가) 날카롭다. 쨍쨍하다. ¶远处传来一声~的喊叫。=멀리서 날카로운 고함 소리가 전해 온다.

【尖刀】**jiāndāo** 图 **1** 끝이 뾰족한 칼. **2**⊕ 돌격 선봉(대). ¶~部队=돌격대.

【尖顶】**jiāndǐng** 图 **1** 물체의 뾰족한 모양의 꼭대기. **2** 꼭대기. 정상. 정점. 봉우리.

【尖端】**jiānduān** 图 첨단. 물체의 뾰족한 끝. 图 첨단의. ¶~技术=첨단 기술.

【尖椒】**jiānjiāo** 图《植》고추.

【尖叫】**jiānjiào** 图 날카로운 소리를 내다. 새된 소리를 지르다. 비명을 지르다. ¶女孩子们被吓得连声~。=여자 아이들이 놀라서 연달아 비명을 지른다.

【尖刻】**jiānkè** 图 통렬하다. 신랄하다. ¶言语~=말이 신랄하다. ↔厚道

【尖冷】**jiānlěng** 图 뼛속까지 스며들 듯이 춥다. 살을 에는 듯 춥다[차갑다]. ¶~的西北风=살을 에는 듯 차가운 서북풍.

【尖厉】【尖利】**jiānlì** 图 (소리가) 귀청이 찢어지는 듯 날카롭다. ¶寒风发出~的呼啸声。=찬바람이 귀청이 찢어지는 듯 쌩쌩 소리를 낸다.

【尖利】**jiānlì** 图 **1** 날카롭다. 예리하다. 칼날 같다. ¶鳄鱼的牙齿非常~。=악어의 이빨은 대단히 날카롭다. **2** (귀·눈·코의 감각이) 빠르다. (눈빛이) 날카롭다. ¶他的眼睛~得很。=그의 눈은 아주 예리하다. **3** ☞【尖厉】**jiānlì** ≒尖锐

【尖溜溜】**jiānliūliū** (~的) 图形 뾰족하다. 날카롭다. ¶~的塔顶=뾰족한 탑 꼭대기.

【尖劈】**jiānpī** 图《机》쐐기.

【尖鳍】**jiānqí** 图《动》 **1** 수계의 배 부분의 뾰족하고 긴 배꼽[딱지]. **2** 수계. [ '团脐(암게)' 와 구별됨]

【尖锐】**jiānruì** 图 **1** (물체의 끝이) 뾰족하고 날카롭다[예리하다]. ¶~的剑锋=뾰족하고 날카로운 검날. **2** (소리가) 귀청이 찢어지는 듯 날카롭다. ¶~的哨声=날카로운 호루라기 소리. **3** 날카롭다. 예리하다. ¶他~地指出问题的症结所在。=그는 예리하게 문제의 난점을 지적했다. **4** 격렬하다. 날카롭다. ¶对不良工作作风提出了~的批评。=불량한 작업 태도에 대해 날카로운 비평을 가하였다. ≒尖利

【尖锐化】**jiānruìhuà** 图 (갈등이) 첨예화하다. ¶居中调停, 避免矛盾~。=중간에서 조정하여, 갈등이 첨예화되는 것을 방지하다.

【尖酸】**jiānsuān** 图 신랄하다. 각박하다. 말에 가시가 돋치다. 독살스럽다. ¶~刻薄=신랄하고 매몰차다.

【尖头】**jiāntóu** 图 뾰족한 끝.

【尖团音】**jiāntuányīn** 图《言》첨단음. [ '尖音(첨음)' 과 '团音(단음)' 의 합칭. 현대 표준 중국어에서 이미 첨음과 단음의 구분이 없어졌으나, 어떤 방언 혹은 경극(京剧)의 대사와 노래에서 여전히 두 음의 구분이 남아 있음]

【尖细】**jiānxì** 图 **1** (끝이) 가늘고 작다. ¶~的银针=가늘고 작은 은침(银鍼). **2** (소리가) 높고 가늘다. ¶嗓音~=목소리가 높고 가늘다.

【尖啸】**jiānxiào** 图 (비행기·탄알 등이 날아갈 때) 날카로운 소리를 내다. ¶飞机~着飞过顶空。=비행기가 쌩 하고 날카로운 소리를 내면서 높은 하늘을 날아갔다.

【尖音】**jiānyīn** 图《言》첨음. [자음인 'z·c·s' 가 'i·ü' 또는 'i·ü' 로 시작하는 모음과 어울려 발음되는 것을 가리킴]

【尖子】**jiān·zi** 图 **1** 물체의 작고 날카로운 끝부분. =【尖儿】**jiānr** ¶塔~=탑 꼭대기. **2** 같은 무리 중에서 뛰어난[출중한·특출한] 사람[사물]. ¶从小学到大学, 他一直是班里的~。=초등 학교에서부터 대학까지 그는 줄곧 반에서 출중한 학생이었다. **3** (剧) (중국 전통극에서) 갑자기 높아지는 곡조를 가리킨다.

【尖子户】**jiān·zihù** 图 고소득 농가. [농촌에서 다른 농가보다 소득이 특출한 농가를 가리킴] =【冒尖户】**màojiānhù**

【尖嘴薄舌】**jiānzuǐ-bóshé** 図 말이 신랄하고 매몰차다.

【尖嘴猴腮】**jiānzuǐ-hóusāi** 図 **1** 뾰족한 입과 비쩍 마른 볼. **2**⊕ 사람의 얼굴이 빼빼 마르고 못생기다.

**奸**[1] **jiān** 간사할 간

图 **1** 간사하다. ¶老~巨猾=매우 교활하고 간사하다. **2** (군주나 국가에 대해) 충성스럽지 않다. ¶~臣逆子=간신과 불효자. **3** 이기적이다. 허위적이다. 위선적이다. ¶偷~取巧=교활한 수단·방법으로 힘들이지 않고 이익을 얻다. 图 **1** 교활한[사악한·간사한] 사람. ¶权~=간악한 관리. **2** 반역자. 역적. 매국노. 적과 내통하는 사람. ¶内~=내부(에 숨어들어 있는) 첩자. ↔贤忠

**奸²[(姦)] jiān** 간음할 간
- 圄 간음(姦淫)하다. 간통(姦通)하다. 사통(私通)하다. ¶通~=간통하다. / 强~=강간하다.

  锄chú奸, 鸡奸, 耍shuǎ奸, 诱yòu奸, 捉zhuō奸

- 【奸臣】**jiānchén** 圀 간신. ↔忠臣
- 【奸党】**jiāndǎng** 圀 간당. 간도(奸徒). 간사한 무리.
- 【奸恶】**jiān'è** 圀 간악하다. 간사하고 흉악하다. ¶~之徒=간악한 무리.
- 【奸夫】**jiānfū** 圀 간부. 간통한 남자.
- 【奸妇】**jiānfù** 圀 간부. 간통한 여자.
- 【奸宄】**jiānguǐ** 圀圀 악당. [내부에서 일어난 것을 '奸(jiān)', 외부로부터 비롯된 것을 '宄(guǐ)'라고 부름]
- 【奸猾】[奸滑] **jiānhuá** 圀 교활하다. 간사하고 교활하다. ¶~的对手=간사하고 교활한 상대.
- 【奸滑】**jiānhuá** ⇒ 【奸猾】
- 【奸计】**jiānjì** 圀 간계. 간모(奸謀). ¶谨防中了他的~。=그의 간계에 걸리지 않도록 주의해라.
- 【奸佞】**jiānnìng** 圀圀 간녕하다. 간사하고 아첨을 잘하다. ¶~小人=간사하고 아첨을 잘하는 소인배. 圀圀 간녕한 사람. 간사하고 아첨을 잘 하는 사람. ¶~当道=간사하고 아첨을 잘하는 사람이 정권을 장악하다.
- 【奸情】**jiānqíng** 圀 간통 사건. ¶~败露=간통 사건이 발각되다.
- 【奸人】**jiānrén** 圀 간인. 간물(奸物). 간사한 자. ¶~专权=간사한 자가 권력을 휘두르다.
- 【奸杀】**jiānshā** 圀 강간하고 살해하다.
- 【奸商】**jiānshāng** 圀 간상. 악덕 상인.
- 【奸徒】**jiāntú** 圀 간도. 간사한 무리.
- 【奸污】**jiānwū** 圀 강간하다. 강음(强淫)하다. 겁탈하다.
- 【奸细】**jiān·xi** 圀 첩자. 간첩. 스파이(spy).
- 【奸险】**jiānxiǎn** 圀 간험하다. 간사하고 음험하다. ¶~凶残=간사하고 음험하며, 흉악하고 잔인하다.
- 【奸笑】**jiānxiào** 圀 음흉하게 웃다. 간사하게 웃다. ¶一连~了几声。=연이어 몇 번 음흉하게 웃었다. 圀 음흉한 웃음. 간사한 웃음. ¶满脸~=만면에 음흉한 웃음을 띠다.
- 【奸邪】**jiānxié** 圀圀 간사하다. ¶~之人=간사한 사람. 圀圀 간사한 자. ¶~弄权, 祸国殃民=간사한 자가 권력을 손에 넣으면 나라와 백성에게 화가 미친다.
- 【奸凶】**jiānxiōng** 圀 간험하고 흉악한 자.
- 【奸雄】**jiānxióng** 圀圀 간웅. 간사한 영웅. ¶乱世~=난세의 간웅.
- 【奸淫】**jiānyín** 圀 1 간음하다. 2 강간하다. 강음(强淫)하다. 겁탈하다. ¶~掳掠=강간하고 약탈하다.
- 【奸贼】**jiānzéi** 圀 1 간신. 2 간사한 자.
- 【奸诈】**jiānzhà** 圀 간사하다. ¶为人~=사람

됨이 간사하다. ↔忠厚

**歼[殲] jiān** 다 죽일 섬
- 圄 섬멸하다. 절멸하다. 소멸시키다. ¶围~=포위하여 섬멸하다.

  功歼, 聚jù歼, 围歼

- 【歼敌】**jiāndí** 圄 적을 섬멸하다. ¶~数百=수백 명의 적을 섬멸하다.
- 【歼击】**jiānjī** 圄 공격하여 섬멸하다. ¶~残敌=남은 적을 공격하여 섬멸하다.
- 【歼击机】**jiānjījī** 圀(軍) 전투기. =【战斗机 zhàndòujī】
- 【歼灭】**jiānmiè** 圄 (적을) 섬멸하다. 몰살하다. 소멸시키다. ¶~侵略者=침략자를 섬멸하다. ≒消灭 剿灭
- 【歼灭战】**jiānmièzhàn** 圀 섬멸전.

**坚[堅] jiān** 굳을 견
- 圀 1 단단하다. 견고하다. 튼튼하다. ¶~不能破=대단히 견고하여 무너뜨릴 수 없다. 2 확고부동하다. 굳건하다. 흔들리지 않다. ¶意志不~=의지가 굳건하지 못하다. 圀 1 견고한 사물. ¶攻~=견고한 요새를 공격하다. / 被~执锐=갑옷을 입고 무기를 들다. 2 (Jiān) 성(姓). ≒固
- 【坚壁】**jiānbì** 圄 1 보루를 더욱 견고히 하다. ¶~不战, 自养其锋。=보루를 더욱 견고히 하고 싸우지 않으면서, 세력을 키우다. 2 (적의 수중에 들어가지 않도록 물자를) 옮기다. 단단히 감추다. ¶把粮食和物资~起来。=양식과 물자를 단단히 감추다.
- 【坚壁清野】**jiānbì-qīngyě** 圀 (방어 구축을 더욱 단단히 하고, 주위의 군중과 물자를 다른 곳으로 옮기어) 적군이 거점을 함락시키지 못하고 물자를 뺏지도 못하게 하다.
- 【坚冰】**jiānbīng** 圀 1 단단하고 두터운 얼음. 2 (喩) 겹겹의 곤란. 잇달은 어려움. ¶打破~=겹겹의 곤란을 타파하다.
- 【坚不可摧】**jiānbùkěcuī** 圀 너무나 견고하여 부술 수가 없다.
- 【坚不可破】**jiānbùkěpò** 圀 너무나 견고하여 파괴하기 힘들다.
- 【坚持】**jiānchí** 圄 1 견지하다. 굳건히 보지하다. 어떤 상태나 행위를 계속 지속하게 하다. ¶~锻炼=계속 단련(하게) 하다. 2 단호히 지키다. 견지하다. 유지하다. 고수하다. 고집하다. ¶~原则=원칙을 고수하다.
- 【坚持不懈】**jiānchí-bùxiè** 圀 조금도 느슨해지지 않고 끝까지 견지하다.
- 【坚辞】**jiāncí** 圄 굳이 사양하다. 단호히 거절하다. 고사(固辭)하다. ¶~不受=굳이 사양하며 받지 않다.
- 【坚定】**jiāndìng** 圀 (입장·주장·의지 등이) 확고부동하다. 결연하다. 굳다. 꿋꿋하다. 흔들리지 않다. ¶~的意志=결연한 의지. 圄 (입장·주장·의지 등을) 확고히 하다. 굳히다. 결연히 하다. 꿋꿋하게 하다. 견고히 하다. ¶~信念=신

넘을 확고히 하다. ↔犹豫 犹疑 动摇

---
**坚定(jiāndìng) / 坚决(jiānjué)**

坚定(확고부동하다) : 생각, 입장 등이 불변하거나 흔들리지 않는 것을 말함. 주로 '立场, 主张, 观点, 信心' 등과 결합됨. ¶在这件事上, 他的立场很不坚定. =이 일에 있어서 그의 입장이 많이 흔들린다.

坚决(단호하다) : 태도나 행동 등이 과단성 있고 주저하지 않는 것을 말함. 주로 '支持, 拥护, 反对, 打击' 등의 행위 동작을 형용하는 단어들과 결합됨. ¶他的态度非常坚决的. =그의 태도는 매우 단호하다. / 他做事坚决果断, 从不拖泥带水. =그는 일처리가 단호하고 과단성이 있어 질질 끈 적이 없다.

▶그 외, '坚定'은 동사로, 목적어를 수반하여 '굳히다'의 의미로 쓰임. ¶坚定信念=신념을 굳히다. / 坚定立场=입장을 굳히다. / 坚定决心=결심을 굳히다.

---

【坚定不移】**jiāndìng-bùyí** 〔成〕(입장·주장·의지 등)을 확고 부동하여 조금도 흔들림이 없다.

【坚固】**jiāngù** 〔형〕견고하다. 견뢰(堅牢)하다. 튼튼하다. 견실하다. ¶~的堤坝=견고한 제방. ≒坚实 牢固 牢靠

【坚果】**jiānguǒ** 〔명〕〔植〕견과. 각과(殼果).

【坚甲利兵】**jiānjiǎ-lìbīng** 〔成〕1 단단한 갑옷과 날카로운 병기. 2 장비가 훌륭한 정예 부대.

【坚决】**jiānjué** 〔형〕(태도·행동 등이) 단호하다. 결연(决然)하다. ¶他~地拒绝了对方的无理要求. =그는 상대방의 무리한 요구를 단호하게 거절했다. ↔迟疑

【坚苦】**jiānkǔ** 〔형〕고달프다. 고되다. 힘들다. ¶~的工作=고된 일.

【坚苦卓绝】**jiānkǔ-zhuójué** 〔成〕어렵고 고통스런 상황 속에서 참고 견디는 정신이 비할 바 없이 강하다.

【坚牢】**jiānláo** 〔형〕튼튼하다. 견실하다. 견고하다. ¶房子的根基很~. =집의 토대가 아주 튼튼하다.

【坚强】**jiānqiáng** 〔형〕굳세다. 굳고 강하다. 꿋꿋하다. 완강하다. 강경하다. ¶~不屈=의지가 강하여 굽힐 줄 모르다. 〔동〕공고히 하다. 견고히 하다. 강화하다. ¶长期的基层磨练, ~了我们的销售人员. =장기간의 밑바닥 수련이 우리 영업 사원들을 더욱 강화시켰다. ≒刚强 顽强 ↔软弱 脆弱

【坚忍】**jiānrěn** 〔형〕(힘들고 어려운 조건 아래에서도) 꾹 참고 견디다. 꿋꿋하게 참아 내다. ¶~的毅力=꿋꿋하게 참고 견디는 의지력.

【坚韧】**jiānrèn** 〔형〕1 단단하면서 질기다. 강인하다. ¶质地~=재질이 단단하고 질기다. 2 완강하다. ¶意志~=의지가 완강하다.

【坚韧不拔】**jiānrèn bùbá** 〔成〕의지가 매우 강인하여 흔들리지 않다.

【坚如磐石】**jiānrúpánshí** 〔成〕반석처럼 튼튼하다〔견고하다〕.

---

# 坚 间 **jiān** 939

【坚实】**jiānshí** 〔형〕1 견실하다. 견고하다. 튼튼하다. ¶~的基础=튼튼한 기초. 2 건장하다. 튼튼하고 실하다. ¶~的身体=건장한 신체. ≒坚固 牢固 牢靠

【坚守】**jiānshǒu** 〔동〕1 결연히 지키다. 떠나지 않다. ¶~岗位=직위〔자리〕를 떠나지 않다. 2 꿋꿋이 지키다. ¶~节操=절개를 꿋꿋이 지키다.

【坚挺】**jiāntǐng** 〔형〕1 굳세고 힘이 있다. 단단하고 힘이 있다. 꿋꿋하다. ¶~的身躯=굳세고 힘이 있는 체격. 2〔經〕(시세나 가격이) 오름세〔강세〕이다. 안정적이다. ¶原油价格一直~. =원유 가격이 줄곧 오름세이다. ↔疲软

【坚信】**jiānxìn** 〔동〕굳게 믿다. ¶~自己能获得成功. =자신이 성공할 수 있다고 굳게 믿는다.

【坚毅】**jiānyì** 〔형〕의연하다. 굳세고 끈덕지다. 꺽지다. 강의(剛毅)하다. 굳세다. ¶性格~=성격이 강의하다.

【坚硬】**jiānyìng** 〔형〕단단하다. 견고하다. 굳다. ¶~的金刚石=견고한 금강석. ↔柔软

【坚贞】**jiānzhēn** 〔형〕지조〔절개〕가 굳다. 충실하다. ¶~不渝=지조가 굳고 변함이 없다.

【坚贞不屈】**jiānzhēn-bùqū** 〔成〕지조가 굳세어 굴하지 않다. 의지가 강하여 굽힐 줄 모르다.

## 间[間] **jiān** 사이 간

〔명〕1 사이. 중간. 가운데. ¶两地之~=두 곳 사이. / 彼此之~=피차 간. 2 일정한 범위의 안. ¶夜~= 야간. / 民~=민간. 3 방. 실. ¶单~=단칸방. 싱글룸. / 卫生~=화장실. 〔양〕칸. [방을 세는 단위] ¶两~卧室=침실 두 칸. / 三~教室=교실 세 칸.

○ 间 jiān
简 jiǎn
涧 jiàn
锏 jiǎn

☞ **jiàn**

暗间儿, 此间, 单间儿, 坊间, 房间, 行háng间, 居间, 开间, 空间, 民间, 明间儿, 年间, 期间, 其间, 日间, 舍shè间, 时间, 世间, 套tào间, 跳间, 外间, 乡间, 阳间, 夜间, 阴间, 中间, 太平间, 卫生间

【间冰期】**jiānbīngqī** 〔명〕〔地〕간빙기.

【间不容发】**jiānbùróngfà** 〔成〕1 거리가 너무 가까워 중간에 머리털 하나 들어갈 틈이 없다. 2〔비〕재난이 임박하여 사태가 극도로 위급하다.

【间架】**jiānjià** 〔명〕1 가옥의 구조. 2〔비〕한자의 필획(筆劃)의 구조. 3〔비〕서화(書畵)나 시문(詩文)의 구조〔구성·짜임새〕.

【间距】**jiānjù** 〔명〕(둘 사이의) 거리. 간격. ¶树木之间要保持适当的~. =나무와 나무 사이에 적당한 거리를 유지해야 한다.

【间量】**jiān·liang**(~儿) 〔명〕〔비〕방의 면적. ¶这门面的~太小. =이 점포의 면적이 너무 좁다.

【间脑】**jiānnǎo** 〔명〕〔生〕간뇌.

【间息】**jiānxī** 〔명〕중간 휴식.

【间奏曲】**jiānzòuqǔ** 〔명〕〔音〕1 간주곡. 앙트락트(entracte). 2 간주곡. 간주악. 인테르메초(intermezzo). [악곡이나 오페라, 극의 낭독 사이에 삽입되는 형식이 자유롭고 편폭이 짧은 기악

소곡] **3** 간주곡. [교향곡이나 실내 악곡 등의 조곡(組曲) 중 비교적 짧은 중간 악장]

## 浅[淺] jiān 물 빨리 흐르는 모양 천
☞ qiǎn
【浅浅】[濺濺] jiānjiān 의성 졸졸. 돌돌. [물이 흐르는 소리] ¶溪流~=시냇물이 졸졸 흐르다. 형문 물이 빠르게 흐르는 모양. ¶石濑兮~, 飞龙兮翩翩. =돌 많은 여울은 빠르게 흐르고, 비룡 같은 배는 쏜살같이 날아가네.

## *肩 jiān 어깨 견
명 어깨. ¶并~=어깨를 나란히 하다. / 羊~=양의 앞다리와 어깻죽지. **1** 맡다. 짊어지다. ¶身~重任=막중한 책임을 맡다. **2** 용례 (어깨에) 메다. ¶他一起锄头下地去了. =그는 괭이를 메고 들에 일하러 갔다.

挨āi肩儿, 比肩, 垫diàn肩, 坎kǎn肩, 披pī肩, 耸sǒng肩, 息肩, 歇xiē肩

【肩膀】jiānbǎng 명 (~儿) **1** 어깨. **2** (네발짐승의) 앞다리와 어깻죽지.
【肩负】jiānfù 동 맡다. 짊어지다. ¶~历史使命=역사적 사명을 짊어지다. ≒担负 担当
【肩胛】jiānjiǎ **1** 어깨. **2** (醫) 견갑.
【肩胛骨】jiānjiǎgǔ 명 (生) 견갑골. 어깨뼈. =【胛骨】jiǎgǔ 【琵琶骨】pí·pagǔ
【肩摩毂击】jiānmó-gǔjī **1** 어깨와 어깨가 서로 스치고, 수레바퀴와 수레바퀴가 서로 부딪치다. **2** 비 행인과 차량이 대단히 붐비다. =【摩肩击毂】mójiān-jīgǔ
【肩摩踵接】jiānmó-zhǒngjiē ☞【摩肩接踵】mójiān-jiēzhǒng
【肩挑】jiāntiāo 동 (짐이나 책임을) 어깨에 메다. 걸머메다. ¶~重担=무거운 짐을 어깨에 걸머메다. **1** 명)비 짐꾼. 잡부. 인부.
【肩头】jiāntóu **1** 어깨 위. ¶~的责任不小. =어깨 위의 책임이 작지 않다. **2** 방 어깨. ¶~一耸=어깨를 한번 들썩하다.
【肩窝】jiānwō (~儿) 명 어깨의 우묵한 곳.
【肩章】jiānzhāng 명 견장.
【肩周炎】jiānzhōuyán 명 (醫) 견관절주위염(肩關節周圍炎). 오십견(五十肩).

## *艰[艱] jiān 어려울 간
형 어렵다. 힘들다. 곤란하다. ¶步履维~=보행이 곤란하다.
【艰巨】jiānjù 형 어렵고 힘들다. 어렵고도 무겁다. 막중하다. ¶任务~=임무가 어렵고 무겁다.
【艰苦】jiānkǔ 형 간고하다. 어렵고 고달프다. 가난하고 고생스럽다. ¶条件~=조건이 어렵고 고생스럽다. ≒困苦 艰辛 ↔安逸
【艰苦备尝】jiānkǔ-bèicháng 성 갖가지 어렵고 고달픈 일을 모두 겪어 보다. 쓰디쓴 경험을 맛보다. 산전수전 다 겪다.
【艰苦奋斗】jiānkǔ-fèndòu 성 어렵고 고통스러운 조건 아래에서 완강한 투쟁을 하다.
【艰苦环境教育】jiānkǔ huánjìng jiàoyù【挫折教育】cuòzhé jiàoyù
【艰苦朴素】jiānkǔ-pǔsù 성 고통과 어려움을 잘 참고 견디며, 생활이 근검하고 소박하다.
【艰苦卓绝】jiānkǔ-zhuójué 성 (투쟁·싸움이) 지극히 힘들고 어렵다.
【艰难】jiānnán 형 곤란하다. 어렵다. 힘들다. ¶~度日=힘들게 살아가다.
【艰难竭蹶】jiānnán-jiéjué 성 돈이 부족하여 생활이 어렵고 고통스럽다.
【艰难曲折】jiānnán-qūzhé 성 **1** (앞으로 가야 할 길의) 고달픔·어려움·우여곡절·풍파. **2** 비 순탄하지(순조롭지) 못한 일.
【艰难险阻】jiānnán-xiǎnzǔ 성 **1** (앞으로 가야 할 길의) 고달픔·어려움·위험·장애. **2** 비 (인생 역정 중의) 고달픔·위험·좌절.
【艰涩】jiānsè 형 (시나 글이) 어렵고 애매하다. 뜻을 알기 어렵다. 난해하다. ¶~难懂=난해하여 이해하기 힘들다.
【艰深】jiānshēn 형 (이치나 문장이) 심오하여 이해하기 어렵다. ¶道理~=이치가 심오하여 이해하기 어렵다.
【艰危】jiānwēi 형 어렵고 위험하다. [주로 국가나 민족을 가리킴] ¶处境~=처한 상황이 어렵고 위험하다.
【艰险】jiānxiǎn 형 어렵고 위험하다. 험난하다. ¶路途~=길이 험난하다. 명 곤란과 위험. ¶不畏~=곤란과 위험을 두려워하지 않다.
【艰辛】jiānxīn 간난신고(艱難辛苦)하다. 고생스럽다. ¶生活~=생활이 고생스럽다. 명 간난신고(艱難辛苦). 고생. ¶饱尝~=간난신고를 실컷 맛보다. ≒艰苦 困苦
【艰贞】jiānzhēn 형문 위험과 어려움 앞에 굴하지 않다. ¶~不拔=위험과 어려움에 흔들리지 않다.

## *监[監] jiān 감독할 감
동 **1** 감시하다. 감독하다. ¶~考教师=시험 감독 교사. / ~督机关=감독 기관. **2** 감방에 가두다. 수감(收監)하다. ¶终生~禁=평생 감금하다. 명 **1** 감방. ¶探~=감옥에 가서 죄수를 면회하다. **2** 옛 감독·지도·권고하는 사람. ¶学~=학감.
☞ jiàn

| ❶ 监 jiān | 滥 lán |
| 槛 jiàn | 滥 làn |
| 舰 jiàn | 览 lǎn |
| 蓝 lán | 揽 lǎn |
| 篮 lán | 缆 lǎn |

【监测】jiāncè 동 (측량 기구·계기를 이용하여) 감시하고 검측(儉測)하다. 검사하다. 모니터링하다. ¶~空气质量=공기의 품질을 감시하고 측정하다.
【监测器】jiāncèqì 명 감시 장치. 모니터.
【监察】jiānchá 동 **1** 감찰하다. 감독하여 살피다. **2** 감찰하다. [국가 기관 및 그 공무원들을 감독하여, 그들의 위법과 비위 사실에 대한 조사, 징계 처분, 수사 기관에 고발하는 등의 업무를 하는 것을 가리킴]

【监场】jiān‖chǎng 동 시험장을 감독하다.
【监督】jiāndū 동 감독하다. ¶~部门=감독 부서[기관]. 명 감독. ¶舞台~=무대 감독.
【监督电话】jiāndū diànhuà 명 불편 신고 전화. 민원 신고 전화. 소비자 고발 전화.
【监督岗】jiāndūgǎng 명 방범 초소.
【监犯】jiānfàn 명 교도소에 수감된 죄수.
【监工】jiān‖gōng 동 공사를 감독하다. 일꾼들을 감독하다.
【监工】jiāngōng 명 현장 감독. 작업 반장.
【监管】jiānguǎn 동 감독[감시] 관리하다. ¶~囚犯=죄수를 감시 관리하다.
【监规】jiānguī 명 교도소[감옥]의 규정[법규].
【监护】jiānhù 동 1 감호하다. 감독하고 보호하다. ¶~防洪大堤=홍수 방지용 제방을 감독 보호하다. 2 관찰하고 간병하다. ¶~病人=환자를 관찰하고 간병하다. 3 (法)(미성년자·정신병자 등의 신변·재산 및 그 밖의 합법적인 권익을) 후견(後見)하다. ¶~权=후견권.
【监护人】jiānhùrén 명 (法) 후견인. 후견자.
【监禁】jiānjìn 동 감금하다. ¶长期~=장기간 감금하다.
【监考】jiān‖kǎo 동 시험을 감독하다.
【监考】jiānkǎo 명 시험 감독.
【监控】jiānkòng 동 1 (기계·기기의 동작 상태나 어떤 사물의 변화를) 감시하고 제어하다. ¶自动~装置=자동 감시 제어 장치. 2 감독하고 조절하다. ¶~商品价格=상품 가격을 감독하고 조절하다.
【监牢】jiānláo 명 교도소. 감옥. 감방.
【监理】jiānlǐ 동 감리하다. 감독하고 관리하다. ¶完善~制度=감리 제도를 합리적으로 정비하다. 명 관리 감독 책임자. ¶他是这个工程的~。=그는 이 공사의 관리 감독 책임자이다.
【监票】jiān‖piào 동 감표하다. ¶他验票, 你~。=그가 검표하고 당신이 감표하세요. 명 감표인.
【监事】jiānshì 명 감사.
【监事会】jiānshìhuì 명 감사 위원회.
【监视】jiānshì 동 1 감시하다. ¶~旱情=가뭄 상황을 감시하다. 2 감시 관리하다. ¶~犯罪嫌疑人=범죄 용의자를 감시 관리하다.
【监视器】jiānshìqì 명 감시 카메라. CCTV. 모니터(monitor).
【监守】jiānshǒu 동 감수하다. 잡아 가두고 지키다. ¶~犯人=범인을 잡아 가두고 지키다.
【监守自盗】jiānshǒu-zìdào 성 자기가 관리하는 공공 재물을 훔치다.
【监听】jiāntīng 동 감청하다.
【监听器】jiāntīngqì 명 감청기. 음향 감시기.
【监外执行】jiānwài zhíxíng (法) 법원에서 법적 규정 또는 중병·임신·수유 등의 원인으로 죄인을 잠시 감금하지 않고 정해진 기구에 넘겨 감시 관리하는 것.
【监学】jiānxué ☞【学监】xuéjiān
【监押】jiānyā 동 1 감금하다. 구금하다. ¶~罪犯=범죄자를 감금하다. 2 호송하다. 압송하다. ¶法警~犯人出庭受审。=법정 경찰이 범인을 호송하여 법정에 출두하여 재판을 받게 하다.
【监狱】jiānyù 명 교도소. 감옥. 감방. 수용실. ≒大牢.
【监制】jiānzhì 동 1 상품의 제조를 감독하다. 상품을 감독하여 만들다. 감제하다. 2 영화·텔레비전 제작물의 촬영을 감독하다. 명 제작부. 제작자.

\*\* **兼** jiān 겸할 겸
동 겸하다. 동시에 하다. ¶身~数职=여러 직책을 겸임하다. 부 동시에. …와 함께. 겸하여. ¶软硬~施=강경책과 유화책을 함께 쓰다. 형 두 배의. 곱절의. ¶日夜~程~=밤낮으로 길을 서둘러 가다.

| ◉ 兼 jiān |
| 缣 jiān |
| 搛 jiān |
| 鹣 jiān |
| 廉 lián |
| 镰 lián |
| 蠊 lián |
| 臁 lián |
| 濂 Lián |
| 谦 qiān |
| 歉 qiàn |
| 慊 qiàn |
| 嫌 xián |

【兼爱】jiān'ài 명 겸애. [춘추전국(春秋戰國) 시대의 묵자(墨子)가 주장한 학설. 가리지 않고 모든 사람을 똑같이 두루 사랑함]
【兼备】jiānbèi 동 (여러 방면의 장점이나 특징을) 겸비하다. ¶德才~=재덕을 겸비하다.
【兼并】jiānbìng 동 1 점거하다. 점유하다. 불법으로 차지하다. (영토·재산 등을) 병탄하다. 삼키다. ¶~土地=토지를 불법으로 차지하다. 2 합병하다. ¶该公司已~了十余家中小企业。=이 회사는 이미 10여 개의 중소기업을 합병했다.
【兼差】jiān‖chāi 명 겸직하다.
【兼程】jiānchéng 동 1 두 배의 속도로 길을 가다. 2 길을 재촉하다. 길을 서둘러 가다. ¶风雨~~=비바람 속에서 길을 재촉하다.
【兼而有之】jiān'éryǒuzhī 성 겸유하다. 동시에 갖추고 있다. ¶两方面的原因~。=두 방면의 원인을 동시에 갖고 있다.
【兼顾】jiāngù 동 동시에 돌보다. 아울러 고려하다. ¶公私~=공과 사를 아울러 돌보다.
【兼管】jiānguǎn 동 (본직 외에 다른 일을) 겸하여 관할하다[관리하다]. ¶他除了教学, 还~学生工作。=그는 학생을 가르치는 것 외에도 학생들을 관리하는 일을 겸하고 있다.
【兼毫】jiānháo 명 겸호(필).
【兼课】jiān‖kè 동 (본직 외에) 학생 가르치는 일을 겸하다.
【兼任】jiānrèn 동 겸임하다. ¶副厂长~工会主席。=부공장장은 노동 조합 위원장을 겸임하고 있다. 형 전임이 아닌. 겸임의. ¶~教师=겸임 교사.
【兼容】jiānróng 동 동시에 받아들이다[수용하다]. 겸용하다. ¶~众家学说之所长。=여러 학설의 장점을 동시에 받아들이다.
【兼容并包】jiānróng-bìngbāo 성 모든 것을 두루 포함하다. 총망라하다.
【兼容机】jiānróngjī 명 (컴) 호환성의 컴퓨터.
【兼容性】jiānróngxìng 명 호환성. ¶这种软件对其他相似的软件具有~。=이 종류의 소프

트웨어는 다른 비슷한 소프트웨어에 대해 호환성을 갖추고 있다.
【兼施】 jiānshī 동 (몇 가지 방법·수단을) 동시에 시행하다. 병용하다. 병행하다. ¶恩威~=은혜와 위엄을 병용하다.
【兼收并蓄】 jiānshōu-bìngxù 성 (내용·성질이 다른 것을) 전부 받아들여 아울러 보존하다.
【兼祧】 jiāntiāo 동 (종법 제도에서) 한 남자가 두 집안의 적자(嫡子)가 되다.
【兼听则明】 jiāntīng-zémíng ☞ 【兼听则明, 偏信则暗】 jiān tīng zé míng, piān xìn zé àn
【兼听则明, 偏信则暗】 jiān tīng zé míng, piān xìn zé àn 성 여러 방면의 의견을 들으면 시비를 잘 구별할 수 있고, 한쪽의 말만 믿으면 사리에 어둡게 된다. =【兼听则明】 jiān tīng-zémíng
【兼旬】 jiānxún 명 20일. [ '旬(xún)' 은 10일임]
【兼营】 jiānyíng 동 겸업하다. 주된 직업 외에 다른 일을 겸하여 하다. ¶一些书店~音像制品。 =어떤 서점들은 음반과 영상물을 (책과) 겸하여 판다.
【兼有】 jiānyǒu 동 겸하다. 겸유하다. ¶这种洗涤剂~除菌的功效。 =이 세탁 세제는 살균 작용을 겸하고 있다.
【兼之】 jiānzhī 접 게다가. 또. 겸하여. ¶他素来马虎, ~又嗜酒, 这事交给他办恐怕靠不住。 =그는 평소에 일처리가 철저하지 못한 데다가 술도 좋아하니, 이 일을 그에게 맡기자 해도 믿음이 안 가서 걱정이 된다.
【兼职】 jiān‖zhí 동 겸직하다. ¶他在一家报社~。 =그는 한 신문사에서 겸직하고 있다.
【兼职】 jiānzhí 명 겸직. ¶他在多个学术团体有~。 =그는 여러 학술 단체에 직책이 있다. ↔专职 正职

菅 jiān 솔새 간
명 1 (植) 솔새. ¶草~人命=사람의 목숨을 잡초〔솔새〕처럼 우습게 여기다. 2 (Jiān) 성(姓).

笺¹ [箋] jiān 주석 전
명 전. [고서(古書)의 주석의 하나] ¶郑玄作《毛诗~》。 =정현이 《모시전》을 지었다.

笺² [箋, 牋·椾] jiān 편지 전
명 1 문 서신. 편지. 서한. 서간. ¶长~=장문의 편지. 2 편지지. 찌지. 메모 용지. ¶便~=메모지. / 信~=편지지.
【笺札】 jiānzhá 명문 서신. 편지. 서한. 서간.
【笺纸】 jiānzhǐ 명 편지지.
【笺注】 jiānzhù 명문 전주. 주석(註釋). 주해(註解).

渐 [漸] jiān 스며들 점
동문 1 흘러들어가다. ¶东~于海=동쪽으로 흘러 바다로 들어가다. 2 적시다. 스며들다. 배다. ¶~渍=차츰차츰 스며들다.

☞ jiàn
【渐染】 jiānrǎn 동문 서서히 물들다.

犍 jiān 불깐 소 건
명 불친소. 악대소. 거세한 소. ¶老~=불친 늙은 소.
☞ qián
【犍牛】 jiānniú 명 불친소. 악대소. 거세한 소.

溅 [濺] jiān 빨리 흐를 천
☞ jiàn
【溅溅】 jiānjiān ☞ 【浅浅】 jiānjiān

湔 jiān 씻을 전
동문 1 씻다. 빨다. 세척하다. 2 (수치·원한·누명·슬픔 등을) 씻다. ¶~洗前罪=이전에 지은 죄를 씻다.
【湔洗】 jiānxǐ 동문 1 세탁하다. 때를 제거하다. 2 (치욕·오명 등을) 제거하다〔씻다〕. ¶~国耻=국치를 씻다.
【湔雪】 jiānxuě 동문 (수치·누명 등을) 씻다. 벗다. ¶~冤屈=억울함을 벗다.

缄¹ [緘] jiān 봉할 함
동 1 닫다. ¶~口禁言=입을 다물고 말을 하지 않다. 2 (편지를) 봉하다. 붙이다. [주로 편지 봉투의 발신인의 성명 뒤에 쓰임] ¶李~=이(李)가 봉함. / 成都曹~=청두(成都)의 조(曹)가 드림. ↔开

缄² [緘, 械] jiān 편지 함
명문 서신. 편지. 서한. 서간.
【缄口】 jiānkǒu 동문 입을 다물다. ¶~不语=입을 다물고 말하지 않다. ↔开口
【缄口结舌】 jiānkǒu-jiéshé 성 1 입을 다물고 침묵을 지키다. 2 어떠한 말도 하지 못하다. 어떠한 말도 하려 하지 못하다.
【缄默】 jiānmò 동 침묵을 지키다. 입을 다물다. ¶他始终保持~, 未发一言。 =그는 한 마디 말도 하지 않고 처음부터 끝까지 침묵을 지켰다. ↔开口 辩解
【缄札】 jiānzhá 명문 서신. 편지. 서한. 서간.

瑊 jiān 옥돌 감
명문 옥돌.
【瑊玏】 jiānlè 명문 옥돌.

搛 jiān 집을 렴
동 (젓가락으로) 집다. ¶~菜=(젓가락으로) 반찬을 집다.

蒹 jiān 갈대 겸
명문 (植) (이삭이 올라오지 않은) 갈대. ¶~葭=갈대.

*煎 jiān 부칠 전
동 1 (적은 기름에) 지지다. 부치다. ¶~豆腐=

두부를 지지다. / ～鸡蛋＝달걀을 부치다. **2** 달이다. ¶～药＝약을 달이다. [양] 한약을 달이는 데 세는 단위. ¶头～＝첫탕. / 二～＝재탕.

○● 熬áo煎

【煎熬】**jiān'áo** [동] **1** 기름에 지지고, 물에 넣고 졸이다. **2** [비] 시달리다. 괴로움을 당하다. 시련을 겪다. ¶备受～＝온갖 괴로움을 당하다.

【煎逼】**jiānbī** [동] 억지로 시키다. 강요하다. 핍박하다. 들볶다. ¶纠缠～＝치근거리며 핍박하다.

【煎饼】**jiān·bing** [명] 젠빙. 전병. [좁쌀가루나 녹두가루 등을 멀겋게 반죽을 하여 번철(燔鐵)에 골고루 펴서 익힌 얇은 부꾸미 같은 것]

【煎迫】**jiānpò** [동] 억지로 시키다. 강요하다. 핍박하다. 들볶다. 절박하다. ¶贫困～＝빈곤한 지경에 빠지다.

【煎心】**jiānxīn** [형] 애타다. 마음을 졸이다. 안달복달하다.

## 缣[縑] jiān 합사 비단 겸

[명][문] 합사(合絲)로 짠 고운 비단. ¶～囊＝비단 주머니.

【缣帛】**jiānbó** [명] 재질이 아주 얇은 비단. [종이가 발명되기 전에 글자를 쓰는 데 사용함]

## 鲣[鰹] jiān 가다랭이 견

[명]《動》 가다랭이.

【鲣鸟】**jiānniǎo** [명]《動》 얼가니새.

## 鹣[鶼] jiān 비익조 겸

[명] (고대 전설 속의) 비익조(比翼鳥).

【鹣鲽】**jiāndié** [명][문] **1** 비익조(比翼鳥)와 비목어(比目魚). **2** [비] 금실 좋은 부부. ¶～情深＝부부간의 사랑이 대단히 깊다.

【鹣鹣】**jiānjiān** [명] (고대 전설 속의) 비익조(比翼鳥).

## 熸 jiān 꺼질 잠

[동][문] **1** 불이 꺼지다. **2** 군대가 궤멸하다.

## 鞬 jiān 동개 건

[명] 동개(筒介). [말 위에 활과 화살을 담는 기구]

## 鞯[韉] jiān 언치 천

[명][문] 언치. [안장 밑에 까는 깔개]

## 鳒[鰜] jiān 가자미 겸

[명]《動》 가자미.

## 櫼 jiān 쐐기 첨

[명][문] 나무 쐐기.

## 囝 jiǎn 아이 건

[명][방] **1** 아들. **2** 자녀. 아들과 딸.

## 减[絸] jiǎn 누에고치 견

[명] '茧(jiǎn)'과 같음.

## **拣[揀] jiǎn 가릴 간

[동] **1** 간택하다. 간선하다. 고르다. 선발하다. 선택하다. 뽑다. ¶挑肥～瘦＝오로지 자기에게 좋은 것만 골라 내다. **2** '捡(jiǎn)'과 같음. ↔丢

【拣佛烧香】**jiǎnfó-shāoxiāng** [성] **1** 부처의 크기에 따라 다른 향을 태우다. **2** [비] 사람에 따라 다르게 대하다.

【拣了芝麻，丢了西瓜】**jiǎn·le zhī·ma, diū·le xīguā** ☞【捡了芝麻，丢了西瓜】**jiǎn·le zhī·ma, diū·le xīguā**

【拣选】**jiǎnxuǎn** [동] 간선하다. 간택하다. 고르다. 선발하다. 선택하다. 뽑다. ¶～优质稻种＝우수한 품질의 볍씨를 고르다.

【拣择】**jiǎnzé** [동][문] 간택하다. 간선하다. 고르다. 선발하다. 선택하다. 뽑다. ¶～佳期＝좋은 날을 간택하다.

## 枧[梘] jiǎn 홈통 견

[명] **1** '笕(jiǎn)'과 같음. **2** [방] 비누. ¶香～＝세숫비누.

## **茧[繭, 蠒] jiǎn 누에고치 견

[명] **1** 고치. **2** '趼(jiǎn)'과 같음.

○● 蚕cán茧, 重chóng茧

【茧绸】**jiǎnchóu** [명]《紡》 '柞丝绸(산누에의 실로 짠 엷은 명주)'의 옛 명칭.

【茧农】**jiǎnnóng** [명]《農》 잠농(蠶農). 누에 농사. 잠작(蠶作).

【茧丝】**jiǎnsī** [명] 견사. 잠사. 생사. 명주실.

【茧子】**jiǎn·zi** [명] **1** ☞【趼子】**jiǎn·zi** **2** [방] 누에고치.

## *柬 jiǎn 편지 간

[명] **1** 서한. 편지. 청첩장. 초대장. ¶请～＝초대장. / 书～＝서한. **2** (Jiǎn) [약] 캄보디아(Cambodia). ¶中～友谊＝중국과 캄보디아의 우정.

> ○ 柬 jiǎn
> 谏 jiàn
> 拣 jiǎn
> 练 liàn
> 炼 liàn
> 楝 liàn
> 阑 lán

【柬埔寨】**Jiǎnpǔzhài** [명][외]《地》 캄보디아(Cambodia). [수도는 '金边(프놈펜 : PhnomPenh)'임]

【柬帖】**jiǎntiě** [명] 편지. 메모지. 쪽지. 초대장.

【柬邀】**jiǎnyāo** [동] 초대장을 보내 초대하다.

## **俭[儉] jiǎn 검소할 검

[형] 검소하다. 절약하다. 아끼다. 검약하다. ¶节～＝절약하고 검소하다. / ～以养廉＝절약으로 청렴한 품성을 기르다. ↔奢

○● 节俭, 省俭

【俭朴】**jiǎnpǔ** [형] 검박하다. 검소하고 소박하다. ¶陈设～＝진열품이 검소하고 소박하다. ≒节俭 节约 ↔奢侈

【俭省】**jiǎnshěng** [형] 절약하다. 아끼다. 아껴

쓰다. 검약하다. ¶他很~,从不乱花一分钱. = 그는 아주 검약하여, 한 푼도 함부로 쓰지 않는다.
【俭约】jiǎnyuē〔形〕〔书〕 검약하다. 절약하다. 아끼다. 아껴 쓰다.

## **捡[撿]** jiǎn 주울 검

〔动〕 줍다. ¶~麦穗儿=보리이삭을 줍다. ↔丢
【捡了芝麻,丢了西瓜】[拣了芝麻,丢了西瓜] jiǎn·le zhī·ma, diū·le xīguā〔熟〕 1 참깨는 주웠으나 수박을 잃다. 기와 한 장 아까워 대들보 썩힌다. 2 대단히 어리석다.
【捡漏】jiǎn ‖ lòu 지붕의 새는 곳을 점검·수리하다. ¶每年雨季来临之前都要~. = 매년 장마가 오기 전에 지붕 새는 곳을 점검하고 수리해야 한다.
【捡漏儿】jiǎn ‖ lòur〔动〕 1 남의 약점〔흠〕을 잡다. …의 트집〔흠〕을 잡다. 남을 비난하다. 2 뜻하지 않은 재물을 건지다. 뜻밖에 횡재하다. 남이 버렸던 물건을 줍다.
【捡便宜】jiǎn piányi〔熟〕 1 아주 싼 값에 사다〔구입하다〕. 2〔벵〕힘들이지 않고 이익을 얻다. 불로소득하다. 거저먹으려 하다. ¶靠~搞科研是不可能的. = 힘도 들이지 않고 과학 기술 연구를 한다는 것은 불가능하다.
【捡破烂儿】jiǎn pòlànr〔动〕 1 (재활용을 위해) 폐품을 줍다. 2〔벵〕쓰레기를 줍다.
【捡破烂的】jiǎnpòlànr·de〔名〕 넝마주이.
【捡拾】jiǎnshí〔动〕 줍다. ¶~稻穗=벼이삭을 줍다.
【捡洋落儿】jiǎn yánglàor〔动〕〔方〕 1 외국인이 버린 물건을 줍다. 2〔벵〕뜻하지 않은 재물〔이득〕을 얻다.

## **笕[筧]** jiǎn 대 홈통 견

〔名〕 (물을 끌어들이는 데 쓰이는) 긴 대나무 홈통. ¶~水潺潺=대나무 홈통의 물이 졸졸 흐르다.

## **检[檢]** jiǎn 검사할 검

〔动〕 1 제한하다. 한정하다. 속박하다. 구속하다. 제약하다. 규제하다. ¶行为不~=행동이 경솔하다. 2 검사하다. ¶翻~=뒤지다. / 体~=신체 검사. 3 '茧(jiǎn)'과 같음. 〔名〕(Jiǎn) 성(姓).

○● 翻检, 体检

【检波】jiǎnbō〔动〕 검파하다. 복조(復調)하다.
【检测】jiǎncè〔动〕 검측하다. 검사·측정하다. ¶~产品质量=상품의 품질을 검사·측정하다.
【检查】jiǎnchá〔动〕 1 검사하다. 점검하다. 조사하다. ¶定期~身体=정기적으로 건강 검진을 하다. 2 (서적·문건 등을) 들추어 조사하다〔참조하다·참고하다〕. ¶这些材料要好好保存,以便日后~. =나중에 참고할 수 있도록 이 자료들을 잘 보관해 두세요. 3 반성하다. 뉘우치다. 검토하다. ¶要认真~自己工作中的失误. =업무 중 자기가 범한 실수를 진지하게 반성해야 한다. 〔名〕반성문. 회개서. ¶他的~写得很深刻. =그의 반성문은 아주 인상 깊다. ≒检讨

【检察】jiǎnchá〔动〕 1 고찰하다. 정밀히 관찰하다. 2 (신고된 범죄 사실을) 심사하다. 검찰하다. 수사하다.
【检察官】jiǎncháguān〔名〕 검찰관. 검사.
【检察院】jiǎncháyuàn〔名〕 검찰청.
【检场】jiǎnchǎng〔动〕 중국 전통극의 공연 과정에서 무대의 소품을 배치하거나 거두는 것. 〔名〕무대 소품을 배치하거나 거두는 사람.
【检点】jiǎndiǎn〔动〕 1 점검하다. ¶~人数=인원수를 점검하다. 2 (자기의 언행을) 신중히 하다. 단속하다. 주의하다. ¶作风失于~. =태도가 경솔하다.
【检定】jiǎndìng〔动〕 검정하다. 검사하다. 면밀하게 살피다. ¶药品在出厂之前要严格进行~. =약품이 출하되기 전에 엄격하게 점검해야 한다.
【检核】jiǎnhé〔动〕 조사〔점검〕 확인하다. ¶反复~=반복하여 점검 확인하다.
【检获】jiǎnhuò〔动〕 (장물·마약·죄상 등을) 수색하여 압수하다〔체포하다〕. ¶~赌具和巨额赌资. =도박용 도구와 거액의 판돈을 압수하다.
【检举】jiǎnjǔ〔动〕 고발하다. 신고하다. ¶~信=투서. 고발 편지. ↔包庇
【检控】jiǎnkòng〔动〕 1 고발〔적발〕하여 기소하다. ¶~不法商贩=불법 상인을 고발하여 기소하다. 2 (위법이나 규율 위반 행위에 대해) 조사하여 규제하다. ¶严密~通缉犯=지명 수배범을 엄밀히 조사하여 규제하다.
【检录】jiǎnlù〔动〕〔体〕 경기 전에 운동 선수를 점검 확인한 후 경기 장소로 안내하다. ¶~员=경기 안내원.
【检票】jiǎn ‖ piào〔动〕 검표하다. 개찰하다.
【检视】jiǎnshì〔动〕 검시(檢視)하다. ¶~案发现场=사건 현장을 검시하다.
【检收】jiǎnshōu〔动〕 검수하다. 검사하여 받다. ¶~货物=화물을 검수하다.
【检束】jiǎnshù〔动〕 (자기의 언행을) 신중히 하다. 단속하다. 주의하다. ¶严加~=엄하게 단속하다.
【检索】jiǎnsuǒ〔动〕 (자료·도서 등을) 검색하다. 찾다. 조사하다. ¶部首~=부수로 검색하다.
【检讨】jiǎntǎo〔动〕 1 (자기의 결점이나 과오를) 찾아서 원인을 분석하다. 깊이 반성하다. 자기비판을 하다. ¶自我~=자기비판을 하다. 2 총결산하다. 비평하다. 검토하다. 분석 연구하다. ¶~前人的学术成果=이전 사람들의 학술 성과를 분석하다. ≒检查
【检讨书】jiǎntǎoshū ☞【悔过书】huǐguòshū
【检修】jiǎnxiū〔动〕 점검 수리하다. ¶~仪器=기구를 점검 수리하다.
【检验】jiǎnyàn〔动〕 검증하다. 검사하다. ¶~进口商品=수입 상품을 검증하다.
【检验员】jiǎnyànyuán〔名〕 검사원. 조사원. 검열관.
【检疫】jiǎnyì〔动〕 검역하다. ¶~站=검역소.
【检疫法】jiǎnyìfǎ〔名〕〔法〕 1 검역법. 2《중화 인

민 공화국 출입국 동식물 검역법(中华人民共和国进出境动植物检疫法)》.
【检阅】**jiǎnyuè** 통 **1** 시찰하다. 검열하다. 사열하다. ¶~部队=부대를 사열하다. **2** 뒤져서 읽다. 뒤져서 훑어보다. ¶~过期报刊=지난 간행물을 뒤적여가며 훑어보다.
【检字】**jiǎnzì** 통 **1** 글자를 검색하다. ¶~表=검자표. **2** 〔印〕문선하다. 채자하다. 활자뽑기를 하다.
【检字法】**jiǎnzìfǎ** 명 검자법.

# 趼 **jiǎn** 굳은살 견
명 (손 또는 발바닥에 생기는) 못. 변지(胼胝). 굳은살.
【趼子】〔茧子〕**jiǎn·zi** (손 또는 발바닥에 생기는) 못. 변지(胼胝). 굳은살. =【老趼】**lǎojiǎn**

## 减[減] **jiǎn** 덜 감
통 **1** 빼다. 덜다. 감하다. 줄이다. ¶缩~=감축하다. / 削~=삭감하다. **2** 낮아지다. 줄다. 떨어지다. 쇠퇴하다. 쇠락하다. 쇠미해지다. ¶虽下起了小雨, 但大家郊游的积极性有增无~。=비록 가랑비가 내리기 시작했지만, 모두들 야유회를 가려는 적극성은〔의지는〕 줄어들지 않았다. **3** 〔数〕빼다. ¶7-2等于5。=7에서 2를 빼면 5이다. ↔增 添 加
○→ 裁**cái**减, 递**dì**减, 核减, 节减, 清减, 缩减
【减半】**jiǎnbàn** 통 반감하다. 절반으로 줄다〔줄이다〕. ¶产量~=생산량이 반감하다. ↔增产
【减仓】**jiǎn‖cāng** 통 〔經〕보유 주식의 일부를 매도하여 소유량을 줄이다. ¶逢高~=올랐을 때 매도하여 보유 주식을 줄이다.
【减产】**jiǎn‖chǎn** 통 감산하다. 생산량을 줄이다. 생산량이 감소하다. ¶因为洪涝灾害, 去年庄稼大面积~。=홍수와 침수 재해로 작년 농작물이 대규모 면적에서 감산되었다.
【减低】**jiǎndī** 통 내리다. 인하하다. 줄다. 줄이다. 절하하다. 내려가다. 낮아지다. 하락하다. 저하하다. ¶~运费=운송비를 줄이다.
【减法】**jiǎnfǎ** 명〔数〕뺄셈. 감법.
【减肥】**jiǎn‖féi** 통 살을 빼다. 감량하다. 체중을 줄이다. ¶~茶=살 빼는 차.
【减肥药】**jiǎnféiyào** 명〔醫〕살 빼는 약.
【减幅】**jiǎnfú** 명 하락폭. 감소폭. ¶产量~不大。=생산량의 감소폭이 크지 않다.
【减负】**jiǎnfù** 통 과중한〔불합리한〕 부담을 줄이다. ¶坚决砍掉不合理的税收, 给农民~。=불합리한 세수(税收)를 단호히 감액하여 농민의 과중한 부담을 줄인다.
【减号】**jiǎnhào** 명〔数〕뺄셈 부호. 마이너스 부호. 뺄셈표. '-'.
【减河】**jiǎnhé** 명 방수로(放水路).
【减缓】**jiǎnhuǎn** 통 (속도를) 늦추다. (속도가) 느려지다. (정도를) 경감하다. 가볍게 하다. (정도가) 가벼워지다. ¶~衰老速度=노쇠 속도가 느려지다.

【减价】**jiǎn‖jià** 통 값을 내리다. 가격을 인하하다. ¶~出售=할인 판매를 하다. 세일하다.
【减亏】**jiǎnkuī** 통 (기업이) 적자를〔결손을〕 줄이다.
【减亏增盈】**jiǎnkuī-zēngyíng** 솅 손해를 줄이고 이익을 늘리다.
【减料】**jiǎnliào** 통 재료 사용을 줄이다. ¶偷工~=(부당 이익을 얻기 위해 시공·생산 과정에서) 노력과 자재를 규정보다 적게 들이다.
【减慢】**jiǎnmàn** 통 속도를 줄이다〔늦추다〕. 속도가 느려지다. ¶~车速=차의 속도를 줄이다.
【减免】**jiǎnmiǎn** 통 감면하다. 경감하거나 면제하다. 줄이거나 막다. ¶~税收=세수(税收)를 감면하다.
【减摩合金】**jiǎnmó héjīn** 명〔金〕감마합금.
【减轻】**jiǎnqīng** 통 (수량·중량이) 경감하다. 줄다. 감소하다. (정도가) 내려가다. 낮아지다. 하락하다. 저하하다. ¶灾情有所~。=재해 상황이 좀 줄어들었다. ↔加重
【减去】**jiǎnqù** 통 없애 버리다. 빼 버리다.
【减弱】**jiǎnruò** 통 (힘·기세 등이) 약해지다. 약화되다. 쇠약해지다. ¶体力~=체력이 약해지다. ↔增强
【减色】**jiǎnsè** 통 빛이 바래다. 가치를 떨어뜨리다. 손색이 가다. 손색을 주다. 퇴색되다. 떨어지다. 부진하다. ¶结尾的不合理性使这部小说~不少。=사리에 맞지 않게 쓰여진 결말은 이 소설의 가치를 떨어뜨렸다. ↔增色
【减少】**jiǎnshǎo** 통 감소하다. 줄다. 줄이다. 축소하다. 삭감하다. ¶~花费=경비를 줄이다. ↔增多 增加
【减声器】**jiǎnshēngqì** 명〔機〕소음기(消音器).
【减省】**jiǎnshěng** 통 감소하다. 줄다. 줄이다. 축소하다. 삭감하다. 절약하다. ¶~开支=지출을 줄이다.
【减收】**jiǎnshōu** 통 수확〔작황〕이 줄다. 줄어서 거두다. ¶今年的大豆有所~。=올해 콩의 수확이 좀 줄어들었다.
【减数】**jiǎnshù** 명〔数〕감수. 뺄수. 더는 수.
【减税】**jiǎn‖shuì** 통 감세하다. 세수(税收)를 줄이다.
【减速】**jiǎn‖sù** 통 감속하다. 속도를 줄이다. ¶~行驶=속도를 줄여 운전하다.
【减速剂】**jiǎnsùjì** ☞【慢化剂】**mànhuàjì**
【减速器】**jiǎnsùqì** 명〔機〕감속기. 감속 장치. =【减速箱】**jiǎnsùxiāng**
【减速箱】**jiǎnsùxiāng** ☞【减速器】**jiǎnsùqì**
【减损】**jiǎnsǔn** 통 감손하다. 감소하다. 약해지다. 약화되다. 쇠약해지다. ¶防止机器使用寿命过快~。=기계의 사용 수명이 급격히 줄어드는 것을 방지하다.
【减缩】**jiǎnsuō** 통 감축하다. 줄이다. 축소하다. ¶~编制=편제를 감축하다.
【减退】**jiǎntuì** 통 (정도가) 감퇴하다. 약해지다. 약화되다. 쇠약해지다. ¶视力~=시력이 감퇴

하다. ↔增进
【减息】**jiǎnxī** 동 이자를 줄이다〔낮추다〕.
【减小】**jiǎnxiǎo** 동 작아지다. 잦아들다. ¶雨势~=빗줄기가 잦아들다.
【减薪】**jiǎn∥xīn** 동 감봉하다. 봉급을 줄이다.
【减刑】**jiǎn∥xíng** 동 (法) 감형하다.
【减削】**jiǎnxuē** 동 삭감하다. 깎아서 줄이다. ¶~支出=지출을 삭감하다.
【减压】**jiǎnyā** 동 감압하다. 압력을 낮추다〔줄이다〕. ¶~器=감압기.
【减压阀】**jiǎnyāfá** 명 감압 밸브(valve).
【减员】**jiǎn∥yuán** 동 1 (질병·사망 등의 원인으로) 인원이 줄다. [주로 부대를 가리킴] ¶非战斗~=비전투로 인한 병력 감소. 2 감원하다. 인원을 줄이다. ¶~增效=인원을 줄여 효율을 높이다.
【减灾】**jiǎnzāi** 동 자연 재해로 인한 손실을 줄이다. ¶~自救=재난으로 인한 손실을 줄이도록 자구책을 구하다.
【减震】**jiǎnzhèn** 동 충격을 흡수하다〔완화다〕. (진동의) 감폭하다. ¶~措施=충격 완화 조치.
【减震器】**jiǎnzhènqì** 명 (機) 댐퍼. 현가 장치. 완충 장치. (자동차의) 완충기.
【减征】**jiǎnzhēng** 동 (비용·세금 등을) 줄여서 징수하다. ¶~赋税=조세를 낮춰 징수하다.
【减租减息】**jiǎnzū jiǎnxī** 동 소작료와 이자 삭감. [항일 전쟁 시기에 중국 공산당 해방 지역 내에서 실시했던 주요 정책 중 하나로, 농민의 소작료·토지세·대출 이자 등을 낮추는 정책]

## 剪[翦] **jiǎn** 자를 전

동 1 자르다. 끊다. 절단하다. ¶~草除根=풀과 뿌리를 자르다. 근절하다. 2 소탕하다. 제거하다. 없애 버리다. ¶~除奸究=악당을 소탕하다. 3 (가위 등으로) 자르다. 깎다. 끊다. 절단하다. ¶修~花木=꽃과 나무를 전지(가지치기)하다. /~指甲=손톱을 깎다. 명 1 가위. ¶理发~=이발용 가위. 2 가위와 모양이 비슷한 기구. ¶火~=부집게.

◦● 裁cái剪, 反剪, 修剪

【剪报】**jiǎn∥bào** 동 신문을 오리다〔스크랩(scrap)하다〕.
【剪报】**jiǎnbào** 명 신문 스크랩(scrap). 신문 자료 모음. ¶读~=신문 스크랩을 읽다.
【剪裁】**jiǎncái** 동 1 마름질하다. 재단하다. 2 (글을 쓸 때 재료를) 취사선택하다. 가위질하다. 편집하다. ¶原著和电影一比较, 就可以看出导演非常善于~. =원작과 영화를 비교해 보면 감독이 취사선택을 대단히 잘 한다는 것을 대번에 알 수 있다.
【剪彩】**jiǎn∥cǎi** 동 (개막·준공·개업 등의 식전에서) 기념 테이프를 끊다.
【剪草除根】**jiǎncǎo-chúgēn** ☞【斩草除根】**zhǎncǎo-chúgēn**
【剪除】**jiǎnchú** 동 잘라 내다. 없애 버리다. 제거하다. ¶~黑恶势力=악독한 세력을 소탕하다.
【剪刀】**jiǎndāo** 명 가위.
【剪刀差】**jiǎndāochā** 명 (經) (농공) 협상 가격차 (鋏狀價格差). 셰레(schere). [도표로 나타내었을 때 가위를 벌린 모양에 붙여진 이름]
【剪发】**jiǎn∥fà** 1 머리를 깎다. 이발하다. 2 삭발하다. 출가하다.
【剪辑】**jiǎnjí** 동 (映) 편집하다. =【剪接】**jiǎnjiē** 명 편집. ¶话剧录音~=연극 녹음 편집.
【剪接】**jiǎnjiē** ☞【剪辑】**jiǎnjí**
【剪径】**jiǎnjìng** 동 길을 막고 강탈하다〔약탈하다〕. [주로 조기 백화문에 보임]
【剪灭】**jiǎnmiè** 동 뿌리째 뽑아 버리다. 절멸 〔소멸〕시키다. 몰살하다. 모조리 없애 버리다. ¶~贼寇=도적을 완전히 절멸시키다.
【剪票】**jiǎn∥piào** 동 개찰하다. 개표하다.
【剪切】**jiǎnqiē** 동 전단하다. 절취하다. ¶~电影镜头=영화 장면을 절취하다.
【剪贴】**jiǎntiē** 동 1 (필요한 자료를) 스크랩북에 오려 붙이다. 2 (색종이로 문자나 도안을) 오려 붙이다.
【剪影】**jiǎnyǐng** 동 사람 또는 사물의 형상(실루엣)을 오리다. 명 1 실루엣으로 오린 작품. ¶一张生动的头部~=한 장의 생동감 넘치는 머리 모양을 오린 작품. 2 (사물의) 아웃트라인. 윤곽. 개황. 스케치. [주로 표제로 쓰임] ¶古镇~=오래 된 촌락의 스케치.
【剪纸】**jiǎnzhǐ** 동 전지(剪紙)하다. [일종의 민간 공예로 각종 사람·사물의 형상을 종이로 오리는 것] 명 전지(剪紙). ¶贴~=전지 공예를 붙이다.
【剪纸片儿】**jiǎnzhǐpiānr** 명 실루엣 영화(애니메이션). 그림자 영화.
【剪纸片】**jiǎnzhǐpiàn** 명 (映) 실루엣 영화(애니메이션). 그림자 영화.
【剪烛西窗】**jiǎnzhú-xīchuāng** 성 1 멀리 있는 아내를 그리면서 하루 빨리 만나기를 간절히 바라다. 2 친구와 함께 모여 장시간 이야기를 나누다. =【西窗剪烛】**xīchuāng-jiǎnzhú**
【剪子】**jiǎn·zi** 명 가위. 전단기(剪斷機).

## 硷[硷·鹼, 鹻] **jiǎn** 소금기 감

명 '碱(jiǎn)'과 같음.

## 揃 **jiǎn** 자를 전

동(문) (가위로) 자르다. 절단하다. 분할하다.

## 睑[瞼] **jiǎn** 눈꺼풀 검

명 1 (生) 눈꺼풀. 눈거죽. 2 검(睑). [당(唐)대 남조(南詔) 지역의 행정 단위로, 대략 주(州)에 상당함]

## 锏[鐗] **jiǎn** 전권 간

명 전권. [고대 병기의 하나. 긴 막대기 모양의 둔기(鈍器)로 네 각이 져 있고 날이 없으며, 상단에 약간 작고 아래에 손잡이가 있음] ¶镔铁~=단철(鍛鐵) 전권.

☞ jiàn

## 裥[襇] jiǎn 옷주름 간
명방 옷의 주름. 구김살.

## 睍 jiǎn 밝을 간
형문 밝다. 훤하다. [주로 인명에 쓰임]

## *简[簡] jiǎn 간단할 간
형 간단하다. 단순하다. ¶删繁就~=번잡한 것을 버리고 간단하게 만들다. 동 1 간단하게 하다. 간략하게 하다. 간소화하다. ¶精兵~政=군대의 정예화와 행정 기구의 간소화. 2 푸대접하다. 소홀히 대하다. 업신여기다. 경시하다. ¶待人~慢=접대를 소홀히 하다. 3문 (인재를) 선발하다. 뽑다. ¶~选贤才=현명한 인재를 선발하다. 명 1 죽간. [옛날, 종이 대신 사용하던 대나무 조각] ¶竹~=죽간. 2문 편지. ¶书~=서신. 3 (Jiǎn) 성(姓). ↔繁

○● 精简

【简板】jiǎnbǎn 명(音) 간판. [(대)나무판 두 쪽으로 이루어진 타악기로, 반주에 주로 쓰임]

【简办】jiǎnbàn 동 (혼사·장례 등을) 간소〔간단〕하게 치르다. ¶婚事~=혼사를 간소하게 치르다.

【简报】jiǎnbào 명 간단한 보고〔보도〕. 토막 소식. 단신(短信). 브리핑. ¶工作~=업무 브리핑.

【简本】jiǎnběn 명 요약판. 초본. 다이제스트(digest)판.

【简笔字】jiǎnbǐzì 명(言) 간체자.

【简编】jiǎnbiān 명 1 간편. 내용이 간략한 저작. [주로 서명(書名)으로 쓰임] ¶《当代西方文论~》=《당대 서방 문예 이론 간편》. 2 요약판. 다이제스트(digest)본. [주로 서명(書名)으로 쓰임] ¶《中国现代文学史~》=《중국 현대 문학사 요약판》.

【简便】jiǎnbiàn 형 간편하다. ¶方法~=방법이 간편하다. ≒简易 ↔烦琐

【简表】jiǎnbiǎo 명 (요약 정리한) 간단한 도표.

【简称】jiǎnchēng 명 약칭. =【缩略语】suōlüèyǔ ¶奥运会是奥林匹克运动会的~。='奥运会'는 '奥林匹克运动会(올림픽 운동회)'의 약칭이라고 부른다. 동 간단하게 부르다. ¶北京大学~北大。='北京大学(북경대학)'를 간단하게 불러 '北大(běidà)'라고 한다. ↔全称

【简单】jiǎndān 형 1 간단하다. 단순하다. ¶程序~=절차가 간단하다. / 故事情节~=이야기의 줄거리가 단순하다. 2 (경력·능력 등이) 평범하다. 보통이다. 녹록하다. [주로 부정형으로 쓰임] ¶他的经历很不~。=그의 경력이 아주 대단하다. 3 대충대충 하다. 적당히 처리하다. 세심하지 않다. ¶~从事=일을 대충 처리하다. ≒简略 单纯 ↔复杂

【简单化】jiǎndānhuà 동 단순화하다. 간소화하다. 간략하게 만들다. ¶这样一来，复杂的问题就~了。=이렇게 하니, 복잡했던 문제가 바로 단순화되었다. ↔复杂化

【简单机械】jiǎndān jīxiè 명《機》(지렛대·쐐기·도르래·나사 등의) 단순 기계.

【简单劳动】jiǎndān láodòng 명 단순 노동. ↔复杂劳动

【简单商品生产】jiǎndān shāngpǐn shēngchǎn 명(經) 단순 상품 생산. =【小商品生产】xiǎoshāngpǐn shēngchǎn

【简单再生产】jiǎndān zàishēngchǎn 명(經) 단순 재생산.

【简牍】jiǎndú 명 1 죽간(竹簡). 목간(木簡). [종이가 발명되기 전에 글자를 기록하던 (대)나무 조각] 2문 서신. 서적.

【简短】jiǎnduǎn 형 (문자나 말이) 간결하다. 간단하고 짧다. ¶他的发言很~。=그의 발언은 아주 간결하다. ↔冗长

【简断截说】jiǎnduàn-jiéshuō 성 단도직입적으로 말하다. 간단명료하게 말하다.

【简而言之】jiǎn'éryánzhī ☞【简言之】jiǎnyánzhī

【简古】jiǎngǔ 형문 1 간결하고 예스럽다. ¶文笔~=문필이 간결하고 예스럽다. 2 간단하고 심오해서 이해하기 어렵다. ¶文字~=문자가 간단하고 심오해서 이해하기 어렵다.

【简化】jiǎnhuà 동 간소화하다. 간략하게 만들다. 단순화하다. ¶~操作程序=조작 절차를 간소화하다.

【简化汉字】jiǎnhuà Hànzì 동 한자의 필획·수를 간소화하다. [예를 들면, '華'를 '华'로 하거나, '勤·憨' 중에서 '勤'을 선택하여 사용하는 경우를 가리킴] 명 간략화된 한자. 약자. [예를 들면, '华'와 같은 경우를 가리킴]

【简化字】jiǎnhuàzì 명 1 간략화된 한자. 약자. 2 간화자. 간체자. [《中华人民共和国国家通用语言文字法(중화 인민 공화국 국가 통용 언어 문자법)》이 확정하여 국가가 공표한《简化字总表(간화자 총표)》를 규범으로 삼는 한자]

【简简单单】jiǎn·jian dāndān 형 1 간단하다. 단순하다. 2 (경력·능력 등이) 평범하다. 보통이다. 녹록하다. 3 대충대충 하다. 적당히 처리하다. 세심하지 않다.

【简简短短】jiǎn·jian duǎnduǎn 형 (문자나 말이) 간결하다. 간단하고 짧다.

【简洁】jiǎnjié 형 (언행·문장 등이) 깔끔하다. 매끈하다. 간결하고 명료하다. 군더더기 없이 알기 쉽다. ¶话语~=말이 깔끔하다.

【简捷】jiǎnjié 형 1 (말·행동 등이) 간단명료하다. 단도직입적이다. 간결하고 시원시원하다. =【简截】jiǎnjié ¶文章语言~，但耐人寻味。=작품의 언어가 간단명료하지만 의미심장해서 심사숙고하게 한다. 2 간편하고 빠르다. ¶这种办法~易行。=이러한 방법은 간편하고 빨라 실행하기 쉽다.

【简捷了当】jiǎnjié-liǎodàng 성 (말·행동 등이) 간단명료하다. 단도직입적이다. 간결하고 시원시원하다.

【简截】jiǎnjié ☞【简捷】jiǎnjié

**【简介】jiǎnjiè** 동 간단하게 설명하다〔소개하다〕. ¶请张教授~一下这部书的内容.=장 교수님께서 이 책의 내용을 간단히 소개해 주세요. 명 안내서. 간단한 소개서〔설명서〕. 간단한 줄거리. ¶剧情~=(영화·연극 등의) 줄거리.

**【简劲】jiǎnjìng** 형 간결하고 힘차다. ¶笔墨~=문장이 간결하고 힘차다.

**【简况】jiǎnkuàng** 명 개황(概況). 대략의 상황. 개요. ¶项目~=항목 개요.

**【简括】jiǎnkuò** 형 간결하고 개괄적이다. ¶论述~=논술이 간결하고 개괄적이다.

**【简历】jiǎnlì** 명 약력. ¶作者~=작자 약력.

**【简练】jiǎnliàn** 형 간결하고 세련되다. ¶文字~=글이 간결하고 세련되다. ≒烦지

**【简陋】jiǎnlòu** 형 (가옥·설비 등이) 초라하다. 조촐하다. 허술하다. 보잘것없다. 누추하다. ¶房间布置得很~. =방 장식이 조촐하다. ≒简易 ↔奢华 华丽 华美 豪华

**【简略】jiǎnlüè** 형 (언어·문장 등이) 간략하다. 상세하지 않다. ¶叙述~=서술이 간략하다. ≒简单 大略 ↔详尽 详细

**【简慢】jiǎnmàn** 동 접대가 소홀하다. 푸대접하다. 소홀히 하다. 업신여기다. ¶~了, 对不起二位. =접대가 소홀했습니다. 두 분께 죄송할 따름입니다.

**【简明】jiǎnmíng** 형 간명하다. 간단명료하다. ¶~扼要=간명하고 핵심을 찌르다.

**【简评】jiǎnpíng** 동 단평하다. 간단명료하게 평론하다. ¶请你对这部影片~几句. =이 영화에 대해서 몇 마디 단평을 부탁드립니다. 명 단평(短評). 촌평(寸評). 간단명료한 평론. ¶新书~=신서 단평.

**【简朴】jiǎnpǔ** 형 (생활 태도 등이) 소박하다. 간소하다. 간결하고 질박하다. ¶衣着~=옷차림이 소박하다. ≒朴素 朴实 ↔奢华

**【简谱】jiǎnpǔ** 명 (音) 약보(略譜). 숫자 악보. [아라비아 숫자 1~7을 이용하여 음계를 표시한 악보]

**【简任】jiǎnrèn** 명 통임. [신해혁명에서 중화 인민 공화국 성립 전까지의 '特任(tèrèn)' 이하, '荐任(jiànrèn)' 이상의 2등급 문관]

**【简省】jiǎnshěng** 동 요약하다. 절약하다. 생략하다. 간단히 하다. 줄이다. ¶~费用=비용을 줄이다.

**【简史】jiǎnshǐ** 명 약사(略史). [주로 서명(書名)으로 쓰임] ¶《世界电影~》=《세계 영화 약사》.

**【简释】jiǎnshì** 동 간단명료하게 주석을 달다. 간단하게 해석하다. ¶这个典故需要~一下, 不然一般读者可能看不懂. =이 전고는 간단하게 해석을 해야 한다. 그렇지 않으면 일반 독자들이 봐도 이해하지 못할 것이다. 명 약해(略解). 간단 한 주석〔해석〕. [주로 서명(書名)으로 쓰임] ¶《老子~》=《노자 약해》.

**【简述】jiǎnshù** 동 약술하다. 간결하게 서술하다. ¶文章先~了电视剧的故事, 然后作了深入的评论. =글은 먼저 텔레비전 연속극의 줄거리를 간결하게 서술하고 나서, 심층 분석하였다. 명

약술(略述). 약서(略敍). [주로 서명(書名)으로 쓰임] ¶《影史~》=《영화사 약술》.

**【简缩】jiǎnsuō** 동 축소하다. 감축하다. 단축하다. 축약하다. 간소화하다. ¶~编制=편제를 축소하다.

**【简体】jiǎntǐ** 명 간체의. 간화된. 간략화된. ¶创作书法时多写繁体字, 而不写一字. =서예를 할 때는 번체자를 많이 쓰고, 간체자는 쓰지 않는다. 명 간략화된 한자. 약자. 간화자. 간체자. ¶'红'是'紅'的~. ='红'자는 '紅'자의 간체자이다. ↔繁体

**【简体字】jiǎntǐzì** 명 간화자. 간체자.

**【简图】jiǎntú** 명 약도. 소도표(小圖表). ¶市区~=시내 약도. 지도.

**【简写】jiǎnxiě** 동 1 약자로 쓰다. 간략하게 쓰다. 요약해서 쓰다. ¶英语里常把'Asia Pacific Economic Cooperation'~为'APEC'. =영어에서는 보통 'Asia Pacific Economic Cooperation'을 약자로 'APEC'이라 쓴다. 2 간체자로 쓰다. ¶把'書'~为'书'. ='書'자를 간체자로 쓰면 '书'이다. 명 1 약자. ¶'WTO'是'World Trade Organization'的~. ='WTO'는 'World Trade Organization'의 약자이다. 2 간체 글자. 간체 형태. 약자. ¶'国'是'國'的~. ='国'자는 '國'자의 간체 형태이다.

**【简讯】jiǎnxùn** 명 단신. 간단한 소식. ¶体育~=체육 단신.

**【简言之】jiǎnyánzhī**〈숙〉요컨대. 간단히 말하면. =【简而言之】jiǎn'éryánzhī

**【简要】jiǎnyào** 형 간결하고 핵심을 찌르는. ¶~的说明=간결하고 핵심적인 설명. ≒扼要 ↔详细

**【简易】jiǎnyì** 형 1 간편하다. 간이하다. 간단하고 쉽다. ¶~的方法=간편한 방법. 2 설비가 미비한〔누추한·허술한〕. ¶~的仓库=간이 창고. ≒简便 简陋 ↔繁杂

**【简易病床】jiǎnyì bìngchuáng** 명 (醫) 간이 병상.

**【简易房】jiǎnyìfáng** 명 간이 가옥.

**【简约】jiǎnyuē** 형 1 간략하다. 짤막하다. 간단하다. ¶构图~=구도가 간단하다. 2 절약하다. 검약하다. 검소하다. ¶食宿~=숙식비를 절약하다.

**【简则】jiǎnzé** 명 요강. 간략한 규칙.

**【简札】jiǎnzhá** 명 〈문〉 서신. 서간. 편지. 서찰.

**【简章】jiǎnzhāng** 명 요강. 약칙. 간략한 규칙. ¶招生~=학생 모집 요강.

**【简政放权】jiǎnzhèng fàngquán** 동 정부와 기업의 기구를 간소화하고 권한을 하부 기관에 이양하다.

**【简直】jiǎnzhí** 부 1 그야말로. 너무나. 전혀. 완전히. 정말로. 참으로. ['完全(완전히)'에 상당하며, 과장의 어기를 내포함] ¶这工作~能把人累死. =이 일은 그야말로 사람을 대단히 피곤하게 만든다. 2 〈방〉 차라리. 아예. ¶雪下得这么大, 你~就别进城了. =눈이 이렇게 많이 오는데, 너는 아예 시내로 들어가지 마라. 3 곧바로. 똑바로.

【简装】**jiǎnzhuāng** 형 포장·장정이 간소〔간단〕한. ['精装(호화 포장)'과 구별됨] ¶~书=간단하게 장정한 책.

## 谫[譾] **jiǎn** 얕을 전

형문 (지식·경험이) 천박하다. 하찮다. ¶能薄而才~。=능력이 보잘것없고 솜씨도 하찮다.
【谫陋】**jiǎnlòu** 형문 천박하고 고루하다. ¶学识~=학식이 천박하고 고루하다.

## 戬 **jiǎn** 멸할 전

동문 제거하다. 소멸하다. 명문 복. 길조. ¶人生大~=인생에 큰 복이 있다.

## *碱[(城)] **jiǎn** 알칼리 감

명 (化) 1 알칼리(alkali). 염기. 2 수산기(水酸基) 화합물의 총칭. 소다(soda). 동 염기로 침식되다. 알칼리화하다. ¶这堵墙已经~了。=이 담은 이미 염기로 침식되어 버렸다.

> 茶碱, 胆dǎn碱, 返fǎn碱, 汗碱, 火碱, 口碱, 强碱, 弱ruò碱, 烧碱, 水碱, 洗碱, 烟碱, 赝yàn碱, 洋碱, 盐碱地, 咖啡碱

【碱草】**jiǎncǎo** ☞【羊草】**yángcǎo**
【碱地】**jiǎndì** 명(地) 알칼리성 토양.
【碱度】**jiǎndù** 명(化) 알칼리도. 염기도.
【碱化】**jiǎnhuà** 동 알칼리화하다. 알칼리성으로 변하다. ¶采取有效措施,防止土地~=효과적인 조치를 취해, 토지의 알카리화를 막다.
【碱荒】**jiǎnhuāng** 명 염분이 많은 황무지. ¶改造~=염분이 많은 황무지를 개조하다.
【碱金属】**jiǎnjīnshǔ** 명(化) 알칼리 금속.
【碱面儿】**jiǎnmiànr** 명(化) (세척 등에 사용하는) 분말 탄산나트륨.
【碱土】**jiǎntǔ** 명(地) 알칼리성 토양.
【碱土金属】**jiǎntǔ jīnshǔ** 명(化) 알칼리 토류 금속.
【碱性】**jiǎnxìng** 명(化) 알칼리성. 염기성.

## 翦 **Jiǎn** 성씨 전

명 성(姓).

## 蹇 **jiǎn** 절룩거릴 건

형 1 다리를 절다. 절룩거리다. ¶~驴=절름발이 당나귀. 2 고난스럽다. 곤궁하다. 순조롭지〔순탄하지〕않다. 불행하다. ¶命运多~=운명이 순탄치 못하다. 팔자가 사납다. 명 1 당나귀. 나귀. 2 문 둔한 말. 걸음이 느린 말. 3 (Jiǎn) 성(姓).

【蹇涩】**jiǎnsè** 형문 1 행동이 순탄치 못하다. 가는 길이 험난하다. ¶步履~=보행이 곤란하다. 2 순탄치 못하다. 순조롭지 않다. 유창하지 않다. ¶文笔~=문필이 순조롭지 못하다. 필치가 유창하지 않다.
【蹇滞】**jiǎnzhì** 형문 (처지가) 궁하다. 어렵다. 순조롭지 못하다. 불행하다. ¶命运~=운명이 순조롭지 못하다.

## 謇 **jiǎn** 말 더듬을 건

형문 1 말을 더듬다. 말이 유창하지 않다. ¶~吃=말을 더듬다. 2 정직하다. 충직하다. 강직하다. ¶~辞=강직한 말.

## 翦[鬋] **jiǎn** 깎을 찬

동문 '剪(jiǎn)'과 같음.

## 鬋 **jiǎn** 수염 깎을 전

형문 밑으로 늘어뜨린 귀밑머리. 동문 수염을 깎다. 머리카락을 깎다.

## 灒 **jiǎn** 쏟을 건

동문 (물을) 뿌리다. (액체를) 쏟다.

## **见[見] jiàn** 볼 견

동 1 보(이)다. ¶喜闻乐~=즐겨 보고 듣다. / 百闻不如一~。=백문이 불여일견이다. 2 마주치다. 만나다. ¶会~=접견하다. / 一~钟情=첫눈에 반하다. 3 접촉하다. 부딪히다. (비바람을) 쐬다. (비바람에) 노출되다. ¶盐~水就溶。=소금은 물과 접촉하면 곧바로 녹는다. / 他的眼怕~光。=그의 눈은 빛에 노출되는 것을 꺼린다. 4 (현상·상태가) 나타나다. 드러나다. 알다. ¶相形~绌=서로 비교해 보면 부족함이 드러난다. / 日久~人心=오래 사귀게 되면 사람의 본마음을 안다. 5 듣다. 들리다. 귀에 들어오다. ¶目前还不~回话。=현재까지 회답을 듣지 못했다. 6 (시각·청각·후각을 나타내는) 동사 뒤에 쓰여 느낀 감각을 표시함. [중간에 '得(·de)'·'不(·bu)'를 삽입할 수 있음] ¶听~=듣다. 들리다. / 看不~=보이지 않다. 7 참조하다. …에 보인다〔있다〕. [문자의 출처·참고한 곳을 나타냄] ¶详~附注=상세한 것은 주를 참조하다. 조문 1 당하다. 받다. [동사 앞에 쓰여 피동을 나타냄] ¶~笑于人=사람들한테 비웃음을 당하다. 2 나를〔나에게〕 …해 주기를 바라다. [동사 앞에 쓰여 나에게 어떻게 해 주었으면 하는 바람을 나타냄] ¶招待不周, 请~谅。=대접이 소홀해서, (저를) 용서해 주기를 바랍니다. 명 1 생각. 의견. ¶高~=고견. / 固执己~=자기의 의견을 고집하다. 2 (Jiàn) 성(姓). ⇒看 瞅 睹
☞ **xiàn**

| | |
|---|---|
| ○ 见 | jiàn |
| 舰 | jiàn |
| 枧 | jiǎn |
| 苋 | jiǎn |
| 现 | xiàn |
| 苋 | xiàn |
| 蚬 | xiǎn |
| 岘 | Xiàn |
| 砚 | yàn |

> ○ 拜bài见, 参见, 朝见, 成见, 创chuàng见, 定见, 洞见, 短见, 高见, 管见, 回见, 会见, 接见, 仅见, 进见, 晋jìn见, 可见, 窥kuī见, 目见, 碰见, 偏见, 瞥piē见, 起见, 浅qiǎn见, 识见, 私见, 推见, 习见, 显见, 相见, 想见, 谒yè见, 意见, 引见, 遇见, 预见, 远见, 再见, 召见, 证见, 政见, 主见, 撞zhuàng见, 拙zhuō见, 卓zhuó见, 灼zhuó见, 足见, 能见度

【见爱】**jiàn'ài** 동 (저를) 사랑해 주시다. 사랑을

받다. ¶承蒙~, 感激不尽。=사랑을 받자와 감격할 뿐입니다.
【见报】jiàn‖bào 〔동〕 신문에 나다〔게재되다〕. ¶有关他的消息明日~。=그에 관한 소식이 내일 신문에 난다.
【见背】jiànbèi 〔동〕〔문〕 (윗사람이) 세상을 등지다. 죽다.
【见不到】jiàn·budào 〔동〕 1 보이지 않다. 볼 수 없다. ¶恐怕以后再也~她了。=아무래도 이후에 다시는 그녀를 볼 수 없을 것이다. 2 만나지 못하다. 만나 볼 수 없다. ¶我今天~他了。=나는 오늘 그를 만나지 못한다.
【见不得】jiàn·bu·dé 〔동〕 1 접촉해서는 안 된다. 볼 수 없다. 보아서는 안 된다. 금물이다. ¶这种病~风。=이런 병은 바람과 접촉해서는 안 된다. 2 면목이 없다. 타인에게 보여 줄 수 없다. 남에게 들려 줄 수 없다. 남을 볼 낯이 없다. 떳떳하지 못하다. ¶别干那~人的事。=떳떳하지 못한 짓거리 하지 마라. 3 〔방〕 (눈에 거슬려) 보기가 싫다. 보고 있을 수 없다. 두고 보지 못하다. ¶我~他那吊儿郎当的样子。=나는 그의 그런 건들건들하는 태도를 가만두고 보지 못하겠다.
【见财起意】jiàncái-qǐyì 〔성〕 재물을 보고 훔칠 욕심이 생기다. 견물생심.
【见长】jiàncháng 〔동〕 (어떤 방면에) 뛰어나다. 특출하다. 능하다. ¶他以散文~。=그는 산문에 뛰어나다.
☞ jiànzhǎng
【见称】jiànchēng 〔동〕〔문〕 이름〔정평〕이 나다. 사람들의 칭찬을 받다〔누리다〕. [흔히 '以…见称'의 형식으로 쓰임] ¶李白以诗~于世。=이백은 시로 정평났다.
【见到】jiàn‖dào 〔동〕 1 보다. 보이다. ¶我没~她有什么不高兴。=나는 그녀가 특별히 기분 나빠하는 것을 보지 못했다. 2 만나다. 목격하다. 마주치다. ¶昨天我~她了。=어제 나는 그녀를 만났다.
【见得】jiàn·dé 〔동〕 알다. …라고 단정하다〔생각하다〕. …으로 보이다. …일 것 같다. …가 분명하다. [주로 부정문·의문문에 쓰임] ¶他的说法不~准确。=그의 견해가 꼭 정확한 것은 아니다. / 你认为她很快会出国, 何以~？=당신은 그녀가 곧 출국할 것이라고 여기는데, 무엇 때문에 그렇게 생각합니까？
【见地】jiàndì 〔명〕 견해. 식견. ¶此人颇有~。=이 사람은 꽤 식견이 높다. ≒见解 看法
【见多识广】jiànduō-shíguǎng 〔성〕 보고 들은 것이 많고 식견도 넓다. 박식하고 경험이 많다. 박학다식하다. ↔孤陋寡闻
【见方】jiànfāng 〔명〕 평방(平方). 정방형. ¶两米~。=2평방미터.
【见分晓】jiàn fēnxiǎo 〔동〕 (일의 결과가) 명해지다. ¶棋虽刚下到中盘, 但胜负已~。=바둑을 비록 이제 막 중반까지 두었지만, 승부는 이미 명백해졌다.
【见风使舵】jiànfēng-shǐduò ☞【看风使舵】kànfēng-shǐduò

【见风是雨】jiànfēng-shìyǔ 〔성〕 1 바람 소리만 듣고도 비가 온다고 단정하다. 2 〔비〕 약간의 조짐이나 소문만 있어도 진짜라 믿고 호들갑을 떨다.
【见风转舵】jiànfēng-zhuǎnduò ☞【看风使舵】kànfēng-shǐduò
【见缝插针】jiànfèng-chāzhēn 〔성〕 1 틈만 보이면 바늘을 꽂다. 2 〔비〕 이용 가능한 모든 것을 충분히 이용하다. 시기와 기회를 잘 이용하다.
【见缝就钻】jiànfèng-jiùzuān 〔성〕 1 틈만 보이면 바로 뚫고 들어가다. 2 〔비〕 아주 약삭빠르게 굴다. 기회만 있으면 놓치지 않고 이익을 꾀하다.
【见高低】jiàn gāodī 〔동〕 승부를 겨루다. 우열을 가리다. ¶废话少说, 咱们赛场上~。=쓸데없는 말 그만 하고, 우리 시합장에서 한번 우열을 가려 보자.
【见告】jiàngào 〔동〕〔문〕 (저에게) 알리다. 말해 주다. ¶何日返京, 希~。=언제 북경으로 돌아갈 것인지, 말해 주기를 바란다.
【见怪】jiànguài 〔동〕 탓하다. 타박하다. 나무라다. 언짢아하다. ¶小孩子不懂事, 请您不要~。=어린이가 철이 없어서 그러니, 언짢아하지 마십시오.
【见怪不怪】jiànguài-bùguài 〔성〕 이상한 일을 겪어도 아무렇지 않게 생각하다. 모든 것을 침착하고 태연하게 대응하다.
【见鬼】jiàn‖guǐ 〔형〕〔비〕 이상야릇하다. 귀신이 곡할 노릇이다. 귀신에 흘린 듯하다. ¶手表刚才还在这儿, 现在怎么不见了, 真是活~！=손목시계가 방금까지 여기 있었는데, 지금 어찌 첫 일인지 보이질 않는다. 정말로 귀신이 곡할 노릇이군. 〔동〕 죽다. 없어지다. 소멸하다. 멸망하다. ¶让这些歪风邪气去~吧！=이 좋지 않은 풍조들이 없어지게 하자.
【见好】jiànhǎo 〔동〕 1 (병 등이) 나아지다. 호전되다. 치유되다. ¶他的病老不~, 真急人。=그의 병이 좀처럼〔오래도록〕 호전되지 않으니, 정말로 속이 탄다. 2 좋은 성과를 거두다. ¶炒股不能贪, ~就收吧。=주식 투기는 욕심내서는 안 되니, 좋은 성과를 거둘 때 그만두어라.
【见好就收】jiànhǎo-jiùshōu 〔성〕 (나중에 후회하지 않도록) 좋을 때 그만두다. 적당한 시기에 물러나다.
【见红】jiànhóng 〔동〕〔방〕 1 첫 생리를 하다. 2 (첫 성교로) 처녀막이 터지다.
【见惠】jiànhuì 〔동〕〔문〕 은혜를 주다. 은혜를 입다. 신세를 지다. [다른 사람의 선물을 받을 때 쓰임] ¶承蒙~, 不胜荣幸。=은혜를 받자옵고, 영광스러울 뿐입니다.
【见机】jiànjī 〔동〕 기회를 엿보다. 상황〔형편〕을 살피다. ¶~而行=상황을 보아 행동하다.
【见机行事】jiànjī-xíngshì 〔성〕 1 기회를 보고 즉시 행동에 옮기다. 2 상황에 따라 기민하게 처리하다.
【见教】jiànjiào 〔동〕 가르쳐 주시다. 가르침을 받다. ¶请问有何~？=실례지만 무슨 하실 말씀이 있습니까？
【见解】jiànjiě 〔명〕 견해. 소견. ¶独到的~=독

특한 견해. ≒见地 看法
【见景生情】jiànjǐng-shēngqíng ☞【触景生情】chùjǐng-shēngqíng
【见老】jiànlǎo 图 (과거에 비해) 늙어 보이다. 나이 들어 보이다. ¶这几年你是~多了。= 요 몇 년에 자네는 많이 늙어 보이는구먼.
【见棱见角】jiànléng-jiànjiǎo 图 1 네모 반듯하다. 2 团 사람의 재능·예기(銳氣) 등이 확연히 드러나다.
【见礼】jiàn∥lǐ 图 (서로 보고) 인사하다. 인사를 나누다. [주로 조기 백화문에 보임] ¶大家彼此~后落座。= 모두가 서로 인사를 나눈 후 자리에 앉았다.
【见利忘义】jiànlì-wàngyì 图 사리사욕에 눈이 어두워 의리마저 저버리다.
【见谅】jiànliàng 图 (나를) 용서하다. 용서를 빌다. 양해를 구하다. ¶敬请~= 양해해 주시길 바랍니다.
【见猎心喜】jiànliè-xīnxǐ 图 1 사냥을 좋아하는 사람이 사냥하는 모습을 보고는 자신도 하고 싶은 마음이 생기다. 2 团 남이 하는 것을 보고, 옛 솜씨를 발휘하고 싶어 손이 근질근질하다.
【见面】jiàn∥miàn 图 만나다. 대면하다. ¶我和他只是笔友，从未见过面。= 나와 그는 단지 펜팔 친구일 뿐, 여태껏 만나 본 적이 없다.
【见面礼】jiànmiànlǐ 图 첫인사 때 주는 선물. [주로 연장자가 아랫사람에게 주는 것을 가리킴]
【见钱眼开】jiànqián-yǎnkāi 图 1 돈을 보고는 눈을 아주 크게 뜨다. 돈을 보고 욕심을 내다. 2 团 무척 재물을 탐하다.
【见俏】jiànqiào 图 (상품이) 불티나게 팔리다. 인기가 솟구치다. 날개 돋친 듯이 팔리다. ¶最近超薄大屏幕彩电~。= 최근에 초박막 대형 컬러텔레비전이 불티나게 팔린다.
【见轻】jiànqīng 图 (병세가) 나아지다. 호전되다. ¶病情~= 병세가 나아지다.
【见人】jiànrén 图 1 사람을 만나다. ¶~说人话，见鬼说鬼话。= 사람을 만나면 사람 말을 하고, 귀신을 만나면 귀신 말을 하다. 2 얼굴을 내밀다. ¶没脸~= 얼굴을 내밀 면목이 없다.
【见仁见智】jiànrén-jiànzhì 图 1 어진 이는 어진 점을 보고, 지혜로운 이는 지혜로운 점을 본다. 2 团 동일한 문제라도 사람에 따라 각기 견해가 다르다. ↔不约而同
【见上】jiànshàng 图 위 문장을 보시오〔참조하시오〕.
【见上帝】jiàn shàngdì 图团 염라대왕을 만나다. 죽다. 하늘로 가다.
【见神见鬼】jiànshén-jiànguǐ 图 1 귀신을 만나다. 2 团 의아해하다. 의구심을 갖다. 의심스럽고 두렵다.
【见示】jiànshì 图图 (나에게) 보여〔말해〕주시다. ¶幸蒙~，感激之至。= 말씀해 주셔서, 감격스러울 뿐입니다.
【见世面】jiàn shìmiàn 图 세상물정을 잘 알다. 경험이 풍부하다.
【见事风生】jiànshì-fēngshēng 图 약간의 조

짐이나 소문만 있어도 풍파를〔말썽을〕일으키다. 매우 사소한 일로도 말썽을 일으키다.
【见识】jiàn·shi 图 견문〔지식〕을 넓히다. 경험을 늘이다. ¶这次欧洲之行，真正地~了异国风情。= 이번 유럽 여행으로 정말 이국 풍토와 인정에 대해 견문을 넓혔다. 图 견문. 지식. 견해. 경험. ¶长~= 지식을 늘이다. 견문을 넓히다.
【见死不救】jiànsǐ-bùjiù 图 1 죽어 가는 것을 보고도 구하지 않다. 타인이 곤경에 처해 있는데도 도와 주지 않다. 2 团 냉혹하고 매정하다.
【见所未见】jiànsuǒwèijiàn 图 1 지금껏 본 적이 없는 새로운 것을 보다. 2 团 매우 신기롭고 희한하다.
【见天】jiàntiān(~儿)图[구]매일. 날마다. ¶他~早上跑步。= 그는 매일 아침 달리기를 한다.
【见兔顾犬】jiàntù gùquǎn 图团 1 긴급한 상황에서 조치를 취하다. 2 아무리 상황이 절박하더라도 제때에 조치를 취하면 늦지 않다.
【见外】jiànwài 图 타인 취급하다. 남처럼 대하다. ¶到这儿就算到家了，千万别~。= 이 곳에 오면 집에 온 셈이니, 제발 남처럼 대하지 마라.
【见危授命】jiànwēi-shòumìng 图 위험한 고비에서 망설임없이 목숨을 바치다.
【见微知著】jiànwēi-zhīzhù 图 조그마한 조짐을 보고 전체의 추세를 꿰뚫어 보다.
【见闻】jiànwén 图 견문. 문견(聞見). ¶~不广 = 견문이 좁다.
【见物不见人】jiàn wù bù jiàn rén 图 1 물건만 보고 사람을 보지 않다. 2 团 물질적인 조건만을 중시하고 인간의 정신적인 면을 등한시하다〔소홀히 하다〕.
【见习】jiànxí 图 견습〔실습〕하다. ¶~医生 = 견습 의사.
【见下】jiànxià 图 아래 문장을 보시오〔참고하시오〕.
【见贤思齐】jiànxián-sīqí 图 재능과 덕을 겸비한 사람을 보면 본받으려고 열심히 노력하다.
【见效】jiànxiào 图 효력을 나타내다. 효력을 〔효과를〕보다. ¶别担心，这药~快。= 걱정하지 마, 이 약은 효과가 빨리 나타나니까. ≒奏效
【见笑】jiànxiào 图 1 图 웃음거리가 되다. 조롱을 받다. ¶唱得不好，~了。= 노래를 잘 못 불러 웃음거리가 되었네요. 2 비웃다. 조롱하다. ¶说出来，您可别~。= 얘기할 테니 절대 비웃지 마세요. ≒笑话
【见笑大方】jiànxiào-dàfāng ☞【贻笑大方】yíxiào-dàfāng
【见新】jiàn∥xīn 图 (옛 가옥·오래 된 기물 등을) 보수하여 새 것으로 만들다. 새롭게 만들다. ¶把房子外墙粉刷粉刷，见见新。= 집 담장을 페인트칠을 좀 해서, 새 것처럼 보이게 만들다.
【见血封喉】jiànxuèfēnghóu 图 독물로 인해 단시간에 전신이 마비되고 피를 흘리며 죽다.
【见血封喉】jiànxuèfēnghóu 图(植) 유퍼스(upas)나무. [아시아와 아프리카 열대 지역에서 자라는 나무로, 수액 및 과일에 맹독(猛毒)이 있음. 학명은 'Antiaris toxicaria' 임]

【见阎王】jiàn yán·wang 〈낮〉〈婉〉 죽다. 염라대왕을 만나다.

【见义勇为】jiànyì-yǒngwéi 〈성〉 정의로운 일을 보고 용감하게 뛰어들다. 불의를 보면 참지 못하다. ≒打抱不平

【见异思迁】jiànyì-sīqiān 〈성〉 1 색다른 것을 보고 마음이 변하다. 2〈비〉 의지가 굳지 못하다. 변덕이 심하다.

【见于】jiànyú 〈동〉 …에 보이다. …에 나타나다. [주로 문자의 출처나 참고할 수 있는 자료를 가리킴] ¶这个成语~《论语·学而》。=이 성어는《論語·學而(논어·학이)》에 보인다.

【见长】jiànzhǎng 〈동〉 (이전보다 눈에 뜨이게) 성장하다〔자라다·발육하다〕. ¶这孩子真~, 半年不见, 都这么高了。=이 아이는 정말로 눈에 뜨이게 자랐는데, 반 년 동안 못 보았는데 이렇게 키가 크다니. ☞jiāncháng

【见证】jiànzhèng 〈동〉 (눈으로 직접 보아) 증명할 수 있다. 증거를 댈 수 있다. ¶那事我们大家都可以~。=그 일은 우리 모두가 증명할 수 있다. 〈명〉 증거 물품. (현장) 증인. ¶这封信可以做~。=이 편지를 증거물로 삼을 수 있다.

【见证人】jiànzhèngrén 〈명〉 (현장) 증인. 목격자.

【见诸】jiànzhū 〈동〉 …에 보이다. …에 발표되다. ¶~报端=신문지상에 발표되다.

【见状】jiànzhuàng 〈동〉 상황을 목격〔목도〕하다. ¶~大为吃惊。=그런 상황을 목격하고는 크게 놀랐다.

【见罪】jiànzuì 〈동〉〈문〉 (나를) 탓하다〔나무라다〕. 언짢게 여기다. ¶招待不周, 请勿~。=대접이 소홀하였는데, 언짢게 여기지 말아 주십시오.

**件** jiàn 수량 단위 건

〈명〉 1 (~儿) (총체 중에서 하나하나 셀 수 있는) 일·사건·개체 등의 수량 단위. ¶案~=안건. / 零~儿=부품. 2 문서. 서류. 문건. ¶附~=첨부 서류. / 急~=긴급 문서. 〈양〉 건. 개. [일부 하나하나로 셀 수 있는 물건을 세는 단위] ¶两~行李=짐 두 개. / 一~大衣=외투 한 개 〔벌〕.

☞ 锻duàn件, 工件, 构gòu件, 函hán件, 机件, 来件, 配件, 条件, 物件, 制件, 作件

**间[間]** jiàn 사이 간

〈명〉 1 (~儿) 틈. 사이. ¶中~儿=중간. 사이. 2 (감정상의) 알력. 틈. 간격. 격의. ¶亲密无~=격의 없이 아주 친밀하다. 틈. 〈동〉 간접적이다. ¶~接联系=간접 연계. 1 나누다. 분리하다. 이간질시키다. 가로막다. ¶红白相~=홍백이 엇갈려 있다. 2 사이를 두다. 틈이 생기게 하다. 이간시키다. ¶离~=이간하다. 3 (너무 많은 묘목을) 솎다. 뽑아 버리다. 없애다. 제거하다. ¶~玉米苗=옥수수싹을 솎아 내다. ☞ jiān

【间壁】jiànbì 〈명〉 1 이웃집. ¶谁住在你们 ~?=누가 너희들의 이웃집에 사니? 2〈방〉 (방을 나누는) 간이 칸막이 벽.

【间道】jiàndào 〈명〉〈문〉 샛길. 외진 길.

【间谍】jiàndié 〈명〉 간첩.

【间断】jiànduàn 〈동〉 (연속된 일이) 중단되다. 중간에서 끊어지다. 멈추다. ¶她每天都去跳健美操, 从不~。=그는 하루도 빠짐없이 에어로빅 댄스(aerobic dance)를 하러 나가는데, 이제껏 한 번도 멈춘 적이 없다. ↔连续

【间伐】jiànfá 〈동〉〈林〉 간벌하다.

【间隔】jiàngé 〈동〉 (시간·공간의) 간격을 두다. 띄우다. 격하다. ¶两楼之间至少要~十米。=두 건물 사이에는 적어도 10미터의 간격이 필요하다. 〈명〉 (시간·공간의) 간격. 사이. ¶两行树苗之间要有适当的~。=두 나무 묘목 사이에는 적당한 간격이 있어야 한다. ≒间隙 ↔挨次

【间隔号】jiàngéhào 〈言〉 가운뎃점. 중점. ‘·’.

【间或】jiànhuò 〈부〉 간혹. 때때로. 가끔. 이따금. 더러. ¶~有一两个顾客光临。=간혹 한두 명의 고객이 찾는다.

【间接】jiànjiē 〈형〉 간접적인. ¶~原因=간접적인 원인. ↔直接

【间接经验】jiànjiē jīngyàn 〈명〉 간접 경험. ↔直接经验

【间接税】jiànjiēshuì 〈명〉 간세세. ↔直接税

【间接推理】jiànjiē tuīlǐ 〈論〉 간접 추리.

【间接选举】jiànjiē xuǎnjǔ 〈명〉 간접 선거. ↔直接选举

【间苗】jiàn‖miáo 〈동〉〈農〉 모를 솎아 내다.

【间日】jiànrì 〈동〉 격일로 하다. 격일제로 하다. ¶~轮换=격일제로 교대하다.

【间色】jiànsè 〈명〉 간색.

【间天】jiàntiān 〈동〉 격일로 하다. 격일제로 하다. ¶~逢集=격일제로 시장이 서다.

【间隙】jiànxì 〈명〉 틈(새). 사이. 겨를. 짬. 여가. 빈 공간. ¶利用上课的~出来活动活动筋骨。=수업과 수업 사이 빈틈을 이용해 밖으로 나와서 근육을 풀어 준다. ≒间隔 空隙

【间歇】jiànxiē 〈형〉 간헐하다. 간헐적이다. ¶~性精神病=간헐성 정신병.

【间歇河】jiànxiēhé 〈명〉〈地〉 간헐 하천. [주로 건조 지구에 나타나는 비가 내릴 때나 우기(雨期)에만 일시적으로 흐르는 하천]

【间歇泉】jiànxiēquán 〈명〉〈地〉 간헐천.

【间杂】jiànzá 〈동〉 섞이다. 혼합되다. ¶文白~=문언과 백화가 섞이다.

【间种】jiànzhòng ☞【间作】jiànzuò

【间周】jiànzhōu 〈동〉 격주로 하다. ¶~开一次例会。=격주로 한 차례의 정기 회의를 연다.

【间作】jiànzuò 〈동〉〈農〉 간작하다. =【间种】jiànzhòng

**诮[誚]** jiàn 교묘한 말 전

〈명〉〈문〉 교언. 교묘한 말. 〈형〉〈문〉 언변이 좋다.

**饯[餞]** jiàn 전별할 전

【饯】 ❶ 전별하다. 송별연을 하다. ¶~行宴会=송별연. ❷ 꿀·설탕에 재우거나 졸이다. ¶蜜~=꿀에 잰 과일.

【饯别】 jiànbié ❶ 전별하다. 송별연을 벌이다. ≒饯行

【饯行】 jiànxíng ❶ 송별연을 하다. 연회를 베풀어 송별하다. ¶今天晚上给你~。=오늘 저녁 당신을 위해 송별연을 베풀겠습니다. ≒饯别 送行

**建 jiàn 세울 건**

❶ (건물 등을) 만들다. 시공하다. 부설하다. 짓다. 건설하다. 세우다. 건축하다. ¶修~=만들다. / 新~=새로 짓다. ❷ 설립하다. 설치하다. 창립하다. 창설하다. ¶两国宣布~交。=양국이 국교 수립을 선포하다. ❸ (자기의 주장을) 제기하다. 제안하다. 제창하다. 발기하다. 내세우다. ¶他的~议可以考虑。=그의 건의는 고려해 볼 만하다. ❹(Jiàn)(地) ❶ 젠장(建江). [푸젠(福建)성에 있는 강으로, 보통 민장(闽江)이라 부름] ❷ 푸젠(福建)성. ¶出产~漆=푸젠(福建)성 칠기를 팔다.

❶ 建 jiàn
  健 jiàn
  键 jiàn
  腱 jiàn
  楗 jiàn
  犍 jiān

◐ 筹chóu建, 创chuàng建, 大建, 封建, 改建, 基建, 小建, 兴建, 修建, 营yíng建

【建安】 Jiàn'ān (歷) 건안. [196~220년. 동한(東漢) 헌제(獻帝)의 연호]

【建白】 jiànbái (文) (주장·의견 등을) 제기하다. 진술하다. 건의하다.

【建材】 jiàncái ☞【建筑材料】 jiànzhù cáiliào

【建仓】 jiàn‖cāng ❶(经) 투자자가 주식·선물계약 등을 사들이다.

【建党】 jiàn‖dǎng ❶ 새로 결당하다. 창당하다. ❷ 중국 공산당을 창당하다. ❸ 정당을 결성하다. ¶~思想=정당 결성 사상.

【建档】 jiàn‖dàng ❶ 파일을 만들다. 서류를 작성하다.

【建点】 jiàn‖diǎn ❶ 거점을 마련하다. 근거지를 설치하다. ¶争取在各大城市~。=각 대도시에 거점을 마련하도록 노력해야 한다.

【建都】 jiàn‖dū ❶ 수도를 세우다. 수도로 정하다. ¶~北京=북경에 수도를 정하다.

【建盖】 jiàngài ❶ 건조하다. 건축하다. 짓다. 세우다. ¶~经济适用房=서민형[절약형] 주택을 짓다.

【建功立业】 jiàngōng-lìyè (成) 공훈을 세우고 업적을 쌓다.

【建构】 jiàngòu ❶ 구성하다. 형성하다. 이루다. 만들다. [주로 추상적인 사물에 쓰임] ¶理论~=이론 구성.

【建国】 jiàn‖guó ❶ ❶ 건국하다. 나라를 세우다. ❷ 중화 인민 공화국을 건국하다. ❸ 국가를 건설하다. ¶科技~=과학 기술로 국가를 건설하다.

【建交】 jiàn‖jiāo ❶ 국교를 수립하다. 수교하다. ¶正式外交 관계를 수립하다.

【建军】 jiànjūn ❶ 군대를 창설하다. ❷ 중국 인민 해방군을 창건하다. ¶八一节=8월 1일 중국 인민 해방군 창건 기념일. ❸ 군대를 강화하다. ¶~原则=건군 원칙.

【建兰】 jiànlán (植) 건란. [원산지가 중국 푸젠(福建)성인 데서 붙여진 이름]=【兰花】 lánhuā【秋兰】 qiūlán ❻【兰草】 láncǎo

【建立】 jiànlì ❶ ❶ 창설하다. 건립하다. 수립하다. 성립하다. 세우다. ¶~实验室=실험실을 건립하다. ❷ 구성하다. 형성하다. 이루다. 만들다. 세우다. 맺다. ¶~感情=정을 맺다. ≒树立 确立 ↔ 推翻

【建漆】 jiànqī ❶ ❶ 푸젠(福建)성에서 나는 옻칠. ❷ 푸젠(福建)성에서 나는 옻칠로 만든 칠기.

【建设】 jiànshè ❶ (새로운 사업을) 창립하다. 건설하다. 세우다. ¶~东北老工业基地=동베이(东北)성에 옛 공업 기지를 건설하다. ❸ 건설 업무. ¶文化~=문화 건설 업무.

【建设性】 jiànshèxìng ❶ 건설적. 적극적. ¶~意见=건설적인 의견.

【建树】 jiànshù ❶ (공훈·공적을) 세우다. 수립하다. (실적을) 쌓다. ¶~功勋=공훈을 세우다. ❷ 공적. 공로. 실적. ¶他在考古学方面大有~。=그는 고고학 방면에 크게 공헌했다.

【建委】 jiànwěi ❶⑨ 建设委员会(건설 위원회)

【建言】 jiànyán ❶ 건의하다. 건언하다. 의견을 제기하다. ¶积极~=적극적으로 건의하다.

【建议】 jiànyì ❶ (자기의 주장·의견을) 제기하다. 제안하다. 건의하다. ¶我~参观历史博物馆。=나는 역사 박물관을 참관하자고 제안했다. ❷ 제안. 건의안. 제의. ¶合理化~=제안을 합리화하다.

---

建议(jiànyì) / 提议(tíyì)
건의하다, 제의하다

建议 : 단체나 윗사람에게 본인의 의견이나 관점, 생각 등을 말하는 것을 가리킴. ¶我建议您还是去找领导好好谈谈。=제 생각에는 그래도 당신이 상사를 찾아가서 잘 말씀드리는 것이 좋겠습니다. / 这样的建议怎么能向领导去提呢？=이런 건의를 어떻게 윗사람에게 할 수 있겠니?

提议 : 어떤 문제에 대해 토론할 때, 자기의 의견을 대중에게 꺼내어 동의를 구하거나 채택되기를 바라는 의미를 포함함. ¶最后一次提议。为我们的友情，干杯！=마지막으로 우리들의 우정을 위해 건배할 것을 제의합니다. / 我提议今天晚上去唱歌。=오늘 밤 노래 부르러 갑시다.

---

【建元】 jiànyuán ❶ ❶ 개국 후 처음으로 연호를 정하다. ❷ 건국하다. 나라를 세우다.

【建造】 jiànzào ❶ 건조하다. 건축하다. 세우다. 제조하다. ¶~桥梁=교량을 건조하다.

【建制】 jiànzhì ❶ (기관·군대·행정 조직의) 편제. 제도.

【建置】 jiànzhì ❶ 건립하다. 설립하다. 설치하다. ¶~会务组=회무 담당 팀을 설립하다. ❷ ❶

시설. 설비. ¶住宅小区里的~比较齐全. =주거 지역 내의 시설은 비교적 완비되어 있다. **2** 기구. 조직. ¶非行政~=비행정 기구.

【建筑】**jiànzhù** 〔동〕 **1** 세우다. 건축하다. 건설하다. 부설하다. 축조하다. 설치하다. ¶~高速铁路=고속 철도를 부설하다. **2** 〔비〕 구성하다. 형성하다. 이루다. 만들다. [주로 추상적인 일에 쓰임] ¶不能把你的幸福一建在别人的痛苦之上。=너의 행복을 타인의 고통 위에 이룩해서는 안 된다. 〔명〕 **1** 건축물. ¶仿古~=옛 건축물을 모방하다. **2** 〔비〕 구조. 형성되거나 만들어진 산물. [주로 추상적인 일에 쓰임] ¶经济基础决定上层~. =경제적인 기초는 상부 구조를 결정한다. ≒修建 修筑

【建筑材料】**jiànzhù cáiliào** 〔명〕 건축 재료. ⇨【建材】**jiàncái**

【建筑面积】**jiànzhù miànjī** 〔명〕 건축 면적. ['居住面积(거주 면적)'과 구별됨]=【建筑展开面积】**jiànzhù zhǎnkāi miànjī**

【建筑群】**jiànzhùqún** 〔명〕 집합체. 단지. 복합체. ¶故宫是中国现存的最大最完整的古代宫殿~. =고궁은 중국에 현존하는 가장 크고 가장 완벽한 고대 궁전 집합체이다.

【建筑师】**jiànzhùshī** 〔명〕 건축사.
【建筑物】**jiànzhùwù** 〔명〕 건축물.
【建筑业】**jiànzhùyè** 〔명〕 건축업.
【建筑展开面积】**jiànzhù zhǎnkāi miànjī** ☞【建筑面积】**jiànzhù miànjī**

## *荐[薦] jiàn 추천할 천

〔명〕〔문〕 **1** 초석. 짚방석. 돗자리. ¶草~=짚자리. **2** (가축들이 먹는) 풀. ¶麋鹿食~=사불상(四不像)은 풀을 먹는다. 〔동〕 **1** 〔문〕 바치다. 올리다. 진상하다. ¶~璧=벽옥을 바치다. **2** 천거하다. 추천하다. ¶推~人才=인재를 추천하다.

○● 保荐, 草荐, 稿gǎo荐, 引荐

【荐骨】**jiàngǔ** ☞【骶骨】**dǐgǔ**
【荐函】**jiànhán** 〔명〕 추천 편지. 추천서.
【荐介】**jiànjiè** 〔동〕 추천하고 소개하다. ¶极力~=적극적으로 추천하고 소개하다.
【荐举】**jiànjǔ** 〔동〕 추천하다. ¶~贤能=어질고 재능이 있는 사람을 추천하다.
【荐任】**jiànrèn** 〔명〕 천임. [신해혁명 이후부터 중화 인민 공화국 성립 직전까지에 존재하던 3등 문관으로, '简任(jiǎnrèn)' 아래 '委任(wěirèn)' 위에 해당하는 직위]
【荐引】**jiànyǐn** 〔동〕〔문〕 추천하다. 천거하다.
【荐椎】**jiànzhuī** ☞【骶骨】**dǐgǔ**

## *贱[賤] jiàn 천할 천

〔형〕 **1** (값이) 싸다. 헐하다. ¶~买贵卖=싸게 사서 비싸게 팔다. **2** (지위·신분 등이) 낮다. 천하다. ¶卑~=비천하다. **3** 비열하다. 야비하다. ¶下~货=야비한 놈. 천한 놈. **4** 〔경〕 저. [자기와 관계 있는 것을 낮추어 하는 말] ¶A：请问您贵姓？B：免贵, ~姓张. =실례지만 성이 어떻게 되십니까? B：어휴, 무슨 귀한 성이라뇨, 저는 장가입니다. ≒卑 ↔贵

○● 贵贱, 轻贱, 微wēi贱, 下贱

【贱骨头】**jiàngǔ·tou** 〔명〕 **1** 쌍놈. 천박한 놈. **2** 〔비〕 복을 누릴 줄 모르고, 사서 고생하는 사람. [풍자와 놀림의 의미를 내포함]
【贱货】**jiànhuò** 〔명〕 **1** 값싼 물건. 싸구려. 저가품. **2** 천박한 놈〔년〕. 쌍놈. 쌍년.
【贱价】**jiànjià** 〔명〕 싼 값. 헐값. ¶~出售=헐값에 팔다.
【贱卖】**jiànmài** 〔동〕 싼 값에 팔다. ¶本店所有商品一律~. =본 가게의 모든 상품을 일률적으로 싼 값에 팝니다.
【贱民】**jiànmín** 〔명〕 **1** 〔경〕 천민. 상놈. **2** (인도 카스트 제도의 최하위 계층인) 불가촉 천민(不可觸賤民).
【贱内】**jiànnèi** 〔명〕〔경〕 집사람. 우처(愚妻). [옛날, 타인에게 자기의 아내를 낮추어 부르는 말]
【贱胚子】**jiànpēi·zi** 〔명〕 쌍놈. 개자식. 몹쓸 놈.
【贱人】**jiànrén** 〔명〕 천한 년. 쌍년. [옛날, 주로 부녀자를 욕하는 말]
【贱声贱气】**jiànshēng-jiànqì** 〔성〕 비위를 맞추며 아첨하고, 비굴하게 굽실거리다.
【贱视】**jiànshì** 〔동〕 경멸하다. 경시하다. 깔보다. ¶~小人=소인배를 경멸하다.
【贱物】**jiànwù** 〔명〕 **1** 값이 싼 물건. 미천한 물건. 싸구려. **2** 〔비〕 미천한 놈. 쌍놈.

## 牮 jiàn 버팀목 천

〔동〕 **1** (기울어진 집을) 떠받치다. 버티다. 지탱하다. ¶打~拨正=기울어지는 집을 떠받쳐서 바로세우다. **2** (흙·돌로) 물을 막다.

## *剑[劍, 劒] jiàn 칼 검

〔명〕 **1** 검. 양쪽에 날이 있는 큰 칼. **2** 〔체〕 펜싱검. 플뢰레(fleuret).

○● 宝剑, 击剑

【剑拔弩张】**jiànbá-nǔzhāng** 〔성〕 **1** 칼을 뽑고 활을 당기다. **2** 〔비〕 형세가 매우 긴박하다. 일촉즉발의 위기 상황이다. ≒一触即发
【剑胆琴心】**jiàndǎn-qínxīn** 〔성〕 **1** 강직한 기개와 부드러운 마음. **2** 〔비〕 사람이 대담하면서도 정취가 있다.
【剑锋】**jiànfēng** 〔명〕 검의 뾰족한 끝.
【剑客】**jiànkè** 〔명〕〔옛〕 검객. 검협(劍俠).
【剑兰】**jiànlán** 〔명〕〔식〕 글라디올러스. 당창포. =【唐菖蒲】**tángchāngpú**
【剑麻】**jiànmá** 〔명〕〔식〕 사이잘(sisal).
【剑眉】**jiànméi** 〔명〕 꼬리가 날카롭게 위로 올라간 눈썹.
【剑鞘】**jiànqiào** 〔명〕 칼집.
【剑术】**jiànshù** 〔명〕 검술.
【剑舞】**jiànwǔ** 〔명〕 검무. 칼춤.
【剑侠】**jiànxiá** 〔명〕 검협. 검술에 능한 협객. [주로 옛 소설에 많이 보임]

【剑鱼】jiànyú 图(動) 황새치.

## 监[監] jiàn 관직 이름 감
图 1 옛날, 관부(官府)의 명칭. ¶国子～=국자감. 2 옛날, 관직명. ¶太～=태감. 3 (Jiàn) 성(姓).
☞ jiān

【监本】jiànběn 图 감본. [옛날, 국자감에서 출간한 서적]

【监生】jiànshēng 图 감생. [명청(明淸) 시대의 최고 학부인 국자감의 학생]

## 健 jiàn 튼튼할 건
图 건강하다. 튼튼하다. 활력 있다. ¶雄～=우람하고 튼튼하다. / 强～=강하고 튼튼하다. 图 1 강하게 하다. 튼튼하게 하다. 건강하게 하다. ¶强身～体=신체를 건강하게 하다. / 胃药～=건위제. 2 …에 뛰어나다. …를 잘하다. 쉽게 …하다. ¶老人年纪大了, 有点儿～忘。=노인네가 나이가 많아 조금 건망 증세가 있다.

○● 保健, 刚健, 矫jiǎo健, 康健, 强健, 顽wán健, 雄xióng健, 壮健

【健步】jiànbù 图 빠르고 힘있게 걷다. 씩씩하게 걷다. ¶他～登上了主席台。=그는 의장 자리로 씩씩하게 걸어 올라갔다.

【健步如飞】jiànbù-rúfēi 图 나는 듯이 가볍고 빠르게 걷다. 걸음걸이가 씩씩하고 빠르다.

【健存】jiàncún ☞【健在】jiànzài

【健儿】jiàn'ér 图 건아. [주로 운동 선수나 전사를 가리킴] ¶体育～=체육 건아.

【健将】jiànjiàng 图 1 (어떤 영역의 중요 역할을 하는) 맹장. 용장. 실력자. 달인. ¶文坛～=문단의 실력자. 2 (體) (중화 인민 공화국 국가에서 수여하는) 최우수 운동 선수의 칭호. ¶体操～=체조계의 최우수 선수.

【健捷】jiànjié 图 힘이 세고 날쌔다. ¶～的步伐=힘있고 재빠른 발걸음.

【健康】jiànkāng 图 1 건강하다. ¶身体～=신체가 건강하다. 2 (사물의 상태가) 건전하다. 정상이다. ¶高尚～的娱乐方式=고상하고 건전한 오락 방식. 图 건강. ¶长期熬夜有害～。=장기간의 밤샘은 건강에 해롭다.

【健朗】jiàn·lang 图 건강하다. 정정하다. ¶～善谈=정정하고 이야기를 잘 하다.

【健美】jiànměi 图 건강하고 아름답다. ¶～的体魄=건강하고 아름다운 신체와 정신. 2 (신체를) 건강하고 아름답게 하다. ¶～中心=헬스 클럽.

【健美操】jiànměicāo 图 에어로빅 댄스.

【健美裤】jiànměikù 图 타이츠.

【健美运动】jiànměi yùndòng 图 보디빌딩.

【健全】jiànquán 图 1 (병·탈 없이) 건강하고 온전하다. ¶头脑～=생각이 건전하다. 2 완전하다. 완벽하다. 완비하다. ¶设施～=시설이 완비되다. 图 완전하게 하다. 완벽하게 하다. ¶～法制=법제를 완전하게 하다.

【健身】jiànshēn 图 신체를 건강하게 하다. 튼튼하게 하다. ¶～运动=보디빌딩.

【健身操】jiànshēncāo 图 건강[보건] 체조. 보건 체조.

【健身房】jiànshēnfáng 图 헬스 클럽.

【健身器】jiànshēnqì 图(體) 신체 단련 헬스 기구.

【健身球】jiànshēnqiú 图 노인들이 혈액 순환과 근육 이완을 위해 손에 놓고 굴리는 쇠나 돌로 만든 공.

【健身圈】jiànshēnquān 图(體) 홀라후프.

【健实】jiànshí 图 건실하다. 건강하고 튼튼하다. ¶～的身躯=건강하고 튼튼한 몸.

【健谈】jiàntán 图 입담이 좋다. 능변이다. 달변이다. ¶他是个很～的人。=그는 아주 입담이 좋은 사람이다.

【健忘】jiànwàng 图 잘[쉽게] 잊어버리다. ¶～症=건망증.

【健旺】jiànwàng 图 건강하고 정력이[원기가] 왕성하다. ¶身心～=심신이 건강하고 정력이 왕성하다.

【健胃】jiànwèi 图 위를 튼튼하게 하다. ¶～消食=위를 튼튼히 하고 소화를 돕다.

【健在】jiànzài 图 건재하다. [주로 나이 든 사람에게 쓰임] =【健存】jiàncún ¶二老～=부모님이 건재하시다.

【健壮】jiànzhuàng 图 건장하다. ¶体格～=체격이 건장하다. →衰弱

## 舰[艦] jiàn 군함 함
图 군함. (군용의) 대형 선박. ¶驱逐～=구축함. / 航空母～=항공모함.

○● 兵舰, 军舰, 炮pào舰, 旗舰, 战舰

【舰船】jiànchuán 图 함선.

【舰队】jiànduì 图(軍) 1 함대. 2 선박 편대.

【舰日】jiànrì 图 군함 한 척의 해상 작전 일수.

【舰艇】jiàntǐng 图 함정.

【舰长】jiànzhǎng 图 함장.

【舰只】jiànzhī 图 함선.

## 涧[澗] jiàn 계곡 간
图 계곡. 물이 흐르는 골짜기. ¶山～=물이 흐르는 산골짜기.

## 渐[漸] jiàn 점점 점
图 점차. 차차. 점점. 차츰차츰. ¶～行～远=갈수록 점점 멀어지다. / 天气～暖=날씨가 점차 따뜻해지다.
☞ jiān

○● 日渐, 逐zhú渐

【渐变】jiànbiàn 图 1 점차 변화하다. ¶天色～=날씨가 점차 변화하다. 2 (生) 동식물이 점진적으로 변화하다. →突变 (哲) 점진적 변화.

【渐次】jiàncì 图 점차. 점점. ¶风～减弱了。=바람이 점차 약해진다.

【渐渐】jiànjiàn 昦 점점. 점차. ¶天~冷起来了。=날씨가 점점 추워지기 시작하다. ↔顿时
【渐进】jiànjìn 동 점차적으로 발전하다. 점진하다. ¶循序~=순서를 따라 점차 발전하다.
【渐入佳境】jiànrù-jiājìng ⓞ 1 점차 단맛이 나다. [《진서·고개지전(晉書·顧愷之傳)》에서, 고개지가 늘 사탕수수를 가느다란 가지부터 먼저 씹어먹어서 친구들이 이유를 묻자 "그야 점점 갈수록 단맛이 나기 때문이지." 라고 한 말에서 유래함] 2 卽 상황〔경치·문장〕이 갈수록 재미있게 전개되어 가다. 점입가경이다.
【渐悟】jiànwù 동 1 (佛) 점오하다. 2 사물의 이치에 대해 점차 깨닫다. ↔顿悟

## 谏[諫] jiàn 간언할 간

동卽 간언하다. 직언하다. 잘못을 바로잡도록 말하다. [보통 아랫사람이 윗사람에게 할 때 쓰임] ¶进~=진언하다. / 拒~饰非=충고를 수용하지 않고, 잘못을 은폐하다.
【谏官】jiànguān 명 간관. 천자의 잘못을 바로잡도록 간하는 벼슬.
【谏劝】jiànquàn 동 간하다. 충고하다.
【谏诤】jiànzhèng 동卽 (마주하고) 직간하다.

## 楗 jiàn 문빗장 건

명卽 1 문빗장. 2 제방 등의 터진 곳을 막는 대나무·흙·돌 등의 자재. 3 (특히, 하천 제방 공사·울타리 등에 쓰이는) 말뚝. ¶修缮堤~=제방 말뚝을 수리하다.

## 睍[睍] jiàn 엿볼 간

동卽 훔쳐보다. 엿보다.

## 践[踐] jiàn 밟을 천

동 1 밟다. 짓밟다. 디디다. ¶请勿~踏草坪。=잔디를 밟지 마세요. 2 이행하다. 실행하다. ¶~实=실천하다. ≒蹈

○─ 糟zāo践, 作践

【践诺】jiànnuò 동卽 언약〔약속한 말〕을 이행하다.
【践踏】jiàntà 동 1 밟다. 디디다. ¶请勿~青苗。=어린 모종을 밟지 마세요. 2 卽 (함부로) 짓밟다. 유린하다. ¶不许~人权。=인권을 유린해서는 안 된다.
【践约】jiàn∥yuē 동 약속을 이행하다. [주로 만남을 가리킴] ¶如期~=예정대로 약속을 이행하다.
【践祚】jiànzuò 동卽 즉위하다. 등극하다.

## 锏[鐧] jiàn 굴대 간

명 굴대. 덧방쇠.
☞ jiǎn

## 毽 jiàn 제기 건

명 (~儿) 제기.
【毽子】jiàn·zi 명 제기.

## 腱 jiàn 힘줄 건

명(生) 힘줄. 건.
【腱鞘】jiànqiào 명(生) 건초.
【腱鞘炎】jiànqiàoyán 명(醫) 건초염.
【腱子】jiàn·zi 명 힘줄. 건(腱).

## 溅[濺] jiàn 뿌릴 천

동 (액체가) 튀다. ¶唾沫四~。=침이 사방으로 튀다.
☞ jiān

○─ 飞溅, 喷pēn溅

【溅落】jiànluò 동 1 (무거운 물체가) 고공에서 수중으로 낙하하다. 2 (인공 위성·우주 비행선·로켓 등이) 바다에 떨어지다.
【溅洒】jiànsǎ 동 (액체 등을 사방으로) 튀겨 뿌리다. ¶卡车开过时, ~了我们一身泥浆。=트럭이 지나갈 때, 물이 사방으로 튀겨 우리는 온몸이 진흙투성이가 되었다.

## 鉴[鑒, 鑑·鉴] jiàn 거울 감

명 1 (고대의) 거울. [옛날에는 거울을 주로 동(銅)으로 만들었음] 2 귀감. 본보기. ¶借~=귀감으로 여기다. / 引以为~=본보기로 삼다. 동 1 동 비추다. 조영하다. ¶光可~人=표면이 반들반들하여 사람의 모습을 비춰 볼 수 있다. 2 감정하다. 감별하다. 관찰하다. ¶~别文物=문화재를 감별하다. / 影片~赏=영화를 감상하다. 3 (옛날, 편지 서두에 수신인 이름 다음에 사용하여) 편지를 읽어 주시기를 바랍니다. ¶台~=태감. / 惠~=혜감.

○─ 龟guī鉴, 借鉴, 年鉴, 赏shǎng鉴, 图鉴, 殷yīn鉴, 印鉴

【鉴别】jiànbié 동 감별하다. 변별하다. 식별하다. 구별하다. ¶~真伪=진위를 감별하다. ≒辨别 识别 区别
【鉴察】jiànchá 동 감찰하다. 자세히 살피다. 관찰하다. ¶~物证=물증을 자세히 살피다.
【鉴定】jiàndìng 동 1 감정(鑑定)하다. ¶~报告=감정 보고서. 2 (사람의 장단점을) 평가하다. 사정(查定)하다. ¶自我~=스스로 평가하다. 명 (사람에 대한) 평정(評定). 평가. ¶写~=사람에 대한 평정서(評定書)를 쓰다.
【鉴定人】jiàndìngrén 명 감정인. 감정자.
【鉴定书】jiàndìngshū 명 감정서(鑑定書).
【鉴戒】jiànjiè 명 감계(鑑戒). 본보기. 교훈. ¶引为~=교훈으로 삼다.
【鉴谅】jiànliàng 동卽 헤아려 양해해 줄 것을 청하다. 용서를 구하다. ¶敬请~=헤아려 양해해 주십시오.
【鉴貌辨色】jiànmào-biànsè ⓞ 안색을 살펴 상대방의 의도를 알다. 남의 눈치를 살피다.
【鉴评】jiànpíng 동 감정 평가하다. ¶发明有待专家~。=발명은 전문가의 평정(評定)이 필요하다.

【鉴认】jiànrèn 동 감별하다. 식별하다. 감정하다. ¶出土古钱已送有关专家~。=출토된 옛날 화폐는 이미 전문가에게 감정하도록 보냈다.

【鉴赏】jiànshǎng 동 (예술품이나 문물 등을) 감상하다. ¶~力=감상력. / 唐诗~=당시(唐詩) 감상.

【鉴往知来】jiànwǎng-zhīlái 성 과거의 경험을 살펴서 미래를 헤아릴 수 있다.

【鉴于】jiànyú 개 …의 점에서 보아. …에 비추어 보아. …을 고려하면. ¶~以上事实, 我们建议修改工作计划。=이상의 사실에서 보아 우리는 작업 계획을 수정할 것을 건의합니다.

【鉴证】jiànzhèng 동 1 감정하여 확인하다. 2 (계약의 합법성과 진실성에 대하여) 심사[조사] 확인하다.

## 键[鍵] jiàn 열쇠 건

명 1 ⟨文⟩ 쇠로 된 빗장. ¶关~=자물쇠와 문빗장. 2 ⟨文⟩ 열쇠. 3 건반. 키(key). 누름단추. 스위치. [일부 악기·컴퓨터·자전용품 또는 기타 기기의 누르면 작동이 되도록 하는 부품] ¶按~=누름단추를 누르다. / 琴~=(피아노) 건반. 4 (機) 비녀장. (기계의) 핀(pin). 5 (化) 화학결합. [화학구조식 중 원소의 원자가를 나타내는 짧은 횡선]

○● 电键, 关键, 琴qín键

【键槽】jiàncáo 명 (機) 축(軸) 등에 판 홈. (자물쇠의) 열쇠 구멍.

【键盘】jiànpán 명 건반. 키보드(keyboard).

【键盘乐器】jiànpán yuèqì 명 (音) 건반 악기.

【键入】jiànrù 동 키보드를 쳐서 (정보를) 입력하다. ¶~密码=비밀 번호를 입력하다.

## 槛[檻] jiàn 우리 함

명 ⟨文⟩ 1 짐승이나 야수를 가두는 울타리. ¶兽~=짐승 우리. 2 함거(檻車). 함여(檻輿). ¶~送=함거로 압송하다. 3 난간. ¶~外长江空自流。=난간 밖의 장장(长江)이 부질없이 절로 흘러가네.

☞ kǎn

【槛车】jiànchē 명⟨文⟩ 함거(檻車). 함여(檻輿).

## 僭 jiàn 참람할 참

동 ⟨文⟩ 참람(僭濫)하다. 참월(僭越)하다. 분수에 넘쳐 지나치다. 본분을 뛰어넘다. ¶~言=믿을 수 없는 말.

【僭号】jiànhào 동⟨文⟩ 참칭(僭稱)하다.

【僭越】jiànyuè 동⟨文⟩ 참월하다. 참람(僭濫)하다. 분수에 넘쳐 지나치다. 명의나 직권을 참용(僭用)하다. ¶~失度=분수에 벗어나 주제넘는 행동을 하다.

## 踺 jiàn 밟을 건

【踺子】jiàn·zi 명(體) 공중회전.

## 箭 jiàn 화살 전

명 1 화살. ¶射~=화살을 쏘다. / ~如雨下=화살이 빗발처럼 쏟아지다. 2 화살이 닿을 수 있는 거리. 화살의 사정거리. ¶一~之遥=화살이 닿을 수 있는 거리. 가까운 거리.

○● 暗箭, 冷箭, 令箭, 射箭, 响箭, 袖xiù箭, 挡dǎng箭牌

【箭靶(子)】jiànbǎ(·zi) 명 1 (화살의) 과녁. 2 ⟨ 喩⟩ 공격의 목표. ¶没想到我们却成了~。=뜻밖에도 우리가 목표물이 되었다.

【箭不虚发】jiànbùxūfā 성 1 백발백중이다. 2 ⟨喩⟩ 일처리가 신중하고 정확하다.

【箭步】jiànbù 명 성큼성큼 뛰는 걸음. ¶他一个~冲了过来。=그는 성큼성큼 뛰는 걸음으로 다가왔다.

【箭垛(子)】jiànduǒ(·zi) 명 1 (화살의) 과녁. 2 ⟨口⟩ 성가퀴. 여장(女墙). 여첩(女堞).

【箭法】jiànfǎ 명 궁술(弓術). 사예(射藝).

【箭杆】jiàngǎn 명 화살대.

【箭楼】jiànlóu 명 전루. [감시구와 화살구멍이 있는 성문 위의 망루]

【箭书】jiànshū 명 화살에 매달아 쏘아서 전하는 서신.

【箭坛】jiàntán 명 궁도계. 양궁계.

【箭筒】jiàntǒng 명 화살통. 전동.

【箭头】jiàntóu (~儿) 명 1 화살촉. 2 화살표.

【箭在弦上】jiànzàixiánshàng 성 1 화살이 시위에 올려지다. 2 ⟨口⟩ 일의 형세가 이미 그만둘 수 없는 지경에 이르다.

【箭猪】jiànzhū ☞ 豪猪 háozhū

【箭竹】jiànzhú 명⟨植⟩ 전죽(箭竹). [화살대를 만드는 대나무라는 뜻에서 붙여진 이름]

【箭镞】jiànzú 명 화살촉.

# jiang

## 江 jiāng 강 강

명 1 강. ¶珠~=주장(珠江). / ~水滔滔=강물이 도도하게 흐르다. 2 (Jiāng) 창장(长江). 양자강. ¶~淮平原=장화이(江淮) 평원. 3 (Jiāng) 성(姓).

○● 两江, 领江, 上江, 下江, 沿yán江

【江岸】jiāng'àn 명 강안. 강언덕. 강가.

【江北】Jiāngběi 명 (地) 1 장베이(江北). [장장(长江) 하류의 북쪽 지역으로 즉, 쑤베이(苏北), 완베이(皖北) 일대를 가리킴] 2 창장(长江) 이북 지역.

【江潮】jiāngcháo 명 강 하류의 조석(潮汐).

【江东】Jiāngdōng 명 1 (地) 장둥(江东). [옛날에 창장(长江) 하류의 우후(芜湖)·난징(南京)의 아래 남쪽 연안 지역] 2 삼국 시대 오(吳)나라의 손권(孫權)이 통치한 지역. 3 ⟨口⟩ 고향. ¶~父老=고향 어르신네.

【江防】jiāngfáng 명 1 하천의 방호(防護). 2

창장(长江)의 방호(防護). **3** 창장(长江)의 군사 방어.

【江汉】**Jiāng Hàn**〔名〕〔地〕**1** 창장(长江)과 한수이(汉水). **2** 창장(长江)과 한수이(汉水) 사이와 그 부근 지역. ¶~平原=창장한(江汉) 평원.

【江河】**jiānghé**〔名〕강. 하천. ¶~湖海=강과 하천과 호수와 바다.

【江河日下】**jiānghé-rìxià**〔成〕**1** 강물은 날마다 아래로 흘러내린다. **2**〔비〕사정이 점점 나빠지다. ≒每况愈下 ↔蒸蒸日上

【江湖】**jiānghú**〔名〕**1** 강과 호수. **2** 강호. 온 사방. 온 세상. ¶闯~=세상을 떠돌며 살아가다. 강호를 떠돌다. **3**〔옛〕강호. 문인이나 선비가 은거하는 곳. ¶遁迹~=강호에 종적을 감추다. **4**① 강호를 떠돌며 점쟁이·곡예사·약장수 등을 업으로 하는 사람. ② 점쟁이·곡예사·약장수 등의 직업. ¶~医生=떠돌이 의사. 돌팔이 의사.

【江湖骗子】**jiānghú piàn·zi**〔名〕**1** 강호를 떠돌며 점술이나 가짜 약 등을 팔아 먹고사는 사람. **2** 떠돌이 사기꾼. 야바위꾼. 협잡꾼. [돌아다니며 남을 속이는 사람을 일반적으로 가리킴]

【江湖气】**jiānghúqì**〔名〕강호를 떠도는 사람 특유의 약삭빠른 기질.

【江淮】**Jiāng Huái**〔名〕〔地〕장화이(江淮). 창장(长江) 중하류와 화이허(淮河) 유역. ¶~平原=장화이(江淮) 평원.

【江郎才尽】**Jiāngláng-cáijìn**〔成〕**1** 강엄의 창작력이 다하다. [남조(南朝)의 강엄(江淹)은 젊은 시절 문재가 뛰어나 모두들 '쟝랑(江郎)'이라 불렀으나, 노년에는 좋은 글귀가 나오지 않아 사람들이 그의 재주가 다 고갈되었다고 말하였음] **2**〔비〕창작력이 고갈되다.

【江蓠】**jiānglí**〔名〕〔植〕**1** 강리(江蓠). 꼬시래기. ≒龙须菜. **lóngxūcài 2** 고서(古书)에 나오는 일종의 향초(香草).

【江流】**jiāngliú**〔名〕**1** 강. 하천. ¶~密布=강줄기가 촘촘히 분포하다. **2** 강물. ¶~滚滚=강물이 용솟음치며 흐르다.

【江轮】**jiānglún**〔名〕강배. 강선(江船). 하선(河船). [강에서 운행하는 기선]

【江米】**jiāngmǐ**☞【糯米】**nuòmǐ**

【江米酒】**jiāngmǐjiǔ**〔名〕(찹쌀로 빚은) 감주. 단술. ≒〖酒酿〗**jiǔniàng**〖醪糟〗**láozāo**

【江米纸】**jiāngmǐzhǐ**〔名〕오블라토. 〖英〗oblato

【江南】**Jiāngnán**〔名〕〔地〕**1** 장난(江南). [창장(长江) 하류의 남쪽 지역으로, 쑤난(苏南), 완난(皖南), 저베이(浙北) 등 지역을 가리킴] **2** 창장(长江) 이남 지역.

【江畔】**jiāngpàn**〔名〕강변. 강가.

【江山】**jiāngshān**〔名〕**1** 강산. **2** 자연의 경치. 자연 경관. ¶~秀丽=자연 경관이 수려하다. **3** 국토. 정권. ¶打~=정권을 차지하다.

【江山易改, 本性难移】**jiāngshān yì gǎi, běnxìng nán yí**⇨【江山易改, 秉性难移】**jiāngshān yì gǎi, bǐngxìng nán yí**

【江山易改, 秉性难移】**jiāngshān yì gǎi, bǐngxìng nán yí**〔成〕강산은 바뀌어도 본성은 바뀌기가 어렵다. ≒〖江山易改, 本性难移〗**jiāngshān yì gǎi, běnxìng nán yí**

【江苏】**Jiāngsū**〔名〕〔地〕쟝쑤(江苏)성. 강소성. ['苏(Sū)'라고 약칭하며, 성도는 난징(南京)임]

【江涛】**jiāngtāo**〔名〕강의 물결(파도). ¶~汹涌=강의 파도가 흉용하다〔세차다〕.

【江天】**jiāngtiān**〔名〕강천. 강 위의 광활한 하늘. ¶万里~=강 위에 펼쳐진 광활한 하늘.

【江豚】**jiāngtún**〔名〕〔动〕상괭이. 쇠물돼지. ⇨【江猪】**jiāngzhū**

【江西】**Jiāngxī**〔名〕〔地〕쟝시(江西)성. 강서성. ['赣(Gàn)'으로 약칭하며, 성도는 난창(南昌)임]

【江西腊】**jiāngxīlà**☞【翠菊】**cuìjú**

【江心】**jiāngxīn**〔名〕강심. 강 가운데. 강의 중앙.

【江心补漏】**jiāngxīn-bǔlòu**〔成〕**1** 강 가운데 이르러서야 물이 새는 구멍을 손질하다. **2**〔비〕시기를 놓쳐서 이미 사태를 수습할 수가 없게 되다.

【江洋大盗】**jiāngyáng dàdào**〔名〕해적. 해랑적(海浪贼).

【江珧】**jiāngyáo**〔名〕〔动〕살조개. 안다미조개. 꼬막.

【江珧柱】**jiāngyáozhù**〔名〕**1** 꼬막의 말린 조개관자〔폐각근(闭壳筋)〕. **2**〔말린〕패주(贝柱).

【江右】**Jiāngyòu**〔名〕장시(江西)성의 옛 이름.

【江猪】**jiāngzhū**☞【江豚】**jiāngtún**

【江左】**Jiāngzuǒ**〔名〕〔地〕장쭤(江左). [창장(长江) 하류의 우후(芜湖)와 난징(南京)의 아래 남쪽 연안 지역]

# 茳 **jiāng** 궁궁이 강

【茳芏】**jiāngdù**〔名〕〔植〕궁궁이. ⇨【席草】**xícǎo**

# **将[將] jiāng** 장차 장

〔动〕**1**〔문〕돕다. 부축하다. ¶出郭相扶~. =서로 부축하며 성곽을 나서다. **2**〔방〕데리다. 거느리다. ¶挈妇~雏=부녀자를 이끌고 어린아이를 데리고 가다. **3**〔문〕지니다. ¶~一笔墨来=붓과 먹을 가져오다. **4**〔문〕(일을) 하다. 처리하다. ¶慎重~事=신중하게 일을 처리하다. **5**〔문〕받들다. 모시다. 봉양하다. **6** 가꾸다. 양생하다. 보양하다. ¶你静心~养, 等身体完全康复了才去上班. =조용히 보양을 하여 건강이 완전히 회복된 다음에 출근하세요. **7**(장기에서) '장군'을 부르다. ¶~军不成反丢马. ='장군'을 부르려다 오히려 '마(馬)'를 잃다. **8**(말로써) 자극하다. 충동질하다. 부추기다. 난처하게 하다. ¶几句话一~, 他马上来劲儿. =몇 마디 약올리자, 그는 바로 흥분했다. **9**〔方〕(가축이) 번식하다. 새끼를 낳다. ¶羊~了. =양이 새끼를 낳았다. [주로 성어나 방언에 쓰임] ¶恩~仇报=은혜를 원수로 갚다. ¶~鸡蛋碰石头. =계란으로 바위를 치다. **2**…을. [주로 문어에 쓰임] ¶~门关好。=문을 잘 닫다. /~反腐败斗争进行到底.

**将 jiāng**
**奖 jiǎng**
**浆 jiāng**
**酱 jiàng**
**蒋 jiǎng**
**桨 jiǎng**
**锵 qiāng**

=반부패 투쟁을 끝까지 전개해 나가다. [부] **1** 장차. 곧. 막. ¶太阳~落。=해가 막 지려고 한다. **2** …하게 될 것이다. …일 것이다. [미래에 대한 판단을 나타냄] ¶随着经济的发展, 家用轿车数量~不断增多。=경제가 발전함에 따라 자가용 승용차의 수량은 끊임없이 증가할 것이다. **3** 마침. 꼭. [일정 수량에 근접함을 나타내며, '刚刚(gānggāng)' 에 상당함] ¶手上的现钱~够花。=수중의 현금이 마침 쓸 만큼 있다. **4** 또. 또한. [중첩하여 쓰이며, '…하기도 하고 또 …하기도 하다' 의 뜻을 나타냄] ¶对别人说的话, 他总是~信~疑的。=다른 사람의 말에 대해 그는 늘 반신반의한다. [조] 동사와 방향보어 사이에 쓰여 그 동작의 지속이나 개시 등을 나타냄. [주로 조기 백화문과 방언에 보임] ¶打~起来=싸우기 시작했다. / 拿~出去=가지고 나가다. [명] (**Jiāng**) 성(姓).

☞ **jiàng, qiāng**

0-● 方将, 即jí将, 输shū将, 行将

【将才】**jiāngcái** [부][방] 지금 막. 방금. 막. 이제 금방. 방금 전. ¶他~还来过。=그는 방금 돌아왔다.

☞ **jiàngcái**

【将次】**jiāngcì** [부][문] 막〔곧〕 …하려 하다. ¶雨~停息。=비가 곧 그치려 한다.

【将错就错】**jiāngcuò-jiùcuò** [성] 잘못인 줄 알면서도 그대로 밀고 나가다. 기왕 잘못된 김에 계속 잘못된 길로 나아가다.

【将功补过】**jiānggōng-bǔguò** [성] 공을 세워 잘못을 벌충하다.

【将功赎罪】**jiānggōng-shúzuì** [성] 공을 세워 속죄하다. =【将功折罪】**jiānggōng-zhézuì**

【将功折罪】**jiānggōng-zhézuì** ☞【将功赎罪】**jiānggōng-shúzuì**

【将够】**jiānggòu** [동] 가까스로〔겨우〕 …하다. 꼭 …하기에 알맞다. ¶每月的工资~用。=매달의 월급은 쓰기에 겨우 맞다.

【将计就计】**jiāngjì-jiùjì** [성] 상대의 계교를 미리 알아채고 그것을 역이용하다. 장계취계(將計就計)하다.

【将将】**jiāngjiāng** [부][방] 겨우. 가까스로. 막. 꼭. ¶剩下的布料~够做一件短袖上衣。=남은 옷감은 반소매 상의 하나 만들기에 마침맞다.

【将近】**jiāngjìn** [동] 거의 …에 근접하다. 거의 …에 이르다. ¶~傍晚, 天又下起雨来。=저녁 무렵에 이르자 또 비가 오기 시작했다.

【将就】**jiāng·jiu** [동] 그런대로 …할 만하다. 아쉬운 대로 …할 만하다. ¶裤子是旧了点儿, ~着穿吧。=바지가 좀 낡긴 했지만 아쉬운 대로 입어라.

【将军】**jiāng‖jūn** [동] **1** (장기에서) '장군' 을 부르다. ¶当心他要将你的军了。=그가 장군을 부르려고 하니 조심해라. **2** [비] (어려운 문제를 내어) 난감하게 하다. 난처하게 하다. 궁지로 몰아넣다. ¶你这不是成心将他的军吗? =당신, 이거 고의로 그를 난처하게 하는 것이 아닙니까?

【将军】**jiāngjūn** [명] **1** 장군. 장성. [준장·소장·중장·대장을 통틀어 이르는 말] **2** 장군. [고급 장교를 일반적으로 가리킴]

【将军肚】**jiāngjūndù** [명] (남자의) 배불뚝이. 사장님배. [해학적인 의미를 내포함]

【将来】**jiānglái** [명] 장래. 미래. ['过去(과거)' · '现在(현재)' 와 구분됨] ¶美好的~=아름다운〔행복한〕 미래.

【将息】**jiāngxī** [동][문] 휴식하다. 휴양하다. 몸조리하다. 보양(保養)하다. ¶你的病刚好, 还要~多日。=너의 병은 막 좋아진 것이니, 며칠 더 몸조리를 해야 한다.

【将心比心】**jiāngxīn-bǐxīn** [성] **1** 자신의 마음으로 남의 마음을 비교하다. **2** [비] 처지를 바꾸어 생각하다. 역지사지하다.

【将信将疑】**jiāngxìn-jiāngyí** [성] 믿기도 하고 의심하기도 하다. 반신반의하다. ↔深信不疑

【将养】**jiāngyǎng** [동][문] **1** 몸조리하다. 조양하다. 조섭하다. 휴식하다. 휴양하다. ¶~身体=몸조리하다. **2** 양육하다. 부양하다. 기르다. 보살피다. ¶~老弱=노약자를 부양하다.

【将要】**jiāngyào** [부] 장차〔곧〕 …하려 하다. ¶他大学~毕业了。=그는 곧 대학을 졸업한다. ≒就要

## **姜[1][薑] jiāng 생강 강

[명]《植》 **1** 생강. **2** 생강(의 뿌리).

## **姜[2] Jiāng 성씨 강

[명] 성(姓).

【姜黄】**jiānghuáng** [명]《植》 강황(薑黃). [형] (생강처럼) 누렇다. ¶他面色~, 看来病得不轻。=그의 안색이 누런 것으로 보아 병세가 가볍지 않아 보인다.

【姜是老的辣】**jiāng shì lǎo·de là** [속] **1** 생강은 여문 것이 더 맵다. 늙은 생강이 맵다. **2** [비] 경험이 많은 사람이 신출내기보다 더 대단하다. 나이 먹은 사람이 노련하다.

【姜太公】**Jiāng Tàigōng** [명] 강태공. [본명은 강자아(姜子牙)이며, 여상(呂尙) 혹은 여망(呂望)이라고도 함]

【姜太公钓鱼, 愿者上钩】**Jiāng Tàigōng diàoyú, yuànzhě shànggōu** [성] **1** 강태공의 곧은 낚싯바늘에도 원하는 자는 스스로 걸려든다. **2** [비] 자원자를 모집하다. **3** [비] 자발적으로 남의 올가미에 걸려들다.

【姜汤】**jiāngtāng** [명] 생강탕.

## 豇 jiāng 광저기 강

【豇豆】**jiāngdòu** [명]《植》 **1** 동부. 강두. 광저기. **2** 동부의 협과(荚果)〔씨앗〕.

## 浆[漿] jiāng 풀먹일 장

[명] 끈적끈적한 액체. ¶糖~=시럽. / 豆~=콩국. [동] (천에) 풀을 먹이다. ¶~洗床单=침대시트를 세탁하여 풀을 먹이다.

☞ **jiàng**

○● 打浆，痘dòu浆，翻浆，灌guàn浆，灰浆，酒浆，脑浆，砂shā浆，上浆，糖浆，王浆，血xuè浆，岩浆

【浆果】jiāngguǒ 명(植) 장과(漿果). 다육과(多肉果). 물과실.

【浆纱】jiāngshā 동(纺) 실에 풀을 먹이다. ¶~工艺=실에 풀을 먹이는 기술.

【浆洗】jiāngxǐ 동(纺) 세탁하여 풀을 먹이다. ¶~衣服=옷을 세탁하여 풀을 먹이다.

【浆液】jiāngyè 명 1(生) 장액(漿液). 2 풀.

【浆汁】jiāngzhī 명 장과(漿果)의 즙.

**僵¹[殭]** jiāng 뻣뻣할 강
형 (사지가) 굳다. 뻣뻣〔뻣뻣〕해지다. (손·발이) 곱다. ¶天真冷, 手都冻~了。=날씨가 너무 추워서 손이 다 곱다.

**僵²** jiāng 굳어질 강
형 일이 교착 상태에 빠지다. 일이 벽에 부딪치다. (관계가) 거북해지다. 어색하다. 서먹서먹하다. ¶说话注意点儿, 别把关系搞~了。=말을 좀 조심해, (서로의) 관계를 어색하게 만들지 말고. 동(표정이) 굳다. 엄숙하다. 딱딱하다. ¶他一着脸, 一付不高兴的样子。=그의 굳은 표정이 아주 언짢은 모습이다.

○● 畺 jiāng
   僵 jiāng
   疆 jiāng
   礓 jiāng
   缰 jiāng
   姜 jiāng

【僵板】jiāngbǎn 형 딱딱하게 굳다. 경직되다. ¶他~地坐着, 一动不动。=그는 정색을 하고 앉아서 꼼짝도 하지 않는다.

【僵蚕】jiāngcán 명 백강잠(白殭蠶). =【天虫】tiānchóng

【僵持】jiāngchí 동 (쌍방이) 서로 양보 없이 맞서다. 대치하다. ¶~不下=서로 대치하여 양보하지 않다.

【僵化】jiānghuà 동 1 경직되다. 굳어지다. 경화되다. 2(喩) 교착 상태에 빠지다. 정체되다. ¶头脑~=두뇌가 경직되다.

【僵局】jiāngjú 명 교착된 국면. 교착 상태. 대치 국면. ¶打破~=교착된 국면을 타개하다.

【僵冷】jiānglěng 형 시려서 곱다. 뻣뻣하고 차갑다. ¶他冻坏了, 手脚~。=그는 얼어서 손발이 뻣뻣하고 차갑다.

【僵尸】jiāngshī 명 1 강시. 미라. 2(喩) 식물인간. 곧 죽어 가는 사물. 생명력이 없어진 것. ¶政治~=정치적 식물인간.

【僵死】jiāngsǐ 동 1 죽어서 굳다〔딱딱하다〕. 생명력을 잃다. ¶深秋了, 树上的蝉也~了。=늦가을이 되자 나무 위의 매미도 죽어서 딱딱해졌다. 2(喩) (사물이) 경직되다. 경직되어 활기를 잃다. ¶保守~的观点=보수적이고 경직된 관점.

【僵卧】jiāngwò 동 딱딱하게〔경직된 채로〕 누워 있다. 꿈쩍하지 않고 누워 있다. ¶~的死尸=딱딱하게 굳은 시체.

【僵硬】jiāngyìng 형 1 (사지가) 뻣뻣하다. 경직되다. ¶手指~=손가락이 뻣뻣하다. 2 융통성

이 없다. 딱딱하다. ¶态度~=태도가 딱딱하다.

【僵直】jiāngzhí 형 뻣뻣하다. ¶他落枕了, 脖子~。=그는 베개를 잘못 베서 목이 뻣뻣해졌다.

【僵滞】jiāngzhì 형 정체되다. 생기가 없다. 민활하지 못하다. ¶~的目光=생기를 잃은 눈빛.

**螀[螿]** jiāng 쓰르라미 장
☞【寒螀】hánjiāng

**缰[繮, 韁]** jiāng 고삐 강
명 말고삐. ¶信马由~=고삐를 조이지 않고 말이 가는 대로 내버려 두다.

【缰绳】jiāng·shéng 명 말고삐. ¶勒住~=말고삐를 잡아당겨 말을 세우다.

**鳉[鱂]** jiāng 송사리 장
명(动) 송사리.

**礓** jiāng 자갈 강
☞【砂礓】shājiāng

【礓磜】jiāngcā(~儿) 명(방) 돌층계. 돌계단.

**疆** jiāng 경계 강
명 1 국경. 경계. ¶边~=변경. 2 경계. 한계. 끝. ¶万寿无~=만수무강. 3 (Jiāng) 신장(新疆)의 약칭. ¶南~=신장(新疆)의 남부 지역.

○● 海疆, 无疆

【疆场】jiāngchǎng 명 전쟁터. 전장. ¶战死~=전쟁터에서 전사하다. ≒战场 沙场

【疆陲】jiāngchuí 명 변경. 변방. ¶镇守~=군사를 주둔시켜 변방을 지키다.

【疆界】jiāngjiè 명 국경. 경계. ¶勘定~=측량하여 경계를 확정짓다.

【疆土】jiāngtǔ 명 국토. 영토. 강토. ¶保卫~=국토를 지키다. ≒疆域 领土

【疆埸】jiāngyì 명(문) 1 밭두둑. 경작지의 경계. ¶~有瓜=밭두둑에 오이가 (자라고) 있다. 2 변경. 국경. ¶守卫~=국경을 지키다.

【疆域】jiāngyù 명 강역. 국가의 영토. ¶~辽阔=강역이 광활하다. ≒疆土 领土

**讲[講]** jiǎng 논할 강
동 1 말하다. 이야기하다. 평론하다. ¶~笑话=소화(웃기는 이야기)를 들려주다. / 少~废话, 多干实事。=쓸데없는 말 하지 말고 일이나 열심히 해라. 2 …에 대하여 말하다. 논하다. ¶~能力他不如你高, ~积极性你不如他。=능력으로 논하자면 그가 당신보다 못하지만, 적극성을 말하자면 그보다 못하오. 3 상의하다. 상담하다. 의논하다. 교섭하다. 협의하다. ¶~条件=조건을 협의하다. 4 설명하다. 해설하다. 설하다. ¶别着急, 听我慢慢把道理~清楚。=조급해하지 말고, 내가 이치를 차근차근 설명할 테니 들어 봐. 5 중시하다. 주의하다. 신경을 쓰다. 정성을 쏟다. 고려하다. 추구하다. ¶~速度=속도를 중요시하다. / 不~情面=안면을 바

주지 않다.

○● 串chuàn讲, 开讲, 起讲, 听讲, 宣xuān讲, 演讲, 主讲

【讲道】jiǎngdào 〔动〕 설법하다. 설교하다. 전도하다. ¶传经~=경전을 설교하다.

【讲法】jiǎng·fǎ 〔名〕 1 나타내는 방식. 표현 방식. ¶同一个意思, 可以有多种~。=같은 의미라도 여러 가지 표현 방식이 있을 수 있다. 2 견해. ¶他们的~表面上不同, 实质上是一样的。=그들의 견해는 표면상으로는 다르지만 실제로는 마찬가지이다.

【讲稿】jiǎnggǎo(~儿)〔名〕강연〔연설·강의〕원고.

【讲古】jiǎnggǔ 〔动〕 전설을〔고사를〕이야기하다. 옛날 이야기를 하다. ¶大院子里的孩子们都爱听李奶奶~。=한 울타리 안에 있는 아이들은 모두 이 할머니가 들려주는 옛날 이야기를 듣길 좋아한다.

【讲和】jiǎng‖hé 〔动〕 화해하다. 강화(講和)하다. ¶罢兵~=전쟁을 멈추고 강화하다.

【讲话】jiǎng‖huà 〔动〕 1 말하다. 발언하다. ¶请校长~。=교장 선생님께 한 말씀 부탁드립니다. 2 질책하다. 나무라다. 비난하다. 말하다. ¶你这样干, 别人不~才怪呢。=네가 이렇게 하는데, 사람들이 비난하지 않는다면 이상하지.

【讲话】jiǎnghuà 〔名〕 1 강화. 담화. 연설. ¶他的~很令人振奋。=그의 연설은 정말 사람으로 하여금 분발하게 한다. 2 강화. 해설성의 글. [주로 서명(書名)으로 쓰임] ¶《修辞~》=《수사 강화》.

【讲价】jiǎng‖jià(~儿)〔动〕값을 흥정하다.

【讲价钱】jiǎng·jià·qian 〔俗〕 1 값을 흥정하다. 2 〔喩〕 (담판을 하거나 임무를 맡을 때) 조건을 제시하다〔내세우다〕. 요구하다. ¶叫他干他就干, 从不~。=그는 시키면 시키는 대로 하지, 여태까지 조건을 제시한 적이 없다.

【讲交情】jiǎng jiāo·qing 〔动〕 우정을 중요시하다. ¶他这个人很~, 这事儿找他没错。=이 사람은 우정을 아주 중요시하니, 이 일은 그를 찾아가면 틀림없어.

【讲解】jiǎngjiě 〔动〕 해설하다. 설명하다. 풀이하다. 해석하다. ¶~古文=고문을 해석하다.

【讲解员】jiǎngjiěyuán 〔名〕 (전시회나 박물관 따위의) 안내원. 해설자.

【讲经说法】jiǎngjīng-shuōfǎ 〔成〕 경전을 강론하고 설교하다.

【讲究】jiǎng·jiu 〔动〕 중요시하다. 소중히 여기다. …에 정성들이다. …에 신경 쓰다. …에 주의하다. ¶~卫生=위생을 중요시하다. 〔名〕(~儿) 유의〔연구〕할 만한 법칙〔방법〕. ¶写古体诗是很有~的。=고체시를 쓰려면 엄청 유의해야 할 법칙이 있다. 〔形〕 정교하다. 화려하다. 우아하다. 훌륭하다. 세련되다. 꼼꼼하다. ¶大厅里的布置很~。=홀의 장식은 매우 세련되었다.

【讲课】jiǎng‖kè 〔动〕 강의하다. 수업(授業)하다. 학문이나 기술을 가르치다.

【讲理】jiǎng‖lǐ 〔动〕 1 시시비비를 따지다〔가리다〕. 이치를 따지다. ¶你不~, 自有~的地方。=네가 시시비비를 가리지 않아도 자연히 시시비비를 가리는 곳이 있게 마련이다. 2 경우를 따지다. 도리를 알다. 세상물정에 밝다. ¶别惹他, 他这个人蛮不~。=그 사람 건드리지 마라, 그 사람은 전혀 사리를 따지지 않는 사람이다.

【讲礼貌】jiǎng lǐmào 〔动〕 예의바르다. 예를 중시하다.

【讲论】jiǎnglùn 〔动〕 1 의론하다. 담론하다. 이러쿵저러쿵하다. 남의 이야기를 하다. ¶~国家大事=국가 대사를 의론하다. 2 다루다. 취급하다. 논하다. ¶本书主要~现代小说。=이 책은 주로 현대 소설을 다루었다.

【讲面子】jiǎng miàn·zi 〔动〕 체면을 따지다. 체면을 중시하다. ¶他这个人很~。=이 사람은 몹시 체면을 중시한다.

【讲明】jiǎngmíng 〔动〕 분명하게 이야기하다. 확실하게 말하다. ¶~原委=자초지종을 분명하게 말하다.

【讲排场】jiǎng páichǎng 〔动〕 겉치레를 따지다. 체면을 따지다. 격식을 따지다. ¶婚事简办, 不~。=혼사는 간소하게 치르고 겉치레에 신경 쓰지 않는다.

【讲评】jiǎngpíng 〔动〕 강평하다. ¶习作~=습작에 대하여 강평하다.

【讲情】jiǎng‖qíng 〔动〕 대신 용서를 구하다. 대신 도움을 청하다. ¶托人~=남에게 부탁하여 도움을 청하다.

【讲求】jiǎngqiú 〔动〕 중시하다. 강구하다. 따지다. 추구하다. ¶~工作效率=업무 효율을 강구하다.

【讲师】jiǎngshī 〔名〕 (대학의) 전임 강사.

【讲师团】jiǎngshītuán 〔名〕 1 강사단. [벽지나 빈곤 지역의 교육 사업을 지원하기 위하여 국가의 중앙 기관과 각 성, 시, 자치구 등이 파견하는 대학 졸업 이상의 간부나 교사로 구성된 강사 단체] 2 공산당의 방침이나 정책을 선전 교육하기 위하여 임시 요원으로 구성된 단체.

【讲史】jiǎngshǐ 〔名〕 강사(講史). [중국 고대 민간의 구비 문학 형식. 《삼국지 평화(三國志平話)》와 같이 주로 역사의 흥망성쇠와 전쟁 등의 이야기를 강술하며, 편폭이 비교적 김]

【讲授】jiǎngshòu 〔动〕 강의하다. 수업(授業)하다. 교수하다. ¶~功课=학과를 수업하다. 강의하다.

【讲书】jiǎngshū 〔动〕 1 이야기꾼이 고사(故事)를 이야기하다. 2 강의하다. ¶学生们正聚精神地听张老师~。=학생들은 한창 정신을 집중하여 장 선생님의 강의를 듣고 있다.

【讲述】jiǎngshù 〔动〕 서술하다. 진술하다. 이야기하다. ¶~事故的起因=사고의 원인을 진술하다. ≒陈述 叙述

【讲说】jiǎngshuō 〔动〕 서술하다. 진술하다. 이야기하다. ¶~童年的故事=어린 시절의 이야기를 하다.

【讲台】jiǎngtái 〔名〕 교단. 강단. 연단.

【讲坛】**jiǎngtán** 圂 **1** 교단. 강단. 연단. **2** 강연장. 토론장. ¶知识全球化~=지식 글로벌화의 토론장.

【讲堂】**jiǎngtáng** 圂 **1** 옛 강의실. 교실. **2** 강당. 경서를 강론하고 설법하는 장소.

【讲题】**jiǎng‖tí** 동 (연습 문제나 시험 따위의) 문제를 풀이하다.

【讲题】**jiǎngtí** 圂 강의[강연]의 제목.

【讲武】**jiǎngwǔ** 동圂 군사나 병법을 강습하다. ¶~堂=군사학 강습당.

【讲习】**jiǎngxí** **1** 강습하다. ¶~书法=서예를 강습하다. **2** 연구하다. 연마하다. ¶~学问=학문을 연마하다.

【讲习班】**jiǎngxíbān** 圂 강습반.

【讲叙】**jiǎngxù** 동 이야기하다. 서술하다. 진술하다. ¶~旅韩经历=한국 여행 경험을 이야기하다.

【讲学】**jiǎng‖xué** 동 학술 강연을 하다. ¶出国访问~=출국 방문하여 학술 강연을 하다.

【讲演】**jiǎngyǎn** 동 강연하다. 연설하다. ¶即兴~=즉흥 연설을 하다. 圂 강연. 연설. ¶他的~让我学到了不少东西.=그의 강연은 나로 하여금 많은 것을 배우게 했다.

【讲义】**jiǎngyì** 圂 **1** 강의. [경전의 의미를 풀이한 책] ¶《《尚书》~》=《《상서》강의》. **2** 강의록. 강의 노트.

【讲桌】**jiǎngzhuō** 圂 교탁. 강의용 탁자.

【讲座】**jiǎngzuò** 圂 강좌.

**奖[獎,奨]** **jiǎng** 장려할 장
동 **1** 칭찬하다. 과찬하다. ¶夸~=칭찬하다. / 褒~=표창하다. **2** 장려하다. 표창하다. ¶惩分明=상벌이 분명하다. / 领~品=수상품(受赏品). 圂 상(赏). ¶发~=상을 수여하다. / 受~=수상하다. ↔惩罚

○● 过奖, 夸kuā奖, 谬miù奖, 评奖, 受奖, 授奖, 中zhòng奖

【奖杯】**jiǎngbēi** 圂 우승컵.

【奖惩】**jiǎngchéng** 동 장려를 하고 처벌을 내리다. ¶~制度=상벌 제도.

【奖额】**jiǎng'é** 圂 상금의 액수. ¶特等奖的~很高.=특등상의 상금은 매우 많다.

【奖罚】**jiǎngfá** 동 장려를 하고 처벌을 내리다. ¶~严明=상벌이 엄격하고 공정하다.

【奖级】**jiǎngjí** 圂 상의 등급. 상금이나 상품의 등급. ¶这次短篇小说征文大赛共设3个~。=이번 단편 소설 공모 대회에는 모두 세 등급의 상을 설정하였다.

【奖金】**jiǎngjīn** 圂 상금. 상여금. 장려금. 포상금. 보너스.

【奖金税】**jiǎngjīnshuì** 圂 상금세.

【奖励】**jiǎnglì** 동 장려하다. 표창하다. ¶~青年骨干教师=우수 청년 교사를 표창하다. 圂 상(赏). 상금. 상품. ¶受到~=상을 받다. ≒奖赏 ↔处分 处罚 惩处 惩办 惩治

【奖牌】**jiǎngpái** 圂 메달. [일반적으로 금메달·은메달·동메달 등 세 종류가 있음]

【奖品】**jiǎngpǐn** 圂 상품. 포상. 트로피.

【奖旗】**jiǎngqí** 圂 우승기.

【奖勤罚懒】**jiǎngqín-fálǎn** 성 부지런한 사람을 장려하고 게으른 사람을 벌주다.

【奖券】**jiǎngquàn** 圂 복권. 추첨권.

【奖赏】**jiǎngshǎng** 동 상을 주다. 포상하다. ¶~奥运冠军=올림픽 금메달리스트를 포상하다. 圂 포상. 장려. ¶获得~=포상을 받다. ≒奖励

【奖授】**jiǎngshòu** 동 상으로 …을[를] 수여하다. 장려하기 위하여 …을[를] 수여하다. ¶~一台笔记本电脑=노트북컴퓨터 한 대를 상으로 수여하다.

【奖售】**jiǎngshòu** 동 **1** (공급이 부족한 물자를) 특혜로 …에게 판매하다. ¶这些平价化肥是准备~给种粮大户的.=이러한 저렴한 화학 비료는 특혜로 대규모 양곡 농가에게 판매하려고 한다. **2** 판매에 대해 포상[장려]하다. ¶目前各大商场都实行~制度.=현재 각 대형 매장에서는 모두 판매 포상 제도를 시행한다.

【奖台】**jiǎngtái** 圂 시상대. 상품 진열대.

【奖项】**jiǎngxiàng** 圂 **1** 상(赏)의 종목[부문]. ¶奥斯卡金像奖已设立了二十多个~。=오스카상[아카데미상]은 20여 개의 부문상을 두었다. **2** (어떤 종목[부문]의) 상(赏). ¶他有幸获得了最高~。=그는 운이 좋게 최고상을 획득하였다.

【奖许】**jiǎngxǔ** 동 칭찬하다. 찬양하다. 격려하다. ¶~有加=칭찬하고 격려하다.

【奖学金】**jiǎngxuéjīn** 圂 장학금.

【奖掖】**jiǎngyè** 동圂 장려하고 발탁하다. 격려하고 이끌어 주다. ¶~后进=후진을 장려하고 발탁하다.

【奖挹】**jiǎngyì** 동圂 장려하고 발탁하다. 격려하고 이끌어 주다.

【奖优罚劣】**jiǎngyōu-fáliè** 성 성적이 우수한 사람을 장려하고 저조한 사람을 처벌하다.

【奖誉】**jiǎngyù** 동 칭찬하다. 장려하다. 영예를 주다. 표창하다. ¶~先进=앞서 가는 사람을 표창하다. 圂 **1** (받은) 영예. 칭찬. 찬조. ¶深受~=깊은 칭찬을 듣다. **2** 받은 영예로운 칭호. ¶授予他劳动模范的~.=그에게 모범 노동자라는 영예로운 칭호를 수여하였다.

【奖章】**jiǎngzhāng** 圂 (장려나 표창하기 위한) 휘장(徽章). 포장(褒章). 메달.

【奖状】**jiǎngzhuàng** 圂 (장려나 표창하기 위한) 상장.

**桨[槳]** **jiǎng** 노 장
圂 노(橹). ¶划~=노를 젓다. / 船~=노.

【桨球】**jiǎngqiú** ☞【板球】**bǎnqiú**

**蒋[蔣]** **Jiǎng** 나라 이름 장
圂 성(姓).

**耩** **jiǎng** 밭갈 강
동 (농) (파종기로) 파종하다. ¶~麦子=보리를

파종하다.
【耩子】jiǎng·zi 〈명〉(농) 파종기.

**膙** jiǎng 굳은살 강
【膙子】jiǎng·zi 〈명〉(손이나 발에 생기는) 못. 굳은살.

**匠** jiàng 장인 장
〈명〉**1** 장인(匠人). [전문 기술이 있는 수공업자] ¶木~=목수. / 漆~=칠장. 칠공예가. **2** 〈문〉 문화 예술에 조예가 깊은 사람. ¶文学巨~=문학의 거장. 정교하다. 훌륭하다. ¶颇具~心=자못 창의성을 갖추다.

○● 工匠, 画匠, 巨匠, 篾miè匠, 皮匠, 漆qī匠, 锡xī匠, 鞋xié匠, 意匠, 银匠, 宗zōng匠, 花儿匠, 泥瓦匠

【匠气】jiàngqì **1** 장인 기질. 장인 냄새. **2** 〈비〉 매너리즘(mannerism). ¶满篇~=작품 전체가 매너리즘에 젖어 있다.
【匠人】jiàngrén 〈명〉 장인(匠人). 공예가.
【匠心】jiàngxīn 〈명〉〈문〉 장심(匠心). 고안(考案). 창의(創意). 교묘한 구상. ¶独具~=독창성을 갖추다.
【匠心独运】jiàngxīn-dúyùn 〈성〉 창의적으로 예술적 구상을 하다.

**降** jiàng 내려갈 강
〈동〉**1** 내리다. 내려가다. 내려오다. ¶~雪=눈이 내리다. / 气温下~=기온이 내려가다. **2** 내리다. 낮추다. ¶~价出售=가격을 인하하여 판매하다. **3** 출생하다. 태어나다. ¶~生人世=인간 세상에 강생하다. 〈명〉(Jiàng) 성(姓). ⇆落 ↔升 ☞xiáng

○● 空降, 霜shuāng降

【降班】jiàng‖bān 〈동〉(학생이) 유급되다.
【降半旗】jiàng‖bànqí ☞【下半旗】xià‖bànqí
【降半音记号】jiàngbànyīn jìhào ☞【降号】jiànghào
【降尘】jiàngchén 〈명〉 낙진(落塵). [입자가 비교적 커서 공중에 오래 머물지 못하고 떨어지는 분진(粉塵)] =【落尘】luòchén
【降等】jiàngděng 〈동〉 강등하다. 등급을 내리다. ¶积压商品~出售=재고품을 등급을 내려 판매하다.
【降低】jiàngdī 〈동〉**1** 내려가다. ¶物价~=물가가 내려가다. **2** 내리다. 낮추다. 인하하다. 절하하다. 줄이다. ¶~材料消耗=재료의 소모를 줄이다. ↔提高 升
【降调】jiàngdiào 〈명〉〈언〉 하강 음조. ¶陈述句的末尾读~=평서문의 끝은 하강 음조로 읽는다. 좌천되다. 낮은 직위로 전근되다. ¶他已经从省上~到县里了。=그는 이미 성(省)에서 현(縣)으로 좌천되었다.
【降幅】jiàngfú 〈명〉(생산량이나 가격 등의) 하락

폭. 낙폭(落幅). [백분율로 나타냄] ¶最近一段时间家用轿车的价格~很大。=최근 한동안 자가용 승용차 가격의 하락폭이 매우 크다.
【降格】jiàng‖gé 〈동〉 규격〔신분·등급·격〕을 낮추다. ¶~使用=규격을 낮추어 사용하다. ↔升格
【降格以求】jiànggéyǐqiú 〈성〉 격을 낮추어 요구하다.
【降号】jiànghào 〈명〉〈음〉 내림표. 플랫(flat). [기호는 'b'로 표시함] =【降半音记号】jiàngbànyīn jìhào
【降耗】jiànghào 〈동〉 (에너지나 원자재의) 소모를 줄이다. ¶增效~=원자재의 소모를 줄이고 효과를 증대시키다.
【降火】jiànghuǒ 〈동〉〈의〉 체내의 열을 내리다. ¶清热~=체내의 열을 내리다.
【降级】jiàng‖jí 〈동〉**1** 강등되다. 유임되다. 등급을 낮추다. ¶~处分=강등 처분. **2** 유급되다. 낙제하다. ¶他基础不好, 学习跟不上, 最后只好~。=그는 기초가 부족하여 학업을 따라가지 못해서 유급될 수밖에 없었다.
【降价】jiàng‖jià 〈동〉 가격을 낮추다〔인하하다〕. 할인하다. ¶听说空调最近还要~。=에어컨은 최근에 또 가격이 인하된다더라.
【降解】jiàngjiě 〈동〉〈화〉**1** 감성(減成)하다. **2** (고분자 화합물이) 분해되다.
【降临】jiànglín 〈동〉 도래하다. 일어나다. 들이닥치다. 다가오다. 내려오다. ¶大祸~=큰 화가 들이닥치다. / 夜色~=어둠이 내려앉다.
【降落】jiàngluò 〈동〉 내려오다. 착륙하다. ¶飞机正准备~。=비행기가 막 착륙하려 한다. ↔起飞
【降落伞】jiàngluòsǎn 〈명〉 낙하산.
【降密】jiàngmì 〈동〉 보안 등급을 낮추다. ¶这些文件已经按规定~了。=이 문서들은 이미 규정에 따라 보안 등급을 낮추었다.
【降幂】jiàngmì 〈명〉〈수〉 내림차순. 강멱.
【降旗】jiàng‖qí 〈동〉 하기(下旗)하다. 기를 내리다. ↔升旗
【降生】jiàngshēng 〈동〉 강생하다. 강탄(降誕)하다. 출생하다. 태어나다. [주로 신이나 비범한 인물의 탄생을 가리킴]
【降世】jiàngshì 〈동〉〈문〉 출생하다. 탄생하다.
【降水】jiàngshuǐ 〈동〉〈기〉 우박이나 비가 내리다. ¶人工~=인공으로 비를 내리다. 〈명〉 강수(降水). [비·구름·싸라기·우박 따위의 통칭]
【降水量】jiàngshuǐliàng 〈명〉〈기〉 강수량.
【降温】jiàng‖wēn 〈동〉**1** 온도를 내리다〔낮추다〕. **2** 防暑~=열사병 방지를 위해 온도를 낮추다. **2** 물을 뿌리거나 냉기를 뿜어 고온의 작업장 온도를 낮추다. ¶冶炼车间正在安装~设备。=제련 공장에 한창 냉각 장치를 설치하고 있다. **3** 〈기〉 기온이 떨어지다. 날씨가 추워지다. ¶天气预报说, 明天大风~。=내일은 큰바람이 불고 기온이 떨어진다고 일기 예보에서 말했다. **4** 〈비〉 열기가 식다. 추세가 약화되다. ¶房地产投资过热现象逐渐~。=부동산 투자의 과열 현상이 점

차 식어 간다. ↔升温
【降息】**jiàngxī** 동 이율을 낮추다.
【降心相从】**jiàngxīn-xiāngcóng** 성 자신의 뜻을 굽혀서 다른 사람의 뜻을 따르다.
【降薪】**jiàngxīn** 동 봉급이 내리다. 감봉되다.
【降压】**jiàngyā** 동 1 (电) 전압을 낮추다. ¶~变压器=점감(漸減) 변압기. 2 (医) 혈압을 낮추다. ¶~药=혈압 강하제. 강압제.
【降雨】**jiàngyǔ** 동 비가 내리다. ¶连日~=연일 비가 내리다.
【降雨量】**jiàngyǔliàng** 명 강우량.
【降职】**jiàng‖zhí** 동 강직되다. ¶~使用=직급을 낮추어 임용하다.

## 虹 **jiàng** 무지개 강
명 뜻은 '虹(hóng)'과 같음. [단독으로만 쓰임] ¶看, 出~了.=봐라, 무지개가 나타났다.
☞ **hóng**

## 将[將] **jiàng** 장수 장
동 통솔하다. 이끌다. ¶韩信~兵, 多多益善.=한신은 병사를 통솔함에 있어서 병사가 많으면 많을수록 좋습니다. 명 1 장수. 장군(將軍). 장성(將星). ¶帝王~相=황제와 왕과 장수와 재상. 2 장교. 지휘관. ¶损兵折~=병졸과 지휘관 할 것 없이 죽거나 다치다. 3 (军) 장성(將星). [원수(元帥)보다는 아래이고 영관급 장교보다는 위인 계급] ¶中~=중장.
☞ **jiāng, qiāng**

○● 闯**chuǎng**将, 点将, 干将, 虎将, 激将, 健将, 麻将, 猛**měng**将, 儒**rú**将, 上将, 宿将, 小将, 主将, 准将

【将才】**jiàngcái** 명 1 군대를 통솔하고 지휘하는 재능. ¶颇具~=자못 통솔력이 있다. 2 군대의 통솔력을 갖춘 인재. ¶~难觅=군 통솔력을 갖춘 인재를 찾기 어렵다.
☞ **jiāngcái**
【将官】**jiàngguān** 명 (军) 장관. 장성(將星). 장군(將軍).
【将官】**jiàng·guan** 명 고급 장교.
【将领】**jiànglǐng** 명 고급 장교. ¶空军~=공군 장교.
【将令】**jiànglìng** 명 군령(軍令). [주로 조기 백화문에 보임] ¶服从~=군령에 복종하다.
【将门】**jiàngmén** 명 장수[고급 장교]의 집안[가문]. ¶~出虎子.=장수의 집안에서 훌륭한 인재가 나오다.
【将士】**jiàngshì** 명 장병. ¶全军~=군의 모든 장병.
【将士用命】**jiàngshì-yòngmìng** 성 장교와 병사가 모두 명령에 복종하다.
【将帅】**jiàngshuài** 명 고급 장교. ¶~之才=장군감. 장수감.
【将相】**jiàngxiàng** 명 장수와 재상. ¶~出寒门.=장수와 재상은 빈한한 가문에서 나온다.
【将校】**jiàngxiào** 명 1 장성과 영관. 2 고급장교.
【将校呢】**jiàngxiàoní** 명 장성과 영관의 나사(羅紗). 군복지.
【将遇良才】**jiàngyùliángcái** 성어 쌍방의 실력이 막상막하이다.
【将指】**jiàngzhǐ** 명문 장지. 가운뎃손가락. 엄지발가락.
【将佐】**jiàngzuǒ** 명문 1 장수와 참모. 2 고위 문무 관원.

## 洚 **jiàng** 물 넘칠 홍
동문 큰물이 범람하다. 큰물이 지다. ¶~水=큰물이 범람하다.

## 绛[絳] **jiàng** 진홍색 강
형 진홍색인. ¶~色=진홍색. 与赤
【绛红】**jiànghóng** 형 진홍의. ¶~大衣=진홍색 외투.
【绛紫】**jiàngzǐ** 형 짙은 자줏빛인. [주로 문어체에 쓰임] ¶天边~色的云霞把傍晚的天空点缀得格外美丽.=하늘가의 짙은 자줏빛 노을은 저녁 무렵의 하늘을 유난히 아름답게 장식한다.

## 浆[漿] **jiàng** 미음 강
형 '糨(jiàng)'과 같음.
☞ **jiāng**
【浆糊】**jiàng·hu** ☞ 【糨糊】**jiàng·hu**

## 弶 **jiàng** 창애 강
명문 창애. 덫. 올가미. 동문 덫으로 잡다.

## 强[(彊·強)] **jiàng** 굳셀 강
형 완강하다. 고집스럽다. 고집이 세다. ¶倔~=고집이 세다.
☞ **qiáng, qiǎng**
【强嘴】[犟嘴] **jiàngzuǐ** 동구 말대꾸하다. (윗사람에게) 말대꾸하다. 말다툼하다. ¶小孩儿不能跟大人~.=어린아이가 어른에게 말대꾸해서는 안 된다.

## 酱[醬] **jiàng** 된장 장
명 1 된장. ¶豆瓣~=된장. / 甜面~=춘장. 2 된장 비슷한 모양의 것[식품]. ¶花生~=땅콩잼. / 草莓~=딸기잼. 동 된장이나 간장으로 절이거나 졸이다. ¶~了一坛大白菜.=배추 한 단지를 장으로 절이다. 형 된장이나 간장으로 절이거나 졸인. ¶~萝卜=절인 무. / ~肘子=간장으로 졸인 돼지다리살.

○● 败**bài**酱, 果酱, 蒟**jǔ**酱, 辣**là**酱, 麻酱, 虾**xiā**酱, 豆瓣儿**bànr**酱

【酱菜】**jiàngcài** 명 된장이나 간장으로 절인 장아찌.
【酱豆腐】**jiàngdòu·fu** ☞ 【豆腐乳】**dòu·furǔ**
【酱坊】**jiàngfáng** 명 전문적으로 간장·된장·절인 야채들을 제조 판매하는 곳 또는 가게.
【酱缸】**jiànggāng** 명 장독.

【酱瓜】 jiàngguā 図 오이 장아찌. 월과(越瓜) 장아찌.
【酱肉】 jiàngròu 図 장육(酱肉). 장조림.
【酱色】 jiàngsè 図 진한 갈색.
【酱油】 jiàngyóu 図 간장.
【酱园】 jiàngyuán 図 전문적으로 간장·된장·절인 야채들을 제조 판매하는 곳 또는 가게.
【酱紫】 jiàngzǐ 圈 짙은 보라색의. 암자(暗紫)색의. 자감(紫紺)색의. [주로 구어에 쓰임] ¶~色的裙子=짙은 보라색 치마.

## 犟 jiàng 고집셀 강

圈 고집세다. 고집스럽다. 완강하다. 말을 듣지 않다. ¶他这人生来脾气就~。=이 사람은 천성적으로 고집이 세다.
【犟劲】 jiàngjìn 図 고집. ¶这孩子~一上来, 他爹也管不住。=이 아이는 한번 고집부리기 시작하면 제 아비도 말릴 수 없다.
【犟嘴】 jiàngzuǐ ☞ 【强嘴】 jiàngzuǐ

## 糨 jiàng 풀 강

圈 (액체가) 걸쭉하다. 되다. 뻑뻑하다. ¶粥熬得太~了。=죽이 너무 되게 끓여졌다.
【糨糊】 【浆糊】 jiàng·hu 図 풀.
【糨子】 jiàng·zi 図(구) 풀. ¶打~=풀을 쑤다.

# jiao

## 艽 jiāo 오독도기 구
☞ 【秦艽】 qínjiāo

## **交 jiāo 사귈 교

图 1 서로 교차하다. 서로 맞닿다. ¶两条高速公路在这里相~。=두 갈래의 고속도로가 여기에서 교차한다. 2 (어떤 시점이나 계절에) 이르다. 되다. ¶~五更=오경이 되다. / 明天就~冬至了。=내일이면 동지가 된다. 3 (어떤 운을) 만나다. ¶~霉运=불운을 만나다. 4 서로 연락하다. 왕래하다. 사귀다. 교제하다. ¶结~=친교를 맺다. / 此人不可深~。=이 사람은 깊이 사귀어서는 안 된다. 5 서로 접촉하다. 서로 닿다. ¶失之~臂=눈앞에서 호기를 놓치다. 6 (남녀가) 성교하다. [암수가] 교배하다. ¶性~=성교하다. / 杂~=교잡하다. 7 건네다. 건네주다. 넘기다. 내다. 제출하다. 맡기다. ¶把包裹~给来人带走。=소포를 온 사람에게 건네주어 가져가게 하다. 囲 1 서로. 상호. ¶~换意见=서로 의견을 교환하다. / 促膝~谈=무릎을 맞대고 이야기하다. 2 함께. 일제히. 동시에. ¶惊喜~集=놀라움과 기쁨이 동시에 몰려

○ 交 jiāo
较 jiào
胶 jiāo
绞 jiǎo
狡 jiǎo
郊 jiāo
饺 jiǎo
铰 jiǎo
蛟 jiāo
跤 jiāo
姣 jiāo
皎 jiǎo
茭 jiāo
佼 jiǎo
鲛 jiāo
效 xiào
校 xiào
咬 yǎo

오다. / 风雨~加=거센 비바람이 일제히 휘몰아치다. 図 1 서로 맞닿는 시점[때]. 서로 맞닿는 지점. 교차점. ¶秋冬之~=가을과 겨울이 교차하는 시점. / 太行山位于山西、河北两省之~。=타이항산(太行山)은 산시(山西)성과 허베이(河北)성이 서로 맞닿는 지점에 있다. 2 우정. 친분. 우의. ¶私~=개인적인 친분. / 断~=단교. 3 무역. 교역. 거래. ¶成~=거래가 이루어지다. 4 '跤(jiāo)'와 같음. ↔接

○● 成交, 初交, 缔dì交, 递交, 订dìng交, 断交, 故交, 国交, 结交, 旧交, 绝交, 开交, 社交, 神交, 世交, 私交, 提交, 外交, 相交, 新交, 性交, 移交, 择zé交, 知交, 至交, 转交

【交白卷】 jiāo báijuàn (~儿) 図 1 백지를 내다. 2 백지 답안을 내다. 시험 문제를 전혀 풀지 못하다. ¶物理考试她交了白卷。=물리 시험에 그녀는 백지를 내었다. 3 (비) 백지를 내다. 임무를 전혀 완수하지 못하다. 아무런 성과를 이루지 못하다. ¶带来的产品一点也没推销出去, 看来只能回去~了。=가져온 상품을 전혀 팔지 못했으니, 보아하니 돌아가서 백지를 내는 수밖에.
【交拜】 jiāobài 图(옛) 1 맞절하다. 2 (혼례 때에) 신랑 신부가 교배[맞절]하다.
【交班】 jiāo∥bān 图 근무 교대하다. ¶他们俩下午四点~。=그 두 사람은 오후 네 시에 근무 교대를 한다.
【交办】 jiāobàn 图 …에게 맡겨서 처리하다. [주로 상급자가 부하에게 하는 것을 가리킴] ¶这是办公室主任~的事。=이것은 사무실 주임이 시킨 일이다.
【交保】 jiāo∥bǎo 图(法) 보석하다. ¶~释放=보석으로 석방하다.
【交杯酒】 jiāobēijiǔ 図 합환주(合歡酒).
【交臂】 jiāobì 图 1 공수(拱手)하다. 图 =相迎=공수로 환영하다. 2 팔과 팔이 맞닿다. ¶~笑谈=서로 가까이 서서 환담을 나누다.
【交变电场】 jiāobiàn diànchǎng 図(物) 교류 전장(電場).
【交兵】 jiāobīng 图(문) 교전(交戰)하다. 전쟁하다. ¶两国~=두 나라가 교전하다.
【交并】 jiāobìng 图 (다른 감정이나 사물이) 동시에 나타나다[엇갈리다]. ¶悲喜~=희비가 교차하다.
【交叉】 jiāochā 图 1 교차하다. ¶前面有一个~路口=앞에 교차로가 하나 있다. 2 번갈아 하다. 갈마들다. ¶两座房子~施工。=두 건물을 번갈아 공사하다. 3 교차하다. 겹치다. ¶~学科=서로 겹치는 학문 분야.
【交叉感染】 jiāochā gǎnrǎn 図(醫) 교차감염.
【交叉科学】 jiāochā kēxué ☞ 【边缘科学】 biānyuán kēxué
【交差】 jiāo∥chāi 图 (임무 완수 후 관련 부문에) 결과를 보고하다. ¶他今天连夜走, 急着回单位~。=그는 오늘 급히 부서로 돌아가 결과 보고를 하려고 밤새워 떠났다.
【交车】 jiāochē 图 (열차·자동차 등이) 교행하

다. 교차하여 통과하다.
【交春】jiāochūn 동 봄이 되다.
【交瘁】jiāocuì 동문 모두 지치다. 동시에 지치다. ¶心力~=심신이 동시에 지치다.
【交存】jiāocún 동 맡기다. 보관하다. ¶~行李=짐을 보관하다.
【交错】jiāocuò 동 (둘 이상의 사물이) 엇갈리다. 엇섞이다. 뒤얽히다. ¶犬牙~=경계선이 들쭉날쭉하다.
【交代】[交待] jiāodài 동 1 인계하다. 건네주다. ¶~工作=업무를 인계하다. 2 (자신의 의도를) 설명하다. 주문하다. 당부하다. ¶母亲再三~路上小心。=어머니는 재삼 길에서 조심하라고 당부했다. 3 설명하다. 알려 주다. ¶~任务=임무를 알려 주다. 4 (자신의 잘못을) 고백하다. 5 끝장나다. 죽다. [좋지 않은 종말을 가리키며, 해학적인 의미를 내포함] ¶那次车祸, 他那条小命儿差点儿就~了。=그 때의 교통 사고로, 그는 하마터면 목숨을 잃을 뻔했다.
【交待】jiāodài ☞【交代】jiāodài
【交道】jiāodào 명 교제. 내왕. [주로 '打(dǎ)'와 함께 쓰임] ¶打~=교제하다. 내왕하다.
【交底】jiāo‖dǐ(~儿) 동 내막을 다 말하다. 남김없이 말하다. ¶关于这件事, 我完全向你~了。=이 일에 대해서 나는 너에게 숨김없이 다 털어 놓았어.
【交点】jiāodiǎn 명(数) 교점. 접점.
【交电】jiāodiàn 명 교통 기자재와 전기 기자재의 합칭.
【交费】jiāo‖fèi 동 비용을 지불하다. 회비를 납부하다.
【交锋】jiāo‖fēng 동 1 교전하다. ¶两军~, 难分胜负。=양쪽 군대가 교전하였으나 승부를 가리지 못했다. 2 (비) 경기하다. ¶甲队和乙队将在今天下午~。=갑팀과 을팀이 오늘 오후에 경기를 갖는다. 3 (비) 논쟁하다. 쟁론하다. ¶两种观点在会上~得很激烈。=두 가지 견해는 회의 석상에서 매우 격렬하게 논쟁을 하였다.
【交付】jiāofù 동 1 교부하다. 지불하다. ¶~酬金=보수를 지불하다. 2 위임하다. 맡기다. ¶~审判=심판에 맡기다.
【交感神经】jiāogǎn shénjīng 명(生) 교감신경.
【交割】jiāogē 동 1 결제를 마치다. ¶~价格=가격을 결제하다. 2 넘기다. 인계하다. 인도하다. ¶任务已经向大家~清了。=임무는 이미 모두들에게 분명하게 인계하였다.
【交给】jiāogěi 동 …에게 건네주다. …에게 맡기다. …에게 제출하다. ¶把作业本收齐后~老师。=숙제 노트를 모두 거둔 후 선생님에게 제출하였다.
【交工】jiāo‖gōng 동 맡은 공정을 완성하여 인도하다. ¶按时~=제때에 맡은 공정을 완성하여 인도하다.
【交公】jiāogōng 동 (재물 등을) 공공 기관에 넘기다. ¶拾到钱物要~。=돈이나 물건을 습득하면 공공 기관에 넘겨야 한다.

【交媾】jiāogòu 동(문) (남녀가) 교구하다. 성교하다.
【交关】jiāoguān 동 서로 관련이 되다. 서로 연관되다. ¶性命~=목숨이 달려 있다. 형(방) 아주 많다. ¶动物园里的游人~多。=동물원에 관광객이 매우 많다. 부(방) 매우. 아주. 대단히. ¶他们俩~好。=그들 둘은 사이가 매우 좋다.
【交好】jiāohǎo 동 서로 친교를 맺다. 서로 사이가 좋다. ¶两家世代~。=양가는 대대로 사이가 좋다.
【交合】jiāohé 1 서로 연결되다. 함께 이어지다. ¶悲喜~=희비가 교차하다. 2 교배하다. 교미하다. 교미하다. ¶雌雄~=암수가 교미하다.
【交互】jiāohù 부 1 서로. 『老师让同学们~评改习作。=선생님께서 학우들에게 서로 습작을 수정해 주라고 하셨다. 2 번갈아. 교대로. ¶两人~值班守夜。=두 사람은 번갈아 가면서 밤을 새워 당직을 섰다.
【交欢】jiāohuān 동 1문 교환(交歡)하다. 교우 관계를 맺다. 친교를 맺다. ¶握手~=악수하며 친교를 맺다. 2 (남녀가) 성교하다.
【交还】jiāohuán 동 돌려주다. 반환하다. ¶请帮我把书~给图书馆。=내 대신 책을 도서관에 반납해 주세요. ≒归还 退还
【交换】jiāohuàn 동 1 교환하다. ¶~礼物=선물을 교환하다. / ~意见=의견을 교환하다. / ~留学生=유학생을 교환하다. 2 (经) (상품과 상품을) 교환하다. 매매하다. ¶物物~=물물 교환. 3 서로 바꾸다. ¶~场地=진영을 바꾸다. ≒交流
【交换机】jiāohuànjī 명 (전화의) 교환기.
【交换价值】jiāohuàn jiàzhí 명(经) 교환가치.
【交换台】jiāohuàntái 명 교환대.
【交辉】jiāohuī 동 서로 눈부시게 비치다[비추다]. ¶灯火~=등불이 눈부시게 비치다.
【交汇】jiāohuì 동 (수류·기류 등이) 합류하다. 모이다. ¶岷江在四川乐山与长江~。=민장(岷江)은 쓰촨(四川)성의 러산(乐山)에서 창장(长江)과 합류한다.
【交汇点】jiāohuìdiǎn 명 합류점. 모이는 곳. ¶武汉是汉水与长江的~。=우한(武汉)은 한수이(汉水)와 창장(长江)이 합류되는 곳이다.
【交会】jiāohuì 동 만나다. 교차하다. ¶京广铁路和陇海铁路于郑州~。=징광(京广)선과 룽하이(陇海)선은 정저우에서 교차된다.
【交会点】jiāohuìdiǎn 명 만나는 곳. 교차점. ¶武汉是长江和京广铁路的~。=우한(武汉)은 창장(长江)과 징광(京广)선이 만나는 곳이다.
【交火】jiāo‖huǒ 동 서로 사격을 개시하다. 교전하다. ¶双方正在猛烈~。=쌍방이 맹렬하게 교전하고 있는 중이다.
【交货】jiāo‖huò 동 물품을 인도하다. 납품하다. ¶~日期=물품 인도일. 납품 일자.
【交货期】jiāohuòqī 명 물품 인도 기일. ¶这批订货的~为半年。=이 주문 물품의 인도 기일은 반 년이다.
【交集】jiāojí 동 (다른 감정 또는 사물이) 뒤섞여

交 jiāo 967

모이다. 일제히 일어나다〔생기다〕. ¶百感~ = 온갖 생각이 일제히 일어나다. 만감이 교차하다. / 风雨~ = 비바람이 동시에 불다. ≒交加

【交际】jiāojì 교제하다. 서로 사귀다. ¶~活动 = 사교 활동.

【交际花】jiāojìhuā (명)(비) 사교계의 꽃. 교제가 넓은 여자. [경멸의 뜻을 내포함]

【交际能力】jiāojì nénglì (명) 사교 능력.

【交际舞】jiāojìwǔ (명) 사교춤. 사교댄스. =【交谊舞】jiāoyìwǔ

【交寄】jiāojì 우체국을 통해 부치다. ¶~包裹 = 우체국을 통해 소포를 부치다.

【交加】jiāojiā (동) (두 가지 이상의 사물이) 동시에 나타나다. 동시에 닥치다. ¶风雪~ = 눈보라가 몰아치다. / 贫病~ = 가난과 병이 한꺼번에 닥치다. ≒交集

【交角】jiāojiǎo (명)(數) 교각.

【交接】jiāojiē (동) 1 연접하다. 잇닿다. 이어지다. 맞물리다. 연결되다. ¶两县~之地. = 두 현의 연접 지역. 2 교제하다. 사귀다. 접촉하다. 만나다. ¶他~的朋友也都喜欢诗歌. = 그가 만나는 친구들도 모두 시가를 좋아한다. 3 교체하다. 인계인수하다. ¶~仪式 = 인수인계식.

【交接班】jiāojiēbān (동) 근무를 교대하다.

【交结】jiāojié (동) 1 (굳) 연접하다. 서로 맞닿다. ¶~盘错 = 서로 맞닿아 뒤엉켜 있다. 2 교제하다. 왕래하다. 사귀다. ¶~很广 = 교제가 매우 넓다.

【交睫】jiāojié (동) 눈을 붙이다. 잠을 자다. ¶目不~ = 눈을 붙이지 못하다. 잠을 자지 못하다.

【交界】jiāojiè 두 지역이 인접하다〔맞닿다〕. ¶黑龙江省与俄罗斯~. = 헤이룽장(黑龙江)성과 러시아는 인접해 있다.

【交颈】jiāojǐng (동)(문) 서로의 목을 비비다. 부부가 금실이 좋다. ¶~复同心。 = 부부가 서로 사랑하고 또 한마음이다.

【交警】jiāojǐng ☞【交通警察】jiāotōng jǐngchá

【交九】jiāo‖jiǔ (동) 겨울로 진입하다. 엄동설한이 되다. =【进九】jìn‖jiǔ

【交卷】jiāo‖juàn(~儿) (동) 1 시험 답안을 제출하다. 2 (비) 임무를 완수하다. ¶任务必须按期~。= 임무는 반드시 기한 내로 완수해야 한다.

【交口】jiāokǒu (동) 1 입을 모아 말하다. 이구동성으로 말하다. ¶~称赞 = 입을 모아 칭찬하다. 2 (방) 이야기를 나누다. 대화하다. ¶我和他很久都没有~过。 = 나는 그와 오랫동안 대화를 나누지 못했다.

【交口称誉】jiāokǒu-chēngyù (성) 이구동성으로 칭찬하다.

【交款】jiāo‖kuǎn (동) 대금을 지불하다. ¶先~,后提货。 = 먼저 대금을 치르고 물건을 인수한다.

【交困】jiāokùn (동) 한꺼번에 곤경에 처하다. 많은 어려움이 한꺼번에 생기다. ¶内外~ = 안팎으로 곤경에 처하다.

【交流】jiāoliú (동) 1 (동시에) 흐르다. ¶涕泪~ = 눈물과 콧물이 동시에 흐르다. 2 서로 소통하다. 교류하다. (정보 따위를) 교환하다. ¶情感~ = 교감하다. / 国际文化~ = 국제 문화 교류. ≒交换

【交流电】jiāoliúdiàn (명)(電) 교류 전류. ['直流电(직류 전류)' 와 구별됨]

【交流学者】jiāoliú xuézhě (명) 방문 학자.

【交纳】jiāonà (동) (관계 기관에) 납부하다. 내다. ¶~煤气费 = 가스비를 납부하다.

【交配】jiāopèi (동) 1 (동물을) 교배하다. 2 (식물을) 교배하다.

【交朋友】jiāo péng·you (동) 친구를 사귀다. ¶他最近又交了一个新朋友。= 그는 최근에 또 새로운 친구를 한 명 사귀었다.

【交迫】jiāopò (동) 동시에 압박해 오다. ¶饥寒~ = 굶주림과 추위가 동시에 엄습하다.

【交浅言深】jiāoqiǎn-yánshēn (성) 교분이 얕은 사람에게 속마음을 털어놓다.

【交情】jiāo·qing (명) 우정. 친분. 정분. ¶~深厚 = 우정이 두텁다.

【交融】jiāoróng (동) 한데 융합하다. 뒤섞이다. 어우러지다. ¶情景~ = 감정과 경치가 적절하게 어우러지다.

【交涉】jiāoshè (동) 교섭하다. 협상하다. ¶办~ = 교섭하다.

【交手】jiāo‖shǒu (동) 서로 싸우다. 서로 겨루다. ¶他俩交过一次手,但未分高下。 = 그 두 사람은 한 번 겨루었지만 우열을 가리지 못했다.

【交售】jiāoshòu (동) (규정된 수량의 농산물을 정부에) 수매(收賣)하다. ¶~余粮 = 남은 양식을 수매하다.

【交税】jiāo‖shuì (동) 세금을 납부하다.

【交谈】jiāotán (동) 이야기를 나누다. ¶亲切~ = 친밀하게 이야기를 나누다.

【交替】jiāotì (동) 1 교체하다. 교대하다. ¶昼夜~ = 주야가 교체하다. 2 번갈아 교대하다. 바꾸다. 대신하다. ¶循环~ = 돌아가며 교체하다.

【交通】jiāotōng (동)(문) 1 교통하다. 서로 통하다. ¶阡陌~ = 논밭길이 사방으로 통하다. 2 친교를 맺다. 결탁하다. ¶~权贵 = 권세 있고 지위 높은 사람과 친교를 맺다. (명) 1 교통. ¶~便利 = 교통이 편리하다. 2 (중일 전쟁과 국공 내전(國共內戰) 시기의) 통신·연락 업무. ¶跑~ = 통신과 연락 업무를 맡다. 3 ☞【交通员】jiāotōngyuán

【交通标志】jiāotōng biāozhì (명) 교통 표지.

【交通车】jiāotōngchē (명) 통근차.

【交通岛】jiāotōngdǎo (명) (십자로 중앙에 있는) 교통 정리대.

【交通法规】jiāotōng fǎguī (명) 교통 법규.

【交通工具】jiāotōng gōngjù (명) 교통 수단.

【交通沟】jiāotōnggōu ☞【交通壕】jiāotōngháo

【交通壕】jiāotōngháo (명)(軍) 교통호. =【交通沟】jiāotōnggōu

【交通监理】jiāotōng jiānlǐ (명) 도로 교통 안전 관리 공단.

【交通警察】jiāotōng jǐngchá 몡 교통 경찰. ⑨【交警】jiāojǐng
【交通量】jiāotōngliàng 몡 교통량.
【交通事故】jiāotōng shìgù 몡 교통 사고.
【交通线】jiāotōngxiàn 몡 1 수송로. ¶海上~=해상 수송로. 2 통신 연락 노선. ¶抗日时期, 建立巩固的敌后~是非常重要的工作。=항전 시기 때, 적 후방의 통신 연락 노선을 공고히 수립하는 것은 아주 중요한 일이었다.
【交通信号】jiāotōng xìnhào 몡 교통 신호.
【交通员】jiāotōngyuán 몡 (중일 전쟁과 국공내전(國共內戰) 시기의) 통신 연락병. ⇒【交通】jiāotōng
【交通肇事罪】jiāotōng zhàoshìzuì 몡(法) 교통 사고 처리 특례법 위반죄.
【交头接耳】jiāotóu-jiē'ěr 솅 귀에 입을 대고 소곤거리다.
【交往】jiāowǎng 동 왕래하다. 내왕하다. 교제하다. ¶他很少和人~。=그는 사람들과의 교제가 아주 적다. 몡 교제. 왕래. ¶国际~=국제 왕래
【交尾】jiāowěi 동 (동물이) 교미하다.
【交恶】jiāowù 동 서로 미워하다. ¶利益冲突使两人~。=이익이 상충하여 두 사람이 서로 미워하게 되었다.
【交相辉映】jiāoxiānghuīyìng 솅 여러 빛이나 색채에 따위가 서로 비추다.
【交响曲】jiāoxiǎngqǔ ☞【交响乐】jiāoxiǎngyuè
【交响诗】jiāoxiǎngshī 몡(音) 교향시.
【交响乐】jiāoxiǎngyuè 몡(音) 교향악. =【交响曲】jiāoxiǎngqǔ
【交卸】jiāoxiè 동 1 인수인계하다. ¶~工作=업무를 인수인계하다. 2 (물품을) 인계하다. ¶~货物=물품을 인계하다.
【交心】jiāo‖xīn 동 속마음을 털어놓다. ¶我和他是可以~的朋友。=나와 그는 속마음을 털어놓을 수 있는 친구이다.
【交学费】jiāo xuéfèi 동⑩ 대가를 치르다. 수업료를 내다. ¶这次炒股亏损就当~了吧!=이번 주식 투자의 손해는 수업료 냈다고 생각해라!
【交验】jiāoyàn 동 증명서를 넘겨주어 검증을 받다.
【交椅】jiāoyǐ 몡 1 교의. (등받이와 팔걸이가 있고 접을 수 있는 옛날 의자) 2 지도자의 지위. ¶第一把~=두목. 두령. 서열 제1위. 3⑩ 의자. [주로 팔걸이가 있는 것을 가리킴]
【交易】jiāoyì 동 교역하다. 매매하다. 거래하다. 사고 팔다. ¶现金~, 不赊账。=현금 거래만 하고 외상 거래는 하지 않는다. 몡 1 장사. 거래. 교역. ¶他那笔~没做成。=그 거래는 성사지 않았다. 2⑩ 거래. ¶钱权~=권력과 돈의 거래.
【交易会】jiāoyìhuì 몡 박람회.
【交易所】jiāoyìsuǒ 몡 (상품 또는 증권) 거래소. ¶证券~=증권 거래소.
【交谊】jiāoyì 몡 교분. 우정. ¶他们之间有很深的~。=그들은 아주 깊은 교분을 가지고 있다.
【交谊舞】jiāoyìwǔ ☞【交际舞】jiāojìwǔ
【交映】jiāoyìng 동 서로 비추다. ¶春天的花园红绿~。=봄날의 화원은 울긋불긋 화려하다.
【交游】jiāoyóu 동 교제하다. 교유하다. ¶~甚广=교유가 매우 넓다.
【交友】jiāoyǒu 동 친구를 사귀다. 교제하다. ¶~不慎=교우가 신중하지 못하다.
【交运】jiāo‖yùn 동 1 탁송하다. ¶订货明日~。=주문한 물품은 내일 탁송합니다. 2 행운을 만나다. 운이 좋다. ¶他今天真~, 第一次买彩票就中了个二等奖。=그는 오늘 운이 좋아서 처음으로 복권을 샀는데, 2등에 당첨되었다.
【交杂】jiāozá 동 뒤섞이다. 교잡하다. ¶爱恨~=애증이 뒤섞이다.
【交战】jiāo‖zhàn 동 교전하다. 싸우다. ¶双方~=서로 교전하다.
【交战国】jiāozhànguó 몡 교전국.
【交账】jiāo‖zhàng 동 1 재무를 인계하다. ¶他正在向新来的会计~。=그는 지금 새로 온 회계에게 재무를 인계하고 있다. 2 장부와 돈을 인도하다. ¶商场规定各柜台必须当日~。=상가의 규정상 각 카운터는 반드시 당일 장부와 돈을 인도하여야 한다. 3⑩ 결과를 보고하다. ¶事情办砸了, 我回去怎么~?=일을 망쳐 놓았으니, 나는 돌아가서 어떻게 보고하지?
【交织】jiāozhī 동 1(纺) 교직하다. 혼직(混織)하다. 섞어서 짜다. ¶棉麻~=면과 마를 교직하다. 2 뒤섞이다. 엇갈리다. 교차하다. ¶欣喜、惊讶、羡慕、遗憾等各种不同的情감이 她의 마음속 里~着。=기쁨과 놀라움, 부러움, 유감 등 갖가지 다른 감정이 그녀의 마음속에 뒤엉켜 있다.

## 郊 jiāo 교외 교

몡 교외. ¶近~=근교. / 东~=동쪽 교외.
◐─● 近郊, 市郊
【郊区】jiāoqū 몡 (도시의) 변두리. [시 외곽에 위치하면서 시 관할 구역에 속하는 지역. '市区(시내)'와 구별됨]
【郊外】jiāowài 몡 교외. ¶他最近在~买了一栋别墅。=그는 최근에 교외에 있는 별장 한 채를 샀다.
【郊县】jiāoxiàn 몡 어떤 도시의 교외에 위치하며, 그 도시의 관할에 속하는 현(縣).
【郊野】jiāoyě 몡 교외의 넓은 들판.
【郊游】jiāoyóu 동 교외로 소풍 가다.

## 茭 jiāo 꼴 교

몡 꼴. 건초. ¶刍~=꼴. 추초(芻草).
【茭白】jiāobái 몡(植) 깜부깃병에 걸려 비대해진 줄의 연한 줄기.

## 峧 jiāo 땅 이름 교

지명에 쓰이는 글자. ¶~头=자오터우. [저장(浙江)성에 있는 지명]

**浇[澆]** jiāo 물 댈 요

㊀ **1** 관개하다. 물을 대다. ¶~地＝땅에 물을 대다. **2** (액체를) 뿌리다. 끼얹다. ¶~水洗头＝물을 끼얹어 머리를 감다. **3** (쇳물·콘크리트 등을) 주입하다. 붓다. ¶~制水泥板＝콘크리트를 부어 시멘트판을 만들다. ㊁ 경박하다. 경망하다. 각박하다. 인색하다. ¶人情~薄＝인정이 각박하다.

【浇薄】jiāobó ㊁ (인정·풍속이) 각박하다. 야박하다. ¶世风~＝세상 풍조가 야박하다.

【浇愁】jiāochóu 술로 근심을 풀다. ¶借酒~愁更愁＝술로 근심을 풀려니 근심은 더욱 쌓이누나.

【浇灌】jiāoguàn ㊀ **1** 관개하다. 물을 대다. ¶~稻田＝벼논에 물을 대다. **2** (거푸집에 유동체를) 붓다〔주입하다〕. ¶~混凝土＝콘크리트를 주입하다.

【浇冷水】jiāo lěngshuǐ ☞【泼冷水】pō lěngshuǐ

【浇漓】jiāolí ㊁㊃ (풍속 등이) 소박한 데가 없는. 야박하다. 각박하다. ¶世道~, 人心日下＝세상이 야박하니, 인심이 날로 나빠진다.

【浇水】jiāoshuǐ ㊀ **1** 물을 뿌리다. 끼얹다. **2** 관개하다. ¶往田里~抗旱＝밭에 물을 대어 가뭄을 막다.

【浇头】jiāo·tou ㊁㊄ 국수나 밥 위에 얹는 소스 또는 곁들이는 요리.

【浇注】jiāozhù ㊀ **1** (金) 쇳물·콘크리트 따위를 거푸집에 주입하다. ¶低温~＝저온 주물. **2** ㊃ 쏟다. 기울이다. 바치다. ¶他把全部的心血~在环保事业上。＝그는 모든 정력을 환경 보호 사업에 쏟아부었다.

【浇铸】jiāozhù ㊀(金) 주조하다. ¶~铅版＝연판을 주조하다.

【浇筑】jiāozhù ㊀(建) (건물을 쌓아 올리기 위하여) 콘크리트를 틀에 붓다. ¶~楼顶＝콘크리트를 부어 넣어 지붕을 만들다.

**娇[嬌]** jiāo 아리따울 교

㊁ **1** 아름답다. 사랑스럽다. 상냥하다. 나긋나긋하다. 연약하다. ¶~柔的神态＝나긋나긋한 태도. **2** (색깔이) 연하다. ¶嫩红~绿＝연홍색과 연두색. **3** (의지가) 유약하다. 나약하다. 여리다. ¶她~气得很, 一点儿苦都吃不得。＝그녀는 너무나 유약해서, 조그만 고생도 견디 내지 못한다. ㊀ 지나치게 귀여워하다. 총애하다. ¶你这样会把孩子~坏的。＝당신이 이렇게 하면 아이를 버릇없게 만들어요. ㊂ 미인. 미녀. ¶金屋藏~＝훌륭한 집에 미인을 감추어 두다. 첩을 들이다.

【娇嗔】jiāochēn ㊀ (여자가) 애교스럽게 골을 내다. 요염하게 화를 내다. ¶她故作~地撅了撅嘴。＝그녀는 일부러 애교스럽게 삐죽거렸다.

【娇痴】jiāochī ㊁ 순진하고 귀엽다. 천진난만하다. ¶~可爱的小姑娘＝순진하고 귀여운 소녀.

【娇宠】jiāochǒng ㊀ 응석을 받아 주다. 오냐오냐하다. 귀염을 키우다. 어리다. ¶百般~＝끔

찍이도 응석을 받아 주다.

【娇滴滴】jiāodīdī **1** 예쁘고 귀여운 모양. 애교가 넘치는 모양. ¶~的声音＝애교가 넘치는 목소리. **2** 지나치게 연약한 모습. ¶她动不动就~的, 让人受不了。＝그녀는 걸핏하면 나약하게 굴어서 짜증나게 한다.

【娇儿】jiāo'ér ㊂ **1** 애지중지하는 아들. **2** 애지중지하는 어린 자녀.

【娇惯】jiāoguàn ㊀ 지나치게 오냐오냐하다〔귀여워하다〕. 지나치게 응석을 받아 주다. ¶不能过分~子女。＝자녀를 지나치게 응석을 받아 줘서는 안 된다.

【娇贵】jiāo·guì ㊁ **1** 애지중지하다. 금이야 옥이야 하다. [너무 귀애하여 지나친 보호를 받는 것을 형용] ¶她也太~了, 一点儿累也不肯受。＝그녀도 너무 응석받이로 자라서 조금만 힘들어도 참으려 할지 않는다. **2** 깨지기 쉽다. 연약하다. ¶这些仪器很~, 要小心轻放。＝이 기기들은 깨지기 쉬우니 조심해서 놓아야 한다. ↔皮实

【娇憨】jiāohān ㊁ 순진하고 귀엽다. 천진난만하다.

【娇好】jiāohǎo ㊁ 부드럽고 어여쁘다. 귀엽고 아름답다. ¶姿容~＝용모가 아름답고 사랑스럽다.

【娇客】jiāokè ㊂ **1** ㊄ 사위. **2** ㊃ 응석받이로 자란 사람. 금지옥엽. ¶人家是新媳妇, 家里的~。＝그 사람은 새신부라 집안의 금지옥엽이야.

【娇里娇气】jiāo·lijiāo·qì ㊁ 나약하다.

【娇丽】jiāolì ㊁ 아름답고 요염하다. 눈부시도록 아리땁다.

【娇美】jiāoměi ㊁ 예쁘고 귀엽다. 눈부시도록 아리땁다〔아름답다〕. ¶~多姿＝자태가 눈부시도록 아리땁다.

【娇媚】jiāomèi ㊁ **1** 예쁘고 귀엽다. ¶~动人＝심금을 울리도록 예쁘고 귀엽다. **2** 교태〔애교〕를 부리다. 아양을 떨다. ¶我很看不惯她那~的样子。＝나는 그녀의 저 교태를 부리는 모습이 아주 싫다.

【娇嫩】jiāo·nèn ㊁ 여리다. 가냘프다. ¶~的花朵儿＝가냘픈 꽃송이.

【娇娘】jiāoniáng ㊂ 미인. [주로 조기 백화문에 보임]

【娇女】jiāonǚ ㊂ **1** 아리따운 여자 아이. **2** 응석받이로 키운 딸.

【娇娜】jiāonuó ㊁ 어여쁘다. 곱다. ¶~的舞姿＝고운 무용 자태.

【娇妻】jiāoqī ㊂ 아리따운 아내.

【娇气】jiāo·qì ㊁ **1** (성격이) 여리다. 유약하다. 연약하다. 무르다. ¶~十足＝매우 연약하다. **2** (물건이) 깨지기 쉽다. (화초가) 기르기 까다롭다. ¶这种花~, 不好养。＝이 종류의 꽃은 까다로워서 키우기 힘들다. ㊂ 연약한 성격과 태도. ¶克服~＝나약한 성격을 극복하다.

【娇怯】jiāoqiè ㊁ 유약하다. 가냘프다. ¶她天生就一副~的身子。＝그녀는 천성적으로 가냘픈 몸매를 타고났다.

【娇娆】jiāoráo ㊁㊃ 요염하다. ¶体态~＝자

태가 요염하다.
【娇柔】jiāoróu〔形〕 아름답고 부드럽다. 나긋나긋하다. ¶~的神情=상냥하고 부드러운 표정.
【娇弱】jiāoruò〔形〕 아름답고 가냘프다. 연약하고 곱다. ¶身体~=몸이 가냘프고 곱다.
【娇生惯养】jiāoshēng guànyǎng〔成〕 응석받이로 자라다.
【娇声】jiāoshēng〔形〕 교성. 애교 섞인 목소리. ¶~细语=애교 섞인 목소리로 속삭이다.
【娇态】jiāotài〔名〕 교태. ¶故作~=일부러 교태를 부리다.
【娇甜】jiāotián〔形〕 (말소리 또는 노랫소리가) 부드럽고 감미롭다. ¶~的歌声=부드럽고 감미로운 노랫소리.
【娇娃】jiāowá〔名〕 1 아리따운 소녀. 미소녀. ¶歌坛~=가요계의 미소녀. 2〔方〕 응석받이로 자란 아이. ¶这帮大城市里的~哪干得了这些累活儿. =대도시에서 응석받이로 자란 아이들이 어찌 이렇게 힘든 일을 할 수 있겠나.
【娇小】jiāoxiǎo〔形〕 여리고 작다. ¶身材~=체격이 여리고 작다.
【娇小玲珑】jiāoxiǎo-línglóng〔成〕 깜찍하다. 작고 정교하다.
【娇羞】jiāoxiū〔形〕 애교를 부리며 수줍어하는 모양. ¶~的面容=수줍어하는 얼굴.
【娇妍】jiāoyán〔形〕 예쁘고 곱다. 눈부시도록 아리땁다. ¶~多姿=자태가 몹시 아리땁다.
【娇艳】jiāoyàn〔形〕 아름답고 곱다. 화사하다. ¶~的鲜花儿=화사한 꽃.
【娇养】jiāoyǎng〔动〕 지나치게 귀여워하다. 응석받이로 키우다. 어하다.
【娇纵】jiāozòng〔动〕 응석을 받아 주다. 버릇없이 기르다. 제멋대로 하게 두다. ¶不可~孩子. =아이를 버릇없이 길러서는 안 된다.

## 姣 jiāo 예쁠 교
〔形〕〔书〕용모가 아름답다. 예쁘다. ¶~好的姿容=아름다운 자태.
【姣好】jiāohǎo〔形〕〔书〕아름답다. 예쁘다. ¶面目~=얼굴이 예쁘다.
【姣美】jiāoměi〔形〕 1 건강하고 아름답다. 2 아름답다. ¶~的天鹅=아름다운 백조.
【姣妍】jiāoyán〔形〕〔书〕아름답다. ¶体态~=모습이 아름답다.
【姣艳】jiāoyàn〔形〕〔书〕아름답다. 곱다. ¶~的色彩=아름다운 색.

## **骄[驕] jiāo 교만할 교
〔形〕1〔书〕강렬하다. 왕성하다. ¶阳当空=타오르는 듯한 태양이 하늘에 걸려 있다. 2 방종하다. 제멋대로 하다. 거만하다. 교만하다. 우쭐거리다. ¶戒~戒躁=교만함을 경계하고 조급함을 경계하다. 3 총애를 받다. ¶天之~子=하늘의 총아.
0● 天骄, 虚xū骄
【骄傲】jiāo'ào〔形〕 1 오만하다. 거만하다. 자부심이 강하다. ¶~自大=거만하고 우쭐대다. 2 자랑스럽다. 스스로 자부심을 느끼다. ¶我为体育健儿在奥运会上的出色表现而~. =나는 체육 건아들이 올림픽에서 뛰어난 성적을 낸 것에 자부심을 느낀다. 〔名〕자랑. 긍지. 자랑거리. ¶万里长城是中华民族的~. =만리장성은 중화 민족의 자랑거리이다. ↔谦虚 谦逊 虚心
【骄傲自满】jiāo'ào-zìmǎn〔成〕 교만하고 스스로 흡족하게 여기다.
【骄兵】jiāobīng〔名〕 1 교만한 군대. ¶~必败, 哀兵必胜. =교만한 군대는 반드시 패하고, 비분강개한 군대는 반드시 승리를 거둔다. 2 명령을 따르지 않는 군대. ¶~悍将=통제불능의 장수와 병졸.
【骄兵必败】jiāobīng-bìbài〔成〕 교만한 군대는 반드시 패한다.
【骄横】jiāohèng〔形〕 거만하고 난폭하다. ¶~跋扈=거만하고 횡포하다. 늑跋扈
【骄横恣肆】jiāohèng-zìsì〔成〕 거만하고 독단적이며 제멋대로이다.
【骄矜】jiāojīn〔形〕〔书〕교만하다. 자고자대(自高自大)하다. ¶~不群=자만심이 강하여 집단과 어울리지 못하다. 자고자대하다.
【骄狂】jiāokuáng〔形〕 오만방자하다. ¶~自是=오만방자하여 자기가 옳다고 여기다.
【骄慢】jiāomàn〔形〕 교만하다. 건방지다. ¶~无礼=교만하고 무례하다.
【骄气】jiāo·qi〔名〕 교만한 태도. 건방진 태도. ¶~十足=몹시 교만하다.
【骄人】jiāorén〔动〕 1 자랑스럽다. 긍지를 느끼다. 자부할 만하다. ¶他们创业半年就取得了~的成绩, 真不简单. =그들은 창업 반 년 만에 자부할 만한 성과를 얻었으니, 정말 대단하다. 2〔书〕(남을) 깔보다. (남에게) 거만하게〔건방지게〕굴다. ¶他那副~的样子太让人讨厌了. =그의 거만한 모습은 정말 혐오스럽다.
【骄奢淫逸】jiāoshē-yínyì〔成〕 교만하고 사치스러우며 방종하고 방탕하다.
【骄阳】jiāoyáng〔名〕 작열하는〔타오르는〕태양. 뙤약볕. 폭양(暴陽). ¶~似火=작열하는 태양이 마치 불 같다.
【骄躁】jiāozào〔形〕 오만하고 경박하다. ¶性情~=성격이 오만하고 경박하다.
【骄子】jiāozǐ〔名〕 1 응석받이 아들. 2〔喩〕총아. ¶你们这些大学生是时代的~. =너희 대학생들은 시대의 총아이다.
【骄纵】jiāozòng〔形〕 거만하다. 제멋대로 하다. ¶~任性=교만 방자하고 제멋대로이다.

## **胶[膠] jiāo 아교 교
〔名〕1 아교. 갖풀. (식물의) 진(津). 수지(樹脂). ¶万能~=만능 접착제. / 果~=과실 진. 2 접착력을 가진 물건. ¶一块~泥=점토 한 덩어리. 3 고무. ¶两双~鞋=고무신 두 켤레. 〔动〕 접붙이다. ¶橱柜上的防火板裂开了, 把它~上. =찬장 위의 방화판이 갈라져 (갈라진 곳을) 아교로 붙였다.

○● 鳔biào胶, 虫胶, 阿ē胶, 割gē胶, 骨胶, 果胶, 栲kǎo胶, 明胶, 溶róng胶, 乳rǔ胶, 树胶, 桃táo胶, 脱胶, 橡xiàng胶, 鱼胶

【胶版】 jiāobǎn 〔명〕(印) 오프셋 인쇄판.
【胶版纸】 jiāobǎnzhǐ 〔명〕 오프셋 용지.
【胶布】 jiāobù 〔명〕 1 테이프. 점착 테이프. 절연 테이프. ¶绝缘~=절연 테이프. 2 ☞【橡皮膏】 xiàngpígāo
【胶带】 jiāodài 〔명〕 1 테이프. 점착 테이프. 절연 테이프. 2 카세트 테이프. ¶原声~=원판 카세트 테이프.
【胶附】 jiāofù 〔동〕 들러붙다.
【胶合】 jiāohé 〔동〕 접착제로 붙이다.
【胶合板】 jiāohébǎn 〔명〕 (여러 겹으로 된) 베니어 합판. 합판.
【胶合剂】 jiāohéjì 〔명〕 접착제.
【胶结】 jiāojié 〔동〕 (아교·풀 따위가) 붙다. 접착되다.
【胶卷】 jiāojuǎn (~儿) 〔명〕 필름(film). ¶彩色~=컬러 필름.
【胶轮】 jiāolún 〔명〕 고무 타이어. ¶~板车=고무 타이어가 달린 수레.
【胶木】 jiāomù 〔명〕 에보나이트(ebonite). =【电木】 diànmù
【胶囊】 jiāonáng 〔명〕(醫) 캡슐(capsule).
【胶泥】 jiāoní 〔명〕 점토. 찰흙.
【胶黏剂】 jiāoniánjì 〔명〕 접착제.
【胶皮】 jiāopí 〔명〕 ☞【硫化橡胶】 liúhuà xiàngjiāo 2 〔명〕 인력거.
【胶片】 jiāopiàn 〔명〕 (촬영용) 필름. =【软片】 ruǎnpiàn
【胶漆】 jiāoqī 〔명〕 1 아교와 칠. 2 접착성을 가진 것. 3 〔비〕 친밀한 교분. ¶情同~=교분이 마치 아교와 옻칠과 같다. 교분이 아주 친밀하다.
【胶漆相投】 jiāoqī-xiāngtóu 〔성〕〔비〕 우정이 매우 두텁다.
【胶乳】 jiāorǔ 〔명〕 1 (植) 고무나무의 유액(乳液). 2 (化) 라텍스(latex).
【胶水】 jiāoshuǐ (~儿) 〔명〕 풀.
【胶态】 jiāotài 〔명〕(化) 콜로이드(colloid) 상태. 교질(膠質) 상태.
【胶体】 jiāotǐ 〔명〕(化) 1 교질(膠質). 콜로이드(colloid). 2 콜로이드 용액. [졸(sol)·겔(gel)·에어로졸(aerosol) 등이 있음]
【胶体溶液】 jiāotǐ róngyè ☞【溶胶】 róngjiāo
【胶丸】 jiāowán 〔명〕 1 (化) 공 모양의 교질. 2 (醫) 캡슐(capsule). ¶深海鱼油~=스쿠알렌.
【胶鞋】 jiāoxié 〔명〕 1 고무 장화. 2 고무창 운동화. 스니커즈.
【胶靴】 jiāoxuē 〔명〕 고무 장화.
【胶印】 jiāoyìn 〔동〕(印) 오프셋 인쇄하다.
【胶印机】 jiāoyìnjī 〔명〕(印) 오프셋 인쇄기.
【胶粘剂】 jiāozhānjì 〔명〕 접착제. 점착제.
【胶纸】 jiāozhǐ 〔명〕 스티커.
【胶质】 jiāozhì 〔명〕(化) 콜로이드(colloid). 교질

(膠質).
【胶柱鼓瑟】 jiāozhù-gǔsè 〔성〕 1 기러기발을 아교로 붙여 놓고 비파를 타다. 2 〔비〕 고지식하다. 융통성이 없다.
【胶着】 jiāozhuó 〔동〕 1 교착하다. 2 〔비〕 서로 대치하여 승부가 나지 않다. ¶~状态=교착 상태.

**教** jiāo 가르칠 교
〔동〕 (지식 또는 기술을) 전수하다. 가르치다. ¶~书法=서예를 가르치다. / 小孩识字。=아이들에게 글자를 가르치다. ↔学
☞ jiào
【教课】 jiāo‖kè 〔동〕 강의하다. 수업하다.
【教书】 jiāo‖shū 〔동〕 학생을 가르치다. 지식을 전달하다. ¶~育人=지식을 전달하고 인성을 육성하다.
【教书匠】 jiāoshūjiàng 〔명〕 교사쟁이. 선생. [해학적 의미를 내포함]
【教学】 jiāo‖xué 〔동〕 학생을 가르치다. 지식을 전달하다.
☞ jiàoxué

**䴔[鵁]** jiāo 푸른 백로 교
【䴔鶄】 jiāojīng 〔명〕(動) 푸른 백로. =【池鹭】 chílù

**椒** jiāo 산초나무 초
〔명〕(植) 1 산초. ¶~盐锅盔=볶은 산초와 소금을 가미한 궈빙(锅饼). 2 고추. ¶青~=피망. 3 후추.

○● 番椒, 胡椒

【椒房】 jiāofáng 〔명〕 1 고대의 후비(后妃)들이 거처하던 궁. 2 후비(后妃).
【椒盐】 jiāoyán 〔명〕 볶은 산초와 소금을 다져 가루로 만든 조미료.

**蛟** jiāo 교룡 교
〔명〕 교룡. ¶登山伏虎, 入水击~。=산에 올라 호랑이를 제압하고, 물에 들어가서 교룡을 찌르다.
【蛟龙】 jiāolóng 〔명〕 교룡.
【蛟龙得水】 jiāolóng-déshuǐ 〔성〕 1 교룡이 물을 만나다. 2 〔비〕 영웅이 때를 만나다.

**焦** jiāo 눌을 초
〔형〕 1 눋다. ¶米饭烧~了。=밥이 눌었다. 2 바삭바삭하다. ¶麻花炸得~脆~脆的。=마화(麻花)가 바삭바삭하게 튀겨졌다. 3 메마르다. 건조하다. 타다. ¶舌敝唇~=혀가 헐고 입술이 마르다. 입이 닳도록 반복해서 말하다. 〔동〕 조급하다. 초조하다. (속이) 타다. ¶心~=마음이 초조하다. 속이 타다. 〔명〕 1 (응어리진) 석탄재. ¶~炸=석탄재. 2 코크스. 골탄(骨炭). ¶煤~=코크스. 3 (物) 초점. ¶聚~=초점을

○ 焦 jiāo
蕉 jiāo
礁 jiāo
僬 jiāo
鹪 jiāo
噍 jiāo
醮 jiào
瞧 qiáo
樵 qiáo
憔 qiáo
谯 qiáo
鐎 qiáo

모으다. **4**(醫) 초. [중의학에서 인체의 어떤 부위를 가리킴] ¶上~=상초. / 下~=하초. **5**(Jiāo) 성(姓). 말약(物) 焦耳(줄).

◇● 结焦, 聚jù焦, 上焦, 下焦, 中焦

[焦愁] **jiāochóu** 형 걱정스럽다. 근심스럽다. ¶他心事重重, 一脸~的神态.=그는 걱정이 태산 같아, 얼굴이 근심으로 가득 찼다.

[焦脆] **jiāocuì** 형 **1** (튀기거나 구운 음식이) 바삭바삭하다. ¶~可口=바삭바삭하니 먹음직스럽다. **2** (소리가) 짧고 맑게 울리다. ¶~的枪声=짧고 맑은 총 소리.

[焦点] **jiāodiǎn** 명 **1**(數) 초점. **2**(物) 초점. **3**(비) (문제나 관심사의) 초점. 집중. ¶~访谈=집중 탐방.

[焦耳] **jiāo'ěr** 양(物) 줄(Joule).

[焦干] **jiāogān** 형 (물체가) 아주 건조하다. 바싹 마르다. ¶柴火~, 沾火就着.=장작이 바싹 말라서, 불을 붙이면 바로 붙는다.

[焦黑] **jiāohēi** 형 눌어서 까맣다.

[焦煳] **jiāohú** 형 눋다. 타다. ¶不知从哪里飘来一股~味儿.=어딘지 모르지만 한 줄기 타는 냄새가 난다.

[焦糊糊] **jiāohūhū** (~的) 형 눋다. 타다.

[焦化] **jiāohuà** 통 (化) **1** 코크스화하다. **2** 고온 건류(乾溜)하다.

[焦黄] **jiāohuáng** 형 누르스름하다. 노랗다. ¶~的树叶=누르스름한 나뭇잎.

[焦急] **jiāojí** 형 초조하다. ¶万分~=몹시 초조하다.

[焦距] **jiāojù** 명(物) 초점 거리.

[焦渴] **jiāokě** 형 **1** 몹시 목마르다. ¶嘴里~=입안이 바싹 타다. **2** (비) 간절하다. 애타다. ¶大家~地等待着.=모두 애타게 기다리고 있다.

[焦枯] **jiāokū** 형 (식물이) 마르다. 시들다. ¶几个月不下雨, 庄稼都快~了.=몇 달 동안 비가 오지 않아, 농작물이 다 시들었다.

[焦苦] **jiāokǔ** 형 걱정스럽다. 근심스럽다. 근심과 걱정으로 괴롭다. ¶内心~=마음이 근심으로 괴롭다.

[焦辣辣] **jiāolàlā** (~的) 형 **1** 탄 냄새가 코를 찌를 듯하다. ¶山火过后, 老远就能闻到~的气味.=산불이 난 후에 먼 곳에서도 코를 찌를 듯한 탄 냄새를 맡을 수 있다. **2** 몹시 뜨겁다. 강렬하다. 타는 듯하다. ¶~的太阳烤得人透不过来.=강렬한 태양이 숨도 못 쉴 정도로 내리쬔다. **3** (부끄럽거나 화가 나서) 얼굴이 화끈거리다. 낯이 뜨겁다. ¶听到别人给自己提亲, 她脸上顿时~的.=다른 사람이 자신에게 혼담을 꺼냈다는 소리를 듣고, 그녀의 얼굴이 잠시 화끈거렸다.

[焦烂] **jiāolàn** 형 타서 너덜너덜(쭈글쭈글)해지다. ¶被子被烧得~.=이불이 눌어서 쭈글쭈글해졌다.

[焦雷] **jiāoléi** 명 우렁찬 천둥.

[焦炉] **jiāolú** 명 코크스(cokes)로. =【炼焦炉】 **liànjiāolú** ¶~煤气=코크스 오븐 가스.

[焦虑] **jiāolǜ** 형 초조하다. 걱정스럽다. ¶不安=초조하고 불안하다. 명 초조한 마음. 근심스러운 마음. ¶心中充满~.=마음속에 걱정이 가득하다.

[焦煤] **jiāoméi** 명 점결(성)탄. =【主焦煤】 **zhǔjiāoméi**

[焦圈儿] **jiāoquānr** 명 바삭바삭하게 튀긴 고리 모양의 밀가루 음식. [북경 지역의 간단한 먹을거리의 한 가지]

[焦热] **jiāorè** 형 몹시 뜨겁다. 타는 듯하다. ¶~的阳光=타는 듯한 햇빛.

[焦思] **jiāosī** 통 초사하다. 고심하다. 애를 태우며 생각하다. ¶~苦虑=노심초사하다.

[焦炭] **jiāotàn** 명 코크스. [주로 야금용 연료로 쓰임]

[焦糖] **jiāotáng** 명 캐러멜(caramel).

[焦头烂额] **jiāotóu-làn'é** 성 **1** 머리 부위의 화상이 심하다. **2** (비) 어려운 일을 당하여 몹시 애를 쓰다.

[焦土] **jiāotǔ** 명 **1** 초토. **2** 초토화된 정경. ¶一片~=온통 초토화가 된 정경.

[焦心] **jiāoxīn** 통 초심하다. 마음을 졸여서 태우다. ¶他的病迟迟得不好, 真令人~.=그의 병이 오래도록 나아지지 않으니, 정말 애가 탄다.

[焦油] **jiāoyóu** 명 (化) 타르(tar).

[焦枣] **jiāozǎo** 명 바삭바삭한 대추. [씨를 빼고 건조시켜 만듦] =【脆枣】 **cuìzǎo**

[焦躁] **jiāozào** 형 초조하다. ¶~不安=초조하고 불안하다. ≒烦躁

[焦渣] **jiāozhǎ** 명 석탄재.

[焦炙] **jiāozhì** 통 굽다. 쬐다. 형 몹시 초조하다. 애타다. ¶心中~难耐.=마음이 초조해서 견딜 수 없다.

[焦灼] **jiāozhuó** 형 애타다. 몹시 초조하다. ¶~万分=몹시 초조하다.

## 跤 **jiāo** 공중제비 교

명 공중제비. 재주넘기. 곤두박질. ¶跌了一~.=곤두박질치다. / 摔~运动=씨름. 레슬링.

[跤场] **jiāochǎng** 명(體) 레슬링 경기장.

[跤手] **jiāoshǒu** 명(體) 레슬링 선수.

[跤坛] **jiāotán** 명 레슬링계.

## 僬 **jiāo** 난쟁이 초

[僬侥] **jiāoyáo** 명 초요. [고대 전설에 나오는 난쟁이]

## 鲛[鮫] **jiāo** 상어 교

명(動) 상어.

[鲛人] **jiāorén** 명 (전설의) 인어.

[鲛绡] **jiāoxiāo** 명문 **1** (전설의) 교초. 인어가 짠 직물. ¶~为帐=교초(鲛绡)로 휘장을 만들다. **2** 얇은 사(纱). 손수건. ¶泪痕红悒~透.=눈물이 손수건을 적시다.

## *蕉 **jiāo** 파초 초

명(植) **1** 파초. 파초과 식물에 대한 총칭. **2** 파초 잎처럼 생긴 식물. ¶美人～=칸나.
【蕉农】jiāonóng 몡 바나나 재배 농민.
【蕉藕】jiāo·ǒu 몡(植) 홍초. 미인초.

# 缪[繆] jiāo 뒤섞여 어지러울 교
【缪轕】jiāogé 통문 교차하다. 엇갈리다. 뒤섞이다. 착종(錯綜)하다.

# 嶕 jiāo 높을 초
【嶕峣】jiāoyáo 형문 우뚝 솟은 모양.

# *礁 jiāo 암초 초
몡 1 초석. ¶暗～=암초. 2 산호초. ¶珊瑚～=산호초.
⊙ 暗礁, 触chù礁
【礁石】jiāoshí 몡 암초.

# 鹪[鷦] jiāo 굴뚝새 초
【鹪鹩】jiāoliáo 몡(動) 굴뚝새.

# 矫[矯] jiáo 억지부릴 교
통맨 억지부리다. 소란을 피우다. 말썽을 피우다. 투정부리다. 생떼를 쓰다.
☞ jiǎo
【矫情】jiáo·qing 통맨 억지부리다. 소란을 피우다. 말썽을 피우다. 투정부리다. 생떼를 쓰다. ¶有理说理, 别犯～。=이치가 있으면 이치로 따져야지, 억지부리지 마라.
☞ jiǎoqíng

# *嚼 jiáo 씹을 작
통 씹다. ¶细～慢咽=잘게 씹어서 천천히 삼키다. ≒噍.
☞ jiào, jué
【嚼不动】jiáo·budòng 통 씹을 수 없다. 씹히지 않는다. 깨물어 부서지지 않다. ¶肉没煮烂, ～。=고기가 물렁하게 삶기지 않아서, 씹히지가 않는다. ↔嚼得动
【嚼得动】jiáo·dedòng 통 씹을 수 있다. ¶牙齿还好, 还～东西。=이가 아직은 괜찮아서, 음식을 씹을 수 있다. ↔嚼不动
【嚼裹儿】jiáo·guor 몡맨 생활비. ☞【缴裹儿】jiáo·guor ¶每月挣的钱刚够～。=매달 버는 돈은 겨우 생활비로 쓰는 정도이다.
【嚼口】jiáo·kou 몡 재갈.
【嚼舌】jiáoshé 통 1 이러쿵저러쿵 시비하다. 함부로 지껄이다. ¶做事要光明正大, 别在背后乱～。=일은 공명정대하게 해야지, 뒤에서 이러쿵저러쿵 함부로 지껄이지 마라. 2 무의미한 논쟁을 하다. 입씨름하다. ¶我忙得很, 没工夫和你们～。=나는 몹시 바빠서, 너희들과 입씨름할 시간이 없다. ≒【嚼舌头】jiáo shé·tou ☞【嚼舌根】jiáo shé·gen
【嚼舌根】jiáo shé·gen ☞【嚼舌】jiáoshé
【嚼舌头】jiáo shé·tou ☞【嚼舌】jiáoshé
【嚼用】jiáo·yong 몡맨 생활비. ¶孩子在外地

上学, ～大。=아이가 외지에서 학교를 다녀서, 생활비가 많이 든다.
【嚼子】jiáo·zi 몡 재갈.

# *角 jiǎo 뿔 각

⊙ 角 jiǎo
   确 què
   桷 jué

몡 1 (짐승의) 뿔. ¶羊～=양의 뿔. / 鹿～=사슴뿔. 2 동물의 머리에 난 뿔과 같이 생긴 것. ¶触～=촉각. 3 뿔 모양의 물건. ¶豆～=연한 콩꼬투리. / 皂～=조각. 조협(皂荚). 4 (～儿) 모서리. 구석. ¶眼～儿=눈초리. / 墙～儿=담 모퉁이. 5 곳. 갑. [주로 지명에 쓰임] ¶镇海～=전하이자오. [푸지엔(福建)성에 있는 지명] 6 (樂) 고대의 군대에서 쓰던 나팔. [주로 동물 뿔로 만들었음] ¶号～=호루라기. 7 (數) 각. ¶锐～=예각. / 多面～=다면각. 8 (天) 각수(角宿). [이십팔수(二十八宿)의 하나] 9 '佼(jiǎo)'와 같음. 양 1 4분의 1. ¶一～儿饼=떡 4분의 1쪽. 2 쟈오. [중국 화폐 보조 단위로서 문어(文語)에 쓰이며, 구어로는 마오(毛)라고 함. 1 '위안(元)'의 10분의 1에 해당함]
☞ jué

⊙ 八角, 鬓bìn角, 补bǔ角, 触角, 底角, 顶角, 豆角儿, 对角, 钝dùn角, 额é角, 俯fǔ角, 鼓角, 犄jī角, 岬角, 夹角, 交角, 口角, 棱léng角, 邻角, 麦角, 内角, 平角, 倾qīng角, 三角, 视角, 死角, 头角, 外角, 犀xī角, 眼角, 羊角, 仰角, 转角, 总角, 嘴角

【角暗里】jiǎo'àn·li 몡맨 1 모서리. 구석. 2 외딴 곳.
【角尺】jiǎochǐ 몡 1 삼각자. 2 ☞【曲尺】qūchǐ
【角雕】jiǎodiāo 몡 (소·양·물소 따위의) 동물 뿔로 조각하여 만든 공예품.
【角度】jiǎodù 몡 1 (數) 각도. 2 맨 (문제를 보는) 각도. ¶不同的人, 看问题的～往往也不同。=각기 다른 사람은 문제를 보는 각도도 왕왕 다르다.
【角钢】jiǎogāng 몡 L형강. [단면이 'L' 자형인 강재] ≒【角铁】jiǎotiě【三角铁】sānjiǎotiě
【角弓反张】jiǎogōng fǎnzhāng 몡(醫) 각궁반장. [등이 가슴 쪽으로 휘어들어, 반듯이 누울 때 머리와 발뒤축만 바닥에 닿고 등이 들리는 증상. 경풍·파상풍·뇌막염·뇌염 따위에서 나타나는 증세]
【角果】jiǎoguǒ 몡(植) 각과.
【角距】jiǎojù ☞【距角】jùjiǎo
【角砾岩】jiǎolìyán 몡(礦) 각력암.
【角楼】jiǎolóu 몡 각루.
【角落】jiǎoluò 몡 1 구석. 모퉁이. ¶把院子的每一个～都打扫打扫。=정원의 구석구석을 청소하다. 2 맨 외딴 곳. 외진 곳. ¶这首动人的歌曲很快传遍了祖国的每一个～。=이 한 곡의 감동적인 노래는 아주 빠르게 조국의 구석구석으로 두루 퍼졌다.
【角门】[脚门] jiǎomén 몡 1 건물 전체에서 모퉁

이 가까이에 있는 작은 문. **2** 측문.

【角膜】jiǎomó 몡(生) 각막.

【角膜接触镜】jiǎomó jiēchùjìng 몡 콘택트렌즈. =【接触镜】jiēchù yǎnjìng 呉【隐形眼镜】yǐnxíng yǎnjìng

【角膜炎】jiǎomóyán 몡(醫) 각막염.

【角膜移植】jiǎomó yízhí 몡(醫) 각막 이식.

【角票】jiǎopiào (~儿) 몡 '자오(角)'를 단위로 하는 지폐. =【毛票】máopiào

【角球】jiǎoqiú 몡(體) 코너킥.

【角速度】jiǎosùdù 몡(物) 각속도.

【角台】jiǎotái 몡(數) 각대. 각뿔대.

【角铁】jiǎotiě ☞【角钢】jiǎogāng

【角宿】jiǎoxiù 몡(天) 각수. [이십팔수(二十八宿)의 하나]

【角岩】jiǎoyán 몡(礦) 각암.

【角质】jiǎozhì 몡(生) 각질.

【角锥】jiǎozhuī 몡(數) 각뿔. 각추. =【角锥体】jiǎozhuītǐ

【角锥体】jiǎozhuītǐ ☞【角锥】jiǎozhuī

【角子】jiǎo·zi 몡呉 예전에 통용되던 '1角(jiǎo)'와 '2角(jiǎo)'의 은화(銀貨).

# *侥[僥, 儌] jiǎo 요행 요
☞ yáo

【侥幸】[徼幸] jiǎoxìng 혱 요행이. 뜻밖에 운이 좋다. ¶~心理=요행 심리.

# 佼 jiǎo 예쁠 교
형 **1** 뛰어나다. ¶她可是我们话剧团里的~者。=그녀는 정말 우리 연극단의 가장 출중한 인물이다. **2** 아름답다. 예쁘다. ¶~人=미인.

【佼好】jiǎohǎo 형呉 아름답다. 예쁘다. ¶面目~=얼굴이 예쁘다.

【佼佼】jiǎojiǎo 형呉 뛰어나다. 특출하다. 걸출하다. ¶庸中~=평범함 속에서 특출하다. 군계일학.

【佼佼者】jiǎojiǎozhě 출중한 사람. 걸출한 인물. 뛰어난 사람. ¶她是当今歌坛的~。=그녀는 현 가요계의 여왕이다.

# 挢[撟] jiǎo 들 교
동呉 **1** 쳐들다. 손을 들다. 치켜들다. ¶~首高视=머리를 들어 높은 곳을 보다. **2** '矫(교정하다)'와 같음.

# **狡 jiǎo 교활할 교
형 간사하다. 교활하다. ¶~猾的伎俩=교활한 수법.

【狡辩】jiǎobiàn 동 터무니없는 말로 억지를 쓰며 변명하다. ¶~抵赖=교활하게 변명하며 발뺌하다. 늑强辯

【狡猾】jiǎohuá ☞【狡狯】jiǎohuá

【狡猾】[狡滑] jiǎohuá 형 교활하다. 간교하다. ¶这只老狐狸, ~得很。=이 늙은 여우는 아주 교활하다. 늑刁滑 ↔老实 诚实 忠厚

【狡计】jiǎojì 몡 교활한 계략. ¶~多端=교활한 계략이 많다.

【狡谲】jiǎojué 형 교활하다. 간교하다. ¶~之徒=교활한 무리.

【狡狯】jiǎokuài 형呉 교활하다. 간사하다. ¶故弄~=일부러 미혹시키다.

【狡赖】jiǎolài 동 교활하게 변명하며 발뺌하다 [잡아떼다·부인하다]. ¶矢口~=교활한 방법으로 자기의 잘못을 잡아떼다.

【狡兔三窟】jiǎotù sānkū 셩 **1** 교활한 토끼는 세 개의 굴을 파 놓는다. **2**(비) 몸을 숨겨 재난을 피할 곳[방법]이 많다.

【狡兔死, 走狗烹】jiǎotù sǐ, zǒugǒu pēng 셩(비) 중요한 역할을 하던 사람이 임무를 완수하고 나면 살해당하다. 토사구팽(兔死狗烹).

【狡黠】jiǎoxiá 형呉 간사하다. 교활하다. ¶~的眼神=교활한 눈빛.

【狡诈】jiǎozhà 형呉 교활하다. 간사하다. 간교하다. ¶为人~=사람이 간사하다. ↔老实 忠厚

# *饺[餃] jiǎo 만두 교
몡 (~儿) 만두. 교자. ¶蒸~儿=찐만두. /水~儿=물만두.

○● 水饺儿, 蒸zhēng饺儿

【饺子】jiǎo·zi 몡 만두. 교자. ¶吃~=먹다.

# *绞[絞] jiǎo 목맬 교
동 **1** (밧줄·철사 따위를) 꼬다. ¶~缆绳=권양기의 로프. **2** 비틀어 짜다. 죄어 짜다. ¶把床单~干后晾出去。=침대보를 짜서 내다 널어라. **3** (도르래로) 감다. 감아올리다. ¶~辘轳打水=도르래를 감아올려 물을 긷다. **4** (밧줄로) 교살하다. 목매어 죽이다. ¶判处~刑=교수형에 처하다. **5** 뒤얽히다. 뒤엉키다. ¶许多事~在一起, 理也理不清。=많은 일이 한데 뒤얽혀 있어서 정리하려 해도 말끔하게 정리가 안 된다. 양 타래. [실이나 털실 따위를 세는 단위] ¶一~毛线=털실 한 타래.

【绞包针】jiǎobāozhēn 몡 마대 따위를 깁는 큰 바늘.

【绞缠】jiǎochán 동 **1** 한데 감기다. 둘둘 감다. ¶这几股毛线~在一块了。=몇 올의 털실을 한 군데로 감았다. **2** 뒤엉키다. 뒤얽히다. ¶那个问题~得他心神不宁。=그 문제가 뒤엉켜 있어 그는 마음이 편치 못하다.

【绞肠痧】jiǎochángshā 몡(醫) 교장사. 건곽란(乾霍亂).

【绞车】jiǎochē ☞【卷扬机】juǎnyángjī

【绞床】jiǎochuáng 몡(機) 리머반(reamer盤).

【绞刀】jiǎodāo ☞【铰刀】jiǎodāo

【绞汁】jiǎojī 몡 교수대.

【绞结】jiǎojié 동 뒤엉키다. 뒤얽히다. ¶各种矛盾~在一起, 堵得他心头一阵阵发紧。=갖가지 갈등들이 한데 뒤엉켜 있어 그의 가슴이 간간이 숨이 막힌다.

【绞尽脑汁】jiǎojìn-nǎozhī 셩 온갖 지혜를 다

짜내다.
【绞脸】jiǎo‖liǎn 동 (부녀자가) 명주실을 비벼서 얼굴의 솜털을 뽑다.
【绞脑汁】jiǎo nǎozhī 동 머리를 짜내다. 머리를 쓰다. ¶写作可是件~的事。=작문은 정말 머리를 짜내야 하는 작업이다.
【绞盘】jiǎopán 명 캡스턴(capstan). [돛이나 무거운 짐 등을 감아올리는 장치]
【绞肉机】[铰肉机] jiǎoròujī
【绞杀】jiǎoshā 동 1 교살하다. 목매달아〔목졸라〕죽이다. 2 (비) 질식시키다. 억압하다. 짓밟다. 유린하다. ¶新生事物就这样被~了。=새로운 사물은 이렇게 짓밟혔다.
【绞绳】jiǎoshéng 명 권양기용 로프.
【绞手】jiǎoshǒu 명(機) 탭 렌치(tap wrench). [板牙]=다이스톡. 나사 깎는 공구.
【绞死】jiǎosǐ 교살하다. 목매달아 죽이다. ¶~侵略者=침략자를 교살하다.
【绞索】jiǎosuǒ 명 1 교수형에 쓰이는 밧줄. 2 권양기용 로프.
【绞痛】jiǎotòng 명(醫) 내장이 갑자기 뒤틀리는 듯한 심한 통증. ¶心~=협심증.
【绞心】jiǎoxīn 동 1 가슴이 미어지다. 가슴이 뒤틀리다. ¶面对亲人突然死去的变故，她流下~的眼泪。=가족의 갑작스런 죽음을 맞아, 그녀는 가슴이 미어지는 듯 눈물을 흘렸다. 2 심혈을 기울이다. 궁리를 하다. ¶~杰作=심혈을 기울인 걸작.
【绞刑】jiǎoxíng 명 교수형.

# 铰[鉸] jiǎo 가위 교

동 1 (가위로) 자르다. ¶把绳子~断。=밧줄을 자르다. 2 리머(reamer)로 뚫은 구멍을 알맞게 넓히거나 정밀하게 다듬다. ¶~孔=구멍을 넓히다. 명 경첩. ¶~接式列车=경첩 연결 방식 기차.
【铰刀】[绞刀] jiǎodāo 명 1(機) 리머(reamer). 2 (비) 가위.
【铰接】jiǎojiē 동(機) 경첩으로 연결하다. ¶~式无轨电车=경첩 연결식 무궤도 전차.
【铰链】jiǎoliàn 명 경첩.
【铰肉机】[绞肉机] jiǎoròujī 명 민찌기.
【铰削】jiǎoxuē 동(機) 리머(reamer)로 뚫은 구멍을 알맞게 넓히거나 정밀하게 다듬다.

# \*矫[矯] jiǎo 바로잡을 교

동 1 (굽은 것을) 바로잡다. 교정하다. ¶~治口吃=말 더듬는 것을 교정하다. 2 가장하다. 꾸며내다. ¶~情饰貌=외모를 거짓으로 속이고 진상을 가리다. 3 (문) 빙자하다. 사칭하다. ¶~命行事=사칭하여 일을 저지르다. 형 강하다. 용감하다. ¶~健的体魄=건강한 체력과 기백. 명 (Jiǎo) 성(姓).
☞ jiáo
【矫健】jiǎojiàn 형 건강하고 힘있다. ¶~的步伐=씩씩하고 힘찬 발걸음. ≒雄健
【矫捷】jiǎojié 형 힘차고 날쌔다. 민첩하다. ¶

身手~=몸놀림이 힘차고 날쌔다.
【矫命】jiǎomìng 동(문) 상급 명령을 사칭하다. 상부 지시를 빙자하다.
【矫情】jiǎoqíng 동(문) 고의로에 상식에 어긋난 행동을 하여 남과 다르다는 티를 내다. 고의로 튀는 행동을 해서 뽐내다. ¶~自饰。=고의로 튀는 행동을 하여 자신을 꾸미다.
☞ jiáo·qing
【矫揉造作】jiǎoróu-zàozuò (성) 1 구부러진 것을 곧게 하고, 곧은 것을 굽게 만들다. 2 (비) 지나치게 과장하거나 꾸미다. 부자연스럽다. 억지스럽다. 어색하다.
【矫若惊龙】jiǎoruòjīnglóng ☞【矫若游龙】 jiǎoruòyóulóng
【矫若游龙】jiǎoruòyóulóng (성) 1 마치 꿈틀거리는 용처럼 씩씩하고 힘차다. 2 (비) 대단히 민첩하고 힘차다. =【矫若惊龙】jiǎoruòjīnglóng
【矫饰】jiǎoshì 동 고의로[일부러] 과장되게 꾸미다. 고의로 조작하여 진상을 숨기다. ¶~欺人=고의로 과장되게 꾸며서 남을 깔보다.
【矫枉过正】jiǎwǎng-guòzhèng (성) 1 구부러진 것을 바로 잡으려다가 정도를 지나치다. 2 (비) 잘못된 것을 고치려다 오히려 지나쳐 더욱 잘못되다.
【矫形】jiǎoxíng 동(醫) 정형(수술)하다.
【矫正】jiǎozhèng 동 (잘못·착오를) 교정하다. 수정하다. 바로잡다. 개정하다. 시정하다. ¶~偏差=오차를 수정하다. ≒改正 纠正
【矫直】jiǎozhí 동 1 구부러진 것을 곧바르게 만들다. 바로잡다. ¶拉伸~=잡아당겨서 곧게 펴다. 2 (비) 정직한 사람을 간악하게 만들다. [원래의 뜻을 반의적으로 사용함] ¶你这哪里是在纠错，纯粹是~！=이게 뭐가 잘못을 바로잡는 거야, 순전히 정직한 사람을 간악하게 만드는 거잖아!
【矫治】jiǎozhì 동 (사시·말더듬이 등의 결함을) 교정 치료하다. 바로잡다. ¶~斜视=사시를 교정 치료하다.

# 皎 jiǎo 달빛 교

형 희고 밝다. 새하얗다. ¶~月高挂=희고 밝은 달이 높이 걸려 있다. 명 (Jiǎo) 성(姓).
【皎白】jiǎobái 형 희고 밝다. 새하얗다. ¶~的月光=휘영청 밝은 달빛.
【皎皎】jiǎojiǎo 형 교교하다. 새하얗다. 밝다. ¶~白雪=새하얗고 밝은 눈.
【皎洁】jiǎojié 형 (달빛 등이) 밝고 맑다. 휘영청 밝다. ¶明月~=달이 휘영청 밝다.

# \*\*脚[(腳)] jiǎo 다리 각

명 1 발. ¶洗~盆=발 씻는 대야. / 碍手碍~=거치적거리다. 2 밑동. 굽. 발. 다리. [물체의 지면에 가까운 부분] ¶山~=산기슭. / 墙~=담 밑. 3 (연) 체력으로 짐을 운반하는 것과 관계되는 것. ¶~钱=운반비. ↔手头
☞ jué

0-● 拔脚, 蹩bié脚, 插chā脚, 赤chì脚, 搭dā脚, 大脚, 地脚, 踮diǎn脚, 垫diàn脚, 泔gān脚, 赶脚, 跟脚, 根脚, 裹guǒ脚, 后脚, 开脚, 裤kù脚, 拉脚, 落脚, 马脚, 前脚, 拳quán脚, 捎shāo脚, 失脚, 手脚, 水脚, 顺脚, 挑脚, 跳脚, 腿脚, 下脚, 线xiàn脚, 小脚, 歇xiē脚, 行脚, 修脚, 秧yāng脚, 雨脚, 运脚, 韵yùn脚, 针脚, 阵脚, 注脚, 二踢tī脚, 露lòu马脚, 挖wā墙脚, 做手脚

【脚板】**jiǎobǎn** [명] 발바닥. ¶大~＝큰 발바닥.
【脚背】**jiǎobèi** [명] 발등. ＝【脚面】**jiǎomiàn**
【脚本】**jiǎoběn** [명] 각본. 극본. ¶话剧~＝연극 극본.
【脚脖子】**jiǎobó·zi** ☞【脚腕】**jiǎowàn**
【脚步】**jiǎobù** [명] **1** 보폭. 걸음나비. ¶~不大＝보폭이 크지 않다. **2** (발)걸음. 걸음걸이. ¶~很轻＝발걸음이 가볍다. **3** [비] (발)자취. 족적. 발자국. [이전 사람이 후세 사람에게 남겨 놓은 규범] ¶沿着先辈的~奋勇前进。＝선열의 발자취를 따라 용감하게 전진하다. **4** [비] (사물의) 진행 과정. 진전. 발전 과정. 경과. ¶加快现代化建设的~。＝현대화 건설의 진행을 가속화하다.
【脚踩两只船】**jiǎo cǎi liǎng zhī chuán** [속] **1** 다리를 두 배 위에 올리다. **2** [비] (연애 과정에) 양다리를 걸치다. ＝【脚踏两只船】**jiǎo tà liǎng zhī chuán**
【脚灯】**jiǎodēng** [명] **1** 각광(脚光). 풋라이트(footlight). **2** 철야등. [지면 가까이에 설치하여 어두운 곳을 다니기 편하도록 켜 놓은 등]
【脚蹬子】**jiǎodēng·zi** [명] (기계나 차량의) 발판. 페달(pedal). 디딤판. 다리 받침대.
【脚底】**jiǎodǐ** [명] 발바닥.
【脚底板】**jiǎodǐbǎn** [명][구] 발바닥.
【脚垫】**jiǎodiàn** [명] **1** 발바닥에 생긴 굳은살. **2** (신발의) 깔창. (바닥에 까는) 깔개.
【脚法】**jiǎofǎ** [명] (공·제기 등을 차는) 발놀림. 발기술. ¶~细腻＝발놀림이 정교하다.
【脚夫】**jiǎofū** [명][옛] **1** 짐꾼. 지게꾼. **2** (가축) 몰이꾼.
【脚感】**jiǎogǎn** [명] 발에 닿는 촉감. 발을 디딜 때의 느낌. ¶这种休闲鞋~特好, 走起路来轻便舒适。＝이 샌들은 발에 닿는 촉감이 아주 좋아서, 길을 걷기에 가볍고 편하다.
【脚根】**jiǎogēn** ☞【脚跟】**jiǎogēn**
【脚跟】[脚根] **jiǎogēn** [명] **1** 발꿈치. 발뒤축. ¶~靠拢＝발꿈치를 나란히 모으다. **2** [비] 입장. ¶站稳~＝입장을 확고히 하다. 입지를 굳히다. 입장을 분명히 하다.
【脚孤拐】**jiǎogū·guai** [명][방] 척골(蹠骨). 부전골(跗前骨). [엄지발가락과 발바닥이 맞닿아 밖으로 튀어나온 곳]
【脚行】**jiǎoháng** [명][옛] **1** 운송업. 운반업. **2** 짐꾼. 지게꾼. 운송업에 종사하는 사람.
【脚后跟】**jiǎohòu·gēn** [명] 발꿈치. 발뒤축.
【脚踝】**jiǎohuái** [명]《生》복사뼈.
【脚迹】**jiǎojì** [명] 발자국.
【脚尖】**jiǎojiān**(~儿) [명] 발끝. 발부리. 각첨. ¶她踮起~儿轻手轻脚地走。＝그녀가 발끝을 세우고 살금살금 걷다.
【脚茧】**jiǎojiǎn** [명] 발의 굳은살.
【脚劲】**jiǎojìn**(~儿) [명][방] 다리 힘. 다릿심. ¶他有~, 跑得比我快。＝그는 다리 힘이 있어, 나보다 빨리 달린다.
【脚扣】**jiǎokòu** [명] 전신주에 오를 때 신발에 거는 반달 모양의 철제 용구.
【脚力】**jiǎolì** [명] **1** 다리 힘. 다릿심. ¶他~好, 走十里八里的没问题。＝그는 다리 힘이 좋아서 10리 8리를 걷는 것은 문제가 안 된다. **2** 타고 다니는 가축. ¶这匹马是好的~。＝이 말은 훌륭한 탈 것이다. **3** [옛] 운반 인부. 운수 노동자. 짐꾼. 지게꾼. **4** 짐삯. 운임. 운반비. **5** [옛] 행하(行下). [선물을 가져온 심부름꾼에게 주는 돈]
【脚链】**jiǎoliàn** [명] 발찌. 발고리. [발목에 차도록 금·은 등으로 만든 고리형 장식품]
【脚镣】**jiǎoliào** [명] 족쇄.
【脚炉】**jiǎolú** [명] 각로. 발 쬐는 화로.
【脚驴】**jiǎolǘ** [명] 사람을 태우거나 화물을 싣는 나귀.
【脚轮】**jiǎolún** [명] (상자·소파·가방 등의 바닥에 달려 있는) 작은 바퀴. 롤러(roller).
【脚门】**jiǎomén** ☞【角门】**jiǎomén**
【脚面】**jiǎomiàn** ☞【脚背】**jiǎobèi**
【脚盆】**jiǎopén** [명] 발 씻는 대야.
【脚片】**jiǎopiàn** [명] 발.
【脚蹼】**jiǎopǔ** [명] (잠수할 때 발에 씌우는) 물갈퀴. 오리발.
【脚气】**jiǎoqì** [명]《醫》**1** 각기(병). 각질(脚疾). **2** ☞【脚癣】**jiǎoxuǎn**
【脚钱】**jiǎo·qián** [명][옛] 짐삯. 운임. 운반비.
【脚手架】**jiǎoshǒujià** [명]《建》비계(飛階).
【脚踏】**jiǎotà** [동] 발로 (땅을) 밟다. ¶~开关＝발로 밟는 스위치.
【脚踏板】**jiǎotàbǎn** [명] 발판. 디딤판. 페달(pedal).
【脚踏车】**jiǎotàchē** ☞【自行车】**zìxíngchē**
【脚踏两只船】**jiǎo tà liǎng zhī chuán** ☞【脚踩两只船】**jiǎo cǎi liǎng zhī chuán**
【脚踏实地】**jiǎotà-shídì** [성] 일하는 것이 착실하고 견실하다. ↔好高骛远
【脚腕】**jiǎowàn**(~儿) [명] 발목. ＝【脚腕子】**jiǎowàn·zi** [방]【脚脖子】**jiǎobó·zi**
【脚腕子】**jiǎowàn·zi** ☞【脚腕】**jiǎowàn**
【脚下】**jiǎoxià** [명] **1** 발 밑. 발 아래. ¶~是一望无际的雪野。＝발 아래는 끝없이 펼쳐진 아득한 눈 덮인 들판이다. **2** [비] 밑동. 굽. 발. 다리. [물체의 지면에 가까운 부분] ¶天山~＝톈산(天山) 기슭. **3** [방] 무렵. 전후. 근처. 부근. ¶大年~＝설 무렵. **4** [방] 지금. 현재. 목전. 당면. ¶~是农忙, 各家人手都紧张。＝지금은 농번기라 집집마다 모두 일손이 빠듯하다.
【脚心】**jiǎoxīn** [명] 족심(足心).
【脚癣】**jiǎoxuǎn** [명]《醫》(발에 생기는) 무좀. 한포(汗疱). [속]【脚气】**jiǎoqì**

【脚丫子】[脚鸭子] jiǎoyā·zi 발.
【脚鸭子】jiǎoyā·zi ☞【脚丫子】jiǎoyā·zi
【脚印】jiǎoyìn (~儿) 발자국. 발자취. 족적.
【脚掌】jiǎozhǎng 발바닥.
【脚爪】jiǎozhǎo 동물의 발(톱).
【脚正不怕鞋歪】jiǎo zhèng bùpà xié wāi
① 1 발 모양이 바르면 신이 삐뚤어져도 걱정하지 않는다. 2 자기의 언행이 올바르면 남의 악담이나 중상 따위는 두렵지 않다.
【脚指】jiǎozhǐ ☞【脚趾】jiǎozhǐ
【脚趾】[脚指] jiǎozhǐ 발가락.
【脚指头】jiǎozhǐ·tou 발가락.
【脚注】jiǎozhù 각주.
【脚镯】jiǎozhuó (장식용) 발고리. 발찌. [발목에 차도록 금·은 등으로 만든 고리형 장식품].
【脚踪】jiǎozōng 발자국. 발자취. 족적.

**搅[攪] jiǎo 어지럽힐 교
1 어지럽히다. 혼란시키다. 방해하다. 어수선하게 하다. ¶打~=폐를 끼치다. / 胡~蛮缠=소란을 피우며 생떼를 부리다. 2 휘저어 섞다. 반죽하다. 이기다. ¶把鸡蛋~匀。=달걀을 골고루 휘젓다.
【搅拌】jiǎobàn 휘저어 섞다. 반죽하다. 이기다. ¶~混凝土=콘크리트를 이기다.
【搅拌机】jiǎobànjī 1 믹서(mixer). 2 (콘크리트를 혼합하는) 믹서(mixer).
【搅拌器】jiǎobànqì 교반기.
【搅缠】jiǎochán 귀찮게 굴다. 성가시게 하다. 귀찮게 치근덕거리다. ¶你别~个没完儿, 我忙着呢。=너 끝도 없이 성가시게 좀 굴지 마, 난 지금 바쁘잖아.
【搅动】jiǎo‖dòng 1 뒤섞다. 휘젓다. ¶冲剂加水后要用筷子~~。=침제(浸劑)는 물을 붓고 젓가락으로 좀 휘저어 주어야 한다. 2 방해하다. 훼방놓다. 어지럽게 하다. ¶别~老人家了, 让他休息吧。=노인네 방해하지 말고 쉬시도록 합시다.
【搅浑】jiǎohún 휘저어 흐리게〔혼탁하게〕만들다. [주로 비유에 쓰임] ¶把水~=물을 휘저어 흐리게 만들다.
【搅混】jiǎo·hun 혼합하다. 뒤섞다. 타다. 섞이게 하다. 혼합시키다. ¶陈米和新米别~在一起。=묵은쌀과 햅쌀을 같이 뒤섞지 말아라.
【搅和】jiǎo·huo 1 섞다. 혼합하다. ¶~不清=명확하지 않다. 2 휘젓다. 혼란시키다. ¶他这一~, 那事就办不成了。=그가 이렇게 휘저어 놓으면 그 일은 성사시킬 수가 없다.
【搅局】jiǎo‖jú (일을) 훼방놓다. 혼란에 빠뜨리다. 어지럽히다. 뒤죽박죽이 되게 하다. 어수선하게 하다. 헝클어뜨리다. 복잡하게 만들다. ¶这事他不参与도 좋지, 他这个人太爱~。=이 일은 그가 참여하지 않는 게 좋아, 왜냐하면 그 사람은 훼방놓기를 너무 좋아하거든.
【搅乱】jiǎoluàn 어지럽히다. 혼란시키다. 뒤죽박죽이 되게 하다. 어지럽게 하다. ¶~秩

序=질서를 어지럽히다.
【搅扰】jiǎorǎo 방해하다. 훼방놓다. 어지럽게 하지 말아라.
【搅匀】jiǎoyún 골고루 휘저어 섞다. 골고루 반죽하다. ¶糨糊要~。=풀은 골고루 휘저어 섞어야 한다.

筊 jiǎo 대끈 효
대새끼. 대오리로 엮은 줄.

湫 jiǎo 낮을 초
(지세가) 움푹 패이다. 낮다.
☞ qiū
【湫隘】jiǎo'ài (지세가) 움푹 패이고 협소하다. 낮고 좁다. ¶街巷~=큰길과 골목이 낮고 협소하다.

敫 Jiǎo 성씨 교
성(姓).

*剿[(勦·剿)] jiǎo 토벌할 초
토벌하다. 소탕하다. 섬멸하다. 없애다. 사라지게 하다. 소멸시키다. 제거하다. ¶~清=말끔히 없애다. / 围~=포위하여 토벌하다.
☞ chāo
○● 清剿
【剿除】jiǎochú 철저히 토벌하다. 무력으로 제거하다. 섬멸하다. ¶~流寇=도적 떼를 토벌하다.
【剿匪】jiǎofěi 악당(비적)을 토벌하다.
【剿绝】jiǎojué 소탕하다. 완전히 제거하다. 몰살시키다. ¶~盗匪=도적을 소탕하다.
【剿灭】jiǎomiè 철저히 토벌하다. 무력으로 제거하다. 섬멸하다. ¶~残敌=잔존한 적병을 토벌하다. ≒歼灭 消灭

徼 jiǎo 구할 요
구하다.
☞ jiào
【徼幸】jiǎoxìng ☞【侥幸】jiǎoxìng

**缴[繳] jiǎo 바칠 교
1 (돈·대가를) 납부하다. 지급하다. 내다. 지불하다. 물다. 바치다. ¶上~国库=국고로 상납하다. 2 (무기를) 내놓게 하다. 빼앗다. 몰수하다. ¶收~私藏枪支=불법 소지한 총기를 몰수하다.
☞ zhuó
○● 收缴, 上缴
【缴费】jiǎo‖fèi 비용을 납부하다.
【缴裹儿】jiǎo·guor ☞【嚼裹儿】jiáo·guor
【缴获】jiǎohuò (전리품 등을) 노획하다. 빼앗다. ¶~大批枪支弹药=대량의 총기와 탄약을 노획하다.

【缴纳】jiǎonà 〖동〗 (규정에 따라) 납부하다. 납입하다. ¶~税金=세금을 납부하다. ↔征收
【缴齐】jiǎoqí 〖동〗 납부를〔납입을〕 완료하다. 다 내다. ¶学费已如数~。=학비를 이미 액수대로 다 냈다.
【缴枪】jiǎo‖qiāng 〖동〗 1 총을 (강제로) 인도하다〔건네다〕. 투항하다. 무장을 해제하다. ¶~不杀=무기를 버리면 죽이지 않는다. 2 적의 총을 노획하다〔접수하다〕. ¶一共缴了三支枪。=모두 세 자루의 총을 노획했다.
【缴清】jiǎoqīng 〖동〗 납부를〔납입을〕 완료하다. 다 내다.
【缴税】jiǎo‖shuì 〖동〗 납세하다. 세금을 내다.
【缴销】jiǎoxiāo 〖동〗 (원래 등록된 것을) 반납 폐기〔말소·취소〕하다. ¶~营业执照=영업 허가증을 반납 폐기하다.
【缴械】jiǎo‖xiè 〖동〗 1 무기를 강제로 인도하다〔건네다〕. 무장을 해제(당)하다. ¶~投降=무기를 던지고 투항하다. 2 (적에게) 무기를 내놓게 하다. (적을) 무장해제시키다. ¶匪徒很快就~了。=악당은 재빨리 무기를 내놓았다.
【缴租】jiǎo‖zū 〖동〗 임대료를 납부하다〔내다〕.
【缴足资本】jiǎozú zīběn 〖명〗〖經〗 불입(拂入) 자본.

## 皦 jiǎo 옥석 흴 교

〖형〗〖문〗 1 (주옥이) 새하얗다. 눈부시다. 빛나다. 반짝거리다. ¶~日=밝게 빛나는 태양. 2 명확하다. 분명하다. 확실하다. 뚜렷하다. 〖명〗(Jiǎo) 성(姓).

【皦皦】jiǎojiǎo 〖형〗〖문〗 새하얗다. 밝게 빛나다. 밝다. 환하다. ¶明月~=달이 휘영청 밝다.

## *叫[(叫)] jiào 부르짖을 규

〖동〗 1 외치다. 고함치다. 소리지르다. 소리치다. 부르짖다. ¶乱喊乱~=마구 소리지르다. 2 (동물이) 울다. 짖다. 지저귀다. ¶蝈蝈在草丛里不停地~着。=여치가 풀숲에서 끊임없이 울고 있다. 3 부르다. 불러 오다. 호출하다. ¶快把医生~来。=빨리 의사를 불러 와요. 4 하소연하다. 간곡히〔간절히〕 말하다. ¶鸣冤~屈=억울함을 큰 소리로 호소하다. 5 (가져오라고) 시키다. 주문하다. ¶要两瓶啤酒, 再~几盘凉菜。=맥주 두 병을 시키고, 냉채 몇 접시를 더 주문하다. 6 요구하다. 명령하다. …시키다. …하게 하다. ¶营长~你马上到营部去。=대대장이 너에게 대대본부로 바로 가라고 했어. / 那事真~人哭笑不得。=그 일은 정말 사람을 웃을 수도 울 수도 없게 만든다. 7 (…라고) 하다. 부르다. 불리다. 불릴 만하다. …할 만하다. ¶他~张小毛。=그는 장샤오마오라고 불린다. / 你这~什么男子汉? =너 이게 무슨 사내라고 할 수 있어? 8 허락하다. 허용하다. 허가하다. ¶他不~我走, 我也偏走。=그가 나를 못 가게 해도 나는 기어코 갈 것이다. 〖형〗〖방〗 (일부 우는 소리가 비교적 큰 가축의) 수컷의. ¶一头~驴=수나귀 한 마리. / 两只~鸡=수탉 두 마리. 〖개〗 …에 의해서. [피동구

에 쓰여서, 동작 행위의 주체를 끌어오며, '被(bèi)'·'让(ràng)'에 상당함] ¶真~你猜对了。=정말 네가 알아맞혔네.

○● 喊hǎn叫, 呼叫

【叫板】jiàobǎn 〖동〗 1 〖劇〗 중국 전통극에서 배우가 마지막 대사의 어조를 길게 뽑는 등의 방식으로 다음 곡조로 넘어가기 편하게 고수(鼓手)에게 의사 표시를 하다. 2 (적진 앞에서 고함을 치며) 싸우도록 유도하다. 도발하다. 도전하다. 싸움을 걸다. ¶别跟我~, 你不够那份儿。=내게 도전하지 마, 너는 아직 상대도 안 돼.
【叫菜】jiào‖cài 〖동〗 요리를 주문하다〔시키다〕. ¶我们去馆子里叫两个菜, 喝几杯。=우리들은 식당에 가서 요리 두어 접시를 시켜 놓고 몇 잔 마셨다.
【叫车】jiào‖chē 〖동〗 차를 부르다. ¶去叫辆车来。=가서 차 한 대 불러 와.
【叫春】jiàochūn 〖동〗 (동물이) 발정기가 되어 울다. 암내를 풍기며 울다.
【叫法】jiàofǎ 〖명〗 호칭. 명칭. 부르는 방법. ¶甘薯在各地的~不太一样。=고구마는 지방마다 호칭이 다르다.
【叫喊】jiàohǎn 〖동〗 외치다. 소리치다. 부르짖다. 고함치다. 큰 소리로 부르다. ¶大声~=큰 소리로 외치다. ≒呼喊
【叫号】jiàoháo 〖동〗 1 외치다. 소리치다. 부르짖다. 고함치다. 큰 소리로 부르다. 2 울부짖다. 큰 소리로 울다.
【叫好】jiào‖hǎo(~儿) 〖동〗 갈채를 보내다. 성원하다. '잘한다'라고 외치다. ¶鼓掌~=박수를 치며 갈채를 보내다.
【叫号】jiào‖hào(~儿) 〖동〗 1 (순서대로 매겨진) 번호를 부르다. ¶~取药=번호를 불러 약을 타 가다. 2 〖방〗 메김소리를 외치다. ¶他们一边~, 一边打夯。=그들은 메김소리를 외치면서 달구질한다. 3 〖방〗 말로 도전하다. 도발하다. 트집을 잡다. 흠을 들추다. ¶他这样说明摆着是在~。=그가 이렇게 말하는 것은 트집잡고 있다는 것을 대번에 알 수 있는 것이다.
【叫横】jiàohèng 〖동〗 강경하게 말하다. 뻔뻔스럽게 말하다. 불복하여 대들다. 억지로 우기다. ¶不行就服输, 别~。=억지로 우기지 말고, 안 되면 졌다고 해.
【叫化子】jiàohuā·zi ☞【叫花子】jiàohuā·zi
【叫花子】[叫化子]jiàohuā·zi 〖명〗〖구〗 거지. 비렁뱅이. 동냥아치.
【叫唤】jiào·huan 〖동〗 1 외치다. 고함치다. 소리치다. 아우성치다. ¶他牙疼得直~。=그는 이가 아파서 계속 소리지른다. 2 (동물이) 울다. 짖다. ¶猫在墙头上不停地~。=고양이가 담장 위에서 쉬지 않고 운다.
【叫魂】jiào‖hún(~儿) 〖동〗 혼을 불러들이다.
【叫鸡】jiàojī 〖명〗〖방〗 수탉.
【叫价】jiào‖jià 〖동〗 (판매자가) 값을 부르다. 매출 가격을 알리다〔신고하다〕. 오퍼(offer)를 내

다. (경매에서) 시작〔최저〕 가격을 부르다. ¶~
竞拍＝값을 부르면서 경매에서 가격 경쟁을 하다.

【叫劲】**jiào‖jìn** ☞【较劲】**jiào‖jìn**

【叫绝】**jiào‖jué** 통 절찬(絕贊)하다. 대단히 훌륭하다고 칭찬하다. ¶拍案~＝책상을 치면서 절찬하다.

【叫苦】**jiào‖kǔ** 통 고통〔괴로움〕을 호소하다. 비명을 지르다. 죽는〔우는〕소리를 하다. ¶他干活儿从不~叫累。＝그는 일을 하면서 한 번도 괴로움을 호소하거나 힘들다는 소리를 한 적이 없다.

【叫苦不迭】**jiàokǔ-bùdié** 성 끝없이 죽는소리를 하다.

【叫苦连天】**jiàokǔ-liántiān** 성 너무 힘이 들어 끊임없이 죽는소리를 내다.

【叫驴】**jiàolǘ** 명 수나귀. 수탕나귀.

【叫马跑, 又叫马不吃草】**jiào mǎ pǎo, yòu jiào mǎ bù chī cǎo** 속 (하) 사람을 부릴 줄만 알지 보수를 주는 것은 모른다.

【叫骂】**jiàomà** 통 큰 소리로 욕하다〔꾸짖다〕.

【叫卖】**jiàomài** 통 소리치며 팔다. 물건을 사라고 외치다. ¶沿街~＝거리를 다니면서 소리치며 물건을 팔다.

【叫门】**jiào‖mén** 통 문을 두드리다. 문을 열라고 부르다.

【叫名】**jiàomíng** 명 1 (~儿) 명칭. ¶部首检字法是汉字检索方面的一个~。＝부수 색인법은 한자 검색 방면에 있어 하나의 명칭이다. 2 (하) 명목상. 명의상. ¶他呀, ~是户主, 可在家里一点也做不了主。＝그 사람은 명목상 가장이지만, 집에서 (어느 것) 하나도 마음대로 못 한다.

【叫鸣】**jiàomíng** 통 닭이 울다. ¶鸡都~了, 天快亮了。＝닭이 울었으니 날이 곧 밝겠다.

【叫屈】**jiào‖qū** 통 억울함을 호소하다. 하소연하다. ¶喊冤~＝억울함을 하소연하다.

【叫嚷】**jiàorǎng** 통 떠들어 대다. 부르짖다. 고함치다. ¶高声~＝큰 소리로 떠들어 대다.

【叫响】**jiào‖xiǎng** 통 (하) 성공하여 잘 알려지다. 이름이 나다. 평판이 좋다. ¶公司的新产品很快就在全国~了。＝회사의 신제품은 아주 빨리 전국에 이름이 났다.

【叫嚣】**jiàoxiāo** 통 (하) 기고만장해 떠들다. 큰 소리로 떠들어 대다. 소리를 지르며 시끄럽게 굴다. 소란피우다. ¶歇斯底里地~＝히스테리를 부리며 소란을 피우다.

【叫啸】**jiàoxiào** 통 (휙휙·씽씽거리는) 날카롭고 긴 소리를 내다. ¶山风不停地~着。＝산바람이 끊임없이 씽씽 소리를 내고 있다.

【叫醒】**jiàoxǐng** 통 깨우다. 일깨우다. ¶服务台吧, 请明天早上七点钟~我。＝프런트죠, 내일 아침 7시에 저를 깨워 주세요.

【叫真】**jiào‖zhēn** ☞【较真】**jiào‖zhēn**

【叫阵】**jiào‖zhèn** 통 (적진 앞에서 고함을 치며) 싸움을 유도하다. 도발하여 싸움을 걸다.

【叫作】**jiàozuò** ☞【叫做】**jiàozuò**

【叫座】**jiàozuò** (~儿) 형 (연극·영화 또는 배우가) 관객을〔인기를〕끌다. ¶这部电影既叫好, 又~。＝이 영화는 갈채도 받고 관객들도 끌었다.

【叫做】**jiàozuò** [叫作] **jiàozuò** 통 …이다. …라고 부르다. …라고 불리다. ¶中秋节也~八月节。＝추석은 '八月节(팔월대보름)' 이라고도 부른다.

## 峤 [嶠] jiào 산길 교

명 (하) 산길.
☞ qiáo

## **觉 [覺] jiào 잠 교

명 잠. 수면. ¶午~＝낮잠. / 人老~少＝사람이 나이 들면 잠이 적어진다.
☞ jué

○→ 晌shǎng觉, 睡觉

## 珓 jiào 배교 교

명 (하) 점을 칠 때 사용하는 도구. [조개 껍데기·대나무 조각·나무 조각 등으로 만들었으며, '杯珓(bēijiào)' 라고도 부름]

## **校 jiào 고칠 교

통 1 비교하다. 겨루다. 견주어 보다. ¶~场比武＝연무장에서 무예를 겨루다. 2 (글이나 글자의 오자·오류 등을) 수정〔정정·교정·교열〕하다. 고치다. ¶点~＝교감하고 구두점(句讀點)을 찍다. / ~稿子＝원고를 교정하다.
☞ xiào

【校本】**jiàoběn** 명 교정본.

【校补】**jiàobǔ** 통 고증하여 정정하다. 확인하여 보충하다. 교정하고 바로잡다. [주로 서명(書名)에 쓰임] 《资治通鉴~》＝《자치통감 교보》

【校测】**jiàocè** 통 (눈금을) 조정하고 측정〔실험·테스트〕하다. ¶~功率＝공률을 조정하고 테스트하다.

【校场】[较场] **jiàochǎng** 명(옛) 연무장. 연병장. [옛날, 무예를 겨루거나 군대를 훈련시키던 장소] ¶~点兵＝연병장에서 부대를 사열(査閱)하다.

【校雠】**jiàochóu** 통 (하) 교감하다.

【校次】**jiàocì** 명 교정 횟수. ¶文稿一定要校三个~。＝원고는 반드시 세 번 교정해야 한다.

【校点】**jiàodiǎn** 통 교감하고 구두점(句讀點)을 찍다. ¶~古籍＝고적을 교감하고 구두점(句讀點)을 찍다.

【校订】**jiàodìng** 통 교정하다. 늑校对 校正

【校对】**jiàoduì** 통 1 (표준에 맞는지) 맞추다. 대조 확인하다. ¶盘秤已经~准确了。＝접시 저울을 이미 정확하게 맞추었다. 2 (글이나 글자의 오자·오류 등을) 교정〔교열·수정·정정〕하다. 고치다. ¶反复~＝반복하여 교정하다. 명 교정원. 교열원. ¶他在出版社当~。＝그는 출판사에서 교정원 일을 한다.

【校改】**jiàogǎi** 통 교정(校正)하다. 대조하여 고치다.

【校核】**jiàohé** 통 교정하고 대조 검사하다〔심사하다·검증하다〕.

【校勘】**jiàokān** 통 교감하다.

【校勘学】jiàokānxué 图 교감학.
【校释】jiàoshì 통 교감하고 주석을 달다. [주로 서명(書名)에 쓰임] ¶《诗经~》=《시경 주석》.
【校验】jiàoyàn 통 (정밀도 등을) 교정[조정]하고 검사[검증]하다. ¶~仪器=측정 기구를 조정하고 검사하다.
【校样】jiàoyàng 图 교정쇄(校正刷). 가쇄(假刷).
【校阅】jiàoyuè 통 1 교열하다. ¶~书稿=원고를 교열하다. 2 [문] 검열하다. 검사하다. 사열하다. ¶~三军=삼군을 사열하다.
【校正】jiàozhèng 통 교정하다. 검토하여 바로잡다. ¶~错字=오자(誤字)를 교정하다. ➡校对 校订
【校注】jiàozhù 통 교감하고 주석을 달다. ¶《史记》=《사기》를 교감하고 주석을 달다. 图 교주. 교감하고 주석을 단 작품. [주로 서명(書名)에 쓰임] ¶《文心雕龙~》=《문심조룡 교주》.
【校准】jiào‖zhǔn 통 (측정기·기계 등을 정확하게) 교정하다. 바로잡다. 조정하다. 조절하다. ¶~仪表=계기(計器)를 정확하게 조정하다.

**\*轿[轎]** jiào 가마 교
图 가마. ¶花~=꽃가마. / 八抬大~=팔인교(八人轎). [옛날, 고관대작들이 타던 여덟 사람이 메는 가마]
◐● 彩轿, 山轿, 驮tuó轿
【轿车】jiàochē 图 1 옛날, 말이나 노새가 끄는 휘장을 두른 이륜 마차. 2 승용차. 세단(sedan). ¶进口~=수입 승용차.
【轿夫】jiàofū 图阅 가마꾼. 교부. 교자꾼.
【轿子】jiào·zi 图阅 가마.

**\*较[較]** jiào 비교할 교
통 1 비교하다. 비하다. 비기다. 견주다. 겨루다. ¶~量高低=우열을 가리다. / 反复比~=반복해서 비교하다. 2 [문] 계산하여 비교하다. 따지다. 염두에 두다. 문제삼다. ¶锱铢必~=매우 적은 돈이나 하찮은 일까지도 꼼꼼하게 따지다. 图[문] 뚜렷하다. 분명하다. 확연히 드러나다. ¶二者~然不同.=둘은 분명히 다르다. 早 비교적. 좀. 보다. ¶继续努力, 争取有一个~好的结果.=계속 노력하여 더 좋은 결과를 얻다. 보다. [비교의 대상을 끌어오며, '比'에 상당함] ¶产品质量~以前有所提高.=제품의 질이 전보다 어느 정도 향상되었다.
◐● 比较, 计较
【较比】jiàobǐ 早 비교적으로. 상대적으로.
【较场】jiàochǎng ☞【校场】jiàochǎng
【较劲】[叫劲] jiào‖jìn (~儿) 통 1 (힘·승부를) 겨루다. 대결하다. 경쟁하다. ¶暗中~儿=암암리에 경쟁하다. 2 대립하다. 대항하다. 저항하다. 대치하다. 사이가 틀어지다. 의견이 맞지 않다. ¶알력이 생기다. ¶你怎么老跟别人~?=너 어째서 늘 다른 사람과 대립하니? 3 온 힘을 내

다〔쓰다〕. 힘을 쓰다. 분발하다. 열성을 내다. ¶他一~, 就把木头扛了起来.=그가 한번 힘을 쓰더니, 바로 목재를 어깨에 둘러멨다.
【较量】jiàoliàng 통 1 (실력·기량을) 겨루다. 대결하다. 경쟁하다. ¶~武艺=무예를 겨루다. 2[문] 계산하여 비교하다. 따지다. 염두에 두다. 문제삼다. ¶别跟那种人~.=그런 사람과 왈가왈부 따지지 말아라.
【较为】jiàowéi 早 비교적. [같은 종류의 사물과 비교해서 한 단계 위임을 나타냄] ¶这里的天气~凉爽.=이곳의 날씨는 비교적 시원하고 상쾌하다.
【较真】[叫真] jiào‖zhēn (~儿) 图방 정말로 여기다. 진담으로 여기다. 진지(眞摯)하다. 성실〔착실〕하다. ¶你别~, 他跟你闹着玩儿的.=너 진담으로 여기지 마, 그가 너에게 장난친 거야.
【较著】jiàozhù 图[문] 현저하다. 뚜렷하다. 두드러지다. 돋보이다. ¶彰明~=아주 뚜렷하다.

**窌** jiào 땅굴 교
图[문] (저장용) 토굴. 땅굴. 지하실. 땅광.

**\*教** jiào 가르칠 교
통 1 가르치다. 지도하다. 교육하다. 교도하다. ¶请~=가르침을 부탁드립니다. / 言传身~=말로 전하고 몸으로 모범을 보이다. 2 (…에게) …시키다. …하게 하다. 명령하다. ¶管~旧貌换新颜.=옛 모습을 새 모습으로 바꾸도록 단속하고 가르치다. 3 '叫'(윤허하다·허용하다·당하다.)'와 같음. 젠 '叫(jiào)'와 같음. 图 1 종교. ¶信~=종교를 믿다. / 道~=도교. 2 (Jiào) 성(姓). ➡导
☞ jiāo

◐● 罢bà教, 吃教, 传教, 赐cì教, 道教, 国教, 红教, 候教, 黄教, 家教, 见教, 旧教, 礼教, 领教, 名教, 求教, 儒Rú教, 身教, 说教, 叨tāo教, 讨tǎo教, 调教, 文教, 新教, 宣xuān教, 言教, 指教, 主教, 助教, 宗zōng教, 科教片

【教案】jiào'àn 图(教) 교안. 교수안. 강의안. ¶写~=교안을 작성하다.
【教本】jiàoběn 图(教) 교본. 교과서.
【教鞭】jiàobiān 图(教) 교편. 교사의 지휘봉.
【教材】jiàocái 图(教) 교재.
【教程】jiàochéng 图(教) 교과 과정. [주로 서명(書名)에 쓰임] ¶《国际贸易~》=《국제 무역 교과 과정》.
【教导】jiàodǎo 통 가르치다. 지도하다. 교도하다. 교육 지도하다. ¶~有方=가르치는 데 일가견이 있다. 图 가르침. ¶牢记恩师的~.=은사님의 가르침을 깊이 새기다.
【教导员】jiàodǎoyuán ☞【政治教导员】zhèngzhì jiàodǎoyuán
【教法】jiàofǎ 图(教) 교수법. 교육 방법. 가르치는 방법. ¶改进~=교수법을 개선하다.
【教范】jiàofàn 图(军) 교범. ¶射击~=사격 교범.

【教辅】jiàofǔ 통 교육을 보조하다. ¶~读物＝보조 도서. 참고서.
【教父】jiàofù 명 1 (宗) (기독교의) 교부. 2 (宗) 대부(代父). 3 비 대부. 명망이 높은 인물. 영향력이 있는 인물. ¶电脑~＝컴퓨터업계의 대부. / 上海滩~＝상하이탄의 대부.
【教改】jiàogǎi 명양(教) 1 教育改革(교육 개혁). 2 教学改革(교수 방법 개혁).
【教工】jiàogōng 명 교직원.
【教官】jiàoguān 명 교관.
【教规】jiàoguī 명(宗) 규율. 종법(宗法). 계율(戒律).
【教化】jiàohuà 통윤 교화하다. ¶~百姓＝백성들을 교화하다.
【教皇】jiàohuáng 명(宗) 교황. ＝【罗马教皇】Luómǎ jiàohuáng.
【教会】jiàohuì 명 1 (宗) 기독교 각파 교회의 총칭. 2 교회. 교회당. 예배당.
【教会学校】jiàohuì xuéxiào 명 교회가 설립한 학교.
【教诲】jiàohuì 통 가르치다. 깨우치다. 타이르다. ¶谆谆~＝간곡하게 타이르다.
【教具】jiàojù 명 교구. 학습 보조 기재. 교육용 보조 기재의 총칭.
【教科书】jiàokēshū 명(教) 교과서.
【教科文组织】jiào-kē-wén zǔzhī 명양 联合国教育科学及文化组织(국제 연합 교육 과학 문화 기구). 유네스코(UNESCO).
【教练】jiàoliàn 통 교련하다. 훈련하다. 코치하다. ¶~工作＝훈련 업무. 명 코치(coach). ¶足球~＝축구 코치.
【教练机】jiàoliànjī 명 1 연습기. 2 (우주 비행사를 훈련시키기 위한) 연습용 스페이스 셔틀(space shuttle).
【教练员】jiàoliànyuán 명 코치(coach).
【教龄】jiàolíng 명 교직의 근속 연수.
【教令】jiàolìng 명(軍) 교범(教範). 수칙. 지침. 지령. 훈령. ¶飞行~＝비행 교범(教範).
【教门】jiàomén 명(宗) 1 (~儿) 이슬람교. 2 종교 교파.
【教民】jiàomín 명 교도(教徒). 신도(信徒). 신자(信者).
【教名】jiàomíng 명 세례명(洗禮名). 성명(聖名). 영명(靈名).
【教母】jiàomǔ 명(宗) 대모(代母). 교모.
【教派】jiàopài 명 교파. 종파.
【教区】jiàoqū 명 교구.
【教师】jiàoshī 명 교사. 교수. 교원. 교직자. 선생. ¶语文~＝국어 교사. / 大学~＝대학 교수.
【教师节】Jiàoshījié 명 스승의 날. [중국 스승의 날로, 1985년 전국 인민 대표 대회 6회 9차 회의에서 9월 10일을 스승의 날로 결정함]
【教师爷】jiàoshīyé 명옛 지주의 저택에서 무예를 가르치고, 집을 지키고, 정원을 가꾸는 사람.
【教士】jiàoshì 명 1 (宗) (기독교의) 전도사. 선교사. 2 기독교의 선교를 담당하는 모든 성직자.
【教室】jiàoshì 명 교실.

【教授】jiàoshòu 통 (지식이나 기능을) 가르치다. 교수하다. 전수하다. ¶~中国古代文学＝중국 고대 문학을 가르치다. 명 교수.
【教唆】jiàosuō 통 교사하다. 부추기다. ¶~犯罪＝범죄를 교사하다.
【教唆犯】jiàosuōfàn 명 교사범.
【教态】jiàotài 명 (교사의) 교육 태도.
【教堂】jiàotáng 명 교회(당). 예배당. 성당.
【教条】jiàotiáo 명 1 (宗) 교조. 교의(教義). 2 비 교조. [역사적 현실이나 구체적인 환경과 상관 없이 맹목적으로 받아들여지는 원칙이나 원리] ¶要实事求是, 不能死搬~. ＝실사구시적인 태도를 가져야지, 맹목적으로 받아들여서는 안 된다. 형 교조적이다. ¶办事要灵活些, 不能太~. ＝좀 융통성 있게 일해야지, 너무 교조적이면 안 된다. 명 교조주의.
【教条主义】jiàotiáozhǔyì 명 교조주의.
【教廷】jiàotíng 명 로마 교황청.
【教头】jiàotóu 명 1 송(宋)대 군대의 무술 교관. 2 사장(師匠). [기예(技藝)를 전수해 주는 사람] 3 (체육 운동의) 코치(coach). [해학적인 의미를 내포함]
【教徒】jiàotú 명 교도(教徒). 신도(信徒). 신자(信者).
【教务】jiàowù 명 교무. ¶~主任＝교무 주임.
【教习】jiàoxí 통윤 가르치다. 지도하다. 교도하다. 전수(傳授)하다. ¶~武艺＝무예를 전수하다. 명 '教员(교사)'의 옛 명칭.
【教学】jiàoxué 명 1 수업. 가르치는 것과 배우는 것. ¶课堂~＝교실 수업. 2 교육. 교수. ¶~内容＝교육 내용.
☞ jiāo‖xué
【教学法】jiàoxuéfǎ 명(教) 교수법.
【教学相长】jiàoxué-xiāngzhǎng 성 가르치고 배우는 과정에서 교사와 학생이 함께 발전하다. 교학상장.
【教训】jiào·xùn 통 교훈하다. 가르치고 타이르다. 훈계하다. 꾸짖다. ¶他这个人好为人师, 动不动就~别人. ＝그는 사람됨이 남을 가르치는 것을 좋아해서, 걸핏하면 다른 사람을 훈계한다. 명 교훈. ¶历史的~＝역사적 교훈.
【教研】jiàoyán 명양 教学研究(교육과 연구). ¶影视艺术~＝영상 시각 예술의 교육과 연구.
【教研室】jiàoyánshì 명 연구실. [교육청·교육 행정 기관·학교에서 교육 문제를 연구하는 조직] ¶现代汉语~＝현대 중국어 연구실.
【教研组】jiàoyánzǔ 명 연구반. [교육 문제를 연구하는 기구로, 규모가 '教研室(jiàoyánshì)'보다 작음]
【教养】jiàoyǎng 통 가르쳐 키우다. 교양하다. 교육하고 양성하다. ¶~子女＝자녀를 가르치고 키우다. 명 교양. ¶缺乏~＝교양이 부족하다.
【教养员】jiàoyǎngyuán 명 유치원 교사.
【教义】jiàoyì 명 교의. 교조(教條). 교리(教理).
【教益】jiàoyì 명 (교육을 통해 얻는) 유익한 점. 지혜. 깨달음. ¶优秀的文学作品常能使人得到很多的~. ＝우수한 문학 작품은 항상 사람들에

게 많은 지혜를 얻게 한다.

【教友】jiàoyǒu 명 교우(敎友). 형제 자매. [기독교도들이 서로 간에 부르는 호칭]

【教友派】Jiàoyǒupài 명(宗) 퀘이커파(Quaker派). 기독우회.

【教育】jiàoyù 명 교육. ¶高等~=고등 교육. / 职业技术~=직업 기술 교육. 동 교육하다. 양성하다. 육성하다. 기르다. 일깨우다. 계발하다. ¶批评~=비평하고 교육하다.

【教育部】jiàoyùbù 명 교육부.

【教员】jiàoyuán 명 교사. 교수. 교원. 교직자. 선생. ¶物理~=물리 교사.

【教正】jiàozhèng 동운 잘못을 고쳐 주시길 바랍니다. 지도편달 바랍니다. [자기의 작품을 다른 사람에게 보여 줄 때 쓰는 인사말] ¶敬希~=아무쪼록 많은 지도편달 바랍니다.

【教职员】jiàozhíyuán 명 교직원. ['教员(교사)'과 '职员(직원)'의 합칭]

【教旨】jiàozhǐ 명 교황의 명령(취지).

【教主】jiàozhǔ 명(宗) 교주. 교조(教祖).

【教子】jiàozǐ 동 아이를 가르치다(교육시키다). ¶~有方=아이를 가르치는 데 일가견이 있다. 아이를 잘 가르친다.

\*窖 jiào 구덩이 교
명 (저장용) 토굴. 땅굴. 지하실. 땅광. ¶地~=지하실. / 酒~=지하의 술 저장실. 동 (물품을 저장용 토굴에) 저장하다. ¶~红薯=고구마를 저장하다.

【窖藏】jiàocáng 동 (저장용 토굴에) 저장하다. ¶~大白菜=배추를 저장하다.

【窖肥】jiàoféi ☞【沤肥】òuféi

【窖穴】jiàoxué 명 (저장용) 땅굴. 땅광. 움.

【窖子】jiào·zi 명(구) (저장용) 토굴. 땅굴. 지하실. 땅광.

滘 jiào 지류 교
명방 지류(支流). [주로 지명에 쓰임] ¶道~=다오자오. [광동(广东)성에 있는 지명]

斠 jiào 바로잡을 각
동운 바로잡다. 교정(校订)하다. ¶~补=교정하고 보완하다. 명 평미레. 양개(量槩). 평목(平木). [말·되에 곡식을 담고 그 위를 평평하게 고르는 방망이]

\*酵 jiào 발효할 효
동 발효하다. 띄우다.

○● 发酵, 引酵

【酵母】jiàomǔ 명(生) 효모(균). 이스트(yeast). 누룩. =【酵母菌】jiàomǔjūn【酿母菌】niàngmǔjūn

【酵母菌】jiàomǔjūn ☞【酵母】jiàomǔ

【酵素】jiàosù 명(化) 효소.

【酵子】jiào·zi 명 발효시킨 밀가루 반죽. =【引酵】yǐnjiào

噭 jiào 오로지 지
접방 …하기만 하면. 단지[오직] …한다면.

潐 jiào 강 이름 교
명방 '滘(jiào)'와 같음. ¶东~=둥자오. [광저우(广州)에 있는 지명]

嶕 jiào 씹을 초
동운 씹다. 먹다. ¶饮~自若=자연스럽게 먹고 마시다. ≒嚼(jiáo)

【嶕类】jiàolèi 명운 1 초류. [음식을 씹어먹는 동물의 총칭] 2 비 살아남은 사람. 생존자.

噭 jiào 부르짖을 교
운 '叫(jiào)'와 같음.

徼 jiào 변방 요
명운 변경. 국경(선). 동운 순찰하다. 순시하다. ☞ jiǎo

藠 jiào 염교 효
【藠头】jiào·tou 명(植) 1 염교. 2 염교의 인경(鳞茎)(비늘줄기). [백합과의 여러해살이풀로 잎은 절여서 먹으며, 학명은 'Allium chinense'임]

醮 jiào 시집갈 초
동 1 (옛날, 관례·혼례시) 연장자가 손아랫사람에게 술을 따라 주다. 2 운 시집 가다. ¶改~=개가하다. 3 승려나 도사가 제단을 만들어 놓고 기도하다. ¶打~=단을 만들어 놓고 기도하다.

\*嚼 jiào 씹을 작
☞【倒嚼】dǎojiào
☞ jiáo, jué

皭 jiào 횔 작
형운 희디희다. 새하얗다. 깨끗하다. 정갈하다. 청결하다.

# jie

\*节[節] jiē 마디 절
아래를 참조.
☞ jié

【节骨眼】jiē·guyǎn (~儿) 명방비 결정적인 시기. 중대한 고비. 아슬아슬한 시점. 관건. 급소. 위기. ¶在这~上, 大家可不能泄劲。=이 결정적인 시기에 모두 결코 해이해지면 안 된다.

【节子】jiē·zi 명 (나무의) 옹이.

\*\*阶[階, 堦¹] jiē 섬돌 계
명 1 층계. 계단. 섬돌. ¶石~=돌계단. 2 계급. 등급. 단계. ¶军~=군대의 계급. ≒除

○● 军阶, 台阶, 音阶

【阶层】jiēcéng 图 1 (사회의) 층. 계층. 단계. 2 (공통적 성질을 가진) 계층. 집단. 계급. 부류. ¶工薪~ = 샐러리맨 계층. 봉급 생활자 계층.

【阶墀】jiēchí 图 1 층계〔계단·섬돌〕. 바닥. 2 층계. 계단. 섬돌. ¶月移竹影上~. = 달이 움직이니 대나무 그림자가 섬돌을 오르네.

【阶地】jiēdì 图 (地) 대지(臺地). 단지 (段地). 단구(段丘). 테라스.

【阶段】jiēduàn 图 단계. 계단. 계제(階梯). 국면(局面). ¶初级~ = 초급 단계.

【阶级】jiējí 图 1 图 층계. 계급. 섬돌. 2 图 관직의 등급. 3 图 자산. 재산. ¶~财产 = 자산 계급. 부르주아 계급.

【阶级性】jiējíxìng 图 계급성. 계급 특성.

【阶石】jiēshí 图 1 계단을 쌓는 데 쓰는 돌. 2 층계. 계단. 섬돌. ¶他踏着~, 缓慢地往山上走去. = 그는 계단을 밟으며 천천히 산 위로 걸어가고 있다.

【阶梯】jiētī 图 1 층계. 계단. 섬돌. 2 图 디딤돌. (실력을 높이는) 수단〔방법·첩경〕. ¶书籍是人类进步的~. = 서적은 인류 발전의 디딤돌이다.

【阶下囚】jiēxiàqiú 图图 1 옛날, 법정 계단 아래에서 심문을 받는 죄인. 2 감금된 죄수. 포로.

# 疖[癤] jiē 부스럼 절

图 (医) 부스럼. 종기.

【疖子】jiē·zi 图 (医) 부스럼. 종기. 절양(癤瘍).

# 皆 jiē 모두 개

图 모두. 전부. 다. ¶啼笑~非 = 웃을 수도 없고 울 수도 없다. / 有口~碑 = 칭송이 자자하다. 사람마다 칭찬하다.

| ○ | 皆 jiē | 蚧 jiè |
| --- | --- | --- |
| | 阶 jiē | 谐 xié |
| | 喈 jiē | 楷 kǎi |

【皆大欢喜】jiēdàhuānxǐ 图 모두 몹시 기뻐하고 좋아하다. 모두가 만족스러워하다.

# 结[結] jiē 맺을 결

图 (열매·씨앗 등이) 맺다. (열매가) 열리다. ¶开花~果 = 꽃이 피고, 열매가 열리다. ¶张口~舌 = 입을 벌리고 아무 말도 하지 못하다. 말문이 막히다.

☞ jié

【结巴】jiē·ba 图 ☞【口吃】kǒuchī 图 말더듬이. 더듬이. ¶你慢慢跟他说, 他是个~. = 천천히 그에게 말하세요, 그는 말더듬이예요. → 流利

【结果】jiē ‖ guǒ 图 열매를 맺다. 열매가 열리다. ¶桃树~了. = 복숭아나무에 열매가 열렸다. ☞ 结果. 결말.

☞ jiéguǒ

【结结巴巴】jiē·jie bābā (~的) 图 말을 더듬거리다. ¶他说话总是~的, 那么不利索. = 그는 시원스럽게 말하지 못하고 말을 더듬거린다.

【结实实】jiē·jie shíshí 图 1 굳다. 다. 질기다. 2 튼튼하다. 건강하다.

【结实】jiē ‖ shí 图 열매를 맺다. 열매가 열리다. ¶今年梨树~早. = 올해는 배나무가 일찍 열매를

를 맺었다.

【结实】jiē·shi 图 1 굳다. 단단하다. 견고하다. 질기다. ¶椅子做得很~. = 의자가 아주 견고하게 만들어졌다. 2 튼튼하다. 건장하다. ¶小伙子个儿不高, 可身体很~. = 젊은이는 키는 크지 않지만 몸이 아주 튼튼하다. → 虚弱

# 接 jiē 맞을 접

图 1 가까이 가다. 접근하다. 접촉하다. 닿다. ¶交头~耳 = 귀에 입을 대고 소곤거리다. / 短兵相~ = 백병전을 벌이다. 2 잇다. 이어지다. 연결하다. 연결되다. ¶衔~ = 맞물리다. / 焊~ = 용접하다. 3 연속하다. 계속하다. ¶青黄不~ = 보릿고개를 맞다. / 首尾相~ = 처음과 끝이 서로 연결되어 있다. 앞뒤가 이어지다. 4 인수하다. 이어받다. 인계하다. 교대하다. ¶张教授要出国, 谁来~他的课? = 장 교수가 출국해야 하는데, 누가 그의 수업을 인계하여 가르치나요? 5 (손으로) 받다. 잡다. 떠받치다. ¶~球 = 공을 받다. 6 영접하다. 맞이하다. 마중하다. ¶~送外宾 = 외빈을 영접하고 배웅하다. 7 받다. 받아들이다. 수락하다. 접수하다. ¶待人~物 = 사람을 대하는 태도. 图 (Jiē) 성(姓). ↔送 交

○ 承chéng接, 焊hàn接, 嫁jià接, 剪接, 间jiàn接, 交接, 铰jiǎo接, 联接, 连接, 铆mǎo接, 密接, 衔xián接, 芽接, 迎接, 枝接, 直接

【接班】jiē ‖ bān (~儿) 图 1 (작업·임무·근무를) 교대하다. 인계받다. ¶一个小时以后该你~了. = 한 시간 후에는 네가 근무 교대를 차례야. 2 图 (직무·권력을) 계승하다. 후계하다. ¶先辈开创的事业要由我们年轻人来~. = 선열들이 일구어 놓은 사업을 우리 젊은이들이 계승해야 한다.

【接班人】jiēbānrén 图 후계자. 후임자.

【接办】jiēbàn 图 1 맡아서 처리하다. 2 인수하여 처리하다. (경영하다). 이어서 처리하다. ¶剩下的工作由副经理~. = 남은 일은 부사장이 이어서 처리한다.

【接茬儿】jiē ‖ chár 图图 1 말에 끼어들다. 말장단을 맞추다. 말을 받다. 응답하다. 남의 말을 이어받아 이야기하다. ¶好好听别人说, 别乱~. = 다른 사람이 하는 말을 잘 들어야지, 함부로 말에 끼어들지 마라. 2 (하던 일을) 계속해서 하다. (다른 일을) 이어서 계속하다. ¶我们先吃饭, 然后再~开会. = 우리 먼저 밥을 먹고, 다시 바로 이어서 회의를 하자.

【接产】jiē ‖ chǎn 图 조산(助産)하다. 출산을 돕다. 아이를 받다.

【接长不短】jiēcháng bùduǎn 图图 자주. 빈번. 빈번하게. ¶哥几个~到馆子里喝两杯. = 형들 몇 명은 자주 식당에 가서 한잔씩 마시곤 한다.

【接车】jiē ‖ chē 图 1 (터미널·역 직원이) 차량 진입을 인도하고 화물 수하 작업을 안배하다. ¶8次特快进3站台, 请准备~. = 8번 특급 열차가 3번 플랫폼으로 들어오니, 차량을 맞을 준비를

하세요. **2** (터미널·역 등에 가서) 영접하다〔마중하다〕. **3** 차량을 인수하다. ¶现在订货, 一个月以后才能~. =지금 주문하면 한 달 후에야 차량을 인수할 수 있다.

【接触】**jiēchù** 통 **1** 닿다. 접촉하다. ¶别担心, 这种病只~传染. =걱정하지 마, 이 병은 접촉을 통해서만 감염되니까. **2** 접촉하다. 접근하다. 관계를 갖다. 교제하다. 왕래하다. ¶~群众 =대중과 접촉하다. **3** (軍) 교전하다. ¶先头部队已和敌人有了零星~. =선두 부대는 이미 적군과 산발적인 교전을 벌이다. ↔隔离

【接触眼镜】**jiēchù yǎnjìng** ☞【角膜接触镜】**jiǎomó jiēchùjìng**

【接船】**jiēchuán** 통 **1** (항구의 직원이) 선박 진입을 인도하고 화물 수하 작업을 안배하다. ¶油轮马上进港, 请准备~. =유조선이 곧 항구로 들어오니, 배를 맞이할 준비를 하세요. **2** 부두에 가서 영접하다〔마중하다〕. ¶码头上站着许多~的人. =부두에는 마중 나온 사람들이 아주 많이 서 있다. **3** 배를 인수하다. ¶船长到上海~去了. =선장이 상하이(上海)로 배를 인수하러 갔다.

【接待】**jiēdài** 통 접대하다. 응접하다. 영접하다. ¶热情~ = 친절하게 접대하다.

【接待日】**jiēdàirì** 명 접견일. [지도자나 간부가 군중들의 소리를 듣고 그들의 관심사를 해결하기 위해 군중들을 만나기로 정한 날] ¶省长~ = 성장(省長) 접견일.

【接敌】**jiēdí** 통(軍) 적과 교전하다. ¶~地带 = 교전 지대.

【接地】**jiēdì** 통(電) **1** 접지하다. 어스(earth)하다. **2** 접지선을 연결하다.

【接二连三】**jiē·èr-liánsān** 성 몇 번 연이어서. 잇따라. 연속적으로. 끊임없이.

【接防】**jiē‖fáng** 통(軍) 수비를 교체하다. 방어 임무를 인계받다.

【接风】**jiēfēng** 통 멀리서 온 손님에게 식사를 대접하다. 환영회를 열다. ¶~洗尘 = (멀리서 온) 손님에게 환영회를 열어 주다.

【接缝】**jiēfèng** 명 이음매. 이은 자리. ¶裤裆的~开线了. =바짓가랑이의 이음매가 터졌다.

【接羔】**jiēgāo** 통 양·사슴 등의 출산을 돕다.

【接骨】**jiēgǔ** 통(醫) 접골하다. 뼈를 맞추다.

【接管】**jiēguǎn** 통 접수하여 관리하다. 인수하여 관리하다. ¶~破产的企业 = 부도난 기업을 인수하여 관리하다.

【接轨】**jiē‖guǐ** 통 **1** 레일을 연결하다. **2**(비) (제도·방법 등을) 서로 연계하다. 통합하다. 연결시키다. 일치시키다. ¶证券行业逐渐与国际~. =증권업계는 점점 해외 업계와 통합되어 간다.

【接柜】**jiē‖guì** 통 (예금주·고객 등을) 프론트에서 안내〔접대〕하다. ¶~员 = 안내 요원.

【接合】**jiēhé** 통 접합하다. 잇다. ¶~处要拧紧. =접합부를 바짝 조여야 한다.

【接合部】**jiēhébù** 명 **1** 접합부. **2** 경계(境界) 지역. ¶城乡~ = 도시와 농촌의 경계 지역. **3** (軍) (전투시) 두 부대가 인접한 지대.

【接活】**jiē‖huó** (~儿) 통 (서비스업에서 손님이 요구한 제작·수리 등의) 일거리를 맡다. ¶木材加工厂春节期间不~. =목재 가공 공장은 설 연휴 기간에는 일거리를 맡지 않는다.

【接火】**jiē‖huǒ** (~儿) 통 **1**(軍) 교전하다. ¶开战双方已经~了. =전쟁을 벌이는 양측은 이미 교전하기 시작했다. **2**(電) 전기가 들어오다〔통하다〕. 통전(通電)시키다. ¶房子刚修好, 还没~. =집이 막 다 지어져서 아직 전기는 들어오지 않는다.

【接机】**jiējī** **1** (공항 직원이) 비행기 진입과 화물 수하 작업을 안배하다. ¶从上海飞来的7512航班就要降落了, 请准备~. =상하이(上海)발 7512번 비행기가 곧 착륙하려고 하니, 비행기를 맞을 준비를 하세요. **2** 공항에 가서 영접하다〔마중하다〕. ¶机场出口处满了~的人. =공항 출구에 마중 나온 사람들이 가득 둘러서 있다. **3** 비행기를 인수하다. ¶明天上午要举行新购客机的~仪式. =내일 오전에 새로 구입한 여객기의 인수식이 거행될 예정이다.

【接济】**jiējì** 통 **1** 구제하다. 원조하다. 돕다. 부조하다. ¶人们纷纷捐款捐物, ~灾民. =사람들이 잇달아 성금과 물자를 기부하여, 이재민을 원조하였다. **2** 공급하다. 보내다. 잇다. 접속하다. ¶~粮草 = 군량을 공급하다. 동 周济

【接驾】**jiējià** 통 **1** 옛날, 어가(御駕)를 영접하다. **2** 손님을 영접하다. [해학적인 의미를 내포함] ¶大记者来了, 我们怎么敢不~! = 기자 어르신이 납시었는데, 우리들이 어떻게 감히 영접하지 않을 수 있겠습니까!

【接见】**jiējiàn** 통 (손님을) 접견하다. 만나다. [주로 윗사람이 아랫사람이 만나는 것을 가리킴] ¶总理正在~外宾. =총리께서 지금 외국 손님을 접견하고 있다. ↔拜访 拜见 拜会

【接界】**jiējiè** 통 접경하다. 경계를 접하다. ¶安徽东北面与山东~. =안후이(安徽)성의 동북면은 산둥(山东)성과 경계를 접하고 있다.

【接近】**jiējìn** 통 접근하다. 가까이하다. 다가가다. 친하다. ¶他的成绩已经~奥运会纪录. =그의 성적은 이미 올림픽 기록에 가까워졌다. 형 비슷하다. 가깝다. 접근해 있다. ¶两人的性格很~. =두 사람의 성격이 비슷하다.

【接警】**jiē‖jǐng** 통 신고를 받다. 경보를 접수하다. ¶~记录 = 신고 접수 기록.

【接境】**jiējìng** 통 접경하다. 경계를 접하다. ¶中国与印度~. =중국과 인도는 경계를 접하고 있다.

【接客】**jiē‖kè** 통 **1** 접객하다. 손님을 접대하다〔맞이하다〕. **2** 기녀가 손님을 맞다.

【接口】**jiēkǒu** 명 이은 곳. 이음매. ¶~处要焊结实. =이음매 부분은 견실하게 용접해야 한다.

【接力】**jiēlì** 통 릴레이(경기)하다. 이어달리기하다. 계주하다. ¶800米自由泳~ = 800미터 자유형 계주.

【接力棒】**jiēlìbàng** 명(體) 배턴(baton).

【接力赛】**jiēlìsài** 명(體) (수영·육상의) 릴레이(relay) 경기.

【接力赛跑】**jiēlì sàipǎo** 명(體) (육상의) 릴레

이(relay) 경기.
【接连】jiēlián 🗒 연거푸. 연이어. 잇달아. 연달아. 끊임없이. 연속하여. 계속하여. ¶大雪~下了几天。=큰눈이 연이어 며칠씩이나 내렸다.
【接邻】jiēlín 🗒 인접하다. 이웃하다. ¶中国北部与俄罗斯、蒙古~。=중국 북부와 러시아·몽고는 인접해 있다.
【接龙】jiē∥lóng 🗒 골패잇기놀이하다. [두 사람 또는 두 사람 이상이 돌아가며 골패를 내놓는데, 앞사람이 낸 골패와 같은 수를 갖고 있지 않으면 자기 손 안의 골패를 내놓아야 하고, 끝에 가서 골패를 가장 적게 내놓은 사람이 이기게 됨] =【顶牛儿】dǐng∥niúr
【接目镜】jiēmùjìng ☞【目镜】mùjìng
【接纳】jiēnà 🗒 1 (조직 등에 참가하는 것을) 받아들이다. ¶~新会员=새 회원을 받아들이다. 2 (의견 등을) 받아들이다. 수용하다. ¶她最终~了我的建议。=그녀는 마침내 나의 건의를 받아들였다. ≒接受 接收
【接盘】jiēpán ☞【受盘】shòupán
【接气】jiē∥qì 🗒 (문장 내용 등이) 연관되다. 이어지다. 연결되다. 통하다. 연속하다. 계속되다. 일관되다. ¶这篇论文结语与正文有点儿不~。=이 논문의 결어와 본문은 연결되지 않는 점들이 있다.
【接洽】jiēqià 🗒 (접촉하여) 상담하다. 상의하다. 절충하다. 타협하다. 교섭하다. ¶~合作事宜=협력에 관한 사안을 상담하다. ≒联系 联络
【接腔】jiē∥qiāng 🗒 (남의) 말을 잇다. 이어서 말하다. 응대하다. ¶对她提的问题,大家都没~。=그녀가 제의한 문제에 대하여, 아무도 응대하지 못했다.
【接亲】jiē∥qīn 🗒 (신랑이 신부집에 가서) 신부를 맞이하다. 장가를 들다.
【接壤】jiērǎng 🗒 경계를 접하다. 경계선이 맞닿다. 인접하다. 접양하다. ¶湖南与湖北、广西、贵州等省~。=후난(湖南)성과 후베이(湖北)성·광시(广西)성·구이저우(贵州)성 등은 서로 인접해 있다.
【接任】jiērèn 🗒 직무〔임무〕를 이어받다〔인계받다·넘겨받다〕. ¶市长一职由副市长~。=시장 직무는 부시장이 이어받는다.
【接墒】jiēshāng 🗒(農) (농작물이 성장에 적합하도록) 토양 중의 수분이 충분히 촉촉해지다.
【接生】jiē∥shēng 🗒 조산(助產)하다. 아이를 받다. ¶助产大夫准备~。=분만 담당 의사가 아이 받을 준비를 하다.
【接生婆】jiēshēngpó 🗒 산파(產婆). [일반적으로 나이가 많음]
【接生员】jiēshēngyuán 🗒 (전문 의료인인) 조산사. 조산원.
【接事】jiēshì 🗒 직무〔사무〕를 인계받다〔넘겨받다·이어받다〕.
【接收】jiēshōu 🗒 1 받다. 받아들이다. 수취하다. 수령하다. 수수(收受)하다. ¶~信号=신호를 받다. 2 (조직 등에 참가하는 것을) 받아들이다. ¶~新学员=새로운 학우를 받아들이다. 3 (법에 따라 기구·재산 따위를) 접수하다. ¶~仪式=접수 의식. ≒纳入 接受

接收(jiēshōu) / 接受(jiēshòu)
받다, 받아들이다

接收: '기구·인원·재산·물품·원고' 등을 받는 것을 말함. ¶我不能接收这么贵重的礼物。=나는 이렇게 귀중한 선물을 받을 수가 없다. / 大部分村子都接收不到信号,我家的电视怎么调都看不到东西。=마을 대부분이 신호를 받지 못해서, 우리 집 텔레비전을 아무리 조절해도 뭘 볼 수가 없다. / 我们学校不接收成绩不好的学生。=우리 학교는 성적이 좋지 않은 학생을 받지 않는다.

接受: 어떤 사물을 인정하거나 거절하지 않는 의미를 나타냄. 구체적인 사물을 나타내는 명사나 추상적인 명사 모두 결합할 수 있음. ¶我不能接受你的感情。=나는 너의 감정을 받아들일 수가 없다. / 他欣然接受了这个建议。=그는 이 건의를 흔쾌히 받아들였다.

【接手】jiēshǒu 🗒 일을 인수하다〔인계받다〕. 업무를 넘겨받다〔이어받다〕. ¶老张退休了, 收发室的工作你~。=장씨가 퇴직했으니, 문서 수발실의 업무를 네가 인계해라. ≒接替
【接受】jiēshòu 🗒 받아들이다. 받다. 수락하다. 접수하다. 영수하다. ¶~礼品=선물을 받다. / ~邀请=초청을 받아들이다. ≒接纳 接收 ↔推辞 谢绝 拒绝
【接送】jiēsòng 🗒 맞이하고 보내다. ¶孩子刚上小学, 每天都要~。=아이가 막 초등 학교에 들어가서 매일 데려다 주고 데려와야 한다.
【接穗】jiēsuì 🗒(植) 접지(接枝). 접수. 접모.
【接榫】jiē∥sǔn 🗒 1 장부를 장붓구멍〔홈〕에 끼워 넣다. 2 (비) (긴밀하게) 연결되다. 이어지다. 맞물리다. ¶你这篇文章中间有几个段落~不太自然, 可以再加工一下。=너의 이 글은 중간 몇 개 단락의 연결이 자연스럽지 못하니, 좀 더 손을 보아야 할 것 같다.
【接谈】jiētán 🗒 만나서〔맞이하여·접견하여〕 이야기하다. 면담하다. ¶那笔广告业务是经理亲自~的。=그 광고 업무는 사장이 직접 만나서 이야기한 것이다.
【接替】jiētì 🗒 (남의 업무·직무 등을) 인계하다. 넘겨받다. 대체하다. 대신하다. 교체하다. 교대하다. ¶他现在的工作由你~。=그의 현재 업무를 네가 인계한다. ≒接手
【接听】jiētīng 🗒 (전화를) 받다. ¶你稍等一下, 校长正~电话。=잠깐만 기다리세요, 교장선생님이 전화를 받고 계십니다.
【接通】jiētōng 🗒 연결되다. 통하다. ¶电话很快就~了。=전화가 바로 연결될 것이다.
【接头】jiē∥tóu 🗒 1 (가늘고 긴 물건의 두 끝을) 잇다. 연결하다. 접합하다. 2 연락하다. 교섭하다. 상담하다. ¶安排人去和运输公司~了吗? =사람을 보내 운수 회사와 연락했습니까? 3 사정을 잘 알다. ¶他是新分来的大学生, 对这

儿的工作还不怎么~。=그는 새로 배치된 대학생이라서, 이 곳의 업무에 대해 아직 잘 알지 못한다.
【接头儿】jiē·tóur 囤 이음매. 이은 곳. ¶电线的~处要预留检查孔。=전선을 이은 곳은 미리 검사 구멍을 남겨 두어야 한다.
【接吻】jiē∥wěn 团 키스하다. 입맞춤하다.
【接物】jiēwù 团围 1 사물에 접하다. 2 교제하다. ¶处事~=일을 처리하고 사람을 접하다.
【接物镜】jiēwùjìng ☞【物镜】wùjìng
【接戏】jiē∥xì (연기자가) 배역을 받다〔맡다〕. 출연을 받아들이다. ¶她去年几乎没有~。=그녀는 작년에 배역을 거의 맡지 못했다.
【接线】jiē∥xiàn (도선으로) 접속하다. 배선하다. 회선〔회로·선로·노선·코드·케이블〕을 연결하다. ¶~板=접속판.
【接线】jiēxiàn 囤(电) 도선(導線). ¶~太短。=도선이 너무 짧다.
【接线员】jiēxiànyuán 囤 전화 교환원.
【接续】jiēxù 团 잇다. 계속하다. 접속하다. ¶~上文=앞 문장을 잇다.
【接引】jiēyǐn 团 맞이하여 안내하다. 접대하다. 맞이하다. 영접하다. ¶~来宾=내빈을 맞이하여 안내하다.
【接应】jiēyìng 团 1 (자기 편과) 협력하다. 호흡을〔보조를〕 맞추다. 호응하다. 돕다. 거들다. 원조하다. 지원하다. ¶一传球接得很好, 但二传没有~上。=첫 번째 공 패스는 잘 연결되었는데, 두 번째 패스는 받아 주는 사람이 없었다. 2 잇다. 계속하다. 보급하다. 공급하다. ¶工地上的钢筋快~不上了。=공사장의 철근 공급이 곧 달릴 것 같다.
【接援】jiēyuán 团 지원하다. 원조하다. [주로 군대에서 쓰임] ¶~部队还没有赶到。=지원 부대가 아직 제때에 도착하지 않았다.
【接站】jiē∥zhàn (역·공항 등으로) 마중 나가다. 출영하다. ¶报到期间有专人~。=등록 기간에는 전담 인력이 마중 나갈 것이다.
【接招】jiē∥zhāo ☞【接着】jiē∥zhāo
【接着】[接招]jiē∥zhāo 团 (무술을 겨룰 때) 상대에게 자신의 공격을 받게 하다.
【接着】jiē·zhe 团 1 (손이나 그릇으로) 받다. ¶我把橘子扔过来, 你好好~。=내가 귤을 던질 테니, 네가 잘 받아라. 2 (뒤)따르다. 따라가다. 좇아가다. ¶观众一个一个走出电影院。=관람객들이 잇따라 영화관을 빠져 나간다. 囤 이어서. 연이어. 잇따라. 계속하여. 연속하여. 뒤따라. 뒤이어. ¶我讲得不全面的地方, 你~补充。=내가 얘기하는 가운데 완전하지 않은 곳은, 네가 이어서 보충해라.
【接诊】jiēzhěn 团 진료하다. =【应诊】yìngzhěn. ¶医院星期天也有医生~。=병원은 일요일에도 의사가 진료한다.
【接枝】jiēzhī 团 접목하다. ¶桃树~=복숭아나무를 접목하다.
【接踵】jiēzhǒng 团围 1 뒷사람의 발끝이 앞사람의 발꿈치에 닿다. 2 (사람이) 잇따르다. ¶~

而来=잇달아 오다.
【接种】jiēzhòng 团 1 (医) 접종하다. ¶~流脑疫苗=유행성 뇌척수막염 백신을 접종하다. 2 (生) (무균 상태에서) 미생물을 생물체나 인공 배양기에 이식하다.
【接转】jiēzhuǎn 团 받아서 전해 주다. ¶~电话=전화를 받아 돌려 주다.
【接嘴】jiēzuǐ 团 다른 사람의 말을 이어 말하다. 말을 잇다. 응대하다. ¶老王在一旁坐着, 半天都没~。=왕씨는 한쪽에 앉아서, 한동안 말을 잇지 못했다.

## 秸[(稭)] jiē 대 개
囤 (농작물의) 대. 줄기. 짚. ¶豆~=콩대.
【秸秆】jiēgǎn 囤 (농작물의) 짚. 대. 줄기.
【秸子】jiē·zi 囤(口) (농작물의) 짚. 대. 줄기. ¶麦~=보릿짚.

## 痎 jiē 학질 해
囤围 이틀거리. [학질의 한 가지. 보통 이틀을 걸러서 발작함]

## **揭 jiē 들 게
团 1 囤 높이 들다. 추켜들다. 쳐들다. 받쳐들다. 게양하다. ¶~竿为旗=장대를 쳐들어 기로 삼다. 2 (덮어 씌우거나 가로막았던 것을) 벗기다. 열다. ¶~面纱=면사포를 벗기다. / ~开蒸笼=찜통을 열다. 3 폭로하다. 공개하다. 들추어 내다. 까발리다. ¶~人隐私=타인의 사적인 비밀을 까발리다. 4 벗기다. 떼다. 뜯다. ¶~封条=봉인 용지를 뜯다. 囤 (Jiē) 성(姓). ≒掀 ↔盖 捂 贴
【揭榜】jiē∥bǎng 团 1 (시험 후에) 성적을 공포하다. 합격자를 발표하다. 2(옛) (응모·응찰·초빙에 응한다는 표시로) 공고를 떼어 내다. 응모하다. 응찰하다. 초빙에 응하다.
【揭标】jiēbiāo 团 입찰 결과를 게시하다.
【揭不开锅】jiē·bukāiguō 團 가난하여 끼니를 때우지 못하다.
【揭彩】jiēcǎi 团 (복권 등의) 당첨 명단을 게시하다. ¶当场~=그 자리에서 당첨자를 게시하다.
【揭丑】jiēchǒu 团 (떳떳치 못한 일을) 폭로하다. 까발리다. 공개하다. 들추어 내다. ¶你当众~, 很伤他的面子。=네가 많은 사람들 앞에서 폭로하여, 그의 체면을 매우 손상시켰다.
【揭穿】jiēchuān 团 폭로하다. 까발리다. 들추어 내다. ¶~谎言=거짓말을 폭로하다. ≒揭露 拆穿 戳穿 ↔掩盖 掩饰
【揭疮疤】jiē chuāng·bā 團個 남의 단점〔아픈 곳〕을 들추어 내다.
【揭底】jiē∥dǐ(~儿) 团 1 내막〔속사정〕을 폭로하다〔들추어 내다〕. ¶他最害怕人揭他的底儿。=그는 남이 자기의 내막을 들추어 내는 것을 가장 두려워한다. 2 결과를 게시하다. ¶能否得奖, 半年以后才能~。=상을 받을 수 있는지는 반 년 후에야 결과를 게시한다.
【揭短】jiē∥duǎn(~儿) 团 남의 결점·잘못 따

위를 폭로하다〔들추어 내다〕. ¶你当面揭别人的短, 不太妥。=네가 얼굴을 맞대고 남의 단점을 들추어 내는 것은 그다지 타당치 않다.

【揭发】jiēfā 〔동〕 (나쁜 사람·나쁜 일을) 들추어 내다. 적발하다. 폭로하다. =检举=적발하다.

【揭盖子】jiē gài·zi 〔동〕〔비〕내막을 드러내다〔들추어 내다〕. 진상을 폭로하다.

【揭竿而起】jiēgān'érqǐ 1 나무를 베어 무기를 만들고, 장대를 높이 쳐들어 기로 삼다. [진(秦)말 진승(陳勝)·오광(吳廣)의 농민 봉기를 묘사하는 말] 2 봉기하다. 반기를 들다. 기의(起義)하다.

【揭锅】jiēguō 〔동〕 1 (밥이 다 되어) 솥뚜껑을 열다. ¶饭还没～, 孩子们就嚷肚子饿了。=밥이 다 되기도 전에 아이들이 배고프다고 아우성을 친다. 2 〔비〕 (시기가 무르익어) 공개하다. 공표하다. 발표하다. 선포하다. ¶这事儿不到～的时候任何人不能告诉。=이 일은 아직 공개할 시기가 안 되었으니 누구도 얘기해선 안 된다.

【揭开】jiē‖kāi 〔동〕 1 (덮은 것을) 떼다. 벗기다. ¶～红盖头=얼굴을 가리는 붉은 수건을 벗기다. 2 열다. 젖히다. 올리다. ¶～振兴东北老工业基地的序幕。=동북 구공업기지를 진흥시키는 서막을 올리다. 3 드러내다. 폭로하다. 벗겨 내다. ¶宇宙的奥秘＝우주의 신비를 벗겨 내다.

【揭老底】jiē lǎodǐ 내막을 폭로하다. (좋지 못한) 과거를 들추어 내다. ¶你别把我惹急了, 不然, 我揭你的老底。=너는 나를 건드려 화나게 하지 마라, 그러지 않으면 내가 너의 내막을 폭로할 테니까.

【揭露】jiēlù 〔동〕 폭로하다. 까발리다. 들추어 내다. ¶～诡计＝모략을 폭로하다. ≒戳穿 揭穿 ↔ 掩盖 掩饰 隐瞒

【揭秘】jiēmì 〔동〕 비밀을 폭로하다〔들추어 내다〕. ¶有人～, 他挪用了那笔工程款。=어떤 사람이 그가 그 공사 대금을 유용한 것을 들추어 냈다.

【揭幕】jiēmù 〔동〕 1 제막(除幕)하다. 2 〔비〕 (중대한 사건이나 활동이) 막을 올리다. 시작되다. ¶北京奥运会将于2008年～。=북경 올림픽이 2008년에 막을 올린다.

【揭牌】jiē‖pái 〔동〕 현판식을 하다. ¶～仪式=현판식 행사.

【揭批】jiēpī 〔동〕 폭로〔적발〕하고 비판하다. ¶～坏人坏事=나쁜 사람과 못된 일을 폭로하고 비판하다.

【揭破】jiēpò 〔동〕 들추어 내다. 폭로하다. 까발리다. ¶～阴谋=음모를 폭로하다.

【揭示】jiēshì 〔동〕 1 게시하다. ¶～牌=게시판. 2 드러내어 보이다. 지적해 내다. 밝히다. ¶～人生的真谛=인생의 참뜻을 밝히다.

【揭晓】jiēxiǎo 〔동〕 (결과를) 발표하다. 공포하다. ¶研究生录取名单将于下周～。=대학원생 합격 명단은 다음 주에 발표된다.

## 喈 jiē 새 소리 개
〔형〕〔문〕 1 비바람이 세차다.
【喈喈】jiējiē 〔의〕〔문〕 1 쨱쨱. 지지배배. 꼬꼬. (새

나 닭이 우는 소리) ¶鸡鸣～=닭이 꼬꼬 하고 운다. 2 둥둥. 땡땡. 딸랑딸랑. [종·북·방울 등의 소리] ¶钟鼓～=종과 북이 땡땡 둥둥 울린다.

## 嗟 jiē 탄식할 차
〔동〕〔문〕 탄식하다. 한탄하다. 한숨짓다. ¶～叹不已=탄식을 금치 못하다. 〔감〕〔문〕 (부름을 나타내어) 어이. 이봐. 이보거라. 여봐라. 옜다. ¶～! 来食。=옜다! 먹어라.

【嗟悔】jiēhuǐ 〔동〕〔문〕 탄식하며 후회하다. ¶～晚矣=탄식하며 후회해도 이미 늦었다.

【嗟悔无及】jiēhuǐ-wújí 〔성〕 아무리 탄식하고 후회해도 때가 늦다.

【嗟来之食】jiēláizhīshí 〔성〕 1 '옜다' 하고 던져 주는 음식. 《예기·단궁(禮記·檀弓)》에서, 제(齊)나라에 큰 기근이 들어 검오(黔敖)가 길가에서 음식을 베풀며 굶주린 사람에게 "옜다! 먹어라."라고 하자, 그 사람이 "나는 바로 이런 모욕적인 음식을 먹지 않기 때문에 이 꼴이 되었소."라고 한 고사에서 유래함] 2 〔비〕 모욕적인 베풂.

【嗟叹】jiētàn 〔동〕〔문〕 탄식하다. 한탄하다. 한숨 쉬다. 감탄하다. ¶连声～=연이어 탄식하다.

## **街 jiē 거리 가
〔명〕 1 (양 옆에 건물이 있는) 거리. 가두. 길거리. 가로. 대로. 큰길. ¶走～串巷=이 거리 저 골목을 돌아다니다. 2 〔방〕 장. 시장. ¶赶～=시장에 가다.

○→ 当街, 骂街, 跑街, 游街, 丁字街

【街道】jiēdào 〔명〕 1 거리. 가두. 길거리. 가로. 대로. 큰길. 2 지역 주민과 관련된 사무나 사무소. ¶～工作=주민 업무.

【街道办事处】jiēdào bànshìchù 〔명〕동사무소. 동회.

【街灯】jiēdēng 〔명〕 가로등. ¶～闪烁=가로등이 깜빡이다.

【街坊】jiē·fang 〔명〕〔구〕 이웃 (사람). ¶～四邻=이웃 (사람).

【街角】jiējiǎo 〔명〕 (두 길이 맞닿는) 길모퉁이.

【街景】jiējǐng 〔명〕 (길)거리의 풍경. ¶繁华热闹的～=복잡하고 시끌벅적한 길거리 풍경.

【街口】jiēkǒu (～儿) 〔명〕 거리의 한쪽〔한끝〕. 거리가 맞닿는 곳. 거리의 입구.

【街垒】jiēlěi 〔명〕 바리케이드.

【街貌】jiēmào 〔명〕 거리의 모습.

【街门】jiēmén 〔명〕 거리쪽으로 난 문. 큰길로 나 있는 문〔입구〕.

【街面儿上】jiēmiànr·shang 〔명〕〔구〕 1 시가. 상점가. 쇼핑가. ¶大年十五都过了, 可～还是热热闹闹的。=음력 정월 보름이 지났는데도, 시가는 아직 흥성거린다. 2 주변의 거리와 길목. 근처. 인근. 이웃. ¶他在～有不少朋友。=그는 인근에 많은 친구가 있다.

【街区】jiēqū 〔명〕 (약간의 거리로 형성된) 구역. ¶最近这片～里又开了一个大型超市。=최근 이 구역 안에 또 대형 슈퍼마켓이 개업했다.

【街容】jiēróng 圏 거리의 모습. 거리와 골목의 면모. ¶栽花种草, 美化~. =화초를 심어 거리를 단장하다.

【街市】jiēshì 圏 시가. 상점가. 쇼핑가. ¶~上人头攒动, 热闹非凡. =시가에는 인파로 북적이며 엄청나게 시끌벅적하다.

【街谈巷议】jiētán-xiàngyì 圏 항간에 떠도는 소문〔여론·이야기〕.

【街头】jiētóu 圏 1 길 입구. 2 가두. 길거리. 거리. 가로. 대로. ¶十字~=네거리, 십자로.

【街头巷尾】jiētóu-xiàngwěi 圏 1 거리와 골목. 2 크고 작은 도시. ¶走遍~=이곳저곳〔구석구석〕을 누비다. 3 이곳저곳〔구석구석〕.

【街巷】jiēxiàng 圏 큰 거리와 골목.

【街心】jiēxīn 圏 거리의 한가운데〔한복판〕. 시가의 복판. 도심. ¶~花园=거리 복판의 화단.

## 湝 jiē 출렁출렁 흐를 개

【湝湝】jiējiē 圏圉 물 흐르는 모양. ¶水流~=물이 졸졸 흐르다.

## 楷 jiē 황련목 해

圏 (植) 황련목 (黃連木). 〔옻나무과에 속하는 낙엽교목의 하나. 학명은 'Pistacia chinensis Bunge' 임〕.
☞ kǎi
【楷树】jiēshù ☞【黄连木】huángliánmù

## 孑 jié 외로울 혈

圏 외롭다. 고독하다. ¶~然一身=혈혈단신.

【孑孓】jiéjué 圏 (動) 장구벌레. ⇨【跟头虫】gēn·touchóng

【孑立】jiélì 圏 외롭게 〔쓸쓸하게·고독하게〕 생활하다. ¶茕茕~=외롭게 홀로 지내다.

【孑然】jiérán 圏圉 외로운 〔쓸쓸한·고독한〕 모양. ¶~独处=외롭게 홀로 생활하다.

【孑身】jiéshēn 圏圉 홀몸. 단신(單身). 혼자의 몸. ¶~一人=혈혈단신. 외톨이.

【孑遗】jiéyí 圏 (큰 변고를 겪고 나서) 겨우 살아남다. 소수의 사람만이 겨우 살아남다. ¶~动物=살아 있는 화석으로 불리는 동물. 圏 (큰 변고를 겪고 나서) 겨우 살아남은 소수의 사람. 겨우 남아 있는 것. ¶靡有~=조금도 남은 것이 없다.

【孑遗生物】jiéyí shēngwù ☞【活化石】huóhuàshí

## **节[節] jié 마디 절

圏 1 (대의) 마디. 2 (식물의) 가지. ¶枝~=가지와 마디. / 拔~=(벼·밀·수수 등의) 줄기 마디가 빨리 자라다. 3 (사람·동물의) 관절. ¶关~=관절. / 骨~=골절. 4 절기. ¶时~=계절. 철. / 清明~=청명(절). 5 기념일. 명절. 축제일. ¶端午~=단오절. / 春~=설. 6 예절. 허례허식. 7 절조. 절개. 지조. 품행. 몸가짐. ¶晚~=만년의 절조. / 气~=기개. 8 (音) 절. 〔옛날 타악기의 하나〕 ¶击~=박자를 맞추다. 9 박자. 리듬. 장단. 절주. 템포. ¶音~=음절. 10 (서로 연결된 사물의) 한 단락. (전체 중의) 일부분. ¶情~=줄거리. / 环~=부분. 11 사항. 항목. 조항. ¶生活小~=일상 생활 중의 사소한 일. 12 부절. 신표. 위임장. 발병부(發兵符). 13 (Jié) 성(姓). 圏 1 제한하다. 제약하다. 단속하다. 구속하다. 얽매다. ¶调~=조절하다. 2 절약하다. 아껴 쓰다. ¶~约用水=생활용수를 절약하다. 3 요약하다. 초록하다. ¶删~=삭제 요약하다. 圏 1 여러 개로 나누어진 것을 세는 데 쓰임. ¶一~课=한 시간의 수업. / 两~甘蔗=사탕수수 두 마디. 2 노트(KNOT). 〔배의 속도를 나타내는 단위〕
☞ jie

○● 八节, 拔bá节, 拜bài节, 灯节, 冬节, 端节, 符fú节, 关节, 环huán节, 击节, 季节, 佳jiā节, 结节, 筋节, 名节, 末节, 年节, 藕ǒu节, 品节, 气节, 情节, 屈qū节, 三节, 删shān节, 失节, 时节, 使节, 调节, 脱节, 晚节, 殉xùn节, 章节, 贞zhēn节

【节哀】jié'āi 圏圉 슬픔을 억제하다 [참다]. 비통한 심정을 억누르다. 〔주로 죽은 이의 가족을 위로하는 데 쓰임〕 ¶~顺变=일이 그렇게 되었으니 너무 상심하지 마십시오.

【节疤】jiébā 圏 풀·벼 줄기에서 잎이 자라나는 부위. 가지와 줄기가 맞닿은 부위. 옹이.

【节本】jiéběn 圏 초본(抄本). 발췌본. ¶《金瓶梅》~=《금병매》 발췌본.

【节操】jiécāo 圏圉 절개. 절조. 정조. ¶保持~=절조를 지키다.

【节点】jiédiǎn 圏 (電) 노드(node).

【节电】jiédiàn 圏 절전하다. ¶节水~=절수 절전.

【节度】jiédù 圏圉 통제 관리하다. 통제 관할하다. 지휘하다. 통솔하다. ¶~五省兵马=다섯 개 성의 군대를 통제 관리하다.

【节度使】jiédùshǐ 圏 절도사. [당(唐)대에 설치한 지방 군정의 최고 장관]

【节妇】jiéfù 圏 절부. 열녀(烈女).

【节候】jiéhòu 圏 계절과 기후. ¶眼下正值寒冬~. =지금이 한창 추운 철이다.

【节假日】jiéjiàrì 圏 (법정) 명절과 휴일. 경축일과 휴일.

【节俭】jiéjiǎn 圏 검소하다. 검약하다. 소박하다. 간소하다. ¶生活~=생활이 검소하다. ≒节约 勤俭 俭朴 ↔奢侈

【节减】jiéjiǎn 圏 절감하다. 삭감하다. ¶~开支=지출을 절감하다.

【节节】jiéjié 图 차차. 하나하나. 점차. 착착. 차례차례. ¶~推进=하나하나 추진하다.

【节劳】jiéláo 圏 과로하지 않다. 힘을 아끼다. ¶你大病初愈, 注意~. =큰 병을 앓고 막 나았으니, 과로하지 않도록 주의해라.

【节礼】jiélǐ 圏 명절 선물.

【节理】jiélǐ 圏(地) 절리.

【节烈】jiéliè 圏 (여인의) 절개가 굳다.

【节令】jiélìng 몡 계절. 철. 절기. ¶~不正＝절기가 비정상적이다. ≒季节

【节流】jiéliú 동 1 물의 흐름을〔수류를〕조절하다. 2 지출을〔경비를〕절감하다. 절약하다. 开源~＝수입원을 확충하고 지출을 절약하다. 3 (機) 유체의 흐름을〔속도를〕조절하다. ¶~阀＝스로틀 밸브(throttle valve).

【节录】jiélù 동 절록하다. 초록(抄錄)하다. 요점을 간추리다〔발췌하다〕. ¶此处~发表原文的几个段落, 以飨读者.＝여기에서 원문의 몇 단락을 발췌 발표하여 독자들의 요구에 부응하기로 한다. 몡 절록. 초록. ¶《新华文摘》只登了本文的~, 没有转载全文.＝《신화다이제스트》는 본문의 초록만 싣고, 전문을 게재하지 않았다.

【节律】jiélǜ 몡 리듬과 법칙. 리듬. 율동. 흐름. ¶~失常＝리듬을 잃다.

【节略】jiélüè 동 삭감하다. 빼 버리다. 줄이다. 생략하다. ¶转载该文时, ~了文章的最后一部分.＝이 글을 전재할 때 글의 마지막 부분을 생략했다. 몡 1 강령. 대요(大要). 요지(要旨). 적요(摘要). 요약. 개괄. ¶报上发表的只是本文的~.＝신문에 발표한 것은 단지 본문의 요지이다. 2 외교각서. 메머랜덤(memorandum).

【节目】jiémù 몡 프로그램(program). 프로. 종목. 항목. 레퍼토리(repertory). 목록. ¶~预告＝프로그램 예고.

【节目卡】jiémùkǎ 몡 (컴) 전자오락기의 메모리 (memory).

【节目主持人】jiémù zhǔchírén 몡 프로그램 진행자〔사회자〕.

【节能】jiénéng 동 에너지를 절약하다. ¶降耗~＝에너지 소모를 줄이다〔낮추다〕.

【节能灯】jiénéngdēng 몡 절전등.

【节拍】jiépāi 몡(音) 리듬. 박자. 장단.

【节气】jié·qi 몡 1 절기. 시령(時令). 후후(節候). 2 매 절기의 시작일.

【节庆】jiéqìng 몡 기념일. 경축일. 명절. ¶举办~展销活动＝기념일 전시 판매 행사를 벌이다.

【节日】jiérì 몡 1 (국경일 따위의 법정) 기념일. 경축일. 2 명절.

【节省】jiéshěng 동 아끼다. 절약하다. ¶~时间＝시간을 아끼다. 형 낭비하지 않다. 검소하다. 검약하다. ¶奶奶用钱总是很~.＝할머니는 늘 검소하시다.

【节食】jiéshí 동 음식을 절제하다〔줄이다〕. 다이어트하다. 절식하다. ¶~减肥＝음식을 절제하여 체중을 줄이다.

【节水】jiéshuǐ 동 물을 절약하다〔아껴 쓰다〕. 절수하다.

【节外生枝】jiéwài-shēngzhī 성 1 가지가 나지 않아야 할 곳에 가장귀가 생겨나다. 2 (叶) 또 다른 문제가 파생되다. 의외의 사태가 일어나다.

【节下】jié·xia 몡(口) 명절. 명절 대목〔직전〕. 경축일〔기념일〕직전.

【节选】jiéxuǎn 동 문장 일부를 고르다〔뽑다〕. ¶杂志~发表了文章的中间一部分.＝잡지에서 문장의 중간 부분을 뽑아서 발표하였다. 몡

【节衣缩食】jiéyī-suōshí 성 1 입고 먹는 것을 아끼다. 2 (叶) 절약하다. 아끼다. ≒缩衣节食〕suōyī-jiéshí【紧衣缩食】jǐnyī-suōshí

【节译】jiéyì 동 초역(抄譯)하다. (원작의) 일부분을 골라 번역하다. ¶他曾~了雨果的《悲惨世界》.＝그는 일찍이 (빅토르) 위고의《비참한 세계》를 초역하였다. 몡 초역(抄譯). ¶你读的是《复活》的~本.＝네가 읽은 것은 《부활》의 초역본이다.

【节用】jiéyòng 동 절약하여 사용하다. 아껴 쓰다. 지출〔비용〕을 절약하다. 사용을 억제하다. ¶兴利~＝이익을 촉진하고 지출을 절감하다.

【节余】jiéyú 동 절약하여 남기다. ¶他每月的收入能~好几千元.＝그는 매달의 수입에서 몇천 위안을 절약하여 남길 수 있다. 몡 절약하여 남긴 금전 또는 물건. ¶年终~＝연말 결산 후에 남은 돈.

【节育】jiéyù 동 산아 제한을 하다. ¶~措施＝산아 제한 조치.

【节育环】jiéyùhuán 몡 피임 링. 루프.

【节欲】jiéyù 동 욕망을 절제〔억제〕하다. 〔주로 성욕을 가리킴〕¶~养生＝욕망을 절제하고 양생하다.

【节约】jiéyuē 동 절약하다. 줄이다. 아끼다. ¶~粮食＝양식을 절약하다. 형 검소하다. 검약하다. 소박하다. 간소하다. ¶她日常生活比较~.＝그녀의 일상 생활은 비교적 검소하다. ≒节俭·俭朴 ↔奢侈·浪费

【节支】jiézhī 동 지출을 줄이다. ¶~增收＝지출을 줄이고 수입을 늘리다.

【节肢动物】jiézhī dòngwù 몡 절지동물.

【节制】jiézhì 동 1 지휘 통솔하다. 통제 관리하다. ¶~三军＝삼군을 지휘 통솔하다. 2 절제 〔제한·컨트롤(control)·조절·통제〕하다. ¶~资本＝자본을 통제하다.

【节奏】jiézòu 몡 1 (音) 리듬. 박자. 템포. 장단. 절주. ¶~轻快＝리듬이 경쾌하다. 2 (叶) (일이나 활동의) 리듬. 흐름. 흐름새. 박자감. ¶生活~＝생활의 리듬. / 心脏有~地跳动.＝심장이 규칙적으로 뛴다.

【节奏感】jiézòugǎn 몡 1 리듬감. 리듬〔박자〕감. ¶影片的主题音乐有鲜明的~.＝영화의 주제 음악은 선명한 리듬감을 갖고 있다. 2 (叶) (일이나 활동의) 리듬감. ¶要想健康, 生活就必须有~.＝건강하고 싶으면 생활에 반드시 리듬감이 있어야 한다.

# 讦 [訐] jié 들추어 낼 알

동몡 남의 결점을 공격하다〔질책하다〕. (남의 비밀 등을) 폭로하다. 들추어 내다. 까발리다. ¶攻~＝폭로하고 공격하다. 비방하다.

# **劫**¹ [刼·刦·刧] jié 빼앗을 겁

동 1 강탈하다. 약탈하다. ¶抢~＝약탈하다. /

洗~一空=깡그리 강탈해 가다. **2** 협박하다. 위협하다. 으르다. 핍박하다. 강제하다. 위압하다. 강요하다. ¶~持人质=인질을 납치하다.

## 劫² jié 겁 겁

형⊕ **1**《佛》겁. 무한히 긴 시간. 图 kalpa ¶万~不复=만겁 동안 다시 회복하기 어렵다. **2**비 재난. 화. ¶在~难逃=재난을 피하기 어렵다.

○● 盗dào劫, 路劫, 抢qiāng劫, 洗劫, 行劫

【劫案】**jié'àn** 명 강도 사건. 약탈 사건.
【劫财】**jiécái** 동 재물을 강탈〔약탈〕하다. ¶~命=재물을 강탈하고 목숨을 해치다.
【劫持】**jiéchí** 동 협박하다. 위협하다. 납치하다. 유괴하다. ¶~客机=여객기를 납치하다.
【劫盗】**jié∥dào** 동 강도질하다. 명 강도. ¶抓捕~=강도를 잡다.
【劫道】**jiédào** 동 노상 강도질하다. 길을 가로막고 강탈하다.
【劫夺】**jiéduó** 동 강탈하다. 약탈하다. 탈취하다. 접탈하다. ¶~财物=재물을 강탈하다.
【劫匪】**jiéfěi** 명 강도. 노상 강도. 약탈자.
【劫富济贫】**jiéfù-jìpín** 성 부자의 재물을 빼앗아 가난한 사람을 구제하다.
【劫后余生】**jiéhòu-yúshēng** 성 재난 뒤에 요행히 살아남은 사람이나 사물. 재해의 생존자.
【劫机】**jié∥jī** 동 비행기를 납치하다. 공중납치하다. 하이재킹하다. ¶~事件=비행기 납치 사건.
【劫路】**jiélù** 동 노상 강도질하다. 길을 가로막고 강탈하다.
【劫掠】**jiélüè** 동 강탈하다. 약탈하다. ¶大肆~=마구 강탈하다.
【劫难】**jiénàn** 명 재난. 화. 큰 재액. ¶免遭~=재난을 면하다.
【劫杀】**jiéshā** 동 약탈하고 살해하다. 강탈하고 생명을 해치다.
【劫数】**jiéshù** 명《佛》액운(厄運). ¶~难逃=액운을 피하기 어렵다.
【劫营】**jiéyíng** 동 적진을 습격하다.
【劫狱】**jié∥yù** 동 탈옥시키다. 겁옥(劫獄)하다. 겁수(劫囚)하다. 옥에 갇힌 죄수를 빼내다.
【劫制】**jiézhì** 동 강제로〔무력으로·힘으로〕제압하다〔굴복시키다〕. ¶人质均为绑架者所~。=인질들은 모두 납치범에게 제압당했다.

## 劫 jié 삼갈 갈

형⊕ **1**근신하다. 삼가다. 조심하다. 경계하다. **2**노력하다. 근면하다.

## 杰[(傑)] jié 뛰어날 걸

형 걸출한. 특출한. 뛰어난. ¶《红楼梦》是一部古典文学~作。=《홍루몽》은 고전 문학의 걸작이다. 명 재능이 출중한〔비범한·뛰어난〕사람. ¶人~=인걸. / 豪~=호걸.

○● 人杰, 英杰

【杰出】**jiéchū** 형 걸출한. 남보다 뛰어난〔빼어

난〕. 출중한. ¶~人才=걸출한 인재. ≒出色卓越 ↔平凡
【杰作】**jiézuò** 명 걸작. ¶紫禁城是中国古代建筑史上的~。=자금성은 중국 고대 건축사의 걸작이다.

## 韦 jié 빠를 첩

형⊕ 신속하다. 빠르다. 날래다.

## 诘[詰] jié 물을 힐

동⊕ 따지다. 꾸짖다. 힐문하다. ¶反~=반문하다. ≒询 讯
☞ **jí**

○● 究诘

【诘难】**jiénàn** 동⊕ 힐난하다. 책문하다. 문책하다. 힐문하다. 따져 책망하다〔나무라다·비난하다〕. ¶为人~=힐난받다.
【诘问】**jiéwèn** 동⊕ 따져 묻다. 힐문하다. ¶~再三=재삼 따져 묻다.
【诘责】**jiézé** 동⊕ 힐책하다. 견책하다. 힐문하다. 책문하다. 문책하다. 따져 묻다. ¶~当局=당국을 힐책하다.

## 絜 jié 맑을 결

형 '洁(jié)'와 같음. [주로 인명에 쓰임]

## 拮 jié 핍박할 갈

【拮据】**jiéjū** 형 옹색하다. 군색하다. 곤궁하다. 궁핍하다. 경제 형편이 곤란하다. ¶手头~=주머니사정이 여의치 못하다. ↔宽裕 宽绰 宽余 宽松

## 洁[潔, 絜] jié 깨끗할 결

형 **1** 청결하다. 깨끗하다. ¶光~=윤이 나고 깨끗하다. / 清~=청결하다. **2** 오점이 없다. 순결하다. 깨끗하다. 결백하다. 청렴하다. ¶贞~=정결하다. / 廉~=청렴 결백하다. ↔污 脏
☞ 絜(**xié**)

○● 高洁, 光洁, 简洁, 皎jiǎo洁, 廉lián洁, 清洁, 圣shèng洁, 贞zhēn洁

【洁白】**jiébái** 형 **1** 새하얗다. 희디희다. 순백하다. 순수하게 희다. 순백색이다. ¶~的衬衫=순백의 와이셔츠. **2** 순결하다. 순수하고 맑다. 티없이 깨끗하다. 사심(私心)이 없다. ¶~的心灵=순결한 마음. ↔乌黑
【洁肤】**jiéfū** 동 피부를 청결〔깨끗〕하게 하다. ¶~护肤=피부를 깨끗하게 하고 보호하다.
【洁净】**jiéjìng** 형 청결하다. 깨끗하다. ¶~的街道=청결한 도로. ↔污浊
【洁具】**jiéjù** 명【卫生设备】**wèishēng shèbèi**
【洁癖】**jiépǐ** 명 결벽. ¶她生来就有~。=그녀는 천성부터 결벽이 있다.
【洁身自好】**jiéshēn-zìhào** 성 **1** 세속에 물들지 않고 자신의 순결을 지키다. **2** 남이 어떻든 자기 한 몸만을 생각하다. ≒明哲保身 ↔同流合污

【洁治】jiézhì 동(醫) 치석을 제거하다. 스케일링하다. ¶~术=치석 제거술.

【洁樽】jiézūn 동(문) 술잔을 깨끗이 씻다(닦다). [사람을 초대할 때의 상용 문구] ¶~侯光=술잔을 깨끗이 닦아 놓고 오시기를 기다리겠습니다.

**结[結]** jié 묶을 결
동 **1** 매다. 묶다. 엮다. 짜다. 곁다. 뜨다. ¶~网=그물을 뜨다. / 悬灯~彩=초롱을 달고 오색천으로 장식하다. **2** 엉기다. 응결(凝結)하다. ¶~凝=응결하다. / 水已经~冰了=물이 이미 얼었다. **3** 맺다. 결합하다. 결성하다. ¶~为兄妹=형제자매를 맺다. / 成群~队=모여서 무리를 이루다. **4** 끝맺다. 마치다. 종료하다. 종결하다. 결말을 짓다. ¶完~=완결하다. / 归根~底=결국. 드디어. 명 **1** 매듭. ¶死~=옭매듭. / 领~=나비넥타이. **2** 덩이(매듭) 모양의 것. ¶喉~=울대뼈. 후골. **3** 옛 증서. 보증서. ¶具~=증서를 작성하다. ↔解
☞ jiē

○● 巴结, 板结, 缔dì结, 冻dòng结, 干结, 甘结, 勾gōu结, 归guī结, 喉hóu结, 集结, 胶结, 纠jiū结, 联结, 了liǎo结, 领结, 黏nián结, 凝níng结, 扭niǔ结, 烧结, 团结, 完结, 小结, 硬结, 郁yù结, 症zhēng结, 终结, 总结

【结案】jié‖àn 동 사건(안건·사안)을 종결하다. 판결을 내리다. ↔立案

【结疤】jié‖bā 흉터가 지다(남다). ¶伤口~了, 快要好了.=상처에 흉이 지는 걸 보니, 바로 낫겠다.

【结拜】jiébài 동 결의하다. 의형제(의자매)를 맺다.

【结伴】jié‖bàn(~儿) 동 한패가 되다. (길)동무가 되다. 동행이 되다. 짝이 되다. 함께 하다. 동무하다. ¶~旅游=길동무가 되어 여행하다.

【结帮】jiébāng 동 패거리를(조직을) 결성하다. 무리를 짓다. 도당을 짜다. 파벌을 만들다. ¶~成伙=패거리를 결성하다.

【结冰】jié‖bīng 얼음이 얼다. 결빙하다.

【结彩】jié‖cǎi 동 채색 비단이나 종이·풍선 등으로 장식하여 경사 분위기를 더하다. ¶张灯~=초롱을 달고 오색천 등으로 장식하다.

【结肠】jiécháng 명(生) 결장.

【结成】jiéchéng 동 결성하다. 맺다. 결합하여 이루다(되다). 성립시키다. 수립하다. ¶~伴侣=반려가 되다.

【结仇】jié‖chóu 동 원수지다. 원한을 맺다. 결원(結怨)하다.

【结存】jiécún 동 (돈·물품을) 결산하고 남다. ¶公司年终~现金三千万.=회사는 연말 결산 후에 현금 3천만 위안이 남았다. 명 (결산 후의) 잔액(잔고). 재고품. 나머지. 잉여. ¶把~的一部分用于扩大生产.=잔여 일부분을 생산을 확대하는 데 사용한다.

【结党营私】jiédǎng-yíngsī 성 작당(결탁)하여 사리사욕을 꾀하다.

【结缔组织】jiédì zǔzhī 명(生) 결체 조직.

【结队】jiéduì 동 대오(隊伍)를 짓다. 대열을(무리를) 만들다. ¶~前行=대오를 지어 앞으로 나아가다.

【结对子】jié duì·zi 동 짝을 짓다. 결합하다. 하나가 되다. 결성하다. 협력하다. ¶大学和企业~, 共同进行新产品的研究与开发.=대학과 기업이 협력하여 공동으로 신상품의 연구와 개발을 진행하다.

【结发】jiéfà 동(문) **1** 결발하다. 상투를 틀다. **2** 막 어른(성인)이 되다.

【结发夫妻】jiéfà fūqī 명 **1** 막 어른이 되어 맺은 부부. **2** 결발 부부. 초혼 부부. 처녀와 총각으로 결혼한 부부.

【结疙瘩】jié gē·da (乐口) (사람들 사이에) 틈(갈등)이 생기다. (마음에) 응어리가 생기다. 짐이 되다. ¶你们没必要为这点儿事~.=여러분은 이 일 때문에 부담을 가질 필요가 없습니다.

【结构】jiégòu 명 **1** 구성. 구조. 조직. 짜임새. ¶经济~=경제 구조. / 篇章~=글 짜임새. **2** (建) 구조. 구조물. ¶钢筋混凝土~=철근 콘크리트 구조. 동 (글·줄거리 등을) 안배하다. 짜다. 꾸미다. 배치하다. ¶以人物行动为主线, 并用其~故事.=인물 행동을 주요 실마리로 삼고, 또 한 그것을 이용하여 이야기를 꾸미다.

【结构工资】jiégòu gōngzī 명 구조 급여. (직무급을 위주로 하고, 여기에 부속 수당·성과금 등이 더해지는 급여)

【结构式】jiégòushì 명(化) 구조식.

【结垢】jiégòu 동 (물을 끓일 때) 흰색 침전물이 결정(結晶)되다. 석출(析出) 현상이 생기다.

【结关】jié‖guān 동 (선박이 출항하기 전) 세관 수속을 끝마치다.

【结果】jiéguǒ 명 **1** 결과. 결실. 열매. 성과. 결론. 끝. ¶谈判进行了三次, 但还是没有~.=세 차례나 담판을 벌였지만 아직 결론을 보지 못했다. **2** (哲) 결과. ¶在一定条件下, ~可以转化为原因.=일정한 조건 아래에서, 결과는 원인으로 바뀔 수 있다. ↔原因 동 죽이다. 없애 버리다. 해치우다. [주로 조기 백화문에 보임] ¶一刀就把淫贼~了.=단칼에 색마를 해치웠다.
☞ jié‖guǒ

【结合】jiéhé 동 **1** 결합하다. 결부되다. ¶劳逸~=일과 휴식을 적절히 결합하다. **2** 부부가 되다. ¶好事多磨, 他们最终还是~了.=좋은 일에는 방해가 많게 마련이지만, 그들은 결국에는 부부가 되었다. ≒联合 ↔分离 分别

【结合部】jiéhébù 명 결합 부위. 결합 부분. 결합된 곳. ¶这里是黄河文明和长江文明的~.=이곳은 황허 문명과 창장 문명이 결합된 곳이다.

【结合膜】jiéhémó (=【结膜】jiémó)

【结合能】jiéhénéng 명(化) 결합 에너지.

【结核】jiéhé 명 **1**(醫) 결핵. ¶肺~=폐결핵. **2** (地) 결핵. 단괴(團塊). 노듈(nodule). ¶钙质~=칼슘 단괴.

【结核病】jiéhébìng 명(醫) 결핵병.

【结核杆菌】jiéhé gǎnjūn 명(生) 결핵균.

【结喉】jiéhóu ☞【喉结】hóujié
【结汇】jiéhuì 통(經) (외화로) 결제하다. 환어음을 결제하다.
【结婚】jié‖hūn 통 결혼하다. ↔离婚
【结婚证】jiéhūnzhèng ☞【结婚证书】jiéhūn zhèngshū
【结婚证书】jiéhūn zhèngshū 명 결혼 증서. =【结婚证】jiéhūnzhèng
【结伙】jié‖huǒ 통 무리(패거리)를 짓다. 작당하다. ¶拉帮~=패거리를 짓다. 명(法) 범죄 공모 조직. 늑合伙
【结集】jié‖jí 통 (단편적인 작품 등을) 모아(편집하여) 책으로 만들다(펴내다). ¶我把这几年写的诗作~出版了.=나는 요 몇 년 동안의 시작(詩作)을 모아 책으로 펴냈다.
【结集】jiéjí 통(軍) (병력을) 집결하다. 집결하다. ¶~兵力=병력을 집결하다.
【结痂】jié‖jiā 통 (상처에) 딱지가 앉다〔생기다〕.
【结交】jiéjiāo 통 교제하다. 사귀다. 친분을〔친교를〕맺다. 친구가 되다. ¶他很喜欢~朋友.=그는 친구 사귀기를 매우 좋아한다. ↔绝交
【结焦】jiéjiāo 통(物) 건류(乾溜)하다. 코크스화(cokes化)하다.
【结节】jiéjié 명(醫) 결절. 명울.
【结晶】jiéjīng 통(化) 결정하다. 명 1 ☞【晶体】jīngtǐ 2 비 결정. 소중한〔진귀한〕 성과〔결과〕. ¶孩子是爱情的~.=아이는 애정의 결정이다.
【结晶体】jiéjīngtǐ ☞【晶体】jīngtǐ
【结局】jiéjú 명 1 결말. 종국. 결국. 결과. ¶战争的~出人意料.=전쟁의 결말이 예상 밖이다. 2 (이야기의) 결말. 끝. 마지막. ¶小说的开头是喜剧性的, 可~却是悲剧性的.=소설의 시작은 희극적인데 결말은 도리어 비극적이다. ↔序幕
【结缡】jiélí 통(轉) 1 (옛날, 여자가 출가할 때 시집살이를 잘 하라는 의미로) 친정 어머니가 딸에게 허리에 매는 수건을 묶어 주다. 2 시집 가다. 3 결혼하다. ¶二人~三十年, 仍和好如初.=두 사람은 결혼한 지 30년이 되었지만, 여전히 결혼 초기처럼 사이가 좋다.
【结论】jiélùn 명 1(論) 결론. 단안(斷案). =【断案】duàn'àn 2 결론. 결말. 단안(斷案). ¶对这件事, 不要忙下~.=이 일에 대해서는 급하게 결론을 내리지 말아라.
【结盟】jié‖méng 통 동맹(盟約)을 체결하다. 결맹하다. ¶不~运动=비동맹 운동.
【结膜】jiémó 명(生) 결막. =【结合膜】jiéhémó
【结膜炎】jiémóyán 명(醫) 결막염.
【结幕】jiémù 명 1(劇) 종막(終幕). 2 비 (일의) 대단원. 결말. 끝. 종결. 종국. 정점. 절정. 최고조. 클라이맥스.
【结纳】jiénà 통 교제하다. 사귀다. 친분을〔친교를〕맺다. 친구가 되다. 결탁하다. ¶广泛~海内外学人才俊.=국내외의 학자·인재들과 광범위하게 친분을 맺는다.

【结亲】jié‖qīn 통 1㉠ 결혼하다. 2 (두 집안이 혼사로) 친척이 되다. 사돈〔인척〕관계를 맺다.
【结清】jiéqīng 통 청산하다. (장부 등을) 결산하다. 깨끗이 정리하다.
【结球甘蓝】jiéqiú gānlán 명(植) 양배추. ㉡ =【洋白菜】yángbáicài =【圆白菜】yuánbáicài =【卷心菜】juǎnxīncài =【包心菜】bāoxīncài =【莲花白】liánhuābái =【大头菜】dàtóucài
【结舌】jiéshé 통 1 감히 말을 못하다. ¶钳口~=입을 다물고 감히 말을 못하다. 2 (놀라거나 처지가 곤란하여) 말문이 막히다. ¶瞠目~=눈을 휘둥그렇게 뜨고 말문이 막히다.
【结社】jiéshè 통 결사하다. 단체를 조직〔결성〕하다. ¶~自由=결사의 자유.
【结绳】jiéshéng 통 (옛날, 문자가 없던 시대에) 새끼로 매듭을 지어 기록하다. ¶~记事=새끼로 매듭을 지어 기록하다.
【结石】jiéshí 명(醫) 결석. ¶肾~=신장 결석.
【结识】jiéshí 통 사귀다. 교제하다. 친분을〔친교를〕맺다. ¶这次旅行~了不少朋友.=이번 여행에서 많은 친구를 사귀었다.
【结束】jiéshù 통 1 끝나다. 마치다. 종결하다. 종료하다. 마무르다. ¶电影快要~了.=영화가 곧 끝난다. 2 몸단장하다. 옷치장하다. 옷단장하다. 매무시하다. 차려입다. 치장하다. 분장하다. [주로 조기 백화문에 보임] ¶~整齐=몸단장이 가지런하다. 늑完结 完毕 ↔开始
【结束语】jiéshùyǔ 명 결어. 맺는 말.
【结算】jiésuàn 통 결산하다.
【结体】jiétǐ 명 결체. [한자(漢字)의 필획 구조] ¶~疏朗明快=결체가 시원시원하다.
【结尾】jiéwěi 통 끝나다. 마치다. 종결하다. 마무르다. 마무리를 하다. 결말을 짓다. ¶小区住宅建设工程年底~.=주택 지구 건설 공사는 연말에 마무리된다. 명 1 결말. 결미. 마무리 단계〔부분〕. 최종 단계. ¶文章的~画龙点睛, 耐人寻味.=글 전체를 두드러지게 해 주는 마지막 부분이 깊이 새겨볼 만하다. 2(音) 코다(coda). 악곡 끝에 결미로서 덧붙인 부분. ↔开端 开头 起头 序幕
【结业】jié‖yè 통 학업을 끝마치다. 수료하다. 졸업하다. [주로 단기 학업을 마치는 데 쓰임] ¶~证书=수료 증서.
【结义】jiéyì 통 결의하다. 의형제〔의자매〕를 맺다. ¶桃园~=도원결의.
【结余】jiéyú 통 (돈·물품이) 결산하고 남다. ¶上季度~现金三十多万.=지난 분기에 결산하고 30여만 위안이 남았다. 명 (결산 후의) 잔액〔잔고〕. 재고품. 나머지. 잉여. ¶财政~=재정 잔액.
【结语】jiéyǔ 명 결어. 맺음말.
【结冤】jié‖yuān 통 원한을 품다. 원수를 맺다.
【结缘】jié‖yuán 통(佛) 결연하다. 중생이 부처와 인연을 맺다. 2 인연을 맺다. ¶他从小就与诗歌结了缘.=그는 어려서부터 시와 인연을 맺었다.
【结怨】jié‖yuàn 통 원한을 맺다.

【结扎】jiézā 동(醫) 결찰하다. 잡아매다.
【结账】jié‖zhàng 동 계산하다. 결산하다. 회계를 마치다. ¶年底~=연말 결산.
【结子】jié·zi 명 매듭. 코. ¶蝴蝶~=나비매듭. / 打~=매듭을 짓다.

## 桔 jié 도라지 길
아래를 참조.
☞ jú
【桔槔】jiégāo 명 두레박틀. 길고.
【桔梗】jiégěng 명(植) 도라지.

## 倢 jié 빠를 첩
투 1 '捷(jié)'와 같음. 2 '婕(jié)'와 같음.
【倢伃】jiéyú ☞【婕妤】jiéyú

## 桀 jié 사람 이름 걸
형 흉포하다. 포악하다. ¶~黠暴戾=교활하고 포악하다. 명 (Jié) 걸. [하(夏)나라 말기의 폭군. 고어에서 '杰(傑)'과 같음]
【桀骜】jié'ào 형〈투〉사납고 고집스럽다. 포악하고 오만하다. ¶~不轨之徒=사납고 제멋대로 하는 무리.
【桀骜不驯】jié'ào-bùxùn 성 사납고 고집스럽다. 사납고 말을 잘 듣지 않다.
【桀犬吠尧】Jiéquǎn-fèiYáo 성 1 걸왕(桀王)의 개가 요(堯)임금을 보고 짖다. 2〈비〉나쁜 사람의 앞잡이가 그 주인을 위해 충성을 다하다.
【桀纣】Jié-Zhòu 명 1 하왕(夏王) 걸(桀)과 상왕(商王) 주(紂). 2 폭군.

## **捷[(捷)] jié 이길 첩
동 1 지름길〔가까운 길〕로 가다. ¶~而行=지름길로 가다. 2 싸워 이기다. 승리하다. ¶连战连~=연전연승. 형 1 재빠르다. 신속하다. 날래다. 민첩하다. ¶迅~=신속하다. 2 (길이) 가까워 편리하다. 편리하다. 간편하다. ¶便~=간편하다.

○● 报捷, 便捷, 告捷, 简捷, 矫jiǎo捷, 轻捷, 迅xùn捷, 祝捷, 奏zòu捷

【捷报】jiébào 명 1 (전쟁에서의) 승전보. 승보. 첩보. 승리의 소식. ¶前线传来了~。=전선에서 승전보가 전해졌다. 2〈비〉희소식. 기쁜 소식. 성공의 소식. ¶奥运会上~频传。=올림픽에서의 기쁜 소식이 잇달아 전해 오다.
【捷才】jiécái 명 1 영민한 창의력〔재능〕. ¶他极富~。=그는 영민한 재능이 매우 풍부하다. 2 창의력·재능이 영민한 사람. 재주꾼. ¶商界~=상업계의 재주꾼.
【捷径】jiéjìng 명 1 가까운 길. 지름길. ¶这是上山的~。=이것은 산에 올라가는 빠른 길이다. 2〈비〉빠른 방도. 지름길. 첩경. ¶在科学研究的道路上, 没有什么~。=과학 연구의 길에는 별다른 지름길이 없다.
【捷克】Jiékè 명〈외〉(地) 체코(Czech). [수도는 '布拉格(프라하 : Praha)'임]

【捷音】jiéyīn 명 승보. 첩보. 승리의 소식.
【捷足先登】jiézú-xiāndēng 성〈비〉행동이 민첩한〔발빠른〕 사람이 먼저 목적을 달성한다. 빠른 것이 승리한다.

## 蜐[螂] jié 물벌레 이름 절
명(動) 게처럼 생긴 절지동물의 하나. [몸은 가는 막대형이고, 가슴에 일곱 쌍의 다리가 있는데 두 번째 쌍이 특별히 크며, 해조류에 붙어 생활함]

## 偈 jié 씩씩한 모양 걸
형투 1 질풍같이 빠르다. 2 용맹하다. 씩씩하다.
☞ jì

## 袺 jié 옷섶 잡을 결
동투 앞자락으로 싸다〔담다〕.

## 婕 jié 궁녀 첩
【婕妤】【倢伃】jiéyú 명 첩여. [고대 궁녀의 여관(女官)]

## 颉[頡] jié 사람 이름 힐
인명에 쓰이는 글자. ¶仓~=창힐. [전설에서, 한자(漢字)를 창제했다는 인물]
☞ xié

## 楬 jié 푯말 갈
명투 표지(標識)로 사용되는 말뚝이나 팻말.

## 睫 jié 속눈썹 첩
명 속눈썹. ¶目不交~=눈을 붙이지 못하다. 한잠도 자지 못하다.
【睫毛】jiémáo 명 속눈썹.

## 蜐 jié 석겁 겁
☞【石蜐】shíjié

## **截 jié 끊을 절
동 1 자르다. 끊다. 절단하다. ¶~头去尾=거두절미하다. 2 차단하다. 가로막다. 멈추게 하다. 저지하다. ¶堵~=차단하다. 3 마감하다. ¶~止时间=마감 시간. 양(~儿) 토막. 마디. 단계. 단락. 일부분. 구간. ¶一~儿绳子=새끼 한 마디. / 两~儿木头=나무 두 토막.

○● 拦lán截, 齐qí截, 直截, 阻zǔ截

【截查】jiéchá 동 (가로)막고 조사하다. ¶严密~过往车辆。=지나가는 차량을 가로막고 철저하게 조사하다.
【截长补短】jiécháng-bǔduǎn 성 1 긴 것을 잘라서 짧은 것을 보충하다. 2〈비〉남는 것으로 부족한 부분을 보충하다. 장점을 취하여 단점을 보충하다.
【截道】jiédào 동 노상 강도질하다. 길을 막고 빼앗다.
【截断】jié‖duàn 동 1 절단하다. 끊다. 자르다. ¶把铁丝~。=철사를 절단하다. 2 (가로)막다.

중단시키다. 끊다. ¶急促的敲門声~了我们的谈话。= 다급하게 문을 두드리는 소리가 우리들의 대화를 중단시켰다.

【截夺】jiéduó 동 길을 막고 재물을 탈취하다. 노상 강도질하다.

【截稿】jiégǎo 동 원고를 마감하다. ¶征文~日期快到了。= 원고 모집 마감일이 곧 다가온다.

【截获】jiéhuò 동 중도에서 탈취[몰수·포획]하다. ¶~走私毒品 = 밀수 마약을 몰수하다.

【截击】jiéjī 동 도중에서 차단하여 공격하다. ¶~敌机 = 적기를 도중에서 차단하여 공격하다.

【截劫】jiéjié 동 길을 막고 빼앗다. 노상 강도질하다. ¶惨遭~ = 노상 강도질을 당하다.

【截句】jiéjù ☞【绝句】juéjù

【截留】jiéliú 동 (취급하는 돈이나 물품을) 도중에서 차단하여 억류하다〔붙잡다·잡아 두다·유보하다·가로채다〕. ¶~财政拨款 = 재정 지출금의 지출을 유보하다.

【截流】jiéliú 동 물 흐름을 막다. ¶~工程 = 물막이 공사.

【截煤机】jiéméijī 명(機) 절탄기.

【截门】jiémén 명 파이프의 밸브.

【截面】jiémiàn ☞【剖面】pōumiàn

【截取】jiéqǔ 동 (중간에서) 일부분을 취하다〔잘라 내다〕. 절취하다. ¶这个短篇~了大学生活的一个横断面, 读来比较真实感人。= 이 단편은 대학 생활의 일면을 다루었는데, 읽어 보면 진실되고 감동적이다.

【截然】jiérán 부 뚜렷이. 분명하게. 명백하게. 완벽하게. 철저히. ¶~相反 = 뚜렷이 반대되다. ≒迥然

【截然不同】jiérán-bùtóng 성 분명히 다르다.

【截收】jiéshōu 동 (신호를) 중간에서 가로채어 수신하다. 도청하다. ¶~设备 = 도청 장치.

【截瘫】jiétān 명(醫) 하지 마비. 하반신 불수. 대마비(大瘫痪). ¶高位~ = 사지 마비.

【截肢】jié∥zhī 동(醫) 팔이나 다리를 자르다〔절제하다〕.

【截止】jiézhǐ 동 마감하다. 일단락짓다. ¶请问报名~日期是多少? = 신청 마감 일자가 언제입니까? ≒截至

【截趾适履】jiézhǐ-shìlǚ ☞【削足适履】xuēzú-shìlǚ

【截至】jiézhì 동 (시간적으로) …까지 마감이다. …에 이르다. ¶~月底 = 월말까지이다. ≒截止

【截住】jiézhù 동 막다. 저지하다. ¶~逃匪 = 도주하는 강도를 저지하다.

【截子】jié·zi 토막. 마디. 단계. 단락. 일부분. 구간. ¶你别说了大半~就停住了, 快点儿说嘛, 到底是怎么回事。= 너는 거의 다 말해 놓고 멈추지 말고, 도대체 어찌 된 일인지 빨리 말해 봐라.

## 榤 jié 홰 걸

명(툰) (닭장의) 홰.

## 碣 jié 비석 갈

명 (윗부분이 둥근) 돌비석. ¶墓~ = 묘비.

## 鲒[鮚] jié 돌조개 길

명(動) 돌조개의 일종.

## **竭 jié 다할 갈

동 1 다 써 버리다. 다하여〔소모되어〕없어지다. ¶精疲力~ = 기진맥진하다. 2 다하다. ¶尽心~力 = 몸과 마음을 다하다. 형 (강이나 연못 등의) 물이 마르다. ¶山崩川~ = 산이 무너지고 물이 마르다. ≒尽 穷

○● 耗hào竭, 枯竭, 疲pí竭, 穷竭, 衰shuāi竭

【竭诚】jiéchéng 부 성의를〔정성을〕다해. 성심껏. ¶~相待 = 성의를 다해 대접하다.

【竭尽】jiéjìn 동 다하다. ¶~所能 = 할 수 있는 모든 바를 다하다.

【竭蹶】jiéjué 동(툰) 걸려 넘어지다. 비틀거리며 걷다. 걷기가 매우 힘겹다. ¶~前行 = 힘들게 앞으로 나아가다. 형 경제적으로 어렵다〔궁핍하다〕. 자금이 고갈되다〔바닥나다〕. ¶经济~ = 경제적 어려움.

【竭力】jiélì 동 진력하다. 있는 힘을 다하다. 전력을 기울이다. ¶~反对 = 전력을 다해 반대하다. ≒尽力

【竭泽而渔】jiézé'éryú 성 1 못이나 호수의 물을 퍼내고 고기를 잡다. 2(비) 눈앞의 이익에만 급급하여 장래를 생각하지 않다. =【涸泽而渔】hézé'éryú ≒杀鸡取卵 焚林而猎

## 羯 jié 불깐 양 갈

명 1(動) 불깐 양. 2 (Jié) 갈족. [중국 고대 흉노에서 갈라져 나온 민족으로, 지금의 산시(山西)성 동남부에 분포하고 있었으며, 동진(東晉) 시대 황허(黃河) 유역에 후조(後趙; 311~334년)를 세웠음]

【羯鼓】jiégǔ 명(音) 갈고(羯鼓). [악기의 하나. 양면을 말가죽으로 메웠으며, 크기와 모양이 장구와 비슷함. 중국 갈족(羯族)으로부터 유래했다고 전해짐]

【羯羊】jiéyáng 명(動) 불깐 숫양.

## **姐 jiě 누이 저

명 1 언니. 누나. ¶二~ = 둘째 누나〔언니〕. 2 언니. 누나. [같은 일가 중 항렬이 같으면서 나이가 자신보다 많은 여자] ¶堂~ = 사촌 누나〔언니〕. 3 언니. 누나. [같은 항렬의 친척 중 나이가 자신보다 많은 여자] ¶表~ = (내종·외종·이종) 사촌 누나〔언니〕. 4 언니. 누나. [젊거나 나이가 조금 많은 여성에 대한 호칭] ¶王~ = 왕씨 누나〔언니〕. 5 아가씨. ¶空~ = 스튜어디스. ≒姊

○● 小姐, 窑yáo姐儿

【姐夫】jiě·fu 명 형부. 자형(姊兄). 매형(妹兄).

【姐姐】jiě·jie 명 1 누나. 언니. 2 언니. 누나. [같은 일가 중 항렬이 같으면서 나이가 자신보다 많은 여자] 3 언니. 누나. [같은 항렬의 친척 중

나이가 자신보다 많은 여자]

【姐妹】**jiěmèi** 몡 **1** 자매. 언니와 여동생. ¶~俩都是网球运动员。=자매 둘이 모두 테니스 선수이다. **2** 형제자매. 동기(同氣). ¶他们~几个都毕业于北大。=그들 형제자매들은 모두 베이징[북경]대학을 졸업했다. ≒姊妹

【姐妹城】**jiěmèichéng** ☞【姊妹城】**zǐmèichéng**

【姐妹篇】**jiěmèipiān** ☞【姊妹篇】**zǐmèipiān**

【姐们儿】**jiě·menr** 몡⟨口⟩ 자매들. [주로 친근감을 나타냄]

【姐儿】**jiěr** 몡⟨口⟩ **1** 언니와 여동생. (자신을 포함한) 자매. ¶你们~几个真有出息。=너희 자매는 정말 장래가 촉망된다. **2** 형제자매. 동기(同氣). ¶~仨里头她个儿最高。=형제자매 셋에 그녀의 키가 제일 크다.

【姐们】**jiěr·men** 몡⟨口⟩ 자매들.

【姐丈】**jiězhàng** 몡 형부. 자형(姊兄). 매형(妹兄). 자부(姊夫).

**屄** **jiě** 어미 저
☞【嫔屄】**āijiě**

**解**\*\* **jiě** 풀 해
몡 **1** 동물의 사지를 나누다. 가르다. 해체하다. ¶~牛=소를 해체하다. / 肢~=여러 토막으로 나누다. **2** 흩어지다. 분열되다. ¶溶~=용해되다. / 土崩瓦~=흙이 무너지고 기와가 깨지다. **3** 풀다. 풀어헤치다. 열다. 끄르다. ¶~扣子=단추를 풀다. / 宽衣~带=옷을 벗고 혁대를 끄르다. **4** 없애다. 해소하다. 제거하다. ¶排忧~难(nàn)=근심을 풀고 어려움을 해결하다. / ~酒药=숙취해소제. **5** 대소변을 보다. ¶小~=소변을 보다. **6** 분석하다. 설명하다. 해설하다. 해석하다. 풀다. ¶注~=주해. / 题~=문제풀이. 해제. **7** 이해하다. 알다. ¶了~=이해하다. 요해하다. / 不求甚~=책을 볼 때 주된 뜻을 깨닫는 데 주력하고 문구에는 얽매이지 않는다. **8** ⟨數⟩ 계산하다. 연산하다. 방정식을 풀다. ¶~方程=방정식을 풀다. 몡⟨數⟩ 해. 대수 방정식의 미지수의 값. ¶求~=미지수의 값을 구하다. ↔绑 结 系(jì) 束
☞ **jiè, xiè**

○~辩biàn解、潮cháo解、电解、费解、分解、和解、见解、讲解、开解、宽解、理解、谅liàng解、了liǎo解、排解、剖pōu解、曲qū解、劝解、溶róng解、水解、题解、调解、通解、图解、误wù解、消解、支解、肢zhī解、注解

【解饱】**jiěbǎo** 통 (음식으로) 공복을 채우다. 허기를 면하다. 배가 든든하다. ¶吃啥都可以, 只要~。=뭘 먹든 괜찮아, 요기만 하면 돼.

【解表】**jiěbiǎo** 통⟨醫⟩ (약물 등으로) 풍한(風寒)을 발산시키다. ¶清热~=열을 내리고 한기를 발산시키다.

【解馋】**jiě‖chán** 통 **1** (먹고 싶은) 식욕을 채우다[만족시키다]. ¶这一顿红烧肉真~。=이 홍 사오러우 한 끼는 정말 식욕을 만족시켜 주었다. **2** 욕망을〔욕구를〕만족시키다. ¶这本小说写得真好, 看了~。=이 소설은 정말 잘 써서, 보고 나니 만족스럽다.

【解嘲】**jiě‖cháo** 통 해조(解嘲)하다. 남의 조롱에 대해 변명하다. ¶自我~=스스로 해조하다.

【解愁】**jiě‖chóu** 통 근심을 덜다. 걱정을 덜다. 근심을 달래다. ¶借酒~=술로 근심을 달래다.

【解除】**jiěchú** 통 없애다. 제거하다. 해소하다. 풀다. 청산하다. ¶~职务=직무를 해제하다. / ~顾虑=걱정을 해소하다.

【解答】**jiědá** 통 해답하다. 질문을 풀다. 답을 풀다. ¶~疑问=의문을 풀다.

【解大手】**jiě dàshǒu** 통⟨口⟩ (사람이) 대변을 보다. 똥을 누다.

【解冻】**jiě‖dòng** 통 **1** 해동하다. 해동되다. 해빙되다. 얼었던 것이 녹다. ¶~季节=해동의 계절. **2** (자금이나 인사 등의) 동결 상태가 해제되다. ¶那笔资金已经~, 可以进行投资了。=그 자금이 이미 풀렸으니, 투자를 해도 된다. **3** ⟨喩⟩긴장 관계가 완화되다. ¶冷战之后, 两国关系逐渐~。=냉전 이후, 양국 간의 긴장 관계가 점점 완화되었다. ↔上冻

【解毒】**jiě‖dú** 통⟨醫⟩ **1** 해독하다. ¶~药=해독제. **2** (중의학에서) 열독(熱毒)·한독(寒毒)·습독(濕毒)·화독(火毒) 등의 병을 유발하는 원인을 해소하다. ¶清热~=열을 내리고 독을 해소하다.

【解读】**jiědú** 통 **1** 해독하다. ¶~古籍=고적을 해독하다. **2** 분석하다. 연구하다. ¶~史前文明=유사(有史) 이전의 문명을 연구하다. **3** 이해하다. 체득하다. ¶可以从多个角度对这部小说进行~。=이 소설에 대해 다각도로 이해해 볼 가치가 있다.

【解饿】**jiě‖è** 통 허기를 채우다. 요기하다. ¶只吃几块饼干怎么能~。=비스킷 몇 조각만 먹고 어떻게 허기를 채울 수 있겠어?

【解乏】**jiě‖fá** 통 피로를 풀다. 피로가 회복되다. ¶一觉睡到大天亮, 真~。=해가 중천에 뜰 때까지 잤더니, 정말 피로가 풀렸다.

【解法】**jiěfǎ** 통 해법. 해결 방법. 문제를 푸는 방법. ¶一道题可以有多种~。=한 문제에 여러 가지 해법이 있을 수 있다.

【解放】**jiěfàng** 통 **1** 해방하다. 속박에서 벗어나다. 자유롭게 하다. ¶~生产力=생산력을 자유롭게 발휘하도록 하다. **2** 억압과 박탈에서 벗어나다. 해방되다. ¶民族~=민족 해방. **3** 해방되다 [특히 중국에서 1949년 국민당 통치를 뒤엎고 중화 인민 공화국을 건립한 것을 가리킴] ¶他是~前出生的。=그는 해방 전에 태어났다.

【解放军】**jiěfàngjūn** 몡 **1** 해방군. **2** ☞【中国人民解放军】**Zhōngguó Rénmín Jiěfàngjūn**

【解放区】**jiěfàngqū** 몡 **1** 해방 지구. [억압 통치를 뒤엎고, 인민 정권을 세운 지역] **2** 해방구. [중국 공산당이 이끈 군대가 항일 전쟁과 해방 전쟁 시기에 일본이나 국민당 통치로부터 해방시킨 지역을 가리킴]

【解放鞋】**jiěfàngxié** 몡 해방화. [고무바닥에 국

방색의 범포(帆布)로 만든 신발로, 과거 인민 해방군이 신어서 붙여진 이름]
**[解放战争] jiěfàng zhànzhēng** 图 **1** 해방 전쟁. [다른 나라나 민족의 지배로부터 민족의 주권과 자유를 회복하기 위하여 하는 전쟁] **2** 해방 전쟁. [특히 중국 제3차 중국 혁명 전쟁을 가리킴]
**[解纷] jiěfēn** 图团 분쟁을 풀다. ¶斡旋~=분쟁 해결을 중재하다.
**[解疙瘩] jiě gē·da** 图团 인간 관계에서의 서먹서먹한 관계나 불편함을 해소하다. 마음속의 문제를 풀다. ¶工会主席主动去给闹矛盾的职工~. =노동조합장은 자발적으로 가서 서로 의견이 대립된 노동자에게 마음속에 맺힌 문제를 해결해 주었다.
**[解构] jiěgòu** 图 사물의 구조를 분석하다. 해체시키다. ¶~作品=작품을 분석하다.
**[解雇] jiě‖gù** 图 해고하다. ¶他最近被~了. =그는 최근에 해고당했다.
**[解恨] jiě‖hèn** 图 마음속의 한을 풀다.
**[解惑] jiěhuò** 图 의혹을 풀다. 의혹을 해소하다. ¶释疑~=의혹을 풀다.
**[解甲归田] jiějiǎ-guītián** 图 **1** 갑옷을 벗고 농사지으러 돌아가다. **2** 군인이 제대하여 농사에 종사하다. **3**(団) 군인이 퇴역하다. 군인이 지방으로 전출되다.
**[解教] jiějiào** 图 근로 복역[재교육]을 해제하다. ¶~人员=근로 재교육이 만료된 사람.
**[解禁] jiě‖jìn** 图 금지를 해제하다. 해금(解禁)하다.
**[解酒] jiějiǔ** 图 술을 깨다. 숙취를 풀다. ¶喝醋不能~. =초를 마신다고 숙취가 풀리지 않는다.
**[解救] jiějiù** 图 구하다. 구출하다. ¶~危难=위험과 어려움에서 구하다.
**[解决] jiějué** 图 **1** 해결하다. 풀다. ¶~难题=어려운 문제를 풀다. **2** 없애다. 제거하다. ¶这些抢匪早晚都要被~. =이런 강도들은 조만간 모두 없어져야 한다.
**[解开] jiěkāi** 图 **1** 열다. 풀다. 뜯다. ¶~领带=넥타이를 풀다. /~行李=짐을 풀다. **2** 답을 풀다. 해답을 풀다. 의문을 풀다. ¶这是一个难以~的迷. =이것은 풀기 어려운 수수께끼이다.
**[解渴] jiě‖kě** 图 **1** 갈증을 풀다. 갈증을 해소하다. ¶吃块西瓜,解解渴. =수박을 먹고 갈증을 해소하다. **2**(団) 만족시키다. 필요한 답을 얻다. ¶你送我的书读完了,真~. =네가 보내 준 책 다 읽고 만족할 만한 답을 얻었어.
**[解扣] jiěkòu(~儿)** 图 **1** 단추를 풀다. **2**(口)(団) 갈등을 풀다. 원한을 풀다. ¶夫妻俩又闹矛盾了,还请您老人家去解解扣. =부부 사이가 또 틀어졌으니, 어르신네가 가셔서 두 사람의 갈등을 좀 해결해 주셔야 합니다. =【解扣子】 **jiě kòu·zi**
**[解扣子] jiě kòu·zi** ☞【解扣】**jiěkòu**
**[解困] jiě‖kùn** 图 **1** 어려움을 해결하다. 곤경에서 건져 내다. ¶~房=주택난을 해결하기 위해 지은 집. **2** 피로를 풀다. 졸음을 없애다. ¶坐在这儿眯一会儿,还真~. =여기 앉아서 잠깐 눈

을 붙였더니, 정말 졸음이 달아났다.
**[解铃系铃] jiělíng-xìlíng** 图 **1** 방울을 단 사람이 방울을 떼어 내야 한다. **2**(団) 문제를 일으킨 사람이 그 문제를 해결해야 한다. 결자해지(結者解之). =【解铃还须系铃人】**jiělíng háixū xìlíngrén**
**[解铃还须系铃人] jiělíng háixū xìlíngrén** ☞【解铃系铃】**jiělíng-xìlíng**
**[解码] jiěmǎ** 图 암호를 풀다〔해독하다〕.
**[解闷] jiě‖mèn(~儿)** 图 무료함을 달래다. 답답한 마음을 달래다. 울적함을 풀다. ¶消愁~=근심을 없애고 무료함을 달래다.
**[解密] jiě‖mì** 图 **1** 보안 규정을 해제하다. 기밀을 해제하다. 기밀 정보의 리스트에서 제외하다. 비밀 취급을 해제하다. ¶这些档案早就~了. =이 파일들은 진작 기밀 정보의 리스트에서 해제되었다. **2**(컴) (컴퓨터프로그램의) 암호를 해제하다. 잠금을 풀다. **3** 사물의 진상을 철저하게 이해하다. 비밀을 밝혀 내다. ¶基因技术~=유전자 기술의 비밀을 밝혀 내다.
**[解民倒悬] jiěmín-dàoxuán** 图(団) 곤경에 처한 백성을 구해 내다.
**[解难] jiě‖nán** 图 어려움을 해결하다. 궁금증을 풀어주다. ¶答疑~=의문을 풀어주고 어려움을 해결해 주다.
**[解难] jiě‖nàn** 图 위험[재난]을 해소하다. ¶消灾~=재난을 해소하다.
**[解囊] jiěnáng** 图 **1** 주머니를 풀다. **2**(団) 돈을 내어 (남을) 돕다. ¶慷慨~=후하게 돈을 내어 남을 도와 주다.
**[解囊相助] jiěnáng-xiāngzhù** 图 돈주머니를 풀어 남을 돕다.
**[解聘] jiě‖pìn** 图 해임하다. 해고하다.
**[解剖] jiěpōu** 图 **1** 해부하다. ¶人体~=인체 해부. **2**(団) 깊이 관찰하고 분석하다. ¶一个善于反省、勤于~自己的人就一定能够取得进步. =자기 성찰에 능하고 자기 분석에 힘쓰는 사람은 반드시 진보할 수 있을 것이다.
**[解剖麻雀] jiěpōu-máquè** 图(団) 전형(典型)적인 사례를 분석하다.
**[解气] jiě‖qì** 图 분을 풀다. 화를 해소하다. 분풀이하다. ¶我真想揍他一顿解解气. =나는 정말 분풀이로 그를 쥐어박고 싶다. 图 (마음이) 후련하다. (속이) 시원하다. ¶这么热的天,能喝碗绿豆汤,那才~呢. =이렇게 더운 날은 녹두탕 한 그릇 먹으면 속이 시원하지.
**[解劝] jiěquàn** 图 달래다. 진정시키다. 위로하다. ¶好言~=좋은 말로 위로하다.
**[解热] jiěrè** 图(醫) 해열하다. 열을 식히다. ¶~剂=해열제.
**[解散] jiěsàn** 图 **1** 해산하다. 흩어지다. ¶学生们做完早操就~了. =학생들은 아침 체조를 마치고 바로 해산했다. **2** (기구나 단체를) 취소하다. 해산하다. 해체하다. ¶那个戏班子两年前就~了. =그 극단은 2년 전에 해체되었다.
**[解绳松绑] jiěshéng-sōngbǎng** 图(団) 속박을 풀고 제약을 완화하다. ¶是给国有大中型企业

【解释】jiěshì 동 1 해석하다. 분석하다. 밝히다. ¶对这种现象, 目前科学也难以～。=이런 현상에 대해서는 지금의 과학으로도 밝히기 어렵다. 2 (함의·원인·이유 등을) 설명하다. 해명하다. ¶～误会=오해를 해명하다.
【解释权】jiěshìquán 명 (法) (법률 및 법규에 대한) 해석권.
【解手】jiě∥shǒu 1 (～儿) (사람이) 대소변을 보다. 2 동 헤어지다.
【解暑】jiě∥shǔ 동 더위를 퇴치하다. 무더움을 해소하다. 열기를 식히다. ¶吃块冰淇淋解解暑。=아이스크림 먹고 더위 좀 식히자.
【解说】jiěshuō 동 해설하다. 설명하다. ¶～词=해설. 논평.
【解套】jiě∥tào 동 1 굴레를 풀다. 2 비 계략을 깨끗하다. 3 (經) 주가가 오를 때 주가가 떨어져 팔지 못하고 묶여 있던 주식을 투매하다.
【解题】jiětí 동 1 연습 문제〔시험 문제〕를 풀다. ¶～方法=문제풀이 방법. 2 시문(詩文)의 제목의 뜻을 설명하다〔해설하다〕. ¶写命题作文的时候, 要先～, 然后立意, 最后再动笔。=명제를 가지고 작문을 할 때는 먼저 제목의 뜻을 풀이한 다음, 작문 내용을 구상하고 나서 마지막으로 글을 쓰기 시작한다.
【解体】jiětí 동 1 해체되다. 전체의 구조가 쪼개지다〔분해되다〕. 2 와해되다. 무너지다. ¶奴隶社会最终～了。=노예 사회는 끝내 와해되었다. ≒瓦解.
【解脱】jiětuō 동 1 (佛) 해탈하다. 2 어려움으로부터 벗어나다. 해방하다. ¶他最终从饥寒交迫中～出来。=그는 마침내 추위와 굶주림에서 벗어났다. 3 벗어나다. 헤어나다. ¶那么多的杂事, 他根本～不了。=그토록 많은 잡무로부터 그는 도무지 벗어날 수가 없다. 4 (책임이나 죄명을) 벗어나게 하다. 해방시키다. 벗기다. ¶该他负的责他就负, 你不要老是替他～。=그가 져야 하는 책임은 그가 지는 게 당연하니까, 네가 늘 그를 대신해서 벗어나게 해 줄 필요도 없어. ≒摆脱 开脱.
【解围】jiě∥wéi 동 1 (軍) 적의 포위망을 뚫다. 2 다른 사람을 곤경이나 궁지에서 벗어나게 해주다. 곤경으로부터 구제하다. ¶刚才要不是你来～, 我肯定要出丑。=방금 네가 궁지에서 빠져나오게 해 주지 않았다면 난 틀림없이 망신을 당했을 거야.
【解悟】jiěwù 동 깨닫다. 해오(解悟)하다. ¶～佛法=불법을 깨닫다.
【解吸】jiěxī 명 (化) 탈착(脱着)하다. 흡수제로부터 흡수된 물질을 제거하다.
【解析】jiěxī 동 해부하다. 상세히 분석하다. ¶～生命的真谛=생명의 참뜻을 상세히 분석하다.
【解析几何】jiěxī jǐhé 명 (數) 해석 기하학.
【解小手】jiě xiǎoshǒu 동口 소변을 보다.
【解严】jiě∥yán 동 계엄을 해제하다. ↔戒严
【解颜】jiěyán 동口 웃음을 띠다. 생긋 웃다. ¶～

음을 띠다. ¶～欢笑=얼굴을 활짝 펴고 기쁘게 웃다.
【解药】jiěyào 명 해약. 해독제. ¶他已服了这个～。=그는 이미 해독제를 먹었다.
【解衣】jiě∥yī 동 옷을 벗다. ¶～睡觉=옷을 벗고 잠을 자다.
【解衣推食】jiěyī-tuīshí 성 1 옷을 벗어서 남에게 입혀 주고, 자신의 음식을 남에게 양보하다. 2 비 남에게 은혜를 베풀다. 남을 각별히 돌보다〔보살피다〕.
【解疑】jiě∥yí 동 1 궁금증을 풀다. 의혹을 풀다. ¶要是你不说, 我现在还解不了疑。=자네가 만약 말하지 않으면 난 지금도 의혹을 풀 수 없었을 거야. 2 어려운 문제를 풀다. ¶～释惑=어려운 문제를 풀고 궁금증을 해소하다.
【解颐】jiěyí 동口 얼굴에 웃음을 띠다. ¶方言相声, 令人～。=사투리로 하는 만담이 사람들의 웃음을 자아낸다.
【解忧】jiě∥yōu 동 근심을 없애다〔해소하다〕. 시름을 덜다. ¶～排难=근심을 없애고 어려움을 제거하다.
【解郁】jiěyù 동 울적함을 풀다. 우울을 해소하다. ¶～排忧=우울을 해소하고 근심을 덜다.
【解约】jiě∥yuē 동 약정을 해지〔해약〕하다. 계약을 종료하다. ¶～书=해약서.
【解职】jiě∥zhí 동 직무를 해제하다. 해임하다. ¶～查办=직무를 해제하고 조사하여 처벌하다.

## 介 jiè 끼일 개

동 1 …의 사이에 끼(우)다. … 사이에 있다. ¶答案～于两者之间。=답안은 둘 사이에 있다. 2 개재하다. ¶'对'可用做～词, 也可用做介词。='对' 자는 개사로 쓰일 수 있다. 3 소개하다. 설명하다. ¶故事简～=이야기의 줄거리. 4 (마음속에) 두다〔담다〕. ¶毫不～意=전혀 개의치 않다. 형文 정직하다. 기백이 있다. ¶耿～=강직하다. 양 명. (사람에게 쓰이며 '个'에 해당함) ¶一～武夫=일개 무인. 명 1 갑옷. ¶～卒=갑옷을 입은 병사. 2 문 겉껍질. 갑각(甲殼). ¶～虫=갑충. 3 문 갑각류(甲殼類)의 수중 동물. ¶鳞～=어패류(鳞介). 4 매개자. 중매인. ¶中～=중개인. / 媒～=매개자. 5 (劇) 고대 중국 전통극에서 동작이나 표정, 효과 등을 가리키는 용어. ¶笑～=웃는 동작. / 鸡鸣～=닭 우는 소리. 6 (Jiè) 성(姓).

○● 评介, 绍介, 中介

○ 介 jiè
界 jiè
芥 jiè
疥 jiè
蚧 jiè
阶 jiē
尬 jiè

【介虫】jièchóng 명 갑충. 갑각류. [새우나 게처럼 온몸이 단단한 껍데기로 싸여 있는 동물을 가리킴]
【介词】jiècí 명 (言) 개사. [허사의 일종. 명사·대명사 또는 명사성 어구의 앞에 쓰여 동사·형용사의 시간·방향·장소·대상·목적·방식·비교·피동 따위의 관계를 나타냄. 예를 들면, '从'·'在'

**jiè** 介价戒芥

‘对’‘把’‘比’‘让’ 등이 있음].

【介乎】**jièhū** 동 …에 끼이다. …의 사이에 있다. ¶那个山村~两山之间。=그 산촌은 두 산 사이에 있다.

【介怀】**jièhuái** 동 개의하다. 신경 쓰다. 마음 속에 두다. ¶区区小事, 不必~。=사소한 일은 신경 쓸 필요 없다.

【介壳】**jièqiào** 명 갑각(甲殼). 개각(介殼). 겉껍데기.

【介入】**jièrù** 동 개입하다. 끼어들다. ¶不要~别人的私事。=다른 사람의 사적인 일에 끼어들지 마라.

【介绍】**jièshào** 동 **1** 소개하다. ¶~对象=결혼 상대를 소개하다. **2** 추천하다. 소개하다. 끌어들이다. ¶是他~我加入作家协会的。=그가 나를 성(省) 작가 협회에 가입하도록 추천한 거야. **3** 설명하다. 안내하다. ¶~当地的风俗=현지의 풍습을 소개하다.

【介绍人】**jièshàorén** 명 **1** 소개인. 중매인. 중매쟁이. ¶她是我们夫妻的~。=그녀는 우리 부부의 결혼 중매인이다. **2** 공산당 조직에 가입하도록 한 소개인.

【介绍信】**jièshàoxìn** 명 소개장. 추천장. ¶现在离婚不需要出具单位~。=지금 이혼하면 직장의 소개장을 첨부하지 않아도 된다.

【介意】**jiè∥yì** 동 (유쾌하지 않은 일을) 마음속에 두다. 신경 쓰다. 개의하다. [주로 부정어 뒤에 쓰임] ¶孩子家说话没有高低, 请别~。=애들은 경중을 모르고 말을 하니, 개의치 마십시오.

【介音】**jièyīn** 명〈言〉개음. 개모(介母). [중국 음운에서, 주요 모음 앞에 있는 **i**·**u**·**ü** 의 음]

【介于】**jièyú** 동 …에 끼(우)다. …의 사이에 있다. ¶他们俩的水平~伯仲之间。=그 두 사람의 수준은 백중지간이다.

【介质】**jièzhì** 명〈物〉**1** 매개체. 매개물. 매질(媒質). 도체(導體). **2** (음파·파동 등의) 매질(媒質). 유전체(誘電體). =【媒质】**méizhì**.

【介胄】**jièzhòu** 명문 갑주(甲冑). 갑옷과 투구. ¶~之士=전사.

【介子】**jièzǐ** 명〈物〉중간자.

# 价 **jiè** 심부름꾼 개

명문 심부름꾼.
☞ **jià**, **·jie**

# *戒 **jiè** 경계할 계

동 **1** 방비하다. 경계하다. ¶警~=경계하다. / 加强~备=경계를 강화하다. **2** 타이르다. 훈계하다. 일깨우다. ¶言者无罪, 闻者足~。=말한 사람에게는 죄가 없고, 듣는 사람이 알아서 들어야 한다. **3** (좋지 못한 습관을) 끊다. 떼다. 중단하다. ¶~酒=술을 끊다. / ~烟=담배를 끊다. 명 **1**〈佛〉계. ¶受~=계를 받다. **2** 계. 기정. 끊음. 응당 끊어야 할 사항. ¶开~=(금주·금연 따위의) 계율을 깨다. 작파하다. **3** 반지. ¶钻~=다이아몬드 반지. ≒警

○● 惩**chéng**戒, 传戒, 犯戒, 告戒, 鉴**jiàn**戒, 警戒, 开戒, 力戒, 破戒, 训戒, 斋**zhāi**戒

【戒备】**jièbèi** 동 **1** 경비하다. ¶~森严=경비가 삼엄하다. **2** 경계하다. 방비하다. 조심하다. ¶~之心=경계심. ≒警戒

【戒尺】**jièchǐ** 명 **1**〈佛〉계척. **2**옛 서당 훈장이 학생을 체벌할 때 쓰던 자처럼 생긴 목판(木板).

【戒除】**jièchú** 동 (좋지 않은 습관을) 끊다. 고치다. ¶~恶习=악습을 고치다.

【戒刀】**jièdāo** 명 계도. [비구가 늘 가지고 다니는 작은 칼. 옷을 마르거나, 머리를 깎거나, 손톱을 자를 때 씀]

【戒牒】**jièdié** ☞【度牒】**dùdié**

【戒毒】**jiè∥dú** 동 마약을 끊다. ¶~所=마약 중독자 재활원.

【戒赌】**jiè∥dǔ** 동 도박을 끊다.

【戒方】**jièfāng** 명 옛날, 글방 선생이 학생을 벌할 때 쓰던 목판(木板).

【戒规】**jièguī** 명 계율. 계명. 종교인이 지켜야 할 규범.

【戒骄戒躁】**jièjiāo-jièzào** 성 교만함과 성급함을 경계하다.

【戒惧】**jièjù** 동 경계하고 두려워하다. ¶毫无~=조금도 경계하거나 두려워하지 않다.

【戒律】**jièlǜ** 명〈宗〉계율. 종교인이 지켜야 할 규범. ¶清规~=종교인이 지켜야 할 규범.

【戒慎】**jièshèn** 동 경계하고 신중하다. ¶自不~=스스로 부주의하다.

【戒坛】**jiètán** 명〈佛〉계단. [(계)戒를 주는 의식이 이루어지는 단(壇). 대승 계단과 소승 계단이 있음]

【戒条】**jiètiáo** 명 계율.

【戒心】**jièxīn** 명 경계심. ¶怀有~=경계심을 가지다.

【戒严】**jiè∥yán** 동 계엄하다. 계엄령을 내리다.

【戒严令】**jièyánlìng** 명 계엄령.

【戒指】**jiè·zhi** (~儿) 명 반지. ¶结婚~=결혼 반지.

○ 戒 **jiè**
　诫 **jiè**
　械 **xiè**

# *芥 **jiè** 겨자 개

명 **1**문 작은 풀. ¶草~=초개. 하찮은 것. **2**문 몹시 작은 것. 미미한 사물. ¶纤~=미세하다. **3**〈植〉개채(芥菜). 갓. 겨자. ¶她吃不惯~末。=그녀는 겨자를 먹는 것이 익숙하지 않다.
☞ **gài**

○● 草芥, 荆**jīng**芥

【芥菜】**jiècài** 명〈植〉겨자.
☞ **gàicài**

【芥蒂】**jièdì** 명문 **1** 가느다란 마개. **2**비 (마음 속의) 응어리. 울분. 적의. 반감. 맺힌 것. ¶胸无~=가슴에 맺힌 응어리가 없다.

【芥末】**jiè·mo** 명 겨자가루.

【芥子】**jièzǐ** 명 겨자씨. 개자.

【芥子气】**jièzǐqì** 명〈化〉이페리트. 머스터드가스. [미란성(糜爛性) 독가스.]

**玠** jiè 큰 홀 개

명⊙ 큰 규(圭).

**届[(届)]** jiè 이를 계

통 (예정된 때에) 이르다. 다다르다. ¶~时务请光临。=그 때 반드시 오십시오. 양 회(回). 기(期). 차(次). [정기적인 회의 또는 졸업생 등에 쓰이며, '次(cì)·期(qī)'에 상당함] ¶应~毕业生=금년 졸업생. / 第八~校友会。=제8회 동창회.

◦● 历届, 上届, 首届, 应yīng届

【届满】 **jièmǎn** 통 기간이 만료되다. 만기가 되다. ¶任期~。=임기가 만료되다.

【届期】 **jièqī** 통 기한[기일]이 되다. ¶~请莅临指导。=그 때 오셔서 지도 편달해 주시길 바랍니다.

【届时】 **jièshí** 통 그 때가 되다. 정한 기일이 되다. ¶欢迎~参加。=그 때 참가하시는 것을 환영합니다.

**界** jiè 경계 계

명 **1** 경계(境界). 지계(地界). ¶国~=국경선. / 边~=변경. **2** 범위. 한계. ¶外~=외부. / 眼~=시계. **3** 계(界). 분야. [직업·업종·성별 등 구분된 범위] ¶各~人士=각계 인사. / 妇女~=여성계. **4** 어떤 특수한 범위. ¶上~=천상계. 천계. / 神仙下~=신선이 이 세상으로 내려오다. **5** 계(界). [대자연 중의 동식물 및 광물 등 분류 가운데 가장 큰 분류 단계] ¶植物~=식물계. / 无机~=무기계. **6** (地)계(界). [지층 연대 단위의 두 번째 단계로 지질 연대 단위의 '代(대)'에 상당함] ¶古生~=고생계. 고생대층. 통⊙ 인접하다. ¶南~长江=남쪽으로 창장(长江)에 인접하다.

◦● 分界, 疆jiāng界, 交界, 境界, 临界, 上界, 射界, 世界, 外界, 下界, 限界, 学界, 租zū界

【界碑】 **jièbēi** 명 경계비.

【界标】 **jièbiāo** 명 계표. 경계표.

【界别】 **jièbié** 명 업계별. 사회 구성원을 직업에 따라 나눈 유별. ¶参加会议的都是不同~的代表。=회의에 참가한 사람들은 모두가 각기 다른 업계의 대표들이다. 통 구별하다. 구분하다. 나누다. ¶~质量的高低=품질의 고하를 나누다.

【界尺】 **jièchǐ** 명 계척. 괘선을 긋는 데 쓰는 자.

【界定】 **jièdìng** 통 **1** 한계를 정하다. 범위를 확정하다. ¶~边界=변경을 확정하다. **2** 정의를 내리다. 범주를 정하다. ¶~词义=어의(語義)의 정의를 내리다.

【界河】 **jièhé** 명 경계선이 되는 하천.

【界划】 **jièhuà** 통 경계를 나누다. 경계를 긋다. 구획하다. ¶淮河与它的支流~着远处的平原。=화이허(淮河)와 그 지류는 먼 곳 평원과의 경계를 긋고 있다.

【界岭】 **jièlǐng** 명 경계가 되는 산.

【界面】 **jièmiàn** 명 **1** 계면. [서로 맞닿아 있는 두 물질의 경계면] **2** ☞【用户界面】 **yònghù jièmiàn**

【界内】 **jiènèi** 명 경계선 내. 관할 구역 안. ¶前面就是天津~。=저 앞은 바로 톈진(天津) 관할 구역 안이다.

【界内球】 **jiènèiqiú** 명(體) **1** (야구의) 페어볼(fair ball). **2** (테니스·배구의) 인사이드볼(inside ball).

【界山】 **jièshān** 명 (국가나 지역의) 경계[분계]가 되는 산.

【界石】 **jièshí** 명 계석. 경계석.

【界说】 **jièshuō** 명 계설. 정의(定義).

【界外】 **jièwài** 명 경계선 외. 관할 구역 밖. ¶球被踢出~。=찬 공이 아웃 라인 밖으로 나갔다.

【界外球】 **jièwàiqiú** 명(體) **1** (야구에서의) 파울 볼(foul ball). **2** (구기의) 아웃(out). 아웃사이드 볼(outside ball).

【界限】 **jièxiàn** 명 **1** 경계. =【界线】 **jièxiàn** ¶~分明=경계가 뚜렷하다. **2** 한도. ¶学习是没有~的。=공부는 끝이 없다.

【界限量规】 **jièxiàn liángguī** 명 한계 게이지(gauge). 리밋 게이지(limit gauge). =【极限量规】 **jíxiàn liángguī** 【量规】 **liángguī**

【界线】 **jièxiàn** 명 **1** 경계선. ¶两省的~是这条河流的航道中心线。=두 성(省)의 경계선은 이 하류(河流)의 항로 중심선이다. **2** (사물의) 테두리. 가장자리. ¶他们之间的关系没有越过朋友的~。=그들 간의 관계는 친구의 선을 넘어선 적이 없다. **3** ☞【界限】 **jièxiàn**

【界域】 **jièyù** 명 경계. 계역. 범위.

【界约】 **jièyuē** 명 국경 협정[조약].

【界址】 **jièzhǐ** 명 경계선.

【界桩】 **jièzhuāng** 명 경계 말뚝.

**疥** jiè 옴 개

명(醫) 옴.

【疥虫】 **jièchóng** ☞【疥螨】 **jièmǎn**

【疥疮】 **jièchuāng** ☞【疥螨病】 **jièmǎnbìng**

【疥蛤蟆】 **jièhá·ma** ☞【蟾蜍】 **chánchú**

【疥螨】 **jièmǎn** 명(動) 옴. ⊙【疥虫】 **jièchóng**

【疥螨病】 **jièmǎnbìng** 명(醫) 옴. ⊙【疥疮】 **jièchuāng**

**诫[誡]** jiè 훈계할 계

통 타이르다. 충고하다. 권고하다. 정중하게 권하다. ¶劝~=권계하다. / 告~=훈계하다.

◦● 功诫, 训诫

**蚧** jiè 합개 개

☞【蛤蚧】 **géjiè**

**借**¹ jiè 빌릴 차

통 **1** 빌리다. ¶他很少问别人~钱。=그는 좀처럼 남에게 돈을 빌려 달라고 하지 않는다. **2** 빌려주다. ¶孤本图书, 概不外~。=유일본 서적은

일체 대출해 주지 않는다. ↩还

## **借²[藉]** jiè 의지할 자

**동** 1 …에 의지하다. …에 기대다. …를 통하다. …을 이용하다. ¶~酒浇愁=술을 빌어 근심을 달래다. 2 가탁하다. 빌미로 삼다. 빙자하다. 평계를 대다. 구실로 삼다. ¶~故推辞=평계를 대고 거절하다.

☞ **jí**(藉)

○● 拆chāi借, 出借, 典借, 假借, 挪nuó借, 凭píng借, 求借, 摘zhāi借, 租zū借

【借词】**jiècí** ☞【外来语】**wàiláiyǔ**

【借代】**jièdài** **명**(言) 환유법. 대유법.

【借贷】**jièdài** **동** 돈을 꾸다〔빌리다〕. 돈을 빌려주다. **명** 대변과 차변. 대차.

【借刀杀人】**jièdāo-shārén** **성** 1 남의 칼을 빌어 사람을 죽이다. 2(비) 자신은 직접 드러내지 않고 남을 이용하여 사람을 해치다.

【借调】**jièdiào** **동** (소속의 변동 없이 일시적으로) 모 부서나 모 부문으로 차출하다.

【借读】**jièdú** **동** 1 해당 지역의 정식 호적이 없는 초·중·고생이 해당 지역 소재의 학교에 다니다. 2 모 학교 학적 소지자가 아닌 학생이 모 학교에서 공부하다.

【借端】**jièduān** **동** 트집을 잡다. 평계삼다. 구실 삼다. ¶~滋事=구실삼아 말썽을 일으키다.

【借方】**jièfāng** **명**(經) 차방. 차변(借邊). [부기(簿記)에서 계정 계좌의 왼쪽, 즉 자산의 증가, 부채 또는 자본의 감소·손실의 발생 따위를 기입하는 부분] ↩贷方

【借风使船】**jièfēng-shǐchuán** **성** 1 바람을 이용하여 배를 몰다. 2(비) 남의 힘을 빌어 자기의 목적을 이루다. =【借水行舟】**jièshuǐ-xíngzhōu**

【借古讽今】**jiègǔ-fěngjīn** **성** 옛 사람들의 시비곡직을 비평한다는 평계로 현실을 풍자하다.

【借故】**jiègù** **동** 트집을 잡다. 평계로 삼다. 구실 삼다. ¶~离去=평계를 대고 떠나다. ≒托故

【借光】**jiè‖guāng** **동** 1 혜택을 입다. 덕을 보다. 신세를 지다. [다른 사람의 이익이나 영향을 나누어 가지는 것을 가리킴] ¶今天借校长的光, 搭个便车回去。= 오늘은 교장 선생님 덕택에 차를 얻어타고 돌아갔다. 2 실례합니다. 미안합니다. 수고하십니다. [다른 사람에게 편의를 봐달라고 부탁하거나 문의할 때 쓰는 상투적인 말] ¶~, 请让开点儿。=미안합니다만, 좀 비켜 주십시오.

【借花献佛】**jièhuā-xiànfó** **성**(비) 남의 것으로 인심을 쓰다.

【借火】**jiè‖huǒ**(~儿) **동** (담뱃)불을 빌리다. ¶劳驾, 借个火儿。= 실례지만, 불 좀 빌립시다.

【借机】**jièjī** **부** 기회를 이용하여. 기회를 (틈)타. ¶~报复=기회를 틈타 복수하다.

【借鸡生蛋】**jièjī-shēngdàn** **성**(비) 다른 사람이나 남의 물건을 이용하여 자신의 이익을 취하다.

【借鉴】**jièjiàn** **동** 참고로 하다. 본보기로 삼다. 거울로 삼다. 교훈으로 삼다. ¶参考~=참고하여 거울로 삼다.

【借景】**jièjǐng** **동** (조경(造景)) 예술의 기법에서 정원 밖의 경물(景物)을 취하여 정원 내의 경치와 어울리도록 조경하다. 정원 내에 있는 각각의 경관을 조화롭게 배치하다.

【借镜】**jièjìng** **동** 참고로 하다. 본보기로 삼다. 거울로 삼다. 교훈으로 삼다.

【借据】**jièjù** **명** 차용증(서).

【借考】**jièkǎo** **동** (대학 입시 때, 관련 기관의 비준을 거쳐) 호적지가 아닌 곳에서 전국 대학 입학 시험에 참가하다.

【借口】**jièkǒu** **동** 구실로 삼다. 평계를 대다. 빙자하다. ¶她~身体不好提前走了。=그녀는 몸이 불편하다는 평계로 먼저 갔다. **명** 구실. 평계. ¶生病只是他的一个~。=몸이 아프다는 것은 단지 그의 평계일 뿐이다.

【借款】**jiè‖kuǎn** **동** 돈을 빌리다〔빌려 주다〕.

【借款】**jièkuǎn** **명** 차관. 대출. 빌린 돈. 빌려 준 돈. ¶收回~=빌려 준 돈을 회수하다.

【借聘】**jièpìn** **동** (외부 기관의 직원을) 차용 형식으로 임용하다. ¶~教师=차용 형식으로 임용된 교사.

【借契】**jièqì** **명** 차용증(서).

【借钱】**jiè‖qián** **동** 돈을 빌리다〔빌려 주다〕.

【借尸还魂】**jièshī-huánhún** **성** 1 죽은 사람의 혼이 다른 사람의 시체를 빌어 부활하다. 2(비) 이미 몰락하거나 소멸되었던 사상·세력·사물 등이 새로운 명목이나 형식을 빌어 다시 나타나다〔준동하다〕.

【借势】**jièshì** **동** 남의 세력을 빌다. 세력에 의지하다. ¶~压人=남의 세력에 의지해서 사람을 억압하다. **부** 기회를 틈타서. 세력에 기대어. ¶~逃走=기회를 틈타 도망치다.

【借手】**jièshǒu** **동** 남의 손을 빌다. 남에게 의지하다.

【借书】**jièshū** **동** 책을 빌리다〔빌려 주다〕. ¶~证=도서 대출증.

【借水行舟】**jièshuǐ-xíngzhōu** ☞【借风使船】**jièfēng-shǐchuán**

【借宿】**jiè‖sù** **동** 남의 집에 잠시 묵다. 기우(寄寓)하다. ¶~农家=농가에 묵다.

【借题发挥】**jiètí-fāhuī** **성** 어떤 토론 중인 주제를 빌어 자신의 새로운 의견을 피력하다.

【借条】**jiètiáo**(~儿) **명** 약식 차용증(서). ¶打~=차용증을 쓰다.

【借位】**jiè‖wèi** **동**(數) 수학에서 뺄셈을 할 때 앞자리 수를 빌려 오다.

【借问】**jièwèn** **동** 말씀 좀 여쭙겠습니다. ¶~省图书馆怎么走?=말씀 좀 여쭙겠습니다, 성(省)도서관으로 가려면 어떻게 갑니까?

【借以】**jièyǐ** **동** …에 의거하여 …하다. …로써 …하다. …을 통해서 …하다. ¶列举三例, ~说明开展这一活动的必要性。=세 가지 예를 들어 이 행사를 개최하는 필요성을 설명하려 한다.

【借用】**jièyòng** **동** 1 차용하다. 빌려서 쓰다. ¶我想~一下你的词典。=나는 네 사전을 좀 빌려

썼으면 한다. **2** 전용하다. 다른 용도로 쓰다. ¶某些形容词有时可 ~ 为动词。= 어떤 형용사들은 때때로 동사로 쓰일 수 있다.

【借喻】**jièyù** 명(言) 차유(법). [비유의 일종. 비유되는 사물과 '…같다' 식의 비유하는 말이 나타나지 않고, 직접 비유하는 사물로 비유되는 사물을 나타내는 비유법. 예컨대, '只见树木不见森林(나무만 보이고 숲은 보이지 않는다)'에서 '树木(나무)'와 '森林(숲)'이라는 비유하는 사물로 각기 '일부'와 '전체'라는 비유되는 사물을 나타냄]

【借约】**jièyuē** 명 차용증(서).

【借阅】**jièyuè** 동 (도서를) 빌려 보다. 차열(借閱)하다.

【借债】**jiè‖zhài** 동 돈을 빌리다(꾸다). 빚을 내다. ¶~度日 = 빚을 내어 살아가다. ≒借账 ↔还债 还账

【借账】**jiè‖zhàng** 동 돈을 꾸다(빌리다). 빚을 내다. ≒借债 ↔还账 还债

【借支】**jièzhī** 동 가불하다.

【借指】**jièzhǐ** 동 비유하여 …를 가리키다. [단어풀이의 술어로서, 비유하여 생긴 어의(語義)를 가리킴] ¶'狼烟'原指古代边防报警时烧狼粪升起的烟，后 ~ 战火。= '狼烟(낭연)'이란 원래는 고대 변방 경비대에서 비상 사태를 알릴 때 이리의 똥을 태워 올린 연기를 가리켰지만, 나중에 비유하여 전쟁을 가리키게 되었다.

【借重】**jièzhòng** 동 **1** …의 찬조를〔도움을〕얻다. …의 신세를 지다. ¶要不是 ~ 您老的名头儿，今天这事儿办不成。= 만약 어르신네의 명성을 빌리지 않았다면, 오늘 이 일은 처리할 수 없었을 것입니다. **2** 경 부탁하다. 도움을 청하다. 신세를 지다. ¶我们今后要 ~ 你们的地方还很多。= 저희는 앞으로 당신들에게 신세를 져야 할 일이 아직 많습니다.

【借住】**jièzhù** 동 남의 집에 잠시 묵다. 기우(寄寓)하다. 기숙(寄宿)하다.

【借助】**jièzhù** 동 (다른 사람 또는 사물의) 도움을 빌다(받다). …의 힘을 빌리다. ¶你 ~ 显微镜，就能看到附着在物体上的细菌。= 너는 현미경을 통해 물체 위에 붙어 있는 세균을 볼 수 있을 것이다.

【借箸代筹】**jièzhù-dàichóu** 성 **1** 앞에 놓인 젓가락으로 당시의 상황을 가리키다. **2** 비 다른 사람을 위하여 책략을 세우다.

**骱** jiè 뼈마디 개
명(생) 관절. ¶脱 ~ = 탈골하다.

**解** jiè 압송할 해
동 호송하다. ¶押 ~ = 압송하다.
☞ jiě, xiè

【解差】**jièchāi** 명(옛) 죄인을 호송하는 직무.

【解送】**jièsòng** 동 압송하다. 호송하다. ¶ ~ 犯人 = 범인을 압송하다.

【解元】**jièyuán** 명 **1** 해원. [당송(唐宋) 시기에 과거의 일종인 해시(解試)의 수석 합격자를 가리킴] **2** 해원. [명청(明淸) 시기에 과거의 일종인 향시(鄕試)의 수석 합격자를 가리킴]

【解运】**jièyùn** 동 호송하다. 압송하다. ¶ ~ 粮草 = 양식과 사료를 호송하다.

**褯** jiè 포대기 자
【褯子】**jiè‧zi** ☞ 【尿布】**niàobù**

**藉¹** jiè 깔개 자
명(문) 깔개. 자리. ¶草 ~ = 돗자리. 통(문) 깔다. 받치다. ¶枕 ~ = 서로 뒤엉켜 널브러져 있다.

**藉²** jiè 위로할 자
☞【慰藉】**wèijiè**【蕴藉】**yùnjiè**
☞ jí, jiè(借)

**价**[**價**] ‧jie 어조사 가
조 **1** ⑦ 부사어와 동사 혹은 형용사 사이에 쓰여, '地'의 용법에 상당함. ¶整天 ~ 忙 = 종일토록 바쁘다. / 震天 ~ 响 = 하늘을 진동시킬 만큼 소리가 울린다. **2** 경 단독으로 구를 이루는 부정부사 뒤에 쓰여 강조의 어투를 나타냄. ¶甭 ~ = 필요 없어. / 别 ~ = 하지 마.
☞ **jià**, **jiè**

**家** ‧jie 어조사 가
조 ⑦ '价(‧jie)'와 같음.
☞ **jiā**

# jin

**巾** **jīn** 수건 건
명 행주. 보자기. 수건. ¶围 ~ = 목도리. / 毛 ~ = 수건.

○● 餐cān巾, 纶guān巾, 网wǎng巾, 毛巾被, 红领巾

【巾帼】**jīnguó** 명(문) **1** 건괵. 옛날 부인들의 머리수건. **2** 부녀자. 부인. 여성. ¶ ~ 不让须眉。= 여자지만 남자에게 뒤지지 않는다.

【巾帼英雄】**jīnguó yīngxióng** 명 여장부. 여걸(女傑).

【巾帼丈夫】**jīnguó zhàngfū** 명 여장부. 여걸.

【巾箱】**jīnxiāng** 명 건상. 건급(巾笈). [고대에, 두건이나 수건을 넣어 두던 작은 상자]

【巾箱本】**jīnxiāngběn** 명 건상본. [중국에서, 소형 책자를 일컫는 말. 책이 아주 작아 두건 상자에 넣을 수 있음]

**斤¹** **jīn** 도끼 근
명 도끼. ¶ ~ 斧 = 도끼. 접미 어떤 중량으로 계산하는 물명(物名) 뒤에 쓰여 총칭으로 쓰임. ¶煤 ~ = 석탄. / 盐 ~ = 소금.

**斤²**[(觔)] **jīn** 무게 단위 근

**jīn** 斤今纴金

【斤】 근. [무게의 단위. 과거에는 1斤이 16량(兩)이었으나 지금은 10량으로, 500g임]

○● 公斤, 千斤, 千斤顶

| ○ 斤 jīn |
|---|
| 近 jìn |
| 芹 qín |
| 新 xīn |
| 欣 xīn |
| 忻 xīn |
| 昕 xīn |
| 锨 xiān |
| 祈 qí |
| 圻 qí |

【斤斗】 jīndǒu 재주넘기. 공중제비돌기. 곤두박질.

【斤斤】 jīnjīn 시시콜콜하다. 좀스럽다. ¶看远一些, 不要~于眼前. = 멀리 내다보고, 눈앞(의 이익)에만 급급해 하지 마라.

【斤斤计较】 jīnjīn jìjiào 자질구레하거나 중요하지 않은 일을 시시콜콜 따지다. ≒锱铢必较 睚眦必报 一毛不拔

【斤两】 jīnliǎng 1 중량. 무게. ¶~不足 = 중량이 모자라다. 2 무게. 중요성. ¶你应该听得出他话的~. = 너는 마땅히 그의 말의 무게를 알아차렸어야지.

**今** jīn 지금 금

| ○ 今 jīn | 芩 qín |
|---|---|
| 衿 jīn | 吟 yín |
| 矜 jīn | 黔 qián |
| 妗 jìn | 铃 qián |
| 衾 qīn | |

1 현재. 지금. ¶~春 = 금년 봄. / 当~ = 현재. 2 현대. ¶古往~来 = 옛날부터 지금까지. / 厚古薄~ = 옛 것을 중시하고 요즘 것을 경시하다. 이 (것). ¶~次 = 이것. ↔古 昔

○● 而今, 目今, 迄qì今, 如今, 现今, 于今, 至zhì今

【今不如昔】 jīnbùrúxī 지금이 옛날보다 못하다.

【今草】 jīncǎo 금초. [초서(草書)의 일종]

【今番】 jīnfān 금번. 이번. ¶~回归故里, 感慨良多. = 이번에 고향으로 돌아오니 감개가 무량하다.

【今非昔比】 jīnfēixībǐ 1 지금은 옛날에 비할 바가 아니다. 2 변화가 매우 크다.

【今后】 jīnhòu 금후. 이후. 앞으로. 지금 이후부터. ¶~要天天锻炼身体. = 앞으로 매일 몸을 단련하려고 한다.

【今年】 jīnnián 올해. 금년.

【今儿】 jīnr 오늘. =【今儿个】 jīnr·ge ¶~是他的生日. = 오늘은 그의 생일이다.

【今儿个】 jīnr·ge ☞【今儿】 jīnr

【今人】 jīnrén 현대인. 오늘날의 사람. 요즘 사람. ['古人(옛 사람)'과 구별됨] ¶这些史实对~仍有启示意义. = 이러한 역사적 사실들은 현대인들에게도 여전히 시사하는 바가 있다.

【今日】 jīnrì 1 금일. 오늘. ¶~事, ~毕. = 오늘 일은 오늘 마친다. 2 현재. 지금. ¶~世界并不太平. = 지금의 세상은 결코 평안하지 않다.

【今上】 jīnshàng ☞【当今】 dāngjīn

【今生】 jīnshēng 금생. 현세. 이승. 한평생. ¶~今世 = 이 한평생.

【今世】 jīnshì 1 금세. 현대. 당대(當代). 지금 세상. ¶~英才 = 금세의 영웅. 2 금생. 현세. 이승. 한평생.

【今是昔非】 jīnshì-xīfēi ☞【今是昨非】 jīnshì-zuófēi

【今是昨非】 jīnshì-zuófēi 1 현재는 옳고 과거는 그르다. 2 과거의 잘못을 비로소 깨닫다. =【今是昔非】 jīnshì-xīfēi【昨非今是】 zuófēi-jīnshì

【今岁】 jīnsuì 올해. ¶~风调雨顺. = 올해는 날씨가 농작하기 좋다.

【今体诗】 jīntǐshī =【近体诗】 jìntǐshī

【今天】 jīntiān 1 오늘. 2 현재. 지금. 오늘날. ¶~的国际形势仍很复杂. = 오늘날의 국제정세는 여전히 복잡하다.

【今晚】 jīnwǎn 오늘 밤.

【今文】 jīnwén 1 금문. [한(漢)대에 통용되던 예서(隸書)로서, '古文(고문)'과 구별됨] 2 ☞【今文经】 jīnwénjīng

【今文经】 jīnwénjīng 금문경. [한(漢)대에 통용되던 예서(隸書)로 기록된 유가 경전] =【今文】 jīnwén

【今昔】 jīnxī 금석. 현재와 과거. 지금과 옛적. ¶~比较 = 현재와 과거의 비교.

【今宵】 jīnxiāo 오늘 밤. 오늘 저녁. ¶难忘~ = 오늘 밤을 잊을 수가 없다.

【今夜】 jīnyè 오늘 밤.

【今译】 jīnyì (고대 문헌의) 현대 중국어 번역문. 《诗经》~ = 《시경》의 현대 중국어 번역문.

【今音】 jīnyīn (言) 1 현재의 음운. 2 절운(切韻)이나 광운(廣韻) 등의 운서(韻書)를 대표로 하는 수당(隋唐)의 음운.

【今雨】 jīnyǔ 새로 사귄 벗. 새 친구.

【今朝】 jīnzhāo 1 지금. 현재. 오늘. ¶数风流人物, 还看~. = 걸출한 인물을 꼽자면 역시 현재를 보아야 한다. 2 오늘. 지금. ¶~有酒~醉. = 오늘 술이 있으면 오늘 취한다. 먼 장래는 생각지 않고 목전의 향락만을 추구하다.

**纴[紟]** jīn 옷고름 금

옷고름.

**金** jīn 쇠 금

| ○ 金 jīn |
|---|
| 锦 jǐn |
| 钦 qīn |
| 锓 qīn |

1 금속의 총칭. [주로 금·은·동·철·주석 등을 가리킴] ¶冶~ = 야금. / 五~ = 금·은·동·철·주석. 2 (化) 골드(gold). [원소 기호 Au, 원자 번호 79] 3 (音) 징. ¶鸣~收兵 = 징을 울려 군사를 철수시켜 전투를 끝내다. 4 화폐. 돈. ¶奖~ = 상금. / 挥~如土 = 돈을 물 쓰듯 하다. 5 (Jīn) (歷) 금. [여진족(女眞族) 완안아골타(完顏阿骨打)가 1115년에 중국의 북부에 세운 나라 6 (Jīn) 성(姓). 1 황금빛의. ¶~发女郎 = 금발의 아가씨. 2 귀중하다. 진귀하다. 존귀하다. ¶~诺 = 금낙. 틀림없는 승낙.

○● 白金, 包金, 本金, 标金, 赤chì金, 酬chóu金, 错金, 镀dù金, 股金, 关金, 奖jiǎng金, 开

金, 劳金, 镏liú金, 美金, 描miáo金, 泥金, 平金, 千金, 沙金, 烫金, 淘táo金, 贴金, 吞tūn金, 薪金, 恤xù金, 押金, 冶yě金, 佣金, 子金, 租zū金, 足金

【金榜】jīnbǎng 몡 금방. 과방(科榜). [옛날, 과거에 급제한 사람의 이름을 써서 거리에 붙이던 방] ¶~高中(zhòng)=과거에 좋은 성적으로 급제하다.

【金榜題名】jīnbǎng-tímíng 성 1 전시(殿試)에 급제하다. 2 비 시험에 합격하다.

【金镑】jīnbàng 몡 파운드(pound).

【金本位】jīnběnwèi 經 금본위.

【金笔】jīnbǐ 몡 (금촉) 만년필.

【金币】jīnbì 몡 1 금화. 2 황금을 주요 성분으로 주조한 화폐.

【金碧辉煌】jīnbì-huīhuáng 성 황금빛과 푸른빛이 찬란하다. (건축물 등이) 휘황찬란하다. 아름답고 격조 높다.

【金匾】jīnbiǎn 몡 금색 안료로 쓴 편액. ¶~高悬=금빛 현판이 높이 내걸리다.

【金箔】jīnbó 몡 1 금박. 2 금박지. [주로 불상이나 기물을 장식하는 데 씀]

【金不換】jīn·buhuàn 속 1 황금으로도 바꿀 수 없다. 2 비 매우 귀중하다. ¶浪子回头~。=탕아가 뉘우치면 금보다 더 귀중하다.

【金灿灿】jīncàncàn (~的) 형 금빛 찬란하다. ¶~的阳光=금빛 찬란한 햇빛.

【金钗】jīnchāi 몡 1 금비녀. 2 유 여인. [주로 부귀한 집안의 여인을 가리킴] ¶红楼十二~=홍루의 열두 여인.

【金蝉脱壳】jīnchán-tuōqiào 성 1 매미가 허물을 벗다. 2 비 상대방이 눈치채지 못하게 도망치다.

【金城汤池】jīnchéng-tāngchí 성 1 금성탕지. 금성철벽. 2 비 철옹성. 난공불락의〔방비가 매우 튼튼한〕 성.

【金翅雀】jīnchìquè 動 금시작. 방울새.

【金疮】jīnchuāng 몡 (醫) 금창. [칼·창·화살 따위에 의해 생긴 상처] ¶~药=금창약. 금창산(金瘡散).

【金丹】jīndān 몡 금단. 선단(仙丹). [신선이 만든다고 하는 장생불사의 영약]

【金店】jīndiàn 몡 금방. 금은방.

【金殿】jīndiàn ☞【金銮殿】jīnluándiàn

【金锭】jīndìng 몡 덩어리 금화. 금괴.

【金額】jīn'é 몡 금액.

【金发】jīnfà 몡 금발머리. ¶~美女=금발머리 미녀.

【金饭碗】jīnfànwǎn 몡 비 철밥통. 철밥그릇.

【金粉】jīnfěn 몡 1 금분. 2 노란색 꽃가루. ¶~轻落气尤清。=노란 꽃가루 가벼이 떨어지니, 공기는 더욱더 맑은 듯하다. 3 ① 옛날 부녀자의 금으로 만든 머리장식과 화장용 연분. ② 비 사치스럽고 화려한 생활. ¶~世家=호화로운 명문세가.

【金风】jīnfēng 몡 가을 바람. [오행 중의 하나인 금(金)은 서쪽 또는 가을을 뜻함] ¶~习习=가을 바람이 솔솔 불다.

【金柑】jīngān 몡 (植) 1 금감(나무). 금귤(나무). 2 금감. 금귤. ⇒【金橘】jīnjú

【金剛】jīngāng 몡 1 (Jīngāng) (佛) 금강역사. ¶四大~=4대금강. 2 비 (파리 따위의) 번데기.

【金剛經】Jīngāngjīng 약 (佛) 금강반야바라밀경. [《金剛般若(bōrě)波羅蜜經》]

【金剛努目】Jīngāng-nǔmù 성 1 금강역사가 눈을 부릅뜨다. 2 비 무시무시하고 흉악스런 얼굴을 하다. =【金剛怒目】Jīngāng-nùmù

【金剛怒目】Jīngāng-nùmù ☞【金剛努目】Jīngāng-nǔmù

【金剛砂】jīngāngshā 몡 1 금강사·석류석의 가루·탄화규소·다이아몬드강옥(剛玉) 등의 총칭. 2 카보런덤(Carborundum). 탄화 규소 연마제. =【刚砂】gāngshā

【金剛石】jīngāngshí (礦) 금강석. 다이아몬드. =【金剛钻】jīngāngzuàn

【金剛石婚】jīngāngshíhūn 몡 다이아몬드 혼식. 회혼례. [결혼 60주년 또는 75주년을 기념하는 잔치] =【金剛钻婚】jīngāngzuànhūn

【金剛钻】jīngāngzuàn 몡 ☞【金剛石】jīngāngshí 2 비 훌륭하고〔탄탄한〕 수완〔솜씨〕. ¶没有~，别揽瓷器活儿。=대단한 능력이 없으면 함부로 일을 맡지 마라.

【金剛钻婚】jīngāngzuànhūn ☞【金剛石婚】jīngāngshíhūn

【金糕】jīngāo 몡 산사자(山查子)가 주원료인 붉은 빛의 달고 신 과자.

【金戈铁马】jīngē-tiěmǎ 성 1 쇠붙이로 만든 창과 철갑을 두른 말. 2 전쟁 혹은 전장에서의 생활. 3 비 강한 군대. 용맹하고 위풍당당한 군대.

【金工】jīngōng 몡 1 (고대의) 금속 가공 기술자. 2 금속 가공 공예의 총칭.

【金箍棒】jīngūbàng 몡 여의봉(如意棒). [고전소설 《서유기(西游記)》에서 주인공 손오공이 쓰는 변화무쌍하고 위력이 무궁무진한 방망이]

【金鼓齐鳴】jīngǔ-qímíng 성 1 징과 북이 함께 울리다. [옛날, 전투를 할 때 징과 북으로 명령을 내리고, 군대의 사기를 높였음] 2 비 격전을 벌이다.

【金瓜】jīnguā 몡 1 (植) 호박의 일종. 2 옛날, 무기의 일종으로, 봉 끝이 참외 모양이며 황금색임. [주로 주로 의장(儀仗)으로 씀]

【金关工程】jīnguān gōngchéng 몡약 국가 대외 경제 무역 정보망 프로젝트. [세관·경제 무역·금융·외환 관리·세무 등의 부서를 네트워크로 연결하여, 세관을 통과하는 수출입 무역 외환 결제 대금과 환급되는 세금을 컴퓨터 전산화하여, 이를 정확하게 검사함으로써 손실을 줄이자는 프로젝트]

【金冠】jīnguān 몡 금관. 황금으로 장식한 모자. [주로 옛날 제왕의 예모(禮帽)로 쓰임]

【金光】jīnguāng 몡 1 금빛. 금광. ¶~閃耀=금빛이 번쩍이다. 2 비 광명. 빛. ¶~大道=빛

나는 앞날. 광명 대로.
【金龟】jīnguī ☞【乌龟】wūguī
【金龟婿】jīnguīxù 명(中) 부자 사위.
【金龟子】jīnguīzǐ 명(動) 풍뎅이. ☞【金壳郎】jīn·kelàng
【金贵】jīn·guì 형(口) 진귀한. 귀중한. 소중한. 보배로운. ¶沙漠里的水比香油还~。=사막에서 물은 참기름보다 더 귀중하다.
【金桂】jīnguì 명(植) 금목서나무. [학명은 'Osmanthus fragrans (var. thunburgii)' 임]
【金合欢】jīnhéhuān 명(植) 금합환. [장미목 콩과(科) 아카시아속(属)에 속하는 수목으로 학명은 'Acacia farnesiana' 임]
【金衡】jīnhéng 명 금형. 트로이(troy)형. [영국이나 미국에서 금·은 등 보석의 무게를 다는 단위로, '常衡(금·은·약품 이외의 무게를 재는 상용중량 단위)'·'药衡(약용 온스)'과 구별됨]
【金晃晃】jīnhuānghuāng(~的) 형(口) 금빛 찬란한 모양. 번쩍번쩍 빛나다.
【金煌煌】jīnhuánghuáng(~的) 형(口) 금빛 찬란한 모양. 번쩍번쩍 빛나다.
【金黄】jīnhuáng 형 황금색의. 황금빛의. ¶~的麦穗=황금빛 보리 이삭.
【金煌煌】jīnhuánghuáng(~的) 형 금빛 찬란한 모양. 번쩍번쩍 빛나다. ☞【金晃晃】jīnhuǎnghuǎng ¶~的奖牌=번쩍번쩍 빛나는 상패.
【金晃晃】jīnhuǎnghuǎng(~的) ☞【金煌煌】jīnhuánghuáng
【金婚】jīnhūn 명 금혼. [서양의 풍속으로, 결혼 50주년을 가리킴]
【金鸡独立】jīnjī-dúlì 성 1 금계독립. [무술이나 기예에서 외발로 서는 자세를 가리킴] 2 외발로 서다.
【金鸡奖】Jīnjījiǎng 명 금계상. [중국 영화가 협회에서 거행하는 영화상]
【金鸡纳树】jīnjīnàshù 명(植) 기나나무. 금계랍나무. =【奎宁树】kuíníngshù
【金鸡纳霜】jīnjīnàshuāng ☞【奎宁】kuíníng
【金甲】jīnjiǎ 명(書) 갑옷.
【金浆玉醴】jīnjiāng-yùlǐ 성 1 전설에서 신선이 마시는 술. 2(中) 미주. 맛좋은 술.
【金奖】jīnjiǎng 명 금상. 최우수상.
【金橘】jīnjú 명 ☞【金柑】jīngān
【金卡】jīnkǎ 명 골드 카드(gold card). 브이아이피(VIP) 카드.
【金卡工程】jīnkǎ gōngchéng 명(史) 금융 전산화 프로젝트. [신용카드를 보급하여 전자 결제 방식으로 화폐를 유통시킴으로써, 자금 이용률과 회전율을 높여 국가 금융 기관 자금의 거시적 조정 능력을 향상시키고자 하는 프로젝트]
【金科玉律】jīnkē-yùlǜ 성 1 법률 조문이 완벽하고 결함이 없다. 2(中) 금과옥조. 반드시 지켜야 하며 변경할 수 없는 법칙이나 규정.
【金壳郎】jīnkéláng ☞【金龟子】jīnguīzǐ
【金口】jīnkǒu 명(中) 금언. 귀중한 말. 대단히 가치가 있는 말. ¶依你~。=당신의 귀중한 말에 따르마.
【金口玉言】jīnkǒu-yùyán 성 1 제왕이 한 말. 2(中) 한번 말하면 바꿀 수 없는 말. [풍자의 의미를 내포함]
【金库】jīnkù 명 국고. =【国库】guókù
【金块】jīnkuài 명 금괴. 금덩이.
【金矿】jīnkuàng 명(矿) 1 금광. 2 금광석.
【金兰】jīnlán 명 1 두터운 우정. 깊은 교분. ¶~之好=지극히 친한 사이. 친우. 친교. 2 의형제. 의남매. 의자매. ¶义结~=의형제[의자매]를 맺다.
【金兰谱】jīnlánpǔ ☞【兰谱】lánpǔ
【金莲】jīnlián(~儿) 명(喩) 전족(缠足)을 한 여자의 발.
【金莲花】jīnliánhuā 명(植) 나스터튬(nasturtium). 한련화. 금련화.
【金领】jīnlǐng 명 중역. 고액 연봉자. ¶~阶层=중역 계층. 고액 연봉자 계층. [주로 '三资企业'의 고급 관리, 외국 회사의 중국측 대표 이사, 규모가 비교적 큰 민영 회사의 사장 및 국영 기업의 최고층 지도자 등 고액의 연봉을 받는 계층을 가리킴]
【金龙鱼】jīnlóngyú 명(动) 아로와나(arowana). [부(富)의 상징으로 '风水鱼(풍수어)'라고도 하는데, 중국인들은 이 물고기가 부를 불러온다고 믿으며 관상용으로 많이 기름]
【金缕玉衣】jīnlǚ yùyī 명(歷) 금실로 옥을 연결하여 만든 한(漢)대 귀족의 수의(寿衣).
【金銮殿】jīnluándiàn 명 1 당(唐)대 궁전 이름. 2 (고전 소설·중국 전통극에서) 황제가 정사를 처리하거나 성대한 의식을 거행하는 전당. =【金殿】jīndiàn
【金霉素】jīnméisù 명(医) 오레오마이신(aureomycin).
【金迷纸醉】jīnmí-zhǐzuì ☞【纸醉金迷】zhǐzuì-jīnmí
【金牛座】jīnniúzuò 명(天) 황소자리.
【金瓯】jīn'ōu 명(中) 1 금속제 술잔. 2(喩) 완전한 강토(国土). 3 국토. ¶~无缺=금구무결. 국력이 강하여 한 번도 외침을 당한 적이 없다.
【金牌】jīnpái 명 1 (운동 경기 등에서) 금메달. ¶~得主=금메달리스트. 2 일등. 최우수. ¶~节目=최우수 프로그램.
【金盆洗手】jīnpén-xǐshǒu 성 1 무림이나 범죄 조직의 구성원이 정식으로 그 일에서 손을 떼다. 2(中) 어떤 직종에 있는 사람이 정식으로 그 직종을 떠나다. 완전히 손을 떼다.
【金器】jīnqì 명 황금 기물.
【金钱】jīnqián 명 1 금전. 금화. 2 화폐. 돈. ¶~不是万能的。=돈은 만능이 아니다.
【金钱豹】jīnqiánbào 명(动) 표범의 일종.
【金钱花】jīnqiánhuā ☞【旋覆花】xuánfùhuā
【金钱松】jīnqiánsōng 명(植) 금송. [소나무의 일종. 학명은 'Pseudolarix raempferi' 임]
【金枪鱼】jīnqiāngyú 명(动) 참치. (참)다랑어.

【金桥工程】jīnqiáo gōngchéng 명(经) 국가 공용 경제 정보망. [각급 지도자와 관련 부처가 적시에, 정확하게 관련 경제 정보와 국민 경제 데이터를 국가에 제공하여, 거시적 경제 조절과 대책 수준을 향상시키는 프로젝트]

【金秋】jīnqiū 명 금추. 가을. [옛날 사람들이 오행의 하나인 금(金)을 가을과 짝을 지어 부름] ¶~季节=가을.

【金曲】jīnqǔ 명 인기 가요〔가곡〕. 유행가. 히트 송(hit song).

【金融】jīnróng 명(经) 금융.

【金融寡头】jīnróng guǎtóu 명 금융 과두제.

【金融市场】jīnróng shìchǎng 명(经) 금융 시장.

【金融危机】jīnróng wēijī 명 금융 위기. 외환 위기.

【金三角】jīnsānjiǎo 명(地) 1 (Jīnsānjiǎo) 황금의 삼각지대. 골든 트라이앵글(Golden Triangle). [태국·미얀마·라오스의 접경 지역으로, 세계 최대 마약 생산지] 2 지리적 이점으로 경제가 발달한 지역.

【金嗓子】jīnsǎng·zi 명(비) 맑고 아름다운 듣기 좋은 목소리. 옥쟁반에 구슬 굴러가는 듯한 목소리. 꾀꼬리 같은 목소리.

【金色】jīnsè 명 금색. 금빛. ¶~的阳光=황금색의 햇빛.

【金闪闪】jīnshǎnshǎn(~的) 형 금빛이 번쩍번쩍하다. 금빛 찬란하다. ¶~的奖章=금빛 찬란한 휘장.

【金石】jīnshí 명 1 문 금석. 금속과 옥석. 2 비 견고한 것. 단단한 것. ¶锲而不舍, ~可镂。=중도에 포기하지 않으면 쇠와 돌에도 새길 수가 있다. 정성이 지극하면 돌 위에도 꽃이 핀다. 3 옛날, 청동기·기타 금속 기물과 석재 기물의 합칭. 4 금석문(자). 5 (音) 종(鐘)·경(磬)과 같은 악기. ¶~丝竹=금석사죽. [옛날의 중요한 네 가지 악기 즉, 종·경석·현악기류·관악기류를 가리킴].

【金石为开】jīnshí-wéikāi 성 1 금속과 옥석처럼 단단한 물건도 쪼개질 수 있다. 2 비 진실한 감정은 사람의 마음을 충분히 감동시킬 수 있고, 굳은 의지는 어떠한 어려움도 극복할 수 있다. ¶精诚所至, ~。=정성이 지극하면 어떠한 어려움도 극복할 수 있다. 지성이면 감천이다.

【金石学】jīnshíxué 명 금석학.

【金饰】jīnshì 명 금 장신구〔액세서리〕. 형 금·금가루·금박 등으로 장식한. ¶~的十二生肖塑像=금으로 장식한 십이지신상.

【金属】jīnshǔ 명 금속.

【金属探伤】jīnshǔ tànshāng 동 금속 비파괴 검사를 하다.

【金丝猴】jīnsīhóu 명(动) 들창코원숭이. =【仰鼻猴】yǎngbíhóu

【金丝雀】jīnsīquè 명(动) 카나리아(canary). 금사조(金絲鳥). 금사작. =【芙蓉鸟】fúróng niǎo

【金丝绒】jīnsīróng 명(纺) 골드 벨루어(gold velour). 비로드(veludo). 벨벳(velvet). 우단(羽緞). [주로 여성 의류·휘장이나 장식품을 만드는 데 쓰임]

【金松】jīnsōng 명(植) 금송. [학명은 'Sciadopitys verticillata' 임]

【金汤】jīntāng 명(약) 金城汤池(철옹성). ¶固若~=철옹성처럼 튼튼하다.

【金条】jīntiáo 명 막대형 금괴.

【金童玉女】jīntóng-yùnǚ 성 1 (道) 도교에서 신선의 심부름을 하는 사내아이와 계집아이. 2 천진무구한 남자 아이와 여자 아이.

【金位】jīnwèi 양 캐럿(carat). [순금의 함량을 나타내는 단위]

【金文】jīnwén 명 금문. 종정문(鐘鼎文). [상주(商周)와 진한(秦漢) 시대 청동기에 주조하거나 새긴 문자]=【钟鼎文】zhōngdǐngwén

【金乌】jīnwū ☞【踆乌】cūnwū

【金线猴】jīnxiànhóu ☞【金丝猴】jīnsīhóu

【金小蜂】jīnxiǎofēng 명(动) 노랑배자루맵시벌.

【金相玉质】jīnxiàng-yùzhì 성(비) 1 (사람의) 용모와 품격이 다 훌륭하다. 2 (문학 작품의) 형식과 내용이 다 완벽하고 뛰어나다.

【金星】jīnxīng 명 1 (天) 금성. 2 금빛 오각별(모양). [주로 훈장에 쓰임] ¶~勋章=금빛 오각별(모양) 훈장. 3 (사람이 어지럽고 눈이 침침할 때 보이는) 작은 별 같은 불꽃. ¶眼冒~=눈에 불꽃이 일다. (부딪혀서) 눈에 별이 보이다.

【金牙】jīnyá 명 금니. 금치(金齒).

【金言】jīnyán 명 금언. 귀중한 말. ¶他说的句句都是~。=그가 한 말은 한 마디 한 마디가 모두 귀중한 말이다.

【金钥匙】jīnyào·shi 명 1 황금 열쇠. [동화 속에 보물 상자를 열 수 있는 열쇠] 2 비 대단히 효과적인 방법이나 비결. ¶书籍是打开知识宝库的~。=책은 지식의 보물 창고를 열 수 있는 황금 열쇠이다.

【金银花】jīnyínhuā ☞【忍冬】rěndōng

【金印】jīnyìn 명 1 금인. [옛날, 황금으로 주조한 관인(官印)] 2 송(宋)대에 귀양 보내는 죄인의 얼굴에 찍었던 글자.

【金鱼】jīnyú 명(动) 금붕어.

【金鱼藻】jīnyúzǎo 명(植) 붕어마름.

【金玉】jīnyù 명 1 금과 옥. 2 진귀한 보물. 보배. ¶~首饰=진귀한 보물 장신구. 3 비 화려하고 귀중한 것〔물건〕. ¶~之言=귀중한 말.

【金玉良言】jīnyù-liángyán 성 1 금과 옥처럼 귀중한〔소중한〕 말. 2 비 대단히 귀중한 가르침이나 충고〔권고·의견〕.

【金玉其外, 败絮其中】jīnyù qí wài, bàixù qí zhōng 성 1 겉은 금과 옥으로 만들었는데, 안은 낡은 솜이다. 2 비 (사람이나 사물이) 겉보기는 화려하지만 안은 형편 없다. 빛 좋은 개살구.

【金元】jīnyuán 명 달러(dollar). ¶~外交=달러 외교.

【金圆券】jīnyuánquàn 명 국민당 정부가 1948년 발행한 지폐의 일종.

【金盏花】jīnzhǎnhuā 阁(植) 금잔화. 금송화 (金松花). 장춘화(長春花). =【金盏菊】jīn zhǎnjú

【金盏菊】jīnzhǎnjú ☞【金盏花】jīnzhǎn huā

【金针】jīnzhēn 阁 1 ⓧ 금침. 수바늘. 바늘. 봉침(縫針). 2 (醫) 침. [침구용 침으로, 옛날에는 주로 금·은이나 철로 만들었으나, 지금은 주로 스테인리스강으로 만듦] 3 (음식으로 쓰이는) 원추리의 꽃.

【金针菜】jīnzhēncài 阁 원추리. ⓨ【黄花】huánghuā【黄花菜】huánghuācài

【金针度人】jīnzhēn-dùrén (成) 1 금침을 전해 주다. [전설에서, 당(唐)나라 사람 정간(鄭侃)의 딸 채낭(采娘)이 칠석날 직녀에게 제를 올릴 때, 직녀가 그녀에게 금침을 주는 꿈을 꾸고 나서부터 그녀의 자수가 더욱 정교하고 섬세해졌다는 고사에서 유래함] 2 ⓗ 기예의 비결[요령]을 다른 사람에게 전수하다. 뛰어난 방법과 재주를 다른 사람에게 전수하다.

【金针菇】jīnzhēngū 阁(植) 팽이버섯.

【金枝玉叶】jīnzhī-yùyè (成) 1 아름답고 여린 꽃나무의 가지와 잎. 2 ⓗ 금지옥엽. 제왕의 후손이나 귀한 집안의 자손.

【金质奖】jīnzhìjiǎng 阁 금상. [통상적으로 최고상임]

【金砖】jīnzhuān 阁 1 ⓧ 옛날, 표준 골드 바(gold bar). [장방형 작은 벽돌 모양으로 생겨서 얻은 이름] 2 벽돌 모양의 금괴.

【金字塔】jīnzìtǎ 阁 금자탑. 피라미드.

【金字招牌】jīnzì zhāopái 阁 1 금가루를 칠해 쓴 간판. 2 ⓗ 자금이 풍부하고 신망이 두터운 상점·공장 등을 가리킴. 3 ⓗ 겉모양만 번지르르한 명예나 칭호. 빛 좋은 개살구. 허울 좋은 하눌타리.

【金子】jīn·zi 阁 1 ⓧ 금. 2 ⓗ 진실하고 순결한 사물. [주로 비유의 대상으로 쓰임] ¶她有着~一般的心。=그녀는 금쪽같이 순결한 마음을 지니고 있다.

**津** jīn 나루 진
阁 1 (사람의 몸이나 동식물 체내의) 진액. 수액. 체액. ¶~液=침. 2 침. 타액. ¶生~止渴=침이 고이게 하여 갈증을 풀다. 3 땀. ¶遍体生~=온몸에 땀이 나다. 4 ⓖ 나루(터). 도선장. 진구(津口). 진안(津岸). ¶关~=고개와 나루. 5 ⓗ 요직. 높은 직책. ¶窃据要~=부당한 방법으로 요직을 차지하다. 6 (Jīn) ⓟ 天津(톈진). ¶京~地区=베이징·톈진 지역. ⓥ 촉촉하게 하다. 적시다. 축이다. ¶~润=촉촉하다.

○● 迷mí津, 甜津津, 咸xián津津

【津巴布韦】Jīnbābùwéi 阁⑨(地) 짐바브웨(Zimbabwe). [수도는 '哈拉雷(하라레: Harare)'임]

【津津】jīnjīn ⓗ 1 맛이 좋거나 흥미진진한 모양. 감칠맛 나다. 흥미진진하다. ¶甜~=달짝지근하다. 2 땀·물 등이 배어 나오는 모양. 홍건하다. ¶汗~=땀이 흠뻑 나다.

【津津乐道】jīnjīn-lèdào (成) 흥미진진하게 (쉬지 않고) 이야기하다.

【津津有味】jīnjīn-yǒuwèi (成) 1 흥미진진하다. 2 감칠맛 나다. 아주 맛있다.

【津梁】jīnliáng 阁 1 나루터와 다리. 2 ⓗ 선도적인 사물이나, 교량 역할을 하는 방법·수단. ¶这个选本是学习英语的~。=이 선집은 영어 학습의 입문서이다.

【津贴】jīntiē 阁 1 수당. ¶出差~=출장 수당. 2 보조금. ⓥ 수당[보조금]을 지급하다. 보조하다. 보태 주다. ¶除学费外, 每月还~他300元生活费。=학비 외에 매달 300위안의 생활비를 더 보조해 준다.

【津要】jīnyào 阁ⓗ 1 수륙의 요충지[요지(要地)]. 요로(要路). 요도(要道). 2 ⓗ 요직. ¶身居~=요직에 몸담고 있다.

【津液】jīnyè 阁(醫) 1 중의학에서 인체 체액의 총칭. 진액. 2 침. 타액.

**衿** jīn 옷고름 금
阁ⓕ 1 옷고름. 옷을 매는 띠(끈). 2 '襟(앞자락·흉금)'과 같음.

**矜** jīn 불쌍히 여길 긍
ⓥ 1 가엾게 생각하다. 불쌍히 여기다. 연민하다. 동정하다. ¶~恤=동정하다. 2 자랑하다. 잘난 체하다. 교만하다. 뽐내다. 자부하다. 자만하다. ¶骄~=교만하다. ⓗ 조심하다. 신중하다. 정중하다. ¶言谈~持=말이 신중하다.
☞ guān, qín

【矜持】jīnchí ⓗ 자중하다. 신중하다. 조심스럽다. ¶神情~=표정이 조심스럽다.

【矜功自伐】jīngōng-zìfá (成) 자신의 공로를 너무 믿고, 스스로 교만하고 자만하다.

【矜夸】jīnkuā ⓥ (스스로) 자기 자신을 과시하다. 오만하고 자만하다. ¶~倨傲=오만하고 자만하다.

【矜重】jīnzhòng ⓗ 자중하다. 신중하다. 조심스럽다. ¶过于~=지나치게 자중하다.

**筋** jīn 힘줄 근
阁 1 (~儿) 힘줄. 인대. ¶剥皮抽~=가죽을 벗기고 힘줄을 뽑다. 사람을 잔인하게 박해하다. 2 근육. ¶钢~·铁骨=근육과 뼈가 강철 같다. 3 (밖으로 드러나 보이는) 정맥 혈관. ¶青~=핏대. 4 (~儿) 힘줄같이 생긴 것. ¶钢~=철근. / 橡皮~儿=고무줄.

○● 抽筋, 面筋, 脑筋, 铁筋, 转zhuàn筋

【筋道】jīn·dao 阁ⓗ 1 쫄깃하다. (음식이) 씹는 맛이 있다. ¶抻面吃起来比切面~。=손으로 뽑은 국수는 칼국수보다 쫄깃쫄깃하다. 2 (주로 노인이) 정정하다. 튼튼하다. ¶老人八十多了, 可身体还很~。=노인은 여든 살이 넘었어도 몸은 여전히 정정하다.

【筋斗】jīndǒu 〖명〗〈방〉 곤두박질. 공중제비. 재주넘기. 텀블링.

【筋骨】jīngǔ 〖명〗 1 근골. 근육과 뼈. 2 체격. 체력. 신체. ¶锻炼~=신체를 단련하다.

【筋节】jīnjié 〖명〗 1 근육과 관절. 2 〈비〉(글·말에서) 관건. 요점. 중요한 대목. ¶说书人往往说到~处就停下来, 吊听众的胃口. =이야기꾼은 항상 중요한 대목에 이르러서는 말을 멈춰 청중의 궁금증을 돋운다.

【筋力】jīnlì 〖명〗 1 근력. 체력. 기력. ¶~衰退=근력이 감퇴하다. 2 〖방〗 (면 등의 음식물의) 찰기. 탄력성. 끈기. 쫄깃쫄깃함. ¶绿豆粉的~挺大. =녹두가루의 끈기가 꽤 강하다.

【筋络】jīnluò 〖명〗〈醫〉 근락. 기혈의 통로. ¶疏通~=근락을 소통시키다.

【筋脉】jīnmài 〖명〗 1 정맥. 혈관. 2 〈비〉 글의 실마리. 조리. ¶本文~清晰, 说理透彻. =본문의 조리가 분명하고, 사리가 밝고 확실하다.

【筋疲力竭】jīnpí-lìjié ☞【筋疲力尽】jīnpí-lìjìn

【筋疲力尽】jīnpí-lìjìn 〈성〉 기진맥진하다. 파김치〔녹초〕가 되다. ≒殚精竭虑

【筋肉】jīnròu ☞【肌肉】jīròu

**禁 jīn 금할 금**

〖동〗 1 감당하다. 견뎌 내다. 이겨 내다. 참다. 받아들이다. 버티다. ¶~得起考验=시련을 감당할 수 있다. 2 (어려운 조건에서) 감당할〔견딜·이겨 낼·참을·버틸〕 수 있다. ¶弱不~风=몸이 너무 허약해서 바람에도 쓰러질 것 같다. 3 (느낌·기분 등을) 참다. 금하다. [주로 '不'와 결합하여 쓰임] ¶情不自~=감정을 스스로 억제하기 힘들다.
☞ jìn

【禁不起】jīn·buqǐ 〖동〗 이겨〔견뎌·감당〕 내지 못하다. [주로 사람이나 가축에 쓰임] ¶~诱惑=유혹을 이겨 내지 못하다.

【禁不住】jīn·buzhù 〖동〗 1 (사람이나 사물이) 이겨〔견뎌·감당〕 내지 못하다. ¶这根木头柱子~那么大的压力. =이 나무 기둥은 그렇게 큰 압력을 견뎌 내지 못한다. 2 참지 못하다. 금치 못하다. …하지 않을 수 없다. [사람에게만 쓰임] ¶她~哭了起来. =그녀는 참지 못하고 울기 시작했다.

【禁得起】jīn·deqǐ 〖동〗 이겨〔견뎌·감당〕 낼 수 있다. [주로 사람이나 가축에 쓰임] ¶要~糖衣炮弹的袭击. =달콤한 속임수를 이겨 낼 수 있어야 한다.

【禁得住】jīn·dezhù 〖동〗 (사람이나 사물이) 이겨〔견뎌·감당〕 수 있다. ¶那桥~洪水的冲击吗? =그 다리가 홍수의 세찬 충격을 견뎌 낼 수 있을까?

【禁受】jīnshòu 〖동〗 참다. 이겨 내다. 견디다. 감당하다. ¶他可能~不住这么大的挫折. =그는 이렇게 큰 좌절을 이겨 내지 못할 것이다. ≒承受

**襟 jīn 옷섶 금**

〖명〗 1 앞자락. 옷섶. ¶开~=앞자락을 열다. 大~=(단추를 한쪽으로 채우게 된) 중국 옷의 겉자락. 2 흉금. 포부. 기개. 도량. 지향. 마음. 가슴. 심정. 품은 생각. 감정. 느낌. ¶博大的~怀=넓은 포부. 3 동서. ¶~弟=처제의 남편. 손아랫동서.

○● 后襟, 前襟, 小襟, 胸xiōng襟

【襟抱】jīnbào 〖명〗〈문〉 흉금. 포부. 기개. 도량. 지향. 마음. 가슴. 심정. 품은 생각. 감정. 느낌. ¶~洞达=가슴이 막힘없이 훤히 통하다.

【襟怀】jīnhuái 〖명〗 흉금. 포부. 기개. 도량. 지향. 마음. 가슴. 심정. 품은 생각. 감정. 느낌. ¶~坦荡=마음에 거리낌이 없다. ≒胸怀 胸襟

【襟怀坦白】jīnhuái-tǎnbái 〈성〉 마음씨가 순결하고 정직하며, 사심이 없고 공명정대하다. 포부가〔마음이〕 담박하다. =〔胸怀坦白〕 xiōnghuái-tǎnbái

***仅[僅] jǐn 겨우 근**

〖부〗 겨우. 가까스로. 근근이. 다만. 단지. …뿐. ['只(zhǐ)·才(cái)'에 상당함] ¶不~如此=이러할 뿐만 아니라. / 至今已出版了两本小说. =나이가 겨우 15살밖에 안 됐는데, 벌써 두 권의 소설을 출판했다.
☞ jìn

【仅够】jǐngòu 〖동〗 간신히 …만 하다. 겨우 … 할 정도이다. 겨우 … 되다. ¶这点儿钱, ~他一个人用. =이 정도 돈은 겨우 그 사람 혼자 쓸 정도이다.

【仅见】jǐnjiàn 〖동〗 극히 보기 드물다. 드물게 보이다. ¶世所~=세상에서 극히 보기 드물다.

【仅仅】jǐnjǐn 〖부〗 단지. 다만. 겨우. 간신히. …만. …뿐. ['只(zhǐ)'에 상당함] ¶那座大楼~用了半年时间就竣工了. =그 빌딩은 반 년 만에 준공했다. ≒单单

【仅有】jǐnyǒu 거의 …없다. 오직〔단지·겨우〕…밖에 없다. ¶这个小城~一座公园. =이 소도시에는 공원이라곤 겨우 하나밖에 없다.

【仅只】jǐnzhǐ 〖부〗 단지. 다만. 겨우. 간신히. …만. …뿐. ['只(zhǐ)'에 상당함] ¶公司~降耗一项就多收入三百万. =회사는 단지 한 항목의 에너지 소모만 줄여도 300만 위안의 수익을 더 올린다.

***尽[盡] jǐn 다할 진**

〖동〗 될〔할〕 수 있는 한 …하다. 되도록〔될수록〕 …하다. 힘닿는 대로 …하다. ¶我们~可能地减少录入错误. =우리들은 되도록 입력 오류를 줄여야 한다. 〖개〗 1 …만에. …안에. …내에서. [범위의 한계를 설정하여, 초과해서는 안 됨을 나타냄] ¶~着一周时间把剩下的工作完成. =일주일 만에 남은 일을 완성하다. 2 …부터. [어떤 사람이나 사물이 맨 앞에 놓임을 나타냄] ¶先~老年人上车. =먼저 노인부터 차에 오른다. 〖부〗 1 맨. 가장. 제일. ['最(zuì)'에 상당함] ¶~东头=맨 동쪽. / ~上边=제일 위쪽. 2 〖방〗 언제나. 늘. 항

상. 내내. ¶这几天~下雪. =요 며칠 내내 눈이 내린다.
☞ **jīn**

【尽管】**jǐnguǎn** 〖접〗 비록〔설령〕…라 하더라도. …에도 불구하고. [복문의 앞 구에 쓰여서 양보 관계를 나타내며, '虽然(suīrán)'에 상당함. 주로 '也(yě)'·'还是(háishì)'·'但是(dànshì)'·'却(què)' 등과 호응하여 쓰임] ¶~任务艰巨, 但大家还是设法按时完成了. =비록 임무는 어렵고도 방대했지만, 모두 방법을 강구하여 여전히 제때에 완성했다. 〖부〗 **1** 얼마든지. 마음대로. 주저하지 않고. [조건의 한계 없이 마음대로 할 수 있음을 나타내며, '只管(zhǐguǎn)'에 상당함] ¶有什么想法一直说. =무슨 생각이 있으면 주저하지 않고 바로 말하라. **2** 〖부〗 언제나. 줄곧. 늘. 항상. 내내. ¶别人问为什么, 小家伙不回答, ~哭. =다른 사람이 왜냐고 묻자, 꼬마는 대답하지 않고, 줄곧 울기만 한다.

【尽可能】**jǐnkěnéng** 〖부〗 되도록. 가능한 한. 될 수 있는 한. ¶~把事情办成. =가능한 한 일이 되도록하다.

【尽快】**jǐnkuài** 〖부〗 되도록 빨리. ¶~把论文送到编辑部来. =되도록 빨리 논문을 편집부로 부쳐 오시오.

【尽量】**jǐnliàng** 〖부〗 가능한 한. 되도록. 될 수 있는 대로. 최대 한도로. 마음껏. 한껏. 극력. ¶你~多睡一会儿. =너 가능한 좀 더 자라.
☞ **jìnliàng**

【尽先】**jǐnxiān** 〖부〗 맨〔제일〕 먼저. ¶~考虑灾民的吃住问题. =제일 먼저 이재민들의 먹고 자는 문제를 고려하다.

【尽早】**jǐnzǎo** 〖부〗 되도록 일찍〔조속히〕. ¶~把销售方案提交经理办公室. =되도록 조속히 판매 방안을 사장실로 제출하시오.

【尽自】**jǐn·zi** 〖부〗〖방〗 언제나. 늘. 자꾸. 항상. 줄곧. ¶他~闷头喝酒. =그는 항상 묵묵히 술을 마신다.

# 卺 **jǐn** 술잔 근
〖명〗 옛날, 혼례 때 합환주(合歡酒)를 하던 술잔. [호리병박 하나를 두 쪽을 내어 신랑, 신부가 각각 하나씩 잡음] ¶合~=합환주를 마시다.

# 紧[緊, 繁·繁] **jǐn** 팽팽할 긴
〖형〗 **1** 팽팽하다. ¶把木头捆~. =나무를 팽팽하게 묶다. **2** 단단하다. 단단해서 움직이지 않다. ¶螺丝要拧~. =나사는 단단하게 조여야 한다. **3** (옷 등이) 너무 작다. 꼭 끼다. 빡빡하다. 매우 가깝다. 바짝 다가가 있다. 틈이 거의 없다. ¶鞋太~, 穿着不舒服. =신발이 너무 꺼어 신기 불편하다. **4** 일이 바로 이어지다. 급박하다. 쉴새 없다. 끊임없다. 겨를이 없다. 바쁘다. 촉박하다. ¶风~雨急=비바람이 쉴새없이 몰아치다. / 不~不慢=서두르지도 않고 여유를 부리지도 않다. **5** 거세다. 심하다. 맹렬하다. 세차다. 급격하다. ¶最近风声很~. =최근에 감시가 아주 심하다. **6** (생활이) 넉넉하다. 넉넉하지 못하다. 빠듯

하다. ¶他最近手头很~. =그는 요즘 형편이 빠듯하다. **7** 엄격하다. ¶你对孩子管得太~了. =너는 아이를 너무 엄격하게 단속한다. **8** (형세가) 긴급하다. 긴박하다. 절박하다. (관계가) 중요하다. ¶~要关头=중대한 고비. 〖동〗 (바짝) 죄다. (팽팽히) 잡아당기다. 켕기다. ¶把弦~一~. =줄을 팽팽하게 당기다. ↔松

🔾● 吃紧, 赶紧, 关紧, 加紧, 口紧, 上紧, 手紧, 松紧, 严紧, 要紧, 嘴紧, 松紧带

【紧巴巴】**jǐnbābā** (~的) 〖형〗〖구〗 **1** 꼭 끼어 갑갑한 모양. 바짝 쥔 모양. (가득 차서) 빠듯한 모양. ¶这件衬衫太小, 穿在身上~的. =이 셔츠는 너무 작아서 입으면 꽉 낀다. **2** (경제적으로) 빠듯한 모양. 넉넉하지 못한 모양. ¶那时候挣的钱少, 日子过得~的. =그 때 버는 돈이 시원치 않아 빠듯하게 지냈다.

【紧梆梆】**jǐnbāngbāng** (~的) 〖형〗 **1** 팽팽하게 켕긴 모양. 바짝 쥔 모양. 꼭 끼는 모양. ¶行李捆得~的. =짐을 팽팽하게 조여 매다. **2** (경제적으로) 빠듯한 모양. 넉넉하지 못한 모양. ¶最近手头~, 手上显得~的. =요즘 쓸 곳이 많아서 주머니사정이 빠듯해 보인다.

【紧绷绷】**jǐnbēngbēng** (~的) 〖형〗 **1** 팽팽하게 켕긴 모양. 바짝 쥔 모양. ¶弓弦拉得~的. =활 시위를 팽팽하게 당기다. / 麻袋塞得~的. =마대에 꽉꽉 채워 넣다. **2** 긴장하거나 표정이 부자연스러운 모양. ¶他成天把脸板得~的, 好像谁得罪了他似的. =그는 하루 종일 표정이 굳어 있는데, 누가 그의 기분을 상하게 한 것 같다.

【紧逼】**jǐnbī** 〖동〗 바짝(바짝) 조르다. 재촉하다. 강요하다. 압박하다. ¶步步~=한 발짝 한 발짝 바짝 압박하다.

【紧闭】**jǐnbì** 〖동〗 꼭〔꽉〕 닫다〔다물다〕. ¶房门~=현관문을 꼭 닫다.

【紧凑】**jǐncòu** 〖형〗 치밀하다. 잘 짜이다. 빈틈없다. ¶会议期间的活动安排很~. =회의 기간의 행사가 아주 빈틈없이 짜여져 있다. ≒紧密 ↔ 松散

【紧促】**jǐncù** 〖형〗 급박하다. 절박하다. ¶呼吸~=호흡이 급박하다.

【紧跟】**jǐngēn** 〖동〗 **1** 바짝 뒤따르다. **2** 〖비〗 적극적이고 주동적으로 따르다. ¶产品广告要~消费形势. =상품 광고는 소비 추세를 적극적으로 따라야 한다.

【紧箍咒】**jǐngūzhòu** 〖명〗 **1** 《서유기(西游记)》에서 삼장법사가 손오공 머리의 금테를 조여 꼼짝못하게 만드는 주문. **2** 〖비〗 사람을 통제〔속박·구속〕하는 사물.

【紧急】**jǐnjí** 〖형〗 긴급하다. 절박하다. 긴박하다. ¶任务~=임무가 긴급하다. ≒紧迫 急迫 火急

【紧急状态】**jǐnjí zhuàngtài** 〖명〗 **1** 긴급 상황〔상태〕. **2** 국가가 전쟁에 직면한 상태.

【紧紧】**jǐnjǐn** 〖형〗 **1** 팽팽하다. ¶鼓面绷得~的. =북이 팽팽하게 당겨져〔메워져〕 있다. **2** 빡빡하다. 매우 가깝다. 바짝 다가가 있다. 틈이 거의 없다. 꼭 끼다. ¶小家伙~地跟着父亲, 寸步不

离。=꼬마가 부친을 바싹 따라다니며, 한 발자국도 떨어지지 않다. **3** 단단하다. 단단해서 움직이지 않는다. ¶他把拳头攥得~的。=그는 주먹을 단단히 쥐었다.

【紧邻】**jǐnlín** 몡 바로 옆에 있는 이웃.

【紧锣密鼓】**jǐnluó-mìgǔ** 솅 **1** (옛날, 중국 전통극을 공연하기 전에 관중의 입장·착석·정숙 등을 재촉하기 위해) 급박한 리듬의 징과 북을 치다. **2** ⑪ 어떤 일을 하기 위해 긴박하게 준비하다. =【密锣紧鼓】**mìluó-jǐngǔ**

【紧忙】**jǐnmáng** 閉 얼른. 급히. 재빨리. 바삐. 분주히. 서둘러. 황급히. 어서. ¶他这两天~着赶论文。=그는 요 며칠 논문을 급히 서두르고 있다.

【紧密】**jǐnmì** 혱 **1** 긴밀하다. 굳다. 밀접하다. ¶~联系=긴밀하게 연락하다. **2** 끊임없다. 잦다. ¶~的枪声=끊임없는 총성. ≒紧凑 ↔松散

【紧迫】**jǐnpò** 혱 급박하다. 긴박하다. ¶形势~=형세가 급박하다. ≒紧急

【紧迫感】**jǐnpògǎn** 몡 긴박감. ¶对这项工程, 每个参加的人都要有~。=이 공사에 대해 모든 참가자는 긴박감을 가져야 한다.

【紧迫性】**jǐnpòxìng** 몡 시급성. ¶我们要充分认识到教育改革的~。=우리들은 교육 개혁의 시급성을 확실히 인식해야 한다.

【紧俏】**jǐnqiào** 혱 (상품이 잘 팔려) 공급이 달리다. 초과 수요되다. ¶~商品=잘 팔리는 상품. 수요 초과 상품.

【紧缺】**jǐnquē** 혱 (물품이) 달리다. 빠듯하다. 부족하다. ¶药品~=약품이 달리다.

【紧身儿】**jǐn·shēnr** 혱 몸에 꼭 끼는. ¶~的内衣裤=몸에 꼭 맞는 아래 속옷. 몡 몸에 꼭 끼는 상의. ¶他上面只穿着一件~。=그는 위에 몸에 꼭 끼는 티셔츠 한 벌만 입고 있다.

【紧身衣】**jǐnshēnyī** 몡 몸에 꼭 끼는 옷.

【紧实】**jǐnshí** 혱 견실하다. 튼튼하다. 건강하다. ¶老人身子骨还~。=노인은 몸이 여전히 튼튼하다.

【紧随】**jǐnsuí** 동 바싹 뒤따르다. ¶~其后=그 뒤를 바싹 따르다.

【紧缩】**jǐnsuō** 동 바싹 죄다. 긴축하다. 축소하다. 작게 하다. 줄이다. ¶~编制=편제를 축소하다.

【紧锁】**jǐnsuǒ** 동 꼭〔단단히〕잠그다. ¶大门~=대문을 꼭 잠그다.

【紧要】**jǐnyào** 혱 긴요하다. 요긴하다. 중요하다. 중대하다. ¶无关~=긴요하지 않다.

【紧衣缩食】**jǐnyī-suōshí** ☞【节衣缩食】**jiéyī-suōshí**

【紧张】**jǐnzhāng** 혱 **1** (정신적으로) 긴장되어 있다. 불안하다. ¶神情~=표정이 긴장해 있다. **2** 급박하다. 긴박하다. 격렬하다. ¶工作~=일이 바쁘다. **3** (물품이) 달리다. 빠듯하다. 부족하다. ¶原料供应~。=원료 공급이 달리다. **4** (일하는 태도가) 적극적이다. 진취적이다. 날쌔다. ¶要树立团结、~、严肃、活泼的学习风气。=단결되고, 적극적이고, 엄숙하고, 활발

한 학습 분위기를 확립해야 하다. ↔缓和 和缓 沉着 松弛 轻松 宽余

【紧着】**jǐn·zhe** 동 **1** ㉮ 서두르다. 다그치다. ¶车要来了, 大家~收拾行李。=차가 곧 오니, 모두 서둘러 짐을 싸세요. **2** (지출·소비를) 긴축하다. 축소하다. 작게 하다. 줄이다. 절약하다. 아끼다. ¶钱要~点儿用, 别超支了。=돈을 좀 아껴서 써야지, 초과 지출하면 안 된다.

【紧追不舍】**jǐnzhuī-bùshě** 셍 조금도 긴장을 풀지 않고 바싹 (뒤)쫓아가다〔추구하다〕.

# 堇 **jǐn** 제비꽃 근

아래를 참조.

【堇菜】**jǐncài** 몡 (植) 제비꽃. 오랑캐꽃. =【堇堇菜】**jǐnjǐncài**

【堇堇菜】**jǐnjǐncài** ☞【堇菜】**jǐncài**

【堇色】**jǐnsè** 몡 옅은 보라색.

# \*锦[錦] **jǐn** 비단 금

몡 (색채와 무늬가 있는) 비단. ¶蜀~=쓰촨(四川) 전통 비단 공예품. / 衣~还乡=금의환향(锦衣還鄕)하다. 혱 아름답다. 화려하다. 눈부시다. ¶~霞=아름다운 노을.

> ○● 集锦, 库kù锦, 什shí锦, 蜀shǔ锦, 云锦, 织锦, 壮锦

【锦标】**jǐnbiāo** 몡 우승패. 우승컵. 우승기. 우승 트로피(trophy).

【锦标赛】**jǐnbiāosài** 몡 선수권 대회. ¶世界排球~=세계 배구 선수권 대회.

【锦缎】**jǐnduàn** 몡 무늬 비단. 브로케이드(brocade).

【锦鸡】**jǐnjī** 몡 (動) 금계(金鷄).

【锦葵】**jǐnkuí** 몡 (植) (당)아욱.

【锦纶】**jǐnlún** 몡 나일론(nylon). 폴리아미드(polyamide) 섬유. ⇒【尼龙】**nílóng**

【锦囊】**jǐnnáng** 몡 금낭. 비단 주머니. [옛날, 시인이 주로 시고(詩稿)를 넣어 두는 데 사용함] ¶~佳制=비단 주머니 속의 훌륭한 작품.

【锦囊妙计】**jǐnnáng miàojì** 솅 **1** (옛날, 소설 속에서 달인이 위급한 상황이 닥치면 열어 보라고 미리 종이에 적어서) 비단 주머니에 넣어 둔 묘책. **2** ⑪ 제때에 위급한 문제를 해결할 수 있는 묘책.

【锦旗】**jǐnqí** 몡 우승기. 페넌트(pennant). [경기의 우승자·단체·개인에게 주어 경의(敬意)나 사의(謝意)를 표시함]

【锦上添花】**jǐnshàng-tiānhuā** 솅 **1** 아름다운 비단 위에 꽃을 수놓다. 금상첨화. **2** ⑪ 좋은 일에 또 좋은 일이 더해지다. 더없이 좋다.

【锦心绣腹】**jǐnxīn-xiùfù** ☞【锦心绣口】**jǐnxīn-xiùkǒu**

【锦心绣口】**jǐnxīn-xiùkǒu** 솅⑪ 글의 창작력이 뛰어나고 문채(文彩)가 화려하다. =【锦心绣腹】**jǐnxīn-xiùfù**

【锦绣】**jǐnxiù** 몡 **1** 금수. 아름답고 화려한 견직물. **2** ⑪ 아름다운 것. ¶~山河=금수강산.

【锦绣前程】jǐnxiù-qiánchéng 〈성구〉 전도양양한 앞날. 아름답고 빛나는 미래. 유망한 전도.
【锦衣玉食】jǐnyī-yùshí 〈성구〉 1 금의옥식. 비단옷과 진귀한 음식. 2〈비〉 호사스러운 생활.

## 谨[謹] jǐn 삼갈 근
〈형〉 신중하다. 조심스럽다. 삼가다. ¶恭~ =공손하고 조심성 있다. / 勤~ =부지런하다. 〈부〉〈문〉 공손히. 정중히. 삼가. ¶~领 =삼가 받다. / ~致谢意 =삼가 감사의 뜻을 표하다.

○● 恭gōng谨, 拘jū谨, 严谨

【谨呈】jǐnchéng 〈동〉〈문〉 근정하다. 삼가 증정하다. [편지의 상용어구로, 주로 편지 끝에 쓰임]
【谨饬】jǐnchì 〈형〉〈문〉 신중하고 주도면밀하다. ¶布局工整~。 =짜임새가 깔끔하고 신중하며 주도면밀하다.
【谨防】jǐnfáng 〈동〉 조심하여 방비하다. 몹시 경계하다. ¶~上当 =속임수를 조심하다. / ~假冒产品 =가짜 상품을 조심하십시오.
【谨记】jǐnjì 〈동〉 잘 기억하다. 새겨 두다. ¶母亲教诲, 孩儿~。 =어머니의 가르침을 소자〔소녀〕새겨 두겠습니다.
【谨启】jǐnqǐ 〈동〉〈문〉 근계. 삼가 말씀드립니다. 삼가 아룁니다. [편지의 상용어구로, 주로 편지 처음이나 끝에 쓰임] ¶恩师~ =은사님께 삼가 아룁니다.
【谨上】jǐnshàng 〈동〉〈문〉 삼가 올립니다〔드립니다〕. [편지의 상용어구로, 주로 편지 끝에 쓰임]
【谨慎】jǐnshèn 〈형〉 (언행이) 신중하다. 조심스럽다. ¶~从事 =신중하게 일을 처리하다. ≒审慎 慎重 ↔冒失
【谨守】jǐnshǒu 〈동〉 엄수하다. 성실하고 신중하게 준수하다〔지키다·따르다〕. ¶~诺言 =약속을 성실하고 신중하게 준수하다.
【谨小慎微】jǐnxiǎo-shènwēi 〈성〉 1 사소한 것에도 신중하고 조심하다. 2 지나치게 소심하고 신중하다. ≒小心翼翼
【谨严】jǐnyán 〈형〉 근엄하다. 신중하고 엄밀하다. 점잖고 엄격하다. ¶结构~ =구성이 신중하고 엄밀하다.
【谨言慎行】jǐnyán-shènxíng 〈성〉 말과 행동을 각별히 조심하다.

## 馑[饉] jǐn 흉년들 근
〈형〉〈문〉 1 채소의 수확이 좋지 않다. 2 (농작물의) 수확이 좋지 않다. ¶饥~ =기근이 들다.

## 廑 jǐn 겨우 근
〈부〉〈문〉 '仅(jǐn)'과 같음.
☞ qín

## 瑾 jǐn 아름다운 옥 근
〈명〉〈문〉 아름다운 옥.

## 槿 jǐn 무궁화나무 근
☞【木槿】mùjǐn

## 仅[僅] jǐn 거의 근
〈부〉〈문〉 거의. 대체로. ¶士卒~万人。 =병졸들이 거의 만 명에 달한다.
☞ jǐn

## 尽[盡] jìn 다할 진
〈동〉 1 다 없어지다. 다하다. 끝나다. ¶苦~甘来 =고진감래. 고생 끝에 낙이 온다. 取之不~ =아무리 써도 없어지지 않는다. 2〈문〉 죽다. 사망하다. ¶同归于~ =같이 죽다. 3 극치에 달하다. 최고에 달하다. ¶山穷水~ =막다른 골목에 다다르다. 4 다 쓰다. 모두 사용하다. 전부 발휘하다. ¶人~其才, 物~其用。 =사람은 그 재능을 다 발휘하고, 사물은 그 쓰임을 다하다. 5 온 힘을 다해 해내다. 힘써 완수하다. ¶~一切办法 =모든 방법을 다 동원하다. 〈형〉 전부의. 모든. ¶~数收回 =모두 거둬들이다. 〈부〉 1 완전히. 모두. 다. 전부. ¶前功~弃 =이전의 공로〔성취〕가 모두 쓸모 없게 되다. 2 다만〔단지〕 … 뿐. …만. ¶~干坏事 =나쁜 짓만 하다. ≒穷 竭
☞ jǐn

⊙ 尽 jǐn
烬 jìn
荩 jìn

○● 大尽, 净尽, 穷尽, 详xiáng尽, 小尽, 自尽

【尽瘁】jìncuì 〈동〉〈문〉 성의를 다하고 힘을 다하다. 몸과 마음이 지쳐 쓰러질 정도로 열심히 힘을 다하다. 심력(心力)을 다하다. ¶鞠躬~, 死而后已。 =나라를 위하여 죽을 때까지 몸과 마음을 다 바치다.
【尽欢】jìnhuān 〈동〉 즐거움을 다하다. 흥을 다하다. ¶~而散 =마음껏 즐기고 흩어지다.
【尽力】jìn‖lì 〈동〉 온 힘을〔전력을〕 다하다. ¶~相助 =온 힘을 다해 돕다. ≒努力 竭力
【尽力而为】jìnlì'érwéi 〈성〉 전력을 다해서 하다. 최선을 다하다.
【尽量】jìnliàng 〈동〉 양을 다하다. 최대 한도로 이르다. 양을 다 채우다. 양껏 하다. ¶饭~吃, 酒少喝点儿。 =밥은 양껏 먹고 술은 적게 마시다.
☞ jǐnliàng
【尽七】jìnqī ☞【七七】qīqī
【尽其所长】jìnqísuǒcháng 〈성〉 가지고 있는 장점〔재능〕을 충분히 발휘하다. =【尽其所能】jìnqísuǒnéng
【尽其所能】jìnqísuǒnéng ☞【尽其所长】jìnqísuǒcháng
【尽其所有】jìnqísuǒyǒu 〈성〉 가지고 있는 모든 것을 다 내놓다.
【尽情】jìnqíng 〈부〉 하고 싶은 바를 다하여. 한껏〔실컷·마음껏〕. ¶~欢笑 =마음껏 즐겁게 웃다. ≒纵情
【尽然】jìnrán 〈형〉 모두〔다·전부〕 그렇다. [주로 부정형으로 쓰임] ¶他说的未必~。 =그의 말이 반드시 다 그런 것은 아니다.
【尽人皆知】jìnrénjiēzhī 〈성〉 모든 사람들이 다 알다.
【尽人事】jìn rénshì 〈동〉 사람이 할 수 있는 모든

것을 다하다. ¶~而待天命。= 진인사대천명(盡人事待天命).

【尽日】jìnrì 명분 (하루) 종일. ¶~而作 = (하루) 종일 일하다.

【尽如人意】jìnrú-rényì 성 1 완전히 사람들의 마음에 들다. 2 ㈜ 모든 것이 다 뜻대로 되다.

【尽善尽美】jìnshàn-jìnměi 성 사물이 완전무결하다. 더할 수 없이 훌륭하다. ↔一无是处

【尽是】jìnshì 동 전부〔온통〕…이다. ¶这一条街~服装店。= 이 거리는 온통 옷가게이다.

【尽收眼底】jìnshōu-yǎndǐ (경치 등이) 한눈에 다 보이다. 한눈에 들어오다. 눈앞에 펼쳐 있다.

【尽数】jìnshù 부 있는 만큼. 모두. 전부. 다. ¶税款~交纳。= 세금을 전액 납부하다.

【尽头】jìntóu 명 막바지. 말단. 말미. 끝(머리). ¶路的~是一所小学校。= 길 끝에 초등학교가 있다. ≒止境 终点

【尽显】jìnxiǎn 동 다〔충분히·완전히〕 내보이다. ¶~其能 = 가지고 있는 능력을 다 내보이다.

【尽孝】jìnxiào 동 (부모님·어른께) 효도를 다하다.

【尽心】jìn∥xīn 동 (다른 사람을 위해) 마음을 다하다. 성의를〔정성을〕 다하다. ¶~照料 = 정성을 다해 보살피다.

【尽心竭力】jìnxīn-jiélì 성 1 몸과 마음을 다하다. 있는 힘을 다하다. 2 ㈜ 일을 매우 열심히 하다. =【尽心尽力】jìnxīn-jìnlì

【尽心尽力】jìnxīn-jìnlì ☞【尽心竭力】jìnxīn-jiélì

【尽心尽意】jìnxīn-jìnyì 성 (다른 사람에게) 마음을 다하다. 성의를〔정성을〕 다하다.

【尽兴】jìn∥xìng 동부 흥을 다하다. 마음껏 즐기다〔놀다〕. ¶~而归 = 흥이 다해 돌아가다.

【尽性】jìnxìng 동부 (사람과 사물의) 타고난 천성을 충분히 발휘하다. ¶穷理~ = 천지 만물의 이치와 본성을 궁구하다.

【尽言】jìnyán 동 1 하고 싶은 말을 다하다. 말로 다〔충분히〕 표현하다. ¶难以~ = 말로 다 표현하기 어렵다. 2 직언하다. 진언하다. ¶敬请~。= 진언해 주시기를 바랍니다.

【尽义务】jìn yìwù 동 1 의무를 다하다. 해야 할 일을 하다. ¶既要享受权利, 也要~。= 권리도 누리고 의무도 다해야 한다. 2 무보수로 (일)하다. 무료 봉사하다. ¶我教他书法, 是~。= 내가 그에게 서예를 가르치는 것은 무료 봉사이다.

【尽意】jìn∥yì 동 1 생각을〔의견을〕 충분히 표현하다〔말하다〕. ¶书不尽言, 言不~。= 글〔편지〕로는 하고 싶은 말을 다 표현할 수 없고, 말로는 생각한 바를 충분히 표현할 수 없다. 2 하고 싶은 바를 다하다. 한껏〔실컷〕 하다. 마음껏 하다. ¶~玩耍 = 마음껏 장난치며 놀다.

【尽责】jìn∥zé 동 책임을 다하다. 전력을 다하여 책임을 지다. ¶尽职~ = 직무를 다하고 책임을 다하다.

【尽职】jìn∥zhí 동 직책을〔직무를〕 다하다. ¶~敬业 = 직무를 다하여 맡은 일에 최선의 노력

을 기울이다. ↔失职

【尽忠】jìn∥zhōng 동 1 충성을 다하다. ¶~报国 = 충성을 다하여 나라에 보답하다. 2 목숨을 바쳐 충성하다. ¶为国~ = 조국을 위해 목숨을 바쳐 충성하다.

\*进[進] jìn 나아갈 진

동 1 나아가다. 전진하다. 올라가다. ¶前~ = 앞으로 나아가다. / 逆水行舟, 不~则退。= 물을 거슬러 배를 몰 때, 앞으로 나아가지 못하면 뒤로 밀리게 된다. 2 제출하다. 드리다. 바치다. ¶~一言 = 한 말씀 올리다. 3 (밖에서 안으로) 들다. ¶请~屋坐。= 방으로 들어와 앉으세요. 4 받다. 받아들이다. ¶商店昨天又~了一批年货。= 상점에 어제 또 설맞이 용품 한 무더기를 들여왔다. 5 동사 뒤에 쓰여 동작이 밖에서 안으로 행해짐을 나타낸다. ¶走~大门 = 대문 안으로 걸어 들어가다. / 引~资金 = 자금을 끌어들이다. 양 채. 동. [주택 안에 건물이 밖에서 안으로 몇 줄로 줄지어 있을 때 한 줄을 세는 단위] ¶这是个两~的院子。= 이것은 두 번째 채의 정원이다. ≒入 ↔退 出 却

幷进, 促cù进, 奋进, 改进, 后进, 激进, 急进, 继进, 渐进, 掘jué进, 亢kàng进, 累léi进, 冒进, 猛měng进, 前进, 劝进, 上进, 仕进, 挺tǐng进, 推进, 先进, 行进, 幸进, 演进, 引进, 跃yuè进, 增进, 长进, 十进制

【进逼】jìnbī 동 앞으로 다가가다. ¶步步~ = 한 발씩 앞으로 다가가다.

【进兵】jìnbīng 동 (군대가 전투 목적지를 향해) 진군하다. 출병하다. 군대를 내보내다.

【进补】jìnbǔ 동 보약이나 자양 식품을 먹다. 먹고 보신하다. ¶冬令~ = 겨울철 보약을 먹다.

【进步】jìnbù 동 진보하다. ¶虚心使人~, 骄傲使人落后。= 겸허한 마음은 사람을 진보하게 하고, 교만은 사람을 퇴보시킨다. 형 진보적이다. 시대적 조류에 적응하는. 사회 발전을 촉진시키는. ¶~人士 = 진보적 인사. 명 진보. ¶他近来的~很大。= 그는 요즘 많이 진보했다. ↔退步 落后 保守

【进餐】jìn∥cān 동 식사를 하다. 음식을 먹다. ¶一同~ = 함께 식사하다.

【进谗】jìnchán 동부 (윗사람에게) 남을 헐뜯는 말을 하다. 참언(谗言)하다. ¶乘机~ = 기회를 틈타 남을 헐뜯는 말을 하다.

【进场】jìn∥chǎng 동 1 입장하다. ¶~施工 = 공사장에 들어가서 시공하다. 2 (비행기가 활주로에) 진입하다.

【进呈】jìnchéng 동부 바치다. 올리다. 진상하다. ¶~御览 = 어람하도록 진상하다.

【进程】jìnchéng 명 경과. 진행 과정. 코스(course). 발전 과정. 진전. ¶加快技术革新的~。= 기술 혁신의 진전에 박차를 가하다. ≒过程

【进城】jìn∥chéng 동 1 (사무·쇼핑 등을 위해) 시내에 들어가다. ¶张老师昨天~了。= 장 선생님은 어제 시내에 갔었다. 2 (생활이나 일을 하

러) 도시로 들어가다. ¶春节过后, 不少民工又开始～=설날을 지낸 후, 많은 노동자들이 또 도시로 들어가기 시작했다.

【进尺】jìnchǐ 명(矿) (채굴·굴진 등의) 진전 속도. [주로 미터 단위로 계산함] ¶平均月～1000米。=월평균 굴진 속도가 1,000m이다.

【进出】jìnchū 동 출입하다. 드나들다. ¶自由～=자유롭게 드나들다. 명 수입과 지출. 수지. ¶～账目=수지 장부.

【进出口】jìnchūkǒu 명 수출입하다. ¶～业务=수출입 업무. 출입구. ¶电影院的～=영화관의 출입구.

【进寸退尺】jìncùn tuìchǐ 성(유) 얻은 것은 적고 잃은 것은 많다.

【进抵】jìndǐ 동 (대열·행렬이) …에 도달하다. ¶部队已～目的地。=부대가 이미 목적지에 도달했다.

【进度】jìndù 명 (일·학업 등의) 진도. 진행 속도. ¶加快～=진도를 빠르게 하다.

【进而】jìn'ér 접 더 나아가. 진일보하여. ¶先考虑办什么公司, ～考虑如何开展业务。=먼저 어떤 회사를 만들 것인지 생각하고, 나아가 어떻게 업무를 전개할 것인지 생각하다.

【进发】jìnfā 동 (목적지를 향해) 출발하다. 전진하다. ¶列车向北京～。=열차가 베이징(北京)을 향해 출발하다.

【进犯】jìnfàn 동 (적군이) 침범하다. ¶消灭～之敌。=침범한 적을 섬멸시키다.

【进奉】jìnfèng 동 올리다. 바치다. 진상하다. 헌상하다. ¶～财宝=재물과 보배를 바치다. 동 (진상한) 재물. ¶清点～=진상한 재물을 정리 점검하다.

【进攻】jìngōng 동 1 공격하다. 진공하다. 진격하다. ¶～敌军要塞=적군의 요새를 공격하다. 2 (경쟁이나 시합에서) 공세를 취하다. 공세로 나아가다. 공격하다. ¶客队下半场加快了～节奏。=원정팀은 후반전에 공격의 속도를 더욱 빠르게 했다. ≒攻击 攻打↔防守 防卫 撤退

【进宫】jìngōng 동 1 입궁(入宫)하다. 궁중에 들어가다. 2 감금되다. (형을 받고) 감옥에 들어가다. ¶二～=두 번 감옥에 들어가다.

【进贡】jìn‖gòng 동 1 (유) (속국이 종주국에게 또는 관리와 백성이 조정에) 공물을 바치다. 2 (권세가 있는 사람에게) 선물〔뇌물〕을 바치다. 상납하다. [풍자의 의미를 내포함]

【进化】jìnhuà 동 1 (生) 진화하다. ¶物种～=종(種)이 진화하다. 2 진화하다. 발전하다. [사물이 점점 좋은 방향으로 변화 발전함] ¶社会始终处在不断的～发展中。=사회는 처음부터 끝까지 끊임없이 진화 발전하고 있다. ↔退化

【进化论】jìnhuàlùn ☞ 【达尔文主义】Dá'ěrwénzhǔyì

【进货】jìn‖huò 동 입하(入荷)하다. 물건이 들어오다.

【进击】jìnjī 동 (군대가) 진공하다. 진격하다. 공격하다. ¶勇猛～=용맹스럽게 진격하다.

【进价】jìnjià 명 (물건의) 매입(원)가.

【进见】jìnjiàn 동 (어른이나 간부를) 찾아뵙다. 만나뵙다. 알현하다. 배알하다.

【进谏】jìnjiàn 동 (군주·웃어른에게) 간하다. 간언을 드리다. 진언하다. ¶斗胆～=외람되이 진언하다.

【进剿】jìnjiǎo 동 진군하여 토벌〔소탕〕하다. ¶～残匪=잔당(残党)을 진군하여 소탕하다.

【进进出出】jìn·jin chū·chu ☞ 【出出进进】chū·chu jìnjìn

【进京】jìn‖jīng 동 1 입경하다. 상경하다. ¶～面圣=상경하여 임금을 알현하다. 2 베이징(北京)에 가다. ¶市长～开会去了。=시장은 회의에 참가하러 베이징(北京)에 갔다.

【进九】jìn‖jiǔ ☞ 【交九】jiāo‖jiǔ

【进酒】jìnjiǔ 동(문) 술을 권하다.

【进军】jìnjūn 동 1 (군대가 목적지로) 진군하다. ¶～中原=중원으로 진군하다. 2 (유) (열심히 분투하여 어떤 임무를 이행하기 위해) 나아가다. 진군하다. ¶向科学～=과학을 향해 진군하다.

【进军号】jìnjūnhào 명 1 (군대를 진격시키는) 진군 나팔. 2 (유) (사람들을 목표한 곳으로 나아가도록 동원시키는) 진격 나팔. ¶吹响治理沙荒地的～=모래땅〔사막〕을 다스리기 위한 진격 나팔을 불다.

【进口】jìn‖kǒu 동 1 (배가) 입항하다. 2 수입하다. ¶～商品=수입 상품. ≒入口 ↔出口

【进口】jìnkǒu(～儿) 명 입구. ¶体育场的～=운동장 입구.

【进款】jìnkuǎn 명 수입. ¶商店今天有多少～？=상점에 오늘 수입이 얼마냐?

【进来】jìn‖·lái 동 들어오다. ¶快～喝杯热茶。=빨리 들어와 따뜻한 차 한 잔 마시게. ↔出去

【进来】‖·jìn‖·lái 동 동사 뒤에 쓰여, 동작이 화자 쪽으로 진행됨을 나타냄. ¶把桌子抬～。=책상을 들고 들어오다.

【进路】jìnlù 명 진입로. 들어가는 경로. ¶阻挡～=진입로를 막다.

【进门】jìn‖mén 동 1 문으로 들어가다〔들어오다〕. 2 (유) 입문하다. ¶师父领～, 修行在各人。=스승은 입문하도록 인도만 해 주고, 수행은 각자의 몫이다. 3 시집 오다〔가다〕. ¶她是刚～的新娘。=그녀는 막 시집 온 새색시이다.

【进取】jìnqǔ 동 진취하다. 향상하려〔이루려〕 노력하다. ¶积极～=적극적이고 진취적이다. ↔退缩

【进取心】jìnqǔxīn 명 진취적인 생각〔기상·마음〕. ¶这孩子一点儿～也没有, 真让人着急。=이 아이는 진취적인 생각이라곤 조금도 없어서, 정말 사람을 애타게 한다.

【进去】jìn‖·qù 동 들어가다. ¶我们～坐一会儿。=우리 들어가서 잠깐 앉아 있자.

【进去】‖·jìn‖·qù 동 동사 뒤에 쓰여, 동작이 밖에서 안으로 행해지며, 말하는 사람이 있는 곳을 떠남을 나타냄. ¶把东西拿～。=물건을 가지고 들어가다.

【进入】jìnrù 동 (어떤 시기·어떤 상태·어떤 범위에) 들다〔진입하다〕. ¶高三的学生正～总复习

进近 **jìn** 1013

阶段。=고3 학생들은 한창 총복습 단계에 들어가 있다.

【进身】**jìnshēn** 동문 입신 출세하다. 벼슬길에 올라 신분·지위를 높이다. ¶~机会=입신 출세의 기회.

【进深】**jìn·shēn** 명 (뜰이나 건물의) 세로 길이. ¶院子宽3米，~5米。=정원은 너비가 3미터, 길이가 5미터이다.

【进食】**jìnshí** 동 식사하다. 밥을 먹다. ¶按时~=때맞춰 식사하다.

【进士】**jìnshì** 명 진사. ¶~及第=진사에 급제하다.

【进退】**jìntuì** 동 나아가고 물러서다. ¶~自如=진퇴가 자유롭다. 명 언행(처신)이 분수에 맞는 것. 나아가야 할 때 나아가고, 물러나야 할 때 물러나는 것. ¶不知~=처신할 줄 모르다.

【进退两难】**jìntuì-liǎngnán** 성 진퇴양난. 진퇴유곡. 이러지도 저러지도 못하고 꼼짝할 수 없는 처지. ≒骑虎难下 进退维谷 ↔应付自如

【进退维谷】**jìntuì-wéigǔ** 성 진퇴양난. 진퇴유곡. 이러지도 저러지도 못하고 꼼짝할 수 없는 처지. ≒骑虎难下 进退两难 ↔应付自如

【进位】**jìnwèi** 동수 자릿수를 올리다.

【进献】**jìnxiàn** 동 웃어른이나 상급자에게 바치다. 진상하다. ¶~珍宝=진귀한 보배를 진상하다.

【进香】**jìn∥xiāng** 동 (신도들이 종교 성지나 사원에 가서) 향을 사르고 참배하다. ¶朝山~=산사에 가서 향을 사르고 참배하다.

【进项】**jìn·xiang** 명 수입 항목. 수입(금). ¶农民的~逐年增多了。=농민의 수입은 해마다 증가한다. ≒得项 ↔花销

【进行】**jìnxíng** 동 **1** 앞으로 나아가다. 전진하다. 행진하다. 진행하다. ¶列车在~中。=열차가 진행 중이다. **2** (어떤 지속적인 일에) 종사하다. (어떤 지속적인 활동을) 진행하다. ¶~科学实验=과학 실험을 진행하다. ↔罢休

【进行曲】**jìnxíngqǔ** 명(音) 행진곡.

【进修】**jìnxiū** 동 연수하다. ¶出国~=해외로 나가 연수하다.

【进学】**jìnxué** 동 **1** 과거(科举)에서 동생(童生)이 시험에 합격한 후에 부(府)·현(縣)에 있는 학교에 입학하다. **2** 입학하다. ¶五岁~=5살에 입학하다.

【进言】**jìn∥yán** 동 (건의나 의견을) 진언하다. 말씀을 올리다. [존경과 겸손의 어기를 내포함] ¶大胆~=대담하게 진언하다.

【进谒】**jìnyè** 동문 알현하다. 만나뵙다. 찾아뵙다. ¶~国家元首=국가 원수를 알현하다.

【进一步】**jìn·yībù** 부 (한 걸음 더) 나아가. 진일보하여. ¶要~提高产品质量=진일보하여 제품의 질을 높여야 한다.

【进益】**jìnyì** **1** 문 (학식과 수양의) 진보. 향상. 발전. ¶他近年学问大有~。=그는 요즘 학문이 크게 진보했다. **2** (경제적) 수입. 수익. ¶~颇丰=수익이 대단히 높다.

【进展】**jìnzhǎn** 동 진전하다. 전진하다. 진척하다. 진보하다. 발달하다. ¶~顺利=순조롭게 진행되다. 명 진전. ¶科技工作有了重大~。=과학 기술 사업에 중대한 진전이 있다.

【进占】**jìnzhàn** 동 진격하여 점령하다. ¶~边防重镇=변방의 요충지를 진격하여 점령하다.

【进站】**jìnzhàn** 동 (기차·고속버스가) 역(터미널)에 들어오다.

【进账】**jìnzhàng** 명 수입. 입금. ¶他每月有上万元的~。=그는 매월 만 위안이 넘는 수입이 있다.

【进驻】**jìnzhù** 동 (군대가) 진주하다. (작업반 등) 투입하다. ¶工作组已~本市。=작업반이 이미 본 시(市)에 투입됐다.

\***近 jìn** 가까울 근

형 **1** (공간적·시간적 거리가) 가깝다. 짧다. ¶附~=부근. / 最~几天=최근 며칠. **2** (관계가) 가깝다. 밀접하다. 친하다. ¶亲~=친근하다. / 两家走得很~。=두 집안이 아주 가깝게 지낸다. **3** 문 평이하다. 쉽다. 간단하고 이해하기 쉽다. ¶言~旨远=말은 평이하나 뜻은 깊다. 동 가까이 가다. 다가가다. 접근하다. ¶日~黄昏=날이 황혼에 다다르다. / 不~人情=인지상정에 어긋나다. ↔远

○● 挨āi近，逼bī近，抄chāo近儿，附近，将近，接近，就近，临近，邻近，迫pò近，浅近，切近，四近，贴tiē近，晚近，新近，以近，远近，最近，左近

【近便】**jìn·bian** 형 (거리가) 가깝고 편리하다. ¶学校就在附近，孩子上学很~。=학교가 바로 근처라 아이가 학교에 다니기에 가깝고 편리하다.

【近宾语】**jìnbīnyǔ** 명(言) 간접 목적어.

【近臣】**jìnchén** 명문 근신. 시신(侍臣). 근시(近侍). 친신(亲臣).

【近程】**jìnchéng** 형 근거리의. ¶~导弹=근거리 유도탄. ↔远程

【近处】**jìnchù** 명 근처. 부근. 가까운 곳. ¶~就有一家大型商场。=근처에 대형 상가가 있다.

【近代】**jìndài** 명 **1** 근대. 근세. **2** (历) (중국 역사에서) 1840년 아편전쟁부터 1919년 5·4운동에 이르는 기간. **3** (历) (세계사에서) 1640년 영국의 청교도 혁명부터 1917년 러시아의 10월 혁명에 이르는 기간. **4** (言) 송(宋)·원(元)·명(明)·청(清)대. ¶~汉语=근대 한어(汉语).

【近道】**jìndào** 명 지름길. 가까운 길. [주로 비교할 때 쓰임] ¶抄~=지름길로 가다. ↔远道

【近地点】**jìndìdiǎn** 명(天) 근지점. 근점. [지구를 도는 달이나 인공위성이, 그 궤도 위에서 지구에 가장 가깝게 접근할 때의 위치] ↔远地点

【近东】**Jìndōng** 명(地) 근동. 아시아 서남부 및 아프리카 동북부.

【近古】**jìngǔ** 명 **1** 근고. **2** (중국 역사상) 송(宋)대부터 청(清)대 아편전쟁 이전의 시기.

【近光灯】**jìnguāngdēng** 명 (자동차의) 하향 전조등. 하향 헤드라이트.

【近海】**jìnhǎi** 명 근해. ¶~渔业=근해 어업.

【近乎】jìn·hū 통 …에 가깝다. ¶他的那种做法，~儿戏，太轻率了。=그의 그런 방식은 어린 애 장난에 가까우며 대단히 경솔했다.

【近乎】jìn·hu (~儿) 형 친근하다. 가깝다. 밀접하다. 친밀하다. ¶套~=(잘 모르면서도) 친한 체하다.

【近郊】jìnjiāo 명 근교. ¶城市~新建了不少别墅。=도시 근교에 적지 않은 별장을 신축했다.

【近景】jìnjǐng 명 1 근경. ¶照片上的~显得大而模糊。=사진 속의 근경이 크지만 모호하게 보인다. 2 클로즈업(close-up). ¶~镜头=클로즈업 화면. 3 현황. 현재의 상황. 목전의 사정. ¶两家公司合作的~不错，但近景难以预料。=두 회사의 협력 현황은 괜찮지만, 향후 장래는 예측하기 어렵다. ↔远景

【近况】jìnkuàng 명 근황. 최근의 사정. ¶对她的~，我不太了解。=그녀의 근황에 대해, 나는 그다지 잘 알지 못한다.

【近来】jìnlái 명 근래. 요즘. 최근. ¶经理~的情绪有点儿反常。=사장의 최근 정서는 평소와 좀 다르다.

【近邻】jìnlín 명 1 근린. 가까운 이웃. 붙어사는 이웃. ¶远亲不如~。=먼 친척이 가까운 이웃보다 못하다. 2 비 이웃 나라. 인접 국가. 인근 나라. ¶中俄两国是~。=중국과 러시아는 인접 국가이다.

【近路】jìnlù 명 지름길. 가까운 길.

【近年】jìnnián 명 근년. 최근 몇 년. ¶~麦子收成不错。=근년의 밀 수확이 괜찮다.

【近旁】jìnpáng 명 근방. 근처. 부근. 멀지 않은 곳. ¶办公楼~有家点心店。=사무실 건물 근방에 간식점이 하나 있다.

【近期】jìnqī 명 가까운 시기(기일·장래). ¶~展望=가까운 장래의 전망.

【近前】jìnqián 통 곁에까지 가다. 가까이 다가가다. 접근하다. [주로 조기 백화문에 보임] 명 곁. 옆. 근처. 근방. 바로 앞. ¶走到~才发现瓶里插的是假花儿。=바로 곁에까지 다가가서야 병 안에 꽂혀 있는 것이 인조 꽃이라는 것을 알았다.

【近亲】jìnqīn 명 근친. 가까운 친척. ¶~结婚是违法的。=근친 결혼은 위법이다. ↔远亲

【近亲繁殖】jìnqīn fánzhí 1 生 근친 번식. 근친 교배. 2 비 (조직에서) 자기 사람만을 중용하는 배타적인 습성. ¶大专院校里的~现象越来越严重。=고등 교육 기관의 자기 사람만을 중용하는 현상은 갈수록 심해진다.

【近情】jìnqíng 통 인정에 맞다. ¶~近理=인정과 이치에 맞다.

【近人】jìnrén 명 1 근대 혹은 현대 사람. ¶在这方面，~多有研究。=이 방면에는 근대 사람들이 많이 연구했다. 2 문 (자기와 관계가 비교적) 가까운 사람. ¶~不说远话。=가까운 사람과는 남처럼 대하는 말은 하지 않는다.

【近日】jìnrì 요 며칠(사이). 근일. 근래. 최근. ¶天气预报说，~要降温。=일기예보에 의하면, 요 며칠 기온이 내려갈 것이라고 한다.

【近日点】jìnrìdiǎn 명 (天) 근일점.

【近世】jìnshì 명 근세. 근대.

【近侍】jìnshì 명 (왕·관료의) 측근 시종.

【近视】jìnshì 명 근시. ¶~眼=근시안. 형비 1 안목이 짧다. ¶凡事要看远一点儿，不能太~。=모든 일은 멀리 내다보아야지, 너무 근시안적으로 해서는 안 된다. ↔远视

【近视眼镜】jìn·shi yǎnjìng 명 근시경.

【近水楼台】jìnshuǐ-lóutái 성 1 물가에 있는 누각. [송(宋)대 시인 소린(蘇麟)의 "近水楼台先得月(물에 가까이 있는 누각이 먼저 달의 아름다움을 즐길 수 있다)."라는 시구에서 유래함] 2 비 가까이에 있는 사람(사물)이 조건이 유리하다.

【近似】jìnsì 통 유사하다. 비슷하다. 근사하다. ¶他们俩的经历很~。=그들 두 사람의 경력은 아주 유사하다.

【近似值】jìnsìzhí 명(數) 근사치. 근사값.

【近体诗】jìntǐshī 명요 근체시. [당(唐)대에 형성된 율시(律诗)와 절구(絶句)의 총칭으로, 구수(句數)·자수(字數)와 평측(平仄)·용운(用韻) 등에 비교적 엄격한 규정이 있었으며, '古体诗(고체시)'와 구별됨] =【今体诗】jìntǐshī

【近因】jìnyīn 명 근인. 직접적인 원인. ¶一定要查清事故的~。=반드시 사고의 직접적인 원인을 철저히 규명해야 한다. ↔远因

【近影】jìnyǐng 명 근영. 최근에 찍은 사진.

【近于】jìnyú 통 1 …에 가깝다. ¶他的行为~粗暴。=그의 행위는 포악에 가깝다. 2 …다시피 하다. 거의 …하다.

【近悦远来】jìnyuè-yuǎnlái 성 1 가까이에 있는 사람은 은택을 받아 기뻐하고, 먼 데 사람들은 이를 듣고 흠모하여 모여들다. 2 덕화(德化)가 멀리까지 퍼지다.

【近在咫尺】jìnzàizhǐchǐ 성 거리가 아주 가깝다. 지척에 있다.

【近战】jìnzhàn 통 근접전을 벌이다. 근거리에서 전투를 펼치다. ¶善于~=근접전에 뛰어나다. 명 근접전. 근거리 전투. ¶~武器=근거리 전투 무기.

【近照】jìnzhào 명 근영. 최근에 찍은 사진.

【近支】jìnzhī 명 (혈연 관계가) 가까운 동족(同族)〔일가〕.

【近朱者赤，近墨者黑】jìnzhūzhě chì, jìnmòzhě hēi 성 1 주사(朱砂)에 가까이 있는 사람은 (쉽게) 붉게 되고, 먹에 가까이 있는 사람은 (쉽게) 검게 된다. 2 비 좋은 사람을 가까이 하면 좋게 변하고, 나쁜 사람과 가까이 하면 나쁘게 변한다. 객관적인 환경은 사람에게 상당히 큰 영향을 미친다.

## 妗 jìn 외숙모 금

아래를 참조.

【妗母】jìnmǔ 명비 외숙모.

【妗子】jìn·zi 구 1 외숙모. 2 처남의 아내. ¶大~=큰처남의 아내.

## **劲[勁] jìn 힘 경

명 1 (~儿) 힘. 기운. 역량. ¶费~儿=기운을

쓰다. / 手~儿=손의 힘. **2**(~儿) 효력. 작용. ¶酒~儿=술의 작용. **3**(~儿) 표정. 태도. 모양. 모습. 기색. 티. 꼴. ¶高兴~儿=기쁜 모습. **4**(~儿) 의기. 원기. 정서. 기세. 열의. ¶闯~儿=추진력. **5** 흥미. 재미. ¶小孩子们玩儿得真带~。=꼬마들이 정말로 신나게 논다. ☞ **jìng**

○⊕ 差chà劲、吃劲、醋cù劲儿、带劲、得劲、对劲、费劲、够劲儿、后劲、虎劲、加劲、脚劲、来劲、卖劲、铆mǎo劲儿、猛měng劲儿、牛劲、碰劲儿、巧劲儿、傻shǎ劲、上劲、使劲、死劲、松劲儿、泄xiè劲、心劲.

【劲头】**jìntóu**(~儿) 图宁 **1** 힘. 역량. 기운. 기세. ¶小伙子们~儿十足。=젊은이들이 힘이 넘쳐난다. **2** 열정. 열의. 의욕. 정력. ¶他打起保龄球来~儿可大啦。=그는 볼링을 할 때 열의가 정말 대단하다.

## 荩 [蓋] jìn 조개풀 신

형문 충성스럽다. ¶忠~=충성스럽다. 图(植) 조개풀.

【荩草】**jìncǎo** 图(植) 조개풀.
【荩臣】**jìnchén** 图宇 충신.

## 浕 [濜] Jìn 강 이름 진

图(地) 진수이(浕水). [후베이(湖北)성에 있는 강 이름]

## 晋 [晉] jìn 나아갈 진

图 **1** 나아가다. ¶~见总统=나아가 총통을 뵙다. **2** 오르다. 승급하다. 승진하다. ¶加官~爵=벼슬이 높아지다. 图(Jìn) **1**(歷) 진나라. [주(周)대의 나라 이름. B.C.1106~B.C.376년. 지금의 산시(山西)성·허베이(河北)성 남부·허난(河南)성 서북부·산시(陝西)성 중부 지역에 있었음] **2**(歷) 진(晉). [265~420년. 사마염(司馬炎)이 세웠음] **3**(歷) 후진(後晉). [936~947년. 석경당(石敬瑭)이 세웠음] **4**(地) '山西(산시)' 성의 별칭. **5** 성(姓).

【晋级】**jìn‖jí** 图 진급하다. 승급하다. 오르다. ¶升官~=직급이 올라가다. / ~为中将=중장으로 진급하다.
【晋见】**jìnjiàn** 图 찾아뵙다. 알현(謁見)하다. 진현하다.
【晋剧】**jìnjù** 图(劇) 진극. [포극(蒲劇)에서 파생되어 산시(山西)성·네이멍구(內蒙古)·허베이(河北)성 북부·산시(陝西)성 북부 등지에서 유행하는 지방 전통극의 하나] =【山西梆子】**Shānxī bāng·zi**【中路梆子】**zhōnglù bāng·zi**
【晋升】**jìnshēng** 图 승진하다. 진급하다. ¶他已由副县长~为县长。=그는 이미 부현장에서 현장으로 승진하였다.
【晋谒】**jìnyè** 图宇 나아가 뵙다. 알현하다. 진현하다.
【晋职】**jìn‖zhí** 图宇 승진하다. 직위가 오르다. ¶授奖~=상을 받고 승진하다.

## 赆 [贐] jìn 전별할 신

图 송별할 때 주는 물건. 송별 선물. ¶~仪=송별할 때 선물로 주는 재물.

## 烬 [燼] jìn 탄 나머지 신

图 재. 타고 남은 찌꺼기. ¶余~=타고 남은 것.
【烬余】**jìnyú** 图宇 **1** 타다 남은 것. **2** 재난을 당한 후. 재난 후. ¶~之民=재난을 겪고 살아남은 백성. 생존자.

## \*\*浸 jìn 담글 침

图 **1** (물에) 담그다. 잠그다. ¶把粉丝放在水里~一下。=당면을 물 속에 잠깐 담가 놓다. **2** 젖다. 스며들다. 배다. ¶汗水把衬衫都~湿了。=땀이 와이셔츠를 모두 젖게 만들었다. 匣 **1** 점점. 점차. ¶友情~厚=우정이 점차 두터워지다.

○⊕ 沉chén浸.

【浸沉】**jìnchén** 图 (물에) 빠져들다. (분위기나 생각 등에) 잠기다. 심취하다. 휩싸이다. 사로잡히다.
【浸膏】**jìngāo** 图(醫) 엑스트랙트(extract). 추출물. 진액. 정제(精劑).
【浸剂】**jìnjì** 图(醫) 침제. 우림약.
【浸礼】**jìnlǐ** 图(宗) 침례의식을 치르다. 세례를 받다.
【浸没】**jìnmò** 图 **1** 침수시키다. 침몰시키다. 수몰하다. 물에 잠기다. ¶洪水~了大片的农田。=홍수는 농지를 침수시켰다. **2** 잠기다. 몰두하다. 심취하다. 빠지다. ¶老人~在幸福的回忆中。=노인이 행복한 추억에 잠겨 있다.
【浸泡】**jìnpào** 图 (오랜 시간 물에) 담그다. 잠그다. ¶~药材=약재를 물 속에 담그다.
【浸取】**jìnqǔ** 图 (고체 혼합물을) 우려내다. 가용물(可溶物)을 걸러 내다. 수용액에 담가 특정 성분을 얻다. ¶~矿物中的稀有元素=광물 중의 희소 원소를 걸러 내다.
【浸染】**jìnrǎn** 图 **1** (액체에) 점차 적시다. 서서히 스며들다. 스며들어 물들이다. ¶伤口流出的血~了白衬衫。=상처에서 흘러나오는 피가 흰 와이셔츠를 점차 물들였다. **2**(비) (습관·환경에) 점점 물들다. 차츰 감염[전염]되다. ¶他~了多种不良习气。=그는 많은 종류의 나쁜 습성에 물들었다. **3**(纺) 담가서 물들이다. 염색하다. 착색하다. ¶~布匹=포목을 염료에 담가서 염색하다.
【浸润】**jìnrùn** 图 **1** (액체가) 침윤하다. 차츰 스며(배어)들다. ¶春雨~着脚下的田野。=봄비가 발 아래 들판을 서서히 적시고 있다. **2**(物) 응착(凝着)하다. [액체와 고체가 연접할 때, 액체가 고체의 표면에 부착되는 현상] **3**(醫) (조직 세포 등에) 침윤(浸潤)하다. **4** (중상모략·모함이) 조금씩 먹혀들다. 점진적으로 영향을 끼치다. ¶~之谮=조금씩 먹혀드는 참언(譖言).
【浸湿】**jìnshī** 图 (물에) 적시다. 축축해지다. ¶布~后马上捞出来。=천을 물에 적신 후에 바로

건져 내다.
【浸蚀】jìnshí [동] 침식하다. ¶溶洞是石灰岩地层长期受地下水～而形成的。＝종유동은 석회암 지층이 장기간 지하수의 침식을 받아 형성된 것이다.
【浸透】jìntòu [동] 1 (속속들이) 배다. 스미다. 침투하다. (흠뻑) 적시다. ¶衣服被汗水～了。＝의복이 땀에 흠뻑 젖었다. 2 [비] (사상·감정 등이) 배어 있다. 담겨 있다. 가득 포함하다. 젖어 있다. ¶笛声～着忧伤的情绪。＝피리 소리에 슬픈 정서가 가득 배어 있다.
【浸育】jìnyù [동][문] (사람·만물 등에) 영향〔양분〕을 주어 배양하다. 기름지게 양육하다. ¶～万物＝만물을 기름지게 양육하다.
【浸种】jìn‖zhǒng [동]《農》 침종하다. 물에 넣어 불리다.
【浸渍】jìnzì [동] 1 (물에) 담그다. 적시다. ¶～蚕茧＝물에 불린 누에고치. 2 [비] (습관·환경에) 점차 물들다. 차츰 감염되다. ¶～了不少恶习。＝적지 않은 악습에 물이 들었다.

## 琎[璡] jìn 옥돌 진
[명][문] 옥돌. [주로 인명에 쓰임]

## 唫 jìn 입 다물 금
[동][문] 입을 다물다〔닫다〕.
☞ 吟(yín)

## 祲 jìn 요기 침
[명][문] 요기. 재앙을 일으키는 기운. 상서롭지 못한 기운. ¶～氛＝요기.

## 搢[(搢)] jìn 꽂을 진
[동][문] 1 꽂다. 끼우다. 2 흔들다.
【搢绅】jìnshēn ☞【缙绅】jìnshēn

## 靳 jìn 인색할 근
[동][문] 아까워하다. 아끼다. 인색하다. [명] (Jìn) 성(姓).

## **禁 jìn 금할 금
[동] 1 금하다. 금지하다. 제지하다. 못 하게 하다. ¶查～＝조사하여 금지하다. / 严～赌博＝도박을 엄격히 금하다. 2 (사람을) 감금하다. 구금하다. ¶软～＝연금하다. / 囚～＝수금하다. [명] 1 금지령. 금령(禁令). 금제(禁制). 금기(禁忌). ¶解～＝해금하다. / 入国问～＝다른 나라에 가면 먼저 그곳의 금지 사항부터 물어야 한다. 2 대궐. 궁중. 궁궐. ¶宫～＝궁궐. 3 [문] 감옥. ¶～卒＝옥졸.
☞ jīn

○ 禁 jìn 襟 jīn 噤 jìn

○● 查禁, 弛chí禁, 党禁, 海禁, 监jiān禁, 解禁, 拘jū禁, 开禁, 门禁, 囚qiú禁, 软禁, 失禁, 宵xiāo禁, 幽yōu禁

【禁闭】jìnbì [동] (벌로) 방에 가두어 반성하게 하다. 독방에 감금하다〔가두다〕. 유폐시키다. 금족(禁足)하다. ¶关～＝독방에 감금하다.
【禁城】jìnchéng [명] 궁궐. 궁전. 궁성. ¶紫～＝자금성.
【禁地】jìndì [명] 금지 구역. 출입 제한 구역. ¶军事～＝군사상 (출입) 금지 구역.
【禁毒】jìndú [동] 마약의 제조·판매·흡입을 금지하다.
【禁方】jìnfāng [명]《醫》 비방(秘方).
【禁放】jìnfàng [동] 폭죽 터뜨리는 것을 금지하다. 불꽃놀이를 금지하다.
【禁锢】jìngù [동] 1 [옛] 금고하다. 권력자가 정적(政敵)〔반대파〕의 벼슬길을 막다. 허물이 있는 자에게 벼슬을 못 하게 하다. 2 감금하다. 수감하다. ¶～罪犯＝죄인을 수감하다. 3 속박하다. 구속하다. 막다. ¶不要让这些陈规陋习～了思想。＝이런 낡은 관습에 사상이 구속받지 않도록 해야 한다.
【禁果】jìnguǒ [명] 1 선악과(善惡果). 금단의 열매. 금과. 2 [비] 금지된 일〔행위〕.
【禁毁】jìnhuǐ [동] 금지하고 소각하다. [주로 서적·테이프 등을 가리킴] ¶～淫秽光盘＝음란 시디(CD)를 금지하고 소각하다.
【禁忌】jìnjì [명] 금기. 금제(禁制). 터부(taboo). ¶毫无～＝조금의 금기도 없다. 전혀 거리낌이 없다. [동]《醫》 (식품이나 약물 사용을) 꺼리다. 기피하다. ¶～生冷＝날것과 찬 것을 먹는 것을 피하다.
【禁绝】jìnjué [동] 철저하게 금하다. 엄금(嚴禁)하다. ¶～毒品＝마약을 철저하게 금하다.
【禁军】jìnjūn [명] (옛날, 궁궐과 수도를 지키던) 금위군. ¶～教头＝금위군 무술 교관.
【禁例】jìnlì [명] 금지 조항〔조례〕. ¶屡犯～＝여러 차례 금지 조항을 어기다.
【禁猎】jìnliè [동] 수렵〔사냥〕을 금지하다. ¶～珍稀动物＝희귀 동물의 수렵을 금하다.
【禁令】jìnlìng [명] 금령. 금법(禁法). ¶颁布～＝금령을 공포하다.
【禁脔】jìnluán [명][문] 1 임금이 먹는 상등(上等)의 저민 돼지고기. 2 [비] 독점물. 개인이 애지중지하는 것. 남이 손댈 수 없는 물건. ¶视为～＝독점물로 여기다.
【禁律】jìnlǜ [명] 금지령. 금지 규정.
【禁片儿】jìnpiānr [명][구] 상영 금지 영화.
【禁片】jìnpiàn [명] 상영 금지 영화.
【禁区】jìnqū [명] 1 (출입) 금지 구역. ¶误入～＝금지 구역으로 잘못 들어가다. 2 [비] 성역. 불가 영역. ¶思想～＝사고의 불가 영역. 3《醫》 금침혈(禁針穴). 금구혈(禁灸穴). 4《體》 (축구 등의) 페널티에어리어(penalty area). 5 생태계 보호 구역. 통제 구역.
【禁燃】jìnrán [동] 1 연소를 금지하다. 불피우는 행위를 금지하다. ¶森林附近，～烟火。＝삼림 부근에서 불피우는 행위를 엄금하다. 2 폭죽·불꽃놀이를 금지하다. ¶～烟花爆竹＝불꽃놀이·폭죽을 금지하다.
【禁赛】jìnsài [동] 1 (경기 규칙을 어겨서) 시합

참가를 금지하다. **2** (징계를 받아) 시합 출장을 금지하다. 출전을 정지하다. ¶她因服用兴奋剂而被~三年。=그녀는 흥분제를 복용한 까닭에 3년간 시합 출장을 정지당했다.

【禁食】**jìnshí** 동 **1** 식용을 금지하다. 먹는 것을 금하다. ¶~野生动物=야생 동물의 식용을 금지하다. **2** (잠시) 단식하다. 금식하다. ¶抽血查肝功能前要~。=혈액을 추출하는 간기능 검사 전에는 잠시 금식해야 한다.

【禁售】**jìnshòu** 동 발매〔판매〕를 금지하다.

【禁书】**jìnshū** 명 금서. (발행·수장·열람이) 금지된 서적.

【禁屠】**jìntú** 동 도살을 금지하다. ¶~耕牛=경작용 소의 도살을 금지하다.

【禁卫】**jìnwèi** 동 수도나 왕궁(궁궐)을 지키다〔호위하다〕. ¶~森严=왕궁의 호위가 삼엄하다. 명 금위군.

【禁卫军】**jìnwèijūn** 명 (옛날, 궁궐과 수도를 지키던) 금위군.

【禁物】**jìnwù** 명 금지(물)품. 금제품.

【禁穴】**jìnxué** 명(醫) (침을 놓아서는 안 되는) 금혈.

【禁烟】**jìnyān** 동 **1** 아편의 재배 및 판매·복용을 금지하다. **2** 흡연을 금지하다. 금연하다. ¶车内~=차 안에서는 금연이다.

【禁药】**jìnyào** 명 금지 약품.

【禁用】**jìnyòng** 동 사용을 금하다.

【禁渔】**jìnyú** 동 (어종 번식을 위해 일정 기간·구역에서) 어획〔포획〕을 금하다. 금어하다. ¶~期=금어기.

【禁欲】**jìnyù** 동 **1** 욕망을 억제하다. 금욕하다. **2** 성욕을 억제하다.

【禁苑】**jìnyuàn** 명 제왕의 정원. 궁궐의 화원.

【禁运】**jìnyùn** 동 **1** 운송을 금지하다. **2** (경제 봉쇄·제재를 위해) 수출입을 금지하다. 무역을 금지하다. ¶~物资=금수 물자.

【禁止】**jìnzhǐ** 동 금지하다. 불허하다. ¶~拍照=사진 촬영 금지. ↔准许 容许

【禁制品】**jìnzhìpǐn** 명 제조 금지 물품.

【禁子】**jìn·zi** 명(옛) 간수. 옥사장. =【禁卒】**jìn zú**

【禁卒】**jìnzú** ☞【禁子】**jìn·zi**

【禁阻】**jìnzǔ** 동 금지하다. 저지하다. ¶~毒品交易=마약 거래를 금지하다.

## 缙[縉, 縉]**jìn** 꽃을 진
명(문) 엷은 붉은색 비단. 동 꽂다. 끼우다. ¶~绅名流=벼슬아치와 명사.

【缙绅】【搢绅】**jìnshēn** 명 진신. 벼슬아치. 관리. 전직 관리.

## 瑨[(璡)]**jìn** 아름다운 돌 진
명(문) 옥돌. 옥석.

## 墐 **jìn** 발라 막을 근
동(문) **1** (문이나 창틈을) 진흙으로 발라 틀어막다. ¶塞向~户=북쪽으로 난 창을 막고 진흙으

로 문을 틀어막다. **2** '殣(매장하다)'와 같음.

## 觐[覲]**jìn** 뵐 근
동 (군주를) 만나 뵙다. 알현하다. 배알하다. (성지를) 참배하다. ¶朝~=(군주를) 알현하다.

【觐见】**jìnjiàn** 동(문) (군주를) 알현하다.

## 殣 **jìn** 굶어죽을 근
동(문) **1** 굶어죽다. 아사하다. ¶道无~者=길에 굶어죽는 자가 없다. **2** 매장하다. 파묻다.

## 噤 **jìn** 입 다물 금
동(문) **1** 입을 다물다〔닫다〕. 말하지 않다. ¶~口不言=입을 다물고 말하지 않다. **2** (추위로) 몸을 떨다. 진저리치다. ¶蝉~觉秋深。=매미가 몸을 떠니 가을이 깊어졌구나. 명 진저리. ¶寒~=진저리.

【噤闭】**jìnbì** 동(醫) (병으로 인하여) 이빨을 악물다.

【噤若寒蝉】**jìnruòhánchán** ⟨성⟩ **1** 늦가을 매미처럼 아무 소리도 내지 못하다. **2**(비) 두려워서 입을 다물고 얘기를 못 하다. 감히 말을 하지 못하다.

【噤声】**jìnshēng** 동 입을 닫고 소리를 내지 않다. 전혀 입을 열지 않다. ¶~不语=입을 다물고 말을 하지 않다.

# jing

## 丼[阱]**jīng** 지하수 경
명(문) 수맥.

## 茎[莖]**jīng** 줄기 경
명 **1** 식물의 줄기. ¶直立~=직립경. 곧은줄기. / 葡萄~=포도 줄기. **2** 줄기 모양의 물건. ¶矛~=음경. / 剑~=칼자루. 동 가닥. 오리. 대. ¶数~白发=몇 가닥의 백발. 늑梗

| ○ 丼 jīng | 胫 jìng |
|---|---|
| 经 jīng | 迳 jìng |
| 径 jìng | 泾 jīng |
| 茎 jīng | 轻 qīng |
| 痉 jìng | 羟 qiǎng |
| 弪 jìng | 劲 jìn |
| 刭 jǐng | |

○- 根茎, 花茎, 块茎, 鳞lín茎, 球茎, 阴茎, 地上茎, 地下茎

【茎椰菜】**jīngyēcài** ☞【西兰花】**xīlánhuā**

## 京 **jīng** 서울 경
명 **1** 수도. 서울. ¶进~赶考=서울에 가서 과거를 보다. **2** (Jīng) 베이징(北京). 북경. ¶~沪铁路=북경 상해 간 철도 노선. **3** (Jīng) 성(姓). 슈 경. 〔고대의 숫자 단위로 1,000만을 가리킴〕

【京白】**jīngbái** 명(劇) (경극에서 사용되는) 북경어(北京語) 대사. ['韵白(yùnbái)'와 구별됨]

| ○ 京 jīng | |
|---|---|
| 惊 jīng | |
| 鲸 jīng | |
| 掠 lüè | |
| 凉 liáng | |
| 谅 liáng | |
| 晾 liàng | |
| 椋 liáng | |

【京白梨】jīngbáilí 〈名〉베이징 특산의 배.
【京梆子】jīngbāng·zi ☞【河北梆子】Héběi bāng·zi
【京城】jīngchéng 〈名〉국도. 수도. 서울.
【京都】jīngdū 〈名〉국도. 수도. 서울. ¶王薨于~=왕이 서울에서 죽다.
【京二胡】jīng'èrhú 〈名〉(音) 경이호. [호금(胡琴)의 일종으로 모양은 이호(二胡)와 비슷하며, 경극 반주에 쓰임]=【嗡子】wēng·zi
【京官】jīngguān 〈名〉경관. (수도에 있는) 중앙 관청의 관리.
【京胡】jīnghú 〈名〉(音) 경호. [호금(胡琴)의 일종으로 이호(二胡)와 비슷한 형태지만 크기가 약간 작으며, 주로 경극 반주에 쓰임]
【京花】jīnghuā ☞【绢花】juànhuā
【京华】jīnghuá 〈名〉(文) 국도. 서울. 수도. [수도는 인재·문화가 모이는 곳이므로 붙여진 호칭] ¶聲满~=서울에서 명성이 자자하다.
【京畿】jīngjī 〈名〉경기 지역. 수도 및 그 부근 지역.
【京郊】jīngjiāo 〈名〉1 수도의 교외 지역. 2 북경의 교외 지역.
【京剧】jīngjù 〈名〉(劇) 경극. [중국 주요 전통극의 하나로, 18세기말 휘극(徽剧)과 한극(漢劇)이 북경으로 들어와, 서피(西皮)·이황(二黃)을 주곡조로 하여 점차 융합 발전하여 완성되었음]=【京戏】jīngxì【皮黄戏】píhuángxì
【京锣】jīngluó 〈名〉(音) (경극에 쓰이는) 꽹과리.
【京派】jīngpài 〈名〉1 (劇) 북경파 경극. [북경 배우의 공연 풍격을 특성으로 삼는 유파] 2 북경풍. 북경파.
【京片子】jīngpiàn·zi 〈名〉〈方〉북경 사투리. 북경 토박이말. ¶他说的不是普通话,是~。=그가 하는 말은 표준어가 아니라, 북경 토박이말이다.
【京腔】jīngqiāng 〈名〉1 (劇) 경강. [중국 전통극의 곡조로, 청(清)초에 북경에 유입된 익양강(弋陽腔)이 현지의 언어와 결합하여 형성되었음] 2 북경 말투. ¶撇~=북경 말투를 자랑삼아 쓰다.
【京师】jīngshī 〈名〉국도. 수도. 서울. ¶地处~=서울에 위치하다.
【京味】jīngwèi (~儿) 〈名〉북경 특색. 북경 분위기. 북경 색채. ¶~小说=북경 특색의 소설.
【京戏】jīngxì ☞【京剧】jīngjù
【京油子】jīngyóu·zi 〈名〉〈方〉북경 뺀질이. 약아빠진 북경 사람.
【京韵大鼓】jīngyùn dàgǔ 〈名〉(藝) 베이징(北京) 일대의 대고(大鼓). [설창 문예의 하나로, 청(清)말 허베이(河北) 일대의 목판대고(木板大鼓)와 자제서(子弟書)가 북경에서 융합 발전하여 화베이(华北)·둥베이(东北) 및 화동(华东)의 일부 지역에서 유행하였음]
【京兆】jīngzhào 〈名〉1 경조. [한(漢)대, 수도 및 그 부근에 해당하는 행정 구획] 2 국도. 수도. 서울. 3 京兆尹(경조윤).
【京族】Jīngzú 〈名〉1 경족. [중국 소수 민족 중의 하나로, 주로 광시(广西)에 분포함] 2 베트남의 최대 민족.

**泾**[涇] jīng 흐를 경
〈名〉1 개울. 내. 2 (地) 징허(泾河). [닝샤(宁夏)에서 발원하여 산시(陕西)성의 웨이수이(渭水)로 유입되는 강 이름] 3 (Jīng) (地) 징(泾)현. [안후이(安徽)성에 있는 지명]
【泾渭不分】JīngWèi-bùfēn 〈成句〉좋고 나쁨의 구분이 불분명하다. 선악(善惡)·시비(是非)의 구별이 확실치 않다
【泾渭分明】JīngWèi-fēnmíng 〈成〉1 맑은 징수이(泾水)와 탁한 웨이수이(渭水)가 서로 섞여 흘러도 맑음과 탁함이 분명하다. 2 (비) 좋고 나쁨의 구분이 아주 분명하다. 선악(善惡)·시비(是非)의 구별이 확실하다. ↔颠倒黑白 颠倒是非 鱼龙混杂

**经**[經] jīng 날실 경
〈動〉1 (사람의 손 등을) 거치다. 통하다. (장소를) 경유하다. 경과하다. 통과하다. 지나다. ¶途~广州=도중에 광저우(广州)를 지나다. 2 (일·사건 등을) 경험하다. 겪다. 체험하다. ¶饱~风霜=온갖 풍상을 겪다. 3 견디다. 버티다. 이겨 내다. 감당하다. ¶~不起挫折=좌절을 이겨 내지 못하다. 4 다스리다. 경영하다. 관리하다. ¶整军~武=군대를 정비하고 무기를 관리하다. 5 〈문〉목을 매(달)다. ¶自~=자살하다. 〈形〉영구 불변이다. 정상적이다. 통상적이다. 보통이다. ¶荒诞不~=황당무계한 말. 〈名〉1 (紡) 날줄. 날실. ¶~纬万端=일이 가닥가닥 복잡하게 얽혀있다. 2 (地) 경도(經度). 경선(經線). ¶东~=동경. 3 불변의 진리〔원칙·이치〕. 상도(常道). ¶天~地义=영원히 바뀔 수 없는 이치. 불변의 진리. 4 경. 경전. ¶佛~=불경. ¶引~据典=경전의 어구와 고사를 인용하다. 5 월경. ¶闭~=폐경. / 痛~=생리통. 6 (醫) 경. 경맥(經脈). ¶急火攻心,血不归~。=갑자기 불 같은 화가 치밀어 올라, 경맥에 피가 통하지 않다. 7 〈문〉① 남북 방향의 도로. ¶国中九~九纬。=성(城) 안에 간선 도로가 동서와 남북으로 각각 9개가 펼쳐져 있다. ② 도로. 길. 8 (Jīng) 성(姓). ↔纬
☞ jīng

○● 财经, 曾经, 读经, 取经, 神经, 圣Shèng经, 调经, 通经, 痛tòng经, 五经, 业经, 一经, 已经, 月经, 正经

【经办】jīngbàn 〈動〉(손을 거쳐) 처리하다. 취급하다. ¶这方面的业务由小李~。=이 방면의 업무는 샤오리가 취급한다.
【经办人】jīngbànrén 〈名〉업무 담당자. 취급인. 수탁자.
【经闭】jīngbì 〈動〉(醫) (여성이 3개월 이상) 월경이 멎다.=【闭经】bìjīng【不月】bùyuè
【经不起】jīng·buqǐ 감당할〔견딜·참을·이겨 낼〕 수 없다. 감당해〔견뎌·참아·이겨〕 내지 못하다. ¶这种花~日晒。=이런 꽃은 햇볕을 견뎌 내지 못한다. ↔经得起
【经不住】jīng·buzhù 〈動〉감당할〔견딜·참을·이

겨 낼〕 수 없다. 감당해〔견더·참아·이겨〕 내지 못하다. ↔경득주
【经部】jīngbù 영 경부. [중국 고대 도서의 4가지 분류법인 경(經)·사(史)·자(子)·집(集)의 한 종류로, 역경(易經)·서경(書經)·시경(詩經)·예기(禮記) 등의 유가 경전과 소학 등의 저작을 가리킴〕=〖甲部〗jiǎbù
【经常】jīngcháng 영 평소. 평상. 보통. 일상. ¶~性工作=평상 업무. 영 일상적인. 평상시의. 정상적이다. 보통이다. ¶干销售, 陪人喝酒是~的事.=영업 일을 하자면, 사람을 모시고 술을 마시는 것은 일상적인 일이다. 부 언제나. 늘. 항상. 자주. 종종. ¶~游泳=늘 수영을 한다. ≒常常 时常 ↔偶然
【经常化】jīngchánghuà 통 일상화하다. 평상화하다. ¶沙漠治理工作要~。=사막 관리〔개발〕 업무를 일상화해야 한다.
【经幢】jīngchuáng 영(佛) 경당. [불호나 경문을 조각한 (육각형 혹은 원형의) 돌기둥〕
【经得起】jīng·deqǐ 통 감당할〔견딜·참아·이겨 낼〕 수 있다. 감당해〔견더·참아·이겨〕 내다. ¶这个结论, ~时间的检验.=이 결론은 시간의 검증을 이겨 내야 한다. ↔경부주
【经得住】jīng·dezhù 통 감당할〔견딜·참아·이겨 낼〕 수 있다. 감당해〔견더·참아·이겨〕 내다. ↔경부주
【经典】jīngdiǎn 영 1(옛) 경(經). [유가의 모범적인 저작을 가리킴〕 ¶儒家~=유가 경전. 2 (종교 교의를 선양하는) 전적(典籍). ¶佛教~=불교 경전. 3 고전. 중요하고 권위 있는 저작. ¶博览~=고전을 두루 섭렵하다. 영 1 (저작이) 전형적인. 표준이 되는. 권위적인. ¶~作家=전형적인 작가. 2 (사물이) 전형적이고 영향력이 비교적 큰. ¶~影片=전형적이고 영향력이 비교적 큰 영화.
【经度】jīngdù 영(地) 경도.
【经费】jīngfèi 영 (사업·지출상의) 경비. 비용. ¶教育~=교육 경비.
【经风雨, 见世面】jīng fēngyǔ, jiàn shìmiàn (옛) 온갖 풍파를 겪어 세상 물정을 알다. 시련을 겪고 재간을 키우다.
【经改】jīnggǎi 영(옛) 经济改革(경제 개혁).
【经官动府】jīngguān-dòngfǔ (옛) 1 관청을 놀라게 하다. 관청에 폐를 끼치다. 2(비) 큰 사건〔소송〕을 일으키다. 재판을 걸다.
【经管】jīngguǎn 통 관리하다. 취급하다. ¶~财务=재무를 관리하다.
【经过】jīngguò 통 1 경유하다. 통과하다. 지나다. 거치다. ¶从成都坐火车到北京要~郑州。=청두(成都)에서 기차를 타고 베이징(北京)으로 가려면 정저우(郑州)를 경유해야 한다. 2 (시간이) 걸리다. 흐르다. 경과하다. 계속 이어지다. ¶~三年的时间, 本市连接省城的高速公路通车了。=3년의 시간이 걸려, 본 도시와 성도를 연결하는 고속도로는 개통되었다. 3 (활동·사건을) 경험하다. 경과하다. 거치다. 겪다. ¶~讨论, 大家决定一起去欧洲旅行。=토론을 거쳐 유

럽 여행을 가기로 결정하였다. 영 (일의) 과정. 경위. 자초지종. ¶你给我们说说去泰国旅游的~。=우리들한테 태국 여행의 과정을 이야기 좀 해 줘요. ≒通过
【经籍】jīngjí 영(옛) 1 경서. 경적(經籍). ¶诵读~=경서를 낭독하다. 2 서적. 책. 도서. [주로 고대의 것을 가리킴〕 ¶馆藏~颇为丰富.=도서관이 소장한 옛날 서적이 꽤 풍부하다.
【经纪】jīngjì 통 1(옛) 꾸리다. 돌보다. 처리하다. ¶~其家=그의 집을 돌보다. 2 (기업을) 계획·관리하다. 경영하다. ¶有方~=경영에 일가견이 있다. 영 중개인. 거간꾼. 브로커(broker).
【经纪人】jīngjìrén 영 중개(상)인. 거간꾼. 브로커(broker). 매매 대리인. (연예인의) 매니저(manager). ¶演出~=연출 매니저.
【经济】jīngjì 통(옛) 나라를 다스리다. [ '경세제민(經世濟民)'의 준말〕 ¶~之才=나라를 잘 다스릴 수 있는 재능. 영 1(哲) 경제 토대. 하부 구조. ¶~基础决定上层建筑.=하부 구조가 상층 구조를 결정한다. 2(經) 경제. 국민 경제. ¶发展~=경제를 발전시키다. 3(經) 국민 경제의 한 부문. ¶工业~=공업 경제. 4(經) 경제 활동. ¶搞~=(개인이) 경제 활동에 종사하다. 경제학을 배우다. (국가가) 경제를 건설하다. 5 살림살이. 개인의 생활 형편. ¶他家庭~状况不太好.=그의 생활 형편이 그다지 좋지 않다. 영 1 경제적이다. 경제적인 효율이 높다. 가격이 싸다. ¶听说这家餐馆味道好, 而且~实惠.=듣자 하니, 이 식당은 음식 맛도 좋고, 값도 싸서 실속 있다. 2 경제 이익을 거두기 위해 사육·재배하는. ¶~林木=공용림(供用林). 경제림.
【经济舱】jīngjìcāng 영 (비행기·선박 등의) 일반석. 보통석.
【经济担保】jīngjì dānbǎo 영 대출 담보. 재정 보증.
【经济法】jīngjìfǎ 영(法) 경제법.
【经济犯罪】jīngjì fànzuì 영(法) 경제 사범. 경제범.
【经济杠杆】jīngjì gànggǎn 영 경제 조종 수단(economic levers).
【经济合同】jīngjì hé·tong 영(經) 경제 계약. 경제 협의서(협약서).
【经济核算】jīngjì hésuàn 영(經) 경제 계산.
【经济机制】jīngjì jīzhì 영(經) 경제 메커니즘(mechanism).
【经济基础】jīngjì jīchǔ 영(經) (상층 구조의 기초를 이루는) 하부 구조. 경제 토대. ≒〖基础〗jīchǔ ↔上层建筑
【经济技术开发区】jīngjì jìshù kāifāqū 영 경제 기술 개발 구역. ≒〖经济开发区〗jīngjì kāifāqū〖开发区〗kāifāqū
【经济开发区】jīngjì kāifāqū ☞〖经济技术开发区〗jīngjì jìshù kāifāqū
【经济恐慌】jīngjì kǒnghuāng ☞〖经济危机〗jīngjì wēijī
【经济昆虫】jīngjì kūnchóng 영 (경제적 의미의) 해충(害蟲)과 익충(益蟲).

【经济林】jīngjìlín 몡 경제림. 공용림(供用林).
【经济模式】jīngjì móshì 몡 (經) 경제 모델 (model). 경제 유형. 경제 패턴(pattern).
【经济手段】jīngjì shǒuduàn 몡 (經) 경제 수단(조치).
【经济特区】jīngjì tèqū 몡 경제 특구.
【经济体制】jīngjì tǐzhì 몡 (經) 경제 체제.
【经济危机】jīngjì wēijī 몡 (經) 1 경제 위기. 2 경제 공황. =【经济恐慌】jīngjì kǒnghuāng
【经济效果】jīngjì xiàoguǒ ☞【经济效益】jīngjì xiàoyì
【经济效益】jīngjì xiàoyì 몡 경제적 효과. 경제적 효율. =【经济效果】jīngjì xiàoguǒ
【经济学】jīngjìxué 몡 (經) 1 경제학. 2 ☞【政治经济学】zhèngzhì jīngjìxué
【经济杂交】jīngjì zájiāo 몡 이종 교잡(異種交雜). 이중 교배.
【经济制度】jīngjì zhìdù 몡 1 (넓은 의미의) 사회 경제 제도. =【社会经济制度】shèhuì jīngjì zhìdù 2 (특정 부문의) 경제 제도. ¶农业~=농업 경제 제도.
【经济作物】jīngjì zuòwù 몡 (經) (참깨·사탕무·면화 등과 같은) 경제 작물. =【技术作物】jìshù zuòwù
【经久】jīngjiǔ 閉 오랫동안. ¶~不衰=오랫동안 시들지 않다. 혱 오래가다. 오래 지속되다. ¶~耐用=오래도록 쓸 수 있다. ≒长久
【经卷】jīngjuàn 몡 (佛) 경서. 경전.
【经理】jīnglǐ 图 경영 관리하다(처리하다). ¶~商店=상점을 경영 관리하다. 몡 (기업의) 경영 책임자. 지배인. 사장. 매니저(manager). 总~=사장. 总지배인. 销售~=판매 지배인.
【经历】jīnglì 图 몸소 겪다. 체험하다. 경험하다. 경과하다. ¶~艰难险阻=온갖 역정을 겪다. 몡 경험. 경력. 내력. 경위. ¶危险的~=위험한 경험. ≒阅历
【经纶】jīnglún 图문 1 누에실을 빗질하다. 2비 국가대사를 관리하다. ¶~海内=나라 안의 대사를 관리하다. 몡 1 잘 다듬은 누에실. 2비 경륜. 나라를 다스리는 식견과 재능. ¶大展~=경륜을 크게 펼치다.
【经略】jīnglüè 图문 계책을 세우고 경영하다. 다스리다. ¶~边塞=계책을 세워 변방을 다스리다.
【经络】jīngluò 몡 (醫) 경락. [‘经脉(경맥)’와 ‘络脉(낙맥)’의 합칭]
【经脉】jīngmài 몡 (醫) 경맥.
【经贸】jīngmào 몡 ‘经济(경제)’와 ‘贸易(무역)’의 합칭. ¶~工作=경제·무역 업무.
【经年累月】jīngnián-lěiyuè 솅 1 오랜 세월을 겪다. 해와 달을 거듭하다. 2비 오랜 시간 동안. 긴 시간 동안.
【经期】jīngqī 몡 월경 기간.
【经纱】jīngshā 몡 (紡) 날실. ↔纬纱
【经商】jīng‖shāng 图 장사하다. 상업에 종사하다.
【经史子集】jīng-shǐ-zǐ-jí 몡 경(經)·사(史)·자

(子)·집(集). [중국 고대 도서의 전통적 분류법으로, 경서(經書)·역사서(史書)·제자(諸子)·시문집(詩文集)을 가리킴]
【经事】jīngshì 图 일을 경험하다(체험하다·겪다). ¶少不~=나이가 어리고 경험이 적어 세상 물정을 잘 모른다.
【经手】jīng‖shǒu 图 손을 거치다. 다루다. 취급하다. ¶~人=업무담당자. 취급인.
【经受】jīngshòu 图 (시련 등을) 겪다. 경험하다. 견디다. (단련을) 받다. ¶~基层工作的锻炼=말단 업무로 단련을 받다.
【经售】jīngshòu 图 중개 판매하다. 위탁 판매하다. ¶这种药各大药店都有~。=이런 약은 각 큰 약방에서 모두 중개 판매하고 있다.
【经书】jīngshū 몡 경서. 유가의 경전.
【经天纬地】jīngtiān-wěidì 솅 1 하늘을 날줄로 삼고 땅을 씨줄로 삼다. 재능이 매우 뛰어나다. 2비 천하를 다스리다.
【经痛】jīngtòng ☞【痛经】tòngjīng
【经委】jīngwěi 몡약 经济委员会 (경제 위원회).
【经纬】jīngwěi 몡 1 (紡) (직물의) 날줄과 씨줄. 2 (地) 경도와 위도. 경선(經線)과 위선(緯線). 3 (그림·지도 제작시의) 등거리 종선과 횡선. 图문(비) 계획하다. 다스리다. ¶~天下=천하를 다스리다.
【经纬度】jīngwěidù 몡 (地) ‘经度(경도)’와 ‘纬度(위도)’의 합칭.
【经纬线】jīngwěixiàn 몡 (地) ‘经线(경선)’과 ‘纬线(위선)’의 합칭.
【经纬仪】jīngwěiyí 몡 경위의. [수평각과 수직각을 측량하는 기구] ¶光学~=광학 경위의.
【经文】jīngwén 몡 경문. 종교 경전 문구. ¶诵读~=경문을 낭독하다.
【经线】jīngxiàn 몡 1 (地) 경선. 자오선. =【子午线】zǐwǔxiàn 2 (紡) 날실. 날줄. ↔纬线
【经销】jīngxiāo 图 중개 판매하다. 위탁 판매하다. ¶~店=중개 판매점.
【经销商】jīngxiāoshāng 몡 중개(위탁) 판매인. 중개(위탁) 판매상.
【经心】jīngxīn 몡 조심하다. 주의하다. 유의하다. 마음에 두다. ¶漫不~=조금도 마음에 두지 않다.
【经穴】jīngxué 몡 (醫) 1 경맥(經脈)에 속해 있는 혈(穴). 2 침을 놓는 혈(穴).
【经学】jīngxué 몡 경학. 유가 경전을 연구하는 학문.
【经学院】jīngxuéyuàn 몡 종교의 경을 배우는 학교. 종교 학교.
【经血】jīngxuè 몡 (醫) 월경(月經).
【经验】jīngyàn 몡 경험. 체험. ¶教学~=지도 경험. 图 몸소 경험하다(겪다). 직접 체험하다. ¶他~过那次大地震。=그는 그 대지진을 몸소 경험하였다.
【经验论】jīngyànlùn 몡 (哲) 경험론.
【经验主义】jīngyànzhǔyì 몡 1 (哲) 경험론. 2 경험주의.
【经意】jīngyì 图 조심하다. 주의하다. 유의하다.

마음에 두다. ¶他做什么事都特别~。=그는 무슨 일을 하든 간에 매우 조심한다.
【经营】jīngyíng 통 1 운영하다. ¶她独自~一家小饭馆。=그녀는 혼자서 작은 식당을 운영한다. 2 (기업 등을) 경영하다. 기획하고 관리하다. ¶惨淡~=참담한 경영. 3 계획·조직하다. ¶这个展销会是他苦心~的。=이 전시 겸 판촉회는 그가 고심하며 계획·조직한 것이다.
【经用】jīngyòng 형 오래가다. 오랫동안 쓰다. ¶这支笔又好看又~。=이 연필은 예쁘면서도 오랫동안 쓴다.
【经由】jīngyóu 개 (어떤 곳·노선 등을) 경유하다. 경과하다. 거치다. 지나가다. ¶坐飞机~东京到美国。=비행기를 타고 동경을 경유하여 미국으로 간다.
【经援】jīngyuán 명약 경제원조(经济援助).
【经院哲学】jīngyuàn zhéxué 명 [哲] 스콜라(Schola) 철학. =【烦琐哲学】fánsuǒ zhéxué
【经传】jīngzhuàn 명 1 경전과 그 해설서. 2 중요한 고서적. ¶名不见~=이름이 아직 경전에 보이지 않다. 지명도가 높지 않다.

## 荆 jīng 굴싸리 형

명 1(植) 굴싸리. 광대싸리. 가시나무. 2 광대싸리 채. 가시나무로 만든 매(곤장). [옛날, 곤장으로 쓰였음] ¶负~请罪=매를 짊어지고 가서 처분을 바라다. 3 곁 집사람. 우처(愚妻). [남에게 자신의 아내를 낮추어 일컫는 말] ¶拙~=못난 집사람. 4 (Jīng) (歷) 춘추(春秋) 시대 초(楚)나라의 다른 이름. 5 (Jīng) 성(姓).

○○ 负荆, 识荆, 问荆, 拙zhuó荆, 紫荆

【荆钗布裙】jīngchāi-bùqún 성 1 싸리나무로 비녀를 만들고 베로 치마를 만들다. 2(비) 가난한 집 부인의 소박한 옷차림.
【荆棘】jīngjí 명 가시나무.
【荆棘载途】jīngjí-zàitú 성 1 가는 길이 모두 가시덤불이다. 2(비) 환경이 열악하고 장애가 많다. 첩첩난관이다.
【荆条】jīngtiáo 명 싸리나무 채.
【荆榛】jīngzhēn 명(문) 1 싸리나무와 참죽나무. 2(비) 가시덤불. [주로 황폐한 정경을 형용하는 데 쓰임] ¶古寺荒凉, ~满目。=옛 절은 황량하고, 눈앞에 온통 가시덤불만 무성하다.

## 菁 jīng 우거진 모양 청

아래를 참조.
【菁华】jīnghuá 명 정화. 정수(精髓).
【菁菁】jīngjīng 형(문) 초목이 무성한 모양.

## 猄 jīng 황경 경

☞【黄猄】huángjīng

## 旌 jīng 기 정

명 1 (옛날, 오색의 깃털을 깃대 끝에 드리워 꾸민) 기(旗). 2 (각종) 기(旗). 깃발. ¶~旗招展=깃발이 나부끼다. 통(문) (공덕을) 표창하다. ¶以~其功=그 공덕을 표창하다.
【旌表】jīngbiǎo 통 정표하다. [패방(牌坊)을 세우거나 편액을 달아 선행·미덕이 뛰어난 사람을 표창하는 것을 가리킴]
【旌旗】jīngqí 명 1 (고대, 오색의 깃털을 깃대 끝에 드리워 꾸민) 기(旗). 2 (각종) 기. 깃발. ¶~蔽日=깃발이 해를 가리다.

## **惊[驚] jīng 놀랄 경

통 1 (말 등이) 놀라다. 놀라 날뛰다. ¶马~了。=말이 놀라서 날뛰었다. 2 두려워하다. 무서워하다. ¶大~小怪=하찮은 일에 크게 놀라다. /胆战心~=놀라고 겁이 나서 부들부들 떨다. 3 놀라게 하다. 놀래다. ¶一鸣~人=일을 한번 벌이기만 하면 단번에 놀랄 만한 성취를 거두다. /打草~蛇=풀을 베어 뱀을 놀라게 하다.

○○ 吃惊, 虚xū惊, 压yā惊, 震zhèn惊

【惊诧】jīngchà 통 놀라며 의아하게 여기다. 어처구니없을 만큼 괴이하다. ¶~莫名=놀라고 의아해서 말로 표현할 수가 없다. ≒惊讶 惊奇
【惊颤】jīngchàn 통 놀라 몸을 떨다. 몸서리를 치다. 무서움에 휩싸이다. ¶~不止=놀라서 계속 몸서리치다.
【惊怵】jīngchù 통 놀라고 두려워하다. ¶内心极为~。=내심 무척이나 놀라고 두려워하다.
【惊呆】jīngdāi 통 놀라 얼이 빠지다〔어리둥절하다〕. 경악하다. ¶看到那一鲜血淋漓的情景, 众人都~了。=그 선혈이 낭자한 광경을 보고, 사람들이 놀라 얼이 빠졌다.
【惊动】jīngdòng 통 놀라게 하다. 시끄럽게 하다. 떠들썩하게 하다. 귀찮게 하다. ¶说话小声点儿, 孩子睡着了, 别~他。=애가 잠들었으니 좀 작은 소리로 말해, 놀라게 하지 말고.
【惊愕】jīng'è 통(문) 경악하다. 소스라치게 깜짝 놀라다. ¶万分~=대단히 경악하다.
【惊风】jīngfēng 명 1 강풍. 세찬 바람. ¶~骇浪=거센 바람과 성난 파도. 또는 위험한 처지. 2 (醫) 경기. 경풍. ¶急~=급성 경기.
【惊服】jīngfú 통 놀라워하며 탄복하다. ¶魔术师高超的表演技巧令人~。=마술사의 뛰어난 공연 기교는 사람들을 놀라 탄복하게 만들었다.
【惊弓之鸟】jīnggōngzhīniǎo 성 1 화살에 상처를 입은 적이 있어, 활 소리만 들어도 깜짝 놀라는 새. 2(비) 한번 크게 놀란 사람이 조그마한 일에도 겁을 내며 위축되는 사람.
【惊怪】jīngguài 통 놀라며 괴이하게 여기다. 이상하여 놀라다.
【惊骇】jīnghài 통(문) 끔찍하게 놀라다. 공포에 떨다. 몹시 놀라 두려워하다. 무서워하다. ¶无比~=놀라움을 견줄 데가 없다.
【惊呼】jīnghū 통 깜짝 놀라 소리치다. ¶大声~=깜짝 놀라 고함지르다.
【惊慌】jīnghuāng 형 놀라 허둥대다〔당황하다〕. 놀라 허둥지둥하다. ¶神色~=표정이 몹시 놀라고 당황하다. ≒惊惶 恐慌 ↔镇定
【惊慌失措】jīnghuāng-shīcuò 성 놀라고 당

황하여 어찌할 바를 모르다.

【惊惶】 jīnghuáng 놀라 두려워하면서 허둥대다〔당황하다〕. 놀라서 어쩔 줄 몰라 하다. ¶~不安=놀라서 어쩔 줄 몰라 하며 불안해하다. ≒惊慌

【惊魂】 jīnghún 图 놀란 가슴. 놀라 두근거리는 마음. ¶~甫定=놀란 가슴이 겨우 진정되다.

【惊魂未定】 jīnghún-wèidìng 成 놀란 가슴이 아직 가라앉지 않다.

【惊悸】 jīngjì 图 놀라서 가슴이 두근거리다〔울렁거리다〕. 图 경계·긴장·불안·공포·분노 등으로 가슴이 두근거리는 증상.

【惊叫】 jīngjiào 图 놀라서 외치다.

【惊惊慌慌】 jīng·jing huānghuāng 围 놀라 두려워하면서 허둥대다〔당황하다〕.

【惊惊惶惶】 jīng·jing huánghuáng 围 놀라 두려워하면서 허둥대다〔당황하다〕. 놀라서 어쩔 줄 몰라하다.

【惊惧】 jīngjù 图 놀라 두려워하다〔무서워하다〕. ¶~战栗=놀라 두려워하면서 몸서리치다.

【惊觉】 jīngjué (깜짝) 놀라서 깨다.

【惊厥】 jīngjué 图 놀라 기절하다〔까무러치다·혼절하다〕. ¶惊闻噩耗, 老太太顿时~。=갑작스레 흉보를 접하고, 할머니는 놀라 잠시 혼절하였다.

【惊恐】 jīngkǒng 图 놀라 두려워하다. 질겁하다. ¶~失色=질겁하여 얼굴색이 창백해지다.

【惊恐万状】 jīngkǒng-wànzhuàng 成 놀라고 두려워 온갖 모습을 다 보이다. 대단히 놀라며 어쩔 줄을 모르다.

【惊雷】 jīngléi 图 1 (사람을 놀라게 하는) 천둥소리. 2 圓 갑자기 발생하여 사람을 놀라게 하는 큰 사건. ¶于无声处听~。=쥐 죽은 듯 고요한 곳에서 천둥 소리를 듣다. 조용히 사람들을 놀랠 만한 큰 일을 벌이다.

【惊乱】 jīngluàn 图 놀라 어쩔 줄 모르다. 놀라서 혼란에 빠지다. ¶盗匪忽然~逃散。=도적이 갑자기 놀라서 어쩔 줄 모르고 뿔뿔이 흩어져 도망가다.

【惊马】 jīngmǎ 图 놀라 날뛰는 말.

【惊怕】 jīngpà 图 놀라 두려워하다〔무서워하다〕.

【惊奇】 jīngqí 围 놀라며 의아해하다. 경이롭게 생각하다. 이상하여 놀라다. ¶故乡翻天覆地的变化, 令人~。=고향의 엄청난 변화에 사람들은 놀라움을 금치 못했다. ≒惊诧 惊讶

【惊怯】 jīngqiè 图 놀라 겁을 먹다. 놀라고 두려워하다.

【惊扰】 jīngrǎo 图 놀라게 하다. 시끄럽게 방해하다〔괴롭히다〕. 소란을 피우다. ¶自相~=자기들끼리 서로 놀라게 하다.

【惊人】 jīngrén 围 사람을 놀라게 하다. (특히 하여) 사람의 관심을 끌다. ¶용모가 사람의 주의를 끌지 못하다. 생김새가 대수롭지 않다.

【惊蛇入草】 jīngshé-rùcǎo 成 1 놀란 뱀이 풀섶으로 들어가다. 2 甸 초서의 필력(筆力)이 힘차고, 붓놀림이 분방하다.

【惊世骇俗】 jīngshì-hàisú 成 (사상·언행 등이

남달라) 온 세상 사람들을 깜짝 놀라게 하다.

【惊叹】 jīngtàn 图 몹시 놀라며 감탄하다. 경탄하다. ¶人们不禁~于大自然的造化了。=사람들은 대자연의 조화에 경탄을 금치 못했다.

【惊叹号】 jīngtànhào 图〈言〉느낌표.

【惊堂木】 jīngtángmù 图〈옛〉법정에서 심판하던 관리가 탁상을 쳐서 주위에 위엄을 환기시키던 장방형의 나무 막대기.

【惊涛】 jīngtāo 图 성난 파도. 노도. 거센 파도. ¶~拍岸=성난 파도가 해안을 때리다.

【惊涛骇浪】 jīngtāo-hàilàng 成 1 거칠고 사나운 큰 파도. 2 甸 매우 위험한 경지〔처지〕. 아주 험악한 환경. ↔风平浪静

【惊天动地】 jīngtiān-dòngdì 成 1 (소리가 굉장히 커서) 하늘을 놀라게 하고 땅을 뒤흔들다. ¶~的雷声=천지를 진동할 정도로 큰 천둥 소리. 2 기세가 엄청나고 영향력이 대단하다. 세상을 몹시 놀라게 하다. ¶~的业绩=세상을 놀라게 할 업적.

【惊悟】 jīngwù 图 (자극을 받아) 갑자기 깨닫다. 문득〔불현듯이〕생각이 나다. ¶她一下子~来。=그녀는 불현듯이 깨달았다.

【惊悉】 jīngxī 图 (갑작스런 소식을) 알고 충격을 받다. 깜짝 놀라며 소식을 접하다. 충격적인 소식을 알다. ¶~恩师仙逝, 心中不胜悲痛。=은사가 세상을 떠났다는 충격적인 사실을 알고는 비통한 마음을 금할 수가 없었다.

【惊喜】 jīngxǐ 图 놀라고도 기뻐하다. ¶~交加=놀람과 기쁨이 교차하다.

【惊吓】 jīngxià 图 깜짝 놀라다. 두려워하다. 무서워하다. ¶注意点儿, 别让孩子受到~。=아이가 놀라지 않게 좀 조심하라.

【惊险】 jīngxiǎn 围 아슬아슬하다. 스릴이 있다. 손에 땀을 쥐게 하다. ¶~动作=손에 땀을 쥐게 하는 동작.

【惊险片儿】 jīngxiǎnpiānr 图〈口〉서스펜스 영화. 스릴러 영화. 공포 영화.

【惊险片】 jīngxiǎnpiàn 图〈映〉서스펜스 영화. 스릴러 영화. 공포 영화.

【惊心】 jīngxīn 图 1 내심 놀라다〔질겁하다〕. ¶~怵目=목격하고 나서 내심 질겁하다. 2 내심 몹시 충격을 받다. ¶触目~=무엇을 보고 깜짝 놀라다.

【惊心动魄】 jīngxīn-dòngpò 成 사람의 심금을 울리고 흥분하게 하다. 몹시 공포에 떨다.

【惊醒】 jīngxǐng 图 1 놀라 깨다. ¶噩梦使他突然~。=악몽이 그로 하여금 갑자기 잠에서 깨어나게 했다. 2 (충격을 받아) 깨닫다. ¶听了父亲的分析, 他才彻底~过来。=아버지의 분석을 듣고 그는 비로소 완전히 깨달았다. 3 갑자기 깨우다. ¶门外的鞭炮声~了熟睡的孩子。=문 밖의 폭죽 소리가 깊이 잠든 아이를 갑자기 깨웠다. 4 갑자기 깨닫게〔각성하게〕하다. ¶不说到痛处, 是不会~他的。=아픈 곳을 말하지〔찌르지〕않으면 그를 각성하게 할 수 없다.

【惊醒】 jīng·xing 围 깊게 잠들지 못하다. 잠귀가 밝다. ¶老年人睡觉一般很~。=노인들은 일

반적으로 잠귀가 밝다.

【惊讶】**jīngyà** 휑 의아스럽다. 놀랍다. ¶她今天的言行使大家很~。=그녀의 오늘 행동은 모두를 놀라게 했다. ≒惊诧 惊奇

【惊疑】**jīngyí** 동 놀라다. 의아해하다. ¶她用~的目光注视着我。=그녀는 의아해하는 눈빛으로 나를 주시했다.

【惊异】**jīngyì** 동 놀랍다. 이상하다. 경이롭다. ¶令人~=사람을 놀라게 하다.

【惊蛰】**jīngzhé** 명 경칩. [24절기의 하나. 3월 5일에서 7일 사이]

## 晶 **jīng** 빛날 정

휑 빛나다. 반짝이다. ¶亮~~=반짝반짝하다.
명 **1** 수정. ¶墨~=흑수정. 오수정. **2** 결정체. ¶结~=결정.

○● 冰bīng晶, 黑晶, 水晶, 结晶体, 蓝晶晶

【晶格】**jīnggé** 명(物) 결정 격자.
【晶洁】**jīngjié** 휑 광택[빛]이 나고 깨끗하다. ¶~的玉石=빛이 나고 깨끗한 보석.
【晶亮】**jīngliàng** 휑 투명하고 빛이 나다. ¶~的露珠=투명하게 빛나는 이슬방울.
【晶片】**jīngpiàn** 명(电) 회로판.
【晶体】**jīngtǐ** 명(物) 결정체. 결정. ➡【结晶体】**jiéjīngtǐ** 【结晶】**jiéjīng**
【晶体点阵】**jīngtǐ diǎnzhèn** 명(物) 결정 격자. 격자(格子).
【晶体管】**jīngtǐguǎn** 명 결정 삼국관. 트랜지스터(transistor). =【晶体三极管】**jīngtǐ sānjíguǎn**【半导体管】**bàndǎotǐ sānjíguǎn**
【晶体三极管】**jīngtǐ sānjíguǎn** ➡【晶体管】**jīngtǐguǎn**
【晶莹】**jīngyíng** 휑 빛나고 투명하다. 반짝반짝 빛나다. ¶~的泪珠=반짝거리는 눈물.
【晶莹剔透】**jīngyíng-tītòu** 성 매우 윤기가 나고 투명하다.
【晶状体】**jīngzhuàngtǐ** 명(生) 수정체. =【水晶体】**shuǐjīngtǐ**

## 腈 **jīng** 니트릴 청

명(化) 니트릴(nitrile).
【腈纶】**jīnglún** 명 아크릴 섬유.

## 鹊[鶄] **jīng** 푸른 백로 청

☞【䴔鶄】**jiāojīng**

## 睛 **jīng** 눈동자 정

명 눈동자. ¶定~=시선[눈]을 고정시키다. / 目不转~=뚫어지게 보다.

○● 眼睛, 龙睛鱼

## 粳[粳·秔] **jīng** 메벼 갱

명(植) 메벼.
【粳稻】**jīngdào** 명(植) 메벼.
【粳米】**jīngmǐ** 명 경미. 멥쌀.

## 兢 **jīng** 조심할 긍

아래를 참조.
【兢兢】**jīngjīng** 휑 긍긍하다. [주의하고 조심하는 모양] ¶战战~=전전긍긍하다.
【兢兢业业】**jīngjīng-yèyè** 성어 신중하고 조심스럽게 맡은 일을 부지런하고 성실하게 하다. 근면하고 성실하게 업무에 임하다.

## 精 **jīng** 정밀할 정

명 **1** 훈 정미. 정선한 우수 품종 쌀. **2** 추출물. 진액. ¶香~=에센스. / 糖~=사카린. **3** 정신. 정력. ¶养~蓄锐=정기를 키우고 예기를 모으다. **4** 정액. 정자(精子). ¶受~=수정되다. / 射~=사정하다. **5** 요괴. 요정. ¶白骨~=백골 요정. **2** 정교하다. 완벽하다. 훌륭하다. 최고[최상]의. ¶包装~美=포장이 정교하고 아름답다. **3** 정통하다. 능숙하다. …에 밝다. ¶博大~深=학식이 넓고 깊다. **4** 정밀하다. 세밀하다. ¶~密仪器=정밀 기기. **5** 기민하다. 영리하다. 재빠르다. ¶~明能干=영리하고 능력이 있다. 훈 몹시. 아주. 대단히. 엄청. [일부 형용사 앞에 쓰여 정도가 심함을 나타내며, '很(hěn)'·'非常(fēicháng)'에 상당함] ¶他人长得~瘦=그는 엄청 말랐다. / 钱花得~光。=돈을 깡그리 다 써 버리다. ↔粗 俊

○● 茶精, 钢精, 糊精, 滑精, 麦mài精, 煤精, 木精, 炭精, 糖精, 味精, 香精, 雄xióng精, 妖yāo精

【精白】**jīngbái** 휑 새하얗다. 순백이다. ¶~面=흰 밀가루.
【精编】**jīngbiān** 동 **1** 세심하게 편찬하다[편집하다]. ¶~节目=프로그램을 세심하게 편성하다. **2** 치밀하게 짜다[엮다]. ¶~手工艺品=공들여 짠 수공예품.
【精兵】**jīngbīng** 명 정병. ¶~猛将=정병과 맹장. 정예 병사와 용맹한 장수.
【精兵简政】**jīngbīng-jiǎnzhèng** 성 인원과 기구를 간소화하다.
【精兵强将】**jīngbīng qiángjiàng** 동 병사는 전투력이 강하고 장수는 지휘를 잘 한다. 명 걸출한 인재. 정병과 뛰어난 장수.
【精彩】**jīngcǎi** 휑 뛰어나다. 훌륭하다. 근사하다. 멋지다. ¶~的舞蹈=멋진 춤. 명 훈 정기. 원기. 활력. ¶目无~=눈에 정기가 없다.
【精菜】**jīngcài** 명 정선된 채소.
【精巢】**jīngcháo** 명(生) **1** 정소. 정집. **2** ☞【睾丸】**gāowán**
【精诚】**jīngchéng** 휑 훈 매우 성실하다. 정성스럽다. ¶~团结=성심성의로 단결하다[뭉치다].
【精赤】**jīngchì** 휑 벌거벗다. ¶几个光得~的孩子在池塘里玩水。=벌거벗은 아이들 몇 명이 연못에서 물놀이를 하고 있다.
【精虫】**jīngchóng** 명(生) 정충. 정자(精子).
【精纯】**jīngchún** 휑 **1** 순수하다. 순도 높다. ¶

~的猫睛石=순도 높은 묘정석〔묘안석〕. **2** 정통하다. 숙련되다. 뛰어나다. 훌륭하다. ¶技艺~=기예가 숙달되다.

【精粹】**jīngcuì** 간명하다. 간결하다. ¶文笔~=문장이 간결하다.

【精打细算】**jīngdǎ-xìsuàn** 〈成〉 세밀하게 계산하다. 면밀하게 계획하다. ↔大手大脚

【精当】**jīngdàng** 〈형〉 (말·글 등이) 정확하고 적당〔적절〕하다. ¶用词~=단어 사용이 정확하고 적절하다.

【精到】**jīngdào** 〈형〉 정확하고 세밀하다. ¶考虑~=고려함이 세심하다.

【精雕细刻】**jīngdiāo-xìkè** 〈成〉 **1** 심혈을 기울여 세밀하게 새기다. **2** (예술 작품을) 정밀하게 다듬다. **3** 〈비〉 성실하고 세심하게 일을 하다. =【精雕细镂】**jīngdiāo-xìlòu** ↔粗制滥造

【精雕细镂】**jīngdiāo-xìlòu** ☞【精雕细刻】**jīngdiāo-xìkè**

【精读】**jīngdú** 정독하다. ¶前面打有'*'的篇目必须~。=앞부분에 '*' 표가 표시된 편명의 문장은 반드시 정독해야 한다.

【精度】**jīngdù** 〈명〉 정밀도. ¶高~的仪器设备=고정밀도 기기 설비.

【精纺】**jīngfǎng** 〈紡〉 정방(精紡)하다. ¶~羊毛=양모를 정방하다. 〈명〉 정방. 정교한 방직품. ¶毛料~=소모직물. 우스티드(worsted).

【精粉】**jīngfěn** 〈명〉 정제분.

【精干】**jīnggàn** 〈형〉 **1** 예리하고 유능하다. ¶他素来~老练。=그는 원래 유능하고 노련하다. **2** (군대 따위의) 소수 정예의. ¶~的审计工作组=정예의 회계 감사 업무 팀.

【精耕细作】**jīnggēng-xìzuò** 〈成〉 정성스럽고 꼼꼼하게 경작을 하다.

【精工】**jīnggōng** 〈형〉 세밀하다. 정교하다. ¶~刺绣=정교한 자수.

【精怪】**jīngguài** 〈명〉 (짐승이나 초목 따위가 오랜 수련으로 변한) 요괴.

【精光】**jīngguāng** 〈형〉 **1** 아무것도 없다. 조금도 남지 않다. ¶球票很快就卖个~。=구기 경기 입장권이 아주 빨리 매진되었다. **2** 광택〔윤〕이 나다. 반질반질〔반들반들〕하다. ¶窗玻璃擦得~透亮。=창문 유리를 아주 반들반들하게 닦았다.

【精悍】**jīnghàn** 〈형〉 **1** (문필이) 간결하고 날카롭다〔예리하다〕. ¶笔力~=필력이 간결하고 날카롭다. **2** 머리가 좋고 능력이 뛰어나다. 유능하다. ¶~练达=유능하고 경험이 많다.

【精华】**jīnghuá** 〈명〉 **1** 정화. 정수. ¶去其糟粕, 取其~。=쓸모 없는 것을 버리고 정화를 취하다. **2** 〈옛〉 광화(光華). 광휘(光輝). ¶日月之~。=해와 달의 광휘. ≒精髓 精英 ↔糟粕 渣滓

【精加工】**jīngjiāgōng** 〈동〉 정밀하게 가공하다. ¶~产品=정밀 가공 제품.

【精简】**jīngjiǎn** 〈동〉 정간하다. 정선하다. ¶~人员=인원을 정선하다.

【精讲】**jīngjiǎng** 〈동〉 간명〔간결〕하게 설명하다. 통찰력 있게 설명하다. 통렬〔투철〕하게 설명하다. ¶~范文=모범 문장을 간명하게 설명하다.

【精进】**jīngjìn** 〈동〉 **1** 〈문〉 정진하다. 힘써 나아가다. ¶~不懈=꾸준히 정진하다. **2** 조예가 깊어지다. ¶书艺日渐~。=서예가 날로 조예가 깊어지다.

【精精干干】**jīng·jing gàngàn** 〈형〉 예리하고 유능하다.

【精精神神】**jīng·jing shénshén** 〈형〉 활기차다. 생기가 넘치다. 활발하다.

【精矿】**jīngkuàng** 〈명〉〈礦〉정광(精鑛).

【精力】**jīnglì** 〈명〉 정력. 정신과 체력. ¶~旺盛=정력이 왕성하다.

【精练】**jīngliàn** 〈동〉〈紡〉정련하다. 〈형〉 **1** 간결하다. (글·말 등이) 군더더기가 없다. =【精炼】**jīngliàn** ¶文字~=글이 간결하다. **2** (오랜 훈련으로) 정예의. ¶~的参赛队伍=정예의 시합 참가 팀.

【精炼】**jīngliàn** 〈동〉〈金〉정련하다. 정제하다. ¶~炉=정련로. 〈형〉 ☞【精练】**jīngliàn**

【精良】**jīngliáng** 〈형〉 정교하다. 우수하다. 훌륭하다. ¶装备~=장비가 우수하다.

【精料】**jīngliào** 〈명〉 **1** 정교한 재료. 우수한 재료. ¶这是用~制作的新产品。=이것이 우수한 재료로 만든 신제품이다. **2** 애벌 가공을 거친 원자재. ¶投放~=(정밀 가공을 하기 위하여) 애벌 가공한 자재를 올려놓다. **3** ☞【精饲料】**jīngsìliào**

【精灵】**jīng·líng** 〈명〉 정령. 요괴. 도깨비. ¶~鬼怪=요괴. 〈형〉〈방〉영리하다. 총명하다. 기민하다. ¶小家伙~得很。=꼬마 녀석이 아주 영리하다.

【精美】**jīngměi** 〈형〉 정교하다. 아름답다. ¶~的瓷器=정교한 도자기.

【精密】**jīngmì** 〈형〉 정밀하다. ¶~仪表=정밀 계기. ≒精细

【精密度】**jīngmìdù** 〈명〉 정밀도. ¶这种仪器的~很高。=이 종류의 계기는 정밀도가 높다.

【精妙】**jīngmiào** 〈형〉 정묘하다. 정교하다. ¶~之极=극도로 정묘하다.

【精敏】**jīngmǐn** 〈형〉 정민하다. 기민하다. 눈치가 빠르다. ¶~过人=뛰어나게 기민하다.

【精明】**jīngmíng** 〈형〉 영리하다. 총명하다. 재치가 있다. ¶~干练=재치가 있고 노련하다.

【精明强干】**jīngmíng-qiánggàn** 〈成〉 총명하고 유능하다.

【精囊】**jīngnáng** 〈명〉〈生〉정낭.

【精疲力竭】**jīngpí-lìjié** 〈成〉 **1** 기진맥진하다. **2** 극도로 곤곤하다. =【精疲力尽】**jīngpí-lìjìn**

【精疲力尽】**jīngpí-lìjìn** ☞【精疲力竭】**jīngpí-lìjié**

【精辟】**jīngpì** 〈형〉 통찰력이 있다. 날카롭다. 통렬〔신랄〕하다. ¶分析~=분석이 날카롭다.

【精品】**jīngpǐn** 〈명〉 정제품(精製品). 명품. 우량품. 최고급품. 우수한 작품. ¶茶中~=차 중의 최고급품. / 电影~=우수 영화.

【精品店】**jīngpǐndiàn** 〈명〉 명품점. [주로 상호로 쓰임]

【精品屋】**jīngpǐnwū** 〈명〉 명품 옥. [일류 제품을

파는 규모가 비교적 작은 가게]
【精气】jīngqì 〖명〗 1 정기. 2〖醫〗 신기(腎氣). 원기. ¶~大伤=원기가 크게 떨어지다.
【精巧】jīngqiǎo 〖형〗 정교하다. ¶设计~=설계가 정교하다. ≒工细 ↔粗笨
【精确】jīngquè 〖형〗 정밀하고 확실하다. 정확(精確)하다. ¶~测量=정밀 측량.
【精肉】jīngròu 〖명〗〖방〗 살코기. [주로 돼지 살코기를 가리킴]
【精锐】jīngruì 〖형〗〖군〗 정예의. 장비가 우수하고 전투력이 강하다. ¶~之师=정예 부대.
【精舍】jīngshè 〖명〗〖문〗 1 정사. [고대에 학당 혹은 서재를 가리킴] ¶~藏书甚多. =정사에 장서가 아주 많다. 2 정사. 절. 3 정교한 가옥. ¶深居~=훌륭한 집에 틀어박혀 지내다.
【精深】jīngshēn 〖형〗 (이론·학문이) 정심하다. 심오하다. ¶~的理论=심오한 이론. ≒精湛
【精神】jīngshén 1 정신. ¶~状态=정신 상태. /~失常=정신 이상. 2 주요 의미. 주지(主旨). ¶先要领会原文~, 然后再作评价. =먼저 원문의 주지를 파악하고 난 연후에 평가를 하다. ≒意思 ↔物质 肉体
【精神病】jīngshénbìng 〖명〗〖醫〗 정신병. ≒神经病 shénjīngbìng
【精神产品】jīngshén chǎnpǐn 〖명〗 정신적 산물. ['物质产品(물질적 산물)' 과 구별됨]
【精神抖擞】jīngshén-dǒusǒu 〖성〗 원기가 왕성하다. 혈기가 왕성하다.
【精神分裂症】jīngshén fēnlièzhèng 〖명〗〖醫〗 정신 분열증.
【精神枷锁】jīngshén jiāsuǒ 〖명〗〖비〗 정신적 속박. ¶封建礼教的~还束缚着某些人的思想. =봉건적인 예교의 정신적인 속박이 아직도 일부 사람들의 사상을 구속하고 있다.
【精神疗法】jīngshén liáofǎ ☞【心理疗法】xīnlǐ liáofǎ
【精神食粮】jīngshén shíliáng 〖명〗 정신적 양식. 문화적 산물.
【精神衰弱】jīngshén shuāiruò 〖명〗〖醫〗 정신 쇠약.
【精神损耗】jīngshén sǔnhào ☞【无形损耗】wúxíng sǔnhào
【精神文明】jīngshén wénmíng 〖명〗 정신 문명. ↔物质文明
【精神污染】jīngshén wūrǎn 〖명〗 정신적 오염.
【精神鸦片】jīngshén yāpiàn 〖명〗〖비〗 사람을 해치는 정신적인 산물.
【精神】jīng·shen 〖명〗 원기. 의식. 활력. 용기. 기력. ¶~振奋=원기가 왕성하다. 〖형〗 활기차다. 생기발랄하다. 활발하다. 씩씩하다. ¶小伙子西装笔挺, 很~. =젊은이가 양복을 쭉 빼 입으니 아주 씩씩해 보인다.
【精神头儿】jīng·shentóur 〖구〗 정신. 원기. 의식. 활력. 용기. 기력. ¶他打起扑克来, ~可大啦. =그는 포커를 칠 때면 활력이 넘친다.
【精审】jīngshěn 〖형〗 (글·계획·의견 따위가) 정확하고 세밀하다. 빈틈이 없다. ¶释义~=석

의가 정확하고 세밀하다.
【精湿】jīngshī 〖형〗〖구〗 흠뻑 젖다. 몹시 축축하다. ¶浑身被雨淋得~。=온몸이 비에 흠뻑 젖다.
【精瘦】jīngshòu 〖형〗 몹시 야위다. 깡마르다. 빼빼 여위다. ¶~的小猪=몹시 야윈 새끼돼지.
【精熟】jīngshú 〖형〗 능숙하다. 숙련되다. 정통하다. ¶技术~=기술이 숙련되다.
【精饲料】jīngsìliào 〖명〗 농후 사료. 농축 사료. 자양분이 많은 사료. =【精料】jīngliào
【精算】jīngsuàn 〖동〗 정산하다. 꼼꼼하게 계산하다. ¶计划中的数字都是~后确定的。=계획 중의 숫자는 모두 정산한 뒤에 확정한 것이다. 〖명〗 메스메티카(Mathematica). ¶~师=보험계리사.
【精髓】jīngsuǐ 〖명〗 1 정(精). 정수. 2〖비〗 정화. 정수. ¶要把握理论的~。=이론의 정수를 파악하여야 한다. ≒精华 精英
【精通】jīngtōng 〖동〗 정통하다. ¶他~三门外语。=그는 3개 국어에 정통하다.
【精微】jīngwēi 〖형〗 정미하다. 심오하다. ¶博大~=넓고도 심오하다. 〖명〗 신비. 수수께끼. ¶探求大自然的~=대자연의 신비를 탐구하다.
【精卫填海】jīngwèi-tiánhǎi 〖성〗 1 정위조(精卫鸟)가 동해 바다를 메우다. 《산해경·북산경(山海經·北山經)》에서, 염제(炎帝)의 딸이 동해에 빠져 죽은 후 원한이 맺혀 그 영혼이 정위조로 변하여 서산의 나뭇가지와 돌을 물어다 동해 바다를 메우고자 했다는 고사에서 유래함] 2〖비〗 깊은 원한을 갚으려고 결심하다. 3〖비〗 목적 달성을 위해 온갖 곤란을 무릅쓰고 고군분투하다. ≒愚公移山
【精细】jīngxì 〖형〗 1 정세하다. 정교하고 섬세하다. ¶~的工艺品=정교하고 섬세한 공예품. 2 꼼꼼하다. 철저하다. 세심하다. ¶这件事他考虑得很~. =이 일을 그는 아주 세심하게 고려했다. ≒精密 工细
【精心】jīngxīn 〖형〗 정성을 들이다. 몹시 조심하다. ¶~照料=정성을 들여 보살피다.
【精选】jīngxuǎn 〖동〗 1 정선하다. 세밀하게 고르다. ¶~种子=종자를 정선하다. 2〖礦〗 선광(選鑛)하다.
【精盐】jīngyán 〖명〗 정제한 소금. 정제염.
【精研】jīngyán 〖동〗 상세히(세밀하게) 연구하다. ¶~古代文献=고대 문헌을 세밀하게 연구하다.
【精要】jīngyào 〖형〗 정요하다. 간명하다. 핵심의. ¶~的故事梗概=간명한 고사의 줄거리. 〖명〗 근본 이론. 기본 이론. 본질적 요소. 핵심. 중요점. ¶文章~=문장의 핵심.
【精液】jīngyè 〖명〗〖生〗 정액.
【精义】jīngyì 〖명〗 본질적이고 근본적인 의미. 정수. 요체. 핵심. 골자. ¶儒学~=유학의 요체.
【精益求精】jīngyìqiújīng 〖성〗 훌륭하지만 더욱 더 완벽을 추구하다.
【精英】jīngyīng 〖명〗 1 정영. 정화. 정수. ¶馆藏字画件件堪称~. =수장하고 있는 서화는 매 작품이 정화라고 할 수 있다. 2 걸출한 인물. 걸물. 난사람. ¶文坛~=문단의 걸물. ≒精华 精髓
【精于】jīngyú 〖동〗 …에 정통하다(뛰어나다). ¶

~书画=서화에 정통하다.

【精湛】jīngzhàn 혱 (기예가) 뛰어나다. 훌륭하다. 우수하다. (학문이) 깊다. 심오하다. ¶演技~=연기가 뛰어나다. ≒精深 ↔粗劣

【精制】jīngzhì 동 1 정제하다. 정성을 들여 정밀하게 잘 만들다. ¶~的实木家具=정성들여 만든 원목 가구. 2 정제하다. ¶~的食盐=정제한 식염.

【精致】jīngzhì 혱 정치하다. 정교하고 치밀하다. 섬세하다. ¶做工~=일솜씨가 섬세하다. ≒工细

【精忠】jīngzhōng 혱 (국가나 민족에 대해) 무한히(끝없이) 충성하다. ¶~铸军魂.=무한한 충성으로 군인의 혼을 새기다.

【精忠报国】jīngzhōng-bàoguó 성 몸과 마음을 다하여 국가에 충성하다.

【精装】jīngzhuāng 혱 1 (서적의) 고급 장정. 하드커버(hard cover). ['平装(보통 장정)'과 구별됨] ¶~本=고급 장정본. 2 정교하게 포장하다 (상품). ['简装(간단하게 포장한)'과 구별됨] ¶~茶叶=정교하게 포장한 차 (잎).

【精壮】jīngzhuàng 혱 강건하다. 힘세다. 건장하다. ¶~劳力=힘센 일꾼.

【精准】jīngzhǔn 혱 아주 정확하다. ¶统计~=통계가 아주 정확하다.

【精子】jīngzǐ 명 (生) 정자.

【精子库】jīngzǐkù 명 정자은행. =【精子银行】jīngzǐ yínháng【生命银行】shēngmìng yínháng

【精子银行】jīngzǐ yínháng ☞【精子库】jīngzǐkù

# 鲸[鯨] jīng 고래 경

명(動) 고래.

【鲸波】jīngbō 명 파도. ¶~翻滚=파도가 용솟음치다.

【鲸鲨】jīngshā 명(動) 고래상어.

【鲸吞】jīngtūn 동 1 (고래처럼 먹이를) 집어삼키다. 2(비) 병탄하다. 합병하다. ¶蚕食~=잠식하거나 병탄하다.

【鲸油】jīngyóu 명 경유. 고래 기름.

【鲸鱼】jīngyú 명(동)(動) 고래.

# 麖 jīng 큰사슴 경
명(動) 수록. 물사슴. 말코손바닥사슴.

# 鼱 jīng 생쥐 정
☞【鼩鼱】qújīng

# 井 jīng 우물 정

명 1 우물. ¶打~=우물을 파다. / 落~下石=우물에 빠진 사람에게 돌을 던지다. 2 우물 모양이나 우물의 틀 모양을 하고 있는 것. ¶油~=유정. / 天~=천장. 안마당. 3① 정. [옛날 제도로, 8가구를 1정으로 규정함] ② 취락(聚落). 향리. 고향. ¶市~=시정. /

背~离乡=고향을 등지고 떠나다. 4(天) 정수 (井宿). [이십팔수(二十八宿)의 하나] 5(Jǐng) 성(姓). 혱 정연하다. 조리가 있다. ¶秩序~然=질서 정연하다.

○● 管井, 旱hàn井, 火井, 机井, 坑kēng井, 枯kū井, 立井, 龙井, 市井, 乡井, 斜xié井, 盐井, 洋井, 藻zǎo井, 自流井

【井场】jǐngchǎng 명 유정 작업 현장.

【井底】jǐngdǐ 명 우물·(광산의) 갱·유정 등의 바닥(하부).

【井底之蛙】jǐngdǐzhīwā 성 1 우물 안 개구리. 2(비) 견문이 좁고 세상 물정에 어두운 사람.

【井冈山】Jǐnggāngshān 명(地) 1 징강산(井冈山). 정강산. [장시(江西)성과 후난(湖南)성의 경계에 있음. 1927년 모택동(毛澤東)이 이끈 중국 노동 홍군이 혁명의 근거지로 삼았던 곳] 2 징강. [장시(江西)성에 있는 도시 이름]

【井灌】jǐngguàn 동 우물물로 관개하다.

【井架】jǐngjià 명 갱·유정·우물 등의 입구에 설치할 틀.

【井井有条】jǐngjǐng-yǒutiáo 성 조리 정연하다. 질서 정연하다. ≒有条不紊 ↔杂乱无章 乱七八糟 一塌糊涂 颠三倒四

【井口】jǐngkǒu 명 우물·갱·유정 등의 입구.

【井栏】jǐnglán 명 우물의 난간.

【井喷】jǐngpēn 동 석유 탐사 때 지하의 고압 원유나 천연 가스 등이 갑자기 분출되다.

【井然】jǐngrán 혱문 잘 정돈되어 있는 모양. 질서 정연한 모양. ¶~不紊=정연하여 어지럽지 않다. 일사불란하다.

【井然有序】jǐngrán-yǒuxù 성(비) 질서 정연하다. ¶行进的车队~.=나아가는 차량 행렬이 질서 정연하다.

【井绳】jǐngshéng 명 두레박줄.

【井水不犯河水】jǐngshuǐ bù fàn héshuǐ 속(비) 각자의 한계가 분명하여 서로 범하지 않다.

【井台】jǐngtái (~儿) 명 우물 둔덕. [우물 주위에 벽돌이나 돌 등으로 땅보다 약간 높게 설치한 건조물]

【井探】jǐngtàn 명(礦) 시추(試錐).

【井田制】jǐngtiánzhì 명 정전제. 정전법. [은주(殷周) 시기의 토지 제도]

【井筒】jǐngtǒng 명 1 (우물·갱·유정 등의) 입구에서부터 하부까지의 원통형 공간. 2 채광 혹은 지하철·터널 등을 건설할 때 지면과 통할 수 있는 통로.

【井蛙】jǐngwā 명 우물 안의 개구리. ¶~之见=좁은 식견.

【井下】jǐngxià 명 1 우물 바닥. 2(礦) 광산 갱내 작업장. ¶~作业=갱내에서 작업하다.

【井宿】jǐngxiù 명(天) 정수. [이십팔수(二十八宿)의 하나]

【井盐】jǐngyán 명 정염. [염분을 함유한 우물물로 만든 소금]

【井中观天】jǐngzhōng-guāntiān ☞【坐井观天】zuòjǐng-guāntiān

○ 井 jǐng
阱 jǐng
耕 gēng

**阱[(穽)]** jǐng 함정 정
명 함정. ¶陷~=함정.

**洴** jǐng 땅 이름 정
【洴洲】Jǐngzhōu 명(地) 징저우. [광둥(广东)성에 있는 지명]

**刭[剄]** jǐng 목 벨 경
동(문) 목을 베다. ¶自~=목을 베어 자살하다.

**肼** jǐng 하이드라진 정
명(化) 하이드라진(hydrazine). ['联氨(lián'ān)'이라고도 함]

**颈[頸]** jǐng 목 경
명 1 고대에는 목의 앞부분을 가리켰음. 2 목. ¶刎~=목을 베다. / 长~鹿=기린. 3 모양이 목을 닮았거나 부위가 목에 해당하는 것. ¶瓶~=병목. / 曲~甄=레토르트(retort). ≒脖
☞ gěng
【颈联】jǐnglián 명 경련. [한시(漢詩)의 율시(律詩)에서, 다섯째 구(句)와 여섯째 구를 아울러 이르는 말]
【颈项】jǐngxiàng 명 목.
【颈椎】jǐngzhuī 명(生) 경추. 목등뼈.
【颈椎病】jǐngzhuībìng 명(醫) 경추 질환.
【颈子】jǐng·zi 명(방) 목.

**景** jǐng 풍경 경
명 1 현상. 상황. ¶前~=무대에서 가장 가까운 경물(景物). 앞날. / 远~规划=먼 장래의 계획. 2 풍경. ¶夜~=야경. / 良辰美~=좋은 시절에 아름다운 경치. 3 (연극·영화의) 배경. 무대 세트. ¶内~=실내 배경. / 外~=야외 배경. 4(劇) (연극에서) 경. [무대의 같은 장면에 등장 인물의 교체 따위로 변화가 일어나는 장면] ¶第一幕第二~=제1막 제1장. 5 (Jǐng) 성(姓). 동 경앙하다. 앙모하다. 존경하다. ¶令人~仰=사람들의 경앙을 받다. [고어에서 '影(yǐng)'과 같음]

➡ 景 jǐng
  憬 jǐng
  影 yǐng

○● 布景, 场景, 风景, 光景, 后景, 幻huàn景, 即景, 年景, 盆pén景, 前景, 情景, 秋景, 取景, 图景, 晚景, 应yìng景

【景德镇】Jǐngdézhèn 명(地) 징더전. 경덕진. [장수(江西)성에 있는 도시 이름. 도자기 산지로 유명함]
【景点】jǐngdiǎn 명 경치가 좋은 곳. 명승지. 명소. ¶旅游~=관광 명소.
【景观】jǐngguān 명 1 경관. 경치. ¶森林~=삼림 경관. 2 모든 구경거리로 제공되는 경물. ¶人文~=인문 경관.
【景况】jǐngkuàng 명 상황. 형편. 정경. 광경. ¶生活~=생활 형편. ≒境况
【景慕】jǐngmù 동 경모하다. 경앙(景仰)하다. 사모하다. ¶~前贤=선현들을 경앙하다. ≒景仰
【景片】jǐngpiàn 명(劇) 플랫(flat). [무대 배경의 하나]
【景颇族】Jǐngpōzú 명 경파족. [중국 소수 민족 중의 하나로 주로 윈난(云南)성에 분포함]
【景气】jǐngqì 명 경기. 붐(boom). 형 (경제 상황이) 활발하다. 번영하다. 번성하다. 왕성하다. ¶近年市场越来越~。=최근 시장 경기가 날로 번성한다.
【景区】jǐngqū 명 관광 지구. ¶黄山~=황산 관광 지구.
【景色】jǐngsè 명 풍경. 경치. ¶~宜人=풍경이 매혹적이다. ≒景致
【景深】jǐngshēn 명 피사계 심도.
【景泰蓝】jǐngtàilán 명 경태람. [동기(銅器) 표면에 구리선으로 무늬를 내고 파랑(법랑)을 발라서 불에 구워 낸 공예품. 명대 경태(景泰) 연간부터 대량으로 제작하기 시작하였으며, 유약이 주로 '蓝色(파란색)'을 띠기 때문에 붙여진 이름]
【景物】jǐngwù 명 경물. 풍물. 경치. ¶这里的~千姿百态, 引人入胜。=이 곳의 풍물은 모양이 천자만태(千态萬態)여서 사람들을 유혹한다.
【景象】jǐngxiàng 명 광경. 정경. 상황. ¶闹市街头, 眼前一片热闹繁华的~。=길거리에 서서 보니 눈앞은 온통 시끌벅적하고 번화한 정경이다. ≒气象
【景仰】jǐngyǎng 동 경앙하다. 경모하다. 탄복하다. 앙모하다. ¶老先生的学问和为人深为众人~。=어르신의 학문과 인품은 많은 사람들의 깊은 경모를 받는다. ≒景慕
【景遇】jǐngyù 명 경우. 처지. 형편. 사정. ¶~不佳=처지가 좋지 않다.
【景致】jǐngzhì 명 풍경. 경치. ¶九寨沟的~令人流连忘返。=주자이거우(九寨沟)의 경치는 사람들로 하여금 경치에 흘러 돌아가는 것을 잊게 한다. ≒景色

**儆** jǐng 타이를 경
동(문) 훈계하다. 경계하다. 타이르다. ¶杀一~百=한 사람을 죽여 백 사람을 경계하다. 일벌백계(一罰百戒)하다.

**憬** jǐng 깨달을 경
동(문) 깨닫다. 각성하다. 자성하다. ¶~省=자성하다.
【憬然】jǐngrán 형(문) 문득 깨닫는 모양. ¶闻~=듣고 문득 깨닫다.
【憬悟】jǐngwù 동 깨닫다. ¶顿时~=문득 깨닫다.

**璟** jǐng 옥빛 경
명(문) 옥의 광채.

**警** jǐng 경계할 경
동 1 경계하다. 주의시키다. ¶惩一~百=일벌백계하다. 2 경계하다. ¶~卫军事重地=군사

# jǐng 警

요충지를 경계하다. 📰 (위험하거나 이상 현상에 대해) 예민하다. 민감하다. ¶机~=기민하다. 📰 **1** 위급한 상황〔사건〕. ¶示~=경고하다. 위급한 상황을 알리다. / 火~=화재 경보. **2** 📰 警察. 경찰. ¶民~=인민 경찰. / 交通~=교통 경찰. ≒戒

○● 法警, 岗 gǎng 警, 告警, 门警, 示 shì 警, 巡 xún 警

【警报】 **jǐngbào** 📰 경보. ¶台风~=태풍 경보.
【警报器】 **jǐngbàoqì** 📰 경보기, 사이렌.
【警备】 **jǐngbèi** 📰 경비하다. ¶~森严=경비가 삼엄하다.
【警察】 **jǐngchá** 📰 **1** 경찰. [국가 사회의 공공 질서와 안녕을 보장하고 국민의 안전과 재산을 보호하는 일. 또는 그 일을 하는 조직] **2** 경찰(관).
【警车】 **jǐngchē** 📰 경찰차.
【警灯】 **jǐngdēng** 📰 (경찰차 지붕에 달린) 경보용 등. 경광등.
【警笛】 **jǐngdí**(~儿) 📰 **1** 경보용 호루라기. **2** 경적.
【警方】 **jǐngfāng** 📰 경찰측. ¶小偷已交给了~. =도둑을 이미 경찰측에 넘겼다.
【警匪片儿】 **jǐngfěipiānr** 📰 경찰극. 범죄 수사극.
【警匪片】 **jǐngfěipiàn** 📰 경찰극. 범죄 수사극.
【警风】 **jǐngfēng** 📰 경찰의 풍기〔태도〕.
【警服】 **jǐngfú** 📰 경찰복.
【警告】 **jǐnggào** 📰 경고하다. ¶~游客, 晚上不能下海游泳. =밤에는 바다에 들어가 수영하지 못하도록 여행객들에게 경고하다. 📰 경고. [행정 처분에 있어서 징계에 해당함] ¶这次给予~处分, 下不为例. =이번에는 경고 처분을 내리지만, 다음에는 절대 경고 처분으로 끝내지 않는다. ≒正告
【警官】 **jǐngguān** 📰 경관.
【警棍】 **jǐnggùn** 📰 경찰봉.
【警号】 **jǐnghào** 📰 **1** 경계 신호. 경보 신호. ¶~声=경계 신호가 울리다. **2** 경찰복에 부착하는 일련 번호 휘장.
【警花】 **jǐnghuā** 📰 젊은 여자 경찰. [찬미의 뜻을 내포함]
【警徽】 **jǐnghuī** 📰 경찰 휘장. 경찰 마크.
【警籍】 **jǐngjí** 📰 **1** 경찰의 명부. **2** 경찰 대원으로서의 신분〔자격〕.
【警纪】 **jǐngjì** 📰 경찰의 기율. ¶~严明=경찰의 기율이 엄격하고 명백하다.
【警戒】 **jǐngjiè** 📰 **1** 경계하다. ¶~状态=경계 상태. **2** (军) (적의 공격을) 경계하다. ¶~哨=경계 초소. **3** ☞ 【警诫】 **jǐngjiè** ≒戒备
【警戒色】 **jǐngjièsè** 📰(動) 경계색.
【警戒水位】 **jǐngjiè shuǐwèi** 📰 경계 수위.
【警戒线】 **jǐngjièxiàn** 📰 **1**(军) 경계선. [적의 침투나 범인의 도주를 막기 위하여 설정한 지대] **2** 경계선. [하천에서, 홍수의 위험 수위를 나타내는 선] ¶水位已经接近~. =수위가 이미 경계선에 가까워졌다. **3** (사건 현장의) 경계선. 봉쇄선. ¶交通~=교통 봉쇄선.
【警诫】【警戒】 **jǐngjiè** 📰 (잘못을 고치도록) 경고하다. ¶我们事先都~过他, 可他不听. =우리는 사전에 그에게 경고했지만, 그는 듣지 않았다.
【警句】 **jǐngjù** 📰 경구.
【警觉】 **jǐngjué** 📰 각성하다. 깨닫다. ¶事故往往会使人~起来. =사고는 왕왕 사람들을 각성하게 한다. 📰 (감각이) 민감하다. 예민하다. ¶他很~, 案发现场任何线索他都不放过. =그는 감각이 아주 예민해서 사고 현장의 그 어떤 단서도 놓치지 않는다. 📰 자각. 인식. 경각. ¶~性=경각성. ≒警惕
【警力】 **jǐnglì** 📰 경찰의 역량. [인원의 많고 적음을 가리킴] ¶~不足=경찰력이 부족하다.
【警铃】 **jǐnglíng** 📰 경령. 경보용 벨.
【警龄】 **jǐnglíng** 📰 경찰 근속 연수.
【警犬】 **jǐngquǎn** 📰 경찰견.
【警容】 **jǐngróng** 📰 경찰의 의용(儀容)·기풍·기율 등.
【警嫂】 **jǐngsǎo** 📰 경찰 사모님. [경찰의 부인에 대한 존칭]
【警绳】 **jǐngshéng** 📰 포승(줄).
【警示】 **jǐngshì** 📰 경고하다. 계시하다. ¶~后人=후세 사람에게 경고하다.
【警世】 **jǐngshì** 📰 세인들에게 경고하다. ¶~之作=경세의 의미를 지닌 작품.
【警探】 **jǐngtàn** 📰 형사.
【警惕】 **jǐngtì** 📰 경계하다. 경계심을 갖다. ¶丧失~=경계심을 상실하다. ≒警觉 ↔麻痺
【警惕性】 **jǐngtìxìng** 📰 경계 (의식). 방범 의식. ¶大家都有很高的~. =모두들 높은 경계 의식을 가지고 있다.
【警亭】 **jǐngtíng** 📰 경찰 초소.
【警卫】 **jǐngwèi** 📰 경위하다. 경계하여 호위하다. 경호하다. 경비하다. ¶~团=호위대. 📰 ☞ 【警卫员】 **jǐngwèiyuán**
【警卫员】 **jǐngwèiyuán** 📰 경호원. 경비원. = 【警卫】 **jǐngwèi**
【警务】 **jǐngwù** 📰 경찰 업무. 치안 업무. ¶~繁忙=경찰 업무가 바쁘다.
【警衔】 **jǐngxián** 📰 경찰 계급.
【警械】 **jǐngxiè** 📰 (경찰봉·경보용 호루라기·수갑 따위의) 경찰 직무 수행시 사용하는 기구.
【警省】 **jǐngxǐng** ☞ 【警醒】 **jǐngxǐng**
【警醒】 **jǐngxǐng** 📰 각성하다. 경계하다. 깨닫다. 자각하다. ¶【警省】 **jǐngxǐng** ¶那场火灾使他们彻底~过来. =그 화재가 그들로 하여금 철저히 각성하게 하였다. 📰 잠귀가 밝다. 잠에서 잘 깨다. ¶别担心, 我睡觉~, 不会有事的. =걱정하지 마세요. 나는 잠귀가 밝아서 문제 없을 것입니다.
【警营】 **jǐngyíng** 📰 무장 경찰 부대 병영.
【警语】 **jǐngyǔ** 📰 경구.
【警员】 **jǐngyuán** 📰 경찰.
【警钟】 **jǐngzhōng** 📰 경종. [주로 비유의 뜻으로 쓰임] ¶~长鸣=오랫동안 경종을 울리다.
【警种】 **jǐngzhǒng** 📰 경찰의 종류.

\*\***劲[勁]** jìng 굳셀 경
- 〔형〕 힘세다. 강하다. 굳세다. ¶刚~=강경하다. / 强~=강하다.
- ☞ jìn

0● 苍cāng劲, 雄xióng劲

【劲拔】 **jìngbá** 〔형〕〔문〕 굳세고 우뚝하다. ¶苍松~=푸른 소나무가 굳세고 우뚝하다.

【劲草】 **jìngcǎo** 〔명〕〔비〕 1 억센 풀. 2 〔비〕 절조가 굳은 사람. ¶疾风知~. =세찬 바람이 불어야 억센 풀을 알 수 있다. 극한 상황에 이르러야 절조가 굳은 사람을 알 수 있다.

【劲敌】 **jìngdí** 〔명〕 1 강적. 2 〔비〕 강한 상대〔적수〕. 강적. ¶他今天虽然遇到了~,但最后还是取得了胜利。=그는 오늘 비록 강적을 만났지만 결국 승리를 거두었다.

【劲风】 **jìngfēng** 〔명〕 거센〔세찬〕 바람. 강풍.

【劲歌】 **jìnggē** 〔동〕 힘차게 노래를 부르다. ¶~一曲=노래 한 곡을 힘차게 부르다. 〔명〕 호방하고 강렬한 리듬의 노래〔유행가〕. ¶热舞~=열띤 춤과 힘찬 노래.

【劲悍】 **jìnghàn** 〔형〕 강하고 사납다. 용맹스럽다. ¶~之卒=용맹스러운 병사.

【劲健】 **jìngjiàn** 〔형〕 강건하다. 강하고 굳세다〔씩씩하다〕. ¶笔力~=필력이 강건하다.

【劲烈】 **jìngliè** 〔형〕 강렬하다. 힘차다. ¶寒风~=한풍〔찬바람〕이 강렬하다.

【劲旅】 **jìnglǚ** 〔명〕 정예 부대. 강한 부대. 강팀. ¶体操~=체조 강팀. ↔弱旅

【劲曲】 **jìngqǔ** 〔명〕 호방하고 힘찬 악곡. ¶雄歌~=웅장하고 힘찬 음악.

【劲射】 **jìngshè** 〔동〕〔체〕 강한 슛을 날리다. [주로 축구나 핸드볼 경기에서의 슛 동작을 가리킴] ¶起脚~, 球应声入网. =걸음을 떼며 강하게 슛을 날리자, 공이 소리를 내면서 그물 속으로 들어갔다.

【劲升】 **jìngshēng** 〔동〕 (가격 따위가) 빠르게 상승하다. ¶股价~=주가가 급상승하다.

【劲松】 **jìngsōng** 〔명〕 크고 우뚝 솟은 소나무.

【劲挺】 **jìngtǐng** 〔형〕 힘있고 꼿꼿하다. 힘있게 뻗다. ¶翠竹~=청죽이 꼿꼿하게 뻗어 있다.

【劲舞】 **jìngwǔ** 〔동〕 힘차게 춤추다. ¶锣鼓喧天, 火龙~. =징과 북 소리가 요란하게 울리고, 등불 행렬이 힘차게 춤을 춘다. [주로 빠른 템포의 현대 무용을 말함] 〔명〕 호방하고 힘찬 춤. =웅장한 노래와 힘찬 춤.

【劲秀】 **jìngxiù** 〔형〕 굳세고 수려하다. ¶古松~=고송〔노송〕이 굳세고 수려하다.

\*\***径¹[徑, 逕]** jìng 길 경
- 〔명〕 1 좁은 길. 오솔길. ¶曲~通幽=구불구불한 오솔길이 풍경이 아름다운 곳에 있다. 2 〔비〕 길. 경로. 방법. ¶~=(문제 해결이나 일을 하는) 방법. 비결. 〔부〕〔문〕 곧. 즉시. 바로. ¶~飞上海=곧바로 상해로 날아가다. / ~行办理=즉시 처리하다.

\*\***径²[徑]** jìng 지름 경
- 〔명〕〔약〕 직경(직경·지름). ¶半~=반지름.

0● 孔径, 路径, 田径, 蹊xī径, 行径, 直径

【径流】 **jìngliú** 땅 위나 땅 속으로 흐르는 빗물 줄기.

【径情直遂】 **jìngqíng-zhísuì** 〔성〕 마음먹은 대로 목적을 달성하다.

【径赛】 **jìngsài** 〔명〕〔체〕 트랙 경기. [『田赛(필드 경기)』와 구별됨]

【径庭】 **jìngtíng** 〔명〕〔문〕 1 좁은 길과 넓은 뜰. 2 〔비〕 현격한〔현저한〕 차이. ¶大相~=현저한 차이가 있다.

【径行】 **jìngxíng** 〔부〕 직접 진행함을 나타냄. ¶~处置=곧바로 처치하다.

【径直】 **jìngzhí** 〔부〕 1 곧장. 곧바로. ¶~前往=곧장 앞으로 가다. 2 직접. ¶如有问题, 可以向老师提出. =만약 문제가 생기면 직접 선생님께 제기해도 된다.

【径自】 **jìngzì** 〔부〕 제멋대로. 제 마음대로. ¶~离去=제 마음대로 떠나다.

**净[(淨)]** jìng 깨끗할 정
- 〔형〕 1 깨끗하다. 청결하다. ¶洁~=깨끗하다. 窗明几~=창은 밝고 책상은 깨끗하다. 2 다 없어지다. 텅 비다. 조금도 남지 않다. ¶随身带的钱花~了。=지닌 돈을 다 써 버렸다. 3 순수하다. 단순하다. ¶除去各种开支, 这笔生意~赚8万. =각종 비용을 제하면, 이 장사에서 순수하게 8만 원을 벌었다. 〔동〕 1 청결하게 하다. ¶去~~手再吃饭. =가서 손을 깨끗하게 씻고 와서 밥을 먹어라. 2 (佛) 욕망을 없애는 것을 가리킴. ¶六根已~=육근이 이미 청정하게 되었다. 3 〔옛〕 거세하는 것을 가리킴. ¶~身入宫=거세하고 입궁하다. 〔부〕 1 범위를 나타내며, 이것 외에는 다른 것이 하나도 없음을 설명함. ① 사물의 범위를 나타내며, 『都(모두)』에 해당. ¶我办公室的同事~是女的. =우리 사무실의 동료들은 모두 여자들뿐이다. ② 동작의 범위를 나타내며, 『总(늘)』에 상당함. ¶心里一乱, ~说错话. =마음이 어지러우니 늘 말실수를 한다. 2 단순함을 나타내며, 『单(dān)』·『只(zhǐ)』에 상당함. ¶年轻人都进城打工去了, ~剩下老人和孩子. =젊은이들은 모두 도시로 일하러 나가고, 노인들과 아이들만 남아 있을 뿐이다. 〔명〕〔劇〕 중국 전통극 배역의 하나로, 성격이 용맹하고 강렬하거나 거칠고 간사한 남자 배역. 일반적으로 '花脸(huāliǎn)'이라고 통칭함. ¶生旦~末丑=중국 전통극 분류법 중의 5가지 배역인 '生(남자 역)'·'旦(여자 역)'·'净(난폭하고 간사한 역)'·'末(중년 남자 역)'·'丑(익살꾼 역)'. ↔脏

0● 白净, 纯chún净, 副净, 干净, 红hóng净, 洁jié净, 明净, 清净, 素sù净, 匀yún净

【净菜】 **jìngcài** 〔명〕 깨끗하게 씻어 포장하여 파는 신선한 야채. ¶~可直接进锅炒, 不用洗. =세

정 야채는 씻을 필요 없이 바로 솥에 넣고 볶으면 된다.

【净产值】**jìngchǎnzhí** 명(經) 순 생산액.

【净化】**jìnghuà** 동 **1** 정화하다. (국어를) 순화하다. 깨끗하게 하다. ¶~空气=공기를 정화하다. **2** (비) 정화하다. 정신적인 영역 속에서 건강하지 않은 요소를 제거하다. ¶~心灵=마음을 정화하다.

【净价】**jìngjià** 명 **1** 원가. **2** 정가. 실가. [에누리 없는 실제의 값]

【净尽】**jìngjìn** 형 조금도 남김없이. 깡그리. ¶打扫~=아주 깨끗하게 청소하다.

【净角】**jìngjué**(~儿) 명 성격이 용맹하고 강직하거나 거칠고 간사한 남자 배역.

【净口】**jìngkǒu** 명 정화된 말. [설창 문예 공연에서 저급하고 속된 표현을 제거한 언어를 가리킴. '荤口(저속한 언어)' 와 구별됨]

【净利】**jìnglì** 명 순이익. [ '毛利(매출 총이익)' 와 구별됨]

【净马力】**jìngmǎlì** 명(機) 실마력.

【净身】**jìngshēn** 동 **1** (옛) 남자가 거세되다. **2** 몸을 깨끗이 씻다. ¶~斋戒=목욕재계하다.

【净胜】**jìngshèng** 동(體) …의 골 득실차〔점수차〕로 승리하다. ¶客队在这场足球友谊赛中~主队2个球。=원정팀은 이번 친선 축구 경기에서 홈팀을 2골 차로 이겼다.

【净是】**jìngshì** 동(口) 전부〔모두〕 …이다. ¶车模~漂亮的小姐。=오키드걸〔카모델〕은 모두가 다 예쁜 아가씨들이다.

【净手】**jìng**‖**shǒu** 동 **1** 손을 씻다. ¶净一~=손을 씻다. **2** 대소변을 보다.

【净水】**jìngshuǐ** 명 깨끗한 물. 정수. 정화수. 동 정수하다. ¶~厂=정수장.

【净水器】**jìngshuǐqì** 명 정수기.

【净桶】**jìngtǒng** 명 변기.

【净土】**jìngtǔ** 명 **1**(佛) 정토. **2** 정토. 오염되지 않은 곳. ¶这一地区污染严重, 难觅一片~。=이 일대는 오염이 심각해서 오염되지 않은 곳을 찾기는 아주 어렵다.

【净余】**jìngyú** 명 쓰고 남은 돈〔물건〕. ¶这个月除去各种开销, 店里~3万元。=이번 달에 각종 지출을 제하고 나니 가게에 3만 위안이 남았다.

【净增】**jìngzēng** 동 순증가하다. ¶试用新品种后, 小麦平均每亩比去年~100斤。=신품종을 시험 재배 후 밀이 작년보다 평균 한 묘(畝)당 100근이 순증가했다.

【净值】**jìngzhí** 명 순 생산액.

【净重】**jìngzhòng** 명 순량(純量). 실중량(實重量). ¶这头肥猪~一百五十斤。=이 살진 돼지의 실중량은 150근이다. ↔毛重

# 弪[弳] jìng 호도 경
명(數) 라디안(radian). 호도. [기호는 rad]

# ** 经[經] jìng 베 짤 경
동(紡) 날실을 베틀에 걸다. ¶~纱=날실.
☞ jīng

# 胫[脛, 踁] jìng 정강이 경
명 정강이. ¶不~而走=다리가 없는데도 잘 달리다. 소문이 쫙 퍼지다. 상품이 순식간에 다 팔리다.

【胫骨】**jìnggǔ** 명(生) 경골. 정강이뼈.

# 倞 jìng 굳셀 경
형(문) '劲(jìng)' 과 같음.
☞ liàng

# 痉[痙] jìng 경련 경

【痉挛】**jìngluán** 동 경련이 일어나다. ¶手脚~=손발에 경련이 일다.

# 竞[競] jìng 경쟁할 경
동 다투다. 겨루다. 시합하다. ¶同台~技=같은 무대에서 기량을 겨루다. 부 다투어. ¶~相赞美=서로 다투어 칭찬하다. 형(문) 강하다. 세차다. ¶南风不~=남풍이 세차지 않다. 명 (Jìng) 성(姓).

【竞标】**jìngbiāo** 동 (입찰자가) 경쟁 입찰하다. ¶这个建筑项目有十多家公司~。=이 건축 사항에 10여 개의 회사가 경쟁 입찰하였다.

【竞猜】**jìngcāi** 동 퀴즈를 풀다. ¶有奖~=상품이 걸린 퀴즈 대회.

【竞唱】**jìngchàng** 동 다투어 노래하다. 노래 경연 대회를 하다. ¶居委会打算举办辖区居民~活动。=주민 위원회에서는 관할 지역 주민 노래 경연 대회를 거행할 계획이다.

【竞答】**jìngdá** 동 (문제를) 다투어 맞추다. ¶~题目=다투어 문제를 맞추다.

【竞渡】**jìngdù** 동 **1** 보트 경기를 하다. ¶龙舟~=용선 경기. **2** 횡단 수영 경기를 하다. ¶~长江=창장(长江) 횡단 수영 경기를 하다.

【竞岗】**jìnggǎng** 동 경쟁하여 직장을 얻다.

【竞购】**jìnggòu** 동 경매하다. 다투어 사다.

【竞技】**jìngjì** 동 기예를 겨루다. [주로 체육 경기를 가리킴] ¶~状态=경기 컨디션.

【竞技体操】**jìngjì tǐcāo** 명(體) 경기 체조.

【竞技体育】**jìngjì tǐyù** 명(體) 경기 체육.

【竞技状态】**jìngjì zhuàngtài** 명(體) (운동 선수의) 경기 컨디션.

【竞价】**jìngjià** 동 가격을 경쟁하다. ¶轮番~=돌아가며 가격을 경쟁하다.

【竞买】**jìngmǎi** 동 경매(競買)하다. ¶~成功=경매에 성공하다.

【竞卖】**jìngmài** 동 경매(競賣)하다. ¶~交易=경매 교역.

【竞拍】**jìngpāi** 동 **1** 할인 판매하다. ¶~活动=할인 판매 활동. **2** 경매하다. ¶~价格一路走高。=경매 가격이 줄곧 올라간다.

【竞聘】**jìngpìn** 동 경쟁을 통하여 초빙되다. ¶~上岗=경쟁을 통해 취직하다.

【竞赛】**jìngsài** 동 경쟁하다. 경기하다. 시합하다. ¶~规则=경기 규칙. ≒比赛

【竞投】**jìngtóu** 동 경쟁 입찰하다. 경매하다. ¶

무너가~=최저 가격이 없는 경매.

【竞相】jìngxiāng 动 다투어 …을 하다. ¶~购买=다투어 구매를 하다.

【竞销】jìngxiāo 动 (상품을) 경쟁하여 판촉하다. 다투어 판매하다. ¶~年货=설맞이 용품을 다투어 판매하다.

【竞选】jìngxuǎn 动 경선 활동을 하다. 선거 운동을 하다. 선거에 입후보하다. ¶~总统=대통령에 입후보하다.

【竞争】jìngzhēng 动 경쟁하다. ¶公平~=공평하게 경쟁하다.

【竞争机制】jìngzhēng jīzhì 名 1 경쟁 메커니즘. 2 작업의 효율과 질을 높이기 위해 벌이는 경쟁 활동.

【竞争力】jìngzhēnglì 名 경쟁력. ¶增加技术含量, 提高产品的市场~=기술력을 증대하여 상품의 시장 경쟁력을 높이다.

【竞争性】jìngzhēngxìng 名 경쟁성. ¶~贬值=경쟁력이 떨어지다.

【竞逐】jìngzhú 动 다투어 쫓다. 다투어 각축하다. ¶群雄~=군웅들이 세력을 다투다.

【竞走】jìngzǒu 名〔体〕경보(競步).

**竟 jìng** 마침내 경

动 1 마치다. 끝나다. 완수하다. 종료하다. ¶未~之业=아직 끝내지 못한 과업. 2 철저히 추궁하다〔규명하다〕. ¶穷原~委=진상을 철저히 규명하다. 形 처음부터 끝까지의. 전부의. ¶~夜=온밤. 副 1 결국. 마침내. 필경. ¶有志者事~成.=뜻이 있는 사람은 결국 뜻을 이룬다. 2 뜻밖에. 의외로. [ '居然(jūrán)' 에 상당함〕¶~有这等事儿.=뜻밖에도 이런 일이 생기다니.

○➡ 毕bì竟, 究竟

◆ 竟 jìng
　 镜 jìng
　 境 jìng
　 獍 jìng

【竟而】jìng'ér 副 놀랍게도. 뜻밖에. 의외로. ¶真没想到, ~失败得这么快.=놀랍게도 이렇게 빨리 실패할 줄은 생각지도 못했다.

【竟敢】jìnggǎn 动 감히 …하다. ¶~无中生有.=감히 없는 사실을 꾸며 내다니.

【竟然】jìngrán 副 뜻밖에도. 의외로. 상상 외로. ['居然(jūrán)' 에 상당함〕¶他~置之不理, 太嚣张了.=그가 의외로 거들떠보지도 않다니, 대단히 건방지군. ≒居然

【竟日】jìngrì 名〔书〕온종일. 하루 종일. ¶~游乐=하루 종일 놀며 즐기다.

【竟是】jìngshì 副 뜻밖에도〔의외로·놀랍게도〕…이다. ¶没想到他的病~如此严重.=그의 병이 이렇게 심각할지는 생각지도 못했다.

【竟至】jìngzhì 副 …까지도 하다. …(할 정도로) 극단에 흐르다. …(할 정도)에 이르다. ¶为了一丁点儿小事儿, 她们俩~大吵起来.=아주 사소한 일로 그 두 여자는 크게 싸우기에 이르렀다.

【竟自】jìngzì 副 뜻밖에도. 의외로. 상상 외로. 놀랍게도. ¶~置事实于不顾.=놀랍게도 사실을 앞에 두고 무시하다니.

**婧 jìng** 날씬하고 아름다울 청

形〔书〕1 (여자가) 가냘프고 날씬하다. 2 (여자가) 재능이 있다.

**靓〔靚〕jìng** 단장할 정

动〔书〕단장하다. 화장하다. 메이크업하다. 꾸미다. ¶淡妆匀~=엷은 화장으로 고르게 단장하다. 形〔书〕단장이 곱고 아름답다. ¶~服=곱고 아름다운 복장.

⇒ liàng

【靓妆】jìngzhuāng 名〔书〕아름다운 단장.

**敬 jìng** 공경할 경

动 1 혼신의 힘을 쏟다. 온 마음을 기울이다. ¶~业精神=맡은 바 업무에 최선을 다하려는 정신. 2 존중하다. 정중하게 대하다. 공손히 하다. ¶孝~=웃어른을 잘 섬기다. /肃然起~=옷깃을 여미며 경의를 표시하다. 3 (술·음식·담배·차 따위를) 공손하게 올리다〔바치다〕. ¶~茶=차를 바치다. /来, 我~你一杯.=자, 제가 한잔 올리겠습니다. 形 (웃어른 또는 손님에게) 공손한 태도로 …하다. ¶毕恭毕~=매우 공손한 태도를 취하다. /~陪末座=삼가 말석에 자리하겠습니다. 名 (Jìng) 성(姓). ≒恭

◆ 敬 jìng
　 警 jǐng
　 儆 jǐng
　 檠 qíng

○➡ 崇chóng敬, 恭gōng敬, 回敬, 虔qián敬, 钦qīn敬, 失敬, 孝xiào敬, 尊zūn敬

【敬爱】jìng'ài 动 경애하다. 공경하고 사랑하다. ¶~师长=스승님을 경애하다.

【敬称】jìngchēng 动 1 〔大家都〕他 '张老'=모두들 그를 '장라오(张老)'라고 공경하여 부른다. 名 경칭. ¶ '令尊' 是对对方父亲的~.= '링쭌(令尊)' 은 상대방의 부친을 부르는 경칭이다.

【敬呈】jìngchéng 动 삼가 증정하다〔드리다〕. ¶~导师审读=지도 교수께 심사하시도록 삼가 드리다.

【敬词】【敬辞】jìngcí 名 경어. [예를 들면 '请托(qǐngwèn)' · '拜托(bàituō)' 등〕

【敬辞】jìngcí ☞【敬词】jìngcí

【敬而远之】jìng'éryuǎnzhī 成 1 (귀신을) 공경하되 가까이 하지 않다. 경이원지하다. [《论语·雍也(論語·雍也)》편에 나오는 말〕 2 (남) 겉으로는 공경하는 체하면서 실제로는 꺼리어 멀리하다.

【敬奉】jìngfèng 动 1 경건하게 받들다. 정성스레 모시다. 공경하다. 독실하게 숭배하다. ¶~神佛=불상을 정성스레 모시다. 2 공손하게 〔정중하게〕 바치다. 정성스레 올리다. ¶~厚礼=정중한 선물을 공손하게 바치다.

【敬服】jìngfú 动 탄복하다. 경복하다. 존경하여 복종하다. 존경하여 감복하다. ¶他见义勇为的事迹让人~.=사람들은 그의 정의로운 사적에 탄복하였다.

【敬告】jìnggào 动 삼가 아뢰다〔알리다〕. 말

씀드리다. ¶～观众＝관중에게 삼가 아뢰다.
【敬贺】jìnghè [동][경] 축하하다. 경하하다. ¶～寿辰＝생신을 축하하다.
【敬候】jìnghòu [동] 1 [경] 삼가 기다리다. ¶～光临＝왕림해 주시길 삼가 기다리다. 2 삼가 안부를 여쭙다. ¶～安康＝편안하신지 삼가 안부를 여쭙다.
【敬酒】jìng∥jiǔ [동] 삼가 술을 올리다〔권하다〕.
【敬酒不吃吃罚酒】jìngjiǔ bù chī chī fájiǔ [담] 1 올리는 술을 마시지 않으면, 벌주를 마셔야 된다. 2 [비] 좋게 말할 때 듣지 않으면 강압적인 수단을 쓸 수밖에 없다. [주로 상대를 협박할 때 쓰임]
【敬老】jìnglǎo [동] 노인을〔연장자를〕 공경하다. ¶～爱幼＝노인을 공경하고 어린이를 사랑하다.
【敬老院】jìnglǎoyuàn ☞【养老院】yǎnglǎoyuàn
【敬礼】jìng∥lǐ [동] 1 경례하다. ¶举手～＝거수경례를 하다. 2 [경] 삼가 아뢰다. [경구(敬具)·경백(敬白)과 같은 의미로 주로 서신의 말미에 쓰임]
【敬慕】jìngmù [동] 경모하다. 흠모하다. 깊이 존경하고 사모하다. ¶令人～＝사람으로 하여금 흠모하게 하다.
【敬佩】jìngpèi [동] 탄복하다. 감복하다. 경탄(敬嘆)하다. ¶～之心，油然而生。＝탄복하는 마음이 절로 생겨나다. ≒钦佩 佩服
【敬启者】jìngqǐzhě [명][옛] 근계(謹啓). 배계(拜啓). [‘삼가 아룁니다’라는 의미로, 옛날 서신의 첫머리에 많이 쓰였음]
【敬请】jìngqǐng [동][경] (어떤 일을) 공경히 청하다〔부탁하다〕. ¶～指教＝삼가 가르침을 부탁드립니다.
【敬上】jìngshàng [동] 1 연장자나 상급자를 존경하다. ¶～爱下＝윗분을 존경하고 아랫사람을 사랑하다. 2 [경] 삼가 올립니다. [주로 서신 말미, 자신의 이름 뒤에 씀] ¶学生～＝학생이 삼가 올립니다.
【敬颂】jìngsòng [동][경] 삼가 축원을 드립니다. [주로 편지 맺음말로 쓰임] ¶～春安＝봄철에 편안하시길 삼가 축원드립니다.
【敬挽】jìngwǎn [동][경] 심심한 애도를 표하다.
【敬畏】jìngwèi [동] 경외하다. 어려워하다. ¶总经理既和蔼又严肃，公司上下无不～。＝사장님은 부드러우면서도 엄격해서 회사의 위아래 사람 중에 어려워하지 않는 사람이 없다.
【敬悉】jìngxī [동][경] 삼가 잘 받았습니다〔알았습니다〕. ¶来函～＝보내 주신 편지 잘 받았습니다.
【敬献】jìngxiàn [동] 공손하게 바치다. 삼가 올리다. ¶～寿礼＝삼가 생일 축하 선물을 올리다.
【敬谢不敏】jìngxiè-bùmǐn [성] 1 자신의 능력이 부족함을 이유로 공손하게 사양하다. 2 [비] 완곡하고 예의바르게 어떤 일을 거절하다.
【敬仰】jìngyǎng [동] 경모(敬慕)하다. 흠모하다. 깊이 존경하고 사모하다. 공경하고 우러러보다. ¶恩师德才俱佳，为学生们～。＝은사께서 인덕과 재능을 모두 갖추었기 때문에, 학생들이 깊이 존경하고 우러러본다.
【敬业】jìngyè [동] 자기의 일에 최선을 다하다. 직업 의식이 투철하다. 맡은 바 업무에 전심전력을 기울이다. ¶～爱岗＝맡은 바의 업무에 최선을 다하고, 직장을 사랑하다.
【敬业乐群】jìngyè-lèqún [성] 학업〔일〕에 전념하면서 여러 사람과 사이좋게 잘 지내다.
【敬意】jìngyì [명] 경의. 정중한 마음. ¶表示～＝경의를 표하다.
【敬语】jìngyǔ [명] 경어. 공경하는 말.
【敬赠】jìngzèng [동][경] 증정하다. 삼가 드리다. ¶作者～＝작자 증정.
【敬重】jìngzhòng [동] 존경〔존중〕하다. 공경하다. ¶互相～＝서로 간에 존중하다.
【敬祝】jìngzhù [동][경] 경축하다. 축원하다. 축복하다. (삼가) …바라다〔기원하다〕. ¶～身体健康。＝몸이 건강하시기를 바랍니다.

## *靖 jìng 편안할 정

[형][문] (사회가) 평안하다. 무사하다. 안정되다. ¶地方安～＝지방이 안정되다. [동][문] (질서를) 안정시키다. (동란을) 평정하다. ¶～乱＝동란을 평정하다. [명] (Jìng) 성(姓).

0● 宁níng靖, 平靖, 绥suí靖

【靖边】jìngbiān [동][문] 변경을 평정하다.

## **静 jìng 고요할 정

[형] 1 가만히 있다. 움직이지 않다. ¶～止不动＝움직이지 않고 가만히 있다. / 风平浪～＝바람이 자고 파도가 잠잠하다. 무사 평온하다. 2 차분하다. 침착하다. (마음이) 안정되다. ¶镇～＝진정하다. / 心情平～＝마음이 안정되다. 3 조용하다. 고요하다. 잠잠하다. ¶幽～＝고요하고 잠잠하다. / 夜深人～＝밤이 깊어 인기척이 없다. [동] 조용히 하다. 평정시키다. 안정시키다. 가라앉히다. 진정시키다. ¶平心～气＝마음을 가라앉히고 감정에 사로잡히지 않다. / ～心安坐＝마음을 가라앉히고 편안히 앉다. ↔动

0● 背静, 沉chén静, 动静, 冷静, 宁níng静, 僻pì静, 平静, 肃sù静, 恬tián静, 文静, 娴xián静, 心静, 幽静, 镇静

【静鞭】jìngbiān ☞【鸣鞭】míngbiān
【静场】jìng∥chǎng [동] 1 《劇》 무대에 잠시 정적이 흐르게 하다. [극중에 조용한 장면을 삽입하여 분위기를 돋구는 수법으로 연출 효과를 극대화하는 것을 말함] 2 [비] 잠깐 동안 침묵을 지키다. ¶大家～了一会儿，而后又热烈地讨论起来。＝모두가 잠시 동안 침묵을 지키다가, 또 열렬하게 토론을 시작하였다. 3 폐장 시간이 되어 관객들이 공연장 밖으로 나가다.
【静电】jìngdiàn [명]《電》 정전기.
【静电复印】jìngdiàn fùyìn [동] 복사하다.
【静电感应】jìngdiàn gǎnyìng [명] 정전(기) 유도. 정전(기) 감응.
【静电计】jìngdiànjì [명] 전위계(電位計).
【静观】jìngguān [동] 정관하다. 조용히〔냉정하

게〕 관찰하다. ¶~默察=냉정하게 묵묵히 살펴보다.

【静候】jìnghòu 동 조용히 기다리다. ¶~佳音=좋은 소식을 조용히 기다리다.

【静寂】jìngjì 형 고요하다. 기척이 없다. 조용하다. ¶~的原野=고요한 벌판.

【静脉】jìngmài 명〈生〉정맥. ↔动脉

【静脉曲张】jìngmài qūzhāng 명〈醫〉정맥류(靜脈瘤). 정맥노장(靜脈怒張). 정맥 이상 확장.

【静脉性充血】jìngmàixìng chōngxuè ☞【淤血】yūxuè

【静美】jìngměi 형 조용하고〔얌전하고〕아름답다. ¶她身上有着东方女性~的风韵. =그녀의 몸에는 동양 여성의 얌전하고 아름다운 자태가 배어 있다.

【静谧】jìngmì 형〈문〉조용하다. 고요하다. 잠잠하다. ¶~的夏夜=고요한 여름 밤. ↔喧闹

【静摩擦】jìngmócā 명 정지 마찰.

【静默】jìngmò 동 1 침묵하다. 조용히 하다. ¶~无语=침묵하고 말을 하지 않다. 2 묵도하다. ¶~致哀=묵도하며 애도를 표하다.

【静穆】jìngmù 형 숙연하다. 조용하고 장엄〔엄숙〕하다. ¶庄严~=장엄하고 조용하다.

【静僻】jìngpì 형 고요하고 후미지다. 호젓하다. 적막하고 외지다. ¶~的小径=외지고 후미진 작은 길.

【静悄悄】jìngqiāoqiāo(~的) 형 아주 고요〔조용〕하다. 쥐 죽은 듯하다. 아무런 기척이 없다. ¶夜深了, 整个村子~的. =밤이 깊어지니 온 마을은 쥐 죽은 듯 고요하다.

【静思】jìngsī 동 냉정하게〔조용히〕생각하다. 침사(沈思)하다. ¶~默想=조용히 묵상하다.

【静肃】jìngsù 형 정숙하다. 고요하고 엄숙하다.

【静态】jìngtài 명 정태. 정지 상태. ¶~电流=정태 전류. 휴식 전류. 형 정태에 초점을 둔. 정태적인. 정태 방식의. ¶~研究=정태 연구. ↔动态

【静听】jìngtīng 동 조용히〔가만히〕듣다. ¶屏息~=숨을 죽이고 조용히 듣다.

【静物】jìngwù 명 1 정지한 물체. 2 (회화의 대상인) 정물. ¶~写生=정물 사생.

【静物画】jìngwùhuà 명〈美〉정물화.

【静心】jìng∥xīn 동 마음을 가라앉히다〔진정하다·평정하다〕. ¶~思索=마음을 가라앉히고 사색하다.

【静养】jìngyǎng 동 정양하다. ¶安心~=마음을 편히 하고 정양하다.

【静幽幽】jìngyōuyōu(~的) 형 쥐 죽은 듯 조용하다. 썰렁하다. 고요하다. ¶树林里~的, 一点儿声音也没有. =숲 속이 쥐 죽은 듯 조용해서 아무런 기척도 없다.

【静园】jìng∥yuán 동 (공원 등에서 폐장 시간이 가까워져) 관람객을 내보내다. 공원을 닫다.

【静止】jìngzhǐ 동 정지하다. 움직이지 않고 멈추다. ¶不能孤立~地看问题. =개별적이고 정태적 관점으로 문제를 봐서는 안 된다. ↔运动

【静坐】jìngzuò 동 1 조용히〔차분히〕앉다. 2

养神=조용히 앉아서 마음을 닦다. 2 (기공 연습 시 잡념을 떨치고) 정좌하다. ¶~练功=정좌하고 기공을 연마하다. 3 (어떤 요구나 항의를 표시하고자) 연좌하다. 묵묵히〔버티고〕앉다. ¶~示威=연좌 시위하다.

**境 jìng 경계 경

명 1 (나라 간의) 경계. ¶国~=국경. / 入~问俗=다른 나라에 가면 먼저 그 곳의 풍속을 물어보다. 2 공간 범위가 비교적 큰) 장소. 구역. 곳. ¶自然环~=자연 환경. / 如入无人之~=마치 무인지경에 들어온 것 같다. 3 형편. 사정. 상황. 처지. ¶处~艰难=처지가 아주 어렵다. / 渐入佳~=점점 좋은 상황에 접어들다.

○→ 边境, 惨cǎn境, 出境, 化境, 画境, 环境, 幻huàn境, 接境, 绝境, 苦境, 困境, 老境, 梦境, 逆nì境, 情境, 心境, 压yā境, 意境, 止境

【境地】jìngdì 명 1 경지. 경계. ¶他的创作已经达到炉火纯青的~. =그의 문예 작품은 이미 최고의 경지에 이르렀다. 2 처지. 지경. 국면. 상황. [주로 소극적인 면에 쓰임] ¶他陷入进退两难的~. =그는 진퇴양난의 처지에 빠졌다. ≒地步

【境界】jìngjiè 명 1 (토지의) 경계. ¶再走20多公里, 就进入广东的~了. =20여 킬로미터를 더 가면 광둥(广东)의 경계로 들어간다. 2 경지. ¶她的歌唱技巧已出此神入化之~. =그녀의 노래 기교는 이미 입신의 경지에 도달했다.

【境况】jìngkuàng 명 형편. 상황. 처지. [주로 경제 방면에 쓰임] ¶农民近年的生活~已大为好转. =농민들의 요 몇 년 간의 생활 형편은 이미 크게 호전되었다. ≒景况

【境内】jìngnèi 명 경내. 국내. 나라 안. ¶中国~=중국 국내.

【境外】jìngwài 명 경외. 국외. 나라 밖. ¶~华人=국외 중국인.

【境域】jìngyù 명 1 영역. 경계 내의 지역. ¶云南~=윈난(云南) 영역. 2 경지. 경계(境界). ¶思想~=사상 경지.

【境遇】jìngyù 명 처지. 경우. 형편. 상황. [주로 부정적인 것에 쓰임] ¶悲惨~=비참한 처지.

**猄 jìng 맹수 이름 경

명 고대의 전설에 나오는 사나운 맹수의 이름. [생김새는 범을 닮았으나 몸이 작으며 태어나자마자 부모를 잡아먹는다고 함]

**镜[鏡] jìng 거울 경

명 1 거울. ¶穿衣~=전신 거울. / 破~重圆=헤어진 부부가 다시 결합하다. 2 렌즈. ¶墨~=선글라스. / 显微~=현미경. / 望远~=망원경.

○→ 茶镜, 风镜, 火镜, 借镜, 棱léng镜, 梨lí镜, 明镜, 墨镜, 目镜, 透tòu镜, 物镜, 凹āo面镜, 凹透镜, 分色镜, 潜qián望镜, 凸tū面镜, 凸透镜, 显微镜, 照妖yāo镜

【镜花水月】jìnghuā-shuǐyuè 성 1 거울 속의

꽃과 물 속의 달. **2**⒣ 비현실적이고 허황한 일〔사물〕.
【镜架】**jìngjià** ⒨ 안경테.
【镜框】**jìngkuàng**(~儿) ⒨ 액자. 거울틀.
【镜片】**jìngpiàn** ⒨ (안경·광학 기기 따위에 부착된) 투명 렌즈.
【镜台】**jìngtái** ⒨ 경대. 화장대.
【镜铁矿】**jìngtiěkuàng** ⒨⒦ 경철광.
【镜头】**jìngtóu** ⒨ **1** (사진기·촬영기·영사기 등의) 렌즈. **2** (사진 촬영시의) 장면. 화면. **3** (영화의) 커트신(cut scene). 신(scene).
【镜匣】**jìngxiá** ⒨ (접는 거울이 부착된) 경대. 화장 상자. 화장함.
【镜箱】**jìngxiāng** ⒨ **1** (사진기의) 어둠상자. **2** 거울이 달린 욕실 수납장.
【镜鱼】**jìngyú** ☞〖鲳鱼〗**chāngyú**
【镜子】**jìng·zi** ⒨ **1** 거울. **2**⒞ 안경. ¶昨天去配了副~。= 어제 가서 안경 한 벌을 맞추었다.

# jiong

**坰 jiōng** 들 경
⒨⒰ 야외. 교외.

**驲[駉] jiōng** 말 살질 경
⒣⒰ 말이 살지고 건장하다. ¶~~牡马 = 살지고 건장한 수말. ⒨⒰ 준마(駿馬).

**肩 jiōng** 빗장 경
⒨⒰ **1** 빗장. 문고리. **2** 문. ⒯ 문을 잠그다. 문빗장을 지르다.

**冋 jiōng** 환할 경
⒨⒰ 빛. ⒣⒰ 밝다. 환하다.

**炅 jiǒng** 빛날 경
⒨⒰ 햇빛. ⒣⒰ 밝다. 환하다.
☞ Guì

**迥[逈] jiǒng** 멀 형
⒣ **1** 멀다. ¶山高路~ = 산이 높고 길이 멀다. **2** 판이하다. 아주 다르다. 현저히 차이가 나다. ¶~若两人 = 완전히 다른 사람 같다.
【迥乎】**jiǒnghū** 판이한 모양. 훨씬 다른 모양. 현저히 차이나는 모양.
【迥然】**jiǒngrán** ⒧ 판이한 모양. 아주 다른 모양. 현저히 차이나는 모양. ¶~有别 = 판이하게 다르다. 늑截然
【迥然不同】**jiǒngrán-bùtóng** ⒮ 서로 완전히 다르다. 서로 현저하게 차이가 나다.
【迥异】**jiǒngyì** ⒣ 완전히 다르다. ¶性格~ = 성격이 완전히 다르다.

**洞 jiǒng** 깊고 넓을 형
⒣⒰ **1** 멀다. **2** (물이) 깊고 폭이 넓다.

**䌹[絅] jiǒng** 홑옷 경
⒨⒰ 홑옷. 단의(單衣).

**炯[烱] jiǒng** 빛날 형
⒣⒰ 번쩍번쩍 빛나다. 밝다. 환하다. ¶目光~~ = 눈빛이 번쩍번쩍 빛나다.
【炯炯】**jiǒngjiǒng** ⒣ (눈빛 따위가) 번쩍번쩍하다. 형형하다. ¶~有神 = 눈이 빛나고 생기가 넘치다.
【炯然】**jiǒngrán** ⒣ **1** 아주 분명한 모양. 환히 아는〔이해하는〕모양. ¶~不惑 = 환히 알아 미혹되지 않다. **2** 번쩍번쩍 빛나다. 형형하다. ¶二目~ = 두 눈이 번쩍번쩍 빛나다.

**煚 jiǒng** 햇빛 경
⒨⒰ 햇빛.

**颎[熲] jiǒng** 불빛 경
⒨⒰ 불빛.

*****窘 jiǒng** 군색할 군
⒯ **1** 곤경에 처하다. ¶~于饥寒 = 추위와 굶주림에 처하다. **2** 난처하게 하다. 곤란하게 하다. 궁지에 빠뜨리다. 곤혹스럽게 하다. ¶事情已经过去了, 就不要拿话~她了。= 이미 다 지난 일인데, 괜한 이야기로 그녀를 난처하게 만들지 마라. ⒣ **1** (곤)궁하다. 궁핍하다. 구차하다. 궁색하다. ¶生活~迫 = 생활이 곤궁하다. **2** 난처〔난감〕하다. 곤란하다. 딱하다. ¶一脸~态 = 얼굴이 온통 난감한 표정이다.
【窘促】**jiǒngcù** ⒣ 난처하다. 처지가 곤란하다. 지경이 어렵다. ¶~无计 = 처지가 곤란하여 대책이 없다.
【窘乏】**jiǒngfá** ⒣ (경제·생활이) 곤란하다. 궁핍〔궁색〕하다. ¶家计~~ = 가계가 궁핍하다.
【窘急】**jiǒngjí** ⒣ **1** 궁지에 빠져 급하다. ¶~不安 = 궁지에 몰려 조급하고 불안하다. **2** (경제·생활이) 궁핍하다. 궁색하다. ¶生活~ = 생활이 궁핍하다.
【窘境】**jiǒngjìng** ⒨ 궁지. 곤경. 난처한 지경. ¶摆脱~ = 곤경에서 벗어나다.
【窘况】**jiǒngkuàng** ⒨ 매우 난처한 지경. 매우 곤란한 상황〔처지〕. ¶陷入~ = 곤란한 상황에 빠지다.
【窘困】**jiǒngkùn** ⒣ **1** 곤궁〔곤란〕하다. 궁색하다. ¶生活~ = 생활이 곤궁하다. **2** 처지가 곤란하다〔난처하다〕. 당혹스럽다. 난감하다. ¶当老师问他为什么只考了三十几分的时候, 他显得非常~。= 선생님이 그에게 어째서 시험 30 몇 점밖에 못 받았냐고 물었을 때, 그는 매우 당혹스러워했다.
【窘迫】**jiǒngpò** ⒣ **1** 매우 난처〔곤란〕하다. ¶处境~ = 처지가 매우 곤란하다. **2** 매우 궁핍〔곤궁〕하다. ¶~潦倒 = 매우 궁핍하고 가난하다. ↔宽裕 宽余 宽绰
【窘态】**jiǒngtài** ⒨ 매우 난처한〔난감한〕모습.

아주 곤란한 [궁색한] 태도 [표정]. ¶~百出=온갖 난감한 모습을 다 짓다.
【窘相】jiǒngxiàng 명 매우 난처한 모습. 아주 곤란한 모양. ¶满脸~=얼굴에 난처한 빛이 그득하다.

# jiu

**勼** jiū 모을 구
동 모으다. 집합하다.

**\*纠[糾, 紏]** jiū 얽힐 규
명동 꼬여 있는 새끼줄. 동 1 둘둘 감다. 휘감다. 얽히다. 엉키다. ¶~缠不清=서로 뒤엉켜서 분명하지 않다. 2 뭉 집합하다. 모으다. ¶~集残匪=비적의 잔당을 규합하다. 3 바로잡다. 시정하다. 교정하다. ¶有错必~=잘못이 있으면 반드시 바로잡아야 한다. 4 뭉 감찰(감독)하다. 적발하다. 검거하다. ¶~举=감찰하여 검거하다.
【纠察】jiūchá 동 질서를 유지하다. 안전을 유지하다. 감찰하다. ¶~工作=안전 업무. 질서 유지 업무. 명 안전 요원. 규찰 대원. ¶担任~=안전 요원을 맡다.
【纠察队】jiūcháduì 명 규찰대.
【纠缠】jiūchán 동 1 뒤얽히다. 뒤엉키다. ¶矛盾重重, 互相~, 一时难以理清. =여러 가지 모순이 서로 겹겹이 뒤얽혀 있어 일시에 정리하기 어렵다. 2 치근거리다. 성가시게 하다. 잡고 늘어지다. 분쟁[소란]을 일으키다. 말썽을 부리다. ¶~不休=끈질기게 치근거리다.
【纠错】jiū‖cuò 잘못을 바로잡다. ¶限期~=기한 내에 잘못을 바로잡다.
【纠纷】jiūfēn 명 다툼. 분쟁. 분규. 갈등. 알력. ¶闹~=분규를 일으키다. ≒纠葛
【纠风】jiū‖fēng 동 부정 풍조를 바로잡다. 업무상의 부조리를 바로잡다. ¶从严~=부정 풍조를 엄격히 바로잡다.
【纠葛】jiūgé 명 1 서로 뒤엉켜 있는 칡넝쿨. 2 団 갈등. 다툼. 분쟁. 분규. ¶邻里~=이웃 간의 갈등. ≒纠纷
【纠合】[鸠合] jiūhé 동폄 집합하다. 모으다. 규합하다. ¶~同伙, 兴风作浪. =패거리를 모아 말썽을 일으키다.
【纠集】[鸠集] jiūjí 동폄 집합하다. 모으다. 규합하다. ¶~党徒=패거리를 모으다.
【纠结】jiūjié 동 결탁하다. 연합하다. ¶相互~=서로 결탁하다.
【纠谬】jiūmiù 동폄 잘못을 바로잡다. ¶~补漏=잘못을 바로잡고 누락된 것을 보충하다.
【纠偏】jiū‖piān 동 (정책·이념의) 방향을[오류를] 바로잡다. ¶及时~=제때에 잘못된 방향을 바로잡다.
【纠正】jiūzhèng 동 (사상·잘못을) 교정하다. 고치다. 바로잡다. ¶~错误=잘못을 바로잡다. ≒改正 更正 矫正

**\*鸠[鳩]** jiū 비둘기 구
명(動) 비둘기. 동폄 '勼(jiū)'와 같음.
【鸠合】jiūhé ☞【纠合】jiūhé
【鸠集】jiūjí ☞【纠集】jiūjí
【鸠形】jiūxíng 명 비둘기 체형. [배는 쑥 들어가고 가슴뼈는 튀어나온 체형을 가리킴]
【鸠形鹄面】jiūxíng-húmiàn 성 1 배는 쑥 들어가고 가슴뼈는 튀어나온 비둘기 같은 몸에, 고니처럼 비쩍 마른 얼굴. 2 団 오랜 굶주림으로 몸이 수척하고 얼굴이 초췌하다. =【鹄面鸠形】húmiàn-jiūxíng 【鸟面鹄形】niǎomiàn-húxíng
【鸠占鹊巢】jiūzhàn-quècháo ☞【鹊巢鸠占】quècháo-jiūzhàn

**\*\*究** jiū 연구할 구
동 1 궁구(穷究)하다. 깊이 탐구하다. 연구하다. ¶探~=탐구하다. / 研~=연구하다. 2 캐(내)다. 추구하다. 추적 조사하다. ¶追~=추구하다. / 既往不~=과거의 잘못을 묻지 않는다. 분 결국. 요컨대. 도대체. 대관절. ¶来势汹汹, ~欲何为？=방자하고 오만하게 구는데, 도대체 뭘 하려는 것인가?

○● 查究, 根究, 讲究, 考究, 盘pán究, 探tàn究, 学究, 终究, 追究

【究办】jiūbàn 동 조사하여 처벌하다. 밝혀 내어 처리하다. ¶依法~=법에 따라 조사하여 처벌하다.
【究根儿】jiū‖gēnr 동구 (일의) 경위를 캐내다. 근원을[뿌리를] 캐다. 철저히 규명하다. ¶事已了结, 就不必~了. =일이 이미 끝났으니, 경위를 규명할 필요가 없다.
【究诘】jiūjié 동폄 (사건의 결과나 자초지종을) 끝까지 따져 묻다. ¶~真相=진상을 끝까지 따지다.
【究竟】jiūjìng 명 경위. 자초지종. 결말. 결과. 일의 귀착. 본말. ¶不管什么事, 他都喜欢问个~. =무슨 일이든 간에 그는 매번 자초지종을 캐묻기 좋아한다. 분 1 도대체. 대관절. ['到底(dàodǐ)'에 상당함] ¶问题~出在什么地方？=문제가 도대체 어디서 발생했는가? 2 어쨌든. 필경. 요컨대. ¶他们~是亲兄弟, 遇到困难还是互相帮助. =어쨌든 그들은 친형제이므로, 어려움에 부닥치면 여전히 서로 돕는다.

| 究竟(jiūjìng) / 到底(dàodǐ) / 毕竟(bìjìng) | | | |
|---|---|---|---|
| 의미 | 究竟 | 到底 | 毕竟 |
| −도대체 : 추궁의 어기를 강조 | ○ | ○ | |
| −결국, 어쨌든, 아무튼, 필경 : 어떤 특성이나 원인을 강조하여 설명함 | ○ | ○ | ○ |
| −마침내 : 기대했던 어떤 일이 오랜 시간이나 과정을 거쳐 어렵게 이루어진 것을 나타냄. ('终于'의 의미와 상통함.) | | ○ | |

―어디까지나 : 두 개의 같은 단어 사이에 쓰이며, 사람·사물이 변하지 않음을 나타냄.

¶小王究竟〔到底〕搞什么鬼, 老爹稀里糊涂. =샤오왕은 도대체 뭘 하는 거야, 아버지야 어리둥절해 하시잖아. / 不要责怪她, 她究竟〔毕竟〕还只是一个小女孩. =그 여자 아이를 탓하지마, 어쨌든 아직 어린애잖아. / 他到底还是我的朋友. =그는 아무튼 여전히 내 친구다. / 经过三年的努力, 他到底考上了大学. =3년의 노력 끝에 그는 마침내 대학에 붙었다. / 笑话毕竟还是笑话. =유머는 어디까지나 유머다.

【究其实】jiū qíshí ⓐ 사실을 따지다〔밝히다〕. 실제 상황을 규명하다. [주로 끼워 넣는 말로 쓰임] ¶你总想找借口出去玩儿, ~, 还是学习的态度不端正. =너는 언제나 핑곗거리를 대고 나가 놀려고 하는데, 따지고 보면 결국은 학습 태도가 단정치 못한 것이다.

【究问】jiūwèn ⑤ 따져 묻다. 추궁하다. ¶~根由=원인을 추궁하다.

【究细儿】jiū∥xìr 자세하게〔까다롭게·꼼꼼하게〕따지다. 깊이 캐다. 철저히 규명하다. ¶他只是开个玩笑, 你可别~. =그가 농담을 한 것뿐이니, 자네는 그리 꼼꼼하게 따지지 말게나.

【究真儿】jiū∥zhēnr ⑤ⓐ 진상을 추구하다. (진실성을) 진지하게 캐묻다〔따지다〕. ¶片中故事纯属虚构, 观众不必~. =영화 속 이야기는 전부 허구이므로, 관객들은 진지하게 따질 필요가 없다.

# 赳 jiū 용맹할 규

【赳赳】jiūjiū ⓗ 용감하고 늠름한 모습. 위풍당당한 모습. 기개가 당당한 모습. ¶~武夫=용감한 무인.

# 阄 [鬮] jiū 제비 구

ⓝ(~儿) 제비. 추첨. ¶抓~儿=제비를 뽑다.

# 揪 [揫] jiū 틀어질 추

ⓥ 꽉 붙잡다. 끌어당기다. 틀어쥐다. 잡아당기다. ¶~住不放=꽉 붙잡고 놓지 않는다. / ~耳朵=귀를 잡아당기다.

【揪辫子】jiū biàn·zi ⑤⒬ (남의) 약점을 들추어 내다. 꼬투리를 잡다. =【抓辫子】zhuā biàn·zi

【揪扯】jiūchě ⑤ 1 잡아당기다. 끌어당기다. 2 ⒬ 꼬여 있다. 엉켜 있다. ¶许多事情互相~, 一时半会儿难以理清. =많은 일들이 서로 꼬여 있어, 빠른 시일 내에 말끔히 정리할 수가 없다. 3 ⒬ 염려하다. 근심하다. 걱정하다. 마음에 걸리다. 마음을 졸이다. ¶孙子的未来一直~着两位老人的心. =손자의 장래가 줄곧 두 노인의 마음을 잡고 있다.

【揪打】jiūdǎ ⑤ 뒤엉켜 싸우다. 움켜잡고 때리

다. 서로 붙잡고 싸우다. ¶两人吵着吵着就~在了一起. =두 사람은 말다툼을 하다가 서로 붙잡고 싸웠다.

【揪斗】jiūdòu ⑤ (사람을) 적발하여 비판·투쟁하다.

【揪痧】jiū∥shā ⑤(醫) 더위를 먹거나 목병이 났을 때 목·이마·팔꿈치 등을 꼬집어 피하 출혈을 발생시켜 내부의 염증을 줄이는 민간 요법.

【揪心】jiū∥xīn ⑤ 마음이 조마조마하다. 안절부절못하다. 마음을 졸이다. 걱정하다. ¶孩子第一次独自出远门, 老两口~得很. =자식이 처음으로 혼자서 집을 떠나 먼길을 가기에, 늙은 부모는 몹시 마음을 졸이고 있다. ⒬ 아픔을 참기 어렵다〔힘들다〕. 괴롭다. ¶牙疼得~. =이가 아파 참기 힘들다.

【揪心扒肝】jiūxīn-bāgān ⓢ 1 심장과 간장을 모두 끄집어 내다. 2 ⒬ 애간장이 타다. 매우 걱정하다. 지나치게 마음을 쓰다. 애끓다. 매우 비통하다.

【揪住】jiūzhù ⑤ 꽉 붙잡다. 꼭 잡다. ¶~衣襟不放. =옷섶을 꼭 붙잡고 놓지 않다.

# 啾 jiū 벌레 소리 추

아래를 참조.

【啾唧】jiūjī ⓞ 찌르르. 짹짹. 찍찍. [벌레·새 따위가 조그맣게 우는 소리] ¶蛐蛐儿~=귀뚜라미가 찌르르 하며 울다.

【啾啾】jiūjiū ⓞ 찍찍. 짹짹. 조잘조잘. [많은 새가 모여 우짖는 소리] ¶燕子~=제비가 짹짹 지저귀다. ⓗ (소리가) 날카롭다. 시끄럽게. ¶子弹~地从头顶飞过. =총알이 날카롭게 소리를 내며 머리 위로 스쳐 지나갔다.

# 樛 jiū 휠 규

⑤ⓗ (나뭇가지가) 아래로 휘어지다.

# 鬏 jiū 쪽 추

ⓝ (~儿) 틀어 올린 쪽. ¶抓~儿=쪽을 찌다.

# *九 jiǔ 아홉 구

ⓢ 1 9. 아홉. 2 많은 수. 여러 번. ¶~泉之下=구천지하. 사후(死後). / ~天揽月=구천에 올라 달을 따다. ⓝ 1 구. 절기명. [동지부터 시작한 81일간. 매 9일이 한 '구(九)'이며 1 '구'에서 9 '구'까지 81일간임] ¶进~=입동설한이 시작되다. / 数~寒天=입동설한. 2 (Jiǔ) 성(姓).

○─● 小九九

【九重】jiǔchóng ⓝⓑ 1 9층. [층수가 많음을 나타냄] ¶~之台=9층의 대. 2 (높은) 하늘. [고대 전설에 하늘에는 아홉 층이 있다 하여 생겨난 이름] 3 황궁. 궁정. 궁궐. ¶~门外=궁궐 밖. 4 제왕. 제위. ¶~大位=제왕의 높은 자리.

【九重霄】jiǔchóngxiāo ☞【重霄】chóngxiāo

○ 九 jiū
究 jiū
鸠 jiū
仇 chóu
觓 qiú
轨 guǐ

【九鼎】**jiǔdǐng** 명 **1** 구정. 아홉 개의 솥. [고대에 하(夏)의 우(禹)가 주조하였다고 전해지는 구주(九州)를 상징하는 아홉 개의 큰 솥으로, 하(夏)·상(商)·주(周) 3대에 걸쳐 보물로 전해졌으며 국가의 정권을 상징함] **2** 비 무거운 무게. ¶一言～=말 한 마디가 구정(九鼎)만큼 무게가 있고 값지다. 일언천금.

【九宮】**jiǔgōng** 명(音) 구궁조(九宮調). 궁조(宮調). [중국 고대 음악의 음계로, 궁을 주음(主音)으로 하는 음계를 궁(宮), 그 밖의 음을 주음(主音)으로 하는 음계를 조(調)라고 부르는데, 정궁(正宮)·중려궁(中呂宮)·남려궁(南呂宮)·선려궁(仙侶宮)·황종궁(黃鐘宮)과 대석조(大石調)·쌍조(雙調)·상조(商調)·월조(越調)를 합쳐 구궁조(九宮調)라 일컫음]

【九宮格儿】**jiǔgōnggér** 명 한자 서예 연습 용지. [큰 네모 안에 우물 정(井)자 형의 안에 작은 네모가 아홉 개 있으므로 생겨난 말]

【九归】**jiǔguī** 명(數) (주산에서의) 구귀법(九歸法). 귀법(歸法). ¶～法=구귀법.

【九家】**jiǔjiā** ☞【九流】**jiǔliú**

【九九表】**jiǔjiǔbiǎo** 명(數) 구구표.

【九九歌】**jiǔjiǔgē** 명(數) 구구단. =【小九九】**xiǎojiǔjiǔ**

【九九归一】**jiǔjiǔguīyī** 성 **1** (주산에서) 9를 9로 나누면 1이 되다. **2** 비 (사물이) 돌고 돌아서 결국 원점으로 돌아가다. 결국에는. =【九九归原】**jiǔjiǔguīyuán**

【九九归原】**jiǔjiǔguīyuán** ☞【九九归一】**jiǔjiǔguīyī**

【九里香】**jiǔlǐxiāng** 명(植) 오렌지자스민 (Orange Jasmine).

【九流】**jiǔliú** 명 구류. [춘추전국 시대의 유가(儒家)·도가(道家)·음양가(陰陽家)·법가(法家)·명가(名家)·묵가(墨家)·종횡가(縱橫家)·잡가(雜家)·농가(農家) 등의 아홉 학파를 가리킴]=【九家】**jiǔjiā**

【九流三教】**jiǔliú-sānjiào** ☞【三教九流】**sānjiào-jiǔliú**

【九牛二虎之力】**jiǔ niú èr hǔ zhī lì** 성(비) 굉장히 큰 힘. 엄청난 노력.

【九牛一毛】**jiǔniú-yīmáo** 성 **1** 구우일모. 아홉 마리 소의 몸에 난 수많은 털 중의 한 가닥. **2** 비 많은 가운데 극히 적은〔미미한〕부분. ≒沧海一粟.

【九派】**jiǔpài** 명 후베이(湖北)성·장시(江西)성 일대의 창장(长江). ¶茫茫～流中国. = 넓디넓은 주파이(九派)는 중국의 복판으로 흘러간다.

【九品】**jiǔpǐn** 명(歷) **1** (중국 고대 관직의) 아홉 등급. **2** (고대 관직 중의) 구품.

【九泉】**jiǔquán** 명 **1** 심천수(深泉水). **2** 구천. 황천. 저승. ¶含笑～=구천에서 웃음짓다.

【九三学社】**JiǔSān Xuéshè** 명 구삼학사. [중국 공산당 지도 하의 민주당 파의 하나로, 1944년 결성시에는 민주과학사(民主科學社)로 부르다가, 1945년에 현재 이름으로 바뀌었음]

【九死一生】**jiǔsǐ-yīshēng** 성 구사일생. 사경

속에서 요행히 살아남다.

【九天】**jiǔtiān** 명 구중천. 가장 높은 하늘. [고대 전설에 구중천에 궁궐이 있다고 전해짐] ¶疑是银河落～. =마치 은하수가 구천에서 떨어지는 듯하구나.

【九天九地】**jiǔtiān-jiǔdì** 성 **1** 하나는 하늘에서 가장 높은 곳에 있고, 또 하나는 지상에서 낮은 곳에 있다. **2** 비 천양지차(天壤之差)이다. 하늘과 땅처럼 엄청난 차이가 있다.

【九头鸟】**jiǔtóuniǎo** 명 **1** (전설에 나오는 불길한 징조의) 머리가 아홉 개 달린 새. **2** 비 간사하고 교활한 놈. 능글맞은 녀석.

【九五】**jiǔwǔ** 명 (고대의) 제위(帝位). 제왕. ¶～之尊=제왕의 존귀한 지위.

【九霄】**jiǔxiāo** ☞【重霄】**chóngxiāo**

【九霄云外】**jiǔxiāoyúnwài** 성 하늘 끝 저 멀리. 아득히 먼 곳. ¶让我们把愁闷和烦恼全抛到～去吧. =우리들의 고민과 걱정거리를 전부 하늘 끝 저 멀리로 날려 버리자.

【九一八事变】**Jiǔ-Yībā Shìbiàn** 명(歷) 만주사변. [1931년 9월 18일 일본 관동군(關東軍)이 유조호(柳條溝)에서 남만철로(南滿鐵路)를 폭파한 것을 계기로 일어났으며, 이어 중국 동북 지역을 점령하면서 일본이 아시아를 침략하는 데 중요 거점을 제공하는 계기가 되었음]

【九月】**jiǔyuè** 명 **1** (음력) 9월. **2** (양력) 9월.

【九州】**jiǔzhōu** 명 **1** 구주. [전설상 전해 오는 중국 상고(上古) 시기의 행정 구역] **2** 중국. 중국 영토.

【九族】**jiǔzú** 명 구족.

**久** **jiǔ** 오랠 구

형 오래다. 시간이 길다. ¶天长地～=하늘과 땅처럼 영원하다. 명(경과된) 시간. 기간. ¶他出差有多～了? =그가 출장을 간 지 얼마나 되었니? ↔暂

| ○ 久 jiǔ | 畨 jiǔ |
| 玖 jiǔ | 疚 jiǔ |
| 灸 jiǔ | 柩 jiǔ |

○● 不久, 长久, 持久, 恒héng久, 积久, 经久, 良久, 耐nài久, 许久, 永久, 悠久, 终久

【久别】**jiǔbié** 동 오랫동안 헤어지다. ¶～重逢=오랫동안 헤어졌다 다시 만나다.

【久病】**jiǔbìng** 동 오랜 병을 앓다. ¶～初愈=오랜 병이 막 나았다.

【久等】**jiǔděng** 동 오래 기다리다. ¶对不起, 让你～了. =죄송합니다, 오래 기다리게 했습니다.

【久而久之】**jiǔ'érjiǔzhī** 성 오랜 시일이 지나다. 긴 시간이 지나다. ¶～, 他也能听懂一些韩国话了. =오랜 시일이 지나 그도 한국말을 조금 알아들을 수 있게 되었다. ≒长此以往

【久负盛名】**jiǔfù-shèngmíng** 성 (과거에) 오랫동안 높은 명성을 누리다.

【久旱】**jiǔhàn** 형 오랜 동안 가뭄이 들다. ¶～无雨=오랜 동안 가뭄이 들고 비가 내리지 않다.

【久旱逢甘霖】**jiǔhàn féng gānlín** ☞【久旱逢甘雨】**jiǔhàn féng gānyǔ**

【久旱逢甘雨】jiǔhàn féng gānyǔ 〈成〉 1 오랜 가뭄 끝에 단비가 내리다. 2〈비〉 오랫동안 바라던 것이 마침내 이루어지다. =【久旱逢甘霖】jiǔhàn féng gānlín

【久假不归】jiǔjiǎ-bùguī 〈成〉 장기간 빌려 가서는 돌려주지 않다.

【久经】jiǔjīng 〈동〉 오랫동안 겪다〔경험하다〕. ¶~磨练=오랜 기간 동안 연마하다.

【久经考验】jiǔjīng-kǎoyàn 〈成〉 오랜 기간 동안 여러 가지 시련을 겪다.

【久经沙场】jiǔjīng-shāchǎng 〈成〉 1 오랜 기간 동안 전쟁터를 누비다. 2〈비〉 풍부한 실전 경험을 지니고 있다.

【久久】jiǔjiǔ 〈부〉 오래오래. 오래도록. 아주 오랜 동안. ['好久(hǎojiǔ)'·'许久(xǔjiǔ)'에 상당함] ¶他~地凝望着远方.=그는 아주 오래도록 먼 곳을 응시하고 있다.

【久留】jiǔliú 〈동〉 오래도록 머무르다. ¶是非之地, 不宜~.=분쟁이 많은 곳에 오래도록 머물러서는 안 된다.

【久慕】jiǔmù 〈동〉〈敬〉 오래도록 경모(敬慕)해 왔습니다. [만났을 때 쓰는 형식적인 말투]

【久拖不决】jiǔtuō-bùjué 〈成〉 차일피일 미루며 결정을 내리지 못하다. 현안(懸案)을 결정하지 못하다. =【久悬不决】jiǔxuán-bùjué

【久悬不决】jiǔxuán-bùjué ☞【久拖不决】jiǔtuō-bùjué

【久违】jiǔwéi 〈동〉 오래간만입니다. [오랜만에 만났을 때 쓰는 형식적인 말투] ¶师兄, ~了, 近来可好?=사형, 오래간만입니다. 요즘 어떻게 지내십니까?

【久仰】jiǔyǎng 〈동〉 경모(敬慕)해 온 지 아주 오래입니다. [만났을 때 쓰는 형식적인 말투] ¶~大名=명성을 경모해 온 지 아주 오래입니다.

【久已】jiǔyǐ 〈부〉 오래 전에 이미〔벌써〕. 오래 전부터. 일찍이. ¶他要出国的事, 我~听说了.=그가 출국할 것이라는 소식을, 나는 이미 오래 전에 들었다.

【久远】jiǔyuǎn 〈형〉 멀고 오래다. 까마득하다. ¶由于年代~, 碑文已模糊不清了.=연대가 너무 오래 되었는지라 비문은 이미 희미하여 알아보기 힘들었다. ≒长久 长远 悠远

## 氿 Jiǔ 호수 이름 궤

〈명〉〈地〉 주. 호수명. [둥쥬(东氿)와 시쥬(西氿)로 나뉘어 모두 쟝쑤(江苏)성에 있음]
☞ guǐ

## *玖 jiǔ 옥돌 구

〈명〉〈문〉 검은 옥돌. 옥과 비슷한 검은 빛의 돌. 〈주〉 '九(jiǔ)'의 갖은자. [지금은 금액의 변조를 막기 위해 주로 은행에서 사용하는데, '壹, 贰, 叁, 肆, 伍, 陆, 柒, 捌, 玖, 拾, 佰, 仟' 등이 있음]

## *灸 jiǔ 뜸 구

〈동〉〈醫〉 뜸을 뜨다. 뜸질하다. ¶针~=침구(요법). [중의학의 침과 뜸]

【灸治】jiǔzhì 〈동〉 뜸으로 치료하다.

## *韭[(韮)] jiǔ 부추 구

〈명〉〈植〉 부추.
【韭菜】jiǔcài 〈명〉〈植〉 부추.
【韭黄】jiǔhuáng 〈명〉〈植〉 (중국산) 누런 부추.

## *酒 jiǔ 술 주

〈명〉 1 술. ¶酗~=술주정하다. 2 (Jiǔ) 성(姓).

○● 把酒, 白酒, 陈酒, 碘diǎn酒, 奠diàn酒, 汾fén酒, 黄酒, 火酒, 老酒, 料酒, 露酒, 米酒, 啤酒, 汽酒, 劝酒, 烧酒, 水酒, 素酒, 喜酒, 下酒, 醒酒, 酗xù酒, 药酒, 祝酒, 纵zòng酒

【酒吧】jiǔbā 〈명〉〈외〉 (서양식) 술집. 바(bar). =【酒吧间】jiǔbājiān
【酒吧间】jiǔbājiān ☞【酒吧】jiǔbā
【酒保】jiǔbǎo 〈명〉〈옛〉 술 파는 사람. 술집 심부름꾼. [주로 초기 백화문에 보임]
【酒杯】jiǔbēi 〈명〉 술잔.
【酒菜】jiǔcài 〈명〉 1 술과 안주. 2 술안주.
【酒厂】jiǔchǎng 〈명〉 양조장. 주류 회사.
【酒池肉林】jiǔchí-ròulín 〈成〉 1 주지육림. 술이 못을 이루고 매단 고기가 숲을 이루다. 2〈비〉 생활이 너무 사치스럽고 호화롭다. 온갖 향락이 극에 달하다. 술과 음식이 넘쳐나다.
【酒刺】jiǔcì 〈명〉 여드름.
【酒德】jiǔdé 〈명〉 (좋은) 음주 태도. 술버릇. ¶这个人没有~, 好撒酒风.=그는 술버릇이 나빠서 술주정을 잘 한다.
【酒店】jiǔdiàn 〈명〉 1 술집. 2 대형 호텔·여관. [주로 명칭에 쓰임]
【酒饭】jiǔfàn 〈명〉 술과 음식.
【酒疯】jiǔfēng 〈명〉 주사(酒邪). 술주정. ¶发~=술주정을 부리다.
【酒逢知己】jiǔ féng zhījǐ ☞【酒逢知己千杯少】jiǔ féng zhījǐ qiān bēi shǎo
【酒逢知己千杯少】jiǔ féng zhījǐ qiān bēi shǎo 〈속〉 술은 지기를 만나 마시면 천 잔으로도 모자란다. =【酒逢知己】jiǔ féng zhījǐ
【酒缸】jiǔgāng 〈명〉 1 술독. 술통. 술단지. 2〈비〉 술고래. [주량이 세거나 술을 많이 마시는 사람을 가리키는 말로 해학적 의미를 내포함]
【酒馆】jiǔguǎn (~儿) 〈명〉 술집. 주막.
【酒鬼】jiǔguǐ 〈명〉 술고래. (술)주정뱅이. [해학적 의미와 혐오의 의미를 내포함]
【酒酣耳热】jiǔhān-ěrrè 〈成〉 1 술이 한참 달아올라 귀까지 빨개지다. 2〈비〉 술을 마시며 주흥(酒兴)이 한창 무르익다.
【酒后吐真言】jiǔhòu tǔ zhēnyán 〈속〉 취중에 진담이 나온다. 술 먹으면 바른말을 한다.
【酒花】jiǔhuā 〈명〉☞【啤酒花】píjiǔhuā
【酒会】jiǔhuì 〈명〉 간단한 연회. 파티(party). [주로 외교적인 모임에 많이 쓰임]
【酒壶】jiǔhú 〈명〉 1 술주전자. 2〈비〉 술독. 술고래. [주량이 세거나 술을 많이 마시는 사람을 이르는 말로 해학적 의미를 내포함]

【酒家】 jiǔjiā 명 술집. [현재는 주로 음식점 이름으로 쓰임]
【酒浆】 jiǔjiāng 명문 술.
【酒窖】 jiǔjiào 명 (지하의) 술 저장실.
【酒劲】 jiǔjìn(~儿) 명 술기운. ¶借着~儿大闹。=술기운으로 소란을 피우다.
【酒精】 jiǔjīng ☞【乙醇】yǐchún
【酒精中毒】 jiǔjīng zhòngdú 명(醫) 알코올 (alcohol) 중독.
【酒具】 jiǔjù 명 주기(酒器).
【酒力】 jiǔlì 명 술 힘. 술의 세기. ¶不胜~=술 힘을 이기지 못하다.
【酒帘】 jiǔlián ☞【酒望(子)】jiǔwàng(·zi)
【酒量】 jiǔliàng 명 주량. ¶他~大, 半斤八两不成问题。=그는 주량이 세서 반 근 정도는 아무런 문제가 없을 거야.
【酒龄】 jiǔlíng 명 주령. 술을 만들어 저장하여 둔 햇수. ¶这葡萄酒的~刚好15年。=이 포도주의 주령은 이제 막 15년이 된다.
【酒令】 jiǔlìng(~儿) 명 (술자리의 흥을 돋우기 위한) 벌주놀이. ¶行~=벌주놀이를 하다.
【酒楼】 jiǔlóu 명 요릿집. 술집.
【酒母】 jiǔmǔ 명 술밑. 주모(酒母). [술 누룩으로 만든 지에밥]
【酒囊】 jiǔnáng 명 술망태. 술고래.
【酒囊饭袋】 jiǔnáng-fàndài 성 1 술망태. 2 밥통. 식충이. 먹고 마시는 것 이외에는 아무 재주가 없는 사람.
【酒酿】 jiǔniàng ☞【江米酒】jiāngmǐjiǔ
【酒癖】 jiǔpǐ 1 주벽. 술버릇. 2 술고래. 주정뱅이.
【酒瓶】 jiǔpíng 명 술병.
【酒铺】 jiǔpù 명 술집.
【酒旗】 jiǔqí ☞【酒望(子)】jiǔwàng(·zi)
【酒气】 jiǔqì 명 술기운. 주기(酒氣). ¶满口~=입 안에 술내가 진동한다.
【酒器】 jiǔqì 명 주기. 술그릇. 주구(酒具).
【酒钱】 jiǔ·qián 명 1 사례금. 팁(tip). 2 술 값. 주가(酒價).
【酒曲】 jiǔqū 명 술밑. [술 누룩으로 만든 지에밥]
【酒肉朋友】 jiǔròu-péng·yǒu 성 손우(損友). [어울려 다니며 정당한 일은 하지 않고 쾌락만을 추구하고, 어려울 때는 전혀 도움이 안 되는 친구]
【酒色】 jiǔsè 명 주색. 술과 여색. ¶~之徒=술과 여색을 밝히는 무리.
【酒色财气】 jiǔsè-cáiqì 성 음주·호색·탐욕·노여움 등 삼가야 할 네 가지 품행.
【酒食】 jiǔshí 명 술과 음식.
【酒水】 jiǔshuǐ 명 1 (술·사이다 따위의) 음료. ¶本店谢绝自带~。=저희 가게는 손님이 직접 음료를 가지고 들어오는 것을 사절합니다. 2 술자리. 술좌석. ¶今天特地办了桌~给你接风。=오늘 특별히 술자리를 마련해 너를 환영해 주마.
【酒肆】 jiǔsì 명 주점. 술집. ¶茶楼~=찻집과 술집.
【酒嗉子】 jiǔsù·zi 명 가늘고 긴 모양의 술병 [술주전자].

【酒坛(子)】 jiǔtán(·zi) 명 1 술독. 술단지. 2 비 술독. 술단지. 술고래. [주량이 세거나 술을 많이 마시는 사람을 가리키는 말로 해학적 의미를 내포함]
【酒徒】 jiǔtú 명 애주가. 호주가.
【酒望(子)】 jiǔwàng(·zi) 명옛 주기(酒旗). 술집 앞에 광고삼아서 세우는 기. =【酒帘】jiǔlián 【酒旗】jiǔqí
【酒涡】 jiǔwō ☞【酒窝】jiǔwō
【酒窝】【酒涡】 jiǔwō(~儿) 명 보조개.
【酒仙】 jiǔxiān 명 주선. [애주가에, 술버릇이 좋은 사람을 가리키는 미칭]
【酒醒】 jiǔxǐng 통 술이〔술에서〕깨다. ¶他睡了一天才~。=그는 하루 종일 자고 나서야 술이 깼다.
【酒兴】 jiǔxìng 명 주흥. ¶~正浓=주흥이 막 무르익다.
【酒筵】 jiǔyán 명 술자리. 술좌석. 연석(宴席).
【酒宴】 jiǔyàn 명 주연. 술자리. 주석(酒席). 술잔치. ¶大摆~=주연을 크게 베풀다.
【酒肴】 jiǔyáo 명 안주.
【酒药】 jiǔyào 명 누룩. 주매(酒媒). 이스트 (yeast).
【酒靥】 jiǔyè 명방 보조개.
【酒意】 jiǔyì 명 취기. 술기운. 주기(酒氣). ¶略有~=취기가 약간 돌다. / 面带~=얼굴에 술기운이 돌다〔오르다〕.
【酒瘾】 jiǔyǐn 명 음주벽. 습관적으로 술을 마시려는 버릇.
【酒友】 jiǔyǒu 명 술친구. 술벗.
【酒糟】 jiǔzāo 명 술지게미. 재강. 술찌끼.
【酒糟鼻(子)】 jiǔzāobí(·zi) 명 주독이 오른 빨간 코. =【酒渣鼻】jiǔzhābí
【酒渣鼻】 jiǔzhābí ☞【酒糟鼻(子)】jiǔzāobí(·zi)
【酒盅】【酒钟】 jiǔzhōng(~儿) 명 작은 술잔.
【酒钟】 jiǔzhōng ☞【酒盅】jiǔzhōng
【酒足饭饱】 jiǔzú-fànbǎo 성 1 술과 밥을 배불리 먹다. 대접을 잘 받았습니다. [남에게 대접을 받고 하는 인사] 2 통쾌하고 만족스럽게 먹고 마시다.
【酒醉】 jiǔzuì 통 1 술에 취하다. ¶~心明=술에 취했으나 정신은 맑다. 2 술에 담그다. ¶~螃蟹=술에 담근 게.

## 旧[舊] jiù 옛 구

형 1 헐다. 낡다. 오래다. 오래 되다. ¶~雨伞=낡은 우산. / ~衣服=헌 옷. 2 옛날의. 과거의. 구시대의. 지난. ¶~思想=구시대의 사상. / ~报纸=지난 신문. 3 이전의. 종전의. ¶新仇~恨=옛 원한에 새 원한이 쌓이다. 쌓이고 쌓인 원한. ¶守~=원래 있던 사람〔사물·상황〕〔守~=구습을 지키다. / 喜新厌~=새로운 것을 좋아하고, 옛 것을 싫어하다. 2 옛 친구. 오랜 벗. ¶念~=옛 친구를 그리워하다. / 亲戚故~=친척과 옛 친구. 늑陈 ↔新

○● 陈旧, 复旧, 古旧, 话旧, 仍réng旧, 守旧, 叙xù旧, 依旧, 有旧, 原旧, 照旧, 折zhé旧

【旧案】 jiù'àn 명 1 구안. 오래 된 현안. ¶清理~=오래 된 현안을 말끔히 정리하다. 2 전례(前例). ¶一切暂照~办理。=모든 것을 당분간 전례에 따라 처리한다.

【旧病】 jiùbìng 명 1 지병(持病). 숙환(宿患). 2 (비) 이전에 자주 범하던 나쁜 버릇(습관).

【旧病复发】 jiùbìng-fùfā 명 1 지병이 도지다. 2 (비) 나쁜 습관이나 버릇이 재발하다.

【旧部】 jiùbù 명 이전의 부하. ¶招集~=이전 부하를 불러모으다.

【旧地】 jiùdì 명 옛날에 살던(가 본) 곳. ¶重返~=옛날에 살던(가 본)곳을 다시 가 보다.

【旧地重游】 jiùdì-chóngyóu 성 옛날에 살던(놀던) 곳을 다시 돌러보다.

【旧调重弹】 jiùdiào-chóngtán ☞ 【老调重弹】 lǎodiào-chóngtán

【旧都】 jiùdū 명 고도. 옛 도읍.

【旧恶】 jiù'è 명(문) 1 지난날의 원한. ¶勿念~=지난날의 원한을 염두에 두지 마라. 2 지난날의 과오(죄과). ¶~不咎=지난날의 과오를 따지지 않다.

【旧观】 jiùguān 명 원래 모양. 옛 모습. ¶恢复~=원래 모양을 회복하다.

【旧国】 jiùguó 명(문) 고도. 옛 도읍. [옛날에는, '都城(수도)'을 '国(guó)'라고 불렀음] ¶~新貌=옛 도읍의 새로운 모습.

【旧好】 jiùhǎo 명(문) 1 옛 교분. ¶重修~=옛날의 교분을 다시 회복하다. 2 옛 친구. ¶不忘~=옛 친구를 잊지 않다.

【旧恨新仇】 jiùhèn-xīnchóu ☞ 【新仇旧恨】 xīnchóu-jiùhèn

【旧皇历】 jiùhuáng·li 명(비) 때 지난 달력. 오래되어 시대에 맞지 않는 방법이나 규정.

【旧货】 jiùhuò 명 낡은 상품. 중고품. 고물. ¶~市场=중고 물품 시장.

【旧迹】 jiùjì 명 1 옛 흔적(자취). ¶古战场~=옛 전장의 흔적. 2 옛날 (사람의) 묵적(墨迹). ¶王羲之~=왕희지의 묵적.

【旧家】 jiùjiā 명(문) 명문 세가. 명문가. ¶~子弟=명문 세가의 자제.

【旧交】 jiùjiāo 명 옛 친구. 오래 사귄 친구.

【旧教】 jiùjiào 명(종) 구교. 천주교.

【旧金山】 Jiùjīnshān 명(외)(지) 샌프란시스코(San Francisco). =【三藩市】 Sānfānshì

【旧居】 jiùjū 명 이전 거주지. 옛집. 구택(舊宅). ¶重访~=옛집을 다시 찾다. ≒故居 ↔新居

【旧框框】 jiùkuāng·kuang 명 전통의 낡은 틀. 낡은 관습.

【旧历】 jiùlì ☞ 【农历】 nónglì

【旧历年】 jiùlìnián 명 음력 설. 구정. [지금은 보통 '春节(chūnjié)'라고 부름]

【旧例】 jiùlì 명 전례. 선례. ¶沿用~=선례를 계속하여 이용하다.

【旧貌】 jiùmào 명 옛 모습. ¶~变新颜。=옛 모습이 새롭게 변하다.

【旧梦】 jiùmèng 명(비) 옛꿈. ¶重温~=지난 일을 다시 상기하다.

【旧脑筋】 jiùnǎojīn 명 케케묵은 사상(생각). 낡고 수구적인 사상(생각).

【旧年】 jiùnián 명 1 음력 설. 2 (방) 작년.

【旧瓶装新酒】 jiùpíng zhuāng xīnjiǔ (숙)(비) 낡은 형식에 새 내용을 담다.

【旧情】 jiùqíng 명 옛정. ¶~难忘=옛정은 잊기 어렵다.

【旧日】 jiùrì 명 옛날. 이전. ¶~情谊=옛 교분. 옛날의 우정.

【旧社会】 jiùshèhuì 명 구사회. 낡은 사회. [보통 중화 인민 공화국 수립 이전을 가리킴]

【旧诗】 jiùshī 명 문언시(文言詩). [고체시(古體詩)와 근체시(近體詩)가 있으며, '新诗(백화시)'와 구별됨] =【旧体诗】 jiùtǐshī

【旧石器时代】 jiùshíqì shídài 명(역) 구석기 시대.

【旧时】 jiùshí 명 지난날. 옛날.

【旧式】 jiùshì 형 1 구형의. 고풍(古風)의. ¶~家具=구형 가구. 2 구식의. 재래식의. 전통의. ¶~婚礼=재래식 혼례. 전통 혼례. 명 구식. 재래식. ¶它们一个是~，一个是新式=그것들 중에 하나는 구식이고, 하나는 신식이다. ↔新式

【旧事】 jiùshì 명 과거지사. 지난 일.

【旧事重提】 jiùshì-chóngtí 성 지난 일을 또 다시 꺼내다.

【旧事物】 jiùshìwù 명 오래 묵거나 점점 사라져 가는 사물.

【旧书】 jiùshū 명 1 헌 책. 낡은 책. ¶~店=헌책방. 2 고서(古書). 옛 책. ¶收藏~=고서를 수장하다.

【旧说】 jiùshuō 명 옛날 이론. 오래 된 관념. 낡은 생각. ¶不要拘泥于~，要敢于创新。=낡은 관념에 구애받지 말고, 과감하게 새로운 것을 창조해라.

【旧俗】 jiùsú 명 낡은 관습. 오래 된 습속. ¶破~，树新风。=낡은 관습을 타파하고, 새로운 사회 기풍을 확립하다.

【旧态】 jiùtài 명 옛 모양. 원래 모습. ¶~复萌=옛 모양이 되살아나다.

【旧套(子)】 jiùtào(·zi) 명 오래 묵은 관습(습관). 진부한 방식(격식). ¶摆脱~=오래 묵은 관습을 떨쳐 버리다.

【旧体诗】 jiùtǐshī ☞ 【旧诗】 jiùshī

【旧闻】 jiùwén 명 (사회상의) 구문. 전에 들은 말. 지난 소문(소식). [전고(典故)·일화·자질구레한 일 등을 가리킴]

【旧物】 jiùwù 명 1 과거의 전장 제도(典章制度). 과거의 국가의 제도와 문물. ¶承袭~=전장 제도를 답습하다. 2 고토(古土). 나라의 원래 땅. ¶光复~=고토를 수복하다. 3 유물. ¶这对镯子是祖辈的~。=이 한 쌍의 팔찌는 조상의 유물이다.

【旧习】 jiùxí 명 구습. 낡은 버릇. [주로 나쁜 버릇을 가리킴] ¶陈规~=케케묵은 규범과 낡은 관

습. ≒故习

【旧学】**jiùxué** 图 구학문. 전통 학문. [`新学(신학문)`와 구별됨]

【旧业】**jiùyè** 图 이전의 직업. ¶重操~=옛 직업에 다시 종사하다.

【旧友】**jiùyǒu** 图 옛 친구. 오랜 벗. ¶访诸~=여러 옛 친구를 방문하다.

【旧雨】**jiùyǔ** 图恩 1 옛날의 비. [당(唐) 대 두보(杜甫)의 《秋述(추술)》에서 "卧病长安旅次……, 旧, 雨来; 今, 雨不来(병들어 장안의 숙소에 누워 있는데, ……, 옛날에는 비가 내려도 손님이 오더니, 지금은 비가 내리면 오지 않는구나"라는 시구에서 유래함] 2 即 오랜 벗. 옛 친구. ¶~新知=옛 친구와 새 친구.

【旧约】**jiùyuē** 图 1 옛날의 맹세〔맹약〕. 2 (성경의) 구약성서.

【旧宅】**jiùzhái** 图 고택(古宅). 옛날 집. 이전에 살던 집. ¶翻盖~=고택을 뜯어 새로 짓다.

【旧债】**jiùzhài** 图 묵은 빚(부채).

【旧章】**jiùzhāng** 图 옛날의 전장 제도. 옛 규칙〔규범·제도〕. 원래 규칙. ¶率由~=모든 것을 옛 관례대로 하다.

【旧账】**jiùzhàng** 图 1 묵은 빚. 오래 된 부채. ¶陈年~=여러 해 묵은 빚. 2 即 옛 원한. 不算~=이전의 원한을 문제삼지 않다.

【旧知】**jiùzhī** 图 옛 친구. 오랜 친구.

【旧址】**jiùzhǐ** 图 옛 주소.

【旧制】**jiùzhì** 图 1 옛 제도. 과거의 제도. ¶沿袭~=낡은 제도를 답습하다. 2 중국의 옛 도량형 제도. ¶~1斤16两.=옛 도량형으로 1근은 16량이다.

# 臼 **jiù** 절구 구

图 1 절구. ¶石~=돌절구. 2 관절. ¶脱~=탈구.

○● 脱**tuō**臼, 前臼齿

【臼齿】**jiùchǐ** 图(生) 어금니. 구치. ⇨【槽牙】**cáoyá**

# 咎 **jiù** 허물 구

图 1 ⊕ 재앙. 흉. 흉사(凶事). ¶休~=길흉. 2 과실. 허물. 죄. ¶引~辞职=잘못을 인정하고 사직하다. 통 나무라다. 책망하다. 규명하다. ¶既往不~=과거의 잘못은 묻지 않다.

【咎由自取】**jiùyóuzìqǔ** 圈 자기가 뿌린 씨앗은 자기가 거둔다. 자업자득. ≒罪有应得

# *疚 **jiù** 괴로워할 구

통図 (자기의 과오에 대해) 괴로워하다. 마음아파하다. 꺼림칙하다. ¶內~=마음속으로 괴로워하다. / 终生负~=평생 괴로워하다.

○● 愧**kuì**疚, 歉**qiàn**疚

【疚愧】**jiùkuì** 图 양심의 가책을 느끼다. 매우 부끄러워하다. ¶~不已=끝없는 양심의 가책을 느끼다. 图 양심의 가책. ¶心生~=마음속으로

양심의 가책을 느끼다.

【疚歉】**jiùqiàn** 图 (남에게 잘못하여) 미안하다. 양심[마음]에 걸리다. ¶刚才错怪了她, 心中~得很.=방금 그녀를 오해하여 마음속으로 정말 미안하다.

# 柩 **jiù** 널 구

图 널. 관. ¶灵~=영구.

【柩车】**jiùchē** 图 영구차.

# 桕 **jiù** 오구목 구

图(植) 오구목(乌臼木).

# *救[(捄)] **jiù** 구조할 구

통 1 막다. 제지하다. 저지하다. ¶远水不~近火.=먼 친척이 가까운 이웃보다 못하다. 2 구하다. 구제하다. 구조하다. ¶挽~=만회하다. 구제하다. / 抢~=급히 구조하다.

○● 补救, 搭**dā**救, 获**huò**救, 急救, 解救, 匡**kuāng**救, 扑**pū**救, 抢**qiǎng**救, 营救, 有救, 遇救, 援**yuán**救, 拯**zhěng**救, 自救

【救兵】**jiùbīng** 图 1 원군. 원병. 구원병. 지원군. ¶内无粮草, 外无~=안으로는 군량과 말 먹이가 없고, 밖으로는 원군이 없다. 2 원군. [와서 도와 주는 사람을 넓은 의미로 가리킴] ¶大坝危险, 快去搬~.=댐이 위험하니 빨리 지원군을 불러 오세요.

【救场】**jiù**‖**chǎng** 통(剧) 대역(代役)하다. [중국 전통극 공연 중 변고로 등장하지 못하는 배우를 대신하여 등장하는 것을 가리킴] ¶~如救火.=화급하게 대역을 하다.

【救国】**jiù**‖**guó** 통 나라를 구하다. 구국하다. ¶~救民=나라와 국민을 구하다.

【救护】**jiùhù** 图 1 구호하다. 구급 치료하다. ¶~伤员=부상자를 구호하다. 2 구원하다. 구조하다. ¶紧急~=긴급 구조하다.

【救护车】**jiùhùchē** 图 구급차. =【急救车】**jíjiùchē**

【救荒】**jiù**‖**huāng** 통 기근을 구제하다. 구황하다. ¶生产~=구황 식품을 생산하다.

【救活】**jiùhuó** 통 생명(목숨)을 구하다. ¶经过三十多个小时的抢救, 他终于被~了.=삼십여 시간의 구조를 거쳐 그는 마침내 생명을 구하게 되었다.

【救火】**jiù**‖**huǒ** 통 불을 끄다. 화재를 진압하다. ¶消防队员奋力~.=소방대원이 힘을 다해 화재를 진압하다.

【救火车】**jiùhuǒchē** ☞【消防车】**xiāofángchē**

【救火投薪】**jiùhuǒ-tóuxīn** 圈 1 장작을 던져 넣어서 불을 끄다. 2 即 잘못된 방법을 쓰다. 동기와 효과가 상반되다. 폐해(弊害)를 없애려고 한 행위가 폐해를 조장하게 되다. =【救火以薪】**jiùhuǒ yǐ xīn**

【救火扬沸】**jiùhuǒ-yángfèi** 圈 1 끓는 물로 불을 끄다. 2 即 문제를 해결하는 근본적인 방법이

아니다.

【救火以薪】jiùhuǒ-yǐxīn ☞【救火投薪】jiùhuǒ-tóuxīn

【救急】jiù‖jí 图 구급하다. 위급한 상황을 구제하다. ¶~措施=구급 조치.

【救济】jiùjì 图 구제하다. ¶社会~事业=사회 구제 사업.

【救济金】jiùjìjīn 图 구제 기금. =【救济款】jiùjìkuǎn

【救济款】jiùjìkuǎn ☞【救济金】jiùjìjīn

【救驾】jiùjià 图 1 곤경에 처한 임금을 구조하다. 2 (비) 곤경에 빠진 임금(사람)을 돕다(구하다). [해학적인 의미를 내포함]¶昨天多亏你来~, 不然真不知道该怎样收场。=어제 다행히 당신이 와서 도와 주었지 망정이지, 그렇지 않았다면 어떻게 수습해야 할지 정말 몰랐을 거야.

【救苦救难】jiùkǔ-jiùnàn (성) 고난에 처한 사람을 구제하다.

【救命】jiù‖mìng 图 목숨을 구하다(살리다). 인명을 구조하다. 구명하다. ¶~之恩=생명의 은혜.

【救命稻草】jiùmìng-dàocǎo (성) 1 (물에 빠진 사람이) 목숨을 구하는 물건으로 여기는 지푸라기. 2 (비) 매우 어려운 처지에 있을 때 유용한 물건으로 여겨졌던 보잘것없는 물건.

【救难】jiùnàn 图 재난으로부터 구제하다.

【救难船】jiùnànchuán 图 해난 구조선.

【救穷】jiùqióng 图 곤궁(가난)을 구조하다. ¶救急不~是比较狭隘的思想观念。=위급한 상황만 구제하고 가난은 구제하지 않는다는 것은 비교적 편협한 생각이다.

【救人】jiùrén 图 사람을 구하다. 다른 사람의 어려운 처지를 구제해 주다. ¶~须救彻。=사람을 구하려면 반드시 끝까지 구해야 한다.

【救生】jiùshēng 图 생명을 구하다. 구생하다. ¶~设备=구명 장비.

【救生船】jiùshēngchuán ☞【救生艇】jiùshēngtǐng

【救生筏】jiùshēngfá 图 구명 고무 보트.

【救生服】jiùshēngfú ☞【救生衣】jiùshēngyī

【救生圈】jiùshēngquān 图 1 구명 부표. 구명환. 2 (수영 연습용) 고무 튜브.

【救生艇】jiùshēngtǐng 图 구명정. 구명 보트. =【救生船】jiùshēngchuán

【救生衣】jiùshēngyī 图 구명 동의(조끼). =【救生服】jiùshēngfú

【救生员】jiùshēngyuán 图 1 인명 구조 요원. 119 구급대원. 2 수상 구조대원.

【救世】jiùshì 图 세상을 구제하다. ¶~良策=세상을 구제할 좋은 계책.

【救世主】jiùshìzhǔ 图 1 (종) (기독교의) 구세주. 2 구세주.

【救死扶伤】jiùsǐ fúshāng (성) 죽음에 처한 사람을 구조하고 부상자를 돌보다. ≒治病救人

【救亡】jiùwáng 图 국가를 멸망의 위기로부터 구하다. ¶~运动=구국 운동.

【救亡图存】jiùwáng-túcún (성) 국가 멸망

위기로부터 구하여 생존을 도모하다.

【救险】jiùxiǎn 图 위험으로부터 구조하다. ¶~人员=구급대원.

【救星】jiùxīng 图 (비) 고난에서 구원해 주는 사람 또는 단체. 구세주.

【救恤】jiùxù 图 구휼하다. 구제하다. ¶~伤残人员=부상자를 구휼하다.

【救药】jiùyào 图 1 질병을 치료하다. 2 (비) (사람이나 사물을) 구제하다. 구제하다. ¶不可~=구제할 수 없다. 구제불능이다.

【救应】jiù·yìng 图 구원하다. 지원하다. ¶互相~=서로 지원하다.

【救援】jiùyuán 图 구원하다. 지원하다. ¶~灾区=재해 지역을 지원하다.

【救灾】jiù‖zāi 图 1 이재민을 구제하다. ¶开仓~=창고를 열어 이재민을 구제하다. 2 재해를 퇴치하다. ¶抗洪~=수해 복구 작업으로 재해를 퇴치하다.

【救治】jiùzhì 图 치료하다. 치료하여 위험으로부터 벗어나게 하다. ¶悉心~=전심전력하여 치료하다.

【救助】jiùzhù 图 구조하다. 도와 주다. ¶全力~=혼신의 힘을 다하여 구조하다.

# 厩[(廄·廏)] jiù 마구간 구

图 1 마구간. 구사(廄舍). 2 우리. 외양간. ¶马~=마구간.

【厩肥】jiùféi 图 두엄. 퇴비. =【圈肥】juànféi 图【圈肥】qīngféi

## **就 jiù 이룰 취

图 1 가까이 가다. 다가가다. 접근하다. ¶驾轻~熟=가벼운 수레를 몰고 아는 길을 가다. 숙달되다. 2 도달하다. 도착하다. 이르다. ¶各~各位=각자 제자리로 가다. 3 종사하다. 일에 나아가다. 취업하다. ¶宣誓~职=취임 선서를 하다. 4 (의견이나 지시에) 따르다(좇다). 편에 서다. ¶一味迁~=덮어놓고 따르다. 5 당하다. 받다. ¶残敌彻底~歼。=잔존한 적병은 철저히 섬멸되었다. 6 (목전의 편리를) 이용하다(빌리다). …하는 김에 하다. 그때그때 형편을 따르다. …대로 하다. 아쉬운 대로 쓰다. 융통하다. ¶你~手儿, 帮我把词典拿过来。=네가 편한 대로 사전을 좀 가져와. 7 완성하다. (예정대로) 끝내다. 완수하다. ¶功成名~=공을 이루고 이름을 날리다. 8 (반찬이나 안주로) 곁들이다. ¶卤肉、花生米~酒。=수육과 땅콩을 술안주로 삼아 술을 마시다. 丌 1 동작이 일어나는 시점에서 가까운 장소. ¶~地采购=현지에서 구입하다. 2 …에 대하여. …에 관하여. [동작을 끌어들이는 대상 혹은 범위] ¶大家~教育改革问题展开了激烈的讨论。=모두들 교육 개혁 문제에 대하여 격렬한 토론을 펼쳤다. 3 …하는 김에. …을 틈타. (시간·기회를) 이용하여. ¶~着出差的机会, 去玩儿一下黄山。=출장의 기회를 이용하여 황산으로 놀러 가자. 囝 1 곧.

○ 就 jiù
鹫 jiù
蹴 cù
僦 jiù

즉시. 바로. 당장. [장차 아주 짧은 시간 내에 이루어짐을 나타냄] ¶你先走一步, 我～来。=네가 먼저 가, 내가 곧 따라 갈게。 **2** 이미. 벌써. 일찍이. [일이 일찍 일어났거나 일찍 끝마쳤음을 나타냄. 앞에 왕왕 시간을 나타내는 단어가 옴] ¶雪昨晚上～停了。=눈은 어젯밤에 이미 그쳤다。 **3** …하자마자 곧〔바로〕. [앞뒤의 두 행위가 연이어서 일어남을 나타냄] ¶他一听～明白了。=그는 듣자마자 바로 알아들었다。 **4** …면. 곧. 이상. …한 바에는. [어떠한 조건이나 상황 아래에서 자연히 어떠한 결과가 발생됨을 나타냄. 앞에 주로 '如果(rúguǒ)'·'只要(zhǐyào)'·'既然(jìrán)'등이 오거나 이러한 뜻을 가지고 있음] ¶只要抓紧时间, ～能按时完成。=서둘러 하기만 하면, 제 시간에 완성할 수 있다。/ 你不想去～别去。=네가 가고 싶지 않다면, 가지 마라。 **5** 바로. [사실이 바로 그러하다는 것을 나타냄] ¶我上班的地方～在我家的附近。=내가 출근하는 곳은 바로 우리 집 부근이다。 **6** 본래. 원래. [원래 또는 진작부터 그러하다는 것을 나타냄] ¶办公室本来～小, 放进这么一个大书柜更显得小了。=사무실이 본래 좁은데, 이렇게 큰 책장을 들여놓으니 더욱 좁아 보인다。¶我～不明白他为什么要那样做。=나는 그가 왜 그렇게 하려는지 전혀 이해가 안 돼。 **8** …면…대로. [두 개의 같은 성분 사이에 놓여 용인·용납의 어기를 나타냄] ¶裤子旧点儿～旧点儿吧, 凑合着穿一天。=바지가 낡았으면 어때, 아쉬운 대로 하루 입지 뭐。 **9** 오직. 단지. 다만. 오로지. …뿐. [범위를 한정하여, '只(zhǐ)'·'仅(jǐn)'에 상당함] ¶上周同学会～你一个人没参加。=지난 주 동창회에 오직 너 한 사람만 참가하지 않았어。 **10** 비교하여 볼 때, 수가 크거나 회수가 많거나 능력이 상당함을 나타냄. ¶我们三个人干不了的活儿, 他一个人～干了。=우리 세 사람이 해내지 못하는 일을 그는 혼자서 해냈다。 接 설령〔설사〕…하더라도〔할지라도·일지라도〕. [양보나 가정을 나타내며, '即使(jíshǐ)'에 상당함] ¶你～亲自去, 合同也签不下来。=네가 설령 직접 간다 하더라도 계약서를 체결할 수 없을 것이다。 ↔避 去 推

○● 俯fǔ就, 高就, 将就, 牵qiān就, 屈就, 去就, 生就, 要就, 造就

---

**就(jiù) / 才(cái)**

就 : 화자가 느끼기에 이르거나 적은 것을 나타냄. 문장 맨 끝에 보통 '了'를 수반함. ¶电影晚上七点半开始, 他六点钟就来了。=영화는 저녁 7시 30분에 시작하는데 그는 6시에 벌써 왔다。

才 : 화자가 느끼기에 늦거나 많은 것을 나타냄. ¶电影晚上七点半开始, 他八点钟才来。=영화는 저녁 7시 30분에 시작하는데 그는 8시가 되어서야 비로소 왔다。

▶ '才'의 위치에 따라 의미 변화가 생기기도 함.

…才…수량… : 화자가 느끼기에 수량이 적거나 시간이 이름. ¶昨天的晚会才来了八个人。=어제 저녁 파티에 겨우 8명이 왔다。[사람이 적게 옴] / 别着急, 现在才六点。=서두르지 마, 지금 겨우 6시야。[시간이 이름]

…수량…才… : 화자가 느끼기에 수량이 많거나 시간이 많이 걸리거나 늦음. ¶我学了一年才学完第一册。=나는 일년을 공부해서야 1권을 다 배웠다。[시간이 많이 걸림] / 这孩子九岁才上学。=이 아이는 9살이 되어서야 학교에 들어갔다。[나이가 많음] / 应该昨天来, 为什么现在才来? =어제 왔어야지, 왜 지금에서야 온 거야? [시간이 늦음]

【就伴】jiù‖bàn 동 동반하다. 동행이 되다. 동무가 되다. 짝이 되다. 한패가 되다. ¶我和他～去峨眉山旅游。=나는 그와 동행하여 어메이산으로 여행을 간다。

【就便】jiù‖biàn (～儿) 동 편리한 대로 하다. …를 이용하다. ¶就你的便, 帮我买一本书。=당신이 편할 때 책 한 권 사다 주세요。

【就便】jiùbiàn (～儿) 부 …하는 김에. ¶他回老家的时候, ～看望了中学时候的老师。=그는 고향으로 돌아가던 중에 중·고등 학교 시절의 선생님을 방문하였다。

【就菜】jiùcài 동 (주식을 먹을 때) 반찬을〔요리를〕 곁들여 먹다. ¶他光喝酒, 不～。=그는 안주를 먹지 않고 강술만 마신다。

【就餐】jiùcān 동 밥 먹으러 가다. 식사를 하다. 밥을 먹다. ¶按时～=제 시간에 식사를 하다。

【就此】jiùcǐ 부 여기서. 이 때에. 지금 바로. 이제 곧. ¶颁奖仪式～结束。=시상식은 이것으로 끝마친다。

【就道】jiùdào 동⟨문⟩ 출발하다. 길을 떠나다. ¶束装～=여장을 꾸려 길을 떠나다。

【就地】jiùdì 부 그 자리에서. 현장에서. 현지에서. ¶～免职=현장에서 면직되다。

【就地取材】jiùdì-qǔcái 성 현지에서 재료를 조달하다. 현지에서 인재를 구하다.

【就地正法】jiùdì-zhèngfǎ 성 현장에서 극형에 처하다.

【就读】jiùdú 동 (학교에서) 공부하다. 학교에 다니다. 취학하다. ¶他曾～于四川大学。=그는 일찍이 쓰촨대학에 다녔었다。

【就饭】jiùfàn 동 밥반찬으로 먹다. ¶再炒几个菜, ～。=반찬 몇 개를 더 볶아서 밥을 먹다。

【就范】jiùfàn 동 지배에 복종하다. 통제에 순종하다. 시키는 대로 하다. 따르게 하다. ¶被迫～=강제로 따르게 하다。

【就合】jiù‖he 동⟨방⟩ **1** 끼워 맞추다. 임시변통하다. ¶路上随便吃点儿什么～一下, 到地方再好好安排。=길에서 임시방편으로 아무거나 먹읍시다. 현지에 도착하면 다시 잘 마련하겠습니다。 **2** 웅크리다. 구부리다. 쪼그리다. ¶她的腰和腿快～在一块儿了。=그녀의 허리와 다리가 금방 하나로 붙을 것 같다。

【就歼】jiùjiān 동 섬멸되다. 전멸되다. ¶残匪

全部~。=잔당은 모두 섬멸되었다.
【就教】jiùjiào 가르침을 청하다〔구하다〕. ¶移樽~=술잔을 들고 자리를 옮겨 가며 가르침을 청하다. 적극적으로 가르침을 청하다.
【就近】jiùjìn 〈부〉 가까운 곳에. 근방에. 부근에. ¶~入学=가까운 곳에 입학하다.
【就酒】jiùjiǔ 〈동〉 술안주로 먹다. ¶用豆腐干~。=말린 두부를 술안주로 먹다.
【就里】jiùlǐ 〈명〉 내부 상황〔사정〕. 속사정. 내정(내정). 속내. 속내. [주로 부정형으로 쓰임] ¶不知~=내막을 모르다.
【就木】jiùmù 〈동〉〈문〉 1 관 속으로 들어가다. 2 죽다. ¶行将~=죽을 날이 멀지 않다.
【就聘】jiùpìn 〈동〉 초빙을 받아들이다.
【就擒】jiùqín 〈동〉 사로잡히다. 생포당하다. 붙잡히다. ¶束手~=꼼짝 못하고 사로잡히다.
【就寝】jiùqǐn 〈동〉 잠을 자다. 잠자리에 들다. 취침하다. ¶他每天晚上12点~。=그는 매일 밤 12시에 취침한다.
【就任】jiùrèn 〈동〉 취임하다. (직무를) 맡다. ¶~总理=총리에 취임하다.
【就势】jiùshì 〈부〉 1 어떤 동작을 하자마자 (연이어 어떤 동작을 하다). ¶他坐下来, ~靠在沙发扶手上睡了起来。=그는 앉자마자 그대로 소파 손잡이에 기대어 잠이 들었다. 2 …하는 김에. …하는 계제에. …을 타서. …과 겸하여. ¶上班~把款汇了。=출근하면서 돈을 송금하다. ≒顺势
【就事】jiù‖shì 〈동〉 출근을 시작하다. 부임하다. 취임하다.
【就事论事】jiùshì-lùnshì 〈성〉 1 있는 그대로를 가지고 사물을 논하다. 2 사물의 표면적인 현상만으로 고립적·정태적·단편적으로 논하다.
【就是】jiùshì 〈부〉 1 그래. 맞다. [단독으로 쓰여 동의를 나타냄] ¶~, ~, 他那件事办得不错。=그래 그래, 그는 그 일을 잘 처리했어. 2 단호하고 확정적이거나 강조를 나타냄. ¶随别人怎么说, 我~按自己的想法办。=다른 사람이 어떻게 말하든 나는 내 생각대로 처리할 거야. 3 …뿐이다. …밖에 안 된다. [범위를 한정하고 다른 것은 배제함을 나타냄] ¶他~怕热, 不怕冷。=그는 더위를 탈 뿐이지 추위는 타지 않는다. 〈조〉 …하면 된다. [문장 끝에 쓰여 긍정을 나타내어 상대방을 안심시킴. 뒤에 주로 '了'를 붙임] ¶我不跟他一般见识~了。=내가 그와 같이 놀지 않으면 되지 뭐. 〈접〉 설령〔설사〕 …하더라도〔할지라도·일지라도〕. [가정 겸 양보 관계를 나타냄. '即使(jíshǐ)'에 상당함. 흔히 뒷구의 '也'와 호응함] ¶~小孩子也明白这样简单的道理。=어린아이라 하더라도 이런 간단한 도리는 안다.
【就是说】jiùshìshuō 〈접〉 요컨대. 다시 말하자면. 바꿔 말하면. 즉. 곧. ¶他的孩子高考全县文科第一, 他将被重点大学录取。=그 자녀가 대학 입시에서 현(县) 전체에서 문과 수석을 하였으니, 다시 말하면 그는 일류 대학에 입학하게 될 것이다.
【就手】jiù‖shǒu(~儿) 〈동〉 손이 편리할 때 하다. ¶就你的手, 帮我把桌子抬进去。=네가 편

할 때 책상을 좀 들어다 줘.
【就手】jiùshǒu(~儿) 〈부〉 …하는 김에. …하는 길에. ¶下班~把菜买回来。=퇴근하는 길에 반찬거리를 사 가지고 돌아왔다.
【就算】jiùsuàn 〈접〉〈구〉 설령〔설사〕 …하더라도〔할지라도·일지라도〕. [가정 겸 양보 관계를 나타내며 '即使(jíshǐ)'에 상당함. 흔히 뒷구의 '也'와 호응함] ¶~他说的不对, 你也不该发那么大的火。=설령 그가 말한 것이 틀렸다 하더라도, 네가 그렇게 화를 내서는 안 되지.
【就位】jiù‖wèi 〈동〉 제자리로 나아가다. ¶请宾~。=내빈 여러분 제자리로 나아가 주시기 바랍니다.
【就席】jiù‖xí 〈동〉 자리에 들다. 착석하다. ¶请来客~。=손님 여러분은 자리에 앉아 주시기 바랍니다.
【就绪】jiùxù 〈동〉 준비를 끝내다. 적절하게 안배하다. 준비가 갖추어지다. 채비를 갖추다. ¶商品交易会的准备工作基本~。=박람회의 준비 작업이 대체로 갖추어졌다. ≒完毕
【就学】jiùxué 〈동〉 1〈문〉 학생이 훈장에게 배우다. 2 학교에 다니다. 취학하다. ¶他现在~于清华大学。=그는 지금 청화(清华)대학에 다닌다.
【就要】jiùyào 〈부〉 머지않아. 곧. [상황이 곧 발생함을 나타내며, '将要(jiāngyào)'·'快要(kuàiyào)'에 상당함] ¶晚会~结束了。=이브닝 파티가 곧 끝이 난다. 2 응당 어떠해야 함을 나타내며, '就应(jiùyīng)'·'就得(jiùděi)'에 상당함] ¶有困难的时候, 干部~走在群众的前头。=어려움이 있을 때 간부는 응당 군중들의 앞에 서야 한다. ≒将要
【就业】jiù‖yè 〈동〉 취직하다. 취업하다. ¶一定要努力解决下岗职工的再~问题。=실직 노동자들의 재취업 문제를 반드시 적극적으로 해결하여야 한다. →待业
【就医】jiù‖yī 〈동〉 (의사에게 가서) 진찰을 받다. 치료를 받다. ¶到这家口腔医院~的人很多。=이 치과에서 치료받는 사람이 아주 많다.
【就义】jiùyì 〈동〉 정의(正义)를 위하여 살해되다〔희생되다〕. ¶英勇~=정의를 위하여 용감하게 희생되다. ≒牺牲
【就诊】jiù‖zhěn 〈동〉 (의사에게 가서) 진찰받다. 치료받다. ¶病人都想找这位名医~。=환자라면 누구나 이런 명의를 찾아 치료받기를 원한다.
【就正】jiùzhèng 〈동〉 가르침을 청하다. 질정(叱正)을 바라다. ¶特写此文, 以~于大方之家。=특별히 이 글을 써서 대가에게 질정을 구하다.
【就职】jiù‖zhí 〈동〉 부임하다. 취임하다. [주로 비교적 높은 직위를 가리킴] ¶~典礼=취임식.
【就中】jiùzhōng 〈부〉 중간에서 (어떤 일을 하다). ¶~调停=중간에서 중재하다. 〈명〉 그 중. 그 가운데. ¶原委就他一个人最清楚。=그 중의 자초지종은 그 사람만이 가장 잘 알고 있다.
【就坐】jiù‖zuò ☞【就座】jiù‖zuò
【就座】[就坐]jiù‖zuò 〈동〉 자리에 앉다. 착석하다. ¶请诸位~, 演出就要开始了。=여러분 자리에 앉아 주십시오, 공연이 곧 시작됩니다.

**舅** jiù 시아버지 구
[명] 1 [문] 시아버지. ¶～姑＝시부모. 2 외숙. 외삼촌. ¶二～＝둘째 외삼촌. / 小～＝작은외삼촌. 3 처남. ¶妻～＝처남.

⊶ 姑舅, 郎舅, 娘舅, 外舅, 小舅子

【舅父】jiùfù [명] 외숙. 외삼촌.
【舅舅】jiù·jiu [명][구] 외숙. 외삼촌.
【舅公】jiùgōng [명] 아버지〔어머니〕의 외삼촌.
【舅妈】jiùmā [명][구] 외숙모. 외삼촌댁.
【舅母】jiù·mu [명] 외숙모. 외삼촌댁.
【舅嫂】jiùsǎo [명][구] 처남댁. 처남의 아내.
【舅爷】jiùyé [명] 조모(祖母)의 형제.
【舅子】jiù·zi [명][구] 처남. ¶小～＝손아래 처남.

**僦** jiù 세낼 추
[동][문] 세내다. 임차(賃借)하다. ¶～屋＝집을 세내다.

**鹫[鷲]** jiù 독수리 취
[명]《動》 1 [문] 수리. 2 대머리독수리. [매과에 속하는 일부 새의 통칭]

**蹴** ·jiu 쪼그릴 축
☞【圪蹴】gē·jiu
☞ cù

# ju

**车[車]** jū 수레 거
[명] 장기(將棋)에서의 차(車). ¶舍～保帅＝차를 버려 장군을 보호하다.
☞ chē

**且**[1] jū 어조사 차
[조][문] 감탄을 나타내며, '啊(·a)' 에 상당함. ¶狂童之狂也～。＝나쁜 아이의 광포함이여.

**且**[2] jū 사람 이름 저
인명에 쓰이는 글자. ¶范～＝범저. [전국 시대의 사람]
☞ qiě

**拘** jū 잡을 구
[동] 1 체포하다. 구금하다. 감금하다. 투옥하다. 구인(拘引)하다. ¶～捕归案＝체포하여 재판에 회부하다. 2 구속하다. 속박하다. 제한하다. 구애되다. 제약하다. ¶不～小节＝사소한 일에 구애받지 않다. 사소한 일에 주의를 돌리지 않다. 3 국한하다. 한정하다. 제한하다. ¶不～一格＝하나의 격식에 구애되지 않다. 한 가지 방법에만 구애되지 않다. 4 융통성이 없다. 구애되다. 얽매이다. 변통할 줄 모르다. ¶～于成规＝기존의 규칙에 얽매이다.

【拘板】jū·bǎn [형][방] (거동이나 말 등이) 딱딱하다. 융통성이 없다. 어색하다. 틀에 박혀 있다. 기계적이다. 형식적이다. ¶他做事有点儿～。＝그는 일처리가 좀 융통성이 없다. ≒呆板 ↔活泼
【拘捕】jūbǔ [동] 체포하다. 붙잡다. ¶～嫌犯＝혐의자를 체포하다.
【拘传】jūchuán [동]《法》 구인(拘引)하다.
【拘管】jūguǎn [동] 통제하다. 단속하다. 제한하다. 제약하다. ¶严加～＝엄하게 단속하다.
【拘谨】jūjǐn [형] (언행이) 거북하다. 어색하다. (불안해서) 마음이 놓이지 않다. 안절부절못하다. 부자연스럽다. 딱딱하다. ¶言谈～＝말씨가 대단히 신중하다. ≒局促 拘束
【拘禁】jūjìn [동]《法》 구금하다.
【拘礼】jūlǐ [동] 예의에 얽매이다. 예절에 구애되다. 격식을 차리다. 조심성 있게 행동하다. ¶熟不～＝잘 아는 사이라 허물이 없다.
【拘留】jūliú [동] 1《法》 구류하다. 2 구류를 받다. [행정 처분의 하나이며, 구류 기한은 15일 이내임]
【拘留所】jūliúsuǒ [명] 구치소. 유치장.
【拘留证】jūliúzhèng [명]《法》 구류장.
【拘挛】jūluán [동] 1 경련이 나다. 쥐가 나다. ¶下肢～。＝하지에 경련이 나다. 2 [문] 구애되다. 얽매이다. 구속받다. ¶～章句＝(글의) 장구에 구애되다.
【拘挛儿】jū·luanr [동][방] (손·발이) 얼어서〔추위로〕 곱다.
【拘泥】jū·nì [동] 융통성이 없다. 구애되다. 얽매이다. 변통할 줄 모르다. ¶～成见＝편견에 얽매이다. [형] 거북하다. 어색하다. (불안해서) 마음이 놓이지 않다. 안절부절못하다. 부자연스럽다. 딱딱하다. ¶～不安＝불안해서 안절부절못하다. ↔随便
【拘票】jūpiào [명]《法》 구인장.
【拘牵】jūqiān [동][문] 속박하다. 구속하다. 속박하다. 제한하다. 얽매이다. ¶～于成规＝기존의 규칙에 얽매이다.
【拘审】jūshěn [동]《法》 체포하여 심문하다.
【拘束】jūshù [동] 제한하다. 한정하다. 구속하다. 속박하다. ¶要鼓励学生大胆发言，不要太～他们。＝학생이 대담하게 발표하도록 격려해야지, 그들을 너무 제한하지 마라. [형] 거북하다. 어색하다. (불안해서) 마음이 놓이지 않다. 안절부절못하다. 부자연스럽다. 딱딱하다. ¶她谈笑自如，一点儿也不～。＝그녀는 태연자약하게 담소하며 조금도 어색해하지 않는다. ≒拘谨 ↔随便 大方 洒落 洒脱
【拘系】jūxì [동] 구금하다.
【拘押】jūyā [동]《法》 구금하다.
【拘役】jūyì [명]《法》 단기 징역형. [기간은 1개월 이상 6개월 이하이고, 병과주의(倂科主義)일 때는 1년까지 연장할 수 있음]
【拘囿】jūyòu [동][문] 구속받다. 국한되다. 구애되다. 얽매이다. 고집하다. ¶～于成说＝기존 학설에 얽매이다.
【拘执】jūzhí [형][문] 까다롭다. 세심하다. 꼼꼼하

다. ¶他办事素来过于~。=그는 일처리를 함에 있어서 원래부터 꼼꼼하다.

## 苴 jū 저마 저
【苴麻】jūmá 图(植) 저마. 암삼. 대마의 암그루 [암포기]. =【种麻】zhǒngmá

## 狙 jū 원숭이 저
图(動) 고서(古书)에 나오는 원숭이의 일종. 动 기회를 엿보다[노리다]. 때를 기다리다. ¶~伺=몰래 기회를 엿보다.
【狙击】jūjī 动 저격하다. 기습하다. ¶~战=기습전.
【狙击手】jūjīshǒu 图 저격수.

## 沮 Jū 강 이름 저
图(地) 1 쥐수이(沮水). [후베이(湖北)성에 있는 강 이름. 장수이(漳水)와 합류하여 쥐장허(沮漳河)가 되며 창장(长江)으로 유입됨] 2 성(姓).
☞ jǔ, jù

## 浔 Jū 강 이름 구
图(地) 쥐허(浔河). [허베이(河北)성에 있는 강 이름]

## **居 jū 살 거
动 1 살다. 묵다. 머무르다. 거주하다. ¶同~=동거하다. / 深~简出=집에만 틀어박혀 좀처럼 외출하지 않다. 2 (으)에 머무르다. 고정되다. 정착하다. ¶岁月不~=세월은 머무르지 않는다. 3 저축하다. 축적하다. 쌓여 있다. 잔존하다. ¶奇货可~=진기한 물건을 쌓아 두고 고가의 매출을 기다리다. 4 (어떤 위치에) 있다. …에 처하다. …를 차지하다. ¶后来~上=후진이 오히려 윗자리에 있다. 뒤졌던 사람이 앞선 사람을 추월하다. 5 자처하다. 자임하다. ¶以学者自~=학자로 자처하다. 6 …에 속하다. …을 차지하다. ¶二者必~其一。=반드시 둘 중의 하나에 속하다. 图 1 주소. 거처. 거주지. ¶新~=새로운 거주지. / 民~=민간인 거처. 2 상점의 이름으로 쓰임. [주로 식당 이름으로 쓰임] ¶同和~=동화거. / 陶陶~=도도거. 3 (Jū) 성(姓).

○● 卜bǔ居, 定居, 共居, 寄居, 家居, 旧居, 聚jù居, 邻居, 旅居, 姘pīn居, 起居, 侨qiáo居, 群居, 散居, 孀shuāng居, 温居, 蜗wō居, 闲居, 新居, 移居, 隐yǐn居, 寓yù居, 杂居, 蛰zhé居, 谪zhé居, 定居点

| 居 jū |
|---|
| 锯 jù |
| 剧 jù |
| 据 jù |
| 踞 jù |
| 倨 jù |
| 裾 jù |
| 榘 jǔ |

【居安思危】jū'ān-sīwēi 成 1 편안한 처지에 있으면서 위험이 발생할 것을 생각하다. 2 언제든지 위험에 대처할 수 있도록 준비하다.
【居处】jūchǔ 动 거처하다. 거주하다. ¶~田园=전원에 거주하다. 图动 생활 형편. ¶~益困=생활 형편이 더욱 곤란해지다.

【居处】jūchù 图 거처. 사는 곳. ¶他很满意现在的~。=그는 지금의 거처에 아주 만족하다.
【居多】jūduō 动 (대)다수를 차지하다. ¶他的作品,以诗歌~。=그의 작품은 시가가 대다수를 차지하다.
【居高临下】jūgāo-línxià 成 1 높은 곳에서 굽어보다. 높이 앉아 내려다보다. 2 (비) 유리한 지위[고지]에 있다.
【居功】jūgōng 动 공로가 있다고 자처하다. ¶~不,不透过。=스스로 공로가 있다고 자처하지도 않고, 남에게 잘못을 덮어씌우지도 않는다.
【居功自傲】jūgōng-zì'ào 成 스스로 공로가 있다고 여기며 교만하다.
【居官】jūguān 动图 관직을 맡다. 관리가 되다. 벼슬하다. 관직에 있다. ¶~清廉=청렴하게 관직 생활을 하다.
【居积】jūjī 动图 (재물을) 축적하다. 모으다. 사재다. 매점(买占)하다. ¶~致富=재물을 모아 부자가 되다.
【居家】jūjiā 动 집에서 거주하다. 살림을 하다 [꾸려 나가다]. ¶~过日子务必要勤俭节约。=살림을 꾸려 나가려면 반드시 근검 절약하여야 한다.
【居间】jūjiān 动 중간에서 중매하다 [화해시키다]. ¶~调解=중간에서 화해시키다.
【居间人】jūjiānrén 图 중개인. 거간꾼. 중매인.
【居留】jūliú 动 거류하다. 체류하다. ¶长期~=장기 체류하다.
【居留权】jūliúquán 图 거류권.
【居留证】jūliúzhèng 图 거류증.
【居民】jūmín 图 주민. 거(주)민. ¶城镇~=도시 거주민.
【居民点】jūmíndiǎn 图 주거 지역.
【居民区】jūmínqū 图 주택 단지. 주택가.
【居民身份证】jūmín shēnfènzhèng 图 주민 등록증.
【居民委员会】jūmín wěiyuánhuì 图 주민 위원회. 同【居委会】jūwěihuì
【居奇】jūqí 动 매석하다. [희소 가치가 있거나 진귀한 물건을 고가에 팔기 위하여 보관하는 일] ¶囤积~=매점매석하다.
【居然】jūrán 副 1 뜻밖에. 놀랍게도. 예상 외로. 생각 밖으로. 의외로. ¶他~好意思说出这样的话来。=그는 의외로 뻔뻔스럽군, 이런 말을 내뱉다니! 2 분명히. 명백히. 분명히. 뚜렷하다. ¶~可知=명백히 알 수 있다. 同 竟然
【居丧】jūsāng 动图 상중에 있다. 거상하다. ¶~在家=집에서 거상하다.
【居士】jūshì 图 1 거사. [벼슬을 하지 않고 은거해 있는 학자] 2 거사. [출가(出家)하지 않은 남자의 불명(佛名) 밑에 붙이는 칭호]
【居室】jūshì 图 방. ¶他新买了一套三~的公寓。=그는 방이 3개인 아파트를 새로 샀다.
【居首】jūshǒu 动 첫째자리를 차지하다. ¶他的成绩全年级~。=그의 성적은 학년 전체에서 일등이다.
【居孀】jūshuāng 动 수절하다. ¶~多年=여

러 해를 수절하다.
【居所】jūsuǒ 〖명〗 거처. 거주지. 주소. ¶临时～=임시 거처.
【居停】jūtíng 〖동〗 머무르다. 거주하다. ¶～多日=여러 날을 머무르다. 〖명〗〖旧〗 기거하는 집의 주인. [원래는 '居停主人(jūtíng zhǔrén)'이라고 하였으나 나중에 약칭하여 '居停'이라고 함]
【居委会】jūwěihuì ☞【居民委员会】jūmín wěiyuánhuì
【居心】jū∥xīn 〖동〗 의향. 저의. 속마음. 속셈. ¶～不良=저의가 불량하다. ≒安心 存心 用心
【居心叵测】jūxīn-pǒcè 〖성〗 1 속마음을 헤아리기 어렵다. 2 〖폄〗 속셈이 음흉하다. ≒别有用心
【居于】jūyú 〖동〗 …에 있다. …을 차지하다. …에 처하다. ¶～中心地位=중심적 위치에 있다.
【居中】jūzhōng 〖동〗 1 중간에 놓다. ¶文章的标题～=글의 제목을 가운데로 정렬하다. 2 쌍방의 중간에 처하다. ¶～斡旋=중간에서 알선〔조정〕하다.
【居住】jūzhù 〖동〗 거주하다. ¶他一直～在杭州。=그는 줄곧 항저우(杭州)에 거주하고 있다.
【居住面积】jūzhù miànjī 〖명〗 주거 면적.
【居住证】jūzhùzhèng 〖명〗 거류증.

**驹**[駒] jū 망아지 구
〖명〗〖动〗 1 젊은 준마. ¶千里～=천리마. 2 (~儿) (말·노새·나귀의) 망아지. ¶小驴～儿=새끼 당나귀.
【驹子】jū·zi 〖명〗 (말·노새·나귀의) 망아지. ¶马～=망아지.

**挶** jū 들것 국
〖명〗〖문〗 흙을 나르는 기구. 들것. 〖동〗〖문〗 움켜잡다.

**俱** Jū 성씨 구
〖명〗 성(姓).
☞ jù

**罝** jū 토끼 그물 저
〖명〗〖문〗 1 토끼를 잡는 그물. 2 새나 짐승을 잡는 그물.

**疽** jū 등창 저
〖명〗〖醫〗 악성 종기. 종창. ¶痈～=독창. 부스럼.
○● 鼻疽, 瘭biāo疽, 坏疽, 炭疽, 痈yōng疽

**椐** jū 산길 가마 국
〖명〗〖문〗 산길을 갈 때 타는 가마.

**掬** jū 움켜 뜰 국
〖동〗〖문〗 두 손으로 움켜 뜨다. ¶～水=물을 두 손으로 움켜 뜨다. / 笑容可～=만면에〔얼굴 가득〕웃음을 띠다.
【掬诚】jūchéng 〖부〗〖문〗 성의 있게. 진심으로. 성심성의로. ¶～相告=진심으로 알려 주다. ¶～相见=진심으로 만나다.

**据** jū 옹색할 거
☞【拮据】jiéjū
☞ jù

**琚** jū 패옥 거
〖명〗 1 〖문〗 패옥. 2 (Jū) 성(姓).

**趄** jū 걷기 힘든 모양 저
☞【趑趄】zījū
☞ qiè

**椐** jū 영수목 거
〖명〗〖植〗 고서(古書)에 나오는 영수목(靈壽木). [마디가 굵고 커서 지팡이로 쓰이는 작은 나무]

**跔** jū 곱을 구
〖동〗 (추운 날씨로 인해 손발에) 쥐가 나다. 경련이 일어나다. ¶足～=발에 쥐가 나다.

**锔**[鋦] jū 거멀못 국
〖동〗 거멀못으로 깨진 금속·도자기 등을 때우다. ¶～碗=사발을 거멀못으로 때우다. / ～缸=항아리를 거멀못으로 때우다.
☞ jú
【锔碗儿的】jūwǎnr·de 〖명〗 거멀못으로 도자기를 때우는 사람.
【锔子】jū·zi 〖명〗 거멀못.

**腒** jū 조포 거
〖명〗 절인 다음 볕에 말린 새고기. 새고기의 포. 조포(鳥脯).

**雎** jū 물수리 저
인명에 쓰이는 글자. ¶范～=판쥐. 범저. [전국시대의 사람. '范且'라고도 씀]
【雎鸠】jūjiū 〖명〗〖동〗 물수리. 징경이.

**锯**[鋸] jū 거멀못 거
〖동〗 '锔(jū)'와 같음.
☞ jù

**鮈**[鮈] jū 모샘치 구
〖명〗〖动〗 모샘치.

**裾** jū 옷자락 거
〖명〗 1 앞섶. 2 옷의 앞뒤 자락. ¶～长曳地=옷자락이 길어서 땅에 끌리다.

***鞠** jū 구부릴 국
〖동〗 1 기르다. 부양하다. 양육하다. ¶～育=기르다. 2 구부리다. 굽히다. ¶～躬道谢=허리를 굽혀 사의를 표하다. 〖명〗 1 국. [고대에 오락용으로 사용한 공의 일종] ¶蹴～=축국. 2 (Jū) 성(姓).
【鞠躬】jū∥gōng 〖동〗 국궁을 하다. 허리를 굽혀 절하다. ¶他向老师深深地鞠了一个躬。=그는

선생님께 깊이 허리를 굽혀 절을 하였다.
【鞠躬】 **jūgōng** 형문 몹시 조심하는 모양. ¶~如也=몹시 조심하다.
【鞠躬尽瘁】 **jūgōng-jìncuì** 성 **1** 나라를 위하여 조심하며 죽을 때까지 온 힘을 다하다. **2** 공손하고 신중하며 온 힘을 다하다.
【鞠养】 **jūyǎng** 동문 부양하다. 양육하다. 기르다. ¶~之恩=길러 주신 은혜.

# 䎴 jū 뜰 구
동문 (국자 등으로) 뜨다. 푸다.

# 鞫 jū 국문할 국
동문 심문하다. 국문(鞫問)하다. ¶~审=심문하다.

# 局¹[(侷·跼)] jú 제한할 국
형 제한하다. 한정하다. 좁다. 협애하다. 편협하다. ¶不能把自己~限于一个狭小的圈子里.=스스로를 협소한 테두리 속에 가두어 두지 말아야 한다.

# 局² jú 판국 국
명 **1** 바둑[장기]판. ¶棋~=바둑[장기]판. **2** 형세. 상황. 처지. ¶时~=시국. / 结~=결국. / 顾全大~=전반적인 국면을 고려하여야 한다. **3** 올가미. 흉계. 계략. ¶骗~=속임수. **4** 모임. 집회. ¶饭~=회식. / 牌~=오락 모임. **5** 기량. 재능과 도량. ¶器~=기량. **6** 일부. (일)부분. 국부. ¶~部地区=일부 지역. **7** 국. [기관 조직의 시스템 중, 업무에 따라 나누는 기구. 일반적으로 부(部)보다는 작고 처(處)보다는 큼] ¶商业~=상업국. **8** 일부 업무 기구의 명칭. ¶邮~=우체국. **9** 일부 상점의 명칭. ¶书~=서점. 서국. 양 판. 번. 경기. ¶连胜三~=연속 세 판을 이겼다.

○● 败局, 残**cán**局, 长局, 当局, 对局, 格局, 和局, 僵**jiāng**局, 搅**jiǎo**局, 了**liǎo**局, 路局, 蜷**quán**局, 全局, 时局, 世局, 危局, 邮局, 政局, 终局

【局部】 **júbù** 명 국부. (일)부분. ¶~利益=부분적인 이익. ↔全部 全面 全局 整体
【局促】 **júcù** 형 **1** 협소하다. 비좁다. ¶来听课的人很多, 教室里显得很~.=강의를 들으러 온 사람들이 너무 많아서 교실이 비좁아 보인다. **2** 거북하다. 어색하다. (불안해서) 마음이 놓이지 않다. 안절부절못하다. ¶~不安=불안해서 안절부절못하다. **3** 부 (시간이) 촉급하다. 촉박하다. ¶这事儿不简单, 一周太~.=이 일은 간단하지 않아서 1주일로는 매우 시간이 촉박하다. ≒拘谨
【局度】 **júdù** 명문 기백과 도량. 기개. 아량.
【局蹐】 **jújí** 형문 **1** 두려워[불안해] 하는 모양. ¶屏气~=숨을 죽이고 불안해하다. **2** 비좁다. 갑갑하다. 여유가 없다. ¶心胸~=도량이 좁다.
【局量】 **júliàng** 명문 기백과 도량. 기개. 아량.

【局麻】 **júmá** 명양 (醫) 국부 마취(국부 마취).
【局面】 **júmiàn** 명 **1** 국면. 형세. 양상. ¶开创新~=새로운 국면을 열다. **2** 양 규모. ¶小店~不大, 但货很全.=가게의 규모는 크지 않지만 물건은 구비되어 있다. ≒局势
【局末平分】 **júmò píngfēn** 명(體) (테니스·배구·탁구 등의) 듀스(deuce).
【局内人】 **júnèirén** 명 **1** 바둑[장기]의 대국자. **2** 당사자. =【局中人】 **júzhōngrén**
【局骗】 **júpiàn** 사취하다. 속이다. ¶~财物=재물을 사취하다.
【局势】 **júshì** 명 (정치·군사·경제 등의) 국세. 국면. 정세. 형세. 시국. 사태. ¶~有所缓和=정세가 좀 완화되었다. ≒局面 事态
【局天蹐地】 **jútiān jídì** ☞【蹐地局天】 **jídì jútiān**
【局外】 **júwài** 명 **1** (장기나 바둑의) 국외. **2** 국(局)외. ¶置身~=어떤 일로부터 떨어지다.
【局外人】 **júwàirén** 명 **1** (장기나 바둑의) 관전자. **2** 국외자. 방외인. 제삼자.
【局限】 **júxiàn** 동 국한하다. 한정하다. 제한하다. ¶人的认识往往为时代所~.=사람의 인식은 왕왕 시대의 제한을 받는다.
【局限性】 **júxiànxìng** 명 국한성. 한계성. ¶他的看法有~.=그의 견해에는 한계성이 있다.
【局域网】 **júyùwǎng** 명(컴) (빌딩 사무실 등의) 구내 정보 통신망. LAN.
【局长】 **júzhǎng** 명 (관공서 등의) 국장.
【局中人】 **júzhōngrén** ☞【局内人】 **júnèirén**
【局子】 **jú·zi** 명 **1** 양 (镖局(표국)·拳局(권국) 등) '局'으로 명명한 기구. **2** 양 경찰국(경찰부서). **3** 공안국. 경찰서. ¶他被抓进~里去了.=그는 공안국에 잡혀 들어갔다. **4** 올가미. 속임수. 함정. 술책. 계략. [주로 조기 백화문에 보임] ¶设~=올가미를 놓다.

# 桔 jú 귤나무 귤
명 '橘(귤)'의 속자.
☞ **jié**

# 菊 jú 국화 국
명 **1** (植) 국화. ¶赏~=국화를 감상하다. **2** (**Jú**) 성(姓).
【菊部】 **júbù** 명 극단. 중국 전통극계. [송대 주밀(周密)의《제동야어(齐东野语)》에서, 송 고종(高宗) 때 궁중의 악부(乐部)에 국부인(菊夫人)이라는 배우가 있었는데, 가무를 잘하고 음률에 정통하여 그를 '국부두(菊部头)'라고 부르고 악부를 국부(菊部)라고 한 데서 유래함]
【菊花】 **júhuā** 명(植) **1** 국화. **2** 국화(꽃). ¶一盆~=국화 화분 하나.
【菊坛】 **jútán** 명 **1** 중국 전통극계. **2** 경극계. ¶~新秀=경극계의 신예.
【菊芋】 **júyù** 명(植) 국우. 돼지감자. 뚱딴지. ☞
【洋姜】 **yángjiāng**
【菊月】 **júyuè** 명 음력 9월의 별칭. [이때 국화가 만개하므로 붙여진 이름]

## 焗 jú 찔 국

동(방) 찌다. ¶盐~鸡=소금을 친 닭찜. 형(방) (날씨가) 찌다.
【焗油】jú∥yóu 동 (머리 염색이나 보호의 한 방법으로) 머리에 염색약 또는 린스를 바르고 특수 제작된 기구 속에 머리를 넣고 증기를 쐬어 부드럽고 윤이 나게 하다.

## 锔[鋦] jú 퀴륨 국

명(외)(化) 퀴륨(Cm, curium). [원자 번호 96]
☞ jū

## 淚 Jú 강 이름 격

명(地) 쥐수이(渼水). [허난(河南)성에 있는 강 이름]

## 鶪[鶪] jú 때까치 격

명(動) 때까치.

## *橘 jú 귤나무 귤

명(植) 1 귤나무. 2 귤.

○● 福橘, 柑gān橘, 越橘

【橘饼】júbǐng 명 귤병.
【橘柑】júgān ☞【橘子】jú·zi
【橘红】júhóng 형 귤의 빛깔과 같이 노란빛을 띤 주황색의. ¶~色=주황색. 명 1 (植) 오렌지나무. 2 오렌지. 3 (醫) 귤홍. 홍피.
【橘黄】júhuáng 형 귤의 빛깔과 같이 등황색의. ¶~色=등황색.
【橘络】júluò 명(醫) 귤낭상근막(橘囊上筋膜). 귤의 속살에 붙은 실 같은 것.
【橘农】júnóng 명 귤 생산 농가 또는 그 농민.
【橘皮】júpí 명 1 귤껍질. 2(醫) 귤껍질을 말려 만든 약재. 진피.
【橘树】júshù ☞【橘子树】jú·zishù
【橘子】jú·zi 명(植) 1 귤나무. 2 귤. 방【橘柑】júgān
【橘子树】jú·zishù 명(植) 귤나무. =【橘树】júshù

## 弆 jǔ 간직할 거

동(文) 수집하다. 수장하다. 보존하다. 간수하다. 간직하다. ¶藏~=수장하다.

## 柜 jǔ 굴피나무 거

☞ guì
【柜柳】jǔliǔ 명(植) 굴피나무. =【元宝枫】yuánbǎofēng 【元宝树】yuánbǎoshù 【枫杨】fēngyáng

## 咀 jǔ 씹을 저

동 1 잘게 씹다. 2(비) 음미하다. ¶含英~华=글의 정화를 음미하다.
【咀嚼】jǔjué 동 1 (음식물을) 씹다. ¶~食物=음식물을 씹다. 2(비) 되새기다. ¶~文义=글의 의미를 되새기다.

## *沮 jǔ 막을 저

동(文) 저지하다. ¶~其成行=가는 길을 막다. 형 의기소침하다. 풀이 죽다. 기가 꺾이다. ¶神色~丧=낙담한 기색이다.
☞ jū, jù
【沮遏】jǔ'è 동(文) 저지하다.
【沮丧】jǔsàng 형 낙담(낙심)하다. 풀이 죽다. ¶心情~=풀이 죽다. 동 낙담(낙심)하게 하다. 용기를 잃게 하다. 실망케 하다. ¶长期艰苦的工作大大~了他的勇气。=장기간의 고달픈 작업이 그의 용기를 크게 위축시켰다. ≒丧气 懊丧

## 莒 Jǔ 땅 이름 거

명(地) 쥐(莒)현. [산둥(山东)성에 있는 지명]

## 枸 jǔ 구연 구

아래를 참조.
☞ gōu, gǒu
【枸橼】jǔyuán ☞【香橼】xiāngyuán
【枸橼酸】jǔyuánsuān ☞【柠檬酸】níngméngsuān

## *矩[榘] jǔ 곱자 구

명 1 방형. 2(數)(기하학의) 장방형. 3 곱자. 기역자 모양의 자. ¶~尺=곱자. 4 규칙. 법도. ¶循规蹈~=규율을 준수하다.

○● 规guī矩, 力矩

【矩尺】jǔchǐ ☞【曲尺】qūchǐ
【矩形】jǔxíng 명(數) 직사각형. 장방형. =【长方形】chángfāngxíng
【矩矱】jǔyuē 명 규율. 규칙. 법도. ¶不逾~=법도를 넘지 않다.
【矩阵】jǔzhèn 명(數) 행렬.

## *举[舉, 擧] jǔ 들 거

동 1 들다. 들어올리다. 위로 받치다. 위로 펼치다. ¶高~=높이 들어올리다. / ~杯痛饮=잔을 들어 술을 맘껏 마시다. 2 일으키다. 일어나다. ¶~兵起义=봉기를 일으키다. / ~办车展=자동차 전람회를 거행하다. 3 추천하다. 선발하다. ¶推~=추천하다. / 不识抬~=자기에 대한 호의를 무시하다. 4 제기하다. 들추어 내다. 제시하다. ¶列~=열거하다. / 检~揭发=적발하여 들춰 내다. 5(문)(아이를) 낳다. ¶~一男=아들 하나를 낳다. 명 1 동작. 행위. ¶壮~=장거. / ~~成名=단번에 이름을 날리다. 2(양) 举人(거인). ¶中~=향시에 급제하다. / 武~=무과 향시. 형(문) 모두. 전부. 온. ¶~国同庆=모든 국민이 함께 경축하다.

○● 包举, 保举, 暴举, 创chuàng举, 大举, 高举, 豪háo举, 检举, 荐jiàn举, 科举, 列举, 善举, 盛shèng举, 抬举, 挺举, 选举, 应举, 抓举

【举哀】jǔ'āi 동 1 상례를 치르다. 애도하다.

全国~=전국에서 애도하다. **2** 곡(哭)을 하다. ¶~不止=곡을 그치지 않다.

【举案齐眉】**jǔ'àn-qíméi** (成) **1** 남편에게 밥상을 올릴 때, 밥상을 눈썹까지 들어올리다. **2**(비) 부부가 서로 공경하고 사랑하다.

【举办】**jǔbàn** (동) 거행하다. 개최하다. 열다. ¶~奥运会=올림픽을 개최하다. / ~讲座=강좌를 열다.

【举报】**jǔbào** (동) (위법 행위를) 신고하다. 고발하다. ¶~违法乱纪行为=법을 어기고 질서를 문란하게 하는 행위를 고발하다.

【举兵】**jǔbīng** (동)(문) 거병하다. 기병(起兵)하다. 군사를 일으키다. ¶~北上=군사를 일으켜 북상하다.

【举不胜举】**jǔbùshèngjǔ** (成) **1** 일일이 헤아릴 수 없다. 일일이 열거할 수 없다. **2**(비) 유사한 것이 아주 많다. ≒不胜枚举

【举步】**jǔbù** (동)(문) 발걸음을 내디디다. ¶~艰难=발걸음을 내딛기가 어렵다. 일을 진척하기가 어렵다.

【举步维艰】**jǔbù-wéijiān** (成) **1** 발걸음을 내딛기가 어렵다. **2**(비) 일을 진척하기가 어렵다.

【举槌】**jǔchuí** (동) 경매를 시작하다.

【举措】**jǔcuò** (동) 거동. 조치. ¶~失当=조치가 부적절하다. ≒举动

【举鼎绝膑】**jǔdǐng-juébìn** (成) **1** 솥을 들다가 종지뼈를 부러뜨리다. **2**(비) 재능이 부족하여 임무를 감당하지 못하다.

【举动】**jǔdòng** (명) 동작. 행위. ¶~灵活=동작이 재빠르다. ≒举措 行动

【举发】**jǔfā** (동) (나쁜 사람이나 옳지 않은 일을) 고발하다. 폭로하다.

【举凡】**jǔfán** (부)(문) (아래에 열거되는 것) 모두. ¶他是相声界的大师, ~说、学、逗、唱, 无不精通。=그는 만담계의 거장으로, 말하는 것·모방하는 것·웃기는 것·노래하는 것 등 모든 것에 정통하지 않는 게 없다.

【举国】**jǔguó** (명) 전국. ¶~欢腾=전국이 기쁨으로 들끓다.

【举国上下】**jǔguó shàngxià** (成) 전국 각지 각 계층.

【举火】**jǔhuǒ** (동)(문) **1** 점화하다. 불을 붙이다. ¶~为号=봉화로 신호를 하다. **2** 불을 지펴 밥을 짓다. ¶日中, 尚未~。=해가 중천에 떴는데도 아직 밥을 짓지 않다.

【举家】**jǔjiā** (명) 전 가족. ¶~北迁=전 가족이 북쪽으로 옮겨 가다.

【举架】**jǔjià** (명)(방) 집의 높이. ¶这屋子~高, 住着舒服。=이 집은 높아서 살기에 참 안락하다.

【举荐】**jǔjiàn** (동) 추천하다. ¶~贤能=현명하고 유능한 인재를 추천하다.

【举力】**jǔlì** (명)(物) 부력(浮力). 양력(揚力).

【举】**jǔ**‖**lì** (동) 예를 들다. ¶~论证=예를 들어 논증하다.

【举例发凡】**jǔlì-fāfán** (成) 분류별로 예를 들어 책의 체제를 설명하다.

【举目】**jǔmù** (동) 눈을 들어 보다. ¶~远望=눈을 들어 먼 곳을 바라보다.

【举目无亲】**jǔmù-wúqīn** (成) **1** 눈을 들어 살펴봐도 아는 사람이 하나도 보이지 않는다. **2** 의지할 만한 사람이 아무도 없다. 사고무친(四顾无亲)하다.

【举棋不定】**jǔqí-bùdìng** (成) **1** 바둑돌을 들고 놓을 자리를 결정하지 못하다. **2**(비) 어찌할 바를 모르다. 주저하다. 우물쭈물하다. 우유부단하다.

【举人】**jǔrén** (명) 거인. [명청(明清)대 과거 시험 중에서 향시에 급제한 사람]

【举世】**jǔshì** (명) 전세계. 모든 사회. ¶~无比=전세계에서 비할 만한 사람이 없다.

【举世闻名】**jǔshì-wénmíng** (成) **1** 전세계에 이름이 알려지다. **2** 명성이 아주 크다.

【举世无双】**jǔshì-wúshuāng** (成) **1** 전세계를 통틀어 비할 바가 없다. **2** 유일하다. 희귀하다.

【举世瞩目】**jǔshì-zhǔmù** (成) 전세계 사람들이 주목하다.

【举事】**jǔshì** (동)(문) 봉기하다. 폭동을 일으키다. ¶聚众~=군중을 모아 폭동을 일으키다.

【举手】**jǔ**‖**shǒu** (동) 손을 들다. 거수하다. ¶~表决=거수로 표결하다. / ~敬礼=거수 경례를 하다.

【举手投足】**jǔshǒu-tóuzú** (成) 일거일동(一举一动). 하나하나의 동작이나 움직임.

【举手之劳】**jǔshǒuzhīláo** (成) **1** 손을 드는 것처럼 아주 쉽다. **2**(비) 하찮은 일. 사소한 일. [일을 아주 쉽게 처리할 수 있음을 형용함]

【举坛】**jǔtán** (명) 역도계. ¶~老将=역도계 노장.

【举头】**jǔtóu** (동) 머리〔고개〕를 들다. ¶~望明月。=고개를 들어 밝은 달을 바라보다.

【举贤】**jǔxián** (동) 현명한 인재를 추천하다. ¶~荐能=현명하고 유능한 인재를 추천하다.

【举行】**jǔxíng** (동) 거행하다. ¶~记者招待会=기자 회견을 거행하다. / ~开学典礼=개학식을 거행하다.

【举要】**jǔ**‖**yào** (동) 요점을 열거하다. [주로 서명(书名)에 쓰임] ¶《唐宋文~》=《당송문 개요》.

【举一反三】**jǔyī-fǎnsān** (成) **1** 사각형을 가르칠 때, 먼저 한 변을 가르쳐 주고 나머지 세 변을 추리하여 알도록 하며, 만약 유추하여 알지 못한다면 그만 가르치다. [《논어·술이(論語·述而)》편에 나오는 말] **2**(비) 하나를 들으면 열을 안다. =【一隅三反】**yīyú-sānfǎn**

【举债】**jǔzhài** (동)(문) 돈을 빌리다. 빚을 내다. ¶~度日=빚을 내어 날을 보내다.

【举义】**jǔyì** (동)(문) 봉기하다. 폭동을 일으키다.

【举证】**jǔzhèng** (동) 증거를 제시하다. 증거를 제공하다. ¶谁主张谁~。=주장한 사람이 증거를 제시하여야 한다.

【举止】**jǔzhǐ** (명) 행동거지. ¶~庄重=행동거지가 장중하다.

【举重】**jǔzhòng** (명)(體) 역도.

【举重若轻】**jǔzhòng-ruòqīng** (成) **1** 무거운 물건을 가벼운 물건 들 듯하다. **2**(비) 큰일을 가볍게 〔쉽게〕 처리하다.

【举足轻重】**jǔzú-qīngzhòng** (成) **1** 실력자가

두 강자 사이에서 한쪽으로 조금만 치우쳐도 세력의 균형이 깨진다. **2** [비] 대단히 중요한 위치에 있어서 일거수일투족이 전체에 중대한 영향을 끼치다. ↔无足轻重

【举坐】**jǔzuò** ☞【举座】**jǔzuò**

【举座】[举坐] **jǔzuò** [명][문] 거좌. 한 자리에 모인 전체. ¶～皆惊＝좌중의 모든 사람들이 놀라다.

# 钼[鉏] jǔ 서먹할 서

☞ **chú**

【钼铻】**jǔyǔ** ☞【龃龉】**jǔyǔ**

# 椇1 jǔ 적대 구

[명] 적대. 적틀.

# 椇2 jǔ 호깨나무 구

☞【枳椇】**zhǐjǔ**

# 筥 jǔ 둥구미 거

[명][문] 대둥구미.

# 蒟 jǔ 구장 구

아래를 참조.

【蒟酱】**jǔjiàng** [명] **1** ☞【蒌叶】**lóuyè** **2** 구장으로〔필발(蓽茇)로〕 만든 장.

【蒟蒻】**jǔruò** ☞【魔芋】**móyù**

# 榉[欅] jǔ 너도밤나무 거

[명]《植》 너도밤나무.

【榉树】**jǔshù** [명]《植》 너도밤나무.

# 龃[齟] jǔ 어긋날 저

【龃龉】[钼铻] **jǔyǔ** [동][문] **1** 상하 치아가 서로 가지런하지 않다. **2** [비] 의견이 맞지 않다. ¶彼此并无～。＝서로 의견이 맞지 않음이 없다.

# 踽 jǔ 홀로 걸을 우

【踽踽】**jǔjǔ** [형][문] 홀로 쓸쓸히 걸어가는 모양. ¶～独行＝홀로 쓸쓸히 걸어가다.

# ** 巨1[(鉅)] jù 클 거

[형] 크다. 아주 크다. ¶艰～＝힘들다. 방대하다. / 为数甚～＝숫자가 아주 많다. ≒大 ↔微

# ** 巨2 Jù 성씨 거

[명] 성(姓).

0→ 艰jiān巨, 超巨星

【巨变】**jùbiàn** [동] 커다란 변화가 일어나다. ¶山乡～＝산촌에 커다란 변화가 일어나다. [명] 큰 변화. 대변동. ¶近年来城市的面貌发生了～。＝최근 도시의 면모가 커다란 변화를 일으켰다.

【巨擘】**jùbò** [명][문] **1** 엄지손가락. **2** [비] (어떤 분야의) 권위자. 거두. 거장. ¶商界～＝상업계의 거두.

【巨大】**jùdà** [형] (규모·수량 등이) 아주 크다〔많다〕. ¶影响～＝영향이 아주 크다. ≒庞大 硕大 ↔微小

【巨额】**jù'é** [형] 액수가 많은. 거액의. ¶～财产＝거액의 재산.

【巨幅】**jùfú** [형] 폭이 아주 넓은. ¶～画像＝폭이 아주 넓은 초상화.

【巨富】**jùfù** [명] **1** 거부. 대단히 많은 재산. **2** 거부. 갑부. 큰 부자. ¶当地～＝그 지역의 갑부.

【巨奖】**jùjiǎng** [명] 금액이 큰 상금. 가치가 높은 상품(賞品). ¶～销售＝가치가 높은 상품 판매.

【巨匠】**jùjiàng** [명] 거장. ¶影坛～＝영화계의 거장. ≒大师

【巨款】**jùkuǎn** [명] 거금. 거액. ¶一笔～＝한 몫의 거금.

【巨浪】**jùlàng** [명] **1** 거대한 파도〔물결〕. **2** [비] 대변혁. 거대한 물결. ¶改革开放的～席卷了全中国。＝개혁 개방의 거대한 물결이 전 중국을 휩쓸었다.

【巨量元素】**jùliàng yuánsù** [명]《生》 다량 원소. [인체가 하루에 100mg 이상 섭취해야 하는 칼슘·인·마그네슘·나트륨·칼륨·염소 등]

【巨流】**jùliú** [명] **1** 거대한 흐름. **2** [비] 시대 조류. ¶时代的～＝시대의 조류.

【巨龙】**jùlóng** [명] **1** 거대한 용. **2** [비] 중국. ¶东方～＝동방의 거대한 용.

【巨轮】**jùlún** [명] **1** 거대한 수레바퀴. **2** [비] 시대 발전의 조류. ¶历史的～勇往直前。＝역사의 수레바퀴가 힘차게 앞으로 나아가다. **3** 대형선. ¶万吨～＝1만 톤급의 대형 선박.

【巨片儿】**jùpiānr** [명][구] 투자 규모가 큰 영화. 대형 영화.

【巨片】**jùpiàn** [명]《映》 투자 규모가 큰 영화. 대형 영화.

【巨人】**jùrén** [명] **1** 거인. ¶篮坛～＝농구계의 거인. **2** 신화 속의 신통력을 지닌 거인. **3** [비] 거인. 걸출한 공헌이나 영향력이 있는 인물. ¶世纪～＝세기의 거인. ↔矬子 侏儒

【巨商】**jùshāng** [명] 거상. 호상(豪商). ¶海外～＝해외 거상.

【巨头】**jùtóu** [명] 거두. 우두머리. ¶金融～＝금융계의 거두.

【巨万】**jùwàn** [형][문] **1** (수량이) 엄청나다. **2** (금액이) 막대하다. 어마어마하다. ¶耗资～＝거액의 자금을 쓰다.

【巨无霸】**jùwúbà** [명] **1** 맥시멀(Maximals). [만화 영화《变形金刚(트랜스포머, Transformers)》의 후속 시리즈인 비스트워(Beast Wars)에 나오는 신통력이 대단한 로봇] **2** 실력이 막강한 것. 규모가 거대한 것. ¶～汉堡包＝빅맥 햄버거.

【巨细】**jùxì** [형] (일이) 크고 작은. 대소의. ¶事无～＝일에는 크고 작은 게 없다. [명] 큰 일과 작은 일. 대소. ¶～毕究＝큰 일이든 작은 일이든 빠짐없이 조사하다.

【巨响】**jùxiǎng** [명] 큰〔굉장한〕 소리. ¶一声～，雷在天空炸开了。＝큰 소리가 한 번 울리더니, 하늘에서 천둥이 요란하게 쳤다.

○ 巨 jù
距 jù
矩 jǔ
拒 jù
炬 jù
苣 jù
钜 jù
讵 jù
渠 qú
柜 guì

【巨蟹座】jùxièzuò 명(天) 게자리. 거해궁. [황도(黄道) 십이궁 중의 하나]

【巨星】jùxīng 명(天) 1 거성. [천문학에서 광도와 체적은 크지만 밀도가 작은 항성을 가리킴] 2(비) (어떤 방면에) 뛰어난 인물. 거성. ¶体坛~ = 체육계의 거성. ↔矮星

【巨型】jùxíng 형 초대형의. ¶~油轮 = 초대형 유조선. ↔微型

【巨眼】jùyǎn 명(문)(비) 1 (감별을 잘하는) 높은 안목. 통찰력. 감별력. ¶~识人 = 높은 안목으로 사람을 알아보다. 2 안목과 식견이 있는 사람. ¶~巾帼 = 안목과 식견이 있는 부녀자.

【巨制】jùzhì 명 1 위대한 작품. 대작. ¶划时代的~ = 획기적인 위대한 작품. 2 규모가 큰 작품. 거작. ¶鸿篇~ = 규모가 방대한 저작.

【巨著】jùzhù 명 대저. 대작. 거작. ¶文学~ = 문학 대저.

【巨资】jùzī 명 거액의 자금. ¶斥~修建奥运会主会场. = 거액의 자금을 들여 올림픽 주경기장을 짓다.

【巨子】jùzǐ 명 거장. 대가. 거두. ¶报业~ = 신문계의 거두. / 商界~ = 상업계의 거두.

【巨作】jùzuò 명 1 대저. 대작. 2 스케일이 크고 심오한 예술 작품. ¶《公民凯恩》可谓电影史上的~。=《시민 케인(Citizen Kane)》은 영화사상 스케일이 크고 뛰어난 작품이라고 할 수 있다.

## **句** jù 글귀 구

명 문장. ¶词~ = 자구(字句). / 造~ = 글을 짓다. ¶ 마디. 구. 편. [언어나 시문을 세는 단위] ¶他就说了三~话。= 그는 딱 세 마디 말만 했다. / 我来读几~诗。= 내가 시 몇 구를 읽겠다.
☞ gōu

○● 词句, 断句, 分句, 复句, 警句, 绝句, 例句, 名句, 文句, 章句, 字句

【句点】jùdiǎn ☞【句号】jùhào
【句调】jùdiào ☞【语调】yǔdiào
【句读】jùdòu 명 1 구두. [옛날, 문장에서 뜻이 상대적으로 완정하여 길게 쉬어야 하는 곳을 '句(jù)', 뜻이 미처 끝나지 않아 잠시 쉬어야 하는 곳을 '读(dòu)'라 했는데, '句读(구두)'는 이 둘의 합칭임] 2 구두. 휴지(休止). 단락. [문장의 글귀에서 반드시 쉬어야 하는 곳]

【句法】jùfǎ 명(言) 1 문장(글)의 구성 방식. 구법. ¶这句诗的~很特别。= 이 시의 구법은 아주 특별하다. 2 신택스(syntax). 통사론(統辭論).

【句号】jùhào 명(言) 마침표. 피리어드(period). 종지부. [문장 부호의 하나. 평서문 끝이나 어기(語氣)가 온화한 명령문 끝에 쓰임. '。'(과학 기술 문헌에서는 때로는 '.' 표시를 쓰기도 함)'로 표시함] =【句点】jùdiǎn

【句群】jùqún ☞【语段】yǔduàn

| 句 jù |
| 拘 jū |
| 驹 jū |
| 狗 gǒu |
| 苟 gǒu |
| 岣 gǒu |
| 枸 gǒu |
| 笱 gǒu |
| 岣 gōu |

【句式】jùshì 명(言) 문장 구조.
【句尾】jùwěi 명 문말(文末). 문미.
【句型】jùxíng 명(言) 문형(文型). 문장 유형.
【句子】jù·zi 명(文). 문장.
【句子成分】jù·zi chéngfèn 명(言) 문장 성분. ['主语(주어)'·'谓语(술어)'·'宾语(목적어)'·'补语(보어)'·'定语(관형어)'·'状语(부사어)' 등 여섯 가지 성분을 포함함]

## 讵[詎] jù 어찌 거

부(文) 어찌. 어째서. 어찌하여. 어떻게. [반문을 나타내며, '岂(qǐ)'에 상당함. 대략 구어의 '怎(zěn)'·'难道(nándào)' 또는 '哪里(nǎ·li)'와 같음] ¶~知天气骤寒。= 날씨가 갑자기 추워질 줄 어찌 알았겠는가.

## **拒** jù 막을 거

동 1 막아 내다. 저항하다. 저지하다. ¶前门~虎, 后门进狼。= 앞문으로 들어오는 호랑이를 막아 내니, 뒷문으로 늑대가 들어오다. 하나의 적을 몰아 내자 또 다른 적과 만나다. 2 거절하다. 거부하다. ¶来者不~ = 오는 사람은 거절하지 않는다.

【拒捕】jùbǔ 동 체포에 저항하다. ¶一名毒贩在~过程中被击毙。= 마약 밀매업자 한 명이 체포에 저항하다가 총에 맞아 숨졌다.

【拒敌】jùdí 동(문) 적을 막다(방어하다). ¶~于国门之外 = 국경 밖에서 적을 막다.

【拒毒】jùdú 동 마약류를 거절하다(배척하다·저지하다·거부하다). ¶禁毒~ = 마약류를 금지하고 거부하다.

【拒付】jùfù 동 지불을 거절하다. ¶部分货款被~。= 일부 상품 대금의 지불이 거절되다.

【拒黄】jùhuáng 동 외설〔음란〕 간행물·영상물을 거부하고 저지하다. ¶~扫黄 = 음란하고 외설적인 간행물·영상물을 거부하고 소탕하다.

【拒贿】jùhuì 뇌물을 거절하다(받지 않다).
【拒谏饰非】jùjiàn-shìfēi (성) 충고를 받아들이지 않고 자신의 잘못을 감추다. ↔从善如流

【拒绝】jùjué 동 (부탁·의견·선물 등을) 거절하다. 거부하다. ¶断然~ = 단호히 거절하다. / 贿赂~ = 뇌물을 거절하다. ≒回绝 ↔答应 接受

【拒命】jùmìng 동(문) 항명하다. 명령에 불복종하다. 명령을 거부하다. ¶~不受 = 명령 거부하고 받아들이지 않다.

【拒聘】jùpìn 동 초빙〔초청〕을 거절하다.
【拒签】jùqiān 동 서약〔조인·사인(sign)〕을 거부하다. [주로 중대한 사건을 가리킴]

【拒人千里】jùrén-qiānlǐ ☞【拒人于千里之外】jùrén yú qiānlǐ zhī wài
【拒人于千里之外】jùrén yú qiānlǐ zhī wài (성) 1 사람을 천리 밖에서 막다. 2(비) 사람을 대하는 태도가 오만하고, 다른 사람들과 접촉하거나 의논하기 싫어하다. 거만하고 쌀쌀맞다.

=【拒人千里】jùrén-qiānlǐ

【拒收】jùshōu 동 (선물·증정품 등을) 거절하고 받지 않다. ¶~礼品 = 선물을 거절하고 받지 않다.

【拒守】jùshǒu 동(문) 막아서 지키다. 수비하다.

방어하다. 거수하다. ¶～关隘＝요충지를 막아서 지키다.

【拒载】jùzài [동] (택시 등이) 승차를 거부하다.

【拒之门外】jùzhī-ménwài [성] 1 사람들을 집안으로 들어오지 못하게 하다. 2 사람을 냉대하고, 오만하고 무례하게 대하다. 3 다른 사람들과 일을 같이 하거나 문제를 처리하기 위해 협상하는 것을 거절하다.

苣 jù 상추 거
☞【莴苣】wōjù
☞ qǔ

** 具 jù 갖출 구

[동] 1 [문] 준비하다. 마련하다. (사용할 물건을) 확보하다. ¶敬～菲酌＝조촐한 술자리를 마련하였습니다. 2 [문] 진술하다. 열거하다. 늘어놓다. ¶条～时弊＝시대의 병폐를 조목조목 열거하다. 3 갖추다. 가지다. 구비하다. [주로 추상적인 사물에 쓰임] ¶初～规模＝초보적으로 기본적인 체계와 내용을 갖추다. / 独～匠心＝독창성을 갖추다. 4 사인하다. 서명하다. ¶知名不～＝제 이름을 알고 계시므로 서명하지 않습니다. [편지 봉투에 발신인의 이름을 생략할 때 씀] [명] 1 기구. 용구. 도구. ¶家～＝가구. / 文～＝문구. / 玩～＝완구. 2 [문] 재능. 재간. 솜씨. 인재. ¶才～＝재능. [양] [문] 구. 개. [관·시체·일부 기물 등을 세는 단위] ¶一～尸体＝시체 한 구. / 一～石磨＝맷돌 한 개.

⊙ 具 jù 惧 jù 俱 jù 犋 jù 飓 jù

○● 才具, 餐具, 茶具, 刀具, 道具, 灯具, 耕gēng具, 工具, 机具, 夹具, 教具, 量具, 面具, 模mú具, 器具, 卡qiǎ具, 寝qǐn具, 刃rèn具, 胎具, 玩具, 挽wǎn具, 卧具, 刑具, 用具, 鱼具, 渔具, 雨具, 战具, 坐具

【具保】jùbǎo [동] 보증인을 세우다. ¶～假释＝보증인을 세워 가석방하다.

【具备】jùbèi [동] (물품 등을) 갖추다. 구비하다. 완비하다. ¶～有利条件＝유리한 조건을 구비하다. ≒具有

> 具备(jùbèi) / 具有(jùyǒu)
> 갖추다, 구비하다, 가지다
>
> 具备 : 어떤 일을 하는 데 있어서 조건이나 기준에 도달했음을 나타냄. 주로 '条件, 环境, 资格, 能力, 才能' 등과 결합됨. ¶这个温室具备草莓生长的环境, 可以种草莓。＝이 온실은 딸기가 성장할 수 있는 환경을 갖추고 있어서 딸기를 심을 수 있다.
>
> 具有 : 주로 추상명사 '意义, 性质, 作用, 力量, 特色, 个性, 水平, 信心, 吸引力' 등과 결합하여 '가지고 있다, 소유하다' 의 의미를 나타냄. ¶韩国具有悠久的历史。＝한국은 유구한 역사를 가지고 있다. / 这家饭店具有地方特色。＝이 음식점은 지방 특색을 가지고 있다.

【具结】jù∥jié [동][옛] (책임을 진다는) 서약서〔보증서〕를 (관청에) 제출하다. ¶～悔过＝잘못을 뉘우치는 서약서를 제출하다.

【具领】jùlǐng [동] (신청서를 기록하고) 수취하다. 수령하다. 받아가다. ¶～失物＝수령증을 쓰고 분실물을 수취하다.

【具名】jù∥míng [동] (문서에) 서명하다. 사인하다. ¶合同由双方～后生效。＝계약은 쌍방이 서명한 후에 효력이 발생한다. ≒签名

【具体】jùtǐ [형] 1 구체적이다. ¶～情况＝구체적인 상황. / ～分析＝구체적으로 분석하다. 2 특정의. 상세한. 실제의. ¶奥运会的～参赛人选尚未确定。＝올림픽에 실제 참가할 선수는 아직 확정되지 않았다. [동] (이론이나 원칙을) 구체화하다. [뒤에 '到(dào)' 를 수반함] ¶把改革开放的大政方针～到经济生活、文化生活中去。＝개혁개방의 국정 방침을 경제 생활·문화 생활에 구체화하다. ↔抽象 笼统 概括

【具体而微】jùtǐ'érwēi [성] 내용은 대체로 갖추어져 있으나 규모가 작다.

【具体化】jùtǐhuà [동] 구체화하다. ¶方案要～, 要具有操作性。＝방안을 구체화해야 하고 운용성〔활용성〕을 갖추어야 한다.

【具体劳动】jùtǐ láodòng [명]《經》구체적 유용노동. 구체(적) 노동. ↔抽象劳动

【具文】jùwén [동] 문서로 작성하다. [주로 공문에 쓰임] ¶～呈报＝문서로 작성하여 상신(上申)하다. [명] 형식만 갖추고 내용이 없는 글〔규칙·규정〕. 사문(死文). 공문(空文). ¶一纸～＝한 장의 종이 쪽지에 지나지 않는 공문(空文).

【具有】jùyǒu [동] 있다. 가지다. 지니다. 구비하다. [주로 추상적인 사물에 쓰임] ¶～代表性＝대표성을 지니다. ≒具备

* 炬 jù 횃불 거

[명] 1 횃불. ¶火～＝횃불. 2 초. ¶蜡～＝초. [동] 태우다. 불태우다. 불사르다. 불살라〔태워〕 버리다. ¶付之一～＝전부 불에 태워 버리다.

* 沮 jù 습할 저

[형][문] 습하다. 축축하다. 눅눅하다. ¶遍布于山林～泽之间。＝산림과 저택(沮澤) 사이에 널리 분포하다.
☞ jū, jǔ

【沮洳】jùrù [명][문] 썩은 식물이 퇴적하여 이루어진 낮고 물기가 많은 늪〔수렁·소택지〕.

【沮泽】jùzé [명][문] 저택.

钜[鉅] jù 갈고리 거

[명][문] 1 강철. 2 갈고리.

秬 jù 찰기장 거

[명][문] 검은 기장.

** 俱 jù 함께 구

[부][문] 전부. 모두. 다. ¶面面～到＝모든 면에 빈틈이 없다. / 泥沙～下＝진흙과 모래가 같이 떠

**jū**

【俱乐部】**jùlèbù** 명 구락부. 클럽(club). 동우회. 동호회. ¶单身~=독신 클럽. / 足球~=축구 동호회.

【俱全】**jùquán** 형 완전히〔충분히〕갖추다. 완비하다. 구비하다. 완비하다. ¶一应~=전부 갖추어져 있다.

**倨 jù** 거만할 거

형(문) 거만하다. 오만하다. 거드름부리다. 도도하다. 건방지다. 불손하다. ¶前~后恭=처음에는 거만하게 굴다가 나중에는 공손해지다. ↔恭

【倨傲】**jù'ào** 형(문) 거만하다. 오만하다. 건방지다. ¶态度~=태도가 거만하다.

【倨慢】**jùmàn** 형(문) 거만하다. 오만하다. 거드름부리다. 도도하다. 건방지다. 불손하다. ¶~无礼=거만하고 무례하다.

**粔 jù** 중배끼 거

【粔籹】**jùnǚ** 명 옛날, 튀기거나 부친 음식. 중배끼. [지금의 꽈배기와 비슷함]

**剧[劇] jù** 연극 극

형 심하다. 대단하다. 격렬하다. 맹렬하다. 세차다. 거세다. ¶急~=급격하다. / 病势加~=병세가 더 심해지다. 명 **1** 극. 연극. 가극. 오페라. 무용극. 중국 전통극. ¶歌~=가극. 오페라. / 演~=연극. **2** (Jù) 성(姓). ≒戏

○● 悲剧, 惨cǎn剧, 丑chǒu剧, 川剧, 歌剧, 汉剧, 急剧, 京剧, 闹剧, 评剧, 曲qǔ剧, 趣剧, 绍剧, 诗剧, 舞剧, 戏剧, 笑剧, 哑yǎ剧, 扬剧, 甬yǒng剧, 杂剧, 正剧

【剧本】**jùběn** 명 극본. 각본. 대본. ¶京剧~=경극(京劇) 극본. / 电影~=영화 대본.

【剧变】**jùbiàn** 통 격변하다. 급변하다. ¶形势~=형세가 격변하다. 격변. 급변. ¶山城面貌发生了~。=산간 도시의 면모가 급변했다.

【剧场】**jùchǎng** 명 극장.

【剧跌】**jùdiē** 통 (가격·시세 등이) 급락하다. 폭락하다.

【剧毒】**jùdú** 명 맹독. 극독. 극심한 독성. ¶砒霜有~。=비상(砒霜)은 독성이 강하다.

【剧烈】**jùliè** 형 격렬하다. 격렬하다. ¶~运动=격렬한 운동. ≒激烈 ↔平和

【剧目】**jùmù** 명 연극 제목의 목록. 상연 목록. 레퍼토리(repertory). ¶传统~=전통적인 레퍼토리.

【剧评】**jùpíng** 명 연극 평론. 극평.

【剧情】**jùqíng** 명 연극〔극〕줄거리. ¶~简介=극 줄거리의 간략한 소개.

【剧社】**jùshè** 명 '剧团(극단)'의 옛 명칭. [일반적으로 규모가 작음]

【剧坛】**jùtán** 명 연극계. ¶~泰斗=연극계의 태두〔대가〕.

【剧痛】**jùtòng** 통 심한 고통〔아픔〕을 느끼다. ¶~难忍=참기 어려운 심한 고통을 느끼다.

【剧团】**jùtuán** 명 극단.

【剧务】**jùwù** 명 **1** 극단〔극 제작진〕에서 배역·연출 등의 각종 사무. **2** 무대 감독.

【剧协】**jùxié** 명(약) 戏剧家协会(극작가 협회).

【剧饮】**jùyǐn** 통 광음(狂飲)하다. 실컷〔정신 없이·미친 듯이〕퍼마시다. 폭음하다. ¶暴食~=술과 음식을 정신 없이 마구 먹고 마시다. 폭식폭음하다.

【剧院】**jùyuàn** 명 **1** 극장. **2** (비교적 규모가 크고 수준이 높은) 극단. ¶青年艺术~=청년 예술 극단.

【剧增】**jùzēng** 통 폭증하다. 대폭적으로 증가하다. ¶产量~=생산량이 폭증하다.

【剧照】**jùzhào** 명 (연극·영화·TV의) 스틸(still)(사진). 스틸픽처(still picture). 스틸포토그래프(still photograph). ¶电影~=영화 스틸.

【剧中人】**jùzhōngrén** 명 (연극·영화·드라마의) 등장〔극중〕인물. 배역.

【剧终】**jùzhōng** 통 연극이 끝나다〔대단원의 막을 내리다〕. 영화·드라마가 종영되다.

【剧种】**jùzhǒng** 명 **1** 연극의 종류. [话剧(신극)'·'戏曲(중국 전통극)'·'歌剧(가극)'·'舞剧(춤극)'등] **2** 중국 전통극의 종류. [京剧(경극)'·'汉剧(한극)'·'川剧(천극)'·'黄梅戏(황매희)'·'越剧(월극)'등]

【剧组】**jùzǔ** 명 (배우를 포함한) 연극·영화의 제작진.

【剧作】**jùzuò** 명 **1** 희곡(작품). ¶优秀~=우수한 희곡 작품. **2** 극작. 극본〔각본〕의 창작. ¶~处理=극본 처리.

【剧作家】**jùzuòjiā** 명 극작가.

**据[據, 攄] jù** 의거할 거

통 **1** 의지하다. 기대다. ¶~险守守=험준한 곳에 의지하여 수비하다. **2** 점유하다. 점거하다. ¶窃~要津=부정한 수단으로 요직을 차지하다. 명 증거. 증서. ¶票~=영수증. / 真凭实~=확실한 증거. 개 ···에 따르면, ···에 의거(근거)하여. ¶~我所知=내가 아는 바에 의하면. / 同名话剧改编=동일 제목의 연극에 의거하여 각색하다.

☞ jū

○● 割gē据, 根据, 借据, 考据, 论据, 票据, 契qì据, 窃qiè据, 实据, 数据, 信据, 依据, 约据, 占据

【据称】**jùchēng** 통 말하는 바에 의하면 ···라 한다. 다른 사람의 말에 의하면 ···라 한다. 전해지는〔들리는〕말에 의하면 ···라 한다. ¶~案情已经查明。=전해지는 말에 의하면 사건의 경위가 이미 조사하여 밝혀졌다고 한다.

【据传】**jùchuán** 통 전해지는〔들리는〕말에 의하면 ···라 한다. 소문에 의하면 ···라 한다. ¶这所大学将在海内外聘请副校长。=들리는 말에 의하면 이 대학교는 곧 국내외에서 부총장을

【据此】 **jùcǐ** 〈동〉 앞에 이미 언급한 상황〔이유〕에 근거하다. 이에 따르다〔근거하다〕. ¶我们～可以得出如下结论。=우리들은 이에 근거하여 다음과 같은 결론을 얻을 수 있다.

【据点】 **jùdiǎn** 〈명〉〈軍〉거점. 발판. ¶军事～=군사 거점.

【据理】 **jùlǐ** 〈동〉 도리에 근거하다. 이치대로 하다. 이치에 따르다. ¶～直言=도리에 입각하여 직언하다.

【据理力争】 **jùlǐ-lìzhēng** 〈성〉 도리에 의거하여 자기 쪽 권익·관점 등을 힘을 다해 수호〔옹호〕하다.

【据实】 **jùshí** 〈동〉 사실에 근거하다. 실제 상황에 근거하다. ¶～招来=사실대로 털어놓다. 실토하다.

【据守】 **jùshǒu** 〈동〉 험준한 곳을 점거하고 수비하다. 웅거하여 지키다. 거수하다. ¶凭险～=험준한 곳에 의지하여 굳게 지키다.

【据说】 **jùshuō** 〈동〉 말하는 바에 의하면 …라 한다. 다른 사람의 말에 의하면 …라 한다. 전해지는〔들리는〕말에 의하면 …라 한다. ¶他已调到外省工作去了。=들리는 말에 의하면 그는 이미 다른 성(省)으로 전출되어 갔다고 한다.

【据为己有】 **jùwéijǐyǒu** 〈성〉 자기의 소유로 만들다. 남의 것을 강점하다. 남의 것을 강제로 차지하다.

【据闻】 **jùwén** 〈동〉 전해지는〔들리는〕 말에 의하면 …라 한다. 소문에 의하면 …라 한다. 듣자(하)니〔듣건대·들은 바로는〕…라고 한다. ¶～该公司准备进军海外。=소문에 의하면 이 회사는 해외로 진출할 준비를 한다고 한다.

【据悉】 **jùxī** 〈동〉 아는 바에 의하면 …라고 한다. ¶～,该校明年要扩招30%。=아는 바로는 이 학교는 내년에 30% 늘려 모집할 것이라고 한다.

【据险】 **jùxiǎn** 〈동〉 험준한 지세〔지형〕에 의지하다. ¶～顽抗=험준한 지세에 의지하여 완강하게 저항하다.

【据险固守】 **jùxiǎn-gùshǒu** 〈성〉 험준한 지세에 의지하여 굳게 지키다.

【据以】 **jùyǐ** 〈동〉 (어떤 사실·상황 등에) 의거하다. (어떤 사실·상황 등을) 근거로 삼다. ¶这个地区实验成功了,就可～推广到其他地区。=이 지역에서의 실험이 성공하면, 이를 근거로 하여 곧 다른 지역으로 보급할 수 있다.

【据有】 **jùyǒu** 〈동〉 점유하다. 점거하다. 차지하다. ¶～主场之利=홈그라운드의 이점을 차지하다.

## 距 **jù** 거리 거

〈동〉 떨어지다. 사이를 두다. ¶～下届奥运会开幕还有三年多的时间。=차기 올림픽 개막까지는 아직 3년 남짓한 시간이 남았다. / 两地相～不远。=두 곳은 서로 멀리 떨어져 있지 않다. ¶1 거리. 간격. ¶株～=포기 간격. / 差～=차. 격차. 2 (수탉·꿩 등의) 며느리발톱. 거.

○➡ 差距, 苋dōu距, 焦距, 螺luó距

【距角】 **jùjiǎo** 〈명〉〈天〉이각(離角). =【角距】jiǎojù

【距今】 **jùjīn** 〈동〉 지금으로부터 (얼마간) 떨어져 있다. ¶那事～已有20年了。=그 일은 지금으로부터 20년 전의 일이다.

【距离】 **jùlí** 〈동〉 (…로부터) 떨어지다. 사이를 두다. ¶现在～登机时间已经很近了。=탑승 시간까지 얼마 남지 않았다. / 前面那幢公寓～这幢足有20米。=앞 동 아파트는 이 동으로부터 족히 20미터는 떨어져 있다. 〈명〉 1 거리. 간격. ¶长～运输=장거리 운송. 2 〈비〉 (인식·감정 등 방면의) 거리. 격차. 차이. ¶他们对这件事的看法有很大的～。=그들은 이 일에 대한 견해 차이가 아주 크다.

## **惧** [**懼**] **jù** 두려워할 구

〈동〉 겁내다. 두려워하다. 무서워하다. ¶戒～=경계하고 두려워하다. / 临危不～=위험에 직면해서도 조금도 두려워하지 않다. ≒畏

○➡ 戒惧, 恐惧, 危wēi惧, 疑yí惧, 忧yōu惧

【惧内】 **jùnèi** 〈동〉〈엄〉아내를 무서워하다〔두려워하다·겁내다〕.

【惧怕】 **jùpà** 〈동〉 겁내다. 두려워하다. 무서워하다. ¶他从不～任何艰难困苦。=그는 어떤 어려움과 고통도 두려워한 적이 없다. ≒害怕 畏惧 恐惧

【惧怯】 **jùqiè** 〈동〉 겁내다. 두려워하다. 무서워하다. ¶神色～=겁에 질려 있다.

【惧色】 **jùsè** 〈명〉 두려워하는 기색. 겁에 질린 모습. ¶面无～=얼굴에 조금도 두려워하는 기색이 없다.

## 犋 **jù** 겨리 구

〈양〉 호리. 겨리. [쟁기나 써레 등 농기구를 끄는 축력(畜力)을 세는 단위. 하나의 쟁기나 써레를 끄는 축력으로 한 마리 또는 두 마리 이상의 '一犋 (한 호리〔겨리〕)'가 됨]

## 飓 [颶, 颶] **jù** 구풍 구

【飓风】 **jùfēng** 〈명〉 1 구풍. [옛날, 바다에서 부는 강한 폭풍을 가리킴] 2 〈氣〉싹쓸바람. 허리케인(hurricane). [풍력계급 12 이상인 바람]

## 虡 [簴] **jù** 종틀 기둥 거

〈명〉옛날, 종이나 경쇠를 거는 틀의 양쪽 기둥.

## **锯** [**鋸**] **jù** 톱 거

〈명〉톱. ¶钢～=쇠톱. / 拉～=톱질하다. 〈동〉 켜다. 톱질하다. ¶～木头=나무토막을 톱질하다.
☞ jū

○➡ 刀锯, 拉锯

【锯齿】 **jùchǐ** (～儿) 〈명〉 톱니. 톱날.
【锯齿草】 **jùchǐcǎo** ➡【蓍草】**shīcǎo**
【锯床】 **jùchuáng** 〈명〉〈機〉기계톱.
【锯蜂】 **jùfēng** ☞【叶蜂】**yèfēng**

【锯末】jùmò 圕 톱밥.
【锯条】jùtiáo 圕 톱양.
【锯屑】jùxiè 圕 톱밥.
【锯子】jù·zi 圕 톱.

**聚** jù 모일 취
통 모이다. 회합하다. 집합하다. ¶凝~=응집되다. / 欢~一堂=즐겁게 한자리에 모이다. ≒集 ↔散(sàn)

○● 攒cuán聚, 欢聚, 汇huì聚, 会聚, 积聚, 集聚, 凝níng聚, 缩suō聚, 团聚, 屯tún聚, 囤tún聚, 完聚, 啸xiào聚

【聚氨酯】jù'ānzhǐ 圕(化) 폴리우레탄(polyurethane).
【聚宝盆】jùbǎopén 圕 1 화수분. 보물단지. 2 (비) 자원의 보고. ¶塔里木盆地矿产资源丰富, 可谓天然的~. = 타림분지(Tarim盆地)는 광물 자원이 풍부하여 천연 자원의 보고라 할 수 있다.
【聚苯乙烯】jùběnyǐxī 圕(化) 폴리스티렌(polystyrene).
【聚变】jùbiàn ☞【热核反应】rèhé fǎnyìng
【聚丙烯】jùbǐngxī 圕(化) 폴리프로필렌(polypropylene).
【聚丙烯腈】jùbǐngxījīng 圕(化) 폴리아크릴로니트릴(polyacrylonitrile).
【聚财】jùcái 통 재물을 모으다.
【聚餐】jù‖cān 통 회식하다.
【聚赌】jùdǔ 통 여럿이 (같이) 모여 노름하다〔도박하다〕.
【聚光】jùguāng 통 집광하다. 빛을 한 곳에 모으다. ¶凸透镜可以~. =볼록 렌즈는 빛을 한 곳에 모을 수 있다.
【聚光灯】jùguāngdēng 圕 스포트라이트(spotlight). [주로 실내 촬영 및 무대 조명 등에 쓰임]
【聚光镜】jùguāngjìng 圕 집광 렌즈.
【聚合】jùhé 통 1 합류〔회합〕하다. (한데) 모이다. 집결하다. ¶公园里一下子来了不少赏花灯的人. =공원에는 꽃등 구경을 온 사람들이 많이 모였다. 2 (化) 중합(반응)하다. ¶~作用=중합 작용.
【聚合果】jùhéguǒ 圕(植) 복화과〔複花科〕. 복과〔複果〕. 복합과〔複合果〕. =【聚生果】jùshēngguǒ
【聚合物】jùhéwù 圕(化) 중합체. 폴리머(polymer).
【聚花果】jùhuāguǒ ☞【复果】fùguǒ
【聚会】jùhuì 통 합류〔회합〕하다. (한데) 모이다. 집합하다. 집결하다. ¶十年后, 老同学一畅饮, 可喜可贺. =10년 만에 옛 동창이 모여 통쾌하게 술을 마시니 기쁘고 축하할 만하다. 명 모임. 집회. 회합. ¶昨天晚上的~真热闹. =어제 저녁 모임은 정말 시끌벅적했다.
【聚伙】jùhuǒ 통 그룹을 짓다. 패거리를 짓다. 도당을 짜다. 집단을 이루다. 조를 짜다. ¶~抢劫=패거리를 지어 약탈하다.

【聚积】jùjī 통 (조금씩) 모으다. 모이다. 축적하다. ¶~财富=재산을 조금씩 축적하다.
【聚集】jùjí 통 합류〔회합〕하다. 한데 모이다〔모으다〕. 집중하다. ¶~资金=자금을 한데 모으다. ≒聚拢 ↔分散 扩散
【聚甲醛】jùjiǎquán 圕(化) 폴리포름알데히드(polyformaldehyde).
【聚歼】jùjiān 통 (적을) 포위 섬멸하다.
【聚焦】jùjiāo 통 1 초점을 모으다. 집광하다. (빛이나 광선 등을) 집중시키다. ¶~成像=초점을 모아 영상을 만들다. 2 (비) (시선·주의력 등을) 어느 한 곳에 모으다. 집중하다. ¶最近的 연예계 소식은 줄곧 설 디너쇼(dinner show)의 화제에 집중하고 있다.
【聚精会神】jùjīng-huìshén 囪 정신을 집중하다. 전심하다. 열중하다. ≒专心致志 全神贯注 ↔心不在焉
【聚居】jùjū 통 모여 살다. 집단으로 거주하다. 집거하다. ¶这里是彝族~地. =이곳은 이족(彝族)의 집단 거주지이다.
【聚敛】jùliǎn 통 1 (재물을) 수탈하다. 약탈하다. 착취하다. ¶~民财=백성들의 재물을 수탈하다. 2 (흩어진 물건들을) 수집하다. (끌어)모으다. 채집하다. ¶~废旧物品=폐품·고물을 모으다.
【聚拢】jùlǒng 통 한 곳〔자리〕에 모이다. ¶看演出的人们从四面八方~来了. =공연을 보려는 사람들이 사방팔방에서 모여들었다. ≒聚集
【聚氯乙烯】jùlǜyǐxī 圕(化) 폴리염화 비닐. 피브이씨(PVC).
【聚落】jùluò 圕 취락. 부락. 촌락. ¶原始~=원시 촌락.
【聚齐】jù‖qí 통 (약속된 장소에) 모두〔전원〕 집합하다〔모이다〕. ¶只有到过年的时候, 一家人才能~. =설을 쇨 때나 한 가족이 모두 모일 수 있다.
【聚散】jùsàn 圕 집산. 집합과 분산. ¶人生苦短, ~无常. =인생은 괴롭고 짧은데, 자꾸 모였다 헤어짐은 반복하는구나.
【聚沙成塔】jùshā-chéngtǎ 囪 1 모래가 모여 탑을 이루다. 2 (비) 티끌 모아 태산이다. 아무리 작은 것이라도 쌓이고 쌓이면 큰 덩어리가 된다. =【积沙成塔】jīshā chéngtǎ ≒集腋成裘
【聚生】jùshēng 통(生) (많은 개체가) 군생(群生)하다. 군서(群棲)하다. 군거(群居)하다. 한데 모여 자라다. ¶草莓的果实是~的. =딸기의 열매는 군생한다.
【聚生果】jùshēngguǒ ☞【聚合果】jùhéguǒ
【聚首】jùshǒu 통()) 모이다. 서로 만나다. 대면하다. ¶群英~=여러 영웅호걸들이 모이다.
【聚讼纷纭】jùsòng-fēnyún 囪 많은 사람의 의견이 분분하여 일치하지 않다. ≒议论纷纷
【聚谈】jùtán 통 모여서 이야기하다. ¶文学社의 同学经常在周末~. =문학서클의 학우들은 늘 주말에 모여서 이야기한다.
【聚碳酸酯】jùtànsuānzhǐ 圕(化) 폴리카보네

【聚蚊成雷】jùwén-chénglèi (성) **1** 모기도 많이 모이면 그 소리가 우레와 같다. **2** (비) 공공연한 작은 손상도 많이 쌓이면 심각한 결과를 낳을 수 있다. 뭇 사람들의 비방은 무섭다. 여론의 힘은 무섭다.

【聚酰胺】jùxiān'àn (化) 폴리아미드(polyamide).

【聚乙烯】jùyǐxī (化) 폴리에틸렌(polyethylene).

【聚乙烯醇】jùyǐxīchún (名)(化) 폴리비닐 알코올(polyvinyl alcohol).

【聚义】jùyì (動)(옛) 기의(起義)하다. 거의(擧義)하다. ¶群雄~=군웅이 기의하다.

【聚珍版】jùzhēnbǎn (名) 취진판. [청(淸) 건륭(乾隆) 연간에《사고전서(四庫全書)》를 인쇄할 때, 일부 선본(善本)에 사용한 활판. '活字版(활판)'이라는 명칭이 고상하지 못하다고 하여 고쳐 부르게 된 것].

【聚众】jùzhòng (動) 많은 사람을 모으다. 많은 사람이 모이다. ¶~斗殴=많은 사람들을 모아 치고 받고 싸우다.

窶[窶] jù 가난할 구
(形)(文) 빈곤[곤궁·빈한·가난]하다. ¶贫~=빈곤하다.

踞 jù 웅크릴 거
(動) **1** (书) 쭈그리고 앉다. 웅크리다. 걸터앉다. ¶虎~龙盘=범이 버티고 앉아 있는 듯하고 용이 서려 있는 듯하다. 지세가 험준하고 웅장하다. **2** (불법으로) 점거하다. 차지하다. ¶久~山寨=산채를 오랫동안 차지하다.

○● 箕jī踞, 盘踞

【踞坐】jùzuò (動) 쭈그리고 앉다. 웅크리고 앉다.

屦[屨] jù 신 구
(名) **1** 짚신. 삼신. 마리(麻履). [옛날, 삼·칡 등으로 만든 홑바닥 신] ¶织~=삼신을 엮다. **2** 신. 신발. ¶截趾适~=발을 잘라 신발에 맞추다.

遽 jù 갑작스러울 거
(形)(文) **1** 바쁘다. 창졸하다. 황급하다. 긴박하다. 분주하다. 촉박하다. 갑작스럽다. ¶急~=갑작스럽다. **2** 놀라 허둥지둥하다[당황하다]. ¶惶~=두려워 당황하다.

【遽尔】jù'ěr (부)(文) 갑자기. 홀연. 별안간. 돌연. 문득. 어느덧. ¶~辞世=갑자기 별세하다.

【遽然】jùrán (부)(文) 갑자기. 홀연. 별안간. 돌연. 문득. 어느덧. ¶~离去=홀연히 떠나가다.

【遽容】jùróng (名)(文) 놀라 당황하는 기색[모습].

【遽色】jùsè (名)(文) 놀라 당황하는 기색[모습]. ¶面带~=얼굴에 놀라 당황하는 기색을 띠다.

濬 Jù 강 이름 거
(名)(地) 쥐수이(濬水). [산시(陕西)성에 있는 강 이름]

瞿 jù 놀라 보는 모양 구
(形)(文) 놀라서 바라보는 모양. 두려워서 사방을 살피는 모양. ¶~然惊醒=깜짝 놀라 깨다.
☞ Qú

【瞿然】jùrán (形)(文) 놀라서 바라보는 모양. 깜짝 놀라는 모양. 소스라치게 놀라는 모양. ¶~惊觉=소스라치게 놀라며 깨다.

鐻[鐻] jù 악기걸이 거
(名) **1** 종(鐘)처럼 생긴 옛날 악기. **2** '虡(jù)'와 같음.

醵 jù 추렴할 거
(動) **1** 돈을 추렴해서 술을 마시다. ¶共~为筵=함께 돈을 추렴해서 술을 마시며 연회를 열다. **2** 추렴하다. 갹출하다. 여럿이서 돈을 모으다. 자금을 모으다. ¶~金=자금을 갹출하다.

# juan

*捐 juān 버릴 연
(動) **1** 던지다. 포기하다. (내)버리다. ¶细大不~=크고 작은 것을 불문하고 하나도 버리지 못하다. 모든 것을 다 거두다. **2** 헌납하다. 부조하다. 기부하다. ¶募~=성금을 거두다. (名) 세금의 하나. ¶房~=가옥세. / 苛~杂税=가혹잡세. 가혹하게 거두어들이는 여러 가지 세금.

【捐款】juān‖kuǎn (動) 돈을 기부하다. 헌금하다. 헌납하다. 부조하다. ¶~修路=돈을 기부하여 길을 내다.

【捐款】juānkuǎn (名) 기부금. 헌금. 헌납금. ¶~已全部寄往灾区。=기부금을 이미 모두 재해 지역으로 전달하였다.

【捐弃】juānqì (動)(文) 던지다. 포기하다. 그만두다. (내)버리다.

【捐弃前嫌】juānqì-qiánxián (성) 과거의 맺힌 감정·원한을 버리다.

【捐钱】juānqián (動) 돈을 기부하다. 헌납[헌금]하다. 부조하다. ¶~办学=돈을 기부하여 학교를 세우다.

【捐躯】juānqū (動) (정의롭고 숭고한 사업을 위해) 목숨을 바치다. ¶为国~=조국을 위해 목숨을 바치다. ≒牺牲 舍身 献身

【捐生】juānshēng (動) 목숨을 버리다[내던지다]. ¶~取义=정의를 위해 목숨을 버리다.

【捐输】juānshū (動)(文) (국가·단체 등에 재물을) 기부하다. 헌납하다. ¶慷慨~=아낌없이 [후하게] 기부하다.

【捐税】juānshuì (名) '捐'과 '税'의 합칭. 세금. 조세. ¶减免~=세금을 감면하다.

【捐献】juānxiàn (動) (국가·단체 등에 재물을) 기부하다. 헌납하다. ¶向图书馆~大批书籍。=도서관에 대량의 서적을 기부하다.

## juān 捐涓娟圈朘鹃镌蠲卷

**【捐赠】juānzèng** 동 기증하다. 기부하다. 헌납하다. ¶向灾区~衣物。=재해 지역에 옷가지를 기증하다.

**【捐助】juānzhù** 동 재물을 원조하다. 재물을 기부하여 돕다. ¶~山区失学儿童。=산간 지역의 진학하지 못한 아동들을 원조하다. /~灾区人民=재해 지역 주민을 원조하다.

**【捐资】juān‖zī** 동 (공공 사업에 쓰도록) 돈〔자금〕을 기부하다. ¶~兴办养老院。=양로원을 세우는 데 자금을 기부하다.

### 涓 juān 시내 연
명 동 작은 시내〔개울〕. ¶~埃之功=대수롭지 않은 공(헌).

**【涓埃】juān'āi** 명 동 1 작은 시내와 먼지. 2 비 지극히 사소한〔작은〕 것. 미세한 것. 하찮은 것. ¶略尽~之力。=작은 힘이나마 다하다.

**【涓滴】juāndī** 명 동 1 물방울. 매우 적은 양의 물. 2 비 매우 적은 양의 돈이나 물건. ¶~不漏=아무리 작은 것이라도 빠뜨리지 않다.

**【涓滴归公】juāndī-guīgōng** 성 국가나 기관에 속한 재물이라면 아무리 작은〔사소한〕 것도 모두 공적인 것으로 돌리다. 공동의 것이라면 아무리 사소한 것도 손대지 않다.

**【涓涓】juānjuān** 형 동 물이 졸졸 흐르는 모양. ¶~细流=졸졸 흐르는 실개천.

### 娟 juān 예쁠 연
형 수려하다. 곱다. 어여쁘다. 아름답다. 고상하다. 우아하다. 좋다. 훌륭하다. 행복하다. ¶~丽=수려하다.

**【娟娟】juānjuān** 형 동 (사람이나 사물이) 부드럽고〔곱고〕 아름다운 모양. ¶~明月=곱고 아름다운 밝은 달.

**【娟媚】juānmèi** 형 동 아름답고 사랑스럽다. 곱고 아름답다. 어여쁘다. 아름답고 매력적이다. 아름다워 사람의 눈을 끌다. ¶翠竹~=청죽이 곱고 아름답다.

**【娟秀】juānxiù** 형 동 수려하다. 빼어나게 아름답다. 청순하고 아름답다. ¶眉目~=용모가 수려하다.

### 圈 juān 가둘 권
동 1 (가금·가축 등을 우리에) 가두다. ¶把猪~起来养。=돼지를 가두어 기르다. 2 구금하다. 닫다. ¶他整天~在家里写作。=그는 하루 종일 집 안에 틀어박혀 글을 쓴다. ☞ juàn, quān

### 朘 juān 줄일 전
동 동 1 삭감하다. 줄이다. 깎다. 긴축하다. 축소하다. 좁히다. ¶~省用度=비용을 줄이다. 2 착취하다. ¶~民脂膏=백성의 고혈(膏血)을 착취하다. ☞ zuī

**【朘削】juānxuē** 동 동 착취하다. ¶~百姓=백성들을 착취하다.

*鹃**[鵑]juān** 두견 견
☞【杜鹃】dùjuān

### 镌[鎸, 鑴] juān 새길 전
동 동 파다. 새기다. 깎다. 조각하다. ¶雕~=조각하다.

**【镌刻】juānkè** 동 동 파다. 새기다. 깎다. 조각하다. ¶~金石=금석에 새기다.

### 蠲 juān 감면할 견
동 1 동 감면하다. 면제하다. 제외하다. 없애 버리다. ¶~免捐税=조세를 감면하다. 2 적립하다. 저축하다. 축적하다. 모으다. 저장하다. [주로 조기 백화문에 보임]

**【蠲除】juānchú** 동 동 제거하다. 해소하다. 없애 버리다. 면제하다. 면하다. ¶~旧例=선례를 없애 버리다.

**【蠲免】juānmiǎn** 동 동 (세금·노역 등을) 면제하다. 제거하다. 해소하다. 없애다. 면하다. ¶~徭役=부역을 면제하다.

### 卷[捲] juǎn 말 권
동 1 (원통형이나 반원형으로) 말다. 감다. 걷다. ¶~席子=자리를 말다. /~行李=짐을 꾸리다. 2 (큰 힘으로) 말아 올리다. 휩쓸다. 휘말다. 움직이다. 일으키다. ¶风~残云=거센 바람이 남은 구름을 휘말다. /惊涛拍岸, ~起千堆雪。=성난 파도는 둑을 할퀴고, 회오리는 눈보라를 일으킨다. 명 (~儿) 1 원통형으로 말아 놓은 물건. ¶烟~儿=궐련. /铺盖~儿=둘둘 만 이부자리. 2 쥐안쯔. 말이. 롤(roll). [반죽한 밀가루로 만들며, 일반적으로 기름·소금·산초가루·깨항 등을 넣고 둘둘 말아 찐 음식] ¶花~儿=꽃빵. 양 (~儿) 권. 통. 두루마리. 롤(roll). 통구리. 보퉁이. [두루마리로 된 것을 세는 단위] ¶两~胶卷=필름 두 통. /一~卫生纸=화장지 한 두루마리.
☞ juàn

| ◐ 卷 juǎn | 拳 quán |
|---|---|
| 倦 juàn | 券 quàn |
| 眷 juàn | 绻 quǎn |
| 锩 juàn | 蜷 quán |
| 桊 juàn | 荃 quán |
| 圈 quān | |

◐ 春卷, 胶jiāo卷, 漫卷, 舒shū卷, 席卷, 烟卷儿, 龙卷风

**【卷笔刀】juǎnbǐdāo** 명 연필깎이.
**【卷层云】juǎncéngyún** 명 (气) 권층운.
**【卷尺】juǎnchǐ** 명 줄자.
**【卷动】juǎndòng** 동 휘몰아치다. 휘말아 올리다. 휘감아치다. 소용돌이치다. 넘실거리다. ¶狂风~着巨浪。=광풍이 커다란 파도를 휘말아 올리다.
**【卷发】juǎn‖fà** 동 머리를 곱슬곱슬하게 지지다. 머리를 말아 올리다. 곱슬머리를 하다. 파마하다. ¶~器=(모발용의) 컬러(curler).
**【卷发】juǎnfà** 명 곱슬머리. 고수머리. 지진 머

리. 파마.

【卷积云】**juǎnjīyún** 图(氣) 권적운. 조개구름. 비늘구름.

【卷帘门】**juǎnliánmén** 图 폴딩도어(folding door). 셔터(shutter). [많은 금속 막대를 횡으로 연결하여 만들었으며, 주로 상점·창고에 쓰임] = 【卷门】**juǎnmén**

【卷毛狗】**juǎnmáogǒu** 图(動) 푸들(poodle).

【卷门】**juǎnmén** ☞ 【卷帘门】**juǎnliánmén**

【卷铺盖】**juǎn pū·gai** 图 1 이부자리를 둘둘 말다. 2 (甲) (직장에서) 해고되다. 파면당하다. 내쫓기다. 잘리다.

【卷曲】**juǎnqū** 图 만곡(彎曲)하다. 꼬불꼬불하다. 구불구불하다. ¶~的头发=곱슬곱슬한 머리카락.

【卷刃】**juǎn‖rèn** 图 (딱딱한 물건을 베어) 칼날이 구부러지다〔말리다〕.

【卷入】**juǎnrù** 图 말려들다. 휩쓸려들다. ¶~冲突=충돌에 휩쓸려들다. / ~重重困难=겹겹의 어려움에 말려들다.

【卷舌】**juǎnshé** 图 1 혀를 말다. 혀끝을 말아 경구개(硬口蓋)에 대거나 가까이 하다. = 【翘舌】**qiàoshé** ¶~辅音=권설자음. 2 (甲) 혀를 말아 올리고, 입을 다물고 말을 않다. ¶~遁世=아무 말도 없이 은둔하다.

【卷舌辅音】**juǎnshé fǔyīn** 图(言) 권설자음. [중국어의 'zh'·'ch'·'sh' 등이 이에 속함]

【卷舌音】**juǎnshéyīn** 图(言) 권설음. 설첨후음(舌尖後音). [혀끝을 말아 경구개(硬口蓋)의 앞부분에 대거나 가까이 하여 발음하는 자음으로, 중국어의 'zh'·'r' 등이 이에 해당함] = 【翘舌音】**qiàoshéyīn**

【卷舌元音】**juǎnshé yuányīn** 图(言) 권설모음. 권설운모. [혀끝을 말아 경구개(硬口蓋)를 마주하여 발음하는 모음으로, 중국어의 'er' 로 '儿(ér)'·'耳(ěr)'·'二(èr)' 등이 이에 해당함] = 【翘舌元音】**qiàoshé yuányīn**

【卷缩】**juǎnsuō** 图 오그리다. 옹송그리다. ¶小狗~在墙角睡觉=강아지가 담 구석에서 오그리고 잔다. ≒龟缩

【卷逃】**juǎntáo** 图 (집안이나 해당 부서의 사람 혹은 관리자가) 재물을 휩쓸어 가지고 도망가다.

【卷筒】**juǎntǒng** 图 선·옷감·종이 등을 둥글게 감는 기구〔틀〕. 릴(reel). 얼레. 물레. 자새. 실패. 감개. 두루마리 통. ¶~纸=(인쇄용) 두루마리 용지.

【卷筒纸】**juǎntǒngzhǐ** 图(印) (인쇄용) 두루마리 용지.

【卷筒纸印刷机】**juǎntǒngzhǐ yìnshuājī** 图(印) 윤전 인쇄기.

【卷土】**juǎntǔ** 图(甲) 1 흙먼지를 일으키다. 2 사람과 말이 내달리다〔질주하다〕.

【卷土重来】**juǎntǔ-chónglái** 图(甲) 실패 후 새롭게 힘을 길러 재기하다. 권토중래하다. ≒东山再起

【卷心菜】**juǎnxīncài** ☞ 【结球甘蓝】**jiéqiú gānlán**

卷 帣 锩 卷 **juàn** 1059

【卷须】**juǎnxū** 图(植) 덩굴손.

【卷烟】**juǎnyān** 图 1 ☞ 【香烟】**xiāngyān** 2 ☞ 【雪茄】**xuějiā**

【卷扬】**juǎnyáng** 图 휘말아〔휘감아〕 올리다. ¶尘土~=먼지를 휘말아 올리다.

【卷扬机】**juǎnyángjī** 图(機) 호이스트(hoist). 권양기. 윈치(winch). [주로 광산이나 건축 현장에 쓰임] (里) 【绞车】**jiǎochē**

【卷子】**juǎn·zi** 图 쥐안쯔. 말이. 롤(roll). [반죽한 밀가루로 만들며, 일반적으로 기름·소금·산초가루·깨장 등을 넣고 둘둘 말아 찐 음식]

☞ 卷·zi

帣 **juǎn** 걷을 권
图(甲) 소매를 걷다〔걷어올리다〕.
☞ **juàn**

锩[錈] **juǎn** 날 굽을 권
图(甲) (도검의) 날이 구부러지다〔말리다〕.

*卷 **juàn** 책 권
图 1 말아서 소장할 수 있는 옛날 필사본. 두루마리 책자. 권자(卷子). 2 책. 서적. ¶手不释~=항시 손에서 책을 놓지 않다. 3 권축(卷轴)이 있어 말아서 소장할 수 있는 서화(書畵). 두루마리. 족자. 4 서화(書畵). ¶画~=두루마리 그림. 5 (기관에서 보관하는) 문서. 서류. 문건. 문권. 문안. ¶案~=파일. 기록(문서). / 查~=보관 서류를 조사하다. 6 (~儿) 시험 답안지. 시험지. ¶答~=답안지. / 阅~=시험 답안지를 검토하고 평가하다. 图 권. [서적의 권수·책수나 편장을 세는 단위] ¶上~=상권. / 第二~=제2권.
☞ **juǎn**

○● 案卷, 白卷, 宝卷, 调卷, 吊 diào 卷, 画卷, 考卷, 课卷, 试卷, 手卷, 压卷

【卷次】**juàncì** 图 (서적·잡지 등) 간행물의 권〔호〕에 따른 일련 순서.

【卷柜】**juànguì** 图(甲) (문서·서류 등을 보관하는) 장. 궤. 캐비닛(cabinet).

【卷面】**juànmiàn** 图 (~儿) 답안지의 모습. 답안을 쓴 모양. ¶~干净=답안지가 깔끔하다.

【卷帙】**juànzhì** 图(甲) 서적. 책. [수량을 말할 때 쓰임]

【卷帙浩繁】**juànzhì hàofán** (成) 서적 자료의 수량과 종류가 대단히 많다.

【卷轴】**juànzhóu** 图 권축. 족자. 두루마리.

【卷轴装】**juànzhóuzhuāng** 图 권자본(卷子本). 권축장.

【卷子】**juàn·zi** 1 족자로 된 서화. 2 말아서 소장할 수 있는 옛날 필사본. 두루마리 책자. 권자. ¶敦煌~=둔황(敦煌)의 두루마리 사본(寫本). 돈황권자. 3 시험 답안지. 시험지. ¶批改~=답안지를 정정하고 평어를 덧붙이다.

【卷宗】**juànzōng** 图 1 (기관에서 분류하여 보관하는) 문서. 서류. 문건. 문권. 문안. 2 서류철. 파일(file).

**帣** juàn 자루 권
- 圐(문) 주머니. 자루.
- ☞ juǎn

**隽[(雋)]** juàn 심오할 준
- 圐(문) (언어·시문 등의) 의미가 깊다[심오하다]. 의미심장하다. ¶~远=(의미가) 심원하다. 圐 (Juàn) 성(姓).
- ☞ jùn

【隽永】 juànyǒng 圐(문) (언어·시문 등의) 의미가 깊다[심오하다]. 의미심장하다. ¶诗意~=시의가 심오하다.

【隽语】 juànyǔ 圐 의미가 깊은[심오한] 말. 의미심장한 말. ¶~箴言=의미심장한 잠언.

**倦[(勌)]** juàn 게으를 권
- 圐 1 피곤[피로·노곤]하다. 지치다. 기진맥진이다. ¶困~=피곤해서 졸리다. / 疲~=피곤하다. 2 게으르다. 태만하다. 귀찮다. 싫증나다. ¶厌~=진저리가 나다. / 诲人不~=가르침에 게으르지 않다.

◐● 困倦, 闷mèn倦, 厌yàn倦

【倦怠】 juàndài 圐 나른[느른]하다. 권태롭다. ¶~乏力=나른하고 무기력하다.

【倦乏】 juànfá 圐 피곤[피로·노곤]하다. 지치다. 고단하다. 기진맥진이다. ¶~无力=피곤하여 힘이 없다.

【倦容】 juànróng 圐 피곤[피로·노곤]한 얼굴[기색]. ¶满面~=얼굴에 온통 피곤한 기색이 가득하다.

【倦色】 juànsè 圐 피곤[피로·노곤]한 기색. ¶面带~=얼굴에 피곤한 기색을 띠다.

【倦意】 juànyì 圐 피곤[피로·노곤]한 기분[느낌]. 권태감. ¶~袭来=노곤한 느낌이 엄습해 오다.

【倦游】 juànyóu 圐 1 놀이에 싫증나다. ¶~归来=놀이에 싫증나서 돌아오다. 2 (割) 관리 생활[사회]에 싫증나다. ¶宦海~=관리 사회에 싫증나다.

**狷[(獧)]** juàn 성급할 견
- 圐 1 성급하다. 조급하다. 과격하다. 극단적이다. ¶~忿=옹졸하고 성미가 급하다. 2 (성격이) 정직[강직]하다. 대쪽같다. 견개(狷介)하다. 바르고[꼿꼿하고] 곧다. 정직하고 솔직하다. ¶~直=바르고 곧다.

【狷急】 juànjí 圐(문) 성급하다. 조급하다. ¶~不能从俗=성급하게 시속(时俗)을 따르면 안 된다.

【狷介】 juànjiè 圐(문) (성격이) 정직[강직]하다. 대쪽같다. 견개(狷介)하다. 바르고[꼿꼿하고] 곧다. 정직하고 솔직하다. ¶~之士=강직한 선비.

**桊** juàn 코뚜레 권
- 圐 (~儿) 쇠[소]코뚜레. 코뚜레. ¶牛鼻~儿=쇠코뚜레.

**绢[绢]** juàn 명주 견
- 圐 견. 얇고 구김살 없는 빳빳한 견직물[비단]. ¶~扇=비단 부채.

◐● 画绢, 手绢

【绢本】 juànběn 圐 견본. 비단에 쓰거나 그린 서화. ¶~花卉=견본 화초도(花草图).

【绢绸】 juànchóu 圐(纺) 평직 비단의 하나.

【绢纺】 juànfǎng 圐(纺) 2합사[쌍올실] 견사로 짠 평직물. 견방. [옷감이 튼튼하고, 면이 일매져서 내의를 만드는 데 적합함]

【绢花】 juànhuā 圐 (중국 전통 수공예품인) 비단으로 만든 조화. =[京花] jīnghuā

【绢画】 juànhuà 圐(美) 비단에 그린 그림.

【绢丝】 juànsī 圐 방적견사. 견방사. 풀솜실. ¶~纺绸=방적 견사로 짠 평직물.

【绢子】 juàn·zi 圐(방) 손수건.

**鄄** Juàn 땅 이름 견
- 圐(地) 쥐안청(鄄城). [산둥(山东)성에 있는 현 이름]

**圈** juàn 우리 권
- 圐 1 (가축의) 우리. 축사. ¶猪~=돼지우리. 2 (Juàn) 성(姓).
- ☞ juān, quān

◐● 棚péng圈, 起圈

【圈肥】 juànféi ☞【厩肥】 jiùféi

【圈舍】 juànshè 圐 (가축의) 우리. 축사.

【圈养】 juànyǎng 圐 우리에 넣고 기르다[사육하다]. 권양하다. ¶~牲畜=가축을 권양하다.

**眷¹[(睠)]** juàn 돌볼 권
- 圐(문) (사람 또는 사물에 대해) 관심을 갖다. 관심을 기울이다. 돌보다. 보살피다. 근심하다. 염려하다. 걱정하다. 늘 생각하다. 항상 마음에 두다. 그리다. ¶~~不忘=늘 생각하며 잊지 않다.

**眷²** juàn 권속 권
- 圐 가족. 친족. 친척. 권속. ¶家~=가솔. / 女~=여자 권속.

【眷爱】 juàn'ài 圐(문) 특별히 호의를 베풀어 주시다. 특별히 총애해 주시다. [윗사람이 자기를 아껴 주는 것을 나타내며, 주로 편지에 쓰임] ¶承蒙~, 感激不尽。=특별히 총애해 주시어 감격스럽기 그지없습니다.

【眷顾】 juàngù 圐(문) (사람 또는 사물에 대해) 관심을 갖다. 관심을 기울이다. 돌보다. 보살피다. 생각하다. 염려하다. ¶~民众=관심을 가지고 민중을 보살피다.

【眷怀】 juànhuái 圐(문) 근심하다. 염려하다. 걱정하다. 늘 생각하다. 항상 마음에 두다. 그리다. 관심을 갖다. 관심을 기울이다. 돌보다. 보살피다. ¶~亲友=친지와 친구를 늘 생각하다.

【眷眷】 juànjuàn 圐(문) 헤어지기를 못내 아쉬워

하는 모양. 차마 헤어지지 못하는 모양. 늘 그리워하는 모양. ¶~之情=헤어지기 아쉬워하는 마음.

【眷恋】juànliàn 동교 그리워하다. 그리다. 생각하다. 사모하다. 미련을 두다. ¶~故园=고향을 그리워하다. ≒留恋

【眷念】juànniàn 동교 가슴 가득 그리워하다. 그리다. 생각하다. ¶~亲人=가족을 가슴 가득 그리워하다.

【眷属】juànshǔ 명 1 가족. 권속. 권솔. 한 집안 식구. 친족. 친척. ¶随军~=종군자의 권솔. 2 부부. ¶愿天下有情人终成~. =세상의 모든 연인들이 끝내 부부로 맺어지기를 바라다.

【眷注】juànzhù 동교 (주로 윗사람이 아랫사람에게) 관심을 가지고 보살피다. 배려하다. ¶深承~=깊은 관심과 보살핌을 받다.

# 睊 juàn 흘겨볼 견

【睊睊】juànjuàn 동교 흘겨보다. 곁눈질하다.

# 罥 juàn 얽을 견

동교 걸다. 걸리다. 매달다. 둘둘 감다. 얽히다. 휘감다. 얽어매다. ¶挂~=걸리다.

## jue

# 屩[屩] juē 신 교
명교 짚신.

# 撅¹[噘] juē 치켜들 궐
동 치켜들다. 빳빳이 세우다. ¶小狗~着尾巴到处跑. =강아지가 꼬리를 치켜들고 여기저기 뛰어다니다.

# 撅² juē 칠 궐
동구 1 꺾다. 분지르다. 부러뜨리다. ¶把甘蔗~断. =사탕수수를 꺾다. 2 자리에서 난처하게 하다. 핀잔을 주다. 무안을 주다. 면박하다. 대들다. 말대꾸하다. 되받아치다. 반박하다. ¶你凭什么~人? =네가 뭔데 사람을 면박하니?

【撅嘴】juē‖zuǐ 동 (불만을 나타내거나 기분 나빠서) 입을 뾰족하여〔뽀로통히〕내밀다. ¶老师说你两句, 怎么就~了呢? =선생님이 네게 몇 마디 했다고, 어떻게 입을 뽀로통해하고 그러니?

# 孒 jué 장구벌레 궐
☞【孑孒】jiéjué

# **决[決] jué 결정할 결
동 1 (큰물이 제방을) 터뜨리다. 무너뜨리다. ¶溃~=큰물로 제방을 터뜨리다. 2 사이가 벌어지다. 끊어지다. 결별하다. 결렬되다. 단절하다. 끊다. 차단하다. ¶彻底~裂=철저히 결렬되다. 3 정하다. 결정하다. 결심하다. 판단하다. 확정하다. ¶裁~=판정하다. / 表~=표결하다. 4 사형을 집행하다. ¶枪~=총살하다. / 处~=사형에 처하다. 5 승패를 결정짓다. ¶明天的两场比赛要~出冠亚军. =내일 두 경기로 우승과 준우승이 결정된다. 형 과단성〔결단력〕이 있다. 확고하다. 굳다. 꿋꿋하다. ¶坚~=단호하다. / 犹豫不~=우물쭈물 결단을 내리지 못하다. 부 결코. 절대로. 반드시. 기필코. 꼭. [부정사 앞에 쓰임] ¶~无异议=절대로 이의가 없다. / 不~罢休=절대로 중도에 그만두지 않다.

○● 裁cái决, 冲决, 处chǔ决, 否决, 果决, 坚jiān决, 解决, 判pàn决, 取决, 速决, 先决, 议决, 勇决, 自决

【决不食言】juébùshíyán 성 절대 식언하지 않다. 절대 약속을 어기지 않다.

【决策】juécè 동 책략〔정책·방침〕등을 결정하다. ¶运筹~=계략을 짜고 정책을 결정하다. 명 결정된 책략〔정책·전술·전략·방침〕. ¶重大~=중대한 책략.

【决出】juéchū 동 (순위나 우승자를) 시합을 통해 결정하다. ¶~前三名=3등까지 결정짓다.

【决雌雄】jué cíxióng 성[비] 승패를〔우열을〕결정짓다. 위아래를 가리다. 자웅을 겨루다〔가리다〕. ¶一~=자웅을 겨루다.

【决堤】juédī 동 1 (홍수로) 제방이 터지다〔무너지다〕. 2 (홍수를 빼내기 위해) 제방을 트다. ¶~泄洪=제방을 터서 홍수를 빼내다.

【决定】juédìng 동 1 결정〔결심·결의·의결〕하다. ¶如果大家没有意见, 问题就这么~了. =모두 다른 의견이 없으면, 문제를 이렇게 결정합니다. 2 어떤 사물이 다른 사물의 기초나 선결 조건이 되다. 결정〔규정·좌우〕하다. ¶存在~意识. =존재가 의식을 결정한다. 3 객관 법칙이 사물을 어떤 일정한 방향으로 변화 발전하게 하다. ¶~因素=결정 요소. 명 결정. 결정 사항. ¶总经理的人选, 董事会已经作出了~. =회장의 인선은 이사회에서 이미 결정을 내렸다. 부[구] 결코. 절대로. 반드시. 기필코. 꼭. ¶既然已经做到这个程度, 他~不会放弃. =이미 이 정도까지 해놓았기에, 그는 절대 포기하지 않기로 결정했다. ≒决议 确定

【决定权】juédìngquán 명 결정권. ¶~在校长办公会. =결정권은 교장의 업무 회의에 달려 있다.

【决定性】juédìngxìng 명 결정적인 작용을 일으키는 성질. ¶~的作用=결정적인 작용.

【决斗】juédòu 동 1 결투하다. [유럽의 옛 풍습으로, 쌍방이 중재할 수 없는 갈등이 생기면 시간·장소를 약정하여 증인을 세우고 서로 검이나 권총으로 싸움] 2 최후의 승부를 내다. 목숨을 걸고 싸우다〔투쟁하다〕. ¶两军~, 难分胜负. =양군의 결투는 승부를 가리기 힘들다. 명 1 결투. [유럽의 옛 풍습] ¶死于~=결투로 죽다. 2 최후의 승부. 목숨을 건 투쟁. 결사적인 투쟁. ¶两种势力展开了生死存亡的~. =두 세력이 생사존망의 결사적인 투쟁을 벌였다.

【决断】juéduàn 동 결단하다. 마음을 정하다.

결정을 내리다. 판단을 내리다. ¶无从~=결단을 내릴 길이 없다. 형 과단성[결단력]이 있다. ¶办事~=일을 처리하는 데 결단력이 있다. 명 결단. ¶他在关键的时候总是缺乏~。=그는 결정적인 순간에 항상 결단이 부족하다.

【决非】juéfēi 통 (주관적으로 확신하길) 분명[결코] 아니다. ¶此人~良善之辈。=이 사람은 분명 선량한 사람이 아니다.

【决计】juéjì 부 1 확고히. 결연히. ¶他~要换个职业。=그는 결연히 직업을 바꾸려 한다. 2 반드시. 확실히. 틀림없이. 꼭. 기필코. [상당한 확신을 가지고 판단함을 나타내며, '一定(yídìng)'・'必定(bìdìng)'에 상당함] ¶你如果不听劝告, ~要捅娄子。=네가 만약 충고를 듣지 않는다면 반드시 화를 초래하게 될 것이다. ≒决心 决意

【决绝】juéjué 통 단호히 (관계를) 끊다. 단절하다. ¶一定要与烟瘾~。=반드시 담배를 끊겠다. 형 단호하다. ¶口气~=어투가 단호하다.

【决口】jué‖kǒu 제방이 (홍수로) 터지다.
【决口】juékǒu 명 (제방이 홍수로) 터진 곳. ¶堵住~=터진 곳을 막다.

【决裂】juéliè 통 (감정·관계 등이) 사이가 벌어지다. 끊어지다. 결렬하다. 결렬되다. 틀어지다. ¶那次争吵之后, 他们俩的关系彻底~了。=저번에 다툰 후로 그 두 사람의 관계는 철저히 틀어졌다. ≒破裂

【决明】juémíng 명 (植) 결명자. 긴강남차.
【决然】juérán 형부 확고하다. 결연하다. ¶毅然~=의연하고 결연하다. 부 분명히. 반드시. 꼭. 절대로. 도저히. 필연적으로. ¶不深入调查, ~得不到真实的情况。=깊이 파고들어 조사하지 않으면 진실한 상황을 도저히 알아 낼 수 없다. ≒毅然

【决赛】juésài 명 결승. ¶半~=준결승. / 四分之一~=준준결승.
【决赛圈】juésàiquān 명 결승권. ¶我们队有两名队员闯入~。=우리 팀에서 두 명의 선수가 결승권에 들어갔다.

【决胜】juéshèng 통 마지막[최후의] 승패를 결정짓다. ¶运筹帷幄, ~千里。=장막 안에서 작전 계획을 짜서, 천리 밖의 승패를 결정짓다.

【决胜局】juéshèngjú 명 결승전. 결승 세트.
【决死】juésǐ 통 (전투·결투 등으로) 생사를 결정짓다. 사활을 걸다. 죽음을 결정짓다. 죽음을 각오하다. 필사적이 되다. ¶~战=결사적인 전투. ≒殊死

【决算】juésuàn 명 결산.
【决心】juéxīn 명 결심. 결의. 다짐. ¶下定~=결의를 굳히다. 통 결심하다. 결의하다. 다짐하다. ¶他~继续求学。=그는 계속 공부하기로 결심했다. ≒决意 决计

【决心书】juéxīnshū 명 결의서. 서약서.
【决一雌雄】juéyīcíxióng 성 자웅을 가리다. 싸워서 승패를 가리다. =【一决雌雄】yījué cí xióng

【决一死战】juéyīsǐzhàn 성 생사를 걸고 마지막 승부를 겨루다.

【决议】juéyì 명 (회의의 토론을 거친) 결의. 결정. ≒决定
【决议案】juéyì'àn 명 결의안.
【决意】juéyì 부 확고히. 결연히. ¶他~回国创业。=그는 결연히 귀국하여 창업한다. ≒决心 决计
【决狱】juéyù 통[문] (소송 사건을) 심리하다. 판결하다.
【决战】juézhàn 통 결전하다. ¶~之后, 胜负已见分晓。=결전 뒤 승부가 이미 드러났다. 명 결전. ¶最后的~即将到来。=최후의 결전이 다가온다.

\* 诀[訣] jué 이별할 결

통 고별하다. 작별 인사를 하다. 헤어지다. 이별하다. [주로 다시는 볼 수 없는 이별을 가리킴] ¶永~=영결하다. 명 1 비법. 비결. 묘방. ¶妙~=묘방. ・要~=요결. 2 (사물의) 내용을 간추려 간단하고 읽기 편하고 외우기 쉽도록 만든 구절. ¶歌~=외우기 쉽도록 요점을 간추려 노래 형식으로 만든 것. / 口~=구결.

○● 掐qiā诀

【诀别】juébié 통 결별하다. 이별하다. 영별(永別)하다. 사별하다. [주로 다시는 볼 수 없는 이별을 가리킴] ¶与挚友~=진실한 벗과 영별하다. ≒永別 永诀

【诀窍】juéqiào (~儿) 명 방법. 비결. 요령. 비법. 비요(秘要). 묘방. ¶成功的~=성공의 비결. ≒窍门 要诀

【诀要】juéyào 명부 방법. 비결. 요령. 비법. 묘방. 요결. ¶掌握~=요령을 터득하다. ≒诀窍

抉 jué 도려 낼 결

통 1[문] 도려 내다. 오려 내다. 후벼 내다. 파내다. ¶~目=눈을 도려 내다. 2 고르다. 가려 내다. 선발하다. 선택하다. 뽑다. ¶生死~择=생사를 선택하다.

【抉择】juézé 통 선정하다. 고르다. 선택하다. ¶时间紧急, 你必须马上~。=시간 없으니까 너 바로 선택해야만 한다.

【抉摘】juézhāi 통[문] 1 선정하다. 골라 내다. 가려 내다. 선택하다. ¶~真伪=진위를 가려 내다. 2 (결점·잘못 등을) 지나치게 트집잡다. 지나치게 책망하다. 지적하다. 폭로하다. 까발리다. ¶~积弊=오랜 폐단을 폭로하다.

\*\* 角 jué 배우 각

통 다투다. 겨루다. 경쟁하다. ¶口~=말다툼하다. / 徒手~=맨손으로 겨루다. 명 1 (~儿) (연극이나 영화에서) 역할. 역. 배역. ¶主~=주연. / 配~=조연. 2 (~儿)(劇) 중국 전통극에서 전문인인 역할 분담의 종류로, 주로 배역의 유형에 따라 나눔. ¶丑~=어릿광대. / 旦~=여자 배역. 3 (~儿) (주요) 배우. 연기자. ¶名~=명배우. / 男~=남자 배우. 4 각. [옛날의 술잔. 입구가 앞뒤로 비스듬하고, 뚜껑이 있으며, 밑에 세 개의 발이 있음] **5**〈音〉각. [옛날 오음(宮(궁)·商(상)·角(각)·徵(치)·羽(우))의 하나로 약보(略譜)의 '3'에 상당함] **6**(**Jué**) 성(姓).
☞ **jiǎo**

○● 红角, 净角, 坤kūn角儿, 生角

【角抵】**juédǐ**〈명〉씨름.
【角斗】**juédòu**〈통〉맞붙어 싸우다. 격투하다. ¶双方正在紧张地~. =쌍방이 격렬하게 맞붙어 싸우고 있다.
【角力】**juélì**〈통〉맨손으로 힘을 겨루다. 씨름하다. 레슬링하다. ¶自由式~=자유형 레슬링.
【角色】[脚色] **juésè**〈명〉**1**(연극이나 영화·TV의) 배역. 역. 역할. ¶正面~=좋은 배역. **2**〈비〉(사회 생활에서) 어떤 유형[부류]의 사람. 어떤 역을 맡은 사람. ¶他在这起贪污受贿的案件中扮演了很不光彩的~. =그는 이번 횡령과 수뢰 건에서 정말 부끄러운 역을 맡았다.
【角逐】**juézhú**〈통〉**1**무력으로 싸우다〔다투다·투쟁하다〕. ¶~中原=중원을 놓고 무력으로 싸우다. **2**각축하다. 승부를 겨루다. 경쟁하다. 시합하다. ¶各队展开了激烈的~. =각 팀은 격렬한 각축을 벌였다.

# 駃[駃] **jué** 준마 결

【駃騠】**juétí**〈명〉〈動〉**1**☞【驴骡】**lǘluó** **2**고서(古書)에 나오는 준마(駿馬)의 일종.

# 玦 **jué** 패옥 결

〈명〉〈문〉한쪽이 이지러진 고리 모양의 패옥(佩玉).

# 珏 **jué** 쌍옥 각

〈명〉쌍옥. [함께 붙어 있는 두 옥]

# 砄 **jué** 돌 결

〈명〉〈문〉돌.

# 鴂[鴂] **jué** 때까치 격

〈명〉〈動〉고서(古書)에서 '伯劳(때까치)'를 가리킴.
【鴂舌】**juéshé**〈명〉**1**때까치의 혀. **2**〈비〉알아듣기 힘든 말〔언어〕. ¶~之音=알아듣기 힘든 소리.

# **觉**[覺] **jué** 깨달을 각

〈통〉**1**〈문〉(잠에서) 깨어나다. 깨다. ¶如梦初~=마치 잠에서 막 깨어난 듯하다. **2**깨닫다. 깨우치다. ¶自~自愿=자각하여 자원하다. **3**느끼다. 감지하다. ¶不知不~=무의식중에. 〈명〉감각. 느낌. ¶听~=청각. / 嗅~=후각. / 错~=착각.
☞ **jiào**

○● 察chá觉, 触觉, 错觉, 发fā觉, 肤fū觉, 感觉, 乖guāi觉, 幻huàn觉, 警觉, 冷觉, 色觉, 痛tòng觉, 味觉, 温觉, 先觉, 嗅xiù觉, 知觉, 直觉

【觉察】**juéchá**〈통〉알아차리다. 감지하다. 깨닫다. ¶我很快就~出他们之间的秘密. =나는 아주 빨리 그들 사이의 비밀을 알아차렸다. ☞发觉
【觉得】**jué·de**〈통〉**1**…라고 느끼다. ¶他在最后一关落聘了, 我~很惋惜. =그가 마지막 관문에서 탈락해서, 나는 매우 안타깝게 느낀다. **2**…라고 여기다〔생각하다〕. ¶我~他的话不可靠. =나는 그의 말이 믿을 만하지 못하다고 생각한다.
【觉树】**juéshù**☞【菩提树】**pútíshù**
【觉悟】**juéwù**〈통〉**1**깨닫다. 자각하다. 인식하다. 깨어나다. 각성하다. ¶只要及时~, 就有补救的可能. =제때에 깨닫기만 하면, 만회할 가능성이 있다. **2**〈佛〉(도리를) 깨우치다. 〈명〉각오. 의식. 각성. 자각. ¶提高~=자각을 향상시키다. ☞觉醒 醒悟
【觉醒】**juéxǐng**〈통〉각성하다. 깨닫다. ¶一个~了的民族, 必将有灿烂的未来. =각성한 민족은 반드시 찬란한 미래가 있는 법이다. ☞觉悟

# 鹪[鷯] **jué** 뱁새 결

☞【鹡鹩】**tíjué**

# **绝**[絕] **jué** 끊을 절

〈통〉**1**끊다. 끊어지다. 단절하다. ¶隔~=차단되다. / 不~如缕=실오리처럼 끊어지지 않다. **2**끝나다. 다하다. 마치다. 완료하다. ¶弹尽粮~=탄약과 식량이 다하다. **3**숨이 멈추다〔끊기다〕. 죽다. ¶悲痛欲~=비통하여 죽고 싶다. 〈형〉**1**비할 데 없다. 더없이 훌륭하다. 유일무이하다. (재주·솜씨가) 기가 막히다. ¶拍案叫~=탁자를 치며 극찬하다. **2**막히다. 막다르다. 방법이 없다. 도리가 없다. 궁지에 몰리다〔빠지다〕. ¶身陷~境=궁지에 빠지다. 〈부〉**1**극히. 몹시. 지극히. 제일. 아주. 매우. 절묘하게. 기발하게. 색다르게. 특별하게. ¶~妙的构思=절묘한 구상. / ~大多数=절대 다수. **2**절대로. 결코. 반드시. 완전히. [주로 부정사 앞에 쓰임] ¶~不可能=절대 그럴 리 없다. / ~无此意=결코 이런 뜻은 없다. 〈명〉절구. ¶七~=7언 절구. ↪续

○● 超绝, 杜dù绝, 断绝, 告绝, 隔gé绝, 根绝, 回绝, 禁jìn绝, 决绝, 灭miè绝, 弃qì绝, 谢绝, 卓zhuó绝, 自绝

【绝版】**jué‖bǎn**〈통〉절판되다. ¶~书=절판서. 절판본.
【绝笔】**juébǐ**〈명〉**1**절필. 생전의 최후의 작품〔필적〕. 마지막 쓴 그림〔글씨〕. ¶~信=마지막 편지. **2**절묘한 시문〔그림〕. ¶旷世~=당대에 견줄 만한 것이 없는 시문.
【绝壁】**juébì**〈명〉절벽. 벼랑. 낭떠러지. ¶悬崖~=천길 낭떠러지.
【绝不】**juébù**〈부〉결코 …이 아니다. 조금도〔추호도〕 …이 아니다. ¶~后悔=결코 후회하지 않다.
【绝产】**juéchǎn**〈명〉**1**합법적인 상속인이 없는 유산. **2**(농경지에서) 수확이 전혀 없다. ¶那场水灾让不少良田~. =그 수재로 인해 많은 옥토에서 수확을 거두지 못하였다. **2**불임 수술을 하다.
【绝唱】**juéchàng**〈명〉**1**절창. (시문 창작의) 최

고 경지. 최고봉. ¶千古~=천고의 절창. **2** 절세의 명문(名文). 최고 수준의 시문. ¶《史记》有"史家之~, 无韵之《离骚》"的美誉. =《사기》는 "사서(史書)의 절세 명문이요, 운이 없는《이소》이다."라는 명성이 있다. **3** (생전의) 마지막 노래. ¶这首歌是她的~。=이 노래는 그녀 생전의 마지막 노래이다.

【绝尘】 **juéchén** 통 **1** 세속을 초월함. 탈속함. 속세를 벗어남. ¶飘逸~=속세를 벗어나 유유자적하다. **2** 쏜살같이〔나는 듯이〕달리다. ¶~而去=나는 듯이 달려가다.

【绝处逢生】 **juéchù-féngshēng** 성어 절체절명의 위기에서 간신히 목숨을 건지다. 죽을 고비에서 다시 살아나다. 막다른 골목에서 또 다시 활로를 찾다.

【绝代】 **juédài** 형書 당대에 비길 만한 것이 없다. 절세의. ¶~佳人=절세가인.

【绝倒】 **juédǎo** 통 **1** 신복하다. 탄복하다. 밑고 복종하다. 납득〔설복·굴복〕하다. ¶他的讲演生动深刻, 听者无不~。=그의 강연은 깊이 있고 생동적이어서 탄복하지 않는 사람이 없다. **2** 포복절도하다. ¶他们表演的小品诙谐有趣, 令人~。=그들이 연기한 코미디는 익살스럽고 재미있어, 사람들을 포복절도하게 만든다.

【绝地】 **juédì** 명 **1** 매우 험준〔험악〕한 곳. ¶大漠~=사막의 험준한 곳. **2** 궁지. 절망적인 상태. 막다른 골목. ¶陷入~=궁지에 빠지다.

【绝顶】 **juédǐng** 명書 **1** (산의) 최고봉. 정상(頂上). 절정. ¶泰山~=태산의 정상. 부 대단히. 매우. 아주. ['极(jí)'·'非常(fēicháng)'에 상당함〕¶~荒谬=매우 터무니없다.

【绝对】 **juéduì** 형 **1** 절대적인. 무조건적인. 무제한적인. ¶~优势=절대적인 우세. **2** 절대의. 오직 어느 한 조건만을 근거로 하는. ¶~重量=절대 중량. 부 **1** 완전히. 절대로. 반드시. ¶~可靠=완전히 믿을 만하다. **2** 가장. 몹시. 절대. 결코. ¶~多数=절대 다수. ↹断断 断乎 ↔相对

【绝对白体】 **juéduì báitǐ** ☞【白体】**báitǐ**
【绝对高度】 **juéduì gāodù** 명 절대 고도.
【绝对黑体】 **juéduì hēitǐ** ☞【黑体】**hēitǐ**
【绝对化】 **juéduìhuà** 통 극단적〔절대적〕으로 보다. 절대시하다. ¶看问题要灵活点儿, 不能~。=문제를 볼 때 융통성이 있어야지, 극단적이어서는 안 된다.

【绝对零度】 **juéduì língdù** 명(物) 절대 영도. 절대 온도의 기준 온도. 〔열역학상(熱力學上)의 최저 온도인 영하 273.15℃〕

【绝对湿度】 **juéduì shīdù** 명(物) 절대 습도.
【绝对温度】 **juéduì wēndù** 명(物) 절대 온도. 〔영하 273.15℃를 기점으로 보통의 섭씨 온도계와 같은 눈금으로 잰 온도로 기호는 'K' 임〕

【绝对真理】 **juéduì zhēnlǐ** 명 절대 진리.
【绝对值】 **juéduìzhí** 명(數) 절대치. 절대값.
【绝非】 **juéfēi** 형 (객관상으로) 절대로 …이 아니다. ¶~偶然=절대로 우연이 아니다.
【绝好】 **juéhǎo** 형 대단히〔아주〕좋다. ¶~的机会=대단히 좋은 기회.

【绝后】 **jué‖hòu** 통 **1** 후사(後嗣)가 없다. 자식이 없다. 대가 끊어지다. **2** 절후하다. 다시는 그런 예를 볼 수 없다. ¶空前~=공전절후. 전무후무.

【绝户】 **jué·hu** 통 후손〔자식〕이 없다. 대가 끊기다. 명 후손〔자식〕이 없는 사람〔가정〕.

【绝活】 **juéhuó** (~儿) 명 특기. 절묘한 재주. ¶你露两招~让我们看看。=우리에게 절묘한 재주를 한두 수 좀 보여 주라.

【绝技】 **juéjì** 명 절기. 아주 뛰어난 기예〔재주·재능·솜씨〕. ¶身怀~=아주 뛰어난 기예를 지녔다.

【绝迹】 **jué‖jì** 통 자취를〔종적을〕감추다. 사라지다. ¶恐龙早就~了。=공룡은 진작에 자취를 감추었다.

【绝交】 **jué‖jiāo** 통 **1** 절교하다. 관계〔교제·왕래〕를 끊다. ¶他们就因为一点儿小事儿便~了。=그들은 그렇게 조그마한 일로 인해 절교했다. **2** (국가 간에) 단교하다. 외교 관계를 끊다. ¶两国因长期的边境冲突而~=양국은 장기간의 국경 충돌로 인해 단교하였다. ≒断交 ↔结交 缔交

【绝经】 **juéjīng** 통(生) 월경이 멈추다. 폐경(閉經)이 되다.

【绝景】 **juéjǐng** 명 절경. 빼어난 경치. ¶天下~=천하 절경.

【绝境】 **juéjìng** 명 **1** 절경. 절역(絕域). 외부와 단절된 곳. ¶率妻子邑人来此~。=처자와 마을 사람들을 데리고 외부와 단절된 이 곳으로 왔다. **2** 궁지. 절망적인 상태. ¶濒临~=궁지에 이르다. 절망적인 상태에 직면하다. 막다른 골목에 처하다.

【绝句】 **juéjù** 명 절구. 〔중국 격률시(格律詩) 체제의 하나로, 매 수마다 기(起)·승(承)·전(轉)·결(結)의 네 구(句)로 이루어지며 매 구가 다섯 자인 5언 절구와 일곱 자인 7언 절구가 있음〕=【截句】**jiéjù**

【绝口】 **juékǒu** **1** 입을 다물다. 침묵하다. 말하지 않다. 〔'不(bù)' 앞에 쓰임〕¶~不说=입을 다물고 말하지 않다. **2** 말을 멈추다〔그만두다〕. 입을 다물다. 〔'不(bù)' 뒤에 쓰임〕¶赞不~=칭찬을 멈추지 않다. 계속 칭찬하다.

【绝粒】 **juélì** 통書 단식하다. 절식하다. 음식을 끊다.

【绝路】 **jué‖lù** 통 출로가 끊어지다〔막히다〕. 방법이 없다. ¶办法总还是有的, 不可能~。=방법은 반드시 있다, 없을 리가 없다. ≒死路

【绝路】 **juélù** 명 막다른 골목. 막힌 길. ¶~逢生=절체절명의 위기에서 다시 활로를 찾다.

【绝伦】 **juélún** 통書 매우 뛰어나다. 절등(絕等)하다. ¶聪明~=더없이 총명하다.

【绝卖】 **juémài** 통 (부동산을) 아주 팔아넘기다.

【绝门】 **juémén** 명 **1** 후사가 없는 집안. 대가 끊긴 집. ¶~绝户=후사가 끊긴 집. **2** (~儿) 구書 후계자가 없는 직업〔업종〕. ¶锔碗这个行当快成~儿了。=깨진 그릇에 거멀장을 대는 업종은 이제 곧 대를 이을 사람이 없을 것이다.

3 (~儿) ㉠ 절기. 뛰어난 재주[재능]. ¶这套拳是他的~儿。= 이 형식의 권법은 그의 절기이다. (~儿) ㉡ 기발하다. 기상천외하다. ¶他竟然干出这种事儿, 真是~儿了。= 그가 결국 이런 일을 해내다니, 정말로 기상천외하다.

【绝密】**juémì** ㉠ 극비의. 최고 기밀의. ¶~文件 = 극비 문서.

【绝妙】**juémiào** ㉠ 절묘하다. 매우 교묘하다. ¶~的景致 = 절묘한 경치. / ~的讽刺 = 매우 교묘한 풍자. ≒巧妙

【绝灭】**juémiè** 절멸하다. 소멸하다. 아주 없어지다. ¶踪迹~ = 종적이 아주 없어지다.

【绝命】**juémìng** ㉢ 1 죽다. 2 자살하다. 스스로 목숨을 끊다.

【绝命书】**juémìngshū** ㉣ 임종 전에 남기는 유서. [주로 자살 전에 남기는 유언을 가리킴]

【绝品】**juépǐn** ㉣ 절품. 비할 데 없이 아주 훌륭한 물건[작품]. ¶世间~ = 세상의 절품이다.

【绝情】**jué‖qíng** ㉢ 정의(情誼)를 끊다. 정을 끊다. ¶~忘义 = 정을 끊고 의리를 저버리다. ㉠ 무정[몰인정]하다. ¶你对他说这样~的话, 未免太过分了。= 네가 그에게 이렇게 몰인정한 말을 하다니, 아무래도 너무 심했다. ≒无情 ↔多情

【绝然】**juérán** ㉠ 완전히. 절대로. 전혀. ¶~相反 = 완전히 서로 다르다.

【绝热】**juérè** ㉢(物) 단열(斷熱)하다. ¶~冷却 = 단열 냉각.

【绝热材料】**juérè cáiliào** ㉣ 단열재.

【绝色】**juésè** ㉠㉥ 절색이다. (여자의) 용모가 빼어나다. ¶~佳人 = 절세 미인. 절세가인.

【绝食】**jué‖shí** ㉢ (항의 표시나 살기 싫어서) 단식하다. 절식하다.

【绝世】**juéshì** ㉠㉥ 당대에 비길 만한 것이 없다. 절세의. ¶~佳作 = 절세 가작.

【绝收】**juéshōu** ㉢ (농작물의) 수확이 전무하다. 소출이 전혀 없다. ¶夏粮~。= 여름 곡식 소출이 전혀 없다.

【绝嗣】**jué‖sì** ㉢ 후사가 [자손이] 끊기다.

【绝望】**jué‖wàng** ㉢ 절망하다. ¶陷入~的境地 = 절망의 지경에 빠지다.

【绝望】**juéwàng** ㉣ 절망. ¶她的眼里透着彻底的~。= 그녀의 눈에는 철저한 절망의 빛이 어려 있다.

【绝无仅有】**juéwú-jǐnyǒu** ㉥ 1 오직 한 개 뿐 다른 것은 없다. 2 ㉧ 아주 적다. 거의 없다. 극히 얻기 어렵다.

【绝响】**juéxiǎng** ㉣㉥ 1 전통이 끊어진 음악. 실전(失傳)된 음악. 2 계통〔전통〕이 끊어진 기예〔학문〕. 실전(失傳)된 기예〔학문〕. ¶人间~ = 사람들 사이에서 사라진 기예〔학문〕.

【绝续】**juéxù** ㉢㉥ 중단되고 계속되다. ¶存亡~, 在此一举。= 생사 존망이 이것에 달려 있다.

【绝学】**juéxué** ㉣ 1 계통〔전통〕이 끊어진 학문. 실전(失傳)된 학문. 2 절학. 빼어나고 독보적인 학문. ¶高才~ = 뛰어난 재주와 독보적이고 빼어난 학문.

【绝艺】**juéyì** ㉣ 절예. 절기. ¶苦学~ = 절기를 어렵게 배우다.

【绝育】**jué‖yù** ㉢(醫) 임신 중절하다.

【绝域】**juéyù** ㉣ 1 아주 머나먼 곳. [주로 국외를 가리킴] 2 길이 험난하여 바깥세상과 떨어져 있는 지역.

【绝缘】**juéyuán** ㉢ 1 (외계나 어떤 사물과) 인연을[관계를] 끊다. ¶他与香烟已~好多年了。= 그는 담배와 이미 인연을 끊은 지 아주 여러 해가 되었다.

【绝缘体】**juéyuántǐ** ㉣(物) 절연체. = 【非导体】**fēidǎotǐ**

【绝缘纸】**juéyuánzhǐ** ㉣(物) 절연지.

【绝缘子】**juéyuánzǐ** ㉣(電) 애자(碍子). ㉦ 【瓷瓶】**cípíng**

【绝早】**juézǎo** ㉠ 매우 이르다. ¶他每天上学都来得~。= 그는 매일 아주 일찍 학교에 온다.

【绝招】**juézhāo**(~儿) ☞ 1 절기. 뛰어난 재간〔재능〕. ㉣ 1 武功 = 무공의 절기. 2 묘책. 묘수. ¶大家正愁的时候, 他突然想出个~。= 모든 사람들이 걱정하고 있을 때, 그가 갑자기 묘책을 생각해 냈다.

【绝着】**juézhāo**(~儿) ☞ 【绝招】**juézhāo**

【绝症】**juézhèng** ㉣ 불치의 병. 죽을병. ¶身患~ = 불치의 병을 앓다.

【绝种】**jué‖zhǒng** ㉢ 멸종하다. 절종하다. ≒灭绝

【绝子绝孙】**juézǐ-juésūn** ☞ 【断子绝孙】**duànzǐ-juésūn**

\***倔 jué** 고집셀 굴

㉠ 〈倔(juè)〉와 같음. ['倔强(juéjiàng)'에만 쓰임] ☞ **juè**

【倔强】〔倔犟〕**juéjiàng** ㉠ (성격이) 강하고 고집이 세다. ¶她天生就有股~劲儿。= 그녀는 천성적으로 강하고 고집이 세다.

【倔犟】**juéjiàng** ☞ 【倔强】**juéjiàng**

\***掘 jué** 팔 굴

㉢ 파다. 캐다. 찾아 내다. ¶~土 = 흙을 파다. / 挖~ = 발굴하다. 스카우트(scout)하다. ≒挖

○• 采掘, 开掘, 罗luó掘, 挖掘

【掘进】**juéjìn** ㉢ 굴진하다.

【掘井】**juéjǐng** ㉢ 우물을 파다. ¶临渴~ = 목이 말라 우물을 파다.

【掘墓人】**juémùrén** ㉣ 1 무덤꾼. 무덤을 파는 사람. 2 ㉧ 낡은 제도와 사물을 때려부수는 힘〔역량〕. ¶资产阶级最终成为封建主义的~。= 자본가 계급은 마지막에는 봉건주의를 매장시키는 새로운 힘이 된다.

【掘室求鼠】**juéshì-qiúshǔ** ㉥ 1 쥐 잡으려고 집을 허물다. 2 ㉧ 빈대 잡으려고 초가삼간 태우다. 얻는 것보다 잃는 것이 많다. ≒杀鸡取卵

【掘土机】**juétǔjī** ㉣(機) 굴착기. 동력삽. 파워 셔블(power shovel). = 【电铲】**diànchǎn**

**桷 jué** 서까래 각

**崛** jué 우뚝 솟을 굴
图(네모진) 서까래. ¶细木为~=가는 목재를 서까래로 삼다.

**崛** jué 우뚝 솟을 굴
图(산봉우리 등이) 우뚝 솟다. ¶奇~=(산봉우리가) 기이하고 우뚝 솟다.
【崛立】**juélì** 图 우뚝 솟다. 높이 솟다. ¶峰峦~=연봉이 우뚝 솟다.
【崛起】**juéqǐ** 图 1 (산봉우리 등이) 우뚝 솟다. ¶山峰~=산봉우리가 우뚝 솟다. 2 흥기하다. 우뚝 일어나다. ¶21世纪的中国, 正致力于和平~。=21세기의 중국은 평화롭게 흥기하는 데 주력하고 있는 중이다.

***脚**[(腳)] jué 배우 각
图'角(jué)'와 같음. [연극·영화·중국 전통극 중의 배역·배우]
☞ **jiǎo**
【脚色】**juésè** ☞【角色】**juésè**

**觖** jué 불만족스러울 결
图 불만족스럽다. 부족하다. 흡족하지 않다. ¶~怅=불만족스러워 실의에 빠지다.
【觖望】**juéwàng** 图 불만으로 인해 원망하고 한탄하다. ¶每怀~=매번 불만으로 인해 원망과 한탄을 품다.

**厥** jué 그 궐
때 그의. 그것의. ¶大放~词=쓸데없는 시비로 왈가왈부하다. 图 이에. 비로소. 이윽고. ¶左丘失明, ~有《国语》。=좌구(左丘)가 실명한 후에, 비로소《국어》를 지었다. 图(医)기절하다. 졸도하다. 인사불성이 되다. 숨이 막히다. ¶晕~=혼절하다. / 痰~=가래에 숨이 막히다.

**傕** jué 사람 이름 각
인명에 쓰이는 글자. ¶李~=이각.

**劂** jué 조각칼 궐
☞【剞劂】**jījué**

**谲**[**譎**] jué 속일 휼
图 1 기만하다. 교묘하게 속이다. 거짓말하다. 농간을 부리다. ¶~而不正=농간을 부리며 올바르지 못하다. 2 기이하고 터무니없다. 기괴하고 허황하다. 황당무계하다. 변화무쌍하다. ¶奇~=기이하고 터무니없다. 诡谲
【谲诈】**juézhà** 图 교활하다. 치사하다. 간교하다. ¶~多端=간교함이 많다.

**蕨** jué 고사리 궐
图(植) 고사리.
【蕨菜】**juécài** 图(植) 고사리.
【蕨类植物】**juélèi zhíwù** 图 양치식물.

**獗** jué 날뛸 궐
☞【猖獗】**chāngjué**

**潏** Jué 강 이름 궐
图(地) 줴수이(潏水). [후베이(湖北)성에 있는 강 이름]

**橛**[(橜)] jué 말뚝 궐
图(~儿) 짧은 말뚝[말장]. ¶木~儿=짧은 나무 말뚝.
【橛子】**jué·zi** 图 짧은 말뚝[말장].

**噱** jué 크게 웃을 갹
图 크게 웃다. ¶可发一~=한번 크게 웃음을 자아내다.
☞ **xué**

**镢**[**鐝**] jué 곡괭이 궐
图(宁) 곡괭이.
【镢头】**jué·tou** 图(农) 곡괭이.

**镭**[**鐍**] jué 걸쇠 휼
图 1 (상자에 달아 잠그는 데 사용하는) 미늘 달린 고리. 2 자물쇠. 图 잠그다.

***爵** jué 술잔 작
图 1 (청동으로 만든 다리가 세 개 달린) 고대 술잔. 2 작위(爵位). ¶伯~=백작. / 封~=작위를 봉하다.

○─ 官爵, 勋**xūn**爵

【爵禄】**juélù** 图 작위와 녹봉.
【爵士】**juéshì** 图 나이트작(knight爵). 훈작사(勋爵士).
【爵士乐】**juéshìyuè** 图(音) 재즈(jazz). ['爵士(juéshì)'라고도 함]
【爵位】**juéwèi** 图 작위. [공(公)·후(侯)·백(伯)·자(子)·남(男)의 다섯 등급으로 나뉨]

**蹶** jué 넘어질 궐
图 1 넘어지다. 쓰러지다. 뒹굴다. 2图 실패하다. 좌절하다. ¶一~不振=한번 실패한 뒤 다시는 일어나지 못하다.
☞ **juě**

**矍** jué 두리번거릴 확
图 놀라서 주위를 두리번거리다. ¶~然变色=놀라서 안색이 변하다.
【矍然】**juérán** 图 놀라서 주위를 두리번거리는 모양. ¶~失容=놀라 주위를 두리번거리며 자세가 흐트러지다.
【矍铄】**juéshuò** 图 (나이가 들어도) 정정하다. ¶精神~=(나이가 들어도) 정신이 맑다.

***嚼** jué 씹을 작
图'嚼(jiáo)'와 같음. [복합어·성어에 쓰임] ¶咀~=씹다. / 过屠门而大~。=푸줏간 앞을 지나서 부지런히 씹는 시늉을 하다. 냉수 마시고 이쑤시기.

☞ jiáo, jiào

## 爝 jué 횃불 작
명 횃불.
【爝火】juéhuǒ 명 횃불. 화톳불.

## 攫 jué 움켜잡을 확
동 움켜잡다. 강제로 빼앗다. 탈취하다. 낚아채다. 가로채다. ¶~为己有=빼앗아 자기 것으로 만들다.
【攫夺】juéduó 동 약탈하다. 강탈하다. 강제로 빼앗다. 탈취하다. 수탈하다. ¶~财物=재물을 약탈하다.
【攫取】juéqǔ 동 탈취하다. 약탈하다. 수탈하다. ¶~暴利=폭리를 취하다.

## 镢[鐝] jué 괭이 곽
명 1 괭이. 2 곡괭이.
【镢头】jué·tou 명 곡괭이.

## 蹶 juě 뒷발질할 궐
☞ jué
【蹶子】juě·zi 명 (말·노새·당나귀 등의) 뒷발질. ¶尥(liào)~=뒷발질하다.

## 倔 juè 고집셀 굴
형 퉁명스럽다. 무뚝뚝하다. 말투가 거칠다. 불손하다. 괴벽스럽다. ¶~脾气=퉁명스런 성질.
☞ jué
【倔巴】juè·ba 형 무뚝뚝하다. 퉁명스럽다. ¶这家伙~得很.=이 녀석은 퉁명스럽기 그지없다.
【倔头】juètóu 명 퉁명한 사람.
【倔头倔脑】juètóu-juènǎo 상 말이나 태도가 무뚝뚝하다.

# jun

## 军[軍] jūn 군사 군
명 1 군. 군대. ¶参~=군에 입대하다. / 空~=공군. 2 (军) 군단. [군대의 편제 단위로 '师(사단)'보다 한 등급 위임] 형 군사적인. 군대의. ¶~大衣=군용 외투.

| ○ 军 jūn | 浑 hún |
| 运 yùn | 珲 hún |
| 晕 yūn | 诨 hùn |
| 荤 hūn | |

○─● 白军, 裁cái军, 充chōng军, 川军, 从军, 大军, 殿diàn军, 督dū军, 孤gū军, 冠guàn军, 海军, 红军, 将军, 进军, 禁军, 空军, 扩kuò军, 劳军, 联军, 陆军, 捻Niǎn军, 荣róng军, 三军, 水军, 投军, 行军, 亚yà军, 友军, 援yuán军, 驻zhù军, 行军床

【军备】jūnbèi 명 군비. [군대 편제·시설·장비 등을 가리킴] ¶削减~=군비를 삭감하다.
【军备竞赛】jūnbèi jìngsài 명(军) 군비 경쟁.
【军兵种】jūnbīngzhǒng 명 '军种(군별)'과 '兵种(병과)'의 합칭.
【军部】jūnbù 명(军) 군단 지휘부; 군단 사령부.
【军操】jūncāo 명 군사 훈련.
【军车】jūnchē 명 군용차.
【军代表】jūndàibiǎo 명 (주둔 지역의) 군 대표. 군 책임자.
【军刀】jūndāo 명 군도.
【军地】jūndì '军队(군대)'과 '地方(지방)'의 합칭. ¶~共建=군대와 그 지역이 협력하여 건설 활동을 벌이다.
【军地两用人才】jūndì liǎngyòng réncái 명 군대와 그 지역에 모두 쓸모 있는 인재.
【军队】jūnduì 명 군대.
【军阀】jūnfá 명 군벌. ¶~割据=군벌이 할거하다. 2 (정치를 통제하는) 반동 군인. ¶~专制=반동 군인 전제(독재).
【军法】jūnfǎ 명 군법. ¶~从事=군법으로 처리(처벌)하다.
【军方】jūnfāng 명 군부측. 군대측. ¶~代表=군부측 대표.
【军费】jūnfèi 명 군비. 군사비.
【军分区】jūnfēnqū 명 군관구(軍管區).
【军风】jūnfēng 명 군대의 기풍. ¶~严谨=군대의 기풍이 엄격하다.
【军风纪】jūnfēngjì 명 군대의 기풍과 군기.
【军服】jūnfú 명 군복. 군인 제복.
【军港】jūngǎng 명 군항.
【军歌】jūngē 명 1 군가. 2 부대 군가.
【军工】jūngōng 명 1 군수 산업. 2 군사 시설 공사.
【军功】jūngōng 명 무공. 전공(戰功).
【军功章】jūngōngzhāng 명 무공(전공) 훈장 (휘장·포장·메달).
【军官】jūnguān 명 1 장교. 사관. 2 소대장 이상의 간부.
【军管】jūnguǎn ☞【军事管制】jūnshìguǎnzhì
【军管会】jūnguǎnhuì 명(军) 军事管制委员会 (군사 관제 위원회).
【军规】jūnguī 명 군기(軍紀). 군대의 규칙.
【军棍】jūngùn 명 1 고대 군인의 형장(刑杖). 2 (军) 중국의 소년군이 훈련·질서 유지에 사용하던 나무 방망이.
【军国主义】jūnguózhǔyì 명 군국주의.
【军号】jūnhào 명 군대 신호 나팔.
【军徽】jūnhuī 명 군대의 표지.
【军婚】jūnhūn 명 군인의 결혼. [부부 중 한쪽이나 양쪽이 모두 현역 군인인 경우의 혼인]
【军火】jūnhuǒ 명 무기와 탄약.
【军火库】jūnhuǒkù 명 병기고. 무기고. 화기고. 군기고.
【军火商】jūnhuǒshāng 명 무기 판매상. 무기상(인).
【军机】jūnjī 명 1 (시기와 형편에 적절한) 군사 방침(전략·조치). ¶~大事=군기 대사. 2 군사

기밀. ¶泄露~=군사 기밀을 누설하다.
【军机处】jūnjīchù 图 청(淸)대 옹정(雍正) 때부터 설립된 황제를 보좌하여 군사·정치 업무를 보던 극비 기관.
【军籍】jūnjí 图 1 군적. 병적. 2 군인의 자격·신분. ¶开除~=군인의 신분을 박탈하다.
【军纪】jūnjì 图 군기. 군대의 기율. ¶~严明=군기가 엄격하고 분명하다.
【军舰】jūnjiàn 图 군함. =【兵舰】bīngjiàn
【军阶】jūnjiē 图 군인의 등급·계급.
【军界】jūnjiè 图 군인 집단. 군인 사회. 군대 계통. ¶~代表=군의 대표.
【军警】jūnjǐng 图 군경. 군인과 경찰.
【军眷】jūnjuàn 图 군인 가족.
【军垦】jūnkěn 图 군대가 황무지를 개간하다.
【军礼】jūnlǐ 图 군인의 예절[예]. 군대식 경례 [예포·받들어총].
【军力】jūnlì 图 군사력. ¶~强大=군사력이 막강하다.
【军粮】jūnliáng 图 군량.
【军列】jūnliè 图 1 ㉮ 军用列车(군용 열차). 2 군인 대열. ¶~整齐=군인 대열이 정연하다.
【军烈属】jūnlièshǔ 图 군인 가족과 열사 유족.
【军龄】jūnlíng 图 군대 복무 햇수.
【军令】jūnlìng 图 군령. 군사 명령. ¶~如山=군령은 무겁기가 산과 같다.
【军令状】jūnlìngzhuàng 图 군령장. 군서약서. [옛 소설·중국 전통극에서 말하는, 군령을 반드시 완수하겠다고 쓰는 서약서]
【军旅】jūnlǚ 图 ㉮ 1 군대. ¶出身~=군대 출신이다. 2 군대 생활. 군 생활. ¶~岁月=군복무 기간.
【军绿】jūnlǜ 图 형 국방색(의).
【军马】jūnmǎ 1 图 병사와 군마. 2 图 군대. ¶各路~=각 지역의 군대. 3 군용 마필. ¶~场=군마장.
【军帽】jūnmào 图 군모. 군인의 제모.
【军民】jūnmín 图 군민. 군인과 국민. ¶~联欢=군민이 함께 모여 즐기다.
【军民共建】jūnmín gòngjiàn 图 군대와 지역 주민들이 상호 협조하여 사업·활동을 벌이다.
【军品】jūnpǐn 图 군용품. 군수품. ['民品(민간 상품)'과 구별됨]
【军棋】jūnqí 图 군대식 장기. [군대 체재·무기·군기 등을 응용한 장기로 두 사람 중 먼저 상대편의 군기를 빼앗는 자가 승리함]
【军旗】jūnqí 图 군기. 군대의 깃발.
【军器】jūnqì 图 ㉮ 무기. 병기.
【军情】jūnqíng 图 군사 상황. ¶~紧急=군사 상황이 긴급하다.
【军区】jūnqū 图 군사 구역. 군관구.
【军权】jūnquán 图 병권(兵權). 군권.
【军犬】jūnquǎn 图 군견.
【军人】jūnrén 图 군인. ¶退伍~=퇴역 군인.
【军容】jūnróng 图 군용. [군대·군인의 위용·기풍·기율 등]. ¶~整肃=군용이 단정하고 엄숙하다.

【军嫂】jūnsǎo 图 현역 군인의 아내.
【军师】jūn·shī 图 1 (옛 소설·중국 전통극 등에서 주군에게 책략을 제공하는) 군사. 참모. 2 책사(策士). 모사(谋士). ¶狗头~=멍청이 참모. 머리가 둔하고 어설픈 책사. 3 군사. [고대 관직 명으로 군무(军务)의 감찰을 지휘하였음]
【军史】jūnshǐ 图 군사. 군대 역사. [군대의 창건·발전에 관한 역사]
【军士】jūnshì 图(军) 하사관.
【军事】jūnshì 图 군사. [군대·전쟁에 관련된 일] ¶~训练=군사 훈련. / ~冲突=군사 충돌.
【军事法庭】jūnshì fǎtíng 图 군사 법정. 군법 회의.
【军事管制】jūnshì guǎnzhì 图 군사 관제. [전쟁이나 기타 특수 상황 아래 군이 특정 행정 단위·국부 지역 및 국가 권력을 일시 접수하는 것] ㉮【军管】jūnguǎn
【军事化】jūnshìhuà 图 군사화하다.
【军事基地】jūnshì jīdì 图 군사 기지.
【军事科学】jūnshì kēxué 图 군사 과학.
【军事体育】jūnshì tǐyù 图 군사 체육. ㉮【军体】jūntǐ
【军事演习】jūnshì yǎnxí 图 군사 훈련을 하다. 모의(模拟) 전투를 하다.
【军书】jūnshū 图㉮ 1 군사상의 문서[문건]. 2 고대(古代) 장병(将兵)의 명부(名簿).
【军属】jūnshǔ 图 군속. 군인 가족.
【军体】jūntǐ ☞【军事体育】jūnshì tǐyù
【军帖】jūntiě 图㉮ 군사 공문서. 군사 소집 영장.
【军团】jūntuán 图(军) 1 현재 '集团军(집단군)'에 해당하는, 국공(国共) 내전 시기 당시 홍군(红军)의 편제 단위. 2 군단. [일부 국가에서 중국의 군(军)에 해당하는 편제 단위]
【军屯】jūntún 图 군대가 주둔지에서 황무지를 개간하여 농사를 짓다.
【军威】jūnwēi 图 군위. 군대의 위력. ¶~大振=군대의 위력을 크게 떨치다.
【军委】Jūnwěi 图 1 中国共产党中央军事委员会(중국 공산당 중앙 군사 위원회). 2 中华人民共和国中央军事委员会(중화 인민 공화국 중앙 군사 위원회).
【军伍】jūnwǔ 图 군대의 옛 명칭.
【军务】jūnwù 图 군무. 군대의 사무. 군사 임무. ¶执行~=군무를 집행하다.
【军衔】jūnxián 图 군대의 계급. [보통 '将官(장성)'·'校官(영관)'·'尉官(위관)'·'士兵(사병)' 등으로 나뉨]
【军饷】jūnxiǎng 图 군인의 급여 및 보급품.
【军校】jūnxiào 图 사관학교.
【军械】jūnxiè 图 병기·탄약 그리고 군용 기기.
【军心】jūnxīn 图 군대의 투지[사기]. 군심. ¶振奋~=군대의 사기를 북돋다.
【军需】jūnxū 图 1 군수. 군수품. 군사상 필요한 물자. =【军需品】jūnxūpǐn 2 ㉮ 군대의 보급 담당자.
【军需品】jūnxūpǐn ☞【军需】jūnxū
【军训】jūnxùn 图 1 군사 훈련을 하다. 2 군사

교련을 하다. ¶大学新生入学后要进行~。=대학 신입생은 입학 후에 군사 교련을 받아야 한다.

【军衣】jūnyī 〖명〗 군복.

【军医】jūnyī 〖명〗 군의관.

【军营】jūnyíng 〖명〗 병영. 군영. 군대의 주둔지.

【军用】jūnyòng 〖형〗 군용의. ['民用(민용)' 과 구별됨] ¶~地图=군용 지도. / ~车辆=군용 차량.

【军邮】jūnyóu 〖명〗 군사 우편.

【军援】jūnyuán 〖명〗 군사 원조.

【军乐】jūnyuè 〖명〗(音) 군악. ¶~队=군악대.

【军乐团】jūnyuètuán 〖명〗 (규모가 큰) 군악대.

【军运】jūnyùn 〖명〗 군용 수송.

【军长】jūnzhǎng 〖명〗 군단장.

【军政】jūnzhèng 〖명〗 1 군정. 군사(军事)와 정치. 2 군사 행정. 3 군대와 정부. ¶~要人=군정의 요인.

【军职】jūnzhí 〖명〗 군직. 군의 보직.

【军制】jūnzhì 〖명〗 군제. 군사상의 제도와 법규.

【军种】jūnzhǒng 〖명〗 군별. [보통 육군·공군·해군의 세 가지 종별로 구분됨]

【军转民】jūnzhuǎnmín 〖동〗 1 군수 공업에서 민용 공업으로 바꾸다. 2 군수 물자 생산에서 민용 물자 생산으로 바꾸다.

【军装】jūnzhuāng 〖명〗 군장. 군복.

【军姿】jūnzī 〖명〗 군인의 용모.

## 均 jūn 고를 균

〖형〗 균등하다. 균일하다. 상등(相等)하다. 고르다. ¶平~=균등히 하다. / 势~力敌=세력이 서로 엇비슷하다. 〖부〗 모두. ¶与会代表~已报到。=회의에 참석하는 대표들은 모두 이미 출석했습니다. [고어에서 '韵(yùn)' 과 같음]

○ 平均数

【均等】jūnděng 〖형〗 균등하다. 고르다. 같다. ¶机会~=기회는 균등하다. ≒平均

【均分】jūnfēn 고르게 분배하다〔나누다〕. ¶好好干, 挣到钱我们俩~。=열심히 일해서 번 돈은 우리 두 사람이 균등하게 나누자.

【均衡】jūnhéng 고르다. 균형이 잡히다. ¶~发展=균형 발전. ≒平衡

【均价】jūnjià 〖명〗 평균 가격. ¶本店商品一律~销售。=우리 가게 상품은 모두 평균 가격으로 판매한다.

【均均匀匀】jūn·jun yúnyún 〖형〗 균등하다. 균일하다.

【均可】jūnkě 〖동〗 모두 …해도 좋다. 전부 …해도 가능하다. 모두 …할 수 있다. ¶本市居民~报名。=우리 시의 주민은 모두 신청할 수 있다.

【均势】jūnshì 〖명〗 세력 균형. 균형을 이룬 세력. ¶保持~=세력 균형을 유지하다.

【均摊】jūntān 〖동〗 고르게 부담하다. 고르다. 균등하게 할당하다. ¶费用~=비용을 균등하게 부담하다.

【均线】jūnxiàn 〖명〗(經) (주식·외환 시장에서의) 어떤 지수나 가격 등의 일정 기간 내의 평균치를 연결한 좌표선. ¶十日~=10일 평균 좌표선.

【均一】jūnyī 〖형〗 균일하다. 균등하다. ¶责权利

~。=책임과 권리는 균일하다.

【均匀】jūnyún 〖형〗 균등하다. 고르다. 균일하다. ¶雨量~=강우량이 균일하다. / 呼吸~=호흡이 고르다. ≒匀称

【均沾】jūnzhān 〖동〗 (이익·혜택을) 고르게 누리다(받다). ¶利益~=이익을 고르게 누리다.

【均值】jūnzhí 〖명〗 평균값. 평균치.

## 龟[龜] jūn 갈라질 균

〖동〗 '皲(jūn)' 과 같음.

☞ guī, qiū

【龟裂】jūnliè 〖동〗 1 (논밭 등이) 갈라지다. 균열하다. ¶久旱不雨, 土地~。=오랜 가뭄으로 땅이 갈라졌다. 2 ☞【皲裂】jūnliè

## 君 jūn 임금 군

〖명〗 1 군주. 임금. ¶国~=국왕. / 暴~=폭군. 2 봉호(封號). ¶孟尝~=맹상군. 3 〖경〗 타인에 대한 존칭. ¶王~=왕군. / 在座诸~=자리에 계시는 여러분.

| ○ 君 jūn | 群 qún |
| 郡 jùn | 裙 qún |
| 捃 jùn | |

○ 暴君, 储chǔ君, 帝君, 昏君, 郎君, 灶Zào君, 使君子, 伪wěi君子

【君臣】jūnchén 〖명〗 군신. 임금과 신하. ¶~不和=군신이 서로 반목하다.

【君临】jūnlín 〖동〗〖경〗 1 국왕이 다스리다. 2 군림하다. 통치하다. 다스리다. ¶~天下=천하를 통치하다.

【君权】jūnquán 〖명〗 군주의 권력. ¶~至上=군주의 권력이 가장 높다.

【君王】jūnwáng 〖명〗 군왕. 제왕.

【君主】jūnzhǔ 〖명〗 군주. 국왕.

【君主国】jūnzhǔguó 〖명〗 왕국. 군주국.

【君主立宪】jūnzhǔ lìxiàn 〖명〗(政) 입헌군주제.

【君主制】jūnzhǔzhì 〖명〗(政) 군주제. 왕정 제도. [전제군주제와 입헌군주제로 나뉨]

【君主专制】jūnzhǔ zhuānzhì 〖명〗(政) 전제군주제.

【君子】jūnzǐ 〖명〗 1 높은 관직에 있는 사람. 지위가 높은 사람. 나리. ¶彼~兮, 不素餐兮!=저 나리는 아무 일도 하지 않고 공짜로 밥을 먹고 있지 않은가? 2 군자. 학식과 덕망이 높은 사람. ¶谦谦~=겸손하고 고상한 사람. ↔小人

【君子固穷】jūnzǐ-gùqióng 〖성〗 군자는 안빈낙도하며 절개를 저버리지 않는다.

【君子国】jūnzǐguó 〖명〗 군자국. 군자의 나라. [전설에 모든 백성들이 예의와 겸양을 중시하는 순박한 나라]

【君子兰】jūnzǐlán 〖명〗(植) 군자란.

【君子协定】jūnzǐ xiédìng 〖명〗 1 신사협약(紳士協約). 신사협정(紳士協定). [법적 구속력을 갖지 아니하는 비공식적인 국제 협정] 2 서로 상대편을 믿고 맺는 사적인 비밀 협정. =【绅士协定】shēnshì xiédìng

【君子之交】jūnzǐzhījiāo 〖성〗 군자지교. 군자

(간)의 사귐.

## 钧[鈞] jūn 서른 근 균

[명] (도기 제작용) 돌림판. 녹로(轆轤). [형][경] 윗사람이나 상급자에 쓰이는 존칭. ¶~座=귀하. /~启=들어 보십시오. [양] 균. [고대의 중량 단위로 1균은 30근(斤)에 상당함] ¶千~一发=매우 무거운 것이 머리털 하나에 매달려 있다. 극히 위험하다.

【钧陶】jūntáo [명][문] (도기 제작용) 돌림판. 녹로(轆轤). [동] 인재를 양성〔육성〕하다.

## 莙 jūn 버들말즘 군

【莙荙菜】jūndácài [명](植) 근대.

## *菌 jūn 세균 균

[명] 1 세균. 박테리아(bacteria). ¶病~=병균. /抗~素=항생소. 항생 물질. 2 진균(眞菌). 효모. ¶酵母~=효모균.
☞ jùn

○● 病菌, 杆gǎn菌, 弧hú菌, 霉méi菌, 黏nián菌, 球菌, 杀菌, 细菌, 真菌, 抗kàng菌素, 根瘤liú菌

【菌肥】jūnféi [명](양) 细菌肥料(세균 비료).
【菌类】jūnlèi [명](生) 균류.
【菌落】jūnluò [명](生) 미생물 군체(群體)〔콜로니(colony)〕.
【菌苗】jūnmiáo [명](醫) 백신.
【菌种】jūnzhǒng [명](醫) 면역 백신을 만들어 내는 병원(病原) 미생물.

## 皲[皸] jūn 피부 틀 군

[동] (추위로 인해) 피부가 트다. (건조하여) 피부가 갈라지다. ¶足跟~裂=발뒤꿈치가 트다.

【皲裂】【龟裂】jūnliè [동](醫) (추위·건조로 인해) 피부가 트다. 갈라지다. ¶面颊~=볼이 트다.

## 筠 jūn 땅 이름 균

☞ yún

【筠连】Jūnlián [명](地) 쥔렌. [쓰촨(四川)성에 있는 지명]

## 鲪[鮶] jūn 우럭바리 군

[명](動) 우럭바리.

## 麇 jūn 노루 균

[명](動) 고서(古書)에서 노루를 가리킴.
☞ qún

## *俊¹[儁·雋] jùn 뛰어날 준

[형] 재주와 지혜가 뛰어나다. ¶英~有为=영명하고 재주가 출중하여 장래가 있다. /人物~=뛰어난 인물. 준걸. /女中~杰=여자 중의 준걸. ≒俏

## *俊² jùn 준수할 준

[형] 용모가 출중하다. 빼어나다. 수려하다. 아름답다. 준수하다. ¶相貌~美=용모가 준수하다.

【俊才】jùncái [명] 준재. 재주가 뛰어난 사람.

【俊杰】jùnjié [명][문] 준걸. 호걸. ¶识时务者为~。=시대의 중대사나 객관적인 형세를 정확하게 인식하는 자는 걸출한 인물이다.

【俊丽】jùnlì [형] 준수하고 아름답다. ¶容貌~=용모가 준수하고 예쁘다.

【俊美】jùnměi [형] 준수하다. 빼어나다. 미목(眉目)이 수려하다. 곱다. ¶姿容~=자태가 빼어나다. ≒俊秀 俊俏 俏丽 ↔丑陋

【俊气】jùnqì [형] 준수하다. 빼어나다. 미목이 수려하다. 곱다. ¶小姑娘长得挺~。=여자 아이가 제법 준수하게 생겼다.

【俊俏】jùnqiào [형] 용모가 빼어나다. 준수하다. 수려하다. 곱다. 맵시 있다. ¶模样~=생김새가 준수하다. ≒俊秀 俊美 俏丽

【俊爽】jùnshuǎng [형][문] 멋있고 호탕〔시원시원〕하다. ¶风姿~=풍채가 멋있고 호탕하다.

【俊伟】jùnwěi [형][문] 1 인물이 훤칠하다. ¶仪仗队的士兵们个个英武~。=의장대의 사병은 모두 하나같이 용맹스럽고 인물이 훤칠하다. 2 재능과 학식이 출중하다. ¶英才~，名扬四海。=걸출한 인재는 재능과 학식이 출중하여 사방에 이름을 떨친다.

【俊秀】jùnxiù [형] 준수하다. 빼어나다. 아름답다. 수려하다. ¶面目~=용모가 준수하다. ≒俊美 俊俏 ↔丑陋

【俊雅】jùnyǎ [형][문] 준수하고〔빼어나고〕 우아하다. ¶面容~=용모가 준수하고 우아하다.

【俊逸】jùnyì [형][문] 재능이〔재지(才智)가〕 뛰어나다. 준일하다. ¶文笔~=문필이 뛰어나다.

## 郡 jùn 고을 군

[명](歷) 군. [옛날 행정 구획의 하나] ¶~县=군과 현.

【郡守】jùnshǒu [명] 군수.
【郡县制】jùnxiànzhì [명](歷) 군현제. [전국에 군과 현을 설치하고 중앙에서 파견된 관리가 지방 행정을 맡아 보던 중앙 집권 제도]
【郡邑】jùnyì [명] 군(郡)과 현(縣). 부(府)와 현.
【郡主】jùnzhǔ [명] 1 당(唐)대, 태자(太子)의 딸을 일컫는 호칭. 2 송(宋)대, 황실 종친의 딸을 일컫는 호칭. 3 명청(明淸)대, 친왕(親王)의 딸을 일컫는 호칭.

## 捃 jùn 주울 군

[동] (물건을) 모으다. 줍다. ¶~拾=채집하다.

## 峻 jùn 높을 준

[형] 1 (산이) 높고 가파르다. ¶高~=높고 가파르다. /崇山~岭=높은 산과 험준한 준령. 2 엄하다. 가혹하다. ¶冷~=냉엄하다. /严~=준엄하다.

| ○ 俊 jùn | 皴 cūn |
|---|---|
| 峻 jùn | 酸 suān |
| 浚 jùn | 狻 suān |
| 骏 jùn | 梭 suō |
| 浚 jùn | 唆 suō |
| 逡 qūn | 胺 juān |

○-● 陡dǒu峻, 高峻

【峻拔】**jùnbá** 혱 높고 험준하다. ¶山势~=산세가 높고 험준하다.
【峻陡】**jùndǒu** 혱 높고 가파르다. ¶崖壁~=절벽이 높고 가파르다.
【峻法】**jùnfǎ** 명 준엄한 법률. ¶严刑~=엄한 형벌과 법률.
【峻急】**jùnjí** 혱 **1** 물살이 세차다. ¶江流~=강의 흐름이 세차다. **2** 성급하고 모질다. ¶生性~=성격이 성급하고 모질다.
【峻厉】**jùnlì** 혱 과격하다. 심하다. 엄하다. ¶目光~=눈빛이 엄하다.
【峻岭】**jùnlǐng** 명 높고 험한 고개. 험산 준령. ¶高山~=고산 준령.
【峻峭】**jùnqiào** 혱 (산이) 높고 험하다. ¶峰峦~=연봉(連峰)이 높고 험하다. ≒陡峭 高峻
【峻险】**jùnxiǎn** 혱 험준하다.
【峻秀】**jùnxiù** 혱 (봉우리가) 높고 수려하다. ¶山岭~, 景色迷人。=산봉우리가 높고 수려하여, 경치가 사람을 사로잡는다.

# 馂[餕] **jùn** 대궁 준
명문 먹다 남은 음식. 대궁. 대궁밥. 잔반(殘飯).

# 隽[(雋)] **jùn** 뛰어날 준
혱 '俊(jùn)'과 같음.
☞ **juàn**

# 浚[(濬)] **jùn** 깊이 팔 준
동 (샘·못·도랑·수로 등을) 깊이 파다. 쳐내다. 준설(浚渫)하다. ¶~河=하천을 깊이 파다. / 疏~=준설하다.

☞ **Xùn**

# *骏[駿] **jùn** 준마 준
명 준마. 좋은 말.
【骏马】**jùnmǎ** 명 준마. 명마. ¶~奔驰=준마가 질주하다.

# 珺 **jùn** 아름다운 옥 군
명문 아름다운 구슬의 하나.

# *菌 **jùn** 버섯 균
명〈生〉버섯. ¶香~=표고버섯. / 牛肝~=그물버섯.
☞ **jūn**
【菌子】**jùn·zi** 명방 버섯.

# 焌 **jùn** 태울 준
동문 불사르다. 불에 태우다.
☞ **qū**

# 畯 **jùn** 권농관 준
명 고대의 권농관(勸農官). ¶田~=권농관.

# *竣 **jùn** 마칠 준
동 (일을) 다 끝내다. 준공하다. ¶告~=준공되다. 완성되다. / ~事=일을 다 끝내다.
【竣工】**jùngōng** 동 준공하다. 준공되다. ¶整幢大楼即将~。=건물 전체가 곧 준공된다. ≒落成 ↔开工 动工

# 寯 **jùn** 뛰어날 준
문 '俊(jùn)'과 같음.

# K

## ka

### 咔 kā 소리의 형용 가
<의> 탁. 뚝. 딱. 딸깍. 찰칵. [물체가 부딪혀서 나는 소리]
☞ kǎ

【咔吧】【咯吧】kābā <의> 딱. 떡. 뚝. [물체가 부러지는 소리] ¶~一声, 锹把撅成了两截. = 딱 하는 소리가 나면서 삽자루가 두 동강이 났다.

【咔嚓】kāchā ☞【咔嚓】kāchā

【咔喳】【咔嚓】【咯嚓】kāchā <의> 딱. 뚝. 우지끈. 우지직. [물체가 갑자기 부러지는 소리] ¶~一声, 树枝被厚厚的积雪压断了. = 우지직 하는 소리가 나더니, 나뭇가지가 켜켜이 쌓인 눈의 무게를 견디지 못하고 부러졌다.

【咔哒】kādā ☞【咔嗒】kādā

【咔嗒】【咔哒】【咯哒】kādā <의> 찰칵. 딸칵. [가볍게 부딪치는 소리] ¶~一声, 电话挂断了. = 찰칵 하면서 전화가 끊어졌다.

### 咖 kā 커피 가
아래를 참조.
☞ gā

【咖啡】kāfēi <명><식> 1 (植) 커피(coffee)나무. 2 커피(coffee).

【咖啡伴侣】kāfēi bànlǚ <명> 커피 메이트. 커피 프리머. 커피 프림.

【咖啡豆】kāfēidòu <명><응> 커피 원두.

【咖啡馆】kāfēiguǎn <명> 커피숍. 카페(cafe). =【咖啡屋】kāfēiwū

【咖啡碱】kāfēijiǎn ☞【咖啡因】kāfēiyīn

【咖啡色】kāfēisè <명> 커피색. 짙은 갈색.

【咖啡厅】kāfēitīng <명> 커피숍. 카페(cafe).

【咖啡屋】kāfēiwū ☞【咖啡馆】kāfēiguǎn

【咖啡因】kāfēiyīn <명>(化) 카페인(caffeine). =【咖啡碱】kāfēijiǎn【茶素】chásù

### 喀 kā 토할 객
<의> 왝. 캭. 콜록. 쿨룩. [구토나 기침하는 소리] ¶他~~地咳个不停. = 그는 콜록콜록 하며 계속해서 기침을 한다.

【喀吧】kābā ☞【咔吧】kābā

【喀嚓】kāchā ☞【咔嚓】kāchā

【喀哒】kādā ☞【咔嗒】kādā

【喀麦隆】Kāmàilóng <명><지> 카메룬(Cameroon). [수도는 '雅温得(야운데: Yaounde)'임]

【喀秋莎】kāqiūshā <명><군> 카츄샤포. [2차 대전시 소련군이 사용한 로켓포의 일종]

【喀斯特】kāsītè <명><지> 카르스트(karst).

### 搿 kā 깎을 갈
<동><구> 깎(아 내)다. 긁어 내다. ¶把土豆皮~一下. = 감자 좀 깎아라.

### \*\*卡 kǎ 음역자 가
<명><구> 1 트럭. ¶十轮~. = 10륜 트럭. 2 카세트(cassette). ¶双~录音机 = 더블 카세트 녹음기. 3 카드(card). ¶贺~ = 축하 카드. / 信用~ = 신용 카드. <양><물> 카로리(칼로리).
☞ qiǎ

○-○ 大卡, 千卡

【卡宾枪】kǎbīnqiāng <명>(军) 카빈총.

【卡车】kǎchē <명> 트럭(truck).

【卡尺】kǎchǐ ☞【游标卡尺】yóubiāo kǎchǐ

【卡带】kǎdài <명> 카세트 테이프. ¶两盒~ = 카세트 테이프 두 개.

【卡丁车】kǎdīngchē <명> 미니 경주차. 카트.

【卡规】kǎguī <명> 스냅 게이지(snap gauge).

【卡介苗】kǎjièmiáo <명>(醫) 비시지(BCG). 결핵 예방 백신.

【卡拉OK】kǎlā'ōukèi <명> 1 가라오케. [1970년대 일본에서 처음 등장한 음향 설비의 일종. 일본어로 '무인 음악대' 라는 뜻임] 2 (이러한 음향 설비를 이용한) 가라오케. 노래방. [卡拉, から OK, orchestra]

【卡路里】kǎlùlǐ <명><물> 칼로리(calorie). [열량의 단위]

【卡片】kǎpiàn <명> 카드(card).

【卡其】kǎqí ☞【咔叽】kǎjī

【卡其布】kǎqíbù ☞【咔叽】kǎjī

【卡钳】kǎqián <명>(機) 캘리퍼스(callipers).

【卡式】kǎshì <형> 1 카세트식의. ¶~录音机 = 카세트 녹음기. 2 카드식의. ¶~电话机 = 카드 전화기.

【卡他】kǎtā <명>(醫) 카타르(catarrh). 점막염.

【卡塔尔】Kǎtǎ'ěr <명><지> 카타르(Qatar). [수도는 '多哈(도하: Doha)'임]

【卡特尔】kǎtè'ěr <명><경> 카르텔. 기업 연합.

【卡通】kǎtōng <명> 1 (映) 만화 영화. 동화(動畫). 애니메이션. 카툰(cartoon). 2 (美) 만화. 카

툰(cartoon).

【卡通画】kǎtōnghuà 명㈜《美》만화. 카툰(cartoon).

【卡通片】kǎtōngpiàn 명㈜《映》만화 영화. 동화(動畫). 애니메이션. 카툰(cartoon).

【卡纸】kǎzhǐ 명 켄트지(Kent紙). 판지(板紙).

【卡座】kǎzuò 명 **1** (찻집·유흥업소 등의) 독방. 룸. 특별석. **2** (좌석의 옆이나 중간에 붙어 있는) 접이식 보조 의자.

## 佧 Kǎ 종족 이름 가

【佧佤族】Kǎwǎzú 명 '와족(佤族)'의 옛 명칭.

## 咔 kǎ 음역자 가

아래를 참조.
☞ kā

【咔叽】kǎjī 명㈜《紡》카키복(khaki服) 천. ≒【卡其】kǎqí【卡其布】kǎqíbù

【咔唑】kǎzuò 명㈜《化》카르바졸(carbazole).

## 咯 kǎ 뱉을 각

동 **1** 칵 하고 내뱉다. ¶终于把鱼刺~了出来。=끝내 생선 가시를 칵 하고 뱉어 냈다.
☞ gē, luò

【咯痰】kǎ‖tán 동 가래를 뱉어 내다. 객담(咯痰)하다.

【咯血】kǎ‖xiě 동《醫》각혈하다. 피를 토하다. =【咳血】ké‖xiě

## 胩 kǎ 카르빌아민 가

명《化》카르빌아민(carbylamine). 이소시아니드(isocyanide). ['异腈(yìjīng)'이라고도 함]

# kai

## 开¹[開] kāi 열 개

동 **1** 열다. 열치다. 틀다. 켜다. ¶~锁=자물쇠를 열다. / ~电视=텔레비전을 켜다. **2** (합쳐진 것이) 벌어지다. (꽃이) 피다. ¶春暖花~=봄이 되어 날씨가 따뜻해지고 꽃이 피다. **3** (언 것이) 녹다. 풀리다. ¶河~了。=강이 풀렸다. **4** (연결된 것이) 분리되다. 흩어지다. ¶鞋带~了。=신발끈이 풀렸다. **5** (금지령이나 제한이) 해제되다. ¶他的烟又~戒了=그는 끊었던 담배를 다시 피운다. **6** 제거하다. 박탈하다. 놓아주다. 석방하다. ¶~除学籍=학적을 박탈하다. / 无罪~释=무죄로 석방하다. **7** (액체가) 끓다. 비등(沸騰)하다. ¶壶里的水~了。=주전자의 물이 끓었다. **8** (황무지를) 개간하다. 개척하다. (길을) 뚫다. 개통하다. 열다. ¶~发荒地=황무지를 개간하다. / ~山劈岭=산과 봉우리를 깎고 허물다. **9** 창립(설립)하다. 개설하다. 설치하다. ¶~公司=회사를 창립하다. / 到银行~户。=은행에 가서 통장을 개설하다. **10** 시작하다. 개시하다. ¶戏已经~演了。=이미 공연이 시작

되었다. / 明天~学。=내일 개학한다. **11** (회의·좌담회·전람회 등을) 열다. 개최하다. 거행하다. ¶召~全体职工大会=전체 직원 총회를 소집하다. **12** (자동차 등을) 운전하다. (기계 등을) 조종하다. (총포 등을) 쏘다. ¶~出租车=택시를 운전하다. / ~枪射击=사격하다. **13** (부대가) 출발〔出動〕하다. ¶部队~拔了。=부대가 출발하였다. **14** (항목별로) 열거하다. 쓰다. (서류를) 작성하다. (가격을) 표시하다. ¶~列清单=명세서를 작성하다. / ~价很高=제시 가격이 매우 높다. **15** (임금·차비 등을) 지불하다. 지출하다. ¶~工资=임금을 지불하다. / ~支过大=지출이 너무 많다. **16** (일정한 비율로) 나누다. 가르다. ¶功过四六~。=공과(功過)가 4 대 6의 비율이다. **17** (음식이나 술자리를) 늘어놓다. 진열하다. 차리다. ¶12点准时~席。=12시 정각에 연회〔식사〕를 시작한다. **18** 퍼지다. 퍼져 나가다. [동사나 형용사 뒤에 쓰여 동작이나 상태가 확대되어 감을 나타냄] ¶他在奥运会上夺冠的消息传~了。=그가 올림픽에서 금메달을 땄다는 소식이 퍼져 나갔다. **19** …하기 시작하다. [동사나 형용사 뒤에 쓰여 동작이나 상태가 시작되어 계속되어 감을 나타냄] ¶刚立春, 天气就热~了。=입춘이 되자마자 날씨가 더워지기 시작하였다. **20** 먹다. ¶他把剩下的饺子全~了。=그는 남은 만두를 다 먹어치웠다. 양 **1** ㈀ 번(番). [물이 끓은 횟수를 나타내는 단위] ¶饺子要煮三~儿。=만두는 물이 세 번 끓어오르도록 삶아야 한다. [한 번 끓어오를 때마다 냉수를 침] **2** 《印》절. [인쇄에서 종이 크기를 나타내는 단위. 인쇄용 전지의 '몇 분의 1'임을 나타냄] ¶国际流行大32~=국제적으로 32절이 유행한다. **3** ㈀ 캐럿(karat). [순금의 함유도나 보석의 무게를 나타내는 단위] ¶16-金的金戒指=16K 금반지. **4** ㈂《物》개르븐(캘빈 온도). 명 (Kāi) 성(姓).
⇌启 ↔关 闭 合 封 缄 谢

## 开²[開] ‖·kai 열 개

동 **1** 열다. 펼치다. 나누다. 떠나다. 떨어지다. 멀어지다. [동사 뒤에 쓰여 나누거나 떠나가거나 분리됨을 나타냄] ¶打~窗户=창문을 열다. **2** 동사 뒤에 쓰여 느슨하게 하거나 이해를 나타냄. ¶想~一点儿=생각을 좀 넓게 가져라. **3** 동사 뒤에 쓰여 수용을 나타냄. ¶人太多, 小会议室不~。=사람이 너무 많아 소회의실에 다 수용할 수 없다.

○● 敞chǎng开, 除开, 分开, 离开, 撤piē开, 起开, 全开, 盛shèng开, 展开, 召开

【开拔】kāibá 동 (군대 등이) 출발하다. 출동하다. 이동하다. ¶部队天不亮就~了。=부대는 날이 밝기도 전에 이미 (주둔지에서) 출발하였다. ≒出发 ↔驻扎

【开班】kāibān 동 (훈련·양성·연구 등의) 반을 개설하다〔만들다〕.

【开办】kāibàn 동 (공장·학교·상점 등을) 개설하다. 창설하다. 설립하다. 창립하다. 개업하다.

¶~舞蹈学校=무용 학교를 설립하다.
【开本】kāiběn 명(印) 판형. 절. [인쇄용 전지를 계산 단위로 하여, 그 재단 매수로 표시하는 책의 크기] ¶16~=16절.
【开笔】kāi∥bǐ 동 1 옛 시문을 배우기 시작하다. ¶他天资聪颖, 七岁就~了.=그는 타고난 자질이 총명하여 일곱 살 때 이미 시문을 배우기 시작했다. 2 옛 새해에 처음으로 붓을 들다〔글자를 쓰다〕. ¶新春~=신춘 휘호. 3 (책이나 글을) 쓰기 시작하다. ¶他一直在收集资料, 还没有~.=그는 줄곧 자료만 수집하고 아직 글을 쓰기 시작하지 않았다.
【开编】kāibiān 동 집필을 시작하다. 편집에 착수하다. ¶这部百科全书~已近一年了.=이 백과 전서는 편집을 시작한 지 거의 일 년이 되어 간다.
【开标】kāi∥biāo 동 (입찰을) 개찰하다. ¶当场~=현장에서 개찰하다.
【开播】kāibō 동 1 파종을 시작하다. ¶适时~=적시에 파종하다. 2 방송을 시작하다. 개국(開局)하다. ¶音乐电台已~十五年了.=음악 방송국이 개국한 지 이미 15년이 되었다. 3 (어떤 프로그램을) 방송〔방영〕하기 시작하다. ¶这部电视剧将于下周~.=이 TV 드라마는 다음 주부터 방영한다.
【开步】kāibù 동 발걸음을 내디디다. 큰 걸음으로 걷다. ¶~走=앞으로 발걸음을 내디디다.
【开采】kāicǎi 동 (지하 자원을) 채굴하다. 발굴하다. 개발하다. ¶~煤矿=탄광을 개발하다.
【开仓赈饥】kāicāng-zhènjī 성 곡물 창고를 열어 이재민〔빈민〕을 구제하다.
【开衩】kāi∥chà (~儿) 동 옷자락을 트다. 벤트(vent)를 내다. ¶这种款式的西服是在两侧~.=이런 스타일의 양복은 양 옆을 튼다.
【开场】kāi∥chǎng 동 1 (연극이나 운동 경기 등이) 막이 오르다. 개막하다. ¶来得正是时候, 演出刚~.=딱 맞추어 왔구나, 방금 막이 올랐는데. 2 (일반적인 활동이) 시작되다. ¶新产品的推介活动马上就要~了.=신상품의 판촉 행사가 곧 시작된다. ↔终场
【开场白】kāichǎngbái 명 1 (연극 등의) 개막사. 프롤로그. 2 (비) 머리말. 서두. 서론.
【开畅】kāichàng 형 (마음이) 상쾌하다. 유쾌하다. 시원하다. 홀가분하다. 쾌적하다. 행복하다. 즐겁다.
【开车】kāi∥chē 동 1 차를 몰다〔운전하다〕. ¶严禁酒后~.=음주 운전을 엄금하다. 2 (기계를) 시동(始動)하다. 가동하다. ¶~生产=생산을 가동하다.
【开诚布公】kāichéng-bùgōng 성 흉금〔진심〕을 털어놓다. 속마음을 털어놓다. ≒推心置腹
【开诚相见】kāichéng-xiāngjiàn 성 마음〔흉금〕을 열고 진심으로 사람을 대하다.
【开秤】kāi∥chèng 동 (주로 계절성 물건을) 거래하기 시작하다. ¶粮站已经~收购小麦了.=양식 수매소는 이미 밀을 수매하기 시작하였다.
【开初】kāichū 명 처음. 시작. 당초. 애초. ¶~他适应不了紧张的学习生活, 时间一长, 也就习惯了.=처음에 그는 빠듯한 학업 생활에 적응하지 못했으나, 시간이 지나자 곧 익숙해졌다.
【开除】kāichú 동 제명하다. 해고하다. 자르다. 면직시키다. ¶~学籍=학교에서 제적시키다. ↔留用
【开锄】kāi∥chú 동 애벌갈이하다.
【开船】kāichuán 동 1 배를 조종하다〔몰다〕. ¶他正在~.=그는 지금 배를 조종하고 있는 중이다. 2 출항〔출항〕하다. ¶下一班渡轮二十分钟以后~.=다음 나룻배는〔도선은〕 20분 후에 출항한다.
【开创】kāichuàng 동 창립〔창설·창업·창건〕하다. 시작하다. 일으키다. 열다. ¶~经济建设的新局面.=경제 건설의 새로운 국면을 열다. ≒创始 首创 开启
【开创性】kāichuàngxìng 명 창조성. 창의성. ¶这一设计富于~.=이 계획은 창의성이 풍부하다.
【开槌】kāichuí 동 경매를 개시하다. ¶拍卖会明天上午10点~.=경매는 내일 오전 10시에 시작한다.
【开春】kāi∥chūn (~儿) 동 봄이 (시작)되다. ¶刚~, 柳枝就发新芽了.=막 봄이 되어 버들가지에 새싹이 돋았다. 명 초봄. [음력 정월 또는 입춘 전후] ¶从~到现在, 一直都没闲过.=초봄부터 지금까지 줄곧 한가한 적이 없었다.
【开打】kāidǎ 동(劇) (연극에서) 격투를 벌이다.
【开单】kāi∥dān (~儿) 동 계산서·명세서·영수증 등을 작성하다. (계산서를 작성하여) 청구하다. ☞【开单子】kāidān·zi
【开单子】kāidān·zi ☞【开单】kāidān
【开裆裤】kāidāngkù 명 개구멍바지.
【开刀】kāi∥dāo 동 1 (醫) 수술하다. ¶~切除良性肿瘤.=수술로 양성 종양을 제거하다. 2 옛 목을 베다. 참수하다. [주로 조기 백화문에 보임] ¶~问斩=참수형에 처하다. 3 (비) …부터 먼저 손을 대다. 아무부터 본보기로 징계하다〔손보다〕. ¶主要责任在你, 当然拿你~.=주요 책임이 너한테 있으므로 당연히 너부터 본보기로 손볼 것이다.
【开导】kāidǎo 동 지도하다. 계도하다. 일깨우다. 계발하다. 계몽하다. 교화하다. ¶比赛失败后他情绪很低落, 你要好好~~他.=시합에 진 후 그의 기분이 많이 가라앉았으니, 네가 잘 일깨워 주어라. ≒劝导
【开倒车】kāidàochē (시대에) 역행하다. 거꾸로 가다. ¶我们要紧跟时代的步伐, 不能~.=우리는 시대의 흐름을 바싹 따라가야지 역행해서는 안 된다.
【开道】kāi∥dào 동 1 앞서 인도하다. 선도하다. 에스코트(escort)하다. ¶警车~=경찰차가 에스코트하다. 2 길을 비켜 주다〔양보하다〕. ≒劝导
【开道车】kāidàochē 명 (경찰의) 에스코트 차량. 호위 차량.
【开灯】kāidēng 동 전등을 켜다. 불을 켜다. ¶屋里光线很好, 用不着~.=방 안에 빛이 아주

밝아서 전등을 켤 필요가 없다.

【开垦】kāi‖dì 동 1 ⟨문⟩ 영토를 개척하다. ¶~千里 = 천리의 영토를 개척하다. 2 땅을 갈다. 땅을 갈아엎다. ¶~播种 = 땅을 갈고 파종하다. 3 ⟨방⟩ 황무지를 개간하다.

【开店】kāidiàn 동 가게를 열다. 상점을 개업하다. ¶~做服装生意。= 옷 가게를 개업하다.

【开吊】kāidiào 동 1 ⟨옛⟩ (상가(喪家)에서) 출상 전에) 조문을 받다. 2 (기둥이 등으로) 대형 부재(部材) 등을 들어서 조립하기 시작하다.

【开顶风船】kāi dǐngfēngchuán ⟨비⟩ 1 바람을 안고 항해하다. 2 ⟨비⟩ 곤란을 무릅쓰고 나아가다.

【开冬】kāidōng 동 겨울이 (시작)되다. ¶~后, 天气日益寒冷。= 겨울이 된 후 날씨가 점점 추워진다. ⟨명⟩ 초겨울. ¶从~到现在, 还没有下过一场雪。= 초겨울부터 지금까지 아직 눈이 내리지 않았다.

【开动】kāidòng 동 1 (차량을) 출발시키다. 출발하다. (기계를) 가동시키다⟨운전하다⟩. ¶~机器 = 기계를 가동시키다. 2 이동하다. 움직이다. 전진하다. ¶考古队一大早就~了。= 고고학팀은 아침 일찍 출발하였다. 3 ⟨비⟩ 사고(思考)를 하다. ¶~脑筋 = 머리를 쓰다.

【开冻】kāi‖dòng 동 (얼었던 강·지면이) 녹다. 풀리다. 해빙되다.

【开端】kāiduān 명 발단. 시작. 처음. 출발. ¶双方的合作有了一个良好的~。= 쌍방의 협력은 순조로운 출발을 보였다. ≒开头 ↔结尾

【开恩】kāi‖ēn 동 너그러이 (관대히) 용서하다. 은혜를 〔용서를·관용을〕 베풀다. [주로 부탁이나 감사의 마음을 나타내는 데 쓰임] ¶求您~, 放过他这一回。= 은혜를 베풀어 이번에 그를 용서해 주시기를 부탁드립니다.

【开发】kāifā 동 1 (자연 자원을) 개발하다. 개간하다. 개척하다. ¶~盐碱地 = 알칼리성 토지를 개발하다. 2 (재능 등을) 개발하다. ¶~智力 = 지력을 개발하다. 3 (새로운 물건 등을) 개발하다. 처음으로 제작하다. ¶~新产品 = 신제품을 개발하다. ≒开辟

【开发】kāi·fa 동 지불하다. 나누어 주다. ¶~喜钱 = 위로금을 나누어 주다.

【开发区】kāifāqū ☞ 【经济技术开发区】jīngjì jìshù kāifāqū

【开发商】kāifāshāng 명 부동산 투자자.

【开饭】kāi‖fàn 동 1 밥상을〔식사를〕 차리다. ¶等人到齐了再~。= 사람들이 모두 도착하면 그 때 밥상을 차리자. 2 (식당에서) 배식을 시작하다. ¶食堂每天中午十二点准时~。= 식당은 매일 12시 정각에 배식을 시작한다.

【开方】kāi‖fāng 동 (~儿) 처방전을 쓰다〔내다〕. =【开方子】kāi fāng·zi ⟨명⟩⟨數⟩ 개방(開方). [제곱근이나 세제곱근 따위를 계산하여 답을 구하기]

【开方子】kāi fāng·zi ☞ 【开方】kāi‖fāng

【开房】kāi‖fáng ☞ 【开房间】kāi fángjiān

【开房间】kāi fángjiān 동⟨방⟩ (숙박업소의) 방을 빌리다〔잡다〕. =【开房】kāi‖fáng

【开放】kāifàng 동 1 (꽃이) 피다. ¶满山的樱花全都~了。= 온 산의 벚꽃이 모두 피었다. 2 (공원·도서관 등의) 공공 장소를 개방하다. ¶资料室只对内部员工~。= 자료실은 내부 직원에게만 개방한다. 3 (공항·항구·도로 등의) 출입·통행을 개방하다. ¶~港口 = 항구를 개방하다. 4 (봉쇄·금지령·제한 등을) 해제하다. 개방하다. ¶对外~ = 대외에 개방하다. 형 (생각이) 개방적이다. (성격이) 명랑하다. ¶思想~ = 의식이 개방적이다. ↔ 凋谢 凋落 关闭 封闭

【开封】kāifēng 동 (편지나 포장을) 개봉하다. 뜯다. ¶这是原包装, 还没有~。= 이것은 원래 포장으로 아직 개봉하지 않았다. 명 (Kāifēng) ⟨地⟩ 카이펑(开封). [허난(河南)성에 있는 지명]

【开赴】kāifù 동 (군대 등이 목적지를 향하여) 떠나다. 출동하다. 출동하다. ¶~灾区 = 재해 지역으로 출동하다. ≒开往

【开割】kāigē 동 1 (고무를 얻기 위해) 고무나무에 처음으로 칼금을 내다. 2 수확하기 시작하다.

【开革】kāigé 동 제명하다. 해고하다. 자르다. 면직시키다.

【开工】kāi‖gōng 동 1 (공장이) 생산에 들어가다. 가동하다. 조업하다. ¶工厂年底~。= 공장은 연말부터 가동한다. 2 (토목 공사에서) ~를 시작하다. 착공하다. ¶公司办公大楼尚未~。= 회사의 사무용 빌딩은 아직 착공되지 않았다. 3 일을 시작하다. ¶明天早上八点~。= 내일 아침 8시에 일을 시작한다. 4 (인원·설비 등이) 일〔생산〕에 모두 투입되다. ¶因原材料缺乏, 生产~不足。= 원자재가 부족하여 조업을 풀가동할 수 없다. ↔竣工 停工

【开弓】kāigōng 동 활을 쏘다. 시위를 당기다. ¶左右~ = 양손을 번갈아 가며 활을 쏘다. 몇 가지 일을 동시에 하다.

【开沟】kāigōu 동 도랑을〔수로를〕 파다. 참호를 파다. ¶~挖渠 = 도랑을 파다.

【开沟机】kāigōujī 명⟨機⟩ 도랑 굴착용 기계.

【开关】kāiguān 명 1 ⟨電⟩ 스위치. 개폐기. 전환기. 여닫이. 셔터(shutter). ⟨방⟩【电门】diànmén 2 밸브(valve).

【开馆】kāiguǎn 동 개관하다. 문을 열다. ¶博物馆周末不~。= 박물관은 주말에 개관하지 않는다.

【开光】kāi‖guāng 동 1 불상을 만든 후 (불상에 씌운 붉은 비단을 벗기고) 처음으로 공양하다. 개안(開眼)하다. 2 이발하다. 머리를 빡빡 깎다. 수염을 깎다. [해학적인 의미를 내포함]

【开锅】kāi‖guō 동 1 (솥·냄비 안의 것이) 끓다. ¶不一会儿, 水就烧~了。= 얼마 안 있어 물이 끓었다. 2 ⟨비⟩ 소란을 피우다. 야단법석을 떨다. 떠들썩하다. 시끌시끌하다. 시끌벅적하다. 소동이 벌어지다. ¶一屋子的人吵开了锅。= 온 방 안의 사람이 시끌벅적하게 떠든다.

【开国】kāiguó 동 1 나라를 세우다. 개국하다. 건국하다. ¶~大典 = 건국 식전. 2 왕조를 수립하다. ¶~皇帝 = 개국 황제.

【开航】kāi‖háng 동 1 새로운 항로에 운항이

개시되다. 항로를 열다. (사용을 중지했던 항로의) 운항을 재개하다. ¶新航线将于下月初正式~。=새 항로는 다음 달 초에 정식으로 운항을 시작된다. **2** (배가) 출항하다. ¶这班轮船下午两点~。=이 선박은 오후 2시에 출항한다.

【开合】**kāihé** 동 열거나 닫다. 개폐하다. ¶~自如=열고 닫는 것이 자유롭다.

【开合桥】**kāihéqiáo** 명 개폐교(開閉橋). 가동교(可動橋).

【开河】**kāi‖hé** 동 **1** 수로를〔물길을〕열다. ¶~筑堤=물길을 열고 제방을 쌓다. **2** 강이 해동되다〔해빙되다〕. ¶~后船只才能航行。=강이 해동되어야 배가 비로소 항행할 수 있다. **3** 마음대로〔거침없이〕지껄이다. ¶信口~=입에서 나오는 대로 거침없이 말하다.

【开后门】**kāi hòumén** 숙어 뒷거래하다. 뇌물을 받다. 직권을 이용하여 편의를 봐주다. 사리를 도모하다.

【开户】**kāi‖hù** 동 (은행이나 증권 거래소의) 계좌를 개설하다.

【开户行】**kāihùháng** ☞【开户银行】**kāihù yínháng**

【开户银行】**kāihù yínháng** 명 계좌 개설 은행. =【开户行】**kāihùháng**

【开花】**kāi‖huā**(~儿) 동 **1** 꽃이 피다. ¶腊梅冬天才~。=납매(臘梅)는 겨울이 되어야 꽃이 핀다. **2** (비) (꽃이 피듯) 벌어지다. 터지다. 파열하다. ¶~胡豆=기름에 튀긴 누에콩. **3** (비) (마음에) 기쁨이 일다〔넘치다〕. (얼굴에) 웃음꽃이 피다. ¶心里乐开了花。=마음속에 기쁨이 넘쳤다. **4** (비) (사업이) 번창하다. (일이) 잘 되다. 성과가 나타나다. (경험이) 널리 알려지다. ¶遍地~=도처에 알려지다.

【开化】**kāihuà** 동 **1** 개화하다. ¶远古时期, 人类尚未~。=상고 시대에는 인류가 아직 개화하지 못했다. **2** (눈이나 얼음이) 녹기〔해빙되기〕시작하다. ¶厚厚的冰层慢慢~了。=아주 두꺼운 얼음층이 서서히 녹기 시작했다. 형 생각이 트여 있다〔깨어 있다·진보적이다〕. ¶他一贯死脑筋, 不~。=그는 일관되게 융통성이 없고 생각이 트여 있지 않다.

【开怀】**kāihuái** 형 **1** 마음을 열다. 흉금을 털어놓다. **2** (비) 매우 기분이 좋다〔상쾌하다·통쾌하다·후련하다〕. ¶~大笑=아주 통쾌하게 웃다.

【开怀儿】**kāi‖huáir** 동 (方) 초산(初産)하다. ¶媳妇不~, 可急坏了公婆。=며느리가 애를 낳은 적이 없어서 시부모를 매우 애타게 하였다.

【开荒】**kāi‖huāng** 동 황무지를 개간하다. 개황하다. ¶~种地=황무지를 개간하여 농사를 짓다. ≒垦荒 拓荒 开垦

【开会】**kāi‖huì** 동 회의를 열다〔하다〕. ¶通知全体员工下午三点~。=전 직원에게 오후 3시에 회의를 한다고 통지하다.

【开荤】**kāi‖hūn** 동 **1** (불교 신자 등 종교인이) 채식의 계율을 깨뜨리나 채식 기간이 다 채우고) 육식을 시작하다. (주로 채식을 하는 사람이) 간혹 육식을 하다. **2** (비) 신기한 경험〔체험〕을 하다. ¶活了这大半辈子第一次吃西餐, 可真是~了。=반평생에 처음으로 양식을 먹어 보다니, 정말 신기한 경험을 했다.

【开火】**kāi‖huǒ**(~儿) 동 **1** 발포하다. 사격하다. 개전하다. 전투가 시작되다. ¶前线~了。=전방에서 전투가 시작되었다. **2** (비) 비난하다. 공격하다. 규탄하다. 탄핵하다. ¶向不正之风~。=나쁜 기풍에 대해 공격을 개시하다. ↔停火

【开伙】**kāi‖huǒ** 동 **1** (공동 식당 등이) 음식을 제공하다. ¶春节期间食堂不~。=설 기간에는 식당이 음식을 제공하지 않는다. **2** 밥을 짓다. 취사하다. ¶自己单独~。=자기 혼자서 밥을 해 먹다.

【开豁】**kāihuò** 형 **1** 개활하다. 탁 트이다. 시원하게 너르다. 넓다. ¶浓雾散去, 草原上显得格外~。=짙은 안개가 걷히고 나니 초원이 유난히 탁 트여 보인다. **2** (생각·마음 등이) 넓다. ¶思想~=마음이 탁 트이다. ≒开阔↔狭窄

【开机】**kāi‖jī** 동 **1** 기계·컴퓨터 등을 켜다〔작동하다·가동하다〕. **2** (映) (영화나 TV 드라마의) 촬영을 시작하다. 크랭크인(crank in)하다. ¶这部电视剧已于昨日~。=이 TV 드라마는 이미 어제 촬영을 시작하였다.

【开集】**kāijí** 동 시장이 서다. ¶年初三才~。=정초 3일이 되어야 장이 선다.

【开霁】**kāijì** 동(文) 날씨가 막 개다. ¶雨后~=비 온 후에 날씨가 막 개다.

【开价】**kāi‖jià**(~儿) 동 (판매자가) 값을 부르다. (경매에서) 시작〔최저〕가격을 부르다. ¶~合理=부르는 가격이 적당하다.

【开架】**kāijià** 동 **1** (서점·도서관에서) 이용자가 도서·자료를 직접 찾아보다. 개가제〔개가식〕이다. ¶~阅览室=개가제 열람실. **2** 고객이 직접 상품 진열대에서 물건을 고르다. ¶超市都是~售货。=모든 슈퍼마켓은 손님이 직접 물건을 고르는 방식으로 물건을 판매한다. ↔闭架

【开架式】**kāijiàshì** 명 개가제. 개가식. ¶~借阅=개가제로 책을 빌려서 보다.

【开间】**kāijiān** 명 방의 넓이. ¶这套住房每间屋子~都很大。=이 주택은 각 방이 모두 넓다. 양 (ㅂ) 간. 칸. 칸살. [옛날, 방의 넓이를 나타내는 단위. 약 3⅓ m²] ¶两~的堂屋=두 칸짜리 정방(正房).

【开疆】**kāijiāng** 동(文) 강토〔영토〕를 개척하다. ¶~扩土=강토를 개척하다.

【开讲】**kāijiǎng** 동 강연을〔강의를〕시작하다. ¶登台~=강단에 올라 강연을 시작하다.

【开奖】**kāi‖jiǎng** 동 경품〔복권〕을 추첨하다. 당첨자를 발표하다. ¶当众~=사람들 앞에서 추첨하다.

【开交】**kāijiāo** 동 끝을 맺다. 해결하다. 풀다. [주로 부정형으로 쓰임] ¶两人为一点小事闹得不可~。=두 사람은 조그마한 일로 다투어 해결을 보지 못했다.

【开胶】**kāi‖jiāo** 동 (접착제로 붙인 곳이) 갈라지다〔터지다〕. ¶皮鞋刚穿两天就~了。=구두가 막 신은 지 이틀 만에 갈라졌다.

【开叫】kāijiào 동 1 (곤충이) 울기 시작하다. 2 (경매에서) 시작〔최저〕가격을 부르다. 3 (브리지(bridge)에서) 패를 외치다.

【开解】kāijiě 동 (비통해하는 사람을) 달래다. 타이르다. 위로하다. ¶经过众人的～, 他的情绪慢慢平定下来。=많은 사람들이 달래고 나서야 그의 마음이 서서히 안정되었다.

【开戒】kāi∥jiè 동 1 (종교인이) 파계하다. 계율을 어기다. 2 (일반인이) 금기를 깨다. ¶他的酒又～了。=그의 금주 결심이 또 깨졌다.

【开金】kāijīn 명 (금의) 캐럿(K). ¶～项链=금목걸이.

【开襟】kāijīn 명 중국식 상의에서 앞이나 옆이 트인 스타일. ¶对～=(중국식 상의에서) 가슴 중앙에서 두 자락을 단추 등으로 채우는 스타일. / 右～=우측으로 단추를 채우는 스타일.

【开禁】kāijìn 동 해금(解禁)하다.

【开镜】kāijìng 동 1 사진기〔촬영기〕의 렌즈를 열다. 2 (영화나 TV 드라마의) 촬영을 시작하다. 크랭크인하다. ¶这部影片下周举行～仪式。=이 영화는 다음 주에 크랭크인 행사를 거행한다.

【开局】kāijú 동 1 (바둑·장기나 구기 시합을) 시작하다. ¶球赛刚刚～, 胜负还难以确定。=축구 경기가 막 시작되어서 승부는 아직 예측하기 어렵다. 2 (어떤 일이나 활동을) 시작하다. ¶事业单位的改制工作即将～。=비영리 사업 단체의 제도 개혁 작업이 곧 시작된다. 명 1 (바둑·장기나 구기 시합의) 시작 단계. 2 (어떤 일이나 활동) 시작 단계. ¶今年的汽车销售有了一个良好的～。=올해의 자동차 판매는 순조로운 출발을 보였다.

【开具】kāijù 동 (영수증·증명서 따위를) 작성하다. 하나하나 써 넣다. 열거하여 쓰다. ¶～清单=명세서를 작성하다.

【开卷】kāijuàn 동 1 문 책을 펴다. 2 문 독서하다. 3 (시험을 치를 때) 응시자가 관련 자료를 보는 것을 허용하다. ↔闭卷

【开卷考试】kāijuàn kǎoshì 명 오픈 북 시험. [시험을 치를 때 관련 자료를 보는 것이 허용되는 시험]

【开卷有益】kāijuàn-yǒuyì 성 책을 펼치면 이로움이 있다. 독서는 유익하다.

【开掘】kāijué 동 1 파다. 파내다. 캐다. 채굴하다. 굴착하다. ¶～煤矿=탄광을 채굴하다. 2 비 (문학·예술에서 제재·인물의 사상·현실 생활 등을) 깊이 탐색하여 충분히 나타내다. ¶这部小说对题材的现实意义～得很深。=이 소설은 제재의 현실적 의의에 대해 아주 깊이 있게 표현하였다. ≒挖掘

【开浚】kāijùn 동 준설(浚渫)하다. ¶～河道=수로를 준설하다.

【开课】kāi∥kè 동 1 개강하다. 수업을 시작하다. ¶学校定于八月底～。=학교는 8월 말에 개강하기로 결정하였다. 2 (학교에서) 과목을 개설하다. ¶下学期的～计划已开始制定。=다음 학기의 교과목 개설 계획을 이미 짜기 시작했다. 3 (대학에서) 과목을 담당하다. ¶他现在只开了两门选修课。=그는 현재 선택 과목 두 개만 담당한다.

【开垦】kāikěn 동 개간하다. ¶～荒地=황무지를 개간하다. ≒开荒 垦荒

【开口】kāi∥kǒu 동 1 입을 벌리다. 2 말을 하다. ¶我还没来得及～, 他就抢先替我回答了。=내가 미처 입을 열기도 전에 그가 끼어들어 내 대신 대답했다. 3 (어떤 요구를 위해) 입을 떼다. 입을 열다. 말을 하다. ¶跟人借钱还真难～。=남에게 돈을 빌리기 위해 입을 떼기가 정말 어렵다. 4 (깨져서) 틈이 벌어지다. 이가 빠지다. 구멍이 나다. ¶裤腿开了口, 没法穿了。=바짓가랑이에 구멍이 나서 입을 수가 없다. 5 ☞【开刃儿】kāi∥rènr ≒启口 ↔缄口 缄默

【开口闭口】kāikǒu-bìkǒu 성 비 입만 열었다 하면, 말을 할 때마다. ¶他～都是那些陈谷子烂芝麻的事。=그는 입만 열었다 하면 모두 진부하고 쓸데없는 이야기를 한다.

【开口饭】kāikǒufàn 명 옛 (설창 문예와 같이) 입〔재담〕으로 먹고사는 직업.

【开口呼】kāikǒuhū 명 (언) 개구호(開口呼). [운모(韻母)가 'i'·'u'·'ü'가 아니거나 운두(韻頭)가 'i'·'u'·'ü'가 아닌 자음(字音)을 가리킴]

【开口跳】kāikǒutiào ☞【武丑】wǔchǒu

【开口销】kāikǒuxiāo 명 (기) 분할 핀. 영 split pin

【开口笑】kāikǒuxiào 동 입을 벌리고 웃다. 웃는 모습을 짓다. 명 카이커우샤오(开口笑). [기름에 튀긴 밀가루 음식의 일종. 튀긴 후에 부풀어 갈라진 모양이 크게 웃는 입 모양 같아서 붙여진 이름]

【开口子】kāi kǒu·zi 1 제방이 터지다. 둑이 무너지다. 2 비 (어떤 방면에서) 전례를 깨뜨리다. 편의를 봐주다. 제한을 풀어 주다. 틈을〔여지를〕 주다. ¶谁都得按政策办事, 不能开这个口子。=누구든지 정책에 따라 일을 처리해야지 이러한 편의를 봐주어서는 안 된다.

【开快车】kāi kuàichē 성 비 (일이나 학습의) 속도를 높이다. 박차를 가하다. ¶老师给学生们～, 一个暑假就教学完了一个学期的课程。=선생님이 학생들에게 학습의 속도를 높이도록 한 덕분에 여름 방학 동안에 한 학기 과정을 모두 마치게 되었다.

【开旷】kāikuàng 형 훤하게 트이다. 시원스럽게 넓다. ¶～的原野=확 트인 벌판.

【开矿】kāi∥kuàng 동 광물을 채굴하다. 채광하다.

【开阔】kāikuò 형 1 (면적 또는 공간 범위가) 넓다. 광활하다. ¶视野～=시야가 넓다. 2 (생각이나 마음이) 탁 트이다. 유쾌하다. 명랑하다. ¶胸襟～=마음이 탁 트이다. 동 넓히다. ¶～眼界=견문을 넓히다. ≒开豁 ↔狭窄 狭隘

【开阔地】kāikuòdì 명 (군) 개활지.

【开朗】kāilǎng 형 1 (생각이) 트이다. (성격이) 명랑하다. 활달하다. 쾌활하다. 낙관적이다. ¶性格～=성격이 명랑하다. 2 (장소가) 탁 트이고 밝다〔훤하다〕. ¶穿出隧道, 眼前豁然～。=터널

을 지나자 눈앞이 환하게 밝아졌다. ≒爽朗

【开擂】 kāilèi 통 1 (무술 무대에 올라) 무예를 〔무술을〕 겨루기 시작하다. 2 시합이 시작되다.

【开犁】 kāi∥lí 통 1 봄갈이를 시작하다. 일년 중에 논밭갈이를 처음으로 시작하다. 일년 농사를 시작하다. 2 ☞ 〔开墒〕 kāi∥shāng

【开例】 kāi∥lì 통 선례를 만들다〔남기다〕. ¶违反原则的事绝对不能~。=원칙을 위반하는 일은 절대 선례를 남겨서는 안 된다.

【开镰】 kāi∥lián 통 낫질하다. 수확하기 시작하다. ¶水稻不日即可~。=벼는 며칠 안에 곧 수확을 시작한다.

【开脸】 kāi∥liǎn 통 1 (옛) 얼굴을 단장하다. [여자가 출가하기 전에 실로 얼굴에 난 솜털을 뽑아내고 귀밑머리를 다듬는 것을 말함] 2 (藝) (조소(彫塑)에서) 얼굴 부분을 조각하다.

【开列】 kāiliè 통 열거하다. 하나하나 써 넣다. 기록하다. ¶~参会人员名单=회의 참가자 명단을 열거하다.

【开裂】 kāiliè 통 터지다. 금이 가다. 갈라지다. ¶墙壁~=담이 갈라지다.

【开领】 kāilǐng 통 옷깃을 타다. ¶~过低=옷깃을 너무 낮게 탔다.

【开溜】 kāiliū 통(口) 슬그머니〔살짝〕 빠져 나가다. 몰래 달아나다〔떠나다·도망가다〕. ¶转身~=돌아서서 슬그머니 도망치다.

【开颅】 kāilú 통(醫) 두개골을 열다. 뇌를 수술하다. ¶~手术=개두(開頭) 수술.

【开路】 kāilù 통 1 길을 내다〔뚫다〕. ¶逢山~, 遇水搭桥=산을 만나면 길을 뚫고, 물을 만나면 다리를 놓는다. 2 맨 앞에서 인도하다. 선도하다. 앞장서다. ¶~先锋=개척자. 명(電) 개회로(開回路).

【开绿灯】 kāi lǜdēng 통 1 푸른 신호등을 켜서 통행 허락을 나타내다. 2 (비) 금지〔제지〕하지 않다. 시인하다. 길을 내주다. 앞으로 나아가게 하다. ¶不能给不法商贩~。=불법 소상인들에게 길을 내주어서는 안 된다.

【开锣】 kāi∥luó 통 1(劇) 공연을 시작하다. ¶~戏=개막 공연. 2 (비) (시합 등을) 시작하다. 개시하다. ¶世界田径锦标赛今天正式~。=세계 육상 선수권 대회가 오늘 정식으로 시작된다.

【开毛机】 kāimáojī 명(機) 개모기.

【开门】 kāi∥mén 통 1 문을 열다. ¶办公室每天都是他第一个来~。=사무실은 매일 그가 첫 번째로 출근하여 문을 연다. 2 (비) 공개하다. 공개적으로 …을〔를〕 하다. ¶~联营=공개적으로 연합하여 경영하다. 3 영업을 시작하다. 개점하다. ¶购物中心上午十点~。=쇼핑센터는 오전 10시에 개점한다.

【开门红】 kāiménhóng 명(비) 좋은 출발을 하다. 시작부터 좋은 성과를 거두다. ¶工厂一投产就得了个~。=공장에 투자하자 좋은 성과를 거두었다.

【开门见山】 kāimén-jiànshān (성)(비) 단도직입적으로 본론에 들어가다. 곧바로 말하다. ≒单刀直入 直截了当 ↔藏头露尾 旁敲侧击 意在言外

【开门揖盗】 kāimén-yīdào (성) 1 문을 열고 강도를 맞아들이다. 2 (비) 나쁜 사람을 끌어들여 스스로 재앙을 부리다. 스스로 재앙을 불러들이다.

【开蒙】 kāi∥méng 통 1 미개〔몽매〕한 상태를 벗어나다. 2 (옛) 어린아이가 글을 배우기 시작하다. 어린아이에게 글을 가르치기 시작하다. ¶这孩子聪明, 五岁就~了。=이 아이는 총명하여 다섯 살 때부터 글을 배우기 시작했다. ≒启蒙

【开棉机】 kāimiánjī 명(機) 개면기.

【开明】 kāimíng 통 개명하다. 개화되다. 형 (생각이) 깨어 있다. 진보적이다. ¶思想~=생각이 깨어 있다. ↔顽固

【开幕】 kāi∥mù 통 1 개막하다. 막을 열다. 2 (공연·프로그램 등이) 시작되다. ¶演出还没有~。=공연이 아직 시작되지 않았다. 3 (대규모의 회의나 전람회 등이) 시작되다. ¶奥运会明日~。=올림픽이 내일 시작된다. ↔闭幕

【开幕词】 kāimùcí 명 개회사.

【开幕式】 kāimùshì 명 개막식.

【开拍】 kāipāi 통(映) (영화나 TV 드라마 등이) 크랭크인하다. ¶影片定于六月~, 年底上映。=영화는 6월에 크랭크인하여 연말에 상영할 예정이다. ↔收拍

【开排】 kāipái 통 (연극 등에서) 리허설을 시작하다.

【开盘】 kāi∥pán (~儿)통(經) (증권·황금 등의 교역소가) 개장하다. 거래를〔영업을〕 개시하다. ↔收盘

【开盘价】 kāipánjià 명(經) 개장 가격.

【开炮】 kāi∥pào 통 1 포를 쏘다. ¶~还击=포를 쏘아 반격하다. 2 (비) 공격하다. 호되게 비판하다. ¶向封建腐朽思想~。=봉건적 낡은 사상을 호되게 비판하다.

【开辟】 kāipì 통 1 통하게 하다. 트이게 하다. 개통하다. 열다. ¶~新航线=새 항로를 개통하다. 2 개발하다. 개척하다. 창건〔창립〕하다. ¶~新领域=새로운 영역을 개척하다. 3 (옛) 开天辟地(개벽하다. 우주가 시작되다). ≒开发

【开篇】 kāipiān 명 1(藝) 쑤저우(苏州) 탄사(탄사, 설창 문예의 일종)에서, 이야기를 들려주기 전에 연주하며 노래하는 한 단락의 가사. 2 (藝) 장쑤(江苏)·저장(浙江) 일대의 지방극에서 정식 공연을 시작하기 전에 첨가하는 가락〔곡조〕. 3 저작의 첫머리.

【开瓢儿】 kāi∥piáor 통(口) 1 (표주박을 만들기 위해) 조롱박을 쪼개다. 2 (비) 머리를〔골통을〕 깨다. [해학적인 의미가 내포됨]

【开票】 kāi∥piào 통 1 개표하다. ¶投票结束后立即~。=투표가 끝난 후 곧바로 개표에 들어가다. 2 영수증을 끊다. 증빙 서류를 발행하다. ¶~报销=영수증을 끊어 청구하다.

【开屏】 kāi∥píng 통 (수컷 공작이 짝을 구할 때) 부채 모양으로 꼬리를 펴고 끊임없이 흔들며 소리를 내다.

【开瓶器】 kāipíngqì 명 병따개. 마개뽑이.

【开启】 kāiqǐ 통 1 열다. 개방하다. ¶~仓库大门=창고의 문을 열다. 2 시작하다. 일으키다.

열다. ¶~一代诗风=한 시대의 시풍을 일으키다. 늑开创

【开钱】kāiqián 통(방) 돈을 내다〔지불하다〕. ¶这顿饭谁~？=이 밥값은 누가 내느냐?

【开枪】kāi‖qiāng 통 총을 쏘다. ¶没有命令不准~。=명령이 없으면 총을 쏘지 마라.

【开腔】kāi‖qiāng 통 입을 열다〔떼다〕. 말을 하다. ¶一说到这个问题，大家都不~了。=이 문제가 제기되자 아무도 입을 열지 않았다.

【开窍】kāi‖qiào (~儿) 통 1 (醫) 경락 안의 막힌 곳을 소통시키다. ¶~通神=경락을 소통시키다. 2 (비) (생각이) 트이다. 깨닫다. 알아차리다. ¶思想不~, 工作就难以开展。=생각이 트이지 않으면 일을 전개하기 어렵다. 3 (아이가) 철이 들기 시작하다. 사춘기에 들어서다. 사리 분별력을 갖기 시작하다. ¶这孩子一晚, 还不怎么开窍事。=이 아이는 철드는 게 늦어서 별로 사리 분별할 줄 모른다. 4 (방) 눈을 뜨다. 안목을 높이다. 견문을〔시야를〕넓히다. [풍자적인 의미를 내포함]

【开秋】kāiqiū 통 가을이 되다. ¶~以来, 天气一天比一天凉爽。=가을이 된 후로 날씨가 날로〔나날이〕서늘해진다. 명 초가을. ¶从~到现在, 一直没下过雨。=초가을부터 지금까지 줄곧 비가 오지 않았다.

【开球】kāiqiú 통(体) 1 (축구에서) 킥오프(kickoff)하다. (배구에서) 서브(serve)하다. (핸드볼에서) 스로 오프(throw off)하다. 2 (구기 종목의) 경기가 시작되다.

【开缺】kāi‖quē 통(옛) (관리가 퇴직 혹은 사망하여) 결원이 되다. 자리가 비다.

【开刃儿】kāi‖rènr (칼이나 가위 등의) 날을 갈다〔세우다〕. =【开口】kāi‖kǒu ¶这是把新刀, 还没~。=이것은 새 칼인데, 아직 날을 세우지 않았다.

【开赛】kāisài 통 경기를〔게임을〕시작하다. ¶世界杯足球赛~以来, 精彩赛事接连不断。=월드컵 축구 경기가 시작된 이래 멋진 플레이가 끊이질 않는다.

【开山】kāi‖shān 통 1 산을 깎다〔폭파하다〕. 산림을 개척하다. ¶~采石=바위산을 발파하여 채석하다. 2 (입산을 금지했던) 산림을 개방하다. 3 (佛) 명산에 처음으로 절을 세우다.

【开山】kāi·shān 몡(佛) 개조(開祖). 개산 조사(開山祖師).

【开山祖】kāishānzǔ ☞【开山祖师】kāishān zǔshī

【开山祖师】kāishān zǔshī 몡 1 (佛) 개조(開祖). 개산 조사(開山祖師). 2 (비) (학술·기예 등의) 일파(一派)의 창시자. (사업의) 창업자. =【开山祖】kāishānzǔ

【开衫】kāishān (~儿) 몡 카디건(cardigan). 털실로 짠 앞이 트인 스웨터. ¶女式~=여성용 카디건.

【开墒】kāi‖shāng 통 (땅을 갈기 편하도록) 쟁기로 첫 고랑을 내다. 초벌갈이하다. =【开犁】kāi‖lí

【开设】kāishè 통 1 (점포·공장 등을) 설립하다. 개업하다. 차리다. ¶~小酒馆=작은 술집을 차리다. 2 (강좌·과정 등을) 개설하다. ¶~民乐欣赏课=민간 악곡 감상 과목을 개설하다.

【开审】kāishěn 통(法) 재판을〔심리를〕시작하다. ¶此案将于明日~。=이 안건은 내일 재판을 시작한다.

【开始】kāishǐ 1 시작되다. 개시하다. ¶新学期~了。=새 학기가 시작되었다. 2 착수하다. 시작하다. ¶论文已经~动笔。=논문은 이미 집필하기 시작하였다. 명 처음. 시작. 시초. ¶~我并不知道这个情况。=처음에 나는 결코 이러한 상황을 몰랐다. ↔结束

【开氏温标】Kāishì wēnbiāo 몡(物) 켈빈(Kelvin) 온도계. =【热力学温标】rèlìxué wēnbiāo

【开市】kāi‖shì 통 1 (상점·시장 등이 휴일을 보내고) 영업을 시작하다〔개시하다〕. ¶二手货交易市场将于下月初重新~。=중고 시장은 다음 달 초에 다시 개장(開場)한다. 2 (상점이나 노점이 그 날의) 마수걸이를 하다. 첫 거래를 하다. ¶这一上午还没有~呢。=오전 내내 아직 마수걸이를 못하였다. 3 (經) (증권·황금 등의 교역소가) 개장하다. 거래를〔영업을〕개시하다. ¶股市~=증권 시장이 개장하다.

【开释】kāishì 통 (구금된 사람을) 석방하다. ¶无罪~=무죄 석방하다.

【开手】kāishǒu 통(방) (일을) 시작〔착수〕하다. ¶新房已~动工了。=새 집을 이미 착공하였다.

【开首】kāishǒu 몡(방) 처음. 시작. 시초. 최초. ¶小说一就设置了一个悬念。=소설 첫머리에 바로 서스펜스(suspense) 하나를 설정하였다.

【开涮】kāishuàn 통(방) (사람을) 희롱하다. 가지고 놀다. 놀리다. 농담하다. ¶你就别拿我~了。=나를 놀리지 마라.

【开水】kāishuǐ 몡 끓인 물. ↔生水

【开司米】kāisīmǐ 몡(외) 1 인도의 북부 캐시미르(kashmir) 지역에서 나는 양털. 2 양털. 3 캐시미어(cashmere).

【开台】kāitái 통(劇) 중국 전통극이 시작되다. 개막하다. ¶来得正是时候, 戏马上~。=시간에 딱 맞추어 왔구나, 극이 곧 시작된다.

【开台锣鼓】kāitái luógǔ ☞【闹场】nào chǎng

【开膛】kāi‖táng 통 (주로 동물의) 배를 가르다. 내장을 꺼내다. ¶~剖肚=(가축의) 배를 갈라 내장을 꺼내다.

【开题】kāi‖tí 통 1 특정한 제목으로 강연하다. 전문적인 주제로 연설하다. ¶~半小时后可以提问。=강연 30분 후부터 질문을 할 수 있습니다. 2 연구 과제를 시작하다. ¶博士生~报告=박사 과정 학생의 학위 논문 연구 계획 발표.

【开天窗】kāitiānchuāng 통 1 (비) 신문이 당국의 검열에 걸려 지면에 공백이 생기다. 2 (조판 과정 중의 실수로) 신문의 지면에 공백이 생기다. 기사가 삭제되다. 3 (비) 매독 환자의 코가 헐어 문드러지다.

【开天辟地】kāitiān-pìdì 1 천지개벽. 2 유사(有史) 이래.

【开庭】kāi‖tíng (法) 개정(開廷)하다. 법정을 열다. 재판을 하다. ¶这件民事诉讼案将于近期~审理。=이 민사소송안은 가까운 시일 내에 개정하여 심리한다.

【开通】kāitōng 1 (사상이나 풍조 등을) 계몽하다. 개화시키다. 교화하다. ¶~风气=기풍을 개화시키다. 2 개통하다. ¶新修的高速公路已全线~。=새로 보수한 고속 도로는 이미 전구간이 개통되었다. 3 뚫다. (도랑·강바닥 따위를) 쳐내다. 준설(浚渫)하다. ¶~隧道=터널을 뚫다.

【开通】kāi·tong 깨다. 진보적이다. 개방적이다. 개명하다. ¶他的父母很~, 凡事都尊重他的意愿。=그의 부모는 아주 개방적이어서 무슨 일이든 그의 의견을 존중한다. 깨(어나)게 하다. 트이게 하다. 견식을 넓히다. ¶让他出门多长一些见识, ~思想。=그가 밖에 나가 견문을 넓혀서 생각이 깨도록 해라. ↔顽固 守旧 迂腐

【开头】kāi‖tóu(~儿) 1 (일·행동·현상 등이) 시작하(되)다. ¶招聘工作刚~, 你现在报名还来得及。=모집이 막 시작되었으니 네가 지금 신청하여도 늦지 않다. 2 시작하다. ¶我来开个头, 大家有什么想法也不妨直说。=내가 먼저 시작할 테니까 여러분은 어떤 생각을 갖고 있으면 솔직하게 말하세요.

【开头】kāitóu(~儿) 시작. 처음. 시초. 첫머리. ¶~大家都不知道事情的真相。=처음에는 모든 사람들이 사건의 진상을 몰랐었다. ≒开端 ↔结尾

【开脱】kāituō (죄명 혹은 과실에 대한 책임을) 전가하다. 회피하다. 벗어나다. 해제하다. ¶错了就承认, 别为自己~了。=잘못을 했으면 인정을 해야지 회피하려고 하지 마라. ≒解脱

【开拓】kāituò 1 개척하다. 개간하다. 확장하다. ¶~市场=시장을 개척하다. 2 (礦) 채굴에 앞서 갱도 건설 등의 준비 작업을 하다. ¶~巷道=巷道를 건설하다.

【开拓型】kāituòxíng 진취형. ['保守型(보수형)'과 구별됨]

【开拓型人才】kāituòxíng réncái 진취형 인재. 창조적(개척) 정신을 가진 인재.

【开挖】kāiwā 1 파다. 굴착하다. ¶~蓄水池=웅덩이를 파다. 2 파기 시작하다. 개착(開鑿)하다. ¶鱼塘下周~。=양어장은 다음 주에 개착(開鑿)하다.

【开外】kāiwài (…) 이상. [주로 수사와 양사의 조합 뒤에 쓰임] ¶老人看起来有八十~。=노인은 80세 이상으로 보인다.

【开玩笑】kāi wánxiào 1 농담하다. 웃기다. 놀리다. ¶他喜欢和人~。=그는 사람들과 농담하기를 좋아한다. 2 장난으로 여기다. 하찮게 여기다. ¶这是人命关天的大事, 岂会~? =이것은 사람의 생명이 걸린 일인데 장난으로 여길 수 있겠는가?

【开往】kāiwǎng (부대·차·배·비행기 등이) …을[를] 향하여 출발하다(이동하다). …으로 가다. ¶这列火车~北京。=이 열차는 베이징(北京)으로 간다.

【开胃】kāiwèi 1 식욕을 돋우다(증진시키다). ¶~菜=식욕을 돋우는 요리. 2 남을 놀려서 자신을 즐겁게 하다. 놀리다. 희롱하다.

【开戏】kāixì 중국 전통극이 시작되다. ¶马上~了, 我们快进去吧。=곧 극이 시작되니, 우리 빨리 들어가자.

【开线】kāi‖xiàn 꿰맨 자리가 터지다. ¶裤裆~=바짓가랑이가 터졌다.

【开销】kāi·xiāo (비용을) 쓰다. 지출하다. 지불하다. ¶他挣的钱也就够他一个人~。=그가 버는 돈은 자기 혼자 쓰기에 족하다. 비용. 지출. 씀씀이. ¶住在乡下, ~不大。=시골에 살아서 지출이 그리 많지 않다. ≒开支

【开小差】kāi xiǎochāi(~儿) 1 군인이 대오(隊伍)를 이탈하여 달아나다. 탈주〔탈영〕하다. 2 직장을〔근무지를〕 무단으로 이탈하다. 3 (비) 정신이 집중되지 않다. 정신을 팔다. 한눈을 팔다. ¶他上课时不专心听讲, 总是~。=그는 수업할 때 정신을 집중하지 않고 늘 한눈을 판다.

【开小会】kāi xiǎohuì(~儿) 회의 중 옆 사람들과 잡담하다.

【开小灶】kāi xiǎozào 1 (단체 급식에서) 특별 식사를 하다. 2 (비) 특별 대우하다. 특혜 조치하다.

【开心】kāixīn 기쁘다. 즐겁다. 좋다. 유쾌하다. ¶孩子们在游乐场玩得很~。=아이들이 유원지에서 아주 즐겁게 논다. 남을 놀려서 자신을 즐겁게 하다. 희롱하다. ¶这是老实人, 你们就别拿他~了。=그는 성실한 사람이니 너희들은 그를 놀리지 마라. ↔烦闷

【开心果】kāixīnguǒ 1 (植) 피스타치오(pistachio). 2 (植) 피스타치오 열매. 3 (비) 남을 즐겁게 하는 사람. 재롱둥이. ¶小孙女是老两口的~。=어린 손녀는 두 노인의 재롱둥이이다.

【开心丸】kāixīnwán(~儿) ☞【宽心丸】kuānxīnwán

【开行】kāixíng (배나 차를) 운전하다. 출발하다. 떠나다. ¶抓紧时间上车, 火车马上就要~了。=얼른 올라타세요, 기차가 곧 출발합니다.

【开学】kāi‖xué 개학하다. ¶各中小学都在9月1日~。=초·중·고등 학교는 모두 9월 1일 개학한다.

【开训】kāixùn (군사·체육 등 단체 훈련에서) 훈련을 시작하다. ¶刚入伍的新兵已经~。=갓 입대한 신병은 이미 훈련을 시작하였다.

【开言】kāi‖yán 말을 하다. 발언하다. 말문을 열다. [주로 옛날 소설·전통극·설창 문예 등에 보임] ¶~相劝=말로 권고하다.

【开筵】kāi‖yán 1 연회를 열다. 연회석을 마련하다. 2 연회가 시작되다.

【开颜】kāi‖yán 활짝 웃다. 희색이 만면하다. 얼굴을 활짝 펴다.

【开眼】kāi‖yǎn 견문을〔시야를〕 넓히다. 안목을 높이다. ¶这次出国考察, 我算~了。=이번 해외 시찰에서 나는 어느 정도 견문을 넓혔다

고 생각한다.
【开眼界】kāi yǎnjiè ⇨ 시야를〔견문을〕넓히다. ¶大~=크게 견문을 넓히다.
【开演】kāiyǎn ⇨ (연극·영화 등이) 공연〔상영〕을 시작하다. ¶时间还早, 戏还没~。=시간이 일러 공연이 아직 시작하지 않았다. ↔停演
【开验】kāiyàn ⇨ (세관 등에서 화물을) 검사하다. ¶~货物=화물을 검사하다.
【开洋】kāiyáng ⇨ 껍질을 벗겨서 말린 새우. [주로 비교적 큰 새우를 가리킴]
【开洋荤】kāi yánghūn ⇨ 1 처음으로 외국 음식을 먹어 보다. 2 ⇨ 처음으로 외국〔외지〕사물을 접하다. 처음으로 새로운 물건을 써 보다. [해학적인 의미를 내포함] ¶什么时候开个洋荤, 坐一趟飞机。=언젠가 새로운 일을 경험해 보고 싶은데, 비행기를 한번 타 보고 싶다.
【开业】kāi‖yè ⇨ 개업하다. ¶商场不日即可~。=상가는 머지않아 영업을 시작할 수 있다. ≒开张 ↔停业 倒闭 休业
【开夜车】kāi yèchē ⇨⇨ 밤을 새워 공부하다〔일하다〕. 밤을 꼬박 새우다.
【开音节】kāiyīnjié ⇨(言) 개음절(開音節).
【开印】kāiyìn ⇨ 인쇄를 시작하다. ¶新一期杂志正在排版, 还没有~。=다음 호 잡지는 지금 조판 중이고 아직 인쇄에 들어가지 않았다.
【开映】kāiyìng ⇨ (영화를) 개봉하다. ¶新片下周~。=새 영화가 다음 주에 개봉된다.
【开硬弓】kāi yìnggōng ⇨⇨ 강행하다. 밀어붙이다. 우격다짐하다.
【开园】kāi‖yuán ⇨ (과수원의 과일이 익어서) 따기 시작하다. ¶葡萄已经成熟, 可以~了。=포도가 이미 다 익었으니 따도 된다.
【开源节流】kāiyuán-jiéliú ⇨ 1 수원(水源)을 개발하고 유실을 억제하다. 2 ⇨ 재원(財源)을 늘리고 지출을 줄이다. 수입을 늘리고 소비를 줄이다.
【开云见日】kāiyún-jiànrì ⇨ 1 구름이 걷히고 해가 나다. 2 ⇨ 어둠이 걷히고 광명을 맞다.
【开凿】kāizáo ⇨ (수로나 터널 등을) 뚫다. 파다. 굴착하다. ¶~隧道=터널을 파다.
【开闸】kāi‖zhá ⇨ 수문을 열다. 수문의 밸브를 틀다. ¶~泄洪=수문을 열어 물을 내보내다.
【开斋】kāi‖zhāi ⇨ 1 (계율에 따라 채식을 하던 사람이) 육식하기 시작하다. 2 (宗) 회교의 라마단(Ramadan)이 끝나다.
【开斋节】Kāizhāijié ⇨ (회교의) 라마단이 끝나는 날. 소(小) 바이람(Lesser Bairam).
【开展】kāizhǎn ⇨ 1 (활동이 작은 범위에서 큰 범위로) 전개되다. 확대되다. 펼쳐지다. 벌어지다. 넓어지다. ¶全民健身活动在全国~起来了。=전 국민의 건강을 위한 운동이 전국적으로 전개되었다. 2 전개하다. 확대시키다. 펼치다. 벌리다. 넓히다. ¶~植树造林活动=식목 조림 활동을 전개하다. 3 (전람회·전시회 등이) 열리다. ¶服装博览会明日~=의류 박람회가 내일부터 열린다. ⇨ (생각이) 트이다. (성격이) 명랑하다. 활달하다. 쾌활하다. 낙관적이다. ¶老人年

纪虽大, 思想却很~。=노인이 연세는 비록 많지만 생각은 오히려 트였다.
【开战】kāi‖zhàn ⇨ 1 개전(開戰)하다. 전쟁을 시작하다. 싸움을 벌이다. 전투를 개시하다. ¶两军~=양군이 전쟁을 시작하다. 2 운동 경기가 시작되다. ¶裁判一声哨响, 两队正式~。=심판의 호루라기 소리가 울리자 양팀의 경기가 정식으로 시작되었다. 3 ⇨ 격렬한 투쟁을 펼치다. ¶向官僚主义作风~。=관료주의 풍조에 대하여 맹렬한 투쟁을 벌이다. ↔休战
【开绽】kāizhàn ⇨ (꿰맨 자리가) 터지다. 벌어지다.
【开张】kāi‖zhāng ⇨ 1 개점하다. 개업하다. 창업하다. 영업을 시작하다. ¶这家玩具店最近几天开的张。=이 완구점은 요 며칠 사이에 개업하였다. 2 (그 날의) 첫 거래를 하다. 마수걸이를 하다. ¶生意不好做, 今天到现在还没~呢。=장사하기 힘들구나, 오늘 아직 마수걸이도 못 했으니. 3 ⇨ (어떤 것을) 시작하다. 개시하다. ¶重打锣鼓, 另~。=처음부터 다시 시작하다. 권토중래(捲土重來)하다. ≒开业 ↔倒闭 关张 歇业
【开张】kāizhāng ⇨⇨ 개방하다. ⇨ 웅장하고 드넓다. ¶气势~=기세가 웅장하다.
【开仗】kāi‖zhàng ⇨ 1 개전(開戰)하다. 전쟁을 하다. 싸움을 벌이다. 2 ⇨ 싸우다. 싸움을 하다.
【开账】kāi‖zhàng ⇨ 1 명세서〔계산서〕를 작성하다. 2 지불하다. 계산하다. [주로 식비나 숙박비 등에 쓰임] ¶这一路的吃住都由他~。=이번 노정의 숙식비는 모두 그가 계산한다.
【开诊】kāizhěn ⇨ (의사나 병원이) 진료를 개시하다. 환자를 받다. ¶最近又有一家牙科诊所~了。=최근에 또 치과 한 곳이 개원하였다.
【开征】kāizhēng ⇨ (세금을) 징수하기 시작하다. ¶~营业税=영업세를 징수하기 시작하다.
【开支】kāizhī ⇨ 1 지불하다. 지출하다. 쓰다. 소비하다. ¶仅这一项就~了两万。=이 한 항목에서만 2만 위안을 지출하였다. 2 ⇨ 임금〔봉급〕을 지급하다. ¶我们单位每月8号~。=우리 회사는 매월 8일에 봉급을 지급한다. ⇨ 지출. 비용. 지불. 씀씀이. ¶节省~=지출을 줄이다. ≒开销
【开宗明义】kāizōng-míngyì ⇨ 1 (《효경(孝經)》제1장의 편명(篇名)으로) 책 전체의 요지를 설명하다. 2 ⇨ 말이나 글의 첫머리에서 요지를 밝히다.
【开足马力】kāizú mǎlì ⇨ 1 전속력을 내다. 2 ⇨ 전력을 다하다. 전력투구하다. ¶石油钻探工程正~进行。=석유 시추 공사가 현재 전력을 기울여 진행되고 있다.
【开罪】kāizuì ⇨ 죄를 짓다. 못할 짓을 하다. 미움을 사다. ¶~不起=미움을 사서는 안 된다. ≒冒犯 得罪

*揩 kāi 문지를 개
⇨ 닦다. 문지르다. ¶~汗=땀을 닦다. / 把鞋

上的 泥~干净。= 신발에 묻은 (진)흙을 깨끗이 닦다.
【揩布】 kāibù 명 걸레.
【揩拭】 kāishì 동 닦다. 문지르다. ¶把凳子~干净。= 의자를 깨끗이 닦다.
【揩油】 kāi‖yóu 동 1 기름을 묻히다. 2⟨비⟩ 중간에서 떼어먹다. 착복하다.

## 锎[鐦] kāi 칼리포르늄 개
명⟨외⟩⟨化⟩ 칼리포르늄(Cf, californium). [원자 번호 98]

## 剀[剴] kǎi 알맞을 개
【剀切】 kǎiqiè 형 1 사리〔이치〕에 합당하다〔들어맞다〕. ¶~中理 = 사리에 딱 들어맞다. 2 간절〔간곡〕하다. 성실하다. ¶~教导 = 성실하게 지도하다.

## **凯[凱] kǎi 승리의 노래 개
명 1 승리의 노래. 승리의 환호. 개선가(凯旋歌). ¶奏~而归 = 개선가를 울리며 돌아오다. 2 (Kǎi) 성(姓).
【凯歌】 kǎigē 명 개선가. ¶高唱~ = 개선가를 소리 높여 부르다.
【凯旋】 kǎixuán 동 개선하다. (전쟁에서) 승리하고 돌아오다. ¶参加世界锦标赛的中国体操队昨已~。= 세계 선수권 대회에 참가하였던 중국 체조 팀이 어제 개선하였다.
【凯旋门】 kǎixuánmén 명 1 (옛) 로마 통치자와 유럽 제왕들이 세운) 개선문. 2 (Kǎixuánmén) (파리에 있는) 개선문.

## 垲[塏] kǎi 높고 건조할 개
형⟨문⟩ 지세가 높고 건조하다. ¶爽~ = 지세가 높아 확 트이고 건조하다.

## 闿[闓] kǎi 열 개
동⟨문⟩ 열다. ¶~导 = 계도하다.

## 恺[愷] kǎi 즐거울 개
형⟨문⟩ 즐겁다. 화락(和樂)하다.
【恺切】 kǎiqiè 형⟨문⟩ 1 사리에 딱 들어맞다. 바르고 적절하다. ¶晓谕 = 사리에 맞게 타이르다. 2 진지하다. 진실하다. 성실하다. ¶言辞~ = 말이 진지하다.
【恺悌】 kǎitì 형⟨문⟩ 부드럽다. 온화하다. 상냥하다. 사근사근하다. ¶君子~ = 군자는 모름지기 온화하다.

## 铠[鎧] kǎi 갑옷 개
명 갑옷. ¶铁~ = 철갑. 철제 갑옷.
【铠甲】 kǎijiǎ 명 갑옷.
【铠装】 kǎizhuāng 명⟨電⟩ (전선·밧줄·가요관 등의) 피복. 외피. ¶~电缆 = 피복 케이블(cable).

## 蒈 kǎi 카란 개
명⟨외⟩⟨化⟩ 카란(carane).

## **慨¹ kǎi 분개할 개
형 1 격분하다. 분개하다. ¶愤~ = 격분하다. 2 관대하다. 서슴없다. 흔쾌하다. 후하다. 시원스럽다. ¶~然相赠 = 아낌없이 증정하다.

## **慨²[嘅] kǎi 감탄할 개
동 탄식하다. 개탄하다. 한탄하다. ¶感~ = 탄식하다.

○ 感慨, 慷 kāng 慨

【慨当以慷】 kǎidāngyǐkāng 성 기개가 드높고 감정이 격앙되다. = 【慨以慷】 kǎiyǐkāng 【慨而慷】 kǎi'érkāng
【慨而慷】 kǎi'érkāng ☞ 【慨当以慷】 kǎidāngyǐkāng
【慨诺】 kǎinuò 동 쾌히 승낙하다〔들어주다〕. 시원스럽게 대답하다.
【慨然】 kǎirán 형⟨문⟩ 1 감개하다. ¶~长叹 = 감개하여 길게 탄식하다. 2 흔쾌한〔시원시원한〕 모습. ¶~允诺 = 흔쾌히 허락하다.
【慨叹】 kǎitàn 동 개탄하다. 탄식하다. ¶~不已 = 탄식을 그치지 않다.
【慨以慷】 kǎiyǐkāng ☞ 【慨当以慷】 kǎidāngyǐkāng
【慨允】 kǎiyǔn 동 쾌히 승낙하다〔들어주다〕. 시원스럽게 대답하다. ¶~相助 = 흔쾌히 돕다.

## *楷 kǎi 본보기 해
명 1 법식. 규범. 모범. 본보기. ¶学习的~模 = 학습의 본보기. 2 해서(楷書). ¶大~ = 큰 글자의 해서. / 正~ = 정체의 해서.
☞ jiē

○ 寸cùn 楷, 工楷

【楷模】 kǎimó 명 본보기. 모범. 법식. ¶引为~ = 본보기로 삼다. ≒模范
【楷书】 kǎishū 명 해서. = 【正楷】 zhèngkǎi
【真楷】 zhēnshū ≒楷书
【楷体】 kǎitǐ 명 1 해서. 2 로마자 26개의 인쇄체. ≒楷书
【楷则】 kǎizé 명⟨문⟩ 모범. 본보기. 법식. ¶堪为~ = 모범으로 삼을 만하다.

## 锴[鍇] kǎi 쇠 개
명⟨문⟩ 좋은 철. 잘 정제된 철.

## 忾[愾] kài 성낼 개
동⟨문⟩ 분노하다. 미워하다. 증오하다. 분개하다. ¶同仇敌~ = 모두 한결같이 원수를 증오하다.

## 欬 kài 기침 해
동⟨문⟩ 기침하다.

## 愒 kài 탐할 개
동⟨문⟩ 탐하다. 탐내다.
☞ hè, qì

# kān

**刊**[栞] **kān** 발간할 간

동 **1** 을 (도끼 등으로) 찍다. 패다. **2** 삭제하다. 수정하다. 고치다. ¶~谬补缺＝잘못된 부분을 바로잡고 부족한 부분을 보충하다. **3** 옛날, 판목에 새기다. 판각(板刻)하다. ¶宋~本＝송(宋)대 판본. **4** 간행하다. 발간하다. 출판하다. ¶创~＝창간. / 停~＝정간. 명 **1** 간행물. 报~＝신문·잡지 등의 간행물. / 期~＝정기 간행물. **2** (신문 지면에 정기적으로 싣는) 특별란. 칼럼. ¶副~＝중간(增刊). 부록. / 专~＝특별란. 칼럼.

> 报刊, 丛cóng刊, 复刊, 集刊, 季刊, 期刊, 书刊, 特刊, 停刊, 校刊, 旬xún刊, 增zēng刊, 专刊, 半月刊

【刊碑立石】 **kānbēi-lìshí** 성 중요한 사적을 비석에 새겨 영구히 전하다.

【刊本】 **kānběn** 명 간본(刊本). 판본. 간행본. ¶明~＝명(明)대 간행본.

【刊布】 **kānbù** 동 간행하여 공포하다. ¶~消息＝소식을 간행하여 공포하다.

【刊出】 **kānchū** 동 게재하다. 싣다. 발표하다. ¶~征文启事＝원고 모집 공고를 게재하다.

【刊登】 **kāndēng** 동 (신문·잡지 따위에) 게재하다. 싣다. 등재하다. ¶~广告＝광고를 싣다. ≒ 刊载 登载

【刊定】 **kāndìng** 동 수정하여 최종 결정하다. 개정하다. ¶~谬误＝오류를 개정하다.

【刊发】 **kānfā** 동 게재하다. 싣다. 발표하다. ¶文章已于昨日~. ＝글은 이미 어제 실렸다.

【刊号】 **kānhào** 명 (신문·잡지 혹은 정기 간행물 등에 매기는) 간행물 고유 번호.

【刊刻】 **kānkè** 동 판각(板刻)하다. ¶此书均为手抄本, 未曾~. ＝이 책들은 모두 수사본(手寫本)으로 아직 판각한 적이 없다.

【刊落】 **kānluò** 동을 삭제하다. 지우다. ¶~陈言＝고리타분한 글귀를 삭제하다.

【刊授】 **kānshòu** 동 정기 간행물을 통한 통신 교육.

【刊头】 **kāntóu** 명 발행인 난. [신문·잡지 등에서 발행인·편집인·소재지·발행 기수(期數) 따위를 기록하는 곳] ¶~题字＝발행인 난에 제명(題銘)

【刊物】 **kānwù** 명 간행물. 출판물.

【刊误】 **kānwù** 동 잘못된 글자를 고치다. 교정(校正)하다.

【刊行】 **kānxíng** 동 (신문·잡지 등을) 간행하다. 인행(印行)하다. 출판하여 발행하다. ¶该书自~以来, 销量已突破五万. ＝이 책은 간행된 이래 판매량이 이미 50만 권을 돌파하였다.

【刊印】 **kānyìn** 동 **1** 간인하다. 판각(板刻) 인쇄하다. 조판 인쇄하다. **2** 인쇄하다. ¶这本书很畅销, 已~十余次. ＝이 책은 베스트셀러이라서 이미

10여 차례나 인쇄하였다.

【刊载】 **kānzǎi** 동 (신문·잡지 등에) 싣다. 게재하다. ¶~人物专访＝인물 특집 보도를 싣다. ≒刊登 登载

【刊正】 **kānzhèng** 동문 교정(校正)하다. (글자를) 바로잡다. ¶~碑文＝비문을 교정하다.

**看** **kān** 돌볼 간

동 **1** 수호하다. 보호하다. 돌보다. 간호하다. 지키다. 파수를 보다. ¶~大门＝대문을 지키다. / ~家护院＝집을 보다[지키다]. **2** 구류하다. 감시하다. 주시하다. ¶把他~住, 别让他溜了. ＝그를 잘 감시해서 도망치지 못하게 해라.

☞ kàn

【看财奴】 **kāncáinú** ☞【守财奴】 **shǒucáinú**

【看场】 **kān‖cháng** 동 (추수 기간에) 타작 마당을 감시하다. ¶各户轮流~. ＝각 가정이 돌아가면서 타작 마당을 감시하다.

【看堆儿】 **kān‖duīr** 동 (트렁크·건자재 등의) 산적해 있는 물건을 지키다. ¶工地上有专人~. ＝공사장에는 전담하여 산적해 있는 물건을 지키는 사람이 있다.

【看管】 **kānguǎn** 동 **1** 돌보다. 관리하다. 맡아 보다. ¶~库房＝창고를 관리하다. **2** (범인·포로 등을) 감시 관리하다. ¶~囚犯＝죄수를 감시 관리하다. ≒看守

【看护】 **kānhù** 동 간호하다. 보살피다. 돌보다. ¶~病人＝환자를 간호하다. 명옛 간호사.

【看家】 **kān‖jiā** 동 집을 보다[지키다]. ¶得留一个人~. ＝한 사람이 남아서 집을 봐야 한다. 형 가장 잘 하는. 자신 있는. ¶使出~的本领＝가장 잘 하는 재주를 발휘하다.

【看家本领】 **kānjiā běnlǐng** 명 자기만의 재능. 비장의 솜씨[수법]. ＝【看家本事】 **kānjiā běnshì**

【看家本事】 **kānjiā běnshì** ☞【看家本领】 **kānjiā běnlǐng**

【看家狗】 **kānjiāgǒu** 명 **1** 집 지키는 개. **2** 옛바 집사. 추종자. 앞잡이. 측근자.

【看家戏】 **kānjiāxì** 명 배우나 극단의 가장 잘 하는 연극.

【看紧】 **kānjǐn** 동 밀착 감시하다. ¶~嫌疑犯, 别让他给跑了. ＝용의자를 밀착 감시하여 도망치지 못하게 해라.

【看门】 **kānmén** 동 문을 지키다. 문지기를 서다. 집을 보다. ¶~人＝문지기. 수위.

【看青】 **kānqīng** 동 농작물을 지키다.

【看守】 **kānshǒu** 동 **1** 돌보다. 보살피다. 관리하다. ¶~粮仓＝곡식 창고를 관리하다. **2** 감시하다. 감독하다. 지키다. 살피다. 망보다. ¶~犯人＝범인을 감시하다. 명 간수. 교도관. ≒看管

【看守内阁】 **kānshǒu nèigé** 과도 내각. 선거 관리 내각. ＝【看守政府】 **kānshǒu zhèngfǔ**【过渡内阁】 **guòdù nèigé**【过渡政府】 **guòdù zhèngfǔ**

【看守所】 **kānshǒusuǒ** 명 구치소. 유치장.

【看守政府】 **kānshǒu zhèngfǔ** ☞【看守内

阁】kānshǒu nèigé
【看押】kānyā 동 유치〔구류·감금〕하다. 임시로 잡아 가두다. ¶~嫌犯=혐의자를 유치하다. ≒关押
【看养】kānyǎng 동 부양하다. 양육하다. ¶~子女=자녀를 부양하다.

## 勘 kān 조사할 감

동 1 교정하다. 교감(校勘)하다. 대조하다. ¶校~=교감하다. 2 실지 조사하다. 답사하다. 탐사하다. ¶実地~察=현지 조사하다.

○● 查勘, 踏tà勘, 探tàn勘

【勘测】kāncè 동 조사 측량하다. ¶~地形=지형을 조사 측량하다.
【勘查】kānchá 동 답사하다. ¶警察正在案发现场~取证。=경찰이 범행 현장을 답사하여 증거물을 채취하고 있다.
【勘察】kānchá 동 (광물을 채굴하거나 시공 전에) 실지 조사하다. 탐사하다. ¶~地形=지형을 탐사하다.
【勘定】kāndìng 동 1 조사하여 결정하다. 사정하다. 심사하여 승인하다. 교정하다. 교열하다. ¶报表中的数据都已~。=보고표의 데이터는 모두 이미 교정하였다. 2 측량하여 결정하다. ¶~矿藏储量=지하 자원 매장량을 탐사하여 결정하다.
【勘对】kānduì 동 교정(校訂)하다. ¶~引文=인용문을 교정하다.
【勘核】kānhé 동 조사하여 확인하다. 점검하다. 대조하다. ¶~数据=데이터를 대조하다.
【勘校】kānjiào 동 교정(校正)하다. 교감(校勘)하다. ¶书稿已~完毕。=원고는 이미 교정을 마쳤다.
【勘探】kāntàn 동 탐사하다. 조사하다. ¶~石油=석유를 탐사하다.
【勘误】kānwù 동 (인쇄물의) 잘못을 교정하다. 정정(訂正)하다. 오자(誤字)를 바로잡다. ¶~表=정오표. ≒订正
【勘误表】kānwùbiǎo ☞【正误表】zhèngwùbiǎo
【勘验】kānyàn 동 1 실지 검사하다. 2 (法) 현장 검증하다. ¶~尸体=시신을 현장 검증하다.
【勘正】kānzhèng 동 (글자를) 교정하다.

## 龛[龕] kān 감실 감

명 벽감(壁龕). 감실(龕室). 단집. ¶神~=신감(神龕). / 佛~=불감(佛龕).

## 堪 kān 견딜 감

동 1 견딜[참아 낼·이겨 낼·감당할] 수 있다. ¶不~一击=일격을 이겨 내지 못하다. 아주 약하다. / 疲惫不~=피로를 견디지 못하다. 2 …할 수 있다. …할 만하다. ¶~称全才=팔방미인이라고 할 만하다. / 不~入耳=들어줄 수가 없다. 듣기조차 민망하다.
【堪布】kānbù 명⑴[佛] 1 계율을 관장하는 라

마승. 2 라마 사원의 최고 주지. 3 티베트(Tibet) 지방 정부의 승관(僧官) 이름.
【堪称】kānchēng …라고 할 만하다. …라고 할 수 있다. ¶~杰作=걸작이라고 할 만하다.
【堪达罕】kāndáhǎn ☞【驼鹿】tuólù
【堪当】kāndāng 동 담당할 수 있다. 맡을 수 있다. ¶~重任=중임을 맡을 수 있다.
【堪舆】kānyú 명⑴ 풍수. ¶~家=지관(地官). 풍수쟁이.
【堪虞】kānyú 동⑴ 우려되다. 걱정되다. ¶前景~=장래가 걱정되다.

## 戡 kān 평정할 감

동 (반란을) 평정하다. 진압하다. ¶~平叛乱=반란을 평정하다.
【戡乱】kānluàn 동 반란을 평정하다. ¶~有功=반란을 평정하는 데 공을 세우다.
【戡平】kānpíng 동 (반란을) 평정하다. ¶~大乱=대란을 평정하다.

## 坎¹[埳] kǎn 구덩이 감

명⑴ 구덩이. 움푹 팬 곳. ¶凿地为~=땅을 파서 구덩이를 만들다.

## 坎² kǎn 감괘 감

명 1 감괘. [팔괘(八卦)의 하나. 쾌형(卦形)은 '☵'으로, 물을 대표함] 2 (~儿) (논밭의) 두둑. 두렁. ¶土~儿=흙두둑. 3 (비) (~儿) 위기의 순간. 고비. 고개. 난제. 요점. 급소. 핵심. 정곡. ¶事情刚谈到~儿上, 就被来的人打断了。=일의 핵심에 대해 막 얘기하려고 할 때, 사람이 와서 말이 끊겼다. 양⑴(物) 坎德拉(칸델라).

○● 门坎, 石坎, 心坎

【坎德拉】kǎndélā 명⑴(物) 칸델라(cd, candela). [발광 강도의 단위로, 줄여서 '坎'이라고 함]
【坎肩】kǎnjiān (~儿) 명 조끼. 배자. [소매가 없고, 가슴 중앙에서 두 옷자락을 채우게 되어 있음. 주로 두 겹 이상이나 안감을 댄 것을 가리킴]
【坎坷坷】kǎn·kan kěkě 형 1 (지면이) 울퉁불퉁하다. 2(비) 인생이 순탄하지 못하다. 불우하다.
【坎坷】[轗軻] kǎnkě 형 1 (지면이) 울퉁불퉁하다. ¶~不平=울퉁불퉁하다. 2(문)(비) 인생이 순탄하지 못하다. ¶命运~=운명이 평탄하지 못하다. ≒崎岖 ↔顺利 平坦
【坎壈】kǎnlǎn 형⑴ 몹시 고달프다. 순조롭지 못하다. 뜻을 이루지 못하다. ¶一生~=한평생 뜻을 이루지 못하다.
【坎炁】kǎnqì 명⑴(醫) 탯줄.
【坎儿】kǎnr 명 1 급소. 핵심. 정곡. 요점. 결정적인 시기. ¶你这话算是说到~上了。=너의 이 말은 정곡을 찔렀다고 할 수 있다. 2 ☞【侃儿】kǎnr
【坎儿井】kǎnrjǐng 명⑴(農) 카레즈(karez). [중국 신장(新疆) 일대의 관개 수로. 산비탈에서부

터 밭까지 일정한 간격으로 우물을 파고, 다시 우물 밑을 서로 연결하는 물길을 내어, 산 위에서 눈이 녹아 내린 물과 지하수를 끌어들여 관개에 이용함)

【坎土蔓】 **kǎntǔmàn** 몡윙(農) 곡괭이. [위구르족이 사용하는 철제 농기구의 일종]

【坎子】 **kǎn·zi** 몡 두둑. 두렁. ¶田~ =밭두둑.

## 侃¹[(偘)] **kǎn** 강직할 간

혱 **1** 당당하고 차분하다. ¶词气~然 =말투가 당당하고 차분하다. **2** 강직하다. **3** 화락(和樂)한 모양.

## 侃² **kǎn** 잡담할 간

통 **1** 조롱하다. 비웃다. 조소하다. ¶调(tiáo)~ =조롱하다. 비웃다. **2** 윙 한담하다. 잡담하다. ¶神一一通 =허풍떨다. ¶(~几)은어(隱語)로 암어(暗語). 암호. ¶调(diào)~儿 =은어로 말하다. 동업자끼리 직업어로 말하다.

【侃大山】 **kǎn dàshān** 통윙 한담하다. 잡담하다. 수다떨다.

【侃价】 **kǎnjià** ☞【砍价】 **kǎnjià**

【侃侃】 **kǎnkǎn** 혱 (말하는 것이) 당당하고 차분하다. ¶他镇静自如, ~而谈. =그는 성격이 침착하여 당당하고 차분하게 말했다.

【侃侃而谈】 **kǎnkǎn'értán** 솅 당당하고 차분하게 말하다.

【侃儿】[(砍儿)] **kǎnr** 몡윙 은어(隱語). 암어(暗語). ¶这是他们这一行的~, 旁人听不明白. =이것은 그들 동업자들의 은어이므로 남들은 알아듣지 못한다.

【侃爷】 **kǎnyé** 몡윙 입심이 좋은 사람. 허풍쟁이. 허풍선이.

## **砍 kǎn** 벨 감

통 **1** (도끼 등으로) 찍다. 패다. 치다. ¶~柴 =장작을 패다. / ~头 =목을 치다. **2** 삭감하다. 깎다. 줄이다. 취소하다. ¶~掉一些不必要的开支 =불필요한 지출을 삭감하다. **3** 윙 (…을)〔를〕향하여) 던지다. 팔매질하다. 집어던지다. ¶拾起石块朝狗~去. =돌멩이를 주워서 개에게 던지다. **4** '侃(한담하다)'과 같음. ≒割

【砍大山】 **kǎn dàshān** ☞【侃大山】 **kǎn dàshān**

【砍刀】 **kǎndāo** 몡 장작을 패는, 날이 넓은 칼.

【砍掉】 **kǎn//diào** 통 **1** 잘라 내다. 베다. ¶~一枯枝 =마른 가지를 잘라 내다. **2** 삭감하다. 삭제하다. 취소하다. ¶不合理的税收已被全部~. =불합리한 세수(稅收)는 이미 전부 삭감되었다.

【砍伐】 **kǎnfá** 통 (톱·도끼 등으로) 나무를 베다가르다. 벌채하다. 벌목하다. ¶~树木 =나무를 베다.

【砍价】[(侃价)] **kǎnjià** 통윙 값을 깎다. 에누리하다. ¶到小摊上买东西要会~. =노점에서 물건을 살 때는 값을 깎을 줄 알아야 한다.

【砍头疮】 **kǎntóuchuāng** 몡(醫) 목덜미에 나는 악성 종기. =【砍头痈】 **kǎntóuyōng**

【砍头痈】 **kǎntóuyōng** ☞【砍头疮】 **kǎntóuchuāng**

## 莰 **kǎn** 캄판 감

몡윙(化) 캄판(camphane). 보르난(bornane).

## 欿 **kǎn** 시름겨울 감

혱 **1** 만족〔흡족〕하지 못하다. ¶~然 =만족하지 못하다. **2** 시름겹다. 근심하다. 뜻을 이루지 못하다. ¶~憾 =시름하다.

## 槛[檻] **kǎn** 난간 함

몡 문지방. 문턱.

☞ **jiàn**

## 顑[顑] **kǎn** 부황날 함

【顑颔】 **kǎnhàn** 혱윙 굶주려서 얼굴이 누렇게 뜨고 수척하다.

## 轗[轗] **kǎn** 불우할 감

【轗轲】 **kǎnkě** 혱윙 순탄하지 못하다. 평탄하지 않다. 순조롭지 못하다.

## *看 **kàn** 볼 간

통 **1** 보다. 구경하다. ¶~戏 =연극을 보다. / ~电视 =TV를 보다. **2** …라고 보다〔판단하다〕. …라고 생각하다〔여기다·인정하다〕. ¶对这个问题, 你怎么~? =이 문제에 대해서 너는 어떻게 생각하느냐? **3** 대하다. 대우하다. 취급하다. ¶刮目相~ =괄목상대하다. **4** 돌보다. 보살피다. ¶照~行李 =여행짐을 지키다. **5** 바라보다. 기대하다. 예상하다. 단정하다. ¶行情~涨 =시세가 오를 기미가 보이다. **6** 진료하다. 치료하다. 진찰하다. ¶去医院~病. =병원에 가서 병을 진료하다. **7** …에 달리다. ¶这事能否成功, 就~资金能否及时到位了. =이 일의 성공 여부는 바로 자금이 적시에 마련되느냐에 달려 있다. **8** (…하지 않도록) 조심하라. 주의를 환기시킴) ¶别跑, ~被汽车撞着. =뛰지 마라, 자동차에 부딪칠라. **9** 방문하다. 문안하다. 찾아가다. ¶回老家~父母. =고향에 가서 부모님을 찾아뵙다. 조 해 보다. 시험해 보다. [동사나 동사구 뒤에 쓰여 한번 해 봄을 나타내며, 앞의 동사는 대개 중첩함] ¶吃吃~ =좀 먹어 보자. / 等一等~ =좀 기다려 보자. ≒瞧 瞅 见 视 观

☞ **kān**

○● 参看, 查看, 察看, 观看, 好看, 难看, 试看, 收看, 踏访看, 小看, 眼看, 照看, 中 **zhōng** 看

【看把戏】 **kàn bǎxì** 통구 **1** 서커스〔곡예〕를 구경하다. **2** 녤 (생활 속의) 재밋거리〔웃음거리〕를 구경하다. ¶你这样胡闹不是让别人~吗? =네가 이렇게 막무가내로 소란을 피우면 남들의 웃음거리가 되지 않겠니?

【看白戏】 **kàn báixì** 녤 연극을 공짜로 보다. 극을 무료로 보다.

**【看扁】kànbiǎn** 통 깔보다. 경멸하다. 얕잡아보다. 무시하다. ¶你别把人~了, 他可是个难得的人才。=너는 남을 깔보지 마라, 그는 그래도 드문 인재이다.

**【看病】kàn‖bìng** 통 **1** (의사가) 진찰하다. 진료하다. 치료하다. ¶医生正在给病人~。=의사가 지금 환자를 진료하고 있다. **2** (의사에게) 진찰을〔치료를〕받다. ¶他身体不适, 到医院~去了。=그는 몸이 불편하여 병원에 진찰을 받으러 갔다.

**【看不出】kàn·buchū** 통 보고 알아 낼 수 없다. 식별할 수 없다. 분간〔구별〕할 수 없다. ¶这仿制品做得很像, ~真假。=이 복제품은 아주 똑같이 만들어서 진짜인지 가짜인지 분간이 안 된다. ↔看出

**【看不得】kàn·bu·de** 통 보고 싶지 않다. 차마 볼 수 없다. 보아서는 안 된다. ¶我~他那副自以为是的样子。=나는 그의 저 독선적인 꼴을 차마 볼 수 없다.

**【看不惯】kàn·buguàn** 통 눈에 거슬리다. 눈꼴사납다. 마음에 들지 않다. ¶老人们总是~年轻人大手大脚花钱。=노인들은 늘 젊은이들이 돈을 물 쓰듯 하는 것이 눈에 거슬린다.

**【看不过】kàn·buguò**(~儿) 통 보고 있을 수 없다. 좌시할 수 없다. 보아 넘길 수 없다. 간과할 수 없다. 차마 볼 수 없다. =**【看不过去】kàn·buguò·qù** ¶他的蛮横态度让大家都~了。=그의 무지막지한 태도는 모든 사람들이 간과할 수 없게 만들었다.

**【看不过来】kàn·buguò·lái** 통 다 볼 수 없다. (전부를) 돌볼〔처리할〕수 없다. ¶资料成堆, 我一个人~。=자료가 산더미같이 쌓여서 나 혼자서는 다 볼 수가 없다.

**【看不过去】kàn·buguò·qù** ☞【看不过】kàn·buguò

**【看不见】kàn·bujiàn** 통 보이지 않다. ¶屋里没开灯, 什么都~。=방안에 전등을 켜지 않아서 아무것도 보이지 않는다. ↔看得见

**【看不起】kàn·buqǐ** 통 경시하다. 얕보다. 깔보다. 경멸하다. 업신여기다. ¶他眼里只有自己, 谁都~。=그의 눈에는 자기밖에 없어 어느 누구든지 경시하다. ↔看得起

**【看不清】kàn·buqīng** 통 똑똑히〔분명히·잘〕보이지 않다. ¶距离太远, ~。=거리가 너무 멀어 잘 보이지 않는다. ↔看清

**【看不上】kàn·bushàng** 통 눈에 차지 않다. 마음에 안 들다. 얕보다. 경시하다. ¶打字员这份工作她根本~。=타이피스트라는 이 일을 그녀는 전혀 마음에 들어하지 않는다. ↔看得上

**【看不着】kàn·buzháo** 통 볼 수가 없다. ¶他这一走, 几年都~了。=그가 이번에 가면 몇 년간은 볼 수 없다.

**【看菜吃饭, 量体裁衣】kàn cài chīfàn, liàng tǐ cáiyī** 속 **1** 반찬에 맞추어 밥을 먹고, 몸에 맞게 옷을 마름질하다. **2** 비 상황〔환경〕에 따라 처리〔조치〕하다.

**【看茶】kànchá** 통 관 차를 내오너라〔올려라〕.

[옛날, 시종에게 차를 가져다 손님을 대접하라고 분부하는 말]

**【看成】kànchéng** 통 …(으)로 간주하다. …(이)라고 생각하다. ¶我把他们~是自己的亲人。=나는 그들을 나의 가족으로 간주한다.

**【看承】kànchéng** 통관 보살피다. 돌보다.

**【看出】kàn‖chū** 통 알아차리다. 간파하다. 꿰뚫어 보다. 발견하다. 느끼다. 분별하다. ¶他~公司内部管理方面存在一些问题。=그는 회사 내부 관리 쪽에 일부 문제가 있다는 것을 간파했다. ↔看不出

**【看穿】kàn‖chuān** 통 꿰뚫어 보다. (계책·의도 등을) 간파하다. ¶~对方的阴谋=상대방의 음모를 간파하다. ≒看破 看透 识破

**【看待】kàndài** 통 대(우)하다. 다루다. 취급하다. ¶要正确~个人的得失。=개인의 득실을 정확히 다루어야 한다. ≒对待

**【看淡】kàndàn** 통 **1** 판매가 시들해지다. 매출이 하락세를 보이다. ¶进入秋冬季节, 冷饮市场~。=가을·겨울에 들어서서 청량 음료의 판매가 시들해지다. **2** (어떤 일·물건 등을) 중요하게 생각지 않다. 대수롭게 여기지 않다. 하찮게 여기다. ¶~名利=명리를 중요하게 생각지 않다.

**【看到】kàn‖dào** 통 보다. 눈에 띄다. 눈이 닿다. 시선이 향하다. ¶他~一个熟悉的身影缓缓走来。=그는 눈에 익은 모습이 천천히 걸어오는 것을 보았다.

**【看得多】kàn·deduō** 통 본 것이 많다. 경험이 많다. ¶~, 见闻自然就广。=본 것이 많으면 견문은 자연히 넓어지게 된다.

**【看得过】kàn·deguò**(~儿) 통 (운동 경기·연극 등이) 볼 만하다. 볼 만한 가치가 있다. =**【看得过去】kàn·deguò·qù** ¶这窗帘还~, 就买了吧。=이 커튼은 그런대로 볼 만하니 사기로 하자.

**【看得过去】kàn·deguò·qù** ☞【看得过】kàn·deguò

**【看得见】kàn·dejiàn** 통 보이다. 볼 수 있다. ¶站在窗口, ~远处的海港。=창가에 서면 멀리 해안에 있는 항구가 보인다. ↔看不见

**【看得起】kàn·deqǐ** 통 중시하다. 존중하다. ¶~你才给你这个面子。=너를 존중하니까 너에게 체면을 세워 주는 거다. ↔看不起

**【看得上】kàn·deshàng** 통 마음에 들다. 좋아하다. ¶希望评委们能~这部影片。=심사위원들이 이 영화를 마음에 들어하기를 바란다. ↔看不上

**【看得准】kàn·dezhǔn** 통 똑바로 보다. 정확히 보다. (문제의 요점이나 사물의 본질을) 정확히 집어 내다〔찾아 내다〕. ¶他看问题一贯~。=그는 한결같이 문제를 정확하게 판단한다.

**【看灯】kàndēng** 통 음력 정월 보름 밤에 등불놀이를 구경하다. ¶~猜谜=등불놀이를 보면서 수수께끼놀이를 하다.

**【看低】kàndī** 통 얕잡아 보다. 깔보다. 경시하다. 과소평가하다. ¶千万不要~对手。=상대 선수를 절대 얕보지 마라.

【看跌】kàndiē 동 (시세가) 하락세를 보이다. 떨어질 기미가〔낌새가·조짐이〕보이다. ¶行情～=시세가 떨어질 기미가 보이다. ↔看涨

【看懂】kàn‖dǒng 동 보고 알다. 이해하다. 알아보다. ¶不熟悉比赛规则就很难～比赛.=경기 규칙을 잘 모르면 경기를 이해하기 매우 힘들다.

【看法】kànfǎ 명 1 견해. ¶每个人都谈谈自己的～.=각자 자기의 견해를 말해 봐라. 2 부정적인 의견. ¶他心里有～.=그는 마음속으로 부정적인 의견을 갖고 있다. ≒解 见地

【看风色】kàn fēngsè 동 형편을 살피다. 정세를 관망하다. 기회를 엿보다. =【看风头】kàn fēng·tou 【看风向】kàn fēngxiàng ¶～办事=형편을 살펴 일을 처리하다.

【看风使舵】kànfēng-shǐduò 성 1 풍향에 따라 방향키를 조정하다. 바람에 따라 돛을 조정하다. 2 비 형세의 변화를 보아 가면서 태도를 바꾸다. 눈치를 보아 가며 행동하다. =【见风使舵】jiànfēng-shǐduò 【见风转舵】jiànfēng-zhuǎnduò

【看风水】kàn fēngshuǐ 동 풍수를 보다.

【看风头】kàn fēng·tou ☞【看风色】kàn fēngsè

【看风向】kàn fēngxiàng ☞【看风色】kàn fēngsè

【看顾】kàngù 동 보살피다. 돌보다. 간호하다. ¶夫妻俩常年在外, 孩子由爷爷奶奶～.=부부는 장기간 밖에 나가 있어서 아이는 할아버지 할머니가 돌본다. ≒照顾 照看 看料 照应

【看官】kànguān 명 옛 1 독자 여러분. 독자 제위(讀者諸位). [주로 장회 소설(章回小說)에 보임] 2 관중 여러분. 청중 여러분. [연극·만담의 관객에 대한 존칭]

【看惯】kàn‖guàn 동 낯익다. 자주 보아서 익숙하다. ¶这些事情我早就～了.=이러한 일들에 대해 나는 예전부터 익숙해 있다.

【看好】kànhǎo 동 1 (일 등이) 전망이 밝다. 좋은 추세를 보이다. 잘 되리라 예측하다. ¶房地产市场近年一直～.=부동산 시장이 요 몇 년 줄곧 좋은 추세를 보인다. 2 (경기나 경쟁에서) 우세하다고 내다보다. 이길 거라고 기대하다. ¶他很有实力, 这次竞选大家都～他.=그는 실력이 있기 때문에 모두들 이번 경선(競選)에서 그가 우세하다고 내다본다.

【看见】kàn‖·jiàn 동 보다. 보이다. 눈에 띄다. ¶这些天一直没有～他.=요 며칠 동안 줄곧 그를 보지 못했다. ≒瞅见

【看开】kàn‖kāi 동 (여의치 못한 일을) 마음에 두지 않다. 툴툴 털어 버리다. ¶凡事要～点, 不要太在意.=무슨 일이든 마음을 좀 넓게 갖고 너무 신경 쓰지 마라.

【看看】kàn·kan 동 1 살펴보다. 검사하다. 조사하다. 관찰하다. 점검하다. ¶账单是否有误.=계산서에 착오가 있는지 살펴보다. 2 얼마 동안 고려하다〔관찰하다〕. ¶我现在还没有决定, ～再说.=나는 아직 결정을 못 했으니 좀 생각해 보고 다시 이야기하자. 부 금방. 머지않아. 잠

시 후. ¶～天色已晚, 只好找个旅店住下.=곧 날이 어두워지니 여관을 찾아 묵을 수밖에 없다. 조 해 보다. 시험해 보다. [동사나 동사구 뒤에 쓰여 한번 해 봄을 나타내며, 앞의 동사는 대개 중첩함] ¶不信你自己试一下～.=믿지 못하겠거든 네가 직접 한번 해 봐라.

【看客】kànkè 명비 관객. 관중. 구경꾼. 방관자. ¶要积极参与, 别老当～.=적극적으로 참여해야지 늘 방관자만 되지 마라.

【看来】kàn·lái 동 보기에 …하다. 보기에 …하다. 보니 …하다. [주로 문장 속에서 삽입 성분의 역할을 함] =【看起来】kàn·qǐ·lái ¶月朗星稀, ～明天是个大晴天.=달이 밝고 별이 드문 걸 보니 내일은 아주 맑은 날이 될 것 같다.

【看面子】kàn miàn·zi 동 안면〔체면〕을 보다. 정분을 생각하다. ¶他～把那事应了下来.=그는 안면을 봐서 그 일을 승낙하였다.

【看破】kàn‖pò 동 간파하다. 꿰뚫어 보다. 똑똑히 보다. ¶～阴谋诡计=음모와 모략을 간파하다. ≒看穿 看透 识破

【看破红尘】kànpò-hóngchén 성비 (스스로 생각하기에) 속세를 달관하다. 속세의 덧없음을 깨닫다.

【看齐】kànqí 동 1 나란히 하다. 정렬하다. ¶向右～!=우로 나란히! 2 (어떤 사람을) 모범으로 삼다. 본받다. ¶向优秀教师～.=우수 교사를 본받아 배우자.

【看起来】kàn·qǐ·lái 동 1 보기에 …하다. 보아하니 …하다. 볼 것 같으면 …하다. ¶～他糊里糊涂, 实际上他比谁都精明.=그는 흐리멍덩해 보이지만 사실은 누구보다도 영리하다. 2 ☞【看来】kàn·lái

【看轻】kànqīng 동 경시하다. 얕보다. 깔보다. 경멸하다. ¶不要～环卫工作.=환경 위생 업무를 깔보지 마라. ↔看重

【看清】kàn‖qīng 동 1 똑똑히〔분명히·잘〕보다. ¶～靶心, 准备射击.=과녁 중앙을 똑똑히 보고 사격 준비를 하다. 2 분명히 알다〔파악하다〕. ¶～问题实质=문제의 본질을 분명히 파악하다. ↔看不清

【看情面】kàn qíngmiàn 동 안면〔체면·낯〕을 보다. 정분을 생각하다. ¶在这件事上要一视同仁, 不能～.=이 일에 있어서 누구나 평등하게 대해야지 안면을 봐줘서는 안 된다.

【看觑】kànqù 동 1 보다. 바라보다. 주시하다. 2 돌보다. 보살피다. [주로 조기 백화문에 보임]

【看热闹】kàn rè·nao 동 1 구경하다. ¶我们去庙会上～去.=우리 묘회에 구경하러 가자. 2 비 수수방관하다. 구경거리로 여기다. ¶往往都是～的人多, 管事的人少.=왕왕 구경꾼은 많고 일하는 사람은 적다.

【看人】kànrén 동 사람을 관찰하거나 평가하다. ¶～不能～外表.=사람을 평가함에 있어서 외모만 봐서는 안 된다.

【看人端菜】kànrén-duāncài ☞【看人下菜】kànrén-xiàcài

【看人眉睫】kànrén-méijié 성비 눈치를 보아

**kàn 看**

【看人说话】 kànrén-shuōhuà ⓓ 사람에 따라 말을 바꾸다.

【看人下菜】 kànrén-xiàcài ⓓⓗ 사람을 보고 대접〔대우〕하다. =【看人端菜】 kànrén-duāncài 【看人下菜碟儿】 kànrén xià cài diér

【看人下菜碟儿】 kànrén xià càidiér ☞【看人下菜】 kànrén xiàcài

【看上】 kàn‖shàng ⓓ 마음에 들다. 눈에 들다. 반하다. ¶他~了一款新上市的手机. =그는 새로 출시된 휴대폰이 마음에 들었다.

【看上去】 kàn·shàng·qù ⓓ 보아하니 …하다. [주로 문장 속에서 삽입 성분의 역할을 함] ¶这套沙发~不错. =이 소파 세트는 보기에 괜찮은 것 같다.

【看时候儿】 kàn shí·hour ⓓ 1 때〔시기〕를 보다. ¶提这项建议要~. =이 건의를 하려면 때를 보아야 한다. 2 때에 달리다. ¶这事成功与否要看什么时候儿办了. =이 일의 성공 여부는 어느 때에 하는가에 달려 있다.

【看手相】 kàn shǒuxiàng ⓓ 수상〔손금〕을 보다. ¶~的=손금쟁이.

【看书】 kàn‖shū ⓓ 책을 보다〔읽다〕. 독서하다. 공부하다. ¶他一~就入迷. =그는 책을 보면 금방 빠져든다.

【看死】 kànsǐ ⓓ 고정적으로 보다. 단정해 버리다. ¶别把人~了, 环境是可以改变人的. =사람을 고정 관념으로 보지 마라, 환경이 사람을 바꿀 수 있으니까.

【看台】 kàntái ⓝ (경기장·경마장 등의) 관람석. 스탠드.

【看天】 kàntiān ⓓ 날씨〔일기〕를 살피다. ¶出门~=집을 나설 때는 날씨를 살핀다.

【看透】 kàn‖tòu ⓓ 1 (상대방의 계책·의도 등을) 간파하다. 알아차리다. ¶他走的这步棋我看不透. =그가 행마(行馬)를 한 이 수(의 의도)를 나는 모르겠다. 2 (상대방의 결점·사물의 무가치함·무의미함 등을) 꿰뚫어 보다. 알아보다. ¶这个人我算是~了, 只会说, 不会做. =이 사람을 나는 알아봤어, 말만 할 줄 알지 실제로는 하지 못하는 걸. ≒看穿 看破 识破

【看头】 kàn·tou (~儿) ⓝⓒ 볼 만한 것. 볼 만한 가치. [주로 '有'·'没有'와 함께 쓰임] ¶这些电视肥皂剧没什么~. =이런 가벼운 소재를 다룬 TV 드라마는 볼 만한 가치가 없다.

【看图识字】 kàntú shízì ⓓ 그림을 보고 글자를 익히다.

【看望】 kàn·wàng ⓓ 방문하다. 문안하다. 찾아가 보다〔뵙다〕. ¶~亲友=친척과 친구를 찾아가 보다.

【看戏】 kànxì ⓓ 1 연극을 보다. ¶戏院里~的人还真不少. =극장에서 연극을 보는 사람들이 정말 많다. 2 웃음거리로 삼다. ¶这事可不能办砸, 有不少人正等着~呢. =이 일은 절대 잘못되어서는 안 된다. 사람들이 한창 웃음거리로 삼으려고 기다리고 있으니까.

【看下去】 kàn·xià·qù ⓓ 계속 볼 만하다. 계속 볼 수 있다. 계속 읽(어 내려가)다. ¶这书有些趣味, 还能~. =이 책은 그런대로 재미가 있어서 계속 볼 만하다.

【看相】 kàn‖xiàng ⓓ 관상(觀相)을 보다.

【看笑话】 kàn xiào·hua ⓓ (다른 사람의 남부끄러운 일을) 웃음거리로 삼다. 고소해하다. ¶事情没办好, 让人~. =일을 잘 처리하지 못하면 남의 웃음거리가 된다.

【看样儿】 kàn yàngr ☞【看样子】 kàn yàng·zi

【看样子】 kàn yàng·zi ⓓ 보아하니 …듯하다. 상황〔모양〕을 보니 …것 같다. [주로 문장의 삽입 성분으로 쓰임] =【看样儿】 kàn yàngr ¶他俩是真的闹翻了. =보아하니 그 두 사람은 정말 틀어진 것 같아.

【看医生】 kàn yīshēng ⓓ (의사에게) 보이다. 진료를 받다. 치료받다. ¶病了就得~. =병이 나면 의사에게 진료를 받아야 한다.

【看在眼里】 kànzài yǎn·li ⓓ (두 눈으로) 직접 보다. 친히 보다. 새겨 두다. ¶你为大伙儿做的好事我们都~, 记在心里. =당신이 모두를 위해 한 좋은 일을 우리 모두 직접 보았고 마음속에 기억하고 있습니다.

【看涨】 kànzhǎng ⓓ (시세가) 상승세를 보이다. 오를 기미가〔낌새가·조짐이〕 보이다. ¶行情~=시세가 오를 낌새가 보이다. ↔看跌

【看着】 kàn·zhe ⓓ 보고 있다. 주시하다. 응시하다. ¶他~列车缓缓驶离车站. =그는 열차가 천천히 역을 떠나가는 것을 보고 있다.

【看着办】 kàn·zhebàn ⓓ 보아 가면서 (처리)하다. 알아서 (처리)하다. ¶这些事你就~吧. =이 일들은 네가 보아 가면서 처리해라.

【看中】 kàn‖zhòng ⓓ 마음에 들다. 보고 정하다. 좋아하다. 사랑하다. 매혹되다. ¶她~一件款式别致的风衣. =그녀는 디자인이 독특한 윈드 재킷 한 벌이 마음에 들었다.

【看重】 kànzhòng ⓓ 중시하다. ¶相对于才华, 我们更~人品. =재주에 비해서 우리들은 인품을 더 중시한다. ≒器重 ↔看轻 小看 小瞧

【看朱成碧】 kànzhū-chéngbì ⓢ 1 붉은 것을 푸른 것으로 보다. 2 ⓗ 마음이 산란하여 제대로 분간하지 못하다.

【看准】 kàn‖zhǔn ⓓ 똑바로 보다. 정확히 보다. ¶~机会=기회를 똑바로 보다.

【看嘴脸】 kàn zuǐliǎn ⓓ 남의 눈치를 보다. 눈치를 보아 가며 하다. ¶寄人篱下, 不得不看别人的嘴脸. =남의 울타리 안에 있기 때문에 눈치를 보지 않을 수가 없다. 남의 도움을 받고 있는 처지여서 눈치를 볼 수밖에 없다.

【看作】[看做] kànzuò ⓓ …(으)로 보다. …(으)로 간주하다. …(이)라고 여기다. ¶他把学生~自己的孩子. =그는 학생들을 자기 자식처럼 여긴다.

【看座】 kàn‖zuò ⓓⓒ 자리를 내드려라〔안내해라〕. [옛날, 시종이나 종업원더러 손님에게 좌석을 안내하라고 분부하는 말]

【看做】kànzuò ☞【看作】kànzuò

衎 kàn 즐길 간
　형(문) **1** 즐겁다. **2** 강직하다.

埳 kàn 땅 이름 감
　지명에 쓰이는 글자. ¶赤~=츠칸. [타이완(台湾)성 가오슝(高雄) 북쪽에 있는 지명]

墈 kàn 언덕 감
　명(문) 높고 가파른 둑. [주로 지명에 쓰임] ¶~上=칸상. [장시(江西)성에 있는 지명]

阚[闞] Kàn 성 감
　명 성(姓).

磡 kàn 낭떠러지 감
　명(문) 산벼랑. [주로 지명에 쓰임] ¶王~头=왕칸터우. [저장(浙江)성에 있는 지명]

瞰¹ kàn 내려다볼 감
　통 내려다보다. 굽어보다. ¶俯~=굽어보다.

瞰²[矙] kàn 엿볼 감
　통 엿보다. 바라보다. ¶~暇伺机=틈을 엿보다〔노리다〕.

## kang

闶[閌] kāng 문지방 항
　아래를 참조.
　☞ kàng

【闶阆】kāngláng 명(방) (건축물 안의) 트인 공간. =【闶阆子】kāngláng·zi
【闶阆子】kāngláng·zi ☞【闶阆】kāngláng

**康¹** kāng 편안할 강
　형 **1**(문) 풍족하다. 풍성하다. ¶国富民~=나라는 부유하고 백성은 풍족하다. **2** 평안하다. 안정되다. ¶合家~乐=온 가족이 평안하다. **3** 건강하다. ¶病体~复=병든 몸의 건강을 회복하다. 명 (Kāng) 성(姓).

　◐ 康 kāng
　　糠 kāng
　　慷 kāng

**康²** kāng 쌀겨 강
　(문) '糠(kāng)'과 같음.

　◐● 安康, 健康, 小康

【康拜因】kāngbàiyīn 명(외) **1** ☞【联合机】liánhéjī **2** ☞【联合收割机】liánhé shōugējī
【康采恩】kāngcǎi'ēn 명(외)(經) 콘체른.
【康复】kāngfù 통 건강을 회복하다. ¶祝您早日~!=당신의 쾌유를 빕니다!
【康健】kāngjiàn 형 (몸이) 건강하다. ¶他年迈的双亲依然~。=그의 노부모님은 여전히 건강하시다.
【康乐】kānglè 형 안락하다. 편안하다. ¶过上了~的日子。=안락한 나날을 보냈다.
【康乐球】kānglèqiú 명(외) 캐럼즈(caroms). [당구와 유사한 오락의 일종. 보통 2인 또는 4인이 당구대 모양의 나무판 위에 장기알 모양의 것을 놓고 막대로 귀퉁이에 나 있는 구멍 속에 쳐서 넣음] =【克郎棋】kèlángqí【克郎球】kèlángqiú
【康乃馨】kāngnǎixīn 명(외)(植) 카네이션.
【康宁】kāngníng 형 강녕하다. 건강하고 안녕하다. ¶黎庶~=백성들이 모두 건강하고 안녕하다.
【康平纳】kāngpíngnà 명(외)(經) 콤비나트. [생산·기술에 밀접한 관련이 있는 여러 산업·기업 또는 공장을 일정한 지역에 집중시켜 생산의 효율성을 꾀하는 기업 집단]
【康强】kāngqiáng 형 건강하다. 강건하다. 건장하다. ¶身体~=신체가 건장하다.
【康衢】kāngqú 명(문) 대로. 큰길.
【康泰】kāngtài 형(문) 건강하다. 평안하다. ¶全家~=온 가족이 평안하다.
【康熙】Kāngxī 명 **1**(歷) 강희. [청(清) 성조(聖祖)의 연호(1662~1722년)] **2** 강희제(康熙帝, 1654~1722년). [중국 청나라의 제4대 황제. 묘호(廟號)는 성조. 이름은 '爱新觉罗·玄烨'임]
【康熙字典】Kāngxī Zìdiǎn 명 강희자전. [청(清)대 강희 황제의 명령으로 장옥서(張玉書) 등이 편찬한 대형 자전. 모두 47,035자가 실려 있고, 1716년 출판되었음]
【康庄大道】kāngzhuāng-dàdào (성) **1** 탄탄대로. 사방으로 통하고 잘 발달된 길. 학 트인 길. **2**(비) 광명에 찬 길. 휘황찬란한 미래. 밝고 아름다운 앞날. ↔羊肠小道

**\*慷** kāng 강개할 강
　아래를 참조.

【慷慨】kāngkǎi 형 **1** 강개하다. 감정이나 정서가 격앙되다. ¶~悲歌=격앙되고 비통한 노래. **2** 후하게 대하다. 아끼지 않다. 후하다. ¶~无私的帮助=아낌없고 사심 없는 도움. ≒大方(dà·fang) ↔吝啬 小气
【慷慨陈词】kāngkǎi-chéncí (성) 격앙된 어조로 의견을 말하다.
【慷慨激昂】kāngkǎi-jī'áng (성) 마음과 어조가 격앙되고 정기가 충만한 모양. =【激昂慷慨】jī'áng-kāngkǎi
【慷慨解囊】kāngkǎi-jiěnáng (성) **1** 아낌없이 주머니를 열다. **2**(비) 아낌없이 주머니를 털어 남을 돕다. 서슴없이 공익 사업에 기금을 출연(出捐)하다. ≒仗义疏财 ↔一毛不拔
【慷他人之慨】kāng tārén zhī kǎi (숙) 남의 재물로 생색내다〔선심 쓰다〕.

榳 kāng 빌 강
　☞【梛榳】lángkāng

**糠**[(穅·粇)] **kāng** 쌀겨 강

명 겨. 부스러기. 기울. ¶米~=쌀겨. 통형 (무 등이) 바람이 들다. 속이 비다. 못 쓰게 되다. ¶ 萝卜~了,不能吃了.=무가 바람이 들어서 먹을 수가 없다.

> ○◆ 矮ǎi糠, 秕bǐ糠, 稻dào糠, 砻lóng糠, 米糠, 筛shāi糠, 糟zāo糠

【糠包】**kāngbāo** 명 **1** 겨 포대. **2** (비) (욕하는 말로) 쓸모 없는 놈. 밥통. 식충이. 얼간이.
【糠秕】**kāngbǐ** 명 겨와 기울. 쭉정이와 겨.
【糠菜半年粮】**kāngcài bànnián liáng** 숙 **1** (일년 가운데) 반 년 동안 겨와 들나물만 먹다. **2** (비) 겨우 입에 풀칠하다.
【糠醛】**kāngquán** 명(化) 푸르푸랄(furfural).
【糠虾】**kāngxiā** 명(動) 보리새우.
【糠心病】**kāngxīnbìng** 명(農) 선충병(線蟲病). [선충의 기생에 의해 작물에 발생하는 병의 총칭]

**鳒**[**鰜**] **kāng** 아귀 강
☞【鮟鳒】 **ānkāng**

**扛** **káng** 멜 강

동 (어깨에) 메다. ¶~木头=목재를 메다. / ~枪=총을 메다.
☞ **gāng**

【扛长工】**káng chánggōng** 동숙 머슴살이를 하다. = 【扛长活】**káng chánghuó**
【扛长活】**káng chánghuó** ☞ 【扛长工】 **káng chánggōng**
【扛大个儿】**káng dàgèr** 동⒝ (부두나 정류장에서) 짐을 나르다〔하역하다〕. ¶他是个~的.=그는 짐꾼이다.
【扛大梁】**káng dàliáng** 동⒝ 중요한 임무를 맡다. 중요한 역할을 하다. 기둥 노릇을 하다.
【扛夫】**kángfū** 명 하역부. 짐꾼.
【扛活】**káng‖huó** 동⒝ 머슴살이를 하다. 머슴 살다.

**亢** **kàng** 높을 항

형 **1** 높다. ¶高~=(소리가) 높고 우렁차다. **2** 거만하다. 도도하다. ¶不卑不~=비굴하지도 거만하지도 않다. **3** 지나치다. 심하다. ¶精神~奋=정신이 극도로 흥분되다. 명 **1** (天) 항수 (亢宿). [이십팔수(二十八宿)의 하나] **2** (Kàng) 성(姓). ↔卑

【亢奋】**kàngfèn** 형 극도로 흥분하다. ¶心情~=마음이 극도로 흥분되다.
【亢旱】**kànghàn** 형⒝ 대단히 가물다. ¶~之灾=극심한 한재(旱害).
【亢进】**kàngjìn** 동(醫) (생리 기능이) 지나치게

홍분되다. [항진에 해당함] ¶甲状腺机能~=갑상선 기능 항진.
【亢礼】**kànglǐ** ☞ 【抗礼】 **kànglǐ**
【亢直】**kàngzhí** 형⒝ 강직하다. ¶~不善逢迎. =강직하여 아첨할 줄 모르다.

**伉** **kàng** 짝 항

동문 대등하다. (부부가) 잘 어울리다. ¶~俪之情=부부의 정. 형문 높고 크다. 건장하다. 강하다. 굳세다. 강직하다. ¶~健=강건하다. 명 (Kàng) 성(姓).
【伉俪】**kànglì** 명문 부부(夫婦). ¶结为~=부부가 되다.

**抗** **kàng** 막을 항

동 **1** 저항하다. 막다. 대항하다. 싸우다. ¶对~=대항하다. / 负隅顽~=험준한 지형에 의지해서 완강하게 저항하다. **2** 거절하다. 거스르다. 항거하다. ¶违~=항거하다. / 命令不遵=항거하여 명령에 따르지 않다. **3** 맞서다. 필적하다. 대등하다. ¶分庭~礼=서로 대립하다. 명 (Kàng) 성(姓).

> ○◆ 抵dǐ抗, 电抗, 对抗, 反抗, 违wéi抗

【抗癌】**kàng'ái** 동 암을 예방·치료하다. ¶~药物=암을 치료하는 약물.
【抗暴】**kàngbào** 동 폭력〔폭정〕에 맞서 싸우다. ¶~斗争=폭력〔폭정〕에 맞선 투쟁.
【抗辩】**kàngbiàn** 동 항변하다. ¶据理~=이치에 따라 항변하다.
【抗病】**kàngbìng** 동 병과 싸우다. 병에 저항하다. 투병하다.
【抗病毒程序】**kàngbìngdú chéngxù** 명(컴) 백신 프로그램.
【抗磁性】**kàngcíxìng** 명(物) 반자성(反磁性).
【抗大】**Kàng Dà** 명⒝ (歷) 中国人民抗日军事政治大学(중국 인민 항일 군사 정치 대학).
【抗敌】**kàngdí** 동 항적하다. 적과 맞서다〔싸우다〕. ¶英勇~=용감히 적과 싸우다.
【抗丁】**kàngdīng** 동⒝ 징집을 거부하다.
【抗毒素】**kàngdúsù** 명(醫) 항독소.
【抗干扰】**kàng gānrǎo** 동 **1** 교란을〔방해를〕 차단하다〔방지하다〕. **2** 전파 방해를 차단하다. ¶这种卫星的~性很强. =이런 위성은 전파 방해 차단성이 매우 강하다.
【抗寒】**kànghán** 동 방한하다. 내한하다.
【抗旱】**kàng‖hàn** 동 가뭄과 싸우다. 가뭄에 맞서다〔견디다〕. ¶~保收=가뭄과 싸워 수확을 보장하다.
【抗衡】**kànghéng** 동 맞서다. 맞먹다. 필적하다. ¶实力悬殊,难以~.=실력의 차이가 너무 커서 맞서기 어렵다.
【抗洪】**kàng‖hóng** 동 홍수와 싸우다. 홍수에 맞서다. ¶~抢险=홍수와 싸우며 긴급 구조를 하다.
【抗婚】**kànghūn** 동 부모가 정해 주거나 강압적인 결혼에 맞서다. ¶~出逃=억지 결혼에 맞서

도망가다.

【抗击】**kàngjī** 图 저항하며 반격하다. ¶~侵略者＝침략자에게 저항하며 반격하다.

【抗拒】**kàngjù** 图 항거하다. 저항하다. 반항하다. 반대하다. 거역하다. 거부하다. ¶~命令＝명령에 항거하다. ≒对抗

【抗捐】**kàng ‖ juān** 图⑨ 납세를 거부하다.

【抗菌素】**kàngjūnsù** ☞【抗生素】**kàng shēngsù**

【抗菌血清】**kàngjūn xuèqīng** 图(醫) 항체 혈청. 면역 혈청.

【抗拉强度】**kànglā qiángdù** 图(物) 항장력(抗张力).

【抗老(化)剂】**kànglǎo(huà)jì** 图(化) 노화 방지제.

【抗涝】**kàng ‖ lào** 图 (장마의) 수해와 싸우다. 수해에 맞서다. ¶排洪~＝배수를 잘 하여 수해에 맞서다.

【抗礼】**kànglǐ** 图⑨ 동등하게 대우하다. 대등한 예를 취하다. ＝【亢礼】**kànglǐ**

【抗联】**Kàng Lián** 图⑨(歷) 东北抗日联军(동북 항일 연합군).

【抗粮】**kàngliáng** 图⑨ 곡물세를 거부하다. 곡물의 징발에 저항하다.

【抗命】**kàngmìng** 图 명령을 위반하다〔어기다〕. 항명하다. ¶~不从＝명령에 불복종하다. ↔遵命

【抗逆性】**kàngnìxìng** ☞【抗性】**kàngxìng**

【抗凝】**kàngníng** 图 (액체의) 응고를 방지하다. ¶~剂＝응고 방지제.

【抗热】**kàngrè** 图 고온에 견디다. ¶这种构件~性能好。＝이런 부재는 내열성이 뛰어나다.

【抗日战争】**Kàng-Rì Zhànzhēng** 图(歷) 항일 전쟁. [1937~1945년, 일본 제국주의의 침략에 항거하던 민족 해방 전쟁]

【抗上】**kàngshàng** 图 항명하다. 윗사람[상급자]에게 대항하다〔대들다〕. ¶他一贯胆小怕事, 岂敢~？＝그는 일관되게 겁이 많고 문제가 생기는 것을 두려워하는 사람인데, 어찌 감히 윗사람에게 대들겠는가?

【抗生素】**kàngshēngsù** 图(醫) 항생소. 항생 물질. ＝【抗菌素】**kàngjūnsù**

【抗税】**kàng ‖ shuì** 图 납세를 거부하다.

【抗诉】**kàngsù** 图(法) 항소하다.

【抗体】**kàngtǐ** 图(醫) 항체. 면역체.

【抗性】**kàngxìng** 图(植) 내성(耐性). ＝【抗逆性】**kàngnìxìng**

【抗药性】**kàngyàoxìng** 图(醫) 약물 내성.

【抗议】**kàngyì** 图 항의하다. ¶严正~＝엄중하게 항의하다. / ~集会＝항의 집회. 图 항의. ¶提交~＝항의를 제기하다.

【抗御】**kàngyù** 图 저항하고 방어하다. 대항하다. 맞서다. 싸우다. ¶~自然灾害＝자연 재해에 맞서다. ≒抵御 抵抗

【原】**kàngyuán** 图(醫) 항원. 면역원.

【抗灾】**kàng ‖ zāi** 图 재해에 맞서 싸우다. 재해에 맞서다. ¶~自救＝재해에 맞서 재해를 구제하다.

【抗战】**kàngzhàn** 图 **1** (외적에 대한) 항전. **2** (1937~1945년의) 항일 전쟁.

【抗张力】**kàngzhānglì** 图(物) 항장력. 항장응력.

【抗震】**kàngzhèn** 图 **1** (건축물·기기·계기 등이) 진동에 견디는 성능을 갖추다. ¶这种仪器的~性能很好。＝이런 기구는 진동에 견디는 성능이 뛰어나다. **2** 지진과 싸우다. 지진에 맞서다. ¶~救灾＝지진에 맞서서 재난을 구제하다.

【抗争】**kàngzhēng** 图 항쟁하다. 투쟁하다. ¶据理~＝이치에 근거해서 항쟁하다.

【抗皱】**kàngzhòu** 图 주름을 방지하다〔줄이다〕. ¶~养颜＝주름을 방지하여 얼굴을 잘 관리하다.

**冗** **kàng** 숨길 항

图图 숨기다. 감추다. ¶你把手机~哪儿了？＝너 휴대폰을 어디에 숨겼니?

**囥[閌]** **kàng** 높은 문 항

형图 높고 크다. 우뚝〔우뚝〕 솟다. ¶高门有~＝높은 문이 우뚝 솟아 있다.
☞ **kāng**

**炕** **kàng** 온돌 항

图 온돌. 방구들. ¶到~上坐, 暖和暖和。＝온돌에 올라서 몸을 좀 녹이세요. 图图 (불에) 쬐다. 말리다. ¶把馒头放在炉子边上~一~。＝만터우를 화롯가에 두고 불에 쬐다.
☞ **hāng**

○ 火炕, 落**lào**炕, 尿**niào**炕

【炕洞】**kàngdòng** 图 방고래. 온돌 아궁이.

【炕几】**kàngjī** ☞【炕桌儿】**kàngzhuōr**

【炕屏】**kàngpíng** 图 온돌방에 놓는 병풍.

【炕梢】**kàngshāo** (~儿) 图 (온돌의) 윗목.

【炕头】**kàngtóu** (~儿) 图 (온돌의) 아랫목.

【炕席】**kàngxí** 图 온돌 위에 까는 (돗)자리.

【炕沿】**kàngyán** (~儿) 图图 온돌 가장자리. 구들 가.

【炕桌儿】**kàngzhuōr** 图 온돌 위에 놓는 앉은뱅이 책상. ＝【炕几】**kàngjī**

**钪[鈧]** **kàng** 스칸듐 항

图⑨(化) 스칸듐(Sc, scandium). [원자 번호 21]

# kao

**尻** **kāo** 꽁무니 고

图图 둔부. 볼기. 궁둥이. 엉덩이.

【尻子】**kāo·zi** 图图 엉덩이. 둔부

**考**¹**[攷]** **kǎo** 생각할 고

图 **1** 조사하다. 점검하다. 검사하다. ¶无从稽~＝조사할 길이 없다. **2** 시험하다. 테스트하다.

¶我被他~住了。=그가 나를 테스트했다. **3** 시험을 보다〔치다〕. ¶明天~语文。=내일 국어 시험을 본다. **4** 응시하다. 시험에 지원하다. ¶孩子准备~北大。=아이가 북경대학에 응시하려고 준비하고 있다. **5** 연구하다. 고증하다. ¶反复~证=반복하여 고증하다. **6** 고려하다. 곰곰이〔자세히〕 생각하다. ¶独立思~=홀로 사고하다. 〔명〕 시험. ¶会~=연합 고사. / 高~=대학 입시.

○ 考 kǎo
  烤 kǎo
  拷 kǎo
  栲 kǎo
  铐 kǎo

**考² kǎo** 늙을 고
〔형〕〔문〕 늙다. 나이가 많다. ¶福禄寿~=복과 장수를 누리다. 〔명〕〔문〕 죽은 아버지. ¶先~=선친.

○ 报考, 备考, 补考, 参考, 查考, 大考, 待考, 稽jī考, 监jiān考, 期考, 投考, 主考.

【考妣】**kǎobǐ**〔명〕〔문〕 돌아가신 부모. ¶如丧~=마치 부모가 돌아가신 듯하다.
【考博】**kǎobó**〔동〕 박사 시험에 응시하다.
【考不起】**kǎo·buqǐ**〔동〕 시험에 합격하지 못하다. 시험에 떨어지다. 불합격하다.
【考不上】**kǎo·bushàng**〔동〕 시험에 합격하지 못하다. 시험에 떨어지다. 불합격하다. ¶他成绩太差, ~大学。=그는 성적이 너무 나빠서 대학 시험에 떨어졌다.
【考察】**kǎochá**〔동〕 고사하다. 조사하다. 체크하다. 검사하다. 대조하다. 점검하다. 확인하다. ¶对后备干部进行综合~。=예비 간부들에 대해 종합적인 검사를 진행하다.
【考察】**kǎochá**〔동〕 **1** 고찰하다. 정밀히 관찰하다. ¶~地质成因=지질의 형성 원인을 고찰하다. **2** 현지 조사하다. 시찰하다. ¶他们~了沿海地区的乡镇企业。=그들은 연안 지역의 지방 기업들을 시찰하였다.
【考场】**kǎochǎng**〔명〕 고사실. 시험장.
【考点】**kǎodiǎn**〔명〕 시험 장소. 고사장. 시험장. ¶这个~设有十个考场。= 이 고사장에는 고사실이 열 개 마련되어 있다.
【考订】**kǎodìng**〔동〕 점검하여〔확인하여〕 정정하다. ¶认真~书中的引述文字。=책 속의 인용문을 철저하게 점검하여 정정하다.
【考分】**kǎofēn**(~儿)〔명〕 시험 점수.
【考风】**kǎofēng**〔명〕 (시험장의) 시험 분위기. ¶整顿~=시험 분위기를 바로잡다.
【考古】**kǎogǔ**〔동〕 고고학을 연구하다. ¶他们经常在野外~。=그들은 자주 야외에서 고고학 연구를 한다. 〔명〕 고고학 연구. ¶专门从事~研究=전문적으로 고고학 연구에 종사하다.
【考古学】**kǎogǔxué**〔명〕 고고학.
【考官】**kǎoguān**〔명〕〔옛〕 시험관. 시험 감독관.
【考号】**kǎohào**〔명〕 수험 번호.
【考核】**kǎohé**〔동〕 **1** 대조하다. ¶~事实=사실을 대조하다. **2** 심사하다. ¶~在岗职工=재직 중인 직원을 심사하다.
【考级】**kǎo‖jí**〔동〕 급수〔등급〕 시험을 보다. 钢琴~=피아노 급수 시험을 보다.

【考绩】**kǎojì**〔동〕 근무 성적을 심사하다. ¶定期~=정기적으로 근무 성적을 심사하다.
【考校】〖考较〗**kǎojiào**〔동〕 조사하여 교정하다. 고증하여 바로잡다. ¶~释文=해석을 고증하여 바로잡다.
【考较】**kǎojiào**☞【考校】**kǎojiào**
【考究】**kǎo·jiu**〔동〕 **1** 고구하다. 고찰하고 연구하다. 조사하여 알아 내다. 연구하다. ¶对史实进行了仔细~。=역사적 사실에 대해 자세히 연구하다. **2** 깊이 생각하다. 신경 쓰다. 정성들이다. 가리다. ¶衣着~=옷차림에 신경 쓰다. 〔형〕 정교하다. 아름답다. 정미하다. ¶礼品包装相当~。=선물 포장이 무척 정미하다. 〔동〕 연구. 고찰. ¶活儿看起来简单, 但想做好却有大~。=일이 간단해 보여도 제대로 해내려면 오히려 신경 쓸 것이 많다.
【考据】**kǎojù**〔동〕 고증하다. ≒考证.
【考卷】**kǎojuàn**〔명〕 시험(용)지. 고사 용지.
【考拉】**kǎolā**〔명〕【树袋熊】**shùdàixióng**
【考量】**kǎoliáng**〔동〕 고려하여 헤아리다. ¶把各种因素综合起来进行~。=여러 가지 요인을 종합해서 고려하다.
【考量】**kǎo·liàng**〔동〕 고려하다. 생각하다. 经过再三~, 他决定放弃报考艺术院校。=재삼 고려한 끝에 그는 예술 대학(교)에 응시하는 것을 포기하기로 결정했다.
【考虑】**kǎolǜ**〔동〕 **1** 고려하다. 생각하다. ¶我正在~要不要接受他的建议。=나는 지금 그의 건의를 받아들일지 말지를 고려하고 있는 중이다. **2** 구상하다. 계획하다. …할 생각이다. ¶我正在~明年上马新的项目。=나는 마침 내년에 착수할 새로운 프로젝트를 구상 중이다.
【考评】**kǎopíng**〔동〕 심사하여 평가하다. 심사하여 평정(評定)하다. ¶对各大宾馆的服务设施和服务态度进行综合~。=각 호텔의 서비스 시설과 태도에 대하여 종합 심사하여 평정하다.
【考期】**kǎoqī**〔명〕 시험 일자〔기간〕.
【考勤】**kǎoqín**〔동〕 출근〔출석〕을 기록하다. 출근부에 도장을 찍다. 출근을 체크하다. ¶严格~=출근을 엄격하게 점검하다.
【考求】**kǎoqiú**〔동〕 탐구하다. 고찰하고 연구하다. ¶~古义=옛 의미를 고찰하다.
【考区】**kǎoqū**〔명〕 고사 지역〔지구〕.
【考取】**kǎo‖qǔ**〔동〕 시험에 합격하여 채용되다. ¶~公务员=공무원 채용 시험에 합격하다.
【考上】**kǎo‖·shàng**〔동〕 시험에 합격하다. ¶他如愿~了研究生。=그는 원하는 대로 대학원에 합격하였다.
【考生】**kǎoshēng**〔명〕 수험생.
【考试】**kǎoshì**〔동〕 시험을 치다. 고사를 치다. ¶他们正在~。=그들은 시험을 치르고 있는 중이다. 〔명〕 시험. 고사. ¶数学~=수학 시험.
【考释】**kǎoshì**〔동〕 (옛날 문자를) 고증하고 해석하다.
【考题】**kǎotí**〔명〕 시험 문제. ≒试题.
【考问】**kǎowèn**〔동〕 심문하다. 자세히 따져 묻다. ¶面对他的~, 我一时竟回答不上来了。=

考 拷 栲 烤 筹 铐 犒 靠 **kào** 1093

그의 심문에 나는 잠시 대답을 하지 못했다.

【考学】**kǎoxué** 동 상급 학교에 응시하다. 진학 시험을 보다. ¶大学毕业后我将继续~。=대학을 졸업한 후에 나는 계속해서 대학원에 응시할 것이다.

【考研】**kǎo‖yán** 동 대학원 시험을 보다〔치르다〕. 대학원에 응시하다. ¶近年来~的人越来越多。=최근에 대학원에 응시하는 사람들이 날로 늘어간다.

【考验】**kǎoyàn** 동 시험하다. 시련을 주다. 검증하다. ¶他的敬业精神是经得起~的。=그의 프로 정신은 시련을 이겨 낼 수 있다.

【考语】**kǎoyǔ** 명 **1** 공직자의 근무 성적에 대한 평어(評語). **2** 사람들의 인품이나 업무 성적에 대한 평어(評語).

【考证】**kǎozhèng** 동 고증하다. ¶他~了这些壁画的绘制年代。=그는 이 벽화들의 제작 연대에 대해 고증하였다. 명 고증. ¶这是鲁迅先生写的一段~。=이것은 루쉰(鲁迅) 선생이 쓴 고증의 일부분이다. ≒考据.

【考中】**kǎozhòng** 동 시험에 합격하다. 시험에 붙다. ¶~清华大学=칭화대학교에 합격하다.

\***拷** **kǎo** 칠 고

동 **1** (범인을 방망이로) 때리다. 치다. **2** (형구(刑具)로) 고문하다. 체벌〔체형〕을 가하다. ¶严刑~打=모진 고문을 하다. 엄한 형벌로 고문을 하다. **3** 〈컴〉복사하다. 카피(copy)하다. ¶~一张备份盘。=백업(backup) 디스켓을 카피하다.

【拷贝】**kǎobèi** 동영 **1** 〈映〉프린트하다. ¶影片即将~完毕。=영화 필름 프린트가 곧 끝난다. **2** 〈컴〉복사하다. 카피(copy)하다. ¶~软盘=플로피 디스켓을 복사하다. 명영 **1** 〈映〉프린트. =【正片】**zhèngpiàn 2** 프린트물. 사본. ¶帮我找一份文件的~。=서류 사본을 좀 찾아 주세요.

【拷绸】**kǎochóu** ☞【黑胶绸】**hēijiāochóu**

【拷打】**kǎodǎ** 동 고문하다. ¶~逼供=고문하여 자백을 강요하다.

【拷纱】**kǎoshā** ☞【香云纱】**xiāngyúnshā**

【拷问】**kǎowèn** 동 고문하다. ¶严刑~=모진 고문을 하다. 엄한 형벌로 고문을 하다.

**栲** **kǎo** 고리 고

명 〈植〉모밀잣밤나무.

【栲胶】**kǎojiāo** 명 타닌 엑스(tannin extract).

【栲栳】〔筹笔〕**kǎolǎo** 명 (대쪽·버들가지 등으로 엮은) 고로. 바구니. 고리(짝). =【笸斗】**bādǒu**

【栲树】**kǎoshù** 명〈植〉모밀잣밤나무.

\***烤** **kǎo** 구울 고

동 **1** (불에 쬐어) 말리다. 굽다. ¶烘~=불에 굽다. ¶~鸡=닭을 굽다. 닭구이. **2** (불을) 쬐다. 쪼이다. ¶围着火盆~火。=화롯가에 둘러 앉아서 불을 쬐다.

【烤饼】**kǎobǐng** 명 구운 빵.

【烤电】**kǎo‖diàn** 동〈醫〉전기 치료를 하다.

【烤房】**kǎofáng** 명 화력 건조실.

【烤火】**kǎo‖huǒ** 동 불을 쬐다. ¶围炉~=난로를 둘러싸고 불을 쬐다.

【烤火费】**kǎohuǒfèi** (회사에서 지급하는) 겨울 난방비.

【烤炉】**kǎolú** 명 솥. 화덕. 오븐(oven).

【烤面包】**kǎomiànbāo** 명 토스트. 구운 빵. ¶一片~=토스트 한 조각.

【烤肉】**kǎoròu** 명 구운 고기. 불고기. ¶吃~=불고기를 먹다.

【烤箱】**kǎoxiāng** 명 오븐. 전자레인지.

【烤鸭】**kǎoyā** 명 (통)오리구이.

【烤烟】**kǎoyān** 명 **1** 건조된 연초〔담뱃잎〕. **2** 담뱃잎. 연초.

【烤羊肉串儿】**kǎoyángròuchuànr** 명 양(고기) 꼬치구이.

【烤炙】**kǎozhì** 동 (햇볕·고온에) 쬐다. 태우다. 굽다. ¶火热的太阳~着大地。=뜨거운 태양이 대지를 내리쬐고 있다.

**筹** **kǎo** 고리 고

【筹笔】**kǎolǎo** ☞【栲栳】**kǎolǎo**

**铐**〔**銬**〕**kào** 쇠고랑 고

명 수갑. 쇠고랑. ¶镣~=족쇄와 수갑. 동 수갑을 채우다. ¶把罪犯~起来。=범인에게 수갑을 채우다.

○-- 镣**liào**铐, 手铐

【铐子】**kào·zi** 명동 수갑. 쇠고랑.

**犒** **kào** 위로할 호

동 (술·음식 따위로) 위로하다. 대접하다. 호궤(犒饋)하다. ¶~赏三军=전군을 잔치를 베풀어 위로하고 포상하다.

【犒劳】**kàoláo** 동 (술·음식 따위로) 위로하다. 호궤하다. ¶~将士=장병을 위로하다. 명 위로 음식. ¶吃~=위로 음식을 먹다. 위로 음식을 먹고 그치다.

【犒赏】**kàoshǎng** 동 위로하여 포상(褒賞)하다. 공로를 표창하다. ¶特~=특별히 공로를 표창하다.

【犒师】**kàoshī** 동운 군사에게 술과 음식으로 위로하다. 호궤(犒饋)하다.

\***靠** **kào** 기댈 고

동 **1** 기대다. ¶两人背~背地坐在草地上谈话。=두 사람은 서로 등을 기대고 풀밭에 앉아서 이야기를 한다. **2** (물건을) 기대어 두다. 기대어 세우다. ¶把梯子~在储藏室的墙上。=사다리를 창고 벽에 기대어 세우다. **3** 접근하다. 다가서다. 닿다. 대다. ¶停~=정박하다. / 小船慢慢~近岸边。=작은 배가 서서히 기슭으로 다가간다. **4** 의지하다. 의거하다. 의존하다. …에 달려 있다. ¶投~=(남에게) 몸을 의탁하다. / ~人不如~己。=남에게 의지하느니 차라리 스스로 헤쳐 나가는 게 낫다. **5** 신뢰하다. 믿다. 믿을 수 있다. ¶可~=믿을 만하다. / 这个人不~住。=이 사람은 믿을 수 없다. 圄 (희곡에서) 무장(武將)이 입는 갑옷. **7** 软~=(희곡에서) 무장이 갑옷과 호신용 거울만 갖추고, 다른 장식물은 하지 않는 분장. / 扎~=갑옷을 걸치다.

○● 牢láo靠, 求靠, 停靠, 投靠, 妥tuǒ靠, 依yī靠, 倚yǐ靠, 指靠

【靠岸】 **kào**‖**àn** 동 (배를) 물가에 대다. (배가) 기슭에 닿다.

【靠把】 **kàobǎ** 혱 (劇) (희곡에서 배우가) 갑옷을 입고 칼이나 창을 들고 싸우는 장면을 연기하는 모양. =【靠背】 **kàobèi** ¶~戏=싸우는 장면을 주로 하는 연극.

【靠背】 **kàobèi** 圄 의자 등받이. 혱 ☞【靠把】 **kàobǎ**

【靠背椅】 **kàobèiyǐ** 圄 등받이 의자.

【靠边】 **kào**‖**biān**(~儿) 동 **1** (길) 옆(곁)으로 붙다. 옆으로 비키다. ¶行人请~。=행인은 길 옆으로 비키세요. **2** 비 면직되다. 해임되다. 파면 되다. 물러나다. ¶他已经~儿了，找他没有用。=그는 이미 물러났으므로 그를 찾아도 소용이 없다. **3** 속비 (말하는 것이) 대체로 이치에 맞다. ¶你这话说得还有点~儿。=너의 이 말은 그래도 좀 이치에 맞는다.

【靠边儿站】 **kàobiānrzhàn** 🅑비 권좌에서 물러나다. 권력을 상실하다. ¶他年纪大了, 早就~了。=그는 나이가 많아서 일찌감치 물러났다.

【靠泊】 **kàobó** 동 정박하다.

【靠不住】 **kào**·**buzhù** 믿을 수 없다. 신뢰할 수 없다. ¶他的话恐怕~。=그의 말은 아마도 믿을 수 없을 것이다. ↔靠得住

【靠得住】 **kào**·**dezhù** 혱🅒 신뢰할 만하다. 신뢰〔의지〕할 수 있다. 믿을 만하다. ¶这个人~吗? =이 사람은 믿을 만합니까? ↔靠不住

【靠垫】 **kàodiàn** 圄 쿠션. 허리받이. ¶沙发~=소파 쿠션.

【靠耩】 **kàojiǎng** 동 (農) (파종의 폭을 넓히고 적당히 밀식(密植)하기 위하여) 파종한 곳 옆을 다시 한 번 갈아 파종하다. =【靠耧】 **kàolóu**

【靠近】 **kàojìn** 동 가까이 가다. 다가가다. 접근하다. ¶我们正向目标~。=우리들은 지금 목표를 향하여 다가가고 있다. 혱 가깝다. ¶这家酒店~市中心。=이 호텔은 도심에서 가깝다. ≒靠拢 挨近

【靠脸】 **kàoliǎn** 동🅒 얼굴(안면)을 팔다. ¶这事只好~去试一试。=이 일은 얼굴을 팔아서 시도해 보는 수밖에 없다.

【靠拢】 **kàolǒng** 동 (간격을) 좁히다. 좁혀지다. 접근하다. 모이다. 가까이 다가서다. ¶大家~一点儿坐。=모두들 조금씩 좁혀서 앉으세요. ≒靠近 挨近

【靠耧】 **kàolóu** ☞【靠耩】 **kàojiǎng**

【靠旗】 **kàoqí** 圄(劇) (희곡에서) 무장이 갑옷 등에 꽂는 4개의 삼각 깃발.

【靠山】 **kàoshān** 동 산을 가까이 하다. 산을 끼

다. 산을 의지하다. 산에 가깝다. ¶~临水=산과 물을 끼고 있다. 圄비 후원자. 후원 단체. 백. ¶他出身贫寒, 哪有什么~? =그는 빈한한 출신인데, 어디 백이 있겠나?

【靠山吃山, 靠水吃水】 **kào shān chī shān, kào shuǐ chī shuǐ** 🅑 **1** 산을 낀 곳에서는 산을 이용해서 먹고살고, 강을 낀 곳에서는 강을 이용해서 먹고산다. **2** 비 주변에 있는 쓸 만한 재원을 충분히 이용하다.

【靠手】 **kàoshǒu** 圄 의자의 팔걸이.

【靠天吃饭】 **kàotiān-chīfàn** 🅑 **1** 하늘의 가호 (加護)에 의지하여 살다. **2** 비 날씨와 기후 조건에 의지하여 살아가다.

【靠头儿】 **kào**·**tour** 圄🅒 후원자. 후원 단체. 믿고 의지하는 사람〔단체〕.

【靠托】 **kàotuō** 동 믿다. 의지하다. 의탁하다. ¶这件事全~您了。=이 일은 당신만 믿겠습니다.

【靠椅】 **kàoyǐ** 圄 의자.

【靠枕】 **kàozhěn** 圄 기댈 수 있게 놓아 둔 길고 큰 베개. 허리 쿠션. 등받이 쿠션.

# 熆 **kào** 조릴 고
동 약한 불로 조리다.

# ke

# 圿 **kē** 흙덩이 갈
【圿饹】 **kē**·**la** ☞【坷垃】 **kē**·**la**

# *坷 **kē** 흙덩이 가
아래를 참조.
☞ **kě**

【坷垃】[坷拉][圿饹] **kē**·**la** 圄비 흙덩이. ¶土~=흙덩이.

【坷拉】 **kē**·**la** ☞【坷垃】 **kē**·**la**

# *苛 **kē** 가혹할 가
혱 **1** 장황하다. 번잡하다. 자질구레하다. 까다롭다. ¶过于~细=지나치게 번잡하다. **2** 가혹하다. 엄하다. 혹독하다. 각박하다. ¶~求于人=남에게 지나치게 요구하다.

【苛察】 **kēchá** 동문 엄격하게 조사하다. 세밀하게 조사하다.

【苛待】 **kēdài** 동 각박하게 대하다. 가혹하게 대하다. 냉정하게 대하다. 쌀쌀맞게 대하다. ¶不能~下属。=아랫사람을〔부하를〕 각박하게 대해서는 안 된다.

【苛毒】 **kēdú** 혱문 각박하고 잔혹하다〔악랄하다〕. ¶~小人=비열한 사람.

【苛法】 **kēfǎ** 圄 까다롭고 엄한 법률.

【苛捐杂税】 **kējuān-záshuì** 🅑 가렴주세. 가혹하게 억지로 거두어들이는 여러 가지 세금.

【苛刻】 **kēkè** (조건·요구 등이) 너무 지나치다. 가혹하다. 모질다. ¶这么~的条件让人实在难以接受。=이러한 가혹한 조건은 참으로 받아

들이기 어렵다.

【苛酷】kēkù 형문 가혹하다. 잔인하다. 냉혹하다. ¶为人~=사람 됨됨이가 가혹하다.

【苛礼】kēlǐ 형문 번거로운〔까다로운〕예절.

【苛求】kēqiú 문 가혹하게〔엄격하게〕요구하다. ¶对人对事都不要过于~。=사람에 대해서든 일에 대해서든 너무 가혹하게 요구하지 마세요.

【苛税】kēshuì 명 가렴잡세. 과중한 세금. 가혹하게 억지로 거두어들이는 여러 가지 세금.

【苛细】kēxì 형문 번거롭다. 번쇄하다. 까다롭다. ¶条目~=항목이 번쇄하다.

【苛性】kēxìng 명(化) 가성. ¶~碱=가성 알칼리.

【苛性碱】kēxìngjiǎn 명(化) 가성 알칼리.

【苛性钠】kēxìngnà ☞【氢氧化钠】qīngyǎnghuànà

【苛杂】kēzá 명 과중하고 잡다한 세금. ¶减免~=과중하고 잡다한 세금을 감면하다.

【苛责】kēzé 문 심하게 비난〔책망〕하다. 지나치게 꾸짖다. 혹독하게 꾸짖다. ¶失误谁都难免, 不必~。=실수는 누구라도 할 수 있는 것이니, 지나치게 책망하지 마세요.

【苛政】kēzhèng 명문 가정. 가혹한 정치. 학정 (虐政).

【苛重】kēzhòng 형 (세금 따위가) 가혹하고 과중하다. ¶赋税~=세금이 가혹하고 과중하다.

## 匼 kē 두를 갑
명 옛날 두건의 일종.

【匼河】Kēhé 명(地) 커허. [산시(山西)성에 있는 지명]

【匼匝】kēzā 형문 주위를 둘러〔에워〕싸고 있는 모양.

## *呵 kē 땅 이름 가
☞ hē

【呵叻】Kēlè 명(地) 커러. 코랏트. [태국(泰國)에 있는 지명]

## 珂 kē 옥 이름 가
명문 1 흰색 마노(瑪瑙). 2 말재갈 장식.

【珂罗版】[珂瑓版]kēluóbǎn 명외 콜로타이프 (collotype). =【玻璃版】bō·libǎn

【珂瑓版】kēluóbǎn ☞【珂罗版】kēluóbǎn

## 柯 kē 자루 가
명 1 도끼자루. ¶斧~=도끼자루. 2 문 (나무의) 가지나 줄기. ¶枝~=나뭇가지. 3 (Kē) 성(姓).

【柯尔克孜族】Kē'ěrkèzīzú 명 키르기즈 (kirghiz)족. [중국 소수 민족의 하나로, 주로 신장(新疆) 서부에 분포함. 인구는 약 14만 명, 종교는 회교임]

## 轲[軻] kē 사람 이름 가
인명에 쓰이는 글자. ¶孟~=맹가. 맹자. [전국(戰國) 시대의 저명한 사상가]

☞ kě

## *科 kē 조목 과
문 판결을 내리다. 선고하다. ¶~以罚金=벌금에 처하다. 명 1 종류. 품종. 등급. 2 문 법률 조문. ¶金-玉律=금과옥조. 절대적으로 여기어 지키는 규칙[교훈·규정]. 3 조목. 항목. 세목. ¶~目齐全=항목이 완비되다. 4 형벌. ¶前~=전과. 5 과. [연구 분야를 분류한 작은 구분] ¶文~=문과. / 外~=외과. 6 과거 (科擧). ¶~场不利=과거 시험이 순조롭지 못하다. 7 과거 시험의 과목·등급·연령 등. ¶登~=과거 시험에 합격하다. / 明~=(명청(明清)대의) 과거 진사 시험. 8 (중국 전통극의) 배우 양성소. ¶出~=중국 전통극의 배우 양성소를 나오다〔졸업하다〕. 9 과. [사무 조직의 구분] ¶财务~=재무과. 10 과학. ¶~幻小说=공상 과학 소설. 11 (生) 과. [생물학상의 분류 명목] ¶禾本~=벼과. 화본과. 12 (劇) 과. [경극 용어로 무대에서의 배우의 동작] ¶插一打诨=익살. 웃음을 자아내는 대사나 동작. 배우가 연기하는 도중에 우스갯소리나 익살스런 몸짓으로 관객을 웃기는 것. 13 (Kē) 성(姓).

> 本科, 产科, 出科, 登科, 豆科, 妇科, 工科, 蓼liǎo科, 内科, 术科, 外科, 学科, 医科, 预科, 转zhuǎn科, 坐科

【科白】kēbái 명(劇) 1 연극 배우의 동작과 대사. 2 대사.

【科班】kēbān(~儿) 명왼 1 중국 전통극 배우 양성소. 2 정규 교육 또는 훈련. ¶他受过~训练。=그는 정규 훈련을 받았다.

【科场】kēchǎng 명 과장. 과거 시험장.

【科处】kēchǔ 문 판결하여 처벌하다. ¶~徒刑=징역에 처하다.

【科代表】kēdàibiǎo ☞【课代表】kèdàibiǎo

【科第】kēdì 명 과제. 과거 시험. [과거 제도에서 분별로 관리를 선발하며, 각 과(科)는 성적순으로 등급을 정함] ¶名登~=과거에 급제하다.

【科幻】kēhuàn 명 공상 과학. SF. ¶~电影=공상 과학 영화.

【科技】kējì 명 과학 기술. ¶~成果=과학 기술 성과.

【科技城】kējìchéng 명 과학 기술 단지.

【科技扶贫】kējì fúpín 문 과학 기술을 제고하는 방식을 통하여 빈곤 지역이 발전할 수 있도록 도와 주다.

【科技含量】kējì hánliàng 명 (기업 혹은 상품에 들어 있는) 과학 기술의 함량. ¶努力提高产品的~。=상품의 기술 함량을 향상시키는 데 노력하다.

【科技户】kējìhù ☞【科技示范户】kējì shìfànhù

【科技示范户】kējì shìfànhù 명 과학 기술 시범 농가. 왼【科技户】kējìhù

【科甲】kējiǎ 명 1 과거의 갑과(甲科). [한당(漢唐)대에 과거 시험을 갑과(甲科)와 을과

(乙科)로 나누어짐] **2** 과거(科擧).

【科教】**kējiào** 명 과학 교육. ¶~片=과학 교육 영화.

【科教片儿】**kējiàopiānr** 구

【科教片】**kējiàopiàn** 【科学教育影片】 **kēxué jiàoyù yǐngpiàn**

【科教兴国】**kējiào xīngguó** 통 과학과 교육을 통하여 국가를 진흥시키다.

【科举】**kējǔ** 명 과거.

【科考】**kēkǎo** 명약 科擧考試(과거 시험). ¶~ 状元=과거 시험에서 장원을 하다. 통 **1** 과거 시험을 보다. 과거에 응시하다. ¶赴京~=서울에 가서 과거를 보다. **2** 과학적으로 조사하다. ¶~队=과학 탐사대.

【科盲】**kēmáng** 명 과맹. 과학 상식〔지식〕이 전혀 없는 성인.

【科贸】**kēmào** 명 과학 기술 이전〔무역〕. ¶大力发展~事业=과학 기술 이전 사업을 대대적으로 발전시키다.

【科名】**kēmíng** 명문 과거 급제로 얻는 명성과 지위. ¶潜心治学, 不求~。=과거 급제로 얻게 되는 명예를 추구하지 않고, 학문 연구에만 몰두하다.

【科目】**kēmù** 명 **1** 과거 시험의 과목. **2** 과목. 항목. [주로 학술·장부 등에 관한 것을 가리킴]¶研究~=연구 항목.

【科普】**kēpǔ** 명약 科学普及(과학 보급). ¶~读物=과학 보급 분야의 도서〔잡지〕.

【科室】**kēshì** 명 (기업이나 기관의) 각 과(科)와 실(室)의 통칭. ¶精简~=행정 기구〔부서〕를 간소화하다.

【科坛】**kētán** 명 과학(기술)계. ¶~新秀=과학계의 신예(新銳). 전도 유망한 젊은 과학자.

【科头跣足】**kētóu xiǎnzú** 성 **1** 맨머리와 맨발. **2** 궁핍한 모양.

【科威特】**Kēwēitè** 명약(地) 쿠웨이트(Kuwait). [수도는 '科威特城(쿠웨이트 : Kuwait City)' 임]

【科委】**kēwěi** 명약 科学技术委员会(과학 기술 위원회).

【科协】**kēxié** 명약 科学技术协会(과학 기술 협회).

【科刑】**kēxíng** 명통 판결을 내리다. 형벌에 처하다.

【科学】**kēxué** 명형 과학(적이다). ¶这种方法不~。=이 방법은 과학적이지 않다.

【科学城】**kēxuéchéng** 명 과학 단지〔도시〕.

【科学家】**kēxuéjiā** 명 과학자.

【科学教育影片】**kēxué jiàoyù yǐngpiàn** 명(映) 과학 교육 영화. 약【科教片】**kējiàopiàn**

【科学性】**kēxuéxìng** 명 과학성. ¶这些少儿读物不但具有趣味性, 还具有~。=이러한 아동 잡지들은 흥미가 있을 뿐만 아니라 과학성까지 갖추고 있다.

【科学学】**kēxuéxué** 명 과학학. [과학을 연구 대상으로 하는 학문]

【科学院】**kēxuéyuàn** 명 과학원.

【科研】**kēyán** 명약 科学研究(과학 연구). ¶~

机构=과학 연구 기구.

【科员】**kēyuán** 명 과원.

【科长】**kēzhǎng** 명 과장.

## 牁 kē 땅 이름 가

☞【牂牁】**Zāngkē**

## 砢 kē 망신시킬 가

【砢碜】**kē·chen** 형방 창피하다. 수치스럽다. 망신스럽다. ¶你别别~我了。=나를 망신시키지 마라.

## 钶[鈳] kē 콜럼븀 가

명(외)(化) 콜럼븀(Cb, columbium). 니오븀(Nb, niobium).

## 疴 kē 병 아

명문 병. ¶沉~=중병.

## **棵** kē 그루 과

양 그루. 포기. [식물을 세는 단위] ¶两~树=나무 두 그루. / 一~大白菜=배추 한 포기. / 一~草=풀 한 포기.

◐-◑ 发棵

【棵儿】**kēr** 명 (식물의) 크기. ¶这些树苗~都还小。=이 묘목들은 (크기가) 아직 작다.

【棵子】**kē·zi** 명방 (주로 농작물의) 대. 줄기. ¶玉米~=옥수숫대.

## 颏[頦] kē 턱 해

명 턱.
☞ **ké**

## 嗑 kē 말 많을 합

명방 (~儿) **1** 말. **2** 한담. 잡담. ¶唠~=잡담을 하다.
☞ **kè**

## 稞 kē 보리 과

【稞麦】**kēmài** ☞【青稞】**qīngkē**
【稞麦面包】**kēmài miànbāo** ☞【黑面包】**hēimiànbāo**

## 窠 kē 보금자리 과

명 **1** 새의 보금자리. 둥지. **2** (짐승·곤충 등의) 보금자리. 둥지. 굴. 집. ¶狗~=개집. / 蜂~=벌집.

【窠巢】**kēcháo** 명 **1** 새의 보금자리. 둥지. **2** (짐승·곤충의) 보금자리. 둥지. 굴. 집.

【窠臼】**kējiù** 명문 상투(常套). (문장이나 예술 작품 따위의) 기존의 틀〔서식〕. 정형화된 패턴. ¶文章观点独到, 不落~。=글의 관점이 기존의 틀에 사로잡히지 않고 독창적이다.

## 榼 kē 통 합

명 (고대에 술이나 물을 담았던) 용기.

## 颗[顆] kē 낱알 과

양 알. 과립. ¶一粒饱满=과립이 가득 차다. 양 알. [둥글고 작은 알맹이 모양과 같은 것을 세는 단위] ¶一~绿豆=녹두 한 알. / 两~钻石=다이아몬드 두 알.

【颗粒】kēlì 양 1 알. 과립. 알갱이. ¶粗~的盐=(알이) 굵은 소금. 2 (곡식의) 낱알. 톨. ¶~无收=한 톨도 거두지 못하다.

## 磕 kē 부딪칠 개

동 1 (단단한 곳에) 부딪치다. ¶脑袋被门框~了一个包.=머리를 문틀에 부딪쳐서 혹이 하나 생겼다. 2 털다. 치다. ¶~烟袋锅子=(재를 털기 위해) 담배통을 털다.

【磕巴】kē·ba 형〔구〕 말을 더듬다. ¶他一着急说话就~.=그는 조급하면 말을 더듬는다. 명〔구〕 말더듬이.

【磕打】kē·da 동 탁탁〔툭툭〕 치다. 털다. ¶去把鞋上的泥~掉.=가서 신발에 묻은 흙을 털어 버려라.

【磕磕巴巴】kē·ke bābā (~的) 형 말을 더듬는 모양. 말을 얼버무리는 모양. ¶他说话~的, 听起来很吃力.=그는 말을 더듬거려서 알아듣기 힘들다.

【磕磕绊绊】kē·ke bànbàn (~的) 형 1 (길이 울퉁불퉁하거나 다리가 불편하여) 어기적어기적 걷는 모양. 절뚝거리는 모양. ¶老人腿脚不灵便, 走起路来~的.=노인은 다리가 신통치 못해서 뒤뚱뒤뚱 걷는다. 2 일이 뜻대로 되지 않는 모양. ¶这段时间工作总是~的, 不顺利.=요즘 늘 일이 잘 풀리지 않고 순조롭지 못하다.

【磕磕碰碰】kē·ke pèngpèng (~的) 형 1 물건이 서로 부딪치는 모양. ¶运输易碎物品, 一路上~的, 有些损坏是难免的.=깨지기 쉬운 물품을 운송할 때는 도중에 서로 부딪치기 때문에 약간의 훼손은 불가피하다. 2 (비) 티격태격하다. 티각태각하다. ¶一大家人和睦相处, 从来没有~的事.=대가족은 화목하게 지내서 여태껏 티격태격한 적이 없다.

【磕磕撞撞】kē·ke zhuàngzhuàng (~的) 형 이리 비틀 저리 비틀하다. 비틀비틀하다. [아주 급해서 허둥지둥하거나 술에 취해서 비틀거리는 모양] ¶他浑身酒气, ~地走出饭馆.=그는 얼큰하게 취해 비틀거리며 식당을 나섰다.

【磕碰】kēpèng 동 1 (사람과 물건 혹은 물건과 물건이) 서로 부딪치다. ¶玻璃制品禁不起~.=유리 제품은 충격을 이기지 못한다. 2 (비) 충돌하다. 부딪치다. ¶大院里住了十多户人, 免不了会有~.=한 울타리 안에 십여 가구가 살다 보면 충돌이 생기게 마련이다.

【磕碰儿】kē·pengr 명 1 (그릇 따위가 부딪쳐서 상한) 흠. 흔적. ¶碗口上有个~.=사발의 주둥이가 이 빠진 자국이 있다. 2 (비) 타격. 좌절. 낭패. ¶人这一辈子总要遇到些~.=사람은 평생 살면서 결국 약간의 좌절은 겪게 된다.

【磕头】kē‖tóu 동 고두〔叩頭〕하다. 머리를 꿇고 두 손을 바닥에 짚은 다음 이마를 땅에 조아리다.

【磕头虫】kētóuchóng ☞【叩头虫】kòutóuchóng

【磕头碰脑】kētóu-pèngnǎo 성 1 이리저리 부딪치다. ¶夜市上的人~的, 非常热闹.=야시장에 사람들이 이리 부딪치고 저리 부딪치는 게 대단히 시끌벅적하다. 2 (비) 늘 만나다. 자주 왕래하다. 얼굴을 마주치다. ¶邻居间~的, 一天都要遇着好几回.=이웃 간에는 자주 왕래하기 때문에 하루에도 몇 번씩 만나게 된다. 3 (비) 충돌이 발생하다. 마찰이 생기다. 말다툼을 하다. ¶夫妻之间难免有个~的事.=부부 간에는 마찰이 생기게 마련이다.

【磕膝盖】kēxīgài (~儿) 명방 무릎.

【磕牙】kēyá 동방 한담〔잡담〕을 하다. 수다를 떨다. ¶~闲聊=한담을 하다.

## 瞌 kē 졸음 올 갑

동 졸리다. 졸음 오다. ¶午饭后~睡得很.=점심을 먹고 나면 아주 졸린다. ≒眈

【瞌冲】kē·chōng 동방 졸다. 졸음 오다. ¶打~=졸다.

【瞌睡】kēshuì 동 1 졸리다. 졸음 오다. ¶昨晚没睡好, 这会儿~极了.=어젯밤에 잠을 잘 못 자서 지금 몹시 졸린다. 2 졸다. 토끼잠을 자다. ¶打~=졸다.

【瞌睡虫】kēshuìchóng 명 1 (옛 소설에서) 사람을 졸리게 하는 벌레. 2 (비) 잘 조는 사람. 졸음벌레. 잠꾸러기. 잠보. [풍자적인 의미를 내포함]

## 蝌 kē 올챙이 과

아래를 참조.

【蝌蚪】kēdǒu 명〔動〕올챙이.

【蝌蚪文】kēdǒuwén 명 과두 문자. [고대 서체 중의 하나로, 글자의 획 모양이 올챙이 모양과 같다고 하여 붙여진 이름]

【蝌子】kē·zi 명방 올챙이.

## 髁 kē 넓적다리뼈 과

명〔生〕과. 뼈 끝의 둥근 돌기. ¶枕骨~=침골 돌기.

## 壳[殼] ké 껍질 각

명〔구〕(~儿) 뜻은 '壳(qiào)'와 같음. ¶贝~=조가비. 패갑〔貝甲〕. / 鸡蛋~儿=계란 껍데기.
☞ qiào

○-○ 贝壳, 脑壳, 卡qiǎ壳, 驳bó壳枪

【壳郎猪】ké·langzhū ☞【架子猪】jià·zizhū

【壳子】ké·zi 명 (물건의) 포장 박스. 보호물. 케이스. ¶把洗衣机外面包的纸~取掉.=세탁기를 포장한 종이 케이스를 벗겨 내다.

## 咳[欬] ké 기침 해

동 기침하다. ¶干~=마른기침을 하다. / 止糖浆=기침을 멈추게 하는 시럽.
☞ hāi

【咳喘】kéchuǎn 통 기침하면서 헐떡거리다. 기침이 심하다. ¶他得了重感冒, ~得厉害。= 그는 지독한 감기에 걸려서 기침이 심하다.
【咳嗽】ké·sou 통 기침하다.
【咳血】ké‖xiě ☞【咯血】kǎ‖xiě

**搕** ké 잡을 객
통방 1 걸리다. 끼다. ¶抽屉~住了, 打不开。= 서랍이 끼어서 열리지 않는다. 2 일부러 남을 곤란〔난처〕하게 하다. 생트집을 잡다. 못살게 굴다. 괴롭히다. ¶他这是故意~人。= 이건 그가 고의로 사람을 난처하게 하는 것이다.

**颏[頦]** ké 턱 해
☞【红点颏】hóngdiǎnké 【蓝点颏】lándiǎnké
☞ kē

**\*\*可** kě 가능할 가
통 1 받아들이다. 동의하다. [동의를 나타냄] ¶认~= 인가하다. / 不置否 = 가부를 말하지 않다. 단언하지 않다. 2 …해도 좋다. …할 수 있다. [동사나 형용사 앞에서 허가 또는 가능을 나타냄. 뜻은 '可以'와 같으나, 숙어 또는 반대의 뜻을 가진 말과 대응시켜 열거할 경우에 쓰임] ¶不~大意 = 소홀히 해서는 안 된다. / 屈指~数 = 손가락으로 헤아릴 수 있다. 손꼽을 정도이다. 3 …할 만하다. 难能~贵 = 어려운 일을 해내서 기특하다. 칭찬할 만하다. / 行迹~疑 = 거동이 수상하다. 4 적합하다. 알맞다. ¶味道~口 = 맛이 입에 맞다. 适~而止 = 적당한 정도에서 그치다〔그만두다〕. 5 (병이) 낫다. 치유되다. 완쾌되다. [주로 조기 백화문에 보임] ¶待你病~后再议。= 당신의 병이 다 나은 후에 다시 의논합시다. 6 분 전부 사용하다. 있는 대로 다 쓰다. ¶疼得他~嗓子叫唤。= 아파서 그는 있는 대로 소리를 질렀다. 부 1 반문하는 문구에서 쓰여 반문의 어기(語氣)를 강하게 함. ¶都这么说, ~谁又亲眼见过呢? = 모두들 이렇게 말하는데, 그럼 대체 누가 직접 눈으로 봤나? 2 의문문에 쓰여 질문을 나타냄. ¶你~去过九寨沟? = 너는 주자이거우(九寨沟)에 가 봤니? 3 평서문에 쓰여 강조를 나타냄. ¶昨晚上的雪~真大。= 어젯밤의 눈은 정말 대단했다. 4 명령문에 쓰여 반드시 어떻게 해야 함을 강조하고, 어떤 때에는 설득의 의미를 가짐. ¶晚上一个人走路~得小心。= 저녁에 혼자 다닐 때는 정말 조심해야 한다. 5 감탄문에 쓰여 감동의 어기를 나타냄. ¶这下子~把他难住了! = 이번엔 정말 그를 난처하게 하였어! 6 분 대략. ¶年~二十 = 나이가 대략 스무 살 정도이다. 접 이어진 단문에서 사건의 전환을 나타냄. [ '可是(그러나)'에 상당함] ¶事情虽然办得不太好, ~他已经尽力了。= 일은

○● 可 kě
柯 kē
苛 kē
坷 kē
岢 kē
炣 kē
轲 kē
钶 kē
珂 kē
疴 kē
河 hé
何 hé
呵 hē
荷 hé
诃 hē
阿 ā

비록 좋게 처리되지는 않았지만 그는 이미 최선을 다하였다. 명 (Kě) 성(姓). ↔否
☞ kè

○● 两可, 猛měng可, 宁nìng可, 小可

【可爱】kě'ài 형 사랑스럽다. 귀엽다. ¶小女孩儿~极了。= 여자 아이가 정말 귀엽다.
【可悲】kěbēi 형 슬프다. 서럽다. 가엾다. 비참하다. ¶~的下场 = 서글픈 종말. ↔可喜
【可比价格】kěbǐ jiàgé ☞【不变价格】bùbiàn jiàgé
【可鄙】kěbǐ 형 비열하다. 비루하다. 야비하다. ¶这种挟嫌报复的行为实在~。= 원한을 품고 보복하는 이런 행위는 정말 비열하다.
【可变】kěbiàn 형 가변하다. 변할 수 있다. ¶~资本 = 가변 자본.
【可不】kěbù ☞【可不是】kě·bushì
【可不是】kě·bushì 통구 왜 아니겠나. 그렇지. 그렇고말고(요). [다른 사람의 말에 찬성 혹은 긍정을 나타냄] =【可不】kěbù ¶~, 我原本也是这样打算的。= 그렇지, 나도 본래 이렇게 할 생각이었다.
【可怖】kěbù 형분 무섭다. 두렵다. 공포스럽다. ¶面目狰狞~。= 얼굴이 험상궂고 무섭다.
【可操左券】kěcāozuǒquàn 성 1 옛날, 계약을 맺을 때 '券(quàn)'이라 불리는 대나무 표찰을 두 쪽으로 나누어 쌍방이 가졌는데, 계약 불이행 시 채권자가 가지고 있던 왼쪽 표찰을 증거로 상환을 촉구하다. 2 비 성공이 확실시되다. 확실한 증거를 잡고 있다.
【可操作性】kěcāozuòxìng 명 (규정이나 장정 등의) 운용성. 운영성. 활용성. ¶这次订的编辑条例具有很强的~。= 이번에 정한 편집 조례는 활용성이 매우 높다.
【可曾】kěcéng 부 (전에) …한 적이 있나요? ¶你~游览过长城? = 당신은 만리장성을 유람한 적이 있나요?
【可乘之机】kěchéngzhījī 성 틈탈 기회. 발붙일. 이용할 만한 기회.
【可持续发展】kěchíxù fāzhǎn 명 지속 가능한 발전.
【可耻】kěchǐ 형 수치스럽다. 치욕스럽다. 몰염치하다. ¶他这样恶意诽谤, 真是~。= 그가 이렇게 악의적으로 비방하다니, 정말 몰염치하다. ↔可敬 光荣
【可倒】kědào 부 도리어. 오히려. 의외로. [전환이나 뜻밖의 의미를 나타내며, '可(kě)' 혹은 '倒是(dào·shi)'에 상당함] ¶他年纪不大, 心眼儿~不少。= 그는 나이는 어리지만 생각은 참 깊다.
【可丁可卯】[可钉可铆] kědīng kěmǎo(~儿) 형 1 꼭 맞다. 많지도 적지도 않다. 에누리 없다. 일정하다. ¶剩下的布料~, 刚够做一条连衣裙。= 남아 있는 옷감이 많지도 적지도 않아 원피스 한 벌을 만들 수 있다. 2 곧이곧대로 하다. 엄격하게 준수하다. 융통성이 없다. ¶他办事~, 很讲原则。= 그는 일을 처리함에 있어서 융통성 없이 원칙을 중시한다.

【可钉可铆】kědīng kěmǎo ☞【可丁可卯】kědīng kěmǎo

【可读性】kědúxìng 图 가독성. ¶这部小说的~很强. =이 소설은 가독성이 매우 높다.

【可锻铸铁】kěduàn zhùtiě 图(金) 가단철. 가단 주철. =【马铁】mǎtiě【玛钢】mǎgāng

【可否】kěfǒu 動(文) 가부. 적절한지 어떤지. 할 수 있는지 없는지. 가능한지. ¶此书~借阅? =이 책을 빌려 볼 수 있나요?

【可歌可泣】kěgē-kěqì 圈 1 노래 부르게 할 만하고 눈물짓게 할 만하다. 2(事) 퍽 감동적이다. 감격적이고 눈물겹다.

【可更新资源】kěgēngxīn zīyuán 图 재생 자원. =【可再生资源】kězàishēng zīyuán【再生资源】zàishēng zīyuán

【可耕地】kěgēngdì 图 가경지. 경작할 수 있는 땅. 경작에 적합한 땅.

【可怪】kěguài 圈 이상하다. 괴상하다. ¶那事太~了. =그 일은 너무 이상하다.

【可观】kěguān 圈 1 가관이다. 볼 만하다. ¶这里的山川景色实在~. =이 곳의 산수 경관은 정말 가관이다. 2 대단하다. 굉장하다. 훌륭하다. 상당하다. ¶数目~=숫자가 상당하다.

【可贵】kěguì 圈 귀중하다. 소중하다. 훌륭하다. ¶这种无私奉献的精神实在~. =이러한 사심 없는 봉사 정신은 참으로 훌륭하다.

【可好】kěhǎo 圖 (때)마침. 마침 그 때. 공교롭게도. ¶我正有事找他, ~他来了. =내가 일이 있어서 그를 막 찾아가려던 참에 (때) 마침 그가 왔다.

【可恨】kěhèn 圈 밉살[밉광]스럽다. 가증스럽다. 혐오스럽다. 원망스럽다. ¶造谣者实在~. =유언비어를 퍼뜨리는 사람은 정말 가증스럽다. ≒可憎

【可嘉】kějiā 圈 표창할 만하다. 갸륵하다. 기특하다. ¶精神~=정신이 갸륵하다.

【可见】kějiàn 動 …을〔를〕 볼 수 있다. ¶扶助弱小的行为在我们身边随处~. =약하고 힘없는 사람을 도와 주는 행위는 우리 주변 어디에서나 볼 수 있다. 接 …라는 것을 알 수 있다. ¶这么简单的问题都不懂, ~你并没有用心学. =이렇게 간단한 문제조차 모른다는 것으로 네가 집중해서 공부하지 않았다는 것을 알 수 있다.

【可见度】kějiàndù 图 가시도(可视度).

【可见光】kějiànguāng 图(物) 가시 광선.

【可见一斑】kějiàn yībān 1 표범의 얼룩무늬 하나를 보고 몸 전체를 추측할 수 있다. 2(事) 일부분을 통해 전체를 짐작할 수 있다.

【可脚】kějiǎo 圈 (신발이나 양말 등이) 발에 꼭 맞다.

【可劲】kějìn(~儿) 動(方) 힘껏 하다. 있는 힘을 다하다. ¶时间紧迫, 大家要~儿干呀. =시간이 촉박하니 모두 힘을 다해서 일합시다.

【可惊】kějīng 圈 놀랍다. 놀랄 정도이다. 놀랄 만하다. ¶海浪滔天, 确实~. =파도가 하늘을 덮을 듯하니, 정말 놀랍다.

【可敬】kějìng 圈 존경할 만하다. ¶~的学者=존경할 만한 학자. ↔可耻

【可卡因】kěkǎyīn 图(醫) 코카인(cocaine). =【古柯碱】gǔkējiǎn

【可靠】kěkào 圈 1 확실하다. ¶消息~=소식은 확실하다. 2 믿을 만하다. 믿음직하다. 믿음직스럽다. ¶他踏实肯干, 办事很~. =그는 성실하게 일을 해서 일처리가 매우 믿음직스럽다.

【可靠性】kěkàoxìng 图 믿음성. 안정성.

【可可】kěkě 图 1(植) 카카오나무. 2 코코아(cocoa). =【蔻蔻】kòukòu

【可可儿的】kěkěr·de 圖(方) 제때에 알맞게. 때마침. 공교롭게도. ¶我正要去找他, 他~就来了. =내가 막 그를 찾아가려던 참에 그가 왔다.

【可控硅】kěkònguī 图(電) 에스 시 아르 (SCR, silicon controlled rectifier). 실리콘 제어 정류기.

【可口】kěkǒu 圈 맛있다. 입에 맞다. ¶鲜美~=맛이 신선하여 입에 맞다.

【可口可乐】kěkǒu kělè 图(商) 코카콜라(Coca-Cola). 略【可乐】kělè

【可兰经】Kělánjīng ☞〔古兰经〕Gǔlánjīng

【可乐】kělè 圈 우스꽝스럽다. 우습다. ¶他一想起这事儿就觉得~. =그는 이 일만 생각하면 우습다. 图 1 ☞【可口可乐】kěkǒu kělè 2 콜라. ¶百事~=펩시콜라(Pepsi Cola).

【可怜】kělián 動 동정하다. 연민하다. ¶他这是自作自受, 不必~. =이것은 그의 자업자득이니 동정할 필요 없다. 圈 1 가련하다. 불쌍하다. ¶这孩子没爹没娘, 真够~的. =이 아이는 엄마 아빠가 안 계셔서 정말 불쌍하다. 2 (수량이 적거나 품)질이 나빠) 꺼낼 가치조차 없다. 가련할 정도이다. 초라하다. 형편 없다. 볼품 없다. ¶烈日炎炎, 街上的行人少得~. =강렬한 태양이 이글거리니, 거리의 행인이 끊기다시피 하다.

【可怜巴巴】kělián bābā (~的) 圈 1 몹시 가련한〔애처로운〕 모양. ¶他~地等别人的施舍. =그는 애처롭게 다른 사람들의 동정을 기다리고 있다. 2 적거나 부족한 모양. ¶这么点儿的钱, ~的, 怎么能行? =이렇게 불쌍하리만치 적은 돈으로 어떻게 해?

【可怜虫】kěliánchóng 图(喩) 가련한 사람. 불쌍한 인간. [경시의 의미를 내포함]

【可怜见】kěliánjiàn(~儿) 圈 불쌍하다. 가엾다. ¶瞧, 那个在街头乞讨的小男孩儿怪~的. =봐라, 길거리에서 구걸하는 저 꼬마 녀석이 정말 가엾구나.

【可怜相】kěliánxiàng 图 가련한 모습〔꼴〕. 애처로운 표정. 불쌍한 모습. [경시의 의미를 내포함] ¶瞧他那副~! =그의 저 가련한 꼴을 좀 봐!

【可裂变物质】kělièbiàn wùzhí 图(物) 핵분열 물질.

【可恼】kěnǎo 圈 화나다. 짜증나다. 비위에 거슬리다. 속상하다. 신경질나다. ¶最~的是他竟然在背后使坏. =가장 화나는 일은 그가 놀랍게도 배후에서 장난을 친다는 것이다.

【可能】kěnéng 圈 가능하다. ¶说服他支持我们是完全~的. =그가 우리를 지지하도록 설득

하는 것은 충분히 가능하다. 몡 가능성. 가망. ¶结局不外乎两种~, 要么成功, 要么失败. =결과는 성공하든지 실패하든지 두 가지 가능성 밖에 없다. 튀 아마도. 아마 (…일지도 모른다). 어쩌면. ¶他~不会来了. =그는 아마 오지 않을 거야.

【可能性】kěnéngxìng 몡 가능성. ¶从实力来看, 他获胜的~不大. =실력으로 보면 그가 승리할 가능성은 크지 않다.

【可逆反应】kěnì fǎnyìng 몡(化) 가역 반응. =双峰反应shuāngzhì fǎnyìng

【可怕】kěpà 휑 두렵다. 무섭다. 겁나다. 끔찍하다. 소름이 끼치다. 무시무시하다. 간담이 서늘해지다. ¶他生气的样子真~. =그가 화난 모습은 정말 무섭다.

【可佩】kěpèi 휑 존경[감복]할 만큼 훌륭하다. 탄복할 만하다. ¶可亲~=정겹고 존경스럽다.

【可欺】kěqī 휑 1 업신여길 만하다. 만만하다. ¶软弱~=연약하여 만만하게 보이다. 2 속기 쉽다. 어리석다. 얼뜨다. 어리숙하다. ¶老实~=순진하여 잘 속는다.

【可气】kěqì 휑 화나다. 속상하다. 부아가 치밀다. 분통이 터지다. ¶这孩子经常逃学, 真~. =이 녀석이 자주 무단 결석을 하니 정말 속상하다.

【可巧】kěqiǎo 뷔 마침. 공교롭게. ¶正说你呢, ~你就来了. =막 네 이야기를 하던 참이었는데, 마침 잘 왔다.

【可亲】kěqīn 휑 온화하다. 정답다. ¶和蔼~=온화하고 정겹다.

【可取】kěqǔ 통 취할[받아들일] 만하다. 배울 만하다. 타당하다. 바람직하다. ¶消极怠工的态度实在不~. =소극적이고 나태한 근무 태도는 정말 바람직하지 못하다.

【可圈可点】kěquān-kědiǎn 휑 1 권점(圈點)을 찍을 만큼 문장이 정교하고 아름답다. 2 (비) 찬탄을 받을 만큼 표현이 출중하다. ¶他在剧中的精彩表演~. =그가 극 중에서 보여 준 뛰어난 연기는 찬탄을 받을 만하다.

【可燃】kěrán 휑 타기 쉬운. 가연성의. ¶~物质=가연성 물질.

【可人】kěrén 휑(문) 호감을 불러일으키다. 호감이 가다. 마음에 들다. 좋은 느낌을 주다. 좋은 인상을 가지게 하다. ¶~的景致=호감이 가는 경치. 몡 1(문) 본받을 만한 사람. 뛰어난 인물. 2 의중인(意中人). 마음속에 새겨져 잊을 수 없는 사람.

【可溶】kěróng 휑 녹는. 용해할 수 있는. 녹기 쉬운. ¶~性=가용성.

【可身】kěshēn (~儿)휑(방) (옷 등이) 몸에 맞다. ¶这件外套他穿很~. =이 외투는 그에게 아주 잘 맞는다. ≒可体

【可视电话】kěshì diànhuà 몡 화상 전화. 비디오 전화.

【可视性】kěshìxìng 몡 (영화·TV 등의) 관중 [시청자]의 흥미를 유발하는 특성.

【可是】kěshì 접 그러나. 하지만. 그렇지만. [종종 앞에 '虽然'과 같은 양보를 나타내는 접속사와 호응하여 쓰임] ¶他虽然有些担心, ~并没有说出来. =그는 비록 걱정이 좀 되긴 하였지만, 말하지는 않았다. 뷔 아무래도. 대단히. 굉장히. 정말. 참으로. [술어를 강조함] ¶他~不可多得的电脑天才. =그는 정말 보기 드문 컴퓨터 천재이다.

【可塑性】kěsùxìng 몡 1(物) 가소성. 2(生) 적응성. 3(비) (사람의) 순응성. ¶这位青年演员的~很强. =이 젊은 배우는 순응성이 강하다.

【可叹】kětàn 휑 애석하다. 유감스럽다. 한탄스럽다. ¶年纪轻轻就身陷囹圄, 真是~. =젊은 나이에 감옥에 들어갔으니 정말 애석하다.

【可体】kětǐ 휑 (옷 등이) 몸에 맞다. ¶这套西服很~. =이 양복은 아주 잘 맞는다. ≒可身

【可望】kěwàng 통 1 바라보이다. 볼 수 있다. ¶遥不~=아득하여 보이지 않다. 2 기대할 수 있다. 바라볼 수 있다. 희망[가능성]이 있다. ¶地铁~年内通车. =지하철은 연내에 개통될 것으로 보인다.

【可望而不可及】kě wàng ér bùkě jí 성 1 바라볼 수는 있으나 미치기는 어렵다. 2(비) (목표와 차이가 많아) 기대할 수는 있으나 이루기는 어렵다.

【可望而不可即】kě wàng ér bùkě jí 성 1 바라볼 수는 있으나 가까이 갈 수는 없다. 2(비) 기대할 수는 있으나 이루기는 어렵다.

【可畏】kěwèi 휑 두렵다. 무섭다. ¶人言~=남의 뒷말은 무섭다.

【可谓】kěwèi 통(문) …라고 말할 수 있다. …라고 할 만하다. ¶他现在~功成名就. =그는 현재 성공과 명예를 다 거머쥐었다고 할 수 있다.

【可恶】kěwù 휑 밉다. 밉살스럽다. 싫다. 가증스럽다. 혐오스럽다. ¶这种不爱护公共卫生的行为实在是~. =공중 위생을 애호하지 않는 이러한 행동은 정말 밉살스럽다.

【可吸入颗粒物】kěxīrù kēlìwù 몡 미세 먼지. [PM 10 이하]

【可惜】kěxī 휑 섭섭하다. 아쉽다. 애석하다. 아깝다. 유감스럽다. ¶这些旧家具都还可以用, 扔了怪~的. =이러한 옛날 가구들은 아직 쓸 만한데, 버리자니 정말 아깝다.

【可喜】kěxǐ 휑 즐겁다. 기쁘다. 반갑다. 만족스럽다. ¶取得了~的进步. =만족스러운 성과를 거두다. ↔可悲

【可想而知】kěxiǎngérzhī 성 미루어 알 수 있다. 쉽게 짐작할 수 있다. ¶~他当时的处境有多艰难. =당시 그의 처지가 얼마나 어려웠는지 짐작할 수 있다.

【可笑】kěxiào 휑 1 가소롭다. ¶他这种不知天高地厚的言论真~. =하늘 높은 줄 모르는 그의 말은 정말 가소롭다. 2 우습다. 우스꽛스럽다. 익살스럽다. ¶这个幽默短片太~了. =이 유머러스한 단편 영화는 너무 우습다.

【可心】kě‖xīn 휑 마음에 들다. 흡족하다. ¶找到了一份~的工作. =마음에 드는 직업을 구했다. ≒可意

【可信】kěxìn 휑 신용[신뢰]할 수 있다. 미덥다.

믿을 만하다. ¶小道消息不~。=항간에서 얻어들은 소문은 미덥지 못하다.

【可行】kěxíng 동 실행할 만하다. 가능하다. 할 수 있다. 해도 된다. ¶这个办法看来~。=이 방법은 보아하니 실행 가능할 것 같다.

【可行性】kěxíngxìng 명 (계획·방안 등의) 실행 가능성. ¶专家组正在对这个方案的~进行论证。=전문가 팀이 지금 이 방안의 실행 가능성에 대해 논증하고 있다.

【可言】kěyán 동 말할 만하다. ¶本文毫无新意~。=이 글은 독창적이라고 말할 만한 것이 전혀 없다.

【可疑】kěyí 형 의심스럽다. 수상하다. ¶他的话有~之处。=그의 말에 의심스러운 부분이 있다.

【可以】kěyǐ 동 1 …할 수 있다. 가능하다. [가능이나 능력을 나타냄] ¶这些蔬菜都~生吃。=이 채소들은 모두 날것으로 먹을 수 있다. 2 …해도 좋다. …해도 된다. [허가를 나타냄] ¶工作做完了才~下班。=일을 다 끝내야만 퇴근할 수 있다. 3 …할 가치가 있다. [선택 가능함을 나타냄] ¶这个方案行不通，~用另外一个方案。=이 방안이 불가능하다면 다른 방안을 쓸 수도 있다. 형 1 괜찮다. 나쁘지 않다. [앞에 항상 '还'을 수반함] ¶他俩的关系还~。=그 두 사람의 관계는 나쁘지 않다. 2 심하다. 너무하다. 지나치다. [앞에 주로 '真'을 수반함] ¶这天冷得真够~的。=요즘 날씨는 정말 너무 춥구나. 능能够

【可以说】kěyǐshuō 동 …(이)라고 말할 수 있다. …(이)라고 볼 수 있다. ¶这~是成功的。=이것은 성공하였다고 말할 수 있다.

【可意】kě‖yì 동 마음에 들다. 흡족하다. ¶终于买到了~的房子。=마침내 마음에 드는 집을 샀다. 능可心

【可意会不可言传】kě yìhuì bùkě yánchuán 성 스스로 체득해서 느껴지는 것이지 말로 전해지는 것이 아니다. 마음으로 터득하는 것이지 말로 터득시킬 수 있는 것이 아니다.

【可有可无】kěyǒu-kěwú 성 1 있어도 되고 없어도 된다. 2 별로 요긴하지 않다.

【可原】kěyuán 형(문) 용서(양해)할 만하다. 용서해도 된다. ¶情有~=정리(情理)에 비추어 용서할 만한 점이 있다. 정상을 참작해 줄 만하다.

【可再生资源】kězàishēng zīyuán ☞ 【可更新资源】kěgēngxīn zīyuán

【可造之才】kězàozhīcái 1 (기예나 일 등에서) 육성할 만한 인재. 2 (비) 선천적 자질이 있는 청년. 전도 유망한 청년. [주로 젊은이를 가리킴]

【可憎】kězēng 형 밉살스럽다. 가증스럽다. 혐오스럽다. ¶面目~=얼굴(몰골)이 혐오스럽다. 능可恨

【可着】kě·zhe 동(구) 1 …을〔를〕가장 잘 이용하다. 최대한 활용하다. ¶~这点原料，能做多少是多少。=이 재료를 최대한 이용하여 만들 수 있는 만큼 만들다. 2 전력을 다하다. 최선을 다하다. ¶~劲儿干=힘을 다해서 일을 하다.

【可知】kězhī 동 알〔짐작할〕수 있다. ¶从他的话里~他并不了解当时的情况。=그의 말에서

그가 당시 상황을 결코 이해하지 못하고 있다는 것을 알 수 있다.

【可知论】kězhīlùn 명(哲) 가지론.

【可资】kězī 동 제공할 수 있다. ¶~参考=참고 자료로 쓸 수 있다.

*坷 kě 길 울퉁불퉁할 가
☞【坎坷】kǎnkě
☞ kē

岢 kě 땅 이름 가
【岢岚】Kělán 명《地》커란. 〔산시(山西)성에 있는 지명〕

轲[軻] kě 평탄치 못할 가
☞【辙轲】kǎnkě
☞ kē

*渴 kě 목마를 갈
1 목이 타다. 목마르다. 갈증나다. ¶解~=갈증을 풀다. / 饥~难耐=기갈은 참기 어렵다. 2 (비) 절실하다. 절박하다. 간절하다. ¶望已久=갈망한 지 이미 오래 되었다. 동 목마르게 하다. ¶~牲口一会儿。=가축을 잠시 갈증나게 하다.

0-● 焦jiāo渴, 解渴, 消渴

【渴待】kědài 동 간절히 기다리다. 학수고대하다. 목이 빠지도록 기다리다. ¶~甘雨=단비를 학수고대하다.

【渴慕】kěmù 동 몹시 사모하다. 몹시 동경하다. 흠모하다. 숭배하다. ¶他怀着~的心情拜访了那位老作家。=그는 흠모하는 마음을 품고 그 노작가를 방문하였다.

【渴念】kěniàn 동 몹시 그리워하다. 애타게 바라다. 갈망하다. ¶~久别的亲人=오랫동안 떨어져 있는 가족을 몹시 그리워하다.

【渴盼】kěpàn 동 간절히 기대하다. 간절히 기대하다. 고대하다. ¶~全家团圆=온 가족이 한자리에 모일 날을 고대하다.

【渴求】kěqiú 동 갈구하다. 간절히 바라며 구하다. ¶~援助=지원을 갈구하다.

【渴望】kěwàng 동 갈망하다. 간절히 바라다. ¶~成功=성공을 갈망하다. 능盼望

【渴想】kěxiǎng 동 몹시 그리워하다. 애타게 바라다. 갈망하다. ¶~远方的朋友=멀리 있는 친구를 몹시 그리워하다.

*可 kè 왕의 칭호 극
☞ kě

【可汗】kèhán 명 칸(khan). [중세기, 선비(鲜卑)·돌궐(突厥)·회흘(回紇)·몽고(蒙古) 등의 종족들이 사용하던 군주의 칭호]

*克¹[(剋·尅)] kè 극복할 극
동 1 정복하다. 함락하다. 점령하다. 승리하다. ¶攻无不~=공격하여 함락시키지 못하는 것이

없다. **2** 극복하다. 넘어서다. 억제하다. 이기다. ¶以柔~刚 = 부드러움으로 강함을 이기다. **3** 삭감하다. 감액하다. ¶~斤两 = 근량을 속이다. 무게를 떼어먹다. **4** (음식물이) 소화되다. 삭다. 소화시키다. 소화를 돕다. ¶~化不动 = 소화시키지 못하다. **5**〈⃝문〉 (기간을) 엄격히 한정하다. ¶~期完工 = 기일에 맞추어 완공하다.

### \*克² kè 능히 극

〈⃝동〉 …할 수 있다. 능히 …하다. ¶不~分身 = 몸을 뺄〔손을 뗄〕 수가 없다. 〈⃝양〉 **1** 〈⃝외〉 그램. **2** 티베트 지역의 용량 단위. [지역마다 조금씩 다르며, '1克'는 약 25～28근(市斤)에 해당함] **3** 티베트 지역의 토지 면적 단위. ['1克'는 곡식 종자 '1克'를 뿌릴 수 있는 넓이로, 약 '1무(畝)' 혹은 1/6 에이커(acre)에 해당함]
☞ 剋(kēi)

⊙ 不克, 攻克, 毫háo克, 甲克, 马克, 扑pū克, 千克, 坦tǎn克, 休克, 麦克风, 巧克力

【克当量】**kèdāngliàng** 〈⃝명〉〈化〉 그램당량.
【克敌制胜】**kèdí-zhìshèng** 〈⃝성〉 적을 물리치고 승리를 거두다. 전승(戰勝)하다. ↔丢盔弃甲
【克分子】**kèfēnzǐ** 〈⃝명〉〈化〉 그램분자.
【克分子浓度】**kèfēnzǐ nóngdù** 〈⃝명〉 몰(mole)농도. 그램농도.
【克分子体积】**kèfēnzǐ tǐjī** 〈⃝명〉 그램분자의 체적.
【克服】**kèfú** 〈⃝동〉 **1** 극복하다. 이기다. ¶~困难 = 곤란을 극복하다. **2** 인내하다. 참고 견디다. ¶这里条件不好, 大家一下。 = 이 곳의 조건은 열악하지만 모두들 그런대로 견뎌 나간다.
【克复】**kèfù** 〈⃝동〉 탈환하다. 수복하다. ¶~失地 = 실지를 탈환하다. ≒收复 光复
【克格勃】**Kègébó** 〈⃝명〉 **1** 카게베(KGB). 소련 국가 보안 위원회. **2** 카게베 요원.
【克化】**kèhuà** 〈⃝동〉〈⃝방〉 소화하다.
【克己】**kèjǐ** [刻己] 극기하다. 자제하다. ¶~待人 = 스스로를 자제하면서 남을 관대하게 대하다. 〈⃝형〉 **1** 절약하다. 검약하다. ¶自奉~ = 검소한 생활을 하다. **2** (값이) 싸다. 별로 남는 게 없다. [파는 측에서 '싸다'의 의미로 하는 말] ¶~价格 = 염가(廉價).
【克己奉公】**kèjǐ-fènggōng** 〈⃝성〉 사욕을 버리고 공익을 위하여 힘쓰다. 멸사봉공(滅私奉公).
【克己复礼】**kèjǐ-fùlǐ** 〈⃝성〉 극기복례. 자기의 욕심을 누르고 예의범절을 따르다.
【克减】**kèjiǎn** 〈⃝동〉 극감하다. 삭감하다. ¶不得~救灾款项。 = 이재민 구호 비용을 삭감해서는 안 된다.
【克尽职守】**kèjìn-zhíshǒu** 〈⃝성〉 본분을 지켜 맡은 바 임무를 다하다.
【克扣】**kèkòu** 〈⃝동〉 가로채다. 떼어먹다. 착복하다. ¶坚决禁止~扶贫物资。 = 빈민 구호 물자를 착복하는 것을 단호히 금지한다.
【克拉】**kèlā** 〈⃝양〉〈⃝외〉 캐럿. [보석의 중량 단위. '1克拉'는 0.2그램에 해당함]
【克朗】**kèlǎng** 〈⃝명〉 크로네. [스웨덴·덴마크·노르웨이 등의 통화 단위]
【克朗棋】**kèlǎngqí** ☞【康乐球】**kānglèqiú**
【克朗球】**kèlǎngqiú** ☞【康乐球】**kānglèqiú**
【克厘米】**kèlímǐ** 〈⃝양〉 그램센티미터(gram-centimeter).
【克里姆林宫】**Kèlǐmǔlíngōng** 〈⃝명〉〈⃝외〉 **1** 크렘린(Kremlin) 궁전. **2** 구 소련 정부.
【克隆】**kèlóng** 〈⃝명〉〈⃝외〉 **1** 복제하다. 클론화하다. **2** 〈⃝외〉복제하다. 〈⃝명〉〈生〉 클론. 〈⃝외〉 clone
【克隆技术】**kèlóng jìshù** 〈⃝명〉〈生〉 클론 기술. 복제 기술.
【克罗马努人】**Kèluómǎnǔrén** 〈⃝명〉〈歷〉 크로마뇽인(Cro-Magnon人).
【克期】**kèqī** [刻期] **kèqī** 〈⃝동〉 기한을 정하는 것. 기간을 한정하다. ¶~开工 = 기한을 정해 놓고 착공하다.
【克勤克俭】**kèqín-kèjiǎn** 〈⃝성〉 근검절약하다.
【克日】**kèrì** [刻日] **kèrì** 〈⃝동〉 기한을 약정하다. 기간을 한정하다. ¶~交货 = 기한을 정해서 납품하다.
【克山病】**kèshānbìng** 〈⃝명〉〈醫〉 케산병(Keshan disease). [1935년 헤이룽장(黑龙江)성 커산(克山)현에서 처음 발견된 원인 불명의 풍토병으로, 심근성 질환의 일종임]
【克绍箕裘】**kèshào-jīqiú** 〈⃝성〉〈⃝비〉 선대의 가업(家業)을 잇다〔계승하다〕.
【克食】**kèshí** 〈⃝동〉 소화를 돕다. 소화가 잘 되게 하다. ¶山楂片可以~。= 산사편(산사나무 열매로 만든 납작하게 생긴 식품)은 소화를 돕는다.
【克式量】**kèshìliàng** 〈⃝명〉〈化〉 그램분자량. gram molecular weight
【克丝钳子】**kèsī qián·zi** 〈⃝명〉 콤비네이션 플라이어.
【克汀病】**kètīngbìng** ☞【呆小症】**dāixiǎozhèng**
【克星】**kèxīng** 〈⃝명〉 **1** 상극(相克). **2** 〈⃝비〉 천적. ¶猫是老鼠的~。= 고양이는 쥐의 천적이다.
【克原子】**kèyuánzǐ** 〈⃝명〉〈化〉 그램원자. 〈⃝외〉 gram atom
【克制】**kèzhì** 〈⃝동〉 억제하다. 자제하다. 억누르다. [주로 감정을 가리킴] ¶他努力~住内心强烈的愤怒。= 그는 마음속의 강렬한 분노를 억제하려고 노력하였다.

### \*\*刻 kè 새길 각

〈⃝동〉 **1** 새기다. 조각하다. ¶篆~ = 전각(篆刻)하다. 도장을 새기다. / 精雕细~ = 정성을 다해 세밀하게 조각하다. 심혈을 기울여 치밀하게 하다. **2** '克(kè)'와 같음. [(기간을) 엄격히 한정하다] 〈⃝형〉 **1** (성질이나 태도가) 가혹하다. 엄하다. 무자비하다. 무정하다. 각박하다. 혹독하다. ¶苛~ = 가혹하다. / 尖酸~薄 = 신랄하고 매몰차다. **2** (정도가) 심하다. ¶深~ = 심각하다. / ~苦攻读 = 각고의 노력으로 공부하다. 〈⃝명〉 **1** 조각품. 木~ = 목각. **2** (어느 특정한) 때. 순간. ¶此时此~ = 즉시. 곧바로. / 此时此~ = 지금 이 순간. 현재. 〈⃝양〉 **1** 각. [옛날, 물시계로 시간을 잴 때 하루를 '백각(百刻)으로 나눔] **2** 15분. [15분은 '1

刻' 이라 함] ¶现在是5点1~。=지금은 5시 15분이다.

○● 版bǎn刻、碑bēi刻、此刻、从cóng刻、即刻、忌jì刻、尖刻、刊kān刻、铭míng刻、摹刻、木刻、片刻、缺quē刻、啬sè刻、少刻、石刻、时刻、饰shì刻、一刻、竹刻、篆zhuàn刻

【刻板】kèbǎn 〔动〕판목(版木)에 새기다. =【刻版】kèbǎn 〔形〕〔喻〕기계적이다. 판에 박힌 듯하다. 융통성이 없다. ¶行事~=일처리가 융통성이 없다.

【刻版】[刻板] kèbǎn 〔名〕판목(版木). 〔动〕☞【刻板】kèbǎn

【刻本】kèběn 〔名〕각본. 판각본.

【刻薄】kèbó 〔形〕(사람을 대하는 것이나 말이) 각박하다. 인색하다. 냉정하다. 무정하다. 몰인정하다. 박정하다. ¶她对人总是很~。=그녀는 다른 사람에게 언제나 인색하다. ≒厚道

【刻不容缓】kèbùrónghuǎn 〔成〕1 일각도 지체할 수 없다. 2 잠시도 늦출 수 없다. ≒迫不及待

【刻毒】kèdú 〔形〕악의에 차다. 악독하다. ¶~地咒骂=악의에 찬 저주를 퍼붓다.

【刻度】kèdù 〔名〕(용기·기구의) 눈금.

【刻度尺】kèdùchǐ 〔名〕눈금자.

【刻工】kègōng 〔名〕1 조각(彫刻) 기술. ¶~精细=조각 기술이 정교하다. 2 조각가(雕刻家).

【刻骨】kègǔ 〔形〕〔喻〕뼈에 사무치다. ¶~的仇恨=뼈에 사무친 원한.

【刻骨镂心】kègǔ-lòuxīn ☞【刻骨铭心】kègǔ-míngxīn

【刻骨铭心】kègǔ-míngxīn 〔成〕1 뼈 또는 마음에 새기다. 2〔喻〕마음에 깊이 간직하여 명심하다. [주로 다른 사람에게 감격하였을 때 쓰임]=【刻骨镂心】kègǔ-lòuxīn【镂骨铭心】lòugǔ-míngxīn【铭心刻骨】míngxīn-kègǔ ↔置若罔闻

【刻鹄类鹜】kèhú-lèiwù 〔成〕1 백조를 그리다가 실패할지라도 집오리 정도는 닮는다. 2〔喻〕똑같이 모방할 수는 없어도 비슷할 수 있다. 노력한 결과가 그리 나쁘지는 않다. 3〔喻〕높은 것을 추구하더라도 결과는 늘 목표와 차이가 난다.

【刻花】kèhuā 〔动〕(꽃)무늬를 새기다. ¶细心~=세심하게 무늬를 새기다. 〔名〕새긴 (꽃)무늬. ¶石柱上的~非常精美。=돌기둥에 새긴 무늬가 매우 정교하다.

【刻画】[刻劃] kèhuà ☞【刻画】kèhuà

【刻画】[刻劃] kèhuà 〔动〕1 새기거나 그리다. ¶廊柱上~着精美的花鸟图案。=복도의 기둥에 정교하고 아름다운 화조 도안이 새겨져 있다. 2 (인물의 형상·성격 따위를) 묘사하다. 형상화하다. ¶小说成功地~了一个下层小人物的形象。=소설은 하류 계층 인물의 형상을 아주 성공적으로 묘사하였다.

【刻己】kèjǐ ☞【克己】kèjǐ

【刻记】kèjì 〔动〕〔喻〕명심하다. 가슴 깊이 새겨 두다. 아로새기다. 명기하다. ¶~于心=마음 깊이 새겨 두다.

【刻刻】kèkè 〔副〕항상. 늘. 줄곧. 시시각각. ¶~惦念家中的老母亲。=항상 집에 계신 노모를 염려한다.

【刻苦】kèkǔ 〔形〕1 노고를 아끼지 않다. 고생을 참아 내다. 몹시 애를 쓰다. ¶~学习=고생을 참아 내며 공부하다. 2 검소하고 소박하다. ¶~度日=검소하게 지내다.

【刻镂】kèlòu 〔动〕〔书〕조각하다. 새기다. ¶~门窗=문과 창문을 조각하다.

【刻漏】kèlòu ☞【漏壶】lòuhú

【刻期】kèqī ☞【克期】kèqī

【刻日】kèrì ☞【克日】kèrì

【刻石】kèshí 〔动〕각석하다. (도안이나 글자를) 돌에 새기다. ¶~纪念=기념으로 그림이나 글자를 돌에 새기다. 〔名〕조각한 석재나 도장 따위. ¶泰山~=태산 각석.

【刻书】kèshū 〔动〕판각 인쇄로 책을 간행하다.

【刻丝】kèsī ☞【缂丝】kèsī

【刻下】kèxià 〔名〕현재. 지금. 목하(目下). ¶~正缺人手。=지금 마침 일손이 부족하다.

【刻写】kèxiě 〔动〕(등사판에 원지를 놓고 철필로) 글을 긁다. ¶~蜡纸=원지에 글을 긁다.

【刻意】kèyì 〔副〕진력하여. 고심하여. 마음을 다해서. 애써서. 힘껏. ¶~求新=힘껏 새로운 것을 구하다.

【刻印】kèyìn 〔动〕1 도장을 새기다[파다]. ¶~私章=사인(私印)을 새기다. 2 판각 인쇄하다. ¶这本佛经~于唐代。=이 불경은 당대에 판각 인쇄되었다. 3〔喻〕(마음속에) 아로새기다. ¶童年的往事仍然深深~在我的脑海中。=어릴 적 옛일들이 여전히 나의 머릿속 깊이 아로새겨져 있다.

【刻制】kèzhì 〔动〕새겨서 만들다. 새기다. ¶~印章=인장을 새기다.

【刻舟求剑】kèzhōu-qiújiàn 〔成〕1 각주구검. [초나라 사람이 배에서 칼을 물 속에 떨어뜨리고 그 위치를 뱃전에 표시하였다가, 나중에 배가 움직인 것을 생각하지 않고 칼을 찾았다는 고사에서 유래함] 2〔喻〕융통성 없이 현실에 맞지 않는 낡은 생각을 고집하는 어리석음. ≒守株待兔 缘木求鱼

【刻字】kèzì 〔动〕(나무·옥·돌 등에) 글자를 새기다. 각자하다.

## 恪 kè 삼갈 각

〔形〕〔书〕엄격하다. 신중하고 조심스럽다. ¶~守中立=엄격하게 중립을 지키다. / ~遵规章=규칙을 준수하다.

【恪尽职守】kèjìn-zhíshǒu 〔成〕자신의 직무를 신중하고 진지하게 이행하다.

【恪守】kèshǒu 〔动〕〔书〕철저히 지키다. 준수하다. 엄수하다. 충실히 지키다. ¶~诺言=약속을 철저히 지키다.

【恪守不渝】kèshǒu-bùyú 〔成〕시종일관 준수하다.

【恪遵】kèzūn 〔动〕〔书〕철저히 준수하다. 엄수하다. 충실히 따르다.

**客** kè 손님 객

동 외지에 기거하거나 천거하다. ¶~居他乡=타향살이하다. 형 1 외래의. 타지의. 타 부서의. 타 업종의. ¶~队获胜=원정(방문)팀이 승리하다. 2 객관적인. ¶~观对象=객관적 대상. 양(량) (1인)분. [몫(분)으로 세는 음식·음료 따위에 쓰임]¶三~盒饭=도시락 3인분. / 两~冰淇淋=아이스크림 2인분. 명 1 손님. ¶宾~=손님. / 请~=손님을 초대하다. 한턱 내다. 2 객. [각지를 떠돌아다니면서 어떤 일에 종사하는 사람]¶侠~=협객. / 政~=정객. 3 바이어. ¶珠宝~=보석 바이어. 4 여객. ¶长途~车=장거리 여객 버스. / 乘~=승객. 5 고객. ¶房~=숙박인. 하숙인. / 回头~=재차 찾아온 고객. 단골손님. 6 (Kè) 성(姓). ≒宾 ↔主

○● 拜客, 暴客, 搭dā客, 房客, 顾客, 过客, 豪háo客, 好hào客, 会客, 旅客, 门客, 陪péi客, 捐qián客, 请客, 骚sāo客, 食客, 熟客, 堂客, 外客, 舞客, 稀客, 侠xiá客, 香客, 谢客, 游客, 知客, 做客

【客帮】kèbāng 명 타 지방에서 온 상인 단체.
【客舱】kècāng 명 (배나 비행기의) 객실. 선실.
【客场】kèchǎng 명(體) (스포츠 시합에서의) 상대팀 그라운드. 원정 구장. ↔主场
【客车】kèchē 명 1 객차. 2 버스. ¶这是公司新买的中型~。=이것은 회사에서 새로 구입한 중형 버스이다.
【客船】kèchuán 명 여객선.
【客串】kèchuàn 동 1 (비전문 연예인이 전문적인 공연에) 임시 출연하다. 2 (다른 지방 또는 다른 소속 연예인이) 특별 출연하다.
【客店】kèdiàn 명 여인숙. (규모가 작은) 여관.
【客队】kèduì 명(體) 1 방문팀. 초청팀. 2 원정팀. ↔主队
【客饭】kèfàn 명 1 (기관·단체 따위의 식당에서) 외부 손님들에게 제공하는 식사. 2 (식당·여관·기차·여객선 등에서 1인분씩 파는) 정식.
【客贩】kèfàn 명 객상(客商). 행상인.
【客房】kèfáng 명 객방. 객실.
【客观】kèguān 명 1(哲) 객관. ¶~规律=객관 법칙. 2 객관. 인식의 대상. ¶~事实=객관적 사실. 형 객관적이다. ¶他的评价很~。=그의 평가는 객관적이다.
【客观上】kèguānshàng 명 객관적 견지. ¶从~说, 他的想法过于理想化。=객관적 견지에서 말하자면 그의 생각은 지나치게 이상적이다.
【客观世界】kèguān shìjiè 명(哲) 객관 세계.
【客观唯心主义】kèguān wéixīnzhǔyì 명(哲) 객관적 관념론.
【客观性】kèguānxìng 명 객관성. ¶选拔要具有~和公正性=선발은 객관성과 공정성을 갖추어야 한다.
【客官】kèguān 명(옛) (여관·음식점·극장·배 따

위에서) 손님을 높여 부르는 말.
【客户】kèhù 명 1 (옛) 이주자. 다른 곳에서 이주하여 온 사람. 2 (옛) 소작인. 3 거래처. 바이어. [상공업·증권업 등에서 고객·판매 대리점·도매업자 등을 가리키는 말]¶展销会迎来了众多中外~。=전시 판매회는 수많은 국내외 바이어들을 맞이하였다.
【客话】kèhuà 명 1 인사말. 사양하는 말. 2 타향에 머물면서 기록한 말. [주로 서명(書名)에 쓰임] 3 하카어(Hakka語).
【客货船】kèhuòchuán 명 화객선(貨客船). 여객 화물선.
【客机】kèjī 명 여객기.
【客籍】kèjí 명 1 장기로 타향에 머무는 곳. 현주소. 2 외지에서 온 이주자. ↔原籍 土籍
【客家】Kèjiā 명 객가. 하카(Hakka). [서진(西晉) 말년부터 원(元)대까지 황하 유역에서 점차 남방으로 이주한 종족. 지금은 광둥(广东)·광시(广西)·푸젠(福建)·장시(江西)·후난(湖南)·쓰촨(四川)·하이난(海南)·타이완(台湾) 등지에 분포함]
【客家方言】Kèjiā fāngyán 명(言) 하카(Hakka) 방언. [중국어 7대 방언 중의 하나]
【客家话】Kèjiāhuà 명 하카어(Hakka語). 객가어. [베이징(北京)어와 광둥(广东)어의 중간적 특징을 지님]
【客居】kèjū 동 객지나 남의 집에 기거하다. 기우(寄寓)하다. 타향살이하다. ¶~海外=해외에서 거주하다.
【客客气气】kè·ke qìqì (~的) 형 아주 예의바르다. 아주 겸손[공손]하다. ¶他对谁都是~的。=그는 누구에게나 아주 공손하다.
【客里空】Kèlǐkōng 구 소련 작가 코르네츄크의 작품《前線(전선)》에 나오는, 사실을 날조하고 근거 없이 제멋대로 보도하는 기자. 2(비) 허보(虛報). ¶新闻报道要杜绝~。=신문 보도는 허보를 철저히 막아야 한다. 3(비) 공담가. 빈말쟁이. 허위로 날조하는 자. ¶千万不能做~。=절대로 공담가가 되어서는 안 된다.
【客流】kèliú 명 (일정한 시각에 일정한 장소로 이동하는) 승객들의 흐름. ¶~方向=승객들의 유동 방향.
【客流量】kèliúliàng 명 (일정한 시각에 일정한 장소로 이동하는) 승객들의 유동량. ¶春运期间铁路的~大增。=설 기간에 철도 승객들의 유동량이 대폭 증가하였다.
【客轮】kèlún 명 여객선.
【客满】kèmǎn 형 만원(滿員)이다. ¶我们想住的那家宾馆已经~。=우리가 숙박하고자 하는 그 호텔은 이미 만원이다.
【客票】kèpiào 명 승차권. 탑승권.
【客气】kè·qi 형 예의바르다. 겸손하다. 공손하다. 예의를 차리다. ¶他们一家人对我都很~。=그들 가족은 나에게 모두 예의를 차린다. 동 체면을 차리다. ¶随便吃, 别~。=사양하지 마시고 편하게 드세요. ≒客套
【客卿】kèqīng 명 고대의, 다른 제후국 출신인 본국 관리.

○ 客 kè
額 é
喀 kā
髂 qià

【客人】kè·rén 명 1 손님. 방문객. 2 여행객. 길손. 3 고객. 4 행상(行商). ≒旅客 顾客 客商 ↔ 主人
【客商】kèshāng 명 행상(行商). 여상(旅商). 바이어(buyer). ¶~云集=바이어들이 구름같이 모여들다. ≒客人
【客舍】kèshè 명⟨文⟩ 1 여관. 객관. 2 객실.
【客室】kèshì 명 객실. 접빈실. =【客屋】kèwū
【客水】kèshuǐ 명 큰물이 지는 시기가 아닌 때에 갑자기 불어나는 강물. 타 지방에서 흘러들어오는 물.
【客死】kèsǐ 동⟨文⟩ 객사하다. ¶~异域=타향〔외국〕에서 객사하다.
【客随主便】kèsuízhǔbiàn 성 객은 주인이 하자는 대로 따르는 법이다.
【客岁】kèsuì 명⟨文⟩ 작년. 지난 해.
【客堂】kètáng 명⟨방⟩ 응접실. 접빈실. 접대실.
【客套】kètào 명 사양하는 말. 인사치레로 하는 말. ¶讲~=인사치레로 말하다. 동 사양하는 말을 하다. 인사치레로 말하다. ¶都是老朋友了, 不必如此~。=모두가 친한 친구인데 이처럼 인사치레로 말할 필요는 없다. ≒客气
【客套话】kètàohuà 명 인사말. 사양하는 말. [예컨대, '劳驾(죄송합니다)·借光(실례합니다)·留步(나오지 마세요)' 등이 있음]
【客体】kètǐ 명 1 ⟨哲⟩ 객체. 2 ⟨法⟩ 객체. ↔主体
【客厅】kètīng 명 객실. 응접실.
【客土】kètǔ 명⟨文⟩ 1 객지. 타향. ¶旅居~=타향살이하다. 2 객토.
【客位】kèwèi 명 1 객석. 좌석. ¶安排客人在~就坐。=손님을 객석에 앉게 했다. 2 (교통 수단의) 좌석. 자리. ¶这趟卧铺车共有45个~。=이번 침대차에는 모두 좌석 45개가 마련되어 있다.
【客屋】kèwū ☞【客室】kèshì
【客席】kèxí 명 객원.
【客星】kèxīng 명⟨文⟩⟨天⟩ 1 신성(新星). 2 혜성(彗星).
【客姓】kèxìng 명 동성(同姓) 마을에 섞여 사는 다른 성(姓).
【客寓】kèyù 명 1 여인숙. 여관. 동 타향살이하다. ¶~法国=프랑스에서 타향살이하다.
【客源】kèyuán 명 소비하러 오는 관광객의 수. ¶~充足=관광객의 수가 충분하다.
【客运】kèyùn 명 여객 운수 업무. ¶临时增加航班, 缓解~紧张状况。=임시 항공편을 늘려서 여객 수송의 부족한 상황을 완화시켰다.
【客运量】kèyùnliàng 명 여객 수송량. ¶旅游旺季, ~激增。= 여행 성수기라서 여객 수송량이 급증하였다.
【客运站】kèyùnzhàn 명 터미널.
【客栈】kèzhàn 명⟨旧⟩ 여인숙. 객점. 객잔. [시설이 간단하며 행상을 대상으로 하는 창고업이나 운수업을 겸업하기도 함]
【客站】kèzhàn 명 터미널.
【客座】kèzuò 명 1 좌석. 객석. 2 객원. 형 임시로 초빙한. ¶~研究员=객원 연구원.
【客座教授】kèzuò jiàoshòu 명 객원 교수. 초빙 교수.

* **课**[課] kè 수업 과
동 1 ⟨文⟩ 심사하다. 조사하다. ¶~吏=관리의 공적을 조사하다. 2 ⟨文⟩ 가르치다. 공부하다. 배우다. ¶~诗=시를 가르치다. 3 ⟨文⟩ (세금을) 물리다. 징수하다. 부과하다. ¶以重税=무겁게 세금을 매기다. 명 1 수업. 강의. ¶上~=수업하다. / 停~=휴강하다. 2 (수업의) 시간. 교시(校時). ¶一节=四十五分钟。=수업 한 시간은 45분이다. 3 (수업) 과목. ¶语文~=국어 과목. / 必修~=필수 과목. 4 과(课). [교재의 단락] ¶这本教材共有十八~。=이 교재는 모두 18과로 되어 있다. 5 ⟨예⟩ 과(课). [기관·학교·공장 등의 행정 단위] ¶会计~=회계과. / 秘书~=비서과. 6 점(占)의 일종. ¶起~=점을 치다. / 占~=점치다. 7 ⟨文⟩ 세금. ¶国~=국세.

○→ 罢bà课, 备课, 卜bǔ课, 补课, 大课, 党课, 功课, 兼课, 讲课, 开课, 旷kuàng课, 缺quē课, 授课, 占zhān课。

【课本】kèběn 명 교과서. 교재.
【课表】kèbiǎo ☞【课程表】kèchéngbiǎo
【课程】kèchéng 명 1 ⟨教⟩ 교육 과정. 커리큘럼(curriculum). ¶安排~=커리큘럼을 안배하다. 2 (수업) 교과목. ¶八门~=여덟 과목.
【课程表】kèchéngbiǎo 명⟨教⟩ 교과 과정표. =【课表】kèbiǎo
【课代表】kèdàibiǎo 명 과대표. =【科代表】kēdàibiǎo
【课间】kèjiān 명 수업과 수업 사이(의 짬). ¶~休息=수업 사이의 휴식.
【课间餐】kèjiāncān 명 수업 사이에 먹는 간식.
【课间操】kèjiāncāo 명 수업 사이에 하는 체조.
【课卷】kèjuàn 명 (작문·리포트 따위) 과제물.
【课目】kèmù 명 1 과목. 교과목. 2 ⟨軍⟩ 군사 훈련의 항목.
【课内】kènèi 명 수업 시간 내. ¶有什么疑问都在~解决, 不要留到课外。=무슨 의문이 있으면 모두 수업 시간에 해결하고 과외로 남겨 두지 말라. ↔课外
【课时】kèshí 명 교시. (수업) 시수. ≒学时
【课室】kèshì 명 교실.
【课税】kèshuì 동⟨文⟩ 세금을 부과하다. 세금을 징수하다. 과세하다.
【课堂】kètáng 명 1 교실. ¶~作业=교실 과제. 2 학습의 장. ¶以少年宫为~=소년궁을 학습의 장으로 삼다.
【课题】kètí 명 1 (연구·토론) 과제. 프로젝트. ¶科研~=과학 연구 프로젝트. 2 (처리해야 할) 과제. ¶防止土地沙漠化是一个重大~。=토지의 사막화를 방지하는 것은 하나의 중대한 과제이다.
【课题组】kètízǔ 명 연구팀. 프로젝트팀.
【课外】kèwài 명 과외. ¶~书籍=과외 서적. ↔课内

【课文】**kèwén** 图 (교과서 중의) 본문. ¶阅读～=본문을 읽다.
【课业】**kèyè** 图 수업. 학업. ¶～繁重=학업이 힘들고 어렵다.
【课椅】**kèyǐ** 图 (학생용) 교실 의자. 학생 의자.
【课余】**kèyú** 图 과외. ¶她～喜欢看书、听音乐。=그녀는 과외 활동으로 독서와 음악 감상을 좋아한다.
【课桌】**kèzhuō** 图 (학생용) 교실 책상.

## 氪 **kè** 크립톤 극
图화《化》크립톤(Kr, krypton). [원자 번호 36]

## 骒[騍] **kè** 암말 과
图 (말·노새 등의) 암컷인. ¶～马=암말.

## 缂[緙] **kè** 꿰맬 격
【缂丝】[刻丝] **kèsī** 图 자수(刺繡)하다. 수를 놓다.
图 견직물. 자수품(刺繡品).

## 嗑 **kè** 이빨로 깔 갑
图 (이빨로) 까다. ¶～瓜子儿=(해바라기·수박·호박 등의) 씨를 까 먹다.
☞ **kē**

## 锞[鍲] **kè** 덩어리 과
图 (옛날, 화폐로 쓰이던) 작은 금괴나 은괴. ¶金～=금괴.
【锞子】**kè·zi** 图옛 (화폐로 쓰이던) 작은 금괴나 은괴.

## 溘 **kè** 갑자기 합
图문 돌연. 갑자기. 별안간. 문득. ¶～然降临=갑자기 찾아오다.
【溘然】**kèrán** 图문 갑자기. 돌연히. ¶～长逝=갑자기 죽다.
【溘逝】**kèshì** 图문 갑자기 죽다.

# kei

## 剋[尅] **kēi** 꾸짖을 극
图 **1** 꾸짖다. 질책하다. 욕하다. 책망하다. ¶她忍不住～了淘气的儿子几句。=그녀는 참을 수 없어서 말썽을 일으키는 아들을 몇 마디 꾸짖었다. **2** (사람을) 때리다. 구타하다. 싸우다. ¶两个小孩子吵着吵着就～了起来。=꼬마 녀석 둘이 말다툼을 하다가 마침내 싸우기 시작하였다.
☞ **kè**
【剋架】**kēi**‖**jià** 图방 싸우다. 다투다.

# ken

## 肯[肎]¹ **kěn** 뼈 사이 살 긍
图 뼈에 붙어 있는 살. ¶中(zhòng)～=핵심을 찌르다.

## 肯² **kěn** 수긍할 긍
图 **1** 승낙하다. 동의하다. 받아들이다. ¶首～=수긍하다. **2** (동사·형용사 앞에 쓰여) 기꺼이 동의하다. ¶他向来～帮助同学。=그는 줄곧 기꺼이 학우들을 돕는다. **3**방 자주 …하다. 곧잘 …하다. ¶春天人～感冒。=봄철엔 사람들이 곧잘 감기에 걸린다.

○● 宁**nìng**肯

【肯德基】**Kěndéjī** 图약方 肯德基家乡鸡(켄터키프라이드치킨, KFC).
【肯定】**kěndìng** 图 **1** 긍정하다. 긍정적으로 평가하다. 좋다고 인정하다. ¶老师～了同学们所取得的进步。=선생님은 급우들이 성취한 발전을 긍정적으로 평가하였다. **2** 단정하다. 확언하다. 확신하다. ¶可以～, 他不会做那种事。=그는 그런 짓을 하지 않으리라고 확신한다. 图 **1** 긍정적이다. [긍정적인 동의를 나타냄] ¶我问他情况是否属实, 他的回答是～的。=내가 그에게 상황이 사실이냐고 물으니, 그의 대답은 긍정적이었다. **2** 확실하다. 분명하다. 명확하다. ¶对方没有给出～的答复。=상대측은 확실한 답변을 내놓지 않았다. 图 확실히. 틀림없이. 의심할 여지없이. ¶他们～遇到了麻烦。=그들은 틀림없이 곤경에 처한 것 같다. ≒确定 ↔否定
【肯干】**kěngàn** 图 (어떤 일을) 기꺼이 하려고 하다. ¶只要能挣钱, 他什么活儿都～。=돈을 벌 수만 있다면 그는 무슨 일이든 하려고 한다. 图 자발적이다. 적극적이다. 능동적이다. ¶他积极～, 很有上进心。=그는 적극적이고 능동적이며 진취심이 강하다.
【肯尼亚】**Kěnníyà** 图약(地) 케냐(Kenya). [수도는 '内罗毕(나이로비 : Nairobi)'임]
【肯綮】**kěnqǐng** 图문 **1** 뼈와 힘줄이 접한 곳. **2**비 요점. 핵심. 급소. 요소. ¶切中～=핵심을 찌르다.
【肯于】**kěnyú** 图 (어떤 일을) 기꺼이 하려고 하다. ¶～做幕后英雄。=기꺼이 막후 영웅 역할을 하다.

## 垦[墾] **kěn** 일굴 간
图 **1** (땅을) 갈다. 경작하다. ¶～田=농지를 경작하다. / ～地=땅을 갈다. **2** 일구다. 개간하다. ¶～开=개간하다. / 围～=간척하다.

○● 军垦、开垦、屯**tún**垦、围**wéi**垦

【垦复】**kěnfù** 图 재개간하다. ¶～荒地上百亩。=황무지에 백 무(畝)의 땅을 재개간하다.
【垦覆】**kěnfù** 图 수목 사이에 고랑을 파고 녹비(綠肥) 식물을 심었다가 해마다 갈아엎어 늙은 수목을 갱신하도록 하다.
【垦荒】**kěnhuāng** 图 황무지를 개간하다. ¶～种粮=황무지를 개간하여 곡식을 심다. ≒开荒、开垦

【垦区】kěnqū 图 개간 지구.
【垦殖】kěnzhí 图 황무지를 개간하여 생산하다. ¶山民们祖祖辈辈都在大山里~、收获。= 산촌 사람들은 조상 대대로 산 속에서 황무지를 개간하여 수확한다.
【垦种】kěnzhòng 图 개간하여 경작하다. ¶河谷地带有大片可以~的土地。= 하곡 지대에는 개간하여 경작할 수 있는 넓은 땅이 있다.

**恳[懇]** kěn 간절할 간
囵 성실하다. 간절하다. 정중하다. 정성스럽다. ¶勤~= 근면 성실하다. 图图 부탁하다. 간청하다. ¶敬~= 삼가 부탁드립니다.

○● 诚chéng恳, 勤qín恳

【恳辞】kěncí 图图 정중하게 사절하다. ¶他~了大公司的高薪聘请，返回母校从事教学工作。= 그는 대기업에서 고액 보수로 초빙하려는 것을 정중히 사절하고 모교로 돌아와 교육 업무에 종사한다.
【恳切】kěnqiè 囵 간절하다. 간곡하다. 진지하다. ¶他~地希望得到大家的理解。= 그는 사람들이 이해해 주기를 간절히 바란다. ≒诚恳
【恳亲会】kěnqīnhuì 图阅 (학부형을 초청하여 여는) 간친회. 학부형 친목회.
【恳请】kěnqǐng 图 간청하다. ¶~谅解= 양해해 줄 것을 간청하다.
【恳求】kěnqiú 图 간청하다. 간절히 요구하다. ¶~帮助= 도움을 간청하다. ≒乞求
【恳谈】kěntán 图 감담하다. 정답게 이야기하다. ¶两人~至深夜。= 두 사람은 밤이 깊도록 정답게 이야기를 나누었다.
【恳谈会】kěntánhuì 图 간담회.
【恳托】kěntuō 图 간절히 부탁하다. 진정으로 부탁하다. ¶~你把这封信交给他。= 당신이 이 편지를 그에게 건네주기를 간절히 부탁드립니다.
【恳挚】kěnzhì 囵 (태도나 말씨가) 간절하고 진지하다. ¶态度~= 태도가 간절하고 진지하다.

**啃** kěn 씹을 습
图 1 물어뜯다. 뜯어 먹다. 갉아 먹다. 쏠다. ¶~老玉米= 옥수수를 뜯어 먹다. 2(囮) (어떤 일에) 매달리다〔몰두하다〕. ¶学习要讲究方法, 不能死~书本。= 공부란 방법을 강구하여야지 무조건 책만 파고들어서는 안 된다.
【啃不动】kěn·budòng 图 1 (딱딱해서) 씹을〔물어뜯을〕 수 없다. ¶这玉米太老了, 都~了。= 이 옥수수는 너무 익어서 씹어먹을 수 없다. 2 (囮) (너무 어려워) 연구할 수 없다. 감당할 수 없다. ¶这些佛经太难, 我~。= 이 불경들은 너무 어려워 나는 이해할 수 없다.
【啃不下】kěn·buxià 图 1 뜯어 먹을 수 없다. ¶排骨没炖烂, 肉~。= 갈비가 푹 고아지지 않아서 고기를 뜯어먹을 수가 없다. 2(囮) 연구해 낼 수 없다. ¶我古文功底有限, ~这些古文献。= 나는 고문의 기초에 한계가 있어 이 고문헌들을 연구해 낼 수 없다.

【啃骨头】kěn gǔ·tou (囮) 1 뼈에 붙은 살을 뜯어 먹다. 뼈다귀를 뜯다. 2(囮) (해결하기) 어려운 문제를 조금씩 조금씩 해결하다. ¶他下定决心, 一定要啃下这块硬骨头。= 그는 조금씩 조금씩 해서라도 이 난제를 꼭 해결해 나가기로 결심하였다.
【啃啮】kěnniè 图囵 1 갉아먹다. 물어뜯다. 2(囮) (육체적·정신적)으로 고통스럽게 하다. 괴롭히다. 후벼파다. ¶愧疚~着他的心。= 양심의 가책이 그의 마음을 후벼파고 있다.
【啃青】kěnqīng 图囵 1 가축이 어린 싹을 먹다. 2 (곡식을) 익기 전에 미리 거두어 먹다. 풋바심하다.
【啃噬】kěnshì 图囵 갉아먹다. 물어뜯다.
【啃书本】kěn shūběn(~儿) (囮) 1 책의 내용을 한 글자 한 글자 공부하다. 2 공부하다. ¶学习要与实际相结合, 不能光~儿。= 공부를 하려면 실질적인 것과 서로 연계되도록 하여야지 그저 책만 갖고 공부해서는 안 된다.

**掯** kèn 누를 긍
图囵 1 누르다. ¶~住手, 别让她乱抓。= 그녀가 함부로 할퀴지 못하도록 손을 꽉 눌러라. 2 압박하다. 억누르다. 억지로 강요하다. ¶勒~= 모질게 굴다. 억누르다. 3 (눈에) 머금다. 억누르다. 참다. ¶眼中~着泪花。= 눈에 눈물이 글썽글썽하다.

**裉** kèn 솔기 간
囵 겨드랑이 밑의 솔기. ¶煞~= 옷소매를 달다.

# keng

**坑[阬]** kēng 파묻을 갱
图 1 (사람을) 생매장하다. 산 채로 파묻다. ¶焚书~儒= 분서갱유. 책을 불사르고 선비를 생매장하다. 2 (사람을) 함정〔곤경〕에 빠뜨리다. ¶他这样做可~苦我们了。= 그가 이렇게 하는 것은 우리를 함정에 빠뜨리는 것이다. 囵 1 (~儿) 구멍. 구덩이. 웅덩이. 움푹 패인 곳. ¶水~= 물웅덩이. / 泥~= 진흙 구덩이. 2 갱. 굴. 땅굴. ¶矿~= 광갱. 3 (Kēng) 성(姓). ↔包

○● 弹dàn坑, 导dǎo坑, 粪fèn坑, 火坑, 炉坑, 茅máo坑, 渗shèn坑, 陷xiàn坑, 窑yáo坑

【坑道】kēngdào 图 1 (矿) 갱도. 갱로. 2 (军) 지도(地道).
【坑害】kēnghài 图 (교활·악랄한 수단으로) 곤경에 빠뜨리다. 함정에 빠뜨리다. 해치다. ¶一些不法商贩以次充好, ~消费者。= 불법 장사꾼들이 나쁜 물건을 좋은 물건이라고 속여 소비자를 해친다.
【坑井】kēngjǐng 图 (矿) 갱도와 수갱(竖坑).
【坑坑洼洼】kēng·keng wāwā(~的) 囵 울퉁불퉁하다. ¶汽车在~的路面上颠簸着行驶。=

자동차가 울퉁불퉁한 도로를 덜컹거리며 달린다.

【坑口】**kēngkǒu** 갱구. 갱문. 굿문.

【坑口电站】**kēngkǒu diànzhàn** 탄광 입구에 세운 발전소.

【坑苦】**kēngkǔ** (사람을 함정에 빠뜨려) 몹시 괴롭히다. 도탄에 빠뜨리다. ¶我可是被他~了。= 나는 그 사람 때문에 완전히 물먹었다.

【坑蒙】**kēngmēng** (남을) 속이다. 사취하다. ¶这些骗子挖空心思~人。= 이 사기꾼들은 갖은 방법으로 사기를 친다.

【坑蒙拐骗】**kēngmēng-guǎipiàn** 남을 교묘히 속여 사취하다.

【坑木】**kēngmù** (礦) 갱목.

【坑农】**kēngnóng** 사기를 쳐서 농민을 곤경에 빠뜨리다.

【坑骗】**kēngpiàn** 속이다. 사기치다. ¶商家要讲诚信, 不能~顾客。 = 상인은 신용을 중시하여야 하고 고객을 속여서는 안 된다.

【坑气】**kēngqì** 메탄가스.

【坑人】**kēngrén** 사람을 함정(곤경)에 빠뜨리다. 남을 해치다. 남에게 해를 끼치다. ¶~的事儿我可不干。= 남을 해치는 짓을 나는 절대 하지 않는다.

【坑杀】**kēngshā** 생매장하여 죽이다. ¶降卒~ 투항한 졸병들을 생매장하여 죽이다.

【坑探】**kēngtàn** (礦) 갱도 채광(坑道採鑛).

【坑塘】**kēngtáng** 저수지.

【坑洼】**kēngwā** 구덩이. 웅덩이. ¶填补~= 구덩이를 메우다.

【坑子】**kēng·zi** 구덩이. 웅덩이.

**吭 kēng** 소리 항

소리를 내다. 말하다. ¶一声不~ = 한 마디도 말하지 않았다.

☞ **háng**

【吭哧】**kēng·chi** 1 씩씩거리다. 끙끙거리다. ¶他扛着箱子~~上楼去了。= 그는 상자를 메고 끙끙거리며 계단을 올라갔다. 2 몹시 고생하다. 힘겹게 하다. 쩔쩔매다. 끙끙대다. ¶他好容易才把这道数学题~出来。= 그는 가까스로 이 수학 문제를 힘겹게 풀어 냈다. (말을) 우물거리다. 떠듬거리다. ¶他~了半天也没把话说明白。= 그는 한참을 떠듬거렸지만 분명하게 말하지 못했다.

【吭唧】**kēng·ji** 1 (아이가) 징징거리다. 훌쩍훌쩍 울다. ¶这孩子一天到晚老爱~。= 이 아이는 온종일 징징거린다. 2 몹시 고생하다. 힘겹게 하다. 쩔쩔매다. 끙끙대다. ¶他~了几天才把作文写出来。= 그는 며칠 동안 끙끙대고 나서야 겨우 작문을 써냈다. (말을) 우물거리다. 떠듬거리다. ¶他吭吭唧唧的, 谁也不知道他到底想说什么。= 그는 우물우물하기만 해서 도대체 무슨 말을 하려는지 아무도 알아들을 수가 없다.

【吭吭哧哧】**kēng·keng chīchī** 씩씩거리다. 낑낑거리다. ¶他累得一直喘粗气。= 그는 힘들어서 씩씩거리며 거친 숨을 내쉬었다. (~的) 우물거리다. ¶他说话

的, 弄不明白他到底是什么意思。= 그가 말을 떠듬거려서 도대체 무슨 뜻인지 알 수 없다.

【吭气】**kēng**‖**qì**(~儿) 입을 열다. 말을 하다. 소리를 내다. ¶他正大发雷霆, 谁都不敢~。= 그가 노발대발하니 누구도 감히 입을 열지 못하였다. ≒吭声

【吭声】**kēng**‖**shēng**(~儿) 입을 열다. 말을 하다. [주로 부정형으로 쓰임] ¶不管怎么问, 他就是不~。= 아무리 캐물어도 그는 입을 열려고 하지 않는다. ≒吭气

**硁[硜] kēng** 돌 소리 갱

의운 딱. 쨍강. 퍽. [돌이 부딪치는 소리]

【硁硁】**kēngkēng** 소견이 좁다. 옹졸하다. 고집스럽다. ¶~自守 = 고집스럽고 완고하다.

【硁硁之见】**kēngkēngzhījiàn** 천박한 소견. 옹졸한 소견.

**铿[鏗] kēng** 금옥 소리 갱

의 땅땅. 쨍강쨍강. [높고 큰 소리] ¶榔头敲在石头上~~地响。= 망치로 돌을 두드리자 땅땅 하고 울린다.

【铿锵】**kēngqiāng** 소리가 리듬 있게 울려 퍼지다. 소리가 울림이 있고 힘차다. 소리가 낭랑하다. ¶~悦耳 = 소리가 낭랑하여 듣기 좋다.

【铿锵有力】**kēngqiāng-yǒulì** 소리가 힘있게 울리다.

【铿然】**kēngrán** 소리가 크고 맑다. ¶飞瀑奔泻, ~有声。= 폭포가 웅장한 소리를 내며 세차게 떨어지다.

# kong

**空 kōng** 빌 공

1 (속이) 비다. 텅 비다. ¶~盒子 = 빈 상자. / 挖~心思 = 있는 꾀를 모두 짜내다. 2 알맹이가 〔내용이〕 없다. 공허하다. 쓸데없다. 실속 없다. 하잘것없다. 시시하다. ¶~话连篇 = 알맹이가 없는 말을 잔뜩 늘어놓다. / 一纸~文 = 지상공문(紙上空文). 아무런 효력이 없는 문서 조각. 쓸데없이. 헛되이. ¶~忙活 = 헛고생을 하다. / ~跑一趟 = 헛걸음을 하다. 없다. ¶目~一切 = 눈에 아무것도 보이는 게 없다. 안하무인격이다. 하늘. 공중. ¶航~ = 항공. / 晴~万里 = 구름 한 점 없이 맑은 하늘. ↔실

☞ **kòng**

| | |
|---|---|
| ❶ | 空 kōng |
| | 控 kòng |
| | 恐 kǒng |
| | 倥 kǒng |
| | 崆 kōng |
| | 箜 kōng |
| | 腔 qiāng |

❶ 碧**bì**空, 长空, 当空, 防空, 放空, 航**háng**空, 回空, 架空, 亏**kuī**空, 凌**líng**空, 镂**lòu**空, 凭**píng**空, 扑**pū**空, 晴空, 上空, 太空, 星空, 虚**xū**空, 悬**xuán**空, 真空, 凿**záo**空

【空靶】**kōngbǎ** (수소 풍선·무인기 등으로

된) 공중 사격 표적. 이동 표적. 표적용 무인기.
【空包弹】kōngbāodàn 명(軍) 공포탄.
【空瘪】kōngbiě 형 (속이 비어) 홀쭉 들어가다. [속이 비어서 안으로 오므러져 있는 모양] ¶颗粒~=낟알이 홀쭉하다.
【空仓】kōng‖cāng 통(經) 투자자가 보유하고 있던 주식 등을 모두 매도하다.
【空肠】kōngcháng 명(生) 공장. [위의 유문(幽門)에서 시작되어 대장의 맹장에 이르는, 길이 약 7m 가량의 가늘고 긴 소화관]
【空敞】kōngchǎng 형 널찍하다. 훤히 트이다. 광활하다. ¶~的大厅=널찍한 홀.
【空巢家庭】kōngcháo jiātíng 명 (자녀들이 성장하여 모두 떠나고) 노인만 사는 가정. 노인 부부 가정. 독거 노인 가정.
【空城计】kōngchéngjì 명 1 공성계. [《삼국연의(三國演義)》에서, 제갈량(諸葛亮)이 위(魏)나라를 치기 위해 군사를 모두 내보낸 사이, 위(魏)나라 도독 사마의(司馬懿)가 대군을 이끌고 서성(西城)으로 쳐들어온다는 보고가 있자, 제갈량이 군사들에게 성문을 활짝 열고 성문 입구와 길을 청소시켜 사마의를 영접하는 것처럼 꾸미고 나서, 자신은 누대(樓臺)에 올라가 조용히 앉아 거문고를 타고 있었는데, 사마의가 군사를 이끌고 성 앞에 당도하여 이러한 상황을 보고, 성 안에 복병을 두고 자신을 유인하려는 제갈량의 속임수라고 생각하여 곧 군사를 돌려 퇴각하였다는 고사에서 유래함] 2 (비) 허장성세(虛張聲勢). 겉으로는 허세를 부리지만 사실은 준비가 전혀 없는 것.
【空乘】kōngchéng 명 1 항공 서비스 업무. ¶~人员=항공 승무원. 2 항공 승무원. ¶一名女~=스튜어디스 한 명.
【空船】kōngchuán 명 빈 배. ¶~吃水=공선 흘수.
【空挡】kōngdǎng 명(機) (자동차 따위의) 뉴트럴(neutral) 기어. 중립 기어.
【空荡】kōngdàng 형 텅 비다. 황량하다. 공허하다. 허전하다. 휑뎅그렁하다. ¶新建商场的大厅显得很~。=새로 지은 상가의 홀이 휑뎅그렁해 보인다.
【空荡荡】kōngdàngdàng (~的) 형 1 (풍경이) 텅 비다. 한산하다. 휑뎅그렁하다. ¶夜深了,大街上~的。=밤이 깊어지자 거리가 한산하다. 2 (마음이) 허전하다. 공허하다. 쓸쓸하다. ¶看着好友离去的背影,他心里~的。=친구가 떠나가는 뒷모습을 보고 있으니 그는 마음이 허전하였다.
【空洞】kōngdòng 명 공동. 형(비) (말이나 문장에) 내용이 없다. 요지가 없다. 공허하다. ¶~的说教=내용이 없는 설교. ≒空泛 ↔充实 切实
【空洞洞】kōngdòngdòng (~的) 형 텅 비다. 휑뎅그렁하다. 휑하다. ¶放暑假了,学校里~的。=여름 방학을 하자 학교가 텅 비었다.
【空洞无物】kōngdòng-wúwù 성 1 아무것도 없다. 2 (비) (말이나 문장 등에) 내용이 [알맹이가] 없다.
【空对地导弹】kōngduìdì dǎodàn 명(軍) 공

【空对空】kōngduìkōng (낮) 1 공대공. ¶~雷达截获=공대공 레이더로 포착하다. 2 문장 전체가 공론이다. ¶整篇文章都是~。=문장 전편이 모두 공론이다. 3 논쟁하는 쌍방이 모두 공론을 하다. ¶与其~地争论,不如干点儿实事。=공론을 주고받느니 차라리 실질적인 일을 하는 게 낫다.
【空对空导弹】kōngduìkōng dǎodàn 명(軍) 공대공 유도탄(미사일).
【空乏】kōngfá 형 1 곤궁하다. 궁핍하다. 빈곤하다. ¶家境~=가정 형편이 궁핍하다. 2 공허하고 지루하다. ¶他早已厌倦了这种~无味的生活。=그는 이러한 무의미한 생활에 진작부터 진저리가 났었다. 3 (문장 등이) 내용이 없고 공허하다. ¶这篇论文内容~。=이 논문은 내용이 없고 공허하다.
【空翻】kōngfān 명(體) 공중돌기. 공중회전. 공중전회. ¶前~=앞공중돌기.
【空泛】kōngfàn 형 말이 공허하여 실제와 동떨어지다. ¶整篇文章全是空话、套话,非常~。=글 전체가 빈말과 틀에 박힌 말들로 가득 차서, 대단히 공허하고 실제와 동떨어져 있다. ≒空洞
【空防】kōngfáng 명(軍) 방공(防空).
【空房】kōngfáng 명 1 빈 방. 2 공방. ¶守~=독수공방하다.
【空腹】kōngfù 명 공복. 빈속. ¶他饿半天了,到现在还是~。=그는 한나절 내내 굶었는데, 지금까지도 여전히 빈속이다. 통 위를 비우다. 음식을 먹지 않다. ¶~抽血化验=공복에 피를 뽑아 검사하다. 형 학식(지식)이 없다. 무지하다. 무식하다. ¶~高心=학식은 없으면서 포부는 크다.
【空港】kōnggǎng ☞【航空港】hángkōng gǎng
【空谷足音】kōnggǔ-zúyīn 성 1 인적이 드문 산골짜기에서 발자국 소리를 듣다. 2 (비) 얻기 어려운 귀중한 정보나 탁월한 견해. 만나기 힘든 인물.
【空喊】kōnghǎn 통 행동은 하지 않고 말로만 외치다. ¶~口号,不干实事。=구호만 외치고 행동은 하지 않는다.
【空耗】kōnghào 통 헛되이 소모하다. ¶~精力=정력을 헛되이 소모하다.
【空话】kōnghuà 명 공염불. 빈말. 공론(空論). ¶别尽讲~,什么事也不做。=아무 일도 하지 않으면서 공론만 하지 마세요.
【空怀】kōnghuái 통 1 (이상·포부 등을) 헛되이 지니다. ¶~满腹经纶=뛰어난 학식과 경륜을 헛되이 지니고 있다. 2 (가축의 암컷이 교배나 인공 수정을 하였으나 수정(임신)이 되지 않다.
【空欢喜】kōnghuānxǐ 통 괜히(공연히) 기뻐하다. ¶原以为可以大赚一笔,结果却是一一场~。=원래 돈을 크게 한몫 벌 수 있다고 생각했는데 결국은 헛물만 켰다.
【空幻】kōnghuàn 형 환상적인. 환영의. 허황되다. 헛되다. ¶~的梦境=환상적인 꿈의 세계.

≒虚幻
【空际】kōngjì 囘 하늘. 공중. ¶璀璨的星光缀满~。= 찬란한 별빛이 온 하늘에 가득하다.
【空寂】kōngjì 囹 황량하고 적막하다. 황막하다. 조용하고 쓸쓸하다. ¶~的山谷 = 조용하고 쓸쓸한 산골짜기.
【空架子】kōngjià·zi 囘(口) 허울. 속 빈 강정. [주로 문장이나 조직·기구 등을 가리킴]
【空间】kōngjiān 囘 1 [哲] 공간. ¶三维~ = 삼차원 공간. 2 공간. ¶仓库里的~不多了。= 창고 안의 공간이 많지 않다.
【空间波】kōngjiānbō ☞【天波】tiānbō
【空间点阵】kōngjiān diǎnzhèn 囘(物) (결정(結晶)의) 공간 격자(空間格子). 囱 space lattice
【空间技术】kōngjiān jìshù 囘 우주 항공 기술. 우주 개발 기술.
【空间探测器】kōngjiān tàncèqì 囘 공간 탐측기.
【空间通信】kōngjiān tōngxìn 囘 우주 통신.
【空间图形】kōngjiān túxíng 囘(數) 1 공간 도형. 2 입체 도형.
【空间艺术】kōngjiān yìshù ☞【造型艺术】zàoxíng yìshù
【空间站】kōngjiānzhàn 囘 1 우주 정거장. 2 (달·행성·우주 비행선의) 우주 통신 시설. =【航天站】hángtiānzhàn【太空站】tàikōng zhàn
【空降】kōngjiàng 囹 공중 수송하다. 공수(空輸)하다. ¶~部队 = 낙하산 부대. 공수 부대.
【空降兵】kōngjiàngbīng 囘(軍) 낙하산병. 공수 부대원.
【空姐】kōngjiě ☞【空中小姐】kōngzhōng xiǎojiě
【空军】kōngjūn 囘(軍) 공군.
【空空】kōngkōng 囹 텅 비다. 아무것도 없다. ¶箱子里~的, 什么都没有。= 상자 안이 텅 비어 아무것도 없다.
【空空如也】kōngkōngrúyě 囹 텅 비어 아무것도 없다.
【空空荡荡】kōng·kong dàngdàng(~的) 囹 텅 비다.
【空空洞洞】kōng·kong dòngdòng(~的) 囹 1 텅 비다. 휑(뎅그렁)하다. 2 (口) (말·문장 등의) 내용이(알맹이가) 없다. 내용이 실제와 부합되지 않다.
【空空落落】kōng·kong luòluò(~的) 囹 텅 비어 쓸쓸하다. 공허하다. 허전하다.
【空口】kōngkǒu 囝 1 그저 입으로만. ¶这事儿不是光~说就可以解决的。= 이 일은 그저 입으로만 말한다고 해결할 수 있는 것이 아니다. 2 (식사할 때) 단지 …으로. [안주는 먹지 않고 술만 마시거나 반찬 없이 밥만 먹는 것. 또는 밥이나 술은 먹지 않고 반찬만 먹는 것] ¶他不习惯~喝酒。= 그는 강술을 마시는 데 익숙지 않다.
【空口说白话】kōngkǒu shuō báihuà 囹 1 근거 없는 말을 하다. ¶你不能~, 得有证据。=

당신 근거 없는 말을 하지 마세요, 증거가 있어야지. 2 실행에 옮기지는 않고 말만 하다. ¶他总是~, 从来没有实际行动。= 그는 언제나 말만 늘어놓았지 여태껏 실행한 적이 없다.
【空口无凭】kōngkǒu-wúpíng 囹 그저 말만 할 뿐 실제 증거가 없다. 말로만 한 것은 증거가 되지 못한다.
【空旷】kōngkuàng 囹 광활하다. 훤히 트이다. 넓디넓다. ¶~的田野 = 광활한 들판. ≒空阔
【空旷旷】kōngkuàngkuàng(~的) 囹 광활하다. 훤히 트이다. 넓디넓다.
【空阔】kōngkuò 囹 넓고 넓다. 광활하다. ¶~的球场 = 넓디넓은 구장. ≒空旷
【空廓】kōngkuò 囹 (일정한 범위가) 널찍하다. 광활하다. 텅 비고 끝없이 넓다. ¶~的草原 = 광활한 초원.
【空栏】kōnglán 囘 빈 외양간.
【空灵】kōnglíng 囹 변화가 많아 포착하기 힘들다. ¶~的意境 = 변화무쌍한 경지.
【空论】kōnglùn 囘 공론. 빈말. ¶少发~, 多解决实际问题。= 빈말은 작작 하자, 실질적인 문제를 해결해야지.
【空落落】kōngluòluò(~的) 囹 (풍경이) 텅 비다. 한산하다.
【空忙】kōngmáng 囹 헛수고하다. 도로(徒勞)가 되다. 헛고생하다. ¶~一阵, 没见一点成效。= 한바탕 헛수고만 하고 조금도 효과를 보지 못했다.
【空门】kōngmén 囘 1 (佛) 불교. 불문. ¶遁入~ = 불교에 귀의하다. 2 (구기 종목에서 골키퍼가 자리를 비운) 빈 골문.
【空蒙】kōngméng 囹(文) (안개 따위가) 자욱하다. 희부옇다. ¶山色~ = 산빛이 안개에 싸여 희부옇다.
【空名】kōngmíng 囘 공명. 허명(虚名). ¶他那个顾问不过是个~, 一点都不管事。= 그의 고문이란 직함은 허명뿐이라 조금도 실권이 없다.
【空漠】kōngmò 囹 1 광활하고 고요하다. ¶~原野 = 광활하고 고요한 벌판. 2 공허하고 적막하다. ¶~的心田 = 공허하고 적막한 마음.
【空难】kōngnàn 囘 항공 사고. 비행기 사고.
【空跑】kōngpǎo 囹 헛걸음하다. ¶他不在家, 害我~一趟。= 그가 부재중이어서 나를 헛걸음하게 하였다.
【空炮】kōngpào 囘 1 공포. [실탄을 넣지 않고 소리만 나게 하는 총질] 2 공포. [상대를 위협하려고 실탄을 넣고 공중이나 다른 곳을 향하여 쏘는 총질] 3 (口) 허풍. 큰소리. ¶说了就得做, 不能放~。= 말을 했으면 실행을 해야지 큰소리만 쳐서는 안 된다.
【空气】kōngqì 囘 1 공기. ¶新鲜~ = 신선한 공기. 2 분위기. ¶谈判桌上的~很紧张。= 회담 테이블의 분위기가 매우 긴장되다. ≒气氛
【空气锤】kōngqìchuí 囘 공기 망치. =【气锤】qìchuí 囱 air hammer
【空气加湿器】kōngqì jiāshīqì 囘 가습기.
【空气调节器】kōngqì tiáojiéqì 囘 에어컨. 에

어 컨디셔너(air conditioner). 냉〔난〕방기. ❽
【空调】 kōngtiáo 【空调器】 kōngtiáoqì
【空气维生素】 kōngqì wéishēngsù 图 공기 중의 음이온.
【空气污染】 kōngqì wūrǎn 图 공기 오염.
【空气污染指数】 kōngqì wūrǎn zhǐshù 图 공기 오염 지수.
【空气压缩泵】 kōngqì yāsuōbèng 图(機) 공기 압축 펌프. ❽ air compressor pump
【空气压缩机】 kōngqì yāsuōjī 图(機) 공기 압축기.
【空气浴】 kōngqìyù 图 공기욕.
【空气质量】 kōngqì zhìliàng 图 공기 품질.
【空气轴承】 kōngqì zhóuchéng 图 공기 베어링. ❽ air bearing
【空前】 kōngqián 匭 공전의. 전례 없는. 전대미문(前代未聞)의. ¶经济发展速度~增长。=경제의 발전 속도가 공전의 성장을 하였다.
【空前绝后】 kōngqián-juéhòu 匦 1 전무후무(前無後無)하다. 이전에도 없었고 앞으로도 없다. 2 (비) 대단한 성취 혹은 성황. ≒独一无二
【空枪】 kōngqiāng 图 공포. 헛총질. ¶放~=공포를 쏘다.
【空勤】 kōngqín 图 (항공 관계의) 기내 근무. 〔'地勤(지상 근무)' 과 구별됨〕
【空情】 kōngqíng 图 (공중전이나 항공에 관련된) 공중 상황.
【空拳】 kōngquán 图 1 공권. 맨주먹. ¶赤手~=적수공권. 아무것도 가진 것이 없음. 2 무소득. 허탕. ¶出手不落~。=일을 시작하면〔손댔다 하면〕허탕을 치지 않는다.
【空嫂】 kōngsǎo 图 나이가 든 기혼의 여승무원〔스튜어디스〕.
【空舍清野】 kōngshè-qīngyě ☞【空室清野】 kōngshì-qīngyě
【空身】 kōng‖shēn(~儿) 匭 (휴대품 없이) 맨몸〔빈 몸〕을 하다. ¶时间紧迫, 他~就去了上海。=시간이 촉박하여 그는 맨몸으로 상해에 갔다.
【空驶】 kōngshǐ 匭 (자동차 등이) 빈 차〔공차〕로 달리다.
【空室清野】 kōngshì-qīngyě 匦 적군에게 넘어가지 않도록 집 안에 있는 가재(家財)나 들에 있는 농작물을 감추다. =【空舍清野】 kōngshè-qīngyě
【空手】 kōng‖shǒu 匭 1 빈손이다. 맨손이다. 맨주먹이다. ¶第一次登门拜访, 怎么好意思~去? =처음 방문인데 무슨 면목으로 빈손으로 가니? 2 (자수나 그림의) 견본이 없다. 맨손이다. ¶~刺绣=자수본 없이 수를 놓다.
【空手道】 kōngshǒudào 图(體) 공수도.
【空疏】 kōngshū 匭(ᄇ) (학문·문장·의론 따위가) 공소하다. 소략(疏略)하다. 내용이 별로 없고 짜임이 허술하다. ¶~之论=공소한 논지.
【空说】 kōngshuō 匭 하지는 않고 말만 하다. 빈말만 하다. ¶~解决不了实际问题。=말만으로는 실제 문제를 해결할 수 없다.
【空谈】 kōngtán 匭 하지는 않고 말만 하다. 공리

공담을 하다. ¶这些人喜欢~, 缺乏实干精神。=이 사람들은 말만 할 뿐 실천 정신이 부족하다. 图 공담. 공론. [쓸데없거나 실행할 수 없는 헛된 이야기] ¶这些都是~, 对实际工作没有一点帮助。=이런 것들은 모두 공론일 뿐 실제 작업에는 조금도 도움이 되지 않는다.
【空天飞机】 kōngtiān fēijī 图 우주 왕복선. 우주 연락선.
【空调】 kōngtiáo 匭 (에어컨으로) 공기를 조절하다. ¶~设备=공기 조절 장치. 에어컨. 图 ☞【空气调节器】 kōngqì tiáojiéqì
【空调病】 kōngtiáobìng 图(醫) 냉방병.
【空调器】 kōngtiáoqì ☞【空气调节器】 kōngqì tiáojiéqì
【空头】 kōngtóu 匭 유명무실하다. 이름뿐이다. 겉만 번드르르하다. 허울 좋다. 공매. ¶~人情=말로만 베푸는 인정. 图 1 (매도)(空賣渡). 공매. [현물을 가지지 않은 채 차액의 이익을 목적으로 청산·거래하는 일] 2 공매도자. ↔多头
【空头支票】 kōngtóu zhīpiào 图 1(經) 공수표. 부도 수표. 2 (비) 실행하지 않을 약속. 거짓 약속〔승낙〕.
【空投】 kōngtóu 匭 (비행기에서 물건을) 공중 투하하다. ¶向疫区~药物。=전염병 발생 지구에 의약품을 공중 투하하다.
【空文】 kōngwén 图 1 공문. 사문. 유명무실한 규정〔법률·협의서〕. ¶一纸~ = 휴지와 다름없는 규정. 2 쓸데없는 글. 아무 가치가 없는 글.
【空袭】 kōngxí 匭 공습하다.
【空衔】 kōngxián 图 이름뿐인 직함. 빈 직함. 허명.
【空想】 kōngxiǎng 匭 공상하다. ¶成功不是靠~得来的。=성공은 공상으로 얻어지는 게 아니다. 图 공상. ¶这是缺乏现实基础的~。=이것은 현실적인 기초가 결여된 공상이다.
【空心】 kōng‖xīn 匭 (나무 줄기나 채소의) 속이 비다. 속이 차지 않다. ¶萝卜空了心了。=무에 바람이 들었다.
【空心】 kōngxīn 匭 공심의. 속이 빈. 공동(空洞)의. ¶~板=속이 빈 합판. ↔实心 ☞ kòngxīn
【空心菜】 kōngxīncài ☞【蕹菜】 wèngcài
【空心大老官】 kōngxīn dàlǎoguān 图(방) 겉보기에는 부자 같지만 실제로는 가난한 사람. [해학의 의미가 내포됨]
【空心面】 kōngxīnmiàn 图 마카로니(macaroni).
【空心汤团】 kōngxīn tāngtuán 图(비) 1 속 빈 경단. 2 (비) 허울 좋은 이름뿐이고 쓸모 없는 것. 공약. 속 빈 강정.
【空心砖】 kōngxīnzhuān 图(建) 속 빈 벽돌. 중공(中空) 벽돌. 공동(空洞) 벽돌. 블록.
【空虚】 kōngxū 匦 공허하다. 텅 비다. 허전하다. 내용이 없다. 2 (비) 허전하다. 공허하다. ¶精神~=마음이 허전하다. ↔充实
【空穴来风】 kōngxué-láifēng 匦 1 틈이 있어야 바람이 들어온다. 2 (비) 소식〔소문〕이 전혀 근거가 없는 것은 아니다. 아니 땐 굴뚝에 연기 나랴.

【空压机】kōngyājī 명 (機) 공기 압축기. 컴프레서(compressor).

【空言】kōngyán 명 공언. 허언(虛言). 공담. 공론. ¶我们需要的不是～，而是实绩. = 우리가 필요한 것은 공론이 아니라 바로 실적이다. 동 공언(空言)하다. ¶没有切实可行的方案，还～什么扩大生产规模？= 실행할 수 있는 적당한 방안도 없으면서 무슨 생산 규모를 확대한다고 헛소리냐?

【空言无补】kōngyán-wúbǔ 성 현실에 부합하지 않는 공론은 일을 하는 데 결코 도움이 되지 않는다.

【空邮】kōngyóu 동 항공 우편으로 보내다.

【空有】kōngyǒu 동 …만 가지고 있다. ¶～一副好皮囊. = 외모만 번지르르할 뿐이다.

【空域】kōngyù 명 공역. [비행 중인 항공기가 충돌하는 것을 막기 위하여 반드시 필요한 공간] ¶飞行特技表演只能在规定～进行. = 묘기 비행은 규정된 공역에서만 실시하여야 한다.

【空援】kōngyuán 동 비행기로 지원하다. ¶请求～. = 공중 지원을 요청하다.

【空运】kōngyùn 동 공수하다. 공중 수송하다. 항공 보급하다. ¶这些海鲜都是从沿海地区～到内地的. = 이 해산물들은 모두 연해에서 내륙으로 공수해 온 것이다.

【空载】kōngzài 동 (자동차·선박 등이) 적재 화물 없이 운행하다. 빈 차(빈 배)로 운행하다. 부하 없이 운행하다. ¶汽车～而归. = 자동차가 빈 차로 돌아오다.

【空葬】kōngzàng 공장. (일반적으로 비행기를 이용하여 유골 가루를 하늘 사람의 고향이나 생전에 일했던 곳에 뿌리는 장례 의식)

【空战】kōngzhàn 명동 (軍) 공중전(을 벌이다).

【空置】kōngzhì 동 (쓰지 않고) 놀리다. 방치하다. 내버려 두다. ¶这房子一直没人居住，～好几年了. = 이 집은 줄곧 사람이 살지 않고 비워둔 지 여러 해가 되었다.

【空中】kōngzhōng 명 공중. 하늘. 상공. ¶一群大雁在～飞翔. = 기러기 떼가 공중에서 날고 있다. 형 방송 통신을 통한. [인공 위성·텔레비전·방송 등의 수단을 통하여 정보를 전달하는 방식을 가리킴] ¶～学校 = 방송 통신 대학.

【空中飞人】kōngzhōng fēirén 명 공중그네 타기 곡예. 공중그네를 타는 곡예사.

【空中管制】kōngzhōng guǎnzhì 명 공중(교통) 관제.

【空中客车】kōngzhōng kèchē 명 에어버스(airbus).

【空中楼阁】kōngzhōng-lóugé 성 1 신기루. 2 비 공중에 누각을 짓는 것처럼 근거 없는 이론이나 현실과 동떨어진 환상 따위. ≒海市蜃楼

【空中摄影】kōngzhōng shèyǐng ☞【航空摄影】hángkōng shèyǐng

【空中小姐】kōngzhōng xiǎojiě 명 (여객기의) 여승무원. 스튜어디스. 약【空姐】kōngjiě

【空中走廊】kōngzhōng zǒuláng 명 1 항로.

항공로. 2 항공 노선.

【空钟】kōngzhōng ☞【空竹】kōngzhú

【空竹】kōngzhú 죽방울. 디아볼로(diabolo). [북의 동체(胴體)와 비슷하게 생긴 완구] =【空钟】kōngzhōng

【空转】kōngzhuàn 동 1 공회전하다. 2 공전하다. ¶车轮在泥坑里～. = 바퀴가 진흙수렁에서 공전하다.

倥 kōng 어리석을 공
☞ kǒng

【倥侗】kōngtóng 형문 무지몽매하다.

崆 Kōng 산 이름 공

【崆峒】Kōngtóng 명 (地) 1 쿵퉁산(崆峒山). [간쑤(甘肃)성에 있는 산 이름] 2 쿵퉁(崆峒) 섬. [산둥(山东)성에 있는 섬 이름]

悾 kōng 정성 공

【悾悾】kōngkōng 형문 정성스러운 모양.

箜 kōng 공후 공

【箜篌】kōnghóu 명 (音) 공후. [하프와 비슷한 중국 현악기]

**孔 kǒng 구멍 공
명 1 구멍. ¶鼻～ = 콧구멍. / 千疮百～ = 만신창이. 2 (Kǒng) 성(姓). 형 통하는. ¶交通～道 = 교통이 잘 통하는 도로. 양문 동굴·유정(油井) 등을 세는 단위. ¶两～窑洞 = 동굴 두 개. / 一～油井 = 유정 한 개. ≒洞

ㅇ● 穿孔, 耳孔, 汗孔, 面孔, 气孔, 桥孔, 瞳tóng孔

【孔道】kǒngdào 명 요로(要路). ¶这座大桥是连通两地的～. = 이 대교는 두 지방을 연결하는 요로이다.

【孔洞】kǒngdòng 명 구멍.

【孔方】kǒngfāng ☞【孔方兄】kǒngfāngxiōng

【孔方兄】kǒngfāngxiōng 명 공방. 공방형. 공방씨. [엽전을 익살스럽게 이르는 말. 옛날, 돈에 네모난 구멍이 있어 붙여진 이름] =【孔方】kǒngfāng【孔兄】kǒngxiōng【方兄】fāngxiōng

【孔夫子】Kǒngfūzǐ ☞【孔子】Kǒngzǐ

【孔径】kǒngjìng 명 1 (物) 빛 혹은 미립자가 통과하는 구경(口径). 2 구경(口径). 내경(内径). 구멍의 지름. (다리의 아치나 동굴 등의) 지름. ¶这种螺母的～为两厘米. = 이런 너트의 내경은 2cm이다.

【孔林】Kǒnglín 명 공자의 묘지. [산둥(山东)성 취푸(曲阜)현에 있음]

【孔门】Kǒngmén 명 1 공자의 문하(생). 2 유가(儒家). ¶～子弟 = 공자의 문하생.

【孔孟之道】Kǒng-Mèngzhīdào 명 1 공맹지도. 공자와 맹자가 주장한 인의(仁義)의 도(道).

**2** 유가의 학설.

【孔庙】**Kǒngmiào** 图 공자묘. 공자를 추모하는 사당.

【孔明灯】**kǒngmíngdēng** 图 공명등. [더운 공기가 위로 상승하는 원리를 이용하여 제작된, 윗부분이 막힌 종이 등롱. 제갈공명이 발명했다고 하여 붙여진 이름]

【孔雀】**kǒngquè** 图(動) 공작(새). 문금(文禽). ¶绿~=자바 진공작. / 蓝~=인도 청공작.

【孔雀蓝】**kǒngquèlán** 图 (공작 목 부위의 빛깔처럼) 광택이 나는 진한 남색.

【孔雀绿】**kǒngquèlǜ** 图 피콕 블루(peacock blue) 색깔의. [공작의 날개 빛깔과 같은 밝은 청록색] 图 피콕 블루(peacock blue). 말라카이트 그린(malachite green). [트리페닐메탄계의 염기성 염료로서, 아닐린그린 또는 빅토리아그린 B라고도 함]

【孔雀石】**kǒngquèshí** 图(礦) 공작석.

【孔雀舞】**kǒngquèwǔ** 图 공작무. [공작의 동작을 모방한 중국 태족(傣族)의 민간 무용]

【孔武有力】**kǒngwǔ-yǒulì** 图 사람이 위풍당당하고 힘이 세다.

【孔隙】**kǒngxì** 图 틈새. 갈라진 틈. 트인 구멍.

【孔兄】**kǒngxiōng** ☞【孔方兄】**kǒngfāngxiōng**

【孔穴】**kǒngxué** 图 공동(空洞). 움푹한 곳. 구멍. 혈(穴).

【孔眼】**kǒngyǎn** 图 작은 구멍. ¶衣服被虫蛀了个~。=옷에 좀이 슬어 구멍이 났다.

【孔鳐】**kǒngyáo** 图(動) 상어가오리.

【孔子】**Kǒngzǐ** 图 공자(B.C.551～B.C.479년). [중국 춘추 시대의 사상가·교육가·정치가 및 유가 학설의 창시자] =【孔夫子】**Kǒngfūzǐ**

\*\***恐** **kǒng** 두려울 공

图 **1** 두려워하다. 무서워하다. ¶惊~=놀라 두려워하다. / 有恃无~=믿는 데가 있어 두려워하지 않다. **2** 놀래주다. 위협하다. ¶不惧~吓=협박을 두려워하지 않다. 囝 아마(도). ¶~难胜任=아마 감당하기가 어려울 것이다. / ~有不测=아마 예기치 못한 일이 생긴 것 같다.

○→ 惊恐, 生恐, 惟**wéi**恐

【恐怖】**kǒngbù** 图 **1** 공포를 느끼다. 전율을 느끼다. 무섭다. 두렵다. ¶阴森森的气氛让人觉得很~。=으스스한 분위기가 사람에게 공포를 느끼게 한다. **2** 아주 무섭다. ¶~手段=공포 수단. 图 공포 분위기. ¶制造~=공포 분위기를 조성하다.

【恐怖分子】**kǒngbù fènzǐ** 图 테러리스트.

【恐怖片儿】**kǒngbùpiānr** 图〔口〕 공포 영화.

【恐怖片】**kǒngbùpiàn** 图(映) 공포 영화.

【恐怖主义】**kǒngbùzhǔyì** 图 테러리즘.

【恐高】**kǒnggāo** ☞【晕高儿】**yùn**‖**gāor**

【恐吓】**kǒnghè** 图 으르다. 위협하다. 협박하다. 공갈하다. 공하하다. ¶~信=협박장.

【恐慌】**kǒnghuāng** 图 당황하다. ¶~万状=

극도로 당황하다. 图 공황 상태. ¶地震的消息引起了人们的~。=지진 소식에 사람들이 공황 상태에 빠졌다. ≒惊慌

【恐惧】**kǒngjù** 图 겁먹다. 두려워하다. 공포감을 느끼다. ¶飞机突然出现故障, 乘客们十分~。=비행기가 갑자기 고장이 나서 승객들은 몹시 두려움에 떨었다. ≒惧怕 畏惧 害怕

【恐龙】**kǒnglóng** 图 공룡.

【恐怕】**kǒngpà** 图 걱정하다. 염려하다. ¶他~孩子一个人上学不安全, 所以每天都要送。=그는 아이 혼자 학교 다니는 것이 안전하지 못할까 봐 걱정되서 매일 데려다 준다. 囝 **1** 아마 …일 것이다. [추측과 짐작을 나타냄] ¶你这样说, 他~不会同意。=네가 이렇게 말을 하면 그는 아마 동의하지 않을 것이다. **2** 대체로. 대략. [짐작을 나타냄] ¶这会儿他~已经下班了。=지금쯤이면 그는 이미 퇴근했을 것이다. ≒惟惟

【恐水病】**kǒngshuǐbìng**【狂犬病】**kuángquǎnbìng**

**倥** **kǒng** 바쁠 공
☞ **kōng**

【倥偬】**kǒngzǒng** 图(문) **1** (사태가) 긴급하다. 다급하다. 촉박하다. 황망하다. 분주하다. ¶戎马~=군무(軍務)가 다급하다. **2** 곤궁하다. 빈곤하다. 가난하다. ¶愁苦~=빈곤을 근심하다.

\*\***空** **kòng** 비울 공

图 비우다. 비게 하다. ¶把房间~出来。=방을 좀 비우시오. 图 비다. 비어 있다. ¶请往里走, 车厢里面~得很。=안으로 들어가세요, 찻간 안쪽은 텅 비어 있으니까. 图 (~儿) 공간. 빈 곳. 틈. 짬. 겨를. ¶填~=빈 곳을 메우다. / 抽~儿=틈〔짬〕을 내다.
☞ **kōng**

○→ 得空, 填空, 偷**tōu**空, 闲空, 钻**zuān**空子

【空白】**kòngbái** 图 **1** 공백. 여백. ¶书页的~处写满了批注。=책의 여백에 빼곡하게 평어(評語)와 주해를 써 놓았다. **2** 공백. 빈 자리. ¶这项发明填补了航天科技的一项~。=이 발명은 항공 우주 과학 기술의 한 공백을 메웠다.

【空白点】**kòngbáidiǎn** 图 미개척 분야〔부분〕. ¶消除法制教育的~。=법제 교육의 미개척 분야를 해소하다.

【空场】**kòngchǎng** 图 **1** 공지. 공터. 빈터. **2** 무대에 배우가 모두 사라진〔퇴장한〕 장면.

【空出】**kòngchū** 图 비우다. ¶~一间客房。=객실 한 칸을 비우다.

【空当】**kòngdāng**(~儿) 图 틈(새). 간격. 막간. =【空当子】**kòngdāng·zi** ¶我想趁这个~找你聊聊。=나는 막간을 이용하여 너와 얘기를 하고 싶다.

【空当子】**kòngdāng·zi** ☞【空当】**kòngdāng**

【空档】**kòngdàng** 图 틈(새). 공간. [어떤 사물의 부족한 부분] ¶抓住市场的~, 努力增加生产

和销售. =틈새 시장을 노려 생산과 판매를 열심히 늘린다.

【空地】**kòngdì** 1 공지. 빈 땅. 공터. ¶他在屋后的那块~种了些蔬菜。=그는 집 뒤에 있는 공터에 채소를 조금 심었다. 2 (~儿) 공간. 빈 자리. ¶储藏室里塞满了东西, 没有~了。=저장실에 물건이 가득 차서 공간이 없다.

【空额】**kòng'é** 🖻 결원. 공석. 빈 자리. ¶人员已经超编, 没有~了。=인원이 이미 정원을 초과하여 빈 자리가 없다.

【空格】**kònggé** (~儿) 🖻 칸을 띄우다. 공란〔공백〕을 두다. ¶另行~书写。=별행 잡아 한 칸을 띄우고 글씨를 쓰다. 🖻 (자간에 있는) 빈 칸. 공란. ¶一篇纸写得密密麻麻的, 没留一点~。=종이 한 장에 글씨를 빽빽하게 써서 빈 공간이 하나도 없다.

【空格键】**kònggéjiàn** 🖻(컴) 스페이스 바.

【空缺】**kòngquē** 1 (직위의) 공석. 빈 자리. 결원. ¶还有一个副厂长的~没找到合适的人选。=부공장장의 빈 자리를 메울 적임자를 아직 찾지 못했다. 2 비거나 부족한 부분. 공백. 부족함. 부족액. ¶高新技术人员还有一定的~。=첨단 기술 요원은 아직 일정 정도 부족하다. 🖻 (직책의 자리나 모집 인원 수가) 비어 있다. ¶科长的职位还~着。=과장 직위는 아직 비어 있다.

【空日】**kòngrì** 🖻 (일부 역법에서) 날짜를 기록하지 않은 날.

【空位】**kòngwèi** 🖻 1 (사람이 앉지 않은) 공석. 빈 자리. ¶前排还有几个~。=앞줄에 아직 빈 자리가 몇 개 있다. 2 (차지하여 사용하지 않는) 공석. 빈 자리. ¶公司编制已满, 没有~了。=회사의 편제가 이미 꽉 차서 공석이 없다.

【空隙】**kòngxì** 🖻 1 틈. 간격. 공간. ¶两幢宿舍楼之间的~很大。=두 기숙사 사이의 공간〔간격〕이 매우 넓다. 2 겨를. 짬. ¶农民们利用劳作~学习农业科技知识。=농민들은 노동의 짬을 이용하여 농업 과학 기술 지식을 익힌다. 3 틈새. 빈틈. 여지. 기회. ¶要让不法商贩没有~可钻。=불법 상인들이 파고들 여지가 없도록 해야 한다. ≒空隙

【空暇】**kòngxiá** 🖻 여가. 짬. 틈. 겨를. ≒空闲, 闲暇

【空闲】**kòngxián** 🖻 여가. 짬. 틈. 자유 시간. 한가한 시간. ¶他一有~就学英语。=그는 짬만 생기면 영어 공부를 한다. 🖻 1 한가하다. ¶等~下来, 我们去外地旅游。=시간이 한가할 때 우리는 외지로 여행을 간다. 2 비어 있다. ¶对门的房子一直~着, 没人住。=맞은편 집에는 사람이 살지 않고 줄곧 비어 있다. ≒空暇, 闲暇

【空心】**kòngxīn** (~儿) 🖻 빈속. 공복. ¶~喝酒对身体不好。=빈속에 술을 마시는 것은 몸에 좋지 않다.

☞ **kōngxīn**

【空余】**kòngyú** 🖻 남다. 비다. ¶~一节课复习学过的内容。=남은 한 시간 동안 배웠던 내용을 복습한다. 🖻 남아 있는. 비어 있는. ¶~时间=비어 있는 시간

【空子】**kòng·zi** 🖻 1 빈 공간. 빈틈. 빈 자리. ¶屋子里挤满了人, 已经没有~了。=집 안에 사람이 꽉 차서 이미 빈 자리가 없다. 2 겨를. 틈. ¶抽个~去看看中学时的老师。=틈을 내서 중학교 시절의 선생님을 찾아뵈려고 한다. 3 기회. 호기. ¶钻~=기회를 틈타다〔이용하다〕.

## 控 **kòng** 제압할 공

🖻 1 제어하다. 통제하다. ¶遥~=원격 조종하다. 리모트 컨트롤(remote control)하다. / 失~=통제력을 잃다. 2 고소하다. 고발하다. ¶被~=고소당하다 / 指~=고발〔고소〕하다. 3 (몸 또는 그 일부를) 공중에 매달다. 드리우다. ¶腿~木了。=다리를 (오랫동안) 공중에 매달고 있어서 감각이 없다. 4 (용기 따위를) 거꾸로 들고 쏟다. 거꾸로 세우다. ¶把瓶里的香油~干净。=병 안에 남은 참기름을 거꾸로 세워 남김없이 쏟다.

【控扼】**kòng'è** 🖻🗐 제약하다. 제어하다. 장악하여 통제하다. ¶~咽喉要地。=요충지를 장악하여 통제하다.

【控告】**kònggào** 🖻(法) 고발하다. 고소하다. 기소하다. ≒控诉

【控购】**kònggòu** 🖻 구매를 제한하다. ¶~商品=구매를 제한하는 상품

【控股】**kòng‖gǔ** 🖻(經) 일정량의 주식을 보유함으로써 해당 회사를 지배하다.

【控股公司】**kònggǔ gōngsī** 🖻(經) 지주(持株) 회사. 통제 회사. 투자 회사.

【控盘】**kòngpán** 🖻 주식 또는 선물 거래에서 시장 가격을 조종하고 통제하다.

【控诉】**kòngsù** 🖻 (범죄자의 죄상을) 규탄하다. 성토하다. 고발하다. 폭로하다. 들추어 내어 알리다. ¶~犯罪分子的残暴行径。=범죄자의 잔학한 행위를 성토하다. ≒控告

【控制】**kòngzhì** 🖻 1 통제하다. 제어하다. 규제하다. ¶自动~=자동 제어하다. 2 억제하다. 억누르다. 조절하다. ¶~感情=감정을 억누르다. 3 장악하다. 점거하다. ¶~交通要道=교통 요로를 장악하다. ≒掌握

【控制论】**kòngzhìlùn** 🖻 사이버네틱스(cybernetics). 인공 두뇌학. [생물 및 기계를 포함하는 계(系)에서의 제어와 통신 문제를 종합적으로 연구하는 학문]

【控制数字】**kòngzhì shùzì** 🖻(經) 통제 수치. 정책 지수. 목표치(目標値). [전체 국민 경제 계획이나 어떤 항목의 일에 대하여 그 대체적인 범위를 규정하는 숫자]

## 鞚 **kòng** 굴레 공

🖻🗐 말굴레.

# kou

## 芤 **kōu** 파 규

【芤】 **1** 〈文〉 '葱(파)'의 다른 이름. **2** 〈醫〉 규맥.
【芤脉】 **kōumài** 〈醫〉 규맥. [진맥할 때 느껴지는 현상의 하나]

## 抠[摳] **kōu** 후빌 구

〈동〉 **1** (손가락이나 가는 막대기로) 파다. 후비다. 파헤치다. ¶~鼻孔=콧구멍을 후비다. **2** (무늬를) 새기다. 조각하다. ¶在门板上~出花儿来。=문짝에 꽃무늬를 새겨 넣다. **3** (깊은 곳이나 좁은 곳을 향하여) 파고들다. 심혈을 기울이다. ¶他~了好几年的书本儿。=그는 여러 해 동안 공부에 심혈을 기울였다. 〈형〉 인색하다. 짜다. ¶这个人~得很, 一分钱也不舍得花。=이 사람은 너무나도 인색한 나머지 한 푼도 쓰려 하지 않는다.

【抠抠搜搜】 **kōu·kou sōusōu** (~的) 〈형〉〈구〉 **1** 인색하다. 쩨쩨하다. 너무 아끼다. 좀스럽다. ¶他一来的样子真让人瞧不起。=그의 좀스러운 모습은 정말 경멸스럽다. **2** 꾸물대다. 꾸물거리다. 빈둥거리다. ¶你这样~的, 什么时候才能把活儿干完? =너 이렇게 꾸물거려서 도대체 일을 언제 끝내겠니?

【抠门儿】 **kōuménr** 〈형〉〈방〉 인색하다. ¶一顿便饭都舍不得请, 可真够~的。=밥 한 끼조차도 아까워서 내질 못하니 정말로 인색하구나.

【抠书本儿】 **kōu shūběnr** 〈동〉 책 속의 내용을 철저하게 파고들다. ¶死~=죽자 사자 책만 파고들다.

【抠搜】 **kōu·sou** 〈동〉〈구〉 샅샅이 뒤지다. ¶他从墙洞里~出一张纸条来。=그는 벽장 속에서 메모지 한 장을 샅샅이 뒤져 찾아 냈다. 〈형〉〈구〉 **1** 인색하다. ¶他对谁都这么~。=그는 누구한테나 이렇게 인색하다. **2** 꾸물꾸물하다. 꾸물거리다. 꾸물대다. ¶时间快来不及了, 你就别~了。=시간에 늦겠다, 꾸물거리지 말아라. ⇒【抠唆】 **kōu·suo**【抠缩】 **kōu·suo**

【抠唆】 **kōu·suo** ☞【抠搜】 **kōu·sou**
【抠缩】 **kōu·suo** ☞【抠搜】 **kōu·sou**
【抠字眼儿】 **kōu zìyǎnr** 자구(字句)를 하나하나 따지다. 한 글자 한 글자 오류를 찾아 내다.

## 驱[彄] **kōu** 활고자 구

〈명〉〈문〉 활고자. 고자. [활의 양쪽 끝에 시위를 잡아매는 곳]

## 眍[瞘] **kōu** 움펑눈 구

〈동〉 (눈이) 움푹 들어가다. ¶眼睛都~进去了。=(피곤해서) 눈이 움푹 들어갔다.

【眍䁖】 **kōu·lou** 〈동〉 (눈이) 움푹 들어가다. ¶病了几天, 眼睛都~了。=며칠 동안 병이 나서 눈이 움푹 들어갔다.

## *口 **kǒu** 입 구

〈명〉 **1** 입. ¶张~结舌=입을 벌리고 아무 말도 하지 못하다. 말문이 막히다. / 虎~拔牙=범의 아가리에서 이빨을 뽑다. 매우 위험한 짓

⊙ 口 **kǒu**
扣 **kòu**
叩 **kòu**
咒 **zhòu**

을 하다. **2** 말. 말씨. ¶南方~音=남방 음. / ~气不小=어투가 세다. 큰소리치다. **3** (요리나 반찬의) 맛. ¶可~=맛있다. 입에 맞다. / 众~难调=많은 사람들의 구미를 다 맞추기가 어렵다. / 三~之家=세 식구인 가정. **5** (~儿) (용기 따위의) 주둥이. 아가리. ¶碗~儿=사발 아가리. / 瓶子~儿=병 주둥이. **6** (~儿) 일반적인 기물의 입구를 가리킴. ¶窗~=창구. / 枪~=총구. **7** (~儿) 출입구. ¶人~=입구. / 大门~=대문 입구. **8** 만리장성의 관문. [주로 지명에 쓰이며, 그 곳의 관문을 가리키는 데 함] ¶西~=(만리장성의) 서쪽 관문. / 古北~=(만리장성의) 예전의 북쪽 관문. **9** 항구. ¶进~=수입. / 出~转内销。=수출하려던 상품을 내수로 전환하다. **10** (~儿) (사람 혹은 물체 표면의) 상처. 째진 자리. 터진 곳. 갈라진 흠. ¶伤~=상처. / 裂~=갈라진 곳. **11** (칼·검·가위 등의) 날. ¶刀~=칼날. **12** 관련되는 부문이나 계통을 하나로 통틀어 말할 때 쓰임. ¶新闻~=신문계. / 对~单位=관련 부서. **13** (말·노새 등의) 나이. [이빨의 숫자로 알 수 있음] ¶五岁~=다섯 살. 〈양〉 **1** 사람. 마리. [사람이나 가축을 세는 단위] ¶两~人=두 사람. / 一~猪=돼지 한 마리. **2** 입. 모금. 마디. [입과 관련 있는 동작이나 사물을 세는 단위] ¶说一~流利的普通话=표준말을 유창하게 하다. / 倒吸了一~凉气=놀라서 숨이 막히다. **3** 입구가 있거나 날이 있는 물건을 세는 단위. ¶两~井=우물 두 개. / 一~钢刀=강철 칼 하나.

⊙ 隘ài口, 碍ài口, 拗ào口, 版bǎn口, 帮口, 插口, 茬chá口, 岔口, 敞chǎng口儿, 窗口, 疮chuāng口, 创chuàng口, 寸口, 当面儿, 刀口, 道儿, 渡口, 断口, 对口, 风口, 封口, 改口, 港gǎng口, 海口, 合口, 虎口, 豁huō口, 活口, 极口, 忌jì口, 家口, 缄jiān口, 交口, 借口, 进口, 决口, 绝口, 开口, 可口, 空口, 苦口, 夸kuā口, 裂口, 领口, 路口, 罗luó口, 门口, 灭miè口, 切口, 亲口, 缺quē口, 髯rán口, 人口, 山口, 上口, 牲口, 失口, 适口, 收口, 书口, 爽shuǎng口, 顺口, 松口, 随口, 头口, 吐tǔ口, 胃wèi口, 心口, 胸xiōng口, 袖口, 牙口, 焰yàn口, 一口, 鱼口, 闸zhá口, 辙zhé口, 住口, 转口, 子口, 绕rào口令, 顺口溜.

【口岸】 **kǒu'àn** 〈명〉 항구. ¶通商~=무역항. ≒港口.
【口杯】 **kǒubēi** 〈명〉 물컵. 양치질컵.
【口碑】 **kǒubēi** 〈명〉〈비〉 평(評). 평판. 평가. ¶他在员工中的~不错。=그는 종업원들 사이에서 평판이 괜찮다.
【口碑载道】 **kǒubēi-zàidào** 〈성〉 많은 사람의 입에 오르다. 칭송이 자자하다.
【口北】 **Kǒuběi** 〈地〉 만리장성 이북 지방. [주로 장자커우(张家口) 이북의 허베이(河北)성 북부와 네이멍구(内蒙古) 자치구의 중부를 가리킴] =【口外】 **Kǒuwài**

【口辩】kǒubiàn 圐 구변. 언변. ¶此人颇有~。=이 사람은 제법 언변이 좋다. 동 쟁변하다. 쟁론하다.

【口不对心】kǒu bùduì xīn 성 말과 본심이 다르다. =【口不应心】kǒu bùyìng xīn

【口不应心】kǒu bùyìng xīn ☞【口不对心】kǒu bùduì xīn

【口才】kǒucái 圐 구재. 말재간. 말솜씨. 말재주. ¶参加辩论赛必须要~好。=변론 대회에 참가하려면 말재간이 좋아야 한다.

【口彩】kǒucǎi 圐 덕담. 축하의 말. ¶讨个~=축하를 받다.

【口称】kǒuchēng 동 1 …(이)라고 부르다〔일컫다〕. ¶他见着我就~'张哥'。=그는 나를 보자마자 '장형'이라고 불렀다. 2 말로는 …(이)라고 하다. ¶~服从安排, 背地里却牢骚满腹。=말로는 배분한 대로 따른다고 해 놓고는 뒤에서는 불평이 가득하다.

【口吃】kǒuchī 동 말을 더듬거리다. 동【结巴】jiē·ba ¶他略微有些~。=그는 말을 조금 더듬거린다.

【口齿】kǒuchǐ 圐 1 (말할 때의) 발음. ¶~清楚=발음이 또랑또랑하다. 2 말솜씨. 말주변. ¶~伶俐=말솜씨가 유창하다. 말주변이 좋다. 3 (말·나귀·소 등의) 나이. ¶根据~来定价钱。=나이로 가격을 정하다.

【口臭】kǒuchòu 圐 구취.

【口出狂言】kǒuchū-kuángyán 성 호언장담하다. 허풍떨다. 큰소리치다.

【口传】kǒuchuán 동 구전하다. 말로 전하다. 말로 전해 내려오다. ¶这些传说都是民间一代一代~下来的。=이 전설들은 모두 민간에서 대대로 말로 전해 내려온 것들이다.

【口传心授】kǒuchuán-xīnshòu 성 말로 전하고 마음으로 깨닫다.

【口疮】kǒuchuāng 圐(醫) 구창.

【口袋】kǒu·dai (~儿) 圐 1 부대. 포대. 자루. ¶布~=베로 만든 자루. 2 주머니. 호주머니. ¶上衣~=상의 호주머니. 양 포(대). ¶一~面粉=밀가루 한 포대. /两~水泥=시멘트 두 포대. ≒袋子

【口淡】kǒudàn 형 1 (맛이) 담백하다. 싱겁다. ¶汤有些~。=국물이 좀 싱겁다. 2 (사람의 음식 습관이) 싱겁(게 먹)다. ¶他向来~。=그는 본래부터 싱겁게 먹는다.

【口德】kǒudé 圐 구덕. 말에 나타나는 어질고 너그러움. 말의 에티켓. ¶你积点~, 说话别这么损人。=너 구덕을 좀 쌓다 그래. 남의 감정을 상하게 말하지 말고.

【口耳之学】kǒu'ěrzhīxué 성 구이지학. 들은 것을 자기 생각 없이 그대로 남에게 전하는 것이 고작인 학문. ↔真才实学

【口风】kǒu·fēng 圐 말 속에 배어 나오는 〔있는〕의미. ¶他嘴巴紧, 一点~都不露。=그는 입이 무거워서 조금도 말을 흘리지 않는다.

【口风琴】kǒufēngqín ☞【口琴】kǒuqín

【口服】kǒufú 동 1 내복하다. 복용하다. ¶这药只可外用, 不可~。=이 약은 외용으로만 써야지, 내복해서는 안 된다. 2 구두로 복종을 나타내다. ¶~心不服=말로만 복종을 표시하고 마음속에는 복종하지 않다. ≒内服 ↔心服

【口服心服】kǒufú-xīnfú 성 완전히 확신하다. 진정으로 승복하다.

【口服液】kǒufúyè 圐 내복 약액제(藥液劑). 드링크제. ¶蜂王浆~=로열젤리 드링크제.

【口福】kǒufú 圐 먹을 복. ¶~不浅=먹을 복이 있다.

【口腹】kǒufù 圐 1 입과 배. 2 음식. ¶贪图~=음식을 욕심내다.

【口干舌燥】kǒugān-shézào 성 1 입이 마르고 열이 오르다. 2 (비) 입에 침이 마르도록 말을 하다.

【口感】kǒugǎn 圐 입맛. ¶这种酸奶~好。=이 종류의 요구르트는 맛이 좋다.

【口供】kǒugòng 圐 (범인·용의자 따위의) 구두 자백. 〔'笔供(서면 자백서)'과 구별됨〕 ¶录~=구두 자백을 기록하다.

【口号】kǒuhào 圐 1 구호. 슬로건. ¶竞选~=경선 구호. 2 (军) 암호. 암구호.

【口红】kǒuhóng 圐 립스틱(lipstick).

【口惠】kǒuhuì 圐(书) 말뿐인 호의. 빈 인사. 립서비스(lipservice). ¶~而实不至。=말로만 호의를 베풀다. 말로만 약속을 하다.

【口技】kǒujì 圐 입내. 성대 모사.

【口荐】kǒujiàn 동 구두로 추천하다. ¶~良才=훌륭한 인재를 구두로 추천하다.

【口交】kǒujiāo 동 오럴 섹스(oral sex)하다.

【口角】kǒujiǎo 圐 구각. 입가. 입아귀. ¶~挂笑=입가에 웃음을 띠다. ☞ kǒujué

【口角垂涎】kǒujiǎo-chuíxián ☞【口角流涎】kǒujiǎo-liúxián

【口角春风】kǒujiǎo-chūnfēng 성(비) 좋은 말로 남을 칭찬하여 즐겁게 하다. 남을 치켜세우다.

【口角流涎】kǒujiǎo-liúxián 성 1 입가에 침을 흘리다. 2 (비) 먹고 싶은 모양. =【口角垂涎】kǒujiǎo-chuíxián

【口角生风】kǒujiǎo-shēngfēng 성(비) 말을 유창하고 시원시원하게 하다. 말이 청산유수 같다.

【口角炎】kǒujiǎoyán 圐(醫) 구각염. 동【烂嘴角】lànzuǐjiǎo

【口紧】kǒu‖jǐn 형 말수가 적다. 입이 무겁다. ¶他~, 绝不会泄密。=그는 입이 무거워서 절대로 비밀을 누설하지 않는다.

【口噤】kǒujìn 圐(醫) 구금. 〔입을 꼭 다물고 벌리지 못하는 중풍 증상〕 동 입을 닫고 말을 하지 않다.

【口径】kǒujìng 圐 1 구경. ¶小~步枪=소구경 보병총. 2 (비) 행동 양식. 설명. 견해. 접근 방식. ¶他俩的说法~不一。=그 두 사람은 견해가 다르다. 3 (요구하는) 규격. 성능. 조건. ¶螺钉与螺母的~不合, 无法使用。=볼트(bolt)와 너트(nut)의 규격이 맞지 않아서 사용할 수 없다.

【口诀】kǒujué 圐 구결. ¶珠算~=주산 구결.

【口角】kǒujué 동 입씨름하다. 말다툼하다. 언

쟁하다. ¶犯不着为这点小事和人~。=이런 하찮은 일 때문에 다른 사람과 말다툼할 필요 없다.
☞kǒujiǎo

【口渴】kǒukě 형 목마르다. ¶天热, 很容易~。=날씨가 더워서 쉽게 목이 마르다.

【口口声声】kǒu·kou-shēngshēng 부 어떤 말을 늘 입에 담다. 되풀이하여 말하다〔주장하다〕. 말끝마다. 잎에 달고 다니듯이.

【口快】kǒukuài 형 입이 싸다. 입이 가볍다. 생각 없이 말하다. 거리낌없이 말하다. 직설적이다. 말이 시원스럽고 솔직하다. ¶心直~=거침없이 말하다. 생각하는 바를 숨김없이 말하다.

【口里】Kǒulǐ 명 (地) 만리장성 이남 지역.

【口粮】kǒuliáng 명 1 (군대에서 1인당 지급되는) 배급 식량. 2 (일상 생활에서 필요한) 양식.

【口令】kǒulìng 명 1 구령. 호령. ¶喊~=구령하다. 2 암호. 암구호. ¶对~=암호를 대다.

【口马】kǒumǎ 명 만리장성 이북 지역에서 나는 말. 베이커우(北口)산 말.

【口蜜腹剑】kǒumì-fùjiàn 성 1 구밀복검. 웃음 속에 칼을 품다. 입으로는 달콤하게 말하면서 뱃속에 칼을 품다. 겉으로는 좋은 체하나 속으로는 해치려는 마음을 가지고 있다. 2 (부) 사람이 교활하고 음흉하다. ≒笑里藏刀

【口蘑】kǒumó 명 (植) 밤버섯. [만리장성 북쪽 장자커우(张家口) 일대에서 생산됨]

【口沫】kǒumò 명 침. 구액. 타액. ¶~飞溅=침이 튀다.

【口讷】kǒunè 형(문) 구눌하다. 어눌하다. ¶他~得很, 不善言谈。=그는 어눌하여 말을 잘 하지 못한다.

【口气】kǒu·qi 명 1 입의 기운. 입김. ¶清新=입 안이 개운하다. 2 어조. 말투. ¶严肃=어조가 엄숙하다. 3 말투. ¶他好大的~!=그의 자신만만한 말투. 4 말 속에 나타나는 뜻. 말투. 논조. ¶听他的~, 似乎对这种处理方式不很满意。=그의 말투로 보아 이러한 처리 방식에 대해 그리 만족하지 않는 것 같다. ≒口吻

【口器】kǒuqì 명(生) 구기. [무척추동물 특히 절지동물의 입 부분에 있는, 섭식(攝食)이나 저작(咀嚼)에 관계하는 기관의 총칭]

【口腔】kǒuqiāng 명(生) 구강.

【口腔科】kǒuqiāngkē 명(醫) 구강과.

【口腔医院】kǒuqiāng yīyuàn 명 구강 병원.

【口琴】kǒuqín 명(音) 하모니카(harmonica). =【口风琴】kǒufēngqín

【口轻】kǒuqīng 형 1 (말·노새 등이) 나이가 어리다. =【口小】 ¶kǒuxiǎo ¶找了一匹~的马。=나이 어린 말을 찾았다. 2 (맛이) 담백하다. ¶这菜~, 正合我的胃口。=이 요리는 담백해서 내 입맛에 딱 맞다. 3 (사람의 음식 습관이) 싱겁다. ¶他~, 不喜欢吃辛辣食物。=그는 입맛이 싱거워서 시고 매운 음식을 싫어한다. ↔口重

【口若悬河】kǒuruòxuánhé 성 1 입에서 나오는 말이 경사가 급하여 쏟살같이 흐르는 강과 같다. 2 말이 끊이지 않고 청산유수처럼 하다. 말이 능숙하고 언변이 좋다. ↔张口结舌

【口哨儿】kǒushàor 명 휘파람. ¶吹~=휘파람을 불다.

【口舌】kǒushé 명 1 입과 혀. 2 말. 입심. ¶他主意已定, 你就不要白费~了。=그가 이미 마음의 결정을 내렸으니, 너는 더 이상 쓸데없는 말을 하지 마라. 3 (말로써 일어나는) 오해. 말다툼. 승강이. 시비. 입씨름. 언쟁. ¶~是非=시빗거리.

【口实】kǒushí 명(문) 구실. 핑계. ¶贻人~=남에게 구실을 주다.

【口试】kǒushì 명 구두 시험. 구술 고사. ¶她英语~成绩相当不错。=그녀는 영어 구두 시험 성적이 아주 좋다. 동 구두 시험을〔구술 고사를〕 치르다. ¶马上就要~了, 他有些紧张。=곧 구두 시험이 있기 때문에, 그는 좀 긴장되었다.

【口是心非】kǒushì-xīnfēi 성 1 말로는 찬성하나 속으로는 반대하다. 2 (부) 말하는 것과 생각하는 것이 다르다. 겉과 속이 다르다. 표리부동하다. ↔心口如一

【口授】kǒushòu 동 1 (지식·기술 등을) 구두로 전수하다. ¶这些民歌都是人们世代~流传下来的。=이 민요들은 모두 대대로 구두로 전수되어 온 것들이다. 2 구술한 것을 받아쓰다. ¶这篇纪实文学是根据当事人的~内容整理而成的。=이 기록 문학은 당사자가 구술한 내용을 근거로 정리한 것이다.

【口述】kǒushù 동 구술하다. ¶他~, 我负责记录。=그가 구술하고 내가 기록을 맡는다.

【口水】kǒushuǐ ☞【唾液】tuòyè

【口说】kǒushuō 동 입으로 말하다. 구두로 하다. ¶~无凭=구두로 하는 것은 증거로 쓸 수가 없다.

【口算】kǒusuàn 동 암산하다. 공산(空算)하다.

【口谈】kǒután 동 구술하다. 말하다. 이야기하다. ¶~理想=이상을 이야기하다.

【口蹄疫】kǒutíyì 명(醫) 구제역.

【口条】kǒu·tiáo 명 (돼지·소 등의 요리용) 혀.

【口头】kǒutóu 명 구두. ¶他只是~说说而已, 千万别当真。=그는 그저 말로만 할 뿐이니 절대 믿지 마세요. 형 구두로 표현하다. 말로 나타내다. ['书面(서면)'과 구별됨] ¶听取~汇报。=구두 보고를 청취하다.

【口头】kǒu·tou 명(부) 맛. [주로 날것으로 먹는 과일 등을 가리킴] ¶这香瓜的~不错。=이 참외는 맛이 좋다.

【口头禅】kǒutóuchán 명 1 (실행이 따르지 않는) 실속 없는 말. 공염불〔도구 염불〕. 2 구두선. 구두 삼매. 3 입버릇. 구벽(口癖). 구습(口習). ≒口头语

【口头文学】kǒutóu wénxué 명 구전 문학. 구비 문학.

【口头语】kǒutóuyǔ(~儿) 명 입버릇. 말버릇. 구벽(口癖). 구습(口習). ¶'说穿了'几乎成了他的~。='说穿了(까놓고 말하자면)'는 거의 그의 입버릇처럼 되어 버렸다. ↔口头禅

【口外】Kǒuwài ☞【口北】Kǒuběi

【口腕】kǒuwàn 명(動) 촉수(觸手). 촉완(觸腕).

【口味】kǒuwèi(~儿) 명 1 (지방 특유의) 맛. 향

미. 풍미. ¶这家餐馆的菜都是东北~。=이 식당의 요리는 모두 둥베이(东北) 지방 특유의 맛이다. **2** 입맛. 구미. 기호. ¶酸辣鱼很合我的~。=쏸라위(酸辣鱼) 요리는 내 입맛에 맞다. **3** 기호. 취미. 취향. ¶摇滚乐很对他的~。=로큰롤 음악은 그의 취향에 딱 맞다.

【口吻】**kǒuwěn** 명 **1** (動) 주둥이. [일부 짐승이나 물고기 따위에서, 코와 입을 포함한 앞으로 튀어나온 부분을 말함] **2** 말투. 어조. ¶商量的~=상의하는 말투. 늑口气

【口误】**kǒuwù** 동 (소홀하여) 말[발음]이 빗나가다. 오독(誤讀)하다. ¶他一时~把学生的名字念错了。=그는 잠시 말이 빗나가 학생의 이름을 잘못 불렀다. 명 말실수. 오독한 말[글자]. ¶他的讲话中出现了好几处~。=그의 발언 중에 말실수가 여러 군데에서 나타났다.

【口涎】**kǒuxián** 명 침. 군침. 단침.

【口香糖】**kǒuxiāngtáng** 명 껌. =【香口胶】**xiāngkǒujiāo**

【口小】**kǒuxiǎo** ☞【口轻】**kǒuqīng**

【口信】**kǒuxìn**(~儿) 명 전언. 전갈. ¶请你帮我给他带个~, 说我晚一点儿去找他。=내가 저녁 늦게 찾아간다고 그에게 말 좀 전해 주세요.

【口形】**kǒuxíng** 명 **1** (사람의) 입 모양. **2** (言) (언어학상 발음할 때의) 두 입술 모양.

【口型】**kǒuxíng** 명 (말하거나 발음할 때의) 입 모양.

【口血未干】**kǒuxuè-wèigān** 장 **1** 입술의 피가 아직 마르지 않다. **2** (喩) 맹세할 때 바른 피가 아직 마르기도 전에 서약이 깨지다. 어떤 계약이나 약속이 맺어진 지 얼마 안 되어 금방 깨지다. [옛날, 맹세할 때 입가에 가축의 피를 발라 맹세의 믿음을 다지는 의식에서 유래함]

【口炎】**kǒuyán** 명 (醫) 구내염.

【口译】**kǒuyì** 동 통역하다. [ '笔译(서면 번역)'와 구별됨]

【口音】**kǒuyīn** 명 (言) 구음. 입소리. [구강으로만 기류를 통하게 하여 내는 소리]

【口音】**kǒu·yin** 명 **1** 발음. 말씨. ¶听他的~, 像是南方人。=그의 발음을 들어 보니 남방 사람인 것 같다. **2** 방언. 사투리. ¶他说一口纯正的普通话, 不带一点~。=그는 사투리가 조금도 섞이지 않은 순수한 표준말을 한다. **3** 어투. 말투. ¶听她的~, 她好像对那种事很反感。=말투를 들어 보니 그녀는 그러한 일에 대해 반감을 가지고 있는 것 같다. 늑方音

【口语】**kǒuyǔ** 명 **1** 구어. 구두어. 입말. [ '书面语(문어)' 와 구별됨] ¶~会话=구어 회화. **2** 중상. 비방. 훼방. ¶横遭~=이유 없이 중상을 당하다.

【口谕】**kǒuyù** 명 (옛날, 상급자나 상급 기관의) 구두 명령[지시].

【口占】**kǒuzhàn** 동 **1** 구술하다. ¶~电文=전문을 구술하다. **2** 즉흥시를 읊다. ¶~绝句一首=절구 한 수를 즉흥적으로 읊다.

【口罩】**kǒuzhào**(~儿) 명 마스크(mask).

【口重】**kǒuzhòng** 형 **1** (요리·국의) 맛이 짜다. ¶这个菜~。=이 요리는 맛이 짜다. **2** (사람의 음식 습관이) 짜다. ¶她~。=그녀는 짠 음식을 좋아한다. ↔口轻

【口诛笔伐】**kǒuzhū-bǐfá** 성 말과 글로 죄상을 폭로하다.

【口拙】**kǒuzhuō** 형 말주변이 없다. 말솜씨가 무디다. ¶他虽然~, 却很有才能。=그는 비록 말주변은 없지만 재능은 매우 많다.

【口子】**kǒu·zi** 명 **1** (신체나 물체의) 흠(집). 상처. 벌어진[터진·깨어진·갈라진] 곳. 틈. 틈새. ¶手上被划了一道~。=손에 상처로 상처가 났다. **2** (산골짜기·제방·담 등의 중간에) 터진[갈라진·벌어진] 부분. 틈. 틈새. ¶堤坝被洪水冲开了一个大~。=홍수로 인해 제방에 커다란 틈새가 생겼다. **3** (中) (규정을 위반하는) 전례. 편의. 틈. 여지. ¶必须照章办事, 不能开这个~。=반드시 규정에 따라서 일을 처리해야지 규정을 위반하는 전례를 만들어서는 안 된다. **4** 배우자. ¶你那~是干什么工作的? =당신의 배우자는 무슨 일을 하세요? 양 식구. 명. 사람. ¶他家只有三~。=그의 집에는 세 식구만 살고 있다.

## 叩[(敂¹)] **kòu** 두드릴 구

동 **1** 두드리다. 치다. ¶有人~门。=누가 문을 두드린다. **2** 머리를 땅에 조아리다. ¶三拜九~=지극한 공경의 예를 표하다. **3** (中) 묻다. 문의하다. 알아보다. 탐문하다. ¶略~生平=생애를 대략 물어 보다.

【叩拜】**kòubài** 동 고배하다. 고두(叩頭)하다. 고수(叩首)하다. [주로 예를 갖춘다는 의미의 상투적인 말로 쓰임] ¶~先祖=조상에게 머리를 조아리다.

【叩打】**kòudǎ** 동 두드리다. 때리다. 치다. ¶~窗户=창문을 두드리다.

【叩阍】**kòuhūn** 동(中) (관리·백성이) 조정에 억울함을 하소연하다[상소하다]. ¶~无门=조정에 억울함을 하소연할 길이 없다.

【叩击】**kòujī** 동 (비유로 쓰여) 때리다. 치다. ¶~门环=문고리를 두드리다.

【叩甲】**kòujiǎ** ☞【叩头虫】**kòutóuchóng**

【叩见】**kòujiàn** 동(中) 알현하다. 배알하다. 찾아뵙다. ¶~尊长=웃어른을 찾아뵙다.

【叩门】**kòumén** 동 문을 두드리다.

【叩首】**kòushǒu** 동(中) 머리를 조아리다. 고두(叩頭)하다. 고수(叩首)하다. ¶三跪九~=지극한 공경의 예를 갖추다.

【叩头】**kòu·tóu** 동 머리를 조아리다. 고두(叩頭)하다. 고수(叩首)하다.

【叩头虫】**kòutóuchóng** 명 **1** (動) 고두충. 방아벌레. =【叩甲】**kòujiǎ**【磕头虫】**kētóuchóng 2** (中) 굽실거리는 사람. 아첨꾼.

【叩问】**kòuwèn** 동(中) (공손하게) 묻다. 여쭙다. ¶~详情=자세한 상황을 여쭙다.

【叩谢】**kòuxiè** 동 **1** 머리를 조아리며 사례하다. **2** 공손히 감사의 뜻을 나타내다. ¶~深恩=깊은 은혜에 감사의 뜻을 나타내다.

【叩诊】**kòuzhěn** 동(醫) 타진(打診)하다.

**＊＊扣[1]** **kòu** 구류할 구

[동] **1** 채우다. 걸다. ¶～上门＝문을 걸다. / 环环相～＝밀접하게 연결되어 있다. **2** 구류하다. 압류하다. ¶被～作人质＝인질로 잡히다. **3** (세금 따위를) 공제하다. 빼다. ¶～工资＝월급을 공제하다. / 不折不～＝영낙없다. 틀림없다. 에누리 없다. **4** (사발 따위를) 뒤집어 놓다. 엎어 놓다. ¶把茶杯～在托盘里。＝찻잔을 쟁반 위에 엎어 놓다. **5** [비] (죄명이나 좋지 않은 명칭을) 씌우다. 붙이다. ¶不要随便给人～帽子。＝제멋대로 아무한테나 죄를 덮어씌우지 마세요. **6** 힘껏 아래로 치다. ¶中锋跳起～篮。＝센터포워드가 뛰어오르며 덩크슛(dunk shoot)을 하다. [명] **1** 매듭. ¶活～儿＝풀매듭. / 绳～儿＝매듭. **2** 할인. 에누리. 세일. ¶八五～＝15% 할인. **3** 나사산. ¶螺丝～＝나사산. **4** '筘(kòu)'와 같음. ¶丝丝人～＝베를 짤 때, 날실이 바디 사이를 통과하다. 틀이나 구성 등이 조화롭게 잘 짜이다. [양] (나사산의) 바퀴. ¶拧了两～＝두 바퀴를 돌리다.

**＊＊扣[2][(鈕)]** **kòu** 단추 구

[명] (～儿) 단추. ¶衣～＝단추. / 领～＝(와이셔츠 등의) 깃단추.

> ○● 摁èn扣儿, 回扣, 脚扣, 克扣, 纽niǔ扣, 死扣儿

【扣除】**kòuchú** [동] 공제하다. 빼다. ¶水电费已从工资中～。＝물세와 전기세는 이미 봉급에서 공제하였다.

【扣发】**kòufā** [동] **1** (임금·상여금 등의) 지급을 중지하다. 지급을 유보〔보류〕하다. ¶～津贴＝수당 지급을 유보하다. **2** (서류나 원고 등의) 발표를〔발송을〕 유보하다. ¶～稿件＝원고 발송을 유보하다.

【扣分】**kòu‖fēn**(～儿) [동] (성적 평가시) 감점하다. ¶书写不工整要～。＝글씨를 또박또박 쓰지 않으면 감점한다.

【扣黑锅】**kòu hēiguō** [낮][비] 누명을 쓰다. ¶他被扣了黑锅, 弄得声名狼藉。＝그는 누명을 뒤집어써서 평판이 아주 나쁘다.

【扣减】**kòujiǎn** [동] 삭감하다. 빼다. ¶不得无故～职工的午餐费。＝이유 없이 종업원의 중식비를 삭감해서는 안 된다.

【扣缴】**kòujiǎo** [동] **1** 압수하다. ¶他因为违章被～了驾照。＝그는 법규를 위반하여 운전 면허증을 압수당하였다. **2** 일부를 떼어 내어 납부하다. 원천 징수하다. ¶从工资中～个人所得税。＝봉급에서 개인 소득세를 원천 징수하였다.

【扣篮】**kòulán** [동]《體》 덩크슛(dunk shoot) 하다.

【扣留】**kòuliú** [동] 구류하다. 억류하다. 차압하다. 압수하다. 유치하다. ¶由于卫生检查不合格, 这家小吃店被～了营业执照。＝위생 검사 불합격으로 이 간이 음식점은 영업 허가증을 압류당하였다. ≒扣押

【扣帽子】**kòu mào·zi** [낮][비] 억지로 오명을 덮어씌우다. 죄를 덮어씌우다. ¶不要乱～。＝함부로 죄를 덮어씌우지 마라.

【扣盘扪烛】**kòupán-ménzhú** ☞【扣槃扪烛】**kòupán-ménzhú**

【扣槃扪烛】[扣盘扪烛] **kòupán-ménzhú** [성][비] 억측하다. 오해하다. 잘못 생각하다.

【扣球】**kòuqiú** [동]《體》 (배구·탁구·테니스 등에서) 스매시(smash)하다. ¶～得分＝스매시하여 득점하다.

【扣人心弦】**kòurénxīnxián** [성] (시문·공연·경기 등이) 심금을 울리다. 감동적이다. 흥분시키다. 손에 땀을 쥐게 하다.

【扣肉】**kòuròu** [명] 커우러우. [삶은 고기를 튀긴 다음 장방형으로 납작하게 썰어서 다시 찐 요리]

【扣杀】**kòushā** [동]《體》 (탁구·배드민턴 등에서) 강하게 스매시(smash)하다. ¶猛力～＝강하게 스매시하다.

【扣审】**kòushěn** [동]《法》 구류〔억류〕하여 심사하다. 구속하여 심문하다. ¶将这批货物～。＝이 화물들을 억류하여 조사한다.

【扣屎盆子】**kòu shǐpén·zi** [속] **1** 요강을 뒤집어씌우다. **2** [비] 누명을 씌우다. 남을 욕보이게 하다. 남의 명성을 더럽히다.

【扣题】**kòu‖tí** [동] (글이나 말이) 주제〔제목〕에 맞다. 요점에 부합되다. ¶审清题意后作文才能～。＝제목을 잘 파악하고 난 다음에 작문을 해야 주제에서 벗어나지 않는다.

【扣头】**kòu·tou** [명] 할인액. 공제액.

【扣压】**kòuyā** [동] 보류하다. 미루어 두다. 주지 않고 두다. ¶相关文件立即下发, 不得擅自～。＝관련 공문은 즉시 발송해야지 독단적으로 보류해서는 안 된다.

【扣押】**kòuyā** [동] 억류하다. 차압하다. 압수하다. 유치하다. 구금하다. 구류하다. ¶犯罪嫌疑人已被公安机关～。＝용의자는 이미 경찰에 의해 구금되었다. ≒扣留

【扣眼】**kòuyǎn**(～儿) [명] 단춧구멍.

【扣子】**kòu·zi** [명] **1** 단추. **2** 매듭. **3** (소설 따위의) 절정. 클라이맥스(climax).

**＊＊寇[(寇·冦)]** **kòu** 도적 구

[동] (적이) 침략하다. ¶人～＝외적이 침입하다. [명] **1** 강도. 도적. ¶外～＝외구. 외적. / 贼～＝반역자. 모반자. **2** (Kòu) 성(姓). ≒匪

> ○● 草寇, 流寇, 穷qióng寇, 倭wō寇

【寇边】**kòubiān** [동] (외적이) 변방을 침범하다.

【寇仇】**kòuchóu** [명][문] 원수. 적. ¶视若～＝적대시하다.

【寇盗】**kòudào** [명] 도적. 강도. 비도(匪徒).

**筘** **kòu** 바디 구

[명]《紡》 바디. [베틀에 딸린 기구의 하나로, '杼(zhù)'라고도 함]

**蔻** **kòu** 육두구 구

☞【豆蔻】**dòukòu**

【蔻丹】**kòudān** [명][외] 매니큐어(manicure).

【蔲蔲】kòukòu ☞【可可】kěkě

觳[鷇] kòu 새 새끼 구
몡윤 새 새끼. 햇새.

# ku

矻 kū 힘써 일하는 모양 굴
【矻矻】kūkū 혱윤 부지런히 애쓰는 모양. ¶~终日=온종일 부지런히 애쓰다.

刳 kū 도려 낼 고
통윤 후벼파다. 발라 내다. 도려 내다. ¶~木为舟=나무를 파내어 배를 만들다.

**枯 kū 마를 고
혱 1 (식물 등이) 시들다. 마르다. ¶干~=마르다. / ~树=고목. 2 마르다. 초췌하다. ¶~瘦如柴=장작개비같이 비쩍 마르다. 3 단조롭다. 재미 없다. ¶~燥无味=무미건조하다. 통 (강·우물 등이) 마르다. ¶海~石烂=바닷물이 마르고 돌이 썩어 문드러지다. 영원하다. 깨·콩 등에서 기름을 짜낸 후 남은 찌꺼기. ¶麻~=깻묵. / 茶~=기름동백나무 씨에서 기름을 짜낸 찌꺼기. ≒槁 ↔荣

○● 茶枯, 焦jiāo枯, 偏枯, 油枯

【枯饼】kūbǐng ☞【油饼】yóubǐng
【枯草】kūcǎo 몡 마른 풀.
【枯肠】kūcháng 몡윤비 부족한〔천박한〕문재(文才). ¶搜索~, 难成一句。=부족한 문재를 짜냈지만 한 구(句)도 짓지 못했다.
【枯干】kūgān 혱 바싹 마르다. 메마르다. ¶池塘~=못이 바싹 마르다.
【枯槁】kūgǎo 혱 1 (사람이) 비쩍 마르다. 초췌하다. 파리하다. ¶形容~=얼굴 모습이 초췌하다. 2 (초목이) 시들다. 말라비틀어지다. ¶草木~=초목이 시들다.
【枯骨】kūgǔ 몡 해골. 백골.
【枯耗】kūhào 혱 고갈되다. 다 써 버리다. ¶资源~=자원이 고갈되다.
【枯涸】kūhé 혱 1 (물이) 마르다. ¶河流~=강물이 마르다. 2 다 써 버리다. 고갈되다. ¶财源~=재원이 고갈되다.
【枯黄】kūhuáng 혱 시들어 누렇다. ¶~的树叶=시들어 누렇게 된 나뭇잎.
【枯瘠】kūjí 혱 1 메마르다. 척박하다. 비옥하지 않다. ¶土地~=땅이 메마르다. 2 (사람 몸이) 수척하다. 여위다. 쇠약하다. ¶~的身体=수척한 몸.
【枯寂】kūjì 혱 단조롭고 지루하다. 무미건조하다. 적막하다. 메마르고 쓸쓸하다. ¶~的生活=단조롭고 지루한 생활.
【枯焦】kūjiāo 혱 말라 시들다. 바싹 마르다. 타다. ¶久旱不雨, 草木~。=오랜 가뭄으로 인해

초목이 바싹 마르다.
【枯竭】kūjié 혱 1 (수원이) 고갈되다. 바싹 마르다. ¶河道~=수로(水路)가 바싹 마르다. 2 (체력·자원 등이) 고갈되다. 메마르다. 다 없어지다. ¶才思~=창작력이 고갈되다.
【枯井】kūjǐng 몡 마른 우물. 물이 없는 우물.
【枯窘】kūjiǒng 혱윤 다 써 버리다. 소모되다. 고갈되다. ¶文思~=글의 구상이 고갈되다.
【枯木】kūmù 몡 고목. 마른 나무.
【枯木逢春】kūmù-féngchūn 셍 1 말라 죽은 나무에 꽃이 피다. 2 곤궁한 처지에 빠졌던 사람이 행운을 만나다. 늘그막에 아기를 낳다. 대가 끊길 지경에 대를 이을 아들을 낳다.
【枯荣】kūróng 몡 성쇠(盛衰). 흥성하고 쇠퇴함. 마름과 무성함. ¶人生~=인생의 흥성하고 쇠퇴함.
【枯涩】kūsè 혱 1 건조하여 매끄럽지 못하다. 메말라 윤기가 없다. 뻑뻑하다. 꺼끌꺼끌하다. ¶双眼~=두 눈이 뻑뻑하다. 2 단조롭고 지루하다. 무미건조하다. ¶行文~=문장이 단조롭고 지루하다.
【枯瘦】kūshòu 혱 여위다. 수척하다. 쇠약하다. ¶~的手=수척한 손.
【枯水】kūshuǐ 통 수위가 감소하다. ¶~季=갈수기.
【枯水期】kūshuǐqī 몡 갈수기.
【枯死】kūsǐ 통 (식물이) 말라 죽다. 시들어 죽다. ¶久旱无雨, 庄稼都快~了。=가뭄으로 농작물이 모두 말라 죽으려고 한다.
【枯萎】kūwěi 혱 시들다. 마르다. 오그라들다. ¶梧桐树叶渐渐~了。=오동나무 잎이 점점 시들어 간다. ≒干枯
【枯朽】kūxiǔ 혱 말라서 썩다. ¶老木~=늙은 나무가 말라서 썩다.
【枯叶】kūyè 몡 고엽. 마른 잎.
【枯燥】kūzào 혱 무미건조하다. 지루하다. ¶~的生活=무미건조한 생활. ↔生动
【枯枝】kūzhī 몡 마른 나뭇가지. ¶~败叶=마른 나뭇가지와 시든 잎.
【枯竹】kūzhú 몡 말라 죽은 대나무.
【枯坐】kūzuò 통 멍하니〔우두커니〕앉아 있다. ¶老人独自~, 显得非常孤独。=노인이 홀로 멍하니 앉아 있으니, 참로로 고독해 보인다.

**哭 kū 울 곡
통 (소리내어) 울다. ¶痛~=통곡하다. / 号啕大~=목놓아 울다. ↔笑

○● 号háo哭, 啼tí哭, 痛哭

【哭鼻子】kū bí·zi 몡윤 울다. 훌쩍거리다. [해학적인 의미를 내포함] ¶这么大了还~, 羞不羞?=이렇게 컸는데도 툭하면 울어 대니, 창피하지 않니?
【哭喊】kūhǎn 통 울부짖다. 울고불고하다. ¶放声~=목놓아 울부짖다.
【哭叫】kūjiào 통 울부짖다.
【哭哭咧咧】kū·ku liēliē (~的) 혱 단속적으로

우는 모양. ¶孩子整夜~的, 是不是病了? =아이가 밤새도록 울었다 그쳤다 하는데, 병이 난 게 아냐?

【哭哭泣泣】 kū·ku qìqì 〈형〉 흐느끼는 모양.

【哭哭啼啼】 kū·ku títí 〈형〉 하염없이 훌쩍이며 우는 모양.

【哭咧咧】 kūliē·lie(~儿的) 〈형〉 단속적으로 우는 모양.

【哭灵】 kū‖líng 〈동〉 (영구(靈柩)·위패 앞에서) 통곡하다.

【哭闹】 kūnào 〈동〉 울고불고하다. ¶~不止=끊임없이 울고불고하다.

【哭泣】 kūqì 〈동〉 (작은 소리로) 흐느껴 울다. 훌쩍훌쩍 울다. ¶她躲在房里偷偷~. =그녀는 방안에 틀어박혀서 남몰래 흐느껴 운다.

【哭腔】 kūqiāng 〈명〉 1 (~儿) (말할 때의) 흐느끼는 소리. 울음기가 배인 목소리. 2 〈劇〉 (중국 전통극에서) 흐느낌을 나타내는 노래 곡조.

【哭墙】 kūqiáng 〈명〉 통곡의 벽. 〈영〉 wailing wall

【哭穷】 kū‖qióng 〈동〉 우는 소리를 하다. 엄살로 곤란한 사정을 늘어놓다.

【哭丧】 kū‖sāng 〈동〉 상갓집에서 통곡을 하다. =【号丧】 háo‖sāng

【哭丧棒】 kūsāngbàng 〈명〉 상장(喪杖). 상제가 짚는 지팡이.

【哭丧着脸】 kū·sang·zhe liǎn 〈동〉 기분이 언짢아서 얼굴을 찌푸리다.

【哭诉】 kūsù 〈동〉 울면서 하소연[성토]하다. ¶她向亲友~家庭的不幸. =그녀는 친지들에게 집안의 불행을 울면서 하소연하였다.

【哭天抹泪】 kūtiān-mǒlèi 〈성〉 상심하여 구슬피 우는 모양. 애처롭게 울다. 처량하게 울다.

【哭笑不得】 kūxiào-bùdé 〈성〉 1 웃을 수도 울 수도 없다. 2 〈비〉 이러지도 저러지도 못하다. 어쩔 줄을 모르다.

# 堀 kū 굴 팔 굴

〈명〉〈문〉 '窟(kū)'와 같음. 〈동〉〈문〉 굴을 뚫다. 굴을 파다. ¶~井=우물을 파다.

# *窟 kū 굴 굴

〈명〉 1 구멍. 굴. 동굴. ¶石~=석굴. / 狡兔三~=교활한 토끼는 굴이 세 개 있다. 교활한 토끼는 빠져 나갈 구멍을 준비해 놓고 있다. 2 굴. 소굴. [사람들이 모이거나 모여 사는 장소] ¶赌~=도박꾼의 소굴. / 贫民~=빈민굴.

【窟窿】 kū·long 〈명〉 1 구멍. ¶窗户纸破了一个~. =창호지에 구멍이 하나 뚫렸다. 2 〈비〉 (적자로 인한) 부채. 빚. ¶上哪儿去找钱来堵这个~? =어디 가서 돈을 구해 와서 이 부채를 메우나? 3 〈비〉 빈틈. 허점. 구멍. ¶绝不能让财务管理工作出现~. =재무 관리 업무에 절대 허점이 있어서는 안 된다.

【窟窿眼儿】 kū·longyǎnr 〈명〉〈구〉 작은 구멍. ¶毛衣被虫蛀了几个~. =스웨터에 좀이 슬어 작은 구멍이 몇 개 났다.

【窟穴】 kūxué 〈명〉 1 굴. 2 〈비〉 은신처. 소굴.

【窟宅】 kūzhái 〈명〉 (도적들의) 소굴. 근거지.

# 骷 kū 해골 고

【骷髅】 kūlóu 〈명〉 해골.

# *苦 kǔ 쓸 고

〈형〉 1 쓰다. ¶酸甜~辣=시고, 달고, 쓰고, 맵다. 2 힘들다. 고생스럽다. ¶不辞劳~=고생도 마다하지 않다. 3 고통스럽다. 괴롭다. ¶孤~伶仃=의지할 데 없이 외롭다. 4 〈방〉 지나치다. 심하다. 정도를 넘다. ¶这鞋穿得太~了, 不能修理了. =이 신발은 너무 너덜너덜해서 수선할 수가 없다. 〈부〉 부지런하게. 근면하게. 노고를 아끼지 않는. 있는 힘을 다하여. 끈기 있게. ¶勤学~练=부지런히 배우고 열심히 연습하다. 〈동〉 1 고통스럽게 하다. 괴롭게 하다. 고생시키다. ¶这活儿太累, 可~了他了. =이 일은 너무 힘들어서 그를 너무 고생시켰다. 2 ~에 고통을 느끼다. … 때문에 괴로워하다. ¶水多患涝, 水少~旱. =물이 많으면 홍수로 고생하고, 물이 적으면 가뭄 때문에 고통스럽다. ↔乐 甘 甜

> ○- 悲bēi苦, 惨cǎn苦, 吃苦, 愁chóu苦, 甘苦, 孤gū苦, 寒苦, 何苦, 疾jí苦, 艰jiān苦, 叫苦, 刻苦, 困苦, 劳苦, 贫pín苦, 勤qín苦, 清苦, 穷苦, 受苦, 诉苦, 痛苦, 挖wā苦, 辛苦

【苦熬】 kǔ'áo 〈동〉 고생을 참고 지내다. ¶~了几年, 夫妻俩终于还清了住房贷款. =몇 년을 고생스럽게 보낸 끝에 부부는 주택 대출금을 모두 갚았다.

【苦不堪言】 kǔ·bukānyán 〈성〉 고통[고생]을 이루 말로 다 표현할 수 없다.

【苦差】 kǔchāi 〈명〉 고된[고생스러운] 임무. 한 것에 비해 보람이 적은 임무. ↔美差

【苦楚】 kǔchǔ 〈명〉 고초. 고통. 고난. 괴로움. ¶他内心的~无人知晓. =그의 마음속 고초는 아무도 모른다.

【苦处】 kǔ·chu 〈명〉 고충. 난제. 난점. ¶干这一行的~旁人是难以理解的. =이 직업의 고충을 제삼자는 이해하기 어렵다. ≒苦楚

【苦大仇深】 kǔdà-chóushēn 〈성〉 고생이 심하고 원한이 깊다.

【苦胆】 kǔdǎn ☞【胆囊】 dǎnnáng

【苦丁茶】 kǔdīngchá 〈명〉〈植〉 고정차. 쿠딩차. [차(茶)의 일종] =【皋芦】 gāolú【瓜芦】 guālú

【苦斗】 kǔdòu 〈동〉 고군분투하다. 악전고투하다.

【苦读】 kǔdú 〈동〉 열심히 공부하다. 고생스럽게 공부하다. ¶潜心~=마음을 집중하여 열심히 공부하다.

【苦干】 kǔgàn 〈동〉 노고를 아끼지 않고 노력하다. 괴로움을 참고 일하다. 열심히 일하다. ¶埋头~=열성적으로 일에 몰두하다.

【苦根】 kǔgēn 〈명〉〈비〉 가난[빈곤]의 근원. 괴로움[고생]의 근원. ¶终年风沙是这个地方的~. =이 지방 빈곤의 근원은 일년 내내 모래바람이 불기 때문이다.

【苦工】 kǔgōng 〈명〉 1 막노동. 육체 노동. 중노

동. ¶从前，做~很被人瞧不起。= 예전에는 막노동을 하면 아주 천시당했다. **2** (공사판) 노동자. 인부. 막일꾼. ¶他过去在码头当~。= 그는 예전에 부두에서 인부 노릇을 했다.

【苦功】 **kǔgōng** 圀 각고의 노력. 피눈물나는 노력. ¶只有下~才能学好外语。= 각고의 노력을 해야만 외국어를 완전히 배울 수 있다.

【苦瓜】 **kǔguā** 圀(植) 여주. 고과. ⇒【癞瓜】 **làiguā**

【苦果】 **kǔguǒ** 圀凷 괴로운 성과. 나쁜 결과. 피해 막심한 결과. 쓰라린 경험. ¶交友不慎，种下~。= 친구를 사귀는 데 신중하지 못해 나쁜 인연을 맺게 되다.

【苦海】 **kǔhǎi** 圀 **1**(佛) 고해. [괴로움이 많은 속세를 바다에 비유하여 이르는 말] ¶~无边，回头是岸。= 고해는 끝이 없지만, 고개를 돌리면 거기가 바로 피안(彼岸)이다. **2**凷 고통스런 환경. 곤경. ¶逃离~= 고통스런 환경에서 벗어나다. ↔福地

【苦害】 **kǔhài** 图凷 손상시키다. 손해를 주다. 괴롭히다. ¶不能~群众的利益。= 대중의 이익에 손해를 끼쳐서는 안 된다.

【苦寒】 **kǔhán** 웹 **1** 몹시 춥다. ¶~的严冬= 몹시 추운 겨울. **2** 빈궁하다. 가난하다. ¶家境~= 가정 환경이 빈한하다. ↔酷热

【苦旱】 **kǔhàn** 图 가뭄에 시달리다. ¶天干~= 눈·비가 오지 않아 가뭄에 시달리다. 웹 가뭄이 지독하다. ¶干燥~的风沙地区。= 건조하고 가뭄이 지독한 모래바람이 부는 지역.

【苦活儿】 **kǔhuór** 圀 **1** 힘든 일. 고생스러운 일. **2**凷 보수가 낮고 힘든 일.

【苦谏】 **kǔjiàn** 图 간절히 타이르다. 끈덕지게 충고하다.

【苦节】 **kǔjié** 圀⟨文⟩ 어려움 속에서도 굳건하게 지켜 나가는 포부.

【苦尽甘来】 **kǔjìn-gānlái** 圀凷 고진감래. 고생 끝에 낙이 온다. =【苦尽甜来】 **kǔjìn-tiánlái** ≒否(pǐ)极泰来

【苦尽甜来】 **kǔjìn-tiánlái** ☞【苦尽甘来】 **kǔjìn-gānlái**

【苦井】 **kǔjǐng** 圀 **1** 먹지 못하는 우물. **2**凷 역경. ¶我这回可真是掉进~里了。= 이번에 나는 정말로 역경에 빠져 버렸다.

【苦境】 **kǔjìng** 圀 고경. 역경.

【苦酒】 **kǔjiǔ** 圀 **1** 질이 낮은 술. **2**凷 잘못된 행위가 초래한 나쁜 결과. ¶耕地沙化是人类自酿的~。= 농경지가 사막화되는 것은 인류가 스스로 초래한 결과이다.

【苦口】 **kǔkǒu** 웹 **1** 입에 쓰다. ¶良药~利于病。= 좋은 약은 입에 쓰지만 병을 치료하는 데 도움이 된다. **2** 거듭 간곡하게 권하다. ¶~相劝= 거듭 간곡하게 설득하다.

【苦口婆心】 **kǔkǒu-póxīn** 凷 **1** 노파심에서 거듭 타이르다[충고하다]. **2** 마음에서 우러나오는 말로 거듭 권고하다.

【苦苦】 **kǔkǔ** 囝 **1** 열심히. 간절히. ¶~追求= 악착같이 추구하다. **2** 고통스럽게. 고생스럽게.

¶~熬过艰难的战争岁月。= 험난한 전쟁의 세월을 고통스럽게 견뎌 왔다.

【苦况】 **kǔkuàng** 圀 고달픈 상황[처지]. ¶诸种~，何人能解？= 갖가지 고달픈 상황을 누가 이해할 수 있을까?

【苦劳】 **kǔláo** 圀 고생. 노고. [「功劳(공로)」와만 함께 쓰임] ¶没有功劳也有~。= 공로는 없다 하더라도 고생은 했지.

【苦乐】 **kǔlè** 圀 고락. ¶~年华= 고락을 함께 한 세월.

【苦力】 **kǔlì** 圀 **1** 고된 노동력. ¶下~= 중노동을 하다. **2**凷 쿨리(coolie). 중노동자. [중노동에 혹사당했던 (중국이나 인도 등지의) 하층 노동자]

【苦脸】 **kǔliǎn** 圀 괴로운 얼굴. 수심에 가득 찬 얼굴. ¶愁眉~= 수심에 가득찬 얼굴.

【苦练】 **kǔliàn** 图 열심히 연습하다. 맹렬히 연습하다. ¶勤学~= 부지런히 배우고 열심히 연습하다.

【苦楝】 **kǔliàn** ☞【楝树】 **liànshù**

【苦留】 **kǔliú** 图 최선을 다해 만류하다. 재삼 만류하다. ¶一再~= 최선을 다해 거듭 만류하다.

【苦闷】 **kǔmèn** 웹 의기소침하다. 낙담하다. 고민스럽다. ¶才能难以施展让他十分~。= 재능을 펼쳐 보지 못해서 그는 의기소침해했다. ≒郁闷 烦闷 愁闷

【苦命】 **kǔmìng** 圀 괴로운 운명. 불운. 사나운 팔자. ¶~人= 팔자가 사나운 사람.

【苦难】 **kǔnàn** 圀 고난. ¶~深重的岁月= 고난이 혹심한 세월. 웹 힘겹고 비참하다. ¶~的生活= 힘겹고 비참한 생활. ≒磨难 ↔幸福

【苦恼】 **kǔnǎo** 圀 몹시 괴롭다. ¶事业上的挫败让他很~= 사업상의 실패로 인해 그는 아주 괴롭다. 图 고민하다. ¶女儿的问题~着他。= 딸의 문제가 그를 고민스럽게 하고 있다. ↔高兴

【苦情】 **kǔqíng** 圀 고통스런 감정. 비참한 처지. 쓰라린 경험. ¶倾吐~= 괴로움을 털어놓다.

【苦求】 **kǔqiú** 图 **1** 탄원하다. 하소연하다. 간청하다. 간절히 애원하다. ¶~对方开恩。= 상대방의 용서를 애원하다. **2** 열심히 추구하다. ¶~功名= 열심히 공명을 추구하다.

【苦劝】 **kǔquàn** 图 극력 권고하다. 애써 권고하다. ¶再三~= 재삼 간곡히 권고하다.

【苦人】 **kǔrén** 圀 **1** 고역살이꾼. 생활의 곤경 속에서 몸부림치는 사람. **2** 불운한 사람.

【苦日子】 **kǔrì·zi** 圀 힘들고 고통스러운 생활〔나날〕. ¶~一去不复返了。= 힘들고 고통스러운 날들은 이제 다시 오지 않는다.

【苦肉计】 **kǔròujì** 圀 고육지계. 고육책.

【苦涩】 **kǔsè** 웹 **1** 씁쓸하고 떫다. ¶这种竹笋有些~。= 이 죽순은 맛이 조금 쓰고 떫다. **2** 괴롭다. ¶生活的窘迫使他内心非常~。= 곤궁한 생활이 그의 마음속을 매우 괴롭힌다. ↔甜美

【苦水】 **kǔshuǐ** 圀 **1** 쓴맛이 나는 물. 경수(硬水). **2** ~井= 먹지 못하는 우물. **2** 위액. **3**凷 고생스런 환경. 고난스런 환경. ¶兄弟姐妹几个都是在~里泡大的。= 형제 자매 몇 명은 모두 고생스런 환경에서 성장하였다. **4**凷 (마음속에 숨

겨 둔) 고통. 괴로움. 불만. ¶大倒~=고생했던 이야기를 모조리 털어놓다.

【苦思】kǔsī 동문 애써 생각하다. 고심하다. ¶~良久=한참 고심하다.

【苦思冥想】kǔsī-míngxiǎng 성 골똘히 생각하다.

【苦痛】kǔtòng 명 고통. 괴로움. ¶失去儿子的~让她难以承受.=아들을 잃은 고통을 그녀는 감당하기가 어려웠다. ≒痛苦

【苦头】kǔtóu (~儿) 명 조금 쓴맛. ¶青菜帮子微微带点~。=푸른 야채 겉대는 쓴맛이 좀 있다. ↔甜头

【苦头】kǔ·tou (~儿) 명 고통. 고생. 역경. 불행. ¶他早年一个人在外面闯荡, 吃了不少~。=그는 일찍이 홀로 세상을 떠돌아다니면서 많은 고생을 겪었다.

【苦土】kǔtǔ ☞【氧化镁】yǎnghuàměi

【苦味】kǔwèi 명 1 쓴맛. 2 괴로움. ¶被人瞧不起的~不好受。=남들에게 멸시당하는 괴로움은 견디기 어렵다.

【苦味酸】kǔwèisuān 명 《化》 피크르산. 영 picric acid

【苦夏】kǔxià 동 여름을 타다. 명 【疰夏】 zhùxià

【苦想】kǔxiǎng 동 애써 생각하다. 고심하다. ¶冥思~=골똘히 생각하다.

【苦相】kǔxiàng 명 고뇌에 찬 얼굴. 고통스러워 하는 얼굴. ¶一说到还钱, 他就一脸~。=돈을 갚으라는 말을 꺼내자마자 그는 곧 고통스런 표정을 지었다.

【苦笑】kǔxiào 동 고소하다. 쓴웃음을 짓다. ¶提起此事, 他不由~了一下。=그 일을 끄집어 내자 그는 자신도 모르게 쓴웃음을 지었다. 명 쓴웃음을 지은 얼굴. ¶她嘴角露出一丝~。=그녀의 입가에 한 가닥 쓴웃음이 배어 나왔다.

【苦心】kǔxīn 명 고심. ¶煞费~=고심을 많이 하다. 부 고심하여. 심혈을 기울여. ¶~钻研=힘들여 연구를 하다.

【苦心孤诣】kǔxīn-gūyì 성 심혈을 기울여서 연구하여 훌륭한 경지에 이르다.

【苦心经营】kǔxīn-jīngyíng 성 심혈을 기울여 서 경영하다. ¶他~了多年, 才有了现在这份产业。=그가 몇 년 동안 고심하여 경영하였기 때문에, 비로소 오늘의 이 사업이 있게 된 것이다.

【苦刑】kǔxíng 명 혹형(酷刑). 괴로운 형벌. ¶身受~=잔혹한 고문을 당하다.

【苦行】kǔxíng 동《宗》고행하다.

【苦行僧】kǔxíngsēng 명 1《宗》고행승. 2 비 금욕주의자.

【苦学】kǔxué 동 고생스럽게 공부하다. 각고의 노력을 기울여 공부하다. 고학하다.

【苦役】kǔyì 명외 고역. 몹시 힘들고 고되어 견디기 어려운 일. ¶服~=고역을 맡다.

【苦于】kǔyú 동 1 …에 고생하다. …에 고생하다. ¶~资金短缺=자금 부족 때문에 고생하다. 2 …보다 더 고생스럽다〔괴롭다〕. ¶在乡下务农远~在镇上当教师。=시골에서 농사짓는 것은 도시에서 선생 노릇하는 것보다 훨씬 더 고생스럽다.

【苦雨】kǔyǔ 명 장마. ¶凄风~=지독하게 추운 비바람.

【苦战】kǔzhàn 동 1 (전쟁에서) 고전하다. 악전고투하다. 2 혼신의 힘을 다해서 일을 하다. 각고 분투하다. ¶~六个月, 隧道工程顺利完工。=6개월 동안 고투하여 터널 공사를 순조롭게 완공하였다.

【苦中作乐】kǔzhōng-zuòlè 성 고생 속에서 즐거움을 찾다.

【苦衷】kǔzhōng 명 고충. ¶他这样做肯定有他的~。=그가 이렇게 한 것은 분명 그의 고충이 있기 때문일 것이다.

【苦楮】kǔzhū 명《植》종가시나무. 쓴밤나무.

【苦主】kǔzhǔ 명 살인 사건 피해자의 가족.

# 楛 kǔ 거칠 고

형 거칠다. 견고하지 못하다. 조잡하다.
☞ hù

# \*\*库[庫] kù 창고 고

명 1 (고대의) 무기고. ¶武~=무기고. 2 곳간. 창고. ¶仓~=창고. / 车~=차고. 3 《컴》같은 종류의 자료나 데이터(data)를 저장해 둔 집합체. ¶数据~=데이터베이스(data base). 4 국가 예산과 자금을 보관·출납하는 기관. ¶国~=국고. 5 (Kù) 성(姓). 명양 库仑(쿨롬, coulomb).

○· 宝库, 仓cāng库, 府库, 骨库, 金库, 冷库, 楼库, 盘库, 书库, 文库, 武库, 血xuè库

【库藏】kùcáng 동 창고에 보관하다. ¶~图书百余万册。=창고에 도서 100여만 권을 소장하다. 명 창고에 저장된 물자. 재고. ¶~丰富=창고에 저장된 물자가 풍부하다.
☞ kùzàng

【库存】kùcún 동 창고에 저장하다. ¶~粮食五千多吨。=창고에 식량 5,000여 톤을 저장하다. 명 창고에 보관된 재물. 재고. ¶清点~=재고를 정리 점검하다.

【库缎】kùduàn 명《紡》 공단(貢緞). [청(淸)대에 궁중 창고에 보관한 데서 붙여진 이름]

【库房】kùfáng 명 창고. 곳간. 보고(寶庫).

【库锦】kùjǐn 명《紡》 금실·은실·채색 융실로 무늬를 넣어 짠 비단.

【库仑】kùlún 명양《電》 쿨롬. [전하량의 실용 단위. 전류가 1암페어일 때 1초 동안 도체 횡단면을 통과하는 전기량을 1쿨롬이라 함. 프랑스의 물리학자 쿨롬(Coulomb)을 기념하기 위해 그의 이름을 따옴]

【库仑计】kùlúnjì 명《電》 쿨롬미터(coulomb-meter). 전량계.

【库伦】kùlún 명동 울타리를 친 초지. [현재는 주로 마을 이름으로 쓰임] ¶马家~=마자쿠룬. [네이멍구(内蒙古)에 있는 마을 이름]

【库区】kùqū 명 저수지와 〔댐〕 그 주변 지역. ¶做好~移民的安置工作。=댐 지역 이주민의

정착 사업을 잘 처리하다.
【库券】**kùquàn** ☞【国库券】**guókùquàn**
【库容】**kùróng** 명 저수량. 저장량.
【库银】**kùyín** 명동 **1** 국고에 있는 돈. **2** 국가에서 통용하는 은. 은전. 은돈.
【库藏】**kùzàng** 명동 창고.
☞ **kùcáng**

绔[袴] **kù** 바지 고
명동 바지. [현재는 '纨绔(고운 비단 바지)'에만 쓰임]

喾[嚳] **Kù** 제왕 이름 곡
명 제곡(帝嚳). [중국 고대 전설상의 오제(五帝) 중의 한 사람]

**裤[褲, 袴] kù** 바지 고
명 바지. ¶短~ = 반바지. / 裙~ = 치마바지. / 牛仔~ = 청바지.

○● 衬chèn裤, 马裤, 绒róng裤, 套裤, 纨wán裤, 开裆dāng裤, 连裆裤, 棉毛裤

【裤衩】**kùchǎ**(~儿) 명 팬티. 속잠방이.
【裤带】**kùdài** 명 허리띠. 멜빵.
【裤裆】**kùdāng** 명 바짓가랑이.
【裤兜】**kùdōu**(~儿) 명 바지 호주머니.
【裤缝】**kùfèng** 명 바지 솔기.
【裤管】**kùguǎn** 명 바지통. =【裤脚管】**kùjiǎoguǎn**
【裤脚】**kùjiǎo** 명 **1** (~儿) 바짓단. **2** 방 바지통.
【裤脚管】**kùjiǎoguǎn** ☞【裤管】**kùguǎn**
【裤裙】**kùqún** 명 치마바지.
【裤头】**kùtóu**(~儿) 명동 팬티. 속잠방이.
【裤腿】**kùtuǐ**(~儿) 명 바짓가랑이.
【裤袜】**kùwà** 명 팬티스타킹(panty stocking).
【裤线】**kùxiàn** 명 바지 주름.
【裤腰】**kùyāo** 명 바지의 허리통.
【裤腰带】**kùyāodài** 명 허리띠.
【裤子】**kù·zi** 명 바지.

**酷 kù** 독할 혹
형 **1** 동 술이 진하다. **2** 잔혹하다. 잔인하다. 포학하다. ¶残~ = 잔혹하다. **3** 강하다. 강렬하다. ¶~暑难当 = 혹서는 견디기 어렵다. **4** 외 쿨(cool)하다. 멋있다. 근사하다. ¶他人长得~, 歌唱得也好. = 그는 멋있게 생겼으며 노래도 잘 부른다. 부 매우. 몹시. ¶~爱音乐 = 음악을 매우 좋아하다.

○● 残cán酷, 冷酷, 严酷

【酷爱】**kù'ài** 동 몹시 사랑하다〔좋아하다〕. 열애하다. ¶~下棋 = 바둑을 몹시 좋아하다. ≒热衷
【酷毙了】**kùbì·le** 令 매우 멋있다. 매우 쿨(cool)하다. ¶他的样子简直~. = 그의 모습이 정말 멋지다.
【酷寒】**kùhán** 형 몹시 춥다. 혹한이다. ¶南极地区终年~. = 남극은 일년 내내 혹한이다.

【酷旱】**kùhàn** 형 몹시 가물다. ¶~的年月 = 몹시 가문 세월.
【酷好】**kùhào** 동 특별히〔대단히·너무나〕 좋아하다. ¶~书法 = 서예를 너무 좋아하다.
【酷吏】**kùlì** 명동 가혹한 관리.
【酷烈】**kùliè** 형 **1** 잔혹하다. 가혹하다. ¶~的血战 = 잔혹한 혈전. **2** 맹렬하다. 작열하다. ¶骄阳~ = 뙤약볕이 작열하다. **3** (향기가) 매우 짙다. ¶花香~ = 꽃 향기가 강렬하다.
【酷虐】**kùnüè** 형 몹시 잔학하다. ¶~成性 = 잔학한 성품.
【酷热】**kùrè** 형 몹시 무덥다. ¶~难耐 = 무더위를 참을 수 없다. ≒炎热 ↔严寒 苦寒
【酷暑】**kùshǔ** 명 혹서. ≒炎暑 盛暑 ↔严冬
【酷似】**kùsì** 동 몹시 닮다. 흡사하다. ¶两兄弟长相~. = 두 형제는 생김새가 정말 닮았다. ≒酷肖
【酷肖】**kùxiào** 동동 몹시 닮다. 매우 비슷하다. 흡사하다. ¶性情~其父. = 성격이 그 아버지를 빼어닮았다. ≒酷似
【酷刑】**kùxíng** 명 혹형. 잔혹한〔가혹한〕 형벌.

# kua

**夸**¹**[誇] kuā** 자랑할 과
동 **1** 과대하다. 과장하다. 자랑하다. 허풍떨다. ¶自~ = 자화자찬하다. 자만하다. / ~下海口 = 허풍떨다. **2** 칭찬하다. ¶极为~赞 = 매우 칭찬하다. / 大家都~他聪明. = 모두들 그가 총명하다고 칭찬한다.
명 (Kuā) 성(姓).

| ○ 夸 kuā |
| 跨 kuà |
| 挎 kuà |
| 垮 kuǎ |
| 胯 kuà |
| 侉 kuǎ |
| 刳 kū |
| 绔 kù |

**夸**² **kuā** 사람 이름 과
신화나 전설 속의 인명에 쓰이는 글자. ¶~父 = 과보. 《산해경(山海經)》에 보임 / ~娥 = 과아. 《열자(列子)》에 보임

○● 浮fú夸, 矜jīn夸, 虚xū夸, 自夸

【夸大】**kuādà** 동 과대하다. 과장하다. ¶~困难 = 어려움을 과장하다. ≒夸张
【夸大其词】**kuādà-qící** 성 과장하여 말하다. 허풍치다. ≒言过其实 ↔恰如其分
【夸大其辞】**kuādà-qící** ☞【夸大其词】**kuādà-qící**
【夸诞】**kuādàn** 형동 (문체·말투가) 과장되어 황당하다. ¶~之词, 不足为信. = 과장되어 황당한 말은 믿을 수가 없다.
【夸父追日】**Kuāfù-zhuīrì** 성 **1** 과보(夸父)가 태양을 좇다. 《산해경·해외북경(山海經·海外北經)》에 나오는 신화적 인물인 과보가 태양을 좇다가 목이 말라서 황하(黃河)와 위수(渭水)의 물을 다 마시고도 갈증이 풀리지 않아 북쪽으로 가는 도중에 목이 말라 죽었는데, 그가 남긴 지팡이가 드넓은 숲을 이루어 그 숲을 등지

(鄧林)이라고 부르게 되었다고 함〕 **2** ㈀ 큰 뜻을 품다. 큰 결심을 내리다. 자신의 역량을 모르고 무모하게 덤벼들다.

【夸富】 **kuāfù** 동 부유함을 자랑하다. 돈이 있는 체하다.

【夸功】 **kuāgōng** 동 자신의 공로를 자랑하다. 자만하다. ¶不骄矜, 不~。=교만하지 않고 자만하지 않다.

【夸海口】 **kuā hǎikǒu** 동 허풍떨다〔치다〕. 큰소리치다.

【夸奖】 **kuājiǎng** 동 칭찬하다. ¶邻居们都~他的女儿懂事、孝顺。=이웃 사람들은 모두 그의 딸이 철이 들고 효성스럽다고 칭찬한다. ↔批评 贬斥

【夸克】 **kuākè** 명 (物) 쿼크(quark). [양성자·중성자와 같은 소립자를 구성하고 있다고 생각되는 기본적인 입자]

【夸口】 **kuā‖kǒu** 동 허풍떨다. 큰소리치다. ¶先别~, 说不定你还赢不了他。=네가 그를 이기지 못할지도 모르니까 우선 큰소리치지 마.

【夸夸其谈】 **kuākuā-qítán** 성 (말·문장을) 쓸데없이 부풀리다. 터무니없이 과장하다.

【夸示】 **kuāshì** 동 과시하다. 자랑하여 보이다. ¶他很喜欢向人~自己的车技。=그는 사람들에게 자신의 운전 기술을 과시하기를 좋아한다.

【夸饰】 **kuāshì** 동 (문장을) 과장하여 수식〔묘사〕하다. ¶说明文的语言应简明、准确、切忌~,过分的修饰要〔描写를〕반드시 삼가야 한다.

【夸说】 **kuāshuō** 동 **1** 칭찬하다. ¶大伙儿都~他办事牢靠。=모두들 그가 일처리하는 것이 믿을 만하다고 칭찬한다. **2** 자랑하다. 과시하다. 뽐내다. ¶他到处~自己的学问。=그는 가는 곳마다 자신의 학문을 자랑한다.

【夸脱】 **kuātuō** 양 쿼트(quart). 1갤런의 4분의 1. [야드파운드법에 따른 부피의 단위]

【夸许】 **kuāxǔ** 동 칭찬하다. 찬양하다. ¶他舍己救人的事迹为众人~。=그의 살신성인의 사적(事迹)은 많은 사람들의 칭찬을 받는다.

【夸耀】 **kuāyào** 동 (자기의 장점을) 자랑하다. 뽐내다. 과시하다. ¶为人很谦虚, 从不~自己。=그는 사람이 겸손하여 절대 자신을 뽐내지 않는다. ≒炫耀

【夸赞】 **kuāzàn** 동 과찬하다. 칭찬하다. ¶大家都~他勤奋好学。=모두들 그가 근면하고 공부를 열심히 한다고 칭찬한다.

【夸张】 **kuāzhāng** 동 과장하(여 말하)다. ¶他的话有些~, 不能全信。=그의 말은 좀 과장이 있어서 다 믿을 수가 없다. 명 **1** (言) (수사법(修辞法)의 하나인) 과장법. **2** (문예 창작에서의) 과장법. ≒夸大

【夸嘴】 **kuā‖zuǐ** 동㋙ 허풍떨다. 큰소리치다.

## 姱 **kuā** 아름다울 과
형⟨문⟩ 아름답다. ¶~姿=아름다운 자태.

## 佮 **kuǎ** 뽐낼 과

형⟨방⟩ **1** (발음이) 정확하지 않다. 똑똑하지 못하다. **2** (제 고장과 비교해서) 발음이 다르다. 억양이 다르다. 말투〔말투〕가 다르다. ¶他说话有点儿~。=그의 말투는 조금 다르다. **3** (투박하게) 크다. 육직하다. 국직하다. ¶这个箱子太~了, 飞机托运可能不方便。=이 상자는 너무 커서 항공으로 탁송하기에 불편할 것 같다.

【佮子】 **kuǎ·zi** 명⟨방⟩ 타 고장 말씨를 쓰는 사람. 촌놈. 촌사람. 시골뜨기.

## 垮 **kuǎ** 무너질 과
동 **1** 무너지다. 붕괴하다. ¶桥被洪水冲~了。=다리가 홍수로 인해 무너졌다. **2** 궤멸되다. 붕괴하다. 섬멸하다. ¶敌人被打~了。=적군이 섬멸되었다. **3** (몸이) 망가지다. 못쓰게 되다. ¶身体累~了。=몸이 피곤하여 건강을 해치다.

【垮塌】 **kuǎtā** 동 무너지다. 붕괴하다. ¶危房~=찌그러져 가던 집이 무너지다.

【垮台】 **kuǎ‖tái** 동㋙ 붕괴되다. 와해되다. 무너지다. 해체되다. 파산하다.

## 挎 **kuà** 잡을 고
동 **1** (팔에) 걸다. 끼다. ¶她~着提包上街去了。=그녀는 핸드백을 걸고 외출했다. **2** (어깨나 허리에) 걸다. 메다. 차다. ¶小家伙~着书包一蹦一跳地走着。=꼬마 녀석이 책가방을 메고 깡충깡충 걷고 있다.

【挎包】 **kuàbāo** (~儿) 명 (어깨에 멜 수 있는) 가방. 군용 잡낭. 자루. =【挎兜】 **kuàdōu** (~儿)

【挎兜】 **kuàdōu** (~儿) ☞【挎包】 **kuàbāo** (~儿).

【挎斗】 **kuàdǒu** (~儿) 명 사이드카(sidecar).

## 胯 **kuà** 사타구니 과
명 (生) 사타구니. ¶~骨扭伤了。=관골(髋骨)을 삐었다.

【胯裆】 **kuàdāng** 명 바지의 샅.

【胯骨】 **kuàgǔ** ☞【髋骨】 **kuāngǔ**.

【胯下】 **kuàxià** 명 가랑이 밑. 사타구니 밑. ¶小狗从他~溜走了。=강아지가 그의 가랑이 밑으로 빠져 나갔다.

【胯下之辱】 **kuàxiàzhīrǔ** 성 **1** 한신(韓信)이 젊어서 남의 사타구니 사이를 기어서 빠져 나갔던 일. **2** ㈀ 사람의 가랑이 밑을 빠져 나가는 치욕. 어려운 처지에서 참아 냈던 굴욕.

## 跨 **kuà** 타넘을 과
동 **1** (큰 걸음으로) 뛰어넘다. 건너뛰다. ¶~出大门=대문을 뛰어넘어 나가다. **2** (일정한 한계를) 뛰어넘다. ¶~世纪人才=세기를 뛰어넘는 인재. **3** (두 다리를 벌리고) 걸터앉다. ¶~上马=말 위에 걸터앉다. **4** ㈀ (물체가 위에) 가로 놓이다〔걸치다·얹히다〕. 가로지르다. ¶大桥横~两岸。=대교가 양쪽 기슭에 걸쳐 있다. 형 (···) 옆에 위치한〔붙어 있는〕. ¶一间=옆에 딸린 작은 방.

【跨步电压】 **kuàbù diànyā** 명 (電) 보폭 전압.

【跨部门】kuà bùmén 동 기관을〔부서를〕뛰어 넘다〔초월하다〕. 서로 다른 기관에〔부서〕에 미치다〔관계되다〕. ¶~合作=부서를 뛰어넘는 협력.

【跨度】kuàdù 명 1 경간(徑間). 스팬(span). 기둥 사이의 거리. ¶这座石拱桥的~很大. =이 아치형 돌다리의 경간은 매우 넓다. 2 (시간의) 간격. 동안. 사이. 경과. ¶她在片中扮演的角色年龄~大, 从少年一直到老年. =그녀가 영화에서 맡는 역할은 소년에서부터 노년에 이르기까지 연령 폭이 아주 크다.

【跨国】kuàguó 동 국경선〔국적〕을 뛰어넘다〔초월하다〕. 서로 다른 나라에 미치다〔관계되다〕. ¶~旅游=국외 여행.

【跨国公司】kuàguó gōngsī 명 (經) 다국적 기업. =【多国公司】duōguó gōngsī.

【跨行业】kuà hángyè 동 업종의 경계를 뛰어넘다. =【跨业】kuàyè ¶~经营=업종을 뛰어넘어 경영하다.

【跨街】kuàjiē 동 거리 위를 가로지르다. 길 위를 건너질러 놓다. ¶~天桥=거리 위를 가로지르는 육교.

【跨径】kuàjìng 명 경간(徑間). 스팬(span). 기둥 사이의 거리.

【跨栏】kuàlán 명 (體) 허들 (레이스). 장애물 달리기.

【跨年度】kuà niándù 동 (임무·계획·예산 등이) 해를 넘기다. ¶~预算=다음 연도까지 걸친 예산.

【跨入】kuàrù 동 진입하다. 들어서다. ¶~'中国大学100强' 行列='중국 100대 대학'의 항렬에 들어서다.

【跨世纪】kuà shìjì 동 세기를 뛰어넘다. ¶培养~人才=세기를 뛰어넘는 인재를 배양하다.

【跨线桥】kuàxiànqiáo 명 구름다리. 가로지르. 과선교.

【跨学科】kuà xuékē 동 서로 다른 학문 분야에 걸치다. 서로 다른 학문 분야와 제휴하다. 학제적 (學際的)이다. ¶~研究=학제적 연구.

【跨业】kuàyè ☞【跨行业】kuà hángyè

【跨页】kuàyè 명 (간행물에서) 한 면의 내용이 다음 면까지 이어지면서 하나의 완전한 내용을 싣고 있는 지면.〔주로 도표나 광고 등을 실을 때 쓰임〕

【跨院儿】kuàyuànr 명 (중국식 전통 가옥에서) 중앙의 뜰 양 옆 또는 비스듬한 뒤쪽에 있는 뜰.

【跨越】kuàyuè 동 (지역이나 시기의 한계를) 뛰어넘다. 건너뛰다. ¶~国界=국경을 뛰어넘다. / ~几个朝代=몇 개의 왕조를 뛰어넘다. ↳翻越

【跨灶】kuàzào 동 自 자식이 아버지를 능가하다 〔뛰어넘다〕.

# kuai

扴 [擓] kuǎi 긁을 회

동 잘 1 (손톱으로) 긁다. ¶~痒痒=가려운 데를 손톱으로 긁다. 2 (팔·어깨 등에) 걸다. ¶~着竹篮=팔 대바구니를 걸치다. 3 뜨다. 푸다. 떠내다. ¶从桶里~一碗水=통 안에서 물 한 사발을 퍼내다.

蒯 kuǎi 황모 괴

명 1 (植) 황모(黃茅). 2 (Kuǎi) 성(姓).

凷 kuài 흙덩이 괴

명 잘 흙덩이.

**会[會]** kuài 회계할 회
동 통계하다. 합계하다. ¶财~人员=재무와 회계를 맡아 보는 사람.
☞ huì

【会计】kuàijì 명 1 회계. 경리. 2 회계원.

【会计师】kuàijìshī 명 1 회계사.〔'助理会计师 (보조 회계사)' 보다는 높고 '高级会计师 (선임 회계사)' 보다는 낮은 직급〕 2 옛 회계사.〔정부로부터 허가증을 발급받고, 당사자의 위탁을 받아 회계 업무를 집행했던 사람〕

**块[塊]** kuài 덩어리 괴
명 1 흙덩이. 2 덩이. 덩어리. ¶豆腐~儿=두부모. / 糖~儿=사탕. 양 1 덩이. [덩이로 된 물건을 세는 단위] ¶一~香皂=비누 한 덩이. 2 조각. 장. [조각이나 납작한 물건을 세는 단위] ¶一~桌布=식탁보 한 장. 3 句 중국의 화폐 단위. ['圆(yuán)'에 상당함] ¶两~钱=2위안.

○ 卵 luǎn 块, 疴 pī 块

【块根】kuàigēn 명 (植) 괴근. 덩이뿌리.

【块茎】kuàijīng 명 (植) 괴경. 덩이줄기.

【块块】kuàikuài 명 지역적인 횡적 관리 체제.〔'条条(종적 관리 체제·종적 지도 체제)'와 구별됨〕¶要处理好条条与~的关系. =종적·횡적 관리 체제의 관계를 잘 처리하여야 한다.

【块垒】kuàilěi 명 잘 1 쌓여서 생긴 덩어리. 2 비 (마음속에 쌓인) 분노. 응어리. 근심. ¶~云散=근심이 구름처럼 흩어지다.

【块儿】kuàir 명 1 몸집. 키. ¶小~=작은 몸집. 2 곳. 장소. ¶你住在城东哪~? =너는 도시 동쪽 어느 곳에서 사니?

【块儿八角】kuàir-bājiǎo ☞【块儿八毛】kuàir-bāmáo

【块儿八毛】kuàir-bāmáo 句 1위안(圆) 또는 1위안(圆)이 채 안 되는 돈. =【块儿八角】kuàir-bājiǎo

【块儿煤】kuàirméi 명 괴탄(塊炭). 덩어리로 된 석탄.

【块头】kuàitóu 명 몸집. 체구. 덩치. ¶他~很大. =그는 몸집이 아주 크다.

【块状】kuàizhuàng 명 괴상. 덩어리로 이루어진 모양.

**快** kuài 빠를 쾌
형 1 빠르다. ¶走得~=빨리 걷다. / 发展很~=발전이 빠르다. 2 영민하다. 민첩하다. ¶反应

快 **kuài** 1127

~=반응이 민첩하다. / 眼疾手~=눈치가 빠르고 민첩하다. **3** 날카롭다. ¶把菜刀磨~点儿.=식칼을 좀 날카롭게 갈아라. **4** 정직하다. ¶心直口~=성격이 시원스럽고 솔직하여 바른소리를 잘 하다. **5** 유쾌하다. 행복하다. 즐겁다. 기쁘다. 편하다. ¶拍手称~=손뼉을 치며 쾌재를 부르다. / 先睹为~=먼저 보는 것이 즐거울 것이다. 〖♣〗**1** 빨리. 급히. ¶要迟到了,我们~走吧。=늦겠다, 우리 빨리 가자. **2** 곧. 머지않아. ¶~过年了=곧 설이다. ¶快了. 这种车在高速公路上能跑多~?=이런 차는 고속도로에서 얼마나 빨리 달릴 수 있습니까? **2** 〖⊙〗 포졸. ¶捕~=포졸. ≒锐 ↔慢 钝

○● 捕bǔ快, 畅chàng快, 称chēng快, 脆cuì快, 飞快, 赶快, 欢快, 尽jǐn快, 凉快, 马快, 明快, 勤qín快, 轻快, 手快, 爽shuǎng快, 松快, 痛快, 外快, 愉yú快, 嘴zuǐ快, 开快车

【快班】**kuàibān** 〖♣〗**1** 속성반. **2** 직행. 쾌속정. [속도가 빠른 버스나 선박 등의 교통 수단] ¶~车=직행 버스. ↔慢班

【快板】**kuàibǎn** 〖♣〗(劇) (중국 전통극에서) 빠른 리듬. 리듬이 빠른 음악. [연극의 줄거리가 긴박하거나 인물의 감정이 격앙되었을 때 쓰임]

【快板儿】**kuàibǎnr** 〖♣〗(藝) 쾌판. [설창 문예의 일종. 대쪽으로 된 리듬 악기로 박자를 맞추며 압운된 내용을 이야기하는 것으로, 리듬이 비교적 빠름] =【快板儿书】**kuàibǎnrshū**

【快板儿书】**kuàibǎnrshū** ☞【快板儿】**kuàibǎnr**

【快报】**kuàibào** 〖♣〗속보(速報). [기관 혹은 단체에서 급히 소식을 전달하기 위하여 자체 제작한 공보·회보·벽보·대자보·흑판보(흑판에 써놓는 벽보) 등을 가리킴]

【快步】**kuàibù** 〖♣〗빠른 걸음. ¶~如飞=나는 듯이 빨리 가다. 〖♣〗빠른 걸음으로. ¶~走入=빠른 걸음으로 들어가다.

【快步流星】**kuàibù-liúxīng** ☞【大步流星】**dàbù-liúxīng**

【快餐】**kuàicān** 〖♣〗**1** 간편 음식. 패스트푸드(fast-food). 스낵. **2** 〖⊙〗간편하고, 읽기 쉽고, 통속적인 오락성을 갖춘 출판물. ¶文化~=내용이 짧고 재미있으며 통속적으로 쉽게 쓴, 또는 그림이 곁들여진 책.

【快餐车】**kuàicānchē** 〖♣〗패스트푸드(fast-food) 차량. 간이 음식 차량.

【快餐店】**kuàicāndiàn** 〖♣〗패스트푸드(fast-food) 가게.

【快车】**kuàichē** 〖♣〗급행 열차〔버스〕. ↔慢车

【快车道】**kuàichēdào** 〖♣〗**1** 자동차 전용 도로. **2** 〖⊙〗사물이 매우 빠르게 발전하는 상태. ¶我们公司的发展已经进入~。=우리 회사는 이미 급속 발전하는 상태에 접어들었다.

【快当】**kuài·dang** 〖형〗민첩하다. 신속하다. ¶她手脚麻利, 做事很~。=그녀는 동작이 재빠르고 일 처리가 매우 신속하다. ↔拖拉

【快刀】**kuàidāo** 〖♣〗쾌도. 날이 예리한 칼. 잘 드는 칼.

【快刀斩乱麻】**kuàidāo zhǎn luànmá** 〖⊙〗**1** 쾌도난마(快刀亂麻). 잘 드는 칼로 어지럽게 뒤얽힌 삼을 자르다. **2** 〖비〗복잡하게 뒤얽힌 문제를 명쾌하게 처리하다.

【快递】**kuàidì** ☞【特快专递】**tèkuài zhuāndì**

【快干漆】**kuàigānqī** 〖♣〗속건성(速乾性) 도료〔페인트·니스〕

【快感】**kuàigǎn** 〖♣〗쾌감. ¶宜人的风景给人无限的~。=마음에 드는 풍경은 사람에게 무한한 쾌감을 준다.

【快攻】**kuàigōng** 〖♣〗(體) 속공. ¶对方得球后, 马上组织了一次~。=상대팀은 공을 잡은 후에 곧바로 속공을 펼쳤다.

【快货】**kuàihuò** 〖♣〗잘 팔리는 상품.

【快活】**kuài·huo** 〖형〗즐겁다. 유쾌하다. ¶和家人在一起让他觉得很~。=가족과 함께 보낼 수 있게 해 줘서 그를 기쁘게 하였다. ≒快乐 愉快 欢快 欢乐 ↔烦闷

【快件】**kuàijiàn** 〖♣〗**1** 특급 화물. **2** 속달. 특급 우편. 빠른 우편. **3** 급행 인쇄. 급한 인쇄를 필요로 하는 원고.

【快捷】**kuàijié** 〖형〗빠르다. 신속하다. 민첩하다. ¶行动~=행동이 민첩하다.

【快镜头】**kuàijìngtóu** 〖♣〗(映) 패스트 모션(fast motion).

【快快活活】**kuài·kuai huóhuó** 〖형〗아주 쾌활하다. 아주 즐겁다. 아주 유쾌하다.

【快快乐乐】**kuài·kuai lèlè** 〖형〗아주 즐겁다. 아주 행복하다. 아주 유쾌하다.

【快乐】**kuàilè** 〖형〗행복하다. 유쾌하다. ¶收到朋友们的新年祝福, 他很~。=친구들의 신년 인사를 받고, 그는 너무 행복했다. ≒快活 欢快 欢乐 ↔忧郁 郁闷 悲伤 痛苦 悲切 悲痛 烦闷

【快利】**kuàilì** 〖형〗**1** 빠르다. 신속하다. ¶办事~=일처리가 신속하다. **2** (칼 따위가) 예리하다. ¶刀刀~=칼날이 예리하다.

【快马】**kuàimǎ** 〖♣〗빠른 말. 준마.

【快马加鞭】**kuàimǎ-jiābiān** 〖⊙〗**1** 빨리 달리는 말에 채찍질을 가하다. **2** 〖비〗더욱 속도를 내다. 박차를 가하다.

【快慢】**kuàimàn** 〖♣〗속도. ¶高速公路上行车的~是有限定的。=고속 도로에서의 주행 속도는 제한되어 있다.

【快慢针】**kuàimànzhēn** 〖♣〗(시계의) 시간 조정 레버(lever). 정시기(整時器).

【快门】**kuàimén** 〖♣〗(사진기의) 셔터.

【快枪】**kuàiqiāng** 〖♣〗〖⊙〗보병용 총.

【快人快语】**kuàirén-kuàiyǔ** 〖⊙〗**1** 성격이 호쾌한 사람은 말도 시원시원하게 한다. **2** 성격이 시원시원한〔활달한〕 말.

【快事】**kuàishì** 〖♣〗통쾌한 일. 즐거운 일. 만족할 만한 일. ¶得一知己乃人生一大~。=지기(知己)를 얻은 것은 인생에서 가장 만족할 만한 일이다.

【快手】**kuàishǒu** (~儿) 〖♣〗솜씨가 좋은 사람.

快 侩 郐 哙 狯 浍 脍 筷 鲙 宽

일을 민첩하게 하는 사람. 일꾼. 재주꾼. ¶写作~=창작의 재주꾼.

【快书】**kuàishū** 图(藝) 쾌서. [설창 문예의 일종. 동판 혹은 죽판으로 된 리듬 악기로 반주를 하며 압운된 내용을 이야기하는 것으로, 리듬이 비교적 빠름] ¶山东~=산둥 쾌서. [산둥(山东)성·화베이(华北)·둥베이(东北) 일대에서 유행하는 설창 문예의 일종]

【快速】**kuàisù** 图 신속하다. 빠르다. 쾌속의. ¶~运转=쾌속 운행. ≒迅速 飞速

【快速反应部队】**kuàisù fǎnyìng bùduì** 图(軍) 신속 대응 부대.

【快速路】**kuàisùlù** 图 도시 고속 도로.

【快艇】**kuàitǐng** ☞[汽艇] **qìtǐng**

【快慰】**kuàiwèi** 图 기쁘고 위안이 되다. ¶得知儿子考上重点大学, 夫妻俩十分~。=아들이 일류 대학에 합격했다는 소식을 듣고 부부는 정말 기쁘고 위안이 되었다. ≒欣慰

【快信】**kuàixìn** 图 속달 우편.

【快行道】**kuàixíngdào** 图 자동차 전용 도로.

【快行线】**kuàixíngxiàn** 图 1 자동차 전용 도로 표지선. 2 자동차 전용 도로.

【快性】**kuài·xing** 图口 성격이 호쾌하다. 시원시원하다. ¶他是个~人, 说做什么就做什么。=그는 성격이 시원시원하여 무엇을 하겠다고 하면 곧바로 해치운다.

【快婿】**kuàixù** 图(문) 장인 장모가 만족하는 사위. 훌륭한[이상적인] 사위. ¶乘龙~=훌륭한 사위를 얻다.

【快讯】**kuàixùn** 图 속보(速報). ¶奥运~=올림픽 속보.

【快要】**kuàiyào** 图 곧[머지않아] (…하다). [아주 짧은 시간 안에 어떤 상황이 이루어짐을 나타냄] ¶飞机~起飞了。=비행기가 곧 이륙한다. ≒将要

【快意】**kuàiyì** 图 상쾌하다. 쾌적하다. ¶夏日里的一阵凉风让人倍感~。=여름에 부는 시원한 바람은 더욱 상쾌하다. 图 만족감. 쾌감.

【快鱼】**kuàiyú** ☞[鲙鱼] **kuàiyú**

【快语】**kuàiyǔ** 图 솔직한 말. 직설적인 말. 시원스런 말. ¶直言~=직설적인 말.

【快照】**kuàizhào** 图 1 스냅숏(snapshot) 사진. ¶拍~=스냅숏 사진을 찍다. 2 스냅숏 촬영. 3 폴라로이드 사진.

【快中子】**kuàizhōngzǐ** 图(物) 고속 중성자.

【快嘴】**kuàizuǐ** 图 입이 싸다. 입이 가볍다. ¶~快舌=입이 가볍다. 图 입이 가벼운 사람. ¶他这个~老坏事。=그는 입이 싸서 늘 일을 그르친다.

**侩[儈]** kuài 거간 쾌

图(예) 중간 상인. 거간꾼. 브로커. ¶市~=악덕 상인.

**郐[鄶]** Kuài 나라 이름 회

图 1 (歷) 회. [주(周)대의 제후국 이름. 지금의 허난(河南)성 미(密)현 동북쪽에 있었음] 2 성

(姓).

**哙[噲]** kuài 목구멍 쾌
图 삼키다.

**狯[獪]** kuài 교활할 회
图 교활하다. ¶狡~=교활하다.

**浍[澮]** kuài 봇도랑 회
图 논[밭]도랑. 봇도랑.
☞ **Huì**

**脍[膾·鱠]** kuài 회 회
图 얇게 썬 고기 또는 생선. 회. 图 (생선·고기살을) 얇게 썰다. 회를 뜨다[치다]. ¶~鲤=잉어회를 뜨다.

【脍炙人口】**kuàizhì rénkǒu** 图 1 맛이 훌륭하여 사람들마다 즐겨 먹다. 2(비) 좋은 시문이나 사물이 널리 사람의 입에 오르내리다. 사람들 사이에 널리 회자되다.

**筷** kuài 젓가락 쾌
图 젓가락. ¶木~=나무젓가락. / 碗~=밥그릇과 젓가락.

【筷笼】**kuàilóng** 图 젓가락통.

【筷子】**kuài·zi** 图 젓가락. ¶竹~=대나무 젓가락.

**鲙[鱠]** kuài 준치 회

【鲙鱼】[快鱼] **kuàiyú** 图(動) 준치.

# kuan

**宽[寬]** kuān 넓을 관

图 1 (폭이) 넓다. 드넓다. 너르다. 널따랗다. 널찍하다. ¶马路很~。=길이 매우 넓다. 2 (면적 또는 범위가) 넓다. 드넓다. 너르다. 널따랗다. 널찍하다. 광활하다. ¶他管得太~。=그는 간섭이 지나치다. 3 관대하다. 너그럽다. 느슨하다. 느긋하다. ¶从~处理=(죄를) 관대하게 처벌하다. 4 (생활이) 여유가 있다. 넉넉하다. 풍족하다. 부유하다. ¶现在日子过得比过去~多了。=지금 생활이 이전보다 훨씬 여유가 있다. 图 완화하다. 풀어 주다. 늦추다. 느슨하게 하다. 연기하다. 지체하다. ¶日期最好~限三日。=기일을 3일 연장하는 것이 좋겠다. 图 1 너비. 폭. ¶桥~10米。=다리의 너비가 10미터이다. 2 (**Kuān**) 성(姓). ↔窄 严 狭

○─○ 姑宽

【宽畅】**kuānchàng** 图 (마음이) 시원하다. 후련하다. 홀가분하다. 편안하다. 상쾌하다. 유쾌하다. 쾌적하다. ¶听了他的一番话, 我心里~多了。=그의 말을 듣고 나니, 나의 마음이 한결 후련해졌다. ≒宽绰

【宽敞】kuān·chang 형 넓다. 드넓다. 너르다. 널따랗다. 널찍하다. 크다. ¶~的大礼堂=넓은 대강당. ≒宽绰 ↔狭窄
【宽绰】kuān·chuo 형 1 넓다. 드넓다. 너르다. 널따랗다. 널찍하다. 여유가 있다. 크다. ¶这房子两个人住够~了。=이 집은 두 사람이 살기에 충분히 널찍하다. 2 (생활이) 넉넉하다. 여유가 있다. 부유하다. 풍족하다. ¶现在的生活比以前~多了。=지금의 생활은 이전보다 훨씬 더 여유가 있다. 3 (마음이) 시원하다. 홀가분하다. 편안하다. 후련하다. 상쾌하다. 유쾌하다. 쾌적하다. ¶心胸~=마음이 후련하다. ≒宽敞 宽畅 宽松 宽余 ↔拮据 窘迫
【宽打窄用】kuāndǎ-zhǎiyòng 성 (예산·시간 등을) 여유 있게 계획하고 실제로는 아껴 쓰다.
【宽大】kuāndà 형 1 (면적이나 용적이) 넓다. 드넓다. 너르다. 널따랗다. 널찍하다. 크다. ¶~的庭院=넓은 정원. 2 관대하다. 너그럽다. ¶心怀~=마음이 관대하다. 3 (과오·범행에 대해) 관대하게〔가볍게〕처리하다. 너그럽게 대하다. ¶~政策=관대한 정책. ↔狭小 严惩
【宽大为怀】kuāndà-wéihuái 성 관대한 마음을 갖다. 남을 너그럽게 대하다.
【宽带】kuāndài 명〔컴〕광대역(廣帶域). 브로드밴드(broadband). ¶~网络=광대역 네트워크. ↔窄带
【宽贷】kuāndài 동 관용을 베풀다. 너그러이 용서하다. 사정을 봐주다. ¶对罪大恶极的罪犯决不~。=극악무도한 범죄자에 대해서는 결코 관용을 베풀 수 없다.
【宽待】kuāndài 동 관대하게 대우하다. ¶~俘虏=포로를 관대하게 대우하다.
【宽度】kuāndù 명 폭. 너비.
【宽泛】kuānfàn 형 1 (내용·의미 등이) 넓다. 광범위하다. ¶艺术所包括的内容相当~。=예술이 포괄하는 내용은 상당히 광범위하다. 2 (글·말이) 큰 원칙만을 말하고 구체적이지 못하다. 광범하다. ¶你说得太~了，最好能举一些具体的例子。=네 말은 너무 두루뭉술해서 구체적인 예를 드는 게 좋겠다. ≒广泛
【宽幅】kuānfú 형 (직물로서) 폭이 넓은. 대폭(大幅). 광폭(廣幅)의. ¶这种~布适合做窗帘。=이 광폭의 직물은 커튼을 만들기에 적합하다. ↔窄幅
【宽广】kuānguǎng 형 (면적이나 범위가) 넓다. 드넓다. 너르다. 널따랗다. 널찍하다. ¶~的草原=드넓은 초원. ≒宽阔 广大 广袤 ↔狭隘 狭小
【宽轨】kuānguǐ 명 (철로의) 광궤.
【宽和】kuānhé 형 너그럽고 온화하다. ¶性情~=성품이 너그럽고 온화하다.
【宽宏】[宽洪] kuānhóng 형 1 도량이 크다〔넓다〕. 아량이 넓다. ¶气度~=도량이 크다. 2 (목소리가) 우렁차다. 크고 낭랑하다. ¶嗓音~=목소리가 우렁차다.
【宽宏大度】kuānhóng-dàdù ☞【宽宏大量】kuānhóng-dàliàng

【宽宏大量】[宽洪大量] kuānhóng-dàliàng 성 도량이 넓다. 관대하다. =【宽宏大度】kuānhóng-dàdù ↔小肚鸡肠 睚眦必报
【宽洪】kuānhóng ☞【宽宏】kuānhóng
【宽洪大量】kuānhóng-dàliàng ☞【宽宏大量】kuānhóng-dàliàng
【宽厚】kuānhòu 형 1 넓고 두텁다. ¶~的肩膀=딱 벌어진 어깨. 2 (남에게) 너그럽고 후하다. 관대하다. ¶待人~=남에게 너그럽고 후하다. 3 (소리가) 낮고 굵다. ¶~的男中音=낮고 굵은 바리톤.
【宽怀】kuānhuái 동 마음을 풀다. 마음을 편히〔넓게〕가지다. 안심하다. 마음을 놓다. ¶请~，您儿子平安无事。=당신 아들은 아무 탈 없으니 안심하세요. 형 마음이 넓다〔너그럽다〕. ¶~大度=마음이 너그럽고 도량이 크다.
【宽缓】kuānhuǎn 동 유예하다. 늦추다. 연기하다. ¶还账日期请~几天。=상환 일자를 며칠만 늦추어 주십시오.
【宽假】kuānjiǎ 동〔서면〕 관용을 베풀다. 너그러이 용서하다. 사정을 봐주다.
【宽解】kuānjiě 동 마음을 풀어 주다. 안심시키다. 위로하다. 위안하다. 달래다. ¶他这几天心情苦闷，你要想办法~~他。=그가 요사이 기분이 울적하니 네가 알아서 위로해 주어라.
【宽宽绰绰】kuān·kuan chuòchuò 형 1 넓다. 드넓다. 너르다. 널따랗다. 널찍하다. 여유가 있다. 크다. 2 (생활이) 넉넉하다. 여유가 있다. 부유하다. 풍족하다. 3 (마음이) 시원하다. 후련하다. 홀가분하다. 편안하다. 상쾌하다. 유쾌하다. 쾌적하다.
【宽旷】kuānkuàng 형 광활하다. ¶~的海面=광활한 바다.
【宽阔】kuānkuò 형 1 (폭이) 넓다. 드넓다. 너르다. 널따랗다. 널찍하다. 광대하다. ¶~的街道=넓은 큰길. 2 아량이 넓다. ¶胸怀~=아량이 넓다. ≒宽广 ↔狭窄 狭隘
【宽猛并济】kuānměng-bìngjì ☞【宽猛相济】kuānměng-xiāngjì
【宽猛相济】kuānměng-xiāngjì 성 너그러움과 엄격함을 잘 조화시켜 정치를 펼치다. =【宽猛并济】kuānměng-bìngjì
【宽免】kuānmiǎn 동 (조세나 형벌 등을) 감면하거나 면제하다. ¶~赋税=조세를 감면하다.
【宽让】kuānràng 동 너그러이 양보하다. 관용하다. 배려하다. ¶学会~，对人对己都有好处。=남을 배려할 줄 알면 남에게나 본인에게나 다 이롭다. ≒宽容
【宽饶】kuānráo 동 너그럽다. 포용력이 있다. 너그럽게 받아들이다〔용서하다〕. 관용하다. 관용을 베풀다. ¶他一犯再犯, 不可能~。=그가 계속해서 죄를 지으니 관용을 베풀 수가 없다.
【宽仁】kuānrén 형 너그럽고 인자하다. ¶以~为本=너그럽고 인자함을 바탕으로 하다.
【宽容】kuānróng 형동 너그럽다. 포용력이 있다. 너그럽게 받아들이다〔용서하다〕. 관용하다. ¶~一点，不必事事都那么计较。=(사람이) 좀

너그러워야지, 사사건건 그렇게 따질 필요는 없다. ≒宽让

【宽赦】**kuānshè** [동] 관대하게 사면(赦免)하다. 너그러이 용서하다. 관용을 베풀다. ¶有罪之人, 不敢奢求~。=죄를 지은 몸으로 감히 과분하게 용서를 바라지 못하다.

【宽舒】**kuānshū** [형] **1** (기분이) 후련하다. 홀가분하다. 시원하다. 편안하다. ¶心情~=기분이 후련하다. **2** 넓고 편안하다. 널찍하고 시원스럽다. 넓게 펼쳐져 있다. 느슨하다. ¶~的路面一直延伸到远方。=널찍하고 시원스러운 도로가 멀리까지 이어져 있다.

【宽恕】**kuānshù** [동] 너그러이 용서하다. 너그럽게 봐주다. 관용을 베풀다. ¶他的罪行是不能~的。=그의 죄는 용서해 줄 수 없다. ≒饶恕

【宽爽】**kuānshuǎng** [형] 즐겁고 편안하다. 후련하다. 시원하다. 홀가분하다. ¶心境~=마음이 후련하다.

【宽松】**kuānsōng** [형] **1** 넓다. 널찍하다. 여유가 있다. 크다. ¶车上乘客不多, 显得很~。=차에 승객이 많지 않아 널찍해 보인다. **2** 시원하다. 후련하다. 홀가분하다. 편안하다. ¶朋友们的劝慰让他心里~了许多。=친구들의 위로로 그의 마음은 많이 편안해졌다. **3** 넉넉하다. 여유가 있다. 풍족하다. 부유하다. ¶这两年手头~多了。=최근 몇 년은 주머니 사정이 꽤 여유가 있다. **4** 넓고 편안하다. 널찍하고 시원스럽다. 넓게 펼쳐져 있다. 느슨하다. ¶~的工作环境=넓고 편안한 작업 환경. **5** (옷이) 헐렁하다. ¶他喜欢穿~的外套。=그는 헐렁한 외투를 즐겨 입는다. ≒宽裕 宽余 宽绰 ↔拮据

【宽坦】**kuāntǎn** [형] **1** 넓고 평평하다. ¶道路~=도로가 넓고 평탄하다. **2** (마음이) 후련하다. 시원하다. 홀가분하다. ¶心胸~=가슴이 후련하다.

【宽慰】**kuānwèi** [동] 마음을 풀어 주다. 안심시키다. 위로하다. 위안하다. 달래다. ¶他温柔地~着妻子。=그는 아내를 따뜻하게 위로해 주고 있다. [형] 기쁘고 안심〔위안〕이 되다. 마음이 놓이다. 위안〔안심〕이 되다. ¶看到自己多年的付出终于有了回报, 他心里很~。=자신이 몇 년 동안 공을 들였던 일이 결실을 맺는 것을 보자 그는 마음속으로 위안이 되었다.

【宽限】**kuān‖xiàn** [동] 기한을 늦추다〔연장하다〕. ¶还您的钱还没有凑齐, 请再~一段时间。=당신에게 갚을 돈이 아직 덜 마련되었으니, 다시 얼마 동안 기한을 늦춰 주세요.

【宽心】**kuān‖xīn** [동] **1** 마음을 풀다. 마음을 편히〔넓게〕 가지다. ¶陪她出去玩几天, 让她宽宽心。=그녀를 데리고 며칠 놀러 가서 마음을 좀 풀어 주어라. **2** 안심하다. 마음을 놓다. ¶你就~等候好消息吧。=너는 안심하고 희소식만을 기다려라.

【宽心丸】**kuānxīnwán**(~儿) [명][비] 위로의 말. 달래주는 말. 마음을 풀어 주는 말. =【开心丸】**kāixīnwán**

【宽衣】**kuān‖yī** [동][경] 겉옷을 벗다. [옷을 벗으라고 권하는 말] ¶~解带=옷을 벗으세요.

【宽以待人】**kuānyǐdàirén** [동] 너그럽게 대하다. 관용을 베풀다.

【宽银幕】**kuānyínmù** [명]《映》 와이드 스크린(widescreen). 대형 화면.

【宽银幕电影】**kuānyínmù diànyǐng** [명]《映》 와이드 스크린 영화. 시네마스코프(Cinema Scope). 시네스코(Cinesco).

【宽宥】**kuānyòu** [동][문] 너그럽게 용서하다. 관용을 베풀다. ¶多有得罪, 敬请~。=잘못한 점이 많으니 너그러이 봐주십시오.

【宽余】**kuānyú** [형] **1** (생활이) 넉넉하다. 풍족하다. 부유하다. 여유가 있다. ¶这两天手头不太~。=요 며칠은 주머니 사정이 그리 넉넉하지 못하다. **2** 한가하다. 여유롭다. 편안하다. ¶闲庭信步, 偶得~。=한적한 뜰을 산책하면 때로는 마음이 편안해진다. ≒宽裕 宽松 宽绰 ↔紧张 窘迫 拮据

【宽裕】**kuānyù** [형] 부유하다. 넉넉하다. 풍족하다. 유복(裕福)하다. ¶生活~=살림이 넉넉하다. ≒宽余 宽松 ↔窘迫

【宽窄】**kuānzhǎi** [명] **1** 넓이. 크기. ¶过厅的~很合适。=대청의 넓이가 적합하다. **2** 너비. 폭. ¶量一量桌布的~。=식탁보의 폭을 재어 보다.

【宽展】**kuānzhǎn** [형] **1** 넓다. 드넓다. 너르다. 널따랗다. 널찍하다. ¶门前一条~的大路。=문 앞에 넓은 도로가 하나 있다. **2** (마음이) 후련하다. 시원하다. 홀가분하다. 편안하다. 상쾌하다. 유쾌하다. ¶病一天好于一天, 他心里~多了。=병이 나날이 호전되어 가니, 그의 마음이 많이 편안해졌다. **3** 유복하다. 부유하다. 넉넉하다. 풍족하다. ¶日子越过越~。=날이 갈수록 살림살이가 부유해진다. [동] 연기〔연장〕하다. 늦추다. ¶贷款到期后, 还有两个月的~期。=대출 상환 기일이 되었지만 아직 2개월의 연장 기간이 있다.

【宽纵】**kuānzòng** [동] 방임하다. 내버려 두다. 제멋대로 하게 하다. ¶一味地~孩子是有害无益的。=덮어놓고 아이가 제멋대로 하게 놔 두는 것은 백해무익한 것이다.

## 髋[髖] kuān 엉덩이뼈 관

아래를 참조.

【髋骨】**kuāngǔ** [명]《生》 관골. 궁둥이뼈. 무명골. [낮]【胯骨】**kuàgǔ**

【髋关节】**kuānguānjié** [명]《生》 고관절(股關節).

## **款[(欵)] kuǎn 성실할 관

[형] **1** 성실하다. 간절하다. 진실하다. 정성스럽다. ¶再三~留=재삼 간절하게 만류하다. **2** [문] 더디다. 느리다. 완만하다. ¶~~走来=느릿느릿 걸어오다. [동] **1** 초대하다. 대접하다. 환대하다. ¶~客=손님을 환대하다. **2** 때리다. 두드리다. ¶~门=문을 두드리다. [명] **1** 종(鐘)·정(鼎) 등에 음각한 글자. 서화에 써 넣는 서명(署名). ¶落~=낙관. /下~=남에게 서신·서화 등을 보낼 때, 그 아래에 명기하는 보내는 사람의 성명

·날짜 등. **2**(~儿) 양식. 스타일. 패턴. 디자인.
¶新~大衣=새 디자인의 외투. **3** (법령·규정
·조약 따위의) 조항. 조목. ¶条~=조항. / 第2
条第3~=제2조 제3항. **4** 금액. 비용. 경비. 돈.
¶贷~=대출하다. / 汇~=송금하다. / 捐~=
기부하다. 명 종류. 모양. 유형. 스타일. 타입. ¶
两~西服=두 종류의 양복.

○● 拨bō款, 贷dài款, 的dí款, 罚fá款, 放款, 行
háng款, 汇huì款, 货款, 价款, 借款, 进款, 捐
juān款, 赔péi款, 人款, 条款, 现款, 押yā款,
赃zāng款

【款步】**kuǎnbù** 통 천천히 걷다. ¶~湖畔小
径=호반의 오솔길을 천천히 걷다.
【款待】**kuǎndài** 통 (잔치·연회 등에 초대하여)
환대하다. 정성껏 대접하다. 후하게 접대하다. ¶
~宾客=손님을 정성껏 대접하다. ≒招待
【款额】**kuǎn'é** 명 금액. ¶~巨大=금액이 매우
크다.
【款姐】**kuǎnjiě** 명방 돈이 많은 젊은 여자.
【款款】**kuǎnkuǎn** 형 **1** 통 성실하다. 충실하
다. ¶~情怀=호의. **2** 여유 있는 모양. 느긋한
모양. ¶~徐行=느긋하게 걷다.
【款留】**kuǎnliú** 통 (손님을) 진심으로 만류하
다. 간절하게 머무르게 하다. ¶一再~=재삼 진
심으로 만류하다.
【款目】**kuǎnmù** 명 통 **1** 조항. 항목. **2** 장부에
기재된 항목. ¶核查~=장부에 기재된 항목을
대조하다.
【款洽】**kuǎnqià** 형 통 사이가 좋다. 마음이 잘
맞다. ¶情意~=서로 마음이 잘 맞다. / 近来他
与两位表兄皆不大~了.=요즘 그는 두 사촌형
과 사이가 별로 안 좋다.
【款曲】**kuǎnqū** 통 통 접대를 잘하다. 정중하게
대접하다. ¶不善与人~.=사교성이 없다. 명
**1** 진심에서 우러난 마음. 진실한 (간절한) 마음.
¶互通~=진실한 마음으로 서로 대하다. **2** 자
세한 상황. 내막. 속사정. 속내. ¶知其~=자세
한 상황을 알다.
【款式】**kuǎnshì** 명 스타일. 타입. 양식. 격식.
¶~别致=양식이 색다르다. ≒式样
【款项】**kuǎnxiàng** 명 **1** 비용. 경비. 자금. 소
요액. 코스트(cost). 기금. [특정한 용도로 쓰이는
액수가 비교적 큰 돈] **2** (법령·규칙·조약 따위의)
조항.
【款型】**kuǎnxíng** 명 스타일과 사이즈.
【款爷】**kuǎnyé** 명방 돈이 많은 남자. 큰 부자.
갑부.
【款识】**kuǎnzhì** 명 **1** 통 종(鐘)·정(鼎) 등에 새
겨진 도안과 문자. **2** 서신이나 서화에 써 넣은 성
명·날짜 등.
【款子】**kuǎn·zi** 명 비용. 경비. 금액. 기금. 목
돈. 뭉칫돈. 패 많은 돈. ¶这笔~还没有到账.
=이 비용은 아직 입금되지 않았다.

**窾** **kuǎn** 구멍 관
명통 틈. 구멍.

# kuang

**匡** **kuāng** 바로잡을 광
통 **1** 통 바로잡다. 바르게 하다. ¶过则~之=오
류가 있으면 바로잡다. **2** 통 구하다. 도와 주다.
거들다. 보좌하다. 구제하다. ¶~我不逮=제가
부족한 것을 좀 도와 주세요. **3** 예상하다. 짐작하
다. 추측하다. [주로 조기 백화문에 보임] ¶不
~=예측하지 못하다. **4** 방 대략 계산하다. 어림
하다. ¶~算产量=생산량을 어림짐작하다.
명 (Kuāng) 성(姓).
【匡扶】**kuāngfú** 통 통 바로잡아 도와 주다. 보
필하다. 보좌하다. 보위(保衛)하다. ¶~社稷=
국가를 보위하다.
【匡复】**kuāngfù** 통 통 위험에 처한 국가를 구하
다(되살리다). 나라의 위기를 구하다. ¶~汉
室=한(漢)나라 왕실을 구하다.
【匡计】**kuāngjì** 통 대략 계산하다. 어림잡아 계
산하다. ¶~成本=원가를 대략 계산하다.
【匡济】**kuāngjì** 통 통 바로잡아 구제하다. 바로
잡도록 도와 주다. 올바른 길로 인도하다.
【匡救】**kuāngjiù** 통 통 바로잡아 옳은 길로 돌
아서게 하다. 올바른 길로 인도하다. 바로잡다.
【匡谬】**kuāngmiù** 통 통 잘못을 바로잡다. ¶~
正俗=잘못된 세속을 바로잡다.
【匡时】**kuāngshí** 통 통 위급한 시국을 구하다.
¶~济世=위급한 시국을 구하고 세상 사람들을
구제하다.
【匡算】**kuāngsuàn** 통 대략 계산하다. 어림잡
아 계산하다. ¶~项目开支=항목의 지출을 어
림잡아 계산하다.
【匡正】**kuāngzhèng** 통 통 바로잡다. 교정(矯
正)하다. ¶~时弊=시대의 병폐나 악습을 바로
잡다.
【匡助】**kuāngzhù** 통 통 돕다. 도와 주다. ¶~
幼主=어린 군주를 보좌하다.

**劻** **kuāng** 바쁜 모양 광
【劻勷】【匡儴】**kuāngráng** 형 통 급해서 안절부
절못하는 모양.

**佢** **kuāng** 불구자 왕
【佢儴】**kuāngráng** ☞【劻勷】**kuāngráng**

**诓**[誆] **kuāng** 속일 광
통 속이다. 기만하다. ¶~人=남을 속이다.
【诓哄】**kuānghǒng** 통 거짓말로 어르다. 속이
다. 기만하다. ¶你怎么能~孩子呢?=네가 어
찌 아이를 속일 수가 있느냐? ≒哄骗
【诓骗】**kuāngpiàn** 통 거짓말로 속이다. 사취
(詐取)하다. 편취(騙取)하다. 사기(詐欺)하다. ¶
~钱财=금품을 사취하다.

**哐** **kuāng** 부딪치는 소리 광
의 쾅. 꽝. 쿵. [부딪치거나 진동하는 소리] ¶~

的一声。水盆掉在地上了。=쾅 하고 소리를 내며 대야가 땅에 떨어졌다.

【哐当】**kuāngdāng** [의] 쫘당. 콰당. 쾅. 꽝. [기물이 부딪치는 소리] ¶大门~一声关上了。=대문이 쾅 하면서 닫혔다.

【哐啷】**kuānglāng** [의] 쫘당. 콰당. 쾅. 꽝. 떨가닥. 철커덕. 덜커덕. [기물이 부딪치는 소리] ¶火车~~地驶离了车站。=기차가 덜커덕덜커덕거리면서 역을 빠져 나갔다.

## 洭 **Kuāng** 물 이름 광

[명]《地》광허(洭河). [광둥(广东)성에 있는 강 이름]

## 恇 **kuāng** 겁낼 광

[동]⟨문⟩ 두려워하다. 겁내다. 놀라 허둥지둥하다. ¶~惧=두려워서 공포에 떨다.

## *筐 **kuāng** 광주리 광

[명](~儿) (대쪽·버드나무 가지·싸리 등으로 만든) 광주리. 바구니. ¶抬~=광주리를 들다. 두 사람이 메는 큰 광주리. / 竹~=대광주리.

○→ 箩 luó筐

【筐子】**kuāng·zi** [명] 광주리. 바구니. [주로 비교적 작은 것을 가리킴] ¶菜~=채소 바구니.

## *狂 **kuáng** 미칠 광

[형] **1** 미치다. 정신이상이다. ¶发~=미치다. 발광하다. / 欣喜若~=기뻐서 날뛰다. **2** 건방지다. 거만(오만)하다. 분별이 없다. 허황되다. 轻~=아주 경망스럽다. / 口出~言=허황된 [터무니없는] 말을 지껄이다. 큰소리를 탕탕 치다. **3** 맹렬하다. 격렬하다. 거세다. 기세가 높다. ¶~一路~奔=미친 듯이 달리다. 힘차고 신속하게 달리다. / ~风巨浪=세찬 바람과 커다란 파도. [부] 기분 내키는 대로. 마음껏. 실컷. 제멋대로. 미친 듯이. ¶通宵~饮=밤을 새워 가며 마음껏[미친 듯이] 마시다. / ~放不拘=자유분방하다.

○→ 猖chāng狂, 癫diān狂, 疯fēng狂, 轻狂, 凶xiōng狂, 佯yáng狂, 阳狂, 张狂

【狂傲】**kuáng'ào** [형] 오만하다. ¶态度~=태도가 오만하다.

【狂暴】**kuángbào** [형] **1** 맹렬하다. 매우 세차다. ¶~的台风=맹렬한 태풍. **2** 난폭하다. 광포(狂暴)하다. 매우 거칠고 사납다. ¶性情~=성질이 난폭하다.

【狂悖】**kuángbèi** [형]⟨문⟩ 지나칠 정도로 거만[오만]하다. 도에 지나치게 건방지다. 지나칠 정도로 허황하다. ¶言行~=언행이 지나칠 정도로 오만하다.

【狂奔】**kuángbēn** [동] **1** 쏜살같이 달리다. 미친 듯이 달리다. 광분하다. ¶骏马~=준마가 힘차고 신속하게 달리다. **2** 빠르고 맹렬하게〈세차게〉흐르다. 미친 듯이 흐르다. ¶山洪~而下。=

산에서 난 홍수가 맹렬하게 쏟아져 내린다.

【狂飙】**kuángbiāo** [명] **1** 폭풍. 광풍. **2** ⟨비⟩ 맹렬한 조류. 세찬 역량. ¶资产阶级革命的~席卷了整个欧洲。=부르주아 혁명의 조류가 전 유럽을 휩쓸었다.

【狂草】**kuángcǎo** [명] 광초(狂草). [서체의 일종. 심하게 흘려 쓰는 초서(草书)임]

【狂潮】**kuángcháo** [명] **1** 세찬 조수. **2** ⟨비⟩ 드높은 기세. 기세가 드높은 국면. ¶革命的~=혁명의 드높은 기세.

【狂诞】**kuángdàn** [형] (언행이) 오만하고 건방지다. 말이나 하는 짓이 허황하다.

【狂荡】**kuángdàng** [형] 자유롭고 방탕하다. ¶生性~=타고난 성질이 자유롭고 방탕하다.

【狂跌】**kuángdiē** [동] (물가·가격 등이) 폭락하다. ¶股价~=주식 가격이 폭락하다.

【狂放】**kuángfàng** [형] 자유분방하다. 방탕하다. 호방하다. 거리낌이 없다. 제멋대로 하다. 구애[구속]받지 않다. 거리낌없이 행동하다. ¶~不羁=구애받지 않고 하고 싶은 대로 하다.

【狂吠】**kuángfèi** [동] **1** (개가) 미친 듯이 짖다. **2** ⟨비⟩ 미친 듯이 떠들어 대다. [욕하는 말]

【狂风】**kuángfēng** [명] **1** ⟨기⟩ 광(狂)바람. [풍력계급 10급에 해당하는 바람] **2** 광풍. 사납게 부는 바람. ¶~骤起=광풍이 갑자기 휘몰아치다.

【狂风暴雨】**kuángfēng-bàoyǔ** [성] **1** 세찬 폭풍우〔비바람〕. **2** ⟨비⟩ 극도로 위험한 처지. 세차고 맹렬한 기세.

【狂歌】**kuánggē** [동] 마음껏 노래하다. ¶~劲舞=마음껏 노래하고 춤추다.

【狂轰滥炸】**kuánghōng-lànzhà** [성] 무차별 폭격하다. 맹폭(盲爆)하다. 마구잡이로 폭격하다.

【狂呼】**kuánghū** [동] 미친 듯이 큰 소리로 외치다. ¶~乱叫=큰 소리로 아우성치다. 미친 듯이 소리지르다.

【狂话】**kuánghuà** [명] 허튼소리. 헛소리. 허황된 말. 터무니없는 말. ¶满口~=하는 말마다 헛소리이다.

【狂欢】**kuánghuān** [동] 마음껏 즐기다. ¶彻夜~=밤새워 흥청거리며 즐기다.

【狂欢节】**kuánghuānjié** [명] 카니발. 사육제(谢肉祭). 페스티벌(festival). =【嘉年华会】jiāniánhuáhuì

【狂劲】**kuángjìn**(~儿) [명] **1** 미친 듯한 기세〔열정·힘〕. 광분. ¶他打起球来有一股~。=그는 농구를 할 때 미친 듯한 열정을 발휘한다. **2** 오만한 표정. ¶瞧他那副~, 把谁都没放在眼里。=아무도 안중에 두지 않는 그의 저 오만한 표정 좀 봐.

【狂澜】**kuánglán** [명] **1** 노도(怒涛). 거대한 파도. 광란. **2** ⟨비⟩ 격동하는 정세. 거센[맹렬한] 조류. ¶力挽~=그릇된 경향을 애써 바로잡다. 힘들여 위험한 국면을 만회하다.

【狂烈】**kuángliè** [형] 몹시[미친 듯이] 사납다. 몹시 맹렬하다. ¶~的寒风=몹시 사나운 한풍〔찬바람〕.

【狂乱】**kuángluàn** [형] **1** 몹시 혼란하다〔혼잡하

다·어지럽다〕. 광란하다. 미친 듯이 날뛰다. ¶内心极为~。=마음이 극도로 혼란하다. 2 세차고 무질서하다. 사납고 어지럽다. ¶树枝在暴风雨中~地舞动。=나뭇가지가 폭풍우 속에서 어지러이 흔들린다.

【狂怒】**kuángnù** [동] (극도로) 격분하다. 격노하다. ¶他在~之下, 动手打了对方。=그는 극도로 격분한 상태에서 상대방을 쳤다.

【狂虐】**kuángnüè** [형] 몹시 포악하다. 몹시 잔인하고 난폭하다. 아주 포학하다. 무지막지하다. ¶~的匪徒=무지막지한 강도.

【狂嫖滥赌】**kuángpiáo-làndǔ** [낮] 계집질과 도박에 미쳐 헤어나지 못하다.

【狂气】**kuáng·qi** [형][구] 오만 방자하다. 거만〔오만·교만〕하다. 우쭐거리다. ¶他当了一个小小的部门经理就~起来了。=그는 조그만 부서의 부장이 되더니만 거만해지기 시작했다. [명] 거만〔오만·교만〕한 태도〔기질〕. 교만기. ¶他的身上有几分~。=그 사람한테는 약간의 교만한 기질이 있다.

【狂犬病】**kuángquǎnbìng** [명]〈醫〉 광견병. 공수병. =【恐水病】**kǒngshuǐbìng**

【狂热】**kuángrè** [형] 열광적이다. 미치다. ¶他对音乐的喜爱已经到了~的程度。=그의 음악에 대한 애호는 이미 광적인 상태에 이르렀다. [명] (미친 듯한) 열정. 광열. 열광. ¶人们对炒股的~已消退了不少。=사람들의 주식 투기에 대한 열정이 이미 많이 수그러들었다.

【狂人】**kuángrén** [명] 1 광인. 미친 사람. 미치광이. 2 매우 오만하고 거들먹거리는 사람.

【狂胜】**kuángshèng** [동]〈體〉 압도적으로 승리하다〔이기다·누르다〕. ¶他们以8比0的比分~对手。=그들은 8대0으로 상대를 압도적으로 눌렀다.

【狂涛】**kuángtāo** [명] 1 용솟음치는 파도. 미친 듯한 파도. 2 [비] 드높은 기세.

【狂徒】**kuángtú** [명] 악당. 악도. 광도.

【狂妄】**kuángwàng** [형] 아주 거만〔오만·교만〕하다. 안하무인(眼下無人)격이다. ¶态度~=태도가 안하무인격이다.

【狂妄自大】**kuángwàng-zìdà** [성] 아주 거만하여 안하무인격이다.

【狂舞】**kuángwǔ** [동] 마음껏〔실컷〕 춤을 추다. 열광적으로 춤을 추다. ¶劲歌~=힘차게 노래 부르고 열광적으로 춤을 추다.

【狂喜】**kuángxǐ** [형] 한없이〔아주〕 기쁘다. 그지없이〔미칠 듯이〕 기쁘다. ¶得知自己获胜, 他内心~不已。=자기가 이겼다는 것을 알고는 그는 내심 기쁘기 그지없었다.

【狂想】**kuángxiǎng** [동] 1 환상에 빠지다. 공상하다. ¶突发~=갑자기 환상이 떠오르다. 2 망상하다. 광상하다. 미친 생각이다. ¶一夜暴富, 简直就是~。=하루 아침에 벼락부자가 된다는 것은 정말 망상이다.

【狂想曲】**kuángxiǎngqǔ** [명]〈音〉 광상곡.

【狂笑】**kuángxiào** [동] 미친 듯이 웃다. 배꼽이 빠지도록 웃다. 포복절도하다. ¶~不止=미친 듯이 웃어 대다.

【狂泻】**kuángxiè** [동] 1 큰 물줄기가 세차게 흘러내리다. 세차게 쏟아져 내리다. ¶洪水从大堤~而下。=큰 홍수가 제방에서 세차게 흘러내린다. 2 (가격·주식 등이) 폭락하다. 뚝 떨어지다.

【狂言】**kuángyán** [명] 광언(狂言). 광담(狂談). 허튼소리. 터무니없는 말. ¶一派~=온통 터무니없는 말이다.

【狂饮】**kuángyǐn** [동] 광음(狂飮)하다. 실컷〔정신 없이·미친 듯이〕 퍼마시다. 폭음하다. ¶暴食~=술과 음식을 정신 없이 마구 먹고 마시다.

【狂躁】**kuángzào** [형] 몹시 초조하다. 몹시 조바심하다. ¶~不安=몹시 초조하고 불안하다.

【狂涨】**kuángzhǎng** [형] (물가·가격 등이) 폭등하다. ¶物价~=물가가 폭등하다.

## 诳[誑, 誆] kuáng 속일 광

[동] 속이다. 기만하다. ¶~言=거짓말. [명][방] 거짓말. ¶说~=거짓말을 하다.

【诳话】**kuánghuà** ☞【诳语】**kuángyǔ**

【诳惑】**kuánghuò** [동] 기만하여 미혹시키다.

【诳骗】**kuángpiàn** [동] (거짓말로) 속이다. 기만하다.

【诳语】**kuángyǔ** [명] 거짓말. 허풍. =【诳话】**kuánghuà**

## 鵟[鵟] kuáng 수리 광

[명]〈動〉 (수리·말똥가리 등) 수릿과에 딸린 새의 총칭. =【土豹】**tǔbào**

## 夼 kuǎng 땅 이름 천

[명][방] 움푹한 지대. 저지(低地). [주로 지명에 쓰임] ¶大~=다광. [산둥(山东)성에 있는 지명]

## 邝[鄺] Kuàng 성 광

[명] 성(姓).

## 圹[壙] kuàng 벌판 광

[명][문] 1 원야. 평야. 평원. 벌판. 2 묘혈(墓穴). 광혈(壙穴). ¶打~=묘혈을 파다.

○● 生圹

【圹埌】**kuànglàng** [형][문] 일망무제의. 끝없이 넓은. 가없이 넓은. 광대무변(廣大無邊)의.

【圹穴】**kuàngxué** [명][문] 묘혈(墓穴). 광혈.

## 纩[纊] kuàng 솜 광

[명][문] 풀솜.

## ** 旷[曠] kuàng 빌 광

[형] 1 텅 비고 넓다. 광활하다. 끝없이 넓다. 널찍하다. ¶地~人稀=땅은 넓으나 인구는 적다. 2 마음이 탁 트이다. 느긋하다. 도량이 넓다. ¶心~神怡=마음이 트이고 기분이 상쾌하다. 근심이 없고 즐겁다. 3 오래다. ¶年代~远=연대가 아주 오래다. 4 헐겁다. 느슨하다. 헐렁하다. ¶这双鞋穿着有点儿~。=이 신발은 신으니 좀 헐

**kuàng** 旷 况 矿

겁다. 동 (일·임무 등을) 소홀히 하다. 게을리하다. 태만하다. 등한시하다. 폐기하다. (시간을) 낭비하다. 허비하다. ¶~日费时 = 헛되이 시간을 허비하다. 명 (Kuàng) 성(姓).

○● 空旷, 宽旷

【旷达】**kuàngdá** 형 활달하다. 마음이 넓다. 대범하다. 넓게 생각하다. ¶胸怀~ = 마음〔도량〕이 넓다. ≒豁达

【旷代】**kuàngdài** 명 역대(歷代). 예부터 지금까지. ¶~未有之奇勋 = 일찍이 없었던 뛰어난 공훈. 형 당대에 견줄 데 없는. 무쌍(無雙)의. ¶~英豪 = 당대에 견줄 만한 자가 없는 영웅호걸.

【旷荡】**kuàngdàng** 형 1 광활하다. 광막하다. 끝없다. 공활하다. ¶~的原野 = 광활한 벌판. 2 (생각·마음 등이) 활달하다. 명랑하다. 낙관적이다. 자유롭고 거리낌없다. ¶心怀~ = 마음이 자유롭고 거리낌없다.

【旷废】**kuàngfèi** 동 황폐하다. 내버려 두다. 낭비하다. 허비하다. 게을리하다. 등한시하다. 소홀히 하다. ¶~学业 = 학업을 게을리하다.

【旷费】**kuàngfèi** 동 낭비하다. 허비하다. ¶~时日 = 시간을 낭비하다.

【旷夫】**kuàngfū** 명 노총각. (나이 많은) 독신 남자.

【旷工】**kuàng‖gōng** 동 (직공이) 이유 없이 결근하다. 무단 결근하다. ¶无故~ = 무단 결근하다.

【旷古】**kuànggǔ** 명 먼 옛날. 태고(太古). 이전. 부 예로부터. 자고로. ¶~未闻 = 아직까지 들어 보지 못했다. 전대미문(前代未聞). 미증유(未曾有).

【旷久】**kuàngjiǔ** 형 1 부 시간을 오래 끌다. ¶~的战争 = 장기전. 2 (연대가) 길고 오래다. 장구(長久)하다. ¶~失传 = 전해지지 않은 지 오래되었다.

【旷课】**kuàng‖kè** 동 (학생이) 무단 결석하다. 수업을 빼먹다.

【旷阔】**kuàngkuò** 형 광활하다. 끝〔가〕없이 넓다. 공활하다. 드넓다. ¶走出山林, 眼前是一片~的田野。= 산림을 빠져 나오자 눈 앞에 광활한 들판이 펼쳐졌다.

【旷男】**kuàngnán** 명 노총각. (나이 많은) 독신 남자. ¶~怨女 = 노총각과 노처녀.

【旷日持久】**kuàngrì-chíjiǔ** 성 헛되이 시일을 보내면서 오래 질질 끌다.

【旷世】**kuàngshì** 형 부 1 아주 오랜 세월이 걸리다. 오랜 시일을 거치다. ¶~难成之业 = 오랜 세월이 걸려도 이루기 어려운 사업. 2 당대에 견줄 만한 자가 없다. 유일무이하다. ¶~奇才 = 당대에는 견줄 만한 자가 없는 천하무쌍(天下無雙)의 기재(奇才).

【旷芜】**kuàngwú** 형 넓고 황폐하다. ¶~的荒原 = 넓고 황폐한 불모지.

【旷野】**kuàngyě** 명 광야. 광원(曠原).

【旷远】**kuàngyuǎn** 형 1 넓고도 아득히 멀다. ¶夜空显得静谧而~。= 밤 하늘이 더욱 고요하고 아득히 멀게 느껴진다. 2 부 까마득하다. 장구하다. 아득히 멀고 오래다. ¶影响~ = 영향이 매우 오래가다.

【旷职】**kuàng‖zhí** 동 (직원이) 무단〔휴가를 내지 않고〕결근하다. ¶因~被扣发奖金。= 무단 결근으로 인해 보너스가 공제되었다.

## 况〔況〕kuàng 하물며 황

동 비유하다. 견주다. 비교하다. ¶自~ = 남을 자신과 비교하다. / 以物~人 = 사물을 사람을 비유하다. 접 부 하물며. 게다가. 더군다나. ¶秋初即寒不可耐, ~严冬乎? = 초가을에도 추워서 견딜 수가 없는데, 하물며 엄동(嚴冬)에는 어떠하겠는가? 명 1 상황. 사정. ¶情~ = 정황. / 每~愈下 = 상황이 갈수록 나빠지다. 사정이 갈수록 악화되다. 2 (Kuàng) 성(姓).

○● 病况, 而况, 概gài况, 境况, 窘jiǒng况, 盛shèng况, 实况, 战况, 状况

【况且】**kuàngqiě** 접 게다가. 더구나. 하물며. ¶这是山路, ~还在下雨, 哪能走得快? = 이 곳은 산길인 데다가 비까지 내리는데, 어떻게 빨리 갈 수 있겠어?

【况味】**kuàngwèi** 명 처지. 형편. 경우. 입장. 사정. 상황. 맛. 정취. 풍취. ¶个中~, 难以尽言。= 그 속 사정은 말로 다할 수 없다.

## 矿〔礦, 鑛〕kuàng 쇳돌 광

명 1 광석. 광물. ¶煤~ = 탄광. / 铁~ = 철광. 2 광산(鑛山). 탐~ = 탐광(探鑛). 광상을 탐색하다. 3 광산. 갱. ¶去~里上班 = 광산으로 출근하다. 형 채광(採鑛)과 관련 있는 (것). ¶全体~工 = 전체 광부.

○● 采矿, 厂矿, 富矿, 开矿, 路矿, 贫pín矿, 探tàn矿, 团tuán矿, 选矿, 油矿, 露天矿

【矿藏】**kuàngcáng** 명 지하 자원. [매장 광물의 총칭] ¶~丰富 = 지하 자원이 풍부하다.

【矿层】**kuàngcéng** 명 (礦) 광층(鑛層).

【矿产】**kuàngchǎn** 명 광산물.

【矿产资源】**kuàngchǎn zīyuán** 명 광산 자원. ⇨【矿源】**kuàngyuán**

【矿场】**kuàngchǎng** 명 광산.

【矿车】**kuàngchē** 명 광차(鑛車). 광석차. [광석을 실어 나르는 지붕 없는 화차(貨車)]

【矿尘】**kuàngchén** 명 광산의 먼지.

【矿床】**kuàngchuáng** 명 (礦) 광상(鑛床). =【矿体】**kuàngtǐ**

【矿灯】**kuàngdēng** 명 광산용 램프(lamp).

【矿点】**kuàngdiǎn** 명 광석 매장 지점. 광석이 있는 곳.

【矿工】**kuànggōng** 명 광부. 갱부(坑夫).

【矿化度】**kuànghuàdù** 명 광화도(鑛化度). 광화 작용의 정도.

【矿浆】**kuàngjiāng** 명 (礦) 광니(鑛泥).

【矿井】**kuàngjǐng** 명 갱도. 수직갱.

【矿警】**kuàngjǐng** 명 광산 경찰.

【矿坑】kuàngkēng 图 갱. 갱도. 광갱(鑛坑).
【矿脉】kuàngmài 图 광맥.
【矿棉】kuàngmián 图 (礦) 석면.
【矿苗】kuàngmiáo 图 (礦) 노두(露頭). =【露头】lùtóu
【矿区】kuàngqū 图 광구(鑛區). 광산 구역〔지역·지대〕.
【矿泉】kuàngquán 图 광천(鑛泉).
【矿泉水】kuàngquánshuǐ 图 광천수. 생수. 미네랄 워터(mineral water).
【矿砂】kuàngshā 图 (礦) 광사(鑛砂).
【矿山】kuàngshān 图 광산.
【矿石】kuàngshí 1 (礦) 광석. 2 (電) (라디오의 검파기 제작용) 광석.
【矿体】kuàngtǐ ☞【矿床】kuàngchuáng
【矿务】kuàngwù 图 광무. 광업에 관한 사무. ¶~局=광무국.
【矿物】kuàngwù 图 광물. ¶~资源=광물 자원. ¶~学=광물학.
【矿物棉】kuàngwùmián 图 미네랄 울(mineral wool). 암면(巖綿).
【矿物油】kuàngwùyóu 图 광물유. 광질유. 광유(鑛油).
【矿盐】kuàngyán ☞【岩盐】yányán
【矿冶】kuàngyě 图 채광과 야금. ¶~学院=채광 야금 대학.
【矿业】kuàngyè 图 광업.
【矿源】kuàngyuán ☞【矿产资源】kuàngchǎn zīyuán
【矿渣】kuàngzhā 图 광재(鑛滓).
【矿长】kuàngzhǎng 图 광산 총책임자.
【矿脂】kuàngzhī ☞【凡士林】fánshìlín
【矿种】kuàngzhǒng 图 광산 자원의 종류.
【矿柱】kuàngzhù 图 (礦) 광주.

## 贶[貺] kuàng 줄 황
동(문) (선물을) 주다. 선사하다. 베풀다. ¶~赠=증정하다. 图 (Kuàng) 성(姓).

## 纩[纊] kuàng 솜 광
图 '纩(kuàng)'과 같음.

## **框 kuàng 문틀 광
图 1 문틀. 창틀. ¶门~=문틀. 2 (~儿) 테. 틀. ¶画~儿=액자. 그림틀. 3 테. 테두리. ¶遗照四周加了黑~。=생전의 사진에 검은 테두리를 둘렀다. 동 1 글자나 그림의 주위에 선을 그리다. ¶要删去的字句拿红笔~起来。=삭제해야 할 문구에 붉은 색연필로 테두리를 치다. 2 구속하다. 제한하다. 얽매다. ¶不能被老规矩~住了手脚。=관습 때문에 행동에 제약을 받아서는 안 된다.

○● 边框,方框,门框,方框图

【框定】kuàngdìng 동 (일정한 범위 내로) 한정하다. ¶~管辖范围=관할 (지역)의 범위를 한정하다.

【框架】kuàngjià 图 1 (建) 뼈대. 프레임(frame). 골격. 골조. ¶游泳馆的主体~工程已经完成。=수영장의 주요 프레임(골격) 공사가 이미 끝났다. 2 (引) 뼈대. 구성. 구조. ¶电影剧本已有了一个大致的~。=영화 각본이 이미 대체적인 골격을 갖추었다.

【框框】kuàng·kuang 图 1 테. 테두리. ¶他用红笔在文章标题四周画了一个~。=그는 붉은 색연필로 글의 제목에 테두리를 쳤다. 2 (引)(사물의) 틀. 고유한 격식. 관례. 전통적인 방법. 한정된 범위. ¶打开思路, 不要受各种条条~的约束。=사고 방식을 고쳐 이런저런 규정에 구속받지 않도록 해야 한다.

【框图】kuàngtú ☞【方框图】fāngkuàngtú

【框子】kuàng·zi 图 1 문틀. 창틀. 테. ¶窗~=창틀. 2 틀. 테. ¶眼镜~=안경테. 3 테. 테두리. ¶标题四周加一个花~。=표제에 무늬 테두리를 두르다. 4 (引)(사물의) 틀. 고유한 격식. 관습. 관례. 전통적인 방법. ¶请您先画个~, 定个调子。=당신이 먼저 대체적인 윤곽을 그려 방향을 잡으세요.

## 眶 kuàng 눈자위 광
图 눈자위. 눈언저리. 안광(眼眶). 눈시울. ¶热泪盈~。=뜨거운 눈물이 눈에 그렁그렁하다.

○● 眼眶

# kui

## *亏[虧] kuī 손해 볼 휴
동 1 손해 보다. 잃어버리다. 손실되다. ¶自负盈~=본인이 손익을 책임지다. 2 부족하다. 모자라다. 기울다. ¶功—一篑=성공을 눈앞에 두고 실패하다. 3 저버리다. 배신하다. 손해를 보게 하다. 밑지게 하다. ¶决不能干~心事。=결코 양심에 부끄러운 짓은 할 수 없다. 본 1 다행히. 덕분에. ¶~你打电话叫醒我, 否则我非睡过头不可。=다행히 네가 전화를 해서 잠이 깼으니 망정이지, 그렇지 않았다면 나는 늦잠 잤을 게 분명해. 2 (…이면서도〔이라면서도〕) 그래도 …이냐. 흥. 체. 유감스럽게도. [비난이나 조롱의 뜻이 담긴 반어적 표현] ¶这种昧良心的话, ~你说得出口！=이런 비양심적인 말이 네 입 밖으로 나오다니. ↔盈

○● 吃亏, 得děi亏, 多亏, 幸亏, 血xuè亏, 盈yíng亏

【亏本】kuī‖běn (~儿) 동 본전을 까먹다. 손해 보다. 밑지다. 결손나다. ¶~销售=밑지고 팔다. ≒折本 赔本 蚀本 ○盈利

【亏产】kuīchǎn 동 규정 생산량에 미달되다. 생산이 목표치에 미치지 못하다. ¶本月~钢材两百吨。=이번 달 생산량에 미달된 강재(鋼材)가 2백 톤이다.

【亏秤】kuī‖chèng 동 1 무게를 모자라게 달다. 저울눈을 속이다. ¶他卖东西斤两足, 从不~。=그는 물건을 팔 때 근량(斤兩)을 넉넉하게 하지 절대 저울눈을 속이지 않는다. 2 (무게가) 축나다. 좀 모자라다. ¶粮食没晒干, 放一段时间后就~了。=곡식을 바짝 말리지 않고 한동안 놓아 두면 근수(무게)가 축나게 된다.

【亏待】kuīdài 동 푸대접하다. 부당하게 대하다. 박대하다. ¶你放心, 他不会~你的。=걱정 마, 그는 널 푸대접하지 않을 것이다.

【亏得】kuī·de 동 1 다행히. 덕분에. ¶~你帮忙, 不然我肯定不能这么快完成任务。=다행히 네가 도왔으니 망정이지 그렇지 않았다면 틀림없이 나는 이렇게 빨리 임무를 완수하지 못했을 것이다. 2 (…이면서도[이라면서]) 그래도 …이냐. 흥. 체. 유감스럽게도. [조롱의 뜻이 담긴 반어적 표현] ¶~你还是有文化的人, 竟然这样不讲道理! =이토록 억지를 쓰다니, 너도 교양 있는 사람이 맞니?

【亏短】kuīduǎn 동 (정량에 비해) 부족하다. 모자라다. ¶工厂的原料~不少。=공장의 원료가 많이 모자란다.

【亏负】kuīfù 동 1 저버리다. 배반하다. ¶这孩子没有~父母的期望。=이 아이는 부모님의 기대를 저버리지 않았다. 2 손해를 보게 하다. 밑지게 하다. ¶这件事他处理得很公正, 谁也没有~。=그는 이 일을 아주 공정하게 처리하여 누구도 손해 보지 않게 하였다. ≒辜负

【亏耗】kuīhào 동 소모되다. 결손나다. 적자 나다. 축나다. 적어지다. ¶体力~不少。=체력 소모가 적지 않다. 명 (화물 등을 오랫동안 저장·운반하거나 자연 감소 등의 이유로 생기는) 손실. 소모. 감모(減耗). 파손. 결손. ¶鲜花在运输中有一定的~。=생화(生花)는 운송 도중에 어느 정도의 손실이 있다.

【亏空】kuī·kong 동 (수입보다 지출이 많아서) 결손나다. 빚지다. 빚내다. 적자를 내다. ¶厂里一个月~五六十万。=공장은 한 달에 50~60만 위안의 적자가 난다. 명 부채. 빚. 적자. ¶买房子拉下了不少~。=집을 사면서 적지 않은 빚을 졌다.

【亏累】kuīlěi 동 적채(積債)가 생기다. ¶经营不善, 连年~。=경영이 부실하여 해마다 적채(積債)가 생기다.

【亏欠】kuīqiàn 동 결손나다. 빚지다. 빚을 갚지 않고 질질 끌다. ¶~货款=대출금을 갚지 않고 질질 끌다.

【亏折】kuīshé 동 (본전을) 손해 보다. 결손나다. 손실 보다. ¶投资失败, ~不少。=투자에 실패하여 손해가 적지 않다.

【亏蚀】kuīshí 명〈天〉일식과 월식. 동 결손나다. 손실 보다. 밑지다. ¶加强管理, 减少~。=관리를 더욱 철저히 하여 손실을 줄이다. / ~资金=자금을 손실 보다.

【亏损】kuīsǔn 동 1 결손나다. 적자 나다. ¶~企业=적자 기업. 2 쇠약해지다. 허약하다. ¶气血~=기혈(氣血)이 쇠약해지다. ↔赢余

【亏心】kuī‖xīn 동 양심에 어긋나다. 양심에 부끄럽다〔거리끼다〕. ¶他忠厚善良, 从没做过~事。=그는 충직하고 선량하여 여태까지 양심에 위배되는 짓을 한 적이 없다.

【亏值】kuīzhí 명〈数〉(핀란드 수학자 네반린나가 제시한 함수에서의) 제외치(除外値). 영 deficient values

刲 kuī 벨 규
동〈문〉베다. 자르다.

岿[巋] kuī 높고 험한 모양 규
형〈문〉높은 산이 우뚝 솟아 있는 모양.

【岿然】kuīrán 형〈문〉홀로 우뚝 솟아 있는 모양. 우뚝하다. ¶~屹立=우뚝 솟아 있다.

【岿然不动】kuīrán-bùdòng 성 우뚝 서서 흔들리지 않다. 우뚝 서서 끄떡하지 않다.

【岿然独存】kuīrán-dúcún 성 (변고를 겪은 후 사람이나 물건이) 홀로 꿋꿋하게 남아 있다.

【岿巍】kuīwēi 형〈문〉우뚝 솟다. ¶山峰~=산봉우리가 우뚝 솟아 있다.

悝 kuī 사람 이름 회
인명에 쓰이는 글자. ¶李~=이회. [전국(戰國)시대의 정치가]
☞lǐ

盔 kuī 바리 회
명 1 바리. ¶瓦~=토기 주발. 2 투구. 헬멧. ¶钢~=철모. 3 (~儿) 투구 모양 혹은 반구형의 모자. ¶帽~儿=베레모.
○● 锅guō盔

【盔甲】kuījiǎ 투구와 갑옷.
【盔帽】kuīmào 명 투구. 헬멧.
【盔头】kuī·tou 명〈劇〉중국 전통극에서 배우가 머리에 쓰는 모자.
【盔子】kuī·zi 명 바리. [질버치보다 약간 깊고 주둥이가 벌어진 용기]

窥[窺, 闚] kuī 엿볼 규
동 1 (구멍이나 틈으로) 엿보다. 들여다보다. ¶管中~豹=대롱의 구멍으로 표범을 보다. 전체를 보지 못하고 부분만을 보다. 편협한 지식. 2 몰래 살피다. ¶偷~=몰래 훔쳐보다.
○● 管窥

【窥豹一斑】kuībào yībān 성 1 표범의 한 무늬(반점)만 보다. 2〈비〉사물의 한 부분만 보다.
【窥测】kuīcè 동 살피다. 엿보다. 정탐하다. ¶~动向=동향을 살피다.
【窥察】kuīchá 동 몰래 살피다. 엿보다. 정탐하다. ¶~动静=동정을 살피다.
【窥度】kuīduó 동 어림잡아 헤아리다〔추측하다〕. ¶~形势=형세를 어림잡아 헤아리다.
【窥见】kuījiàn 동 보여지다. 느껴지다. 엿보이다. ¶从他的谈话可以~其真实的内心。=그

이야기를 통해 그의 진실된 마음을 느낄 수 있다.

【窥看】**kuīkàn** 圄 엿보다. 훔쳐보다. ¶禁止~他人试卷.=다른 사람의 시험 답안지를 훔쳐보지 마세요.

【窥破】**kuīpò** 圄 간파하다. 꿰뚫어 보다. 알아차리다. ¶~阴谋=음모를 간파하다.

【窥视】**kuīshì** 圄 정탐하다. 들여다보다. 엿보다. ¶~良久=한참 동안 들여다보다. ≒窥探

【窥视镜】**kuīshìjìng** 圐 도어 스코프(door scope). 현관문에 설치된, 밖을 살피는 작은 오목거울. =【门镜】**ménjìng**⇔【猫眼儿】**māoyǎnr**

【窥视孔】**kuīshìkǒng** 圐 관찰 구멍.

【窥伺】**kuīsì** 圄圐 기회를 엿보다〔노리다〕. 때를 기다리다. ¶~已久=때를 기다린 지 이미 오래 되었다.

【窥探】**kuītàn** 圄 정탐하다. 엿보다. ¶~内情=내부 상황을 정탐하다. ≒窥视

【窥望】**kuīwàng** 圄 몰래 훔쳐보다. 엿보다. 몰래 관찰하다. ¶从窗内向外~.=창문 안에서 밖을 몰래 관찰하다.

## 奎 **kuí** 별 이름 규
圐 **1**(天) 규수(奎宿). [이십팔수(二十八宿)의 하나] **2**(Kuí) 성(姓).

【奎宁】**kuíníng** 圐외(醫) 퀴닌(quinine). 키니네. =【金鸡纳霜】**jīnjīnàshuāng**

## 逵 **kuí** 큰길 규
圐圐 한길. 큰길. 사통팔달의 도로. ¶大~=대로. 큰길.

## 馗 **kuí** 큰길 규
圐圐 '逵(kuí)'와 같음.

o━ 钟馗

## 隗 **Kuí** 성씨 외
圐 성(姓).
☞ **Wěi**

## *葵 **kuí** 해바라기 규
圐(植) **1** 아욱과에 속하는 식물의 총칭. **2** 해바라기. ¶~花朵朵向太阳.=해바라기가 송이마다 해를 향하고 있다. **3** 빈랑(槟榔)나무. ¶一把~扇=파초선 하나.

o━ 海葵, 龙葵, 蒲**pú**葵, 蜀**shǔ**葵, 天竺**zhú**葵

【葵花】**kuíhuā** ☞【向日葵】**xiàngrìkuí**

【葵花子】[葵花籽] **kuíhuāzǐ**(~儿) 圐 해바라기 씨.

【葵花籽】**kuíhuāzǐ** ☞【葵花子】**kuíhuāzǐ**

【葵扇】**kuíshàn** 圐 빈랑(槟榔)나무의 잎으로 만든 부채. [파초선(芭蕉扇)이라고도 함] ⇔【芭蕉扇】**bājiāoshàn**

## 揆 **kuí** 헤아릴 규

圄圐 **1** 추측하다. 헤아리다. 짐작하다. ¶~其本意=그 본뜻을 짐작하다. **2** 관리하다. 총괄하다. 관장하다. ¶总~百事=모든 일을 총괄하다. **3** 준칙. 규범. 도리. 이치. ¶古今同~=고금의 도리는 한가지이다. **4** 재상. **5** 재상(宰相)급의 관직. 총리. 수상. ¶~阁~=내각 총리〔국무총리〕.

【揆度】**kuíduó** 圄圐 가늠하다. 짐작하다. 추측하다. ¶~得失=득실을 가늠하다.

【揆情度理】**kuíqíng duólǐ** 圐 일반적인 도리〔사리·이치〕로 추측하여 짐작하다〔헤아리다〕.

## 喹 **kuí** 퀴놀린 규
【喹啉】**kuílín** 圐외(化) 퀴놀린(quinoline).

## 骙[騤] **kuí** 말 씩씩하게 갈 모양 규
【骙骙】**kuíkuí** 圐 (말이) 건장하고 헌칠하다.

## 暌 **kuí** 떨어질 규
圄圐 (사람과 사람 혹은 사람과 장소 사이가) 헤어지다. 떨어지다. 분리되다. 이별하다. 사이를 두다. ¶~离有年=헤어진 지 몇 년 되었다.

【暌别】**kuíbié** 圄圐 헤어지다. 이별하다. 갈라지다. 떠나다. ¶~经年=헤어져서 오랜 세월이 지났다.

【暌隔】**kuígé** 圄圐 헤어지다. 이별하다. 갈라지다. 떠나다. ¶~数十载=떠나온 지 수십 년이 되었다.

【暌离】**kuílí** 圄圐 **1** 헤어지다. 이별하다. 갈라지다. 떠나다. ¶不忍~=차마 헤어지지 못하다. **2** 위배하다. 어기다. ¶~常理=일반적인 도리를 어기다.

【暌违】**kuíwéi** 圄圐 떨어지다. 갈라지다. [옛날, 서신 용어로 쓰임] ¶~之苦, 不堪消受.=떨어져 있는 고통은 정말 감내하기 힘들구려.

## *魁 **kuí** 우두머리 괴
圐 **1**(天) 괴성(魁星). [북두칠성의 머리에 있는 네 개의 별. 일설에는 자루에서 가장 멀리 있는 별을 가리킨다고 함] **2** 장(长). 우두머리. 두목. 수령. 선두. [수위를 차지하고 있는 사람이나 사물] ¶夺~=수위(首位)를 차지하다. 일등을 따내다. / 罪~祸首=원흉. 圐 (체구가) 장대하다. 우람하다. ¶身材~梧=체구가 우람하다.

o━ 党魁, 花魁

【魁岸】**kuí'àn** 圄圐 체구가 우람하다. 체구가 건장하다. ¶身材~=체구가 건장하다.

【魁首】**kuíshǒu** 圐 **1** 같은 무리 중에서 재능이 가장 뛰어난 사람. (문장·무술 등에서) 제일인자. ¶乐坛~=음악계의 제일인자. **2** 괴수. 수령. 두목. 우두머리. 영수(领袖). ¶俘其~=그들의 우두머리를 생포하다. ≒首领

【魁伟】**kuíwěi** 圐 (몸집이) 장대하다. 우람하다. ¶身材~=몸집이 장대하다. ≒魁梧

【魁梧】**kuíwú** 圐 (몸집이) 장대하다. 우람하다. ¶~的身躯=우람한 체구. ≒魁伟

【魁星】 kuíxīng 명 1 (天) 괴성(魁星). [북두칠성의 머리에 있는 네 개의 별. 일설에는 자루에서 가장 멀리 있는 별을 가리킨다고 함] 2 (Kuíxīng) 괴성. [중국의 신화에서 문장의 흥망성쇠를 주재(主宰)하는 신] ¶~阁, 여러 지방에 '괴성각(魁星閣)'·'괴성루(魁星樓)' 등의 건축물이 있었음]
【魁元】 kuíyuán 명 1 동년배 중에서 재능이 가장 출중한 사람. 제일인자. 2 수석. 일등. ¶得中~=수석 합격하다.

## 戣 kuí 삼봉창 규
명 규. [끝이 세 갈래 또는 네 갈래로 된 창. 고대 병기의 일종]

## 睽 kuí 노려볼 규
동 1 위배되다. 맞지 않다. 어긋나다. 2 '暌(kuí)'와 같음. 형 눈을 부릅뜨고 바라보다. 주시하다.
【睽睽】 kuíkuí 형 눈을 부릅뜨고 주시하는 모양. 뚫어지게 보다. 응시하다. 빤히 쳐다보다. ¶众目~=뭇 사람이 주시하다.
【睽异】 kuíyì 형〉 (의견이) 맞지 않다.

## 蝰 kuí 살무사 규
【蝰蛇】 kuíshé 명(動) 살무사.

## 魁 kuí 북두칠성 괴
명〉 북두칠성. 북성.

## 夔 kuí 외발짐승 기
명 1 기. [용과 같이 생겼으며 다리가 하나인 고대 전설상의 동물] 2 (Kuí) 쿠이저우(夔州). [지금의 충칭(重庆)시 펑제(奉节)현 일대에 있었음] 3 (Kuí) 성(姓).

## *傀 kuǐ 꼭두각시 괴
아래를 참조.
☞ guī
【傀儡】 kuǐlěi 명 1 (인형극의) 괴뢰. 꼭두각시. (인형극의) 목우인(木偶人). 2 비 남의 조종에 따라 움직이는 사람이나 조직. 괴뢰. 꼭두각시. 허수아비. 로봇. ¶~政权=괴뢰 정권.
【傀儡戏】 kuǐlěixì ☞【木偶戏】 mù'ǒuxì

## 跬 kuǐ 반걸음 규
명 한 발 내디딘 거리. 반보(半步). 반걸음. (반걸음밖에 안 되는) 아주 가까운 거리. ¶不积~步, 无以致千里. =한 발을 내딛지 않으면 천리에 다다를 수 없다. 천리 길도 한 걸음부터.
【跬步】 kuǐbù 명〉 반보(半步). 규보(跬步). 반걸음. ¶~不离=반걸음도 떨어지지 않다. 바싹 따르다.
【跬步千里】 kuǐbù qiānlǐ 성비 열심히 노력하면 언젠가는 성공할 수 있다.

## 磈 kuǐ 돌무더기 괴

【磈磊】 kuǐlěi 명 1 돌무더기. 2 비 (마음속에 쌓인) 분노. 울분.

## 匮[匱] kuì 모자랄 궤
동〉 부족하다. 모자라다. 결핍되다. ¶资源~乏=자원이 부족하다.
☞ guì
【匮乏】 kuìfá 형 부족하다. 결핍되다. 모자라다. ¶极度~=극도로 부족하다.
【匮竭】 kuìjié 형 고갈되다. 다 써 버리다. ¶精力~=정력이 고갈되다.
【匮缺】 kuìquē 형 부족하다. 결핍되다. 모자라다. ¶药品~=약품이 모자라다.

## 蒉[蕢] kuì 삼태기 궤
명〉 삼태기. 멱둥구미.

## 喟 kuì 한숨 위
동〉 탄식하다. 한숨짓다. ¶~感=감탄하다.
【喟然】 kuìrán 형〉 탄식하는 모양. ¶~太息=크게 한숨짓다.
【喟然长叹】 kuìrán-chángtàn 성 긴 한숨을 내쉬며 크게 탄식하다. 장탄식(長歎息)하다.
【喟叹】 kuìtàn 동〉 감개(感慨)하여 탄식하다. ¶~不已=감개(感慨)하여 탄식해 마지않다.

## 馈[饋, 餽] kuì 드릴 궤
동 1 드리다. 선사하다. 증정하다. ¶~以书画=서화를 선사하다. 2 (정보 등을) 전송하다. ¶信息反~=정보가 되돌아오다. 피드백(feedback)되다.
【馈电】 kuìdiàn 동(電) 송전(送電)하다. ¶交叉~=교차 송전.
【馈送】 kuìsòng 동 드리다. 선사하다. 증정하다. ¶~礼品=선물을 증정하다.
【馈遗】 kuìwèi 동〉 선물하다. 선사하다.
【馈线】 kuìxiàn 명(電) (무선 송신기와 안테나를 연결하는) 전송선.
【馈赠】 kuìzèng 동 선물하다. 선사하다. 드리다. ¶~亲友=친지와 친구에게 선물하다.

## *溃[潰] kuì 무너질 궤
동 1 (큰물이) 제방을 무너뜨리다. 둑을 터뜨리다. ¶洪水~堤。=홍수가 제방을 무너뜨리다. 2 운 (포위를) 뚫다. 돌파하다. ¶乘势~围=기세를 타고 포위를 뚫다. 3 (패배하여) 뿔뿔이 흩어지다. 진영이 무너지다. 궤멸되다. ¶一触即~=맞부딪치자 곧 무너지다. 맥없이 무너지다. 4 (몸의 조직이) 헐어 문드러지다. 짓무르고 구멍이 나다. ¶胃~疡=위궤양.
☞ hui
○-○ 崩 bēng 溃, 击溃

【溃败】 kuìbài 동 (군대가) 패배하다. 진영이 무너지다. 궤멸되다. ¶~而逃=(군대가) 패배하여 도망가다.
【溃兵】 kuìbīng 명 패잔병.

【溃不成军】**kuìbùchéngjūn** (형) **1** 군대가 패배하여 대오(隊伍)를 갖추지 못하다. 패전하여 뿔뿔이 흩어지다. **2** (비) 전쟁에서 참패하다.

【溃堤】**kuìdī** (동) (큰물이) 제방을 무너뜨리다〔터뜨리다〕.

【溃决】**kuìjué** (동) 큰물이 제방을 터뜨리다〔무너뜨리다〕. ¶大坝一旦~, 后果不堪设想. = 댐이 터진다면 그 결과는 상상조차 할 수 없다.

【溃军】**kuìjūn** (명) 궤멸된 군대.

【溃口】**kuìkǒu** (비) 제방이 터지다. ¶严防堤坝~. = 제방이 터지지 않도록 단단히 방비하다. (명) 제방의 터진 곳. ¶一定要想办法把~堵住. = 무슨 방법을 써서라도 제방의 터진 곳을 막아야 한다.

【溃烂】**kuìlàn** (동)(醫) (몸의 조직이) 헐어서 곪다. 짓무르다. 썩다. 화농하다. ¶伤口~ = 상처가 짓무르다.

【溃乱】**kuìluàn** (동) (부대가) 궤멸하여〔패배하여〕 혼란에 빠지다. ¶~逃散 = (군대가) 패배하여 뿔뿔이 도망가다.

【溃灭】**kuìmiè** (동) 무너져서 망하다. 궤멸되다. ¶封建残余势力必将~。= 봉건 잔여 세력은 반드시 궤멸될 것이다.

【溃散】**kuìsàn** (동) (군대가) 패전하여 뿔뿔이 흩어지다.

【溃逃】**kuìtáo** (동) 패전하여 뿔뿔이 도망치다. ¶狼狈~ = 허겁지겁 뿔뿔이 도망치다.

【溃退】**kuìtuì** (동) 패전하여 후퇴〔퇴각〕하다. 패하여 물러서다. ¶闻风~ = 소문만 듣고도 퇴각하다.

【溃围】**kuìwéi** (동)(문) 포위를 뚫다〔돌파하다〕. ¶~而逃 = 포위를 뚫고 도망치다.

【溃疡】**kuìyáng** (명)(醫) 궤양. ¶口腔~ = 구강 궤양.

# 愦[憒] **kuì** 어리석을 궤

(형)(문) 어리석다. 멍청하다. 흐리멍덩하다. 어리둥절하다. 어지럽다. 혼란하다. ¶昏~ = 어리석다.

【愦乱】**kuìluàn** (형)(문) 마음이 어지럽다〔산란하다〕. 혼란스럽다.

# **愧[(媿)] **kuì** 부끄러울 괴

(동) 부끄럽다. 창피하다. 송구스럽다. 겸연쩍다. 양심에 거리끼다. ¶羞~ = 부끄러워하다. / 当之无~ = 대접받기에 부끄럽거나 부족한 점이 없다. 부끄러울 것이 없다.

○● 抱愧, 惭cán愧, 无愧

【愧不敢当】**kuìbùgǎndāng** (성)(겸) 송구할 따름입니다. 부끄럽기 그지없습니다. 황송합니다.

【愧对】**kuìduì** (동) 볼 면목이 없다. 만날 체면이 안 서다. ¶~家乡父老 = 고향 어른들을 뵐 면목이 없다.

【愧服】**kuìfú** (동)(문) (남보다 못한 것을) 부끄러워하여 승복하다〔탄복하다·수긍하다〕. ¶令人~ = 탄복하게 하다.

【愧汗】**kuìhàn** (동)(문) 부끄러워 진땀을 흘리다. 몹시 부끄러워하다. ¶忆及往事, 不胜~。= 지나간 일을 떠올리자 부끄러워 참을 수가 없다.

【愧恨】**kuìhèn** (동) 부끄러워 자신을 미워〔원망〕하다. ¶~不已 = 부끄러워 자신을 원망해 마지않다.

【愧悔】**kuìhuǐ** (동) 무안해서 후회하다. 부끄러워서 후회하고 한스럽다. ¶~万分 = 무안해서 몹시 후회하다.

【愧疚】**kuìjiù** (형) 창피하다. 부끄럽고 양심의 가책을 느끼다. 송구스럽다. ¶内心极为~。= 내심 몹시 창피하다.

【愧领】**kuìlǐng** (동) 쑥스럽습니다만, 고맙게 받겠습니다. [남의 후의나 선물을 받을 때 하는 인사말] ¶大家的心意, 我~啦。= 여러분의 후의는 쑥스럽습니다만, 고맙게 받겠습니다.

【愧赧】**kuìnǎn** (동)(문) 부끄러워 얼굴이 붉어지다.

【愧色】**kuìsè** (명) 창피한 표정. 부끄러워하는 표정〔빛〕. ¶面有~ = 얼굴에 부끄러워하는 표정을 띠다.

【愧痛】**kuìtòng** (동) 부끄러워서 괴롭다. ¶~无及 = 부끄러워서 괴로워해도 이미 늦었다.

【愧心】**kuìxīn** (명) 부끄러운 마음. 송구한 마음. ¶顿生~ = 갑자기 부끄러운 생각이 나다.

【愧怍】**kuìzuò** (동) 부끄럽다. 창피하다. 송구스럽다. 겸연쩍다. 양심에 거리끼다. ¶~难安 = 부끄러워 어쩔 줄 모르다.

# 襀[襀] **kuì** 매듭 괴

(명)(방) (~儿) 매듭. ¶活~儿 = 풀매듭. / 死~儿 = 옭매듭. (동) 매다. 매듭을 짓다. ¶把牛~上 = 소를 매어 놓다.

# 聩[聵] **kuì** 배냇귀머거리 외

(형)(문) **1** 귀가 멀다. 귀가 잘 들리지 않다. ¶振聋发~ = 귀머거리도 들리도록 큰 소리로 말하다. 아주 무감각한 것을 일깨워 주다. **2** 멍청하다. 어리석다. ¶昏~ = 머리가 아둔하여 사리에 어둡다. 어리석다.

# 篑[簣] **kuì** 삼태기 궤

(명) 삼태기. ¶功亏一~ = 한 삼태기의 흙이 부족하여 산을 쌓는 일을 완성하지 못하다. 사소한 실수로 일을 그르치다. 최후의 노력이 부족하여 실패하다.

# kun

# *坤[堃] **kūn** 곤괘 곤

(명) **1** 곤괘. [팔괘(八卦)의 하나. 괘형(卦形)은 '☷'으로, 땅을 나타냄] **2** 여성을 대표함. ¶一辆~车 = 여성용 차량〔자전거〕 한 대. ↔乾

○● 乾qián坤

【坤包】**kūnbāo** (명) 여성용 지갑〔핸드백〕.

【坤表】**kūnbiǎo** (명) 여자용 손목시계.

【坤车】kūnchē ☞【女车】nǚchē
【坤角儿】kūnjuér 图옛(劇) 중국 전통극의 여배우.
【坤伶】kūnlíng 图 중국 전통극의 여배우.
【坤造】kūnzào 图옛 1 (혼사 때의) 신부(측). 2 여자의 사주팔자.
【坤宅】kūnzhái 图옛 (혼사 때의) 신부댁.

## 昆¹ kūn 형 곤

图 1 형. ¶~弟之情=형제의 정. 2 자손. 후손. 후대. ¶后~=후손. 图 많다. ¶~虫标本=곤충 표본.

## 昆²[崑·崐] Kūn 산 이름 곤

图 쿤룬(昆仑)산. 곤륜산(崑崙山).
【昆布】kūnbù 图(植) 곤포. 다시마.
【昆虫】kūnchóng 图(動) 곤충.
【昆弟】kūndì 图 형제.
【昆仑】Kūnlún 图(地) 쿤룬(昆仑)산. 곤륜산(崑崙山). [서쪽으로는 파미르 고원 동부에서 시작하여 신장(新疆)·시짱(西藏)을 가로질러 동쪽으로는 칭하이(青海)성 경내까지 이르는 산맥]
【昆季】kūnjì 图 형제.
【昆剧】kūnjù ☞【昆曲】kūnqǔ
【昆明】Kūnmíng 图(地) 쿤밍. 곤명. [윈난(云南)성의 성도]
【昆明湖】Kūnmínghú ☞【滇池】Diānchí
【昆腔】kūnqiāng 图(劇) 곤강. [중국 전통극의 곡조 중의 하나. 원(元)대에 장쑤(江苏)성 쿤산(昆山)현에서 기원하여, 명(明)대 이후에는 주요 곡조의 하나가 됨] =【昆曲】kūnqǔ【昆山腔】kūnshānqiāng
【昆曲】kūnqǔ 图(劇) 1 곤곡(崑曲). [장쑤(江苏)성 남부와 베이징(北京)·허베이(河北)성 등지에서 유행했던 곤강(昆腔)으로 노래하는 지방극] =【昆剧】kūnjù 2 ☞【昆腔】kūnqiāng
【昆山腔】kūnshānqiāng ☞【昆腔】kūnqiāng
【昆仲】kūnzhòng 图옛 형제분. 안항(雁行). [남의 형제를 높여서 부르는 호칭]

→ 昆 kūn
鲲 kūn
锟 kūn
琨 kūn
醌 kūn
混 hùn
馄 hún
棍 gùn
辊 gǔn
绲 gǔn

## 裈[褌] kūn 잠방이 곤

图 (옛날의) 잠방이. 바지.

## 琨 kūn 옥돌 곤

图곤 아름다운 옥.

## 焜 kūn 빛날 혼

형곤 밝다. 빛나다.

## 裩 kūn 땅 이름 곤

지명에 쓰이는 글자. ¶哗~塘=샤오쿤탕. [안후이(安徽)성에 있는 지명]

## 髡 kūn 머리 깎을 곤

图 남자의 머리를 깎아 버리다. 곤형(髡刑)에 처하다. [옛날, 남자의 머리를 삭발하는 형벌] ¶~刑=곤형.

## 鹍[鵾] kūn 댓닭 곤

【鹍鸡】kūnjī 图 곤계(鵾鷄). [고서(古書)에 나오는 학과 비슷한 닭]

## 锟[錕] Kūn 산 이름 곤

【锟铻】Kūnwú 图 1 곤오. [고서(古書)에 나오는 산 이름] 2 보검. [곤오에서 생산되는 고품질의 철로 검을 만들기 때문에 보검을 가리키기도 함]

## 醌 kūn 퀴논 곤

图(化) 퀴논(quinone).

## 鲲[鯤] kūn 곤이 곤

图 곤(鯤). [《장자(莊子)》에 나오는 큰 물고기]
【鲲鹏】kūnpéng 图 1 곤과 붕. 곤어와 붕새. [《장자(莊子)》에 나오는 큰 물고기와 큰 새] 2 곤(鯤)이 변해서 된 대붕(大鵬).

## 捆[(綑)] kǔn 묶을 곤

图 묶다. 잡아매다. 동이다. 꾸리다. ¶行李=짐을 꾸리다. 图(~儿) 단. 묶음. 다발. ¶把韭菜捆成一儿。=부추를 단으로 묶다. 图 단. 묶음. 다발. [묶음으로 된 물건을 세는 단위] ¶一~甘蔗=사탕수수 한 단.
【捆绑】kǔnbǎng 图 1 줄로 묶다. [주로 사람에게 쓰임] ¶人质被~在柱子上。=인질이 기둥에 묶여 있다. 2 억지로 (강제로) 맞추다(끼우다). ¶~销售=강제로 끼워서 팔다.
【捆绑式】kǔnbǎngshì 图 묶음식. [다단식 로켓의 연체 방식의 하나. 로켓 본체에 보조 로켓을 묶음]
【捆草机】kǔncǎojī 图 사료 압착기. 풀을 가축 사료로 만드는 기계.
【捆扎】kǔnzā 图 단단히 묶다. 동이다. 한데 묶다. ¶~稻草=볏짚을 묶다.
【捆住手脚】kǔnzhù shǒujiǎo 图 1 (어떤 사람의) 손발을 묶다. 2 비 얽매이다. 엄격한 제약을 받다. 구속하다. ¶不要被传统观念~。=전통 관념에 얽매이지 마라.
【捆子】kǔn·zi 图 단. 다발. 묶음 ¶芦苇~=갈대단. 图 다발. 단. 묶음. [묶음으로 된 물건을 세는 단위] ¶一~秋秸=수숫대 한 단.

## 阃[閫] kǔn 문지방 곤

图옛 1 문턱. 문지방. ¶~外=국외. 성 밖. 2 부녀자가 거처하는 내실. ¶~闱=규방. 3 부녀자. ¶~范=부덕(婦德). 4 아내. ¶令~=당신의 아내(부인). 영부인.

O—● 阃阄

## 悃 kǔn 정성 곤

图옛 성의. 진심. 정성. 성심. ¶聊表谢~=약간

이나마 성의를 보이다.

【悃愊】 **kǔnbì** 〔형〕 지성스럽다. 진실하다. 성실하다. ¶~无华=진실하고 꾸밈이 없다.

【悃忱】 **kǔnchén** 〔명〕〔문〕 진심. 성심. 성의. 정성. ¶谨布~=삼가 성의를 보이다.

【悃诚】 **kǔnchéng** 〔형〕 정성스럽다. 성실하다. 〔명〕〔문〕 진심. 성심. 성의. 정성.

## 壸[壼] kǔn 대궐 안 길 곤
〔명〕〔문〕 궁중의 통로.

## 困¹ kùn 곤궁할 곤
〔형〕 **1** 고생하다. 시달리다. 괴롭히다. 얽매이다. 곤궁〔궁지〕에 빠지다. ¶穷~潦倒=생활이 곤궁하여 초라하게 되다. 곤궁하고 영락하다. **2** 지치다. 피곤하다. ¶人~马乏=사람과 말이 피곤하여 지치다. **3** 곤란하다. 난처하다. 곤궁하다. ¶艰难~苦=어렵고 곤란하다. 어려움과 고생. 〔동〕 **1** 얽매이다. 곤경에 빠지다. ¶为病所~=병마에 시달리다. **2** 포위하다. 가두어 놓다. ¶~守一隅=한 모퉁이를 사수하다.

◐ 困 **kùn**
捆 **kǔn**
悃 **kǔn**

## 困²[睏] kùn 졸릴 곤
〔동〕 **1** 졸리다. ¶我~极了,直想睡。=난 너무 졸려서 그냥 자고 싶다. **2**〔방〕 자다. ¶时间不早了,快~吧。=시간이 늦었구나, 빨리 자거라.

◐● 交困, 贫pín困, 穷困, 坐困

【困惫】 **kùnbèi** 〔형〕〔문〕 지치다. 고달프다. 피로하다. ¶~不堪=몹시 피곤하다.

【困处】 **kùnchǔ** 〔동〕 곤경에 처하다. ¶~险境=위험한 지경에 처하다. 〔명〕 곤경. ¶身陷~=곤경에 빠지다.

【困顿】 **kùndùn** 〔형〕 **1** 너무 피곤하다. 견딜 수 없을 정도로 피로하다. 극도로 고달프다. ¶~至极=피곤함이 극에 달하다. **2**(생계나 형편이) 매우 난처〔곤란〕하다. 곤궁하다. ¶~潦倒=생활이 곤궁하여 초라하다.

【困厄】 **kùn'è** (형편이) 곤란하다. 빈궁하다. 고난스럽다. ¶曹雪芹~而作《红楼梦》。=조설근(曹雪芹)은 형편이 매우 곤궁한 상태에서 《紅樓夢(홍루몽)》을 지었다. 〔명〕〔문〕 곤궁. 재난. 고통. ¶在~中发奋=궁핍한 처지에서 분발하다.

【困乏】 **kùnfá** 〔형〕 **1**〔문〕 곤란하다. 곤궁하다. ¶战乱频仍,百姓~。=전란이 빈번해서 백성들의 생활이 곤궁하여지다. **2** 피곤하다. 피로하다. ¶劳动了一天,大家都很~。=하루 종일 일을 했더니 모두 무척 피곤하다.

【困惑】 **kùnhuò** 〔형〕 곤혹하다. 당혹하다. 어리둥절하다. ¶复杂的现实令他十分~。=복잡한 현실이 그를 너무 곤혹스럽게 만든다. 〔동〕 곤혹스럽게 만들다. ¶这个问题一直~着我。=이 문제는 줄곧 나를 곤혹스럽게 한다.

【困觉】 **kùn**‖**jiào** 〔동〕〔방〕 잠을 자다.

【困劲】 **kùnjìn** (~儿)〔명〕〔구〕 졸음. ¶刚吃完饭~就上来了。=밥을 먹자마자 졸음이 온다.

【困境】 **kùnjìng** 〔명〕 곤경. 궁지. ¶身处~=곤경에 빠지다. 궁지에 처하다.

【困窘】 **kùnjiǒng** 〔형〕 **1** 궁하다. 곤궁하다. ¶生活~=생활이 곤궁하다. **2** 궁색하다. 난처하다. ¶尴尬~=난처하고 곤란하다.

【困局】 **kùnjú** 〔명〕 궁지. 곤경. 어려운 상황. ¶苦撑~=곤경을 어렵게 버티고 있다.

【困倦】 **kùnjuàn** 〔형〕 피곤해서 졸리다. ¶终日劳累,十分~。=하루 종일 힘들게 일했더니 피곤해서 무척 졸리다.

【困苦】 **kùnkǔ** 〔형〕 (생활이) 어렵고 고통스럽다. ¶生活~=생활이 어렵고 고통스럽다. ≒艰苦 艰辛

【困难】 **kùn·nan** 〔형〕 **1** 곤란하다. 어렵다. ¶想要提前完成任务很~。=임무를 앞당겨 완성하는 것은 무척 어렵다. **2** 빈곤하다. 궁핍하다. ¶生活~=생활이 곤궁하다. 〔명〕 빈곤. 곤란. 애로. 어려움. ¶克服~=어려움을 극복하다. ↔容易 便利

【困难户】 **kùn·nanhù** 〔명〕 **1** 극빈 가정. ¶帮助~过好春节。=극빈 가정이 설을 잘 쇠게 도와주다. **2** (어떤 방면에서) 매우 재주가 없는 사람이나 집안. 젬병. 형편 없는 사람. (인연이 없어) 결혼하지 못한 젊은이. ¶在结婚问题上,他是个~。=결혼 문제에 있어서 그는 젬병이다.

【困扰】 **kùnrǎo** 〔동〕 귀찮게 굴다. 괴롭히다. 성가시게 하다. ¶疾病一直~着他。=질병이 줄곧 그를 괴롭히고 있다.

【困人】 **kùnrén** 〔형〕 나른하게〔노곤하게〕 하다. ¶~的天气=노곤하게 하는 날씨.

【困守】 **kùnshǒu** 〔동〕 (포위된 상황에서) 사수하다. ¶~孤城=고립된 성을 사수하다.

【困兽犹斗】 **kùnshòu-yóudòu** 〔성〕 **1** 궁지에 몰린 짐승도 여전히 최후 반항〔발악〕을 한다. **2**〔비〕〔유〕 막판 궁지에 몰려서도 최후 발악을 한다. ≒负隅顽抗

【困死】 **kùnsǐ** 〔동〕 몹시 피곤하다. 지나치게 피로하다. 피곤해 죽을 지경이다. ¶我~了。=저 피곤해 죽겠어요. **1** 몹시 피곤하게 하다. 피곤이 극에 달하게 하다. ¶~我了。=나를 너무 피곤하게 하는구나. **2** 포위하여 지쳐 죽게 하다. ¶把土匪~在山上。=산적들을 포위하여 산 위에서 지쳐 죽게 한다.

【困桶】 **kùntǒng** 〔명〕 아기를 재우는 데 쓰는 나무로 만든 통.

【困意】 **kùnyì** 졸음(기). 잠기. ¶虽已深夜, 但却无丝毫~。=비록 이미 밤이 깊었지만 잠기가 전혀 없다.

【困于】 **kùnyú** 〔동〕〔문〕 …에 시달리다〔괴로움을 당하다〕. ¶~贤良难求。=뛰어난 인재를 구하기가 어렵다.

【困住】 **kùnzhù** 〔동〕 곤경에 빠져 헤어나지 못하다. 꼼짝달싹 못 하게 되다. ¶服装厂被资金短缺的问题~了。=의류 공장은 자금 부족 문제로 곤경에서 헤어나지 못하게 되었다.

【困阻】 **kùnzǔ** 〔동〕 포위되어〔막혀서〕 전진하지 못하다. 꼼짝달싹 못하다.

# kuo

**扩[擴]** kuò 넓힐 확
동 넓히다. 확대하다. ¶~展范围=범위를 확대하다. / ~散影响=영향력을 확산하다.

【扩版】 kuò‖bǎn 동 지면을 늘리다. 지면을 키우다[확대하다]. ¶为了适应市场需要，各大报纸纷纷~。=시장의 수요에 따라 각 신문들은 다투어 지면을 늘렸다.

【扩编】 kuòbiān 동 확대 편성하다. ¶部队~=부대를 확대 편성하다. ↔缩编

【扩充】 kuòchōng 동 확충하다. 늘리다. ¶~实力=실력을 늘리다. ↔缩减 裁减 压缩

【扩大】 kuòdà 동 (범위나 규모를) 확대하다. 넓히다. 키우다. ¶~规模=규모를 넓히다[확대하다]. ↔缩小 收缩

【扩大化】 kuòdàhuà 동 1 확대하다. 과장하다. ¶不要把矛盾~。=갈등을 확대시키지 마라. 2 (정치 운동에서) 적의 실제 세력 범위를 근거 없이 확대하다. ¶肃反~=반혁명 분자의 숙청을 무원칙적으로 확대하다.

【扩大再生产】 kuòdà zàishēngchǎn 명(經) 확대 재생산.

【扩放】 kuòfàng 동 1 사진을 확대하다. 2 소리나 그림을 확대하다.

【扩股】 kuògǔ 동 주식을 확충하다[늘리다]. ¶增资~=증자해서 주식을 늘리다.

【扩建】 kuòjiàn 동 증축하다. 확장하다. ¶~机场=비행장을 확장하다.

【扩军】 kuòjūn 동 군비를 확충하다. ¶~备战=군비를 확충하여 전쟁을 준비하다. ↔裁军

【扩军备战】 kuòjūn-bèizhàn 성 군비를 확충해서 전쟁을 준비하다.

【扩孔机】 kuòkǒngjī 명(機) 확공기. 리머 (reamer).

【扩权】 kuòquán 동 1 권한을 확대하다. 2 기업의 자주권을 확대하다.

【扩容】 kuòróng 동 1 통신 설비의 용량을 늘리다. ¶通信网络~工程=통신 네트워크 용량 확장 사업. 2 규모·수량·범위 등을 확대하다. ¶水库~=댐을 확장하다.

【扩散】 kuòsàn 동 확산하다. 퍼뜨리다. ¶~消息=소식을 퍼뜨리다. ↔聚拢

【扩散思维】 kuòsàn sīwéi ☞【发散思维】 fāsàn sīwéi

【扩销】 kuòxiāo 동 판로를 넓히다. 확대 판매하다. 판매 지역을 늘리다. ¶新产品已~到边远的山区。=신상품은 이미 변두리의 산간 지역까지 확대 판매되고 있다.

【扩写】 kuòxiě 동 (원래 의미를 해치지 않고) 짧은 글을 길게 늘여 쓰다. ¶~短文=단문을 길게 늘여 쓰다. ↔缩写

【扩胸器】 kuòxiōngqì 명(體) 체스트 디벨로퍼 (chest developer). 체스트 익스팬더(Chest expander). 근력기. [흉부 근육 트레이닝 기구]

일종]=【拉力器】 lālìqì

【扩延】 kuòyán 동 연장하다. ¶~铁路=철도를 연장하다.

【扩音机】 kuòyīnjī 명 확성기. =【扩音器】 kuòyīnqì

【扩音器】 kuòyīnqì ☞【扩音机】 kuòyīnjī

【扩印】 kuòyìn 동 (사진 등을) 확대 현상하다. ¶~彩照=컬러 사진을 확대 현상하다.

【扩展】 kuòzhǎn 동 확장하다. 신장(伸張)하다. 넓게 펼치다. ¶~商品市场=상품 시장을 확장하다.

【扩展名】 kuòzhǎnmíng 명(컴) 확장명.

【扩展命令】 kuòzhǎn mìnglìng 명(컴) 확장 명령.

【扩张】 kuòzhāng 동 1 (세력·영토 따위를) 확장하다. 넓히다. ¶势力~=세력을 확장하다. 2 (혈관이) 확장되다. 팽창되다. 늘어나다. ¶静脉~=정맥이 팽창되다. ↔收缩

【扩张主义】 kuòzhāngzhǔyì 명 팽창주의.

【扩招】 kuòzhāo 동 인원을 늘려서 뽑다. 확대 모집하다. ¶国际金融专业~三十名新生。=국제 금융 전공에 신입생을 30명 늘려서 뽑다.

**括[(捪)]** kuò 묶을 괄
동 1운 묶다. 동여매다. ¶~发=옛날, 상중에 삼으로 머리를 묶다. 2 포괄하다. 포함하다. ¶总~=총괄하다. / 囊~=포괄하다. 망라하다. 독점하다. 3 괄호를 치다. ¶文内的注释要~起来。=본문의 주석은 괄호를 쳐야 한다.

○● 包括, 赅gāi括, 概gài括, 简括, 囊náng括, 搜sōu括, 隐yǐn括, 综zōng括

【括号】 kuòhào 명 1 (數) 괄호. [형식으로는 '( )·[ ]·{ }'의 세 가지를 쓰며 각각 '小括号(소괄호)·中括号(중괄호)·大括号(대괄호)'라고 함. 혹은 '圆括号·方括号·花括号'라고도 함] 2 (言) (문장 부호로서의) 괄호. 묶음표. ['( )·[ ]·〈 〉·【 】' 등이 있음]

【括弧】 kuòhú 명 1 (數) 소괄호. 2 (言) (문장 부호로서의) 괄호. 묶음표. 3 (言) 인용 부호.

【括约肌】 kuòyuējī 명(生) 괄약근.

**适** kuò 빠를 괄
형(옛) '逛(kuò)'와 같음.
☞ shì

**栝** kuò 노송나무 괄
☞【檃栝】 yǐnkuò
☞ guā

**逛** kuò 빠를 괄
형(옛) 빠르다. 신속하다. [주로 인명에 쓰임]

**蛞** kuò 민달팽이 활
아래를 참조.

【蛞蝼】 kuòlóu 명(옛)(動) 땅강아지.

【蛞蝓】 kuòyú 명(動) 민달팽이. 괄태충. 활유.

=【蜒蚰】yányóu ⇨【鼻涕虫】bìtìchóng

## 筈 kuò 오늬 괄
【명】⇨ 오늬. [화살의 머리를 시위에 끼도록 에어 낸 부분].

## **阔[闊，濶] kuò 넓을 활
【형】1 넓다. 광활하다. ¶昂首~步=고개를 들고 활보하다. 득의만만하다. 2 멀다. 아득하다. 오래다. ¶~別已久=헤어진 지가 이미 오래다. 3 공허하다. 내용이 없다. ¶高谈~论=고상한 듯 공허한 말을 장황하게 늘어놓다. 4 넓다. 크다. ¶海~天空=넓은 하늘과 바다. 공간이 끝없이 넓다. 5 사치스럽다. 헤프다. 부유하다. ¶摆~=허세를 부리다. 잘 사는 티를 내다. ↔穷 狭

○● 广阔, 开阔, 空阔, 宽阔, 疏shū阔, 迂yū阔, 壮阔

【阔别】kuòbié 【동】오래 떨어져〔헤어져〕지내다. ¶他终于回到了~二十多年的故乡.=그는 20여 년 떠나 있던 고향으로 끝내 돌아왔다.
【阔步】kuòbù 【동】활보하다. 큰 걸음으로 성큼성큼 걷다. ¶~前行=활보하며 나아가다.
【阔绰】kuòchuò 【형】사치스럽다. 호사스럽다. ¶生活~=생활이 사치스럽다. ≒阔气
【阔达】kuòdá 【형】1 넓어 막힘이 없다. 시원스럽게 탁 트여 있다. ¶河面~=강이 넓다. 2 확 트이다. 너그럽다. 마음〔속·도량〕이 넓다. 활달하다. ¶性情~=성격이 활달하다.
【阔朗】kuòlǎng 【형】넓고 밝다〔환하다〕. ¶~的大厅=넓고 환한 홀.
【阔老】kuòlǎo ☞【阔佬】kuòlǎo
【阔佬】[阔老]kuòlǎo 【명】부자. 부호.
【阔气】kuò·qi 【형】사치스럽다. 호화롭다. ¶寿宴办得很~.=회갑연을 아주 호화롭게 치뤘다.

【명】호화롭고 사치스런 기세〔티〕. ¶摆~=잘 사는 티를 내다. ≒阔绰
【阔人】kuòrén 【명】부자.
【阔少】kuòshào 【명】부잣집 도련님〔자제〕.
【阔少爷】kuòshào·ye 【명】부잣집 도련님.
【阔野】kuòyě 【명】광야. 광활한 들판. ¶眼前是一望无际的~.=눈 앞에 광활한 들판이 넓게 펼쳐져 있다.
【阔叶林】kuòyèlín 【명】(林) 활엽수림.
【阔叶树】kuòyèshù 【명】(植) 활엽수.

## 廓 kuò 둘레 곽
【형】【문】넓다. 광활하다. ¶寥~=광막하다. 【동】【문】1 개척하다. 확장〔확대〕하다. 넓히다. ¶~大=확대하다. 2 비우다. 쓸어 버리다. 완전히 제거하다. ¶~清天下=천하를 평정하다. 【명】(물체의) 외연. 바깥〔가장자리〕. 둘레. ¶耳~=귓바퀴. / 轮~=윤곽.

○● 肤fū廓, 灰huī廓, 空廓

【廓落】kuòluò 【형】1 넓고 고요하다. ¶~的夜空=넓고 고요한 밤 하늘. 2 마음이 너그럽다. 도량이 넓다. ¶为人~=사람이 도량이 넓다.
【廓清】kuòqīng 【동】1 숙청하다. 일소하다. 평정하다. ¶~谣言=유언비어를 일소하다. 2 제거하다. 쓸어 버리다. ¶~障碍=장애를 제거하다.
【廓然】kuòrán 【형】확 트이고 고요한 모양. 텅 비어 고요하다. ¶~无声=텅 빈 듯 고요하다.
【廓张】kuòzhāng 【동】【문】확장하다. 확산하다. 확대하다. ¶浓烟渐渐~开去.=짙은 연기가 점점 퍼져 나갔다.

## 鞟 kuò 가죽 곽
【명】【문】(털을 제거한) 짐승 가죽.

# L

## la

**岙** lā 무더울 랄
☞【叽岙】kē·lā

**垃** lā 쓰레기 랍
아래를 참조.
【垃圾】lājī 몡 1 쓰레기. 오물. ¶~桶=쓰레기통. 2 (비) 쓰레기. [진부한 사상이나 나쁜 사람 또는 나쁜 일 따위를 가리킴] ¶精神~=정신(적) 쓰레기.
【垃圾电站】lājī diànzhàn 몡 쓰레기 소각〔재활용〕발전소.
【垃圾堆】lājīduī 몡 1 쓰레기더미. 2 (비) 쓰레기더미. [진부한 사상이나 나쁜 사람 또는 나쁜 일 따위를 가리킴] ¶将封建婚姻思想扫进历史的~。=봉건적인 혼인 의식을 역사의 쓰레기더미 속으로 쓸어 넣는다.
【垃圾股】lājīgǔ 몡《經》쓰레기 주식.
【垃圾燃料】lājī ránliào 몡 폐기물 가공 연료. RDF(Refuse Derived Fuel).
【垃圾箱】lājīxiāng 몡 쓰레기통.
【垃圾邮件】lājī yóujiàn 몡 쓰레기 메일. 스팸 메일. 정크 메일.
【垃圾债券】lājī zhàiquàn 몡《經》정크 본드(junk bond). 쓰레기 채권. 고위험·고수익 채권. 열등채.

**拉** lā 끌어갈 랍
통 1 끌다. 당기다. 견인하다. ¶~车=수레를 끌다. / ~弓射箭=활을 당겨 화살을 쏘다. 2 켜다. 타다. 뜯다. 연주하다. ¶~二胡=호금을 켜다. / ~小提琴=바이올린을 켜다. 3 (차로) 운송하다. 수송하다. 운반하다. 실어나르다. ¶把客人~到度假村。=손님을 휴양지까지 태워 나르다. 4 인솔하다. 영솔(領率)하다. 옮기다. 이동하다. 이끌다. [주로 대오(隊伍)에 쓰임] ¶把队伍~上雪山集训。=팀을 설산에 데리고 가 합숙훈련을 하다. 5 (대오·패거리 등을) 조직하다. 결성하다. ¶大家要搞好团结, 不要~帮结派。=모두 단결을 잘 하도록 해야지, 패거리를 조직해서는 안 된다. 6 (자기의 이익을 위해) 관계를 맺다. 끌어들이다. 손을 잡다. 연결하다. ¶咱们要靠实力, 不能靠~关系, 走后门。=우리는 실력에 의존해야지, 끌어들이거나 뒷

래를 해서는 안 된다. 7 끌어모으다. 끌다. 끌어들이다. ¶~广告=광고를 끌어들이다. / ~选票=표를 끌어모으다. 8 돕다. 거들어 주다. ¶朋友有困难, 我们当然要~一把。=친구에게 어려움이 있으면 우리는 당연히 한번 도와 주어야 한다. 9 연장하다. 질질 끌다. 오래 끌다. 길게 끌다. ¶他~开了嗓子往山下喊。=그는 목소리를 길게 빼어 산 아래로 외쳤다. 10 빚을 질질 끌며 갚지 않다. 빚을 끌다. ¶他一共~了两万块钱的账。=그는 도합 2만 위안의 빚을 질질 끌며 갚지 않고 있다. 11 (나쁜 일에) 관련시키다. 연루시키다. 연루되다. 연관되다. 말려들다. 끌어들이다. ¶一人做事一人当, 不要把别人~进去。=자신이 한 일은 자신이 책임지고, 다른 사람을 끌어들이지 마라. 12 (대변을) 누다. 싸다. 보다. ¶~屎~尿=대변과 소변을 보다. 13 (아이를) 키우다. 부양하다. 정성들여 기르다. ¶父母车祸去世后, 全靠母亲一个人把他~大。=아버지가 차 사고로 돌아가신 뒤 어머니 혼자서 그를 키웠다. 14 (비) 한담하다. 잡담하다. ¶她下午在邻居家~话。=그녀는 오후에 이웃집에서 수다 떤다. 몡⊙ 拉丁(라틴). 拉丁美洲(라틴아메리카). ¶~美地区=라틴아메리카 지역. / 亚、非、~=아시아, 아프리카, 라틴아메리카. ≒携↔推
☞ lá, lǎ, là

○-● 扒拉, 拨bō拉, 粗拉, 旮dā拉, 法拉, 划huá拉, 克拉, 里拉, 罗luó拉, 扒pá拉, 刷shuā拉, 拖tuō拉, 乌拉, 马拉松, 拖拉机

【拉巴】lā·ba 통 1 고생하여 기르다. 알뜰하게 키우다. 부양하다. ¶他又当爹又当妈, 辛辛苦苦把孩子~大。=그는 아빠 노릇도 하고 엄마 노릇도 하면서 고생스레 아이를 키워 냈다. 2 돌보다. 보살피다. 육성하다. 육성시키다. 키워 주다. ¶要不是你~他, 他哪有今天! =네가 그를 돌보지 않았다면, 그에게 어찌 오늘이 있었겠니!
【拉帮结伙】lābāng-jiéhuǒ 셍 한편으로 끌어들여 조직을 결성하다. 패거리를 짓다. 도당(徒黨)을 만들다. 결탁하다. =【拉帮结派】lābāng-jiépài
【拉帮结派】lābāng-jiépài ☞【拉帮结伙】lābāng-jiéhuǒ
【拉鼻儿】lā∥bír 통(구) 기적(汽笛)을 울리다. ¶拉了鼻儿后, 轮船就开动了。=기적을 울린 뒤 배가 움직이기 시작했다.
【拉不下脸】lā·buxià liǎn (속) (체면 때문에)…하기 계면쩍다〔미안하다·난처하다·곤란하다〕. 낯

뜨겁다·부끄럽다〕. 감정을 상하게 하는 것을 꺼리다. 가차없이 …하지 못하다. 안면몰수하지 못하다. ¶想不借钱给他, 可又~。=그에게 돈을 빌려 주고 싶지 않지만, 그래도 차마 그렇게까지는 못하겠다. ↪拉下脸

【拉长脸】lācháng liǎn (屬) (화가 나서) 얼굴이 붉으락푸르락하다. 시무룩한〔우울한〕얼굴을 하다. 얼굴 표정이 굳어 있다. 언짢거나 화난 얼굴 표정. ¶一听别人叫他的诨号, 他马上拉长了脸。=다른 사람이 그의 별명을 부르자 그는 곧 얼굴이 붉으락푸르락하였다.

【拉场子】lā chǎng·zi (屬) 1 공터에서 사람을 모아 놓고 공연을 하다. 야외 공연을 하다. 2 (俗) (어떤 수단으로) 국면을 타개하거나 유지하다. ¶不要打着别人的旗号~。=남의 이름을〔명의를〕도용하여〔내걸고〕국면을 타개하거나 유지해서는 안 된다.

【拉扯】lā·che (動) 1 끌다. 당기다. 잡아당기다. 끌어끌다. ¶他紧紧~住妈妈的衣襟。=그가 엄마의 옷자락을 꽉 잡아끌고 있다. 2 고생스럽게 키우다. 애써 키우다. ¶不管有多难也要把孩子~大。=그 어떤 어려움이 있더라도 아이를 키워야 한다. 3 (후진을) 돌보다. 보살피다. 육성하다. 돕다. 이끌어 주다. 보호하다. ¶都是自家弟兄, 你就~他一把。=모두 한 집안 형제이니, 네가 그를 한번 도와 주어라. 4 (나쁜 일에) 관련시키다. 연루시키다. 연루되다. 연관되다. 말려들다. 끌어들이다. ¶我跟这事没关系, 别把我~进去。=나는 이 일과는 상관 없으니, 끌어들이지 마시오. 5 한담하다. 잡담하다. ¶几个老太太一有空就凑到一起~。=할머니 몇 분은 틈만 나면 모여서 한담을 한다.

【拉床】lāchuáng (名) (機) 브로칭 머신(broaching machine). 브로치반(broach盘).

【拉大片】lā dàpiān ☞【拉洋片】lā yángpiān

【拉大旗, 作虎皮】lā dàqí, zuò hǔpí (愼)(慣) 명의를 빌려 허장성세로 남을 위협하거나 속이다. 권세나 권위를 이용하여 남을 위협하거나 기만하다. 겉모양으로 사람을 놀라게 하다. 혁명의 깃발로 사람을 위협하고 기만하다.

【拉倒】lādǎo (動)(口) 중지하다. 그만두다. 개의치 않다. 걸어치우다. 내버려 두다. 따지지 않다. 말다. 그냥 넘기다. 더 이상 왈가왈부하지 않다. ¶他要是不愿意就~吧。=그가 원하지 않으면 그만둬라.

【拉丁】lā‖dīng (動)(翻) 1 장정을 군인으로 징발하다. 청·장년을 끌고 가서 강제 노역을 하게 하다. 2 (관청·군대에서) 백성을 강제로 징발〔징용〕하다.

【拉丁】Lādīng (名) 라틴(Latin) 인.

【拉丁化】lādīnghuà (名) 로마자화하다.

【拉丁美洲】Lādīng Měizhōu (名)(地) 라틴아메리카. ⓐ【拉美】Lāměi

【拉丁人】Lādīngrén (名) 라틴 인. [이탈리아 중앙부 라티움 지방에 분포하며 라틴 어를 사용한 고대 민족] 2 라틴 인. [라틴 문화의 영향을 받고 인도 유럽어족 언어를 쓰는 지중해 북안에 민족으로, 지금의 '意大利(이탈리아)'·'法国(프랑스)'·'西班牙(스페인)'·'葡萄牙(포르투갈)' 등의 나라를 포함함]

【拉丁文】Lādīngwén (名) 라틴 문자. 로마자.

【拉丁舞】lādīngwǔ (名) 라틴 댄스. [예를 들어 '恰恰舞(차차차)'·'桑巴舞(쌈바)'·'伦巴舞(룸바)' 등이 있음]

【拉丁语】Lādīngyǔ (名) 라틴어. [인도유럽어 로마어족의 하나로, B.C.5세기 초 로마의 표준어였음. 후에 '葡萄牙语(포르투갈 어)'·'西班牙语(스페인 어)'·'意大利语(이탈리아 어)'·'法语(프랑스 어)'·'罗马尼亚语(루마니아 어)' 등으로 분화됨]

【拉丁字母】Lādīng zìmǔ (名) 1 라틴 자모. 2 로마 문자. 로마자. =【罗马字母】Luómǎ zìmǔ

【拉动】lādòng (動) 촉진하다. 적극적으로 이끌다. ¶~内需=내수를 촉진하다.

【拉肚子】lā dù·zi (動)(口) 설사하다.

【拉夫】lā‖fū (動) 1 (옛) (관청·군대에서) 백성을 강제로 징발〔징용〕하다. 2 (俗) 일을 강요하다. 무리하게 요구하다. ¶你硬要拽我陪你上街, 这不是~吗?=나를 데리고 억지로 외출을 하려는 것은 너무 무리한 요구가 아닙니까?

【拉杆】lāgān (~儿) (名) 1 풀 로드(pull rod). 드래그 링크(drag link). 드로 바(draw bar). 텐션 링크(tension link). 2 포개어 끼우는 식의 폴〔막대〕. 빼거나 포개어 끼워 넣을 수 있는 폴〔막대〕. 텔레스코픽(telescopic). ¶~天线=텔레스코픽 안테나.

【拉歌】lāgē (動) (집회나 행군시 그룹 간에) 서로 노래를 요청하다.

【拉钩】lā‖gōu (~儿) (動)(口) 손가락을 걸어 맹세하다〔약속하다〕.

【拉呱儿】[啦呱儿] lā‖guǎr (動)(方) 말을 걸다. 이야기를 하다. 잡담하다. 한담하다.

【拉关系】lā guān·xi (動)(貶) (목적 달성을 위해) 관계를 맺다〔이용하다〕. 다리를 놓다. 연줄을 대다. ¶他又在跟我拉老乡关系。=그는 또 다른 사람에게 고향 관계를 이용하고 있다.

【拉管】lāguǎn ☞【长号】chánghào

【拉后腿】lā hòutuǐ (動)(口) 1 뒷다리를 잡아당기다〔채다〕. 뒷다리를 잡고 늘어지다. 2 (俗) (혈육 간의 정이나 친밀한 관계를 이용하여) 견제하다. 방해하다. 가로막다. 훼방하다. 뒤통수를 치다. 3 (俗) (부분적인 문제가 전체의) 걸림돌이 되다. 전진을 방해하다. =【扯后腿】chě hòutuǐ

【拉祜族】Lāhùzú (名) 남호족. [중국 소수 민족의 하나로, 주로 원난(云南)성에 분포함]

【拉花儿】lāhuār (名) (색종이로 접은) 꽃줄. 장식띠. 가랜드(garland). [주로 경사스러운 날이나 명절에 즐거운 분위기를 더하는 데 사용함]

【拉话】lā‖huà (動)(方) 말을 걸다. 이야기하다. 잡담하다. 한담하다. ¶两个人一边干活儿, 一边一句没一句地~。=두 사람은 한편으로는 일을 하면서 한편으로는 띄엄띄엄 한두 마디 주고받으며 잡담을 한다.

【拉簧】lāhuáng (名) 인장 스프링〔용수철〕. 텐션

스프링(tension spring).
【拉魂腔】**lāhúnqiāng** ☞【泗州戏】**sìzhōuxì**
【拉活】**lāhuó** [동] 일을 맡다. 청부를 맡다.
【拉饥荒】**lā jī·huang** [동][구] 돈을 빌다. 돈을 차용하다. 빚을 지다. 빚을 내다.
【拉家常】**lā jiācháng** [동] 일상적인 이야기를 하다. 세상 돌아가는 이야기를 하다. 한담하다. 집안 이야기를 나누다. ¶他闲着的时候喜欢和邻居们~。＝그는 한가로울 때 이웃들과 한담하는 것을 좋아한다.
【拉家带口】**lājiā-dàikǒu** [성] 가족을 거느리다. 일가 대소(一家大小)를 이끌다. [주로 가정 대소사에 관계되는 것을 가리킴] ＝【拖家带口】**tuōjiā dàikǒu**
【拉架】**lā‖jià** [동] 싸움을 말리다. 화해시키다.
【拉交情】**lā jiāo·qing** [동][폄] 관계를 맺고 교분을 쌓다. 사귀다. 친교를 맺다. 교제하다. 사귀려고 남을 끌어들이다. ¶见第一面, 他就跟人家拉上交情了。＝처음 만나자마자 그는 사람들과 친교를 맺었다.
【拉脚】**lā‖jiǎo**(~儿) [동] 손님〔화물〕을 실어나르다.
【拉近乎】**lā jìn·hu** ☞【套近乎】**tào jìn·hu**
【拉锯】**lā‖jù** [동] **1** 두 사람이 톱질하다. **2** [비] 밀었다 당겼다 하다. 밀고 당기고 서로 버티며 물러서지 않다. 전진했다 후퇴했다 하다. ¶~式＝일진일퇴(一進一退)식.
【拉锯战】**lājùzhàn** [명]《軍》일진일퇴(一進一退)의 긴 싸움〔전투〕. 접전. 시소게임.
【拉开】**lā·kai** [동] **1** 힘껏 당겨서 열다〔나누다〕. 떼어 놓다. 갈라 놓다. ¶~门＝문을 힘껏 당겨 열다. / ~窗帘＝커튼을 열다. **2** 늘리다. 펼치다. 벌리다. 넓히다. ¶~档次＝(품질의) 등급을 늘리다. / ~距离＝간격을 벌리다.
【拉开序幕】**lākāi xùmù** [동] **1** (연극의) 막을 열고 공연〔상연〕을 시작하다. **2** [비] 중대한 사건이 시작되다. 서막을 열다.
【拉客】**lā‖kè** [동] **1** (여관·식당에서) 손님을 끌다. **2** (택시·인력거로) 손님을 실어나르다. **3** (기녀가) 유객을 끌다.
【拉垮】**lākuǎ** [동] 건강을 해치다〔망치다〕. 지쳐서 몸을 망치다. 피로로 몸을 해치다. 오랜 스트레스로 몸이 망가지다. ¶他这样没日没夜地干, 准得把身体~。＝그가 이렇게 밤낮없이 일을 하다간 반드시 건강을 해치고 말 것이다.
【拉亏空】**lā kuī·kong** [동] 돈을 빌리다〔꾸다·차용하다〕. 빚을〔부채를〕 지다.
【拉拉扯扯】**lālā chěchě** [동] **1** 끌다. 당기다. 끌어당기다. 끌어넣다. 잡아당기다. ¶两个人~的, 争着去付账。＝두 사람이 끌고 당기며 다투어 계산하려 한다. **2** 손과 어깨를 당기며 다정함을 표시하다. ¶有话就说, 别~的。＝할 말이 있으면 해라, (괜히) 다정한 척하지 말고. **3** 뻔질나게 올바르지 않은 왕래〔교류〕를 하다. ¶这些都不是什么正经人, 别和他们~。＝이들은 모두 올바른 사람들이 아니니, 그들과 교제하지 마라.
【拉拉队】[啦啦队] **lālāduì** [명] 응원단.
【拉拉杂杂】**lā·la zázá**(~的) [형] 조리가 없다. 난잡하다. 뒤죽박죽이다. 난잡하고 무질서하다.
【拉郎配】**lā lángpèi** [낮] **1** (황제의 궁녀 선발을 피하기 위해) 신랑감을 찾아 딸아이와 결혼을 강행시키다. **2** [비] 두 가지 사물을 억지로 한데 연계시키다〔관계 맺게 하다〕. ¶企业合并要双方自愿, 不能搞~。＝기업의 합병은 쌍방이 자원해야지, 억지로 하게 할 수 없다.
【拉力】**lālì** [명] **1** 견인력. 인장력. ¶新型机车的~大大增强。＝신형 기관차의 견인력이 크게 증강되었다. **2** 장력(張力). ¶钢缆的~很强。＝스틸 와이어 로프는 장력이 매우 강하다.
【拉力器】**lālìqì** ☞【扩胸器】**kuòxiōngqì**
【拉力赛】**lālìsài** [명][외] 랠리(rally). 장거리 자동차〔오토바이〕 경주 대회.
【拉练】**lāliàn** [동] 야영 훈련을 하다. [주로 부대가 장거리 행진을 하거나 야영 훈련을 하여 실전에 대비하는 것을 가리킴]
【拉链】**lāliàn**(~儿) ☞【拉锁】**lāsuǒ**
【拉拢】**lā·lǒng** [동][폄] (자기의 이익을 위해) 자기편으로 끌어들이다. ¶~感情＝(사람들의) 감정에 호소하여 자기 편으로 끌어들이다. ≒笼络 ↔排斥 打击 排挤
【拉买卖】**lā mǎi·mai** [동] 손님을 끌다. 고객을 불러들이다.
【拉毛】**lāmáo** [동]《紡》직물에 보풀을 세우다. 기모(起毛)하다. ＝【拉绒】**lāróng**
【拉美】**Lāměi** ☞【拉丁美洲】**Lādīng Měizhōu**
【拉门】**lāmén** [명] 미닫이. ＝【推拉门】**tuī lāmén**
【拉面】**lāmiàn** ☞【抻面】**chēn miàn**
【拉灭】**lāmiè** [동] 풀 스위치를 잡아당겨 전등〔전원〕을 끄다.
【拉尼娜现象】**lānínà xiànxiàng** [명][외]《海》라니냐 현상. ＝【反厄尔尼诺现象】**fǎn'è'ěrnínuò xiànxiàng**
【拉皮条】**lā pítiáo** [낮] 뚜쟁이 짓을 하다. 매춘을 주선하다.
【拉偏架】**lā piānjià** ☞【拉偏手儿】**lā piān shǒur**
【拉偏手儿】**lā piānshǒur** [낮] 싸움을 말리면서 고의로 한쪽을 역성들다. ＝【拉偏架】**lā piān jià**
【拉票】**lāpiào** [동] 표를 긁어〔끌어〕모으다.
【拉平】**lā‖píng** [동] (격차를 없애고) 같게 하다. 균등하게 하다. 평등〔동등〕하게 하다. 평형(平衡)하게 하다. ¶两人的比分逐渐~。＝두 사람의 점수가 점점 좁혀지다.
【拉纤】**lā‖qiàn** [동] **1** (강기슭에서) 밧줄로 배를 끌다. 배를 끌다. **2** [비] 알선〔중개·중매〕해 주고 이익을 얻다. ¶说媒~＝중매를 하고 이익을 취하다.
【拉绒】**lāróng** ☞【拉毛】**lāmáo**
【拉萨】**Lāsà** [명]《地》라사(Lhasa). [시짱(西藏) 자치구의 정부〔행정부〕 소재지임]
【拉三扯四】**lāsān-chěsì** [성] 쓸데없이 지껄이

다. 말에 조리가 없다.

【拉散车】lā sǎnchē 통〈교〉 인력거꾼이 길거리에서 오가는 손님들을 태우다. =【拉散座】lā sǎnzuò

【拉散座】lā sǎnzuò ☞【拉散车】lā sǎnchē

【拉山头】lā shāntóu 〈낮〉 (자기를 우두머리로) 파벌을 이루다. 종파를 결성하다. 작은 집단을 만들다.

【拉梢】lā ∥ shāo ☞【拉套】lā ∥ tào

【拉伸】lāshēn 통 잡아늘이다. 잡아당기다. 끌어서 늘이다. 뽑다. ¶~机=인발기.

【拉伸形变】lāshēn xíngbiàn 명〈物〉 인장 변형. 응력 변형.

【拉绳】lā ∥ shéng 통 밧줄[끈]을 당기다.

【拉绳】lāshéng 명 1 견인용 밧줄. 당기는 끈. 2 풀 스위치의 끈.

【拉屎】lāshǐ 통〈구〉 대변을 보다.

【拉手】lā ∥ shǒu 통〈구〉 1 손을 잡다. ¶小朋友们拉着手有说有笑地走着。=아이들이 손을 잡고 웃음꽃을 피우고 이야기하며 걸어간다. 2 (예의상으로) 악수하다. ¶他站起来与客人拉了拉手, 寒暄了两句。=그는 일어나서 손님과 악수를 하며 두 마디 인사말을 주고받았다.

【拉手】lā·shou 명 (문·창·서랍·옷장 등의) 손잡이.

【拉丝】lāsī ☞【拔丝】básī

【拉锁】lāsuǒ(~儿) 명 지퍼(zipper). 파스너(fastener). =【拉链】lāliàn

【拉套】lā ∥ tào 통 1 끌채를 끄는 가축의 앞이나 옆에서 곁따라 수레를 끌다. =【拉梢】lā ∥ shāo ¶一匹马驾辕, 两匹马~。=말 한 필이 수레의 끌채를 끌고 두 필은 곁따라 끌다. 2〈비〉 남을 도와 주다. 거들어 주다. ¶他是个热心肠人, 时常为左右邻里~。=그는 열성적인 사람이라서 늘 동네 사람들을 도와 준다.

【拉土】lātǔ 통 (차로) 흙을 나르다.

【拉托维亚】Lātuōwéiyà 명〈외〉〈地〉 라트비아(Latvia). [수도는 '里加(리가 : Riga)'임]

【拉弯子】lā wān·zi 통〈方〉 조정하다. 중재하다. 조절하다.

【拉晚儿】lā wǎnr 통〈방〉 1 (필요에 의해) 퇴근[잠자는] 시간이 늦어지다. 늦게 퇴근하다. 밤늦게까지 영업하다. ¶小店常常~, 好多卖些儿货。=작은 상점은 물건을 좀더 많이 팔기 위해 늘 늦게까지 문을 연다. 2 인력거꾼이 밤에 영업하다.

【拉网】lā ∥ wǎng 통 1 그물을 당기다. 2〈비〉 포위망을 좁히다. ¶~捕捉逃犯。=포위망을 좁혀 탈주범을 체포하다.

【拉稀】lā ∥ xī 통 1 ☞【腹泻】fùxiè 2〈구〉〈비〉 겁이 많고 나약하다. 뒤가 무르다. 비겁하다. 뒷걸음질치다. 움츠러들다. 위축되다. 주눅들다. 주춤하다. 물러나다. ¶在这最关键的时候, 你可不能~。=이 결정적인 순간에 너는 결코 뒷걸음질 쳐서는 안 된다.

【拉下脸】lāxià liǎn 〈낮〉 1 사사로운 정에 흐르지 않다. 가차없다. 안면[체면]을 보아주지 않다. 안면몰수하다. ¶他做事很讲原则, 对谁都能~来。=그는 일을 하는 데 있어서 아주 원칙을 따지기 때문에 누구의 체면도 보아주지 않는다. 2 얼굴을 찌푸리다. 불쾌한 표정을 짓다〔보이다·나타내다〕. 굳은 표정을 짓다. ¶一提起他的缺点他立刻~来。=결점을 언급하자마자 그는 얼굴을 찌푸렸다. ↔拉不下脸

【拉下马】lāxià mǎ 〈낮〉 1 말에서 끌어내리다. 2〈비〉 (어떤 사람을) 자리에서 끌어내리다〔몰아내다〕.

【拉下水】lāxià shuǐ 〈낮〉〈비〉 (다른 사람을) 진창〔진흙 수렁〕에 빠뜨리다. 공범으로 만들다. 타락시키다.

【拉闲篇】lā xiánpiān (~儿) 통〈방〉 한담하다. 잡담하다. ¶别~了, 快点儿干活吧。=잡담하지 말고 빨리 일이나 해라.

【拉线】lā ∥ xiàn 통〈비〉 주선하다. 알선하다. 소개하다. 관계를 맺어 주다. ¶要不是他~, 这笔生意还做不成。=그가 주선해 주지 않았다면 이 거래는 아직까지 성사될 수 없었을 것이다.

【拉线开关】lāxiàn kāiguān 명〈電〉 (전등·선풍기에 달려 있는) 풀 스위치. 당김 스위치.

【拉秧】lā ∥ yāng 통 (수확기가 지난 후) 채소나 과류(瓜類)의 뿌리를 뽑다.

【拉洋片】lā yángpiān 명통 요지경(을 상연하다). =【拉大片】lā dàpiān

【拉硬弓】lā yìnggōng 〈낮〉 강경한 태도로 대(응)하다. 강경한 수단을 쓰다. ¶你别跟我~, 我不吃这一套。=강하게 나오지 마라, 나는 그 수법에 당하지 않는다.

【拉硬屎】lā yìngshǐ 〈낮〉〈비〉 (능력을 넘어) 억지로 하다. 용쓰다. 무리를 하다. 허세를〔허영을〕 부리다.

【拉杂】lāzá 형 조리가 없다. 난잡하다. 너저분하다. ¶简短说两句, 别太~了。=간단하고 짧게 몇 마디 해라, 너무 너저분하게 하지 말고.

【拉闸】lā ∥ zhá 통 스위치를 내리다〔젖히다·끄다〕. 스위치로 전원을 끄다. 스위치를 내리고 전력 공급을 중단한다. ¶~限电=스위치를 내리고 전력 공급을 제한하다.

【拉账】lā ∥ zhàng 통 돈을 빌리다〔꾸다·차용하다〕. 빚을〔부채를〕 지다. ¶公司最近拉了些账。=회사가 최근 약간의 부채를 졌다.

【拉主顾】lā zhǔgù 통 고객〔단골〕을 끌다. ¶要努力搞活经营, 多~。=경영에 활기를 띠도록 하고 단골을 많이 끌어오도록 힘을 써라.

【拉】lāzhuài 통 힘을 주어 (잡아) 당기다.

【拉座儿】lā ∥ zuòr 통 (삼륜차·택시 등으로) 손님〔승객〕을 태우다. ¶跑了半天, 没拉几个座儿。=한나절이나 돌아다녔는데 손님을 몇 번 태우지 못하였다.

**啦** lā 소리의 형용 랍

회 와르르. 팍. 퍽. 펄렁. (갑자기 나는 소리로, 주로 첩용함) ¶噼里啪~=탁탁. 탕탕. 착착. 쩍쩍. 딱딱. 착착. 후드득. 후두두. ¶哗~~=와르르. 부글부글. 쫙쫙. 홀홀. 철벅철벅. 통〈방〉 한담하다.

잡담하다. ¶左邻右舍都爱和她~呱儿。=이웃집 (사람들) 모두 그녀와 한담하기를 좋아한다.
☞【哩哩啦啦】lī·li lālā
☞·la
【啦呱儿】lā‖guǎr ☞【拉呱儿】lā‖guǎr
【啦啦队】lālāduì ☞【拉拉队】lālāduì

**喇** lā 말 빠를 라
의 펄럭. 팔랑. 퍽. [갑자기 나는 소리로, 주로 중첩하여 사용함] ¶呼~=펄럭펄럭. 후다닥. 우르르. / 哇~=와글와글. 왁자지껄. 쫑알쫑알. 웅얼웅얼.
☞ lá, lǎ

**邋** lā 불결할 랍
아래를 참조.
【邋邋遢遢】lā·la tātā(~的) 형 1 정결〔말끔〕하지 않다. 불결하다. 깔끔하지 않다. 구질구질하다. 2 산뜻〔단정〕하지 않다. 칠칠치 못하다. 정돈되지 않고 엉망진창이다.
【邋里邋遢】lā·li lātā 형 1 구질구질하다. 정결〔말끔·깔끔〕하지 않다. 불결하다. 2 산뜻〔단정〕하지 않다. 칠칠치 못하다. 정돈되지 않고 엉망진창이다.
【邋遢】lā·tā 형 1 구질구질하다. 정결〔말끔·깔끔〕하지 않다. 불결하다. ¶把自己收拾干净点, 別那么~。=자신을 깔끔하게 추슬러야지 그렇게 지저분해서는 안 된다. 2 산뜻〔단정〕하지 않다. 칠칠치 못하다. 정돈되지 않고 엉망진창이다. ¶他办事太~了。=그는 일처리가 너무 엉망진창이다.

**旯** lá 구석 라
☞【旮旯儿】gālár

**拉** lá 끊을 랍
통 끊다. 베다. 째다. 쪼개다. 가르다. ¶~开=베다. 절개하다. 쪼개다. / 小心别把手~伤了。=손을 베이지 않도록 조심해라.
☞ lā, lǎ, là

**剌** lá 어그러질 랄
통 '拉(lá)'와 같음.
☞ là

〇 拨bō剌

**砬** lá 바위 랍
명 산 위에 우뚝 선 큰 바위. [주로 지명이나 산 이름에 쓰임] ¶红石~=홍스라. [허베이(河北)성에 있는 지명]
【砬子】lá·zi 명 방 산 위에 우뚝 선 큰 바위. [주로 지명이나 산 이름에 쓰임] ¶白石~=바이스라쯔. [헤이룽장(黑龙江)성에 있는 지명]

**捋** lá 깨뜨릴 랄
【捋子】lá·zi 명 유리병.

**喇** lá 나팔 라
☞【哈喇子】hālá·zi
☞ lǎ, là

**拉** lǎ 꺾을 랍
☞【半拉】bànlǎ【虎不拉】hǔ·bulǎ
☞ lā, lá, là
【拉忽】lǎ·hu 형 적당히 하다. 대강〔대충·데면데면〕하다. 건성이다. 흐리터분하다. 경솔하다. 조심성이 없다. 세심하지 못하다. 소홀하다. ¶他太~了, 恐怕靠不住。=그는 너무 데면데면해서 믿을 수 없을 것 같다.

**喇** lǎ 나팔 라
아래를 참조.
【喇叭】lǎ·ba 명 1 (音) 나팔. 2 (소리를 내는) 나팔 모양의 물건. ¶汽车~=클랙슨(Klaxon). 경적.
【喇叭花】lǎ·bahuā ☞【牵牛花】qiānniúhuā
【喇叭口】lǎ·bakǒu 명 1 나팔의 주둥이. 2 (喻) 나팔 주둥이 모양처럼 생긴 물건. 물체의 아가리가 넓게 퍼져 있는 것.
【喇叭裤】lǎ·bakù 나팔바지. 판탈롱.
【喇叭裙】lǎ·baqún 명 플레어스커트.
【喇叭筒】lǎ·batǒng 명방 메가폰. 확성 나팔.
【喇嘛】lǎ·ma 명로 1 (佛) 라마(Lama). [라마교에서 고승에 대한 존칭] 2 라마교의 승려
【喇嘛教】Lǎ·majiào 명 (佛) 라마교.

**拉¹** là 떨어질 랍
통 '落(là)'와 같음.

**拉²** là 꺾을 랍
☞ lā, lá, lǎ
【拉蛄】làgǔ ☞【蝲蝲蛄】làlàgǔ

**剌** là 어그러질 랄
형로 (성격·행동이) 괴팍하다. 비뚤어지다. 인정과 도리에 어그러지다〔위배되다〕. ¶乖~=사리에 어긋나다.
☞ lá
【剌戾】làlì 형로 (성격·말·행동 따위가) 괴팍하다. 비뚤어지다. 변덕스럽다. 사리에 맞지 않다. ¶秉性~=천성이 괴팍하다.

**落** là 떨어질 락
통⟨구⟩ 1 처지다. 뒤떨어지다. ¶女生已经被走在前面的男生~下很远了。=여학생은 벌써 앞서 간 남학생에게 까마득하게 뒤처졌다. 2 빠뜨리다. 가져오는〔가져가는〕 것을 잊어버리다. ¶我把电影票~在办公室里了。=영화표를 사무실에 빠뜨리고 왔다. 3 빠뜨리다. 빠지다. 유루(遗漏)하다. 누락하다. ¶丢三~四=이것저것 잘 빠뜨리다〔잊어버리다〕.
☞ lào, luò

**腊[臘, 臈] là 섣달 랍**

[명] **1** 납(臘). 납일(臘日). 납제(臘祭). 납향(臘享). 납평제(臘平祭). [음력 섣달에 여러 신을 모아서 지내던 제사] **2** 음력 섣달. 음력 12월. ¶～尽春回＝해가 바뀌어 봄이 오다. **3** 음력 섣달〔겨울철〕에 소금에 절여 말리거나 훈제하여 말린 고기〔생선〕. ¶～鱼＝납어. 건어물. / ～鸭＝납압. 절여 말린 오리. **4** (**Là**) 성(姓).
☞ **xī**

【腊八】**làbā** [명] 납팔. 음력 12월 8일. [석가모니가 득도한 날이라고 전해짐]

【腊八蒜】**làbāsuàn** [명] 납팔산. 납팔마늘. [음력 12월 8일에 마늘을 식초에 담가 두었다가 음력설에 물만두와 함께 먹는 풍속이 있는데, 이 때 먹는 마늘을 말함]

【腊八粥】**làbāzhōu** [명] 납팔죽. [음력 12월 8일 부처님의 득도를 기리기 위하여 사원에서 끓여서 부처님에게 공양하고 승려에게 나누어 주는 죽. 좁쌀·찹쌀·땅콩·대추·마름·연밥·밤·살구씨 등으로 만들며, 후에 민간 풍속으로 이어짐]

【腊肠】**làcháng** [명] 소시지.

【腊梅】**làméi** [명]《植》**1** 납매. 매화. **2** 납매꽃. ＝【蜡梅】**làméi** [방]【梅花】**méihuā** **3** 음력 섣달 전후에 피는 매화.

【腊日】**làrì** [명] 납일. [고대(古代) 연말에 여러 신(神)에게 제사를 올리는 날. 후에 음력 12월 8일로 고정됨]

【腊肉】**làròu** [명] 절여 말린 돼지고기. 납육. [겨울철〔음력 섣달〕에 소금에 절여 햇빛·바람에 말리거나 훈제한 돼지고기]

【腊味】**làwèi** [명] (소금에 절이거나 훈제한) 건육(乾肉)이나 건어물(乾魚物)의 총칭. [겨울, 특히 음력 섣달에 만들기 때문에 유래한 이름. '腊肉(절여 말린 돼지고기)·腊鱼(건어물)·腊鸭(절여 말린 오리고기)·腊鸡(절여 말린 닭고기)' 등이 있음]

【腊月】**làyuè** [명] 섣달. 음력 12월.

**蜡[蠟] là 밀랍 랍**

[명] **1** 납. 밀랍. 봉랍. 왁스(wax). ¶蜂～＝봉랍. / 石～＝석랍. 파라핀(paraffin). **2** 초. 양초. ¶吹灯拔～＝사람이 죽다. 일이 실패하다. [형] 담황색의. 옅은 황색의. ¶～梅花＝납매꽃.
☞ **zhà**

> 白蜡, 发fà蜡, 蜂蜡, 黄蜡, 尸shī蜡, 石蜡, 烫蜡

【蜡白】**làbái** [형] (얼굴에) 핏기가 없다. 혈색이 나쁘다. 창백하다.

【蜡板】**làbǎn** [명] **1**《生》(납샘에서 분비되어 응결된) 밀랍편. **2** 납판. [백랍(白蠟)을 만드는 데 쓰이는 도구]

【蜡版】**làbǎn** [명] 등사 원지. 등사지.

【蜡笔】**làbǐ** [명] 크레용.

【蜡床】**làchuáng** [명] 납상. [백랍(白蠟)을 만드는 데 쓰이는 도구]

【蜡果】**làguǒ** [명] 납과. 밀랍으로 만든 과일〔채소〕. [공예품의 일종]

【蜡光纸】**làguāngzhǐ** [명] 광택지. 유광지(有光紙).

【蜡花】**làhuā**(～儿) [명] 등화(燈花). [촛불의 심지 끝이 타서 맺힌 불똥]

【蜡黄】**làhuáng** [형] 담황색의. 옅은 황색의. ¶脸色～＝안색이 노랗다.

【蜡炬】**làjù** [명][문] 초. 양초. ¶春蚕到死丝方尽, ～成灰泪始干。＝봄누에는 죽음에 이르러서야 실 뽑기를 그치고, 초는 재가 되어서야 촛농이 비로소 마른다. 봄누에는 죽을 때까지 실을 뽑고, 초는 재가 될 때까지 촛농을 흘린다. 공익 사회를 위하여 자기의 모든 심혈을 바치다.

【蜡泪】**làlèi** [명] 촛농.

【蜡疗】**làliáo** [동]《醫》 납료하다. 파라핀 치료를 하다. 석랍(石蠟) 요법을 하다.

【蜡梅】**làméi** ☞【腊梅】**làméi**

【蜡皮】**làpí**(～儿) [명]《醫》 환약(丸藥)을 싼 밀랍 껍질.

【蜡扦】**làqiān**(～儿) [명] 촛대.

【蜡染】**làrǎn** [동] 납염하다. [중국 전통 민간 날염 공예로, 녹인 황랍(黃蠟)을 이용하여 흰 천 위에 도안을 그리고 나서 염색 후 제거하면 백색 부분의 도안이 나타남]

【蜡人】**làrén** [명] 밀랍 인형.

【蜡台】**làtái** [명] 촛대.

【蜡丸】**làwán**(～儿) [명] **1** 납환. [밀랍으로 만든 속이 빈 공. 고대에 기밀 문서를 보관하였으며 방습과 기밀 누설 방지 등에 효과가 있음] **2**《醫》 납환. [밀랍 껍질로 싼 환약〔알약〕]

【蜡像】**làxiàng** [명] 밀랍 인물상. 밀랍으로 만든 (인물)상. ¶～馆＝밀랍 인형〔형상〕관.

【蜡液】**làyè** [명] 촛농.

【蜡渣子】**làzhā·zi** [명] 초 찌꺼기. 초 부스러기. ¶～白＝안색이 창백하다.

【蜡纸】**làzhǐ** [명] **1** 파라핀(포장)지. **2** 등사 원지. 등사지.

【蜡烛】**làzhú** [명] 초. 양초.

**瘌 là 앓을 랄**

아래를 참조.

【瘌痢】[癞痢][鬎鬁] **là·lì** ☞【黄癣】**huángxuǎn**

【瘌痢头】**là·lìtóu** [명][방] **1** 황선(黃癬)이 난 머리. **2** 황선(黃癬)이 난 사람.

**辣[(辢)] là 매울 랄**

[형] **1** 맵다. 아리다. 얼얼하다. ¶酸甜苦～＝시고 달고 쓰고 맵다. **2** 지독하다. 혹독하다. 악랄하다. 독살스럽다. 잔인하다. ¶阴险毒～＝음험하고 악랄하다. [동] 매운 맛이 (감각 기관을) 자극하다. ¶～舌头＝혀가 맵다. ≒辛

> 毒辣, 老辣, 泼pō辣, 辛xīn辣, 火辣辣, 热辣辣

【辣不唧儿】**là·bujīr**(～的) [형][방] 약간 매콤하

다. 조금 맵다. ¶这道菜~的, 合口。=이 요리가 약간 매콤한 것이 구미에 맞는다.
【辣乎乎】làhūhū (~的) 형 매워서 얼얼하다〔아리다〕. 지독히 맵다. ¶汤里面有辣椒, 喝起来~的。=국 안에 고추가 들어 있어서, 먹어보니 얼얼하다.
【辣酱】làjiàng 명 고추장.
【辣酱油】làjiàngyóu 명 매운 소스. 핫 소스.
【辣椒】làjiāo 명〔植〕고추. ➡【海椒】hǎijiāo
【辣椒油】làjiāoyóu 명 고추 기름. 매운 소스.
【辣妹子】làmèi·zi 명 1 쓰촨(四川) 아가씨. 후난(湖南) 아가씨. 2 성격이 사내 같고 말씨가 뛰어난 아가씨. 말괄량이.
【辣手】làshǒu 명 악랄한 수단〔방법〕. ¶用~整人的事情他绝对不会干。=악랄한 수단으로 사람을 골탕먹이는 일은 그는 절대 할 리가 없다. 형 1 해결〔처리〕하기가 곤란하다〔어렵다·까다롭다〕. ¶这事很~, 不太好办。=이 일은 까다로워 처리하기가 쉽지 않다. 2 (방)법)이 악랄〔지독〕하다. ¶他这一招很~。=그의 이 수는 매우 악랄하다. ≒棘手
【辣丝丝】làsīsī (~儿的) 형 조금 맵다. 매콤하다. ¶四川泡菜~的, 好吃。=쓰촨 김치는 약간 매콤하니 맛있다.
【辣酥酥】làsūsū (~的) 형 조금 맵다. 매콤하다. ¶水萝卜~的, 甜丝丝的。=무가 매콤하면서도 달다.
【辣味】làwèi (~儿) 명 1 매운 맛. 얼얼한 맛. ¶这汤带点儿~, 好喝。=이 국은 약간 매운 맛이 있어서 맛있다. 2 비 신랄한〔악랄한〕성질. ¶她的话总带着~。=그녀의 말은 언제나 신랄하다.
【辣子】là·zi 명 1 고추. ¶~鸡丁 = 라쯔지딩. 2 비 맹렬한 여성. 괄괄한〔사나운〕여성. ¶她是我们这儿有名的小~。=그녀는 우리 쪽의 이름난 맹렬한 여성이다.

## 蜡 là 가재 랄

아래를 참조.
【蜡蛄】làgǔ 명〔动〕가재.
【蜡蜡蛄】làlàgǔ ➡【蝼蛄】lóugǔ

## 鯻[鯻] là 전어 랄

명〔动〕줄벤자릿과 물고기의 총칭.

## 癞[癩] là 문둥병 라

'癞(là)' 와 같음.
➡【癞】
【癞痢】là·lì ➡【瘌痢】là·lì

## 鬎 là 독창 랄

【鬎鬁】là·lì ➡【瘌痢】là·lì

## 镴[鑞] là 땜납 랍

명 땜납. [일반적으로 '焊锡(hànxī)'・'锡镴(xīlà)'・'白镴(báilà)' 라고 부름].
○● 白镴, 焊hàn镴, 锡xī镴

**啦** ·la 어조사 랍
조 '了(·le)'와 '啊(·a)'의 합음사로 양자의 의미를 겸유함. ¶你怎么~？=너 어떻게 된 일이냐? / 我们编的词典出版~。=우리가 편집한 사전이 출판되었다.
➡【啦】lā

**鞡** ·la 가죽신 랍
➡【靰鞡】wù·la

# lái

**来**¹[來] lái 올 래
동 1 오다. ¶他~北京快一年了。=그는 베이징에 온 지 거의 일년이 다 되어간다. 2 (일이나 문제 등이) 닥치다. 발생하다. ¶问题~了马上解决, 不要拖。=문제가 발생하면 바로 해결해야지, 미루어서는 안 된다. 3 동사구〔개사구〕와 동사〔동사구〕사이에 쓰여 전자가 방법・태도, 후자가 목적임을 나타냄. ¶这事应写篇稿子~宣传。=이 일은 마땅히 원고를 써서 널리 알려야 한다. / 我们要用科学的方法~完成任务。=우리는 과학적인 방법을 써서 임무를 완성해야 한다. 4 다른 동사나 동사구 뒤에 쓰여 온 목적을 나타냄. ¶经理给大家拜年~了。=사장은 모두에게 새해 인사를 하러 왔다. 5 다른 동사 앞에 쓰여 어떤 일을 하려는 것을 나타냄. ¶我先~开个头, 大家接着说。=내가 먼저 시작하겠으니, 모두 이어서 말하시오. 6 어떤 동작을 하다. [의미가 구체적인 동사를 대체함] ¶你休息一会儿, 让我~。=조금 쉬어라, 내가 할게. / 别跟我~这一套。=나에게 이런 수작부리지 마라. 7 '得(·de)'나 '不(·bu)'와 이어 써서 가능함이나 불가능함을 나타냄. ¶合得~=성격이 잘 맞다。/谈不~=서로 말이 안 통하다。형 미래의. 장래의. ¶~年买车 = 내년에 차를 산다. 조 1 문장 끝에 쓰여 이전에 무슨 일이 발생했음을 나타냄. ['来着(lái·zhe)'에 상당함] ¶昨天老师通知什么~？=어제 선생님이 무엇을 통지하였나? 2 '十(shí)・百(bǎi)・千(qiān)' 등 수사나 수량사구 뒤에 쓰여 개수(概數)를 나타냄. [일반적으로 사용된 수목보다 약간 작음을 나타냄] ¶四十一~岁 = 40세 가량. / 三里~路 = 3리 정도의 길. 3 서수 '一(yī)・二(èr)・三(sān)' 등의 뒤에 쓰여 열거를 나타냄. ¶我去成都, 一~是开会, 二~是旅游。=내가 청두에 가는 것은 첫째는 회의를, 둘째는 관광을 하려는 것이다. 4 시가(詩歌)나 물건을 사라고 외치는 소리에서 어조를 고르게 함. ¶二月里~好春光。=2월이라 봄 경치가 좋구나。¶1~동안, ~이래. ¶近~=근래. / 半年~=반 년 동안.
**2** (Lái) 성(姓). ↔去 往 回

⊕ 来 lái
  莱 lái
  赉 lài
  崃 lái
  涞 lái
  铼 lái
  徕 lái
  睐 lài
  麦 mài

## 来²[來] ‖·lái 올 래

동 **1** 동사 뒤에 쓰여 동작이 화자(話者)가 있는 곳으로 향함을 나타냄. ¶进~=들어오다. / 把我的练习本拿~。=내 연습장을 가져와라. **2** 동사 뒤에 쓰여 동작의 결과 또는 추측을 나타냄. ¶一觉醒~=잠에서 깨어나다. / 说~话长=말하자면 이야기가 길어진다.

○● 本来, 比来, 出来, 从来, 到来, 迩ěr来, 古来, 过来, 后来, 回来, 将来, 进来, 近来, 历来, 年来, 起来, 日来, 上来, 生来, 素来, 外来, 往来, 未来, 下来, 向来, 夜来, 以来, 由来, 原来, 自来, 舶bó来品

【来宾】láibīn 명 **1** 손님. 내빈. 방문객. **2** (국가·단체에서 초청한) 손님. 내빈.

【来不得】lái·bu·de 동 …이[가] 있어서는 안 된다. …이[가] 있을 수 없다. …해서는 안 된다. …할 수 없다. ¶安全问题~半点马虎。=안전 문제는 조금이라도 소홀함이 있어서는 안 된다.

【来不及】lái·bují 동 (시간이 부족하여) 돌볼〔손쓸〕 틈이 없다. 생각할 겨를이 없다. 따라가지 못하다. 제 시간에 댈 수 없다. 미처 …(하지) 못하다. ¶事发突然, ~通知你。=사건이 갑자기 발생하여 너에게 통지할 겨를이 없었다. ↔赶不及 ↔来得及 赶得及

【来潮】lái‖cháo 동 **1** 밀물이 차오르다. **2** 비 정서가 밀물처럼 용솟음치다〔고조되다〕. ¶心血~=피가 확 끓어오르다. **3** 월경(月經)을 하다. 생리(生理)를 하다.

【来到】láidào 동 **1** 도착하다. 오다. ¶几位外籍教师已经~学校。=몇 분의 외국 선생님이 이미 학교에 도착하였다. **2** (목표를) 실현하다. (목표에) 도달하다. ¶盼了多少年, 这一天终于~了。=몇 년을 기다렸더니, 이런 날이 끝내 왔구나.

【来得】lái·de 동 **1** 할 수 있다. 능히 감당하다. ¶家里的大小活儿他都~。=집안의 크고 작은 일은 그는 다 감당해 낸다. **2** …이 더 …하다. [비교의 결과가 명백히 드러나는 것을 나타냄] ¶坐火车太慢, 还是坐飞机~快。=기차는 너무 느리니, 그래도 비행기를 타는 것이 훨씬 빠르다.

【来得及】lái·dejí 동 늦지 않다. (시간이 있어서) 돌볼〔손쓸〕 수가 있다. 생각할 겨를이 있다. 제 시간에 대어가다. ¶车还有一个多小时才开, 现在去完全~。=차가 한 시간 남짓 더 있어야 떠나니까, 지금 가면 절대로 늦지 않다. ≒赶得及 ↔来不及 赶不及

【来电】lái‖diàn 동 **1** 전보가 오다. 전화가 오다. ¶载人飞船顺利升空后, 社会各界纷纷~祝贺。=유인 우주선이 순조롭게 하늘로 솟아오른 뒤 사회 각계에서 잇달아 전보를 보내 축하하였다. **2** (끊어졌던) 전기가 들어오다. ¶白天停电, 晚上六点才~。=낮에는 정전이 되고, 저녁 여섯 시가 되어야 전기가 들어온다. ↔回电

【来电】láidiàn 명 보내 온〔수신〕 전보. 걸려 온 전화. ¶他的~已收到。=그의 전보를 이미 받았다. ↔回电

【来而不往非礼也】lái ér bù wǎng fēi lǐ yě 속 **1** 방문에 대해 답방(答訪)하지 않는 것은 예의가 아니다. **2** 비 상대방의 선물이나 호의에 답례하지 않는 것은 예의가 아니다. 오는 정이 있으면 가는 정도 있어야 한다.

【来犯】láifàn 동 침범해 오다. 침해하다. 범하다. ¶坚决消灭~之敌。=침범해 오는 적을 단호히 섬멸시키다.

【来访】láifǎng 동 내방〔방문〕하다. ¶接待~贵宾。=내방한 귀빈을 접대하다. ↔回访

【来附】láifù 동문 귀순하다. ¶远者~=먼 곳의 사람이 귀순하다.

【来复枪】láifùqiāng 명원 (軍) 라이플(rifle) 총. 선조총(旋條銃).

【来复线】láifùxiàn ☞【膛线】tángxiàn

【来稿】lái‖gǎo 동 투고하다. 기고하다. ¶广大读者踊跃~。=많은 독자가 열렬하게 투고하다.

【来稿】láigǎo 명 투고 원고. ¶~一经采用, 稿酬从优。=투고 원고가 일단 채택되면 원고료를 후하게 준다.

【来归】láiguī 동 **1** 귀순하다. ¶四方~=사방에서 귀순하다. **2** 문 여자가 시집 오다. 출가(出嫁)하다.

【来函】láihán 동원 서신을〔편지를〕 부쳐 오다〔보내 오다〕. ¶进展如何望~告知。=진전이 어떠한지 서신으로 알려 주시길 바랍니다. 명원 보내〔부쳐〕 온 편지. 내신(來信). ¶~收悉=보내 온 편지 잘 받아 보았습니다.

【来航鸡】láihángjī 명원(動) 레그혼(Leghorn). =【来亨鸡】láihēngjī

【来亨鸡】láihēngjī ☞【来航鸡】láihángjī

【来鸿】láihóng 명원 보내〔부쳐〕 온 편지. 내신(來信). ¶远方~=먼 곳에서 보내 온 편지.

【来回】láihuí 동 왕복하다. 왔다 갔다 하다. 오가다. ¶从家到单位~得花一个小时。=집에서 회사까지 왕복하는 데 한 시간이 걸린다. 명 (~儿) 왕복. ¶两地隔得不远, 当天就可以打个~儿。=두 곳은 멀리 떨어져 있지 아니어서 그 날로 왕복할 수 있다. 부 반복하여. 여러 차례. 왔다 갔다. ¶他在房间里~地踱步。=그가 방에서 왔다 갔다 천천히 거닌다. ↔单程

【来回来去】láihuí-láiqù 성 (동작·행위가) 되풀이하다. 반복하다. ¶这些话他一天~地不知说了多少遍。=이런 말을 그는 하루에 몇 번이나 반복했는지 모른다.

【来回票】láihuípiào 명 왕복표. =【往返票】wǎngfǎnpiào

【来火】lái‖huǒ (~儿) 동구 노하다. 성내다. 화내다. 화가 치밀다. 핏대 오르다. ¶他一提这事就~。=그는 이 일을 꺼내기만 하면 화를 낸다.

【来件】láijiàn 명 부쳐〔보내〕 온 서류〔물건〕. ¶重要~一律要登记。=중요한 수신 서류는〔물품은〕 일률적으로 등록해야 한다.

【来劲】lái‖jìn 동구 **1** (~儿) 기운이 나다. 힘이 솟다. 신이 나다. 흥이 일다. 열심히 하다. ¶两个人越说越~。=두 사람은 말을 하면 할수록 신이 난다. **2** 격동시키다. 흥분시키다. 신나게 하

다. ¶这场球赛太精彩了, 看着真~!＝이 구기 시합은 정말 멋져서, 보고 있으면 진짜 흥분된다. 늑起劲

【来客】láikè 〖명〗 방문객. 내방객. 손님. ¶接待~＝손님을 접대하다.

【来款】láikuǎn 〖명〗 (은행이나 우체국으로부터) 부쳐〔보내〕 온 돈.

【来来去去】lái·lai qùqù 〖동〗 왔다 갔다 하다. 왕래하다. 계속 오가다. ＝【来来往往】lái·lai wǎngwǎng ¶车站每天~的旅客不计其数。＝정류장에 매일 오가는 여행객을 헤아릴 수 없이 많다.

【来来往往】lái·lai wǎngwǎng ☞【来来去去】lái·lai qùqù

【来历】láilì 〖명〗 (사람이나 사물의) 경력. 배경. 내력. 이력. 유래. 경로. ¶对他的~大家都不是很了解。＝그의 내력에 대해 다들 그다지 잘 알지 못한다.

【来料】láiliào 〖명〗 (상대방이) 제공한 원재료. ¶~加工＝제공한 원재료를 가공하다.

【来临】láilín 〖동〗 이르다. 도래하다. 다가오다. 닥치다. ¶每当冬季~, 各种候鸟就会成群结队地来到这个湖上。＝매번 겨울이 다가오면 각종 철새가 이 호수로 무리지어 온다. 늑光临

【来龙去脉】láilóng-qùmài 〖성〗 1 끊임없이 기복을 이룬 산세의 처음과 맨 끝. 2 〖비〗 사람과 사물의 내력. 일의 전후 관계〔경과·상태·경위〕.

【来路】láilù 1 진입로. 진로. ¶泥石流把~截断了。＝(진흙과 모래와 돌 등이 섞인) 물사태가 진입로를 끊어 버렸다. 2 〖비〗 (사물의) 내원. 출처. 원천. ¶没了工作, 生活的~一下就断了。＝직업이 없으면 생활 수입원이 단번에 끊어진다.

【来路】lái·lu 〖명〗 내력. 경력. 유래. 이력. ¶~不明＝내력이 분명하지 않다.

【来路货】láilùhuò 〖명〗〖방〗 수입품.

【来年】láinián 〖명〗 내년. 다음 해. 명년. ¶~新机场就能投入使用了。＝내년에는 새 공항이 운영에 들어갈 수 있다.

【来钱】láiqián 〖동〗 돈을 벌다. 수입이 있다. 돈이 벌린다. ¶做这买卖挺~的。＝이 장사는 돈이 매우 많이 벌린다.

【来情绪】lái qíng·xù 〖동〗 기분 나빠지다. 언짢아지다. ¶老师刚说他两句, 他就~了。＝선생님이 그에게 두어 마디 하자, 그는 기분이 나빠졌다.

【来去】láiqù 〖동〗 1 왔다가 가다. ¶~匆匆＝바삐 왔다가 가다. 왕복하다. 오가다. ¶这次出差, ~要花五天时间。＝이번 출장은 왕복 5일의 시간이 걸린다.

【来去分明】láiqù-fēnmíng 〖성〗 공명정대하고 숨기는 것이 없다.

【来去自由】láiqù-zìyóu 〖성〗 자유자재로 오가다. 무슨 일이든 자유롭게 하다.

【来人】láirén 〖명〗 심부름꾼. (심부름) 온 사람. 〔흔히 물건이나 관련 업무 등을 가져온 사람을 가리킴〕 ¶文件请交~带回。＝서류를 심부름 온 사람 편에 보내 주십시오. 〖동〗 1 이리 오너라. 누구 없느냐. 여봐라. 〔옛날, 아랫사람을 부를 때 사용하는 말〕 ¶~呀!抓小偷!＝누구 없소! 도둑이야! 2 (상대방이) 사람을 보내 오다. 사람을 파견해 오다. ¶望~来函洽谈业务。＝사람이 오거나 편지로 업무를 상담하기를 바랍니다.

【来人儿】láirénr 〖명〗〖방〗〖구〗 중개인. 소개인.

【来日】láirì 〖명〗 장래. 미래. 앞날. 훗날. ¶以待~＝훗날을 기다리다. ↔昔日

【来日方长】láirì-fāngcháng 〖성〗 1 앞길이 구만리 같다. 앞날이 창창하다. 2 〖비〗 앞으로 충분한 시일이 있다. 앞으로 기회가 많다. 〔앞으로 반드시 성과를 낼 것이다, 너무 급하게 서두르지 마라는 식으로 권하는 말〕

【来神】lái‖shén 〖동〗 신바람나다. 신명나다. 흥에 겹다. 활기를 찾다. ¶一说到音乐他就~。＝음악 이야기만 하면 그는 곧 신바람이 난다.

【来生】láishēng 〖명〗 내세(來世). 내생.

【来使】láishǐ 〖명〗 심부름 온 사람. 심부름꾼. 사자(使者).

【来世】láishì 〖명〗 1 내세. 내생(來生). 2 후대.

【来事】láishì 〖명〗〖방〗 장래의 일. ¶前事不忘, ~之师＝전의 경험〔일〕을 잊지 않으면 미래〔장래〕(의 일)에 귀감〔교훈〕이 된다. 〖동〗〖방〗(~儿) 일을 잘 처리하다. 일을 잘 처리하는 것을 가리킴〕 ¶他考虑事情很周全, 挺会~的。＝그는 일을 고려하는 것이 빈틈없어서 인간 관계를 대단히 잘 처리한다. 〖형〗〖방〗 좋다. 괜찮다. 〔주로 부정형으로 쓰임〕 ¶那样做不~。＝그렇게 하는 것은 옳지 않다.

【来势】láishì 〖명〗 (사람이나 사물이) 밀려오는 기세. ¶这场暴雨~很猛。＝이번 폭우는 기세가 맹렬하다.

【来势汹汹】láishì-xiōngxiōng 〖성〗 (사람 또는 사물이) 밀려오는 기세가 매우 세차다〔위협적이다〕. 날뛰다. 방자하고 오만하게 굴다.

【来书】láishū 〖명〗〖구〗 보내〔부쳐〕 온 편지. 내신(來信).

【来说是非者, 便是是非人】lái shuō shìfēi zhě, biàn shì shìfēi rén 〖속〗 남이 잘못됐다고 말하는 사람은 왕왕 그 자신이 잘못된〔문제가 있는〕 사람이다.

【来苏】láisū 〖명〗〖외〗(醫) 리졸(lysol). 크레졸(cresol) 비눗물. ＝【来苏尔】láisū'ěr

【来苏尔】láisū'ěr ☞【来苏】láisū

【来岁】láisuì 〖명〗 내년. 다음 해. 명년.

【来头】lái·tou 〖명〗 1 (~儿) (사람의) 신분. 신원. 경력. 배경. 내력. 이력. ¶据说这个人很有~。＝이 사람은 배경이 보통이 아니라고 한다. 2 근거. 원인. 까닭. 이유. 연유. ¶他说这话是有~的。＝그가 이 말을 하는 데는 이유가 있다. 3 (밀려오는) 기세. ¶台风~很猛, 要做好防灾工作。＝태풍의 기세가 매우 맹렬해서 재해 방비 작업을 잘 해야 한다. 4 (~儿) 흥미. 재미. ¶这个游戏太简单了, 没什么~。＝이 놀이는 너무 간단해서 아무런 재미가 없다. 5 내원(來源). 출처. 근원. 〔주로 경제 수입을 가리킴〕 ¶他赚钱的门路多, 除了工资外还有别的~。＝그는 돈을 벌어들이는 길이 많은데, 월급 외에 또 다른 수입원이 있다.

【来往】 láiwǎng 동 왕래하다. 왕복하다. 오가다. ¶这是一条主干道，~的车辆相当多。＝이 길은 주요 간선 도로라서 오가는 차량이 상당히 많다.

【来往】 lái·wang 동 교제하다. 거래하다. ¶他性格内向，平时不怎么和人~。＝그는 성격이 내성적이어서 평소에 그다지 사람과 교제하지 않는다. ≒交往

【来文】 láiwén 명 보내〔부쳐〕 온 문서〔문건〕. 받은 편지.

【来无影, 去无踪】 lái wúyǐng, qù wúzōng 숙 몰래 왔다 몰래 가다. 종적을 남기지 않다. 소리 소문 없이 다니다.

【来向】 láixiàng 명 오는 방향. ¶根据风的~来释放烟幕。＝바람이 불어 오는 방향에 따라 연막을 방출하다.

【来项】 lái·xiang 명 수입(收入). ¶最近几年, 他增加了不少~。＝최근 몇 년 동안 그는 수입이 많이 늘었다.

【来信】 lái∥xìn 동 편지를 부쳐〔보내〕 오다. ¶到那边安顿好后给家里来封信。＝거기에 가서 안정되면 집으로 편지 한 통을 부쳐라.

【来信】 láixìn 명 내신. 보내 온 편지. ¶读者~＝독자(가 보내 온) 편지.

【来意】 láiyì 명 온 뜻. 온 이유. ¶说明~＝온 이유를 설명하다.

【来由】 láiyóu 명 일의 시작. 근거. 원인. 이유. 까닭. 연유. 내력. 유래. ¶他这样做不是没有~的。＝그가 이렇게 한 것은 이유가 없는 것이 아니다.

【来源】 láiyuán 명 (사물의) 내원. 근원. 출처. 원산지. 생산지. ¶经济~＝수입원. 동 (사물의) 기원하다. 유래하다. 생겨나다. 〔뒤에 주로 '于 (…에서)'가 따라옴〕¶艺术~于生活。＝예술은 생활에서 기원한다. ≒出处

【来月】 láiyuè 명 내월. 다음 달. ¶~出国＝다음 달에 출국한다.

【来札】 láizhá 명동 보내〔부쳐〕 온 편지. 내신. (來信).

【来者】 láizhě 명 1 장래의 일. 앞으로의 일. 후진. 후배. ¶往者不可谏，~犹可追。＝지난 일은 다시 만회할 수 없지만, 앞으로의 일은 다시 잘못에 빠지지 않을 수 있다. 2 온 사람. 다가온 일. 닥친 일. ¶~何人? ＝온 사람은 누구인가?

【来者不拒】 láizhě-bùjù 숙 오는 사람〔사물〕을 거절하지〔막지〕 않다.

【来者不善, 善者不来】 láizhě bù shàn, shàn zhě bù lái 숙 오는 사람은 나쁜 의도를 가지고 오며, 좋은 의도를 가진 사람은 오지 않는다. 는 사람은 상대하기 쉽지 않고, 상대하기 쉬운 사람은 오지 않는다. 오라는 딸은 안 오고 보기 싫은 며느리만 온다.

【来着】 lái·zhe 조(구) …을 하고 있었다. …이었다. 〔문장 말미에 쓰여 얼이 일찍이 발생했음을 나타냄〕 ¶他刚才跟你说什么~? ＝그가 방금 너에게 무엇을 말하고 있었니?

【来之不易】 láizhī-bùyì 숙 1 오기가 쉽지 않다. 어렵게 왔다. 2 (비) 아주 어렵게 이루어졌다.

【来自】 láizì 동 …(로)부터 오다. …에서 나오다. …에서 생겨나다. ¶~世界各地的赛车选手齐聚一堂。＝세계 각지에서 온 자동차 경주 선수들이 한자리에 모두 모이다.

*莱[萊] lái 명아주 래

명(문) 1 (植) 명아주. 2 더북〔수북〕하게 자란 들풀. ¶草~。＝잡초. 3 휴경지. 묵정밭. 4 황무지. 거친 땅. 황폐한 땅.

【莱菔】 láifú ☞【萝卜】 luó·bo

【莱塞】 láisè 명(외)(物) 1 레이저(laser) 광선. 2 레이저(laser).

【莱索托】 Láisuǒtuō 명(외)(地) 레소토(Lesotho). 〔수도는 '马塞卢(마세루 : Maseru)' 임〕

【莱茵河】 Láiyīnhé 명(地) 라인(Rhine) 강.

崍[崍] lái 산 이름 래
☞【邛崃】Qiónglái

徕[徠] lái 올 래
☞【招徕】zhāolái
☞ lái

涞[淶] lái 강 이름 래
지명에 쓰이는 글자. ¶~源＝라이위안. 〔허베이(河北)성에 있는 지명〕

梾[棶] lái 말채나무 래
명(植) 곰의말채.

【梾木】 láimù 명(植) 곰의말채. 〔층층나무과의 낙엽 교목〕＝【灯台树】 dēngtáishù

鶆[鶆] lái 매 래
【鶆鹌】 lái'ǎo ☞【美洲鸵】 měizhōutuó

铼[錸] lái 레늄 래
명(외)(化) 레늄(Re, rhenium). [원자 번호 75]

㑣[㑣] lái 위로할 래
동(문) 위로하다. ¶劳~＝노고를 위로하다.
☞ lái

赉[賚] lài 줄 뢰
동(문) 상을 주다. 하사하다. 베풀어 주다. ¶赏~＝은상(恩赏)을 하사하다.

睐[睞] lài 한눈팔 래
동(문) 1 사시(斜视)이다. 사팔눈이다. 2 (옆을) 보다. 흘긋 보다. 곁눈질하다. 곁눈질로 보다. ¶明眸善~＝미인이 이리저리 눈을 흘기다.

**赖[賴, 頼] lài 의지할 뢰
동 1 의지하다. 의존하다. 기대다. 믿다. ¶信~＝신뢰하다. /依~＝의지하다. 기대다. 2 머물러 떠나려 하지 않다. 버티다. 눌러앉다. ¶大家都忙忙的, 可他老~着不走。＝모두 다 바빠

○ 赖 lài
   濑 lài
   癞 lài
   籁 lài
   唻 lài
   懒 lǎn

죽겠는데, 그는 눌러앉아서 가지 않는다. **3** 잘못을 부인하다. 책임을 회피하다. 잡아떼다. 발뺌하다. ¶白纸黑字,~是~不了的. =증거가 확실하니, 부인하려 해도 부인할 수 없다. **4** 모함하다. 생사람 잡다. 무함하다. (죄를) 남에게 덮어씌우다. 전가시키다. ¶这事跟他没关系,~不了人家. =이 일은 그와는 상관 없으니, 그한테 덮어씌울 수는 없다. **5** 잘못을 남에게 돌리다. …의 탓으로 돌리다. 탓하다. 책망하다. 원망하다. ¶成绩不好只能~自己. =성적이 좋지 않은 것은 자신의 탓으로 돌릴 수밖에 없다. 웹 **1** 능글맞다. 파렴치하다. 뻔뻔하다. 떼를 쓰다. ¶要~=능글맞게 굴다. / 无~=무뢰하다. **2** 〔口〕 좋지 않다. 나쁘다. ¶他的字写得不~. =그의 글씨는 나쁘지 않다. 명 (Lài) 성(姓). ↔好

○ 抵dǐ赖, 讹é赖, 狡jiǎo赖, 聊liáo赖, 撒sā赖, 耍shuǎ赖, 诬wū赖, 无赖, 信赖, 依赖, 倚yǐ赖

【赖氨酸】**lài'ānsuān** 명 (生)(化) 리신(lysine). [필수 아미노산의 한 가지]

【赖床】**lài‖chuáng** 통 잠자리에서 꾸물거리다 (나오기 싫어하다). 늦잠 자다. ¶小家伙一到冬天就~. =녀석은 겨울만 되면 잠자리에서 꾸물거린다.

【赖词儿】**làicír** 명⟨방⟩ 발뺌하는〔잡아떼는·모함하는〕 말. 거짓말.

【赖婚】**lài‖hūn** 통 약혼을 어기다〔취소하다·파기하다〕.

【赖皮】**làipí** 형 능글맞다. 파렴치하다. 뻔뻔하다. ¶这个人一得很, 谁都不愿意搭理他. =이 사람은 너무 뻔뻔해서 누구도 상대하려 하지 않는다. 명 **1** 능글맞은〔뻔뻔한〕 사람. 파렴치한. ¶他是远近出了名的~. =그는 일대에서 이름난 파렴치한이다. **2** 능글맞음. 뻔뻔함. 파렴치함. ¶要~=능글맞게 굴다.

【赖学】**lài‖xué** 통⟨방⟩ 수업을 빼먹다. 학교를 무단 결석하다. 수업을 빼먹고 놀다. 땡땡이치다.

【赖以】**làiyǐ** 통 의지하다. 의존하다. ¶人类~生存的大自然. =인류가 생존하는 대자연.

【赖债】**lài‖zhài** 통 (억지 핑계를 부리며) 빚을 갚지 않다. 빚진 것을 부인하다. 빚을 떼먹다.

【赖账】**lài‖zhàng** 통 **1** (억지 핑계를 부리며) 빚을 갚지 않다. 빚진 것을 부인하다. 빚을 떼먹다. ¶欠债还钱, 怎么能~呢? =빚을 졌으면 갚아야지, 어찌 떼먹을 수 있겠는가? **2** ⟨비⟩ 부인하다. 시치미떼다. 오리발 내밀다. ¶这话是你自己说的, 不许~. =이 말은 네 스스로 한 말이니 부인해서는 안 된다. ↔认账

【赖子】**lài·zi** 명 능글맞은〔뻔뻔한〕 사람. 파렴치한. 무뢰한.

濑[瀨] **lài** 여울 뢰
명⟨문⟩ 여울. 급류.

*癞[癩] **lài** 문둥병 라
명 **1**(医) 나병. 문둥병. **2**⟨방⟩ 황선(黃癬). 기계충. 형 겉모습이 울퉁불퉁 돌기가 나 황선(黃癬)이 생긴 것과 같은. ¶~瓜=여주. 고과(苦瓜)
 ↪ là

【癞疮】**làichuāng** 명(医) **1** 황선(黃癬). 기계충. **2** 악창(惡瘡)

【癞瓜】**làiguā** ☞〖苦瓜〗**kǔguā**

【癞蛤蟆】**làihá·ma** ☞〖蟾蜍〗**chánchú**

【癞蛤蟆想吃天鹅肉】**làihá·ma xiǎng chī tiān'é ròu** 속 **1** 두꺼비가 백조 고기를 먹으려 하다. **2**⟨비⟩ 자기의 조건은 고려하지 않고 허황된 생각에 빠지다. 자기의 분수를 알지 못하다. [주로 추남이 예쁜 아내를 얻으려고 하는 것을 가리키는 말로 쓰임]

【癞皮狗】**làipígǒu** 명 **1** 비루먹은 개. 피부가 헐고 털이 빠진 개. **2**⟨비⟩ 비열한 놈.

【癞头】**làitóu** 명 황선(黃癬)〔기계충〕 따위로 머리카락이 빠진 머리.

【癞癣】**làixuǎn** 명(医) 황선(黃癬). 기계충.

【癞子】**lài·zi** 명 **1** 황선(黃癬). 기계충. **2** 머리에 황선(黃癬)이 난 사람.

籁[籟] **lài** 소리 뢰
명 **1** 구멍에서 나오는 소리. **2** 소리. ¶万~俱寂=만물이 극도로 고요하다. **3**(音) 퉁소.

唻[唻] **·lai** 어조사 래
조⟨방⟩ **1** 의문문 끝에 쓰여, '呢(·ne)'에 상당함. ¶你们热热闹闹的干什么~? =너희들 시끌벅적하게 뭐 하고 있니? **2** '来着(lái·zhe)'에 상당함. ¶老师是怎么说的~, 怎么都不记得了. =선생님이 뭐라고 말씀하셨는지, 도무지 기억이 안 나네. **3** '啦(·la)'에 상당함. ¶下班的时候, 公共汽车可挤~. =퇴근 시간에는 시내버스가 정말 복잡해요.

# lan

*兰[蘭] **lán** 난초 란
명 **1**(医)(植) 목란. 백목련. **2**(植) 등골나무. **3**(植) 난. 난초. ¶春~秋菊=봄 난초와 가을 국화. **4**(Lán) 성(姓).

○ 春兰, 木兰, 玉兰, 芝zhī兰, 白兰地, 古兰地, 玉兰片, 紫zǐ罗兰

【兰艾】**lán'ài** 명 **1** 난과 쑥. **2**⟨비⟩ 좋은 것과 나쁜 것. 군자와 소인. ¶~难分=착한 사람과 나쁜 사람을 구별하기 어렵다.

【兰艾同焚】**lán'ài-tóngfén** 성 **1** 난과 쑥을 같이 태우다. **2**⟨비⟩ 좋은 것과 나쁜 것을 함께 소멸시키다.

【兰草】**láncǎo** 명(植) **1** ☞〖佩兰〗**pèilán 2** ☞〖兰花〗**lánhuā 3** ☞〖建兰〗**jiànlán**

【兰摧玉折】**láncuī-yùzhé** 성 군자·재자(才子)·미인 등이 요절하다.

【兰花】 **lánhuā** 囘(植) **1** 난. 난초. =【春兰】 **chūnlán** ⓓ【兰草】 **láncǎo 2** ☞【建兰】 **jiànlán**

【兰花手】 **lánhuāshǒu** ☞【兰花指】 **lánhuāzhǐ**

【兰花指】 **lánhuāzhǐ** 囘 난화지. 엄지와 중지를 안으로 구부리고 나머지 손가락은 위로 치켜드는 손놀림. [주로 중국 전통극의 여자 주인공이 무대에서 공연할 때 하는 손놀림] =【兰花手】 **lánhuāshǒu**

【兰姆酒】 **lánmǔjiǔ** 囘 럼주(rum酒).

【兰谱】 **lánpǔ** 囘 의형제를 맺을 때 서로 주고받는, 각자의 가계(家系)를 적은 책자. =【金兰谱】 **jīnlánpǔ**

【兰若】 **lánrě** 囘(약어) 阿兰若(아란야). [사원(寺院) 이름] ⓗ Āranyakah

【兰心蕙性】 **lánxīn-huìxìng** (성)(비) (여자가) 인품이 고상하고 행동이 우아하다. =【兰心蕙意】 **lánxīn-huìyì**

【兰心蕙意】 **lánxīn-huìyì** ☞【兰心蕙性】 **lánxīn-huìxìng**

【兰叶描】 **lányèmiáo** 囘(美) 난잎 화법. [중국 화 화법의 하나로, 선의 모양이 난초 잎 같은 데서 붙여진 이름임]

【兰因絮果】 **lányīn-xùguǒ** (성)(비) 아름답고 원만했던 혼인이 파혼으로 끝나다.

【兰章】 **lánzhāng** 囘 아름다운 시문(詩文). [주로 칭송의 의미로 쓰임]

【兰芷】 **lánzhǐ** 囘 **1** 난초와 지초. **2**(비) 현인. **3**(비) 미인.

【兰质】 **lánzhì** 囘(비) 순결[순수]하고 선량한 성품[품격].

【兰州】 **Lánzhōu** 囘(地) 란저우. [간쑤(甘肅)의 성도]

# 岚[嵐] **lán** 남기 람

囘(문) 남기(嵐氣). 이내. 산에 낀 안개. ¶晓~ = 새벽 안개.

# 拦[攔] **lán** 가로막을 란

통 **1** 가로막다. 저지하다. ¶~路抢劫 = 길을 가로막고 강탈하다. **2** (어떤 부위를) 겨냥하다. 향하다. ¶~腰斩断 = 허리를 겨냥하여 절단하다.

○● 遮zhē拦, 阻zǔ拦

【拦挡】 **lándǎng** 통 (못 지나가게) 막다. 가로막다. 저지하다. 방해하다. 차단하다. ¶前面的路被一辆大卡车~住了。 = 앞에 있는 길이 큰 트럭에 의해 가로막혔다.

【拦道木】 **lándàomù** 囘 (행인이나 차량 등을 저지하는) 차단봉.

【拦柜】[栏柜] **lánguì** 囘 계산대. 카운터.

【拦河坝】 **lánhébà** 囘 강을 막아서 만든 댐.

【拦洪】 **lán‖hóng** 통 홍수를 막다. ¶筑堤~ = 제방을 쌓아 홍수를 막다.

【拦洪坝】 **lánhóngbà** 囘 홍수 조절용 댐[제방]. 홍수 방지용 둑.

【拦击】 **lánjī** 통 적의 진로〔퇴로〕를 차단하여 공격하다. ¶设伏~ = 매복하여 있다가 길을 차단하고 공격하다.

【拦劫】 **lánjié** 통 길을 막고 강탈〔약탈〕하다. 노상 강도질을 하다. ¶~过往车辆 = 지나가는 차량을 가로막고 약탈하다.

【拦截】 **lánjié** 통 (길을) 가로막다. 저지하다. 차단하다. ¶~洪水 = 홍수를 막다.

【拦路】 **lán‖lù** 통 길을 막다〔차단하다〕. ¶~行凶 = 길을 막고 폭행〔살해〕하다.

【拦路虎】 **lánlùhǔ** 囘(비) **1** 노상 강도. **2** 장애물. 난관.

【拦网】 **lánwǎng** 囘(體) (배구의) 가로막기. 블로킹(blocking).

【拦蓄】 **lánxù** 통 둑〔제방〕을 쌓아 물을 축적〔저장〕하다. ¶~山洪 = 산의 홍수를 막아 물을 저장하다.

【拦腰】 **lányāo** 통 **1** 허리를〔중앙을〕 겨냥하다. **2**(비) 중간에서 저지〔절단〕하다. ¶树干被台风~折断。 = 나무 줄기가 태풍에 의해 가운데가 뭉텅 부러졌다.

【拦阻】 **lánzǔ** 통 가로막다. 저지하다. 차단하다. ¶交警把超速行驶的车辆~了下来。 = 교통 경찰이 과속 차량을 차단했다. ≒梗阻 阻拦

# 栏[欄] **lán** 난간 란

囘 **1** 난간. ¶栅~ = 難干〔雕 = 玉砌 = 조각된 난간과 옥으로 만든 계단. **2** (가축을 기르는) 우리. 축사. ¶牛~ = 외양간. 우사(牛舍). **3** (출판물·신문 등에서 선이나 여백으로 나눈) 난. ¶右~ = 우측 난. / 通 = 标题 = 전면 표제. **4** (출판물·신문 등에서 내용과 성질에 따라 나눈) 판. ¶专~ = 특별란. 칼럼. / 广告~ = 광고란. **5** 게시판. 공고판. ¶报~ = 신문 열람판. / 布告~ = 공고란. **6** (표의) 난. 칸. ¶备注~ = 비고란. **7** (體) 허들(hurdle). 장애물. ¶高~ = 높은 허들. **8** (體) 허들 경주. 장애물달리기. ¶110米~ = 110미터 허들.

○● 存栏, 低栏, 高栏, 勾gōu栏, 跨kuà栏, 清栏, 栅zhà栏, 中栏, 专zhuān栏

【栏肥】 **lánféi** 囘 쇠두엄. 외양간에서 쳐낸 두엄.

【栏杆】[阑干] **lángān** 囘 난간.

【栏柜】 **lánguì** ☞【拦柜】 **lánguì**

【栏目】 **lánmù** 囘 난(欄). 항목. ¶文化生活~ = 문화생활란.

【栏栅】 **lánzhà** 囘(방) 울타리. ¶木~ = 나무 울타리〔목책〕.

# 婪[惏] **lán** 탐할 람

형 탐욕스럽다. 욕심스럽다. ¶贪~ = 매우 탐욕스럽다.

# 阑[闌] **lán** 울타리 란

囘(문) 울타리. 난간. ¶凭~ = 난간에 기대다.
형 곧 다하다. 마지막에 가깝다. 끝나가다. ¶夜~人静 = 밤이 으슥하여 인적이 없다. 튕(문)

**lán** 阑 蓝

(출입을) 자기 멋대로. 독단적으로. 제 마음대로. 함부로. ¶~出=마음대로 나가다. 통 '拦(lán)'과 같음.

阑 lán
兰 lán
烂 làn
拦 lán
栏 lán
调 lán
澜 lán
镧 lán
斓 lán

【阑残】**láncán** 통형 차츰 작아지다〔적어지다·약해지다〕. 쇠잔하다. 감퇴하다. 조락하다. 시들다. 영락하다. ¶楼中歌管渐~。=누각에서 들려오는 노래와 연주 소리가 점점 잦아들다.

【阑干】**lángān** 통형 종횡으로 교착(交錯)하다. 이리저리 엇갈리다. ¶星斗~=별들이 이리저리 엇갈려 있다. 명 ☞【栏杆】**lángān**

【阑入】**lánrù** 통문 **1** 허가 없이 함부로 들어가다. 난입하다. ¶~禁地=금지 구역에 허가 없이 함부로 들어가다. **2** 뒤섞여 들어가다. 끼워 넣다. ¶勿把陈旧资料~其中。=낡은 자료를 그 속에 끼워 넣지 마세요.

【阑珊】**lánshān** 형문 약해지다. 감퇴하다. 끝나가다. 다해 가다. ¶灯火~=등불이 곧 꺼지려고 하다.

【阑尾】**lánwěi** 명(生) 충수(蟲垂). 막창자꼬리. 충양돌기.

【阑尾炎】**lánwěiyán** 명(醫) 충수염. 충양돌기염. 맹장염. ↔【盲肠炎】**mángchángyán**

**蓝[藍]** lán 쪽 람

명 **1**(植) 요람(蓼藍). 대청(大靑). **2**(植) 남쪽. 목람(木藍). [남색 염료로 쓰이는 식물 또는 잎이 청록색인 식물] ¶马~=마람(馬藍). / 甘~=양배추. **3**(Lán) 성(姓). 형 남색의. 남빛의. ¶湛~=짙은 남색. / 蔚~=하늘빛. 쪽빛. ≒碧

○● 宝蓝, 碧bì蓝, 靛diàn蓝, 发蓝, 甘蓝, 烤kǎo蓝, 马蓝, 毛蓝, 品蓝, 伽qié蓝, 烧蓝, 天蓝, 藏zàng蓝, 湛zhàn蓝

【蓝宝石】**lánbǎoshí** 명(礦) 사파이어(sapphire). 청옥(靑玉).

【蓝本】**lánběn** 명 원본. 저본(底本). ≒底本

【蓝采和】**Lán Cǎihé** 명 남채화. [고대 중국 신화에 나오는 팔선(八仙) 중의 하나]

【蓝澄澄】**lánchéngchéng**(~的) 형 푸르고 투명하다. ¶天空~的, 没有一丝云彩。=하늘은 구름 한 점 없이 맑고 푸르다.

【蓝筹】**lánchóu** 명 (카지노의) 블루칩(blue chip).

【蓝筹股】**lánchóugǔ** 명(經) 우량주. 블루칩(blue chip).

【蓝点鲅】**lándiǎnbà** ☞【鲅鱼】**bàyú**

【蓝点颏】**lándiǎnké** 명(動) 흰눈썹울새. 푸른턱울타리새. =【蓝喉歌鸲】**lánhóugēqú**

【蓝靛】**lándiàn** ☞【靛蓝】**diànlán**

【蓝靛颏儿】**lándiànkér** ☞【蓝点颏】**lándiǎnké**

【蓝矾】**lánfán** 명(化) 담반(膽礬). 군석(君石).

석담(石膽). ≒【胆矾】**dǎnfán**

【蓝喉歌鸲】**lánhóugēqú** ☞【蓝点颏】**lándiǎnké**

【蓝晶晶】**lánjīngjīng**(~的) 형 밝은 청색. ¶~的宝石=밝은 청색의 보석.

【蓝鲸】**lánjīng** 명(動) 흰긴수염고래. 영 blue whale.

【蓝盔】**lánkuī** 명 청색 베레모.

【蓝盔部队】**lánkuī bùduì** 명 '联合国维和部队(국제 연합 평화 유지군)'의 별칭. 청색 베레모 부대. =【蓝色贝雷帽部队】**lánsè bèiléimào bùduì**

【蓝领】**lánlǐng** 명 블루칼라(blue collar) 계층. [생산 현장에서 일하는 근로자〔육체 노동자〕를 이르는 말로, '白领(화이트칼라(white collar) 계층)'과 구별됨]

【蓝缕】**lánlǚ** ☞【褴褛】**lánlǚ**

【蓝皮书】**lánpíshū** 명(政) 청서(靑書). [영국 의회나 추밀원의 보고서. 표지가 청색으로 되어 있는 데서 유래함]

【蓝青】**lánqīng** 형 **1** 남청색의. **2**(비) 순수성을 잃은. 불완전한.

【蓝青官话】**lánqīng guānhuà** 명(옛) 지방 사람들이 쓰는 사투리가 섞인 표준말. 방음(方音)이 섞여 순정(純正)하지 않은 표준말.

【蓝色】**lánsè** 명 파랑. 청색. 남색.

【蓝色贝雷帽部队】**lánsè bèiléimào bùduì** ☞【蓝盔部队】**lánkuī bùduì**

【蓝色国土】**lánsè guótǔ** 명 영해(領海).

【蓝色农业】**lánsè nóngyè** 명 녹색 농업. [해수와 그 밖의 해양 자원을 이용하여 개발한 양식업, 재배업, 어업 등을 가리킴]

【蓝衫】**lánshān** 명 옛날, 저급 관리나 유생(儒生)들이 입던 옷.

【蓝十字】**lánshízì** 명 청십자. [중국 보건복지부에서 규정한 중국 의료 기구의 통일된 표지]

【蓝天】**lántiān** 명 짙푸른 하늘. 쪽빛 하늘. 창공(蒼空).

【蓝田人】**Lántiánrén** ☞【蓝田猿人】**Lántián yuánrén**

【蓝田生玉】**Lántián-shēngyù** 성 **1** 산시(陝西)성 란톈(蓝田)에서 아름다운 옥이 나오다. **2**(비) 훌륭한 집안에서 훌륭한 인물이 배출되다.

【蓝田猿人】**Lántián yuánrén** 명(歷) 란톈원인. [약 5, 6만 년 전에 생존하였던 인류. 1963년 산시(陝西)성 란톈(蓝田)에서 발견된 화석 인류] =【蓝田人】**Lántiánrén**

【蓝图】**lántú** 명 **1** 청사진. 설계도. 시아노타이프(cyanotype). **2**(비) (미래의) 계획〔구상〕. 미래상. 청사진. ¶描绘城市未来的美好~。=도시 미래의 아름다운 청사진을 묘사하다.

【蓝汪汪】**lánwāngwāng**(~儿的) 형 맑고 푸르다. ¶~儿的湖水=맑고 푸른 호수.

【蓝蔚蔚】**lánwèiwèi**(~的) 형 새파랗다. 짙푸르다. ¶辽阔的天空~的。=드넓은 하늘이 새파랗다.

【蓝牙】**lányá** 명(電) 블루투스. [근거리 무선

통신 기술] =【蓝牙技术】Lányá jìshù [영] blue tooth
【蓝牙技术】Lányá jìshù ☞【蓝牙】lányá
【蓝盈盈】lányīngyīng(~的) [형][구] 눈부시게 푸르다.
【蓝盈盈】lányíngyíng(~的) [형] 눈부시게 푸르다. =【蓝莹莹】lányíngyíng ¶ ~的宝石=눈부시게 푸른 보석.
【蓝莹莹】lányīngyīng(~的) [형][구] 눈부시게 푸르다.
【蓝莹莹】lányíngyíng ☞【蓝盈盈】lányíngyíng
【蓝藻】lánzǎo [명]《植》 남조(류). 남조식물.
【蓝湛湛】lánzhànzhàn(~的) [형] 새파랗다. 짙푸르다. ¶ ~的天空=새파란 하늘.

## 谰[讕] lán 헐뜯을 란

[동][문] **1** (실수나 잘못을) 잡아떼다. 부인하다. 발뺌하다. ¶ 抵~=잡아떼다. **2** (전혀 터무니없이) 모함하다. 비방하다. 중상하다. 무함(誣陷)하다. 생사람을 잡다. ¶ ~词=비방하는 말.
【谰言】lányán [명] 근거 없는 말. 터무니없는 말. 중상모략의 말. 헐뜯는 말. ¶ 无耻~=뻔뻔스러운 말.

## *澜[瀾] lán 물결 란

[명] 파도. (큰) 물결. ¶ 波~=파도. / 死水微~=고여 있는 물이 파문(波紋)을 일으키다.

○● 安澜

## 褴[襤] lán 누더기 람

【褴褛】[蓝缕] lánlǚ [형] (옷이) 남루하다. 너덜너덜하다. 허름하다. ¶ 衣衫~=옷이 남루하다.

## **篮[籃] lán 바구니 람

[명](~儿) **1** 바구니. 광주리. ¶ 花~儿=꽃바구니. / 菜~=시장바구니. 장바구니. **2**《體》 바스켓(basket). ¶ 投~=(농구에서) 슛을 하다. **3**《體》 농구 (팀). ¶ 男~=남자 농구 (팀).

○● 摇yáo篮

【篮板】lánbǎn [명]《體》 **1** (농구 골대의) 백보드(backboard). **2** 리바운드(rebound).
【篮板球】lánbǎnqiú [명]《體》 (농구의) 리바운드볼(rebound ball).
【篮筐】lánkuāng [명]《體》 (농구 골대의) 바스켓(basket).
【篮球】lánqiú [명]《體》 **1** 농구. 바스켓볼(basketball). **2** 농구공.
【篮圈】lánquān [명]《體》 농구 골대 림(rim).
【篮坛】lántán [명] 농구계. ¶ ~巨星=농구계의 스타.
【篮子】lán·zi [명] 바구니. 광주리.

## 斓[斕] lán 울긋불긋할 란

☞【斑斓】bānlán

## 镧[鑭] lán 란탄 란

[명][외]《化》 란탄(La, lanthanum). [원자 번호 57]

## 襕[襴] lán 난삼 란

[명] 난삼. [옛날, 상하의가 붙어 있는 옷. 지금의 장삼 또는 두루마기 형태의 옷]

## 籣[籣, 韊] lán 동개 란

[명] (등에 메는) 동개. 전통(箭筒).

## **览[覽] lǎn 볼 람

[동] 보다. 참관하다. 관람하다. ¶ 游~=유람하다. / 博~群书=온갖 책을 두루 읽다. [명] (Lǎn) 성(姓).

○● 便览, 博览, 浏liú览, 披pī览, 一览, 阅览, 展览, 纵zòng览

● 览 lǎn
揽 lǎn
缆 lǎn
榄 lǎn

【览古】lǎngǔ [동][문] 고적(古蹟)을 유람[감상]하다. ¶ 长城~=만리장성을 유람하다.
【览胜】[揽胜] lǎnshèng [동][문] 명승지를 유람[감상]하다. ¶ 泰山~=타이산을 유람하다.
【览眺】lǎntiào [동] 멀리 바라보다. ¶ 登高~=높은 곳에 올라 멀리 바라보다.

## *揽[攬] lǎn 잡을 람

[동] **1** 손에 쥐다. 장악하다. 파지(把持)하다. ¶ 独~=독점하다. / ~镜自照=거울을 잡고 자신을 비추다. **2** 끌어들이다. 끌어당기다. (떠)맡다. ¶ 包~=혼자 도맡다. / ~责任=책임을 떠맡다. **3** 둘러[에워]싸다. 끌어안다. ¶ 她把受惊的孩子紧紧~在怀里。=그녀는 놀란 아이를 품 안에 꼭 껴안았다. **4** (손이나 끈 등으로 헐거워진 것을) 움켜쥐다. 묶다. 잡아매다. ¶ 车上的货要用绳子~一下才稳当。=차에 실은 화물을 밧줄로 잡아매야 안전하다. **5** [문] (꽃·열매·잎 등을) 따다. 뜯다. 채취하다. ¶ 九天~月=구천에 올라 달을 따다.

○● 把揽, 承chéng揽, 兜dōu揽, 独揽, 收揽, 招揽, 总揽

【揽笔】lǎnbǐ [동][문] 펜[붓]을 잡다. 집필하다. ¶ ~疾书=펜을 잡고 매우 빨리 글을 쓰다.
【揽承】lǎnchéng [동] 맡다. 떠맡다. 책임 맡다. 도급 맡다. 청부 맡다.
【揽储】lǎnchǔ [동] (금융 기관에서) 고객의 예금을 유치하다[끌어모으다]. 예금을 권유하다. =【揽存】lǎncún ¶ 银行的大部分职工超额完成了~任务。=은행의 대부분 직원들이 고객의 예금 유치 임무를 초과 달성했다.
【揽存】lǎncún ☞【揽储】lǎnchǔ
【揽工】lǎn‖gōng [동] **1** 고용살이하다. **2** 일거리를 도급 맡다.
【揽活】lǎn‖huó(~儿) [동] 일거리를 도급 맡다. ¶ 家里急需用钱, 他想多揽点活儿。=집안에 급

하게 돈 쓸 일이 있어서 그는 더 많은 일거리를 도급 맡을 생각이다.
【揽货】lǎn‖huò 〔동〕 화물의 운수〔판매〕를 도급 맡다.
【揽客】lǎn‖kè 〔동〕 고객을 유치하다〔끌다〕. ¶为了~, 各大商场纷纷开展降价促销活动。=고객 유치를 위해서 대형 상점마다 다투어 할인 판촉[바겐세일] 행사를 열었다.
【揽买卖】lǎn mǎi·mai 〔동〕 고객〔손님〕을 끌어모으다〔끌다〕. 호객 행위를 하다.
【揽权】lǎnquán 〔동〕 권력을 사적으로 행사하다. 월권 행위를 하다. 권력을 움켜잡다〔장악하다〕. ¶~徇私=권력을 움켜잡고 사리사욕을 위해 불법 행위를 하다.
【揽胜】lǎnshèng ☞【览胜】lǎnshèng
【揽事】lǎnshì(~儿) 〔동〕 쓸데없는 일에 참견하다. 일을 저지르다. 문제를 일으키다. 말썽을 일으키다. ¶你别整天老给我~。=너 하루 종일 일 좀 저지르지 마라.
【揽爷】lǎnyé 〔명〕 거간꾼. 중개인. 브로커. [풍자의 의미를 내포함]
【揽总】lǎnzǒng(~儿) 〔동〕 전면적으로 장악하다. 도맡다. 총괄하다. ¶剧务工作由他~。=무대의 모든 업무는 그가 총괄한다.

*缆[纜]lǎn 닻줄 람
〔명〕 1 닻줄. 로프. ¶船~=닻줄. / 解~=닻줄을 풀다. 2 닻줄과 같은 것. ¶电~=전력 케이블. 〔동〕(배를) 잡아매다. 정박시키다. ¶~舟=배를 정박시키다.
【缆车】lǎnchē 〔명〕 1 케이블카(cable car). 리프트. 2 윈치(winch). 권양기(卷揚機).
【缆绳】lǎnshéng 밧줄. 로프. 케이블.
【缆索】lǎnsuǒ 밧줄. 로프. 케이블.
【缆桩】lǎnzhuāng 계선주(繫船柱). 계주(繫柱). 돌핀(dolphin).

*榄[欖]lǎn 감람나무 람
☞【橄榄】gǎnlǎn

罱 lǎn 반두 남
〔명〕 반두. 조망. [물고기를 잡거나 물풀·진흙을 건져 내는 도구] 〔동〕 반두로 건져 내다. ¶~河泥=반두로 강바닥의 진흙을 건져 내다.

漤 lǎn 절일 람
〔동〕 1 (생선·고기·과일·야채에) 설탕과 소금 등 조미료를 넣고 절이거나 버무리다. ¶~大白菜=배추를 절이다. 2 (뜨거운 물이나 석회수에 넣어) 담그다. 삭히다. 떫은 맛을 우려내다. ¶~柿子=감을 삭히다. 침시(沈柿)하다.

壈 lǎn 불우할 람
☞【坎壈】kǎnlǎn

懒[懶, 嬾]lǎn 게으를 라
〔형〕 1 게으르다. 나태하다. ¶好吃~做=먹기를 좋아하고 일에는 게으르다. 2 피곤[피로·노곤]하다. 지치다. ¶浑身酸~=온몸이 시큰시큰하고 노곤하다. ↔惰 ↔勤

○● 躲duǒ懒, 疏shū懒, 树懒, 酸懒, 偷懒

【懒虫】lǎnchóng 〔명〕〔구〕 게으름뱅이. 게으른 놈. [욕하거나 해학적인 의미를 내포함]
【懒怠】lǎn·dai 〔형〕 게으르다. 나태하다. ¶生性~=천성이 나태하다. 〔동〕 (어떤 일을) 하기 싫어하다. 귀찮아하다. ¶太疲倦了, 话都~说。=너무 피곤해서 말하기도 귀찮다.
【懒蛋】lǎndàn 〔명〕〔구〕 게으름뱅이. 게으른 놈. [욕하거나 해학적인 의미를 내포함]
【懒得】lǎn·de 〔동〕 (어떤 일을) 하기 싫어하다. 귀찮아하다. ¶他这个人不讲道理, 我~和他争论。=그는 억지를 부리는 사람이라 나는 그와 논쟁하고 싶지 않다.
【懒惰】lǎnduò 〔형〕 게으르다. 나태하다. ¶~成性=나태함이 습성이 되다. ↔勤奋 勤劳 勤快 辛勤
【懒骨头】lǎngǔ·tou 〔명〕 게으름뱅이. 농땡이. [욕하는 말로 쓰임]
【懒鬼】lǎnguǐ 〔명〕 게으름뱅이. 농땡이. [욕하는 말로 쓰임]
【懒汉】lǎnhàn 〔명〕 게으름뱅이. 한산꾼.
【懒汉鞋】lǎnhànxié 〔명〕 간편화. 로퍼(loafer). =【懒鞋】lǎnxié
【懒猴】lǎnhóu 〔명〕〔동〕 늘보원숭이. 로리스.
【懒货】lǎnhuò 〔명〕〔구〕 게으름뱅이. 농땡이. [욕하는 말로 쓰임]
【懒懒散散】lǎn·lan sǎnsǎn(~的) 〔형〕 나태하고 산만하다. 게으르다. 나태하다.
【懒龙】lǎnlóng 〔명〕 란롱. [밀가루 음식의 한 가지로, 조미를 한 고기소를 만두피에 넣고 길쭉하게 말아서 찐 후 다시 토막으로 잘라 낸 것]
【懒驴上磨屎尿多】lǎnlǘ shàngmò shǐniào duō 〔속〕 1 게으른 당나귀가 맷돌을 끌게 되면 수시로 똥오줌을 싼다. 2 〔비〕 게으른 사람은 항상 이 핑계 저 핑계 대고 일을 덜 한다.
【懒人】lǎnrén 〔명〕 게으른 사람. 게으름뱅이.
【懒散】lǎnsǎn 〔형〕 나태하고 산만하다. 게으르다. 나태하다. 해이하다. ¶他这样~, 工作效率自然高不了。=그가 저렇게 나태하면 일의 효율이 자연히 높아질 수가 없지.
【懒鞋】lǎnxié ☞【懒汉鞋】lǎnhànxié
【懒洋洋】lǎnyángyáng 〔형〕 축 늘어진. 기운이 없는. 풀죽은. 맥 풀린. 나른한. ¶他~地躺在那儿, 动都不愿动一下。=그는 축 늘어지게 그 곳에 누워서 꿈쩍도 하려 들지 않는다.
【懒腰】lǎnyāo 〔명〕 기지개. ¶伸了一个~。=기지개를 한번 켜다.

*烂[爛]làn 문드러질 란
〔형〕 1 (어떤 고체 상태의 물체가 수분을 흡수하여) 흐물흐물하다. 물렁물렁하다. ¶一摊~泥=온통 질퍽질퍽한 진흙. 2 (음식물이 너무 익어서) 무르다. 흐물흐물하다. 물렁물렁하다. ¶排

骨炖~了。=갈비가 고아져서 흐물흐물해졌다. **3** 썩다. 부패하다. 곪다. 문드러지다. ¶腐~=썩어 문드러지다. / 苹果放~了。=사과가 오래되어 문드러지다. **4** 낡다. 못 쓰게 되다. 망가지다. 닳아 해지다. ¶破铜~铁=못 쓰게 된 쇠붙이. / 裤子穿~了。=바지가 닳아 해지다. **5** 어질러진. 흐트러진. 산란한. 어수선한. ¶一本~账=뒤죽박죽인 장부. 장기간 회수되지 않고 있는 대금. **6** 〈方〉 밝게 빛나다. 반짝이다. ¶光辉灿~=빛이 찬란하다. 〖转〗몹시. 완전히. ¶滚瓜~熟=아주 숙련되다.

○← 灿càn烂, 腐烂, 溃kuì烂, 霉烂, 糜mí烂, 破烂, 稀xī烂, 绚xuàn烂.

【烂肠子】làn cháng·zi 〈贬〉〈口〉 (도덕적으로) 나쁘다. 부도덕하다. 악질이다. =【烂肚肠】làn dùcháng ¶哪个~的人, 干这等缺德事？=어떤 나쁜 놈이 이런 비양심적인 짓을 하나？

【烂肚肠】làn dùcháng ☞【烂肠子】làn cháng·zi

【烂糊】làn·hu 〈形〉〈구〉 (음식이) 무르다. 흐물흐물하다. 물렁물렁하다. 푹 익다. ¶老人没牙, 肉要炖~了才能吃。=노인은 이가 없어서, 고기는 흐물흐물하게 삶아야 먹을 수 있다.

【烂货】lànhuò 〈方〉 **1** 불량품. 조잡한 물건. 싸구려 물건. **2** 음탕한 여자. 탕녀. 바람둥이. [욕하는 말로 쓰임]

【烂漫】[烂熳][烂缦] lànmàn 〈形〉 **1** (빛깔이) 산뜻하고 아름답다. 화려하다. 찬란하다. ¶山花~=야생화가 활짝 피다. **2** 있는 그대로의. 꾸밈없다. ¶天真~=천진난만하다.

【烂熳】lànmàn ☞【烂漫】lànmàn
【烂缦】lànmàn ☞【烂漫】lànmàn

【烂泥】lànní 〈名〉 질척질척한 흙. 진흙탕. ¶车陷在~坑里了。=차가 진흙구덩이에 빠졌다.

【烂泥塘】lànnítáng 〈名〉 진창. 수렁.

【烂熟】lànshú 〈形〉 **1** (고기·요리 등이) 무르다. 푹 삶기다. ¶羊肉炖得~, 很入味儿。=양고기가 푹 삶아져서 아주 맛이 들었다. **2** 매우 익숙하다. 능숙하다. 능란하다. ¶他把演讲稿背得~。=그는 강연 원고를 능숙하게 줄줄 외웠다.

【烂摊子】làntān·zi 〈贬〉〈口〉 문제가 많아 정비하기 어려운 부서. 수습하기 어려운 혼란스러운 국면. ¶谁都不想接这个~。=누구도 이런 골칫덩어리 부서를 맡으려고 하지 않는다.

【烂污】lànwū 〈名〉〈方〉 묽은 똥. 물똥. 〈形〉〈方〉 (품행이) 단정치 못하다. 방탕하지 못하다. [주로 여자를 가리킴] ¶~货=화냥년.

【烂账】lànzhàng 〈名〉 **1** 뒤죽박죽인 장부. **2** 장기간 회수되지 않고 있는 대금.

【烂嘴角】lànzuǐjiǎo ☞【口角炎】kǒujiǎoyán

【烂醉】lànzuì 〈形〉 곤드레만드레 취한. 고주망태가 된. 만취한. ¶喝得~=곤드레만드레 취하도록 마시다.

【烂醉如泥】lànzuì-rúní 〈成〉 (취해서) 고주망태가 되다.

**滥[濫]** làn 넘칠 람
〈动〉 (강·하천·호수의 물이) 넘치다. 넘쳐흐르다. 범람하다. ¶泛~=범람하다. 〈形〉 **1** 과도하다. 지나치다. 무절제하다. 무차별로. 가리지 않는. 마구잡이의. ¶粗制~造=조잡하게 되는대로 만들다. / 狂轰~炸=무차별 폭격하다. **2** 낡은. 진부한. 상투적인. ¶别老是沿用~套子。=늘 상투적인 수법을 사용하지 마세요.

【滥捕】lànbǔ 〈动〉 마구 잡다〔포획하다〕. 남획하다. ¶严禁~野生动物。=야생 동물의 남획을 엄금하다.

【滥调】làndiào (~儿) 〈名〉〈贬〉 판에 박힌 말〔논조〕. 진부한 말〔문구〕. 상투적인 말. ¶陈词~=판에 박힌 표현들을 늘어놓다.

【滥发】lànfā 〈动〉 (지폐·공채·보너스 등을) 과도하게 지급하다. 남발하다. 무절제하게〔마구잡이로·무차별적으로〕 발행하다. ¶~奖金=보너스를 무차별적으로 지급하다.

【滥伐】lànfá 〈动〉 남벌(滥伐)하다. 마구 베다. ¶严禁乱砍~。=남벌을 엄금하다.

【滥交】lànjiāo 〈动〉 가리지 않고 사귀다〔교제하다〕. ¶他就是因为~朋友才走上了犯罪道路。=그는 친구를 가리지 않고 사귐으로써 범죄의 길로 들어서게 되었다.

【滥杀】lànshā 〈动〉 남살하다. 무차별 살육하다. 마구잡이로 죽이다. ¶~无辜=무고한 사람을 마구잡이로 학살하다.

【滥觞】lànshāng 〈名〉〈文〉 **1** 잔을 띄울 만큼 가늘게 흐르는 시냇물의 발원지. **2** 〈비〉(사물의) 시작. 기원. 근원. 남상. 《诗经》是中国诗歌艺术的~。=《诗經(시경)》은 중국 시가 예술의 기원이다. ¶~于…=…로부터 비롯하다〔시작되다〕. ¶中国古代文明大抵~于殷商。=중국 고대 문명은 대략 은(殷)대부터 시작된다.

【滥套子】làntào·zi 〈名〉 **1** 상투적인〔고정된〕 격식〔방법·형식〕. **2** 틀에 박힌 말〔격식〕. 상투어.

【滥用】lànyòng 〈动〉 남용하다. 마구 사용하다. ¶~职权=직권을 남용하다.

【滥竽充数】lànyú-chōngshù 〈成〉 **1** 많은 사람들이 모여 피리를 부는데 머릿수만 채우다. [《한비자·내제설상(韩非子·内储说上)》에서 제선왕(齐宣王)이 피리 소리를 좋아하여 삼백 명이 같이 연주하도록 시켰는데, 남곽(南郭) 선생은 원래 피리를 불 줄 모르면서, 그 무리에 끼어들어 머릿수만 채웠다는 고사에서 유래함] **2** 〈비〉 능력 없는 사람이 능력 있는 척하다. 좋은 상품으로 나쁜 상품을 파는 짓을 하다. [어떤 때에는 겸손의 말로 쓰임] ≒鱼目混珠 ↔宁缺毋滥

# lang

**啷**¹ lāng 부딪히는 소리 랑
☞【当啷】dānglāng 【哐啷】kuānglāng

## 啷² lāng 가량 랑

【啷当】**lāngdāng** [조][방] **1** 가량. 안팎. 내외. 정도. [연령을 나타내는 데 쓰임] ¶他才二十~岁, 还没结婚呢。=그는 이제 갓 스무 살 정도여서 아직 결혼하지 않았다. **2** (~儿的) …등등. [예를 들고 나서 끝맺을 때 쓰임] ¶年货准备得充足, 鸡、鸭、鱼、肉、水果、糖果~的样样都有。=설맞이 용품은 넉넉하게 준비되었다. 닭이며 오리, 생선, 고기, 과일, 사탕 등등 갖가지〔골고루〕 다 있다.

## ** 郎 láng 사나이 랑

> ❶ 郎 láng
> 廊 láng
> 榔 láng
> 螂 láng
> 啷 lāng

[명] **1** 낭. [고대, 관직 이름] ¶员外~=원외랑. **2** [옛] 사내. 남자. [옛날, 젊은 남자에 대한 호칭] ¶伴~=신랑 들러리. **3** [옛] 정랑. 낭군. [옛날, 여자가 자신의 애인이나 남편에 대해 사용한 호칭] ¶情~=정랑. **4** 영랑. 영식. [다른 사람의 아들에 대한 호칭] ¶令~=영랑. **5** 어떤 직업에 종사하는 사람. ¶货~=행상인. / 放牛~=목동. **6** (**Láng**) 성(姓).
☞ **làng**

> 0-● 伴bàn郎, 法郎, 克郎, 令郎, 女郎, 情郎, 新郎, 牛郎星

【郎才女貌】**lángcái-nǚmào** [성] **1** 남자는 재능이 출중하고, 여자는 용모가 아름답다. **2** 남녀가 서로 잘 어울리다.
【郎当】**lángdāng** [형] **1** (옷이) 몸에 맞지 않다. 헐렁헐렁하다. 단정치 못하다. ¶衣裤~, 不修边幅。=의복이 헐렁헐렁해도 외관에 신경을 쓰지 않다. **2** 낙담하다. 의기소침하다. 풀이 죽다. 기죽다. 활기〔원기〕가 없다. ¶看他那~样, 没点儿声气。=그의 저 기죽은 모습 좀 봐, 말 한 마디 없이. **3** 쓸모 없다. 구실을 못하다. ¶吊儿~=품행이 단정하지 못하고 건들건들하다.
【郎当】**lángdāng** ☞【锒铛】**lángdāng**
【郎舅】**lángjiù** [명] 처남과 매부.
【郎君】**lángjūn** [명] (남편에 대한 호칭으로) 낭군. [주로 조기 백화문에 보임]
【郎猫】**lángmāo** [명][구] 수고양이.
【郎中】**lángzhōng** [명] **1** 낭중. [옛날, 관직 이름] **2** [방] 한의사.

## ** 狼 láng 이리 랑

[명] **1** 《動》 이리. ¶引~入室=이리를 집으로 끌어들이다. **2** (**Láng**) 성(姓).

> 0-● 豺chái狼, 虎狼, 黄鼠shǔ狼, 中山狼

【狼狈】**lángbèi** [형] **1** 매우 난처〔곤란〕하다. 궁지에 빠지다. 곤궁하다. [이리와 비슷하게 생긴 전설 속의 '狈(패)'라는 짐승은 앞다리가 너무 짧아서 걸을 때 반드시 이리의 몸에 앞다리를 걸쳐야지, 그렇지 않으면 걷기 힘들었다고 함] ¶十分~=대단히 곤궁하다. **2** [비] 결탁하다. 공모하다. ¶这伙人~为奸, 干尽坏事。=이 패거리들은 한패가 되어 온갖 못된 짓을 다 저지른다.
【狼狈不堪】**lángbèi-bùkān** [성] (처한 상황이 참을 수 없을 만큼) 매우 난처〔난감〕하다. 곤궁에 처하다.
【狼狈为奸】**lángbèi-wéijiān** [성][비] 나쁜 사람과 어울려 함께 못된 짓을 저지르다. ≒同流合污
【狼奔豕突】**lángbēn-shǐtū** [성] **1** 이리처럼 내달리고 멧돼지처럼 돌진하다. **2** [비] 나쁜 무리들이 이리저리 날뛰며 제멋대로 나쁜 짓을 저지르다. ≒抱头鼠窜
【狼虫虎豹】**lángchóng hǔbào** [명] **1** 맹수의 총칭. **2** [비] 난폭하고 흉악무도한 사람. 악한.
【狼疮】**lángchuāng** [명] 《醫》 낭창. [결핵성 피부병의 일종]
【狼多肉少】**lángduō-ròushǎo** [성][비] 나누어 줄 물건은 적은데 사람이 너무 많다.
【狼狗】**lánggǒu** [명] 《動》 셰퍼드(shepherd). =【狼犬】**lángquǎn**
【狼顾】**lánggù** [동] **1** 이리가 뒤쪽에서의 습격이 두려워 자꾸 뒤돌아보다. **2** [비] 의심이 많아서 사방을 둘러보다. ¶不时~=자꾸만 사방을 둘러보다.
【狼孩】**lánghái** [명] 늑대소년.
【狼毫】**lángháo** [명] 낭호필.
【狼嚎】**lángháo** [동] 이리가 울부짖다.
【狼嚎鬼哭】**lángháo-guǐkū** ☞【鬼哭狼嚎】**guǐkū-lángháo**
【狼虎】**lánghǔ** [명] **1** 이리와 호랑이. **2** [비] 난폭하고 흉악무도한 사람. 악한.
【狼獾】**lánghuān** ☞【貂熊】**diāoxióng**
【狼藉】[狼籍] **lángjí** [형][문] **1** 난잡하게 어질러지다. 낭자하다. ¶他把家里面搞得一片~。=그는 집안을 온통 난잡하게 어질러 놓았다. **2** (사람의) 평판이 대단히 나쁘다. ¶声名~=평판이 나쁘다.
【狼籍】**lángjí** ☞【狼藉】**lángjí**
【狼犬】**lángquǎn** ☞【狼狗】**lánggǒu**
【狼贪】**lángtān** [동][비] (이리처럼) 욕심을 부리다. 몹시 탐내다.
【狼头】**láng·tou** ☞【榔头】**láng·tou**
【狼吞虎咽】**lángtūn-hǔyàn** [성][비] 게걸스럽게 먹다. 마파람에 게눈 감추듯 하다.
【狼尾草】**lángwěicǎo** [명] 《植》 수크령. =【莨草】**lìcǎo**
【狼心狗肺】**lángxīn-gǒufèi** [성][비] 흉악하고 잔인하다. 배은망덕하다. 은혜와 의리를 저버리다. ≒狼子野心
【狼牙棒】**lángyábàng** [명] 낭아봉. [고대 병기의 하나. 쇠못을 많이 꽂은 창 비슷한 무기로, 이리의 이빨 모양처럼 생겼음]
【狼牙箭】**lángyájiàn** [명] 낭아전. [화살촉이 이리의 이빨처럼 예리한 고대의 화살]
【狼牙山】**Lángyáshān** [명] 《地》 랑야산. [허베이(河北)성에 있는 산 이름]
【狼牙鳝】**lángyáshàn** ☞【海鳗】**hǎimán**
【狼烟】**lángyān** [명] **1** 낭연. [옛날, 변방에서 봉

화로 쓰임) **2** 전쟁. 병화(兵火). 전화(戰火).
【狼烟四起】**lángyān-sìqǐ** 📖 **1** 사방에서 봉화가 일다. **2** 변방이 평온하지 못하다.
【狼崽子】**lángzǎi·zi** 📖📘 **1** 이리새끼. **2** 📖 흉악하고 잔인한 놈. 배은망덕한 놈. 은혜도 모르는 놈. [욕하는 말로 쓰임]
【狼主】**lángzhǔ** 📖 (중국 전통극·옛날 소설에서) 북방 민족의 자신의 군주에 대한 호칭.
【狼子野心】**lángzǐ-yěxīn** 📖 **1** 이리의 새끼는 야성이 있어서 길들이기 어렵다. **2** 📖 흉악한 사람은 마음 씀씀이가 악랄하여 고치기 어렵다. ≒狼心狗肺

# 阆[閬] láng 솟을대문 랑
☞【阆阆】**kāngláng**
☞ làng

# *琅[(瑯)] láng 옥 이름 랑
📖📘 옥돌. 옥석(玉石). 📖📘 새하얗다.
○● 珐fà琅, 琳lín琅
【琅玕】**lánggān** 📖📘 진주(眞珠)처럼 생긴 아름다운 돌.
【琅嬛】(嫏嬛) **lánghuán** 📖📘 낭환. [신화에서 천제(天帝)의 장서(藏書)가 있는 서고] ¶福地=선경(仙境)에서 기서(奇書)를 모아 둔 곳.
【琅琅】**lángláng** 📖📘 낭랑하게 책 읽는 소리. 쨍강. [금속이 서로 부딪칠 때 나는 소리] ¶书声~=책 읽는 소리가 낭랑하다.
【琅琊】**lángyá** 📖 (地) 랑야산. [산둥(山東)성에 있는 산 이름]

# 根 láng 나무 부딪는 소리 랑
【根根】**lángláng** 📖📘 딱딱. [나무가 서로 부딪칠 때 나는 소리] ¶木鱼~=목탁 소리가 딱딱울린다.

# *廊 láng 복도 랑
📘 복도. 회랑(回廊). ¶长~=긴 회랑. / 前~后厦=집의 앞뒤편 처마 밑.
○● 穿廊, 画廊, 回廊, 游廊
【廊庙】**lángmiào** 📖📘 조정(朝廷). ¶~栋梁=조정의 동량(중신).
【廊檐】**lángyán** 📖 처마. 첨아(檐牙).
【廊子】**láng·zi** **1** 베란다. **2** 회랑(回廊). 복도. 낭하.

# 嫏 láng 천제의 서고 랑
【嫏嬛】**lánghuán** ☞【琅嬛】**lánghuán**

# *椰 láng 나무 이름 랑
아래를 참조.
○● 槟榔
【榔糠】**láng·kāng** 📖 (무거워서) 다루기 힘든. 부피가 큰. ¶这行李包太~了,随身不好带。=

이 여행 가방은 너무 크고 무거워서 가지고 다니기 불편하다.
【椰头】〔榔头〕〔郎头〕**láng·tou** 📖 쇠망치. [주로 비교적 큰 것을 가리킴]

# 硠 láng 돌 부딪는 소리 랑
📖📘 철썩. [물과 돌이 서로 부딪칠 때 나는 소리]

# 锒[鋃] láng 쇠사슬 랑
【锒铛】〔郎当〕**lángdāng** 📖📘 (죄수를 묶던) 쇠사슬. ¶入狱=쇠사슬에 묶여서 감옥에 들어가다. 📖📘 쨍강. 쨍그랑. [금속이 서로 부딪칠 때 나는 소리] ¶铁索~=쇠사슬이 쨍그랑 쨍그랑거리다.

# 稂 láng 수크령 랑
📖📘(植) 수크령. [벼의 생장에 유해한 잡초]
【稂莠】**lángyǒu** 📖 **1**(植) 수크령과 강아지풀. [둘 다 벼와 비슷하나 벼의 성장에 해를 입히는 잡초임] **2** 📖 나쁜 사람.

# 锒[鋃] láng 낚시 랑
〔锒头〕**láng·tou** ☞【椰头】**láng·tou**

# 螂[(蜋)] láng 사마귀 랑
☞【屹螂】**gèláng**【蚂螂】**māláng**【蜣螂】**qiāngláng**【螳螂】**tángláng**【蟑螂】**zhāngláng**
○● 刀螂, 屹ge螂, 蚂mā螂, 蜣qiāng螂

# *朗 lǎng 밝을 랑
📘 **1** 밝게 빛나다. 밝다. 환하다. ¶晴~=눈동자가 밝게 빛나다. / 豁然开~=눈앞이 환해지다. **2** 소리가 맑고 크다. 또랑또랑하다. ¶大声~读=큰 소리로 낭독하다. 📖 (Lǎng) 성(姓).
○● 豁huò朗, 开朗, 清朗, 爽shuǎng朗, 硬朗
【朗读】**lǎngdú** 📘 낭독하다. 맑고 큰 소리로 읽다. ¶~课文=본문을 낭독하다. ≒诵读 ⇔默读
【朗阔】**lǎngkuò** 📖 환하게 탁 트이다. 넓고 넓다. 광활하다. ¶天地~=하늘과 땅이 환하게 탁 트이다.
【朗朗】**lǎnglǎng** 📖 **1** 소리가 맑고 또랑또랑하다. 낭랑하다. ¶笑声~=웃음소리가 낭랑하다. **2** 밝게 빛나다. 밝다. 환하다. ¶~乾坤=정치가 맑고 깨끗하고 천지가 태평하다.
【朗朗上口】**lǎnglǎng-shàngkǒu** 📖 (시문 등을 낭독할 때) 목소리가 또랑또랑하고 유창하다.
【朗姆酒】**lǎngmǔjiǔ** ☞【糖酒】**tángjiǔ**
【朗目疏眉】**lǎngmù-shūméi** 📖 용모가 수려하고 빼어나다. ≒眉清目秀
【朗声】**lǎngshēng** 📖 큰 소리로. ¶~谈笑=큰 소리로 담소하다.
【朗诵】**lǎngsòng** 📖📘 낭송하다. 큰 소리로 읽다. ¶~诗歌=시가를 낭송하다.
【朗笑】**lǎngxiào** 📖 명랑하게〔쾌활하게·활달하

게·시원시원하게〕웃다. 배꼽을 잡고 웃다. ¶开怀~=마음을 열고 활달하게 웃다.
【朗照】lǎngzhào 통 1 밝게〔환하게〕비추다. ¶明月~=밝은 달이 환하게 비치다. 2 (사물을) 똑똑히 살피다. ¶~群物=모든 사물을 똑똑히 살피다.

## 烺 lǎng 밝을 랑
[형][문] 밝고 환하다. 명랑하다. [주로 사람 이름에 쓰임]

## 塱 lǎng 땅 이름 랑
지명에 쓰이는 글자. ¶元~=위안랑. [홍콩에 있으며, 지금은 '元朗(yuánlǎng)'으로 쓰임]

## 㮾 Lǎng 땅 이름 랑
【㮾梨】Lǎnglí 명(地) 랑리. [후난(湖南)성에 있는 지명]

## **郎 làng 사나이 랑
☞【屎壳郎】shǐ·kelàng
☞ láng

## 埌 làng 무덤 랑
☞【圹埌】kuànglàng

## 莨 làng 사리풀 랑
☞ liáng
【莨菪】làngdàng 명(植) 사리풀. ⇒【天仙子】tiānxiān·zi

## 崀 Làng 산 이름 랑
지명에 쓰이는 글자. ¶~山=랑산. [후난(湖南)성에 있는 지명] / 大~=다랑. [광둥(广东)성에 있는 지명]

## 阆[閬] làng 솟을대문 랑
아래를 참조.
☞ láng
【阆苑】làngyuàn 명(文) 1 (신화에 나오는) 신선의 거처. 선경(仙境). 2 궁정(宮庭). [시문에서 궁정을 가리킴]
【阆中】Làngzhōng 명(地) 랑중. [쓰촨(四川)성에 있는 지명]

## **浪 làng 물결 랑
명 1 파도. (큰) 물결. ¶惊涛骇~=노도와 같은 파도. / 乘风破~=바람을 타고 파도를 넘다. 2 물결. [파도처럼 출렁이는 것] ¶热~=열파동. / 麦~=보리 물결. 3 시대의 흐름. ¶信息时代的~=정보 시대의 물결. 형 음탕하다. 방탕하다. 음탕하고. ¶淫声~语=음탕한 소리. 통 1 방종하다. 방자하다. 제멋대로이다. 예의가 없다. 구애받지 않다. ¶放~形骸=세상 예절에 매이지 않고 하고 싶은 대로 하다. 2⑤ 거닐다. 돌아다니다. 유랑하다. ¶到处~荡=각처로 떠돌아다니다.

◯⑤ 波浪, 风浪, 激浪, 流浪, 孟mèng浪, 热浪
【浪潮】làngcháo 명 1 (조수처럼 밀려드는) 물결. 파도. ¶~翻滚=파도가 용솟음치다. 2(비) 대규모의 군중 운동이나 시대적 변혁) ¶经济改革的~=경제 개혁의 물결.
【浪船】làngchuán 명 바이킹. 배 모양의 그네. [아이들의 놀이 기구로, 받침대에 배 모양을 걸어 놓고 위에 앉아 그네처럼 왔다 갔다 함]
【浪荡】làngdàng 통 사방을 떠돌아다니다. 하는 일 없이 빈둥거리다. ¶他没有正式职业, 整天在外面~。=그는 정식 직업이 없이 하루 종일 밖에서 빈둥거린다. 형 (행실이) 방탕하다. 제멋대로이다. 행실이 단정하지 않다. ¶~子=방탕아.
【浪费】làngfèi 통 낭비하다. 허비하다. 헛되이 쓰다. ¶~钱财=재물을 낭비하다. ↔节约 勤俭 珍惜
【浪峰】làngfēng 명 1 파도의 꼭대기〔최고점〕. 2(비) 절정. 극치. 정점. 최고조. 클라이맥스. 최고점. ¶这家公司的股票价格已从一跌至浪谷。=이 회사의 주가는 이미 최고점에서 바닥까지 떨어졌다.
【浪谷】lànggǔ 명 1 파도의 최저점. 2(비) 밑바닥. 바닥세. 최저점. ¶近几年的电影市场一直在~中徘徊。=최근 몇 년 간의 영화 시장은 줄곧 최저점에서 왔다 갔다 한다.
【浪花】lànghuā 명 1 물보라. 수말(水沫). ¶~飞溅=물보라가 사방으로 흩어지다. 2(비) 파문. 풍파. [생활 속의 특별한 단편이나 현상] ¶有时, 一件小事也能在恋人之间激起情感的~。=어떤 때는 조그마한 사건도 연인들 사이에서는 감정의 파문을 불러일으킬 수 있다.
【浪货】lànghuò 명 음란한 여자. [욕하는 말로 쓰임]
【浪迹】làngjì 통 정처 없이 떠돌아다니다. 유랑하다. 방랑하다. ¶~天涯=아득히 먼 곳으로 유랑하다.
【浪尖】làngjiān 명 파도의 꼭대기〔최고점〕. ¶小船在~上颠簸。=작은 배가 파도의 꼭대기에서 심하게 흔들리다.
【浪漫】làngmàn 형(외) 1 낭만적이다. 로맨틱하다. ¶他的诗歌想象丰富, 极富~色彩。=그의 시가(诗歌)는 상상력이 풍부하고 낭만적인 색채가 대단히 풍부하다. 2 방종하다. 방탕하다. 제멋대로이다. [주로 남녀 관계를 가리킴] ¶生性~=천성이 방종하다. ↔现实
【浪漫主义】làngmànzhǔyì 명 낭만주의. 로맨티시즘(romanticism). ↔现实主义
【浪木】làngmù 명(体) 유동원목(遊動圓木). =【浪桥】làngqiáo
【浪桥】làngqiáo ☞【浪木】làngmù
【浪人】làngrén 명 1 방랑자. 부랑자. 떠돌이. 2 낭인. [일본 막부 시대 떠돌이 무사를 가리키는 말]
【浪声】làngshēng 명 음란〔음탕〕한 소리. 외설적인 이야기. ¶淫语~=외설적인 이야기.
【浪涛】làngtāo 명 파도. ¶~汹涌=파도가 용

솟음치다.

【浪头】 làng·tou 图 1 파도. (큰) 물결. ¶一个~打来, 船身摇晃不已. =파도가 한번 때리자 선체가 몹시 흔들렸다. 2㉋ 사회의 조류. 유행. ¶赶~=유행을 따르다.

【浪涌】 làngyǒng 图(電) 과전압. 써지(surge). ¶~保护器=써지 보호 장치(SPD).

【浪游】 làngyóu 图 유랑하다. 방랑하다. 떠돌아다니다. ¶~四方=여기 저기 유랑하다.

【浪语】 làngyǔ 图 아무렇게나 말하다. 함부로 지껄이다. ¶酒后~=술을 마신 후 함부로 말하다. 图 1 음란(淫蕩)한 소리. ¶淫词~=외설적인 이야기. 2 허황된 말. 근거 없는 말. 터무니없는 말. ¶满口~=온통 터무니없는 말뿐이다.

【浪子】 làngzǐ 图 탕아. 부랑아. 건달. [주로 남자를 가리킴]

【浪子回头】 làngzǐ-huítóu 图 탕아가 잘못을 깨닫고 바른길로 돌아오다. 탕아가 마음을 고쳐 먹다.

【浪子回头金不换】 làngzǐ huítóu jīn bù huàn 图 방탕한 자식(아들)이 개과천선하는 것은 금을 주고도 바꾸지 않는다[바꿀 수 없다].

## 晾 làng 볕쬘 랑

图⑉ 1 (통풍이 잘 되고 그늘진 곳에다) 말리다. 2 (물건을) 햇볕에 쪼이다[말리다].

## 蒗 làng 땅 이름 랑

지명에 쓰이는 글자. ¶宁~=닝랑. [윈난(云南)성에 있는 지명]

## lao

## **捞[撈] lāo 잡을 로

图 1 (물이나 그 밖의 액체 속에서) 건지다. 끌어올리다. (물고기를) 잡다. ¶捕~=어획하다. /大海~针=바닷속에서 바늘을 건지다. [불가능한 일을 비유함] 2 (부정한 수단으로) 얻다. 취득하다. 챙기다. ¶他别想~到一点儿好处. =그는 조그만 이득이라도 챙길 생각을 하면 안 된다. 3 ⑉ (손에 닿은 김에·내친김에) 잡다. 가지다. …을 무심코 갖고 가다. ¶他~起锄头就下地了. =그는 손에 잡히는 대로 호미를 들고 밭으로 나갔다.

○→ 捕bǔ捞, 渔捞

【捞本】 lāo‖běn(~儿) 图 1 (도박에서) 본전을 건지다[찾다]. 2㉋ 손실을[손해를] 만회하다.

【捞稻草】 lāo dàocǎo 图 1 물에 빠진 사람은 지푸라기라도 잡으려 한다. 2㉋ 절망 속에서 쓸데없는 발악을 하다[몸부림치다]. 3㉋ 부당한 이득을 챙기려 하다.

【捞饭】 lāofàn 图 끓인 밥을 다시 건져서 찐 밥.

【捞摸】 lāo·mo 图 1 물 속에서 찾다[뒤지다]. 2 부당한 이득을 챙기려 하다.

【捞钱】 lāo‖qián 图 (부정[부당]한 수단으로) 돈을 벌다.

【捞取】 lāoqǔ 图 1 (물 속에서) 건지다. 잡아 올리다. ¶~浮萍=부평초를 건져 올리다. 2 (부정한 수단으로) 얻다. 획득하다. ¶~名利=명리를 갈취하다.

【捞外快】 lāo wàikuài 图 부수입을 취득하다[벌다].

【捞一把】 lāo yībǎ ㉋ 한몫 벌다. 횡재하다. 한 밑천 잡다.

【捞油水】 lāo yóushuǐ 图㉋ 부당한 이득을 챙기려 하다. 부수입을 도모하다.

【捞鱼】 lāoyú 图 물고기를 잡다. 어획하다.

【捞着】 lāo‖zháo 图㉠ 기회를[이득을] 얻다[잡다]. ¶这回他可~了, 赚了一大笔. =이번에 그는 정말 기회를 잡아서 한몫 벌어들였다.

## **劳[勞] láo 일할 로

图 피로하다. 피곤하다. 고생하다. ¶疲~=피로하다. /任~任怨=고생과 원망을 달갑게 받아들이다. 고생과 원망을 다 감내하다. 图 1 고생시키다. ¶~心~力=힘과 마음을 쓰다. 2 수고(费)를 끼치다. 애쓰게 하다. [다른 사람에게 일을 부탁할 때 쓰는 인사말] ¶有~大驾=수고하십니다. 3 위로하다. 위문하다. ¶犒~三军=전군을 위로하다. 4 일하다. 노력하다. 수고하다. 노동하다. ¶不~而获=힘들이지 않고 얻다. 불로 소득을 얻다. 图 1 공. 공훈. 공로. ¶汗马功~=혁혁한 공로. 전쟁에서 세운 공로. 2 노동자. 3 ¶~资关系=노사 관계. 3 (Láo) 성(姓). ⇆功⇆逸

| ○ | 劳 láo |
|---|---|
| | 捞 lāo |
| | 涝 lào |
| | 耢 lào |
| | 铹 láo |
| | 唠 lào |
| | 崂 láo |
| | 痨 láo |

○→ 伯bó劳, 操劳, 酬chóu劳, 代劳, 道劳, 烦fán劳, 告劳, 功劳, 耐nài劳, 疲pí劳, 偏劳, 勤qín劳, 劬qú劳, 徒tú劳, 慰wèi劳, 效xiào劳, 辛劳, 有劳

【劳保】 láobǎo 图 1 ☞【劳动保险】 láodòng bǎoxiǎn 2 ☞【劳动保护】 láodòng bǎohù

【劳步】 láobù 图 발걸음시키다. 수고시키다. [다른 사람을 오게 하거나, 방문에 대해 고마움을 표시하는 인사치레 말] ¶各位~来有我, 真是万分感谢. =여러분들, 이렇게 찾아주셔서 정말 무한한 감사를 드립니다.

【劳瘁】 láocuì 图㉋ 기진맥진하다. 지칠 대로 지치다. 극도로 피곤하다. ¶不辞~=고생을 아무렇지 않게 생각하다. 고생을 마다 않다.

【劳动】 láodòng 图 1 일. 노동. ¶脑力~=정신 노동. 2 육체 노동. ¶~吃饭, 有什么丢人的? =육체 노동으로 벌어먹는 게 뭐가 체면이 깎이는 일인가? 图 육체 노동을 하다. ¶他正在地里~. =그는 밭에서 일하고 있다. ⇆休息

【劳动】 láo·dong 图 폐가 되는 줄 압니다만. 성가시겠지만. 수고스럽지만. 죄송합니다만. [상대방에게 수고스러운 일을 부탁할 때 쓰는 인사치

레 말] ¶～您帮我把箱子放到上面去。＝수고스럽겠지만 상자를 위로 올려봐 주세요.

**【劳动保护】láodòng bǎohù** [명] 노동 보호. [약] **【劳保】láobǎo**

**【劳动保险】láodòng bǎoxiǎn** [명] 노동 보험. [약] **【劳保】láobǎo**

**【劳动布】láodòngbù** [명]《紡》데님(denim). [주로 작업복 따위를 만드는 데 쓰임]

**【劳动定额】láodòng dìng'é** [명] 노동 기준량. 작업 정량. 노르마(norma).

**【劳动对象】láodòng duìxiàng** [명] 노동 대상.

**【劳动法】láodòngfǎ** [명]《法》**1** 노동법. **2** [약]《中华人民共和国劳动法(중화 인민 공화국 노동법)》. [1994년 7월에 공포됨]

**【劳动服】láodòngfú** [명] **1** 데님(denim)으로 만든 작업복. **2** 작업복. 노동복. 일복.

**【劳动服务公司】láodòng fúwù gōngsī** [명] 노동 복무 공사. [직업 훈련소와 직업 소개소를 겸한 기관]

**【劳动改造】láodòng gǎizào** [명]《法》노동을 통한 개조. [실형을 받은 범죄자 중 노동 능력이 있는 사람에게 법률의 감독 아래 강제로 노동을 하여 법을 지키는 시민으로 만드는 시책] [약] **【劳改】láogǎi**

**【劳动合同】láodòng hé·tong** [명]《法》노동 계약.

**【劳动教养】láodòng jiàoyǎng** [명] 노동을 통한 재교육. [중국에서 범죄 행위가 경미하여 형사 처벌 요건이 되지 않는 자에게 강제성을 띤 교육을 통하여 재교육하는 조치] [약] **【劳教】láojiào**

**【劳动节】Láodòngjié** ☞ **【五一国际劳动节】Wǔ-Yī Guójì Láodòngjié**

**【劳动力】láodònglì** [명] **1** 노동력. 노동 능력. 근로력(勤勞力). [생산품을 만드는 데 소요되는 인간의 정신적·육체적인 모든 능력] **2** 노동력. [일반적으로 성인 한 사람이 가지고 있는 육체 노동 능력] ¶这孩子能当半个～。＝이 아이는 어른 절반의 몫을 할 수 있다. **3** 노동력. [노동에 참가하는 사람] ¶廉价～＝싼 노동력.

**【劳动密集型】láodòng mìjíxíng** [명] 노동 집약형.

**【劳动模范】láodòng mófàn** [명] **1** 모범 근로자. [근무 성적이 탁월하고 공헌도가 높은 모범 근로자에게 주는 영광스런 칭호] **2** 모범 근로자. [모범 근로자의 칭호를 받은 사람] [약] **【劳模】láomó**

**【劳动强度】láodòng qiángdù** [명] 노동 강도.

**【劳动权】láodòngquán** [명]《法》노동권.

**【劳动人民】láodòng rénmín** [명] 근로자. 노동자. 노동 대중.

**【劳动日】láodòngrì** [명] 노동일. [주로 육체 노동을 가리키며, 일반적으로 하루에 8시간 일하는 것을 말함]

**【劳动生产率】láodòng shēngchǎnlǜ** [명] 노동 생산성〔생산력〕. [보통 단위 시간 내에 생산되는 생산품의 수량으로 계산하거나, 단위 생산품을 생산하는 데 쓰인 근로 시간으로 계산함] [약] **【生产率】shēngchǎnlǜ**

**【劳动手段】láodòng shǒuduàn** [명] '劳动资料(노동 수단·생산 수단)' 의 옛명칭.

**【劳动条件】láodòng tiáojiàn** [명] 근로 조건.

**【劳动者】láodòngzhě** [명] **1** 근로자. 노동자. **2** 육체 노동자.

**【劳动资料】láodòng zīliào** [명] 노동 수단. 생산 수단.

**【劳顿】láodùn** [형][문] 기진맥진하다. 지칠 대로 지치다. 극도로 피곤하다. ¶旅途～＝여행으로 지치다.

**【劳而无功】láo'érwúgōng** [성] 열심히 노력하였으나 보람이 없다. 헛수고하다.

**【劳乏】láofá** [형] 과로하다. 지치다. ¶～过度＝지나치게 과로하다.

**【劳烦】láofán** [동][방] 수고〔폐〕를 끼치다. 귀찮게 하다. ¶～尊驾＝수고를 끼쳐 드려 죄송합니다.

**【劳方】láofāng** [명] 노동자측. 피고용자. ↔资方

**【劳复】láofù** [동]《醫》과로로 병이 도지다.

**【劳改】láogǎi** ☞ **【劳动改造】láodòng gǎizào**

**【劳改犯】láogǎifàn** [명] 노동 교화를 받는 범인.

**【劳工】láogōng** [명] **1** [옛] 노동자. **2** [옛] 강제 노역을 당하는〔받는〕사람.

**【劳绩】láojì** [명] 공로. 공적. ¶～卓著＝공적이 탁월하다.

**【劳驾】láo‖jià** [동] 죄송합니다. 실례합니다. 수고하십니다. [부탁이나 양보를 청할 때 쓰는 겸손한 말] ¶～给我一杯水。＝죄송하지만, 물 한 잔 주세요.

**【劳教】láojiào** ☞ **【劳动教养】láodòng jiàoyǎng**

**【劳倦】láojuàn** [형] 피곤〔피로〕하다. 지치다. 기진맥진하다. ¶干了一天的活儿, 人非常～。＝하루 종일 일했더니, 몸이 매우 피곤하다.

**【劳军】láo‖jūn** [동] 군대를 위문하다.

**【劳苦】láokǔ** [형] 고생〔수고·노고〕스럽다. 고되다. 애써 힘쓰다. ¶不辞～＝고생스러움을 마다하지 않다.

**【劳苦功高】láokǔ-gōnggāo** [성] 고생하여 큰 공을 세우다. 정말 애 많이 썼다.

**【劳困】láokùn** [형] 지치다. 피곤하다. ¶车马～＝수레와 말이 지치다.

**【劳累】láolèi** [형] 지치다. 기진맥진하다. 피로하다. ¶整天东奔西走地跑买卖, 实在很～。＝온종일 동분서주 뛰어다니며 장사를 하니, 정말이지 지친다. ≒辛苦

**【劳力】láolì** [동][문] 육체 노동을 하다. 힘을 쓰다. ['劳心(정신 노동을 하다)' 과 구별됨] [명] **1** 노동력. 힘. ¶出卖～＝노동력을 팔다. **2** 일꾼. 노동자. 일손. ¶组织～抢收小麦。＝일꾼을 모아서 서둘러 밀을 수확하다.

**【劳碌】láolù** [형] 고생하다. 혹사하다. 바쁘게〔악착같이〕일하다. ¶他～了大半辈子, 现在终于清闲了。＝그는 반평생을 고생하여 이제야 마침내 편안하게 되었다. ↔安逸

**【劳民伤财】láomín-shāngcái** [성] **1** 백성을 혹사시키고 물자를 낭비하다. **2** 인력과 재물을 허비하다. ↔养精蓄锐

【劳模】láomó ☞【劳动模范】láodòng mófàn
【劳伤】láoshāng 图〔醫〕과로로 인한 내상. 과로가 쌓여 생긴 병.
【劳神】láo∥shén 動 1 신경 쓰다. 마음쓰다. 걱정하다. ¶别为这些事情~了。=이런 일들 때문에 마음쓰지 마라. 2 수고스럽지만. 번거로우시지만. ¶~帮我复印几份资料。=수고스럽지만 자료 몇 부 복사해 주세요.
【劳师】láoshī 動 1 군대를 위문하다. 2 부대를 출동시키다. 군대를 지치게 하다. ¶~远征 = 군대를 출동시켜 원정 가다.
【劳师动众】láoshī-dòngzhòng 圈 1 대규모의 군대를 동원하다. 2 많은 사람들을 동원하다. [하찮은 일을 요란스럽게 처리한다는 의미를 내포함]
【劳什子】[牢什子]láoshí·zi 图团 꼴사나운 것. 보기 싫은 것. 밉살. ¶这~还留着它干吗?=이런 꼴사나운 것을 남겨 둬서 뭐 해요?
【劳损】láosǔn 動 과로로 인하여 다치다〔해치다. 손상되다〕. ¶腰肌~=과로로 인하여 허리 근육을 다쳤다.
【劳务】láowù 图 임금을 받으려고 육체적 노력을 들여서 하는 일. 노무(勞務). 노동일. ¶~输出=노동력 수출.
【劳务费】láowùfèi 图 노임. 노동 임금. 보수.
【劳务市场】láowù shìchǎng 图 인력 시장.
【劳心】láoxīn 動 1 정신 노동을 하다. ['劳力(육체 노동을 하다)'와 구별됨] 2 圈 걱정하다. 근심하다. 신경 쓰다. 마음쓰다. ¶~忡忡=근심이 가득하다. 3 애쓰다. 신경 쓰다. 마음쓰다. ¶~费神 = 신경을 많이 쓰다.
【劳燕分飞】láoyàn-fēnfēi 圈 1 때까치는 동으로 날아가고 제비는 서쪽으로 날아간다. 2 圏 (주로 부부나 연인이) 이별하다. 헤어지다. (구성원들이) 각자 제 갈 길을 가다.
【劳役】láoyì 图図 강제 노역. (봉건 시대의) 부역. ¶服~=강제 노역을 하다. 부역을 하다.
【劳逸】láoyì 图 노동과 휴식. ¶~不均=어떤 사람은 힘들게 일하고, 어떤 사람은 편히 쉬다. 작업량의 분배가 고르지 않다.
【劳逸结合】láoyì-jiéhé 圈 노동과 휴식의 적당한 안배. ≒一张一弛
【劳资】láozī 图 노사(勞使). 노동자와 자본가. ¶~纠纷=노사 분규.
【劳作】láozuò 動 노동하다. 일하다. [주로 육체 노동을 가리킴] 图図 과거 중국 초등 학교 과목의 하나.

*【牢】láo 우리 뢰
图 1 우리. 외양간. ¶亡羊补~=(소) 잃고 양간 고치다. 2 고대의 제사용 가축. 희생(犧牲). ¶太~=태뢰(太牢). 대뢰(大牢). 3 감옥. 감방. ¶坐~=감옥살이를 하다. 4 (Láo) 성(姓). 圈 1 견고하다. 오래 가다. 단단하다. ¶~记父母的嘱托。=부모님의 당부를 깊이 새겨서 기억하다. 2 미덥다. 든든하다. 야무지다. 안정감이 있다. ¶嘴上无毛,办事不~。=나이가 어리면 일하는 것이 미덥지 못하다.
▷ 把牢, 大牢, 地牢, 囚qiú牢

【牢不可破】láobùkěpò 圈 견고하여 깰 수가 없다. [주로 추상적인 사물에 쓰임]
【牢度】láodù 图 견고한〔단단한〕 정도. 굳고 튼튼한 정도.
【牢房】láofáng 图 감방(監房). 감옥(監獄).
【牢固】láogù 圈 견고하다. 든든하다. 탄탄하다. ¶地基要打~。=지반 기초 공사는 튼튼하게 해야 한다. ≒坚固 坚实 牢靠
【牢记】láojì 動 마음속에 깊이 새기다. 명심하다. 단단히 기억하다. ¶~恩师的教诲=은사의 가르침을 마음속에 깊이 새기다.
【牢靠】láo·kao 圈 1 튼튼하다. 확고하다. 견고하다. ¶这张椅子不~,换个地方坐。=이 의자는 튼튼하지 않으니 다른 곳에 앉자. 2 믿음직스럽다. 든든하다. ¶办事~=일처리가 믿음직스럽다. 든든하다. ≒坚固 坚实 牢固
【牢牢】láoláo 圈 견고하다. 단단하다. 확실하다. 뚜렷하다. ¶把学过的知识~记在心里。=배운 지식을 마음속에 확실히 기억해 두다.
【牢笼】láolóng 图 1 새장. 조롱. 우리. 외양간. 2 団 굴레. 속박. ¶冲破封建礼教的~。=봉건 예교의 속박을 깨뜨리다. 3 団 계략. 속임수. 간계. 올가미. 함정. ¶陷入~=계략에 빠지다. 動 1 圕 농락하다. 꾀다. 구슬리다. ¶~诱骗=농락하고 기만하다. 2 속박(구속)하다. 속박〔구속〕되다. ¶不为保守的习惯势力所~。=보수적인 관습에 구애되지 않다.
【牢骚】láo·sāo 图 불평. 불만. 넋두리. 푸념. ¶~满腹=마음 가득 불평 불만이다. 動 넋두리하다. 푸념하다. 불평을 늘어놓다. 원망하는 말을 하다. ¶没空听他~。=그 사람의 푸념을 들어줄 시간이 없다. ≒怨言
【牢什子】láoshí·zi ☞【劳什子】láoshí·zi
【牢实】láo·shí 圈 견고하다. 튼튼하다. 단단하다. ¶这书柜挺~的。=이 책장은 꽤 튼튼하다.
【牢头】láotóu 图図 옥졸. 간수.
【牢稳】láowěn 圈 믿음직스럽다. 확실하다. 든든하다. 안전하다. ¶空口无凭,还是签个协议比较~。=말로만 해서는 믿을 수가 없으니, 아무래도 협약을 맺는 것이 비교적 안전하다.
【牢稳】láo·wěn 圈 견고하다. 끄떡없다. 안정감 있다. ¶桌子没放~,还有些摇晃。=탁자를 안정감 있게 놓지 않아서, 아직 조금 흔들거린다.
【牢狱】láoyù 图 감옥. ¶~之灾=감옥에 가는 불행〔재앙〕.
【牢子】láo·zi 图 옥졸. 간수.

【垹】[塯]láo 구석 로
☞【圪垹】gē·láo

【嘮】[嘮]láo 떠들썩할 로
아래를 참조.
☞ lào
【唠叨】láo·dao 動 (끊임없이) 잔소리하다. 되

풀이하여 말하다. ¶老太太又~上了。= 할머니는 또 잔소리하기 시작했다.

【唠唠叨叨】láo·lao dāodāo 통 (끊임없이) 잔소리하다. 되풀이하여 말하다.

【唠里唠叨】láo·li láodāo 통 (끊임없이) 잔소리하다. 되풀이하여 말하다.

## 崂[嶗] láo 산 이름 로
명 (地) 라오산(崂山). [산둥(山东)성에 있는 산 이름 겸 지명으로, '劳山(láoshān)'이라고도 씀]

## 铹[鐒] láo 로렌슘 로
명 외 (化) 로렌슘(Lr. lawrencium). [원자 번호 103]

## 痨[癆] láo 폐결핵 로
명 (醫) 폐병. 폐결핵. ¶肺~ = 폐결핵.

○● 骨gǔ痨, 虚xū痨

【痨病】láobìng 명 (醫) 폐병. 폐결핵.

## 筹[簩] láo 대 이름 로
☞【箆筹竹】sīláozhú

## 醪 láo 막걸리 료
명 문 1 탁주. 막걸리. ¶浊~ = 탁주. 2 술. ¶玉液琼~ = 미주(美酒). 최상급의 술.

【醪糟】láozāo(~儿) ☞【江米酒】jiāngmǐjiǔ

## **老 lǎo 늙을 로
형 1 늙다. ¶人~心不~。= 사람은 늙어도 마음은 늙지 않다. 2 노련하다. 숙련되다. 경험이 풍부하다. ¶他是炒股的~手。= 그는 주식을 사고 파는 데 고수이다. 3 오래 된. 옛부터의. ¶~朋友 = 오랜 친구. 친한 친구. / ~厂 = 오래 된 공장. 4 낡은. 구식의. 케케묵은. ¶~房子 = 낡은 집. / ~机器 = 낡은 기계. 5 본래의. 원래의. ¶~习惯 = 본래의 습관. / ~地方 = 본래의 자리. 늘 만나던 장소. 6 (일부 색깔이) 진하다. 짙다. ¶~蓝 = 진한 남색. 짙푸른 색깔. 7 (채소가) 쇠다. 늙다. 빼세다. ¶芹菜长~了 = 미나리가 너무 오래 자라서 쇠었다. 8 (요리할 때) 불이 지나치다. 너무 볶아 질기다. ¶牛肉别炒~了。= 쇠고기를 너무 볶아 질기게 만들지 마라. 9 (化) (일부 고분자 화합물이) 노화되다. 산화(酸化)되다. ¶防~剂 = 산화 방지제. 10 튀 막내의. ¶~妹妹 = 막내여동생. / ~叔 = 막내삼촌. 튀 1 줄곧. 계속. ¶他一那么热心地帮助人。= 그는 줄곧 그렇게 열심히 다른 사람을 도와 준다. 2 늘. 언제나. 항상. ¶他~爱开别人的玩笑。= 그는 늘 다른 사람을 놀리기를 좋아한다. 3 매우. 아주. ¶他大~远地跑来看你, 真够意思。= 그가 그렇게 멀리서 너를 보러 달려오다니, 정말 대단하다. 접두 1 일부 동식물 이름 앞에 쓰임. ¶~鹰 = 독수리. /

○● 老 lǎo
姥 lǎo
佬 lǎo
铑 lǎo
栳 lǎo

~玉米 = 옥수수. 2 성씨 앞에 쓰여 친근감이나 존중의 뜻을 나타냄. [복성(複姓) 앞에는 붙이지 않음] ¶~赵 = 조씨. 조형. 3 '大、二、三…十' 등 앞에 쓰여 형제자매의 서열을 나타냄. ¶~小 = 막내. / ~二 = 둘째. 통 (口) 사망하다. 돌아가시다. [뒤에 '了'가 붙어, 은유적으로 나타냄] ¶他爷爷前几天~了。= 그의 할아버지는 며칠 전에 돌아가셨다. 명 1 나이가 많은 사람. 늙은이. ¶一家~小 = 한 집안의 늙은이와 어린이. / 敬~院 = 경로당. 2 연장자에 대한 존칭. 어른. ¶王~ = 왕씨 어른. 3 (Lǎo) 노자(老子). 노자 철학. ¶~庄哲学 = 노장 철학. 4 (Lǎo) 성(姓).
↔少 幼 新 嫩 小

○● 苍cāng老, 父老, 告老, 古老, 阔kuò老, 耆qí老, 衰shuāi老, 天老儿, 偕xié老, 养老, 遗yí老, 元老, 月老, 长老, 纸老虎

【老媪】lǎo'ǎo 명 노파. 노부인. 할머니.

【老八板儿】lǎobābǎnr 형 ① 고지식하다. 융통성 없다. ¶都什么年代了, 你还这么~。= 이미 어떤 시대인데, 너는 아직도 이렇게 고지식하니? 명 고지식한 사람. 완고하고 융통성이 없는 사람. ¶他是个~, 完고하고 보수적인 사람. ¶他是个~, 现在的很多事情他都看不惯。= 그는 고지식한 사람이라, 요즘의 많은 일들을 모두 그냥 보아 넘기지 못한다.

【老八辈子】lǎobābèi·zi 형 (口) 케케묵다. 아주 오래 되다. 진부하고 낡다. ¶那都是~的事了, 谁还记得。= 그건 모두 케케묵은 일인데, 누가 아직도 기억하겠어?

【老八路】lǎobālù 명 1 팔로군(八路军). 2 팔로군(八路军)의 간부나 병사.

【老把式】lǎobǎ·shi ☞【老把势】lǎobǎ·shi

【老把势】[老把式] lǎobǎ·shi 명 (口) 노련한 수완가. 숙련가. 전문가. 경험이 많은 사람.

【老把戏】lǎobǎxì 명 (口) 낡은 수법. 케케묵은 재주. 노회한 수완가.

【老白干儿】lǎobáigānr 명 (口) 백주(白酒). 배갈. 고량주(高粱酒).

【老百姓】lǎobǎixìng 명 (口) 백성. 국민. 일반 국민. [군인이나 공무원과 구별됨]

【老板】lǎobǎn 명 1 (옛) (사유 기업의) 주인. 경영자. 기업주. 2 (상공업계의) 사장. 3 상점 주인. 4 유명한 중국 전통극 배우나 극단 주인을 겸한 배우에 대한 존칭.

【老板娘】lǎobǎnniáng 명 1 사장 부인. 안주인. 주인 아줌마. 2 여사장. 3 여성 상공업자.

【老板桌】lǎobǎnzhuō 명 초대형의 고급 책상. [주로 기업의 사장이 사용한다고 하여 붙여진 명칭임] =【老板桌台】lǎobǎn zhuōtái

【老板桌台】lǎobǎn zhuōtái ☞【老板桌】lǎobǎnzhuō

【老半天】lǎobàntiān 명 (口) 장시간. 한나절. 한참 동안. ¶等了~都没见他来。= 한참을 기다렸지만 그가 오는 것을 보지 못했다.

【老伴】lǎobàn(~儿) 명 임자. 영감. 마누라. [노부부가 다른 한쪽의 배우자를 가리키는 말]

【老蚌生珠】lǎobàng-shēngzhū ⟨成⟩⟨비⟩ 1 늘그막에 자식을 낳다. 2 나이 많은 여성이 자식을 낳다.

【老鸨(子)】lǎobǎo(·zi) ☞【鸨母】bǎomǔ

【老悖(誖)】lǎobèi(·hui)【형】 노망하다. 늙어 망령들다. 늙어 정신이 흐리다. ¶他已经~了, 你说的事他记不住. =그는 이미 노망이 들어서 당신이 한 말을 기억하지 못해요.

【老辈】lǎobèi(~儿)【명】 전대(前代). 선대(先代). 선조(先祖). 조상(祖上). ¶打制银器的手艺是他家一代代传下来的. =은제품을 만드는 기술은 그의 집에서 선조부터 대대로 전해 내려 오는 것이다. 2 웃어른. 연장자. 선배.

【老本】lǎoběn(~儿)【명】 1 본전. 밑천. ¶做生意不但没赚钱, 还赔了~. =사업을 해서 돈을 벌지 못했을 뿐 아니라 본전까지 날렸다. 2⟨비⟩ 본래 가지고 있던 재주(공로·기초). ¶要不断地学习和提高, 不能总是吃~. =부단히 배우고 향상시켜야지, 늘 있는 재주만 써먹어서는 안 된다.

【老本行】lǎoběnháng【명】 오랫동안 해 왔던 본래의 직업. 오랜 본업. ¶美术设计是他的~. =미술 디자인은 그의 본업이다.

【老鼻子】lǎobí·zi【형】 엄청 많다. 아주 많다. [뒤에 '了'와 함께 쓰임] ¶每天来这儿的游客可~了! =매일 이 곳을 찾는 관광객이 엄청 많다.

【老表】lǎobiǎo【명】 1 사촌. 2⟨방⟩ 노형. 형씨. [나이가 비슷한 모르는 남자에 대한 친근감을 나타내는 호칭] 3⟨방⟩ 장시(江西)성 사람. [주로 외지인이 사용함]

【老鳖】lǎobiē【명】⟨동⟩ 자라.

【老兵】lǎobīng【명】 1 노병. 고참 병사. 2 베테랑. 전문가. 고참. ¶他是教育战线上的一名~了. =그는 (이제) 교육 현장의 고참이 되었다. 3 일찍 감치 제대한 군인. ¶这些~一提起当年的战斗经历就激动不已. =이들 제대한 지 오래 된 군인들은 당시의 전투 경험을 말할 때면 한없이 북받쳐 오르는 감정을 억제하지 못한다.

【老病】lǎobìng【명】(~儿)【명】 지병(持病). 숙환(宿患). 오래 된 나쁜 습관. ¶他的~又犯了. =그의 지병이 또 도졌다. ⟨동⟩ 늙고 병들다. ¶他一体衰, 起居饮食都需要人照顾. =그는 늙고 병들고 노쇠하여 일상 생활과 식사 등 모두를 누군가가 돌보아 주어야 한다.

【老伯】lǎobó【명】 1 아저씨. [아버지의 친구나 친구의 아버지뻘에 대한 존칭] 2 어르신. [늙은 남자에 대한 존칭]

【老伯伯】lǎobó·bo【명】 어르신. [늙은 남자에 대한 존칭]

【老布】lǎobù【명】⟨방⟩ 집에서 짠 무명. 손으로 짠 투박한 천.

【老不死】lǎo·busǐ【명】 영감쟁이. 영감탱이. 죽지도 않는 늙은이. [때때로 해학적인 의미를 내포함] ¶我家那个~的一天都知不住. =우리 집 그 영감쟁이는 하루도 가만히 계시지 못한다.

【老财】lǎocái【명】⟨옛⟩ 부자. 고용주. ¶地主~. =지주와 부자.

【老蚕作茧】lǎocán zuòjiǎn ⟨成⟩ 1 늙은 누에가

고치를 짜다〔짓다〕. 2⟨비⟩ 늙어서도 열심히 생계를 도모하다.

【老苍】lǎo·cāng【형】 늙수그레하다. 꽤 늙어 보이다. ¶由于病痛的折磨, 他看起来特别~. =질병의 고통으로 인해 그는 보기에 매우 늙어 보인다.

【老巢】lǎocháo【명】 1 오랜 기간 서식한 새둥지. 2⟨비⟩ 도적(비적)의 소굴(巢窟). 오랜 근거지.

【老成】lǎochéng【형】 노련하다. 노숙하다. 성숙하다. 어른스럽다. ¶少年~. =어리지만 경험이 풍부하고 행동이 어른스럽다. ↔幼稚

【老成持重】lǎochéng-chízhòng ⟨成⟩ 노련하고 신중하다. ↔初出茅庐

【老诚】lǎochéng【형】 성실하다. 진솔하다. 정직하다. 충실하다. ¶为人~. =됨됨이가 성실하고 정직하다.

【老处女】lǎochǔnǚ【명】 노처녀.

【老粗】lǎocū(~儿)【명】 무식꾼. 무식쟁이. 막된 놈. [주로 겸사(謙辭)로 쓰임] ¶我是个~, 说话直来直去的, 您别介意. =나는 무식한 사람이라 말을 직설적으로 하니 당신은 개의치 마세요.

【老搭档】lǎodādàng【명】 오랜 단짝. 오랜 동료. 오랜 파트너.

【老大】lǎodà【형】⟨문⟩ 늙다. 연로하다. ¶少壮不努力, ~徒伤悲. =젊고 건장할 때 노력하지 않고, 늙어서 부질없이 슬퍼하다. 【부】⟨구⟩ 대단히. 매우. 아주. [부정형으로만 쓰이며, 주로 조기 백화문에 보임] ¶他心里~不愿意, 可又不好明说. =그는 내심 정말 원치 않았지만 드러내 놓고 말할 수도 없었다. 【명】 1 (형제나 자매의) 맏이. 첫째. 2 우두머리. 좌상(座上). 으뜸 기관(부서). 선두주자. ¶这家集团公司是全国电冰箱行业的龙头~. =이 그룹은 전국 냉장고업계의 선두주자이다. 3 (암흑가의) 두목. 우두머리. 큰형님. 4⟨방⟩ 목선의 주요 선원(船员). 5⟨방⟩ 선원(船员).

【老大伯】lǎodàbó【명】 어르신. 할아버지.

【老大不小】lǎodà-bùxiǎo 나이를 먹을 만큼 먹어서 어리지 않다. 다 크다. ¶他~的了, 这些事情该他自己拿主意了. =그는 이제 나이를 먹을 만큼 먹어 어린애가 아니니, 이런 일들은 자기 스스로 결정하게 해야 한다.

【老大哥】lǎodàgē【명】 형님. [자신보다 나이 많은 사람에 대한 존칭]

【老大妈】lǎodàmā【명】 할머니. 노부인.

【老大难】lǎodànán【형】 해결하기 매우 어렵다. ¶内部管理混乱成了厂子里的~问题. =내부관리의 혼란은 공장 내에서 오랫동안 해결하기 어려운 문제가 되었다. 【명】 숙제. 난제. 골칫거리. 문제 기관〔부서〕. ¶他们科室人员多, 矛盾复杂, 是我们单位的~. =그들 부서는 사람도 많고 서로 간의 갈등도 복잡하여, 우리 직장의 골칫거리이다.

【老大娘】lǎodà·niáng【명】 할머니. 노부인. [주로 낯선 사람을 가리킴]

【老大爷】lǎodà·ye【명】 어르신. 할아버지. [주로 낯선 사람을 가리킴]

【老聃】Lǎodān ☞【老子】Lǎozǐ

**lǎo** 老

【老旦】**lǎodàn** 〈명〉(劇) 노단. [중국 전통극의 늙은 아낙네 역]

【老当益壮】**lǎodāng-yìzhuàng** 〈성〉 **1** 늙을수록 더욱 강인한 마음과 뜻을 지녀야 한다. [《후한서·마원전(後漢書·馬援傳)》에 나오는 "丈夫为志, 穷当益坚, 老当益壮(사나이의 마음가짐은 어려울수록 더욱 굳세어져야 하고, 늙을수록 더욱 강인해져야 한다.)"란 말에서 유래함] **2** 〈비〉 나이가 들어 늙었지만, 열정과 패기는 더욱 왕성하다. →未老先衰

【老道】**lǎodào** 〈명〉〈읽〉 도사(道士).

【老到】**lǎo·dao** 〈형〉 (일처리가) 노련하다. 주도면밀하다. 노숙하다. 능숙하다. ¶他做事~, 深得上司的信任. = 그는 일처리가 능숙하여 윗사람의 신임이 두텁다.

【老底】**lǎodǐ**(~儿) 〈명〉 **1** 내부 사정. 내막. 속사정. ¶揭~=내막을 밝히다. **2** 조상이 물려준 재산. 유산. ¶为了建这个厂, 他把~儿都全部拿出来了. = 이 공장을 짓기 위하여 그는 조상이 물려준 재산마저 모두 다 내놓았다.

【老弟】**lǎodì** 〈명〉 동생. 자네. [자신보다 나이가 어린 남자에 대한 친근감을 나타내는 호칭]

【老雕】**lǎodiāo** 〈명〉〈읽〉〈動〉 **1** 독수리. **2** 큰 맹금(猛禽)류.

【老调】**lǎodiào** 〈명〉 **1** 오래 된 노랫가락. **2** 〈비〉 케케묵은 말. 상투적인 말. ¶少唱~, 讲点儿新的. = 케케묵은 말은 그만 하고, 새로운 것 좀 이야기해 봐. **3** 〈劇〉 허베이(河北)성 바오딩(保定) 지역에서 유행한 지방극의 하나.

【老调重弹】**lǎodiào-chóngtán** 〈성〉〈비〉 케케묵은 이야기를 다시 꺼내다. 했던 말을 듣기 지겹도록 되풀이. =【重弹老调】**chóngtán-lǎodiào** 【旧调重弹】**jiùdiào-chóngtán**

【老掉牙】**lǎodiàoyá** 〈형〉 낡아빠지다. 케케묵다. 진부하다. ¶这些~的言论已经不合时宜了. = 이 진부한 말들은 이미 시대에 맞지 않다.

【老爹】**lǎodiē** 〈명〉 **1** 아버지. **2** 어르신. 아버님. [연로한 남성에 대한 존칭]

【老东西】**lǎodōng·xi** 〈명〉 **1** 낡은 물건. 오래 된 물건. **2** 〈욕〉 늙은이. 늙다리. 늙정이. [경멸의 의미를 내포함]

【老豆腐】**lǎodòu·fu** 〈명〉 **1** 간수를 넣어 응고시킨 두부. **2** 〈방〉 북방 두부. 경두부. [수분이 적고 단단한 두부]

【老儿子】**lǎo·érzi** 〈명〉〈구〉 막내아들.

【老坟】**lǎofén** 〈명〉 조상의 무덤.

【老封建】**lǎofēngjiàn** 〈명〉 고지식한 사람. 봉건적인 생각을 가진 사람. 수구주의자.

【老佛爷】**lǎofó·ye** 〈명〉 **1** 〈읽〉 부처. **2** 청(清)대 황태후(皇太后)와 태상황제(太上皇帝)에 대한 존칭.

【老夫】**lǎofū** 〈명〉 늙은이. [연로한 남성이 스스로를 낮추어 일컫는 말]

【老夫老妻】**lǎofū-lǎoqī** 〈성〉 노부부(老夫婦).

【老夫子】**lǎofūzi** 〈명〉 **1** 〈옛〉 훈장(訓長). **2** (청(清)대의) 비장(裨將). 참모(參謀). 막료(幕僚). **3** 고리타분한 선비. 꽁생원. 샌님.

【老父】**lǎofù** 〈명〉 **1** 연로한 아버지. **2** 남에게 자신의 아버지를 일컫는 말.

【老赶】**lǎogǎn** 〈형〉 촌스럽다. 문외한이다. ¶他真~, 竟然对电脑一窍不通. = 그는 정말 촌스러워. 컴퓨터에 대해서 하나도 모를 줄이야. 〈명〉 촌놈. 촌뜨기. 문외한.

【老干部】**lǎogànbù** 〈명〉 **1** 원로 간부. **2** 중화 인민 공화국 성립 이전의 혁명 간부.

【老哥】**lǎogē** 〈명〉〈읽〉 노형. [자신보다 나이가 많은 남성에 대한 존칭]

【老哥儿俩】**lǎogērliǎ** 〈명〉 비슷한 연배의 두 노인네.

【老革命】**lǎogémìng** 〈명〉 원로 혁명가. 혁명 원로. 노혁명가.

【老胳臂老腿儿】**lǎogē·bei lǎotuǐr** 〈욕〉 늙어서 잘 가누지 못하는 사지. 쇠약해서 거동이 불편한 사지. ¶我~的, 哪能和你们年轻人比? = 내 이 늙어 쇠약한 몸으로 어떻게 너희 젊은이들과 경쟁할 수 있겠나?

【老疙瘩】**lǎogē·da** 〈명〉〈방〉 막내아들. 막내딸.

【老公】**lǎogōng** 〈명〉〈읽〉 남편. 신랑.

【老公】**lǎo·gong** 〈명〉〈욕〉 환관(宦官). 내시(內侍). 태감(太監).

【老公公】**lǎogōng·gong** 〈명〉 **1** 〈읽〉 할아버지. [어린아이가 노인을 일컫는 말] **2** 〈읽〉 시아버지. **3** 〈옛〉 환관(宦官)에 대한 존칭.

【老姑娘】**lǎogū·niang** 〈명〉 **1** 나이 먹은 처녀. 노처녀. **2** 막내딸.

【老古板】**lǎogǔbǎn** 〈명〉〈비〉 고지식한 사람. 보수적이고 융통성 없는 사람.

【老古董】**lǎogǔdǒng** 〈명〉 **1** 골동품. **2** 〈비〉 낡아서 시대에 뒤떨어진 사물. 고물. **3** 〈비〉 사고 방식이 진부하고 고리타분한 사람.

【老骨头】**lǎogǔ·tou** 〈명〉〈구〉〈욕〉 늙은이. 늙은 몸. [노인이 스스로를 낮춰 일컫는 말] ¶我这把~已经不中用了. = 내 이 늙은 몸은 이미 쓸모 없게 되었다.

【老鸹】**lǎo·guā** ☞【乌鸦】**wūyā**

【老光】**lǎoguāng** 〈명〉 노안(老眼). 원시안(遠視眼). ¶~眼镜=돋보기안경.

【老光棍】**lǎoguānggùn** 〈명〉〈구〉〈비〉 노총각.

【老规矩】**lǎoguī·ju** 〈명〉 종래의 규정. 관습. 관례. ¶按~, 春节要给孩子压岁钱. = 옛 관습에 따르면, 설에는 아이에게 세뱃돈을 주어야 한다.

【老闺女】**lǎoguī·nü** 〈명〉〈구〉 **1** 나이 먹은 처녀. 노처녀. **2** 막내딸.

【老汉】**lǎohàn** 〈명〉 **1** 노인. 영감. **2** 늙은이. [늙은 남성이 스스로를 일컫는 말] ¶~我今天就跟你比试比试. = 이 늙은이가 오늘 당신과 한번 겨루어 보겠소.

【老好人】**lǎohǎorén** 〈명〉 누구한테나 잘 대해 주어 마음을 사지 않는 사람. 무골호인(無骨好人).

【老红】**lǎohóng** 〈명〉 검붉은. 암홍색의.

【老狐狸】**lǎohú·li** 〈명〉 교활한 사람. 여우 같은 사람.

【老糊涂】**lǎohú·tu** 〈형〉 노망들다. 늙어 망령들다. ¶他已经~了, 一点都记不住事儿. = 그는 이미 노망이 들어서, 무슨 일이든 조금도 기억하지

못한다. 圀 노망든 늙은이.

【老虎】 lǎohǔ 圀 1(動) 범. 호랑이. 2(비) 많은 에너지나 재료를 소모하는 기계 장치[설비]. ¶电~=많은 전력을 소비하는 설비. 3(비) 권력을 빌어 독직(瀆職)·절도(竊盜)·탈세(脫稅) 등의 부정을 저지르는 사람. 4(비) 흉악한 사람. 흉포한 사람. ¶母~=암호랑이. [성질이 사나운 여자]

【老虎窗】 lǎohǔchuāng 圀圀 지붕창. 천장창.

【老虎凳】 lǎohǔdèng 圀옛 고문용 의자의 한 가지.

【老虎机】 lǎohǔjī 圀 슬롯 머신(slot machine).

【老虎屁股摸不得】 lǎohǔ pì·gu mō·bu·de 〈속·비〉 1 사람이 횡포하고 기세가 대단하여 아무도 감히 건드리지 못하다. 2 일이 까다로워 처리하기 힘들다. 위험한 일에는 손을 대지 않는다.

【老虎钳】 lǎohǔqián 圀 1 바이스(vice). =【台钳】 táiqián [虎钳] hǔqián 2 펜치(pincers).

【老虎头上拍苍蝇】 lǎohǔ tóu·shang pāi cāng·ying 〈속〉 1 호랑이 머리에 앉은 파리를 잡다. 2(비) 매우 위험한 일을 하다.

【老虎灶】 lǎohǔzào 圀圀 1 물을 끓이기 위한 대형 아궁이. 2 끓인 물을 파는 곳.

【老虎嘴上拔毛】 lǎohǔ zuǐ·shang bámáo 〈속〉 1 호랑이 주둥이의 털을 뽑다. 2(비) 위험천만한 일을 하다.

【老花镜】 lǎohuājìng 圀 노안경(老眼鏡). 돋보기. 노인경(老人鏡).

【老花眼】 lǎohuāyǎn ☞ 【老视(眼)】 lǎoshì(yǎn).

【老猾头】 lǎohuá·tou 매우 교활한 사람.

【老化】 lǎohuà 圄 1(化) 노화하다. [고무, 콜로이드 따위가 시간이 경과함에 따라 화학적 성질이 달라지는 현상] 2 노령화하다. ¶人口~=인구가 노령화되다. 3 (지식·설비가) 시대에 뒤떨어지다. 낙후되다. ¶知识~=지식이 시대에 뒤떨어지다.

【老话】 lǎohuà 圀 옛말. 속담. ¶~说得好：" 只要功夫深，铁杵磨成针。" = " 노력을 많이 기울이기만 하면 쇠절굿공이도 갈아서 바늘로 만들 수 있다."는 속담은 일리가 있다. 2 (~儿) 지난 이야기. 옛 이야기. ¶说起这些~，老人仿佛又回到了从前。= 이런 지난 이야기들을 꺼내면서 노인은 마치 또 예전으로 돌아간 것 같았다.

【老皇历】[老黄历] lǎohuáng·lì 圀 1 때 지난 달력. 2(비) 오래 되어 시대에 맞지 않는 방법이나 규정. ¶你也不看看现在是什么年代，还在那儿翻~？= 지금이 무슨 시대인데, 아직도 거기서 케케묵은 것을 뒤지고 있니?

【老黄历】 lǎohuáng·lì ☞ 【老皇历】 lǎohuáng·lì

【老黄牛】 lǎohuángniú 圀(비) 묵묵히 성실하게 일하는 사람. 열심히 일만 하는 사람.

【老几】 lǎojǐ 圀 (형제 중에) 몇째. ¶兄弟几个中他是~？= 형제 몇명 중에 그는 몇째야? 2 몇째. (어디에 끼이는) 누구. [반문투로 스스로를 낮추거나 타인의 지위를 낮추는 말] ¶他算~？到处指手画脚！= 그 사람이 뭔데, 아무 데서나 이래라저래라 하나!

【老记】 lǎojì 圀〈구〉 기자(記者). (우스개로 하는 말로) 기자 양반.

【老骥伏枥】 lǎojì-fúlì 〈성〉 1 좋은 말은 비록 늙어서 마구간에 엎드려 있어도 천리를 달릴 것을 생각한다. [조조(曹操)의 《보출하문행(步出夏門行)》에 나오는 "老骥伏枥，志在千里"라는 말에서 유래함] 2(비) 사람이 늙어도 원대한 뜻을 품고 있다.

【老家】 lǎojiā 圀 1 고향 집. 고향. ¶他回~看父母去了。= 그는 고향에 부모님을 뵈러 갔다. 2 호적. 본적. ¶他~是河北。= 그는 본적이 허베이(河北)이다.

【老家儿】 lǎojiār 圀圀 부모. 어버이.

【老家贼】 lǎojiāzéi ☞ 【麻雀】 máquè

【老奸巨猾】 lǎojiān-jùhuá 〈성〉 매우 치밀하고 교활하다.

【老茧】 lǎojiǎn ☞ 【胼】 lǎojiǎn

【老胼】[老茧] lǎojiǎn ☞ 【胼子】 jiǎn·zi

【老江湖】 lǎojiāng·hú 圀 오랫동안 외지에 돌아다녀 세상물정에 밝은 사람.

【老将】 lǎojiàng 圀 1 백전노장(百戰老將). 2(비) 노장. 베테랑. [한 업종에서 경험이 풍부한 사람] ¶兵坛~=탁구계의 노장. 3 (장기(將棋)의) 장군(將軍)말.

【老交情】 lǎojiāo·qing 圀 1 깊은 우정. 2 오랜 친구. ¶我们都是~了，有什么事你尽管说。= 우리는 오랜 친구잖아, 무슨 일이 있으면 말만 해라.

【老窖】 lǎojiào 圀 1 사용한 지 오래 된 지하 창고. 2 지하 창고에 저장한 술. ¶泸州~=루저우라오자오(泸州老窖). [루저우(泸州)에서 생산되는 술 이름]

【老街坊】 lǎojiē·fang 圀 오랜 이웃. ¶我们都是~了，有忙自然要帮。= 우리는 오랜 이웃이니, 바쁜 일이 있으면 당연히 도와야지.

【老姐】 lǎojiě 圀 막내누나〔막내언니〕.

【老姐儿俩】 lǎojiěrliǎ 圀 비슷한 연배의 두 노부인.

【老解放区】 lǎojiěfàngqū 圀 중화 인민 공화국이 성립되기 전의 중국 공산당 혁명 근거지.

【老景】 lǎojǐng 圀 노년의 신세〔처지·상황〕. 늘그막의 광경. ¶孤苦无依，~凄凉。= 쓸쓸하게 의지할 데 없어 늘그막의 신세가 처량하다.

【老境】 lǎojìng 圀 1 노년기. ¶~渐至=점차 노년기에 이르다. 2 노년의 신세. 늘그막의 광경. ¶早年他历经磨难，~倒还平顺。= 젊은 시절 그는 여러 역경을 겪었는데, 노년 상황은 오히려 그런대로 평탄하다.

【老酒】 lǎojiǔ 圀圀 1 오래 묵은 술. 2 사오싱주. 소흥주(紹興酒).

【老旧】 lǎojiù 圀 낡다. 시대에 뒤떨어지다. ¶机器~=기계가 낡다. / 思想~=생각이 시대에 뒤떨어지다.

【老舅】 lǎojiù 圀 막내외삼촌.

【老绝户(头)】 lǎojuéhù(·tou) 圀 늙어서 자식이 없는 사람. 늙어 대를 잇지 못하는 사람. [다

른 사람을 욕하는 말로 쓰임]
【老客】lǎokè 명(방) 단골손님. 잘 아는 손님.
【老框框】lǎokuàng·kuang 명 전통의 낡은 틀. 낡은 관습. ¶只有打破~, 才能求得发展。 = 전통의 낡은 틀을 깨부수어야만 발전할 수 있다.
【老辣】lǎolà 형 1 노련하고 악랄하다. ¶手段~ = 수법이 노련하고 악랄하다. 2 (글이) 원숙하면서 생동감이 있다. ¶文笔~ = 문필이 원숙하고 생동감이 있다.
【老来俏】lǎoláiqiào 명 나이가 들어도 치장하기 좋아하는 사람.
【老来少】lǎoláishào 명 나이가 들었지만 마음은 젊은 사람.
【老老少少】lǎolǎo shàoshào 명 늙은이들과 젊은이들. 나이가 많고 적은 한 무리의 사람들. ¶灯会上的~个个都喜气洋洋。 = 등불 모임에 참가한 사람들은 모두 하나같이 기쁨에 젖어 있다.
【老老】lǎo·lao 〔姥姥〕lǎo·lao
【老老实实】lǎo·lao shíshí 형 1 성실하다. 2 착실하다. 온순하다.
【老泪】lǎolèi 명 노인네의 눈물. ¶~纵横 = 노인네의 눈물이 마구 흐르다.
【老例】lǎolì 명 오랜 관례〔관습〕. 전례. 선례. ¶依照~ = 관례를 따르다.
【老脸】lǎoliǎn 명 1 ⓒ 노인네 얼굴〔체면·평판·위신·명성·덕망〕. ¶我就仗着我这张~去替你说说看。 = 내가 이 노인네 명성을 믿고 너 대신 가서 한번 말해 보지. 2 철면피.
【老练】lǎoliàn 형 노련하다. 능숙하다. ¶处事~ = 일처리가 노련하다. ≒干练 ↔稚嫩
【老两口】lǎoliǎngkǒu 명 노부부.
【老林】lǎolín 명 처녀림. 원시림. ¶深山~ = 깊은 산 속의 원시림.
【老龄】lǎolíng 명 노령. 노인. 노년. ¶~群体 = 노인 집단. ≒老年
【老龄大学】lǎolíng dàxué 명 노인 학교. 노인 대학. =【老年大学】lǎonián dàxué
【老龄化】lǎolínghuà 동 노령화하다.
【老龄化社会】lǎolínghuà shèhuì 명 노령화 사회. 고령화 사회.
【老路】lǎolù 명 1 가 본 적 있는 길. 옛길. 2 ㉠ 낡은 방법〔수단〕. ¶要敢想敢干, 不能走过去的~。 = 과감하게 생각하고 과감하게 행동하여야지, 옛날의 낡은 방법으로 하여서는 안 된다.
【老绿】lǎolǜ 형 진녹색의. 암녹색의.
【老妈妈论儿】lǎomā·ma lùnr ☞【妈妈论儿】mā·ma lùnr
【老妈儿】lǎomār ☞【老妈子】lǎomā·zi
【老妈子】lǎomā·zi 명㉠ 늙은 하녀. 식모. 시녀. =【老妈儿】lǎomār
【老马识途】lǎomǎ-shítú 성 1 늙은 말은 길을 알고 있다. 《한비자·설림상(韓非子·說林上)》에 나오는, 관중(管仲)이 제환공(齊恒公)을 따라 출정을 나갔다가 길을 잃었을 때, 관중이 말을 대오 앞에 세워서 길을 찾았다는 고사에서 유래됨. 2 ㉠ 경험이 많으면 그 일에 능숙하다. 3 ㉠ 경험이 많은 사람은 상황을 잘 파악하여 다른 사람을

이끌 수 있다.
【老迈】lǎomài 형 노쇠하다. 늙다. 늙고 쇠약하다. ¶~多病 = 늙고 쇠약하여 병이 많다. ↔少壮
【老猫】lǎomāo 명(동) 고양이.
【老耄】lǎomào 형(문) 1 (나이가) 팔구십 살 먹은. 2 연로하다.
【老帽儿】lǎomàor 명(방) 바보. 얼뜨기. 촌뜨기.
【老米】lǎomǐ 명(방) 묵은쌀.
【老面】lǎomiàn ☞【面肥】miànféi
【老面孔】lǎomiànkǒng 명 낯익은 얼굴. 익숙한 사물. ¶参加演出的演员都是些~。 = 공연에 참가한 배우들은 모두 낯익은 얼굴들이다.
【老面皮】lǎomiànpí 명(방) 철면피. 얼굴이 두꺼운 사람.
【老面子】lǎomiàn·zi 명 1 오랜 정의(情誼)〔신용·안면〕. 2 나이 든 사람의 체면〔안면·정의·신용〕. ¶看在你爹的~上, 这次就不跟你计较了。 = 자네 아버님의 체면을 보아서 이번에는 자네와 따지지 않겠네.
【老命】lǎomìng 명 늙은 목숨. 남은 목숨. ¶拼上~也要让这些不法之徒受到惩处。 = 늙은 목숨을 다해서라도 이 불법분자들로 하여금 처벌하게 할 것이다.
【老谋深算】lǎomóu-shēnsuàn 성 1 주도면밀하게 계획하고 멀리 내다보고 치밀하게 계산하다. 2 일처리가 노련하고 생각이 주도면밀하다.
【老母】lǎomǔ 명 1 노모. 2 어머니. [남에게 자신의 어머니를 일컫는 말]
【老母猪】lǎomǔzhū 명(동) 암퇘지. 번식용 암퇘지.
【老姆酒】lǎomǔjiǔ ☞【糖酒】tángjiǔ
【老衲】lǎonà 명(문) 1 나이 든 스님. 2 노승(老僧). [늙은 스님이 스스로를 일컫는 말]
【老奶奶】lǎonǎi·nai 명 1 증조모. 2 할머니. [아이들의 노부인에 대한 존칭]
【老脑筋】lǎonǎojīn 명 1 케케묵은 사상〔생각〕. 낡고 수구적인 사상〔생각〕. ¶你的那些~现在已经行不通了。 = 당신의 그 낡아빠진 생각은 이제 통하지 않는다. 2 사고 방식이 뒤떨어진〔완고한〕 사람. 수구주의자.
【老蔫儿】lǎoniānr 명(방) 무뚝뚝한 사람. 소극적인 사람. 굼뜬 사람. 비사교적인 사람.
【老年】lǎonián 명 노년. 노령. 노인. ≒老龄
【老年斑】lǎoniánbān 명 검버섯. 오지(汚池).
【老年病】lǎoniánbìng 명(醫) 노인병.
【老年大学】lǎonián dàxué ☞【老龄大学】lǎolíng dàxué
【老年公寓】lǎonián gōngyù 명 노인용 아파트. 실버 타운 아파트.
【老年间】lǎoniánjiān 명 여러 해 전의. 옛날. 왕년. ¶这些都是~的事。 = 이것들은 모두 여러 해 전의 일이다.
【老年人】lǎoniánrén 명 노인.
【老年性痴呆】lǎoniánxìng chīdāi 명(醫) (노인) 치매. =【老年性痴呆症】lǎoniánxìng chīdāizhèng
【老年性痴呆症】lǎoniánxìng chīdāizhèng

☞【老年性痴呆】**lǎoniánxìng chīdāi**

【老娘】**lǎoniáng** 몡 **1** 노모(老母). **2**昌 마나님. [결혼한 여성이 자부심을 가지고 스스로를 일컫는 말]

【老娘】**lǎo·niang** 몡 **1**⟨方⟩ 산파(産婆). **2**昌 외조모. 외할머니.

【老娘们儿】**lǎoniáng·menr** 몡昌 **1** 아줌마. 부인네. 여인네. 아낙네. [결혼한 여성을 가리킴] **2** 여편네. [경멸의 의미를 내포함] **3** 아내. 처.

【老牛破车】**lǎoniú-pòchē** 匢 **1** 늙은 소가 낡은 수레를 끌다. **2**喩 일처리가 매우 더디다. 하는 일이 굼뜨다.

【老牛舐犊】**lǎoniú-shìdú** 匢 **1** 어미소가 송아지를 핥다. **2**喩 부모가 자식을 깊이 사랑하다.

【老农】**lǎonóng** 몡 **1** 늙은 농부. 경험 많은 농부. **2** 농부. 농민.

【老牌】**lǎopái**(~儿) 몡 신용 있고 오래 된 상표. 유명 상표. =【老牌子】**lǎopái·zi** ¶这肥皂都是用了几十年的~了。=이 비누들은 모두 수십 년 동안 쓴 유명 상표이다. 匢昌 이름난. 딱지 붙은. 악명 높은. ¶~殖民主义=악명이 높은 식민주의.

【老牌子】**lǎopái·zi** ☞【老牌】**lǎopái**

【老派】**lǎopài**(~儿) 匢 구식의. 옛날 식의. 낡은. ¶他们俩按照传统习俗举行了~婚礼。=그 두 사람은 전통 풍습에 따라 구식 혼례를 올렸다. 몡 구파. 수구파. 보수파. ['新派(신파)' 와 구별됨]

【老婆】**lǎo·po** 몡⟨口⟩ 아내. 처. 집사람. 마누라.

【老婆婆】**lǎopó·po** 몡昌 **1** 할머니. [아이들의 노부인에 대한 호칭] **2** 시어머니.

【老婆儿】**lǎopór** 몡⟨口⟩ 할멈. 노파. [늙은 부인을 다정하게 부르는 말]

【老婆子】**lǎopó·zi** 몡⟨口⟩ **1** 할망구. [경멸의 의미를 내포함] **2** 할멈. 할망구. [주로 자신의 늙은 아내에 대한 호칭]

【老圃】**lǎopǔ** 몡⟨方⟩ 채소 농사꾼.

【老谱】**lǎopǔ**(~儿) 몡 낡은〔옛〕규칙. 고루한 방식. 상투적인 수법. ¶不能总按~儿做事。=늘 낡은 방식에 근거해서 일할 수만은 없다.

【老气】**lǎo·qì** 匢 **1** 노숙(老熟)하다. 노련하다. ¶他说话很~，根本不像一个才十多岁的孩子。=그는 말하는 것이 아주 노숙해서 결코 여남은 살짜리 애 같지가 않다. **2** (색상이나 디자인이) 한물 가다. 노티 나다. ¶年纪轻轻的，不要总是穿得这么~。=나이도 어린데, 옷을 늘 이렇게 노티 나게 입지 마라.

【老气横秋】**lǎoqì-héngqiū** 匢 **1** 노티를 내며 스스로 거드름피우다. **2** 노색이 완연하다. 활기가 없고 무기력하다. ↔朝气蓬勃

【老前辈】**lǎoqiánbèi** 몡 대선배.

【老亲】**lǎoqīn** 몡 **1** 오랜〔친한〕친척. **2** 연로한 부모.

【老亲旧邻】**lǎoqīn-jiùlín** 匢 **1** 오랜 친척과 이웃. **2** 내왕이 잦은 친척과 친구.

【老区】**lǎoqū** 몡 중화 인민 공화국이 성립되기 전의 중국 공산당 건립 혁명 기지.

【老拳】**lǎoquán** 몡 힘있는 주먹. 매서운 주먹. [사람을 때릴 때 씀] ¶饱以~=매서운 주먹맛을 실컷 먹이다.

【老人】**lǎo·rén** 몡 **1** 노인. **2** 연로한 부모. 노친. ¶时不时给家里打个电话，免得~惦记。=수시로 집으로 전화를 드려야 노부모께서 걱정하시지 않게 해 드립니다. **3** 고참. 원로. ['新人(신참)' 과 구별됨] ¶这次人事调整后，处里面没剩下几个~。=이번 인사 조정 후 부처(部處) 내에 고참이 몇 명 남지 않았다.

【老人斑】**lǎorénbān** 몡 검버섯.

【老人星】**lǎorénxīng** 몡⟨天⟩ (남극) 노인성. 수성(壽星). 카노푸스(Canopus). =【南极老人星】**nánjí lǎorénxīng**

【老人家】**lǎo·ren·jia** 몡 **1** 어르신. [노인에 대한 존칭] ¶~，您高寿？=어르신, 연세가 어떻게 되십니까? **2** 어른. [다른 사람에게 자신이나 남의 부모 혹은 웃어른을 일컬을 때의 호칭] ¶好久没有见你父亲了, 他~身体怎么样？=자네 아버님을 오랫동안 못 뵈었는데, 어르신 건강은 어떠신가?

【老弱】**lǎoruò** 匢昌 늙고 쇠약하다. 몡 노인과 아이. 노약자.

【老弱病残】**lǎo-ruò-bìng-cán** 몡 노인·어린이·환자·장애자.

【老弱残兵】**lǎoruò-cánbīng** 匢 **1** 노약자나 부상자 등 싸울 능력이 없는 병사. **2**喩 노쇠하거나 업무 능력이 부족한 구성원.

【老三届】**lǎosānjiè** 몡 문화 대혁명의 혼란으로 제대로 된 교육을 받지 못한, 1966~1968년에 졸업한 중·고등 학생.

【老色鬼】**lǎosèguǐ** 몡 늙은 색골. 여색을 밝히는 노인. [욕하는 말로 쓰임]

【老少边穷】**lǎo-shǎo-biān-qióng** 몡 옛 공산주의 혁명의 근거지·소수 민족 거주지·변방 지역·빈곤 지역.

【老少】**lǎoshào** 몡 노인과 아이. ¶~咸宜=노인이나 아이나 관계 없이 모두에게 적합하다.

【老少无欺】**lǎoshào-wúqī** 匢 노인이나 아이나 할 것 없이 절대 속이지 않는다. [주로 상점의 선전 문구에 쓰임]

【老身】**lǎoshēn** 몡 늙은 몸. 늙은이. [노부인이 스스로를 일컫는 말로, 주로 조기 백화문에 보임]

【老生】**lǎoshēng** 몡⟨劇⟩ 중국 전통극의 중년이나 노년 배역. [주로 수염을 달고 나옴] =【须生】**xūshēng**

【老生常谈】**lǎoshēng-chángtán** 匢 **1** 나이 많은 서생들이 늘 하는 말. **2**昌 상투적인 말. 신선한 내용이 없는 케케묵은 이야기.

【老师】**lǎoshī** 몡 **1** 선생님. 스승. **2** 기예나 기능을 가진 사람에 대한 존칭.

【老师傅】**lǎoshī·fu** 몡 사장(師匠). [학문이나 기예에 능하여 남의 스승이 될 만한 연장자로, 주로 남성을 가리킴]

【老式】**lǎoshì**(~儿) 匢 구식의. 옛 방식의. ¶~建筑=구식 건축. ↔新式

【老视(眼)】**lǎoshì(yǎn)** 몡 노안(老眼). 원시(遠視). ⟨俗⟩【花眼】**huāyǎn**【老花眼】**lǎo**

huāyǎn
【老是】lǎo·shì 〖副〗언제나. 늘. 항상. 줄곧. ¶这些天~下雨。=요 며칠은 늘 비가 온다.
【老实】lǎo·shi 〖形〗1 성실하다. 솔직하다. 정직하다. ¶忠厚~=순박하고 성실하다. 2 온순하다. 얌전하다. 고분고분하다. ¶这孩子很~, 从不在外面惹事。=이 아이는 매우 온순해서, 지금까지 밖에서 말썽을 피운 적이 없다. 3 고지식하다. 융통성이 없다. ¶他人太~, 不适合干这份工作。=그 사람은 너무 융통성이 없어서, 이 일에 적합하지 않다. ≒诚实 忠实 ↔狡猾 狡诈
【老实巴交】lǎo·shi bājiāo 〖形〗〖ㅜ〗착실히 분수를〔규율을〕지키다. 얌전하다. 솔직〔정직〕하다. 고지식하다. ¶他~的, 从来不和人争名夺利。=그는 순박하고 분수를 지키는 사람이라, 여태껏 다른 사람하고 명예나 이익으로 다투는 법이 없다.
【老实疙瘩】lǎo·shi gē·da 〖名〗〖방〗〖비〗매우 착실하고 규율을 준수하는 사람.
【老实人】lǎo·shirén 〖名〗1 성실한 사람. 순박한 사람. 착실한 사람. 2 호인(好人).
【老实说】lǎo·shishuō 〖삽〗솔직히 말하면. 사실대로 말하면. ¶你这样做, ~, 只能是徒劳无益。=네가 이렇게 하는 것은, 솔직히 말하면, 힘만 들고 이득 될 것이 없어.
【老手】lǎoshǒu(~儿)〖名〗전문가. 숙련가. 베테랑. ¶谈判~=담판 전문가. ↔新手 生手
【老寿星】lǎoshòu·xing 〖名〗1 ☞【寿星】shòu·xing 2 장수 노인에 대한 존칭. 3 생일을 맞은 노인.
【老熟人】lǎoshúrén 〖名〗잘 아는 사람. 오래 전부터 친하게 지내는 사람.
【老鼠】lǎo·shǔ 〖名〗〖맞〗〖動〗쥐. [주로 집쥐를 가리킴]
【老鼠过街, 人人喊打】lǎo·shǔ guò jiē, rén rén hǎn dǎ 〖속〗1 쥐가 길을 건너면 모든 사람들이 때려 잡으라고 소리친다. 2 〖비〗못된 사람이나 나쁜 일은 모든 사람들이 다 미워한다.
【老帅】lǎoshuài 〖名〗1 원수(元帥)에 대한 존칭. 2 장기(將棋)에서의 장군말〔궁〕.
【老死】lǎosǐ 〖动〗늙어 죽다. 자연사하다. [ '病死(병사하다)' 와 구별됨]
【老死不相往来】lǎosǐ bù xiāng wǎnglái 〖속〗1 늙어 죽을 때까지 내왕하지 않다. [《노자·팔십장(老子·八十章)》에 나오는 "邻国相望, 鸡犬之声相闻, 民至老死不相往来(이웃 나라끼리 서로 바라보고 닭 소리·개 소리 서로 들릴 정도로 가까이 있으면서도 사람들은 늙어 죽을 때까지 서로 내왕하지 않는다.)"라는 말에서 유래함] 2 〖비〗서로 전혀 연락하지 않고 내왕하지 않다.
【老叟】lǎosǒu 〖名〗〖문〗늙은이. 노인.
【老宋体】lǎosòngtǐ 〖名〗옛 송체자(宋體字). [명(明)대 중엽에 처음 보이기 시작한 서체(書體)의 일종]
【老太婆】lǎotàipó 〖名〗노부인.
【老太太】lǎotài·tai 〖名〗1 노부인. 노마님. [부인에 대한 존칭] 2 자당(慈堂). 훤당(萱堂). [남의 어머니에 대한 존칭] 3 남에게 자신의 어머니나 시어머니 혹은 장모를 일컫는 말.
【老太爷】lǎotàiyé 〖名〗1 어르신. 할아버지. [노인에 대한 존칭] 2 춘부장. 영존(令尊). [남의 아버지에 대한 존칭] 3 남에게 자신의 아버지나 시아버지 혹은 장인을 일컫는 말.
【老态】lǎotài 〖名〗늙은 기색. 노색(老色). 노티. ¶他虽然七十多岁了, 却没有一点~。=그는 비록 일흔이 넘었지만, 전혀 늙은 기색이라곤 보이지 않는다.
【老态龙钟】lǎotài-lóngzhōng 〖성〗늙어서 동작이 부자연스럽다〔굼뜨다〕.
【老汤】lǎotāng 〖名〗1 닭이나 오리, 돼지 등을 여러 번 우린 국물. 2 〖방〗김치나 장아찌 따위의 묵은 국물.
【老饕】lǎotāo 〖名〗〖문〗먹보. 걸귀.
【老套(子)】lǎotào(·zi) 〖名〗진부한 방식. 상투적인 수법. 상투적인 언행. ¶要勇于创新, 不能固守~。=용감하게 새로운 것을 만들어 내야지, 진부한 방식만을 고수해서는 안 된다.
【老天】lǎotiān 〖名〗〖ㅜ〗하늘. 하느님.
【老天爷】lǎotiānyé 〖名〗1 하느님. 조물주. 2 하늘이시여. 하느님이시여. 맙소사. ¶~, 你怎么把自己搞得这么脏!=맙소사! 너는 어쩜 이렇게 더러워졌니!
【老头儿】lǎotóur 〖名〗늙은이. 노인. [주로 친근감을 내포함]
【老头儿乐】lǎotóurlè 〖名〗효자손.
【老头儿鱼】lǎotóuryú ☞【鮟鱇】ānkāng
【老头子】lǎotóu·zi 〖名〗1 늙은이. 노인. 늙다리. [주로 혐오의 의미를 내포함] 2 영감. 임자. [아내의 남편에 대한 호칭] 3 두목. 수령. 큰형님. [암흑가 사람들의 두목에 대한 호칭]
【老土】lǎotǔ 〖形〗〖ㅜ〗1 본고장의. 지방색을 띤. 촌스러운. ¶他说的话太~。=그가 하는 말은 너무 촌스럽다. 2 촌스럽다. 유행에 맞지〔어울리지〕 않다. ¶她穿的太~。=그녀가 입은 옷은 너무 촌스럽다.
【老外】lǎowài 〖名〗1 문외한. 풋내기. 비전문가. ¶他教书还行, 做买卖, 可就是个~了。=그는 학생을 가르치는 것은 그런대로 괜찮지만 장사는 완전히 풋내기이다. 2 외국인. 양코배기. [해학적인 의미를 내포함]
【老顽固】lǎowángù 〖名〗고집불통. 벽창호. 고집쟁이.
【老王卖瓜, 自卖自夸】lǎo wáng mài guā, zì mài zì kuā 〖속〗〖비〗스스로 자신의 물건이나 재주를 자랑하다. 자화자찬하다.
【老翁】lǎowēng 〖名〗〖문〗늙은이. 노인. 노옹.
【老挝】Lǎowō 〖名〗〖외〗〖地〗라오스(Laos). [수도는 '万象(비엔티안 : Vientiane)' 임] =【寮国】Liáoguó
【老倭瓜】lǎowōguā ☞【南瓜】nánguā
【老窝】lǎowō 〖名〗1 (새·짐승의) 오래 된 보금자리〔둥지〕. 2 〖비〗소굴. 근거지.
【老先生】lǎoxiān·sheng 〖名〗1 노선생. 어르신. [연로한 남성에 대한 존칭] 2 노학자. 원로

老 **lǎo** 1173

학자.

【老弦】**lǎoxián** 图(音) (이호(二胡)·경호(京胡) 등 악기의) 굵은 현(絃).

【老乡】**lǎoxiāng** 图 1 동향인. 한 고향 사람. ¶他们几个都是我的~。=그들 몇 명은 모두 나와 한 고향 사람이다. 2 낯선 농민에 대한 호칭. ≒乡亲

【老相好】**lǎoxiānghǎo** ☞【老相识】**lǎoxiāngshí**

【老相识】**lǎoxiāngshí** 图 잘 아는 사람. 알게 된 지 오래 된 사람. 구면. =【老相好】**lǎoxiānghǎo**

【老相】**lǎo·xiàng** 图 겉늙다. 늙직하다. 늙수그레하다. 실제 나이보다 더 들어 보이다. ¶他长得有点儿~，三十多岁的人看起来就像快五十了。=그는 좀 늙수그레하게 생겼어, 서른 몇 살인 사람이 쉰이 다 되어 보인다. ↔少相

【老小】**lǎoxiǎo** 图 1 노인과 아이. 2 가족. ¶一家~=한 가족 모두. 3(方) 막내. 4 아내. [주로 조기 백화문에 보임]

【老小子】**lǎoxiǎo·zi** 图(口) 막내아들.

【老兄】**lǎoxiōng** 图 노형. 형님. [남자 사이 상호간의 존칭]

【老羞成怒】**lǎoxiū-chéngnù** 图 부끄럽고 분한 나머지 화를 내다.

【老朽】**lǎoxiǔ** 图 (사람이) 늙다. ¶~无能=늙고 무능하다. 图(谦)(文) 늙은이. [노인이 스스로를 일컫는 말] ¶这是~的一点见识, 还请各位多多指正。=이것은 늙은이의 보잘것없는 짧은 견해이니, 여러분께서 많이 지도해 주시길 바랍니다.

【老学究】**lǎoxuéjiū** 图 고지식하고 따지기 좋아하는 늙은이. 골샌님.

【老鸦】**lǎoyā** ☞【乌鸦】**wūyā**

【老腌瓜】**lǎoyānguā** ☞【菜瓜】**càiguā**

【老腌儿】**lǎoyānr** 图(方) 소금에 오래 절인. ¶~咸菜=장아찌.

【老眼光】**lǎoyǎnguāng** 图 낡은 안목. 선입견. ¶你别拿~看人, 他早就不是以前那个冒失鬼了。=너는 선입견으로 사람을 보지 마라, 그 사람은 진작에 옛날의 그런 무례한 사람이 아니다.

【老眼昏花】**lǎoyǎn-hūnhuā** 图 늙어서 눈 앞이 흐릿하게 보이다.

【老样子】**lǎoyàng·zi** 图 1 구식. 재래식. 종래의 방식. 낡은〔유행에 뒤진〕 형식. 2 옛 모습. 옛 모양.

【老幺】**lǎoyāo** 图(方) 막내. ¶三兄弟中他是~。=3형제 중에서 그는 막내이다.

【老爷们儿】**lǎoyé·menr** 图(方) 1 사내. 남자. ¶这些重活儿让~来干。=이 힘든 일들은 사내가 하게 하자. 2 남편. 신랑. ¶她~在外地务工, 常年不在家。=그녀의 남편은 외지에서 일하기 때문에 일년 내내 집에 없다.

【老爷爷】**lǎoyé·ye** 图 1 증조부. 2 할아버지. [아이들이 나이 많은 남자를 높여 부르는 말]

【老爷子】**lǎoyé·zi** 图(敬) 1 어르신. [연로한 남자를 높여 부르는 말] 2 아버님. 어르신네. [자기나 남의 아버지에 대한 존칭] ¶我们家~没别的爱好, 就喜欢钓鱼。=우리 아버님은 다른 취미는 없어, 낚시만은 좋아하신다.

【老爷】**lǎo·ye** 图 1(旧) 영감. 나리. [옛날, 관리나 권세 있는 사람들을 부르는 말] 2 나리님네들. 양반님네들. [높은 지위에 있으면서 국민의 이익에는 무관심한 지도자를 풍자하는 말] 3(敬) 주인어른. 주인마님. [옛날, 상전(上典)에 대한 경칭] 4(方)【姥爷】**lǎo·ye** 图(日) 낡거나 유행이 지난 구식의. ¶~船=낡은 배.

【老爷车】**lǎo·yechē** 图 1 구형 자동차. 연식이 오래 된 자동차. 2 고물차.

【老一辈】**lǎoyībèi** 图 구세대. 앞세대. 전 세대. ¶~表演艺术家=구세대 연기자.

【老一套】**lǎoyītào** 图 케케묵은〔낡은〕 방식. 상투적 수법. 고정된 틀.

【老鹰】**lǎoyīng** 图(动) 솔개. 매. 수리. [매과의 총칭]

【老营】**lǎoyíng** 图 1 (옛날의) 병영(兵營). 2 (옛날의) 비적(匪賊)의 소굴.

【老油条】**lǎoyóutiáo** ☞【老油子】**lǎoyóu·zi**

【老油子】**lǎoyóu·zi** 图(口) 노련가. 경험이 많고 처세에 능한 사람. =【老油条】**lǎoyóutiáo**

【老友】**lǎoyǒu** 图 옛 친구. 오랜 친구.

【老有所养】**lǎoyǒusuǒyǎng** 图 노년에 부양해 줄 사람이 있다.

【老幼】**lǎoyòu** 图 노인과 어린아이.

【老于世故】**lǎoyú-shìgù** 图(贬) 세상물정에 밝다. 처세에 능하다.

【老玉米】**lǎoyù·mi** ☞【玉米】**yù·mi**

【老妪】**lǎoyù** 图(文) 노부인.

【老远】**lǎoyuǎn** 图 아주 멀다. ¶他的家在一个离县城~的小山村里。=그의 집은 읍내에서 멀리 떨어진 작은 산간 마을에 있다.

【老早】**lǎozǎo** 图 아주 이르다. ¶这个剧场~就有了。=이 극장은 아주 오래 전부터 있었다.

【老战友】**lǎozhànyǒu** 图 옛 전우. 옛 동료.

【老丈】**lǎozhàng** 图(敬) 노인장.

【老丈人】**lǎozhàng·ren** 图(口) 장인.

【老账】**lǎozhàng** 图 1 오랜 빚. 묵은빚. ¶这是多年前欠下的~。=이것은 오래 전부터 진 묵은 빚이다. 2(喻) 과거의 일. 해묵은 문제. 오랜 동안 해결하지 못한 문제. ¶多想想现在和以后, 别去翻那些~了。=현재와 앞날을 좀 더 생각하고, 과거의 일일랑 끄집어 내지 마라.

【老者】**lǎozhě** 图(敬) 노인.

【老着脸皮】**lǎo·zhe-liǎnpí** 图 뻔뻔스럽게. 낯두껍게. 수치를 무릅쓰다. ¶~去求别人, 真不是滋味。=뻔뻔스럽게 다른 사람에게 부탁을 하려니, 정말 내키지 않는다.

【老中青】**lǎozhōngqīng** 图 노년·중년·청년의 통칭.

【老主顾】**lǎozhǔ·gu** 图 단골(손님).

【老资格】**lǎozī·gé** 图 1 고참. ¶~的技术员=고참 기술자. 2 숙련가. 전문가. 베테랑. ¶干这一行, 他是~了。=이 분야에서 그는 베테랑이다.

【老子】**Lǎozǐ** 图 1(历) 노자. =【老聃】**Lǎo**

dān 2 《노자》. =【道德经】 Dàodéjīng

【老子】 lǎo·zi 〔명〕 1 아버지. 2 이 어른. 이 몸. [주로 화났을 때나 농담조로 자신을 높여 부르는 말] ¶他以为他是谁, 凭什么叫~听他的? =그 사람은 자기가 누구라고 생각하는 거야, 무엇 때문에 이 어른더러 자기 말을 들으라고 해?

【老子天下第一】 lǎo·zi tiānxià dìyī 〈俗〉〔惯〕 자신이 천하제일이다. [교만하여 스스로 천하제일이라고 여기는 사람]

【老字辈】 lǎozìbèi 〔명〕 고참. 원로. ¶他是当年的创刊人之一, 是我们杂志社的~. =그는 당시의 잡지를 창간한 사람 중 한 사람인데, 우리 잡지사의 (최)고참이다.

【老字号】 lǎozì·hào 〔명〕 노포(老鋪). 대대로 내려오는 전통 있는 가게. ¶这家珠宝行是几十年的~了. =이 보석 가게는 몇십 년 내려오는 전통 있는 가게이다.

【老总】 lǎozǒng 〔명〕 1 〈옛〉 군인. 2 중국 인민 해방군(中國人民解放軍)의 총사령관. 3 해방군(解放軍)의 고급 장성에 대한 존칭. [주로 성(姓) 뒤에 이어 씀] 4 사장. 지배인.

【老祖宗】 lǎozǔ·zong 〔명〕 1 조상. 선조. 2 집안에서 나이가 가장 많은 어른에 대한 존칭. [주로 조기 백화문에 보임]

## 佬 lǎo 사내 로
〔명〕 사내. 놈. …뜨기. [경시(輕視)의 뜻을 내포함] ¶乡巴~ = 시골뜨기.

## 捞 lǎo 쥘 로
〔동〕 손에 쥐다. 움켜잡다. ¶天刚亮, 他就~起把镰刀出去了. = 날이 밝자마자 그는 낫을 쥐고 나갔다.

## *姥 lǎo 외조모 로
아래를 참조.
☞ mǔ

【姥姥】[老老] lǎo·lao 〔명〕 1 〔口〕 외할머니. 외조모. 2 〈방〉 산파.

【姥爷】[老爷] lǎo·ye 〔명〕〔口〕 외할아버지. 외조부.

## 栳 lǎo 고로 로
☞【栲栳】 kǎolǎo

## 铑[鉧] lǎo 로듐 로
〔명〕〔화〕(化) 로듐(Rh, rhodium). [원자 번호 45]

## 筶 lǎo 고로 로
☞【筶筶】 kǎolǎo

## 潦 lǎo 큰비 료
〔형〕〔문〕 비가 세차다. ¶~雨 = 장대비. 〔명〕〔문〕 비 뒤에 고인 물. ¶积~ = 고인 물.
☞ liáo

## **络[絡] lǎo 얽을 락
의미가 '络(luò)' 와 같음.

☞ luò

【络子】 lào·zi 〔명〕 1 망사 주머니. 2 실감개. [주로 대나무나 나무를 얽어 짜 만듦]

## 唠[嘮] lào 떠들썩할 로
〔동〕〔방〕 한담하다. 이야기하다. ¶找时间我们俩好好~~. = 언제 시간을 내서 우리 둘이 이야기나 좀 나누자.
☞ láo

【唠扯】 lào·chě 〔동〕〔방〕 한담하다. 수다떨다. ¶他们坐在树阴下一得很热闹. = 그들은 나무 그늘 아래에 앉아서 신나게 떠든다.

【唠嗑】 lào‖kē 〔동〕 한담하다. 수다떨다. ¶他闲着没事儿, 找几个老哥一去了. = 그는 한가하여 친구들한테 한담하러 갔다.

## *烙 lào 지질 락
〔동〕 1 다리다. ¶~衣服 = 옷을 다리다. / 花工艺 = 달군 인두로 각종 무늬를 새기는 공예. 인두공예. 2 (음식을) 굽다. 지지다. 부치다. ¶~馅儿饼 = 센얼빙(호떡)을 부치다.
☞ luò

【烙饼】 lào‖bǐng 〔동〕 전을 굽다.

【烙饼】 làobǐng 〔명〕 라오빙. 밀전병.

【烙花】 lào‖huā 〔동〕 달군 쇠로 각종 무늬를 새기다. =【烫花】 tàng‖huā

【烙铁】 lào·tie 〔명〕 1 다리미. 2 인두.

【烙印】 làoyìn 〔명〕 1 낙인. 2 〔비〕 지워지지 않는 흔적. 낙인. ¶这一段经历在他的记忆里留下了深深的~. = 이 시기의 경험은 그의 기억 속에 아주 깊은 흔적을 남겼다. 〔동〕 1 낙인하다. 2 〔비〕 깊은 인상을 남기다. ¶这件事将深深地~在我的心头, 永志不忘. = 이 일은 나의 마음속에 깊게 새겨져서 영원히 잊혀지지 않을 것이다.

## *涝[澇] lào 침수될 로
〔형〕 (비가 많이 내려 농작물이) 침수되다. ¶旱~保收 = 가뭄과 홍수에도 수확량을 보장하다. 당사자의 소득에는 아무런 영향을 받지 않다. 〔명〕 논밭에 고인 빗물. ¶排~ = 침수된 논밭의 물을 배수하다. ↔旱

○─● 洪涝, 沥lì涝, 内涝

【涝地】 làodì 〔명〕 (비에 쉽게 침수되는) 저지대 농지. =【涝田】 làotián =【涝洼地】 làowādì

【涝害】 làohài 〔명〕 농작물 침수 피해.

【涝田】 làotián ☞【涝地】 làodì

【涝洼地】 làowādì ☞【涝地】 làodì

【涝灾】 làozāi 〔명〕 침수로 인한 농작물 소출 감소 피해.

## **落 lào 떨어질 락
〔동〕〔口〕 (물체가 높은 곳에서) 떨어지다. 내리다. 귀속되다. 획득하다. 머무르다.
☞ là, luò

【落包涵】 lào bāo·han 〔동〕〔방〕 원망을 듣다. 책망을 듣다. ¶替他累了一天, 结果却落一身包涵.

=그를 대신해 하루 종일 힘들게 일했지만 결과는 오히려 원망만 돌아왔다.

【落不是】lào bù·shi 질책을〔비난을〕당하다. ¶本是一番好意, 结果反倒落一身不是。=원래는 좋은 의도였지만 결과는 도리어 비난을 받았다.

【落汗】lào‖hàn 통 땀이 식다. 땀을 식히다. ¶歇一会儿, 等落了汗再接着干吧。=조금 쉬면서 땀을 식히고 나서 계속 합시다.

【落价】lào‖jià(~儿) 통 가격이 떨어지다. ¶今年大丰收, 粮食~了。=금년은 대풍년이어서 곡식 가격이 떨어졌다.

【落架】lào‖jià 통비 1 (집의) 기둥이 무너지다. 2 비 (가업이) 기울다〔무너지다〕. ¶这小子不务正业, 到处鬼混, 没过几年, 祖业就~了。=이 녀석은 엉뚱한 일을 하면서 여기저기 기웃거리더니, 몇 년 지나지 않아서 선조의 유업이 기울고 말았다.

【落炕】lào‖kàng 통비 앓아 눕다. 병이 심해 일어나지 못하다. 몸져눕다.

【落埋怨】lào mányuàn 통 원망을 듣다. ¶辛苦一点无所谓, 就怕干得不好~。=조금 힘든 것은 상관 없으나 잘못하여 원망을 들을까 봐 걱정된다.

【落儿】làor 명비 생계 수단. 호구지책. 생계비. [금전·재물 따위를 가리키며, 반드시 '有(yǒu)'나 '没有(méiyǒu)' 뒤에 쓰임] =【落子】lào·zi ¶有~=생계 수단이 있다.

【落忍】làorěn 통[구] 딱하게〔미안하게〕생각지 않다. [주로 부정형으로 쓰임] ¶孩子还小, 真不~把他一个人丢在家里。=아이가 아직 어린데, 혼자 집에 두고 가자니 정말 마음이 편치 않다.

【落色】lào‖shǎi 통 (포목·의복 따위가) 색이 바래다. 퇴색하다.

【落头】lào·tou 명[구] 1 나머지. 잉여(剩餘). 잔여. 이익. 이윤. 수익. ¶这回结完账总该有些~。=이번에 결산이 끝나면 아무튼 약간의 잉여가 있을 것이다. 2 벌이. 이득. ¶吃到肚里才算~。=배에 집어 넣어야 비로소 이득이라고 할 수 있다. 손에 들어온 이익이라야 확실한 이득이라고 할 수 있다.

【落枕】lào‖zhěn 통 1 베개를 베다. ¶他太疲倦了, 一~就睡着了。=그는 너무 피곤해서 베개를 베자마자 잠이 들었다. 2 (醫) 잠을 잘 때 한기가 들거나 베개를 잘못 베서 일어나는 목이 시큰시큰하거나 목이 잘 돌아가지 않는 병.

【落子】lào·zi 명 1 쇼 설창 문예인 '莲花落(liánhuāluò)'의 속칭. 2 ☞【评剧】píngjù 3 ☞【落儿】làor

耢[耮] lào 써레 로
명 써레. 통 써레로 땅을 평평하게 고르다. ¶~地=땅을 고르다.

*酪 lào 진한 유즙 락
명 1 응유(凝乳) 식품. 반응고의 유제품(乳製品). ¶奶~=치즈(cheese). 2 젤리. 죽. [과실을 갈아서 만든 걸쭉한 식품] ¶核桃~=호도죽.

◐○ 干gān酪, 乳rǔ酪

【酪氨酸】lào'ānsuān 명 (化) 티로신(tyrosine). ¶~激酶=티로신키나아제(tyrosine kinase).

【酪乳】làorǔ 명 버터밀크.

【酪酥】làosū 명 1 소·양·말 등의 젖으로 만든 둥글넓적한 식품. 2 가지. ['酪酥'의 맛이 가지와 비슷하다 하여 붙여진 이름임]

嫪 lào 사람 이름 로
인명에 쓰이는 글자. ¶~毐(Lào'ǎi)=(전국(戰國) 시대의 진(秦)나라 사람인) 노애.

# le

肋 lē 너절할 륵
☞ lèi

【肋脦】lē·de / lē·te 형비 (옷이) 단정하지 않다. 깔끔하지 못하다. 너절하다. ¶她那身打扮真够~的！=그녀의 옷차림이 정말 너절하구나!

嘞 lē 말 많을 륵
☞ ·lei

【嘞嘞】lē·le 통비 재잘거리다. 말이 많다. 수다스럽다. ¶别~了行不行？=그만 재잘거리면 안 되겠니?

仂 lè 나머지 륵
명⟨书⟩ 나머지.
【仂语】lèyǔ 명 (句).

萝 lè 나륵 륵
☞【萝艻】luólè

叻 lè 싱가포르 륵
명 (地) 싱가포르(Singapore). [중국 교민들은 '新加坡(싱가포르)'를 '石叻(shílè)' 또는 '叻埠(lèbù)' 라고 부름] ¶~币=싱가포르 달러.

乐[樂] lè 즐거울 락
형 즐겁다. 기쁘다. ¶快~=즐겁다. / 知足常~=늘 만족하다. 통 1 즐겁게〔기쁘게〕(어떤 일을) 하다. ¶喜闻~见=보고 듣는 것을 좋아하다. 2 [구] 웃다. ¶他~得合不拢嘴。=그는 입을 다물지 못할 정도로 웃는다. 명 1 즐거움. 쾌락. ¶取~儿=즐기다. 2 (Lè) 성(姓).
늦欢 ↔苦 哀 悲
☞ yuè

◐○ 安乐, 和乐, 康乐, 快乐, 取乐, 傻shǎ乐, 享xiǎng乐, 行乐, 逸yì乐, 游乐, 娱yú乐, 作乐, 俱乐部

○ 乐 lè
 泺 luò
 砾 lì
 跞 lì
 栎 lì
 轹 lì
 药 yào
 铄 shuò

【乐不可支】lèbùkězhī 〈成〉 1 기뻐서 어쩔 줄을 모르다. 2 기쁘기 한량없다.

【乐不思蜀】lèbùsīshǔ 〈成〉 1 이 곳이 즐거워 촉을 그리워하지 않는다. 2 안락하여 고향에 돌아가는 것을 잊다. 탐닉하여 본분을 잊다.

【乐此不疲】lècǐ-bùpí 〈成〉 1 일을 즐겁게 하니 피곤한 줄도 모르다. 2 어떤 일을 좋아하여 몰두하다.

【乐道】lèdào 〈动〉 1 즐겁게 이야기하다. ¶津津~=흥미진진하게 이야기하다. 2 기꺼이 자신의 믿음을 지키다. ¶安贫~=안빈낙도하다. 가난한 생활을 하면서도 편안한 마음으로 도를 즐겨 지켜 나가다.

【乐得】lèdé 〈动〉 …의 기회를 흔쾌히 받아들이다. 기꺼이 …에 따르다. ¶这些具体事务现在都由其他人负责, 我~清闲。=이런 구체적인 일들은 지금 모두 다른 사람이 맡아서 처리하기 때문에, 나는 홀가분해졌다.

【乐颠颠】lèdiāndiān(~的) 〈形〉 기뻐서 펄쩍펄쩍 뛰는 모양. ¶他拿到重点大学录取通知书后~地跑回了家。=그는 대학 입학 통지서를 받고 기뻐서 어쩔 줄을 몰라 하며 집으로 달려갔다.

【乐而不淫】lè'érbùyín 〈成〉 절도 있게 즐기다. 지나치지 않게 한껏 즐기다.

【乐而忘返】lè'érwàngfǎn 〈成〉 1 즐거워서 돌아가는 것을 잊다. 2〈비〉차마 떠나지 못하다.

【乐而忘忧】lè'érwàngyōu ☞【乐以忘忧】lèyǐwàngyōu

【乐观】lèguān 〈形〉 낙관적이다. 희망차다. ¶~向上=낙관적인 태도로 발전하다. ↔悲观

【乐观主义】lèguānzhǔyì 〈名〉 낙관주의.

【乐呵呵】lèhēhē 〈形〉 유쾌한〔즐거워하는〕모양. ¶他成天~的, 似乎从来没有烦心事。=그는 항상 싱글벙글하는 것을 보니, 여태껏 고민이라는 것을 모르고 사는 것 같다.

【乐和】lè·he 〈形〉 유쾌하다. 즐겁다. [주로 생활이 행복함을 가리킴] ¶这一家三口的日子过得挺~。=이 집 세 식구는 아주 행복하게 지낸다.

【乐极生悲】lèjí-shēngbēi 〈成〉 1 즐거움이 극에 다다르면 비애가 찾아온다. 2 한창 즐거울 때 슬픈 일이 생기다. 너무 좋아하면 울게 된다.

【乐乐和和】lè·le hēhē 〈形〉〈방〉(생활이) 유쾌하다. 즐겁다.

【乐趣】lèqù 〈名〉 즐거움. 기쁨. 재미. ¶读书能让人体味到很多~。=독서는 사람들에게 매우 많은 즐거움을 체득하게 해 준다.

【乐儿】lèr 〈名〉 즐거움. 기쁨. 재미.

【乐融融】lèróngróng 〈形〉 화기애애한 모양. ¶家家户户~。=집집마다 화기애애하다.

【乐善好施】lèshàn-hàoshī 〈成〉 선행(善行)과 희사(喜捨)를 좋아서 하다.

【乐事】lèshì 〈名〉 낙. 즐거움. ¶打网球是他业余生活的一大~。=테니스는 그의 여가 생활의 가장 큰 즐거움이다.

【乐陶陶】lètáotáo 〈形〉 매우 유쾌한 모양. 기쁨이 넘치는 모양. ¶载歌载舞~。=흥겹게 노래하고 춤을 추다.

【乐天】lètiān 〈形〉 근심걱정이 없다. 태평스럽다.

낙천적이다. ¶~达观=낙천적이다.

【乐天派】lètiānpài 〈名〉 낙천주의자. 태평스러운 사람.

【乐天知命】lètiān-zhīmìng 〈成〉 하늘의 뜻에 순종하고 자기의 처지에 만족하다.

【乐土】lètǔ 〈名〉 낙토. 행복한 땅. ¶人间~=낙원. 파라다이스.

【乐业】lèyè 〈动〉 즐겁게 일하다. ¶安居~=안정된 생활을 하며 즐겁게 일하다.

【乐以忘忧】lèyǐwàngyōu 〈成〉 기뻐서 근심을 잊다. ☞【乐而忘忧】lè'érwàngyōu

【乐意】lèyì 〈动〉 기꺼이 …하다. 언제든지 곧 …하다. …하기를 원하다. ¶这是好事, 他一定干。=이것은 좋은 일이니, 그는 틀림없이 기꺼이 하려 할 것이다. 〈形〉 만족하다. 유쾌하다. 좋아하다. ¶他说话不给人留情面, 谁听了也不~。=그는 다른 사람의 사정을 보지 않고 말하기 때문에 누가 들어도 불쾌하다.

【乐悠悠】lèyōuyōu(~的) 〈形〉 한가롭게 즐기는 모양. ¶老人们~地坐在茶馆里喝茶、聊天。=노인들이 한가로이 찻집에 앉아 차를 마시고 담을 나눈다.

【乐于】lèyú 〈动〉 기꺼이 (어떤 일을) 하다. ¶~助人=다른 사람을 기꺼이 돕다.

【乐园】lèyuán 〈名〉 1〈宗〉 낙원. 2 유원지. 놀이동산. ¶儿童~=어린이 유원지. 3〈비〉 낙원. ¶投资者的~=투자자의 낙원.

【乐在其中】lèzàiqízhōng 〈成〉〈비〉일을 하는 가운데 즐거움이 있다. 일을 하는 가운데 즐거움을 발견하다.

【乐滋滋】lèzīzī(~的) 〈形〉 만족하여 즐거워하는 모양. ¶他看看获奖证书, 心里~的。=그는 상장을 보면서 속으로 기뻐하였다.

【乐子】lè·zi 〈名〉〈방〉 1 즐거움. 기쁨. 재미. ¶找~=즐기다. 2 재미. 웃음거리. ¶他在台上说着说着突然忘词了, ~可真不小。=그는 무대에서 말을 하다가 갑자기 대사를 까먹어 적지 않은 웃음거리가 되었다.

## 㚲 lè 옥돌 륵

☞【㚲功】jiānlè

## 泐 lè 새길 륵

〈动〉〈书〉 1 새기다. 조각하다. ¶~碑=비석을 새기다. 2 쓰다. [주로 서신에 쓰임] ¶手~=손으로 쓰다.

## *勒* lè 굴레 륵

〈名〉 1〈e〉 굴레. ¶马~=말굴레. 2 (Lè) 성(姓).
〈动〉 1 (가축의) 고삐를 잡아당기다. ¶悬崖~马=벼랑 끝에서 고삐를 당겨 말을 세우다. 2 억지로〔강제로〕 …를 시키다. 강요하다. ¶敲诈~索=협박하여 재물을 갈취하다. 3〈e〉 통솔하다. 인솔하다. ¶~亲~六军=6군을 친히 통솔하다. 4〈e〉 조각하다. 새기다. ¶~石=돌을 조각하다.
〈양〉〈物〉 勒克斯(럭스).
☞ lēi

○● 勾勒, 弥勒

【勒逼】lèbī 동 강요하다. 강제하다. 다그치다.
¶~就范=강제로 따르게 하다.
【勒兵】lèbīng 동 군대를 통솔하다. ¶~十万=
십만 군사를 통솔하다.
【勒克斯】lèkèsī 명(양)(物) 럭스(lux). 미터 촉광.
[조도(照度)의 단위]
【勒令】lèlìng 동 (어떤 일을 하도록) 강제로 명
령하다. ¶~退学=강제 퇴학을 명령하다.
【勒派】lèpài 동 강제 부과하다(징수하다]. ¶不
得~税款.=세금을 강제 부과해서는 안 된다.
【勒索】lèsuǒ 동 (금전이나 물품을) 강탈하다. 협
박하여 약탈하다. ¶~钱财=재물을 강탈하다.
【勒抑】lèyì 동 1 강압적으로 판매가를 내리게 하
다. ¶~市价=시장 가격을 강제로 내리다. 2 강
제로 빼앗고 억누르다. ¶~侵夺, 民怨沸腾。=
강제로 침탈하여 백성의 원망이 들끓다.
【勒诈】lèzhà 동 협박하여 재물을 갈취하다. ¶
~财物=협박하여 재물을 갈취하다.

## 簕 lè 가시대나무 륵
아래를 참조.
【簕棠】lèdǎng 명(植) 샘머귀나무.
【簕竹】lèzhú 명(植) 대나무의 한 종류.

## 鳓[鰳] lè 준치 륵
명(動) 준치.

## 了 •le 어기사 료
조 1 동사 또는 형용사 뒤에 쓰여 동작 또는 변화
가 이미 완료되었음을 나타냄. ① 실제로 이미 발
생한 동작이나 변화에 사용됨. ¶昨天看一场
电影。=어제 영화 한 편을 봤다. / 枫叶又红~
很多。=단풍잎이 엄청 더 빨개졌다. ② 예정되
거나 가정적인 동작에 사용됨. ¶下班就去超
市。=퇴근하자마자 슈퍼마켓에 갈 예정이다. /
如果老师知道~这件事, 你一定挨批评。=만약
에 선생님이 이 일을 아신다면, 너는 틀림없이 야
단맞을 것이다. 2 문장의 말미 또는 문장 중의 끊
어지는 곳에 쓰여 변화 또는 새로운 상황의 출현
을 나타냄. ① 어떤 상황이 이미 출현했거나 앞으
로 출현할 것임을 나타냄. ¶下雪~。=눈이 내
린다. / 天要亮~。=날이 밝아 오려 한다. ② 인
식·의견·주장·행동 등에 변화가 있음을 나타냄.
¶今年春节我不回家过年~。=올해는 설 쇠러
집에 가지 않는다. ③ 어떤 조건 아래 모종의 상
황이 출현함을 나타냄. ¶要是不下雨, 我们就去
爬山~。=만약 비가 오지 않는다면, 우리는 등
산 갈 것이다. 3 문장의 끝 또는 문장 중의 멈추
는 곳에 쓰여 재촉·저지·명령을 나타냄. ¶你千
万别说错话~。=절대 실례되는 말을 하지 마시
오. / 好~, 现在出发。=됐다, 지금 출발하자. 4
문장의 끝 또는 문장 중의 멈추는 곳에 쓰여, 감
탄을 나타냄. ¶太棒~!=굉장하다! / 太无耻
~!=너무 염치 없다!
☞ liǎo

## 饹[餎] •le 협락 락
☞【饸饹】hé•le
☞ gē

# lei

## 勒 lēi 묶을 륵
동 1 (끈으로) 묶다. 졸라매다. ¶被绑架的人
质是被捆~死的。=납치된 인질들이 납치범
에 의해 교살(絞殺)당했다. 2 (방) 강제하다. 강요
하다. ¶他硬~着大伙在工地上干活儿。=그는
모두에게 공사장에서 일하도록 강요한다.
☞ lè
【勒紧】lēijǐn 동 단단하게 조르다. 단단히 묶다.
고삐를 바짝 당기다. ¶~裤腰带=허리띠를 졸
라매다. / ~缰绳=말고삐를 바짝 조이다.
【勒掯】lēi•kèn 동(방) 고의로 애를 먹이다. 억지
로 …를 시키다. 강요하다. ¶请你们不要胡乱~
人。=함부로 사람들을 괴롭히지 마세요.
【勒口】lēikǒu 명 책날개.

## 累[纍] léi 초라할 루
아래를 참조.
☞ lěi, lèi
【累累】léiléi 형(문) 1 초췌하고 초라한 모양. ¶
《儽儽》léiléi ¶~若丧家之犬。=초췌하고 초
라한 모습이 꼭 상갓집 개와 같다. 2 많이 달려
있다. 주렁주렁하다. ¶硕果~=큰 과실이 주렁
주렁하다.
☞ lěilěi
【累坠】léi•zhui ☞【累赘】léi•zhui
【累赘】[累坠] léi•zhui 형 (문자가) 번잡하다.
(사물이) 쓸데없는. 군더더기인. 번거로운. ¶文
中的部分段落显得有些~。=글의 부분적인 단
락에서 약간 번잡함이 보인다. 명 방해물. 짐. 부
담. 폐. 거추장스러운 것. ¶老人腿脚利落, 带个
拐杖反倒是~。=노인은 다리가 기민하여, 지팡
이를 짚는 게 도리어 짐이 된다. 동 짐이 되다. 부
담이 되다. ¶我老~你们, 真不好意思。=내가
늘 자네들한테 짐이 되니, 정말 미안하구먼.

## 雷 léi 우레 뢰
명 1 천둥. 우레. ¶春~=춘뢰(春
雷). 봄철의 천둥. / 电闪~鸣=천둥
번개가 치다. 2 (軍) 지뢰. ¶鱼~=
어뢰. / 手~=대전차 수류탄. 3
(Léi) 성(姓).

○● 沉雷, 地雷, 风雷, 焦jiāo雷, 落雷, 闷mèn
雷, 排雷, 霹pī雷, 起雷, 扫雷, 手雷, 鱼雷, 炸
zhà雷

【雷暴】léibào 명(氣) 천둥 번개. [때로는 소나비
나 우박을 동반하기도 함]
【雷暴雨】léibàoyǔ 명(氣) 뇌우.

○ 雷 léi
　擂 lèi
　镭 léi
　檑 léi

【雷场】léichǎng 명 지뢰밭.
【雷池】Léichí 명 1〔地〕레이츠. [지금의 안후이 〔安徽〕성 왕장〔望江〕현에 있는 강 이름] 2〔비〕일정한 범위〔한계〕. ¶不敢越~一步。=한계를 한 걸음도 넘을 엄두를 못 내다.
【雷达】léidá 명〔외〕레이더(radar). 전파 탐지기.
【雷达兵】léidábīng 명〔军〕1 레이더 부대. 2 레이더병.
【雷达站】léidázhàn 명 레이더 기지.
【雷打不动】léidǎ-bùdòng 성 의지가 굳세어 흔들리지 않다.
【雷电】léidiàn 명 천둥과 번개. ¶~交加=천둥과 번개가 교차하다.
【雷动】léidòng 형 목소리가 천둥 소리〔우렛소리〕와 같다. ¶欢声~=우레와 같은 환호성.
【雷公】léigōng 명 뇌공. [전설 속의 천둥을 관장하는 신]
【雷汞】léigǒng 명〔化〕뇌홍. 뇌산수은. [화약의 기폭제로 쓰임] =【雷酸汞】léisuāngǒng
【雷管】léiguǎn (~儿) 명 뇌관.
【雷害】léihài 명 벼락 피해.
【雷击】léijī 통 (사람·가축·나무·건축물 등에) 벼락이 치다.
【雷厉风行】léilì-fēngxíng 성 1 우레같이 맹렬하고 바람같이 신속하다. 2〔비〕(정책이나 법령의 집행이) 단호하고 신속하다. (일처리가) 화끈하다. ≒大刀阔斧
【雷鸣】léimíng 통 천둥치다. ¶电闪~=천둥번개가 치다. 형 (소리가) 우레 같다. ¶~般的掌声=우레와 같은 박수 소리.
【雷鸟】léiniǎo 명〔动〕뇌조.
【雷诺数】Léinuòshù 명〔외〕〔物〕레이놀즈수 (reynolds數).
【雷劈】léipī 통 (사람·가축·나무·건축물 등에) 벼락이 치다.
【雷区】léiqū 명 1 벼락 피해 다발(多發) 지역. 2〔军〕지뢰 매설 구역.
【雷声大, 雨点小】léishēng dà, yǔdiǎn xiǎo 속 1 우레 소리만 크고 빗방울은 작다. 2〔비〕기세만 요란하고 실행한 것은 적다. 계획은 크지만 실행한 것은 작다. 시작은 크고 결말은 작다.
【雷酸】léisuān 명〔化〕뇌산. 풀민산.
【雷酸汞】léisuāngǒng ☞【雷汞】léigǒng
【雷霆】léitíng 명 1 벽력. 세찬 천둥 소리. 2〔비〕격노. ¶大发~=매우 화를 내다.
【雷霆万钧】léitíng-wànjūn 성 1 강력한 벼락. 2〔비〕막을 수 없는 거대한 위력. 저역할 수 없는 힘.
【雷同】léitóng 형 1 벼락이 칠 때 만물들도 함께 호응하다. 2〔비〕부화뇌동하다. 3〔비〕(같지 않아야 할 것이) 같다. 비슷하다. 유사하다. ¶两篇文章内容~, 只是标题不一样。=두 편의 글이 표제만 다를 뿐 내용은 같다. ≒相同
【雷雨】léiyǔ 명〔气〕뇌우.
【雷雨云】léiyǔyún ☞【积雨云】jīyǔyún
【雷阵雨】léizhènyǔ 명 천둥과 번개를 동반한 소나기.

藟〔蘽〕léi 삼태기 라
명〔문〕삼태기.

嫘 léi 사람 이름 루
인명에 쓰이는 글자. ¶~祖=누조. [전설 속 황제(黃帝)의 부인으로, 양잠술을 가르쳤다고 전함]

缧〔縲〕léi 포승 루
명〔문〕오라(줄). 포승(줄).
【缧绁】léixiè 명〔문〕1 (죄인을 묶는) 오라. 오랏줄. 2 감옥. 身陷~ = 감옥에 갇히다.

犛 léi 수소 루
명〔문〕〔動〕수소. 모우(牡牛).

*擂 léi 칠 뢰
통 1 치다. 두드리다. 때리다. ¶自吹自~=자화자찬하다. 2 갈다. 연마(研磨)하다. ¶把胡椒放在擂钵里~一下。=후추를 막자사발〔유발〕에 넣고 좀 갈아라.
☞ lèi
【擂钵】léibō 명 유발(乳鉢). 막자사발.
【擂鼓筛锣】léigǔ-shāiluó 성 1 북과 징을 치다. 2〔비〕(말과 행동이) 과장되다. 허풍떨다. 떠벌리다.

檑 léi 뇌목 뢰
명 뇌목. [옛날, 전쟁시 적을 치기 위하여 성벽 위에서 밀어 떨어뜨렸던 긴 원기둥 모양의 나무]
【檑木】léimù 명 뇌목.

礌 léi 돌 굴려 내릴 뢰
통 1 (옛날, 전쟁시) 높은 곳에서 돌을 굴려 적을 공격하다. ¶~击=돌을 굴려 공격하다. 2〔문〕치다. 공격하다. ¶~敌=적을 공격하다. 명 (옛날, 전쟁시) 높은 곳에서 적을 향해 굴렸던 커다란 돌덩이.
【礌石】léishí 명 (옛날, 전쟁시) 높은 곳에서 적을 향해 굴렸던 커다란 돌덩이. ¶滚木~=(옛날, 전쟁시) 높은 곳에서 적을 향해 굴렸던 커다란 돌덩이와 뇌목.

镭〔鐳〕léi 라듐 뢰
명〔외〕〔化〕라듐(Ra, radium). [원자 번호 88]
【镭锭】léidìng 명〔化〕라듐.
【镭射】léishè 명〔외〕〔物〕레이저(laser). ¶~唱碟=레이저 음반.
【镭射气】léishèqì 명〔化〕라돈(radon).

羸 léi 야윌 리
형 1 야위다. 수척하다. 허약하다. ¶身病体~=몸이 병들고 수척하다. 2 피로하다. 지치다. 녹초가 되다. ¶~惫=지치다.
【羸顿】léidùn 형〔문〕1 여위다. 수척하다. 2 지치다. 녹초가 되다.
【羸弱】léiruò 형〔문〕허약하다. 수척하다. 야위

다. ¶～不堪＝견디기 힘들 정도로 허약하다.
【羸瘦】léishòu 閻圇 허약하다. 수척하다.

**罍** léi 술병 뢰
閻 고대, 단지 모양의 술병.

**儽** léi 고달플 루
【儽儽】léiléi ☞ 【累累】léiléi

**欙** léi 산길 가마 류
閻 (옛날의) 산길을 갈 때 타는 가마.

**耒** lěi 쟁기 뢰
閻 1 가래의 굽은 손잡이 부분. 2 가래.
【耒耜】lěisì 閻 1 쟁기. 2 농기구의 총칭.

**诔[誄]** lěi 조문 읽을 뢰
動圇 죽은 사람의 덕행과 공과를 열거하여 시호를 평정(評定)하다. (윗사람이 아랫사람에 대해 함) ¶～谥＝죽은 사람의 덕행과 공과를 열거하여 시호를 평정(評定)하다. 閻 추도문. 애도사. ¶～文＝추도문.

**垒[壘]** lěi 보루 루
閻 1 (軍) (방어를 위한) 성벽. 진지. 보루. ¶堡～＝보루. / 壁～森严＝보루가 삼엄하다. 2 (體) (야구・소프트볼에서의) 베이스. 루. ¶跑～＝베이스로 뛰다. 動 (흙・돌・벽돌 따위로) 쌓다. ¶～墙＝벽을 쌓다.

○● 堡bǎo垒, 壁bì垒, 对垒, 街jiē垒, 块垒, 干打垒

【垒壁】lěibì 閻(軍) 성벽. 누벽. 보루.
【垒垒】lěilěi 閻 겹겹이 포개져 있는 모양. ¶～峰峦＝겹겹이 늘어선 산봉우리.
【垒砌】lěiqì 動 (돌・벽돌 따위로) 쌓다(쌓아올리다). ¶～城墙＝성벽을 쌓다.
【垒球】lěiqiú 閻(體) 1 소프트볼(softball). 2 소프트볼 경기용 공.

**累¹[纍]** lěi 포갤 루
動 1 포개다. 쌓아올리다. ¶日积月～＝오랜 세월이 흐르다. 2 '垒(lěi)'와 같음.

**累²** lěi 연루될 루
動 1 연루되다. 관련되다. ¶带～＝연루되다. / 牵～＝관련되다. 2 연속하여. 되풀이하다. 거듭하다. ¶长年～月＝오랜 세월이 흐르다. 副 자주. 누차. 여러 번. ¶～建大功＝여러 번 공을 세우다.
☞ léi, lèi

○● 带累, 挂累, 家累, 亏kuī累, 赔péi累, 受累, 拖tuō累

【累次】lěicì 副 자주. 누차. 여러 번. ¶～三番＝거듭. 되풀이하여.
【累代】lěidài 閻 역대. 여러 대. 대대. 여러 세대.

【累牍连篇】lěidú-liánpiān ☞ 【连篇累牍】liánpiān-lěidú
【累犯】lěifàn 動 거듭 죄를 짓다. 범행을 거듭하다. 閻(法) 재범.
【累积】lěijī 動 포개어 쌓다. 누적하다. 모으다. 축적하다. ¶～素材＝소재를 모으다.
【累及】lěijí 動 관련시키다. 연루시키다. 끌어들이다. 누를 끼치다. ¶～无辜＝무고한 사람을 연루시키다.
【累计】lěijì 動 누계하다. 합계하다. ¶全年的销售额～三千多万元。＝연간 판매액은 누계 3천여만 위안이다.
【累加】lěijiā 動 점차 늘어나다. ¶利润逐年～, 与五年前相比已翻了两番。＝이윤이 해마다 점차 늘어났는 바, 5년 전과 비교해서 네 배나 증가하였다.
【累减】lěijiǎn 動 누감하다. 거듭하여 덜어 내다. 점점 줄이다. ¶进入淡季, 游客～。＝비수기에 접어들자 여행객이 점차 줄어든다.
【累见不鲜】lěijiàn-bùxiān ☞ 【数见不鲜】shuòjiàn-bùxiān
【累教不改】lěijiào-bùgǎi ☞ 【屡教不改】lǚjiào-bùgǎi
【累诫不改】lěijiè-bùgǎi 成 여러 번 타일러도 〔가르쳐도〕 고치지 않다.
【累进】lěijìn 動 누진하다. ¶～率＝누진율.
【累进税】lěijìnshuì 閻 누진세.
【累累】lěiléi 閻 아주 많이 쌓인 모양. ¶罪行～＝범행이 무수히 많다. 副 자주. 누누이. 거듭. ¶～失利＝거듭 실패〔패배〕하다.
☞ léiléi
【累卵】lěiluǎn 閻 1 누란. 쌓아 놓은 알. 2 (비) 매우 위태로운 형편. ¶危如～＝달걀을 쌓아 놓은 것처럼 위태롭다.
【累年】lěinián 閻 여러 해. 누년. ¶～增收＝여러 해 동안 수확을 늘리다.
【累日】lěirì 閻圇 누일. 연일. ¶～足不出户, 埋头苦读。＝연일 문 밖을 나가지 않고 공부에 몰두하다.
【累世】lěishì 閻 누세. 누대(累代). 역세(歷世). 여러 대. ¶～行医＝대대로 의술을 행하다.
【累月经年】lěiyuè-jīngnián 成 오랜 세월을 겪다. 수년 동안. 수년 간.
【累增】lěizēng 動 점차 증가하다. 거듭하여 증가하다.

**磊** lěi 돌무더기 뢰
아래를 참조.
【磊磊】lěilěi 閻圇 돌이 많이 쌓여 있는 모양. ¶山石～＝산에 돌이 많이 쌓여 있다.
【磊落】lěiluò 閻 1圇 무질서하게 많이 널려 있는 모양. ¶山岳～＝산봉우리들이 우뚝우뚝 솟아 있다. 2 흉금을 털어놓다. 공명정대하다. ¶胸怀～＝흉금을 털어놓다.

**蕾** lěi 꽃봉오리 뢰

accumulated right column:
累 lěi
缧 léi
嫘 léi
骡 luó
螺 luó
漯 luò
瘰 luǒ
捋 luò

**蕾** (꽃)봉두리. 화뢰(花蕾). ¶蓓~=꽃봉우리.
【蕾铃】**lěilíng** 몡(植) 목화의 꽃봉오리와 목화 다래의 통칭.

**\*儡 lěi** 꼭두각시 뢰
☞【傀儡】**kuǐlěi**

**蘽 lěi** 덩굴 류
몡 1(植) (덩굴식물의) 줄기. 덩굴. ¶葛~=칡 덩굴. 2≒'蕾(lěi)'와 같음. 동 칭칭 감다. 휘감다.

**瘣 lěi** 두드러기 뢰
몡(醫) 뾰루지. 여드름. 구진(丘疹).

**癗 lěi** 작은 부스럼 뢰
☞【痞癗】**pēilěi**

**漯 Lěi** 강 이름 루
몡(地) 옛날 강 이름. [지금의 허베이(河北)성에 있는 융딩허(永定河)임]

**\*肋 lèi** 옆구리 륵
몡(生) 옆구리. ¶两~=양 옆구리.
☞ **lē**

○● 鸡肋

【肋巴骨】**lèi·bagǔ** ☞【肋骨】**lèigǔ**
【肋骨】**lèigǔ** 몡 늑골. 갈빗대. 속 【肋巴骨】**lèi·bagǔ**【肋条】**lèitiáo**
【肋间肌】**lèijiānjī** 몡(生) 늑간근(肋間筋).
【肋膜】**lèimó** ☞【胸膜】**xiōngmó**
【肋膜炎】**lèimóyán** ☞【胸膜炎】**xiōngmóyán**
【肋木】**lèimù** 몡(體) 늑목.
【肋条】**lèitiáo** 몡 1 ☞【肋骨】**lèigǔ** 2 (돼지·소 따위의) 갈비. ¶~肉=갈빗살.

**\*\*泪[淚] lèi** 눈물 루
몡 눈물. ¶声~俱下=눈물을 흘리며 하소연하다. / 洒~而别=눈물을 흘리며 이별하다.

○● 热泪, 洒sǎ泪, 血xuè泪, 眼泪, 烛zhú泪

【泪痕】**lèihén** 몡 눈물 흔적[자국]. ¶~未干=눈물 자국이 아직 마르지 않다.
【泪花】**lèihuā**(~儿) 몡 눈에 맺힌[어린] 눈물. 글썽거리는 눈물.
【泪涟涟】**lèiliánlián** 톙 눈물이 하염없이 흐르는 모양.
【泪囊】**lèináng** 몡(生) 눈물주머니. 누낭.
【泪人】**lèirén**(~儿) 몡 눈물범벅이 된 사람. 눈물에 젖은 사람. 눈물투성이가 된 사람. ¶她伤心欲绝, 哭成了个~儿.=그녀는 너무나 상심하여 눈물투성이가 되었다.
【泪如泉涌】**lèirúquányǒng** 성 1 눈물이 샘물처럼 솟아 나오다. 2 몹시 슬퍼하는 모양.
【泪水】**lèishuǐ** 몡 눈물.
【泪汪汪】**lèiwāngwāng**(~的) 톙 눈물이 어려 있다. 눈물이 글썽글썽하다.
【泪腺】**lèixiàn** 몡(生) 누선(淚腺). 눈물샘.
【泪眼】**lèiyǎn** 몡 눈물어린 눈. ¶~模糊=눈물이 어려 눈이 흐릿하다.
【泪液】**lèiyè** 몡 누액. 눈물. 동【眼泪】**yǎnlèi**
【泪盈盈】**lèiyíngyíng**(~的) 톙 눈물이 그렁그렁하다.
【泪珠】**lèizhū**(~儿) 몡 눈물방울.

**\*类[類] lèi** 종류 류
톙 비슷하다. 유사하다. …같다. 닮다. ¶画虎~犬=호랑이를 그리려고 했는데, 그려 놓고 보니 꼭 강아지 같다. 몡 1 종류. 부류. 등급. ¶另~=다른 종류. / 分门别~=종류별로 구분하다. 2 (Lèi) 성(姓). ≒种(zhǒng).

○● 败bài类, 部类, 丑chǒu类, 词类, 调类, 门类, 品类, 人类, 善类, 异yì类, 种类

【类比】**lèibǐ** 동(論) 유추(類推)하다. 비론(比論)하다. ¶~推理=유추하여 추리하다.
【类别】**lèibié** 몡 종류. 유별. 종별. 유형. ¶图书按~摆放, 以便查找.=도서는 찾기 쉽도록 종류에 따라 배열해 놓는다.
【类地行星】**lèidìxíngxīng** 몡(天) 지구형 행성(地球型行星).
【类毒素】**lèidúsù** 몡(醫) 톡소이드(toxoid). 변성 독소. ¶破伤风~=파상풍 톡소이드.
【类风湿】**lèifēngshī** 몡(醫) 류머티즘성(性) 관절염.
【类固醇】**lèigùchún** 몡(化) 스테로이드(steroid). ≒【甾族化合物】**zāizú huàhéwù**
【类乎】**lèi·hu** 동 …와 비슷하다[유사하다]. …와 닮다. …에 가깝다. ¶山峰奇特, ~人形.=산봉우리들이 특이해서 마치 사람 모양 같다.
【类聚】**lèijù** 동 같은 종류끼리 모으다. 각기 부류에 따라 모으다. ¶物以~, 人以群分.=물건은 종류별로 모으고, 사람은 무리로 나뉜다. 유유상종.
【类木行星】**lèimùxíngxīng** 몡(天) 목성형 행성. 영 Jovian planets
【类群】**lèiqún** 몡(動) 동식물군. [주로 같은 종(種)에서 다시 세분한 서로 다른 종류를 가리킴]
【类人猿】**lèirényuán** 몡(動) 유인원. ≒【人猿】**rényuán**
【类伤寒】**lèishānghán** 몡(醫) 파라티푸스(paratyphus).
【类书】**lèishū** 몡 유서. [같은 종류의 책을 모아서 일정한 방식에 따라 분류하여 검색에 편리하도록 편집해 놓은 책. 예를 들면, 《태평어람(太平御覽)》·《예문유취(藝文類聚)》등이 있음]
【类似】**lèisì** 톙 유사하다. 비슷하다. ¶情况~=상황이 유사하다.
【类同】**lèitóng** 톙 닮다. 유사하다. ¶风格~=풍격[특징]이 비슷하다.
【类推】**lèituī** 동 유추하다. ¶照此~=이에 비

추어 유추해 보다.

【类新星变体】 lèixīnxīng biànxīng 명 (天) 준신성(準新星)의 변광성. =【类新星】 lèixīn xīng

【类新星】 lèixīnxīng ☞【类新星变体】 lèixīn xīng biànxīng

【类星体】 lèixīngtǐ 명 (天) 준성(準星). 퀘이사 (quasar). 항성상(恒星狀) 천체.

【类型】 lèixíng 명 유형. ¶产品~=상품 유형.

【类脂物】 lèizhīwù ☞【类脂质】 lèizhīzhì

【类脂质】 lèizhīzhì 명 (化) 유지질. 리포이드 (lipoid). =【类脂物】 lèizhīwù

**累** lèi 지칠 루
형 지치다. 피곤하다. ¶劳~=고되다. / 走~ 了。=걸어서 지쳤다. 동 1 피로하게 하다. ¶这 差使真~人。=이번 출장은 정말 사람을 피로하게 만든다. 2 애쓰다. 수고하다. ¶你~了一天, 还是早点儿休息吧。=하루 종일 수고하셨으니, 좀 일찍 쉬세요.
☞ léi, lěi

○● 劳累, 受累

【累乏】 lèifá 형 피로하다. 지치다. 기진맥진하다. ¶忙了一整天, 感觉十分~。=하루 종일 바쁘게 일했더니, 무척이나 피로하다.

【累坏】 lèihuài 동 1 지칠 대로 지치다. 피곤해서 죽을 지경이다. 기진맥진하다. ¶今天忙了一天, ~了。=오늘은 온종일 바빠서 몸이 피곤해서 죽을 지경이다. 2 과로하여 몸을 해치다. ¶他长期劳累, 把身体都~了。=그는 장기간 과로하여 건강을 망가뜨렸다.

【累活】 lèihuó(~儿) 명 힘든〔힘겨운〕 일. 고달픈 일.

【累死累活】 lèisǐ-lèihuó 성 피곤함을 무릅쓰다. 죽자 사자 일하다. 힘껏 일하다. ¶身体要紧, 别这么~地干。=건강이 중요하니, 이렇게 죽자 사자 일하지 마라.

**酹** lèi 부을 뢰
동 술을 땅에 뿌려 (신에게) 제사 지내다. ¶~ 祝=(제사 지낼 때) 술을 땅에 뿌리고 축복의 말을 하다.

***擂** lèi 무술 겨루는 자리 뢰
명 옛날, 무술을 겨루는 무대. ¶打~=겨루다. 응전하다. 경기에 참가하다.
☞ léi

【擂台】 lèitái 명 1 고대에 무술을 겨루는 무대. ¶摆~=도전을 기다리다〔받아들이다〕. 대회〔경연·시합〕에 참가하도록 초청하다. 겨루다. 2 경기장. ¶摆~=시합에 참가하도록 초청하다. 경쟁을 벌이다.

【擂台赛】 lèitáisài 명 토너먼트. 승자 진출전. 오픈 콘테스트(open contest). ¶中韩围棋~=중·한 바둑 토너먼트.

【擂主】 lèizhǔ 명 도전을 받아들이는 사람.

**颣**[纇] lèi 흠 뢰
명 결점. 결함. 흠. ¶疵~=결점.

**嘞** ·lei 어조사 륵
조 용법은 '了(·le)'와 비슷하고, 긍정의 어기를 나타냄. ¶好~, 我按你说的办。=좋아, 네가 말한 대로 처리하지.
☞ le

# leng

**棱** lēng 모서리 릉
☞【红不棱登】 hóng·bulēngdēng【花不棱登】 huā·bulēngdēng【扑棱】 pūlēng
☞ léng, líng

**嘣** lēng 삐걱 소리 릉
의 삐걱. [물레 따위가 돌아갈 때 나는 소리] ¶纺车~~转得欢。=물레가 삐걱거리며 힘차게 돌아간다.

**崚** léng 험준할 릉
【崚嶒】 léngcéng 형 문 산이 높다〔험준하다〕.

**塄** léng 두둑 릉
명 문 논두렁. 밭둑. ¶地~=밭둑. 논두렁.
【塄坎】【塄坎】 léngkǎn 명 문 논두렁. 밭둑.

***棱**[(稜)] léng 모 릉
명 (~儿) 1 모. 모서리. 모퉁이. ¶桌子~儿=탁자 모서리. / 有~有角=모가 나다. 2 물체 표면 위에 볼록 나온 부분. ¶瓦~=기와 이랑. / 眉~=눈두덩.
☞ lēng, líng

○● 眉 méi 棱, 翘 qiáo 棱, 威棱, 支棱, 三棱镜

【棱角】 léngjiǎo 명 1 모서리. ¶~分明=모서리가 뚜렷하다. 2 비 날카로움. 예리함. ¶他为人谨慎, 从不露~。=그는 사람이 신중해서 전혀 모난 것을 드러내지 않는다.

【棱镜】 léngjìng 명 (光) 프리즘(prism).

【棱坎】 léngkǎn ☞【塄坎】 léngkǎn

【棱台】 léngtái 명 (数) 각뿔대.

【棱柱】 léngzhù 명 (数) 각기둥.

【棱锥】 léngzhuī 명 (数) 각뿔. 각추.

【棱子】 léng·zi 명 문 모서리. ¶木头~=나무 모서리.

***楞**¹ léng 모 릉
명 '棱(léng)'과 같음.

○● 斜楞

**楞**² léng 음역자 륵

**léng** 楞 薐 冷

음역에 쓰이는 글자. [예를 들면,《楞嚴(능엄)》·《楞伽(능가)》등].

【楞场】**léngchǎng** 명 목재를 벌채하여 운반하기 위하여 쌓아 둔 곳.

**薐 léng** 시금치 릉
☞【菠薐菜】**bōléngcài**

**冷 lěng** 추울 랭

형 **1** 춥다. 차다. 시리다. ¶寒～=한랭하다. /你～吗?=너 춥니? **2** 냉담하다. 냉정하다. 쌀쌀하다. 무뚝뚝하다. ¶他～～地答应了一声.=그는 무뚝뚝하게 한 번 대꾸했다. **3** 한적하다. 한산하다. 쓸쓸하다. 적막하다. 인적이 끊기다. 고요하다. ¶门庭～落=집안에 사람이 드나들지 않다. **4** 생소하다. 보기 드물다. ¶用词～僻=생소한 단어를 사용하다. **5** 불시의. 암암리의. 불의의. 의외의. 갑자기. ¶～箭伤人=불의의 공격으로 남을 해치다. **6** 인기 없다. 평판이 좋지 못한. 유행하지 않는. ¶～门专业=인기 없는 전공. **7** 비 낙담하다. 실망하다. 낙심하다. ¶心灰意～=의기소침(해)하다. 통 차갑게 하다. 식히다. [주로 음식물을 가리킴] ¶稀饭太烫了，～一下再喝.=죽이 너무 뜨거우니 좀 식혀서 먹자. 명 (Lěng) 성(姓). ↔热 暖

○ 冰bīng冷, 齿chǐ冷, 干冷, 寒冷, 清冷, 生冷, 阴冷, 制冷

【冷傲】**lěng'ào** 형 냉담하고 오만〔거만〕하다. ¶神情～=표정이 냉랭하고 오만하다.

【冷板凳】**lěngbǎndèng** 명비 냉대. 푸대접. 찬밥. 중요하지 않은 직무. ¶他坐了多年的～，一直没有得到重用.=그는 오랫동안 냉대를 받으면서 줄곧 중용을 받지 못했다.

【冷背】**lěngbèi** 형 판매가 부진한 (상품). 인기 없는 (상품). 잘 팔리지 않는 (상품). ¶～商品=인기 없는 상품.

【冷冰冰】**lěngbīngbīng**(～的) 형 **1** (태도가) 냉랭하다. 냉담하다. 쌀쌀하다. 얼음처럼 차다. ¶～的态度=쌀쌀한 태도. **2** 차가운. 차디찬. ¶～的石椅=차가운 돌 의자.

【冷兵器】**lěngbīngqì** 명(军) (칼·창 등의) 화약을 사용하지 않는 무기.

【冷不丁】**lěng·budīng** 부비 불시에. 뜻밖에. 갑자기. 돌연히. =【冷丁】**lěngdīng** ¶他～地闯进门来，吓了我一跳.=그가 갑자기 뛰어들어와서 난 깜짝 놀랐다.

【冷不防】**lěng·bufáng** 부 불시에. 뜻밖에. 갑자기. 돌연히. 불의에. ¶～冲出一辆摩托车，险些把他撞倒.=갑자기 오토바이 한 대가 튀어나와서 하마터면 그를 칠 뻔했다.

【冷布】**lěngbù** 명 망사.

【冷菜】**lěngcài** 명 냉채.

【冷餐】**lěngcān** 명 뷔페. ¶～会=뷔페식 연회.

【冷舱】**lěngcāng** 명 (배·비행기의) 냉장 선실.

【冷藏】**lěngcáng** 통 냉장하다. ¶～室=냉장실. /～库=냉동 창고. 저온 창고.

【冷藏车】**lěngcángchē** ☞【保温车】**bǎowēnchē**

【冷藏库】**lěngcángkù** ☞【冷库】**lěngkù**

【冷场】**lěng‖chǎng** 통 **1** (연극에서 배우가 무대에 늦게 올라오거나 대사를 잊어서) 장면을 썰렁하게 하다. **2** (회의 시간에 발언하는 사람이 없어서) 회의장의 분위기가 어색하다.

【冷场】**lěngchǎng** 명 **1** (연극에서 배우가 무대에 늦게 올라오거나 대사를 잊어서) 썰렁한 장면. **2** (회의 시간에 발언하는 사람이 없어서) 분위기가 어색한 장면. 통 흥이 깨져 침묵이 흐르다. 어색해지다.

【冷嘲热讽】**lěngcháo rèfěng** 성 차가운 조소와 신랄한 풍자.

【冷处理】**lěngchǔlǐ** 통 **1** (机) 냉간처리하다. **2** 비 냉정하게 생각하여 처리하다. 냉각 기간을 두어 해결하다.

【冷床】**lěngchuáng** 명 **1** (金) 냉간 단조〔포징〕프레스. **2** (农) 냉상.

【冷脆】**lěngcuì** 명 (金) 금속이 저온에서 부서지기 쉬운 성질.

【冷待】**lěngdài** 통 냉대하다. 박대하다. ¶客人们远道而来，千万不可～.=손님들이 멀리서 오셨으니 절대 냉대해서는 안 된다.

【冷淡】**lěngdàn** 형 **1** 쌀쌀하다. 냉담하다. 냉정하다. **2** 태도가 쌀쌀하다. **2** 부진하다. 한산하다. 썰렁하다. 불경기이다. 쇠퇴하다. ¶生意～=장사가 부진하다. 통 냉대하다. 푸대접하다. 쌀쌀하게 대하다. ¶服务要主动热情，不能～顾客.=서비스는 적극적이고 극진하게 접대를 해야지, 손님을 냉대해서는 안 된다. ≒冷漠 淡漠 ↔热情 亲热

【冷碟】**lěngdié** 명 냉채 요리.

【冷丁】**lěngdīng** ☞【冷不丁】**lěng·budīng**

【冷冻】**lěngdòng** 통 냉동하다. 얼리다. 얼게 하다. ¶～肉食=육류를 냉동하다.

【冷冻机】**lěngdòngjī** 명 (机) 냉동기.

【冷冻食品】**lěngdòng shípǐn** 명 냉동 식품.

【冷锻】**lěngduàn** 명 냉간 단조(冷間鍛造).

【冷饭】**lěngfàn** 명 찬밥. **2** 비 오래 된 물건. 케케묵은 일. ¶说点儿新鲜的，别尽炒～.=케케묵은 이야기 하지 말고, 새로운 이야기 좀 해보세요.

【冷风】**lěngfēng** 명 **1** 찬바람. 한풍(寒風). **2** 비 부정적인 비평. ¶吹～=뒷공론을 하다.

【冷锋】**lěngfēng** 명(气) 한랭 전선.

【冷敷】**lěngfū** 명(医) 얼음찜질을 하다. ↔热敷

【冷宫】**lěnggōng** 명 **1** 냉궁. 후비가 총애를 받지 못하고 버려진 곳에 유폐된 궁. **2** 비 중시를 받지 못하고 버려진 상황〔처〕. ¶这一学说曾一度被打入～，不为世人所知.=이 학설은 일찍이 서고에 처박혀 세인들의 주목을 받지 못한 적이 있었다.

【冷孤丁】**lěnggūdīng** 부비 불시에. 뜻밖에. 갑자기.

【冷光】**lěngguāng** 명 **1** 차갑고 엄숙한 눈빛. 싸늘한 눈빛. 냉랭하고 날카로운 눈빛. ¶他眼中的～令人不寒而栗.=그의 눈에 서린 차가운 눈

빛은 사람으로 하여금 전율을 느끼게 한다. **2**(物) 냉광. [열을 동반하지 않는 발광 현상으로, 형광(螢光)·인광(燐光) 등이 대표적임] ④ luminescence

【冷柜】**lěngguì** 图 아이스박스. 냉장고.
【冷害】**lěnghài** 图(農) 냉해. 한랭에 의한 피해.
【冷汗】**lěnghàn** 图 식은땀.
【冷焊】**lěnghàn** 图(機) 냉간 압접(冷間壓接).
【冷话】**lěnghuà** 图 흥을 깨는 말. 빈정대는[비꼬는] 말. 신랄하고 매몰찬 말. 가시 돋친 말.
【冷荤】**lěnghūn** 图 차게 해서 먹는 고기 요리.
【冷货】**lěnghuò** 图 잘 팔리지 않는 상품. 비인기 상품. (철에 맞지 않아) 수요가 많지 않은 상품. ≒【冷门货】**lěngménhuò** ↔热货
【冷寂】**lěngjì** 图 쓸쓸하다. 적막하다. 한산하다. ¶山乡的夜晚显得格外~。=산골 마을의 밤이 유달리 적막해 보인다.
【冷加工】**lěngjiāgōng** 图(機) 냉간 가공. 상온 가공. ⑤ (금속을) 절삭 가공하다.
【冷箭】**lěngjiàn** 图 **1** 몰래 숨어서 쏘는 화살. 불의의 화살. **2**⑪ 모함. 모략. 중상 모략. ¶刮阴风, 放~。=불만이나 유언비어를 퍼뜨리며 중상 모략하다.
【冷噤】**lěngjìn** 图 진저리. 몸서리. 전율. ¶一阵寒风吹来, 他不由得打了个~。=찬바람이 획 불어 오자, 그는 자기도 모르게 진저리를 쳤다.
【冷静】**lěngjìng** 图 **1** 조용하다. 고요하다. 쓸쓸하다. 적막하다. 한산하다. ¶游人散尽后, 公园变得十分~。=유람객들이 다 흩어지자 공원은 아주 적막해졌다. **2** 냉정하다. 침착하다. ¶最好~地想一想再作决定。=냉정하게 생각해 보고 다시 결정하는 것이 바람직하다. ≒镇静 镇定 ↔激动 冲动 热闹
【冷觉】**lěngjué** 图(生) 냉각. 차가움을 느끼는 감각.
【冷峻】**lěngjùn** 图 냉혹하다. 차갑고 날카롭다. 냉담하고 엄숙[준엄]하다. ¶~的目光=냉혹한 눈빛.
【冷库】**lěngkù** 图 냉동 창고. ≒【冷藏库】**lěngcángkù**
【冷酷】**lěngkù** 图 냉혹하다. 잔인하다. ¶~无情=냉혹하고 무정하다.
【冷拉钢】**lěnglāgāng** 图 마봉강. 냉간 인발강(冷間引拔鋼). ④ cold drawn steel
【冷冷冰冰】**lěng·leng bīngbīng** 图 **1** (태도가) 냉랭하다. 냉담하다. 쌀쌀하다. 얼음처럼 차다. **2** 차갑다. 차디차다.
【冷冷淡淡】**lěng·leng dàndàn** 图 **1** 쌀쌀하다. 냉담하다. ¶态度~=태도가 쌀쌀하다. **2** 부진하다. 한산하다. 썰렁하다. 불경기이다. 쇠퇴하다.
【冷冷静静】**lěng·leng jìngjìng** 图 **1** 쓸쓸하다. 적막하다. **2** 냉정하다. 침착하다.
【冷冷落落】**lěng·leng luòluò** 图 쓸쓸하다. 적막하다. 한산하다. 조용하다.
【冷冷清清】**lěng·leng qīngqīng** 图 쓸쓸하다. 스산하다. 썰렁하다. 한산하다. 냉담하다.

【冷厉】**lěnglì** 图 냉혹하고 매섭다[단호하다]. ¶神色~=표정이 냉혹하고 매섭다.
【冷脸子】**lěngliǎn·zi** 图 딱딱한[냉엄한·엄숙한] 얼굴. 굳은[무표정한·딱딱한] 얼굴. ¶他摆出一副~, 好像谁欠他钱不还似的。=그가 굳은 표정을 짓는 것이, 마치 누군가가 그의 돈을 떼먹은 듯했다.
【冷冽】**lěngliè** 图 살을 에는 듯 춥다. 너무 춥다. ¶寒风~=한풍이 살을 에는 듯 춥다.
【冷落】**lěngluò** 图 쓸쓸하다. 조용하다. 적막하다. 한산하다. ¶门庭~=집안이 쓸쓸하다. ⑤ 냉대하다. 푸대접하다. ¶别~了客人。=손님을 푸대접하지 마라. ↔繁华 热闹
【冷铆】**lěngmǎo** 图(機) 냉간(冷間) 리벳(rivet) 작업.
【冷眉冷眼】**lěngméi-lěngyǎn** ⑥ 냉담하고 경멸하는 표정[태도·기색].
【冷门】**lěngmén** (~儿) 图 **1** 도박에서 돈을 잘 걸지 않는 곳. **2**⑪ 비인기 분야[업무]. ¶~行当=비인기 직업. **3**⑪ (운동 경기나 시합의) 이변. 의외의 결과. 뜻밖의 결말. ¶大爆~=대이변이 일어나다. ↔热门
【冷门货】**lěngménhuò** ☞【冷货】**lěnghuò**
【冷面】**lěngmiàn** 图 냉담하고 무정한 표정의. 공명정대하고 청렴결백한 표정의. 냉엄하고 딱딱한 표정의. ¶~杀手=잔혹한 킬러(killer). 图 냉면. 냉국수. ¶韩国~=한국 냉면.
【冷面孔】**lěngmiànkǒng** 图 냉담한[냉엄한·엄숙한] 얼굴. 굳은[무표정한·딱딱한] 얼굴.
【冷漠】**lěngmò** 图 냉담하다. 무관심하다. ¶神情~=표정이 냉담하다. ≒冷淡 淡漠 ↔热情 亲切
【冷凝】**lěngníng** ⑤(物) 응축되다. 응결되다. ¶水蒸气~成水。=수증기가 응결되어 물이 되다.
【冷凝器】**lěngníngqì** 图 냉각기.
【冷暖】**lěngnuǎn** 图 **1** 차가움과 따뜻함. **2**⑪ 일상 생활. ¶把群众的~放在心上。=대중의 일상 생활에 인정[인심]의 후함과 박함. ¶人情~=인정의 후함과 박함.
【冷暖自知】**lěngnuǎn-zìzhī** ⑥ **1** 물을 마시는 사람만이 물이 찬지 뜨거운지 안다. **2**⑪(佛) 선종(禪宗)에서 스스로의 깨달음을 통해 불교의 교의를 파악하다. **3**⑪ 스스로 겪어 보아야 비로소 깊이 깨달을 수 있다. **4**⑪ 마음속 깨달음의 깊이는 자신이 잘 안다.
【冷盘】**lěngpán** (~儿) 图 **1** 냉채(冷菜). [중국 요리에서 맨 처음에 나오는, 큰 접시에 담은 여러 가지 음식] **2** (서양 요리의) 오르되브르. ④ hors-d'oeuvre
【冷炮】**lěngpào** 图 **1** 불의에 쏜 포탄. 예상치 못한 공격. **2**⑪ 예상 외로 대단한 반응을 일으키는 언행.
【冷僻】**lěngpì** 图 **1** 외지다. 한적하다. 적막하다. ¶这里比较~, 游客很少。=이 곳은 비교적 외진 곳이라 유람객이 매우 적다. **2** 생소하다. 보기 드물다. [주로 자주 쓰이지 않는 글자·명칭·전

고(典故) 등을 가리킴] ¶~字=벽자(僻字). 많이 쓰이지 않는 글자. 늑生僻 ↔常见

【冷气】 lěngqì 图 1 차가운 기류. ¶打开门, 一股~立刻钻了进来. =문을 여니, 한 줄기 찬 기류가 곧바로 안으로 뚫고 들어왔다. 2 냉각 공기. ¶~开放=냉방중. 3 에어컨. ¶安装~=에어컨을 설치하다.

【冷气团】 lěngqìtuán 图(氣) 한랭 기단.

【冷枪】 lěngqiāng 图 1 불의의 총격. 기습. 2(비) 비방. 중상 모략. ¶要提防别人打~。=다른 사람의 중상 모략을 경계해야 한다. 3 드문드문 쏘는 총 소리.

【冷峭】 lěngqiào 围 1 매우 춥다. ¶寒风~=찬바람이 매우 차갑다. 2(비) (말씨가) 신랄하다. 모질다. 각박하다. ¶出言~=말이 모질다.

【冷清】 lěng·qīng 围 1 쓸쓸하다. 적막하다. 한산하다. 산하하다. 썰렁하다. 냉담하다. 적적하다. ¶夜深了, 街道变得异常~。=밤이 깊어지니, 거리가 대단히 한산해졌다. 2 불경기이다. ↔ 热闹 喧闹

【冷清清】 lěngqīngqīng(~的) 围 1 스산하다. 썰렁하다. ¶~的月光=스산한 달빛. / 冬夜的广场~的。=겨울 밤의 광장은 적막하다. 2 냉담하다.

【冷泉】 lěngquán 图 냉천.

【冷却】 lěngquè 图 냉각하다. 냉각되다. ¶钢水渐渐~。=쇳물이 점점 냉각되다.

【冷却水】 lěngquèshuǐ 图 냉각수.

【冷然】 lěngrán 围 냉담하다. ¶神色~=표정이 냉담하다.

【冷热】 lěngrè 图 추위와 더위. ¶八月的天气总是~无常。=팔월의 날씨는 늘 추웠다 더웠다 하며 변덕스럽다.

【冷热病】 lěngrèbìng 图 1(비) 학질(瘧疾). 말라리아(malaria). 2(비) 쉽게 달아오르고 쉽게 식는 버릇. 변덕스러운 기질. ¶学习要持之以恒, 不要犯~。=배움은 꾸준해야지, 변덕이 죽 끓듯 하면 안 된다.

【冷若冰霜】 lěngruòbīngshuāng 围 1 사람을 매우 냉대하다. 2(비) 태도가 지나치게 엄숙하고 붙임성이 없다. =【凛若冰霜】 lǐnruòbīngshuāng

【冷色】 lěngsè 图 한색(寒色). 차가운 느낌을 주는 색. [주로 푸른색 계통의 색을 가리킴] ↔暖色

【冷涩】 lěngsè 围 무뚝뚝하다. 무표정하고 생기가 없다. ¶眼神~=눈길이 무표정하고 생기가 없다.

【冷森森】 lěngsēnsēn(~的) 围 (냉기가 스며들어) 으슬으슬 춥다. 으스스하다. ¶屋子里~的, 没有一丝儿暖气。=방이 으슬으슬 추운 것이, 온기라고는 조금도 없다.

【冷杉】 lěngshān 图(植) 전나무.

【冷食】 lěngshí 图 1 날음식과 찬 음식. 2 (아이스크림 등의) 빙과(氷菓).

【冷霜】 lěngshuāng 图 1 찬 서리. 2 콜드 크림 (cold cream).

【冷水】 lěngshuǐ 图 1 냉수. 찬물. 2 생수.

【冷水浇背】 lěngshuǐ-jiāobèi ☞【冷水浇头】 lěngshuǐ-jiāotóu

【冷水浇头】 lěngshuǐ-jiāotóu 图 1 머리에 찬물을 끼얹다. 2(비) 뜻밖의 타격을 입다. 희망이 사라지다. =【冷水浇背】 lěngshuǐ-jiāobèi

【冷丝儿丝儿】 lěngsīrsīr(~的) ☞【冷丝丝】 lěngsīsī

【冷丝丝】 lěngsīsī(~的) 围 싸늘하다. 으슬으슬하다. =【冷丝儿丝儿】 lěngsīrsīr ¶秋风吹过, 让人感觉~的。=가을 바람이 스쳐 지나니 싸늘한 기운이 든다.

【冷飕飕】 lěngsōusōu(~的) 围 (바람이) 살을 에는 듯하다. ¶~的北风呼啸而来。=살을 에는 듯한 북풍이 휙휙 불어 오다.

【冷缩】 lěngsuō 图 차서 수축되다. ¶热胀~=더우면 팽창하고 추우면 수축하다.

【冷烫】 lěngtàng 图 콜드 파마를 하다.

【冷天】 lěngtiān 图 추운 날(씨).

【冷笑】 lěngxiào 图 냉소하다. 조소하다. ¶听到这番言论, 他禁不住~了一声。=이 의견을 듣고 나서, 그는 자신도 모르게 한번 냉소를 지었다. 图 냉소. 조소. ¶嘴角浮现出一丝~。=입가에 한 줄기 냉소가 흐르다.

【冷心肠】 lěngxīncháng 图 매정한〔냉혹한·냉담한〕 마음씨.

【冷血动物】 lěngxuè dòngwù 图 1 ☞【变温动物】 biànwēn dòngwù 2(비) 몰인정하고 냉혹한 인간.

【冷言冷语】 lěngyán-lěngyǔ (성) 빈정대는〔비꼬는〕 말. 비아냥거리는 소리. 신랄하고 매몰찬 말. 흥을 깨는 말. 쌀쌀하고 가시 돋친 말.

【冷眼】 lěngyǎn 图 1 냉정한 눈. 초연한 태도. ¶~静观=냉정하게 관찰하다. 2 차가운 눈초리. 냉담하고 경멸하는 표정〔태도〕. ¶遭人~=남에게 냉대를 받다.

【冷眼旁观】 lěngyǎn-pángguān (성) 1 냉담한 태도로 방관하다. 냉정한 눈으로 외면하다. [주로 어떤 일에 대해 태도가 냉담하여 그 일에 참가하지 않는 것을 가리킴] 2 외면하다. 본체만체하다.

【冷艳】 lěngyàn 围 (꽃이) 냉염하다. 차갑고 곱다. ¶~动人=냉염한 매력이 사람 마음을 움직이게 하다.

【冷饮】 lěngyǐn 图 청량음료. ↔热饮

【冷语】 lěngyǔ 图 차가운 말투. 비꼬는 말투. ¶冷言~=빈정대는〔비꼬는〕 말.

【冷语冰人】 lěngyǔ-bīngrén (성) 신랄하고 매몰찬 말로 남을 해치다. 차가운 말투로 사람을 냉담하게 대하다.

【冷遇】 lěngyù 图 냉대. 푸대접. ¶受到~=푸대접을 받다.

【冷轧】 lěngzhá 图(金) 냉간 압연. [ '热轧(열간 압연)' 와 구별됨]

【冷战】 lěngzhàn 图 냉전(cold war).

【冷战】【冷颤】 lěng·zhan 图(구) 전율. 몸서리. ¶冻得直打~。=추워서 계속 몸서리치다〔떨다〕. ↔热战

【冷颤】 lěng·zhan ☞【冷战】 lěng·zhan

【冷滞】lěngzhì 〔형〕 (상품이) 판매가 부진하다. 인기 없다. ¶~货=비인기 상품.

【冷字】lěngzì 〔명〕 벽자(僻字). 많이 쓰이지 않는 글자.

【冷子】lěng·zi ☞【冰雹】bīngbáo

## 崚 léng 땅 이름 릉

지명에 쓰이는 글자. ¶长头~=창터우렁. [장시 (江西)성에 있는 지명]

## 愣 lèng 멍청할 릉

〔동〕 멍해지다. 얼빠지다. 어리둥절하다. ¶两眼发~=두 눈으로 멍청히 바라보다. 〔형〕〔구〕 무모하다. 무분별하다. 경솔하다. 덜렁대다. ¶他办事太~=그는 일처리가 너무 무모하다. 〔부〕〔방〕 기어코. 억지로. 일부러. ¶劝他不要去, 他~是不听。=그에게 가지 말라고 권했지만, 그는 기어코 듣지 않았다.

○● 二愣子

【愣干】lènggàn 〔동〕 억지로 하다. 막무가내로 하다. 되는대로 하다. ¶做事要多动脑子, ~可不行。=일을 할 때는 머리를 많이 써야지, 막무가내로 하면 안 된다.

【愣乎乎】lènghūhū (~的) 〔형〕 1 멍한 모양. 어리둥절한 모양. 얼빠지다. 멍하다. 어리둥절하다. ¶他~地坐着, 一句话都不说。=그는 한 마디도 말하지 않고 멍하니 앉아 있다. 2 무모하고 경솔한 모양. 덜렁대다. ¶这小伙子~的, 考虑事情一点都不慎重。=이 녀석은 경솔하여 일처리가 조금도 신중하지 못하다.

【愣劲儿】lèngjìnr 〔명〕 원기. 기력. ¶这帮年轻人的身上有一股子~。=이 젊은이들의 몸에는 왕성한 기력이 있다.

【愣瞌瞌】lèngkēkē 〔형〕〔구〕 멍하니 있는 모양. 어리둥절한 모양. 멍청한 모양. ¶他只有~地站在那里傻笑。=그는 멍하니 그 곳에 서서 실없이 웃고만 있다.

【愣愣】lènglèng 〔형〕〔방〕 멍청한 모양. 어리둥절한 모양. ¶~的眼神=멍청한 눈빛.

【愣愣瞌瞌】lèng·leng kēkē 〔형〕〔구〕 멍하니 있는 모양. 어리둥절한 모양. 멍청한 모양.

【愣愣征征】lèng·leng zhēngzhēng (~的) 〔형〕 멍하니 있는 모양. 어리둥절한 모양. 멍청한 모양.

【愣神儿】lèng‖shénr 〔동〕〔방〕 멍청해하다. 얼빠지다. 얼떨떨해하다. ¶走吧, 别在这儿~了。=거기서 멍청하게 있지 말고 갑시다.

【愣是】lèngshì 〔부〕〔구〕 막무가내로. 한사코. ¶他~不来, 我也拿他没办法。=그가 한사코 오지 않으려는데, 낸들 무슨 방법이 있겠는가!

【愣说】lèngshuō 〔동〕〔구〕 억지말을 하다. 억지로 〔생떼를〕 쓰다. ¶他本来能喝点儿酒, 但他~不会喝。=그는 본래 술을 좀 마실 줄 아는데, 자신은 술을 마실 줄 모른다고 억지를 썼다.

【愣头愣脑】lèngtóu lèngnǎo 〔형〕 1 경솔하고 조심성 없는 모양. 덜렁대다. ¶他这样~的, 成不了事。=그가 이렇게 경솔하고 조심성 없으니, 일을 성사시킬 수가 없다. 2 멍청한 모양. 어리둥절한 모양. ¶他~的, 半天没听明白我的话。=그는 멍청한 모양을 하고서, 한참 동안이나 내 말을 이해하지 못하였다.

【愣头儿葱】lèngtóurcōng 〔명〕〔방〕 덜렁꾼. 덜렁쇠. 아무 분별 없이 일하는 사람.

【愣头儿青】lèngtóurqīng 〔명〕〔방〕 덜렁꾼. 덜렁쇠. 아무 분별 없이 일하는 사람. 세상물정을 모르는 사람.

【愣小子】lèngxiǎo·zi 〔명〕〔방〕 경솔한 녀석. 분별 없는 녀석.

【愣眼巴睁】lèngyǎn bāzhēng 〔형〕〔방〕 1 졸려서 눈을 뜰 수 없는 모양. 2 놀라서 눈을 둥그렇게 뜬〔어리둥절한〕 모양.

【愣怔】lèng·zheng 〔동〕 (놀라서) 얼이 빠져 멍해 있다. 얼떨떨해하다. ¶听到这个消息, 他猛一~, 半天回不过神儿来。=이 소식을 듣고 난 그는 돌연히 얼이 나간 것처럼, 한참 동안 정신을 차리지 못하였다.

【愣住】lèngzhù 〔동〕 넋이 나가다. 멍해지다. 어안이벙벙해지다. 아연해지다. ¶听到这个消息, 他一下子~了。=이 소식을 듣고 나서, 그는 갑자기 어안이벙벙해졌다.

## 睖 lèng 노려볼 릉

〔동〕〔방〕 눈을 크게 뜨고 노려보다. ¶她狠狠地~了丈夫一眼。=그녀는 매섭게 눈을 부라리며 남편을 한번 노려보았다.

【睖睁】lèng·zheng 〔동〕 눈을 크게 뜨고 멍해 있다. ¶他~着眼睛, 呆呆地坐着。=그는 눈을 크게 뜬 채 멍하니 앉아 있다.

# lí

*【哩】lī 어조사 리
아래를 참조.
☞ lǐ, li

【哩哩啦啦】lī·lilālā 〔형〕〔구〕 드문드문하다. 띄엄띄엄하다. 찔끔찔끔. [하나씩 띄엄띄엄 있거나 끊어졌다 이어졌다 하는 모양] ¶演出还没结束, 观众就~走了不少。=공연이 아직 끝나지 않았는데, 관중이 찔끔찔끔 적잖이 가 버렸다.

【哩哩啰啰】lī·liluōluō 〔형〕 (쓸새없이) 중얼거리는 모양. ¶他~地说了半天, 谁也没听明白。=그가 한참 중얼거렸는데, 아무도 제대로 알아듣지 못하였다.

【哩溜歪斜】līliūwāixié (~的) 〔형〕〔방〕 1 비뚤비뚤하다. 꼬불꼬불하다. ¶她的字写得~的, 不好看。=그녀의 글씨는 비뚤비뚤하게 써서 예쁘지 않다. 2 (걸음걸이가) 비틀비틀하다. 휘청휘청하다. ¶他喝醉了, 走路~的。=그는 술에 취해 비틀비틀거리면서 길을 걷는다.

## 杝 lí 울타리 리

명 '篱(lì)'와 같음.

## 丽[麗] lí 땅 이름 려
지명에 쓰이는 글자. ¶~水 = 리수이. [저장(浙江)성에 있는 지명] / 高~ = 고려.
☞ lì

## 厘[(釐)] lí 다스릴 리
동문 정리하다. 시정하다. 다스리다. ¶~定税制 = 세법을 규정하다. 주 100분의 1. ¶~米 = 센티미터(cm). 양 1 리. [길이의 단위로 1/3mm] 2 리. [무게의 단위로 0.05g] 3 리. [넓이의 단위로 0.666m²] 4 리. [이율의 단위로 연이율 1리는 원금의 1%고, 월이율 1리는 원금의 1‰] 고 (Lí) 성(姓).

○● 公厘, 毫háo厘, 市厘

【厘定】 líding 동문 규정하다. 제정하다. 명문화하다. ¶重新~岗位责任制. = 다시 부서 책임 제도를 제정하다.
【厘克】 líkè 양 센티그램(centigram). [100분의 1g] 외 【公毫】 gōngháo
【厘米】 límǐ 양 센티미터.
【厘米波】 límǐbō 명 (电) 센티미터파.
【厘正】 lízhèng 동문 수정하다. 개정하다. 고치다. ¶~遗文 = 유작을 고치다.

## 狸[(貍)] lí 삵 리
아래를 참조.

○● 海狸, 河狸, 狐狸, 花面狸

【狸猫】 límāo ☞【豹猫】 bàomāo
【狸子】 lí·zi ☞【豹猫】 bàomāo

## 离[離] lí 헤어질 리
동 1 분리하다. 분산하다. 갈라지다. 떠나다. 헤어지다. ¶支~破碎 = 지리멸렬하다. 산산이 흩어지다. / 悲欢~合 = 슬픔과 기쁨, 헤어짐과 만남. 2 배반하다. 불화하다. ¶众叛亲~ = 뭇 사람에게 버림을 받다. 3 결핍하다. 없다. 의지하다. ¶发展经济~不了科技. = 경제 발전에는 과학 기술이 없어서는 안 된다. 게 …에서. …로부터. …까지. ¶他家~火车站很近. = 그의 집은 기차역에서 매우 가깝다. 명 1 이괘(离卦). [팔괘(八卦)의 하나. 괘형(卦形)은 '☲'으로, 불을 상징함] 2 (Lí) 성(姓). ↔即

○● 背离, 别离, 剥bō离, 撤chè离, 电离, 分离, 隔gé离, 距离, 流离, 陆离, 乱离, 迷离, 叛pàn离, 偏离, 脱离, 眼离, 游离, 支离

| 离 | lí |
| 璃 | lí |
| 漓 | lí |
| 篱 | lí |
| 缡 | lí |
| 藜 | lí |

【离岸】 lí'àn 동 배가 강변(해안)으로부터 떠나 항행하다. ¶汽笛长鸣, 轮船~而去. = 기적을 길게 울리며 증기선이 출항하였다.
【离别】 líbié 동 이별하다. 헤어지다. ¶~亲友, 远赴他乡. = 친척과 친구를 이별하고 멀리 타향으로 가다. ≒分别 分离 别离 ↔团聚
【离不得】 lí·bu·de 동 떨어질 수 없다. 떠날 수 없다. 벗어날 수 없다. 없어서는 안 된다.
【离不开】 lí·bukāi 동 떨어질 수 없다. 떠날 수 없다. 벗어날 수 없다. 없어서는 안 된다. 그만둘 수 없다. ¶他忙得~身. = 그는 바빠서 몸을 뺄 수가 없다. / 鱼儿~水. = 물고기는 물을 떠나서 살 수 없다. ↔离得开
【离不了】 lí·buliǎo 동 떨어질 수 없다. 떠날 수 없다. 벗어날 수 없다. 없어서는 안 된다.
【离厂】 líchǎng 동 공장에서 떠나다.
【离尘】 líchén 동 속세를 떠나다. 명 가사(袈裟)의 다른 이름.
【离愁】 líchóu 명 이별의 슬픔. ¶~别恨 = 이별의 슬픔과 한.
【离愁别绪】 líchóu-biéxù 성 이별의 슬픔. 석별의 정.
【离岛】 lídǎo 명 1 큰 섬 주위의 작은 섬. 2 홍콩에 속하는 지역 중에서 홍콩 섬과 그 부근의 작은 섬을 제외한 모든 도서(島嶼).
【离得开】 lí·dekāi 동 떨어질 수 있다. 떠날 수 있다. 벗어날 수 있다. 몸을 뺄 수 있다. ¶最近~, 所以来看看老朋友. = 요즘 몸을 좀 뺄 수가 있어서, 옛 친구를 한번 보러 왔다. ↔离不开
【离地间隙】 lídì jiànxì 명 최저 지상값. [바퀴를 제외한 차량에서 가장 낮은 부분과 지면 사이의 거리, 즉 높이를 나타냄] 동 Ground Clearance
【离队】 lí‖duì 동 대오(부서)를 이탈하다(떠나다). ¶~探亲 = 대오를 이탈해서 가족을 방문하다. ↔归队
【离岗】 lígǎng 동 직장을(부서를) 떠나다.
【离港】 lígǎng 동 (배가) 출항하다.
【离格儿】 lí‖gér 동 (언행 따위가) 격식에 벗어나다. 상궤(常軌)를 벗어나다. 탈선하다. ¶这件事他做得是有些~, 怪不得别人有看法. = 이 일은 분명 그가 다소 격식에 벗어나게 처리했군, 어쩐지 남들이 이견을 가지고 있더라.
【离宫】 lígōng 명 1 이궁. 행궁(行宮). 2 황제가 순행시에 머물던 곳.
【离轨】 líguǐ 동 궤도를 이탈하다(벗어나다). 탈선하다. [주로 추상적인 것에 쓰임] ¶~行为 = 탈선 행위.
【离合】 líhé 동 1 헤어지고 만나다. ¶悲欢~ = 만남과 기쁨, 헤어짐과 슬픔. 2 떨어졌다가 또 붙다. ¶~词 = 이합사. [떨어졌다 붙었다 할 수 있는 단어]
【离合器】 líhéqì 명 (机) 클러치(clutch). 연축기(連軸器).
【离婚】 lí‖hūn 동 이혼하다. ↔结婚
【离间】 líjiàn 동 이간(질)하다. 사이가 벌어지게 하다. ¶挑拨~ = 이간질하다.
【离解】 líjiě 동 (化) (원자가) 해리(解離)하다(해리되다). [열·해리·전기 해리처럼, 분자나 결정이 보다 작은 분자나 원자단(原子團)·이온 등으로 분해되고, 상황에 따라서 반대로 진행하기도 하는 현상]
【离经叛道】 líjīng-pàndào 성 1 유가 경전의

【离境】líjìng 동 출국하다.
【离开】lí‖kāi 동 떠나다. 벗어나다. 헤어지다. ¶他~故乡已有二十多年了。=그가 고향을 떠난 지 이미 이십여 년이 되었다. ≒脱离
【离离】lílí 형문 초목이 무성한 모양. 무성하다. 울창하다. 우거지다. ¶~原上草, 一岁一枯荣。=들판의 무성한 풀들은 해마다 한 번씩 싱싱했다간 다시 시들곤 하누나.
【离乱】líluàn 명 난리. ¶~岁月不堪回首。=난리를 겪었던 시절을 차마 돌이켜볼 수 없다.
【离叛】lípàn 동 배반하다. 이반하다.
【离谱】lí‖pǔ(~儿) 동 1 노래 부른 것이 악보에 맞지 않다. 가락이 틀리다. 2 引 언행이 상궤를 〔상식을〕벗어나다. 격식에 맞지 않다. 실제와 너무 동떨어지다. ¶他这话说得太~了。=그의 이 말은 너무 상식을 벗어나는군.
【离奇】líqí 형 기이〔진기·불가사의〕하다. 예사롭지 않다. 색다르다. ¶情节~怪诞。=줄거리가 기이하고 황당무계하다. ≒奇怪
【离弃】líqì 동 (일·사람 따위를) 저버리다. 내버려 두고 돌보지 않다. 유기하다. ¶~妻子=처자식을 내버려 두고 돌보지 않다.
【离情】líqíng 명 이별의 감정. 헤어지는 심정. ¶~别恨=이별의 감정과 한.
【离情别绪】líqíng-biéxù 성 이별의 마음. 헤어지는 심정.
【离去】líqù 동 떠나가다. ¶频频回首, 不忍~。=자꾸 돌아보면서, 차마 떠나가지 못하다.
【离群索居】líqún-suǒjū 성 무리를 떠나서 홀로 외롭게 지내다.
【离任】lírèn 동 이임하다. ↔上任
【离散】lísàn 동 (가족이) 이산하다. 뿔뿔이 헤어지다. ¶亲人~=가족과 뿔뿔이 헤어지다. 형 1 (조직·단결·정신 집중 등이) 느슨해지다. 풀어지다. 산만해지다. ¶人心~=사람의 마음이 산만해지다. 2 불연속적인 (통계 수치). ↔团聚
【离骚】Lísāo 명 이소. 〔전국(戰國) 시대 초(楚)나라의 굴원(屈原)이 지은 장편 서사시로, 초사(楚辭)의 대표작임〕
【离世】líshì 동 1 사망하다. 죽다. 세상을 떠나다. ¶猝然~=느닷없이 죽다. 2 속세를 떠나다. 세속을 등지다. ¶绝俗~=세속을 떠나다.
【离索】lísuǒ 형문 가족을 떠나서 홀로 쓸쓸히 지내다. 뿔뿔이 헤어지다. ¶~之感=가족을 떠나 홀로 쓸쓸히 지내는 심정.
【离题】lí‖tí 동 (문장·이야기 따위가) 주제에 벗어나다. ¶说着说着就~了。=끊임없이 이야기를 하더니, 그만 주제에 벗어났다. ↔切题
【离题万里】lítí-wànlǐ 성 주제에서 멀리 벗어나다. 내용과 제목이 따로따로 논다. ¶下笔千言, ~。=붓을 들어 많은 글을 썼지만, 주제에서 많이 벗어났다.
【离退休】lítuìxiū 동 이직 휴양하고 정년 퇴직하다. 〔'离休(이직 휴양하다)'와 '退休(정년 퇴직하다)'의 합칭〕 ¶~人员=이직 휴양·정년 퇴직 인원.
【离析】líxī 동 1 문 뿔뿔이 헤어지다. 산산이 흩어지다. 분열되다. ¶分崩~=뿔뿔이 흩어지다. 2 분석하다. 판별하여 분석하다. ¶~人微=분석이 매우 치밀하다.
【离析器】líxīqì 명 분리기. 세퍼레이터(separator).
【离席】líxí 동 좌석을 떠나다. 자리를 뜨다. ¶中途~=중도에 좌석을 떠나다.
【离弦】lí‖xián 동 1 화살이 시위를 떠나다. 쏜살처럼 빨리 가다. ¶一声枪响, 运动员们如同~之箭, 快速冲向终点。=땅 하고 총성이 울리자, 운동 선수들은 쏜살같이 다투어 골인점을 향해 달려갔다. 2 引 언행이 상궤를 벗어나다. 실제와 너무 동떨어지다. ¶他越说越~。=그가 말을 하면 할수록 상궤를 벗어난다.
【离弦走板儿】líxián zǒubǎnr 성문 (언행이) 상식에서 벗어나다. 별나다. 엉뚱하다. ¶要把聪明用在正经事上, 别~。=영리한 머리를 정당한 일에 써야지, 상식에 벗어난 엉뚱한 행동을 하지 마라.
【离乡】líxiāng 동 고향을 떠나다.
【离乡背井】líxiāng-bèijǐng ☞【背井离乡】bèijǐng-líxiāng
【离心】líxīn 동 1 (개인과 단체·군중과 지도자 간에) 뜻이 맞지 않다. 의견이 다르다. 마음이 떠나다. ¶~倾向=분열 경향. 반목 추세. 2 (物) 중심에서 멀어지다〔벗어나다〕. ¶~力=원심력.
【离心泵】líxīnbèng 명(機) 원심 펌프.
【离心机】líxīnjī 명(機) 원심 분리기.
【离心离德】líxīn-lídé 성 분열되다. 생각과 행동이 제각각이다. 반목〔불화〕하다. 마음이 모두 달라 생각과 행동이 일치하지 않다. 알력(軋轢)이 생기다. ↔同心同德 戮力同心
【离心力】líxīnlì 명 1 (物) 원심력. 2 引 집단에서 벗어나려는 사상·행동.
【离休】líxiū 동 이직 휴양하다. 〔1949년 9월 30일 이전에 혁명에 참가한 중화 인민 공화국 노간부의 정년 퇴직을 말함〕 ¶~干部=이직 휴양하는 노년 간부.
【离休金】líxiūjīn 명 이직 휴양비. 이직 휴양하는 노년 간부의 생활비.
【离异】lí‖yì 동 이혼하다.
【离辙】lí‖zhé 동 1 탈선하다. 2 引 정도나 원칙을 벗어나다. ¶做事要坚持原则, 不能~。=일을 할 때는 원칙을 견지해야지, 정도나 원칙을 벗어나서는 안 된다.
【离职】lí‖zhí 동 1 (잠시) 직장을 떠나다. ¶~进修=잠시 직무를 떠나 연수하다. 2 사직하다. 직장을 완전히 그만두다. ¶他~后一직在家休养。=그는 퇴직한 후 줄곧 집에서 휴양하고 있다. ↔到职
【离子】lízǐ 명(化) 이온.
【离子键】lízǐjiàn 명(化) 이온 결합. =【电价键】diànjiàjiàn

骊¹[驪] lí 가라말 려
명문 순흑색(純黑色)의 말. 검정말. 가라말.

## 骊²[驪] lí 땅 이름 려
지명에 쓰이는 글자. ¶铁~=톄리(铁骊). [헤이룽장(黑龙江)성에 있는 지명으로, 지금은 보통 '铁力(tiělì)'로 씀]
【骊歌】lígē 명문 이별가. 송별의 노래.
【骊山】Líshān 명(地) 리산. [산시(陕西)성 린퉁(临潼)현에 있는 산 이름]

## 缡[纚] lí 갓끈 리
☞【纚缡】línlí

## 桵 lí 가래 리
명운 삽의 일종.

## *梨[(棃)] lí 배나무 리
명(植) 1 배나무. 2 배.
○● 白梨, 地梨, 杜dù梨, 凤fèng梨, 花梨, 沙梨, 棠táng梨, 鸭梨
【梨膏】lígāo 명 배즙에 꿀을 첨가한 후, 끓여 반고체 상태로 만든 것.
【梨花】líhuā 명 배꽃. 이화.
【梨树】líshù 명(植) 배나무.
【梨园】líyuán 명 1 이원. [당(唐) 현종(玄宗)이 악공·궁녀에게 음악·무용을 훈련시키던 곳] 2 극단. 중국 전통극계.
【梨园戏】líyuánxì 명(劇) 이원희. [푸젠(福建)성 남부·타이완(台湾)성 등지에서 유행하였던 중국 전통 지방극]
【梨园弟子】líyuán dìzǐ ☞【梨园子弟】líyuán zǐdì
【梨园子弟】líyuán zǐdì 명 1 이원 배우. [당(唐) 현종(玄宗) 때 이원(梨園)에서 가무를 익히고 활약하였던 예인의 호칭] 2 중국 전통극 배우. =【梨园弟子】líyuán dìzǐ
【梨子】lí·zi 명운 배.

## *犁[(犂)] lí 쟁기 리
명(農) 쟁기. ¶一张~=쟁기 한 개(틀). 통 쟁기로 갈다. 쟁기질하다. ¶~田=쟁기로 논밭을 갈다.
○● 步犁, 火犁, 开犁, 扒pá犁, 爬pá犁, 套犁
【犁把】líbà 명 (가축이나 사람이 끄는) 쟁기의 손잡이. 잡좆. [쟁기 술의 중간에 박아서 잡아 쳐들게 만든 나무 손잡이]
【犁耙】lí·bà 명(農) 쟁기.
【犁底层】lídǐcéng 명 경반층(耕盤層). 쟁기바닥층. [부식층 또는 작토층 하부에 있는 단단한 토층]
【犁杆】lígǎn 명 (가축이나 사람이 끄는) 쟁기의 손잡이. 잡좆.
【犁耕】lígēng 통(農) 쟁기로 논밭을 갈다.
【犁花】líhuā 명 (쟁기로 토지를 갈아엎은 후에 나타나는) 물결 모양.
【犁铧】líhuá 명 (쟁기·경운기 등의 흙갈이용의)

쟁기날. 보습.
【犁牛】líniú 명(牧) 부림소. 일소. 경우(耕牛).
【犁庭扫闾】lítíng-sǎolǘ 성 1 정원을 쟁기질하고, 출입문을 청소하다. 2 비 부패한 것이나 적대적인 사물을 철저히 없애다〔초토화하다·청산하다·박멸하다〕. =【犁庭扫穴】lítíng-sǎoxué
【犁庭扫穴】lítíng-sǎoxué ☞【犁庭扫闾】lítíng-sǎolǘ
【犁头】lí·tóu 1 쟁기날. 2 명 쟁기.
【犁杖】lí·zhàng 명방 쟁기.

## 鹂[鸝] lí 꾀꼬리 리
☞【黄鹂】huánglí

## 喱 lí 음역자 리
☞【咖喱】gālí

## 剺 lí 벨 리
통 칼로 긋다〔베다·자르다·절개하다〕.

## 菞[蓠] lí 강리 리
☞【江蓠】jiānglí

## 蜊 lí 참조개 리
☞【蛤蜊】gélí

## 鹩[鷅] lí 꾀꼬리 려
'鹂(lí)'와 같음.

## *漓¹ lí 스며들 리
☞【淋漓】línlí

## *漓²[灘] Lí 강 이름 리
명(地) 리장(漓江). [광시(广西)성에 있는 강 이름. 구이장(桂江)의 상류 부분을 말함]

## 缡[縭] lí 패건 리
명 고대에 여자가 외출할 때 허리 왼쪽에 매던 수건. ¶结~=옛날, 여자가 시집 가다.

## *璃[(琍·瓈)] lí 유리 리
☞【玻璃】bō·lí【琉璃】liú·lí
○● 玻璃丝sī, 毛玻璃

## 嫠 lí 과부 리
명운 과부.
【嫠妇】lífù 명운 과부.

## 犛 lí 검정소 리
명(動) 야크(yak).
☞ 牦(máo)
【犛牛】líniú 명(動) 야크(yak).

## *黎 lí 검을 려
형운 1 (사람이) 매우 많다. ¶~民百姓=서민 백성. 2 검다. 새까맣다. 어둡다. ¶面孔~黑=

얼굴이 검다. 〖동〗 가깝다. 접근하다. ¶~明即起=동틀 무렵에 일어나다. 〖명〗(Lí) 성(姓).

【黎巴嫩】Lí·bānèn〖명〗〖지〗(地) 레바논(Lebanon). [수도는 '贝鲁特(베이루트：Beirut)'임]

【黎黑】【黧黑】líhēi〖형〗〖문〗 얼굴색이 검다. ¶面目~=얼굴이 검다.

【黎锦】líjǐn 〖명〗 (중국 소수 민족인) 여족(黎族)의 전통 직조물인 빨강·파랑 무늬가 있는 비단 천.

【黎民】límín〖명〗〖문〗 서민. 백성.

【黎明】límíng 〖명〗 여명. 동틀 무렵. 날이 샐 무렵. ¶~时分=동틀 무렵. ≒凌晨 拂晓 ↔黄昏

【黎庶】líshù〖명〗〖문〗 서민. 백성.

【黎族】Lízú 〖명〗 여족. [중국 소수 민족의 하나로, 주로 하이난다오(海南岛)·산둥(山东)성 일대에 분포함]

## 鲡[鱺] lí 뱀장어 려

☞【鳗鲡】mánlí

## 罹 lí 근심 리

〖동〗〖문〗 (불행·불리한 일을) 당하다. 입다. 겪다. (질병에) 걸리다. ¶~患=병이 들다. 우환을 만나다.

【罹病】líbìng 〖동〗〖문〗 병에 걸리다. 병을 앓다. ¶~数载=몇 년간 병을 앓다.

【罹祸】líhuò 〖동〗〖문〗 재난을 당하다. 화를 입다.

【罹难】línàn 〖동〗〖문〗 **1** (예기치 않은 재난을 당해) 사망하다. 죽다. ¶飞机失事, 机上乘客全部~。=비행기 사고를 당해, 기내의 승객이 전부 사망하였다. **2** 살해되다. ¶被劫人质不幸~。=납치당한 인질은 불행히 살해되었다.

## *篱¹[籬] lí 울타리 리

〖명〗 울타리. ¶竹~茅舍=대나무 울타리를 친 초가집. 시골집.

## *篱²[籬] lí 조리 리

☞【笊篱】zhàolí

○● 笆bā篱, 藩fán篱, 绿篱, 笊zhào篱

【篱笆】lí·ba 〖명〗 울타리.

【篱笆墙】lí·baqiáng ☞【篱墙】líqiáng

【篱牢犬不入】líláo quǎn bùrù 〖성〗 **1** 울타리가 튼튼하면 동네 개도 못 들어오는 법이다. **2**〖비〗 준비가 충분하면 착오가 없다. 조심하면 실수가 없다.

【篱墙】líqiáng 〖명〗 울타리. =【篱笆墙】lí·baqiáng ≒篱障

【篱落】líluò〖명〗〖문〗 울타리.

【篱栅】lízhà 〖명〗 울타리.

【篱障】lízhàng 〖명〗 울타리. ≒篱墙

## 醨 lí 박주 리

〖명〗〖문〗 박주(薄酒). 조주(粗酒). 맛이 좋지 않은(옅은) 술.

## 藜¹ lí 명아주 려

〖명〗(植) 명아주.

## 藜²[蔾] lí 납가새 리

☞【蒺藜】jí·lí

○● 铁蒺藜

【藜藿】líhuò〖명〗 **1** 명아주 잎과 콩잎. **2**〖비〗 변변치 못한 반찬. 조악한 음식. ¶~之羹=조악한 국. 보잘것없는 음식.

【藜芦】lílú〖명〗〖植〗 여로(藜蘆). [백합과의 여러해살이풀]

## 黧 lí 검을 려

〖형〗〖문〗 흑색의. 암황색의. 검은.

【黧黑】líhēi ☞【黎黑】líhēi

## 蠡 lí 표주박 려

〖명〗〖문〗 **1** 표주박. 바가지. ¶以~测海=표주박으로 바닷물을 재다. 좁은 식견으로 헤아리다. **2** 조개 껍데기.

☞ lǐ

【蠡测】lícè 〖동〗〖문〗 **1** 표주박으로 바닷물을 재다. **2**〖비〗 천박한 지식으로 (광대하고 심오한 이치를) 가늠하다. ¶管窥~=좁고 천박한 지식이나 소견으로 사물을 판단하다.

## 劙 lí 긁힐 리

〖동〗〖문〗 찔리다. 긁히다. 베이다.

## *礼[禮] lǐ 예절 례

〖동〗〖문〗 예로써 대하다. ¶~贤远佞=어진 사람을 예로써 대하고 간사한 자를 멀리하다. 〖명〗 **1** 예. 예식. 의식. 의례. ¶婚~=결혼식. / 典~=의식. **2** 예. 의례. [고대 중국에서 제정한 행위 준칙·도덕 규범] ¶封建~教=봉건 예교. / 法不周~=예법이 주도면밀하지 못하다. **3** 예. 예의. 예절. [존경하는 태도·언어·동작] ¶敬~=경례. / 赔~道歉=예를 갖추고 사과하다. **4** 선물. 예물. ¶贺~=축하 선물. / 请客送~=손님을 초대하고 선물을 증정하다. **5** (Lǐ)《禮記(예기)》. **6** (Lǐ) 성(姓).

○● 财礼, 彩礼, 答礼, 典礼, 顶礼, 定礼, 队duì礼, 非礼, 浮礼儿, 割gē礼, 贺礼, 还huán礼, 回礼, 祭jì礼, 见礼, 拘jū礼, 军礼, 赔péi礼, 聘pìn礼, 少礼, 失礼, 施shī礼, 受礼, 送礼, 洗礼, 相礼, 虚xū礼, 巡xún礼, 赞礼, 赠zèng礼, 瞻zhān礼

【礼拜】lǐbài 〖동〗〖宗〗 예배하다. ¶~堂=예배당. 〖명〗 **1** 주(周). ¶每年有两个~的假期。=매년 2주 동안의 휴가가 있다. **2** 요일. ¶他~三要去参加一个会议。=그는 수요일에 한 회의에 참가하려고 한다. **3** ☞【礼拜天】lǐbàitiān

【礼拜日】lǐbàirì ☞【礼拜天】lǐbàitiān

【礼拜寺】lǐbàisì ☞【清真寺】qīngzhēnsì

【礼拜堂】lǐbàitáng 〖명〗〖宗〗 예배당. 교회.

【礼拜天】lǐbàitiān〖명〗〖구〗 일요일. =【礼拜日】

【礼拜日】 lǐbàirì 〔명〕【礼拜】 lǐbài
【礼毕】 lǐbì 〔동〕 의식을 마치다.
【礼宾】 lǐbīn 〔동〕 예의를 다해 손님을 접대하다. ¶~服=의전복.
【礼宾司】 lǐbīnsī 〔명〕 의전실(儀典室). [주로 외교부서에 소속됨]
【礼兵】 lǐbīng 〔명〕(軍) 의장대(儀仗隊).
【礼部】 lǐbù 〔명〕(歷) 예부. [옛날, 중국의 육부(六部)의 하나]
【礼成】 lǐchéng 〔동〕 의식이 끝나다.
【礼单】 lǐdān 〔명〕 예단. 예물〔선물〕 명세서. =【礼帖】 lǐtiě
【礼多人不怪】 lǐ duō rén bù guài 〔속〕 예의·예절은 아무리 정중하게 행해도 허물로 여기지 않는다.
【礼法】 lǐfǎ 〔명〕 예의. 예의와 법도. ¶不合~=예의에 어긋나다.
【礼佛】 lǐ ‖ fó 〔동〕 예불하다. 부처에게 절하다. ¶焚香~=향을 태우고 예불하다.
【礼服】 lǐfú 〔명〕 예복.
【礼服呢】 lǐfúní 〔명〕(紡) 베니션(venetian). [모직천의 한 가지]
【礼花】 lǐhuā 〔명〕 경축 불꽃.
【礼记】 Lǐjì 〔명〕《예기》. [유가 경전인 오경(五經)의 하나]
【礼教】 lǐjiào 〔명〕 1 예교. 예의에 관한 가르침. 2 (봉건적인) 예법과 도덕.
【礼节】 lǐjié 〔명〕 예절.
【礼节性】 lǐjiéxìng 〔명〕 의례적〔인사치례〕 성격. 관례상. ¶~回访=의례적인 답방(答訪).
【礼金】 lǐjīn 〔명〕 사례금. 축의금.
【礼帽】 lǐmào 〔명〕 (예복에 갖추어 쓰는) 예모.
【礼貌】 lǐmào 〔형〕 예의바르다. ¶对年长的人直呼其名很不~。=연장자에게 직접 그 이름을 불러 대는 것은 아주 예의 없는 짓이다. 〔명〕 예의범절. ¶讲~=예의범절을 중시하다.
【礼貌用语】 lǐmào yòngyǔ 〔명〕 겸양어. 존칭어.
【礼炮】 lǐpào 〔명〕 예포. 축포.
【礼品】 lǐpǐn 〔명〕 선물.
【礼聘】 lǐpìn 〔동〕 예의를 갖추어 초빙하다. 예의로써 모시다. ¶这所大学~了多位知名专家为名誉教授。=이 대학은 많은 유명 전문가들을 예의를 갖추어 명예 교수로 초빙하였다.
【礼器】 lǐqì 〔명〕(歷) 예기. [예식(禮式)·의식(儀式)에 사용되는 그릇]
【礼轻情意重】 lǐqīng qíngyì zhòng ☞【礼轻人意重】 lǐqīng rényì zhòng
【礼轻人意重】 lǐqīng rényì zhòng 〔속〕 선물은 비록 보잘것없지만, 그 성의는 깊다. =【礼轻情意重】 lǐqīng qíngyì zhòng
【礼券】 lǐquàn 〔명〕 상품권.
【礼让】 lǐràng 〔동〕 예양하다. 예를 갖추어 사양하다. ¶互相~=서로 예의로써 양보하다. ≒谦让
【礼尚往来】 lǐshàng-wǎnglái 〔성〕 1 예는 서로 왕래하면서 교제하는 것을 귀히 여긴다. 2 예의상 오가는 것을 중시한다. 오는 정이 있으면 가는 정이 있다.

【礼数】 lǐshù 〔명〕 1 〔운〕 사회적 신분·지위에 상응하는 예의·격식. 2 예의. 예절. ¶~不周=예의범절이 주도면밀하지 못하다.
【礼俗】 lǐsú 〔명〕 예의와 풍속. ¶世界各地、各民族的~千差万别。=세계 각지 및 각 민족의 예의와 풍속은 천차만별이다.
【礼堂】 lǐtáng 〔명〕 강당. 식장.
【礼帖】 lǐtiě ☞【礼单】 lǐdān
【礼物】 lǐwù 〔명〕 1 선물. 예물. 2 증정품.
【礼贤下士】 lǐxián-xiàshì 〔성〕 1 덕망 높고 어진 사람을 예의와 겸손으로 대하다. 2 〔비〕 신분이 높은 사람이 인재를 중시하다.
【礼仪】 lǐyí 〔명〕 예의. 예절과 의식. ¶外交~=외교 예절.
【礼仪电报】 lǐyí diànbào 〔명〕 (전신국이 고객의 예절 왕래를 위해 제공해 주는) 대행 업무의 통칭. [경축 전보·조문 전보·증정품 배달·꽃 배달 등이 있음]
【礼仪先生】 lǐyí xiān·sheng 〔명〕 남성 도우미. [경축식장·집회·사교 장소 등에서 손님의 안내 및 접대·경품 증정 등의 일을 맡아 봉사하는 젊은 남성을 가리킴]
【礼仪小姐】 lǐyí xiǎojiě 〔명〕 여성 도우미. [경축식장·집회·사교 장소 등에서 손님의 안내 및 접대·경품 증정 등의 일을 맡아 봉사하는 젊은 여성을 가리킴]
【礼义廉耻】 lǐ yì lián chǐ 〔명〕 사유(四維). [나라를 유지하는 데 꼭 필요한 '예(禮)·의(義)·염(廉)·치(耻)'의 네 가지 근본]
【礼遇】 lǐyù 〔명〕 예우. ¶所到之处均受到~。=가는 곳마다 예우를 받다.
【礼赞】 lǐzàn 〔동〕 예찬하다. 찬송하다. 찬미하다. ¶这种崇高的品质是值得~的。=이런 숭고한 인품은 예찬할 만하다.
【礼制】 lǐzhì 〔명〕(운) (옛날, 국가가 규정한) 예법·예식.
【礼治】 lǐzhì 〔명〕 예치. 예치주의.

**李** lǐ 오얏 리
〔명〕 1 (植) 자두나무. 오얏나무. 2 (植) 자두. 오얏. 3 (Lǐ) 성(姓).
○❶ 桃 táo 李, 行 李

【李白】 Lǐ Bái 〔명〕(歷) 이백(701～762년). [당(唐)대의 저명한 시인] =【李太白】 Lǐ Tàibái
【李代桃僵】 lǐdàitáojiāng 〔성〕 1 오얏나무가 복숭아나무를 대신하여 좀이 먹고 말라 죽다. 2 〔비〕 형제는 마땅히 환난고락을 같이 나누어야 한다. 3 〔비〕 어떤 것으로 다른 것을 대체하다. 타인의 과실을 대신 책임져 주다. 남을 대신하여 희생하다.
【李鬼】 Lǐ Guǐ 〔명〕 1 이귀. [《수호전(水浒傳)》에서, 이규(李逵)를 사칭하는 인물] 2 남을 사칭하거나 가짜 상품을 만들어 파는 사람〔단체〕.
【李花】 lǐhuā 〔명〕(植) 자두꽃.
【李逵】 Lǐ Kuí 〔명〕 1 이규. [《수호전(水浒傳)》의 양산박(梁山泊) 호걸 중의 한 명으로, 별명이 흑선풍(黑旋風)임] 2 강직하고 용맹하지만, 경솔한

인물.

**【李清照】Lǐ Qīngzhào** 몡(歷) 이청조(1084~약 1151년). [남송(南宋)대의 저명한 여류 사인(詞人)]

**【李太白】Lǐ Tàibái** ☞【李白】**Lǐ Bái**

**【李子】lǐ·zi** 몡(植) **1** 자두나무. 오얏나무. **2** 자두. 오얏.

**【李子树】lǐ·zishù** 몡(植) 자두나무. 오얏나무.

## 里¹

**里¹ lǐ** 마을 리

몡 **1** 이웃. 인근. ¶邻~=이웃. 2리. [옛날, 다섯 집을 '邻(lín)'이라 하고, 다섯 '邻(lín)'을 '里(lǐ)'라고 하였음] **3** 고향. ¶荣归故~=금의환향(錦衣還鄕)하다. **4** (Lǐ) 성(姓). 리. [길이의 단위로, 1리(里)는 500미터임]

| 里 lǐ | 鲤 lǐ |
|---|---|
| 理 lǐ | 锂 lǐ |
| 哩 lǐ | 喱 lǐ |
| 厘 lǐ | 俚 lǐ |
| 狸 lǐ | 娌 lǐ |

◐ 底里, 方里, 封里, 公里, 海里, 华里, 就里, 居里, 闾lǘ里, 哪里, 内里, 市里, 下里, 乡里, 心里, 旋xuán里, 英里, 梓zǐ里, 千里马, 千里眼, 山里红, 五里雾wù, 雪里红

## 里²

**里²** [裏, 裡] **lǐ** 속 리

몡 **1** (~儿). (옷·이불 따위의) 속. 방직물의 안쪽면. ¶衬~儿=셔츠 안감. / 被~儿=이불 안감. **2** 가운데. 안쪽. 내부. 일정 한계 이내. ¶表~如一=겉과 속이 같다. / 吃~爬外=이 쪽에서 이익을 보면서 저 쪽을 위해 힘쓰다. 길러 준 데를 배반하고 외부와 내통하다. ↔面 外 表 边
☞ li

**【里边】lǐ·bian** (~儿) 몡 (일정한 시간·공간·범위의) 이내. 동안. 안쪽. 내부. 속. ¶这院子~住了六户人家.=이 정원의 안쪽에는 여섯 가구가 살았다. ≒里面 ↔外边 外头

**【里层】lǐcéng** 몡 안. 속. 내부. ¶床垫的~装有弹簧.=침대의 매트리스 속에는 스프링이 설치되어 있다.

**【里程】lǐchéng** 몡 **1** 이정. 노정. 길의 이수(里數). 도리(道里). ¶往返~=왕복 노정. **2** 圃 과정. 발전 과정. 인생의 경력. ¶改革的~不会是一帆风顺.=개혁 과정은 순풍에 돛 단 것처럼 쉬울 리가 없다.

**【里程碑】lǐchéngbēi** 몡 **1** 이정표. **2** 圃 기념비적 사건. 역사상 이정표가 되는 사건. 역사적인 전환을 가져온 획기적인 사건.

**【里程表】lǐchéngbiǎo** 몡 (교통 수단에 설치된) 미터기. 주행 기록계.

**【里出外进】lǐchū-wàijìn** 圃 **1** 울퉁불퉁하다. 들쭉날쭉하다. **2** 물체의 표면이나 배열이 고르지 않다.

**【里带】lǐdài** 몡 ☞【内胎】**nèitāi** ↔外带

**【里勾外联】lǐgōu-wàilián** 圃 안팎으로 결탁하여 나쁜 일을 저지르다.

**【里海】Lǐhǎi** 몡 (地) 카스피 해.

**【里急后重】lǐjí hòuzhòng** 圃(醫) **1** 이급 후중. 증상. ['里急'는 배가 아파 배변을 하고 싶지만 할 수 없거나 배변해도 개운치 않음을, '后重'은 항문 주위가 무지근함을 말하며] **2** 직장 자극 현상.

**【里脊】lǐ·ji** 몡 (소·양·돼지 등의) 등심. ¶糖醋~=탕추리지. [탕수육과 비슷한 요리]

**【里间】lǐjiān** (~儿) 몡 뒷방. [밖으로 통하는 문이 없는 방] ≒【里间屋】**lǐjiānwū** ↔外间

**【里间屋】lǐjiānwū** ☞【里间】**lǐjiān**

**【里居】lǐjū** 통(文) **1** 벼슬을 그만두고 향리에서 살다. 관직을 버리고 귀향하다. **2** 고향에서 살다. 몡(文) 주소. 거주지. 사는 곳. ¶请问~何处?=사는 곳이 어디신지요?

**【里拉】lǐlā** 몡 리라(lira). [이탈리아 화폐 단위]

**【里里外外】lǐ·li wàiwài** 몡 안과 밖. 안팎.

**【里弄】lǐlòng** 몡(方) **1** 골목. 골목길. 작은 길. **2** 골목(길)에 사는 주민에 관한 일. ¶~工作=골목(길)에 사는 주민에 대한 활동.

**【里闾】lǐlǘ** 몡 **1** 골목. 동네. 마을 어귀. 향리. ¶~趣闻=동네의 재미있는 이야기. **2** 민간. ¶~传说=민간 전설.

**【里落】lǐluò** 몡(文) 마을. 촌락. 향리.

**【里面】lǐmiàn** 몡 안. 안쪽. 속. 내부. 가운데. ≒里边 ↔外面 表面

**【里圈】lǐquān** 몡(體) (육상 경기의) 안쪽 레인(lane). 안쪽 경주로.

**【里三层, 外三层】lǐ sān céng, wài sān céng** 圃 (사람이) 겹겹이 [빽빽이] 둘러싸고 있다. (물건의 포장이) 겹겹이[겹들겹들] 쌓여 있다. ¶观众~, 把舞台围得水泄不通.=관중이 무대를 물 샐틈없을 정도로 겹겹이 에워쌌다.

**【里手】lǐshǒu** 몡 **1** (~儿) (조종하는 차·기계의) 왼쪽[좌측]. ¶司机从~上车.=운전 기사는 왼쪽으로부터 차를 탄다. **2** 전문가. 숙련가. 노련한 사람. ¶行家~=전문 고수.

**【里通外国】lǐtōngwàiguó** 圃 외국과 내통하다. 조국을 배반하다.

**【里头】lǐ·tou** 몡(口) 안. 내부. 안쪽. 속. 가운데. ¶水~有杂质, 不能喝.=물 속에 불순물이 있으므로 마실 수 없다. ↔外边 外头

**【里外】lǐwài** 몡 안과 밖. 안팎. ¶影院~都贴满了电影海报.=영화관 안팎에 모두 영화 포스터가 덕지덕지 붙어 있다.

**【里外间】lǐwàijiān** 몡(方) 뒷방과 바깥방.

**【里外里】lǐwàilǐ** 뷔(口) **1** 모두 합쳐 보면. 양쪽을 모두 계산해 보면. ¶主动进攻得了三分, 对手失误又送了两分, ~就得了五分.=주동적인 공격으로 3점을 얻었고, 상대편의 실수로 또 2점을 얻어, 모두 합쳐 5점을 얻었다. **2** 결국. 요컨대. ¶坐火车需要三个小时, 坐飞机前前后后也要花三个小时, ~一个样.=기차를 타면 3시간이 걸리고, 비행기를 타도 앞뒤를 전부 따지면 3시간이 걸리니까, 결국 마찬가지이다.

**【里屋】lǐwū** 몡 뒷방.

**【里弦】lǐxián** 몡(音) 호금(胡琴)에 달려 있는 비교적 굵은 안쪽의 줄.

**【里巷】lǐxiàng** 몡 항간. 골목(길). 작은 길. ¶~

之谈=항간의 이야기.
**【里应外合】lǐyìng-wàihé** 밖에서 공격하고 안에서 내응하다. 안팎에서 서로 호응하다.
**【里院】lǐyuàn** 안채의 앞뜰.
**【里症】lǐzhèng** (醫) 이증(裏症). ['표증(表症)'에 반하는, 오장육부 등의 체내에 생긴 병]
**【里子】lǐ·zi** (의복·이불 등의) 안감. 방직물의 안쪽〔속〕. ¶皮衣~=가죽옷의 안감.

## 俚 lǐ 속될 리
**1** 천하다. 저속하다. 거칠고 속되다. ¶文辞鄙~=글이 저속하다. **2** 민간적인. 통속적인. 비속한. 일반 대중의. ¶这篇小说的作者善于使用~语.=이 소설의 작가는 비속어를 사용하는 데 능숙하다.
**【俚歌】lǐgē** 민간 가요. 속요.
**【俚曲】lǐqǔ** ☞【俗曲】súqǔ
**【俚俗】lǐsú** 통속적이다. 비속하다. 저속하다. ¶~小调=통속적인 노랫가락.
**【俚谚】lǐyàn** 민간 속담. 통속적인 속담.
**【俚语】lǐyǔ** 속어. 상말. 비속어. [예를 들어, 베이징(北京)말 중의 '撒丫子(후다닥 뛰어가다)' 같은 경우]

## 逦[邐] lǐ 이어질 리
☞【迤逦】yǐlǐ

## 哩 lǐ / yīnglǐ 마일 리
'英里(마일, mile)'의 옛 명칭.
☞ lī, li

## 浬 lǐ / hǎilǐ 해리 리
'海里(해리)'의 옛 명칭.

## 悝 lǐ 근심할 리
근심하다. 걱정하다. 우려하다.
☞ kuī

## 娌 lǐ 동서 리
☞【妯娌】zhóu·lǐ

## **理 lǐ 다스릴 리
**1** 옥을 다듬다. 조탁하다. 옥을 가공하다. ¶~璞得宝=박옥(璞玉)을 다듬어 보배를 얻다. **2** 다스리다. 관리하다. 처리하다. 경영하다. ¶护~=보살피다. / 日~万机=정무에 몹시 바쁘다. **3** 상대〔상관·아랑곳〕하다. 거들떠보다. [주로 부정형으로 쓰임] ¶~=응대하다. / 置之不~=본체만체하다. **4** 정리하다. 다스리다. 가지런하게 하다. ¶清~=깨끗이 정리하다. / 剪不断, ~还乱.=자르려고 해도 자를 수 없을뿐더러 정리하면 할수록 더 어지러워진다. 마음이 더욱이 어지럽다. **1** 옥석의 결〔무늬〕. **2** (물질 조직의) 결. 무늬. ¶肌~=살결. / 纹~=무늬. 사리. **3** 사물의 규율. 도리. 이치. 조리. ¶事~=사리. / 据~力争=이치에 근거하여 온 힘을 다해 변론하다. **4** 자연 과학. 이학. ¶文~兼通

인문 과학과 자연 과학을 두루 통달하다. **5** 물리학. ¶数~化=수학·물리학·화학. **6** (Lǐ) 성(姓). ↔文

0● 按理, 办理, 病理, 腠còu理, 答理, 法理, 公理, 管理, 护hù理, 讲理, 节理, 经理, 伦lún理, 论理, 评理, 清理, 情理, 摄shè理, 审shěn理, 生理, 事理, 受理, 梳shū理, 输shū理, 署shǔ理, 说理, 天理, 条理, 调理, 文理, 纹wén理, 无理, 襄xiāng理, 协xié理, 学理, 药理, 医理, 义理, 乐yuè理, 在理, 哲zhé理, 整理, 正理, 治理, 助理, 自理, 总理

**【理财】lǐ‖cái** 재산〔재정〕을 관리하다. 재무를 처리하다 ¶当家~=집안일을 도맡아 재정을 관리하다.
**【理睬】lǐcǎi** 상대〔상관·아랑곳〕하다. 거들떠보다. [주로 부정형으로 쓰임] ¶不予~=상대해 주지 않다. ≒答理 理会
**【理茬儿】lǐchár** 대답〔응답〕하다. 반응하다. 말대꾸하다. [주로 부정형으로 쓰임] ¶他说的话, 没有几个人~.=그의 말에 대해 상대해 주는 사람이 몇 명 없다.
**【理当】lǐdāng** 당연히〔응당〕…해야 한다. ¶~如此=당연히 이러하다. ≒理合
**【理短】lǐduǎn** 도리에 어긋나다. 이유가 성립하지 않다. 이유가 불충분하다. 사리에 맞지 않다. 이치가 통하지 않다.
**【理发】lǐ‖fà** 이발하다. 머리를 깎다. ¶头发太长了, 该去~了.=머리가 너무 길어서 이발하러 가야 한다.
**【理发店】lǐfàdiàn** 이발소. =【理发馆】lǐfàguǎn
**【理发馆】lǐfàguǎn** ☞【理发店】lǐfàdiàn
**【理发师】lǐfàshī** 이발사. [존칭으로 쓰임]
**【理发员】lǐfàyuán** 이발사.
**【理该】lǐgāi** 당연히〔응당〕…해야 한다. ¶朋友有了困难, ~伸手相助.=친구에게 어려운 일이 생기면 당연히 도와 줘야 한다.
**【理工】lǐgōng** ☞【理工科】lǐgōngkē
**【理工科】lǐgōngkē** 이공계. 이공과. [이과와 공과의 합칭] =【理工】lǐgōng ¶~大学=이공과 대학.
**【理合】lǐhé** 당연히〔응당〕…해야 한다. [옛날 공문서 용어] ¶~据实呈报=응당 사실대로 상신(上申)해야 한다. ≒理当
**【理化】lǐhuà** 물리학과 화학의 합칭.
**【理会】lǐhuì** **1** 알다. 이해하다. ¶文句浅显易懂, 不难~.=글이 간단명료하여 이해하기 어렵지 않다. **2** 상대〔상관·아랑곳·개의〕하다. 거들떠보다. [주로 부정형으로 쓰임] ¶不要~这些闲言碎语.=이런 쓸데없는 뒷공론에 개의치 마라. **3** 주의하다. 조심하다. [주로 부정형으로 쓰임] ¶我在一旁看书, 没~他们说什么.=나는 옆에서 책을 보고 있어서, 그들이 무슨 말을 하는지 주의하지 않았다. **4** 보살피다. 돌보다. 처리하다. (사물을) 안배하다. (문제를) 해결하다. [주로 조기 백화문에 보임] **5** (이치에 근거하여) 철저히

논하다. (시비를) 따지다. [주로 조기 백화문에 보임] ≒理睬.

**【理货费】lǐhuòfèi** 명 (하역 작업에서) 검수비(檢數費).

**【理货员】lǐhuòyuán** 명 검수인. 검수원. 검수계. 검수사.

**【理家】lǐjiā** 동 집안일을 맡아 처리하다. ¶~能手=가사의 명수.

**【理解】lǐjiě** 동 알다. 이해하다. ¶你的苦衷我完全~。=너의 고충을 나는 충분히 이해한다.

> 理解(lǐjiě) / 了解(liǎojiě) 알다, 이해하다
> 理解 : 사고나 판단, 추리를 통해 왜 이렇게 되는지를 이해하는 것을 나타냄. ¶谢谢你为我作了讲解, 现在我理解了。=나에게 설명해 줘서 고마워요, 이해했어요.
> 了解 : 어떤 사람에 대해서 또는 일의 상황을 분명히 알고 있는 것을 나타냄. 이 외에, '알아보다, 조사하다' 의 의미로 쓰일 경우에는 '一下' 와 함께 사용함. ¶我认识他很多年了, 所以我了解他。=나는 그를 여러 해 동안 알아서 그를 잘 이해한다. / 那里到底发生了什么事, 你去了解一下。=거기에서 도대체 무슨 일이 일어났는지, 네가 가서 좀 알아봐라.

**【理解力】lǐjiělì** 명 이해력. ¶他的~很强。=그의 이해력은 아주 뛰어나다.

**【理据】lǐjù** 명 이거. 논거(論據). 사리의 근거. ¶~充足=논거가 충분하다.

**【理科】lǐkē** 명《教》이과. ↔文科

**【理亏】lǐkuī** 형 도리에 어긋나다. 이유가 성립하지 않다. 이유가 불충분하다. 사리에 맞지 않다. 이치가 통하지 않다. ¶他自知~, 也就不再申辩。=그 자신도 이유가 안 됨을 알고 더 이상 변명하지 않았다.

**【理疗】lǐliáo** 명 ☞【物理疗法】wùlǐ liáofǎ 동 물리 치료를 하다.

**【理路】lǐlù** 명 **1** (생각·말·글 등의) 조리. 두서. 맥락. ¶~不清=조리가 확실하지 않다. **2** 방 도리. 이치. 일리. 근거. 경우. ¶他语重心长, 说的话句句都在~上。=그의 말은 의미심장하고 한 마디 한 마디가 다 일리가 있다.

**【理论】lǐlùn** 명 이론. ¶~联系实际。=이론과 현실을 결합시키다. 동 (이치에 근거하여) 논쟁하다. (시비를) 따지다. ¶他平白无故地诬赖好人, 当然要去找他~。=그가 아무런 이유도 없이 생사람을 잡으니, 당연히 그를 찾아가서 따져 보아야 한다. ↔实际 实践

**【理论家】lǐlùnjiā** 명 이론가.

**【理念】lǐniàn** 명 **1** 신념. 믿음. ¶人生~=인생의 신념. **2** 관념. 생각. ¶文化~=문화의 관념. **3** 이념. [개성·직업성·학업성을 지님] ¶营销~=경영 이념.

**【理赔】lǐpéi** 동 배상 청구를 해결하다〔처리하다〕. ¶保险公司及时进行~。=보험회사가 곧 바로 배상 청구를 처리하다.

**【理气】lǐqì** 동《医》(중의학에서) 약물을 사용하여

**【理屈】lǐqū** 형 도리에 어긋나다. 이유가 성립하지 않다. 이유가 불충분하다. 사리에 맞지 않다. 이치가 통하지 않다. ¶他觉得~, 就不再做声了。=그는 이유가 안 된다는 생각이 들자, 더 이상 말하지 않았다.

**【理屈词穷】lǐqū-cíqióng** 성 이치에 닿지 않아 말문이 막히다. =【词穷理屈】cíqióng-lǐqū ↔振振有词 义正词严

**【理事】lǐshì** 동 업무〔사무〕를 처리하다. ¶他担任的是闲职, 很少~。=그가 담당한 것은 한직(閑職)이어서 거의 업무를 처리하지 않는다.

**【理事】lǐ·shì** 명 이사. ¶常务~=상무 이사.

**【理事国】lǐshìguó** 명 이사국.

**【理事会】lǐshìhuì** 명 이사회.

**【理事长】lǐshìzhǎng** 명 이사장.

**【理数】lǐshù** 명 도리. 이치. 사리. ¶讲不出~, 怎么能让人信服？=사리를 내세우지도 못하면서 어떻게 남을 납득시킬 수 있는가？

**【理顺】lǐshùn** 동 합리적으로 처리하다〔조절하다〕. 사리에 맞게 바로잡다〔정돈하다〕. ¶~供销关系=공급과 판매와의 관계를 합리적으로 조절하다.

**【理所当然】lǐsuǒdāngrán** 성 도리로 보아 당연하다. 당연히 그렇다. =【理所应当】lǐsuǒyīngdāng

**【理所应当】lǐsuǒyīngdāng** ☞【理所当然】lǐsuǒdāngrán

**【理想】lǐxiǎng** 명 이상. ¶他的~是做一名律师。=그의 이상은 변호사가 되는 것이다. 형 이상적이다. 더할 나위 없다. 만족스럽다. ¶考试成绩不太~。=시험 성적이 그다지 만족스럽지 않다. ↔现实

**【理想化】lǐxiǎnghuà** 동 이상화하다. 이상적이라고 생각하다. ¶考虑问题要从实际出发, 不要~。=문제를 고려할 때는 실질적인 것에서 출발해야지, 이상화시키면 안 된다.

**【理想主义】lǐxiǎngzhǔyì** 이상주의.

**【理性】lǐxìng** 명 이성. ¶遇事要冷静, 不能失去~。=어떤 일에 부닥치면 냉정해야지, 이성을 잃어서는 안 된다. 형 이성적이다. ¶~知识=이성적인 지식. ↔感性

**【理性认识】lǐxìng rèn·shi**《哲》이성적 인식.

**【理学】lǐxué** 명 이학. [송명(宋明) 시기의 유가 철학의 사상. 정호(程颢)·정이(程颐)·주희(朱熹)를 대표로 객관적 유심주의의 이학(理學)과 육구연(陆九渊)·왕수인(王守仁)을 대표로 하는 주관적 유심주의의 심학(心學)을 포괄함] =【道学】dàoxué《宋学》sòngxué

**【理血】lǐxuè** 동《医》(중의학에서) 혈액 순환을 조절하다. [어혈(瘀血)을 뽑아 내고 기혈(氣血)을 보충하는 등의 조절 방법]

**【理应】lǐyīng** 동 당연히〔응당〕…해야 한다. ¶子女~赡养年迈的父母。=자녀는 마땅히 연로하신 부모님을 공양해야 한다.

**【理由】lǐyóu** 명 이유. 까닭. 연유. ¶~不充分=

이유가 불충분하다.
【理喻】lǐyù 〈동〉 도리로 설명하다〔이해시키다·납득시키다·깨우치다〕. ¶不可~=이치로 이해시킬 수 없다. 이해할 수 없다.
【理直气壮】lǐzhí-qìzhuàng 〈성〉 이유가 충분〔정확〕하여 하는 말이〔태도가〕당당하다〔떳떳하다〕. 늑义正词严
【理智】lǐzhì 〈명〉 이지. 이성과 지혜. ¶丧失~=이지를 잃다. 〈형〉 냉정하다. 침착하다. 이지적이다. ¶面对突然发生的变故, 他表现得很~. =갑작스럽게 일어난 변고에 직면해서도 그는 아주 침착했다.

## 锂[鋰] lǐ 리튬 리
〈명〉〈化〉리튬. (Li, lithium). [원자 번호 3]

## *鲤[鯉] lǐ 잉어 리
【鲤鱼】lǐyú 〈명〉〈動〉잉어.
【鲤鱼跳龙门】lǐyú tiào Lóngmén 〈성〉 **1** 잉어가 용문(龍門)을 뛰어넘다. [옛 전설에, 황허(黃河)의 잉어가 용문(龍門)을 넘어가면 용이 된다고 함] **2** 〈비〉 어려운 관문을 넘어 출세하다.

## 澧 Lǐ 강 이름 례
〈명〉〈地〉리수이(澧水). 여수. [후난(湖南)성에 있는 강 이름]

## 醴 lǐ 단술 례
〈명〉〈문〉 **1** 맛이 좋은 술. ¶~酒=맛이 좋은 술. **2** 달콤한 샘물. ¶~泉=달콤한 샘물.
【醴泉】Lǐquán 〈명〉〈地〉리취안. [산시(陝西)성에 있는 지명으로, 지금은 '礼泉(Lǐquán)'으로 씀]

## 鳢[鱧] lǐ 가물치 례
〈명〉〈動〉가물치.

## 蠡¹ lǐ 사람 이름 려
인명에 쓰이는 글자. ¶范~=범려. [춘추 시대의 사람]

## 蠡² Lǐ 땅 이름 려
〈명〉〈地〉리(蠡)현. [허베이(河北)성에 있는 지명]
☞ lí

## **力 lì 힘 력
〈명〉 **1** 힘. 체력. ¶气~=기력. / 年富~强=젊고 기력이 왕성하다. **2** (인체 기관의) 기능. 작용. 효능. 능력. ¶脑~=기억력. / 听~=청력. **3** (사물의) 기능. 작용. 효능. 능력. ¶财~=재력. / 药~=약효. **4** 〈物〉물체의 운동 상태를 변화시키는 작용을 가리킴. ¶重~=중력. / 磁~=자력. **5** (Lì) 성(姓). 〈동〉 노력하다. 힘쓰다. 진력하다. 온 힘을 다하다. ¶办事不~=일하는 데 힘을 기울이지 않다. 일을 잘 처리하지 못하다. 〈부〉 힘껏. 애써. 온 힘을 다하여. ¶~荐贤才=유능한 인재를 적극 추천하다.

〇❶ 笔力, 并力, 才力, 吃力, 斥chì力, 冲力, 畜chù力, 胆dǎn力, 得力, 地力, 鼎dǐng力, 法力, 肥力, 费力, 分力, 奋fèn力, 工力, 功力, 骨力, 合力, 极力, 接力, 竭jié力, 尽力, 精力, 角jué力, 苦力, 拉力, 量力, 膂lǚ力, 魅mèi力, 绵力, 民力, 目力, 内力, 扭niǔ力, 魄pò力, 气力, 潜qián力, 神力, 实力, 死力, 肆sì力, 弹力, 听力, 通力, 外力, 为力, 物力, 惜xī力, 吸力, 效xiào力, 协xié力, 心力, 眼力, 一力, 毅yì力, 应力, 有力, 张力, 致力, 智力, 专力, 着zhuó力, 资力, 阻zǔ力, 坐力

【力保】lìbǎo 〈동〉 힘써〔온 힘을 다하여〕 보호하다〔지키다〕. ¶~生态环境不受破坏. =생태 환경이 파괴되지 않도록 온 힘을 다해 보호하다.
【力避】lìbì 〈동〉 애써〔온 힘을 다해〕 피하다〔회피하다〕. 애써 벗어나다. ¶~正面冲突=정면 충돌을 애써 피하다.
【力臂】lìbì 〈명〉〈物〉지레의 받침점에서 힘점까지의 거리.
【力驳】lìbó 〈동〉〈문〉있는〔온〕 힘을 다해 반박하다. 필사적으로〔극력〕 반박하다. ¶~对方=상대방에게 있는 힘을 다해 반박하다.
【力搏】lìbó 〈동〉 있는〔온〕 힘을 다해 싸우다. 필사적으로 싸우다. ¶经过一番~, 最终赢得了比赛的胜利. =필사적인 싸움을 통해 끝내 경기를 승리로 이끌었다.
【力不从心】lìbùcóngxīn 〈성〉 할 마음은 있으나 힘〔능력〕이 따르지 못하다. 힘〔능력〕이 모자라 뜻대로 되지 않다. 기력이 마음을 따라 주지 못하다. 늑力所不逮 无能为力 ↔力所能及 得心应手
【力不能支】lìbùnéngzhī 〈성〉 더 이상 버틸 힘〔능력〕이 없다.
【力不胜任】lìbùshèngrèn 〈성〉 맡은 일을 감당할 힘〔능력〕이 없다.
【力场】lìchǎng 〈명〉〈物〉**1** 역장. **2** 자기마당〔자기장〕. 전기마당〔전기장〕.
【力持】lìchí 〈동〉〈문〉온 힘을 다해〔전력으로〕 지키다. 견지(堅持)하다. ¶~正义=정의를 지키다.
【力畜】lìchù 〈명〉 역축(役畜). [사역에 이용하는 소·말·당나귀·노새 따위의 가축을 통틀어 이르는 말] =【役畜】yìchù
【力促】lìcù 〈동〉 온 힘을 기울여 촉진시키다. 재촉하여 이루어지게 하다. 서둘러 성사시키다. ¶~双方和解=쌍방의 화해를 서둘러 성사시키다.
【力挫】lìcuò 〈동〉 있는 힘을 다해〔필사적으로〕 싸워 이기다〔물리치다〕. ¶~强大的对手=강한 상대를 있는 힘을 다해 물리치다.
【力大无比】lìdàwúbǐ 〈성〉 다른 어느 것과도 비교할 수 없을 만큼 힘이 세다. 힘이 더없이 세다.
【力道】lìdào 〈명〉〈방〉 **1** 힘. 기운. 역량. ¶他很有~. =그는 아주 힘이 세다. **2** 작용. 효능. 효과. 효력. ¶化肥比粪肥的~大. =화학 비료가 똥거

〇 力 lì
   荔 lì
   历 lì
   沥 lì
   坜 lì
   苈 lì
   枥 lì
   呖 lì
   疠 lì
   肋 lèi
   仂 lè
   勒 lè
   叻 lè
   泐 lè
   劣 liè

름보다 효력이 세다.
【力点】 **lìdiǎn** [명]《物》 역점. 힘점.
【力度】 **lìdù** [명] **1** 역량. 힘의 세기. ¶加大改革的～。=개혁의 역량을 더 키우다. 개혁에 힘을 더 싣다. **2** 공력의 심도〔깊이〕. 내포된 뜻의 심도. ¶这部小说内容广泛, 思想深刻, 是一部非常有～的作品。=이 소설은 내용이 광범위하고, 사상의 깊이가 있는, 대단히 심도 있는 작품이다. **3**《音》(악곡에서 음량 변화의) 강약.
【力疾】 **lìjí** [동][문] 질병〔아픔〕을 이기다〔극복하다·무릅쓰다〕. 아픔과 싸우다. ¶他虽卧病在床, 仍～写了一首诗作。=그는 병상에 누워 있으면서도, 아픔과 싸우며 시 한 수를 지었다.
【力疾从公】 **lìjí cónggōng** [성] 병〔아픔〕을 이겨내고〔극복하고·무릅쓰고·싸우며〕 온 힘을 다해 공무를 처리하다〔수행하다〕.
【力荐】 **lìjiàn** [동] 강력하게〔적극〕 추천하다. ¶～贤能=현명하고 유능한 인재를 강력하게 추천하다〔천거하다〕.
【力竭声嘶】 **lìjié-shēngsī** ☞ 【声嘶力竭】 **shēngsī-lìjié**
【力戒】 **lìjiè** [동] (나쁜 사상·풍조·습관 등을) 있는〔온〕 힘을 다해 방지〔경계·제거〕하다. ¶～骄躁=오만하고 경박함을 힘써 경계하다.
【力矩】 **lìjǔ** [명]《物》 힘의 모멘트(moment).
【力克】 **lìkè** [동] 있는〔온〕 힘을 다해 싸워 이기다. 필사적으로 싸워 이기다. ¶～劲旅=실력이 막강한 팀을 필사적으로 싸워 이기다.
【力量】 **lì·liang** [명] **1** 힘. ¶这小伙子的～很大。=이 청년은 힘이 대단하다. **2** 능력. 역량. 힘. ¶知识就是～。=아는 것이 힘이다. **3** 작용. 효과. 효능. 효력. ¶榜样的～是无穷的。=본보기의 작용은 무한하다. **4** 실력자. 유력자. 영향력을 가진 사람. ¶新生～=새로이 나타난 실력자. ≒力气
【力偶】 **lì'ǒu** [명]《物》 짝힘. 우력(偶力). 역대(力對). [한 물체의 다른 두 점에 작용하는, 크기가 같고 방향이 반대인 두 평행한 힘]
【力排众议】 **lìpái-zhòngyì** [성] 자신의 견해를 내세우기 위해 다수의 의견을 배척하다. 여럿의 의견을 강하게 물리치다.
【力拼】 **lìpīn** [동] 있는〔온〕 힘을 다해 싸우다. 필사적으로 싸우다.
【力破】 **lìpò** [동] 혼신의 힘을 다해 타파하다〔깨뜨리다·때려부수다·돌파하다〕. ¶～世界纪录=세계 기록을 혼신의 힘을 다해 깨뜨리다.
【力气】 **lì·qi** [명] 힘. 역량. ¶别看他瘦, ～可不小。=그 사람은 몸이 말랐지만, 힘은 대단히 세다. ≒力量
【力气活】 **lì·qihuó**(～儿) [명] 육체 노동. 힘이 드는 일. 막일. 고된 일. ¶他平时很少干～。=그는 평소에 막일을 잘 안 한다.
【力钱】 **lìqián** [명][방] (옛날의) 운임. 인부에게 주는 짐삯. 심부름삯. 행하(行下).
【力求】 **lìqiú** [동] 온갖 노력을 다하다. 몹시 애쓰다. 힘써 추구하다〔찾다·모색하다〕. ¶～语言精练=글을 간결하게 쓰도록 노력을 기울이다. ≒力图
【力劝】 **lìquàn** [동] 애써〔열심히〕 타이르다〔충고하다·권유하다·말리다〕.
【力士】 **lìshì** [명] 역사. 장사(壯士).
【力所不逮】 **lìsuǒbùdài** [성] 자기 자신의 능력으로 해낼 수 없다. =【力所不及】 **lìsuǒbùjí**
【力所不及】 **lìsuǒbùjí** ☞ 【力所不逮】 **lìsuǒbùdài**
【力所能及】 **lìsuǒnéngjí** [성] 자기 능력으로 해낼 수 있다. 힘이 닿는 데까지. ↔力所不逮 力不从心
【力透纸背】 **lìtòuzhǐbèi** [성] **1** 필력이 종이 뒷면에까지 배어들다. **2** [비] 서예·회화에서 필력이 강하고 힘이 있다. **3** [비] 작품의 구상이 깊이 있고 힘차다.
【力图】 **lìtú** [동] 힘써 강구하다〔모색하다·꾀하다〕. ¶～扭转颓势=쇠퇴해 가는 형세를 되돌릴 방법을 힘써 강구하다. ≒力求
【力挽狂澜】 **lìwǎn-kuánglán** [성] **1** 다 기울어져 가는 정세를 끌어올리다. **2** [비] 위급한 국면을 온 힘을 다해 되돌리다.
【力行】 **lìxíng** [동] 역행하다. 힘써 행하다〔실천하다〕. ¶身体～=몸소 실천하다.
【力学】 **lìxué** [동][문] 열심히 공부하다. 힘써 배우다. ¶～不倦=지칠 줄 모르고 부단히 공부하다. [명]《物》 역학.
【力战】 **lìzhàn** [동] 있는〔온〕 힘을 다해 싸우다. 필사적으로 싸우다. ¶～劲敌=강적과 필사적으로 싸우다.
【力争】 **lìzhēng** [동] **1** (목표를 달성하기 위해) 매우 노력하다〔힘쓰다·애쓰다〕. 노력을 아끼지 않다. 힘껏 쟁취하다. ¶～夺冠=우승을 하기 위해 노력을 아끼지 않다. **2** 격렬하게 논쟁하다. ¶据理～=이치에 근거해서 격렬하게 논쟁하다.
【力争上游】 **lìzhēng-shàngyóu** [성][비] 남보다 앞서려고 언제나 노력하다. 선진 대열에 진입하려고 열심히 노력하다. 보다 높은 목표에 도달하기 위해 힘쓰다.
【力证】 **lìzhèng** [명] 유력한 증거.
【力主】 **lìzhǔ** [동] 강력히 주장하다. ¶～变革=변혁을 강력히 주장하다.
【力作】 **lìzuò** [명] 역작. 역저(力著). ¶这位作家最近又有一部～面世。=이 작가는 최근에 또 한 편의 역저를 세상에 내놓았다.

**历[1] [歷, 厯·歴] **lì** 지낼 력

[동] **1** 지나다. 경과하다. 겪다. 경험하다. ¶身～其境=그런 상황을 몸소 겪다. / ～时五载=5년의 시간이 지나다. **2** 경험하다. 체험하다. ¶学～=학력. / 阅～=직접 체험하다. [형] (시간·순서적으로) 앞의. 이전의. 과거의. 지금까지 경과한. ¶～代帝王=역대 제왕. / ～次演出=지금까지 했던 공연. [부] 두루. 하나하나. 골고루 빠짐없이. 낱낱이. ¶～数不是=잘못을 낱낱이 열거하다. / ～访欧美诸国=구미 여러 나라들을 두루 방문하다. [명] (Lì) 성(姓).

**历[2] [曆, 厤] **lì** 책력 력

**1196 lì 历 厉**

〖명〗 **1** 〈天〉 역법(曆法). ¶阳~=양력. / 公~=그레고리오력(曆). 태양력. **2** 역서(曆書). 책력(冊曆). 행사 일정표. ¶台~=탁상용 달력. / 日~=일력.

○● 病历, 公历, 黃历, 皇huáng历, 回历, 简历, 旧历, 农历, 亲历, 身历, 台历, 西历, 夏历, 学历, 游历, 藏Zàng历, 资历

【历本】**liběn** 〖명〗 역서(曆書).
【历朝】**licháo** 〖명〗 **1** 역대 왕조. ¶~典章=역대 왕조의 법령. **2** 같은 왕조의 각 왕대.
【历陈】**lìchén** 〖동〗 조목조목 진술하다. ¶~利弊=이익과 폐단을 조목조목 진술하다.
【历程】**lìchéng** 〖명〗 역정. 지내 온 경로. 노정. 과정. ¶人生的~=인생의 역정.
【历次】**lìcì** 〖명〗 지난 매번. ¶~大赛他都取得了不错的成绩.=지난 매번의 대회에서 그는 모두 좋은 성적을 거두었다.
【历代】**lìdài** 〖명〗 **1** 역대. ¶~帝王=역대 제왕. **2** 대대(代代). 세세(世世). ¶~经商=대대로 사업을 하다. ¶各 시대를 겪다. ¶~不衰=각 시대를 거치면서도 쇠퇴하지 않다.
【历法】**lìfǎ** 〖명〗〈天〉 역법.
【历观】**lìguān** 〖동〗 두루 살피다〔보다〕. 일일이 관찰하다. ¶~各代兴衰=각 시대의 흥망성쇠를 두루 살피다.
【历荚】**lìjiá** ☞ 【蓂荚】**míngjiá**
【历届】**lìjiè** 〖명〗 지나간 매회. ¶~毕业生=매회 졸업생.
【历尽】**lìjìn** 〖동〗 (모든 고난과 불행 따위를) 두루 다 겪다〔경험하다〕. ¶~沧桑=세상만사의 모든 변화를 다 경험하다.
【历经】**lìjīng** 〖동〗 여러 번 경험하다〔겪다〕. ¶~波折=여러 번 풍파를 겪다.
【历久】**lìjiǔ** 〖동〗 오랜 기간〔시간〕이 경과하다. 긴 세월이 지나다. ¶~不衰=긴 세월이 지나도 쇠퇴하지 않다.
【历来】**lìlái** 〖부〗 줄곧. 항상. 언제나. 죽. 내내. 여태껏. ¶这家商店~注重信誉.=이 상점은 줄곧 신용을 중시해 왔다.
【历历】**lìlì** 〖형〗 (물체나 광경이) 역력하다. 똑똑하다. 명료하다. 뚜렷하다. ¶~可数=똑똑히 셀 수 있다.
【历历在目】**lìlì-zàimù** 〈成〉 지나간 일들이 눈에 선하다〔역력하다〕. 멀리 있는 광경이 선명하게 보이다.
【历练】**lìliàn** 〖동〗 경험을 쌓다. 경험으로 단련하다. ¶不但要掌握知识, 还需要到社会上多~.=지식을 쌓아야 할 뿐(만) 아니라, 사회에 나가 많은 경험도 쌓아야 한다. 〖형〗 경험이 많다〔풍부하다〕. ¶~老成=경험이 많아 노련하다.
【历年】**lìnián** 〖명〗 역년. 지나온 여러 해. ¶~的研究成果=지나온 여러 해 동안의 연구 성과.
【历任】**lìrèn** 〖동〗 역임하다. 거치다. 지내다. ¶他曾~科长, 处长, 部长等职.=그는 일찍이 과장, 처장, 부장 등의 직위를 역임했다. 〖명〗 역대. ¶~厂长=역대 공장장.

【历时】**lìshí** 〖동〗 (일정) 시간이 경과하다〔계속되다·지속되다〕. ¶统计工作一三个月.=통계 작업은 3개월 동안 계속되었다. 〖형〗 통시적. 역사적. ['共时'(공시적)'와 구별됨] ¶~语言学=통시언어학〔역사언어학〕.
【历史】**lìshǐ** 〖명〗 **1** 역사. ¶社会发展的~=사회 발전의 역사. **2** (어떤 사물이나 개인의) 과거. ¶~清白=과거가 깨끗하다. **3** 역사. 역사적 기록. ¶篡改~=역사적 사실을 왜곡하다. **4** (歷) (역) 사학. ¶~系=사학과.
【历史观】**lìshǐguān** 〖명〗(歷) 사관. 역사관.
【历史剧】**lìshǐjù** 〖명〗 **1**(劇) 사극(史劇). 역사극 (史劇). **2**(映) 사극(映畫).
【历史文物】**lìshǐ wénwù** 〖명〗(歷) 역사적 문물.
【历史唯物主义】**lìshǐ wéiwùzhǔyì** 〖명〗〈哲〉 유물 사관. 역사적 유물론. =【唯物史观】**wéiwù shǐguān** ↔历史唯心主义
【历史唯心主义】**lìshǐ wéixīnzhǔyì** 〖명〗〈哲〉 유심 사관. 역사적 관념론. =【唯心史观】**wéixīn shǐguān** ↔历史唯物主义
【历史小说】**lìshǐ xiǎoshuō** 〖명〗 역사 소설.
【历史性】**lìshǐxìng** 〖명〗 역사(성). 역사적. ¶~的突破=역사적인 약진.
【历史学】**lìshǐxué** ☞【史学】**shǐxué**
【历世】**lìshì** 〖명〗 역대. ¶~典籍=역대 전적.
【历书】**lìshū** 〖명〗 역서(曆書). 책력(冊曆).
【历数】**lìshǔ** 〖동〗 일일이〔하나하나·낱낱이〕 열거하다. 나열하다. ¶~犯罪嫌疑人贪污受贿的事实.=범죄 혐의자의 횡령과 수뢰의 사실을 일일이 열거하다.
【历数】**lìshù** 〖명〗〈문〉 **1** 역수. 햇수. **2** 역대 왕조가 대대로 바뀌는 순서. [주로 중대한 사회 변혁을 가리킴]
【历险】**lìxiǎn** 〖동〗 위험을 겪다. 모험하다. ¶丛林~=밀림에서 모험하다.
【历象】**lìxiàng** 〖명〗〈문〉 역법.

**厉[厲]** lì 엄할 려

〖형〗 **1** 엄숙하다. 근엄하다. 준엄하다. ¶色~内荏=낯빛은 근엄하지만 마음은 부드럽다. **2** 맹렬하다. 격렬하다. ¶雷~风行=맹렬하고 신속하다. **3** 엄하다. 엄격하다. ¶~行节约=엄격하게 절약하다. 〖명〗(Lì) 성(姓). [고어에서 '砺(lì)'·'癞(lài)'와 같음]

○● 惨cǎn厉, 凌líng厉, 磨mó厉, 凄qī厉, 惕tì厉, 严yán厉, 扬厉

○ 厉 lì
  励 lì
  粝 lì
  砺 lì
  疠 lì
  蛎 lì

【厉兵秣马】【砺兵秣马】**lìbīng-mòmǎ** ☞【秣马厉兵】**mòmǎ-lìbīng**
【厉鬼】**lìguǐ** 〖명〗 사람을 해치는 악귀(惡鬼).
【厉害】【利害】**lì·hai** 〖형〗 **1** 무섭다. 사납다. 무시무시하다. 상대하기 어렵다. ¶这个人很~, 最好别去惹他.=이 사람은 아주 무서운 사람이니, 건드리지 않는 게 좋다. **2** 엄하다. 준엄하다. 엄격하다. 매섭다. ¶老师有~的一面, 也有可亲的一面.=선생님은 엄격한 면도 있고, 다정한 면

도 있다. **3** 대단하다. 굉장하다. 극심하다. 심각하다. 지독하다. 극렬하다. ¶风浪大, 船颠簸得很~。=풍랑이 심해서 배가 몹시 흔들리다. ↔ 和蔼 和气 和善

【厉色】**lìsè** 图 단호한 낯빛. 분노한 표정. 엄한 얼굴. ¶正颜~=분노한 표정을 짓다.

【厉声】**lìshēng** 副 가혹하게. 엄하게. 용서 없이. ¶~呵斥=엄하게 꾸짖다.

【厉行】**lìxíng** 动 엄격히 시행하다〔실시하다·행하다〕. 단행하다. ¶~禁令=금령(禁令)을 엄격히 실행하다.

## **立** lì 설 립

动 **1** 서다. ¶亭亭玉~=꽃이나 나무가 우뚝 솟아 있다. 여자의 자태가 늘씬하고 아름답다. / 鹤~鸡群=군계일학(群鸡一鹤). **2** 바로 세우다. ¶横眉~目=눈을 부라리고 눈썹을 치켜올리다. **3** (조약·계약 따위를 서면으로) 체결하다. 맺다. 제정하다. ¶巧~名目=교묘하게 명목을 만들어 정당하지 못한 목적을 추구하다. **4** (조직·기구 따위를) 창립하다. 설립하다. 세우다. ¶建~=건립하다. / 创~=창립하다. **5** 생존하다. 존재하다. 존립하다. ¶势不两~=(적대적인 사물이나 사람과) 공존할 수 없다. **6** 书 (군주가) 즉위하다. ¶自~为王=스스로 왕위에 오르다. **7** 书 (어떤 지위·명분을) 세우다. 임명하다. 지명하다. 선정하다. ¶~皇太子=황태자를 지명하다. / ~把皮箱放在~柜上. =가죽 트렁크를 옷장 위에 두다. 副 곧. 즉시. 바로. 금방. ¶当机~断=시기를 놓치지 않고 즉각 판단을 내리다. 名 (**Lì**) 성(姓). ↔破 坐

○● 壁bì立, 并立, 成立, 矗chù立, 创chuàng立, 倒dào立, 鼎dǐng立, 订立, 陡dǒu立, 对立, 孤立, 鹄hú立, 建立, 林立, 起立, 确立, 设立, 树立, 竖shù立, 私立, 耸sǒng立, 肃sù立, 挺tǐng立, 兀wù立, 屹yì立, 中立, 伫zhù立

○ 立 lì
粒 lì
笠 lì
苙 lì
拉 lā
啦 lā
坷 lá
位 wèi
昱 yù

【立案】**lì∥àn** 动 **1** (주관 기관에) 등록[등기]하다. ¶重大图书选题须报主管部门~。=주요 도서 목록 선정은 주무 부서에 등록해야 한다. **2** (法) 입안하다. ¶~侦查=입안하여 수사하다. ↔结案

【立保】**lìbǎo** 动 보증인을 세우다.

【立碑】**lì∥bēi** 动 비석을 세우다. ¶~记事=비석을 세워 사적(史蹟)을 기록하다.

【立逼】**lìbī** 动 당장 ~하게 하다. 즉시 …하라고 강요하다. ¶他~我同意。=그가 나에게 당장 동의하라고 강요하다.

【立标】**lì∥biāo** 动 표지를 세우다. ¶在边界线上~=경계선에 표지를 세우다.

【立标】**lìbiāo** 图 (조명 설비가 되어 있는) 입표. [주로 원주형이나 사다리꼴이 많음]

【立场】**lìchǎng** 图 **1** 입장. 태도. 관점. ¶这个决定是基于保护文化遗产的~作出的。=이것은 문화 유산을 보호하자는 관점에서 내려진 결정이다. **2** 계급적 입장. ¶~坚定=계급적 입장이 확고하다.

【立春】**lì∥chūn** 动 봄이 시작되다. 입춘이 되다. ¶立了春以后, 天气渐渐暖和起来。=입춘이 되자 날씨가 점점 따뜻해지기 시작한다.

【立春】**lìchūn** 图 입춘.

【立此存照】**lìcǐ-cúnzhào** 成 (계약서·영수증·차용 증서 등 작성하여) 후일의 증거로 삼기 위하여 문서로 보존하다. [옛날, 계약서 등 문서의 전문 용어]

【立待】**lìdài** 动 **1** 잠시 서서 기다리다. **2** (어떤 일을) 급히 기다리다.

【立党为公】**lìdǎng-wèigōng** 成 당을 결성하는 것은 많은 백성들의 복지를 위함이다. 당을 세워 공익에 이바지하다.

【立刀】**lìdāo**(~儿) 图(言) 선칼도방. '刂'. [한자 부수의 하나]

【立刀旁】**lìdāopáng**(~儿) ☞【立刀】**lìdāo**

【立德粉】**lìdéfěn** ☞【锌钡白】**xīnbèibái**

【立灯】**lìdēng** ☞【座地灯】**zuòdìdēng**

【立等】**lìděng** 动 **1** 잠시 서서 기다리다. ¶验光配镜, ~可取。=시력 검사를 하여 안경을 맞추는 것이, 잠시 기다렸다가 가져갈 수 있다. **2** (어떤 일을) 급히 기다리다. 즉시 …할 것을 기다리다. ¶~回信=곧바로 답장을 기다리다.

【立等可取】**lìděng kěqǔ 1** 잠시 기다리면 바로 가져갈 수 있다. **2** 즉석 수리하다.

【立地】**lìdì** 动 (땅 위에) 서 있다. ¶顶天~=하늘을 떠받치고 땅 위에 우뚝 서 있다. 图 입지. ¶~不同, 这种树的生长就会有不同。=입지가 다르면, 이런 종류의 나무는 성장도 다르다. 副 곧. 즉시. 금방. 바로. 당장. ¶放下屠刀, ~成佛。=도살용 칼을 내려놓으면 그 자리에서 성불할 수 있다. 나쁜 사람도 회개하면 금방 좋은 사람이 될 수 있다.

【立定】**lìdìng** 动 **1** 발걸음을 멈추다. 똑바로 서다. 단단히 서다. ¶~脚跟=똑바로 서다. **2** 제자리에 서. [군대 또는 체조의 구령] **3** 결정하다. 확정하다. 확고히 세우다〔견지하다〕. ¶~志向=포부를 확고히 세우다.

【立定跳远】**lìdìng tiàoyuǎn** 图(体) 제자리멀리뛰기.

【立冬】**lì∥dōng** 动 겨울이 시작되다. 입동이 되다. ¶明天就要~=내일이 입동이다.

【立冬】**lìdōng** 图 입동.

【立法】**lì∥fǎ** 动(法) 입법하다. 법률을 제정하다. ¶~机关=입법 기관.

【立方】**lìfāng** 图 **1**(數) 입방. 세제곱. 삼승(三乘). **2** ☞【立方体】**lìfāngtǐ** ☞【立方米】**lìfāngmǐ**

【立方根】**lìfānggēn** 图(數) 세제곱근. 입방근.

【立方米】**lìfāngmǐ** 图 입방미터. 약 【立方】**lìfāng**【米】**lǐmǐ**

【立方体】**lìfāngtǐ** 图(數) 입방체. 정육면체. =【正方体】**zhèngfāngtǐ** ☞【立方】**lìfāng**

【立竿见影】lìgān-jiànyǐng ⓐ 1 대나무를 세우면 즉시 그림자가 나타난다. 2 ㉑ 효과가 빠르다. 즉시 효과가 나타나다.

【立功】lì‖gōng 禹 공을 세우다. ¶戴罪~=죄인의 몸으로 공을 세우다.

【立功赎罪】lìgōng-shúzuì ⓐ 공을 세워 속죄하다. =【立功自赎】lìgōng-zìshú

【立功自赎】lìgōng-zìshú ☞【立功赎罪】lìgōng-shúzuì

【立柜】lìguì 图 옷장. 장롱.

【立国】lìguó 禹 건국하다. 나라를 건설하다. ¶~之本=건국의 근본.

【立候】lìhòu 禹 1 서서 기다리다. ¶~多时=오랜 시간 서서 기다리다. 2 (어떤 일을) 급히 기다리다. ¶~答复=지금 답변을 기다리다.

【立户】lì‖hù 禹 1 가정을 꾸리다. 세대를 등록하다. ¶儿女成家后都~单过了。=자녀가 결혼 후 모두 분가하여 따로 산다. 2 (금융 기관 등에서) 계좌를 개설하다. ¶到银行~存款。=은행에 가서 예금 계좌를 개설하고 예금하다.

【立即】lìjí 튀 곧. 즉시. 바로. 금방. ¶事情紧急, ~办理。=일이 긴급하여 즉시 처리하다. ≒马上 当即 立刻

【立交】lìjiāo ☞【立体交叉】lìtǐ jiāochā

【立交桥】lìjiāoqiáo 图 입체 교차로.

【立脚】lì‖jiǎo 禹 1 단단히 서다. 발을 붙이다. ¶公共汽车上人太多, 几乎立不住脚。=버스에 사람이 너무 많아 거의 발 디딜 틈도 없다. 2 ㉑ 생존하다. 발붙이고 살다. ¶竞争激烈, 难以~。=경쟁이 심해서 발붙이기 힘들다.

【立脚点】lìjiǎodiǎn 图 1 입장. 처지. 관점. ¶~不同, 对问题的看法自然也就不一样。=관점이 다르면 문제에 대한 견해도 자연히 다르다. 2 발판. 근거지. ¶打拼多年, 总算有了一个~。= 몇 년 간 분투 노력하여 간신히 발판을 하나 마련했다. =【立足点】lìzúdiǎn

【立井】lìjǐng ☞【竖井】shùjǐng

【立据】lìjù 禹 계약서를〔영수증을·차용 증서를〕 쓰다〔작성하다〕. ¶~为凭=계약서를 작성하여 증거로 삼다.

【立决】lìjué 禹㉺ 즉결하다. 즉각 처단하다. 즉시 처형(사형)하다. ¶斩~=즉시 참수하다.

【立卷】lìjuàn 禹 서류철을 만들다. ¶将所有材料~保存。=모든 자료를 서류철을 만들어 보관하다.

【立克次氏体】lìkècìshìtǐ 图(生) 리케차(rickettsia). [발진티푸스 따위의 병원체를 통틀어 이르는 말]

【立刻】lìkè 튀 곧. 즉시. 바로. 금방. ¶人到齐后~出发。=사람들이 다 도착한 후 바로 출발하다. ≒立即 当即 马上

【立睖】lì·leng 禹㉺ 1 (눈을) 부릅뜨다〔힘껏 크게 뜨다〕. ¶他~着眼, 一副谁也不服气的样子。=그는 누구에게도 승복하지 않겠다는 듯 눈을 부릅뜨고 있다. 2 (수직으로) 세우다. ¶他越听越害怕, 最后吓得头发根子都~起来了。=그는 들으면 들을수록 무서워서, 나중에는 머리카락이 모두 쭈뼛쭈뼛 일어서는 것 같았다.

【立领】lìlǐng (~儿) 图 바로 세우는 (옷)깃. 스탠딩 칼라(standing collar). [ '翻领(접은 옷깃)' 과 구별됨]

【立论】lìlùn 禹 (개인의) 견해를〔논점을〕 밝히다. ¶~深刻=논점이 깊이가 있다.

【立马】lì‖mǎ 禹㉺ 말을 세우다. ¶~横刀=말을 세우고 칼을 옆으로 움켜잡다.

【立马】lìmǎ (~儿) 튀㉰ 곧. 즉시. 바로. 금방. ¶有了回音~告诉我。=회답이 있으면 즉시 내게 알려 줘.

【立眉瞪眼】lìméi-dèngyǎn ⓐ 1 눈썹을 추켜세우고 두 눈을 부릅뜨다〔부라리다〕. 2 매우 화가 난 모양. =【立眉竖眼】lìméi-shùyǎn【立眉横眼】lìméi-héngyǎn

【立眉横眼】lìméi-héngyǎn ☞【立眉瞪眼】lìméi-dèngyǎn

【立眉竖眼】lìméi-shùyǎn ☞【立眉瞪眼】lìméi-dèngyǎn

【立门户】lì ménhù 1 가정을 꾸리고 자립하다. 2 유파를 세우다.

【立米】lìmǐ ☞【立方米】lìfāngmǐ

【立契】lìqì 禹 계약을 체결하다〔맺다〕.

【立秋】lì‖qiū 禹 가을이 시작되다. 입추가 되다. ¶~后天气凉爽多了。=입추가 지나고 날씨가 많이 선선해졌다.

【立秋】lìqiū 图 입추.

【立绒】lìróng 图(紡) 벨벳(velvet). 비로드. 파일 직물.

【立射】lìshè 禹 서서 쏘다.

【立身】lìshēn 禹 자립하다. 성인이 되다. ¶~社会, 自有很多无奈。=사회 생활을 하다 보면 자연히 어쩔 수 없이 부닥치는 일이 많다. ≒安身

【立身处世】lìshēn-chǔshì ⓐ 사회에 발붙이다. =【立身行世】lìshēn-xíngshì

【立身行世】lìshēn-xíngshì ☞【立身处世】lìshēn-chǔshì

【立时】lìshí 튀㉮ 곧. 즉시. 바로. 금방. 금세. ¶用冷水洗了一下脸, ~清醒多了。=찬물로 세수를 한번 했더니 금방 정신이 맑아졌다.

【立时三刻】lìshí sānkè 튀㉰ 곧. 즉시. 바로. 금방. 매우 빨리. 번개같이. ¶他一听说孩子病了, ~赶紧回家去了。=그는 아이가 병이 났다는 말을 듣자마자 번개같이 집으로 달려갔다.

【立式】lìshì 톙 (機) 입식의. 수직의. 직립의. [ '卧式(수평식의)' 와 구별됨] ¶~冰柜=입식 냉장고. ¶~入式. 수직. 직립. 바로 선 자세. ¶~射击=입식 사격.

【立式钻床】lìshì zuànchuáng 图(機) 수직〔직립〕 드릴링 머신.

【立誓】lì‖shì 禹 맹세하다. 서약하다. ¶~戒烟=담배를 끊기로 맹세하다. ≒发誓 起誓

【立嗣】lìsì 禹 1 왕위 계승자를 간택하다. 2 양자로 삼다〔받아들이다〕.

【立说】lìshuō 禹 (자신의) 학설·이론 체계를 세우다. ¶著书~=책을 저술하여 이론을 정립하다.

【立陶宛】Lìtáowǎn 图㉰(地) 리투아니아

(Lithania). [수도는 '维尔纽斯(빌뉴스 : Vilnyus)' 임]
【立体】 lìtǐ [명] 1 입체. ¶~图形=입체 도형. 2 ☞【几何体】 jǐhétǐ [형] 1 전면적인. 다각도의. 다방면의. ¶~气候=사계절 기후. 2 입체의. 입체감을 주는. ¶~动画=입체 만화 영화.
【立体电视】 lìtǐ diànshì [명] 입체 텔레비전(three-dimensional television).
【立体电影】 lìtǐ diànyǐng [명]《映》 입체 영화.
【立体感】 lìtǐgǎn [명] 입체감. ¶这幅摄影作品的~相当强。=이 촬영 작품은 입체감이 대단히 뛰어나다.
【立体化】 lìtǐhuà [동] 입체화하다. ¶~管理=입체화 관리.
【立体几何】 lìtǐ jǐhé [명]《數》 입체 기하학.
【立体交叉】 lìtǐ jiāochā [동] 입체 교차하다. [약]【立交】 lìjiāo
【立体角】 lìtǐjiǎo [명]《數》 입체각.
【立体绿化】 lìtǐ lǜhuà [동] (도로·지면·벽·지붕 따위를) 입체 녹화하다.
【立体盲】 lìtǐmáng [명]《醫》 입체시(立體視) 기능 저하증. [사물을 볼 때 입체감을 인식하지 못하는 일종의 눈병]
【立体声】 lìtǐshēng [명] 입체 음향〔효과〕. 스테레오(stereo). ¶~音响=스테레오.
【立体图】 lìtǐtú [명] 입체〔실체〕 화법(畫法). [입체 기하학의 한 분야]
【立体战争】 lìtǐ zhànzhēng [명]《軍》 입체전(立體戰).
【立夏】 lì‖xià [동] 여름이 시작되다. 입하가 되다. ¶立了夏, 天气就要热起来了。=입하가 되면 날씨가 더워지기 시작한다.
【立夏】 lìxià [명] 입하.
【立宪】 lìxiàn [동] 1 입헌하다. 헌법을 제정하다. 2 (입헌 군주국이) 헌법을 제정하고 의회 제도를 시행하다.
【立项】 lìxiàng [동] (연구·건축 등에) 항목을 입안하다〔수립하다〕. ¶核电站已经~, 年内就要动工。=원자력 발전소 건립 계획이 이미 수립되어, 연내에 곧 착공하려 한다.
【立像】 lìxiàng [동] 조각상〔조상(彫像)〕을 세우다. [명] 입상.
【立效】 lìxiào [동] 1 바로 효과가 나타나다. 즉시 효험이 나타나다. 효험을 보다. ¶什么药也难以~。=어떤 약도 바로 효과가 나타나기는 어렵다. 2 [문] 공〔공적·공훈〕을 세우다. ¶~以报=공을 세워 보답하다.
【立心】 lì‖xīn [동] 1 뜻을 세우다. 포부를 가지다. ¶他~要当个律师。=그는 변호사가 되려는 포부를 가졌다. 2 [문] 마음먹다. 결심하다. 작정하다. ¶她~疏远他。=그녀는 그를 멀리하기로 마음먹었다.
【立言】 lìyán [동] 1 [문] 저서를 저술하여 이론 체계를〔학설을〕 세우다. ¶志在~, 无心功名。=학설을 세우려는 데 뜻을 두고, 공명(功名)에는 마음이 없다. 2 입언하다. 의견〔이론〕을 발표하다. (개인의) 견해를〔논점을〕 밝히다. ¶~应客观公正, 不可偏激。=견해를 밝히려면 객관적이고 공정해야지 한쪽으로만 치우쳐서는 안 된다.
【立窑】 lìyáo [명] 수직 가마.
【立业】 lì‖yè [동] 1 출세하다. ¶建功~=공훈을 세우고 출세를 하다. 2 재산을 모으다. ¶成家~=가업을 일으키다.
【立异】 lìyì [동] 상이한 태도를〔의견을·방법을〕 가지다. 다른 것을 내세우다. ¶标新~=새롭고 기발한 주장을 내놓다.
【立意】 lìyì [동] 1 생각을 정하다. 결심하다. 마음먹다. ¶他~要下海经商。=그는 사업에 뛰어들기로 결심했다. 2 (작품을) 구상하다. 착상하다. ¶~后随即动笔。=(작품을) 구상한 후 즉시 쓰기 시작하다. [명] (작품의) 구상. 착상. ¶~深远=착상이 깊고 원대하다.
【立于】 lìyú [동] …에 서다〔있다〕. ¶~山巅, 极目远眺。=산꼭대기에 서서 눈길이 닿는 데까지 멀리 바라보다.
【立于不败之地】 lìyú bù bài zhī dì [성] 불패의 자리에 서다. 우세를 점하고 있어 실패할 수 없는 경지에 이르다. 확고한 위치를 차지하다.
【立约】 lì‖yuē [동] 조약〔계약〕을 체결하다〔맺다〕. ¶双方只有一个口头协议, 并未书面~。=쌍방이 단지 구두로 협의했을 뿐 서면 계약을 체결하지 않았다.
【立账】 lì‖zhàng [동] 장부를 만들어 치부(置簿)하다. 장부를 만들어 수입과 지출을 기록하다.
【立正】 lìzhèng [동] 제자리에 서! [군대·체조의 구령]
【立志】 lì‖zhì [동] 뜻을〔포부를〕 세우다. 결심하다. ¶~进取=포부를 세워 전진하다.
【立轴】 lìzhóu [명] 1 족자. 2《機》 버티칼 샤프트(Vertical Shaft). 수직축.
【立柱】 lìzhù [명] 기둥. 원주(圓柱).
【立传】 lìzhuàn [동] 전기〔일대기〕를 쓰다〔저술하다〕. ¶树碑~=어떤 사람의 사적을 비석에 새기거나 전기로 써서 칭송하다.
【立锥之地】 lìzhuīzhīdì [성] 1 겨우 송곳을 꽂을 수 있는 곳〔땅〕. 입추의 여지. 2 매우 좁은 장소. [주로 부정형으로 쓰임]
【立姿】 lìzī [명] 기립 자세. 서 있는 자세.
【立字】 lì‖zì(~儿) [동] 증서를 쓰다. ¶~为证=증서를 써서 증빙으로 삼다.
【立字据】 lì zìjù [동] 증서를 쓰다.
【立足】 lìzú [동] 1 발붙이다. 2 [비] 몸을 의탁하다. 발붙이고 살다. ¶~未稳=미처 발을 붙이지 못하다. 3 근거하다. 입각하다. (입장에) 서다. ¶~现在, 展望未来。=현재에 입각하여 미래를 전망하다.
【立足点】 lìzúdiǎn ☞【立脚点】 lìjiǎodiǎn
【立足之地】 lìzúzhīdì [성] 1 발붙일 자리〔여지〕. 2 [비] (살아갈 수 있는) 터전. 기반.

## *吏 lì 벼슬아치 리

[명][옛] 1 (품급(品級)이 없는) 하급 관리. (관아의) 심부름꾼. 아역(衙役). ¶胥~=서리. 2 관리. ¶大~=높은 관리. / 贪官污~=탐관오리. 3

(Lì) 성(姓).

○● 大吏, 官吏, 墨mò吏, 狱yù吏

【吏部】lìbù 명 이부.
【吏胥】lìxū 명(문) 서리(胥吏).
【吏治】lìzhì 명 관리의 품행과 치적. ¶~清明 = 관리의 품행과 치적이 깨끗하고 투명하다.

## 坜[壢] lì 땅 이름 력

지명에 쓰이는 글자. ¶中~ = 중리. [타이완(台湾)에 있는 지명].

## 苈[藶] lì 냉이 력

☞【葶苈】tínglì

## *丽[麗] lì 아름다울 려

형 예쁘다. 아름답다. 곱다. 어여쁘다. ¶秀~ = 수려하다. / 美~ = 아름답다. 동(문) 달라(들어·들러)붙다. 부착하다. ¶附~ = 부착하다. 명 (Lì) 성(姓).
☞ lí

| 丽 lì | 骊 lí |
| 郦 lì | 逦 lǐ |
| 鹂 lí | 俪 lì |
| 鲡 lí | | 

○● 繁fán丽, 富丽, 瑰guī丽, 华丽, 佳jiā丽, 流丽, 美丽, 靡mǐ丽, 明丽, 绮qǐ丽, 俏qiào丽, 绚xuàn丽, 艳yàn丽

【丽辞】lící 명(문) 1 화려한 사조(詞藻). 화려한 문체. 2 대구(對句).
【丽人】lìrén 명(문) 아름다운 여자. 미인. 미녀.
【丽日】lìrì 명(문) 화창한 볕. 밝은 태양. ¶和风~ = 부드러운 바람과 화창한 볕.
【丽藻】lìzǎo 명(문) 화려한 사조(詞藻). 화려한 문체. 아름다운 문사.
【丽质】lìzhì 명 (여자의) 미모. ¶天生~ = 선천적으로 타고난 미모.

## *励[勵] lì 격려할 려

동 격려하다. 북돋우다. 고무하다. 고취하다. 장려하다. ¶激~ = 격려하다. / 奖~ = 장려하다. 명 (Lì) 성(姓).

○● 策cè励, 激励

【励磁】lící ☞【激磁】jící
【励精图治】lìjīng-túzhì 성 정신을 가다듬어 나라를 잘 다스릴 방법을 강구하다. 힘을 다하여 나라를 다스리다.
【励志】lìzhì 동(문) 자신을 고무하다. 스스로 분발하다. ¶~图强 = 스스로 분발하여 강성해지려고 노력하다.

## 呖[嚦] lì 새 소리 력

【呖呖】lìlì 의 재잘재잘. [새가 맑고 아름답게 지저귀는 소리] ¶莺声~ = 재잘거리는 꾀꼬리 소리가 맑고 깨끗하다.

## *利 lì 날카로울 리

형 1 예리하다. 날카롭다. ¶锋~ = 날카롭다. / 锐~ = 예리하다. 2 순조롭다. 일이 잘 되어가다. ¶不~ = 순조롭지 않다. / 大吉大~ = 모든 일이 순조롭다. 동 편(리)하다. 이롭다. 유익(유리)하다. ¶损人~己 = 남에게 손해를 끼치고 자신을 이롭게 하다. 명 1 이로움. 이익. 좋은 점. ¶福~ = 복지. / 急功近~ = 눈앞의 성공과 이익에 급급하다. 2 (經) 이윤. 이득. 이익. ¶毛~ = 매출 총이익. / 一本万~ = 적은 자본으로 큰 이윤을 얻다. 3 (經) 이자. ¶高~贷 = 고리대금. 4 (Lì) 성(姓). ↔钝 害 弊 本

○● 单利, 地利, 锋fēng利, 复利, 功利, 股gǔ利, 红利, 互利, 吉利, 尖jiān利, 净利, 流利, 麻利, 毛利, 名利, 牟móu利, 权quán利, 舍利, 胜利, 失利, 势利, 爽shuǎng利, 水利, 顺利, 私利, 犀xī利, 赢yíng利, 营利, 盈yíng利, 余利, 渔利, 债zhài利, 重利, 专利, 势利眼

【利比里亚】Lìbǐlǐyà 명(외)(地) 라이베리아(Liberia). [수도는 '蒙罗维亚(몬로비아: Monrovia)'임]
【利比亚】Lìbǐyà 명(외)(地) 리비아(Libya). [수도는 '的黎波里(트리폴리: Tripoli)'임]
【利弊】lìbì 명 이해(利害). 좋은 점과 나쁜 점. 이로움과 폐단. ¶权衡~~ = 이해득실을 따져 보다.
【利便】lìbiàn 형 편리하다. ¶通了公路, 进城就更~了. = 도로가 뚫려서 시내로 들어가기 더 편리해졌다.
【利兵】lìbīng 명 예리한〔날카로운〕 병기〔무기〕. ¶坚甲~ = 단단한 갑옷과 날카로운 병기.
【利齿】lìchǐ 명 1 날카로운 이빨. 2 능변〔달변〕의 혀.
【利淡】lìdàn ☞【利空】lìkōng
【利导】lìdǎo 동 유리한 방향으로 이끌다. 유리하게 이끌다〔인도하다〕. 잘 이끌다. ¶因势~ = 정세에 따라 유리하게 이끌다.
【利钝】lìdùn 명 1 (칼이나 날 따위의) 날카로움과 무딤. 2 동 순조로움과 순조롭지 못함. ¶成败~ = 성공과 실패, 순조로움과 난관.
【利多】lìduō 명(經) 호재(好材). =【利好】lìhǎo ↔利空
【利废】lìfèi 동 폐품을 이용하다〔재활용하다〕. ¶修旧~ = 낡은 것을 손질〔수리〕하고 폐품을 이용하다.
【利改税】lìgǎishuì 명 이윤을 세금으로 전환한 정책. [종래의 국영 기업이 원래 국가에 상납하던 이윤을 납세로 전환한 제도]
【利滚利】lìgǔnlì 명(구) 복리(複利). =【利上滚利】lìshàng gǔnlì
【利国利民】lìguó-lìmín 성 국가와 국민 모두에게 이롭다.
【利害】lìhài 명 이해. 이익과 손해. ¶~得失 = 이해득실.
【利害攸关】lìhài-yōuguān 성 1 이해와 밀접한 관련이 있다. 2 밀접한 이해 관계가 있다.
【利害】lì·hai ☞【厉害】lì·hai

【利好】lìhǎo ☞【利多】lìduō
【利己】lìjǐ 통 자신을 이롭게 하다. ¶这是利人又~的好事, 谁会不愿意做？ = 이는 남도 이롭고 자신도 이롭게 하는 좋은 일인데, 누가 하기 싫어 하겠는가? ↔利人 利他
【利己主义】lìjǐzhǔyì 명 이기주의.
【利剑】lìjiàn 명 날카로운 검.
【利金】lìjīn 명〔구〕 이자. 이식(利息).
【利空】lìkōng 명(經) 악재(惡材). =【利淡】lìdàn ↔利多
【利口】lìkǒu 명 능변〔달변〕의 혀. ¶这姑娘生就一张~. = 이 아가씨는 선천적으로 달변이다. 형(통) (음식이) 맛있다. 시원하다. 개운하다. 상큼하다. ¶这盘凉拌黄瓜吃起来真~. = 이 오이무침은 정말 아삭아삭하고 상큼하다.
【利利落落】lì·li luòluò(~的) 형〔구〕 1 (말·행동·일처리 등이) 재빠르다. 민첩하다. 명쾌하다. 기민하다. 솔직하다. 간단명료하다. 시원스럽다. 2 단정하다. 정연하다. 산뜻하다. 깔끔하다. 가지런하다. 조리가 분명하다.
【利利索索】lì·li suōsuō(~的) 형〔구〕 1 (말·행동·일처리 등이) 재빠르다. 민첩하다. 명쾌하다. 기민하다. 솔직하다. 간단명료하다. 시원스럽다. 2 단정하다. 정연하다. 산뜻하다. 깔끔하다. 가지런하다. 조리가 분명하다.
【利令智昏】lìlìngzhìhūn 성 사리(私利)를 꾀하는 것은 사람의 이성과 이지(理智)를 상실하게 한다. 사리사욕에 눈이 어두워지다.
【利禄】lìlù 명(통) (관리의) 재산과 녹봉. ¶功名~=공명과 관록.
【利率】lìlǜ 명(經) 이율.
【利落】lì·luo 형〔구〕 1 (언행이) 재빠르다. 민첩하다. 명쾌하다. 기민하다. 솔직하다. 간단명료하다. 거리낌없다. 시원스럽다. ¶手脚~=행동이 재빠르다. 2 단정하다. 정연하다. 산뜻하다. 깔끔하다. 가지런하다. 조리가 분명하다. ¶穿戴干净~. = 차림새가 깨끗하고 단정하다. 통 끝내다. 마치다. 종결하다. 완결되다. ¶手续还没有办~. = 수속이 아직 끝나지 않았다. ≒利索
【利尿】lìniào 명(醫) 오줌을 잘 나오게 하다. 배뇨가 잘 되게 하다. ¶清热~=체내의 열을 내리고 배뇨가 잘 되게 하다. 명 이뇨.
【利尿剂】lìniàojì 명(醫) 이뇨제.
【利器】lìqì 명 1 예리한〔정교한·날카로운〕 병기〔무기〕. ¶精兵~=정예 병력과 정교한 무기. 2 훌륭한〔정교한〕 공구〔연장〕. 이기. ¶这种新型设备是提高生产效率的~. = 이런 신형 설비는 생산 효율을 높일 수 있는 훌륭한 도구이다.
【利钱】lì·qian 명(經) 이자. 이식(利息).
【利权】lìquán 명 (경제적인) 이권. [주로 국가적인 것을 가리킴] ¶挽回~=이권을 되찾다.
【利人】lìrén 통 남을 이롭게 하다. ¶毫不利己, 专门~. = 자신을 위하지 않고 전적으로 남만 이롭게 하다. ↔利己
【利刃】lìrèn 명 1 날카로운〔예리한〕 칼날. 2 날카로운 칼〔검〕. 잘 드는 칼. ¶手持~=예리한 검을 손에 쥐다.

【利润】lìrùn 명(經) 이윤.
【利润包干】lìrùn bāogān 명(經) (국가와 국영 기업 사이에서의) 이윤 도급제. [국영 기업의 상납 이윤에 대하여 국가가 고정된 액수만을 취하는 것]
【利润留成】lìrùn liúchéng 통 이윤을 공제하여 적립하다. [국영 기업이 획득한 이윤을 재투자·공공 사업·임금 등으로 사용하기 위하여 규정된 조건과 비율에 따라 공제하여 기업에 남겨 두는 것을 가리킴] =【利润提成】lìrùn tíchéng
【利润率】lìrùnlǜ 명(經) 1 이익율. [어떤 상품의 이윤과 원가의 비율] 2 이익률. 수익률.
【利润提成】lìrùn tíchéng ☞【利润留成】lìrùn liúchéng
【利上滚利】lìshàng gǔnlì ☞【利滚利】lìgǔnlì
【利市】lìshì 명 1 통 이윤. ¶~五倍=다섯 배의 이윤. 2 통 거래상의 길조〔행운〕. ¶发个~=장사가 잘 되다. 3 통 행복. 상금. 격려금. 팁(tip). 4 통 길조. 행운. ¶讨个~=행운을 바라다.
【利税】lìshuì 명(經) 이윤과 세금.
【利索】lì·suo 형〔구〕 1 (언행이) 명쾌하다. 간단명료하다. 솔직하다. 거리낌없다. 재빠르다. 민첩하다. 시원스럽다. 기민하다. ¶动作~=동작이 민첩하다. 2 단정하다. 정연하다. 산뜻하다. 깔끔하다. 가지런하다. 조리가 분명하다. ≒利落 ↔拖拉 拖沓
【利他】lìtā 통 남을 이롭게 하다. 단체의 이익을 우선시하다. ≒利人 ↔利己
【利息】lìxī 명(經) 이자. 이식. ['本金(원금)'과 구별됨]
【利息所得税】lìxī suǒdéshuì 명(經) 이자소득세.
【利益】lìyì 명 이익. 이득. ¶不要过于看重个人~. = 지나치게 개인의 이익만 중요시하지 말아라. ↔害处
【利益均沾】lìyì-jūnzhān 성 이익을 고루 나누어 가지다.
【利用】lìyòng 통 1 이용〔활용·응용〕하다. ¶充分~各地的自然资源. = 각지의 자연 자원을 충분히 이용하다. 2 (사람·사물을) 자기에게 유리하도록) 이용하다. ¶互相~=서로 이용하다.
【利用率】lìyònglǜ 명 이용율.
【利用系数】lìyòng xìshù 명 1 (에너지·관개(灌溉) 등에서의) 이용 계수. 2 (제철 작업에서의) 출선비(出銑比). [고로(高爐) 내 용적 1m³당 하루의 출선량]
【利诱】lìyòu 통 이익〔재물〕을 미끼로 유혹하다. ¶威逼~=위협하기도 하고, 재물로 유혹하기도 하다.
【利于】lìyú 통 …에 이롭다. …에 도움이 되다. ¶良好的家庭环境~孩子的健康成长. = 좋은 가정 환경은 아이의 건강한 성장에 이롭다.
【利欲熏心】lìyù-xūnxīn 성 명예나 재물 등을 탐내는 욕망이 마음을 미혹시키다. 사리사욕에 정신이 팔리다.
【利爪】lìzhǎo 명 (일부 동물들의) 날카로운〔예리한〕 발톱.

【利嘴】lìzuǐ 명 능변〔달변〕의 혀. ¶他这张～没人能说得过。=그의 능변에는 누구도 말로써 이길〔당해 낼〕 수 없다.

## 沥[瀝] lì 거를 력

동⊕ 1 (액체가) 방울 방울 떨어지다. ¶~泣=눈물을 뚝뚝 흘리다. 명⊕ 여과한 술. 거른 술. 스며 나온 (물)방울. ¶余~=남은 (물)방울.

○● 滴dī沥, 披pī沥, 淅xī沥

【沥胆】lìdǎn 동⊕⑪ 1 흉금을 열고 진심으로 대하다. ¶~订交=흉금을 열고 진심으로 교제를 맺다. 탁 터놓고 사귀다. 2 충성을 다하다. ¶~尽忠=충성을 다하다.
【沥涝】lìlào 동 (농작물이) 침수되다. 물에 잠기다. ¶~成灾=침수로 재해가 나다.
【沥沥】lìlì 의⊕ 졸졸. 펑펑. 콸콸. 쌩쌩. 씽씽. [바람·물 따위의 소리] ¶山泉奔涌, 其声～。=산중의 샘이 콸콸거리며 세차게 솟아난다.
【沥青】lìqīng 명 아스팔트. 피치(pitch). 역청. ⊜【柏油】bǎiyóu
【沥青铀矿】lìqīng yóukuàng 명〔礦〕우라니나이트(uraninite). 섬우라늄석.
【沥水】lìshuǐ 명 비 온 후에 땅에 괸 물. ¶一场大雨过后, 路面上～很深。=한차례 큰비가 내린 후 길에 괸 물이 무척 깊다.
【沥血】lìxuè 동 1 핏방울이 뚝뚝 떨어지다. 2 ⑪ 심혈을 기울이다. ¶呕心～=매우 고심하다. 심혈을 기울이다.

## 枥[櫪] lì 말구유 력

명 1 말구유. (모든 가축의) 구유. 여물통. ¶老骥伏～, 志在千里。=늙은 천리마가 마구간에 누워 있어도 여전히 천리를 달리고 싶어한다. 몸은 비록 늙었지만 아직 원대한 뜻이 있다. 2 '栎(lì)' 와 같음.

## 例 lì 보기 례

동⊕ 비교하다. 대조하다. ¶溯古～今=옛날로 거슬러 올라가 오늘날과 비교하다. 명 1 종류. 부류. ¶不在此～=이 부류에는 속하지 않는다. 2 관례. 전례. 선례. ¶惯～=관례. / 先～=선례. 3 예. 보기. 본보기. ¶事～=사례. / 举～=예를 들다. 4 사례. 경우. ¶病～=병례. 5 규칙. 규정. ¶凡～=범례. / 条～=조례. 형 의례적인. 관례적인. 정례적인. ¶开～会=정례 모임을 열다.

○● 比例, 常例, 成例, 定例, 凡fán例, 范fàn例, 公例, 惯例, 禁例, 判pàn例, 前例, 润rùn例, 实例, 示例, 事例, 特例, 体例, 通例, 图例, 向例, 循xún例, 一例, 战例, 照例

【例规】lìguī 명 1 관례. 관행. 상규(常规). ¶按～办事。=관례에 따라 처리하다. 2 예규. 본보기. ¶遵行～=예규를 준수하다. 3 ⑩ 관행에 따라 주는 돈이나 물건. ¶交～=관행에 따라 주는 돈을 바치다.

【例话】lìhuà 명 예화. 구체적인 사례를 들어 분석·논평함. [주로 서명(書名)에 쓰임] ¶《诗词～》=《시사예화》.
【例会】lìhuì 명 예회. 정기〔정례〕 모임. ⊜常会
【例假】lìjià 명 1 정기 휴가. 정기 휴일. 공휴일. 2 월경(月經). 달거리. 생리일(生理日). 월경기(月經期). 생리 휴가.
【例禁】lìjìn 명⊕ 금령(禁令). 금법(禁法). 금례(禁例). ¶有干～=금령을 어기다.
【例举】lìjǔ 동 실례를 들다. ¶表格内～了很多容易读错, 写错的字。=도표 안에 잘못 읽거나 잘못 쓰기 쉬운 글자를 많이 나열하였다.
【例句】lìjù 명 예문. 예구. 예〔보기〕로 든 글귀.
【例如】lìrú 동 예〔보기〕를 들다. 예를 들면. 예컨대. ¶世界上使用英语的国家有很多, ～英国、美国、加拿大、澳大利亚等。=세계에서 영어를 사용하는 국가는 매우 많은데, 예를 들면 영국·미국·캐나다·오스트레일리아 등이다.
【例题】lìtí 명 예제. 예로 든 문제.
【例外】lìwài 동 예외로 하다. 예외(가 되다). ¶生老病死, 谁也不能～。=생로병사는 누구도 예외일 수 없다. 명 예외. 예외적인 상황. ¶他从来都是按时上班, 今天迟到只是个～。=그는 이제껏 모두 제 시간에 출근했고, 오늘 지각한 것은 단지 예외일 뿐이다.
【例行】lìxíng 동 관례〔규정〕대로 처리하다〔행하다〕. ¶~检查=관례대로 조사하다.
【例行公事】lìxíng-gōngshì 성 1 관례에 따라 처리하는 공무. 2 실효를 고려하지 않고 관례대로만 처리하는 업무 방식.
【例言】lìyán 명 범례. 일러두기.
【例证】lìzhèng 명 예증. ¶~不足=예증이 부족하다.
【例子】lì·zi 명 예. 보기. 본보기. ¶他举了一些现实生活中的～来证明自己的观点。=그는 현실 생활 중의 예를 들어 자신의 관점을 증명했다.

## 疠[癘] lì 돌림병 려

명⊕ (醫) 1 급성 전염병. 돌림병. 역병. 온병. 온역. ¶~疾=돌림병. 2 악성 종기. 악창. ¶疥~=옴.
【疠疫】lìyì 명⊕ 급성 전염병. 돌림병. 역병. 온병. 온역.

## 疹 lì 해칠 려

명⊕ 재앙의 기운. 악기(惡氣). 요기(妖氣). 동⊕ 상해하다. 해치다.
【疹孽】lìniè 명⊕ 악마. 마귀. 귀신. 요기(妖氣). 요얼(妖孽).

## 戾 lì 비뚤어질 려

형⊕ 괴곽하다. 괴벽하다. 비뚤어지다. ¶乖～=괴곽하다. 명⊕ 죄. 죄과. ¶罪～=죄. ⊜罪

## 隶[隸, 隸·隸] lì 노예 례

동 속하다. 부속되다. 예속되다. 종속되다. ¶属关系=예속 관계. 명 1 ⊕ 노예. 종. 하인. ¶

仆~＝하인. **2**⊚ (관아의) 심부름꾼. 아역(衙役). ¶皂~＝관청의 아역. **3** 예서(隷書). ¶汉~＝한(漢)대의 예서.

【隷书】**lìshū** 몡 예서. [한자(漢字) 서체의 하나. 전국(戰國) 시대부터 진(秦)대에 걸쳐서 사용된 전서(篆書)를 간략하게 해서 만들었고, 옥에서 일하는 사무원인 도예(徒隷)들이 문서를 간략한 서체로 쓴 데서 붙여진 이름임]

【隷属】**lìshǔ** 통 예속되다. 종속되다. ¶这所大学~教育部。＝이 대학은 교육부에 소속되어 있다. ≒从属 附属.

【隷体】**lìtǐ** 몡 예서체.
【隷篆】**lìzhuàn** 몡 예서(隷書)와 전서(篆書).
【隷字】**lìzì** 몡 예서.
【隷卒】**lìzú** 몡⊚ (관아의) 심부름꾼. 아역.

**珕**[瓅] **lì** 구슬빛 력
☞【玓珕】**dìlì**

\***荔**[(茘)] **lì** 여지 려
몡 **1**(植) 여지. ¶鲜~＝신선한 여지. / ~肉＝여지의 과육. **2**(Lì) 성(姓).
【荔枝】**lìzhī** 몡(植) **1** 여지. **2** 여지의 과실.

**栎**[櫟] **lì** 상수리나무 력
몡(植) 상수리나무.
☞ **yuè**

**郦**[酈] **Lì** 성씨 력
몡 성(姓).

**轹**[轢] **lì** 수레가 칠 력
통 **1** 수레바퀴로 치다. ¶妄~道中行人。＝수레로 함부로 행인을 치다. **2** 억누르다. 억압하다. 짓밟다. ¶陵~＝능욕하다.

**俪**[儷] **lì** 짝 려
혭 짝의. 쌍의. ¶骈~＝문장의 대구(對句) 구법. 몡 부부. ¶~影＝부부 사진.

\***俐** **lì** 영리할 리
☞【伶俐】**línglì**

**疬**[癧] **lì** 연주창 력
☞【瘰疬】**luǒlì**

\***莉** **lì** 말리 리
☞【茉莉】**mòlì**

**莅**[(涖·蒞)] **lì** 다다를 리
통⊚ 다다르다. 오다. 임하다. 참석하다. 이르다. [존경의 뜻을 내포함] ¶~场＝(어떤) 장소에 임하다.
【莅会】**lìhuì** 통⊚ 회의에 임하다〔참석하다〕. ¶请~讲演。＝회의에 오셔서 강연해 주십시오.
【莅临】**lìlín** 통⊚ 왕림하다. 몸소 임하다. ¶恭请~指导。＝삼가 왕림하셔서 지도해 주시기 바랍니다.
【莅任】**lìrèn** 통⊚ (관리가) 부임하다. 취임하다.

**鬲** **lì** 솥 력
몡 고대의 세 발 달린 솥의 일종. ¶青铜~＝청동 솥.
☞ **gé**

\***栗**[1] **lì** 밤나무 률
몡 **1**(植) 밤나무. **2**(植) 밤. **3**(Lì) 성(姓).

\***栗**[2][(慄)] **lì** 찰 률
혭⊚ 한랭하다. 매섭게 춥다. ¶~冽的寒风＝매서운 찬바람.

\***栗**[3][(慄)] **lì** 두려워할 률
통 벌벌 떨다. 전율하다. ¶不寒而~＝몹시 두려워하다.

○● 板栗, 醋cù栗, 地栗, 石栗, 颤zhàn栗, 锥zhuī栗

【栗暴】**lìbào** 몡 꿀밤. ＝【栗凿】**lìzáo** ¶打~＝꿀밤을 먹이다.

| 栗 | lì |
| 慄 | lì |
| 篥 | lì |
| 溧 | lì |

【栗犊】**lìdú** 몡 송아지.
【栗钙土】**lìgàitǔ** 몡(地) 밤색토. [스텝 기후 지역을 중심으로 하여 분포하는 성대 토양(成帶土壤)]
【栗黄】**lìhuáng** 몡⊚(植) 밤. 밤알. 밤톨.
【栗栗】**lìlì** 혭 두려워 벌벌 떠는 모양. ¶~危惧＝겁에 질려 벌벌 떨다.
【栗冽】〔栗烈〕**lìliè** 혭⊚ 추위가 매섭다〔혹독하다〕. 매섭게 춥다. 살을 에듯 춥다.
【栗烈】**lìliè** ☞【栗冽】**lìliè**
【栗然】**lìrán** 혭⊚ 두려워 벌벌 떠는 모양. ¶~如临深渊。＝위험한 지경〔상황〕에 빠진 것처럼 벌벌 떨다.
【栗色】**lìsè** 몡 밤색.
【栗凿】**lìzáo** ☞【栗暴】**lìbào**
【栗子】**lì·zi** 몡(植) **1** 밤나무. **2** 밤.
【栗子树】**lì·zishù** 몡(植) 밤나무.

**砺**[礪] **lì** 숫돌 려
몡⊚ 숫돌. 여석(礪石). 지석(砥石). ¶金就~则利。＝쇠는 숫돌에 갈면 예리해진다. 통 **1**⊚ (칼 따위를) 갈다. ¶淬~＝벼리다. **2** 연마하다. 수양하다. ¶砥~＝단련하다.

○● 淬砺, 磨砺

【砺兵秣马】**lìbīng-mòmǎ** ☞【厉兵秣马】**lìbīng-mòmǎ**
【砺石】**lìshí** 몡⊚ **1** 숫돌. **2** 거친 돌.

**砾**[礫] **lì** 조약돌 력
몡 자갈. 조약돌. 부서진 돌. (부서진) 조각. 부스러기. ¶瓦~＝기와·벽돌·돌조각. / 沙~＝모래와 자갈.
【砾石】**lìshí** 몡 조약돌. 자갈.

lì 砾 猁 荔 㮚 蛎 唳 笠 粝 粒 雳 跞 詈 傈 痢 溧 篥 鬁 盭 里 哩 俩

【砾岩】lìyán 图(地) 역암.

猁 lì 스라소니 리
☞【猞猁】shēlì

荔 lì 강아지풀 려
【荔草】lìcǎo ☞【狼尾草】lángwěicǎo

㮚[櫔] lì 들보 려
图⊜ 대들보.

蛎[蠣] lì 굴 려
图(動) 굴. ¶~黄=굴조개의 살. 굴.

唳 lì 새 소리 려
⊜ 새가 울다. ¶风声鹤~=바람 소리와 학의 울음소리도 추격병으로 의심하다. 자라 보고 놀란 가슴 솥뚜껑 보고 놀란다.

笠 lì 삿갓 립
图 삿갓. ¶斗~=삿갓.

粝[糲] lì 현미 려
图⊜ 현미. ¶粗~=현미.
【粝米】lìmǐ 图⊜ 현미.

**粒 lì 알갱이 립
图(~儿) 알. 알갱이. 입자. ¶盐~儿=소금 알갱이. / 麦~儿=보리알. 图 알. 톨. 발. ¶一~玉米=옥수수 한 알. / 两~子弹=총알 두 발.

○● 病粒, 绝粒, 颗kē粒, 陶táo粒, 团粒, 脱粒, 微wēi粒, 子粒

【粒度】lìdù 图 입도.
【粒肥】lìféi 图⊜ 颗粒肥料(입상(粒狀) 비료).
【粒选】lìxuǎn ⊜(農) 종자를 고르다. ¶~稻种=볍씨를 고르다.
【粒状】lìzhuàng 图 입상. 알갱이 모양. ¶~磷肥=입상 인산 비료.
【粒子】lìzǐ ☞【基本粒子】jīběn lìzǐ
【粒子】lì·zi 图 알. 알갱이. ¶豆~=콩알.

*雳[靂] lì 벼락 력
☞【霹雳】pīlì

跞[躒] lì 움직일 력
⊜ 가다. 도약하다. 움직이다. ¶骐骥一~, 不能千里。=천리마라 하더라도 단번에 천리를 갈 수는 없다.
☞ luò

詈 lì 꾸짖을 리
⊜⊜ 욕하다. ¶忿~=분노하여 꾸짖다.
【詈辞】lìcí 图⊜ 욕. 욕설.
【詈骂】lìmà ⊜⊜ 책망하며 욕하다. 호되게 욕하다 [꾸짖다].
【詈言】lìyán 图⊜ 욕. 욕설.

傈 lì 율속족 률
【傈僳族】Lìsùzú 图 율속족. [중국 소수 민족의 하나로, 주로 윈난(云南)성·쓰촨(四川)성에 분포함]

*痢 lì 이질 리
图(醫) 이질. ¶白~=백리.

○● 白痢, 赤chì痢, 痢là痢

【痢疾】lì·ji 图(醫) 이질.

溧 lì 강 이름 률
지명에 쓰이는 글자. ¶~水=리수이(溧水). [장쑤성에 있는 현(縣) 이름] / ~阳=리양. [장쑤(江苏)성에 있는 시(市) 이름]

篥 lì 피리 률
☞【觱篥】bìlì

鬁 lì 독창 리
☞【鬁鬁】làlì

盭 lì 어그러질 려
图⊜ 흉악하다. 사납고 거칠다. 성격이 비뚤어지다.

里[裏, 裡]·li 속 리
图 안. 속. 가운데. 내부. ¶教室~=교실 안. / 暑假~=여름 방학 중. / 心~有数=마음속에 계산이 있다. 속으로 다른 생각이 있다. 졉미 '这(zhè)', '那(nà)', '哪(nǎ)' 등의 뒤에 쓰여 장소를 나타냄. ¶这~=이 곳. / 那~=그 곳. 저기. / 哪~=어디. ↔外
☞ lǐ

哩·li 어조사 리
图⊜ 1 용법이 '呢(·ne)'와 같음. [의문문에는 쓰이지 않음] ¶时间还早~。=시간이 아직 이르군. 2 …랑. …요. …와[과]. [열거에 쓰이며 용법이 '啦(·lā)'와 같음] ¶书~, 笔~, 都放在书包里。=책이랑 필기구랑 모두 책가방에 넣어 두었다.
☞ lī, lǐ

## liǎ

**俩[倆] liǎ 두 사람 량
㊀㊁ 1 두 개. 두 사람. ¶他~=그 두 사람. / 姐妹~=자매 두 사람. 2 두세 개. 몇 개. 조금. 얼마쯤. ¶仨瓜~枣=(수입이나 수확이) 좋지 않다. 별 볼일 없는 일. / 他没挣~钱儿。=그는 조금밖에 못 번다. [ '俩(liǎ)' 뒤에는 '个(gè)' 또는 기타 양사를 붙이지 않음]
☞ liǎng

# lian

**奁[匲,奩·籨·籢]** lián
경대 렴
图 (고대 부녀자의) 경대. ¶妆~=경대.

**连[連]** lián 잇달을 련
图 잇다. 붙이다. 잇대다. 잇닿다. 연(連)하다. 이어지다. 연결되다〔연결하다〕. 연접하다. ¶藕断丝~=옛정이 남아 있어 헤어지기 어렵다. 겉으로는 끊어진 듯하나 실은 이어져 있다. / 血肉相~=혈연 관계가 있다. 图 계속하여. 연이어. 거듭하여. 연거푸. ¶~说了几声'对不起'=연거푸 '미안합니다' 라고 말했다. 께 1 …까지. …을 합하여〔더하여·포함하여〕. …째. [안에 포함됨을 나타냄] ¶~小张一共十个人.=샤오장까지 해서 모두 열 명이다. 2 …조차도. …마저도. …까지도. ['也(yě)'·'都(dōu)' 등과 호응하여 씀] ¶~她也没多说几句话。=그녀조차도 몇 마디 하지 않았다. / 他~看都不看一眼就走了。=그는 거들떠보지도 않고 가 버렸다. 图 1 (軍) 중대(中隊). 2 (Lián) 성(姓).

○ 连 lián
莲 lián
链 liàn
涟 lián
琏 liǎn
碜 liǎn

◐ 颠diān连, 千连, 黄连, 流连, 留连, 毗pí连, 牵qiān连, 通连, 粘zhān连, 株连, 一连串

【连班】 liánbān 图 (교대제 근무에서) 연속으로 두 번 근무를 하다.
【连本带利】 liánběn-dàilì 圀 원리 합계(元利合計). 원금과 이자를 합하다.
【连蹦带跳】 liánbèng-dàitiào 圀 깡충깡충 뛰다.
【连比】 liánbǐ 图(數) 연비.
【连璧】[聯璧] liánbì 图 1 짝을 이루는 두 옥(玉). 2 剧 서로의 가치를 더욱 높여 주는 훌륭한 사물이나 사람. ¶诗画~=시와 그림이 서로를 더욱 돋보이게 하다.
【连鬓胡子】 liánbìn hú·zi 图 구레나룻.
【连播】 liánbō 图 연속 방송하다. ¶大型专题片~=대형 테마 프로그램 연속 방송.
【连茬】 liánchá(~儿) ☞【连作】 liánzuò
【连串儿】 liánchuànr 圀 잇따라. 연이은. 일련의. ¶观众热线一开通, ~的电话铃声响个不停. =일반 대중들의 직통전화가 개통되자마자, 죽이어서 설치된 전화벨 소리가 끊임없이 울린다.
【连词】 liáncí 图(言) 접속사.
【连带】 liándài 图 1 서로 관련[관계] 되다. 상호 관계가 있다. 서로 연관성이 있다. ¶这几个问题并不是孤立的, 它们之间有~关系。=이 몇 개의 문제는 결코 고립된 것이 아니라, 서로 연관성이 있다. 2 연루되다. 말려들다. ¶自己的责任自己承担, 不要~其他人. =자기의 책임은 자기가 져야지, 다른 사람을 연루시켜서는 안 된다. 3 부가하다. 덧붙이다. …까지 포함하다. ¶你去买杂志的时候~帮我买份报纸. =네가 잡지를 사러 갈 때, 내 신문까지 같이 사다 주렴.

【连…带…】 lián…dài… 꿰 …에서 …까지. …이랑 …이랑. …랑 …랑 모두. …며 …도〔까지〕. …마저. …까지. [전후 두 항목을 하나로 포괄함을 나타냄] ¶~老~小一共来了三十人. =노인과 아이들까지 모두 30명이 왔다. 图 …하고 …하며. …하고 …하면서. …하기도 하고 …하기도 하다. [두 동작이 연이어 거의 동시에 발생함을 나타냄] ¶~吃~喝=먹고 마시며. / ~滚~爬=구르고 기면서.
【连裆裤】 liándāngkù 图 1 (어린이가 입는 가랑이가 터지지 않은 중국식) 통바지. [开裆裤(개구멍바지)와 구별됨] 2 剧 한통속. [앞에 '穿(chuān)'만 씀] ¶穿~=한통속이 되다.
【连队】 liánduì 图(軍) 중대. 중대에 상당하는 단위.
【连多硫酸】 liánduōliúsuān 图(化) 다중티온산. 폴리티온산.
【连发】 liánfā 图(軍) (총이나 대포를) 연발하다. ¶~连中=연발 사격이 잇달아 명중되다.
【连番】 liánfān 图 연거푸. 잇달아. 연속적으로. 연이어. ¶~发起进攻=잇달아 진공하다.
【连杆】 liángān 图(機) 연결봉.
【连根拔】 liángēnbá 图 1 뿌리까지 뽑다. 2 剧 송두리째〔뿌리째〕 뽑아 버리다. 철저히 제거하다〔없애다〕.
【连亘】 liángèn 图 잇닿다. 잇대어 있다. 이어지다. 연(連)하다. 계속되다. ¶山峦~=산들이 연이어지다.
【连拱坝】 liángǒngbà 图(土) 연속 아치 댐. 图 multiple arch dam
【连拱桥】 liángǒngqiáo 图 연속 아치교.
【连贯】[联贯] liánguàn 图 연결되다. 일관되다. 통하다. 이어지다. 연속하다. 이어놓다. 계속되다. ¶语意~=말뜻이 이어지다.
【连贯性】 liánguànxìng 图 일관성. 통일성. 연관성. ¶动作要有~. =동작에 일관성이 있어야 한다.
【连冠】 liánguàn 图 연패(連覇)하다. ¶三~=삼연패하다.
【连锅端】 liánguōduān 图剧 송두리째 뽑아 버리다. 완전히 소멸하다. 송두리째 옮겨 가다〔이사하다〕.
【连横】 liánhéng 图 연횡. 연횡설(連衡說). [전국(戰國) 시대에 진(秦)나라의 장의(張儀)가 합종설(合從說)에 맞서서 주장한 외교 정책] 图 횡으로 연합하다.
【连衡】 liánhéng ☞【连横】 liánhéng
【连环】 liánhuán 图 1 연환. 잇따라 꿴 고리. 2 剧 하나하나가 서로 관련된 일. ¶~债=연대 채무.
【连环保】 liánhuánbǎo 图剧 연대 보증.
【连环画】 liánhuánhuà 图(美) 연속 그림책. 그림 이야기책.
【连环计】 liánhuánjì 图 연환계. [차례차례 교묘하게 짠 계책]

**【连击】 liánjī** 图 **1** 연속 사격하다. 연속으로 타격을 가하다. **2**(體) (배구에서) 드리블(dribble)하다.

**【连及】 liánjí** 图 연루되다. 말려들다. ¶这起案件~数十人。=이번 사건에 수십 명이 연루됐다.

**【连枷】[连耞][梿枷] liánjiā** 图(農) 도리깨.

**【连耞】 liánjiā** ☞【连枷】 **liánjiā**

**【连家店】 liánjiādiàn** ☞【连家铺】 **liánjiāpù**

**【连家铺】 liánjiāpù** 图 주택이 연결된 점포〔상가〕. =【连家店】 **liánjiādiàn**

**【连脚裤】 liánjiǎokù** 图 양말이 달린 갓난아이의 바지.

**【连接】[联接] liánjiē** 图 **1** 연접하다. 잇닿다. 이어지다. 맞물리다. 연결되다. ¶前后句子~紧密。=앞뒤 문장이 긴밀하게 연결되다. **2** 연접시키다. 연결하다. 잇다. 잇대다. ¶~电缆=케이블을 연결하다. ↔分割

**【连接号】 liánjiēhào** 图(言) 붙임표. 하이픈(hyphen). ['-·-—··~' 등]

**【连接器】 liánjiēqì** 图 단자. 커넥터(connector).

**【连结】 liánjié** ☞【联结】 **liánjié**

**【连襟】 liánjīn**(~儿) 图 (남자) 동서.

**【连裤袜】 liánkùwà** 图 타이츠(tights). 팬티스타킹.

**【连累】 lián·lěi** 图 연루시키다. 끌어들이다. 말려들다. ¶受人~=남의 일에 말려들다. ≒株连牵连

**【连理】 liánlǐ** 图團 **1** 두 초목의 가지와 줄기가 이어져 함께 자라다. [옛날, 상서로운 징조로 여겼음] ¶嘉禾~=이삭이 달린 벼가 한데 엉키다. **2**图 부부의 금실이 좋다. 부부가 화목하다. 부부가 서로 사랑하다. ¶喜结~=기쁨이 한데 묶이고 부부가 서로 사랑하다.

**【连理枝】 liánlǐzhī** 图 **1** 연리지. 두 나무가 한데 이어진 가지. **2**(比) 원앙 같은 부부. 매우 금실이 좋은 부부. 매우 화목한 부부.

**【连连】 liánlián** 團 줄곧. 계속해서. 끊임없이. ¶~摇头=계속 고개를 젓다.

**【连忙】 liánmáng** 團 얼른. 급히. 재빨리. 바삐. 분주히. ¶见客人来了,他~出门迎接。=손님이 오는 것을 보고 그는 얼른 문을 나서서 맞이했다. ≒急忙

**【连袂】 liánmèi** ☞【联袂】 **liánmèi**

**【连绵】[联绵] liánmián** 图 (산맥·강·눈·비 등이) 잇닿다. 잇대어지다. 끊이지 않다. 이어지다. 계속되다. 연속되다. 그치지 않다. ¶~起伏=끊임없이 기복을 이루다.

**【连绵不绝】 liánmián-bùjué** 图 계속 이어지다. 끝없이 이어지다.

**【连年】 liánnián** 團 연년. 여러 해 계속. 해마다. ¶~增产=여러 해 동안 계속 증산하다.

**【连跑带跳】 liánpǎo-dàitiào** 图 달리며 깡충깡충 뛰다.

**【连翩】 liánpiān** ☞【联翩】 **liánpiān**

**【连篇】 liánpiān** 图 **1** (글이) 한 편 한 편 연속되다. 여러 편 계속되다. ¶~报道=시리즈 보도. **2** 전편에 걸쳐 있다. 전편에 수두룩하다. ¶空话~=빈말이 전편에 수두룩하다.

**【连篇累牍】 liánpiān-lěidú** 图 연편누독. 쓸데없이 문장이 장황하다. =【累牍连篇】 **lěidú liánpiān** ↔片纸只字

**【连谱号】 liánpǔhào** 图(音) 브레이스(brace). [2개 이상의 오선을 연결하는 괄호]

**【连气】 liánqì**(~儿) 图 앞뒤로 연결되다〔이어지다〕. ¶他累得说话都不~了。=그는 피곤하여 말조차 제대로 잇지 못했다. 團 단숨에. 연거푸. 계속하여. 잇달아. ¶他一~喝了三杯啤酒。=그는 단숨에 맥주 세 잔을 마셨다.

**【连翘】 liánqiáo** 图(植) 개나리. 연교. [원래 이름은 '连(lián)' 또는 '异翘(yìqiáo)'인데, 이를 합쳐서 '连翘'라고 부름]

**【连任】 liánrèn** 图 연임하다. 중임하다. ¶连选~=재선되어 연임하다.

**【连日】 liánrì** 團 연일. 여러 날 계속. ¶~阴雨=연일 흐리고 비가 오다.

**【连射】 liánshè** 图(軍) (총이나 대포를) 연속 사격하다.

**【连声】 liánshēng** 團 (말을) 계속해서. 연거푸. 잇달아. ¶~称是=연거푸 옳다고 말하다.

**【连史纸】 liánshǐzhǐ** 图 연사지. [고서 인쇄 및 붓글씨에 쓰이는 종이. 대나무가 재료이고, 백색이며 결이 촘촘함. 주로 장시(江西)성·푸젠(福建)성 등에서 생산됨]

**【连手】 liánshǒu** 图團 상관된. 관련된. 연관된. ¶那些~的事情一定要搞清楚。=그 관련된 일들은 반드시 명확하게 해야 한다. 图團 협력자. 짝. 동료. 콤비. 파트너. ¶他买卖上的~是他的亲戚。=그의 사업상의 협력자는 그의 친척이다.

**【连书】 liánshū** 图 (글자를 쓸 때 필획이 끊어지지 않게) 붙여 쓰다. 이어 쓰다.

**【连输】 liánshū** 图 연거푸 지다. 연패(連敗)하다. ¶下了三盘, ~三盘。=세 판을 두어 연거푸 졌다.

**【连锁】 liánsuǒ** 图 **1** 쇠사슬처럼 연결되다〔이어지다〕. **2** 연쇄적이다. 이어지다. 연결되다. 연속되다. ¶~推理=연결해서 추리하다.

**【连锁店】 liánsuǒdiàn** ☞【连锁商店】 **liánsuǒ shāngdiàn**

**【连锁反应】 liánsuǒ fǎnyìng** 图 **1** ☞【链式反应】 **liànshì fǎnyìng 2**(比) 연쇄 반응. 연쇄 현상. ¶石油价格上涨带来一系列~。=석유 가격의 인상은 일련의 연쇄적인 반응을 가져왔다.

**【连锁商店】 liánsuǒ shāngdiàn** 图 연쇄점. 체인점. 체인 스토어. ㉿【连锁店】 **liánsuǒdiàn**

**【连台】 liántái** 图 연속 상연하다. ¶好戏~=좋은 극을 연속 상연하다.

**【连台本戏】 liántái běnxì** 图(劇) (중국 전통극 가운데) 연속 공연하는 장편극. [매번 한두 막을 공연하며, 매 막마다 상대적으로 완전한 줄거리를 갖고 있음]

**【连体婴儿】 liántǐ yīng'ér** 图 시암쌍둥이(Siamese twins). [신체의 일부가 결합되어 있는 쌍둥이]

**【连天】 liántiān** 图 **1** 연속하다. 끊이지 않다.

¶叫苦~=늘〔계속〕 끝없이 불평하다. **2** (산수·초목·화염 등이) 하늘에 맞닿다. ¶碧水~=푸른 물이 하늘에 맞닿아 있다. ❺ 연일. 여러 날 계속. ¶~大雨=연일 큰비가 내리다.

【连通】**liántōng** 통 연결되다. 통하다. 잇다. 관통하다. ¶大桥~南北两岸。=큰 다리가 남북의 양안을 관통하다.

【连通器】**liántōngqì** 명(物) 연통관. 사이펀(siphon).

【连同】**liántóng** 접 …과 함께. …과 같이. …과 더불어. ¶礼物~信件一并寄去。=선물을 편지와 함께 부치다.

【连谓句】**liánwèijù** 명(言) 연동문(連動文).

【连谓短语】**liánwèi duǎnyǔ** 명(言) 연동구(連動句).

【连写】**liánxiě** 통 **1** (글자를 쓸 때 필획이 끊어지지 않게) 붙여 쓰다. 이어 쓰다. ¶他一笔~出一个'剑'字。=그는 연속으로 '剑' 자를 썼다. **2**(言) (중국어를 로마자로 표기할 때 다음절어를) 붙여 쓰다. 이어 쓰다. [예컨대, 'gōngmín(公民)'·'hónglǜdēng(红绿灯)' 등].

【连心】**liánxīn** 통 **1** 마음과 연결되어 있다. 마음에 닿아 있다. ¶十指~=열 손가락 깨물어 안 아픈 손가락 없다. 관련된 사람이나 일과의 관계가 매우 밀접하다. **2** 마음이 잘 맞다. 마음〔감정〕이 잘 통하다. ¶父子~=부자가 마음이 맞다.

【连续】**liánxù** 통 연속하다. 계속하다. ¶~受挫=연속하여 좌절을 맛보다. ≒持续 继续 延续 ↔间断

【连续剧】**liánxùjù** 명 (劇) 정기적으로 일부분씩 연속하여 방송하는 극〔연극·가극·무용극〕 등. **2**(映) 텔레비전 연속극〔드라마〕.

【连续性】**liánxùxìng** 명 연속성. 계속. ¶政策要有~。=정책에는 연속성이 있어야 한다.

【连夜】**liányè** ❺ **1** 당일 밤(으로). 그 날 밤(으로). ¶~出发=그 날 밤으로 출발하다. **2** 연야. 며칠 밤 계속. ¶连天~=연일 연야.

【连衣裙】**liányīqún** 명 원피스.

【连阴天】**liányīntiān** 명 연일 흐린 날씨.

【连阴雨】**liányīnyǔ** 명 연일 계속 내리는 비. 장맛비.

【连音】**liányīn** 명(音) 이음줄. 이음부호. ['⌒'으로 표기함].

【连用】**liányòng** 통 **1** 이어(서) 쓰다. ¶这两个字不能~。=이 두 글자는 이어 쓸 수 없다. **2** 연속하여 사용하다. ¶~了两个典故。=두 가지의 전고를 연속하여 사용하다.

【连载】**liánzǎi** 통 연재하다. ¶长篇报告文学~=장편 보고 문학 연재.

【连长】**liánzhǎng** 명 (軍) 중대장.

【连枝】**liánzhī** 명 **1** 연리지. 두 나무가 한데 이어진 가지. **2**(比) 원앙 같은 부부. 매우 금실이 좋은 부부. 매우 화목한 부부.

【连中三元】**liánzhòng-sānyuán** (성) **1** '향시(鄉試)·회시(會試)·전시(殿試)'에서 잇달아 '해원(解元)·회원(會元)·장원(狀元)'으로 수석 합격하다. **2**(비) 한 종목의 시험이나 시합에서 잇달아 세 과목·세 차례에 걸쳐 우수한 성적을 취득하다. **3**(비) 세 차례의 시험이나 시합에서 연속으로 일등을 차지하다.

【连中】**liánzhòng** ☞【连作】**liánzuò**

【连轴转】**liánzhóuzhuàn** ❺(비) 밤낮을 가리지 않고 일하다. 멈추지 않고 일하다. 쉴새없이 일하다. ¶三天~, 终于修复了被洪水冲毁的公路。=삼일 동안 밤낮없이 일해서 마침내 홍수에 파괴된 도로를 복구시켰다.

【连珠】[联珠] **liánzhū** 명 **1** 꿴 구슬. 꿰어진 구슬. **2**(비) 잇달아 끊이지 않는 소리 등. ¶妙语~=재치〔기지〕 있는 말이 계속 이어지다. 재담이 줄지어 나오다.

【连珠炮】**liánzhūpào** 명 속사포. 기관총. ¶记者~似地向他提问。=기자가 속사포를 쏘듯이 그에게 질문했다.

【连属】[联属] **liánzhǔ** 통 ❺ 연접하다. 잇닿다. 이어지다. 맞물리다. 연결되다. 연접시키다. 연결하다. 잇다. 잇대다. ¶两地~=두 곳이 연접하다.

【连缀】[联缀] **liánzhuì** 통 연결하다. 잇다. ¶~成篇=연결시켜 문장을 이루다.

【连奏】**liánzòu** 명(音) 레가토(legato).

【连作】**liánzuò** (農) 연작짓기하다. 이어짓기하다. =【连种】**liánzhòng** 【连茬】**liánchá**【重茬】**chóngchá**

【连坐】**liánzuò** 통옛 연좌하다. 연대로 처벌받다. 연대로 책임지다.

\*\***怜**[憐] **lián** 불쌍히 여길 련

통 **1** 불쌍히 여기다. 가엾게 생각하다〔여기다〕. 동정하다. ¶哀~=불쌍히 여기다. / 同病相~=동병상련. **2** 사랑하다. 귀여워하다. 어여삐 여기다. ¶爱~=사랑하다.

○● 哀āi怜, 爱怜, 乞qǐ怜

【怜爱】**lián'ài** 통 사랑하다. 어여삐 여기다. 매우 귀여워하다. ¶爷爷非常~小孙子。=할아버지가 어린 손자를 무척이나 귀여워한다.

【怜悯】**liánmǐn** 통 연민하다. 가엾게〔불쌍히〕 여기다. 동정하다. ¶~之心=가엾게 여기는 마음. ≒怜惜 怜恤 哀怜

【怜念】**liánniàn** 통 (아랫사람을) 그리워하다. 보고 싶어하다. ¶母亲时常~在外地工作的子女。=모친은 항상 외지에서 일하는 자녀들을 그리워한다.

【怜贫惜老】**liánpín-xīlǎo** ☞【惜老怜贫】**xīlǎo-liánpín**

【怜惜】**liánxī** 통 동정하여 걱정하다. 가엾게〔불쌍히〕 여기다. ¶~弱小=약소한 사람을 불쌍히 여기다. ≒怜悯

【怜香惜玉】**liánxiāng-xīyù** (성)(비) 여자를 아끼다. 여자를 끔찍이 위하다. =【惜玉怜香】**xīyù-liánxiāng**

【怜恤】**liánxù** 통 동정하여 보살피다. 불쌍히 여겨 돌보다. ¶~孤寡老人=외로운 노인을 동정하여 보살펴 주다. ≒怜悯

## 帘[簾]² lián 주막기 렴

**(명)**(~儿) **1** (영) (상점에서 간판 대용으로) 문 앞에 내건 깃발. ¶酒~=주기(酒旗). **2** 발. 커튼. ¶窗~儿=창문 커튼. / 竹~=대나무 발.

○● 垂chuí帘, 暖帘, 湘xiāng帘, 眼帘

【帘布】 liánbù (명) 타이어 코오드(tire cord fabric). [타이어 안쪽에 대는 천] =【帘子布】 lián·zibù
【帘幕】 liánmù (명) 발. 막. 휘장. 장막.
【帘子】 lián·zi (명) 발. 커튼. ¶门~=문발.
【帘子布】 lián·zibù ☞【帘布】 liánbù

## 莲[蓮] lián 연꽃 련

**(명)**(植) **1** 연. 연꽃. ['荷(hé)·芙蓉(fúróng)·芙蕖(fúqú)·菌萏(hàndàn)'이라고도 함] **2** 연밥. ¶湘~=후난(湖南) 특산 연밥.

○● 金莲, 榴莲, 木莲, 睡莲, 雪莲, 并蒂dì莲, 西番莲

【莲步】 liánbù (명)(문) 미인의 걸음걸이. ¶~轻移=사뿐사뿐 발걸음을 옮기다.
【莲房】 liánfáng (명)(문) **1**(植) 연방. 연밥이 들어 있는 송이. **2** 승려의 거실.
【莲花】 liánhuā (명)(植) **1** 연. **2** 연꽃.
【莲花白】 liánhuābái ☞【结球甘蓝】 jiéqiú gānlán
【莲花草】 liánhuācǎo (명)(植) 무학(舞鶴). [돌나물과에 딸린 다육식물의 일종으로 모양이 연꽃과 흡사하여 붙여진 이름. 학명은 'Echeveria glauca'임]
【莲花落】 liánhuālào (명)(藝) 연화락. [민간의 설창 문예. 대나무 판을 치면서 한 사람 혹은 두 사람이 노래를 하는데, 매 단락마다 '莲花落, 落莲花' 등의 메기는 소리를 붙임]
【莲藕】 lián'ǒu (명)(植) 연근. 연뿌리.
【莲蓬】 lián·peng (명)(植) 연방. 연밥이 들어 있는 송이.
【莲蓬头】 lián·pengtóu ☞【喷头】 pēntóu
【莲蓬子】 lián·pengzǐ (~儿) (명)(구) **1** 연밥. **2** 연밥 모양의 것.
【莲台】 liántái (명)(佛) 연화대. 연화좌. 불상 받침대.
【莲心】 liánxīn (명)(植) **1** 연밥 속의 심(芯). **2** (방) 연밥.
【莲子】 liánzǐ (명)(植) 연밥.
【莲宗】 liánzōng (명)(佛) 정토종(淨土宗)의 다른 이름. [창시인(創始人)인 혜원(慧遠)이 여산(廬山) 동림사(東林寺)에 백련사(白蓮社)를 세운 데서 붙여진 이름임]
【莲座】 liánzuò (명) **1**(植) 연꽃의 밑 부분. **2** (佛) 연화좌. 연화대. [그 모양이 연꽃을 닮아서 붙여진 이름임]

## 涟[漣] lián 잔잔한 물결 련

(명)(문) 물결. 파문. ¶轻~=가벼운 파문. **2** (명) 눈물이 계속〔줄줄〕 흐르는 모양. ¶涕泪~~=눈물 콧물이 줄줄 흐르다.
【涟洏】 lián'ér (형)(문) 눈물 콧물이 줄줄 흐르는 모양. ¶涕泗~~=눈물 콧물이 줄줄 흐르다.
【涟涟】 liánlián (형)(문) 눈물이 계속〔줄줄〕 흐르는 모양. ¶涕泣~~=눈물을 줄줄 흘리며 흐느끼다.
【涟漪】 liányī (명)(문) 잔잔한 물결〔파문〕. ¶春风吹过, 水面上泛起一层层的~. =봄바람이 불자, 수면 위에 여러 겹의 잔잔한 물결이 남실댄다.

## 槤[槤] lián 제기 련

【槤枷】 liánjiā ☞【连枷】 liánjiā

## 联[聯] lián 연합할 련

(동) **1** 이어지다. 연속하다. 계속하다. ¶蝉~=연속되다. 계속되다. [주로 어떤 직위를 연임하거나 어떤 칭호를 계속 유지함을 가리킴] / 珠~璧合=진주가 한데 꿰이고 옥이 한데 모이다. 출중한 인물들이 한데 모이다. **2** (서로) 결합하다. 연합하다. 합치다. 하나〔일체〕가 되다. ¶节日~欢=명절에 함께 모여 즐기다. **3** (서로) 관계되다. 연관되다. 연계되다. 연결되다. ¶互有~系=서로 연관되다. (명)(~儿) (율시(律詩)·변려문(駢儷文)의) 연(聯). 대련(對聯). **4**(문) 함련. [율시(律詩)의 3, 4구(句)] / 春~儿=춘련(春聯). [음력설에 문·기둥·미간(楣間)에 붙이는 대련(對聯)].

○● 邦bāng联, 并联, 蝉chán联, 串chuàn联, 对联, 关联, 国联, 门联, 绵联, 通联, 喜联, 楹yíng联

【联邦】 liánbāng (명)(政) 연방(국).
【联璧】 liánbì ☞【连璧】 liánbì
【联播】 liánbō (동) (여러 방송국이 동일한 프로그램을) 동시에 방송하다. 네트워크(network) 방송하다. ¶新闻~=뉴스 네트워크 방송.
【联产承包责任制】 liánchǎn chéngbāo zé rènzhì (명) 농가 생산 청부제. [1978년 이후 중국 농촌에서 유행하는 일종의 농업 경영 방식. 농가에 생산량을 할당하고, 그 성과에 따라 포상하거나 책임을 물음]
【联产到组】 liánchǎn dàozǔ (명) 작업조 생산 청부제.
【联产计酬】 liánchǎn jìchóu (명) 조합원 성과별 보수제. [농업 생산 책임제(農業生產責任制)의 일종. 중국 농촌의 협동 조합에서 조합원의 최종 생산 성과에 따라 보수를 책정하는 제도]
【联唱】 liánchàng (동)(音) 메들리로〔접속곡으로〕 노래하다.
【联大】 Lián Dà (약) **1** 联合大学(연합대학). **2** 联合国大会(유엔 총회·국제 연합 총회).
【联单】 liándān (명) (두 장 이상의 같은 양식이 한데 붙은) 절취 영수증(증표·전표). ¶三~=3절 영수증.
【联电】 liándiàn (동) (정치 주장을) 연명으로 전보를 쳐서 선포하다.

【联动】liándòng 동 연동하다. ¶~装置=연동장치. / ~效应=연동 효과.
【联队】liánduì 명(體) 연합팀. ¶球星~=축구스타 연합팀.
【联防】liánfáng 동 1 공동 방어하다[방위하다·경계하다]. ¶治安~=공동으로 치안을 맡다. 2(體) 공동 수비[방어]하다. ¶区域~=지역 방어. 존 디펜스(zone defense).
【联管节】liánguǎnjié 명(機) 파이프 커플링(pipe coupling). 파이프 유니언(pipe union). 유니언(union) 이음(쇠).
【联管箱】liánguǎnxiāng 명(機) (배관 따위의) 헤더(header). 본관(本管).
【联贯】liánguàn ☞【连贯】liánguàn
【联合】liánhé 동 1 연합하다. 결합하다. 단결하다. ¶~几位朋友办了一家公司。=몇몇 친구들과 공동으로 회사를 차렸다. 2(生) (뼈의) 결합. ¶趾骨~=발가락뼈 결합. 동 연합하다. 여럿의. ¶~办学=공동으로 학교를 설립[운영]하다. ≒结合
【联合公报】liánhé gōngbào (국가와 국가 간의) 공동 성명. ¶中韩建交~=중한 국교 수립 공동 성명.
【联合国】Liánhéguó 명(政) 유엔(UN). 국제연합.
【联合国教科文组织】Liánhéguó Jiàokēwén Zǔzhī 명양 联合国教育科学及文化组织(유네스코(UNESCO).
【联合会】liánhéhuì 명 연합회. ¶妇女~=부녀 연합회.
【联合机】liánhéjī 명(機) 콤바인(combine). =【康拜因】kāngbàiyīn
【联合收割机】liánhé shōugējī 명(機) 콤바인(combine). 합성식 수확기(合成式收穫機). 복식 수확기(複式收穫機). =【康拜因】kāngbàiyīn
【联合体】liánhétǐ 명(經) (몇 개의 기업이 수평적으로 연합한) 기업 연합체.
【联合战线】liánhé zhànxiàn 명 연합 전선. 통일 전선.
【联合政府】liánhé zhèngfǔ 명(政) 연합 정부.
【联户】liánhù 명 (특정 업종에서의) 연합 경영 농가.
【联欢】liánhuān 동 함께 모여 즐기다. 친목을 맺다. 교환하다. ¶春节~会=설 축하 모임. / ~会=친목회. 간친회(懇親會). 파티.
【联机】liánjī 명(컴) 온라인. [컴퓨터 시스템 주변 장치들이 중앙 처리 장치와 직접 연결되어 그것의 통제 아래 있는 상태를 말함] 동(컴) 1 온라인 상태이다. [단말기가 통신 회선을 통해 주컴퓨터에 연결되어 동작 중인 상태를 말함] 2 온라인 되어 있다. [여러 대의 컴퓨터가 연결되어 있는 상태를 말함]
【联接】liánjiē ☞【连接】liánjiē
【联结】[连结] liánjié 동 연결하다. 잇다. 묶다. ¶共同的志趣把两人~在了一起。=공통의 취향이 두 사람을 하나로 묶어 주었다.

【联句】liánjù 동 연구(聯句)를 짓다. [옛날, 시를 짓는 방식의 하나. 두 사람 혹은 여러 사람이 한 구(句) 또는 한 연(聯)씩 지어 전편을 완성하는 것을 말함] ¶~赋诗=연구로 시를 짓다.
【联军】liánjūn 명(軍) 연합군.
【联立方程】liánlìfāngchéng 명(數) 연립 방정식.
【联络】liánluò 동 연락하다. 접촉하다. 소통하다. 통하다. ¶~感情=감정을 나누다. ≒联系 接洽
【联络员】liánluòyuán 명 1 (연락을 책임지는) 연락원. 2 (상급 기관이 하급 기관에 파견하여 상황을 교류하고 업무를 지도해 주는) 연락 지도원.
【联袂】[连袂] liánmèi 동 1 (손에) 손을 맞잡다. 2 비 손을 맞잡고 행동하다. 행동을 같이하다. 공동으로 하다. ¶中外艺术家~登台演出。=중국과 외국의 예술가들이 공동으로 무대에 올라 공연하다.
【联盟】liánméng 명 1 연맹. 동맹. 2 연맹. [연방제 국가 명칭의 하나] 동 연맹하다. ¶企业~=기업 연맹.
【联绵】liánmián ☞【连绵】liánmián
【联绵词】liánmiáncí ☞【联绵字】liánmiánzì
【联绵字】liánmiánzì 명(言) 연면어(連綿語). [두 음절이 연결되어 뜻을 이루며 분할할 수 없는 단어임. '参差(들쭉날쭉하다)'와 같은 쌍성(雙聲) 연면어· '逍遥(유유자적하다)'와 같은 첩운(疊韻) 연면어·'辗转(몸을 이리저리 뒤척이다)'와 같은 쌍성 겸 첩운 연면어· '蝌蚪(올챙이)'와 같은 비쌍성 첩운 연면어가 있음]
【联名】liánmíng 동 연명하다. 공동 서명하다. ¶~倡议=연명하여 제안하다.
【联翩】[连翩] liánpiān 형 1 새가 나는[비상하는] 모양. 2 비 계속하다. 연속하다. 끊이지[그치지] 않다. ¶浮想~=상상이나 생각이 끊임없이 떠오르다[오락가락하다].
【联票】liánpiào 명 회수권·왕복표·자유이용권 등.
【联赛】liánsài 명(體) 리그(league)전. 연맹전.
【联社】liánshè 명 1 연합 농업 생산 협동 조합. [몇 개의 농업 생산 협동 조합이 연합한 조직] 2 연합 협동 조합. [몇 개의 경영 업무가 다른 합작사 혹은 서로 다른 곳의 동일한 성질의 합작사가 연합하여 조직한 경제 조직]
【联手】liánshǒu 동 연합하다. 합작하다. 손을 마주 잡다. 제휴하다. ¶这部电影由两家制片公司~拍摄。=이 영화는 두 영화사가 공동으로 촬영한다.
【联署】liánshǔ 동 연서하다. ¶六省市~经济合作协议。=여섯 개의 성(省)·시(市)가 경제 협력 협의서에 연서하다.
【联通】liántōng 동 횡으로 연결하다[잇다]. ¶信息~=정보의 횡적 연결.
【联网】liánwǎng 동 (전기 공급·통신 혹은 컴퓨터 등에서) 네트워킹(networking)하다. ¶~供电=전기 공급 네트워킹(networking).
【联席会议】liánxí huìyì 명 연석 회의.

【联系】 liánxì 동 연계하다. 연결하다. 결합하다. 결부하다. 연락하다. 연관하다. 관계하다. ¶平时工作忙, 很少和朋友们~。=평상시에 업무가 바빠서 친구들과 드물게 연락한다. 명〔哲〕연계. ≒接洽 联络
【联系人】 liánxìrén 명 연락 담당자.
【联想】 liánxiǎng 동 연상하다. ¶他的话让我~起多年前的一件事。=그의 말은 나의 몇 년 전 일을 연상하게 하였다.
【联销】 liánxiāo 동 연합하여 판매하다. ¶两大商场~精品家具。=양대 상가가 일류 가구를 연합 판매한다.
【联谊】 liányì 동 우의를 나누다. 친목을 다지다. 교분을 맺다. ¶~晚会=친목을 위한 저녁 만찬.
【联谊会】 liányìhuì 명 친목회. 간친회(懇親會). 사교회.
【联姻】 liányīn 동 (혼인을 통해) 인척 관계를 맺다. 통혼하다.
【联营】 liányíng 동 공동으로 경영하다. 연합하여 운영하다. ¶~企业=공동으로 기업을 경영하다. ≒合营
【联营经济】 liányíng jīngjì 명〔經〕1 기업 연합체. 2 (소유 방식이 다른 기업 간의 혹은 기업과 비영리 단체 간의) 공동 경영 체제.
【联运】 liányùn 동 (서로 다른 운송 방식·운송 회사 간에) 연계 운송하다.
【联展】 liánzhǎn 동 합동 전람〔전시〕하다. 연합하여 전시 판매를 하다. ¶汽车~=자동차 연합 전람회.
【联珠】 liánzhū ☞【连珠】 liánzhū
【联属】 liánzhǔ ☞【连属】 liánzhǔ
【联缀】 liánzhuì ☞【连缀】 liánzhuì
【联宗】 liánzōng 동 성이 같은 다른 가족끼리 한 가족처럼 지내다.
【联奏】 liánzòu 동〔音〕메들리로〔접속곡으로〕 연주하다.

## 裢[褳] lián 전대 련
☞【褡裢】 dālián

## **廉[(廉·廉)] lián 청렴할 렴
형 1 청렴하다. 깨끗하다. 염결(廉潔)하다. 염백(廉白)하다. ¶为官清~=청렴하게 관료 노릇을 하다. 2 (값이) 싸다. 저렴하다. ¶物美价~=물건이 좋고 값도 싸다. 명 (Lián) 성(姓).
【廉耻】 liánchǐ 명 염치. ¶不顾~=염치를 차리지 않다.
【廉价】 liánjià 명 염가. 싼 값. ¶~出让=염가 매출하다. ↔高价
【廉洁】 liánjié 형 청렴결백하다. ¶~自律=청렴결백하며 자신에게 엄격하다.
【廉洁奉公】 liánjié-fènggōng 성 사욕을 버리고 오로지 공익을 위하여 힘쓰다. 멸사봉공(滅私奉公)하다.
【廉明】 liánmíng 형 청렴결백하다. ¶清正~=청렴결백하고 공정하다.
【廉隅】 liányú 명훈 1 (물건의) 모서리. 2 바른 행위·품행. ¶自修~=스스로 바른 행위를 닦다.
【廉正】 liánzhèng 형 청렴하고 바르다. ¶~无私=청렴하고 공평무사하다.
【廉政】 liánzhèng 동 청렴한〔깨끗한〕 정치를 하다. 정치를 맑고 깨끗하게 하다. ¶~爱民=청렴한 정치를 행하고 백성을 사랑하다.
【廉政建设】 liánzhèng-jiànshè 성 조치를 취하여 정치를 맑고 깨끗하게 하다.
【廉直】 liánzhí 형 청렴하고 바르다. ¶~之士=청렴하고 올바른 선비.

## 磏 lián 숫돌 렴
명훈 숫돌. 여석(礪石). 지석(砥石).
☞ qiān

## 鲢[鰱] lián 연어 련
명〔動〕 연어(鰱鱼). 못고기. [ '鲉' 라고도 부름]
【鲢鱼】 liányú 명〔動〕 연어(鰱鱼). 못고기. =【白鲢】 báilián【鲢子】 lián·zi
【鲢子】 lián·zi ☞【鲢鱼】 liányú

## 濂¹ lián 강 이름 렴
지명에 쓰이는 글자. ¶~江=롄장(濂江). [장시(江西)성에 있는 강 이름] / ~溪=렌시(濂溪). [후난(湖南)성에 있는 강 이름]

## 濂² Lián 성씨 렴
명 성(姓).

## 臁 lián 정강이 렴
명〔生〕정강이의 양쪽. ¶~骨=정강이뼈.

## **镰[鐮, 鎌·鎌] lián 낫 겸
명 낫. ¶开~=낫질을 하다. 수확을 시작하다.

○─● 挂镰, 火镰, 开镰, 钐 shàn 镰

【镰刀】 liándāo 명 낫.

## 蠊 lián 바퀴 렴
☞【蜚蠊】 fěilián

## 鬑 lián 털 늘어뜨릴 렴
형훈 수염이나 머리털을 길게 늘어뜨린 모양.

## 琏[璉] liǎn 종묘 제기 련
명 고대에 서직(黍稷)을 담던 종묘 제기.

## *敛[斂, 歛] liǎn 거둘 렴
동 1 거두다. 거두어들이다. ¶~容正色=정색하다. 2 동 단속하다. 구속하다. 제약하다. 제한하다. 졸라매다. 얽매다. ¶~迹潜踪=종적을 감추다. 3 모으다. 징수하다. ¶横征暴~=터무니없이 많은 세금을 징수하다. 가렴주구(苛敛诛求)하다.

○─● 聚敛, 收敛

【敛步】liǎnbù 동문 발걸음을 멈추고 앞으로 나아가지 않다. ¶迟疑而~=주저하며 발을 멈추다.

【敛财】liǎncái 동 재물을 수탈하다〔긁어모으다·착취하다〕. ¶大肆~=제멋대로 마구 재물을 수탈하다.

【敛迹】liǎnjì 동문 1 종적을 감추다. 발을 끊다. ¶盗匪~=도적이 종적을 감추다. 2 은거하다. ¶~山林=산 속에 은거하다. 3 언행을 삼가다. 행동을 조심하다〔단속하다〕. ¶屛气~=숨을 죽이고 근신하다.

【敛袂】liǎnmèi 동문 옷을 바로잡고〔여미고〕 경의를 표하다.

【敛钱】liǎn∥qián 동구 돈을 거두다. ¶~修路=돈을 거두어 길을 닦다.

【敛衽】liǎnrèn 동문 1 옷섶을 여미고(고 경의를 표하)다. ¶~而拜=옷섶을 여미고 절을 올리다. 2 ☞【裣衽】liǎnrèn

【敛容】liǎnróng 동 (웃음을 거두고) 태도를 바로잡다. 정색하다. ¶~直言=정색하고 직언을 하다.

【敛声屏气】liǎnshēng-bǐngqì 성 소리를 낮추고 잠시 숨을 죽이다.

【敛足】liǎnzú 동문 발걸음을 멈추고. 앞으로 나아가지 않다.

**脸[臉] liǎn 얼굴 검

명 1 얼굴. ¶洗~=얼굴을 씻다. / 瓜子~=길쭉한 얼굴. 2 (~儿) (얼굴의) 표정. ¶翻~=태도(낯빛을) 바꾸다. / 嬉皮笑~=히죽거리다. 3 (~儿) 체면. 면목. 안면. 낯. 정실(情實). ¶赏~=체면을 보아주십시오. [상대방에게 자신의 초청이나 선물을 받아 주길 원할 때 쓰는 말] ¶有头有~=명예와 위신이 서다. 체면이 서다. 4 (~儿) 물체의 앞부분. 정면. ¶鞋~儿=신발 코. / 门~儿=(길가 쪽) 상가의 전면.

○● 绷běng脸, 变脸, 勾脸, 刮脸, 鬼guǐ脸, 红脸, 花脸, 开脸, 老脸, 露lòu脸, 抹mā脸, 麻脸, 劈pī脸, 皮脸儿, 破脸, 汕shàn脸, 赏脸, 匀yún脸, 争zhēng脸, 转zhuǎn脸, 嘴脸, 瓜子guāzi脸

【脸薄】liǎnbáo 형 낯가죽이 얇다. 수줍음〔부끄러움〕을 잘 타다. ¶他~, 不好意思开口向别人借钱。=그는 수줍음을 잘 타서 남에게 돈을 빌려 달라는 말을 꺼내기 낯뜨거워한다.

【脸布】liǎnbù 명 (세안용) 수건. 타월(towel).

【脸部】liǎnbù 명 얼굴. 안면.

【脸大】liǎndà 형 1 염치 없다. 낯이 두껍다. 철면피이다. 뻔뻔스럽다. [주로 여자를 가리킴] ¶她真~, 什么难听的话都敢说。=그녀는 정말로 낯이 두꺼워서, 듣기 거북한 별별 얘기를 다 한다. 2 안면이 넓다. 발이 넓다. ¶他~, 这事儿找他准行。=그는 안면이 넓으므로, 그를 찾으면 일이 꼭 성사될 것이다.

【脸蛋儿】liǎndànr 명구 1 뺨. 볼. 2 낯. 얼굴. [친근한 의미를 내포하며, 주로 어린아이들에게 쓰임] ¶这孩子的小~红扑扑的。=이 아이의 작은 얼굴이 볼그스레하다. =【脸蛋子】liǎndàn·zi

【脸蛋子】liǎndàn·zi ☞【脸蛋儿】liǎndànr

【脸红】liǎnhóng 동 얼굴이 빨개지다. 부끄러워하다. ¶小姑娘在生人面前一说话就~。=여자 아이는 낯선 사람들 앞에서 말을 하자마자 얼굴이 빨개졌다.

【脸红脖子粗】liǎnhóng bó·zi cū 속 (화가 나서) 얼굴이 빨개지고 목에 핏대를 세우다. 붉으락푸르락하다. (다급하거나 감정이 격해져서) 얼굴과 목덜미가 붉어지다.

【脸厚】liǎnhòu 형 낯가죽이 두껍다. 뻔뻔스럽다. 철면피이다. ¶他可真~, 挨了批评还笑嘻嘻的。=그는 정말로 낯가죽이 두꺼워서 욕을 얻어먹고도 히죽히죽거린다.

【脸急】liǎnjí 형동 화를 잘 내다. 툭하면 화내다. ¶别惹她, 她爱~。=그녀를 건드리지 마라, 툭하면 화를 내니까.

【脸颊】liǎnjiá 명 뺨. 볼. ¶~红润=뺨에 홍조를 띠다.

【脸孔】liǎnkǒng 명 낯. 얼굴. 얼굴 표정. ¶一副严肃的~=엄숙한 얼굴 표정.

【脸面】liǎnmiàn 명 1 얼굴. 안면. 낯. ¶~苍白=얼굴이 창백하다. 2 체면. 면목. 낯. 정실(情實). ¶顾惜~=체면을 중히 여기다. ≒面孔.

【脸模儿】liǎnmúr 명동 1 안색. 기색. (얼굴) 표정. ¶他这几天的~不太好看。=그는 요 며칠간 안색이 별로 좋아 보이지 않는다. 2 얼굴 생김. 얼굴 모습. 용모. ¶小姑娘的~真俊。=여자 아이의 용모가 정말로 빼어나다.

【脸嫩】liǎnnèn 낯가죽이 얇다. 수줍음〔부끄러움〕을 잘 타다.

【脸盘儿】liǎnpánr 명구 얼굴. 용모. 얼굴 생김새. 얼굴 윤곽. =【脸盘子】liǎnpán·zi ¶方~=네모진 얼굴.

【脸盘子】liǎnpán·zi ☞【脸盘儿】liǎnpánr

【脸庞】liǎnpáng 명 얼굴. 용모. 얼굴 생김새. 얼굴 윤곽.

【脸皮】liǎnpí 명 1 얼굴 피부. ¶~白嫩=얼굴 피부가 희고 보드랍다. 2 면목. 체면. 안면. 낯. 정실(情實). 사정. ¶犯不着为这点小事撕破~。=이런 사소한 일로 체면을 구길 필요는 없다. 3 수줍음을 타는 정도. 낯가죽. ¶~薄=낯가죽 얇다. 수줍음〔부끄러움〕을 잘 타다.

【脸谱】liǎnpǔ 명[剧] 중국 전통극에서 일부 배역들의 얼굴 화장(분장). [주로 '净(jìng)'과 '丑(chǒu)'가 하며, 이를 통해 인물의 성격·특징을 돌출시킴]

【脸谱化】liǎnpǔhuà 동 도식화하다. 몰개성화하다. 공식화하다. 형식화하다. ¶塑造人物形象要力求真实、生动, 避免~。=인물 형상의 묘사는 진실감과 생동감에 힘쓰고, 도식화를 피해야 한다.

【脸热】liǎnrè 동 (부끄럽거나 창피하여) 얼굴이 뜨거워지다〔달아오르다〕. ¶他意识到了自己的错误, 不禁有些~。=그는 자기의 잘못을 의식하자, 자신도 모르게 얼굴이 달아올랐다.

【脸软】liǎnruǎn 형 정에 약하다. 마음이 여리다〔무르다〕. 안면을 중시하다. ¶他~, 不会为难你的. = 그 사람은 마음이 여리기 때문에 너를 난처하게 하지 않을 거야.

【脸腮】liǎnsāi 명 뺨. 볼.

【脸色】liǎnsè 명 1 안색. 얼굴색. ¶~灰白 = 얼굴색이 창백하다. 2 기색. 낯빛. 혈색. ¶他病刚好, ~还不太好. = 그는 막 병이 완쾌되어 아직 혈색이 그다지 좋아 보이지 않는다. 3 표정. ¶阴沉 = 얼굴 표정이 침울하다. 늑面色

【脸上贴金】liǎn·shang-tiējīn 성어 자기를 미화하다. 자기를 돋보이려 하다. 제 자랑하다. 자화자찬하다. 자기를 내세우다. ¶你就别往~了. = 너, 너무 자신을 미화하지 마.

【脸上无光】liǎn·shang-wúguāng 성 체면이 서지 않다. 체면이 말이 아니다. 면목없다. 창피스럽다. ¶你这样干, 你父母也~. = 자네가 이렇게 일하면 자네 부모도 체면이 서지 않게 된다.

【脸膛儿】liǎntángr 명 얼굴. ¶红红的~ = 홍조를 띤 얼굴.

【脸形】liǎnxíng 명 얼굴 형태. 얼굴 생김새. [개별적인 특징에 치중하여 하는 말] ¶这人长方~, 浓眉大眼. = 이 사람은 장방형의 얼굴에 눈썹이 짙고 눈이 크다.

【脸型】liǎnxíng 명 얼굴의 유형. [공통적인 특징에 치중하여 하는 말] ¶看他的~很像北方人. = 그의 얼굴형을 보니 흡사 북방 사람 같다.

【脸硬】liǎnyìng 형 정이나 안면에 쉽게 끌리지 않다. 냉정하다. 매정하다. ¶他这人~, 不容易说动. = 그 사람은 냉정한 사람이라서 쉽게 설득이 안 된다.

【脸子】liǎn·zi 명 1 불쾌한 표정. 언짢은 기색. ¶他对人和气, 从来不给人家~看. = 그는 사람에게 상냥하여, 여태껏 다른 사람에게 언짢은 기색을 보이는 법이 없다. 2 체면. 면목. ¶你这样说他, 让他~上怎么下得来? = 자네가 이토록 그를 나무라면, 그 사람더러 어떻게 얼굴을 들라고? 3 용모. 얼굴. [주로 미모를 가리키며, 가벼운 어투로 쓰임] ¶那女的~真好看. = 저 여자 얼굴이 참 예쁘네.

# 裣[襝] liǎn 감출 렴

【裣衽】[敛衽] liǎnrèn 동존 부녀자가 절을 하다. [원(元)대 이후 여자가 예의를 갖추는 뜻으로 굳어짐] ¶~叩拜 = 여자가 큰절을 하다.

# 蔹[蘞] liǎn 백렴 렴

☞【白蔹】báiliǎn

# **练[練] liàn 익힐 련

동 1 문 (생사를) 늫다. 누이다. 생사나 견직물을 잿물에 삶아 희고 부드럽게 하다. 2 연습하다. 훈련하다. 단련하다. ¶演~ = 연습하다. / 工夫 = 무술을 연마하다. ¶经验多, 练~. = 경험이 많다. 경력이 풍부하다. 노련하다. 능숙하다. ¶干~ = 노련하다. / 熟~ = 숙련되다. 형 1 문 견. 명주. 彩~ = 채색 비단. 2 (Liàn) 성 (姓).

0● 谙ān练, 彩练, 操练, 闯chuǎng练, 简练, 教练, 精练, 拉练, 历练, 磨mó练, 凝níng练, 排练, 熟shú练, 团练, 稳wěn练, 洗练, 训xùn练

【练本领】liàn běnlǐng 동 기량(技倆)을 연마하다. 실력을 쌓다.

【练本事】liàn běn·shi 동 기량(技倆)을 연마하다. 실력을 쌓다.

【练笔】liàn‖bǐ 동 1 글씨·그림을 연습하다. ¶他一有空就~, 字写得越来越好了. = 그는 시간만 나면 글씨를 연습해서, (이제) 글씨가 많이 좋아졌다. 2 글짓기 연습을 하다. ¶平时多~才能写出好文章. = 평소에 글짓기 연습을 많이 해야 좋은 글을 쓸 수 있다.

【练兵】liàn‖bīng 동 1 (軍) 군인을 훈련시키다. 연병하다. 2 훈련시키다. 단련시키다. ¶赛前~ = 시합 전에 연습시키다.

【练操】liàn‖cāo 동 훈련시키다. 조련하다.

【练达】liàndá 형문 경륜이 풍부하여 세상 물정을 잘 알다. 세상 이치에 밝다. 숙달하다. ¶~老成 = 경륜이 풍부하여 노련하다.

【练队】liàn‖duì 동 (행진이나 열병식에 참가하기 위하여) 대열 또는 발걸음을 연습하다.

【练功】liàn‖gōng 동 기예〔무예〕을 연마하다 [닦다]. ¶他以前学过京戏, 练过几年功. = 그는 예전에 경극을 배우면서 몇 년 간 (경극의) 기예를 연마한 적이 있다.

【练就】liànjiù 동 연마해 몸에 익히다. 연마해 내다. ¶~一身过硬的本事. = 그는 탄탄한 기량을 익히다.

【练气】liànqì ☞【炼气】liànqì

【练球】liàn‖qiú 동 구기 종목을 연습하다. ¶赛前~ = 시합 전에 훈련하다.

【练拳】liànquán 동 권술〔권법〕을 연마하다. 주먹을 단련하다.

【练手】liàn‖shǒu (~儿) 동 기술〔기능〕을 연마하다. ¶经常~才会越来越熟练. = 늘 기술을 연마해야만 점차 숙련된다.

【练摊】liàntān (~儿) 동준 노점을 펼치고 물건을 팔다.

【练武】liànwǔ 동 1 무예를〔무술을〕 연마하다〔배우다〕. ¶~强身 = 무술을 익혀 몸을 강하게 하다. 2 (軍) 군사 기술을 연마하다. 군사 훈련을 하다. ¶战士们一边~, 一边学文化. = 전사들은 한편으로 군사 훈련을 하면서 한편으로는 이론을 배운다. 3 기술을 배우다〔익히다〕. ¶各个车间正在开展技术~. = 각 작업장에서는 한창 기술을 연마하고 있다.

【练习】liànxí 동 연습하다. 익히다. ¶~打字 = 타자 연습을 하다. 명 연습 문제. 숙제. ¶做~ = 숙제를 하다. 연습 문제를 풀다.

【练习本】liànxíběn 명 1 연습장. 연습문제집. 2 (음악·무도(舞蹈)·미술 등의 지도용) 연습장. ¶素描~ = 스케치북.

# **炼[煉, 鍊] liàn 정련할 련

동 1 정련(精鍊)하다. 정제(精製)하다. ¶提~ =

추출하다. 정련하다. / 百~成钢＝오랜 단련으로 매우 강해지다. **2** 녹이다. (불로) 달구다. ¶真金不怕火~。＝순금은 불로 달구는 것을 두려워하지 않는다. **3** (글을) 다듬다. 윤문하다. ¶锻字~句＝자구(字句)를 다듬다. **4** (실제 작업이나 기타 활동을 통하여 신체 능력이나 자질을) 향상시키다. ¶修~心性＝심성을 함양하다. 심성을 닦다. 수련하다.

○● 锤chuí炼, 锻duàn炼, 精炼, 炮páo炼, 熔róng炼, 修炼, 冶yě炼

【炼丹】liàn‖dān 동 **1** 단약(丹藥)〔선단(仙丹)〕을 만들다. **2** 단전호흡하다.
【炼钢】liàn‖gāng 동 (金) 제강(製鋼)하다.
【炼焦】liàn‖jiāo 동 코크스(cokes)를 만들다.
【炼焦炉】liànjiāolú ☞【焦炉】jiāolú
【炼句】liànjù 동 문구(文句)〔자구(字句)〕를 다듬다. ¶要想写出精彩的文章, 必须注重~。＝멋진 글을 쓰려면 반드시 자구(字句)를 다듬는데 신경 써야 한다.
【炼气】[炼气] liànqì 동 (道) 기공을 연마하다.
【炼乳】liànrǔ 명 연유(煉乳). 당유(糖乳).
【炼山】liàn‖shān 동 (새로 조림을 하기 위하여) 산의 관목(灌木) 따위를 태우다.
【炼石补天】liànshí-bǔtiān 성 **1** 돌을 녹여 늘 메우다. [중국 고대 신화에서 여와(女媧)가 돌을 녹여 하늘을 메웠다고 함] **2** ㈜ 쇠퇴해 가는 시국을〔운세를〕 만회하다.
【炼铁】liàn‖tiě 동 (金) 제철(製鐵)하다.
【炼铁炉】liàntiělú 명 용광로.
【炼油】liàn‖yóu 동 **1** 정유(精油)하다. 석유를 정제하다. **2** (유모혈암(油母頁岩) 등을) 가열하여 기름을 분리해 내다. **3** 식용유를 만들다.
【炼狱】liànyù 명 **1** (宗) 연옥(煉獄). 지옥. **2** ㈜ 험악한 상황 또는 사람을 단련시키는 고통스러운 환경.
【炼制】liànzhì 동 정제하다. 정련(精煉)하다. ¶~黄油＝버터(butter)를 정제하다.
【炼字】liànzì 동 (시문의) 문구를 다듬다〔퇴고하다〕. ¶古人写诗非常讲究~。＝옛 사람들은 시를 쓸 때 퇴고를 매우 중시하였다.

## *恋[戀] liàn 사모할 련

동 **1** 잊지 못하다. 아쉬워하다. 그리워하다. ¶依~＝이별을 아쉬워하다. / 留~＝그리워하다. **2** 서로 사랑하다. ¶失~＝실연(하다). / 初~＝첫사랑.

○● 爱恋, 怀huái恋, 眷juàn恋, 迷mí恋, 热恋, 贪tān恋, 依恋

【恋爱】liàn'ài 동 서로 사랑하다. 연애하다. ¶他们俩正在~。＝그 두 사람은 연애 중이다. 명 연애. ¶谈~＝연애하다.
【恋爱观】liàn'àiguān 명 연애관. ¶人的文化层次不同, ~也不同。＝사람의 교육 수준이 다르면 연애관도 다르다.
【恋歌】liàngē 명 (音) 연가(戀歌).
【恋家】liàn‖jiā 동 집 떠나기를 아쉬워하다. 집을 그리워하다. 집을 떠나기 싫어하다. ¶她是一个~的人, 不愿意去外地工作。＝그녀는 집 떠나기를 싫어하는 사람이라, 외지에 나가 일하는 것을 원치 않는다.
【恋旧】liànjiù 동 지난날〔고향〕을 그리워하다. ¶上了年纪的人时常~。＝나이 든 사람들은 늘 지난날을 그리워한다.
【恋恋不舍】liànliàn-bùshě 성 헤어지는 것을 못내 아쉬워하다. 아쉬워 헤어지지 못하다. 아쉬워 미련이 남다. ≒流连忘返
【恋慕】liànmù 동 연모하다. 사모하다. ¶~已久＝연모한 지 이미 오래다.
【恋念】liànniàn 동 그리워하다. ¶~旧友＝옛 친구를 그리워하다.
【恋情】liànqíng 명 **1** 그리움. 그리운 감정. ¶他对这一片土地有着深厚的~。＝그는 이 땅에 깊고 진한 그리움을 지니고 있다. **2** 연정. 애정. 사모하는 마음. ¶两人公开了他们之间的~。＝두 사람은 서로 간의 연정을 공개하였다. ≒爱情
【恋群】liànqún 동 **1** 집단을 그리워하다〔좋아하다〕. ¶这孩子~, 舍不得离开朝夕相伴的同学。＝이 아이는 친구들〔집단〕을 좋아해, 날마다 함께 지내던 급우들과의 이별을 아쉬워한다. **2** (일부 동물들이) 떼지어 살다. 군거(群居)하다. ¶大雁~＝기러기는 떼지어 산다.
【恋人】liànrén 명 연인. 애인. 사랑하는 사람.
【恋土】liàntǔ 동 고국을 떠나기 싫어하다. ¶~之情＝고국을 떠나기 싫어하는 마음.
【恋乡】liànxiāng 동 고향을 그리워하다〔사랑하다〕.
【恋栈】liànzhàn 동 **1** 말이 마구간을 떠나기 싫어하다. **2** ㈜ 관직〔직위·명예〕에 연연하다. ¶他淡泊名利, 并非~之人。＝그는 명리(名利)에 욕심이 없어서, 절대 직위에 연연하는 사람이 아니다.
【恋战】liànzhàn 동 전과에 연연해 계속 싸우려 하다. [주로 부정형으로 쓰임] ¶无心~＝승리에 연연하여 싸울 마음은 없다.

## 殓[殮] liàn 염할 렴

동 염(殓)하다. 납관하다. ¶装~＝납관(納棺)하다. / ~葬＝납관(納棺)하여 장사 지내다.

○● 殡bìn殓, 收殓

## *链[鏈] liàn 쇠사슬 련

명 (~儿) 쇠사슬. ¶项~＝목걸이. / 表~儿＝시곗줄. 양 연. [해상 거리를 나타내는 단위]

○● 铰jiǎo链, 拉链, 锁suǒ链

【链钩】liàngōu 명 (機) 체인 훅(chain hook). 슬링(sling).
【链轨】liànguǐ ☞【履带】lǚdài
【链环】liànhuán 명 **1** (機) 체인 링(chain ring). 체인. **2** ㈜ 서로 연관 있는 사물 중의 하나. 서로 연관된 여러 사물. 연결 고리. ¶市场调查、选题

策划, 图书制作, 产品营销, 信息反馈组成了一个紧密不可分的~。=시장 조사, 주제 선정 및 계획, 도서 제작, 상품 판매, 정보 피드백 등은 서로 떨어질 수 없는 연결 고리를 형성한다.

【链接】**liànjiē** 동 **1** 체인처럼 연결되다. ¶~装置=연결 장치. **2** (컴) 링크하다. 연계하다.

【链锯】**liànjù** 몡(機) 체인톱. 체인소(chain saw).

【链轮】**liànlún** 몡(機) 체인 스프로킷(chain sprocket). 사슬톱니바퀴.

【链霉素】**liànméisù** 몡(醫) 스트렙토마이신(streptomycin).

【链球】**liànqiú** 몡(體) **1** 해머(hammer) 던지기. **2** 해머(hammer).

【链球菌】**liànqiújūn** 몡(生) 연쇄상 구균(連鎖狀球菌).

【链式反应】**liànshì fǎnyìng** 몡(物)(化) 연쇄 반응. =【连锁反应】**liánsuǒ fǎnyìng**

【链式磨木机】**liànshì mómùjī** 몡(機) 체인 쇄목기. [쇄목 펄프를 만드는 기계] 영 chain grinder

【链套】**liàntào** 몡 체인 커버(chain cover).

【链条】**liàntiáo** 몡 **1** (機) 체인. **2** 쇠사슬. 체인.

【链闸】**liànzhá** 몡(機) 체인 브레이크(chain brake).

【链子】**liàn·zi** 몡 **1** 쇠사슬. **2** (자전거나 오토바이 따위의) 체인.

## 楝 liàn 멀구슬나무 련

몡(植) 멀구슬나무.

【楝树】**liànshù** 몡(植) 멀구슬나무. =【苦楝】**kǔliàn**

## 潋 [瀲] liàn 넘칠 렴

【潋滟】**liànyàn** 웽웍 **1** 물결이 출렁거리는[넘실거리는·너울거리는] 모양. ¶湖光~=호수가 반짝이다. **2** 물이 넘치는 모양. ¶金樽~=금 술잔(의 술이)이 넘치도록 가득하다.

## 鲢 [鰱] liàn 청어 련

몡(動) 청어.

# liang

## 良 liáng 좋을 량

웽 좋다. 훌륭하다. 우수하다. ¶善~=선량하다. / 品质优~=품질이 우수하다. 뷔웍 매우. 아주. ¶用心~苦=매우 고심하다. 옌 **1** 선량한 사람. ¶除暴安~=악독한 자를 제거하고 선량한 사람을 편안하게 살도록 하다. **2** (Liáng) 성(姓). ↔暴恶莠

| ⊙ 良 liáng | 朗 lǎng |
|---|---|
| 粮 liáng | 琅 láng |
| 踉 liáng | 稂 láng |
| 茛 làng | 锒 láng |
| 浪 làng | 阆 láng |
| 狼 láng | 蒗 làng |
| 郎 láng | |

○● 从良, 改良, 精良, 善shàn良, 天良, 贤xián良, 驯xùn良, 忠zhōng良

【良才】[良材] **liángcái** 몡 훌륭한 인재. 우수한 인재.

【良材】**liángcái** 몡 **1** 좋은 목재. **2** ☞【良才】**liángcái**

【良策】**liángcè** 몡 좋은 계책(방법). ¶苦无~=아무리 고심해도 좋은 계책이 없다.

【良辰】**liángchén** 몡 호시절. 좋은 날. 길일(吉日). ¶~吉日=길일.

【良辰美景】**liángchén-měijǐng** 솅 좋은 날(시절)에 아름다운 경치. 좋은 날씨가 아름다운 경치와 어울리다.

【良导体】**liángdǎotǐ** 몡(物) 양도체.

【良方】**liángfāng** 몡 **1** (醫) 좋은 처방. ¶一剂~=하나의 좋은 처방. **2** 비 양방. 양법. 해결책. ¶寻求~=해결책을 찾다.

【良工】**liánggōng** 몡 양공. 양장(良匠). 숙련공. [재주나 기예가 훌륭한 장인(匠人)] ¶~心苦=우수한 예술가의 작품에는 창작 과정의 피나는 노력이 숨어 있다.

【良好】**liánghǎo** 웽 좋다. 양호하다. 훌륭하다. 만족할 만하다. ¶性能~=성능이 양호하다. ↔恶劣

【良机】**liángjī** 몡 좋은 시기(기회). ¶错失~=좋은 기회를 놓치다.

【良家】**liángjiā** 몡 좋은 집안. 훌륭한 가문. ¶~妇女=훌륭한 가문의 부녀자.

【良将】**liángjiàng** 몡 훌륭한 장수. 명장(名將).

【良金美玉】**liángjīn-měiyù** 솅뷔 훌륭한 글. =【良金璞玉】**liángjīn-púyù**

【良金璞玉】**liángjīn-púyù** ☞【良金美玉】**liángjīn-měiyù**

【良久】**liángjiǔ** 웽뷔 아주 오래다. ¶沉思~=한참 동안 깊은 생각에 잠기다.

【良苦】**liángkǔ** 웽뷔 매우 힘들다. 매우 고생스럽다. ¶用心~=매우 고심하다.

【良民】**liángmín** 몡웍 **1** 평민. [' 贱民 (천민) ' 과 구별됨] **2** 양민. 선량한 백성.

【良能】**liángnéng** 몡(哲) 양능. 타고난 재능. [중국 철학에서 말하는, 배우지 않고도 선악과 시비를 판단할 수 있는 선천적인 본능]

【良禽择木】**liángqín-zémù** 솅 **1** 훌륭한 새는 나무를 골라서 둥지를 튼다. **2** 비 재덕이 겸비된 인재는 현명한 주인을 선택한다.

【良人】**liángrén** 몡 **1** 양인. [옛날, 아내가 남편을 부르는 호칭] **2** 양인. 양민. 평민. [노비와 구별됨]

【良善】**liángshàn** 웽 착하다. 선량하다. ¶心地~=마음씨가 착하다. 몡뷔 어질고 착한 사람. 선량한 사람. ¶欺压~=선량한 사람을 속이고 억누르다.

【良师益友】**liángshī-yìyǒu** 솅 좋은 스승과 유익한 친구.

【良田】**liángtián** 몡 비옥한 논밭(전답). ¶~万顷=비옥한 논밭이 끝없이 펼쳐지다.

【良图】liángtú 명⟨문⟩ 좋은 계획〔계책〕.
【良宵】liángxiāo 명 양소(良宵). 아름다운 밤. 좋은 밤. ¶亲友欢聚, 共度~。=친구들이 함께 모여서 아름다운 밤을 즐겁게 보내다.
【良心】liángxīn 명 1 선량한 마음. 2 양심. ¶做事要讲~。=일을 함에 있어서 양심에 따라 해야 한다. ≒良知
【良性】liángxìng 명 1 양성의. 좋은 효과를 일으키는. ¶~循环=양성 순환. 2 악영향이 없는. 나쁜 결과를 초래하지 않는. ¶医生说, 瘤子是~的。=의사가 종양이 양성이라고 말했다. ↔恶性
【良性肿瘤】liángxìng zhǒngliú 명(醫) 양성 종양.
【良言】liángyán 명 좋은 말. 유익한 말. 도움이 되는 말. ¶金玉~=금이나 옥처럼 귀중한 말. ↔恶语
【良药】liángyào 명 1 양약. 좋은 약. ¶对症~=증상에 꼭 맞는 좋은 약. 2 ⟨비⟩ 좋은 처방. 좋은 해결책.
【良药苦口】liángyào-kǔkǒu 〈성〉 1 좋은 약은 입에 쓰다. 2 ⟨비⟩ 충언은 왕왕 귀에 거슬린다. ¶~利于病, 忠言逆耳利于行. =좋은 약은 입에 쓰지만 병에는 이롭고, 충언은 귀에 거슬리지만 행실에는 도움이 된다.
【良医】liángyī 명 고명한 의사. 명의(名醫).
【良友】liángyǒu 명 좋은 벗. 도움이 되는 친구. 양우. ≒益友
【良莠不齐】liángyǒu-bùqí 〈성〉 1 벼와 피가 함께 섞여 있다. 2 ⟨비⟩ 좋은 사람과 나쁜 사람이 뒤섞여 있다. 좋은 것과 나쁜 것이 뒤섞여 있어서 구분하기 어렵다.
【良缘】liángyuán 명 좋은 인연. 좋은 연분. 양연. ¶喜结~=기쁜 마음으로 좋은 인연을 맺다.
【良知】liángzhī 명⟨문⟩ 1 [哲] 양지. 타고난 지혜. 2 양심(良心). ¶~未泯=양심이 아직 남아 있다. ≒良心
【良知良能】liángzhī liángnéng 명[哲] 양지양능.
【良种】liángzhǒng 명(農) (곡식이나 가축의) 우량종. 좋은 품종. ¶~马=우량종 말. ↔劣种

## 俍 liáng 훌륭할 량
형⟨문⟩ 완벽하다. 훌륭하다. 우수하다.

## 莨 liáng 서량 량
☞【薯莨】shǔliáng
☞ làng
【莨绸】liángchóu ☞【黑胶绸】hēijiāochóu

## **凉[(涼)] liáng 서늘할 량
형 1 차갑다. 서늘하다. 선선하다. ¶~饭=찬밥. /阴~=서늘하다. 2 서늘하게 하는. ¶一双~鞋=샌들 한 켤레. 3 ⟨비⟩ 낙담하다. 실망하다. 맥이 빠지다〔풀리다〕. 흥이 사라지다. ¶听他这么一说, 我心里~了半截。=그가 그렇게 말하니, (내가) 맥이 탁 빠진다. 4 ⟨비⟩ 상심하다. 슬퍼하다. ¶悲~=슬프고 처량하다. 5 ⟨비⟩ 쓸쓸하다.

조용하다. ¶凄~=처량하다. /荒~=황량하다. 6 ⟨비⟩ 그늘. 선선한 바람. ¶乘~=시원한 바람을 쐬다. /纳~=시원한 바람을 쐬다. ↔热 炎
☞ liàng

○❶ 悲凉, 冰凉, 苍cāng凉, 乘chéng凉, 冲凉风凉, 荒凉, 纳nà凉, 凄qī凉, 清凉, 秋凉, 受凉, 树凉儿, 歇xiē凉, 炎yán凉, 荫yìn凉, 着zháo凉

【凉白开】liángbáikāi 명⟨구⟩ 끓여서 식힌 맹물.
【凉拌】liángbàn 통 생채를 무치다. ¶~豆芽=콩나물을 무치다.
【凉冰冰】liángbīngbīng (~的) 형 얼음처럼 싸늘하다. 차다. 차갑다. ¶手冻得~的。=손이 얼어서 얼음처럼 차다.
【凉菜】liángcài 명 냉채. 차게 먹는 요리.
【凉茶】liángchá 명 1 냉차. 2 명(醫) 해열(解熱) 작용이 있는 차.
【凉床】liángchuáng 명 (대나무로 만든) 침상.
【凉垫】liángdiàn 명 얼음 방석. [열을 흡수하는 냉매를 넣은 방석]
【凉碟】liángdié (~儿) 명 냉채 접시.
【凉粉】liángfěn (~儿) 명 녹두묵.
【凉风】liángfēng 명 시원한 바람. 냉풍.
【凉津津】liángjīnjīn (~的) 형 선득하다. 시원하다. 서늘하다. ¶夜风吹得人浑身~的。=밤바람이 불어 온몸이 서늘하다.
【凉劲儿】liángjìnr 명⟨구⟩ 차가움. ¶穿厚点儿, 早上~足。=좀 두껍게 입어, 아침에는 (날씨가) 꽤 차가워.
【凉开水】liángkāishuǐ 끓여서 식힌 물.
【凉快】liáng·kuai 형 시원하다. 서늘하다. ¶洗了个澡, ~多了。=샤워를 했더니 한결 시원하구나. 통 시원(서늘)하게 하다. ¶坐下来歇会儿, ~~。=시원하게 바람을 쐴 겸 앉아서 좀 쉽시다. ≒凉爽
【凉凉快快】liáng·liang kuài kuài 형 (~的) 시원하다. 서늘하다. 통 시원하게 하다.
【凉了半截】liáng·le bànjié (~儿) ⟨속⟩⟨비⟩ 낙담하다. 실망하다. =【凉了半截子】liáng·le bàn jié·zi
【凉了半截子】liáng·le bànjié·zi ☞【凉了半截】liáng·le bànjié
【凉帽】liángmào 명 차양(遮陽) 모자. ↔暖帽
【凉面】liángmiàn 명 냉면. 냉국수.
【凉棚】liángpéng 명 1 ☞【天棚】tiānpéng 2 ⟨비⟩ 손차양(遮陽). ¶他手搭~向远处望。=그가 손차양을 하고 먼 곳을 바라본다.
【凉气】liángqì 명 서늘한 공기. 한기(寒氣). 냉기. 찬 기운. ¶~袭人=한기가 몸을 엄습하다.
【凉森森】liángsēnsēn (~的) 형 서늘하다. 선득선득하다. ¶山洞里面~的。=동굴 안이 선득선득하다.
【凉薯】liángshǔ ☞【豆薯】dòushǔ
【凉爽】liángshuǎng 형 서늘하다. 시원하고 상쾌하다. ¶天气~=날씨가 시원하고 상쾌하다. ≒凉快 ↔闷热

【凉爽呢】 liángshuǎngní 몡(紡) 울과 폴리에스테르 혼방. 유사모(wool-like). ⇨【毛的确良】máodíquèliáng

【凉水】 liángshuǐ 몡 1 냉수. 찬물. 2 생수. 〔'开水(끓인 물)'와 구별됨〕

【凉丝丝】 liángsīsī (~的) 톙 조금 차다. 서늘하다. ¶井水喝起来~的. =우물물이 마시기에 조금 차갑다.

【凉飕飕】 liángsōusōu (~的) 톙 선득선득하다. 싸늘하다. ¶寒风阵阵, 吹在人身上~的. =찬바람이 획획 하고 몸 쪽으로 불어오니 선득선득하다.

【凉台】 liángtái 몡 발코니. 베란다. 테라스.

【凉亭】 liángtíng 몡 정자(亭子).

【凉席】 liángxí 몡 돗자리.

【凉鞋】 liángxié 몡 샌들.

【凉药】 liángyào 몡 화기(火氣)를 다스리고 해열 작용이 있는 약재.

【凉意】 liángyì 몡 한기(寒氣). 서늘한 기운. 차가운 느낌. 찬 기운. ¶秋天的夜晚, 让人感觉微微有些~. =가을밤에는 조금 싸늘한 기운이 느껴진다.

【凉友】 liángyǒu 몡(방)(口) 부채.

【凉着】 liángzháo 동(방) 감기 들다. ¶这两天天冷, 她又~了. =요 며칠 날씨가 추워서, 그녀는 또 감기가 들었다.

【凉枕】 liángzhěn (~儿) 몡 (대나무나 등나무 혹은 도자기로 만든) 시원한 베개.

## 梁¹[樑] liáng 들보 량

몡(建) 1 들보. ¶房~=(건물의) 들보. / 雕画栋=건물의 화려한 채색화 장식. 2 상인방. ¶门~=상인방. / 横~=대들보. 3 도리. ¶二~=중도리. / 正~=마룻대. ≒栋

## 梁² liáng 다리 량

몡 1 다리. 교량. ¶桥~=교량. / 津~=나루와 다리. 2 등성이. 마루. ¶山~=산등성이. / 脊~=등마루. 3 (Liáng)(歷) 양(梁). [주(周)대의 전국칠웅(戰國七雄) 중의 하나인 위(魏)나라를 가리킴. 위(魏)가 대량(大梁)으로 천도한 후 양(梁)이라 개칭함] 4 (Liáng)(歷) 양(梁). [남조(南朝, 502~557년)에 소연(蕭衍)이 세운 나라 이름] 5 (Liáng)(歷) 후량(後梁). 6 (Liáng) 성(姓).

○• 大梁, 栋dòng梁, 脊jǐ梁, 强qiáng梁, 提梁, 跳梁, 悬xuán梁, 正梁, 顶梁柱

【梁地】[墚地] liángdì 몡 더기밭. 고원의 산등성이를 개간한 밭.

【梁木】 liángmù 몡 1 들보. 2(비) 중책을 맡을 수 있는 인재.

【梁上君子】 liángshàng-jūnzǐ 솅 1 들보 위의 군자. 2(비) 도둑. 밤손님.

【梁柱】 liángzhù 몡 들보와 기둥.

【梁子】 liáng·zi 몡 1(藝) 평서(評書)나 대고(大鼓) 따위의 곡예(曲藝)에서 곡목의 내용 줄거

리. 2(방) 산등성이.

## 椋 liáng 푸조나무 량

【椋鸟】 liángniǎo 몡(動) 찌르레기.

## 辌[輬] liáng 수레 량

☞【辒辌】wēnliáng

## **量 liáng 헤아릴 량

동 1 (무게·길이·크기·양 따위를) 재다. 측정하다. 달다. 되다. ¶测~=측량하다. / 车载斗~=매우 많아 진기하지 않다. 2 짐작하다. 추측하다. ¶掂~=(무게를) 손대중하다. / 估~=추측하다.

☞ liàng

○• 测cè量, 掂diān量, 端量, 估gū量, 衡héng量, 商量, 丈量, 酌zhuó量

【量杯】 liángbēi 몡 계량 컵.

【量程】 liángchéng 몡 측정기의 가능한 측정 범위.

【量度】 liángdù 동 (길이·무게·용량 따위를) 측정하다. 측량하다.

【量规】 liángguī ☞【界限量规】jièxiàn liángguī

【量角器】 liángjiǎoqì 몡(數) 각도기. 분도기.

【量具】 liángjù 몡 측정기. 측량기. =【量器】liángqì

【量块】 liángkuài 몡(機) 게이지 블록(gauge block).

【量瓶】 liángpíng 몡 측정용 플라스크.

【量器】 liángqì ☞【量具】liángjù

【量热器】 liángrèqì 몡(物) 열량계. 열량 측정계. 칼로리미터(calorimeter).

【量筒】 liángtǒng 몡 눈금 실린더.

【量雪器】 liángxuěqì 몡 적설계(積雪計).

【量雨筒】 liángyǔtǒng 몡(天) 우량계.

## ** 粮[糧] liáng 양식 량

몡 1 곡식. 양식. 식량. ¶细~=밀가루나 쌀 같은 식량. / 五谷杂~=각종 양식(糧食). 2 농업 현물세. 농업세로서의 식량. ¶公~=공량. / 完~纳税=공량을 완납하다.

○• 糙cāo粮, 漕cáo粮, 吃粮, 断粮, 干粮, 军粮, 抗kàng粮, 口粮, 食粮, 夏粮, 余粮, 原粮, 主粮, 商品粮

【粮仓】 liángcāng 몡 1 곡식 저장 창고. 2(비) 곡창 지대. ¶华北平原是中国的~. =화베이 평원은 중국의 곡창 지대이다.

【粮草】 liángcǎo 몡 양초. 군량(軍糧)과 마초(馬草). ¶兵马未动, ~先行. =군대가 움직이기 전에 군량이 먼저 간다.

【粮店】 liángdiàn 몡 양곡 판매점. 곡물 상점.

【粮囤】 liángdùn 몡 1 곡물 통가리. 2 곡물 통가리와 그 속의 곡식.

【粮行】 liángháng 몡 양곡〔곡물〕 도매상.

【粮荒】liánghuāng 〖名〗식량 결핍. 식량 기근. ¶闹~=식량 기근이 들다.

【粮库】liángkù 〖名〗식량 창고. 곡물 창고.

【粮秣】liángmò 〖名〗양말. 양초. 군량(軍糧)과 마초(馬草). ¶~备齐=군량과 마초가 모두 준비되다.

【粮农】liángnóng 〖名〗곡물 재배를 주업으로 하는 농민.

【粮农组织】liángnóng zǔzhī 〖名〗联合国粮食及农业组织(국제 연합 식량 농업 기구, FAO).

【粮票】liángpiào 〖名〗식량 교환권. 배급표.

【粮区】liángqū 〖名〗양곡 재배 지역.

【粮商】liángshāng 〖名〗양곡 상인.

【粮食】liáng·shi 〖名〗양식. 식량.

【粮食作物】liáng·shi zuòwù 〖名〗곡류 작물. [쌀·보리·잡곡 등 작물의 총칭]

【粮税】liángshuì 〖名〗곡물로 내는 농업세.

【粮饷】liángxiǎng 〖名〗양향. 군량과 급료. [옛날, 군대에서 배급하는 식량과 봉급]

【粮油】liángyóu 〖名〗1 식량과 식용유. ¶~价格平稳.=식량과 식용유의 가격이 안정되다. 2 식량과 식용유의 원료 작물. ¶~作物=식량과 식용유의 원료 작물.

【粮仓】liángcāng 〖名〗1 곡물 창고. 식량 창고. 2 곡물 도매상. 양곡 도매상.

【粮站】liángzhàn 〖名〗양곡 조합. 양곡 수매소. [양곡을 구매·저장·조달·관리하는 기구]

## **梁** liáng 기장 량

〖名〗1 ❁(植)우량 품종의 기장. 2 ❁ 알찬 곡식. 훌륭한 음식. ¶膏~=기름진 고기와 알찬 곡식. 3 ❁(植)고량(高粱). 수수.

　　❍─❍ 高粱, 高粱米, 黄粱梦

【粱肉】liángròu 〖名〗〖文〗기름진 고기와 알찬 곡식. 훌륭한 음식.

## **墚** liáng 구릉 량

〖名〗(중국 서북부 지역의) 대상(帶狀)의 황토 구릉(丘陵).

【墚地】liángdì ☞【梁地】liángdì

## **跟** liáng 펄쩍 뛸 량

☞【跳跟】tiàoliáng
☞ liàng

## **两[兩]** liǎng 두 량

〖数〗1 둘. [주로 짝을 이루는 사물 · 양사 · '半(bàn) · 千(qiān) · 万(wàn) · 亿(yì)' 등의 앞에서] ¶~手空空=두 손이 텅 비다. / ~双袜子=양말 두 켤레. / ~千元人民币=런민비 2,000위안. 2 둘, 서너. 몇몇. [일정치 않은 수를 나타내며, 대체로 '几(jǐ)'에 상당함] ¶三言~语=몇 마디의 말. / ~等~天再说.=며칠이 다시 얘기하자. 〖名〗쌍방. 양측. ¶~国交兵, 不斩来使.=양국이 전

○─○ 斤jīn两, 市两, 银yín两

两 liǎng
辆 liàng
魉 liǎng
俩 liǎ

쟁을 하더라도 사신은 죽이지 않는다. 〖量〗냥. [무게 단위의 하나]

【两岸】liǎng'àn 〖名〗1 (강이나 해협의) 양안. ¶长江~=창장 양안. 2 중국 대륙과 타이완(台湾). ¶~同胞=중국과 타이완 동포.

【两岸三地】liǎng'àn sāndì 〖名〗중국, 타이완 및 홍콩(을 가리킴).

【两岸四地】liǎng'àn sìdì 〖名〗중국, 타이완, 홍콩 및 마카오(를 가리킴).

【两败俱伤】liǎngbài-jùshāng 〖成〗싸운 쌍방이 모두 피해를 보다.

【两边】liǎngbiān 〖名〗1 (물체의) 두 변. 두 가장자리. ¶这幅画的~都有破损.=이 그림의 두 가장자리에 모두 파손이 있다. 2 (물체의) 양쪽. ¶房子的前后~都种有花草.=가옥의 앞뒤 양쪽에 모두 화초가 심어져 있다. 3 두 곳(군데). ¶他在总部和分公司~任职.=그는 본부와 지사 두 군데 모두 직책을 맡고 있다. 4 양측. 쌍방. ¶~已经协商好了, 各自承担一半费用.=쌍방은 이미 각자 절반의 비용을 부담하기로 협상을 마쳤다.

【两边倒】liǎngbiāndǎo 〖动〗확고한 입장이나 관점 없이 이리저리 쏠리다. ¶要坚持自己的立场, 不能~.=자신의 입장을 견지해야지, 이리저리 쏠려서는 안 된다.

【两便】liǎngbiàn 〖形〗1 쌍방 모두에게 편리하다. 서로 편한〔좋은〕 대로 하다. ¶你有事先走吧, 咱们~.=너 일이 있으면 먼저 가, 그게 서로 편하지. 2 양측 모두에게 도움이 되다. 한 가지 일이 두 방면에 모두 도움이 되다. ¶公私~=공적으로 사적으로 모두 도움이 되다.

【两鬓】liǎngbìn 〖名〗양측 귀밑머리. ¶~花白=두 귀밑머리가 희끗희끗하다.

【两不误】liǎngbùwù 〖动〗두 방면의 일을 모두 그르치지 않다〔잘 되다〕. ¶做到科研和生产~.=과학 연구와 생산을 모두 잘 해내다.

【两不找】liǎng bù zhǎo 〖动〗양측이 서로 거슬러 줄 필요가 없이 딱 맞다. 서로 대등하다. [물품 거래시 상품 가치와 지불한 돈이 딱 맞거나 거슬러 줄 필요가 없음을 가리킴]

【两步并走一步】liǎngbù bìng zǒu yībù 〖成〗두 걸음을 한 걸음으로 걷다. 성큼성큼 걷다. 매우 급히 걷다.

【两曹】liǎngcáo ☞【两造】liǎngzào

【两侧】liǎngcè 〖名〗양쪽. 양측. 양방향. 두 측면. ¶道路~是高大的梧桐树.=도로 양쪽에는 커다란 오동나무들이 서 있다.

【两重】liǎngchóng 〖形〗이중의. 두 방면의. ¶~身份=이중 신분.

【两重天】liǎngchóngtiān 〖名〗1 (서로 다른) 두 세상. 2 완전히 다른 두 개의 상황. ¶现在的生活与过去相比, 简直是~=지금의 생활을 과거와 비교하면 완전히 다른 두 개의 세상이다.

【两重性】liǎngchóngxìng ☞【二重性】èrchóngxìng

【两次三番】liǎngcì-sānfān ☞【三番五次】sānfān-wǔcì

【两次运球】liǎngcì yùnqiú 圆(體)〔농구의〕더블 드리블.

【两弹一星】liǎngdàn yīxīng 圆 원자 폭탄과 수소 폭탄 및 인공 위성. 〔중국이 자력으로 개발에 성공한 것을 자랑삼아 하는 말〕

【两党制】liǎngdǎngzhì 圆(政) 양당제.

【两抵】liǎngdǐ 통 상쇄(相殺)하다. ¶收支~=수지 균형을 맞추다.

【两地】liǎngdì 圆 두 곳. 두 지역. ¶~来回奔波=두 지역을 오가면서 분주히 뛰어다니다.

【两点论】liǎngdiǎnlùn 圆(哲) 이분법. 〔대립과 통일의 관점으로 사물을 분석해야 한다는 변증법적 사유 방식. 즉, 긍정적인 면을 봄과 동시에 부정적인 면도 보아야 하고, 공통성을 봄과 동시에 개성도 보아야 한다는 논리〕

【两点水】liǎngdiǎnshuǐ 圆 이수 변(冫). 〔한자 부수의 하나〕

【两豆塞耳】liǎngdòu-sāi'ěr 성 1 두 콩알로 귀를 막다. 2(비) 다른 사람의 말〔의견〕을 듣기를 거부하다.

【两耳不闻窗外事】liǎng'ěr bù wén chuāng wài shì 숙 1 세상사에 전혀 관심이 없다. ¶~, 一心只读圣贤书。=세상사에는 전혀 관심을 두지 않고, 오로지 한결같은 마음으로 성현의 글만 읽다.

【两端】liǎngduān 圆 (사물의) 양단. 두 끝. ¶横竿的~都固定在支架上。=가로막대의 양쪽 끝이 지지대 위에 고정되어 있다.

【两分法】liǎngfēnfǎ 圆(哲) 이분법.

【两高(院)】liǎnggāo(yuàn) 圆(法) 最高人民法院 (최고 인민 법원)과 最高人民检察院 (최고 인민 검찰원).

【两个文明】liǎng·ge wénmíng 圆 두 가지 문명. 물질 문명과 정신 문명. ¶加强~建设。=물질 문명과 정신 문명의 건설을 강화하다.

【两个效益】liǎng·ge xiàoyì 圆 두 가지 효과. 경제적인 효과와 사회적인 효과. ¶~一起抓。=두 가지 효과에 함께 역점을 두다.

【两公婆】liǎnggōngpó 圆(方) 부부 두 사람. 내외간.

【两广】Liǎng Guǎng 圆(地) 양광. 〔광둥(广东)과 광시(广西)의 합칭〕

【两汉】Liǎng Hàn 圆(歷) 양한. 〔서한(西漢)과 동한(東漢)의 합칭〕

【两湖】Liǎng Hú 圆(地) 양호. 〔후베이(湖北)성과 후난(湖南)성의 합칭〕

【两虎相斗】liǎnghǔ-xiāngdòu 성 1 호랑이 두 마리가 서로 싸우다. 2(비) 두 강자끼리 서로 싸우다. ¶~, 必有一伤。=강자 둘이 서로 싸우면 반드시 한 쪽은 다치게 마련이다.

【两淮】Liǎng Huái 圆 양회. 〔화이난(淮南)과 화이베이(淮北) 두 시(市)의 합칭〕

【两回事】liǎnghuíshì 圆 서로 별개의 일. =【两码事】liǎngmǎshì ¶据情理判强词夺理完全是~。=논리에 근거하여 강변하는 것과 터무니없는 말로 억지를 부리는 것은 완전히 별개의 문제이다.

【两极】liǎngjí 圆 1(地) 양 극. 이극(二極). 〔지구의 남극과 북극을 가리킴〕 2(物) 양 극. 〔전극의 음극과 양극 또는 자석의 남극과 북극을 가리킴〕 3(비) 양 극. 양극단. 〔서로 배치되는 양극단〕 ¶贫富~分化。=빈부가 양극화되다.

【两极管】liǎngjíguǎn 圆 (주로 반도체의) 2 극 소자. 다이오드(diode).

【两件套】liǎngjiàntào 圆 1 투피스. 슈트(suit). 2 두 개가 한 세트인 물건.

【两江】Liǎng Jiāng 圆(地) 양강. 〔청(清)대 초기의 장난(江南)성과 장시(江西)성의 합칭. 강희(康熙) 이후에 장난(江南)성을 장쑤(江苏)성과 안후이(安徽)성으로 분리하였으나 여전히 이 세 개의 성을 '两江(Liǎng Jiāng)'이라고 함〕

【两脚规】liǎngjiǎoguī 圆 1 양각규. 컴퍼스(compass). 2 디바이더(divider).

【两脚书橱】liǎngjiǎo shūchú 圆(비) 두 발 달린 책장. 걸어다니는 백과 사전. 학식이 뛰어나면서도 활용할 줄 모르는 사람.

【两晋】Liǎng Jìn 圆(歷) 양진. 〔서진(西晉)과 동진(東晉)의 합칭〕

【两可】liǎngkě 통 둘 다 괜찮다. 이래도 좋고 저래도 좋다. ¶这本书买不买~。=이 책을 사든 말든 괜찮다.

【两口儿】liǎngkǒur ☞【两口子】liǎngkǒu·zi

【两口子】liǎngkǒu·zi 圆 부부 두 사람. 내외. =【两口儿】liǎngkǒur ¶他们~很恩爱。=그들 부부는 아주 금슬이 좋다.

【两肋插刀】liǎnglèi-chādāo 성 친구 간의 의리를 위해 용감하게 위험을 무릅쓰다.

【两立】liǎnglì 통 양립하다. 병존하다. ¶势不~=(적대적인 사물이나 사람·세력과) 공존할 수 없다.

【两利】liǎnglì 통 쌍방 모두에게 이익이 되다. ¶公私~=공적·사적으로 모두 이익이 되다.

【两两】liǎngliǎng 튀 둘씩 둘씩. 쌍쌍으로. ¶~成双=둘씩 둘씩 쌍쌍을 이루다.

【两路】liǎnglù 圆 1 두 갈래 길. ¶兵分~=군대를 두 길로 나누다. 2 두 부류. ¶~人=두 부류의 사람.

【两码事】liǎngmǎshì ☞【两回事】liǎnghuíshì

【两面】liǎngmiàn 圆 1 양면. 앞면과 뒷면. ¶这把扇子~都有题字。=이 부채는 양면 모두 글씨가 쓰여 있다. 2 좌우 양 옆. 두 곳. ¶~受敌=좌우 양 옆에서 적의 공격을 받다. 3 양면. 서로 대립되는 양측. ¶~讨好=대립되는 양쪽 모두에게 영합하다.

【两面光】liǎngmiànguāng (贬)(비) 양측 모두에게 비위를 모두 맞추다.

【两面派】liǎngmiànpài 圆 1 표리부동한 사람. 2 기회주의자. 3 기회주의적 수법. 이중적 수법. ¶耍~=이중적인 수법을 쓰다.

【两面三刀】liǎngmiàn-sāndāo 성(비) 면전에

서 다르고, 배후에서 다른 두 면을 농락하는 수법. 이중적 수법. 표리가 다른 수법.

【两面性】 **liǎngmiànxìng** 〔名〕 양면성. 이중성.

【两难】 **liǎngnán** 〔动〕 이러기도 어렵고 저러기도 어렵다. 이럴 수도 없고 저럴 수도 없다. ¶进退~=진퇴양난에 빠지다.

【两旁】 **liǎngpáng** 〔名〕 좌우 양 옆. 두 곳. ¶环城公路~有很宽的绿化带。=도시 순환 도로 양 옆에 아주 넓은 녹지가 있다.

【两栖】 **liǎngqī** 〔动〕 1 양서하다. 물 속이나 땅 위 양쪽에서 다 활동하다. ¶~舰艇=수륙 양용 함정. 2 〔喩〕 두 분야에 걸쳐 활동하거나 일하다. ¶影视~明星=영화와 TV 두 분야에서 활동하는 스타.

【两栖部队】 **liǎngqī bùduì** 〔名〕〔军〕 해병대.
【两栖动物】 **liǎngqī dòngwù** 〔名〕〔动〕 양서동물.
【两栖植物】 **liǎngqī zhíwù** 〔名〕〔植〕 양서식물.

【两歧】 **liǎngqí** 〔动〕〔书〕 1 두 갈래로 나뉘다. ¶茎端~=줄기 끝이 두 갈래로 갈라지다. 2 (주장이나 방법 따위가) 둘로 나뉘다. ¶意见~=의견이 둘로 나뉘다.

【两讫】 **liǎngqì** 〔动〕〔经〕 상품 인도와 대금 지불이 모두 끝나다. ¶钱货~=상품과 대금의 계산이 끝나다.

【两清】 **liǎngqīng** 〔动〕 서로 정산이 깨끗하게 끝나다. ¶这下咱俩谁也不欠谁, 彻底~了。=이렇게 되면 우리 둘은 누구도 빚진 게 없이 완전히 깨끗하게 정산이 끝났다.

【两情】 **liǎngqíng** 〔名〕 남녀 쌍방의 정〔애정〕. ¶~相悦=쌍방이 서로 사랑하다.

【两全】 **liǎngquán** 〔动〕 양쪽 모두 만족하다. 양쪽 모두 돌보다. ¶~之策=양쪽 모두 만족하는 대책.

【两全其美】 **liǎngquánqíměi** 〔成〕 두 가지〔쌍방 이〕 모두 좋은 결과를 얻도록 하다. 누이 좋고 매부 좋다. ↔顾此失彼

【两人世界】 **liǎngrén shìjiè** 〔名〕 1 두 사람만의 세계. 2 딩크(DINK)족. [자녀를 낳지 않고 부부나 애인 두 사람만이 영위하는 생활 공간]

【两审终审制】 **liǎngshěn zhōngshěnzhì** 〔名〕〔法〕 이심제(二審制).

【两氏旁人】 **liǎngshì-pángrén** 〔成〕 1 성씨(姓氏)가 다른 사람. 2 아무 관계가 없는 사람. 타인. 남. ¶我们是夫妻, 不是~。=우리는 부부이지 남이 아니다.

【两世为人】 **liǎngshì-wéirén** 〔成〕 죽을 고비를 넘기고 살아나다. 죽은 후 다시 살아난 것과 같다. 구사일생.

【两手】 **liǎngshǒu** 〔名〕 1 두 손. 양 손. ¶~空空=빈털터리가 되다. 2 (~儿) 기량. 재주. 묘기. 솜씨. ¶听说你二胡拉得不错, 给大家露~。=듣자하니 자네가 얼후(二胡)를 잘 탄다던데, 모두에게 솜씨를 좀 보여 주지. 3 (수단이나 방법에 있어서) 서로 대가 되는 두 가지 경우. ¶结果现在还不知道, 咱们得有~准备。=결과를 지금은 아직 모르기 때문에 우리는 두 가지 상황에 대한 준비를 해야 한다.

【两条腿走路】 **liǎngtiáotuǐ zǒulù** 〔成〕〔喩〕 한 가지 목적을 달성하기 위하여 동시에 다른 두 가지 방법을 채택하다.

【两条心】 **liǎngtiáoxīn** 〔名〕 두마음. 딴마음. ¶他们俩实际上是~。=그 두 사람은 실제적으로는 각기 딴마음을 품고 있다.

【两头】 **liǎngtóu**(~儿) 〔名〕 1 두 끝. 양 끝. ¶走道~都有楼梯。=보도(步道)의 양쪽 끝에 모두 계단이 있다. 2 양 방면. 쌍방. ¶对这个解决方案, ~都没意见。=이 해결 방안에 대해서 쌍방은 모두 이의가 없다. 3 두 곳. 두 지역. 양쪽. ¶他住城北, 父母住城南, 他经常要~儿照看着。=그는 도시 북쪽에 살고, 부모님은 도시 남쪽에 살아서, 그는 늘 양쪽을 다 돌보아야 한다.

【两头蛇】 **liǎngtóushé** 〔名〕〔动〕 중국과 베트남에 서식하는 뱀의 일종. [꼬리 부위의 모양이 머리 부위와 흡사하여 붙여진 이름임]

【两下(里)】 **liǎngxià**(·li) 〔名〕 1 쌍방. 양측. ¶这个计划~都满意。=이 계획은 양측 모두가 만족스러워한다. 2 두 곳. ¶这个公司~都有分部。=이 회사는 두 곳에 모두 지사가 있다.

【两下子】 **liǎngxià·zi** 〔名〕 1 재주. 솜씨. 수완. 기술. ¶他真有~, 一会儿就把车修好了。=그는 정말 솜씨가 있어서, 잠깐 동안에 차〔자전거〕를 수리하였다. 2 몇 번. 몇 차례. 두어 번. ['儿次 (몇 번)'에 상당함] ¶用手拍了~。=손으로 두어 번 두드렸다.

【两相】 **liǎngxiāng** 〔名〕 쌍방. 양측. ¶~比较=쌍방을 서로 비교하다.

【两相情愿】【两厢情愿】 **liǎngxiāng-qíngyuàn** 〔成〕 쌍방이 모두 원하다. ↔一相情愿

【两厢】 **liǎngxiāng** 〔名〕 1 두 곁방. 양쪽 행랑. 2 양측. 양 옆. ¶中间是正殿, ~是偏殿。=중간은 정전(正殿)이고 양 옆은 편전(偏殿)이다.

【两厢情愿】 **liǎngxiāng-qíngyuàn** ☞【两相情愿】 **liǎngxiāng-qíngyuàn**

【两响】 **liǎngxiǎng** ☞【双响】 **shuāngxiǎng**

【两小无猜】 **liǎngxiǎo-wúcāi** 〔成〕 1 남녀 어린 아이가 허물없이 지내다. 2 어린아이의 순진한 감정〔마음〕.

【两心】 **liǎngxīn** 〔名〕〔书〕 1 서로 간의 마음. 쌍방의 감정이나 생각. ¶~相知=서로의 마음을 서로가 알다. 2 딴마음. 두마음. ¶怀有~=딴마음을 품다.

【两性】 **liǎngxìng** 〔名〕 1 양성. 쌍성. [남성과 여성. 암컷과 수컷을 가리킴] 2 〔化〕 양성. 양쪽성. (사물의) 두 가지 속성〔성질〕. ¶~化合物=양성화합물.

【两性关系】 **liǎngxìng guānxì** 〔名〕 이성 관계. 남녀 간의 성적인 관계.

【两性花】 **liǎngxìnghuā** 〔名〕〔植〕 암수갖춘꽃. 양성화. 쌍성꽃. 양전화. 완전화.

【两性人】 **liǎngxìngrén** 〔名〕 남녀추니. 어지자지. 〔同〕【二性子】 **èrxìng·zi**

【两性生殖】 **liǎngxìng shēngzhí** ☞【有性生殖】 **yǒuxìng shēngzhí**

【两袖清风】 **liǎngxiù-qīngfēng** 〔成〕 1 옷소매

**liǎng** 两 俩 唡 纳 裲 蜽 魉 亮

속에 맑은 바람밖에 없다. 빈털터리이다. **2**〈비〉 관료가 청렴결백하다. ↔贪赃枉法
【两眼一抹黑】 **liǎngyǎn yīmǒhēi**〈숙〉〈비〉 **1** 상황을 완전히 이해하지 못하다. **2** 선악과 시비를 분간하지 못하다.
【两样】 **liǎngyàng**〈명〉 두 가지. 두 종류. ¶ ~都买=두 가지 다 사다.〈형〉 다르다. 상이하다. ¶两地的气候没什么~。=두 지역의 기후는 별로 차이가 없다.
【两姨亲】 **liǎngyíqīn** 이종사촌(姨從四寸).
【两翼】 **liǎngyì**〈명〉 **1** 두 날개. 양쪽 날개. **2** 몸체의 양쪽 부분. **3**〈비〉중군(中軍)의 양쪽 부대. ¶ ~同时进攻=중군(中軍)의 양쪽 부대가 동시에 공격하다.
【两伊】 **Liǎng Yī**〈명〉〈지〉 이라크와 이란.
【两用】 **liǎngyòng**〈형〉 양용의. 겸용의. ¶水陆 ~ 飞机=수륙 양용 비행기.
【两用人才】 **liǎngyòng réncái**〈명〉 (군대에서 길러 내는) 군대와 민간의 두 방면에 쓸모 있는 인재.
【两用衫】 **liǎngyòngshān**〈명〉 양용 셔츠. 봄가을용 셔츠. =【春秋衫】 **chūnqiūshān**
【两院制】 **liǎngyuànzhì**〈명〉〈정〉 양원제.
【两造】 **liǎngzào**〈명〉〈법〉 (법률 행위나 소송 행위에서의) 양측 당사자. 원고와 피고. =【两曹】 **liǎngcáo**
【两招儿】【两着儿】 **liǎngzhāor**〈명〉 **1** (바둑·장기나 무술의) 두어 수. 두어 초식. ¶你的象棋下得太好了,改天教我~。=너 장기를 정말 잘 두는구나, 언제 나한테 몇 수 좀 가르쳐 줘. **2** 기예. 기능. 재주. [경멸의 의미를 내포함] ¶他那~现在不吃香啦。=그 사람의 그런 재주는 요즘은 별 인기가 없다.
【两者】 **liǎngzhě**〈대〉 (앞에서 언급한) 두 사람〔사물〕. 양자(兩者). ¶是或不是, ~必居其一。=옳거나 그르거나 분명 둘 중 한 가지에 해당할 것이다.

## 俩 [倆] **liǎng** 재주 량
☞【伎俩】 **jìliǎng**
☞ **liǎ**

## 唡 [啢] **liǎng** / **yīngliǎng** 온스 량
〈양〉 온스(ounce). [지금은 주로 '英两(yīngliǎng)'으로 씀]

## 纳 [緉] **liǎng** 켤레 량
〈양〉〈고〉 켤레. ¶一~丝履=비단 신발 한 켤레.

## 裲 [裲] **liǎng** 배자 량
【裲裆】 **liǎngdāng**〈명〉 배자(褙子). [한복 저고리 위에 입는, 단추가 없는 조끼 모양의 덧옷]

## 蜽 [蜽] **liǎng** 도깨비 량
☞【蝄蜽】 **wǎngliǎng**

## 魉 [魎] **liǎng** 도깨비 량

☞【魍魉】 **wǎngliǎng**

**\*亮 liàng** 밝을 량
〈형〉 **1** 밝다. 빛나다. ¶雪~=하얗게 빛나다. / 明~=밝게 빛나다. **2** 소리가 크고 맑다. ¶响~=소리가 맑게 울리다. / 洪~=소리가 우렁차게 울리다. **3** 똑똑하다. 분명하다. ¶心明眼~=마음으로는 이치를 깨닫고, 눈으로는 문제를 똑똑히 볼 수 있다. 통찰력이 있다.〈동〉**1** 환하다. 빛나다. ¶天快~了。=날이 곧 밝는다. **2** 목소리를 높이다. ¶她~起嗓子唱了一段京剧。=그녀는 목청을 높여서 경극 한 소절을 불렀다. **3** 드러내다. 나타내다. ¶~底牌=비장의 카드를 내보이다. 내막을 드러내다. / ~出观点=견해를 나타내다.〈명〉(~儿) **1** 빛. 광선. ¶屋里黑漆漆的, 没有一点儿~儿。=방 안에 한 점의 빛도 없이 깜깜하다. **2** 전등. 등불. 조명등. ¶去拿个~儿来照一下。=가서 등불을 가져와서 좀 비춰봐라. ≒明 ↔黑暗

○● 敞chǎng亮, 发亮, 火亮, 嘹liáo亮, 明亮, 漂亮, 清亮, 通亮, 透亮, 乌wū亮, 鲜亮, 响亮, 雪亮, 油亮, 月亮, 漂亮话

【亮察】 **liàngchá**〈동〉 잘 살피다. 잘 살펴 헤아리다. ¶具实陈情, 敬希~。=사실대로 말씀드리니 잘 살펴 헤아려 주시길 바랍니다.
【亮敞】 **liàngchǎng**〈형〉 훤하고 탁 트이다. ¶大厅很~。=홀이 훤하고 널찍하다.
【亮丑】 **liàngchǒu**〈동〉 결점을 말하다. 잘못을 밝히다. [주로 자신의 결점이나 잘못을 가리킴] ¶敢于~=대담하게 자신의 잘못을 말하다.
【亮底】 **liàng‖dǐ**〈동〉〈구〉 **1** 내막을 공개하다. ¶任大家怎么追问, 他就是不肯~。=여러 사람들이 아무리 추궁하여도 그는 내막을 공개하려 하지 않는다. **2** 결과가 나타나다. ¶比赛才进行到一半, 还没~。=경기는 반밖에 진행되지 않아, 아직 결과가 나타나지 않았다.
【亮点】 **liàngdiǎn**〈명〉 **1** 브라이트 스폿(bright spot). **2**〈비〉 빼어난 점. 칭찬할 만한 점. 특이한 것. ¶这台歌舞表演有不少~。=이 가무 공연에는 빼어난 점들이 적지 않다.
【亮度】 **liàngdù**〈명〉 **1**〈물〉광도(光度). **2** 화면의 밝기.
【亮分】 **liàng‖fēn**(~儿)〈동〉 경기에서 심판이 점수를 밝히다. ¶各位评委同时~。=여러 심판위원들이 동시에 점수를 밝혔다.
【亮光】 **liàngguāng**(~儿)〈명〉 **1** 어둠 속의 빛〔광선〕. ¶河对岸有星星点点的~。=강 맞은편 언덕 위에 반짝이는 빛이 보인다. **2** 반광(反光). 광택. ¶明净的湖水泛着~。=맑은 호수에 반광이 반짝인다.
【亮光光】 **liàngguāngguāng**(~的)〈형〉 빛나다. 반짝이다. 반들반들하다. ¶一把~的利剑=번쩍번쩍하는 날카로운 검 한 자루.
【亮红灯】 **liàng hóngdēng**〈숙〉〈비〉 적신호를 보내다. 금지를 〔거절을〕 표시하다.
【亮红牌】 **liàng hóngpái**〈동〉 **1**〈체〉 레드카드

를 내보이다. 퇴장시키다. **2** [비] 금지를〔거절을〕 표시하다. ¶公司申报的开发项目被主管部门亮了红牌。=회사가 신청한 개발 아이템은 주관 부서에서 퇴짜를 놓았다.

**【亮话】liànghuà** [명] 직설적인 말. 솔직한 말. 숨김없는 말. ¶打开天窗说～。=추호의 거짓도 없이 다 말하다.

**【亮黄牌】liàng huángpái** [동] **1**《體》 옐로카드를 내보이다. **2** [비] 경고하다.

**【亮晃晃】liànghuānghuāng**(～的) [형][구] 빛이 찬란하다.

**【亮晃晃】liànghuǎnghuǎng**(～的) [형] 빛이 찬란하다. ¶～的阳光照得人睁不开眼。=찬란한 햇빛이 내리쬐어 눈을 뜰 수가 없다.

**【亮节】liàngjié** [명] 고상한 절개와 지조. 고상한 절조(節操). ¶高风～=고상한 풍격과 절조.

**【亮晶晶】liàngjīngjīng**(～的) [형] 물체가 반짝반짝 빛나는 모양. ¶荷叶上滚动着～的露珠。=연잎 위에 반짝반짝 빛나는 이슬방울이 구르고 있다.

**【亮蓝】liànglán** [형] 밝은〔투명한〕 남색.

**【亮丽】liànglì** [형] **1** 밝고 아름답다. ¶色彩～=빛깔이 밝고 아름답다. **2** 아름답다. 우아하다. ¶她在剧中演得很到位，歌也唱得很～。=그녀는 극중에서의 연기가 매우 뛰어나고 노래도 아주 우아하게 불렀다.

**【亮亮堂堂】liàng·liang tāngtāng**(～的) [형][구] 밝다. 환하다.

**【亮亮堂堂】liàng·liang tángtáng**(～的) [형] 밝다. 환하다.

**【亮儿】liàngr** [명] **1** 등불. ¶照个～=등불을 비추다. **2** 빛. 광선. ¶山洞里一点儿～也没有。=동굴 속에는 한 점의 빛도 없다.

**【亮牌子】liàng pái·zi** [동] **1** 카드를 내보이다. **2** [비] 이름·신분·지위 등을 밝히다.

**【亮色】liàngsè** [명] 밝고 선명한 색. ¶她喜欢穿～的衣服。=그녀는 밝고 선명한 색깔의 옷을 입기를 좋아한다.

**【亮纱】liàngshā** [명] 광택이 나는 얇은 비단. [여름용 옷감으로 쓰임]

**【亮闪闪】liàngshǎnshǎn**(～的) [형] 반짝반짝 빛나는 모양. ¶～的星星=반짝이는 별.

**【亮堂】liàng·tang** [형] **1** 밝다. 환하다. ¶新房子又宽敞又～。=새 집은 밝고 환하다. **2** (마음이나 성격이) 쾌활하다. 명랑하다. (인식이) 분명하다. 명확하다. (마음이) 밝다〔환하다〕. ¶听了这番解释，他的心里～多了。=이 설명을 듣고 그의 마음은 훨씬 밝아졌다. **3** (소리가) 밝고 우렁차다. ¶嗓门～=목소리가 밝고 우렁차다.

**【亮堂堂】liàngtāngtāng**(～的) [형][구] 밝다. 환하다.

**【亮堂堂】liàngtángtáng**(～的) [형] 밝고 넓은 모양. ¶～的宴会大厅=밝고 널찍한 연회장.

**【亮瓦】liàngwǎ** ☞ **【明瓦】míngwǎ**

**【亮相】liàng‖xiàng** [동] **1**《劇》 중국 전통극 공연 중, 어떤 배역이 등장하고 퇴장할 때 또는 무용 동작이 끝날 때 관중들에게 강한 인상을 주기 위하여 잠시 정지 동작을 취하다. **2** [비] (사람 또는 사물이) 모습을 드러내다. ¶新上任的网站执行总裁首次在媒体面前～。=새로 부임한 웹사이트의 운영자는 처음으로 매스컴에 모습을 드러냈다. **3** [비] 공개적으로 의견을 표명하다. ¶讨论会上，他第一个～。=토론회에서 그는 첫 번째로 자신의 의견을 공개적으로 표명했다.

**【亮眼人】liàngyǎnrén** [명] 눈 뜬 사람. [맹인이 정상인을 일컫는 말]

**【亮锃锃】liàngzēngzēng**(～的) [형][구] 눈부시다. 번쩍번쩍하다.

**【亮锃锃】liàngzèngzèng**(～的) [형] 눈부시다. 번쩍번쩍하다. ¶皮鞋擦得～的=구두를 번쩍번쩍하게 닦다.

**【亮铮铮】liàngzhēngzhēng**(～的) [형][구] 번쩍번쩍〔번뜩번뜩〕하다. 번쩍〔번뜩〕이는 모양. ¶～的宝剑=번뜩이는 보검.

## 倞 liàng 찾을 량

[동][문] 받아 내려고 독촉하다. 요구하다. 추구하다. 탐구하다. [고어에서 '亮(liàng)'과 같음]

☞ **jìng**

## **凉[(涼)] liàng 식힐 량

[동] 식히다. ¶把开水～一～再喝。=끓인 물을 식힌 다음에 마시다.

☞ **liáng**

## 悢 liàng 슬퍼할 량

[형][문] 실의하다. 낙담하다. 슬퍼하다. 쓸쓸하다. 상심하다. ¶～然=슬퍼하는 모양.

**【悢悢】liàngliàng** [형][문] 실의하다. 낙담하다. 슬퍼하다. 쓸쓸하다. 상심하다. [동][문] 그리워하다. 생각하다.

## **谅[諒] liàng 양해할 량

[동] **1** 양해하다. 용서하다. 이해하다. ¶体～=알아주다. 이해하다. / 互～互让=서로 양해하고 서로 양보하다. **2** 예상하다. 전망하다. 예측하다. 추측하다. ¶～他也不会那样做。=예상컨대, 그도 그렇게 하지 않을 것이다.

O● 原谅

**【谅察】liàngchá** [동][문] 양해〔양찰〕하여 주시기를 바랍니다. [주로 편지글에 쓰임] ¶失当之处，尚祈～。=부당한 점이 있었다면 양해하여 주시기를 바랍니다.

**【谅解】liàngjiě** [동] 양해하다. 이해하여 주다. ¶我实在是不得已而为之，希望你能～。=내가 실로 부득이하여 저지른 일이니, 양해하여 주기를 바랍니다. ≒体谅 ↔误会 误解 抱怨

## **辆[輛] liàng 수레 량

[양] 대. 량. [차량을 세는 단위] ¶两～小轿车=소형 승용차 두 대.

O● 车辆

# liàng

## 靓[靚] liàng 아름다울 정
[형][북] 예쁘다. 멋지다. 아름답다. 보기 좋다. 근사하다. ¶你那位女同学真~。=네 그 여자 학우는 정말로 예쁘다.
☞ jìng

【靓丽】liànglì [형][북] 아름답다. 곱다. 예쁘다. 보기 좋다. [주로 젊은 여성에 쓰임] ¶青春~=젊고 아름답다.

【靓女】liàngnǚ [명][북] 미녀. 미인. [주로 젊은 여성을 가리킴]

【靓仔】liàngzǎi [명][북] 미남. 잘생긴 젊은 남성.

## **量 liàng 수량 량
[명] 1 양. [옛날, 되·말 따위의 용량을 되는 도구] ¶度~衡=도량형. 2 용량. 한도. ¶酒~=주량. / 气~=도량. 3 수량. 양. 분량. ¶产~=생산량. / 质~=질량. [동] 짐작하다. 헤아리다. 가늠하다. 무게를 달다. ¶计~=계량하다. 재다. / 等~齐观=동등하게 보다.
☞ liáng

比量, 变量, 标量, 参量, 产量, 常量, 冲量, 忖cǔn量, 当量, 电量, 定量, 动量, 肚dù量, 度量, 放量, 分量, 风量, 惯量, 过量, 海量, 含量, 痕hén量, 恒héng量, 洪量, 极量, 剂jì量, 计量, 间量, 较量, 尽量, 力量, 能量, 器量, 热量, 容量, 少量, 身量, 食量, 矢shǐ量, 适shì量, 数量, 无量, 限xiàn量, 向量, 小量, 雅yǎ量, 音量, 雨量, 增量, 重量, 自量, 度量衡héng

【量变】liàngbiàn [명](哲) 양적 변화. ↔质变

【量才录用】liàngcái-lùyòng [성] 재능에 따라 임용[등용]하다. ↔以貌取人

【量词】liàngcí [명](言) 양사. [사람이나 사물 또는 동작의 단위를 표시하는 품사로, 항상 수사(數詞)와 함께 쓰임. '升(shēng)'·'个(gè)'·'次(cì)' 등이 있음]

【量贩店】liàngfàndiàn [명] 양판점. 대형 할인 매장.

【量化】liànghuà [동] 계량화하다. ¶~工作指标=업무 지표를 계량화하다.

【量力】liànglì [동] 자신의 역량[능력]을 가늠하다[헤아리다]. ¶不自~=자신의 능력을 정확하게 헤아리지 못하다. 자신을 과대 평가하다.

【量力而行】liànglì'érxíng [성] 자신의 능력[역량]을 헤아려서 행하다.

【量入为出】liàngrù-wéichū [성] 수입에 따라 지출하다. 수입을 보아 지출하다. 수입에 맞게 지출하다. ≒量体裁衣

【量体裁衣】liàngtǐ-cáiyī [성] 1 몸의 치수에 따라 옷을 재단하다. 2 (비) 실제 상황에 근거하여 일을 하다. 일처리를 실제 상황에 부합되게 하다. ≒量人为出

【量刑】liàngxíng [동](法) 양형의 정도를 정하다.

【量子】liàngzǐ [명](物) 양자. 🅔 quantum

## *晾 liàng 쪼일 량
[동] 1 (물건을 그늘이나 바람에) 말리다. ¶~干菜=채소를 그늘진 곳에서 말리다. 2 (물건을 햇볕에) 쪼이다. 말리다. 널다. ¶把洗的被套拿出去~着。=세탁한 이불잇을 가지고 나가서 널어 놓아라. 3 상대하지 않다. 내버려 두다. 푸대접하다. ¶你们别光顾着自己说笑, 把客人~在一边儿。=손님을 한쪽에 내버려 두고서 너희들만 웃고 떠들지 말거라. 4 '凉(liàng)'과 같음.

【晾干】liànggān [동] 그늘이나 바람에 말리다. ¶打湿的书已经~了。=젖은 책은 이미 널어서 말렸다.

【晾晒】liàngshài [명] 햇볕에 널어 말리다. ¶~被褥=침구를 햇볕에 널어 말리다.

【晾台】liàngtái [명] (옷을 말리기 위한) 옥상 건조대. 옥상 마당. 옥상 테라스.

## 嘹 liàng 목쉴 량
☞【嘹喨】liáoliàng

## 踉 liàng 비틀거릴 량
아래를 참조.
☞ liáng

【踉踉跄跄】liàng·liang qiàngqiàng [형][북] 비틀거리다.

【踉跄】[踉蹡] liàngqiàng [형][북] 비틀거리다. =【跄跄】qiàngliàng ¶他身子~了一下, 差点儿栽倒。=그의 몸이 한번 비틀하더니, 하마터면 넘어질 뻔하였다.

【踉蹡】liàngqiàng ☞【踉跄】liàngqiàng

# liao

## *撩 liāo 걷어올릴 료
[동] 1 (물건의 늘어진 부분을) 걷어올리다. 치켜들다. 쓸어올리다. ¶把窗帘~起来=커튼을 걷어올리다. 2 손으로 물을 뿌리다. ¶往花儿上~点水=꽃에 물을 좀 주다.
☞ liáo

## 蹽 liāo 달릴 료
[동][북] 1 뛰다. 달리다. 빨리 걷다. ¶他一口气~了十多里路。=그는 단숨에 10여 리를 달려갔다. 2 큰 걸음으로 걷다. 성큼성큼 걷다. 걸음을 크게 내딛다. ¶他~开长腿向学校跑去。=그는 긴 다리로 성큼성큼 학교로 뛰어갔다. 3 몰래 달아나다. 슬그머니 빠져 나가다. 뺑소니치다. ¶他趁人不注意就~了。=그는 사람들이 주의하지 않는 틈을 타서 뺑소니쳤다.

## *辽[遼] liáo 멀 료
[형] 멀다. 아득하다. 요원하다. ¶幅员~阔=영토가 넓고 아득하다. [명] (Liáo)(歷) 요나라. [907~1125년. 거란인 耶律阿保机(yélù'ābǎojī)

가 세웠으며 북송(北宋)과 대치하였음. 처음에는 거란(契丹)이라 하였고, 후에 요(遼)로 개칭함)
【辽东】**Liáodōng** 명(地) 랴오둥. 요동. [랴오허(辽河)의 동쪽 지역. 랴오닝(辽宁)의 동부와 남부 일대]
【辽阔】**liáokuò** 형 (평야·벌판·수면이) 아득히 멀고 광활하다. 넓고 넓다. 탁 트이다. 끝없이 넓다. ¶~的草原=광활한 평원. ≒广大 广袤
【辽宁】**Liáoníng** 명(地) 랴오닝(辽宁)성. [「辽 (Liáo)」로 약칭하며, 성도는 선양(沈阳)임]
【辽西】**Liáoxī** 명(地) 랴오시. 요서. [랴오허(辽河)의 서쪽 지역. 랴오닝(辽宁)의 서부 일대]
【辽远】**liáoyuǎn** 형 요원하다. 아득히 멀다. 멀고 멀다. 멀고 오래다. 까마득하다. ¶~的边地=아득히 먼 변경 지역.

**疗[療]** liáo 치료할 료
동 (병을) 고치다. 치료하다. ¶治~=치료하다. / 医~设备=의료 설비.

○● 光疗, 蜡là疗, 理疗, 泥ní疗, 水疗

【疗程】**liáochéng** 명(醫) 치료 기간. 치료 과정. 치료 코스. ¶一个~之后, 他的病明显好转。=한 차례 치료 과정 뒤에 그의 병은 뚜렷하게 호전되었다.
【疗法】**liáofǎ** 명(醫) 치료법. 요법. ¶精神~=정신 요법.
【疗饥】**liáojī** 동문 허기를[배를·공복을] 채우다. 배고픔을 면하다. 요기하다. ¶无以~=허기를 채울 방법이 없다.
【疗救】**liáojiù** 동 치료하여 구조하다. ¶~伤员=(주로 군대의) 부상자를 치료하여 구조하다.
【疗贫】**liáopín** 동 가난을 구제[극복]하다. 곤궁함을 없애다. ¶半世虚名不~。=반평생 허명만 누리고 가난은 해결하지 못하다.
【疗效】**liáoxiào** 명 치료 효과. ¶~显著=치료 효과가 현저하다.
【疗养】**liáoyǎng** 동 1 질병을 치료하고 심신을 조리하다. 2 (만성병을 앓고 있거나 체질이 허약한 사람이) 요양원에 요양하다. ¶静心~=마음을 가라앉히고 요양하다.
【疗养院】**liáoyǎngyuàn** 명 요양원.
【疗治】**liáozhì** 동 치료하다. ¶~创伤=상처를 치료하다.

**肓[肓]** liáo 발기름 료
명문 발기름. [고서(古书)에서 창자 안쪽에 낀 지방을 가리킴]

***聊** liáo 한담할 료
부 1 잠시. 우선. 잠깐. ¶~以解忧=잠시 시름을 덜다. 2 조금. 약간. 다소나마. 좀. 그럭저럭. ¶~表谢意=다소나마 경의를 표하다. 동 1 문 의지하다. 기대다. 의로하다. ¶无~=무료하다. 2 한담하다. 잡담하다. ¶闲~=한담하다. / 神~=수다떨다. 잡담하다. 명 (Liáo) 성(姓).
【聊备】**liáobèi** 동 1 잠시[우선] 조달[준비]하다. ¶~薄礼, 以表谢意。=변변찮은 선물을 우선 준비하여 감사의 뜻을 표하다. 2 잠시[우선] 제공하다. ¶一己之见, ~参考。=개인적인 의견을 우선 참고하도록 제공하다.
【聊备一格】**liáobèi-yīgé** 성 대강 모양을 이루고[갖추고] 있다. 그럭저럭 격식을 갖추다.
【聊表】**liáobiǎo** 동 조금[약간] 표시하다[나타내다]. ¶~心意=조금이나마 성의를 표하다.
【聊表寸心】**liáobiǎo-cùnxīn** 성 약간의 촌지를 표하다.
【聊复尔】**liáofù'ěr** ☞【聊复尔耳】**liáofù'ěr'ěr**
【聊复尔耳】[聊复尔尔] **liáofù'ěr'ěr** 성 (만족스럽지 못하지만) 그런대로 내버려 두다. 겨우 이〔그〕 정도이다. ¶未能免俗, ~。=촌스러운 것을 면치 못해, 겨우 그 정도야.
【聊赖】**liáolài** 동 (생활이나 정신적으로) 믿다. 의지하다. 기대다. [주로 부정형으로 쓰임] ¶百无~=의지할 데가 전혀 없다. 따분하다.
【聊且】**liáoqiě** 부문 잠시. 우선. ¶~不论=잠시 논하지 않다.
【聊生】**liáoshēng** 동문 의지하여 생활을 유지하다. 안심하고 살다. 의지하여 믿고 살다. ¶民不~=국민들이 안심하고 살 수가 없다.
【聊胜】**liáoshèng** 동 …보다 약간 낫다[강하다]. ¶茶味儿清淡, ~于水。=차 맛이 옅은 것이 물보다 약간 진한 정도이다.
【聊胜一筹】**liáoshèng-yīchóu** 성 조금[비교적] 우수하다. 약간 낫다.
【聊胜于无】**liáoshèngyúwú** 성 없는 것보다는 약간[조금] 낫다.
【聊天儿】**liáo ‖ tiānr** 동 한담하다. 잡담하다. ¶休息时间大家爱凑在一起~。=쉬는 시간에 모두들 한데 모여 한담하기를 좋아한다.
【聊天室】**liáotiānshì** 명(컴) 대화방. 채팅룸 (chatting room).
【聊以】**liáoyǐ** 부 잠시. 우선적으로. 얼마간. 그저. ¶~充饥=잠시 허기를 채우다.
【聊以解嘲】**liáoyǐ-jiěcháo** 성 잠시 다른 사람의 조소(嘲笑)에서 벗어나다. 일시적으로 난처한 국면에서 벗어나다.
【聊以塞责】**liáoyǐ-sèzé** 성 얼마간[우선] 발뺌하다. 당분간 책임을 면하다.
【聊以自慰】**liáoyǐ-zìwèi** 성 잠시[얼마간] 스스로 자기를 위로하다.
【聊以卒岁】**liáoyǐ-zúsuì** 성 1 억지로 한 해를 지내다[보내다]. 2 생활이 고통스럽다.

***僚** liáo 동료 료
명 1 관리. ¶官~=관료. 2 옛 같은 관서(官署)의 관리[동료]. ¶同~=동료. ≒官

○● 臣chén僚, 幕僚

【僚机】**liáojī** 명(军) (편대 비행의) 대장 호위기.
【僚属】**liáoshǔ** 명옛 (같은 관서의) 아랫사람. 부하.
【僚婿】**liáoxù** 명문 (남자) 동서.

**liáo** 僚 漻 寥 撩 嘹 獠 潦 寮 嫽 缭

【僚友】**liáoyǒu** 몡 (같은 관서의) 동료. ¶~之谊=동료의 우의〔우정〕.
【僚佐】**liáozuǒ** 몡 (관서에서 일을 돕는) 하급 관리. 보좌관.

漻 **liáo** 물 맑을 료
혱 (물이) 맑고 깊다.

*寥 **liáo** 쓸쓸할 료
혱 **1** 공허하다. 텅 비다. 휑하다. 휑뎅그렁하다. 광활하다. 넓디넓다. ¶~无人烟=인가가 없어 휑뎅그렁하다. **2** 정적하다. 고요하다. ¶寂~=적적하고 고요하다. **3** 적다. 희소하다. 드물다. ¶~~数语=몇 마디 말.
【寥寂】**liáojì** 혱 **1** 고요하다. 적막하다. 적적하고 고요하다. ¶山野~=산과 들이 적막하다. **2** 외롭고 쓸쓸하다. 고적하다. 조용하다. ¶满目疮痍, 街市~。=(전란 따위로) 보이는 것이라곤 만신창이이고, 거리는 외롭고 쓸쓸하다.
【寥廓】**liáokuò** 혱몡 **1** 공활하다. 높고 심원하다. 광활하여 끝없이 넓다. ¶苍穹~=하늘이 끝없이 넓다.
【寥寥】**liáoliáo** 혱 매우 적다〔드물다〕. ¶~几笔=몇 글자.
【寥寥无几】**liáoliáo wújǐ** 솅 수량이 매우 적다. 매우 드물다. 몇 개 되지 않다. ≒寥若晨星 ↔数不胜数
【寥落】**liáoluò** 혱 **1** 희소하다. 드물다. ¶晨星~=새벽별이 드문드문하다. **2** 쓸쓸하다. 적막하다. ¶门庭~=찾아오는 사람이 적어 썰렁하다.
【寥若晨星】**liáoruòchénxīng** 솅 새벽별같이 드문드문하다. 매우 희소하다〔드물다〕. ≒寥寥无几 ↔数不胜数

撩 **liáo** 집적거릴 료
동 집적거리다. 건드리다. 희롱하다. 놀리다. 자극하다. 불러일으키다. ¶花香~人=꽃 향기가 사람의 마음을 자극하다.
☞ liāo
【撩拨】**liáobō** 동 집적거리다. 건드리다. 희롱하다. 놀리다. 불러일으키다. ¶任小伙们怎么~, 他仍然安安静静地坐在那儿看书。=어린애들이 아무리 집적거려도, 그는 여전히 거기서 조용히 앉아 책을 본다.
【撩动】**liáodòng** 동 불러일으키다. 야기(惹起)하다. 움직이다. 심금을 울리다. 감동〔흥분〕시키다. ¶悠扬的笛声~人的思乡之情。=은은한 피리 소리가 향수를 불러일으킨다.
【撩逗】**liáodòu** 동 야기하다. 건드리다. 희롱하다. 집적거리다. 놀리다. ¶小狗被孩子们~得狂吠直叫。=아이들이 집적거려서 강아지가 미친 듯이 짖어댄다.
【撩乱】**liáoluàn** ☞【缭乱】**liáoluàn**
【撩惹】**liáorě** 동 건드리다. 집적거리다. 놀리다. 불러일으키다. 야기하다. 움직이다. ¶他性子暴躁, 别去~他。=그는 성미가 거칠고 급하니, 건

드리지 마라.
【撩人】**liáorén** 동 남을 꾀다〔유인하다〕. 자극하다. 남의 마음을 움직이게 하다. 끌다. ¶春色~=봄 경치가 사람의 마음을 자극하다.
【撩是生非】**liáoshì-shēngfēi** 솅 시비를 일으키다. 분쟁을 야기하다.

*嘹 **liáo** 소리 맑을 료
아래를 참조.
【嘹亮】[嘹喨] **liáoliàng** 혱 (소리나 음성이) 맑고 쟁쟁하다. 맑게 울리다. ¶歌声~=노랫소리가 맑고 깨끗하다.
【嘹喨】**liáoliàng** ☞【嘹亮】**liáoliàng**

獠 **liáo** 흉악할 료
혱 (용모가) 흉악하다. 추하다. ¶~面=흉악한 용모. 흉하게 생긴 얼굴.
【獠牙】**liáoyá** (사향노루·노루·멧돼지 등 수컷의) 송곳니. ¶青面~=검푸른 얼굴에 쑥 튀어나온 송곳니. 흉악한 용모.

*潦 **liáo** 거칠 료
아래를 참조.
☞ **lǎo**
【潦草】**liáocǎo** 혱 **1** (글씨가) 조잡하다. 거칠다. 난잡하다. ¶字迹~=필적이 조잡하다. **2** (일처리가) 허술하다. 꼼꼼〔성실〕하지 않다. ¶行事~=허술하게 일을 처리하다. ↔工整
【潦倒】**liáodǎo** 혱 맥이 빠지다. 풀이 죽다. 기가 죽다. 낙심하다. 의기소침하다. 위축되다. 초라하게 되다. 의욕을 잃다. 마음먹은 대로 되지 않다. ¶穷困~=곤궁하여 초라하게 되다.
【潦潦草草】**liáo·liao cǎocǎo** (~的) 혱 **1** (글씨가) 조잡하다. 거칠다. 난잡하다. **2** (일처리가) 허술하다. 꼼꼼〔성실〕하지 않다.

寮 **liáo** 작은 집 료
몡 **1** 혱 작은 집. ¶茶~酒肆=찻집과 주점. **2** (**Liáo**) 랴오. [라오스의 주요 민족] ¶~人=라오족.
【寮房】**liáofáng** 몡 **1** (사원에서) 승려가 거처하는 집. 승방. **2** 혱 초라한 집.
【寮国】**Liáoguó** ☞【老挝】**Lǎowō**

嫽 **liáo** 예쁠 료
혱몡 아름답다.

*缭[繚] **liáo** 감길 료
동 **1** 둘둘 감다. 휘감다. 얽히다. 휘말리다. 둘러싸다. ¶眼花~乱=색채가 요란하여 눈이 어지럽다. **2** 감치다. 사뜨다. ¶~边儿=가장자리를 감치다.
【缭乱】[撩乱] **liáoluàn** 혱 뒤섞이다. 난잡하다. 혼잡하고 어수선하다. 얽히고 어지럽다. ¶心绪~=생각하고 어지럽다.
【缭绕】**liáorào** 동 (운무나 소리 따위가) 빙빙

돌며 올라가다. 빙 돌며 휘감다. 피어오르다. 감돌다. 맴돌다. ¶云雾~=운무가 피어오르다.

**燎** liáo 태울 **료**

동 **1** (불이) 번지다. 타다. 불사르다. 태우다. ¶星火~原=작은 불티가 (불똥이) 들판을 태우다. **2** 데이다. 화상 입다. ¶手上被~了一个泡。=손에 화상을 입어 물집이 잡혔다.
☞ **liǎo**

【燎浆泡】 **liáojiāngpào** ☞【燎泡】 **liáopào**
【燎泡】 **liáopào** 명 화상으로 인한 물집. =【燎浆泡】 **liáojiāngpào**
【燎原】 **liáoyuán** 동 (큰불이 번져서) 들판을 태우다. ¶星星之火, 可以~。=작디작은 불티가 넓은 들판을 태울 수 있다.

**鹩[鷯]** liáo 굴뚝새 **료**
☞【鹪鹩】 **jiāoliáo**

**簝** liáo 제기 이름 **료**
명 (고대의) 고기를 담던 대나무 제기.

**䯅** liáo 뼈 사이 **료**
명 (醫) 골(관)절(骨節) 사이. [주로 경혈의 이름으로 쓰임]

**了**¹ liǎo 마칠 **료**

동 **1** 완결되다. 끝나다. 마치다. 종결하다. ¶一~百~=한 가지가 끝나면 모든 일이 뒤이어 끝나다. / 没完没~=한도 끝도 없다. **2** 가능 또는 불가능을 나타냄. [동사 뒤에서 '得(·de)' 또는 '不(bù)'와 이어서 씀] ¶办得~=처리할 수 있다. / 吃不~=다 먹을 수 없다. 부 완전히. 전혀. 조금도. [주로 부정형으로 쓰임] ¶~无兴趣=전혀 흥미가 없다.

**了²[瞭]** liǎo 밝을 **료**

동 분명하게 알다. 이해하다. 명백하다. ¶明~=명료하다. / 一目~然=일목요연하다. 한눈에 훤하다.
☞ **·le**
☞ **瞭(liào)**

○● 罢了, 便了, 到了儿, 得了, 临了, 末**mò**了, 私了, 完了, 未**wèi**了, 知了, 终了

【了不得】 **liǎo·bu·dé** 형 **1** 대단하다. 훌륭하다. 뛰어나다. 굉장하다. 엄청나다. 비범하다. 예사롭지 않다. ¶这是一项~的大工程。=이것은 엄청난 대공사이다. **2** 큰일났다. 야단났다. 무시무시하다. [상황이나 결과가 심각함을 나타냄] ¶~啦, 房子着火了! =큰일났다! 집에 불이 났어요!

【了不起】 **liǎo·buqǐ** 형 **1** 놀랄 만하다. 굉장하다. 비범하다. 보통이 아니다. 뛰어나다. 대단하다. ¶他一生有一百多项发明, 真是太~了。=그가 한평생 백여 가지나 발명을 했다니, 정말 대단하다. **2** 심하다. 심각한 영향이 크다. [주로 부

정형으로 쓰임] ¶一点小麻烦, 没什么~的。=조금 귀찮을 뿐이지, 그리 심각한 것은 아니야.

【了当】 **liǎodàng** 형 솔직하다. 터놓다. 숨김없다. 직접적이다. 시원시원하다. ¶直截~=딱 잘라서. 곧 바로 탁 터놓다. 동 **1** 정리(정돈)되다. 제자리가 잡히다. 끝나다. 완료하다. ¶收拾~=정리를 끝내다. **2** 처리하다. 해결하다. [주로 조기 백화문에 보임] ¶自能~得来。=스스로 처리할 수 있다.

【了得】 **liǎo·de** 형 **1** 상황이 심각하여 수습할 방법이 없다. [惊讶(놀람)·反诘(반문)·责备(책망) 등의 감정을 표출하는 구(句) 끝에 쓰이며, 주로 '还(hái)' 뒤에서 쓰임] ¶要是出了事故, 那还~!=만약에 사고라도 난다면, 그거 큰일나지! **2** 보통이 아니다. 대단하다. 굉장하다. 훌륭하다. [주로 조기 백화문에 보임] ¶这人的箭法十分~。=이 사람의 활 쏘는 실력이 매우 훌륭하다.

【了断】 **liǎoduàn** 동 끝을 맺다. 결말을 짓다. 끝장을 내다. 철저히 해결하다. ¶~恩怨=원한을 철저히 해결하다. ≒了结 了却

【了结】 **liǎojié** 동 끝을 맺다. 결말을 짓다. 끝장을 내다. 철저히 해결하다. ¶这场官司终于~了。=이 소송이 마침내 결말이 났다. ≒了却 了断

【了解】 **liǎojiě** 동 **1** 자세하게 알다. 이해하다. ¶他的为人我非常~。=그의 사람됨을 나는 매우 잘 알고 있다. **2** 조사하다. 알아 내다. 알아보다. 진상을 알다. ¶你去一一下现在是什么情况。=지금 어떠한 상황인지, 네가 가서 좀 알아보아라. ≒熟悉

【了局】 **liǎojú** 동 끝을 맺다. 결말을 짓다. 끝장을 내다. 철저히 해결하다. ¶不知此事如何~。=이 일은 어떻게 결말이 날지 모른다. 명 해결책. 해법. ¶得赶紧找个住处, 在朋友家寄宿终究不是~。=어떻게든 빨리 숙소를 찾아야지, 친구네 집에 빌붙어 지내는 것은 필경 해결 방법은 아니다.

【了了】 **liǎoliǎo** 형문 **1** 확실히 알다. 분명히 알다. ¶不甚~=그리 잘 알지 못하다. **2** 영리하다. 총명하다. 재치 있다. ¶小时~, 大未必佳。=어렸을 때 영리하다고 해서 커서도 반드시 현명하다고 할 수 없다.

【了期】 **liǎoqī** 형문 일이 끝나는 시간. ¶循环往复, 永无~。=반복적으로 순환하여 영원히 끝나지 않는다.

【了却】 **liǎoquè** 동 끝을 맺다. 결말을 짓다. 끝장을 내다. 철저히 해결하다. ¶他终于~了多年的心愿。=그는 마침내 오랜 염원을 이루었다. ≒了结 了断

【了然】 **liǎorán** 형 알다. 이해하다. ¶~于心=마음속으로 알고 있다.

【了如指掌】 **liǎorúzhǐzhǎng** 성 제 손바닥에 있는 물건을 가리키듯 아주 분명하게 알다. 제 손

금을 보듯 훤하다. 손금 보듯 하다.

【了身达命】**liǎoshēn-dámìng** [성] **1**《佛》자신의 인생과 속세를 꿰뚫어 보다. **2** [비] 평온한 생활을 누리다. 생활을 안정시키다. ¶四方奔走, 却难找一个~之地。＝온 천지를 돌아다녀 봐도 평온한 생활을 누릴 만한 장소를 찾기 어렵다.

【了事】**liǎo‖shì** [동] 분규를 무마하다. 사건을 마무리짓다. [주로 철저하지 못하거나 부득이함을 가리킴] ¶敷衍~＝대강 마무리짓다.

【了手】**liǎoshǒu** [동][방] (일을) 마무리하다. 끝내다. 완전히 처리하다. 완결시키다. 책임을 완수하다. ¶他事情一~就来。＝그는 일을 끝내고서 바로 왔다.

【了无】**liǎowú** [동] 전혀 …하지 않다. 조금도 …함이 없다. ¶~惧色＝전혀 겁내는 기색이 없다.

【了悟】**liǎowù** [동][문] 터득하다. 깨닫다. 파악하다. 이해하다. ¶其中奥妙, 尚未~。＝그 속에 든 오묘함을 아직 깨닫지 못했다.

【了愿】**liǎoyuàn** [동] 염원〔소원·소망·바람〕을 이루다.

【了账】**liǎo‖zhàng** [동] **1** 외상을 청산하다. 빚을 갚다. **2** [비] 원한을 마무리짓다〔종결하다〕. ¶还有几笔债务没有~。＝아직 몇 건의 채무를 청산하지 못했다.

## 钌[釕] liǎo 루테늄 료

[명][외]《化》루테늄(Ru, ruthenium). [원자 번호 71]
☞ **liào**

## 蓼 liǎo 여뀌 료

[명] **1**《植》여뀌. **2** (**Liǎo**) 성(姓).
☞ **lù**

【蓼蓝】**liǎolán** [명]《植》요람. 쪽. [‘蓝(lán)’이라고도 함]

## 憭 liǎo 총명할 료

[형][문] 이해하다. 알다. 총명하다. 사리에 밝다.

## *燎 liǎo 태울 료

[동] 태우다. 그을다. [주로 모발에 쓰임] ¶烟熏火~＝연기에 쏘이고 불에 그을다.
☞ **liáo**

## 尥 liào 뒷발질할 료

【尥蹶子】**liào juě·zi** [동] (노새·말 따위가) 뒷발질하다.

## 钌[釕] liào 자물단추 료

☞ **liǎo**

【钌铞儿】**liàodiàor** [명] 꺾쇠. 걸쇠.

## **料 liào 헤아릴 료

[동] **1** [문] (무게 등을) 재다. 달다. **2** 예상하다. 예측하다. 짐작하다. 추측하다. ¶出人意~＝예상을 뛰어넘다. **3** 처리하다. 돌보다. 보살피다. ¶照~＝돌보다. [명] **1** (~儿) 재료. 원료. (양복)감. ¶衣~＝옷감. / 偷工减~＝노력과 자재를 기준보다 적게 들이다. 날림공사를 하다. **2** 어떤 특정 용도를 갖춘 물건. ¶肥~＝비료. / 饮~＝음료. **3** 사료. ¶草~＝(마소의) 꼴. / 马~＝말의 사료. **4** 참고〔근거〕 자료. ¶笑~＝웃음거리. / 史~＝사료. **5** 유리와 유사한 반투명 물체. [모조 주옥(珠玉)을 만드는 재료로 쓰임] ¶~货＝인조 주옥(珠玉). **6** [비] 감. 재목. [어떤 일을 할 수 있는 능력을 가졌거나 어떤 직위에 합당한 인물] ¶我不是唱歌的~。＝나는 노래할 재목이 아니다. [양] **1**《醫》료. [처방전의 환약을 제조하는 데 필요한 약재의 전체 분량을 세는 단위] ¶配几~药＝몇 회분의 처방약을 조제하다. **2** [옛] 목재의 계산 단위. [단면이 0.1제곱미터에 길이가 2.1미터인 것을 ‘1料(liào)’라고 함]

0→ 备料, 不料, 大料, 电料, 废fèi料, 敷fū料, 工料, 骨料, 果料儿, 焊hàn料, 糊料, 炉lú料, 毛料, 磨mó料, 逆nì料, 配料, 坯pī料, 鞣róu料, 烧料, 生料, 石料, 史料, 饲sì料, 塑sù料, 填tián料, 调料, 涂tú料, 香料, 养料, 衣料, 意料, 饮yǐn料, 油料, 预料, 照料, 整料, 质料, 自料, 作料

【料不到】**liào·budào** [동] 생각도 못하다. 예상하지 못하다. 짐작하지 못하다. 뜻밖이다. ¶这事是他干的, 真~。＝이 일을 그가 저질렀을 줄은 정말 생각지도 못했다.

【料到】**liàodào** [동] 예상〔예측〕하다. 짐작하다. ¶没~今天会下雨。＝오늘 비가 올 줄은 예상하지 못했다.

【料定】**liàodìng** [동] 미루어 단정하다. 예상하다. 예측하다. 그럴 줄 알다. ¶早就~他会拒绝。＝진작 그가 거절할 줄 알았다.

【料斗(子)】**liàodǒu(·zi)** [명] 어물통. [주로 고리버들을 엮어 만듦]

【料豆儿】**liàodòur** [명] 사료용 콩.

【料度】**liàoduó** [동][문] 예상하다. 예측하다. 추측하다. 미루어 짐작하다. ¶结果如何, 实难~。＝결과가 어떠할지는 정말 예측하기 힘들다.

【料及】**liàojí** [동][문] 예기하다. 예견하다. 짐작이 가다. ¶始末~＝처음부터 끝가지 예견이 되다.

【料酒】**liàojiǔ** [명] 조리용 술.

【料理】**liàolǐ** [동] **1** 돌보다. 보살피다. 처리하다. ¶~家务＝집안일을 돌보다. **2** 요리하다. ¶名厨~＝유명한 주방장이 요리하다. [명][방] 요리. ¶韩国~＝한국 요리. ≒处理 办理

【料器】**liàoqì** [명] 유리 공예품.

【料峭】**liàoqiào** [형][문] 차갑다. 쌀쌀하다. 으스스하다. [주로 봄날의 한기를 가리킴] ¶春寒~＝봄 날씨가 쌀쌀하다.

【料事如神】**liàoshì-rúshén** [성] 귀신같이 알아맞히다. 놀랄 만큼 정확하게 예언하다. 예언이 정확하다.

【料想】**liàoxiǎng** [동] 예상하다. 짐작하다. 추측하다. ¶没~他的伤会恢复得这么快。＝그의 상처 회복이 이렇게 빠를 줄은 예상하지 못했다. ≒预料 预想

【料子】**liào·zi** [명] **1** 옷감. **2** [방] 모직물. **3** [비]

감. 재목. [어떤 일을 할 수 있는 능력을 가졌거나 어떤 직위에 합당한 인물] ¶他不是读书的～。= 그는 학문을 할 재목이 아니다.

## 撂 liào 던질 략

[동] **1** 아무렇게나 내려놓다. (거칠게) 내려놓다. ¶他～下电话就冲出门去了。= 그는 전화를 거칠게 끊고는 뛰쳐나갔다. **2** 버리다. 던져놓다. 팽개치다. 내버려 두다. 제쳐두다. 방치하다. ¶他一天到晚在工地上忙, 把家务全～给了妻子。= 그는 온종일 공사장에서 일을 하다 보니, 집안일은 모두 아내에게 떠넘기게 되었다. **3** 넘어뜨리다. 쓰러뜨리다. 내동댕이치다. ¶他一使劲儿, 他对手～了仰八叉。= 그가 힘을 주자 상대는 뒤로 벌렁 나자빠졌다.

【撂担子】**liào dàn·zi** [동][비] (해야 할 일을 하지 않고) 일손을 놓다. 일을 내팽개치다. ¶不能一遇到烦心事儿就～。= 짜증나는 일에 맞닥뜨릴 때마다 내팽개쳐서는 안 된다.

【撂倒】**liàodǎo** [동] 쓰러뜨리다. 넘어뜨리다. 내동댕이치다. ¶一枪～一个。= 총 한 방에 한 명씩 넘어뜨리다.

【撂地】**liàodì**(～儿) [동] (예인(藝人)들이) 장터·묘회(廟會)·거리에서 전(廛)을 펼쳐 놓고 기예를 팔다. =【撂地摊】**liào dìtān**

【撂地摊】**liào dìtān** ☞【撂地】**liàodì**

【撂荒】**liào‖huāng** [동][방] 밭을 묵히다. ¶一定要想办法把～的地种起来。= 반드시 방법을 생각해서 묵혀 둔 밭을 일궈야 한다.

【撂跤】**liàojiāo** [동][방] (붙어서) 싸우다. 씨름을 하다.

【撂开】**liào‖kāi** [동] 손을 떼다〔놓다〕. 제쳐두다. 내버려 두다. 방치하다. ¶家里的事, 你不能～不管。= 집안일을 네가 손을 떼고 방치해서는 안 돼.

【撂生】**liàoshēng** [동] (오래 쓰지 않아) 생소하다. 무디어지다. 서툴다. 미숙하다. ¶早年学的外语现在都～了。= 예전에 배운 외국어가 지금은 서툴어졌다.

【撂手】**liào‖shǒu** [동] 손을 떼다. 관여하지 않다. 관계를 끊다. ¶事情做了一半, 他就～了。= 일을 반쯤만 하고, 그는 손을 뗐다.

【撂台】**liào‖tái** [동][방] 일에 손을 떼다. 일을 방치하다. ¶他这不是成心撂我的台吗? = 그가 마음먹고 나의 일을 그르치려는 것 아냐?

【撂挑子】**liào tiāo·zi** [동] **1** 짐을 내려놓다. **2** [비] 일에서 손을 떼다. ¶他又～不干了。= 그는 또 손을 떼고 일을 안 한다.

【撂下】**liào·xia** [동] 내려놓다. ¶他～手上的事就赶过去帮忙。= 그는 하던 일을 내려놓고 급히 가서 도왔다.

## 廖 Liào 성씨 료

[명] 성(姓).

## *瞭 liào 바라볼 료

[동] 높은 곳에서 멀리 바라보다. ¶站在山顶向远处～望。= 산꼭대기에 올라서서 멀리 바라보다.
☞ 了(liǎo)

【瞭哨】**liàoshào** [동] 보초 서다. ¶巡逻～= 순찰을 돌고 보초를 서다.

【瞭望】**liàowàng** [동] **1** 높은 곳에 올라 멀리 바라보다. ¶极目～= 눈길이 닿는 데까지 멀리 바라보다. **2** 높은 곳에서 감시하다. ¶～边防线= 변방 국경선을 감시하다.

【瞭望哨】**liàowàngshào** ☞【观察哨】**guānchàshào**

【瞭望台】**liàowàngtái** [명] 감시탑. 전망대.

## *镣[鐐] liào 족쇄 료

[명] 족쇄. ¶脚～= 족쇄.

【镣铐】**liàokào** [명] 족쇄와 수갑.

# lie

## *咧 liē 지껄일 렬

아래를 참조.
☞ **liě**, **·lie**

【咧咧】**liēliē** ☞【大大咧咧】**dà·da liēliē**【骂骂咧咧】**mà·ma liēliē**【笑咧咧】**xiào liēliē**

【咧咧】**liē·lie** [동][방] **1** 헛소리하다. 함부로 지껄이다. ¶他又在胡～。= 그는 또 헛소리하고 있구먼. **2** (어린아이가) 앙앙 울다〔칭얼거리다〕. ¶别～了, 妈妈给你买还不行吗? = 울지 마, 엄마가 (너에게) 사 주면 안 되겠니?

## *咧 liě 입 벌릴 렬

[동] **1** 입을 옆으로 벌리다. ¶龇牙～嘴= 입을 벌리고 이빨을 드러내다. **2** [방][폄] 말하다. ¶胡诌八～= 함부로 지껄이다.
☞ **liē**

## 裂[1] liě 터질 렬

[동][구] 터지다. 벌어지다. 갈라지다. ¶麻袋缝儿～开了。= 마대의 솔기가 터졌다.
☞ **liè**, **·lie**

## 裂[2] liě 펼 렬

[동][방] (틈이) 벌어지다. 열리다. ¶他～着怀向这边走来。= 그는 앞가슴을 드러낸 채 이쪽으로 걸어온다.
☞ **liè**

## **列 liè 줄 렬

[동] **1** 배열하다. 늘어놓다. ¶陈～= 진열하다. / 名～前茅= 이름이 선두에 놓여 있다. **2** 끼워 넣다. 배치하다. ¶提案已被大会～入议程。= 제안은 이미 대회 주최측에서 의사 일정에 끼워 넣었다. [대] 각. 여러. ¶～位听众= 청중 여러분. [양] 열. 줄. ¶一～火车= 열차 한 대. [명] **1** 줄. 열. 행렬. [사람이나 물건이 늘어선 줄] ¶队～= 대

열. / 序~ = 서열. **2** 유. 부류. ¶不在此~ = 이 부류에 있지 않다. **3** (Liè) 성(姓).

○● 并列, 陈chén列, 出列, 队duì列, 开列, 胪lú列, 论列, 排列, 平列, 人列, 上列, 数列, 系列, 下列, 序xù列

【列兵】 **lièbīng** 명 (軍) 이등병.

【列表】 **liè‖biǎo** 통 도표를 만들다. 리스트를 작성하다. 도표로 나타내다. ¶~说明 = 도표로 설명하다.

【列车】 **lièchē** 명 열차. ¶特快~ = 특급 열차.

【列车员】 **lièchēyuán** 명 열차 승무원. 차장.

【列出】 **lièchū** 통 열거하다. 늘어놓다. ¶~名单 = 명단을 열거하다.

【列当】 **lièdāng** 명 (植) 초종용. = 【草苁蓉】 **cǎocōngróng**

【列岛】 **lièdǎo** 명 (地) 열도. [줄지어 늘어선 군도] ¶澎湖~ = 평후 열도.

【列鼎而食】 **lièdǐng'érshí** 성 **1** 진수성찬으로 먹다. **2** (비) 호족들의 사치한 생활.

【列队】 **lièduì** 통 대열을 짓다. 줄을 서다. ¶~入场 = 줄을 서서 입장하다.

【列国】 **lièguó** 명 **1** 열국. 열방(列邦). 여러 나라. **2** 열국. [춘추 전국 시기의 각 제후국] ¶周游~ = 열국들을 두루 돌아다니다.

【列举】 **lièjǔ** 통 열거하다. ¶~实例 = 실례를 열거하다.

【列宁】 **Lièníng** 레닌(1870~1924년). [러시아의 혁명가·정치가. 본명은 블라디미르 일리치 울리야노프(Vladimir Ilich Ulyanov)] ¶~主义 = 레닌주의.

【列强】 **lièqiáng** 명 열강. [주로 19~20세기에 외국을 침략하여 국세를 확장한 여러 나라들을 가리킴]

【列入】 **lièrù** 통 집어넣다. 끼워 넣다. ¶~计划 = 계획에 집어넣다.

【列为】 **lièwéi** 통 (어떤 부류에) 속하여[들어] …가 되다. (어떤 부류에) 끼다. ¶北京被~全国十大卫生城市之一. = 베이징은 전국 10대 위생 도시의 하나로 들어간다.

【列位】 **lièwèi** 명 여러분. 제위. ¶~请入席. = 여러분 자리에 앉아 주십시오.

【列席】 **liè‖xí** 통 옵서버(observer)로 참석하다. 참관하다. [발언권은 있으나 표결권은 없이 회의에 참석하는 것을 말함]

【列线图(解)】 **lièxiàntú(jiě)** 명 (數) 계산 도표. 노모그래프(nomograph).

【列阵】 **lièzhèn** 통 대열을 정렬하다. ¶仪仗队~接受检阅. = 의장대가 정렬하여 사열을 받다.
명 정렬한 대오. 대열. ¶国旗护卫队的~威武而庄严. = 국기호위대의 대열은 위풍당당하고 엄숙하다.

【列支敦士登】 **Lièzhīdūnshìdēng** 명 (地) 리히텐슈타인(Liechtenstein). [수도는 '瓦杜兹 (파두츠 : Vaduz)' 임]

○● 列 liè, 裂 liè, 烈 liè, 咧 liě, 趔 liè, 洌 liè, 冽 liè, 例 lì

【列传】 **lièzhuàn** 명 열전. [기전체(紀傳體)의 역사서에서 제왕 이외의 저명한 인물의 전기(傳記). 사마천(司馬遷)의 《사기(史記)》에서 비롯되었음] ¶《史记·廉颇蔺相如~》 = 《사기·염파 인상여 열전》.

【列子】 **Lièzǐ** 명 **1** 열자. [전국(戰國) 시대 초기의 사상가인 열어구(列御寇)] **2** 열자. [열어구(列御寇)가 지은 책 이름. 도가(道家) 경전의 하나]

【列祖列宗】 **lièzǔ lièzōng** 명 (가족이나 민족의) 역대 조상.

**劣** **liè** 못할 렬

형 **1** 약소하다. 변변치 못하다. ¶~株 = 생장이 나쁜 그루[포기]. **2** (품질 따위가) 나쁘다. 낮다. 열등하다. ¶恶~ = 아주 나쁘다. / 卑~ = 비열하다. **3** 표준보다 작은. ¶~弧 = 열호. ↔优

○● 卑bēi劣, 粗cū劣, 低劣, 猥wěi劣, 芜wú劣, 窳yǔ劣, 拙zhuō劣

【劣等】 **lièděng** 명 열등. 하등. ¶~商品 = 열등품. ↔优等

【劣根性】 **liègēnxìng** 명 (장기간에 걸쳐 길러진) 나쁜 습성[근성]. 저열한 근성. ¶他的身上有一种小市民的~. = 그에게는 소시민적 나쁜 근성이 있다.

【劣弧】 **lièhú** 명 (數) 열호. [반원보다 작은 호] ↔优弧

【劣货】 **lièhuò** 명 질이 낮은 상품. 열등품. 저급품. 하등품. 불량품.

【劣迹】 **lièjì** 명 못된[나쁜] 행적. ¶~昭彰 = 나쁜 행적이 뚜렷하다.

【劣厥】 **lièjué** 형 (가축이) 사납다. 온순[고분고분]하지 않다. ¶这马~得很, 你小心点儿. = 이 말은 사나우니 조심해라.

【劣马】 **lièmǎ** 명 **1** 나쁜 말. 노둔한 말. 불량마. 허약한 말. **2** 성질이 사나워 다루기[몰기] 힘든 말. ¶驯服~ = 몰기 힘든 말을 길들이다.

【劣绅】 **lièshēn** 명 행실이 나쁜[못된] 지방의 악덕 인사. ¶土豪~ = 토호와 지방 악덕 인사.

【劣势】 **lièshì** 명 열세. ¶处于~ = 열세에 처하다. ↔优势

【劣质】 **lièzhì** 형 질이 나쁘다[낮다]. 낮은 품질의. 저질의. ¶~产品 = 저질 상품. ↔优质

【劣种】 **lièzhǒng** 명 (가축이나 작물의) 열등 품종. 불량종. ↔良种

【劣株】 **liè zhū** 명 생장이 나쁜 그루[포기].

**洌** **liè** 찰 렬

형 문 한랭하다. 춥다. ¶凛~ = 살을 에듯 춥다.

**洌** **liè** 맑을 렬

형 문 (물이나 술이) 맑다. ¶泉香而酒~ = 샘물이 향기로우면 술이 맑다.

**埒** **liè** 같을 날

형 문 같다. 동등하다. ¶才力相~ = 재능이 같다. 명 낮은 담. 논[밭]두렁. 제방. ¶河~ =

하천 제방.

**烈** liè 세찰 렬
[형] **1** 불기운이 세차다[맹렬하다]. ¶~焰腾空 = 맹렬한 불길이 하늘로 솟아오르다. **2** (강도·농도·힘 따위가) 세다. 크다. 진하다. 심하다. ¶热~ = 열렬하다. / 兴高采~ = 신바람이 나다. **3** 강직[정직]하다. 굳세다. 억세다. ¶刚~ = 강직하고 외곬이다. / 贞~ = 끝까지 정조를 지키다. **4** 정의로운 일을 위해 희생된. ¶~士陵园 = 열사 묘역[능]. [명] **1** [문] 공적. 공업(功業). ¶功~ = 공적. **2** 정의로운 일을 위해 희생된 사람. ¶先~ = 선열. **3** (Liè) 성(姓).

○● 暴烈, 惨cǎn烈, 炽chì烈, 激烈, 节烈, 剧烈, 酷kù烈, 猛měng烈, 强烈, 热烈, 贞zhēn烈

【烈度】 **lièdù** ☞【地震烈度】 **dìzhèn lièdù**
【烈风】 **lièfēng** [명] **1** (氣) 큰센바람. [풍력 계급 9의 바람] **2** 열풍. 세찬 바람.
【烈火】 **lièhuǒ** [명] 맹렬한 큰 불. 열화. 사나운 불길. ¶~熊熊 = 거센 불길이 활활 타오르다.
【烈火见真金】 **lièhuǒ jiàn zhēnjīn** 〈속〉 **1** 맹렬한 불에 쬐어 보아야만 황금의 진위가 감별할 수 있다. **2** 〈비〉 위험과 재난에 처했을 때 사람의 됨됨이를 판단할 수 있다.
【烈酒】 **lièjiǔ** [명] 독한 술. 도수가 높은 술.
【烈军属】 **lièjūnshǔ** [명] 열사의 유족과 군인의 가족.
【烈马】 **lièmǎ** [명] 성질이 사납고 길들이기 힘든 말. 기질이 강한 말.
【烈女】 **liènǚ** [명]〈옛〉 **1** 열녀. [강직하고 절조를 지킨 여자] **2** 열녀. [죽음으로 정절을 지킨 여자]
【烈日】 **lièrì** [명] 작열하는 태양. 강하게 내리쬐는 태양. 열일. ¶~当空 = 작열하는 태양이 하늘에 걸려 있다.
【烈士】 **lièshì** [명] **1** [문] 열사. [공업(功業)을 세우는 데 뜻을 둔 사람] ¶~暮年, 壮心不已. = 열사는 만년(晚年)이 되어도 응대한 뜻이 다하지 않는다. **2** 열사. [정의로운 일을 위해 생명을 바친 사람] ¶~公墓 = 열사 묘역.
【烈属】 **lièshǔ** [명] 열사의 유족.
【烈暑】 **lièshǔ** [명] 혹서. 혹심한 더위. 무더위. 불더위. 몹시 더운 날.
【烈性】 **lièxìng** [형] **1** 성격이 강(직)하다. ¶~女子 = 성격이 강한 여자. **2** 성질이 강렬[맹렬]하다. 효력이 세다. ¶~炸药 = 강력한 폭약.
【烈性子】 **lièxìng·zi** [명] 성격이 강렬한 사람. 성마른 사람.
【烈焰】 **lièyàn** [명] 맹렬한 화염[불길]. ¶~冲天 = 맹렬한 불길이 하늘로 치솟다.

**捩** liè 돌릴 렬
[동] 돌리다. 돌려세우다. 전환[전변]시키다. ¶转~点 = 전환점.

**䴕** [**鴷**] liè 딱따구리 렬
[명] [動] 딱따구리.

**猎** [**獵**] liè 사냥할 렵
[동] **1** 사냥하다. ¶渔~ = 고기 잡고 사냥하다. 어로와 수렵. **2** 찾다. 탐구하다. 추구하다. ¶~取名利 = 명리를 쟁취하다. [명] 사냥. ¶一把~枪 = 사냥총 한 자루.

○● 出猎, 打猎, 涉shè猎, 射猎, 狩shòu猎, 田猎, 行猎, 渔猎

【猎豹】 **lièbào** [명](動) 치타.
【猎捕】 **lièbǔ** [동] (금수를) 포획하다. 사냥하여 얻다. ¶严禁~国家保护动物. = (국가에서 정한) 보호 동물의 포획을 엄금하다.
【猎场】 **lièchǎng** [명] 수렵장. 사냥터.
【猎刀】 **lièdāo** [명] 사냥칼.
【猎狗】 **liègǒu** [명] 사냥개. = 【猎犬】 **lièquǎn**
【猎户】 **lièhù** [명] **1** 사냥을 생업으로 하는 집. 엽호. 사냥꾼의 집. **2** 사냥꾼.
【猎户座】 **lièhùzuò** [명] (天) 오리온(Orion)좌[자리].
【猎获】 **lièhuò** [동] 사냥하여 포획하다 [얻다·잡다]. ¶猎人用~的动物换取生活用品. = 사냥꾼이 포획한 동물들로 생필품을 교환하다.
【猎具】 **lièjù** [명] 사냥 도구.
【猎猎】 **lièliè** [의성] 휘이잉. 휘이익. 펄럭펄럭. 팔락팔락. [바람 부는 소리나 깃발이 휘날리는 소리] ¶旌旗~ = 깃발이 펄럭펄럭하다.
【猎奇】 **lièqí** [동][문] 힘써 기이한 사물만 찾아다니다. ¶这些低俗的刊物满足了一部分人的~心理. = 이런 저속한 간행물은 일부 사람들의 엽기적인 심리를 만족시켜 준다.
【猎潜艇】 **lièqiántǐng** [명] (軍) 구잠정(驅潛艇).
【猎枪】 **lièqiāng** [명] 사냥총. 엽총.
【猎取】 **lièqǔ** [동] **1** 사냥하여 포획하다[얻다]. ¶~野兽 = 들짐승을 사냥하여 얻다. **2** (부당한 수단으로) 탈취하다. 빼앗다. 쟁취하다. ¶~暴利 = 폭리를 취하다.
【猎犬】 **lièquǎn** ☞【猎狗】 **liègǒu**
【猎人】 **lièrén** [명] 사냥꾼. 늑猎手
【猎杀】 **lièshā** [동] 사냥하여 잡아죽이다.
【猎食】 **lièshí** [동] **1** (동물 등을) 잡아먹다. 잡아서 먹이로 삼다. ¶猫头鹰~田鼠. = 올빼미는 들쥐를 먹이로 한다. **2** 〈비〉 (부당한 수단으로) 명리 등을 얻다. 획득하다. ¶这伙人专以坑蒙拐骗~. = 이 패거리는 전문적으로 사기치고 기만하여 이익을 얻는다.
【猎手】 **lièshǒu** [명] 사냥꾼. [주로 솜씨가 능숙한 사냥꾼을 가리킴] 늑猎人
【猎头】 **liètóu** [동] 〈옛〉 (기업의 위탁을 받아) 고급 인재를 물색·발굴하다. ¶~公司 = 헤드 헌팅 (head hunting) 회사.
【猎物】 **lièwù** [명] **1** 사냥감. **2** 〈비〉 찾는 사람이나 물건. 사냥감. ¶这伙歹徒四处寻~. = 이 악당들은 사방으로 사냥감을 찾아다닌다.
【猎艳】 **lièyàn** [동][문] **1** [옛] 화려한 자구(字句)를 찾다. 미사여구를 찾다. ¶~搜奇 = 화려하고 기이한 자구를 찾다. **2** 여색을 추구하다[좇다]. ¶

~贪色＝여색을 추구하고 탐하다.
【猎鹰】lièyīng 명 사냥매. 보라매.
【猎装】lièzhuāng 명 사냥복.

## 裂 liè 찢을 렬

통 1 찢어지다. 갈라지다. 쪼개지다. 터지다. 벌어지다. ¶破~＝파열되다. ／四分五~＝사분오열되다〔갈기갈기 찢어지다〕. 2 금이 가다. 틈이 생기다. ¶茶杯~了。＝찻잔에 금이 가다. 3 (植) 결각(缺刻). 잎이나 꽃부리 가장자리의 깊이 패어 들어간 부분.
☞ liě

○● 爆裂、崩bēng裂、迸bèng裂、车裂、唇chún裂、腭è裂、割gē裂、皲jūn裂、破裂

【裂变】lièbiàn 통 1 (物) 핵분열하다. 2 분열하여 변화하다. ¶社会发展日新月异, 传统的思想观念也在不断发生~。＝사회가 하루가 다르게 발전하면서, 전통적인 생각·관념이 끊임없이 변화한다.
【裂唇】lièchún 명 (醫) 언청이.
【裂齿】lièchǐ 명 (動) 열육치(裂肉齒).
【裂缝】liè‖fèng (~儿) 통 틈이 갈라지다. 금이 가다. 균열이 가다. ¶墙体~了。＝담장에 균열이 가다.
【裂缝】lièfèng (~儿) 명 갈라진 금. 균열. 틈. ¶门板上有一条~。＝문짝에 금이 한 줄 가다.
【裂谷】liègǔ 명 (地) 지구(地溝). 열곡(裂谷).
【裂果】lièguǒ 명 (植) 터짐 열매. 열과.
【裂痕】lièhén 명 1 (물체의) 열흔. 금. 균열. 갈라진〔파열된〕흔적. ¶桌面上的这道~很明显。＝탁상의 이 열흔이 매우 뚜렷하다. 2 (비) (감정상의) 금. 균열. 불화. ¶这件事使原本和睦的夫妻关系出现了~。＝이 일로 원래 화목했던 부부 사이에 불화가 생기게 되었다. ≒裂墨
【裂化】lièhuà (化) (석유를) 분류(分溜)하다. 분별 증류하다. 크래킹(cracking)하다.
【裂解】lièjiě (化) (석유를) 열분해하다.
【裂口】liè‖kǒu (~儿) 통 갈라지다. 터지다. 벌어지다. ¶气候干燥, 嘴唇都~了。＝날씨가 건조하여 입술이 모두 갈라졌다.
【裂口】lièkǒu (~儿) 명 깨어진〔갈라진〕곳〔틈〕. 금. 흠. 상처. ¶手被划了一条~。＝손에 상처가 나다.
【裂片】lièpiàn 명 (植) (꽃이나 잎의) 열편.
【裂纹】lièwén 명 1 (기물의 갈라진) 금. ¶碗上有一道~。＝그릇에 한 줄로 금이 났다. 2 (자기를 구우면서 일부러 낸) 빙렬무늬〔잔금〕.
【裂墨】lièwèn 명 (기물의 갈라진) 금. ≒裂痕
【裂隙】lièxì 명 1 (地) (암석이 지질 작용의 영향으로 생긴) 갈라진 곳. 2 (口) 틈. 갈라진 곳. 3 (비) (감정상의) 간격. 틈. ¶这次争吵让两人之间有了一道难以弥合的~。＝이번 말다툼으로 두 사람 사이에는 메울 수 없는 틈이 생겼다.
【裂罅】lièxià 명 갈라진 금. 균열. 틈.
【裂眦】lièzì 통 눈초리가 찢어지다. 노려보다. 쏘아보다. ¶嗔目~＝화가 나서 노려보다.

## 趔 liè 비틀거릴 렬
아래를 참조.
【趔趄】liè·lie qièqie 형 비틀〔휘청〕거리다. 〔걸음걸이가 불안정한 모습〕.
【趔趄】liè·qie 통 비틀〔휘청〕거리다. ¶他~了几下, 还是站住了。＝그는 몇 번 비틀거리다가만 균형을 잡았다. 형 비틀〔휘청〕거리다. ¶他~着走出门去。＝그는 비틀거리며 문을 나갔다. 명 비틀〔휘청〕거림. ¶他打了一个~, 差点儿摔倒。＝그는 한 번 휘청하더니 하마터면 쓰러질 뻔했다.

## 躐 liè 뛰어넘을 렵
통문 1 (순서나 등급 따위를) 넘다. 뛰어넘다. 초월하다. ¶~升＝계급을 뛰어넘어 승진하다. 2 밟다. 짓밟다. 함부로 딛다. 유린하다. ¶~跤＝밟다.
【躐等】lièděng 통문 순서에 의거하지 않다. 등급을 건너뛰어 오르다. 등급을 초월하다. ¶~越级＝등급을 건너뛰어 오르다.
【躐级】lièjí 통문 순서에 의거하지 않다. 등급을 건너뛰어 오르다. 등급을 초월하다.

## 鱲[鬛] liè 피라미 렵
명(動) 피라미.

## 鬣 liè 갈기 렵
명 1 말갈기. ¶马~＝말갈기. 2 동물의 머리·목의 털. 갈기. ¶狮~＝사자의 갈기.
【鬣狗】liègǒu 명(動) 하이에나.

## 咧 ·lie 어조사 렬
조문 용법은 '了(·le)'·'啦(·la)'·'哩(·li)'와 같음. ¶好~, 大家一起去动物园。＝좋아, 모두 같이 동물원에 가자.
☞ liē, liě

# lin

## 拎 līn 들 령
통 (물건을) 손으로 들다. ¶她~着一篮子菜从街上回来了。＝그녀는 채소 한 바구니를 들고 거리에서 돌아왔다.
【拎包】līnbāo ☞【提包】tíbāo

## 邻[鄰, 隣] lín 이웃 린
명 1 인. 〔고대에 다섯 집을 인(隣)이라 하였음〕 2 이웃. ¶左~右舍＝이웃. 인근. 통 이웃하다. 인접하다. 근접하다. ¶~县＝이웃 현.

○● 比邻、地邻、紧邻、睦mù邻、毗pí邻、善邻

【邻邦】línbāng 명 이웃 나라〔국가〕. 인방.
【邻村】líncūn 명 이웃 마을〔촌〕. 인촌.
【邻国】línguó 명 이웃 나라〔국가〕. 인방.

【邻家】línjiā 명 이웃집. 이웃 사람.
【邻角】línjiǎo 명(數) 인접각.
【邻接】línjiē 통 (국가나 지역 따위가) 인접하다. 붙어 있다. 이웃하다. ¶北京市和天津市、河北省~。=베이징시는 톈진시·허베이성에 인접해 있다.
【邻近】línjìn 통 (위치가) 이웃하다. 가까이 접하다. ¶他的家~市中心。=그의 집은 시 중심과 가까운 곳에 위치해 있다. 명 부근. 근처. ¶学校~有一个体育馆。=학교 부근에는 체육관이 하나 있다. ≒附近
【邻近色】línjìnsè 명 인접색. 비슷한 색.
【邻居】línjū 명 이웃집. 이웃 사람. ≒邻舍
【邻里】línlǐ 명 1 동네. 2 동네 사람. 동네 집. ¶~之间关系融洽。=동네 사람들 사이의 관계가 좋다.
【邻人】línrén 명 이웃 사람.
【邻舍】línshè 명 1 이웃집. 2 이웃. 이웃 사람. ¶左右~互帮互助。=이웃 간에 서로 돕다. ≒邻居
【邻座】línzuò 명 1 옆자리. 옆 좌석. 인접 좌석. 2 옆 사람. 옆 좌석 사람. ¶~都是熟人。=옆 사람들은 모두 낯익은 이들이다.

## **林 lín 숲 림

명 1 숲. 수풀. ¶竹~=대나무 숲./深山老~=깊은 산 속의 원시림. 2 임업. ¶农~牧副渔=농업·임업·목축업·부업·어업. 3 (비) (동류의 사물이나 사람의) 집단. 계(界). 모음. ¶碑~=비림./艺~=예술계. 4 (Lín) 성(姓).

○- 禅chán林, 丛cóng林, 翰hàn林, 老林, 山林, 幼林, 圆林

林 lín
淋 lín
琳 lín
啉 lín
霖 lín
婪 lán
婪 lán
漤 lǎn

【林表】línbiǎo 명(문) 수풀 위. 수풀 끄트머리. ¶山间奇石, 高出~。=산간의 기암괴석이 수풀 위로 불쑥불쑥 솟아 있다.
【林产】línchǎn 명 임산(물).
【林场】línchǎng 명(林) 1 영림서. 2 삼림을 육성·벌채하는 장소.
【林丛】líncóng 명 숲. 수풀. 삼림. ¶湖的四周是广阔的~。=호수의 둘레는 광활한 숲이다.
【林带】líndài 명(林) (방풍·방사를 위해 조림한) 수대(樹帶). 띠 모양의 방호림.
【林地】líndì 명(林) 임지.
【林分】línfēn 명 임분.
【林冠】línguān 명(林) 임관. 수림(樹林) 위의 전체적인 생김새. ¶~起伏, 绵延不绝。=수림이 기복을 이루며 끊임없이 이어지고 있다.
【林海】línhǎi 명 숲의 바다. 임해. 수해(樹海).
【林壑】línhè 명(문) 산림[숲]과 협곡[골짜기].
【林火】línhuǒ 명 1 삼림의 불씨. 2 삼림 화재.
【林肯】Línkěn 링컨 (Abraham Lincoln, 1809~1865년). [미국의 제16대 대통령]
【林垦】línkěn 통 황무지를 개간하고 조림하다.
【林立】línlì 통 임립하다. 숲처럼 빽빽이 늘어서 있다. ¶高楼~=빌딩이 숲을 이루다.
【林林总总】línlín-zǒngzǒng 쉥 수량이나 종류가 매우 많다.
【林龄】línlíng 명(林) 전체 임분(林分)의 평균 연령. 산림이 생겨서 자란 나이.
【林莽】línmǎng 명 빽빽하고 무성한 수풀. 밀림. ¶~之中常有野兽出没。=무성한 수풀에는 늘 야생 동물이 출몰한다.
【林木】línmù 명 1 수림(樹林). 숲. ¶~葱郁=숲이 빽빽하다. 2 임목. 삼림의 나무. 숲의 나무. 숲을 이루고 자라는 나무. ['孤立木(고립목)'와 구별됨]
【林农】línnóng 명 임업에 종사하는 농민.
【林檎】línqín ☞【花红】huāhóng
【林区】línqū 명(林) 삼림 지구.
【林泉】línquán 명(문) 1 숲과 샘[호수]. 유=숲과 호수가 수려하고 그윽하다. 2 (물러나) 은거하는 곳. ¶终老~=은거지에서 생애를 마치다.
【林薮】línsǒu 명(문) 1 임수. 수풀. 숲. 2 (비) 사물이 모여 있는 곳[장소]. 집합처. 모음. 컬렉션 (collection). ¶古小说~=고소설 모음.
【林涛】líntāo 명 숲에서 이는 (파도 같은) 바람 소리. ¶~阵阵=숲에서 바람 소리가 쏴쏴하고 불다.
【林网】línwǎng 명(林) (종횡으로 교차하는) 그물 모양의 방호림.
【林下】línxià 명(문) 1 전야(田野). 시골. 산야. 산림. 2 (벼슬을 그만두고) 은거하는 곳. 은거지. ¶退隐~=산야에 은거하다.
【林相】línxiàng 명 1 임상. [숲이 이루어진 모양] ¶~整齐=숲의 모양이 가지런하다. 2 삼림 수목의 품질과 생장 상황. ¶~优良=수목의 품질과 상태가 우량하다.
【林型】línxíng 명(林) 임형. 삼림형. 삼림 유형의 분류 단위. ¶杜鹃~=진달래 삼림형.
【林业】línyè 명 임업.
【林狸】línyì ☞【猞猁】shēlì
【林阴道】línyīndào 명 가로수가 우거진 길. =【林阴路】línyīnlù
【林阴路】línyīnlù ☞【林阴道】línyīndào
【林园】línyuán 명 (나무가 잘 가꾸어진) 원림. 정원. 공원. 동산.
【林苑】línyuàn 명 임원. 임금의 사냥터.
【林政】línzhèng 명 임업 행정.
【林子】lín·zi 명 숲. 수풀. 수풀. 삼림. ¶河边有一片~=물가에 숲이 있다.

## **临[臨] lín 임할 림

통 1 내려다보다. ¶居高~下=높은 곳에서 아래를 내려다보다. 2 내려가다. ¶降~=강림하다. /君~天下=천하를 통치하다. 3 이르다. 오다. ¶喜事~门=집안에 경사가 생기다. 4 마주하다. 대면하다. 끼고 있다. 가깝다. ¶背山~水=산을 등지고 물을 마주하고 있다. 5 (글씨·그림 따위를) 모사(模寫)하다. 본뜨다. 베끼다. ¶~摹字画=서화(書畫)를 모사하다. 분 곧 …

# lín 临

하려고 하다. …에 즈음하여. …바로 전에. …의 순간에. ¶~别赠言=이별에 즈음하여 남기는 충고나 격려의 말. 명(Lín) 성(姓).

0● 濒bīn临, 登临, 惠huì临, 驾jià临, 降jiàng临, 来临, 迫临, 照临

【临本】 **línběn** 명 모사(模寫)하다. 베끼다.

【临别】 **línbié** 동 곧 헤어지려고 하다. 이별에 임하다. 이별을 앞두다. ¶~纪念=이별 기념(사진·물건).

【临产】 **línchǎn** 동 (임산부가) 곧 해산하려고 하다. 해산할 때가 되다. 해산달이 되다.

【临场】 **línchǎng** 동 1 직접[몸소·친히] 현장에 오다. ¶~指导=현장에 와서 지도하다. 2 (시험·경기·공연 따위를) 치르다. 현장에 있다. ¶~经验丰富.=현장 경험이 풍부하다.

【临朝】 **líncháo** 동 (황제가) 조정(朝廷)에 나오다[이르다]. ¶~听政=조정에 나와서 정무를 보다.

【临池】 **línchí** 동문 1 글씨 연습으로 연못물을 검게 만들다. [한(漢)대의 서예가인 장지(張芝)가 글씨 연습을 할 때 항상 연못물에 벼루를 씻어 연못물이 검게 변했다는 고사에서 유래함] 2 비 글씨 연습을 하다. 서예 연습을 하다.

【临床】 **línchuáng** 동문(醫) 1 (의사가 직접 병상을 돌아보며) 치료하다. 2 진료〔치료〕하다. ¶~医学=임상 의학.

【临到】 **líndào** 동 1 (어떤 시간·장소·일에) 가까워지다〔이르다〕. 임박하다. ¶~火车就快开了他才赶来.=기차가 곧 떠날 때가 임박해서야 그가 서둘러 도착했다. 2 (어떤 일이) 닥치다. 주어지다. 일어나다. 발생하다. ¶~我头上的全都是些难办的事.=나에게 주어진 것은 전부 어려운 일들이다.

【临风】 **línfēng** 동문 바람을 마주하다. ¶~独立=바람을 마주하고 홀로 서다.

【临工】 **língōng** 명 임시공. 비정규 노동자.

【临海】 **línhǎi** 동 바다를 마주하다. 바다에 가깝다〔끼고 있다〕. ¶此地~靠山, 风光绮丽.=이곳은 바다를 끼고 산을 끼고 있어서 경치가 아름답다.

【临河】 **línhé** 동 강을 마주하다. 강에 가깝다〔끼고 있다〕. ¶~而居=강을 마주하고 거주하다.

【临机】 **línjī** 동 (어떤) 시기에 직면하다. 때가 되다. ¶~立断=(어떤) 시기에 직면하여 즉시 결단을 내리다.

【临机应变】 **línjī-yìngbiàn** ☞ 【随机应变】 **suíjī-yìngbiàn**

【临江】 **línjiāng** 동 강을 마주하다. 강에 가깝다〔끼고 있다〕. ¶~的公园成了人们消夏的好去处.=강을 끼고 있는 공원은 사람들이 여름에 더위를 식힐 수 있는 좋은 장소가 된다.

【临街】 **línjiē** 동 길가에 붙어 있다. 거리를 마주하다〔끼고 있다〕. ¶他喜欢清静, 不想要~的房子.=그는 조용한 것을 좋아해서, 길가에 붙어 있는 가옥은 원치 않는다.

【临界】 **línjiè** 동 1 (어떤) 경계에 가깝다. 경계를 이루고 있다. ¶云南省和缅甸等国~.=윈난(云南)성은 미얀마 등의 나라와 경계를 이루고 있다. 2 (物) 임계되다. ¶~状态=임계 상태.

【临界点】 **línjièdiǎn** 명(物) 1 임계점. 2 사물의 성질이 변화하는 관건.

【临界温度】 **línjiè wēndù** 명(物) 임계 온도. [일정한 압력에서 기체를 액화하는 데 필요한 최고 온도]

【临近】 **línjìn** 동 (시간·거리상) 다가오다. 접근하다. 근접하다. 가까워지다. ¶~新年=새해가 다가오다.

【临渴掘井】 **línkě-juéjǐng** 성 1 목이 말라야 물을 파다. 2 비 발등에 불이 떨어져야 서두르다. 일이 닥쳐서 서둘러 일하다. ≒临阵磨枪

【临空】 **línkōng** 동 하늘에 걸려 있다. ¶皓月~=밝은 달이 하늘에 떠 있다

【临了】 **línliǎo**(~儿) 문(口) 최후에. 마지막에. 결국에. ¶说好一起去看演出, ~他又改主意了.=같이 공연을 보러 가자고 약속해 놓고, 막판에 그는 또 생각을 바꿨다.

【临门】 **línmén** 동 1 찾아오다. 굴러들다. 문에 이르다. ¶双喜~=집안에 경사가 겹치다. 2 (體) 골문 앞에 다다르다. ¶~一脚=문전 처리. 골대 앞에서의 마지막 처리.

【临摹】 **línmó** 동 (글씨나 그림 따위를) 모사하다. 본뜨다. ¶~字帖=글씨본을 모사하다.

【临难】 **línnàn** 동 재난을 만나다. 어려움에 닥치다〔직면하다〕. ¶~不惊=재난이 닥쳐도 놀라지 않다.

【临盆】 **línpén** 동 곧 해산하려 하다.

【临期】 **línqī** 동 기한(기일)이 되다〔임박하다〕. ¶会~=회의 시간이 이미 임박했다.

【临蓐】 **línrù** 동 곧 해산하려 하다.

【临深履薄】 **línshēn-lǚbó** 성 1 깊은 못에 이르는 것 같고, 얇은 얼음장을 디디는 것과 같다. 2 비 매우 신중하고 조심스럽다.

【临时】 **línshí** 부 그 때가 되어. 때에 이르러. ¶~弃权=그 때에 이르러 기권하다. 형 잠시의. 일시의. ¶~措施=임시 조치. ≒暂时 ↔长期

【临时抱佛脚】 **línshí bào fójiǎo** 속 1 평소에 향도 올리지 않다가 일이 생겼을 때 부처님 다리를 껴안다. 2 비 평소에 준비하지 않고 있다가 그 때가 되어 급하게 서두르다.

【临时代办】 **línshí dàibàn** 명 임시 대리 공사〔대사〕.

【临时工】 **línshígōng** 명 임시 직원. 임시 직공.

【临时性】 **línshíxìng** 명 일시적인 성질. 임시방편적인 성질. 한시적인 성질. ¶过渡时期的政策具有~.=과도기의 정책은 임시적인 성질을 지니고 있다. 형 일시적(인). ¶~举措=일시적인 조치.

【临时政府】 **línshí zhèngfǔ** 명 임시 정부.

【临死】 **línsǐ** 죽음에 이르다. 죽을 때가 가깝다〔되다〕. 곧 죽게 되다. ¶~不惧=죽음을 앞에 두고도 두려워하지 않다.

【临帖】 **lín‖tiè** 동 (글씨체를) 따라 쓰다〔연습하다〕. 서첩을 보고 습자하다.

【临头】**líntóu** 동 (재난이나 불행이) 눈앞에 (들이)닥치다. 생기다. 일어나다. ¶大难~=큰 재난이 눈앞에 닥치다.

【临完】**línwán** 부 끝으로. 최후에. 결국. 마침내. 드디어.

【临危】**línwēi** 동 **1** (생명이) 위험에 직면하다. ¶~不乱=위험에 직면해서도 침착하다. **2** (사람이) 병이 위중해서 죽음에 직면하다. ¶~嘱托=죽음을 앞에 두고 부탁하다.

【临危不惧】**línwēi-bùjù** 위험에 직면하고도 조금도 두려워하지 않는다.

【临危受命】**línwēi-shòumìng** 성 위험과 재난의 시기에 임명을 받다.

【临危授命】**línwēi-shòumìng** 성 국가의 위험을 보고 기꺼이 자신의 목숨을 바치다.

【临刑】**línxíng** 동 사형 집행에 임하다. 곧 사형을 집행하다.

【临行】**línxíng** 동 출발할 때가 되다. 곧 출발하려고 하다. 출발을 앞두다. ¶~之前和亲友们一一告别.=출발하기 전에 친구들과 일일이 작별 인사를 하다.

【临渊羡鱼】**línyuān-xiànyú** 성 **1** 못에 가서 물고기를 탐내다. [≪한서·동중서전(漢書·董仲舒傳)≫의 "못에 가서 물고기를 탐내는 것보다는 물러나서 그물을 뜨는 편이 낫다."라는 고사에서 유래함] **2** 유 바라기만 하고 행동은 하지 않으면 무엇도 얻을 수 없다. 꿈을 실현하기 위해서는 실제적인 행동을 해야 한다.

【临月】**línyuè**(~儿) 동 곧 해산(解產)하려 하다. 출산일이 다가오다.

【临战】**línzhàn** 동 싸움(시합·전쟁)에 임하다. 대결을 앞두다. ¶球队已进入~状态,正在进行紧张的赛前训练.=팀들은 이미 임전 상태에 돌입하여, 긴장된 경기 전 훈련을 하고 있다.

【临阵】**línzhèn** 동 **1** 전쟁에 나가다. 싸움터에 임하다. ¶~逃跑=전쟁에 나가 도망치다. **2** 직접 전투에 참가(가담)하다. ¶~指挥=전투 현장에서 지휘하다.

【临阵磨枪】**línzhèn-móqiāng** 성 **1** 싸움에 임해서야 창을 갈다. **2** 유 일이 닥치고 나서야 황급히 준비하다. ≒临渴掘井 ↔防患未然

【临阵脱逃】**línzhèn-tuōtáo** 성 **1** 싸움터에 이르러 도망가다. **2** 유 일이 닥치거나 곤란한 일을 만나면 꽁무니를 빼다. 중요한 시기에 발을 빼다. ↔以身殉职

【临终】**línzhōng** 동 죽을 때가 되다. ¶~交代后事.=임종 때 사후의 일을 당부하다.

【临终关怀】**línzhōng guānhuái** 명 호스피스(hospice). [죽음을 앞둔 환자에게 평안한 임종을 맞도록 위안과 안락을 베푸는 봉사 활동]

# 啉 **lín** 퀴놀린 람
☞【喹啉】**kuílín**

# *淋 **lín** 물 뿌릴 림
동 **1** (물이나 액체에) 젖다. ¶日晒雨~=햇빛에 쬐고 비에 젖다. **2** (물이나 액체를) (흠뻑) 뿌리다. 끼얹다. 붓다. ¶去给花儿~点儿水.=가서 꽃에 물을 좀 뿌려라. ☞ **lìn**

○● 冰淇qí淋

【淋巴】**línbā** 명의 (生) 임파. 림프(lymph). =【淋巴液】**línbāyè** 러 lympha

【淋巴管】**línbāguǎn** 명 (生) 림프관.

【淋巴结】**línbājié** 명 (生) 림프선. 림프샘. =【淋巴腺】**línbāxiàn**

【淋巴球】**línbāqiú** 명 '淋巴细胞(림프구)'의 옛 명칭.

【淋巴细胞】**línbā xìbāo** 명 (生) 림프구.

【淋巴腺】**línbāxiàn** ☞【淋巴结】**línbājié**

【淋巴液】**línbāyè** ☞【淋巴】**línbā**

【淋漓】**línlí** 형 **1** (액체가) 아래로 떨어지다. 줄줄 흐르다. ¶大汗~=땀방울이 뚝뚝 떨어지다. **2** 통쾌하다. 흥을 다하다. ¶酣畅~=기분이 아주 통쾌하다.

【淋漓尽致】**línlí-jìnzhì** 성 **1** (글이나 말 등이) 통쾌하기 그지없다. **2** 남김없이 드러내다 [표현하다].

【淋漓柯】**línlíkē** 명 (植) 상록 교목 침엽수의 일종. [학명은 'L.uraianus Hayata' 임] =【樱仔】**sīzǐ**

【淋淋】**línlín** 형 (물이나 땀이) 아래로 떨어지는 모양. 뚝뚝 떨어지다. ¶浑身湿~的.=온몸이 땀으로 흠뻑 젖었다.

【淋湿】**línshī** 동 (사람 또는 물체가) 흠뻑 젖다.

【淋雨】**lín‖yǔ** 동 비에 젖다. ¶淋了雨,衣服全被打湿了.=비에 젖어 옷이 모두 축축해졌다.

【淋浴】**línyù** 동 샤워하다. ¶~后感觉清爽多了.=샤워를 하고 나니 기분이 훨씬 상쾌해졌다. 명 샤워. ¶洗~=샤워하다.

【淋浴器】**línyùqì** 명 (목욕용) 샤워기.

# 绯[綝] **lín** 늘어진 모양 삼
아래를 참고.
☞ **chēn**

【绯缅】[綝纚] **línlí** 형통 화려하게 차려입은 모양. 잘 차려입은 모양.

【绯纚】**línlí** ☞【绯缅】**línlí**

# *琳 **lín** 아름다운 옥 림
명의 아름다운 옥(玉). ¶玫瑰碧~=매괴(玫瑰)·임벽(琳碧) 등의 아름다운 옥.

【琳琅】**línláng** 명 **1** 아름다운 옥. **2** 유 아름답고 귀한 물건. ¶~珠宝=아름답고 귀한 진주와 보석.

【琳琅满目】**línláng-mǎnmù** 성 눈 앞에 아름다운 물건이 가득하다. 아름다운 물건이 아주 많다. [주로 서적 또는 공예품을 가리킴] ≒美不胜收

# 粼 **lín** 물 맑을 린

【粼粼】[磷磷] **línlín** 형 (물이나 돌 따위가) 맑고 깨끗하다. 빛에 반짝이다. ¶波光~=잔물결이 빛에 반짝이다.

## 嶙 lín 앙상할 린

아래를 참조.

【嶙嶙】 **línlín** 형 1 (산의 바위가) 톱니 모양으로, 들쭉날쭉하다. 겹겹이 우뚝하다. ¶礁石~=암초가 뾰족하게 튀어나오다. 2 (사람이) 뼈만 앙상하다. 여위어 뼈가 드러나다. 여원. 수척하다. ¶瘦骨~=말라서 뼈만 앙상하다.

【嶙嶙峋峋】 **línlín xúnxún** (~的) 형 1 (산의 바위가) 톱니 모양으로 들쭉날쭉하다. 겹겹이 우뚝하다. 2 (사람이) 뼈만 앙상하다. 여위어 뼈가 드러나다. 여원. 수척하다.

【嶙峋】 **línxún** 형 1 (산의 바위가) 톱니 모양으로 들쭉날쭉하다. 겹겹이 우뚝하다. ¶怪石~=기괴한 돌이 겹겹이 쌓여 있다. 2 (사람이) 뼈만 앙상하다. 여위어 뼈가 드러나다. 여원. 수척하다. ¶瘦骨~=뼈가 드러날 정도로 여위다. 3 사람됨이 정직하고 굳세다. ¶傲骨~=사람이 강직하다.

## 遴 lín 고를 린

동 신중하게 고르다〔선발하다·뽑다〕. ¶~才=재능 있는 인재를 신중하게 고르다. [고어에서 '吝(lìn)'과 같음]

【遴选】 **línxuǎn** 동 1 (인재를) 선발하다〔뽑다〕. ¶~贤能=현명하고 재능 있는 인재를 선발하다. 2 고르다. ¶~参展样品=전람회에 출품할 샘플을 고르다.

## 潾 lín 맑을 린

【潾潾】 **línlín** 형 물이 맑다. ¶水波~=잔물결이 일렁이다.

## 璘 lín 옥빛 린

명 옥(玉)의 광채〔빛깔〕. [주로 인명에 쓰임]

【璘瑞】 **línbīn** 형 무늬와 색깔이 뒤섞여 있다〔난잡하다〕.

## 霖 lín 장마 림

명 장마. ¶甘~=(오랜 가뭄 끝에 내리는) 단비. 감우(甘雨).

【霖雨】 **línyǔ** 명 장마. ¶~成灾=장마가 재해가 되다.

## 辚[轔] lín 수레 소리 린

【辚辚】 **línlín** 의 덜커덩덜커덩. 삐거덕삐거덕. [많은 수레나 마차가 달릴 때 나는 소리] ¶车~, 马萧萧=마차는 덜커덩거리고 말은 히힝거리며 운다.

## *磷[燐·粦] lín 인 린

명외 (化) 인(P, phosphorus). [원자 번호 15]

○● 赤chì磷, 黄磷

【磷肥】 **línféi** 명 (農) 인산 비료.

【磷光】 **línguāng** 명 (物) 인광. [금강석·방해석·형석 등에서 나오는 빛]

【磷灰石】 **línhuīshí** 명 (礦) 인회석.

【磷火】 **línhuǒ** 명 인화. 도깨비불. ⇒〖鬼火〗 guǐhuǒ

【磷矿】 **línkuàng** 명 (礦) 인광(燐鑛).

【磷鳞】 **línlín** ☞ 〖粼粼〗 línlín

【磷酸】 **línsuān** 명 (化) 인산(燐酸).

【磷虾】 **línxiā** 명 (動) 크릴(krill)새우. [남극해산 새우 종류의 갑각류]

【磷脂】 **línzhī** 명 (化) 인지질(燐脂質).

## 瞵 lín 노려볼 린

동문 (눈을 크게 뜨고) 노려보다. 주시하다. ¶鹰~鹗视=날카로운 눈으로 노려보다.

## *鳞[鱗] lín 비늘 린

명(動) 비늘. 형 비늘 모양. ¶~波荡漾=(비늘 모양) 잔물결이 출렁이다.

○● 鱼鳞

【鳞波】 **línbō** 명 (비늘 모양의) 잔물결. 파문.

【鳞次栉比】 **líncì-zhìbǐ** 성 1 물고기의 비늘이나 참빗의 빗살같이 빽빽하게 늘어서 있다. 2 (데) 집들이 빽빽하게 늘어서 있다. =〖栉比鳞次〗 zhìbǐ-líncì 【栉次鳞比】 **zhìcì-línbǐ** ☞ 密密麻麻

【鳞集】 **línjí** 동문 (물고기 비늘과 같이) 빽빽이 모이다. 군집하다. 밀집하다. ¶屋宇~=가옥이 밀집되어 있다.

【鳞甲】 **línjiǎ** 명 1 비늘과 껍데기. 2 딱딱한 껍데기를 가진 수중 동물.

【鳞茎】 **línjīng** 명 (植) 인경. 비늘줄기. 구근.

【鳞鳞】 **línlín** 형 1 비늘이 밀집되게 배열되어 있는 모양. 빽빽하다. 2 (수량이) 매우 많다. ¶强手~=강적이 매우 많다.

【鳞片】 **línpiàn** 명 1 (動) 비늘. 2 (動) 곤충의 날개나 신체를 덮고 있는 비늘 조각. 3 (植) (어린 싹의) 인편. 비늘 조각.

【鳞伤】 **línshāng** 명 비늘 조각처럼 많은 상처. 상처투성이. ¶遍体~=온몸이 상처투성이다.

【鳞石英】 **línshíyīng** 명 (礦) 인석영. 인규석(鳞硅石).

【鳞屑】 **línxiè** 명 (醫) 마른버짐.

【鳞爪】 **línzhǎo** 명 1 비늘과 발톱. 2 (데) (어떤 일의) 조각. 편린(片鳞). ¶文中记述的只是他风雨一生的~。=글 가운데 기술한 것은 단지 혹독한 시련을 겪은 그의 일생의 단면일 뿐이다.

【鳞状】 **línzhuàng** 명 비늘 모양의 것. ¶~茎=인경(鳞茎). 비늘줄기.

## 麟[麐] lín 기린 린

명문 기린. ¶~子凤雏=기린의 새끼와 봉황의 새끼. 진귀한 물건.

○● 麒qí麟

【麟凤龟龙】 **lín-fèng-guī-lóng** 성 1 기린·봉황·거북·용. [옛날, 길조와 장수를 상징하는 신령스러운 네 가지 동물을 가리킴] 2 (데) (품성이) 고상

하고 걸출한 인물. 3 (비) 진귀한 물건.
【麟角】 **línjiǎo** (명) 1 기린의 뿔. 2 (비) 드물고 진귀한 인재 또는 사물. ¶凤毛~=봉황의 털과 기린의 뿔. 희귀한 인재나 사물.
【麟角凤距】 **línjiǎo-fèngjù** (성) 1 기린의 뿔과 봉황의 발톱. 2 (비) 희귀하지만 드물게 사용하는 물건. 진귀하지만 꼭 사용되지는 않는 물건.
【麟角凤嘴】 **línjiǎo-fèngzuǐ** (성) 1 기린의 뿔과 봉황의 부리. 2 (비) 드물고 귀한 사물〔사람〕.

**蔺**¹ **lín** 다북쑥 림
(명)(植) 고서(古書)에서 쑥을 가리킴.

**蔺**² **lín** 음역자 림
☞【拂蔺】 **Fúlín**.

\***凛** **lǐn** 늠름할 름
(형) 1 (문) 무서워하다. 두려워하다. 경외하다. ¶~畏=두려워하다. 2 춥다. 차다. ¶~气袭人=추위가 엄습하다. 3 엄숙하다. 엄(격)하다. 단호하다. 늠름하다. ¶~不可犯=엄숙하여 범할 수 가 없다.
【凛冽】 **lǐnliè** (형) 매섭게 춥다. 살을 에듯 춥다. ¶寒风~=한풍이 살을 에듯 춥다.
【凛凛】 **lǐnlǐn** (형) 1 매섭게 춥다. ¶北风~=북풍이 매섭게 춥다. 2 위엄 있다. ¶威风~=위풍이 당당하다.
【凛秋】 **lǐnqiū** (명) 쌀쌀한 가을.
【凛然】 **lǐnrán** (형) 매우 엄하다. 위엄 있다. ¶正气~=기풍이 위엄 있다.
【凛若冰霜】 **lǐnruò-bīngshuāng** ☞【冷若冰霜】 **lěngruò-bīngshuāng**.
【凛遵】 **lǐnzūn** (동)(문) 엄숙하게 따르다. 엄격하게 지키다. ¶~律例=법규를 엄격하게 지키다.

**廪** **lǐn** 곳집 름
(명)(문) 1 창고. 곳간. ¶仓~=창고. 2 (문) 양식. (동)(문) (식량 등을) 급여하다. ¶~膳=녹봉으로 주는 쌀.
【廪膳】 **lǐnshàn** (동)(문) (식량을) 녹봉으로 주다. =【廪食】 **lǐnshí**.
【廪膳生】 **lǐnshànshēng** ☞【廪生】 **lǐnshēng**.
【廪膳生员】 **lǐnshàn shēngyuán** ☞【廪生】 **lǐnshēng**.
【廪生】 **lǐnshēng** (명) 명청(明淸)대에 관청에서 돈과 양식 등을 지급한 생원(生員). =【廪膳生】 **lǐnshànshēng** 【廪膳生员】 **lǐnshàn shēng yuán**.
【廪食】 **lǐnshí** ☞【廪膳】 **lǐnshàn**.

**懔** **lǐn** 삼갈 름
(형) '凛(춥다·엄숙하다)'과 같음.

\***檩** **lǐn** 도리 름
(명)(建) 도리. [서까래를 받치는 구실을 함]
☞ 脊jǐ檩.

【檩条】 **lǐntiáo** (~儿) (명)(建) 도리.
【檩子】 **lǐn·zi** (명)(방) 도리.

**吝**[(悋)] **lìn** 인색할 린
(동) (재물이나 힘쓰는 데) 인색하다. 내놓기를 꺼리다. ¶悭~=쩨쩨하다. / 不~赐教=가르침에 인색하지 않다. 몇 번이고 가르쳐 주다. (명)(Lìn) 성(姓).

○● 鄙bǐ吝, 不吝

【吝色】 **lìnsè** (명) 아까워하는 기색〔표정·낯빛〕. ¶慷慨捐助, 毫无~。=후하게 재물을 기부하고 전혀 아까워하는 기색이 없다.
【吝啬】 **lìnsè** (형) 인색하다. 쩨쩨하다. ¶他非常~, 从来舍不得多花一分钱。=그는 매우 인색해서 여태껏 한푼이라도 더 쓰는 것을 아까워한다. ≒小气 ↔慷慨 大方(dà·fang).
【吝啬鬼】 **lìnsèguǐ** (명) 구두쇠. 쩨쩨한 사람. [인색한 사람을 얕잡아 부르는 호칭]
【吝惜】 **lìnxī** (동) (힘이나 재물에) 인색하게 굴다. 내놓기를 아까워하다. 지나치게 아끼다. ¶~钱财=돈에 인색하다.
【吝于】 **lìnyú** (동) …에 인색하다.

**赁**[賃] **lìn** 세낼 임
(동) 세를 내다〔주다〕. ¶出~=세를 주다. / 租~=세를 내다.

\***淋**[(痳)] **lìn** 임질 림
(동) 거르다. 여과하다. ¶~盐=소금을 거르다. / 过~=여과하다. (명)(醫) 임질.
☞ **lín**.
【淋病】 **lìnbìng** (명)(醫) 임질.
【淋子】 **lìn·zi** (명) 여과기. 거름종이. 여과망. 필터(filter).

**蔺**¹[藺] **lìn** 골풀 린
☞【马蔺】 **mǎlìn**.

**蔺**²[藺] **Lìn** 성씨 린
(명) 성(姓).

**膦** **lìn** 포스핀 련
(명)(化) 포스핀(phosphine). 기상 인화수소(氣狀燐化水素).

**躏**[躪] **lìn** 짓밟을 린
☞【蹂躏】 **róulìn**.

# ling

○ **líng** 영 령
(수) '零(líng)'과 같음. 영. [한자로 쓰는 숫자 가운데 빈 자리를 뜻함] ¶三~二教室=302 교실. / 二~~八年=2008년.

◐ 九二〇, 六〇六

**令** líng 땅 이름 령
☞ lǐng, ling
【令狐】Línghú 图 1〔地〕링후. [지금의 산시(山西)성 린이(临猗)현 일대의 옛 지명] 2 복성(複姓).

**伶** líng 배우 령
图옛 (중국 전통극) 배우. ¶坤~=여배우. / 名~=이름난 배우.

◐ 优yōu伶

【伶仃】〔零丁〕língdīng 图 1 고독하다. 의지할 곳이 없다. ¶孤苦~=의지할 데 없이 외롭다. 2 쇠약하다. 허약하다. 앙상하다. ¶瘦骨~=피골이 상접하다. 뼈만 남아 앙상하다.
【伶俐】líng·lì (머리가) 영리하다. (말주변이) 뛰어나다. ¶聪明~=총명하고 영리하다.
【伶俜】língpīng 图 고독하다. 외롭다. ¶~无依=의지할 데가 없이 외롭다.
【伶人】língrén 1 고대의 음악 연주자를 가리킴. 2 (중국 전통극의) 배우.
【伶牙俐齿】língyá-lìchǐ 图 1 말이 민첩하고 재치 있다. 2 말솜씨가〔말주변이〕좋다. 입심이 좋다. 언변〔구변〕이 좋다. ≒能说会道

**灵[靈]** líng 신령 령
图 1 신. 신선. ¶神~=신령. 2 영혼. 정신. 넋. 얼. ¶亡~=망령. 죽은 이의 넋. / 心~=심령. 3 영구(靈柩). 관(棺). 죽은 사람에 관한 것. ¶移~=이관하다. / 守~=관을 지키다. 4 (Líng) 성(姓). 图 1 총명하다. 기민하다. 영리하다. ¶机~=기민하다. / 心~手巧=약고 솜씨가 좋다. 2 재빠르다. 날쌔다. 날래다. ¶失~=기계가 고장나다. / 消息~通=소식이 빠르다. 3 영험하다. 신통하다. 효력이〔효과가〕있다. 잘 듣다. ¶这药治脚气很~。=이 약은 무좀을 치료하는 데 효과가 있다. ≒巧 ↔笨 痴 拙

◐ 百灵, 辞灵, 飞灵, 魂hún灵, 机灵, 精灵, 空灵, 乞qǐ灵, 起灵, 生灵, 水灵, 亡wáng灵, 显xiǎn灵, 性灵, 幽yōu灵, 天灵盖

【灵便】líng·bian 图 1 재빠르다. 민첩하다. 기민하다. 날쌔다. ¶手脚~=손발이 민첩하다. 2 (도구 따위가) 사용하기 편리하다. ¶这把钉锤使起来很~。=이 망치는 사용하기 참 편리하다.
【灵车】língchē 图 영구차.
【灵榇】língchèn 图图 영구. 관.
【灵床】língchuáng 图 1 염(殓)을 하기 전 시체를 두는 곳. 2 죽은 사람을 위해 가설(假設)해 놓은 침대.
【灵丹妙药】língdān-miàoyào 图 1 만병통치약. 영약. 특효약. 2 图 모든 문제를 해결할 수 있는 좋은 방법. =【灵丹圣药】língdān-shèngyào
【灵丹圣药】língdān-shèngyào ☞【灵丹妙药】língdān-miàoyào

【灵动】língdòng 图 재빠르다. 민첩하다. 날쌔다. 날렵하다. 재다. ¶~的眼神=날렵한 눈매.
【灵幡】língfān (~儿) 图 옛날, 영구가 나갈 때 상주가 손에 쥐는 깃발.
【灵符】língfú 图 신령이 깃들어 있다는 부적.
【灵府】língfǔ 图图 마음. 두뇌. 마음이 깃들어 있는 곳.
【灵感】línggǎn 图 영감.
【灵怪】língguài 图 신비하다. 괴이하다. 图 (전설 속의) 신령과 요괴.
【灵光】língguāng 图 1图 신기한 광채. 2 신상(神像)의 머리 주위의 광채. 图图 좋다. 효과가 좋다〔뛰어나다〕. ¶这个法子很~。=이 방법은 효과가 좋다.
【灵慧】línghuì 图 영민하다. 똑똑하다. ¶赋性~=천성이 영민하다.
【灵魂】línghún 图 1 영혼. 혼. 2 마음. 정신. 심령. ¶这些话触及了他的~深处。=이 말들이 그에게 깊은 감명을 주었다. 3 양심. 인격. ¶出卖~=양심을 팔아 버리다. 4 图 사물의 중심. 핵심 요소. ¶中心论点是一篇杂文的~。=중요 논점은 (한 편의) 잡문의 핵심 요소이다.
【灵活】línghuó 图 1 민첩하다. 날쌔다. 재빠르다. 날렵하다. 원활하다. ¶手脚~=손발이 날쌔다. 2 융통성〔신축성〕있다. 구애받지 않다. ¶处事~=일하는 것이 융통성 있다. ≒灵巧 敏捷 灵敏 ↔死板 呆板
【灵活性】línghuóxìng 图 (사상·행동 따위의) 융통성. 유연성. ¶原则性有余, ~不够。=원칙적인 것만 고집하고 융통성이 부족하다.
【灵机】língjī 图 기지. 재치. 영감. ¶他~一动, 想出了一个很好的办法。=그는 기지를 발휘하여 아주 좋은 방법을 생각해 냈다.
【灵机一动】língjī yīdòng 图 1 영감이 탁 떠오르다. 2 갑자기 어떤 생각을 떠올리다. 기지를 발휘하다.
【灵境】língjìng 图图 선경(仙境). 선계(仙界). 무릉도원(武陵桃源). 경치가 아름답고 조용한 곳. ¶~缥缈=선경이 아득히 가물거린다.
【灵柩】língjiù 图 영구. 관.
【灵猫】língmāo 图(動) 사향고양이. ¶小~=중국산 사향고양이.
【灵妙】língmiào 图 영묘하다. 기묘하다. 영활(靈活)하다. ¶画中物象~自然, 栩栩如生。=그림 속의 사물들이 교묘하고 자연스러워 마치 살아 움직이는 것 같다.
【灵敏】língmǐn 图 영민하다. 재빠르다. 반응이 빠르다. 예민하다. 민감하다. ¶感觉~=감각이 영민하다. ≒灵活 敏捷 ↔迟钝
【灵敏度】língmǐndù 图 1 (기구의) 정밀도. 2 (라디오 따위의) 수신 능력도. 감도. 3 어떤 시약이나 테스트 방법의 민감도.
【灵牌】língpái ☞【灵位】língwèi
【灵棚】língpéng 图 영구를 안치해 두는 막.
【灵气】língqì 图 1 총기. 재기. 영리하고 민첩한 기질. ¶她很有~, 学什么都快。=그녀는 매우

총기가 있어 무엇이든 빨리 배운다. **2** 영기. 신기한 능력.

【灵巧】**língqiǎo** 휑 민첩하다. 솜씨가 좋다〔뛰어나다〕. ¶她的手非常~, 针线活儿做得很漂亮. =그녀는 솜씨가 좋아서 바느질을 아주 예쁘게 한다. ≒灵活 ↔笨拙 笨重

【灵寝】**língqǐn** 영구를 안치한 곳.

【灵寿木】**língshòumù** 몡(植) 영수. [목본 식물의 일종. 가지로 지팡이를 만들 수 있음]

【灵塔】**língtǎ** 보탑(寶塔). [불가에서 고승들의 유해를 안치해 두는 탑을 가리킴]

【灵台】**língtái** 몡 **1** 영구나 영정·위패를 모시는 탁자. **2** 書 심령. 마음. ¶~清明=마음이 깨끗하다〔맑다〕.

【灵堂】**língtáng** 몡 빈소.

【灵通】**língtōng** 휑 **1** (정보가) 빠르다. ¶他消息很~, 可以托他打听打听. =그는 정보가 빠르니, 그에게 부탁해서 알아봐도 된다. **2** 方 재빠르다. 민첩하다. ¶小家伙心眼儿真~. =꼬마가 정말 눈치 빠르네. **3** 書 쓸모 있다. 유용하다. 소용 있다. 효과〔효력·효험〕 있다. 해결할 수 있다. ¶这机器还真~. =이 기계는 정말 쓸모 있네. ↔闭塞

【灵童】**língtóng** 몡(佛) 선동(仙童). [시짱(西藏)불교에서 '活佛(활불)'가 죽은 후에 그 영혼으로 다시 환생한 아이]

【灵透】**língtòu** 휑方 총명하다. 영리하다. 재빠르다. ¶这孩子真~, 一教就会. =이 아이는 정말 총명해서, 가르치기만 하면 바로 안다.

【灵位】**língwèi** 몡 위패(位牌). 목주(木主). =【灵牌】**língpái**

【灵犀】**língxī** 몡 **1** 코뿔소의 뿔. [전설에 코뿔소의 뿔에 흰 무늬가 있는데, 아주 민감하다고 한 데서 유래함] **2** 伸 서로 통하는 마음. 공감. ¶心有~一点通. =서로 말없이 의사가 잘 통한다. 이심전심이다.

【灵性】**língxìng** 몡 **1** 타고난 총기. 천부적인 재능. ¶这孩子很有~, 日后定能成大器. =이 아이는 정말 타고난 총기가 있어 나중에 틀림없이 큰 인물이 될 것이다. **2** 동물의 감지 능력. ¶这只警犬非常有~. =이 경찰견은 감지 능력이 매우 뛰어나다.

【灵秀】**língxiù** 휑 뛰어나다. 빼어나다. 우수하다. ¶聪慧~=영리하고 우수하다. / 山川~=산천이 빼어나다.

【灵验】**língyàn** 휑 **1** 영험하다. 신통한 효과가 있다. 특효가 있다. ¶这药很~, 吃了就见效. =이 약은 신통한 효험이 있어, 먹으면 바로 효과를 볼 수 있다. **2** (예언 등이) 적중하다. 잘 맞다. ¶他的话果然~, 客队还真赢了. =그의 말이 적중하여, 원정팀이 정말 이겼다.

【灵药】**língyào** 몡 **1** 영약. 효험〔영험〕이 있는 약. **2** 伸 해결책. 타개책. ¶引进外资并非能让工厂摆脱困境的~. =외자(外资)를 유치하는 것은 결코 공장을 곤경에서 벗어나게 할 수 있는 해결책은 못 된다. **3** (전설 속의) 선약(仙藥). 선단(仙丹).

【灵异】**língyì** 몡 신선과 요괴. 휑 신기하다. 기이하다. 황당무계하다. ¶山水~=풍경이 기이하다.

【灵长目】**língzhǎngmù** 몡(動) 영장목. [원숭이나 유인원이 이에 속함]

【灵芝】**língzhī** 몡(植) 영지.

## **苓** líng 복령 령

☞【茯苓】**fúlíng**

◦-• 猪zhū苓

## **囹** líng 감옥 령

아래를 참조.

【囹圄】【囹圉】**língyǔ** 몡書 영어. 감옥. ¶身陷~=감옥에 갇히다.

【囹圉】**língyǔ** ☞【囹圄】**língyǔ**

## **泠** líng 시원할 령

휑書 시원하다. 상쾌하다. ¶~风=산들바람. 몡(**Líng**) 성(姓).

【泠泠】**línglíng** 휑書 서늘하다. 청량(清凉)하다. 시원하다. ¶清清~=아주 시원하다. 의 졸졸. [물 흐르는 소리] ¶泉水激石, ~作响. =샘물이 돌에 부딪치며 졸졸 소리를 낸다.

【泠然】**língrán** 휑書 소리가 맑다. ¶钟磬~=종 소리가 맑게 나다.

## *玲 líng 옥 소리 령

아래를 참조.

◦-• 珑lóng玲

【玲玎】**língdīng** 의휑 옥이나 돌이 부딪쳐 나는 소리. ¶玉响~=옥 소리가 맑고 청아하다.

【玲玲】**línglíng** 의휑 옥이나 돌이 부딪쳐 나는 소리. ¶~盈耳=옥 소리가 귀에 가득하다.

【玲珑】**línglóng** 휑 **1** 정교하다. ¶小巧~=깜찍하고 정교하다. **2** 영리하다. 민첩하다. ¶心路~=기지가 뛰어나다.

【玲珑剔透】**línglóng-tītòu** 솅 **1** (물건이) 정교하고 아름답다. **2** (사람이) 영리하고 총명하다.

## **柃** líng 사스레피나무 령

몡(植) (상록 관목의 일종) 사스레피나무. [학명은 'Eurya japonica' 임]

【柃木】**língmù** 몡(植) 사스레피나무.

## **瓴** líng 물동이 령

몡書 물동이. ¶高屋建~=높은 지붕 위에서 물동이에 든 물을 쏟다. 유리한 지세 또는 위치에 처해 있다.

## *铃[鈴] líng 방울 령

몡 **1** (~儿)(音) 방울. [고대 금속 악기를 만들 때 사용함] **2** (~儿) 방울. 종. 벨. ¶门~=초인종. / 车~=클랙슨(klaxon). 자동차 경적. **3** 방울 모양의 물건. ¶杠~=바벨. **4**(植) 목화다

래. 목화송이. ¶结~=목화송이가 열리다.

○● 串chuàn铃, 电铃, 风铃, 杠gàng铃, 棉铃虫, 梵亚fànyà铃

【铃铛】**líng·dang** 몡 방울.
【铃铎】**língduó** 몡 궁전·누각 따위의 지붕 네 귀에 달아맨 풍경.
【铃鼓】**línggǔ** 몡(音) 탬버린.
【铃声】**língshēng** 몡 방울 소리.

# 昤 líng 흰빛 령
혭(문) 흰색의.

# 鸰[鴒] líng 할미새 령
☞【鹡鸰】**jílíng**

# *凌 líng 깔볼 릉
통 1 (높이) 오르다. 올라가다. 초월하다. ¶壮志~云=웅대한 포부가 높이 솟다. 2 깔보다. 업신여기다. 모욕하다. ¶盛气~人=의기양양하여 남을 깔보다. 기고만장하다. 3 접근하다. 다가오다. 임박하다. ¶~晨时分=동틀 무렵. 몡 1 얼음(덩어리). ¶冰~=얼음덩어리. 2 (Líng) 성(姓).

○● 防凌, 驾jià凌, 欺qī凌, 侵qīn凌, 冰激凌, 清凌凌

【凌暴】**língbào** 통(문) 폭력으로 침해하다〔압박하다〕. ¶~弱小=힘없는 사람을 폭력으로 압박하다.
【凌逼】**língbī** 통(문) 모욕하다. 핍박하다. ¶~百姓=백성을 핍박하다.
【凌波】**língbō** 통(문) 1 물결 위를 걷다. 2 (비) (미인이) 가볍고 아름답게 걷다. ¶~仙子=물 위의 아름다운 선녀. 수선화.
【凌波微步】**língbō-wēibù** 솅(문) 미인의 가볍고 아름다운 걸음걸이. =【微步凌波】**wēibù-língbō**
【凌晨】**língchén** 몡 새벽녘. 이른 아침. 동틀 녘. ≒拂晓 黎明
【凌迟】[陵迟] **língchí** 통(문) 능지처참하다.
【凌风】**língfēng** 통 바람을 타다. ¶彩旗~飘扬. =채색 깃발이 바람에 펄럭이다.
【凌驾】**língjià** 통 1 (다른 사람 또는 사물을) 뛰어넘다. 능가하다. 압도하다. ¶不能将一己私利~于集体利益之上. =자신의 사사로운 이익을 단체의 이익보다 중시해서는 안 된다.
【凌空】**língkōng** 통 하늘 높이 솟아오르다. 높이 솟다. ¶雄鹰~翱翔. =독수리가 하늘 높이 비상하다.
【凌厉】**línglì** 혭 (기세가) 맹렬하다. 세차다. 거세다. 억세다. ¶北风~=북풍이 거세다.
【凌轹】[陵轹] **línglì** 통(문) 1 업신여기다. 구박하다. 능멸하다. ¶~百姓=백성을 억압하다. 2 배척하다. 밀어 내다. 배격하다. 배제하다. ¶~同仁=동료를 배척하다.
【凌凌乱乱】**líng·ling luàn·luàn** 혭 혼란하

다. 어수선하다.
【凌乱】**língluàn** 혭 질서가 없다. 어수선하다. 혼란하다. ¶地下室里堆满了杂物, 显得十分~. =지하실에 잡동사니가 가득 쌓여 있어 아주 어수선해 보인다. ↔整齐
【凌虐】**língnüè** 통(문) 학대하다. 업신여기다. 능멸하다. ¶备受~=학대당하다. ≒欺侮
【凌日】**língrì** 몡(天) 경과(經過). 자오선 통과.
【凌辱】**língrǔ** 통 능욕하다. 모욕하다. ¶不堪~=모욕을 견딜 수 없다. ≒侮辱
【凌侮】**língwǔ** 통 우롱하다. 모욕하다.
【凌霄】**língxiāo** 통 하늘 높이 오르다. 우뚝 솟다. 원대하다. ¶~宝殿=우뚝 솟은 궁전. 몡(植) 능소화.
【凌霄花】**língxiāohuā** 몡(植) 능소화. [학명은 ‘Campsis grandiflora’ 임] =【鬼目】**guǐmù**, 【紫葳】**zǐwēi**
【凌虚】**língxū** 통(문) 하늘 높이 오르다. 우뚝 솟다. ¶~飞翔=하늘 높이 비상하다.
【凌汛】**língxùn** 몡 하천의 얼음이 녹아 수위가 급격하게 높아지는 홍수 현상.
【凌夷】[陵夷] **língyí** 통(문) 기울다. 쇠퇴하다. 타락하다. 나빠지다. 내리막길을 걷다. ¶风俗~=풍속이 쇠퇴하다.
【凌云】**língyún** 통 1 하늘 높이 오르다. 우뚝 솟다. (기세가) 하늘을 찌르다. 2 (비) 높고 원대하다. ¶~之志=높고 원대한 뜻.
【凌杂】**língzá** 혭 뒤섞여 어지럽다. 너저분하다. ¶~不堪=매우 난잡〔혼잡〕하다.
【凌灾】**língzāi** 몡 얼음덩어리가 물길을 막아 하천이 범람하는 재해. [해빙기 때 황허(黄河)에서 자주 발생함]
【凌锥】**língzhuī** 몡(방) 고드름.

# **陵 líng 큰 언덕 릉
통(문) 우롱하다. 모욕하다. ¶~压=압박하다. 몡 1 구릉. 언덕. 구릉. ¶丘~=구릉. 2 (제왕·귀인의) 능. 큰 무덤. ¶谒~=임금의 능을 알현하다. / 明十三~=명(明)대 13릉. 3 (Líng) 성(姓).

○● 冈陵, 凭píng陵, 丘qiū陵, 山陵

【陵迟】**língchí** 혭(문) 쇠약해지다. 쇠퇴하다. ¶世风~=사회 풍조가 쇠퇴하다. 통 ☞【凌迟】**língchí**
【陵谷变迁】**línggǔ-biànqiān** 솅 1 구릉과 골짜기에 큰 변화가 생기다. 2 (비) 세상이 크게 변하다. =【陵谷易处】**línggǔ-yìchù**
【陵谷易处】**línggǔ-yìchù** ☞【陵谷变迁】**línggǔ-biànqiān**
【陵轹】**línglì** ☞【凌轹】**línglì**
【陵墓】**língmù** 몡 1 왕릉. 제왕의 무덤. 능묘. 2 걸출한 인물의 묘.
【陵寝】**língqǐn** 몡(문) 제왕의 무덤.
【陵替】**língtì** 통(문) 1 기강이 문란해지다. ¶法度~=법도가 문란해지다. 2 쇠약해지다. 쇠퇴하다. 쇠락하다. 몰락하다. ¶家道~=가업이 쇠

【陵夷】língyí ☞【凌夷】língyí
【陵园】língyuán 囘 묘와 그 주위의 조경. ¶烈士～ = 열사의 묘역.

# 聆 líng 들을 령
囘囯 자세히 듣다. 경청하다. 듣다. ¶凝神~听 = 정신을 집중하고 경청하다.
【聆教】língjiào 囘囯 가르침을 공손히 듣다.
【聆取】língqǔ 囘囯 청취하다. ¶~意见 = 의견을 청취하다.
【聆听】língtīng 囘囯 경청하다. 정중히〔공손히〕듣다. 자세히 듣다. ¶~教诲 = 가르침을 경청하다.

# *菱[菠] líng 마름 릉
囘(植) 1 마름. [일년초 식물] 2 마름의 열매.
【菱粉】língfěn 囘(植) 마름 가루.
【菱花】línghuā 囘 1 마름꽃. 2 거울. [고대에 거울의 별칭으로 사용함]
【菱角】líng·jiao 囘(口)(植) 1 마름의 총칭. 2 마름 열매의 총칭.
【菱苦土(矿)】língkǔtǔ(kuàng) 囘(矿) 마그네시아(magnesia).
【菱镁矿】língměikuàng 囘(矿) 마그네사이트(magnesite).
【菱铁矿】língtiěkuàng 囘(矿) 능철광.
【菱锌矿】língxīnkuàng 囘(矿) 능아연석. 스미소나이트(smithsonite).
【菱形】língxíng 囘(数) 마름모.

# 棂[櫺] líng 격자창 령
囘 격자창. ¶窗~ = 격자창.

# *蛉 líng 나방 애벌레 령
☞【白蛉】báilíng【螟蛉】mínglíng

# 笭 líng 종다래끼 령
【笭箵】língxīng 囘 종다래끼. [고기를 낚아 담는 대나무로 엮어 만든 작은 바구니]

# 舲 líng 작은 배 령
囘囯 1 창문이 있는 배. 2 작은 배.

# *翎 líng 깃 령
囘 1 (~儿)(새의 날개와 꼬리에 난) 깃털. ¶雁~ = 기러기 깃털. / 孔雀~儿 = 공작새 깃털. 2 깃털. ¶雏鹰~毛未丰. = 새끼독수리의 깃털은 아직 풍성하지 않다. 3 화령(花翎). [청(清)대 관리의 예모(禮帽)에 달던 공작 깃털] ¶顶戴花~ = 모자에 화령(花翎)을 달다.
【翎毛】língmáo 囘 1 깃털. 2 (美) 새 그림. [조류를 제재로 그린 중국화]
【翎子】líng·zi 囘 1 화령(花翎). [청(清)대 관리의 예모(禮帽)에 장식으로 달던 공작 깃털] 2 (剧) 중국 전통극에서 장수의 모자에 꽂는 꿩 꼬리 깃털.

# 羚 líng 영양 령
囘 1 (动) 영양. 2 영양의 뿔. ¶~翘解毒丸 = 영양의 뿔·금은화·개나리 등으로 만든 해열·해독제.
【羚牛】língniú 囘(动) 타킨(takin). [높은 산에 사는 영양(羚羊)의 일종] =【扭角羚】niǔjiǎo líng【牛羚】niúlíng
【羚羊】língyáng 囘(动) 영양.

# 绫[綾] líng 비단 릉
囘 능(绫). [비단의 일종으로, 얼음 같은 무늬가 있고 얇음] ¶红~ = 붉은 비단.
【绫罗绸缎】líng luó chóu duàn 囘(纺) 능라주단. [일반적으로 견직물을 가리킴]
【绫子】líng·zi 囘(纺) 능(绫).

# *棱 líng 땅 이름 릉
지명에 쓰이는 글자. ¶穆~ = 무릉. [헤이룽장(黑龙江)성에 있는 지명]
☞ lēng, léng
0-0 扑棱

# 祾 líng 복 릉
囘囯 신령의 위력과 은혜. 권위.

# *零 líng 영 령
囘 1 囯 (비·이슬·눈물 따위가) 떨어지다. ¶感激涕~ = 감격해서 눈물을 흘리다. 2 (초목이나 꽃잎이) 말라 떨어지다. ¶凋~ = 꽃이 지다. 囯 자질구레하다. 사소하다. 영세하다. 소량이다. ¶化整为~ = 전체를 소량으로 나누다. 囝 1 영. 공. [주로 숫자 속에 빈 자리를 표시함] ¶贰仟参佰~捌圆整 = 2308위안정. 2 (무게·길이·시간·나이 등의) 두 자리 수 중간에서 비교적 많은 양 아래 적은 양이 덧붙어 있음을 나타낼 때 사용함. ¶七点一刻 = 7시 15분. / 一斤三两 = 1.3근. 3 영. [어떤 양을 측정할 때의 시작점] ¶~下三度 = 영하 3도. / 五点十分 = 0시 10분. 4 (数) 영. 제로(zero). ¶二减二等于~. = 2 빼기 2는 0이다. 囝 1 (~儿) 끝수. 나머지. 우수리. ¶老张今年八十挂~儿了. = 라오장은 올해 팔십 몇 살이다. 2 (Líng) 성(姓). ↔整

0-0 丁零, 挂零, 畸jī零, 抹mǒ零, 飘piāo零, 拾零, 一零儿, 孤gū零零

【零部件】língbùjiàn 囘(机) 부(속)품.
【零吃】língchī 囘(口) 간식. 군것질. 주전부리.
【零存整取】língcún-zhěngqǔ 囮 푼돈을 저축하여 목돈을 찾다.
【零打碎敲】língdǎ-suìqiāo ☞【零敲碎打】língqiāo-suìdǎ
【零担】língdàn 囘 작은 하물. 소화물(小荷物). ¶~货运 = 소화물 운송.
【零蛋】língdàn 囘(口) 빵점. 영. 제로(zero). [숫자 'O'을 재미있게 표현한 말] ¶数学考了个~. = 수학 시험에서 빵점을 받았다.

【零的突破】líng·de tūpò 제로(zero) 돌파. [예전에 없었던 성적이나 기록을 깨는 것을 말함] ¶实现了奥运会田径金牌~。=올림픽 육상 경기 금메달 제로(zero) 기록을 돌파했다.

【零点】língdiǎn 밤 12시. 영시(領時). ¶~一刻=0시 15분.

【零丁】língdīng ☞【伶仃】língdīng

【零度】língdù 영도. ¶气温已降到~以下。=기온이 이미 영도 이하로 떨어졌다.

【零工】línggōng 1 임시로 고용되어 하는 일. 날품팔이. ¶打~=임시로 고용되어 일하다. 2 임시 직공. 날품팔이꾼. ¶请了几个~帮忙。=임시 직공 몇 명의 도움을 청하다.

【零花】línghuā (돈을) 소소하게 쓰다. 용돈으로 쓰다. ¶把这点儿钱拿去~。=요 정도의 돈을 가져가 용돈으로 써라. (~儿) 용돈. 사소한 비용. ¶问爸爸要点儿~儿。=아빠에게 용돈 좀 달라고 해.

【零花钱】línghuāqián 용돈. 사소한 비용.

【零活儿】línghuór 자질구레한 일. 잡일. 잡무. ¶这孩子也能帮着干点儿~了。=이 아이도 잡일을 좀 도울 수 있다.

【零件】língjiàn 부속품.

【零料】língliào 남은 재료. 부스러기 재료. 원료 조각.

【零零乱乱】líng·ling luànluàn 흩어져 떨어지다. 너저분하다. 문란하다. 어수선하다. 산만하다.

【零零落落】líng·ling luòluò (~的) 드문드문하다. 드물다. 흩어져 있다. ¶房屋周围~地种着几株桃树。=집 주위에는 드문드문 몇 그루의 복숭아나무가 심어져 있다.

【零零散散】líng·ling sǎnsǎn 뿔뿔이 흩어져 있다. 분산되어 있다.

【零零碎碎】líng·ling suìsuì 자잘하다. 자질구레하다. 잡다하다. 소소하다.

【零零星星】líng·ling xīngxīng 자잘하다. 자질구레하다. 소량이다. 산발적이다. 드물다.

【零乱】língluàn 흩어져 떨어지다. 너저분하다. 문란하다. 어수선하다. ¶头发~=머리카락이 너저분하다. ↔整齐

【零落】língluò (꽃잎이) 말라 떨어지다. 시들다. ¶草木~=초목이 시들다. 1 쇠약해지다. 몰락하다. 쇠락하다. ¶家道~=가업이 몰락하다. 2 드문드문하다. 드물다. 흩어져 있다. ¶远处不时地传来~的鞭炮声。=먼 곳에서 수시로 드문드문 폭죽 소리가 들려온다. ≒零散

【零卖】língmài 소매하다.

【零配件】língpèijiàn (機) 부품. 부속품.

【零票】língpiào 1 일반석 입장권. [극장이나 경기장의 개별 판매된 입장권 또는 단체 관람권을 팔고 난 다음에 남는 입장권] =【散票】sǎnpiào 2 발레 공연은 아직 소량의 일반석 입장권을 팔고 있다. 2 잔돈. 적은 액수의 돈.

【零七八碎】língqībāsuì (~的) 어지럽게 흩어져 있다. 잡다하다. 너저분하다. ¶这些~的事情够我忙上一阵子的。=이런 잡다한 일들은 내가 한참이나 바빠 움직여야 다 할 수 있다. (~儿) 자질구레한 일. 사소한 일이나 물건. ¶这次搬家扔了不少~。=이번 이사에서 자질구레한 것들을 많이 버렸다.

【零钱】língqián 1 푼돈. 잔돈. ¶准备点儿~坐公共汽车。=잔돈을 준비하고 버스를 타다. 2 용돈. 3 수당. 부수익.

【零敲碎打】língqiāo-suìdǎ 찔끔찔끔 조금씩 일을 진행〔처리〕하다. =【零打碎敲】língdǎ suìqiāo

【零散】líng·sǎn 흩어져 있다. 분산되어 있다. ¶桌上~地摆着几支笔。=탁자 위에 연필이 몇 자루 흩어져 있다. ≒零落

【零上】língshàng (섭씨) 영도 이상. 영상.

【零声母】língshēngmǔ (言) 영성모. [a, e, o, i, u, ü 등의 모음으로 시작되는 성모. 예컨대, '爱(ài)'·'额(é)'·'藕(ǒu)'·'眼(iǎn)'·'弯(uān)'·'渊(üān)' 등이 있음]

【零时】língshí 밤 12시. 0시.

【零食】língshí 간식. 군것질. 주전부리.

【零售】língshòu 소매하다. ¶~价格=소매 가격. ↔趸卖 批发

【零售店】língshòudiàn 소매점.

【零售额】língshòu'é (經) 소매 판매 총액.

【零售价】língshòujià (經) 소매가.

【零数】língshù (~儿) 끝수. 끝자리. 나머지. 우수리.

【零碎】língsuì 자잘하다. 자질구레하다. 잡다하다. 소소하다. ¶~的边角料=자잘한 자투리. 자잘한 물건. 잡다한 물건. ¶把这些~收拾收拾。=이런 잡다한 물건들을 좀 정리해요. ≒细碎 零星

【零头】língtóu (~儿) 1 (계산 단위·포장 단위 등에서) 일정한 단위가 못 되는 우수리. 나머지. ¶一千零三十, 收你一千, ~就算了。=1,030위안에서 1,000위안을 받았으니, 나머지 우수리는 놔두시오. 2 자투리. ¶这都是做衣服剩下的~。=이것들은 모두 옷을 만들고 남은 자투리 천들이다. ↔整头

【零下】língxià (섭씨) 영도 이하. 영하.

【零线】língxiàn (電) 접지선. 지선. 어스(earth). ['火线(전기가 들어오는 전선)'과 구별됨]

【零星】língxīng 1 자질구레하다. 자잘하다. 소량이다. ¶~材料=소량의 재료. 2 산발적이다. 드물다. ¶~小雨=간간이 내리는 보슬비. ≒零碎

【零讯】língxùn (간행물의) 단신. 토막 정보. ¶海外~=해외 단신.

【零用】língyòng (돈을) 소소한 데 쓰다. 잡비로 쓰다. 용돈. 잡비.

【零用钱】língyòngqián 잡비. 용돈.

【零杂】língzá 1 자질구레한 물건. 잡동사니. 2 잡다한 일. 잡무.

【零杂工】língzágōng 잡무를 담당하는 임시 직원.

【零增长】língzēngzhǎng 제로(zero) 성장.

¶人口~=인구 제로 성장.

【零指数】língzhǐshù 몡(數) 제로 지수.

【零族】língzú 몡(化) (원소 주기율표상의) 제 0 족. [제18족. 전형 원소의 비금속 원소].

【零嘴】língzuǐ (~儿) 몡뙁 간식. 군것질. 주전부리. 군음식.

## 龄[齡] líng 나이 령

몡 1 나이. 연령. 세. ¶高~=고령. / 婚~=결혼 연령. 2 연수. 연한. ¶教~=교직의 근속 연수. / 工~=근무 연수. 3 (生) 령. [생물학에서 어떤 생물의 성장 과정의 단계를 나누는 것을 가리킴] ¶一~虫=유충이 처음 허물을 벗기 전까지의 성장 단계. / 七叶~=볏잎이 자라 7개가 되는 성장 단계.

○● 超chāo龄, 婚龄, 及龄, 军龄, 妙miào龄, 适龄, 髫tiáo龄, 秧yāng龄, 役yì龄, 艺龄, 育龄

## 鲮[鯪] líng 잉어 릉

몡(動) 잉어.
【鲮鲤】línglǐ ☞ 【穿山甲】chuānshānjiǎ
【鲮鱼】língyú 몡(動) 황어. = 【土鲮鱼】tǔlíngyú

## 酃 Líng 땅 이름 령

몡(地) 1 링현(縣). [후난(湖南)성에 있는 현 이름. 지금은 옌링(炎陵)현으로 부름] 2 링후. 영호. (酃湖). [후난(湖南)성에 있는 호수 이름]

## 醽 líng 좋은 술 령

【醽醁】línglù 몡뙁 좋은 술. 미주(美酒).

## 令 líng 단위 령

양(連). [종이 500장을 한 묶음으로 하여 이르는 단위] ¶五~道林纸=고급 인쇄 용지 5연.
뙁 ream
☞ líng, lìng

## 岭[嶺] lǐng 고개 령

몡 1 고개. 재. ¶山~=산령. / 崇山峻~=높은 산과 험준한 고개. 2 큰 산맥. ¶秦~=친 산맥. / 大兴安~=다싱안 산맥. 3 오령(五嶺). [越城(yuèchéng)·都庞(dūpáng)·萌渚(méngzhǔ)·骑田(qítián)·大庾(dàyǔ)을 가리킴] ≒冈

○● 海岭, 山岭, 分水岭

【岭南】Lǐngnán 몡(地) 오령(五嶺) 이남 지역. [광둥(广东)성·광시(广西)성 일대를 가리킴]

## 领[領] lǐng 옷깃 령

몡 1 목. 목덜미. ¶引~而望=목을 길게 빼고 바라보다. 2 (~儿) (옷의) 깃. 칼라(collar). ¶翻~儿=옷깃을 뒤집다. / 蓝~工人=블루 칼라. 육체 노동자. 3 (~儿) 옷깃의 둘레. 옷의 목둘레(선). ¶鸡心~儿=하트(heart) 모양의 목둘레선. / 圆~儿=둥근 목둘레선. 4

요점. 중요한 부분. ¶纲~=강령. 뙁 1 소유하다. 관할하다. ¶占~=점령하다. 2 인도하다. 통솔하다. 인솔하다. 이끌다. ¶率~=통솔하다. 3 받아 가지다. ¶心~=마음으로 받아들이다. 4 (보내 온 물건을) 수령하다. 영수하다. 받다. ¶~奖金=장학금을 받다. 5 (뜻을) 이해하다. 알다. 깨닫다. ¶心~神会=마음속으로 깨닫고 이해하다. 양 1 (옷) 벌. 착. [긴 두루마기·웃옷 등을 셀 때 쓰임] ¶一~道袍=도포 한 벌. 2 장(張). 매(枚). [돗자리나 거적 등을 셀 때 쓰임] ¶两~席=돗자리 두 장. ≒纲 目

○● 本领, 带领, 纲gāng领, 将jiàng领, 认领, 头领, 招zhāo领

【领班】lǐngbān 뙁 (회사나 작업장에서) 반(班)을 인솔하다. 조(組)를 지도하다. ¶几个人轮流~。=몇 사람이 돌아가며 반을 인솔한다. 몡 반장. 조장. ¶外出必须向~请假。=외출할 때에는 반드시 반장에게 외출 허락을 받아야 한다.

【领办】lǐngbàn 뙁 앞장서서 일으키다. ¶他在村里最先~饲料加工厂。=그는 마을에서 가장 먼저 사료 가공 공장을 일으켰다.

【领兵】lǐngbīng 뙁 군대를 통솔하다. 병사를 인솔하다. 군대를 거느리다. ¶~出征=군대를 통솔하여 출정하다.

【领操】lǐngcāo 뙁 (모두를 인솔하여) 체조를 하다. 모두에게 시범을 보이다. ¶健身教练在前面~。=헬스(health) 코치는 앞에 나와 모두에게 시범을 보였다. 몡 동작을 시범 보이는 사람. 사범. ¶她是我们的健美操~。=그녀는 우리들의 에어로빅 체조 사범이다.

【领唱】lǐngchàng 뙁(音) (합창에서) 선창하다. ¶前面的一段歌词由她~。=앞부분의 가사를 그녀가 선창한다. 몡 선창자. ¶他在合唱团担任~。=그는 합창단에서 선창자를 맡고 있다.

【领带】lǐngdài 몡 넥타이.

【领带夹】lǐngdàijiā 몡 넥타이핀.

【领导】lǐngdǎo 뙁 지도하다. 영도하다. 이끌고 나가다. ¶在他的~下，电器集团公司逐步跻身国内知名企业。=그의 지도 아래 전자 회사가 점차 국내의 저명한 기업의 대열에 들어서고 있다. 몡 영도자. 지도자. 리더. 보스(boss). 책임자. 우두머리. 대표. 임원. 고위 관계자. 지도급 인사. 간부. 상사. 상관. 상급자. 윗사람. 관리자. 경영자. ¶各级~应深入基层，了解群众的需求。=각 계층의 지도자들은 사회 저변에 깊이 들어가서 대중의 요구를 이해해야 한다.

【领导班子】lǐngdǎo bān·zi 몡 지도 집단. 지도부. 지도자 그룹. 임원진. 고위층. ¶厂~很团结。=공장의 지도부는 단결이 잘 된다.

【领道】lǐng‖dào (~儿) 뙁 길을 안내하다.

【领地】lǐngdì 몡 1 영지. [봉건 영주가 소유한 땅] 2 영토.

【领读】lǐngdú 뙁(教) 따라 읽게 하다〔읽히다〕.

【领队】lǐngduì 뙁 (단체·행렬·군대 따위를) 인솔하다. 이끌다. 인도하다. 영도하다. ¶奥运会代表团由国家体育总局的官员~。=올림픽 대

표단은 국가 체육총국의 책임자가 인솔한다. 명 인솔자. 책임자. 리더. 주장. 감독. 대장(隊長). 팀장. 지도자. 영도자. ¶他是中国体操队的~。=그는 중국 체조 팀의 인솔자이다.

【领港】**lǐnggǎng** 통 (항구의) 입항·출항을 안내하다. 뱃길을 안내하다. 명 (항구의) 도선사(導船士). 파일럿(pilot). 수로 안내인. =【引港】**yǐngǎng**

【领高】**lǐnggāo** 명 옷깃(칼라)의 높이.

【领工】**lǐnggōng** 통 작업을 지시하다. 명 (현장) 주임. 십장(什長). 직장(職長). 공사감독. 관리자. 감독자. 지휘자. 공장장.

【领钩】**lǐnggōu**(~儿) 명 옷깃의 훅(hook).

【领馆】**lǐngguǎn** ☞【领事馆】**lǐngshìguǎn**

【领海】**lǐnghǎi** 명 영해.

【领海权】**lǐnghǎiquán** 영해권.

【领航】**lǐngháng** 통 (선박·비행기의) 항로를 인도하다(안내하다). 명 ☞【领航员】**lǐngháng yuán**

【领航员】**lǐngháng yuán** 명 항법사. 항해사. 파일럿(pilot). 수로 안내인. 도선사. =【领航】**lǐngháng**【导航员】**dǎoháng yuán**

【领花】**lǐnghuā** 명 1 나비넥타이. 보타이(bow tie). 2 금장(襟章). (군인·경찰이 병종이나 전문 업무를 표시하기 위해 제복의 옷깃에 다는 휘장)

【领会】**lǐnghuì** 통 깨닫다. 이해하다. 파악하다. 터득하다. 납득하다. ¶~文章的深意=글 속의 심오한 뜻을 깨닫다. ≒领悟

【领江】**lǐngjiāng** 통 (강에서) 뱃길을 안내하다. 명 (강의) 뱃길 안내원.

【领奖】**lǐngjiǎng** 통 상(상장·상품·상금)을 타다(받다).

【领教】**lǐngjiào** 통 1 가르침을 받다. 배우다. 가르침을 청하다. [상대방의 가르침을 받거나 상대방의 기예(技藝)를 감상할 때 하는 겸손의 말] ¶听说他的画画得很不错, 有机会一定要~~。=그가 그림을 아주 잘 그린다고 들었는데, 기회가 있으면 꼭 한 수 배워야겠다. 2 겪다. 맛보다. 끼다. 감상하다. 구경하다. [풍자·해학적인 의미를 내포함] ¶他那几下子我早就一过了。=그의 솜씨를 나는 일찌감치 맛본 적이 있다.

【领结】**lǐngjié** 명 나비넥타이. 보타이(bow tie).

【领巾】**lǐngjīn** 명 1 스카프(scarf). 네커치프(neckerchief). 2 (소년선봉대원의) 붉은 삼각건.

【领军】**lǐngjūn** 통 1 군대를 통솔하다(이끌다). 2 리더(지도자) 역할을 하다. ¶他是中国航天科技의〔지도자〕 ·人物。=그는 중국 항공 우주 과학 기술의 리더격인 인물이다. 명 리더. 지도자. 주장. 팀장. 통솔자. ¶他是球队当之无愧的~。=그는 팀의 명실상부한 주장이다.

【领空】**lǐngkōng** 명 영공.

【领口】**lǐngkǒu** 명 1 옷깃의 둘레. 옷의 목둘레. ¶这件T恤~有点大。=이 티셔츠는 목둘레가 좀 크다. 2 옷깃의 양 끝을 여미는 부분. ¶把~的扣子扣上。=옷깃의 단추를 채우다.

【领扣】**lǐngkòu** 명 칼라(collar) 단추. 양복 깃 단추.

【领陆】**lǐnglù** 명 영토의 육지 부분.

【领路】**lǐng‖lù** 통 길을 안내하다. ¶导游在前面~=여행 가이드가 앞에서 길을 안내한다.

【领略】**lǐnglüè** 통 느끼다. 깨닫다. 이해하다. 납득하다. 터득하다. 감지하다. 음미하다. ¶~异国风情=이국의 풍토와 인정을 느끼다.

【领命】**lǐngmìng** 통 명령을 받아들이다〔접수하다〕. ¶~而去=명령을 받들고 가다.

【领情】**lǐng‖qíng** 통 (상대방의 호의를) 감사히 받다〔여기다〕. ¶他这样做是为你考虑, 你别不~。=이렇게 하는 것은 너를 위한 것이니, 너는 거절하지 말아라.

【领取】**lǐngqǔ** 통 (발급한 것을) 받다. 수령하다. ¶~津贴=수당을 받다.

【领赏】**lǐngshǎng** 통 상(상장·상품·상금)을 받다. 수상하다.

【领事】**lǐngshì** 명 영사.

【领事裁判权】**lǐngshì cáipànquán** 명(法) 영사 재판권.

【领事馆】**lǐngshìguǎn** 명 영사관. 약 【领馆】**lǐngguǎn**

【领受】**lǐngshòu** 통 (주로 남의 호의를) 받아들이다. ¶这么贵重的礼物我实在不能~。=이렇게 귀한 선물을 저는 정말 받을 수 없습니다.

【领属】**lǐngshǔ** 통 종속되다. 예속되다. ¶~关系=종속 관계.

【领水】**lǐngshuǐ** 명 1 영수. [한 나라의 주권이 미치는 수역으로, 영해(領海) 외에 하천, 호소(湖沼), 항만 따위의 내수(內水)를 포함함] 2 영해(領海). 3 통 수로 안내인. 도선사(導船士).

【领诵】**lǐngsòng** 통 리드하여 낭송하다. 명 리드하여 낭송하는 사람.

【领套】**lǐngtào** 명 (분리식) 옷깃. 칼라.

【领条】**lǐngtiáo**(~儿) 명 1 수령증. 수령서. 영수증. 영수서. 2 옷깃에 댄 가는 천.

【领头】**lǐng‖tóu**(~儿) 통 이끌다. 리드하다. 앞장서다. 선두에 서다. 솔선하다. ¶~捐资助学=앞장서서 자금을 기부하여 학업을 돕다.

【领头羊】**lǐngtóuyáng** ☞【头羊】**tóuyáng**

【领土】**lǐngtǔ** 명 영토. 국토. 영지(領地). ≒疆域 疆土

【领味】**lǐngwèi** 통 직접 느끼다. 몸소 겪다. ¶~人生真谛=인생의 참뜻을 직접 느끼다.

【领舞】**lǐngwǔ** 통 (군무(群舞)시) 리드하여 춤을 추다. 춤을 리드하다. 명 군무의 리더. 리딩 댄서(leading dancer). 댄스 리더(dance leader).

【领悟】**lǐngwù** 통 깨닫다. 이해하다. 납득하다. 터득하다. ¶道理深奥, 难以~。=이치가 심오하여 터득하기 어렵다. ≒领会

【领洗】**lǐng‖xǐ** 통〈宗〉세례를 받다.

【领先】**lǐng‖xiān** 통 1 (함께 나아갈 때) 앞장서다. 선두(맨 앞)에 서다. 앞서다. 리드하다. ¶爬山时, 他一路~, 走在最前面。=산에 오를 때, 그는 줄곧 앞장서서 맨 앞에서 올랐다. 2 (수준·성적 등이) 앞서다. 리드하다. ¶他的成绩在全年级一千多人中遥遥~。=그의 성적은 전 학년 천여 명 가운데 맨 앞에 속한다. ↔落后

【领衔】língxián 동 가장 주요한 위치를 차지하다. 맨 앞에 이름을 올리다. ¶~主演=주연.
【领袖】língxiù 명 (국가·정당·단체 등의) 영수. 지도자. 영도인.
【领养】língyǎng 동 입양하다. 부양하다. 양자〔양녀〕로 삼다. ¶夫妇俩~了两个孩子。=부부는 두 아이를 입양했다.
【领有】língyǒu 동 1 (토지·자원 따위를) 영유하다. 소유하다. 점유하다. 가지다. ¶~大片的土地=드넓은 토지를 소유하다. 2 (수령하여) 가지다. 소지하다. 소유하다. ¶~资格证书=자격증을 소지하다.
【领域】língyù 명 1 영역. [국가의 주권이 미치는 구역] 2 분야. 영역. [학술·사상·사회 활동의 범위] ¶精神生活~=정신 생활 영역.
【领章】língzhāng 명 금장(襟章). 제복의 옷깃에 다는 휘장.
【领针】língzhēn 명 넥타이핀.
【领主】língzhǔ 명 영주.
【领子】líng·zi 명 옷깃. 칼라(collar).
【领奏】língzòu 동 (합주시) 리드하여 연주하다. 명 합주의 리더.
【领罪】língzuì 동 죄를 인정하다. 죄에 따라 처분받다. 복죄(服罪)하다. ¶~服法=죄를 인정하고 법에 따르다.

**另 lìng 따로 령**

대 다른. 그 밖의. 이외의. ¶~一本书=다른 책. /~一个人=다른 사람. 부 따로. 달리. 별도로. ¶~打主意=달리 궁리를 하다. /~找人手=따로 일손을 찾는다.
【另案】lìng'àn 명 1 다른 사건(사안·안건). ~处理=다른 사건으로 처리하다. 2 다른 문서〔서류·기록·문권·문안〕. ¶记人~=다른 문서에 기록하다.
【另册】lìngcè 명 1 영책. [청(淸)대에 호적부를 '正册(정책)'과 '另册(영책)'으로 나누었는데, '另册(영책)'은 강도와 토비 등 나쁜 사람을 기재하는 데 쓰였음] 2 비 탐탁하지〔달갑지〕 않은 대상. 별책. ¶打人~=탐탁하지 않은 대상에 올리다. ↔正册
【另当别论】lìngdāng-biélùn 성 별도로 다루어야〔논의해야·처리해야〕한다.
【另付】lìngfù 동 1 (돈 등을) 별도로 지불하다. 2 (돈 등을) 다른 곳에서 지불하다.
【另过】lìngguò 동 분가하다. 떨어져〔따로〕 살다. 살림〔세간〕나다. 별거하여 지내다. ¶儿子大了, 分开~了。=아들이 다 커서, 분가하여 따로 산다.
【另函】lìnghán 명 별편(別便). 별도로 내는 편지. ¶詳細情況, ~告知。=자세한 상황은 별편으로 알립니다. 동 별도로 편지를 쓰다. ¶有关问题已~主管部门。=관련 문제에 대해 이미 별도로 주관 부서에 편지를 썼다.
【另寄】lìngjì 동 따로〔별도로·별편으로〕부치다. →【另邮】lìngyóu
【另加】lìngjiā 동 1 (돈을) 더하다〔증가하다〕. ¶底薪~提成。=기본급에 따로 성과급을 더하다. 2 별도로 …을 가하다. 따로 …하다. ¶~剖析=따로 상세히 분석하다.
【另开】lìngkāi 동 1 분가하다. 떨어져〔따로〕살다. 살림〔세간〕나다. 딴살림을 하다. ¶兄弟俩已~了。=형제 둘은 이미 떨어져 지낸다. 2 따로 쓰다〔적다〕. 다른 종이〔영수증·증빙 서류〕에 쓰다〔적다·기록하다〕. ¶~一张名单=한 장의 명단을 따로 쓰다.
【另类】lìnglèi 명 1 비인류(非人類). 2 남다른〔대단한〕사람〔사물〕. 별종. 다른 유형. [개성과 특색을 갖추었으며 반전통적인 사람이나 사물을 가리키는 말] ¶这种全新的表演风格在当时算是一个~。=이런 전혀 새로운 공연 풍격은 당시로서는 별종이라고 할 수 있었다. 형 남다르다. 뛰어나다. 색다르다. 특별하다. 특이하다. 유별나다. ¶她的打扮很~。=그녀의 차림새는 아주 색다르다.
【另立门户】lìnglì-ménhù 성 1 분가하다. 따로 살다. 2 따로 상점·회사 등을 차리다〔내다〕. 3 따로 한 파(派)〔유파〕를 세우다.
【另码事】lìngmǎshì 명口 (관계 없는) 다른 일. 별도의 일.
【另辟蹊径】lìngpì-xījìng 성 1 따로 길을 개척하다. 2 비 새로운 방법을 창안하다. 새로운 사고 방법을 찾아 내다.
【另起炉灶】lìngqǐ-lúzào 성비 1 분가하다. 따로 상점·회사 등을 차리다〔내다〕. 따로 한 파(派)〔유파〕를 세우다. 2 새로〔다시〕시작하다. =【重起炉灶】chóngqǐ-lúzào ≒别树一帜
【另请高明】lìng qǐng-gāomíng 성 (자신보다) 더 훌륭한〔뛰어난·적당한〕사람을 찾으십시오. 거절의 의사를 표시할 때 쓰임]
【另头】lìngtóu 명 우수리. 단수(端數).
【另外】lìngwài 대 다른〔그 밖의·그 외의〕사람이나 사물. ¶把这两个留下, ~的你全部拿走。=이 두 개는 남겨 놓고, 다른 것들은 네가 전부 가져가라. 부 별도로. 따로. 달리. 그 밖에. [흔히 '再(zài)', '又(yòu)', '还(hái)' 등과 이어 쓰임] ¶人手不够, ~又找了几个人。=일손이 부족해서 따로 몇 명을 더 구했다. 접 이 외에. 이 밖에. [단문·문장·단락을 연결하여 병렬 관계를 나타내며, '此外(cǐwài)'에 상당함] ¶买了一套家具, ~还添置了一些日用品。=가구 한 세트를 샀고, 이 외에 몇 가지 일용품도 추가로 사들였다.
【另想】lìngxiǎng 동 따로 생각하다〔고려하다〕. ¶~办法=따로 방법을 생각하다.
【另行】lìngxíng 동 따로〔별도로〕 …하다. ¶~协商=별도로 협상하다.
【另眼看待】lìngyǎn-kàndài ☞【另眼相看】lìngyǎn-xiāngkàn
【另眼相看】lìngyǎn-xiāngkàn 성 1 다른 눈으로 바라보다. 새로운 시각으로 바라보다. 다시 보다. 새삼 달리 평가하다. 2 (어떤 사람을) 눈여겨보다. 특별히 중시하다. =【另眼看待】lìngyǎn-kàndài ≒刮目相看 ↔等量齐观
【另议】lìngyì 동 따로 의논〔상의·토론〕하다.

¶此事~。=이 일은 따로 의논한다.
【另邮】lìngyóu ☞【另寄】lìngjì
【另约】lìngyuē 〔동〕따로 약속하다. ¶~时间=따로 시간을 약속하다. 〔명〕다른 약속. ¶今天他有~, 来不了。=오늘 그는 다른 약속이 있어 올 수 없다.
【另作】lìngzuò ☞【另做】lìngzuò
【另做】[另作] lìngzuò 〔동〕따로 만들다. 다시 만들다. 따로 하다. 다시 하다. ¶从头~=처음부터 다시 하다.

**令** lìng 명령할 령
〔동〕**1** 명령하다. 지시하다. ¶通~全国=전국에 통고하다. **2** …하게 하다. …을 시키다. ¶利~智昏=이욕(利慾)은 사람의 지혜를 어둡게 한다. 〔형〕**1** 좋다. 훌륭하다. 아름답다. ¶少有~名=어려서부터 명성을 날리다. **2** 〔경〕상대방의 가족이나 친척을 높여 부를 때 쓰임. ¶~弟=영제. 아우님. / ~侄=영질. 〔명〕**1** 명령. ¶法~=법령. / 口~=구령. **2** 주령(酒令). ¶猜拳行~=(술자리에서) 벌주놀이를 하다. **3** 계절. 시절. 시절. 때. ¶冬~=동계. / 时~=시절. **4** 옛날, 일부 정부 부처의 행정 장관. ¶县~=현령. / 尚书~=상서령. **5** 소령(少令). [비교적 짧은 사조(詞調) 또는 곡조(曲調)] ¶如梦~=여몽령. **6** (Lìng) 성(姓).
☞ líng, lĭng

| | |
|---|---|
| 令 | lìng |
| 领 | lĭng |
| 零 | líng |
| 铃 | líng |
| 玲 | líng |
| 岭 | lĭng |
| 龄 | líng |
| 伶 | líng |
| 羚 | líng |
| 翎 | líng |
| 蛉 | líng |
| 苓 | líng |
| 瓴 | líng |
| 吟 | líng |
| 泠 | líng |
| 柃 | líng |
| 聆 | líng |
| 囹 | líng |
| 冷 | lĕng |

○ 饬chì令, 传令, 春令, 辞令, 词令, 调令, 号令, 喝hè令, 即令, 将jiàng令, 节令, 禁令, 酒令, 勒lè令, 密令, 明令, 命令, 秋令, 申shēn令, 司令, 条令, 下令, 小令, 训令, 月令, 责令, 政令, 指令, 纵zòng令, 绕rào口令, 逐zhú客令

【令爱】[令媛] lìng'ài 〔명〕영애. 따님.
【令媛】lìng'ài ☞【令爱】lìng'ài
【令出法随】lìngchū-fǎsuí 〔성〕법령이 발포되었으면 집행해야 하며, 법령을 위반한 자는 법에 따라 처벌해야 한다.
【令德】lìngdé 〔명〕〔문〕미덕(美德). 선덕(善德). 휴덕(休德).
【令箭】lìngjiàn 〔명〕영전. [옛날, 군중(軍中)에서 명령을 내릴 때 사용한 일종의 증표. 모양이 화살처럼 생겼음]
【令郎】lìngláng 〔명〕영랑. 영식(令息). 영윤(令胤). 아드님.
【令名】lìngmíng 〔명〕〔문〕높은 명성(名聲). 좋은 평판. 영명(令名). 영문(令聞). 영예(令譽). 영칭(英稱).
【令旗】lìngqí 〔명〕영기. [명령을 발포할 때 사용하던 깃발]
【令亲】lìngqīn 〔명〕친척 분. [남의 친척을 높여

부르는 말]
【令人发指】lìngrénfàzhǐ 〔성〕**1** 머리카락이 모두 곤두설 정도로 분노하게 만들다. **2** 머리끝까지 화가 치밀어오르다. 극도로 화나다. 치가 떨리도록 화나다. 대단히 분노하다.
【令人神往】lìngrénshénwǎng 〔성〕**1** 마음속으로 갈망하게〔동경하게 · 열망하게 · 그리워하게〕하다. **2** (어떤 장소나 사물이 대단히 아름다워) 사람의 눈길을 끌다. 사람을 황홀하게 하다〔만들다〕. 넋을 잃게 하다.
【令人作呕】lìngrénzuò'ǒu 〔성〕(어떤 사람이나 사물이) 극도로 혐오감이 들게 하다. 사람을 메스껍게 하다. 욕지기가 나다.
【令堂】lìngtáng 〔명〕〔경〕영당. 자당(慈堂).
【令闻】lìngwén 〔명〕〔문〕높은 명성(名聲). 좋은 평판. 영명(令名). 영문(令聞). 영예(令譽).
【令行禁止】lìngxíng-jìnzhǐ 〔성〕**1** 명령과 금지를 엄하게 집행하다. **2** 법률과 기율(紀律)이 엄정하다.
【令兄】lìngxiōng 〔명〕〔경〕영형. (당신의) 형님. [남의 형을 높여 부르는 말]
【令尊】lìngzūn 〔명〕〔경〕영존. 춘부장. (상대방의) 아버님.

# 吟 lìng 음역자 령
☞【嘌吟】piàolìng

# liu

**溜** liū 미끄러울 류
〔동〕**1** 미끄러지다. 활강하다. (얼음을) 지치다. 타다. ¶他正在水泥路上~冰。=그는 시멘트길에서 롤러스케이트를 타고 있다. **2** 몰래 달아나다〔도망치다 · 빠져 나가다〕. 빽소니치다. 슬그머니 사라지다. ¶趁同伴睡着,他一个人~出了房间。=동료가 잠든 틈을 타서 그는 혼자 슬그머니 방을 빠져 나갔다. **3** 〔방〕보다. 힐끗〔언뜻〕보다. ¶他一~眼,就知道大概了。=그는 언뜻 한 번 보고도 대강 알았다. **4** '熘(liū)'와 같음. 〔형〕(물체의 표면이) 매끌매끌하다. 반들반들하다. 빤질빤질하다. 평활하다. 평평하고 미끄럽다. 매끈매끈하다. 매끄럽다. ¶滑~=반질반질하다. / 光~=반들반들하다. 〔개〕…을 따라. ¶他~着湖边儿走。=그는 호숫가를 따라 걸었다. 〔부〕〔방〕매우. 몹시. 아주. 대단히. ¶屋里收拾得~净。=방이 아주 깨끗이 치워졌다.
☞ liù

○ 出溜, 提dī溜, 光溜, 瘦shòu溜, 顺溜, 匀yún溜, 直溜, 顺口溜, 光溜溜, 尖jiān溜溜, 酸溜溜, 乌wū溜溜, 直溜溜, 灰huī溜溜

【溜边】liūbiān (~儿)〔동〕**1** 가장자리로 붙다. **2** 〔비〕(일을) 회피하다. 비켜 가다〔서다〕. ¶他怕担责任, 一碰到难处理的事情就~。=그는 책임질까 두려워, 처리하기 어려운 일을 만나기만 하

면 회피한다.

【溜冰】 liū∥bīng 图 1 스케이트를 타다. 얼음을 지치다. ¶孩子们都很喜欢~。=아이들은 모두 스케이트 타기를 매우 좋아한다. 2图 롤러스케이트를 타다.

【溜冰场】 liūbīngchǎng 图(體) 스케이트링크. 스케이트장.

【溜冰鞋】 liūbīngxié 图 1 스케이트. 2图 롤러스케이트.

【溜槽】 liūcáo 图 활강로(滑降路). 활강 사면로. 경사 홈통. 활송 장치. 미끄럼대.

【溜达】 [蹓跶] liū·da 图㊁ 산보하다. 산책하다. 내키는 대로 거닐다. 어슬렁거리다. 돌아다니다. ¶闲着没事, 到街上~了一圈儿。= 할 일 없이 한가해서 거리로 나와 한 바퀴 돌아다녔다.

【溜工】 liū∥gōng 图 일터〔직장·근무지〕에서 몰래 도망치다〔빠져 나가다〕. ¶今天建筑工地上有几个人~。= 오늘 건축 공사장에서 몇 명의 인부가 몰래 도망쳤다.

【溜沟子】 liū gōu·zi ㊁图 아첨하다. 아부하다. 빌붙다. 비위를 맞추다. 알랑거리다. ¶我最讨厌~的人。= 나는 아부하는 사람을 제일 싫어한다.

【溜光】 liūguāng 图㊁ 1 반들반들하다. 반질반질하다. 매끌매끌하다. 미끌미끌하다. 윤〔광택〕이 나다. ¶他把头发梳得~。= 그는 머리를 반들반들하게 빗었다. 2 깨끗하다. 말끔하다. ¶盘子里的菜被吃得~。= 쟁반의 음식은 말끔히 먹어치우다.

【溜光水滑】 liūguāngshuǐhuá 图㊁ 깨끗하고 반질반질〔매끌매끌〕하다.

【溜号】 liū∥hào(~儿) 图㊁ 몰래 달아나다〔도망치다·빠져 나가다〕. 슬그머니 사라지다. ¶下班时间还没到, 他就~了。= 퇴근 시간이 아직 안 됐는데, 그는 벌써 몰래 빠져 나갔다.

【溜滑】 liūhuá 图㊁ 1 미끌미끌하다. 매끌매끌하다. 반들반들하다. 빤질빤질하다. ¶地上结冰了, ~, 开车小心点儿。= 길이 얼어 미끌미끌하니 조심해서 운전해라. 2 교활하다. 능글맞다. ¶这个人~, 和他打交道要留一手。= 이 사람은 교활하므로, 교제할 때 한 수〔수단〕 남겨 두어야 한다.

【溜尖】 liūjiān(~儿) 图㊁ 뾰족하다. 날카롭다. 예리하다. ¶铅笔削得~儿。= 연필을 뾰족하게 깎다.

【溜肩膀】 liūjiānbǎng(~儿) 图 1 처진 어깨. 2图㊁ 무책임한 사람. 책임지지 않는 사람. ¶他是个~, 找他靠不住。= 그는 무책임한 사람이라서 믿을 수 없다.

【溜溜球】 liūliūqiú 图 요요(yo-yo). [장난감의 하나]

【溜溜儿】 liūliūr(~的) 图㊁ 1 꼬박. 쭉. 내내. ¶~等了一个钟头, 还没见她出来。= 꼬박 한 시간을 기다렸으나, 그녀가 나오는 것을 아직 보지 못했다. 2 한결같이. 마음대로. 뜻대로. 내키는 대로. 하고 싶은 대로. ¶他~地往街心花园走去。= 그가 마음대로 도로 중앙의 화단으로 걸어간다.

다. 图㊁ 좋은. 훌륭한. 아름다운. 행복한. ¶跑马~的山上, 一朵~的云哟! = 말들이 뛰노는 아름다운 산, 한 점의 아름다운 구름이여!

【溜溜转】 liūliūzhuàn = 【滴溜溜转】 dīliūliūzhuàn ¶两个眼珠~。= 두 눈알을 대굴대굴 굴리다.

【溜溜达达】 liū·liu dādá 图㊁ 산보하다. 산책하다. 내키는 대로 거닐다. 어슬렁거리다. 돌아다니다.

【溜门】 liūmén(~儿) 图 몰래 남의 집에 들어가다. ¶~贼 = 좀도둑. 빈집털이.

【溜门撬锁】 liūmén qiàosuǒ 图 문을 비틀어 열고 들어가 집을 털다.

【溜平】 liūpíng 图㊁ 매우 평평〔판판·평탄〕하다. 매끈하다. 반들반들하다. ¶~的旱冰场 = 매끈매끈한 롤러스케이트장.

【溜索】 liūsuǒ 图 강의 양안(兩岸)을 가로지르는 굵은 밧줄〔와이어 로프(wire rope)〕.

【溜须】 liū∥xū 图 아첨하다. 아부하다. 빌붙다. 비위를 맞추다. 알랑거리다. ¶做人要堂堂正正, ~的事不干。= 사람은 정정당당해야 아첨하며 떠받드는 일을 해서는 안 된다.

【溜须拍马】 liūxū-pāimǎ 图㊁ 아첨하다. 아부하다. 빌붙다. 비위를 맞추다. 알랑거리다.

【溜圆】 liūyuán 图㊁ 동그랗다. 둥그렇다. ¶小女孩儿长着一对~的大眼睛。= 소녀는 동그랗고 큰 눈을 가지고 있다.

【溜之大吉】 liūzhīdàjí 图 몰래 달아나다〔도망치다〕. 줄행랑 놓다. 뺑소니치다. [해학적인 의미를 내포함]

【溜之乎也】 liūzhīhūyě 图 몰래 달아나다〔도망치다〕. 줄행랑놓다. 뺑소니치다. [해학적인 의미를 내포함]

【溜桌】 liū∥zhuō(~儿) 图㊁ 곤드레만드레 되어 탁자 밑으로 자빠지다. 곤드레만드레 취하다. ¶他喝到最后一定~。= 그는 끝까지 마신 다음 꼭 취해서 탁자 밑으로 자빠진다.

【溜走】 liūzǒu 图 몰래 달아나다〔도망치다·빠져 나가다〕. 슬그머니 사라지다. 줄행랑 놓다. 뺑소니치다.

## 熘 liū 볶을 류

图 (조리 방법의 하나로) 음식물을 튀기거나 삶거나 찐 후에, 양념·전분 등을 갠 액즙을 골고루 입혀 가열하다. ¶醋~白菜 = 추류바이차이. / 滑~里脊 = 화류리지.
☞ liù

## 瞗 liū 흘겨볼 류

图㊁ 보다. 곁눈질하다. 흘겨보다. ¶旁边的人不停地往这边~。= 옆의 사람이 계속해서 이 쪽을 곁눈질한다.

## 蹓 liū 달아날 류

图 몰래 달아나다〔도망치다·빠져 나가다〕. 뺑소니치다. 슬그머니 사라지다. ¶他一边说, 一边转身就想~。= 그는 한편으로 말하면서 다른 한편

으로는 몸을 돌려 달아날 생각을 한다.
☞ **liù**

【蹓跶】 **liū·da** ☞【溜达】 **liū·da**

## 刘[劉] Liú 성씨 류
명 성(姓).

【刘海儿】 **Liú Hǎir** 명 유해아. [전설 속의 선동(仙童). 가지런히 짧은 앞머리에 두꺼비 위에 올라앉아 손에 돈꾸러미를 가지고 놀고 있음]

【刘海儿】[留海儿] **liúhǎir** 명 (부녀자 혹은 아이들이 앞이마에 가지런하게 늘어뜨린) 짧은 앞머리. 일자 앞머리. 뱅(bang).

## 浏[瀏] liú 물 맑을 류
형문 흐르는 물이 맑고 투명한 모양.

【浏览】 **liúlǎn** 동 대충(대강) 훑어보다. 대강 둘러보다. 대충 읽어 보다. ¶报纸我只~了一下, 没有细看。=신문을 나는 대충 한 번 훑어보았지 자세히 보지 않았다.

【浏亮】 **liúliàng** 형문 맑고 분명하다. 맑고 듣기 좋다. 낭랑하다. ¶~的嗓音=맑고 듣기 좋은 목소리.

## 留[(畱·霤·㽞)] liú 머무를 류

동 **1** 머무르다. 묵다. 체재하다. 逗~=체류하다. 停~=멈추다. **2** 머무르게 하다. 만류(挽留)하다. 묵게 하다. ¶扣~=억류하다. / 挽~=만류하다. **3** 받다. 접수하다. ¶送去的东西他只~下了一点儿水果。=보낸 것 가운데 그는 과일 조금만 받았다. **4** 보관하다. 보존하다. 간수하다. 보류하다. ¶保~=보류하다. / 鸡犬不~=모조리 죽이다〔씨를 말리다〕. **5** 남기다. 물려주다. 전하다. ¶残~=잔류하다. / 写~言=유서를 쓰다. **6** 주의하다. 유의하다. 마음에 새기다. ¶一不~心, 就可能出错。=조금이라도 주의하지 않으면, 바로 착오가 생길 수 있다. **7** 유학하다. ¶他最近出国~学了。=그는 최근 유학하려고 출국했다. 명(**Liú**) 성(姓). ↔去

○● 逗dòu留、勾留、羁jī留、稽jī留、久留、居留、扣留、款kuǎn留、弥mí留、容留、收留、停留、挽wǎn留、淹yān留、滞zhì留

○ 留 liú
溜 liū
瘤 liú
榴 liú
镏 liú
骝 liú
熘 liū
遛 liù

【留班】 **liú‖bān** 동 유급(留級)하다. 낙제(落第)하다.

【留别】 **liúbié** 동문 (이별할 때) 시나 선물을 기념으로 남기다. ¶题诗~=시를 지어 기념으로 남기다.

【留步】 **liúbù** 동 나오지 마십시오. 들어가세요. [손님이 주인에게 배웅 나오지 말기를 권할 때 쓰는 인사말] ¶请~=나오지 마십시오.

【留成】 **liú‖chéng**(~儿) 동 (총수입이나 이용총액에서 일정한 비율을) 남기다. ¶按纯利润的百分之十~。=순이익의 10퍼센트씩 남기다.

【留传】 **liúchuán** 동 후세에 물려주다. 후세까

대대로 전해지다. ¶这是祖辈~下来的手艺。=이는 조상 대대로 후세에 물려준 수공 기술이다.

【留存】 **liúcún** 동 **1** 보존하다. 남겨 두다. 간수하다. 간직하다. 보관해 두다. ¶将材料分类~。=자료를 분류하여 보관해 두다. **2** 남아 있다. 현존하다. 잔존하다. ¶这座古老的石桥历经千年的风雨, 一直~到今天。=이 낡은 돌다리는 천년의 비바람을 맞으며 오늘날까지 남아 있다.

【留待】 **liúdài** 동 (한 편에) 남겨 두다. 나중 일로 하다. ¶这些问题~日后解决。=이 문제들은 남겨 두었다가 나중에 해결하자.

【留党察看】 **liúdǎng chákàn** 동 (당원에 대한 처벌 방식의 하나로) 제명하지 않고 당내에 두고서 관찰하다.

【留得青山在, 不怕没柴烧】 **liúdé qīngshān zài, bùpà méi chái shāo** 속 **1** 푸른 산을 남겨 두면 땔나무 걱정은 없다. **2**비 가장 근본적이고 중요한 것(흔히 생명·건강을 가리킴)만 남겨 두면 이후의 회복과 발전은 걱정할 필요가 없다. 근본이 충실하면 걱정할 것 없다.

【留底】 **liúdǐ** 동 **1** 초고를〔원본을〕 남기다. ¶他把书稿交给了出版社, 自己没有~。=그는 원고를 출판사에 넘기면서 원본을 남기지 않았다. **2** 꼭 필요한 부분을 남기다. ¶资金不能一次性全部投入, 必须~。=자금을 한 번에 전부 투자하면 안 되고, 반드시 꼭 필요한 부분을 남겨 두어야 한다.

【留地步】 **liú dì·bu** 관 여지를 남기다. 여유를 두다.

【留都】 **liúdū** 명 천도 이전의 옛 도읍.

【留饭】 **liúfàn** 동 **1** (제때 식사할 수 없는 사람을 위해) 식사를 남겨 두다. **2** 손님을 머물게 하고 식사 대접을 하다. ¶来了客, 哪能不~呢?=손님이 왔는데, 어찌 식사 대접을 안 할 수 있겠어?

【留海儿】 **liúhǎir** ☞【刘海儿】 **liúhǎir**

【留后路】 **liú hòulù**(~儿) 동비 (만일의 경우를 대비하여) 빠져 나갈 길을 마련해 두다. 퇴로를 남겨 두다. 살길을 마련해 두다. ¶他把全部家当都投在了这笔生意上, 没想着给自己~。=그는 전 재산을 이번 사업에 모두 투자하면서, 자신에게 퇴로를 남겨 둘 생각은 하지 못했다.

【留后手】 **liú hòushǒu**(~儿) 동 (만일의 경우를 대비하여) 여지〔한 수〕를 남겨 두다. 여유를 두다. ¶他很精明, 凡事都给自己~。=그는 아주 영리해서, 매사에 모두 자신에게 여지를 남겨 둔다.

【留话】 **liúhuà** 동 말을 남겨 두다. 메시지를 남기다. 말하여 두다. ¶经理~, 让你今天晚上打电话给他。=사장님이 말씀하시길, 당신더러 오늘 저녁에 전화를 걸어 달랍니다.

【留级】 **liú‖jí** 동 유급(留級)하다. 낙제(落第)하다.

【留客】 **liúkè** 동 (식사하거나 묵도록) 손님을 붙잡다. 손님을 머무르게 하다.

【留居】 **liújū** 동 재류(在留)하다. 체류하다. 거류하다. ¶~海外=해외에 체류하다.

【留局待领】 **liújú dàilǐng** 명 (우편물의) 우체

국 유치.
【留空】liúkòng 圄 (시간이나 공간을) 남기다. 비우다. 두다. ¶他每天都要~辅导孩子的功课。=그는 매일 아이의 공부를 지도할 시간을 남겨 두어야 한다.
【留兰香】liúlánxiāng 圕《植》스피어민트(spearmint). 녹양박하.
【留利】liúlì 圄 (기업이) 이윤을 남겨 두다. ¶不~企业就无法正常运转。=이윤을 남겨 두지 않는 기업은 정상적으로 운영될 수가 없다. 圄 남겨 둔 이윤. ¶购买新设备的费用从~中支出。=새로운 설비를 사들일 비용은 남겨 둔 이윤에서 지출한다.
【留连】liúlián ☞《流连》liúlián
【留恋】liúliàn 圄 차마 떠나지 못하다. 떠나기 서운해하다. 미련을 두다. 미련을 가지다. 연연해하다. 그리워하다. ¶母校里的一切都让人~。=모교의 모든 것들이 미련을 갖게 한다. ≒迷恋 眷恋
【留量】liúliàng 圕《機》허용 오차. 허용차. ¶机械加工~=기계 가공에서의 허용 오차.
【留门】liú‖mén 圄 (돌아오는 사람을 위해) 문을 잠그지 않다. 빗장을 지르지 않다. ¶他很晚才能回来, 记着给他~。=그는 매우 늦어서야 돌아오니, 명심하고 문을 잠그지 말거라.
【留面子】liú miàn·zi 圄 체면을 세워 주다. ¶都是老同学, 哪能不~呢。=다 오랜 친구인데, 어떻게 체면을 세워 주지 않을 수 있겠어.
【留名】liúmíng 圄 1 이름이나 명성을 남기다. ¶青史~=역사에 이름을 남기다. 2 이름을 써 두다. ¶提建议的人没有~。=건의한 사람이 이름을 써 두지 않았다.
【留难】liúnàn 圄 (고의로) 저지하다. 가로막다. 트집잡다. 괴롭히다. 못살게 굴다. 곤란하게 하다. 난처하게 만들다. ¶存心~=고의로〔작정하고〕괴롭히다.
【留念】liúniàn 圄 기념으로 남기다. (남겨 두어) 기념으로 삼다. ¶合影~=같이 사진을 찍어 기념으로 남기다.
【留鸟】liúniǎo 圕《動》유조. 텃새. ['候鸟(철새)'와 구별됨]
【留情】liú‖qíng 圄 체면〔안면〕을 보아 용서하다. 사정을 봐주다. ¶手下~=사정을 봐주다.
【留任】liúrèn 圄 유임하다. 연임하다. ¶改选后, 他仍~副县长。=재선거 후 그는 부현장에 연임하게 되었다.
【留神】liú‖shén 圄 주의하다. 조심하다. 유의하다. ¶雾很大, 开车要~。=안개가 매우 짙으니 조심해서 운전해야 한다. ≒当心 小心
【留声机】liúshēngjī 圕 유성기. 축음기.
【留守】liúshǒu 圄 1 옛날, 황제가 수도를 떠나 순행(巡幸)할 때 대신이 수도에 남아서 지키다. 2 옛날, 황제가 평상시 수도·임시 수도에 관리를 파견하여 지키게 하다. 3 (부대나 기관이 머무르던 지역을 떠날 때 수비·연락 등을 책임질 소수 인원이) 잔류하다. ¶~处=잔류 사무소. 4 (유학 등으로) 장기간 출국한 기혼자의 가족이 원래 주거지에 남다. ¶~女士=(남편이 유학 등으로 출국하고) 국내에 남은 부인.
【留宿】liúsù 圄 1 (손님을) 만류하여 묵게 하다. ¶学生公寓不得~外人。=학생 기숙사에서는 외부인을 묵게 할 수 없다. 2 유숙하다. ¶这里环境清幽, 每天~的客人很多。=이 곳의 환경이 아름답고 그윽해서, 매일 유숙하는 손님이 많다.
【留题】liútí 圄 (참관·유람하는 곳에서) 의견·감상 등을 써 놓다〔남기다〕. ¶前来参观的市民纷纷在纪念册上~。=참관하러 온 시민들이 줄이어 기념 책자에 감상을 쓴다. 圕《婉》명승지를 유람하며 느낀 바를 써 놓은 시구(詩句).
【留头】liú‖tóu 圄 머리를 기르다. ¶冬天来了, 他准备~。=겨울이 와서 그는 머리를 기르려고 한다.
【留退步】liú tuìbù (~儿) 圄 여지를 남기다. 퇴로를 마련해 두다. 여유를 두다.
【留尾巴】liú wěi·ba 圄《喩》뒷끝을 남기다. ¶钱款要一次结清, 不能~。=돈은 한 번에 다 청산해야지 뒷끝을 남기면 안 된다.
【留校】liúxiào 圄 (공부나 일로) 학교에 남다. ¶~任教=학교에 남아 가르치다.
【留心】liú‖xīn 圄 1 주의를 기울이다. 관심을 갖다〔기울이다〕. ¶~观察=주의를 기울여 관찰하다. 2 조심하다. 주의하다. 유의하다. ¶一个人出门要多~。=혼자 집을 나서면 이것저것 조심해야 한다. ≒注意
【留学】liú‖xué 圄 유학하다. ¶他曾~法国。=그는 프랑스에서 유학한 적이 있다.
【留学生】liúxuéshēng 圕 유학생.
【留言】liúyán 圄 말을 남기다. 쪽지를 남기다. 전갈을 남기다. 메모를 남기다. 메시지를 남기다. ¶毕业班的同学互相~。=졸업반 학우들이 서로 메모를 남긴다. 圕 남긴 말. 전해 둔 말. 쪽지. 전갈. 메모. 메시지. ¶几位老师的~他都一一记得。=몇 분의 선생님이 남기신 말씀을 그는 아직도 하나하나 기억한다.
【留言簿】liúyánbù 圕 (주로 공공 기관 등에 비치해 두어 내방자의 의견이나 느낌 등을 남길 수 있는) 의견록. 고객의 소리 기록.
【留洋】liú‖yáng 圄《old》유학하다. ¶~博士=외국 유학 박사.
【留一手】liú yīshǒu (~儿) 圄 재주를〔비법을〕사용하지〔전수하지〕않다. 히든카드를〔비책을〕남겨 두다. 한 수 남겨 두다.
【留医】liúyī 圄 병원에 남아 치료하다. 입원〔치료〕하다. ¶他病得不轻, 医生坚持让他~。=그의 병이 위독해서 의사는 그에게 입원할 것을 강하게 요구했다.
【留意】liú‖yì 圄 주의를〔관심을〕기울이다. 관심을 갖다. 주의하다. ¶我没~他什么时候走的。=나는 그가 언제 떠났는지 주의하지 않았다.
【留影】liú‖yǐng 圄 기념 사진을 찍다. 기념 촬영하다. ¶与会代表集体~。=회의 참가 대표들과 단체로 기념 촬영하다.
【留影】liúyǐng 圕 기념 사진. ¶这张~我一直保存着。=이 기념 사진을 나는 계속 간직하고

【留用】liúyòng 통 남겨서 계속 사용하다. 남겨 놓았다가 사용하다. 계속 고용〔임용〕하다. ¶降职～=직위를 강등하고 계속 임용하다. ↔开除

【留有】liúyǒu 통 남겨 두다. 간직하다. 간수하다. ¶账上还～一部分资金。=장부에 아직도 일부 자금이 남아 있다.

【留有余地】liúyǒu-yúdì 성 1 (다시 되돌릴) 여지를 남겨 두다. 2 (비) 말이나 행동이 신중하고 극단적이지 않다.

【留余地】liú yúdì 통 여지를 남겨 두다. 여유를 두다.

【留针】liúzhēn 통 (医) (침술의 효과를 높이기 위해) 침을 꽂은 채로 놓아 두다.

【留职】liúzhí 통 자리를 〔직위를〕 남겨 두다. ¶停薪～=무급으로 자리를 남겨 두다.

【留滞】liúzhì 통 묵다. 머물다. 체류하다.

【留置】liúzhì 통 (사람이나 물건을 어떤 곳에) 남겨 두다. 놓아 두다. ¶科学考察队在南极洲～了下来。=과학 시찰단은 극지에 남겨졌다.

【留种】liúzhǒng 통 종자로 남겨 두다. 씨받다. ¶选几个老南瓜～。=묵은 호박 몇 개를 종자로 남겨 두다.

【留种地】liúzhǒngdì 명 (農) 씨받이 밭. 채종전(採種田).

【留住】liúzhù 통 (손님을) 만류하여 묵게 하다. 만류하다. 잡아 두다.

【留驻】liúzhù 통 1 주류(駐留)하다. 주둔(駐屯)하다. 유둔(留屯)하다. ¶数千名官兵～军事基地。=수천 명의 군사가 군 기지에 주둔하다. 2 남아 있다. 현존하다. 잔존하다. ¶青春常～=청춘은 늘 남아 있다.

**流** liú 흐를 류

통 1 (물·액체가) 흐르다. ¶川～不息=냇물이 끊임없이 흐르다. /汗～浃背=땀이 등에 배다. 땀이 비 오듯 흐르다. 2 (정처 없이) 떠돌아다니다. 유랑하다. 방랑하다. ¶四处～浪=정처 없이 사방으로 떠돌아다니다. /动售货车=이동판매차. 3 나쁜 방향으로 흐르다. 전락하다. 타락해 가다. ¶放任自～=제멋대로 하게 내버려 두다. /～于平庸=평범한 것으로 전락하다. 4 전하다. 전파하다. 퍼뜨리다. 퍼지다. 유포하다. 보급하다. ¶千古～芳=아름다운 명성을 오래도록 전하다. /日渐～行=나날이 유행하다. 형 (흐르는 물과 같이) 순조롭다. 원활하다. 거침없다. 막힘이 없다. ¶行文～畅=문장이 거침없다. 명 1 흐르는 물. 물결. ¶洪～=거센 물결. /随波逐～=물결치는 대로 표류하다. 2 물줄기처럼 이동하는 것. 흐름. 물결. ¶人～=사람들의 물결. /电～=전류. 3 강·하천이 발원지를 떠난 다음 부분. ¶中～=중류. /源远～长=아득히 멀고 오래다. 4 부류. 지류. 가지. 분야. 직종. 지부. 분회. 계열. 파벌. 파(派). 유파. 등급. 차별. ¶～歌星=삼류 가수. /三教九～=삼교와 구류. [삼교(三教)는, '유교(儒教)·불교·도교(道教)'를, 구류(九流)는 '유가(儒家)·도가(道

家)·법가(法家)·음양가(陰陽家)·명가(名家)·묵가(墨家)·종횡가(縱橫家)·잡가(雜家)·농가(農家)'를 가리킴] 5 귀양. 유배. ¶～放边地=변방으로 유배 보내다. 양 (物) 流明(루멘). [광속의 단위] ↔源

◯ 暗流, 奔bēn流, 层流, 岔chà流, 传流, 倒流, 风流, 伏流, 干流, 汇huì流, 激流, 径jìng流, 巨流, 客流, 轮lún流, 名流, 末流, 女流, 偏流, 漂piāo流, 飘piāo流, 迁qiān流, 潜qián流, 热流, 人流, 射流, 铁流, 湍tuān流, 外流, 涡wō流, 洋流, 引流, 整流, 自流, 二流子, 自流井

【流辈】liúbèi 명 동(년)배. 같은 또래.

【流弊】liúbì 명 유폐. 오랜 기간 전해 온 폐단. 악습. ¶革除～=악습을 뿌리뽑다.

【流变】liúbiàn 통 변화 발전하다. 변천하다. 변이하다. ¶语言～=언어의 변천.

【流标】liúbiāo 통 (입찰이) 유찰되다. ¶此次拍卖的几十幅字画全部成交, 无一～。=이번 경매에 나온 몇 십 폭의 서화(書畫)는 모두 거래가 성사되고, 유찰된 것이 하나도 없다.

【流别】liúbié 명 1 (강·하천의) 지류. 2 (시문·학술의) 원류(原流)와 파별(派別).

【流冰】liúbīng 명 유빙. 부빙(浮氷). 성엣장. (강이나 하천에) 떠다니는 얼음덩어리.

【流播】liúbō 통 1 전파하다. 널리 퍼뜨리다. 유포하다. 널리 보급하다. ¶～世间=세상에 전파하다. 2 정처 없이 〔이곳저곳·사방을〕 유랑하다. 떠돌아다니다. 방랑하다. ¶～异域=타향을 정처 없이 떠돌아다니다.

【流布】liúbù 통 (널리) 퍼뜨리다. 유포하다. 산포(散布)하다. ¶谣言广为～。=뜬소문이 널리 퍼지다.

【流产】liú‖chǎn 통 1 (医) 유산하다. (요) 【小产】xiǎochǎn 【小月(子)】xiǎo·yuè·zi】 2 (비) 유산되다. 무산되다. 좌절되다. ¶计划～=계획이 무산되다.

【流畅】liúchàng 형 유창하다. 거침없다. 막힘이 없다. ¶语言～=말이 유창하다. ≒流利

【流程】liúchéng 명 1 물길. 수로. ¶这条河的～长达两千多公里。=이 강의 물길은 길이가 이천여 킬로미터나 된다. 2 (공업 생산에서) 공정. 과정. 계통. ¶工艺～=공예 공정.

【流传】liúchuán 통 유전하다. 유전되다. 대대로 전해 내려오다. 세상에 널리 퍼지다. ¶～后世=후대에 대대로 전해 내려오다.

【流窜】liúcuàn 통 이리저리 달아나다 〔도망치다·도피하다·도주하다〕. ¶～作案=도피하며 범죄를 저지르다.

【流窜犯】liúcuànfàn 명 탈주범. 도피범. 도주범. 수배범.

【流弹】liúdàn 명 유탄. 빗나간 탄알. 난데없이 날아오는 탄알. ¶中(zhòng)～=유탄에 맞다.

【流荡】liúdàng 통 1 이리저리 옮겨다니다. 이동하다. 유동하다. 나부끼다. 펄럭이다. 흩날리다. 휘날리다. 날아 흩어지다〔떨어지다〕. ¶白云随风～。=흰구름이 바람 따라 흩날리다. 2 유랑

하다. 방랑하다. 정처 없이 떠돌다. 떠돌아다니다. ¶四处~=사방으로 정처 없이 떠돌다.

【流动】liúdòng 동 1 (기체나 액체가) 흐르다. ¶河水急速~=강물이 아주 빠르게 흐르다. 2 자주 옮겨 다니다. 유동하다. ¶~演出=옮겨 다니며 공연하다. 3 (인원이) 옮겨 다니다. 유동하다. ¶人才~=인재가 유동하다. 4 (상품·화폐가) 유통하다. 유통되다. ¶资本~=자본이 유통되다. ↔固定

【流动红旗】liúdòng hóngqí 명 (유동적인) 영예의 붉은 기. [평가를 거쳐 선발된 우수 부문·수자를 격려하기 위해 수여하는 붉은 깃발. 여기에서 '流动'은 수여 대상이 성적 평가에 따라 유동적임을 나타냄]

【流动人口】liúdòng rénkǒu 명 유동 인구.

【流动性】liúdòngxìng 명 유동성. ¶火车站附近人口~大, 难于管理. =기차역 부근의 인구는 유동성이 높아 관리하기 어렵다.

【流动资产】liúdòng zīchǎn 명 (經) 유동 자산. ↔固定资产

【流动资金】liúdòng zījīn 명 (經) 유동 자금. ↔固定资金

【流毒】liúdú 동 (주로 정신적인 방면에서) 해독〔해로움〕을 끼치다. 악영향을 끼치다. ¶~四方=도처에 해독을 끼치다. 명 유전되는 해독. 악영향. 유해한〔치명적인〕 영향. ¶肃清~=유전되는 해독을 깨끗이 제거하다.

【流芳】liúfāng 동문 명성이 대대로 전해지다. 훌륭한 명성을 후세에 남기다. ¶万古~=훌륭한 명성이 영원히 전해지다.

【流芳百世】liúfāng-bǎishì 성 훌륭한 명성이 영원히 전해지다. ↔遗臭万年

【流放】liúfàng 동 1 귀양 보내다. 유배하다. 2 원목이나 맹종죽(孟宗竹) 등을 강물에 띄워 운송하다.

【流风】liúfēng 명 (예로부터) 전해오는 풍습〔풍속·기풍·풍조〕. [주로 좋은 것을 가리킴] ¶~遗俗=예로부터 전해 내려오는 풍속.

【流风余韵】liúfēng-yúyùn 성 예로부터 전해 내려오는 풍습과 생활 방식 등.

【流感】liúgǎn 명양 流行性感冒(유행성 감기).

【流光】liúguāng 명문 1 번쩍이며 흔들리는 빛. 휘황찬란한 빛. ¶~溢彩=휘황찬란하다. 광채를 내뿜다. 2 달빛. ¶~徘徊=달빛이 배회하다. 3 (끊임없이 흘러가는) 세월. 시간. ¶~易逝=세월이 유수같이 지나가 버리다.

【流会】liúhuì 동 유회하다. 유회되다.

【流火】liúhuǒ 명 1문 《天》 심수. 심성(心星). [매년 음력 5월의 황혼 무렵이면 하늘 정남쪽 한가운데의 가장 높은 곳에 위치하고, 6월 이후에는 점점 서쪽으로 기울면서 무더위도 점차 약해짐] ¶七月~=음력 7월이 되어 심수가 점차 서쪽으로 기울면서 더위가 점차 시원해지다. 2 《醫》 (중의학에서 종아리에 나는) 단독(丹毒).

【流金铄石】liújīn-shuòshí 성 1 (높은 온도로) 금과 돌을 녹여 내리게 하다. 2비 날씨가 매우 덥다. 혹서(酷暑). =【铄石流金 shuòshí-liújīn】

【流浸膏】liújìngāo 명 (醫) (약용 식물의) 농축액. 진액. 엑기스. 익스트랙트(extract).

【流经】liújīng 동 (물줄기 등이 고정된 경로를) 경과하다. 지나다. ¶黃河~陝西、山西、河南等地. =황허는 산시(陝西)성·산시(山西)성·허난(河南)성 등지를 지난다.

【流寇】liúkòu 명 유적. 유구. 떠돌이 도둑.

【流浪】liúlàng 동 유랑하다. 방랑하다. (정한 곳이나 목적 없이) 떠돌아다니다. ¶~街头=거리를 떠돌아다니다. ≒流落

【流浪儿】liúlàng'ér 명 유랑아. 부랑아.

【流浪汉】liúlànghàn 명 유랑자. 방랑자. 부랑자. 떠돌이.

【流泪】liú‖lèi 눈물을 흘리다. ¶伤心~=슬퍼서 눈물을 흘리다.

【流离】liúlí 동문 (재난·전쟁 등으로 인해) 정처 없이 떠돌아다니다. ¶颠沛~=생활이 어려워 도처를 떠돌다.

【流离失所】liúlí shīsuǒ 성 의지할 곳을 잃고 떠돌아다니다. 살 곳을 찾아 헤매다. 몸둘 곳이 없다. ↔安居乐业

【流丽】liúlì 형문 (시문·서예 따위가) 유려하다. 거침없이 미끈하고 아름답다. 유창하고 아름답다. ¶文笔~=필치가 유창하고 아름답다.

【流利】liúlì 형 1 막힘이 없다. 미끈하다. ¶笔法~=필치가 거침없다. 2 (말·문장이) 유창하다. 막힘이 없다. ¶他的普通话说得非常~. =그는 표준어를 대단히 유창하게 말한다. ≒流畅 ↔结巴

【流里流气】liú·liliú·qì (~的) 형 (행동거지가) 경박하고 단정치 못하다. 건달티가 나다. 불량스럽다. 껄렁껄렁하다.

【流连】[留连]liúlián 동 떠나기 싫어하다〔아쉬워하다〕. 차마 떠나지 못하다. 떠나기 서운해하다. ¶秀丽的山川景色令人~不已. =수려한 산천 풍경이 사람(의 발길)을 잡는다.

【流连忘返】liúlián-wàngfǎn 성 1 놀이에 빠져 돌아가는 것을 잊다. 2비 아름다운 경치에 빠져 떠나기 싫어하다. ≒恋恋不舍

【流量】liúliàng 명 1 유량. 유동량. 유하량. [유체가 단위 시간 내에 흐르는 양으로, 일반적으로 '입방미터/초'로 계산함] 2 통과(수)량. 유동량. [단위 시간 내에 일정한 곳을 지나는 행인·차량 등의 수량] ¶车~=차량 통과량.

【流量计】liúliàngjì 명 유량계. 계량기.

【流露】liúlù 동 (생각·감정을) 무의식 중에 나타내다. 무심코 드러내다. ¶言谈间~出依依不舍之情. =말하는 가운데 헤어지기 아쉬워하는 감정을 무의식 중에 드러내다.

【流落】liúluò 동 영락(零落)하여 외지를 떠돌다. 실의에 빠져 타향을 떠돌다. 유랑하다. ¶~他乡=실의에 빠져 타향을 떠돌다. ≒流浪

【流氓】liúmáng 명 1 유랑민. 유민. 2 건달. 깡패. 불량배. 무뢰한. ¶地痞~=본바닥 불량배. 3 못된〔불량한·나쁜〕 짓. 비속한〔상스러운〕 행동. 행패. ¶耍~=행패를 부리다.

【流眄】liúmiǎn 동문 (주로 여자가) 눈을 돌려

서 보다. 눈짓을 하다. 추파를 던지다.
**【流民】liúmín** 명 유랑민. 유민.
**【流明】liúmíng** 양⊕(物) 루멘(lumen). [광속의 단위. 약칭은 '流(liú)'임]
**【流脑】liúnǎo** ☞ **【流行性脑膜炎】liúxíngxìng nǎomóyán**
**【流年】liúnián** 명 1⊕ 세월. 광음. ¶似水~=유수 같은 세월. 2 유년. 유년의 사주. 한 해 동안의 운세. [주로 풍자나 해학적인 의미 등을 내포함] ¶~不利=한 해 동안의 운세가 나쁘다〔불길하다〕.
**【流派】liúpài** 명 1 (물의) 지류. 2⊕ (학술·문예·무술 등의) 파별. 파(派). 유파. 분파. ¶文学~=문학 유파.
**【流盼】liúpàn** 동⊕ (주로 여자가) 눈을 돌려서 보다. 눈짓을 하다. 추파를 던지다. ¶美目~=아름다운 눈으로 눈짓을 하다.
**【流配】liúpèi** 동 귀양 보내다. 유배하다. ¶~边疆=변방으로 귀양 보내다.
**【流品】liúpǐn** 명⊕ 사회적 지위. 출신. ¶不入~=하찮다. 비천하다.
**【流气】liú·qi** 명 1 경박하고 교활한 행실. 불량한〔야비한〕 행동거지. ¶举止~=행동거지가 불량하다. 2 건달기. 불량기. ¶戒除~=건달기를 끊다.
**【流洒】liúsǎ** 동 (피·눈물·땀·물 따위를) 뿌리다. 흘리다. ¶为祖国~热血.=조국을 위해 뜨거운 피를 흘리다.
**【流散】liúsàn** 동 흩어지다. 여기저기로 분산되다. 산일(散逸)하다. ¶战乱年代, 亲人~各地.=전란 시절에 가족이 각지로 흩어지다.
**【流沙】liúshā** 명 1 (地) 사막 지대의 흩날리는 모래. 2 지하수를 따라 이동하는 모래흙.
**【流失】liúshī** 동 1 (물·흙·광물 따위가) 떠내려가 없어지다. 유실되다. ¶水土~=물과 토양이 유실되다. 2 (유용한 것이) 흩어져 없어지다. 상실되다. 유실되다. ¶文物~=문물이 유실되다. 3 ⊕ (인원이) 빠져 나가다. 유출되다. ¶人才~=인재가 유출되다.
**【流失生】liúshīshēng** 명 중도에 의무 교육을 그만둔〔중단한〕 학생.
**【流食】liúshí** 명 유동식. 연식. 반고형식. 묽게 만든 음식물.
**【流矢】liúshǐ** 명 유시. 빗나간 화살. 난데없이 날아온 화살. ¶为~所伤=유시에 맞아 부상당하다.
**【流势】liúshì** 명 수류(水流)의 세기와 속도. ¶~湍急=물살이 세다.
**【流逝】liúshì** 동 유수와 같다. 흐르는 물처럼 지나가다. ¶时光~=세월이 유수와 같다.
**【流水】liúshuǐ** 명 1 유수. 흐르는 물. 2⊕ (흐르는 물처럼) 끊이지 않고 계속되는 것. ¶~生产线=컨베이어(conveyor) 생산 라인. 3 (經)(상점의) 판매액. 매상고. [판매액이 '流水账(금전 출납부)'에 나타나므로 붙여진 이름임]
**【流水不腐, 户枢不蠹】liúshuǐ bù fǔ, hùshū bù dù** ⊕ 1 흐르는 물은 썩지 않고, 여닫는 문

지도리는 좀이 먹지 않는다. 2⊕ 꾸준히 움직이는 사물은 쉽게 침체되지 않고 오래 간다. 구르는 돌에는 이끼가 끼지 않는다.
**【流水朝宗】liúshuǐ-cháozōng** ⊕ 1 모든 강물은 바다로 흘러들어간다. 2⊕ (어떤 일이든) 민심에 따라야 한다.
**【流水簿】liúshuǐbù** 명 장부. 금전 출납부. [매일 금전과 물품의 출납을 기재하되 특별한 분류는 하지 않음] = **【流水账】liúshuǐzhàng**
**【流水对】liúshuǐduì** 명 윗구와 아랫구의 의미가 연결된 대구(對句). [예컨대, '沧浪千万里, 日夜一孤舟(끝없이 푸른 물결을 밤낮으로 떠가는 외로운 배)' 등]
**【流水号】liúshuǐhào** 명 일련〔제작〕 번호. 시리얼 넘버(serial number).
**【流水席】liúshuǐxí** 명 손님이 아무 때나 와서 먹고 가는 연회 방식.
**【流水线】liúshuǐxiàn** 명 일관 작업열. 어셈블리 라인(assembly line).
**【流水账】liúshuǐzhàng** 명 1 (장부의) 항목. 계정. 2 ☞ **【流水簿】liúshuǐbù** 3⊕ 경중과 분류를 따지지 않고 단순히 현상을 나열하는 기록이나 서술.
**【流水作业】liúshuǐ zuòyè** 명 일관 작업. 컨베이어 시스템(conveyor system).
**【流送】liúsòng** 동 유벌(流筏)하다. 목재를 흐르는 물에 띄워 보내다. ¶~木材=목재를 유벌하다.
**【流苏】liúsū** 명 (수레와 말·가마·장막·비단 깃발 따위의 위에 장식용으로 매달아 늘어뜨리는) 술. 느림.
**【流俗】liúsú** 명⊕ 세속. 유행하는 습속〔풍속〕. ¶不拘~=세속에 구애받지 않다.
**【流速】liúsù** 명(物) 유속. [단위 시간 내에 유체가 흘러간 거리. 'm/sec'로 표시함]
**【流淌】liútǎng** 동 (액체가) 흐르다. 유동하다. ¶溪水在山谷中~.=계곡에 시냇물이 흐르다.
**【流体】liútǐ** 명(物) 유체. 유동체. 기체와 액체.
**【流通】liútōng** 동 1 유통하다. 막힘없이 잘 통하다. 잘 소통되다. ¶空气~=공기가 유통되다. 2 (經)(상품·화폐가) 유통되다. ¶货币~=화폐가 유통되다.
**【流亡】liúwáng** 동 (재해·전란·정치적 요인으로) 망명하다. 유랑하다. 방랑하다. ¶~海外=해외로 망명하다.
**【流亡政府】liúwáng zhèngfǔ** 명 망명 정부.
**【流网】liúwǎng** 명 유망. [어망의 일종]
**【流纹岩】liúwényán** 명(礦) 유문암(流紋巖). [화산암의 일종]
**【流徙】liúxǐ** 동 1⊕ 유배하다. 귀양 보내다. ¶~蛮荒之地=미개하고 황량한 땅으로 유배시키다. 2 정처 없이〔이곳 저곳·사방을〕 유랑하다. 떠돌아다니다. 방랑하다. ¶~四海=세상을 정처 없이 떠돌아다니다.
**【流涎】liúxián** 동⊕ 군침을 흘리다. ¶口角~=입가에 군침을 흘리다.
**【流线型】liúxiànxíng** 형 유선형의.

【流向】liúxiàng 図 1 물이 흐르는 방향. 물 흐름의 방향. ¶长江和黄河的~都是自西向东. = 창장(长江)과 황허(黄河)가 흐르는 방향은 모두 서쪽에서 동쪽이다. 2 (인원·재물 등의) 행방. 가는〔움직이는〕방향. ¶查清资金的~. = 자금의 행방을 철저히 조사하다.

【流泻】liúxiè 동 1 (액체가) 빠르게 흘러나오다. 빠른 속도로 흘러내리다. 쏟아져 나오다. 2 (빛을) 아래로 비추다. ¶月光~在平静的海面上. = 달빛이 고요한 해면에 비추다.

【流星】liúxīng 図 1 〈天〉유성. ☞【贼星】zéixīng 2 台쇠. [옛날, 병기의 일종으로 쇠사슬의 양 끝에 쇠망치가 달려 있음〕 3 물그릇〔불뭉치〕돌리기. [서커스 묘기의 일종. 긴 줄의 두 끝에 물그릇을〔불뭉치를〕 달고, 물이 넘치지〔불이 꺼지지〕않도록 돌리는 것. 모습이 유성과 같아서 붙여진 이름임〕

【流星赶月】liúxīng-gǎnyuè 성 1 유성이 달을 쫓듯 하다. 2 속도가 대단히 빠르다.

【流星雨】liúxīngyǔ 〈天〉유성우. 성우.

【流刑】liúxíng 図 유형. 유죄〔流罪〕.

【流行】liúxíng 동 유행하다. 성행하다. 널리 퍼지다. ¶这首歌很快~起来. = 이 노래는 아주 빠르게 유행하기 시작했다. 형 유행하는. 성행하는. ¶~式样 = 유행하는 스타일. ≒盛行

【流行病】liúxíngbìng 〈医〉1 유행병. 돌림병. 2 日 사회적인 폐단〔병폐〕. 유행병. 3 盲目 追星成了部分青少年中的~. = 맹목적으로 연예인을 쫓아다니는 것이 일부 청소년들의 유행병처럼 되었다.

【流行歌曲】liúxíng gēqǔ 〈音〉1 유행가〔流行歌〕. 2 대중 가요. 통속 가요. ¶~大奖赛 = 대중 가요 경연 대회.

【流行色】liúxíngsè 図 유행하는 색조〔색상〕. [주로 복장을 가리킴〕 ¶黄色是今年春天的~. = 노란색이 올 봄에 유행하는 색조이다.

【流行音乐】liúxíng yīnyuè 〈音〉유행 음악.

【流行性】liúxíngxìng 図 유행성. 전염성. ¶~感冒 = 유행성 감기.

【流行性脑膜炎】liúxíngxìng nǎomóyán 図〈医〉유행성 뇌막염. 유행성 뇌척수막염. ㉭【脑】liúnǎo

【流行性乙型脑炎】liúxíngxìng yǐxíng nǎoyán 図〈医〉유행성 B형 뇌염. 일본 뇌염.

【流血】liúxiě 동 子 피가 나다〔흐르다〕. ¶鼻子~了. = 코피가 난다.

【流血】liúxuè 동 1 피가 나다〔흐르다〕. ¶手指被划破了, 不停地~. = 손가락을 다쳐 계속 피가 흐른다. 2 목숨을 희생하다. 부상당하다. ¶~牺牲 = 목숨을 희생하다.

【流言】liúyán 図 유언(비어). 떠도는 말. 근거 없는 소문. 터무니없는 소문. ¶散布~ = 근거 없는 소문을 퍼뜨리다.

【流言飞语】liúyán-fēiyǔ ☞【流言蜚语】liúyán-fēiyǔ

【流言蜚语】[流言飞语] liúyán-fēiyǔ 성 유언비어. 떠도는 말. 근거 없는 소문.

【流溢】liúyì 동 (액체나 기체가) 흘러넘치다. 발산하다. 퍼지다. 내뿜다. ¶鲜花满园, 芳香~. = 뜰에 꽃이 가득 피어나고 향기가 흘러넘치누나.

【流莺】liúyīng 図 1 이리저리 날아다니는 꾀꼬리. 2 日 길거리를 배회하는 창녀.

【流萤】liúyíng 図 이리저리 날아다니는 반딧불이〔개똥벌레〕.

【流于】liúyú 동 (나쁜 방향으로) 흐르다. 치우치다. 나아가다. ¶工作要做到实处, 不能~形式. = 일은 실제적으로 해야지, 형식에 치우치면 안된다.

【流域】liúyù 図〈地〉유역. ¶长江~ = 창장(长江) 유역.

【流寓】liúyù 동 匣 타향에 머물다. 객지에서 (임시로) 살다. ¶~异乡 = 타향에 머물다.

【流云】liúyún 図 흘러가는 구름.

【流贼】liúzéi 図 유적. 유구. 떠돌이 도둑.

【流质】liúzhì 〈医〉1 액체성 음식물. ¶~食物 = 액체성 음식물. 2 유동식. 연식. 반고형식. 묽게 만든 음식물. ¶吃~ = 유동식을 먹다.

【流注】liúzhù 동 유입되다. 흘러들어가다. 주입시키다. ¶河水奔流不息, 最终~大海. = 강물이 쉬지 않고 세차게 흘러, 끝에 가서는 바다로 유입된다.

【流转】liúzhuǎn 동 1 이곳 저곳으로 떠돌아다니다. 전전하다. ¶~四方 = 사방으로 떠돌아다니다. 2〈经〉(상품이나 자금이) 돌다. 유통되다. 운용되다. 회전되다. ¶资金~ = 자금이 회전하다. 형 匣 (시문·노래가) 거침없고 부드럽다. 자연스럽고 부드럽다. ¶曲调~ = 곡조가 자연스럽고 부드럽다.

【流转税】liúzhuǎnshuì 図〈经〉거래세.

*琉[（瑠·瑠）] liú 유리 류
아래를 참조.

【琉璃】liú·lí 図 1〈矿〉유리. 2 유리 유약. [유약의 일종〕 ¶~砖 = 유리 벽돌.

【琉璃球】liú·liqiú (~儿) 図 1 유리 구슬. 2 日 똑똑한〔영리한〕사람. 총명하고 재치 있는 사람. ¶这孩子真机灵, ~儿似的. = 이 아이는 정말 영리해서 반짝거리는 유리 구슬 같다. 3 日 교활한〔간사한·빤질빤질한〕사람. ¶这帮子混帐~儿, 欠揍. = 이런 간사한 놈들은 얻어맞아야 한다. 4 日 구두쇠. 깍쟁이. ¶这个人是个~, 一毛不拔. = 이 사람은 구두쇠라서 인색하기 그지없다.

【琉璃瓦】liú·liwǎ 図 유리 기와. 유리 유약을 발라서 구운 오지 기와.

*硫 liú 유황 류
図 외〈化〉(유)황(S, sulphur). [원자 번호 16〕

O-● 氨ān硫脲niào, 亚yà硫酐gān

【硫铵】liú'ǎn 図〈化〉황산암모늄. 유안. =【硫酸铵】liúsuān'ǎn

【硫胺素】liú'ànsù 図〈化〉티아민(thiamine). 비타민 B₁.

【硫代硫酸钠】liúdài liúsuānnà 図〈化〉티오

황산나트륨. ⇨ 【大苏打】 dàsūdǎ
【硫分】 liúfèn 몡 유황 함(유)량.
【硫化】 liúhuà 통(化) 가황(加黃)하다. 황화(黃化)하다.
【硫化氢】 liúhuàqīng 몡(化) 황화수소(H₂S).
【硫化橡胶】 liúhuà xiàngjiāo 몡(化) 가황고무. =【熟橡胶】 shúxiàngjiāo ⇨ 【橡皮】 xiàngpí 【胶皮】 jiāopí
【硫磺】 liúhuáng 몡(化) (유)황.
【硫脲】 liúniào 몡(化) 티오요소.
【硫色素】 liúsèsù 몡(化) 티오크롬(thiochrome).
【硫酸】 liúsuān 몡(化) 유산. 황산(H₂SO₄).
【硫酸铵】 liúsuān·ǎn ⇨ 【硫铵】 liú·ǎn
【硫酸铜】 liúsuāntóng 몡 황산구리. 황산동.
【硫酸锌】 liúsuānxīn 몡(化) 황산아연. 유산아연. ⇨ 【皓矾】 hàofán
【硫铜矿】 liútóngkuàng 몡(礦) 구리를 함유한 유화 광물(硫化鑛物).

**遛** liú 머무를 류
☞ 【逗遛】 dòuliú
☞ liù

***馏[餾]** liú 증류할 류
통 증류하다. ¶蒸~=증류하다. / 分~=분류(分溜)하다. / 干(gān)~=건류(乾溜)하다.
☞ liù
【馏分】 liúfèn 몡 유분.

**旒** liú 깃발 장식 류
몡 1 옛날, 깃발 위에 매단 장식용 띠. 깃대의 술. 2 옛날, 제왕의 면류관(冕旒冠) 앞뒤에 드리운 주옥을 꿴 술.
○● 冕miǎn旒

**骝[騮]** liú 월다말 류
몡⟨⟩ 검정 갈기에 검정 꼬리를 한 붉은 말. 월따말. 매우 훌륭한 말.

**榴** liú 석류나무 류
몡(植) 석류. ¶五月~花红似火。=오월의 석류꽃은 불꽃처럼 붉다.
○● 手榴弹dàn
【榴弹】 liúdàn 몡(軍) 1 살상용 탄. 폭파용 탄. [살상 폭파용 유탄의 총칭] 2 유탄. [수류탄·총류탄·유탄발사기로 발사하는 유탄 등을 가리킴]
【榴弹炮】 liúdànpào 몡(軍) 유탄포.
【榴火】 liúhuǒ 몡⟨⟩ 석류꽃의 불타는 듯한 붉은 색. 석류꽃빛.
【榴莲】 liúlián 몡(植) 1 두리언(durian). 2 두리언(의 과실).
【榴霰弹】 liúxiàndàn 몡(軍) 유산탄. [1차 폭발 때 자탄(子彈)을 퍼뜨리도록 설계된 탄] =【霰弹】 xiàndàn 【子母弹】 zǐmǔdàn 【群子弹】 qúnzǐdàn

**飕[飀]** liú 바람 부는 모양 류
【飕飕】 liúliú 형⟨⟩ 살랑살랑. [미풍이 부는 모양]

**镏[鎦]** liú 도금할 류
통 도금하다. 금을 입히다.
☞ liù
【镏金】 liújīn 통 금으로 도금하다. 금을 입히다.

**鹠[鶹]** liú 올빼미 류
☞ 【鸺鹠】 xiūliú

***瘤[癅]** liú 혹 류
몡(醫) 혹. 종기. 종양. ¶肉~=육종(肉腫). / 肿~=종양.
○● 根瘤, 肿zhǒng瘤, 赘zhuì瘤, 根瘤菌jūn
【瘤牛】 liúniú 몡(動) 혹소. 제부(zebu).
【瘤胃】 liúwèi 몡(動) 혹위. 유위(瘤胃).
【瘤子】 liú·zi ☞ 【肿瘤】 zhǒngliú

**镠[鏐]** liú 황금 류
몡⟨⟩ 순도 높은 황금. 양질의 황금.

**鎏** liú 황금 류
몡⟨⟩ 순도 높은 황금. 양질의 황금. 통 '镏(liú)'와 같음.
【鎏金】 liújīn 몡 순도 높은 황금. 양질의 황금. 통 ☞ 【镏金】 liújīn

***柳[(栁·桺)]** liǔ 버들 류
몡 1(植) 버드나무. 2(天) 유수(柳宿). [이십팔수(二十八宿)의 하나] 3(Liǔ) 성(姓).
○● 柽chēng柳, 垂chuí柳, 旱hàn柳, 河柳, 红柳, 柜jǔ柳, 蒲pú柳, 雪柳, 杨柳, 花柳病, 垂杨柳
【柳暗花明】 liǔ'àn-huāmíng ⟨⟩ 1 버드나무 그늘이 우거지고, 온갖 꽃이 만발하다. 2⟨⟩ 곤경 속에서 희망이⟨전기가⟩ 나타나다.
【柳编】 liǔbiān 몡 고리버들 세공(제품).
【柳笛】 liǔdí 몡 버들피리.
【柳斗】 liǔdǒu 몡 고리버들 용기.
【柳拐子病】 liǔguǎi·zibìng ☞ 【大骨节病】 dàgǔjiébìng
【柳罐】 liǔguàn 몡 고리버들 두레박.
【柳眉】 liǔméi 몡 (여자의) 유미. 유엽미(柳葉眉). =【柳叶眉】 liǔyèméi ¶~杏眼=버들잎 같은 눈썹과 살구 같은 눈.
【柳眉倒竖】 liǔméi-dàoshù ⟨⟩ 여자가 화낼 때 눈썹을 추켜세우는 모양.
【柳绵】【柳棉】 liǔmián 몡 유서(柳絮). 버들개지. 버들솜.
【柳棉】 liǔmián ☞ 【柳绵】 liǔmián
【柳腔】 liǔqiāng 몡(劇) 유강. [중국 지방 전통극의 일종으로, 산둥(山东)성 청다오(青岛) 및 그

주변 지역에서 유행함]

**【柳琴】** liǔqín 〈音〉유금. [발현(撥絃) 악기로, 모양은 비파(琵琶)와 비슷하지만 좀 작으며 4줄의 현으로 이루어져 있음]

**【柳琴戏】** liǔqínxì 〈劇〉유금희. [중국 지방 전통극의 일종으로, 곡조가 호탕하면서 드세고 꾸밈이 없으며 유금(柳琴)으로 반주함. 장쑤(江蘇)성 쉬저우(徐州)·산둥(山東)성 린이(臨沂) 및 안후이(安徽)성의 일부 지역에서 유행함]

**【柳杉】** liǔshān 〈植〉삼나무.

**【柳梢】** liǔshāo 1 버드나무의 꼭대기. 2 버드나무 가지의 끝 부분.

**【柳树】** liǔshù 〈植〉버드나무.

**【柳丝】** liǔsī 수양버들이 가늘고 길게 늘어진 가지.

**【柳体】** Liǔtǐ 유체. 유공권체. [당(唐)대의 유공권(柳公權)의 서법을 대표로 하는 글자체. 필획이 굳세고 우뚝하며, 구성이 치밀하고 필세가 단단하면서도 가냘픔]

**【柳条】** liǔtiáo (~儿) 1 버드나무 가지. 버들개지. 2 고리버들의 가지. ¶~箱=버들고리.

**【柳条包】** liǔtiáobāo 버들고리(짝). 유상(柳箱). [버들 가지로 만든 고리]

**【柳条帽】** liǔtiáomào 고리버들 가지로 만든 안전모.

**【柳下借阴】** liǔxià-jièyīn 〈成〉다른 사람에게 비호를 [후원을·찬조를] 청하다.

**【柳巷花街】** liǔxiàng-huājiē ☞【花街柳巷】huājiē-liǔxiàng

**【柳絮】** liǔxù 유서. 버들개지. 버들솜.

**【柳眼】** liǔyǎn 버드나무 새싹.

**【柳腰】** liǔyāo (여자의) 유연하고 날씬한(가는) 허리.

**【柳叶】** liǔyè 1 버들잎. 2 〈비〉 (여자의) 가늘고 긴 눈썹.

**【柳叶眉】** liǔyèméi ☞【柳眉】liǔméi

**【柳莺】** liǔyīng 솔새. ¶极北~=쇠솔새. / 冕~=산솔새.

**【柳子】** liǔ·zi 1 〈植〉고리버들. ¶一墩~=고리버들 한 그루. 2 〈劇〉유자희(柳子戏)의 주요 곡조 명칭.

**【柳子戏】** liǔ·zixì 〈劇〉유자희. [지방 전통극의 일종으로, 산둥(山東)성 남부·장쑤(江蘇)성 북부·허난(河南)성 동부 지역에서 유행함. 명말(明末)·청초(清初)에 '柳子(유자)'·'山羊坡(산양파)' 등의 현악기 소곡(小曲)의 기초 위에 발전하여 이루어짐. 곡조는 호탕하고 호방하며, 반주 악기에는 '三弦(삼현금)·笛(피리)·笙(생황)' 이 있음] =【弦子戏】 xián·zixì

**【柳宗元】** Liǔ Zōngyuán 유종원(773~819년). [당(唐)대의 문학가이자 철학가로, 당송팔대가(唐宋八大家)의 한 사람임]

# 绺 [綹] liǔ 끈목 류

〈명〉(~儿) 토리. 묶음. 타래. 가락. 가닥. [뭉치로 된 가늘고 긴 모양의 것을 세는 단위] ¶一~头发=머리카락 한 가닥. / 三~丝线=실 세 타래

〈동〉〈방〉 소매치기하다. ¶出门小心点儿, 钱别被人~了去. = 길을 나설 때는 조심해라, 돈을 소매치기 당하지 않도록.

**【绺窃】** liǔqiè 〈동〉〈방〉 소매치기하다.

**【绺子】** liǔ·zi 토리. 묶음. 타래. 가락. 가닥. [뭉치로 된 가늘고 긴 모양의 것을 세는 단위] ¶两~头发=머리카락 두 가닥. 〈명〉〈방〉 도적 떼. 토비(土匪)의 무리.

# 锍 [鋶] liǔ 술포늄 류

〈명〉술포늄.

# 罶 liǔ 통발 류

〈명〉〈문〉통발. 어전(漁筌).

# 六 liù 여섯 륙

〈수〉6. 육. 여섯. 〈명〉〈音〉중국 전통 음악의 음계(音階) 부호의 하나. [중국 고대 악보인 공척보(工尺譜)(십자보(十字譜))의 '合·一·上·尺·工·凡·六·五·乙'의 하나. 음계의 다섯째 소리 '솔(sol)'에 해당하며, 약보(略譜)의 '5'에 해당함]

☞ lù

○● 四六风, 四六体

**【六边形】** liùbiānxíng 〈數〉육각형. 육모꼴.

**【六部】** liùbù 육부. [수당(隋唐)대에서 청(清)대까지 중앙 행정 기관 중 이(吏)·호(戶)·예(禮)·병(兵)·형(刑)·공(工) 각 부의 합칭]

**【六朝】** Liù Cháo 〈歷〉 1 육조. [오(吳)·동진(東晉)·송(宋)·제(齊)·양(梁)·진(陳)의 합칭. 모두 젠캉(建康), 즉 지금의 난징(南京)에 도읍을 세웠음] 2 남북조 시기(南北朝時期). ¶~书法=육조 시기의 서법(書法).

**【六尘】** liùchén 〈佛〉육진. [불교에서 색(色)·성(聲)·향(香)·미(味)·촉(觸)·법(法)을 가리킴. 이들은 사람으로 하여금 욕망을 생기게 하고 깨끗한 마음을 더럽히기에 진(塵)이라고 부름]

**【六陈】** liùchén 쌀·보리·밀·콩·팥·깨의 여섯 가지 곡식의 합칭. [장기 저장할 수 있는 데서 붙여진 이름]

**【六尺之孤】** liùchǐzhīgū 〈成〉미성년의 고아.

**【六畜】** liùchù 1 육축. [말·소·양·돼지·개·닭의 합칭] 2 각종 가축(家畜) 또는 가금(家禽). ¶~兴旺=각종 가축과 가금이 흥성하다.

**【六腑】** liùfǔ 〈醫〉육부. [중의학에서 위·쓸개·삼초(三焦)·방광·대장·소장을 가리킴] ¶五脏~=오장육부.

**【六根】** liùgēn 〈佛〉육근. [불교에서 눈(视根)·귀(聽根)·코(嗅根)·혀(味根)·몸(觸根)·뜻(念慮의 根)을 가리킴. 이 여섯 가지가 죄업의 근원이라고 여김] ¶~清净=육근(六根)이 깨끗하고 맑다.

**【六宫】** liùgōng 〈명〉 1 육궁. [황후가 거처하는 여섯 채의 궁실] 2 육궁. [후비(后妃)가 거처하는 궁실]

**【六合】** liùhé 〈명〉〈문〉 1 육합. 육허(六虛). [천지와 사방. 즉, 하늘·땅·동·서·남·북을 가리킴] 2 천

하. 우주.
【六甲】liùjiǎ 명 1 육갑. [옛날, 날짜를 계산하는 간지(干支)에서 '甲(갑)'으로 시작하는 갑자(甲子)·갑술(甲戌)·갑신(甲申)·갑오(甲午)·갑신(甲辰)·갑인(甲寅)의 합칭] ¶学～육갑(六甲)을 배우다. 2 임신. 회임(懷妊). 회잉(懷孕). [옛날, 임신을 육갑(六甲)을 잉태했다고 부름]
【六经】liùjīng 명 육경. [옛날, 유가(儒家)의《诗(시)》·《书(서)》·《礼(예)》·《乐(악)》·《易(역)》·《春秋(춘추)》의 여섯 경전을 가리킴]
【六六六】liùliùliù 명(農) 비에이치씨(BHC). [유기 합성 살충제의 하나]
【六路】liùlù 명 1 육로. [상·하·전·후·좌·우 여섯 방면을 가리킴] 2 주위. 각 방면. ¶眼观～, 耳听八方. ＝눈으로 주위를 살피고, 귀로는 각 방면에 귀 기울이다.
【六轮】liùlún 명(軍) 6연발 권총. 육혈포.
【六面体】liùmiàntǐ 명(數) 육면체.
【六亲】liùqīn 명 1 육친. 육척(六戚). [부(父)·모(母)·형(兄)·제(弟)·처(妻)·자(子)를 가리킴] 2 친족.
【六亲不认】liùqīn-bùrèn 성 1 무정하고 의롭지 못하다. 인정과 의리가 없다. 2 (비) 사사로운 정에 얽매이지 않고, 공정하게 일처리를 하다.
【六壬】liùrén 명 육임. [옛날, 골패 따위를 가지고 길흉을 점치는 방법의 하나. 음양오행(陰陽五行)으로 길흉화복을 점치며, 여섯 '壬(임)'자로 시작하는 여섯 가지가 있어 붙여진 이름] ¶精于～＝육임에 정통하다.
【六神】liùshén 명 1 (道) 육신. [심(心)·폐(肺)·간(肝)·신(腎)·비(脾)·담(膽)을 주재(主宰)하는 신] 2 정신 상태. ¶～不安＝마음이 안정되지 못하다.
【六神无主】liùshén-wúzhǔ 성 마음이 어지럽고 안절부절못하다. 당황하여 어찌할 바를 모르다. 넋이 나가다. 늑魂不守舍
【六十】liùshí 주 1 60. 육십. 2 60세. 육십 세. ¶～大寿＝회갑.
【六书】liùshū 명(言) 육서. [한자가 만들어지고 운용(運用)되어지는 여섯 가지 방법. 상형(象形)·지사(指事)·회의(會意)·형성(形聲)·전주(轉注)·가차(假借)를 가리킴]
【六韬三略】liùtāo sānlüè 명 병서. 병법. 육도삼략.
【六弦琴】liùxiánqín ☞【吉他】jítā
【六一儿童节】Liù-Yī Értóngjié 명 국제 어린이날. [국제 민주 여성 연합회가 1949년 11월 모스크바에서 개행된 회의에서 6월 1일을 국제 어린이날로 정함] ＝【六一国际儿童节】Liù-Yī Guójì Értóngjié【国际儿童节】Guójì Értóngjié【儿童节】Értóngjié
【六一国际儿童节】Liù-Yī Guójì Értóngjié ☞【六一儿童节】Liù-Yī Értóngjié
【六艺】liùyì 명 1 육예. [서주(西周) 시대 학교 교육의 여섯 과목으로, 예(禮)·악(樂)·사(射)·어(御)·서(書)·수(數)를 가리킴] 2 육경(六經).
【六淫】liùyín 명(醫) 육음. [중의학에서 말하는 풍(風)·한(寒)·열(熱)·습(濕)·조(燥)·화(火)의 질병을 유발하는 주요 요소]
【六欲】liùyù 명 1(佛) 육욕. [색욕(色欲 ; 빛깔에 대한 탐욕)·형모욕(形貌欲 ; 미모에 대한 탐욕)·위의자태욕(威儀姿態欲 ; 걸음걸이나 태도에 나타나는 애교(愛嬌)에 대한 탐욕)·언어음성욕(言語音聲欲 ; 말·음성·노래 소리 등에 대한 탐욕)·세활욕(細滑欲 ; 부드러운 살결에 대한 탐욕)·인상욕(人相欲 ; 사랑스러운 인상에 대한 탐욕) 등을 가리킴] 2 사람의 각종 욕망.
【六月】liùyuè 명 1 음력 6월. 2 양력 6월.
【六月飞霜】liùyuè-fēishuāng 성 1 유월에서리가 내리다. 2(비) 억울한 죄로 투옥되다. 3(비) 불가능한 일. 가망없는 일. ＝【六月飞雪】liùyuè-fēixuě
【六月飞雪】liùyuè-fēixuě ☞【六月飞霜】liùyuè-fēishuāng
【六月菊】liùyuèjú ☞【旋覆花】xuánfùhuā
【六指】liùzhǐ(～儿) 명 1 육손. 육발. 2 육손이. 육발이.

**陆[陸]** liù 여섯 륙
囹 '六(여섯 륙)'의 갖은자.
☞ lù

**碌[碌]** liù 궁글대 륙
☞ lù
【碌碡】liù·zhou 명(農) 궁글대. 굴레. 돌태. [탈곡을 하는 데 쓰는 원추형의 돌로 된 농기구] ＝【石磙】shígǔn

**遛** liù 거닐 류
동 1 천천히 거닐다. 어슬렁거리다. 서성거리다. 돌아다니다. 산보하다. ¶我们到广场上～一～. ＝우리 광장에 나가서 산보합시다. 2 가축을 끌고 다니다. 새장을 들고 거닐다. ¶把马牵出去～～. ＝말을 끌고 나가서 걸리다.
☞ liú
【遛狗】liù∥gǒu 동 개를 데리고 산책하다[거닐다]. 개를 산책시키다.
【遛马】liù∥mǎ (말의 피로를 풀거나 병세를 줄이기 위해) 말을 슬슬 산책시키다.
【遛鸟】liù∥niǎo 동 새장을 들고 산책하다[거닐다].
【遛食】liùshí(～儿) 동(방) (소화를 위해) 식후에 산책하다.
【遛弯儿】[蹓弯儿] liù∥wānr 동(구) 산책하다. 산보하다. 천천히 거닐다. ¶他习惯每天晚饭后出去～. ＝그는 매일 저녁 식사 후 나가서 산책하는 것이 습관이 되었다.
【遛早儿】[蹓早儿] liùzǎor 동(구) 새벽[이른 아침]에 산책을 하다.

**馏[餾]** liù 데울 류
동 다시 데우다. 다시 찌다. ¶把馒头～热了才吃. ＝만터우(馒头)를 다시 데워서 먹다.
☞ liú

## 溜 liù 급류 류

**名** **1** 급류. 세찬 물살. ¶大~=아주 세찬 물살. **2** 낙숫물. ¶檐~=낙숫물. **3** 낙수받이. 물받이. ¶水~=낙수받이. **4** (~儿)㊀ 부근. 근처. 근방. ¶这一~住的都是果农。=이 근처에 사는 사람들은 모두 과수 재배농들이다. ㊁ (~儿) 줄. 행렬. ¶一~两层的楼房=한 줄로 늘어선 이층집들. **形⋅动** 신속하다. 민첩하다. ¶眼尖手~=눈치 빠르고 손이 재다. **动** **1** 메우다. 틈새를 막다. ¶墙刚砌好, 过两天~一缝。=담을 막 다 쌓았고, 한 이틀 후에 틈새를 바른다. **2** 연습하다. 훈련하다. ¶~嗓子=발성 연습을 하다.
☞ **liū**

○● 承chéng溜, 一溜烟

【溜子】liù·zi **名** **1** (礦) (갱도에서 쓰는) 수조(水槽)형 운반 기계의 총칭. **2** 〈방〉 급류. 세찬 물살. **3** 〈방〉 토비(土匪)의 무리. 도적 떼.

## 熘 liù 볶을 류

**同** ㊀ '溜(liù)'와 같음.
☞ **liū**

## 镏[鎦] liù 반지 류

☞ **liú**

【镏子】liù·zi **名**〈방〉 반지. ¶金~=금반지.

## 鹨[鷚] liù 종달새 류

**名**《動》종다리.

## 蹓 liù 거닐 류

**动** 천천히 거닐다. 산책하다. 산보하다. ¶~大街=큰 거리를 천천히 거닐다.
☞ **liū**

【蹓弯儿】liù‖wānr ☞【遛弯儿】liù‖wānr
【蹓早儿】liùzǎor ☞【遛早儿】liùzǎor

# long

## 隆 lōng 클 륭

☞【轰隆】hōnglōng【咕隆】gūlōng【黑咕隆咚】hēigūlōngdōng
☞ **lóng**

## 龙[龍] lóng 용 룡

**名** **1** 용. ¶蛟~=교룡. / 叶公好~=말로는 좋아한다고 하지만 실제로는 좋아하지 않다. **2** (봉건 시대의) 제왕(帝王)의 상징. 제왕. 군주. 임금. 천자(天子). ¶~颜大悦=황제께서 크게 기뻐하

| ○ 龙 lóng | 珑 lóng |
|---|---|
| 拢 lóng | 茏 lóng |
| 笼 lóng | 泷 lóng |
| 聋 lóng | 栊 lóng |
| 垄 lóng | 砻 lóng |
| 咙 lóng | 宠 chǒng |
| 陇 lóng | 庞 páng |
| 胧 lóng | |

다. **3** 용. [제왕의 물건을 일컬음] ¶身披~袍=몸에 용포를 걸치다. **4** 용처럼 생긴 것. 용의 도안으로 장식된 것. ¶火~=용처럼 줄지어 이어진 등불 행렬. / 车水马~=왕래하는 수레는 흐르는 물과 같고, 오가는 말은 꿈틀거리는 용과 같다. 차들이 꼬리에 꼬리를 물다. **5** (歷) 상고 시기의 거대한 파충 동물. ¶恐~=공룡. **6** (Lóng) 성(姓).

○● 苍cāng龙, 海龙, 合龙, 黄龙, 火龙, 蛟jiāo龙, 接龙, 恐kǒng龙, 尼ní龙, 钱龙, 青龙, 虬qiú龙, 沙龙, 水龙, 鱼龙, 跑龙套, 水龙头, 乌龙茶, 变色龙, 一条龙

【龙柏】lóngbǎi **名**(植) 뚝향나무. [측백나무의 재배 변종]
【龙齿】lóngchǐ **名**(醫) 용치. [코끼리·코뿔소·히파리온(hipparion) 등 포유동물의 이빨 화석. 중의학에서 약재로 쓰임]
【龙船】lóngchuán **名** 용선. 뱃머리에 용의 모형을 장식한 배.
【龙胆】lóngdǎn **名**(植) 용담. 초용담(草龍膽).
【龙胆紫】lóngdǎnzǐ **名** 젠티안 바이올렛(gentian violet). =【甲紫】jiǎzǐ
【龙的传人】lóng·dechuánrén **名** 중화민족. [중국인이 자처하는 말]
【龙灯】lóngdēng **名** 용등. [용춤의 도구] ¶耍~=용등(龍燈) 춤을 추다.
【龙洞】lóngdòng **名** 종유동(鍾乳洞).
【龙飞凤舞】lóngfēi-fèngwǔ〈成〉 **1** 용이 하늘을 오르고, 봉황이 춤을 추다. **2** (비) 산세가 구불구불 이어져 웅장하다. **3** (비) 서예의 필세(筆勢)가 자연스럽고 생동감 있다.
【龙凤】lóngfèng **名** **1** 용과 봉황. ¶~呈祥=용과 봉황은 상서로운 조짐을 나타낸다. **2** (비) 걸출한 인물. 뛰어난 재능을 지닌 사람. ¶人中~=뛰어난 인재. **3** (비) 제왕과 황후. 왕과 왕비. ¶~之姿=제왕의 풍모. **4** (비) 남녀. ¶~胎=남녀 쌍둥이.
【龙凤饼】lóngfèngbǐng **名**(옛) 용봉떡. [옛날, 결혼에서 예물을 건넬 때, 남자 쪽에서 여자 집에 보내는, 용봉(龍鳳) 무늬와 '囍' 자를 새긴 떡]
【龙凤帖】lóngfèngtiě **名**(옛) 결혼증서.
【龙肝凤胆】lónggān-fèngdǎn〈成〉 **1** 용의 간과 봉황의 쓸개. **2** (비) 매우 진귀한 음식. =【龙肝凤髓】lónggān-fèngsuǐ
【龙肝凤髓】lónggān-fèngsuǐ ☞【龙肝凤胆】lónggān-fèngdǎn
【龙宫】lónggōng **名** 용궁.
【龙骨】lónggǔ **名** **1** (醫) 용골. [옛날, 큰 포유동물의 화석화된 뼈. 주로 탄산칼슘으로 되어 있으며, 한약재로 진정 작용을 함] **2** 용골 돌기. **3** (배의) 용골. 선골(船骨). 킬(keel).
【龙骨车】lónggǔchē **名**(農) 용골차. =【龙骨水车】lónggǔ shuǐchē
【龙骨水车】lónggǔ shuǐchē ☞【龙骨车】lónggǔchē
【龙虎斗】lónghǔdòu **名**(비) 용호상박. 실력이

비슷한 쌍방간의 격렬한 싸움. ¶两大电脑生产商之间展开了一场~。= 양대 컴퓨터 생산업자 사이에 격렬한 싸움이 벌어졌다.

【龙江剧】lóngjiāngjù 圕(劇) 용강극. [헤이룽장(黑龙江)성의 지방 전통극의 일종으로, 이인전(二人轉)·설창 문예의 일종)·피영희(皮影戲); 그림자극)의 기초 위에 현지 민간 곡조를 흡수 발전하여 이루어진 것]

【龙井(茶)】lóngjǐng(chá) 圕(名) 룽징(차). 용정(차). [저장(浙江)성 항저우(杭州) 룽징(龙井) 일대에서 생산되는 녹차의 하나]

【龙驹】lóngjū 圕 1 용구. [준마(駿馬)에 대한 미칭] 2 (円) 재능이 뛰어난 소년. ¶~凤雏=재능이 넘치는 소년.

【龙卷风】lóngjuǎnfēng 圕(氣) 토네이도(tornado). 회오리바람. 선풍(旋風).

【龙口】lóngkǒu 圕 1 용의 입. 2 (댐[제방] 공사에서 양쪽에서 공사를 해 오다가 마지막으로 중간에 물 부딪이기 직전의) 물이 흘러나가도록 남겨 둔 틈. ¶~合拢=제방의 양쪽을 맞붙이다.

【龙口夺粮】lóngkǒu-duóliáng 圕 1 용의 입 안에서 양식을 빼앗다. 2 (円) 수확기에 폭우와 싸우며 농작물을 급히 거두어들이다. =【龙口夺食】lóngkǒu-duóshí

【龙口夺食】lóngkǒu-duóshí ☞【龙口夺粮】lóngkǒu-duóliáng

【龙葵】lóngkuí 圕(植) 용규. 까마중.

【龙马】lóngmǎ 圕 용마.

【龙马精神】lóngmǎ-jīngshén 圕(円) 원기 왕성하다. 건전하고 활기찬 정신. [당(唐)대 이영(李郢)의 《상배진공(上裴晉公)》에서, 늙은 대신들이 몸은 늙었지만 정신은 아직도 왕성하다는 구절에서 유래함]

【龙眉】lóngméi 圕(円) (노인의) 희고 긴 눈썹. ¶~皓发=희고 긴 눈썹과 흰 머리.

【龙门】lóngmén 圕 1 용문. [황허(黄河) 상류의 허난(河南)성 위먼커우(禹门口)에 있으며, 전설에서 잉어가 봄에 구름과 비를 따라 거꾸로 거슬러 올라 이 곳을 뛰어넘으면 번갯불에 꼬리가 타 버리고 용이 된다고 함] 2 (円) 출셋길. 고속승진[벼락출세] 할 수 있는 중요한 길목[지름길]. 3 (體) (축구 경기에서의) 골문.

【龙门刨】lóngménbào 圕(機) 쌍주식(雙柱式) 플레이너(planer). =【龙门刨床】lóngménbàochuáng

【龙门刨床】lóngmén bàochuáng ☞【龙门刨】lóngménbào

【龙门吊】lóngméndiào 圕(機) 갠트리 크레인(gantry crane). [고가(高架) 이동 기중기]

【龙门石窟】Lóngménshíkū 룽먼(龙门)석굴. 용문석굴. [중국의 유명한 석굴로, 허난(河南)성 뤄양(洛阳)시에 있음]

【龙门阵】lóngménzhèn 圕(円) 수다를 떨다. 잡담하다. 한담하다. ¶摆~=수다를 늘어놓다.

【龙脑】lóngnǎo 圕(化) 용뇌. 보르네올(borneol). [용뇌수를 제련하여 얻은 백색 결정체. 인공으로 배합할 수도 있음]

【龙脑树】lóngnǎoshù 圕(植) 용뇌수. 용뇌향 나무.

【龙脑香】lóngnǎoxiāng 圕 용뇌향. [용뇌로 만든 향료]

【龙盘虎踞】lóngpán hǔjù ☞【虎踞龙盘】hǔjù lóngpán

【龙蟠凤逸】lóngpán-fèngyì 圕 1 용이 똬리를 틀고 있고, 봉이 한가하고 안일하게 있는 듯하다. 2 (円) 비범한 인물이 아직 때를 만나지 못하다.

【龙袍】lóngpáo 圕 용포. [천자·황태자가 입는 용무늬를 수놓은 예복]

【龙山文化】Lóngshān wénhuà 圕(歷) 룽산(龙山) 문화. 용산 문화. [중국 신석기 시대 말기의 문화. 흑도(黑陶)로 유명함] =【黑陶文化】hēitáo wénhuà

【龙舌兰】lóngshélán 圕(植) 용설란. [멕시코 원산. 데킬라의 재료로 쓰임]

【龙蛇飞动】lóngshé-fēidòng 圕(円) 서예의 필세(筆勢)가 힘이 있고 생동감이 넘쳐흐르다. =【龙蛇飞腾】lóngshé-fēiténg【龙蛇飞舞】lóngshé-fēiwǔ

【龙蛇飞腾】lóngshé-fēiténg ☞【龙蛇飞动】lóngshé-fēidòng

【龙蛇飞舞】lóngshé-fēiwǔ ☞【龙蛇飞动】lóngshé-fēidòng

【龙蛇混杂】lóngshé-hùnzá 圕(円) 옥과 돌이 함께 뒤섞이다. 좋은 사람과 나쁜 사람이 한데 섞여 있다.

【龙生凤养】lóngshēng-fèngyǎng 圕(円) 1 제왕(帝王)의 가문에서 태어나다. 2 명문[문벌·권세 있는] 집안에서 태어나다.

【龙生九种】lóngshēng-jiǔzhǒng ☞【龙生九子】lóngshēng-jiǔzǐ

【龙生九子】lóngshēng-jiǔzǐ 圕 1 용 한 마리가 새끼 아홉 마리를 낳았는데 모습과 성격이 모두 다르다. 2 (円) 친형제라도 성격이 각양각색이다. =【龙生九种】lóngshēng-jiǔzhǒng

【龙虱】lóngshī 圕(動) 물방개.

【龙潭】lóngtán 圕 1 용이 사는 깊은 연못. 2 (円) 대단히 위험한 상황[곳].

【龙潭虎穴】lóngtán-hǔxué 圕 1 용이 사는 깊은 연못과 호랑이가 사는 굴. 2 (円) 대단히 위험한 경지[곳]. =【虎穴龙潭】hǔxué-lóngtán ≒刀山火海

【龙套】lóngtào 圕(劇) 1 중국 전통극에서 시종의 무리들이나 병졸들이 입는 복장. [용의 무늬가 수놓아져 붙여진 이름] 2 시종[병졸]의 복장을 입는 배우. 3 시종[병졸]의 복장을 입는 배역.

【龙腾虎跃】lóngténg-hǔyuè 圕 1 용이 날아 오르고, 호랑이가 뛰어오르다. 2 (円) 기세가 등등하고 활력이 넘치는 동작. 생기발랄한 장면. 생동감 넘치는 장면. =【虎跃龙腾】hǔyuè-lóngténg

【龙廷】lóngtíng ☞【龙庭】lóngtíng

【龙庭】【龙廷】lóngtíng 圕 1 옛날, 흉노(匈奴)족의 군주가 하늘에 제사를 지내는 곳. 2 조정(朝廷). 3 제왕의 상(相). [뛰어난 이마를 제왕의

【龙头】lóngtóu 图 1 용의 머리. 2㊗ 선도자. 리더. 대표자. ¶~产品＝대표 상품. 3 수도꼭지. 액체 용기의 개폐기. ¶水～＝수도꼭지. 4㊗ 수령(首領). 두목. 우두머리. 5 (자전거의) 핸들. ¶学骑自行车,一定要把稳～. ＝자전거타기를 배우려면 반드시 핸들을 꽉 잡아야 한다.
【龙王】lóngwáng 图 용왕.
【龙舞】lóngwǔ 图(艺) 용춤. [한족 민간 무용의 하나]
【龙虾】lóngxiā 图(动) 랍스터(lobster). 바닷가재. 닭새우.
【龙涎香】lóngxiánxiāng 图 용연(향).
【龙骧虎步】lóngxiāng-hǔbù 图 걷는 모습이 위풍당당하다. ＝【龙行虎步】lóngxíng-hǔbù
【龙行虎步】lóngxíng-hǔbù ☞【龙骧虎步】lóngxiāng-hǔbù
【龙须菜】lóngxūcài 图(植) 1 ☞【江蓠】jiānglí 2 ☞【石刁柏】shídiāobǎi
【龙须草】lóngxūcǎo ☞【蓑草】suōcǎo
【龙须面】lóngxūmiàn 图 용수염국수. [면발이 아주 가는 국수]
【龙颜】lóngyán 图㊗ 1 용안. 제왕의 얼굴. 2 용안. 제왕(帝王). 군주. 임금. ¶～大怒＝임금님이 크게 노하다. 용안이 대노하다.
【龙眼】lóngyǎn 图(植) 1 용안. 여지노(荔枝奴). 원안(圓眼). 2 용안의 열매. 용안육. ☞【桂圆】guìyuán
【龙吟虎啸】lóngyín-hǔxiào 图 1 용이 소리를 지르고, 호랑이가 포효하다. 2㊗ 소리가 우렁차고 웅장하다.
【龙跃凤鸣】lóngyuè-fèngmíng 图 1 용이 날아오르는 듯하고, 봉이 우짖는 듯하다. 2㊗ 재능이 출중하다 (뛰어나다).
【龙爪花】lóngzhǎohuā ☞【石蒜】shísuàn
【龙爪槐】lóngzhǎohuái 图(植) 회화나무. ＝【蟠槐】pánhuái
【龙争虎斗】lóngzhēng-hǔdòu 图㊗ 용호상투. 쌍방의 세력이 비슷하여, 싸움이나 시합이 매우 치열하다.
【龙钟】lóngzhōng 图㊗ 노쇠하다. 비실거리다. [늙어서 몸이 쇠약하여 수족이 부자유스러운 모양] ¶老态～＝늙어서 비실비실하다.
【龙种】lóngzhǒng 图 제왕(帝王)의 자손.
【龙舟】lóngzhōu 图 용선. 용처럼 장식한 배. ¶～赛＝용선 경기.
【龙准】lóngzhǔn 图 제왕(帝王)의 코.
【龙子龙孙】lóngzǐ-lóngsūn 图㊗ 1 제왕(帝王)의 자손. 2 훌륭한 자손들.

## 茏[蘢] lóng 무성할 롱

【茏葱】[珑璁] lóngcōng 图 (초목이) 짙푸르고 무성하다. ¶林木～＝숲이 짙푸르고 무성하다.

## 咙[嚨] lóng 목구멍 롱

☞【喉咙】hóulóng

## 泷[瀧] lóng 여울 롱

图㊗ 급류. 여울. [주로 지명에 쓰이는 글자] ¶七里～＝치리룽. [저장(浙江)성에 있음]
☞ shuāng

## 珑[瓏] lóng 옥 소리 롱

图 옛날 사람들이 비를 기원할 때 사용한 용의 무늬가 새겨진 옥.

◎● 玲líng珑

【珑璁】lóngcōng 图㊗ 쨍그랑. 쨍강. [금이나 옥 같은 것들이 서로 부딪히는 소리] 图 ☞【茏葱】lóngcōng
【珑玲】lónglíng 图㊗ 쨍쨍. [금속·옥석 따위가 부딪히는 소리] 图 빛나다. 환하다. 밝다. 영롱하다. 장채나다. ¶东风吹出月～＝동풍은 불어오고 달은 영롱하네.

## 栊[櫳] lóng 우리 롱

图㊗ 1 (동물의) 우리. 2 창틀. ¶帘～＝발(커튼)을 친 창.

## 眬[矓] lóng 몽롱할 롱

☞【朦眬】ménglóng

## *胧[朧] lóng 흐릿할 롱

☞【朦胧】ménglóng

## 砻[礱] lóng 찧을 롱

图 매통. 매. 목연(木碾). 목매. 图 매갈이하다. ¶～谷春米＝쌀을 찧다. 도정하다.
【砻坊】lóngfáng 图㊗ 방앗간. 정미소.
【砻糠】lóngkāng 图 벼의 겉겨. 왕겨. 매조밋겨. 겨.

## 眬[矓] lóng 흐릴 롱

☞【蒙眬】ménglóng

## *聋[聾] lóng 귀머거리 롱

图 1 귀가 먹다(어둡다). ¶装～卖哑＝귀머거리인 척, 벙어리인 척하다. 2 사리가 어둡다. 말귀가 어둡다.
【聋聩】lóngkuì 图㊗ 1 귀가 먹다. 2㊗ 어리석다. 무지하다. 멍청하다. ¶～愚钝＝어리석고 우둔하다.
【聋哑】lóngyǎ 图 귀가 먹고 말도 못하다. ¶～人＝농아(聋哑).
【聋哑学校】lóngyǎ xuéxiào 图 농아 학교.
【聋子】lóng·zi 图 귀머거리.

## *笼[籠] lóng 바구니 롱

图 1 바구니. 농. 장(欌). ¶竹～＝대바구니. / 鸟～＝새장. 2㊗ 옛날, 죄수를 가두는 형구. ¶囚～＝죄수 압송용 우리. 3 시루. 찜통. ¶小～包子＝작은 시루에 찐 바오쯔(包子). 图 1 불을 피우다. ¶～火取暖＝불을 피워 따뜻하게 하다.

**2**명 (손을 소맷자락 안에 넣어) 팔짱을 끼다. ¶他~着手在一旁站着。=그는 손을 팔짱을 끼고 옆에 서 있다.
☞ lǒng

○● 出笼, 灯笼, 樊fán笼, 罐guàn笼, 烘hōng笼, 回笼, 火笼, 牢láo笼, 囚qiú笼, 纱shā笼, 圆笼

【笼火】lóng‖huǒ 동(구) 불쏘시개에 불을 붙이다〔지피다〕. 불을 피우다. ¶~做饭=불을 지퍼 밥을 짓다.
【笼鸟】lóngniǎo 명 **1** 농조. 농중조(籠中鳥). 새장 속의 새. **2** 비 곤경에 처해 자유를 잃어버린 사람. 얽매여 자유가 없는 사람.
【笼屉】lóngtì 명 시루. 찜통.
【笼头】lóng·tou 명 (노새·말의) 굴레. 기반(羈絆). 기미(羈縻).
【笼养】lóngyǎng 동 (가축·가금을) 새장〔우리〕에 가두어 기르다.
【笼中鸟】lóngzhōngniǎo 명(비) 새장 속의 새. 얽매여 자유를 상실한 사람. 얽매여 자유가 없는 사람.
【笼子】lóng·zi 명 농(籠). 잡물(雜物) 상자. 커다란 상자.
☞ lǒng·zi
【笼嘴】lóngzuǐ 명 재갈. 부리망. 동【篦嘴】gūzuǐ

# 舮[艨] lóng 작은 배 롱
명문 덮개가 있는 작은 배.

# **隆** lóng 융성할 륭
형 **1** 성대하다. ¶仪式~重=의식이 성대하고 장중하다. **2** 창성하다. 흥성하다. 번창하다. 왕성하다. 융성하다. ¶生意兴~=사업이 번창하다. **3** 깊고 두텁다. 정도가 깊다. ¶~情厚谊=깊고 돈독한 정(情). 동 돌출하다. 두두룩하다. 불룩하다. ¶地壳~起=지각이 돌출하다. 명 (Lóng) 성(姓).
☞ lōng

○● 穹qióng隆

【隆鼻】lóngbí 동 (성형 수술로) 코를 높이다.
【隆冬】lóngdōng 명 한겨울. 엄동. ¶时值~=바야흐로 때는 한겨울이다.
【隆隆】lónglóng 의 꽈르릉. 우르르. [심하게 진동할 때 나는 무거운 소리] ¶炮声~=포성이 우르르 하고 울리다.
【隆起】lóngqǐ 동 튀어나오다. 불거져 나오다. 불쑥 솟아 오르다. 부풀어오르다. 들떠 오르다. ¶被蚊子叮过的地方~了一个小包。=모기에게 물린 자국이 부풀어올랐다.
【隆情】lóngqíng 명 깊고 두터운 정. 후의(厚谊). ¶~挚爱=두터운 정과 진실한 사랑.
【隆乳】lóng‖rǔ ☞【隆胸】lóng‖xiōng
【隆盛】lóngshèng 형동 **1** 창성하다. 흥성하다. 번창하다. 왕성하다. 융성하다. ¶国势~=국력이 창성하다. **2** 성대하다. 성대하고 장엄하다.

다. ¶庆典~=경축 의식이 성대하다.
【隆胸】lóng‖xiōng 동 (수술·약물 등으로) 유방을 융기시키다. =【隆乳】lóng‖rǔ
【隆重】lóngzhòng 형 성대하다. 성대하고 장중하다. ¶~的颁奖典礼=성대한 시상식.
【隆准】lóngzhǔn 명ː문 우뚝한 코.

# 癃 lóng 쇠약할 륭
형문 쇠약하고 병이 많다. ¶疲~=늙고 병이 많다. 노약하다. 명(醫) 융폐.
【癃闭】lóngbì 명(醫) 융폐. [방광 결석증]

# 窿 lóng 갱도 륭
명명 탄광 갱도. ¶清理废~=폐갱(廢坑)을 깨끗이 정리하다.
☞ ·long

○● 窟kū窿

# 眬[矓] lǒng 흐릿할 롱
【眬侗】lǒngtǒng 형운 개괄적이다. 포괄적이다. 두루뭉실하다. 모호하다.

# 陇[隴] Lǒng 산 이름 롱
명(地) **1** 롱산(陇山). [간쑤(甘肅)성과 산시(陝西)성의 경계 지역에 있는 산 이름] **2** 간쑤(甘肅)성의 별칭. ¶~海铁路=간쑤(甘肅)성과 상하이(上海) 간의 철도.
【陇剧】lǒngjù 명(劇) 농극. [간쑤(甘肅)성의 지방 전통극의 하나로, 간쑤(甘肅)성 동부의 '피영희(皮影戲; 그림자극)'인 '농동도정(隴東道情; 설창 문예의 일종)'에서 발전해 온 것임]

# 垄[壟] lǒng 언덕 롱
명 '垄(lǒng)'과 같음.

# **拢[攏]** lǒng 합할 롱
동 **1** (흩어진 것을) 한데 모으다. (벼리 등을) 죄다. (모을) 걷다. **2** 聚~=한곳에 모이다. / 拉~=끌어들이다. **2** (입을) 다물다. 모으다. ¶老汉高兴极了, 笑得合不~嘴。=노인은 너무 기뻐 입을 다물지 못하였다. **3** 합계하다. 집계하다. 한데 합치다. ¶归~=한곳에 모으다. / 抽时间~~账。=시간을 내서 장부를 좀 합산합시다. **4** 가까이 가다. 다가가다. 접근하다. ¶靠~=(간격을) 좁히다. / 凑~=가까이 모이다 **5** (머리를) 빗다. 다듬다. 빗질하다. 정리하다. 가지런히 하다. ¶用梳子把头发~一~。=빗으로 머리를 다듬다.

○● 凑còu拢, 聚jù拢, 拉拢, 圈quān拢, 收拢, 围拢

【拢岸】lǒng‖àn 동 (배를) 항구에 대다. 물가에 대다〔붙이다〕.
【拢共】lǒnggòng 부 모두. 전부. 합쳐서. 도합. ¶全厂~只有六十多个工人。=공장 전체에 60여 명의 직공뿐이다. ≒拢总

【拢头】lǒngtóu 동 (머리를) 빗다. 빗질하다. (흐트러진) 머리를 묶다〔땋다〕.
【拢音】lǒng‖yīn 동 소리 전달이 잘 되다. 음향 상태가 좋다. ¶教室太大了，不～，讲起课来很吃力。=교실이 너무 커서 소리가 전달이 잘 안 돼 강의하기 무척 힘들다.
【拢账】lǒngzhàng 동합 장부의 회계를 합산하다〔집계하다〕. 장부를 결산〔마감〕하다.
【拢子】lǒng·zi 명 참빗.
【拢总】lǒngzǒng 부 합계. 총계. 도합. 전부. ¶这次募捐～筹到了三万多块钱。=이번 의 연금 모금 행사에서 도합 삼만여 위안을 마련하였다.
≒拢共

**垄[壟]** lǒng 이랑 농
명 1 논두렁. 밭둑. 2 이랑. ¶红薯～=고구마 이랑. 3 고랑. ¶缺苗断～=(병충해나 파종 기술 등의 원인으로 종자가 발아되지 않아) 밭고랑에 묘가 군데군데 비어 있는 현상. 4 이랑과 비슷한 모양의 것. ¶瓦～=기왓골.

○● 断垄, 人垄, 瓦wǎ垄

【垄断】lǒngduàn 동 농단하다. 독점하다. 마음대로 다루다. 〔《맹자·공손추하(孟子·公孫丑下)》의 "必求垄断而登之, 以左右望而罔市利(어떤 사람이 높은 곳에 올라가 시장 사정을 살펴보고 자기 물건을 팔기에 적당한 곳으로 가서 상업상의 이익을 독점하다)."에서 유래함〕 ¶～市场=시장을 독점하다.
【垄沟】lǒnggōu 명〈農〉밭고랑.
【垄作】lǒngzuò 동〈農〉북을 돋우어 농작물을 심다. 이랑 재배를 하다.

**笼[籠]** lǒng 대그릇 롱
동 덮어 싸다〔쓰우다〕. 에워싸다. 뒤덮다. 자욱하다. ¶烟～雾罩=연무(烟雾)가 자욱하다. 명 커다란 상자. 잡물 상자. 농. ¶箱～=옷궤. 농.
☞ lóng
【笼括】lǒngkuò 동 모든 것을 망라〔포괄〕하다. 독점하다. 다 차지하다. 병탄(併吞)하다. ¶～一切=모든 것을 다 차지하다.
【笼笼统统】lǒng·long tǒngtǒng (～的) 형 개괄적이다. 총괄적이다. 대체적이다. 막연하다. 모호하다.
【笼络】lǒngluò 동 농락하다. 뇌롱(牢籠)하다. 구슬리다. ¶～人心=사람들의 마음을 구슬리다. ≒拉拢
【垄田】lǒngtián 명 골짜기에 있는 계단식 밭.
【笼统】lǒngtǒng 형 개괄적이다. 총괄적이다. 대체적이다. 막연하다. 모호하다. ¶他～地说了一下自己的观点, 没有详述。=그는 자신의 관점을 상세하게 서술하지 않고 개괄적으로 말했다.
↔具体
【笼罩】lǒngzhào 동 덮어 쓰우다. 뒤덮다. 휩싸이다. 자욱하다. ¶远近的山野～在一片暮色中。=멀고 가까운 산야가 황혼 빛에 뒤덮였다.
【笼子】lǒng·zi 명형 비교적 큰 상자. 잡물 상 자. 농.
☞ lóng·zi

**簹¹[簹]** lǒng 상자 공
명형 비교적 큰 상자. 잡물 상자. 농.

**簹²[簹]** lǒng 땅 이름 공
지명에 쓰이는 글자. ¶织～=즈룽. [광둥(广东) 성에 있는 지명]

***弄[衕]** lòng 거리 롱
명형 골목. 작은 거리. ¶里～=(뒷)골목.
☞ nòng
【弄堂】lòngtáng 명형 골목. 작은 거리. ¶～口=골목 어귀.

**哢** lòng 지저귈 롱
동 (새가) 지저귀다.

**岽** lòng 평지 롱
명형 돌산 사이에 있는 조그마한 평지.

***窿** ·long 굴 룽
☞【窟窿】kū·long
☞ lóng

# lou

***搂[摟]** lōu 끌어모을 루
동 1 (손이나 도구로 물건을 자기 앞으로) 긁어 모으다. 끌어모으다. ¶～柴火=땔감을 긁어모으다. 2 (재물을) 착취하다. 수탈하다. 강탈하다. 거둬들이다. ¶钱他是～足了。=돈이라면 그는 충분히 착취했다. 3 (옷을) 걷어올리다. 끌어올리다. ¶～起袖子=소매를 걷어올리다. 4 (주판을) 튀기다. 계산하다. 견적(见积)하다. 산출하다. ¶～账=장부를 계산하다. 5 (자기 쪽으로) 당기다. 죗히다. 돌리다. 틀다. ¶～扳机=방아쇠를 당기다. ≒抱
☞ lǒu

○● 抖dǒu搂, 扒pā搂

【搂草机】lōucǎojī 명〈農〉헤이 레이크(hay rake). [건조된 목초를 모으는 작업에 사용되는 기계]
【搂钱】lōu‖qián 동 재물을 긁어모으다〔착복하다〕.
【搂头】lōutóu 동 머리를 향하다. 머리 정면으로 향하다. ¶～给了对方一拳。=얼굴 정면으로 상대방에게 일격을 날리다〔가하다〕.
【搂头盖顶】lōutóu-gàidǐng ☞【搂头盖脸】lōutóu-gàiliǎn
【搂头盖脸】lōutóu-gàiliǎn 동 머리와 얼굴 정면으로 향하다. =【搂头盖顶】lōutóu-gàidǐng ¶她端起一盆水, ～地朝那人泼了过去。=그녀

는 물 한 대야를 들고 정면으로 그 사람을 향해 뿌렸다.

## 瞜[瞜] lōu 주시할 루
동방 (경박한 말투로) 보다. ¶啥东西? 让我~一~。 = 뭔데? 나도 좀 보자.

## 刳 lóu 작은 구멍 루
명 제방 밑의 방수구. 옆으로 뚫린 강 제방의 작은 수로. ¶~口 = 제방 밑의 방수구.

## *娄[婁] lóu 별 이름 루
형 1 방 (박과 식물이) 너무 익어 속이 무르다. ¶西瓜~了, 给换一个。 = 수박이 속이 물렀으니, (하나) 바꿔 주세요. 2 방 허약하다. 쇠약하다. ¶他身子骨儿一直就很~。 = 그의 몸은 줄곧 허약했다. 명 1 (天) 누수 (婁宿). [이십팔수(二十八宿)의 하나 2 (Lóu) 성 (姓).

| 娄 lóu | 楼 lóu |
| 偻 lóu | 髅 lóu |
| 搂 lóu | 喽 lóu |
| 蒌 lóu | 瘘 lòu |
| 偻 lóu | 蝼 lóu |
| 蝼 lóu | 屡 lǔ |
| 镂 lòu | 缕 lǔ |
| 蒌 lóu | 褛 lǔ |

【娄子】 lóu·zi 명구 소동. 분쟁. 혼란. 혼잡. 분규. 분쟁. ¶捅~ = 분쟁을 일으키다.

## 偻¹[僂] lóu 곱사등이 루
☞ [佝偻] gōulóu

## 偻²[僂] lóu 도둑 루
【偻啰】 lóuluó ☞ 【喽啰】 lóuluó
☞ lǔ

## 蒌[蔞] lóu 쑥 루
아래를 참조.
【蒌蒿】 lóuhāo 명 (植) 흰쑥. = 【水蒿】 shuǐhāo
【蒌叶】 lóuyè 명 (植) 구장(蒟醬). 필발(蓽茇). = 【蒟酱】 jǔjiàng

## 喽[嘍] lóu 도둑 루
아래를 참조.
☞ ·lou
【喽罗】 lóuluó ☞【喽啰】 lóuluó
【喽啰】[喽罗][偻儸] lóuluó 명 1 문 강도 두목의 부하. 2 비 (악당의) 수하. 앞잡이. 졸개. ¶他的手下养了一帮小~。 = 그는 수하에 한 무리의 졸개들을 키우고 있다. ↔[头目]

## 漊[漊] Lóu 강 이름 루
명 (地) 러우수이(漊水). [후베이(湖北)성에서 발원하여 후난(湖南)성을 지나, 펑수이(澧水)로 유입되는 강 이름]

## **楼[樓] lóu 다락 루
명 1 (이층 이상의) 다층 건물. 층집. 층옥. ¶办公~ = 사무동. / 摩天大~ = 마천루. 2 (~儿) 망루

(望樓). 후루(候樓). ¶城~ = 성루. 3 다락(방). ¶阁~ = 다락방. 4 성문 위에 지은 다락집. ¶门~ = 문루. 5 점포. ¶酒~ = 식당. / 茶~ = 찻집. 6 (Lóu) 성(姓). 양 층. ¶会议室在三~。 = 회의실은 3층에 있다.

○● 茶楼, 碉diāo楼, 吊楼, 岗gǎng楼, 阁楼, 更楼, 鼓楼, 栝guā楼, 箭楼, 角楼, 门楼, 牌楼, 炮pào楼, 骑楼, 气楼, 谯qiáo楼, 青楼, 望楼, 银楼, 钟楼, 暗楼子

【楼板】 lóubǎn 명 (建) (건물의 상·하층 사이에 있는) 마루판. 콘크리트판.
【楼层】 lóucéng 명 (建) (건물의) 층. 층수. 각 층. ¶饭店的每个~都有专人负责打扫卫生。 = 호텔의 각 층마다 모두 청소를 책임지는 사람이 있다.
【楼船】 lóuchuán 명 몇 층의 선실이 있는 큰 배. 망루가 있는 큰 배.
【楼道】 lóudào 명 (빌딩 안에 있는) 복도. 회랑. 낭하(廊下).
【楼顶】 lóudǐng 명 1 (건물의) 꼭대기 층. 맨 위 층. ¶~一套房 = 펜트하우스. [빌딩 최상층의 고급 주택] 2 (각 층의) 천장. ¶~的烟雾警报器坏了。 = 천장의 화재 경보기가 고장났다.
【楼房】 lóufáng 명 (이층 이상의) 다층 건물. 층집. 층옥.
【楼阁】 lóugé 명 1 누각과 망루. 누각. 2 (이층 이상의) 다층 건물. 층집. 층옥.
【楼花】 lóuhuā 명 선분양 건물. ¶出售~ = 건물을 선분양하다.
【楼价】 lóujià 명 다층 건물 가격. 아파트 가격.
【楼面】 lóumiàn 명 (建) (다층 건물의) 한 층.
【楼盘】 lóupán 명 (부동산의) 매물. ¶推销~ = 매물을 판촉 광고하다.
【楼区】 lóuqū 명 빌딩 밀집 지역.
【楼群】 lóuqún 명 빌딩숲.
【楼上】 lóushàng 명 1 2층. 위층. ¶他住~。 = 그는 위층에 산다. 2 위층. 상층. 2층 이상의 층. ¶听, ~有人叫你。 = 들어 봐, 위층에서 누가 널 불러. ↔[楼下]
【楼市】 lóushì 명 (經) 1 다층 건물 교역 시장. 2 부동산 시장.
【楼台】 lóutái 명 1 방 발코니(balcony). 테라스 (terrace). 2 다층 건물. 층집. 층옥. [주로 시·사·희곡에 쓰임] ¶近水~先得月。 = 물 옆에 있는 고루(高樓)에 먼저 달이 뜨네.
【楼堂馆所】 lóu-táng-guǎn-suǒ 명 사무실·강당·호텔·초대소 등의 합칭.
【楼梯】 lóutī 명 (다층 건물의) 계단. 층계.
【楼体】 lóutǐ 명 (다층 건물의) 골격. 프레임(frame). ¶大楼的~已完工。 = 빌딩의 프레임은 이미 완공되었다.
【楼下】 lóuxià 명 1 아래층. 아랫집. ¶她住~。 = 그녀는 아래층에 산다. 2 건물 아래. [일층 바깥 주변] ¶他在~等你。 = 그가 건물 아래에서 널 기다린다. ↔[楼上]
【楼宇】 lóuyǔ 명 다층 건물의 통칭. ¶街道两旁

~林立. = 길 양편으로 다층 건물들이 죽 늘어서 있다.

## 耧[耬] lóu 파종기 루

명(農) 파종기(播種機).

○● 开耧, 軰耧, 套耧, 摇yáo耧

【耧播】lóubō 동(農) 파종기로 파종하다.
【耧车】lóuchē 명 파종기. [고대에는 '耧(lóu)' 라고 부름]
【耧斗】lóudǒu 명 파종기의 종자를 담는 통.
【耧子】lóu·zi 명(방) 파종기.

## 蝼[螻] lóu 땅강아지 루

명(動) 땅강아지.

【蝼蛄】lóugū 명(動) 땅강아지. ☆【蜊蜊蛄】 là·làgǔ 방【土狗子】tǔgǒu·zi
【蝼蚁】lóuyǐ 명 1 땅강아지와 개미. 2 비 세력 과 힘이 약하거나 지위가 낮은 사람.
【蝼螲】lóuzhì 동(動) 고서(古書)에서 땅강아지 를 가리킴.

## 髅[髏] lóu 해골 루

☞【髑髅】dúlóu【骷髅】kūlóu

## *搂[摟] lǒu 껴안을 루

동 (두 팔로) 껴안다. (가슴에) 품다. ¶她紧紧地~住孩子. = 그녀는 아이를 꼭 껴안았다. 양 아름. ¶这棵树得有一~粗. = 이 나무는 한 아름 이나 된다. ≒抱
☞ lōu

【搂抱】lǒubào 동 (두 팔로) 껴안다. (가슴에) 품 다. ¶两个人紧紧地~在一起. = 두 사람은 서로 꼭 껴안고 있다.
【搂搂抱抱】lǒu·lou bàobào (~的) 동 (두 팔 로) 껴안다. (가슴에) 품다.
【搂住】lǒuzhù 껴안다. 두 팔로 감싸다. ¶小 女孩儿~爸爸的脖子撒娇. = 꼬마 여자 아이가 아빠의 목을 껴안고 아양을 부린다〔떤다〕.

## 嵝[嶁] lǒu 봉우리 루

☞【岣嵝】Gǒulǒu

## *篓[簍] lǒu 대바구니 루

명 (~儿) 대바구니. 광주리. 플라스틱 통. ¶背 ~= 등에 지는 광주리. /字纸~儿 = 휴지통.

○● 笆bā篓, 背篓

【篓子】lǒu·zi 명 대바구니. 광주리. 플라스틱 (plastic)통. ¶油~ = 기름칠한 대바구니. [기름 이나 술을 담는 데 쓰임]

## *陋 lòu 좁을 루

형 1 (사는 곳이) 협소하다. 좁다. 누추하다. 초 라하다. ¶身居~室 = 누추한 곳에서 기거하다.
2 견문이 좁다〔적다〕. 식견이 천박하다. ¶孤~ 寡闻 = 아는 것이 적고, 보고 들은 것이 적다. 학

문이 얕고 견문이 좁다. 3 미개하다. 문명화되지 못한〔않은〕. 좋지 않다. 케케묵다. ¶陈规~习 = 진 부한 규칙과 낡은 관습. 4 못생기다. 추하다. 흉 하다. 보기 싫다. ¶丑~不堪 = 용모가 추하기 그 지없다. 5 조잡하다. 열악하다. 거칠다. ¶因~ 就简 = 열악한 조건이지만 아껴가면서 활용하다 〔일하다〕.

○● 鄙bǐ陋, 粗陋, 固陋, 简jiǎn陋, 僻pì陋, 猥 wěi陋, 愚陋

【陋规】lòuguī 명 나쁜 관습〔습관〕. 악습. ¶革 除~ = 나쁜 습성을 없애다. ≒陋习
【陋见】lòujiàn 명 좁은 견해. 천박한 의견. [주 로 겸손의 말로 쓰임] ¶略陈~ = 좁은 견해를 잠 시 피력하다.
【陋识】lòushí 명 천박한 학문. 변변치 못한 식 견. 얕은 지식. [주로 겸손의 말로 쓰임] ¶浅见 ~ = 천박한 견해와 좁은 지식.
【陋室】lòushì 명 누추하고 보잘것없는 집. [자기 집을 겸손하게 이르는 말] ¶~不陋, 唯吾德馨. = ~는 나의 덕이 향기로워 누추한 집이라도 누추하 지 않네.
【陋俗】lòusú 명 케케묵은 낡은 풍습. ¶破除 ~ = 케케묵은 낡은 풍습을 타파하다.
【陋习】lòuxí 명 구습. 오래 된 낡은 풍습. 악습. ¶屏弃~ = 구습을 내버리다. ≒陋规
【陋巷】lòuxiàng 명 좁은 골목. 뒷골목.

## 镂[鏤] lòu 새길 루

동 조각하다. 아로새기다. ¶锲而不舍, 金石可 ~. = 멈추지 않고 끊임없이 노력하면 쇠와 돌에 도 새길 수가 있다. 명 (Lòu) 성(姓).

【镂冰雕朽】lòubīng-diāoxiǔ 성 1 얼음에 조 각하고 썩은 나무에 새기다. 2 비 쓸데없는 수고 를 들이다.
【镂骨铭心】lòugǔ-míngxīn ☞【刻骨铭心】 kègǔ-míngxīn
【镂花】lòuhuā 동 무늬를 새기다. 문양을 조각 하다.
【镂金错彩】lòujīn-cuòcǎi ☞【错彩镂金】 cuòcǎi-lòujīn
【镂刻】lòukè 동 1 새기다. 조각하다. 파다. ¶ 手镯上~有精美的花纹. = 손팔찌 위에 정교하 고 아름다운 꽃무늬가 새겨 있다. 2 비 마음에 깊 이 새기다. 명심하다. ¶老师的教诲深深地~在 他的心中. = 그는 선생님의 가르침을 깊이깊이 마음속에 새겼다.
【镂空】lòukōng 동 (꽃무늬나 문자를) 투조(透 彫)〔투각(透刻)〕하다. [조각법의 한 가지로, 금속 ·옥석·상아·대나무 등의 재료를 사용하여 앞면에 서 뒷면까지 도려 내어 모양을 나타냄] ¶~的象 牙球 = 투각한 상아 구슬.
【镂月裁云】lòuyuè-cáiyún 성 1 달을 새기고 구름을 재단하다. 2 비 기예가 매우 정교하고 뛰 어나다. 솜씨가 교묘하다.

## 瘘[瘻] lòu 부스럼 루

【瘘】(醫) **1** 누(瘻)·누관(瘻管). ¶肛~=치질(痔疾). 치루. **2** 🙂 나력(瘰癧). 연주창(連珠瘡). [한방에서 림프샘에 생기는 만성 종창을 이르는 말]

【瘘管】lòuguǎn 🙂 **1**(醫) 피부 속 깊이 곪은 고름이 바깥으로 나오는 구멍 줄기. **2**(生) 인공 누관(瘻管).

**漏** lòu 샐 루

🙂 **1** 새나가다. 빠지다. ¶桶里的水~光了.=통 속의 물이 다 새나갔다. **2**(물체가 구멍이나 틈이 생겨) 새다. ¶水壶~了.=물주전자가 샌다. **3** 〔기밀을〕누설하다. 폭로하다. (비밀이) 새나가다. ¶~走~风声=소문이 새나가다. / 说~了嘴=(실수로) 말이 새나가다. **4** 누락되다. 빠뜨리다. 빠지다. ¶疏~=(부주의로) 빠뜨리다. / 挂一~万=하나를 작성하고 만 개를 빠뜨리다. **5** 도망치다. 탈출하다. 빠져 나가다. ¶~网之鱼=그물을 빠져 나간 물고기. **6** 기피하다. 회피하다. 포탈하다. ¶偷税~税=탈세와 세금 포탈.

🙂 **1** 구멍. 새는 물. ¶补~=구멍을 때우다. / 拿盆接~=대야로 새는 물을 받다. **2** 🙂 漏壶(물시계). **3** 🙂 끝. 밑. ¶夜已深了.~尽更深=밤이 이미 깊다. **3** 🙂 시각. 『夜已三~=밤이 이미 삼경에 접어들었다. **4**(醫) 누(瘻). ¶痔~=치루(痔漏). ➪泄

○➢ 锢gù漏, 挂漏, 河漏, 纰pī漏, 缺漏, 疏shū漏, 透漏, 脱漏, 罅xià漏, 泄xiè漏, 遗漏, 痔zhì漏

【漏报】lòubào 🙂 빠뜨리고 보고하지 않다. 보고에 누락하다〔빠뜨리다〕. 실수효보다 적게 보고하다. ¶每个工程项目都必须报有关部门审批, 不得~. =모든 공사 항목은 반드시 관련 부서에 보고하여 비준을 받아야 하며, 보고에 누락해서는 안 된다.

【漏乘】lòuchéng 🙂 (열차·여객선 등이 도중에 잠시 멈추었을 때) 쉬거나 물건을 사려고 내렸다가 타지 못하고 놓치다.

【漏疮】lòuchuāng ☞【肛瘘】gānglòu

【漏窗】lòuchuāng 🙂 (창문에 종이나 유리 없이) 투각(透刻) 도안으로 장식한 창. =【花窗】huāchuāng【花墙洞】huāqiángdòng

【漏电】lòu‖diàn ☞【跑】pǎo电.

【漏洞】lòudòng 🙂 **1** 구멍. ¶锅底有个~.=냄비 바닥에 구멍이 났다. **2**(비유적 의미) 허점. 빈틈. 결점. 약점. 맹점. ¶这种说法有很多~, 经不起推敲.=이런 이론은 허점이 너무 많아서, 심의 토론을 견뎌 내지 못한다. ➪破绽

【漏洞百出】lòudòng-bǎichū 🙂 실수투성이이다. 결점이나 빈틈이 아주 많다.

【漏斗】lòudǒu 🙂 깔때기.

【漏斗车】lòudǒuchē 🙂 개저식(開底式) 화물차. 호퍼 카(hopper car).

【漏风】lòu‖fēng 🙂 **1** 바람이 새다. ¶这房子破旧不堪, 四面~.=이 집은 몹시 낡아서 사면에서 바람이 샌다. **2**(이가 빠져) 말이 새다. 소리가 새다. ¶他的门牙掉了, 说话~.=그의 앞

니가 빠져서 말할 때 소리가 샌다. **3** 비밀이 새다. 소문이 퍼지다. ¶这件事千万不能~.=이 일은 절대 비밀이 새나가서는 안 된다.

【漏脯充饥】lòufǔ-chōngjī (成) **1** 썩은 고기로 허기를 채우다. **2**(비) 눈앞의 작은 이익에만 급급해 차후의 일은 생각하지 않다.

【漏鼓】lòugǔ 🙂 누고. [옛날, 시각을 알리기 위하여 치던 큰 북]

【漏光】lòu‖guāng 🙂 (필름 등에) 빛이 새다〔빠져 나오다〕.

【漏壶】lòuhú 🙂 물시계. =【漏刻】lòukè【刻漏】kèlòu【壶漏】húlòu【铜壶滴漏】tónghú dīlòu

【漏检】lòujiǎn 🙂 점검에서 누락되다. 검사에서 빠지다. ¶此次安全检查一定要全面彻底, 不能~.=이번 안전 점검은 반드시 전면적으로 철저히 해야 하며, 누락되어서는 안 된다.

【漏刻】lòukè ☞【漏壶】lòuhú

【漏孔】lòukǒng(~儿) 🙂 구멍. 틈.

【漏落】lòuluò 🙂 누락되다. 빠지다. ¶文稿中~的字句, 请补上.=원고 중에 빠진 글자를 보충해 주세요.

【漏票】lòupiào 🙂 무임승차하다.

【漏勺】lòusháo 🙂 (건더기를 건질 때 사용하는) 구멍이 숭숭 뚫린 국자.

【漏失】lòushī 🙂 누실하다. 누실되다. 새서 없어지다. ¶水管破裂导致自来水大量~.=수도관이 파열되어 수돗물이 대량으로 누실되었다. **2** 누락. 누실. 빠트림. 실수. ¶任何~都有可能造成严重的后果. 그 어떠한 누락도 모두 심각한 결과를 초래할 수 있다.

【漏数】lòushǔ 🙂 계산할 때 누락되다. 셈에서 빠지다.

【漏税】lòu‖shuì 🙂 세금을 포탈(逋脱)하다. 세금을 누락하다. 탈세하다.

【漏天儿】lòutiānr 🙂 천장에 구멍이 나다. ¶这破房子已经~了. = 이 낡은 집은 이미 천장에 구멍이 났다.

【漏脱】lòutuō 🙂 빠뜨리다. 누락하다. 빠지다. 탈락하다. ¶无一~=하나도 빠뜨림이 없다.

【漏网】lòu‖wǎng 🙂 **1** 물고기가 그물에서 빠져 나가다. **2**(비) (범인·적군 등이) 운 좋게 빠져 나가다. 법망을 빠져 나가다. 벌을 피하다〔면하다〕. ¶~之敌=운 좋게 도망친 적.

【漏泄】lòuxiè 🙂 **1**(물·광선 따위가) 새다〔흘러 나가다〕. ¶阳光从树叶的缝隙中一下来.=햇살이 나뭇잎 사이로 새어들어 온다. **2**(비밀을) 새어 나가게 하다. 누설하다. 폭로하다. ¶~天机=천기를 누설하다.

【漏夜】lòuyè 🙂 🙂 심야. 깊은 밤. 한밤중.

【漏诊】lòuzhěn 🙂 (醫) (의사가 병의 증상을) 진단해 내지 못하다. ¶要努力做到不误诊, ~.=오진(誤診)이나 진단해 내지 못하는 일이 없도록 열심히 노력해야 한다.

【漏卮】lòuzhī 🙂 🙂 **1** 밑 빠진 잔〔항아리·독·병〕. 구멍이 난 술그릇. **2**(비) 국가의 이익이 외부로 새나가는 구멍. ¶查堵~=국가의 이익이

새나가는 구멍을 찾아서 막다.
【漏字】**lòuzì** 동 글자를 빠뜨리다. 낙자〔탈자〕가 생기다. 글자가 빠지다. ¶发表的文章中仍有~、掉字现象。=발표된 글에는 여전히 낙자와 탈자 현상이 있다. 명 낙자(落字). 탈자(脱字). 빠뜨린 글자. ¶~已经补上。=탈자를 이미 보충했다.
【漏子】**lòu·zi** 명 1 ☞【漏斗】**lòudǒu** 2 (언행 상의) 허점. 실책. 과실. 실수. ¶他掩饰得很巧妙，让人看不出~。=그가 교묘하게 숨겨서, 사람들이 허점을 알아채지 못했다.
【漏嘴】**lòu‖zuǐ** 동 (무의식중에) 말이 새다. 입을 잘못 놀리다. 말실수를 하다.

\***露 lòu** 드러날 로
동⑦ 1 나타나다. 나타내다. 드러나다. 드러내다. 노출하다. 노출되다. 보여 주다. ¶听说你会唱黄梅戏，今天你给大家~一手。=듣자하니, 네가 황매희(黃梅戲)를 할 수 있다던데, 오늘 모두에게 한 수 좀 보여 주어라. ≒泄 ↔蔽
☞ **lù**

○● 锢gù露，泄xiè露

【露白】**lòu‖bái** 동 (금품 등을) 밖에 드러내 보이다. 과시하다. ¶出门在外要多加小心, 注意别~。=집을 나서 밖에서는 더욱 조심해야 하며, 지니고 있는 금품을 남에게 드러내 보이지 마라.
【露丑】**lòu‖chǒu** 동 추태를 보이다. 망신〔창피〕당하다. 체면을 잃다. 체면이 깎이다. ¶出乖~=사람들 앞에서 추태를 보이다.
【露底】**lòu‖dǐ** 동 내부 사정이 새다. 내막이 누설되다. 진상이 밝혀지다〔드러나다〕. ¶做好保密工作, 万万不可~。=보안 유지 작업을 잘 해요, 절대로 내부 사정이 흘러 나가서는 안 돼요.
【露风】**lòu‖fēng** 동 소문이 새어 나가다. 소문 내다. 누설하다.
【露富】**lòu‖fù** 동 부자인 티를 내다.
【露几手】**lòu jǐshǒu** 숙 몇 수 보여 주다. 솜씨를 보이다.
【露脸】**lòu‖liǎn** 동 1 ㊀ (좋은 성적이나 호평 등을 받아) 체면〔위신·면목〕이 서다. 체면〔위신·면목〕을 세우다. ¶他这次被评为优秀青年教师, 可真~了。=그는 이번에 우수 청년 교사로 선발되어 정말로 체면이 섰다. **2** (~儿) ㊀ 얼굴을 내밀다〔보이다〕. ¶他经常在电视上~儿。=그는 자주 텔레비전에 얼굴을 내민다.
【露两手】**lòu liǎngshǒu** 숙 솜씨를 보이다.
【露马脚】**lòu mǎjiǎo** 숙 (무의식 중에) 마각이 드러나다. 정체가 탄로나다. 진상이 드러나다. 엉큼한 속셈을 드러내다. 결함이 드러나다. ¶骗子终究会~。=사기꾼은 결국에는 정체가 탄로날 것이다.
【露面】**lòu‖miàn** (~儿) (공개 장소에서) 얼굴을 내밀다. 나타나다. 등장하다. ¶抛头~=부녀자가 대중 앞에서 얼굴을 드러내다.
【露苗】**lòu‖miáo** 동 싹이 나오다〔트다〕. 【出苗】**chū‖miáo**

漏露喽撸噜 **lù** 1263

【露怯】**lòu‖qiè** 동㊀ (무지로 인해) 우스운〔못난〕 꼴을 보이다〔드러내다〕. ¶他没见过什么世面, 说话经常~。=그는 세상 물정을 경험해 본 적이 없어, 말을 할 때 늘 우스운 꼴을 보인다.
【露头】**lòu‖tóu** 동 1 (~儿) 머리를 내밀다〔드러내다〕. **2** ㊀ 나타나기 시작하다. 막 출현하다. ¶聚众赌博的风气在某些地方又~了。=많은 사람이 모여 도박하는 풍조가 모처에서 또 나타나기 시작했다.
☞ **lùtóu**
【露馅儿】**lòu‖xiànr** 동㊀ (감추었던 사실·실제 정황이) 탄로나다. 비밀이 누설되다. 폭로되다. 진상이 드러나다. ¶这事儿瞒是瞒不住的, 迟早要~。=이 일은 감추려 해도 감출 수 없는 것이니, 조만간에 탄로날 것이다.
【露相】**lòu‖xiàng** 동 1 (~儿) (진면목을·정체를·본색을) 드러내다. 나타내다. ¶真人不~。=진정한 실력자는 쉽게 진면목을 드러내지 않는다. **2** 얼굴을 보이다. 나타나다. ¶他很久没在单位上~了。=그는 아주 오랫동안 부서에서 얼굴을 내보이지 않았다.
【露一手】**lòu yīshǒu** 동 (솜씨를) 한 수 보여 주다. 재주〔솜씨〕를 자랑하다. ¶他厨艺不错, 每次朋友聚会总要~。=그는 요리 솜씨가 뛰어나서, 매번 친구들이 모이면 항상 재주를 보여 주려고 한다.

# 喽[嘍] **·lou** 어조사 루

조⑦ 1 동사·형용사 뒤에 쓰여 동작·변화가 이미 완성되었음을 나타냄. [주로 예상 혹은 가정된 동작에 쓰임] ¶开完会~, 就回来。=회의만 마치면 바로 돌아온다. / 他知道~又能怎么样? =그가 안다고 하더라도 또 어떻게 하겠는가? **2** 문장의 말미나 잠시 쉬는 곳에 쓰여, 상황의 변화나 출현을 나타냄. [주의를 환기시키는 어기를 내포함] ¶来客~=손님께서 오셨다. / 戏开演~。=연극이 시작된다.
☞ **lóu**

# lu

# 撸[擼] **lū** 훑을 로

동㊀ 1 훑다. 걷다. ¶他一到工地, 就~起袖子干起来。=그는 작업장에 도착하자마자 소매를 걷고 일을 시작했다. **2** 해임〔해직〕하다. 면직하다. ¶他的局长最近被~了。=그는 국장직을 최근 해임당하였다. **3** 훈계하다. 꾸짖다. 질책〔책망〕하다. ¶他刚被爸爸~了一顿。=그는 방금 아버지한테 한바탕 꾸중들었다.
【撸子】**lū·zi** 명 작은 권총.

# 噜[嚕] **lū** 말할 로

【噜苏】**lūsū** 형 군소리〔잔소리〕하다. 쓸데없이 지껄이다. 자꾸 시끄럽게 말하다. 구시렁거리다. ¶他这个人~得很, 说开了就没完。=그 사

람은 잔소리가 아주 심해서, 일단 말을 하기 시작하면 끝도 없다.

**卢[盧]** Lú 성씨 로
명 성(姓).

【卢比】lúbǐ 명양 루피(rupee). [인도·파키스탄·미얀마·네팔·스리랑카 등의 화폐 단위]

【卢布】lúbù 명양 루블(rouble). [러시아의 화폐 단위]

【卢沟桥】Lúgōuqiáo 명 노구교. [금(金)대에 세워진, 베이징(北京)시의 서남쪽인 융딩허(永定河)를 가로지르는 돌다리]

【卢沟桥事变】Lúgōuqiáo Shìbiàn ☞【七七事变】Qī-Qī Shìbiàn

【卢森堡】Lúsēnbǎo 명(地). 룩셈부르크(Luxembourg). [수도는 '卢森堡(룩셈부르크: Luxembourg)'임]

【卢旺达】Lúwàngdá 명양(地) 르완다(Rwanda). [수도는 '基加利(키갈리: Kigali)'임]

○ 卢 lú
炉 lú
颅 lú
芦 lú
庐 lú
鲈 lú
泸 lú
轳 lú
胪 lú
舻 lú
鸬 lú
舻 lú
栌 lú

**芦[蘆]** lú 갈대 로
명 1 (植) 갈대. ¶现在已经是~花飘飞的时节. = 지금은 이미 갈대꽃이 흩날리는 계절이다. 2 (Lú) 성(姓).
☞ lú

○ 葫hú芦, 藜lí芦, 闷mèn葫芦, 水葫芦, 糖葫芦, 西葫芦

【芦柴】lúchái 명 (땔감으로 쓰는) 갈대 줄기.
【芦荡】lúdàng ☞【苇荡】wěidàng
【芦箯】lúfèi 명양 삿자리.
【芦柑】lúgān 명(植) 감귤. [푸젠(福建)성 장저우(漳州) 등지에서 생산됨]
【芦根】lúgēn 명(醫) 갈대 뿌리. [이뇨·해열·해독의 효과가 있음]
【芦花】lúhuā 명 갈대꽃. 갈대꽃의 솜털.
【芦荟】lúhuì 명(植) 알로에(aloe). 노회.
【芦笙】lúshēng 명(音) 갈대로 제작한 생황. [중국의 소수 민족인 묘족(苗族)·동족(侗族)·요족(瑤族)·수족(水族)·이족(彝族) 등이 사용하는 관악기의 하나]
【芦笋】lúsǔn 명(植) 1 갈대의 새싹. 2 ☞【石刁柏】shídiāobǎi
【芦苇】lúwěi 명(植) 갈대. =【苇子】wěi·zi
【芦苇荡】lúwěidàng ☞【苇荡】wěidàng
【芦席】lúxí ☞【苇席】wěixí
【芦竹】lúzhú 명(植) 물대. [대나무 비슷한 갈대의 일종으로, 학명은 'Arundo donax Linn'임]
【荻芦竹】dílúzhú

**庐[廬]** lú 오두막집 려
명 1 오막살이. 오(두)막집. ¶草~=초가집. 누추한 집. / 茅~=초가집. 2 (Lú)(地) 루저우(庐州). ¶~剧=여극. 3 (Lú) 성(姓).
【庐剧】lújù 명(劇) 여극. [중국 지방 전통극의 하나로, 주로 안후이(安徽)성의 허페이(合肥)·우후(芜湖) 일대에서 유행하였음]

【庐山】Lúshān 명(地) 루산. 여산(庐山). [장시(江西)성에 있는, 피서지로 유명한 산 이름]

【庐山真面】Lúshān-zhēnmiàn 성 1 여산의 참모습. [송(宋)대 소식(蘇軾)의 《제서림벽(題西林壁)》에 나오는 "不识庐山真面目,只缘身在此山中(여산의 참모습 알기 어려우니, 이는 내 몸이 이 산중에 있기 때문이다)"라는 시구에서 유래함] 2 (轉) 사물의 진상이나 사람의 본래 면목을 나타냄. =【庐山真面目】Lúshān zhēnmiànmù

【庐舍】lúshè 명(書) 초막. 오두막집. 촌가.

【庐州】Lúzhōu 명(地) 루저우. [옛 행정 구역 명칭으로, 현재의 안후이(安徽)성 허페이(合肥) 일대를 가리킴]

**垆[壚]** lú 술집 로
명 1 옛날, 술집에서 흙으로 만든 술독대. 2 주점. 술집. 주막. ¶酒~=술집. 3 검은색의 견고한 토양. ¶~土=검은색의 견고한 흙.
【垆邸】lúdǐ 명(書) 주점. 술집.
【垆坶】lúmǔ 명양 롬(loam). ['壤土(양토)'의 옛 명칭]
【垆埴】lúzhí 명(書) 검은색 점토.

**炉[爐, 鑪]** lú 화로 로
명 노. 아궁이. 스토브. 화로. 난로. 용광로. ¶火~=화로. / 锅~=보일러.

○ 壁bì炉, 高炉, 洪炉, 回炉, 脚炉, 平炉, 熔róng炉, 司炉, 香炉, 支炉儿, 转zhuàn炉

【炉箅子】lúbì·zi 명 불받이. (난로의 연료받이) 쇠살대. 화상(火床).
【炉衬】lúchèn 명(金) 용광로 내벽.
【炉甘石】lúgānshí 명(礦) 노감석.
【炉灰】lúhuī 명 (석탄이나 땔감의) 재. 난로 재. 탄재.
【炉火】lúhuǒ 명 1 (아궁이·화로·난로·용광로 따위의) 불. ¶~烧得很旺. =난로 속의 불길이 아주 왕성하다. 2 불을 피우고 있는 난로. ¶屋子里有~, 很暖和. =방 안 난로에 불이 타고 있어 아주 따뜻하다.
【炉火纯青】lúhuǒ-chúnqīng 성 1 도가(道家)에서, 연단(煉丹)하는 화로의 불이 완전히 청색으로 되다. 2 (轉) (학문·기예 따위의) 수준이 최고의 경지에 이르다. 늑升堂入室
【炉具】lújù 명 (화로와 연통·부지깽이 따위의) 난로 도구.
【炉料】lúliào 명(金) 광석과 기타 원료를 일정 비율로 혼합해서 용광로에 들어가는 제련 원료.
【炉龄】lúlíng 명(金) 용광로 내벽의 사용 수명.
【炉门】lúmén (~儿) 명 (난로 따위의) 불문. 통풍구. 난로 아궁이.
【炉排】lúpái 명 불받이. (난로의 연료받이) 쇠살대. 화상(火床).
【炉桥】lúqiáo 명양 불받이. (난로의 연료받이) 쇠살대. 화상(火床).

【炉台】lútái(~儿) 명 부뚜막. 가마목. (난로 위의 평평한) 윗판.
【炉膛】lútáng(~儿) 명 (화로·용광로·보일러 따위의) 연소실[용해실].
【炉条】lútiáo 명 (난로의 연료받이) 쇠살대.
【炉瓦】lúwǎ 명 (용광로 내벽에 붙인) 진흙으로 구워 만든 내연 벽돌.
【炉温】lúwēn 명 1 화로 내부의 연소시 온도. 2 제련시의 용광로의 내부 온도.
【炉灶】lúzào 명 '炉子(부뚜막)'와 '灶(가마솥)'의 합칭. ¶职工宿舍有~, 可以自己做饭. = 직공 기숙사에는 부뚜막이 있어 나 스스로 밥을 지을 수 있다.
【炉渣】lúzhā 명 1 (석탄이나 땔감의) 재. 난로재. 2 광재(鑛滓).
【炉长】lúzhǎng 명 용광로 책임자.
【炉子】lú·zi 명 아궁이. 화로. 난로. 용광로.
【炉嘴儿】lúzuǐr 명 가스 노즐(gas nozzle). ¶~要定期清洗, 以免堵塞. = 가스 노즐이 막히지 않도록 정기적으로 청소해야 한다.

# 泸[濾] Lú 강 이름 로
명(地) 1 루수이(泸水). [옛날, 강 이름. 쓰촨(四川)성 이빈(宜宾)현과 윈난(云南)성·쓰촨(四川)성의 교차 지점의 진사장(金沙江) 줄기를 가리킴] 2 루수이(泸水). [옛날, 강 이름. 현재의 누장(怒江)을 가리킴] 3 루저우(泸州). [쓰촨(四川)성에 있는 지명]

# 纩[纑] lú 실 로
명 1 문 (세마포(細麻布)를 짜는 데 쓰이는) 가는 삼실. 2 (植) 고서(古書)에서 어저귀 종류의 식물을 가리킴.

# 栌¹[櫨] lú 안개나무 로
명(植) 안개나무. 연기나무. [학명은 'Cotinus coggygria' 임]

# 栌²[櫨] lú 두공 로
☞ 【欂栌】 bólú

# 轳[轤] lú 도르래 로
☞ 【轆轳】 lù·lú

# 胪[臚] lú 늘어놓을 려
동문 진열하다. 늘어놓다. 배열[열거]하다. ¶~列如下 = 아래와 같이 열거하다.
【胪陈】lúchén 동문 일일이 진술하다. [주로 옛날의 공문서나 서신에 많이 쓰임] ¶谨将经过实情, ~如左. = 경과와 실정을 삼가 일일이 좌측에 진술합니다.
【胪列】lúliè 동문 1 열거하다. ¶~两种方案, 以供采择. = 두 가지 방안을 열거하여 선택하도록 하다. 2 진열하다. 늘어놓다. ¶珍馐~ = 진기한 음식이 차려져 있다.
【胪情】lúqíng 동문 사정을 말하다. 의견을 이야기하다. 마음을 피력하다.

# 鸬[鸕] lú 가마우지 로
【鸬鹚】lúcí 명(動) 가마우지. 图【鱼鹰】yúyīng 위【墨鸦】mòyā

# 眹[矑] lú 눈동자 로
명문 눈동자. 동공.

# 铲[鑪] lú 러더포듐 로
명외(化) 러더퍼듐(Rf, rutherfordium). [원자 번호 104]

# *颅[顱] lú 머리뼈 로
명(生) 1 두개골. 머리뼈. ¶开~手术 = 두개골을 가르고 수술하다. 2 머리. 정수리. ¶头~ = 머리.
【颅骨】lúgǔ ☞ 【头骨】tóugǔ
【颅内压】lúnèiyā 명(醫) 뇌압(腦壓).
【颅腔】lúqiāng 명(生) 두개골강(頭蓋骨腔).

# 舻[艫] lú 뱃머리 로
명문 1 뱃머리. 선두(船頭). 선수(船首). 이물. 2 배. ¶舳~ = 장방형의 배.

# 鲈[鱸] lú 농어 로
명(動) 농어.
【鲈鱼】lúyú 명(動) 농어.

# *芦[蘆] lú 갈대 로
☞ 【油葫芦】 yóu·hulú
☞ lú

# 卤¹[卤] lǔ 소금 로
명 1 간수. 노수. 2 할로겐(halogen).

# *卤²[滷] lǔ 소금밭 로
동 소금물이나 간장에 오향 등을 넣고 삶다[끓이다]. ¶~肉 = 수육. / ~鸭 = 오리 수육. 명 1 (~儿) 진한 음료. 진한 즙. 진국. 농즙(濃汁). ¶茶~儿 = 진한 차. 2 소스(sauce)의 한 종류. [육류·계란 등이 원료가 된 국물에 녹말가루를 풀어 만든 진한 국물] ¶打~面 = 진한 국물소스를 뿌린 가락국수.
【卤簿】lǔbù 명 고대 천자나 왕을 비롯한 고관대작 등이 외출 때의 의장대. 천자의 행차 행렬.
【卤菜】lǔcài 명 훈채. [소금물이나 간장에 오향 등을 넣고 삶은 고기나 생선 요리]
【卤化】lǔhuà 동(化) 할로겐화하다. ¶~物 = 할로겐화물.
【卤鸡】lǔjī 명 소금물이나 간장에 오향 등을 넣고 닭을 삶다. 명 닭 수육. [소금물이나 간장에 오향 등을 넣고 삶은 닭]
【卤莽】lǔmǎng ☞ 【鲁莽】lǔmǎng
【卤水】lǔshuǐ 명 1 ☞ 【盐卤】yánlǔ 2 정염(井鹽)의 생산에 사용되는 염분이 섞인 지하수. 지하 함수(鹹水).
【卤素】lǔsù 명(化) 할로겐. 할로겐족 원소. [불

【卤味】 **lǔwèi** 图 소금물이나 간장에 오향 등을 넣고 삶은〔끓인〕 냉채. [예를 들면, '卤鸡(닭 수육)·卤肉(수육)·卤豆腐干(삶아 말린 두부)' 등]
【卤虾】 **lǔxiā** 图 소금에 절인 새우. [새우를 갈아서 죽같이 만든 후에 소금을 넣어 만든 식품]
【卤虾油】 **lǔxiāyóu** 图 새우 소스. ['卤虾'의 멀건 액즙]
【卤盐】 **lǔyán** 图 염분을 함유한 토양을 오랫동안 끓여서 얻은 소금.
【卤汁】 **lǔzhī** 图 소금물이나 간장에 오향 등을 넣은 액즙.
【卤制】 **lǔzhì** 图 소금물이나 간장에 오향 등을 넣고 삶다〔끓이다〕. ¶~肉食=수육.
【卤质】 **lǔzhì** 图 (토양에 함유된) 알칼리. ¶~土壤=알칼리성 토양.
【卤族】 **lǔzú** 图 (化) 할로겐. 할로겐족 원소. [불소·염소·브롬·요오드·아스타틴(astatine)을 통틀어 이르는 말]

## 虏[虜, 虜] **lǔ** 포로 로

图 (적군을) 사로잡다. 생포하다. ¶~获甚众=생포한 적군이 대단히 많다. 图 **1** 图 적군을 멸시하여 부르는 말. ¶强~=포악한 오랑캐. **2** 고대에 북방 민족을 낮추어 부르던 말. ¶鞑~=한족(漢族)이 만주족(滿洲族)을 비하하여 부르던 말. **3** 포로. ¶优待俘~=포로를 잘 대해 주다.
【虏获】 **lǔhuò** 图 (적을) 사로잡다. 생포하다. (무기를) 노획하다. ¶~数百人=적군 수백 명을 생포하다.

## 掳[擄] **lǔ** 빼앗을 로

图 **1** 빼앗다. 약탈하다. 갈취하다. 노략질하다. ¶奸淫~掠=간음하고 노략질하다. **2** '虏(사로잡다)'와 같음.
【掳夺】 **lǔduó** 图 약탈하다. 빼앗다. 노략질하다.
【掳掠】 **lǔlüè** 图 (사람이나 재물을) 약탈하다. 빼앗다. 노략질하다. ¶烧杀~=사람을 불태우고 노략질하다.

## 鲁[魯] **lǔ** 둔할 로

图 **1** 图 둔하다. 조잡하다. 어리석다. ¶愚~=우둔하다. **2** (행동이) 거칠고 무모하다. 조잡하다. 예의를 모르다. 촌스럽고 천하다. ¶粗~=거칠고 무모하다. 图 (**Lǔ**) **1** (歷) 노나라. [주(周)대의 국명으로, 지금의 산둥(山东)성 취푸(曲阜)현 일대를 가리킴] **2** (地) 산둥(山东)성의 다른 이름. ¶~菜=산둥(山东) 요리. **3** 성(姓).
【鲁班】 **Lǔbān** 图 노반. [춘추(春秋)시대 노(鲁)나라 사람으로, 성은 공수(公輸), 이름은 반(班). 후세 사람들에게 노반(鲁班)으로 불렸으며, 걸출한 기술로 인해 건축 공장(工匠)의 시조(始祖)로 추앙됨]
【鲁班尺】 **Lǔbānchǐ** 图 목공이 사용하는 곱자.

| 鲁 | lǔ |
| 橹 | lǔ |
| 噜 | lū |
| 镥 | lǔ |
| 撸 | lū |

[노반(鲁班)이 발명하였다고 전해짐]
【鲁菜】 **lǔcài** 图 산둥(山东) 요리.
【鲁钝】 **lǔdùn** 图 우둔하고 느리다. 어리석고 무디다. ¶资质~=자질이 우둔하고 느리다.
【鲁莽】[卤莽] **lǔmǎng** 图 (언행이) 경솔하다. (성격이) 거칠고 차분하지 못하다. 덤벙대다. ¶行事~=일을 경솔하게 하다〔처리하다〕. ≒轻率 ↔稳重·细心
【鲁莽灭裂】 **lǔmǎng-mièliè** 图 언행이 대단히 거칠고 조잡하다.
【鲁迅】 **Lǔ Xùn** 图(歷) 루쉰. 노신(1881~1936년). [본명은 주수인(周樹人)이며, 중국 현대의 저명한 문학가·사상가·혁명가임]
【鲁鱼帝虎】 **lǔyú-dìhǔ** ☞【鲁鱼亥豕】 **lǔyú-hàishǐ**
【鲁鱼亥豕】 **lǔyú-hàishǐ** 图 **1** 비슷한 글자를 잘못 쓰다. [전서(篆書)의 '鲁(lǔ)'를 '鱼(yú)'로, '亥(hài)'를 '豕(shǐ)'로, '帝(dì)'를 '虎(hǔ)'로 잘못 쓴 데서 유래함] **2** 비슷한 글자를 잘못 판각·인쇄하다. =【鲁鱼帝虎】 **lǔyú-dìhǔ**
【鲁直】 **lǔzhí** 图 어리석고 무분별〔경솔〕하다. ¶生性~=천성이 어리석고 무분별하다.

## 橹¹[櫓, 樐·艣·艪·㯭] **lǔ** 노 로

图 (배의) 노. ¶摇~=노를 젓다.

## 橹²[櫓, 樐] **lǔ** 방패 로

图图 큰 방패.

## 镥[鑥] **lǔ** 루테튬 로

图(外)(化) 루테튬(Lu, lutetium). [원자 번호 71]

## 六 **lù** 땅 이름 륙

지명에 쓰이는 글자. ¶~安=루안. [안후이(安徽)성에 있는 지명·산 이름] / ~合=루허. [장쑤(江苏)성에 있는 지명]
☞ **liù**

## 甪 **lù** 땅 이름 록

지명에 쓰이는 글자. ¶~直=루즈. [장쑤(江苏)성에 있는 지명] / ~堰=루옌. [저장(浙江)성에 있는 지명]
【甪里】 **Lùlǐ** 图 **1** (地) 루리. [지금의 장쑤(江苏)성 우(吴)현 서남쪽에 있는 옛 지명] **2** 복성(複姓).

## 陆[陸] **lù** 육지 륙

图 **1** 육지. 땅. 뭍. ¶着~=착륙하다. / 欧亚大~=아시아·유럽 대륙. **2** 육로. 땅길. ¶水~交通=수륙 교통. **3** (**Lù**) 성(姓).
☞ **liù**

○● 内陆, 着陆

【陆半球】 **lùbànqiú** 图(地) 육반구.
【陆沉】 **lùchén** 图 **1** 육지가 침강〔침몰〕하다. **2** 喩 국토가 함락되다. 나라가 망하다.
【陆稻】 **lùdào** ☞【旱稻】 **hàndào**

【陆地】lùdì 〈명〉(地) **1** 육지. 뭍. **2** 땅.
【陆风】lùfēng 〈명〉(氣) 육풍.
【陆海潘江】lùhǎi-pānjiāng 〈성〉 **1** 육기(陸機)의 문재(文才)는 바다와 같고, 반악(潘岳)의 문재(文才)는 마치 강과 같다. **2**⟨비⟩ 문학적 재능이 대단히 뛰어나다. 또는 그런 인물. =【潘江陆海】pānjiāng lùhǎi
【陆架】lùjià ☞【大陆架】dàlùjià
【陆军】lùjūn 〈명〉(軍) 육군.
【陆离】lùlí 색채가 번잡하여 변화가 복잡한 모양. 현란하게 빛나다. 알록달록하다. ¶光怪~=형상이 기이하고 알록달록하다.
【陆连岛】lùliándǎo 〈명〉 육계도. [육계 사주로 육지와 연결된 섬]
【陆陆续续】lùlù xùxù 〈부〉 끊임없이. 연이어. 계속해서.
【陆路】lùlù 〈명〉 육로. ['水路(수로)'와 구별됨] ¶~运输=육로 운수.
【陆棚】lùpéng ☞【大陆架】dàlùjià
【陆坡】lùpō 〈명〉(地) 대륙사면. [대륙붕 끝에서 경사가 급해지고 수심이 깊어지는 부분]
【陆桥】lùqiáo 〈명〉 **1**(地) 양 대륙을 연결하는 좁고 긴 지역. **2** 배로 운송된 화물이 항구에 도착한 후, 육로를 이용하여 또다른 항구에까지 도달할 때 거치게 되는 경로.
【陆禽】lùqín 〈명〉(動) 멀리 날지는 못하지만 땅 위에서 행동이 민첩한 조류.
【陆续】lùxù 〈부〉 끊임없이. 연이어. 부단히. 계속해서. 잇따라. ¶观众~入场。=관중이 끊임없이 입장하다.
【陆游】Lù Yóu 〈명〉(歷) 육유(1125~1210년). [중국 남송(南宋)대의 저명 시인]
【陆运】lùyùn 〈명〉 (철도·고속도로 등을 통한) 육로 운송. ['水运(수상 운송)'·'空运(항공 운송)'과 구별됨]
【陆战队】lùzhànduì 〈명〉(軍) 해병대.

**录[錄]** lù 기록할 록

〈동〉 **1** 기록[기재]하다. 베끼다. 복제하다. 옮겨 쓰다. ¶记~=기록하다. / 笔~=기록하다. **2** 채용[임용]하다. 고용하다. ¶量才~用=재능을 살펴서 채용하다. **3** 녹음하다. 녹화하다. ¶现场~像=현장 녹화. 〈명〉 **1** 기록. 사실이나 언행을 기록한 책자. ¶目~=목록. / 见闻~=견문록. **2** (Lù) 성(姓).

○● 笔录, 编biān录, 采录, 抄chāo录, 齿录, 附录, 辑jí录, 集录, 纪录, 检jiǎn录, 节录, 收录, 书录, 誊téng录, 选录, 摘zhāi录, 著zhù录, 备忘录.

⇨ 录 lù
　 碌 lù
　 绿 lü
　 禄 lù
　 渌 lù
　 逯 lù

【录放】lùfàng 〈동〉 녹화[녹음]·재생하다. 녹음〔녹화〕방송하다. ¶~机=녹화 기능과 재생 기능을 갖춘 비디오 테이프 리코더(video tape recorder).
【录供】lù‖gòng 〈동〉(法) (범인 등의) 진술을 기록하다.

【录取】lùqǔ 〈동〉 **1** (시험 등을 통하여) 채용하다. 고용하다. 합격시키다. 뽑다. ¶外语系今年~了两百多名新生。=외국어과는 올해 이백여 명의 신입생을 뽑았다. **2** 녹취하다. ¶~口供=(범인·용의자 등의) 자백〔진술〕을 기록하다.
【录取线】lùqǔxiàn 〈명〉 합격선.
【录入】lùrù 〈동〉 (컴퓨터의 키보드로) 입력하다. ¶~员=데이터를 입력하는 사람.
【录事】lùshì 〈명〉 옛날, 관청의 기록원〔서기〕.
【录像】lù‖xiàng 〈동〉 녹화하다. ¶婚礼的全过程都录了像。=결혼식의 전 과정을 모두 녹화하였다.
【录像】lùxiàng 〈명〉 녹화 영상. ¶看~=녹화 영상을 보다.
【录像带】lùxiàngdài 〈명〉 **1** 비디오 테이프. **2** 녹화〔녹음〕한 비디오 테이프. =【录影带】lùyǐngdài
【录像机】lùxiàngjī 〈명〉 비디오 테이프 리코더. 브이티아르(VTR). =【录影机】lùyǐngjī
【录像片儿】lùxiàngpiānr 〈명〉⟨구⟩ 비디오용 영화나 텔레비전 프로그램.
【录像片】lùxiàngpiàn 〈명〉 비디오용 영화나 텔레비전 프로그램.
【录写】lùxiě 베껴 쓰다. 베끼다. ¶~古籍=고서를 베껴 쓰다.
【录音】lù‖yīn 〈동〉 녹음하다. 취입(吹入)하다. ¶~师=녹음 기사. ≒灌音
【录音】lùyīn 〈명〉 녹음. 기록된 소리. ¶放~=녹음을 틀다.
【录音报道】lùyīn bàodào 〈동〉 현장에서 녹음된 대담·배경 음향 등의 실황에, 기자의 평가를 곁들여서 보도를 진행하다.
【录音带】lùyīndài 〈명〉 **1** 녹음 테이프. **2** 녹음한 테이프.
【录音电话】lùyīn diànhuà 〈명〉 자동 응답 전화기. 녹음 전화기. (속기용) 딕터폰(Dictaphone).
【录音合成】lùyīn héchéng 〈동〉 녹음을 합성하다.
【录音机】lùyīnjī 〈명〉 녹음기. [주로 테이프 녹음기를 가리킴]
【录音遗嘱】lùyīn yízhǔ 〈명〉 녹음 유언장.
【录影】lù‖yǐng 〈동〉⟨방⟩ 녹화하다.
【录影】lùyǐng 〈명〉⟨방⟩ 녹화.
【录影带】lùyǐngdài ☞【录像带】lùxiàngdài
【录影机】lùyǐngjī ☞【录像机】lùxiàngjī
【录用】lùyòng 〈동〉 **1** 채용하다. 임용하다. 사람을 뽑아 쓰다. ¶他被一家跨国公司~了。=그는 글로벌(global) 기업에 채용되었다. **2** 채택하다. (남의 의견·건의·요구 등을) 받아들이다. ¶未被~的稿件要及时退稿。=채택되지 않은 원고는 제때에 반환해야 한다. ≒任用
【录制】lùzhì 〈동〉 녹음[녹화]하다. ¶~科教片=과학 교육 영화. ≒灌制 灌录

**辂[輅]** lù 큰 수레 로

〈명〉 **1** 수레의 끌채에 가로로 댄 나무. **2** 옛날, 큰 수레의 하나. [주로 제왕이 타는 수레를 가리킴] ¶龙~=어가.

## 赂[賂] lù 뇌물 줄 뢰
동 **1** 윤 재물을 증여하다. **2** 재물로 다른 사람을 매수하다. ¶贿~=뇌물을 주다. 명 윤 **1** 재물. 금품. **2** 증여한 재물. ¶货~=뇌물.

## 菉 lù 땅 이름 록
지명에 쓰이는 글자. ¶梅~=메이루. [광둥(廣東)성에 있는 현 이름]

## 崉 lù 산 사이 평지 록
명 흙산 사이의 작은 평지.

## **鹿 lù 사슴 록
명 **1** (動) 사슴. **2** 비 정권. ¶ 逐~中原=중원의 정권 쟁탈전을 벌이다. **3** (Lù) 성(姓).

○ 鹿 lù  辘 lù
  麓 lù  漉 lù
  麂 lù

○ 麋mí鹿, 水鹿, 驼鹿, 逐zhú鹿, 长颈jǐng鹿

【鹿角】lùjiǎo 명 **1** 사슴뿔. **2**(醫) (약용의) 녹각. **3**(軍) 녹채(鹿砦).
【鹿角菜】lùjiǎocài 명(植) 청각채(靑角菜). 청각(靑角).
【鹿茸】lùróng 명(醫) 녹용.
【鹿死不择荫】lù sǐ bù zé yīn 송 **1** 사슴이 죽어 갈 때에는 장소를 선택할 여유가 없다. **2** 비 다급할 때에는 사소한 것들은 무시된다.
【鹿死谁手】lùsǐshéishǒu 송 **1** 천하는 누구의 수중에 들어가겠는가?《진서·석륵재기(晉書·石勒載記)》에 나오는 "当并驱于中原, 未知鹿死谁手(중원에서 함께 말을 달리며 재간을 겨루면, 사슴은 누구의 수중에 죽겠는가)"라는 고사에서 유래함] **2** 비 (시합이나 경쟁에서) 누가 과연 최후의 승자가 되겠는가?
【鹿苑】lùyuàn 명 사슴 사육[방목]장.
【鹿寨】lùzhài 명 녹채. [옛날, 나무 말뚝을 뾰족하게 깎아서 '十'자 모양으로 엇박아 둘러친 방어용 장애물]

## 渌 Lù 강 이름 록
명 **1** (地) 루수이(渌水). [장시(江西)성에서 발원하여 후난(湖南)성 샹장(湘江)으로 흘러들어가는 강] **2** 성(姓).

## 逯 Lù 성씨 록
명 성(姓).

## 绿[綠] lù 초록빛 록
형 의미가 '绿(lù)'와 같음.
☞ lǜ
【绿林】lùlín 명 **1** 녹림군(綠林軍). [서한(西漢) 말기에 왕광(王匡)·왕봉(王鳳)이 녹림산(綠林山), 지금의 후베이(湖北)성 다흥산(大洪山) 일대)에서 농민을 이끌고 봉기한 군대] **2** 관청에 반항하는 무장 단체. ¶~好汉=녹림 호걸. 녹

객. **3** 산적. 도적 떼. ¶~豪强=산적.
【绿营】lùyíng 명 녹영. [청(淸)대 병제(兵制)에서, 한인(漢人)으로 편성하여 지방에 주둔한 녹기(綠旗)의 군영(軍營)]

## 騄[騄] lù 녹이 록
아래를 참조.
【騄耳】lù'ěr ☞ 【騄駬】lù'ěr
【騄駬】[騄耳] lù'ěr 명 녹이. [옛날, 준마의 이름]

## 琭 lù 진귀할 록
명 윤 옥의 일종.
【琭琭】lùlù 형 윤 드물다. 귀하다. 진기하다. ¶~如玉=옥처럼 귀하다.

## 禄 lù 녹봉 록
명 **1** 옛날, 관리의 봉급. 녹. 녹봉. ¶爵~=작위와 녹봉. /高官厚~=높은 벼슬에 많은 녹봉. **2** (Lù) 성(姓).

○ 回禄, 爵jué禄

【禄蠹】lùdù 명 윤 벼슬과 녹봉을 탐하는 사람. 탐관오리.
【禄米】lùmǐ 명 윤 녹미. [녹봉으로 주는 쌀]
【禄位】lùwèi 명 **1** 녹봉과 작위. 봉급과 벼슬. **2** 관직.

## **碌 lù 평범할 록
형 **1** (사람이) 평범하다. ¶庸~=평범하다. **2** 몹시 바쁘다. 혹사하다. ¶劳~=너무 고생하다.
☞ liù
【碌碌】lùlù 형 **1** 평범하다. ¶庸庸~=매우 평범하다. **2** 일이 너무 많다. 너무 고생하다. ¶~半生=반평생을 고생하다.
【碌碌无为】lùlù-wúwéi 성 부질없이 바쁘게 보내며 이룬 바가 없다.

## 睩 lù 조심스레 볼 록
동 윤 눈동자를 굴리다.

## **路 lù 길 로
명 **1** 길. 도로. ¶公~=고속 도로. 공로. /水~=수로. 물길. **2** 노정. 여정. ¶山高~远=산은 높고 갈 길은 까마득하다. /行万里~=먼 길을 가다. **3** (~儿) 방법. 수단. 길. ¶生~=활로. 살아갈 길. /广开言~=언로를 활짝 열다. **4** (교통 수단의) 노선. ¶坐331~可以到动物园.=331번 버스를 타면 동물원에 갈 수 있다. **5** 이치. 조리. 논리. ¶思~=생각의 방향. /理~=이치. **6** 지방. 지역. 지구. 지대. 방면. ¶北~货=북부 지방의 상품. /各~英雄=각지의 영웅. **7** 등급. 품등. ¶头~货=일등품. /一~货色=일류 상품. **8** (Lù) 성(姓). 양 열(列). 행(行). 부류. ¶排成三~纵队.=삼열 종대로 서다. /这一~人=이런 류의 사람. 늑道

○ 路 lù
  露 lù
  潞 lù
  璐 lù
  鹭 lù

# 路 lù

○● 隘ài路, 岔chà路, 出路, 道路, 公路, 马路, 迷路, 陌mò路, 死路, 铁路, 纹路儿, 销xiāo 路, 走路, 大路货, 卡kǎ路里, 拦路虎, 压yā路机, 总路线, 回头路, 盘陀tuó路, 下坡pō路, 之字路

【路霸】lùbà 图 1 노상 강도. 길거리 악당. 2 노상 패거리. [길가는 차량을 막아 놓고 억지로 통행료를 요구하는 패거리나 기관]

【路毙】lùbì (빈곤이나 추위로 인한) 길송장. 노상 객사자.

【路边】lùbiān 길가. 노변. ¶~停车=길가에 차를 세우다.

【路标】lùbiāo 图 1 교통 표지. 도로 표지. 이정표. 2 (행군할 때) 노선이나 도로 사정을 알려 주기 위해 설치한 연락 표지.

【路不拾遗】lùbùshíyí 國 1 길에 물건이 떨어져 있어도 줍지 않다. 2 세상이 태평하고 사회 풍조가 매우 정직하다〔올바르다〕. =【道不拾遗】dàobùshíyí 늑夜不闭户

【路程】lùchéng 图 1 노정. 총 노선 거리. 2 소요 거리. ¶两地之间只有一个半小时的~。=두 지역은 단지 한 시간 반 되는 거리이다. 3 图 ¶人生的~=인생의 노정. 늑途程

【路倒儿】lùdǎor 图图 (빈곤이나 추위로 허덕이다가 길에 쓰러져 죽은이) 길송장. 노상 객사자.

【路道】lùdào 图图 1 처리 방법. 수단. 루트(root). 경로. 연줄. ¶他这个人~粗。=그 사람은 처리 방법이 거칠다. 2图 품행. 행동거지. ¶此人~不正。=이 사람은 품행이 바르지 않다.

【路灯】lùdēng 图 가로등.

【路堤】lùdī 图 길둑. 둑.

【路奠】lùdiàn ☞【路祭】lùjì

【路段】lùduàn 图 (철도나) 도로의 구간. ¶这一~弯道很多。=이 도로 구간은 굽은 길이 아주 많다.

【路费】lùfèi 图 여비. 노자. 여행비. 늑旅费

【路风】lùfēng 图 (철도를 비롯한) 교통 부문의 업무 태도 및 풍조.

【路服】lùfú 图 철도원 제복.

【路规】lùguī 图 (철로를 비롯한) 교통 부문의 운행·운송상의 규칙과 제도.

【路轨】lùguǐ 图 1 (철로·궤도 열차 등의) 레일(rail). 2 열차·전차 등의 운행 궤도.

【路过】lùguò ⑤ 거치다. 지나다. 경유하다. 통과하다. ¶~一家书店, 顺便买了几本小说。=서점을 지나는 길에 몇 권의 소설을 구입하였다.

【路徽】lùhuī 图 (중국의) 철도 마크.

【路基】lùjī 图 노반(路盤). 노상(路床). [도로나 철도 선로의 기반이 되는 지반(地盤)]

【路祭】lùjì ⑤⑩ 노제(路祭)를 지내다. 노전(路奠)을 올리다. =【路奠】lùdiàn

【路肩】lùjiān 图 철로나 도로의 양쪽 가장자리 부분. 갓길. 노견.

【路检】lùjiǎn ⑤ 통행 검사를 하다. 도로 검문을 하다.

【路见不平, 拔刀相助】lù jiàn bùpíng, bá dāo xiāngzhù 國 1 노상에서 억울함을 당하는 사람을 보면 서슴없이 칼을 뽑아 도와 준다. 2 图 정의를 보고 의연하게 뛰어드는 모양. 의협심이 넘치는 모양.

【路劫】lùjié ⑤ 노상 강도짓을 하다.

【路警】lùjǐng 图 철도 경찰.

【路径】lùjìng 图 1 통로. 경로. ¶熟悉~=경로가 익숙하다. 2⑩ 방법. 수단. ¶经过无数次的失败, 终于摸索出通往成功的~。=무수한 실패를 거치고는, 마침내 성공으로 통하는 방법을 모색해 냈다.

【路局】lùjú 图 철도〔도로〕 관리국. 철도〔도로〕국. [철도 또는 도로를 관리하는 기구]

【路考】lùkǎo 图 (운전 면허 시험의) 도로 주행 시험.

【路口】lùkǒu (~儿) 图 1 갈림길. 길목. 교차로. ¶十字~=사거리. 2 도로의 한쪽 끝. ¶他家就住在这条路的~。=그의 집은 이 도로의 한쪽 끝에 있다.

【路况】lùkuàng 图 도로 사정. 도로 상황.

【路矿】lùkuàng 图 철도와 광산.

【路柳墙花】lùliǔ qiánghuā 國⑩ 창녀. 매춘부.

【路路通】lùlùtōng 图(医) 단풍나무 열매.

【路面】lùmiàn 图 1 노면. 2 노면. 길바닥. ¶~平整=노면이 평평하고 고르다.

【路牌】lùpái 图 교통 표지. 도로 표지. 이정표.

【路旁】lùpáng 图 노변. 길가. 길 옆.

【路卡】lùqiǎ 图 세관. 검문소.

【路签】lùqiān 图 타블렛(tablet). [단선 철도에서 역장이 기관사에게 주는 통행표]

【路堑】lùqiàn 图 원 지면보다 낮게 만들어진 기반(基盤).

【路人】lùrén 图 1 행인. 2⑩ 낯선 사람. 관계없는 사람. ¶形同~=낯선 사람같이 여기다.

【路上】lù·shang 图 1 길 위. ¶~行人车辆很多。=길에 행인과 차량이 매우 많다. 2 길 가는 중. 도중. 중도. ¶~要注意安全。=도중에 안전에 신경 써야 한다.

【路数】lùshù 图 1 비결. 요령. 단서. 실마리. ¶他脑子活, ~很多。=그는 머리가 잘 돌아가 요령이 아주 많다. 2 속사정. 속내. 내막. 진상. 경위. ¶想法摸透这人的~。=방법을 강구해서 이 사람의 속내를 한번 알아보자. 3 (무술의) 동작. 방법. ¶这套拳的~他已熟记于心。=이 권법의 동작을 그는 이미 잘 숙지하고 있다.

【路条】lùtiáo 图 임시 통행증.

【路透社】Lùtòushè 图⑩ (영국 최대 통신사인) 로이터(Reuters) 통신사.

【路途】lùtú 图 1 길. 도로. ¶我多年前去过那里一次, ~不是很熟。=나는 수년 전에 그 곳에 한 번 갔기 때문에, 길을 그리 잘 알지 못한다. 2 이정. 여정. ¶~遥远=길이 아주 멀다. 3 여정. 여행 도중. ¶多个伴儿, ~上好互相照应。=여러 동반자들이, 여행 도중에 서로 잘 보살펴 준다.

【路网】lùwǎng 图 도로망.

【路线】lùxiàn 图 1 노선. ¶登山~=등산 노선. 2 연줄. 연고. 친분. 처세의 길. ¶他走的一

직 是上层~. =그가 줄곧 왕래한 것은 상부의 연 줄이다. **3** (국가나 정당이 제정한) 원칙. 방침. 노선. 계획. 방법. ¶群众~=군중 노선. ㅋ노선. ㅋ노선도

【路向】 **lùxiàng** 명 **1** 길의 뻗은 방향. 노선의 방향. **2** ㈜ 방향. 추세. 앞길. ¶经济发展~=경제의 발전 방향.

【路演】 **lùyǎn** 명㉯(經) 로드 쇼(road show). [주식회사가 투자자들의 교류와 자사 주식의 마케팅을 위해 벌이는 설명회]

【路遥知马力, 日久见人心】 **lù yáo zhī mǎlì, rì jiǔ jiàn rénxīn** ㉭ 길이 멀어야 말의 힘을 알 수 있고, 세월이 오래 지나서야 사람의 마음을 알 수가 있다.

【路椅】 **lùyǐ** 명 공원·길 옆의 의자. 휴식용 벤치 (bench).

【路遇】 **lùyù** 동 길에서 만나다. ¶~故交=길에서 옛 친구를 만나다.

【路障】 **lùzhàng** 명 바리케이드(barricade). 도로상의 장애물.

【路政】 **lùzhèng** 명 철도·도로의 행정 및 정책.

【路子】 **lù·zi** 명 연줄. 연고. 방법. (처세의) 길. ¶~多=연줄이 많다.

## 僇 **lù** 모욕할 **륙**

동 **1** 모욕하다. 능멸하다. ¶受~=모욕을 받다[당하다]. **2** '戮(lù)'와 같음.

## 蓼 **lù** 길고 큰 모양 **륙**

형㉯ (식물이) 높고 크게 자란 모양. 실하고 높이 자란 모양.
☞ **liǎo**

## 箓[籙] **lù** 책 **록**

명 도록(圖籙).

## 漉 **lù** 거를 **록**

동 (액체를) 거르다. 여과하다. ¶~酒=술을 거르다.

【漉网】 **lùwǎng** 명 제지 그물. [종이를 만들 때 펄프에서 물기를 걸러 내는 그물]

## 醁 **lù** 맛 좋은 술 **록**

☞【醽醁】 **línglù**

## 辘[轆] **lù** 도르래 **록**

아래를 참조.
⊙ 轱 **gū**辘

【辘轳】 **lù·lu** 명 **1** (두레박용의) 고패. **2** (機) 도르래. 활차(滑車).

【辘辘】 **lù·lù** ⑨ **1** 덜커덕덜커덕. 덜컹덜컹. [수레바퀴가 굴러갈 때 나는 소리] ¶水车~地转动着. =수차가 덜컹덜컹거리면서 돌고 있다. **2** 쪼르륵. 꼬르륵. [배고플 때 뱃속에서 나는 소리]

## 蕗 **lù** 감초 **로**

명(植) 감초(甘草).

## 戮¹[剹] **lù** 죽일 **륙**

동 죽이다. 살해하다. ¶杀~=살육하다. ㅋ杀屠宰

## 戮²[勠] **lù** 힘 합칠 **륙**

동㉯ 합치다. 병합하다. ¶~力相助=힘을 합쳐 서로 돕다.
⊙ 屠 **tú**戮, 诛 **zhū**戮

【戮力】 **lùlì** 동 협력하다. 힘을 합하다. ¶齐心~=마음과 힘을 합치다.

【戮力同心】 **lùlì tóngxīn** ㉭ 힘을 합하고 마음을 함께하다. ㅋ齐心协力 ↔离心离德

## 麗 **lù** 작은 어망 **록**

명 작은 어망.
【麗簌】 **lùsù** ☞【簏簌】 **lùsù**

## 鵦[鵦] **lù** 우럭 **록**

명(動) 우럭.

## 潞 **lù** 강 이름 **로**

지명·강 이름에 쓰이는 글자. ¶~城=루청. [산시(山西)성에 있는 지명] / ~江=루장. [현재의 누장(怒江)을 가리킴]

## 璐 **lù** 아름다운 옥 **로**

명㉯ 아름다운 옥.

## 簏 **lù** 대 상자 **록**

명 **1**㉯ 대나무 상자. ¶书~=대나무로 만든 책 상자. **2**㉯ 원통 광주리. ¶字纸~=휴지통.
【簏簌】【麗簌】 **lùsù** 형㉯ 축 늘어진 모양.

## 鹭[鷺] **lù** 해오라기 **로**

명(動) 해오라기.
【鹭鸶】 **lùsī** ☞【白鹭】 **báilù**

## 麓 **lù** 산기슭 **록**

명㉯ 산기슭. ¶山~=산기슭.

## *露 **lù** 이슬 **로**

명 **1** 이슬. ¶雨~=비와 이슬. **2** (꽃잎·과실·약재 따위를 재료로 하여 만든) 음료나 화장품. ¶玫瑰~=장미 시럽. [장미꽃잎을 약한 불에 삶아 물기를 짜낸 것으로, 화장품이나 음료로 사용함] 동 **1** 집·천막 등의 곁에 아무것도 씌우지 않다. 노숙하다. 한데 있다. ¶野外~营=야외에서 야영하다. / 风餐~宿=풍찬노숙하다. 한데서 자다. **2** 나타나다〔나타내다〕. 드러나다〔드러내다〕. 노출되다〔노출되다〕. ¶暴~无遗=남김없이 드러내다. / 不~声色=말이나 얼굴빛에 본심을 드러내지 않다. ㅋ暴 ↔含 蔽
☞ **lòu**

⊙ 白露, 败露, 表露, 呈 **chéng**露, 赤露, 甘露,

寒露，花露，流露，裸luǒ露，浅qiǎn露，袒tǎn露，透露，显露，泄xiè露，雨露，朝zhāo露，花露水

【露布】lùbù 图 1 (문) 봉하지 않은 조서(詔書)나 상주문(上奏文). 2 (문) 격문. 포고문. 3 (문) 군대의 승전보. 통(문) 알리다. 통고하다. 공포하다.

【露才扬己】lùcái-yángjǐ (성) 재능을 과시하여 자기를 내세우다〔드러내다〕.

【露出】lùchū 통 드러내다. 노출시키다. ¶脸上~惊喜的表情 = 얼굴에 놀라고 기쁜 표정을 드러내다.

【露地】lùdì 图 1 (佛) 번뇌로 뒤덮이지 않은 곳. 2 (비닐하우스를 이용하지 않고) 채소·화초 등을 심는 땅. 노지.

【露点】lùdiǎn 图(氣) 이슬점. 노점. 통(구) (부주의로 혹은 고의로) 노출하다.

【露骨】lùgǔ 형 1 백골이 비바람에 노출되다. 2 (비)(喩) 노골적이다. ¶他竟然毫不掩饰自己的贪欲，把话说得这么~。 = 그는 뜻밖에도 자기의 탐욕을 전혀 감추지 않고, 이야기를 이렇게 노골적으로 한다.

【露酒】lùjiǔ 图 과즙·꽃향기를 함유한 술.

【露菌病】lùjùnbìng 图(農) 노균병. [주로 식물의 잎에 균이 침투하여 잎이 누렇게 변하며 말라 죽는 병]

【露水】lù·shuǐ 图 1 이슬. 2 (비) 잠깐 존재하고 없어지기 쉬운 사물. ¶~之欢 = 짧은 순간 사라지는 기쁨.

【露水夫妻】lù·shui fūqī 图(비) 정당하지 못한 부부. 일시적인 뜨내기 부부.

【露水姻缘】lù·shui yīnyuán 图 짧은 기간의 정당하지 못한 남녀 관계. 하룻밤만의 관계. (남녀의) 일시적인 인연.

【露水珠儿】lù·shuizhūr ☞【露珠】lùzhū

【露宿】lùsù 통 노숙하다. ¶~街头 = 길거리에서 노숙하다.

【露宿风餐】lùsù-fēngcān ☞【餐风宿露】cānfēng-sùlù

【露台】lùtái 图(방) 1 일광 건조대. 2 발코니. 노대(露臺).

【露天】lùtiān 图 1 지붕 없이 개방된 것. ¶~游泳池 = 야외 수영장. 2 옥외. 노천. ¶~音乐会 = 노천 음악회.

【露天矿】lùtiānkuàng 图(礦) 노천 탄광.

【露头】lùtóu ☞【矿苗】kuàngmiáo ☞ lòu‖tóu

【露头角】lù tóujiǎo (비)(喩) 처음으로 재능을 드러내다. 처음으로 알려지기 시작하다. 두각을 나타내기 시작하다. ¶她四岁的时候就在银幕上~了。 = 그녀는 4살 때 처음으로 스크린에 모습을 드러냈다.

【露营】lù‖yíng 통 1 (軍) (군대가) 숙영하다. 2 야영하다. 캠핑하다. ¶每年暑假学校都要组织一批学生去~。 = 매년 여름 방학이면 학교에서 학생들을 조직하여 캠프를 간다.

【露原形】lù yuánxíng (비)(喩) (사람이나 사물의) 진면목〔본모습〕을 드러내다. ¶这个骗子早晚都要~的。 = 이 사기꾼은 조만간 진면목을 드러낼 것이다.

【露珠】lùzhū 图 이슬. =【露水珠儿】lù·shuizhūr

氇[氌] ·lu 모직물 로
☞【氆氇】pǔ·lu

# lü

**驴[驢]** lǘ 나귀 려
图(動) (당)나귀. ¶草~ = 암나귀.
○● 草驴，叫驴，毛驴，野驴

【驴唇不对马嘴】lǘchún bù duì mǎzuǐ (속) 1 두 가지 사물이 서로 부합하지 않다. 2 엉뚱한 대답을 하다. 동문서답하다. 요점에서 벗어나 있다. (일의) 앞뒤가 전혀 맞지 않다. =【牛头不对马嘴】niútóu bù duì mǎzuǐ【驴头不对马嘴】lǘtóu bù duì mǎzuǐ

【驴打滚】lǘdǎgǔn (비) 이자에 이자가 붙다. 눈덩이처럼 불어나다. 图 차좁쌀가루로 만든 경단에 엿을 바르고 콩가루를 묻힌 식품.

【驴粪蛋(子)】lǘfèndàn(·zi) ☞【驴粪球】lǘfènqiú

【驴粪球】lǘfènqiú(~儿) 图(비) 겉은 그럴듯해 보이나 실속이 없는 사람. 빛 좋은 개살구. =【驴粪蛋(子)】lǘfèndàn(·zi)

【驴肝肺】lǘgānfèi 图(비) 못된 심보. 못된 저의. 나쁜 속셈. ¶他把别人的好心当成了~。 = 그는 다른 사람의 호의를 못된 저의로 여긴다. 그는 남의 호의를 개떡으로 안다.

【驴叫】lǘjiào 图 1 당나귀 울음소리. 2 (비) 시끄럽고 듣기 거북한 소리. ¶他唱歌像~一样。 = 그 사람의 노랫소리는 돼지 멱따는 소리 같다.

【驴脸】lǘliǎn 图 1 당나귀의 얼굴. 2 (비) (사람의) 길쭉한 얼굴. 말상. [놀림조나 풍자의 뜻을 내포함] ¶他总拉着个~，让人不舒服。 = 그는 늘 말상을 하고 있어서 사람을 거북하게 한다.

【驴骡】lǘluó 图(動) 버새. [수말과 암나귀를 교배한 잡종] =【駃騠】juétí

【驴鸣狗吠】lǘmíng-gǒufèi (성)(비) 조잡한 글. 서투른 문장.

【驴年马月】lǘnián-mǎyuè (성) 기약 없는 까마득한 세월. 예측할 수 없는 시간. 불가능한 시간. 결코 올 수 없는 시간. =【猴年马月】hóunián-mǎyuè【牛年马月】niúnián-mǎyuè

【驴皮胶】lǘpíjiāo ☞【阿胶】ējiāo

【驴皮影】lǘpíyǐng 图 피영희(皮影戲). 그림자극. [인물 형상을 당나귀 가죽으로 만들었다는 데서 붙여진 이름]

【驴头不对马嘴】lǘtóu bù duì mǎzuǐ ☞【驴唇不对马嘴】lǘchún bù duì mǎzuǐ

【驴子】lǘ·zi 몡뫵 (당)나귀.

## 闾[閭] lǘ 이문 려
몡 **1**뫵 마을 어귀의 큰 문. ¶倚~而望=마을 어귀에서 자녀들이 돌아오기를 기다리다. **2**뫵 골목. 동네. ¶乡~=마을. **3** 여. [옛날, 25가구를 1려라고 함] **4**(Lǘ) 성(姓).
【闾里】lǘlǐ 몡뫵 **1** 골목. **2** 민간.
【闾巷】lǘxiàng 몡뫵 **1** 골목. **2** 민간.
【闾阎】lǘyán 몡뫵 **1** 평민이 사는 지역. **2** 민간. **3** 평민.
【闾左】lǘzuǒ 몡뫵 **1** 빈민가. **2** 빈민.

## 榈[櫚] lǘ 종려나무 려
☞【棕榈】zōnglǘ

## *吕 lǚ 음률 려
몡 **1**(音) 여. 중국 아악(雅樂)에서, 십이율(十二律) 중, 음(陰)에 속하는 음(音)의 총칭. ¶律~=율려. **2**(Lǚ) 성(姓).

○ 吕 lǚ
铝 lǚ
侣 lǚ
榈 lǘ
闾 lǘ
稆 lǚ

【吕洞宾】Lǚ Dòngbīn 몡 여동빈. [팔선(八仙) 중의 한 사람]
【吕剧】lǚjù 몡(劇) 여극. [산둥(山东)성과 허난(河南)성·장쑤(江苏)성·안후이(安徽)성 등에서 유행하는 지방 전통극의 하나]
【吕宋烟】lǚsòngyān 몡 여송연.

## *侣 lǚ 짝 려
몡 동반자. 반려자. 짝. ¶情~=연인. / 伴~=반려자.
  ○● 僧sēng侣
【侣伴】lǚbàn 몡 동료. 짝. 동반자.

## 捋 lǚ 훑을 랄
통 **1** (손으로) 쓰다듬다. 다듬다. 어루만지다. 훑다. ¶~胡子=수염을 쓰다듬다. **2**㉠ 정리하다. ¶问题太复杂, 一时还~不出个头绪来. =문제가 너무 복잡해서 순간 실마리가 정리되지 않는다.
  ☞ luō

## *旅 lǚ 여행 려
통 여행하다. ¶一途平安=평안한 여행 되세요. / ~美华侨=미국 화교. 뫵 함께. 같이. 공동으로. ¶~进~退=함께 전진하고 함께 물러서다. 혱 '稆(lǚ)'와 같음. 몡 **1**뫵 대중. **2** 여행자. ¶行~=여행객. / 商~=행상인. **3**(军) 여단. **4** 군대. ¶劲~=강력한 군대. **5**(Lǚ) 성(姓).
  ○● 羁jī旅

【旅伴】lǚbàn 몡 여행의 동반자. 길동무.
【旅差费】lǚchāifèi 몡 출장비.
【旅程】lǚchéng 몡 **1** 여정. 여로. ¶~遥远=여정이 아주 멀다. **2**㉑ 인생 여정. ¶生命的

~=생명의 여정.
【旅次】lǚcì 몡뫵 여행 중의 숙박지.
【旅店】lǚdiàn 몡 여관. 여인숙.
【旅费】lǚfèi 몡 여행 경비. 여행비. 노자(路资). ≒路费
【旅馆】lǚguǎn 몡 여관.
【旅进旅退】lǚjìn-lǚtuì 솅 **1** 함께 나아가고 함께 물러나다. **2** 자기 주장 없이 다수를 따르다.
【旅居】lǚjū 통 (비교적 긴 시간을) 객지에 머물다. 외국에 체류하다. ¶~法国=프랑스에 체류하다.
【旅客】lǚkè 몡 여행객. 여객. 여행 손님. ≒客人
【旅鸟】lǚniǎo 몡 이주 중에 거쳐 지나가는 새. [철새들이 이동할 때, 어떤 곳을 지나지만, 그 곳에서 번식이나 월동하지 않는 새를 그 곳의 '旅鸟'라고 부름]
【旅人】lǚrén 몡 여행자. 외지(외국)에 체류하는 사람.
【旅社】lǚshè 몡 모모 여관. [주로 여관의 이름으로 쓰임]
【旅舍】lǚshè 몡뫵 여관.
【旅途】lǚtú 몡 여정. 여행 도중. ¶~见闻=여행 중에 보고 들은 것.
【旅行】lǚxíng 통 여행하다. ¶他一直希望能去非洲~. =그는 줄곧 아프리카로 여행을 가고 싶어한다.

> 旅行(lǚxíng) / 旅游(lǚyóu) / 游览(yóulǎn)
> 여행하다
> ▶ '旅行'과 '旅游' 뒤에는 목적어가 올 수 없으나, '游览'은 이런 제약이 없음. ¶今年寒假我要去旅行[旅游]中国. (×) → 今年寒假我要去中国旅行[旅游]. (○)=올 겨울 방학에 나는 중국 여행을 갈 것이다. / 今年冬天我们游览了长城. =금년 겨울에 우리들은 만리장성을 유람했었다.

【旅行车】lǚxíngchē 몡 **1** 승합차. 미니버스. 마이크로버스. ⇨【面包车】miànbāochē **2** ☞【旅游车】lǚyóuchē
【旅行袋】lǚxíngdài 몡 여행 가방.
【旅行社】lǚxíngshè 몡 여행사.
【旅行团】lǚxíngtuán 몡 여행단.
【旅行支票】lǚxíng zhīpiào 몡 여행자 수표.
【旅游】lǚyóu 통 여행하다. 관광하다. ¶春节期间到海南岛~的人很多. =설 기간에 하이난다오(海南岛)로 여행 가는 사람이 많다.
【旅游车】lǚyóuchē 몡 관광 버스. ≒【旅行车】lǚxíngchē
【旅游农业】lǚyóu nóngyè 몡 관광 농업. [농촌에서 여행 시설을 제공하고 여행객에게 자연 경관을 구경시키거나 농사짓는 것을 관광 상품으로 하는 농업의 한 형태를 말함] ≒【观光农业】guānguāng nóngyè
【旅游热线】lǚyóu rèxiàn 몡 **1** 인기 관광 노선 (루트). ¶假期出行应尽量避开~. =휴가 기간에 여행 갈 때에는 되도록 인기 관광 루트는 피해야 한다. **2** 여행 정보 센터 핫라인. ¶~每天二

십사시간为游客提供免费咨询。= 여행 정보 센터 핫라인은 24시간 여행객들에게 무료 안내를 제공하고 있다.
【旅游设施】**lǚyóu shèshī** 명 관광 시설. [예컨대 생활·오락 시설 따위를 말함]
【旅游市场】**lǚyóu shìchǎng** 명 관광 시장.
【旅游团】**lǚyóutuán** 명 여행단. 관광단.
【旅游鞋】**lǚyóuxié** 명 여행 신발. [관광객들이 신는 간편한 신발의 일종]
【旅游信息】**lǚyóu xìnxī** 명 여행 정보.
【旅游业】**lǚyóuyè** 명 관광(사)업.
【旅游资源】**lǚyóu zīyuán** 명 관광 자원.

# 铝[鋁] **lǚ** 알루미늄 려
명외(化) 알루미늄(Al, aluminum). [원자 번호 13]
【铝箔】**lǚbó** 명 알루미늄박. 알루미늄 호일. [주로 포장지로 쓰임]
【铝合金】**lǚhéjīn** 명 알루미늄 합금.
【铝土矿】**lǚtǔkuàng** 명(礦) 보크사이트(bauxite).

# 稆 **lǚ** 자생할 려
형 (곡물이) 자생하는. ¶~生=자생하다.

# 偻[僂] **lǚ** 구부릴 루
형문 (등허리가) 굽다. 휘다. 구부정하다. ¶伛~=등허리가 굽다. 동문 구부리다. ¶~指之=손꼽아 세다. 부 아주 빨리. 즉시. 즉각. ¶卖之不能~售。=그것을 팔더라도 즉시 다 팔지 못한다.
☞ **lóu**
【偻指】**lǚzhǐ** 동문 손가락을 꼽아서 세다. ¶数量浩繁, 难以~。=수량이 너무 많아 손꼽아 셀 수가 없다.

# 屡[屢] **lǚ** 여러 루
부 여러 번. 누차. ¶~建奇功=여러 번 뛰어난 공훈을 세우다. /~战~败=연전연패하다.
【屡次】**lǚcì** 부 여러 번. 누차. ¶他~在国际大赛中获奖。=그는 여러 번 국제 대회에서 상을 받았다.
【屡次三番】**lǚcì-sānfān** 성 누차. 거듭. 계속하여.
【屡见不鲜】**lǚjiàn-bùxiān** ☞【数见不鲜】**shuòjiàn-bùxiān**
【屡教不改】**lǚjiào-bùgǎi** 성 몇 번이고 타일러도 고치지 않다. =【累教不改】**lěijiào-bùgǎi**
【屡禁不绝】**lǚjìn-bùjué** 성 누차 금지했으나 근절되지 않다. =【屡禁不止】**lǚjìn-bùzhǐ**
【屡禁不止】**lǚjìn-bùzhǐ** ☞【屡禁不绝】**lǚjìn-bùjué**
【屡屡】**lǚlǚ** 부 여러 차례. 누차. ¶~刷新纪录=여러 차례 신기록을 세우다.
【屡试不爽】**lǚshì-bùshuǎng** 성 여러 번의 검증에 언제나 통과되다. 여러 번 테스트를 했으나 틀림없다. 언제나 효과가 있다. 오랜 사용으로 효과가 입증되다.
【屡遭】**lǚzāo** 동 여러 번 …를 당하다. ¶~不幸=여러 번 불행을 당하다.
【屡战屡胜】**lǚzhàn-lǚshèng** 성 연전연승하다. 싸울 때마다 승리하다.

# 缕[縷] **lǚ** 실 루
명 실. ¶金~玉衣=금루옥의. 금실로 옥을 꿰어 만든 옷. / 不绝如~=가는 실처럼 이어져 끊어질 듯 말 듯하다. 양 한 가닥 한 가닥. 아주 상세하게. ¶详加~述=상세하게 설명을 하다. 양 가닥. 줄기. [가늘고 길면서 부드러운 것을 세는 단위] ¶一~头发=머리카락 한 오라기. / 一~青烟=한 줄기 푸른 연기.

○● 蓝 lán 缕, 纹 wén 缕儿

【缕陈】**lǚchén** 동문 (상급자에게) 상세하게 진술하다. ¶具函~=편지를 써서 상세하게 (의견을) 진술하다.
【缕缕】**lǚlǚ** 형 잇달아 끊이지 않다. 줄기차다. 끊임없다. ¶~白云=잇달아 뭉게뭉게 피어오르는 흰구름.
【缕述】**lǚshù** 동 상세하게 서술하다. 차근차근 설명하다. ¶~原委=자초지종을 상세하게 설명하다.
【缕析】**lǚxī** 동 상세히 분석하다. ¶条分~=하나하나 구별하여 상세히 분석하다.

# 膂 **lǚ** 등골뼈 려
명문 등골뼈.
【膂力】**lǚlì** 명 체력. 힘. ¶~过人=체력이 남보다 뛰어나다.

# 褛[褸] **lǚ** 남루할 루
☞【褴褛】**lánlǚ**

# 履 **lǚ** 신 리
동 1 밟다. 걷다. ¶如~薄冰=살얼음을 걷는 것 같다. 2 경험하다. ¶填写~历=경력을 기입하다. 3 실행하다. 이행하다. ¶按时~约=제 시간에 약속을 이행하다. 명 1 신발. ¶西装革~=양복을 입고 구두를 신다. 2 발걸음. ¶步~维艰=발걸음이 힘겹다.

○● 草履虫 chóng

【履带】**lǚdài** 명(機) 무한궤도. 캐터필러. =【链轨】**liànguǐ**
【履历】**lǚlì** 명 1 이력. 경력. ¶他年纪不大, ~却很复杂。=그 사람 나이는 많지 않지만 이력은 아주 복잡하다. 2 이력서. ¶报名者都需要填写一份~。=신청자는 모두 이력서를 한 통 써야 한다.
【履历表】**lǚlìbiǎo** 명 이력서.
【履任】**lǚrèn** 동 부임하다. 취임하다. ¶~新职=새 직책에 부임하다.
【履险如夷】**lǚxiǎn-rúyí** 성 1 위험한 길을 평지 걷듯이 하다. 2 비 능력이 뛰어나다. 3 비 위험한 환경 속에서도 전혀 두려워하지 않다.
【履新】**lǚxīn** 동문 부임하다. 취임하다.

【履行】lǚxíng 동 이행하다. 실행하다. 실천하다. ¶~义务=의무를 이행하다.

【履约】lǚyuē 동 약속을 이행하다[지키다]. ¶守信~=신용을 지켜 약속을 이행하다.

**律** lǜ 법률 률
동문 제약하다. 제한하다. 억제하다. ¶自~=자기 자신을 통제하여 절제하다. 명 1 (音) 율. [고대 음의 고저를 교정하는 기준으로, 악음으로는 '六吕(육려)'와 '六律(육률)'이 있으며 이를 합하여 '十二律(십이율)'이라 함] ¶音~=음률. 2 법률. 규정. ¶纪~=기율. / 刑~=형률. 3 율시. ¶七~=7언 율시. / 排~=배율. 4 (Lǜ) 성(姓).

○● 法律, 格律, 节律, 戒律, 排律, 刑律, 旋xuán律, 一律, 音律, 乐律, 韵yùn律

【律动】lǜdòng 동 율동하다. 고동치다. ¶脉搏~=맥박이 고동치다.

【律己】lǜjǐ 동 자신을 단속하다. 율기하다. ¶严于~, 宽以待人. =자기 자신은 엄격히 다스리고 다른 사람에게는 너그럽게〔관대하게〕대하다.

【律例】lǜlì 명 법률 판례. ¶援用~=법률 판례를 원용하다.

【律令】lǜlìng 명 율령.

【律吕】lǜlǚ 명 (音) 1 (십이) 율관(律管). [고대에 음의 높낮이를 정하기 위해 사용한 기구] 2 (십이) 음률. 가락.

【律师】lǜshī 명 변호사.

【律师袍】lǜshīpáo 명 변호사복.

【律诗】lǜshī 명 율시. ['近體詩(근체시)'의 일종. 여덟 구(句)로 이루어지며, 오언(五言)과 칠언(七言)이 있음]

【律条】lǜtiáo 명 1 법조문. 법률 조항. ¶触犯~=법률 조항을 위반하다. 2 준칙. ¶做人的~=사람으로서의 준칙.

【律宗】lǜzōng 명 (佛) 율종.

**狸** lǜ 불여우 이
☞ 【㺄狸】 hūlǜ

**虑**[慮] lǜ 생각할 려
동 1 생각하다. ¶思~=심모원려. 깊이 생각하고 멀리 내다보다. 깊은 꾀와 먼 장래를 내다보는 생각. 2 걱정하다. 근심하다. 염려하다. ¶忧~=우려하다. / 不必过~=너무 걱정할 필요가 없다.

⊕ 虑 lǜ
  滤 lǜ

○● 挂虑, 焦虑, 思虑, 远虑

**率** lǜ 비율 률
명 비율. 율. ¶利~=이율. / 税~=세율. / 效~=효율.
☞ shuài

○● 比率, 概gài率, 功率, 汇huì率, 几jī率, 频pín率, 曲qū率, 斜xié率, 周率, 祖率

**绿**[綠, 菉] lǜ 초록빛 록
형 푸르다. ¶红~灯=교통 신호등. / ~树成荫=푸른 나무가 그늘을 만들다. ≒碧
☞ lù

○● 碧bì绿, 草绿, 葱cōng绿, 翠cuì绿, 黛dài绿, 豆绿, 黑绿, 品绿, 青绿, 石绿, 水绿, 铜绿, 油绿, 红绿灯

【绿宝石】lǜbǎoshí 명 녹옥. 에메랄드.
【绿菜花】lǜcàihuā 명【西兰花】xīlánhuā
【绿茶】lǜchá 명 녹차.
【绿葱葱】lǜcōngcōng (~的) 형 (초목이) 푸르고 싱싱하다. [식물이 푸르고 무성한 모양] ¶~的树林=푸르고 싱싱한 숲.
【绿灯】lǜdēng 명 파란 신호등. 파란불.
【绿地】lǜdì 명 녹지. [주로 초원을 가리킴]
【绿豆】lǜdòu 명 (植) 1 녹두. 2 녹두의 열매.
【绿豆糕】lǜdòugāo 명 녹두떡. [녹두가루에 설탕 등을 넣어 만든 식품]
【绿豆芽】lǜdòuyá 명 숙주(나물).
【绿豆蝇】lǜdòuyíng 명(動) 금파리.
【绿矾】lǜfán 명(化) 녹반. 황산제일철.
【绿肥】lǜféi 명(農) 풋거름. 녹비.
【绿肥红瘦】lǜféi-hóngshòu 성 1 잎은 푸르고 무성하나 꽃은 시들다. 2 비 늦봄의 자연의 경치.
【绿化】lǜhuà 동 녹화하다. ¶~街道=길거리를 녹화하다.
【绿化带】lǜhuàdài 명 녹화 지대.
【绿卡】lǜkǎ 명 영주권. 영구 거주권.
【绿篱】lǜlí 명 산울타리. 생울타리.
【绿帘石】lǜliánshí 명(礦) 녹렴석.
【绿帽子】lǜmào·zi ☞【绿头巾】lǜtóujīn
【绿霉】lǜméi 명 푸른곰팡이.
【绿内障】lǜnèizhàng ☞【青光眼】qīngguāng yǎn
【绿泥石】lǜníshí 명(礦) 녹니석.
【绿盘】lǜpán 명(經) (증권거래소의 전광판에 녹색으로 표시되는) 하락 주가 지수. ↔红盘
【绿茸茸】lǜróngróng (~的) 형 파릇파릇하다. [파릇파릇하고 조밀한 모양] ¶~的青草铺满了整个草原. =파릇파릇한 풀들이 초원 전체를 뒤덮었다.
【绿色】lǜsè 명 녹색. 형 오염되지 않다. ¶~蔬菜=무공해 채소.
【绿色包装】lǜsè bāozhuāng 명 친환경 포장재. 무공해 포장재.
【绿色壁垒】lǜsè bìlěi 명(經) 환경 무역 장벽. =【环境壁垒】huánjìng bìlěi
【绿色标志】lǜsè biāozhì ☞【环境标志】huánjìng biāozhì
【绿色产业】lǜsè chǎnyè ☞【环保产业】huánbǎo chǎnyè
【绿色革命】lǜsè gémìng 명 녹색 혁명. [품종 개량·경작 또는 관계 기술 개량 등으로 생산력 증대를 위한 농업 기술 개혁 운동]
【绿色和平组织】Lǜsè Hépíng Zǔzhī 명 그린

피스(Green Peace). [1970년에 결성된, 핵무기 반대와 환경 보호를 목표로 국제적 활동을 벌이는 민간 환경 보호 단체]

【绿色食品】 **lǜsè shípǐn** 명 녹색식품. 무공해 식품. [양호한 생태 환경 속에서 생산된 안전하고 영양가가 있으면서도 무공해한 식품의 총칭]

【绿色通道】 **lǜsè tōngdào** 명 **1** 녹색 검색대. 면세 통로. **2** 간단한 수속 또는 안전하고 신속한 절차나 방식.

【绿色消费】 **lǜsè xiāofèi** 명 녹색소비. [환경 친화적인 소비]

【绿色营销】 **lǜsè yíngxiāo** 명 (經) 녹색경영. 환경경영. [환경 친화적인 시장 경영] =【环保营销】 **huánbǎo yíngxiāo**【生态营销】 **shēngtài yíngxiāo**

【绿色植物】 **lǜsè zhíwù** 명 (植) **1** 녹색 식물. [엽록소를 지니고 있으며 광합성에 의하여 녹말을 만들 수 있는 식물] **2** 녹색 식물. 무공해 식물.

【绿生生】 **lǜshēngshēng** (~的) 형 푸릇푸릇하다. 파릇파릇하다. [푸르고 싱싱한 모양] ¶ ~的豆苗 = 파릇파릇한 콩싹.

【绿树】 **lǜshù** 명 녹수. 벽수(碧樹). [푸른 잎이 무성한 나무] ¶ 湖边~环绕, 鲜花盛开. = 호숫가에 녹수가 빙 둘러 서 있고, 신선한 꽃들이 만발하여.

【绿水】 **lǜshuǐ** 명 녹수. 벽수(碧水). 깊고 맑은 물. ¶ 青山~ = 푸른 산과 맑은 물.

【绿松石】 **lǜsōngshí** 명 (礦) 터키석. 터키옥. =【土耳其玉】 **Tǔ'ěrqíyù**

【绿头巾】 **lǜtóujīn** 명 **1** 명(明)·원(元) 시기에 기생집 남자에게 쓰게 했던 푸른색 두건. **2** 오쟁이 진 남편. [바람피운 여자의 남편에게 '녹색 모자를 썼다'라고 놀림] =【绿帽子】 **lǜmào·zi**

【绿头鸭】 **lǜtóuyā** ☞【野鸭】 **yěyā**

【绿野】 **lǜyě** 명 푸른 벌판.

【绿叶】 **lǜyè** 명 **1** 푸른 잎. 녹엽. **2** (비) 조연 배우. 보조 역할. ¶ 甘当~ = 기꺼이 조연을 맡겠다.

【绿叶成阴】 **lǜyè-chéngyīn** 성 **1** 잎이 무성하여 나무 그늘이 지다. **2** (비) 여자가 시집 가서 많은 자식을 낳았음을 일컬음.

【绿衣使者】 **lǜyī shǐzhě** 명 **1** 우체부. 우편 집배원. [녹색 유니폼을 입은 데서 유래함] **2** 앵무새의 미칭.

【绿阴】 **lǜyīn** 명 녹음. 나무 그늘. ¶ ~蔽日 = 녹음이 햇볕을 가리다. 녹树阴

【绿茵】 **lǜyīn** 명 **1** 잔디밭. **2** 잔디구장. ¶ 年轻的球员们在~之上挥洒着自己的青春和激情. = 젊은 축구 선수들이 잔디구장에서 자신의 청춘과 열정을 쏟아 내고 있다. **3** 축구. ¶ ~健将 = 축구 용장.

【绿茵场】 **lǜyīnchǎng** 명 잔디구장.

【绿茵茵】 **lǜyīnyīn** (~的) 형 초목이 파릇파릇 넓게 깔려 있는 모양. ¶ ~的草坪 = 파릇파릇한 넓은 초원.

【绿莹莹】 **lǜyíngyíng** (~的) 형 푸르고 빛이 나는 모양. ¶ ~的宝石 = 파랗게 반짝이는 보석.

【绿油油】 **lǜyóuyóu** (~的) 형 짙푸르고

싱싱하다. [짙푸르고 윤이 나는 모양] ¶ ~的庄稼 = 싱싱한 초록빛 농작물.

【绿藻】 **lǜzǎo** 명 (植) 녹조. 녹조식물.

【绿洲】 **lǜzhōu** 명 **1** 물 가운데 있는 녹지. **2** 오아시스(oasis).

【绿柱石】 **lǜzhùshí** 명 (礦) 녹주석. 베릴(beryl).

# 葎 lǜ 한삼덩굴 률

【葎草】 **lǜcǎo** 명 (植) 한삼덩굴.

# *氯 lǜ 염소 록

명 ② (化) 염소(Cl, chlorum). [원자 번호 17]

【氯丁橡胶】 **lǜdīng xiàngjiāo** 명 (化) 클로로프렌(chloroprene). [네오프렌(neoprene)] 고무.

【氯仿】 **lǜfǎng** 명 (化) 클로로포름(chloroform). =【哥罗仿】 **gēluófǎng**

【氯化铵】 **lǜhuà'ǎn** 명 (化) 염화암모늄.

【氯化钙】 **lǜhuàgài** 명 (化) 염화칼슘.

【氯化汞】 **lǜhuàgǒng** 명 (化) 염화수은.

【氯化钾】 **lǜhuàjiǎ** 명 (化) 염화칼륨.

【氯化钠】 **lǜhuànà** 명 (化) 염화나트륨. 소금.

【氯化氢】 **lǜhuàqīng** 명 (化) 염화수소.

【氯化物】 **lǜhuàwù** 명 (化) 염소화합물.

【氯纶】 **lǜlún** 명 (紡) 폴리염화비닐(PVC) 섬유.

【氯霉素】 **lǜméisù** 명 (醫) 클로람페니콜(chloramphenicol). 클로로마이세틴. [클로람페니콜의 상표명]

【氯气】 **lǜqì** 명 ② (化) 염소.

# *滤[濾] lǜ 거를 려

동 거르다. 여과하다. ¶ 过~ = 여과하다.

【滤波】 **lǜbō** 명 (電) 여파(濾波)하다. [일정한 회로를 이용하여 필요한 주파수만 통과시키고, 필요 없는 주파수는 제거하는 것]

【滤波器】 **lǜbōqì** 명 (電) 여과기.

【滤尘】 **lǜchén** 동 먼지를 거르다[여과하다].

【滤器】 **lǜqì** 명 여과기.

【滤色镜】 **lǜsèjìng** 명 (映) 필터(filter).

【滤液】 **lǜyè** 명 (化) 여과액. 여과수.

【滤渣】 **lǜzhā** 명 여과 지꺼기. 앙금.

【滤纸】 **lǜzhǐ** 명 여과지(濾過紙).

# 镥[鑥] lǜ 줄 려

동 (방) 갈다. 명 (방) 줄(칼). [쇠붙이를 쓸거나 깎는 데에 쓰는, 강철로 만든 연장]

# luan

# *峦[巒] luán 산봉우리 만

명 **1** 작고 뾰족한 산. ¶ 山~起伏 = 뾰족한 산들이 기복을 이루고 있다. **2** 산봉우리. ¶ 重~叠嶂 = 겹겹이 둘러싸인 산봉우리.

○-○ 冈 **gāng** 峦, 山峦

【峦嶂】 **luánzhàng** 명 병풍같이 가파르게 우뚝

서 있는 산.

**孪[攣]** luán 쌍둥이 련
圐둥이. 쌍둥아. ¶~子=쌍둥이를 낳다. =【双生】shuāngshēng 튕 쌍둥이를 ¶~兄妹=쌍둥이 남매.

**娈[孌]** luán 아름다울 련
圐(용모가) 아름답다.

**栾[欒]** luán 모감주나무 란
圐 1(植) 모감주나무. 2(Luán) 성(姓).
【栾树】luánshù 圐(植) 모감주나무.

| 栾 luán | 脔 luán |
| 滦 luán | 孪 luán |
| 峦 luán | 恋 liàn |
| 挛 luán | 娈 biàn |
| 鸾 luán | 湾 wān |
| 孪 luán | 蛮 mán |

**挛[攣]** luán
오그라질 련
圐 (손발이) 오그라들다. ¶痉~=경련.
【挛曲】luánqū 圐 꼬부라지다. 오그라들다. ¶双腿~=두 다리가 구부러지다.
【挛缩】luánsuō 圐 (근육이나 힘줄 따위가) 오그라들다. ¶肌肉~=근육이 오그라들다.

**鸾[鸞]** luán 난새 란
圐 난새. [전설 속에 나오는 봉황과 비슷한 새]
【鸾俦】luánchóu 圐圐 부부. ¶~凤侣=부부.
【鸾凤】luánfèng 圐 1 난새와 봉황. 2 부부. ¶情同~=부부가 애정이 깊다.
【鸾凤分飞】luánfèng-fēnfēi 圐 1 난새와 봉황이 뿔뿔이 날아가다. 2 부부가 헤어지다.
【鸾凤和鸣】luánfèng-hémíng 圐 1 난새와 봉황이 조화롭게 울다. 2 부부 간에 서로 화목하다.
【鸾飘凤泊】luánpiāo-fèngbó 圐圐 1 서법(書法)이 수려하다. 2 부부가 헤어지다.
【鸾翔凤集】luánxiáng-fèngjí 圐圐 인재들이 모여들다.
【鸾翔凤翥】luánxiáng-fèngzhù 圐圐 서예의 붓놀림이 자유분방하다.

**脔[臠]** luán 저민 고기 련
圐圐 고기를 작은 덩이로 썰다. ¶~分=고기를 덩이로 썰다. 圐 덩이로 썬 고기. ¶尝鼎一~=솥 안에 있는 고기 한 점을 맛보고 전체의 맛을 알다.
【脔割】luángē 圐圐 저미다. 잘게 썰다. 분할하다. ¶~烤炙=잘게 썰어 굽다.

**脔[欒]** luán 둥글 란
圐圐 1 둥글다. ¶团~=둥글다. 2 전체의. 통째의. ¶清蒸一鸡=닭을 양념하지 않고 통째로 찌다.

**滦[灤]** Luán 강 이름 란
圐(地) 롼허(滦河). [허베이(河北)성에 있는 강

이름]

**銮[鑾]** luán 방울 란
圐 1 제왕의 수레에 달린 방울. ¶~音=제왕의 수레 방울 소리. 2 제왕의 수레. ¶迎~护驾=천자의 수레를 영접하여 호위하다.
【銮驾】luánjià 圐 천자의 수레. 난여(鑾舆).
【銮铃】luánlíng 圐圐圐 천자의 수레에 달린 방울.
【銮舆】luányú 圐 1 황제의 수레. 난여. 2 황제.

**\*\*卵** luǎn 알 란
圐 1(生) 난자. ¶排~=배란. 2 (새의) 알. ¶鸟~=새알. 3 (生) (곤충학상의) 수정란. 4 圐 고환. 5 圐 음경. [주로 사람의 음경을 가리킴]
● 累lěi卵, 鹅é卵石, 孵fū卵器

【卵白】luǎnbái 圐 난백. 흰자위.
【卵巢】luǎncháo 圐(生) 난소.
【卵黄】luǎnhuáng 圐 ☞【蛋黄】dànhuáng
【卵块】luǎnkuài 圐 알덩어리. 알무더기. [물고기나 곤충의 알이 산란 후에 한데 달라붙어 뭉쳐져 있는 것을 말함]
【卵磷脂】luǎnlínzhī 圐 레시틴(lecithin).
【卵泡】luǎnpāo 圐(生) 여포(濾胞). 난포.
【卵生】luǎnshēng 圐(動) 난생하다. 알로 태어나다. ['胎生(태생하다)'과 구별됨]
【卵石】luǎnshí 圐 자갈. 조약돌.
【卵胎生】luǎntāishēng 圐 난태생.
【卵细胞】luǎnxìbāo 圐(生) 난세포.
【卵翼】luǎnyì 圐 1 알을 품다. 2圐圐 키우다. 비호하다. ¶~之下=비호 아래.
【卵用鸡】luǎnyòngjī ☞【蛋鸡】dànjī
【卵子】luǎnzǐ 圐(生) 난자.
【卵子】luǎn·zi 圐圐 1 고환. 2 음경. [주로 사람의 음경을 가리킴]

**\*\*乱[亂]** luàn 어지러울 란
圐 1 어지럽다. 무질서하다. 혼란하다. ¶杂~=난잡하다. ¶手忙脚~=갈피를 잡지 못하다. 2 (사회가) 동요하다. 격변하다. ¶兵荒马~=란으로 세상이 어수선하다. 3 (마음이) 어지럽다. 불안정하다. 동요하다. ¶心烦意~=마음이 어지럽고 어찌할 바를 모르다. 4 (남녀 관계가) 난잡하다. ¶淫~=음란하다. 圐 함부로. 마구. 제멋대로. ¶~来一气=무모하게 한바탕하다. / 胡言~语=허튼소리를 함부로 지껄이다. 圐 혼동시키다. 혼란하게 하다. 어지럽히다. ¶惑~=미혹시키다. ¶违法~纪=법을 어기고 질서를 어지럽히다. 圐 전쟁. 재난. 재앙. ¶战~=전란. / 变~=변란.

● 暴乱, 错乱, 捣dǎo乱, 动乱, 纷乱, 胡乱, 荒乱, 慌乱, 昏乱, 混乱, 祸huò乱, 霍huò乱, 惑huò乱, 搅jiǎo乱, 戡kān乱, 溃kuì乱, 撩liáo乱, 缭liáo乱, 凌líng乱, 零乱, 忙乱, 内乱, 蓬péng乱, 丧乱, 骚sāo乱, 紊wěn乱, 战乱, 作乱

【乱兵】luànbīng 图 반란군. 패잔병.
【乱嘈嘈】luàncáocáo (~的) 厖 혼잡하고 시끄러운 소리. ¶大街上人来车往, ~的. =큰 거리에는 사람과 차로 북적거리고 소란스럽다.
【乱臣】luànchén 图 난신. 역신(逆臣).
【乱臣贼子】luànchén-zéizǐ 戌 1 난신과 불효자. 2 나라를 어지럽히는 불충한 무리. 역당.
【乱党】luàndǎng 图(贬) 난당. 역당(逆黨). 반도(叛徒).
【乱点鸳鸯】luàndiǎn-yuānyāng 戌 1 두 쌍의 애인을 잘못 판단하여 서로 바꾸어 짝을 지어 주다. 2 (비) 서로 함께 일할 수 없는 사람들이 한 조가 되다. 실제 상황을 이해하지 못하고 함부로 인력을 배치하다.
【乱反射】luànfǎnshè ☞【散射】sǎnshè
【乱放炮】luànfàngpào (贬)(비) 입에서 나오는 대로 거침없이 지껄이다. 입만 열면 허튼소리를 한다. =【乱放枪】luànfàngqiāng
【乱放枪】luànfàngqiāng ☞【乱放炮】luànfàngpào
【乱纷纷】luànfēnfēn (~的) 厖 어지럽고 어수선하다. ¶~的思绪 =어수선한 생각의 갈피.
【乱坟岗】luànféngǎng ☞【乱葬岗子】luànzàng gǎng·zi
【乱搞】luàngǎo 图(贬) 1 아무렇게 하다. 제멋대로 하다. ¶要按规定办, 不能~. =규정에 따라 일을 처리해야지 제멋대로 하면 안 된다. 2 부정한〔혼외의〕성관계를 맺다. 함부로 남녀 관계를 맺다. ¶~男女关系 =남녀 관계가 난잡하다.
【乱哄哄】luànhōnghōng (~的) 厖 왁자지껄하다. 웅성웅성하다. ¶众人议论纷纷, 整个会场~的. =사람들의 의견이 분분하여 전체 회의장이 와자지껄하다.
【乱乎】[乱糊] luàn·hu 厖(방) 혼잡하다. 어수선하다. 어지럽다.
【乱糊】luàn·hu ☞【乱乎】luàn·hu
【乱箭攒心】luànjiàn-cuánxīn (戌)(비) 바늘로 찌르듯이 마음이 매우 아프다〔괴롭다〕.
【乱砍滥伐】luànkǎn-lànfá (戌) 함부로 벌목하다. 남벌하다.
【乱来】luànlái 图 함부로 하다. 제멋대로 하다. ¶说话做事没有一点原则, 纯粹是~. =말과 행동에 조금의 원칙도 없고 순전히 제멋대로 한다.
【乱离】luànlí 图 전란으로 뿔뿔이 헤어지다〔흩어지다〕. ¶百姓~ =백성이 뿔뿔이 흩어지다.
【乱乱烘烘】luàn·luan hōnghōng (~的) 厖 웅성거리다. 왁자지껄하다.
【乱乱腾腾】luàn·luan téngténg (~的) 厖(구) 혼란하고 소란스럽다.
【乱伦】luànlún 图 1 윤리 도덕을 위배하다. 2 근친상간(近親相姦)하다.
【乱麻】luànmá 图(비) 난마. 헝클어진 삼실의 가닥. 혼란. ¶心里乱成一团~, 顿时没了主意. =마음 한 뭉텅이가 난마처럼 뒤엉켜 있어 한순간 아무런 생각도 나지 않았다.

【乱麻麻】luànmámá (~的) 厖 뒤숭숭하다. ¶心里~的, 什么也不想说. =마음이 뒤숭숭해서 아무것도 말하고 싶지 않다.
【乱码】luànmǎ 图 (컴퓨터나 전자 통신 등에서의) 깨진 글자.
【乱民】luànmín 图(贬) 난민. [통치자에게 항거하는 백성을 얕잡아 부르는 말]
【乱蓬蓬】luànpéngpéng (~的) 厖 수염이나 머리카락이 헝클어진 모양. 초목이 어지럽게 자란 모양. ¶~的头发 =어지럽게 헝클어진 머리칼.
【乱七八糟】luànqībāzāo (戌) 엉망진창이다. 뒤죽박죽이다. 아수라장이다. ≒一塌糊涂 杂乱无章 ↔井井有条
【乱世】luànshì 图 난세. ¶~枭雄 =난세의 영웅 호걸. ↔盛世 治世
【乱说】luànshuō 图 근거도 없이 비난하다. 함부로 말하다〔지껄이다〕. ¶不了解情况就不要~. =상황을 잘 모르면 함부로 말하지 마라.
【乱摊子】luàntān·zi 图 문제가 많아 정비하기 어려운 부서.
【乱弹】luàntán 图(剧) 난탄. [청(清)대 건륭(乾隆)·가경(嘉慶) 때의 '昆腔(곤강)·弋阳腔(익양강)'을 제외한 희곡 곡조의 통칭]
【乱弹琴】luàntánqín (贬)(비) 함부로 말하다〔행동하다〕. 제멋대로이다. ¶在最关键的时候拆别人的台, 真是~! =가장 중요한 때에 남에게 딴죽을 걸다니 정말 제멋대로야!
【乱套】luàn∥tào 图 (차례나 질서 따위가) 어지러워지다. 혼란스러워지다. 엉망이 되다. 뒤죽박죽이 되다. ¶路口的红绿灯坏了, 行人车辆简直乱了套. =길목의 신호등이 고장나서 행인과 차들이 뒤엉켜 뒤죽박죽 되었다.
【乱腾腾】luàntēngtēng (~的) 厖(구) 혼란하다. 술렁거리다.
【乱腾腾】luànténgténg (~的) 厖 혼란하다. 술렁거리다. ¶各种传闻把大家的心里搞得~的. =여러 가지 소문들이 사람들의 마음을 술렁거리게 만들었다.
【乱腾】luàn·teng 厖 (질서가) 혼란하다. 무질서하다. 술렁거리다. 불안하다. ¶裁员的消息一公布, 公司上下立刻~起来. =감원 소식이 발표되자 회사 직원들은 곧 술렁거리기 시작했다.
【乱营】luàn∥yíng 图(방) (사람들이) 소동을 일으키다. ¶裁判判罚不公, 球迷们顿时乱了营. =심판의 판정이 공정하지 못하자 축구 팬들이 일시에 소동을 일으켰다.
【乱用】luànyòng 图 (돈이나 물건을) 함부로 쓰다〔사용하다〕. 남용하다.
【乱杂】luànzá 厖 난잡하다. 어지럽다. ¶~不堪 =극도로 난잡하다.
【乱葬岗子】luànzàng gǎng·zi 图 주인이〔연고가〕 없는 매장총(埋葬塚). =【乱坟岗】luànféngǎng
【乱糟糟】luànzāozāo (~的) 厖 (사물이) 난잡하다. 어수선하고 너저분하다. (생각이) 혼란스럽다. ¶心里~的, 怎么也定不下神来. =마음

이 어지러워 아무리 해도 진정되지 않는다.

**【乱真】luànzhēn** 통 (모조품을) 진짜처럼 만들다. [주로 골동품이나 서화를 가리킴] ¶以假~=모조품을 진짜처럼 만들다.

**【乱政】luànzhèng** 통 정치를 문란하게 하다. ¶奸党~=간사한 무리들이 정치를 문란하게 하다.

**【乱子】luàn·zi** 명 소동. 소란. 재앙. 재난. 사고. 분쟁. ¶出了~可就不好收拾了.=사고라도 생기면 정말 수습하기 곤란하다.

**【乱作一团】luànzuòyītuán** 성 극도로 혼란스럽다. 한데 뒤엉켜 혼란스럽다.

# lüe

**掠 lüè** 집어들 략
통 손에 닿는 대로 움켜쥐다〔집어 들다〕. ¶~起帚把就打.=손에 닿는 대로 빗자루를 집어들고는 때린다.
☞ lüè

**掠 lüè** 빼앗을 략
통 **1** 강탈하다. 빼앗다. 노략질하다. [주로 재물을 가리킴] ¶掳~一空=하나도 남김없이 깡그리 약탈하다. **2** (가볍게) 스치다. ¶浮光~影=수면에 비친 빛과 스쳐 지나가는 그림자. 살짝 스치는 빛과 그림자. / 凉风~面=서늘한 바람이 얼굴을 스치다. **3** 통 몽둥이로 때리다. 채찍질하다. (매질하는) 체형을 가하다. ¶拷~=고문하다.
☞ lüè

○- 劫jié掠

**【掠地飞行】lüèdì fēixíng** 통 초저공(超低空) 비행하다.

**【掠夺】lüèduó** 통 빼앗다. 강탈하다. 약탈하다. 수탈하다. ¶~资源=자원을 수탈하다. ≒抢夺搜刮

**【掠夺婚】lüèduóhūn** 명 약탈혼. 약탈 혼인. 보쌈혼. =【抢婚】qiǎnghūn

**【掠卖】lüèmài** 통 약탈하여 판매하다. ¶~人口=사람을 유괴하여 팔아넘기다.

**【掠美】lüèměi** 통 남의 명예나 성과 등을 내 것으로 하다. 남의 명성을 가로채다. ¶这是您多年的研究成果, 我岂敢~?=이것은 당신이 수년간 연구한 성과인데, 제가 어찌 감히 가로챌 수 있겠습니까?

**【掠目】lüèmù** 통 눈앞을 스쳐 지나가다. ¶他坐在急驶的火车里, 两旁的树木~而过.=그는 질주하는 기차에 앉아 있고, 양 옆의 가로수들이 눈앞을 스쳐 지나간다.

**【掠取】lüèqǔ** 통 빼앗다. 약탈하다. 탈취하다. ¶~财物=재물을 탈취하다.

**【掠视】lüèshì** 통 훑어보다. ¶他在大厅里~了一周, 没有发现要找的人.=그는 로비에서 주위를 훑어보았지만 찾고자 하는 사람을 발견하지 못했다.

**【掠影】lüèyǐng** 명 **1** 스케치 영상. **2** 비 스케치. 개관. 조감(鸟瞰). 파노라마. [주로 표제나 서명(书名)으로 쓰임]¶《历史博物馆~》=《역사박물관 스케치》.

**略〔畧〕 lüè** 생략할 략
통 **1** 빼앗다. 약탈하다. ¶侵~=침략하다. **2** 생략하다. 빼다. 줄이다. ¶删~=삭제하다. / 从~=생략하다. 형 간단하다. 거칠다. 개략적이다. ¶简~=간략하다. / 大~=대략적이다. 부 약간. 조금. ¶~有所闻=조금 들은 바가 있다. / ~加分析=대략 분석을 하다. 명 **1** 계략. 계책. 계획. ¶胆~=담력과 모략(谋略). / 谋~=모략. **2** 줄거리. 개요. ¶概~=개략. / 史~=사략. ↔详

○- 才略, 胆略, 概gài略, 简略, 经略, 领略, 谋móu略, 权quán略, 缺略, 删shān略, 省略, 韬tāo略, 崖yá略, 要略, 约略, 智略, 传略

**【略称】lüèchēng** 명 통 약칭(하다).

**【略地】lüèdì** 통 문 (무력으로) 땅을 빼앗다. ¶攻城~=성을 공격하여 점령하다.

**【略读】lüèdú** 통 범독(泛读)하다. [「精读(정독하다)」와 구별됨]

**【略迹原情】lüèjì-yuánqíng** 성 사실을 떠나 인정과 도리로 용서해 주다.

**【略加】lüèjiā** 통 조금 가하다〔보태다〕. ¶~阐释=조금 해석을 가하다.

**【略见一斑】lüèjiàn-yībān** 성 일부분을 보고 전체를 대략 짐작할 수 있다.

**【略略】lüèlüè** 부 조금. 약간. ¶他~迟疑了一下, 还是同意了.=그는 약간 주저했으나 결국 동의했다.

**【略论】lüèlùn** 통 간략하게 논술하다. 약술하다. [주로 논문의 제목에 쓰임]

**【略胜一筹】lüèshèng-yīchóu** 성 약간 우세하다. =【稍胜一筹】shāoshèng-yīchóu

**【略识之无】lüèshí-zhīwú** 성 **1** '之'자나 '无'자와 같이 간단한 글자는 안다. **2** 비 아는 글자가 많지 않다. 무식만 면하다.

**【略述】lüèshù** 통 약술하다. 간략하게 서술하다. ¶~大意=대의를 약술하다.

**【略图】lüètú** 명 약도. 겨냥도. [건물 등의 모양이나 배치를 알기 쉽게 그린 그림] ¶矿藏分布~=지하 자원 분포도.

**【略微】lüèwēi** 부 약간. 조금. ¶心里~有些不安.=마음이 좀 불안하다. ≒稍微

**【略为】lüèwéi** 부 약간. 조금. ¶情绪~平定了一些.=정서가 조금 안정되었다.

**【略逊一筹】lüèxùn-yīchóu** 성 약간 부족하다. 조금 못하다. =【稍逊一筹】shāoxùn-yīchóu

**【略语】lüèyǔ** 명 약어. 준말. [예컨대, '沧桑(沧海桑田)'·'流感(流行性感冒)' 등과 같은 말]

**【略知皮毛】lüèzhī-pímáo** 성 피상적으로 조금 알고 있다.

【略知一二】lüèzhī-yī'èr (성) 조금 알다. 대략적으로 이해하다.

**锊[鋝]** lüè 열 렬
(양) 열. [고대의 무게 단위로, 1锊는 약 6两임]

# lun

***抡[掄]** lūn 휘두를 륜
(동) **1** (팔을) 휘두르다. ¶~拳就打=주먹을 마구 휘두르다. **2** 던지다. ¶把芹菜~了一地。=샐러리를 온 바닥에 던졌다.
☞ lún

***仑¹[侖]** lún
조리 세울 륜
(명) 조리. 순서. 차례.

| ● 仑 lún | 伦 lún |
| 论 lùn | 纶 lún |
| 轮 lún | 纶 lún |
| 抡 lūn | 囵 lún |

***仑²[侖, 崙·崐]** lún 산 이름 륜
☞【昆仑】Kūnlún
○● 加仑, 库仑

***伦[倫]** lún 인륜 륜
(명) **1** 동류. 동등. ¶超群绝~=남보다 훨씬 뛰어나다. / 不~不类=이것도 저것도 아니다. **2** 인륜. ¶天~之乐=가정의 단란함. 인류의 즐거움. **3** 조리(條理). ¶语无~次=말에 조리가 없다. **4** (Lún) 성(姓).
【伦巴】lúnbā (명)(외)(藝) 룸바.
【伦比】lúnbǐ (동)(문) 필적하다. 대등하다. 동등하다. ¶无与~=필적할 만한 것이 없다.
【伦常】lúncháng (명) 윤상. 인륜의 떳떳하고 변하지 않는 도리.
【伦次】lúncì (명) 조리. 순서. ¶文笔错杂, 毫无~。=글이 뒤엉켜 전혀 조리가 없다.
【伦理】lúnlǐ (명) 윤리. ¶~道德=윤리 도덕.
【伦理学】lúnlǐxué (명) 윤리학.
【伦琴】lúnqín (명)(物) 뢴트겐. [방사선의 세기를 나타내는 단위, 기호는 R]
【伦琴射线】lúnqín shèxiàn ☞【爱克斯射线】àikèsī shèxiàn

***论[論]** Lún 논어 론
(명)(문) 《논어(論語)》를 가리킴. ¶上~=《논어》 상편.
【论语】Lúnyǔ (명) 《논어(論語)》.

***抡[掄]** lún 가릴 륜
(동)(문) 선택하다. 고르다. 선발하다. ¶~材=인재를 선발하다.
☞ lūn

***仑[侖]** lún 완전할 륜
☞【囫囵】húlún

***沦[淪]** lún 빠질 륜
(동) **1** 가라앉다. 침몰하다. ¶沉~=침몰하다. **2** (좋지 않은 상황에) 빠지다. ¶~为乞丐=거지가 되다. **3** 멸망하다. 소실되다. ¶家国~丧=국가가 멸망하다.
【沦肌浃髓】lúnjī-jiāsuǐ (성) **1** 살 속과 골수까지 침투하다〔스며들다〕. **2**(비) 깊은 감동〔영향〕을 받다.
【沦落】lúnluò (동) **1** 떠돌다. 유랑하다. ¶异乡=타향을 떠돌아다니다. **2** (나쁜 상황에) 빠지다. 전락하다. 타락하다. ¶街头=거리로 내리다. 거지가 되다. **3** 쇠락하다. 몰락하다. 기울다. ¶家道~=가세가 기울다.
【沦落风尘】lúnluò-fēngchén (성)(비) 기녀로 전락하다.
【沦没】lúnmò (동)(문) **1** (사람이) 죽다. 사망하다. =【沦殁】lúnmò **2** 침몰하다. 매몰되다. ¶~无闻=매몰되어 소식이 없다.
【沦殁】lúnmò ☞【沦没】lúnmò
【沦丧】lúnsàng (동) 함락되다. 멸망하다. 상실되다. ¶国土~=국토가 함락되다.
【沦亡】lúnwáng (동) **1** (국토가) 함락되다. (국가나 민족이) 멸망하다. **2** 상실되다. 사라지다. 타락하다. ¶道德~=도덕이 타락하다.
【沦陷】lúnxiàn (동) **1** (영토가) 적에게 함락되다. ¶~区=피점령 지구. **2**(문) 물에 잠기다. 침몰하다. 파묻히다. ¶洪水肆虐, 村落~。=홍수가 심해서, 촌락〔마을〕이 물에 잠겼다. ≒陷落 ↔ 收复

**纶[綸]** lún 낚싯줄 륜
(명) **1**(문) 청색 실크 리본. **2**(문) 낚싯줄. ¶翠~桂饵=비취 낚싯줄에 육계 미끼. 화려하기만 하고 실속이 없는 것. **3**(紡) 합성 섬유. ¶涤~=폴리에스테르(polyester). 테릴렌. / 锦~=폴리아미드(polyamide). 나일론.
☞ guān
○● 丙bǐng纶, 纷纶, 经纶, 维纶
【纶音】lúnyīn (명)(문) 황제의 유지(諭旨). 조칙. 조서. 칙령.

***轮[輪]** lún 바퀴 륜
(동) (순서에 따라) 교체하다. 교대로 하다. 순번이 되다. 차례가 되다. ¶明天就~到你值班了。=내일은 네가 당직을 설 차례다. (양) **1** 해나 달과 같은 둥근 사물을 세는 단위. ¶一~红日=붉은 해. / 一~明月=밝은 달. **2** (~儿) 순환하는 사물이나 동작을 세는 단위. ¶第二~谈判=제2차 담판. **3** 한 바퀴. 12년. [십이지지(地支)로써 사람의 띠를 나타내므로 12년마다 한 번 돌아감] ¶她也属狗, 大我一~。=그녀도 개띠인데, 나보다 12살이 더 많다. (명) **1** (~儿) 바퀴. ¶齿~=톱니바퀴. / 三~摩托车=삼륜 오토바이. **2** 바퀴처럼 둥근 것. ¶年~=나이테. 연륜. / 耳~=귓바퀴. **3** 기선(汽船). 배. ¶客~=여객선.

/ 海~ = 외항선. **4 (Lún)** 성(姓).

○● 班轮, 从轮, 导轮, 动轮, 渡dù轮, 舵duò轮, 耳轮, 飞轮, 滚轮, 海轮, 滑轮, 货轮, 棘jí轮, 客轮, 六轮, 砂轮, 塔tǎ轮, 凸tū轮, 拖tuō轮, 牙轮, 叶yè轮, 油轮, 渔轮, 左轮, 汽轮机

【轮班】**lún‖bān**(~儿) 동 교대 근무를 하다. ¶~站岗 = 교대로 보초를 서다.
【轮埠】**lúnbù** 명 부두. 선창.
【轮唱】**lúnchàng** 명(音) 돌림 노래. 윤창.
【轮船】**lúnchuán** 명(交) 기선.
【轮次】**lúncì** 동 차례대로〔윤번(輪番)으로·돌아가면서〕…하다. ¶~登台 = 차례대로 무대에 오르다. 명 차례. 윤번. 횟수. 번. ¶每个周末由一人值班, 办公室一共四个人, 差不多一个月一个~. = 매 주말마다 한 사람씩 당직을 서면, 사무실에 총 4명이니까, 거의 한 달에 한 번 차례가 온다.
【轮带】**lúndài** ☞【轮胎】**lúntāi**
【轮渡】**lúndù** 명 **1** 페리(ferry). 연락선. 정기선. **2** (증)기선. 동 배로 운송하다. 배를 타다. ¶大桥修好以前, 过往的行人和车辆只有~过河. = 대교가 수리되기 전에 오가는 행인들과 차량은 배로 운송할 수밖에 없었다.
【轮番】**lúnfān** 동 교대로〔차례대로〕…하다. ¶~轰炸 = 교대로 폭격하다. ≒轮流 更番
【轮辐】**lúnfú** 명 바퀴살.
【轮箍】**lúngū** 명 바퀴쇠. 외륜(外輪).
【轮毂】**lúngǔ** 명 바퀴통.
【轮换】**lúnhuàn** 동 교대로〔순번대로·바꿔 가며·번갈아서·돌아가면서〕…하다. ¶~发球 = 번갈아 서브를 넣다.
【轮回】**lúnhuí** 동 **1**(佛) 윤회하다. **2** 순환하다. ¶四季~ = 사계절이 순환하다.
【轮机】**lúnjī** 명(機) **1** 터빈(turbine). **2** 기선의 엔진(engine)〔기관〕. **3** ☞【涡轮机】**wōlúnjī**
【轮机长】**lúnjīzhǎng** 명 (기선의) 기관장.
【轮奸】**lúnjiān** 동 윤간하다.
【轮距】**lúnjù** 명 (자동차 따위의) 좌우 바퀴 간의 거리. 윤거(輪距). 궤간(軌間).
【轮空】**lúnkōng** 동 **1** (시합에서) 부전승하다. **2** (전문직 요원이) 임무를 맡지 않다. ¶他这半年~, 没有科研任务. = 그는 최근 반 년 동안 일을 맡지 않아, 연구 임무가 없다.
【轮廓】**lúnkuò** 명 **1**(美) 윤곽. 테두리. 둘레(의) 선. ¶勾勒人体~ = 인체의 윤곽을 그리다. **2** (일의) 개요. 대체적인 상황. ¶瓷器的制作过程我只知道一个~, 具体工序并不是很清楚. = 자기의 제작 과정에 대해서 나는 대체적인 상황만 알지, 구체적인 작업 절차는 별로 잘 알지 못한다.
【轮流】**lúnliú** 동 차례로〔돌아가면서·번갈아〕…하다. ¶~发言 = 돌아가며 발언하다. ≒轮番
【轮流坐庄】**lúnliú-zuòzhuāng** 성 **1** (도박에서) 번갈아 가며 선을 하다〔잡다〕. **2**(비) 교대로 책임을 맡다. 교대로 권력을 잡다.
【轮牧】**lúnmù** 명 (몇몇 지역을) 번갈아 가며 방

목하다.
【轮盘】**lúnpán** 명(機) 핸들. 조종간.
【轮生】**lúnshēng** 동(植) 돌려나기하다. 윤생(輪生)하다.
【轮胎】**lúntāi** 명 타이어. 타이어 튜브(tire tube). ≒【车胎】**chētāi**【轮带】**lúndài**
【轮辋】**lúnwǎng** 명 림(rim). 바퀴의 테.
【轮系】**lúnxì** 명(機) 톱니바퀴열(列). 기어 트레인(gear train).
【轮心】**lúnxīn** 명(機) 차축(車軸).
【轮休】**lúnxiū** 동 **1** (직원이) 번갈아 쉬다. 교대로 쉬다. **2**(農) 번갈아 휴경(休耕)하다.
【轮训】**lúnxùn** 동 번갈아〔교대로〕 연수〔훈련〕하다. ¶技术人员分批~. = 기술 요원들이 조를 나누어 교대로 연수〔훈련〕받다.
【轮养】**lúnyǎng** 동 **1** (한 양어장에서) 돌아가며 다른 종류의 물고기를 기르다. **2** (분가한 형제들이) 돌아가며 부모를 모시다.
【轮椅】**lúnyǐ** 명 휠 체어(wheel chair).
【轮栽】**lúnzāi** ☞【轮作】**lúnzuò**
【轮值】**lúnzhí** 동 교대로〔번갈아 가며〕 당직〔담당〕하다. 교대로 일을 맡다. ¶春节期间安排各科室~. = 설 연휴 동안 각 과별로 교대로 당직을 서도록 배정하였다.
【轮种】**lúnzhòng** ☞【轮作】**lúnzuò**
【轮轴】**lúnzhóu** 명(機) 윤축(輪軸). 차축(車軸). 축바퀴.
【轮转】**lúnzhuǎn** 동 **1** 빙빙 돌다. 순환하다. ¶四时~ = 사계절이 순환하다. **2** 부 차례대로〔번갈아 가며〕…하다. ¶大家~着值夜班. = 모두들 교대로 야근하며 당직을 서고 있다.
【轮子】**lún·zi** 명 바퀴.
【轮作】**lúnzuò** 동(農) 윤작하다. ≒【轮栽】**lúnzāi**【轮种】**lúnzhòng**【倒茬】**dǎochá**【调茬】**diàochá**

# 坨[堬] **lǔn** 언덕 륜
명(방) 밭둑. 밭두둑. 밭두렁.

# ** 论[論] **lùn** 말할 론
동 **1** 논의하다. 의논하다. 분석하다. 해설하다. ¶辩~ = 변론하다. / 高谈阔~ = 공리공담. 공허한 이론만을 장황하게 늘어놓다. **2** (어떤 기준에 따라) 논하다. 헤아리다. 평가하여 결정하다. ¶依法~罪 = 법에 따라 죄를 논하다. / ~件计酬 = 건수에 따라 보수를 계산하다. **3** 말하다. 언급하다. 대하다. ¶另当别~ = 따로 논의하여야 한다. / 相提并~ = 한데 섞어 논하다. 개 **1** (양사와 결합하여) …에 따라〔근거해서〕. 〔'按(àn)'·'按照(ànzhào)'에 상당함〕 ¶鸡蛋~个卖. = 계란은 개수에 따라 판매한다. **2** …로 말하자면. …을 논하자면. 〔'从…方面来说'·'就…来说'에 상당함〕 ¶~经验, 他比我强. = 경험으로 말하자면 그가 나보다 낫다. 명 **1** 말. 글. 문장. 〔주로 이치를 설명하거나 시비를 가리는 말이나 글을 가리킴〕 ¶與~ = 여론. / 长篇大~ = 장편의 글. **2** 주장. 학설. 관점. 견해. 의견. ¶立~ = 학설을 세

우다. / 进化~=진화론. **3** 논설문. [주로 책이나 글의 제목으로 쓰임] ¶《过秦～》=《과진론》. **4**(Lùn) 성(姓).
☞ **Lún**

0● 罢bà论, 不论, 策论, 持论, 导论, 定论, 概gài论, 高论, 公论, 宏hóng论, 弘hóng论, 讲论, 结论, 空论, 理论, 谬miù论, 目论, 评论, 数论, 谈论, 通论, 推论, 无论, 绪xù论, 言论, 争论, 正论, 政论

【论辩】**lùnbiàn** 唐 변론하다. 증거를 들어 반박하다. ¶双方各持己见, ～不休。=양측이 각자 자기의 견해를 고집해서 변론이 그치지 않는다.
【论处】**lùnchǔ** 唐 처(분)하다. 판정을 내리다. ¶以渎职罪～。=독직죄로 처분했다.
【论丛】**lùncóng** 명 논총(論叢). [주로 서명(書名)에 쓰임] ¶《现代文学～》=《현대문학논총》.
【论敌】**lùndí** 명 논적. 변론 상대. 논쟁 상대.
【论点】**lùndiǎn** 명 논점. 관점. ¶文章开篇就鲜明地提出了～。=글의 서두에 논점을 분명하게 제시했다.
【论调】**lùndiào** 명唐 논조. ¶消极的～=소극적인 논조.
【论断】**lùnduàn** 唐 단정하다. 판단(단정)을 내리다. 논증하여 결론을 내리다. ¶由于缺乏相关的历史资料, 这个问题目前还无法～。=관련 역사 자료의 부족으로 인해 이 문제는 지금 아직 단정할 수가 없다. 명 단정. 판단. 평가. ¶科学的～=과학적인 판단.
【论功行赏】**lùngōng-xíngshǎng** 성 공로를 따져 상을 주다. 논공행상을 하다.
【论及】**lùnjí** 唐 거론하다. 언급하다. ¶他曾多次和人～此事。=그는 이전에 여러 차례 다른 사람에게 이 일을 거론했었다.
【论价】**lùnjià** 唐 가격을 결정하다(의논하다). ¶按质～=품질에 따라 가격을 결정하다.
【论据】**lùnjù** 명 **1**(論) 논거. **2** 논증의 근거. 입증을 위한 근거. ¶事实～=사실 논거.
【论理】**lùn ‖ lǐ** 이치를 따지다. 시비를 가리다. 사리(이유)를 분명히 하다. ¶他血口喷人, 我非得找他～不可。=그 사람이 악의적으로 사람을 중상 모략하니, 내가 그 사람을 찾아가 이치를 따지지 않고는 안 되겠다.
【论理】**lùnlǐ** 唐 이치대로 말하다. 이치를 따지다. 도리를 말하다. ¶～我早就该来看望您了, 只是一直抽不出时间。=도리상 제가 일찍이 찾아뵈었어야 하는데, 줄곧 시간을 낼 수가 없었을 뿐입니다. 명 '逻辑(논리)'의 옛 명칭. ¶合乎～=논리에 맞다.
【论理学】**lùnlǐxué** 명 '逻辑学(논리학)'의 옛 명칭.
【论列】**lùnliè** 唐 하나하나 열거하여 논하다. ¶～是非=시비를 하나하나 열거하여 논하다.
【论难】**lùnnàn** 唐 논란을 벌이다. ¶互相～=서로 논란을 벌이다.
【论述】**lùnshù** 唐 논술하다. 서술하다. ¶这篇文章着重～了教学改革的必要性和迫切性。=이

글은 교육 개혁의 필요성과 절박성을 중점적으로 논술하였다. 명 논술. 서술. 논술 내용. ¶精辟的～=치밀하고 훌륭한 논술. ≒阐述
【论说】**lùnshuō** 唐 **1** 이치로 서면 논술을 가리킴] ¶对当前的一些社会现象加以～。=지금의 일부 사회 현상에 대하여 논하다. **2** 〔부〕이치대로〔원칙대로〕말하다. ¶～他应该提前通知我们, 可能是他疏忽了。=이치대로 말한다면, 마땅히 사전에 우리에게 통지해 주었어야 했는데, 그 사람이 소홀했나 보다. 명 논설. ¶他在这个问题上的～较富新意。=이 문제에 대한 그의 논설은 꽤 창의성을 띠고 있다.
【论说文】**lùnshuōwén** ☞【议论文】**yìlùnwén**
【论坛】**lùntán** 명 논단. 칼럼. ¶时事～=시사 칼럼.
【论题】**lùntí** 명 **1**(論) 논제. 증명을 필요로 하는 참된 명제. **2** 논제. 논의의 주제〔제목〕. ¶～已经选好了, 目前正在查找资料。=논제는 이미 골랐고, 지금은 자료를 찾는 중이다.
【论文】**lùnwén** 명 논문. ¶毕业～=졸업 논문.
【论赞】**lùnzàn** 명 논찬(論贊). 〔역사적 기록을 토대로 한 전기를 쓴 글의 끝에, 글쓴이가 역사적 사실에 대하여 덧붙인 논평〕
【论战】**lùnzhàn** 명 논전. 논쟁.
【论争】**lùnzhēng** 명 논쟁.
【论证】**lùnzhèng** 명 **1**(論) 논증. **2** 입론의 근거. 논거. ¶～充分=논거가 충분하다. 唐 논증하다. ¶这个方案是经过多位专家反复～后确定的。=이 방안은 여러 전문가들이 거듭된 논증을 거친 후 확정된 것이다.
【论证会】**lùnzhènghuì** 명 심의회(審議會).
【论旨】**lùnzhǐ** 명 논지. 논의의 요지. ¶～明确=논지가 명확하다.
【论著】**lùnzhù** 명 논저. 저작. ¶学术～=학술 논저.
【论资排辈】**lùnzī-páibèi** 성 자격이나 연배 등에 따라 서열을 정하다. 자격을 따지고 서열을 중시하다.
【论罪】**lùn ‖ zuì** 唐 죄를 논하다〔따지다〕. ¶依法～=법에 따라 죄를 논하다.

# luo

**捋** luō 걷을 랄
唐 (미끄러지듯) 훑어 내다. (소매 따위를) 걷다. 잡아채다. ¶～起袖子=소매를 걷어올리다.
☞ **lǚ**

【捋胳膊】**luō gē·bo** 唐 팔을〔소매를〕 걷어올리다〔걷어붙이다〕.
【捋虎须】**luō hǔxū** 唐 **1** 호랑이 수염을 잡아채다. **2**〈비〉 권문세가의 비위를 건드리다. 위험한 행동을 하다.

**啰[囉]** luō 말 많을 라
아래를 참조.

☞ **luó**, **·luo**

【啰哩啰嗦】**luō·li luōsuō** 〔형〕수다스럽다. 말이 많다.

【啰啰唆唆】**luō·luo suōsuō** 〔형〕수다스럽다. 말이 많다.

【啰唆】【啰嗦】**luō·suo** 〔형〕 **1** 말이 많다. 수다스럽다. ¶发言要尽量简短，不要太~。=발언은 될 수 있는 한 간단하게 해야 하며, 너무 길게 하지 말아 주세요. **2** (일이) 자질구레하다. 번잡하다. 번거롭다. 성가시다. ¶时间全花在这些~事儿上了。=시간을 모두 이 자질구레한 일에 다 써 버렸다. 同 수다떨다. 잔소리하다. 중언부언하다. ¶他~了半天, 还是没把问题说清楚。=그는 한참을 중언부언했지만 무엇을 말하려는지 여전히 분명하지 않았다.

【啰嗦】**luō·suo** ☞【啰唆】**luō·suo**

**罗[羅]** **luó** 새그물 라

〔동〕**1** 그물을 놓아 잡다. ¶门可~雀=사람을 발길이 아주 뜸하다. 문앞에 그물을 쳐 참새를 잡을 정도이다. **2** 수집하다. 불러모으다. 포함하다. ¶搜~=수집하다. / 包~万象=(내용이 아주 풍부하여) 포함하지 않는 것이 없다. **3** 체로 치다. ¶把面再~一过. =밀가루를 체로 한 번 더 치다. **4** 배열하다. 나열하다. 분포하다. ¶星~棋布=(별이나 바둑알처럼) 사방에 넓게 골고루 분포되어 있다. 〔명〕〔외〕그로스 (gross). [12다스로 144개를 가리킴] 〔양〕**1** 새그물. ¶天~地网=하늘과 땅에 사방으로 그물을 치다. 물샐틈없는 수사망을 펴다. **2** (紡) 얇고 성기게 짠 명주. 견직물. ¶绫~绸缎=능라주단. [견직물의 총칭] **3** 체. ¶铜丝~=구리철사로 만든 체. **4** (**Luó**) 성(姓).

○● 包罗, 收罗, 阁Yán罗, 张罗

⊙ 罗 luó
锣 luó
箩 luó
萝 luó
逻 luó
椤 luó
猡 luó

【罗布】**luóbù** 〔동〕나열하다. 늘어놓다. 늘어서다. 분포하다. ¶山脚村舍~。=산기슭에 시골집들이 늘어서 있다.

【罗缎】**luóduàn** 〔명〕(紡) **1** 견직물. 비단. **2** 포플린(poplin).

【罗非鱼】**luófēiyú** 〔명〕(動) 태래어(泰來魚). 아프리카 붕어. 틸라피아(Tilapia). [학명은 '*Tilapia mossambica*'임]

【罗贯中】**Luó Guànzhōng** 〔명〕(歷) 나관중(약 1330~약 1400년). 원말 명초(元末明初)의 소설가로, 《삼국연의(三國演義)》(속칭《삼국지(三國志)》)의 저자

【罗锅】**luóguō** (~儿) 〔형〕**1** 등이 굽다. ¶老汉有点儿~。=늙은이는 등이 조금 굽었다. **2** 아치형의. ¶~桥=아치형 교각. 〔명〕꼽추. 곱사등이. 구루(佝僂). =【罗锅子】**luóguō·zi** ¶他是个~儿。=그는 꼽추이다.

【罗锅子】**luóguō·zi** ☞【罗锅】**luóguō**

【罗锅】**luó·guo** (허리가) 굽다. ¶把背挺直, 别~着腰。=허리를 곧게 펴고, 등을 굽게 세우지 마라.

워라.

【罗汉】**luóhàn** 〔명〕(佛) **1** 나한. [석가모니의 10가지 호칭 중의 하나] **2** 나한. [소승 불교의 수행자 가운데서 가장 높은 경지에 오른 이] **3** 나한. [온갖 번뇌를 끊고, 사제(四諦)의 이치를 바로 깨달은 스님] 〔영〕arhat

【罗汉病】**luóhànbìng** ☞【血吸虫病】**xuèxī chóngbìng**

【罗汉豆】**luóhàndòu** 〔명〕〔방〕(植) 잠두(蠶豆). 누에콩.

【罗汉果】**luóhànguǒ** 〔명〕(植) **1** 개여주. **2** 개여주의 열매.

【罗汉钱】**luóhànqián** 〔명〕나한전(羅漢錢). [청 강희(康熙)제 때 구리 합금으로 주조한 돈]

【罗汉松】**luóhànsōng** 〔명〕(植) 토송(土松).

【罗睺】**luóhóu** 〔명〕나후. [점성가들이 말하는 구성(九星)의 하나로, 인간 세상의 길흉화복을 지배한다고 함]

【罗经】**luójīng** ☞【罗盘】**luópán**

【罗掘】**luójué** 〔동〕〔문〕**1** 그물로 새를 잡고 굴을 파서 쥐를 잡아먹다. **2** 〔비〕갖은 수단과 방법을 동원하여 자금이나 재물을 조달하다. ¶~俱穷=재정이 극도로 곤궁하다.

【罗掘一空】**luójué-yīkōng** 〔성어〕(재물을) 다 긁어다 써서 아무것도 남지 않다.

【罗口】**luókǒu** 〔명〕옷의 소매나 목 부분, 혹은 양말 입구의 신축성 있게 처리된 부분. [주로 뜨개질로 짠 의류에 쓰임]

【罗拉】**luólā** 〔명〕**1** (機) 롤러(roller). **2** 방직기의 롤러(roller).

【罗勒】【萝艻】**luólè** 〔명〕(植) 광명자. ⇨【矮糠】**ǎi·kang**

【罗列】**luóliè** 〔동〕**1** 분포하다. 늘어서다. ¶高大的白桦~在道路两旁。=큰 백양동이 도로의 양측에 늘어서 있다. **2** 나열하다. 하나하나 열거하다. ¶~事实=사실을 나열하다.

【罗马】**Luómǎ** 〔명〕〔외〕**1** (地) 로마(Roma). [이탈리아의 수도] ¶条条大路通~。=모든 길은 로마로 통한다. **2** (歷) 로마. [옛 로마 제국] ¶~帝国=로마 제국.

【罗马公教】**Luómǎ gōngjiào** ☞【天主教】**Tiānzhǔjiào**

【罗马教皇】**Luómǎ jiàohuáng** ☞【教皇】**jiàohuáng**

【罗马尼亚】**Luómǎníyà** 〔명〕〔외〕(地) 루마니아(Romania). [수도는 '布加勒斯特(부쿠레슈티: Bucuresti)'임]

【罗马数字】**luómǎ shùzì** 〔명〕로마 숫자.

【罗马字母】**Luómǎ zìmǔ** ☞【拉丁字母】**Lādīng zìmǔ**

【罗曼蒂克】**luómàndìkè** 〔형〕〔외〕로맨틱(romantic).

【罗曼司】**luómànsī** 〔명〕〔외〕로맨스(romance).

【罗面】**luómiàn** 〔동〕가루를 체로 치다. 가루를 체질하다.

【罗盘】**luópán** 〔명〕나침반. =【罗经】**luójīng**

【罗绮】**luóqǐ** 〔명〕**1** 비단. **2** 비단옷.

【罗圈】**luóquān** 〔명〕쳇바퀴.

【罗圈儿揖】luóquānryī 图㋥ 몸을 돌리면서 주위 사람들에게 하는 읍례(揖禮).
【罗圈腿】luóquāntuǐ 图 밭장다리.
【罗圈椅】luóquānyǐ 图 등받이가 둥근 중국식 안락 의자.
【罗雀掘鼠】luóquè-juéshǔ 阌 1 그물로 새를 잡고 굴을 파서 쥐를 잡아먹다. [《신당서·장순전(新唐書·張巡傳)》에 나오는 "성(城)이 포위되고 양식이 끊겨, 하는 수 없이 그물을 놓아 참새를 잡고 땅을 파서 쥐를 잡아 허기를 채웠다."는 고사에서 유래함] 2 ㋫ 갖은 수단과 방법을 동원하여 자금이나 재물을 조달하다.
【罗裙】luóqún 图 1 비단 치마. 2 치마.
【罗扇】luóshàn 图 비단 부채.
【罗网】luówǎng 图 1 새나 물고기를 잡는 그물. 2 ㋫ 그물. 덫. 올가미. 계략. 함정. ¶自投~=스스로 그물에 뛰어들다.
【罗纹】luówén 图 지문(指紋). [지금은 일반적으로 '螺纹(luówén)'이라고 씀]
【罗衣】luóyī 图 비단옷.
【罗唣】luózào ☞【啰唣】luózào
【罗织】luózhī 图㋪ 모해(謀害)하다. 중상 모략하다. (죄를) 만들어 내다. 꾸며 대다. ¶~罪名=죄명을 꾸며 대다.
【罗致】luózhì 图 1 그물로 새를 잡다. 2 ㋫ 물색하다. 초빙하다. 끌어모으다. ¶~天下贤能之士。=천하의 현명하고 재주 있는 인재를 끌어모으다.

# 砢[覶]luó 상술할 라
【砢缕】luólǚ 图㋪ 상세하게 서술[설명]하다. 상술(詳述)하다. ¶不烦~=상세하게 서술하기를 마다하지 않다.

# 偻[儸]luó 졸개 라
☞【倭偻】lóu·luó

# **萝[蘿]luó 무 라
图(植) 덩굴 식물. ¶藤~=등나무. / 茑~=담쟁이덩굴.

○● 菠bō萝, 胡萝卜, 糖萝卜, 小萝卜

【萝卜】luó·bo 图(植) 1 무. 2 무 뿌리. =【莱菔】láifú
【萝卜花】luó·bohuā 图 각막백반(角膜白斑).
【萝芳】luólè ☞【罗勒】luólè
【萝藦】luómó 图(植) 박주가리.

# 啰[囉]luó 말 많을 라
☞ luō, ·luo
【啰唣】[罗唣]luózào 图 말썽피우다. 소란을 떨다. [주로 조기 백화문에 보임] ¶休要~=소란 떨지 마라.

# *逻[邏]luó 순행할 라
图 순찰하다. ¶巡~=순찰하다.
【逻各斯】luógèsī 图 로고스(logos).

【逻辑】luó·jí 图㋪ 1 논리. 로직(logic). ¶合乎~=논리에 맞다. 2 객관적 법칙. 객관적 규율. ¶生活的~=생활의 객관적 법칙. 3 논리학. ¶数理~=수리 논리학.
【逻辑思维】luó·jí sīwéi 图 논리적 사고. 추상적 사고. =【抽象思维】chōuxiàng sīwéi
【逻辑性】luó·jíxìng 图 논리성. ¶他的话~很强。=그의 말은 논리성이 매우 강하다.
【逻辑学】luó·jíxué 图(論) 논리학.

# 脶[腡]luó 손금 라
图 지문(指紋). ¶~纹=지문.
【脶纹】luówén 图 지문.

# 猡[玀]luó 종족 이름 라
☞【猪猡】zhūluó

# 锣[饠]luó 떡 라
☞【饆饠】bìluó

# 珞[瓃]luó 음역자 라
☞【珂珞版】kēluóbǎn

# 椤[欏]luó 사라나무 라
☞【桫椤】suōluó

# **锣[鑼]luó 징 라
图(音) 징. ¶敲~打鼓=징을 치고 북을 두드리다.

○● 开锣, 小锣, 云锣

【锣槌】luóchuí 图(音) 징채.
【锣鼓】luógǔ 图 1 징과 북. 2 타악기.
【锣鼓喧天】luógǔ-xuāntiān 阌 1 징 소리와 북 소리가 하늘을 진동시키다. 2 ㋫ 경사로 시끌벅적하다.

# *箩[籮]luó 광주리 라
图 광주리. ¶淘~=(쌀을 이는) 조리.
【箩筐】luókuāng 图 광주리.
【箩筛】luóshāi 图 대나무로 엮어 짠 체.

# *骡[騾, 驘]luó 노새 라
图(動) 노새. ¶驴~=버새. [암나귀에 수말을 교배한 노새의 일종]

○● 驴(lǘ)骡, 马骡

【骡马】luómǎ 图 1 노새와 말. 2 가축.
【骡子】luó·zi 图(動) 노새.

# **螺 luó 소라 라
图 1(動) 권패류(卷貝類). [우렁이·다슬기·소라 따위를 가리킴] ¶海~=소라. / 田~=우렁이. 2 나선형 무늬가 있는 물건. ¶~栓=수나사. / ~丝钉=나사못. 3 (나선형) 지문. ¶他左手有两个~。=그의 왼손에는 나선형 지문이 두 개 있다.

○● 钉螺, 法螺, 海螺, 陀tuó螺

【螺甸】luódiàn ☞【螺钿】luódiàn
【螺钿】[螺甸] luódiàn 몡 나전. 자개.
【螺钉】luódīng 몡 나사못.☞【螺丝钉】luósīdīng【螺丝】luósī
【螺号】luóhào 몡 소라 나팔.
【螺髻】luójì (여자의) 트레머리.
【螺距】luójù 몡(機) 피치(pitch). [나사의 나사산과 나사산 사이의 거리]
【螺菌】luójūn 몡(生) 나선상균.
【螺口】luókǒu 몡 암나사의 연결구.
【螺帽】luómào ☞【螺母】luómǔ
【螺母】luómǔ 몡(機) 1 암나사. 너트(nut). =【螺帽】luómào【螺丝母】luósīmǔ【螺丝帽】luósīmào 2 나사 구멍.
【螺栓】luóshuān 몡(機) 수나사. 볼트(bolt).
【螺丝】luósī ☞【螺钉】luódīng
【螺丝刀】luósīdāo ☞【改锥】gǎizhuī
【螺丝钉】luósīdīng ☞【螺丁】luódīng
【螺丝攻】luósīgōng ☞【丝锥】sīzhuī
【螺丝扣】luósīkòu ☞【螺纹】luówén
【螺丝帽】luósīmào (~儿) ☞【螺母】luómǔ
【螺丝母】luósīmǔ ☞【螺母】luómǔ
【螺丝起子】luósī qǐ·zi 몡(機) 드라이버 (driver). 나사돌리개.
【螺蛳】luó·sī 몡 우렁이·소라·고둥·달팽이 따위의 총칭.
【螺纹】luówén 몡 1(機) 나사산. =【螺丝扣】luósīkòu 2 지문(指紋).
【螺纹钢】luówéngāng 몡 콘크리트 보강용 강철봉.
【螺线】luóxiàn 몡 나선. 나사선.
【螺旋】luóxuán 몡 1 나선. 2 ¶~式前进=나선식으로 전진하다. 2(機) 나사 잭. ⑨ screw jack
【螺旋桨】luóxuánjiǎng 몡(배의) 스크루(screw).
【螺旋式】luóxuánshì 혱 나선식의. 나선 형태의. ¶~上升=나선식의 상승.
【螺旋体】luóxuántǐ 몡(生) 파상균. 나선 모양의 세균. 스피로헤타(spirochaeta). [원생생물과 세균의 중간인 단세포 미생물]
【螺旋藻】luóxuánzǎo 몡(生) 스피룰리나 (spirulina). [남조류의 나선형 다세포 미생물]

倮 luǒ 알몸 라
통운 '裸(luǒ)'와 같음.

蓏 luǒ 열매 라
몡운 박과 식물의 열매.

*裸[(倮·蠃)] luǒ 벌거벗을 라
통 발가벗다. 드러내다. ¶岩石~露=암석이 드러나다.

○● 赤chì裸裸

【裸大麦】luǒdàmài ☞【青稞】qīngkē
【裸机】luǒjī 몡 1 미가입 상태의 휴대폰 기기. 2(컴) 윈도우(windows)가 설치되지 않은 상태의 컴퓨터.
【裸镜】luǒjìng 몡 나체 장면. 누드 신.
【裸露】luǒlù 통 발가벗어 드러내다. 가리지 않고 알몸을 드러내다. 노출하다. ¶枯水季节, 河床~。=갈수기에 하천의 바닥이 드러나다. ≒光赤
【裸麦】luǒmài ☞【青稞】qīngkē
【裸视】luǒshì 통 (안경을 끼지 않고) 육안으로 보다. ¶~视力=나안 시력. 나안 시력(裸眼视力). 육안 시력. 맨눈 시력. ¶两只眼睛~均为0.8。=두 눈의 나안 시력은 양쪽 다 0.8이다.
【裸体】luǒtǐ 통 발가벗다. 알몸을 드러내다. ¶赤身~=발가벗다. 알몸을 드러내다. 몡 알몸. 누드(nude). 나체. ¶~画=누드화. 나체화.
【裸戏】luǒxì 몡 나체 연기. 누드 신.
【裸线】luǒxiàn 몡(電) 나선(裸線). 알줄.
【裸眼】luǒyǎn 몡 육안(肉眼). 나안(裸眼). 맨눈. ¶~视力=나안 시력.
【裸装】luǒzhuāng 몡 (저장이나 운송시) 포장하지 않다. ¶木材一般都是~运输。=목재는 일반적으로 포장하지 않고 운송한다.
【裸子植物】luǒzǐ zhíwù 몡(植) 나자식물. 겉씨식물. ['被子植物(피자식물)'와 구별됨]

瘰 luǒ 연주창 라
【瘰疬】luǒlì 몡(醫) 나력(瘰癧). 결핵성 경부(頸部) 림프선염.

蠃 luǒ 나나니벌 라
☞【蜾蠃】guǒluǒ

泺[濼] Luò 강 이름 락
몡(地) 뤄수이(泺水). [산둥(山东)성에 있는 강 이름]
【泺口】Luòkǒu 몡(地) 뤄커우. [뤄수이(泺水)가 지수이(济水)에 유입되는 하구 이름. 산둥(山东)성 지난(济南)에 있음]

荦[犖] luò 뛰어날 락
혱(地) 분명하다. 뚜렷하다. 두드러지다. ¶卓~=탁월하다.
【荦荦】luòluò 혱운 (일이) 분명하다. 뚜렷하다. ¶~大端=주요한 대목〔항목〕. 두드러진 요점.

咯 luò 음역자 락
☞【吡咯】bǐluò
☞ gē, kǎ

*洛 Luò 강 이름 락
몡 1(地) 뤄허(洛河). [산시(陕西)성 북부에서 발원하여 웨이허(渭河)로 흘러들어가는 강 이름. 베이뤄허(北洛河)라고도 함] 2(地) 뤄허(洛河). [산시(陕西)성의 남부에서 발원하여 허난(河南)성을 거쳐 황허(黄河)로 흘러들어가는 강 이름. 난뤄허(南洛河)라고 하며, 고대에는 '雒(luò)'라고도 하였음] 3 성(姓).
【洛氏硬度】Luòshì yìngdù 몡 로크웰(Rock-

well) 경도.
【洛诵】[雒诵] luòsòng 동문 반복하여 낭송하다. 암송하다.
【洛阳】 Luòyáng 명(地) 뤄양. 낙양. [중국 고대 도시의 하나로, 동주(東周)・동한(東漢)・위(魏)・진(晉)・북위(北魏)・수(隋)・무주(武周)・후량(後梁)・후당(後唐) 등 9개 왕조가 도읍으로 정한 도시]
【洛阳花】 luòyánghuā ☞【石竹】 shízhú
【洛阳纸贵】 Luòyáng zhǐguì 성 1 낙양의 종이값이 오르다. [《진서・문원전(晉書・文苑傳)》에서 진(晉)대 좌사(左思)가 《삼도부(三都賦)》를 쓰자, 사람들이 앞다투어 베껴 쓰느라 뤄양의 종이값이 올랐다는 고사에서 유래함] 2 비 글을 아주 잘 써서 사람들이 다투어 전하여 널리 전해지다.

*【骆[駱]】 luò 낙타 락
명 1 동 가리온. 검은 갈기를 가진 백마. 2 (Luò) 성(姓).
【骆驼】 luò·tuo 명(動) 낙타.
【骆驼刺】 luò·tuocì 명(植) 낙타가시나무.
【骆驼绒】 luò·tuoróng 명 1 낙타의 털. 2 색깔과 모양이 낙타의 털과 닮은 직물 이름. =【驼绒】 tuóróng

*【络[絡]】 luò 그물 락
명 1 그물 (같은 것). ¶橘~=귤의 그물 모양의 섬유 조직. /网~=네트워크. 2 (醫) 낙(絡). [경맥(經脈)에서 갈라져 나온 작은 기혈(氣血)의 통로] ¶经~=경락. 동 1 (그물 같은 것으로) 덮다. 씌우다. ¶她用发网把头发~住。=그녀는 헤어네트(hairnet)로 머리카락을 덮어 씌웠다. 2 감다. 휘감다. 얽히다. ¶~丝=실을 감다.
☞ lào

0● 活络, 联络, 笼lǒng络, 脉mài络, 网络

【络麻】 luòmá ☞【黄麻】 huángmá
【络脉】 luòmài 명(醫) 낙맥. 맥락.
【络腮胡子】 luòsāi hú·zi 구레나룻.
【络纱】 luòshā 명(紡) 명주실을 실타래에 감고 잡티를 제거하다. =【络筒】 luòtǒng
【络筒】 luòtǒng ☞【络纱】 luòshā
【络筒机】 luòtǒngjī 명(紡) 권사기(卷絲機). [실 감는 기계]
【络盐】 luòyán 명 착염(錯鹽). [착이온을 가진 염] =【错盐】 cuòyán
【络绎】 luòyì 형 앞뒤로 끊임없이 이어지다. ¶人马往来, 前后~。=사람과 말이 끊임없이 왕래하다.
【络绎不绝】 luòyì·bùjué 성 1 (사람・수레・배 따위의) 왕래가 빈번해 끊이지 않다. 2 내왕이 빈번하다.

【珞】 luò 구슬 목걸이 락
☞【赛璐珞】 sàilùluò【璎珞】 yīngluò
【珞巴族】 Luòbāzú 명 낙파족. [중국 소수 민족의 하나로, 주로 시짱(西藏) 지역에 분포함]

*【烙】 luò 지질 락
☞【炮烙】 páoluò
☞ lào

【硌】 luò 산 위 큰 바위 락
명 문 (산 위의) 큰 바위.
☞ gè

*【落】 luò 떨어질 락
동 1 떨어지다. ¶叶~归根=잎이 떨어져서 뿌리로 돌아가다. 2 내려가다. 하강하다. 낮아지다. ¶水~石出=물이 빠지면서 돌이 드러나다. 진상이 드러나다. 3 내리다. 낮추다. 내려가게 하다. ¶~下帘子=발을 내리다. 4 빠지다. 빠져들다. ¶失足~水=발을 헛디뎌 물에 빠지다. 5 (뒤)떨어지다. 뒤지다. 뒤에 남다. ¶名~孙山=시험에 낙방하다. 6 쇠퇴하다. 영락하다. 몰락하다. ¶没~=몰락하다. / 破~=허물어지다. 7 그치다. 정지하다. 멈추다. ¶话音未~=말소리가 아직 멈추지 않다. 8 머물다. 정착하다. 자리잡다. ¶进城~户=시내로 들어가서 정착하다. 9 (붓으로) 쓰다. 서명하다. 기록하다. ¶郑重~款=정중하게 낙관을 찍다. 10 귀속되다. 낙착되다. ¶大权旁~=대권이 다른 사람에게 넘어가다. 11 얻다. 획득하다. 초래하다. ¶他的如意算盘又~空了。=그의 그럴듯한 속셈은 또 허사가 되었다. 명 1 멈추는[머무는] 곳. ¶段~=단락. / 下~=행방. 간 곳. 2 마을. 부락. 모여 사는 곳. ¶院~=뜰. 정원. / 部~=부락.
☞ là, lào
☞ 降 堕 坠 陨 ↔ 升 起 涨

0● 败落, 碧bì落, 剥bō落, 重落, 出落, 错落, 低落, 凋diāo落, 跌diē落, 堕duò落, 发落, 回落, 击落, 溅jiàn落, 降jiàng落, 角落, 聚落, 菌jūn落, 刊落, 廓kuò落, 冷落, 篱lí落, 利落, 寥liáo落, 流落, 飘piāo落, 起落, 群落, 洒sǎ落, 散落, 失落, 疏落, 数落, 水落, 屯tún落, 冥xī落, 陷xiàn落, 院落, 陨yǔn落, 中落, 坠zhuì落, 坐落, 空落落

【落案】 luò'àn 동 사건을 종결짓다. 사건이 종결되다.
【落榜】 luò∥bǎng 동 낙방하다. 낙제하다. 시험에 떨어지다. ¶他面试没过关, ~了。=그는 면접 시험을 통과하지 못하여 낙방하였다.
【落笔】 luòbǐ 동 쓰다. 글을 쓰다. 그림을 그리다. ¶~之前先打好腹稿。=붓을 대기 전에 먼저 마음속에 밑그림을 그려야 한다.
【落标】 luò∥biāo 동 1 입찰에서 떨어지다. ¶这家建筑公司由于资质不够而~。=이 건축 회사는 자격이 모자라 입찰에서 떨어졌다. 2 경쟁에서 실패하다. ¶他在第二轮选举中~了。=그는 2차 선거에서 낙선하였다.
【落膘】 luò∥biāo 동 (가축이) 여위다. 살이 빠지다.
【落泊】[落魄] luòbó 형 1 실의에 빠지다. 곤궁

**luò 落**

해지다. 곤경에 처하다. ¶家贫~=집이 가난하여 곤경에 처하다. **2** (성격이) 호탕하다. 대범하다. 호매하다. ¶为人~=사람됨이 호탕하다.

【落魄】luòbó ☞ 【落泊】luòbó ☞ luòpò, luòtuò

【落槽】luò‖cáo 동 **1** 물이 빠지다. 물살이 약해지다. **2** (~儿) 장부가 장붓구멍에 맞게 들어가다. **3** 비 마음이 놓이다〔가라앉다〕. 안심하다. ¶事情老这样拖着, 让人心里不~。=일이 늘 이렇게 지연되어 사람으로 하여금 마음을 놓지 못하게 한다. **4** 비 가세(家势)가 기울다. 집안이 몰락하다.

【落草】luòcǎo 동 **1** 양민이 산으로 들어가 산적패가 되다. [주로 조기 백화문에 보임] ¶~为寇=산으로 들어가서 비적(匪贼)이 되다. **2** 비 (~儿) 아이가 태어나다.

【落差】luòchā 명 **1** (물의) 낙차. **2** 비 격차. 차이, 갭(gap). ¶东西部的经济发展水平存在一定的~。=동·서부 지역의 경제 발전 수준은 어느 정도 격차가 있다.

【落潮】luò‖cháo ☞ 【退潮】tuì‖cháo

【落尘】luòchén ☞ 【降尘】jiàngchén

【落成】luòchéng 동 준공되다. 낙성되다. [고대 궁실을 축조할 때 낙제(落祭)를 지낸 것에서 유래함] ¶高架桥已于日前一通车。=고가다리는 이미 며칠 전에 준공되어 차가 다닌다. ≒竣工

【落槌】luò‖chuí 동 **1** 낙찰되다. ¶这幅名家真迹最终以三百万元的高价~。=이 대가의 진품은 결국 300만 위안의 고가에 낙찰되었다. **2** 경매가 끝나다. ¶汽车拍卖会已于昨日~。=자동차 경매는 이미 어제 끝났다.

【落胆】luò‖dǎn 동 **1** 간이 떨어지다〔덜컹하다〕. 매우 놀라다. **2** 비 간담이 서늘해지다. 매우 두려워하다. ¶他吓得都落了胆。=그는 놀라서 간담이 서늘해졌다.

【落得】luò‧de 동 (좋지 못한 결과를) 얻다. 초래하다. …하는 지경에 이르다. ¶他最终~众叛亲离的下场。=그는 끝내 모든 사람에게서 버림받는 지경에 이르렀다.

【落地】luò‖dì 동 **1** (물체가) 땅바닥에 떨어지다. 땅에 닿다. 착지하다. ¶飞机已经~, 正在跑道上滑行。=비행기는 이미 착륙하여 활주로 위를 주행하고 있다. **2** 태어나다. 출생하다. ¶孩子平安~。=아이가 무사하게 태어나다.

【落地窗】luòdìchuāng 명 (땅이나 마루 바닥에 닿는) 높고 긴 창문. 통유리 창.

【落地灯】luòdìdēng 명 플로어 스탠드(floor stand). 무대 아래의 조명등.

【落地镜】luòdìjìng 명 (스탠드형) 전신 거울.

【落地签】luòdìqiān ☞ 【落地签证】luòdìqiānzhèng

【落地签证】luòdì qiānzhèng 명 착륙 비자. =【落地签】luòdìqiān 영 arrival visa

【落地扇】luòdìshàn 명 스탠드 선풍기.

【落地式】luòdìshì 명 착지식. 콘솔식. ¶~音响=콘솔(console)형 오디오.

【落地罩】luòdìzhào 명 (주로 옛날 주거 양식에서의)

방을 나누는 칸막이.

【落第】luò‖dì 동 **1** 과거에 낙방하다. **2** 시험에 불합격하다〔떨어지다〕.

【落点】luòdiǎn 명 (사람이나 물체의) 낙하 지점. 낙하점. ¶他传球的~很准。=그가 공을 패스하는 낙하 지점이 아주 정확하다.

【落发】luò‖fà 동 삭발하고 출가하다. ¶~为尼=삭발하고 중이 되다.

【落帆】luòfān 동 돛을 내리다. ¶~靠岸=돛을 내리고 배를 부두에 정박시키다.

【落果】luòguǒ 명 (农) 낙과(하다).

【落好】luòhǎo 동 좋은 평가〔결과〕를 얻다. 호평을 받다. 좋은 소리를 듣다. ¶帮了忙还不~, 真扫兴。=도와 주고서도 좋은 소리를 듣지 못하니, 정말 김빠지네.

【落黑】luòhēi 명뷔 해질〔저녁〕 무렵. 어둑어둑해질 무렵. ¶一早出门儿, ~才回家。=아침 일찍 문을 나서서 저녁 무렵에야 돌아온다.

【落红】luòhóng 명뷔 떨어진 꽃잎. 낙화. ¶~不是无情物, 化作春泥更护花。=떨어진 꽃잎은 매정하지 않아서, 봄의 진흙 속에 녹아들어 다시 꽃을 보살피네.

【落后】luò‖hòu 동 뒤처지다. 낙오하다. ¶几名队员因为力力不支稍稍一了一点。=대원 몇 명은 체력이 딸려 조금 뒤처졌다. 형 **1** (일의 진척이 계획보다) 뒤처지다. 뒤떨어지다. 늦어지다. 더디다. 지연되다. ¶材料工作~, 拖了整个项目的后退。=재료 작업이 뒤떨어져서 전체 프로젝트 진행의 발목을 잡고 있다. **2** 낙후되다. 뒤떨어지다. ¶贫穷~的偏远山区=가난하고 낙후된 산간벽지. ¶进步发达先进 领先

【落户】luò‖hù 동 **1** (타지에) 정착하다. 거처를 정하다. 자리잡다. ¶他大学毕业后就在上海落了户。=그는 대학을 졸업한 후 상하이에 정착하였다. **2** 호적에 올리다. 입적하다. ¶孩子都一岁多了, 还没~。=아이가 벌써 한 살이 넘었는데 아직 호적에 올리지 않았다.

【落花】luòhuā 명 **1** 떨어진 꽃잎. 낙화. **2** 동 떨어진 솜 찌꺼기.

【落花流水】luòhuā-liúshuǐ 성 **1** 떨어진 꽃잎이 물에 떠내려가다. **2** 비 참패하다. 박살나다. 산산이 부서지다. ≒一败涂地

【落花生】luòhuāshēng 명(植) **1** 땅콩. **2** 땅콩 열매. =【花生】huāshēng 图【长生果】chángshēngguǒ【仁果】rénguǒ

【落花有意, 流水无情】luòhuā yǒuyì, liúshuǐ wúqíng 성 한쪽은 생각이 있지만, 다른 한쪽은 매정하다. [주로 남녀 연애 이야기를 가리킴]

【落荒】luòhuāng 동 대로를 떠나서 황야로 도망가다. [주로 조기 백화문에 보임]

【落荒而逃】luòhuāng'értáo 성 **1** 길을 버리고 황야로 도망가다. **2** 비 도주하다. 패주하다. 당해낼 수 없이 도망치다.

【落晖】luòhuī 명 지는 태양빛. 석양빛. 낙조.

【落籍】luòjí 동 **1** 명부에서 제명하다. **2** (기생이) 낙적되다. 기적(妓籍)에서 이름이 빠지다.

【落价】luòjià 동 가격이 떨어지다〔내리다〕. ¶

근 몇 개월 이래 전기 제품이 줄곧 가격이 떨어지고 있다. =요 몇 달 동안 전기 제품은 줄곧 가격이 떨어지고 있다.

【落脚】luò‖jiǎo(~儿) 통 잠시 머물다〔들르다〕. 발걸음을 멈추다. 묵다. ¶今天回不去了, 得找个地方~。=오늘 돌아갈 수가 없겠으니, 어디 가서 묵어야겠다.

【落脚点】luòjiǎodiǎn 명 1 근거지. 숙소. 임시 거처. 발판. 2 (비) 지향점. 목표점. 목표. ¶以经济建设为中心是我们开展一切工作的出发点和~。=경제 건설을 중심으로 하는 것은 우리가 모든 업무를 전개하는 데 있어서의 출발점이자 지향점이다.

【落脚货】luòjiǎohuò 명 팔 수 없는 저질 물건.

【落井下石】luòjǐng-xiàshí ☞【投井下石】tóujǐng-xiàshí

【落空】luò‖kōng 통 수포로 돌아가다. 허사가 되다. 물거품이 되다. ¶希望~=희망이 물거품이 되다.

【落款】luò‖kuǎn(~儿) 통 낙관하다. 낙관을 찍다. ¶画已经完成了,只是还没有~。=그림은 이미 다 그렸는데, 아직 낙관만 하지 않았을 뿐이다.

【落款】luòkuǎn(~儿) 명 (편지·그림·선물 따위의) 발신인〔수신인〕 이름. ¶信后的~是 '一位热心观众'。=편지 뒤의 발신인 이름은 '한 열성 시청자〔팬〕' 이었다.

【落雷】luòléi ☞【霹雳】pīlì

【落泪】luò‖lèi 통 눈물을 흘리다. ¶伤心~=슬퍼서 눈물을 흘리다.

【落铃】luòlíng 명(農) 목화다래가 지다.

【落落】luòluo 형 1 대범하고 솔직하다. 화통하다. 명랑하다. ¶~大方=화통하고 대범하다. 2 도도하여 다른 사람과 잘 어울리지 못하다. ¶~穷士=거만하여 외톨이인 가난한 선비.

【落落寡合】luòluo-guǎhé 성 사람이 도도하여 다른 사람들과 잘 어울리지 못하다. =【落落难合】luòluo-nánhé

【落落难合】luòluo-nánhé ☞【落落寡合】luòluo-guǎhé

【落马】luò‖mǎ 통 1 낙마하다. 말에서 떨어지다. 2 (비) 전쟁이나 경기에서 지다〔패하다〕. ¶几位实力很强的选手意外~。=실력 있는 몇 명의 선수들이 뜻밖에 졌다.

【落寞】luòmò ☞【落寞】luòmò

【落寞】[落漠][落莫] luòmò 형 외롭다. 쓸쓸하다. 적막하다. ¶孤寂~=외롭고 쓸쓸하다.

【落漠】luòmò ☞【落寞】luòmò

【落墨】luòmò 통 붓을 대다. 글을 쓰다. 그림을 그리다. ¶构思良久, 难以~。=오랫동안 구상했지만 쉽사리 붓을 대지 못하다.

【落幕】luòmù 통 폐막되다. 막을 내리다.

【落难】luò‖nàn 통 재난을 만나다. 곤경에 빠지다. 역경에 처하다. ¶他早年~的时候这位老人曾给过他很大的帮助。=그가 예전에 어려움에 처했을 때 이 노인이 그에게 크나큰 도움을 준 적이 있다.

【落聘】luòpìn 통 채용되지 않다. 뽑히지 않다. 떨어지다. ¶~人员=채용되지 않은 사람.

【落魄】luòpò 통 1 낙담하다. 실의에 빠지다. 2 (비) 경황이 없어 어쩔 줄을 모르다. ¶失魂~=혼비백산하다. 형 ☞【落泊】luòbó

【落气】luò‖qì 통 1 호흡을 멈추다. 2 죽다. 숨을 거두다. ¶老人快~了。=노인은 곧 돌아가시려 한다.

【落日】luòrì 명 석양. 지는 해. ¶~西沉=석양이 서쪽으로 지다.

【落纱】luòshā 통《紡》조방(粗紡)하다.

【落山】luòshān 통 (해나 달이) 서산으로 지다.

【落生】luòshēng 통형 (아이가) 태어나다. 출생하다. 명통 땅콩.

【落实】luòshí 통 1 (정책·계획·조치 따위가) 실현되다. 구체화되다. 확정되다. ¶资金~后立即动工。=자금 문제가 확정된 후에 바로 공사를 시작했다. 2 실현시키다. 현실화시키다. 구체화하다. ¶~政策=정책을 실현시키다.

【落市】luòshì 통 1 채소가 제철이 지나다. ¶草莓已经~了。=딸기는 벌써 제철이 지났다. 2 (시장 따위가) 거래를 중지하다.

【落水】luò‖shuǐ 통 1 물에 빠지다. 2 (비) 타락하다. ¶在金钱和美色的诱惑下,他~了。=돈과 여색의 유혹 때문에 그는 타락했다.

【落水狗】luòshuǐgǒu 명 1 물에 빠진 개. 2 (비) 권세를 잃은 악한(惡漢).

【落水管】luòshuǐguǎn ☞【水落管】shuǐluòguǎn

【落锁】luòsuǒ 통 자물쇠를 채우다. ¶大门虚掩着,没有~。=대문은 살짝 닫혀만 있고 자물쇠가 채워지지 않았다.

【落汤鸡】luòtāngjī 명 1 국물에 빠진 병아리. 2 (비) 온 몸이 폭 젖은 사람.

【落汤螃蟹】luòtāng pángxiè 성 1 뜨거운 탕 속에 들어간 게 같다. 2 (비) 곤경에 빠져서 어쩌지를 못한다. 어려운 처지에서 어찌할 방법이〔도리가〕없다. 속수무책이다.

【落套】luòtào 통 (창조적이지 못하고) 고정된〔세속적〕틀에 얽매이다. 상투적이다. ¶情节~=줄거리가 상투적이다.

【落体】luòtǐ 명《物》(중력의 힘으로) 떨어지는 물체. 낙하 물체. 낙체(落體). ¶自由~运动=자유 낙하 운동.

【落托】luòtuō ☞【落拓】luòtuò

【落拓】luòtuò 형문 1 호방하다. 거리낌없다. ¶~狂放=성격이 호방하고 거리낌이 분방하다. 2 실의에 빠지다. 낙담하다. ¶自嗟~=실의에 빠졌음을 스스로 개탄하다. =【落托】luòtuō

【落拓不羁】luòtuò-bùjī 성 성격이 자유분방하여 구애됨이 없다.

【落网】luò‖wǎng 통(비) (범인이) 체포되다. 잡히다. ¶几名主犯相继~。=몇 명의 주범들이 차례로 체포되다.

【落伍】luò‖wǔ 통 1 낙오하다. 뒤떨어지다. ¶他的车在半路出了一点故障,所以~了。=그의 차가 도중에 고장이 약간 나서 뒤쳐졌다. 2 (비) (시대에) 뒤쳐지다. 뒤떨어지다. ¶思想~=사상

이 시대에 뒤떨어지다. ≒掉队
【落霞】luòxiá 몡 저녁 노을.
【落闲话】luò xiánhuà 동 이야깃거리가 되다. 남의(사람들의) 입에 오르내리다. ¶这事一定要办好, 不然要～。= 이 일은 반드시 잘 처리해야 해. 그렇지 않으면 남의 입에 오르내리게 될 거야.
【落笑柄】luò xiàobǐng 동 웃음거리가 되다. 비웃음을 사다. ¶文章写得不好, 恐～。= 글을 잘 쓰지 못해서 웃음거리가 될까 봐 걱정이다.
【落选】luò ‖ xuǎn 동 낙선하다.
【落叶】luòyè 동 잎이 떨어지다. ¶～知秋 = 잎이 떨어지는 것으로 가을이 오는 것을 알다. 몡 낙엽. ¶满地～= 땅에는 온통 낙엽이다.
【落叶归根】luòyè-guīgēn ☞【叶落归根】yèluò-guīgēn
【落叶树】luòyèshù 몡(植) 낙엽수.
【落叶松】luòyèsōng 몡(植) 낙엽송.
【落叶植物】luòyè zhíwù 몡(植) 낙엽식물.
【落音】luò ‖ yīn (～儿) 동 말이나 노랫소리가 그치다. ¶老师的话还没～, 同学们就叽叽喳喳地说开了。= 선생님의 말씀이 아직 끝나기도 전에 급우들은 벌써 재잘재잘 이야기하기 시작했다.
【落英】luòyīng 몡(문) 1 떨어지는 꽃잎. 낙화(落花). ¶～遍地 = 떨어진 꽃잎이 도처에 널려 있다. 2 막 피어난 꽃.
【落英缤纷】luòyīng-bīnfēn 성 1 낙화가 매우 많다. 2 꽃잎이 우수수 떨어지다. 꽃보라가 흩날리다.
【落雨】luòyǔ 동방 비가 내리다.
【落葬】luòzàng 동 매장하다. 묻다.
【落账】luò ‖ zhàng 동 장부에 기입하다. ¶每一笔收支款项都要～。= 모든 항목의 수입과 지출 금액을 장부에 기입해야 한다.
【落照】luòzhào 몡 낙조. 석양.
【落座】luò ‖ zuò 동 좌석에 앉다. 착석하다. ¶宴会马上就要开始了, 请各位～。= 파티가 곧 시작하려고 하니, 여러분은 자리에 앉아 주세요.

## 跞[躒] luò 뛰어날 락
☞【卓跞】zhuóluò
☞ lì

## 摞 luò 포갤 라
동 쌓다. 포개다. ¶把碗～在一起。= 그릇을 한 군데 포개 놓다. 양 무더기. 더미. ¶一～书 = 책 한 더미.

## 雒 Luò 강 이름 락
몡 1 '洛(luò)'와 같음. [뤄허(洛河)의 '洛'는 고대에 '雒'라고 하였음] 2 성(姓).
【雒诵】luòsòng ☞【洛诵】luòsòng

## 漯 Luò 강 이름 루
☞ Tà
【漯河】Luòhé 몡(地) 뤄허(漯河). [허난(河南)성에 있는 지명]

## 啰[囉] ·luo 어조사 라
조 문장 끝에 쓰여 긍정적 어투를 나타냄. ¶他有了新点子～。= 그에게 새로운 묘안이 생겼어. / 放心～, 他一定能办好。= 안심해라, 그가 반드시 해낼 수 있을 테니.
☞ luō, luó

# M

## m

**姆** m̄ 어미 모
☞ mǔ
【姆妈】m̄mā 몡빵 1 어머니. 엄마. 2 아주머니. ¶孙家~=손씨네 아주머니.

**呒** ḿ 분명하지 않을 무
동 없다. ¶~法子=방법이 없다.
【呒啥】ḿshá 동 아무 것도 없다. 어떤 것도 없다. ¶~看头=아무런 볼거리가 없다.

**嘸** ḿ 대답할 무
갑 (의문을 나타내어) 응? 뭐? ¶~, 你说什么?=응, 뭐라고?

**呣** m̀ 대답할 무
갑 (응낙의 어기를 나타내어) 응. 그래. 알았어. ¶~, 我记住了.=알았어, 기억했어.

## ma

**孖** mā 쌍둥이 자
톙빵 두 개의. 쌍(雙)의. ¶这俩小子是~仔.=이 두 꼬마는 쌍둥이이다.
【孖髻山】Mājìshān 몡(地) 마지산. [광둥(广东)성에 있는 산 이름]
【孖仔】māzǎi 몡빵 쌍둥이.

**妈[媽]** mā 엄마 마
몡 1⟨口⟩ 엄마. 어머니. ¶爹~=아버지와 어머니. 2 부모와 같은 항렬인 친척 기혼 여성을 부르는 말. ¶舅~=외숙모. 3 나이 지긋한 부인을 높여 부르는 말. ¶李大~=이씨 아주머니. 4 ⟨예⟩ 성(姓) 뒤에 쓰여 중년이나 노년의 하녀를 정답게 부르는 말. ¶鲁~=노씨 아줌마. 노씨 어멈〔어미〕.

○● 后妈, 舅jiù妈, 奶妈, 老妈子

【妈妈】mā·ma 몡빵 1⟨口⟩ 엄마. 어머니. 2 빵 아주머니. [나이 많은 부인을 일컫는 말] ¶张~今年已八十多岁了.=장씨 아주머니는 올해 이미 여든이 넘었다.

【妈妈论儿】mā·malùnr 몡빵⟨북⟩ 잔소리. 두고 두고 항상 되뇌는 말. =【老妈妈论儿】lǎomā·ma lùnr

【妈咪】mā·mi 몡⟨외⟩ 마미(mommy). 엄마.

【妈祖】māzǔ 몡 마조신(媽祖神). [중국 동남부 연해 지역의 전설 속에서, 항해를 관장한다는 여신] =【天妃】tiānfēi 【天后】tiānhòu

【妈祖庙】māzǔmiào 몡 마조신(媽祖神)(을 모시는) 사당.

**抹** mā 닦을 말
동 1 닦다. 문지르다. 훔치다. ¶把桌子~一下.=탁자 좀 닦아라. 2 잡아 움직이다(빼다·내리다·벗기다). ¶一抬手把帽子~了下来.=손을 번쩍 들어 모자를 벗어젖혔다. 3⟨口⟩ 해직하다. 면직하다. 파면하다. 물러나다. ¶他的办公室主任被经理~了.=사장에 의해 그는 사무실 주임 자리에서 물러났다〔해직되었다〕.
☞ mǒ, mò

【抹布】mābù 몡 행주. 걸레. ¶拿一块~来擦擦桌子.=걸레를 가져와 탁자를 닦자.

【抹搭】mā·da ⟨방⟩ (눈꺼풀을) 내리깔다. ¶他眼皮向下一~,便不再说话了.=그는 눈꺼풀을 내리깔고 (아래를 쳐다보더니) 더 이상 아무 말도 하지 않았다.

【抹脸】mā‖liǎn 동 굳은 표정을 짓다. 정색(正色)하다. 얼굴을 붉히다. 못마땅한 표정을 짓다. 안면을 바꾸다. ¶他一~, 谁都不认.=그는 한 번 정색하면 누구도 아는 체하지 않는다.

【抹澡】mā‖zǎo 동⟨방⟩ 젖은 수건으로 몸을 닦다〔문지르다〕. 때를 밀다.

**蚂[螞]** mā 잠자리 마
☞ mǎ, mà
【蚂螂】mā·lang 몡빵⟨動⟩ 잠자리.

**麻** mā 어슴푸레할 마
아래를 참조.
☞ má
【麻麻黑】mā·mahēi 톙빵 (해가 막 져서) 어슴푸레하다. 어둑어둑하다. 어스름하다. ¶天都~了, 孩子们还没放学.=날이 어둑어둑한데, 아이들은 아직 학교가 파하지 않았다. →麻麻亮
【麻麻亮】mā·maliàng 톙 희뿌옇게 밝아지다. 어슬어슬 밝아지다. ¶天刚~, 他就起床跑步去了.=날이 희뿌옇게 밝아 오자, 그는 일어나 달리기하러 갔다. →麻麻黑

**摩** mā 매만질 마
아래를 참조.
☞ mó
【摩挲】mā·sā 통 매만져서 (구김을) 펴다. ¶把床单一平。=침대 시트를 매만져서 펴다.
☞ mósuō

**吗[嗎]** má 무엇 마
때분 무엇. ¶你星期天打算干~? =너는 일요일에 뭐 할 예정이니?
☞ mǎ, ·ma

**麻¹[(蔴)]** má 삼 마
명 1 (植) 삼. 마. ¶大~=대마. /黄~=황마. 2 (紡) 삼베. 마직물(麻織物). 마직 제품. ¶心乱如~=마음이 마치 삼가닥처럼 어지럽다. 몹시 심란하다. 3 참깨. ¶一桶~油=참기름 한 통.

**麻²** má 저릴 마
형 1 쥐나다. 저리다. ¶腿有点儿发~。=다리가 조금 저리다. 2 (혀가) 얼얼하다. 알알하다. 아리다. ¶这菜花椒放多了，~得很。=이 요리는 산초를 많이 넣어서 혀가 무척 얼얼하다. 3 (표면이) 거칠다. 꺼칠꺼칠하다. 까칠까칠하다. 거슬거슬하다. 깔깔하다. ¶~玻璃=(표면을 거칠게 처리하여) 거칠거칠한 유리. 4 얼룩덜룩한. 반점이 있는. 점이 있는. ¶解剖~雀=참새를 해부하다. 명 1 (醫) 마맛자국. 두흔(痘痕). 얽은 자국. ¶他是个~脸。=그는 곰보 〔얽은 얼굴〕이다. 2 (Má) 성(姓).
☞ mā

○ 麻 má
嘛 má
嬤 mā
膏 mó
魔 mó
摩
蘑
摩·me
糜 mí
糜 mí
糜 mí

蓖bì麻、红麻、胡麻、花麻、剑麻、蕉jiāo麻、苘qǐng麻、青麻、肉麻、蛇麻、酥sū麻、天麻、枲xǐ麻、线麻、亚麻、野麻、芝麻、脂麻、种麻、主麻、苎zhù麻

【麻包】mábāo 명 마대. ≒麻袋
【麻痹】[麻痺] mábì 통 (醫) 마비되다. ¶小儿~=소아마비. 형 경각심을 늦추다. 경각심이 풀어지다. 경계를 늦추다. 무감각해지다. (반응이나 감각이) 무디어지다. ¶~大意=무감각해져 소홀하다. ↔警惕
【麻布】mábù 명 (紡) (부대용·포장용 질긴) 삼베. 아마포(亞麻布). 리넨(linen).
【麻袋】mádài 명 마대. ≒麻包
【麻袋片儿】mádàipiànr 명 1 마대 조각. 2 비 누더기. 마대자루. 천 조각. [해학적인 의미를 내포함]
【麻捣】mádǎo 명통 썬 삼. 삼거웃. [벽을 바르는 석회에 섞어 넣는 삼]
【麻刀】má·dao 명 썬 삼. 삼거웃. [벽을 바르는 석회에 섞어 넣는 삼]
【麻豆腐】mádòu·fu 명 비지. 전베 찌꺼, 녹두

찌꺼로 만든 두부.
【麻烦】má·fan 형 귀찮다. 성가시다. 번거롭다. ¶这件事很~。=이 일은 무척 번거롭다. 통 귀찮게(성가시게·번거롭게) 하다. 부담을 주다. 폐를 끼치다. ¶~你把这封信交给他。=번거롭겠지만 이 편지를 그에게 전해 주세요. 명 말썽. 골칫거리. 부담. ¶别给我惹~。=말썽을 일으키지 마. ↔方便 便当
【麻纺】máfǎng 명 (紡) 마방적(麻紡績). 삼실뽑기. ¶~厂=마방적(麻紡績) 공장.
【麻疯】máfēng 명 (醫) 나병. 문둥병. =【大麻风】dàmáfēng
【麻秆】mágǎn (~儿) 명 껍질 벗긴 삼대.
【麻花】máhuā (~儿) 명 꽈배기. 형통 옷이 닳아서〔낡아서〕해지다. ¶工作服的袖子都快~了。=작업복 소매가 너무 닳아서 해지려고 한다.
【麻黄】máhuáng 명 (植) 마황.
【麻黄素】máhuángsù 명 (醫) 에페드린(ephedrine).
【麻将】májiàng 명 마장. 마작(麻雀). [대나무·뼈·플라스틱 등으로 만든 중국의 실내 오락. 네 사람의 대국자가 글씨나 숫자가 새겨진 136개의 패를 가지고 짝을 맞추며 승패를 겨루는 놀이]=【麻雀】máquè
【麻酱】májiàng ☞【芝麻酱】zhī·majiàng
【麻秸】má·jie 명 껍질 벗긴 삼대.
【麻筋儿】májīnr 명 1 (生) (척골 신경을 조금만 부딪쳐도 감각이 마비되고 찌릿찌릿한) 팔꿈치 안쪽의 근육. 그루브(groove). 2 비 약점. 아픈 곳. 아킬레스건. ¶别老是别人的~。=자꾸 다른 사람의 약점을 건드리지 마라.
【麻经儿】májīngr 명 가느다란 삼노끈. 삼끈. [주로 작은 물건을 묶는 데 쓰임]
【麻辣】málà 형 맵고 얼얼하다. 톡톡 쏘며 아리다. ¶~火锅=맵고 얼얼한 중국식 신선로.〔샤브샤브〕요리.
【麻雷子】máléi·zi 명 터지는 소리가 매우 큰 폭죽.
【麻栎】málì 명 (植) 상수리나무.
【麻利】má·li 형 날래다. 민첩하다. 잽싸다. ¶动作~=동작이 잽싸다. 부 신속하게. 빨리. 잽싸게. 서둘러. ¶家里有事, 让你~回去。=집에 일이 있다니, 서둘러 집에 가 봐. ≒敏捷
【麻脸】máliǎn 명 곰보. 얽은 얼굴.
【麻麻利利】má·ma lìlì (~的) 형 날래다. 민첩하다. 잽싸다.
【麻麻酥酥】má·ma sūsū (~的) 형 가볍게 마비되는 모양. 짜릿하다. 찌르르하다. 저릿저릿하다. 맥이 풀린 모양.
【麻木】mámù 형 1 마비되다. 저리다. (신체의 일부분이) 말을 듣지 않다. ¶四肢~=팔다리가 저리다. 2 비 (반응이) 둔하다. 더디다. 무감각하다. ¶思想~=무감각하다.
【麻木不仁】mámù-bùrén 성 1 몸이 마비되어 감각이 없다. 2 비 (세상 사물에 대해) 전혀 관심이 없다. 무감각하다. 경각심이 없다.
【麻婆豆腐】mápó dòu·fu 명 마포더우푸. 마

파두부.

【麻雀】máquè 閔 1 (動) 참새. (义) 【家雀儿】jiāqiǎor 啩【老家贼】lǎojiāzéi 2 ☞【麻将】májiàng

【麻雀虽小, 肝胆俱全】máquè suī xiǎo, gāndǎn jù quán ☞【麻雀虽小, 五脏俱全】máquè suī xiǎo, wǔzàng jù quán

【麻雀虽小, 五脏俱全】máquè suī xiǎo, wǔzàng jù quán 俗 1 참새가 비록 작아도 오장육부는 다 갖추고 있다. 2 (비) 아무리 작은 사물이라도 있을 것은 다 있다. 하찮은 일이라도 연구·분석하면 그것으로부터 교훈을 얻을 수 있다. =【麻雀虽小, 肝胆俱全】máquè suī xiǎo, gāndǎn jù quán

【麻仁】márén (~儿) 閔 삼씨. [기름을 짜기도 하고, 지사제(止瀉劑)로도 쓰임]

【麻纱】máshā (紡) 1 가느다란 베실. 2 면마 혼방 원단.

【麻绳】máshéng 閔 삼노끈. 삼밧줄.

【麻石】máshí 閔 1 정으로 다듬은 돌. [주로 건축·도로 건설에 이용됨] 2 ☞【花岗石】huāgāngshí

【麻酥酥】másūsū (~的) 匽 찌릿찌릿하다. 짜릿하다. 찌르르하다. 저릿저릿하다. ¶側卧时间长了, 肩膀有点~的. = 옆으로 오래 누워 있었더니 어깨가 조금 저릿저릿하다.

【麻糖】mátáng ☞【芝麻糖】zhī·matáng

【麻团】mátuán 閔 마환. 찹쌀 도넛. [찹쌀가루 반죽 속에 설탕을 소로 넣고 동그랗게 만든 다음 참깨를 묻혀 기름에 튀긴 것]

【麻线】máxiàn (~儿) 閔 삼실. 마사(麻絲).

【麻醉】mázuì ☞【麻醉剂】mázuìjì

【麻衣】máyī 閔(옛) (삼)베옷.

【麻油】máyóu ☞【芝麻油】zhī·mayóu

【麻渣】mázhā 깻묵.

【麻疹】[痲疹] mázhěn 閔(醫) 홍역. (义)【疹子】zhěn·zi 俗【痧子】shā·zi

【麻织品】mázhīpǐn (紡) 마직물. 마직 제품.

【麻子】má·zi 閔 1 마맛자국. 곰봇자국. 2 곰보. 얼굴이 얽은 사람.

【麻醉】mázuì 動 1 (醫) 마취하다. 2 (비) (의식을) 마비시키다. 현혹시키다. ¶被金钱所~. = 돈에 마비되다[눈이 어두워지다·미치다].

【麻醉剂】mázuìjì 閔(醫) 마취제. 마취약. =【麻药】máyào 蒙药 méngyào

【麻醉品】mázuìpǐn 閔 1 (醫) 마약. 2 (비) 음란 영상물[서적].

【麻醉师】mázuìshī 閔(醫) 마취(의)사.

## 痳 má 저릴 마
아래를 참조.

【痳痹】mábì ☞【麻痹】mábì

【痳风】máfēng ☞【麻风】máfēng

【痳疹】mázhěn ☞【麻疹】mázhěn

## 蟆 [蟇] má 두꺼비 마
☞【蛤蟆】há·má

## 马 [馬] mǎ 말 마
閔 1 (動) 말. 2 (Mǎ) 성(姓). 形 크다. ¶把~勺拿来. = 큰 국자를 가져와요.

○● 鞍ān马, 斑马, 川chuān马, 堕duò马, 儿马, 驸fù马, 海马, 河马, 骏jùn马, 口马, 劣liè马, 遛liù马, 绵马, 牛马, 驽nú马, 跑马, 骗马, 犬quǎn马, 人马, 戎róng马, 赛马, 上马, 探马, 趟马, 铁马, 头马, 驮tuó马, 下马, 响马, 野马, 辕yuán马, 灶马, 战马, 纸马, 竹马, 走马

【马鞍】mǎ'ān 1 말안장. =【马鞍子】mǎ'ān·zi 2 말안장 모양의 물건. U자형 물건.

【马鞍形】mǎ'ānxíng 閔(비) 말안장 모양. U자형. ¶企业的发展有时会呈~. = 기업 발전은 때로는 U자형으로 오르락내리락한다[성장과 퇴보를 반복한다].

【马鞍子】mǎ'ān·zi ☞【马鞍】mǎ'ān

【马帮】mǎbāng 閔 말에 짐을 싣고 떼지어 다니며 장사하는 사람들. 마바리 떼. 대상(隊商). 캐러밴(caravan).

【马膀儿】mǎbáor 閔(植) 새박.

【马宝】mǎbǎo 閔(醫) 병든 말의 담낭에서 꺼낸 결석(結石).

【马鞭(子)】mǎbiān(·zi) 閔 1 말채찍. 2 채찍.

【马弁】mǎbiàn 閔(옛) (군벌 시대의) 장교의 호위병.

【马表】mǎbiǎo 閔(體) 스톱워치. =【停表】tíngbiǎo【跑表】pǎobiǎo

【马鳖】mǎbiē ☞【水蛭】shuǐzhì

【马勃】mǎbó 閔(植) 말불버섯.

【马不停蹄】mǎbùtíngtí 成(비) 잠시도 쉬지 않고 계속 나아가다. 일손을 놓지 않다. 갈 길을 재촉하다[다그치다]. 늑夜以继日

【马步】mǎbù 閔 기마자세(騎馬姿勢). [두 발을 어깨 너비로 벌리고 무릎을 굽혀 직각으로 만들고 엉덩이를 뒤로 약간 내며 상체를 꼿꼿이 세우는 자세로, 무술 기본 자세의 하나]

【马菜】mǎcài ☞【马兰】mǎlán

【马槽】mǎcáo 閔 1 말구유. 말여물통. 2 (모든 가축의) 구유.

【马车】mǎchē 閔 1 (사람을 태우는) 마차. 2 짐 마차. 짐을 싣는 마차.

【马齿徒增】mǎchǐ-túzēng 謙 아무것도 이룬 것 없이 허송세월하다. 쓸데없이 나이만 먹다. [주로 겸손의 의미로 쓰임]

【马齿苋】mǎchǐxiàn 閔(植) 쇠비름. =【长寿菜】chángshòucài

【马刺】mǎcì 閔 (승마 구두의 뒤축에 달려 있는) 박차(拍車).

【马褡子】mǎdā·zi 閔 말 전대(纏帶). 말의 안장(鞍章)에 다는 주머니.

【马达】mǎdá 閔(외)(义) '电动机(모터, motor)'의 속칭.

○ 马 mǎ
妈 mā
吗 ma
骂 mà
码 mǎ
玛 mǎ
蚂 mǎ
杩 mà

【马达加斯加】 **Mǎdájiāsījiā** 뗑외(地) 마다가
스카르(Madagascar). [수도는 '塔那那利佛(안타
나나리보 : Antananarivo)'임]
【马大哈】 **mǎdàhā** 閺 덜렁거리다. 덜렁대다.
세심하지 못하다. 데면데면하다. 조심성이 없다.
부주의하다. ¶你也太~了, 出门连门都不关.
=넌 너무 조심성이 없어, 외출하면서 문도 닫지
않다니. 뗑 덜렁꾼. 건성꾼. 부주의한 사람. 일을
되는대로 하는 사람. [중국 만담 《猴(買猴)》에
나오는 인물 이름으로, '马马虎虎·大大咧咧·嘻
嘻哈哈'의 준말] ¶他是一个~, 什么事都不放在
心上。=그는 너무 덜렁꾼이어서 무슨 일도 마음
에 새겨 두지 않는다.
【马刀】 **mǎdāo** 뗑 기병이 휴대하는 군도(軍刀).
=【战刀】 **zhàndāo**
【马到成功】 **mǎdào-chénggōng** 솅 **1** 군마
(軍馬)가 오자마자 승리하다. **2**비 순조롭고 신
속하게 승리를 쟁취하다. 일이 빨리 이루어지다.
손쉽게 성공하다. [주로 기원이나 축원할 때 쓰
임] 늑旗开得胜
【马道】 **mǎdào** 뗑옛 연병장이나 성벽 위로 말을
달릴 수 있게 닦은 길.
【马灯】 **mǎdēng** 뗑 바람막이 램프. [야간 기마
행군 때 말에 걸어서 사용함]
【马镫】 **mǎdèng** 뗑 등자(鐙子). [말을 탈 때 딛
고 올라가고, 타고 갈 때 두 발로 디디게 되어 있
는 것]
【马店】 **mǎdiàn** 뗑 마방. 마바리 객주집. 행상이
나 마부용의 숙박 시설.
【马丁炉】 **mǎdīnglú** ☞【平炉】 **pínglú**
【马队】 **mǎduì** 뗑 **1** 기마대. 기병대. **2** 화물을
나르는 말의 대열. 대상(隊商).
【马尔代夫】 **Mǎ'ěrdàifū** 뗑외(地) 몰디브
(Maldives). [수도는 '马累(말레 : Malé)'임]
【马耳东风】 **mǎ'ěr-dōngfēng** ☞【东风吹马
耳】 **dōngfēng chuī mǎ'ěr**
【马耳他】 **Mǎ'ěrtā** 뗑외(地) 몰타(Malta). [수도
는 '瓦莱塔(발레타 : Valleta)'임]
【马翻人仰】 **mǎfān-rényǎng** ☞【人仰马翻】
**rényǎng-mǎfān**
【马粪纸】 **mǎfènzhǐ** ☞【黄纸板】 **huángzhǐ
bǎn**
【马蜂】[蚂蜂] **mǎfēng** ☞【胡蜂】 **húfēng**
【马蜂窝】 **mǎfēngwō** 뗑 **1** 말벌집. 왕벌집. 나
나니벌집. **2**비 섣불리 건드려서는 안 되는 사람
〔일〕. 처리하기〔상대하기·감당하기〕어려운 사
람〔일〕. ¶她这个~谁都不敢惹. =그녀는 감당
하기 어려운 사람이라 아무도 감히 건드리지 못
한다.
【马夫】 **mǎfū** 뗑 마부. 말구종. 마차꾼.
【马竿】 **mǎgān**(~儿) 뗑 맹인용 지팡이.
【马革裹尸】 **mǎgé guǒshī** 솅 **1** 말가죽으로 시
체를 싸다. **2**비 군인이 전쟁터에서 죽다. 조국을
위해 몸 바치다.
【马褂】 **mǎguà** 뗑옛 마고자. [남자들이 '长袍
(chángpáo)' 위에 입는, 허리까지 오는 짧은 상의.
검은색으로 된 것이 많으며 원래는 만주족이 말
탈 때 입는 옷이었음]
【马倌】 **mǎguān**(~儿) 뗑 말을 방목·사육하는
사람.
【马海毛】 **mǎhǎimáo** 뗑외 **1** 앙고라염소의 털.
**2** 앙고라. 모헤어(mohair). [앙고라염소나 앙고
라토끼의 털로 짠 직물을 말함]
【马号】 **mǎhào** 뗑 **1**옛 (관공서·역참(驛站)·개
인 주택의) 마구(간). **2** 기병용 나팔. 신호.
【马赫】 **mǎhè** 뗑외(物) 마하(Mach). 음속(音
速). [비행기·고속 기류 등의 속도를 음속에 대한
운동 물체의 속도 비로 나타내는 단위]
【马后炮】 **mǎhòupào** 뗑 **1** (장기에서) 말(馬)
이 뜬 후의 포(包). **2**비 사후 약방문. 뒷북치는
것. 뒤늦게 수선떠는 것. 굿 뒤에 날장구, 행차 뒤
의 나팔. ¶事情都了结了, 你才说有更好的解决
办法, 这不是~吗? =일이 이미 다 끝났는데, 이
제 와서 더 좋은 해결 방법이 있다고 하면, 뒷북
치는 것 아닌가?
【马虎】【马糊】 **mǎ·hu** 閺 적당히하다. 대강〔대충
·데면데면〕하다. 건성으로 하다. 아무렇게나 하
다. 흐리터분하다. 경솔하다. 조심성이 없다. 세
심하지 못하다. 소홀하다. 등한시하다. 엉성하
다. 거칠다. 그저 그렇다. ¶他做事向来认真, 从
不~。=그의 업무 처리는 줄곧 진지하고 성실해
서 여태껏 적당히 한 적이 없었다. →认真 细致 仔细
【马糊】 **mǎ·hu** ☞【马虎】 **mǎ·hu**
【马甲】 **mǎjiǎ** 뗑 **1** 마갑. 말의 갑옷. **2**방 조끼.
【马架(子)】 **mǎjià**(·zi) 뗑방 **1** 움막. 초막. 작고
초라한〔허술한·누추한〕집. **2** 지게.
【马鲛鱼】 **mǎjiāoyú** ☞【鲛鱼】 **bàyú**
【马脚】 **mǎjiǎo** 뗑 **1** 마각. 말의 다리. **2**비 엉큼
한 속셈. 내막. 빈틈. 약점. 결함. 꼬리. ¶露出
~=엉큼한 속셈을 드러내다. 정체가 드러나다.
결함이 드러나다.
【马厩】 **mǎjiù** 뗑 마구간.
【马驹(子)】 **mǎjū**(·zi) 뗑 망아지. 새끼말.
【马具】 **mǎjù** 뗑 마구.
【马圈】 **mǎjuàn** 뗑 마구간.
【马克】 **mǎkè** 뗑(經) 마르크(mark). [유로화
이전에 사용하던 독일의 본위 화폐]
【马克思列宁主义】 **Mǎkèsī Lièníngzhǔyì** 뗑
마르크스·레닌주의. 얜【马列主义】 **Mǎ
Lièzhǔyì**【马列】 **Mǎ Liè**
【马克思主义】 **Mǎkèsīzhǔyì** 뗑 마르크스주의.
[마르크스·엥겔스가 창립한 학설로, 마르크스 철
학·정치경제학·과학 사회주의 등 세 가지 중요
부분을 포함함]
【马口铁】 **mǎkǒutiě** ☞【镀锡铁】 **dùxītiě**
【马裤】 **mǎkù** 뗑 승마용 바지. 승마복 하의.
【马裤呢】 **mǎkùní** 뗑(紡) 외투. 승마용 바지에
쓰이는 두툼한 모직물.
【马快】 **mǎkuài** 뗑옛 포졸. 포리. 포도 군사.
【马拉松】 **mǎlāsōng** 뗑 ☞【马拉松赛跑】
**mǎlāsōng sàipǎo** 뗑비 시간이 오래 걸리
다. ¶~谈判=마라톤 담판.
【马拉松赛跑】 **mǎlāsōng sàipǎo** 뗑외(體) 마
라톤. 얜【马拉松】 **mǎlāsōng**

【马拉维】 **Mǎlāwéi** [명][외]《地》 말라위(Malawi). [수도는 '利隆圭(릴롱궤 : Lilongwe)' 임]

【马来西亚】 **Mǎláixīyà** [명][외]《地》 말레이시아(Malaysia). [수도는 '吉隆坡(쿨라룸푸르 : Kuala Lumpur)' 임]

【马兰】 **mǎlán** [명]《植》 **1** 쑥부쟁이. [국화과의 여러해살이 풀. 학명은 '*Aster lautureanus*' 임] =【马菜】 **mǎcài** 【马兰头】 **mǎlántóu** **2** ☞【马蔺】 **mǎlìn**

【马兰头】 **mǎlántóu** ☞【马兰】 **mǎlán**

【马蓝】 **mǎlán** [명]《植》 쪽. 마람. 판람(板藍). [잎을 염료로 사용하는데, 그 색깔을 쪽빛이라 부름]

【马里】 **Mǎlǐ** [명][외]《地》 말리(Mali). [수도는 '巴马科(바마코 : Bamako)' 임]

【马力】 **mǎlì** [양] 마력. 공률(工率)의 단위. [명] 동력. 일률. ¶加大～=동력을 높이다.

【马利亚】[玛利亚] **Mǎlìyà** [명][외] 성모 마리아. [영] Mary

【马莲】 **mǎlián** ☞【马蔺】 **mǎlìn**

【马料】 **mǎliào** [명] 말의 사료. 말먹이.

【马列】 **Mǎ Liè** [명] **1** ☞【马克思列宁主义】 **Mǎkèsī Lièníngzhǔyì** **2** 마르크스·레닌주의의 저작.

【马列主义】 **Mǎ Lièzhǔyì** ☞【马克思列宁主义】 **Mǎkèsī Lièníngzhǔyì**

【马蔺】 **mǎlìn** [명]《植》 꽃창포. 타래붓꽃. 마린. [학명은 '*Iris ensata var. spontanea*' 임] =【马兰】 **mǎlán** 【马莲】 **mǎlián**

【马铃薯】 **mǎlíngshǔ** [명]《植》 감자. [방]【土豆】 **tǔdòu** 【洋芋】 **yángyù** 【山药蛋】 **shān·yàodàn**

【马陆】 **mǎlù** [명]《動》 노래기.

【马鹿】 **mǎlù** [명]《動》 **1** 붉은 사슴. 적록. 마록. =【赤鹿】 **chìlù** [영] red deer **2** ☞【水鹿】 **shuǐlù**

【马路】 **mǎlù** [명] **1** 옛날, 말을 타고 가기 위해 만든 큰길. **2** 찻길. 대로. 큰길. 한길. **3** 공로(公路). 간선 도로. 자동차 도로.

【马路天使】 **mǎlù tiānshǐ** [명][옛] 길거리의 윤락녀〔매춘부〕.

【马路消息】 **mǎlù xiāo·xi** ☞【马路新闻】 **mǎlù xīnwén**

【马路新闻】 **mǎlù xīnwén** [명] 길에서 주워들은 말. 근거 없는 풍문〔소문〕. =【马路消息】 **mǎlù xiāo·xi**

【马路牙子】 **mǎlù yá·zi** [명] 갓돌. [차도와 인도가 접한 지점에 볼록 튀어나와 있는 가늘고 긴 돌 혹은 콘크리트 구조물]

【马骡】 **mǎluó** [명]《動》 노새.

【马马虎虎】 **mǎ·mǎ hūhū** [형][구] **1** 적당히 하다. 대강〔대충·데면데면〕하다. 건성으로 하다. 아무렇게나 하다. 흐리터분하다. 경솔하다. 조심성이 없다. 세심하지 못하다. 소홀하다. 등한시하다. **2** 그저 그렇다. 그저 그만하다. 썩 좋지는 않다. 그리 나쁘지는 않다. 그런대로 …할 만하다. 아쉬운 대로…할 만하다.

【马马虎虎】 **mǎ·mǎ hǔhǔ** [형] **1** 적당히 하다. 대강〔대충·데면데면〕하다. 건성으로 하다. 아무렇게나 하다. 흐리터분하다. 경솔하다. 조심성이 없다. 세심하지 못하다. 덜렁덜렁하다. 덤벙덤벙하다. 소홀하다. 등한시하다. ¶你这样～的, 当然容易出错。=너 이렇게 대강대강하니까 당연히 실수하기 쉽지. **2** 그저 그렇다. 그저 그만하다. 썩 좋지는 않다. 그리 나쁘지는 않다. 그런대로 …할 만하다. 아쉬운 대로 …할 만하다. ¶收入～=수입이 그저 그렇다.

【马趴】 **mǎpā** [명] (앞으로) 푹 고꾸라지다. 엎어지다. 자빠지다. ¶一脚踩空, 摔了一个大～。=발을 헛디디어 앞으로 푹 고꾸라졌다.

【马棚】 **mǎpéng** [명] 마구간.

【马匹】 **mǎpǐ** [명] 마필. [당나귀·조랑말·노새 등 말의 총칭]

【马屁】 **mǎpì** [명] 아부. 아첨. 아첨하는 말. ¶拍～=아첨〔아부〕하다.

【马屁精】 **mǎpìjīng** [명] 아첨쟁이. 아부꾼. 아첨 잘 하는 놈.

【马票】 **mǎpiào** [명] 마권(馬券).

【马其顿】 **Mǎqídùn** [명][외]《地》 마케도니아(Macedonia). [수도는 '斯科普里(스코페 : Skopje)' 임]

【马前卒】 **mǎqiánzú** [명] **1** [옛] (전투에서의) 선봉. **2** [비] 앞잡이. 졸개. 괴뢰. 심부름꾼. ¶他不过是个～。=그는 졸개에 불과하다.

【马枪】 **mǎqiāng** [명]《軍》 기병이 쓰는 창. 기병창. =【骑枪】 **qíqiāng**

【马球】 **mǎqiú** [명]《體》 **1** 폴로(polo). **2** 폴로공.

【马赛克】 **mǎsàikè** [명][외] **1**《建》 모자이크 타일(tile). **2** 모자이크(mosaic).

【马上】 **mǎshàng** [부] 곧. 즉시. 바로. 금방. ¶会议～就要结束了。=회의는 곧 끝난다. ≒立刻 立即 当即

【马勺】 **mǎsháo** [명] 대형 국자〔주걱·구기·쇳물 바가지〕.

【马绍尔群岛】 **Mǎshào'ěr Qúndǎo** [명][외]《地》 마셜 제도(Marshall Islands). [수도는 '马朱罗(마주로 : Majuro)' 임]

【马失前蹄】 **mǎshī-qiántí** [성] **1** 말이 앞발굽을 잘못 디뎌 넘어지다. **2** [비] 원숭이가 나무에서 떨어지다. 부주의로 실수하다〔좌절하다·패하다〕.

【马首是瞻】 **mǎshǒu-shìzhān** [성] **1** 옛날, 전쟁터에서 사병이 장군의 말머리를 보고 진퇴를 결정하다. **2** [비] 다른 사람을 따라 그대로 행동하다. 다른 사람의 지휘를 따르다. 추수주의(追隨主義).

【马术】 **mǎshù** [명]《體》 승마(술). 기마(술). ¶～运动=승마 경기.

【马太效应】 **Mǎtài xiàoyìng** [명] **1** 마태 효과. [사회·경제적 빈익빈 부익부 현상] **2** 우세한 자는 조건도 더 유리하고 풍족하게 되어 항상 우세를 점하게 되고, 반대로 열세한 자는 조건도 더 불리해져 가진 것까지 빼앗기는 현상.

【马蹄】 **mǎtí** [명] **1** 말굽. **2** ☞【荸荠】 **bí·qi**

【马蹄表】 **mǎtíbiǎo** [명] 원형·말굽형의 작은 자명종. 사발시계.

【马蹄莲】mǎtílián 명(植) 카라(calla). 칼라. 화란 물토란. 영 calla lily
【马蹄铁】mǎtítiě 명 1 말굽쇠. ⇨【马掌】mǎzhǎng 2 U자형 말굽 자석.
【马蹄形】mǎtíxíng 명 1 말굽형. 2 U자형.
【马蹄袖】mǎtíxiù 청(淸)대 남자 예복의 말굽형 소매. 말굽 토시.
【马铁】mǎtiě ☞【可锻铸铁】kěduànzhùtiě
【马桶】mǎtǒng 명 좌식 변기. 양변기. 똥오줌 통. 방【马子】mǎ·zi
【马桶包】mǎtǒngbāo 명 배낭. 색(sack). [원통형으로 된 배낭]
【马头琴】mǎtóuqín 명(音) 마두금. [몽고족 현악기의 하나. 머리 쪽이 말의 머리 모양으로 장식되어 붙여진 명칭]
【马尾辫】mǎwěibiàn 명 말총머리.
【马尾松】mǎwěisōng 명(植) (중국산 소나무의 일종인) 마미송. 영 masson pine
【马戏】mǎxì 명 1 곡마. 2 서커스. 곡예.
【马熊】mǎxióng ☞【棕熊】zōngxióng
【马靴】mǎxuē 명 1 승마화. 2 부츠(boots). 발목이 긴 신발.
【马仰人翻】mǎyǎng-rénfān ☞【人仰马翻】rényǎng-mǎfān
【马缨花】mǎyīnghuā ☞【合欢】héhuān
【马贼】mǎzéi 명(옛) 마적.
【马扎】mǎzhá (~儿) 명 (접을 수 있는) 휴대용 의자. 접는 의자.
【马掌】mǎzhǎng 명 1 말발굽. 2 ☞【马蹄铁】mǎtítiě
【马柱】mǎzhuāng 명 (말을 매어 두는) 말뚝.
【马子】mǎ·zi 명(옛) 1 토비. 토적. 토구. 지방의 무장 도적 떼. 2 윤락녀. 매춘부. 창녀. 3 ☞【马桶】mǎtǒng
【马鬃】mǎzōng 명 마렴. 말갈기. [말의 목줄기에서 등까지 나 있는 긴 털]
【马醉木】mǎzuìmù 명(植) 마취목. [상록 관목으로, 앞에 독이 있어 소와 말이 먹으면 혼절한다는 데서 붙여진 명칭. 학명은 'Pieris japonica' 임] ☞【桢木】qínmù

**吗[嗎]** mǎ 모르핀 마
   ☞ má, ·ma
【吗啡】mǎfēi 명(외)(醫) 모르핀(morphine).

**犸[獁]** mǎ 매머드 마
   ☞【猛犸】měngmǎ

**玛[瑪]** mǎ 마노 마
   아래를 참조.
【玛钢】mǎgāng ☞【可锻铸铁】kěduàn zhùtiě
【玛利亚】Mǎlìyà ☞【马利亚】Mǎlìyà
【玛瑙】mǎnǎo 명(矿) 마노.
【玛雅人】Mǎyǎrén 명(외) 마야(Maya)족.
【玛雅文化】Mǎyǎ wénhuà ☞【玛雅文明】Mǎyǎ wénmíng

【玛雅文明】Mǎyǎ wénmíng 명 마야 문명. =【玛雅文化】Mǎyǎ wénhuà

**杩[榪]** mǎ 나무 삼각대 마
   ☞ mà
【杩槎】mǎchá 명 나무 삼각대. [약 9m 정도의 원통형 나무 세 개를 대나무 가닥으로 묶어서 삼각대 모양으로 만든 것. 이것을 나무와 대나무 발을 이용하여 여러 개 연결하고, 모래·자갈·진흙 등을 쏟아 부어 강물을 차단하는 데 쓰임]

**码[碼]** mǎ 셈할 마
명 1 숫자를 계산하는 도구. ¶砝~=(무게의 표준이 되는) 저울추. 분동(分銅). / 筹~=(수를 세거나 계산하는 데 쓰이는) 산가지. 칩(chip). 2 (~儿) 숫자를 나타내는 부호. ¶数~=숫자. / 页~=쪽 번호. 3 (계산기와 컴퓨터의) 코드(code). 부호. 입력법. ¶郑~=정(鄭)씨 한자 입력법. [정이리(鄭易里) 교수가 만든 한자 입력법] 양 1 (일의) 종류. 가지. ¶它们是两~事. =그것들은 서로 다른 일이다. 2 야드(yard). 통㊀ 겹겹이 쌓(아올리)다. ¶把木头一整齐. =나무를 가지런하게 쌓아올리다.

○● 暗码, 编码, 菜cài码儿, 草码, 尺chǐ码, 电码, 加码, 密码, 面码儿, 明码, 起码, 戏码, 字码儿

【码表】mǎbiǎo 명 (자동차의) 속도계.
【码垛】mǎduò 통 (물건을) 쌓아올리다.
【码放】mǎfàng 통 가지런하게 쌓아 두다. 질서 정연하게 쌓아 놓다. ¶把砖头一整齐. =벽돌을 가지런하게 쌓아 놓다.
【码齐】mǎqí 통 가지런하게 쌓아 두다. 질서 정연하게 쌓아 놓다.
【码头】mǎ·tou 명 1 부두. 선창(船艙). 2 방 수륙 교통이 편리한 상업 도시. ¶水陆~=수로와 육로의 교통이 편리한 상업 도시.
【码洋】mǎyáng 명 (도서 출판에서) 단행본의 발행 총액. ¶这本书定价20元, 发行8万册, ~160万元. =이 책은 정가가 20위안인데 8만 권을 발행했으니, 발행 총액이 160만 위안이다.
【码子】mǎ·zi 명 1㊀ 숫자. 번호. ¶现在都用阿拉伯~. =지금은 모두 아라비아숫자를 쓴다. 2 칩(chip). 점봉(點棒). 3㊃ (금융계에서) 보유하고 있는 현금.

**蚂[螞]** mǎ 개미 마
   아래를 참조.
   ☞ mā, mà
【蚂蜂】mǎfēng ☞【马蜂】mǎfēng
【蚂蟥】mǎhuáng 명(動) 말거머리.
【蚂蚁】mǎyǐ 명(動) 개미.
【蚂蚁搬泰山】mǎyǐ bān Tàishān 속 1 개미가 태산을 옮기다. 2㊂ 비록 미세한 힘이지만 합치면 큰 성과를 거둘 수 있다.
【蚂蚁啃骨头】mǎyǐ kěn gǔ·tou 속 1 개미가 큰 뼈를 갉다. 2㊂ 적은 힘을 모아 큰 어려움을

극복하다. 적은 힘을 모아 큰 일을 해내다.

杩[榪] mà 가로막대 마
명⟨문⟩ 침대 머리를 가로지르는 막대.
☞ mǎ
【杩头】mà·tou 명 침대 머리 혹은 창의 위·아래에 지르는 가로막대.

祃[禡] mà 마제 마
명 1 마제(禡祭). [옛날, 군대가 출정할 때 주둔지에서 군신(軍神)에게 무운(武運)을 빌던 제사] 2 (Mà) 성(姓).

蚂[螞] mà 개미 마
☞ mā, mǎ
【蚂蚱】mà·zha ☞【蝗虫】huángchóng

**骂[罵, 傌·駡] mà 욕할 매
동 1 욕하다. ¶边~=함부로 욕하다. / 辱~=욕설을 퍼붓다. 욕설을 퍼부어 모욕을 주다. 2 질책하다. 꾸짖다. 따지다. ¶责~=질책하다. / 母亲~他不长进。=어머니는 그가 싹수가 노랗다고 꾸짖었다. ≒诟
○● 叱chì骂, 斥chì骂, 臭chòu骂, 诟gòu骂, 叫骂, 谩màn骂, 漫骂, 辱rǔ骂, 唾tuò骂, 笑骂, 责骂, 咒zhòu骂

【骂大街】mà dàjiē ☞【骂街】mà‖jiē
【骂架】mà‖jià 동 욕을 하며 서로 싸우다. 말다툼하다.
【骂街】mà‖jiē 동 아무에게나 고래고래 욕지거리를 하다. 길에서 마구 욕을 해대다. =【骂大街】mà dàjiē
【骂骂咧咧】mà·ma liēliē 동 계속 욕을 퍼붓다. 말하면서 함부로 욕설을 뱉다. ¶他~的, 一副愤愤不平的样子。=그는 이야기하면서 계속 욕을 퍼붓는 것이, 대단히 화가 난 모양이다.
【骂名】màmíng 명 나쁜 평판. 오명. 악명. 不留~=오명을 남기지 않다.
【骂娘】màniáng 동 1 남의 어머니까지 거들먹거리며 욕하다. 욕할 때 남의 어머니까지 모욕하다. 2 함부로 욕하다. 욕거리를 퍼붓다.
【骂人】màrén 동 남을 욕하다. 매도하다. 모욕하다.
【骂声】màshēng 명 욕하는 소리.
【骂阵】mà‖zhèn 동 1 적군이 분노하여 응전(應戰)하도록 진영 앞에서 욕설을 퍼붓다. [주로 옛 소설에 많이 나옴] 2 동 아무에게나 고래고래 욕지거리를 하다. 길에서 마구 욕을 해대다.
【骂座】màzuò 동 자리에 있는 모든 사람을 욕하다. 참석한 사람 모두를 욕하다.

**吗[嗎]·ma 의문조사 마
조 1 문장 끝에 쓰여 의문의 어기를 나타냄. ¶你听明白了~?=너 알아들었니? 2 문장 끝에 쓰여 반문의 어기를 나타냄. ¶你这样做对得起老婆孩子~?=당신이 이렇게 행동해서 부인과

아이에게 떳떳하겠어요? 3 문장 중간 잠시 멈추는 곳에 쓰여 화제를 이끌어 냄. ¶进度~, 能快点儿就快点儿。=진도야, 빨리 할 수 있으면 빨리 합시다. ☞ má, mǎ

嘛·ma 어기사 마
조 1 서술문 뒤에 쓰여 당연함을 나타냄. ¶有什么想法就说~。=무슨 생각이 있으면 이야기해 봐요. 2 문장 가운데 쓰여 휴지(休止)를 나타내며 상대의 주의를 이끌어 냄. ¶学外语~, 必须刻苦才行。=외국어 학습이란, 반드시 고생을 참아 내야 된다. 3 기원문 끝에 쓰여 바람과 만류를 나타냄. ¶你不要带这么多现金~!=이렇게 많은 현금을 지니지 말라니까!

# mai

*埋 mái 묻을 매
동 1 (흙·모래·눈·낙엽 등으로) 덮다. 묻다. 파묻다. 매장하다. 매몰하다. ¶掩~=묻다. / 活~=산 채로 묻다. 2 숨기다. 은폐하다. 감추다. 밝히지 않다. ¶中~伏=복병을 만나다. 매복에 걸리다. / ~没人才=인재를 썩히다.
☞ mán
○● 活埋, 掩yǎn埋, 葬zàng埋

【埋藏】máicáng 동 1 묻히다. 매장되다. ¶沙漠中~着丰富的石油。=사막 가운데에 풍부한 석유가 매장되어 있다. 2 매장되다. 감추어 두다. 숨기다. ¶他一直把这些话~在心底。=그는 줄곧 이런 말들을 마음속에 숨겨 두었다.
【埋单】máidān 1 동 계산하다. 지불하다. 환산하다. =【买单】mǎidān 2 비 책임을 지다. ¶出了安全事故谁~?=안전 사고가 나면 누가 책임을 집니까?
【埋伏】mái·fú 동 1 매복하다. ¶~兵马=병마를 매복시키다. 2 잠복하다. 숨다. ¶~多年=~러 해를 숨다. 명 매복병. ¶设下~=매복병을 두다. 매복하다. ≒潜伏
【埋名】máimíng 동 이름을 숨기다〔감추다〕. ¶隐姓~=이름〔성명〕을 숨기다. 속세를 피하다〔등지다〕.
【埋没】máimò 동 1 매몰되다. 묻히다. ¶这道古城墙被黄土~了一千多年。=이 고대 성곽은 천여 년을 황토 속에 매몰되어 있었다. 2 매몰하다. 간과하다. 감추다. 가리다. 묻다. 묻어 버리다. ¶~良才=좋은 인재를 썩히다.
【埋青】máiqīng 동 땅 속에 청초(青草)를 묻어 녹비(綠肥)로 만들다.
【埋设】máishè 동 매설하다. ¶~电缆=(전화선·전력선 따위의) 케이블을 매설하다.
【埋汰】mái·tai 형⟨방⟩ 더럽다. 깨끗하지 않다. ¶被单太~了, 得好好洗洗。=이불보가 너무 더

러워 잘 세탁해야 한다. 동 (심한 말로) 욕하다 〔비꼬다〕. 나쁘게 말하다. ¶他喜欢~人。=그는 남을 나쁘게 말하는 경향이 있다.
【埋头】mái‖tóu 동 몰두하다. 전심전력을 다하다. 정신을 집중하다. 달라붙다. ¶~写作=창작에 몰두하다.
【埋葬】máizàng 동 1 (시체를) 묻다. 매장하다. ¶他被~在大海边。=그는 큰 바닷가에 묻혔다. 2 (비) 없애 버리다. 소멸하다. ¶~旧制度=낡은 제도를 없애 버리다.

**霾** mái 흙비 올 매
명 (氣) (공기 중의 연기·먼지 등으로 인해) 하늘이 부옇게 되는 현상. 흙비. 황사 현상. 스모그(smog) 현상.

**买 [買]** mǎi 살 매
동 1 사다. 매입하다. 구매하다. ¶~车=차를 사다. 2 (돈이나 기타 수단으로) 매수하다. ¶~通关节=뇌물을 주고 편의를 제공받다.
명 (Mǎi) 성(姓). ↳购 ↔卖

○↔ 购gòu买, 收买, 赎shú买

【买办】mǎibàn 명 매판.
【买办阶级】mǎibàn jiējí ☞【买办资产阶级】mǎibàn zīchǎn jiējí
【买办资本】mǎibàn zīběn 명 매판 자본.
【买办资产阶级】mǎibàn zīchǎn jiējí 명 매판 자본가 계급. =【买办阶级】mǎibàn jiējí
【买不成】mǎi·bùchéng 동 (어떤 원인으로) 못 사다. 살 수 없다. 구입할 수 없다. ¶要给老人治病, 电脑暂时~了。=부모님 병을 치료해 드리려면 컴퓨터는 당분간 살 수 없다.
【买不到】mǎi·budào 동 살 수 없다. 손에 넣을 수 없다. ¶他跑了几家书店, 那本小说就是~。=그는 몇몇 서점을 돌아다녔지만, 그 소설책만은 살 수 없었다.
【买不了】mǎi·buliǎo 1 (너무 많아서) 다 살 수 없다. ¶我可~这么多苹果。=이렇게 많은 사과를 난 결코 살 수가 없어요. 2 (돈이 없어서·너무 비싸서) 살 수 없다. ¶他现在还~房。=그는 지금 집을 살 능력이 안 된다. 그는 아직 집을 살 수 없다.
【买不起】mǎi·buqǐ 동 (돈이 없어서·너무 비싸서) 살 수 없다. ¶我可~那么贵的手表。=난 결코 그렇게 비싼 시계는 살 수가 없다.
【买不上】mǎi·bushàng 동 (살 사람은 많은데 물건이 부족해서) 살 수 없다. ¶那么几辆降价车, 这么多人排队, 我们肯定~。=할인 차량이 저렇게 몇 대 뿐인데, 사람이 이렇게 줄서 있으니, 우리가 사기는 글렀다.
【买不下(来)】mǎi·buxià(lái) 동 (가격이 맞지 않아) 살 수 없다. ¶这辆跑车20万~。=이 스포츠카는 20만 위안으로는 살 수 없다.
【买不着】mǎi·buzháo 동 살 수 없다. 손에 넣을 수 없다.

【买单】mǎidān 동 ☞【埋单】máidān 명 (經) 계산서. 매입 영수증. 주문서.
【买到】mǎidào 동 사들이다. 사서 손에 넣다. ¶那盘影碟你~了吗?=너 그 VCD 샀니?
【买点】mǎidiǎn 명 1 (소비자가 상품을 구입하게 되는) 구매 요인. ¶对许多人来说, 节油是这款汽车的一大~。=기름이 적게 드는 것이, 많은 사람들이 이 차종을 구입하려는 큰 구매 요인이 된다. 2 (經) (주식·선물(先物) 등의 이상적인) 매입 가격대.
【买椟还珠】mǎidú-huánzhū 성 1 진주 상자는 사고 진주는 되돌려주다. 〔《한비자·외저설좌상(韓非子·外儲說左上)》에서, 초(楚)나라 사람이 정(鄭)나라에 진주를 팔러 가면서 진주 상자를 아주 화려하게 장식했는데, 정(鄭)나라 사람이 진주를 사고 나서 진주 상자만 가지고 진주는 되돌려주었다는 고사에서 유래함〕 2 (비) 안목이 없어 취사선택을 잘못하다. 본말이 전도되다.
【买断】mǎiduàn 동 (經) (상대의 점유권을) 전부 구입하다. 모두 사들이다. ¶~版权=판권을 전부 사들이다.
【买方】mǎifāng 명 사는 사람[쪽]. 구매측. ↔卖方
【买方市场】mǎifāng shìchǎng 명 (經) 구매자 시장. [판매자가 많아 구매자에게 유리한 시장 형태] ↔卖方市场
【买关节】mǎi guānjié 동(구) (돈으로) 매수하다. 뇌물을 주다. 금전으로 타협하다. ¶为了得到这个工程, 他四处~。=이 프로젝트를 따내기 위해 그는 여기저기 다니며 뇌물 공세를 폈다.
【买好】mǎi‖hǎo (~儿) 동 비위를 맞추다. 아부[아첨]하다. ¶谄媚~=알랑거리고 아첨하며 비위를 맞추다.
【买价】mǎijià 명 사는 값. 매입 가격.
【买进】mǎijìn 동 매입하다. 사들이다.
【买空卖空】mǎikōng-màikōng 성 1 (經) (현품 없이 투기적으로) 물건을 사고 팔다. 공매매(空賣買)하다. 차금(差金) 거래를 하다. 2 (비) 투기행위를 하다. 현혹해서 속이다.
【买路钱】mǎilùqián 1 명(구) 통행료. [강도가 통행인으로부터 뺏는 돈] 2 (비) 통행료. [교통 요충지에서 차량을 가로막고 구실을 내세워 뜯는 돈] 3 (비) 도로통행료. 톨게이트비. [해학적인 의미를 내포함]
【买卖】mǎi·mai 명 1 사업. 장사. 교역. 매매. 거래. ¶做~=사업하는 것. 장사하는 것. 2 상점. 가게. 점포. ¶街对面新开了一家~。=거리 맞은 편에 점포 하나가 새로 개업했다. ↳生意
【买卖人】mǎi·mairén 명(구) 상인. 장사꾼.
【买面子】mǎi miàn·zi ⟨익⟩ 체면을 봐주다. ¶都是老朋友了, 他不会不~。=모두 친한 사이인데, 그가 체면을 안 봐줄 리 없다.
【买名】mǎi míng 동 명예를 사다. 정당하지 못한 방법으로 명예를 얻다. ¶咱不干那花钱~的事儿。=우리는 돈을 써서 명예를 사는 일은 하지 않는다.
【买上】mǎishàng 동 (살 사람이 적거나 물건이

많아) 사서 손에 넣다. 사들이다. ¶他终于~了那盘歌碟。=그는 마침내 그 노래 CD를 샀다.

【买私贩私】 **mǎisī-fànsī** (성) 밀수품〔암거래품〕을 사고 팔다.

【买通】 **mǎitōng** (동) 돈으로 매수하다. 돈으로 매수해서 암암리에 부탁하다. ¶~官府=관료들을 매수하다.

【买下(来)】 **mǎi·xia(·lai)** (동) 사들이다. 사 두다. ¶我把那套房子~了。=나는 그 집을 사들였다.

【买账】 **mǎi‖zhàng** (동) (상대방을) 인정〔평가〕하다. (상대방의 장점·능력을 인정하여) 탄복하다. 복종하다. 기꺼이 따르다. ¶没有真本事谁也不会买你的账。=진정한 기량〔재간〕이 없다면 누구도 너를 인정하지 않을 것이다.

【买着】 **mǎizháo** (동) 사서 손에 넣다. 사 가지다.

【买主】 **mǎizhǔ** (명) 살〔사는〕 사람. 구매자. 매주. ¶这批货还没找到~。=이 물건들은 아직 살 사람을 찾지 못했다. ↔卖主

【买醉】 **mǎizuì** (동) 술을 사서 마시다. 술에 절다. (술에) 취하기를 바라다.

# 荬[蕒] **mǎi** 거여 매
☞【苣荬菜】 **qǔ·mǎicài**

# 劢[勱] **mài** 힘쓸 매
(동)(문) 노력하다. 최선을 다하다. 힘〔애〕쓰다.

# *迈[邁] **mài** 큰 걸음으로 걸을 매
(동) 내디디다. 내딛다. 나아가다. ¶向前~进=앞을 향해 매진하다. (형) 늙다. 연로하다. 나이가 많다. ¶老~年高=나이가 많고 늙다. (양)(외) 마일(mile). ¶这款车最高时速可达240~。=이 차는 최고 시속이 240마일에 달한다.

○● 高迈, 豪迈, 朽xiǔ迈

【迈步】 **mài‖bù** (동) 발걸음을 내디디다. ¶~向前=앞을 향해 나아가다.

【迈方步】 **mài fāngbù** (~儿) (동) 팔자걸음을 걷다. [주로 옛 선비나 관리의 걸음걸이를 형용함] =【迈四方步】 **mài sìfāngbù**

【迈进】 **màijìn** (동) 돌진하다. 매진하다. 약진하다. 나아가다. ¶~新世纪=새로운 세기를 향해 돌진하다.

【迈四方步】 **mài sìfāngbù** ☞【迈方步】 **mài fāngbù**

# **麦[麥] **mài** 보리 맥
(명) **1** (植) 맥류(麥類). 맥곡(麥穀). [보리·참밀·귀리·호밀 등의 총칭] **2** (植) 밀. 소맥(小麥). **3** (양)(物) 麦克斯韦(맥스웰). [자속(磁束)의 전자(電磁) 단위] **4** (Mài) 성(姓).

○● 春麦, 大麦, 冬麦, 毒麦, 黑麦, 稞kē麦, 裸luǒ麦, 荞qiáo麦, 雀麦, 燕yàn麦, 莜yóu麦, 油麦, 元麦

【麦草】 **màicǎo** (명)(방) 밀짚. 보릿짚.

【麦茬】 **màichá** (~儿) (명)(農) **1** 밀·보리를 벤 뒤의 그루갈이. **2** 밀·보리 그루터기. ¶~儿地=밀·보리를 베어 내고 심은 땅. 그루밭.

【麦当劳】 **Màidāngláo** (명)(외) '麦克唐纳公司(맥도날드, McDonald)'의 속칭.

【麦冬】 **màidōng** (명)(植) (소엽) 맥문동. [백합과의 여러해살이 풀로 뿌리는 약용하며, 학명은 'Ophiopogon japonicus' 임] =【麦门冬】 **màiméndōng**

【麦垛】 **màiduò** (명) 밀짚·보릿짚 더미. 밀·보리 낟가리.

【麦饭石】 **màifànshí** (명)(礦) 맥반석.

【麦麸】 **màifū** (명) 밀기울. 밀에서 가루를 빼고 남은 찌꺼기. [주로 사료로 사용됨]

【麦秆】 **màigǎn** (~儿) (명) (탈곡하지 않은) 보릿대. 밀대.

【麦管】 **màiguǎn** (~儿) (명) **1** 밀대. 보릿대. ¶用~吹泡泡儿。=밀대로 비누 거품을 불다. **2** 빨대. 스트로우(straw).

【麦季】 **màijì** (명) 밀 수확기.

【麦加】 **Màijiā** (명)(외)(地) 메카(Mecca). [이슬람교의 성지(聖地)로 사우디아라비아의 서쪽에 있으며, 이슬람교의 창시자 모하메드의 탄생지로 전해짐]

【麦秸】 **màijiē** (명) 보릿짚. 밀짚.

【麦精】 **màijīng** (명) 맥아 엑스.

【麦酒】 **màijiǔ** ☞【啤酒】 **píjiǔ**

【麦糠】 **màikāng** (명) 밀·보릿겨.

【麦克风】 **màikèfēng** (명)(외)(동) '微音器(마이크로폰(microphone)·마이크)'의 속칭.

【麦克斯韦】 **màikèsīwéi** (명)(物) 맥스웰(maxwell). [자속(磁束)의 전자(電磁) 단위]

【麦客】 **màikè** (명)(방) (밀 수확기의) 타지(他地) 일꾼〔품팔이꾼〕.

【麦浪】 **màilàng** (명) 맥랑. 바람에 흔들리는 밀이나 보리 이삭의 물결. ¶金色的~=황금색의 보리〔밀〕밭에 이는 물결.

【麦粒】 **màilì** (명) 밀알. 보리알. 밀·보리의 낟알.

【麦粒肿】 **màilìzhǒng** (명)(醫) 다래끼. 맥립종. (동)【针眼】 **zhēn·yan**

【麦垄】 **màilǒng** (명) 보리·밀 이랑.

【麦芒】 **màimáng** (~儿) (명) 밀·보리의 까끄라기〔수염〕. 맥망.

【麦门冬】 **màiméndōng** ☞【麦冬】 **màidōng**

【麦苗】 **màimiáo** (명) 밀·보리의 싹〔모종〕.

【麦片】 **màipiàn** (명) 압맥. 납작보리 또는 누른 귀리.

【麦淇淋】 **màiqílín** (명)(외) 마가린(margarine).

【麦秋】 **màiqiū** (명) 보리누름. 보리의 성숙·수확 계절. [일반적으로 보리가 누렇게 익어 갈 무렵을 가리킴]

【麦乳精】 **màirǔjīng** (명) 맥아 엑스.

【麦收】 **màishōu** (동) 밀·보리를 수확하다. ¶~季节=밀〔보리〕 수확 계절. (명) 밀·보리 수확. ¶今年的~很不错。=금년의 밀·보리 수확은 아주 좋다.

【麦穗】 **màisuì** (~儿) (명) 밀·보리 이삭. =【麦穗

子】màisuì·zi
【麦穗子】màisuì·zi ☞【麦穗】màisuì
【麦田】màitián 밀·보리밭.
【麦莛】màitíng(~儿) 밀대. 보릿대.
【麦芽】màiyá 맥아.
【麦芽糖】màiyátáng 맥아당. 말타아제.
【麦野】màiyě (광활한) 밀·보리밭. ¶一望无际的~=일망무제한〔끝없이 넓은〕보리밭.
【麦子】mài·zi (植) 1 맥류(麥類). 맥곡(麥穀). 2 밀.

**卖[賣] mài 팔 매
1 팔다. 판매하다. ¶拍~=경매하다. 팔다. / ~水果=과일을 팔다. 2 (재능·노동력 따위를) 팔아먹고 살다. 팔다. ¶街头~唱=거리에서 노래를 팔아먹고 살다. 3 힘을 다하다. 전력을 다하다. 힘을 아낌없이 발휘하다. ¶他这人干活肯~力气。=그 사람은 일할 때 전력을 다하려고 한다. 4 자랑하다. 내보이다. 뽐내다. 과시하다. 으스대다. ¶~弄风情=교태를 부리다. 아양을 떨다. 5 (개인의 이익을 위해 국가나 민족 또는 친구를) 배반하다. 팔아먹다. 배신하다. ¶~国投敌=나라를 팔고 적에게 빌붙다. (음식점에서 요리를 세는 단위. (한) 접시. (일) 인분. ¶一~炒腰花=돼지 콩팥 볶음 한 접시. 늑售 ↔买

⊙-⊙ 变卖, 标卖, 拆chāi卖, 斥chì卖, 出卖, 盗dào卖, 贩fàn卖, 寄卖, 叫卖, 买卖, 拍卖, 叛pàn卖, 烧卖, 售卖, 甩shuǎi卖, 小卖, 义卖, 专卖, 转卖, 小卖部

【卖本事】mài běn·shi 1 능력을 발휘하여 돈을 벌다. ¶走江湖~。=세상 각지로 돌아다니면서 솜씨를 팔아〔발휘하여〕돈을 벌다. 2 재주를 뽐내다. 수완을 자랑하다. ¶他最爱~。=그는 자기 재주를 자랑하기를 매우 좋아한다.
【卖不出去】mài·buchū·qu (품질이 나쁘거나 가격이 비싸서) 팔리지 않다. 팔려 나가지 않다. ¶陈货~了。=오래 된 물건이 팔려 나가지 않는다.
【卖不动】mài·budòng (판로가 좋지 않아) 팔리지 않다. ¶这种老式彩电越来越~了。=이런 구식의 컬러텔레비전은 갈수록 팔리지 않는다.
【卖不了】mài·buliǎo (물건이 너무 많거나 가격이 높거나 일손이 부족해서) 다 팔 수 없다. 팔 수 없다. 못 팔다. ¶这批货半个月~。=이 물건들은 보름 안에 다 팔 수 없다.
【卖场】màichǎng 매장. 판매장. ¶服装~=옷 매장.
【卖唱】mài‖chàng (길거리나 공공 장소에서) 노래하여 돈을 벌다. 노래를 팔아먹고 살다. 노래를 팔다.
【卖出】mài‖chū 매출하다. 팔아 버리다. 내다 팔다. ¶这些剩货贱价~算了。=이 남은 물건들을 염가에 팔아 버리고 말자.
【卖春】màichūn 매음(매춘)하다.
【卖大号】mài dàhào 대량 판매하다. [계획 경제 시기에, 도매상이 소비자에게 소매로 팔아

야 할 수량이 적은 물건이나 국가에서 계획적으로 공급하는 상품을 대량으로 판매하는 것을 가리킴] ☞【卖大户】mài dàhù ☞【卖大号】mài dàhào
【卖大户】mài dàhù ☞【卖大号】mài dàhào
【卖呆】mài‖dāi(~儿) 1 (주로 여자들이 대문 밖에서) 멍청하게 바라보다. 2 구경하다. ¶不少人站在一旁~。=적지 않은 사람들이 옆에 서서 구경한다. 3 멍하다. 멍해지다. 멍청해지다. 어리둥절하다. 얼이 빠지다. 넋을 잃다〔놓다〕. ¶别~了, 快回家吧!=멍청하게 있지 말고 빨리 집으로 돌아가라.
【卖单】màidān (經) (증권 등의) 매도 증서.
【卖底】mài‖dǐ 고의로 비밀〔내부 사정〕을 누설〔폭로〕하다.
【卖点】màidiǎn 1 상품의 매력〔장점〕. 소비자의 마음을 사로잡는 점〔요소〕. ¶配套设施完善是这个楼盘最大的~。=부대 시설의 완벽함은 이 건물의 가장 큰 매력이다. 2 (經) (주식·선물(先物) 등의 이상적인) 매도 가격대.
【卖方】màifāng 파는 쪽〔사람〕. 판매측. ↔买方
【卖方市场】màifāng shìchǎng (經) 판매자 시장. [구매자가 많아 판매자에게 유리한 시장 형태] ↔买方市场
【卖工夫】mài gōng·fu 옛날, 머슴살이하다. 품팔이하다.
【卖功】mài‖gōng 공치사하다. 생색내다. 자신을 내세우기를 좋아하다. 뽐내다. ¶~邀赏=공로를 내세워 상을 자청하다.
【卖狗皮膏药】mài gǒupí gāo·yao 1 엉터리 약을 팔다. 2 듣기 좋은 말로 사람들을 속이다. 감언이설로 사람들을 속이다.
【卖瓜的不说瓜苦】màiguā·de bù shuō guā kǔ ☞【卖瓜的说瓜甜】màiguā·de shuō guā tián
【卖瓜的说瓜甜】màiguā·de shuō guā tián 1 참외 장수는 참외가 달다고 말한다. 2 자화자찬하다. 혼자 잘난 체하다. 자기 혼자 북치고 장구 치다. ☞【卖瓜的不说瓜苦】màiguā·de bù shuō guā kǔ
【卖乖】mài‖guāi 착한 척하다. 재주를 뽐내다. 잘난 체하다. 똑똑한 체하다. ¶你不要得了便宜还~。=속셈을 다 차리고도 선심을 쓰는 척하지 마라.
【卖关节】mài guānjié 뇌물을 받고 특혜를 주다.
【卖关子】mài guān·zi 1 옛날, 이야기꾼이 중요한 대목에서 이야기를 멈추어 청중들로 하여금 조바심이 나도록 만들다. 2 (긴요한 대목에서) 뜸을 들이다. 궁금하게 하다. 시치미를 떼다. ¶你就别~了, 快告诉大家到底是怎么回事。=그만 뜸들이고, 도대체 어떻게 된 일인지 빨리 모두에게 말하시오.
【卖官鬻爵】màiguān-yùjué 매관매직하다. 뇌물을 받고 관직과 작위를 팔다.
【卖国】mài‖guó (개인의 이익을 위해) 나라를 팔다. 매국하다. ¶~求荣=조국을 팔아 부귀

영화를 도모하다. ↪爱国
【卖国贼】màiguózéi 匿 매국노.
【卖好】mài∥hǎo (~儿) 통 술책〔수단〕을 써서 남의 환심을 사다. 환심을 사려고 애쓰다. ¶四处~=모든 사람에게 환심을 사다.
【卖价】màijià 匿 매도가. 파는 값.
【卖劲】mài∥jìn (~儿) 통⟨구⟩ 힘을 다하다. 전력을 다하다. 힘을 아끼지 않다. ¶这小伙子干活儿很~。=이 젊은이는 일을 할 때 전력을 다한다.
【卖老】mài∥lǎo 통 늙은 티를 내다. 늙은 체하다. ¶倚老~=나이나 경륜이 많은 것으로 자신이 대단하다고 여기다.
【卖力】màilì ☞【卖力气】màilì·qi
【卖力气】màilì·qi 匿 전심전력하다. 최선을 다하다. 있는 힘을 다하다. 힘껏 일하다. 【卖力】màilì ¶他干什么工作都很~。=그는 무슨 일을 하든 최선을 다한다. 2 노동으로 생계를 꾸리다. 품팔이로 살아가다. ¶靠~为生。=노동으로 생계를 꾸려 가다.
【卖命】mài∥mìng 통 1 기를 쓰다. 죽을힘을 다하다. 죽기살기로 하다. 필사적으로 하다. 온 힘을 다하다. ¶~地干活儿=죽을힘을 다해 일하다. 2 (어떤 사람이나 단체를 위해) 목숨을 내걸고 일을 하다. ¶你这样为他~值得吗?=그를 위해 이토록 죽음을 무릅쓰고 일할 만한 가치가 있나요?
【卖弄】mài·nong 통 뽐내다. 자랑하다. 빼기다. 으스대다. 과시하다. ¶~学识=학식을 자랑하다. ≒炫耀
【卖钱】mài∥qián 통 1 물건을 팔아서 돈을 얻다. 돈을 받고 팔다. 돈으로 바꾸다. ¶废书废报可以~。=헌 책과 헌 신문은 돈을 받고 팔 수 있다. 2 팔아서 많은 돈을 얻을 수 있다. 비싼〔좋은〕값으로 팔 수 있다. ¶这些古董可~了。=이 골동품들은 좋은 가격으로 팔 수 있다.
【卖俏】mài∥qiào 통 아양을 부리다. 교태를 부려 유혹하다. ¶倚门~=문에 기대어 교태를 부리다.
【卖青】màiqīng 통⟨농⟩ 입도선매하다. 곡식이 익기 전에 미리 팔다.
【卖人情】mài rénqíng ⟨하⟩ 짐짓 은혜를 베풀다. 일부러 선심〔인심〕을 쓰다.
【卖身】mài∥shēn 통 1⟨옛⟩ (생활고로 인해 자신 또는 아내나 자식의) 몸을 팔다. ¶~为奴=노예로 팔려 가다. 2 매춘을〔매음〕하다. ¶卖艺不~。=기예만 팔지 몸은 팔지 않는다.
【卖身契】màishēnqì 匿⟨옛⟩ 인신매매 계약서.
【卖身投靠】màishēn-tóukào ⟨성⟩ 1 (부자 혹은 세도가에게) 몸을 팔아 빌붙어 살다. 2⟨비⟩ 남의 앞잡이가 되다. 적에게 빌붙다.
【卖文】màiwén 통 글을 팔아 생계를 꾸려 가다. ¶~生涯=글을 팔아 생계를 꾸려 가는 생활〔생애〕.
【卖笑】màixiào 통 웃음을 팔다. 미모를 팔다. 매춘〔매음〕하다.
【卖解】màixiè 통⟨옛⟩ 무예·곡마·잡기 따위로 생계를 도모하다. ¶跑马~=말타기 무예로 생계

를 도모하다.
【卖艺】mài∥yì 통 기예를 팔아 생활하다. ¶~为生=기예를 팔아서 생계를 꾸려 가다.
【卖淫】mài∥yín 통 (여자가) 몸을 팔다. 매춘〔매음〕하다.
【卖友】mài∥yǒu 통 친구를 배신하다〔팔아먹다·희생시키다〕.
【卖友求荣】màiyǒu-qiúróng ⟨성⟩ 친구를 팔아 넘기고 부귀영화를 꾀하다. 친구를 배반하고 자신의 이익을 도모하다.
【卖主】màizhǔ 匿 파는 사람. 판매자. 매주. 주인을 배반하다〔팔아먹다〕. ↪买主
【卖字】màizì 통 글씨를 써서 팔다. ¶以~为生=글씨를 팔아서 먹고살다.
【卖嘴】mài∥zuǐ 통 입만 살다. 입만 놀리다. 떠벌리기만 하다. 입으로만 큰소리치다. ¶他除了~什么本事也没有。=그는 입만 살았지 아무런 능력도 없다. 匿 말재간.
【卖嘴皮(子)】mài zuǐpí(·zi) ⟨하⟩ 입만 놀리다. 떠벌리기만 하다. 입으로만 큰소리치다.
【卖座】mài∥zuò (~儿) 匿 (극장이나 식당 등의) 관객〔손님〕이 많다. 표가 잘 팔리다. ¶他拍的每部电影都很~。=그가 촬영한 모든 영화는 다 관객이 많다.

**脉** [(脈·脈·衇)] mài 혈맥 맥
匿 1⟨生⟩ 혈관. ¶静~=정맥. / 动~=동맥. 2⟨의⟩⟨生⟩ 脉搏(맥박). ¶把~=맥을 짚다. / 诊~=진맥하다. 3 혈관 모양으로 연결되어 계통을 이루는 것. ¶矿~=광맥. / 一相承=일맥상통. 4 (식물의 잎이나 곤충의 날개에 있는) 혈관 모양의 조직. ¶叶~=엽맥. 잎맥.
☞ mò

○● 按脉, 把脉, 迟脉, 翅chì脉, 促脉, 代脉, 地脉, 动脉, 号脉, 结脉, 经脉, 静脉, 命脉, 评脉, 切脉, 血脉, 叶脉, 诊zhěn脉, 支脉

【脉案】mài'àn 匿⟨醫⟩ 진단.
【脉搏】màibó 匿 1⟨生⟩ 맥박. =【脉息】màixī 2⟨비⟩ (사물의) 발전〔변화〕 법칙. 추세. ¶时代的~=시대의 추세〔발전 규칙〕.
【脉冲】màichōng 匿 1⟨電⟩ 펄스(pulse). [지속 시간이 매우 짧은 전기나 전압의 기본 변화] 2 변화하는 규칙이 펄스와 같은 현상. ¶~激光器=펄스 레이저(laser).
【脉动】màidòng 통 1 맥동하다. 박동하다. 2 (기계·전류 등이 맥박처럼) 주기적으로 운동하거나 변화하다. 맥동하다.
【脉动星】màidòngxīng 匿⟨天⟩ 맥동성.
【脉管炎】màiguǎnyán 匿⟨醫⟩ 맥관염. 혈관염.
【脉金】màijīn 匿 1⟨礦⟩ 산금. [암석 가운데 석영맥(石英脈)에서 나는 천연의 금] =【山金】shānjīn 2 (중의학의) 진찰료.
【脉理】màilǐ 匿 1⟨醫⟩ 맥(脈)의 원리. 맥락의 이론. 2 중국 의술. ¶精通~=중국 의술에 정통하다. 3⟨문⟩ 맥락. 조리. 두서. 무늬. 결. ¶山川~=산천의 맥락.

【脉络】màiluò 1(醫) 맥락. [중의학에서 인체 혈관에 대한 통칭] 2(비) (사물이나 문장의) 맥락. 조리. 두서. ¶~清楚=조리가 분명하다. ≒条理 头绪

【脉石】màishí (礦) 맥석.

【脉息】màixī ☞【脉搏】màibó

【脉象】màixiàng (醫) 맥의 상태.

【脉压】màiyā (醫) 맥압. 맥폭.

【脉诊】màizhěn (醫) 진맥(診脈).

【脉枕】màizhěn (醫) (진맥시 환자의 손 아래에 괴어 놓는) 작은 베개.

## 唛[嘜] mài 상표 마

(외)(방) 상표. 마크(mark).

【唛头】màitóu (외)(방) 1 (수입 화물의 포장에 표시하는) 마크(mark). 상표. 표. 라벨(label). 2 상표. 브랜드.

## 铸[鍰] mài 마이트네륨 맘

(외)(化) 마이트네륨(Mt, meitnerium). [원자 번호 109]

## 霡[(霢)] mài 가랑비 맥

【霡霂】màimù (문) 가랑비.

# man

## 嫚 mān 여자 아이 만

(~儿) 여자 아이. 처녀. 애. 딸애.

☞ màn

【嫚子】mān·zi 여자 애. 처녀 애. 딸애.

## 颟[顢] mān 멍청할 만

【颟顸】mān·hān (형)(방) 1 멍청하다. 어수룩하다. 어리석다. 사리에 밝지 못하다. 흐리멍덩하다. ¶这孩子都十多岁了, 还这么~。=이 아이는 열 살이 넘었는데도 이렇게 어수룩하다. 2 적당히 하다. 대강(대충·데면데면)하다. 건성으로 하다. 아무렇게나 하다. 흐리터분하다. 경솔하다. 조심성이 없다. 세심하지 못하다. 소홀하다. 등한시하다. ¶他做事太~, 让人不放心。=그는 일을 너무 건성으로 해서 사람으로 하여금 마음을 못 놓게 한다.

## *\*埋 mán 원망할 매

☞ mái

【埋怨】mányuàn (동) 탓하다. 불평하다. 원망하다. ¶不要总是~别人, 要多反省自己。=다른 사람 탓하지 말고 자신을 많이 반성해야 한다. ≒抱怨

## *\*蛮[蠻] mán 남쪽 오랑캐 만

① 오랑캐. [옛날, 중국의 남방 민족에 대한 호칭] ¶南~=남만족. (형) 1 야만적이다. 무지막지하다. 막돼먹다. 사리를 따지지 않다. ¶横~=무지막지하다. 난폭하다. / 野~=야만적이다. 2 (일처리 등) 거칠다. 난폭하다. ¶这活儿得用巧劲儿, 不能~干。=이 일은 교묘한 방법을 써야지 억지로 해서는 안 된다. (부)(방) 매우. 아주. 대단히. ¶这鞋的价钱~高的。=이 신발의 가격은 아주 비싸다.

【蛮不讲理】mánbùjiǎnglǐ (성) 막무가내로 행동하다. 무지막지하게 굴다. 막돼먹다. 전혀 사리를 따지지 않다. ↔通情达理

【蛮缠】mánchán 막무가내로 물고늘어지다. 생떼를 쓰며 늘어붙다. 억지세우다. ¶胡搅~=무지막지하게 굴며 소란을 피우다.

【蛮干】mángàn (동) 무리하게 하다. 무턱대고 하다. 억지로 하다. 무모하게 하다. ¶做事要讲求方法, 不能~。=일을 하는 데는 방법을 강구해야지 무턱대고 해서는 안 된다.

【蛮悍】mánhàn (형) 거칠지만 성실하다.

【蛮悍】mánhàn (형) 사납다. 거칠다. 난폭하다.

【蛮横】mánhèng (형) 무지막지하다. 난폭하다. ¶态度~=태도가 무지막지하다. ↔和蔼 和气 和善

【蛮荒】mánhuāng (형) 1 미개하고 황량하다. ¶~时代=미개한 시대. 2 (문화와 경제가) 낙후되다. 뒤지다. ¶~之地=낙후된 곳.

【蛮劲】mánjìn (명) 괴력. 대력(大力). 강력한 힘. 센 힘. 한 힘. ¶他干活儿不动脑子, 就知道使~。=그는 일하면서 머리는 쓰지 않고 센 힘만 쓸 줄 안다.

【蛮夷】mányí (명) 1 오랑캐. [옛날, 중원(中原) 이외 지역의 소수 민족을 얕잡아 부르던 말] 2 남만(南蛮). 남이(南夷). 남쪽 오랑캐.

【蛮勇】mányǒng (형) 거칠고 용맹하다. 사납고 씩씩하다.

【蛮子】mán·zi (명) 1 오랑캐. [옛날, 일부 민족을 얕잡아 부르던 말] 2 남쪽 사람. 남만(南蛮). 남이(南夷). [옛날, 북쪽 사람이 남쪽 사람을 얕잡아 부르던 말] ¶南~=남쪽 오랑캐.

## 谩[謾] mán 속일 만

(동)(문) 숨기다. 감추다. 속이다. 기만하다. ¶欺~=기만하다.

☞ màn

【谩天谩地】mántiān-mándì (성) 1 하늘과 땅을 속이다. 2 (비) 윗사람과 아랫사람을 속이다.

## 蔓 mán 순무 만

☞ màn, wàn

【蔓菁】mán·jing ☞【芜菁】wújīng

## *\*馒[饅] mán 만두 만

아래를 참조.

【馒首】mánshǒu (명)(방) 만터우. 찐빵. [소를 넣지 않고 밀가루만을 발효시켜 크게 만든 것]

【馒头】mán·tou (명) 1 만터우. 찐빵. [소를 넣지 않고 밀가루만을 발효시켜 만든 것] 2 (방) (소가 들어 있는) 만두. 바오쯔(包子). ¶糖~=설탕 소가 들어 있는 만두. 3 (방) 유방. 4 (방) 무덤.

¶土~=무덤.

**瞒[瞞] mán** 속일 만
동 감추다. 속이다. ¶隐~=속이다. / 欺上下=윗사람과 아랫사람을 속이다.

○● 欺qī瞒, 隐yǐn瞒

【瞒报】**mánbào** 동 숨기고 알리지 않다. 허위 보고하다. ¶~灾情=재난 상황을 숨기고 알리지 않다.

【瞒不过】**mán·buguò** 동 속여 넘길 수 없다. 숨길 수 없다. 비밀로 할 수 없다. ¶这事儿~人。=속여 넘길 수 없는 일이다. ↔瞒得过

【瞒不了】**mán·buliǎo** 동 속일 수 없다. 숨길 수 없다. 비밀로 할 수 없다. ¶你~我。=넌 날 속이지 못해. ↔瞒得了

【瞒不住】**mán·buzhù** 동 속일 수 없다. 숨길 수 없다. 비밀로 할 수 없다. ¶什么事也~他的眼睛。=어떤 일이라도 그 사람의 눈을 속일 수는 없다. ↔瞒得住

【瞒产】**mánchǎn** 동 실제 생산량을 숨기다[속이다]. 재산을 감추다[은닉하다·숨기다].

【瞒得过】**mán·deguò** 동 속여넘기다. ↔瞒不过

【瞒得了】**mán·deliǎo** 동 속일 수 있다. ↔瞒不了

【瞒得住】**mán·dezhù** 동 속일 수 있다. ↔瞒不住

【瞒哄】**mánhǒng** 동 (거짓말로) 달래다. 꾀다. 유혹하다. 속여넘기다. ¶你别想用这话~我。=당신은 이런 말로 나를 달랠 생각 마세요. ≒哄骗

【瞒骗】**mánpiàn** 동 속이다.

【瞒上欺下】**mánshàng-qīxià** 성 윗사람을 속이고 아랫사람을 업신여기다.

【瞒天过海】**mántiān-guòhǎi** 성 **1** 하늘 몰래 바다를 건너다. **2** (句) (온갖 술수를 써서) 어마어마한 사기를 치다. 크게 기만하다. 사기 행각을 벌이다.

【瞒心昧己】**mánxīn-mèijǐ** 성 양심을 저버리고 자기 자신을 속이다.

**鞔 mán** 신울 만
동 **1** 신 운두에 천을 씌우다. 신에 가죽을 입히다. ¶~鞋=신 운두에 천을 씌우다. **2** 북통에 가죽을 메우다. [북통의 양쪽 마구리에 가죽을 씌우는 것을 가리킴] ¶~鼓=북을 메우다. 명 운두. 갑피(甲皮). 신울. [신의 밑창을 뺀, 신의 양쪽 가를 두른 부분]

**鳗[鰻] mán** 뱀장어 만
명(양)(動) 鳗鲡(뱀장어).

○● 白鳗, 电鳗, 海鳗

【鳗鲡】**mánlí** 명(動) 뱀장어. 민물장어. =[白鳗] **báimán**【白鳝】**báishàn** (도) 【鳗鱼】**mányú**

【鳗鱼】**mányú** ☞【鳗鲡】**mánlí**

**鬘 mán** 머리털 아름다울 만
형(훈) (머리 모양이) 아름답다.

**满[滿] mǎn** 가득 찰 만
형 **1** 가득[꽉] 차다. 가득하다. 그득하다. ¶肥猪~圈=살진 돼지가 우리에 가득하다. / 电影院场场爆~。=영화관이 매회마다 만원을 이루다. **2** 온. 전. 모든. 전부의. 전체의. ¶一口应承=두말 없이 허락하다. / ~身是灰=온몸이 먼지투성이이다. **3** 교만하다. 자만하다. ¶自~情绪=자만심. 교만한 마음. 동 **1** 만족하다. 흡족하다. ¶心~意足=완전히 만족하다. 아주 흡족해하다. / 心怀不~=불만을 품다. **2** 정한 기한이 다 되다[차다]. 일정한 한도에 이르다. ¶学~三年=3년 간의 학습 기간을 마치다. / 届~改选=임기가 차서 다시 뽑다. **3** 꽉 채우다. 가득하게 하다. 가득 메우다. ¶喝完, 再~上一杯。=마시고 나서 다시 한 잔을 가득 채우다. 부 전혀. 완전히. 전적으로. 아주. 참으로. 절대로. 전연. 전부. ¶~可以不做。=하지 않아도 전혀 관계 없다. 명 (**Mǎn**) **1** 만주족. ¶~文=만주족 문자. / ~汉全席=만한취안시. [청나라 중엽 궁중에서부터 유래한 것으로, 최소한 108가지에서 수백 가지의 만주풍 요리와 한족풍 요리를 갖춘 호화 연회석] **2** 성(姓). ↔谦

○● 饱满, 充满, 丰满, 服满, 届jiè满, 美满, 完满, 小满, 圆满

【满不在乎】**mǎnbùzài·hu** 성 전혀 개의치 않다. 조금도 마음에 두지 않다. 눈 하나 깜짝하지 않다. ¶他对别人的议论~。=그는 다른 사람이 쑥덕거리는 것에 눈 하나 깜짝하지 않는다.

【满仓】**mǎncāng** 동 **1** 창고에 가득 채우다. ¶粮食~=식량을 창고에 가득 채우다. **2** (經) 투자자가 보유 자금을 총동원하여 주식 등을 매입하다. 몰방(沒放)하다.

【满产】**mǎnchǎn** 동 (계획된) 최대 생산량을 달성하다. ¶工厂投产以来年年~。=공장은 조업 [생산에 들어간] 이래로 매년 최대 생산량을 달성했다.

【满城风雨】**mǎnchéng-fēngyǔ** 성 **1** 온 성안에 가을 비바람이 몰아치다. [송나라 홍혜(洪惠)가 《冷斋夜话(冷齋夜話)》에서 인용한 반대림(潘大临)의 시구 '满城风雨近重阳'에서 온 말] **2** (句) 소문이 자자하다. 여론이 분분하다. 여기저기 쑥덕거리다. [주로 좋지 않은 일이나 나쁜 소문에 쓰임] ≒沸沸扬扬 议论纷纷

【满处】**mǎnchù** 명 도처. 사방. 곳곳. 여기저기. ¶不要把水弄得~都是。=온 사방을 물천지로 만들지 마라.

【满打满算】**mǎndǎ-mǎnsuàn** 성 몽땅 계산에 넣다. 이것저것 다 따지다. 최대로 계산하다. ¶~一年有七八万的收入。=몽땅 다 계산하면 일년에 수입이 칠팔만 위안이 된다.

【满当当】**mǎndāngdāng**(~的) 형 가득한 모양. 꽉 찬 모양. 가득하다. 그득하다. 빽빽하다.

# mǎn 满

빼곡하다. 꽉 차다. ¶剧场里人坐得~的。= 극장 안에 사람들이 빽빽하게 앉아 있다.

【满登登】**mǎndēngdēng**(~的) 웹 가득한 모양. 꽉 찬 모양. 가득하다. 그득하다. 빽빽하다. 빼곡하다. 꽉 차다.

【满地】**mǎndì** 명 온 사방. 도처. 여기저기. 일대. ¶~落叶=사방에 온통 낙엽이다.

【满点】**mǎndiǎn** 동 규정된〔정해진〕시간까지 하다. ¶~营业=규정된 시간까지 영업하다.

【满肚子】**mǎndù·zi** (명) 뱃속에 가득한 것. ¶~啤酒=뱃속 가득한 맥주. **2** 온 생각〔마음〕. ¶~坏水=온통 나쁜 생각뿐이다.

【满舵】**mǎnduò** 동 최대 타각(舵角)으로 항행하다. ¶~航行=최대 타각으로 항행하다.

【满额】**mǎn‖é** 동 정원이 차다. 만원(滿員)이 되다. 액수가 차다. ¶招生已经~。= 학생 모집은 이미 정원이 찼다.

【满分】**mǎnfēn**(~儿) 명 만점. ¶他的数学得了~。=그는 수학 시험에서 만점을 받았다.

【满服】**mǎn‖fú** 동 상복 입는 기한이 끝나다. 탈상하다.

【满负荷】**mǎnfùhè** 웹 **1** (기계가) 만부하(滿負荷) 상태이다. 최대 작업량〔출력〕으로 가동되다. 최대한 가동되다. 풀가동되다. ¶~运转=최대한 가동하다. **2** (비) 최선을 다하다. 최고 속도로 하다. 죽기살기로 하다. ¶长期这样~工作会把身体累垮的。=장기간 이렇게 죽기살기로 일을 하다가는 몸이 견디지 못할 것이다.

【满腹】**mǎnfù** 명 온 마음. 마음〔가슴〕가득. ¶~疑惑=마음에 온통 의문투성이이다.

【满腹经纶】**mǎnfù-jīnglún** 원) **1** 뛰어난 정치적 재능을 지니고 있다. **2** 높은 학식과 경륜을 지니고 있다. ↔胸无点墨

【满弓】**mǎngōng** 명 활시위를 최대로 당겼을 때 활의 모양.

【满谷满坑】**mǎngǔ-mǎnkēng** ☞【满坑满谷】**mǎnkēng-mǎngǔ**

【满贯】**mǎnguàn** 동 **1** 돈꿰미에 돈이 가득 꿰어 있다. **2** (비) 최고 한도에 달하다. **3** (비) (마작이나 경기에서) 최고의 득점을 하다. 최고의 성적을 거두다.

【满汉全席】**Mǎn Hàn quánxí** 명 만한취안시. [청나라 중엽 궁중에서부터 유래한 것으로, 최소한 108가지에서 수백 가지의 만주풍 요리와 한족풍 요리를 갖춘 호화 연회석]

【满怀】**mǎnhuái** 동 **1** (원한·기쁨 따위가) 가슴에 꽉 차다. 가슴에 맺히다. ¶~激情=격정이 가슴에 가득 차다. **2** (가축이) 모두 새끼를 배다. 명 가슴통. 가슴의 앞쪽 전부. ¶两人撞了个~。=두 사람이 정면으로 부딪쳤다.

【满假】**mǎnjiǎ** 동 휴가 기간이 끝나다.

【满坑满谷】**mǎnkēng-mǎngǔ** 원 여기저기 꽉 들어차다. 온 사방에 가득하다. =【满谷满坑】**mǎngǔ-mǎnkēng**

【满口】**mǎnkǒu** 명 온 입. 입 전체. ¶~假牙=모두 의치이다. 웹 말하는 것은 모두. 하는 말이 모두 다. 말끝마다. ¶~谎言=하면 다 거짓말이다. 用 기탄없이. 스스럼없이. 거리낌없이. 두말 없이. 전적으로. 아낌없이. ¶~答应=두말 없이 허락하다. ≒满嘴

【满脸】**mǎnliǎn** 명 온 얼굴. 만면. ¶~晦气=얼굴이 온통 일그러지다.

【满满】**mǎnmǎn** 웹 꽉〔가득〕차다. 가득하다. 그득하다. 빽빽하다. ¶会议室里坐得~的。= (사람들이) 회의실에 빽빽이 앉아 있다.

【满满当当】**mǎnmǎn dāngdāng**(~的) 웹 가득한 모양. 꽉 찬 모양. 가득하다. 그득하다. 빽빽하다. 빼곡하다. 꽉 차다.

【满满登登】**mǎnmǎn dēngdēng**(~的) 웹 가득한 모양. 꽉 찬 모양. 가득하다. 그득하다. 빽빽하다. 빼곡하다. 꽉 차다.

【满门】**mǎnmén** 명 온 집안. 일가. ¶~抄斩=온 집안이 재산을 몰수당하고 참형(斬刑)당하다.

【满面】**mǎnmiàn** 명 만면. 온 얼굴. ¶愁容~=얼굴에 수심이 가득하다.

【满面春风】**mǎnmiàn-chūnfēng** 성어 만면에 웃음을 띠다. 얼굴에 기쁨이 넘치다. 희색이 만면하다.

【满面红光】**mǎnmiàn-hóngguāng** ☞【红光满面】**hóngguāng-mǎnmiàn**

【满目】**mǎnmù** 명 눈에 보이는 것 모두. 온 시야. ¶~萧索=눈에 보이는 것이 모두 생기가 없다. 동 눈에 가득 차다. 시야에 가득 들어오다. ¶琳琅~=아름답고 진귀한 것들이 눈에 가득 차다.

【满目疮痍】**mǎnmù-chuāngyí** ☞【疮痍满目】**chuāngyí-mǎnmù**

【满脑子】**mǎnnǎo·zi** 온 머릿속. 머릿속 전체. ¶~的偏见=머릿속에 가득 찬 편견.

【满拧】**mǎnnǐng** 웹(방) 완전히 뒤바뀌다. 뚜렷이 상반되다. 정반대이다. ¶他说的和实际情况~。=그의 말과 실제 상황은 정반대이다.

【满瓶不响,半瓶叮当】**mǎnpíng bùxiǎng, bànpíng dīngdāng** 속 **1** 가득 찬 병은 소리가 나지 않고, 반밖에 채워지지 않은 병이 소리를 낸다. **2** 빈 수레가 더 요란하다. 잘 알지도 못하면서 주제를 모르고 설치다.

【满七】**mǎnqī** ☞【七七】**qīqī**

【满期】**mǎnqī** 동 만기가 되다. 정한 기한이 다 차다. ¶租赁合同已经~。=임대 계약 기간이 다 되었다.

【满腔】**mǎnqiāng** 명 온 마음. 가슴 가득. ¶~怒火=가슴 속 가득한 분노.

【满勤】**mǎnqín** 동 개근하다. ¶他每个月都~。=그는 매달 모두 개근이다. ≒全勤 ↔缺勤

【满清】**Mǎnqīng** 명 청조(清朝). 청나라. [만주족이 세웠기 때문에 붙여진 명칭]

【满人】**Mǎnrén** 명 만주인.

【满山遍野】**mǎnshān-biànyě** 성어 **1** 온 산야에 가득하다. 산과 들에 가득히 덮여 있다. **2** (비) 꽹장히 많다. 아주 흔하다. 널려 있다. 도처에 가득하다.

【满山红】**mǎnshānhóng** 명(植) 산진달래나무. 만산홍.

【满身】mǎnshēn 명 전신. 온몸. 만신. ¶~泥土=전신의 진흙. 온몸이 다 진흙이다.

【满师】mǎn‖shī 통 제자·도제(徒弟)의 학습〔견습〕기간이 차다〔끝나다〕. ¶他还有几个月就~了。=그는 몇 개월만 더 있으면 학습 기간이 끝난다.

【满世界】mǎnshì·jie 명방 도처. 곳곳. 여기저기. ¶他一天~跑, 我上哪儿找去？=그는 하루 종일 이곳 저곳을 싸돌아다니는데, 내가 어디 가서 찾겠어요?

【满堂】mǎntáng 명 1 (극장·공연장 등의) 장소 전체. 2 (일정한 장소 내의) 전체 사람. 모든 사람. 전원. ¶~喝彩=모든 사람이 갈채를 보내다. 통 1 대청〔넓은 방·홀〕안에 가득하다. ¶宾朋~=손님과 친구들이 방 안에 가득하다. 2 형 만원이다. ¶最近这个剧院每天~。=최근 이 극장은 매일 만원이다.

【满堂彩】mǎntángcǎi 명 공연장을 가득 메운 갈채. ¶她的那段唱腔赢得了~。=그녀의 전통 극 곡조는 모든 사람의 갈채를 받았다.

【满堂灌】mǎntángguàn 명 주입식 (위주의) 수업 방식.

【满堂红】mǎntánghóng 명 1 각 방면에서 모두 좋은 성과를 거두다. 전면적인 승리를 거두다. ¶今年公司提前完成了全年的利润指标, 又闹了个~。=올해에 회사는 금년도 이익 목표를 조기에 달성했고, 또 각 방면에서 모두 좋은 성과를 거두었다. 2 (4) 모든 주가가 상승하다.

【满堂红】mǎntánghóng ☞【紫薇】zǐwēi

【满天】mǎntiān 명 온 하늘. ¶~乌云=온 늘에 먹구름이 가득하다.

【满天飞】mǎntiānfēi 통 1 여기저기 다니다. 곳곳을 돌아다니다. 싸돌아다니다. 싸다니다. 도처에 퍼지다. ¶流言蜚语~。=유언비어가 사방에 퍼지다. 2 도처에 가득하다. 널려 있다. 흔하다. 지천이다. ¶招生广告~。=학생 모집 광고가 도처에 널려 있다.

【满头】mǎntóu 명 온 얼굴. 온 머리. ¶~大汗=온 얼굴이 땀투성이이다.

【满头雾水】mǎntóu wùshuǐ ☞【一头雾水】yītóu wùshuǐ

【满文】Mǎnwén 명 만주 문자〔글〕.

【满限】mǎnxiàn 통 기한이 되다. 만기가 되다. 기간이 차다.

【满销】mǎnxiāo 통 (상품이) 전부 팔려 나가다. 매진되다. ¶满产~=최대로 생산해서 전부 매진되다.

【满孝】mǎn‖xiào 통 상복 입는 기한이 끝나다. 탈상하다.

【满心】mǎnxīn 명 온 가슴〔마음〕. 마음〔가슴〕가득. ¶~欢喜=가슴 가득한 기쁨.

【满眼】mǎnyǎn 명 1 온 눈(가). ¶~泪水=눈에 가득 고인 눈물. 2 눈에 보이는 것이 온 시야. ¶~繁华=보이는 곳마다 온통 번화하다. 통 눈에 가득 차다. 시야에 가득 들어오다. ¶血丝~=두 눈에 핏발이 가득 차다〔서다〕.

【满以为】mǎnyǐwéi 통 (마음속으로) 굳게 믿다. 믿어 의심치 않다. ¶~事情会很顺利, 结果却遇到这么多麻烦。=일이 순조로울 것이라고 굳게 믿었는데, 결과적으로는 오히려 이토록 많은 번거로움에 부닥쳤다.

【满意】mǎnyì 통 만족하다. 만족스럽다. 흡족하다. ¶他对自己的表现很~。=그는 자신의 행동에 아주 만족한다. ≒中意 ↔不满

---

满意(mǎnyì) / 满足(mǎnzú) 만족하다

满意+태도, 언동, 일, 성적, 태도, 환경 등 : 자기의 뜻, 기대에 부합됨을 가리킴. 그 대상은 구체적인 '사람·일·상황' 에 해당됨. ¶她对自己的工作很满意。=그녀는 자기 일에 대해 아주 만족하고 있다.

满足+요구, 조건, 희망, 수요 등 : 충족되고 충분하다고 느껴 다른 요구가 없거나 어떤 요구나 희망에 대한 만족 상태를 말함. ¶虽然工作条件还不是很好, 可是我已经很满足了。=비록 근무 조건이 썩 좋지는 않지만, 나는 이미 만족했다. / 他能帮我分担一些家务, 我已经很满足了。=그가 나를 도와 가사를 분담해 줄 수 있는 것에 대해 나는 아주 만족하고 있다.

▶ 이 외에, '满足' 는 사역의 의미를 지니기도 함. ¶我们一定满足你们的要求。=우리는 틀림없이 당신들의 요구를 만족시킬 것입니다.

---

【满语】Mǎnyǔ 명 만주어.

【满园春色】mǎnyuán chūnsè (성) 1 온 정원에 봄기운이 가득 차 있다〔완연하다〕. 2 (비) (사업이) 번창하다.

【满员】mǎn‖yuán 통 (승객·인원이) 다 차다. 만원이 되다. ¶列车没有~, 还有很多空位。=열차가 정원이 다 차지 않아 아직 빈 좌석이 많다.

【满月】mǎn‖yuè (출생 후) 만 한 달이 되다. ¶~酒=아기가 출생한 지 만 한 달이 된 것을 축하하기 위해 마시는 술.

【满月】mǎnyuè ☞【望月】wàngyuè

【满载】mǎnzài 통 1 만재(滿載)하다. 가득 싣다. 규정 적재량을 다 채우다. ¶一辆辆~木材的汽车驶出林区。=하나같이 목재를 가득 실은 차들이 삼림 지구를 벗어나다. 2 (기계·설비 따위가) 규정〔적정〕부하에 이르다. ¶机器已经~, 不能再加大负荷了。=기계는 이미 규정 부하에 이르러 더 이상 가중할 수 없다.

【满载而归】mǎnzài'érguī (성) 1 (물건을) 가득 싣고 돌아오다. 2 큰 수확을〔성과를〕거두고 돌아오다.

【满招损, 谦受益】mǎn zhāo sǔn, qiān shòu yì (성) 교만하면 손해를 보고, 겸손하면 이익을 본다. 교만은 화를 부르고, 겸손은 복을 부른다.

【满洲】Mǎnzhōu 명 1 '满族(만주족)' 의 옛 명칭. 2 (지) 만주. [중국의 동북 지역 일대]

【满足】mǎnzú 1 만족하다. 흡족하다. ¶只要能吃饱穿暖他就~了。=단지 배불리 먹고 따뜻한 옷만 입을 수 있으면 그는 만족한다. 2 만족시키다. ¶他一直想~父母这个心愿。=그는 줄

곧 부모님의 이 소원을 만족시켜 드리고 싶었다.

【满族】**Mǎnzú** [명] 만주족. [중국 소수 민족의 하나로, 주로 헤이룽장(黑龙江)·랴오닝(辽宁)·지린(吉林)·허베이(河北)·베이징(北京)과 네이멍구(内蒙古) 지역에 분포함]

【满嘴】**mǎnzuǐ** [명] 온 입. 입 전체. ¶～起疱＝온 입 안 가득 물집이 생기다〔잡히다〕. [형] 말하는 것은 모두. 하는 말이 모두 다. 말끝마다. ¶～脏话＝말끝마다 욕하다. [부] 기탄없이. 스스럼없이. 거리낌없이. 두말 없이. 전적으로. 아낌없이. ¶～称赞＝아낌없이 칭찬하다. ≒满口

【满嘴喷粪】**mǎnzuǐ-pēnfèn** [성][비] 말하는 것마다 헛소리이다. 말끝마다 욕지거리이다.

【满座】**mǎn‖zuò**(～儿) [동] (극장·식당 등 공공장소의) 좌석이 꽉 차다. 만원이 되다. (표가) 매진되다. ¶他的演唱会场场～。＝그의 리사이틀은 매회마다 표가 매진되었다.

【满座】**mǎnzuò** [동] 좌석마다 꽉 차다. 만원이다. 표가 매진이다. ¶高朋～＝훌륭한 사람들이 좌석에 가득 차 있다. 손님이 아주 많다.

# 螨[蟎] **mǎn** 진드기 만

[명]《動》 진드기류.

# *曼 **màn** 길 만

[형] **1** 길다. 멀다. 길게 뽑다〔늘이다〕. ¶～声歌唱＝목소리를 길게 뽑아 노래 부르다. **2** 아름답다. 부드럽다. 우아하다. ¶轻歌～舞＝경쾌한 노래와 우아한 춤.

⊙ 曼 màn / 漫 màn / 慢 màn / 馒 mán / 谩 màn / 幔 màn / 鳗 mán / 墁 màn / 镘 màn / 缦 màn / 熳 màn / 蔓 màn

【曼德林】[曼德琳] **màndélín** ☞【曼陀林】**màntuólín**

【曼德琳】**màndélín** ☞【曼德林】**màndélín**

【曼多林】**mànduōlín** ☞【曼陀林】**màntuólín**

【曼福】**mànfú** [명] 영원한 행복. 무궁한 행복. [주로 편지글 끝에 축복의 말로 쓰임] ¶敬祝～＝무궁한 행복이 함께하기를 빕니다.

【曼丽】**mànlì** [형][문] 부드럽고 아름답다. ¶姿容～＝자태가 부드럽고 아름답다.

【曼妙】**mànmiào** [형][문] (음악이나 춤이) 감미롭고 아름답다. ¶～的舞姿＝감미롭고 아름다운 춤(의 자태).

【曼声】**mànshēng** [동] 목소리를 길게 뽑다. ¶～吟咏＝목소리를 길게 뽑아 읊다.

【曼陀林】**màntuólín** [명][외]《音》 만돌린. ＝【曼德林】**màndélín**【曼陀铃】**màntuólíng**【曼多林】**mànduōlín**

【曼陀铃】**màntuólíng** ☞【曼陀林】**màntuólín**

【曼舞】**mànwǔ** [동] 너울너울 춤을 추다. ¶轻歌～＝경쾌한 노래에 맞춰 아름답게 춤을 추다.

【曼舞婆娑】**mànwǔ-pósuō** [성] 아름답게 너울너울 춤을 추다. 하늘하늘 우아하게 춤을 추다.

【曼延】[漫延] **mànyán** [동] **1** 줄줄이 이어지다. 길게 늘어지다. [주로 산맥·하천·도로 등에 쓰임] ¶～的群山＝끊임없이 이어져 있는 산. **2** [비] 만연하다. 퍼지다. 흩어지다. ¶制止不良风气的～。＝불량 풍조가 만연하는 것을 막다.

# 谩[謾] **màn** 업신여길 만

[동] 무례하다. 버릇이 없다. 업신여기다. ¶肆意～骂＝제멋대로 욕설을 퍼붓다.

☞ **mán**

【谩骂】**mànmà** [동] 욕설을 퍼붓다. 욕지거리하다. 헐뜯다. 비방하다. 매도하다. ¶～不休＝쉴 새없이 욕설을 퍼부어 대다.

# 墁 **màn** 벽 바를 만

[동] **1** (벽돌이나 돌 따위를) 땅에 깔다. ¶彩砖～地＝컬러 벽돌을 땅에 깔다. **2** [방] 석회로 벽을 바르다. ¶把墙～平＝벽을 평평하게 바르다.

# *蔓 **màn** 덩굴 만

[명]《植》 덩굴. 넝쿨. ¶枝～＝가지와 넝쿨. [동] 만연하다. 무성히 자라다. 확산하다. 번지다. ¶滋～＝만연하다. 무성히 자라다.

☞ **mán, wàn**

⊙ 枝蔓, 滋zī蔓

【蔓草】**màncǎo** [명] 덩굴풀. 만초.

【蔓草难除】**màncǎo-nánchú** [성] **1** 뻗어 나가는 잡초는 깨끗이 제거하기 어렵다. **2** [비] 나쁜 세력〔현상〕이 창궐〔만연〕하면 뿌리뽑기 어렵다.

【蔓生】**mànshēng** [동] 식물의 줄기가 덩굴져 나다. 만생하다. ¶～植物＝만생 식물.

【蔓延】**mànyán** [동] **1** (풀·덩굴 따위가) 만연하다. 널리 뻗다. ¶杂草～＝잡초가 만연하다. **2** [비] 만연하다. (사방으로) 널리 번지다〔퍼지다〕. ¶山火～＝산불이 사방으로 널리 번지다.

# *幔 **màn** 천막 만

[명] 막. 장막. 천막. 휘장. ¶窗～＝커튼.

⊙ 地幔, 帷wéi幔, 孝xiào幔

【幔帷】**mànwéi** [명] 막. 휘장. 장막.

【幔帐】**mànzhàng** [명] 막(幕). 장막. 천막. 휘장. 커튼.

【幔子】**màn·zi** [명][방] 막(幕). 장막. 천막. 휘장. 커튼.

# **漫 **màn** 넘쳐흐를 만

[동] **1** (물이) 넘치다. 범람하다. 침수되다. ¶连续几天暴雨，河水都～堤了。＝며칠 동안 계속해서 폭우가 내려, 강물이 제방을 넘쳐흐르기까지 했다. **2** 가득하다. 두루 퍼져 있다. 충만하다. ¶弥～＝가득 차다. 자욱하다. / ～天黄沙＝하늘에 자욱한 황사. [형] 길다. 멀다. ¶长夜～～＝밤이 길기만 하다. 암울한 시대나 환경이 오래 지속되어 언제 끝날지 모르다. [부] **1** 구애받지 않고. 마음대로. 내키는 대로. 멋대로. ¶散～＝산만하다. 방만하다. / ～无目的＝아무런 목적이 없다.

**2** 말할 것도 없고. 그만두고라도. ¶~说他去, 就是你亲自去也不一定能行. =그가 가는 것은 말할 필요도 없고, 설사 당신이 직접 가더라도 꼭 될 수 있는 것은 아니다.

○● 汗漫, 烂漫, 浪漫, 弥mí漫, 迷漫

【漫笔】 **mànbǐ** 만필. 수필. 만록(漫錄). 만문(漫文). [주로 글의 제목이나 서명(書名)으로 쓰임] ¶《灯下~》=《등불 아래서의 만필》.

【漫不经心】 **mànbùjīngxīn** 형 전혀 아랑곳하지 않다. 전혀 신경 쓰지 않다. 조금도 마음에 두지 않다. 소홀히 대하다. 드【漫不经意】**mànbùjīngyì** 늑心不在焉 →专心致志

【漫不经意】 **mànbùjīngyì** ☞【漫不经心】**mànbùjīngxīn**

【漫步】 **mànbù** 동 한가롭게 거닐다. 발길 닿는 대로 걷다. ¶林间~=숲 속을 한가롭게 거닐다.

【漫长】 **màncháng** 형 (시간·공간이) 멀다. 길다. 지루하다. ¶~的旅程=길고 긴 여정. /~ 的历史=유구한 역사. ↔短暂

【漫道】 **màndào** ☞【慢道】 **màndào**

【漫反射】 **mànfǎnshè** 명(物) 난반사(亂反射).

【漫灌】 **mànguàn** 동 (저지대로) 홍수가 밀려들다. 침수되다. ¶大水~, 农田都被淹没了。=홍수가 밀려들어 논밭이 모두 침수되었다. ②(农) 월류관개(越流灌漑). [주로 경사진 목초지나 야초지의 관개 방법으로, 자연 경사를 이용하여 방류하는 관개] ③ flood irrigation

【漫画】 **mànhuà** 명(美) 만화. ¶~大师=만화 대가.

【漫话】 **mànhuà** 동 자유롭게[마음 내키는 대로·두서 없이] 이야기하다. ¶~家常=이것저것 일상적인 일을 이야기하다.

【漫漶】 **mànhuàn** 형문 (글자·그림 등이) 너무 오래 되어 희미하다(분명치 않다). ¶字迹已~难辨。=글자는 이미 오래 되어 희미해서 판독하기(알아보기) 어렵다.

【漫卷】 **mànjuǎn** 동 (바람에) 펄럭이다. 휘날리다. ¶彩旗~=채색 깃발이 펄럭이다.

【漫流】 **mànliú** 동 가득 차서 넘쳐흐르다. 범람하다. ¶暴雨成灾, 河水~。=폭우가 내려 강물이 사방으로 범람하다.

【漫骂】 **mànmà** 동 함부로 욕하다. 욕설을 퍼붓다. 제멋대로 꾸짖다.

【漫漫】 **mànmàn** 형 (시간이나 공간이) 끝없다. 가없다. ¶长路~=길이 하도 멀다.

【漫灭】 **mànmiè** 동 (글씨·그림 등이 연대가 오래 되어) 희미해지거나 없어지다. 마멸되다. ¶碑上的文字已经~了。=비석의 문자는 이미 닳아서 희미해지거나 없어졌다.

【漫评】 **mànpíng** 동 만평하다. 생각나는 대로 비평하다. ¶时事~=시사 만평.

【漫山遍野】 **mànshān-biànyě** 성 **1** 온 산과 벌판에 가득하다. **2** 뛰 도처에 널려 있다. 혼하디 지천이다.

【漫射】 **mànshè** 명(物) 난반사(亂反射).

【漫说】 **mànshuō** ☞【慢说】**mànshuō**

【漫谈】 **màntán** 동 자유롭게 말하다[토론하다·이야기를 나누다]. ¶文学创作~=문학 창작 자유 토론.

【漫天】 **màntiān** 형 **1** ~大雪=온 하늘에 가득한 눈. **2** 무한정의. 끝없는. 엄청난. 터무니없는. ¶~要价=터무니없이 값을 부르다.

【漫无边际】 **mànwú-biānjì** 성 **1** 아득하게 멀고 넓어서 끝이 없다. 일망무제(一望無際). **2** 비 (말이나 글이) 주제와 완전히 동떨어지다. 주제에서 멀리 벗어나다. 엉뚱한 소리를 하다. 늑无边无际

【漫无止境】 **mànwú-zhǐjìng** 성 끝(한)이 없다.

【漫延】 **mànyán** **1** ☞【蔓延】**mànyán** **2** 물이 넘쳐흐르다. 범람하다. ¶洪水~=홍수로 물이 넘쳐흐르다. 홍수로 물이 범람하다.

【漫议】 **mànyì** 동 자유롭게 토론하다. 격식을 따지지 않고 논의하다. [주로 문장의 표제로 쓰임] ¶《经济全球化趋势~》=《경제 세계화 추세에 대한 자유 토론》.

【漫溢】 **mànyì** 동 넘쳐흐르다. 넘치다. ¶湖水~=호수의 물이 넘쳐흐르다.

【漫应】 **mànyìng** 동 건성으로 대답하다(승낙하다). ¶随口~=건성으로 대답하다.

【漫游】 **mànyóu** 동 **1** (물 속에서) 이리저리[마음대로] 돌아다니다. 회유(回遊)하다. ¶鱼儿在水中~。=물고기가 물 속에서 마음대로 돌아다닌다. **2** 마음대로 유람하다. 자유롭게 구경하다. 기분나는 대로 노닐다. ¶~世界=세계를 유람하다. **3** 로밍(roaming)하다. [휴대폰 서비스의 일종] ¶全国~=전국 로밍.

【漫游生物】 **mànyóu shēngwù** 명(動) 회유성(回游性) 생물.

【漫语】 **mànyǔ** **1** (형식에 구애받지 않고) 마음에 닿는 대로 하는 이야기. 가볍게 하는 말. [주로 서명(書名)이나 표제어로 사용됨] ¶《人生~》=《인생 감상》. **2** 주제와 동떨어진 말. 터무니없는 말. 만언. 만어. ¶~空言=터무니없는 빈말.

**\*\*慢** **màn** 느릴 만

형 **1** 튄 태만하다. 나태하다. ¶君子宽而不~。=군자는 느긋하지만 태만하지 않다. **2** 예의 없다. 태도가 불손하다(냉담하다). ¶傲~=오만하다. / 轻~=오만하다. 거만하다. **3** 느리다. ¶~手~脚=동작이나 일하는 것이 느리다(굼뜨다). / 走~点儿, 等一下女士们。=좀 천천히 걸으면서 여자 분들을 기다립시다. **2** 천천히 하다. 늦추다. 미루다. 기다리다. ¶且~=서두르지 마라. 잠깐. 튄 …하지 말라. …해서는 안 된다. …하면 안 된다. ¶~学别人=다른 사람을 모방하지 마라. 늑缓 徐 ↔快

○● 高慢, 缓huǎn慢, 简jiǎn慢, 快慢, 轻慢, 侮wǔ慢

【慢班】 **mànbān** 명 학업 진도가 늦은 학급(반). 열등반. ↔快班

**màn** 慢 嫚 缦

【慢板】**mànbǎn** 명(音) **1** 느린 박자. **2** 렌토(lento). 느리게.

【慢藏海盗】**màncáng-huìdào** 성 물건을 잘 간수하지 않아 잃게 되면 도둑질을 가르쳐 주는 격이 되다.

【慢车】**mànchē** 명 완행 열차〔버스〕. ↔快车

【慢车道】**mànchēdào** 명 자전거·오토바이 등의 전용 도로. 저속 주행 차선.

【慢词】**màncí** 명 만사. [편폭(篇幅)이 길고 곡조가 느린 사(詞). 예컨대,《심원춘(沁園春)》등]

【慢待】**màndài** 통 **1** (사람에게) 무성의하다. 푸대접하다. 냉담하다. 쌀쌀하다. 예의 없다. ¶不可~顾客. =고객들에게 무성의해서는 안 된다. **2** (인사말로) 대접이 소홀하다〔변변치 못하다〕. ¶~各位了, 真是过意不去. =여러분께 대접이 변변치 못해서 정말 미안합니다.

【慢道】【漫道】**màndào** 접 …은〔는〕 말할 것도 없고. …은〔는〕 그만두고라도. ¶~设计程序, 就是电脑的基本操作他都不会. =프로그램 설계는 말할 것도 없고, 컴퓨터의 기본 조작조차도 그는 할 줄 모른다. ≒漫说

【慢调】**màndiào** 명 만조. [사(詞)와 곡(曲)의 일종으로, 리듬이 느리고 완만함. 예컨대,《목란화만(木蘭花慢)》등]

【慢动作】**màndòngzuò** 명(映) 슬로모션(slow-motion). 느린 동작.

【慢工出巧匠】**màngōng chū qiǎojiàng** 속 오랫동안 꼼꼼하게 일하는 사람이 솜씨 좋은 장인〔기능공·숙련공〕이 된다.

【慢工出细活】**màngōng chū xìhuó** 속 오랫동안 꼼꼼하게 해야 정교한 작품이 나온다.

【慢化剂】**mànhuàjì** 명(物) (원자로의) 감속제. =[减速剂] **jiǎnsùjì**

【慢火】**mànhuǒ** 명 약한 불. ¶~煲汤 =약한 불로 탕을 달이다.

【慢件】**mànjiàn** 명 (탁송 속도가 비교적 느린) 보통 화물.

【慢镜头】**mànjìngtóu** 명(映) 슬로모션(slow-motion). 느린 동작.

【慢慢】**mànmàn**(~儿) 형 느리다. 천천히. 느릿느릿. 차츰. ¶火车~地进站了. =기차가 천천히 역으로 들어왔다. ≒缓慢

【慢慢腾腾】**màn·man tēngtēng**(~的) 형(子) 행동이 느린 모양. 느릿느릿하다. 어슬렁거리다. 꾸물거리다. 꾸물대다. 늑장부리다. 굼뜨다.

【慢慢腾腾】**màn·man téngténg**(~的) 형 행동이 느린 모양. 느릿느릿하다. 어슬렁거리다. 꾸물거리다. 꾸물대다. 늑장부리다. 굼뜨다.

【慢慢吞吞】**màn·man tūntūn**(~的) 형 행동이 느린 모양. 느릿느릿하다. 어슬렁거리다. 꾸물거리다. 꾸물대다. 늑장부리다. 굼뜨다.

【慢慢悠悠】**màn·man yōuyōu**(~的) 형 행동이 느린 모양. 느릿느릿하다. 어슬렁거리다. 꾸물거리다. 꾸물대다. 늑장부리다. 굼뜨다.

【慢坡】**mànpō** 명 경사가 완만한 비탈. ↔陡坡

【慢说】【漫说】**mànshuō** 접 …은〔는〕 말할 것도 없고. …은〔는〕 그만두고. ¶~是朋友, 就是一般的人, 我也要帮. =친구는 말할 것도 없고 일반 사람이라도 나는 돕겠다. ≒漫道

【慢腾腾】**màntēngtēng**(~的) 형(子) 행동이 느린 모양. 느릿느릿하다. 어슬렁거리다. 꾸물거리다. 꾸물대다. 늑장부리다. 굼뜨다.

【慢腾腾】**mànténgténg**(~的) 형 행동이 느린 모양. 느릿느릿하다. 어슬렁거리다. 꾸물거리다. 꾸물대다. 늑장부리다. 굼뜨다. ¶你这样~的, 什么时候才能把活儿干完? =너 이렇게 꾸물거려서 언제 일 다 마치겠니?

【慢条斯理】**màntiáosīlǐ** 성 침착하다. 태연자약하다.

【慢吞吞】**màntūntūn**(~的) 형 행동이 느린 모양. 느릿느릿하다. 어슬렁거리다. 꾸물거리다. 꾸물대다. 늑장부리다. 굼뜨다.

【慢行道】**mànxíngdào** 명 자전거·오토바이 등의 전용 도로. 저속 주행 차선.

【慢性】**mànxìng** 형 만성의. ¶~支气管炎 =만성 기관지염. 명 ☞【慢性子】**mànxìng·zi** ↔急性

【慢性病】**mànxìngbìng** 명(醫) 만성병.

【慢性支气管炎】**mànxìng zhīqìguǎnyán** ☞【慢支】**mànzhī**

【慢性子】**mànxìng·zi** 명 **1** 느긋한 성격. 굼뜬 성격. **2** ~人=느림보. **2** 성격이 느긋한 사람. 느림보. 늘보. 느리광이. 굼벵이. ¶他是个~, 什么事都不着急. =그는 느림보라서 어떤 일도 급하게 서두르지 않는다. =【慢性】**mànxìng**

【慢用】**mànyòng** 통(敬) 천천히 많이 드세요. [먼저 식사를 마친 사람이 동석한 사람에게 하는 말]

【慢悠悠】**mànyōuyōu**(~的) 형 행동이 느린 모양. 느릿느릿하다. 어슬렁거리다. 꾸물거리다. 꾸물대다. 늑장부리다. 굼뜨다. 느긋하다. ¶老人~地在花园里散步. =노인이 느긋하게 정원〔꽃밭〕을 산보한다.

【慢支】**mànzhī** 명(醫) 慢性支气管炎(만성 기관지염).

【慢中子】**mànzhōngzǐ** 명(物) 저속중성자. 영 slow neutron

【慢走】**mànzǒu** 통 **1** 잠시만요. 잠깐만요. 잠깐만 기다리세요. [떠나는 것을 완곡하게 막을 때 하는 말] ¶各位~, 我话还没说完. =여러분 잠시만요, 제 말 아직 끝나지 않았어요. **2** 안녕히 가세요. 조심해서 가세요. 살펴 가세요. [주인이 손님을 배웅할 때 하는 말] ¶你~, 有空再来. =잘 살펴 가세요. 틈나면 또 오세요.

嫚 **màn** 업신여길 만
통(文) 깔보다. 경시하다. 얕보다. 업신여기다. ¶~而侮人 =업신여기고 모욕하다.
☞ **mān**

【嫚骂】**mànmà** 통(文) 깔보고 욕하다.

【嫚易】**mànyì** 통(文) 업신여기고 모욕하다.

缦 [縵] **màn** 무늬 없는 비단 만
명(文) 명주(明紬). 명주실로 짠, 무늬가 없는 견직물. ¶~帛 =명주와 비단.

熳 **màn** 빛날 만
☞【烂熳】**lànmàn**

镘[鏝] **màn** 흙손 만
⁅명⁆ **1** 흙손. ¶泥~=흙손. **2** (~儿) 동전의 뒷면.

## mang

牤 **māng** 황소 망
아래를 참조.
【牤牛】**māngniú** ⁅명⁆⁅방⁆ 수소. 황소.
【牤子】**māng·zi** ⁅명⁆⁅방⁆ 수소. 황소.

邙 **máng** 산 이름 망
지명에 쓰이는 글자. ¶北~=베이망. [허난(河南)성 뤄양(洛阳)에 있는 산 이름]

**芒 máng** 까끄라기 망
⁅명⁆ **1** (곡식 따위의) 까끄라기. ¶麦~=보리·밀의 수염〔까끄라기〕. **2**〔植〕 참억새. ¶~鞋竹仗=죽장망혜. 대지팡이와 짚신. **3** 까끄라기처럼 생긴 것. ¶锋~=칼끝. **4** (Máng) 성(姓).

○● 锋**fēng**芒, 光芒

【芒草】**mángcǎo** ⁅명⁆〔植〕 참억새.
【芒刺】**mángcì** ⁅명⁆ 가시. 까끄라기.
【芒刺在背】**mángcì-zàibèi** ⁅성⁆ **1** 등 뒤에 가시가 있는 것과 같다. **2**〔비〕 바늘방석에 앉은 것 같다. 안절부절못하다. 좌불안석(坐不安席). ≒如坐针毡.
【芒果】**mángguǒ** ☞【杧果】**mángguǒ**
【芒硝】**mángxiāo** ☞【硭硝】**mángxiāo**
【芒鞋】**mángxié** **1** 억새풀로 만든 신발. **2** 짚신.
【芒种】**mángzhòng** ⁅명⁆ 망종. [24절기의 하나로, 양력 6월 6일 무렵임]

**忙 máng** 바쁠 망
⁅형⁆ 바쁘다. 틈이 없다. ¶繁~=분주하다. / 手~脚乱=갈피를 잡지 못하다. 허둥지둥하다. ⁅동⁆ (어떤 일을) 서두르다. 서둘러 하다. 바쁘게 하다. 분주하게 하다. ¶他一直在外地~业务。=그는 계속 외지에서 바쁘게 업무를 보았다. ↔闲

○● 帮忙, 奔**bēn**忙, 匆**cōng**忙, 大忙, 繁**fán**忙, 赶忙, 慌忙, 急忙, 连忙, 农忙, 穷忙, 着**zháo**忙

【忙不迭】**mángbùdié** ⁅부⁆ 분주하게. 정신 없이. 부랴부랴. 바삐. 황급히. ¶见来了客人, 他~地端茶送水。=손님이 오는 것을 보고 그는 부랴부랴 차를 내놓았다.
【忙不过来】**máng·buguò·lái** ☞【忙不开】**máng·bukāi**
【忙不开】**máng·bukāi** ⁅동⁆ 눈코 뜰 새 없이 바

쁘다. 손 쉴 틈도 없다. 바빠서 틈을 낼 수가 없다. 바빠서 여력이 없다. =【忙不过来】**máng·buguò·lái** ¶她一个人做那么多人的饭, 真有点儿~。=그녀 혼자 그렇게 많은 사람의 밥을 지으려니 정말 눈코 뜰 새 없이 바쁘다.
【忙叨】**máng·dao** ⁅형⁆⁅방⁆ (정신 없이) 바쁘다. 눈코 뜰 새 없다. =【忙叨叨】**mángdāodāo** ¶啥事儿这么~?=무슨 일로 이렇게 바쁘니?
【忙叨叨】**mángdāodāo** ☞【忙叨】**máng·dao**
【忙乎】**máng·hu** ⁅동⁆〔구〕 (어떤 일을) 서두르다. 서둘러 하다. 바쁘게 하다. 분주하게 하다. ¶~了一上午, 也没把房间收拾好。=오전 내내 서둘렀는데도 방을 다 정리하지 못했다.
【忙活】**máng‖huó**(~儿) ⁅동⁆ 바쁘게 일하다. 눈코 뜰 새 없이 일하다. 정신 없이 일하다. ¶我正~, 没工夫陪你聊天儿。=난 마침 일하느라고 바빠서 너하고 얘기할 시간이 없다.
【忙活】**mánghuó**(~儿) ⁅명⁆ 급한 일. 급선무. 급한 용건. ¶这是件~, 得抓紧时间做。=이것은 급한 일이라서 서둘러 처리해야 한다.
【忙活】**máng·huo** ⁅동⁆ 정신 없이 보내다. 바쁘게 보내다. 분주하게 보내다. ¶~了大半天才把会场布置好。=한나절을 정신 없이 보내고 나서야 회의장을 다 배치하였다. ≒忙碌.
【忙季】**mángjì** ⁅명⁆ **1** 농번기(農繁期). **2** 성수기(盛需期). 바쁜 철〔시기〕.
【忙里偷闲】**mánglǐ-tōuxián** ⁅성⁆ 바쁜 가운데 짬을 내다. 바쁜 와중에 여유를 가지다.
【忙碌】**mánglù** ⁅동⁆ (어떤 일을) 서두르다. 서둘러 하다. 바쁘게 하다. 분주하게 하다. ¶他为这事~了好几天。=그는 이 일 때문에 며칠을 바삐 보냈다. ⁅형⁆ (정신 없이) 바쁘다. 눈코 뜰 새 없다. ¶这两天事情很多, 非常~。=요 며칠 일이 너무 많아서 아주 바쁘다. ≒忙活(**máng·huo**) 繁忙. ↔清闲 悠闲 轻闲 消闲
【忙乱】**mángluàn** ⁅형⁆ 바빠서 두서가 없다. 바빠서 허둥지둥하다. 어수선하다. 엉망이다. 혼란스럽다. 뒤죽박죽이다. ¶工作~=일이 엉망이다. ≒慌乱
【忙忙叨叨】**máng·mang dāodāo** ⁅형⁆ (정신 없이) 바쁘다. 눈코 뜰 새 없다.
【忙忙碌碌】**máng·mang lùlù** ⁅형⁆ (정신 없이) 바쁘다. 눈코 뜰 새 없다.
【忙忙乱乱】**máng·mang luànluàn** ⁅형⁆ 바빠서 두서가 없다. 바빠서 허둥지둥하다. 어수선하다. 엉망이다. 혼란스럽다. 뒤죽박죽이다.
【忙人】**mángrén** ⁅명⁆ (항상) 바쁜 사람. ¶大~=눈코 뜰 새 없이 바쁜 사람. ↔闲人
【忙三颠四】**mángsān-diānsì** ☞【忙三迭四】**mángsān-diésì**
【忙三迭四】**mángsān-diésì** ⁅성⁆ 정신 없이 바쁘다. 바빠서 쩔쩔매다〔허둥지둥하다〕. =【忙三颠四】**mángsān-diānsì**
【忙上忙下】**mángshàng-mángxià** ⁅성⁆ (정신 없이) 바쁘게 일하는 모양.
【忙音】**mángyīn** ⁅명⁆ (전화기의) 통화 중 신호.

【忙于】 **mángyú** 동 …에 바쁘다. …하느라고 바쁘다. ¶他正~写毕业论文.＝그는 마침 졸업 논문을 쓰느라고 바쁘다.

【忙月】 **mángyuè** 명 **1** 농번기(農繁期). [일반적으로 입하(立夏) 후의 4개월을 가리킴] **2** 방언 농번기의 품팔이꾼[일꾼].

【忙中】 **mángzhōng** 명 바쁜 가운데. ¶~出错＝바삐 서둘면 실수가 생긴다. 급히 먹는 밥이 체한다.

## 杧 **máng** 망고 망

【杧果】[芒果] **mángguǒ** 명외(植) **1** 망고(mango). **2** 망고 열매.

## 尨 **máng** 삽살개 방

명문 삽살개. 삽사리. 형문 **1** 얼룩덜룩한. 색깔이 섞여 있는. **2** 섞이다. 난잡하다.

☞ **méng**

## *盲 **máng** 장님 맹

형 **1** 눈이 멀다. 보이지 않다. ¶夜~＝야맹증. **2** 비 잘 알지 못하거나 구별하지 못하다. 문외한이다. ¶法~＝법률 문외한. / 色~＝색맹. 閔 맹목적으로. 무턱대고. 아무 생각 없이. ¶做事要多动脑子, 不要~从. ＝일을 하는 데는 머리를 많이 써야지, 무턱대고 따라 하지 마라. 명 맹인. 소경. 장님. ¶问道于~＝맹인에게 길을 묻다. 아무것도 모르는 사람에게 가르침을 청하다. ≒瞎

○● 青盲, 扫盲, 脱盲, 雪盲, 夜盲, 雀qiǎo盲眼

【盲肠】 **mángcháng** 명(生) 맹장.

【盲肠炎】 **mángchángyán** 명(醫) **1** 맹장염. [수술을 요하는 '虫垂炎(충수염)'과 다름] **2** ☞ 【阑尾炎】 **lánwěiyán**

【盲从】 **mángcóng** 동 맹종하다. 무턱대고[맹목적으로] 따르다. ¶要有自己的立场, 不能~. ＝자기의 주관이 있어야지, 무턱대고 따르면 안 된다.

【盲打】 **mángdǎ** 동 (타자수가) 자판을 보지 않고 타자를 치다.

【盲道】 **mángdào** 명 맹인용 보도[블록].

【盲点】 **mángdiǎn** 명 **1**(生) 맹점. 맹반(盲斑). 암점(暗點). **2** 비 맹점. [제대로 알지 못하는 지식이나 기능] ¶每个人都会有知识的~. ＝모든 사람에게는 다 지식의 맹점이 있을 수 있다. **3** 비 맹점. [홀시(忽視)하거나 소홀한 곳] ¶青少年的心理健康教育存在着一些~. ＝청소년의 심리 건강 교육에는 몇 가지 맹점이 있다.

【盲动】 **mángdòng** 동 맹목적으로[무턱대고·경솔하게·무모하게] 행동하다. 망동하다. ¶三思而行, 不可~. ＝심사숙고하고 나서 행동해야지, 경솔하게 행동하면 안 된다.

【盲干】 **mánggàn** 동 맹목적으로[무턱대고·경솔하게·무모하게] 행동하다. ¶~是不会有什么成效的. ＝맹목적인 행동은 어떤 효과도 있을 수 없다.

【盲谷】 **mánggǔ** 명(地) 맹곡. [지하수로에서 용출되는 샘물에 의해 만들어진 골짜기로, 주로 석회암 지역에서 볼 수 있음]

【盲井】 **mángjǐng** 명【暗井】 **ànjǐng**

【盲流】 **mángliú** 동 (어떤 곳으로) 맹목적으로 이주[이동]하다. [주로 농촌에서 도시로 이주하는 것을 가리킴] 명 맹목적으로 이주한 사람. 맹목적인 유입자.

【盲目】 **mángmù** 형 **1** 눈먼. **2** 비 맹목적(인). 무작정. ¶~乐观＝무작정 낙관하다.

【盲目性】 **mángmùxìng** 명 맹목성. 무비판성. ¶~投资＝맹목적인 투자. 묻지 마 투자.

【盲棋】 **mángqí** 명 구담(口談) 장기. [장기판을 보지 않고 말로 두는 장기]

【盲区】 **mángqū** 명 **1** (레이더) 사각 지역. [레이더에 포착되지 않거나 탐조등으로 비추어 볼 수 없는 지역] **2** (인체의) 사각 지역. [내시경이나 방광경(膀胱鏡) 등의 기구로 관찰되지 않는 부위] **3** (휴대전화·삐삐 등의 신호를 받을 수 없는) 통화 불능 지역. 난청 지역. **4** 비 불모지. [모르거나 소홀한 영역이나 방면] ¶生物学对我来说还是个~. ＝생물학은 나에게 있어서 여전히 불모지이다.

【盲人】 **mángrén** 명 눈먼 사람. 맹인. 봉사. 소경. 실명자. 장님.

【盲人地图】 **mángrén dìtú** ☞【触觉地图】 **chùjué dìtú**

【盲人摸象】 **mángrén-mōxiàng** 성 **1** 장님 코끼리 만지기. [(불경 고사에서) 장님 몇 명이 코끼리를 만져 보았는데, 귀를 만진 사람은 코끼리가 키 같다고 하고, 다리를 만진 사람은 기둥 같다고 하고, 복부를 만진 사람은 담장 같다고 하고, 꼬리를 만진 사람은 뱀 같다고 했다고 함] **2** 비 단편적인 이해에 근거하여 멋대로 추측하다. 부분만 알고 전체를 알지 못하다. ＝【瞎子摸象】 **xiā·zi mōxiàng**

【盲人瞎马】 **mángrén-xiāmǎ** 성 **1** 장님 눈먼 말 타기. **2** 비 매우 위험한 처지에 있다. 큰 위험이 다가오고 있다. ≒唇火积薪

【盲蛇】 **mángshé** 명(動) 소경뱀.

【盲鼠】 **mángshǔ** ☞【鼢鼠】 **fénshǔ**

【盲童】 **mángtóng** 명 실명한 아이[아동].

【盲文】 **mángwén** 명 **1** 점자(點字). **2** 점자로 인쇄한 글.

【盲信】 **mángxìn** 명 **1** ☞【瞎信】 **xiāxìn** **2** 점자로 쓴 편지.

【盲杖】 **mángzhàng** 명 장님용 지팡이.

【盲字】 **mángzì** 명 점자(點字). ＝【点字】 **diǎnzì**

## 氓 **máng** 백성 맹

☞【流氓】 **liúmáng**

☞ **méng**

## *茫 **máng** 아득할 망

형 **1** 아득하다. 망망하다. 망막하다. 요원하다. 까마득하다. ¶渺~＝까마득하다. / ~无边际＝한없이 아득하다. **2** 희미하다. 흐릿하다. 침침하다. 어슴푸레하다. 흐리멍덩하다. 어렴풋하다. 아득하다. 아련하다. 가물거리다. ¶迷~=아득하다. / ~无所知=조금도 알지 못하다.

○● 苍cāng茫, 迷茫, 渺miǎo茫, 微茫, 白茫茫

【茫茫】 mángmáng 형 아득하다. 망망하다. 망막하다. 요원하다. 까마득하다. 한없이 넓다. ¶沧海~=망망대해.

【茫然】 mángrán 형 1 아무것도 모르거나 어쩔 줄 몰라 하는 모양. 망연하다. 멍하다. 멍하니하다. 멍청하다. ¶~不知所云.=멍하여 할 말을 잃다. 2 실의에 빠져 정신이 흐리멍덩한 모양. 망연하다. ¶~自失=망연자실하다.

【茫然若失】 mángrán-ruòshī 성 마치 뭔가를 잃어버린 듯이 망연한 모양.

【茫无头绪】 mángwútóuxù 성 전혀 실마리〔갈피〕를 잡을 수 없다. 막연하여 손댈 수가 없다.

硭 máng 망초 망
【硭硝】〔芒硝〕mángxiāo 명《化》망초. 유산나트륨. 황산나트륨.

铓〔鋩〕máng 서슬 망
명훈 칼날. ¶锋~=칼끝.
【铓锣】mángluó 명《音》망뤄. [원난(云南) 지방 소수 민족의 동(铜)으로 만든 타악기]

牤 máng 얼룩소 방
명훈 얼룩소.

*莽 mǎng 우거질 망
명 1 우거진 풀. 떨기진 풀. ¶草~=풀이 우거지다. 2 (Mǎng) 성(姓). 형 1 훈 크다. 넓다. ¶苍~=광활하다. 2 (풀이) 우거지다. 무성하다. 떨기지다. ¶~~草原=(풀이) 무성한 초원. 3 거칠다. 난폭하다. 우악스럽다. 꼼꼼하지 못하다. 경솔하다. 경망스럽다. ¶鲁~=거칠다.

○● 苍cāng莽, 卤lǔ莽, 鲁莽, 榛zhēn莽

【莽苍】 mǎngcāng 형 (들판이) 광활하고 아득하다. ¶原野~~=들판이 광활하고 아득하다. 명훈 들판. 벌판.

【莽草】 mǎngcǎo 명《植》붓순나무. =〖水莽〗 shuǐmǎng

【莽汉】 mǎnghàn 명 거친 남자. 우악스러운 남자. 앞뒤를 가리지 않는 남자. 막가는 남자. 경솔한 남자.

【莽里莽撞】 mǎng·limǎngzhuàng 형 (행동이) 거칠다. 경솔하다. 무모하다. 지각없다. 앞뒤를 가리지 않다. 우악스럽다. 무지막지하다.

【莽莽】 mǎngmǎng 형 1 (풀이) 무성하다. 우거지다. ¶~丛林=무성한 숲. 2 끝없이 넓다. ¶~原野=끝없이 넓은 들판.

【莽莽苍苍】 mǎng·mang cāngcāng 형 (들판이) 광활하고 아득하다.

【莽撞撞】 mǎng·mang zhuàngzhuàng 형 (행동이) 경솔하다. 우악스럽다. 무지막지하다. 앞뒤를 가리지 않다. 우악스럽다. 무지막지하다.

【莽原】 mǎngyuán 명 초목이 무성한〔우거진〕들판〔벌판〕.

【莽撞】 mǎngzhuàng 형 (행동이) 거칠다. 경솔하다. 무모하다. 지각없다. 앞뒤를 가리지 않다. 우악스럽다. 무지막지하다. ¶行动~=행동이 거칠다.

漭 mǎng 넓을 망
【漭漭】 mǎngmǎng 형훈 수면이 끝없이 넓은 모양. 가없다. 끝없다. ¶~沧沧=아득하고 끝이 없다.

蟒 mǎng 이무기 망
명 1《动》이무기. 구렁이. 2 훈 망포(蟒袍). ¶衣~腰玉=망포를 입고 허리에 옥대(玉带)를 차다.

【蟒袍】 mǎngpáo 명 1 망포. 명청(明清)대에 대신들이 입던 예복으로, 금색의 이무기가 수놓아져 있음 2 망포. [중국 전통극에서 제왕·장수·재상·후비 등의 배역이 입는 두루마기로, 금색의 이무기가 수놓아져 있음] =〖蟒衣〗 mǎngyī

【蟒蛇】 mǎngshé 명《动》비단뱀(류). 비단구렁이. 왕뱀. 보아(boa). 이무기. =〖蚺蛇〗 ránshé

【蟒衣】 mǎngyī ☞〖蟒袍〗 mǎngpáo

# mao

*猫〔貓〕māo 고양이 묘
명《动》고양이. 통훈 숨다. 달아나 숨다. ¶小家伙吓得只往家里~. =꼬마가 놀라 집 안으로 죽어라고 달아나 숨었다.
☞ máo

○● 豹bào猫, 藏cáng猫儿, 郎猫, 狸lí猫, 灵猫, 山猫, 熊xióng猫, 野猫, 夜猫子

【猫豹】 māobào ☞〖云豹〗 yúnbào

【猫步】 māobù 명 (패션 모델의) 워킹(walking). 걸음걸이. [걸음걸이가 고양이와 유사하여 붙여진 명칭]

【猫耳洞】 māo'ěrdòng 명《军》(공습·포격 등을 방비하기 위해 진지·참호·교통호의 양측에 판 반원형의) 작은 굴.

【猫睛石】 māojīngshí 명《矿》묘안석. =〖猫眼石〗 【猫儿眼】 māoryǎn 【猫眼】 māoyǎn

【猫哭耗子】 māokū-hào·zi ☞〖猫哭老鼠〗 māokū-lǎoshǔ

【猫哭老鼠】 māokū-lǎoshǔ 숙비 동정하는〔자애로운·자비를 베푸는〕척하다. 고양이 쥐 생각. =〖猫哭耗子〗 māokū-hào·zi

【猫尿】 māoniào 명 1 고양이 오줌. 2 비 술. ¶他挣的钱全被他灌~啦! =그는 번 돈을 모두 술로 퍼마셔 버렸다!

【猫儿腻】 māornì 명방 1 은밀한 일. 떳떳하지

못한 일. 꿍꿍이. 비밀. 음모. 내막. ¶他们之间一定有什么~。=그들 사이에는 분명 뭔가 떳떳하지 못한 일이 있다. 2 수단. 간계. 수작. 속임수. ¶玩~=속임수를 쓰다.

【猫儿食】māorshí 图⑷ 적은 양의 식사.
【猫儿眼】māoryǎn ☞【猫睛石】māojīngshí
【猫头鹰】māotóuyīng 图 1 (動) 부엉이. 부엉새. =【鸱鸺】chīxiū ⊗【夜猫子】yèmāo·zi 2 ⑷ 밤늦도록 자지 않는 사람.
【猫熊】māoxióng 图 (動) 판다. =【熊猫】xióngmāo【大熊猫】dàxióngmāo【大猫熊】dàmāoxióng
【猫眼】māoyǎn (~儿) 图 1 ☞【猫睛石】māojīngshí 2 ☞【窥视镜】kuīshìjìng
【猫眼道钉】māoyǎn dàodīng ☞【道钉】dàodīng
【猫眼石】māoyǎnshí ☞【猫睛石】māojīngshí
【猫鱼】māoyú (~儿) 图 1 고양이에게 먹이는 작은 물고기. 2 작고 값싼 물고기.

## **毛** máo 털 모

图 1 (동식물의 표피에 나 있는) 털. 깃. 깃털. ¶猪~=돼지털. 鹅~=거위깃털. 2 (사람의) 털. 수염. 머리카락. ¶寒~=솜털. / 睫~=속눈썹. 3 (털 모양의) 곰팡이. ¶柿饼长~了。=곶감에 곰팡이가 슬었다. 4 초목. 농작물. ¶不~之地=불모지. 5 (Máo) 성(姓). 刨 1 작다. 미세하다. 가늘다. ¶天又下起了一~雨。=또 보슬비가 내리기 시작한다. 2 图 어리다. 작다. ¶一个~孩子懂什么。=꼬맹이가 뭘 알아. 3 (화폐의 가치가) 떨어지다. ¶最近美元又~了。=요즘 달러(가치)가 또 떨어졌다. 4 대략적이다. 대체적이다. ¶把利润一算一下。=이윤을 대략적으로 계산하다. 5 거칠다. 조잡하다. 매끄럽지 못하다. 부드럽지 못하다. 초솔(草率)하다. ¶校对一样=교정쇄(校正刷)를 교정하다. 6 순수하지 않다(못하다). ¶这只是~利, 纯利不多。=이건 매출 총이익에 지나지 않고 순이익은 많지 않다. 7 경솔하다. 침착하지〔세심하지〕 못하다. 덜렁덜렁하다. ¶他做事~糙得很。=그는 일하는 게 무척 엉성하다. 8 당황하다. 허둥지둥하다. 무서워하다. 두려워하다. ¶她吓得心里一阵一阵地发~。=그녀는 놀라서 마음속에 자꾸만 무서워졌다. 勋 화내다. 성질을 부리다. 성내다. 노하다. ¶注意点儿, 别把他惹~了。=좀 조심해, 그 사람 화나게 하지 말고. 图⑷ 마오. [중국의 화폐 단위. 1위안(元)의 1/10. 자오(角)와 같음] ¶两~钱=2마오.

| 毛 | máo |
|---|---|
| 耄 | mào |
| 髦 | máo |
| 牦 | máo |
| 旄 | máo |
| 毫 | háo |
| 耗 | hào |
| 蚝 | háo |
| 尾 | wěi |
| 娓 | wěi |

○● 鞭biān毛, 大毛, 鹅é毛, 刚毛, 根毛, 寒毛, 汗毛, 鸿hóng毛, 睫jié毛, 翎líng毛, 眉毛, 奶毛, 皮毛, 绒róng毛, 胎毛, 细毛, 纤xiān毛, 小毛, 棕zōng毛, 长毛绒, 鸡毛信

【毛把钱】máobǎqián 图⑷ 1마오(毛) 정도. 자오(角) 정도. ¶~就不用还了。=1마오(毛) 정도는 안 갚아도 괜찮아.
【毛白杨】máobáiyáng 图 (植) 은백양.
【毛背心】máobèixīn 털조끼.
【毛笔】máobǐ 图 (털)붓. 모필.
【毛边】máobiān 图 1 (의복의) 감치지 않은 가〔단〕. (책의 제본 과정에서 철만 하고) 도련하지 않은 가장자리. 2 ☞【毛边纸】máobiānzhǐ
【毛边纸】máobiānzhǐ 图 당지(唐紙). ⊗【毛边】máobiān
【毛病】máo·bìng 图 1 (기계의) 고장. 장애. 결함. 흠. ¶空调制冷不一定是出~了。=에어컨이 냉방이 안 되는 게 고장난 것이 틀림없다. 2 (일에 있어서의) 문제. 잘못. 폐단. 폐해. 병폐. 실수. ¶他的工作可能出了什么~。=그의 일에 무슨 문제가 생긴 것 같다. 3 (개인의) 결점. 단점. 약점. 나쁜 버릇. 벽(癖). ¶他总是改不了办事拖拉的~。=그는 여전히 일을 질질 끄는 버릇을 못 고쳤다. 4 (방) 병. 질병. 질환. ¶他身体很好, 没什么~。=그는 몸이 건강해서, 별다른 질병이 없다.
【毛玻璃】máobō·lí 图 젖빛 유리. 불투명(반투)명) 유리. [화학 처리를 하거나 금강사(金剛砂)로 갈아 만든 유리로, 표면이 거칠고 반투명함] =【磨砂玻璃】móshā bō·lí
【毛布】máobù 图 (紡) 거친 면사로 짠 천. 거친 옥양목(玉洋木). 캘리코(calico).
【毛糙】máo·cao 刨 1 조잡하다. 거칠다. 어설프다. 엉성하다. 정교하지〔꼼꼼하지·섬세하지〕 못하다. ¶这木工活儿做得真~。=이 목공품은 정말 엉성하다. 2 경솔하다. 경박하다. 조급하다. 세심하지 못하다. 소홀하다. 부주의하다. ¶他做事很~。=그는 일하는 게 세심하지 못하다. ≒粗糙 ↔细致
【毛厕】máocè ☞【茅厕】máocè
【毛茶】máochá 홍차나 녹차의 원료. =【毛条】máotiáo
【毛虫】máochóng 图 (動) 모충. [쐐기벌레·송충이 등] =【毛毛虫】máo·maochóng
【毛刺】máocì (~儿) 图 1 (일부 동물 표피의) 잔털. 잔가시. 2 (機) (금속 부품의) 거칠거칠한 부분.
【毛的确良】máodíquèliáng ☞【凉爽呢】liángshuǎngní
【毛涤】máodí 图 (紡) 울 폴리에스테르(wool polyester). =【毛涤纶】máodílún
【毛涤纶】máodílún =【毛涤】máodí
【毛豆】máodòu 图 (植) 1 풋콩. 청대콩. [껍질에 털이 많음] 2 청대콩의 콩알. [푸른색으로 요리에 쓰임]
【毛发】máofà 图 (사람의) 모발. 털과 수염. 머리카락. ¶~倒竖=머리카락이 곤두서다.
【毛发直立】máofà-zhílì ⊗ 머리카락이 곤두서다. 극도로 놀라다.
【毛纺】máofǎng 图 (紡) 모방적(毛紡績). ¶~厂=모방적(毛紡績) 공장.

# 毛 máo

【毛葛】máogé 图(紡) 포플린(poplin).
【毛茛】máogèn 图(植) 미나리아재비.
【毛估】máogū 통 어림셈하다. 눈대중하다. 대충 견적하다. ¶~一下, 这箱货有多重？=어림잡아, 이 배 한 상자의 무게는 얼마나 될까?
【毛骨悚然】máogǔ-sǒngrán 图 솜털이 일어서고 등골이 오싹하다. 모골이 송연하다. 소름이 끼치다. 늑胆战心惊
【毛孩】máohái(~儿) 图 (태어나면서부터) 온몸에 긴 털이 난 아이. 털북숭이 아이.
【毛孩子】máohái·zi 图⟨口⟩ 1 갓난아이. 어린애. 2 粤 풋내기. 철부지. 애송이.
【毛蚶】máohān 图(動) 피조개. 새꼬막.
【毛烘烘】máohōnghōng(~的) 图 털이 더부룩하다. 북슬북슬하다. 복슬복슬하다. ¶他的腿~的。=그의 다리에는 털이 복슬복슬하다.
【毛猴儿】máohóur 图⟨方⟩ '猴(원숭이)'의 속칭.
【毛乎乎】máohūhū(~的) 图 털이 빽빽이 많이 난 모양. ¶~的冬瓜=털이 수북한 동과.
【毛活】máohuó 图⟨口⟩ 뜨개질.
【毛货】máohuò 图 1 (가공하지 않은) 모직물 원료. 모직물. 모직품. 모직천. 2 가죽 제품.
【毛尖】máojiān 图 마오졘. [녹차의 일종. 품질 좋은 차나무의 어린 순만 골라 가공하여 만듦] ¶黄山~=황산(黄山) 마오졘.
【毛校】máojiào 통 (조판 후) 대략적으로 교정하다. ¶把书稿先~一次。=원고를 먼저 대략적으로 한 번 교정하다.
【毛巾】máojīn 图 수건. 타월.
【毛巾被】máojīnbèi 图 타월 담요. =【毛巾毯】máojīntǎn
【毛巾毯】máojīntǎn ☞【毛巾被】máojīnbèi
【毛举细故】máojǔ-xìgù 图 매우 사소한 일까지 자질구레하게 이야기하다〔문제삼다〕. =【毛举细务】máojǔ-xìwù
【毛举细务】máojǔ-xìwù ☞【毛举细故】máojǔ-xìgù
【毛孔】máokǒng ☞【汗孔】hànkǒng
【毛裤】máokù 图 털내복 바지.
【毛拉】máolā 图⟨宗⟩ 1 뮬라(mullah). [일부 국가의 회교도들이 이슬람(Islam) 학자를 부르는 존칭] 2⟨宗⟩ 이맘(Imam). [신장(新疆) 지역의 회교도들 사이에서 이슬람교 성직자를 부르는 말] 3 뮬라(mullah). [간쑤(甘肃)·닝샤(宁夏)·칭하이(青海) 등에서 회교도들이 이슬람교의 사원인 칭전쓰(清真寺)에서 경문을 공부하는 학생을 부르는 호칭] 4 mawla
【毛蓝】máolán 图 엷은〔옅은·연한〕남색의. ¶~布=옅은 남색의 천.
【毛里求斯】Máolǐqiúsī 图⟨地⟩ 모리셔스(Mauritius). [수도는 '路易港(포트루이스: Port Louis)' 임]
【毛里塔尼亚】Máolǐtǎníyà 图⟨地⟩ 모리타니(Mauritanie). [수도는 '努瓦克肖特(누악쇼트: Nouakchott)' 임]
【毛利】máolì 图⟨經⟩ 매출 총이익. [총매출액에서 매출 원가를 뺀 이익] 粤 gross profit
【毛料】máoliào 图(紡) 모직물.
【毛驴】máolǘ(~儿) 图⟨농⟩ '驴(당나귀)'의 속칭. [주로 작은 당나귀를 가리킴]
【毛毛】máo·mao 图粤 갓난이. 꼬맹이. 귀염둥이. [갓난아기에 대한 애칭]
【毛毛糙糙】máo·mao cāocāo(~的) 图 1 (하는 일이) 조잡하다. 서투르다. 어설프다. 엉성하다. 꼼꼼하지〔세밀하지〕않다〔못하다〕. 2 (일하는 마음이) 세심하지 못하다. 소홀하다. 부주의하다. 경솔하다. 경박하다. 조급하다.
【毛毛虫】máo·maochóng ☞【毛虫】máochóng
【毛毛腾腾】máo·mao tēngtēng(~的) 图粤 침착하지 못하고 경망스러운 모습. 허둥지둥하다. 허둥대다. 갈팡질팡하다. ¶他一遇事儿总是~。=그는 일에 맞닥뜨리기만 하면 침착하지 못하고 허둥댄다.
【毛毛雨】máo·maoyǔ 图 1 보슬비. 가랑비. 부슬비. 이슬비. 안개비. 2 적은 비. 3⟨喩⟩ 귀띔. 힌트(hint). 내시(内示). 사전 정보. ¶给外面吹吹风, 下点儿~。=슬쩍 흘려 봐요, 귀띔 좀 해 달란 말이에요.
【毛毛躁躁】máo·mao zàozào(~的) 图 조급하다. 성급하다. 부주의하다. 세심하지 못하다. 침착하지 못하다.
【毛南族】Máonánzú 图 마오난족. [중국 소수 민족의 하나로, 주로 광시(广西)성 지역에 분포함]
【毛囊】máonáng 图(生) 모낭. 털주머니.
【毛坯】máopī 图 1 (굽지 않은 질그릇 등의) 반제품. 반가공품. 2(機) 미완성 부품. [주로 주물이나 단조품을 가리킴] =【毛坯料】máopīliào
【毛皮】máopí 图 모피. 털가죽. [주로 이미 가공하여 외투나 모자 등으로 제작된, 털이 달린 짐승의 가죽을 가리킴]
【毛片儿】máopiānr 图 1 (촬영 후) 편집하지 않은 영상물. 2 포르노. 포르노그라피(pornography).
【毛片】máopiàn 图 1(映) (촬영 후) 편집하지 않은 영상물. 2 포르노. 포르노그라피(pornography).
【毛票】máopiào(~儿) ☞【角票】jiǎopiào
【毛渠】máoqú 图 (관개용(灌漑用)의) 작은 물도랑. 가는 수로(水路).
【毛人】máorén 图 털북숭이.
【毛茸茸】máoróngróng(~的) 图 (가는 털이) 보드랍고 촘촘한 모양. 포시시하다. ¶~的小鸡=털이 포시시한 병아리.
【毛瑟枪】máosèqiāng 图⟨옛⟩⟨軍⟩ 1 옛날, 독일의 모제르(mauser) 공장에서 제조한 총(銃)의 총칭. 2 모제르(Mauser) 총.
【毛纱】máoshā 图(紡) 모사.
【毛衫】máoshān 图 (얇은) 털옷. 스웨터.
【毛手毛脚】máoshǒu-máojiǎo 图 일을 대충〔경솔하게〕처리하다. 건성으로 하다. 덜렁대다.
【毛丝】máosī 图(紡) 제직(製織) 과정 중에 생

겨나는 보풀. ¶～现象＝제직(製織) 과정 중에 실다발이 분산되는 현상.
【毛厕】máo·si ☞【茅厕】máo·si
【毛遂自荐】Máo Suì-zìjiàn [성] 1 모수(毛遂)가 자천(自薦)하다. [《사기·염파인상여열전(史記·廉頗藺相如列傳)》에서, 진(秦)나라가 조(趙)나라의 수도 한단(邯鄲)을 포위하자, 조(趙)나라가 평원군(平原君)을 초(楚)나라로 보내 구원을 청했는데, 평원군의 식객 모수(毛遂)가 같이 가기를 청했다. 평원군과 초왕의 담판이 결렬되자, 모수가 칼을 잡고 앞으로 나서서 격앙된 어조로 이해 관계를 피력하여, 결국 초왕이 군대를 보내 조(趙)나라를 구하도록 설득한 고사에서 유래함] 2 [비] 스스로 자기를 추천하다. 자진하여 중임을 맡다. ≒自告奋勇
【毛笋】máosǔn [명] (식용하는) 죽순대〔맹종죽(孟宗竹)〕의 순.
【毛太】máotài ☞【毛太纸】máotàizhǐ
【毛太纸】máotàizhǐ [명] 당지(唐紙)보다 얇고 약간 까만 종이. [장시(江西)성·푸젠(福建)성에서 많이 생산됨] [약]【毛太】máotài
【毛毯】máotǎn [명] 모포. 담요. 융단. 양탄자. 카펫(carpet).
【毛桃】máotáo [명]〈植〉 1 야생 복숭아나무. 2 야생 복숭아. 유월도(六月桃).
【毛条】máotiáo [명] 1 ☞【毛茶】máochá 2〈紡〉 털실다발. [모방직 과정에서 털 섬유를 가공한 섬유다발로, 이것을 다시 모사로 짜냄]
【毛头】máotóu [명][폄] 풋내기. 애송이. 철부지. ¶～小伙子＝애송이 젊은이.
【毛头毛脑】máotóu-máonǎo [낮] 경솔하다. 덜렁대다. 덤벙대다. 경망스럽다. 무분별하다. 조심성 없다. 앞뒤를 가리지 않다.
【毛头纸】máotóuzhǐ [명] 섬유가 거칠고 질감이 부드러운 종이. [주로 창호지나 포장지로 쓰임] ＝【东昌纸】dōngchāngzhǐ
【毛细管】máoxìguǎn [명] 1〈物〉 모관. 모세관. [털같이 가느다란 관] 2 ☞【毛细血管】máoxì xuèguǎn
【毛细现象】máoxì xiànxiàng [명]〈物〉 모세관 현상.
【毛细血管】máoxì xuèguǎn [명] 모세관. 모세혈관. 모관. 실핏줄. ＝【微血管】wēixuèguǎn [약]【毛细管】máoxìguǎn
【毛虾】máoxiā [명]〈動〉 젓새우. 보리새우.
【毛线】máoxiàn [명]〈紡〉 1 털실. [양모로 만든 실] 2 털실. [양모와 인조모를 혼합하여 만든 실. 혹은, 인조모로만 만든 실]
【毛象】máoxiàng ☞【猛犸】měngmǎ
【毛选】Máoxuǎn ☞【毛泽东选集】Máo Zédōng xuǎnjí
【毛丫头】máoyā·tou [명][구] 계집애. [어리고 무지한 여자 아이에 대한 호칭]
【毛样】máoyàng [명] (조판하지 않은) 교정쇄(校正刷).
【毛腰】[猫腰] máo‖yāo [동][방] 허리를〔몸을〕굽히다. ¶他一～就从山洞中钻了出去。＝그는 허리를 굽히자마자 산굴에서 빠져 나갔다.
【毛衣】máoyī [명] 털옷. 스웨터.
【毛蚴】máoyòu [명]〈動〉 섬모 유충(纖毛幼蟲). [털이 달린 유충의 총칭]
【毛躁】máo·zào [형] 1 (성미가) 조급하다. 성급하다. ¶脾气～＝성질이 급하다. 2 부주의하다. 세심하지 못하다. 침착하지 못하다. ¶做事～＝일하는 것이 세심하지 못하다. ↔细心 稳健
【毛泽东】Máo Zédōng [명] 모택동(1893~1976년). [자(字)는 윤지(潤之). 후난(湖南)성 샹탄(湘潭)시 사오산충(韶山冲) 사람. 중국 공산당·중국 인민 해방군·중화 인민 공화국 주요 창립자]
【毛泽东思想】Máo Zédōng sīxiǎng [명] 모택동 사상. [모택동을 주요 대표로 하는, 중국 공산당원들이 마르크스·레닌주의의 보편적 진리를 중국 혁명과 건설의 구체적인 실천과 결합하여 형성한 사상 체계]
【毛泽东选集】Máo Zédōng xuǎnjí [명] 모택동 선집. [모택동의 문장 가운데 일부분을 편집하여 만든 문집으로, 모두 다섯 권이 출판되었음] [약]【毛选】Máoxuǎn
【毛贼】máozéi [명] 1 [폄] 좀도둑. 도적. 2 [옛] 좀도둑놈. 쥐새끼 같은 놈. [옛날, 통치자들이 의거를 일으키는 사람을 욕하던 말]
【毛毡】máozhān [명] 모전(毛氈). 펠트(felt). [양모 등을 압축하여 만든 나사(羅紗 ; 두꺼운 모직물)보다 두꺼운 편직물로, 바닥에 깔거나 신발 등을 만드는 데 쓰임]
【毛织品】máozhīpǐn [명] 1〈紡〉 모직천. 모직 옷감. 2 모직물. 모직으로 만든 옷.
【毛痣】máozhì [명]〈生〉 털이 난 반점.
【毛重】máozhòng [명] 1 (포장까지 포함한) 화물의 총중량. 2 가축이나 가금(家禽)의 산 채로의 중량. ↔净重
【毛猪】máozhū [명]〈經〉 (상품으로서의) 살아 있는 돼지.
【毛竹】máozhú [명]〈植〉 죽순대. 맹종죽(孟宗竹). ＝【南竹】nánzhú
【毛著】Máozhù [명][약] 毛泽东著作(모택동 저작).
【毛装】máozhuāng [명] (서적·장부의) 가장자리를 자르지 않은 장정(裝幀). ¶～书＝가장자리를 자르지 않고 장정한 책.
【毛子】máo·zi [명] 1 [옛][폄] (서)양놈. 2 [옛][방] 토비(土匪). 토적. 토구. 도적 떼. 3 [방] 잔털. 보풀. 보푸라기.

****矛** máo 창 모

[명] 창. [긴 자루 끝에 금속 창날을 장착한 고대의 병기] ¶长～＝긴 창. ↔盾

> ❶ 矛 máo
> 茅 máo
> 蝥 máo
> 懋 mào
> 袤 mào

【矛盾】máodùn [명] 1 창과 방패. 2 [비] 모순. ¶自相～＝자체적으로 모순되다. 3〈哲〉 모순. 4〈論〉 모순. ¶～百出＝온통 모순투성이이다. 5 갈등. 대립. 배척. 배타. 불화. 반목. [형] 모순적이다. ¶他的心情很～。＝그의 마음은 매우 모순적이다.

**máo** 1313

【矛盾律】**máodùnlǜ**〈論〉모순율.
【矛盾上交】**máodùn-shàngjiāo** 〈成〉해결하기 어려운 문제를 상부에 올려 처리하다. ¶我们处理不了，只好～。=우리들이 처리할 수 없으니, 상부에 올려 처리할 수밖에 없다.
【矛头】**máotóu** 〈名〉 **1** 창끝. 예봉. **2**〈喩〉풍자·공격의 방향. 타깃(target). ¶这篇文章的～直指学术界沽名钓誉的不良风气. =이 문장은 명예만 추구하는 학술계의 나쁜 풍조를 직접 타깃으로 삼았다.

## 茆 **máo** 띠 묘
〈名〉**1**〈植〉'茅(띠)'와 같음. **2**(Máo) 성(姓).

## *茅 **máo** 띠 모
〈名〉**1**〈植〉띠. 백모. ¶名列前～=아주 우수하다. **2**(Máo) 성(姓).
【茅草】**máocǎo** ☞【白茅】**báimáo**
【茅草屋】**máocǎowū** ☞【草屋】**cǎowū**
【茅厕】[毛厕] **máocè**〈名〉**1** (띠·대나무로 지은) 간이 변소〔뒷간〕. **2** 화장실.
【茅茨土阶】**máocí-tǔjiē**〈成〉**1** 띠로 얹은 지붕과 흙으로 만든 계단. **2**〈喩〉허름한〔누추한〕집.
【茅店】**máodiàn**〈名〉누추한 여인숙〔여관〕. ¶旧时一社林边. =옛날 그 여관은 아직도 서린 가에 있네.
【茅房】**máofáng**〈名〉〈口〉**1** (띠·대나무로 지은) 간이 변소〔뒷간〕. **2** 화장실.
【茅坑】**máokēng**〈名〉**1**〈口〉(변소 안의) 똥통. **2**〈喻〉(띠·대나무로 지은) 간이 변소〔뒷간〕.
【茅庐】**máolú**〈名〉〈文〉**1** 초가집. 오막살이. **2** 허름한〔누추한〕집. ¶三顾～=삼고초려. 예를 극진히 하여 초빙하다. 간절히 거듭 청하다.
【茅棚】**máopéng**〈名〉띠로 지붕을 덮은 천막.
【茅塞顿开】**máosè-dùnkāi**〈成〉**1** 띠로 막힌 것 같던 마음이 한순간에 뚫리다. **2**〈喩〉문득 깨치다. 갑자기 알게 되다. 마음이 탁 트이다. =【顿开茅塞】**dùnkāi-máosè** ≒恍然大悟
【茅舍】**máoshè**〈名〉**1** 모옥. 띠로 지붕을 인〔허름한〔누추한〕〕집. 초가집. 오막살이. ¶竹篱～=대나무 울타리에 초가집.
【茅厕】[毛厕] **máo·si**〈名〉**1** (띠·대나무로 지은) 간이 변소〔뒷간〕. **2** 화장실.
【茅台】**máotái** ☞【茅台酒】**máotáijiǔ**
【茅台酒】**máotáijiǔ**〈名〉마오타이주. [구이저우(贵州)성 런화이(仁怀)현 마오타이(茅台)진에서 생산되는 고량주로, 맛과 향이 뛰어남]〈略〉【茅台】**máotái**
【茅屋】**máowū**〈名〉모옥. (띠로 지붕을 인) 허름한〔누추한〕집. 초가집.

## 牦[(犛·氂)] **máo** 소 모
☞ 氂(lí)
【牦牛】**máoniú**〈名〉〈動〉야크(yak). [소의 일종]

## 旄 **máo** 깃대 장식 모
〈名〉옛날, 깃대 끝을 야크(yak)의 꼬리털로 장식한 깃발. [고어에서 '髦(mào)'와 같음]

## 猫[(貓)] **máo** 굽힐 묘
〈動〉허리를〔몸을〕굽히다. ¶他～着腰从门前跑过. =그는 허리를 굽히고 문 앞으로 뛰어 지나갔다.
☞ **mão**
【猫腰】**máo‖yāo** ☞【毛腰】**máo‖yāo**

## *锚[(錨)] **máo** 닻 묘
〈名〉닻. ¶铁～=철 닻. / 抛～=닻을 내리다.
【锚泊】**máobó**〈名〉(선박·함정 등이) 정박하다.
【锚地】**máodì**〈名〉묘지. 정박지(碇泊地). =【泊地】**bódì**
【锚固】**máogù**〈名〉〈建〉앵커(anchor)하다. [철근을〔건축부재를〕구조물에 단단히 고정시키는 것을 가리킴]
【锚链】**máoliàn**〈名〉닻 사슬.〈영〉hawser
【锚位】**máowèi**〈名〉(선박이) 닻을 내리는 위치.
【锚爪】**máozhuǎ**〈名〉닻가지.

## 髦 **máo** 다팔머리 모
〈名〉**1** 옛날, 아이들의 이마에 드리운 짧은 머리. **2** 아이. 아동. 어린아이. ¶～稚=아이.

## 髳 **Máo** 나라 이름 모
〈名〉〈歷〉모. [주(周)대의 나라 이름. 지금의 산시(山西)성 남부에 있었음]

## 蝥 **máo** 가뢰 모
☞【斑蝥】**bānmáo**

## 蟊 **máo** 가뢰 모
〈名〉〈口〉〈動〉가뢰. 반모(斑蝥). [묘근(苗根)을 갉아 먹는 해충]
【蟊贼】**máozéi**〈名〉〈喩〉국가나 국민에게 해를 끼치는 사람. 사회의 해충. 악당. 인간쓰레기. 망나니.

## 冇 **mǎo** 없을 무
〈動〉〈方〉없다. ¶我～得零钱. =나는 잔돈이 없다.

## 卯[(夘·戼)] **mǎo** 넷째 지지 묘
〈名〉**1** 묘. [지지(地支)의 네 번째] **2**〈喩〉점호·출석 체크·출근 서명 등의 별칭. [옛날, 관청이 묘시(卯时)에 일을 시작한 데서 유래함] ¶点～=점호하다. **3** 장붓구멍. 홈.
○— 点卯, 应卯
【卯时】**mǎoshí**〈名〉묘시. [오전 5시～7시]
【卯榫】**mǎosǔn**〈名〉장붓구멍과 장부〔사개〕.
【卯眼】**mǎoyǎn**〈名〉장붓구멍. 홈.
【卯月】**mǎoyuè**〈名〉음력 2월의 별칭.
【卯子工】**mǎo·zigōng**〈名〉날품. 날일. 일급 노동.

## 峁 **mǎo** 구릉 묘
〈名〉**1** (중국 서북 지역의 꼭대기가 둥그렇고 경사가 가파른) 황토 구릉(丘陵). **2** 작은 산. 언덕. 구릉(丘陵).

### 泖 **mǎo** 호수 이름 묘
명(문) 수면이 잔잔한 작은 호수. [주로 지명에 쓰임] ¶~桥=마오차오. [상하이(上海)에 있음]

### 昴 **mǎo** 묘성 묘
명(天) 묘수(昴宿). [이십팔수(二十八宿)의 하나]

### *铆 [鉚] **mǎo** 땜질할 묘
동 **1** 리베팅(riveting)하다. 리벳(rivet)으로 연결하다. ¶把这两块钢板~在一起.=이 두 장의 철판을 리벳으로 연결해라. **2** 리벳을 박다. ¶把钉子~一~.=리벳을 박다. **3**(구) (온 힘을) 집중하다. ¶~足了劲儿地干.=젖 먹던 힘까지 다해서 하다.

【铆钉】 **mǎodīng** 명(機) 리벳(rivet).
【铆钉枪】 **mǎodīngqiāng** 명(機) 리벳 해머(rivet hammer). 리베터(riveter).
【铆工】 **mǎogōng** **1** 리벳 작업. **2** 리벳공.
【铆接】 **mǎojiē** 동 리베팅하다. 리벳으로 연결하다.
【铆劲儿】 **mǎo‖jìnr** 동(구) 힘을 한껏 쓰다[주다]. 힘을 부쩍 쓰다[내다]. 젖 먹던 힘까지 다하다. 온 힘을 집중시키다[쏟아붓다]. ¶几个人一~, 把车推出了泥坑.=몇 사람이 한껏 힘을 써서 차를 흙구덩이에서 밀어 냈다.
【铆眼】 **mǎoyǎn** 명 리벳을 박는 구멍.

### 荁 **mǎo** 고를 모
동(문) (채소나 풀을 골라) 뽑다. ¶参差荇菜, 左右~之.=올망졸망 마름풀을 이리저리 헤치며 고르네.

### 皃 **mǎo** 모양 모
명(문) '貌(mào)'와 같음.

### **茂 **mào** 우거질 무
형 **1** 무성하다. 우거지다. 울창하다. ¶根深叶~=뿌리가 깊이 내리면 가지와 잎이 무성하다. **2** 풍성하다. 훌륭하다. 다채롭다. 뛰어나다. 빼어나다. ¶声情并~=노랫소리[말소리·연주 소리]가 듣기 좋고 감정이 넘쳐 사람을 감동시키다.

○● 繁fán茂, 丰茂

【茂才】 **màocái** 명 **1** 학식. 문재(文才). 글재주. **2** 명청(明清)대, '秀才(수재)'의 별칭.
【茂林】 **màolín** 명 무성한 삼림[숲]. ¶~修竹=무성한 숲에 높게 뻗은 대나무.
【茂密】 **màomì** 형 (초목 등이) 빽빽이 무성하다〔우거지다〕. ¶~的森林=빽빽이 무성한 숲. ≒茂盛
【茂年】 **màonián** 명(문) 장년(壮年). 장년기(壮年期).
【茂盛】 **màoshèng** 형 **1** (식물이) 우거지다. 무

성하다. ¶~的庄稼=무성한 농작물. **2** 번창하다. 번성하다. 왕성하다. 흥성하다. ¶财源~=돈줄이 터지다. ≒茂密

### 眊 **mào** 눈 흐릴 모
형 눈이 침침하다〔흐리다·가물가물하다·잘 보이지 않다〕. ¶昏~=눈이 침침하다.

### *冒 [(冐)] **mào** 무릎쓸 모
동 **1** (위험을) 무릅쓰다. 아랑곳하지 않다. 개의치 않다. ¶~雪=눈을 무릅쓰다. / ~着生命危险奋力营救.=생명의 위험을 무릅쓰고 있는 힘을 다해 구조하다. **2** 저촉되다. 위반하다. 위배하다. 범하다. 어기다. ¶注意不要~犯上司.=상사의 기분을 상하게 하지 않도록 주의하라. **3** (밖으로) 내뿜다. 튀어나오다. 내밀다. 발산하다. ¶高耸的烟囱~着一股股黑烟.=높이 솟은 굴뚝에서 검은 연기가 뭉게뭉게 피어오르고 있다. **4** 속이다. 사칭하다. 가장하다. ¶严查假~伪劣产品.=위조 상품을 엄격하게 조사하다. 형 경솔하다. 덜렁대다. 부주의하다. 경망스럽다. 주제넘다. 분별 없다. 외람되다. 당돌하다. 무모하다. ¶急躁~进=조급하고 무모하게 나아가다.
명 (Mào) 성(姓).
☞ **mò**

⊙ 冒 mào
　帽 mào
　瑁 mào
　媚 mào

○● 感冒

【冒场】 **mào‖chǎng** 동(劇) (공연할 때 출연자가) 등장할 때가 아닌데 등장하다.
【冒称】 **màochēng** 동 (어떤 명의를) 사칭하다. ¶他~自己是医生, 四处行骗.=그는 자신을 의사라고 사칭하고, 이곳 저곳 속이고 다닌다.
【冒充】 **màochōng** 동 사칭하다. 가장하다. 속여서 …하다. …인 체하다. ¶~行家=전문가인 체하다.
【冒顶】 **mào‖dǐng** 동(礦) (광갱(鑛坑)·갱도(坑道) 안에서) 천판(天板)이 무너져 내리다. 낙반(落盤)하다.
【冒渎】 **màodú** 동(문) 모독하다. 기분〔감정〕을 상하게 하다. 비위를 거스르다. 불쾌하게 하다. ¶~神灵=신령을 모독하다.
【冒犯】 **màofàn** 동 (상대에게) 무례하다. 실례하다. 기분〔감정〕을 상하게 하다. 불쾌하게 하다. 비위를 거스르다. ¶多有~, 敬请海涵.=무례한 점이 많았어도 널리 양해해 주시기 바랍니다. ≒开罪 得罪 冲犯
【冒风险】 **mào fēngxiǎn** 동 위험을 무릅쓰다. 모험하다. ¶投资不能一味怕~.=투자는 모험을 무조건 두려워해서는 안 된다.
【冒富】 **màofù** 동 부티 나다. 있어 보이다. 부자가 되다. ¶他又是买车又是买房, 丝毫不怕~.=그는 차도 사고 집도 사며, 부티 나는 것을 전혀 개의치 않는다.
【冒功】 **mào‖gōng** 동 남의 공로를 가로채다. ¶~请赏=남의 공로를 가로채어 상(賞)을 상신

冒贸 mào

【冒汗】mào‖hàn 동 땀을 흘리다. 땀이 나다. ¶紧张得直～。=긴장하여 계속 땀이 나다.
【冒号】màohào 명 콜론(colon). 쌍점. 쌍모점. ':'.
【冒火】mào‖huǒ(～儿) 동 1 불이 뿜어 나오다. 불꽃이 피어오르다. 화염이 오르다. 2 (비) 화내다. 노하다. 성내다. 열내다. ¶他说着说着就～了。=그는 말을 하고 또 하다가 화를 냈다.
【冒尖】mào‖jiān(～儿) 동 1 (용기 안에 담긴 물건이) 넘쳐나다. 수북하다. ¶斗车里的煤炭已经～了。=광차(鑛車)의 석탄이 이미 수북해졌다. 2 (조금이) 생기다. ¶刚有了一点成绩, 他的自满情绪就～了。=조그만 성과를 거두자마자 그의 자만심이 생기기 시작했다. 3 남짓하다. (일정한 수량을) 조금 넘기다. 살짝 초과하다. ¶他今年三十刚～。=그는 올해 서른을 막 넘었다. 형 돋보이다. 두드러지다. 뛰어나다. 뚜렷하다. 눈에 띄다. ¶他的学习在班里是～的。=그의 학습 성적은 반에서 두드러진다.
【冒尖户】màojiānhù ☞【尖子户】jiān·zihù
【冒金星】mào jīnxīng(～儿) 한 눈앞에 별 같은 불빛이 번쩍이다. 눈앞이 어질어질하다(아찔하다). ¶他累得头发晕, 两眼直～。=그는 피곤해서 머리에 현기증이 나고, 두 눈이 계속 어질어질하다.
【冒进】màojìn 동 무모하게 진행(돌진)하다. 분별 없이 나아가다. 무턱대고 뛰어들다. ¶盲目～。=맹목적으로 무모하게 진행하다.
【冒领】màolǐng 동 남의 이름을 사칭하여 받아가다.
【冒冒失失】mào·mao shīshī(～的) 형 경솔하다. 무분별하다. 경박하다. 무모하다. 경망스럽다. 성급하다. 조심성 없다.
【冒昧】màomèi 형 주제넘다. 외람되다. 당돌하다. 경솔하다. 분별 없다. [겸어로 많이 쓰임] ¶我～地问一句, 你结婚了吗？=외람된 질문이지만, 결혼했습니까?
【冒名】mào‖míng 동 남의 이름을 사칭하다 (도용하다). ¶～代考=남의 이름으로 대리 시험을 치다.
【冒名顶替】màomíng-dǐngtì 성 남의 이름을 사칭(도용)하여 어떤 일을 하다.
【冒牌】mào‖pái(～儿) 동 상표(명의)를 도용하다. ¶～医生=돌팔이 의사.
【冒牌货】màopáihuò 명 1 모조품. 위조 상품. 가짜 명품. 2 (비) 신분·명의 등을 도용한 사람. 가짜.
【冒炮】mào‖pào 동(방) (입에서 나오는 대로) 함부로 말하다(지껄이다). ¶注意听别人说, 别瞎～。=다른 사람의 말을 주의 깊게 듣고, 함부로 말하지 말아라.
【冒泡儿】mào‖pàor 동 1 거품이 일어나다. ¶染池里冒着泡儿。=오염된 못에 거품이 일고 있다. 2 (비) (입에서 나오는 대로) 함부로 말하다 (지껄이다).

【冒然】màorán ☞【贸然】màorán
【冒认】màorèn 동 사칭하고 인수하다(찾아가다). ¶～财物=사칭하고 재물을 인수하다.
【冒傻气】mào shǎqì 형(구) 바보같이 굴다. 모자라다. 어수룩하다.
【冒失】mào·shi 형 경솔하다. 무분별하다. 경박하다. 무모하다. 경망스럽다. 성급하다. 조심성 없다. 앞뒤를 가리지 않다. 덜렁대다. 부주의하다. ¶他说话～得很。=그는 너무 경솔하게 말한다. ↔ 谨慎
【冒失鬼】mào·shiguǐ 명 (언행이) 경망스러운 사람. 무례한 사람. 덤벙대는 사람. 무모한 사람. 성급한 사람.
【冒死】màosǐ 동 죽음을 무릅쓰다. 목숨을 걸다. ¶～相救=목숨을 걸고 구하다.
【冒天下之大不韪】mào tiānxià zhī dà bù wěi 성 온 세상 사람이 비난할 짓을 하다. 모든 사람에게 규탄받을 일을 하다. 세상 사람의 손가락을 아랑곳하지 않다.
【冒头】màotóu(～儿) 동 1 조짐이 나타나다(생기다). ¶险情一～, 就要及时排除。=위험한 조짐이 나타나면 즉시 제때에 없애야 한다. 2 남짓하다. (일정한 수량을) 조금 넘기다. 약간 초과하다. ¶老人已八十一～了。=노인은 이미 여든이 넘었다.
【冒险】mào‖xiǎn 동 모험하다. 위험을 무릅쓰다. ¶～家=모험가. 형 (행동이) 위험하다. ¶他这样做太～。=그가 이렇게 하는 건 대단히 위험하다. ≒涉险
【冒险主义】màoxiǎnzhǔyì 명 모험주의.
【冒烟】mào‖yān 1 연기가 피어오르다. 연기를 내뿜다. ¶篝火熄灭了, 余烬还冒着烟。=모닥불은 꺼졌는데, 타다 남은 잿더미에서는 아직도 연기가 피어오른다. 2 (비) 화내다. 노하다. 성내다. 열내다. ¶他听了这话肯定～。=그가 이 말을 들으면 분명히 화낼 것이다.
【冒雨】mào‖yǔ 동 비를 무릅쓰다. 비를 맞다. ¶～抢修=비를 맞으며 서둘러 수리하다.
【冒诈】màozhà 동 슬쩍 떠보다. ¶打～=슬쩍 떠보다.
【冒支】màozhī 동 명의를 사칭하여 돈을 받다.
【冒撞】màozhuàng 동 떠받다. 들이받다. 버릇없이(무례하게) 굴다. 감정을 상하게 하다. 불쾌하게 하다. 비위를 상하게 하다. ¶我今天～了新来的经理。=나는 오늘 새로 온 사장에게 버릇없이 굴었다. 형 (행동이) 거칠고 경솔하다. 우악스럽다. 무지막지하다. 무분별하다. 성급하다. 경박하다. 경망스럽다. 조심성 없다. 무모하다. ¶小伙子办事～得很。=젊은 사람이 일을 아주 경솔하게 한다.

**贸[貿]** mào 바꿀 무
동 거래하다. 교역하다. (재물을) 바꾸다(교환하다). ¶外～=대외 무역. 부 경솔하게. 분별 없이. 성급하게. 경박하게. 경망스럽게. 조심성 없이. ¶～然行事=경솔하게 일하다.
【贸促会】màocùhuì 명(약) 国际贸易促进会(국

제 무역 촉진회).

【贸贸然】**màomàorán** 〔형〕 경솔하다. 분별 없다. 성급하다. 무턱대고 하다. 경박하다. 경망스럽다. 조심성 없다.

【贸然】〔冒然〕**màorán** 〔부〕 경솔하게. 분별 없이. 성급하게. 경박하게. 경망스럽게. 조심성 없이. ¶~从事=성급하게 일을 처리하다.

【贸易】**màoyì** 〔명〕〔經〕 무역. 교역. 매매. 거래. 통상(通商). ¶国际~=국제 무역.

【贸易壁垒】**màoyì bìlěi** 〔명〕〔經〕 무역 장벽.

【贸易风】**màoyìfēng** 〔信风〕 **xìnfēng**

【贸易伙伴】**màoyì huǒbàn** 〔명〕 무역 상대국. 무역 상대 지역. 무역 상대 기업. 무역 파트너.

**耄 mào** 늙은이 모
〔형〕〔문〕 **1** 나이가 80~90세인. **2** 늙다. 나이 들다. 연로하다. ¶老~之年=연로한 나이.

【耄耋】**màodié** 〔명〕〔문〕 70~80세 혹은 80~90세의 나이. ¶~之年=고령.

**袤 mào** 길이 무
〔명〕〔문〕 **1** 길이. **2** (땅의) 남북의 길이. ¶广~千里=길이가 천 리에 이르다.

**鄚 mào** 땅 이름 막
〔명〕(地) 마오저우(鄚州). [허베이(河北)성에 있는 지명]

**萺 mào** 잔풀 더부룩할 무
【萺葰】**màosǎo** 〔명〕〔植〕 자라풀과 비슷한 식물. [학명은 'Butomus umbellatus' 임]

**帽**[(帽)] **mào** 모자 모
〔명〕 **1** 모자. ¶草~=밀짚모자. / 礼~=예모. **2** (~儿) (용도나 모양이) 모자 같은 것. ¶笔~儿=붓두껍. / 螺丝~儿=나사못 대가리. ≒冠 弁

○● 便帽, 愁帽, 钉帽, 风帽, 礼帽, 箬ruò帽, 纱帽, 睡帽, 脱帽, 小帽, 缨yīng帽, 草帽缏biàn, 乌纱帽

【帽翅】**màochì**(~儿) 〔명〕 사모(纱帽)의 뒤쪽에 좌우로 날개처럼 뻗어 나온 부분.

【帽带】**màodài**(~儿) 〔명〕 **1** 모자의 (턱) 끈. **2** 모자의 리본.

【帽耳】**mào'ěr** 〔명〕 (방한용) 모자의 귀덮개.

【帽花】**màohuā**(~儿) 〔명〕 **1** 모자에 다는 장식품. **2** 모(자)표. ≒帽徽

【帽徽】**màohuī** 〔명〕 모(자)표. ≒帽花

【帽盔】**màokuī**(~儿) 〔명〕 **1** 옛날, 챙이 없는 반구형의 모자. (보통 위에 방울이 달려 있음) **2** 헬멧(helmet). [주로 금속·강화플라스틱·버드나무 가지 등으로 만듦]

【帽舌】**màoshé** 〔명〕 (앞으로 난) 모자챙. ≒【帽舌头】**màoshé·tou**

【帽舌头】**màoshé·tou** 〔帽舌〕**màoshé**

【帽筒】**màotǒng** 〔명〕 모자를 얹어 두는 통. [원통형이며 주로 자기로 만듦]

【帽檐】**màoyán**(~儿) 〔명〕 (앞이나 주위에 죽 둘린) 모자챙. ¶~下露出乌黑的头发.=모자챙 밑으로 까만 머리카락이 드러나다.

【帽子】**mào·zi** 〔명〕 **1** 모자. **2** 〔비〕 레테르. 꼬리표. 딱지. 낙인. [주로 억지로 덮어씌운 것을 가리킴] ¶批评也应实事求是, 不要乱扣~。=비평도 사실에 근거해야지, 함부로 레테르를 붙여서는 안 된다.

【帽子戏法】**mào·zi xìfǎ**(~儿) 〔명〕 **1** 영국 작가 루이스 캐럴의 동화 《이상한 나라의 앨리스》에서 모자 장수가 모자로 각종 마술을 부리는 것. **2** 해트트릭(hat trick). [축구나 아이스하키에서, 한 선수가 한 게임에서 3등점을 하는 일]

**媢 mào** 시샘할 모
〔동〕〔문〕 질투하다. 시샘하다. 샘내다. ¶~嫉=질투하다.

**瑁 mào** 대모 모
☞【玳瑁】**dàimào**

**愗 mào** 번민할 무
【愗愗】**màosào** 〔형〕〔문〕 번민하다. 번민하다. 걱정하다. 마음을 졸이다. 걱정스럽다. 근심스럽다. 고민스럽다.

***貌 mào** 모양 모
〔명〕 **1** 생김새. 용모. ¶容~=용모. / 才~双全=재능과 용모를 다 갖추다. **2** (사람의) 겉모습. 외모. 외관. 의표(仪表). ¶外~=외모. / 合心不合.=겉으로는 친해 보이나 속은 딴판이다. **3** (사물의) 외관. 외견(外见). 겉모양. 모습. ¶概~=대체적인 상황. / 都市新~=도시의 새로운 모습. ≒容 姿

○● 地貌, 风貌, 概gài貌, 礼貌, 美貌, 年貌, 品貌, 体貌, 外貌, 相貌, 笑貌, 状貌

【貌不惊人】**màobùjīngrén** 〔성〕 용모나 풍채가 사람의 시선을 끌지 못하다.

【貌合神离】**màohé-shénlí** 〔성〕 겉으로는 친한 것 같지만, 속으로는 각자 딴마음이 있다. 서로 의좋은 듯하나 속은 딴판이다.

【貌似】**màosì** 〔동〕 보기에는 〔겉으로는〕 …인 듯하다〔것 같다〕. ¶~强大=겉으로는 강대해 보이다.

【貌相】**màoxiàng** 〔명〕 생김새. 용모. 겉모습. 외모. 〔동〕 외모로 사람을 평가(판단)하다. ¶人不可~, 海水不可斗量.=사람을 겉모습만 보고 판단해서는 안 되고, 바닷물은 말로 될 수 없다.

**瞀 mào** 눈 흐릴 무
〔형〕〔문〕 **1** 눈이 가물거리다〔침침하다·흐릿하다〕. ¶~眩=머리가 어지럽고 눈이 흐릿하다. **2** (마음이) 어수선하다. 뒤숭숭하다. 혼란스럽다. (정신이) 얼떨떨하다. 헛갈리다. ¶~惑=어리둥절하다. **3** 어리석다. 우매하다. 무지하다. 몽매하다. ¶~儒=우매한 유생(儒生).

懋 么 嚜 没 **méi** 1317

**懋 mào** 노력할 무

[형] 1 [문] 근면하다. 열심히 하다. 노력하다. 애쓰다. 충고하고 격려하다. 권고하다. 독려하다. ¶~赏=장려상. 2 [문] 성대하다. 대단하다. 혁혁하다. ¶~勋=큰 공훈. 3 '茂(mào)'와 같음.

## me

**么[麽]** **·me** 어조사 마

[접미] 지시 대명사·의문 대명사·부사 뒤에 쓰임. ¶那~=그렇다면. / 什~=무엇. [조] 가사(歌詞) 중에 쓰이는 의미 없는 글자. ¶金秋的枫叶呀, 红呀~红似火. =가을의 단풍 붉기가 불 같더라.
☞麽(mó)

**嚜** **·me** 어조사 묵
[조][구] '嘛(·ma)'와 같음.

## mei

**没 méi** 없을 몰

[동] 1 없다. 가지고[갖추고] 있지 않다. [소유·구비의 부정을 나타냄] ¶他~理由不去. =그가 안 갈 이유가 없다. 2 없다. [존재의 부정을 나타냄] ¶教室里~学生. =교실에 학생이 없다. 3 …에 이르지 못하다. 부족하다. ¶这套房子还~100平方. =이 집은 100평방미터가 안 된다. 4 …에 미치지 못하다. …만 못하다. …에 견줄 수 없다. ¶今天~昨天冷. =오늘은 어제만큼 춥지 않다. 5 ('谁(shéi)·哪个(nǎ·ge)' 등의 앞에 쓰여) 아무도[누구도] …않다. ¶~谁叫他这样做. =누구도 그더러 이렇게 하라고 하지 않았다. / ~哪个敢保证. =누구도 감히 보장할 수 없다. [부] 1 아직 …않다. [경험·행위·사실 등이 아직 일어나지 않았음을 나타냄] ¶他还~来学校报到. =그는 아직 학교에 와서 등록하지 않았다. 2 …않다. [과거의 경험·행위·사실 등을 부정함] ¶她昨天~去看演出. =그녀는 어제 공연을 보러 가지 않았다. 늦不↔有
☞ **mò**

【没把握】 **méi bǎwò** [동][구] 확신[자신]이 없다. ¶他对那件事儿没有把握. =그는 그 일에 대해 조금도 확신이 없다.

【没奔头】 **méi bèn·tou** (~儿) [동] 희망[장래성]이 없다.

【没边儿】 **méibiānr** [형][구] 1 한[끝]이 없다. ¶这湖大得~. =이 호수는 한없이 넓다. 2 근거 없다. 종잡을[예측할] 수 없다. ¶别尽说~的话. =근거 없는 말은 하지 마라.

【没边儿没沿儿】 **méibiānr méiyánr** [성] 한도 끝도 없다. ¶别信那些~的传言. =그런 한도 끝도 없는 소문은 믿지 마라.

【没病找病】 **méibìng-zhǎobìng** [성] 1 스스로 병을 자초하다. 2 [비] 스스로 문제를[고통을] 자초하다. 고생을 사서 하다.

【没承想】 **méi chéngxiǎng** [부] 예상 밖이다. 예상을 벗어나다. 예상이 빗나가다. 뜻밖이다. 의외이다. ¶~家乡的变化这么大. =고향의 변화가 이렇게 클 줄은 예상하지 못했다.

【没出息】 **méi chū·xi** [동][구] 장래성[발전성]이 없다. 변변치[신통치] 못하다. 하찮다. 못나다. 실없다. ¶这孩子整天游手好闲, 没有一点儿出息. =이 아이는 하루 종일 하는 일 없이 빈둥거리기만 하니, 장래성이라고는 전혀 없다.

【没词儿】 **méi || cír** [동][구] 할 말이 없다. 할 말을 잃다. 말문이 막히다. ¶事实不容狡辩, 他再也~了. =사실이 변명의 여지가 없자, 그는 더 이상 할 말이 없었다.

【没错】 **méicuò** (~儿) [형] 틀림없다. 분명하다. 옳다. 맞다. [긍정을 나타냄] ¶他说的~. =그의 말이 맞다.

【没大没小】 **méidà-méixiǎo** [성] 윗사람을 몰라보다. 버르장머리없다. 위아래가 없다. ¶孩子不懂事, 说话~的. =아이가 철이 없어서 말버르장머리가 없다.

【没的说】 **méi·deshuō** ☞【没说的】 **méishuō·de**

【没得】 **méi·de** [동][방] 1 없다. 가지고[갖추고] 있지 않다. [소유·구비의 부정을 나타냄] ¶我们经理~一点儿架子. =우리 사장은 조금도 무게를 잡지 않는다. 2 없다. [존재의 부정을 나타냄] 3 …에 이르지 못하다. 부족하다. 4 …에 미치지 못하다. …만 못하다. …에 견줄 수 없다. 5 ('谁(shéi)·哪个(nǎ·ge)' 등의 앞에 쓰여) 아무도[누구도] …않다.

【没底】 **méi || dǐ** [동] 자신[확신]이 없다. ¶这次考试能否通过, 我心里~. =이번 시험에 통과할 수 있을지 난 속으로 자신이 없다.

【没法儿】 **méifǎr** [동] 1 방법이 없다. 어찌할 수 없다. =【没法子】 **méifǎ·zi** ¶这个问题目前~解决. =이 문제는 현재 해결할 방법이 없다. 2 [속] 불가능하다. 결코 …할 수 없다. 그 이상일 수 없다. 최고이다. ¶山里的空气好得~再好了. =산 속의 공기가 더 이상 좋을 수는 없다.

【没法子】 **méifǎ·zi** ☞【没法儿】 **méifǎr**

【没分寸】 **méi fēncùn** [동] (말이나 행동이) 분별 없다. ¶她说话冒失得很, 没有一点儿分寸. =그녀는 말하는 게 너무 경솔하고, 분별이라고는 전혀 없다.

【没分晓】 **méi fēnxiǎo** [동] 1 분별 없다. ¶不要说这些~的话. =이런 분별 없는 말은 하지 마. 2 (일의) 결말이 안 나다. 결과가 아직 없다. (상황이) 아직 분명하지 않다. ¶这场纠纷现在还~. =이번 분쟁은 현재 아직도 결말이 나지 않았다.

【没骨头】 **méi gǔ·tou** [동] 패기[기개]가 없다. 줏대가[배짱이] 없다. ¶他这人怎么这么~? =그 사람 왜 이렇게 패기가 없어?

【没关系】méi guān·xi 괜찮다. 상관 없다. 문제 없다. 염려 없다. ¶去晚一点~。=좀 늦게 가도 괜찮다.

【没规矩】méi guī·ju 버릇이〔예의가·절도가〕없다. 분별이 없다. 돼먹지 않다. 개판이다. ¶这孩子没有一点儿规矩。=이 아이는 버르장머리가 조금도 없다.

【没好气】méi hǎoqì(~儿) 기분이 좋지 않다. 심사가 편치 못하다. 불쾌한〔언짢은〕기색이다. ¶他这几天~, 看谁都不顺眼。=그는 요즘 기분이 안 좋아 누굴 봐도 마음에 안 들어 한다.

【没家没业】méijiā-méiyè 집도 없고 재산도 없다.

【没劲】méijìn (~儿) 힘이 없다. 약하다. ¶浑身~=온몸에 힘이 없다. 재미〔흥미〕없다. 시시하다. 무미건조하다. ¶这种无聊的话题真~。=이런 지루한 화제는 정말 재미 없다.

【没精打采】méijīng-dǎcǎi 맥이 풀리다. 풀이 죽다. 의기소침하다. 기운이〔활기가〕없다. 흥이 나지 않다. →【无精打采】wújīng dǎcǎi 늦有气无力 →神采奕奕

【没救】méi‖jiù 구제할〔어쩔할〕방법이 없다. 희망이 없다. ¶他的病怕是~了。=그의 병은 희망이 없어 보인다.

【没空】méi‖kòng (~儿) 시간이〔짬이·겨를이·여유가〕없다. ¶老师今天~儿, 不能参加我们的聚会。=선생님께서는 오늘 시간이 없어서, 우리들의 모임에 참석하지 못 하신다.

【没来由】méi láiyóu 아무런 이유가 없다. 까닭이 없다. 터무니없다. ¶他~地挨了一顿打。=그는 아무런 이유도 없이 한바탕 얻어맞았다.

【没了】méi·le 1 없어지다. 남지 않다. 끝나다. 끝마치다. 종결하다. 완결하다. ¶现钱~。=현금이 남지 않았다. 2 죽었다. ¶人~。=세상을 떴다.

【没脸】méi‖liǎn 면목이〔염치가〕없다. 부끄럽다. 쑥스럽다. 창피스럽다. ¶~见人=사람들을 볼 면목이 없다.

【没脸没皮】méiliǎn-méipí ☞【没皮没脸】méipí-méiliǎn

【没两样】méi liǎngyàng 똑같다. 일치하다. 다른〔차이나는〕점이 없다. ¶你和他说的~。=너와 그가 말한 것이 똑같다.

【没…没…】méi…méi… 1 …도 없고, …도 없다. [뜻이 같거나 유사한 두 명사·동사·형용사 앞에 쓰여 부정을 강조함] ¶~病~灾=병도 없고, 재난도 없다. / ~完~结=끝도 없고, 결말이 없다. 2 …도 없고, …도 없다. [반대되는 의미의 두 형용사 앞에 쓰여 마땅히 구분해야 할 것을 구분하지 않는다는 뜻을 나타냄] ¶~老~少=위 아래가 없다. / ~早~晚=밤낮을 가리지 않다.

【没门儿】méi‖ménr 1 방법이〔방도가·도리가〕없다. 가망이 없다. 별수없다. ¶我实在~了才来找你帮忙。=난 정말 어쩔 도리가 없어서 너에게 도움을 청하러 온 거다. 2 (반대를 나타내어) 어림없다. (절대) 안 된다. 소용 없다. ¶

别说了, 这事儿~。=말하지 마, 이 일은 안 돼. 3 불가능하다. ¶月底想完工, ~!=월말에 완공하려 하다니, 불가능해!

【没命】méimìng 1 목숨을 잃다. 죽다. ¶要不是抢救及时, 他早就~了。=만약 재빠르게 조치를 취하지 않았다면 그는 벌써 목숨을 잃었을 것이다. 2 복이 없다. ¶~享受=누릴 복이 없다. 기를 쓰다. 죽기살기로 하다. 목숨을 걸다. ¶~地干=목숨을 걸고 일하다.

【没跑儿】méipǎor 틀림없다. 의심할 여지가 없다. ¶这次他准能拿第一, ~!=이번에 그는 분명히 일등 할 수 있어, 틀림없어!

【没皮没脸】méipí-méiliǎn 뻔뻔스럽다. 낯두껍다. 부끄러운 줄 모르다. 후안무치하다. =【没脸没皮】méiliǎn-méipí ¶遇上这~的人真是麻烦。=이런 뻔뻔스런 사람을 만나다니 정말 귀찮다.

【没谱儿】méi‖pǔr 자신〔확신〕이 없다. 계획이 없다. 작정한 바 없다. ¶下一步该怎么做, 我还~。=다음에 어떻게 해야 할지, 나는 아직 계획이 없다. 확실하지 않다. 불분명하다. 종잡을 수 없다. 믿을 수 없다. ¶他说话~, 别信他。=그의 말은 확실하지 않으니, 그를 믿지 말아라.

【没轻没重】méiqīng-méizhòng (언행이) 무분별하다. 경솔하다. 일의 경중을 모르다. ¶你这~的, 很容易得罪人。=너 이렇게 경솔하게 행동하면, 다른 사람의 미움을 사기 쉽다.

【没趣】méiqù (~儿) (처지나 상황이) 난처하다. 무안하다. 겸연쩍다. 체면을 잃다〔구기다·깎이다〕. 창피를〔망신을〕당하다. 쪽팔리다. ¶没人理他, 他自觉~儿就走开了。=아무도 그를 상대하지 않자, 그는 겸연쩍어서 가 버렸다.

【没日没夜】méirì-méiyè 밤낮을〔주야를〕가리지 않다. 밤도 없고, 낮도 없다. ¶~地工作=밤낮을 가리지 않고 일하다.

【没臊】méisào 부끄러운 줄 모르다. 뻔뻔스럽다.

【没商量】méi shāng·liáng (이미 결정되어) 상의〔의논〕의 여지가 없다. ¶他非常固执, 一旦他作了决定就~了!=그는 대단히 고집스러워서, 한번 결정했면 더 이상 상의의 여지가 없다.

【没什么】méi shén·me 괜찮다. 상관 없다. 문제 없다. 염려 없다. ¶做错了~, 及时改正就行。=잘못하더라도 괜찮아, 제때 고치면 돼.

【没深没浅】méishēn-méiqiǎn (언행이) 무분별하다. 경솔하다. ¶对长辈说话, 不能这样~的。=어른에게 말하는데 이렇게 무분별해서는 안 된다.

【没事】méi‖shì 1 (할) 일이 없다. 한가하다. ¶~出去走走, 别老窝在家里。=할 일 없으면 나가서 좀 거닐지, 만날 집에만 틀어박혀 있지 말아라. 2 직업이〔일자리가〕없다. ¶他下岗以后就~了。=그는 퇴직한 후 일자리가 없어졌다. 3 상관 없다. 관계 없다. 괜찮다. 책임이 없다. ¶~, 怎么想的就怎么说!=상관 없으니까 생각하는 대로 말해! 4 괜찮다. (별)일 없다. 탈 없다.

무사하다. 무고(無故)하다. ¶手术很成功, 他现在~了, 大家放心吧。=수술은 성공적이었고, 그는 지금 별일 없으니, 모두 안심하세요.

【没事人】 **méishìrén**(~儿) 图 (어떤 일에) 관계없는 사람. (어떤 상황에 대해) 조금도 마음에 두지 않는 사람. 무관한 사람. 제삼자. 국외자(局外者). ¶他惹了那么大的祸, 却像个~儿似的。=그는 그렇게 큰 화를 불러 오고도, 마치 아무 상관 없는 사람 같다.

【没事找事】 **méishì-zhǎoshì** 图 1 쓸데없는 일을 하다. 쓸데없이 일을 만들다. 괜히 문제를 일으키다. ¶你在家呆着, 别出去~。=너 집에 있어, 괜히 나가서 일 만들지 말고. 2 괜히〔공연히·일부러〕흠을 잡다. ¶鸡蛋里挑骨头, 他这不是纯心~吗？=달걀에서 뼈를 골라 내려 하다니, 그 사람 아예 작정하고 괜히 흠을 잡으려는 것 아니야?

【没说的】 **méishuō·de** 图 1 나무랄 것이〔데〕없다. ¶他的服务热情又周到, 真是~。=그의 서비스는 친절하고 꼼꼼한 것이, 정말 나무랄 데 없다. 2 두말 할 필요가 없다. 길게 말할〔설명할〕필요가 없다. 전혀 문제가 안 되다. 별것 아니다. ¶你这个忙我一定帮, 咱俩俩~。=너의 이 일은 내가 꼭 도울께, 우리 둘 사이에 길게 말할 필요가 없다. 3 상의〔의논〕의 여지가 없다. 따질 필요가 없다. ¶他最适合干这事儿, ~！=그가 이 일에 가장 적합하다는 것은 의논의 여지가 없다니까！=【没有说的】 **méiyǒushuō·de**【没的说】 **méi·deshuō**

【没挑儿】 **méitiāor** 图 나무랄 데〔것이〕없다. 더 말할 나위 없다. 완벽하다. ¶他的人品那是~。=그의 인품은 정말 나무랄 데 없다.

【没头没脑】 **méitóu-méinǎo** 图 이유를 모르다. 느닷없다. 난데없다. 갑작스럽다. 밑도끝도없다. ¶他的话~的, 谁也没听明白。=그의 말은 밑도끝도없어서 아무도 알아듣지 못한다.

【没完】 **méi‖wán** 图 1 (일이 아직) 끝나지 않다. 완결되지 않다. ¶这里工作~, 你们几个加个班吧！=여기 일이 아직 끝나지 않았으니, 당신네 몇 명은 추가 근무를 하세요！2 끝가지 하다. 끝장을 보다. ¶他要是敢欺负人, 我跟他~！=그가 감히 사람을 괴롭히려 한다면, 나는 그와 끝장을 보겠다！

【没完没了】 **méiwán-méiliǎo** 图 (말이나 일이) 한도 끝도 없다.

【没问题】 **méi wèntí** 图 문제 없다. 자신 있다. 확신하다. ¶~, 我一定把事情办好。=문제 없어, 난 반드시 일을 잘 해내겠어.

【没戏】 **méi‖xì** 图图 가망〔희망·가능성〕이 없다. ¶这次评奖他又~。=이번 시상에서 그는 또 가망이 없다.

【没心肝】 **méi xīngān** 图 (욕하는 말로) 양심이 없다. 인정머리가 없다. 인간적인 데가 없다. ¶这个~的家伙！=이 양심도 없는 놈！

【没心没肺】 **méixīn-méifèi** 图 (욕하는 말로) 양심이 없다. 인정머리가 없다. 인간적인 데가 없다. 2 图 생각이 없다. 머리를 쓰지 않다.

【没羞】 **méixiū** 图 부끄러운 줄 모르다. 뻔뻔스럽다. ¶当众要赖, 真~！=이렇게 많은 사람들 앞에서 억지를 부리다니, 정말 부끄러운 줄 모르는군！

【没羞没臊】 **méixiū-méisào** 图 부끄러운 줄 모르다. 뻔뻔스럽다. ¶那个人不理你, 你还死缠着, 真~！=그 사람은 널 상대도 안 해 주는데 넌 죽어라 매달리니, 정말 부끄러운 줄 모르는군！

【没样儿】 **méiyàngr** 图(子) 버릇이〔예의가·절도가〕없다. 돼먹지 않다. 꼴〔체면〕이 말이 아니다. 어수선하다. 개판이다. 정돈되지 않다. ¶家里面乱得~了。=집안 꼴이 말이 아니다.

【没意思】 **méi yì·si** 图 1 지루하다. 무료하다. 따분하다. 무의미하다. ¶成天呆在家里看电视, 真~！=하루 종일 집에서 텔레비전만 보니, 정말 지루하다！2 재미가 없다. 단조롭다. 무미건조하다. 시시하다. ¶这本书没什么意思。=이 책은 아무런 재미도 없다.

【没影儿】 **méiyǐngr** 图 흔적이 없다. 자취를 감추다. ¶汽车飞奔而去, 转眼就~了。=자동차가 나는 듯 달려가더니, 순식간에 자취를 감추었다. 图 근거 없다. ¶说他要调走, 这是~的事。=그가 부서를 옮긴다는 말은 근거 없는 일이다.

【没用】 **méiyòng** 图 1 (사람이) 쓸모〔소용〕없다. ¶这么简单的事都做不好, 真~！=이렇게 간단한 일도 제대로 못 하다니 정말 쓸모 없다！2 효과가 없다. 도움이 안 되다. ¶药不对症, 吃再多也~。=약이 증세에 맞지 않으면, 아무리 많이 먹어도 효과가 없다.

【没有】 **méi·yǒu** 图 1 없다. 가지고〔갖추고〕있지 않다. [소유·구비의 부정을 나타냄] ¶他的话是~根据的。=그의 말은 근거가 없다. 2 없다. [존재의 부정을 나타냄] ¶~不透风的墙。=바람이 새지 않는 벽은 없다. 영원한 비밀은 없다. 3 …에 이르지 못하다. 부족하다. ¶她来过, 可是~十分钟就走了。=그녀가 왔었는데, 십 분도 안 돼서 가 버렸다. 4 …에 미치지 못하다. …만 못하다. …에 견줄 수 없다. ¶事情~你想象得那么难。=일이 네가 상상하는 만큼 그렇게 어려운 것은 아니다. 5 ('谁(shéi)·哪个(nǎ·ge)' 등의 앞에 쓰여도〔누구도〕않다. ¶~谁会这么傻。=이렇게 어리석은 사람은 아무도 없다. / ~哪个愿意放弃。=포기하길 원하는 사람은 아무도 없다. 圐 1 아직 …않다. [경험·행위·사실 따위가 아직 일어나지 않았음을 나타냄] ¶那事儿我还~来得及处理。=그 일은 내가 아직 미처 처리하지 못했다. 2 …않다. [과거의 경험·사실 따위를 부정함] ¶昨天邮局~开门。=어제 우체국이 문을 열지 않았다.

【没有耳性】 **méiyǒu-ěr·xìng** 图 말귀를 못 알아듣다. [주로 아이를 가리켜 말함]

【没有功劳, 也有苦劳】 **méiyǒu gōngláo, yěyǒu kǔláo** 图 비록 성과는 없으나 이미 최선을 다했다.

【没有过不去的河】 **méiyǒu guò·buqù·de hé** 图甸 못 해낼 일은 없다. 하면 된다. =【没有过不去的火焰山】 **méiyǒu guò·buqù·de**

Huǒyànshān
【没有过不去的火焰山】méiyǒu guò·buqù·de Huǒyànshān ☞【没有过不去的河】méiyǒu guò·buqù·de hé
【没有说的】méiyǒushuō·de ☞【没说的】méishuō·de
【没缘】méiyuán 동 인연이 없다. 좋은 기회가 없다. ¶我和他~。=나는 그와 인연이 없다.
【没辙】méi‖zhé 동구 1 따라서 나아갈 바퀴 자국이 없다. 2 (비) 방법이 [방도가·도리가] 없다. 어찌할 수 없다. ¶他不听劝, 我也~。=그는 아무리 권해도 듣지 않으니, 나도 어떻게 할 방법이 없다. ↪有辙
【没指望】méi zhǐ·wang 동 1 희망이 [가망이] 없다. 기대할 [바랄] 것이 없다. ¶除了下岗补贴, 他没有什么指望。=퇴직금 외에, 그는 다른 희망이 없다. 2 (생명을) 구할 [어찌할] 방법이 없다. 희망이 [가망이] 없다. ¶他癌症晚期, ~了。=그는 암 말기여서 구할 가망이 없게 되었다.
【没治】méizhì 동 1 구제(만회·치료)할 방법이 없다. ¶他伤成这样, 再晚一点儿就~了。=그가 이렇게 다쳤는데, 조금만 더 늦었더라면 구할 방법이 없었을 것이다. 2 어찌할 수 없다. 어쩔 도리가 [방법이] 없다. ¶他固执得很, 我拿他也~。=그는 대단히 고집스러워서, 나도 그를 어쩔 수 없다. 형 1 (사람이나 일 따위가) 대단히 좋다. 완벽하다. 수준급이다. ¶他年年大赛得冠军, 简直~了。=그는 해마다 경기에서 우승하니, 정말 대단하다.
【没准儿】méi‖zhǔnr 동구 …일지도 모른다. 아마 …일 것이다. …할 가능성이 있다. ¶他~会同意。=그는 동의할지도 모른다. 형 믿을 수 없다. 종잡을 수 없다. 확실하지 않다. 불분명하다. ¶他的话~, 你可千万别信。=그의 말은 확실하지 않으니, 너 절대로 믿으면 안 된다.
【没着没落】méizhuó-méiluò 통 1 행방을 알 수 없다. ¶遗失的行李还~。=잃어버린 짐의 행방을 아직도 알 수 없다. 2 의지하고 기대할 곳이 없다. ¶所需的流动资金还~。=필요한 유동자금은 아직 기대할 만한 곳이 없다.

*玫 méi 매괴 매
명동 옥의 일종.
【玫瑰】méi·gui 명 (植) 1 장미. 2 장미꽃.
【玫瑰红】méi·guihóng ☞【玫瑰紫】méi·guizǐ
【玫瑰茄】méi·guiqié 명 (植) 1 낙신화(洛神花). 2 낙신화(洛神花)의 꽃받침.
【玫瑰色】méi·guisè 명 1 장밋색. 장밋빛. 2 (비) 장밋빛. 희망. 편안함. 낙관적임. ¶在美国也不一定都是~的。=미국에서도 모든 것이 희망적인 것만은 아니었다.
【玫瑰香】méi·guixiāng 명 1 장미향. 2 (植) 함부르크 뮈스까(Muscat Hamburg). [장미향이 나는 우수한 포도 품종]
【玫瑰紫】méi·guizǐ 형 (색이) 장밋빛이다. =

*枚 méi 장 매
양 1 매. 장. 개. [주로 비교적 작은 조각으로 된 사물을 세는 단위] ¶一~邮票=우표 한 장. / 两~铜钱=동전 두 개. 2 개. 발. [일부 무기를 세는 단위] ¶两~手雷=수류탄 두 개. / 一~导弹=유도탄 한 발. 동 하나하나. 일일이. 낱낱이. ¶不胜~举=(너무 많아서) 일일이 다 들 수 없다. 형 1 하무. [옛날, 행군시 병사들이 떠들지 못하게 입에 물리던, 가는 막대기] ¶衔~无声=하무를 물고 소리를 내지 않다. 2 (Méi) 성(姓).

○● 猜cāi枚, 衔xián枚

*眉 méi 눈썹 미
명 1 눈썹. ¶描~=눈썹을 그리다. 2 (책장의) 위쪽 여백(공백). ¶书~=책의 위쪽 여백.

○● 赤眉, 蛾眉, 娥é眉, 画眉, 剑jiàn眉, 柳眉, 浓眉, 须xū眉, 眼眉

【眉笔】méibǐ 명 눈썹연필. 아이브로 펜슬(eyebrow pencil). 눈썹먹.
【眉端】méiduān 명 1 미간. 양미간. ¶愁上~=미간을 찡그리다. 2 (책장의) 위쪽 여백(공백). ¶~标题=위쪽 여백에 쓰는 표제.
【眉飞色舞】méifēi-sèwǔ 성 희색이 만면하다. 득의만만하다. ≒眉开眼笑
【眉峰】méifēng 명 눈썹. 미간. 양미간. ¶~紧锁=양미간을 잔뜩 찌푸리다.
【眉高眼低】méigāo-yǎndī (얼굴) 표정. 낯빛. 안색. =【眉眼高低】méiyǎn-gāodī
【眉弓】méigōng 명 눈두덩. [눈 위의 눈썹이 자라는 부분]
【眉急】méijí 명구 燃眉之急(매우 긴박한 상황). ¶解救~=매우 긴박한 상황을 구제하다.
【眉脊】méijí 명 눈두덩. [눈 위의 눈썹이 자라는 부분]
【眉睫】méijié 명 1 눈썹과 속눈썹. 2 (비) 목전(目前). 눈앞. ¶迫在~=상황이 매우 긴박하다.
【眉开眼笑】méikāi-yǎnxiào 성 싱글벙글하다. 몹시 좋아하다. ≒眉飞色舞
【眉来眼去】méilái-yǎnqù 성 1 (남녀 사이에) 눈짓으로 마음을 전하다. 추파를 던지다. 2 (비) 암암리에 [몰래] 결탁하다 [내통하다·짜다·공모하다].
【眉棱】méiléng 명 눈두덩.
【眉毛】méi·mao 명 눈썹.
【眉毛胡子一把抓】méi·mao hú·zi yībǎzhuā 성 1 (일처리에서) 경중(우열)을 가리지 않고 하다. 2 서로 다른 일을 한데 섞어 놓다.
【眉目】méimù 명 1 눈썹과 눈. 2 용모. 생김새. 겉모습. 외모. ¶~清秀=용모가 수려하다. 3 (문장의) 조리. 순서. 단계. 맥락. 강목(綱目). ¶~清楚=조리가 분명하다.
【眉目】méi·mu 명 (일이나 사건의) 단서. 두

○ 眉 méi
媚 mèi
嵋 méi
湄 méi
鹛 méi
楣 méi

서. 실마리. 갈피. ¶事情还没有~。=사건이 아직 단서가 없다. ≒头绪

【眉批】**méipī** 명 (책이나 원고의) 위쪽 여백에 써 넣는 평어(評語)나 주석.

【眉清目秀】**méiqīng-mùxiù** 성 용모가 수려〔영준〕하다. ≒朗目疏眉 ↔獐头鼠目

【眉梢】**méishāo** 명 눈썹 꼬리〔끝〕. ¶喜上~= 기뻐서 눈썹 꼬리가 올라가다. 희색이 만면하다.

【眉寿】**méishòu** 명문 장수(長壽). 〔옛날, 긴 눈썹이 장수의 상징이어서 붙여진 명칭〕 ¶为此春酒,~= 여기 봄에 빚은 술로 장수(長壽)를 축하드립니다.

【眉题】**méití** 명 (신문에서 표제 위에 쓰는) 부제(副題). 부표제. 서브 타이틀. =【引题】**yǐntí**

【眉头】**méitóu** 명 미간. 양미간. ¶~紧皱=미간을 잔뜩 찌푸리다.

【眉头一皱, 计上心来】**méitóu yī zhòu, jì shāng xīn lái** 성 조금만 고민하면 방법이 떠오른다. 조금만 생각해도 수가 생겨난다.

【眉线】**méixiàn** 명 (눈썹연필로 그린) 눈썹선.

【眉心】**méixīn** 명 미간. 양미간.

【眉眼】**méiyǎn** 명 1 눈썹과 눈. 2 용모. 생김새. 겉모습. 외모. ¶姐妹俩~很相像。=자매가 생김새가 많이 닮았다.

【眉眼高低】**méiyǎn-gāodī** ☞【眉高眼低】**méigāo-yǎndī**

【眉宇】**méiyǔ** 명문 1 눈썹 윗부분〔언저리〕. 2 용모. 생김새. 겉모습. 외모. ¶~不凡=용모가 출중하다.

【眉月】**méiyuè** 명 (눈썹같이 생긴) 초승달.

**莓** **méi** 딸기 매
명(植) 딸기. ¶草~=양딸기. / 山~=산딸기.

**\*\*梅[（楳·槑）] méi** 매화나무 매
명 1 (植) 매화나무. 2 (植) 매화(꽃). 3 (植) 매실. 4 (Méi) 성(姓).

○● 腊là梅, 青梅, 人梅, 酸梅, 乌梅, 杨yáng梅

【梅毒】**méidú** 명(醫) 매독. 통 【杨梅】**yáng méi**【杨梅疮】**yángméichuāng**

【梅干菜】**méigāncài** 명 소금에 절여 말린 갓.

【梅膏】**méigāo** 명 매실 액상. 매실 페이스트 (paste).

【梅红色】**méihóngsè** 명 짙은 보라색.

【梅花】**méihuā** 명 1 (植) 매화. 2 ☞【腊梅】**làméi** 3 (트럼프에서의) 클럽.

【梅花鹿】**méihuālù** 명(動) 꽃사슴.

【梅花拳】**méihuāquán** 명 매화권. [무술 권법의 일종으로, 말뚝 위에 서서 연습하는] =【梅花桩】**méihuāzhuāng**

【梅花参】**méihuāshēn** 명(動) 해삼의 일종. [해삼 가운데 가장 큰 종류로, 등 부위의 돌기가 매화꽃처럼 생김]

【梅花针】**méihuāzhēn** 명(醫) 매화침. [작은 침 다섯 개를 동시에 찌를 수 있도록 만들어진 피부 자극 침. 생김새가 매화처럼 생겨서 붙여진 명칭]

【梅花桩】**méihuāzhuāng** ☞【梅花拳】**méi huāquán**

【梅开二度】**méikāi-èrdù** 성(喩) (부녀자의) 재혼.

【梅天】**méitiān** ☞【黄梅天】**huángméitiān**

【梅香】**méixiāng** 명 1 매화향. 2 계집종. 시녀. 몸종. 하녀. [주로 조기 백화문에 보임]

【梅雨】**méiyǔ** ☞【黄梅雨】**huángméiyǔ**

【梅子】**méi·zi** 명(植) 1 매화나무. 2 매실.

**脢** **méi** 등심 매
명방 등심. 등심살. ¶~子肉=등심살.

**郿** **Méi** 땅 이름 미
명 메이(郿)현. [산시(陕西)성에 있는 지명으로, 지금은 '眉'라고 함]

**嵋** **méi** 산 이름 미
지명에 쓰이는 글자. ¶峨~=어메이. [쓰촨(四川)성에 있는 산 이름으로, 지금은 주로 '峨眉'라고 함]

**猸** **méi** 몽구스 미
【猸子】**méi·zi** 명(動) 몽구스. =【山獾】**shānhuān**

**湄** **méi** 물가 미
명문 강기슭. 강변. 물가. ¶所谓伊人, 在水之~。=그리운 그 사람 물가에 있네.

【湄公河】**Méigōnghé** 명(地) 메콩 강(Mekong R.). [중국 탕구라산(唐古拉山)에서 발원하여 미얀마·태국·캄보디아·베트남을 거쳐 흐르는 동남아시아 최대의 강. 중국 경내에서는 '澜沧江(láncāngjiāng)' 이라고 부름]

**\*媒** **méi** 중매 매
명 1 중매인. 중매쟁이. ¶大~=중매인. 2 매개자. 매개물. 매개체. ¶传~=대중 매체. 동 중매하다. 중매 서다. 혼처를 소개하다. ¶她是他们俩的~人。=그녀는 그 두 사람의 중매인이다.

○● 保媒, 说媒, 纸媒儿, 虫chóng媒花, 风媒花

【媒介】**méijiè** 명 매개자. 매개물. 매개체. 매체. ¶新闻~=보도 매체.

【媒婆】**méipó** (~儿) 명(옛) 매파. 매온(媒媼).

【媒人】**méirén** 명 중매인. 중매쟁이.

【媒妁】**méishuò** 명 중매인. 중매쟁이. ¶父母之命, ~之言。=부모의 명(命)과 중매인의 말.〔옛날, 혼인은 부모의 명과 중매인의 말에 의해 결정됨을 뜻함〕

【媒体】**méitǐ** 명 대중 매체. 매스 미디어(mass media).

【媒怨】**méiyuàn** 통문 원한을 사다〔불러일으키다〕.

【媒质】**méizhì** ☞【介质】**jièzhì**

【媒子】**méi·zi** 명 미끼. 바람잡이. [동류(同類)를 속이기 위해 사용되는 사람이나 동물] ¶鸟

~=후림새.

## 楣 méi 문미 미
몡 문미(門楣). 인방(引枋). 액방(額枋). ¶류
~=문미(門楣).

## 煤 méi 석탄 매
몡(礦) 석탄. 매탄(煤炭). 탄(炭).

○● 白煤, 草煤, 乏fá煤, 肥煤, 褐hè煤, 红煤, 火煤, 焦jiāo煤, 气煤, 瘦shòu煤, 洗煤, 烟煤, 硬yìng煤, 元煤, 原煤, 无烟煤

【煤饼】méibǐng 몡 (연료로 쓰기 위한) 둥글넓적한 덩어리석탄.
【煤层】méicéng 몡(礦) 탄층. 석탄층.
【煤厂(子)】méichǎng(·zi) 몡 석탄 판매소.
【煤场】méichǎng 몡 저탄장(貯炭場).
【煤尘】méichén 몡 탄진(炭塵). 석탄 분진.
【煤毒】méidú ☞【煤气】méiqì
【煤粉灰】méifěnhuī 몡 (석탄 가루를 때고 난) 석탄재.
【煤矸石】méigānshí 몡(礦) 석탄 맥석. [석탄에 함유되어 있는, 석탄보다 견고한 연한 흑색의 암석]
【煤耗】méihào 몡 석탄 소비량.
【煤黑油】méihēiyóu ☞【煤焦油】méijiāoyóu
【煤核儿】méihúr 몡 (덜 타고 남은) 석탄덩어리나 알탄. 석탄재.
【煤化】méihuà ☞【炭化】tànhuà
【煤焦油】méijiāoyóu 몡(化) 콜타르(coal tar). =【煤黑油】méihēiyóu
【煤斤】méijīn 몡 석탄.
【煤精】méijīng 몡(礦) 흑옥(黑玉). [주로 조각 공예품에 쓰임] 영 jet
【煤井】méijǐng 몡(礦) 수직 탄갱. 수직 갱도.
【煤坑】méikēng 몡(礦) 탄갱(炭坑).
【煤块】méikuài 몡 괴탄(塊炭). 석탄덩어리.
【煤矿】méikuàng 몡 1(礦) 탄광. 2 채탄소(採炭所). ¶~工人=광부.
【煤老虎】méilǎohǔ 몡 석탄 소비량이 특별히 많은 보일러[사업 단위].
【煤炉(子)】méilú(·zi) 몡 석탄 난로.
【煤末】méimò(~儿) 몡 석탄 가루. =【煤末子】méimò·zi
【煤末子】méimò·zi ☞【煤末】méimò
【煤坯】méipī 몡 (알탄 등의) 가공한 석탄 제품.
【煤气】méiqì 몡 1 석탄 가스. =【煤毒】méidú ¶~中毒=석탄 가스 중독. 2 산화탄소. 일산화탄소. 3 '液化石油气(액화석유가스·LPG)'의 속칭. ¶~管道=LPG관.
【煤气包】méiqìbāo 몡 가스통.
【煤气灯】méiqìdēng ☞【本生灯】běnshēng dēng
【煤气罐】méiqìguàn 몡 가스통. 봄베. 통 bombe
【煤气机】méiqìjī 몡 가스 엔진(gas engine).
【煤气灶】méiqìzào 몡 가스레인지(gas range). 가스버너(gas burner).
【煤球】méiqiú(~儿) 몡 알탄.
【煤炭】méitàn 몡(礦) 석탄.
【煤田】méitián 몡 탄전.
【煤屑】méixiè 몡 석탄 부스러기〔지스러기〕.
【煤烟子】méiyān·zi 몡 검댕. 그을음. 매연.
【煤窑】méiyáo 몡 (재래식 방법으로 채굴하는) 소형 탄광.
【煤油】méiyóu 몡 등유. 통【火油】huǒyóu
【煤油灯】méiyóudēng 몡 남포등. 양등(洋燈). 램프(lamp).
【煤油炉】méiyóulú 몡 석유 난로.
【煤渣】méizhā 몡 석탄재.
【煤炸子】méizhǎ·zi 몡 작은 괴탄.
【煤砖】méizhuān 몡 (연료로 쓰기 위한) 벽돌 모양의 덩어리석탄.

## 酶 méi 술밑 매
몡(生) 효소.

## 镅[鎇] méi 아메리슘 미
몡(외)(化) 아메리슘(Am, americium). [원자 번호 95]

## 鹛[鶥] méi 새 이름 미
몡(動) 꼬까치레과(Timaliidae) 새의 통칭.

## 霉¹[黴] méi 곰팡이 매
몡(生) 곰팡이. ¶曲~=누룩곰팡이.

## 霉² méi 썩을 매
통 부패하다. 썩다. 변질되다. 곰팡이가 슬다〔피다〕. ¶发~=곰팡이가 슬다. 몡() 불운(不運). 나쁜 재수. ¶倒~=재수 없다.

○● 倒霉, 黑霉, 曲qū霉, 金霉素, 链liàn霉素, 氯lǜ霉素, 青霉素

【霉变】méibiàn 통 곰팡이가 끼다〔슬다·피다〕. ¶食物~=음식물에 곰팡이가 슬었다.
【霉蠹】méidù 몡 곰팡이가 슬고 좀이 먹다. ¶这本书放得太久了, 已经~了。=이 책은 너무 오래 두어서, 이미 곰팡이가 슬고 좀이 먹었다.
【霉菌】méijūn 몡(生) 곰팡이.
【霉菌病】méijūnbìng 몡(醫) 진균증(眞菌症).
【霉烂】méilàn 통 곰팡이가 피어 썩다. ¶苹果已经开始~了。=사과가 이미 곰팡이가 슬고 썩기 시작했다.
【霉气】méi·qì 몡 곰팡이내. 곰팡이 냄새. 형() 재수 없다. 불운하다. ¶刚出门就摔了一脚, 真~!=막 문을 나서자마자 넘어지다니, 정말 재수 없다!
【霉损】méisǔn 통 곰팡이가 슬어 손해를 입다. ¶小麦~严重。=밀의 곰팡이 피해가 심각하다.
【霉天】méitiān 몡 매우기(梅雨期). 장마철.
【霉头】méitóu 몡 재수 없고 기분 나쁜 일. ¶触~=재수 없다.

【霉雨】méiyǔ 图 매우. 장마(비). [장마철에 옷에 쉽게 곰팡이가 슬어서 붙여진 명칭]

**糜** méi 메기장 미
图（植）메기장.
☞ mí

【糜子】méi·zi ☞【穄子】jì·zi

**每** měi 늘 매
代 매. 각. …마다. 모두. ¶张老师~周上三次课. = 장 선생님은 매주 세 번 수업하신다. 副 1 늘. 항상. 언제나. [같은 동작이 정기적으로 반복해서 나타남을 표시함] ¶~逢春节, 他都要给亲朋好友拜年. = 설날이면 그는 친한 친구들에게 신년 인사를 한다. 2 图 자주. 종종. 흔히. 수시로. ¶秉性耿直, ~容易激动. = 천성이 바르고 곧으면 종종 쉽게 감동한다.

| 每 měi | 悔 huǐ |
| 梅 méi | 晦 huì |
| 霉 méi | 海 huì |
| 酶 méi | 侮 wǔ |
| 每 měi | 海 hǎi |
| 敏 mǐn | 嗨 hāi |
| 繁 fán | |

【每常】měicháng 图 평소. 평상시. ¶孩子~都是下午四点放学回家. = 아이는 평소 오후 네 시면 수업을 마치고 집으로 온다. 副 늘. 언제나. 항상. ¶他~约朋友郊游. = 그는 늘 친구를 불러 교외로 놀러 간다.

【每逢】měiféng 動 …가 될 때마다. 언제나 … 가 되면. …때마다. …때가 되면. ¶~佳节倍思亲. = 명절 때가 되면 언제나 부모님 생각이 더 하다.

【每况愈下】měikuàngyùxià 成 1 갈수록 심해지다. 2 상황이 갈수록 나빠지다. 형편이 날로 악화되다. ≒江河日下 与日俱增 ↔蒸蒸日上

【每每】měiměi 副 늘. 언제나. 항상. ¶他~在实验室一呆就是十多个小时. = 그는 늘 실험실에 한번 자리 잡았다 하면 열몇 시간씩 있다.

【每年】měinián 副 1 매년. 해마다. ¶~如此. = 해마다 이렇다. 2 图 왕년(往年). 예전. 옛날. 지난 해. ¶~这个时候, 河里就涨大水. = 예전 이맘때, 강물이 크게 불었다.

【每时每刻】měishí·měikè 成 늘. 언제나. 항상. ¶你对我的帮助, 我将~记在心头. = 네가 내게 준 도움은 언제까지나 마음속에 기억할게.

**美** měi 아름다울 미
形 1 아름답다. 예쁘다. 곱다. 어여쁘다. ¶俊~=멋지다. / 风景优~=풍경이 아름답다. 2 좋다. 훌륭하다. ¶完~无缺=흠잡을 데 없다. / 价廉物~=값이 싸고 물건도 좋다. 3 图 대단히 만족하다. 마음에 꼭 들어 하다. 득의(만만)하다. 의기양양하다. ¶瞧他那样, ~得嘴都笑烂了. = 저 사람 좀 봐, 좋아서 입이 찢어질 지경이다. 動 미화하다. 아름답게 하다〔가꾸다·꾸미다〕. ¶~化环境=환경을 미화하다. 图 1 좋은〔훌륭한〕것. 좋은 일. ¶成人之~ = 남의 일이 잘 되도록 도와 주다. 2 (Měi) (地) 미주(美洲). 아메리카. ¶北~=북미. 3 (Měi) (地) 미국. ¶中~

关系=중미 관계. ≒倩 ↔丑 恶

○● 肥美, 丰美, 甘美, 华美, 健美, 精美, 俊jùn美, 掠lüè美, 媲pì美, 审shěn美, 甜美, 完美, 鲜美, 谐xié美, 秀美, 优美, 赞美, 专美, 壮美, 作美

【美不胜收】měibùshèngshōu 成 훌륭한〔좋은〕것이 많아서 이루 다 즐길〔감상할·볼·헤아릴〕수 없다. ≒琳琅满目

【美不滋】měi·buzī (~的) 形 의기양양하다. 득의(만만)하다. 대단히 만족하다. ¶考了第一名, 他心里~的. = 시험에서 일등을 하자, 그는 속으로 의기양양했다.

【美餐】měicān 图 맛있는〔훌륭한·입에 맞는〕음식. ¶这顿~让大家吃得心满意足. = 이 맛있는 음식에 모두가 흡족하게 식사를 했다. 動 잘 먹다. 만족스럽게 먹다. 기분 좋게 먹다. ¶~一顿=한 끼 잘 먹다.

【美差】měichāi 图 1 좋은 직위〔직책·보직·일〕. 2 부러워하는〔샘나는·즐거운·이로운〕임무〔공무〕. ¶这次去新疆开会可是件~. = 이번 신장으로 가는 회의는 기분 좋은 출장〔공무〕이다. ↔苦差

【美钞】měichāo 图 미국 달러 지폐.

【美称】měichēng 動 찬미하여〔미화하여〕부르다〔칭하다〕. ¶世人~李白为 '诗仙'. = 세상 사람들은 이백(李白)을 '시선(詩仙)'이라고 미화하여 부른다. 图 미칭. 아름다운 이름. 좋은 평판. 명망. ¶苏州和杭州素有人间天堂的~. = 쑤저우(苏州)와 항저우(杭州)는 원래부터 인간 세상의 천당이라는 미칭이 있다.

【美传】měichuán 图 미담. 아름다운 전설. ¶自此, 这个曲折动人的爱情故事流为~. = 이 때부터 이 얽히고설킨 감동적인 사랑이야기는 아름다운 전설로 전해 내려온다.

【美德】měidé 图 미덕. 좋은 품성. ¶助人为乐是一种~. = 남을 돕는 것을 기쁘게 생각하는 것은 일종의 미덕이다.

【美吨】měidūn 图 미국 톤(ton). [미국의 중량 단위로, 2,000파운드(907.2kg)가 '1톤'임] =【短吨】duǎndūn

【美发】měifà 動 머리를 아름답게〔멋지게〕하다. ¶~师=미용사.

【美感】měigǎn 图 미감. 미적 감각〔체험〕. 심미안. ¶这些富丽堂皇的壁画给人以强烈的~. = 이 화려하고 웅장한 벽화들은 사람에게 강렬한 미감을 준다.

【美工】měigōng 图（艺）1（영화 따위의）미술 디자인. 아트 디자인. 2（영화 따위의）미술 디자이너. 아트 디자이너.

【美观】měiguān 形（형식·구성 등이）보기 좋다. 예쁘다. 아름답다. ¶式样~=스타일이 보기 좋다.

【美国】Měiguó 图 外（地）미국(The United States of America). [수도는 '华盛顿(워싱턴: Washington)'임]

【美好】měihǎo 形 좋다. 훌륭하다. 아름답다.

행복하다. [주로 추상적인 사물에 쓰임] ¶~的祝愿=아름다운 축복. ↔丑恶
【美化】 **měihuà** 통 1 미화하다. 아름답게 꾸미다(가꾸다·장식하다). ¶~市容=도시의 모습을 미화하다. 2 (나쁜 것을) 미화하다. ¶~历史人物=역사 인물을 미화하다. ↔丑化
【美金】 **měijīn** ☞【美圆】 **měiyuán**
【美景】 **měijǐng** 명 아름다운 경치. ¶良辰~=좋은 시절의 아름다운 풍경.
【美酒】 **měijiǔ** 명 미주. 좋은〔맛있는〕 술. ¶佳肴~=맛있는 요리와 좋은 술.
【美丽】 **měilì** 형 아름답다. 예쁘다. 곱다. ¶~的花园=아름다운 화원. ≒漂亮 标致 ↔丑陋
【美轮美奂】 **měilún-měihuàn** 성 1 크고 많은 집들이 웅장하고 아름답다. 2 아름답고 절묘하다. ¶~的民族歌舞=아름답고 절묘한 민속 노래와 춤.
【美满】 **měimǎn** 형 아름답고 원만하다. ¶婚姻~=혼인이 아름답고 원만하다.
【美盲】 **měimáng** 명 미적 감각이 없는 사람.
【美貌】 **měimào** 형 용모(외모)가 아름답다. 얼굴이 예쁘다. ¶~的女子=용모가 아름다운 여자. 명 미모. 아름다운 모습. ¶她的~令众人倾倒。=그녀의 미모는 모든 사람들을 매료시킨다.
【美美】 **měiměi**(~的) 부(중) 마음껏. 한껏. 통쾌하게. 유쾌하게. 시원스럽게. 달콤하게. 편안하게. 가볍게. 가뿐하게. ¶~地睡上一觉。=마음 껏 한잠 자다.
【美梦】 **měimèng** 명 1 단꿈. 아름다운 꿈. 좋은 꿈. 2 비 아름다운 소망(바람·희망). ¶~成真=소망이 실제로 이루어지다.
【美妙】 **měimiào** 형 아름답다. 훌륭하다. 더없이 좋다. ¶~的歌声=아름다운 노랫소리.
【美名】 **měimíng** 명 좋은 이름〔명판〕. 명성. 명예. ¶~远扬=명성을 널리 떨치다. ↔恶名 丑名
【美男子】 **měinánzǐ** 명 미남. 멋진 남자.
【美浓纸】 **měinóngzhǐ** 명(일) 미농지. [종이의 일종. 일본 미노(美濃) 지방의 특산물인 데서 붙여진 명칭]
【美女】 **měinǚ** 명 미녀. 미인. 아름다운 여자.
【美其名曰】 **měiqímíngyuē** 성 좋은 이름을 가져다 붙이다. 그럴듯하게 명분을 내세우다. ¶明明是资源掠夺,却~经济援助。=명백한 자원 강탈이면서, 도리어 경제 원조라는 그럴듯한 명분을 내세운다.
【美气】 **měiqì** 형(방) 편안하다. 쾌적하다. 가볍다. 가뿐하다. 홀가분하다. 유쾌하다. 안락하다. ¶一家人的日子过得挺~。=가족 모두가 제법 안락한 날들을 보낸다.
【美缺】 **měiquē** 명 사람들이 탐을 내는 빈 보직〔직위〕. 부수입이 짭짤한 빈 보직〔직위〕.
【美髯公】 **měirángōng** 명 1 아름다운〔멋진〕 턱수염을 기른 사람. 2 (**Měirángōng**) 미염공.《삼국연의(三國演義)》에서 촉(蜀)의 장수 관우(關羽)에 대한 애칭.
【美人】 **měirén**(~儿) 명 미인. 미녀. 아름다운 여자.

【美人迟暮】 **měirén chímù** 성비 재능이 있는 사람이 한창때가 지나가는 것을 애석해하다.
【美人计】 **měirénjì** 명 미인계.
【美人蕉】 **měirénjiāo** 명(植) 칸나(canna). 홍초(紅蕉). 미인초.
【美容】 **měiróng** 통 미용하다. 미장(美裝)하다. 용모를 아름답게 꾸미다〔가꾸다〕. ¶~院=미용실.
【美容师】 **měiróngshī** 명 미용사.
【美容手术】 **měiróng shǒushù** 명(醫) 성형수술.
【美容霜】 **měiróngshuāng** 명 미용 크림.
【美如冠玉】 **měirúguānyù** 성 1 (남자가) 잘생기다. 멋있다. 매력 있다. 2 비 겉만 번지르르하고 내실이〔실속이〕 없다.
【美色】 **měisè** 명 1 아름다운 용모. 2 미녀. 미인. 아름다운 여자. ¶不为~所动。=미녀에게 마음이 흔들리지 않다.
【美声】 **měishēng** ☞【美声唱法】 **měishēng chàngfǎ**
【美声唱法】 **měishēng chàngfǎ** 명(音) 벨칸토(bel canto) 창법. [가창 기법의 하나로, 이탈리아의 전통 가극에서 기원함] =【柔声唱法】 **róushēng chàngfǎ** ⟨⟩【美声】 **měishēng**
【美食】 **měishí** 명 맛있는 음식. ¶~城=식당 몰. 식당가.
【美食家】 **měishíjiā** 명 미식가.
【美事】 **měishì** 명 좋은〔아름다운〕 일. ¶老友重逢,真是一桩~。=옛 친구를 다시 만나는 것은 정말 좋은 일이다.
【美术】 **měishù** 명(藝) 1 ☞【造型艺术】 **zàoxíng yìshù** 2 미술. 그림. 회화.
【美术馆】 **měishùguǎn** 명 미술관. 화랑.
【美术片儿】 **měishùpiānr** 명(구)(映) (만화영화·인형영화·종이인형영화 등과 같이) 미술 기법을 이용하여 만든 영화.
【美术片】 **měishùpiàn** 명(映) (만화영화·인형영화·종이인형영화 등과 같이) 미술 기법을 이용하여 만든 영화.
【美术设计】 **měishù shèjì** 명 아트 디자인.
【美术字】 **měishùzì** 명 도안 문자. 장식 문자.
【美谈】 **měitán** 명 미담. ¶千古~=영원히 남을 미담.
【美味】 **měiwèi** 명 좋은 맛. 맛있는 음식. ¶~佳肴=맛있는 음식.
【美学】 **měixué** 명 미학.
【美言】 **měiyán** 통 (다른 사람을 대신하여) 듣기 좋은 말을 하다. 덕담을 하다. ¶请你帮我~几句。=나를 도와서 좋은 말 몇 마디 해 주세요. 명(문) 좋은 문구〔말〕. 듣기 좋은 말. 덕담. ¶~不信,信言不美。=듣기 좋은 말은 믿을 수 없고, 믿을 수 있는 말은 듣기 좋지 않다.
【美艳】 **měiyàn** 형 매우 아리땁다. 눈부시게 아름답다. 농염하다. ¶~动人=매우 아리따워 사람의 마음을 설레게 하다.
【美意】 **měiyì** 명 호의. 선의. 좋은 뜻. ¶谢谢你的~。=당신의 호의에 감사드립니다. ≒好意

美 浼 渼 镁 沬 妹 昧　**mèi**

善意.
【美意延年】**měiyì-yánnián** ⓐ 편안한 마음은 사람을 장수하게 한다.
【美玉】**měiyù** 몡 아름다운 옥.
【美育】**měiyù** 몡〔教〕심미 교육.
【美誉】**měiyù** 몡 명성. 명예. ¶四川享有天府之国的~. =쓰촨(四川)은 천혜(天惠)의 자연 지역이라는 명성을 누리고 있다.
【美元】**měiyuán** ☞【美圆】**měiyuán**
【美圆】[美元] **měiyuán** 몡 미국 달러(dollar). =【美金】**měijīn**
【美展】**měizhǎn** 몡〔약〕美术作品展览会(미술 작품 전람회).
【美制】**měizhì** 몡 미국식 도량형 단위.
【美中不足】**měizhōng-bùzú** ⓐ 전체적으로 훌륭한 가운데에도 조금 부족한 점이 있다. 옥에도 티가 있다. ≒白璧微瑕 ↔十全十美 白璧无瑕
【美洲】**Měizhōu** 몡〔약〕〔地〕亚美利加洲(아메리카주). 미주.
【美洲豹】**měizhōubào** 몡〔动〕표범. 흑표범. 재규어(jaguar).
【美洲虎】**měizhōuhǔ** 몡〔动〕재규어(jaguar). 아메리카표범.
【美洲狮】**měizhōushī** 몡〔动〕퓨마(puma). 쿠거(cougar). 아메리카사자.
【美洲鸵】**měizhōutuó** 몡〔动〕아메리카타조. =【鹈鹋】**lái'ǎo**
【美滋滋】**měizīzī** (~的) 혱 대단히 만족해하는 모양. 무척 마음에 들어 하는 모양. 득의의 모양. 매우 좋아하는〔기뻐하는·감탄하는〕모양. ¶看到自己的文章发表了, 他的心里~的. =자신의 글이 발표된 것을 보고, 그는 마음속으로 대단히 만족해했다.

## 浼 **měi** 더럽힐 매

통[문] **1** 오염되다. 더럽히다. ¶~污=오염되다. **2** 부탁하다. 청하다. 청탁하다. ¶央~=간절히 부탁하다.

## 渼 **měi** 물결 미

몡[문] (잔)물결.

## 镁[鎂] **měi** 마그네슘 미

몡[와]〔化〕마그네슘(Mg, magnesium). [원자 번호 12]
【镁肥】**měiféi** 몡 마그네슘 비료. 고토 비료(苦土肥料).
【镁光】**měiguāng** 몡 마그네슘이 연소할 때 내는 강한 빛.
【镁光灯】**měiguāngdēng** 몡 플래시(flash). 섬광등.
【镁砂】**měishā** 몡〔化〕마그네시아(magnesia). 산화마그네슘.
【镁砖】**měizhuān** 몡〔金〕마그네시아(magnesia) 벽돌.

## 沬 **Mèi** 땅 이름 매

몡(地) 매. [상(商)대의 수도. 지금의 허난(河南)성 탕인(汤阴)현 남쪽에 있었음. '朝歌(Zhāogē)'라고도 부름]
☞ **huì**

## 妹 **mèi** 누이 매

몡 **1** (부모가 같은) 여동생. 누이동생. ¶兄~=오누이. / 姐~=자매. **2** (가족이나 친척 중 자기보다 나이가 어린) 여동생. ¶表~=이종사촌 여동생. / 堂~=사촌 여동생. **3** 젊은 남자가 애인이나 아내를 부르는 호칭. ¶阿~=자기. **4**〔방〕젊은 여자〔여성〕. 아가씨. ¶打工~=아가씨 아르바이트생. / 外来~=외지 출신 젊은 여자.
【妹夫】**mèi·fu** 몡 매부. 매제. 여동생의 남편.
【妹妹】**mèi·mei** 몡 **1** (부모가 같은) 여동생. 누이동생. ¶亲~=친누이동생. **2** (가족이나 친척 중 자기보다 나이가 어린) 여동생. ¶叔伯~=사촌 여동생.
【妹婿】**mèixù** 몡〔문〕매부. 매제.
【妹丈】**mèizhàng** 몡〔문〕매부. 매제.
【妹子】**mèi·zi** 몡〔방〕**1** (부모가 같은) 여동생. 누이동생. **2** (가족이나 친척 중 자기보다 나이가 어린) 여동생. **3** 여자 아이.

## 昧 **mèi** 어두울 매

혱 **1**〔문〕어둡다. 어두컴컴하다. 깜깜하다. ¶幽~=애매하다. **2** 어리석다. 멍청하다. 무지하다. ¶愚~=우매하다. 통 **1** 알지 못하다. 모르다. 이해하지 못하다. ¶素~平生=서로 줄곧 모르다. **2** 숨기다. 감추다. 비밀로 하다. 숨다. ¶拾金不~=재물을 주워도 자기 것으로 탐내지 않다. **3** (상대방에게) 무례하다. 실례하다. 기분〔감정〕을 상하게 하다. 불쾌하게 하다. 비위를 거스르다. ¶冒~=외람되다.

○● 暧ài昧, 暗昧, 草昧, 茫máng昧, 冒昧, 三昧

【昧旦】**mèidàn** 몡〔문〕새벽녘. 여명. 동틀 무렵.
【昧己】**mèijǐ** 통 자신을 속이다. ¶瞒心~=자신의 양심을 속이다.
【昧良心】**mèi liángxīn** 통 양심을 속이다. ¶~的事可不能干. =양심을 속이는 일은 절대 할 수 없다.
【昧死】**mèisǐ** 통[문] 죽을죄를 무릅쓰다. 죽을죄를 지었습니다. 황송합니다. [주로 신하가 군주에게 상서를 올릴 때 쓰던 글투] ¶~陈情=죽을죄를 무릅쓰고 아뢰옵니다.
【昧心】**mèixīn** 통 양심을 속이다. ¶我从不说~话. =나는 양심을 속이는 말은 결코 하지 않는다.
【昧心钱】**mèixīnqián** 몡 불의(不义)한 재물〔돈〕. 부정한 수단이나 양심을 속여서 얻은 재물〔돈〕. ¶~咱不挣. =의롭지 못한 돈은 벌지 않는다.
【昧于】**mèiyú** (어떤 일에 대해) 잘 알지 못하다. 밝지 못하다. 흐리멍덩하다. 무지하다. ¶~形势, 很难抉择. =상황을 잘 알지 못하면 선택하기 어렵다.

袂 **mèi** 소매 몌
  명문 (옷)소매. ¶联~=행동을 같이 하다.

谜[謎] **mèi** 수수께끼 미
  ☞ mí
【谜儿】**mèir** 명방 수수께끼. ¶猜~=수수께끼를 풀다[맞히다].

痗 **mèi** 앓을 매
  동문 근심[걱정]으로 병이 나다. ¶令人心~=근심으로 병들게 하다.

寐 **mèi** 잠잘 매
  동문 자다. ¶梦~以求=꿈에서까지 바라다. / 喜而不~=기뻐서 잠을 이루지 못하다. ↔寤

*媚 **mèi** 아첨할 미
  동 **1** 문 좋아하다. 사랑하다. 사모하다. ¶我既~君姿, 君亦悦我颜. =내 그대의 자태를 사모하나니, 그대 또한 내 용모를 흠모하네. **2** 아첨하다. 아부하다. 빌붙다. 비위를 맞추다. ¶谄~=아첨하여 비위를 맞추다. 唐 **1** 아첨하는, 빌붙는, 알랑거리는, 비굴하게 남의 비위를 맞추는. ¶满脸~态=얼굴 가득 알랑거리는 모습. **2** 귀엽다. 아름답다. 어여쁘다. ¶妩~动人=곱고 아름다워서 사람의 마음을 설레게 한다. 명 아첨하는[아부하는·알랑거리는·남의 비위를 맞추려는] 모습[태도]. ¶献~取宠=아첨하여 총애를 얻다.

> ○─○ 狐媚, 娇jiāo媚, 柔róu媚, 妩wǔ媚, 献xiàn媚, 秀媚, 妖yāo媚

【媚骨】**mèigǔ** 명 아첨기. 아첨하는[빌붙는] 근성. ¶奴颜~=남에게 비굴하게 알랑거리다.
【媚惑】**mèihuò** 동 현혹시키다. 사로잡다. 매혹시키다. 유혹하다. 반하게 하다. ¶~他人=남을 현혹시키다.
【媚气】**mèi·qi** 형 사랑스럽다. 곱고 아름답다. 어여쁘다. 요염하다. 매력적이다. 사람의 눈길을 끌다. ¶这女孩儿长得挺~. =이 여자 아이는 무척 곱게 생겼다.
【媚世】**mèishì** 동 세속[세상]에 영합하다. ¶~之作=세속에 영합하는 작품.
【媚俗】**mèisú** 동 세속[세상]에 영합하다. ¶趋时~=시대의 흐름에 맞추고, 세속에 영합하다.
【媚态】**mèitài** 명 **1** 매력적인[사람의 마음을 끄는] 자태[몸짓]. 교태. 애교. ¶~迷人=매력적인 자태가 사람을 매혹시킨다. **2** 아양떠는[아첨하는·아부하는·알랑거리는·남의 비위를 맞추려는] 모습[태도]. ¶露出一付~. =아양떠는 모습을 내보이다.
【媚外】**mèiwài** 동 외국(인)에게 아첨하다. 외세에 빌붙다. ¶崇洋~=외국의 문물을 숭배하며 아첨하다.
【媚笑】**mèixiào** 동 요염하게[교태를 부리며·아양떨며] 웃다. ¶一脸~=얼굴 가득 요염하게 웃다.

【媚眼】**mèiyǎn** 명 매력적인[사랑스러운·애교 띤] 눈(빛). 추파. ¶抛~=매혹적인 눈빛을 던지다.
【媚悦】**mèiyuè** 동 의도적으로 남의 환심을 사다. 아첨하다. 알랑거리다. ¶~权贵=권세 있고 지위가 높은 사람에게 아첨하다.

魅 **mèi** 도깨비 매
  명문 (전설상의) 괴물. 도깨비. 요괴. 정령. ¶魑~=사람을 해치는 온갖 귀신. 동 유혹하다. 혹하게 하다. 꾀다. 끌어들이다. ¶~惑力=매력.
【魅惑】**mèihuò** 동 유혹하다. 매혹하다. 현혹하다. ¶他被金钱所~, 在犯罪的道路上越走越远. =그는 돈에 현혹되어 범죄의 길에 점점 더 깊이 빠져들었다.
【魅力】**mèilì** 명 매력. ¶艺术~=예술의 매력.
【魅人】**mèirén** 동 사람을 매혹하다[유혹하다·사로잡다·현혹하다·매료하다·혹하게 하다·도취시키다·끌어들이다]. ¶~的田园风光=사람을 매료시키는 전원 풍경.

# men

**闷[悶] mēn** 답답할 민
  형 **1** (기압이 낮거나 공기가 통하지 않아) 답답하다. 갑갑하다. ¶天气~热. =날씨가 무덥다. **2** 방 (소리가) 나지막하다. 가라앉다. 낮고 묵직하다. 낮게 깔리다. ¶你今天说话怎么~声~气的? =너는 오늘 목소리가 왜 그렇게 가라앉았니? 동 **1** 공기를 통하지 않게 하다. 밀폐하다. 꼭 닫다[덮다]. ¶茶泡上后要~一会儿. =차는 끓인 물을 붓고 나서 잠시 덮어 두어야 한다. **2** (집 안에) 틀어박히다. 두문불출하다. ¶他最近一直~在家里写论文. =그는 요즘 줄곧 집안에 틀어박혀 논문을 쓰고 있다. **3** 잠자코 있다. 떠들지 않다. 드러내지 않다. ¶~头儿翻译=묵묵히 번역을 하다.
  ☞ mèn

【闷沉沉】**mēnchénchén**(~的) 형 **1** (기압이 낮거나 공기가 통하지 않아) 답답하다. 갑갑하다. ¶屋子里~的. =집 안이 갑갑하다. **2** (소리가) 나지막하다. 낮고 묵직하다. 낮게 깔리다. 낮다. ¶远处传来~的炮声. =먼 곳에서 나지막한 포성이 들려오다. **3** (주위의 분위기가) 무겁다. 가라앉다. ¶会议室里~的, 没有一个人发言. =회의실 안의 분위기가 무겁고 아무도 발언을 하지 않는다.
  ☞ mènchénchén

【闷得慌】**mēn·dehuāng** 형 대단히[지독히] 갑갑하다[답답하다]. ¶库房里空气不流通, ~. =창고 안에 공기가 통하지 않아서 갑갑해 죽을 지경이다.
  ☞ mèn·dehuāng

【闷气】**mēnqì** 형 (기압이 낮거나 공기가 통하지 않아) 답답하다. 갑갑하다. 숨이 차다. ¶这个房

间 没 窗户, 挺~的。＝이 방은 창문이 없어서 무척 갑갑하다.

☞ **mènqì**

【闷热】 **mēnrè** 〔형〕 무덥다. 찌는 듯하다. 후덥지근하다. ¶潮湿~的天气＝눅눅하고 찌는 듯한 날씨. →凉爽

【闷声不响】 **mēnshēng-bùxiǎng** 〔성〕 숨을 죽이고 아무 소리도 내지 않다. 입을 다물고 말하지 않다.

【闷声闷气】 **mēnshēng-mēnqì**(~的) 〔성〕 말소리가 가라앉다〔낮게 깔리다·분명하지 않다〕.

【闷头儿】 **mēn∥tóur** 〔부⋅수〕 말없이. 묵묵하게. ¶~学习＝묵묵히 공부하다.

【闷香】 **mēnxiāng** 〔명〕 최면(마취)향. [사람의 신경을 마비시키는 향. 주로 옛날 소설·중국 전통극에 보임]

\*\* 门 [門] **mén** 문 문

〔명〕 **1** (出)입구. 현관. 문. ¶房~＝방문. **2** (출입구에 달린) 문. 문짝. ¶防盗~＝방범용 철문. **3** (~儿) (기물에 달려 있어 여닫을 수 있는) 문. 여닫이. ¶书柜~儿＝책장 문. **4** (개폐기·스위치 등과 같이) 문의 역할을 하거나 모양이 문과 같은 것. ¶闸~＝갑문. / 球~＝골문. **5** 사람의 몸에 난 구멍. ¶肛~＝항문. **6** 〔옛〕 문벌. 가문. 집안. ¶满~抄斩＝온 집안이 재산을 몰수당하고 참형(斬刑)당하다. **7** 가정. ¶双喜临~＝집안에 경사가 겹치다. **8** (학술·사상·종교 등의) 문. (파). (벌). ¶佛~弟子＝불문의 제자. / 旁~左道＝정통이 아닌 길. 사도. **9** 스승. 문하. ¶同~师兄弟＝동문수학한 선후배. **10** (일반적인 사물의) 분류. 부문. 종류. ¶缺~＝공백 부문. / 五花八~＝각양각색. **11** (~儿) 방법. 방도. 수단. 비결. 요령. ¶没~儿＝방도가 없다. / 窍儿＝요령. **12** 문. [생물학 분류학상의 두 번째 단위. 界 위는 (계)(界)·강(綱)·강(目)·과(科)·속(屬)·종(種)임] ¶节肢动物~＝절지동물문. / 被子植物~＝피자식물문. **13** 도박에서 돈을 거는 자리. [도박꾼의 위치를 나타내기도 함] ¶天~牌旺＝선의 맞은편 자리의 패가 잘 뜬다. **14** (Mén) 성(姓). 〔양〕 **1** 과목. 가지. [과목·과학 기술 등에 쓰임] ¶两~功课＝두 과목. / 一~手艺＝한 가지 기술. **2** 문. [포에 쓰임] ¶两~榴弹炮＝유탄포 두 문. **3** 친척·혼사 등에 쓰임. ¶这~亲事＝이번 혼사. / 两~亲戚＝양가 친척. ⇨户 扉

○ 门 **mén**
们 **mén**
闷 **mēn**
扪 **mén**
钔 **mén**
焖 **mèn**
问 **wèn**
闻 **wén**
闽 **Mǐn**

○━ 阿门, 便门, 侧cè门, 柴chái门, 产门, 车门, 道门, 登门, 窦门, 顶门, 斗dǒu门, 独门儿, 对门, 二门, 法门, 粪fèn门, 拱gǒng门, 关门, 闺guī门, 国门, 过门, 寒门, 回门, 会门, 活门, 及门, 家门, 脚门, 角门, 叫门, 街门, 截jié门, 空门, 抠kōu门儿, 快门, 冷门, 留门, 没门儿, 旁门, 屏píng门, 气门, 球门, 权quán门,

缺门, 热门, 入门, 沙门, 山门, 射门, 声门, 邪xié门儿, 衙yá门, 阴门, 应门, 油门, 有门儿, 辕yuán门, 远门, 宅zhái门, 朱门, 专门, 闭门羹gēng, 鬼门关, 开门红, 敲门砖zhuān, 水门汀tīng, 穿堂门, 太平门

【门巴】 **ménbā** 〔명〕 의사. [티베트 자치구에서 장족(藏族)이 의사를 부르는 호칭]

【门巴族】 **Ménbāzú** 〔명〕 문파족. [중국 소수 민족의 하나로, 주로 시짱(西藏) 지역에 분포함]

【门把】 **ménbǎ** 〔명〕 문손잡이. 문고리.

【门板】 **ménbǎn** 〔명〕 **1** 나무문. **2** 문짝.

【门鼻儿】 **ménbír** 〔명〕 (문빗장을 걸거나 자물쇠를 채우는) 반원형의 금속 고리.

【门匾】 **ménbiǎn** 〔명〕 편액(扁額). [상인방(上引枋)에 거는 액자]

【门钹】 **ménbó** 〔명〕 (옛날의) 대문고리.

【门插关儿】 **ménchā·guānr** 〔명〕 (문)빗장.

【门齿】 **ménchǐ** 〔명〕〔생〕 문치. 앞니. 〔동〕【门牙】 **ményá** 〔명〕【板牙】 **bǎnyá**

【门窗】 **ménchuāng** 〔명〕 문과 창문.

【门当户对】 **méndāng-hùduì** 〔성〕 (옛날, 혼인 관계에 있어서) 남녀 두 집안의 사회적 지위와 경제적 형편이 걸맞다. 남녀 두 집안이 엇비슷하다.

【门道】 **méndào** 〔명〕 (중국식 저택에서) 대문 안쪽의 지붕이 있는 통로.

【门道】 **mén·dao** 〔명〕 방법. 방도. 수단. 비결. 요령. ¶致富~＝부자가 되는 비결. ⇨门路 门子

【门第】 **méndì** 〔명〕〔옛〕 가문(家門). 가세(家世). 문벌(門閥). ¶书香~＝학자 가문.

【门店】 **méndiàn** 〔명〕 상점. 가게. 점포.

【门丁】 **méndīng** 〔명〕 문지기.

【门钉】 **méndīng**(~儿) 〔명〕 (궁전·묘우(廟宇) 등의) 대문에 장식용으로 줄지어 박은 큰 못.

【门洞】 **méndòng**(~儿) 〔명〕 **1** (중국식 저택에서) 대문 안쪽의 지붕이 있는 통로. 굴처럼 생긴 문. **2** 집의 대문. 아파트 입구.

【门斗】 **méndǒu** 〔명〕 현관. 현관 홀. 대기실.

【门对】 **ménduì** 〔명〕☞【门联】 **ménlián**

【门墩】 **méndūn**(~儿) 〔명〕 문둔테.

【门额】 **mén'é** 〔명〕 상인방(上引枋). [문미(門楣)의 윗부분] ¶大门的~上挂着一块匾。＝대문의 상인방에 편액(扁額) 하나가 걸려 있다.

【门阀】 **ménfá** 〔명〕〔옛〕 세가(世家). 명문(名門). 이름 있는 문벌. 권세 있는 집안.

【门房】 **ménfáng**(~儿) 〔명〕 **1** 수위실. 경비실. 문간방. **2** 수위. 경비. 문지기.

【门扉】 **ménfēi** 〔명〕 문. 문짝. ⇨门扇

【门风】 **ménfēng** 〔명〕 가풍(家風). 문풍. ¶败坏~＝가풍을 더럽히다.

【门岗】 **méngǎng** 〔명〕 **1** 정문의 초소. **2** 정문의 보초〔경비·위병〕.

【门馆】 **ménguǎn** 〔명〕 **1** 가숙(家塾). 사숙(私塾). 글방. **2** 가숙의 선생.

【门户】 **ménhù** 〔명〕 **1** 문. 출입문. ¶看守~＝문을 잘 지키시오. **2** 〔비〕 관문. 문호. [드나드는 데

반드시 지나는 길목] ¶香港是中国东海岸的~之一。=홍콩은 중국 동해안의 관문 중 하나이다. **3** 집안. 문벌(門閥). 가문(家門). 가세(家世). ¶~相当=집안이 서로 엇비슷하다. **4** 문(파). 파(벌). ¶~之争=파벌끼리의 다툼. **5** 가정. ¶自立~=가정을 꾸리다.

【门户网站】**ménhù wǎngzhàn** 图 인터넷포털사이트(internet portal site).

【门户之见】**ménhùzhījiàn** 图 (학술·예술 등의 영역에서) 파벌이 달라서 생기는 편견.

【门环】**ménhuán** 图 문고리.

【门将】**ménjiàng** 图(體) (축구·핸드볼·수구·아이스하키·필드하키 등의) 골키퍼(goalkeeper). 수문장.

【门禁】**ménjìn** 图 출입구의 경비(警備). ¶~森严=출입구의 경비가 삼엄하다.

【门警】**ménjǐng** 图 출입구의 경비원.

【门径】**ménjìng** 图 (문제 해결이나 일을 하는) 방법. 방도. 수단. 비결.

【门静脉】**ménjìngmài** 图(生) 문정맥. 문맥(門脈).

【门镜】**ménjìng** ☞【窥视镜】**kuīshìjìng**

【门坎】**ménkǎn** ☞【门槛】**ménkǎn**

【门槛】[门坎] **ménkǎn** 图 **1** (~儿) 문지방. 문턱. **2** (문제를 해결할) 방법. 비결. 요령. ¶做之前你要先找~。=하기 전에 너는 먼저 방법을 찾아야 한다. **3** 솜씨. 수완. 실력. ¶他~精, 赚了不少钱。=그는 수완이 뛰어나서 많은 돈을 벌었다.

【门可罗雀】**ménkěluóquè** 圈 **1** 문 앞에 그물을 쳐 참새를 잡을 정도이다. **2**(喻) 방문객이 거의 없어 집 안이 쓸쓸하다(적막하다). ↔[门庭若市]

【门客】**ménkè** 图 **1** 문객. 식객. **2** 송(宋)대에 관료 귀족의 가정에서 청한 사숙 선생.

【门口】**ménkǒu**(~儿) 图 입구. 현관. 문어귀. ¶~就是一条大街。=입구 앞은 바로 큰길이다.

【门框】**ménkuàng** 图 문틀. 문테. 문골. 문광. 문얼굴.

【门廊】**ménláng** 图 **1** 마당 입구에서 집 안으로 연결되는 주랑(柱廊). **2** (본 건물에서 달아낸 지붕 딸린) 현관. 포치(porch).

【门类】**ménlèi** 图 (사물의) 분류. 유별. 부류. 부문. ¶~繁多=분류가 무척 많다.

【门里出身】**mén·li chūshēn** 图(口) 전문직(전문가) 집안 출신. 기술자 집안 출신. ¶木匠活儿, 他可是~。=목수일이라면, 그는 누가 뭐래도 전문가이다.

【门帘】**ménlián**(~儿) 图 문발. =【门帘子】**ménlián·zi**

【门帘子】**ménlián·zi** ☞【门帘】**ménlián**

【门联】**ménlián**(~儿) 图 문 양쪽에 써 붙이는 대련(對聯). =【门对】**ménduì**

【门脸儿】**ménliǎnr** 图 **1** (길가 쪽) 상가의 전면. ¶这家干洗店有两间~。=이 세탁소는 전면 두 칸 짜리이다. **2** 상점. 가게. 점포. ¶他开了个~卖日用品。=그는 일용품 상점을 열었다. **3** 성문 부근(근처). ¶车站就在前门的~上。= 정거장은 바로 쳰먼의 근처에 있다.

【门铃】**ménlíng**(~儿) 图 초인종.

【门楼】**ménlóu**(~儿) 图 문루. [성문 위에 지은 다락집] **2** 문루. [대문 위에 지은 다락집]

【门路】**mén·lu** 图 **1** (문제를 해결할) 방법. 방도. 비결. 요령. 묘책. 단서. 실마리. ¶广开增收~。=널리 방법을 찾다. **2** 연고. 연줄. 친분. ¶走关系, 找~。=연줄을 찾다. ≒[门道][门子]

【门罗主义】**Ménluózhǔyì** 图 먼로주의. 영 Monroe Doctrine

【门楣】**ménméi** 图 **1** 문미. [문틀 위에 가로로 대는 나무] **2** 가문(家門). 가세(家世). 문벌(門閥). ¶光耀~=빛나는 가문.

【门面】**mén·mian** 图 **1** (길가 쪽) 상가 내부의 전면(앞면). (전면만 있고 안쪽이 없는) 길가의 상가. ¶~出租=상가 임대. **2**(비) 외관. 외양. 겉모습. 겉보기. 겉치레. 체면. ¶支撑~=체면을 세우다.

【门面房】**mén·mianfáng** 图 (길가 쪽) 상가 내부의 전면(앞면). (전면만 있고 안쪽이 없는) 길가의 상가.

【门面话】**mén·mianhuà** 图 겉치레 말. 허울 좋은 말. 입에 발린 소리.

【门牌】**ménpái** 图 문패.

【门票】**ménpiào** 图 입장권.

【门前三包】**ménqián sānbāo** 图 대문 앞의 세 가지, 즉 '卫生(위생)·绿化(녹화)·秩序(질서)'를 책임지고 실행하는 제도.

【门球】**ménqiú** 图(體) **1** 게이트볼(gate ball). [프랑스의 크로케(croquet)에서 변형된 구기(球技)의 일종] **2** 게이트볼 공.

【门儿清】**ménrqīng** 图(방) 확실하게 이해하다 (알게 되다). 정통하다. 능통하다. ¶把他的底细摸了个~。=그의 정체를 확실히 알아 냈다.

【门人】**ménrén** 图 **1**(예) 문인. 문(하)생. 제자. **2** 문객. 식객.

【门扇】**ménshàn** 图 문짝. ≒[门扉]

【门神】**mén·shén** 图 문신. [문짝에 붙이는 신상(神像). 귀신을 몰아 내고 액막이를 하여 집안을 보위하는 데 사용함]

【门生】**ménshēng** 图 **1**(예) 문인. 문(하)생. 제자. ¶得意~=마음에 꼭 드는 제자. 애제자. **2** 문생. [과거에 급제한 사람이 주임 시험관에 대하여 자신을 일컫는 호칭]

【门市】**ménshì** 图 소매(小賣). 판매. ¶节假日的~比平常要好一些。=명절이나 공휴일의 판매가 평소보다 좀 더 나은 편이다.

【门市部】**ménshìbù** 图 소매부(小賣部). 소매점. 직매점. 판매부.

【门闩】[门栓] **ménshuān** 图 (문)빗장.

【门栓】**ménshuān** ☞【门闩】**ménshuān**

【门厅】**méntīng** 图 현관 홀.

【门庭】**méntíng** 图 **1** 현관과 정원(뜰). 문정. ¶洒扫~=현관과 정원을 청소하다. **2** 가문. 집안. ¶光耀~=가문을 빛내다.

【门庭冷落】**méntíng-lěngluò** 圈 **1** 현관과 정원이 몹시 쓸쓸하다. **2**(비) 찾아오는 사람(손님)

이 드물다. 찾아오는 사람들의 발길이 뜸하다.
【门庭若市】méntíng-ruòshì [성] **1** 현관과 정원이 시장을 이룬 듯이 시끌벅적하다. 문전성시를 이루다. 문정약시. **2** [비] 찾아오는 사람〔손님〕이 많다. ≒车水马龙 ↔门可罗雀
【门徒】méntú [명] 문인. 문(하)생. 제자. 도제(徒弟). 문도.
【门外汉】ménwàihàn [명] 문외한. ¶对于经商, 他完全是个~。=장사에 대해 그는 완전히 문외한이다.
【门卫】ménwèi [명] 수위. 문지기. 경비(원).
【门下】ménxià [명] **1** 문하. 〔지식과 기예(技藝)를 전수해 주는 스승의 밑〔집〕〕 ¶他一直想投在这位国画大师的~。=그는 줄곧 이 중국화(中國畫) 대가의 문하에 들어가고 싶어한다. **2** 문객. 식객. **3** 문인. 문(하)생. 제자. ¶这几位都是他的~。=이 몇 분은 모두 그의 문하생이다.
【门限】ménxiàn [명][문] 문지방. 문턱.
【门牙】ményá ☞【门齿】ménchǐ
【门诊】ménzhěn [명]《醫》 진찰〔진료〕. 외래 진찰〔진료〕. ¶~部=외래 환자 진료부.
【门子】mén·zi [명] **1** [옛] (관청이나 귀족·고관 집의) 문지기. **2** 연줄. 연고. ¶走~=연줄을 대다. [양][방] 친척·혼사 등에 쓰임. ¶这~亲戚平日很少走动。=이 친척은 평소에 왕래가 적다. ≒门道 门路

## 们[們] mén 땅 이름 문
지명에 쓰이는 글자. ¶图~=투먼. 〔지린(吉林)성에 있는 지명〕
☞ ·men

## 扪[捫] mén 어루만질 문
[동][문] 손을 얹다〔두다〕. 어루만지다. (손·손가락 따위로) 누르다. ¶~虱而谈=이를 잡으며 이야기하다. 여유롭고 태연하며 거리낌없다. 거리낌 없이 이야기하다. 숨김없이 이야기하다.
【扪心】ménxīn [동][문] 가슴에 손을 얹다〔대다〕. 〔반성의 뜻을 나타냄〕 ¶清夜~=고요한 밤, 가슴에 손을 얹고 반성하다.
【扪心无愧】ménxīn-wúkuì [성] 가슴에 손을 얹고 물어 봐도 부끄러움이 없다. 떳떳하다.
【扪心自问】ménxīn-zìwèn [성] **1** 가슴에 손을 얹고 자신에게 물어 보다. **2** 스스로 반성하다.
【扪诊】ménzhěn [명]《醫》 촉진(觸診).

## 钔[鍆] mén 멘델레븀 문
[명][외]《化》 멘델레븀(Md, mendelevium). 〔원자번호 101〕

## 璊[璊] mén 붉은 옥 문
[명][문] 붉은색 옥.

## 亹 mén 산어귀 문
[명][문] 산골짜기에서 두 산이 마주보고 있어 문처럼 생긴 곳.
☞ wěi

【亹源】Ményuán [명]《地》 먼위안. 〔칭하이(青海)성에 있는 지명. 지금은 '门源'으로 씀〕

## ** 闷[悶] mèn 번민할 민
[형] **1** 번민하다. 답답하다. 우울하다. 괴롭다. 근심스럽다. 성가시다. 귀찮다. 번거롭다. 짜증스럽다. ¶苦~=고민하다. **2** 밀봉된. 밀폐된. 폐쇄된. 봉쇄된. 꽉 막힌. 공기가 통하지 않는. ¶窒~=숨이 막힐 만큼 답답하다. 통풍 상태가 나쁘다. [명] (~儿) 번민. 근심. 우울함. 답답증. ¶解~儿=답답함을 풀다.
☞ mēn

> 0-● 憋biē闷, 沉chén闷, 烦闷, 解闷, 苦闷, 纳nà闷儿, 散闷, 忧闷, 郁yù闷

【闷沉沉】mènchénchén(~的) [형] 울적하다. 마음이 답답하다. ¶心里~的, 干什么都提不起精神。=마음이 울적하여 무엇을 해도 힘이 나지 않는다.
☞ mēnchénchén
【闷得慌】mèn·dehuāng [형] 매우 침울〔울적·우울〕하다. 몹시 따분하다. 아주 갑갑하다. 너무 답답하다. ¶心里~, 就出去玩儿玩儿散散心。=마음이 매우 울적해서 나가 놀며 기분 전환을 하다.
☞ mēn·dehuāng
【闷堵】mèndǔ [형][구] 답답하다. 갑갑하다. 괴롭다. 울민(鬱悶)하다. 걱정스럽다. 근심스럽다. 염려스럽다. 고민스럽다. ¶受了一肚子气, 心里~得慌。=대단한 모욕을 당하여 마음이 괴롭다.
【闷罐】mènguàn(~儿) [명] 밀폐된 깡통. 밀봉한 항아리〔단지〕.
【闷罐车】mènguànchē [명] 사람 수송용 유개화차(有蓋貨車). =【闷子车】mèn·zichē
【闷棍】mèngùn [명] **1** 몽둥이. 〔고대 병기의 일종〕 **2** [비] 아닌 밤중에 홍두깨. 뜻밖의 일격(一擊). 뜻밖의 봉변. ¶这一~打得他不知所措。=뜻밖의 타격에 그는 어찌할 바를 모른다.
【闷葫芦】mènhú·lu [명] **1** 쪼개지 않은 조롱박. **2** [비] 알 수 없는 일. 이해할 수 없는 일. 수수께끼. 오리무중(五里霧中). ¶这事像个~, 没法儿下手处理。=이 일은 어떻게 된 것인지 몰라서 손을 댈 수 없다. **3** [비] 말이 없는 사람. 과묵한 사람. 속을 알 수 없는 사람. ¶他是个~, 一天到晚说不了几句话。=그는 말이 없는 사람이라서 하루 종일 몇 마디 하지 않는다.
【闷葫芦罐儿】mènhú·luguànr [명] 벙어리저금통.
【闷酒】mènjiǔ [명] 마음이 울적할〔괴로울〕 때 혼자 마시는 술. 홧술. ¶他一个人坐在那儿喝~。=그는 혼자 거기 앉아 홧술을 마신다.
【闷倦】mènjuàn [형] 지루하다. 따분하다. 무료하다. 싫증나다. ¶整天无所事事, 感觉特别~。=하루 종일 아무 할 일이 없으니 매우 따분하다.
【闷雷】mènléi [명] **1** (소리가) 낮고 무겁게 울리는 천둥. **2** [비] (정신적인) 갑작스런 타격. 충격. 날벼락. ¶这个消息犹如一声~, 震得他半天回

不过神来。＝이 소식은 날벼락 같아서, 그는 한참 동안이나 정신을 차리지 못하였다.

【闷闷不乐】mènmèn-bùlè 〈성〉 마음이 답답하고 울적하다. 몹시 우울해하다. 의기소침하다.

【闷气】mènqì 울분. 울화. 분노. ¶生~＝울분이 생기다. 울화가 치밀다.
☞ mēnqì

【闷郁】mènyù 〈형〉 우울하다. 울적하다. 울민하다. 답답하다.

【闷子车】mèn·zichē ☞【闷罐车】mèn guànchē

【闷坐】mènzuò 〈동〉 아무 말 없이 앉아 있다. 우두커니 앉아 있다. 시무룩이 앉아 있다. ¶独自~＝홀로 우두커니 앉아 있다.

## 焖[燜] mèn 뜸들일 민

〈동〉(뚜껑을 꼭 닫고 약한 불에서) 뜸을 들이다. 푹 끓이다〔익히다·고다·삶다〕. ¶~饭＝밥에 뜸을 들이다. 밥을 하다. / ~牛肉＝쇠고기를 고다.

【焖火】mèn‖huǒ ☞【退火】tuì‖huǒ
【焖烧锅】mènshāoguō 〈명〉 에너지 절약형 뜸들이는 솥.

## 懑[懣] mèn 화낼 만

〈동〉〈문〉 1 분개하다. 화내다. 성내다. ¶愤~＝마음이 분하고 답답하다. 화가 나서 속을 끓이다. 2 번민하다. 고뇌하다. 골치를 앓다. ¶忧~＝걱정하고 고뇌하다.

## **们[們] ·men 들 문

〈접미〉…들. [인칭 대명사나 사람을 지칭하는 명사 뒤에 쓰여 복수를 나타냄] ¶你~＝너희들. / 同学~＝학우들. 급우들.
☞ mén

# meng

## **蒙[矇] mēng 속일 몽

〈동〉 1 속이다. 사기하다. 기만하다. ¶这小子最爱~人。＝이 녀석은 사람을 속이기 좋아한다. 2 제멋대로 추측〔짐작〕하다. 운을 만나다. 우연히 맞다. 재수가 좋다. ¶不知道就说不知道, 别瞎~。＝모르면 모른다고 말해야지, 함부로 추측하지 마라. 3 정신을 잃다. 혼미해지다. 까무러치다. 멍해지다. ¶他被人一拳打~了。＝그는 한 대 맞고 까무러쳤다. 4 어리둥절하다. 흐리멍덩하다. 얼떨떨하다. 똑똑치 않다. 애매하다. 분명치 않다. 모호하다. ¶他一上考场就~了, 平时记的东西一下子全忘了。＝그는 시험장에 들어가자마자 기억이 흐리멍덩해져, 평소에 암기한 것을 한순간에 전부 까먹어버렸다.
☞ méng, měng

【蒙蒙黑】mēngmēnghēi 〈형〉 어둑어둑하다. 날이 막 어두워지는 모양. ¶他一直到~时才离开。＝그는 날이 어둑어둑해서야 떠났다. ↔蒙蒙亮

【蒙蒙亮】mēngmēngliàng 〈형〉 희끄무레하다. 희부옇다. 날이 훤하게 밝아 오다. 동이 트는 모양. ¶天刚~他就晨练去了。＝날이 희부옇게 밝아 오자, 그는 아침〔새벽〕 운동〔훈련〕을 하러 갔다. ↔蒙蒙黑

【蒙骗】mēngpiàn 〈동〉 속이다. 기만하다. ¶~别人＝다른 사람을 속이다.

【蒙人】mēngrén 〈동〉 사람을 속이다.

【蒙事】mēngshì 〈동〉〈방〉 눈을 속이다. 속임수를 쓰다. ¶别想用假证件~! ＝가짜 증서로 눈을 속일 생각일랑 하지 마라!

【蒙松雨】mēng·songyǔ (~儿) 〈명〉〈방〉 가랑비. 세우(細雨). 보슬비. ¶天飘着~。＝하늘에 보슬비가 흩날리다.

【蒙头转向】mēngtóu-zhuànxiàng 〈성〉 갈팡질팡하다. 우왕좌왕하다. 멍하여 갈피를 못 잡다. 얼떨떨하여 방향을 못 잡다. 머리가 혼란스러워 방향을 분간하지 못하는 모양.

## 尨 méng 어지러운 모양 봉
☞ máng

【尨茸】méngróng 〈형〉〈문〉 흐트러지다. 난잡하다. 텁수룩하다. 부스스하다. 복슬복슬하다.

## 氓 méng 백성 맹

〈명〉〈문〉 1 백성. 2 주로 외지에서 옮겨 온 백성. ¶群~＝민중. 대중.
☞ máng

○● 群氓, 愚yú氓

## 虻[蝱] méng 등에 맹

〈명〉〈동〉 등에. [곤충의 일종]

## **萌 méng 싹 맹

〈동〉 1 (꽃·풀·나무의) 싹이 돋다〔트다〕. 발아하다. ¶春天将至, 小草~芽。＝봄이 오자 풀의 새싹이 돋다. 2 (사물이) 발생하다. 생겨나다. 일어나다. ¶故态复~＝옛 버릇이 다시 살아나다〔회복하다〕. 3 '氓(méng)'과 같음.

【萌动】méngdòng 〈동〉 1 (식물의) 싹트기 시작하다. ¶草木~＝초목이 싹트기 시작하다. 2 〈비〉 (사물이) 움직이기 시작하다. 발동하다. 꿈틀거리다. ¶春情~＝봄기운이 돌기 시작하다.

【萌发】méngfā 〈동〉 1 (식물의) 싹이 트다. 움이 돋다. ¶万木~＝모든 나무에 움이 돋다. 2 〈비〉 (사물이) 발생하다. 일어나다. 생겨나다. ¶心中~出创作的冲动。＝마음속에 창작의 충동이 일어나다. ≒萌生

【萌生】méngshēng 〈동〉 발생하기 시작하다. 생기다. 생겨나다. 움트다. 싹트다. [주로 추상적인 사물에 쓰임] ¶~歹意＝나쁜 생각이 일어나다. ≒萌发

【萌芽】méngyá 〈동〉 1 (식물의) 싹트다. 움트다. 발아하다. 2 〈비〉 (사물이) 발생하기 시작하다. ¶~状态＝맹아 상태. 〈명〉〈비〉 새싹. 맹아. 움. 금방 나타난 새로운 사물. ¶新思潮的~＝새로운 사

조의 맹아.

【萌育】 **méngyù** 동 싹이 터서 자라다. ¶爱国之情在孩子们的心中渐渐~. =애국심이 아이들의 마음속에 점점 싹이 터서 자란다.

【萌兆】 **méngzhào** 명문 (발생할) 징조. 징후.

## 蒙¹ méng 입을 몽

동 **1** 덮다. 가리다. 덮어 쓰다〔씌우다〕. ¶他喜欢用被子~上头睡觉.=그는 이불을 머리에 뒤집어쓰고 자는 것을 좋아한다. **2** 당하다. 만나다. 겪다. ¶~受不白之冤.=씻기 어려운 누명을 뒤집어쓰다. **3**경 (다른 사람의 도움 등을) 받다. 입다. ¶承~赐教=가르침을 받았습니다. **4** (진상을) 속이다. 숨기다. 감추다. 은폐하다. 비밀로 하다. ¶不要乱~哄人。=함부로 사람을 속이지 마라. 명 (**Méng**) 성 (姓).

○ 蒙 méng
　 檬 méng
　 礞 méng
　 蠓 měng
　 朦 méng
　 艨 méng

## 蒙²[濛] méng 가랑비 올 몽

형문 비가 보슬보슬 내리다. 가랑비가 가늘게 내리는 모양. ¶细雨其~。=가랑비가 부슬부슬 내리다.

## 蒙³[矇] méng 눈 어두울 몽

동문 실명(失明)하다. 눈이 멀다. ¶~瞍=장님.

## 蒙⁴[懞] méng 어리석을 몽

형 **1** 질박하고 돈후하다. 착실하고 돈독하다. **2** 어리석다. 사리에 밝지 못하다. 교양이 없다. ¶启~=계몽하다.

☞ **mēng**, **měng**

○─○ 开蒙, 冥míng蒙, 欺qī蒙, 童蒙, 愚yú蒙, 白蒙蒙

【蒙蔽】 **méngbì** 동 (진상을) 감추다. 은폐하다. 가리다. 속이다. 기만하다. ¶受人~=남에게 속임을 당하다.

【蒙尘】 **méngchén** 동문 **1** 몽진하다. **2**비 제왕이 보위(寶位)를 잃고 도망치다. 난리를 당하다. ¶天子~=천자가 보위를 잃고 도망치다.

【蒙冲】 **méngchōng** ☞【艨艟】 **méngchōng**

【蒙垢】 **ménggòu** 동 치욕을〔모욕을·더럽힘을·창피를〕 당하다. ¶~受辱=모욕을 당하다.

【蒙馆】 **méngguǎn** 명 서당. 글방. 사숙(私塾).

【蒙汗药】 **ménghànyào** 명 마취제. 마취약. 환각제. 몽한약. [옛날, 희곡(戲曲)·소설 중에 나오는 마취약의 일종. 술에 타서 마시면 사람을 잠시 혼미하게 함]

【蒙哄】 **ménghǒng** 동 (거짓말로 남을) 속이다. 기만하다.

【蒙混】 **ménghùn** 동 진상을 감추고 거짓된 사실을 믿게 하다. 속임수로 남을 속이다〔기만하다〕. 슬쩍 속이다. ¶他企图制造假象~过去.=그는 거짓으로 꾸며서 속임수로 (슬쩍) 넘어가려

고 한다.

【蒙混过关】 **ménghùn-guòguān** 성 속임수를 써서 고비를 넘기다. 속임수로 빠져 나가다. 슬쩍 속여 넘어가다.

【蒙眬】 **ménglóng** 형 **1** (졸려서) 눈이 몽롱하다. 흐리멍덩하다. ¶睡眼~=졸려서 눈이 몽롱하다. 졸린 눈. **2** 어렴풋하다. 흐릿흐릿하다. 풍경〔광경〕이 흐릿하여 모호한 모양. ¶四野~=사방 들녘이 어슴푸레하다.

【蒙昧】 **méngmèi** 형 **1** 무식하다. 몽매하다. 우매(愚昧)하다. 어리석다. 사리에 어둡다. ¶愚蠢~=우둔하고 몽매하다. **2** 미개(未開)하다. ¶~时代=미개 시대.

【蒙昧无知】 **méngmèi-wúzhī** 성 무지몽매(無知蒙昧)하다. 어리석고 사리에 어둡다.

【蒙昧主义】 **méngmèizhǔyì** 명 몽매주의. 반문명주의. 반문화주의.

【蒙蒙】 **méngméng** 형 **1** 비가 보슬보슬〔부슬부슬〕 내리다. ¶~细雨=부슬부슬 내리는 보슬비. **2** (운무·연기·먼지 따위가) 자욱하다. ¶雾霭~=안개가 자욱하다.

【蒙难】 **méng‖nàn** 동 재화(災禍)를 당하다〔입다〕. 사고를 당하다. [주로 저명 인사가 재난 당하는 경우를 가리킴] ¶不幸~=불행히도 재화를 입다.

【蒙皮】 **méngpí** 명 (기구(氣球)·비행선 등의) 기낭 외피(氣囊外皮). 영 envelope.

【蒙师】 **méngshī** 명 **1**옛 서당 훈장(訓長). **2** 일깨워 준 스승.

【蒙受】 **méngshòu** 동 입다. 받다. 당하다. ¶~耻辱=치욕을 당하다.

【蒙太奇】 **méngtàiqí** 명외 (映) 몽타주(montage).

【蒙童】 **méngtóng** 명옛 글을 갓 배우기 시작한 아동. 초학동.

【蒙头】 **méngtóu** 동 머리에 뒤집어쓰다. 머리에 (뒤)덮다. ¶~大睡=(이불을) 머리에 뒤집어쓰고 곯아떨어지다.

【蒙学】 **méngxué** 명 서당. 글방. 사숙(私塾).

【蒙药】 **méngyào** ☞【麻醉剂】 **mázuìjì**

【蒙以养正】 **méngyǐyǎngzhèng** 성 어린아이 때부터 정확한〔올바른〕 교육 방법을 시행하다.

【蒙冤】 **méng‖yuān** 동 누명을 쓰다. 죄를 뒤집어쓰다. 억울함을 당하다. ¶~而死=누명을 쓰고 죽다.

【蒙在鼓里】 **méngzàigǔ·li** 성 **1** 북 속에 싸여 있다. **2**비 (남들이 숨기는 바람에) 자기에게 일어나는 일을 완전히 모르다. 아무것도 모르고 있다. 아무것도 듣지 못하여 돌아가는 사정을 통 알 수 없는 처지에 놓이다. 사실의 진상을 전혀〔감감하게〕 모르고 있다.

【蒙罩】 **méngzhào** 동 (연기·안개 따위가) 뒤덮다. 뒤덮이다. ¶大雾~着湖面=짙은 안개가 호수를 뒤덮고 있다.

## 盟 méng 맹세할 맹

동 **1** (제후들이) 맹세하고 조약을 체결하다. 맹

약(盟約)을 맺다. ¶立~=맹약을 하다. **2** (국가·정치 그룹 간에) 연합하다. 동맹하다. ¶缔结~约=동맹을 맺다. 맹세하다. 선서하다. **3** 맹세하다. ¶对天~誓=하늘에 맹세를 하다. 천지신명에게 맹세를 하다. **4** 의형제(의자매)를 맺다. ¶~兄=의형(義兄). 명 **1** 맹약. 동맹 서약(조약). ¶山~海誓=산과 바다처럼 영원히 변하지 않을 것을 맹세하다. 굳은 맹세. 남녀 간에 맺은 영원한 사랑의 맹세. **2** 연맹. 동맹. ¶联~=연맹. **3** 맹. [옛날, 몽골 등이 몇 개의 부락으로 하나의 맹을 결성하였음] **4** 맹(盟). [네이멍구(内蒙古) 자치구의 행정 구역. 약간의 '旗(네이멍구(内蒙古) 자치구의 행정 구역 단위)·县(현)·市(시)'를 포괄함] ¶呼伦贝尔~=후룬베이얼맹(盟).

○● 拜bài盟, 会盟, 结盟

【盟邦】**méngbāng** 명 동맹국(同盟国). ≒盟国
【盟国】**méngguó** 명 동맹국(同盟国). ≒盟邦
【盟军】**méngjūn** 명 **1** 동맹군. **2** 제2차 세계대전 때의 동맹군.
【盟誓】**méng‖shì** 동 맹세하다. 선서(宣誓)하다. =【明誓】**míng‖shì** ¶对天~=하늘에 맹세하다.
【盟誓】**méngshì** 명통 맹약.
【盟书】**méngshū** 명 **1** 맹서. [옛날, 피로 맹세하는 의식에서 정한 서약] **2** 서약서. 조약서.
【盟兄弟】**méngxiōngdì** ☞【把兄弟】**bǎxiōngdì**
【盟友】**méngyǒu** 명 맹우. [동맹을 맺은 사람이나 국가 간에 부르는 호칭]
【盟员】**méngyuán** 명 **1** 맹원. 동맹원(同盟员). **2** (중국 공산당이 영도하는 애국 통일 전선에 참가한) 중국 민주 동맹의 구성원. 맹원.
【盟约】**méngyuē** 명 맹약. 동맹 서약(조약).
【盟主】**méngzhǔ** 명 **1** 맹주. [옛날, 제후 동맹의 우두머리] **2** 맹주. [동맹을 맺은 개인이나 단체의 우두머리]

## 甍 méng 용마루 맹
명통 용마루. 지붕 위의 마루. 옥척(屋脊). ¶碧瓦朱~=청기와 붉은 용마루. 화려한 고급 건축물.

## 瞢 méng 어두울 몽
형통 눈이 어둡다. 눈이 흐릿하다. 눈이 침침하다. ¶目光~然=눈빛이 흐릿하다.
【瞢眩】**méngxuàn** 동통 어지럽고 눈이 아물아물[침침·흐릿]하다. ¶双目~=두 눈이 아물아물하다.

## 幪 méng 덮을 몽
☞【帡幪】**píngméng**

## *檬 méng 레몬 몽
☞【柠檬】**níngméng**

## 曚 méng 어렴풋할 몽
아래를 참조.
【曚昽】**ménglóng** 형 **1** 햇빛이 흐리다(희미하다). ¶天色~=하늘이 흐리다. **2** (경관이나 광경이) 모호하다. 몽롱하다. 어렴풋하다. 희미하다. 분명(뚜렷)하지 않다. 흐릿흐릿하다. ¶眼前一一片. =눈앞이 온통 흐릿흐릿하다.
【曚曚】**méngméng** 형 모호하다. 분명(뚜렷)하지 않다. 희미하다. 흐리다. 흐릿흐릿하다. 어렴풋하다.

## *朦 méng 희미할 몽
아래를 참조.
【朦胧】**ménglóng** 형 **1** 달빛이 흐리다(희미하다). ¶月色~=달빛이 흐리다. **2** (경관이나 광경이) 모호하다. 어렴풋하다. 희미하다. 분명(뚜렷)하지 않다. 몽롱하다. 흐릿흐릿하다. ¶烟雾弥漫,四周一片~。=연기가 자욱하여 사방이 온통 흐릿흐릿하다. ↔清晰
【朦胧诗】**ménglóngshī** 명 몽롱시. [뜻이 추상적이고 모호한 류(類)의 시가]
【朦朦胧胧】**méng·meng lónglóng**(~的) 형 (경관이나 광경이) 모호하다. 어렴풋하다. 희미하다. 분명(뚜렷)하지 않다. 흐릿흐릿하다. 몽롱하다.

## 鹲[鸏] méng 열대조 몽
명(동) 열대조(热带鸟).

## 礞 méng 청몽석 몽
【礞石】**méngshí** 명(矿) 몽석. 청몽석(青礞石).

## 艨 méng 싸움배 몽
【艨艟】[蒙冲] **méngchōng** 명 몽동. 병선(兵船). [고대 전함(战舰)의 일종]

## 勐 měng 사나울 맹
형통 용맹(용감)하다. 명 **1** 작은 평지. **2** 맹(盟). [윈난(云南)성 태족(傣族) 거주 지역의 옛날 행정 구역 단위. 현재까지 지명에 쓰이기도 함] ¶~海县=명하이현. [윈난(云南)성에 있는 지명]

## **猛 měng 사나울 맹
형 **1** 사납다. 흉맹하다. 맹렬하다. 격심하다. 세차다. ¶凶~=사나운. / 洪水~兽=홍수와 맹수. 엄청난 재액(灾厄). 백성을 괴롭히는 사람이나 사물. **2** (힘이) 세다. 강하다. ¶勇~=용맹하다. / 用力过~=힘을 너무 지나치게 주다. 통 (힘·기력을) 버쩍(바짝) 쓰다. 힘껏 내뿜다. 모아서 쏟아 내다. ¶~劲儿一推,汽车启动了。=힘껏 밀자 차에 시동이 걸렸다. 부 **1** 돌연히. 갑자기. 불쑥. 홀연히. 문득. ¶他从梦中~然惊醒。=그가 꿈에서 갑자기 놀라 깨다. **2**㉠ 마음껏. 내키는 대로. ¶~吃~喝=마음껏 먹고 마시다. 명 (**Měng**) 성(姓).

○● 凶xiōng猛, 迅xùn猛, 乍zhà猛的

**【猛不丁】měng·budīng** 圄働 갑자기. 돌연히. 별안간. 돌연. 문득. 뜻밖에. ¶他~从门外闯进来, 吓了我一跳。=그가 갑자기 문 밖에서 뛰어들어와 나를 깜짝 놀라게 했다.

**【猛不防】měng·bufáng** 圄 뜻밖에. 불시에. 갑자기. 뜻하지 않게. 난데없이. 예기치 않게. ¶~被人从身后打了一拳。=난데없이 뒤에서 한 대 맞았다.

**【猛打】měngdǎ** 働 맹공(격)하다. 맹렬하게 치다. 호되게 때리다. ¶猛攻~=맹공을 가하다.

**【猛攻】měnggōng** 働 맹공(격)하다. 맹렬하게 치다. 호되게 때리다. ¶发起~=맹공을 퍼붓기 시작하다.

**【猛虎】měnghǔ** 圕 맹호. 사나운 범. ¶~下山=맹호가 산을 내려오다.

**【猛火】měnghuǒ** 圕 (거)센불. 세찬 불. ¶这个菜要用~炒。=이 요리는 센불로 볶아야 한다.

**【猛将】měngjiàng** 圕 **1** 맹장. 용장(勇將). **2**働 위험을 무릅쓰고 용감히 나아가는 사람.

**【猛进】měngjìn** 働 **1** 맹진하다. 돌진하다. 용감〔용맹〕하게 나아가다. ¶高歌~=소리 높여 노래 부르며 용감하게 전진하다. 투지만만하게 전진하다. 용감하게〔힘차게〕 나아가다. **2** 신속하게 나아가다. ¶突飞~=진보나 발전이 매우 신속하다.

**【猛劲儿】měngjìnr** 圕 **1** 모아서〔집중하여〕 단번에 쏟아 낸 힘. 한꺼번에 내뿜는 힘. 몰아서 내는 기운〔힘〕. 용. ¶他一使~, 把杠铃举起了头顶。=그는 힘을 모아 바벨(barbell)을 머리 위로 들어올렸다. **2** 용맹스런 힘. 세찬〔거센〕 힘. ¶年轻人干工作就是有~。=젊은이가 일을 하는 것이 기운차다. 圄 힘차게. 세차게. 힘껏. 맹렬하게. 강력하게. ¶他一~踢, 足球飞出边线。=그가 힘껏 차자, 축구공이 사이드라인 밖으로 날아갔다.

**【猛可】měngkě**(~的)圄 돌연히. 갑자기. 불쑥. 홀연히. 문득. [주로 조기 백화문에 보임] ¶他~想起一件有趣的事来。=그가 갑자기 재미있는 일을 생각해 냈다.

**【猛力】měnglì** 圄 꽉. 힘차게. 세차게. 힘껏. 맹렬하게. 강력하게. ¶~一推, 门开了。=힘껏 밀었더니 문이 열렸다. 圕 용. 센 힘. 세찬 힘. 맹렬한 힘. 강력한 힘. ¶使~搬=용을 써서 옮기다.

**【猛烈】měngliè** 囹 맹렬하다. 세차다. 거세다. ¶~的风暴=거센 폭풍. 圄 급격히. 갑작스레. ¶病人的心脏~地跳动하고 있다. 늑强烈 热烈 凶猛 ↔微弱

**【猛犸】měngmǎ** 圕(動) 매머드. [고대의 포유동물로, 지금은 멸종되었음]=【猛犸象】**měngmǎxiàng**【毛象】**máoxiàng**

**【猛犸象】měngmǎxiàng** ☞【猛犸】**měngmǎ**

**【猛男】měngnán** 圕働 용맹하고 건장한 남자.

**【猛扑】měngpū** 働 (사람·사물에게) 사납게 달려들다. 갑자기 덮치다. 맹렬하게 돌진하다〔몸으로 부딪히다〕.

**【猛禽】měngqín** 圕 맹금. 사나운 날짐승.

## 猛蒙锰蠓 měng 1333

**【猛然】měngrán** 圄 돌연히. 갑자기. 불쑥. 홀연히. 문득. 뜻밖에. ¶~一惊=갑자기 놀라다. 늑突然 忽然 骤然

**【猛士】měngshì** 圕 용사(勇士). 용맹하고 힘있는 사람.

**【猛兽】měngshòu** 圕 맹수. 야수. 사나운 짐승.

**【猛省】měngxǐng** 働 갑자기 깨닫다. 문득 정신이 들다. 문득 생각이 나다. ¶他~过来, 发现自己犯了一个错误。=그는 문득 정신이 들자, 자신이 잘못을 저질렀다는 것을 깨달았다.

**【猛醒】měngxǐng** 働 갑자기 깨닫다. 문득 각성하다. ¶他的一番话使我~。=그의 말이 나를 갑자기 깨닫게 하였다.

**【猛增】měngzēng** 働 급증하다. 갑자기 증가하다. 급히 늘다. ¶实力~=실력이 급증하다.

**【猛涨】měngzhǎng** 働 (가격 등이) 폭등하다. 급등하다. ¶物价~=물가가 급등하다.

**【猛鸷】měngzhì** 圕 **1** 맹금. 사나운 날짐승. **2** 매. 수리.

**【猛子】měng·zi** 圕 잠수. 무자맥질. ¶扎~=잠수하다. 다이빙하다.

## 蒙¹ Měng 몽고 몽

圕 **1** 몽골족. ¶~语=몽골어. **2**働 蒙古人民共和国(몽골 인민 공화국). ¶中~会谈=중몽 회담.

## 蒙²[懞] měng 어리석을 몽

**【蒙懂】měngdǒng** ☞【懵懂】**měngdǒng** ☞ **mēng**, **méng**.

**【蒙古】Měnggǔ** 圕働(地) 蒙古人民共和国(몽골 인민 공화국).

**【蒙古包】měnggǔbāo** 圕 파오. [몽골 유목민이 사는 천막집]

**【蒙古人种】Měnggǔ rénzhǒng** 圕 몽골인종. =【黄种】**huángzhǒng**

**【蒙古语】Měnggǔyǔ** 圕 몽골어. [알타이어계 몽골어족에 속함]

**【蒙古族】Měnggǔzú** 圕 **1** 몽골족. [중국 소수민족의 하나로, 주로 内蒙古(네이멍구)·吉林(지린)·黑龙江(헤이룽장)·辽宁(랴오닝)·宁夏(닝샤)·新疆(신장)·甘肃(간쑤)·青海(칭하이) 등의 지역에 분포함] **2** 몽골족. [몽골에서 인구 수가 가장 많은 민족]働【蒙族】**Měngzú**

**【蒙文】Měngwén** 圕 몽골 문자.

**【蒙医】měngyī** 圕 **1** 蒙古族医药学(몽골족 의약학). **2** 몽골 의사. [몽골족의 전통 의학 이론과 방법으로 치료하는 의사]

**【蒙族】Měngzú** ☞【蒙古族】**Měnggǔzú**

## 锰[錳] měng 망간 맹

圕働(化) 망간. 망가니즈(Mn, manganese). [원자 번호 25]

○● 灰锰氧 **yǎng**, 软锰矿 **kuàng**

## 蠓 měng 벼메뚜기 맹

☞【蚱蜢】zhàměng

**艋** měng 작은 배 맹
☞【舴艋】zéměng

**獴** měng 몽구스 몽
명(動) 몽구스.

**懵** měng 어리석을 몽
형 우둔하다. 어리석다. 멍청하다. 사리에 어둡다. ¶~然无知=어리석고 무지하다.
【懵懂】[蒙懂] měngdǒng 형 우둔하다. 어리석다. 멍청하다. 사리에 어둡다. ¶~少年=어리석은 소년.

**蠓** měng 눈에놀이 몽
명(動) 눈에놀이.
【蠓虫儿】měngchóngr 명(動) 눈에놀잇과의 통칭.

**\*\*孟** mèng 맏 맹
명 1 문 (형제 자매 중에서) 맏이. 맏. ¶~仲叔季=맹중숙계. 맏이·둘째·셋째·막내. [4형제의 차례를 이르는 말] 2 (음력 사시(四時)의) 첫 달. 3 (Mèng) 성(姓).

○ 孟 mèng
猛 měng
锰 měng
蜢 měng
艋 měng

【孟春】mèngchūn 명 맹춘. 음력 정월. [봄의 첫째 달]
【孟冬】mèngdōng 명 맹동. 음력 시월. [겨울의 첫째 달]
【孟加拉国】Mèngjiālāguó 명(地) 방글라데시(Bangladesh). [수도는 '达卡(다카 : Dacca)'임]
【孟姜女】Mèngjiāngnǚ 명 맹강녀. [진시황(秦始皇) 때 사역(使役) 나간 남편을 찾아 겨울옷을 지어 만리장성(萬里長城)에 이르렀으나, 이미 남편이 죽은 것을 알고 너무나도 애통하게 우는 바람에 만리장성(萬里長城)이 저절로 무너져 내렸다는 민간 전설의 주인공. 훗날 충정열녀(忠貞烈女)의 전형(典型)이 되었음]
【孟浪】mènglàng 형(문) 경솔하다. (성격이) 거칠고 차분하지 못하다. 경망하다. 경망스럽다. 덜렁덜렁하다. 덜렁대다. ¶举止~=행동거지가 경망스럽다. 통 (각지를) 떠돌아다니다. ¶~四海=전국 각지를 떠돌아다니다.
【孟母三迁】Mèngmǔ-sānqiān 명모삼천. [맹자(孟子)의 어머니가 아들의 교육을 위하여 환경이 좋은 곳을 찾아 세 번이나 이사했다는 고사. 훗날 맹자의 어머니는 현모(賢母)의 전형(典型)이 되었음]
【孟秋】mèngqiū 명 맹추. 음력 칠월. [가을의 첫째 달]
【孟什维克】Mèngshíwéikè 명외 1 소수파(少數派). 2 멘셰비키(Mensheviki). [레닌이 이끄는 볼셰비키와 대립했던 러시아 사회 민주 노동당의 자유주의적 온건파]
【孟夏】mèngxià 명 맹하. 음력 사월. [여름의 첫째 달]

【孟子】Mèngzǐ 명 1 (歷) 맹자(B.C.372~B.C.289년). [이름은 가(軻)이고, 전국(戰國) 시대의 저명한 사상가. 공자(孔子) 이후 유가(儒家)를 대표하는 인물임] 2 《맹자》. [《맹자(孟子)》의 언행을 기록한 책. 사서(四書)의 하나]

**\*\*梦[夢]** mèng 꿈 몽
명 1 (生) 꿈. ¶黄粱美~=황량미몽. 꿈처럼 덧없는 부귀공명. 허황된 생각. 이룰 수 없는 희망. / 人生如~=인생은 꿈과 같다. 덧없는 인생. 2 (…) 환상. 헛된 생각. 공상. ¶幻~=환상. 꿈(을) 꾸다. 공상하다. ¶~游长城=꿈에 (만리)장성에 놀러 가다.

○- 春梦, 噩è梦, 酣hān梦, 美梦, 迷梦, 人梦, 睡梦, 托梦, 圆梦, 占zhān梦, 做梦

【梦笔生花】mèngbǐ-shēnghuā (成) 1 붓끝에 꽃이 피다. [이백(李白)이 소년 시절에 붓끝에 꽃이 피는 꿈을 꾼 후 문사(文思)가 크게 진보하여 세상에 이름을 떨치게 되었다는 고사에서 유래함] 2 비 창작 구상이 민첩하고 재주가 넘치다. 글재주가 뛰어나다. ≒妙笔生花
【梦话】mènghuà 명 1 잠꼬대. 2 비 잠꼬대 같은 소리. 허망한〔실현 불가능한〕말. 얼토당토않은 말. ¶别说~了, 这是根本不可能的事情。=잠꼬대 같은 소리 하지도 마라, 이것은 근본적으로 불가능한 일이다. ≒梦呓
【梦幻】mènghuàn 명 1 몽환의 경지. 꿈의 세계. 환상적인 경지. 2 비 꿈과 환상. 몽상. 몽환. ≒梦境
【梦幻泡影】mènghuàn-pàoyǐng (成) 1 (佛) 세상의 모든 것이 헛되다. 2 비 허황된 꿈. 환상.
【梦见】mèngjiàn 통 꿈에 보다. 꿈 꾸다. ¶他常常~故乡的山水。=그는 자주 고향 강산을 꿈꾼다.
【梦境】mèngjìng 명 1 꿈의 세계. 꿈 속의 광경. 꿈나라. ¶回味~=꿈 속의 광경을 음미하다. 2 비 아름다운 경지. ¶恍若置身~。=마치 꿈나라에 있는 것 같다. ≒梦幻
【梦寐】mèngmèi 명 몽매간(夢寐間). 꿈 속. ¶~难忘=꿈 속에서도 잊지 못하다.
【梦寐以求】mèngmèiyǐqiú (成) 1 꿈 속에서도 바라다. 자나깨나 갈망하다〔추구하다·바라다〕. 2 비 간절히 갈망하다.
【梦乡】mèngxiāng 명 꿈 속의 세계. 꿈나라. ¶进入~=꿈나라로 들어가다. ≒睡乡
【梦想】mèngxiǎng 통 1 몽상하다. 망상에 빠지다. 헛된 생각을 하다. ¶一夜暴富=하루 아침에 벼락부자가 되려는 망상에 빠지다. 2 갈망하다. 간절히 바라다. ¶他从小就~着能当一名画家。=그는 어려서부터 화가가 되기를 갈망하였다. 명 꿈. 몽상. 꿈이 이루어지기를 간절히 바라는 일. 이상. ¶对于未来, 她有很多的~。=미래에 대하여 그녀는 많은 꿈을 가지고 있다.
【梦行症】mèngxíngzhèng ☞【梦游症】mèngyóuzhèng
【梦魇】mèngyǎn 명(醫) 악몽. 가위눌림.

【梦遗】mèngyí 동(醫) 몽정(夢情)하다. 몽설(夢泄)하다.
【梦呓】mèngyì 명 1 잠꼬대. 2(비) 잠꼬대 같은 소리. 허황된 말. 얼토당토않은 말. ¶他的这些话完全是~。=그의 이런 말은 완전히 허황된 말이다. ≒梦话
【梦游】mèngyóu 동 1 꿈 속에서 노닐다. 몽유하다. ¶~仙境=꿈에서 선경(仙境)을 유람하다. 2(醫) 몽유하다. 잠을 자다가 자신도 모르게 일어나서 걷거나 어떤 행동을 하다.
【梦游症】mèngyóuzhèng 명(醫) 몽유병(夢遊病). =【梦行症】mèngxíngzhèng
【梦之队】mèngzhīduì 명(비) 드림팀(dream team). [주로 체육 팀을 가리킴]
【梦中情人】mèngzhōng qíngrén 명 꿈 속의 연인. 이상형.

## mi

*【咪】mī 양 울음소리 미
아래를 참조.
【咪表】mībiǎo 명 (길가에 설치된 동전 투입식) 주차 미터기.
【咪咪】mīmī 의 야옹. [고양이 울음소리나 고양이를 부르는 소리] ¶小猫在门外~地叫着。=새끼고양이가 문 밖에서 야옹야옹 하고 운다.

*【眯】[瞇] mī 실눈 뜰 미
동 1 실눈을 뜨다. 눈을 가늘게 뜨다. ¶她笑得眼睛都~成一条缝儿了。=그녀는 웃어서 눈이 되어 버렸다. 2(비) 잠깐 눈을 붙이다. 선잠[겉잠]을 자다. ¶他困得实在不行了, 就坐着~了一会儿。=그는 정말로 피곤했던지 앉은 채 잠깐 눈을 붙였다.
☞ mí
【眯瞪】mī·deng 동(비) 잠깐 눈을 붙이다. 선잠[겉잠]을 자다. ¶他在沙发上~了二十分钟。=그는 소파에서 20분 정도 눈을 붙였다.
【眯盹儿】mī‖dǔnr 동(비) 졸다. ¶困了, 就先眯个盹儿。=피곤하면 먼저 눈 좀 붙여라.
【眯缝】mī·feng 동 눈을 가늘게 뜨다. 실눈을 뜨다. ¶他~着眼睛似睡非睡。=그는 자는 듯 안 자는 듯 눈을 가느스름하게 뜨고 있다.

*【弥】¹[彌] mí 채울 미
동 채우다. 메우다. 보충하다. 벌충하다. 보완하다. ¶~补缺陷=결점을 보완하다. 부 더욱더. 훨씬. 한층 더. 가일층. 더군다나. 점점 더. ¶欲盖~彰=(나쁜 일 따위를) 덮으려 할수록 더욱 드러나다. 명(Mí) 성(姓).

*【弥】²[彌, 瀰] mí 널리 미
형 가득 차다. 꽉 차다. 그득하다. 널리 퍼지다. ¶浓雾~天=짙은 안개가 하늘에 그득하다.
【弥补】míbǔ 동 메우다. 보충[보상·보완]하다. ¶~损失=손실을 메우다. ≒补偿
【弥封】mífēng 동 (부정을 막기 위해 답안지의 이름·수험 번호 등이 적힌 부분을 접거나) 종이로 붙이다. 꽉 봉하다. 밀봉하다. ¶~卷=시험지를 봉하다.
【弥缝】míféng 동 1 미봉하다. 임시로 메우다. 2(비) (과실이 드러나지 않게) 보완[보충·벌충]하다. 덮어 감추다.
【弥合】míhé 동 낫게[아물게] 하다. 봉합(縫合)하다. 메우다. 꿰매다. 유합(癒合)하다. ¶~伤口=상처를 봉합하다.
【弥勒】Mílè 명(佛) 미륵보살. 미륵불. =【弥勒佛】Mílèfó 명 Maitreya
【弥勒佛】Mílèfó ☞ 【弥勒】Mílè
【弥留】míliú 동(글) 임종(臨終)하다. 죽음에 임하다. ¶~之际=임종할 즈음.
【弥漫】mímǎn 동 왕성하다. 충만하다. ¶精力~=정력이 왕성하다. 동 (연기·안개·냄새 등이) 가득하다. 가득 차다. 자욱하다. ¶烟味儿~了整个房间。=담배 연기 냄새가 온 집 안에 가득하다. ≒弥漫
【弥漫】mímàn 동 (연기·안개·모래·먼지·냄새 등이) 자욱하다. 가득하다. 가득 차다. ¶空气中~着淡淡的花香。=공기 중에 은은한 꽃 향기가 가득하다. ≒弥满
【弥蒙】míméng 형 (연기·안개가) 자욱하다. 자욱하여 흐릿한 모양. ¶云雾~=구름과 안개가 자욱하다.
【弥撒】mí·sa 명(외)(宗) 미사. 성제(聖祭).
【弥散】mísàn 동 (광선·기체 등이) 사방으로 퍼지다. 확산되다. ¶空旷的原野~着泥土的芬芳。=광활한 벌판에 흙내음이 사방으로 퍼지다.
【弥天】mítiān 형 1 하늘 가득히 뒤덮다. 하늘을 메우다. 하늘에 사무치다. 2 매우 크다. 어마어마하다. ¶~大祸=어마어마하게 큰 재앙.
【弥天大谎】mítiān-dàhuǎng 성 터무니없는 거짓말. 새빨간 거짓말. ≒欺人之谈
【弥天大罪】mítiān-dàzuì 성 극악무도한 죄. 하늘에 사무치는 죄행. 크나큰 죄악. 천추에 용납 못할 큰 죄악.
【弥天盖地】mítiān-gàidì 성 땅과 하늘을 뒤덮다. 성세(聲勢)가 드높다. 밀려오는 기세가 맹렬하다. ¶大雪~地下着。=큰눈이 땅과 하늘을 뒤덮을 듯이 내린다. ≒铺天盖地
【弥陀】Mítuó 명(약)(佛) 阿弥陀佛(아미타불). =【弥陀佛】Mítuófó
【弥陀佛】Mítuófó ☞ 【弥陀】Mítuó
【弥望】míwàng 동 시야에 가득하다. 눈에 가득 차다. ¶春色~=봄기운이 시야에 가득하다.
【弥月】míyuè 형(글) 1 (태아의) 달이 차다. 산달[산월]이 되다. 2 (아기가 태어난 지) 만 한 달이 되다. ¶~之喜=만 한 달 잔치. 3 만 한 달이 되다. 한 달이 걸리다. ¶淫雨~=장맛비가 한 달이나 내리다.

*【迷】mí 미혹할 미
동 1 판단력[변별력]을 잃다. 갈피를 잡지 못하

다. 헷갈리다. ¶旁观者清, 当局者~。=당사자보다 제삼자가 더 명확히 판단한다. 2 빠지다. 심취하다. 매혹되다. 탐닉하다. ¶他最近~上了武侠电影。=그는 요즘 무협 영화에 심취해 있다. 3 미혹시키다. 도취시키다. 분별력을 흐리게 하다. ¶财~心窍=재물은 마음의 예지를 흐리게 한다. 재물에 눈이 어둡다. 명 1 팬(fan). 애호가. 광(狂). 마니아(mania). ¶影~=영화팬. / 歌~=가요팬. 2 심취. 탐닉. 현혹. 몰두. 열중. ¶着~=몰두하다. / 入~=빠져들다. 탐닉하다.

○● 财迷, 沉chén迷, 痴chī迷, 昏迷, 棋迷, 球迷, 失迷, 影迷, 着zháo迷

【迷彩】mícǎi 명《军》미채. 위장 도색. [적이 식별하지 못하도록 주변 지역의 전체적인 색과 비슷한 색으로 얼룩덜룩하게 칠하는 위장 방법의 일종] ¶~伪装=미채로 위장하다.
【迷彩服】mícǎifú 명 위장복(僞裝服).
【迷瞪】mí·deng 형 미혹되다. 현혹되다. 탐닉하다. 빠지다. 심취하다. 당황하다. 어리둥절하다. 난처해하다. 멍하다. 어리병병하다. ¶他一天到晚不知怎么,的,老犯~。=그는 하루 종일 어찌 된 일인지 계속 멍해 있다.
【迷宫】mígōng 명 1 미궁. [한번 들어가면 출로를 쉽게 찾을 수 없는 건축물] 2 비 쉽게 탐색할 수 없는 영역. ¶科学~=쉽게 탐색할 수 없는 과학의 영역.
【迷航】míháng 통 (배·비행기 따위가) 항행(航行) 방향을 잃다.
【迷糊】mí·hu 형 모호하다. 흐리멍덩하다. 희미하다. 혼미하다. 정신이 없다. 명확하지 않다. ¶多喝了几杯,有些~了。=몇 잔을 마셨더니 정신이 흐릿하다. 통 선잠(겉잠) 자다. 눈을 잠간 붙이다. 졸다. ¶靠在椅背上~了一会儿。=의자 등받이에 기대서 잠깐 자다. ↔清醒
【迷幻】míhuàn 형 환각의. 미환의. 환상의. ¶~景象=환상적인 광경.
【迷幻剂】míhuànjì ☞【迷幻药】míhuànyào
【迷幻药】míhuànyào 명 환각제. =【迷幻剂】míhuànjì
【迷魂汤】míhúntāng 명 1 미혼탕. 혼을 잃게 하는 탕약. [영혼의 기억을 잃게 만든다는 저승의 탕약] 2 비 남을 홀리는(유혹하는) 말이나 행동. =【迷魂药】míhúnyào
【迷魂药】míhúnyào ☞【迷魂汤】míhúntāng
【迷魂阵】míhúnzhèn 명 1《军》미혼진. [복잡한 진세(陣勢)로 적군의 진퇴 방향을 잃게 만드는 진법] 2 비 덫. 올가미. 술책. 계략. 꾐.
【迷惑】mí·huò 형 시비를 가리지 못하다. 정신을 차리지 못하다. 구별(식별)하지 못하다. 당황하다. 어리둥절하다. 갈팡질팡하다. 어찌할 바를 모르다. ¶~不解=어찌된 영문인지 모르다. 정신을 차리지 못하다. 통 미혹되다(미혹시키다). 현혹되다(현혹시키다). 매혹되다(매혹시키다). ¶被花言巧语所~。=감언이설(달콤한 말)에 현혹되다. ≒迷惘 ↔醒悟
【迷津】míjīn 명 1《佛》미진. 세속(중생계)의

번뇌. 2 그릇된(잘못 든) 길. 그릇된(틀린) 방향. ¶指点~=잘못된 방향을 바로잡아 주다.
【迷离】mílí 형 분명하지 않다. 흐릿하다. 흐리멍덩하다. 흐리터분하다. ¶睡眼~=잠에 취해 눈이 몽롱하다.
【迷恋】míliàn 통 미련을 두다(가지다). 연연해하다. ¶他对武侠小说非常~。=그는 무협 소설에 폭 빠져 있다. ≒留恋
【迷路】mí‖lù 통 1 길을 잃다. ¶森林里难辨方向, 很容易~。=삼림 속에서는 방향을 분간하기 어려워, 길을 잃기 쉽다. 2 비 정확한 방향을 잃다. 길을 잘못 들다. 잘못된 길로 들어서다. 정도(正道)에서 벗어나다. ¶她曾在人生的道路上迷过路。=그녀는 일찍이 인생 노정에서 길을 잘못 들어선 적이 있다. ≒迷途
【迷路】mílù ☞【内耳】nèi'ěr
【迷乱】míluàn 형 혼란하다. 얼떨떨하다. 착란하다. 당황하다. 어쩔 줄 모르다. 어리둥절하다. 어리병병하다. ¶神志~=정신이 혼란하다. 정신을 못 차리다.
【迷漫】mímàn 형 (먼지·연기·눈보라 따위가) 자욱하다. 가득하다. 충만하다. 꽉 들어차다. 확 (꽉) 끼다. ¶风雪~=눈보라가 온 천지에 휘몰아치다.
【迷茫】mímáng 형 1 자욱하게 깔려 있다. 흐릿하게 뒤덮여 있다. 아득하게 펼쳐져 있다. 망망하고 희뿌옇다. 아득하고 흐릿하다. 자욱하다. 미망하다. 묘망(渺茫)하다. ¶晨雾笼罩, 大地一片~。=새벽 안개로 뒤덮여 대지가 망망하고 희뿌옇다. 2 (표정이나 기색이) 명하다. 흐리멍덩하다. ¶~的眼神=멍한 눈빛.
【迷蒙】míméng 형 1 어둑어둑하다. 어두침침하다. 아득하고 망망하고 희뿌옇다. ¶夜色~=밤이 어둑어둑해지다. 2 (정신·의식이) 흐릿하다. 희미하다. 혼미하다. ¶他终于从~中醒了过来。=그는 마침내 혼란스러운 상태에서 정신을 차렸다. 통喻 미혹되다(미혹시키다). 현혹되다(현혹시키다). 속아 넘어가다.
【迷梦】mímèng 명 미몽. 헛된 꿈. 공상. 망상. ¶残酷的现实使他从~中惊醒。=잔혹한 현실이 그를 헛된 꿈에서 깨어나게 했다.
【迷迷瞪瞪】mí·mi dēngdēng 형喻 당황하다. 어리둥절하다. 난처해하다. 멍하다. 어리병병하다. 흐리멍덩하다. 흐리터분하다.
【迷迷糊糊】mí·mi hūhū 형 모호하다. 혼미하다. 분명하지 않다. 명확하지 않다. 정신이 없다. 흐리멍덩하다. 흐리터분하다. 얼떨떨하다.
【迷迷离离】mí·mi lílí 형 분명하지 않다. 흐릿하다. 흐리멍덩하다. 흐리터분하다.
【迷迷茫茫】mí·mi mángmáng 형 1 자욱하게 깔려 있다. 흐릿하게 뒤덮여 있다. 아득하게 펼쳐져 있다. 망망하고 희뿌옇다. 아득하고 흐릿하다. 자욱하다. 미망하다. 묘망(渺茫)하다. 2 (표정이나 기색이) 명하다. 흐리멍덩하다.
【迷迷蒙蒙】mí·mi méngméng 형 1 어둑어둑하다. 어두침침하다. 아득하고 흐릿하다. 망망하고 희뿌옇다. 2 (정신·의식이) 흐릿하다. 희미

하다. 혼미하다. 통준 미혹되다[미혹시키다]. 현혹되다[현혹시키다]. 속아 넘어가다.

【迷迷怔怔】**mí·mi zhèngzhèng** 형 흐리멍덩하다. 얼떨떨하다. 흐리터분하다. 어리벙벙하다. 정신이 맑지 않은 모양. ¶他~的, 一副没睡醒的样子。=그는 흐리멍덩한 것이 아직 잠에서 덜 깬 모습이다.

【迷你】**mínǐ** 형외 미니(mini)의. 소형(小型)의. ¶~计算机=소형 컴퓨터.

【迷你裙】**mínǐqún** ☞ 【超短裙】**chāoduǎnqún**

【迷人】**mírén** 통 1 사람을 홀리다[미혹시키다]. 마음이 끌리다[쏠리다]. 마음을 끌다. ¶风采~。=풍채가 매혹적이다. 2 매력적이다. 매혹적이다. 황홀하다. ¶~眼目=매혹적인 눈.

【迷失】**míshī** 통 (방향·길 등을) 잃다. 잃어버리다. ¶~方向=방향을 잃다.

【迷途】**mítú** 통 정확한 방향을 잃다. 길을 잘못 들다. 잘못 든 길로 들어서다. 정도(正道)에서 벗어나다. ¶~羔羊=길 잃은 양. 명 기로(岐路). 잘못 든 길[방향]. 그릇된 길. 나쁜 길. ¶误入~=길을 잘못 들다. 나쁜 길에 들어서다. ≒迷路

【迷途知返】**mítú-zhīfǎn** 성 1 길을 잃었다가 (올바른 길로) 되돌아올 줄 알다. 2 비 잘못을 깨닫고 (올바르게) 고칠 줄 알다.

【迷惘】**míwǎng** 형 시비를 가리지 못하다. 정신을 차리지 못하다. 구별[식별]하지 못하다. 당황하다. 어리둥절하다. 갈팡질팡하다. 곤혹스럽다. 어찌할 바를 모르다. ¶看不到希望让他觉得很~。=희망이 없다는 것이 그를 매우 곤혹스럽게 한다. ≒迷惑

【迷误】**míwù** 명 오류. 잘못. 실수. ¶陷入~=잘못에 빠지다. 통준 미혹시키다. 현혹시키다. (나쁜 영향을 끼칠) 잘못을 남기다. 망치다. ¶~后学=후학들을 망치다.

【迷雾】**míwù** 명 1 짙은[자욱한] 안개. 농무(濃霧). 2 비 사람을 현혹하게 하는[미혹시키는] 사물. 사람을 그릇되게 하는 사물. 잘못된 분위기. 마(魔). 사물(邪物). ¶冲出~=마의 굴레를 뚫고 나오다. 사풍(邪風)에서 빠져 나오다. 혼돈에서 벗어나다.

【迷信】**míxìn** 통 1 (존재하지 않는) 귀신 등을 믿다. 미신을 믿다. 2 맹신(盲信)하다. 덮어놓고 믿다. 맹목적으로 숭배하다. ¶应注重实践而不是~书本。=마땅히 실천에 치중하여야지, 덮어 놓고 책을 믿으면 안 된다. 명 미신. 맹목적인 숭배[신봉]. ¶破除~=미신을 타파하다.

【迷眩】**míxuàn** 형 어리둥절하다. 당황하다. 갈피를 못 잡다. 어쩔 줄 모르다. 정신을 못 차리다. 어리어리하여 정신을 못 차리다.

【迷眼】**míyǎn** 통 1 (먼지·광선 등이) 눈을 뜰 수 없게 하다. ¶风沙~=모래바람이 눈을 뜰 수 없게 한다. 2 도취되다. 심취되다. 빠져들다. ¶繁花~=갖가지 꽃들에 도취되다. 3 비 판단력[분별력]을 잃다. 눈이 삐다. ¶只有保持清醒的头脑, 才不至于在纷杂的现实中~。=정신을 차려야만 번잡한 현실 속에서 판단력을 잃지 않게 된다.

【迷走神经】**mízǒu shénjīng** 명(生) 미주 신경.

【迷醉】**mízuì** 통 도취하다. 심취하다. 푹 빠지다. 취하다. ¶美丽的风景令人~。=아름다운 풍경이 사람을 도취하게 한다.

## 祢[禰] **Mí** 성씨 미

명 성(姓).

## 眯[（瞇）] **mí** 눈에 티 들 미

통 (눈에 티가 들어가서) 일시적으로 눈을 뜰 수 없게 되다. 물건을 볼 수 없게 되다. ¶灰土~了眼。=흙이 눈에 들어가 눈을 뜰 수 없게 되다.
☞ mī

## 猕[獼] **mí** 원숭이 미

아래를 참조.

【猕猴】**míhóu** 명(動) 짧은꼬리원숭이. 붉은털원숭이. 히말라야원숭이.

【猕猴桃】**míhóutáo** 명(植) 키위(kiwi). 양다래. 통 【杨桃】**yángtáo**

## 谜[謎] **mí** 수수께끼 미

명 1 수수께끼. ¶灯~=등롱 수수께끼. [등에 문제를 쓰거나 붙이고 맞히는 놀이] / 猜~=수수께끼를 맞히다. 2 비 미스터리. 이해하기 어려운 문제. 아직 밝혀지지 않은 문제. 불가사의한 일. 이해할 수 없는 사실. ¶宇宙中还有许多难解之~。=우주에는 아직 풀리지 않은 수수께끼가 많다.
☞ mèi

○•• 哑 **yǎ**谜, 字谜

【谜底】**mídǐ** 명 1 수수께끼의 답. 2 비 사건[일]의 진상(眞相). ¶揭穿~=진상을 폭로하다. ↔谜面

【谜面】**mímiàn** 명 수수께끼 문제. ↔谜底

【谜团】**mítuán** 명비 수수께끼. 미스터리. 의혹. 의심. 이해하기 어려운 현상. ¶解开~=수수께끼[미스터리]를 풀다.

【谜语】**míyǔ** 명 수수께끼.

【谜子】**mí·zi** 명준 수수께끼. ¶猜~=수수께끼를 맞히다.

## 篾[彌] **mí** 대껍질 미

명 (~儿) 대쪽. 대오리. 갈대오리. ¶席~儿=(자리를 짜는) 참대[수숫대·갈대]오리.

【篾子】**mí·zi** 명 대쪽. 대오리. 갈대오리.

## 醚 **mí** 에테르 미

명(化) 에테르(ether). ¶甲~=메틸에테르.

## *糜 **mí** 죽 미

통 1 짓무르다. 썩어 문드러지다. 썩다. 부패하다. ¶尸体~烂=시체가 썩다. 2 낭비하다. 마구 쓰다. ¶侈~=사치하고 낭비하다. 명 1준 죽.

**mí**

¶肉~=고기죽. **2 (Mí)** 성(姓).
☞ **méi**

【糜费】**mífèi** ☞【靡费】**mífèi**

【糜烂】**mílàn** 툉 **1** (물체가) 짓무르다. 썩어 문드러지다. 썩다. 부패하다. ¶伤口~=상처가 짓무르다. 톙(비) (생각이) 진부하다. (사회 풍조가) 부패하다. 타락하다. 난잡하다. ¶生活~=생활이 난잡하다.

【糜棱岩】**míléngyán** 囘(地) 밀로나이트 (mylo-nite). 압쇄암.

**麋** **mí** 얽어맬 미
툉囘 붙잡아 매다. 밧줄로 묶다. 얽어매다. 속박하다. ¶羁~=속박하다.

**麋** **mí** 큰사슴 미
囘 **1**(動) 사불상(四不象). **2 (Mí)** 성(姓).
【麋鹿】**mílù** 囘(動) 사불상. =【四不像】
**sìbùxiàng** 囘 David's deer

**靡** **mí** 마구 쓸 미
툉 낭비하다. 마구 쓰다. ¶奢~=사치하고 낭비하다.
툉 **mí**
【靡费】[糜费] **mífèi** 툉 낭비하다. 쓸데없이 마구 쓰다. ¶计划开支, 避免~。=지출을 계획하여 낭비를 줄이다.

**蘼** **mí** 궁궁이싹 미
☞【荼蘼】**túmí**

**蘪** **mí** 궁궁이 미
아래를 참조.
【蘪芜】**míwú** 囘(植) 고서(古書)에서 궁궁이의 싹을 가리킴.

**醿** **mí** 거르지 않은 보리술 미
☞【酴醿】**túmí**

**米** **mǐ** 쌀 미
囘 **1** 쌀. ¶糯~=찹쌀. / 鱼~之乡=물고기와 쌀이 많이 나는 곳. 물산(物産)이 풍부한 살기 좋은 땅. **2** 껍질을 벗긴 곡물. [주로 식용하는 것을 가리킴] ¶玉~=옥수수. / 花生~=땅콩. **3** 쌀알 같은 물건. ¶海~=말린 새우 살. / 虾~=(말려서 껍질과 머리를 제거한) 새우. **4 (Mǐ)** 성(姓). 영 미터(meter). [길이의 단위로, '100厘米(cm)'는 '1米' 임]

| ❶ 米 mí | 咪 mī |
|---|---|
| 迷 mí | 糜 mǐ |
| 眯 mí | 敉 mǐ |
| 谜 mí | 屎 shǐ |
| 糜 mí | 粟 sù |
| 醚 mí | |

❶● 白米, 包米, 糙cāo米, 柴米, 炒米, 陈米, 大米, 分米, 海米, 毫米, 忽hū米, 黄米, 机米, 江米, 粳jīng米, 老米, 厘米, 糯nuò米, 千米, 秫shú米, 丝米, 粟sù米, 微米, 虾xiā米, 薏yì米, 玉米, 租米

【米尺】**mǐchǐ** 囘 미터(meter) 자.
【米醋】**mǐcù** 囘 쌀식초. [입쌀·좁쌀 등으로 만든 양조 식초]
【米袋子】**mǐdài·zi** 囘 **1** 쌀자루. 쌀부대. 쌀포대. **2** 백성들의 식량.
【米豆腐】**mǐdòu·fu** 囘(方) 미더우푸. 쌀두부. [쌀을 갈아서 두부처럼 만든 식품]
【米囤】**mǐdùn** 囘 쌀통가리.
【米饭】**mǐfàn** 囘 **1** (입쌀이나 좁쌀로 지은) 밥. **2** 쌀밥.
【米粉】**mǐfěn** 囘 **1** 쌀가루. 미분. **2** (국수처럼 뽑아 내는 둥근) 쌀국수. **3**(方) (얇게 편을 뜬 다음 약간 굵게 썰어 내는) 쌀국수.
【米粉肉】**mǐfěnròu** 囘 미편러우. [돼지고기에 쌀가루와 양념을 묻혀서 찐 요리] =【粉蒸肉】 **fěnzhēngròu** (方)【鲊肉】 **zhǎròu**
【米泔水】**mǐgānshuǐ** 囘 쌀뜨물.
【米糕】**mǐgāo** 囘 (쌀가루를 쪄서 만든) 떡.
【米黄】**mǐhuáng** 톙 미색(米色)의.
【米酒】**mǐjiǔ** 囘 미주. 쌀술. 쌀로 담근 술. 막걸리. 동동주.
【米糠】**mǐkāng** 囘 쌀겨.
【米兰】**mǐlán** ☞【米仔兰】 **mǐzǐlán**
【米老鼠】**mǐlǎoshǔ** 囘(方) 미키마우스(Mickey Mouse).
【米粒】**mǐlì**(~儿) 囘 쌀알.
【米粮川】**mǐliángchuān** 囘 곡창 지대.
【米面】**mǐmiàn** 囘 **1** 쌀과 밀가루. **2** 쌀가루. 미분. **3**(方) (얇게 편을 뜬 다음 약간 굵게 썰어 내는) 쌀국수.
【米色】**mǐsè** 囘 미색.
【米汤】**mǐtāng** 囘 **1** 밥물. [밥을 지을 때 걸러져 나온 물] **2** 미음.
【米虾】**mǐxiā** ☞【草虾】 **cǎoxiā**
【米线】**mǐxiàn** 囘(方) 미셴. (쌀물을 가공하여 만든 굵은) 쌀국수. ¶过桥~=궈차오미셴. [원난 (云南)풍의 쌀국수]
【米制】**mǐzhì** 囘【国际公制】 **guójì gōngzhì**
【米珠薪桂】**mǐzhū-xīnguì** (成) **1** 쌀은 진주처럼 비싸고 땔나무는 계수나무처럼 비싸다. **2**(방) 물가가 매우 비싸다. =【薪桂米珠】 **xīnguì mǐzhū** ↔【廉物美】
【米猪】**mǐzhū** 囘 (체내에) 낭충(囊蟲)이 기생하는 돼지.
【米烛光】**mǐzhúguāng** 양(物) 럭스(lux). [조명도의 실용 단위]
【米蛀虫】**mǐzhùchóng** 囘 **1** 바구미. 쌀벌레. **2**(비) 악덕 미곡상(米穀商).
【米仔兰】**mǐzǐlán** 囘(植) 미자란. [상록 관목, 혹은 작은 교목. 학명은 'Aglaia odorata' 임] =【米兰】**mǐlán**【鱼子兰】**yúzǐlán**【树兰】 **shùlán**

**芈** **mǐ** 양 울음소리 미
의 매에. 메헤헤. [양의 울음소리] 囘 **(Mǐ)** 성(姓).

**沵**[瀰] **mǐ** 물 가득한 모양 미
톙(문) 물이 가득하다. 치런치런하다.

【浂迤】 **mǐyǐ** 형문 평탄하다. ¶～平原＝평탄한 평원.

## 洣 **Mǐ** 강 이름 미
명(地) 미수이(洣水). [후난(湖南)성에 있는 강 이름]

## 弭 **mǐ** 그칠 미
동문 그치다. 멎다. 정지하다. 멈추다. 가라앉다. 잠잠해지다. 제거하다. 없애다. 없애 버리다. ¶消～＝제거하다. 명 (Mǐ) 성(姓).
【弭谤】 **mǐbàng** 동문 비방을 없애다.
【弭兵】 **mǐbīng** 동문 전쟁을 없애다〔그치다〕.
【弭除】 **mǐchú** 동문 제거하다. 없애다. 없애 버리다. ¶～成见＝선입견을 없애 버리다.
【弭患】 **mǐhuàn** 동문 재난을 없애다.
【弭乱】 **mǐluàn** 동문 전란이 멎다. 종전하다.

## 脒 **mǐ** 아미딘 미
명(化) 아미딘(amidine).

## 敉 **mǐ** 어루만질 미
동문 어루만지다. 위로하다. 위안하다. 위무(慰撫)하다. 편안하게 하다. 가라앉히다. 안정시키다. ¶～乱＝소동을 가라앉히다.
【敉平】 **mǐpíng** 동문 평정하다. ¶～叛乱＝반란을 평정하다.

## 靡 **mǐ** 쓰러질 미
동문 **1** 쓰러지다. 넘어지다. 자빠지다. 엎어지다. 거꾸러지다. ¶所向披～＝(바람이 불어) 지나가는 곳마다 초목이 쓰러지다. 힘이 미치는 곳마다 장애가 말끔히 제거되다. 승승장구하다. **2** 없다. ¶～日不思＝하루도 생각하지 않은 날이 없다. 형문 좋다. 훌륭하다. 아름답다. ¶～衣玉食＝좋은 옷과 진귀하고 맛있는 음식. 부 …않다. …못하다. [부정을 나타냄. 没(méi)·不(bù)에 해당함] ¶～得而知＝알 방법이 없다. 알 수가 없다.
☞ **mí**

○→ 披靡, 颓tuí靡, 委靡, 萎靡

【靡坚不摧】 **mǐjiān-bùcuī** 성 **1** 그 어떤 견고한 것도 다 분쇄할 수 있다. **2** 힘이 강하다(세다).
【靡丽】 **mǐlì** 형문 **1** 호사(豪奢)하다. 사치스럽고 화려하다. ¶骄奢～＝교만하고 사치스러우며 화려하다. **2** 정교하고 화려하다. ¶装饰～＝장식이 정교하고 화려하다.
【靡靡】 **mǐmǐ** 형 **1** 느리다. 느릿느릿하다. 완만하다. 부드럽다. 유약하다. 연약하다. ¶～细雨＝천천히 내리는 보슬비. **2** 퇴폐적이다. 음탕하다. ¶～情调＝퇴폐적인 분위기. **3** 음악이 퇴폐적이다.
【靡靡之音】 **mǐmǐzhīyīn** 성 퇴폐적인 음악. 음탕한 음악. 저속한 음악.
【靡然】 **mǐrán** 형문 **1** 스르르 넘어지다. 초목이 바람 부는 대로 넘어지다. 초목이 쓰러지는

는 모양. **2** 비 사람들이 한쪽으로 쏠리다. 너도나도 뒤따라 하게 되다. 풍미(風靡)하다. ¶～成风＝(어떤 현상이나 사조가 사회에) 만연하여 풍조가 되다.

## 汨 **mì** 강 이름 멱
【汨罗】 **Mìluó** 명 미뤄. [장시(江西)성에서 발원(發源)하여 후난(湖南)성으로 흘러들어가는 강 이름]

## 觅[覓, 覔] **mì** 찾을 멱
동문 찾다. 구하다. ¶寻～＝찾다. 늑寻
【觅求】 **mìqiú** 동 찾다. 탐구하다. ¶～真知＝참된 지식을 탐구하다.
【觅取】 **mìqǔ** 동 구하다. 찾다. ¶～药材＝약재를 찾다.
【觅食】 **mì∥shí** 동 (새·짐승 등이) 먹이를 찾다. 먹이를 구하다. 먹을 것을 찾다. ¶四处～＝사방으로 먹이를 찾아다니다.
【觅友】 **mìyǒu** 동 친구를 찾다.

## *泌 **mì** 분비할 비
동 액체가 가느다란 구멍으로 배출되다. 분비하다. ¶分～＝분비하다.
☞ **bì**
【泌尿】 **mìniào** 동 오줌을 분비하다.
【泌尿科】 **mìniàokē** 명(醫) 비뇨기과.
【泌尿器】 **mìniàoqì** 명(生) 비뇨기.
【泌尿系统】 **mìniào xìtǒng** 명(生) 비뇨기 계통. [오줌을 분비하고 배설하는 기관의 총칭]

## 谧 **mì** 편안할 밀
형문 조용하다. 고요하다. 잠잠하다. 적막하다. 편안하다. 안정하다. ¶静～＝조용하다. 명 (Mì) 성(姓).
☞ **fú**

## **秘[祕] **mì** 숨길 비
형 **1** 비밀의. 은밀한. 은폐된. ¶隐～＝은밀하다. **2** 희한하다. 신기하다. 드물다. ¶孤本～籍＝유일본의 진귀한 서적. 세상에 하나뿐인 비적(秘籍). 동 비밀(기밀)로 하다. 비밀을 지키다. ¶～不示人＝비밀로 하고 남에게 보여주지 않다.
☞ **bì**

○→ 奥ào秘, 诡guǐ秘, 神秘, 隐yǐn秘

【秘奥】 **mì'ào** 명 신비. 비밀. 수수께끼. ¶探索大自然的～。＝대자연의 신비를 탐구하다.
【秘宝】 **mìbǎo** 명 보기 드문 보배. 희귀한 진보(珍寶). 비밀히 간직한 보배.
【秘本】 **mìběn** 명 비본. 진귀한 책. [소중히 간직한 희귀한 도서 판본]
【秘藏】 **mìcáng** 동 비밀히 수장(收藏)하다. 비밀히 소장하다. 비밀히 수집하여 보관하다. ¶～珠宝＝보석을 비밀히 수장하다. 명 비장품(秘藏品). ¶稀世～＝세상에 드문 비장품.

【秘传】mìchuán 동 비전하다. 비밀리에 전수(傳授)하다. 비밀히 가르치다. ¶~绝技=절세의 기예를 비밀리에 전수하다.

【秘而不宣】mì'érbùxuān 성 비밀에 붙이고 소문을 내지 않다.

【秘方】mìfāng 명 비방. ¶祖传~=조상 대대로 전해 내려온 비방.

【秘府】mìfǔ 명 비부. 비각(秘閣). 왕실 도서관. [옛날, 궁중에서 진귀한 도서 등을 수장하던 곳]

【秘笈】mìjí 명 비급. [비밀히 수장(收藏)한 전적(典籍)] ¶武林~=무림 비급.

【秘籍】mìjí 명 비적. [희귀하고 진귀한 도서]

【秘计】mìjì 명 비밀 음모. 은밀한 계획.

【秘技】mìjì 명 1 특수한 기교. 특별한 솜씨〔재주〕. 비기. 2 컴퓨터 게임 비결〔요령〕.

【秘结】mìjié 동 막히다. ¶大便~=변비.

【秘诀】mìjué 명 비결. 비장의 방법. ¶制胜之~=승리의 비결.

【秘密】mìmì 형 비밀의. 비밀하다. ¶~活动=비밀 활동. 명 비밀. 기밀. ¶严守~=비밀을 엄수하다. ≒机密 ↔公开

【秘史】mìshǐ 명 1 비사. [공개되지 않은 내부 사료] ¶皇家~=황실 비사. 2 비사. [개인의 생활 경험을 모아 놓은 것] ¶风流~=연애 비사. 로맨스.

【秘书】mìshū 명 1 비서. [옛날, 도서를 관리하고 황제의 명령 등을 공시하던 관직] 2 비서. ¶总经理~=사장 비서. 3 비서의 일〔직무〕. ¶~处=비서실. 4 (재외 공관의) 서기관.

【秘书长】mìshūzhǎng 명 비서(실)장. ¶联合国~=연합국 사무국장.

【秘闻】mìwén 명 알려지지 않은 비밀〔정보·소문〕. [주로 개인 생활에 관련된 것을 가리킴] ¶披露~=알려지지 않은 비밀을 폭로하다.

## **密** mì 촘촘할 밀

형 1 비밀의. 은폐된. ¶机~=기밀. / 机要~件=기밀 문서. 2 (간격이나 거리가) 가깝다. 빽빽하다. 조밀하다. 촘촘하다. ¶紧~=긴밀하다. / 稠~=조밀하다. 3 (관계가) 가깝다. 친하다. 밀접하다. 친밀하다. (감정이) 깊다. ¶亲~=친밀하다. / 过从甚~=깊이 교제하다. 4 세밀하다. 치밀하다. 면밀하다. 정밀하다. 꼼꼼하다. ¶精~=정밀하다. / 细~=세밀하다. 명 1 비밀. ¶保~=비밀을 지키다. / 告~=밀고하다. 일러바치다. 2 (Mì) 성(姓). ↔稀 疏

○● 繁fán密, 告密, 精密, 绝密, 茂mào密, 秘密, 绵密, 浓密, 失密, 邃suì密, 详密, 泄xiè密, 缜zhěn密, 致密, 周密, 仔密, 哈hā密瓜

【密胺】mì'àn 명 (化) 멜라민(melamine).

【密报】mìbào 동 (상급 기관이나 관련 부서에) 비밀리에 보고하다. 밀보하다. ¶~内情=내부 상황을 밀보하다. 명 밀보. ¶得到~=밀보를 받다.

【密闭】mìbì 동 밀폐하다. 밀봉하다. ¶门窗~=문과 창을 밀폐하다. 형 밀폐된. ¶

~容器=밀폐 용기.

【密捕】mìbǔ 동 비밀리에 체포하다.

【密不透风】mìbùtòufēng 성 1 빽빽해서 바람이 통하지 않다. 빈틈없다. 2 (비) 극도로 지키고 정보를 조금도 흘리지 않다.

【密布】mìbù 동 조밀하게 분포하다. 짙게 덮이다〔깔리다〕. 빽빽하게 들어차다. 빈틈없이 배치하다. ¶乌云~=먹구름이 짙게 깔리다.

【密呈】mìchéng 동 (보고서 따위를 상급 기관이나 관련 부서에) 비밀리에 제출하다〔보내다·올리다〕.

【密电】mìdiàn 명 암호 전보. 비밀 전보. 동 비밀 전보를 치다. ¶~师部=사단 사령부에 비밀 전보를 치다.

【密度】mìdù 명 1 밀도. ¶人口~=인구 밀도. 2 (物) 밀도. 비중.

【密访】mìfǎng 동 비밀리에 방문하다. 몰래 찾아가다.

【密封】mìfēng 동 밀봉하다. 밀폐하다. 꽉 봉하다. ¶~保存=밀봉하여 보존하다. 형 밀봉한. 밀폐된. ¶~舱=(우주선의) 캡슐. 밀폐된 선실.

【密告】mìgào 동 (상급 기관이나 관련 부서에) 비밀리에 보고하다. 밀보하다. 밀고하다. 명 비밀 보고.

【密函】mìhán 명 비밀 편지. 밀서.

【密会】mìhuì 동 밀회하다. 몰래 만나다. 비밀리에 회견하다. 몰래 모이다. 명 비밀 회의.

【密级】mìjí 명 국가 기밀의 등급. [보통 '绝密(극비)·机密(기밀)·秘密(비밀)'의 3등급으로 구분됨]

【密集】mìjí 동 밀집하다. 조밀하게 모이다. ¶城市~=도시가 밀집해 있다. 형 조밀한. 빽빽한. 밀집한. 끊이지 않는. ¶~的人群=밀집한 군중.

【密集劳动】mìjí láodòng 명 노동집약형 노동.

【密件】mìjiàn 명 비밀〔기밀〕 문서〔편지〕. 밀서.

【密林】mìlín 명 밀림. 정글.

【密令】mìlìng 동 밀령을 내리다. 비밀리에 명령을 내리다. ¶~各分队紧急出动。=각 분대에게 긴급 출동하라는 밀령을 내리다. 명 밀령. 비밀 명령. ¶接到~=밀령을 받다.

【密锣紧鼓】mìluó-jǐngǔ ☞ 【紧锣密鼓】jǐnluó-mìgǔ

【密麻麻】mìmámá ☞ 【密密麻麻】mì·mi má má

【密码】mìmǎ 명 1 암호. 비밀 번호. 비밀 전보 코드. ¶~电报=암호 전보. 2 비밀 번호. 패스워드(password). ¶保险柜~=캐비닛 비밀 번호. ↔明码

【密码锁】mìmǎsuǒ 명 비밀 번호형 자물쇠.

【密码箱】mìmǎxiāng 명 비밀 번호형 자물쇠가 장착된 트렁크〔여행 가방〕.

【密密】mìmì(~的) 형 1 조밀하다. 빽빽하다. 촘촘하다. ¶路旁种有~的树木。=길가에 나무가 조밀하게 심어져 있다. 2 빈틈없다. 단단하다. ¶房内的窗帘被~地拉严了。=집 안의 커튼이 빈틈없이 쳐져 있다.

【密密层层】mì·mi céngcéng(~的) 형 빽빽

하다. 조밀하다. 촘촘하다. 층층이 빽빽한 모양. ¶~的楼房=층층이 빽빽하게 들어선 건물.

【密密丛丛】 **mì·mi cóngcóng**(~的) 〈형〉 무성하다. 총총하다. 빽빽하다. 나무가 빽빽하고 무성한 모양. ¶果园~=무성한 과수원.

【密密麻麻】 **mì·mi mámá**(~的) 〈형〉 촘촘하다. 빽빽하다. 빼곡하다. 많고 빈틈없는 모양. 〔주로 작은 물건에 쓰임〕=【密麻麻】 **mìmámá** ¶书页上作了~的批注.=책장에 빽빽하게 평어와 주해를 달았다. →稀稀拉拉

【密密实实】 **mì·mi shíshí**(~的) 〈형〉 빽빽하다. 꽉 차 있다. 조밀하다. 세밀하다. 촘촘하다. 매우 촘촘한 모양. ¶麦苗长得~的.=보리가 조밀하게 자라다.

【密密匝匝】 **mì·mi zāzā**(~的) 〈형〉 빽빽하다. 조밀하다. 빼곡하다. 촘촘하다. 조밀한 모양. =【匝匝】 **mìzāzā** ¶~的稻秧=빼곡한 볏모.

【密谋】 **mìmóu** 〈통〉 밀모하다. 몰래 모의[모략]하다. 몰래 일을 꾸미다. ~叛逃=모반을 몰래 꾀하다. 〈명〉〈통〉 밀모. 비밀 모략〔모의〕. ¶~败露=밀모가 발각되다.

【密切】 **mìqiè** 〈형〉 (관계가) 밀접하다. 긴밀하다. 친근하다. 가깝다. ¶关系~=관계가 밀접하다. 〈부〉 빈틈없이. 면밀하게. 꼼꼼하게. 세심하게. 세밀하게. 밀접하게. ¶~关注=면밀하게 주시하다. 〈통〉 밀접하게 하다. 가깝게 하다. ¶~两国关系=양국 관계를 밀접하게 하다. →疏远

【密商】 **mìshāng** 〈통〉 비밀리에 상담하다. 밀담하다. ¶~对策=대책을 비밀리에 상담하다.

【密使】 **mìshǐ** 〈명〉 밀사.

【密室】 **mìshì** 〈명〉 밀실. 비공개된 곳. ¶藏于~=밀실에 감추다.

【密实】 **mì·shi** 〈형〉 세밀하다. 촘촘하다. 긴밀하다. 꼼꼼하다. ¶针脚~=바느질땀이 촘촘하다.

【密司脱】 **mìsītuō** 〈명〉〈외〉 미스터(mister). 〔주로 조기 번역 작품에 보임〕 ¶~李=미스터 리.

【密斯】 **mìsī** 〈명〉〈외〉 미스(miss). 〔주로 조기 번역 작품에 보임〕 ¶~张=미스 장.

【密谈】 **mìtán** 〈통〉 밀담하다. 비밀히 이야기하다. ¶附耳~=귓속말로 비밀 이야기를 하다.

【密探】 **mìtàn** 〈명〉 밀정(密偵). 간첩. 스파이(spy).

【密纹唱片】 **mìwén chàngpiàn** 〈명〉 엘피(LP) 음반. 〈약〉 long playing record

【密写】 **mìxiě** 〈통〉 비밀〔은현(隱現)〕잉크로 쓰다. ¶~药水=은현〔비밀〕잉크.

【密信】 **mìxìn** 〈명〉 비밀 편지. 밀서.

【密议】 **mìyì** 〈통〉 비밀리에 상의〔협상·의논〕하다.

【密友】 **mìyǒu** 〈명〉 친한 친구. 가까운 친구.

【密语】 **mìyǔ** 〈명〉 암어(暗語). 암호. 〔주로 '数码(숫자)·字母(자모)·词组(구)' 등으로 통신 내용을 대신함〕 =【暗语】 〈통〉 비밀히 이야기하다. 밀담하다. ¶低声~=낮은 소리로 밀담하다.

【密约】 **mìyuē** 〈통〉 비밀리에 약정하다. 밀약하다. 몰래 약속하다. ¶~幽会=밀회하기로 몰래 약속하다. 〈명〉 밀약. 비밀 조약〔약속〕. ¶签订~=밀약을 체결하다.

【密云不雨】 **mìyún-bùyǔ** 〈성〉 **1** 짙은 구름이 잔뜩 끼었지만 비는 오지 않다. **2** 〈비〉 일이 이미 무르익었으나 아직 일어나지 않다. 조건은 성숙되었으나 일은 아직 벌어지지 않다. 은혜나 혜택이 아래까지 미치지 못하다.

【密匝匝】 **mìzāzā** ☞【密密匝匝】 **mì·mi zāzā**

【密召】 **mìzhào** 〈통〉 비밀리에 부르다〔호출하다〕. 비밀리에 불러오다. ¶~回京=비밀리에 서울로 호출하다.

【密诏】 **mìzhào** 〈명〉 비밀 조서(詔書). 밀조. 밀칙(密勅). 밀지(密旨).

【密植】 **mìzhí** 〈농〉 밀식하다. 빽빽하게 심다.

【密旨】 **mìzhǐ** 〈명〉 밀지. 밀칙(密勅).

【密致】 **mìzhì** 〈형〉 세밀하다. 치밀하다. 주도면밀하다. 꼼꼼하다. 촘촘하다. 쫀쫀하다. 잘고 곱다. 정교하다. 정밀하다. 섬세하다. ¶质地~=(재료의) 바탕이 곱다.

【密宗】 **mìzōng** 〈명〉〈佛〉밀교(密教). 〔불교 종파의 하나. 옛날, 인도(印度) 불교의 밀교(密教)에서 기원하였음〕

# 幂[(冪)] **mì** 덮을 멱

〈명〉 **1** 〈문〉 덮개. 씌우개. 물건을 덮는 천. **2**〈數〉 멱(冪). 승멱(乘冪). 거듭제곱. 〈통〉〈문〉 덮다. 뒤덮다. 씌우다. 가리다. ¶~盖=덮다.

○● 乘幂, 降jiàng幂, 升shēng幂

# 谧[謐] **mì** 고요할 밀

〈형〉〈문〉 조용하다. 고요하다. 평온하다. 평안하다. 안온하다. ¶安~=조용하다.

【谧静】 **mìjìng** 〈형〉 조용하다. 고요하다. 평온하다. 평안하다. 안온하다. ¶~的原野=조용하고 평온한 들판.

# 蓂 **mì** 황새냉이 멱

☞【菥蓂】 **xīmì**
☞ **míng**

# 幎 **mì** 덮을 멱

〈명〉〈통〉〈문〉 '幂(mì)'와 같음.

# 嘧 **mì** 피리미딘 밀

【嘧啶】 **mìdìng** 〈명〉〈외〉(化) 피리미딘(pyrimidine).

# **蜜** **mì** 꿀 밀

〈명〉 **1** (벌)꿀. ¶酿~=꿀을 빚다. **2** (외관 또는 맛이) 꿀과 같은 물건. ¶菠萝~=보리수의 열매. 보리주. 보리자. 〈형〉 **1** (꿀처럼) 달다. 달콤하다. ¶新上市的~橘=새로 출시된 감귤. **2**〈비〉유쾌하다. 즐겁다. 기분이 좋다. ¶口~腹剑=말은 달콤하게 하면서 속으로는 남을 해칠 생각을 품다.

○● 分蜜, 蜂fēng蜜, 割gē蜜, 甜蜜, 摇yáo蜜, 水蜜桃

【蜜虫】mìchóng ☞【蚜虫】yáchóng
【蜜蜂】mìfēng 명(動) 꿀벌.
【蜜柑】mìgān 명(植) 밀감. 만다린오렌지(mandarin orange).
【蜜供】mìgòng 명 1 밀공. [신불(神佛)·조상에게 공양하는, 튀긴과자에 꿀을 발라 탑처럼 쌓은 음식] 2 당액[시럽]이나 꿀에 절인 과자.
【蜜罐】mìguàn(~儿)명 1 꿀통. 꿀단지. 2 비 따스하고 행복한 환경. 온화하고 아늑한 환경. ¶他在~儿里长大, 没吃过一点苦。=그는 행복한 환경〔가정〕에서 자라 조금도 고생해 본 적이 없다. =【蜜罐子】mìguàn·zi
【蜜罐子】mìguàn·zi ☞【蜜罐】mìguàn
【蜜饯】mìjiàn 동 과일 등을 당액이나 꿀에 재다. ¶~瓜条=가늘게 썰어서 꿀에 절인 동아. 명 당액[시럽]이나 꿀에 절인 과일.
【蜜橘】mìjú 명(植) 감귤. 탕헤르오렌지.
【蜜色】mìsè 명 벌꿀색. 담황색(淡黄色).
【蜜糖】mìtáng 명(방) 벌꿀.
【蜜桃】mìtáo 명(植) 수밀도(水蜜桃).
【蜜丸】mìwán(~儿)명(醫) 밀환. [약가루를 꿀에 반죽하여 만든 환약(丸藥)] =【蜜丸子】mìwán·zi
【蜜丸子】mìwán·zi ☞【蜜丸】mìwán
【蜜腺】mìxiàn 명(植) 밀선. 밀조(蜜槽). 꿀샘.
【蜜语】mìyǔ 명 밀어. 달콤한 말. 듣기 좋은 말. ¶甜言~=달콤한 말.
【蜜源】mìyuán 명 밀원. [벌이 꿀을 빨아 오는 식물]
【蜜月】mìyuè 명 밀월. 허니문. 신혼의 첫째 달. ¶~旅行=허니문 여행.
【蜜枣】mìzǎo(~儿)명 꿀에 절인 대추.
【蜜渍】mìzì 명 설탕[꿀] 절임 식품.

## mian

**眠** mián 잠잘 면
동 1 잠자다. 자다. ¶睡~=잠을 자다. / 不~之夜=잠 못 이루는 밤. 2 휴면하다. 동면하다. ¶蚕~=누에잠. / 冬~=동면. 겨울잠. ≒睡

○● 蚕cán眠, 成眠, 催cuī眠, 睡眠, 休眠, 永眠, 催眠曲qǔ

**绵[綿, 緜]** mián 이어질 면
동 1 이어지다. 끊임없다. 연속되다. 면면하다. ¶连~=면면히 이어지다. 2 둘둘 감다. 얽히다. 휘감다. ¶缠~=뒤엉키다. 벗어나지 못하다. 형 1 유연하다. 부드럽다. 연약하다. 약하다. ¶软~~=부드럽다. 보들보들하다. 2(방) (성격이) 온화하다. 부드럽다. ¶他虽然性子~, 可挺有主见。=그는 비록 성질이 온화하지만 주관은 꽤나 뚜렷하다. 명 1 풀솜. ¶~中刺, 笑里刀。=풀솜 속에 바늘을 감추고, 웃음 속에 칼을 품다. 겉으로는 온화하지만 속으로는 해치려는 마음을 가지고 있다. 2 (Mián) 성(姓).

○● 缠chán绵, 海绵, 联lián绵, 水绵, 丝sī绵, 软ruǎn绵绵

【绵白糖】miánbáitáng 명 (입자가 아주) 고운 흰 설탕. 가루설탕. 분당(粉糖).
【绵薄】miánbó 명(겸) 면박. 미력. 박약한 능력〔재주〕. [자기의 미약한 능력을 가리키는 데 쓰임] ¶~之力=미약한 힘.
【绵长】miáncháng 형 끊임없다. 장구하다. 면면하다. 길다. ¶岁月~=세월이 장구하다.
【绵绸】[棉绸] miánchóu 명(紡) 허드레 고치·실보무라지 등으로 짠 견직물.
【绵亘】miángèn 동 길게 이어져 있다. 끊임없다. 지속되다. 연달아 있다. 끊임없이 뻗어 있다. 끊이지 않고 이어져 있다. ¶昆仑山东西~数千公里。=쿤룬산은 동서로 수천 킬로미터에 뻗어 있다. ≒绵延
【绵和】miánhé 형(방) (성질·성격 따위가) 부드럽다. 온화하다. ¶脾气~=성격이 온화하다.
【绵里藏针】miánlǐ-cángzhēn 성(비) 1 겉으로는 부드러우나 속으로는 악랄하다. 2 외유내강(外柔内剛). 부드러움 속에 강함이 있다.
【绵力】miánlì 명(겸) 변변치 못한 재주. 미력(微力). 자그마한 힘. [자기의 미약한 능력을 가리키는 데 쓰임] ¶略尽~=미력을 다하다. 자그마한 힘이나마 보태다.
【绵连】[绵联] miánlián 동 길게 이어져 있다. 끊임없다. 지속되다. 연달아 있다. 끊임없이 뻗어 있다. 끊이지 않고 이어져 있다. ¶~的群山=끊임없이 이어져 있는 산들.
【绵联】miánlián ☞【绵连】miánlián
【绵密】miánmì 형 (언행이나 사려 등이) 주도면밀하다. 세밀하다. 치밀하다. 꼼꼼하다. 섬세하다. ¶思虑~=사려가 주도면밀하다.
【绵绵】miánmián 형 끊임없다. 하염없다. 면면하다. 끊임없이 계속 이어지는 모양. ¶细雨~=가랑비가 끊임없이 내리다.
【绵绵瓜瓞】miánmián-guādié ☞【瓜瓞绵】guādié-miánmián
【绵绵密密】mián·mian mìmì(~的) 형 (언행이나 사려 등이) 주도면밀하다. 세밀하다. 치밀하다. 꼼꼼하다. 섬세하다.
【绵绵软软】mián·mian ruǎnruǎn(~的) 형 부드럽다. 보드랍다. 보들보들하다. 폭신폭신하다. 나른하다. 무력하다.
【绵软】miánruǎn 형 1 부드럽다. 보드랍다. 보들보들하다. 폭신폭신하다. ¶~的丝绸=부드러운 비단. 2 (몸이) 나른하다. 무력하다. ¶浑身~=온몸이 나른하다.
【绵善】miánshàn 형 온화하고 선량하다. 부드럽고 착하다. ¶性情~=성격이 온화하고 선량하다.
【绵糖】miántáng 명 (입자가 아주) 고운 흰 설탕. 가루설탕. 분당(粉糖).
【绵甜】miántián 형 (맛이) 부드럽고 달콤하다. 순하고 달다. 감칠맛 나다. 향기롭고 달다. [주로

주류(酒類)를 가리킴] ¶酒味~ =술맛이 순하고 달다.
【绵延】 miányán 동 길게 이어져 있다. 끊임없다. ¶草原~数百公里。=초원이 수백 킬로미터나 길게 이어져 있다. ≒绵亘
【绵羊】 miányáng 명 면양.
【绵纸】 miánzhǐ 명 화장지. 티슈(tissue). 휴지.

## **棉** mián 목화 면

명 **1**(植) 목화와 목면의 총칭. **2**(植) 목화. 초면(草棉). **3**(植) 목화솜. ¶~纺织品=면직물. **4** 솜같이 생긴 물건. ¶石~=석면.

○● 红棉, 矿棉, 皮棉, 石棉, 梳shū棉, 絮xù棉, 药棉, 原棉, 子棉, 籽zǐ棉

【棉袄】 mián'ǎo 명 솜저고리.
【棉被】 miánbèi 명 솜이불.
【棉背心】 miánbèixīn 명 솜조끼.
【棉饼】 miánbǐng ☞【棉籽饼】 miánzǐbǐng
【棉布】 miánbù 명 면포. 면직물. 무명.
【棉绸】 miánchóu ☞【绵绸】 miánchóu
【棉的确凉】 miándíquèliáng ☞【涤绵】 dímián
【棉纺】 miánfǎng 동 (纺) 면화에서 실을 잣다. 방적하다. ¶~厂=면사 방적 공장.
【棉秆儿】 miángǎnr 명 목화 줄기.
【棉猴儿】 miánhóur 명 모자가 달린 솜외투.
【棉花】 mián·hua 명 (植) **1** ☞【草棉】 cǎomián **2** 목화솜.
【棉花签】 mián·huaqiān(~儿) ☞【棉签】 miánqiān
【棉花胎】 mián·huatāi 명 동 (옷이나 이불 등에) 메우는 솜. 충전 솜. 두는 솜.
【棉花套】 mián·huatào 명 동 (옷이나 이불 등에) 메우는 솜. 충전 솜. 두는 솜.
【棉活】 miánhuó(~儿) 명 (솜옷이나 솜이불을 만들고 뜯어서 세탁하는 등의) 솜일.
【棉裤】 miánkù 명 솜바지. 패딩 바지.
【棉铃】 miánlíng 명 (植) 목화 다래. [익기 전에 방울같이 생겨서 붙어있는 명칭]
【棉铃虫】 miánlíngchóng 명 (動) 면화씨벌레.
【棉毛】 miánmáo 명 비교적 두꺼운 면 메리야스. ¶~衫=메리야스 셔츠.
【棉毛裤】 miánmáokù 명 메리야스 바지.
【棉毛衫】 miánmáoshān 명 **1** 면 메리야스. **2** 메리야스 셔츠.
【棉帽】 miánmào 명 솜모자.
【棉农】 miánnóng 명 면작(棉作) 농민. 면작(棉作) 농가.
【棉袍】 miánpáo 명 (중국식) 솜두루마기.
【棉皮鞋】 miánpíxié 명 털이나 모포로 안감을 댄 가죽신.
【棉签】 miánqiān(~儿) 명 면봉. =【棉花签】 mián·huaqiān
【棉球】 miánqiú 명 (醫) 소독용 솜.
【棉区】 miánqū 명 목화 생산 지역.
【棉绒】 miánróng 명 (紡) 면벨벳. ¶~外套=

면벨벳 외투.
【棉纱】 miánshā 명 (紡) 면사. 무명실.
【棉毯】 miántǎn 명 면 담요 [모포·깔개].
【棉桃】 miántáo 명 (植) 목화 다래. [다 익으면 복숭아같이 생겨서 붙어진 명칭]
【棉套】 miántào 명 (주전자·밥통에 씌우는) 보온용 솜덮개.
【棉田】 miántián 명 목화밭.
【棉条】 miántiáo 명 (紡) 소면(梳綿). 슬리버 (sliver).
【棉纤维】 miánxiānwéi 명 목화 섬유.
【棉线】 miánxiàn 명 (紡) 무명실.
【棉鞋】 miánxié 명 솜신. (솜을 넣은) 방한화.
【棉絮】 miánxù 명 **1** 면. **2** (옷이나 이불 등에 메우는) 목화솜.
【棉蚜】 miányá 명 (動) 목화진딧물. ➪ 【棉蚜虫】 miányáchóng
【棉蚜虫】 miányáchóng ☞【棉蚜】 miányá
【棉衣】 miányī 명 솜옷.
【棉油】 miányóu ☞【棉籽油】 miánzǐyóu
【棉织品】 miánzhīpǐn 명 (紡) 면제품. 면직물. =【棉织物】 miánzhīwù
【棉织物】 miánzhīwù ☞【棉织品】 miánzhīpǐn
【棉子】 miánzǐ ☞【棉籽】 miánzǐ
【棉籽】 miánzǐ 명 목화씨. =【棉子】 miánzǐ
【棉籽饼】 miánzǐbǐng 명 면실박(棉實粕). 목화씨 깻묵. =【棉饼】 miánbǐng
【棉籽油】 miánzǐyóu 명 면실유(棉實油). 목화씨 기름. =【棉油】 miányóu

## 丏 miǎn 가릴 면

동 문 덮다. 가리다. 보이지 않다.

## *免 miǎn 면할 면

동 **1** 해임하다. 제거하다. 없애 버리다. 취소하다. ¶罢~=파면하다. /任~=임명과 면직. **2** 모면하다. 벗어나다. 피하다. 비키다. ¶避~=모면하다. /幸~于难=다행히도 재난에서 벗어나다. 부 …하지 마라. …해서는 안 된다. 허락하지 않다. ¶闲人~进=용무자 외 출입 금지.

○● 罢免, 避免, 不免, 黜chù免, 豁huò免, 减免, 蠲juān免, 难免, 赦shè免, 未免, 幸免

○ 免 miǎn
勉 miǎn
娩 miǎn
晚 wǎn
挽 wǎn

【免不得】 miǎn·bu·de 동 피할 수 없다. 면하기 어렵다. …하게〔되게〕 마련이다. …하지 않을 수 없다. 불가피하다.
【免不了】 miǎn·buliǎo 동 피할 수 없다. 면하기 어렵다. …하게〔되게〕 마련이다. …하지 않을 수 없다. 불가피하다. ¶人与人相处, ~会有矛盾。=사람과 사람이 어울리다 보면 갈등이 생기게 마련이다.
【免除】 miǎnchú 동 제거하다. 해소하다. 없애 버리다. 면제하다. 면하다. ¶~顾虑=근심을 없애다.

【免单】**miǎndān** 통양 계산을 면제하다. 무료로 하다. 공짜이다.

【免得】**miǎn·de** 접 …하지 않도록. …않기 위해서. ¶到那儿以后打个电话，~家里担心。= 집에서 걱정하지 않도록 그 곳에 도착한 후에 전화해라. ≒以免

【免费】**miǎn‖fèi** 돈을 받지 않다. 무료로 하다. 돈 낼 필요가 없다. ¶~品尝=무료로 시식하다.

【免官】**miǎnguān** 통 면관(免官)하다. 면직하다. 관직에서 해임되다.

【免冠】**miǎnguān** 통 1 모자를 벗다. [옛날에는 사죄의 뜻을 표하였으나, 나중에는 경의를 나타내게 되었음] 2 모자를 쓰지 않다. 탈모하다. ¶~照片=탈모 사진.

【免检】**miǎnjiǎn** 통 검사를 면제하다. ¶~产品=검사 면제 제품.

【免开尊口】**miǎnkāizūnkǒu** 성 1 입을 다무세요. 입을 열지 마세요. 그런 말씀은 하지 마십시오. 2 (비) 의견 발표를 거절합니다. 요구 사항을 제기하지 마십시오.

【免考】**miǎnkǎo** ☞【免试】**miǎnshì**

【免礼】**miǎnlǐ** 통 예의 차리지 마시오. 예의 차릴 필요 없습니다. 예의를 생각하지 않아도 됩니다. [상대방이 예의를 차릴 때 만류하면서 하는 인사말]

【免票】**miǎnpiào** 통 (입장·승차할 때) 표를 살 필요 없다. 무료이다. 무료 승차하다. 무료 입장하다. ¶博物馆对学生~开放。= 박물관은 학생들에게 무료로 개방한다. 명 무료 입장권. 무임 승차권. ¶部分观众持~人场。= 일부 관중들이 무료 입장권을 가지고 입장하다.

【免去】**miǎnqù** 통 면제하다. 피하다. (모)면하다. 막다. (나쁜 상황을) 방지하다. ¶这样一来可以~许多麻烦。= 이렇게 되면 많은 번거로움을 면할 수 있다.

【免试】**miǎnshì** 통 1 (진학·승진 등의) 시험을 면제받다. ¶~人学=입학 시험을 면제받다. 2 테스트를 면제받다. ≒【免考】**miǎnkǎo**

【免收】**miǎnshōu** 통 수납 면제받다. ¶~押金=보증금을 면제받다.

【免受】**miǎnshòu** 통 받지 않다. 당하지 않다. ¶~痛苦=고통을 받지 않다.

【免税】**miǎn‖shuì** 통 면세하다. 면세되다. 징수를 면제받다. ¶~企业=면세 기업.

【免俗】**miǎnsú** 통 (인습이) 세속에 얽매이지 않다. [주로 부정형으로 쓰임] ¶人情往来, 谁也不能~。= 인정이 오가면 누구나 세속에 얽매이게 마련이다.

【免刑】**miǎnxíng** 통 (법) 형벌을 면하다. 형사 처벌을 면하다.

【免修】**miǎnxiū** 통 (비준을 거쳐) 수강(수업)을 면제하다. ¶~英语=영어 수강(수업)을 면제받다.

【免验】**miǎnyàn** 통 검사를 면제하다. ¶~商品=검사 면제 제품.

【免役】**miǎnyì** 통 1 복역을 면제하다. 2 병역을 면제하다.

【免疫】**miǎnyì** 통 (의) 면역이 되다.

【免疫力】**miǎnyìlì** 명 1 (의) 면역력. [외부에서 들어온 병균에 저항하는 힘] 2 (비) 면역력. [사회의 불건전한 요소에 저항하는 힘] ¶青少年~差, 不适宜看这一类的电影。= 청소년은 면역력이 떨어져서 이러한 영화 관람은 적합하지 않다.

【免予】**miǎnyǔ** 통 …을(를) 면하다. …에서 벗어나다. …하지 않다. ¶~起诉=기소를 면하다.

【免遭】**miǎnzāo** 통 받지 않다.

【免战牌】**miǎnzhànpái** 명 정전패(停戰牌). [적에게 싸울 의사가 없음을 표시하는 팻말. 주로 옛날 소설이나 중국 전통극에 많이 보임]

【免征】**miǎnzhēng** 통 징수를 면제하다(면제받다). ¶~营业税=영업세 징수를 면제받다.

【免职】**miǎn‖zhí** 면직하다(면직되다). ¶他因渎职而被~。=그는 독직으로 인해 면직되었다. ≒撤职 ↔起用

【免罪】**miǎn‖zuì** 면죄하다. 면죄되다. 죄를 용서하다. ¶~释放=면죄하여 석방하다.

## 沔 **Miǎn** 물 이름 면

명 (地) 1 몐수이(沔水). [옛날에는 한수이(汉水)를 가리켰음. 지금은 한수이(汉水)의 상류인 산시(陕西)성 경내의 한 구간을 가리킴] 2 몐(沔)현. [산시(陕西)성에 있는 지명. 지금은 '勉县'이라고 씀]

## 黾[黽] **miǎn** 땅 이름 면

명 통 '渑(miǎn)'과 같음.
☞ **mǐn**

## 眄 **miǎn / miàn** 애꾸눈 면

통 1 곁눈질하다. 흘겨보다. 노려보다. 2 보다. 바라보다. ¶流~=눈을 돌려 보다. 이리저리 보다.

【眄视】**miǎnshì** 통 곁눈질하다. 흘겨보다. 노려보다.

## 俛 **miǎn** 힘쓸 면

☞【俛俛】**mǐnmiǎn**
☞ 俯(**fǔ**)

## 勉 **miǎn** 힘쓸 면

통 1 힘쓰다. 애쓰다. 노력하다. ¶勤~=근면하다. / 奋~=분발하여 노력하다. 2 격려하다. (용기를) 북돋우다. ¶共~=서로 용기를 북돋우다. 서로 격려하다. 함께 힘을 내다. / 自~=스스로 힘내다. 3 (역량이 부족하거나 내키지 않지만) 안간힘을 쓰다. 전력을 다하다. 간신히 (억지로) …하다. 마지못해 …하다. ¶~强答应=마지못해 승낙하다.

○● 嘉jiā勉, 勤qín勉, 劝quàn勉, 慰wèi勉

【勉力】**miǎnlì** 통 노력하다. 힘쓰다. 애쓰다. ¶~为之=힘써서 하다.

【勉励】**miǎnlì** 통 격려하다. 고무(鼓舞)하다. 격

**勉 娩 勔 冕 偭 渑 湎 愐 缅 䩄 腼 鮸 面** miàn 1345

려하다. 장려하다. ¶互相~=서로 격려하다. ≒鼓励

【勉勉强强】miǎn·mian qiǎngqiǎng 图 1 간신히〔가까스로·억지로〕…하다. 2 마지못하다. 내키지 않다. 3 견강부회(牵强附会)하다. 억지스럽다. 억지 논리를 부리다. 억지쓰다. 억지로 갖다 붙이다. 이유가 부족하다. 4 그런대로 …할 만하다. 아쉬운 대로 …할 만하다.

【勉强】miǎnqiǎng 图 1 간신히〔가까스로·억지로〕…하다. ¶他一直坚持跑到了终点。=그는 간신히 버텨서 종점까지 달렸다. 2 마지못하다. 내키지 않다. ¶他笑得很~。=그는 마지못해 웃는다. 3 견강부회(牵强附会)하다. 억지스럽다. 억지 논리를 부리다. 억지쓰다. 억지로 갖다 붙이다. 이유가 부족하다. ¶这个说法有些~。=이 의견은 좀 억지스럽다. 4 그런대로 …할 만하다. 아쉬운 대로 …할 만하다. ¶每月的工资~够用。=매달 월급이 그런대로 쓸 만하다. 图 강요하다. ¶你要是不愿意我也不会~你。=당신이 원치 않는다면 나도 강요하지는 않겠다.

【勉为其难】miǎnwéiqínán 图 힘이 미치지 않는 일을 간신히 해내다. 원래 내키지 않는 일을 억지로 하다. 어려운 일을 참고 가까스로 해내다. ≒强人所难

【勉慰】miǎnwèi 图 격려하고 위로하다. 고무하고 안위하다.

**娩** miǎn 분만할 만
图 분만하다. 해산하다. ¶分~=분만하다.
☞ wǎn

【娩出】miǎnchū 분만하다. 몸을 풀다. 아이를 낳다.

**勔** miǎn 힘쓸 면
图文 근면하다. 부지런하다.

* **冕** miǎn 면류관 면
명 1 면류관. 2 왕관. ¶加~礼=대관식(戴冠式). 3(中) 우승. ¶卫~=(경기에서) 우승을 지키다. 타이틀을 방어하다. ≒冠

【冕服】miǎnfú 图 면복. [옛날, 대부(大夫) 이상 고관들의 예복]

【冕旒】miǎnliú 图 면류관. 면류관의 앞뒤에 드리운 구슬 꿰미.

**偭** miǎn 향할 면
图文 1 향하다. …쪽으로 향하다. 2 위배하다. 위반하다. ¶~规越矩=규칙을 위배하다.

**渑[澠]** miǎn 땅 이름 면
☞ Shéng

【渑池】Miǎnchí 图(地) 몐츠. [허난(河南)성에 있는 지명]

**湎** miǎn 빠질 면
图文 깊이 빠지다〔미혹되다·탐닉하다〕. 미련을 두다. 연연하다. 몰입하다. ¶沉~=탐닉하다.

**愐** miǎn 힘쓸 면
图文 사고하다. 생각하다. 图文 근면하다. 열심이다.

* **缅[緬]** miǎn 멀 면
图 아득히 멀다. 요원(遥远)하다. ¶~怀故人=고인을 기리다. 图약 缅甸(미얀마, Myanmar). 图文 말다. 걷다. ¶把袖子一上。=소매를 걷어 올리다.

【缅甸】Miǎndiàn 图(外)(地) 미얀마(Myanmar). [수도는 '仰光(양곤：Yangon)'임]

【缅怀】miǎnhuái 图 (지나간 사람·사건을) 기리다. 회고하다. 추억하다. [장중한 분위기가 내포됨] ¶~先烈=선열을 기리다. ≒缅想 怀念

【缅邈】miǎnmiǎo 图文 요원(遥远)하다. 아득하게 멀다. 멀고 오래다. 까마득하다. ¶岁月~=세월이 까마득하다.

【缅想】miǎnxiǎng 图 (지나간 일·사건을) 회상하다. 회고하다. 추억하다. ¶~童年往事=어린 시절의 일을 회상하다. ≒缅怀

**䩄[靦]** miǎn 부끄러워할 면
☞ tiǎn
【䩄覥】miǎn·tiǎn ☞【腼腆】miǎn·tiǎn

**腼** miǎn 낯가릴 면
【腼腆】[䩄覥] miǎn·tiǎn 图 어색해하다. 부끄러워하다. 수줍어하다. 서먹서먹해하다. ¶小姑娘很~，怕见生人。=처녀 아이가 수줍어하여, 낯선 사람과 만나는 것을 두려워한다.

【腼腼腆腆】miǎn·mian tiǎntiǎn(~的) 图 어색해하다. 부끄러워하다. 부끄럼을 타다. 수줍음을 타다. 수줍어하다. 서먹서먹해하다.

**鮸[鮸]** miǎn 민어 면
图(動) 민어. ['米鱼(mǐyú)'라고도 하며, '鳌鱼(mǐnyú)'라고 통칭함]

* **面**[1] miàn 낯 면
图 1 얼굴. 낯. ¶愁容满~=얼굴 가득히 근심을 띠다. / 知人知~不知心。=사람을 알고 얼굴도 알지만 그 마음은 모른다. 사람은 겉만 보고는 모른다. 열 길 물 속은 알아도 한 길 사람 속은 모른다. 2 앞. ¶门~=상점 앞면. / 铺~=상점 외관. 3 부위. 방면. ¶正~=정면. / 八~威风=위풍이 당당하다. 기세가 주위를 압도하다. 4 (물체의) 표면. ¶路~=노면. / 水~=수면. 5 (~儿) (물건·옷감의) 겉면. 노출면. 바깥면. ¶被~儿=이불의 겉면. / 鞋~儿=신발의 겉면. 6 (數) 면. ¶点、线、~=점·선·면. 图 마주 보고. 직접 대로〔만나서〕. ¶参加~试=면접시험에 참가하다. / 详情~谈=상세한 상황은 직접 만나서 야기하다. 图 1 직접 만나다. 대면하다. ¶无缘~谋~=만날 기회가 없다. 2 향하다. 면하다. 마

○ 面 miàn
  缅 miǎn
  腼 miǎn
  湎 miǎn

주 보다. ¶坐北~南 =(건물 등이) 남향하고. (건물이) 북쪽에 자리 잡고 남쪽을 향하다. 양1 번. 회. 차례. [만나는 횟수를 세는 단위] ¶曾见过一~. =예전에 한 번 만난 적이 있다. 2 개. 폭. [편평한 물건을 세는 단위] ¶一~镜子 =거울 한 개. / 两~旗帜 =깃발 두 폭. 접미 방면. 쪽. 측. 편. [방위사(方位詞) 뒤에 쓰임. '边(쪽·측)'에 해당됨] ¶外~ =밖. 바깥. / 前~ =앞. 앞쪽. / 东~ =동쪽. ↔里 点

*\*面² [麵, 麪] miàn 밀가루 면
명 1 곡물의 가루. ¶玉米~ =옥수수 가루. / 荞麦~ =메밀가루. 2 밀가루. ¶白~ =소맥분. 3 (~儿) 분말. 가루. ¶胡椒~儿 =후춧가루. / 药~儿 =가루약. 4 국수. (밀가루) 면. ¶挂~ =걸어 말린 국수. / 刀削~ =(딱딱하게 반죽된 밀가루 덩어리를 조금 긴 타원 모양으로 칼로 깎아 내는) 칼국수. 형 (음식물이) 연하다. 물렁물렁〔말랑말랑〕하다. 부드럽다. 허벅허벅하다. 파근파근하다. ¶这烤红薯又~又甜. =이 군고구마는 파근파근하고 달다.

○-› 版bǎn面, 背面, 炒面, 出面, 创chuāng面, 大面, 觌dí面, 端面, 发面, 敷fū面, 幅面, 浮面, 腹面, 会面, 见面, 截jié面, 界面, 拉面, 里面, 脸面, 两面, 露面, 门面, 谜mí面, 米面, 抹mǒ面, 漠面, 劈面, 皮面, 票面, 情面, 球面, 曲qū面, 扇shàn面儿, 市面, 世面, 手面, 寿shòu面, 死面, 烫面, 头面, 屋面, 晤wù面, 席面, 相面, 修面, 颜面, 药面, 迎面, 硬面, 杂面, 照面儿, 桌面

【面案】miàn'àn 명 (취사를 분업해서 할 때) 주방에서 만터우(馒头)·밥 등을 만드는 일.
【面板】miànbǎn 안반. 밀가루 반죽판.
【面包】miànbāo 명 1 빵. 2 승합차. 미니버스. 마이크로버스. ¶坐小~走吧. =승합차를 타고 가자.
【面包车】miànbāochē ☞【旅行车】lǚxíngchē
【面包房】miànbāofáng 명 빵집. 제과점. 베이커리(bakery).
【面包果】miànbāoguǒ 〈植〉 빵나무(의 열매). =【面包树】miànbāoshù
【面包圈】miànbāoquān (~儿) 명 도넛(doughnut).
【面包树】miànbāoshù ☞【面包果】miànbāoguǒ
【面壁】miànbì 동 1 〈佛〉 면벽하고 좌선(坐禪)하다. 벽을 향해 정좌묵념하고 마음을 수련하다. 2 (학업·사업에) 몰두하다. 3 얼굴을 벽으로 향하고 일에 개의치 않다. 마음을 쓰지 않다. 4 옛 장시간 벽을 향해 서다. [옛날, 체벌의 일종]
【面饼】miànbǐng 밀반죽하여 구운, 원반처럼 생긴 빵.
【面不改色】miànbùgǎisè 성 1 얼굴빛 하나 변하지 않다. 2 비 위기 상황에서도 태연자약(泰然自若)하다.

【面部】miànbù 명 얼굴. 안면. ¶~表情 =얼굴 표정.
【面茶】miànchá 명 (양념을 쳐서 먹는 걸쭉한) 기장가루차 또는 죽. 좁쌀가루차 또는 죽.
【面陈】miànchén 동 (누구의) 앞에서 진술하다. 직접 만나서 말하다. ¶~利弊 =이로움과 폐단에 대해 직접 진술하다.
【面呈】miànchéng 동 직접〔앞에〕 드리다〔올리다·바치다·전하다·제출하다〕. ¶~董事长 =이사장에게 직접 드리다.
【面斥】miànchì 동 대놓고 훈계〔질책〕하다. 직접 타이르며 꾸짖다〔질책하다〕. ¶~舞弊行为 =부정 행위를 대놓고 질책하다.
【面辞】miàncí 동 직접 만나 작별 인사를 하다.
【面从】miàncóng 동위 겉으로만 복종하다. 보는 앞에서만 복종하다. 면종하다. ¶~后言 =보는 앞에서는 복종하는 체하면서 뒤에서 이러쿵저러쿵 말을 하다.
【面袋子】miàndài·zi ☞【面口袋】miànkǒudài
【面的】miàndī 명 승합차 택시. 미니 빵차 택시.
【面点】miàndiǎn 명 (케이크·과자·빵·떡 등) 쌀가루나 밀가루로 만든 간식.
【面对】miànduì 동 마주 보다. 마주 대하다. 직면하다. 직접 대면하다. ¶~现实 =현실에 직면하다.
【面对面】miànduìmiàn 동 1 얼굴을 맞대다. 대면하다. ¶两人~地坐着喝茶. =두 사람이 마주 앉아 차를 마신다. 2 비 일 대 일로 하다. 맨투맨(man to man)으로 하다. ¶~地交接工作 =일 대 일로 작업을 인수인계하다.
【面额】miàn'é 명 액면 가격. ¶~一百元的人民币 =액면가 100위안짜리 런민비.
【面坊】miànfáng 명 제분소(製粉所). 방앗간.
【面访】miànfǎng 동 직접 방문하다. ¶~体坛名将 =체육계 명장을 직접 방문하다.
【面肥】miànféi 명 발효 종(種)으로 삼는, 발효한 밀가루 반죽. =【老面】lǎomiàn 【面头】miàntóu 【发面头】fāmiàntóu
【面粉】miànfěn 명 밀가루.
【面缸】miàngāng 명 밀가루 항아리〔독〕.
【面告】miàngào 동 직접 알리다. 만나서 알려 주다. ¶~实情 =실정을 직접 알려 주다.
【面疙瘩】miàngē·da 명 (둥글고 두툼한) 수제비. 밀수제비.
【面馆】miànguǎn (~儿) 명 국숫집. 만두집. 분식점.
【面红耳赤】miànhóng-ěrchì 성 얼굴이 귀밑까지 빨개지다. 조급하거나 화나거나 부끄럽거나 흥분해서 얼굴이 온통 새빨개진 모양.
【面糊】miànhù 1 묽은 밀가루 반죽. 2 발 (밀가루로 쑨) 풀.
【面·hu】 형위 부드럽다. 연하다. 말랑말랑〔물렁물렁〕하다. 부드럽고 연한 모양. 파근파근하다. ¶这烤土豆~着呢. =이 구운 감자는 파근파근하다.
【面黄肌瘦】miànhuáng-jīshòu 성 1 안색이

누렇고 몸이 수척하다. **2**㈔ 병이 들었거나 영양 상태가 안 좋은 모양.

【面积】**miànjī** 图 면적. ¶土地~=토지 면적.
【面颊】**miànjiá** 图 뺨. 볼. ¶~红润=볼이 발그스름하다.
【面交】**miànjiāo** 图 직접 건네주다. 만나서 전달하다. ¶~院长=원장에게 직접 전달하다.
【面巾】**miànjīn** 图㈧ 세수 수건. 타월.
【面巾纸】**miànjīnzhǐ** 图 화장지. 페이스티슈(face tissue).
【面筋】**miàn·jin** 图 (밀가루와 물을 휘저어 전분을 부시고 난 뒤 남은) 글루텐(gluten).
【面具】**miànjù** 图 **1** 마스크. ¶防毒~=방독 마스크. **2** 가면. 탈. 마스크. **3**㈔ 위장. 가장. 가면. ¶撕掉他伪善的~。=그의 위선적인 가면을 벗기다.
【面孔】**miànkǒng** 图 **1** 낯. 얼굴. ¶严肃的~=엄숙한 얼굴. **2**㈔ (사물의) 외관. 모습. 면모. 양상. ¶改建后的街道呈现出全新的~。=재건 후의 거리가 완전히 새로운 모습을 드러냈다. ≒脸面
【面口袋】**miànkǒudài** 图 밀가루 포대〔부대·자루〕. =【面袋子】**miàndài·zi**
【面料】**miànliào** 图 **1** (옷·모자·신발 등을 만드는) 면직 재료. 감. 직물. 옷감. 원단. ¶风衣~=윈드 재킷 원단. **2** 물건 표면에 붙이는 재료. 베니어(veneer). 단판(單板). ¶家具~=가구 표면을 장식하는 베니어〔단판〕.
【面临】**miànlín** 图 (문제·상황에) 직면하다. 당면하다. 앞에 놓여 있다. ¶~失业=실업에 직면하다.
【面聆】**miànlíng** 图 직접 말씀을 듣다. 직접 경청하다. ¶~教诲=가르침을 직접 경청하다.
【面码儿】**miànmǎr** 图 국수 위에 놓는 야채 고명. [주로 날것 또는 데쳐 낸 것임]
【面貌】**miànmào** 图 **1** 용모. 생김새. ¶~俊秀=용모가 준수하다. **2**㈔ (사물의) 면모. 외관. 양상. 상태. 상황. ¶精神~=정신 상태. ≒面目 面容
【面门】**miànmén** 图 얼굴의 별칭.
【面面】**miànmiàn** 图 **1** 각 방면. ¶方方~=각〔모든〕 방면. 여러 가지 면. **2**㈜ 겉. 표면. 외관. 외면. 외형. ¶做点儿实际的, 别老做~上的文章。=늘 외형적인 글을 쓰지 말고 좀 실제적인 글을 써라.
【面面观】**miànmiànguān** 图 다방면〔다각적인〕 관찰〔고찰〕. [주로 문장의 표제를 달 때 쓰임] ¶《家庭暴力问题~》=《가정 폭력 문제의 다각적인 〔다방면〕 고찰》
【面面俱到】**miànmiàn-jùdào** ㈜ 각 방면을 빈틈없이 돌보다〔배려하다〕. 구석구석까지 샅샅이 고려하다.
【面面相觑】**miànmiàn-xiāngqù** ㈜ **1** 서로 얼굴만 쳐다볼 뿐 누구도 소리를 내지 못하다. **2**㈔ 어리둥절해서 어찌할 바를 모르다. 속수무책으로 어리둥절해하다. 모두 놀라고 두렵거나 속수무책인 모양.

【面膜】**miànmó** 图 마사지 팩(massage pack).
【面目】**miànmù** 图 **1** 생김새. 얼굴. 용모. 면목. **2**㈔ (사물의) 상태. 태도. 입장. 경향. 면모. ¶政治~=정치적 입장. **3** 면목. 낯. 체면. ¶事业上毫无成就, 有何~见亲朋好友?=사업에 아무런 성취도 없는데, 무슨 낯으로 친지들을 본단 말이냐? ≒面貌 面容
【面目全非】**miànmù-quánfēi** ㈜㈔ 모습이 전혀 달라지다. 딴판으로 되다. 원래 모습을 찾아볼 수 없게 되다.
【面目一新】**miànmù-yīxīn** ㈜ 면모가 (완전히) 일신되다. 모양이 아주 새롭게 되다.
【面嫩】**miànnèn** ㈜ **1** (실제 나이보다) 젊어 보이다. 어려 보이다. 얼굴이 앳되다. ¶她~, 看起来不像近五十的人。=그녀는 젊어 보여서 50세에 가까운 사람 같지 않다. **2** 낯가죽이 얇다. 수줍음을 잘 타다. 부끄러워하다. 숫기가 없다. ¶这孩子~, 在人多的场合一说话就脸红。=이 아이는 수줍음을 잘 타서 사람이 많은 곳에서 말을 하면 얼굴이 빨개진다.
【面盘(·子)】**miànpán(·zi)** 图 얼굴 윤곽. 생김새. 용모. 얼굴.
【面庞】**miànpáng** 图 얼굴 윤곽. 얼굴 생김. 용모. 얼굴. ¶圆圆的~=둥글둥글한 얼굴.
【面盆】**miànpén** 图 밀가루 반죽용 둥근 그릇.
【面坯儿】**miànpīr** 图 (삶아 내어 아직 양념하지 않은) 맨국수. 국수 사리.
【面皮】**miànpí** 图 **1** (~儿) (만두·훈툰(馄饨) 등의) 피. 밀가루로 반죽한 얇은 반대기. **2** 낯 가죽. 면목. 체면.
【面片儿】**miànpiànr** 图 (얇은) 수제비. 칼싹두기. 칼제비.
【面洽】**miànqià** 图 직접 만나서 상담하다. ¶~合作事宜=협력 업무 때문에 만나서 상담하다.
【面前】**miànqián** 图 **1** 면전. 눈 앞. 앞. ¶~是一望无际的大海。=눈 앞의 끝없이 넓게 펼쳐진 바다이다. **2** 현재. 현 단계. 목전. 당면. 오늘. ¶先把~的事情处理好。=먼저 목전의 일이나 잘 처리해라.
【面人儿】**miànrénr** 图 물들인 찹쌀가루로 만든 인형〔입상〕. [민간 전통 공예품임]
【面容】**miànróng** 图 면모. 얼굴 생김새. 용모. ¶~憔悴=용모가 초췌하다. ≒面目 面貌
【面如土色】**miànrútǔsè** ㈜ **1** 얼굴이 흙빛이 되다. **2**㈔ 놀라서 얼굴이 새파랗게 질리다. 안색이 창백해지다.
【面软】**miànruǎn** ㈜ (마음이) 약하다. 순하다. 여리다. ¶心慈~=마음이 여리고 선하다.
【面色】**miànsè** 图 안색. 얼굴색. 얼굴 기색. ¶~苍白=안색이 창백하다. ≒脸色
【面纱】**miànshā** 图 **1** 면사(포). 베일(veil). **2**㈔ 베일(veil). ¶揭开古墓神秘的~。=고분의 신비로운 베일을 벗기다.
【面善】**miànshàn** ㈜ **1** 낯익다. 구면(舊面)이다. ¶这人有些~, 好像在哪儿见过。=이 사람은 약간 낯이 익은데, 아무래도 어디선가 본 적이 있는 것 같다. **2** (용모가) 온화하고 선량하다. 선

하다. ¶心慈~=마음씨가 인자하고 표정이 선량하다. ≒面熟 ↔面生
【面商】**miànshāng** 동 직접 만나서 의논하다〔협의하다〕. 면담하다.
【面上】**miàn·shang** 명 전반적인 일〔업무〕. 일반적인 일〔업무〕. ¶不仅要抓~的工作, 更要深入实际, 解决重点, 难点问题=일반적인 업무만을 강조할 게 아니라, 더욱 실제에 깊이 들어가서, 중점적이고 어려운 문제를 해결해야 한다.
【面神经】**miànshénjīng** 명〔生〕안면 신경.
【面生】**miànshēng** 형 낯설다. ¶他叮嘱孩子不要给~的人开门。=그는 낯선 사람한테 문을 열어 주지 말라고 아이에게 신신당부하였다. ↔面熟 面善
【面食】**miànshí** 명 밀가루 음식. 분식.
【面世】**miànshì** 동 (작품이나 제품이) 세상에 나오다. 세상에 선을 보이다. ¶他又有一部小说即将~。=그는 또 한 편의 소설을 곧 세상에 선보인다. ≒问世
【面市】**miànshì** 동 (상품을) 시장에 공급하다. 내놓다. 출하하다. 출시하다. ¶这款轿车~还不到一个月。=이 자가용은 출시된 지 아직 한 달도 채 안 되었다.
【面试】**miànshì** 동 면접시험 보다. 구술시험 보다. ¶笔试合格以后还要~。=필기시험 합격 후에는 면접시험을 봐야 한다. 명 면접시험. 구술시험. ¶他通过了~。=그는 면접시험에 통과되었다.
【面首】**miànshǒu** 명 옛날, 귀부인들이 노리개로 삼던, 용모가 준수한 남자.
【面授】**miànshòu** 동 1 직접 만나서 전수하다. 직접 알려 주다. ¶~计谋=직접 만나서 책략을 알려 주다. 2 직접 만나서 가르치다. ↔函授
【面授机宜】**miànshòu-jīyí** 성 시의적절한 대책을 직접 일러 주다.
【面熟】**miànshú** 형 낯익다. 면식이 있다. ¶这人看着很~。=이 사람은 아주 낯익어 보인다. ≒面善 ↔面生
【面诉】**miànsù** 동 직접 만나서 하소연하다. ¶~衷肠=속내를 직접 만나서 하소연하다.
【面塑】**miànsù** 명 1 물들인 찹쌀가루나 밀가루로 빚은 소상(塑像). 2 물들인 찹쌀가루나 밀가루로 빚은 작품이나 공예(품).
【面瘫】**miàntān** 명〔醫〕안면 신경 마비.
【面谈】**miàntán** 동 면담하다. 직접 만나서 이야기하다. ¶改日~=나중에 직접 만나서 이야기하다.
【面汤】**miàntāng** 명 1 국수를 삶아 낸 탕. 2 탕면(湯麵). 고명이 들어 있는 국수. 3 동 뜨거운 세숫물.
【面条】**miàntiáo**(~儿) 명 국수.
【面头】**miàntóu** ☞【面肥】**miànféi**
【面团】**miàntuán**(~儿) 명 밀반죽 덩어리.
【面团团】**miàntuántuán** 형 얼굴이 통통한 모양.
【面无人色】**miànwúrénsè** 성 1 얼굴에 핏기가 없다. 얼굴이 사색이다. 2 (비) 매우 놀라고 두

려워하는 표정.
【面晤】**miànwù** 동 만나다. 면담하다. 대면하다. [정중한 뜻이 내포됨] ¶两国代表~后举行了记者招待会。=양국 대표의 대면 후에 기자 회견이 거행되었다.
【面向】**miànxiàng** 동 …에 직면하다. …로 향하다. ¶~未来=미래로 향하다.
【面相】**miànxiàng** 명 면상. 용모(容貌). 얼굴 생김새.
【面谢】**miànxiè** 동 직접 만나서 감사드리다. 사의를 표하다. ¶救命之恩, 定当~。=생명을 구해 주신 은혜는 반드시 직접 찾아뵙고 사의를 표할 것입니다.
【面叙】**miànxù** 동 면담하다. 직접 만나서 이야기하다. ¶择日~=날을 잡아 면담하다.
【面议】**miànyì** 동 직접 만나서 의논〔상의〕하다. ¶价格~=가격을 직접 만나서 상의하다.
【面影】**miànyǐng** 명 인체 정면의 형상.
【面有菜色】**miànyǒu-càisè** 성 병들거나 굶주려서 얼굴이 푸르뎅뎅하다. 얼굴에 굶주린 빛이나 병색이 돌다.
【面鱼】**miànyú** ☞【银鱼】**yínyú**
【面谕】**miànyù** 동(문) 직접 훈시하다. 직접〔만나서〕명령을 하달하다.
【面誉背毁】**miànyù-bèihuǐ** 성 면전에서는 칭찬을 하고 등 뒤에서는 헐뜯다.
【面罩】**miànzhào** 명 (안면) 마스크.
【面值】**miànzhí** 명 액면 가격. ¶~两万元的支票=액면가 20,000위안짜리 수표.
【面嘱】**miànzhǔ** 동 만나서 부탁하다. 직접 당부하다.
【面砖】**miànzhuān** 명 장식 타일.
【面子】**miàn·zi** 명 1 표면. 겉면. ¶用毛料做大衣的~。=모직 옷감으로 외투의 겉을 만들다. 2 체면. 면목. ¶顾惜~=체면을 소중히 여기다. 3 안면. 정실. 정분. ¶碍于~, 不便回绝。=안면 때문에 거절하기 곤란하다. 4〔구〕분말. ¶药~=가루약.
【面子工程】**miàn·zi gōngchéng** ☞【形象工程】**xíngxiàng gōngchéng**

**眄** miàn 애꾸눈 면
☞ miǎn

## miao

**喵** miāo 고양이 우는 소리 묘
의 야옹. [고양이 울음소리] ¶小猫~~地叫着。=고양이가 야옹야옹 울고 있다.

**苗** miáo 싹 묘
명 1 (~儿) 움. (새)싹. 묘목. 새로 돋은 잎. ¶麦~儿=밀·보리싹. / 青~=푸른 싹. 2 (채소의) 싹. ¶蒜~儿=마늘싹. 3 후대. 후손. 자손. ¶李家就这一根独~儿。=이씨 집안에는 이 자손밖

에 없다. **4** (사육 동물의) 새끼. ¶鱼~=새끼물고기. 치어. **5** (명) (~儿) (일·사건 따위의) 단서. 실마리. 조짐. ¶祸~儿=화근. **6** (矿) 노두(露頭). [광맥(鑛脈)이나 암석·지층·석탄층 따위가 땅의 표면에 드러난 부분. 광석을 찾는 데 중요한 실마리가 됨] ¶矿~=노두(露頭). **7** (~儿) 새싹 모양의 사물. ¶火~儿=불꽃. **8** (医) 백신. 예방 접종약. ¶牛痘~=우두. **9** (Miáo) 묘족(苗族). ¶~家小伙=묘족 청년. **10** (Miáo) 성(姓).

○● 保苗, 补苗, 出苗, 定苗, 痘dòu苗, 蹲dūn苗, 扶苗, 根苗, 禾hé苗, 花苗, 间jiàn苗, 矿苗, 露苗, 树苗, 秧苗, 疫yì苗, 银苗, 油苗, 育苗, 植苗, 壮苗

【苗床】**miáochuáng** (명)(농) 묘상. 묘판. 묘판 못자리. 앙판(秧板). 육묘장.

【苗稻瘟】**miáodàowēn** (명)(농) 도열병.

【苗而不秀】**miáo'érbùxiù** (성) **1** 농작물이 싹은 잘 자랐으나 열매가 열리지 않다. **2** (비) 자질은 좋으나 성공하지 못하다. **3** (비) 겉만 그럴듯할 뿐 내용〔실속〕이 없다.

【苗家】**miáojiā** (명) 묘족(苗族)인에 대한 호칭. ¶~村寨=묘족인 촌락.

【苗剧】**miáojù** (명)(극) 묘(족)극. [주로 후난(湖南)성 샹시(湘西) 일대의 묘족 집단 거주지에서 유행하는 묘족의 전통극] =【苗戏】**miáoxì**

【苗距】**miáojù** (명) 볏모와 볏모 사이의 간격.

【苗苗条条】**miáo·miao tiáotiáo** (~的) (여성의 몸매가) 아름답고 날씬하다. 호리호리하다. 늘씬하다.

【苗木】**miáomù** (명)(임) 묘목.

【苗圃】**miáopǔ** (명) 묘포. 묘상. 육묘장.

【苗期】**miáoqī** (명)(농) 실생기(實生期). [벼 따위가 싹이 나와 개화하여 결실하기 전까지의 생장 단계]

【苗禽】**miáoqín** (명) (가금류의) 새끼.

【苗情】**miáoqíng** (명) 농작물의 실생기(實生期) 생장 현황.

【苗条】**miáo·tiao** (형) (여성의 몸매가) 아름답고 날씬하다. 호리호리하다. 늘씬하다. ¶身材~=몸매가 늘씬하다.

【苗头】**miáo·tou** (명) 징후. 징조. 조짐. 낌새. 실마리. 기미. 단초. 단서. 경향. ¶事故的~=사고의 단초.

【苗戏】**miáoxì** ☞【苗剧】**miáojù**

【苗绣】**miáoxiù** (명) 묘족(苗族)의 자수품.

【苗裔】**miáoyì** (명)(문) 후예. 후손. 자손. 후대.

【苗语】**Miáoyǔ** (명)(언) 묘어(苗語). [한장어(漢藏語)계 묘요어(苗瑤語)족에 속함]

【苗寨】**miáozhài** (명) 묘족인의 집단 거주 지역. [주위에 주로 담장이나 울타리가 있음]

【苗猪】**miáozhū** ☞【子猪】**zǐzhū**

【苗子】**miáo·zi** (명) **1** (형) 새싹. 맹아. 묘목. 새로

○ 苗 miáo
描 miáo
瞄 miáo
喵 miáo
鹋 miáo
庙 miào
猫 māo
锚 máo

돋은 잎. ¶豆~=콩과 작물의 새싹. **2** (명) 야채의 연한 줄기나 잎. ¶韭菜~=어린 부추. **3** 후대. 후손. ¶他是王家的独~。=그는 왕씨 집안의 유일한 후손이다. **4** (비) 젊은〔어린〕 후계자. 새로 출현한 인재. ¶他是演戏的好~。=그는 연기가 아주 뛰어난 젊은 후계자이다. **5** (사육 동물의) 갓난 새끼. ¶猪~=갓난 새끼돼지. **6** (명) 징후. 징조. 조짐. 낌새. ¶爱~=애정의 징후. **7** (矿) 노두(露頭). ¶矿~=노두(露頭). **8** 새싹 모양의 사물. ¶灯~=불꽃.

【苗族】**Miáozú** (명) 묘족. [중국 소수 민족의 하나로, 주로 구이저우(贵州)성을 중심으로 윈난(云南)·광시(广西)·광둥(广东)·후난(湖南)·후베이(湖北)·충칭(重庆) 등지에 분포함]

\*\***描** **miáo** 그릴 묘

(동) **1** (습자지를 밑그림 위에 놓고) 모사(模寫)하다. 베끼다. 본뜨다. ¶~图样=도안을 모사하다. **2** 덧그리다. 덧쓰다. 덧칠하다. ¶~眉打鬓=눈썹을 덧칠하고 귀밑머리를 매만지다. 여자가 정성스럽게 화장을 하다.

○● 白描, 扫sǎo描, 素sù描

【描红】**miáohóng** (동) 모사(模寫)하다. 덧쓰기를 하다. (명) 습자용(習字用) 글씨본.

【描画】**miáohuà** (동) 베끼다. 그리다. 묘사하다. ¶~生活场景=생활의 정경〔모습〕을 묘사하다. ≒描绘

【描绘】**miáohuì** (동) 베끼다. 그리다. 묘사하다. ¶小说中的人物~得很生动。=소설 속의 인물을 아주 생동감 있게 그려 냈다. ≒描画

【描记】**miáojì** (동) 측정기가 빛 또는 전기 신호에 따라 선 형태로 그려 내는 기록.

【描金】**miáojīn** (동) (기물·담벽·기둥 등의 도안 위에) 금〔은〕박 무늬를 놓다.

【描眉】**miáoméi** (동) 아이브라우펜슬(eyebrow pencil)로 눈썹을 그리다.

【描摹】**miáomó** (동) **1** (습자지를 밑그림 위에 놓고) 모사(模寫)하다. 베끼다. 본뜨다. ¶~字帖=서첩을 모사(模寫)하다. **2** 묘사하다. 그려 내다. ¶~人物的心理活动=인물의 심리를 묘사하다. ≒描写

【描述】**miáoshù** (동) (언어·문자로써) 묘사하다. 기술〔서술〕하다. 그리다. 그려 내다. ¶作者用形象的语言~了海上日出的壮丽景象。=작가는 형상적 언어로 해상 일출의 웅장하고 아름다운 풍경을 묘사하였다.

【描图】**miáotú** ‖ **tú** (동) (그림을) 베끼다〔스캔(scan)하다〕.

【描图纸】**miáotúzhǐ** (명) 트레이싱페이퍼(tracing paper). 투사지(透寫紙).

【描写】**miáoxiě** (동) 묘사하다. 그려 내다. ¶~景物=경치를 묘사하다. ≒描摹

【描叙】**miáoxù** (동) (언어·문자로써) 묘사하다. 서술〔기술〕하다. 그려 내다. ¶文中~了淳朴的山区风情。=글을 통해 순박한 산간 정취를 묘사하였다.

鹋[鶓] miáo 에뮤 묘
　☞【鹋鹋】érmiáo

*瞄 miáo 노려볼 묘
　동 노려보다. 겨누다. 주시하다. ¶他偸偸地~了她一眼. = 그는 몰래 그녀를 훔쳐보았다.
【瞄准】miáo‖zhǔn(~儿) 동 1 (사격 목표물을) 겨누다. 겨냥하다. 조준하다. ¶~靶心 = 과녁을 조준하다. 2 (특정한 대상을) 겨누다. 겨냥하다. 조준하다. ¶~海外市场 = 해외 시장을 겨냥하다.

杪 miáo 끝 초
　명운 1 나무의 끝. 나뭇가지 끝. 수초(樹杪). ¶树~ = 나뭇가지 끝. 2 (년·월·계절의) 끝. 말미. ¶岁~ = 연말. 세모(歲暮).

䏚 miáo 옆구리 묘
　명운(醫) 허구리. [허리 좌우 양쪽의 갈비뼈 아래 잘쏙한 부위]

眇[(䁒)] miáo 애꾸눈 묘
　명운 1 애꾸눈. 외눈박이. 2 맹인. 봉사. 시각 장애인. ¶生而~者不识日. = 태어나면서부터 장님인 사람은 태양을 모른다. 형운 아주 작다. 미소(微小)하다. ¶~然一粟 = 아주 작은 좁쌀 한 알. ≒瞎.

*秒 miǎo 초 초
　양 1 초. [고대의 길이 계량 단위로, 1촌(寸)의 10,000분의 1] 2 초. [호(弧)·각도 계량 단위로, 60초를 1분(分)이라 함] 3 초. [경도 혹은 위도 계량 단위로, 60초를 1분(分)이라 함] 4 초. [시간 계량 단위로, 60초를 1분(分)이라 함]
【秒表】miǎobiǎo 명 스톱워치(stopwatch). 초시계.
【秒差距】miǎochājù 명(天) 파섹(parsec). [천체의 거리를 나타내는 단위로, 3.259광년]
【秒公方】miǎogōngfāng 명 1초 동안에 1m³가 흐르는 유량(流量)의 단위(m³/s).
【秒针】miǎozhēn 명 초침. 초바늘.

渺¹[(淼·淼)] miǎo 물 아득할 묘
　형 물이 한없이 넓고 까마득한 모양. ¶雾~ = 안개가 한없이 자욱하다.

渺²[(淼)] miǎo 아득할 묘
　형 1 묘망하다. 끝없이 넓다. 아득하다. 막막하다. 까마득하다. 감감하다. ¶~无声息 = 소식이 감감하다. 2 아주 작다. 미소하다. ¶~不足道 = 너무 사소해서 말할 거리가 못 된다.
　　○● 浩hào渺, 飘piāo渺, 杳yǎo渺

【渺茫】miǎománg 형 1 묘망하다. 아득하다. 까마득하다. 감감하다. ¶海水的尽头一片~. = 바다는 끝이 까마득하다. 2 막연하다. 막막하다. 막연하다. ¶希望~ = 희망이 막연하다.
【渺渺】miǎomiǎo 형운 1 요원하여 끝이 안 보이는 모양. 그지없이 넓고 아득한 모양. ¶云雾~ = 운무가 한없이 자욱하다. 2 아주 약하고 작은 모양. 미미한 모양. 보잘것없는 모양. ¶~之身 = 보잘것없는 몸.
【渺渺茫茫】miǎo·miao mángmáng 형 묘망하다. 아득하다. 까마득하다.
【渺然】miǎorán 형운 묘연하다. ¶踪迹~ = 종적이 묘연하다.
【渺无人烟】miǎowúrényān 성 1 황량한 곳에 인가조차 없다. 2⑩ 무인지경(無人之境)이다.
【渺无音信】miǎowúyīnxìn 성 오랫동안 기별이 없다. 감감무소식이다.
【渺小】[藐小] miǎoxiǎo 형 매우 작다. 미소하다. 보잘것없다. ¶面对浩瀚的宇宙, 人类显得是那么~. = 드넓은 우주를 대하고 있노라면, 인류는 정말로 보잘것없어 보인다. ↔伟大
【渺远】miǎoyuǎn ☞【邈远】miǎoyuǎn

缈[緲] miǎo 가물가물할 묘
　☞【缥缈】piāomiǎo

*藐 miǎo 작을 막
　형 작다. ¶个人的力量是~小的. = 개인의 역량은 아주 작은 것이다. 동 경시하다. 무시하다. 가볍게 보다. ¶言者谆谆, 听者~~. = 말하는 사람은 진지한데, 듣는 사람은 가볍게 생각하다.
【藐视】miǎoshì 동 경시하다. 얕보다. 깔보다. 경멸하다. 업신여기다. ¶千万不能~困难. = 절대로 (생활이) 어렵다고 얕보아서는 안 된다. ≒轻视 ↔重视
【藐小】miǎoxiǎo ☞【渺小】miǎoxiǎo

邈 miǎo 멀 막
　형운 요원하다. 아득하다. 멀다. ¶~不可见 = 아득하여 보이지 않다.
【邈远】[渺远] miǎoyuǎn 형 요원하다. 아득하다. 멀다. ¶~的古代 = 아득한 옛날.

*妙[(玅)] miào 묘할 묘
　형 1 현묘하다. 깊고 심오하다. 신비하다. ¶精~ = 절묘하다. / 微~ = 미묘하다. 2 아름답다. 좋다. 훌륭하다. 뛰어나다. ¶美~ = 아름답다. 절묘하다. / 形势不~ = 형세가 좋지 않다. 3 정교하다. 기묘하다. 신기하다. ¶巧~ = 교묘하다. / 神机~算 = 신묘한 지략과 교묘한 계책.
　　○● 奥ào妙, 不妙, 高妙, 精妙, 曼màn妙, 美妙, 奇妙, 巧qiǎo妙, 神妙, 微wēi妙, 玄xuán妙
【妙笔】miàobǐ 명 묘필. 신필(神筆). 비범한 필법. 빼어난 필치. 뛰어난 문필. ¶此处用典是全诗的~所在. = 이 부분에서 전고(典故)를 사용한 것이 이 시 전체에서 가장 훌륭한 점이다. ≒败笔
【妙笔生花】miàobǐ-shēnghuā 성 아름다운 필치. 재주가 뛰어나 훌륭한 작품을 써낼 수 있

다. =【生花妙笔】shēnghuā-miàobǐ ≒梦笔生花

【妙不可言】miàobùkěyán [성] 이루 말할 수 없을 정도로 훌륭하다. 말로 형용할 수 없을 정도로 훌륭하다. 절묘하다.

【妙处】miàochù [명] (절)묘한 곳〔점·부분〕. ¶细细品味画中的～。=그림 속의 절묘한 부분을 세세하게 음미하다.

【妙法】miàofǎ [명] 묘법. 묘안. 묘책. 묘방. ¶自有～=응당 묘책이 있다.

【妙计】miàojì [명] 묘계. 교묘한 꾀. 기묘한 계교. 묘책(妙策). ¶锦囊～=비단 주머니 속의 묘계. 위기를 타파할 수 있는 묘책.

【妙境】miàojìng [명] 묘경. 절묘한 경지. ¶影片将人们带进神奇的～。=영화는 사람들을 신비한 묘경으로 이끌어 간다.

【妙句】miàojù [명] 묘구. 절묘한 문구. 아주 잘 지은 문구.

【妙诀】miàojué [명] 비결. 묘책. 비방. 비법. ¶成功的～=성공의 비결.

【妙丽】miàolì [형] 매우 아름답다. 화려하다. 우아하다. ¶词藻～=시문의 문채(文彩)가 매우 화려하다. [명] 젊고 아름다운 여자.

【妙龄】miàolíng [명] 묘령. 묘년. 젊은 여자의 꽃다운 나이. 스물 안팎의 여자 나이. ¶～女子=묘령의 아가씨.

【妙论】miàolùn [명] 훌륭한 이론.

【妙年】miàonián [명] 묘년. 젊은 나이. 스물 안팎의 나이. ¶正值～=한창 아름다운 나이.

【妙品】miàopǐn [명] 묘품. 절품. 뛰어난 작품. [주로 서화(書畫)를 가리킴]

【妙趣】miàoqù [명] 묘취. 묘미. 아취. 운치. 풍미. ¶～天成=미묘한 흥취가 자연스럽게 이루어지다.

【妙趣横生】miàoqù-héngshēng [성] 미묘한 운치〔정취〕가 넘치다. [사람의 말투나 태도 또는 문학 작품 등에 쓰임]

【妙手】miàoshǒu [명] 묘수. 명수. 명인. 달인. 절묘한〔뛰어난〕 솜씨를 가진 사람. ¶绝代～=절세의 명인.

【妙手回春】miàoshǒu-huíchūn [성] 의술이 탁월하여 사경에 빠진 환자를 살려 내다. [의사의 훌륭한 의술을 일컫는 말]

【妙算】miàosuàn [명] 묘책. 명안. 교묘한 꾀. ¶神机～=신묘한 지략과 교묘한 계책.

【妙药】miàoyào [명] 묘약. 신약. 영약. 만병통치약. ¶灵丹～=영험하고 효력이 있는 신기한 영약. 문제를 해결할 수 있는 좋은 방법.

【妙用】miàoyòng [명] 신통한 효험. 불가사의한 효능〔용도〕. 신묘한 작용. ¶～无穷=신통한 효험이 무궁하다.

【妙语】miàoyǔ [명] 재치〔기지〕 있는 말. 번득이는 이야기. 의미심장한 말. 명언. 묘한 말. 재담. 익살. ¶～惊人=번득이는 이야기로 사람을 놀라게 하다.

【妙语解颐】miàoyǔ-jiěyí [성] 재치 있는 말로 사람을 웃기다.

【妙语连珠】miàoyǔ-liánzhū [성][비] 재치〔기지〕 있는 말이 계속 이어지다. 재담이 줄지어 나오다.

【妙招】[妙着] miàozhāo(～儿) [명] 묘책. 묘방. 비방.

【妙着】miàozhāo [명] 1 (바둑·장기의) 묘수. 2 ☞【妙招】miàozhāo

**庙[廟] miào 사당 묘

[명] 1 묘. 가묘. 묘당. 종묘. ¶宗～=종묘. / 太～=태묘. 2 사당. 사찰. 절. 사원. 불사. ¶寺～=절. 사원. / 孔～=공자묘. 3 잿날이나 정한 날에 절 안이나 절 입구에 개설되던 임시 시장. ¶赶～=잿날에 열리는 임시 장에 가다. 4 [문] 조정(朝廷). ¶廊～=조정(朝廷). 5 [문] 죽은 황제의 별칭. ¶～讳=묘휘. 묘호. 임금의 시호(諡號). ≒庵 观 寺

○● 廊láng庙, 圣shèng庙, 太庙, 文庙, 武庙

【庙号】miàohào [명] 묘호. 묘휘. 임금의 시호(諡號).

【庙会】miàohuì [명] 잿날이나 정한 날에 절 안이나 절 입구에 개설되던 임시 시장.

【庙堂】miàotáng [명][문] 1 묘당. [고대, 제왕이 제사를 올리거나 국사를 논하던 종묘(宗廟)와 명당(明堂)] 2 조정. 3 묘우. 사당. 불당.

【庙宇】miàoyǔ [명] 묘우. 사당. 불당.

【庙主】miàozhǔ [명] 1 주지. 방장. 주장중. 도사. 2 [문] (종묘에 모셔 둔) 위패.

【庙祝】miàozhù [명] 사당·불당 등에서 향촉(香燭)을 관리하는 사람.

缪[繆] Miào 성씨 묘

[명] 성(姓).

☞ miù, móu

# mie

乜 miē 흘겨볼 먀

[동][방] (업신여기거나 불만의 뜻으로) 흘겨보다. 째려보다.

☞ Niè

【乜斜】miē·xie [동] 1 (업신여기거나 불만의 뜻으로) 흘겨보다. 째려보다. ¶他～着眼睛，脸上露出鄙夷的神色。=그는 눈을 흘겨보면서, 얼굴에는 경멸의 표정을 드러냈다. 2 (졸리거나 피곤하여) 눈까풀이 내려앉다. 거슴츠레해지다. ¶睡眼～=잠에 취해 눈이 거슴츠레해졌다.

咩[(哶·哶)] miē 양 울음소리 미

[의] 매에. 매에매에. [양이나 염소의 울음소리] ¶羊羔～～地叫着。=어린 양이 매매 울고 있다.

**灭[滅] miè 없어질 멸

[동] 1 불이 꺼지다. 빛이 소멸되다. ¶熄～=불이

꺼지다. / 火~了。=불이 꺼졌다. **2** 불을 끄다. 소등하다. ¶~灯=소등하다. **3** 소멸하다. 멸망하다. ¶自生自~=자생하고 자멸하다. **4** 없애다. 소멸시키다. ¶~蚊=모기를 없애다. **5** 물에 잠기다. 침수하다. ¶惨遭~顶之灾。=익사하다. ↔着(zháo)

○● 覆fù灭, 幻huàn灭, 毁huǐ灭, 歼jiān灭, 剿jiǎo灭, 溃kuì灭, 泯mǐn灭, 磨灭, 破灭, 扑pū灭, 扫灭, 吞tūn灭, 熄xī灭, 消灭, 湮yān灭, 陨yǔn灭

【灭茬】 miè‖chá 동(农) 농작물을 수확하고 남은 그루터기를 제거하다.
【灭此朝食】 mièсǐ-zhāoshí 성 **1** 적을 소멸시키고 나서 아침밥을 먹겠다. **2**(비) 적을 빨리 쳐부수고자하는 마음.
【灭顶】 miè‖dǐng 동 물이 머리까지 잠기다. 익사하다. [주로 비유에 쓰임] ¶~之灾=익사. 치명적인 재난.
【灭火】 miè‖huǒ 동 **1** 불을 끄다. 소화(消火)하다. **2** (자동차의) 엔진을 끄다.
【灭火剂】 mièhuǒjì 명 소화 약품.
【灭火器】 mièhuǒqì 명 소화기.
【灭迹】 miè‖jì 동 (주로 범죄로 남긴) 흔적을 제거하다. 증거를 없애다. ¶销赃~=처분한 장물의 흔적을 없애다.
【灭绝】 mièjué 동 **1** 절멸하다. 멸절되다. 완전히 없어다〔제거하다〕. 철저히 소멸하다. ¶这种疾病目前已经~。=이 질병은 이미 완전히 멸절되었다. **2** 완전히 상실하다. ¶~人性=인성을 완전히 상실하다. 늑绝种
【灭菌】 mièjūn 동 멸균하다. 살균하다. ¶高温~=고온으로 멸균하다.
【灭口】 miè‖kǒu 동 멸구하다. 입을 막다. ¶杀人~=사정을 아는 사람을 죽여 증인을 없애다.
【灭门】 mièmén 동 일가를 전멸시키다〔몰살시키다〕. 일가를 전멸하다. ¶~之祸=멸문지화. 멸문의 재난.
【灭杀】 mièshā 동 소멸하다. 죽이다. 죽여 없애다. ¶~害虫=해충을 없애다.
【灭失】 mièshī 동(法) 멸실하다. 〔자연 재해·도난·유실 등으로 인해 물품이 존재하지 않음을 가리킴〕
【灭亡】 mièwáng 동 **1** 멸망하다. ¶自取~=멸망을 자초하다. **2** 멸망시키다. 소멸시키다. ¶秦始皇~六国完成一统。=진시황이 여섯 나라를 멸망시키고 천하를 통일하였다. 늑覆亡
【灭种】 mièzhǒng 동 **1** 종족이 절멸〔멸종〕하다. 종족을 없애다. ¶亡国~=나라가 망하고 종족이 절멸하다. **2** 멸종하다. ¶一些珍稀动物面临~的危险。=일부 희귀 동물이 멸종의 위기에 직면해 있다.
【灭族】 mièzú 동 멸족하다.

** **蔑**¹ miè 업신여길 멸
형⋅문 작다. 경미하다. ¶轻~=경멸하다. 깔보다. 동⋅문 없다. ¶~以复加=더 보탤 것이 없다. 완벽하다.

** **蔑**²[衊] miè 모독할 멸
동 헛소문으로 타인의 명예를 훼손하다. ¶诬~=중상 모략하다. 모독하다. / 污~=더럽히다. 비방하다.

○● 轻蔑, 污wū蔑, 侮wū蔑

【蔑称】 mièchēng 동 멸칭하다. 얕잡아 부르다. ¶他常被爱人~为'傻瓜'。=그는 늘 마누라한테 '바보'라고 얕잡아 불린다. 명 멸칭. 얕잡아 부르는 말. ¶'吝啬鬼'是大家对他的~。='구두쇠'는 사람들이 그에 대해 얕잡아 부르는 말이다.
【蔑视】 mièshì 동 멸시〔경시〕하다. 깔보다. 업신여기다. 우습게 보다. ¶~世俗=세상을 우습게 보다. ↔重视

**篾** miè 대껍질 멸
명 **1** 대오리. 대쪽. **2** 수숫대 혹은 갈대를 쪼개 놓은 것.
【篾白】 mièbái ☞【篾黄】 mièhuáng
【篾工】 miègōng 명 **1** 죽세공. 대나무 공예. ¶~精细=대나무 공예가 정교하고 세밀하다. **2** 죽공(竹工). 죽세공 장인(匠人).
【篾黄】 mièhuáng 명 대나무의 (연한) 속껍질. 동【篾白】 mièbái
【篾匠】 miè·jiang 명 죽공(竹工). 죽세공 장인(匠人).
【篾篓】 mièlǒu 명 대광주리. 대바구니.
【篾片】 mièpiàn 명 **1** 대오리. 대쪽. **2**(옛) 식객(食客).
【篾青】 mièqīng 명 대껍질.
【篾扇】 mièshàn 명 대부채. 대껍질을 엮어 만든 부채.
【篾条】 miètiáo 명 대오리. 댓개비.
【篾席】 mièxí 명 죽석(竹席). 대자리.
【篾子】 miè·zi 명 대오리. 대쪽. ¶竹~=대오리. 대쪽.

**蠛** miè 진디등에 멸
【蠛蠓】 mièměng 명(动) 멸몽. 진디등에. 부진자(浮尘子). 눈에놀이.

# min

** **民** mín 백성 민
명 **1** 백성. 국민. ¶公~=공민. / 国泰~安=나라가 태평하고 국민의 생활이 평안하다. **2** 민간. 대중. ¶收集~歌=민가를 수집하다. / 调查~情=민정을 살피다. **3** 어떤 직업에 종사하는 사람. ¶牧~=목축민. / 渔~=어민. **4** 종족의 구성원〔일원〕. ¶藏~=티벳인. / 回~=회족인. **5** (군인이 아닌·비군사(非軍事)적인) 민간. ¶~用机场=민간용 비행장. / 军~一家=군민 일체. ↔官

民　mín　1353

⊙● 公民, 国民, 饥jī民, 贱jiàn民, 居民, 黎lí民, 良民, 流民, 牧mù民, 难nàn民, 贫pín民, 平民, 侨qiáo民, 全民, 人民, 市民, 手民, 庶shù民, 顺民, 选民, 遗民, 移民, 逸yì民, 游民, 灾zāi民, 殖zhí民, 居民点, 人民币bì

【民办】mínbàn 動 민간인이 경영하다. 민간에서 운영하다. ['公办(국가에서 운영하다)'과 구별됨] ¶~学校=민영 학교. 사립 학교.

【民办教师】mínbàn jiàoshī 阁 민영 학교의 교사. [농촌 학교 중에 국가의 정식 편제에 들지 않고, 급여를 학교가 소속된 기관에서 지급받는 교사를 가리킴]

【民变】mínbiàn 阁(옛) 민중 봉기. 민란. 민요(民擾). ¶~四起=민중 봉기가 도처에 일어나다.

【民兵】mínbīng 阁 1 민병. 민군(民軍). 2 민병. [민병의 구성원]

【民不堪命】mínbùkānmìng (成) 백성이 학정〔폭정〕의 압박을 견디기 힘들다.

【民不聊生】mínbùliáoshēng (成) 백성이 편안히 생활할 수가 없다. 백성들이 도탄에 빠지다.

【民船】mínchuán 阁 민간 선박.

【民法】mínfǎ 阁(法) 민법.

【民房】mínfáng 阁 (소유권이 개인에게 속해 있는) 사유 주택. 개인 주택. ≒民居 民宅

【民愤】mínfèn 阁 민중〔군중〕의 분노. ¶激起~=민중의 분노를 일으키다.

【民风】mínfēng 阁 민풍. 민속. ¶~淳朴=민간의 풍속이 순박하다. 인정이 순박하다.

【民夫】[民伕] mínfū 阁 (관부·군대에 부역 나간) 인부. 역도(役徒).

【民伕】mínfū ☞【民夫】mínfū

【民富国强】mínfù guóqiáng (成) 백성은 부유하고 국가는 강성하다.

【民歌】míngē 阁 민가. 민요.

【民革】Míngé 阁(옛)(政) 中国国民党革命委员会(중국 국민당 혁명 위원회).

【民工】míngōng 阁 1 (공공 사업에 동원된) 노동자〔노무자〕. 2 농민 출신 노동자〔노무자〕. [도시로 진출하여 건축·운수업 등에 종사하는 농촌의 잉여 노동자]

【民国】Mínguó 阁(옛) 中华民国(중화민국).

【民航】mínháng 阁(옛) 民用航空(민간 항공).

【民间】mínjiān 阁 1 민간. ¶~传说=민간 전설. 2 비공식적. 사적(私的). ¶~组织=비공식적 조직.

【民间文学】mínjiān wénxué 阁 구비 문학. 민간 문학.

【民间艺术】mínjiān yìshù 阁(藝) 민속 예술. 민간 예술.

【民建】Mínjiàn 阁(옛)(政) 中国民主建国会(중국 민주 건국회).

【民进】Mínjìn 阁(옛)(政) 中国民主促进会(중국 민주 촉진회).

○民　mín
抿　mǐn
珉　mín
愍　mǐn
缗　mín
苠　mín
泯　mǐn
岷　Mín
氓　máng
眠　mián

【民警】mínjǐng ☞【人民警察】rénmín jǐngchá

【民居】mínjū 阁 민가(民家). ¶东北〔東北〕 지방의 민가. ≒民房 民宅

【民康物阜】mínkāng-wùfù (成) 백성이 편안하고 물자가〔물산이〕 풍부하다. 사회가 평온하고 번성하다.

【民力】mínlì 阁 민력. 백성의 재력〔재원〕. ¶~雄厚=백성의 재력이 풍부하다.

【民盟】Mínméng 阁(옛)(政) 中国民主同盟(중국 민주 동맹).

【民命】mínmìng 阁 민중〔국민〕의 생명. ¶国脉~=국가와 국민의 운명.

【民瘼】mínmò 阁(文) 민중의 고통. ¶广求~=민중의 고통을 널리 조사하다.

【民女】mínnǚ 阁(옛) 일반 여성. ¶强抢~=일반 여성을 강탈하다.

【民品】mínpǐn 阁 민간 상품. ['军品(군용 물품)'과 구별됨]

【民气】mínqì 阁 민중의 의기. ¶~激昂=민중의 의기가 격앙되다.

【民情】mínqíng 阁 1 민정. 국민들의 사정과 생활 형편. ¶了解~=민정을 알아보다. 2 민심. ¶体察~=세심하게 민심을 살피다.

【民穷财尽】mínqióng-cáijìn (成) 국민의 생활이 궁핍해지고, 국가 재정이 파탄에 이르다.

【民权】mínquán 阁 민권. 공민권. 참정권.

【民权主义】mínquánzhǔyì 阁(政) 민권주의. [삼민주의(三民主義)의 하나]

【民生】mínshēng 阁 1 민생. 국민의 생활. ¶~凋敝=민생이 어렵다. 2 생계. 살길. 호구지책. ¶国计~=국가 경제와 국민의 생계.

【民生主义】mínshēngzhǔyì 阁(政) 민생주의. [삼민주의(三民主義)의 하나]

【民食】mínshí 阁 국민〔인민〕의 식량. 백성의 먹을거리.

【民事】mínshì 阁(法) 민사. ['刑事(형사)'와 구별됨] ¶~纠纷=민사 분쟁.

【民事法庭】mínshì fǎtíng 阁(法) 민사 법정. ≒民庭

【民事权利】mínshì quánlì 阁(法) 민사상의 권리.

【民事诉讼】mínshì sùsòng 阁(法) 민사 소송.

【民事义务】mínshì yìwù 阁(法) 민사상 의무.

【民事责任】mínshì zérèn 阁(法) 민사 책임.

【民俗】mínsú 阁 민속. 민풍. ¶考察~=민속을 조사하다.

【民俗学】mínsúxué 阁 민속학.

【民庭】míntíng ☞【民事法庭】mínshì fǎtíng

【民团】míntuán 阁(옛) 지방의 지주나 토호가 조직한 무장단.

【民望】mínwàng 阁 민망. 민중의 신뢰. 민중의 소망〔기대〕. ¶~所归=민중이 바라는 바이다. 민중의 신뢰를 얻다.

【民校】mínxiào 阁 1 성인 학교. 2 사립 학교. 민간 학교.

【民心】 mínxīn 圄 민심. 민의. ¶~向背=민심의 향배. ≒民意
【民选】 mínxuǎn 图 민선하다. 일반 국민이 선출하다. ¶~总统=민선 총통.
【民谚】 mínyàn 圄 속언(俗諺).
【民谣】 mínyáo 圄 민요. 민간 가요. [주로 시사·정치와 연관 있음]
【民以食为天】 mín yǐ shí wéi tiān 國 1 백성은 식량을 생존의 근본으로 여긴다. 식량은 사람에게 가장 중요한 필수품이다. 2 식량의 중요성을 이르는 말.
【民意】 mínyì 圄 민의. 민심. ¶~不可违。=민의를 거스를 수는 없다. ≒民心
【民意测验】 mínyì cèyàn 图 여론 조사를 하다.
【民营】 mínyíng 園 민영의. 민간인이 경영하는. ¶~商店=민영 상점.
【民营经济】 mínyíng jīngjì 圄(經) 민영 경제.
【民营企业】 mínyíng qǐyè 圄 민영 기업.
【民用】 mínyòng 園 민간에서 쓰는. 민간의. ¶~航空=민간 항공.
【民怨】 mínyuàn 圄 (통치자에 대한) 민원. 백성(국민)의 원망.
【民怨沸腾】 mínyuàn-fèiténg 國 국민의 원성이 들끓다.
【民约】 mínyuē 圄 민간 규약. 사회 계약. ¶乡规~=향약.
【民乐】 mínyuè 圄(音) 민속악.
【民运】 mínyùn 圄 1 민간 물자 운송. 2 倒 사영(私營) 운수업. 3 민중 운동.
【民贼】 mínzéi 圄 국적(國賊). ¶独夫~=포학한 독재자. 폭군.
【民宅】 mínzhái 圄 민가. 민호(民戶). ≒民房·民居
【民政】 mínzhèng 圄 민정. [국민의 안녕 유지와 행복 증진을 꾀하는 행정]
【民脂民膏】 mínzhī-mínggāo 國圄 백성의 고혈(膏血). 백성의 피와 땀을 착복[착취]하여 모은 재물.
【民智】 mínzhì 圄 민지. 국민의 지혜〔슬기〕.
【民众】 mínzhòng 圄 민중. ¶服务~=민중을 위해 봉사하다.
【民主】 mínzhǔ 圄 민주. 園 민주적이다. ¶作风~=일하는 방법이 민주적이다. ↔专制 独裁
【民主党派】 mínzhǔ dǎngpài 圄 민주당파. [중국 공산당이 영도하는 애국 통일 전선에 참가한 각 당파의 총칭. '中国国民党革命委员会(중국 국민당 혁명 위원회)·中国民主同盟(중국 민주 동맹)·中国民主建国会(중국 민주 건국회)·中国民主促进会(중국 민주 촉진회)·中国农工民主党(중국 농공 민주당)·中国致公党(중국 치공당)·台湾民主自治同盟(타이완 민주 자치 동맹)·九三学社(93학사)' 등]
【民主改革】 mínzhǔ gǎigé 圄 민주 개혁. [중국 해방 초기에 진행한, 봉건 제도를 타파하고 민주 제도를 수립하려고 하는 사회 개혁을 가리킴. 이 개혁에는 토지 제도·혼인 제도·기업 관리의 개혁 및 일부 소수 민족 지역의 농노 해방·노예 해방 등이 속함]
【民主革命】 mínzhǔ gémìng 圄 민주 혁명.
【民主集中制】 mínzhǔ jízhōngzhì 圄 민주 집중제. [인민 민주주의에 기초하여 노동자 계급의 전위 정당이 국가 권력을 전담하는 제도. 사회주의 국가 운용의 기본적인 원리로, 레닌이 처음 제창하였음]
【民主人士】 mínzhǔ rénshì 圄 민주 인사. [중국 혁명의 과정 속에서 중국 공산당의 주장을 지지하며, 상당한 사회적 영향과 지명도가 있는 민주당파 당원 혹은 무당파 애국 지사를 가리킴]
【民主生活】 mínzhǔ shēnghuó 圄 민주 생활. [사회주의 국가에서 소그룹 형식으로 사상 교류와 아울러 비판이나 자아 비판을 행하는 활동]
【民族】 mínzú 圄 1 민족. [일정한 지역에서 오랜 세월 동안 공동 생활을 하면서 언어와 문화상의 공통성에 기초하여 역사적으로 형성된 사회 집단] ¶少数~=소수 민족. 2 민족. [역사적으로 형성된 서로 다른 사회 발전 단계에 있는 각종 인간의 공동체] ¶游牧~=유목 민족.
【民族共同语】 mínzú gòngtóngyǔ 圄 민족 공통어.
【民族魂】 mínzúhún 圄 민족혼.
【民族解放运动】 mínzú jiěfàng yùndòng 圄 민족 해방 운동.
【民族区域自治】 mínzú qūyù zìzhì 圄 민족 지역 자치. [중국의 각 지역 소수 민족들이 국가의 통일적인 영도 아래 각 민족 집거(集居) 지역을 기반으로 자치 구역을 수립하여 해당 민족의 업무를 관리하는 제도로, '自治区(자치구)·自治州(자치주)·自治县(자치현)'의 3급으로 나뉨]
【民族形式】 mínzú xíngshì 圄 민족 형식. [각 민족 고유의 정치·경제·문화·생활 등 다양한 표현 형식]
【民族学】 mínzúxué 圄 민족학.
【民族英雄】 mínzú yīngxióng 圄 민족 영웅. [침략에 맞서 투쟁하면서 민족의 이익을 수호하고, 민족의 독립과 자유를 쟁취하기 위하여 지대한 공헌을 했거나 용감히 희생된 사람]
【民族运动】 mínzú yùndòng 圄 민족 운동.
【民族主义】 mínzúzhǔyì 圄(政) 1 민족주의. 내셔널리즘. 2 민족주의. [순원(孙文)이 제창한 삼민주의(三民主義)의 하나로, 국내 여러 민족의 평등과 외국의 압박으로부터의 독립을 주장함]
【民族资本】 mínzú zīběn 圄 민족 자본.
【民族资产阶级】 mínzú zīchǎn jiējí 圄 민족 자산 계급. 민족 부르주아 계급. [식민지·반식민지·신생 독립 국가 중 중산 계급]
【民族自决】 mínzú zìjué 圄 민족 자결.
【民族自决权】 mínzú zìjuéquán 圄 민족 자결권.

芪 mín 늦게 자랄 민
園 (농작물의) 생장기가 긴. 성숙이 늦은. ¶~高粱=늦수수.

旻 mín 하늘 민

[명][문] **1** 가을. ¶清～=맑은 가을. **2** 하늘. ¶苍～=창천. 푸른 하늘.

【旻天】 **míntiān** [명][문] **1** 가을. **2** 하늘.

# 岷 Mín 산 이름 민

[명]《地》 **1** 민(岷)산. [쓰촨(四川)성과 간쑤(甘肃)성의 경계에 있는 산 이름] **2** 민(岷)강. [쓰촨(四川)성에 있는 강 이름] **3** 민(岷)현. [간쑤(甘肃)성에 있는 지명]

# 忞 mín 힘쓸 민

[동][문] 힘쓰다. 노력하다.

# 珉 mín 옥돌 민

[명][문] 옥 다음 가는 아름다운 돌.

# 缗[緡] mín 돈꿰미 민

[명][문] 돈꿰미. ¶～钱=돈꿰미. [양][문] 관(貫). [1,000문(文)의 돈꿰미를 가리킴] ¶钱两百～=돈 200관.

# *皿 mǐn 그릇 명

☞【器皿】 **qìmǐn**

# 闵[閔] mǐn 가엾게 여길 민

[동] '悯(mǐn)'과 같음. [명] (**Mǐn**) 성(姓).

# 抿 mǐn 바를 민

[동] **1** 작은 솔에 기름〔물〕을 묻혀서 (머리카락을) 윤이 나게 바르다〔문지르다〕. ¶～了一下头发。=기름을 묻힌 솔로 머리카락을 문지르다. **2** (입이나 날개를) 오므리다. 다물다. ¶她在一旁～着嘴笑。=그녀는 곁에서 입을 오므리고 웃는다. **3** 입술을 가볍게 대고 조금 마시다. 조금씩 (음미하며) 마시다. ¶他慢慢地～了一口咖啡。=그는 커피를 천천히 한 모금 마셨다.

【抿子】[笢子] **mǐn·zi** [명][옛] 머릿기름을 바르는 작은 솔.

【抿嘴】 **mǐnzuǐ** [동] 입을 약간 오므리다. ¶～浅笑=입을 약간 오므리고 가볍게 웃다.

# 黾[黽] mǐn 힘쓸 민

☞ **miǎn**

【黾勉】[僶俛] **mǐnmiǎn** [동][문] 노력하다. 힘쓰다. 애쓰다. ¶～从事=(일에) 열심히 노력하다. 분투하다.

# 泯[(泯)] mǐn 없어질 민

[동] 소멸하다. 상실하다. 없어지다. ¶良知未～。=양지가〔양심이〕 아직 남아 있다.

【泯除】 **mǐnchú** [동] 없애 버리다. 제거하다. 일소하다. 퇴치하다. ¶～成见=선입견을 버리다.

【泯灭】 **mǐnmiè** [동] (행적·인상 등이) 사라지다. 소멸하다. ¶幻想～=환상이 사라지다.

【泯没】 **mǐnmò** [동] (행적·공적 등이) 사라지다. 소실되다. 묻혀지다. 매몰되다. ¶他的功绩永不～。=그의 공적은 영원히 묻혀져서는 안 된다.

# *闽[閩] Mǐn 종족 이름 민

[명] **1** 민(闽)족. [지금의 푸젠(福建)성 일대에 살았던 옛 종족 이름] **2**《地》 민(闽)강. [푸젠(福建)성에 있는 강 이름] **3**《地》 푸젠(福建)성의 별칭.

【闽北话】 **Mǐnběihuà** ☞【闽北方言】 **Mǐnběi fāngyán**

【闽北方言】 **Mǐnběi fāngyán** [명]《言》 민북(閩北) 방언. [푸젠(福建)성 북부 지역에 분포함] =【闽北话】 **Mǐnběihuà**

【闽菜】 **mǐncài** [명] 푸젠(福建) 요리.

【闽方言】 **Mǐnfāngyán** [명]《言》 민(閩)방언. [중국 7대 방언의 하나. 민남어(閩南語)와 민북어(閩北語)]

【闽剧】 **mǐnjù** [명]《劇》 민극. [푸젠(福建)성의 지방극의 하나로, 푸젠성 동북부 지역에서 유행함] =【福州戏】 **fúzhōuxì**

【闽南方言】 **Mǐnnán fāngyán** [명]《言》 민남(閩南)방언. [주로 푸젠(福建)성 남부·광둥(广东)성 동부·타이완(台湾) 전 지역에서 쓰이는 방언] =【闽南话】 **Mǐnnánhuà**

【闽南话】 **Mǐnnánhuà** ☞【闽南方言】 **Mǐnnán fāngyán**

# 僶[僶] mǐn 힘쓸 민

【僶俛】 **mǐnmiǎn** ☞【黾勉】 **mǐnmiǎn**

# *悯[憫] mǐn 가엾게 여길 민

[동] **1** 가엾게 여기다. 불쌍하게 여기다〔생각하다〕. 동정하다. ¶悲天～人=난국을 탄식하고 고통받는 백성을 불쌍하게 여기다. **2**[문] 비탄하다. 비통하다. 애도하다. 슬퍼하다. ¶～然涕下。=비통하게 눈물을 흘리며 울다.

【悯惜】 **mǐnxī** [동] 가엾게 생각하다. 불쌍하게 여기다. 동정하다. 애석하게 여기다.

【悯恤】 **mǐnxù** [동] 가엾게 생각하다. 불쌍하게 여겨 도와 주다. ¶～孤儿=고아를 불쌍하게 여겨 도와 주다.

# 笢 mǐn 대꺼풀 민

[명] 대껍질. 대의 푸른 외피.

【笢子】 **mǐn·zi** ☞【抿子】 **mǐn·zi**

# **敏 mǐn 재빠를 민

[형] **1** 신속하다. 민첩하다. 재빠르다. 영활하다. ¶灵～=영민하다. **2** 총명하다. 영리하다. 똑똑하다. 기민하다. 눈치가 빠르다. ¶聪～=영리하다. [명] (**Mǐn**) 성(姓).

O● 不敏, 聪敏, 机敏, 灵líng敏

【敏感】 **mǐngǎn** [형] **1** 민감하다. 감각이 예민하다. 반응이 빠르다. ¶青年人对新生事物通常比较～。=청년들은 일반적으로 새로운 사물에 대해 비교적 반응이 빠르다. **2** 민감하다. 예민하다. 알레르기 반응을 일으키다. 과민 반응하다. ¶～问题=민감한 문제. ↔迟钝

【敏慧】 **mǐnhuì** [형] 총명하고 지혜롭다. ¶她是

一개~的女子。=그녀는 총명하고 지혜로운 여자이다.

【敏捷】**mǐnjié** 형 (생각·동작 등이) 민첩하다. 빠르다. ¶才思~=창작 구상이 빠르다. ≒灵敏 灵活

【敏锐】**mǐnruì** 형 (감각이) 빠르다. 예민하다. (눈빛이) 날카롭다. 예리하다. ¶~的洞察力=날카로운 통찰력. ↔迟钝

【敏悟】**mǐnwù** 총명하고 이해력이 있다. ¶他~好学, 必成大器。=그는 총명하고 배우기를 좋아하므로 반드시 큰 그릇〔인물〕이 될 것이다.

## 湣 **mǐn** 시호 민
고대, 시호(謚號)에 쓰이던 글자. ¶鲁~公=(춘추 시대에) 노(鲁)나라 민공(湣公).

## 瞀 **mǐn** 거만할 민
형문 거만하다. 오만하다. 횡포하다. 무례하다.

## 愍 **mǐn** 가엾게 여길 민
통 '悯(mǐn)'과 같음.

## 慜 **mǐn** 총명할 민
형문 총명하고 민첩하다.

## 鳘[鰵] **mǐn** 대구 민
명(動) **1** 고서(古書)에서 민어(鲅魚)를 가리킴. **2** ↓ '鳕鱼(대구)'의 통칭.

# ming

**名** **míng** 이름 명

통 **1** 문 명명하다. 이름을 짓다. ¶~余日正则兮, 字余日灵均。=나를 이름하여 정칙(正则)이라 하고, 자를 영균(靈均)이라 한다. **2** 문 부르다. 일컫다. ¶不可~状=뭐라고 형언할 수가 없다. **3** 이름을 …라고 하다. ¶他姓李~志强。=그는 성을 리(李)라 하고, 이름은 즈챵(志强)이라 한다. **4** 문 점유하다. 점거하다. 차지하다. ¶不~一钱=한 푼도 차지하지 못하다. 형 유명한. 저명한. 이름 있는. 많은 사람들이 알고 있는. ¶~人字画=유명한 사람의 서화. / 百年~校=백년의 역사를 가진 이름 있는 학교. 양 **1** 명. [사람을 세는 단위] ¶两~学生=학생 두 명. **2** 석차를 나타냄. ¶头一~=일등. 명 **1** (~儿) 이름. 명칭. ¶人~=인명. / 地~=지명. **2** 명의. 명분. 자격. ¶挂~=명의를 걸다. / 师出无~=정당한 명분 없이 군대를 출동시키다. **3** 명예. 명성. ¶著~=명성이 있다. 저명하다. / 声~狼藉=평판이 극히 나쁘다. **4** (**Míng**) 성(姓).

| O | 名 míng |
| | 茗 míng |
| | 酩 míng |
| | 铭 míng |

○~ 笔名, 成名, 驰chí名, 大名, 担名, 点名, 定名, 法名, 浮名, 功名, 挂名, 官名, 化名, 诨

hùn名, 记名, 假jiǎ名, 叫名, 具名, 联名, 令名, 骂名, 冒名, 美名, 奶名, 品名, 齐名, 乳rǔ名, 声名, 盛shèng名, 提名, 托名, 威wēi名, 闻名, 无名, 小名, 刑名, 虚xū名, 扬名, 艺名, 译名, 音名, 英名, 知名, 指名, 专名, 花名册

【名笔】**míngbǐ** 명 **1** 이름 있는 붓. **2** 명필. 명작. 명문장.

【名不符实】**míngbùfúshí** ☞【名不副实】**míngbùfùshí**

【名不副实】**míngbùfùshí** 성 명칭〔명성〕이 실상과 부합되지 않다. 유명무실하다. =【名不符实】**míngbùfúshí** ↔名副其实 名不虚传

【名不见经传】**míng bùjiàn jīngzhuàn** 성 **1** 이름이 아직 경전에 보이지 않다. **2** 비 지명도가 높지 않다.

【名不虚传】**míngbùxūchuán** 성 명성이나 명예가 헛되이 퍼진 것이 아니다. 명실상부하다. ≒名副其实 ↔有名无实

【名不正, 言不顺】**míng bù zhèng, yán bù shùn** 성 우선 이름이 바르지 못하면 언어가 바르게 잡히질 않는다. 명분이 정당하지 않으면 조리가 서지 않는다.

【名菜】**míngcài** 명 유명한 요리.

【名册】**míngcè** 명 명부. 명단. ¶花~=명단.

【名茶】**míngchá** 명 명차. 이름 있는 좋은 차.

【名产】**míngchǎn** 명 명산. 명산물. 명산품.

【名场】**míngchǎng** 명 **1** 옛 과거 시험장. **2** 명성과 지위를 다투는 장소.

【名车】**míngchē** 명 명차. 품질이 좋은 훌륭한 자동차.

【名称】**míngchēng** 명 명칭. 이름. ¶单位~=단위 명칭.

【名城】**míngchéng** 명 유명한〔저명한〕 도시. 이름난 도시. 유서 깊은 도시.

【名厨】**míngchú** 명 명 요리사. 유명 주방장.

【名垂千古】**míngchuíqiāngǔ** 성 아름다운 명성을 오래도록 전하다. 길이 이름을 남기다.

【名垂青史】**míngchuíqīngshǐ** 성 청사에 길이 남을 이름〔업적〕이다. 후세에 오래도록 명성이 전해지다.

【名词】**míngcí** 명 **1** (言) 명사. 이름씨. **2** (~儿) 일정 부문의 전문 용어, 또는 그와 비슷한 용어. [단어의 성격이 반드시 명사만은 아님] ¶化学~=화학 용어. **3** (論) 명사(名辭). [하나의 개념을 언어로 나타내며 명제를 구성하는 요소가 되는 말]

【名次】**míngcì** 명 석차. 순위. 등수. 서열. ¶在比赛中取得了较好的~。=시합에서 비교적 좋은 순위를 차지하였다.

【名刺】**míngcì** 명문 명함.

【名从主人】**míng cóng zhǔrén** 성 이름은 응당 주인이 지은 대로 불린다〔불러야 한다·정해진다〕.

【名存实亡】**míngcún-shíwáng** 성 이름만 있고 실상은 존재하지 않다. 유명무실하다.

【名单】**míngdān** (~儿) 명 명단. 명부. ¶候选

人～＝후보자 명단.

【名旦】míngdàn [명] (중국 전통극의) 유명 여자(배)역. 유명 여배우.

【名额】míng'é [명] 정원. 인원 수. ¶招生～＝학생 모집 정원.

【名分】míngfèn [명][문] 명분. 명의. 지위. 신분. ¶不要过于看重自己的～。＝자신의 신분을 지나치게 중시하지 마라.

【名副其实】míngfùqíshí [성] 명성과 실상이 서로 부합되다. 명실상부하다. ≒名不虚传 ↔名不副实 有名无实

【名贯】míngguàn [명][문] 성명과 본적〔본관〕.

【名贵】míngguì [형] 유명하고 진귀하다. ¶～药材＝유명하고 진귀한 약재.

【名过其实】míngguòqíshí [성] 명성이 실제 이상이다. 평판이 과장되어 있다.

【名号】mínghào [명][문] **1** 명칭. 칭호. **2** 성명. 자(字)와 호(號).

【名花】mínghuā [명] **1** 명화. 진귀한 꽃. **2** [비] 명화. 미인. 미녀. 아름다운 여자. ¶～有主＝아름다운 여자는 이미 주인이 있는 법이다.

【名讳】mínghuì [명][옛] 손윗사람이나 존경하는 분의 이름. ¶敢问先生～?＝외람되오나 어르신의 존함을 여쭙겠습니다.

【名迹】míngjì [명] **1** 유명한 고적. 명승고적. ¶游览～＝명승고적을 유람하다. **2** 명가의 수적(手迹)〔작품〕. ¶收藏～＝명가의 작품을 소장하다. **3** [문] 명성과 업적. ¶一生～＝일생의 명성과 업적.

【名家】míngjiā [명] **1** 명가. 명인. **2** (Míngjiā) 명가. [중국 전국(戰國) 시대 제자백가 가운데 명목(名目)과 실제(實際)가 일치해야 함을 주장한 학파. 대표적인 인물로 혜시(惠施)·공손룡(公孫龍) 등이 있음]

【名缰利锁】míngjiāng-lìsuǒ [성] 명리에 사로잡히다. 명예와 이익에 구속되다.

【名将】míngjiàng [명] **1** 명장. 유명한 장수. **2** 명장. [경기에서 승률이 높아 유명해진 사람을 가리킴] ¶足坛～＝축구계의 명장.

【名教】míngjiào [명] 명교.

【名节】míngjié [명] 명절. 명예와 절의. ¶保全～＝명예와 절의를 지키다.

【名句】míngjù [명] 명구. 유명한 문구. 이름난 글귀. ¶'人生自古谁无死, 留取丹心照汗青'成为千古传诵的～。＝'자고로 사람은 다 죽는 법, 충심을 역사에 길이 남기리.'라는 시구는 천고에 낭송되는 명구이다.

【名角】míngjué(～儿) [명] 유명 배우. [주로 중국 전통극의 배우를 가리킴]

【名款】míngkuǎn [명] (서화에 쓰는) 서명 또는 낙관.

【名利】mínglì [명] 명리. 명예와 이익. ¶～双收＝명예와 재물을 함께 얻다.

【名利场】mínglìchǎng [명] 명리장. 명예와 이익을 추구하는 장소.

【名列】mínglìe [동] 이름이 …에 놓이다〔배열되다·오르다〕. ¶～榜首＝명단에 이름이 맨 윗자리에 오르다.

【名列前茅】mínglìe-qiánmáo [성] **1** 이름〔서열〕이 선두에 있다. [병사가 모초(茅草)〔띠풀〕로 만든 경보용 기를 들고 선두에서 가는 것을 전모(前茅)라 함] **2** [비] 성적이 선두에 있다. 석차가 수석이다.

【名伶】mínglíng [명][옛] 유명한 연극〔영화〕 배우. ¶一代～＝한 시대를 풍미한 명배우.

【名流】míngliú [명] 명류. 명사. 저명 인사. ¶学界～＝학계의 명사.

【名录】mínglù [명] 명부. 명단. ¶校友～＝교우 명부.

【名落孙山】míngluòSūnShān [성] **1** 이름이 (과거에 맨 꼴찌로 합격한) 손산의 뒤에 있다. **2** [비] 낙방하다. 불합격하다. [완곡한 표현임]

【名满天下】míngmǎntiānxià [성] 명성이 뛰어나 천하에 널리 알려지다.

【名门】míngmén [명] 명문. 이름 있는 문벌. 훌륭한 집안〔가문〕. ¶～闺秀＝명문 집안의 규수.

【名模】míngmó [명] 유명 (패션) 모델. ¶超级～＝슈퍼 (패션) 모델.

【名目】míngmù [명] 명칭. 구실. 이유. [부정적인 의미를 내포함] ¶～繁多＝구실이 아주 많다. ≒名堂

【名牌】míngpái [명] **1** (～儿) 유명 상표. 유명 브랜드. ¶～服装＝유명 브랜드의 의류. **2** (～儿) 지명도가 아주 높은 사람〔기관〕. ¶～大学＝명문 대학. **3** 명패. 명찰. ¶坐席上摆放着各位贵宾的～。＝좌석에 여러 귀빈들의 명패가 놓여져 있다.

【名篇】míngpiān [명] 명편. 명작. 저명한 글〔문장〕. ¶传世～＝대대로 전해지는 유명한 문장.

【名片】míngpiàn(～儿) [명] 명함.

【名票】míngpiào [명] 유명 아마추어 중국 전통극 배우. 유명 중국 전통극 동호인.

【名品】míngpǐn [명] 명품. ¶～荟萃＝명품이 모여 있다.

【名气】míng·qì [명] 명성. 지명도. ¶他是一位很有～的作曲家。＝그는 명성이 자자한 작곡가이다. ≒名声

【名人】míngrén [명] 명인. 유명 인사. 명사(名士). ¶文化～＝문화의 명인.

【名人效应】míngrén xiàoyìng [명] 명인의 사회적 영향력〔호소력〕.

【名儒】míngrú [명] **1** 저명한 유학자. **2** 저명한 학자. ¶一代～＝한 시대를 풍미한 학자.

【名色】míngsè [명] **1** 명칭. 종류. ¶展出的产品～繁多。＝전시된 상품의 종류가 아주 많다. **2** [방] 명색. 이름. 명목. 명분. **3** [옛] 이름난 미인.

【名山】míngshān [명] 명산. ¶游历～＝명산을 유람하다.

【名山大川】míngshān-dàchuān [성] 명산대천.

【名山事业】míngshān-shìyè [성] 자기의 학설〔이론〕을 저술하는 필생의 사업.

【名声】míngshēng [명] 명성. ¶～在外＝명성이 외국에까지 퍼지다. ≒名气

【名胜】míngshèng [명] 명승지. ¶游览～＝명

승지를 유람하다.

【名胜古迹】 míngshèng gǔjì 〔명〕 명승고적.

【名师】 míngshī 〔명〕 명스승. 유명한 스승. ¶~出高徒. =훌륭한 스승 밑에서 훌륭한 제자가 배출된다.

【名实】 míngshí 〔명〕 명칭〔이름〕과 실제. ¶~不副=이름과 실제가 맞지 않다.

【名士】 míngshì 〔명〕 1 이름난 선비. 이름난 재야 인사. 2 유명한 시인〔문장가〕.

【名士派】 míng·shìpài 〔명〕 1 자유 방종한 생활을 하는 지식인. 2 자유 방종한 생활 태도.

【名氏】 míngshì 〔문〕 성명. 이름.

【名手】 míngshǒu 〔명〕 명수. 명가(名家). 명인(名人). 고수(高手). ¶国画~=중국화의 명가.

【名数】 míngshù 〔数〕 명수.

【名宿】 míngsù 〔명〕 명숙. 숙유(宿儒). 평소에 명망이 있는 대선배. 연공(年功)을 쌓은 훌륭한 학자. ¶武林~=무림의 명숙.

【名堂】 míng·tang 〔명〕 1 종류. 명칭. 양식. 명목. 항목. 종목. ¶游园会上有歌舞表演、猜谜、射击等活动，~很多。=游园会(園游會)에는 가무 공연·수수께끼놀이·원유회(園游會) 등 많은 항목이 있다. 2 내용. 이치. ¶他讲了半天也没讲出个什么~。=그는 한참을 떠들어 댔으나 별 내용이 없다. 3 성적. 성과. 결과. ¶他下定决心要干出点~来。=그는 꼭 성과를 이루어 내겠다고 결심했다. ≒名目 花样

【名特优新】 míng-tè-yōu-xīn 〔成〕 유명 브랜드이고, 특색이 있고, 우수한 품질이고, 참신한 (상품).

【名帖】 míngtiě 〔명〕 명함.

【名望】 míngwàng 〔명〕 명망. 명성과 인망(人望). ¶他在医学界很有~。=그는 의학계에서 명망이 아주 높다. ≒声望

【名位】 míngwèi 〔명〕 명예와 지위. ¶不计~=명예와 지위를 따지지 않다.

【名闻遐迩】 míngwén-xiá'ěr 〔成〕 1 명성이 두루 알려져 있다. 2 명성이 자자하다.

【名物】 míngwù 〔명〕 명물.

【名下】 míngxià 〔명〕 명하. 이름. 명의(名義). 소유. ¶这几间铺面都在他的~。=이 몇 칸의 점포는 모두 그의 명의로 되어 있다.

【名下无虚】 míngxià-wúxū 〔成〕 1 명성이 있는 사람은 반드시 그만한 실력이 있다. 이름값을 하게 마련이다. 2 명실상부하다. 이름〔명성〕과 실상이 부합되다.

【名衔】 míngxián 〔명〕 (관직·학위 등의) 칭호. 직함. 학위.

【名相】 míngxiàng 〔명〕 명상. 명재상. ¶一代~=한 시대를 풍미한 명재상.

【名烟】 míngyān 〔명〕 유명 브랜드 담배. ¶~名酒=유명 담배와 명주.

【名言】 míngyán 〔명〕 명언. ¶至理~=격언(格言). 금언(金言).

【名扬四海】 míngyángsìhǎi 〔成〕 명성이 온 누리〔천하〕에 떨치다.

【名义】 míngyì 〔명〕 1 명분. 명의. 자격. ¶他以个人的~向灾区捐款两千元. =그는 개인 명의로 재해 지역에 2천 위안을 기부하였다. 2 표면상. 형식상. ¶他~上是行政主管，实际上就是一个跑腿儿的. =그는 형식상 행정 주관이지만 실제로는 심부름꾼이다.

【名义工资】 míngyì gōngzī 〔명〕 명목상 임금. [화폐의 수량으로써 나타내는 임금. 물가가 올라가거나 내려가면 실질 임금의 가치가 달라짐]

【名优】 míngyōu 〔명〕 유명한 연극〔영화〕 배우. 〔형〕 유명하고 품질이 우수하다. ¶~特产=품질이 우수하고 이름난 특산품.

【名誉】 míngyù 〔명〕 명예. 명성. ¶爱惜~=명예를 소중히 여기다. 〔형〕 명예의. 명의상의. [주로 명예 칭호에 쓰임] ¶~会长=명예 회장.

【名誉权】 míngyùquán 〔명〕〔法〕 명예권.

【名誉扫地】 míngyù sǎodì 〔成〕 명예가 완전히 실추되다. 명예가 바닥에 떨어지다.

【名媛】 míngyuàn 〔문〕 명문가의 규수. 유명한 여자.

【名噪一时】 míngzào yīshí 〔成〕 이름이 한때 세상에 널리 알려지다.

【名章】 míngzhāng 〔명〕 성명인. [이름이 새겨진 도장]

【名震中外】 míngzhènzhōngwài 〔成〕 명성이 국내외에 크게 떨치다.

【名正言顺】 míngzhèng yánshùn 〔成〕 이름이 정당하여야만 이치도 잘 들어맞는다. 사리에 맞다. 명분이 정당하고 조리가 있다.

【名著】 míngzhù 〔명〕 명저. 명작. ¶文学~=문학 명저.

【名状】 míngzhuàng 〔동〕 형언하다. 묘사하다. [주로 부정어와 함께 쓰임] ¶内心的痛苦难以~。=마음속의 고통은 형언하기 어렵다.

【名字】 míng·zi 〔명〕 1 이름과 자(字). 2 성과 이름. 성명. 3 명. 이름. 4 (사물의) 명칭. ¶这座山的~叫狮子山. =이 산의 명칭은 '쓰쯔산(獅子山)'이라고 부른다.

【名嘴】 míngzuǐ 〔명〕 (텔레비전이나 라디오 방송국의) 명사회자. 유명한 사회자. [해학적인 의미를 내포함]

【名作】 míngzuò 〔명〕 명작.

**明** míng 밝을 명

〔형〕 1 밝다. 환하다. 밝게 빛나다. ¶窗~几净=실내가 매우 산뜻하고 깨끗하다. / 山~水秀=산수가 아름답다. 2 내일의. 내년의. ¶~早=내일 아침. / ~秋=내년 가을. 3 명백하다. 확실하다. 분명하다. 뚜렷하다. ¶泾渭分~=한계가 뚜렷하다. / 赏罚不~=상벌이 명확하지 않다. 4 공개적인. 겉으로 드러난. ¶令禁止=공개적으로 금지하다. / ~码标价=정찰 가격을 표시하다. 5 시력이 좋다. 눈이 밝다. 눈초리가 예리하다. ¶耳聪目~=귀와 눈이 밝다. 매우 총명하다. / 精~强干=머리가 좋고 능력이 뛰어나다. 6 영명하다. 고명하다. ¶圣主~君=어질고 덕이 뛰어나며 영명한 임금. 성군(聖君). 7 광명정대하다. 떳떳

○ 明 míng
盟 méng
萌 méng

하다. 정당하다. 바르다. 올바르다. ¶弃暗投~ = 잘못을 깨닫고 바른길로 돌아오다. 🔁 확실히. 명백히. 분명히. ¶~知山有虎, 偏向虎山行= 산에 호랑이가 있는 줄 뻔히 알고서도 기어코 산으로 가다. 어떤 일의 결과를 미리 알면서도, 그 일을 기어코 하려 하다. 🔁 **1** 날이 밝다. 동이 트다. ¶黎~=여명. **2** 🔁 뚜렷하게 나타내 보이다. 분명하게 표현하다. 표명하다. 내보이다. ¶开宗~义=첫머리에 요지를 분명하게 나타내다. **3** 알다. 이해하다. ¶读书~理=독서는 이치를 깨닫게 한다. / 深~大义=대의명분을 잘 알다. 🔁 **1** 시각. 시력. ¶双目失~=두 눈을 실명하다. **2**(Míng)(历) 명(조). 명나라. [1368~1644 년] **3**(Míng) 성(姓). ≒亮 ↔暗 幽

○● 标明, 表明, 查chá明, 阐chǎn明, 昌chāng 明, 点明, 发明, 高明, 晦huì明, 简明, 精明, 开明, 流明, 平明, 启qǐ明, 清明, 申shēn明, 神明, 圣明, 松明, 贤xián明, 显明, 详明, 羞 xiū明, 修明, 宣明, 严明, 因明, 英明, 幽yōu 明, 指明

【明暗】 **míng**'**àn** 🔁 명암. 광명과 암흑. ¶~扫描=휘도 주사. [화면을 화소로 낱낱이 나누어 나뉜 화소를 차례로 맞추어 화면을 구성하는 일을 가리키는데, 보통 선상(線狀)으로 이루어지며, 텔레비전이나 팩시밀리 등에 널리 쓰임]

【明摆着】 **míngbǎi·zhe** 🔁 명명백백하게 앞에 놓여 있다. 뻔히 들여다보이다. 환히 밝혀져 있다. 대번에 알 수 있다. 🔁 명백하다. 분명하다. 뚜렷하다. 똑똑하다. 뻔하다. ¶~这是他不想承担责任.=뻔하게도 이것은 그가 책임을 지지 않으려고 하는 것이다.

【明白】 **míng·bai** 🔁 **1** 분명하다. 명백〔명확〕하다. 뚜렷하다. 알기 쉽다. ¶他把意思说得很~。=그는 의사를 분명하게 말하였다. **2** 공공연하다. 숨김없다. 명확하다. 공개적이다. ¶他~表示不赞成这种做法.=그는 이런 방법에는 찬성하지 않겠다고 명확하게 의사를 표명하였다. **3** 분별 있다. 사리에 밝은. 지각있는. ¶你是~人, 不用多少说.=자네는 분별력이 있는 사람이니, 내가 길게 이야기하지 않겠네. 🔁 알다. 이해하다. ¶他的想法我完全~。=그의 생각을 나는 잘 알고 있다. ≒通晓 ↔糊涂

【明白人】 **míng·bairén** 🔁 **1** 사리에 밝은 사람. 분별 있는 사람. 지각〔양식〕있는 사람. **2** (어떤 분야에) 정통〔능통〕한 사람.

【明辩是非】 **míngbiàn-shìfēi** 🔁 시비를 분명히 가리다. 옳고 그름을 똑똑히 가리다.

【明查暗访】 **míngchá-ànfǎng** 🔁 공개적으로 조사하기도 하고 몰래 알아보기도 하다. 여러 가지 방법으로 조사하다. 음으로 양으로 조사하다.

【明察】 **míngchá** 🔁 **1** 명찰하다. 공개적으로 조사〔관찰〕하다. **2** 세밀하게 관찰하다.(살피다).

【明察暗访】 **míngchá-ànfǎng** 🔁 터놓고 관찰하기도 하고, 은근히 캐묻기도 하다. 여러 가지 방법으로 조사하다. 음으로 양으로 조사하다.

【明察秋毫】 **míngchá-qiūháo** 🔁 **1** 가을날 새

---

明 **míng** 1359

의 가는 털까지 뚜렷하게 볼 수 있을 정도로 눈이 밝다. **2** 🔁 눈이 예리하여 세세한 것도 놓치지 않다. 지극히 미세한 것까지 살피다. ≒洞烛其奸

【明畅】 **míngchàng** 🔁 (말·글의 논지가) 명쾌(明畅)하다. 분명하고 조리가 있다. ¶行文简洁~。=글의 논지가 간결하고 조리가 있다.

【明澈】 **míngchè** 🔁 맑고 깨끗하다. 투명하다. ¶~的溪水=맑고 깨끗한 시냇물. ≒清澈

【明处】 **míngchù** 🔁 **1** 밝은 곳. 뚜렷한 곳. 这里光线太暗, 得拿到~去才看得清楚.=이 곳은 빛이 너무 어두워서, 밝은 곳으로 가져가야만 똑똑하게 볼 수 있다. **2** 🔁 공공 장소. 공개적인 장소. ¶有意见说在~。=의견이 있으면 공개적인 장소에서 얘기하세요.

【明窗净几】 **míngchuāng-jìngjī** ☞【窗明几净】 **chuāngmíng-jìjìng**

【明达】 **míngdá** 🔁 사리에 밝다. 통달하다. 명철하다. ¶~公正=공정하고 사리에 밝다. ≒通达

【明打明】 **míngdǎmíng** 🔁 명백하다. 분명하다. 떳떳하다. ¶有话~地说, 别遮遮掩掩的。=얘기가 있으면 분명하게 말하세요, 우물거리지 말고

【明灯】 **míngdēng** 🔁 **1** 등불. **2** 🔁 등댓불. [나아갈 방향을 이끌어 주는 사람이나 사물을 가리킴] ¶指路~=앞길을 인도해 주는 등댓불.

【明兜】 **míngdōu** ☞【贴兜】 **tiēdōu**

【明断】 **míngduàn** 🔁 명단하다. 명확하게 판단하다. 정확한 판단을 내리다. ¶~是非=옳고 그름을 명확하게 판단하다.

【明矾】 **míngfán** 🔁(化) 명반. 백반. =【明石】 **míngshí** ↓【白矾】 **báifán**

【明沟】 **mínggōu** 🔁 명거(明渠). 개거(開渠). ['暗沟(암거)' 와 구별됨]

【明光】 **míngguāng** 🔁 명광. 밝은 빛. ¶~耀眼=밝은 빛이 눈부시다. 🔁 밝다. 환하다. ¶~大道=환한 대로.

【明光光】 **míngguāngguāng**(~的) 🔁 반들반들하다. 번드르르하다. 반질반질하다. 광택이 나다. ¶桌子擦得~的。=책상을 반들반들하게 닦았다.

【明后天】 **mínghòutiān** 🔁 내일모레. 내일이나 모레. ¶他~到。=그는 내일이나 모레 도착한다.

【明晃晃】 **mínghuānghuāng**(~的) 🔁 🔁 반짝짝하다. 번쩍번쩍하다.

【明黄】 **mínghuáng** 🔁 밝은 순수 황색.

【明晃晃】 **mínghuǎnghuǎng**(~的) 🔁 반짝반짝하다. 번쩍번쩍하다. ¶~的刺刀=번쩍번쩍하는 총검.

【明慧】 **mínghuì** 🔁 총명하다. 영리하다. 총명하고 슬기롭다.

【明火】 **mínghuǒ** 🔁 **1** 타오르는 불. 불꽃이 있는 불. ['暗火(내비치지 않는 불)' 와 구별됨] **2** 고대에 동경(銅鏡)이나 렌즈를 이용하여 일광(日光)으로 점화한 불. 🔁 횃불을 켜다. ¶~抢劫=공공연하게 강도짓을 하다.

【明火执仗】 **mínghuǒ-zhízhàng** 🔁 **1** 횃불을

밝히고 무기를 들다. **2** [비] 공공연하게 강도짓을 하다. **3** [비] 전혀 거리낌 없이 드러내 놓고 나쁜 짓을 벌이다.

【明间儿】**míngjiānr** [명] (몇 칸으로 이루어진 방 가운데) 바깥으로 직접 통하는 방.

【明鉴】**míngjiàn** [명] **1** 명경(明鏡). 맑은 거울. **2** [비] 명감. 귀감(龜鑑). 본보기. **3** [옛][경] 고명한 판단. [상대방에게 정확한 판단을 요구할 때 씀] ¶请大人～。＝대인님의 고명한 판단을 바랍니다. **4** [옛][경] 뛰어난 식견. 고명한 견해. ¶兄台～, 所见极是。＝귀하의 고명한 견해가 지극히 옳습니다.

【明胶】**míngjiāo** [명]《化》젤라틴(gelatin).

【明教】**míngjiào** [명][경] 고명한 가르침. ¶敬聆～＝고명한 가르침을 경청하겠습니다.

【明旌】**míngjīng** ☞【铭旌】**míngjīng**

【明净】**míngjìng** [형] 명정하다. 밝고 맑다〔깨끗하다〕. 말쑥하다. 해맑다. ¶～的教室＝밝고 깨끗한 교실.

【明镜】**míngjìng** [명] 명경. 맑은 거울. ¶清澈的湖水犹如一面～。＝맑고 투명한 호수가 마치 맑은 거울 같구나.

【明镜高悬】**míngjìng-gāoxuán** [성] **1** 높게 매달려 있는 맑은 거울. [진(晉)나라 갈홍(葛洪)의 《서경잡기·권삼(西京雜記·卷三)》에 나오는, 진시황(秦始皇)이 가지고 있는 이 거울로 사람의 심장과 쓸개를 비추어 보면 그의 선악을 알 수 있다는 고사에서 유래함] **2** [비] 재판관의 판결이 엄격하고 공정하다. ＝【秦镜高悬】**Qínjìng-gāoxuán**

【明据】**míngjù** [명] 분명한〔명백한〕 증거. ¶请出示～。＝분명한 증거를 보여 주세요.

【明快】**míngkuài** [형] **1** (말·글·곡조 따위가) 명쾌하다. 명백하여 시원하다. 시원시원하다. ¶语言～＝말이 명쾌하다. **2** (성격이) 쾌활하다. 호쾌하다. 시원시원하다. ¶为人～＝사람이 시원시원하다. ↔晦涩

【明来暗往】**mínglái-ànwǎng** [성] **1** 공공연히 혹은 은밀히 왕래하다. **2** [폄] 관계가 밀접하여 서로 접촉이 빈번하다.

【明朗】**mínglǎng** [형] **1** 밝다. 환하다. ¶秋日的阳光分外～。＝가을날의 햇살이 유난히도 밝다. **2** 명랑하다. 쾌활하다. ¶性格～＝성격이 명랑하다. **3** 뚜렷하다. 분명하다. 명백하다. ¶态度～＝태도가 분명하다. ↔阴暗

【明里】**míng·lǐ** [명] 공개석상. 표면상. 겉. ¶～支持, 暗里反对。＝공개적으로는 지지하지만, 속으로는 반대한다.

【明理】**mínglǐ** [동] 사리를 알다. 분별 있다. ¶知书～＝지식을 갖추고 사리에 밝다. [명](～儿) 분명한 이치. 명백한 사실. ¶这是～, 用不着细讲。＝이것은 분명한 이치이므로 상세히 설명할 필요가 없다.

【明丽】**mínglì** [형] (풍경이) 명려하다. 맑고 곱다〔아름답다〕. ¶风光～＝풍광이 맑고 아름답다.

【明亮】**míngliàng** [형] **1** 환하다. 밝다. 양명하다. ¶～的展厅＝환하게 밝은 전람회장. **2** 눈부시다. 빛나다. 반짝거리다. ¶～的车灯＝눈부신 전조등. **3** 밝게 울려 퍼지는. 낭랑한. ¶歌声～＝노랫소리가 낭랑하다. **4** 분명하다. 명백하다. 명료하다. ¶听了老师的讲解, 他心里～多了。＝선생님의 설명을 듣고 그는 훨씬 명료해졌다. ≒光亮 ↔黑暗 昏暗

【明亮亮】**míngliàngliàng**(～的) [형] 아주 환하다〔밝다〕.

【明了】**míngliǎo** [형] 분명하다. 명백하다. 명료하다. ¶简单～＝간단명료하다. [동] 분명하게 알다. 명백히 이해하다. ¶不～具体情况就不要随便发表意见。＝구체적인 상황을 분명하게 알지 못한다면 함부로 의견을 발표하지 마세요.

【明令】**mínglìng** [명] 명문화하여 공포한 법령.

【明码】**míngmǎ** [명] **1** 통용의 전신 부호. ¶～电报＝통용의 전신 부호 전보. **2**《經》명시 가격. 정찰 가격. ¶～销售＝정찰 가격으로 판매하다. ↔密码

【明码实价】**míngmǎ-shíjià** [성] 고객을 속이지 않고 정찰 가격으로 판매하다.

【明媒正娶】**míngméi-zhèngqǔ** [성] 중매인을 통해 정식으로 배우자를 맞아들이는 결혼.

【明媚】**míngmèi** [형] (경치가) 명미하다. 맑고 아름답다. ¶春光～＝봄날의 경치가 아름답다.

【明面】**míngmiàn**(～儿) [명] 공개석상. 표면상. 겉. ¶把话摆到～上来说。＝이야기를 공개적으로 합시다.

【明灭】**míngmiè** [동] 명멸하다. 깜빡깜빡하다. ¶星光～＝별빛이 깜빡깜빡하다.

【明明】**míngmíng** [부] 분명히. 명백히. [주로 뒤에 이어지는 문장은 의미가 전환됨] ¶～是他不对, 你怎么反倒批评起我来了? ＝명백히 그가 잘못했는데, 어떻게 너는 오히려 나를 나무라니?

【明明白白】**míng·ming báibái** [형] 명명백백하다. 아주 뚜렷하다. 아주 명백하다.

【明明亮亮】**míng·ming liàngliàng** [형] (빛이) 아주 밝다. 아주 환하다. 아주 빛나다. 반짝거리다.

【明明灭灭】**míng·ming mièmiè** [형] 명멸하다. 깜빡깜빡하다. ¶大街上到处都是～的霓虹灯。＝대로변이 온통 깜빡거리는 네온등이다.

【明眸】**míngmóu** [명] 명모. 맑고 아름다운 눈동자. ¶～善睐＝미인이 이리저리 눈을 흘기다.

【明眸皓齿】**míngmóu-hàochǐ** [성] **1** 명모호치. 맑은 눈과 하얀 이. **2** [비] 여성의 미모. 아름답다. ＝【皓齿明眸】**hàochǐ-míngmóu**

【明目】**míngmù** [명][문] 밝은 눈. 시력이 좋은 눈. [동] 눈을 밝게 하다. ¶这种药可清心～。＝이 약은 마음이 상쾌해지고 눈을 밝게 한다.

【明目张胆】**míngmù-zhāngdǎn** [성] **1** 명목장담하다. 눈을 크게 뜨고 담을 키우다. **2** [비] 공공연하다. 조금도 망설이지 않다. [주로 나쁜 짓을 함을 형용함]

【明年】**míngnián** [명] 내년. 명년.

【明盘】**míngpán**(～儿) [명]《經》(시장의) 공개 협정 가격.

【明欺暗骗】**míngqī-ànpiàn** [성] 온갖 수단과

방법을 동원해서 속이다〔기편하다·기만하다〕.

【明弃暗取】míngqì-ànqǔ (성) **1** 겉으로는 포기하는 하면서 몰래 자기 것으로 하다. **2** 비 부정한 수단으로 이익을 취하다.

【明器】míngqì ☞ 【冥器】míngqì

【明前】míngqián (명) 명전(차). [청명절(清明節) 이전에 딴 연한 잎으로 제조한 녹차]

【明枪暗箭】míngqiāng-ànjiàn (성)(명)(비) 공공연한 공격과 은폐된 곳에서의 공격.

【明枪易躲, 暗箭难防】míngqiāng yìduǒ, ànjiàn nánfáng (속) **1** 보이는 곳에서 날아오는 창은 피하기 쉽지만, 몰래 쏘는 화살은 막아내기 어렵다. **2** 비 나쁜 친구가 공개된 적보다 더 방비하기 힘들다.

【明抢】míngqiǎng (동) 공공연하게 약탈하다〔빼앗다〕. ¶~明夺=공공연히 약탈하다.

【明抢暗劫】míngqiǎng-ànjié (성) 공공연하게 빼앗고 암암리에 탈취하다. 수단과 방법을 가리지 않고 약탈하다.

【明情】míngqíng (형) 사리를 알다. 분별 있다. ¶~察理=사리를 똑똑히 살피다. (부)(동) 분명히. 명백히. 확실히. ¶这不是~让我做冤大头嘛! =이것은 분명히 나를 봉으로 삼자는 것 아니냐!

【明情眼儿】míngqíngliǎr (명)(비) 분명한〔자명한·뻔한〕이치.

【明渠】míngqú (명) 명거. 개거(開渠).

【明确】míngquè (형) 명확하다. 확실하다. ¶观点~=관점이 명확하다. (동) 명확하게 하다. 확실하게 하다. ¶~工作目标=업무 목표를 명확하게 하다. ≒鲜明 ↔含糊

【明儿】míngr **1** 내일. 명일. =【明儿个】míngr·ge ¶~我们一起去郊游。=내일 우리 함께 교외로 놀러 가자. **2** 앞날. 장래. ¶~你有了孩子, 你就知道做爸爸的滋味了。=장래에 네가 자식을 갖게 되면, 아버지 노릇하는 심정을 알게 될 것이다.

【明儿个】míngr·ge ☞ 【明儿】míngr

【明人】míngrén (명)(비) **1** 눈이 성한 사람. [‘盲人(맹인)’과 구별됨] **2** 떳떳한 사람. 정직한 사람. 솔직한 사람. ¶~不说暗话。=떳떳한 사람은 남의 뒷말을 하지 않는다. **3** 사리에 밝은 사람. 분별 있는 사람. 지각(양식) 있는 사람. ¶~不用细谈。=사리에 밝은 사람에게는 긴말이 필요 없다. **4** 명인. 명나라 사람. ¶《西游记》的作者吴承恩系~。=《서유기(西游记)》의 작자 오승은(吴承恩)은 명나라 사람이다.

【明人不做暗事】míngrén bùzuò ànshì (속) 정직한 사람은 떳떳하지 못한 행동을 하지 않는다.

【明日】míngrì (명) 내일.

【明日黄花】míngrì-huánghuā (성) **1** 국화는 중양절(重陽節)이 지나면 시들어 버리므로 관상(觀賞)할 만한 가치가 없어진다. **2** 비 뉴스의 가치를 상실한 보도 기사. 철이 지난 물건. 시기를 놓친 일.

【明锐】míngruì (형) **1** 밝고 예리하다. ¶目光~=눈빛이 밝고 예리하다. **2** (문) 영민하다. 민첩하다. ¶性~, 有决断。=성격이 민첩하고 결단력이 있다.

【明睿】míngruì (형)(문) 사리를 알다. 현명하다. 슬기롭다.

【明润】míngrùn (형) 윤기나고 맑다. ¶沾满露珠的花瓣显得格外~娇艳。=이슬을 잔뜩 머금은 꽃잎이 유난히 윤기나고 요염해 보인다.

【明闪闪】míngshǎnshǎn (~的) (형) 반짝이다. 번쩍번쩍하다. 번쩍번쩍 빛나다. ¶~的灯火=반짝이는 등불.

【明升暗降】míngshēng-ànjiàng (성) 겉으로는 승진〔영전〕한 것처럼 보이나, 실상은 좌천당한 것이다.

【明石】míngshí ☞ 【明矾】míngfán

【明示】míngshì (동) 명시하다. 분명하게 지적하다〔드러내다〕. ¶敬请~。=명시하여 주십시오. ↔暗示

【明视距离】míngshì jùlí (명) 명시 거리.

【明誓】míng‖shì ☞ 【盟誓】méng‖shì

【明誓】míngshì (명) 맹세.

【明说】míngshuō (동) 명확하게 말하다. 솔직히 말하다. 터놓고 말하다. 드러내 놓고 말하다. 숨김없이 말하다. ¶有想法不妨~。=의견이 있으면 솔직히 말해도 된다.

【明锁】míngsuǒ (명) 몸통이 드러난 자물쇠. ↔暗锁

【明太鱼】míngtàiyú (명)(動) 명태.

【明堂】[明唐] míngtáng (명) **1** 옛날, 국왕이 성대한 의식을 행하던 궁전. **2** 비 곡식을 말리는 마당. **3** 비 안마당. 안뜰.

【明唐】míngtáng ☞ 【明堂】míngtáng

【明天】míngtiān (명) **1** 내일. 명일. **2** 내일. 다가올 앞날. 가까운 장래. 미래. ¶我们的~会更好。=우리들의 앞날은 더욱 나아질 것이다.

【明贴】míngtiē (명) 공개적으로 주는 보조금. 직접 시민에게 지급해 주는 보조금.

【明瓦】míngwǎ (명)(옛) 반투명 유리 기와. [창문이나 지붕에 끼워 넣어 채광하는 데 쓰임] =【亮瓦】liàngwǎ

【明文】míngwén (명) 명문. 정식으로 공포한 공문서. ¶~规定=명문 규정.

【明晰】míngxī (형) 명백하다. 명료하다. 뚜렷하다. ¶思路~=사고의 방향이 명료하다.

【明细】míngxì (형) 명세하다. 분명하고 자세하다. ¶分工~=분업이 분명하고 자세하다.

【明细表】míngxìbiǎo (명) 명세서.

【明细账】míngxìzhàng (명)(업)(經) 명세 분류장. (명세 분류장).

【明虾】míngxiā ☞ 【对虾】duìxiā

【明显】míngxiǎn (형) 뚜렷하다. 분명하다. 확연히 드러나다. ¶差距~=격차가 뚜렷하다. ↔隐晦 隐秘

---

**明显**(míngxiǎn) / **显著**(xiǎnzhù)

明显(뚜렷하다, 분명하다) : 분명히 드러나서 사람들이 쉽게 보거나 느끼는 것을 말함. ¶在文学艺术创作活动中, 学生这种想象能力的差异表现

得很明显. =문학예술 창작활동에서 학생들의 이런 상상력의 차이는 뚜렷한 차이를 나타낸다. 显著(현저하다, 두드러지다) : 매우 분명하게 드러나는 특출한 것을 가리킴. 긍정적인 어휘나 부정적인 어휘와 결합하여 그 뜻을 더 분명하게 해 줌. ¶ 如果我们自己家里有孩子, 可以观察到儿童有这么几个显著的特点. =만약 우리 자신들의 집안에 아이가 있다면, 아이들이 이 몇 가지 두드러진 특징을 가지고 있다는 것을 관찰할 수 있다. / 谁也没有注意他的显著变化. =누구도 그의 현저한 변화를 주시하지 못했다.

【明线】**míngxiàn** 图 1 (電) 노출형 배선. ¶装修时, 把室内的~改为暗线. =내부 수리를 할 때, 노출형 배선을 매입형 배선으로 바꾸세요. 2 (電) 나선. ¶~载波设备=나선 반송 장치. 3 (문학 작품에서 인물의 활동이나 사건의 전개가) 직접적으로 드러나는 실마리. ↔暗线

【明线光谱】**míngxiàn guāngpǔ** 图(物) 휘선 (輝線) 스펙트럼. 밝은 빛띠.

【明晓】**míngxiǎo** 통 잘 알다. 조예가 깊다. 통달[정통]하다. ¶~事理=사리에 밝다.

【明效大验】**míngxiào-dàyàn** 图 현저한 효험〔효과〕.

【明信片】**míngxìnpiàn** 图 (우편) 엽서.

【明星】**míngxīng** 图 1 고서(古書)에서, 금성을 가리킴. 2 샛별. 명성. 금성. 3 (비) 샛별. 스타 (star). [유명한 연예인·운동 선수·기업인 등을 이름] ¶网球~=테니스 스타.

【明修栈道, 暗渡陈仓】**míng xiū zhàndào, àn dù Chéncāng** 图 1 한군(漢軍)이 겉으로는 잔도를 내는 체하면서 몰래 군사를 되돌려 초군(楚軍)의 진창(陳倉)을 기습하다. 2 (비) 성동격서(聲東擊西)하다. 가상(假像)으로 적을 미혹시켜 목적을 달성하다.

【明秀】**míngxiù** 图 맑고 아름답다. 수려하다. ¶山河~=산하가 수려하다.

【明言】**míngyán** 통 명언하다. 분명히 말하다. 터놓고 말하다. 거리낌없이 말하다. ¶此处人多嘴杂, 有些话不便~. =이 곳은 사람이 많아 비밀이 새기 쉬우므로 어떤 얘기들은 터놓고 말하기가 곤란하다.

【明眼人】**míngyǎnrén** 图 통찰력〔식별력〕이 있는 사람. 식견이 있는 사람. ¶~一看就知道这是骗人的把戏. =통찰력이 있는 사람이라면 한번 보기만 하면 이것이 기만 수작이라는 것을 금방 알 수 있다.

【明艳】**míngyàn** 图 명려하다. 맑고 곱다. 선명하고 아름답다. 화려하다. 찬란하다. 눈부시다. ¶色彩~=색채가 선명하고 아름답다.

【明油】**míngyóu** 图 명유. [완성된 요리 위에 뿌리는 기름]

【明喻】**míngyù** 图(言) 직유(直喩). [혼히 '如(rú)·似(sì)·像(xiàng)·好像(hǎoxiàng)·好比(hǎobǐ)·如同(rútóng)' 등을 붙임]

【明月】**míngyuè** 图 명월. 밝은 달.

【明早】**míngzǎo** 图 1 내일 아침. 2(방) 내일.
【明杖】**míngzhàng** (~儿) 图 맹인〔시각 장애인〕용 지팡이.
【明朝】**míngzhāo** 图(方) 1 내일아침. 2 내일.
【明哲保身】**míngzhé-bǎoshēn** 图 1 명철보신하다. 총명하고 사리에 밝은 사람은 일을 잘 처리하여 자기 몸을 보존한다. 2 자신을 보전하기 위하여 원칙적인 문제를 회피하는 처세·태도. ≒洁身自好
【明争暗斗】**míngzhēng-àndòu** 图 음으로 양으로 싸움을 하다. 아웅다웅〔옥신각신〕하다. 암투를 벌이다.
【明正典刑】**míngzhèng-diǎnxíng** 图 법에 따라 공개적으로 형벌에 처하다.
【明证】**míngzhèng** 图 명증. 명백한 증거.
【明知】**míngzhī** 통 명지하다. 명백히 알다. 분명히 알다. 뻔히 알다. 확실히 알다. ¶~不对, 还要狡辩. =잘못이라는 것을 뻔히 알면서도 끝까지 우기는구나.
【明知故犯】**míngzhī-gùfàn** 图 (법규 등에) 위배된다는 것을 잘 알고 있으면서 일부러 죄를 범하다. 이치에 어긋나는 것을 알면서도 행하다.
【明知故问】**míngzhī-gùwèn** 图 뻔히 알면서 일부러 묻다.
【明志】**míngzhì** 통 이상을〔웅지를·포부를〕 펼치다. ¶淡泊~=명리를 좇지 않아야 높은 이상을 펼칠 수 있다.
【明智】**míngzhì** 图 총명하다. 현명하다. ¶~之举=현명한 행동〔조치〕.
【明珠】**míngzhū** 图 1 명주. 빛이 고운 아름다운 구슬. 2 (비) 보배. 사랑하는 사람. 귀중한 물건. ¶她是父母的掌上~. =그녀는 부모님께서 애지중지하는 딸이다.
【明珠暗投】**míngzhū-àntóu** 图(비) 1 재능 있는 사람이 중용되지 않다. 착한 사람이 나쁜 길로 빠지다. 2 귀중한 물건이 가치를 알지 못하는 사람의 수중에 들어가다.
【明珠弹雀】**míngzhū-tánquè** 图 1 귀중한 구슬을 탄환으로 하여 새를 쏘다. 2 (비) 소탐대실 (小貪大失)하다. 작은 것을 탐내다가 큰 것을 손해 보다. =〔以珠弹雀〕**yǐzhū-tánquè**
【明主】**míngzhǔ** 图 명주. 명군(名君). 현명한 군주.
【明子】**míng·zi** 图 송명(松明). 관솔(불).

**\*\*鸣**〔鳴〕**míng** 울 명

통 1 (새·동물·벌레 따위가) 울다. ¶鸾凤和~=난새와 봉황이 어울려 지저귀다. / 虫~=벌레가 울다. 2 울리다. 울리게 하다. ¶耳~=이명. 〔귀가 울리는 증상〕/ 电闪雷~=번개가 치니 천둥 소리가 울리다. 3 공개적으로 표명〔선언〕하다. ¶登报~谢=신문에 게재하여 사의(謝意)를 표명하다. / 百家争~=백가쟁명. 서로 다른 학파들이 자유롭게 논쟁하다.

○● 哀āi鸣, 悲鸣, 打鸣儿, 共鸣, 轰hōng鸣, 雷鸣, 啸xiào鸣, 争鸣

【鸣鞭】**míngbiān** 图 고대, 황제의 의장용(儀仗用) 채찍. [이것을 휘둘러 소리를 내어, 사람들을 조용하게 하였음] =【静鞭】**jìngbiān** 图 채찍을 울리다. 채찍질하다. ¶~走马=채찍을 울려 말을 몰다.

【鸣不平】**míng bùpíng** 图 불공평함을 호소하다〔늘어놓다〕. ¶众人都为他受到的不公正待遇~。=많은 사람들이 모두 불공정한 대우를 받은 그를 위해 불공평함을 호소했다.

【鸣笛】**míng‖dí** 图 기적〔고동·경적〕을 울리다. ¶火车~进站。=기차가 기적을 울리며 역으로 들어온다.

【鸣笛标】**míngdíbiāo** 图 기적 표지. [전방의 상황이 보이지 않는 곳에 설치하여 기차 승무원이 기적을 울리도록 만든 철도 안전 표지. 마름모꼴 안에 '鸣(míng)' 자가 새겨져 있음]

【鸣镝】**míngdí** 图 향전(響箭). 우는 화살.

【鸣放】**míngfàng** 图 1 총을〔포를〕쏘아 소리를 내다. ¶~礼炮=예포를 쏘다. 2 공개적으로 자유롭게 의견을 발표하다. ['百花齐放, 百家争鸣' (백화제방, 백가쟁명)의 줄임말] ¶~会=자유롭게 자신의 의견을 발표하고 토의하는 회의.

【鸣鼓而攻之】**míng gǔ ér gōng zhī** 图 공개적으로 남의 죄상을 폭로하여 성토하다.

【鸣叫】**míngjiào** 图 (새·곤충 등이) 울다. 지저귀다.

【鸣金】**míngjīn** 图 징을 울리다. [고대, 전투에서 퇴각의 신호로 징을 쳤음]

【鸣金收兵】**míngjīn shōubīng** 图 1 징을 울려 군사를 철수시켜 전투를 끝내다. 2 비 경기 일정이 모두 끝나다. 일을 끝마치다.

【鸣锣开道】**míngluó kāidào** 图 1 옛날, 관리들이 행차할 때 징을 울려 길을 열다. 2 비 어떤 일이 벌어질 것에 대비하여 여론을 조성하다.

【鸣炮】**míngpào** 图 예포(禮砲)를 쏘다.

【鸣枪】**míngqiāng** 图 1 총을 쏘다. ¶~示警=총을 쏘아 경고하다. 2 (경기가) 개막되다. 시작되다. ¶本年度全市马拉松比赛将于明晨~。=금년도 시(市) 마라톤 경기가 바로 내일 아침에 개막된다.

【鸣禽】**míngqín** 图(動) 명금. [고운 소리로 우는 새]

【鸣哨】**míngshào** 图 1 호루라기를 불다. 2 경기가 시작되다. ¶全国大学生篮球锦标赛已于昨日~。=전국 대학생 농구 선수권 대회가 어제 시작되었다.

【鸣响】**míngxiǎng** 图 (종·총성·포성 등이) 울리다. ¶钟声~=종 소리가 울리다.

【鸣谢】**míngxiè** 图 사의(謝意)를 표하다. ¶~启事=사은 행사 공고.

【鸣冤】**míngyuān** 图 억울함을 호소하다. 불평을 말하다. ¶击鼓~=간고(諫鼓)〔신문고〕를 쳐서 억울함을 호소하다.

【鸣冤叫屈】**míngyuān-jiàoqū** 图 자신〔남〕의 억울함을 큰 소리로 호소하다. 불평이나 불만을 호소하다.

【鸣啭】**míngzhuàn** 图 (새가) 구성지게 울다. ¶黄鹂~=꾀꼬리가 낭랑하게 울다.

【鸣奏】**míngzòu** 图 (새나 곤충 등이) 노래하다. 지저귀다. ¶蟋蟀在草丛中~。=귀뚜라미가 풀더미 속에서 노래한다.

## 茗 **míng** 차 싹 명

图 1 차나무의 어린 싹. 2 차(茶). ¶品~=차를 음미하다.

## 洺 **Míng** 강 이름 명

图(地) 밍허(洺河). [허베이(河北)성에 있는 강 이름]

## 冥[(冥·冥)] **míng** 어두울 명

图 1 图 어둡다. ¶幽~=어둡다. 2 图 어리석다. 우매하다. ¶~顽不灵=우둔하고 완고하여 융통성이 없다. 고집불통이다. 3 심오하다. 심각하다. ¶苦思~想=곰곰이 생각하다. 图 저승. 황천. 명부(冥府). 지부(地府). ¶阴曹~府=저승.

○ 冥 **míng**
螟 **míng**
瞑 **míng**
暝 **míng**
溟 **míng**
幂 **mì**

【冥暗】**míng'àn** 图图 어둡다. 어두컴컴하다. ¶夕阳西斜, 天渐~。=석양이 서쪽으로 기울어 날이 점점 어두워진다.

【冥币】**míngbì** ☞【冥钞】**míngchāo**

【冥钞】**míngchāo** 图 (죽은 사람을 위하여 태우는) 지전(紙錢). =【冥币】**míngbì**

【冥福】**míngfú** 图 명복. 사후의 행복.

【冥府】**míngfǔ** 图 명부. 저승. 황천. 지부(地府).

【冥供】**mínggòng** 图 제물(祭物).

【冥茫】[溟茫] **míngmáng** 图 1 창망하다. 끝이 없다. 망망하다. ¶烟波~=안개가 자욱한 수면이 가없이 넓다. 2 묘망하다. 아득하다. ¶夜色~=밤의 경치가 아득하다.

【冥蒙】[溟蒙] **míngméng** 图图 1 (어두워서) 모호하다. 어렴풋하다. 흐릿하다. ¶云雾~=운무가 희뿌옇게 깔려 있다. 2 (초목이) 무성하다. ¶杂草~=잡초가 무성하다.

【冥冥】**míngmíng** 图图 회명(晦冥)하다. 어두컴컴하다. ¶~之中=어둠 속.

【冥器】[明器] **míngqì** 图 1 부장품. 부장물. 배장품(陪葬品). 2 명기(冥器). [사자(死者)를 위하여 태우는 종이 기물 을 일컬음]

【冥寿】**míngshòu** 图 고인(故人)의 생일.

【冥思】**míngsī** 图 고심하다. 깊이 생각하다. ¶凝神~=정신을 집중하여 깊이 사색하다.

【冥思苦索】**míngsī-kǔsuǒ** ☞【冥思苦想】**míngsī-kǔxiǎng**

【冥思苦想】**míngsī-kǔxiǎng** 图 심사숙고하다. 깊이 사색하다. =【冥思苦索】**míngsī-kǔsuǒ** ≒深思熟虑

【冥顽】**míngwán** 图图 명완하다. 우매하고 완고하다. 사리에 어둡고 완고하다.

【冥顽不灵】**míngwán-bùlíng** 图 어리석고 둔하다. 우둔하고 완고하여 융통성이 없다.

【冥王星】**míngwángxīng** 图(天) 명왕성.

【冥想】míngxiǎng 동 명상하다. ¶静坐~=정좌하여 명상하다.
【冥心】míngxīn 동문 깊이 생각하다. 골똘히 생각하다.
【冥衣】míngyī 명 명의. [죽은 사람을 위해 불사르는 종이옷]

## 铭[銘] míng 새길 명

명 1 명문. [금석(金石)이나 기명(器皿) 따위에 새겨 놓은 글] ¶铜器~文=청동기에 쓰여진 명문. 2 명. [금석(金石)·기물(器物)·비석 따위에 남의 공적을 찬양하는 내용이나 사물의 내력을 새긴 문구, 또는 마음에 새겨 교훈으로 삼고자 하는 어구] ¶墓志~=묘지명. / 座右~=좌우명.
동 1 (기물 위에 기념하기 위한 문자를) 새기다. ¶~功=공적을 새기다. 2 (마음속에) 깊이 새기다. [기억하다]. ¶刻骨~心=각골명심하다.
【铭感】mínggǎn 동문 감격하다. 감동하여 마음속에 깊이 새기다. ¶~于心=마음에 깊이 새겨 두다.
【铭肌镂骨】míngjī-lòugǔ 성비 마음에 깊이 간직하여 명심하다.
【铭记】míngjì 동 명기하다. 깊이 새기다. 아로새기다. ¶~教诲=가르침을 마음에 아로새기다. 명 명문(铭文).
【铭旌】[明旌] míngjīng 명 명정. 명기(铭旗). 정명(旌铭). [붉은 천에 흰 글씨로 죽은 사람의 관직이나 성명 따위를 쓴 조기(弔旗)]
【铭刻】míngkè 동 1 (문자나 도안을) 금석[돌]에 주조하다[새기다]. ¶石碑上~着这座石桥建造的年月和经过.=비석에는 이 석교의 건조 연월과 과정이 새겨져 있다. 2 베 깊이 새기다. 명심하다. ¶~在心=마음속에 깊이 새기다. 명 각명(刻銘). 늑명(勒銘). 명문. ¶古代~=고대의 각명(刻銘).
【铭牌】míngpái 명 (자동차나 기기 따위에 붙인) 금속제 표찰.
【铭文】míngwén 명 명문.
【铭心】míngxīn 동 명심하다. 마음에 새기다. ¶足下之言, 鄙人敢不~.=귀하의 말을 제가 감히 명심하지 않을 수 있겠습니까.
【铭心刻骨】míngxīn-kègǔ ☞【刻骨铭心】kègǔ-míngxīn
【铭诸肺腑】míng zhū fèifǔ 성 1 폐부에 깊이 새기겠습니다. 2 베 영원히 잊지 않겠습니다. [주로 상대방에 대한 감사하는 마음을 표현할 때에 쓰임]

## 蓂 míng 명협 명

☞ mì
【蓂荚】míngjiá 명 명협. 달력풀. 책력풀. [고대 전설상의 상서로움을 상징하는 풀 이름] =【历荚】lìjiá

## 溟 míng 바다 명

명문 바다. ¶北~=북해.
【溟茫】míngmáng ☞【冥茫】míngmáng

【溟蒙】míngméng ☞【冥蒙】míngméng

## 椧 míng 명사나무 명

【椧楂】míngzhā ☞【榅桲】wēn·po

## 暝 míng 어두울 명

동문 날이 저물다. 해가 지다. ¶日将~.=날이 곧 저문다. 명문 황혼. 박야(薄夜). 어스름. 땅거미. ¶薄~=황혼. 형문 어둡다. 어두컴컴하다. ¶大雾昼~=안개가 짙어 대낮에도 어두컴컴하다.

## 瞑 míng 눈 감을 명

동 눈을 감다. ¶彻夜不~=밤새도록 눈을 붙이지 못하다. 밤을 꼬박 새다. 형 눈이 어둡다. 눈이 침침하다. ¶耳聋目~=귀가 어둡고 눈이 침침하다.
【瞑目】míngmù 동 명목하다. 눈을 감다. [주로 편안히 죽음을 가리킴] ¶死不~=죽어도 눈을 감지 못하다.

## *螟 míng 마디충 명

명(动) 명충. 마디충나방.
【螟虫】míngchóng 명(动) 명충. [명나방과에 속하는 모든 곤충의 유충]
【螟蛾】míng'é 명(动) 명아. 마디충나방. [명나방과 곤충의 총칭]
【螟蛉】mínglíng 명 1 (动) 벼명충나방의 유충. 2 (动) 벼명충나방·면화씨벌레·배추흰나비 등 여러 곤충의 유충. 명령. [고대에는 나나니벌이 애벌레를 낳지 못하고, 대신 이러한 유충들을 업어 기른다고 생각했음] 3 베 양자.

## 酩 mǐng 술 취할 명

【酩酊】mǐngdǐng 형 명정하다. 만취하다. 곤드레만드레[잔뜩] 취하다. ¶~大醉=곤드레만드레 취하다.

## **命[(㝱)] mìng 목숨 명

동 1 명령하다. 지령하다. 지시하다. ¶~其返航=귀항을 명령하다. 2 …라고 여기다. …라고 생각하다. ¶自~不凡=스스로 비범하다고 생각하다. 3 (명칭·제목 따위를) 주다. 붙이다. 확정하다. ¶专家~题=전문가가 제목을 내다. 명 1 지시. 명령. 지령. ¶待~=지시를 기다리다. / 唯~是从=오로지 명령만을 따르다. 2 운명. ¶认~=운명이라고 여기다. / 听天由~=운명을 기꺼이 받아들이다. 3 생명. 목숨. ¶丧~=목숨을 잃다. / 救~之恩=목숨을 구해 준 은혜. 4 수명. ¶短~=단명. / 长~百岁=100세까지 장수하다.

○● 奔命、毕命、毙bì命、偿cháng命、成命、催cuī命、抵dǐ命、度命、非命、复命、诰gào命、革命、狠hěn命、活命、抗kàng命、卖命、民命、请命、辱rǔ命、舍shě命、寿shòu命、受命、授命、死命、送命、玩命、亡命、性命、要命、殒yǔn命、挣zhèng命、致命、自命

【命案】 mìng'àn 图 살인 사건. ¶一桩~=살인 사건이 한 건.

【命笔】 mìngbǐ 图 (시문·서화 등을) 집필하다. 붓을 들고 글을〔서화를〕 쓰다〔그리다〕. ¶欣然~=기꺼이 집필하다.

【命薄】 mìngbó 图 박명하다. 운명이 기구하다 〔불운하다·기박하다〕. 팔자가 사납다. ¶福浅~=복이 없고 팔자가 사납다.

【命大】 mìngdà 图 행운이다. 명이 길다. 운이 좋다. [주로 큰 재난에서 기적적으로 살아남음을 가리킴] ¶这么严重的车祸, 他居然没事, 真是~. =이렇게 심한 교통 사고를 당하고도 그는 의외로 아무렇지도 않으니, 정말 운이 좋다.

【命定】 mìngdìng 图 운명적으로 이미 정해져 있다. 반드시 …하게 되어 있다.

【命妇】 mìngfù 图 명부. [천자(天子)로부터 봉호(封號)를 하사받은 부인을 이르며, 주로 관리의 부인이나 그의 모친이 해당됨]

【命根】 mìnggēn(~儿) 图㋐ 1 가장 중시를 받는 후배. 2 가장 중요한 것. 가장 중시를 받는 것. =【命根子】 mìnggēn·zi

【命根子】 mìnggēn·zi ☞ 命根 mìnggēn

【命官】 mìngguān 图 명관. [봉건 시대에 조정에서 임명한 관리]

【命驾】 mìngjià 图㋱ 1 마차를 몰도록 시키다. ¶~而行=마차를 몰고 길을 떠나다. 2 마차를 타고 출발하다. 외출하다. ¶不日将~进京. =머지않아 수레를 몰고 입경(入京)할 것이다.

【命苦】 mìngkǔ 图 팔자가 사납다. 운이 나쁘다.

【命令】 mìnglìng 图 명령하다. ¶~一班守护桥梁. =일분대에 교량을 지키도록 명령하다. 图 1 명령. ¶服从~=명령에 복종하다. 2 (法) 명령. [국가 헌법에 규정된 법률안(法律案)으로, 통상 국가 원수(元首)가 국가 최고 권력 기관이나 입법 기관의 결정에 근거하여 선포함]

【命令句】 mìnglìngjù 图(言) 명령문.

【命令主义】 mìnglìngzhǔyì 图 명령주의. [명령하는 식으로 일을 시키는 관료주의적인 관점이나 태도]

【命脉】 mìngmài 图 1 명맥. 생명과 혈맥. 2㋱ 중요한 부분. ¶经济~=경제의 명맥.

【命门】 mìngmén 图(醫) 명문.

【命名】 mìng‖míng 图 명명하다. 이름짓다. ¶这个广场被~为滨海广场. =이 광장은 빈하이(滨海)광장이라고 명명되었다.

【命数】 mìngshù 图 운명.

【命题】 mìng‖tí 图 시제(試題)를 내다. 출제하다. ¶~作文=작문 과목 문제를 출제하다.

【命题】 mìngtí 图(論) 명제.

【命途】 mìngtú 图㋱ 운명. [인생의 경험이나 처지를 가리킴] ¶~坎坷=운명이 기구하다.

【命途多舛】 mìngtú-duōchuǎn 图 운명이 기구하다.

【命相】 mìngxiàng 图 1 운명과 용모. 2 팔자.

【命意】 mìngyì 图 (작문·회화(繪畫)의) 주제를 정하다. 图 주제. 함의(含意). 함축. 내포. 암시. 언외의 의미. ¶很难了解这首诗的~所在. =이 시의 함의가 어디에 있는지 이해하기 어렵다.

【命运】 mìngyùn 图 1 운명. ¶~悲惨=운명이 비참하다. 2㋱ 장래. 전도. ¶把~掌握在自己的手中. =장래의 운명을 스스로가 쥐고 있다.

【命在旦夕】 mìngzàidànxī 图 목숨이 경각(頃刻)에 달렸다.

【命中注定】 mìngzhōng-zhùdìng 图 1 운명으로 정해져 있다. 2 숙명적이다.

【命中】 mìngzhòng 图 명중하다. (목표물을) 맞히다. ¶~靶心=과녁의 중심에 명중시키다.

【命中率】 mìngzhònglǜ 图 명중률. ¶在整场比赛中, 他投篮的~最高. =전체 경기 중에서 그의 슛 명중률이 가장 높다.

# miu

\*谬[謬] miù 그릇될 류

图 그릇되다. 잘못되다. 틀리다. ¶荒~=터무니없다. / 大~不然=전혀 그렇지 않다. 완전히 틀리다. 图㋱ 과분하게. 지나치게. ¶~当重任=과분하게 중임을 맡다. 图 (Miù) 성(姓).

◑ 讹é谬, 乖guāi谬

【谬传】 miùchuán 图 와전. 유전(謬傳). ¶实为~=사실이 와전되었다.

【谬错】 miùcuò 图 착오. 오류. 잘못.

【谬见】 miùjiàn 图 유견. 잘못된 생각. 그릇된 견해. ¶不固执于~. =그릇된 견해를 고집부리지 않다.

【谬奖】 miùjiǎng 图㋱㋱ 과찬(過讚). ¶承蒙~, 受之有愧. =과찬을 받으니 부끄럽습니다.

【谬论】 miùlùn 图 잘못된 이론. 황당무계한 논리. ¶驳斥~=황당한 논리를 논박하다.

【谬说】 miùshuō 图 잘못된 이론. 망언. 허튼소리. ¶无知~=무지하고 황당무계한 이론.

【谬误】 miùwù 图 오류. 잘못. ¶摈弃~, 探求真理. =오류를 버리고 진리를 탐구하다. ≒错误 差错

【谬种】 miùzhǒng 图 1 그릇된 학설〔학파〕. 2 나쁜 놈. 개자식. 잡놈.

【谬种流传】 miùzhǒng-liúchuán 图 그릇된 학설이〔견해가〕 퍼져 나가다.

缪[繆] miù 어긋날 류
☞ 【纰缪】 pīmiù
☞ Miào, móu

# mo

\*\*摸 mō 찾을 모

图 1 (손으로) 짚어 보다. 어루만지다. 쓰다듬다. ¶~~孩子的额头, 看烫不烫. =아이의 이마를

짚어 뜨거운지 만져 보다. **2** (손으로) 더듬다. 더듬어 찾다. ¶他从口袋里~出几张钞票。=그는 호주머니에서 지폐 몇 장을 더듬어 꺼냈다. **3** 탐구하다. 탐색하여 찾다. 타진하다. 시험해 보다. 파악하다. 짐작하다. 알 수 있다. ¶对这个人, 我一点儿也不~底。=이 사람에 대해 나는 조금도 파악하지 못한다. **4** 절취하다. 훔치다. ¶偷鸡~狗=닭과 개를 훔치다. 좀도둑질하다. **5** (어둠 속을) 더듬어 찾아가다. ¶他是~黑儿赶回家的。=그는 어둠 속을 더듬어 집으로 돌아갔다.

⊙ 估摸, 捞摸, 寻摸, 唒zā摸, 捉zhuō摸

【摸边儿】**mōbiānr** 🔲🔲 대개. 대략. 대체로. 약. ¶来了~两百人。=대략 이백 명 정도 왔다.

【摸不到】**mō·budào** 🔲 **1** 만질 수 없다. 손이 닿지 않다. ¶小家伙还~电灯开关。=꼬마 녀석은 (키가 작아서) 아직 전등 스위치까지 손이 닿지 않는다. **2** 이해할 수 없다. 모른다. ¶他的想法, 我还~。=그의 생각을 나는 아직 모르겠다. **3** (조건이 까다롭거나 기회가 없기 때문에) …할 수 없다. ¶回来晚了, 食堂里的饺子就~吃了。=늦게 와서 식당의 만두는 먹을 수 없었다. ≒摸不到

【摸不得】**mō·bu·de** 🔲 만질 수 없다. 건드려서는 (거슬러서는) 안 된다. ¶老虎的屁股~。=호랑이의 엉덩이를 만질 수 없다. 호랑이 꼬리를 밟아서는 안 된다. 권세가 있는 사람을 거슬러서는 안 된다.

【摸不清】**mō·buqīng** 🔲 (상황을) 잘 알 수 없다. 잘 알지 못한다. ¶我还~当地的情况。=나는 아직도 현지 상황을 잘 알지 못하겠다.

【摸不透】**mō·butòu** 🔲 (상황을) 완전히 알지 못하다. 꿰뚫지 못하다. ¶有时, 她的脾气我也~。=간혹 그녀의 성질은 나도 완전히 알지 못하겠다.

【摸不着】**mō·buzháo** 🔲 만질 수 없다. 손이 닿지 않다. 종잡을 수 없다. 갈피를 잡지 못하다. ≒摸不到

【摸不着边儿】**mō·buzháo biānr** 🔲 **1** 물체의 가장자리도 만질 수 없다. **2**🔲 종잡을 수 없다. 갈피를 잡지 못하다.

【摸彩】**mō‖cǎi** 🔲 (상품·복권 따위를) 추첨하다.

【摸底】**mō‖dǐ** 🔲 낱낱이 파악하다. 내막을 탐지하다. 실정을 알아보다. ม을 캐다. ¶对这几个人的优缺点他都~。=이 몇 사람의 장단점에 대해 그는 낱낱이 파악하고 있다.

【摸高】**mōgāo** 🔲 제자리높이뛰기를 하다. 제자리높이뛰기의 높이.

【摸黑儿】**mō‖hēir** 🔲🔲 암중모색하다. 어둠 속을 더듬다. ¶~赶路=어둠 속을 더듬으며 길을 재촉하다.

【摸奖】**mō‖jiǎng** 🔲 (상품이나 복권 따위를) 추첨하다.

【摸老虎屁股】**mō lǎohǔ pì·gu** 🔲 **1** 호랑이 꼬리를 밟다. **2**🔲 사태가 매우 위험하게 되다. 권세가 있는 사람을 거스르다.

【摸门儿】**mō‖ménr** 🔲🔲 요령을 알다(터득하게 되다). 미립이 생기다(트다). ¶干了一段时间, 总算摸着点儿门儿了。=얼마간 일을 하다 보니 마침내 조금이나마 요령을 터득하게 되었다.

【摸弄】**mōnòng** 🔲 **1** 쓰다듬다. 어루만지다. ¶她轻轻地~着孩子的脸。=그녀는 가볍게 아이의 얼굴을 쓰다듬고 있다. **2** 만지작거리다. 주무르다. ¶小家伙不停地~着熊猫玩具。=꼬마 녀석이 계속해서 장난감 판다곰을 만지작거리고 있다.

【摸爬滚打】**mōpá-gǔndǎ** 🔲 힘들게 훈련(일)하다.

【摸排】**mōpái** 🔲 (사건을 수사하기 위하여 일정 범위의 사람들을) 샅샅이 조사하다. 차례차례 낱낱이 조사하다.

【摸牌】**mō‖pái** 🔲 **1** (트럼프 따위의) 카드놀이를 하다. ¶我们几个摸一会儿牌。=우리 몇 명은 얼마 동안 카드놀이를 하였다. **2** (한 장씩) 패를 잡다. ¶该你~了。=네가 패를 잡을 차례야.

【摸清】**mōqīng** 🔲 분명하게 파악하다. 분명히 찾아 내다. ¶把所有情况都~了。=모든 상황을 완전히 파악하였다.

【摸哨】**mō‖shào** 🔲 적의 초소를 기습하다.

【摸索】**mō·suǒ** 🔲 **1** (나아가기 위해) 더듬다. ¶~着走出了山洞。=더듬거리면서 동굴을 빠져 나왔다. **2** (방법·경험 따위를) 모색하다. ¶他在实践中~出一套非常实用的教学方法。=그는 실천 과정에서 아주 실용적인 교습 방법을 모색해 내었다.

【摸头】**mō‖tóu**(~儿) 🔲 (상황을) 탐색하다. 파악하다. [주로 부정형으로 쓰임] ¶他刚来, 对业务上的事还不~。=그는 막 와서 업무와 관련된 일들을 아직 파악하지 못하였다.

【摸瞎】**mōxiā**(~儿) 🔲 어둠 속에서 길을 더듬어 찾다. 암중모색하다. 술래잡기를 하다.

【摸营】**mō‖yíng** 🔲 적의 진지를 기습하다.

【摸着石头过河】**mō·zhe shí·tou guò hé** 🔲 **1** 돌을 더듬어 가며 강을 건너다. 돌다리도 두들겨 보고 건너다. **2**🔲 세심한 주의를 기울여 일을 처리하다. 실천 중에 방법을 모색하고 경험을 쌓다.

【摸准】**mōzhǔn** 🔲 정확하게 알다(이해하다·파악하다). 분명하게 파악하다(알다·이해하다). ¶投产之前, 一定要~市场需求。=생산에 들어가기 전에 반드시 시장의 수요를 정확히 파악하여야 한다.

# 无[無] mó 음역자 무

☞[南无] **nāmó**
☞ **wú**

# 谟[謨, 謩] mó 꾀 모

🔲🔲 계획. 계책. 책략. ¶宏~=거대한 계책.

# *馍[饃, 饝] mó 만두 마

🔲🔲 **1** 모(馍). ¶羊肉泡~=양러우파오모. [모(馍)를 넣은 양고깃국] **2** 만두(馒头). ¶蒸~=찐 만두.

【馍馍】 mó·mo 團(방) 모(馍). 전빵.

## 嫫 mó 예쁠 모
인명에 쓰이는 글자. ¶~母=모모. [현명하나 추녀로 유명했던, 고대 전설상 황제(黃帝)의 넷째 부인]

## 摹 mó 베낄 모
團 본떠서 그리다〔쓰다〕. [주로 습자지를 위에 놓고 비친 본(그림이나 글씨)을 베끼는 것을 가리킴] ¶临~=임모하다. 모사하다. / 描~=사물의 형상을 그려 내다.

【摹本】 móběn 團 영사본. 모사본.
【摹仿】 mófǎng ☞【模仿】 mófǎng
【摹绘】 móhuì 團(書) 묘사(描畫)하다. ¶~壁画=벽화를 묘사하다.
【摹刻】 mókè 團 (서화 등을) 모각하다. 번각하다. 團 번각본(翻刻本). 번각물(翻刻物).
【摹拟】 móní ☞【模拟】 móní
【摹效】[模效] móxiào 團 모방하다. 흉내내다. 본뜨다.
【摹写】[模写] móxiě 團 1 모사하다. 베껴 쓰다. 2 묘사하다. ¶~人物性格=인물의 성격을 묘사하다.
【摹印】 móyìn 團 (책·서화 따위를) 모사하여 인쇄하다. 모인. [진(秦)대 한자 서체의 하나]
【摹状】 mózhuàng 團 모사하다. 사물의 형상을 그려 내다.

## 模 mó 본보기 모
團 1 법도. 본보기. 규범. 법식. 표준 양식. ¶楷~=모범. 본보기. 2 모범적인 사람. ¶英~=노동자의 영웅과 노동자의 모범자. 본뜨다. 모방하다. ¶他擅长~仿鸟的叫声.=그는 새 소리를 모방하는〔흉내내는〕 재주가 뛰어나다.
☞ mú

◐● 规guī模, 航háng模, 靠kào模, 手模

【模本】 móběn 團 모본. 원본.
【模范】 mófàn 團 모범. ¶劳动~=모범 노동자. 團 모범적인. 모범이 되는. ¶~市民=모범 시민. ≒楷模 榜样 典范
【模仿】[摹仿] mófǎng 團 모방하다. 본뜨다. 흉내 내다. ¶口技演员能~生活中各种各样的声音.=성대모사 연기자들은 생활 속 각양각색의 소리를 흉내낼 수 있다. ≒模拟
【模仿秀】 mófǎngxiù 團 모방 연기를 하다.
【模胡】 mó·hu ☞【模糊】 mó·hu
【模糊】[模胡] mó·hu 團 모호하다. 분명하지 않다. ¶印象~=인상이 모호하다. 團 흐리게 하다. 애매하게 하다. ¶~界限=경계를 흐리게 하다. ↔清晰 分明 鲜明 确切 真切
【模糊数学】 mó·hu shùxué 團(數) 퍼지 수학.
【模块】 mókuài 團 1 (機) 모듈(module). 기준 치수. 기본 단위. [건축물 따위를 지을 때 기준으로 삼는 것] 2 모듈(module). [통신·컴퓨터 데

이터 처리 제어 시스템의 전기 회로 중에 조합·대치가 가능한 하드웨어 부분] 3 (컴) 모듈(module). [프로그램을 기능별로 분할한 논리적인 일부분]
【模棱】 móléng 團 (태도·견해 등이) 또렷하지 않다. 불명확하다. 분명하지 않다. 애매하다.
【模棱两可】 móléng liǎngkě (成) (태도·의견 등이) 이도 저도 아니다. 애매 모호하다. 불확실하다. 어정쩡하다. ↔彰明较著
【模模糊糊】 mó·mo húhú (~的) 團 모호하다. 분명하지 않다. 확실하지 않다.
【模拟】[摹拟] móní 團 모의하다. 모방하다. 본뜨다. ¶~飞行=모의 비행. 團 모의 실험. 시뮬레이션(simulation). ¶~技术=시뮬레이션 기술. ≒模仿
【模拟考试】 móní kǎoshì 團 모의 시험을〔고사를〕 치다.
【模式】 móshì 團 모식. (표준) 양식. 패턴. 모델. ¶企业管理~=기업 관리 패턴. / 没有一定的~。=일정한 양식이 없다. ≒形式
【模式化】 móshìhuà 團 형식화〔모식화·유형화·고정화〕하다. ¶树立创新意识, 避免~。=창조적 의식을 확립하여 형식화를 피해야 한다.
【模特儿】 mótèr 團(외) 1 모델. [조각이나 회화 등의 모방 대상이 되는 인물이나 사물] 2 모델. 원형. [문학에서 본보기인 성격을 만들어 낼 때 의지하는 실제의 인물] 3 패션 모델. 마네킹. ¶时装~=패션 모델.
【模效】 móxiào ☞【摹效】 móxiào
【模写】 móxiě ☞【摹写】 móxiě
【模型】 móxíng 團 1 모형. 모본. 團【模子】 mú·zi 2 모형. [실물을 모방하여 만든 물건] ¶汽车~=자동차 모형. 3 주형. 주형(鑄型). 용범(鎔范). 거푸집. 목형. ¶铸件~=주물 모형.
【模压】 móyā 團 압축 성형(成形)하다.

## 膜 mó 얇은 꺼풀 막
團 1 (生) 막. [생물체의 모든 세포나 기관을 싸고 있거나 경계를 이루는 얇은 층] ¶耳~=고막. / 细胞~=세포막. 2 막과 같이 얇은 물질. ¶面~=마사지팩. / 塑料薄~=비닐 박막.

◐● 瓣bàn膜, 笛dí膜, 腹膜, 隔膜, 巩gǒng膜, 骨膜, 虹hóng膜, 浆jiāng膜, 角膜, 结膜, 黏nián膜, 胎膜, 网wǎng膜, 胸膜, 羊膜

【膜拜】 móbài 團 부복(俯伏)하여〔엎드려〕 절하다. [고대 예절의 하나로, 땅에 무릎을 꿇은 채 두 손을 들어 정건하고 정성스럽게 하는 절] ¶顶礼~=부복하여 최고의 예를 취하다. 최상의 예를 갖추다.
【膜片】 mópiàn 團 막처럼 얇은 껍질. 얇은 막 조각. (전화나 마이크의) 진동판. 격판. ¶金属~=금속 격판(隔板). 금속판.

## 麽 mó 작을 마
☞【幺麽】 yāomó
☞ 么(·me)

**摩** mó 비빌 마

동 1 마찰하다. 비비다. ¶黄牛在树上~痒。=황소가 나무에 대고 가려운 곳을 비빈다. 2 문지르다. 문대다. 쓰다듬다. 어루만지다. ¶按~=안마하다. 3 닿다. 맞닿다. 접촉하다. 접하다. ¶~肩擦背=발 디딜 틈도 없다. 4 연구하다. 탐구하다. ¶观~=(같은 분야의 사람끼리) 참관하다. 견학하다. 명(化) 摩尔(몰, mole). [물질의 양을 나타내는 단위]

☞ mā

○● 按àn摩, 抚fǔ摩

【摩擦】[摩擦] mócā 동 마찰하다. 비비다. ¶~生热=마찰시켜 열을 내다. 명 1(物) 마찰. ¶滑动~=미끄럼 마찰. 2(비) (개인이나 단체 사이의) 마찰. 알력. 불화. 충돌. ¶他们之间有过小~。=그들 사이에 조그마한 알력이 있었다.

【摩擦力】mócālì 명(物) 마찰력.

【摩擦音】mócāyīn 명(言) 마찰음.

【摩登】módēng 형(외) 모던(modern)하다. (최)신식이다. 첨단이다. 현대풍(현대식)이다. ¶~女郎=현대식 여성.

【摩的】módī 명 摩托车的士(오토바이 택시).

【摩电灯】[摩電燈] módiàndēng 명 자전거의 마찰식 발전기로 켜는 전등.

【摩顶放踵】módǐng-fàngzhǒng 성 1 (남을 돕기 위해) 손과 발이 다 닳다. 2 (사회와 대중을 위해) 온몸이 다 닳도록 수고하다. 분골쇄신하다.

【摩尔】mó'ěr 명(외)(化) 몰(mole). [물질의 양을 나타내는 단위]

【摩尔多瓦】Mó'ěrduōwǎ 명(외)(地) 몰도바(Moldova). [수도는 '其希讷乌(키시네프: Kisghinev)' 임]

【摩肩击毂】mójiān jīgǔ ☞【肩摩毂击】jiānmó gǔjī

【摩肩接踵】mójiān-jiēzhǒng 성 1 어깨가 부딪치고 등이 스치다. 2(비) 발 디딜 틈이 없을 정도로 붐비다. 사람들이 빽빽하게 붐비다. 장사진(長蛇陣)을 치다. =【肩摩踵接】jiānmó-zhǒngjiē

【摩羯座】mójiézuò 명(天) 염소자리.

【摩洛哥】Móluògē 명(외)(地) 모로코(Morocco). [수도는 '拉巴特(라바트 : Rabat)' 임]

【摩纳哥】Mónàgē 명(외)(地) 모나코(Monaco). [수도는 '摩纳哥(모나코 : Monaco)' 임]

【摩尼教】Móníjiào 명(宗) 마니교. [기원전 3세기경 페르시아 사람 마니(Mani)가 창설한 종교] 영 Mani-chaeism

【摩拳擦掌】[摩拳擦掌] móquán-cāzhǎng 성 1 주먹을 문지르고 손을 비비다. 2(비) (전투에 참가하거나 일을 시작하기 전에) 한바탕 하려고 단단히 벼르다. 두 주먹 쥐고 쳐다. 옷소매를 걷어붙이다. 몸과 마음을 가다듬다.

【摩氏硬度表】Móshì yìngdùbiǎo 명(礦) 모스 경도계. 영 Mohs' scale

【摩丝】mósī 명(외) 무스(mousse).

【摩挲】mósuō 동 (손으로) 쓰다듬다. 어루만지다. 매만지다. ¶她~着孩子的头。=그녀는 아이의 머리를 쓰다듬고 있다.

☞ mā·sā

【摩天】mótiān 형 1 하늘에 닿다. 하늘까지 다다르다. 2 (하늘에 닿을 정도로) 대단히 높다. ¶~岭=하늘을 찌를 듯이 우뚝 솟은 준령(峻嶺).

【摩天大楼】mótiān dàlóu 명 1 마천루. [20세기에 미국이 건축한 50여 층의 빌딩] 2 마천루. 초고층 빌딩. 하늘을 찌를 듯한 고층 건물. =【摩天楼】mótiānlóu

【摩天楼】mótiānlóu ☞【摩天大楼】mótiān dàlóu

【摩托】mótuō 명(외) 1(機) 모터(motor). 발동기. 2 ☞【摩托车】mótuōchē

【摩托车】mótuōchē 명 오토바이. 영 机器脚踏车 jīqì jiǎotàchē 양【摩托】mótuō

【摩托艇】mótuōtǐng 명(汽艇) qìtǐng

【摩崖】móyá 명 마애. [암벽(岩壁)이나 석벽(石壁)에 새긴 글씨・그림・불상 등] ¶~石刻=마애석각.

**磨** mó 갈 마

동 1(문) (연마 공구를 이용하여) 옥석 등 단단한 재료를 가공하다. ¶如切如磋, 如琢如~。=옥이나 돌을 자르고 갈고 쪼고 닦다. 학문과 덕행을 닦다. 2 갈다. 문지르다. ¶打~=갈다. 갈아서 윤을 내다. / 研~=연마하다. 갈고 닦다. 3 마찰하다. 비비다. 문대다. ¶手上都~出老茧了。=손에 못[굳은살]까지 박였다. 4 괴롭히다. 고통을 주다. 곤란에 부딪치다. 좌절을 겪다. ¶好事多~=좋은 일에는 방해가 많이 마련이다. 5 (시간을) 소모하다. 소비하다. 없애다. 끌다. 지연하다. 연기하다. 늦추다. ¶半天时间就这样~过去了。=한나절이라는 시간이 이렇게 지나가 버렸다. 6 마멸되다. 소멸되다. 없어지다. 사라지다. ¶百世不~=영원불멸이다. 7 성가시게 굴다. 귀찮게 굴다. 조르고 보채다. 떼를 쓰다. 물고늘어지다. ¶软~硬泡=목적 달성을 위해 갖은 수단과 방법으로 사람을 귀찮게 하다.

☞ mò

○● 缠chán磨, 打磨, 揉róu磨, 软磨, 水磨, 消磨, 研磨, 折zhé磨, 水磨石

【磨擦】mócā ☞【摩擦】mócā

【磨蹭】mó·ceng 동 1 천천히 이동하다(움직이다). ¶꾸물거리다. 느릿느릿하다. 늑장부리다. ¶别~了, 车在楼下等着呢。=꾸물거리지 마, 차가 밑에서 기다리고 있어. 3 졸라대다. 귀찮게 굴다. 물고늘어지다. 떼를 쓰다. 성가시게 굴다. ¶为了得到这张邮票, 他跟我~了半天。=이 우표를 얻기 위해서 그는 나에게 한나절이나 졸라댔다. 4 (가볍게) 마찰하다. 문지르다. 비비다. ¶小家伙的脚不停地在地上~着。=꼬마가 끊임없이 땅에 발을 문지르고 있다.

【磨杵成针】móchǔ chéngzhēn 성 1 쇠공이를 갈아서 바늘을 만들다. 2(비) 끈기 있게 노력하

면 무슨 일이든지 다 이룬다. 낙숫물이 댓돌을 뚫는다. 뜻이 있으면 길이 있다.

【磨穿铁砚】 móchuān-tiěyàn 〈成〉 1 쇠벼루를 갈아서 구멍을 뚫다. 2〈비〉 끊임없이 학문을 연구하다.

【磨床】 móchuáng 〈명〉〈機〉 연마반. 연마기. 그라인더(grinder).

【磨刀】 módāo 〈동〉 칼을 갈다. ¶~布=혁지(革砥). 가죽숫돌.

【磨刀不误砍柴工】 módāo bù wù kǎnchái gōng 〈숙〉 1 칼〔낫〕을 가는 일이 땔나무하는 일을 지체시키지는 않는다. 2〈비〉 사전에 준비를 해 두면 일을 순조롭고 효율적으로 진행할 수 있다.

【磨刀霍霍】 módāo huòhuò 〈成〉 1 썩썩 (소리 내어) 칼을 갈다. 2〈비〉 준비에 박차를 가하며 침공할 기회를 노리다.

【磨刀石】 módāoshí 〈명〉 숫돌.

【磨电灯】 módiàndēng ☞【摩电灯】 módiàndēng

【磨工】 mógōng 〈명〉 1 연마 작업. 2 연마공. 연마 작업자.

【磨工夫】 mó gōng·fu 〈숙〉 시간을 소모하다〔허비하다〕. 시간이 많이 걸리다〔소요되다〕. ¶这活儿太~。=이 일은 시간이 무척 많이 걸린다.

【磨光】 mó∥guāng 〈동〉 1 반짝반짝하게 갈다. 광〔윤〕을 내다. ¶把玻璃~。=유리에 광을 내다. 2 닳다. 마모되다. ¶鞋后跟已经~了。=신발 뒤축이 벌써 다 닳았다.

【磨耗】 móhào 〈동〉 마모되다. 닳다.

【磨合】 móhé 〈동〉 1 (機) 길들(이)다. =【走合】 zǒuhé 2 〈비〉 적응하다. 조화되다. ¶经过~, 两人的配合越来越默契了。=적응을 거쳐 두 사람은 갈수록 호흡이 잘 맞는다. 3 협의하다. 교섭하다. 절충하다. ¶几经~, 双方终于达成共识。=몇 차례 협의를 통해 쌍방은 마침내 공통된 인식을 갖게 되었다.

【磨花】 móhuā 〈동〉 꽃문양을 넣다. (장식용의) 도안이나 무늬를 넣다. ¶~玻璃=문양이 들어간 유리.

【磨滑】 móhuá 〈동〉 1 매끄럽게〔반질반질하게〕 갈다. 2〈비〉 (시간을) 끌다. 지연하다. 게으름피우다. 뭉그적거리다. 농땡이치다. 빤질거리다. ¶他干活儿从不~。=그는 일하는 데 있어 여태껏 게으름피운 적이 없다.

【磨具】 mójù 〈명〉 연마 공구.

【磨快】 mókuài 〈동〉 1 날카롭게〔예리하게〕 갈다. ¶把剪子~。=가위를 날카롭게 갈다.

【磨砺】 mólì 〈동〉 1 날카롭게 갈다. 2〈비〉 연마하다. 단련하다. 갈고 닦다. ¶~成材=연마하여 인재가〔재목이〕 되다.

【磨练】 moliàn ☞【磨炼】 móliàn

【磨炼】〔磨练〕 móliàn 〈동〉 단련하다. 연마하다. 갈고 닦다. ¶~意志=의지를 단련시키다. ≒锻炼 锤炼

【磨料】 móliào 〈명〉 연마재(研磨材).

【磨轮】 mólún(~儿) ☞【砂轮】 shālún

【磨灭】 mómiè 〈동〉 (공적·사실 따위가) 마멸되다. 소멸되다. 없어지다. 사라지다. ¶不可~的功勋=불멸의 공적〔공훈〕.

【磨墨】 mómò 〈동〉 먹을 갈다.

【磨磨蹭蹭】 mó·mo cèngcèng (~的) 〈형〉 1 천천히 걷는〔나아가는〕 모양. ¶快走, 别~。=빨리 걸어라, 꾸물거리지 말고. 2〈비〉 동작이 굼뜬 모양. 꾸물거리다. 느릿느릿하다. 뭉그적거리다. 늑장부리다. ¶像这样~的, 事情半个月也忙不完。=이렇게 늑장부리면 보름이라도 다 끝낼 수 없다.

【磨木机】 mómùjī 〈명〉 쇄목기(碎木機). 그라인더.

【磨难】〔魔难〕 mónàn 〈명〉 고난. 고생. 어려움. 시련. 시달림. 괴로움. ¶经受~=고난을 겪다. 시달림을 받다. ≒苦难

【磨漆画】 móqīhuà 〈명〉〈美〉 칠화. [옻에 주사(朱砂) 등을 섞어 그림을 그린 후, 마른 다음 목탄이나 숫돌에 갈아서 평평하고 윤이 나게 만든 그림]

【磨拳擦掌】 móquán-cāzhǎng ☞【摩拳擦掌】 móquán-cāzhǎng

【磨人】 mórén 〈형〉〈구〉 귀찮게 하다〔달라붙다〕. 성가시게 굴다. 남을 못살게 굴다. 몹시 애를 먹이다. 괴롭히다. ¶孩子乖巧懂事, 一点儿都不~。=아이는 영리하고 철이 들어서 조금도 귀찮게 하지 않는다.

【磨砂玻璃】 móshā bō·lí ☞【毛玻璃】 máobō·lí

【磨蚀】 móshí 〈동〉 1 (地) (하천·빙하·바람에 딸린 모래와 자갈이) 지표를 깎아 내다. 삭마(削磨)하다. 침식하다. 2 (地) (하천·빙하·바람에 딸린 모래와 자갈이 서로 부딪쳐) 마모되다. 닳다. 3 점차 소실시키다〔없애다〕. 사라지다. ¶随着年岁的增长, 他身上的那股冲劲儿渐渐被~了。=나이가 들면서 그의 패기가 점차 사라졌다.

【磨损】 mósǔn 〈동〉 마모되다. 닳다. ¶齿轮~严重。=톱니바퀴의 마모가 심하다. 톱니바퀴가 심하게 마모되다.

【磨洗】 móxǐ 〈동〉 (마찰로 인해) 씻기어〔깎이어〕 나가다. ¶~地板=지반이 깎여 나가다.

【磨削】 móxiāo 〈동〉 연삭하다. 연마하다.

【磨牙】 mó∥yá 〈동〉 1 (잠잘 때) 이를 갈다. 2〈비〉 쓸데없이 말다툼하다〔언쟁하다·입씨름하다〕. 쓸데없는〔소용 없는〕 말을 하다. ¶走吧, 别在这儿跟他~了。=가자, 여기서 그 사람과 쓸데없이 승강이하지 말고.

【磨牙】 móyá 〈명〉〈醫〉 어금니.

【磨洋工】 mó yánggōng 〈숙〉 1 일〔시간〕을 질질 끌다. 2 게으름피우다. 뭉그적거리다. 꾸물거리다. 태업(怠業)하다.

【磨折】 mózhé 〈동〉〈비〉 (육체적·정신적으로) 괴롭히다. 고통스럽게 하다. 구박하다. 학대하다. ¶屡经~=숱한 괴로움을 겪다.

【磨制】 mózhì 〈동〉 갈아서 제조하다〔만들다〕. ¶~砚台=벼루를 갈아 만들다.

【磨砖对缝】 mózhuān-duìfèng 〈成〉 1 (建) 벽돌을 빈틈없이 이어 쌓다. 2〈비〉 서로 양보하여 타협하다.

【磨嘴】 mó∥zuǐ 〈동〉〈방〉〈비〉 쓸데없이 말다툼하다

〔언쟁하다·입씨름하다〕. 쓸데없는〔소용 없는〕말을 하다. 왈가왈부하다. =【磨嘴皮】mó zuǐpí【磨嘴皮子】mózuǐpí·zi ¶他已经决定了, 多一也没有用. =그 사람이 이미 결정했으니 왈가왈부해 봤자 아무 소용 없다.
【磨嘴皮】mózuǐpí ☞【磨嘴】mó‖zuǐ
【磨嘴皮子】mózuǐpí·zi ☞【磨嘴】mó‖zuǐ

**嬷** mó 할머니 마
【嬷嬷】mó·mo 图 1 튱 할머니. 2 图 유모(乳母). 3 (천주교·동방정교의) 수녀.

**摹** mó 박주가리 마
☞【萝藦】luómó

***蘑** mó 버섯 마
图(植) 버섯. ¶鲜~=신선한 버섯.
【蘑菇】mó·gu 图(植) 1 버섯. 2 밤버섯. [만리장성 북쪽 장자커우(张家口) 일대 초원에서 생산됨] 표고버섯. 图 1 귀찮게 달라붙다. 치근거리다. 징징거리다. ¶你再~, 我可要生气了. =너 또 치근거리면 나 정말 화낸다. 2 지체하다. 꾸물거리다. [시간을 질질 끌다. ¶换个衣服竟~了半天. =옷을 갈아입느라 한나절이나 꾸물거렸다.
【蘑菇云】mó·guyún 图 버섯구름. 원자운(原子云). 원폭운(原爆云).

***魔** mó 마귀 마
图 1 마귀. 귀신. 악마. ¶恶~=악마. / 妖~鬼怪=귀신과 악마. 2 图 사람을 해치는 물건이나 나쁜 힘. ¶病~缠身=병마에 시달리다. / 落入~窟=악마의 소굴로 떨어지다. 图 신비하다. 기이하다. 이상하다. ¶玩~术=마법〔마술〕을 부리다.

◐◑ 病魔, 风魔, 疯魔, 入魔, 睡魔, 邪xié魔

【魔板】móbǎn 图 요술 조각판. [여덟 개의 투명 플라스틱 판 조각을 상하좌우로 움직여 입체 형상을 만드는 놀이 기구]
【魔道】módào 图 1 요괴. 2 마도. 사도(邪道).
【魔法】mófǎ 图 마법. 요술.
【魔方】mófāng 图 루빅 큐브(Rubik's Cube).
【魔高一尺, 道高一丈】mó gāo yī chǐ, dào gāo yī zhàng ☞【道高一尺, 魔高一丈】dào gāo yī chǐ, mó gāo yī zhàng
【魔怪】móguài 图 1 마귀와 요괴. 악마. 마귀. 요괴. 요마. 2 图 악한 사람. 사악한 세력. 악마.
【魔鬼】móguǐ 图 1 마귀. 악마. 사탄. 2 图 사악한 사람〔세력〕. 악마.
【魔幻】móhuàn 图 신비하고 환상적이다. 변화무쌍하다. ¶~小说=신비하고 환상적인 소설. 판타지 소설.
【魔窟】mókū 图 1 마굴. 악마의 소굴. 2 图 (나쁜 세력의) 소굴. 아지트. 근거지. 거점.
【魔力】mólì 图 1 신비하고 거대한 힘. 마력. 괴력. 2 图 매력. 마력. ¶艺术的~=예술의 매력.
【魔难】mónàn ☞【磨难】mónàn

【魔手】móshǒu 图 1 마귀의 손바닥. 2 图 마수. 흉악하고 음험한 손길. 검은손.
【魔术】móshù 图 마술. =【幻术】huànshù【戏法】xìfǎ
【魔术师】móshùshī 图 1 마술에 정통한 사람. 2 마술사.
【魔头】mótóu 图 1 〈佛〉(수행을 방해하는) 악마. 2 图 흉악한 사람. 악마 (같은 사람). 악질.
【魔王】mówáng 图 1 마왕. 〔욕계(欲界)의 제6천(天)을 주재하는 파순(波旬)을 가리킴〕 2 마귀. 악마. 사탄. 3 图 (사악한 세력의) 우두머리. 괴수. 폭군. 흉악하고 잔인한 사람. 악의 화신. ¶杀人~=살인마.
【魔影】móyǐng 图 1 마귀의 그림자. 2 图 잠재적인 나쁜 세력. 어두운 그림자. 위협. ¶战争的~在人们头上盘旋. =전쟁의 어두운 그림자가 사람들의 머릿속에 맴돌고 있다.
【魔芋】móyù 图(植) 1 구약(蒟蒻)나물. 2 구약구(蒟蒻球). 구약나물의 땅속줄기. 〔이것으로 곤약(蒟蒻)을 만들어 식용함〕 =【蒟蒻】jǔruò
【魔掌】mózhǎng 图 1 마귀의 손바닥. 2 图 마수. 흉악하고 음험한 손길. 검은손. ¶逃出~=마수에서 벗어나다.
【魔杖】mózhàng 图 마술 지팡이.
【魔障】mózhàng 图 1 〈佛〉마장. 〔악마의 장애〕 2 图 풍파. 고난. 시련. 곡절.
【魔爪】mózhǎo 图 1 요괴의 손. 2 图 악한 세력. 마수. 검은손. ¶斩断~=나쁜 세력을 잘라 내다.
【魔怔】mó·zheng 圈 행동이 비정상적이다. 귀신에 홀린 듯하다.

**劘** mó 깎을 마
통 깎다. 끊다. 자르다.

****抹** mǒ 바를 말
통 1 바르다. 칠하다. ¶涂~=칠하다. / 浓妆艳~=농염한 화장을 하다. 화장이 짙고 차림새가 요염하다. 2 지우다. 삭제하다. 없애다. 말살하다. ¶一笔~杀=전부 부정하다. 단번에 말살하다. 3 닦다. 문지르다. 문대다. ¶她躲在一旁偷偷地~眼泪. =그녀는 한쪽 옆에 숨어서 몰래 눈물을 닦는다. 양 줄기. 가닥. [노을·햇빛 등에 쓰임] ¶一~朝霞=한 줄기 아침 노을. / 一~残阳=한 가닥 석양.
☞ mā, mò

【抹鼻子】mǒ bí·zi 동용 훌쩍거리다. 울먹이다. 눈물을 질질 짜다. [해학적인 의미를 내포함] ¶她一受委屈就~. =그녀는 억울한 일을 당하기만 하면 훌쩍거린다.
【抹脖子】mǒ bó·zi 동 칼로 (자기) 목을 베다. 자살하다.
【抹彩】mǒ‖cǎi 동〈劇〉(전통극 배우가) 화장을 하다.
【抹刀】mǒdāo ☞【抹子】mǒ·zi
【抹粉】mǒfěn 동 1 분을 바르다. 분칠하다. 2 图 미화하다. 꾸미다. 숨기다. 감추다. ¶涂脂

~=(오점이나 결점을 덮기 위해) 미화하다. (겉) 보기 좋게 꾸미다. 분식(粉飾)하다.

【抹黑】 mǒ‖hēi 〈동〉 1 검은색을 칠하다. 먹칠하다. 2〈비〉 (체면이나 명예를) 손상시키다. 더럽히다. 모독하다. 깎아 내리다. 먹칠하다. ¶你这种行为,就是给学校~。=너의 이런 행동은 바로 학교의 명예를 손상시키는 짓이다. ↔争光

【抹灰】 mǒhuī 〈동〉 1〈건〉 회칠하다. 2〈비〉 (체면이나 명예를) 손상시키다. 더럽히다. 깎아 내리다. 모독하다. 먹칠하다. ¶决不能给班集体~。=결코 반 전체의 명예를 손상시켜서는 안 된다.

【抹零】 mǒ‖líng(~儿) 〈동〉 우수리를〔잔돈을〕 떼다.

【抹杀】[抹煞] mǒshā 〈동〉 말살하다. 없애다. 지우다. 삭제하다. ¶这是谁也~不了的事实。=이 것은 누구도 없애 버릴 수 없는 사실이다.

【抹煞】 mǒshā ☞【抹杀】 mǒshā

【抹稀泥】 mǒ xīní (사태·분쟁 등을) 두루뭉술〔두루뭉실〕하게 수습하다. 대충대충〔어물쩡〕 넘어가다. (원칙 없이) 되는대로 하다. 건성으로 하다.

【抹香鲸】 mǒxiāngjīng 〈동〉 향유고래.

【抹一鼻子灰】 mǒ yī bí·zi huī 〈비유〉 (거절당하거나 꾸지람을 들어) 난처해지다. 무안해지다. 거북해지다. 어색해지다. 우습게 되다. 거절당하다. 무안당하다. 꾸중듣다. =【碰一鼻子灰】 pèng yī bí·zi huī

【抹子】 mǒ·zi 〈명〉 흙손. =【抹刀】 mǒdāo

\*\* 万 Mò 성씨 목
☞ wàn

【万俟】 Mòqí 〈명〉 복성(複姓).

\*\* 末 mò 끝 말

〈명〉 1 나무의 끝. 사물의 뾰족한 끝. ¶树枝~梢=나뭇가지 끄트머리. / 秋毫之~=가을 털의 끄트머리. 극히 미세한 것. 2 사물의 끝 (부분). 끝머리. ¶周~=주말. / 强弩之~=강궁으로 쏜 화살도 끝에 가서는 힘이 약해져 얇은 비단조차 못 뚫는다. (강한 힘이) 이미 쇠약해지다. 3 지엽적인 것. 말초적인 것. 부차적인 것. 중요하지 않은 것. 하찮은 것. 여줄가리. ¶本~倒置=일의 본말이 뒤바뀌다. 4(~儿) 가루. 분말. 부스러기. 잘게 부순 것. ¶茶叶~儿=찻잎 부스러기. / 药~儿=약 가루. 5【劇】 말. [중국 전통극의 중년 남자 배역. 경극(京劇)에서 '老生(노생)' 부류에 속함] ¶生、旦、净、~、丑=(전통극의) 남자 배역·여자 배역·성격이 강하고 거친 남자 배역·중년 남자 배역·어릿광대 배역. 〈형〉 최후의. 마지막의. 맨 나중의. ¶排名最~=석차가〔서열이〕 제일 마지막이다. / ~代皇帝=마지막 황제. ≒标 ↔始 本

○● 颠 diān 末, 粉末, 毫末, 芥 jiè 末, 切末, 始末, 微 wēi 末, 月末

○ 末 mò
抹 mǒ
沫 mò
秣 mò
茉 mò

【末班车】 mòbānchē 〈명〉 1 막차. =【末车】 mòchē 2〈비〉 마지막〔최후의〕 기회. ¶赶上了福利分房的~。=후생 복지형 주택 배분 방식의 마지막 기회를 잡았다.

【末车】 mòchē ☞【末班车】 mòbānchē

【末代】 mòdài 〈명〉 한 왕조의 마지막 대. 말대. ¶~子孙=마지막 자손.

【末端】 mòduān 〈명〉 말단. 말미. 끝머리. 끄트머리. ¶走在队伍的~=대오의 끄트머리에서 걸어가다.

【末伏】 mòfú 〈명〉 1 말복. [입추가 지난 뒤의 첫 번째 경일(庚日)] 2 말복으로부터 다음 경일(庚日)까지 열흘의 기간. =【三伏】 sānfú【终伏】 zhōngfú

【末后】 mòhòu 〈명〉 (공간·시간상의) 말미. 끝(머리). 끄트머리. 마지막. ¶~,全体演员上台谢幕。=마지막에 전체 배우들이 무대에 올라가 관중들에게 감사를 표하다.

【末回】 mòhuí 〈명〉 마지막 번〔차례〕. 마지막회. 최종회.

【末将】 mòjiàng 〈명〉〈존〉〈옛〉 소장. [장군이 자신을 낮추어 일컫던 말]

【末节】 mòjié 〈명〉 말절. 사소한 일. 대수롭지 않은 일. 소소한 일. 지엽적인 일. ¶细枝~=지엽적인 문제.

【末了】 mòliǎo(~儿)〈명〉〈구〉 최후. 마지막. 끝 (부분). ¶上午举行开业庆典,~有一个招待酒会。=오전에 개업식을 거행하는데, 마지막에 간단한 연회가 있다.

【末流】 mòliú 〈명〉 1 (강·하천의) 하류(下流). 2〈비〉 말류. [이미 쇠락하여 근본 정신을 상실한 학술·문예 등의 유파] 3〈비〉 하류. 하급. 저질. 저급. ¶~画家=하류 화가.

【末路】 mòlù 〈명〉 1 노정의 마지막. 가는 길의 끄트머리. 2〈비〉 말로. 궁지. 곤경. ¶穷途~=막다른 길에 다다르다. 궁지에 빠지다. ≒穷途

【末脑】 mònǎo ☞【延髓】 yánsuǐ

【末年】 mònián 〈명〉 (나라나 왕조의) 말년. 말기. ¶唐朝~=당나라 말년.

【末期】 mòqī 〈명〉 말. 말기. ¶19世纪~=19세기 말(엽).

【末日】 mòrì 〈명〉 1【宗】 (기독교의) 심판의 날. 세상의 마지막 날. 2〈비〉 (증오하는 사람이나 사물의) 마지막 날. 죽음의 날. 운명의 날. 최후의 날. 종말. ¶~来临=죽음의 날이 다가오다.

【末梢】 mòshāo 〈명〉 1 나뭇가지의 끝 부분. 말초. 2 끝. 말단. 말미. 말. 끄트머리. ¶六月~=유월 말.

【末梢神经】 mòshāo shénjīng 〈명〉【生】 말초 신경.

【末世】 mòshì 〈명〉 말기. 말엽. 후엽. [한 역사 단계의 마지막 시기] ¶奴隶社会~=노예 사회의 말기.

【末俗】 mòsú 〈명〉〈옛〉 말세의 타락된 풍속〔풍조〕. 말속.

【末尾】 mòwěi 〈명〉 (공간·시간상) 말미. 끝(머리). 끄트머리. 마지막. ¶他的名字排在~。=그

의 이름은 말미에 배열되어 있다.

【末学】**mòxué** 몡 **1** 얄팍한〔천박한〕학식. ¶~陋识=하찮은 학식. **2** 후학. 말학. ¶~小生=후생.

【末学肤受】**mòxué-fūshòu** 솅 학식이 얄팍하고 피상적이다. 근본을 배우지 않고 겉껍질만을 배우다. 학식이 천박하다. 수박 겉 핥기.

【末席】**mòxí** 몡 말석. 말좌. 맨 끝의 좌석.

【末药】**mòyào** ☞【没药】**mòyào**

【末叶】**mòyè** 몡 말엽. 말기. 후엽. [한 왕조나 세기의 끝 무렵] ¶明朝~=명대 말엽.

【末业】**mòyè** 몡 상공업.

【末子】**mò·zi** 몡 가루. 분말. 부스러기. ¶煤~=석탄가루.

【末座】**mòzuò** 몡 말석(末席). 말좌. 맨 끝의 자리.

**没¹** **mò** 가라앉을 몰
통 **1** 물에 잠기다. 빠지다. 가라앉다. ¶淹~=물에 잠기다. / 沉~=침몰하다. **2** 끝나다. 다하다. ¶~世难忘=평생 잊지 못하다. **3** 사라지다. 없어지다. 숨다. ¶隐~=시야에서 사라지다. 숨어 버리다. / 神出鬼~=신출귀몰하다. 동에 번쩍 서에 번쩍하다. **4** 몰수하다. ¶抄~=수색하여 압수하다. (재산을) 몰수하다. **5** (가득 차서) 넘치다. 넘다. 넘쳐나다. ¶积雪~膝=쌓인 눈이 무릎 위까지 올라오다. **6** '殁(mò)'와 같음.

**没²** **mò** 다할 몰
☞【没奈何】**mònàihé**
☞ **méi**

○● 沉chén没、覆fù没、埋mái没、泯mǐn没、辱rǔ没、吞tūn没、淹yān没、湮yān没、隐yǐn没

【没齿】**mòchǐ** 몡 평생. 종신. 일생. 한〔일〕평생. ¶~难忘=평생 잊지 못하다.

【没齿不忘】**mòchǐ-bùwàng** 솅 평생 잊지 못하다. =【没世不忘】**mòshì-bùwàng**

【没顶】**mò‖dǐng** 통 **1** 물이 머리까지 잠기다. 머리가 잠기다. **2** 비 물에 빠져 죽다. 익사하다.

【没落】**mòluò** 통 몰락하다. 쇠퇴하다. ¶~贵族=몰락한 귀족.

【没奈何】**mònàihé** 뷔 어쩔 수 없이. 부득이. 할 수 없이. ¶谁都没空陪他去, ~他只好一个人去了。=아무도 그 사람과 함께 갈 겨를이 없어서 부득이 혼자 갔다.

【没世】**mòshì** 몡 평생. 종신. 일생. 한〔일〕평생.

【没世不忘】**mòshì-bùwàng** ☞【没齿不忘】**mòchǐ-bùwàng**

【没收】**mòshōu** 통 **1**〔法〕(범인의 재산을 강권으로) 몰수하다. 압수하다. **2** (금지품・문서・범죄로 얻은 물건을) 몰수하다. 압류하다.

【没药】[末药] **mòyào** 몡 몰약. [몰약나무의 수피(樹皮)에서 흘러나온 수지가 공기 중에 변한 적갈색의 덩어리. 약재로 쓰임]

【没药树】**mòyàoshù** 몡〔植〕몰약나무. [학명은 'Commiphora myrrha'임]

**抹** **mò** 바를 말
통 **1** (진흙・석회 등으로) 바르다. 칠하다. 발라서 평평하게 하다〔고르다〕. ¶~墙=벽을 고르게 바르다. **2** 에돌다. 주위를 돌다. 빙빙 돌다. 돌아가다. ¶拐弯~角=빙 돌아가다. (말을) 빙 둘러서 하다.
☞ **mā, mǒ**

【抹不开】**mò·bukāi** ☞【磨不开】**mò·bukāi**

【抹得开】**mò·dekāi** ☞【磨得开】**mò·dekāi**

【抹额】**mò'é** 몡 (이마에 묶는) 장식용 머리띠. =【抹头】**mòtóu**

【抹面】**mòmiàn** 통〔建〕미장을 하다. 건물 외벽에 시멘트・석회 따위를 바르다. ¶工人们正在给楼房外墙~。=일꾼들은 건물 외벽에 미장을 하고 있는 중이다.

【抹身】**mò‖shēn** ☞【磨身】**mò‖shēn**

【抹头】**mò‖tóu** ☞【磨头】**mò‖tóu**

【抹头】**mòtóu** ☞【抹额】**mò'é**

**茉** **mò** 말리 말

【茉莉】**mò·lì** 몡〔植〕**1** 재스민(jasmine). **2** 재스민의 꽃. ¶~花茶=재스민차.

**殁** **mò** 죽을 몰
통 문 죽다. ¶病~=병사하다.

**沫** **mò** 거품 말
몡 **1** (~儿) 거품. 포말. ¶泡~=포말. / 口吐白~=입에 게거품을 물다. **2** 문 침. 타액. ¶相濡以~=서로 침으로 적시다. 곤경〔재난・불행〕속에서 적은 힘으로 서로 돕다.

○● 泡pào沫、吐tù沫、唾tuò沫

【沫子】**mò·zi** 몡 거품. ¶肥皂~=비누거품.

**陌** **mò** 두렁 맥
몡 **1** 논밭 사이에 동서로 난 좁은 길. **2** 논두렁 길. 밭길. ¶阡~=논두렁〔밭〕길. **3** 길. ¶巷~=길거리와 골목.

【陌路】**mòlù** 몡 문 길 가다 만난 사람. 낯선 사람. 생판 모르는 사람. =【陌路人】**mòlùrén** ¶形同~=낯선 사람 취급하다.

【陌路人】**mòlùrén** ☞【陌路】**mòlù**

【陌生】**mòshēng** 솅 생소하다. 낯설다. 눈에 익지 않다. ¶刚到一个~的环境, 他有些不适应。=막 생소한 환경에 접해서 그는 어떤 것들에 대해서는 적응이 되지 않는다. ↔熟悉

**妹** **mò** 여자의 자 말
인명에 쓰이는 글자. ¶~喜=말희. [夏(하)나라 걸왕(桀王)의 후궁]

**冒** **mò** 사람 이름 묵
☞ **mào**

【冒顿】**Mòdú** 몡 묵돌. [한초(漢初) 흉노족의 한

선우(單于)의 이름]

**脉[(脈)]** mò 물끄러미 볼 맥
☞ **mài**

【脉脉】[脈脈] **mòmò** 형 애정이 가득한 눈빛으로 바라보는 모양. 자애롭게 바라보는 모양. 눈빛으로 은근한 정을 나타내는 모양. ¶温情~=온정이 가득 넘치다.

【脉脉含情】 **mòmò-hánqíng** ☞【含情脉脉】 **hánqíng-mòmò**

**莫** mò 없을 막

대훈 아무도 없다. 아무것도 없다. …하는 사람이〔자가〕 없다. …하는 것이 없다. …할 곳이 없다. ¶非君~属=당신말고는 달리 사람이 없다. 바로 당신 차지〔몫〕이다. 당신이 아니면 안 된다. 부 **1** …않다. …못하다. [동사·형용사 등의 앞에 쓰여 부정을 나타냄] ¶一筹~展=한 가지 방법도 생각해 내지 못하다. 속수무책이다. / 高深~测=그 정도를 헤아릴 수 없다. **2** …하지 마라. …해서는 안 된다. ¶~管闲事=쓸데없는 일에 상관하지 마라. / 切~担忧=절대 걱정하지 마라. **3** 혹시〔설마〕…란 말인가? 혹시〔설마〕…인가? 설마 …는 아니겠지? [추측이나 반문의 어기를 나타냄] ¶~非他已改变了想法不成?=혹시 그가 이미 생각을 바꾸어 버린 것이 아닐까? 명 (Mò) 성(姓). [고어에서 '暮(mù)'와 같음]

| ◐ 莫 mò | 摸 mō |
|---|---|
| 膜 mó | 蓦 mò |
| 模 mó | 貘 mò |
| 漠 mò | 馍 mó |
| 寞 mò | 幕 mù |
| 瘼 mò | 墓 mù |
| 镆 mò | 暮 mù |
| 嫫 mó | 募 mù |
| 谟 mó | 慕 mù |

◐● 落莫, 约莫

【莫不】 **mòbù** 부 …하지 않는 자가〔것이〕 없다. 모두 …하다. ¶听到这个好消息, 众人~欢欣鼓舞.=이 소식을 듣고 기뻐하지 않는 사람이 없었다.

【莫不是】 **mòbùshì** 부 혹시 …이 아닐까? 설마 …란 말인가? 설마 …는 아니겠지? 아마 …일 것이다. …임에 틀림없다. 혹시 …인지 모른다. [추측이나 반문의 어기를 나타냄] ¶天这么冷, ~要下雪了吧?=날이 이렇게 추운 걸 보니, 혹시 눈이 내리려는 것이 아닐까?

【莫测】 **mòcè** 통 헤아릴 수 없다. 추측〔측량〕할 수 없다. 알 수가 없다. ¶人心~=사람의 마음은 헤아릴 수가 없다.

【莫测高深】 **mòcè-gāoshēn** 성 **1** 높이와 깊이를 헤아릴 수 없다. **2** (언행을) 이해할 길이 없다. 짐작할 수 없다. 내막을 알 길이 없다. 알아낼 수 없다. 추측할 수가 없다. =【高深莫测】 **gāoshēn mòcè**

【莫此为甚】 **mòcǐwéishèn** 성 **1** 이보다 더한 것은 없다. **2** 정도가 극에 달한다.

【莫大】 **mòdà** 형 막대하다. 더없이〔지극히〕 크다. ¶~的安慰=더없이 큰 위로.

【莫非】 **mòfēi** 부 혹시 …이 아닐까? 설마 …란 말인가? 설마 …는 아니겠지? 아마 …일 것이다. …임에 틀림없다. 혹시 …인지 모른다. [추측이나 반문의 어기를 나타내고, '不成(bùchéng)'과 함께 쓰임] ¶~他把这事给忘了?=그가 혹시 이 일을 잊어버린 게 아닐까? / ~我听错了不成?=설마 내가 잘못 들었겠어?

【莫干山】 **Mògānshān** 명 (地) 모간산. [저장(浙江)성 북부에 있는, 피서지로 유명한 산 이름]

【莫过于】 **mòguòyú** 통 …보다 더한 것은〔것이〕 없다. …이상의 것은〔것이〕 없다. 제일 …하다. ¶对父母而言, 最大的幸福=儿女能有所成就. =부모에게 있어서 자식들이 성공하는 것보다 더 큰 행복은 없다.

【莫可名状】 **mòkě-míngzhuàng** 성 무어라고 형언할 수가 없다. 말로 설명할 수가 없다.

【莫可指数】 **mòkě-zhǐshǔ** 성 **1** 손가락으로는 다 헤아릴 수 없다. **2** 비 부지기수이다. 숫자가 대단히 많다.

【莫名其妙】 **mòmíng-qímiào** 성 **1** 아무도 그 오묘함을 설명할 수 없다. **2** 대단히 오묘하다. **3** 영문을 알 수 없다. 어리둥절하게 하다. 괜히. 공연히. 이유〔까닭〕 없이.

【莫明其妙】 **mòmíng-qímiào** 성 **1** 아무도 그 오묘함을 이해할 수 없다. **2** 영문을 알 수 없다. 어리둥절하다. 괜히. 공연히. 이유〔까닭〕 없이.

【莫逆】 **mònì** 형 **1** 어긋나는 곳이 없다. 맞지 않는 곳이 없다. 걸리는 게 없다. **2** 막역하다. 허물없이 지내다. 마음이 잘 통하다. 대단히 친하다〔가깝다〕. ¶朋友之中, 我和他最为~. =친구 중에서 나는 그와 가장 막역하다.

【莫逆之交】 **mònìzhījiāo** 성 막역지교. 막역지우.

【莫如】 **mòrú** 통 …하는 것만 못하다. …하는 것이 낫다. ¶与其被动应战, ~主动出击. =피동적으로 응전하는 것보다 주동적으로 출격하는 것이 더 낫다. ≒莫若

【莫若】 **mòruò** 통 …하는 것만 못하다. …하는 것이 낫다. ≒莫如

【莫桑比克】 **Mòsāngbǐkè** 명 외 (地) 모잠비크 (Mozambique). [수도는 '马普托(마푸토: Maputo)' 임]

【莫氏硬度表】 **Mòshì yìngdùbiǎo** 명 외 (礦) 모스 경도계. 영 Mohs' scale

【莫须有】 **mòxūyǒu** 성 **1** 어쩌면 있을 것이다. 아마 있을 것이다. [〈송사·악비전(宋史·岳飛傳)〉에서 간신 진회(秦檜)가 악비(岳飛)를 반역죄로 무고했는데, 한세충(韓世忠)이 그 증거가 있는지를 묻자 진회(秦檜)가 '莫须有'라고 대답한 고사에서 유래함] **2** 없는〔죄명을〕 날조하다. 뒤집어씌우다.

【莫邪】 **mòyé** ☞【镆鋣】 **mòyé**

【莫予毒也】 **mòyúdúyě** 성 나를 해칠 수 있는 자는 없다. 누구도 나를 어떻게 하지 못한다.

【莫衷一是】 **mòzhōngyīshì** 성 어떤 말이 옳은지 판단할 수 없다. 일치된 결론을 내릴 수 없다.

**眿** mò 무릎쓸 말

형 문 눈이 어둡다. 눈이 밝지 않다. 눈이 똑바르

지 않다. 통준 (위험·열악한 환경·조건 등을) 무릅쓰다. 꺼리지 않다. 고려하지 않다. 감안하지 않다. 두려워하지 않다. ¶~险搜奇=위험을 무릅쓰고 기이한 것을 찾았다.

## 秣 mò 말먹이 말
명 여물. 사료. 가축의 먹이. ¶粮~=(군용의) 식량과 여물. 통 가축에게 여물을 먹이다. ¶厉兵~马=말에게 여물을 먹이고 병기를 손질하다. 전투 준비를 하다.
【秣马厉兵】【秣马砺兵】mòmǎ-lìbīng 성 1 말에게 여물을 먹이고 병기를 손질하다. 2 비 전투 준비를 하다. 3 비 (어떤 일을) 준비하다. =【厉兵秣马】lìbīng-mòmǎ
【秣马砺兵】mòmǎ-lìbīng ☞【秣马厉兵】mòmǎ-lìbīng

## 眽 mò 보는 모양 맥
【眽眽】mòmò ☞【脉脉】mòmò

## 蓦[驀] mò 갑자기 맥
부 갑자기. 돌연히. 느닷없이. 홀연히. 별안간. ¶~然出现=갑자기 나타나다.
【蓦地】mòdì 부 갑자기. 돌연히. 느닷없이. 홀연히. 별안간. ¶他~掉转车头, 又折了回去. =그는 갑자기 차를 돌리더니, 다시 돌아가 버렸다.
【蓦然】mòrán 무심코. 아무런 생각 없이. 문득. 무(관)심하게. 돌연히. 갑자기. 별안간. ¶~回首=무심코 고개를 돌리다.

## 貊 Mò 북방 종족 맥
명 '貉(Mò)'와 같음.

## 貉 Mò 북방 종족 맥
명 맥족. [중국 고대 북쪽에 살던 민족]
☞ háo, hé

## 漠 mò 사막 막
명 사막. ¶大~=큰 사막. / 荒~=거친 사막. 형 냉담하다. 쌀쌀하다. 냉담하다. ¶淡~=무관심하다. / 冷~=냉담하다.

○ 淡漠, 广漠, 荒漠, 冷漠, 沙漠

【漠北】mòběi 명(地) 고비 사막 이북 지역. [주로 외몽고를 가리킴]
【漠不关心】mòbùguānxīn 성 전혀 관심이 없다. 아주 무관심하다.
【漠漠】mòmò 형 1 아득하고 조용한 모양. 막막하다. 광막하다. ¶~的旷野=아득한 광야. 2 (구름·안개·연기 등이) 자욱한 모양. 짙게 낀 모양. ¶山峰在~的烟雾中隐若现. =산봉우리가 자욱한 안개 사이로 보일 듯 말 듯하다.
【漠然】mòrán 형 무관심한〔개의치 않는〕모양. ¶处之~=무심하게 처리하다. ↔油然
【漠然置之】mòrán-zhìzhī 성 1 무관심하게 〔개의치 않고〕 내버려 두다. 2 (사람·일에) 무(관)심하다. 아랑곳하지 않다. 조금도

마음에 두지 않다. 소홀히 대하다.
【漠视】mòshì 통 냉담하게 대하다. 경시하다. 무시하다. ¶不能~消费者的反馈意见. =소비자의 반응을 무시해서는 안 된다. ≒无视

## *寞 mò 쓸쓸할 막
형 적적하다. 쓸쓸하다. 외롭다. 고적하다. ¶寂~=적막하다.

## 靺 mò 북방 종족 말
【靺鞨】Mòhé 명 말갈. [중국 고대 민족의 하나로, 주로 쑹화장(松花江)·무단장(牡丹江) 유역과 헤이룽장(黑龙江) 중하류(中下流) 지역에 분포했음]

## 嘿 mò 말 아니할 묵
통 '默(말하지 않다)'와 같음.
☞ hēi

## **墨 mò 먹 묵
통준 탐오하다. 횡령하다. 독직하다. 청렴결백하지 않다. 마음이 검다. ¶贪~=탐오하다. 형 검은. 시커먼. 흑색의. 먹빛의. ¶~绿色=흑녹색. 철색. 검푸른 빛깔. / 一付~镜=검은색 선글라스. 명 1 먹. 2 먹·종이·붓·먹·종이·벼루. 문방사우(文房四友). 2 먹물. 먹과 관련된 것. ¶蘸~=먹물을 묻히다. 3 (필기·그림·인쇄용) 안료. 잉크. ¶油~=인쇄 잉크. / 红~水=붉은 잉크. 4 시문(诗文). 서화(书画). 글씨나 필적. ¶文~=글을 짓는 일. 지식. / 遗~=남긴 필적. 5 비 지식. 학문. ¶胸无点~=전혀 배운 것이 없다. 6 묵형(墨刑). [옛날, 중국의 다섯 가지 형벌 중의 하나로, 이마에 문신하던 형벌] 7 먹줄. 승묵(绳墨). ¶绳~=먹줄. 8 규격. 규칙. ¶矩~=표준 법도. 9 (Mò) 묵자. 묵가. ¶儒~道法=유가·묵가·도가·법가. 10 (Mò) 명 멕시코 (멕시코). ¶~洋=멕시코 은. 11 (Mò) 성(姓).

○ 笔墨, 翰hàn墨, 徽huī墨, 落墨, 泼pō墨, 绳 shéng墨, 石墨, 文墨, 水墨画

【墨宝】mòbǎo 명 1 진귀한 친필 서화(书画). 2 묵보. [남의 서화를 높여 이르는 말] ¶向您求一张~. =당신에게 한 폭의 묵보를 부탁드립니다.
【墨笔】mòbǐ 명 붓.
【墨斗】mòdǒu 명 먹통. 묵두. [목공 등이 먹줄을 치는 데 쓰는 공구]
【墨斗鱼】mòdǒuyú ☞【乌贼】wūzéi
【墨海】mòhǎi 명 큰 벼루. 묵해.
【墨盒】mòhé (~儿) 명 1 먹통. [붓글씨를 쓸 때 사용하는 것으로, 안쪽에 먹물을 머금은 솜이 들어 있음] =【墨盒子】mòhé·zi 2 (잉크젯 프린터의) 카트리지.
【墨盒子】mòhé·zi ☞【墨盒】mòhé
【墨黑】mòhēi 형 1 (먹처럼) 까맣다. 새까맣다. 시커멓다. 2 칠흑같이 어둡다. 캄캄하다. 깜깜하기 그지없다. ¶~的夜晚=캄캄한 밤. 3 비 (사정·상황을) 전혀 모르다. 아무것도 모르다. 까막눈이다. ¶

【墨迹】**mòjì** 명 **1** 묵적. 먹으로 쓴 흔적. [주로 필적을 가리킴] ¶~未干=먹물이 채 마르지 않다. **2** 손수 쓴 글이나 그린 그림. 친필(親筆) 서화. 수적(手迹). 친필. ¶这是他的~。=이것은 그의 친필이다.

【墨家】**Mòjiā** 명 묵가. [전국 시대, 묵자가 제창한 제자백가의 한 파]

【墨晶】**mòjīng** 명(礦) 흑수정(黑水晶).

【墨镜】**mòjìng** 명 **1** (흑수정으로 만든) 색안경. 선글라스. **2** (일반적인) 색안경. 선글라스.

【墨菊】**mòjú** 명(植) 어두운 자줏빛의 국화.

【墨卷】**mòjuàn** 명(문) 묵권. [과거에서 응시자가 제출한 답안지]

【墨客】**mòkè** 명(문) 문인. 묵객. 묵사(墨士). ¶文人~=문인.

【墨吏】**mòlì** 명(문) 탐관오리.

【墨绿】**mòlǜ** 형 검푸른 색의. 철색(鐵色)의. 어두운 녹색의. ¶我喜欢~裙子。=나는 검푸른 색 치마를 좋아한다.

【墨囊】**mònáng** 명(動) (낙지 등의) 먹물주머니. 고락. 묵즙낭(墨汁囊).

【墨守】**mòshǒu** 동 (자기 의견이나 낡은 것을) 고수하다. 견지(堅持)하다. 묵수하다. ¶~己见=자신의 의견을 고수하다.

【墨守成规】**mòshǒu-chéngguī** 생 **1** 잘 지키다. [전국(戰國) 시대에 묵적(墨翟)이 성(城)을 잘 지켜 사람들이 '墨守(mòshǒu)'라고 부른 데서 유래함] **2** (비) 기존의 규칙·관례 등을 고수하다. 낡은 것을 고집하다. 낡은 틀에 매달리다.

【墨水】**mòshuǐ** 명 **1** 먹물. 잉크. **2** 蓝~=푸른색 잉크. **2**(비) 지식. 학식. 학문. 글공부. ¶他肚子里~多, 准能解答这个问题。=그는 배운 것이 많아서 분명히 이 문제를 풀 수 있을 것이다.

【墨西哥】**Mòxīgē** 명(외)(地) 멕시코(Mexico). [수도는 '墨西哥城(멕시코시티: Mexico City)' 임]

【墨线】**mòxiàn** 명 **1** 먹줄. 승묵. 묵선. [먹통에 말린 줄] **2** 먹줄. 묵선. 먹줄로 그은 직선.

【墨刑】**mòxíng** 명(문) 묵형. [옛날, 중국의 다섯 가지 형벌 중의 하나로, 이마에 자자(刺字)하던 형벌]

【墨鸦】**mòyā** 명 **1**(문) 악필(惡筆). ¶乱涂~=악필로 휘갈기다. **2** ☞〖鸬鹚〗**lúcí**

【墨鱼】**mòyú** 명 ☞〖乌贼〗**wūzéi**

【墨汁】**mòzhī**(~儿) 명 **1** 먹물. **2** 검은색 물감. [흑색 안료에 물이나 약간의 교착제를 넣어 제작한, 필기나 그림을 그리는 데 사용되는 점성 액체]

【墨竹】**mòzhú** 명 **1**(植) 오죽(烏竹). [대나무의 일종] **2** 먹으로 그린 대나무.

【墨子】**Mòzǐ** 명(歷) 묵자. [B.C.468~B.C.376년경에 활동한 춘추전국 시대의 사상가·정치가로, 묵가를 창시했음]

【墨渍】**mòzì** 명 먹물의 흔적. 묵적.

# 镆[鏌] **mò** 칼 이름 막

【镆铘】[莫邪] **mòyé** 명 막야. [옛날, 보검(寶劍)의 이름]

瘼 **mò** 병들 막
명 질병. 고통. ¶民~=백성의 고통.

*默 **mò** 묵묵할 묵
동 **1** 말하지 않다. 말이 없다. 잠잠하다. 묵묵하다. 조용하다. 침묵하다. ¶沉~=침묵하다. **2** 외워 쓰다. ¶~生词=새 단어를 외워 쓰다. 명 (**Mò**) 성(姓).

○● 沉chén默, 缄jiān默, 静默, 幽yōu默, 渊yuān默

【默哀】**mò'āi** 동 묵념하다. 묵도하다.

【默不作声】**mòbùzuòshēng** 성 침묵하다. (아무 말 없이) 침묵을 지키다. 잠자코 있다.

【默祷】**mòdǎo** 동 묵도하다. 묵념하다. 마음속으로 기도하다.

【默读】**mòdú** 동 속으로 읽다. 묵독하다. ¶~课文=본문을 묵독하다. →朗读

【默记】**mòjì** 동 암기하다. 기억하다. 외우다. 묵기하다. ¶~在心=말없이 마음속에 기억하다.

【默剧】**mòjù** 명(劇) 무언극(無言劇). 팬터마임(pantomime).

【默默】**mòmò** 부 묵묵히. 말없이. 소리 없이. ¶~奉献=묵묵히 헌신하다(바치다).

【默默无闻】**mòmò-wúwén** 성 이름이 세상에 알려지지 않다.

【默念】**mòniàn** 동 **1** 속으로 읽다. 묵독하다. ¶~古诗=고시를 묵독하다. **2** 마음속으로 그리워하다(생각하다). ¶~远在异乡的朋友。=멀리 타향에 있는 친구를 마음속으로 그리워하다.

【默片儿】**mòpiānr** 명(구) 무성 영화.

【默片】**mòpiàn** ☞〖无声片〗**wúshēngpiàn**

【默契】**mòqì** 형 마음이 잘 통하다. 호흡이 잘 맞다. 손발이 맞다. ¶配合~=서로 조화를 잘 이루다. 호흡이 잘 맞다. 명 묵계. 묵약(默約). 밀약. 비밀 약속[조약]. 구두 협정. ¶达成~=묵계가 이루어지다.

【默然】**mòrán** 형 잠자코〔묵묵히〕 있는 모양. ¶~无语=묵묵히 말이 없다. 입을 다문 채 말이 없다.

【默认】**mòrèn** 동 묵인하다. ¶他没有正面回答, 等于~了。=그가 정면으로 대답하지 않은 것은 묵인하는 것과 같다.

【默示】**mòshì** 동 묵시하다. 암시하다. 은연중에 내비치다. ¶~放弃=포기 의사를 은연중에 내비치다.

【默书】**mòshū** 동 (읽은) 책〔본문〕을 외워 쓰다.

【默诵】**mòsòng** 동 **1** 묵독하다. 속으로 읽다. **2** 소리내지 않고 외우다.

【默算】**mòsuàn** 동 **1** 암산하다. **2** 속으로〔곰곰이〕 따져 보다〔생각하다·궁리하다·계획하다·타산하다〕. ¶心里~着送什么礼物最合适。=마음 속으로 무슨 선물을 하면 가장 적당한지를 생각하고 있다.

【默想】**mòxiǎng** 동 묵상하다. 숙고하다. 마음속으로 생각하다. ¶沉思~=심사숙고하다.

**mò** 默 磨 貘 纆 磨 耱 哞 牟

【默写】**mòxiě** 동 (읽었던 문장을) 외워 쓰다. ¶~生字=새 글자를 외워 쓰다.

【默许】**mòxǔ** 동 암묵적으로 동의하다〔허가하다〕. 묵인하다. 묵허하다. ¶他不表态, 就是~了.=그가 입장을 밝히지 않은 것은 바로 암묵적으로 동의하는 것이다.

【默坐】**mòzuò** 동 묵묵히 앉다. 정좌(静坐)하다.

**磨 mò** 갈 마

명 맷돌. 제분기. ¶石~=맷돌. / 电~=전동 제분기. 동 1 (맷돌·제분기로) 갈다. ¶~豆腐=(콩을 갈아) 두부를 만들다. / ~黄豆=콩을 갈다. 2 (반대 방향으로) 돌리다. 반전(反转)하다. ¶小女孩儿一~身跑开了.=어린 여자 애가 몸을 돌려 뛰어갔다.

☞ **mó**

○● 风磨, 火磨, 转zhuàn磨

【磨不开】[抹不开] **mò·bukāi** 구 1 체면이 서지 않다. 면목이 없다. 망신당하다. 감정을 상할까 봐 주저하다〔머뭇거리다·망설이다·결단을 못 내리다·꺼리다〕. ¶想批评他, 又怕他~.=나무라고 싶지만 그가 감정을 상할까 봐 주저하게 된다. 2 부끄럽다. 쑥스럽다. 창피하다. 멋쩍다. 낯간지럽다. 무안하다. 계면쩍다. 미안하다. 난처하다. 곤란하다. ¶心里不愿意就别答应, 有什么~的.=원치 않으면 응낙하지 마, 미안할 게 뭐 있어. 3 납득할 수 없다. 이해할 수 없다. 납득〔이해〕되지 않다. 생각이 풀리지 않다. ¶挨了批评, 他有些~.=꾸중을 듣고 그는 약간 납득이 되지 않았다.

【磨车】**mòchē** 동 차를 돌리다. 유턴(U-turn)하다. ¶此路段禁止~.=이 일대의 길은 유턴이 금지되어 있다.

【磨道】**mòdào** 명 맷돌을〔연자매를〕돌리는 길.

【磨叨】**mò·dao** 동 1 되풀이하여 말하다. 한 말을 또 하다. 중언부언(重言复言)하다. 쉴새없이 잔소리하다. ¶把事情交代清楚就行了, 别再~了.=일을 분명하게 시켰으면 그만이지, 한 말 또 하지 마라. 2 동 의논하다. 논의하다. 담론하다. ¶你二位又在~啥?=두 분 또 뭘 의논하고 계십니까?

【磨得开】[抹得开] **mò·dekāi** 동구 1 체면이 서다. 면목이 서다. ¶你让他当众出丑, 人家脸上~吗?=당신이 대중 앞에서 그를 망신 주었는데, 그 사람 체면이 서겠어요. 2 남부끄럽지 않다. 무안하지 않다. 창피하지 않다. 미안하지 않다. ¶喝喜酒不送礼, 你~吗?=결혼 축하주를 마시면서 선물을 주지 않으면 미안하지 않아요? 3 동 납득이 되다. 이해가 되다. 이해할 수 있다. ¶这个道理我~.=나는 이 도리가 납득이 됩니다.

【磨豆腐】**mò dòu·fu** 동 1 (콩을 갈아) 두부를 만들다. 2 되풀이하여 말하다. 한 말을 또 하다. 중언부언하다. 쉴새없이 잔소리하다. ¶我知道了, 你别~了.=알았으니 같은 잔소리 그만 하시오.

【磨烦】**mò·fan** 동구 1 귀찮게 굴다. 못살게 굴다. 성가시게 매달리다. 떼쓰다. ¶这孩子老~着要买新自行车.=이 아이는 새 자전거를 사 달라고 계속 귀찮게 군다. 2 꾸물거리다. 늑장부리다. 뭉그적거리다. 질질 끌다. ¶快走吧, 别~了.=빨리 가자, 늑장부리지 말고.

【磨坊】[磨房] **mòfáng** 명 방앗간.

【磨房】**mòfáng** ☞ 【磨坊】**mòfáng**

【磨轮】**mòlún** 명 연삭 숫돌. 그라인더 숫돌. 회전 숫돌.

【磨面】**mòmiàn** 동 제분하다. 가루로 빻다. ¶~机=제분기.

【磨盘】**mòpán** 명 1 맷돌의 위짝과 아래짝. 2 맷돌의 아래 받침대.

【磨扇】**mòshàn** 명 맷돌의 위짝과 아래짝.

【磨身】[抹身] **mòshēn** 동 몸을 돌리다. 방향을 바꾸다〔돌리다〕. ¶~而去=몸을 돌려 가다.

【磨头】[抹头] **mò ‖ tóu** 동 머리를 돌리다. 등〔몸〕을 돌리다. ¶~便走=몸을 돌려 가 버리다.

【磨子】**mò·zi** 명양 맷돌. 제분기.

**貘 mò** 짐승 이름 맥

명《动》맥. [맥과의 총칭]

**纆[纆] mò** 노끈 묵

명문 노끈. 밧줄.

**磨 mò** 땅 이름 마

【磨石渠】**Mòshíqú** 명《地》모스취. [산시(山西)성에 있는 지명]

**耱 mò** 넓게 갈 마

명 써레의 일종. [땅을 간 후에 흙을 잘게 부수는 농기구. 직사각형이고 등나무 덩굴이나 싸리나무를 엮어서 만듦]. 동 (써레 따위의 농기구로) 땅을 평평하게 고르다. ¶地~了两遍.=땅을 두 번이나 평평하게 골랐다.

# mou

**哞 mōu** 소 우는 소리 모

의 음매. [소 우는 소리] ¶小牛犊~~地叫着.=송아지가 음매 하고 울고 있다.

**牟 móu** 탐할 모

동 도모하다. 꾀하다. 좇다. 추구하다. 얻으려 하다. 탐하다. 얻다. 취하다. 손에 넣다. ¶~取私利=사리를 탐하다. 명 (Móu) 성(姓).

☞ **mù**

○ 牟 móu
　哞 móu
　蛑 móu
　侔 móu
　哞 mōu
　眸 mú

【牟利】**móu ‖ lì** 동 사리를 취하다〔꾀하다〕. 개인적인 이익을 챙기다. ¶非法~=불법으로 사리를 챙기다. ≒渔利

【牟取】**móuqǔ** 동 (명예나 이익을) 도모하다. 꾀하다. 좇다. 추구하다. 얻으려 하다. 얻

다. 취하다. ¶~暴利=폭리를 도모하다. ≒谋取

**侔** móu 가지런할 모
- 동 동등하다. 같다. 대등하다. ¶相~=서로 같다.

**眸** móu 눈동자 모
- 명 **1** 눈동자. 동공. **2** 눈. ¶明~皓齿=맑은 눈과 하얀 치아. [미인을 형용할 때 쓰임]

【眸子】móu·zi **1** 눈동자. **2** 눈. ¶明亮的~=밝고 빛나는 눈.

**谋[謀]** móu 꾀할 모
- 동 **1** 계획(계획)을 세우다. 계획하다. 기획하다. 일을 꾸미다. ¶预~=미리 계획을 세우다. / 深~远虑=주도면밀하게 계획하고 멀리 생각하다. **2** 도모하다. 강구하다. 꾀하다. 모색하다. ¶另~出路=다른 활로를 도모하다. **3** 의논하다. 상의하다. ¶与虎~皮=호랑이한테 가죽을 벗기자고 의논하다. 근본적인 이해 관계가 충돌되어 협상이 이루어질 수 없다. 명 계략. 계책. 방책. ¶阴~=음모. / 出~划策=방법을 강구하여 계책을 세우다.

▷ 参谋, 筹chóu谋, 毒谋, 合谋, 机谋, 计谋, 密谋, 权quán谋, 思谋, 同谋, 图谋, 蓄xù谋, 预谋, 远谋, 智谋, 主谋, 钻zuān谋

【谋财害命】móucái-hàimìng 성 재물을 탐내어 목숨을 해치다.

【谋臣】móuchén 명 (임금의) 모사(谋士). 책사(策士). 책략가. 모신. 지모(智谋)가 뛰어난 신하. 책략가.

【谋反】móufǎn 동 모반하다. 반역을 꾀하다. ¶蓄意~=모반을 획책하다.

【谋害】móuhài 동 모해하다. 꾀하다[모략을] 써서 남을 해치다. ¶遭人~=다른 사람에게 모해당하다. ≒谋杀

【谋和】móuhé 동 평화를 도모하다. 화해(和解)를 강구하다. ¶积极~=적극적으로 평화를 도모하다.

【谋划】móuhuà 동 대책(방법)을 궁리하다[세우다]. 계획하다. 기도하다. 꾀하다. 꾸미다. ¶几位年轻人正在~组建一支乐队。=몇 명의 젊은이들이 악대를 만들려고 계획 중이다.

【谋利】móu‖lì 동 이익을 꾀하다. 이익을 추구하다. ¶为职工~=직원들을 위해 이익을 추구하다. ≒筹利

【谋虑】móulǜ 동 고려하다. 숙고하다. 계획하다. 참작하다. 고찰하다. ¶~周密=주도면밀하게 고려하다.

【谋略】móulüè 명 책략. 모략. 지모(智谋). 지략(智略). ¶~深远=책략이 깊고 원대하다.

【谋面】móumiàn 동 서로 대면하다. 서로 알다. ¶素未~=일면식(一面識)도 없다. 한 번도 서로 만난 적이 없다.

【谋篇】móupiān 동 (문장을) 구상하다. 글의 구성을 생각하다. ¶~布局=문장의 구성을 생각하다.

【谋求】móuqiú 동 강구하다. 모색하다. 꾀하다. ¶~发展=발전을 모색하다. ≒寻求

【谋取】móuqǔ 동 도모하다. 꾀하다. 좇다. 추구하다. 얻다. 취하다. ¶~幸福=행복을 도모하다. ≒谋牟取

【谋杀】móushā 동 모살하다. 살해를 계획하다. 모략을 꾸며 죽이다. ¶惨遭~=모살당하다. ≒谋害

【谋生】móushēng 동 생계를 도모하다. 살 궁리를 하다. 살 길을 찾다. ¶出外~=밖으로 나가 살 길을 찾다.

【谋士】móushì 명 모사. 책사(策士). 책략가.

【谋事】móushì 동 **1** 모사하다. 일을 꾀하다. ¶~在人=일을 꾀하는 것은 사람에 달려 있다. **2** 직업을 찾다. 일자리를 구하다. ¶四处~=사방으로(처로) 일자리를 구하다.

【谋私】móusī 동 사리(私利)를 꾀하다. 사욕을 도모하다. ¶以权~=권력으로 사리를 꾀하다.

【谋算】móusuàn 동 따져 보다. 생각하다. 계산하다. 계획하다. 고려하다. ¶~着如何进一步拓宽市场。=어떻게 좀더 시장을 개척할지를 따져보고 있는 중이다.

【谋陷】móuxiàn 동 음해하다. 몰래 모해하다. 모함하다. ¶~忠良=어질고 충성스러운 신하를 모해하다.

【谋职】móuzhí 동 직업을 구하다. 일자리를 찾다. ¶设法~=방법을 강구해서 일자리를 찾다.

【谋主】móuzhǔ 명 주모자.

**蛑** móu 꽃게 모
☞【蝤蛑】yóumóu

**麰[麰]** móu 보리 모
- 명동 보리.

**缪[繆]** móu 묶을 무
☞【绸缪】chóumóu
☞ Miào, miù

**鍪** móu 투구 무
☞【兜鍪】dōumóu

**某** mǒu 아무 모
- 대 **1** 아무. 어느. 모. 어떤 사람(것). [이름을 모르거나 밝히고 싶지 않은 특정한 사람·장소·시간이나 사물을 가리킴] ¶同室王~=동료 왕 모. / 武警~部=중국 인민 무장 경찰 부대의 모 부대. **2** 어느. 아무. 모. [불특정한 사람·사물을 가리킴] ¶~人=어떤 사람. / ~时~地=모 시기 모 장소. **3** 모. 아무개. [자신의 이름 대신 쓰여 자신을 존대하는 어기를 나타냄] ¶张~可不是胆小鬼。=이 장 모는 결코 겁쟁이가 아니다. **4** 모. 아무개. [다른 사람 이름 대신 써서 무례함을 나타냄] ¶请转告李~, 不要欺软怕硬。=이 모에게 전해 주세요, 만만한 사람 괴롭히고 강한 사람한테는 벌벌

○ 某 mǒu
 谋 móu
 煤 méi
 媒 méi

기는 짓 말라고.
【某个】**mǒuge** 때 어떤〔어느〕(하나의). ¶他出生于北方～城市.＝그는 북방의 어느 한 도시에서 태어났다.
【某某】**mǒumǒu** 때 어느. 어떤. [밝힐 수 없거나 밝힐 필요가 없는 시간·장소·사람·사물 등에 쓰임] ¶～大学＝어느 대학.
【某人】**mǒurén** 때 1 아무개. 어떤 사람. 모인. [밝힐 수 없거나 밝히기 어려운 사람을 가리킬 때 쓰임] ¶这里要写清～某时某地做了某种工作.＝여기에 어떤 사람이 언제 어디서 어떤 일을 했는지 정확하게 적어야 한다. 2 모. 아무개. [말하는 사람 자신을 가리킴] ¶我赵～可不是吃素的.＝나 조 모는 절대 호락호락한〔만만한〕사람이 아니다.
【某些】**mǒuxiē** 때 몇몇(의). 일부(의). ¶～地区＝몇몇 지역.

# mu

**毪 mú** 양모 모
團(紡) 티베트(Tibet)산 모직.
【毪子】**mú·zi** 團(紡) 티베트(Tibet)산 모직.

***模 mú** 거푸집 모
團 1 (～儿) 틀. 형(型). 주형(鑄型). 거푸집. ¶木～＝나무틀. / 铜～儿＝동으로 만든 틀. 2 모습. 모양. 형상. 꼴. ¶看一样, 她大概有三十五六岁.＝모습을 보니, 그녀는 대략 서른대여섯 살쯤 먹어 보인다.
☞ mó

○● 冲chòng模, 拉模, 土模, 铸zhù模, 字模

【模板】**múbǎn** 團(建) 시멘트 거푸집.
【模具】**mújù** 團 (생산용) 모형. 주형(鑄型). 몰드(mold).
【模样】**múyàng** (～儿) 團 1 모양. 모습. 형상. ¶他的～跟他爸爸很像.＝그의 모습은 아빠와 아주 닮았다. 2 상황. 정황. 국면. 정세. 형세. ¶看这～, 你得亲自去一趟了.＝상황을 보니, 당신이 직접 한번 가 봐야겠어요. 3 대략. 대강. 대체. 쯤. [수량사 뒤에 쓰여 대략적인 시간·연령을 나타냄] ¶在门口等了有十分钟～.＝입구에서 대략 10분쯤 기다린 것 같다. ≒样子.
【模子】**mú·zi** ☞【模型】**móxíng**

***母 mǔ** 어미 모
團 암컷의. ¶～狗＝암캐. / ～鸡＝암탉. 團 1 어머니. 모친. ¶慈～＝자애로운 모친. 어머니. / 家～＝어머니. 가자(家慈). [남에게 자기 어머니를 일컫는 말] 2 가족·친척 중에 자기보다 연배가 높은 여성에 대한 호칭. ¶祖～＝할머니. / 姨～＝이모. 3 (～儿) (오목하고 볼록한 것 또는 크고 작은 것으로 짝을

○ 母 mǔ
   拇 mǔ
   姆 mǔ
   坶 mǔ

이룬 것 가운데) 오목한 것. 큰 것. ¶螺～＝암나사. 4 최초의 것. 근원. 사물의 근본. 기본〔근본〕이 되는 것. ¶酒～＝주모. 술밑. 5 (Mǔ) 성(姓). ↔公

○● 鸨bǎo母, 贝母, 嫡dí母, 分母, 父母, 姑母, 后母, 继母, 酵jiào母, 酒母, 舅jiù母, 螺luó母, 乳母, 婶shěn母, 声母, 师母, 叔母, 庶shù母, 水母, 姨yí母, 岳yuè母, 云母, 韵yùn母, 丈母, 知母, 字母, 益yì母草

【母爱】**mǔ·ài** 團 모성애. ¶伟大的～＝위대한 모성애.
【母本】**mǔběn** 團(林) (식물이 번식하는 과정에서 최초의) 어머니나무. 모수(母樹). 모본. ＝【母株】**mǔzhū**
【母畜】**mǔchù** 團 1 (가축의) 암컷. 2 (목축업에서 생식 능력을 지닌) 암컷.
【母带】**mǔdài** 團 테이프(tape) 원본. 오리지널 테이프(original tape).
【母法】**mǔfǎ** 團(法) 1 헌법. 근본법. 2 (외국의 법률을 근원으로 하는) 모법.
【母蜂】**mǔfēng** 團(動) 암벌. ＝【蜂王】fēng wáng
【母公司】**mǔgōngsī** 團 모회사. ['子公司(자회사)'와 구별됨]
【母后】**mǔhòu** 團 왕후. 황태후.
【母机】**mǔjī** ☞【工作母机】gōngzuò mǔjī
【母家】**mǔjiā** 團(방) 친정.
【母金】**mǔjīn** 團 원금. 본전. 밑천.
【母舅】**mǔjiù** 團 외삼촌.
【母老虎】**mǔlǎohǔ** 團(貶) 심술궂은 여자. 성질이 사나운 여자.
【母女】**mǔnǚ** 團 모녀.
【母亲】**mǔ·qīn** 團 1 모친. 엄마. 어머니. [자녀를 둔 여자] 2 (자신을 낳아 준) 모친. 엄마. 어머니. [일반적으로 면전에서의 호칭으로는 쓰이지 않음] 3 (貶) 모친. 어머니. [자신을 길러 준 은혜를 가진 사람이나 사물] ¶祖国啊, 我的～!＝조국이여, 나의 어머니!
【母亲河】**mǔ·qīnhé** 團 1 젖줄. 어머니와 같은 강. [하천 유역에 사는 사람들의 인근 하천에 대한 친근한 호칭] 2 민족의 젖줄. [민족과 운명을 같이해 온 하천에 대한 친근한 호칭]
【母亲节】**mǔ·qīnjié** 團 어머니날. [매년 5월 둘째 주 일요일]
【母权制】**mǔquánzhì** 團 모계 제도. 모권제.
【母乳】**mǔrǔ** 團 모유.
【母树】**mǔshù** 團(林) 1 어머니나무. [벌목할 때 종자를 뿌리기 위해 남겨 두는 큰 나무] 2 어머니나무. 모수. 모본. [일반적으로 종자나 묘목 따위를 얻으려고 기르는 나무]
【母体】**mǔtǐ** 團 (사람·동물의) 모체.
【母系】**mǔxì** 團 1 (혈통상) 어머니 계통. 모계. ¶～亲属＝외가 친척. 2 모계. 모권. ['父系(부계)'와 구별됨] ¶～氏族＝모계 씨족.
【母线】**mǔxiàn** 團 1 (電) (발전소·변전소의) 모선. 간선. 2 (數) 어미금. 모선.

【母校】 mǔxiào 명 모교.
【母性】 mǔxìng 명 모성.
【母夜叉】 mǔyèchā 명(비) 사납고 못생긴 여자. 기가 센 여자.
【母液】 mǔyè 명(化) 모액. [고체와 액체를 혼합한 용액에서 고체와 침전물을 뺀 액]
【母音】 mǔyīn ☞【元音】yuányīn
【母语】 mǔyǔ 명 1 모국어. 모어. 2(言) 모어. [언어의 발달 과정에서 그 모체가 되는 언어]
【母质】 mǔzhì 명(地) 토양모재. 영 parent material
【母钟】 mǔzhōng 명 어미시계. [몇 개로 이루어진 시계에서 다른 시계의 작동을 제어하는 시계]
【母株】 mǔzhū ☞【母本】 mǔběn
【母子】 mǔzǐ 명 모자. 어머니와 아들.

*牡 mǔ 수컷 모
형 수컷의. ¶~牛=황소. / ~麻=대마의 수그루. ↔牝
【牡丹】 mǔ·dan 명(植) 모란(꽃).
【牡蛎】 mǔlì 명(動) 굴. =【海蛎子】hǎilì·zi

*亩[畝, 畂·畞·畆·畮·畆] mǔ 이랑 묘
양 묘. (중국식) 토지 면적의 단위. ['10市分'을 '1市亩'로 하고 '100市亩'를 '1顷'으로 함. '1市亩'는 약 666.7제곱미터임]
◐● 地亩, 公亩, 田亩, 英亩
【亩产】 mǔchǎn 명 1묘당 단위 생산량.

坶 mǔ 롬 목
☞【垆坶】 lúmǔ

*拇 mǔ 엄지손가락 무
명 엄지손가락 또는 엄지발가락.
【拇战】 mǔzhàn 통 '划拳(huáquán)' 놀이하다.
【拇指】 mǔzhǐ 명 엄지손가락 또는 엄지발가락. 무지. =【大拇指】 dà·mǔzhǐ 명【大拇哥】 dà·mǔgē

峔 mǔ 땅 이름 모
【峔矾角】 Mǔjǐjiǎo 명(地) 무지자오. [산동(山东)성에 있는 갑(岬) 이름]

*姆 mǔ 보모 모
☞【保姆】 bǎomǔ
☞ m̄
【姆欧】 mǔ·ōu ☞【西门子】 xīménzǐ

姥 mǔ 늙은 여자 모
명(존) 노부인. 연로한 부인.
☞ lǎo

鉧[鉧] mǔ 다리미 무
☞【钴鉧】 gǔmǔ

踇 mǔ 엄지발가락 무
명 엄지발가락. ¶~指=엄지발가락.

畝 mǔ / yīngmǔ 에이커 무
양 에이커(acre)의 옛 명칭.

**木 mù 나무 목
명 1 나무. 수목. ¶花~=꽃과 나무. / 灌~=관목. 2 목재. 재목. ¶楠~=녹나무 목재. / 枣~=대추나무 목재. 3 관재. 널. ¶棺~=관. / 行将就~=관을 곧 들이려 한다. 죽을 날이 얼마 남지 않았다. 4 (Mù) 성(姓). 형 1 소박하다. 순박하다. 질박하다. 검소하다. 꾸밈없다. ¶~讷寡言=순박하고 말수가 적다. 2 멍(청)하다. 무표정하다. 어리둥절하다. ¶神态~然=표정이 멍하다. 3 마비되다. 저리다. 쥐가 나다. 굳어지다. ¶双腿发~=양 다리가 저리다.

◐● 道木, 屯木, 椴duàn木, 格木, 灌guàn木, 红木, 积木, 胶木, 接木, 坑kēng木, 浪làng木, 林木, 麻木, 苗miáo木, 楠nán木, 乔qiáo木, 软木, 柽shā木, 树木, 苏sū木, 土木, 乌木, 醒木, 朽xiǔ木, 硬木, 柚yóu木, 原木, 砧zhēn木, 枕木, 独木桥, 啄zhuó木鸟

【木板】 mùbǎn 명 1 나무판. 널빤지. 2 ☞【木版】 mùbǎn
【木版】[木板] mùbǎn 명(印) 목판. ¶~印刷=목판 인쇄.
【木版画】 mùbǎnhuà ☞【木刻】 mùkè
【木棒】 mùbàng 명 나무 몽둥이. 나무 방망이.
【木本】 mùběn 명(植) 목본. 나무의 뿌리.
【木本水源】 mùběn-shuǐyuán 성 1 나무에는 뿌리가 있고 물에는 근원이 있다. 2(비) 사물에는 모두 그 근원이 있게 마련이다.
【木本植物】 mùběn zhíwù 명 목본 식물.
【木菠萝】 mùbōluó ☞【木菠萝】 mùbōluó
【木菠萝】[木菠萝] mùbōluó 명(植) 1 보리수. 바라밀. 2 보리수나무의 열매. =【菠萝蜜】 bōluómì 【树菠萝】 shùbōluó
【木材】 mùcái 명 목재.
【木柴】 mùchái 명 땔감. 장작. 땔나무.
【木船】 mùchuán 명 목선. 나무배.
【木醇】 mùchún ☞【甲醇】 jiǎchún
【木呆呆】 mùdāidāi(~的) 형 명한[명청한·얼이 빠진·넋을 잃은] 모양. 우두커니 있는 모양. ¶他~地坐着, 不知道在想些什么。=그는 꼼짝않고 명청히 앉아서 무슨 생각을 하고 있는지 모르겠다.
【木雕】 mùdiāo 명(藝) 1 목조. 2 목조품.
【木雕泥塑】 mùdiāo-nísù 성 1 나무로 조각하거나 점토로 빚은 인형. 2(비) 돌부처. 꿔다 놓은 보릿자루. [무표정하거나 꼼짝하지 않는 사람이나 태도를 가리킴] =【泥塑木雕】 nísù mù diāo ↔活蹦乱跳
【木耳】 mù·ěr 명(植) 목이버섯. =【黑木耳】 hēimù·ěr

**mù 木**

【木筏(子)】 **mùfá(·zi)** 圄 뗏목.
【木芙蓉】 **mùfúróng** 圄(植) 목부용. 부용. =【芙蓉】 **fúróng**【芙蓉花】 **fúrónghuā**【木莲】 **mùlián**
【木杠】 **mùgàng** 圄 둥글고 굵은 막대기.
【木工】 **mùgōng** 圄 1 목수일. 목공일. 2 목수. 목공.
【木工活】 **mùgōnghuó** ☞【木活】 **mùhuó**
【木瓜】 **mùguā** 圄 1 (植) 파파야(papaya). 2 (植) 모과. 3 (비) 바보. 명청이. 멍텅구리. 천치. 돌대가리. ¶他是个~, 跟他讲再清楚他也弄不明白. = 그는 바보 멍청이라서 아무리 분명하게 설명해 주어도 이해하지 못한다.
【木棍】 **mùgùn** 圄 나무 막대기〔몽둥이〕. 곤봉.
【木化石】 **mùhuàshí** 圄(礦) 목화석. =【石化木】 **shíhuàmù**
【木活】 **mùhuó**(~儿) 圄 1 목공일. =【木工活】 **mùgōnghuó** 2 목공품. 목제품.
【木鸡】 **mùjī** 圄 1 나무로 만든 닭. 2 (비) 바보. 명청이. 얼빠진 사람. 정신 나간 사람. ¶呆若~ = 나무를 깎아 만든 닭처럼 멍하다. (두려움이나 놀람 등으로) 얼이 빠진 모습. 목석같이 굳은 모습.
【木屐】 **mùjī** 圄 1 옛날, 나막신. 2 나무 슬리퍼 (slipper).
【木简】 **mùjiǎn** 圄(歷) 목간. [종이가 없을 때, 글자를 적던 나무 조각]
【木浆】 **mùjiāng** 圄 목재 펄프.
【木强】 **mùjiàng** 圐(圄) 강직하다. 꿋꿋하다. ¶为人~ = 사람 됨됨이가 강직하다.
【木匠】 **mù·jiang** 圄 목공. 목수.
【木焦油】 **mùjiāoyóu** 圄(化) 목타르.
【木结构】 **mùjiégòu** 圄 목조(木造). 목제(木製) 구조.
【木槿】 **mùjǐn** 圄(植) 무궁화.
【木酒精】 **mùjiǔjīng** ☞【甲醇】 **jiǎchún**
【木刻】 **mùkè** 圄(美) 목판(화). 목각(화). =【木版画】 **mùbǎnhuà**
【木刻水印】 **mùkè shuǐyìn** 圄(印) 수성 다색 목판. 수인 목각(水印木刻). [칼라 인쇄 기술의 하나. 미술품 복제 등에 쓰이는데, 원 그림의 농도·음양·방향 등에 따라 여러 개의 판에 새겨 채색 인쇄 혹은 오버프린트(overprint)를 함]
【木兰】 **mùlán** 圄 1 (植) 목란. 2 (植) 목란화. 목란꽃. 3 (**Mùlán**) 목란. [남북조 시기 악부민가(樂府民歌) 목란사(木蘭辭)에 나오는 남장 여주인공]
【木立】 **mùlì** 圐 멍하게〔우두커니·넋을 잃고〕서 있다. 목석처럼〔꼼짝 않고〕서 있다. ¶他~在阳台上, 眼睛直直地看着远方. = 그는 베란다에 서서 멍하니 먼 곳을 바라보고 있다.
【木莲】 **mùlián** 圄(植) 1 ☞【木芙蓉】 **mùfúróng** 2 ☞【薜荔】 **bìlì**
【木料】 **mùliào** 圄 목재. 재목.
【木笼】 **mùlǒng** 圄 1 (새·짐승 등을 기르는) 나무 새장. 나무 장. 나무 우리. 2 돌망태. [호안(護岸) 시설의 하나. 원형 나무통에 돌이나 자갈을 채워 도크·부두·제방을 만들 때 쓰임]

【木麻黄】 **mùmáhuáng** 圄(植) 목마황. 카수아리나. [학명은 'Casuarina equisetifolia' 임]
【木马】 **mùmǎ** 圄 1 나무 말. 2 목마. [나무로 말의 모양처럼 만든 어린이 놀이 기구] 3 (體) 목마. [기계 체조에 쓰이는 안마(鞍馬)와 도마(跳馬)의 총칭]
【木马计】 **mùmǎjì** 圄 1 목마 전략. [트로이 전쟁에서 그리스의 장군 오디세우스가 고안하여 트로이를 함락시킨 계략] 2 (비) 적진 내부 교란책.
【木棉】 **mùmián** 圄 1 (植) 케이폭수(kapok樹). 목면. =【红棉】 **hóngmián**【攀枝花】 **pānzhīhuā** 2 케이폭.
【木模】 **mùmú** 圄 나무로 만든 모형〔틀〕. 모형(木型).
【木乃伊】 **mùnǎiyī** 圄(외) 1 (고대 이집트의) 미라. 2 (일반적인) 미라. 3 (비) 경직된〔굳은〕사물. ◇b mūmiyā
【木讷】 **mùnè** 圐(圄) 순박하다. 숫접다. 착하다. 말주변이 없다. 말이 어눌하다. ¶生性~ = 성품이 순박하다.
【木牛流马】 **mùniú liúmǎ** 圄 중국 삼국 시대 때 제갈량이 만들었다고 하는, 군량 수송을 위한 나무 수레.
【木偶】 **mù'ǒu** 圄 1 목우. 꼭두각시. 나무 인형. 2 (비) 바보. 명청이. ¶他像一个~似的站在那儿发呆. = 그는 바보처럼 그 곳에 멍하게 서 있다.
【木偶片儿】 **mù'ǒupiānr** 圄(구) 인형 영화.
【木偶片】 **mù'ǒupiàn** 圄(映) 인형 영화.
【木偶戏】 **mù'ǒuxì** 圄(劇) 인형극. =【傀儡戏】 **kuǐlěixì**
【木排】 **mùpái** 圄 (운반을 위해) 뗏목처럼 엮은 목재.
【木片】 **mùpiàn** 圄 나무 조각〔토막〕. 목편.
【木器】 **mùqì** 圄 목기. 목제(木製) 가구.
【木琴】 **mùqín** 圄(音) 실로폰.
【木然】 **mùrán** 圐 멍한〔멍청한·얼이 빠진·넋을 잃은〕 모습. ¶他~地望着窗外, 一动不动. = 그는 멍청하게 창 밖을 바라보면서 미동도 하지 않는다.
【木人】 **mùrén** 圄 1 목상(木像). 2 (비) 우둔한 사람. 목석 같은 사람. 무감각한 사람. 냉정한 사람. 바늘로 찔러도 피 한 방울 안 나올 사람. ¶~石心 = 나무로 만든 몸과 돌로 만든 마음. 목석 같은 사람. 아무런 감정이 없는 사람.
【木塞】 **mùsāi** 圄 코르크(cork) 마개.
【木石】 **mùshí** 圄 1 목석. 나무와 돌. 2 (비) 목석 같은 사람. 아무런 감정이 없는 사람. 냉정한 사람. 바늘로 찔러도 피 한 방울 안 나올 사람. ¶~心肠 = 목석간장. 냉정하고 무정한 마음씨.
【木梳】 **mùshū** 圄 나무빗. 빗.
【木薯】 **mùshǔ** 圄(植) 1 카사바(cassava). 2 카사바(cassava) 뿌리.
【木栓】 **mùshuān** 圄 (나무의) 코르크층. 목전층. 코르크 마개.
【木素】 **mùsù** ☞【木质素】 **mùzhìsù**
【木炭】 **mùtàn** 圄 목탄. 숯.
【木炭画】 **mùtànhuà** 圄(美) 목탄화.

【木头木脑】mùtóu mùnǎo 〈形〉멍(청)한 모양. 우두커니 있는 모양.
【木·tou】mù·tou 〈口〉나무. 목재. 재목.
【木头人】mù·touren(~儿)〈名〉〈口〉바보. 멍청이. 아무런 감정이 없는 사람. 목석 같은 사람. 냉정한 사람.
【木屋】mùwū〈名〉통나무집. 목조 가옥. 귀틀집.
【木犀】mù·xi ☞【木樨】mù·xi
【木樨】【木犀】mù·xi〈名〉1〈植〉목서나무. 2〈植〉목서나무의 꽃. ⇔【桂花】guìhuā 3 조리되어 잘게 부서진 계란. ¶~汤=계란탕.
【木锨】mùxiān〈名〉넉가래.
【木香】mùxiāng〈名〉〈植〉목향.
【木箱】mùxiāng(~子)〈名〉나무 상자〔궤짝〕.
【木屑】mùxiè〈名〉톱밥. 나무 부스러기. 나무 지저깨비. 목찰(木札).
【木星】mùxīng〈名〉〈天〉목성.
【木叶蝶】mùyèdié〈名〉〈動〉가랑잎나비.
【木叶蝶】mùyèdié〈名〉〈動〉도다리.
【木已成舟】mùyǐchéngzhōu〈成〉1 나무는 이미 배가 되었다. 2〈喩〉이미 돌이킬 수 없다. 쏟아진 물이다. 기정사실이다.
【木鱼】mùyú(~儿)〈名〉〈佛〉목탁. 목어. [후에 타악기로도 쓰임]
【木贼】mùzéi〈名〉〈植〉속새.
【木枕】mùzhěn〈名〉1 목침. 나무 베개. 2 (철도의) 침목.
【木质】mùzhì ☞【木质素】mùzhìsù
【木质部】mùzhìbù〈名〉목질부.
【木质茎】mùzhìjīng〈名〉〈植〉나무 줄기.
【木质素】mùzhìsù〈名〉〈植〉리그닌(lignin). [식물의 도관·섬유 등의 세포막에 축적되는 물질] =【木质】mùzhì【木素】mùsù
【木主】mùzhǔ ☞【神主】shénzhǔ
【木桩】mùzhuāng〈名〉말뚝. 말목(抹木).
【木作】mùzuō〈名〉1 목공소. 건구상(建具商). 2 목수. 목공.

## 目 mù 눈 목

〈動〉〈喩〉보다. ¶一~十行=한눈에 열 줄을 보다. 책 읽는 속도가 매우 빠르다. 〈名〉1 눈. ¶闭~养神=눈을 감고 쉬다. 눈을 감고 마음을 편하게 하다. 눈을 감고 마음을 닦다〔가다듬다〕. / 有~共睹=모든 사람이 보고 있다. 많은 눈이 주시하고 있다. 2 그물코. 그물눈. 코. 눈. 구멍. ¶纲举~张=그물의 벼리를 집어 올리면, 그물의 작은 구멍이 저절로 열린다. 사물의 핵심을 파악하면, 그 밖의 것은 저절로 해결된다. / 60~的筛=눈이 60개인 체. 3 목록. 목차. 종목. ¶剧~=연극 목록. / 节~=프로그램. 4 항목. 조목. ¶条~=조목. / 要~=요목. 중요한 항목. 5 명칭. 표제. ¶名~=명칭. 구실. / 篇~=편명. 6 목. [생물 분류학상의 한 등급으로, 강(綱)과 과(科) 의 사이] ¶松柏~=구과(毬果)목. / 灵长~=영장목. 영장류. 7 (바둑의) 집. ¶胜两~半=두 집 반을 이기다. 8 (Mù) 성(姓). ⇔纲 领 眼

○● 编目, 骋chěng目, 触目, 刺目, 夺duó目, 耳目, 反目, 纲目, 鬼目, 过目, 极目, 价目, 举目, 满目, 眉méi目, 瞑míng目, 名目, 怒目, 篇目, 数目, 题目, 条目, 头目, 戏目, 显目, 心目, 醒目, 序目, 眼目, 要目, 寓yù目, 悦yuè目, 张目, 帐目, 瞩zhǔ目, 子目, 总目, 纵zòng目

【目标】mùbiāo〈名〉1 목적물. 표적. ¶军事~=군사 표적. 2 목표. ¶奋斗~=분투 목표. 투쟁의 목표
【目标管理】mùbiāo guǎnlǐ〈名〉목표 관리. [행정 관리 방식의 하나. 기초(期初)에 조직 구성원 개인들에게 달성해야 할 목표를 분명히 설정하고, 기말(期末)에 그 달성 정도를 파악한 후 그에 따라 보상하는 방식]
【目不见睫】mùbùjiànjié〈成〉1 제 눈에 제 눈썹이 보이지 않다. 2〈喩〉자기 허물을 자기가 잘 모르다. 등잔 밑이 어둡다.
【目不交睫】mùbùjiāojié〈成〉1 눈을 붙이지 못하다. 2 한숨도 못 자다. 잠을 못 이루다.
【目不窥园】mùbùkuīyuán〈成〉1 정원의 꽃밭에 한눈팔지 않다. [《한서·동중서전(漢書·董仲舒傳)》에서, 동중서(董仲舒)가 독서에 전념하느라고 삼 년 동안 정원의 꽃밭에 눈길을 주지 않았다는 고사에서 유래함] 2〈喩〉독서에 몰두하다. 한눈팔지 않고 열심히 공부하다.
【目不忍睹】mùbùrěndǔ〈成〉(너무 비참하여)차마 눈 뜨고 볼 수가 없다. 목불인견이다. =【目不忍视】mùbùrěnshì
【目不忍视】mùbùrěnshì ☞【目不忍睹】mùbùrěndǔ
【目不识丁】mùbùshídīng〈成〉1 (가장 쉬운) 정(丁)자도 모른다. [《구당서·장홍정전(舊唐書·張弘靖傳)》에 나오는, "지금 천하가 태평하니, 그대들은 활을 잡고 있는 것보다 정(丁) 자 한 자를 아는 것이 더 낫다."라는 말에서 유래함] 2〈喩〉낫 놓고 기억자도 모른다. 일자무식이다. ≒胸无点墨
【目不暇给】mùbùxiájǐ ☞【目不暇接】mùbù xiájiē
【目不暇接】mùbùxiájiē〈成〉1 눈이 모자라다. 2〈喩〉좋고 많아서 다 볼 수 없다. =【目不暇给】mùbùxiájǐ ≒应接不暇 眼花缭乱 ↔一目了然
【目不斜视】mùbùxiéshì〈成〉1 옆을 바라보지 않다. 2〈喩〉태도가 진지하고 본분을 지키다. 한눈을 팔지 않다. 곁눈질하지 않다.
【目不转睛】mùbùzhuǎnjīng〈成〉1 눈 한 번 깜빡하지 않고 보다. 2〈喩〉주시하다. 응시하다. ↔左顾右盼
【目测】mùcè〈動〉눈짐작〔눈대중〕으로 재다. 목측하다. ¶~距离=눈짐작으로 거리를 재다.
【目次】mùcì〈名〉목차. 차례.
【目瞪口呆】mùdèng-kǒudāi〈成〉1 눈을 크게 뜨고 입을 벌리다. 2〈喩〉(놀라거나 두려워서) 어안이 벙벙하다. 눈이 휘둥그레지다. 어리둥절하다. 아연실색하다. ≒呆若木鸡 瞠目结舌
【目的】mùdì〈名〉목적. ¶学习的~是获得知识. =학습의 목적은 지식을 얻기 위함이다. ≒目标

【目的地】**mùdìdì** 명 목적지. ¶这次旅行的~是西安。= 이번 여행의 목적지는 시안이다.
【目的性】**mùdìxìng** 명 목적성. 목적 의식. ¶他这次出访带有很强的~。= 그는 이번 외국 방문에 강한 목적 의식을 가지고 있다.
【目睹】**mùdǔ** 동 직접 보다. 목도하다. ¶耳闻~= 직접 보고 듣다. ≒目击
【目光】**mùguāng** 명 1 시선. 눈길. ¶把~投向蔚蓝的大海。= 시선을 짙푸른 대해로 돌렸다. 2 눈빛. 눈초리. 눈매. ¶~炯炯= 눈빛이 반짝이다. 3 견해. 분별력. 시야. 식견. 견식. ¶~敏锐= 견해가 예리하다.
【目光短浅】**mùguāng-duǎnqiǎn** 성 시야가 좁다. 안목이 좁다.
【目光如豆】**mùguāng-rúdòu** 성 1 눈이 콩알만하다. 2 식견이 좁다. 시야가 좁다. 우물 안 개구리. ≒鼠目寸光
【目光如炬】**mùguāng-rújù** 성 1 눈빛이 횃불같이 밝다. 2 식견이 높고 원대하다.
【目击】**mùjī** 동 (사고 현장을) 목격하다. ¶~证人= 목격자. ≒目睹
【目见】**mùjiàn** 동 직접 보다. ¶耳闻~= 직접 귀로 듣고 눈으로 보다.
【目今】**mùjīn** 명 지금. 현재.
【目镜】**mùjìng** 명 접안렌즈(接眼lens). 대안렌즈(對眼lens). =[接目镜] **jiēmùjìng**
【目空一切】**mùkōng yīqiè** 성 1 눈에 보이는 게 없다. 2비 안하무인이다. 건방지고 남을 업신여기다. ≒目中无人
【目力】**mùlì** 명 시력.
【目录】**mùlù** 명 1 목록. 2 목차. 차례. ¶产品~= 제품 목차.
【目录学】**mùlùxué** 명 1 목록학. [고대 중국의 학문 분과. 자료로서 완비된 서적 목록을 작성하고, 그 자료를 활용하여 한 시대 또는 몇 시대에 걸쳐서 학술 전승의 계통을 밝히는 학문] 2 목록학. [도서관학 내에서 도서 분류·색인 작업 등의 규칙을 연구하는 학문]
【目论】**mùlùn** 명비동 얕은 식견. 좁은 견해.
【目迷五色】**mùmíwǔsè** 성 1 현란한 색깔에 눈이 어지럽다. 2 색깔이 잡다하게 섞여서 분명하게 볼 수 없다. 3비 사물이 복잡해져서 분별할 수 없다.
【目前】**mùqián** 명 지금. 현재. ¶~的工作进行得很顺利。= 현재 일은 진행이 순조롭다. ≒眼前 当前
【目送】**mùsòng** 동 눈으로 전송하다. 목송하다. ¶~列车渐渐远去。= 점점 멀어져 가는 열차를 바라보고 있다.
【目无法纪】**mùwúfǎjì** 성 1 법률이나 규율 따위를 안중에 두지 않다. 2비 제멋대로 나쁜 짓을 하다. 무법천지이다.
【目无全牛】**mùwúquánniú** 성 1 눈에 소 전체의 모습은 보이지 않고 살과 뼈의 구조만 보이다. [《장자·양생주(莊子·養生主)》에서 백정이 처음 소를 도살할 때는 소 전체가 보였는데, 3년 후에는 소 전체의 모습은 보이지 않고 뼈의 구살

조만 보게 되었다는 고사에서 유래함] 2비 기술이 대단히 숙달된 경지에 이르다. 입신의 경지에 이르다.
【目无余子】**mùwúyúzǐ** 성 1 눈에 다른 사람이 보이지 않다. 2비 안하무인이다. 방약무인하다. 눈에 뵈는 게 없다.
【目无尊长】**mùwúzūnzhǎng** 성 1 손윗사람도 안중에 없다. 2비 오만하고 방자하다. 위아래가 없다. 어른〔윗사람〕도 모른다.
【目下】**mùxià** 명 지금. 현재. ¶~还抽不出时间。= 지금은 아직 시간을 낼 수가 없다.
【目眩】**mùxuàn** 형 눈앞이 아찔하다. 눈앞이 캄캄해지다. 눈이 어지럽다. ¶头昏~= 어질어질하다.
【目验】**mùyàn** 동 제 눈으로 확인하다. 직접〔몸소〕확인하다〔검증하다〕. ¶开箱~= 상자를 열어 직접 확인하다.
【目语】**mùyǔ** 동문 눈짓하다. 눈으로 말하다.
【目指气使】**mùzhǐ-qìshǐ** ☞ 【颐指气使】**yízhǐ-qìshǐ**
【目中无人】**mùzhōng-wúrén** 성 1 아무도 안중에 없다. 2비 안하무인이다. 눈에 뵈는 게 없다. 거만하고 남을 업신여기다. ≒目空一切 ↔虚怀若谷
【目眦尽裂】**mùzì-jìnliè** 성 1 눈가가 찢어지다. 2비 격노하다. 대노하다. 노발대발하다.

## 仫

**mù** 종족 이름 무
【仫佬族】**Mùlǎozú** 명 무로족. 〔중국 소수 민족의 하나로, 주로 광시(广西) 지역에 분포함〕

## 牟

**mù** 땅 이름 모
지명에 쓰이는 글자. ¶中~= 중무. 〔허난(河南)성에 있는 현 이름〕
☞ **móu**

## 沐

**mù** 머리 감을 목
동 1 머리를 감다〔씻다〕. 2 세정하다. 세척하다. 청소하다. 소제(掃除)하다. 씻다. 닦다. 빨다. ¶栉风~雨= 바람에 머리를 빗고 빗물로 머리를 감다. 풍찬노숙(風餐露宿)하다. 3 문 받다. 입다. ¶~人之恩= 다른 사람의 은혜를 입다.
명 (Mù) 성(姓).
【沐恩】**mù'ēn** 동문 은혜를 입다〔받다〕.
【沐猴而冠】**mùhóu'érguàn** 성 1 원숭이가 관을 쓰고 사람처럼 꾸미다. 〔《사기·항우본기(史记·项羽本纪)》에 나오는, "사람들이 초(楚)나라 사람은 관을 쓰고 사람 행세를 하는 원숭이 같다고 하던데, 정말 그렇구나."라는 말에서 유래함〕 2비 덕도 없고 무능하면서 자리만 차지하고 있는 사람.
【沐雨栉风】**mùyǔ-zhìfēng** ☞ 【栉风沐雨】**zhìfēng-mùyǔ**
【沐浴】**mùyù** 동 1 목욕하다. 2비 햇빛과 비와 이슬을 흠뻑 받다. ¶花草树木~在阳光雨露中。= 화초와 나무가 햇빛과 비와 이슬을 흠뻑 받다. 3비 (어떤 좋은 분위기에) 푹 빠지다. 흠뻑 젖

다. ¶~在欢歌笑语中。=노래와 웃음 속에 푹 빠지다. ≒洗澡

**苜** mù 거여목 목
【苜蓿】mù·xu 〈植〉 거여목. 개자리. =【紫花苜蓿】zǐhuā mù·xu【紫苜蓿】zǐmù·xu

**牧** mù 마소 칠 목
〈動〉 **1** 가축을 방목하다. ¶游~=유목. / 畜~=목축. **2** 〈書〉 다스리다. 통치하다. ¶~万民=만(온) 백성을 다스리다. ¶牧畜업. ¶农、林、~、副、渔=농업·임업·목축업·부영·어업.

○● 放牧, 轮lún牧

【牧草】mùcǎo 〈名〉 목초. ¶~青青=목초가 파릇파릇하다.
【牧场】mùchǎng 〈名〉 **1** (가축을 방목하는) 방목장. 목초지. 초지. 초원. =【牧地】mùdì **2** 목장. 목축장.
【牧笛】mùdí 〈名〉 목적. 목동이 부는 피리.
【牧地】mùdì ☞【牧场】mùchǎng
【牧放】mùfàng 〈動〉 방목하다.
【牧歌】mùgē **1** ① 목가. [고대 그리스에서 기원한, 목동들의 생활과 농촌 생활을 묘사한 짧은 서정시] 〈俄〉 pastoralis ② 전원시(田園詩) [전원생활을 소재로 한 서정시] **2** ① 목가. [유럽 문예부흥 시기에, 주로 사랑과 자연 정경을 소재로 한 유행가] ② 목가. [시골 생활의 정취(情趣)와 초원의 정경을 노래한 음악] **3** 목동가. 목가. 목동의 노래.
【牧工】mùgōng 〈名〉 목동. 방목공. 목장 일꾼.
【牧户】mùhù 〈名〉 축산 가정. 목축 가정.
【牧民】mùmín 〈名〉 목축민. 〈動〉〈書〉 (임금이) 백성을 다스리다.
【牧区】mùqū 〈名〉 **1** 방목지. **2** 목축 지역.
【牧犬】mùquǎn 〈名〉 (목양견 등) 방목(放牧)을 돕는 개.
【牧群】mùqún 〈名〉 (방목지의) 가축의 떼.
【牧人】mùrén 〈名〉 방목공. 목자.
【牧师】mùshī 〈宗〉 목사.
【牧童】mùtóng 〈名〉 목동. [주로 시가(詩歌)와 조기 백화문에 보임]
【牧畜】mùxù 〈動〉 목축하다.
【牧羊犬】mùyángquǎn 〈名〉 목양견.
【牧羊人】mùyángrén 〈名〉 양치기. 양 치는 사람.
【牧业】mùyè 〈名〉〈略〉 축목업(목축업).
【牧主】mùzhǔ 〈名〉 목장주.

**钼[鉬]** mù 몰리브덴 목
〈名〉〈化〉 몰리브덴(Mo, molybdenum). [원자 번호 42]

**募** mù 모을 모
〈動〉 널리 구하다. 모집하다. ¶招~=사람을 모집하다.

○● 化募, 劝quàn募, 应募, 征募

【募兵】mù∥bīng 〈動〉〈軍〉 병력을 모집하다. 모병하다.
【募兵制】mùbīngzhì 〈名〉〈軍〉 모병제.
【募股】mù∥gǔ 〈動〉 주식을 모집하다. 출자금을 모집하다.
【募化】mùhuà 〈動〉 (승려·도사 등이) 탁발(托鉢)하다. 보시(布施)를 구하다. 동냥하다. ¶四方~=사방으로 탁발하다. ≒化缘
【募集】mùjí 〈動〉 모집하다. 모으다. ¶~资金=자금을 모집하다.
【募建】mùjiàn 〈動〉 자금을 모아 건설하다. ¶~医院=자금을 모아 병원을 건설하다.
【募捐】mù∥juān 〈動〉 성금(기부금·의연금)을 거두다(모으다). 기부금과 기부 물자를 거두다(모으다). ¶为灾区~=재난 지역을 위해 의연금을 거두다. / 广场上有人在~。=광장에서 어떤 사람이 의연금을 모으고 있다.

**墓** mù 무덤 묘
〈名〉 무덤. ¶陵~=왕능. 능묘. / 扫~=성묘(省墓)하다.

○● 盗墓, 坟墓, 陵líng墓, 丘qiū墓, 省xǐng墓

【墓碑】mùbēi 〈名〉 묘비. 비.
【墓表】mùbiǎo 〈名〉 **1** 묘비. 비. **2** 묘표. [고대 전기 문체의 하나. 죽은 이의 사적과 덕행을 기리는 내용으로, 보통 묘비에 새김]
【墓道】mùdào 〈名〉 **1** 무덤 앞의 길. **2** 묘도. 묘실 앞의 통로.
【墓地】mùdì 〈名〉 묘지. 무덤.
【墓木】mùmù 〈名〉 묘목. 구목(丘木). 무덤 근처에 심은 나무.
【墓木已拱】mùmù yǐ gǒng 〈成〉 **1** 무덤 옆에 심은 나무가 한 아름이나 되다. **2** 〈며〉 작고한 지 오래 되다.
【墓祭】mùjì 〈動〉 묘제(묘사(墓祀))를 지내다.
【墓室】mùshì 〈名〉 묘실. 현실(玄室). 널방. [무덤 안의 관을 놓는(안치하는) 곳]
【墓穴】mùxué 〈名〉 묘혈. 무덤 구덩이.
【墓茔】mùyíng 〈名〉 묘. 무덤.
【墓园】mùyuán 〈名〉 공원묘지.
【墓葬】mùzàng 〈名〉 (고고학적 가치가 있는) 고분. ¶~群=고분군.
【墓志】mùzhì 〈名〉 **1** 묘지(墓誌). **2** 묘지명(墓誌銘). 묘명.
【墓志铭】mùzhìmíng 〈名〉 묘지명.

**幕[幙]** mù 막 막
〈名〉 **1** 막. 장막. 커튼. 휘장. 천막. 텐트. ¶帷~=막. 휘장. / 帐~=장막. **2** 막부. [고대, 장수나 행정 장관의 집무처(관공서)] ¶聘为~僚=막료로 초빙하다. / 造访~府=막부를 방문하다. **3** (연극·영화 등의) 스크린(screen). 막. ¶银~=은막. / 闭~=폐막. 〈量〉 **1** 〈劇〉 막. ¶独~剧=단막극. / 第二~第三场=제2막 제3장. **2** 편. 바탕. 경치·정경·장면에 쓰임. ¶一~感人的景象=하나의 감동적인 광경.

幕睦慕暮霂穆

○● 报幕, 结幕, 内幕, 屏píng幕, 天幕, 帷wéi幕, 谢幕, 序幕, 烟幕, 雨幕, 字幕

【幕宾】**mùbīn** 圐 막료. 개인(적인) 참모.
【幕布】**mùbù** 圐 막. 스크린.
【幕府】**mùfǔ** **1** 막부. [지휘관이 머물면서 군사를 지휘하던 군막(軍幕)] **2**(歷) (일본 명치 이전의) 막부. 바쿠후. ¶~时期=막부 시대.
【幕后】**mùhòu** 圐 **1** 막의 뒤. **2**(비) 배후. 막후. ¶~指使=배후에서 사주〔교사〕하다.
【幕僚】**mùliáo** 圐 **1** 막료. [장수의 막부에 속한 참모·서기 등의 속관] **2** 막료. [군사·정치 공공기관의 관직을 가진 참모]
【幕墙】**mùqiáng** 圐(建) 커튼 월(curtain wall). 칸막이 벽. [건물의 무게를 지탱하지 않는 커튼 벽·장막 벽·칸막이 벽을 가리킴]
【幕天席地】**mùtiān-xídì** 圀 **1** 하늘을 장막으로 삼고 땅을 자리로 삼다. **2**(비) 성격이 시원시원하다〔탁 트이다〕. 도량이 넓다. **3**(비) 노숙하다. 야외에서 생활하다.
【幕友】**mùyǒu** 圐 개인(적인) 참모. [명청(明清)대에 지방관의 초빙으로 일을 돕는 사람. 관직이 없고, 관원이 사적으로 초빙하여 친구로 대하기 때문에 이렇게 불렸음] ⇨【师爷】**shī·ye**

\***睦** mù 화목할 목
圀 화목하다. 사이가 좋다. 친하다. 도탑다. ¶和~=화목하다. 圐 (Mù) 성(姓).

○● 敦dūn睦, 和睦

【睦邻】**mùlín** 圄 (이웃 사람·이웃 나라 등과) 잘 지내다. 화목하게 지내다. ¶~友好政策=선린 우호 정책.

\***慕** mù 그리워할 모
圄 **1** 경모하다. 경앙하다. 사모하다. ¶仰~=앙모하다. / 羡~=부러워하다. **2** 그리워하다. 연연하다. ¶思~=사모하다. / 爱~=애모하다. 圐 (Mù) 성(姓).

○● 敬mù, 渴kě慕, 企qǐ慕, 倾qīng慕, 思慕, 向慕, 仰慕

【慕光性】**mùguāngxìng** ☞【趋光性】qū guāngxìng
【慕名】**mù‖míng** 圄 명성을 흠모〔사모〕하다. ¶~而来=명성을 흠모하여 찾아오다.
【慕尼黑】**Mùníhēi** 圐(地) 뮌헨. 圐 München
【慕容】**Múróng** 圐 복성(複姓).
【慕悦】**mùyuè** 圄圀 애모하다. 사모하다. 호감을 가지다. 좋아하다. 사랑하다. ¶两相~=둘이 서로 사모하다.

\***暮** mù 저물 모

圀 저녁. 해질녘. ¶朝思~想=아침 저녁으로 생각하다. 늘 그리워하다. 圀 (시간이) 마지막에 가깝다. 늦다. ¶天寒岁~=세밑 추위. 날씨가 춥고 연말이 가까워지다. / ~春时节=늦봄 무렵. ↔朝(zhāo)

○● 薄bó暮, 迟暮, 垂chuí暮, 岁暮

【暮霭】**mù'ǎi** 圐 저녁 안개. 저녁 연무. ¶~沉沉=저녁 안개가 자욱하게 끼다.
【暮春】**mùchūn** 圐 늦봄. ¶~三月=음력 3월 늦봄. ↔早春
【暮鼓晨钟】**mùgǔ-chénzhōng** 圀 **1**(佛) (사찰에서) 저녁에 울리는 북과 새벽에 치는 종. **2**(비) 사람을 깨우쳐 주는 말. =【晨钟暮鼓】**chénzhōng-mùgǔ**
【暮景】**mùjǐng** 圐 **1** 저녁〔해질〕 무렵의 정경. 황혼이 깃든 정경. 일몰(日沒)의 정경. **2**(비) 노년〔말년〕의 형편. ¶桑榆~=뽕나무와 느릅나무 가지 위에 황혼이 깃들다. 노년. 말년. 늘그막.
【暮年】**mùnián** 圐 만년. 노년. 늘그막.
【暮气】**mùqì** 圐 **1** 황혼 무렵의 안개〔운무〕. **2**(비) 무기력. 무감각. 침체성. ¶~十足=너무 무기력하다. ↔朝气
【暮气沉沉】**mùqì-chénchén** 圀 무기력하다. 원기를 잃다. 생기가 없다. 침체〔쇠퇴〕하다. 노쇠하다.
【暮秋】**mùqiū** 圐 늦가을. 만추(晚秋).
【暮色】**mùsè** 圐 저녁 빛. 황혼. 모색. ¶~苍茫=어둠이 짙어가다. 모색이 창연하다.
【暮岁】**mùsuì** 圐 **1** 연말. **2** 만년. 늘그막. 노년.
【暮云】**mùyún** 圐 황혼녘의 구름. ¶~春树=먼 여행길에 있는 친구를 그리워하는 정이 간절하다.

**霂** mù 가랑비 목
☞【霢霂】**màimù**

\***穆** mù 돈후할 목
圀圀 **1** 정중하다. 공손하다. 경건하다. 엄숙하다. 공경스럽다. ¶肃~=엄숙하고 경건하다. **2** (성품이) 온화하다. 부드럽다. 돈후하다. ¶~如清风=성품이 온화하기가 맑은 바람 같다. 圐 (Mù) 성(姓).
【穆罕默德】**Mùhǎnmòdé** 圐(固)(歷) 마호메트 (Mahomet). [이슬람교의 창시자]
【穆穆】**mùmù** 圀 **1** 위엄이 서리다. 점잖고 무게가 있다. 숙연하다. ¶天子~=천자가 숙연히 제사를 올리다. **2** 부드럽다. ¶春风~=봄바람이 부드럽다.
【穆斯林】**mùsīlín** 圐(固)(宗) 이슬람교도. 회교도. 무슬림(Muslim). 모슬렘(Moslem).

# N

## na

**那** Nā 성씨 나
- 명 성(姓).
- ☞ nǎ, nà, nè, nèi, Nuó

**南** nā 음역자 남
- ☞ nán

【南无】 nāmó 명⟨종⟩⟨佛⟩ 나무. [부처에 대한 존경과 귀의를 나타냄] 蓜 namas

**拿** [(挐·搻·拏)] ná 잡을 나
동 **1** (손으로) 쥐다. 잡다. 가지다. ¶他手里~着笔. =그는 손에 펜을 쥐고 있다. / 去~把椅子来. =가서 의자 하나를 가지고 와라. **2** 잡다. 붙잡다. 체포하다. 탈취하다. ¶缉~=체포하다. / 捉~=잡다. 체포하다. **3** ㉠ 곤경에 빠뜨리다. 애먹이다. 어렵게 하다. 난처하게 하다. 강요하다. 협박하다. 등치다. ¶这事儿~不住他. =이 일이 그를 난처하게 하지는 않는다. **4** (어떤 자세나 모습을) 고의로 드러내다〔나타내다〕. ¶他刚当了个小官, 就~起架子来了. =그는 말단 관리가 되자마자 거드름을 피우기 시작했다. **5** 틀어쥐다. 장악하다. 파악하다. ¶这事儿你可要~稳, 不能有半点儿闪失. =이 일은 자네가 확실하게 틀어쥐어야 해, 조금의 실수도 있어서는 안 돼. **6** 받다. 얻다. 획득하다. ¶他在这次比赛中~了冠军。 =그는 이번 시합에서 우승했다. **7** ㉠ (강렬한 작용으로) 물체를 나쁘게 변질〔변화〕시키다. 해치다. 못 쓰게 하다. 망가뜨리다. 먹어 들어가다. 침식하다. ¶碱放得太多, 把馒头都~黄了. =소다를 너무 많이 넣어서 만터우가 누렇게 되어 버렸다. **8** (방법이나 재물 등을) 제공하다. 내놓다. ¶大家都来~~主意. =모두들 생각〔안〕(案)을 내놓으시오. 개 **1** …로써. …을〔를〕가지고서. [근거하는 도구·자료·방법 등을 이끌어 냄. '用(yòng)'에 상당함〕 ¶~例子说明=예를 들어서 설명하다. **2** …을〔를〕, …에 대해(서). [처치하는 대상을 이끌어 냄. '把(bǎ)·对(duì)'에 상당함〕 ¶他根本没~你当朋友. =그는 너를 전혀 친구로 생각하지 않는다. →拿

  ◐- 捕bǔ拿, 缉jī拿, 擒qín拿, 推拿, 捉zhuō拿

【拿班】 nábān 동 거드름피우다. 위세〔를〕부리다. 모양을 내다. 멋 부리다. [주로 초기 백화

문에 보임〕 ¶~作势=거드름을 피우다. 허세를 부리다.

【拿办】 nábàn 동 체포하여 (법적으로) 처벌하다. ¶革职~=면직시키고 체포하여 (법적으로) 처벌하다.

【拿捕】 nábǔ 동 체포하다. 잡다. ¶~要犯=중범(重犯)을 체포하다.

【拿不出去】 ná·buchūqù 동 **1** 들고 나갈 수가 없다. ¶门太小, 床不拆开~. =문이 너무 작아서, 침대를 분리하지 않고는 들고 나갈 수가 없다. **2** (남에게 보이거나 선물을 할 때에 보잘것없다고 여겨서 부끄러워) 내놓을 수가 없다. ¶礼金太少, 有些~. =축의금이 너무 적어 내놓기가 좀 쑥스럽다. =【拿不出手】 ná·buchūshǒu ↔拿得出去

【拿不出手】 ná·buchūshǒu ☞ 【拿不出去】 ná·buchūqù ↔拿得出手

【拿不定】 ná·budìng 동 주저하다. 결정하지 못하다. ¶~主意=생각을 결정하지 못하다.

【拿不动】 ná·budòng 동 (무거워서) 들지 못하다. ¶我~. =들 수 없다. ¶箱子太沉, 我~. =상자가 너무 무거워서 나는 들 수 없다. ↔拿得动

【拿不惯】 ná·buguàn 동 (…을〔를〕) 가지는 것에) 습관이 되지 않다. …을〔를〕 잡기에 익숙하지 않다. ¶他初到中国, ~筷子. =그는 처음 중국에 와서 젓가락 잡는 데 익숙하지 않다.

【拿不了】 ná·buliǎo 동 **1** 다 (집어) 들 수가 없다. ¶东西太多, 一次~. =물건이 너무 많아서 한꺼번에 다 들 수가 없다. **2** (무겁거나 많아서) 들 수 없다. 들지 못하다. ¶这些书很重, 你~. =이 책들은 아주 무거워서 넌 들 수 없을 거야. **3** (돈을) 부담〔감당〕할 수 없다. 낼 능력이 없다. ¶他一次~这么多钱. =그는 한 번에 이렇게 많은 돈을 부담할 수가 없다. **4** (힘으로) 잡을 수가 없다. 체포할 수 없다. ¶武装匪徒, 一般警察~, 要调特警. =무장한 악당들은, 보통 경찰로는 잡을 수가 없고, 특수 경찰을 파견해야 한다.

【拿不起】 ná·buqǐ 동 **1** (손으로) 잡을 수가 없다. 들 수 없다. ¶包太大, 小孩子~. =보따리가 너무 커서 아이가 들 수 없다. **2** (돈을) 부담〔감당〕할 수 없다. 낼 능력이 없다. ¶买房子得分期负款, 一次~. =집을 사려면 분할 납부해야지, 한꺼번에 다 낼 능력이 없다. **3** (임무나 업무 등을) 완수할 수 없다. 감당할 수 없다. ¶这种工作一般人是~的. =이런 일은 보통 사람이 감당할 수가 없다. ↔拿得起

【拿不起来】 ná·buqǐlái 동 **1** (무거워서) 들 수

없다. 들어올릴 수 없다. ¶这么一篮子苹果, 小家伙～。=이렇게 한 광주리나 되는 사과는 어린 녀석이 들 수 없다. **2** 맡아서 제대로 처리하지 못하다. 업무를 제대로 수행하지 못하다. ¶他招聘进公司,销售工作一时还～。=그가 회사에 들어온 뒤로 영업 업무를 아직 제대로 수행하지 못하고 있다. **3** (어떤 직위나 직무 등을) 감당할 수 없다. 소임을 다할 수 없다. 맡아서 하기에 벅차다. ¶让你当校长,你～。=당신더러 교장을 하라고 한다면, 감당하기에는 벅찰 것이다. →拿得起来

【拿不完】**ná·buwán** 多[가져]다 들[가질]수가 없다. ¶行李太多,一个人～。=짐이 너무 많아 혼자서는 다 들 수가 없다. →拿得完

【拿不稳】**ná·buwěn** 图 **1** 제대로 들지 못하여 흔들리다. ¶杠铃虽然举了起来,可有点儿～。=바벨(barbell)을 들어올리기는 했지만, 제대로 들지 못하고 조금 흔들린다. **2** (문제나 일에 대해) 타당[온당]한 대처 방법을 내놓지 못하다. ¶是就业还是升学,他一时还～。=취업을 할 것인지 진학을 할 것인지, 그는 아직 타당한 처리 방안을 내놓지 못하고 있다. **3** (문제나 일에 대해서) 확실한 판단을 내리지 못하다. ¶能不能被招聘公司录取,他自己也～。=지원한 회사에 합격할 수 있을지 없을지, 그 스스로도 제대로 판단이 서지 않는다.

【拿不住】**ná·buzhù** 图 **1** (떨어지지 않도록) 잡을 수 없다. 쥘 수 없다. ¶碗太烫,我～了。=그릇이 너무 뜨거워서 잡을 수가 없어요. **2** (도망가지 못하도록) 잡을 수가 없다. 꽉 붙잡을 수 없다. ¶几个人竟然～一个小偷儿。=몇 사람이 결국 좀도둑 하나를 잡지 못하였다. **3** 통제할 수 없다. 단속할 수 없다. 장악하지 못하다. 제압할 수 없다. ¶他性格太弱,有点儿～下属。=그는 성격이 너무 유약해서 아랫사람을 제대로 통제하지 못한다. →拿得住

【拿不准】**ná·buzhǔn** 图 **1** (문제와 일에 대해서) 올바른 대처 방법을 내놓지 못하다. ¶他到现在还～主意。=그는 지금까지도 올바른 의견을[견해를] 내놓지 못하고 있다. **2** (문제나 일 등에 대해) 정확한 판단을 내리지 못하다. 확실히 파악하지 못하다. 명확히 결정하지 못하다. ¶这件事能否成功,我也～。=이 일이 성공할 수 있을지 없을지는 나도 정확히 판단할 수가 없다. →拿得准

【拿大】**ná ‖ dà** 图四 남을 무시하다. 잘난 체하다. 거드름피우다. 뽐내다. 거만하게 굴다. ¶他身为公司老总,却从不～。=그는 회사의 사장이지만 여태까지 거드름을 피우는 법이 없다.

【拿大顶】**ná dàdǐng** ☞【倒立】**dàolì**

【拿大头】**ná dàtóu** ⓨ **1** (전체 비용 가운데) 대부분을 지불하거나 취득하다. ¶赚了钱你～,我拿小头。=돈을 벌게 되면 네가 큰 몫을 가지고, 내가 적은 몫을 가질게. **2** (모임이나 단체 행사 등에서) 고의로 어떤 사람이 돈을 내게 만들다. (짜고서) 바가지를 씌우다. ¶今天下饭店让经理～。=오늘 식당에 가면 사장님께서 돈을 내게 하자.

【拿刀动杖】**nádāo-dòngzhàng** 匘 **1** (싸우기 위해) 무기를 집어 들다. **2** 匣 살해하거나 전투할 태세를 갖추다.

【拿得出去】**ná·dechūqù** 图 **1** (물건을) 가지고 나갈 수 있다. 꺼내 놓을 수 있다. **2** (남에게 보이거나 선물하기에) 내놓을 만하다. =【拿得出手】**ná·dechūshǒu** ↔拿不出去

【拿得出手】**ná·dechūshǒu** ☞【拿得出去】**ná·dechūqù** ↔拿不出手

【拿得动】**ná·dedòng** 图 (물건을) 들 수 있다. 들어서 움직일 수 있다. ↔拿不动

【拿得起】**ná·deqǐ** 图 **1** (물건을) 손으로 쥐거나 옮길 수 있다. **2** (금전적으로) 부담할 능력이 있다. 감당할 수 있다. **3** (임무나 업무를) 감당할 수 있다.

【拿得起来】**ná·deqǐlái** 图 **1** 들어올릴 수 있다. **2** 잘 처리할 수 있다. **3** (어떤 직책이나 직무를) 감당할 수 있다. 해낼 수 있다. ↔拿不起来

【拿得完】**ná·dewán** 图 모두 다 가질[손에 쥘] 수 있다. ↔拿不完

【拿得住】**ná·dezhù** 图 **1** (손에) 쥘[잡을] 수 있다. **2** 잡을[체포할] 수 있다. **3** 통제[단속·통솔]할 수 있다. ↔拿不住

【拿得准】**ná·dezhǔn** 图 **1** (문제나 일 등에 대해) 적절한 방법을 내놓을 수 있다. **2** (문제나 일 등에 대해) 정확한 판단을 내릴 수 있다. ↔拿不准

【拿顶】**nádǐng** 图(体) 물구나무서다. 거꾸로 서다. 두 손과 머리로 전신을 지탱하다.

【拿定】**ná ‖ dìng** 图 결정하다. 확정하다. 확고히 세우다. 견지하다. ¶他一旦～主意就不会再改了。=그는 일단 생각을 결정하면 다시는 바꾸지 않는다.

【拿给】**nágěi** 图 (어떤 사람이나 부서에) 가져다 주다. ¶把这份资料～他看一下。=이 자료를 그 사람에게 갖다 주어 한번 보게 해라.

【拿获】**náhuò** 图 (범인을) 체포하다. ¶抢劫犯被当场～。=강도는 그 자리에서 체포되었다. ≒抓获

【拿架子】**ná jià·zi** ㈜匘 거드름피우다. 거만하게 굴다. 잘난 체하다. 뽐내다. ¶他待人谦和,从不～。=그는 겸손하고 친절하게 사람을 대하며, 지금까지 거드름을 피운 적이 없다.

【拿劲儿】**ná ‖ jìnr** 图四 **1** 거드름피우다. 거만하게 굴다. 잘난 체하다. 뽐내다. **2** 애써 (어울리는) 자세를 취하다. 한껏 폼을 잡다. ¶大家都拿着劲儿坐好,准备照相。=모두들 한껏 폼을 잡고 앉아서 사진 찍을 준비를 합니다.

【拿开】**ná ‖ kāi** 图 들어 옮기다. 치우다. 비켜놓다. ¶你把椅子～点儿。=의자를 좀 치워라.

【拿来主义】**náláizhǔyì** 阅 (전통이나 외래 문화에 대한 일종의 관점으로) 일단 가져온 후 자신의 입장에 맞추어 취사선택하자는 주의.

【拿摩温】**námówēn** ☞【那摩温】**nàmówēn**

【拿你是问】**nánǐshìwèn** ㈜ 너에게 책임을 묻다. 네가 책임져야 한다. ¶若是出了什么纰漏,～!=만약 무슨 문제가 생기면 네가 책임져야 해!

【拿捏】**ná·nie** 图 **1** 곤경에 빠뜨리다. 애먹이

다. 어렵게 하다. 난처하게 하다. 강요하다. 협박하다. 등치다. ¶他这样~你, 难道你就忍了? =그가 너를 그렇게 괴롭히는데, 넌 그냥 참기만 할 거냐? **2** 우물쭈물하다. 머뭇머뭇하다. 꾸물거리며 미루다. ¶看他那个~的劲儿, 真让人着急. =그 사람 우물쭈물하는 꼴을 좀 보게나, 정말 사람의 마음을 다급하게 하네.

【拿跑】 **ná ǁ pǎo** 〖동〗 들고 도망치다. 들고튀다. ¶他把我的笔记本~了. =그는 나의 노트북을 가지고 도망가 버렸다.

【拿腔拿调】 **náqiāng-nádiào** 〖성〗〖구〗 (의도적으로) 어떤 억양이나 말투로 말하다. 위엄을 부리는 어투로 말하다. ☞【拿腔捏调】 **náqiāng-niēdiào**【拿腔作调】 **náqiāng-zuòdiào**

【拿腔捏调】 **náqiāng-niēdiào** ☞【拿腔拿调】 **náqiāng-nádiào**

【拿腔作调】 **náqiāng-zuòdiào** ☞【拿腔拿调】 **náqiāng-nádiào**

【拿腔作势】 **náqiāng-zuòshì** ☞【装腔作势】 **zhuāngqiāng-zuòshì**

【拿乔】 **ná ǁ qiáo** 〖동〗 일부러 난색을 나타내어 몸값을 높이다. ¶他为人很热心, 能办的事从不~. =그는 매우 열성적인 사람이라서, 할 수 있는 일에 아직껏 일부러 난색을 표한 적이 없다.

【拿权】 **ná ǁ quán** 〖동〗 권력을 잡다〔장악하다〕. ¶不要以为自己拿了点儿权就可以为所欲为. =자신이 권력을 좀 잡았다고 해서 자기 멋대로 할 수 있을 것이라 생각하지 마라.

【拿人】 **ná ǁ rén** 〖동〗〖구〗 **1** 사람을 난처하게 하다. 괴롭히다. (약점을 잡아) 협박하다. ¶他就喜欢用自己手上的权力~. =그는 자기 수중의 권력을 이용하여 남을 괴롭히는 경향이 있다. **2** 남의 주목을 끌다. 사람을 끌다. ¶这本小说很~. =이 소설은 사람을 매료시킨다. **3** (범인이나 혐의자를) 잡다. 체포하다. ¶悬赏~=상을 내걸어 범인을 잡다.

【拿舌头压人】 **ná shé·tou yārén** 〖구〗〖구〗 말로 위협하여 복종시키다.

【拿事】 **ná ǁ shì** 〖동〗 일을 책임지고 맡아 하다. ¶你说的话不管用, 找个~的人来. =네 말은 소용이 없으니, 책임자를 데려와라.

【拿手】 **náshǒu** 〖형〗 (어떤 기술에) 뛰어나다. 능하다. 자신있다. ¶红烧鱼头是她的~菜. =홍샤오위터우는 그녀가 가장 자신 있게 만들 수 있는 요리이다. 〖명〗 성공할 자신〔믿음〕. 자신감. ¶这件事我绝对有~. =이 일은 내가 절대적으로 자신이 있다.

【拿手好戏】 **náshǒu hǎoxì** 〖명〗 **1** (배우가) 가장 잘 하는 연기. **2** 〖구〗 (어떤 사람이) 가장 하는 재주〔솜씨·재간〕. 특기. 장기. =【拿手戏】 **ná shǒuxì**

【拿手戏】 **náshǒuxì** ☞【拿手好戏】 **náshǒu hǎoxì**

【拿糖】 **ná ǁ táng** 〖동〗〖구〗 일부러 난색을 표명하여 잘난 체하여 몸값을 올리다. ¶你别~, 不干有人愿干. =재지 마라, 네가 안 해도 하려는 사람이 있을 테니까.

【拿稳】 **ná ǁ wěn** 〖동〗 **1** (물건을) 잘 잡다. 안정되게 잡다. **2** (문제나 일 등에 대해) 타당〔온당〕한 대처 방법을 내놓다. **3** (문제나 일에 대해서) 정확한 판단을 내리다.

【拿问】 **náwèn** 〖동〗 체포하여 심문하다. ¶撤职~=직위 해제하고 체포하여 심문하다.

【拿下】 **náxià** 〖동〗 **1** (물건을 위에서 아래로) 들어 내리다. ¶把包从行李架上~. =짐을 선반에서 내리다. **2** 잡다. 체포하다. ¶绑匪已被警察~. =유괴범은 이미 경찰에게 체포되었다. **3** 점령하다. 굴복〔복종〕시키다. ¶他们有信心~这道难关. =그들은 이 난관을 극복할 자신이 있다.

【拿下马(来)】 **náxiàmǎ(·lai)** 〖구〗〖구〗 굴복시키다. 처벌받게 하다. ¶把贪污腐败分子~. =부정부패한 자를 처벌받게 하다.

【拿一把】 **ná yībǎ** 〖구〗 (유리한 입장을 이용하여) 상대방을 애먹이다〔골탕먹이다〕. ¶她这是有意~, 心里说不定已经同意了. =이것은 그녀가 고의로 골탕먹이려는 것이지, 마음속으로는 이미 동의했을지도 몰라.

【拿印把儿】 **ná yìnbàr** 〖구〗 결재 도장을 쥐다. 권력〔실권〕을 잡다. 관리가 되다. =【拿印把子】 **ná yìnbà·zi**

【拿印把子】 **ná yìnbà·zi** ☞【拿印把儿】 **ná yìnbàr**

【拿主意】 **ná zhǔ·yi** 〖동〗 방법〔대책〕을 결정하다. 생각을 정하다. ¶去不去应聘, 你自己~. =모집에 응할지 말지는 당신 스스로 결정하세요.

【拿住】 **ná ǁ zhù** 〖동〗 **1** (손으로) 잡다. 붙잡다. 꽉 쥐다. ¶~不放=붙잡고서 놓지 않다. **2** 체포하다. 잡다. ¶当场~罪犯. =범인을 현장에서 체포하다. **3** 단속하다. 통제하다. 통솔하다. ¶他德才兼备, 当厂长能~人. =그는 덕과 재능을 겸비한 사람이므로, 공장장을 맡아 사람들을 통솔할 수 있을 것이다.

【拿准】 **ná ǁ zhǔn** 〖동〗 **1** (문제나 일 등에 대해) 타당〔온당·적절〕한 대처 방법을 내놓다. ¶孩子出国留学的事你~了吗? =아이가 해외 유학 가는 일에 대해 적절한 처리 방안을 생각하셨습니까? **2** (문제나 일 등에 대해) 정확한 판단을 내리다. ¶这事儿你可得~了. =이 일은 잘 판단하셔야 합니다.

【拿总】 **názǒng** 〖동〗〖구〗 최종적으로 결정하다. 총괄하여 의견을 처리하다. ¶公司里的事情都是他~. =회사 내의 일은 모두 그가 최종적으로 결정을 내린다.

【拿走】 **ná ǁ zǒu** 〖동〗 가지고 가다. 가지고〔들고〕 가 버리다. ¶谁把我的笔~了? =누가 내 펜을 가져갔지?

# 镎 [錼] **ná** 넵투늄 나
〖명〗〖화〗 넵투늄(Np, neptunium). [원자 번호 93]

# 那 **nǎ** 어느 나
〖대〗 어느. [의문을 나타냄. 지금은 일반적으로 '哪(nǎ)'로 씀]
☞ **Nā, nà, nè, nèi, Nuó**

【牰】**nǎ** 암컷 나
[형][문] 암컷의. 어미의. ¶鸡~=암탉.

【哪】**nǎ** 어느 나
[대] **1** 무엇. 어느 것. [의문을 나타내며, 단독으로 쓰임. '什么(무엇)'와 같은 뜻으로 서로 바꿔서 같이 씀] ¶真分不清~好~坏? =무엇이 좋고 무엇이 나쁜지 정말 구분하지 못하겠니? **2** 어느. 어떤. 어디. [의문을 나타내며, 주로 양사나 수량사 앞에서 쓰임. 같은 사물 가운데서 확인을 요구함] ¶请问您找~位? =실례합니다만, 어느 분을 찾으시는지요? **3** 어느. 어느 것. [불특정한 하나를 가리킴] ¶说话注意分寸, 别~壶不开提~壶. =말을 가려서 해야지, 아픈〔기분 나쁜〕곳을 건드리지 마라. **4** 어느 것이나. 무엇이나. [그 어떤 하나를 가리킴. 뒤에 항상 '都(dōu)'나 '也(yě)'와, 또는 두 개의 '哪(nǎ)'가 앞뒤에서 호응함] ¶~件穿着合适买~件. =어느 옷이든 입어서 어울리는 옷을 사라. [부] 어찌. 어떻게. [반어에 쓰여 부정을 나타냄] ¶常在河边走, ~能不湿鞋? =늘 강가에서 거니는데, 어찌 신발이 젖지 않을 수 있겠나?
☞ ·**na**, **nǎi**, **né**, **něi**

【哪般】**nǎbān** [대] 무엇. [주로 '为(wèi)'와 이어 쓰여 원인을 물음] ¶如此拼命工作为~? =이렇게 죽도록 열심히 일하는 것은 무엇 때문인가?

【哪边】**nǎ·biān** (~儿) [대] 어디. 어느 쪽. 어느 방향. ¶你要往~走? =너는 어느 쪽으로 가려고 하니?

【哪个】**nǎ·ge** [대] **1** 어느 (것). ¶你们来自~单位? =당신들은 어느 기관〔부서〕에서 왔나요? **2** 누구. 어느 사람. ¶他的话~会相信? =그의 말을 누가 믿겠나?

【哪行】**nǎháng** [대] 어느 직업〔직종〕. 어떤 직업〔직종〕. ¶你丈夫是干~的? =당신 남편은 어떤 직업에 종사하십니까?

【哪会儿】**nǎhuìr** [대][구] **1** 언제. 어느 때. [과거나 미래의 시간을 가리킴] ¶他~去的北京? =그는 언제 북경에 갔나요? **2** 언제(든지). 어느 때(든지). [불특정한 시간을 가리킴] ¶你~来都可以. =당신은 언제든지 와도 됩니다. =【哪会子】**nǎhuì·zi**

【哪会子】**nǎhuì·zi** ☞【哪会儿】**nǎhuìr**

【哪里】**nǎ·li** [대] **1** 어디. 어느 곳. [처소를 물음] ¶你是~人? =당신은 어디 사람입니까? **2** 어디(도)(나). 어느 곳(도)(이나). [모든 장소를 총칭함] ¶整个假期都呆在家里, ~都没去. =휴가 기간 내내 집에 있으면서 아무 곳에도 가지 않았다. **3** [경] 뭘요. 천만에요. 별말씀을요. [자신에 대한 칭찬을 물리치는 말] ¶"你的歌唱得真好!" "~, ~, 你过奖了." ="당신 노래 참 잘하십니다." "천만에요, 과찬이십니다." **4** 어디. 어떻게. [반어에 쓰여 부정을 나타냄] ¶我~知道他是怎么想的? =그 사람이 어떻게 생각하는지 내가 어떻게 압니까?

【哪么】**nǎ·me** [대] 어떻게. [의문을 나타내며, '怎样(zěnyàng)'에 상당함] ¶请问去火车站~走? =실례합니다만, 기차역에 가려면 어떻게 가야 합니까?

【哪门子】**nǎmén·zi** [대][방] 무슨. 무슨. [주로 반어에 쓰여, 부정이나 이유가 없음을 나타냄] ¶好好儿的, 你生~的气? =아무렇지도 않은데, 너 화낼 게 뭐 있니?

【哪能】**nǎnéng** [대] 어찌 …할〔일〕 수 있겠는가? [주로 반어에 쓰여, 긍정의 어기를 강조함] ¶父母~照顾你一辈子? =부모님이 어떻게 너를 한평생 보살펴 줄 수 있겠니?

【哪怕】**nǎpà** [접] 설령〔비록〕 …라 해도. [주로 '也(yě)·都(dōu)·还(hái)'와 같이 쓰여, 가정이나 양보를 나타냄] ¶~工作再忙, 他都坚持每天练习书法. =일이 아무리 바빠도 그는 매일 꾸준히 붓글씨 연습을 한다.

【哪儿】**nǎr** [대] **1** 어디. 어느 곳. [처소를 물음] ¶你要去~? =너는 어디 갈 거니? **2** 어디(도)(나). 어느 곳(도)(이나). [모든 장소를 총칭함] ¶他为人随和, 到~都很受欢迎. =그 사람은 친화적이라, 어디를 가도 매우 환영받는다. **3** 어디. 어떻게. [반어에 쓰여 부정을 나타냄] ¶我~会想到情况这么复杂? =상황이 이렇게 복잡할 줄 내가 어찌 생각이나 했겠니?

【哪儿的话】**nǎr·dehuà** [경] 뭘요. 천만에요. 별말씀을요. [자신에 대한 칭찬을 물리치는 말] ¶~, 我没那么神. =별말씀을 다 하시네요, 전 그렇게 신통하지 못합니다.

【哪些】**nǎxiē** [대] 어떤〔어느〕 …들. [복수를 나타냄] ¶你去过中国的~地方? =당신은 중국의 어떤 곳들을 가 보았나요?

【哪样】**nǎyàng** (~儿) [대] **1** 어떤. 어떠한. [성질이나 상태 등에 대하여 선택성 의문을 나타냄] ¶你想买~的衣服? =너는 어떤 옷을 사려고 하니? **2** 어떤〔어느〕 것(이든). [성질이나 상태를 가리킴] ¶超市里有很多种水果, 想吃~买~. =슈퍼에는 갖가지 과일이 있으니 먹고 싶은 것으로 사세요.

【哪知】**nǎzhī** [동] 어떻게 알겠는가? [반어에 쓰여 부정을 나타냄] ¶~天气会变化这么快? =날씨 변화가 이렇게 빠를 줄 어찌 알았겠는가?

【那】**nà** 그 나

[대] **1** 그. 저. [비교적 멀리 떨어진 사람이나 사물을 가리킴. 양사나 수량사 혹은 명사 앞에서 쓰임] ¶~本书是谁的? =그〔저〕 책은 누구의 책입니까? / ~女孩真漂亮! =저 여자 애는 정말 예쁘다. **2** 그〔저〕 사람. 그〔저〕것. [비교적 멀리 떨어진 사람이나 사물을 대체함] ¶~是哪位老师? =저분은 누구시죠? / ~是谁的书包? =저것은 누구의 책가방입니까? **3** (~儿) 그〔저〕 곳. ¶~儿人才济济, 可谓藏龙卧虎. =그 곳은 인재가 수두룩하여 용과 범이 은신하고 있는 곳이라고 할 수 있다. **4** (~儿) 그 때. [주로 '打(dǎ)·从(cóng)·由(yóu)'의 뒤에 쓰임] ¶从~儿起, 他的生意就越做越好了. =그

➊ 那 **nà**
哪 **nà**
娜 **nà**
挪 **nuó**

때부터 그의 장사는 점점 더 잘 되었다. **5**(~儿) 동사나 형용사 앞에 쓰여 과장을 나타냄. ¶大伙儿~儿跳啊, ~儿唱啊, 高兴极了。=모두들 춤추고 노래 부르며 매우 즐거워하였다. 웹 그러면. 그렇다면. ¶既然放假了, ~就好好地玩儿吧。= 기왕 방학을 한 바에야, 실컷 놀아야지. ↪这
☞ **Nā, nǎ, nè, nèi, Nuó**

【那般】**nàbān** 団 **1** 그렇게. 저렇게. ¶没想到他会~地固执己见。=그가 그렇게 자기 의견을 고집할 줄은 생각지도 못했다. **2** 그(것)들. ¶他身边的~朋友帮了他不少忙。=주변의 친구들이 그를 많이 도와 주었다.

【那边】**nàbiān** 団 그 쪽. 저 쪽. ¶山~就是大海。=산 너머 저 쪽은 바다이다. ↪这边

【那程子】**nàchéng·zi** 団웹 그 당시. 그 날들. 그 무렵. [과거의 시간을 가리킴] ¶~我一直在忙着写一部小说。=그 당시 나는 소설을 쓰느라 바빠 보내고 있었다.

【那达慕】**nàdámù** 명웅 나담 페어(Nadam Fair). [주로 여름과 가을에 열리는 네이멍구(内蒙古) 몽골족의 전통 군중 집회로, 씨름·말달리기·활쏘기·춤 등의 다양한 프로그램이 진행됨]

【那当儿】**nàdāngr** 団웅 그 때. 그 당시. 그 무렵. [과거의 시간을 가리킴] ¶我走的~他还在办公室。=내가 떠나던 그 때 그는 아직 사무실에 있었다.

【那个】**nà·ge** 団 **1** 그. 저. ¶他住在对面~单元。=그는 맞은편 저 라인에 산다. **2** 그것. 그 일. ¶你把~拿来给我瞧瞧。=그것을 가져와서 내게 좀 보여 다오. **3** 그것. 저것. 그[저] 사람. ['这个(이것)'와 상대를 이룸] ¶这个满意了, 又有意见了, 你说怎么办? =이 사람이 만족해하면 저 사람이 또 이의를 가질 테니, 낸들 어떻게 해요? **4**㊀ 그렇게. 저렇게. 그토록. 저토록. [동사나 형용사 앞에 쓰여 과장을 나타냄] ¶他~高兴劲儿啊, 简直甭提了! =그가 저렇게 기뻐하니 더 말할 필요 없다. **5**㊀ 그렇다. 저렇다. 거시기하다. [직접 말하기 불편한 언사를 대체함. 완곡하고 해학적인 의미를 내포함] ¶好朋友的忙都不愿意帮, 未免太~了吧。=친한 친구 일마저도 도와 주려 하지 않는다면 너무 거시기하죠. ↪这个

【那回】**nàhuí** 団 저번. 지난번. 그 때. [과거를 나타냄] ¶~要不是他出面, 事情可能还得不到解决。=그 때 그 사람이 나서지 않았다면 일은 아마 아직까지 해결을 보지 못했을 것이다.

【那会儿】**nàhuìr** 団㊀ 그 때. 그 무렵. [과거나 미래의 시간을 나타냄] ¶我离开家乡~, 他还是个小孩子。=내가 고향을 떠날 그 무렵 그는 아직 어린아이였다.

【那里】**nà·li** 団 그 곳. 저 곳. 거기. 저기. [비교적 먼 곳을 나타냄] ¶~的风光非常迷人。=저 곳의 경치는 정말 사람을 미혹시킨다.

【那么】【那末】**nà·me** 団 **1** 그렇게. 저렇게. 그런. 저런. [상태·방법·정도 등을 나타냄] ¶没想到他会去得~早。=그가 그렇게 빨리 갈 줄은 생각도 못했다. **2** 가량. ⋯쯤. ⋯정도. [수사 앞에 쓰여 대강의 수를 추측하거나 강조함] ¶

나타냄] ¶买~两三瓶矿泉水就可以了。=광천수〔생수〕두세 병 가량만 사면 된다. 웹 그러면. 그렇다면. ¶既然大家没有异议, ~就这样决定了。=모두들 이의가 없으시니, 그렇다면 이렇게 결정하겠습니다.

【那么点儿】**nà·mediǎnr** 団 **1** 그 정도. 고 정도. 그까짓 (것). [적은 수량이나 수량이 적은 사물을 지시하거나 대체함] ¶~饭菜哪够这么多人吃? =그 정도 요리로 어떻게 이렇게 많은 사람이 먹을 수 있겠는가? **2** 그만한. 고만한. [비교적 작은 수량을 가리키거나 대체함] ¶~的人竟然扛得动一袋米。=그만한 사람이 쌀 한 포대를 메어 옮길 수 있다니.

【那么些】**nà·mexiē** 団 그렇게 많은〔은〕. [어떤 사람이나 사물을 지시하거나 대체하여 수량이 많거나 적음을 강조함] ¶这个剧场小, 坐不了~人。=이 극장은 좁아서, 그렇게 많은 사람이 다 앉을 수 없다.

【那么样】**nà·meyàng** 団 **1** 그렇게. 저렇게. 그러한. 저러한. [성질·상태·정도·방식 등을 가리킴] **2** 그러하다. 저러하다. 그렇다. 저렇다. [어떤 동작이나 상황을 나타냄]

【那么一来】**nà·meyīlái** ⓐ (일단) 그렇게 되면. 그렇게 되니〔되어〕. ¶~, 关系就更难协调了。=그렇게 되어, 관계를 조율하기는 더욱 어렵게 되었다.

【那么着】**nà·me·zhe** 団 **1** 그렇게 하다. [동작의 방식을 가리키거나 대체함] ¶他们~做就省事多了。=그들이 그렇게 하니 일을 많이 덜게 되었다. **2** 그렇게〔저렇게〕하다. 그러하다. 저러하다. [어떤 동작이나 상황을 대체함] ¶~大家觉得行不行? =그렇게 하면 여러분 생각에 괜찮겠습니까?

【那末】**nà·me** ☞【那么】**nà·me**

【那摩温】**nàmówēn** 명원웅 넘버원(number one). 십장. 감독. 지도원. [중화 인민 공화국 수립 이전 상해에서 작업장이나 공사장의 우두머리를 가리키던 말] =【拿摩温】**námówēn**

【那儿】**nàr** 団 **1** 그 곳. 저 곳. 거기. ¶~气候温和。=그 곳은 기후가 따뜻하다. **2** 그 때. ['打(dǎ)·从(cóng)·由(yóu)'의 뒤에 쓰임] ¶打~以后, 我们再也没有见过面。=그 때 이후 우리는 다시는 만나지 못했다.

【那时】**nàshí** 団 그 때. 그 당시. 그 무렵. [과거나 미래의 어떤 시간을 가리킴] ¶~城市交通还不发达。=그 당시 도시의 교통은 아직 발달하지 않았었다.

【那天】**nàtiān** 団 그 날. [과거나 미래의 어떤 날을 가리킴] ¶~的雨下得特别大。=그 날 비가 유난히 세차게 내렸다.

【那些】**nàxiē** 団 그들. 그것들. [둘 이상의 사람이나 사물을 지시하거나 대체함] ¶~都是外地来的游客。=그들은 모두 외지에서 온 유람객들이다. ↪这些

【那样】**nàyàng**(~儿) 団 **1** 그렇게. 저렇게. 그러한. 저러한. [성질·상태·정도·방식 등을 가리킴] ¶谁也不像他~认真。=누구도 그처럼 그렇

게 진지하지 않다. **2** 그러하다. 저러하다. 그렇다. 저렇다. [어떤 동작이나 상황을 지시하거나 대체함] ¶他们公司目前的状况就是~。=그들 회사의 지금 상황이 바로 그렇다.

【那样一来】**nàyàngyīlái** [낮] (일단) 그렇게 되면. 그렇게 되니〔되어〕.

【那阵儿】**nàzhènr** [대][구] 그 때. 그 당시. 그 무렵. 그 한동안. [이미 지나간 시점을 가리킴] =【那阵子】**nàzhèn·zi** ¶公司刚刚成立~确实很艰难。=회사가 막 세워진 그 당시는 정말로 매우 어려웠다.

【那阵子】**nàzhèn·zi** ☞【那阵儿】**nàzhènr**

## 郍 **Nà** 나라 이름 나

[명]《歷》 나. [주(周)대의 나라 이름. 지금의 후베이(湖北)성 징먼(荆门)현의 동남쪽 지역이었음]

## 呐 **nà** 고함칠 납

☞ **nè**, **·ne**

【呐喊】**nàhǎn** [동] 고함치다. 큰 소리로 외치다. 함성을 지르다. ¶齐声~=일제히 함성을 지르다.

## **纳[納] **nà** 바칠 납

[동] **1** 받아들이다. 받아 넣다. ¶出~=출납하다. / 闭门不~=문을 닫고 받아들이지 않다. **2** (의견이나 용서 등을) 받아들이다. 접수하다. 채용하다. ¶容~=용납하다. / 吐故~新=낡은 것을 뱉어 내고 새로운 것을 받아들이다. **3** 누리다. 즐기다. 향유하다. ¶在树下~凉=나무 아래에서 시원한 바람을 쏘이며 쉬다. **4** 집어넣다. 올려놓다. ¶~人计划=계획에 넣다. **5** (세금 등을) 납부하다. 내다. ¶缴~个人所得税。=개인 소득세를 납부하다. **6** [옛] 아내를 맞아들이다. ¶禁止~妾=첩을 들이는 것을 금지하다. **7** (신발이나 양말 바닥을) 바늘로 촘촘히 꿰매거나 박다. ¶~鞋底=구두 밑창을 박다. [명] (**Nà**) 성(姓).

○● 按纳, 版纳, 归guī纳, 缴jiǎo纳, 接纳, 容纳, 哂shěn纳, 声纳, 收纳, 笑纳

【纳彩】**nàcǎi** [동][옛] 납채(納采)〔납폐〕를 보내다. 신랑측에서 신부측에 청혼 예물을 보내다.

【纳粹】**Nàcuì** [명][외] 나치스. 나치. [독] Nazi

【纳福】**nàfú** [동][문] 복을 누리다. 행복하게 살다. 복을 받다. ¶闭门~=집에서 행복을 누리다.

【纳贡】**nàgòng** [동] 공물(貢物)을 바치다. 진공(進貢)하다.

【纳罕】**nàhǎn** [형] 놀랍다. 의아하다. 신기하다. 기이하다. ¶他的不辞而别让大家十分~。=그가 말없이 떠나 버린 것은 여러 사람들을 매우 놀라게 만들었다.

【纳贿】**nàhuì** [동] **1** 뇌물을 받다. ¶贪污~必将受到法律的制裁。=횡령하고 수뢰하면 반드시 법률의 제재를 받게 된다. **2** 뇌물을 쓰다. 뇌물을 주다. ¶他对~者一概拒之门外。=그는 뇌물을 쓰는 사람에 대해서는 모두 하나같이 문 밖에서 거절한다.

【纳谏】**nàjiàn** [동][문] 간언(諫言)을 받아들이다. 충언(忠言)을 받아들이다.

【纳缴】**nàjiǎo** [동] 납부하다. 내다. ¶~税款=세금을 납부하다.

【纳凉】**nà‖liáng** [동] 시원〔서늘〕한 바람을 쐬다. ¶坐在院子里~。=뜰에 앉아서 시원한 바람을 쐬다. ≒乘凉

【纳粮】**nàliáng** [동][옛] (백성이 관아에) 돈과 곡식을 바치다.

【纳闷】**nà‖mèn** [동] **1** (~儿) [구] (궁금하거나 이해가 되지 않아) 답답해하다. 갑갑해하다. ¶他的态度突然来了个大转弯, 真让人~。=그의 태도가 갑자기 크게 바뀌어서 (왜 그런지 이해가 가지 않아) 정말 답답하다. **2** 울적해하다. 우울해하다. 번민하다. [주로 조기 백화문에 보임]

【纳米】**nàmǐ** [양][외] 나노미터(nanometer). [1纳米는 10억분의 1미터임]

【纳米比亚】**Nàmǐbǐyà** [명][외]《地》 나미비아(Namibia). [수도는 '温得和克(빈트후크 : Windhoek)' 임]

【纳米材料】**nàmǐ cáiliào** [명] 나노 재료. [직경 1~50나노미터의 극소 미립자로 이루어진 고체 재료임. 고도의 강도·신축성·비열·열팽창률·전도율을 지녀 전자파 흡수력이 매우 강함]

【纳米技术】**nàmǐ jìshù** [명] 나노 기술. [나노미터(0.1~100나노미터) 범위에서 전자·원자·분자 운동의 규율과 특성을 연구하는 기술]

【纳米科学】**nàmǐ kēxué** [명] 나노 과학.

【纳聘】**nà‖pìn** [동][옛] 약혼 때 신랑측이 신부측에 예물을 주다.

【纳妾】**nàqiè** [동][옛] 첩을 들이다.

【纳入】**nàrù** [동] 집어넣다. 포함시키다. 올려놓다. 들어서다. (궤도에) 오르다〔올리다〕. [주로 추상적인 사물에 쓰임] ¶~正轨=정상적인 궤도에 올리다〔오르다〕.

【纳纱】**nàshā** [명] 쁘띠 뿌엥. [자수 공예의 일종] [영] petit point

【纳税】**nà‖shuì** [동] 세금을 납부하다. ¶依法~=법에 따라 세금을 납부하다. ≒上税

【纳税人】**nàshuìrén** [명]《法》 납세자. =【纳税主体】**nàshuì zhǔtǐ**【纳税义务人】**nàshuì yìwùrén**

【纳税义务人】**nàshuì yìwùrén** ☞【纳税人】**nàshuìrén**

【纳税主体】**nàshuì zhǔtǐ** ☞【纳税人】**nàshuìrén**

【纳西族】**Nàxīzú** [명] 나시족. 납서족. [중국 소수 민족의 하나로, 윈난(云南)성과 쓰촨(四川)성 등지에 분포함]

【纳降】**nàxiáng** [동] 적의 투항을 받아들이다. 항복을 수락하다. ≒招降 受降

【纳新】**nàxīn** [동][문] **1** 신선한 공기를 마시다. **2** 새로운 구성원이나 성분을 흡수하다〔받아들이다〕.

## 肭 **nà** 살찔 눌

☞【腽肭】**wànà**

## 钠[鈉] **nà** 나트륨 납

명외(化) 소듐. 나트륨(Na, sodium). [원자 번호 11]

○● 硝xiāo酸钠

【钠玻璃】nàbō·li 명 소다석회유리.
【钠灯】nàdēng 명 나트륨 램프(natrium lamp). 나트륨등(燈).
【钠原子】nàyuánzǐ 명 나트륨 원자.

## 衲 nà 기울 납

동 1 꿰매다. 깁다. ¶百~衣=누더기 옷. 2 '纳(nà)'와 같음. 명 1 승복(僧服). 2 승려의 자칭. ¶老~=노납. 노승.

## *娜 nà 사람 이름 나

인명에 쓰이는 글자.
☞ nuó

## 捺 nà 누를 날

동 1 (손으로) 누르다. ¶~手印=손도장을 찍다. 2 억제하다. 참다. 억누르다. ¶按~不住满腔的怒气。=가슴 가득 치밀어오르는 노여움을 억누를 수가 없다. 명 (~儿)(言) 파임(\). [왼쪽 위에서 오른쪽 아래로 삐쳐 내려가는 한자 필획의 하나]
【捺不住】nà·buzhù 동 억누를 수 없다. 참기 어렵다. ¶~心头的怒火。=마음속의 화를 억누를 수 없다.

## *哪 ·na 어기사 나

조 어기조사. ['啊(a)'가 앞 글자의 운미(韻尾) 'n'의 영향을 받아 음이 변하여 채택한 글자임] ¶你要多留神~!=너는 정신을 잘 차려야 해.
☞ nǎ, nǎi, né, něi

# nai

## **乃[(迺·廼)] nǎi 이에 내

동문 …이다. 바로 …이다. 정말이지 …이다. ¶失败~成功之母。=실패는 성공의 어머니이다. 대문 너. 당신. 너의. 당신의. ¶~父=너의 아버지. 부문 1 이에. 그래서. 이리하여. 그리하여. ¶因时间仓促，~作罢。=시간이 급박하여서 그만두었다. 2 비로소. 단지 …이어야만. ¶唯努力~能成功。=노력해야 비로소 성공할 수 있다.

○● 无乃, 木乃伊

【乃尔】nǎi'ěr 조문 이와 같이. 이처럼. ¶何其相似~!=어쩌 이처럼 비슷한가!
【乃是】nǎishì 동 1 곧 …이다. 바로(곧) …이다. ¶此物~传家之宝。=이 물건은 바로 집안에 대대로 전해 오는 가보(家寶)이다. 2 원래〔본래〕…이다. ¶本以为是真迹，细加考究，~赝品。=본래 진품이라 여겼는데, 자세히 살펴보니 원래 모조품이었구나.

【乃翁】nǎiwēng 명 1 너〔당신〕의 아버지. 너의 어르신. 2 네 아버지. 니 애비. [아버지의 자식에 대한 자칭임] ¶王师北定中原日，家祭无忘告~。=조정의 군사가 북으로 중원을 평정하는 날, 제사 때 애비에게 알리는 것을 잊지 마라.

【乃者】nǎizhě 부문 지난번에. 전번에. 얼마 전에. 일전에. [주로 비교적 가까운 과거를 가리킴] ¶~竟有不逞之徒，铤而走险。=일전에 뜻밖에 불량배들이 궁지에 몰려 이판사판으로 행동하는 일이 있었다.

【乃至】nǎizhì 접 더 나아가서. 심지어. =【乃至于】nǎizhìyú ¶九寨沟是全国~全世界闻名的旅游胜地。=주자이거우는 전국, 더 나아가서 전세계적으로 이름난 관광지이다.
【乃至于】nǎizhìyú ☞【乃至】nǎizhì

## 艿 nǎi 토란 내

☞【芋艿】yùnǎi

## **奶[(嬭·妳)] nǎi 젖 내

명 1 유방. 젖. ¶真丝~罩=실크 브래지어. 2 젖. ¶喂~=젖을 먹이다. / 牛~=우유. 동문 (자기의) 젖을 먹이다. ¶~孩子=아이에게 젖을 먹이다. 형 유아기의. ¶他的~名叫小毛。=그의 아명〔유명〕은 샤오마오이다.

○● 催cuī奶, 断奶, 下奶, 漾yàng奶, 酸牛奶

【奶白】nǎibái 형 유백색의. 우윳빛의.
【奶茶】nǎichá 명 밀크 티(milk tea).
【奶畜】nǎichù 명 젖먹이가 가축. 새끼 가축.
【奶疮】nǎichuāng 명【乳腺炎】rǔxiànyán
【奶豆腐】nǎidòu·fu 명 소나 양 등의 젖을 치즈처럼 응고시켜 만든 식품. [주로 몽골족이 즐겨 먹음]
【奶粉】nǎifěn 명 분유(粉乳).
【奶糕】nǎigāo 명 나이가오. 분유를 넣어 만든 쌀떡. [쌀가루에 콩가루·분유·설탕·칼슘·비타민 등을 첨가하여 만든 유아 식품]
【奶公】nǎigōng 명문 유모(乳母)의 남편.
【奶孩儿】nǎiháir 명 유아(乳兒). 젖먹이. 어린 아기.
【奶积】nǎijī 명(醫) 젖먹이의 소화불량〔체기〕.
【奶酒】nǎijiǔ 명 젖술. [소나 말의 젖을 발효시켜 만든 몽고술] =【奶子酒】nǎi·zijiǔ
【奶酪】nǎilào 명 치즈. 유락(乳酪).
【奶妈】nǎimā 명문 유모(乳母).
【奶毛】nǎimáo (~儿) 명 배냇머리. 태발(胎髮).
【奶名】nǎimíng (~儿) ☞【小名】xiǎomíng
【奶奶】nǎi·nai 명 1 구 할머니. [자기 할머니를 가리킴] 2 구 할머니. [할머니 연배나 항렬의 부녀자에 대한 존칭] ¶王~是一个热心人。=왕씨 할머니는 친절한 사람이다. 3 문 작은마님. [하인들이 주인 아들의 아내를 이르는 말] 며느님. [남의 며느리에 대한 존칭]
【奶娘】nǎiniáng 명문 유모(乳母).
【奶牛】nǎiniú ☞【乳牛】rǔniú
【奶皮】nǎipí (~儿) 명 데운 우유나 양젖 표면에

【奶品】**năipǐn** 생기는 엷은 막.
【奶瓶】**năipíng** 몡 젖병. 우유병.
【奶脯】**năipú** 몡 돼지 갈빗대 아래 복부의 살. =【下五花】**xiàwǔhuā**
【奶声奶气】**năishēng-năiqì** 성 목소리나 억양이 어린아이 티가 나다.
【奶食】**năishí** 몡 유제품(乳製品). =【奶品】**năipǐn**
【奶水】**năishuǐ** 몡〔구〕젖.
【奶糖】**năitáng** 몡 버터사탕. 버터캔디. 태피(toffee). [버터를 섞어서 만든 사탕]
【奶头】**năitóu**(~儿) 몡 1 ☞【乳头】**rǔtóu** 2 (우유병의) 젖꼭지.
【奶腥】**năixīng** 몡 젖비린내 나는. ¶一股子~味儿=가득 풍기는 젖비린내.
【奶牙】**năiyá** ☞【乳牙】**rǔyá**
【奶羊】**năiyáng** 몡 젖양.
【奶油】**năiyóu** 몡 버터. 크림.
【奶油小生】**năiyóu xiǎoshēng** 몡 1 얼굴은 준수하나 남성미가 부족한 남자 배우나 그가 맡은 남자 청년 역. 2 얼굴은 준수하나 남성미가 부족한 청년.
【奶罩】**năizhào** ☞【乳罩】**rǔzhào**
【奶汁】**năizhī** 몡 젖.
【奶制品】**năizhìpǐn** 몡 유제품(乳製品).
【奶猪】**năizhū** 몡 새끼돼지.
【奶子】**năi·zi** 몡 1 젖. [우유·양젖의 총칭] 2〔구〕유방(乳房). 젖. 3〔구〕유모(乳母).
【奶子酒】**năi·zijiǔ** ☞【奶酒】**năijiǔ**
【奶嘴】**năizuǐ**(~儿) 몡 (우유병의) 젖꼭지.

## 氖 **năi** 네온 내
몡〔외〕〔化〕네온(Ne, neon). [원자 번호 10]
【氖灯】**năidēng** 몡 네온등.
【氖管】**năiguǎn** 몡 네온관.
【氖气】**năiqì** '氖(네온)'의 통칭.

## 迺 **Năi** 성씨 내
몡 성(姓).

## 哪 **năi** 어느 나
대〔방〕'哪(**nă**)'와 같음. [주로 뒤에 양사나 수량사가 올 때 쓰임]
☞ **nă**, **·na**, **né**, **něi**

## 倷 **năi** 너 니
대〔방〕너. 당신. ¶~到底有啥事? =너 도대체 무슨 일이 있니?

## *奈 **nài** 어찌 내
동 1〔문〕상대하다. 처리하다. 처치하다. 다루다. 대응하다. ¶~他不得. =그를 어떻게 할 수가 없다. 2〔문〕어찌하겠나. 어쩔 수가 없다. 어쩔 도리가 없다. ¶待要回去, ~事未毕. =돌아가려고 해도, 아직 일이 끝나지 않았는데 어찌하겠나? 3 어찌하다. 어떻게 하다. ¶无~=어찌할

수 없다. / 怎~=어찌하랴?
【奈何】**nài‖hé** 대〔문〕어떻게 …한가? 왜? [반어에 쓰임] ¶民不畏死, ~以死惧之. =백성이 죽음을 두려워하지 않는데, 어찌 죽음으로 그들을 겁줄 수 있겠는가? 동〔문〕 1 어찌하다. 어떻게 하다. [반어에 쓰임] ¶无可~=어찌할 수가 없다. 2 …을〔를〕어찌하겠는가. [중간에 대명사를 넣음] ¶任你怎么说, 他就是不听, 你又奈他何! =자네들 어떻게 말하든 그 사람은 듣지 않으니, 자녠들 어찌하겠나?

## 佴 **Nài** 성씨 내
몡 성(姓).
☞ **èr**

## 柰 **nài** 능금나무 내
몡〔植〕능금.
【柰子】**nài·zi** 몡〔植〕1 능금나무. 2 능금.

## *耐 **nài** 견딜 내
동 1 참다. 버티다. ¶忍~=참다. 인내하다. / 难~=참기 힘들다. 2 견뎌 내다. 감당하다. 감내하다. 이겨 내다. ¶吃苦一劳=고달픔을 참고 힘든 일을 견디다. 고통과 괴로움을 참고 견디다. / 仙人掌很耐旱。=선인장은 가뭄에 잘 견딘다. 몡 재주. 능력. 재간. 재능. ¶能~=능력. 재능.

○━ 能耐, ⇨ **pǒ**耐, 忍**rěn**耐

【耐饱】**nàibăo** 혱 (배가 쉽게 꺼지지 않고) 든든하다. ¶吃煎饼比吃馒头~。=젠빙〔전병〕을 먹는 것이 만터우를 먹는 것보다 배가 든든하다.
【耐穿】**nàichuān** 혱 (옷이나 신발 등이) 질겨서 오래 입다〔신다〕. 질기다. 오래가다. ¶皮鞋比布鞋~。=가죽 구두가 운동화보다 질기다.
【耐烦】**nàifán** 혱 번거로움을 참다〔견디다〕. 인내하다. 잘 참다. [주로 부정형으로 쓰임] ¶她唠叨个没完, 听得人都不~了。=그녀가 끊임없이 잔소리를 해대니, 듣는 사람이 견딜 수 없다.
【耐寒】**nàihán** 혱 추위에 강하다. 내한성이 있다. 내한의. ¶~作物=내한(耐寒) 농작물.
【耐旱】**nàihàn** 혱 가뭄에 견디다. 내한(耐旱)의. ¶~植物=내한성(耐旱性) 식물.
【耐火】**nàihuǒ** 혱 불에 강하다. 내화성이 있다. 내화의. ¶~涂料=내화(성이 강한) 도료(塗料).
【耐火材料】**nàihuǒ cáiliào** 몡 내화 재료.
【耐火砖】**nàihuǒzhuān** 몡 내화 벽돌.
【耐饥】**nàijī** 동 배고픔을 참고 견디다. ¶骆驼~能力很强。=낙타는 배고픔을 참고 견디는 능력이 매우 강하다. 혱 (배가 쉽게 꺼지지 않고) 든든하다. ¶吃馒头比吃白米饭~。=만터우를 먹는 것이 밥을 먹는 것보다 배가 든든하다.
【耐久】**nàijiǔ** 혱 오래 쓸 수 있다. 내구성〔내구력〕이 있다. 오래가다. ¶不锈钢餐具很~, 不容易损坏。=스테인리스 식기는 내구성이 있어서 쉽게 망가지지 않는다.
【耐看】**nàikàn** 혱 (경치나 예술 작품 등을) 아무리 보아도 싫증이 나지 않다. 계속 혹은 여러 차

례 볼 만하다. ¶这些山水画简朴生动,很~。= 이 산수화들은 소박하면서도 생동감이 있어서 아무리 보아도 싫증이 나지 않는다.

【耐劳】nài‖láo 〖형〗노고를〔고생을〕견디다. 힘든 것을 견디다. 괴로움을 참다. ¶吃苦~=고달픔을 참고 힘든 일을 견디다. 고통과 괴로움을 참고 견디다.

【耐力】nàilì 〖명〗지구력(持久力). 내구력(耐久力). 인내력(忍耐力). ¶马拉松赛跑需要体力, 更需要~。=마라톤 경기는 체력을 필요로 할 뿐만 아니라, 더욱이 지구력을 필요로 한다.

【耐磨】nàimó 〖형〗마모에 견디다〔강하다〕. 내마모성(耐磨耗性)이 있다. ¶这种地砖比较~。= 이런 바닥 벽돌은 잘 마모되지 않는다.

【耐热】nàirè 〖형〗고온에 견디다〔강하다〕. 내열성이 있다〔강하다〕. ¶~细菌=내열 세균. [고온에 죽지 않는 세균]

【耐热合金】nàirè héjīn 〖명〗내열 합금. =【高温合金】gāowēn héjīn.

【耐人寻味】nàirénxúnwèi 〖성〗(의미심장하여) 자세히 음미할 가치가 있다. 곰곰이 새겨볼 만하다. 맛을 보면 볼수록 맛이 난다.

【耐蚀】nàishí 〖형〗부식에 강하다. 내식성이 있다. ¶~合金=내식성 있는 합금.

【耐水】nàishuǐ 〖형〗내수성이 강하다. 물에 강하다. 물에 견디다. ¶~作物=(물에 잘 견디는) 내수 농작물.

【耐酸】nàisuān 〖형〗산(酸)에 견디다〔강하다〕. 내산성이 있다. ¶~材料=내산성 재료.

【耐心】nàixīn 〖형〗참을성이 있다. 인내심이 강하다. 인내성이 있다. ¶对有不良行为的孩子要~地教育。=행동이 불량한 아이는 인내심을 가지고 교육시켜야 한다. 〖명〗인내심. 인내성. 참을성. ¶没有~是做不成事情的。= 인내심이 없으면 일을 이룰 수 없다. ↔急躁 性急

【耐性】nàixìng 〖명〗참을성. 인내심. 인내성. ¶他讲的全是些陈词滥调,谁都没~听下去。= 그가 얘기하는 것은 전부 케케묵은 말들이라서, 인내심을 가지고 계속 들어 줄 사람이 아무도 없다.

【耐用】nàiyòng 〖형〗오래 쓸 수 있다. 질기다. 오래가다. 쉽게 망가지지 않다. ¶经久~=오래 쓸 수 있다.

【耐脏】nàizāng 〖형〗쉽게 더러워지지 않다. 더러움을 잘 타지 않다. ¶深色衣服比浅色衣服要~一些。=짙은 색 옷은 옅은 색 옷보다 더러움을 좀 덜 탄다.

【耐战】nàizhàn 〖형〗장기전에 강하다. 장기전에 잘 견디다. ¶这支部队非常~。= 이 부대는 장기전에 매우 강하다.

**萘** nài 나프탈렌 내

〖명〗원(化) 나프탈렌(naphthalene). [화학식은 $C_{10}H_8$]

【萘酚】nàifēn 〖명〗원(化) 나프톨(naphthol).

【萘乙酸】nàiyǐsuān 〖명〗원(农) 나프탈렌초산. [방충제로 쓰임]

【萘油】nàiyóu 〖명〗나프탈렌 오일(naphthalene oil).

**鼐** nài 가마솥 내

〖명〗〖문〗큰 세발솥.

**㑊** nài 어리석을 내

【㑊㑊】nàidài 〖형〗〖문〗세상물정〔사리〕에 어둡다. ¶~子=세상물정에 어두운 사람.

## nan

**囡** nān 아이 님

〖명〗〖방〗1 아이. 어린이. ¶小~=어린아이. 2 딸. ¶她生了一个~儿。=그녀는 딸을 하나 낳았다.

【囡囡】nānnān 〖명〗귀염둥이. [어린아이에 대한 친밀감을 나타내는 칭호]

**囝** nān 아이 건

〖명〗'囡(nān)'과 같음.
☞jiǎn

**男** nán 사내 남

〖형〗남자의. 남성의. ¶前面走着一位~士和两位女士。=앞에 남자 한 분과 여자 두 분이 걸어가고 있다. 〖명〗1 남자. 사내. 남성. ¶~耕女织=남자는 농사짓고 여자는 베를 짜다. / 一~一女=일남일녀. 2 아들. ¶生~育女=아들딸을 낳아 기르다. 3 남작. [옛날, 봉건 제도 5등급의 작위 중 다섯 번째] ¶公、侯、伯、子、~=공(작)·후(작)·백(작)·자(작)·남(작). 4 (Nán) 성(姓). ↔女

【男扮女装】nánbàn-nǚzhuāng 〖성〗남자가 여자로 분장하다.

【男宾】nánbīn 〖명〗남자 손님. [주로 비교적 격식을 갖춘 장소에서 씀]=【男客】nánkè.

【男傧相】nánbīnxiàng 〖명〗신랑의 들러리.

【男厕】náncè ☞【男厕所】

【男厕所】náncèsuǒ 〖명〗1 남자 화장실〔변소〕. 2 남자 화장실〔변소〕 표지. =【男厕】náncè

【男大当婚, 女大当嫁】nán dà dāng hūn, nǚ dà dāng jià 〖속〗남자는 자라면 장가들어야 하고, 여자는 자라면 시집 가야 한다.

【男单】nándān 〖명〗〖체〗(구기 종목의) 남자 단식(남자 단식). ¶乒乓球~决赛=탁구 남자 단식 결승전.

【男盗女娼】nándào-nǚchāng 〖성〗1 남자는 도적질하고 여자는 매춘한다. 2 남녀 모두 나쁜 짓을 하다. 3 〖비〗사상이나 행위가 매우 비열하고 저질적이다.

【男低音】nándīyīn 〖명〗〖음〗베이스.

【男丁】nándīng 〖명〗성년의 젊은 남자. 장정(壯丁). 남자.

【男儿】nán'ér 〖명〗남자. 남아. 사나이. 대장부. ¶好~志在四方。=사내 대장부는 뜻을 사방〔천하〕에 둔다.

【男方】 nánfāng 〈名〉 (혼인시의) 신랑측. ↔女方
【男高音】 nángāoyīn 〈名〉(音) 테너.
【男孩儿】 nánháir 〈名〉 1 사내아이. 2 남자 청소년. 3 아들. ¶夫妻俩就这一个~。=부부에게는 단지 이 아들 하나뿐이다. =【男孩子】 nánhái·zi
【男孩子】 nánhái·zi ☞【男孩儿】 nánháir
【男欢女爱】 nánhuān-nǚ'ài 〈成〉 남녀가 서로 사이좋게 사랑하다.
【男婚女嫁】 nánhūn-nǚjià 〈成〉 1 남녀가 결혼하여 가정을 이루다. 2 남녀가 결혼하는 것은 인생에서 지극히 정상적인 일이다.
【男家】 nánjiā 〈名〉 (혼인시의) 신랑측. 신랑집.
【男角】 nánjué 〈名〉 남자 배우.
【男爵】 nánjué 〈名〉 1 남작. [옛날, 봉건 국가에서 5등급의 작위 중 다섯 번째] 2 (기타 군주 국가의) 남작.
【男科】 nánkē 〈名〉(醫) 남성 비뇨기과.
【男客】 nánkè ☞【男宾】 nánbīn
【男篮】 nánlán 〈名〉약(體) 1 男子篮球队 (남자 농구 팀). 2 男子篮球运动 (남자 농구).
【男模】 nánmó 〈名〉 남자 모델.
【男男女女】 nánnán-nǚnǚ 〈숙〉 많은 남자와 여자. 많은 남녀의 무리. ¶大街上, ~个个喜气洋洋。=거리에 있는 남녀들은 저마다 기쁨에 넘쳐 있다.
【男女】 nánnǚ 〈名〉 1 남녀. 남성과 여성. 남자와 여자. ¶~青年=청춘 남녀. 2〈方〉 아들딸. ¶她生养了两个~。=그녀는 아들딸 둘을 낳아 길렀다. 3 연놈. [주로 조기 백화문에 보임] ¶狗~=개 같은 연놈(들).
【男女关系】 nánnǚ guānxì 〈名〉 1 남녀 관계. 2 부부 사이가 아닌 남녀의 성관계.
【男女老少】 nánnǚ lǎoshào 〈名〉 (한 집단의) 남녀노소. 모든 사람.
【男女平等】 nánnǚ píngděng 〈名〉 남녀 평등.
【男女有别】 nánnǚ yǒubié 〈名〉 1〈成〉 남녀유별. [봉건 예법에서 규정한, 남녀는 구별이 있다는 관념] 2 남녀유별. [현재는 주로 남녀는 생리 조건이 다르므로 노동이나 경우에 따라 구분되어야 할 필요가 있음을 가리킴]
【男排】 nánpái 〈名〉약(體) 1 男子排球队 (남자 배구 팀). 2 男子排球运动 (남자 배구).
【男朋友】 nánpéng·you 〈名〉 1 남자 친구. 2 (여성의) 남자 애인.
【男仆】 nánpú 〈名〉 남자 하인. 남자 종(僕).
【男人】 nánrén 〈名〉 (성년) 남자. 남성. ↔女人
【男人】 nán·ren 〈名〉〈口〉 남편. ¶她~刚从外地出差回来。=그녀의 남편은 외지에 출장 갔다가 방금 전에 돌아왔다.
【男人家】 nánrén·jia 〈名〉 남자. [여성과의 구분을 강조함] ¶你一个~, 怎么跟女的计较？=너는 남자가 되어 가지고 어떻게 여자하고 승강이를 하냐？
【男生】 nánshēng 〈名〉 남학생. ↔女生
【男声】 nánshēng 〈名〉(音) 남성(男聲). 남성부 (男聲部). [반주가 맡는 테너 · 바리톤 · 베이스 따위] ¶~小合唱=남성 합창. ↔女声
【男士】 nánshì 〈名〉 남성분. 신사. [성년 남자에 대한 존칭. 주로 공식적인 장소에서 쓰임] ↔女士
【男式】 nánshì 〈形〉 남성 스타일의. 남자 양식의. ¶~西服=남성 양복.
【男双】 nánshuāng 〈名〉약(體) (구기 종목의) 男子双打 (남자 복식).
【男童】 nántóng 〈名〉 사내아이. 소년.
【男团】 nántuán 〈名〉약(體) (일부 운동 종목의) 男子团体 (남자 단체).
【男性】 nánxìng 〈形〉 남성의. 남자의. 〈名〉 남자. 남성. ↔女性
【男性病】 nánxìngbìng 〈名〉(醫) 남성병. [일종의 성징 발달 장애]
【男婴】 nányīng 〈名〉 남자 아기. 사내아기.
【男佣】 nányōng 〈名〉 남자 하인(일꾼).
【男友】 nányǒu 〈名〉 남자 친구. (여성의) 남자 애인(연인).
【男中音】 nánzhōngyīn 〈名〉(音) 바리톤.
【男装】 nánzhuāng 〈名〉 1 남성복. 남성 의복. 2 남장. 남자 복장. 남자 분장. ¶女扮~=여자가 남장을 하다.
【男子】 nánzǐ 〈名〉 1 성년 남자. 남자 어른. 2 남자. 남성.
【男子汉】 nánzǐhàn 〈名〉 남자. 사나이. 사내 대장부. ¶男人就要有~的胆识。=남자는 사나이다운 담력과 식견이 있어야 한다.
【男足】 nánzú 〈名〉약(體) 1 男子足球队 (남자 축구 팀). 2 男子足球运动 (남자 축구).
【男尊女卑】 nánzūn-nǚbēi 〈成〉 남존여비. 남자를 존귀하게 여자를 비천하게 여기다.

## **南** nán 남녘 남

〈名〉 1 남. 남쪽. ¶山~=산의 남쪽. / 坐北朝~=북쪽에 자리잡고 남쪽을 향하다. 남향의. 2 남방 지역. 남쪽 지방. 남부 지구. ¶走~闯北=각 지역을 돌아다니다. 편력하다. 3 남방. [중국의 창장(长江) 유역과 그 남쪽 지역] ¶~味糕点=(중국) 남방 스타일의 과자. 4 (Nán) 성(姓). ↔北
☞ nā

○ 南 nán
蝻 nán
楠 nán
喃 nán
腩 nǎn

○● 东南, 淮Huái南, 江南, 岭Lǐng南, 司南, 西南, 指zhǐ南

【南半球】 nánbànqiú 〈名〉(地) 남반구.
【南梆子】 nánbāng·zi 〈名〉(劇) 남방자. [경극의 곡조인 '西皮(xīpí)'의 일종]
【南北】 nánběi 〈名〉 1 남북. 남쪽과 북쪽. 남방과 북방. ¶这条铁路贯通~。=이 철로는 남북을 관통한다. 2 남북의 거리. ¶这个湖~有七八公里。=이 호수는 남북으로 7~8킬로미터가 된다.
【南北朝】 Nán-Běi Cháo 〈歷〉 남북조. [남조(南朝, 420~589년)인 송(宋) · 제(齊) · 양(梁) · 진(陳) 네 왕조와 북조(北朝, 386~581년)인 북위(北魏), 후에 동위(東魏)와 서위(西魏)로 나뉨) · 북제(北齊) · 북주(北周)의 합칭]

【南北对话】**nánběi duìhuà** [명] 남북 회담〔협상〕. [남반구의 개발 도상국과 북반구의 선진국 사이의 정치·경제적 협상]
【南北宗】**nán běi zōng** [명] (산수화가의 양대 유파인) 남종(南宗)과 북종(北宗). [남종은 당(唐)대 왕유(王維)를, 북종은 당(唐)대 이사훈(李思訓)을 대표로 함]
【南边】**nán·bian** [명] **1** (～儿) 남쪽. **2** [구] 남방 지역. 남쪽 지방. 남부 지구. **3** [구] 남방. [중국의 창장(长江) 유역과 그 남쪽 지역] ↔北边
【南部】**nánbù** [명] (어떤 지역의) 남부. ¶中国～省市＝중국 남부의 성(省)과 도시.
【南侧】**náncè** [명] 남쪽. 남측.
【南昌】**Nánchāng** [명]《地》 난창. 남창. [장시(江西)성의 성도]
【南昌起义】**Nánchāng Qǐyì** ☞【八一南昌起义】**Bā-Yī Nánchāng Qǐyì**
【南朝】**Nán Cháo** [명]《歷》 남조. [420～589년 남북조(南北朝) 시기의 송(宋)·제(齊)·양(梁)·진(陳) 네 왕조의 합칭]
【南大】**Nán Dà** ☞【南京大学】**Nánjīng Dàxué**
【南斗】**nándǒu** [명]《天》 남두. 남두육성(南斗六星). [28개 별자리 중의 하나. 모두 여섯 개의 별로, 국자 모양을 닮은 데서 유래한 이름임]
【南豆腐】**nándòu·fu** [명] 연두부. ＝【嫩豆腐】**nèndòu·fu**
【南方】**nánfāng** [명] **1** 남쪽. 남방. **2** 남방 지역. 남쪽 지방. 남부 지구. ¶釜山是韩国～的港口城市。＝부산은 한국 남부 지방의 항구 도시이다. **3** 남방. [중국의 창장(长江) 유역과 그 남쪽 지역] ¶他生在北方, 长在～。＝그는 북방에서 태어나서 남방에서 자랐다. ↔北方
【南方古猿】**nánfānggǔyuán** [명] 오스트랄로피테쿠스(Australopithecus).
【南非】**Nánfēi** [명]《地》 **1** 아프리카의 남부 지역. **2** [약] 南非共和国(남아프리카 공화국).
【南非共和国】**Nánfēi Gònghéguó** [명][외]《地》 남아프리카 공화국(South Africa). [수도는 '比勒陀利亚(프레토리아 : Pretoria)' 임]
【南风】**nánfēng** [명] 남풍. 남쪽에서 부는 바람.
【南宫】**Nángōng** [명] 복성(複姓).
【南瓜】**nánguā** [명]《植》 호박. [방]【倭瓜】**wōguā**【老倭瓜】**lǎowōguā**【北瓜】**běiguā**【番瓜】**fānguā**
【南瓜子】[南瓜籽] **nánguāzǐ** [명]《植》 호박씨.
【南瓜籽】**nánguāzǐ** ☞【南瓜子】**nánguāzǐ**
【南管】**nánguǎn** ☞【南音】**nányīn**
【南国】**nánguó** [명][문] 남국(南國). 중국의 남부 지방. ¶～风光＝남국 풍광. ↔北国
【南海】**Nánhǎi** [명]《地》 남해. 중국의 남부 근해. 남지나해(南支那海). ¶～舰队＝남해함대.
【南寒带】**nánhándài** [명]《地》 남한대. [지구의 남반구에 있는 한대 지역]
【南胡】**nánhú** [명]《音》 이호(二胡). 남호. [호금(胡琴)의 일종으로 현이 두 줄임. 처음에 중국 남방에서 유행하여 유래한 이름임]
【南回归线】**nánhuíguīxiàn** [명]《地》 남회귀선.
【南货】**nánhuò** [명] 남방 물산. 남방 진미. [주로 남방의 식품을 가리킴] ↔北货
【南极】**nánjí** [명] **1**《地》 남극. **2**《物》 (자석의) 남극. 에스〔S〕극. ↔北极
【南极光】**nánjíguāng** [명]《天》 남극광.
【南极老人星】**nánjí lǎorénxīng** ☞【老人星】**lǎorénxīng**
【南极圈】**nánjíquān** [명]《地》 남극권.
【南极洲】**Nánjízhōu** [명]《地》 남극주. 남극 대륙. 남극 지방.
【南疆】**nánjiāng** [명] **1** (중국의) 남방. **2** (중국의) 남쪽 변방 지역. **3**《地》 중국 신장(新疆)의 남부 지역.
【南京】**Nánjīng** [명]《地》 난징. 남경. [장쑤(江苏)성의 성도]
【南京大学】**Nánjīng Dàxué** [명] 남경〔난징〕대학. [약]【南大】**Nán Dà**
【南柯一梦】**nánkē-yīmèng** [성] **1** 남가일몽. **2** 일장춘몽. 한바탕의 헛된 꿈. **3** [비] 꿈같이 헛된 한때의 부귀영화나 기쁨.
【南来北往】**nánlái-běiwǎng** [성] 오가는 사람이 매우 많다.
【南麓】**nánlù** [명] 남록. 남쪽 기슭.
【南美洲】**Nánměizhōu** [명][약]《地》 南亚美利加洲(남아메리카).
【南面】**nánmiàn** [동][문] 남면하다. 얼굴을 남쪽으로 향하다. ¶～为王＝남면하여 왕이 되다. [명] (～儿) 남쪽.
【南南合作】**Nán-Nán hézuò** [명] 개발 도상국 간의 협력. [개발 도상국이 대부분 남반구에 위치하여 유래한 이름임]
【南宁】**Nánníng** [명]《地》 난닝. [광시 장족(壯族) 자치구의 정부 소재지]
【南欧】**Nán·Ōu** [명]《地》 남부 유럽. ↔北欧
【南齐】**Nán Qí** [명]《歷》 남제(南齊). [479～502년에 있었던 남조(南朝)의 하나. 소도성(蕭道成)이 세움]
【南腔北调】**nánqiāng-běidiào** [성] **1** 중국 전통극에서 남북 간의 서로 다른 곡조(曲調). **2** 남북 각지 방언의 말투. **3** 말하는 사람의 발음이 정확하지 않다. 각지 방언을 하는 사람이 다 모여 있다.
【南曲】**nánqǔ** [명] **1**《音》 남곡(南曲). [송(宋)·원(元)·명(明)대에 남방에서 유행한 전통극과 산곡(散曲)에 쓰인 각종 곡조의 총칭] **2**《劇》 남곡(南曲)으로 노래하는 각종 중국 전통극. **3** ☞【南音】**nányīn** ↔北曲
【南拳】**nánquán** [명]《體》 (중국 무술에서) 남권.
【南沙群岛】**Nánshā Qúndǎo** [명]《地》 난사 군도. [하이난(海南)성에 분포한 군도 이름]
【南沙参】**nánshāshēn** [명]《植》 사삼. 더덕.
【南式】**nánshì** [형] 남방식의. 남방 양식의. [북방 사람들이 남방의 수공예품이나 식품의 양식·제조법을 이르는 말] ¶～糕点＝남방식의 과자.
【南水北调】**nánshuǐ běidiào** [명] 남쪽의 물을 북쪽으로 돌리려는 계획. [창장(长江)의 물을 수

자원이 부족한 화베이(华北) 지역으로 끌어들여 물 부족 현상을 극복하려는 계획]

【南斯拉夫】**Nánsīlāfū** 명②(地) 유고슬라비아(Yugoslavia). [수도는 '贝尔格莱德(베오그라드 : Beograd)' 임]

【南宋】**Nán Sòng** 명(歷) 남송. [1127~1279년. 북송(北宋)이 멸망 후, 고종(高宗) 건염(建炎) 원년부터 원(元)에게 망할 때까지 조대를 가리킴. 수도는 임안(臨安), 즉 지금의 항저우(杭州)였음]

【南糖】**nántáng** 명 (중국) 남방식 사탕. 남방에서 생산되는 단 식품.

【南头】**nántóu**(~儿) 명 남단(南端). 남쪽 끝. ¶村子~有一口水井. =마을 남단에 우물이 하나 있다.

【南纬】**nánwěi** 명(地) 남위.

【南味】**nánwèi**(~儿) 명 남방 풍미(風味). 남방의 맛. ¶~小吃=남방 풍미의 간단한 먹거리.

【南温带】**nánwēndài** 명(地) 남온대.

【南戏】**nánxì** 명(劇) 남희. [중국 전통극의 하나. 송대(南宋) 초기 저장(浙江)과 원저우(溫州) 일대에서 형성되었으며, 곡조는 남곡(南曲)을 사용함] =【戏文】**xìwén**

【南下】**nánxià** 통 남하하다. 남쪽으로 내려가다. ¶从北京~深圳. =베이징에서 선전으로 남하하다.

【南星】**nánxīng** ☞【天南星】**tiānnánxīng**

【南巡】**nánxún** 명 **1** (천자가) 남방을 순행하다. **2** (행정 수장이나 국민들로부터 존경받는 인물이) 남방을 순시하다.

【南亚】**Nán Yà** 명(地) 남아시아.

【南洋】**Nányáng** 명(地) **1** 남양. [청(淸)말에 장쑤(江苏)성·저장(浙江)성·푸젠(福建)성·광둥(广东)성 연해 지역을 가리켰음] **2**〈옛〉 난양 군도. **3**〈의〉 동남아.

【南音】**nányīn** 명 **1**(音) 남음. 남곡. 남악. [민간 고전 음악의 하나. 현재 푸젠(福建)·타이완(台湾) 및 동남아의 화교 거주지에서 여전히 유행하고 있음] =【南曲】**nánqǔ**【南管】**nánguǎn**

【南乐】**nányuè 2**(藝) 남음. [주장(珠江) 삼각주 일대에서 유행한 설창 예술의 하나. 주로 일곱 글자로 된 창사(唱詞)에 양금·삼현(三絃)·통소·비파 등으로 반주함] **3** 남방 발음[억양·말투]. ¶他的话带着浓重的~. =그의 말은 심한 남방 말투를 띠고 있다.

【南辕北辙】**nányuán-běizhé** 성 **1** 속으로는 남쪽으로 가려 하면서 수레는 도리어 북쪽으로 몰다. **2**(비) 하는 행동과 목적이 상반되다. 늑背道而驰

【南乐】**nányuè** 【南音】**nányīn**

【南岳】**Nányuè** 명(地) 헝산(衡山). 남악. [오악(五嶽) 가운데 남쪽에 있는 산. 후난(湖南)성에 있는 산 이름]

【南针】**nánzhēn** 명 **1** 지남침(指南針). 나침반. **2**(비) 정확한 방향을 식별[판별]하는 의거[준칙]. 지침.

【南征北战】**nánzhēng-běizhàn** 성 남쪽을 정벌하고 북쪽을 토벌하다. 각지를 다니면서 많은 전쟁을 치르다.

【南竹】**nánzhú** ☞【毛竹】**máozhú**

【南字】**nánzì** 명 남자. 쯔놈(字喃). [월남(越南) 사람들이 '육서(六書)'의 원리에 따라 한자의 편방을 사용하여 만든 문자] =【字喃】**zìnán**

【南宗】**nánzōng** 명 **1**(佛) 남종. [혜능(慧能)을 종조(宗祖)로 하는 선종(禪宗)의 한 파] **2**(美) 남종. [당(唐)대의 왕유(王維)를 비조(鼻祖)로 하는 산수화가의 한 파]

**难**[難] **nán** 어려울 난

형 **1** 어렵다. 힘들다. 곤란하다. ¶这事很~办. =이 일은 처리하기가 어렵다. **2** …하기 어렵다[힘들다]. 가능성이 희박하다. ¶谁都~免犯错误. =누구나 다 실수를 범하게 마련이다. **3** 좋지 않다. 나쁘다. 흉하다. ¶他的话太~听了. =그의 말은 너무 듣기 싫다. 통 어렵게[힘들게] 하다. 난처하게[곤란하게] 하다. ¶这道题~不住他. =이 문제로 그를 어렵게 만들지 못한다. ↔易 好

☞ nàn

○● 碍ài难, 烦fán难, 繁fán难, 犯难, 艰jiān难, 两难, 头难, 万难, 为难, 畏wèi难, 作难

【难熬】**nán'áo** 형 (아픔이나 생활 등을) 견디기 어렵다. ¶饥渴~=굶주림과 갈증을 견디기 어렵다.

【难办】**nánbàn** 형 **1** 처리하기 힘들다[까다롭다]. 하기 힘들다. ¶调动工作的事非常~. =인사 이동 업무는 처리하기가 매우 까다롭다. **2** 대응[대처·상대]하기 어렵다. ¶谁也不能得罪, 还真有些~. =누구에게도 미움을 받지 않는다는 것은 정말로 어려운 일이다.

【难保】**nánbǎo** 통 보장[보증]하기 어렵다. 장담하기 어렵다. ¶做事马虎, ~不出错. =일을 대충대충 하면 문제가 생기지 않을 거라고 장담하기 어렵다.

【难缠】**nánchán** 형 상대하기 어렵다. 다루기 어렵다. 성가시다. ¶他这人可真~! =그 사람은 정말 상대하기가 어렵다.

【难产】**nánchǎn** 통 **1**(醫) (분만시) 난산하다. **2**(비) (계획·방안·작품·저작 등이) 쉽게 나오지 않다. 쉽게 완성되지 않다. 탈고가 어렵다. ¶由于双方分歧较大, 合作计划最终~. =양측의 의견 차이가 비교적 커서 협력 계획은 나중에 어려움을 겪게 되었다. ↔顺产

【难成】**nánchéng** 통 쉽게 이루어지지 않다. 쉽게 성공하지 못하다. ¶好事~=좋은 일은 쉽게 이루어지지 않는다.

【难吃】**nánchī** 형 (맛이 좋지 않는 등의 이유로) 먹기 어렵다. 맛이 없다. ¶这个菜很~. =이 음식은 매우 맛이 없다.

【难处】**nánchǔ** 통 함께하기 어렵다. 같이 있기 불편하다. 사귀기[어울리기] 어렵다. ¶他性情古怪, 跟人很~. =그 사람은 성격이 괴팍해서 다른 사람과 잘 어울리지 못한다.

【难处】**nán·chu** 명 곤란. 어려움. 애로. 고충.

¶要是遇到什么~, 你可以来找我。=무슨 어려움이 있으면 나를 찾아오너라.

【难当】**nándāng** 동 **1** 맡기 어렵다. 감당〔충당〕하기 어렵다. 역할을 맡기 어렵다. ¶~重任=중임을 맡기 어렵다. **2** 견디기〔감내하기〕 어렵다. ¶羞愧~=부끄러움을 견디기 어렵다.

【难倒】**nán‖dǎo** 동 괴롭히다. 곤란하게 하다. 쩔쩔매게 하다. 당황하게 하다. ¶这个问题还真把大家~了。=이 문제는 정말 모두를 괴롭혔다.

【难道】**nándào** 부 설마 …란 말인가? 설마 …하겠는가? 설마 …이겠어요? 설마 …는 아니겠지요? [주로 '吗(·ma)·不成(bùchéng)'과 함께 쓰여 반어의 어기를 강조함] ¶~你想否认事实吗?=설마하니 사실을 부인하려는 것은 아니겠지요?

【难得】**nándé** 형 **1** 얻기 어렵다. 하기 쉽지 않다. ¶机会~=기회는 얻기 어렵다. **2** (출현이나 발생이) 오랜만이다. ¶~休一次假, 就彻底放松放松。=모처럼 받은 휴가이니, 확실하게 스트레스를 풀도록 해라.

【难点】**nándiǎn** 명 난점. 어려운 점. 문제점. 곤란. 고충. ¶攻克~=어려운 문제를 해결하다.

【难度】**nándù** 명 (작업이나 기술의) 난이도. 난도. ¶这个体操动作~很大。=이 체조 동작은 난이도가 매우 높다.

【难分难解】**nánfēn-nánjiě** 성 **1** 서로 맞붙어 떨어지지〔양보하지〕 않다. [주로 경쟁·말다툼·싸움 등을 가리킴] **2** (서로 사이가 너무 좋아) 헤어지기〔떨어지기〕 어렵다. =【难解难分】**nánjiě-nánfēn**

【难分难舍】**nánfēn-nánshě** 성 **1** 연연해하면서 헤어지지 못하다. **2** 서로 사이가 좋아 떨어지지 못하다. 차마 떨어지지 못하다. =【难舍难分】**nánshě-nánfēn**

【难怪】**nánguài** 동 …하는 것도 탓할 수 없다. …하는 것도 당연하다. …하는 것을 나무랄 수 없다. …하는 것도 이상할 것 없다. [양해의 뜻이 내포됨] ¶他年纪小, 没多少经验, 有些失误, 也~。=그는 나이가 어리고 경험이 얼마 없어 약간의 실수를 하는 것도 당연하다. 어쩐지. 과연. 그러기에. ¶~家里这么热闹, 原来是来了客人。=어쩐지 집 안이 시끌벅적하다 했는데, 손님이 왔구나.

【难关】**nánguān** 명 **1** 난관. 통과하기 어려운 관문. **2** (극복하기 힘든) 어려움. 난관. ¶渡过~=난관을 극복하다.

【难过】**nánguò** 동 통과하기 어렵다. ¶律师资格考试这一关你是~。=변호사 자격 시험이란 이 관문은 아마도 통과하기 어려울 것이다. 형 **1** 살아가기 어렵다. 고생스럽다. ¶夫妻俩都下岗, 还要供孩子读书, 这日子真~。=부부가 모두 실직했는데 아이를 공부시켜야 하니, 사는 것이 매우 어렵다. **2** 고통스럽다. 괴롭다. 슬프다. 견디기 어렵다. ¶听说母亲病危, 他心里非常~。=어머니가 위독하다는 말을 듣고 그는 마음속으로 못내 슬퍼하였다. ≒伤心 痛苦 ↔好过

【难乎其难】**nánhūqínán** 성 매우 어렵다〔곤란

하다〕.

【难乎其选】**nánhūqíxuǎn** 성 적임자를〔적당한 것을〕 찾기가 매우 어렵다.

【难乎为继】**nánhūwéijì** ☞【难以为继】**nán yǐwéijì**

【难记】**nánjì** 형 기억하기 어렵다. ¶他家的电话号码很~。=그의 집 전화 번호는 기억하기 매우 어렵다. ↔好记

【难解难分】**nánjiě-nánfēn** ☞【难分难解】**nánfēn-nánjiě**

【难堪】**nánkān** 동 **1** 견디기〔참기〕 어렵다. ¶痛苦~=고통을 참기 어렵다. **2** 난감하다. 난처하다. ¶他一时不知该说什么, 显得有点~。=그는 잠시 무슨 말을 해야 할지 몰라서 조금 난처해 보였다.

【难看】**nánkàn** 형 **1** 못생기다. 보기 싫다. 흉하다. 꼴사납다. ¶墙上画得花里胡哨的, 很~。=벽에 그려진 게 너무 화려하지 않고 무척 흉하다. **2** 자랑스럽지 못하다. 떳떳하지 못하다. 체면이 서지 않다. ¶要是输了这场比赛, 面子上会很~。=이 경기에 지게 되면 체면이 매우 말이 아니다. **3** (표정이나 안색이) 좋지 않다. 정상이 아니다. ¶他正在气头上, 脸色很~。=그는 막 화가 치밀어 안색이 아주 좋지 않다. ↔好看

【难免】**nánmiǎn** 동 면하기 어렵다. …하게 마련이다. ¶谁都~有犯错误的时候。=누구라도 잘못을 저지를 때가 있게 마련이다.

【难耐】**nánnài** 형 참을 수 없다. 견디기 어렵다. ¶寂寞~=쓸쓸함을 참기 어렵다.

【难能可贵】**nánnéng-kěguì** 성 쉽지 않은 일을 해내어 대견스럽다. 매우 장하다.

【难念的经】**nánniàn·dejīng** 명 **1** 읽기 어려운 경전. **2** 에 곤란한 일. ¶每家都有本~。=집마다 곤란한 일이 있는 법이다.

【难求】**nánqiú** 형 **1** 부탁하기 어렵다. ¶他不太近情理, 很~。=그는 인정과는 거리가 멀어서 부탁을 하기가 어렵다. **2** 구하기〔찾기〕 어렵다. ¶千军易得, 一将~。= 천 명의 군사는 얻기 쉬워도 훌륭한 장수 하나 구하기는 어렵다.

【难人】**nánrén** 동 사람을 곤란하게〔난처하게·힘들게〕 하다. 애먹이다. ¶你放心, 这些~的事是不会让你去办的。=안심해라, 이런 곤란한 일을 너에게 시키지 않을 것이니까. 명 어려운 일을 처리하는 사람. 애먹는 사람. ¶有事我担着, 决不让你做~。=문제가 생기면 내가 책임지지, 절대 너를 애먹게 하지 않을 거야.

【难容】**nánróng** 동 용납하기 어렵다. 내버려 둘 수 없다. ¶情理~=인정상 용납하기 어렵다.

【难色】**nánsè** 명 난색. 난처한 표정. ¶面有~=얼굴에 난색을 띠다.

【难上加难】**nánshàng-jiānán** 성 **1** 설상가상이다. 엎친 데 덮친 격이다. **2** 에 상황이 지극히 곤란하다.

【难舍难分】**nánshě-nánfēn** ☞【难分难舍】**nánfēn-nánshě**

【难事】**nánshì** 명 난처한〔곤란한·어려운〕 일.

¶你最近是不是遇上了什么~？=너 요즘에 무슨 난처한 일이 생긴 것 아니니?

【难受】**nánshòu** 형 **1** (몸이) 불편하다. 견딜〔참을〕수 없다. 괴롭다. ¶天气闷热, 让人觉得很~。=날씨가 무더워서 사람을 견디기 어렵게 한다. **2** (마음이) 슬프다. (마음이) 아프다. 상심하다. 답답하다. 괴롭다. ¶众人的指责让他很~。=뭇 사람들의 비난은 그를 괴롭게 하였다. ↔舒坦 舒服 好受

【难说】**nánshuō** 동 **1** 말하기 어렵다〔곤란하다〕. 이야기하기 거북하다. ¶有什么想法大胆地说, 这没什么~的!=무슨 견해가 있으면 과감하게 말해라, 말하기 어려울 것이 뭐 있어. **2** 단언하기 어렵다. 말하기 어렵다. 말하기 쉽지 않다. ¶结局究竟会怎样, 现在还很~。=나중에 결과가 어떻게 될지 지금은 아직 단언하기 어렵다.

【难说话】**nánshuōhuà**(~儿) 형 **1** (고집스럽거나 괴팍하여) 말이 잘 통하지 않다. ¶他这人特别固执, 很~。=그 사람은 너무 고집스러워 말이 잘 통하지 않는다. **2** (고지식하거나 원칙을 고수하여) 쉽게 변통하지 않다. 융통성이 없다. ¶我们主任~, 可能不会赞成。=우리 주임은 융통성이 없어서 아마 찬성하지 않을 것이다.

【难逃】**nántáo** 동 벗어나기〔도망치기〕어렵다. ¶~厄运=액운을 피하기 어렵다.

【难题】**nántí** 명 **1** 풀기 어려운 문제. 난제. ¶化学~=화학 난제. **2** 해결하기 어려운 문제. 해결하기 어려운 분규. ¶他给我出了一个大~。=그는 나에게 해결하기 어려운 문제 하나를 내어 놓았다.

【难听】**nántīng** 형 **1** (소리가) 듣기 거북하다. 듣기 싫다. ¶他的二胡拉得太~了!=그의 호금〔얼후〕연주는 듣기에 정말 거북하다. **2** (말이 거칠어) 귀에 거슬리다. 듣기 거북하다. ¶他满口脏话, 真~!=그의 말은 온통 상스러운 말뿐이어서 정말 듣기 거북하다. **3** (명성이나 일 등이) 체면이 말이 아니다. 면목이 없다. 망신스럽다. ¶这么丢人的事, 说出去多~啊!=이렇게 부끄러운 일을 소문내면 얼마나 망신스럽겠나. ↔动听

【难忘】**nánwàng** 잊기 어렵다. 잊을 수 없다. ¶老师的教诲让我终生~。=선생님의 가르침은 평생토록 잊을 수 없다.

【难为】**nánwéi** 형 해내기 어렵다. 처리하기 어렵다. ¶~之事=해내기 어려운 일.

【难为】**nán·wei** 동 **1** 난처하게 하다. 괴롭히다. ¶我真的不会跳舞, 你就别~我了。=나는 정말 춤을 출 줄 모르니, 나를 난처하게 하지 마시오. **2** 덕분이다. 다행이다. [어떤 사람이 쉽지 않은 일을 해냈음을 가리킴] ¶~他想得这么周到, 还准备了一些常备药。=그가 이렇게 주도면밀하게 생각한 덕분에 그래도 약간의 상비약을 준비했다. **3** 부탁드립니다. 수고하셨습니다. 어려운 일 하셨습니다. [남에게 자기를 위해 일해 주기를 청하거나 마친 후 사의를 나타내는 인사말] ¶大老远把东西给我送来, 真是~你了。=그렇게 멀리서 제게 물건을 보내 주셨으니 정말 수고 많으셨습니다.

【难为情】**nánwéiqíng** 형 **1** (인정상) 난감하다. 딱하다. 거북하다. 마음이 편하지 않다. ¶他已经求我多次了, 不答应, 确实~。=그가 이미 나에게 여러 차례 부탁하였는데, 들어주지 않으려 하니 정말 난감하다. **2** 부끄럽다. 겸연쩍다. 쑥스럽다. 창피스럽다. ¶考了几次都没通过, 真是~。=몇 번의 시험에서 모두 통과하지 못해 정말 부끄럽다.

【难闻】**nánwén** 형 냄새가 좋지 않다. 냄새가 고약하다. ¶~的焦糊味=(죽 따위가) 타서 눌어 붙는 고약한 냄새.

【难心】**nánxīn** 형동 마음이 괴롭다. 걱정하다. 근심하다. ¶遇上了一件~事儿。=한 가지 근심거리를 만났다.

【难兄难弟】**nánxiōng-nándì** 성 **1** 난형난제. [남조(南朝)의 송(宋)나라 유의경(劉義慶)의 《세설신어·덕행(世說新語·德行)》에서 진식(陳寔)에게 두 아들이 있었는데, '원방(元方)은 형이라고 해서 더 낫다고 하기 어렵고, 계방(季方)은 동생이지만 더 못하다고 하기 어렵다(元方難爲兄, 季方難爲弟).'라고 한 고사에서 유래함] **2** 비 (형제가 모두 우수하여) 우열을 가리기 어렵다. 막상막하. **3** 비 두 사람이 모두 열등하다. 그놈이 그놈이다. 그 나물에 그 밥이다. 피장파장이다. [원래의 뜻을 반의적으로 사용하는 말임]
☞ **nànxiōng-nàndì**

【难言】**nányán** 말하기 어렵다. 분명하게 말하기 어렵다. ¶有苦~=어려움이 있어도 말하기가 어렵다.

【难言之隐】**nányánzhīyǐn** 성 말하지 못할 사정. 마음속 깊은 곳에 숨겨 둔, 말 못할 일.

【难以】**nányǐ** 부 …하기 어렵다〔곤란하다〕. ¶他一时还~接受残酷的事实。=그는 한동안 잔혹한 사실을 받아들이기 어려웠다.

【难以启齿】**nányǐ-qǐchǐ** 성 입을 떼기 어렵다. 입을 열기가 어렵다. 마음속의 말을 하기가 난처하다.

【难以为继】**nányǐwéijì** 성 이어가기 어렵다. 계속하기 어렵다. =【难乎为继】**nánhūwéijì**

【难以置信】**nányǐzhìxìn** 성 매우 믿기 어렵다.

【难于】**nányú** 부 …하기 어렵다. …하기 쉽지 않다. ¶~形容=형용하기 어렵다.

【难住】**nánzhù** 동 곤경에 빠지다. 해결〔해석〕할 수 없어서 곤란〔난처〕하다. ¶他被这个问题~了。=그는 이 문제로 곤경에 빠졌다.

【难字】**nánzì** 명 난자. 어려운 글자. 알기 어려운 글자. 잘 안 쓰는 글자.

喃 **nán** 재잘거릴 남

【喃喃】**nánnán** 의 웅얼웅얼. 중얼중얼. 재잘재잘. 지지배배. [새 소리나 사람이 중얼거리는 소리] ¶~低语=재잘거리는 낮은 말소리. / 燕语~=지지배배 제비 우는 소리가 나다.

楠[(枏·柟)] **nán** 녹나무 남
명 (植) 녹나무.

【楠木】**nánmù** 명 **1** (植) 녹나무. **2** 녹나무 목

재(木材).

**赧 nǎn** 얼굴 붉힐 난
[형][문] 부끄러워 얼굴이 붉어지다. ¶~颜苟活=부끄러운 낯으로 구차하게 살다.
【赧红】**nǎnhóng** [형] 부끄러워 얼굴이 붉어지다. ¶面色~=부끄러워 안색이 붉어지다.
【赧然】**nǎnrán** [형][문] 부끄럽거나 난감해하는 모양. ¶~不语=부끄러워하며 말을 하지 못하다.
【赧颜】**nǎnyán** [형][문] 부끄러워 얼굴이 붉어지다. ¶~汗下=부끄러워 땀을 흘리다.

**腩 nǎn** 삶은 고기 남
☞【牛腩】**niúnǎn**

**蝻 nǎn** 누리 남
[명](動) 황충(蝗蟲)의 유충. 누리의 유충.

**难[難] nàn** 재난 난
[명] 재난. 불행. 환난. 재앙. ¶空~=항공기 사고. / 患~与共=환난을 함께하다. [동] 힐문하다. 책문하다. ¶责~=책망하다. 힐책하다. / 非~=비난하다.
☞ **nán**

○● 被难, 避难, 辩biàn难, 驳bó难, 刁diāo难, 发难, 赴fù难, 国难, 患huàn难, 急难, 苦难, 留难, 论难, 落难, 磨mó难, 魔mó难, 内难, 受难, 死难, 危难, 殉xùn难, 疑难, 遇难, 灾zāi难, 阻难

【难胞】**nànbāo** [명] 1 (국내의) 난민. 이재민(罹災民). 2 재난을 입은 해외 동포.
【难船】**nànchuán** [명] 1 조난선(遭難船). 조난당한 선박. 2 난민선. 난민을 실은 선박.
【难民】**nànmín** [명] 난민. 이재민(罹災民).
【难民营】**nànmínyíng** [명] 난민 대피소. 난민의 임시 거처.
【难侨】**nànqiáo** [명] 재난을 입은 해외 동포.
【难属】**nànshǔ** [명] 난민 가족. 이재민(罹災民) 가족.
【难兄难弟】**nànxiōng-nàndì** [성] 고난이나 재난을 함께한 사람. 생사고락을 함께한 사람. 함께 어려움에 처해 있는 사람. 서로 같은 곤경에 처한 사람.
☞ **nánxiōng-nándì**
【难友】**nànyǒu** [명] 1 함께 재난[어려움]을 당한 사람. 2 함께 감옥살이를 한 사람.

## nang

**囊 nāng** 허약할 낭
아래를 참조.
☞ **náng**
【囊揣】**nāngchuài** [형] 허약〔나약·유약·쇠약·연약〕하다. [주로 조기 백화문에 보임] [명] ☞【囊膪】**nāngchuài**
【囊膪】[囊揣] **nāngchuài** [명] 돼지의 흉복부의 기름지고 물렁물렁한 고기.

**囔 nāng** 중얼거릴 낭
【囔囔】**nāng·nang** [동] 소곤〔수근〕거리다. 속닥이다. ¶你一个人~什么呢?=너 혼자서 무어라고 소곤거리니?

**囊 náng** 주머니 낭
[명] 1 주머니. 자루. ¶ 쫑~=거문고 주머니〔집〕. / 探~取物=주머니 속을 뒤져 물건을 집어 내다. 식은죽먹기다. 2 주머니같이 생긴 것. ¶肾~=음낭. 신낭. / 胆~=담낭. [동][문] 자루〔주머니〕에 담다. ¶~括一切=모든 것을 망라〔포괄〕하다.
☞ **náng**

○● 囊 náng
   饢 náng
   囔 nāng
   攮 nǎng

○● 革囊, 颊jiá囊, 精囊, 毛囊, 墨囊, 气囊, 私囊, 窝wō囊, 行囊, 阴囊, 智囊, 子囊

【囊虫】**nángchóng** ☞【囊尾虫】**nángwěichóng**
【囊空如洗】**nángkōng-rúxǐ** [성] 1 주머니 속이 깨끗이 비다. 2 [비] 한 푼도 없다.↔腰缠万贯
【囊括】**nángkuò** [동] 모든 것을 망라〔포괄〕하다. 독점하다. 다 차지하다. ¶中国队~了本届世界杯跳水比赛的所有金牌。=중국 팀은 이번 월드컵 다이빙 경기의 모든 금메달을 독차지하였다.
【囊括四海】**nángkuò-sìhǎi** [성] 온 세상을 손아귀에 넣다. 천하를 차지〔통일〕하다.
【囊尾虫】**nángwěichóng** [명](動) 낭충. =【囊虫】**nángchóng**
【囊中物】**nángzhōngwù** [명] 1 주머니〔자루〕속의 물건. 2 [비] 쉽게 손에 넣을 수 있는 물건.
【囊中羞涩】**nángzhōng-xiūsè** [성] 주머니 사정이 곤란하다. [경제 사정이 좋지 않은 것에 대한 완곡한 표현임]
【囊肿】**nángzhǒng** [명](醫) 낭종. ¶卵巢~=난소 낭종.

**馕[饢] náng** 구운 빵 낭
[명][위] 낭. [위구르족과 카자흐족이 즐겨 먹는 구운 빵]
☞ **nǎng**

**曩 nǎng** 이전 낭
[명][문] 옛날. 이전. 종전. 예전. ¶~日=예전.
【曩昔】**nǎngxī** [명][문] 이전. 지난날.
【曩者】**nǎngzhě** [명][문] 예전. 옛날. 이전. 종전.

**攮 nǎng** 찌를 낭
[동] (칼로) 찌르다. ¶他被劫匪~了一刀。=그는 강도의 칼에 한 번 찔렸다.
【攮子】**nǎng·zi** [명] 단도. 비수.

**饢[饢] nǎng** 처먹을 낭

## nàng 齉 孬 哝 譊 挠 恼 猱 硇 铙 蛲 猱 垴 恼

**囊** ⟨动⟩⟨口⟩ 입 속으로 마구 집어 넣다. 입에 쑤셔 넣다. 마구 먹다. ¶他饿坏了, 三口两口就把馒头~进了嘴里。= 그는 너무 배가 고파서 만터우를 연거푸 입 속으로 쑤셔 넣었다.
☞ náng

**齉 nàng** 코 막힐 낭
⟨형⟩ 코가 막히다. 코맹맹이 소리를 하다. ¶她着了点儿凉, 鼻子发~。= 그녀는 감기가 들어 코가 막혔다.
【齉鼻儿】 **nàngbír** ⟨형⟩ 코맹맹이 소리를 하다. ¶他感冒了, 说话有点儿~。= 그는 감기에 걸려 말을 할 때 약간 코맹맹이 소리를 한다. ⟨명⟩ 코맹맹이. ¶他是个~。= 그는 코맹맹이다. =【齉鼻子】 **nàngbí·zi**
【齉鼻子】 **nàngbí·zi** ☞【齉鼻儿】 **nàngbír**

## náo

**孬 nāo** 좋지 않을 회
⟨형⟩⟨방⟩ 1 나쁘다. 좋지 않다. ¶把好的苹果挑出来, ~的放在筐里。= 품질이 좋은 사과는 골라 내고, 좋지 않은 것은 광주리에 넣어 두었다. 2 비겁하다. 용기 없다. ¶这个人太~种, 没有几个人理他。= 이 사람은 너무 비겁해서 상대해 주는 사람이 몇 명 없다.
【孬种】 **nāozhǒng** ⟨명⟩⟨방⟩ 1 비겁하고 용렬한 사람. 겁쟁이. ¶我们要打抱不平, 不能当~。= 우리는 불의를 보고 의연히 나서야지, 겁쟁이가 되어서는 안 된다. 2 나쁜 놈. 몹쓸 놈. 악당. 악인.

**呶 náo** 떠들 노
⟨동⟩⟨문⟩ 시끄럽게 떠들다. ¶喧~ = 시끄럽게 떠들어 대다.
【呶呶】 **náonáo** ⟨동⟩⟨문⟩ 쉴새없이 지껄여서 짜증나게 하다. ¶他老~一些鸡毛蒜皮的事, 让人心烦。= 그는 늘 별것 아닌 일들을 쉴새없이 지껄여 대서 사람을 짜증나게 한다.
【呶呶不休】 **náonáo-bùxiū** ⟨성⟩ 끊임없이 시끄럽게 지껄여 대서 짜증나게 하다.

**譊[譊] náo** 말다툼질할 뇨
【譊譊】 **náonáo** ⟨의⟩⟨문⟩ 아웅다웅. 와자지껄. [떠들거나 다투는 소리]

**挠[撓] náo** 굽힐 뇨
⟨동⟩ 1 굽히다. 2 ⟨비⟩ 굴복하다. ¶不屈不~ = 불요불굴하다. 흔들리거나 굽힘이 없다. 3 방해하다. 훼방놓다. 가로막다. 저지하다. ¶百般阻~ = 갖은 방법으로 가로막다. 4 (손이나 도구로) 가볍게 긁다. 긁적거리다. ¶抓耳~腮 = 귀와 뺨을 긁적거리다.
◇ 刺cì挠, 屈挠, 抓zhuā挠
【挠度】 **náodù** ⟨명⟩⟨건⟩ (서까래·기둥·판자 등 구조물의) 처진〔휘어진〕 정도.
【挠钩】 **náogōu** ⟨명⟩ 갈퀴. 갈고리.
【挠乱】 **náoluàn** ⟨동⟩ 방해하다. 교란시키다. 헝클어뜨리다. 훼방놓다. 어지럽히다. 훼손하다. 파괴하다. 부수다. ¶鸡把狗窝~了。= 닭이 개집을 어지럽혀 놓았다.
【挠头】 **náotóu** ⟨동⟩ 1 머리를 긁다〔긁적거리다〕. ¶他说话的时候总是爱~。= 그는 말을 할 때 늘 머리를 긁적거리곤 한다. 2 ⟨비⟩ 골치 아프게 하다. 머리 아프게 하다. ¶这都是些~的事。= 이것은 모두 골치 아프게 하는 일들이다.
【挠性】 **náoxìng** ⟨명⟩ 가요성(可撓性). [탄성체에 외부로부터 힘의 모멘트가 가해지면 휘는 성질]
【挠秧】 **náoyāng** ⟨동⟩⟨농⟩ 논의 김을 매다.
【挠痒】 **náo‖yǎng** ⟨동⟩ (손이나 도구로) 가려운 곳을 가볍게 긁다.
【挠痒痒】 **náo yǎng·yang** ⟨복⟩ 가려운 곳을 가볍게 긁다.

**恼[憹] náo** 번민할 노
☞【懊恼】 **àonǎo**

**猱 Náo** 산 이름 노
⟨명⟩⟨지⟩ 나오산(猱山). 노산. [지금의 산둥(山东)성 린쯔(临淄) 일대에 있었던 산 이름]

**硇 náo** 염화암모늄 노
아래를 참조.
【硇砂】 **náoshā** ⟨명⟩⟨광⟩ 천연 염화암모늄.
【硇洲】 **Náozhōu** ⟨명⟩⟨지⟩ 나오저우. [광둥(广东)성에 있는 섬 이름]

**铙[鐃] náo** 작은 징 뇨
⟨명⟩ 1 ⟨음⟩ 징. 2 바라. 동발(銅鈸). 요발(鐃鈸). 3 (Náo) 성(姓).
【铙钹】 **náobó** ⟨명⟩⟨음⟩ 요발(鐃鈸). 동발(銅鈸).

**蛲[蟯] náo** 요충 요
【蛲虫】 **náochóng** ⟨명⟩⟨동⟩ 요충.

**猱 náo** 원숭이 노
⟨명⟩⟨동⟩ 고서(古书)에 나오는 원숭이의 일종.

**垴 nǎo** 작은 언덕 노
⟨명⟩⟨방⟩ 구릉. 언덕. [주로 지명에 쓰임] ¶削~填沟 = 언덕을 깎아 도랑을 메우다. / 南~ = 난나오. [산시(山西)성에 있는 지명]

**恼[惱] nǎo** 괴로워할 뇌
⟨동⟩ 화내다. 노하다. 성내다. ¶大为~火 = 크게 화를 내다. ⟨동⟩ 고민하다. 답답하다. 번민하다. 괴롭다. ¶烦~ = 번민하다. / 苦~ = 고뇌하다.
【恼恨】 **nǎohèn** ⟨동⟩ 화내며 원망하다. 나무라다. ¶他并不是存心要伤害你, 你不应该~他。= 그 사람이 절대 고의로 너를 해치려고 한 것이 아니니, 그에게 화내고 원망해서는 안 돼. ≒怨恨
【恼火】 **nǎohuǒ** ⟨동⟩ 화내다. 노하다. 성내다. ¶

他 脾气 暴躁, 常为 一点 小事 而~。=그는 성격이 거칠고 급해서 늘 조그마한 일로 화를 낸다. 形动 견딜〔참을〕 수 없다. 짜증나다. 괴롭다. 답답하다. ¶天气 热得~。=날씨가 짜증날 정도로 덥다. ≒生气

【恼怒】 nǎonù 动 1 화내다. 노하다. 성내다. ¶这些 流言蜚语 让 他 非常~。=이런 유언비어들이 그를 매우 화나게 한다. 2 화나게 하다. 노하게 하다. ¶他的 恶劣态度~了 所有 在场的人。=그의 비열한 태도는 자리에 있던 모든 사람들을 화나게 했다. ≒愤怒

【恼人】 nǎorén 形 성가시게 하다. 짜증스럽게 하다. ¶工地上 传来~的 轰鸣声。=공사장에서 짜증나게 하는 요란한 소리가 들려왔다.

【恼羞成怒】 nǎoxiū-chéngnù 成 부끄럽고 분한 나머지 화를 내다.

## 脑[腦] nǎo 뇌 뇌

名 1 (生) 뇌. 2 머리. ¶摇头晃~=머리를 흔들다. 의기양양하다. 3 두뇌. 지능. 머리. ¶遇事要 多动~。=일에 부닥치면 머리를 써야 한다. 4 뇌. 뇌수(腦髓) 같은 흰색 물질. ¶豆腐~儿=(중국식) 순두부. 5 물체에서 추출해 낸 정수(精髓). ¶樟~=나프탈렌. 6 (사물의 남은) 자질구레한 것. 논밭의 가장자리. ¶针头线~=바늘과 실처럼 자질구레한 일용품. / 田头地~=논밭의 가장자리.

○→ 潮cháo脑, 电脑, 后脑, 间脑, 流脑, 龙脑, 前脑, 丘qiū脑, 首脑, 头脑, 小脑, 樟zhāng脑, 中脑, 主脑

【脑充血】 nǎochōngxuè 名 (醫) 뇌충혈.
【脑出血】 nǎochūxuè ☞ 【脑溢血】 nǎoyìxuè
【脑袋】 nǎo·dai 名 1 口 (사람이나 동물의) 머리(통). 골(통). 2 두뇌. 지능. 머리. ¶~不好使, 一时 转不过弯来。=머리가 잘 안 돌아가서 일순간 생각이 미치지 못했다.
【脑袋搬家】 nǎo·dai-bānjiā 1 머리가 이사가다. 목이 떨어지다. 2 俗 목을 베다. 머리가 끊어져 달아나다. ¶三日之内, 定叫他~。=3일 안에 반드시 그의 목을 벨 것이다.
【脑袋瓜】 nǎo·daiguā (~儿) 名 머리(통). 골(통). =【脑袋瓜子】 nǎo·daiguā·zi
【脑袋瓜子】 nǎo·daiguā·zi ☞ 【脑袋瓜】 nǎo·daiguā
【脑电波】 nǎodiànbō 名 (生) 뇌파.
【脑电图】 nǎodiàntú 名 (醫) 뇌전도.
【脑顶】 nǎodǐng 名 (生) 정수리. 머리꼭지.
【脑盖(子)】 nǎogài (·zi) 名 (生) 두개(頭蓋). 머리뼈.
【脑干】 nǎogàn 名 (生) 뇌간(腦幹).
【脑瓜儿】 nǎoguār 名 口 머리(통). 골(통). =【脑瓜儿】 nǎoguār
【脑瓜·zi】 nǎoguā·zi ☞ 【脑瓜儿】 nǎoguār
【脑海】 nǎohǎi 名 머리. 뇌리. 생각. 기억. 사고. ¶往事 一幕幕 浮现 在 我的~。=옛일들이 한 장면 한 장면 나의 뇌리에 떠오른다.

【脑后】 nǎohòu 1 뒷머리. 머리의 뒤쪽. ¶~扎了 一个 马尾巴。=뒷머리에 말총머리를 묶었다. 2 생각의 뒷전. 기억의 뒷전. ¶把 所有 烦心事 都 抛 在~。=모든 골치 아픈 일들을 전부 뒷전으로 제쳐두었다.
【脑积水】 nǎojīshuǐ 名 (醫) 뇌수종(腦水腫).
【脑脊液】 nǎojǐyè 名 (生) 뇌척수액(腦脊髓液).
【脑际】 nǎojì 名 머리. 뇌리. 생각. 기억. 사고. ¶当时的情形 又 出现 在 我的~。=당시의 상황이 또 나의 뇌리에 떠오른다.
【脑浆(子)】 nǎojiāng (·zi) 名 口 뇌장(腦漿). 수액(髓液).
【脑筋】 nǎojīn 名 1 두뇌. 머리. 지능. ¶开动~ 想办法。=머리를 써서 방법을 생각하다. 2 의식. 사상. ¶旧~=낡은 사상. ≒头脑
【脑壳】 nǎoké 名方 머리(통). 골(통).
【脑力】 nǎolì 名 기억력. 이해력. 사고력. 상상력. ¶~劳动者=정신 노동자.
【脑力劳动】 nǎolì láodòng 名 정신 노동. ↔体力劳动
【脑磷脂】 nǎolínzhī 名 (化) 세팔린(cephalin).
【脑瘤】 nǎoliú 名 (醫) 뇌종양(腦腫瘍).
【脑漏】 nǎolòu ☞ 【鼻渊】 bíyuān
【脑颅】 nǎolú 名 (生) 두부(頭部). 두개(頭蓋).
【脑满肠肥】 nǎomǎn-chángféi 成 1 잘 먹어서 살이 피둥피둥 찌다. 2 비 호의호식하며 무위도식하다. =【肠肥脑满】 chángféi-nǎomǎn ≒大腹便便 ↔骨瘦如柴
【脑门儿】 nǎoménr 名贬 '前额(이마)'의 속칭. =【脑门子】 nǎomén·zi
【脑门子】 nǎomén·zi ☞ 【脑门儿】 nǎoménr
【脑膜】 nǎomó 名 (生) 뇌막.
【脑膜炎】 nǎomóyán 名 (醫) 뇌막염.
【脑瓢儿】 nǎopiáor 名 口 정수리. ¶开~=뇌수술을 하다.
【脑贫血】 nǎopínxuè 名 (醫) 뇌빈혈.
【脑桥】 nǎoqiáo 名 (生) 뇌교(腦橋).
【脑儿】 nǎor 名 1 (식용 동물의) 머릿골. 뇌수(腦髓). ¶猪~=돼지 머릿골. 2 머릿골과〔뇌수와〕 비슷한 모양의 식품. ¶豆腐~=(중국식) 순두부.
【脑上体】 nǎoshàngtǐ 名 (生) 골윗샘. 송과선(松果腺). =【脑上腺】 nǎoshàngxiàn 【松果体】 sōngguǒtǐ 【松果腺】 sōngguǒxiàn
【脑上腺】 nǎoshàngxiàn ☞ 【脑上体】 nǎoshàngtǐ
【脑勺】 nǎosháo (~儿) 名 口 후두부(後頭部). 뒤통수. 뒷머리. =【脑勺子】 nǎosháo·zi ¶后~=뒤통수. 후두부.
【脑勺子】 nǎosháo·zi ☞ 【脑勺】 nǎosháo
【脑神经】 nǎoshénjīng 名 (生) 뇌신경.
【脑室】 nǎoshì 名 (生) 뇌실.
【脑死亡】 nǎosǐwáng 名 (醫) 뇌사(腦死).
【脑髓】 nǎosuǐ 名 (生) 1 뇌수. 2 뇌.
【脑下垂体】 nǎoxiàchuítǐ ☞ 【垂体】 chuítǐ
【脑血管】 nǎoxuèguǎn 名 (生) 뇌혈관.

【脑血栓】nǎoxuèshuān 图〔醫〕뇌혈전.
【脑炎】nǎoyán 图〔醫〕뇌염.
【脑溢血】nǎoyìxuè 图〔醫〕뇌일혈. 뇌출혈. =【脑出血】nǎochūxuè
【脑震荡】nǎozhèndàng 图〔醫〕뇌진탕.
【脑汁】nǎozhī **1** 머리. 사고력. 생각. ¶绞尽~=머리를 쥐어짜다. **2** 두뇌.
【脑子】nǎo·zi 图〔口〕**1** 뇌. **2** 머리. 두뇌. 기억력. 사고력. 상상력. ¶做事一定得多用~。=일을 할 때는 머리를 많이 써야 한다.
【脑子生锈】nǎo·zi-shēngxiù 囡 **1** 머리에 녹이 슬다. **2** 〔비〕머리가 굳어서 잘 돌아가지 않다. 머리가 둔하다.

**瑙** nǎo 마노 노
☞【玛瑙】mǎnǎo
【瑙鲁】Nǎolǔ 图〔외〕〔地〕나우루(Nauru). [수도는 '亚伦(야렌:Yaren)'임]

**闹**[鬧, 閙] nào 시끄러울 뇨
匦 떠들썩하다. 시끌벅적하다. ¶热~=떠들썩하다. 번화하다. / 喧~=시끌벅적하다. 囝 **1** 말다툼하다. 큰 소리로 떠들다. 시끄럽게 다투다. ¶大吵大~=크게 다투며 소란을 피우다. / 連哭帶~=울고불고하며 소란을 피우다. **2** 방해하다. 훼방놓다. 소란을 피우다. 어지럽히다. ¶无端~事=아무 이유 없이 소란을 피우다. / 大~公堂=법정에서 크게 소란을 피우다. **3** 농담하다. 장난치다. ¶打~=장난치다. / ~着玩儿=장난하다. **4** (기분을) 풀다. (성질을) 부리다. 나타내다. 드러내다. ¶她又~脾气了。=그녀는 또 성질을 부린다. **5** (병에) 걸리다. (재난이나 좋지 않은 일이) 일어나다. ¶这两天老~肚子。=요 며칠 계속 설사가 난다. / 兄弟俩又~别扭了。=형제는 또 사이가 틀어졌다. **6** (어떤) 활동을 하다. (열성적으로) 하다. ¶无论怎么解释, 他就是~不明白。=어떻게 설명하여도 그는 이해하지 못한다.

◐▶ 吵chǎo闹, 胡闹, 瞎xiā闹, 喧xuān闹

【闹别扭】nào biè·niu 囝 의견 차이가 나다. 사이가 틀어지다. 알력이 생기다. ¶她心眼小, 经常和人~。=그녀는 속이 좁아서 늘 다른 사람과 사이가 틀어진다.
【闹病】nàobìng 囝〔口〕병이 나다. ¶他体质差, 经常~。=그는 체질이 약해서 자주 병이 난다.
【闹不清】nào·buqīng 囝 **1** 잘 구분하지 못하다. 잘 이해하지 못하다. 잘 모르다. ¶~二者之间的区别。=둘 사이의 차이를 잘 이해하지 못하다. **2** 잘 해결이 되지 않다. 깨끗이 수습되지 않다. ¶他俩的矛盾到现在还是~。=그 두 사람의 갈등은 지금까지 여전히 해결되지 않았다.
【闹场】nàochǎng 图囡〔劇〕중국 전통극에서 개막을 알리는, 북과 징만을 울리는 음악. =【开台锣鼓】kāitái luógǔ
【闹洞房】nào dòngfáng ☞【闹房】nào‖fáng

【闹肚子】nào dù·zi ☞【腹泻】fùxiè
【闹翻】nàofān 囝 관계가 틀어지다. 사이가 벌어지다. ¶两人~了。=두 사람은 서로 사이가 틀어졌다.
【闹翻天】nào fāntiān 囡 야단법석을 떨다. 큰 소란을 피우다. 큰 소동을 부리다. ¶大人不在家, 孩子们可~了。=어른이 집에 없으면 아이들이 야단법석을 떤다.
【闹房】nào‖fáng 囝 (결혼 초야에 친구들이 신방에 몰려가서) 신랑 신부를 놀려 주다. =【闹洞房】nào dòngfáng【闹新房】nào xīnfáng
【闹革命】nào gémìng 囝 혁명을 일으키다.
【闹鬼】nào‖guǐ 囝 **1** 귀신이 나타나다. 귀신이 조화를 부리다. **2** 〔비〕몰래 나쁜 짓을 하다. 몰래 음모를 꾸미다. ¶原来是他在背后~。=알고 보니 그 사람이 배후에서 음모를 꾸민 것이었구나.
【闹哄哄】nàohōnghōng(~的) 園 웅성거리다. 떠들썩하다. 왁자지껄하다. ¶人们议论纷纷, 会场上~的。=사람들의 논의가 분분하여 회의장이 떠들썩했다.
【闹哄】nào·hong 囝囡 **1** 시끌벅적하게 떠들다. 야단법석을 떨다. 왁자지껄하다. ¶门外围了一大群人, 不知在~什么。=문 밖에 한 무리를 이룬 사람들이 시끌벅적하게 떠드는데, 무슨 영문인지 모르겠다. **2** 여러 사람들이 함께 분주하게 [벅적거리며·바쁘게] 일을 하다. ¶大家~了半天, 才把货物全部卸完。=모두들 한참 동안 벅적거리더니, 비로소 화물을 전부 내렸다.
【闹饥荒】nào jīhuāng 囝 흉작이 들다. 기근(饑饉)이 들다. ¶从前~的时候难得吃顿饱饭。=예전에 흉작이 들었을 때는 한 끼 배불리 먹기가 어려웠다.
【闹饥荒】nào jī·huang 囝囡〔비〕먹고살기가 어렵다. 경제적으로 어려움을 당하다. ¶这阵子他正~, 到处问人借钱。=근래에 그는 경제적으로 어려워 도처에서 돈을 빌렸다.
【闹家务】nào jiā·wu 囝 (가정이나 단체에서) 내분이〔내분(內紛)가〕 일어나다. 내부에서 아옹다옹하다. ¶婆媳之间难免~。=고부(姑婦)간의 가정 불화는 면하기 어렵다.
【闹架】nào‖jià 囝囡 말다툼하고 싸우다. ¶他在学校里从不和同学~。=그는 학교에서 여태껏 다른 학생들과 말다툼하고 싸운 적이 없다.
【闹监】nàojiān 囝 (죄수가) 감옥에서 소란을 피우다.
【闹剧】nàojù 图 **1**〔劇〕익살극. 골계극. =【笑剧】xiàojù【趣剧】qùjù **2**〔비〕웃기는 일. 황당한 일. 우스꽝스런 일. 웃음거리. ¶两人互相吹捧, 上演了一出~。=두 사람은 서로 추켜세우면서 한바탕 황당극을 연출하였다.
【闹开】nàokāi 囝 소동〔소란〕이 일어나다. ¶一听说还要加班, 大家顿时~了。=또 잔업을 해야 한다는 말을 듣고, 모두들 일시에 소란을 피웠다.
【闹乱子】nào luàn·zi 囝 일을 저지르다. 시비를 불러일으키다. ¶孩子不听话, 常在外面~。=아이가 말을 듣지 않고 늘 밖에서 일을 저지르

다. **2** 소란을 피우다. ¶他很担心有人出来~。 =그는 누가 나와서 소란을 피울까 봐 매우 걱정했다.

【闹矛盾】**nào máodùn** 동 서로 의견이 대립되다. 사이가 벌어지다. 관계가 틀어지다. 서로 갈등하다. ¶他性情温和，从来没和人闹过矛盾。 =그는 성격이 온화하여 지금까지 누구와도 다툰 적이 없었다.

【闹闹哄哄】**nào·nao hōnghōng**(~的) 형 웅성거리다. 떠들썩하다. 왁자지껄하다.

【闹闹嚷嚷】**nào·nao rāngrāng**(~的) 형 떠들썩하다. 시끌시끌하다. 왁자지껄하다. 시끌벅적하다.

【闹脾气】**nào pí·qi** 동 성질[성깔]을 부리다. ¶他性子急, 动不动就~。 =그는 성격이 급해서 툭하면 성질을 부린다.

【闹气】**nào‖qì**(~儿) 동형 (다른 사람에게) 화를 내고 말다툼하다. ¶何必为这点小事~？ =군이 이런 조그만 일 때문에 화를 내고 말다툼을 해야겠니?

【闹情绪】**nào qíngxù** 동 (일 등이 마음대로 되지 않아) 짜증을 부리다. 기분이 상하다. 불만을 품다. ¶批评了他几句他就有些~。 =몇 마디 나무랐더니, 그는 곧바로 짜증을 냈다.

【闹嚷嚷】**nàorāngrāng**(~的) 형 떠들썩하다. 시끌시끌하다. 왁자지껄[시끌벅적]하다. ¶集市上叫卖声此起彼伏，~的。 =재래 시장에서 물건 파는 소리가 여기저기에서 시끌벅적하게 들린다.

【闹热】**nàorè** 형방 (광경이나 분위기가) 번화하고 활기차다. 떠들썩하다. 왁자지껄하다. 시끌벅적하다. ¶院子里有人办喜事, 很~。 =정원에서 누군가 잔치를 하느라 떠들썩하다. 동방 활기를 북돋우다. 생기 넘치게 하다. 흥을 돋우다. ¶说个笑话~一下。 =웃기는 이야기를 하여 흥을 돋워 보자. 명(~儿)방 (시끌벅적한) 구경거리. ¶去庙会上看看~。 =묘회[사원의 임시 시장]에 구경하러 가자.

【闹嗓子】**nào sǎng·zi** 동방 목이 아프다. 목을 앓다. ¶这两天~, 硬的一点儿也吃不下。 =요 며칠 목이 아파서 딱딱한 것을 조금도 삼킬 수가 없다.

【闹市】**nàoshì** 명 번화가. 번화하고 시끌벅적한 시가(市街).

【闹市区】**nàoshìqū** 명 번화가.

【闹事】**nào‖shì** 동 사건을 야기하여 어지럽히다(혼란시키다). 소란[소동]을 피우다. 문제를[일을] 만들다. 말썽을 일으키다. ¶这一带治安很好，很少有人~。 =이 일대는 치안이 잘 되어서 소란을 피우는 사람이 거의 없다. ≒肇事

【闹水灾】**nào shuǐzāi** 동 홍수가 나다. 물난리가 나다. 수재가 발생하다.

【闹腾】**nào·teng** 동방 **1** 큰 소리로 떠들다. 떠들어 대다. 소란을 피우다. 시끄럽게 다투다. 왁자글거리다. 왁자지껄하다. ¶楼上的住户又唱又跳, ~了大半夜。 =위층에 사는 사람이 노래하고 춤을 추며 한밤중까지 소란을 피웠다. **2** 웃고 떠들며 놀다. ¶一屋人说说笑笑, ~了好半天。 =집 안 가득한 사람이 웃고 떠들며 오랫동안 즐겁게 놀았다. **3** 모두 함께 착수하여 하다[만들다]. ¶几个年轻人~了一阵子, 还真把影楼开起来了。 =몇몇 젊은이들이 한동안 힘을 모아 무엇인가를 착수하더니, 정말 사진관을 열었다.

【闹天儿】**nào‖tiānr** 동방 날씨가 궂다. 날씨가 좋지 않다. [주로 비가 오거나 눈이 내리는 것을 가리킴] ¶近来老~。 =근래에 들어 자주 날씨가 궂다.

【闹戏】**nàoxì**(~儿) 명 어릿광대극. 해학극.

【闹笑话】**nào xiào·hua**(~儿) 동 (모르거나 경험 부족으로 인하여) 웃음을 사다. 웃음거리가 되다. 웃음을 자아내다. ¶不懂就不要乱说, 不然要~。 =모르면 함부로 말을 하지 마라, 그렇지 않으면 웃음거리가 된다.

【闹心】**nàoxīn** 형방 **1** 심란하다. 괴롭다. 답답하다. 짜증나다. 귀찮다. ¶这事让他觉得挺~的。 =이 일은 그를 매우 심란하게 한다. **2** 배가 거북하다. 속이 불편하다. ¶李子吃多了~。 =자두를 많이 먹었더니 속이 불편하다.

【闹新房】**nào xīnfáng** ☞【闹房】**nào‖fáng**

【闹醒】**nàoxǐng** 동 시끄러워서 깨어나다. ¶他被窗外的叫喊声~了。 =그는 창 밖에서 들리는 고함 소리 때문에 깨어났다.

【闹性子】**nào xìng·zi** 동 화내다. 성질[성깔]을 부리다. ¶他脾气不好, 总是跟人~。 =그는 성질이 나빠서 늘 다른 사람에게 성깔을 부린다.

【闹玄虚】**nào xuánxū** 동 묘한 수단을 써서 현혹하다. 속임수를 쓰다. (대단한 것이 있는 것처럼) 허풍을 치다. 허세를 부리다.

【闹意见】**nào yìjiàn** 동 의견이 맞지 않다. 의견 충돌을 일으키다. 의견이 맞지 않아 거리가 생기다. ¶两人在这事上分歧很大, 正~呢。 =두 사람은 이 문제에 대한 의견 차이가 커서 지금 말다툼을 하고 있다.

【闹意气】**nào yìqì** 동 (의견이 맞지 않아) 고의로 상대방을 괴롭히다. 비협조적인 태도를 취하다. 감정싸움을 하다. ¶有不同意见应该多沟通, 不要~。 =다른 의견이 있으면 많은 대화를 나누어야지, 비협조적인 태도를 취해서는 안 된다.

【闹灾】**nàozāi** 동 재해가 발생하다.

【闹贼】**nàozéi** 동 도둑이 들다. 도난당하다. ¶昨晚上邻居家~了。 =어젯밤 이웃집에 도둑이 들었다.

【闹着玩儿】**nào·zhe wánr** 동 **1** 장난하다. 놀다. ¶他就喜欢和孩子们~。 =그는 아이들과 장난하기를 좋아한다. **2** 마음껏 웃고 떠들다. 실컷 농담하다. 남을 웃음거리로 만들다. 놀리다. 희롱하다. 우롱하다. ¶他们跟你~呢, 别当真。 =그 사람들이 너하고 농담하는 것이니, 진지하게 생각하지 마라. **3** (일 등을) 경솔하게 처리하다. 재미삼아 하다. 장난삼아 하다. ¶安全问题可不是~的。 =안전 문제는 정말 경솔하게 처리할 것이 아니다.

【闹钟】**nàozhōng** 명 자명종. 알람시계.

淖 **nào** 진창 뇨

㈐ **1**㈜ 진흙탕. 진흙. ¶泥~ = 진흙탕. **2**(**Nào**) 성(姓).
【淖尔】**nào'ěr** ㈑㈜ 호수. [주로 지명에 쓰임] ¶ 罗布~ = 뤄부호. [신장(新疆)에 있는 호수 이름]

# 臑 nào 팔 노
㈑㈜ **1**(醫) (중의학에서) 사람의 상박(上膊). 상완(上腕). **2** (고서(古書)에서) 가축의 앞다리.

# ne

***哪** **né** 음역자 나
【哪吒】**Né·zhā** ㈑㈏ 哪吒俱伐罗(나타). [원래 불교의 호법신. 후에 《서유기(西游記)》와 《봉신연의(封神演義)》 등의 등장 인물이 되었음] ㈜ Nalakūvara / Nalakūbara
☞ **nǎ, ·na, nǎi, něi**

# 讷[訥] **nè** 말 더듬을 눌
㈓㈜ 말을 더듬다. 말이 느리다〔굼뜨다〕. 말재주가 없다. ¶木~ = 소박하고 말재간이 없다.
【讷讷】【呐呐】**nènè** ㈓㈜ 말을 더듬다〔떠듬떠듬 하다〕.

# 那 **nè** 그 나
㈐㈜ '那(nà)'와 같음.
☞ **Nā, nǎ, nà, nèi, Nuó**

# 呐 **nè** 말 더듬을 눌
㈓㈜ '讷(nè)'와 같음.
☞ **nà, ·ne**
【呐呐】**nènè** ☞ 【讷讷】**nènè**

# 呐 ·**ne** 어조사 눌
㈜ '呢(·ne)'와 같음.
☞ **nà, nè**

***呢** ·**ne** 어조사 니
㈜ **1** 의문문 끝에 쓰여 강조를 나타냄. ¶你是怎么知道~? = 네가 어떻게 알았는데? **2** 선택 의문문 끝에 쓰여 강조를 나타냄. [만약 선택 항목이 둘인 경우 두 항목 뒤에 모두 넣어도 되고, 앞 항목 뒤에만 넣을 수도 있음] ¶我们去爬山~, 还是去游泳~? = 우리 등산하러 갈까, 아니면 수영하러 갈까? / 是你去~, 还是他去? = 네가 가냐, 아니면 그가 가냐? **3** 정반〔긍정 부정〕의문문 끝에 쓰여 강조를 나타냄. ¶那事你到底知不知道~? = 그 일을 너는 도대체 아니, 모르니? **4** 서술문 뒤에 쓰여 사실 확인 겸 약간 과장된 어투를 나타냄. ¶他们都要来参观~。= 그들은 모두 참관하러 오려고 하는 걸요. **5** 서술문 뒤에 쓰여 동작이나 상황이 지속됨을 나타냄. ¶他看报~。= 그는 신문을 보고 있는 중이다. **6** 문장 가운데 쓰여 휴지(休止)를 나타냄. ¶现在~, 跟以前大不同了。= 지금은요, 이전과는 크게 달라

졌어요.
☞ **ní**

# nei

# 哪 **něi** 어느 나
㈐㈜ '哪(nǎ)'와 같음.
☞ **nǎ, ·na, nǎi, né**

***馁[餒] něi** 굶주릴 뇌
㈓ **1**㈜ 굶주리다. ¶冻~ = 추위에 떨고 굶주리다. **2** 용기를 잃다. 낙심하다. 기가 죽다. ¶气~ = 낙심하다. 용기를 잃다. **3**㈜ (물고기가) 썩어 문드러지다. ¶鱼~肉败 = 생선이 썩고 고기가 부패하다.
【馁怯】**něiqiè** ㈓ 의기소침하다. 기죽다. ¶坚定信心, 决不~。= 자신감을 굳히고 결코 의기소침하지 않다.

***内 nèi** 안 내
㈑ **1**㈜ 안. 안쪽. 속. 내부. ¶国~ = 국내. / 月~ = 월 내(에). **2** 남에게 아내나 처가 쪽 친척에 대한 호칭. ¶惧~ = 아내를 두려워하다. / 这是我的~弟。= 이 사람은 저의 처남입니다. **3** 내장. 뱃속. 체내. ¶五~俱焚 = (매우 고통스럽거나 상심하여) 오장이 모두 타다. **4** 마음속. ¶深感~疚 = 마음속 깊이 죄책감을 느끼다. **5**㈜ 황궁. 궁중. [고어에서는 '纳(nà)'와 같음] ¶大~侍卫 = 대내 시위. [궁중 내의 시위(侍衛)] 늑里 ↔外 边

○ 内 nèi
纳 nà
钠 nà
呐 nà
衲 nà
肭 nà
芮 ruì
蚋 ruì
枘 ruì

○▶ 大内, 分内, 关内, 海内, 惧jù内, 日内, 五内, 衙yá内, 以内

【内八字脚】**nèibāzìjiǎo** ㈑ 안짱다리.
【内包】**nèibāo** ㈑ **1**(論) 내포(内包). **2**(經) 내부 하청. 내부 도급.
【内包装】**nèibāozhuāng** ㈑ (상품 등의) 속포장. 안포장.
【内宾】**nèibīn** ㈑ **1**㈏ 여자 손님. **2** 국내 손님. ↔外宾
【内部】**nèibù** ㈑ 내부. ¶~传闻 = 내부에서 돌려보다. 내부 회람. / ~消息 = 내부 소식. 내부 뉴스. 내부 비공개 뉴스. ↔外部
【内部矛盾】**nèibù máodùn** ㈑ **1**(哲) 내부 모순. **2** ☞ 【人民内部矛盾】**rénmín nèibù máodùn**
【内参】**nèicān** ㈑㈏ 内部参考(내부 참고). [고급 간부에게만 참고로 제공되는 비공개 정보지]
【内查】**nèichá** ㈑ 내사하다.
【内查外调】**nèichá-wàidiào** ㈒ 내부와 외부에서 동시에 조사하다.
【内场】**nèichǎng** ㈑(劇) (중국 전통극에서) 무대에 놓인 탁자의 뒤쪽. ↔外场

【内臣】nèichén 명운 1 (궁정에서 임금의) 측근 신하. 2 내시(內侍). 환관(宦官).

【内城】nèichéng 명 내성. ['外城(외성)'과 구별됨]

【内出血】nèichūxuè 명(醫) 내출혈.

【内存】nèicún 명(컴) 1❾ 电子计算机内存储器(랜덤 액세스 메모리, random access memory). 램(RAM). 메모리. 2 메모리 용량.

【内当家】nèidāngjiā 명 1❾ 안주인. 여자 주인. 가정 주부. 2❷ (아내에 대한 호칭으로) 여보. 부인.

【内盗】nèidào 명 내부 절도. ¶那起~案件正在查处中. =그 내부 절도 사건은 지금 조사 처리 중이다.

【内地】nèidì 명 내지. 내륙. ≒腹地 ↔边疆 沿海

【内弟】nèidì 명 (손아래) 처남. [남에게 손아래 처남을 일컫는 말]

【内典】nèidiǎn 명(佛) 내전. 불경(佛經). 불교 경전.

【内电阻】nèidiànzǔ 명(電) 내부 저항. 속저항. 내저항.

【内定】nèidìng 통 내정하다. ¶选送人员的名单已经~. =선발 인원 명단은 이미 내정되었다.

【内耳】nèi'ěr 명(生) 내이. 속귀. =【迷路】mílù

【内分泌】nèifēnmì 명(生) 내분비.

【内风】nèifēng 명(醫) (중의학에서) 내풍.

【内封】nèifēng 명 속표지. 통❾ (정식 임명 절차를 거치지 않고 상사가) 사적으로 직무를 부여하다. 내부적〔사적〕으로 임명하다. ¶他已经被~为部门主任. =그는 이미 내부적〔사적〕으로 부서 주임에 임명되었다.

【内服】nèifú 통 (약을) 복용하다. 내복하다. ≒口服 ↔外敷

【内附】nèifù 통 안에 덧붙이다〔첨부하다〕. ¶~开支细目 =지출 세부 항목을 덧붙이다.

【内刚】nèigāng 형 내강하다. 속마음이 굳세다. ¶外柔~ =외유내강.

【内阁】nèigé 1 내각. [중국의 명청(明清) 시대에 황제를 도와 정무를 처리하던 기구] ¶~大学士=내각의 수반. 2 내각. ¶~部长=내각의 장관.

【内阁制】nèigézhì 명(政) 내각제.

【内阁总理】nèigé zǒnglǐ 명 내각 총리.

【内公切线】nèi gōngqiēxiàn 명(數) 공통 내접선.

【内功】nèigōng 명 1 내공. [신체 내부의 기관을 단련하는 무술이나 기공] 2 내공. [사람이나 사물이 지니고 있는 생존 및 발전의 능력] ¶要想成为一名优秀的作家, 首先要练好~. =우수한 작가가 되려면, 먼저 자신의 능력을 잘 가다듬어야 한다. ↔外功

【内骨骼】nèigǔgé 명(生) 내골격.

【内顾】nèigù 통❷ 1 뒤를 돌아보다. 2 가사나 국사에 신경 쓰다.

【内顾之忧】nèigùzhīyōu ❸ 집 걱정. 나라에 대한 근심. 우국지심.

【内海】nèihǎi 명(地) 1 내해. [거의 대부분 육지에 둘러싸인 바다] 2 내해. [영해 기준선 이내의 바다를 가리킴] ↔外海

【内涵】nèihán 명 1(論) 내포. 2 (언어에 담겨 있는) 내용. 의미. ¶要弄懂文中每一句话的~. =글 속 매 구절의 내용을 이해해야 한다. 3 수양. 교양. ¶他是一个很有文化, ~深厚的人. =그는 지적 수준이 높고 수양이 잘 된 사람이다. ↔外延

【内行】nèiháng 형 (어떠한 사정이나 일에 대하여) 숙련되다. 능숙하다. 노련하다. 정통하다. 능통하다. ¶他对室内设计很~. =그는 실내 디자인에 매우 경험이 많다. 명 전문가. 숙련자. ¶不懂的地方要多向~请教. =모르는 부분은 자주 전문가에게 물어 보아야 한다. ≒行家 ↔外行

【内耗】nèihào 명 1 기계나 기타 장치 자체적으로 소모되는 에너지. 2❹ 내적 소모. 내부 손실. [사회나 어느 분야 내부에서 불협화음이나 상호 모순으로 말미암아 발생하는 인력이나 물질의 소모] ¶大家应团结一致, 减少~, 共谋发展. =모두 일치단결하여 내부 손실을 줄이고, 다 함께 발전을 도모하여야 한다.

【内河】nèihé 명(地) 내륙의 하천. 내수(內水). [한 나라의 영토 안에 있는 강·호수·운하 따위의 물]

【内核】nèihé 명 1 알맹이. 핵자(核子). 2❹ 핵심. ¶'仁政'是孟子思想的~. ='어진 정치'는 맹자 사상의 핵심이다.

【内讧】〖内哄〗 nèihòng 명 내홍. 내분(內紛). 부 알력. ¶高层领导发生~导致集团解体. =고위 지도층에서 내분이 발생하여 집단의 와해를 초래하였다.

【内哄】nèihòng ☞【内讧】nèihòng

【内画】nèihuà 명(美) 내화. [투명하거나 반투명한 용기 안쪽 면에 그린 그림으로, 중국 특유의 미술 공예]

【内踝】nèihuái 명(生) 내과. 안쪽 복사. 발의 안쪽에 있는 복사뼈.

【内婚制】nèihūnzhì 명 내혼. 족내혼. =【族婚制】zúhūnzhì

【内火】nèihuǒ 명 1(醫) 내열. 2 뜨겁게 달아 오르는 욕망. [주로 조기 백화문에 보임]

【内急】nèijí 통 급히 대소변이 마렵다.

【内寄生】nèijìshēng 명(生) 체내 기생. 내부 기생.

【内奸】nèijiān 명 내부(에 숨어 있는) 첩자.

【内艰】nèijiān 통운 모친이 돌아가시다. 모친상을 당하다. 명운 모친상.

【内角】nèijiǎo 명(數) 1 (삼각형과 다각형의) 내각. 2 (사선(斜線) 하나가 두 평행선을 가로지를 때 생기는) 내각.

【内景】nèijǐng 명 1(劇) 무대에서의 실내 배경. 2(映) (영화·텔레비전의) 촬영 세트 안의 배경. 스튜디오 안의 배경. ↔外景

【内径】nèijìng 명(機) 내경. 안지름. ¶~规=안지름 게이지(gauge).

【内疚】nèijiù 형 (양심의) 가책을 느끼다. 부끄

러워하다. ¶他对自己犯下的错误深感~。=그는 자신이 저지른 잘못에 대해서 몹시 가책을 느꼈다.

【内聚力】**nèijùlì** 图 **1** (物) 응집력. **2** (비) (무리의) 응집력. 단결력. ¶要努力增强公司的~。=회사의 응집력을 높이는 데 힘써야 한다.

【内眷】**nèijuàn** 图 (가족 중의) 부녀자. 여자 권속(권속).

【内刊】**nèikān** 图 내부 간행물.

【内科】**nèikē** 图 (醫) 내과. ↔外科

【内控】**nèikòng** 图 내부를 통제하다〔단속하다〕. ¶加强~，以免泄露机密。=내부 단속을 강화하여 기밀이 새어 나가지 않도록 하다.

【内裤】**nèikù** 图 팬티. 속바지. 속곳.

【内窥镜】**nèikuījìng** 图 (醫) 내시경.

【内愧】**nèikuì** 图 마음속으로 부끄러워하다. 양심의 가책을 느끼다.

【内涝】**nèilào** 图 침수로 인한 재해.

【内里】**nèilǐ** 图 **1** 안. 속. 내부. ¶这幢楼外面看起来很普通，~装修却非常高档。=이 건물은 밖에서 보면 몹시 평범하지만, 내부 장식은 굉장히 고급스럽다. **2** (사람의) 내심. 속. 속마음. 마음속. 속내. ¶无论外表还是~，他都是一个非常朴实的人。=겉이든지 속이든지 그는 정말로 소탈한 사람이다.

【内力】**nèilì** 图 **1** (物) 내력. **2** (비) (무리의) 내부 역량. ¶凝聚~，迎接挑战。=내부 역량을 하나로 모아서 도전을 받아들이다. ↔外力

【内敛】**nèiliǎn** 图 **1** 내성적이다. 내향적이다. ¶性格~=성격이 내성적이다. **2** (예술 작품이) 함축적이다. ¶她的散文细腻而~，值得细细品味。=그녀의 산문은 섬세하고 함축적이어서 세세히 새겨볼 만하다.

【内流河】**nèiliúhé** 图 (地) 내륙성 하천. 내륙하. =【内陆河】**nèilùhé**

【内陆】**nèilù** 图 (地) 내륙.

【内陆国】**nèilùguó** 图 (地) 내륙 국가.

【内陆河】**nèilùhé** ☞ 【内流河】**nèiliúhé**

【内陆湖】**nèilùhú** 图 (地) 내륙호.

【内乱】**nèiluàn** 图 내란. ¶平定~=내란을 평정하다. ↔外患

【内贸】**nèimào** 图 (經) 국내 무역. ↔外贸

【内酶】**nèiméi** 图 (生) 내효소(内酵素). ¶细胞~=세포 내효소.

【内蒙古自治区】**Nèiměnggǔ zìzhìqū** 图 (地) 네이멍구〔내몽고〕 자치구. 〔'内蒙古'로 약칭하며, 정부 소재지는 후허하오터(呼和浩特)임〕

【内幕】**nèimù** 图 내막. 속사정. [주로 나쁜 것을 가리키는 데 씀] ¶揭开~=내막을 폭로하다. ≒底细 内情

【内难】**nèinàn** 图(문) 나라 안의 재난이나 병란. 내환. 내우. ¶~频仍=내환이 잦다.

【内能】**nèinéng** 图 (物) 내부 에너지.

【内胚层】**nèipēicéng** 图 (生) 내배엽(内胚葉).

【内皮】**nèipí** 图 (醫) 내피.

【内企】**nèiqǐ** 图 국내 기업. 〔'外企(외자 기업)'와 구별됨〕

【内迁】**nèiqiān** 图 내륙으로 이전하다. ¶沿海工业~。=연해 공업이 내륙으로 이전하다.

【内切圆】**nèiqiēyuán** 图 (數) 내접원(内接圆).

【内亲】**nèiqīn** 图 처가속. 처가붙이. 처속.

【内勤】**nèiqín** 图 **1** 내근. ¶~人员=내근 인원. **2** 내근자. ¶他们都是~。=그들은 모두 내근자이다. ↔外勤

【内倾】**nèiqīng** 图 내성적이다. 내향적이다.

【内情】**nèiqíng** 图 속사정. 속내. 실상. 내정. 내막. ¶熟知~=속사정을 익히 알다. ≒内幕 底细

【内燃】**nèirán** 图 내부에서 연소하다〔타다〕. ¶机器发生~。=(과열 등의 이유로) 기계 내부가 연소되다.

【内燃机】**nèiránjī** 图 (機) 내연 기관.

【内瓤】**nèiráng** 图 **1** 과육. 속. ¶西瓜~=수박 과육. **2** (껍질 안의) 속. 알맹이. 안. ¶这个牌子〔席梦思〕的~不太好。=이 상표〔시몬스〕의 매트리스 안은 별로 좋지 않다.

【内热】**nèirè** 图 (醫) 내열. 图(문) 초조하다. 애태우다.

【内人】**nèirén** 图 집사람. 안사람.

【内荏】**nèirěn** 图(문) (마음이) 유약하다. 부드럽다. ¶色厉而~=낯빛은 엄하지만 마음은 부드럽다.

【内容】**nèiróng** 图 내용. ¶主要~=주요 내용.

【内伤】**nèishāng** 图 (醫) **1** (음식을 잘못 먹거나 과로·우려·슬픔 등으로 생기는) 내상. **2** (넘어지거나 부딪혀서 기혈·장기·경락이 상하는) 내상. ↔外伤

【内室】**nèishì** 图 내실. 침실. 안방.

【内视反听】**nèishì-fǎntīng** 图 스스로 반성하고 남의 충고에 귀 기울이다.

【内事】**nèishì** 图 국내의 정사(政事). 나라 안의 일. ¶~繁忙=국내 정사가 다망하다. ↔外事

【内水】**nèishuǐ** 图(地) 내수. 〔영토 안에 있는 하천과 호수 등 모든 수역〕

【内胎】**nèitāi** 图 (자전거·자동차 등의) 튜브. ≒【内带】**nèidài** 【里胎】**lǐdài**

【内廷】**nèitíng** 图 궁정. 궁실.

【内退】**nèituì** 图 국가가 정한 퇴직 연령 이전에 퇴직하다. 명예 퇴직하다.

【内外】**nèiwài** 图 **1** 내외. 안과 밖. ¶~有别=안과 밖이 다르다. **2** (대략의 수나 양을 나타내어) 내외. 안팎. 쯤. 가량. ¶学校占地面积1000亩~。=학교가 차지하고 있는 면적은 1,000묘(약 22만 평) 내외이다.

【内外夹攻】**nèiwài-jiāgōng** 图 안팎으로 동시에 공격하다. 내외로 협공하다.

【内外交困】**nèiwài-jiāokùn** 图 **1** 안팎으로 궁지에 몰리다. **2** (비) 매우 곤란한 지경에 처하다.

【内务】**nèiwù** 图 **1** 국내의 업무. [주로 민정을 가리킴] **2** (집단 생활에 있어) 실내의 일상적인 업무. ¶整理~=실내를 정리 정돈하다.

【内线】**nèixiàn** 图 **1** 내선. 구내의 전화선. ¶~电话=내선 전화. **2** 첩자. 첩보원. 스파이(spy). 간첩. 내간. 끄나풀. 첩보 활동. 간첩 활동. ¶~提供的情报=첩자가 제공한 정보. **3** (軍) 내선

작전. ¶~作战=내선 작전. 4 연출. 연맥. ¶走~=연줄을 대다. ↔外线

【内陷】 **nèixiàn** 동 1 (안으로) 움푹 들어가다. 내려앉다. 푹 꺼지다. ¶眼窝~=눈이 퀭하니 들어갔다. 2 (醫) (병이) 내공(內攻)하다.

【内详】 **nèixiáng** 동 (발신자 정보는) 안을 보시면 압니다. [편지 겉봉에 발신자의 성명과 주소를 대신하여 쓰는 말]

【内向】 **nèixiàng** 동 내향하다. 안쪽으로 향하다. ¶发展~型经济=내수형 경제를 발전시키다. 형 (성격이) 내성적이다. 내향적이다. ¶性格~=성격이 내성적이다. ↔外向

【内向型经济】 **nèixiàngxíng jīngjì** 명 (經) 내수형 경제.

【内销】 **nèixiāo** 동 국내 판매를 하다. ¶出口转~。=수출에서 내수 판매로 전환하다. ↔外销

【内斜视】 **nèixiéshì** 명 (醫) 내사시. ☞ **dòuyǎn** 【对眼】 **duìyǎn** 【斗鸡眼】 **dòujīyǎn**

【内心】 **nèixīn** 명 1 마음. 마음속. 속. 속내. ¶~深处=마음속 깊은 곳. 2 (數) 내심. [삼각형 내부에 있는 원의 중심] ↔表面 外表 外心 外观

【内行星】 **nèixíngxīng** 명 (天) 내행성.

【内省】 **nèixǐng** 동 내성하다. 자기 반성을 하다. ¶时常~对每一个人来讲都是十分必要的。=자주 자기 반성을 하는 것은 누구에게나 꼭 필요한 것이다.

【内兄】 **nèixiōng** 명 손위 처남.

【内秀】 **nèixiù** 형 (겉으로는 드러나지 않으나 실제로는) 총명하다. 뛰어나다. 영리하다. ¶相处时间长了, 你会发现她是一个非常~的人。=서로 같이 지내는 시간이 길어지면, 너는 그녀가 실제로는 매우 총명한 사람이라는 것을 발견할 수 있을 것이다.

【内需】 **nèixū** 명 (經) 내수. ¶扩大~=내수를 넓히다. ↔外需

【内学】 **nèixué** 명 (佛) 불학(佛學).

【内衣】 **nèiyī** 명 내의. 속옷. ↔外衣

【内因】 **nèiyīn** 명 (哲) 내인. 내적 요인. ↔外因

【内应】 **nèiyìng** 동 내응하다. 내통하다. (안에서) 호응하다. ¶~合=안팎으로 협력하다. 명 내통자.

【内应力】 **nèiyìnglì** 명 (物) 내부 응력.

【内忧】 **nèiyōu** 명 1 내우. 국내의 우환. ¶~频仍=내우가 잦다. 2 (文) 모친상. 동 (文) (마음속으로) 걱정하다. 염려하다. ¶~如焚=애끓다.

【内忧外患】 **nèiyōu-wàihuàn** 명 1 내우외환. [안팎으로 동시에 존재하는 우려와 재난] 2 내우외환. [나라 안팎으로 겪는 병란과 근심 걱정]

【内蕴】 **nèiyùn** 명 담겨진 내용. ¶~丰富=담겨진 내용이 풍부하다.

【内在】 **nèizài** 형 1 내재적인. 내재하다. ¶~原因=내재적인 원인. 2 (마음속에) 내재하다. ¶~情感=내재하는 감정. [단독으로는 술어로 쓸 수 없음] ↔外在

【内在美】 **nèizàiměi** 명 내재미.

【内脏】 **nèizàng** 명 (生) 내장.

【内脏神经】 **nèizàng shénjīng** ☞【植物性神经】 **zhíwùxìng shénjīng**

【内宅】 **nèizhái** 명 안채. 안방.

【内债】 **nèizhài** 명 내채. 내국공채. ↔外债

【内战】 **nèizhàn** 명 내전. ¶连年~=여러 해 계속되는 내전.

【内掌柜(的)】 **nèizhǎngguì(·de)** 명 1 (상점의) 안주인. 2 주부. [해학적인 의미를 내포함]

【内障】 **nèizhàng** 명 (醫) 내장안(內障眼).

【内争】 **nèizhēng** 명 내쟁. 내부 투쟁.

【内政】 **nèizhèng** 명 내정. ¶和平共处, 互不干涉~。=평화 공존하며 서로 내정을 간섭하지 않는다. ↔外交

【内侄】 **nèizhí** 명 내질. 처조카.

【内侄女】 **nèizhínǚ** 명 처질녀. 처조카딸.

【内痔】 **nèizhì** 명 (醫) 암치질.

【内中】 **nèizhōng** 명 가운데. 안. 속. 내부. [주로 추상적 사물에 쓰임] ¶~实情难以知晓。=속사정은 자세히 알 길이 없다.

【内衷】 **nèizhōng** 명 내심. 마음속. 속. ¶发自~的兴奋=마음속에서 우러나오는 흥분.

【内助】 **nèizhù** 명 (文) 아내. 처. ¶贤~=어진 아내. 당신의 아내.

【内传】 **nèizhuàn** 명 1 내전. [경전을 해석한 글] 2 내전. [일종의 전기(傳記) 소설. 주로 세상에 전해지는 인물의 이야기나 드러나지 않은 사실에 관한 것을 서술함]

【内装修】 **nèizhuāngxiū** 동 인테리어를 하다. 실내 장식을 하다. 내장 공사를 하다. ¶他的新房正在~。=그의 새 집은 인테리어 중이다. 명 인테리어. 실내 장식. 내장 공사. ¶公司办公楼的~刚刚完工。=회사 사무동의 내장 공사가 막 끝났다.

【内资】 **nèizī** 명 (經) 국내 자본. ¶~企业=국내 자본 기업. ↔外资

【内子】 **nèizǐ** 명 (文) 집사람. 안사람.

【内阻】 **nèizǔ** 명 (電) 내부 저항.

## 那 **nèi** 그 나

대(子) '那(nà)' 와 같음.
☞ **Nā, nǎ, nà, nè, Nuó**

# nen

## 恁 **nèn** 이러할 임

대(방) 1 그. 저. ¶~时节=그 시절. 2 그렇게. 그처럼. 저렇게. 저토록. 그토록. ¶~大胆=그처럼 대담하다. 3 이렇게. 이처럼. 이토록. ¶这桃子~鲜嫩。=이 복숭아는 이렇게 신선하고 말랑말랑하다.
☞ **nín**

【恁地】 **nèndì** 대(방) 1 이렇게. 이와 같이. 그렇게. 그와 같이. ¶不要~做。=이렇게 하지 마라. 2 왜. 어째서. ¶我记得钱包就放在抽屉里, ~找不着了? =나는 지갑을 서랍에 넣은 걸로 기억하고 있는데, 왜 보이지 않지?

## 嫩 [(嫩)] nèn 연할 눈

**[형]** **1** 연하다. 여리다. 부드럽다. ¶鲜~=신선하고 연하다. / 柔~=부드럽다. **2** (경험이) 적다. 일천(日淺)하다. 서툴다. 미숙하다. ¶他总经理还~了点儿。=그 사장은 아직은 조금 미숙하다. / 处理这种复杂的事, 他是太~了点儿。=이런 복잡한 일을 처리하기에 그는 아직 경험이 많이 부족한 편이다. **3** (음식이) 부드럽다. 연하다. 말랑말랑하다. ¶这肉丝炒得很~。=이 채 썬 고기를 정말 부드럽게 볶았다. **4** (색깔이) 연하다. 엷다. 옅다. ¶~绿的麦苗=연녹색의 보리 싹. ↔老

○● 娇jiāo嫩, 柔róu嫩, 细嫩, 鲜嫩

【嫩白】 nènbái **[형]** 부드럽고 희다. ¶小姑娘的脸~~的。=여자 아이의 얼굴이 부드럽고 희다.

【嫩豆腐】 nèndòu·fu ☞【南豆腐】 nándòu·fu

【嫩海带】 nènhǎidài ☞【海带芽】 hǎidàiyá

【嫩红】 nènhóng **[형]** 불그레하다. ¶~的女式衬衫=불그레한 여성 블라우스.

【嫩滑】 nènhuá **[형]** 곱고 [부드럽고] 윤기가 나다. ¶~的肌肤=곱고 윤기나는 피부.

【嫩黄】 nènhuáng **[형]** 누르스름하다. ¶~的豆芽儿=누르스름한 콩나물.

【嫩绿】 nènlǜ **[형]** 파르스름하다. ¶~的新芽=파르스름한 새싹.

【嫩苗】 nènmiáo (~儿) **[명]** 새싹. 새순.

【嫩气】 nènqì **[명]** 보들보들〔야들야들〕한 상태. 가냘픈〔여린〕 상태. 부드럽고 연한 상태. ¶脸上透着~。=얼굴에서 보들보들함이 묻어난다. **[형]** 부드럽고 연하다. 야들야들하다. 보들보들하다. 여리다. ¶这竹笋很~。=이 죽순은 매우 부드럽고 연하다.

【嫩弱】 nènruò **1** 부드럽고 연하다. 여리다. ¶她还是一个~的小女孩。=그녀는 아직 여린 소녀이다. **2** 어리다. 유치하다. ¶儿子还~, 需要到社会上闯一闯。=아들이 아직 어려서 사회에 나가 많이 경험하고 단련해야 한다.

【嫩色】 nènsè **[명]** 연한 색. 부드러운 색조.

【嫩生生】 nènshēngshēng (~的) **[형]** 매우 연하다〔부드럽다〕. 야들야들하다. 보들보들하다. ¶~的黄瓜=연하디연한 오이.

【嫩生】 nèn·sheng **[형][방]** **1** 맛이 좋아 먹기 좋다. ¶这藕~得很, 炒着最好吃。=이 연근은 아주 연해서 볶아 먹는 것이 제일 맛있다. **2** 어리다. 미숙하다. ¶他还很~, 还需要您多帮助。=그는 아직 어려서 여전히 당신의 많은 도움이 필요합니다.

【嫩鲜鲜】 nènxiānxiān (~的) **[형]** 연하고 신선하다. ¶~的豆苗=연하고 신선한 완두의 싹. / 主人拿出~的莲藕请我们吃。=주인이 싱싱하고 연한 연근을 꺼내 우리에게 먹으라고 했다.

【嫩芽】 nènyá **[명]** 새싹. 새순. 여린 싹.

【嫩叶】 nènyè **[명]** 부드러운 잎. 어린 잎. 새로 돋아난 잎.

# neng

## 能 néng 능할 능

**[동]** **1** …할 수 있다. …할 줄 안다. …할 힘이 있다. ¶爱莫~助=돕고 싶지만 힘이 모자라다. / 力所~及=스스로 할 만한 능력이 있다. **2** …해도 된다. ¶会议室不~抽烟。=회의실에서는 흡연하면 안 된다. **3** …에 쓰이다. …에 효과가 있다. ¶这种草~入药。=이 풀은 약으로도 쓰인다. **4** …일 수 있다. …할 가능성이 있다. …될 수 있다. …일 것 같다. [주로 추측의 어기에 쓰임] ¶你看明天~晴吗? =네가 보기에 내일은 맑을 것 같니? **[형]** 유능한. 재능〔재간〕이 있는. 능한. ¶这些人个个都是~手。=이 사람들은 하나같이 모두 재주꾼이다. **[명]** **1** 능력. 재간. 재능. 기능. ¶低~=저능. / 无~=무능. **2** 인재. 재능 있는 사람. ¶嫉贤妒~=어질고 능력 있는 사람을 시기하다. **3** (物) 에너지. 힘. 능원. ¶热~=열에너지. / 电~=전기 에너지. **4** (Néng) 성(姓). [고어에서 '耐(nài)'와 같음] 늑会

○● 本能, 才能, 逞chěng能, 磁cí能, 低能, 电能, 动能, 高能, 功能, 官能, 光能, 核能, 机能, 技能, 可能, 权quán能, 全能, 热能, 势能, 万能, 位能, 无能, 贤xián能, 效xiào能, 职能

【能动】 néngdòng **[형]** 능동적이다. 적극적이다. ¶我们不能固守贫困, 而应~地改变现状。=우리는 빈곤을 고수해서는 안 되고, 마땅히 능동적으로 현 상태를 개선해야 한다.

【能动性】 néngdòngxìng **[명]** 능동성. 적극성. ¶要充分调动公司员工的主观~。=회사 직원들의 자발성〔적극성〕을 충분히 동원해야 한다.

【能否】 néngfǒu **[동]** …할 수 있나요? …할 수 있을까? …해도 되나요? ¶~在十日之内给我答复? =10일 이내에 나에게 회답을 줄 수 있나요?

【能干】 nénggàn **[형]** 유능하다. 솜씨 있다. 일을 잘 하다. 재능 있다. 능란하다. ¶她很~, 家里家外都是她一个人操持。=그녀는 매우 유능해서 집 안팎의 모든 일을 혼자서 처리한다.

【能歌善舞】 nénggē-shànwǔ **[성]** **1** 노래도 잘 하고 춤도 잘 춘다. **2** [비] 다재다능하다.

【能工巧匠】 nénggōng-qiǎojiàng **[성]** 솜씨가 좋은 공예가〔장인·직공〕. 기능공. 숙련공.

【能够】 nénggòu **[동]** **1** …할 수 있다. ¶我们~按时完成任务。=우리는 제 시간에 임무를 완수할 수 있다. **2** …해도 된다. ¶路面刚刚铺好, 还不~通车。=노면을 이제 막 깔았기 때문에 아직 차량을 통행시켜서는 안 된다. **3** …에 쓰인다. …에 효과가 있다. ¶这种药~治肺炎。=이런 약은 폐병 치료에 효과가 있다. 늑可以

【能官能民】 néngguān-néngmín **[성]** 지도자 역할도 할 수 있고, 일반 대중 역할도 할 수 있다.

【能耗】 nénghào **[명]** 에너지 소모. 능원 소모. ¶降低~, 增加产值。=에너지 소모를 줄이고 생산량을 늘리다.

【能级】néngjí 명(物) 에너지 준위(準位).

【能见度】néngjiàndù 명(物) 1 가시거리(可視距離). 2 가시도(可視度).

【能力】nénglì 명 1 (일을 할 수 있는) 능력. 역량. ¶他完全有~解决所有的难题. =그는 모든 난제를 해결할 만한 능력을 충분히 갖고 있다. 2 (발휘할 수 있는) 능력. ¶生产~ =생산 능력.

【能量】néngliàng 명 1 (物) 에너지. 2 비 (사람이 가지고 있는) 능력. 역량. ¶这几个人的~都不可小视. =이 몇 사람의 능력을 결코 우습게 봐서는 안 된다.

【能耐】néng·nai 명(구) 능력. 솜씨. 수완. 재능. ¶他~大着呢, 这点小事绝对难不倒他. =그는 능력이 대단해서 이런 사소한 일을 결코 어려워하지 않는다. 통 능력〔수완〕이 뛰어나다. ¶在我看来, 你比他~多了. =내가 보기에는, 네가 그보다 훨씬 수완이 좋다.

【能⋯能⋯】néng⋯néng⋯ 부 ⋯에 능하고 ⋯에 능하다. ¶~攻~守 =공수에 모두 능하다. / ~吃~喝 =먹기도 잘 하고 마시기도 잘 하다.

【能掐会算】néngqiā-huìsuàn 성 1 점술이 교묘〔신통〕하다. 점을 잘 치다. 2 비 정확하게 예측하다.

【能屈能伸】néngqū-néngshēn 성 1 굽혔다 폈다 하다. 늘었다 줄었다 하다. 2 비 실의했을 때 잘 참고, 득의했을 때 자신의 포부를 잘 펼치다. 환경에 잘 적응하다.

【能人】néngrén 명 인재. 인물. 재능 있는 사람. 재사(才士). ¶善用~ =인재를 잘 부리다.

【能上能下】néngshàng-néngxià 성 어떤 일〔직책〕도 해낼 수 있다.

【能事】néngshì 명 (어떤 방면에) 뛰어난 능력〔재주〕. [주로 '尽(jìn)'과 함께 쓰임] ¶极尽渲染夸张之~. =포장하고 과장하는 능력을 한껏 발휘하다.

【能手】néngshǒu 명 명수. 재주꾼. 일인자. 대가. 명인. ¶养殖~ =양식의 일인자.

【能说会道】néngshuō-huìdào 성 말솜씨가 좋다. 달변이다. 언변(구변)이 좋다. ≒伶牙俐齿

【能为】néngwéi 명 능력. 솜씨. 수완. 재능. ¶这个人很有~. =이 사람은 정말 재능이 있다.

【能文能武】néngwén-néngwǔ 성 1 문무에 모두 뛰어나다. 2 비 정신 노동과 육체 노동 모두 잘 하다. ≒智勇双全

【能效】néngxiào 명 (물질의) 에너지 효율. ¶努力提高煤炭的~. =석탄의 에너지 효율 제고에 힘쓰다.

【能行】néngxíng 형동 유능하다. 능력 있다. ¶他真~, 三天的活儿一天就干完了. =그는 정말 유능해, 3일 동안 할 일을 하루에 다 끝내어 말이야.

【能言善辩】néngyán-shànbiàn 성 말솜씨가 좋다. 달변이다. 언변(구변)이 좋다.

【能源】néngyuán 명(物) 에너지원(energy源). ¶节约~ =에너지를 절약하다.

【能愿动词】néngyuàn dòngcí ☞【助动词】zhùdòngcí

【能者多劳】néngzhě-duōláo 성 유능한 사람일수록 많은 일을 한다. 능력 있는 사람이 수고를 더 한다. [격려·칭찬의 의미를 가짐]

【能者为师】néngzhě wéishī 성 유능한 사람이 스승이 되다.

# ni

妮 nī 여자 어린아이 니
아래를 참조.
【妮儿】nīr ☞【妮子】nī·zi
【妮子】nī·zi 명(방) 여자 아이. 계집애. 소녀. =【妮儿】nīr

**尼 ní 스님 니
명⟨속⟩⟨외⟩(佛) 比丘尼(비구니, 범어 'Bhiksuni'의 음역어). ¶僧~ =중과 비구니.
【尼庵】ní'ān 명 비구니 절. [비구니가 거처하는 암자] =【尼姑庵】ní gū'ān
【尼泊尔】Níbó'ěr 명⟨외⟩(地) 네팔 (Nepal). [수도는 '加德满都(카트만두: Kathmandu)'임]
【尼格罗澳大利亚人种】Nígéluó Àodàlìyà rénzhǒng 명⟨외⟩ 흑(색)인종. 니그로이드(Negroid). [세계 3대 인종의 하나. 주로 아프리카·인도 남부 등지에 분포함] =【黑种】Hēizhǒng
【尼格罗人】Nígéluórén 명 흑인. 니그로(Negro).
【尼姑】nígū 명(佛) 비구니. 여승.
【尼姑庵】nígū'ān ☞【尼庵】ní'ān
【尼古丁】nígǔdīng 명 니코틴(nicotine).
【尼加拉瓜】Níjiālāguā 명⟨외⟩(地) 니카라과 (Nicaragua). [수도는 '马那瓜(마나과: Managua)'임]
【尼龙】nílóng 명 '锦纶(나일론)'의 옛 명칭.
【尼龙布】nílóngbù 명(紡) 나일론(nylon) 천.
【尼罗河】Níluóhé 명⟨외⟩(地) 나일 강(Nile江).
【尼日尔】Nírì'ěr 명⟨외⟩(地) 니제르(Niger). [수도는 '尼亚美(니아메이: Niamey)'임]
【尼日利亚】Nírìlìyà 명⟨외⟩(地) 나이지리아 (Nigeria). [수도는 '阿布贾(아부자: Abuja)'임]

坭¹ ní 진흙 니
명 '泥(ní)'와 같음. ['红毛坭(시멘트)'의 재료로 쓰임]

坭² ní 진흙 니
지명에 쓰이는 글자. ¶白~ =바이니. [광둥(广东)성에 있는 지명]

**呢 ní 나사 니
명(紡) 나사(羅紗). [포르투갈의 모직물 라샤

# ní 呢兒泥

(raxa)에서 온 말) ¶花~ =무늬 있는 나사.
☞ **·ne**

○● 花呢, 线呢, 华达呢

【呢料】**níliào** 몡 나사(羅紗) 옷감.
【呢喃】**ní'nán** 의 1 囝 소곤소곤. 수군수군. ¶~细语 =소곤소곤하다. 2 지지배배. [제비가 우짖는 소리] ¶~燕语 =지지배배 제비 우는 소리.
【呢绒】**níróng** 몡(紡) 1 모직물의 총칭. 2 짐승의 털이나 인조모로 짠 각종 직물.
【呢子】**ní·zi** 몡(紡) 나사(羅紗).

## 兒 **Ní** 성씨 예

몡 1 (歷) 예. [지금의 산둥(山东)성 텅저우(滕州) 동남쪽에 있었던 춘추(春秋) 시대의 나라 이름] 2 성(姓).
☞ **ér**(儿).

## **泥 ní** 진흙 니

몡 1 진흙. ¶烂~ =진창(구덩이). / 淤~ =(하천·호수·연못 등에) 충적된 진흙. 2 진흙같이 생긴 것. ¶印~ =인주. / 土豆~ =감자를 으깬 것. 감자 샐러드.
☞ **nì**

○● 胶泥, 烂 làn 泥, 水泥, 崴 wǎi 泥, 油泥, 淤yū 泥, 枣 zǎo 泥

【泥巴】**níbā** 몡(方) 진흙. ¶一脸的~ =얼굴에 잔뜩 묻은 진흙.
【泥船渡河】**níchuán-dùhé** (成) 1 진흙으로 만든 배로 강을 건너다. 2 (비) 대단히 위험하다. 위험하기 짝이 없다.
【泥刀】**nídāo** 몡(建) (미장이가 쓰는) 흙손.
【泥多佛大】**níduō-fódà** (成) 1 진흙이 많으면 큰 불상이 만들어진다. 2 (비) 기초가 튼튼하거나 제고되면 더 큰 성취를 거둘 수 있다.
【泥饭碗】**nífànwǎn** 불확실한[안정적이지 못한] 직업과 수입. [ '铁饭碗(철밥통)' 과 구별됨]
【泥肥】**níféi** 몡(農) 비료로 쓰이는 진흙.
【泥封】**nífēng** ☞【封泥】**fēngní**
【泥工】**nígōng** 몡(建) 미장공. 미장이.
【泥垢】**nígòu** 몡 때. 오물. ¶衣服上沾满了~。=옷에 때가 잔뜩 묻었다.
【泥糊糊】**níhūhū** 囮(方) 진흙탕(물). 이수(泥水).
【泥灰岩】**níhuīyán** 몡(地) 이회암.
【泥浆】**níjiāng** 몡 1 점토와 물이 뒤섞인 반유동체. 2 진흙탕(물). 흙탕물. 이수(泥水).
【泥金】**níjīn** 몡 이금. 금가루.
【泥坑】**níkēng** 몡 1 진창(구덩이). 수렁. 2 (비) 수렁. 늪. ¶他一时糊涂, 被坏人拉入了~。=그는 한때 어리석어서 나쁜 사람에게 끌려 수렁에 빠졌었다. ≒泥潭
【泥疗】**níliáo** 통(醫) 감탕찜질을 하다. 진흙요법을 하다. [신체의 특정 부위를 치료 요건을 갖춘 진흙탕에 담그거나 가열한 사토(沙土)를 피부에 붙여 만성 질병을 치료하는 것]
【泥路】**nílù** 몡 진창길. 흙탕길.

【泥煤】**níméi** ☞【泥炭】**nítàn**
【泥淖】**nínào** 몡(文) 1 진창(구덩이). 수렁. ¶遍地~ =곳곳이 진창이다. 2 (비) 수렁. 늪. ¶身陷~ =수렁에 빠지다.
【泥泞】**nínìng** 몡 진창. ¶连日降雨, 土路上全是~。=연일 비가 내려 비포장 도로가 온통 진창이 되어 버렸다. 톙 질퍽거리다. ¶道路~ =도로가 질퍽거리다.
【泥牛入海】**níniú-rùhǎi** (成) 1 진흙으로 만든 소가 바다에 들어가다. 2 (비) 한번 가면 다시는 돌아오지 않다. 함흥차사. ≒杳如黄鹤
【泥盆纪】**Nípénjì** 몡(地) 데본기(Devon期).
【泥盆系】**Nípénxì** 몡(地) 데본계(Devon系).
【泥坯】**nípī** 몡 (굽지 않은) 점토 벽돌.
【泥菩萨】**nípúsà** 몡 1 진흙으로 만든 보살. 2 (비) 연약하여 쓸모 없는 사람.
【泥菩萨过河】**nípúsà guòhé** ☞【泥菩萨过江】**nípúsà guòjiāng**
【泥菩萨过江】**nípúsà guòjiāng** (歇) 1 흙으로 만든 보살이 강을 건너다. 2 (비) 제 자신도 보존하기 어렵다. [주로 '自身难保'와 이어 씀] =【泥菩萨过河】**nípúsà guòhé**
【泥鳅】**ní·qiū** 몡(動) 미꾸라지.
【泥人】**nírén**(~儿) 몡 1 점토 인형. 흙 인형. 2 도용(陶俑). 토용(土俑). 토우(土偶). [옛날, 순장용으로 사용하던 진흙 인형]
【泥沙】**níshā** 몡 진흙과 모래.
【泥砂俱下】**níshā-jùxià** (成) 1 흙과 모래가 함께 떠내려오다. 2 (비) 좋은 사람과 나쁜 사람〔것〕이 함께 섞여 있다. ≒鱼龙混杂
【泥蛇】**níshé** ☞【水蛇】**shuǐshé**
【泥石流】**níshíliú** 몡(地) 진흙과 모래와 돌 등이 섞인 물사태.
【泥水匠】**níshuǐjiàng** ☞【泥瓦匠】**níwǎjiàng**
【泥塑】**nísù** 통 (각종 사람·동물 등을) 점토로 빚어서 만들다. (점토로) 소조하다. 흙 인형을 빚다. 몡 점토 인형. 흙 인형.
【泥塑木雕】**nísù mùdiāo** ☞【木雕泥塑】**mùdiāo nísù**
【泥胎】**nítāi** 몡 (아직 금가루·금박·안료 등으로 장식하지 않은) 우상물(偶像物).
【泥胎儿】**nítāir** 몡 아직 굽지 않은 도기(陶器).
【泥滩】**nítān** 몡(地) (진흙이 퇴적되어 형성된) 간석지.
【泥潭】**nítán** 몡 (비교적 크고 깊은) 진창(구덩이). 수렁. [주로 비유로 쓰임] ¶他在赌博的~中越陷越深。=그는 도박의 수렁에 갈수록 깊이 빠져들었다. ≒泥坑
【泥炭】**nítàn** 몡(礦) 토탄(土炭). =【泥煤】**níméi**
【泥塘】**nítáng** 몡 늪. 소택지(沼澤地). 수렁.
【泥土】**nítǔ** 몡 1 흙. 토양. ¶~的清香 =흙의 향긋한 냄새. 2 점토. 진흙. ¶用~捏一个人像。=점토로 사람의 형상을 빚다.
【泥土气】**nítǔqì** 몡 (논밭과 시골에서 전해지는) 흙 냄새. 자연의 정취. ¶这部乡村题材的电视剧带有浓郁的~。=이 농촌 드라마에는 짙은 자연

〔고향〕의 정취가 배어 있다.
【泥腿(子)】 **nítuǐ(·zi)** [명][옛] 촌놈. [지난날 농민에 대한 비칭]
【泥瓦工】 **níwǎgōng** ☞【泥瓦匠】 **níwǎjiàng**
【泥瓦匠】 **níwǎjiàng** [명][구] 미장이. =【泥水匠】 **níshuǐjiàng** 【泥瓦工】 **níwǎgōng**
【泥丸】 **níwán** [명] 작은 진흙알.
【泥污】 **níwū** [명] 때. 오물. ¶满脸～=얼굴에 잔뜩 낀 때.
【泥岩】 **níyán** [명]《地》 이암.
【泥雨】 **níyǔ** [명] 흙비.
【泥沼】 **nízhǎo** [명] **1** 늪. 소택지. 수렁. **2**[비] 수렁. 늪.
【泥足巨人】 **nízú-jùrén** [성][비] 보기에는 아주 강한 것 같으나 실제로는 아주 약한 세력 또는 사물.
【泥醉】 **nízuì** [형] 곤드레만드레 취하다. 몸을 가눌 수 없을 정도로 취하다. ¶喝得～=만취하다.

## 怩 ní 부끄러워할 니
☞【忸怩】 **niǔní**

## 铌[鈮] ní 니오브 니
[명][외]《化》 니오브(Nb, niobium). [원자 번호 41]

## 倪 ní 끝 예
[명] **1** 끝. 가. 가장자리. ¶端～=단서. **2** (**Ní**) 성(姓).

## 猊 ní 사자 예
☞【狻猊】 **suānní**

## 婗 ní 어린아이 예
☞【婴婗】 **yīní**

## 𫐐[輗] ní 끌채 끝 쐐기 예
[명] 큰 수레에 있는 끌채의 마구리와 멍에를 고정시키는 쐐기.

## 蜺 ní 쓰르라미 예
[명][문] **1** 쓰르라미. **2** '霓(ní)'와 같음.

## 霓[(蜺)] ní 무지개 예
[명]《氣》 무지개.
【霓虹】 **níhóng** [명] 네온(neon).
【霓虹灯】 **níhóngdēng** [명] 네온사인.

## 𬺈[齯] ní 다시 난 이 예
[명][문] 노인의 이가 다 빠진 후에 다시 돋아난 이. [옛날, 장수의 상징으로 여겼음]

## 鲵[鯢] ní 도롱뇽 예
[명]《動》 도롱뇽.

## 麑 ní 사슴새끼 예
[명][문] 새끼 사슴.

## *拟¹[擬] nǐ 헤아릴 의
[동] **1** …할 생각이다〔작정이다〕. …하려고 하다. ¶～于次日出发。=익일에 출발할 생각이다. **2** 기초하다. 입안하다. 계획하다. 설계하다. ¶草～方案=초안을 세우다. **3** 추측하다. 헤아리다. 재다. ¶虚～=가정하다.

## *拟²[擬, 儗] nǐ 비교할 의
[동] **1** 비교하다. 견주다. ¶比～=비교하다. **2** 모방하다. 본뜨다. ¶模～=모방하다.

○● 比拟, 草拟, 摹mó拟, 虚拟, 悬xuán拟

【拟订】 **nǐdìng** [동] 입안하다. 기초하다. 초안을 작성하다. ¶管理条例尚在～, 还未正式出台。=관리 조례는 입안 중에 있으며, 아직 정식으로 공포하지 않았다.
【拟定】 **nǐdìng** [동] **1** 입안하다. 초안을 세우다. ¶实施方案已经～。=실시 방안은 이미 입안되었다. **2** 추측하여 단정하다. ¶不能乱加～。=함부로 추측하여 단정지어서는 안 된다.
【拟稿】 **nǐ∥gǎo(～儿)** [동] 초고를 작성하다. [주로 공문을 가리킴] ¶校长讲话总亲自～。=교장의 연설문은 늘 자신이 직접 초고를 작성한다.
【拟古】 **nǐgǔ** [동] 의고하다. 옛 것을 모방하다. ¶～诗=의고시. 옛 풍격이나 형식을 모방한 시.
【拟规画圆】 **nǐguī-huàyuán** [성] **1** 컴퍼스로 그린 원을 따라서 원을 그리다. **2**[비] 관습을 고수하며 융통성이 없다.
【拟话本】 **nǐhuàběn** [명] 의화본. [화본(話本) 형식의 소설]
【拟人】 **nǐrén** [명]《言》 의인화.
【拟人化】 **nǐrénhuà** ☞【人格化】 **réngéhuà**
【拟声词】 **nǐshēngcí** [명]《言》 의성어. =【象声词】 **xiàngshēngcí**
【拟态】 **nǐtài** [명] **1**《生》 의태. **2** (사람의) 가장. 위장. 흉내.
【拟态词】 **nǐtàicí** [명]《言》 의태어.
【拟题】 **nǐtí** [동] 시험 문제를 작성하다. 출제하다. ¶有三位老师负责这次考试的～工作。=세 분의 선생님이 이번 시험의 출제를 책임진다.
【拟物】 **nǐwù** [명]《言》 의물. [사람을 동물이나 사물에 비기는 수사 방식]
【拟议】 **nǐyì** [동] 입안하다. 기초하다. 초안을 작성하다. ¶～工作计划=작업 계획을 입안하다. [명] 의도. 계획. 신청. 제안. 제의. 건의. 안(案). ¶因天气原因临时取消了出海的～。=날씨로 인하여 출항 계획을 잠시 취소하였다.
【拟音】 **nǐyīn** [동] (영화·공연 등에서) 음향 효과를 내다. (자연계나 생활 속의) 소리를 모사하다〔흉내내다〕. [명]《言》 의음. [글자에 대하여 가정〔추정〕해 낸 옛 음]
【拟于】 **nǐyú** [동] (어느 시간이나 어느 지점에서) …할 생각이다〔작정이다〕. …하려고 하다. ¶本工程～今年下半年开工。=본 공정은 금년 하반기에 시작하려 한다.
【拟于不论】 **nǐyú-bùlùn** [성] 비교도 안 되는데 견주다. 서로 비교가 되지 않는 사람이나 사물로 비교하다.

【拟作】**nǐzuò** 몡 모작(模作).

**你**[(妳¹)] **nǐ** 너 니
때 **1** 너. 자네. 당신. ¶~近来好吗?＝너 요즘 잘 지내니? **2** 너희들. 당신들. [공장·학교·기관 등이 서로 상대를 일컫는 데 쓰임] ¶~校＝너희 학교. / ~省＝귀성(貴省) **3** 사람. 누구. [자신을 포함하여 막연히 사람을 가리킴] ¶他的科研能力叫~不得不佩服.＝그의 과학 연구 능력은 사람들로 하여금 탄복하지 않을 수 없게 만든다. **4** 서로〔제각기·저마다·각각〕의 의미를 나타냄. [많은 사람들이 참여하거나 서로 무슨 일을 하는 것을 나타내며, '我'나 '他'와 함께 쓰임] ¶~让我, 我让~, 谁也不肯坐上座.＝서로 양보를 하며 누구도 상석에 앉으려고 하지 않는다. 늑尔
☞ 奶(**nǎi**)

【你方】**nǐfāng** 몡 귀측. 너희측. 당신측. ¶已按~要求对合同部分条目作了修改.＝이미 귀측이 요구한 대로 계약서의 부분적인 항목을 수정하였습니다. ↔我方

【你好】**nǐhǎo** 갑 안녕하십니까. 안녕하세요. 안녕. [대면하거나 서신에 쓰이는 인사말]

【你来我往】**nǐlái-wǒwǎng** 솅 **1** 서로 오가다〔내왕하다·교류하다〕. ¶两人~, 逐渐成了好朋友.＝두 사람이 서로 교류하더니 차츰 절친한 친구가 되었다. **2** 서로 싸우다〔교전하다〕. ¶两队~, 难分高下.＝두 팀이 주거니 받거니 하여, 우열을 가리기 힘들다.

【你老】**nǐlǎo** 때23 어르신. 귀하. 당신. ¶~放心, 我一定把这事办好.＝귀하께서는 안심하십시오, 제가 꼭 이 일을 잘 처리하겠습니다.

【你老人家】**nǐlǎorénjiā** 때23 어르신. 귀하. 당신. ¶我们决不辜负~的一片苦心.＝저희는 결코 어르신의 고심을 저버리지 않을 것입니다.

【你们】**nǐ·men** 때 너희들. 당신들. 자네들. ¶我有事先走了, ~接着玩儿.＝난 사정이 있어 먼저 갈 테니, 너희는 계속 놀아라.

【你死我活】**nǐsǐ-wǒhuó** 솅 결사적으로. 목숨을〔생사를〕 걸고. 이판사판으로.

【你…我…】**nǐ…wǒ…** 때 두 개의 동사 사이에 쓰여, 행동이 서로에게 해당됨을 나타냄. ¶~敬~爱＝서로 공경하고 사랑하다. / ~情~愿＝서로 진심으로 원하다.

【你争我夺】**nǐzhēng-wǒduó** 솅 내 거니 네 거니 서로 빼앗다.

【你追我赶】**nǐzhuī-wǒgǎn** 솅 (선의의 경쟁에서) 서로 뒤처지지 않으려 하다. 앞서거니 뒤서거니 하다.

**旎** **nǐ** 깃발 나부끼는 모양 니
☞【旖旎】**yǐnǐ**

**薿** **nǐ** 우거질 의
【薿薿】**nǐnǐ** 솅뭉 무성하다. 우거지다.

**伲** **nǐ** 우리 니
때방 나. 우리.

**泥** **nì** 바를 니
통 **1** (진흙·회 등으로) 바르다. 칠하다. ¶~墙缝儿＝갈라진 벽 틈을 진흙으로 바르다. **2** 고집하다. 구속받다. 구애되다. ¶拘~＝고집하다.
☞ **ní**

【泥古】**nìgǔ** 통 옛 것에 얽매이다〔구애되다·집착하다〕. ¶习古而不~.＝옛 것을 익히되 얽매이지 않다.

【泥古不化】**nìgǔ-bùhuà** 솅 옛 것에 얽매여 시대의 흐름에 따라가지 못하다.

【泥墙】**nì‖qiáng** 통 (진흙·회 등으로) 벽을 칠하다(바르다).

【泥守】**nìshǒu** 통 구애되다. 구속받다. 고집하다. ¶~陈规＝낡은 관습에 구애받다.

【泥于】**nìyú** 통 …에 구애되다. …에 얽매이다. ¶~固有模式＝고유의 틀〔패턴〕에 얽매이다.

【泥子】[腻子] **nì·zi** 퍼티(putty). 회반죽. [목기·철기 등의 틈새나 오목한 곳을 발라서 표면을 평평하게 하는 것]

**昵**[(暱)] **nì** 친할 닐
솅 친근하다. 친밀하다. 다정하다. ¶亲~＝다정하다.

【昵爱】**nì'ài** 통 친애(親愛)하다. 매우 사랑하다.

【昵称】**nìchēng** 몡 애칭. ¶'宝宝'是父母对她的~.＝'귀염둥이'는 부모님이 그녀를 부르는 애칭이다. 통 친근하게〔다정하게〕 부르다. 애칭으로 부르다. ¶经理总~他的司机为'小毛子'.＝사장은 늘 그의 운전사를 '샤오마오쯔'라고 다정하게 부른다.

**逆** **nì** 거스를 역
통 **1**문 영접하다. 맞이하다. ¶~战＝응전하다. **2** 반대 방향으로 향하다. ¶~风而行＝바람을 안고 가다. / 倒行~施＝시대의 흐름에 역행하다. **3** 거스르다. 거역하다. 불순하다. 저촉하다. ¶忤~＝거역하다. / 忠言~耳＝충언은 귀에 거슬린다. **4** 배신하다. 반역하다. ¶叛~＝반역하다. 솅 **1** 반대 방향의. ¶~船遇~风＝배가 역풍을 만나다. **2** 순조롭지 않다. ¶身处~境＝역경에 처하다. 몡 반역자. 배반자. ¶铲除~贼＝반역자를 뿌리뽑다. 뷔 미리. 먼저. 사전에. ¶难以~料＝예측하기 어렵다. ↔顺

0-● 呃è逆, 附逆, 横hèng逆, 莫mò逆

【逆变器】**nìbiànqì** 몡(電) (직류를 교류로 바꾸는) 인버터(inverter). 변환 장치(기).

【逆差】**nìchā** 몡(經) 수입 초과. 무역 수지의 적자. ↔顺差

【逆产】**nìchǎn** 통 도산(倒產)하다. ＝【倒产】**dàochǎn** 몡 반역자의 재산. ¶查封~＝반역자의 재산을 차압하다.

【逆定理】**nìdìnglǐ** 몡(數) 역정리.

【逆睹】**nìdǔ** 통뭉 예지하다. 예견하다. 예상하다. ¶人生无常, 难于~.＝인생은 무

상하여 예견하기가 어렵다.
【逆断层】nìduàncéng 阁(地) 역단층.
【逆耳】nì'ěr 통 귀에 거슬리다. [주로 정확하면서 날카로운 비평을 가리킴] ¶~之言=귀에 거슬리는 말. ↔顺耳
【逆反】nìfǎn ☞【逆反心理】nìfǎn xīnlǐ
【逆反心理】nìfǎn xīnlǐ 阁(心) 역반응(적) 심리. =【逆反】nìfǎn
【逆反应】nìfǎnyìng 阁(化) 역반응.
【逆风】nì‖fēng 통 역풍하다. 바람을 안고 가다. ¶~行船=바람을 안고 항해하다.
【逆风】nìfēng 阁 역풍. 앞바람. 맞바람. ¶遇上了~, 船走得很慢. =역풍을 만나, 배가 더디게 간다. ↔顺风
【逆光】nìguāng 阁 역광(선).
【逆函数】nìhánshù 阁(数) 역함수.
【逆计】nìjì 阁통 ❶예측하다. ¶~未然=예측이 빗나가다. 의외이다. 阁 ❷모반의 계책. ¶~未成=모반이 실패하다.
【逆价】nìjià 阁 (상품의) 수매 가격보다 낮은 판매 가격. 출혈 가격. ↔顺价
【逆经】nìjīng 阁(医) 대상 월경(代償月經).
【逆境】nìjìng 阁 역경. ¶~更能磨炼人的意志. =역경은 사람의 의지를 더욱 단련시킬 수 있다. ↔顺境
【逆来顺受】nìlái-shùnshòu 성 열악한 환경이나 무례한 대우를 참고 견디다. ↔针锋相对
【逆料】nìliào 통 예측하다. 예상하다. 예견하다. ¶未来形势的发展难以~. =미래 형세의 발전 방향은 예측하기 어렵다.
【逆流】nìliú 통 ❶역류하다. ¶~前进=역류하여 나아가다. 阁 ❷반동적인 조류. 주류에 상반되는 조류. ¶顶住~=반동적인 조류를 막아 내다. ↔顺流
【逆流而上】nìliú'érshàng 성 역류하여 나아가다. 물을 거슬러 올라가다.
【逆旅】nìlǚ 阁통 여관. 객사. 여인숙.
【逆取顺守】nìqǔ-shùnshǒu 성 부당한 수단으로 빼앗아 정당한 조치를 통해서 지키다.
【逆时针】nìshízhēn 阁 반시계 방향의. 역시계 방향의. ¶~运转=반시계 방향으로 돌다.
【逆水】nì‖shuǐ 통 역류하다. 흐르는 물을 거스르다. ¶~前行=흐르는 물을 거슬러 나아가다. ↔顺水
【逆水行舟】nìshuǐ-xíngzhōu 성 ❶ 물을 거슬러 배를 몰다. ❷비 어려운 지경에 처하더라도, 반드시 노력하여 헤쳐 나가야 한다. [주로 '不进则退'와 이어 씀]
【逆温】nìwēn 阁(气) 기온 역전.
【逆温层】nìwēncéng 阁(气) 역전층.
【逆向】nìxiàng 통 원래 또는 규정된 방향과 반대로 하다. 역방향으로 하다. ¶~行驶=역주행하다.
【逆行】nìxíng 통 역행하다. ¶单行道禁止~. =일방(통행) 도로에서는 역주행을 금지한다.
【逆序】nìxù 阁 역순(逆顺). =【倒序】dàoxù ¶~词典=역순 사전.

【逆运算】nìyùnsuàn 阁(数) 역산(역산).
【逆贼】nìzéi 阁 역적. 반역자. ¶剪除~=역적을 토벌하다.
【逆种】nìzhǒng 불효자. 불효 자식.
【逆转】nìzhuǎn 통 역전하다. 뒤집다. 역으로 하다. (원상태로) 돌리다. ¶大势所趋, 不可~. =대세가 정해져 뒤집을 수 없다.
【逆子】nìzǐ 阁 불효자. 불효 자식. ↔孝子

* 匿 nì 숨길 닉
통 숨기다. 감추다. ¶藏~=감추다. / 隐~=닉하다.
○● 藏匿, 逃táo匿
【匿报】nìbào 통 (보고하지 않고) 감추다. 숨기다. ¶~不举=감추고 드러내지 않다.
【匿藏】nìcáng 통 감추다. 숨기다. ¶~毒品=마약을 감추다.
【匿伏】nìfú 통 잠복하다. 숨다. ¶警察抓获了在山中的逃犯. =경찰은 산 속에 숨어 있는 도주범을 검거하였다.
【匿迹】nìjì 통 자취를[행방을] 감추다. ¶销声~=소리 없이 자취를 감추다.
【匿迹潜形】nìjì qiánxíng ☞【匿影藏形】nìyǐng cángxíng
【匿名】nìmíng 통 이름을 숨기다. ¶~举报=익명으로 고발하다.
【匿名信】nìmíngxìn 阁 익명의 편지.
【匿笑】nìxiào 통 몰래 웃다. 웃음을 감추다.
【匿影藏形】nìyǐng-cángxíng 성 종적을 감추고, 진상을 숨기다. =【匿迹潜形】nìyǐng-qiánxíng ☞【匿迹潜形】nìjì-qiánxíng
【匿影潜形】nìyǐng-qiánxíng ☞【匿影藏形】nìyǐng-cángxíng
【匿怨】nìyuàn 통 (마음속에) 원한을 품다. ¶相互~=서로 원한을 품다.

埱 nì 성가퀴 예
☞【埤埱】pìnì

惄 nì 근심할 녁
통阁 우려하다. 근심하다. 걱정하다.

睨 nì 흘겨볼 예
통阁 흘겨보다. 쏘아보다. 째려보다. ¶睥~=눈을 흘기다.

腻 [膩] nì 매끄러울 니
형 ❶ (음식물에) 기름기가 너무 많다. ¶油~=기름기가 너무 많다. ❷ 느끼하다. ¶粉蒸肉肥而不~. =편정러우(쌀가루를 묻혀서 찐 돼지고기)에 비계가 많아도 느끼하지 않다. ❸ 물리다. 싫증나다. 질리다. 진저리나다. 지긋지긋해지다. 짜증나다. ¶他那些陈词滥调, 我都听~了. =그의 케케묵은 말들은 나는 이제 진저리가 난다. ❹ 매끄럽다. 매끈하다. 반들반들하다. 반질반질하다. ❺ 섬세하다. 세밀하다. ¶细~=보드랍고 매끄럽다. 섬세하다. **5** 끈적끈적하고 미끄럽다. ¶抹布满是油污, 沾手很~。=걸레에 기름이 잔뜩 묻어서 손에 대면 끈적끈적하고 미끄럽다. 阌名 때. 오물. ¶垢~=때.
【腻虫】**nìchóng** ☞ 【蚜虫】**yáchóng**
【腻烦】**nì·fan** 阌动 싫증나다. 질리다. 물리다. 진저리나다. 지긋지긋하다. 짜증나다. ¶这种无所事事的日子她早就过~了。=이런 무료한 나날에 그녀는 진작 싫증이 났다. 阌动 싫어하다. 혐오하다. 미워하다. ¶他那副不可一世的样子真让人~。=그의 오만 방자한 모습은 정말로 사람을 혐오스럽게 한다.
【腻人】**nìrén** 阌形 **1** (기름기가 많아) 느끼하다. ¶回锅肉看起来很肥, 却一点都不~。=후이궈러우는 보기에 매우 기름진 것 같지만 조금도 느끼하지 않다. **2** (말이 너무 많거나 되풀이되어) 짜증나다. 진저리나다. 질리다. 지긋지긋하다. ¶她唠叨个没完, 真~。=그녀의 끝없는 수다에 정말 짜증이 난다.
【腻歪】**nì·wai** 阌形 싫증나다. 질리다. 물리다. 진저리나다. 지긋지긋하다. 짜증나다. ¶这种漫长枯燥的工作真~。=이런 무미건조한 일은 정말 짜증난다. 阌动 싫어하다. 혐오하다. 미워하다. ¶他的话真叫人~。=그의 말은 정말로 사람을 혐오스럽게 한다.
【腻味】**nì·wei** 阌形 싫증나다. 질리다. 물리다. 진저리나다. 지긋지긋하다. 짜증나다. ¶雨天天下个不停, 真~。=비가 그치지 않고 매일 내리니 정말 질린다. 阌动 싫어하다. 혐오하다. 미워하다. ¶他的话真叫人~。=그의 말은 정말로 사람을 혐오스럽게 한다.
【腻友】**nìyǒu** 阌名 절친한 벗〔친구〕. ¶她俩是~。=그녀 둘은 절친한 친구이다.
【腻子】**nì·zi** ☞ 【泥子】**nì·zi**

\***溺 nì** 빠질 닉
阌动 **1** (물에) 빠지다. ¶~水而亡=물에 빠져 죽다. **2** (어떤 일에) 빠지다. 미혹되다. 탐닉하다. 골몰하다. ¶~名利=명리에 집착하다.
☞ **niào**
【溺爱】**nì'ài** 阌动 (자신의 아이를) 지나치게 귀여워하다. 익애하다. ¶不能~孩子。=아이를 지나치게 귀여워해서는 안 된다. ≒宠爱
【溺谷】**nìgǔ** 阌名(地) 익곡.
【溺水】**nìshuǐ** 阌动 물에 빠지다. ¶~身亡=물에 빠져 죽다.
【溺死】**nìsǐ** 阌动 익사하다.
【溺信】**nìxìn** 阌动 깊게 믿다. 맹신하다.
【溺婴】**nìyīng** 阌动 신생아를 익사시키다. [옛날 중국에서 가난 때문에 대야에 물을 받아 아이를 질식시켜 죽이던 악습]
【溺职】**nìzhí** 阌动 직책을 다하지 못하다. 직무상 과실을 저지르다. 독직하다. ¶他因~而被罢官。=그는 직무상 과실로 파면되었다.

**榒 nì** 나무 이름 닐
【榒木】**nìmù** ☞ 【八角枫】**bājiǎofēng**

# nian

**拈 niān** 집을 념
阌动 (두세 손가락으로) 집다. ¶信手~来=손닿는 대로 집다.
【拈花惹草】**niānhuā-rěcǎo** 阌成 (남자가) 여색을 밝히다. 여자를 농락하다. ≒【惹草拈花】**rěcǎo-niānhuā**【沾花惹草】**zhānhuā-rěcǎo**
【拈阄儿】**niān‖jiūr** ☞ 【抓阄儿】**zhuā‖jiūr**
【拈轻怕重】**niānqīng-pàzhòng** 阌成 쉬운 일만 골라서 하고 힘든 일은 회피하다.
【拈香】**niānxiāng** 阌动 분향하다.

\***蔫 niān** 시들 언
阌形 **1** (꽃·나무·과일 등이) 시들다. 마르다. 쭈그러들다. ¶花儿都~了, 要浇水了。=꽃이 모두 시들었으니 물을 주어야 한다. 阌形 (사람이) 기운이〔활기가〕없다. 풀 죽다. 의기소침하다. 주눅이 들다. ¶他这几天~得很, 好像有什么心事。=그는 요사이 매우 풀이 죽어 있는데, 아마도 무슨 걱정거리가 있는 것 같다. **3** 阌形 (성격이) 굼뜨다. 느려터지다. ¶他这人就是个~脾气。=그는 진짜 느려터진 사람이다.
【蔫巴巴】**niānbābā**(~的) 阌形 (꽃·나무·과일 등이) 시들시들하다. 새들새들하다. ¶树叶~的, 风一吹就掉了。=시들시들해진 나뭇잎이 바람이 한번 불자 떨어지고 말았다.
【蔫巴】**niān·ba** 阌形 (꽃·나무·과일 등이) 시들다. 마르다. 쭈그러들다. ¶园子里的花草全都晒~了。=정원의 화초들이 모두 햇볕에 시들어 버렸다.
【蔫不唧】**niān·buji**(~儿的) 阌形 **1** 생기가〔활기가·기운이〕없는 모양. 맥 풀린 모양. 나른한〔노곤한〕모양. 축 늘어진 모양. 기진맥진한 모양. ¶他这几天心情不好, 总是~儿的。=그는 요 며칠 동안 기분이 안 좋아서 늘 의기소침해 있다. **2** 조용하다. (아무) 소리가 없다. ¶他连招呼都没打就~儿地走了。=그는 인사도 하지 않고 조용히 가 버렸다.
【蔫耷耷】**niāndādā**(~的) 阌形 축 늘어지다. 녹초가 되다. 노그라지다. ¶他累了几天, ~的头都抬不起来。=그는 며칠 동안 수고하더니 축 늘어져서 머리조차 들지 못한다.
【蔫呼呼】**niānhūhū**(~的) 阌形 (일처리가) 굼뜨다. 느려터지다. 꾸물거리다. 질질 끌다. ¶他做事总是~的, 看着让人着急。=그는 늘 일처리가 굼떠서 보는 사람의 마음을 졸이게 한다.
【蔫儿坏】**niānrhuài** 阌形 (남몰래) 허튼〔나쁜〕짓을 잘 하다. 해코지를 잘 하다. 심보가 나쁘다. 심보가 뒤틀어지다. ¶他这人~, 你得提防着点。=그는 해코지를 잘 하니, 너는 조심해야 한다.
【蔫头耷脑】**niāntóu-dānǎo** **1** 머리를 축 늘어뜨리다. 머리를 푹 숙이다. **2** 阌形 생기가〔활기가·기운이〕없는 모양. 맥 풀린 모양. 나른한〔노곤한〕모양. 축 늘어진 모양. 기진맥진한 모

양. ¶爬了一天的山, 大家都累得~的。=온종일 등산을 하였더니, 모두가 피곤하여 기진맥진하였다.

【蔫性子】niānxing·zi 图⑦ 굼뜬[느려터진·꾸물거리는] 성격[성미]. ¶他是个~的人, 做事有点儿拖拉。=그는 느려터진 사람이라 일을 질질 끈다.

## *年 [(秊)] nián 해 년

图 년. 해. ¶~的时间很快就过去了。=일년이라는 시간이 빠르게 지나갔다. 图 **1** 년. ¶今~=금년. / 明~=내년. **2** 매년[매해]의 것. ¶小麦的~产量逐年提高。=밀의 연간 생산량이 점차 증가하고 있다. **3** 수확. 작황. ¶歉~=흉년. / 人寿~丰=사람은 장수하고, 수확은 풍성하다. 살기 좋은 세상. **4** 나이. 연령. ¶忘~交=망년지교. / 益寿延~=장수하다. **5** (나이에 따라 나눈) 일생의 한 시기. ¶童~=동년. / ~=중년. **6** 시기. 시대. ¶早~=조기. / 唐朝末~=당나라 말기. **7** 새해. 설. ¶新~=새해. / 拜~=새해 인사를 드리다. **8** 설과 관련된 것. ¶置办~货=설맞이 용품을 구입하다. / 做~糕=설떡을 만들다. **9** 같은 해에 급제(及第)한 사람 사이의 관계. ¶兄~=같은 해에 과거에 합격한 동료. **10** (Nián) 성(姓).

○● 百年, 比年, 残cán年, 长年, 常年, 陈chén年, 大年, 当年, 贺年, 后年, 荒年, 积年, 纪年, 来年, 累lěi年, 历年, 连年, 流年, 明年, 暮mù年, 平年, 前年, 闰rùn年, 上年, 熟年, 天年, 头年, 万年, 往wǎng年, 昔xī年, 享xiǎng年, 小年, 有年, 余年, 元年, 早年, 长zhǎng年, 终年, 周年, 逐zhú年, 转zhuǎn年, 忘年交

【年把】niánbǎ 图 1년 정도의 시간. ¶买房子的事过个~再说吧。=집을 마련하는 일은 1년 정도 지나서 다시 이야기하자.

【年报】niánbào 图 **1** 연간(年刊). [일년에 한 번씩 간행되는 간행물] ¶《数学~》=《수학연보》. **2** (각 기관의) 연간 보고서. 연감(年鑑). ¶各部门의~必须在月底之前上交。=각 부서의 연간 보고서는 반드시 월말 전까지 제출해야 한다.

【年辈】niánbèi 图 연령과 세대. 연배. ¶~相当=연배가 비슷하다.

【年表】niánbiǎo 图 **1** 연표. 연대표. **2** 연도별로 작성한 표. [주로 재무와 회계 방면에 쓰임]

【年菜】niáncài 图 설음식.

【年产】niánchǎn 图 매년 생산하다. ¶~汽车五十万辆。=매년 50만 대의 차를 생산하다.

【年产值】niánchǎnzhí 图〔經〕연간 생산액.

【年辰】niánchén 图 시대. 시기. 연대. 시절. 세월. ¶~久远=연대가 오래 되었다.

【年成】nián·cheng 图 수확. 작황. ¶今年风调雨顺, ~不错。=올해는 날씨가 매우 좋아서 작황이 괜찮다. 늑年景

【年齿】niánchǐ 图 나이. 연령. 연치. ¶~渐长(zhǎng)=나이가 점점 많아지다.

【年初】niánchū 图 연초. ↔年末 年终

【年代】niándài 图 **1** 시대. 시기. 연대. 시간. 세월. [비교적 오래 지난 때를 가리킴] ¶这座石桥有些~了。=이 돌다리는 연대가 오래 되었다. **2** 한 세기 중의 10年. ¶20世纪90~=1990년대. [1991~2000년 사이의 기간을 가리킴]

【年底】niándǐ 图 연말. 세밑. 세모.

【年度】niándù 图 연도. ¶~总结=연도 총결산.

【年饭】niánfàn ☞【年夜饭】niányèfàn

【年方二八】niánfāng-èrbā 图 **1** 나이가 이제막 16세이다. **2** 바야흐로 이팔청춘이다.

【年份】niánfèn 图 **1** 해. 연도. ¶他俩是同一~参加工作的。=그 두 사람은 같은 해에 사업에 참가했다. **2** (경과한) 햇수. 연한. ¶这所老宅的~可不短了。=이 고택의 (지어진) 햇수는 꽤 오래 되었다.

【年富力强】niánfù-lìqiáng 图 젊고 혈기 왕성하다.

【年高】niángāo 图 나이가 많다. 연로하다. ¶~望重=나이가 많고 명망이 높다.

【年高德劭】niángāo-déshào 图 나이가 지긋하고 덕망이 높다.

【年糕】niángāo 图 (중국식) 설떡.

【年根】niángēn (~儿) 图⑦ 연말(年末).

【年庚】niángēng 图 사주(四柱).

【年庚八字】niángēng bāzì 图 사주팔자.

【年关】niánguān 图 연말(年末). 세밑. 세모.

【年光】niánguāng 图 **1**⑦ 광음. 세월. 시간. ¶莫虚度~。=세월을 헛되이 보내지 말라. **2** 수확. 작황. ¶今年遭了灾, ~不好。=올해는 재해를 겪어서 작황이 좋지 않다. **3**⑨ 해. 년. ¶那~, 大家的日子都不好过。=그 해에는 모두의 생활이 힘들었다.

【年号】niánhào 图 **1** 연호. **2** 서기. 서력.

【年华】niánhuá 图 세월. 시간. 광음. ¶~易逝=세월이 쉽게 가다.

【年画】niánhuà 图 세화. [설날 때 실내에 붙이는 즐거움과 상서로움을 나타내는 그림]

【年会】niánhuì 图 (사회 단체 등의) 연차 총회. 연례 회의.

【年货】niánhuò 图 설에 쓰이는 일체의 물건. 설맞이 용품.

【年级】niánjí 图 학년.

【年集】niánjí 图 설 대목장. ¶赶~=세밑 대목장에 가다.

【年纪】niánjì 图 나이. 연령. ¶~大=나이가 많다. 늑年龄 年岁

【年假】niánjià 图 **1** 설 명절 휴가. **2** 겨울 방학.

【年间】niánjiān 图 연간. 시기. ¶明朝万历~。=명나라 만력 연간.

【年检】niánjiǎn 图 (행정 관리 기관이 관할 업무에 대하여) 연 1회의 정기 검사를 하다.

【年鉴】niánjiàn 图 연감.

【年较差】niánjiàochā 图 (기온·습도 등의) 연교차.

【年节】niánjié 图 설. 설 전후.

【年届】niánjiè 图⑦ (어떤 단계의) 나이가 되다.

¶~花甲＝환갑이 되었다.

【年景】**niánjǐng** 명 **1** 작황. 수확. ¶~一年好过一年。＝작황이 해마다 좋아지다. **2** 설 분위기. 연말 연시의 풍경. ¶好一派热闹的~!＝정말 시끌벅적한 연말이구나! ≒年成

【年久】**niánjiǔ** 형 세월〔시간〕이 오래 되다. ¶房屋~失修, 破败不堪。＝집을 오랫동안 수리하지 않아서 심하게 망가졌다.

【年酒】**niánjiǔ** 명 세주(歲酒). 신년 축하주.

【年均】**niánjūn** 형 연평균의. ¶职工的~收入不断增长。＝직원의 연평균 수입이 꾸준히 증가하고 있다.

【年刊】**niánkān** 명 연간. [일년에 한 번씩 발행하는 간행물]

【年来】**niánlái** 명 연래. 근년 이래. 일년 이래. ¶~身体多病, 很少外出。＝근년 이래로 병치레가 잦아서 거의 외출을 하지 않는다.

【年老】**niánlǎo** 형 연로하다. 나이가 많다. 고령이다. ¶~多病＝연로하고 병이 많다.

【年老体衰】**niánlǎo-tǐshuāi** 성 연로하여 기력이 쇠하다.

【年礼】**niánlǐ** 명 세의(歲儀). 연말 연시의 선물이나 사례금.

【年历】**niánlì** 명 달력.

【年利】**niánlì** 명 〈經〉 연리.

【年例】**niánlì** 명 연례. 매년의 관례. ¶这个季节, ~要下几场大雨。＝이 계절에는 연례적으로 몇 차례씩 호우가 쏟아진다.

【年龄】**niánlíng** 명 연령. 나이. 연세. ¶他~不大, 处事却很老到。＝그는 나이가 어리지만 일처리는 매우 노련하다. ≒年岁 年纪

【年龄段】**niánlíngduàn** 명 연령대(年齡帶). 연령 단계. 연령기(年齡期). ¶就业~＝취업 연령대.

【年轮】**niánlún** 명 (식물의) 나이테. 연륜.

【年迈】**niánmài** 형 연로하다. 나이가 많다. ¶~力衰＝연로하여 기력이 쇠하다.

【年貌】**niánmào** 명 연모. 연령과 용모. 나이와 모습. ¶~不符＝나이와 모습이 서로 어울리지 않다.

【年命】**niánmìng** 명문 **1** 수명. ¶~早夭＝수명이 짧다. **2** 운명. ¶~蹇滞＝운명이 꼬이다.

【年末】**niánmò** 명 연말. ≒年终 ↔年初

【年内】**niánnèi** 명 연내. ¶地下隧道~通车。＝지하 터널은 연내에 개통된다.

【年年】**niánnián** 명 매년. ¶~有余＝매년 여유가 있다. [주로 축복하는 말로 쓰임]

【年年月月】**niánnián-yuèyuè** 성 오래도록 끊임없이.

【年谱】**niánpǔ** 명 연보. ¶《杜工部~》＝《두보(杜甫) 연보》.

【年前】**niánqián** 명 새해 전. 설 전. ¶这项工作必须在~完成。＝이 일은 꼭 새해 전에 끝마쳐야 한다.

【年青】**niánqīng** 형 **1** 젊다. ¶她~的时候学过舞蹈。＝그녀는 젊었을 때 춤을 배웠다. **2** (비) 활력과 패기가 넘치다. ¶他永远保持着一颗~的心。＝그는 언제나 활력과 패기가 넘치는 마음을 유지하고 있다. ≒年轻

【年轻】**niánqīng** 형 **1** 젊다. 어리다. ¶他们都才二十出头, 非常~。＝그들은 모두 갓 20세 남짓 되어 매우 젊다. **2** (국가나 조직 따위가) 생긴 지 얼마 안 되다. 신생하다. ¶~的国家＝신생국가. **3** (상대적으로) 어리다. 젊다. ¶你比他要~一些。＝너는 그보다 조금 어리다. **4** (비) 경험이 적고 성숙하지〔숙련되지〕못하다. 쉽게 흥분하다〔충동하다〕. ¶他还~, 恐怕不能胜任总监一职。＝그는 아직 풋내기라, 아마도 총감독역을 잘 감당해 내지 못할 것이다. ≒年青

【年轻力壮】**niánqīng-lìzhuàng** 성 젊고 몸이 건장하다.

【年轻气盛】**niánqīng-qìshèng** 성 젊고 혈기 왕성하다.

【年轻轻】**niánqīngqīng** (~儿的) 형 젊다. ¶~儿的就落下了残疾。＝한창인 나이에 장애인이 되었다.

【年轻人】**niánqīngrén** 명 젊은 사람. 젊은이.

【年三十】**niánsānshí** ☞【大年三十】**dànián sānshí**

【年少】**niánshào** 형 (나이가) 젊다. 어리다. ¶青春~＝젊다. 젊은이. 청소년. [남자를 가리킴] ¶翩翩~＝펄펄 나는 젊은이.

【年深日久】**niánshēn-rìjiǔ** 성 세월이 오래 되다. 오랜 시간이 흐르다. ＝【年深月久】**niánshēn-yuèjiǔ**【年深岁久】**niánshēn-suìjiǔ**

【年深岁久】**niánshēn-suìjiǔ** ☞【年深日久】**niánshēn-rìjiǔ**

【年深月久】**niánshēn-yuèjiǔ** ☞【年深日久】**niánshēn-rìjiǔ**

【年审】**niánshěn** 동 (일부 행정 관리 기관이 관할 업무에 대해) 연 1회 심사나 회계 감사를 하다.

【年时】**niánshí** 명 **1** 옛날. 왕년(往年). **2** (방) 오랜 시간. 여러 해. ¶他干这一行有~了。＝그가 이 일을 한 지 오래 되었다.

【年时】**nián·shi** (방) 작년. 지난 해. ¶他是~大学毕业的。＝그는 지난 해에 대학을 졸업하였다.

【年事】**niánshì** 명 연령. 나이. 연세. [생활 경력이 비교적 오래 되었다는 의미를 내포함] ¶~已高＝연세가 이미 많다.

【年收入】**niánshōurù** 연수입.

【年岁】**niánsuì** 명 **1** 나이. 연령. 연세. ¶~~大了, 听力不太好。＝나이가 많이 들어서 청력이 별로 좋지 않다. **2** 시대. 연대. 시기. ¶这都什么~了, 还这么死脑筋!＝지금이 어느 시대인데, 아직도 이렇게 고지식한 거야! **3** 비교적 긴 시간. 오랜 시간. ¶他俩认识有~了。＝그 두 사람은 알고 지낸 지 오래 되었다. ≒年龄 年纪

【年头】**niántóu** 명 연초. 연시(年始). 정초(正初). 세초(歲初). ↔年尾

【年头儿】**niántóur** 명(구) **1** 년. 해. 햇수. [반드시 일년 전체를 가리키지는 않음] ¶他到上海工作快两个~了。＝그가 상하이에 가서 일한 지 2

년이 다 되어 간다. **2** 여러 해. 오랜 기간. ¶这绣花枕套是母亲当年的嫁妆, 有~了。= 이 자수 베갯잇은 어머니의 혼수인데, 꽤 오래 되었다. **3** 시대. 세월. 세상. ¶这~, 人们越来越意识到知识的重要。= 이 시대에, 사람들은 갈수록 지식의 중요성을 깨닫고 있다. **4** 수확. 작황. ¶今年~还不坏。= 올해 작황은 그런대로 괜찮은 편이다.

【年尾】 **niánwěi** 图[口] 연말(年末). ↔年头

【年息】 **niánxī** 图(經) 연리(年利).

【年下】 **nián·xia** 图[口] 설 전후. ¶~往往是服务行业最繁忙的时候。= 설 전후는 왕왕 서비스업종이 제일 바쁜 시기이다.

【年限】 **niánxiàn** 图 연한. ¶设备超过使用~就应及时更换。= 설비가 사용 연한을 넘기면 제때에 교체해야 한다.

【年薪】 **niánxīn** 图 연봉. ¶很多企业老总都由过去的月薪改为现在的~了。= 많은 기업의 사장 급여가 모두 과거의 월급제에서 지금의 연봉제로 바뀌었다.

【年夜】 **niányè** 图 (음력) 섣달 그믐날 밤. 제야.

【年夜饭】 **niányèfàn** 图 제야에 먹는 음식. =【年饭】 **niánfàn**

【年谊】 **niányì** 图 같은 해에 급제(及第)한 사람 사이의 교분.

【年幼】 **niányòu** 囝 연소(年少)하다. 어리다. ¶~无知=어리고 무지하다.

【年月】 **nián·yue** 图 **1** 세월. 시절. 세상. 날. ¶两人共同度过了那一段艰苦的~。= 두 사람이 그 힘들었던 세월을 같이 보냈다. **2**[口] 시대. ¶这~, 大家的日子是越过越好了。= 이 시대에, 모든 사람들은 나날이 좋은 날을 지내게 되었다. ≒岁月

【年长】 **niánzhǎng** 囝 나이가 많다. 연로하다. 연상이다. 손위이다. ¶他是我们当中最~的一个。= 그는 우리 중에서 제일 나이가 많은 사람이다.

【年中】 **niánzhōng** 图 한 해의 중간. [일반적으로 6, 7월 사이를 가리킴]

【年终】 **niánzhōng** 图 연말. ¶~总结=연말 총결산. ≒年末 ↔年初

【年资】 **niánzī** 图 연령과 자격. 근무 연수와 자격. 연륜. ¶他是我们学院~最高的老教授。= 그는 우리 단과 대학에서 연령과 경력이 가장 많은 노교수이다.

【年租】 **niánzū** 图 일년 임대료.

【年尊】 **niánzūn** 囝[敬] 연로하다. 나이가 많다. ¶~望重=연배가 높다.

**粘** **Nián** 성씨 점
图 성(姓).
☞ **zhān**

**鲇[鮎]** **nián** 메기 점
图(動) 메기.
【鲇鱼】 **niányú** 图(動) 메기.

**黏** **nián** 끈적할 점

囝 끈적끈적하다. 찐득찐득하다. 풀기가 있다. 점성이 있다. 끈끈하다. 차지다. ¶这胶水~得很。= 이 풀은 매우 끈적끈적하다.

【黏巴巴】 **niánbābā**(~的) 囝 끈끈하다. 끈적끈적하다. 찐득거리다. ¶双手沾满了糨糊, ~的。= 양 손에 풀이 잔뜩 묻어서 끈적끈적하다.

【黏巴】 **nián·ba** 囝 끈끈하다. 끈적끈적하다. 찐득거리다. ¶糨糊很~。= 풀이 매우 끈끈하다.

【黏板岩】 **niánbǎnyán** 图(地) 점판암.

【黏缠】 **nián·chan** 囝(動) **1** 달라붙다. 성가시게 굴다. 귀찮게 굴다. 매달리다. ¶你别这样~个没完。= 너 이렇게 끝없이 귀찮게 굴지 마라. **2**(醫) (병이) 끈덕지다. 오래가다. ¶这病~的很, 没有个几年好不了。= 이 병은 정말 오래 끄는 병이라서 몇 년이 지나야 낫는다.

【黏虫】 **niánchóng** 图(動) 거염벌레. 야도충. =【行军虫】 **xíngjūnchóng** 【剃枝虫】 **tìzhīchóng**

【黏度】 **niándù** 图 점도. 끈기. ¶~大=점도가 높다.

【黏附】 **niánfù** 囝 (점성이 있는 것을) 접착하다. 부착하다. 붙이다. 점착하다. ¶这种挂钩可以~在墙面上, 用起来很方便。= 이런 고리는 벽면에 붙일 수 있어서 사용하는데 아주 편리하다.

【黏合】 **niánhé** 囝 (둘 또는 그 이상의 물체를) 접착시키다. 붙이다.

【黏合剂】 **niánhéjì** 图 접착제. =【黏胶】 **niánjiāo**

【黏糊糊】 **niánhūhū**(~儿的) 囝 **1** 끈적끈적하다. 찐득찐득하다. 차지다. ¶地上有一摊~儿的血。= 땅에 끈적끈적한 피가 질펀하다. **2** 꾸물거리다. 꾸물대다. 굼뜨다. 굼띠다. 늑장부리다. ¶老是这样~儿的, 什么时候才能把活儿干完? = 늘 이렇게 꾸물거려서야 언제 일을 다 마치겠느냐?

【黏糊】 **nián·hu** 囝 **1** 끈적끈적하다. 찐득찐득하다. 차지다. ¶这粥熬得挺~的。= 이 죽은 정말 차지게 쑤어졌다. **2** 꾸물거리다. 꾸물대다. 굼뜨다. 늑장부리다. ¶他做事总是这样~, 没一点利索劲儿。= 그는 일을 할 때 늘 이렇게 굼떠서 민첩함이라고는 조금도 없다.

【黏胶】 **niánjiāo** ☞【黏合剂】 **niánhéjì**

【黏胶纤维】 **niánjiāo xiānwéi** 图 비스코스(viscose) 섬유. [인조 섬유 주요 품종 중 하나임]

【黏结】 **niánjié** 囝 달라붙다. 들러붙다. 접착하다. 점착하다. ¶味精过了保质期, 都~成块了。= 조미료가 유통 기한이 지나서 모두 들러붙어 버렸다.

【黏菌】 **niánjūn** 图(生) 점균.

【黏米】 **niánmǐ** 图 **1**[口] (점성을 가진) 기장쌀. 찹쌀 등. **2**[方] 기장쌀.

【黏膜】 **niánmó** 图(生) 점막.

【黏黏巴巴】 **nián·nian bābā**(~的) 囝 끈적끈적하다. 찐득찐득하다.

【黏黏糊糊】 **nián·nian hūhū**(~的) 囝 끈적끈적하다. 찐득찐득하다. 차지다. 끈기가 있다.

【黏湿】 **niánshī** 囝 끈적끈적하고 질퍽하다. ¶~的泥土=끈적끈적하고 질퍽한 진흙.

**nián** 黏 淰 捻 辇 辗 撵 撚 碾 蹍 廿 念

**【黏土】niántǔ** 图 점토.

**【黏土岩】niántǔyán** 图(地) 점토암.

**【黏涎】nián·xian** 匣 (말·동작·연기 등이) 시원스럽지 못하다. 너절하고 지루하다.

**【黏涎子】niánxián·zi** (사람의) 입 안의 점액. 침. 군침.

**【黏性】niánxìng** 图 점성. 찰기. ¶这种米的~大。=이런 쌀은 매우 찰지다.

**【黏液】niányè** 图(生) 점액.

**【黏着】niánzhuó** 图 접착시키다. 붙이다. 달라붙다.

**【黏着力】niánzhuólì** 图 접착력.

**【黏着语】niánzhuóyǔ** 图(言) 교착어(膠着語).

**淰 niǎn** 땀나는 모양 년
匣⊜ 땀 흘리는 모양.

***捻 niǎn** 비빌 념
图 **1** (손가락으로) 비비다. 문지르다. 꼬다. ¶~线=실을 꼬다. **2** ⊜ (물고기·수초·진흙 등을) 퍼내다. 건져 내다. 준설하다. ¶~河泥=강의 진흙을 퍼내다. 图(~儿) (종이나 천 등을) 꼬아 만든 것. ¶纸~儿=빗지.

**【捻度】niǎndù** 图⊜ 실을 꼰 횟수를 나타내는 단위.

**【捻捻转儿】niǎn·nianzhuànr** 图 손팽이.

**【捻儿】niǎnr** ☞【捻子】niǎn·zi

**【捻线机】niǎnxiànjī** 图(紡) 연사기(撚絲機). 빗실틀. [실을 꼬는 기계]

**【捻针】niǎnzhēn** 图(醫) 경혈에 침을 놓고 비비다.

**【捻子】niǎn·zi** 图 (종이나 천 등을 꼬아 만든) 빗지. 약심지. 심지. 도화선. =【捻儿】niǎnr ¶灯~=심지.

**辇[輦] niǎn** 손수레 련
图 **1** 고대의 손수레. **2** 어가(御駕). [진한(秦漢)대 이후에 이런 뜻을 갖게 되었음] ¶龙车凤~=어가.

**辗[輾] niǎn** 빻을 년
图 '碾(niǎn)'과 같음.
☞ **zhǎn**

***撵[攆] niǎn** 내쫓을 년
图 **1** 쫓아 내다. 내쫓다. ¶把鸭子~下水。=오리를 물에 내쫓다. **2** ⊜ 따라잡다. 뒤쫓아가다. ¶他走得太快, 我~不上他。=그의 걸음걸이가 너무 빨라서, 내가 따라잡을 수 없다.

**撚 niǎn** 집을 년
'捻(niǎn)'과 같음.

***碾 niǎn** 맷돌 년
图 연자방아. 연자매. 롤러(roller). ¶石~=연자매. 图 **1** (연자방아로) 곡물을 빻다(갈다·찧다·정미하다). (롤러로) 평평하게 하다. 고르게 하다. ¶~药=약을 빻다. **2** ⊜ 갈아서 만들다. (옥·돌을) 조각하다.

○● 汽碾, 水碾

**【碾场】niǎn‖cháng** 图 탈곡하다. 마당질하다. 타작하다.

**【碾坊】【碾房】niǎnfáng** 图 연자(맷)간. (연자)방앗간. 정미소.

**【碾房】niǎnfáng** ☞【碾坊】niǎnfáng

**【碾磙子】niǎngǔn·zi** 图 웃돌. 웃착. 맷돌. [연자방아에서 위에 놓이는 굴대 모양의 돌] =【碾砣】niǎntuó

**【碾米】niǎn‖mǐ** 图 쌀을 찧다. 정미하다.

**【碾米机】niǎnmǐjī** 图 정미기. 제분기.

**【碾盘】niǎnpán** 图 알돌. 알착. 바닥돌. [연자방아의 받침돌을 가리킴]

**【碾平】niǎnpíng** 图 롤러로 평평하게 하다. ¶把路面~。=노면을 롤러로 평평하게 다지다.

**【碾碎】niǎnsuì** 图 (연자방아·롤러 등으로) 빻아서〔찧어서〕부수다. ¶把玉米~了熬粥。=옥수수를 찧어서 죽을 쑤다.

**【碾砣】niǎntuó** ☞【碾磙子】niǎngǔn·zi

**【碾子】niǎn·zi** 图 **1** 연자방아. 연자매. **2** 롤러. ¶汽~=증기 롤러.

**蹍 niǎn** 밟을 전
图⊜ 밟다.

**廿 niàn** 스물 입
㊚ 이십. 20. ¶~四史=이십사사(史). [지난날 중국의 정사(正史)로 일컬어지던 24종의 기전체 역사책]

***念¹ niàn** 생각할 념
图 **1** 그리워하다. 그리다. 보고 싶어하다. 걱정하다. ¶怀~=그리워하다. / 挂~=염려하다. **2** 생각하다. 고려하다. ¶~你初犯, 故从轻处罚。=네가 초범인 것을 감안하여 가볍게 처벌한다. ㊚ '20'의 갖은자. 图 **1** 생각. 염두. ¶杂~=잡념. / 邪~=사념. **2** (Niàn) 성(姓).

○ 念 niàn
捻 niǎn
埝 niàn
稔 rěn

***念² [唸] niàn** 소리내어 읽을 념
图 **1** (소리내어) 읽다. 낭독하다. ¶~台词=대사를 읽다. **2** 학교에 다니다. ¶~高中=고등학교에 다니다. 朗读

○● 叨dāo念, 悼dào念, 概gài念, 感念, 挂念, 观念, 纪念, 眷juàn念, 渴kě念, 留念, 牵qiān念, 闪shǎn念, 思念, 私念, 体念, 妄wàng念, 系念, 想念, 邪xié念, 信念, 蓄xù念, 悬xuán念, 意念, 欲念, 瞻zhān念, 转zhuǎn念

**【念白】niànbái** ☞【道白】dàobái

**【念叨】【念道】niàn·dao** 图㊀ **1** (걱정하거나 그리워하여) 언급하다. 얘기를 꺼내다. 말하다. ¶老奶奶时常~自己的孙儿孙女。=노할머니는

자주 자신의 손자 손녀 얘기를 꺼낸다. **2**㉱ 말하다. 담론하다. ¶事情都过去了, 就别再～了。=일은 벌써 지나가 버렸으니, 다시 거론하지 마라.

【念道】**niàn·dao** ☞【念叨】**niàn·dao**

【念佛】**niànfó** ㉲《佛》염불하다. ¶诵经～=독경하고 염불하다.

【念记】**niànjì** ㉲ 걱정하다. 염려하다. ¶夫妻俩非常～远在异国他乡的儿子。=부부는 멀리 이국 타향에 있는 아들을 무척이나 걱정한다.

【念紧箍咒】**niàn jǐngūzhòu** ㉲ **1**《서유기(西遊記)》에서 삼장법사가 주문을 외어 손오공의 머리에 씌워져 있는 금테를 죄다. **2**㉱ 구속〔제약〕하는 조치를 취하다. 압력을 가하다. (사람을) 죄다. ¶经理最近又给员工～了。=사장이 최근에 또 직원들에게 압력을 가했다.

【念经】**niàn ∥ jīng** ㉲ **1** 독경하다. **2** 농담이나 풍자적인 말을 하다.

【念旧】**niànjiù** ㉲ 옛정을 잊지 않다. ¶他很～, 非常看重往日的同窗义义。=그는 옛정을 생각하여, 왕년의 동창간의 우정을 매우 중시한다. ≒怀旧

【念念不忘】**niànniàn-bùwàng** ㉘ 마음에 두고 한시도 잊지 않다.

【念念有词】**niànniàn-yǒucí** ㉘ **1** 작은 소리로 경문을 낭독하거나 주문을 외다. **2**㉱ 중얼거리다.

【念书】**niàn ∥ shū** ㉲ **1** 책을 읽다. 독서하다. 공부하다. 학습하다. ¶他正在摇头晃脑地～。=그는 한창 의기양양하게 소리내어 책을 읽고 있다. **2** 학교에 다니다. ¶他工作一年之后又去～了。=그는 일년간 일한 뒤, 또 공부하러 갔다.

【念书的】**niànshū·de** ㉰ 학생. ¶他家里有个～, 开销不小。=그의 집에는 학생이 있어서 지출이 적지 않다.

【念熟】**niànshú** ㉲ 숙독하다. 깊이 새겨 읽다. ¶先把课文～, 再细细品味文中的深意。=먼저 본문을 숙독하고, 다시 세세하게 글의 깊은 뜻을 되새긴다.

【念诵】**niànsòng** ㉲ 낭송하다. 소리내어 읽다. ¶～经文=경문을 낭송하다.

【念头】**niàn·tou** ㉰ 생각. 마음. 의사. ¶你最好趁早打消这个～。=너는 일찌감치 이 생각을 단념하는 편이 가장 좋다.

【念物】**niàn·wù** ㉰ 기념품. ¶这支笔就送给你做个～吧。=이 펜을 너에게 기념품으로 줄게.

【念心儿】**niàn·xinr** ㉰ 기념품.

【念央儿】**niànyāngr** ㉲㉱ 넌지시 말하다. 은근히 돌려서 말하다. =【念央子】**niànyāng·zi** ¶他～说手头没钱, 实际上是怕人家向他借。=그는 수중에 돈이 없다고 돌려서 말했지만, 사실은 사람들이 자기에게 돈을 빌려 달라고 할까 봐 걱정해서 한 말이었다.

【念央子】**niànyāng·zi** ☞【念央儿】**niànyāngr**

【念咒】**niànzhòu** ㉲ 주문을 외다. ¶画符～=부적을 그리고 주문을 외다.

【念珠】**niànzhū** ☞【数珠】**shùzhū**

**埝** **niàn** 제방 념
㉤ 둑. 제방. ¶堤～=제방.

# niang

**娘[孃¹]** **niáng** 아가씨 낭
㉤ **1** 어머니. ¶亲～=친어머니. **2** 본인보다 한 세대 위이거나 나이 많은 부인. ¶姨～=이모. / 大～=아주머니. **3** 처녀. 젊은 여자. ¶新～=신부. / 姑～=처녀. 아가씨.

➡ 伴bàn娘, 大娘, 豆娘, 红娘, 后娘, 酒娘, 老娘, 师娘, 乌wū娘, 喜娘, 姨yí娘

【娘家】**niáng·jia** ㉰ **1** 친정. ['夫家·婆家(시가)'와 구별됨] **2**㉱ 원래〔이전〕 근무지. ¶抽时间回～来看看老朋友。=시간을 내어 원래 근무지로 돌아와서 옛 친구를 만난다.

【娘舅】**niángjiù** ㉰ 외삼촌.

【娘老子】**niánglǎo·zi** ㉰ **1** 어머니. 모친. **2** 부모. **3**㉱ 노마님. [중년 이상의 부녀들이 농담을 하거나 성이 날 때 자기를 높여 일컫는 말]

【娘们儿】**niáng·menr** ㉰㉱ **1** 여편네. 아녀자. [주로 경멸의 의미를 내포함] **2** 아내. 처. 집사람. 마누라.

【娘娘】**niáng·niang** ㉰ **1**㉱ '女神(여신)'의 속칭. ¶～庙=여신묘. **2** 황후. 귀비(황후 다음 가는 후궁). ¶皇后～=황후마마.

【娘娘腔】**niáng·niangqiāng** ㉰ (남자의) 여자 같은 말투〔말씨·말소리〕. ¶他那一口～听着真让人难受。=그의 여자 같은 말소리는 정말 듣기 거북하다.

【娘亲】**niángqīn** ㉰ 어머니.

【娘儿】**niángr** ㉰㉣ 어머니와 아들〔딸〕. 백모〔숙모·이모·고모〕와 조카(딸). ¶～俩有说不完的话。=두 모녀는 아직도 할 말이 많이 남아 있다.

【娘儿们】**niángr·men** ㉰ **1** 어머니와 아들〔딸〕. 백모〔숙모·이모·고모〕와 조카(딸). **2**㉱ 여편네. 아녀자. [주로 경멸의 의미를 내포함] **3**㉱ 처. 아내. 집사람. 마누라.

【娘胎】**niángtāi** ㉰ **1** 모태. **2**㉱ 선천. ¶他这个毛病是从～带来的。=그의 이러한 결점은 선천적으로 타고난 것이다.

【娘子】**niáng·zi** ㉰ **1** 처녀 또는 중년 부인의 존칭. [주로 조기 백화문에 보임] **2**㉱ 아내. 처.

【娘子军】**niáng·zijūn** ㉰ **1**《歷》낭자군. [당(唐)대에 평양(平陽) 공주가 아버지인 고조(高祖)의 천하 평정을 위해 이끌었던 군대] **2** 여자 군대. **3** 부녀자의 무리 또는 단체. [해학적인 의미를 내포함] ¶我们部门清一色的～。=우리 부서는 온통 부녀자들이다.

**酿[釀]** **niàng** 술 빚을 양
㉲ **1** 양조하다. 술을 빚다. ¶～酒=술을 빚다. **2** 빚다. 점차 형성하다〔조성하다〕. ¶～成祸

端=화근을 조성하다. **3** (꿀벌이) 꿀을 만들다. ¶~蜜=꿀을 만들다. **4** (조리 방법의 하나로) 속을 파낸 동아(冬瓜)·피망 따위 채소에 다른 소를 넣고 부치거나 찐다. ¶~冬瓜=고기 소를 넣고 찐 동아. 图 술. ¶佳~=좋은 술.

【酿成】**niàngchéng** 图 (좋지 않은 결과를) 조성하다. 빚어 내다. 만들다. 발생시키다. 야기하다. 초래하다. ¶~灾祸=재앙을 빚어 내다.

【酿祸】**niàng‖huò** 图 화를 빚다. 화를 초래하다. ¶一不小心酿成大祸=일순간의 실수가 큰 화를 초래했다.

【酿酒】**niàng‖jiǔ** 图 술을 담그다. 술을 빚다. ¶~业=양주업.

【酿酶】**niàngméi** 图(化) 치마아제. 🅢 Zymase

【酿母菌】**niàngmǔjūn** ☞【酵母】**jiàomǔ**

【酿热物】**niàngrèwù** 图(农) 발효 중에 발열하는 유기물. [예컨대 마소의 똥·보릿짚·옥수숫대·풀 등으로 온상을 가열하는 데에 쓰임]

【酿造】**niàngzào** 图 (술·식초·간장 등을) 양조하다. ¶~葡萄酒=포도주를 양조하다.

【酿造酒】**niàngzàojiǔ** ☞【发酵酒】**fājiàojiǔ**

【酿制】**niàngzhì** 图 양조하다.

# niao

## 鸟[鳥] **niǎo** 새 조
图(动) 새. 날짐승.
☞ **diǎo**

○☞ 翠cuì鸟, 蜂fēng鸟, 风鸟, 害鸟, 候鸟, 花鸟, 黄鸟, 雷鸟, 留鸟, 遛liù鸟儿, 琴qín鸟, 水鸟, 铁鸟, 鸵tuó鸟, 文鸟, 犀xī鸟, 益yì鸟, 鸷zhì鸟, 比翼yì鸟, 啄zhuó木鸟

【鸟巢】**niǎocháo** 图 새둥지.

【鸟虫书】**niǎochóngshū** 图 조충. 〔춘추(春秋) 말기부터 전국(戰國) 초기에 유행했던 회화적 색채가 강한 글씨체. 새 모양의 장식을 가미한 것을 조전(鳥篆) 또는 조서(鳥書), 벌레 모양의 장식을 가미한 것을 충서(蟲書), 이 둘을 합하여 조충서(鳥蟲書)라고 부름〕

| 鸟 | niǎo |
| 裊 | niǎo |
| 蔦 | niǎo |
| 枭 | xiāo |
| 岛 | dǎo |
| 捣 | dǎo |

【鸟铳】**niǎochòng** 图 조총. 새총.

【鸟雏】**niǎochú** 图 새끼새.

【鸟道】**niǎodào** 图 **1** 새만이 날아서 넘어갈 수 있는 길. **2**倒 험준한 산길.

【鸟粪】**niǎofèn** 图 **1** 새똥. **2** 구아노(guano). 조분석(鳥糞石).

【鸟粪层】**niǎofèncéng** 图 구아노(guano). 조분석(鳥糞石).

【鸟害】**niǎohài** 图 (농작물〔농산품〕에) 새가 입히는 피해.

【鸟喙】**niǎohuì** 图 **1** (새의) 부리. **2**倒 (새의 부리처럼) 뾰족한 입.

【鸟集鳞萃】**niǎojí-líncuì** 図 **1** 새와 물고기가

모여들다. **2**倒 (사람이) 많이 모여들다.

【鸟尽弓藏】**niǎojìn-gōngcáng** 図 **1** 새를 다 잡고 나서 활을 거두어 두다. **2**倒 일이 성공한 후 공을 세운 사람들을 저버리다. ≒兔死狗烹 过河拆桥 得鱼忘筌

【鸟瞰】**niǎokàn** 图 **1** 조감하다. 굽어보다. ¶~全城=도시 전체를 조감하다. **2** 개관(概觀)하다. ¶《世界经济形势~》=《세계 경제 형세 개관》.

【鸟瞰图】**niǎokàntú** 图 조감도.

【鸟类】**niǎolèi** 图 조류.

【鸟笼】**niǎolóng** 图 새장. 조롱.

【鸟卵】**niǎoluǎn** 图 새알.

【鸟鸣】**niǎomíng** 图 새가 지저귀다〔우짖다〕. ¶~不止=새가 끊임없이 지저귄다. 图 새가 지저귀는〔우짖는〕 소리. ¶声声~不绝于耳.=새 지저귀는 소리가 끊이지 않고 들린다.

【鸟面鹄形】**niǎomiàn-húxíng** ☞【鸠形鹄面】**jiūxíng-húmiàn**

【鸟枪】**niǎoqiāng** 图 **1** 새총. 조총. **2** 공기총.

【鸟枪换炮】**niǎoqiāng-huànpào** 図 **1** 새총을 대포로 바꾸다. **2**倒 조건이나 정황 등이 크게 호전되다.

【鸟雀】**niǎoquè** 图 새. 조류. ¶~成群=새들이 무리를 이루다.

【鸟儿】**niǎor** 图[구] (작은) 새.

【鸟市】**niǎoshì** 图 새 시장.

【鸟兽】**niǎoshòu** 图 조수. 새와 짐승. 날짐승과 길짐승. 모든 짐승. ¶自然保护区严禁捕杀~. =자연 보호 구역에서 짐승을 잡아죽이는 것을 엄금하다.

【鸟兽散】**niǎoshòusàn** 图倒 (새나 짐승처럼) 뿔뿔이 흩어지다. ¶作~=뿔뿔이 흩어지다.

【鸟书】**niǎoshū** ☞【鸟篆】**niǎozhuàn**

【鸟窝】**niǎowō** 图 새둥지. 새집.

【鸟语花香】**niǎoyǔ-huāxiāng** 図 **1** 새가 지저귀고 꽃이 향기를 풍기다. **2**倒 아름다운 봄 경치. 흐드러진 봄날. =【花香鸟语】**huāxiāng-niǎoyǔ**

【鸟葬】**niǎozàng** 图 조장. [시신을 들에 내다 놓아 새가 파 먹게 하는 장사 방법]

【鸟篆】**niǎozhuàn** 图 조전. [춘추(春秋) 말기부터 전국(戰國) 초기에 유행했으며, 새 모양의 장식을 가미한 회화적 색채의 글씨체] =【鸟书】**niǎoshū**

## 茑[蔦] **niǎo** 유홍초 조
图(植) 유홍초(留紅草).

【茑萝】**niǎoluó** 图 **1**倒(植) 유홍초와 송라. **2**倒 의지하는 관계. **3**倒 남에게 의지하여 살아가는 사람. ¶愿为~=남에게 의지하여 살기를 원하다. **4**(植) 유홍초. [학명은 '*Quamoclit pennata*' 임]

## 袅[裊, 嫋·嬝·褭] **niǎo** 하늘거릴 뇨
图 부드럽고 가늘다. 하늘하늘하다. ¶~娜的柳丝=하늘거리는 버들가지.

【袅袅】niǎoniǎo 형 1 (연기가) 모락모락 피어오르는 모양. ¶炊烟~=밥 짓는 연기가 모락모락 피어오르다. 2 소리가 가늘고 길게 이어지다. ¶余音~=여음이 가늘고 길게 이어지다. 3 가늘고 부드러운 것이 흔들리는 모양. 하늘거리다. 하늘하늘하다. 날리다. 나부끼다. ¶春风轻拂, 垂柳~。=봄바람이 가볍게 스치자 수양버들이 하늘거린다.

【袅袅婷婷】niǎoniǎo tíngtíng 형문 (여자의 걸음걸이가) 사뿐사뿐하다. 가볍다. =【婷婷袅袅】tíngtíng niǎoniǎo

【袅袅娜娜】niǎo·niao nuónuó 형 1 (나무나 풀이) 가늘고 부드럽다. 2 (여자의 몸매가) 날씬하고 아름답다.

【袅娜】niǎonuó 형 1 (나무나 풀이) 가늘고 부드럽다. ¶~的柳枝随风摆动。=가늘고 부드러운 버들가지가 바람에 흔들리다. 2 (여자의 몸매가) 날씬하고 아름답다. ¶~多姿=여자의 가늘고 날씬한 것 등 갖가지 자태.

【袅绕】niǎorào 형문 (소리가) 가늘게 계속 이어지다. 감돌다. 맴돌다. ¶琴声~=거문고를 타는 소리가 가늘게 계속 이어지다.

嬲 niǎo 희롱할 뇨
동문 1 놀리다. 희롱하다. 지분거리다. 2 집적대다. 치근대다. 귀찮게 굴다. 성가시게 굴다. 못살게 굴다. 들볶다.

**尿 niào 오줌 뇨
명 소변. 오줌. ¶屁滚~流=방귀가 나오고 오줌을 쌀 정도로 몹시 놀라서 당황하다. 혼비백산하다. 동 1 오줌을 누다. 소변을 보다. 배뇨하다. ¶~尿=소변을 보다. 2문 마음에 두다. 개의하다. ¶我才不~你呢。=나야말로 너를 개의치 않는다.
☞ suī

⊙• 利尿, 撒尿, 遺yí尿

【尿崩症】niàobēngzhèng 명(醫) 요붕증.
【尿布】niàobù 명 기저귀. =【尿片】niàopiàn 방【襁子】jiè·zi
【尿床】niào‖chuáng 동 침대에 오줌을 싸다. 야뇨(夜尿)하다.
【尿道】niàodào 명(生) 요도.
【尿毒症】niàodúzhèng 명(醫) 요독증.
【尿肥】niàoféi 명 비료로 쓰는 오줌. 오줌 거름.
【尿感】niàogǎn ☞【尿路感染】niàolù gǎnrǎn
【尿罐(子)】niàoguàn(·zi) 명 요강.
【尿壶】niàohú 명문 오줌통.
【尿急】niàojí 동 급한 변의(便意).
【尿炕】niào‖kàng 동 온돌(방구들)에 오줌을 싸다. 야뇨(夜尿)하다.
【尿路感染】niàolù gǎnrǎn 명(醫) 요로 감염. 문【尿感】niàogǎn
【尿盆】niàopén 명문 요강. 변기.
【尿片】niàopiàn ☞【尿布】niàobù

【尿频】niàopín 명(醫) 빈뇨증. 삭뇨증(數尿症).
【尿失禁】niàoshījìn 명(醫) 요실금.
【尿素】niàosù 명(化) 요소. 카르바미드(carbamide).
【尿酸】niàosuān 명(化) 요산.
【尿血】niào‖xiě 동(醫) 혈뇨하다.
【尿血】niàoxiě 명(醫) 요혈. 혈뇨.
【尿液】niàoyè 명 오줌.

脲 niào 요소 뇨
명(化) 요소(尿素).

溺 niào 오줌 뇨
명동 尿(niào)와 같음.
☞ nì

# nie

**捏[(揑)] niē 잡을 날
동 1 (엄지손가락과 다른 손가락으로) 집다. 잡다. ¶手~不住笔。=손으로 펜을 잡을 수 없다. 2 (손으로) 빚다. 빚어 만들다. ¶~泥人儿=흙인형을 빚다. 3 중재〔조정·알선·주선·중매〕하다. 관계를 맺어 주다. 다리를 놓다. 하나가 되게 하다. 뭉치다. 합치다. ¶把全班同学都~在一起不容易。=전체 반 학생들을 하나가 되게 하기는 쉽지 않다. 4 (손으로) 잡다. 쥐다. ¶把硬币~在手心里。=동전을 손바닥 안에 쥐고 있다. 5 날조(捏造)하다. 조작하다. 꾸며 대다. ¶~造罪名=죄명을 날조하다.
【捏把汗】niē bǎhàn ☞【捏一把汗】niē yībǎ hàn
【捏合】niēhé 동 1 중재〔조정·알선·주선·중매〕하다. 관계를 맺어 주다. 다리를 놓다. 하나가 되게 하다. 반죽하다. 뭉치다. 합치다. ¶他俩性格差异很大, 不容易~在一起。=그 두 사람은 성격 차이가 매우 커서 다리를 놓아 주기가 매우 힘들다. 2 꾸며 대다. 날조하다. [주로 조기 백화문에 보임] ¶你别想~这些谎话糊弄人。=너는 이런 거짓말을 날조하여 사람을 우롱하려 들지 마라.
【捏积】niējī 명(醫) 아이의 척추 양 옆을 주물러서 소화 불량·설사 등의 질병을 치료하다.
【捏弄】niē·nong 동 1 만지작거리다. ¶她说话的时候不停地~着胸前的围巾。=그녀는 말을 할 때, 끊임없이 가슴 앞의 목도리를 만지작거렸다. 2 좌지우지하다. 가지고 놀다. 농락하다. 지배하다. 조종하다. ¶他这样出尔反尔, 简直是在~我们。=그가 이렇게 이랬다저랬다하는 것은 그야말로 우리를 농락하는 것이다. 3 날조하다. 지어 내다. ¶根本没有这回事, 全是他们~出来的。=결코 이런 일이 없었고, 모두 그들이 날조해 낸 것이다. 4 비공식적으로〔개인적으로〕 상의하다. 협의하다. ¶买主和卖主~了一阵, 最后成交了。=구매자와 판매자가 비공식적으로 한동안 협의하더니 결국에는 거래가 성사되었다.

# niē  捏茶乜陧聂臬涅荙啮筎嗫嶭槷镊镍颞齯蹑

**【捏神弄鬼】niēshén-nòngguǐ** 남몰래 꾸미다. 쥐도 새도 모르게 계획하다.

**【捏一把汗】niē yībǎhàn** 1 (걱정이 되어) 손에 땀을 쥐다. 2 극도로 긴장하다. 가슴 졸이다. =【捏把汗】niē bǎhàn ¶他差点从悬崖上摔下去, 大家都为他~。=그가 하마터면 벼랑에서 떨어질 뻔하여, 모두들 가슴을 졸였다.

**【捏造】niēzào** 날조하다. ¶~事实=사실을 날조하다. ≒编造 虚构

## 茶 nié 나른할 녈

피곤하다. 나른하다. 무기력하다. 생기가 없다. 맥없다. ¶浑身发~=온몸이 나른하다.

## 乜 Niè 성씨 먀

성(姓).
☞ miē

## 陧[(阣)] niè 위태할 얼
☞【杌陧】wùniè

## *聂[聶] Niè 성씨 섭

성(姓).

## 臬 niè 과녁 얼

1 표적. 과녁. 사적(射的). 2 옛날, 해 그림자를 재는 막대. 3 표준. 법도. ¶奉为圭~=표준으로 삼아 받들다.
**【臬兀】nièwù** ☞【臲卼】nièwù

## 涅[(湼)] niè 검게 물들일 날

흑색 염료로 쓰이는 명반석(明矾石). 검게 물들이다.
**【涅白】nièbái** 불투명한 백색의.
**【涅而不缁】niè'érbùzī** 1 검게 물들여도 검게 되지 아니하다. 2 나쁜 영향을 받지 않다. 나쁜 것에 물들지 않는다.
**【涅槃】nièpán** (佛) 1 열반하다. 2 부처나 중이 죽다. 입적하다. 귀원하다. 귀적하다. 천화(遷化)하다. Nirvāna
**【涅石】nièshí** 흑색 염료로 쓰이는 명반석(明矾石).

## 荙 niè 과실 나무 이름 임
☞【地荙】dìniè

## 啮[嚙, 齧·囓] niè 깨물 설

(쥐·토끼 따위가) 갉(아먹)다. 깨물다. 쏠다. ¶虫咬鼠~=벌레가 물고 쥐가 갉다.
**【啮齿】nièchǐ** (분노의 표시로) 이를 갈다.
**【啮齿动物】nièchǐ dòngwù** (動) 설치류 동물. [포유류의 한 목(目)]
**【啮合】nièhé** 1 (이를) 악물다. 2 (톱니바퀴 등이) 맞물리다. ¶两个齿轮紧紧~在一起。= 두 개의 톱니바퀴가 단단히 맞물려 있다.
**【啮噬】nièshì** 1 물다. 깨물다. 2 괴롭

○ 聂 niè
  镊 niè
  蹑 niè
  颞 niè
  摄 shè
  慑 shè
  滠 shè

히다. 아프게 하다. 고통스럽게 하다. 구박하다. 학대하다. ¶多年来, 一种深深的愧疚一直~着他的心。=여러 해 동안, 깊은 자괴감이 줄곧 그의 마음을 괴롭게 하였다.

## 筎[籋] niè 족집게 섭

'镊(niè)'와 같음.

## 嗫[囁] niè 우물거릴 섭

**【嗫嚅嚅嚅】niè·nie rúrú** (~的) 말을 꺼내지 못하고 우물거리는 모양.
**【嗫嚅】nièrú** (감히 말을 꺼내지 못하고) 우물거리다. 우물대다. ¶他~着, 终究没有把话说出来。=그는 우물거리면서 끝내 말을 꺼내지 못했다.

## 嶭 niè 산 높을 얼
☞【嶻嶭】diénièё

## 槷 niè 과녁 얼

1 과녁의 중심. 2 옛날, 해 그림자를 재는 막대.

## *镊[鑷] niè 족집게 섭

족집게. 핀셋(pincette). (족집게로[핀셋으로]) 뽑다. 꺼내다. 집다. ¶把盐水瓶里的酒精棉球~出来。=식염수 병 안의 알코올 솜을 핀셋으로 집어 내다.
**【镊子】niè·zi** 족집게. 핀셋.

## 镍[鎳] niè 니켈 열

(化) 니켈(Ni, nickel). [원자 번호 28]
**【镍币】nièbì** 백동전(白銅錢).

## 颞[顳] niè 관자놀이 섭

아래를 참조.
**【颞骨】niègǔ** (生) 관자놀이뼈.
**【颞颥】nièrú** (生) 관자놀이.

## 齯 niè 불안할 얼

**【齯卼】[臬兀] nièwù** 위태하다. 불안하다.

## 蹑[躡] niè 밟을 섭

1 밟다. 디디다. ¶~上高位=높은 자리에 오르다. 2 뒤를 밟다. 미행하다. 뒤따라가다. ¶追~=미행하다. 3 살금살금〔살그머니·가만가만·조용히〕 걷다. ¶~着脚进屋=살금살금 걸어 집 안으로 들어가다.
**【蹑步】nièbù** 살금살금〔살그머니·가만가만〕 걷다. ¶~而前=살금살금 나아가다.
**【蹑悄悄】nièqiāoqiāo** (~的) 살금살금〔살그머니·가만가만〕 걷는 모양. ¶他~地走了进来, 谁也没察觉。=그가 살금살금 걸어 들어왔는데, 누구도 알아차리지 못했다.
**【蹑手蹑脚】nièshǒu-nièjiǎo** 1 발조차 움직이지 않고 가만가만 걷는 동작. 2 발소리를 죽여 살금살금〔가만가만〕 걷다.

蹑孽蘖櫱恁您宁苧拧咛 **níng** 1423

【蹑踪】nièzōng 통문 미행하다. 뒤를 밟다.
【蹑足】nièzú 통 **1** 살금살금〔살그머니·가만가만·조용히〕걷다. ¶她~走到床前, 吻了一下熟睡的孩子=그녀는 살그머니 침대 앞으로 다가가서 곤히 자고 있는 아이의 입을 맞추었다. **2** 문 발을 들여놓다. 참여하다. 끼어들다. ¶~其间=그 속에 발을 들여놓다.
【蹑足潜踪】nièzú-qiánzōng 성 **1** 슬쩍 자취를 감추다. 흔적을 없애다. **2** (행동이) 은밀하다.

\***孽**[(孼)] niè 재앙 얼
명 **1** 요괴. 요물. ¶妖~=요괴. **2** 화. 재난. 죄악. ¶造~=나쁜 짓을 하다. /余~=잔당. 잔여 세력. 형문 불효하다. 불효자. ¶~臣=불충한 신하.
○◆ 冤yuān孽, 作孽
【孽报】nièbào 명 (佛) 업보(業報). ¶作恶多端, 必遭~. =나쁜 짓을 일삼으면 반드시 업보를 치르게 된다.
【孽根】niègēn 명 화근. 죄악의 씨〔근원〕. ¶铲除~=화근을 없애다.
【孽海】nièhǎi 명 (佛) 죄악(罪恶)의 세계. 많은 죄업(罪業). 살아 지은 죄.
【孽债】nièzhài 명 아직 씻지 않은 죄과〔죄업〕. ¶偿还~=죄를 갚다.
【孽障】nièzhàng 명 **1** (佛) 업장(業障). ¶消除~=업장을 없애다. **2** 욕 불효막심한 놈. 천벌을 받을 놈. 못된 놈〔녀석〕. 죽일 놈〔녀석〕. [다정한 호칭으로 쓰이기도 함]
【孽种】nièzhǒng 명 **1** 화근. 죄악의 씨〔근원〕. **2** 욕 불효막심한 놈. 천벌을 받을 놈. 못된 놈〔녀석〕. 죽일 놈〔녀석〕. [다정한 호칭으로 쓰이기도 함] ¶我们家怎么出了你这么个~! =우리 집안에 어찌하여 너같은 불효막심한 놈이 생겨났단 말이냐!
【孽子】nièzǐ 명 불효자.

**蘖** niè 그루터기 얼
명 **1** (그루터기에서 돋아나는) 움. **2** 곁가지. ¶分~=가지치기하다.
【蘖枝】nièzhī 명 새로 나온 곁가지.

**櫱** niè 누룩 얼
명문 누룩.

## nin

**恁** nín 너 님
대 '您(nín)'과 같음. [주로 조기 백화문에 보임]
☞ **nèn**

\*\***您** nín 당신 님
대 당신. 선생님. 귀하. [2인칭 대명사 '你'의 존칭] ¶老师, ~好! =선생님, 안녕하세요!

## ning

\*\***宁**[寧, 寗·甯] níng 편안할 녕
형 편안하다. 안녕하다. 평온하다. 평안하다. 안정되다. ¶心神不~=마음이 편안하지 않다. 통 **1** 문 편안〔평안·평온〕하게 하다. ¶息事~人=분쟁을 그치고 서로 편안히 지내다. **2** 문 방문하다. 문안하다. 찾아가 보다. ¶归~=(결혼 후 처음으로) 친정 부모를 찾아뵙다. 명 (Níng) **1** (地) '난징(南京)'의 별칭. ¶沪~铁路=상해와 남경 간 철도. **2** (약) (地) 宁夏回族自治区 (닝샤 회족 자치구). ¶陕甘~边区=산시(陕西)·간쑤(甘肃)·닝샤(宁夏)의 변경 지역. **3** 성(姓).
☞ **nìng**

| ⊙ | 宁 níng |
| | 柠 níng |
| | 狞 níng |
| | 泞 nìng |
| | 咛 níng |
| | 聍 níng |
| | 贮 zhù |
| | 伫 zhù |
| | 苎 zhù |

○◆ 安宁, 归宁, 康宁, 奎kuí宁
【宁靖】níngjìng 통문 (사회 질서가) 안정되다. 평정되다. ¶四海~=온 세상이 평정되다.
【宁静】níngjìng 형 (환경·마음 따위가) 편안하다. 조용하다. 평온하다. ¶山村的夜晚格外~. =산골 마을의 저녁이 무척 조용하다. ≒寂静 ↔喧闹 喧哗 喧嚣
【宁亲】níngqīn 통문 귀성(하여 부모님께 문안) 하다.
【宁日】níngrì 명 영일. 편안한 나날. 평화로운 세월. ¶内乱频仍, 国无~. =내란이 빈번하여 나라가 평안할 날이 없다.
【宁帖】níngtiē 형 (마음이) 편안하다. 평온하다. ¶夜里孩子哭闹, 睡不~. =밤에 아이가 울며 보채는 바람에 잠을 편안하게 못 잤다.
【宁夏回族自治区】Níngxià Huízú zìzhìqū 명 (地) 닝샤〔영하〕 회족 자치구. ['宁'으로 약칭하며, 정부 소재지는 인촨(银川)임]
【宁馨儿】níngxīn'ér 명문 **1** 이와 같은 아이. **2** 요 귀여운 녀석. 귀염둥이.

**苧**[苧] níng 리모닌 녕
명화 (化) 리모닌(limonene). [화학식은 $C_{10}H_{16}$]
☞ **苎**(zhù)

\***拧**[擰] níng 비틀 녕
통 **1** 짜다. 비틀다. ¶把衣服~干后晾出去. =옷을 꽉 짠 다음 내다 널다. **2** 꼬집다. ¶~耳朵=귀를 꼬집다.
☞ **nǐng, nìng**
【拧成一股绳】níngchéng yīgǔ shéng 숙어 하나로 뭉치다. 굳게 단합되다. ¶全体员工~, 携手并进, 共渡难关. =모든 직원들이 하나가 되어 함께 어려운 고비를 넘기다.

**咛**[嚀] níng 간곡할 녕
☞【叮咛】dīngníng

\*狞[獰] **níng** 흉악할 녕
⟨형⟩ (생김새가) 흉악하다. 흉물스럽다. 사납다. ¶狰~=(생김새가) 흉악하다.
【狞恶】**níng'è** ⟨형⟩ 흉악하다. 흉물스럽다. 사납다. ¶面目~=생김새가 사납다.
【狞视】**níngshì** ⟨동⟩ 사납게 노려보다. 침떠보다. ¶他凶神恶煞似地~着我.=그는 마치 흉신처럼 나를 사납게 노려보고 있다.
【狞笑】**níngxiào** ⟨동⟩ 흉악하게[섬뜩하게·독살스럽게·잔인하게] 웃다. ¶他冷冷地~着.=그는 차갑도록 흉악하게 웃고 있다. 흉악한[섬뜩한·독살스러운] 웃음소리. ¶他突然发出一阵~.=그는 갑자기 섬뜩한 웃음소리를 냈다.

\*柠[檸] **níng** 레몬 녕
아래를 참조.
【柠檬】**níngméng** ⟨명⟩(植) 레몬.
【柠檬水】**níngméngshuǐ** ☞【柠檬汁】**níngméngzhī**
【柠檬素】**níngméngsù** ⟨명⟩(化) 비타민 P. 시트린(citrin).
【柠檬酸】**níngméngsuān** ⟨명⟩(化) 시트르산(citric acid). 구연산. 레몬산(lemon酸). =【枸橼酸】**jǔyuánsuān**
【柠檬汁】**níngméngzhī** ⟨명⟩ 레몬 주스. =【柠檬水】**níngméngshuǐ**

聍[聹] **níng** 귀지 녕
☞【耵聍】**dīngníng**

髯[鬡] **níng** 머리털 흐어질 녕
☞【鬇髯】**zhēngníng**

\*凝 **níng** 엉길 응
⟨동⟩ **1** 엉기다. 엉겨붙다. 응결되다. 응집되다. 응고되다. ¶冷~=응축. 응결. / 混~土=콘크리트. **2** (정신을) 모으다. 집중하다. (어떤 생각이나 일에) 골몰하다. 골똘하다. ¶静坐~思=정좌하고 생각에 잠기다. / ~视许久=한참을 뚫어지게 바라보다.
【凝碧】**níngbì** ⟨형⟩ 심녹색의. 검푸르다. ¶~的湖水=심녹색의 호수.
【凝成】**níngchéng** ⟨동⟩ …로 응결되다. ¶蒸汽~了水珠.=수증기가 응결되어 물방울이 되었다.
【凝点】**níngdiǎn** ⟨명⟩(物) 응고점.
【凝定】**níngdìng** ⟨동⟩ 응결되다. 움직이지 않다. ¶~的眼神=고정된 눈길.
【凝冻】**níngdòng** ⟨동⟩ 얼다. 응결되다. 얼어붙다. ¶水~成冰.=물이 얼어서 얼음이 되었다.
【凝固】**nínggù** ⟨동⟩ **1** 응고하다. 굳어지다. ¶铁水慢慢~成型.=쇳물이 천천히 굳어 모형이 되다. **2** ⟨비⟩ 고정되어 변하지 않다. 정체되다. ¶思想~=생각이 정체되다. ⇌凝结 ↔熔化 融化
【凝固点】**nínggùdiǎn** ⟨명⟩(物) 응고점.
【凝固剂】**nínggùjì** ⟨명⟩(化) 응고제.
【凝固汽油弹】**nínggù qìyóudàn** ⟨명⟩(軍) 네이팜탄.
【凝固热】**nínggùrè** ⟨명⟩(物) 응고열.
【凝含】**nínghán** ⟨동⟩ 응집하다. 맺히다. 함유하다. 담겨 있다. ¶他的双眼~着无限的深情.=그의 두 눈에는 한없이 그윽한 정이 담겨 있다.
【凝合】**nínghé** ⟨동⟩ 응결하다. 집합하다. 한데 모이다. ¶共同的利益把两人~在一起.=공동의 이익은 두 사람을 한데 뭉치게 하였다.
【凝华】**nínghuá** ⟨동⟩(物) 승화하다.
【凝灰岩】**nínghuīyán** ⟨명⟩(地) 응회암.
【凝积】**níngjī** ⟨동⟩ 응결되다. 엉겨 맺히다. 엉겨붙다. ¶伤口~着鲜红的血液.=상처에 선홍색 피가 엉겨붙어 있다.
【凝集】**níngjí** ⟨동⟩ 모이다. 모으다. 응집하다. 집중하다. ¶桥梁的设计方案~了多位专家的智慧.=교량의 설계 방안에는 많은 전문가들의 지혜가 응집되었다.
【凝寂】**níngjì** ⟨형⟩ 대단히 고요하다. 매우 적막하다. 쥐 죽은 듯이 잠잠하다. ¶~的夜晚=쥐 죽은 듯이 고요한 밤.
【凝结】**níngjié** ⟨동⟩ 응결하다. 응결되다. ¶湖面上~了一层厚厚的冰.=호수 위에 두꺼운 얼음이 얼었다. ⇌凝固 凝聚
【凝结核】**níngjiéhé** ⟨명⟩(物) 응결핵.
【凝聚】**níngjù** ⟨동⟩ **1** 맺히다. ¶雾气在草尖上~成一颗颗露珠.=안개가 풀잎 끝에 이슬방울로 맺혔다. **2** 응집하다. 응집되다. 모으다. 모이다. ¶这部诗稿~了他半生的心血.=이 시집 원고는 그의 반평생의 심혈이 응집된 것이다. ⇌凝结
【凝聚力】**níngjùlì** ⟨명⟩ **1**(物) 응집력. **2** 응집력. ¶增强企业内部的~.=기업 내부의 응집력을 키우다.
【凝练】[凝炼] **níngliàn** ⟨형⟩ (문장 따위가) 간결[간명]하다. ¶文笔~=필치가 간결하다.
【凝炼】**níngliàn** ☞【凝练】**níngliàn**
【凝眸】**níngmóu** ⟨동⟩⟨문⟩ 응시[주시]하다. 눈여겨보다. 뚫어지게 보다. 시선을 집중하다. ¶~眺远=먼 곳을 응시하다.
【凝目】**níngmù** ⟨동⟩ 응시[주시]하다. 눈여겨보다. ¶~注视=뚫어지게 주시하다.
【凝乳酶】**níngrǔméi** ⟨명⟩(化) 응유 효소(凝乳酵素). 레닌(renin).
【凝神】**níngshén** ⟨동⟩ 정신을 집중하다[통일하다·모으다]. ¶~思考=깊은 사색에 잠기다. ↔分神
【凝神贯注】**níngshén-guànzhù** ⟨성⟩ 정신을 온통 집중하다[기울이다].
【凝视】**níngshì** ⟨동⟩ 주목[응시]하다. 눈여겨보다. 뚫어지게 바라보다. ¶~良久=한동안 뚫어지게 바라보다. ⇌注视

---
**凝视**(níngshì) / **注视**(zhùshì)
응시하다, 주시하다
凝视 : 정신을 집중하고 길게 보는 것. 대상은 구체적인 것, 특히 정지해 있는 사람 또는 사물임. ¶他久久地凝视着窗前的一棵大树.=그는

오랫동안 창문 앞에 있는 큰 나무를 응시하고 있다.
注视: 주의력과 정신을 집중하여 관찰하는 것을 말함. 그 대상은 구체적인 사람이나 사물, 추상적이고 변화가 있는 사물이 될 수 있음. ¶我们应密切注视事态的发展。= 우리들은 꼼꼼하게 사태의 발전을 주시해야 한다.

【凝思】 **níngsī** 〔동〕 생각에 잠기다. 마음을 집중시키다. 골똘히 생각하다. ¶默然~=묵묵히 생각에 잠기다.

【凝缩】 **níngsuō** 응축하다.

【凝听】 **níngtīng** 〔동〕 정신을 집중하여 듣다. 자세히 듣다. 경청하다. 귀담아듣다. 깊이 새겨듣다. ¶静心~=마음을 가라앉히고 귀담아듣다. 늑谛听 倾听

【凝望】 **níngwàng** 〔동〕 응시〔주시〕하다. 눈여겨 바라보다. 뚫어지게 바라보다. ¶~远山=먼 산을 응시하다.

【凝想】 **níngxiǎng** 〔동〕 생각에 잠기다. 마음을 집중시키다. 골똘히 생각하다. ¶~默虑=묵묵히 생각에 잠기다.

【凝血酶】 **níngxuèméi** 〔명〕〔化〕 응혈 효소(凝血酵素). 트롬빈(thrombin).

【凝血药】 **níngxuèyào** 〔명〕〔醫〕 혈액 응고제.

【凝咽】 **níngyè** 〔동〕〔문〕 목이 메다. 목메어 울다. 늑无语 ≒= 말없이 목이 메다.

【凝脂】 **níngzhī** 〔명〕〔문〕 **1** 응고된 기름. **2** 〔비〕 (기름덩이같이) 희고 매끄러운 피부. ¶肤如~=피부가 희고 매끄럽다.

【凝滞】 **níngzhì** 〔동〕 **1** 정체되다. 굳어지다. 움직이지 않다. ¶目光~=눈빛이 굳었다. **2** 〔문〕 응집하다. 모이다. ¶这部著作~着作者毕生的心血。= 이 저작에는 작자의 평생의 심혈이 응집되어 있다.

【凝重】 **níngzhòng** 〔형〕 **1** 장중하다. 듬직하다. 진중하다. 엄숙하다. ¶神情~=표정이 엄숙하다. **2** (분위기 따위가) 무겁다. 농후하다. 짙다. 심하다. ¶夜色~=밤이 깊다. **3** (소리나 음악 등이) 낮고 묵직하다. 중후하다. ¶曲调~, 具有很强的感染力。= 곡조가 낮고 묵직하며, 진한 감동을 주는 힘이 있다.

【凝瞩】 **níngzhǔ** 〔동〕 응시〔주시〕하다. 눈여겨 보다. 뚫어지게 바라보다. ¶他抬起头, ~着远山。=그는 고개를 들어 먼 산을 바라보고 있다.

【凝妆】 **níngzhuāng** 〔동〕 성장(盛裝)하다. 곱게 단장하다. ¶颁奖晚会上, 女演员们个个~登台。=시상식에서 여배우들이 모두 곱게 단장하고 시상대에 올랐다.

## 拧 [擰] **nǐng** 비틀 녕

〔동〕 **1** 틀다. 비틀다. 비틀어 돌리다. ¶把螺丝~紧=나사를 꽉 조이다. **2** 뒤바뀌다. 전도되다. 틀리다. 잘못되다. 실수하다. ¶他把'事半功倍'说~了, 说成了'事倍功半'。= 그는 '적은 노력으로 많은 효과를 거둔다.'는 말을 잘못해서, '많

은 노력을 들이고도 성과는 적다.' 라고 말해 버렸다. **3** 틀어지다. 어긋나다. 저촉하다. 모순되다. ¶他俩越说越~, 最后竟吵了起来。=그 두 사람은 말을 할수록 의견이 어긋나 결국은 말다툼까지 벌였다.
☞ **níng, nìng**

【拧咕】 **nǐng·gu** 〔형〕〔구〕 비뚤다. 바르지 않다. 맞지 않다. ¶衣服小了点, 穿在身上~着, 很不舒服。=옷이 좀 작아서 입으면 맞지 않아 무척 불편하다. 〔동〕 **1** 의견이 일치되지 않다. 뜻이 맞지 않다. ¶夫妻俩老~着, 经常拌嘴。=부부가 항상 의견이 맞지 않아서 자주 말다툼을 한다. **2** 비틀다. 돌리다. ¶收音机让孩子~坏了。=라디오를 아이가 돌리다가 고장냈다.

【拧紧】 **nǐng‖jǐn** 〔동〕 바짝 조이다. 꽉 죄다. ¶螺母松动了, 得重新~。=너트가 풀어져서 다시 꽉 조여야 한다.

【拧开】 **nǐng‖kāi** 〔동〕 돌려서〔틀어서〕 풀다〔열다〕. ¶~瓶盖=병마개를 열다.

## *宁¹[寧, 宁·甯] **nìng** 차라리 녕

〔부〕 **1** 〔문〕 어찌. 설마. ¶王侯将相~有种乎？=왕후장상이 어찌 씨가 따로 있겠는가？ **2** 차라리. ¶~不自由, 毋~死。=자유가 없을 바에는 차라리 죽는 편이 낫다.

## *宁²[寧, 甯] **Nìng** 성씨 녕

〔명〕 성(姓).
☞ **níng**

【宁可】 **nìngkě** 〔부〕 차라리 …할지언정. 설령 …할지라도. 〔주로 '决不(juébù)·也不(yěbù)'와 호응하여 쓰임〕 ¶他~自己遭罪, 也不让孩子受一点委屈。=그는 자신이 고생할지언정, 아이는 조금도 상처받지 않게 한다.

【宁肯】 **nìngkěn** 〔부〕 차라리 …할지언정. 설령 …할지라도. ¶~受穷, 也不要别人的施舍。=가난할망정 다른 사람의 은혜를 입기는 싫다.

【宁缺毋滥】 **nìngquē-wúlàn** 〔성〕 차라리 부족할망정 아무렇게나 채우지 않는다. ↔滥竽充数

【宁死不屈】 **nìngsǐ-bùqū** 죽을지언정 굽히지 않는다. ↔苟且偷安

【宁为鸡口, 无为牛后】 **nìng wéi jīkǒu, wú wéi niúhòu** 〔성〕 **1** 닭의 대가리가 될지언정 소의 꼬리가 되지는 않는다. **2** 〔비〕 큰 곳에서 남의 간섭을 받으며 아무것도 못 하느니, 차라리 작은 곳에서 자유롭게 재능을 발휘하는 것이 낫다. = 〔宁为鸡口, 无为牛从〕 **nìng wéi jīshī, wú wéi niúcóng**

【宁为鸡尸, 无为牛从】 **nìng wéi jīshī, wú wéi niúcóng** ☞【宁为鸡口, 无为牛后】 **nìng wéi jīkǒu, wú wéi niúhòu**

【宁为玉碎, 不为瓦全】 **nìng wéi yù suì, bù wéi wǎ quán** 〔성〕 **1** 부서진 옥이 될지언정, 온전한 기와가 되지는 않는다. **2** 〔비〕 가치 있게 죽을망정 너절하게 살지는 않는다.

【宁愿】 **nìngyuàn** 〔부〕 차라리 …할지언정. 설령 …할지라도. 오히려 …하고 싶다. ¶他~代人受

과, 也不愿说出真相. =그는 남을 대신하여 잘못을 뒤집어쓸지언정, 진상을 말하려 하지 않는다. 늑情ября

【宁折不弯】**nìngzhé bùwān** (성) **1** (물체가) 꺾일망정 구부러지지 않다. **2** (비) (성격이) 강직하여 굽히지 않다. 죽어도 굴복하지 않는다.

## 佞 **nìng** 아첨할 녕

(형)(문) **1** 말재주가[말재간이] 좋다. 언변[구변]이 좋다. **2** 아첨[아부]에 능하다. 비위를 잘 맞추다. 알랑거리다. ¶奸~=간사하여 아첨을 잘하다. **3** 재지(才智)가 있다. ¶不~=재주가 없다.

【佞臣】**nìngchén** (명)(문) 간신. 간사하여 아첨을 잘하는 신하.

【佞人】**nìngrén** (명)(문) 아첨꾼. 알랑쇠.

【佞史】**nìngshǐ** (명)(문) 왜곡된 역사. 아첨으로 얼룩진 역사. [집권자에게 잘 보이기 위해 진상을 숨긴 역사 기록을 말함]

【佞笑】**nìngxiào** (동) 간사[간교]하게 웃다. 아첨하며 웃다.

【佞幸】**nìngxìng** (동)(문) 아첨으로 총애를 받다. (명)(문) 아첨꾼. [아첨으로 군주의 총애를 얻은 사람을 가리킴] ¶任用~=아첨꾼을 임용하다.

## 拧[擰] **nìng** 고집스러울 녕

(형)(문) 고집이 세다. 옹고집이다. 완고하다. 까다롭다. (성격이) 비뚤어지다. ¶~脾气=고집스러운 성격.

☞ **níng**, **nǐng**

【拧劲儿】**nìngjìnr** (명)(구) 옹고집. 막무가내인 태도. ¶他的~上来了, 谁也功不住. =그가 옹고집을 부리기 시작하면 아무도 못 말린다.

【拧种】**nìngzhǒng** (명)(구) 고집쟁이. 고집불통. ¶这孩子脾气犟得很, 简直是个~. =이 아이의 성격은 얼마나 완강한지, 완전히 고집불통이다.

## *泞[濘] **nìng** 진창 녕

(명)(문) 진창. 진흙탕. ¶泥~=진창.

【泞滑】**nìnghuá** (형) (지면이) 질퍽거리고 미끄럽다. ¶道路~, 很不好走. =도로가 질퍽거리고 미끄러워 정말 걷기에 힘들다[좋지 않다].

【泞泥】**nìngní** (형) 질퍽거리다. 질퍽질퍽하다. 질벅거리다. 질척하다. 질척질척하다. ¶~的路面=질퍽거리는 노면. (명) 진창. 진흙탕. 이녕(泥濘). ¶遍地~=곳곳이 진창이다.

# niu

## 妞 **niū** 계집아이 뉴

(명)(구) (~儿) 여자 아이. 계집아이. 계집애. 처녀애. 딸아이. ¶大~儿=큰 딸아이.

【妞妞】**niūniū** (명)(방) 계집애. [여자 아이에 대한 다정한 호칭]

【妞儿】**niūr** (명)(구) 여자 아이. 계집아이. 계집애. 처녀애. 딸아이. ¶那个小~真漂亮! =그 계집아이 정말 예쁘네!

【妞子】**niū·zi** (명)(방) 계집애. [여자 아이에 대한 다정한 호칭]

## **牛** **niú** 소 우

(명) **1** (동) 소. **2** (天) 우수(牛宿). [이십팔수(二十八宿)의 하나] **3** (비) 완고하거나 거만한 성격. 황소고집. ¶他生来就是这个~脾气. =그는 나면서부터 이런 황소고집이었다. **4** (Niú) 성(姓).

(형)(방) 거만하다. 거들먹거리다. 오만하다. ¶他刚有了几个钱, 就~起来了. =그는 막 돈이 몇 푼 생기더니 바로 거들먹거리기 시작했다. (양)(物) 뉴턴(牛顿, newton).

○● 鼻牛儿, 菜牛, 吹chuī牛, 顶牛儿, 耕gēng牛, 牯gǔ牛, 海牛, 黄牛, 犁牛, 羚líng牛, 瘤liú牛, 牦máo牛, 奶牛, 牵qiān牛, 乳牛, 水牛, 天牛, 铁牛, 土牛, 蜗wō牛, 犀xī牛, 野牛, 执zhí牛耳

【牛蒡】**niúbàng** (명)(植) 우엉.

【牛鼻子】**niúbí·zi** (명) **1** 소의 코. **2** (비) (사물의) 중요한 부분. 관건. 핵심. 급소. 정곡. ¶只要抓住了~, 问题就好解决了. =핵심만 파악하면 문제는 쉽게 해결된다.

【牛脖子】**niúbó·zi** (명)(방) **1** 소의 목. **2** (비) 고집불통. 황소고집. 완고한 성미. ¶他又犯~了. =그는 또 황소고집을 부린다.

【牛车】**niúchē** (명) 소달구지. 우차. 소가 끄는 짐수레.

【牛刀小试】**niúdāo-xiǎoshì** (성) **1** 소 잡는 칼을 잠시 한번 시험해 보다. **2** (비) 매우 훌륭한 솜씨를 먼저 작은 일에 발휘해[시험해] 보이다. =【小试牛刀】**xiǎoshì-niúdāo**

【牛鼎烹鸡】**niúdǐng-pēngjī** (성) **1** 소 삶는 가마에 닭을 삶다. **2** (비) 큰 인재를 작은 일에 쓰다. 인재를 썩이다. 큰 인재가 썩다.

【牛痘】**niúdòu** (명)(醫) **1** 우두. [소의 급성 전염병] **2** 천연두 백신. ¶种~=우두를 놓다.

【牛痘苗】**niúdòumiáo** ☞ 【痘苗】**dòumiáo**

【牛犊(子)】**niúdú(·zi)** (명) 송아지.

【牛顿】**niúdùn** (양)(物) 뉴턴.

【牛轭湖】**niú'èhú** (명)(地) 하적호(河跡湖).

【牛粪】**niúfèn** ☞【牛屎】**niúshǐ**

【牛肝菌】**niúgānjùn** (명)(植) 그물버섯.

【牛倌】**niúguān** (~儿) (명)(구) 소몰이꾼. 소 치는 사람. 목동.

【牛鬼蛇神】**niúguǐ-shéshén** (성) **1** 소의 머리에 뱀의 몸을 가진 요괴. **2** (비) (사회상의) 온갖 추악한 사람 또는 사물. **3** (비) 비현실적이다. 황당무계하다. 터무니없다.

【牛黄】**niúhuáng** (명)(醫) 우황.

【牛角】**niújiǎo** (명) **1** 우각. 쇠뿔. **2** 쇠뿔 호각. 쇠뿔 나팔.

【牛角尖】**niújiǎojiān** (~儿) (명) **1** 쇠뿔의 끝. **2** (비) 해결할 수 없는 문제. 연구할[생각할] 가치가 없는 사소한 문제. ¶钻~=사소한 문제에 끝까지 매달리다.

【牛筋】niújīn 명 1 소의 힘줄. ⇨【牛筋头】niújīn·tou 2 비 옹고집. 쇠고집. 왕고집. 고집쟁이. ¶这个老~, 固执得很. =이 고집쟁이, 정말 고집스럽네.

【牛筋草】niújīncǎo 명(植) 왕바랭이. [볏과의 한해살이풀] =【蟋蟀草】xīshuàicǎo

【牛筋头】niújīn·tou ☞【牛筋】niújīn

【牛劲】niújìn(~儿) 명 1 소의 힘. 2 비 대단한 힘. 큰 힘. ¶他费了一才举起杠铃. =그는 온 힘을 들여 간신히 바벨을 들어올렸다. 3 비 고집불통. 황소고집. 완고한 성미. ¶他的~一上来, 谁也说服不了. =그가 황소고집을 한번 부리면 누구의 말도 듣지 않는다.

【牛圈】niújuàn 명 소우리. 우사. 외양간. 외양간 울타리.

【牛栏】niúlán 명 소우리. 우사. 외양간. 외양간 울타리.

【牛郎】niúláng 명 1 목동. 소 치는 소년. 2 (天) 견우성. 3 견우.

【牛郎星】niúlángxīng ☞【牵牛星】qiān niúxīng

【牛郎织女】niúláng-zhīnǔ 성어 1 (天) 견우성과 직녀성. 2 견우와 직녀. 3 비 오랫동안 떨어져 사는 부부.

【牛羚】niúlíng ☞【羚牛】língniú

【牛瘤蝇】niúliúyíng ☞【牛蝇】niúyíng

【牛马】niúmǎ 명 1 마소. 우마. 소와 말. 2 비 (생활이 어려워) 힘든 노동에 종사하는 사람. 마소같이 일하는 사람.

【牛毛】niúmáo 명 1 우모. 쇠털. 2 비 촘촘하거나 많은 사물. ¶多如~=쇠털처럼 많다.

【牛毛细雨】niúmáo xìyǔ ☞【牛毛雨】niú máoyǔ

【牛毛雨】niúmáoyǔ 명 가랑비. 이슬비. 안개비. 보슬비. 부슬비. =【牛毛细雨】niúmáo xìyǔ

【牛虻】niúméng 명(動) 등에. 쇠등에.

【牛奶】niúnǎi 명 우유. 쇠젖. =【牛乳】niúrǔ

【牛腩】niúnǎn 명 1 갈비. 양지머리. 2 갈비나 양지머리를 이용한 요리.

【牛年马月】niúnián-mǎyuè ☞【驴年马月】lǘnián-mǎyuè

【牛排】niúpái 명 1 크고 두툼한 쇠고기 조각. 2 스테이크(steak). 비프스테이크(beefsteak).

【牛棚】niúpéng 명 외양간.

【牛皮】niúpí 명 1 소가죽. 쇠가죽. 우피. [주로 무두질을 거친 것을 가리킴] 2 비 (소가죽처럼) 질기고 탄력이 있거나 쉽게 부서지지 않는 것. ¶一张~纸=크라프트지 한 장. 3 비 큰소리. 흰소리. 허풍. 허세. ¶吹~=허풍을 떨다.

【牛皮糖】niúpítáng 명 쫄깃쫄깃한 캔디(사탕). 캐러멜.

【牛皮癣】niúpíxuǎn 명(醫) 마른버짐. 건선(乾癬). =【银屑病】yínxièbìng

【牛皮蝇】niúpíyíng ☞【牛蝇】niúyíng

【牛皮纸】niúpízhǐ 명 크라프트지.

【牛脾气】niúpí·qi 명 고집불통. 황소고집. 완고한 성미. ¶别理他, 他就这一~. =상관하지 마, 그 사람 원래 이렇게 고집불통이야.

【牛气】niú·qi 형(방) 거만한 태도. 거들먹거리는 모양. ¶他~得很, 认为谁都不是自己的对手. =그 사람은 아주 거만해서 누구도 자기의 적수가 안 된다고 생각한다.

【牛肉】niúròu 명 쇠고기. 소고기.

【牛乳】niúrǔ ☞【牛奶】niúnǎi

【牛屎】niúshǐ 쇠똥. 소똥. =【牛粪】niúfèn

【牛市】niúshì 명(經) 상승세인 주식 시장. ↔熊市

【牛溲马勃】niúsōu-mǎbó 성어 1 소 오줌과 말불버섯. [일설에는 질경이와 말불버섯이라고 함] 2 비 비록 보잘것없지만 쓸모 있는 것.

【牛头刨】niútóubào 명(機) 형삭반(形削盤).

【牛头不对马嘴】niútóu bù duì mǎzuǐ ☞【驴唇不对马嘴】lǘchún bù duì mǎzuǐ

【牛头马面】Niútóu-Mǎmiàn 성어 1 (佛) (지옥의 두 옥졸인) 우두 귀신과 마두 귀신. 2 비 추악(사악·흉악)한 사람. 흉측한 몰골.

【牛蛙】niúwā 명(動) 황소개구리. [학명은 'Rana catesbeiana' 임]

【牛尾】niúwěi 명 쇠꼬리. ¶~汤=꼬리곰탕.

【牛瘟】niúwēn 명 우역(牛疫).

【牛膝】niúxī 명(植) 쇠무릎. 쇠무릎지기. 우슬.

【牛性(子)】niúxìng(·zi) 명 고집불통. 황소고집. 완고한 성미.

【牛鞅(子)】niúyàng(·zi) 명 멍에.

【牛饮】niúyǐn 통 (술이나 물을) 소처럼 마시다 [들이키다]. 우음하다. 벌컥벌컥 마시다. 광음(狂飲)하다. ¶茶要细细地品, 哪能如此~. =차는 섬세하게 음미해야지, 이렇게 벌컥벌컥 들이키는 게 어디 있어.

【牛蝇】niúyíng 명(動) 쇠파리. 우승. =【牛皮蝇】niúpíyíng【牛瘤蝇】niúliúyíng

【牛油】niúyóu 명 우지(牛脂). 쇠기름.

【牛仔服】[牛崽服] niúzǎifú 명. 진(jean). 데님(denim). 진[데님] 의류.

【牛仔裤】[牛崽裤] niúzǎikù 명 청바지.

【牛崽】niúzǎi 명(방) 송아지.

【牛崽服】niúzǎifú ☞【牛仔服】niúzǎifú

【牛崽裤】niúzǎikù ☞【牛仔裤】niúzǎikù

## 扭 niǔ 비틀 뉴

통 1 (손으로) 비틀다. 비틀어 돌리다. ¶强~的瓜不甜. =억지로 한 일은 좋은 결과가 있을 수 없다. 2 삐다. 접질리다. ¶前两天把腰~了. =며칠 전에 허리를 삐었다. 3 (반대 방향으로) 돌리다. ¶~一身就跑=몸을 돌려 달리다. 4 (몸을) 흔들다. 비비 꼬다. 기우뚱거리다. 흐느적거리다. [주로 걷는 모습을 가리킴] ¶她穿着高跟鞋, 走起路来一~一~的. =그녀는 하이힐을 신고 기우뚱거리며 걷는다. 5 맞잡다. 붙잡다. 꽉 붙잡다. 붙들다. 부둥켜 잡다. 뒤얽히다. ¶两人吵着吵着便一打在一起. =두 사람은 티격태격하더니 뒤엉켜 싸웠다. 형 바르지 (반듯하지) 않다. ¶七~八歪=기울다. 찌그러지다. 구불구불 구부러지다.

◐ 别biè扭

【扭摆】**niǔbǎi** [동] (몸을) 흔들다. 비비 꼬다. 한들거리다. 기우뚱거리다. 흐느적거리다. ¶她~着腰走了过来。=그녀는 몸을 비비 꼬며 걸어왔다.

【扭摆舞】**niǔbǎiwǔ** [명]〈藝〉 트위스트.

【扭不过】**niǔ·buguò** [동] 거역〔반대〕할 수 없다. 꺾을 수 없다.

【扭缠】**niǔchán** [동] **1** 꼭 붙잡다. 꽉 붙잡고 놓지 않다. ¶他一把~住老张, 说什么也不让走。=그는 장씨를 꽉 붙잡고, 무슨 말을 해도 못 가게 했다. **2** 뒤얽히다. 뒤엉키다. 붙어다니다. 성가시게 굴다. 치근덕거리다. 못살게 굴다. 들볶다. 조르다. ¶你和他~在一起, 不会有什么好结果。=너 그 사람과 붙어다녀서 좋을 거 없다.

【扭扯】**niǔchě** [동] **1** 서로 꽉 붙잡다. 서로 끌다〔잡아당기다〕. 서로 그러잡다. ¶两人彼此~着走向派出所。=두 사람은 서로 꽉 붙잡고서 파출소로 갔다. **2** 뒤얽히다. 뒤엉키다. 붙어다니다. 성가시게 굴다. 치근덕거리다. 못살게 굴다. 들볶다. 조르다. ¶两人一天到晚都~在一起。=두 사람은 하루 종일 붙어다닌다.

【扭打】**niǔdǎ** [동] 맞붙다. 맞잡고〔뒤얽혀〕 싸우다. 드잡이하다. ¶两人争吵了几句就~了起来。=두 사람은 몇 마디 말다툼을 하더니 맞붙어 싸우기 시작했다.

【扭搭】**niǔ·da** [동][구] 어깨를 흔들다. 몸을 좌우로 흔들다. 흔들흔들하다. 흔들거리다. ¶她~地走出门去。=그녀는 어깨를 흔들거리며 문 밖으로 나갔다.

【扭动】**niǔdòng** [동] (몸을 좌우로) 흔들다. 비틀다. 비틀어 돌리다. 꼬다. ¶~腰肢=허리를 흔들다.

【扭股儿糖】**niǔgǔrtáng** [명] **1** 꽈배기엿(가락). **2**[비] 꼬인〔뒤틀린〕 모양. 꽈배기 모양. **3**[비] 일이 배배〔비비〕 꼬인 상황. 일이 복잡하게 꼬여 풀기 어려운 상황.

【扭角羚】**niǔjiǎolíng** ☞【羚牛】**língniú**

【扭结】**niǔjié** [동] **1** 서로 꽉 붙잡다. 서로 끌다〔잡아당기다〕. 서로 그러잡다. ¶两人~在一起, 互相撕打起来。=두 사람이 서로 꽉 붙잡고 치고받기 시작했다. **2** 엉키다. 얽히다. ¶两股线~在一块儿了。=실 두 가닥이 한데 엉켰다.

【扭筋】**niǔ‖jīn** [동] 삐다. 접질리다. ¶他的腿~了, 走路一瘸一拐的。=그는 다리를 삐어서 걸을 때 절뚝거린다.

【扭亏】**niǔkuī** [동] 손실을 만회하다. 결손이 난 것을 보완하다.

【扭亏为盈】**niǔkuī-wéiyíng** [성] 적자를 흑자로 돌리다.

【扭亏增盈】**niǔkuī-zēngyíng** [성] 손실을 만회하고 이익을 증대시키다.

【扭力】**niǔlì** [명]〈物〉 토크(toque). 비트는〔회전시키는〕 힘.

【扭捏】**niǔ·nie** [동] (몸을 좌우로) 흔들며 걷다. 한들거리며 걷다. 살랑살랑 걷다. ¶她~着身子一步一摇地走上台来。=그녀는 몸을 한들거리며 단상으로 올라왔다. [형] 머뭇머뭇하다. 우물쭈물하다. 망설이다. 수줍어하다. 부끄러워하다. 배배 꼬다. ¶~作态=머뭇머뭇하는 태도를 취하다.

【扭扭摆摆】**niǔ·niu bǎibǎi**(~的) [형] 몸을 흔들흔들하는 모양. 몸을 비비꼬는 모양. 몸을 한들거리는 모양. 몸을 기우뚱거리는 모양. ¶她走路一贯~的。=그녀는 걸을 때 항상 한들거린다.

【扭扭搭搭】**niǔ·niu dādā**(~的) [형] 어깨를 흔들흔들하는 모양. 몸을 좌우로 흔드는 모양.

【扭扭捏捏】**niǔ·niu niēniē**(~的) [형] 머뭇머뭇하다. 우물쭈물하다. 쭈뼛쭈뼛하다. 망설이다. 수줍어하다. 부끄러워하다. 배배 꼬다. ¶有话直说, 别~的。=할 말 있으면 바로 해, 배배 꼬지 말고.

【扭曲】**niǔqū** [동] **1** 비틀(리)다. 꼬(이)다. ¶压力过重, 支架已经~了。=압력이 과중하여 받침대가 이미 비틀렸다. **2**[비] 왜곡하다. ¶~历史=역사를 왜곡하다. ≒曲解 歪曲

【扭伤】**niǔshāng** [동] 삐다. 접질리다. ¶腰~了。=허리를 삐었다. [명] 삠. 접질림. 염좌(捻挫). 좌섬(挫閃). ¶他腿上的~还没好。=그의 삔 다리가 아직 낫지 않았다.

【扭送】**niǔsòng** [동] (범인을) 체포하여 송치(送置)하다.

【扭头】**niǔ‖tóu** [동] **1** 머리를 돌리다. ¶他~一看, 发现笔掉地上了。=그가 고개를 돌려 보더니, 펜이 땅에 떨어져 있는 것을 발견하였다. **2** 몸을 돌리다. 돌아서다. ¶听了那话, 他~便走。=그 말을 듣고 그는 몸을 돌려 가 버렸다.

【扭秧歌】**niǔ yāng·ge** [동] 모내기 춤을 추다. 앙가(秧歌)에 맞추어 춤을 추다.

【扭转】**niǔzhuǎn** [동] **1** (반대 방향으로) 돌리다. ¶他~身子, 头也不回地走了。=그는 몸을 돌려 뒤도 안 돌아보고 가 버렸다. **2** 교정하다. 바로잡다. 시정하다. (발전 방향이나 목전의 상황을) 바꾸다. 되돌리다. 반전하다. 전환하다. ¶胜负已成定局, 难以~了。=승부가 이미 결정나 역전시키기 어렵다.

## 狃 niǔ 얽매일 뉴

[동][문] 그대로 좇다. 답습하다. 버릇되다. 습관이 되다. 얽매이다. 구애되다. ¶~于成见=기존 관념에 사로잡히다.

## 忸 niǔ 부끄러워할 뉵

아래를 참조.

【忸怩】**niǔní** [형] 머뭇머뭇하다. 우물쭈물하다. 망설이다. 수줍다. 부끄럽다. 쭈뼛쭈뼛하다. 배배 꼬다. ¶神情~=수줍은 표정을 짓다.

【忸怩作态】**niǔní-zuòtài** [성] 일부러 머뭇머뭇하는〔우물쭈물하는·망설이는〕 태도를 취하다. 일부러 쭈뼛거리다.

【忸忸怩怩】**niǔ·niu níní**(~的) [형] 머뭇머뭇하다. 우물쭈물하다. 망설이다. 수줍다. 부끄럽다. 쭈뼛쭈뼛하다. 배배 꼬다.

## 纽杻钮拗农 **nóng**

\***纽[紐]** niǔ 끈 뉴
명 **1** (물건의) 손잡이. ¶秤~=저울대의 손잡이 끈. **2** 단추. ¶衣~=의복의 단추. **3** (사물의) 관건. 핵심. 중심. 중추. 주축. 허브(hub). 키(key). ¶枢~=관건. **4** (~儿) 갓 열린 열매. ¶南瓜~=애호박. 통 연결하다. 연락하다. 연계하다. ¶精神的~一带=정신적 유대.

【纽带】**niǔdài** 명(비) 유대. 연결 고리. 공감대. 연결체. ¶音乐成为人们沟通情感的~。=음악은 사람들의 감정을 이어 주는 연결 고리가 된다.

【纽结】**niǔjié** 명(동) **1** 매듭. 단추. ¶系上~=단추를 채우다. **2** 갈등의 주요 고리. 대립의 주요 매듭. ¶他们终于解开了多年的矛盾~。=그들은 마침내 다년간의 갈등의 고리를 풀었다.

【纽扣】**niǔkòu** (~儿) 명 단추.

【纽襻】**niǔpàn** (~儿) 명 단춧고리. 루프(loop). [단춧구멍 대신 쓰는 실이나 천으로 만든 고리]

【纽眼】**niǔyǎn** (~儿) 명 단춧구멍.

【纽子】**niǔ·zi** 명(구) 단추.

**杻** niǔ 감탕나무 뉴
명(植) 고서(古書)에 나오는 나무의 일종.
☞ **chǒu**

\***钮[鈕]** niǔ 인꼭지 뉴
명 **1** 스위치. 버튼. 개폐기. 전환기. ¶按~=스위치를 누르다. / 电~=전원 스위치. **2** '纽(niǔ)'와 같음. **3** (Niǔ) 성(姓).

\***拗** niù 마음 비뚤 요
형 완고하다. 고집이 세다. 고집스럽다. 성질이 비뚤어져 있다. 온순하지 않다. ¶执~=고집스럽게 굴다.
☞ **ǎo, ào**

【拗不过】**niù·buguò** 동 (남의 단호한 의견을) 꺾을 수 없다. 거역할 수 없다. ¶我~他, 只好照他说的做。=나는 그의 고집을 꺾을 수 없어서, 그가 말한 대로 할 수밖에 없다.

【拗劲】**niùjìn** 명 고집불통. 황소고집. 완고한 성미. 고집스런(완강한) 성격. 왕고집. ¶他的~又上来了。=그가 또 황소고집을 부린다.

【拗种】**niùzhǒng** 명 고집쟁이. 고집불통. 고지식한 사람.

## nong

\*\***农[農,辳]** nóng 농사 농
동 농사짓다. 농작물을 심다. ¶忙于~事=농사짓는 일에 바쁘다.
명 **1** 농사. 농업. 농작. ¶在家务~=집에서 농사를 짓다. **2** 농민. 농부. 농사꾼. ¶菜~=채소 농사꾼. / 老~=나이가 많고 경험이 풍부한 농사꾼. **3** ㈜ 农家(农가). **4**

○衣 nóng
浓 nóng
脓 nóng
哝 nóng
侬 nóng
酾 nóng

(Nóng) 성(姓).

○● 佃diàn农, 富农, 雇gù农, 花农, 老农, 林农, 贫pín农, 小农, 烟农, 药农, 蔗zhè农

【农本】**nóngběn** 명 농업 자본. 영농 자금. ¶节省~=영농 자금을 아끼다.

【农产】**nóngchǎn** 명 **1** 농업 생산. ¶~区=농업 생산 지역. **2** 농산물. 농산품. ¶~丰富=농산물이 풍부하다.

【农产品】**nóngchǎnpǐn** 명 농산물. 농산품.

【农场】**nóngchǎng** 명 농장.

【农村】**nóngcūn** 명 농촌.

【农大】**nóngdà** 명(비) 农业大学(농업 대학교).

【农贷】**nóngdài** 명 영농 자금 대부.

【农夫】**nóngfū** 명(구) 농부. 농민. 농사꾼.

【农妇】**nóngfù** 명 농촌 부녀자[아낙네]. 농부(农妇). 전부(田妇).

【农副产品】**nóngfù chǎnpǐn** 명 농산물과 부업 생산물.

【农副业】**nóngfùyè** 명 농업과 부업.

【农耕】**nónggēng** 동 농경하다. 농사를 짓다. ¶~技术=농경 기술. 동(비) 농사. 농업. ¶不事~=농사를 짓지 않다.

【农工】**nónggōng** 명 **1** 농업과 공업. **2** 농민과 노동자. **3** 농민 계층과 노동자 계층. **4** ☞【农业工人】**nóngyè gōngrén**

【农工党】**nónggōngdǎng** 명(비)(政) 中国农工民主党(중국 농공 민주당).

【农工商】**nóng-gōng-shāng** 명 농업·공업·상업. ¶~挂钩=농업·공업·상업이 연계하다.

【农行】**nóngháng** 명(비) 中国农业银行(중국 농업 은행).

【农户】**nónghù** 명 농가. 전가(田家).

【农会】**nónghuì** 명(비) 农民协会(농민 협회). [중국의 공산 혁명 시기에 중국 공산당이 이끈 농민 조직]

【农活】**nónghuó** (~儿) 명 농사일.

【农机】**nóngjī** 명 농업[농사] 기계. ¶~部门=농업 기계 부문.

【农机具】**nóngjījù** 명 농기구. 농기계.

【农机站】**nóngjīzhàn** 명 농기계 보급소.

【农技】**nóngjì** 명 농업 기술. ¶~服务站=농업 기술 센터.

【农家】**nóngjiā** 명 **1** 농가. 농삿집. 전가(田家). 농부. 농민. ¶~子弟=농민의 아들딸. **2** (Nóngjiā) 农가. [선진(先秦) 시기에 농업 생산과 농민 사상을 반영했던 학파]

【农家肥(料)】**nóngjiāféi(liào)** 명(农) 농가 자급 비료.

【农具】**nóngjù** 명 농기구.

【农垦】**nóngkěn** 동 황무지를 개간하여 농산물을 생산하다. 농지 개간을 하다. ¶~事业=농지 개간 사업.

【农历】**nónglì** 명 **1** 음력. =【夏历】**xiàlì** 【旧历】**jiùlì** ㈜【阴历】**yīnlì** **2** 농사력(农事曆).

【农林】**nónglín** 명 농업과 임업.

【农林牧副渔】**nóng-lín-mù-fù-yú** 명 농업·임

업·목축업·부업·어업. ¶~全面发展 =농업·임업·목축업·부업·어업이 전반적으로 발전하다.

【农忙】**nóngmáng** 휑 농사일이 바쁘다. ¶~季节 =농번기. ↔农闲

【农贸市场】**nóngmào shìchǎng** 명 농산물 시장.

【农民】**nóngmín** 명 농민. 농부.

【农民工】**nóngmíngōng** 명 농민 출신 노동자. [농촌을 떠나 도시로 진출하여 건축·운수 등에 종사하는 노동자]

【农民起义】**nóngmín qǐyì** 명 농민 기의〔봉기〕.

【农民战争】**nóngmín zhànzhēng** 명 농민 전쟁.

【农膜】**nóngmó** 명〔农〕농업용 비닐.

【农牧民】**nóngmùmín** 명 농민과 축민.

【农牧业】**nóngmùyè** 명 농업과 축산업.

【农牧业税】**nóngmùyèshuì** 명 농업세와 축산세. [지방세에 속함]

【农奴】**nóngnú** 명 농노.

【农奴制】**nóngnúzhì** 명 농노제(도).

【农奴主】**nóngnúzhǔ** 명 (농노의) 영주. 지주.

【农轻重】**nóng-qīng-zhòng** 명 농업·경공업·중공업. ¶~并举 =농업·경공업·중공업을 동시에 병행하다.

【农人】**nóngrén** 명 농민. 농부.

【农舍】**nóngshè** 명 농가(農家). 농민 주택.

【农时】**nóngshí** 명 농사철. 농기(農期). ¶不误~ =농기를 놓치지 않다.

【农事】**nóngshì** 명 농사. ¶~繁忙 =농사일이 바쁘다.

【农田】**nóngtián** 명 농(경)지. 농토. ¶~管理 =농경지 관리.

【农田水利】**nóngtián shuǐlì** 명 농경지 수리 시설.

【农隙】**nóngxì** 명〔문〕농한기.

【农闲】**nóngxián** 명 농한기. ↔农忙

【农校】**nóngxiào** 명〔약〕农业专科学校(농업 전문 대학).

【农械】**nóngxiè** 명 1 농기계. 농업용 기계. 2 농약 살포기.

【农学】**nóngxué** 명 농학.

【农谚】**nóngyàn** 명 농업에 관한 속담〔격언〕.

【农药】**nóngyào** 명 농약.

【农药残留】**nóngyào cánliú** 명 농약 잔류. 잔류 농약.

【农业】**nóngyè** 명 1 농업.〔농작물 재배와 가축 사육〕 2 농업.〔농작물 재배와 가축 사육 외에 임업·목축업·어업·농촌 부업 등을 포함한 개념〕

【农业工人】**nóngyè gōngrén** 명 농업 노동자.〔농장에서 농업 생산에 종사하는 노동자〕약【农工】**nónggōng**

【农业国】**nóngyèguó** 명 농업국.

【农业社】**nóngyèshè** 명〔약〕农业生产合作社(농업 생산 협동 조합).

【农业税】**nóngyèshuì** 명 농업세.

【农艺】**nóngyì** 명 농예. 영농 기술. 농업 기술.

【农艺师】**nóngyìshī** 명 농업(영농) 기사. [농업

과학 기술 종사자의 직함의 하나로, 중간 간부에 속함]

【农用】**nóngyòng** 휑 농업용의. ¶~车 =농업용 차량.

【农友】**nóngyǒu** 명 농민 동무. 농민 동지. [중국의 공산 혁명 시기의 농민에 대한 친근한 호칭]

【农运会】**nóngyùnhuì** 명〔약〕〔體〕中国农民运动会(중국 농민 운동회).

【农转非】**nóngzhuǎnfēi** 통 농업 호적에서 비농업〔도시 주민〕호적으로 전환하다.

【农庄】**nóngzhuāng** 명 1 농촌 마을. 촌락. 2 장원(莊園). 농장.

【农资】**nóngzī** 명 농업용 생산재. 농자재. ¶~公司 =농자재 회사.

【农作】**nóngzuò** 명 농작. 농사일. 경작. ¶~时节 =농사철.

【农作物】**nóngzuòwù** 명 농작물. 약【作物】**zuòwù**

## 侬[儂] **nóng** 나 농

대 1〔문〕나. ¶水流无限似~愁. =하염없이 흐르는 물이 마치 나의 시름 같구나. 2〔방〕너. 당신. 그대. (Nóng) 성(姓).

【侬人】**Nóngrén** 명 광시(广西) 지역과 윈난(云南)성의 경계에 분포하는 장족(壯族).

## 哝[噥] **nóng** 소곤거릴 농

【哝哝】**nóng·nong** 통 작은 소리로 말하다. 소곤거리다. 중얼중얼하다. ¶他俩~了半天, 不知说些什么。=그 두 사람이 한참을 소곤거렸는데, 무슨 말을 했는지 모르겠다.

## *浓[濃] **nóng** 짙을 농

휑 1 진하다. 농후하다. 짙다. 농밀하다. ¶一杯~茶 =진한 차 한 잔. 2 (정도가) 심하다. 깊다. 강하다. 강렬하다. 왕성하다. ¶兴趣很~ =흥미가 매우 높다. 3 (색이) 짙다. ¶~绿色的森林 =진한 녹색의 삼림〔숲〕. ↔淡 薄

【浓茶】**nóngchá** 명 농차. 진한 차.

【浓淡】**nóngdàn** 명 1 농담. 짙음과 옅음. ¶色彩鲜艳, ~适宜。=색채가 선명하고, 농담이 알맞다. 2 (맛)의 농도. ¶汤汁儿的~很合适。=국물의 농도가 알맞다.

【浓度】**nóngdù** 명〔化〕농도.

【浓馥】**nóngfù** 휑 (꽃 향기 등이) 짙다. 진하다. ¶~的花香 =짙은 꽃 향기.

【浓厚】**nónghòu** 휑 1 (연기·안개·구름층 등이) 짙다. ¶~的乌云 =짙은 먹구름. 2 (색채·분위기·의식 등이) 농후하다. 강하다. 짙다. ¶~的乡土气息 =농후한 고향의 숨결. 3 (흥미가) 크다. 강하다. 깊다. ¶他对集邮有着~的兴趣。=그는 우표 수집에 상당한 취미가 있다. ≒浓重 浓郁 ↔淡薄 稀薄

【浓积云】**nóngjīyún** 명〔氣〕웅대적운. 영 cumulus congestus

【浓集】**nóngjí** 통 농축하다. 응축하다. 빨아들이다. ¶海绵能~水。=스펀지는 물을 빨아들일 수

【浓丽】nónglì 刨 (색이) 농염하고〔찬란하고·환하고〕아름답다. ¶鲜红~的玫瑰=아름다운 붉은 장미.

【浓烈】nóngliè 刨 (냄새·맛·의식 등이) 농후하다. 강(렬)하다. 자극적이다. 짙다. ¶~的烟味=강한 담배 냄새.

【浓绿】nónglǜ 刨 진한 녹색의. ¶~的山色=진녹색의 산 경치.

【浓眉】nóngméi 명 짙은 눈썹. ¶~深锁=짙은 눈썹을 잔뜩 찡그리다.

【浓眉大眼】nóngméi-dàyǎn 성 1 짙은 눈썹과 부리부리한 눈. 2 비 늠름한 용모.

【浓密】nóngmì 刨 농밀하다. 조밀(稠密)하다. 빽빽하다. 빼곡하다. 촘촘하다. [주로 나뭇잎·연기·안개·수염·머리카락 등을 가리킴] ¶枝叶~=나뭇잎이 빽빽하다. ↔稀疏

【浓墨重彩】nóngmò-zhòngcǎi 성 1 굵은 획〔선〕과 농후한 색채. [회화의 풍격을 가리킴] 2 상세하게〔섬세하게·강렬하게〕서술하거나 묘사하다.

【浓缩】nóngsuō 동 1 농축하다. 2 집약하다. ¶这本书~了中国几千年来的民俗文化. =이 책에는 중국 수천 년의 민속 문화가 집약되었다. →稀释

【浓雾】nóngwù 명 짙은 안개. ¶~笼罩=짙은 안개가 자욱하다.

【浓香】nóngxiāng 刨 매우 향기롭다. ¶~的陈酿=짙은 향의 묵은 술. 명 진한 향기. ¶~四溢=진한〔짙은〕향기가 사방으로 퍼지다.

【浓艳】nóngyàn 刨 (색이) 농염하다. 화려하다. ¶这幅画的色彩十分~. =이 그림은 색채가 무척 화려하다. →淡雅

【浓阴】nóngyīn 명 짙은 나무 그늘. ¶~蔽日=짙은 나무 그늘이 해를 가리다.

【浓郁】nóngyù 刨 1 (향기 등이) 짙다. 그윽하다. ¶玫瑰的香味非常~. =장미 향기가 매우 그윽하다. 2 조밀하다. 빽빽하다. 빼곡하다. ¶~的灌木丛=빽빽한 관목 수림. 3 (색채·기분·감정 등이) 농후하다. 강하다. ¶感情~=감정이 농후하다. 4 (흥미가) 크다. 강하다. ¶兴致~=흥미가 크다. ≒浓厚, 浓重

【浓云】nóngyún 명 짙은 구름. 검은 구름. 두터운 구름. ¶~密布=두터운 구름이 짙게 깔리다.

【浓挚】nóngzhì 刨 깊고도 진지하다. ¶情感~=감정이 깊고도 진지하다.

【浓重】nóngzhòng 刨 (안개·냄새·색채 등이) 농후하다. 짙다. 강하다. ¶方言戏带有~的地方色彩. =방언 전통극은 강한 지방색을 띠고 있다. ≒浓厚, 浓郁 ↔淡薄

【浓妆】nóngzhuāng 동 농장하다. 짙은〔진한〕화장을 하다. ¶演员~后登台. =배우가 농장을 하고 무대에 오른다. 명 짙은〔진한〕화장. ¶卸去~=진한 화장을 지우다. ↔淡妆

【浓妆艳抹】nóngzhuāng-yànmǒ 성 농염한 화장을 하다. 화장이 짙고 차림새가 요란하다.

【浓浊】nóngzhuó 刨 1 (공기·안개 등이) 탁하다. 자욱하다. 짙다. ¶~的山雾=자욱한 산안개. 2 (소리 등이) 나지막하고 걸걸하다. 낮고 굵직하다〔거칠다〕. ¶~的嗓音=나지막하고 걸걸한 목소리.

*脓[膿] nóng 고름 농

명(醫) 고름. 농즙. 농액. ¶伤口化~了. =상처에 고름이 생겼다.

○● 化脓, 肺fèi脓肿zhǒng

【脓包】nóngbāo 명 1 (醫) 고름집. 2 비구 쓸모 없는 놈. 머저리. 등신. 바보. 얼뜨기.

【脓疮】nóngchuāng 명(醫) 농창.

【脓尿】nóngniào 명(醫) 농뇨. 고름 섞인 오줌.

【脓疱】nóngpào 명(醫) 농포. 화농으로 인한 발진.

【脓水】nóngshuǐ 명 고름. 농액(膿液).

【脓胸】nóngxiōng 명(醫) 농흉. 화농성 늑막염. 흉막 화농증.

【脓血】nóngxuè 명 피고름. 농혈(膿血).

【脓肿】nóngzhǒng 명(醫) 농양(膿瘍). 종기.

秾[穠] nóng 꽃나무 무성할 농

刨문 1 (초목이) 무성하다. ¶夭桃~李=우거진 복숭아나무와 무성한 자두나무. 젊고 아름다운 여인의 얼굴. 2 농염하다. 미려하다. 화려하다. 아름답다. ¶~姿秀色=아름다운 자태에 빼어난 용모.

酞[醲] nóng 진한 술 농

刨문 (술맛이) 진하다. 명문 진한 술.

**弄[挵] nòng 희롱할 롱

동 1 (손으로) 가지고 놀다. 장난하다. 만지작거리다. 만지다. 다루다. ¶他又~鸟儿去了. =그는 또 새와 장난하러 갔다. 2 하다. 행하다. 만들다. ¶我一定要~个明白. =나는 반드시 확실히 해야겠다. 3 (방법을 강구하여) 손에 넣다. 장만하다. 마련하다. 구하다. 갖추다. ¶去~几张球票. =경기 입장권 몇 장을 구해 보다. 4 농락하다. 농간을 부리다. 희롱하다. 우롱하다. 놀리다. (수단을) 부리다. ¶捉~=희롱하다. / 舞文~墨=문사(文辞)를 멋대로 놀리다. 5 혼란시키다. 어지럽히다. 뒤죽박죽되게 하다. 어수선하게 하다. 뒤숭숭하게 하다. ¶那事儿~得大家都不愉快. =그 일은 사람들을 어수선하게 하여 모두 불쾌해했다.

☞ lòng

○● 摆弄, 搬弄, 拨bō弄, 播bō弄, 嘲cháo弄, 撺cuān弄, 撮cuō弄, 逗弄, 掇duō弄, 糊hù弄, 和huò弄, 卖弄, 盘弄, 侍shì弄, 耍shuǎ弄, 调tiáo弄, 团弄, 玩弄, 舞弄, 戏弄, 愚yú弄, 捉zhuō弄

【弄不好】nòng·buhǎo 동 잘하지〔제대로·확실히〕못하다. ¶~到头来吃亏的是你自己. =

잘못하면 결국 손해 보는 건 너 자신이야.
【弄不清】**nòng·buqīng** 〔동〕 분명히 하지 못하다. 알 수가 없다. 분간하지 못하다. 구별할 수 없다. ¶~他们谁说的是事实. =그들 중 누구 말이 사실인지 알 수가 없다.
【弄潮】**nòngcháo** 〔동〕 해수욕하다. 파도를 타다. 파도타기를 하다. ¶他就住在海边, 小时候是个~的好手. =그는 해변에 살았기 때문에, 어렸을 때에는 해수욕의 명수였다.
【弄潮儿】**nòngcháo'ér** 〔명〕 **1** 해수욕을〔파도타기를〕 즐기는 젊은이. 수영을 잘 하는 소년. **2** 목선(木船)을 몰아 큰 강과 바다를 항해하는 사람. 목선을 부리는 사람. **3** 〔비〕 위험에 용감히 맞서 싸우는 사람. 죽음을 두려워하지 않는 용감한 사람. 투사. ¶时代的~ =시대의 투사.
【弄臣】**nòngchén** 〔명〕〔문〕 농신. 군주의 놀이 상대가 되는 신하.
【弄错】**nòngcuò** 〔동〕 잘못하다. 실수하다. 잘못 알다. ¶你~了, 这不是我的书包. =너 잘못 알았어, 이건 내 책가방이 아니야.
【弄到手】**nòng·daoshǒu** 〔동〕 손에 넣다. 거머쥐다. ¶费了好大的劲儿才把音乐会门票~. =가까스로 음악회 입장권을 손에 넣었다.
【弄丢】**nòngdiū** 〔동〕 분실하다. 잃어버리다. ¶别把钥匙~了. =열쇠를 잃어버리지 말아라.
【弄断】**nòng‖duàn** 〔동〕 끊다. 부러뜨리다. 절단 자르다. 단절하다. ¶不小心把拐棍~了. =부주의로 지팡이를 부러뜨렸다.
【弄鬼】**nòng‖guǐ** 〔동〕〔방〕 흉계를 꾸미다. 농간을 부리다. 꿍꿍이를〔나쁜 짓을·모략을·음모를〕 꾸미다〔계획하다·획책하다〕. 수작을 부리다. 짓궂은〔못된〕 장난을 치다. 기묘한 짓을 하다. ¶准是他在背地里~. =그가 뒤에서 농간을 부리는 게 틀림없다.
【弄好】**nòng‖hǎo** 〔동〕 잘 하다. 잘 처리하다. 잘 마무르다〔끝맺다〕. 고치다. 수리하다. 완성하다. ¶他几下就把坏掉的水龙头~了. =그는 몇 번 뚝딱거리더니 금세 고장난 수도꼭지를 고쳤다.
【弄坏】**nòng‖huài** 〔동〕 망치다. 망가뜨리다. 못쓰게 하다. 부수다. 고장내다. ¶家里的电视机被他~了. =집에 있는 텔레비전은 그가 고장냈다.
【弄假】**nòngjiǎ** 〔동〕 속임수를 쓰다. 거짓으로 꾸미다. 그럴듯하게 꾸미다. 허위로 날조하다. ¶~行为 =속임수를 쓰는 행위.
【弄假成真】**nòngjiǎ-chéngzhēn** 〔성〕 장난삼아 한 것이 사실로 되다. 농담이 진담 되다.
【弄僵】**nòngjiāng** 〔동〕 악화시키다. 손쓸 수 없게 하다. (관계를) 경직시키다. 딱딱하게 하다. ¶大家都是同事, 何必把关系~呢? =모두 같은 동료인데, 관계를 딱딱하게 만들 필요 뭐 있니?
【弄巧成拙】**nòngqiǎo-chéngzhuō** 〔성〕 재주를 피우려다 일을 망치다.
【弄清】**nòngqīng** 〔동〕 명백〔명료·분명〕하게 하다. 똑똑히 밝히다. 확실히 하다. 분명히 알다. ¶~真相 =진상을 분명히 밝히다.
【弄权】**nòng‖quán** 〔동〕 권력을 휘두르다〔남용하다〕. 세도를 부리다. ¶奸臣~ =간신이 권력

을 휘두르다.
【弄手脚】**nòng shǒujiǎo** 〔동〕 수단을 부리다. 농간을 부리다. 수작을 피우다. 간계를 부리다. ¶要不是他在背后~, 这事早成了. =그가 배후에서 농간을 부리지만 않았어도, 이 일은 벌써 이루어졌다.
【弄通】**nòng‖tōng** 〔동〕 능통하게 되다. 정통하게 되다. ¶要真正~这门学问, 还要下大工夫. =이 학문에 진정으로 능통하려면 아직 더 많은 노력을 해야 한다.
【弄瓦】**nòngwǎ** 〔동〕〔문〕 여자 아이를 낳다. 딸을 낳다. 득녀하다. 〔옛날, 여자 아이를 낳으면 '瓦(방추)'를 주어 놀게 했던 데서 유래함〕 ¶~之喜 =득녀의 기쁨.
【弄醒】**nòngxǐng** (잠을) 깨우다. 깨어나게 하다. ¶孩子刚睡着, 别把他~了. =애가 이제 막 잠들었으니 깨우지 말아라.
【弄虚作假】**nòngxū-zuòjiǎ** 〔성〕 속임수를 쓰다. 거짓으로 꾸미다. 그럴듯하게 꾸미다. 허위로 날조하다.
【弄玄虚】**nòng xuánxū** 〔동〕 속임수를 쓰다. 수단을 부리다. 연막을 치다. ¶故~ =고의로 교활한 술수를 부리다. 아무것도 아닌 것을 짐짓 현묘한 것처럼 하다.
【弄脏】**nòngzāng** 〔동〕 더럽히다. ¶别把衣服~了. =옷을 더럽히지 말아라.
【弄璋】**nòngzhāng** 〔동〕〔문〕 남자 아이를 낳다. 아들을 낳다. 득남하다. 〔옛날, 남자 아이를 낳으면 '璋(옥으로 만든 반쪽 홀)'을 주어 놀게 했던 데서 유래함〕 ¶~之喜 =득남의 기쁨.
【弄姿】**nòngzī** 갖가지 자태를 취하다. 온갖 포즈를 잡다. (몸치장을 하여) 멋을 내다. 외모를 꾸미다. ¶搔首~ =여인이 교태를 부리며 아양을 떠는 모양.

# nou

耨 **nòu** 김맬 누
〔명〕〔문〕 김을 매거나 잡초를 제거하는 농기구. 괭이. (괭이 모양의) 제초 기구. 〔동〕〔문〕 제초하다. 김매다. ¶深耕细~ =깊이 갈고 꼼꼼하게 김매다.

# nu

**奴 nú** 노예 노
〔명〕 **1** 노예. 종. ¶农~ =농노. **2** 저. 나. 〔젊은 여자의 자칭. 주로 조기 백화문에 보임〕 ¶~家这边有礼了. =제가 인사를 드립니다. **3** 놈. 〔어떤 특징을 가진 사람을 천하게 부르는 말〕 ¶守财~ =수전노. 구두쇠. 노예처럼 부리다. 노예화하다. ¶惨遭~役 =참혹하게 노역을 겪다. 늑

| ◐ 奴 | nú |
| 怒 | nù |
| 努 | nǔ |
| 孥 | nú |
| 驽 | nú |
| 弩 | nǔ |
| 呶 | náo |

婢 ↔ 主

○● 家奴, 匈Xiōng奴, 洋奴, 守财奴, 亡wáng国奴

【奴婢】**núbì** 명 1 노비. 2 노비. [옛날, 환관이 황제·황후 등에게 자신을 낮추어 부르는 말]

【奴才】**nú·cai** 명 1 노비. 노예. 종. 2 노비. [명청(明清) 시대의 환관과 청(清)대의 팔기(八旗)에 속하는 문무관이 황제에게 자기를 낮추어 이르는 말] 3 노비. [만주족 가정에서 노복들이 주인에게 자기를 낮추어 이르는 말] 4 (남의 나쁜 일을 도와 주는) 앞잡이. 하수인. 대리인. 창귀(倀鬼). 주구(走狗). ↔主子

【奴化】**núhuà** 통 노예화하다. ¶~教育=노예화 교육.

【奴家】**nújiā** 명 저. 나. [젊은 여자의 자칭. 주로 조기 백화문에 보임]

【奴隶】**núlì** 명 1 노예. 2 노예 같은 대접을 받는 사람. ¶决不做任人宰割的~。=결코 다른 사람에게 마음대로 유린당하는 노예 같은 사람이 되지는 않겠다.

【奴隶社会】**núlì shèhuì** 명 노예 사회.

【奴隶制】**núlìzhì** 명 노예제. 노예 제도.

【奴隶主】**núlìzhǔ** 명 노예주. 노예의 주인. 노예제 사회의 통치 계급.

【奴仆】**núpú** 명 1 (주인집에서 사역하는) 노복. 종(僕). 하인. 노예. 2 (남에게 사역되는) 노예. 부하. 앞잡이. 하수인.

【奴使】**núshǐ** 통 노예로 부리다. 노예화하다. ¶竟落到被~的地步。=결국 노예로 부려지는 지경에까지 이르렀다.

【奴性】**núxìng** 명 노예 근성. 비굴한 태도. ¶~十足=노예 근성이 몸에 배어 있다.

【奴颜婢膝】**núyán-bìxī** 성 (환심을 사려고) 남에게 비굴하게 알랑거리다. 비굴하게 남에게 빌붙다. ≒奴颜媚骨

【奴颜媚骨】**núyán-mèigǔ** 성 (환심을 사려고) 남에게 비굴하게 알랑거리다. 비굴하게 남에게 빌붙다. ≒奴颜婢膝

【奴役】**núyì** 통 노예로 부리다. 노예화하다. 노예로 만들다. ¶被人~=노예살이하다.

**孥** **nú** 자식 노

명 통 1 자식. 어린아이. ¶妻~=처자식. 2 처자(妻子). 처와 자식. 아내와 자식. 권솔. ¶刑不及~=형벌이 처자에게는 미치지 않다. 권솔을 벌하지 않다.

**驽[駑]** **nú** 둔할 노

명 통 둔한 말. 굼뜬 말. 형 비 우둔하다. 아둔하다. 멍청하다. 무능하다. 미련하다. ¶~才=둔재. 미련한 인간.

【驽钝】**núdùn** 형 통 우둔하다. 미련하다. 멍청하다. 아둔하다. 노둔하다. ¶资质~=본바탕이 우둔하다.

【驽马】**númǎ** 명 통 노마(駑馬). 걸음이 느린 말. 둔한 말. ¶~十驾, 功在不舍。=재주가 없는 사람도 노력하면 재주 있는 사람과 어깨를 견줄 수 있다.

【驽骀】**nútái** 명 통 1 노마(駑馬). 걸음이 느린 말. 둔한 말. 보잘것없는 말. 2 (노마처럼) 무능한 [미련한] 인간. 둔재. 덜된 사람.

**努** **nǔ** 힘쓸 노

통 1 힘쓰다. 노력하다. 애쓰다. ¶~力工作=열심히 일하다. 2 돌출하다. 내밀다. 튀어나오다. ¶他朝我直~嘴。=그는 나를 향해 줄곧 입을 삐죽 내밀었다. 3 약 (무리하게 힘을 써서) 몸을 상하다. 내상(內傷)을 입다. ¶不小心~了腰。=잘못하여 허리를 다쳤다.

【努劲儿】**nǔ‖jìnr** 갖은 힘을 다 쓰다. 전력하다. 악을 쓰다. 몹시 애를 쓰다. ¶事情不多, 大家一~, 很快就干完了。=일이 많지 않아서, 모두가 있는 힘을 다하면 금세 끝난다.

【努力】**nǔ‖lì** 통 노력하다. 힘쓰다. 열심히 하다. ¶~学习=열심히 공부하다. ≒尽力 勤奋

【努责】**nǔzé** 통(醫) (배변 또는 분만시에) 배(복부)에 힘을 주다.

【努嘴】**nǔ‖zuǐ**(~儿) 통 입짓하다. (화가 나서) 입을 삐죽거리다. 입을 쑥 내밀다. ¶他朝我~, 我便明白了他的意思。=그가 내게 입짓을 한번 하자, 나는 바로 그의 뜻을 알아차렸다.

**弩** **nǔ** 쇠뇌 노

명 노(弩). 쇠뇌. 석궁. 노궁(弩弓). ¶剑拔~张=칼은 뽑혔고, 활은 당겨졌다. 형세가 매우 긴박하다. 일촉즉발의 형세이다. / 强~之末=(강한 힘이) 이미 쇠약해지다. 쇠락의 처지.

【弩弓】**nǔgōng** 명 쇠뇌. 석궁(石弓). 노궁.

【弩机】**nǔjī** 명 쇠뇌틀.

【弩箭】**nǔjiàn** 명 쇠뇌의 화살.

**砮** **nǔ** 돌살촉 노

명 화살촉을 만드는 돌.

**胬** **nǔ** 군살 노

【胬肉】**nǔròu** 명(醫) 결막에 생긴 군살.

**怒** **nù** 화낼 노

형 1 기세가 강성하다. 위세가 왕성하다. ¶草木~生=초목이 무럭무럭 자라다. / 心花~放=마음의 꽃이 활짝 피다. 기쁨이 넘치다. 2 분노하다. 격노하다. 화내다. 펄펄 뛰다. 성내다. 노여워하다. 노발대발하다. ¶盛~=격노하다. / 恼羞成~=부끄럽고 분한 나머지 성을 내다. ↔喜

【怒不可遏】**nùbùkě'è** 성 노여움을 억제할 수 없다. 화를 참지 못하다. ↔喜不自胜

【怒潮】**nùcháo** 명 1 (涌潮) **yǒngcháo** 2 기세 높은 반항 운동. 세찬 기세.

【怒叱】**nùchì** 통 노하여 꾸짖다. 성나서 비난하다. 분노하여 책망하다.

【怒斥】**nùchì** 통 노하여 욕하다. 분노하여 질책하다. 화를 내며 꾸짖다. 성나서 비난하다. ¶厉声~=엄하게 꾸짖다.

【怒冲冲】nùchōngchōng(~的) 형 노기등등하다. 노발대발하다. ¶他~地掉头就走.=그는 노발대발하여 고개를 돌리고 가 버렸다.

【怒发冲冠】nùfà-chōngguān 성 1 머리카락이 곤두서서 모자를 들어올리다. 2 비 화가 머리끝까지 치밀어오르다. 노발대발하다.

【怒放】nùfàng 동 (꽃이) 활짝 피다. 만발하다. ¶春光明媚,百花~。=봄 경치가 아름답고, 온갖 꽃이 만발하다.

【怒号】nùháo 동 노호하다. 울부짖다. [주로 큰 바람을 형용하는 데 쓰임] ¶狂风~=광풍이 울부짖다.

【怒喝】nùhè 동 노하여 큰 소리로 외치다. 노하여 호통치다. 울부짖다. ¶~一声=노하여 한바탕 큰 소리로 외치다.

【怒吼】nùhǒu 동 1 (맹수가) 포효하다. 울부짖다. 2 비 (사람이나 사물이) 웅장한 소리를 내다. ¶寒风~=북풍이 노호하다.

【怒火】nùhuǒ 명비 불길 같은 분노. 격한 노여움. ¶满腔~=격한 노여움이 가슴에 가득 차다.

【怒火冲天】nùhuǒ-chōngtiān 성 1 분노의 불길이 하늘로 치솟다. 2 노기가 충천하다.

【怒火中烧】nùhuǒ-zhōngshāo 성 1 분노의 불길이 마음속에 불타오르다. 2 가슴에 큰 노기를 품다. ≒怒气冲天

【怒江】Nùjiāng 명 (地) 누장. [중국 서남부 탕구라산(唐古拉山)에서 시작하여 미얀마로 유입되는 강 이름]

【怒骂】nùmà 동 노하여 욕을 퍼붓다. 노하여 꾸짖다 [비난하다·규탄하다]. ¶~不止=끊임없이 노하여 꾸짖다.

【怒目】nùmù 동 눈을 부라리다. 눈을 부릅뜨다. 눈에 노기를 띠다. ¶横眉~=눈을 부라리고 눈썹을 치켜올리다. 명 (분노하여) 부릅뜬 눈. ¶~圆睁=성나서 눈을 동그랗게 뜨다.

【怒目而视】nùmù'érshì 성 성난 눈으로 쏘아보다. 눈을 부릅뜨고 [부라리며] 쏘아보다.

【怒气】nùqì 명 노기. 성. 화. ¶满脸~=얼굴이 노기로 가득차다.

【怒气冲冲】nùqì-chōngchōng 성 노기등등하다. 노발대발하다. ↔喜气洋洋

【怒气冲天】nùqì-chōngtiān 성 1 분노의 불길이 하늘로 치솟다. 2 노기가 충천하다. ≒怒火中烧

【怒容】nùróng 명 노한 표정. 노기. ¶~满面=얼굴에 노기가 가득하다. ≒怒色

【怒色】nùsè 명 노한 표정. 노기. ¶面有~=얼굴에 노기를 띠다. ≒怒容

【怒视】nùshì 동 매섭게 쏘아보다. 성이 나서 노려보다. ¶他~着卑劣的诽谤者,一句话也没说. =그는 비열한 비방자를 매섭게 쏘아보면서 한 마디 말도 하지 않았다.

【怒涛】nùtāo 명 노도. 성난 파도. ¶海风呼啸,~汹涌。=바닷바람이 쌩쌩 불고, 성난 파도가 용솟음친다.

【怒形于色】nùxíngyúsè 성 1 얼굴에 노기를 띠다. 2 분노를 참지 못하다. ↔喜形于色

【怒族】Nùzú 명 누족. [중국 소수 민족의 하나로, 윈난(云南)성에 분포함]

## 傉 nù 사람 이름 녹

인명에 쓰이는 글자. ¶秃发~檀=독발녹단. [동진(東晉) 때 남량(南凉)의 왕]

# nǚ

**女** nǚ 여자 녀

형 여성의. 여자의. ¶青年~子=젊은 여자. / 高中~生=여고생. 명 1 여자. 여성. ¶少~=소녀. / 男~老少=남녀노소. 2 딸. ¶子~=자녀. / 生儿育~=아들딸을 낳아 기르다. 3 (天) 여수(女宿). [이십팔수(二十八宿)의 하나] [고어에서 '汝(rǔ)'와 같음] ↔男

○ 女 nǚ
钕 nǚ
籹 nǚ
如 rú
汝 rǔ
佞 nìng
嬲 niǎo

○ 婢bì女, 处chǔ女, 妇女, 工女, 闺guī女, 妓女, 少shào女, 神女, 甥shēng女, 石女, 使女, 士女, 仕女, 室女, 孙sūn女, 舞女, 仙xiān女, 信女, 修女, 织zhī女, 侄女, 子女

【女扮男装】nǚbàn-nánzhuāng 성 남장하다. 남자로 분장하다.

【女伴】nǚbàn 명 1 여자 동반자〔동료·짝·벗〕. 2 여자 친구. 약혼녀. 여자 반려자.

【女宾】nǚbīn 명 여자 손님. ¶~席=여자 손님 자리.

【女傧相】nǚbīnxiàng 명 신부의 들러리.

【女厕】nǚcè ☞【女厕所】nǚcèsuǒ

【女厕所】nǚcèsuǒ 명 1 여자 화장실. 2 여자 화장실 표지. =【女厕】nǚcè

【女车】nǚchē 명 1 여성용 차량. 2 여성용 자전거. ↔【坤车】kūnchē

【女衬衣】nǚchènyī 명 블라우스.

【女大十八变】nǚ dà shíbā biàn 속 여자는 성장할 때까지 모습과 성격 등이 여러 번 바뀐다. ¶~,越变越好看. =여자는 자라면서 여러 번 모습이 바뀌는데, 점점 예뻐진다.

【女单】nǚdān 명약(體) 女子单打(여자 단식).

【女道士】nǚdào·shi (도교의) 여자 도사.

【女低音】nǚdīyīn 명(音) 알토.

【女弟】nǚdì 명 누이동생. 여동생.

【女儿】nǚ'ér 명 딸.

【女儿国】nǚ'érguó 명비 여자가 많은 직장〔부서·지역〕. 여인천하.

【女儿墙】nǚ'érqiáng ☞【女墙】nǚqiáng

【女犯】nǚfàn 명 여성 범죄자. 여수(女囚). 여자 죄수.

【女方】nǚfāng 명 신부쪽. 여자쪽. ↔男方

【女高音】nǚgāoyīn 명(音) 소프라노.

【女工】nǚgōng 명 1 여자 노동자. 여공. ¶纺织~=방직 여공. 2 약 계집종. 하녀. 3 ☞【女红】nǚgōng

【女公子】nǚgōngzǐ 圏(경) 영애(令愛). 영양(令嬢). 따님.
【女红】nǚgōng 圏(옛) (바느질·자수·방직 등) 여자의 일. 여자들이 만들어 낸 물건. =【女工】nǚgōng
【女孩儿】nǚháir 圏 1 여자 아이. 계집아이. 2 소녀. ¶迎面走来一群~。=맞은편에서 한 무리의 소녀들이 온다. 3 딸. ¶夫妻俩只有一个~。=부부에게는 딸 하나밖에 없다. =【女孩子】nǚhái·zi
【女孩子】nǚhái·zi ☞【女孩儿】nǚháir
【女皇】nǚhuáng 圏 여제(女帝). 여자 황제.
【女家】nǚjiā 圏 (혼인 관계에서) 신부쪽. 색시의 집.
【女监】nǚjiān 圏 여감. 여감방. =【女牢】nǚláo
【女将】nǚjiàng 圏 1 여(자)장군. 여장. 2 (비) 여걸. 여장부. 여중호걸. ¶这是我们发行部门的几位~。=이들이 우리 발행 부서의 여장부들이다.
【女杰】nǚjié 圏 여걸. 여장부. 여중호걸.
【女界】nǚjiè 圏 여성계. 부녀 사회.
【女眷】nǚjuàn 圏 여자 식구. 여자 권솔. 가족 중의 부녀자. ¶他独自前来, 没带~。=그는 부인을 동반하지 않고 혼자 왔다.
【女角】nǚjué(~儿) 圏 여자역. 여자 배우.
【女篮】nǚlán 圏(약)(體) 1 女子篮球运动(여자 농구). 2 女子篮球队(여자 농구 팀).
【女郎】nǚláng 圏 젊은 여성〔여인〕. 소녀. ¶妙龄~=묘령의 여인.
【女牢】nǚláo ☞【女监】nǚjiān
【女垒】nǚlěi 圏(약)(體) 1 女子垒球运动(여자 소프트볼). 2 女子垒球队(여자 소프트볼 팀).
【女里女气】nǚ·li nǚqì(~的) (남자가) 여성적이다. ¶他说话~的, 让人恶心。=그는 말하는 투가 여성스러워서 혐오감이 든다.
【女伶】nǚlíng 圏(옛) 여우. 여자 배우.
【女流】nǚliú 圏 아녀자. 여인네. 부녀자. [경시의 의미를 내포함] ¶~之辈=아녀자들.
【女模女样】nǚmú-nǚyàng(~儿) (신) (남자가) 여자처럼 생기다. 여자처럼 차려입다〔꾸미다〕. 여자와 같은 행실〔태도·성격〕.
【女能人】nǚnéngrén 圏 유능한 여자.
【女奴】nǚnú 圏 여종. 하녀.
【女排】nǚpái 圏(약)(體) 1 女子排球运动(여자 배구). 2 女子排球队(여자 배구 팀).
【女朋友】nǚpéng·you 圏 1 여자 친구. 2 여자 애인.
【女乒】nǚpīng 圏(약)(體) 1 女子乒乓球运动(여자 탁구). 2 女子乒乓球队(여자 탁구 팀).
【女仆】nǚpú 圏 여복. 하녀. 여종.
【女气】nǚ·qi 圏 (남자의 행실·표정 등이) 여자 같다. 여성적이다. 여성스럽다. ¶一个大男人~~, 看着怪别扭。=사나이가 이렇게 여성이니, 보기에 무척 어색하다.
【女强人】nǚqiángrén 圏 1 여강도. 2 우먼 파워(women power). 유능한 여성.
【女墙】nǚqiáng 圏(건) 여장. 성가퀴. =【女儿墙】nǚ'érqiáng
【女曲】nǚqū 圏(약)(體) 1 女子曲棍球运动(여자 필드하키). 2 女子曲棍球队(여자 필드하키 팀).
【女权】nǚquán 圏 여권. 여성의 권리. ¶尊重~=여권을 존중하다.
【女人】nǚrén 圏 여자. 여인. 여성. ↔男人
【女人家】nǚrén·jia 圏 여인. 여성. 여자. ¶~的感情就是脆弱。=여자의 감정이란 약한 것이다.
【女人】nǚ·ren 圏(구) 처. 아내. 마누라. 집사람. ¶听说他~很能干。=그의 처가 유능하다고 들었다.
【女色】nǚsè 圏 여색. ¶贪恋~=여색에 연연해하다.
【女神】nǚshén 圏 여신.
【女生】nǚshēng 圏 1 여학생. 2 (어떤 단체의) 젊은 여성. ¶他们单位来的拉拉队几乎全是~。=그들 회사에 온 응원 단원들은 거의 젊은 여성들이다. ↔男生
【女声】nǚshēng 圏(音) 여성. 성악의 여자 성부(聲部). ¶~独唱=여성 독창. ↔男声
【女史】nǚshǐ 圏 1 여사. [옛날, 후궁을 섬기며 기록과 문서를 맡아 보던 여관(女官)] 2 (옛) 여사. [학덕이 높은 부녀에 대한 존칭]
【女士】nǚshì 圏 여사. 숙녀. 부인. ↔男士
【女式】nǚshì 圏 여성용의. ¶~大衣=여성용 외투.
【女侍】nǚshì 圏(옛) 하녀. 계집종.
【女书】nǚshū 圏 여서. 여성 문자. [어머니가 딸에게 혹은 연장자가 연하자에게 전수하는 방식으로 대대로 전해 내려온 여성만이 쓰는 문자. 중국 후난(湖南)성 장수이(江水)현 일대에서 발견되었으며, 일찍이 요족(瑶族) 부녀자들 사이에 널리 퍼져 전해짐. 세계적으로 유일한 여성 문자 체계임] =【女字】nǚzì
【女双】nǚshuāng 圏(약)(體) 女子双打(여자 복식).
【女胎】nǚtāi 圏 여자 태아(胎兒).
【女童】nǚtóng 圏 여동. 여자 아동. 여자 아이.
【女娲】Nǚwā 圏 여와. [중국 고대 신화 속의 여신. 복희(伏羲)와 함께 인류의 시조로 여겨짐]
【女王】nǚwáng 圏 여왕.
【女巫】nǚwū 圏 1 무당. =【巫婆】wūpó 2 (골) 여무. [옛날, 여자의 관직]
【女相】nǚxiàng 圏 여상. [남자의 여자 같은 용모와 기질] ¶他一个男人家, 却生了一副~。=그는 남자이지만 여상이다.
【女校】nǚxiào 圏 여학교.
【女性】nǚxìng 圏 여성의. ¶~选民=여성 유권자. 圏 여성. 여자. ¶现代社会, ~的地位日益提高。=현대 사회에서 여성의 지위가 날로 높아간다.
【女秀才】nǚxiù·cai 圏 여성 인재. 규수(闺秀). [학식이 있는 여자에 대한 미칭]
【女婿】nǚ·xu 圏 1 사위. ¶我女儿跟~一起出国了。=내 딸과 사위는 같이 출국했다. 2 (비) 남편. ¶你老大不小了, 该找个~了。=너도 이제

나이가 적지 않으니 남편감을 찾아야지.
【女阴】nǚyīn 〔名〕(生) 보지. 여자의 생식기〔음부〕.
【女婴】nǚyīng 〔名〕여자 영아. 여자 아기.
【女佣】nǚyōng 〔名〕하녀. 계집종. 여복. 가정부. 파출부.
【女俑】nǚyǒng 〔名〕(옛날, 순장용으로 흙이나 나무로 만든) 여자 인형.
【女优】nǚyōu 〔名〕〔艺〕(중국 전통극의) 여배우.
【女友】nǚyǒu 〔名〕여자 친구. 여자 애인.
【女羽】nǚyǔ 〔名〕〔体〕1 女子羽毛球运动(여자 배드민턴). 2 女子羽毛球运动队(여자 배드민턴팀).
【女招待】nǚzhāodài 〔名〕〔旧〕여급. 여자 접대원. 작부. 접대부.
【女贞】nǚzhēn 〔名〕(植) 당광나무.
【女真】Nǚzhēn 〔名〕(历) 여진족.
【女中】nǚzhōng 〔名〕〔略〕女子中学(여자 중등 학교).
【女中音】nǚzhōngyīn 〔名〕(音) 메조소프라노.
【女主角】nǚzhǔjué 〔名〕주연 여배우.
【女主人】nǚzhǔ·ren 〔名〕주부. 안사람. 집사람. 와이프(wife). 부인. 아내. 안주인. [손님이 주인의 아내를 높여 부르는 말. 주로 제삼자에게 언급할 때 쓰임]
【女装】nǚzhuāng 〔名〕1 여성 의류. 여장. 여복. 2 여자 차림새. 여장. ¶男扮~=(남자가) 여장하다.
【女子】nǚzǐ 〔名〕1 여성. 여자. 2 부녀자. ↔男子
【女字】nǚzì ☞【女书】nǚshū
【女足】nǚzú 〔名〕〔略〕(体) 1 女子足球运动(여자 축구). 2 女子足球队(여자 축구 팀).

## 钕[釹] nǚ 네오디뮴 녀
〔名〕〔外〕(化) 네오디뮴(Nd, neodymium). [원자 번호 60]

## 籹 nǚ 중배끼 여
☞【粔籹】jùnǚ

## 恧 nǜ 부끄러워할 뉵
〔形〕〔书〕부끄러워하다. 수줍어하다. ¶慚~=부끄러워하다.

## 衄[衂·䶊] nǜ 코피 뉵
〔动〕〔书〕1 코피가 터지다〔나다〕. ¶鼻~=코피. 2 피가 나다. 출혈하다. ¶齿~=이에서 피가 나다. 3 (싸움에) 지다. 패하다. ¶败~=싸움에 지다. 패전하다.

## 朒 nǜ 초하룻달 뉵
〔动〕〔书〕음력 초하루에 달이 동쪽에 보이다. 〔名〕〔书〕음력 초하루의 달빛. 〔形〕〔书〕부족하다. 모자라다. 결핍되다.

# nuan

## **暖[煖·煗·㬮)] nuǎn 따뜻할 난
〔形〕따뜻하다. 온화하다. ¶温~=따뜻하다. / 嘘寒问~=더우면 더울세라 추우면 추울세라 살뜰히 돌보아 주다. 〔动〕따뜻하게 하다. 데우다. ¶把酒~上=술을 데워서 올려라. / ~一~身子=몸을 따뜻하게 하다. ↔冷 寒
☞ 煊(xuān)

○● 采暖, 和暖, 回暖, 冷暖, 取暖, 晒shài暖儿, 温暖

【暖调】nuǎndiào 〔名〕(美) 따뜻한 색조〔색상〕.
【暖冬】nuǎndōng 〔名〕따스한 겨울. 온도가 비교적 높은 겨울.
【暖肚】nuǎndù 〔动〕1 배를 따뜻하게 하다. ¶~暖心=마음속을 훈훈하게 하다. 2 배를 채우다. ¶那时的工资刚够一家人~。=그 당시의 월급으로는 겨우 한 가족의 배를 채우는 정도였다. 〔名〕(배를 따뜻하게 해 주는) 복대(腹带).
【暖房】nuǎn‖fáng 〔动〕1 〔旧〕결혼식 전날에 신방(新房)에 가서 축하하다. ¶搬了新家, 请亲戚朋友来暖暖房。=새 집으로 이사가서 친척, 친구들을 불러 집들이를 했다. 3 난방하다. 방을 따뜻하게 하다. ¶~设备=난방 시설.
【暖房】nuǎnfáng 〔名〕온실.
【暖风】nuǎnfēng 〔名〕따뜻한 바람. ¶~拂面=따뜻한 바람이 얼굴을 스친다.
【暖风机】nuǎnfēngjī 〔名〕온풍기.
【暖锋】nuǎnfēng 〔名〕(气) 온난 전선.
【暖阁】nuǎngé 〔名〕난방 설비를 하여 몸을 녹일 수 있게 했던, 큰 방에 딸린 작은 방.
【暖烘烘】nuǎnhōnghōng (~的) 〔形〕따뜻하다. 훈훈하다. 따끈따끈하다. ¶冬日的阳光~的。=겨울 햇살이 따뜻이 따듯하다.
【暖乎乎】〔暖呼呼〕nuǎnhūhū (~的) 〔形〕1 (기후·환경이) 따뜻하다. 따사롭다. 훈훈하다. ¶房里生起炉火, 很快变得~。=방에 난로를 피우자 금세 따뜻해졌다. 2 〔喩〕(마음속으로) 따스함〔훈훈함〕을 느끼다. ¶听了这些关切的话语, 他的心里~的。=정겨운 말을 몇 마디 듣자, 그의 마음이 훈훈해졌다.
【暖呼呼】nuǎnhūhū ☞【暖乎乎】nuǎnhūhū
【暖壶】nuǎnhú 〔名〕1 ☞【暖水瓶】nuǎnshuǐpíng 2 보온 커버를 씌운 수통. 3 탕파(汤婆). [뜨거운 물을 담은 후 이불 속에 놓아 따뜻하게 하는 난방 용구]
【暖和和】nuǎnhuōhuō (~的) 〔形〕따뜻하다. 훈훈하다. ¶被窝里~的, 真舒服!=이불 속이 따뜻한 게 정말 좋다!
【暖和】nuǎn·huo 〔形〕따뜻하다. 따사롭다. ¶天气渐渐~起来了。=날씨가 점점 따뜻해진다. 〔动〕따뜻하게 하다. 데우다. 녹이다. ¶外面冷, 进屋~~吧。=밖이 추우니 방에 들어가 몸을 녹입시다.
【暖炕】nuǎnkàng 〔名〕온돌. 구들.
【暖帘】nuǎnlián 〔名〕방한용 문발.
【暖流】nuǎnliú 〔名〕1 (气) 난류. 2 〔喩〕훈훈한 느낌. 훈훈함. 따스함. ¶看到这么多人向自己伸出

援助之手, 一股～顿时涌上他的心头. =이렇게 많은 사람들이 자신에게 도움의 손길을 보내자, 갑자기 그의 마음속에 훈훈한 느낌이 일었다. ↔寒流

【暖炉】**nuǎnlú** 图(영) 난로. 난방기.

【暖帽】**nuǎnmào** 图 방한모. 겨울용 모자. ↔凉帽

【暖暖和和】**nuǎn·nuan huōhuō**(～的) 图 따뜻하다. 따사롭다.

【暖棚】**nuǎnpéng** 图(농) 온실. =【大棚】**dàpéng**

【暖瓶】**nuǎnpíng** ☞【暖水瓶】**nuǎnshuǐpíng**

【暖气】**nuǎnqì** 图 1 라디에이터(radiator). 방열기. (农)【暖气片】**nuǎnqìpiàn** ¶家家户户都安有～. =집집마다 라디에이터를 설치했다. 2 (보일러·스팀(steam) 등이 공급하는) 증기. 뜨거운 물. ¶供应～=스팀을 넣다. 3 온기. 따뜻한 기체. ¶房间里没一点儿～. =방 안에 온기라곤 조금도 없다.

【暖气片】**nuǎnqìpiàn** ☞【暖气】**nuǎnqì**

【暖气团】**nuǎnqìtuán** 图(气) 온난 기단(氣團).

【暖融融】**nuǎnróngróng**(～的) 图 훈훈하다. 따뜻하다. 포근하다. 따사롭다. ¶外面冰天雪地, 家里却是～的. =밖이 몹시 추운데 반해 집 안은 훈훈하다.

【暖色】**nuǎnsè** 图(美) 난색. 따뜻한 느낌을 주는 색. ↔冷色

【暖水袋】**nuǎnshuǐdài** ☞【热水袋】**rèshuǐdài**

【暖水壶】**nuǎnshuǐhú** ☞【暖水瓶】**nuǎnshuǐpíng**

【暖水瓶】**nuǎnshuǐpíng** 图 보온병. =【暖瓶】**nuǎnpíng**【壶】**nuǎnhú**【暖水壶】**nuǎnshuǐhú**【热水瓶】**rèshuǐpíng**

【暖心】**nuǎn‖xīn** 图 마음을 녹여 주다. 마음을 따뜻하게 해 주다. ¶～话=마음을 따뜻하게 해 주는 말.

【暖袖】**nuǎnxiù** 图 토시.

【暖洋洋】**nuǎnyángyáng**(～的) 图 따사롭다. 포근하다. 훈훈하다. 따뜻하다. ¶阳光～的, 照射着广阔的大地. =햇볕이 따사롭게 광활한 대지를 비추고 있다.

【暖意】**nuǎnyì** 图 따뜻한 느낌〔감〕·기분〕. ¶朋友的问候让我心中升起一股～. =친구의 인사말은 내 마음속에서 따뜻한 느낌이 일게 했다.

## nüe

\***疟**[瘧] **nüè** 학질 학
图(醫) 학질. 말라리아.

【疟疾】**nüè·ji** 图(醫) 학질. 말라리아. (农)【疟子】**yào·zi** 图【脾寒】**píhán**

【疟蚊】**nüèwén** 图(动) 학질모기. 말라리아모기.

【疟原虫】**nüèyuánchóng** 图(动) 말라리아 원충(原蟲).

\***虐 nüè** 잔인할 학
图 잔인하다. 가혹하다. 포악하다. ¶暴～=포학하다. / 肆～=거리낌 없이 잔혹한 짓을 하다. 图(喩) 재앙. 재해. 재난. 불행. ¶天降大～=하늘이 큰 재앙을 내리다.

○ 虐 nüè
  疟 nüè
  谑 xuè

○· 酷kù虐, 肆sì虐, 凶xiōng虐

【虐待】**nüèdài** 图 학대하다. ¶深受～=심한 학대를 받다. ↔优待

【虐待狂】**nüèdàikuáng** 图 사디즘. (法) sadisme

【虐杀】**nüèshā** 图 학살하다. ¶～无辜=무고한 사람을 학살하다.

【虐政】**nüèzhèng** 图 학정. 폭정. 가혹한 정치. ≒暴政 ↔仁政

## nun

**䒩 nún** 향기로울 논
图(喩) 향기. ¶温～=따뜻하며 향기롭다.

## nuo

**那 Nuó** 성씨 나
图 성(姓).
☞ **Nā, nǎ, nà, nè, nèi**

\***挪**[(捼)] **nuó** 옮길 나
图 1 옮기다. 움직이다. (위치를) 변경하다〔바꾸다〕. 운반하다. ¶把椅子往前～～吧. =의자를 앞으로 옮기자. 2 유용(流用)하다. 돌려쓰다. 전용(轉用)하다. 융통하다. 변통하다. ¶～用专款=특별 비용을 유용하다.

【挪步】**nuó‖bù** 图 발걸음을 떼다〔옮기다〕. ¶还没等～, 老张就跑过来拉住了我. =발걸음을 떼기도 전에 장씨가 뛰어와서 나를 붙잡았다.

【挪不动】**nuó·budòng** 图 (무거워서) 옮길 수 없다. 움직일 수 없다. ¶箱子太沉, ～. =상자가 너무 무거워서 옮길 수 없다. ↔挪动

【挪蹭】**nuócèng** 图(子) 느릿느릿 걷다. 조금씩 움직이다.

【挪动】**nuódòng** 图 옮기다. 움직이다. (위치를) 변경하다〔바꾸다〕. ¶他慢慢地向前～了几步. =그는 천천히 앞으로 몇 발자국을 옮겼다. ≒移动 ↔挪不动

【挪借】**nuójiè** 图 1 (남의 돈을) 빌려 쓰다. 빌리다. 차용하다. 돌려쓰다. ¶钱不够, 找朋友～了一些. =돈이 모자라 친구의 돈을 조금 빌려 썼다. 2 유용(流用)하다. 돌려쓰다. 전용(轉用)하

다. 융통하다. 변통하다. ¶专款专用, 不得~他用。=특별 비용은 그 용도로만 사용해야지, 다른 용도로 유용해서는 안 된다. ≒挪用

【挪威】**Nuówēi** 명약(地) 노르웨이(Norway). [수도는 '奥斯陆(오슬로 : Oslo)'임]

【挪窝儿】**nuó‖wōr** 동약 이사하다. 자리를 뜨다. 장소를 옮기다. ¶在这儿住了十多年, 没挪过窝儿。=여기에서 10여 년을 살았는데, 이사한 적이 없다.

【挪移】**nuóyí** 동약 **1** 옮기다. 움직이다. (위치를) 변경하다〔바꾸다〕. 이동하다. ¶把文件柜~到墙角去。=서류함을 구석으로 옮기다. **2** (남의 돈을) 빌려 쓰다. 빌리다. 차용하다. 돌려쓰다. ¶~款项=경비를 돌려쓰다.

【挪用】**nuóyòng** 동 **1** 유용(流用)하다. 돌려쓰다. 전용(轉用)하다. 융통하다. 변통하다. ¶情况紧急, 只得暂时~这笔款子。=상황이 급박해서, 잠시 이 자금을 융통할 수밖에 없다. **2** 횡령하다. 착복하다. 가로채다. ¶~公款=공금을 유용하다. ≒挪借 盗用

\***娜 nuó** 아리따울 나
☞【婀娜】**ēnuó** ☞【袅娜】**niǎonuó**
☞ **nà**

**傩[儺] nuó** 역귀 쫓을 나
명용 구나(驅儺). 역귀(疫鬼)를 쫓는 의식.
【傩神】**nuóshén** 동 역귀를 쫓다.
【傩戏】**nuóxì** 명용(劇) 나희(儺戯). [역귀를 쫓는 춤에서 변화·발전된 민간 전통극. 후난(湖南)·후베이(湖北)·구이저우(貴州)·광시(廣西) 일대에서 유행함. 공연할 때 대개 가면을 쓰고, 음악과 연기가 비교적 원시적이며 간단함]

**诺[諾] nuò** 승낙할 낙
동 승낙하다. 허락하다. 동의하다. ¶许~=허락하다. /允~=윤허하다. 감 (대답하는 소리로, 동의·복종·순종 등을 나타내어) 예. 네. 응. 그래. 좋아. ¶唯唯~~=무조건 승낙하다. 하자는 대로 순종하다.

◦● 承chéng诺, 践jiàn诺, 然诺, 夙sù诺, 应诺

【诺贝尔奖】**Nuòbèi'ěrjiǎng** 명약 노벨상.
【诺尔】**nuò'ěr** ☞【淖尔】**nào'ěr**
【诺诺连声】**nuònuò-liánshēng** 성 연거푸 '네, 네' 하다. '예, 예' 하고 대답하다.

【诺言】**nuòyán** 명 언약. 약속. 승낙의 말. ¶信守~=약속을 지키다.

**喏¹ nuò** 응낙할 낙
감 (상대방에게 자기가 가리키는 사물을 환기시켜) 자. 저봐. 거봐. ¶~, 这就是你要买的那本小说。=봐, 이게 바로 네가 사려던 그 소설이잖아.

**喏² nuò** 대답할 낙
동감 '诺(nuò)'와 같음.
☞ **rě**

**搦 nuò** 잡을 닉
동 **1** 잡다. 쥐다. 들다. ¶~笔=펜을 잡다. **2** 선동하다. 도전하다. 싸움을 걸다. 일으키다. 야기시키다. ¶出马~战=출전하여 싸움을 걸다.

◦● 抽搦, 搐chù搦

【搦管】**nuòguǎn** 동문 **1** 붓을 잡다. **2** 시문(詩文)을 쓰다. 글을 쓰다.
【搦战】**nuòzhàn** 동 도전하다. 도발하다. 싸움을 걸다.

**锘[鍩] nuò** 노벨륨 낙
명약(化) 노벨륨(No, nobelium). [원자 번호 102]

\***懦 nuò** 나약할 나
형 연약하다. 나약하다. 겁이 많다. ¶怯~=겁이 많다.
【懦夫】**nuòfū** 명 겁쟁이. 겁보. 비겁한 사람. 약하고 무능한 사람. ↔勇士
【懦怯】**nuòqiè** 형 겁이 많다.
【懦弱】**nuòruò** 형 연약하다. 나약하다. 여리다. 가냘프다. 약하다. 무기력하다. ¶~无能=나약하고 무능하다. ≒软弱 柔弱 ↔勇敢

**糯[(糯·稬)] nuò** 찰벼 나
형 찰기가 있다. 차지다. ¶~高粱=찰수수.
【糯稻】**nuòdào** 명(植) 찰벼.
【糯谷】**nuògǔ** 명(植) 차조.
【糯米】**nuòmǐ** 명 찹쌀. =(江米)**jiāngmǐ**
【糯米酒】**nuòmǐjiǔ** 명 찹쌀로 빚은 술.
【糯米纸】**nuòmǐzhǐ** 명 오블라토. 외 oblato

# o

**噢** ō 슬퍼할 욱
[감] (이해하거나 기억하게 됨을 나타내어) 아! 오!
¶~, 我记住了。=아! 확실히 기억했어.

**哦** ó 옳을 아
[감] (놀람·반신반의를 나타내어) 어! 어머! 어허!
¶~, 她真得要去中国留学? =어! 그녀가 정말로 중국으로 유학을 간다고?
☞ é, ò

**嚄** ǒ 깜짝 놀랄 획
[감] (놀람을 나타내어) 아니! 어! 야! ¶~, 神童, 六岁就能背100首唐诗。=야! 신동이네. 여섯 살에 벌써 당시(唐詩)를 100수나 외울 수 있다니.
☞ huō, huò

**哦** ò 옳을 아
[감] (어떤 사실이나 상황을 깨달았음을 나타내어) 아! 오! ¶~, 我终于想明白了。=아! 이제야 (확실히) 알겠다.
☞ é, ó

## ou

**区 [區]** Ōu 성씨 구
[명] 성(姓).
☞ qū

**讴 [謳]** ōu 노래할 구
[명] 민요. ¶吴~=쑤저우(苏州) 지방의 민요. [동] 노래하다. ¶浅~低唱=한가로이 노래를 읊조리다. 낮은 소리로 노래를 부르다.
【讴歌】 ōugē [동][문] 노래를 부르다. 구가하다. ¶~祖国=조국을 노래하다.
【讴吟】 ōuyín [동] 노래 부르다. ¶~婉转, 浅唱低回。=노랫가락이 구성져서 나즈막이 읊조리며 서성이네.

**沤 [漚]** ōu 거품 구
[명][문] 물거품. 수포. ¶浮~=물거품.
☞ òu

**瓯 [甌]** ōu 사발 구
[명] **1** 작은 사발. ¶陶~=질그릇. **2**[방] (속이 깊은) 공기. ¶茶~=찻잔. **3** (Ōu)[지] 저장(浙江)성 원저우(溫州)의 별칭. **4** (Ōu)[지] 어우장(瓯江). [저장(浙江)성에서 두 번째로 큰 강이며 길이는 338km임].

○━ 金瓯

【瓯绣】 ōuxiù [명][방] 저장(浙江)성 원저우(溫州) 지방에서 생산되는 자수.
【瓯蚁】 ōuyǐ [명] **1** 잔 속의 차 가루. **2** 차(茶). ¶~之资, 怎劳您破费。=찻값은 제가 내지요.
【瓯子】 ōu·zi [명][방] 손잡이가 없는 잔.

**欧 [歐]** ōu 유럽 구
[명] (Ōu) **1**[지] 유럽. 유럽 대륙. **2** 성(姓). [양] (電) 옴(ohm). [전기 저항의 단위]
【欧安会】 Ōu'ānhuì [명][약] 欧洲安全和合作会议 (유럽 안보 협력 회의(CSCE)). [1972년 소련이 제창했음]
【欧风东渐】 ōufēng-dōngjiàn [문] 유럽의 풍조가 동아시아로 전해지다.
【欧共体】 Ōugòngtǐ [명][약] 欧洲共同体(유럽 공동체(EU)).
【欧化】 ōuhuà [동] (풍습·습관·언어·문자 등을) 유럽화하다. 유럽식으로 모방하다. ¶~句式=유럽식 문장 구조.
【欧罗巴人种】 Ōuluóbā rénzhǒng [명][인] 백인종. =【白色人种】 báisè rénzhǒng 【白种】 báizhǒng
【欧美】 Ōu Měi [명][지] 구미. 유럽과 미국.
【欧盟】 Ōuméng [명][약] 欧洲联盟(유럽 연맹).
【欧姆】 ōumǔ [양][약][電] 옴(ohm). [전기 저항의 단위]
【欧佩克】 Ōupèikè [명][약] 석유 수출국 기구. [영] OPEC(Organization of Petroleum Exporting Countries)
【欧式】 ōushì [명] 유럽 스타일. 유럽풍. 유럽식. ¶~建筑=유럽식 건축.
【欧体】 Ōutǐ [명] (唐)대 서예가 구양순(歐陽詢)과 그의 아들 구양통(歐陽通)의 필체.
【欧亚】 Ōu Yà [명][지] 유럽과 아시아.
【欧阳】 Ōuyáng [명] 복성(複姓).
【欧阳修】 Ōuyáng Xiū [명][역] 구양수(1007~1072년). [북송(北宋)의 저명한 산문가·사학가]
【欧元】 ōuyuán [명] 유로화.

【欧洲】Ōuzhōu 명(地) 欧罗巴洲(유럽 / 유럽 대륙).

## 殴[毆] ōu 때릴 구

동 때리다. ¶斗~ = 치고받고 싸우다. / 群~ = 뭇매질하다.

⊙● 凶xiōng殴

【殴打】ōudǎ 동 구타하다.
【殴击】ōujī 동 구타하다. ¶男性~女性是家庭暴力的主要表现形式. = 남자가 여자를 구타하는 것은 가정 폭력의 주요 형태이다.
【殴辱】ōurǔ 동 때리고 모욕하다. ¶每个人都有做人的尊严, 都不甘被人~. = 사람은 모두 인간으로서의 존엄성을 가지고 있기 때문에, 매맞고 모욕당하는 것을 원치 않는다.
【殴杀】ōushā 동 때려죽이다.
【殴伤】ōushāng 동 때려서 상처를 입히다.

## 鸥[鷗] ōu 갈매기 구

명(動) 갈매기의 총칭. ['海鸥(바다갈매기)'·'银鸥(재갈매기)'·'燕鸥(제비갈매기)' 등의 종류가 있음]

## 讴[謳] ōu 우는 소리 구

감 1 (찬탄을 나타내어) 아! ¶~, 这届釜山电影节太精彩了! = 아! 이번 부산영화제는 정말 대단했어. 2 (놀람을 나타내어) 아니! ¶~, 你们这里比我们那里有意思多了! = 와! 너희들 이 곳이 저기 우리 쪽보다 더 재미있네! 3 (깨달음을 나타내어) 아! ¶~, 他们开玩笑啊! 我说在吵架呢. = 아! 쟤들 농담하고 있잖아. 난 싸우는 줄 알았어. 의 워이! 엉엉! [고함·울음소리 등을 나타냄] ¶饲养员~~地吆喝着牲口. = 사육사가 가축들에게 워이 워이 소리를 지른다.

## 呕[嘔] ǒu 토할 구

동 구토하다. 게우다. ¶干~ = 헛구역질하다. / ~血 = 피를 토하다.
【呕吐】ǒutù 동 구토하다.
【呕泄】ǒuxiè 동 구토와 설사를 하다.
【呕心】ǒuxīn 형 (주로 문예 창작에서) 매우 고심하다. ¶~之作, 弥加珍贵. = 매우 고심한 작품이라서 더욱더 귀중하다.
【呕心沥血】ǒuxīn-lìxuè 성 심혈을 기울이다. ≒处心积虑
【呕血】ǒu‖xuè 동 토혈하다. 상혈(上血)하다.

## 怄[慪] òu 통째로 구울 구

동 1 (불꽃이 일지 않고) 연기만 나다. ¶湿柴~烟 = 젖은 땔감에서는 연기만 난다. 2 모깃불을 피우다. ¶~蚊子 = 모깃불을 피워 모기를 쫓다.

## *偶 ǒu 짝 우

형 짝(수)·쌍(수)을 이루다. ['奇(홀수의)'와 구별됨] ¶无独有~ = 같은 패거리가 있다. [주로 나쁜 사람이나 나쁜 짓을 가리킴] 부 우연히. 공교롭게도. ¶~遇佳人 = 우연히 훌륭한 배우자를 만나다. 명 1 (나무나 흙으로 만든) 꼭두각시. 나무 인형. ¶木~ = 나무 인형. / 玩~ = 인형을 가지고 놀다. 2 배우자. 배필. ¶知音难遇, 佳~难求. = 자기를 알아주는 친구를 만나기도 어렵고, 좋은 배필을 찾기도 어렵다. 3 (Ǒu) 성(姓). ↔奇 独

⊙● 对偶, 力偶, 排偶, 配偶, 求偶, 丧sàng偶, 土偶, 托tuō偶, 玩偶

【偶氮基】ǒudànjī 명(化) 아조기.
【偶尔】ǒu'ěr 부 때때로. 간혹. 이따금. ¶他主要写诗, ~写散文. = 그는 주로 시를 짓는데, 간혹 산문을 쓰기도 한다. 형 우발적인. ¶那是~的情形. = 그것은 우발적인 상황이다. ≒偶然 ↔时常 常常 一贯
【偶发】ǒufā 동 우연히 발생하다. ¶~病例 = 우발성 병례.
【偶犯】ǒufàn 동 우발적으로 죄를 저지르다.
【偶感】ǒugǎn 동 (우연히) 감상에 젖다. 생각이 떠오르다. 감염되다. ¶~风寒 = 우연히 감기에 걸리다. 명 우연히 떠오른 감상. [주로 표제어로 쓰임] ¶文章题为《旅韩~》. = 글의 제목은 《한국 여행 중의 우연한 감상》이다.
【偶函数】ǒuhánshù 명(數) 우함수. 짝함수.
【偶合】ǒuhé 동 우연히 들어맞다. ¶并非~, 实英雄所见略同也. = 결코 우연히 들어맞은 것이 아니라, 실은 영웅들의 생각은 대체로 같기 때문이다. ≒巧合
【偶或】ǒuhuò 부 어쩌면. 아마. 혹은. 혹시. 간혹. 때때로. ¶~有朋友来, 别时总是怅怅. = 간혹 친구가 찾아오는데, 떠날 때는 항상 섭섭하다.
【偶然】ǒurán 부 우연히. 뜻밖에. 간혹. ¶下雨时, ~也出太阳. = 비 오는 날에도 간혹 해가 뜬다. 형 우연하다. ¶必然里也潜伏着~因素. = 필연 속에도 우연적인 요소가 잠재되어 있다. ≒偶尔 ↔经常 时常 必然 一贯
【偶然性】ǒuránxìng 명 우연성. ↔必然性
【偶人】ǒurén 명 (흙이나 나무로 만든) 인형.
【偶日】ǒurì 명 짝숫날.
【偶数】ǒushù 명(數) 짝수. ↔奇数
【偶谈】ǒután 동 기분나는 대로 말하다. 생각나는 대로 말하다. ¶~巷议, 不足虑也. = 항간의 근거 없는 여론은 염려할 필요 없다. 항간의 소문이라 일고의 가치도 없다.
【偶蹄】ǒutí 명(動) (둘 혹은 넷으로 이루어진) 짐승의 발굽.
【偶像】ǒuxiàng 명 1 우상. 2 비 미신 등의 대상물. 우상 숭배. 3 비 진심으로 경배나 흠모를 받는 현사(賢士).
【偶一为之】ǒuyīwéizhī 성 우연찮게 한번 해보다.
【偶语】ǒuyǔ 동(書) 마주보고 속삭이다. ¶路边有人窃窃~. = 길가에 웬 사람들이 마주보며 속삭인다.
【偶坐】ǒuzuò 동 1 잠시 앉다. ¶到此~, 品花赏鱼. = 여기에 잠깐 앉아 꽃과 물고기나 구경하자. 2 마주 앉다. ¶兄弟~, 频频举杯. = 형제가

마주앉아 빈번히 잔을 비운다.

## 耦 ǒu 짝 우

**동**閔 두 사람이 나란히 밭을 갈다. ¶～耕＝두 사람이 나란히 밭을 간다. **형**閔 '偶(짝·쌍(수)을 이루다)'와 같음. ¶～语＝짝을 지어 말하다. 閔 배우자.

【耦合】ǒuhé 閔(物) 접속. 결합. 閔 coupling

## *藕 ǒu 연뿌리 우

閔(植) 연뿌리. [식용하며 약재로도 쓰임]

【藕断丝连】ǒuduàn-sīlián 閔 **1** 연뿌리는 끊어졌어도 그 속의 실은 이어져 있다. **2**閔 옛정이 남아 있어 헤어지기 어렵다. **3**閔 겉으로는 끊어진 듯하나 실은 이어져 있다. [주로 애정 관계에 쓰임] ↔一刀两断
【藕粉】ǒufěn 閔 연뿌리 전분.
【藕合】ǒuhé ☞【藕荷】ǒuhé
【藕荷】[藕合] ǒuhé 閔 옅은 자주색의. 미홍색의.
【藕灰】ǒuhuī 閔 옅은 회홍색.
【藕节】ǒujié 閔 연뿌리 마디. [지혈제로 쓰임]
【藕色】ǒusè 閔 옅은 회홍색.
【藕丝】ǒusī 閔 **1** 연뿌리에서 나는 실. **2**閔 끊임없는 애정.

## 沤［漚］òu 담글 구

**동 1** 물에 오랫동안 담그다. 우려내다. ¶～麻＝삼을 물에 담그다. **2**㉠ 푹 썩이다. ¶～肥＝퇴비를 만들다.
☞ōu
【沤变】òubiàn 동 (물에 오래 담가서) 변색〔변질〕되다.
【沤肥】òuféi 閔동 퇴비(를 만들다). 閔【窖肥】jiàoféi
【沤粪】òufèn 閔 인분을 썩이다.
【沤烂】òulàn 閔 (물에 오래 담가 두어) 썩이다.
【沤麻】òumá 閔 (섬유질을 쉽게 벗길 수 있도록) 삼을 물에 담그다.

## 怄［慪］òu 화날 우

**동**閔 **1** (고의로) 화나게 하다. ¶他爱急, 别故意～他. ＝그는 성격이 급하니, 일부러 화나게 하지 마라. **2**㉠ 화내다.
【怄气】òu‖qì 閔 화내다. 골나다. 언짢아하다. 짜증내다. ¶对那种人, 不值得～＝그런 사람에게는 화낼 가치도 없다. / 丢钱让他怄了半天的气. ＝돈을 잃어버려, 그는 한나절이나 화가 나 있었다.

# P

## pa

**炉** pā 연할 파

형(방) **1** (음식이) 무르다. 흐물흐물하다. 물렁물렁하다. 연하다. ¶排骨还没有炖~. = 갈비가 아직 푹 삶아지지 않았다. **2** 부드러워지다. 누그러지다. 나약해지다. 나긋나긋하다. ¶一见经理, 他的态度就~了. = 사장을 만나기만 하면 그의 태도는 부드러워진다.

**趴** pā 엎드릴 파

동 **1** 엎드리다. ¶他总爱~在床上睡觉. = 그는 늘 침대에 엎드려 잔다. **2** 몸을 앞으로 기울여 물체에 기대다. ¶小家伙~在桌子上画画呢. = 녀석은 책상에 엎드려 그림을 그리고 있다.

○● 马趴

【趴伏】pāfú 동 **1** 엎드리다. ¶他们~在草地上闲聊. = 그들은 잔디 위에 엎드려 한담을 나눈다. **2** 기대다. ¶坐姿要端正, 不要~在课桌上. = 책상에 기대지 말고, 자세를 똑바로 하세요.

【趴窝】pāwō 동(방) **1** 알을 품다. ¶母鸡~了. = 암탉이 알을 품었다. **2** (피로·병·화 등으로 인해) 드러눕다. 쓰러지다. ¶一场球踢下来, 队员们都~了. = (축구) 한 게임을 뛰고 나서 선수들은 모두 지쳐 쓰러졌다. **3** (기계·자동차 등이) 고장이 나다. ¶推土机~了. = 불도저가 고장이 났다.

【趴下】pāxià 동 **1** 엎드리다. ¶手雷要爆炸了, 快~! = 대전차 수류탄이 폭발한다, 빨리 엎드려! **2** 비(몸이나 정신이) 망가지다. 쓰러지다. ¶这么大的打击, 他不~才怪呢? = 그렇게 큰 충격을 받았는데, 그가 쓰러지지 않는 것이 이상하지.

**派** pā 통과할 파
☞ pài

【派司】pā·si 동(외) (검사·세관 등을) 통과하다. 명(외) 출입증. 통행증. 패스(pass).

**啪** pā 부딪치는 소리 박

의 팍. 퍽. 펑. 쫙. [총 소리·박수 소리·물건이 부딪치는 소리] ¶手掌拍得~~响. = 짝짝 손뼉을 치다.

【啪嚓】pāchā 의 쨍그랑. [물건이 부딪혀서 깨지는 소리] ¶~一声, 茶杯掉在地上, 摔碎了. = 쨍그랑 하고 찻잔이 땅에 떨어져 깨졌다.

【啪嗒】pādā 의 퍽. 탁. 툭. 딸가닥. 철컥. [물건이 부딪치는 소리] ¶门~一声锁上了. = 문이 철컥 하며 자물쇠가 잠겼다.

【啪唧】pājī 의 철벅. 철버덕. [기체나 액체가 압출되어 나는 소리] ¶雨靴里进了水, 走起路来~直响. = 장화에 물이 들어가서 걸을 때마다 철벅거리는 소리가 난다.

【啪啦】pā·la 의 탁. 팍. 퍽. 툭. [물건이 부딪치면서 나는 둔탁한 소리] ¶他~~地拍打着皮球. = 그는 고무공을 탁탁 치고 있다.

**葩** pā 꽃 파

명(문) 꽃. ¶奇~异草 = 희귀하고 진귀한 화초들.

**扒** pá 소매치기할 팔

동 **1** (손이나 갈퀴 등으로) 그러모으다. 긁어모으다. 흩트리다. ¶把麦穗~在一起. = 밀이삭을 한곳으로 그러모으다. **2** 소매치기하다. 날치기하다. ¶~手行窃时被逮个正着. = 소매치기가 매치기하는 순간 붙잡혔다. **3** 약한 불로 푹 삶다. [반쯤 익힌 재료를 솥에 넣고 물과 양념을 넣고 약한 불로 푹 삶는 조리 방법] ¶~羊肉 = 양고기 스튜. **4** 동 긁다. ¶~痒 = 가려운 데를 긁다.
☞ bā

【扒糕】págāo 명 메밀묵.

【扒灰】pá‖huī ☞【爬灰】pá‖huī

【扒鸡】pájī 명 찌지. 〔扒(약한 불로 삶다)'의 방법으로 조리한 통닭〕

【扒拉】pá·la 동 젓가락으로 음식을 퍼먹다. ¶他匆匆忙忙~了几口饭就睡觉去了. = 그는 아주 급히 밥을 몇 입 퍼먹고는 바로 잠을 자러 갔다.
☞ bā·la

【扒犁】pá·li ☞【爬犁】pá·li

【扒窃】páqiè 동 소매치기하다. ¶在公交车上要特别留心小偷~钱物. = 버스 안에서는 소매치기에게 금품을 소매치기당하지 않도록 각별히 조심하여야 한다.

【扒手】【掱手】páshǒu 명 소매치기.

**杷** pá 비파나무 파
☞ 【枇杷】pí·pá

**爬** pá 길 파

동 **1** 기다. 기어가다. ¶壁虎快速~上了墙壁. = 도마뱀붙이가 재빨리 담벽을 타고 올라갔다.

2 기어오르다. 오르다. ¶～树＝나무에 오르다. **3** [비] 다른 식물에 붙어서 성장하다. ¶栅栏上～满了牵牛花。＝나팔꽃이 울타리 가득 뻗어 올랐다. **4** [폄][비] 권세에 빌붙어 갖은 수단과 방법으로 직급〔지위·명성〕을 올리다. ¶他终于～到了处长的位置上。＝그는 마침내 처장의 자리까지 올랐다. **5** 일어나다. 일어나 앉다. 일어서다. ¶他已经病得～不起来了。＝그는 이미 일어나지 못할 정도로 병이 들었다.

【爬虫】**páchóng** [명] **1** 《動》 파충(류). 파행동물. **2** [비] 철새 정치인.

【爬竿】**págān**(～儿) [명] 장대타기. 장대를 타고 오르는 기예. [동]《體》 장대타기〔장대오르기〕를 하다.

【爬高】**págāo** [동] **1** 높은 곳을 향하여 오르다. ¶上树～要小心。＝나무에 높이 올라갈 때에는 조심해야 한다. **2** [비] 사회적 신분이 자기보다 높은 사람과 교제하거나 인척 관계를 맺다. ¶这个人溜须拍马，一心想～。＝이 사람은 아첨을 하여 온통 신분 상승만을 꿈꾼다. **3** (비행기가) 고도를 올리다. 높이 치솟다. 날아오르다. 상승하다. 이륙하다. ¶飞机正在～，请系好安全带。＝비행기가 이륙하고 있으니, 안전벨트를 매어 주십시오.

【爬高枝儿】**pá gāozhīr** [낮] **1** 높은 나무에 오르다. **2** [비] 사회적 신분이 자기보다 높은 사람과 교제하거나 인척 관계를 맺다. ¶他想通过～来改变自己的处境。＝그는 신분이 높은 사람들과 교제를 통해 자신의 처지를 바꾸어 보고자 한다.

【爬格子】**pá gé·zi** [동][구] **1** 원고지의 격식에 맞추어 한 칸 한 칸씩 글씨를 쓰다. **2** 열심히 원고를 쓰다.

【爬灰】[扒灰] **pá‖huī** [동][구] 시아버지가 며느리와 간통하다.

【爬犁】[扒犁] **pá·li** [명][방] 썰매.

【爬罗剔抉】**páluó-tījué** [성] (인재·물품 등을) 닥치는 대로 긁어모으다.

【爬坡】**pápō**(～儿) [동] **1** 언덕을 오르다. ¶这种车的～能力很强。＝이 차종은 등판 능력이 강하다. **2** [비] (인생길에 있어서) 위로 올라가다. 더 높은 곳을 향해 올라가다. ¶他这几年正处于事业的～阶段。＝그는 요 몇 년 동안 사업이 상승 단계에 있다.

【爬墙虎】**páqiánghǔ** [명]《植》 **1** ☞【爬藤榕】**páténgróng** **2** ☞【红葡萄藤】**hóngpú·taoténg**

【爬山】**páshān** [동] 산을 오르다. 등산하다. ¶周末我们去郊外～。＝주말에 우리는 교외로 등산하러 간다.

【爬山虎】**páshānhǔ** [명] **1**《植》 담쟁이덩굴. ＝【巴山虎】**bāshānhǔ**【地锦】**dìjǐn** **2** [방] 산길에 사용되는 가마.

【爬山越岭】**páshān-yuèlǐng** ☞【翻山越岭】**fānshān-yuèlǐng**

【爬升】**páshēng** [동] **1** (비행 물체가) 높이 날아오르다. ¶飞机正在缓慢～。＝비행기가 서서히 날아오르고 있다. **2** [폄][비] 계속 승진하다. ¶近两年他～得相当快。＝최근 몇 년 동안 그는 상당히 빠르게 승진했다.

【爬梳】**páshū** [동][문] **1** 머리를 빗다. **2** [비] 정리하다. 정돈하다. ¶事情头绪繁多，难以～。＝사건의 실마리가 너무 복잡하여 정리하기 어렵다.

【爬藤榕】**páténgróng** [명]《植》 담쟁이덩굴. ＝【爬墙虎】**páqiánghǔ**

【爬梯】**pátī** [명] **1** 난간이 있는 계단. 가파른 계단. 경사가 급해서 사람이 오르내릴 때 두 손으로 난간을 잡아야 하는 계단. **2** (쇠사슬이나 밧줄로 만든, 아래로 늘어뜨려진) 줄사다리. 수직사다리. [동] 엉금엉금 기어오르다. ¶～上房＝계단을 엉금엉금 기어서 지붕에 오르다.

【爬行】**páxíng** [동] **1** 기다. 기어가다. **2** [비] 행동이 느리다. ¶要锐意进取，不能奉行～主义。＝굳건한 마음으로 진보를 추구해야지, 추수주의(追隨主義)를 신봉해서는 안 된다.

【爬行动物】**páxíng dòngwù** [명]《動》 파충류 동물. 파행 동물.

【爬泳】**páyǒng** [명]《體》 (수영의) 자유형. 크롤(crawl) 스트로크.

## 钯 pá 써레 파

'耙(pá)' 와 같음.

☞ **bǎ**

## *耙 pá 써레 파

[명] 갈퀴. 쇠스랑. 고무래. 써래. ¶钉～＝쇠스랑. [동] 갈퀴질하다. 고무래질하다. 써레질하다. ¶～地＝논밭을 써레질하다. / 把麦秸～开晒晒。＝보릿짚을 좀 널어 말려라.

☞ **bà**

【耙子】**pá·zi** [명] 갈퀴. 쇠스랑. 고무래. 써레.

## 琶 pá 비파 파

☞【琵琶】**pí·pá**

【琶音】**páyīn** [명]《音》 아르페지오(arpeggio). 펼침화음.

## 手手 pá 소매치기 수

【手手手】**páshǒu** ☞【扒手】**páshǒu**

## 筢 pá 갈퀴 파

【筢子】**pá·zi** [명] 갈퀴.

## 潖 pá 물 이름 파

【潖江口】**Pájiāngkǒu** [명]《地》 파장커우. 〔광둥(广东)성에 있는 지명〕

## 帊 pà 수건 파

'帕(pà)' 와 같음.

## *帕 pà 수건 파

[명] 수건. ¶手～＝손수건. [양][약]《物》 帕斯卡(파스칼).

【帕金森病】**pàjīnsēnbìng** [명]《醫》 파킨슨병(Parkinson病).

【帕斯卡】 pàsīkǎ 양외(物) 파스칼(Pa, pascal). [압력의 단위]

【帕子】 pà·zi 명 손수건. 수건.

**怕** pà 두려워할 파

동 1 무서워하다. 두려워하다. ¶可~=무섭다. /害~=무서워하다. 2 근심하다. 염려하다. 걱정하다. 걱정이 되다. ¶我~你睡过头了, 才打电话来叫醒你.=나는 네가 늦잠 잘까 봐, 전화를 걸어 널 깨운 거야. 3 견디지 못하다. …에 약하다. ¶热水瓶胆~摔.=보온병의 속병은 충격에 약하다. 튀 아마. 어쩌면. ¶明天~要下雨了.=내일은 아마도 비가 올 것 같다.

○● 害怕, 后怕, 惧jù怕, 恐怕, 哪怕, 生怕

【怕潮】 pàcháo 형 습기에 약하다. ¶这种东西~, 一潮就发霉.=이런 물건은 습기에 약해서, 습기가 차기만 하면 곧바로 곰팡이가 핀다.

【怕丑】 pà‖chǒu 동 부끄러워하다. 수줍어하다. 창피당할까 봐 꺼려하다.

【怕冷】 pà‖lěng 동 추위를 두려워하다. ¶他没有~, 勇敢地跳进冰窟窿去捞落水的儿童.=그는 추위를 두려워하지 않고, 물에 빠진 아이를 구하러 용감하게 얼음 구멍으로 뛰어들어갔다.

【怕冷】 pàlěng 형 추위를 타다. 추위에 약하다. ¶胖子怕热, 瘦子~.=뚱뚱한 사람은 더위를 타고, 마른 사람은 추위를 탄다.

【怕前怕后】 pàqián-pàhòu 성 일을 지나치도록 소심하게 처리하여, 이것도 겁이 나고 저것도 겁이 나다. 이것저것 다 걱정하다[두려워하다]. ¶~是做不成大事的.=이것저것 다 걱정하면 큰 일을 해낼 수 없다.

【怕热】 pà‖rè 동 더위먹는 것을 두려워하다[걱정하다]. ¶不要~, 再坚持干一个小时就完工了.=한 시간만 더 참고 일하면 완공되니까, 더위먹는 걸 너무 걱정하지 마세요.

【怕热】 pàrè 형 더위를 타다. 더위에 약하다. ¶他很~, 热一点儿就浑身出汗.=그는 더위에 약해서, 조금만 더워도 온몸에 땀이 흐른다.

【怕人】 pà‖rén 동 사람을 두려워하다[겁내다]. ¶刚孵出的小鸡还有些~.=금방 부화한 병아리는 아직 좀 사람을 두려워한다. 형 무섭다. ¶半夜里走在荒郊野外, 挺~的.=한밤중에 황량한 교외를 걸으면 꽤 무섭다.

【怕晒】 pà‖shài 동 햇빛을 겁내다[싫어하다]. ¶她~, 说什么也不去晒日光浴.=그녀는 햇빛을 겁내서, 무슨 소리를 해도 일광욕을 하러 가지 않는다.

【怕晒】 pàshài 형 햇빛에 약하다. ¶这种花~, 一晒就蔫.=이런 꽃은 햇빛에 약해서, 햇빛에 쬐면 바로 시들어 버린다.

【怕生】 pàshēng 동 낯선 사람을 두려워하다. 낯가림을 하다. ¶这孩子一点都不~=이 아이는 조금도 낯을 가리지 않는다. ≒认生

【怕事】 pà‖shì 동 논쟁이 일어나는 것을 겁내다. 시비가 일어나는 것을 싫어하다. 잘못을 저지를까 봐 두려워하다. ¶胆小~=담이 작아서 일

벌까 봐 겁내다. 지나치게 소심하다.

【怕是】 pàshì 튀 혹시. 아마(도). 어쩌면. [‘也许(yěxǔ)'에 상당함] ¶看样子, ~要下雨了.=보아하니, 아마도 비가 올 것 같다.

【怕水】 pà‖shuǐ 동 물을 무서워하다[싫어하다]. ¶他小时侯很~.=그는 어렸을 때 물을 아주 싫어했다.

【怕水】 pàshuǐ 형 물에 약하다. ¶这种布料不~.=이런 종류의 천은 물에 강하다.

【怕死】 pà‖sǐ 동 죽음을 두려워하다. ¶贪生~=목숨을 아끼고 죽음을 두려워하다.

【怕死鬼】 pàsǐguǐ 명 겁쟁이. 겁보.

【怕头】 pà·tou 명동 두려운 것. 무서운 것. ¶这有啥~?=이거 두려울 게 뭐 있습니까?

【怕羞】 pà‖xiū 동 부끄러워하다. 수줍어하다. ¶小姑娘~, 不好意思当着众人的面跳舞.=여자 아이가 수줍음을 많이 타서, 사람들 앞에서 춤추는 것을 부끄러워한다. ≒害羞 害臊

【怕脏】 pà‖zāng 동 더러워지는 것을 꺼리다[싫어하다]. ¶干这种活要不~才行.=이런 일을 하려면 더러워지는 것을 겁내지 말아야 한다.

【怕脏】 pàzāng 형 더러움을 잘 타다. 쉬 더러워지다. 더러움[먼지]에 약하다. ¶房间要保持清洁, 这种仪器~.=이런 기구는 먼지에 약해서 방 안을 청결하게 유지하여야 한다.

## pai

**拍** pāi 칠 박

동 1 (손바닥이나 납작한 것으로) 치다. ¶~桌子=탁자를 치다. /~苍蝇=파리를 잡다. 2 ⑨ 파도가 부딪치다. ¶惊涛~岸=성난 파도가 해안에 부딪치다. 3 아첨하다. ¶吹吹~~=아첨하다. 4 (전보를) 치다. 보내다. ¶~电报=전보를 치다. 5 (사진을) 찍다. 촬영하다. ¶~照片=사진을 찍다. /~电视剧=드라마를 촬영하다. 명 1 (~儿) 무엇을 치는 도구. 채. ¶羽毛球~=배드민턴 채[라켓]. /蝇~=파리채. 2 (音) 박자. ¶节~=박자. /快了半~=반 박자가 빠르다.

【拍案】 pāi'àn 동 (손으로) 탁자를 치다. [강렬한 분노·놀람·칭찬 등의 감정을 나타냄] ¶~大怒=탁자를 치며 크게 화를 내다.

【拍案而起】 pāi'àn'érqǐ 성 1 탁자를 치며 벌떡 일어나다. 2 ⑨ 일어나 반항하다.

【拍案叫绝】 pāi'àn-jiàojué 성 1 탁자를 치며 훌륭하다고 소리치다. 2 ⑨ 훌륭하다고 극구 칭찬하다.

【拍巴掌】 pāi bā·zhang 동 손뼉을 치다.

【拍板】 pāi‖bǎn 동 1 박자를 치다. 2 (경매 흥정이 이루어져) 목판을 두드리다. 3 ⑨ (책임자가) 결정을 내리다. ¶投资新项目的事得由董事会~.=새로운 투자 건은 이사회에서 결정해야 한다.

【拍板】 pāibǎn 명(音) 박자를 치는 도구. 박자

판. =【鼓板】gǔbǎn

【拍打】pāi·da 〔동〕 **1** (손이나 납작한 물건으로) 가볍게 두드리다. 톡톡 치다. ¶海浪轻轻~着礁石。=파도가 가볍게 암초를 치고 있다. **2** (날개를) 퍼덕이다. 흔들다. ¶小鸟~着翅膀飞走了。=작은 새가 날갯짓을 하며 날아갔다. ≒扑打

【拍档】pāidàng 〔동〕 협력하다. 협업하다. 합작하다. ¶两人~主持了很多大型晚会。=두 사람은 함께 많은 이브닝 파티를 진행했다. 〔명〕 파트너(partner). 협력자. ¶最佳~=가장 훌륭한 파트너.

【拍电】pāidiàn 〔동〕 전보를 치다. ¶~告知到货日期。=전보를 쳐서 화물 도착 날짜를 알린다.

【拍发】pāifā 〔동〕 (전보를) 치다. 보내다.

【拍抚】pāifǔ 〔동〕 다독거리며〔토닥거리며〕 어루만지다. ¶婴儿在母亲的~下睡着了。=엄마가 다독거려 주자 아기는 잠이 들었다.

【拍号】pāihào 〔명〕〔음〕 박자표. 박자 기호.

【拍花】pāihuā 〔동〕 미혼약〔마취약〕을 써서 아이를 유괴하다. 달콤한 말로 꾀어 아이를 유괴하다. ¶~子=유괴범.

【拍击】pāijī 〔동〕 파도가 부딪치다. ¶汹涌的波涛~着海岸。=거센 파도가 해안에 부딪치고 있다.

【拍价】pāijià 〔명〕 경매 가격.

【拍节器】pāijiéqì 〔명〕〔음〕 메트로놈(metronome). 박절기.

【拍马】pāimǎ 〔동〕 아첨하다. 알랑거리다. 아부하다. ¶溜须~=아첨하다.

【拍马屁】pāi mǎpì 〔속〕 **1** 말을 칭찬하다. [전하는 말에 의하면, 유목 시대에 북방 민족이 말 궁둥이를 쳐서 말을 칭찬하는 의미를 나타냈다고 함] **2** 〔비〕 아첨하다. 아부하다. 비위를 맞추다. 알랑거리다.

【拍卖】pāimài 〔동〕 **1** 경매하다. ¶~名家字画=유명 작가의 서화를 경매하다. **2** 할인 판매하다. 바겐세일하다. ¶换季大~。=계절맞이 대 바겐세일(하다).

【拍卖行】pāimàiháng 〔명〕 경매 회사.

【拍卖会】pāimàihuì 〔명〕 경매장.

【拍卖师】pāimàishī 〔명〕 경매를 진행하는 사람.

【拍脑袋】pāi nǎo·dai 〔속〕 **1** 머리를 쓰다. 지혜를 짜다. ¶他一~，办法就来了。=그가 한번 머리를 쓰면 바로 방법이 나온다. **2** 골치를 썩이다. 애먹다.

【拍屁股】pāi pì·gu 〔속〕 **1** 궁둥이에 묻은 먼지를 털다. **2** 〔비〕 아무런 책임도 없고 신경도 쓰지 않다. ¶~走人是懦夫的行为。=엉덩이를 털고 일어나서 가 버리는 태도는 겁쟁이의 행동이다. 무책임한 태도는 겁쟁이나 하는 짓이다.

【拍片儿】pāipiānr 〔동〕〔구〕 영화를 찍다.

【拍片】pāipiàn 〔동〕 **1** 영화를 찍다. ¶剧组将远赴法国~。=촬영 팀은 프랑스에 가서 영화를 찍는다. **2** 〔의〕 엑스레이(Xray)를 찍다. ¶去透视室~。=방사선실로 가서 엑스레이를 찍다.

【拍品】pāipǐn 〔명〕 경매물.

【拍摄】pāishè 〔동〕 촬영하다. (사진을) 찍다. ¶~电影=영화를 찍다.

【拍手】pāi∥shǒu 〔동〕 손뼉을 치다. ¶~欢迎=박수로 환영하다.

【拍手称快】pāishǒu-chēngkuài 〔성〕 **1** 손뼉을 치며 쾌재를 부르다. **2** 〔비〕 원한이 풀려 통쾌하다.

【拍拖】pāituō 〔동〕 데이트하다. 연애하다.

【拍戏】pāi∥xì 〔동〕〔映〕 영화·드라마를 촬영하다 〔찍다〕.

【拍胸脯】pāi xiōngpú 〔동〕 (가슴을 치며) 담보하다. 보증하다. ¶他跟我~，保证按时完工。=그 사람은 나에게 시간에 맞추어 완공하겠다고 장담했다.

【拍照】pāi∥zhào 〔동〕 사진을 찍다. ¶~留念=사진을 찍어 기념으로 남기다.

【拍纸簿】pāizhǐbù 〔명〕〔外〕 점착 메모지. 메모 패드. ['拍'는 영어 'pad'의 음역]

【拍桌子打板凳】pāi zhuō·zi dǎ bǎndèng 〔속〕 책걸상을 치며 화를 내다.

【拍子】pāi·zi 〔명〕 **1** 채. 라켓. ¶羽毛球~=배드민턴 라켓. **2** 〔음〕 박자. ¶打~=박자를 맞추다. / 二~=2박자.

# 俳 pái 광대 배

〔명〕 **1** 고대의 골계희(滑稽戏). **2** 골계희를 연기하는 배우. 〔형〕 해학적이다. 익살스럽다. ¶言辞~谐=말이 익살스럽다.

【俳句】páijù 〔명〕 일본의 단시(短诗). 하이쿠. [17개의 음이 1수(首)를 이루며, 첫 구는 5개, 중간 구는 7개, 끝 구는 5개의 음으로 이루어짐]

【俳笑】páixiào 〔동〕〔문〕 희소(戏笑)하다. 실없이 놀리듯이 웃다. 히히거리다. ¶人共~之=사람들이 모두 히히거린다.

【俳谐】páixié 〔형〕〔문〕 재미있다. 익살스럽다. ¶~文=은유·풍자·조소 등의 뜻이 담긴 글.

【俳优】páiyōu 〔명〕 (골계희(滑稽戏)를) 연기하던 배우. 광대.

# **排 pái 줄 배

〔동〕 **1** 밀다. 밀어서 열다. ¶~门而出=문을 밀고 나가다. **2** 제거하다. 없애다. ¶~污设施=오염 제거 시설. / ~斥异己=자기와 견해가 다른 사람을 배척하다. **3** 차례로 놓다. 배열하다. ¶编~=편성하다. / 名次~=석차를 배열하다. **4** 리허설하다. 예행 연습을 하다. ¶彩~=리허설을 하다. / 这是新~的话剧。=이것은 새로 연습한 연극이다. 〔명〕 **1** (배열한) 줄. 열. ¶前~=앞줄. **2** (나무나 대를 엮어 만든) 뗏목. ¶竹~=대나무 뗏목. **3** 물에 띄워서 운반하기 위해 엮은 나무나 대. ¶放~=뗏목을 띄우다. **4** 〔军〕 소대. **5** (體) 배구. 배구 팀. ¶女~=여자 배구 팀. **6** 〔외〕 파이. **7** 〔외〕 스테이크. ¶牛~=비프스테이크. 〔명〕 줄. 열. ¶一~椅子=의자 한 열.

☞ pǎi

⊙-○ 安排，编排，冰bīng排，并排，发排，付排，木排，牛排，铺排，肉排，猪zhū排

【排奡】pái'ào 〔형〕〔문〕 (필치가) 굳세고 힘차다. ¶其文纵横~。=그의 글은 자유스럽고 힘이 있다.

【排班】pái‖bān 동 (출근·당직 등의 순서를) 배열하다. 정하다.
【排版】pái‖bǎn 동 조판하다.
【排比】páibǐ 명(言) 대구법(對句法).
【排笔】páibǐ 명 넓적붓. 빽붓. 평붓.
【排便】páibiàn 동(醫) (사람이) 배변하다. ¶~困难=배변이 곤란하다.
【排摈】páibìn 동(문) 밀어 내다. 배척하다. 물리치다. ¶相与~=서로 배타적이다.
【排兵布阵】páibīng-bùzhèn 성 1(軍) 병력을 배치하여 진을 치다. 2(비) (인력·물력 등을) 배치하다.
【排查】páichá 동 1 일일이 하나하나 조사하다. 2 특정한 용의자들을 한 명 한 명 조사하여 무혐의자를 배제해 나가면서 범인을 찾아 내다.
【排叉儿】[排权儿] páichār 명 장방형의 얇은 빵 두 조각을 엇갈리게 포개어 기름에 바삭바삭하게 튀긴 식품.
【排权儿】páichàr 명 1 낮고 좁은 칸막이 방. 2 ☞【排叉儿】páichàr
【排场】pái·chang 명 1 웅장한 장면. 겉보기. 겉치레. 허식. 사치. ¶一切从简, 不要讲~。=모든 것을 간략하게 하고 겉치레에는 신경 쓰지 마라. 2(방) 체면. 명예. ¶婚礼花钱不多, 却不失~。=결혼식에 비용을 많이 들이지 않고도 체면을 살렸다. 형 겉모습이 호화롭다. 상당히 허식적이다. ¶庆祝典礼相当~。=경축 행사가 상당히 호화스럽다.
【排斥】páichì 동 배척하다. ¶相互~=서로 배척하다. ≒排挤 ↔拉拢 吸引
【排出】páichū 동 배출하다. ¶~污水=폐수〔오수〕를 배출하다.
【排除】páichú 동 제거하다. 없애다. ¶~险情=위험한 상황을 없애다.
【排挡】páidǎng 명(機) (변속) 기어.
【排档】páidàng 명(방) (길가나 광장에 설치된) 노점. 판매점. 매장. 가게. ¶大~=(길가나 광장에 설치된) 대형 노점.
【排定】páidìng 동 순서를 정하다. 계획을 세우다. ¶~旅行日程=여행 일정을 짜다.
【排队】pái‖duì 동 순서대로 정렬하다. 줄을 서다. ¶~购票=줄을 서서 표를 사다.
【排筏】páifá 명 1 (나무나 대를 엮어 만든) 뗏목. 2 물에 띄워 운반하기 위해 엮은 나무나 대.
【排放】páifàng 동 1 (폐기·폐수·고형 폐기물 등을) 배출하다. 방류하다. 2 (동물이) 정자(난자)를 배출하다.
【排风扇】páifēngshàn ☞【换气扇】huànqìshàn
【排骨】páigǔ 명 (돼지·소·양 등의) 갈비.
【排灌】páiguàn 동(農) 배수하고 관개하다. ¶~设备=배수와 관개 설비.
【排行】páiháng 동 1 순서대로 줄을 서다. ¶~就列=차례대로 줄을 서다. 2 형제 자매 간의 장유(长幼)에 따라 순서를 매기다. ¶三姐妹中她~老二。=세 자매 중 그녀는 둘째이다. 명 (형제 자매 간의 장유(长幼)의) 순서. ¶他的~是老

大。=그는 장남이다.
【排行榜】páihángbǎng 명 순위 차트. ¶畅销书~=베스트셀러 순위 차트.
【排号】páihào 동(구) 순번을 매기다. 순서대로 줄을 서다. ¶~看病=순서대로 진찰을 받다.
【排洪】páihóng 동 홍수 지역의 큰물을 빼다〔배수하다〕. ¶~救灾=물을 배수하여 재난을 막다.
【排击】páijī 동 1 부딪치다. ¶汹涌的海浪~着岸边的礁石。=세찬 파도가 해안가의 암초에 부딪친다. 2 배격하다. 배척하다. ¶~异端=이단을 배격하다.
【排挤】páijǐ 동 밀어 내다. 배격하다. 배제하다. 배척하다. ¶他在单位受人~, 一直得不到提升。=그는 직장에서 사람들에게 배척을 당해 줄곧 승진하지 못했다. ≒排斥 ↔拉拢
【排检】páijiǎn 동 (도서·자료 등을) 배열하여 검색하다. ¶~法=(도서나 자료를) 배열하고 검색하는 방법.
【排解】páijiě 동 1 (모순·분쟁 등을) 중재하다. 조절하다. 화해시키다. ¶经过~, 双方的矛盾渐趋缓和。=중재를 통해 쌍방의 갈등은 점차 완화되고 있다. 2 (좋지 않은 기분을) 전환하다. 해소하다. 해결하다. ¶心中的苦闷难以~。=마음속의 고민은 해결하기 힘들다. ≒排遣
【排拒】páijù 동 배척하다. 거절하다. ¶对外来文化要有辨别地吸收, 不可一味~。=외래 문화는 변별해서 흡수해야지 일률적으로 배척해서는 안 된다.
【排空】páikōng 동 1 높이 치솟다. 하늘로 솟구치다. ¶浊浪~=흐린 물결이 하늘로 솟구치다. 2 (용기 안의 물건을) 깨끗하게 비우다. 남김없이 제거하다. 모두 빼내다. ¶把锅炉里剩下的水~。=보일러 안에 남은 물을 모두 빼내었다. 3 (폐기 등을) 공중에 방출하다. 내보내다.
【排涝】pái‖lào 동 (침수된 논의) 물을 빼내다. 배수하다. ¶防洪~=홍수를 방지하고 논의 물을 배수하다.
【排雷】pái‖léi 동(軍) 지뢰〔수뢰〕를 제거하다.
【排立】páilì 동 줄지어 서다. ¶路旁~着欢迎的群众。=길 옆으로 환영 인파가 줄지어 서 있다.
【排练】páiliàn 동 무대 연습을 한다. 리허설을 하다. ¶~舞蹈=무용을 리허설하다. ≒排演
【排练场】páiliànchǎng 명 (체조·무용·연극 등의) 무대 연습실. 리허설실.
【排量】páiliàng 명 (액체나 기체의) 배출량.
【排列】páiliè 동 배열하다. 정렬하다. ¶按分数高低~名次。=점수에 따라 석차를 배열하다. 명(數) 순열.
【排律】páilǜ 명 배율. [오언(五言)이나 칠언(七言)의 대구(對句)를 여섯 구 이상 늘어놓은 한시〕
【排卵】pái‖luǎn 동(生) 배란하다.
【排卵期】páiluǎnqī 명(生) 배란기.
【排名】pái‖míng 동 이름을 배열하다. 순위를 매기다. 서열을 매기다. 석차를 내다. ¶他的得分在所有参赛选手中~第二。=그의 점수는 경기에 참가한 선수들 중 두 번째이다. 명 석차. 순

他的~很靠前。=그의 서열은 상위권이다.
【排摸】**páimō** 통 일정 범위의 사람에 대해 차례차례 조사를 벌여 혐의가 없는 사람을 배제시켜 나가면서 범죄 혐의자를 찾아 내다.
【排难】**páinàn** 통 위험과 재난을 제거하다. ¶为民~=백성을 위해 재난을 제거하다.
【排难解纷】**páinàn-jiěfēn** 솅 분쟁을 해결하다. 화해시키다.
【排尿】**páiniào** 통 배뇨하다. 오줌 누다.
【排偶】**pái'ǒu** 명(言) 대비와 대구.
【排炮】**páipào** 명 1 동시 포격. 일제 포격. = 【排子炮】**pái·zipào** 2 (工) (채석·채광 등의 공사에서의) 동시 발파.
【排气】**páiqì** 통 기체를 배출하다. ¶~阀=배기 밸브(valve).
【排气扇】**páiqìshàn** 명 환풍기.
【排遣】**páiqiǎn** 통 (좋지 않은 기분을) 해소하다. 풀다. 없애다. 일소하다. 전환하다. ¶听听音乐~心中的烦闷。=음악을 들으면서 마음속의 번민을 없애다. ≒排解
【排枪】**páiqiāng** 명(军) 일제〔동시〕 사격(하다). = 【排子枪】**pái·ziqiāng**
【排球】**páiqiú** 명(体) 1 배구. 2 배구공.
【排沙简金】**páishā-jiǎnjīn** ☞【披沙拣金】**pīshā-jiǎnjīn**
【排山倒海】**páishān-dǎohǎi** 솅 1 산을 밀어 치우고 바다를 뒤집어엎다. 2 위력이 대단하다. 위세가 대단하다. ≒倒海翻江 移山倒海
【排射】**páishè** 통 일제 사격〔포격〕하다.
【排笙】**páishēng** 명(音) 팬파이프(Pan's pipes).
【排水】**páishuǐ** 통 배수하다. 물을 배출하다. [주로 더러운 물이나 필요 없는 물을 가리킴] ¶~系统=배수 시스템. ↔蓄水
【排水量】**páishuǐliàng** 명 1 (선박의) 배수량. 2 (강이나 하수구의) 배수량. [단위 시간 내에 배출되는 물의 양. 통상 'm³/sec'를 단위로 함]
【排他】**páitā** 통 남을 배척하다. ¶公民对其私人财产享有~的所有权。=공민(公民)은 개인 재산에 대한 배타적인 소유권을 가진다.
【排他性】**páitāxìng** 명 배타성.
【排闼】**páità** 통(书) 문을 밀다. ¶~直入=문을 밀고 바로 들어오다.
【排坛】**páitán** 명 배구계(排球界).
【排调】**páitiáo** 통(书) 조소(嘲笑)하고 희롱하다〔놀리다〕.
【排头】**páitóu** 명 1 대열의 선두. ¶高个子站~。=키 큰 사람이 선두에 서다. 2 대열의 선두에 선 사람. ¶向~看齐=선두를 향하여 나란히 서다. ↔排尾
【排头兵】**páitóubīng** 명 1 대열의 선두에 선 병사. 2(喩) 모범을 보이는 사람. 선도자.
【排外】**páiwài** 통 외세를 배척하다. 외부의 사람이나 영향력을 배척하다.
【排尾】**páiwěi** 명 1 대열의 후미(後尾). ¶站在~=대열의 후미에 서다. 2 대열의 후미에 선 사람. ¶~是一个高个子男青年。=대열의 가장 뒤에 있는 사람은 키가 큰 청년이다. ↔排头

【排位】**páiwèi** 통 순위를 배열하다〔정하다·매기다〕. ¶赛季过后,所有球队要重新~。=시즌이 끝나면 모든 팀들은 새로 순위를 매겨야 한다. 명 등수. 석차. ¶复试过后,他的~靠前。=이차 시험을 치르고 나자 그의 석차는 상위권으로 올랐다.
【排污】**pái‖wū** 통 오물을〔폐수·폐기〕 배출하다. ¶严格监控各个工厂的~情况。=모든 공장의 오물 방출 상황을 엄격하게 감독 통제하다.
【排戏】**pái‖xì** 통 리허설을 하다.
【排险】**pái‖xiǎn** 통 위험한 상황을 해소하다〔제거하다〕. ¶及时~=신속하게 위험 상황을 해소하다.
【排箫】**páixiāo** 명(音) 팬파이프(Pan's pipes). [길고 짧은 대나무를 길이순으로 늘어놓은 원시적인 악기]
【排泄】**páixiè** 통 1 (빗물·폐수 등을) 배출하다. 방출하다. 2 (生) 배설하다.
【排序】**páixù** 통 순서를 배열하다. 순서를 배정하다. ¶按姓氏笔画~。=성씨와 획순에 따라 순서를 배열하다. ¶他的~靠后。=그의 차례는 뒤쪽이니.
【排揎】**pái·xuan** 통(方) 훈계하다. 타이르다. 꾸짖다. 야단치다. ¶犯了错他自己也很难过,你就别再~他了。=잘못을 한 그 자신도 괴로울 테니까, 더 야단치지 마라.
【排演】**páiyǎn** 통 리허설을 하다. 무대 연습을 하다. ¶~话剧=연극 리허설을 하다. ≒排练
【排椅】**páiyǐ** 명 극장식 의자.
【排印】**páiyìn** 통 조판하여 인쇄하다. ¶下一期刊物正在~。=다음 호의 간행물을 지금 조판하여 인쇄 중이다.
【排忧】**páiyōu** 통 근심을 해소하다. ¶~解困=남의 근심을 해소하고 어려움을 해결해 주다.
【排忧解难】**páiyōu-jiěnàn** 솅 남의 근심을 해소하고 어려움을 해결해 주다.
【排运】**páiyùn** 통 뗏목으로 운송하다.
【排长】**páizhǎng** 명(军) 소대장.
【排中律】**páizhōnglǜ** 명(论) 배중률. 배중론.배중 원리. 불용 간위율.
【排钟】**páizhōng** 명(音) 차임(chime).
【排字】**pái‖zì** 통 식자(植字)하다.
【排子炮】**pái·zipào** ☞【排炮】**páipào**
【排子枪】**pái·ziqiāng** ☞【排枪】**páiqiāng**

*徘 **pái** 거닐 배
【徘徊】**páihuái** 통 1 거닐다. 왔다 갔다 하다. 배회하다. ¶她独自在月下~。=그녀 홀로 달빛 아래에서 거닌다. 2(喩) 망설이다. 주저하다. 결정을 내리지 못하다. ¶他一直在去留的问题上~不定。=그는 줄곧 떠나고 남는 문제에 있어서 결정을 내리지 못하고 있다. 3(喩) 오르락내리락하다. ¶煤矿的年产量始终在一千万吨左右~。=탄광의 연생산량은 시종 1,000만 톤 가량에서 오르락내리락하고 있다.

**牌 pái** 패 패

圕 '排(pái)'와 같음. [나무를 엮어 만든] 뗏목. 또는 물에 띄워서 운반하기 위해 엮은 나무나 대]

## 牌 pái 패 패

圕 **1** (~儿) 판. 보드. 간판. [광고나 표어 등을 붙이기 위해 만든 판] ¶广告~=광고판. / 布告~=게시판. **2** (~儿) 팻말. 패. [목판이나 기타 재료로 만든 표지 혹은 증빙. 위에 주로 글씨가 쓰여 있음] ¶门~=문패. / 金~=금메달. **3** 일종의 오락용품. [도박에 쓰이기도 함] ¶扑克~=트럼프. / 麻将~=마작. **4** 사(詞)나 곡(曲)의 곡조. ¶词~=사패. / 曲~=곡패. **5** (~儿) 상표. 브랜드(brand). ¶老~儿=오래 된 상표. / 冒~儿=위조 상표. **6** 방패. ¶盾~=방패. / 挡箭~=(화살을 막는) 방패.

○● 词牌, 底牌, 斗牌, 盾dùn牌, 粉牌, 挂牌, 灵líng牌, 铭míng牌, 桥牌, 曲qǔ牌, 水牌, 摊tān牌, 藤téng牌, 王牌, 牙牌, 杂牌, 挡箭dǎngjiàn牌, 月份牌

【牌匾】páibiǎn 圕 편액(扁額). 간판.
【牌赌】páidǔ 圕 도박. ¶严禁~=도박을 엄히 금지하다.
【牌额】pái'é 圕 편액(扁額). 편제(扁題).
【牌坊】páifāng 圕 패방. 문. [위에 망대가 있고 문짝이 없는 중국 특유의 건축물. 주로 충효·절의를 지킨 사람을 기리기 위하여 세움] ¶贞节~=정절문.
【牌风】páifēng 圕 노름할 때의 태도.
【牌号】páihào (~儿) 圕 **1** 상호. ¶这家商店的~又响亮又好记. =이 가게의 상호는 부르기도 좋고 기억하기도 쉽다. **2** 상표. 메이커(maker). ¶货柜里摆满了各种~的照相机. =진열장 안에는 각종 상표의 카메라가 진열되어 있다.
【牌价】páijià 圕 정찰 가격. 정가. ¶零售~=소매가(격).
【牌九】páijiǔ 圕 (주로 노름에 사용하는) 골패. ¶推~=골패를 하다.
【牌局】páijú 圕 오락장. 도박장. [카드놀이나 도박을 하는 장소]
【牌楼】pái·lou 圕 패루. 아치(arch).
【牌示】páishì 圕圈 게시문. 공고문. 포고문.
【牌头】páitóu 圕圈 배경. 연줄. 빽. 백그라운드. ¶这家公司的~很大. =이 회사의 배경은 아주 튼튼하다.
【牌位】páiwèi 圕 위패. 신주.
【牌照】páizhào 圕 **1** 운전 면허증. **2**圈 영업 허가증.
【**牌子**】pái·zi 圕 **1** 게시판. 공고판. ¶标语~=표어판. **2** 팻말. 패. [목판이나 기타 재료로 만든 표지 혹은 증빙. 위에 주로 글씨가 쓰여 있음] ¶路~=이정표. **3** 사(詞)나 곡(曲)의 곡조. ¶《菩萨蛮》是词牌的一种~. =《菩薩蠻(보살만)》은 사(詞)의 곡조 중의 하나이다. **4** 상표. 브랜드(brand). ¶这个~的电冰箱质量不错. =이 상표의 냉장고는 품질이 괜찮다.

【牌子曲】pái·ziqǔ 圕 패자곡. [민가와 중국 전통 음악의 곡조로 구성하여 이야기 형식으로 노래하는 곡]

## 簰 pái 떼 패

圕 '簿(pái)'와 같음.
☞ bēi

## 簿 pái 떼 패

圕 '排(pái)'와 같음. [나무를 엮어 만든 뗏목. 또는 물에 띄워서 운반하기 위해 엮은 나무나 대]

## 迫[(廹)] pǎi 접근할 박

☞ pò
【迫击炮】pǎijīpào 圕圈(軍) 박격포.

## 排 pǎi 바로잡을 배

圕 (신발에) 골을 치다. 골로써 모양을 바로잡다. ¶新鞋要~一~才能穿. =새 신발은 좀 늘여서 모양을 바로잡은 뒤에야 신을 수 있었다.
☞ pái
【排子车】pǎi·zichē 圕 (사람이 끄는 평평한) 달구지. 짐수레. =【大板车】dàbǎnchē

## 哌 pài 피페라진 파

【哌嗪】pàiqín 圕圈(醫) 피페라진(piperazine).

## 派 pài 갈래 파

圕 **1**圈 강의 지류. ¶长江九~=양자강의 아홉 개 지류. **2** 파. 파벌. 유파. ¶学~=학파. / 党~=당파. **3** (행동 등의 독특한) 방법. 기풍. 풍도. ¶气~=기품. 기품 있고 늠름하다. / 正~=(사회 기준에) 맞다. 정직하다. **4**圈 파이(pie). ¶巧克力~=초콜릿 파이. 圕 **1** 파. [파벌을 세는 단위] ¶两~意见始终不能达成一致. =두 파 간의 의견이 시종 일치되지 않았다. **2** 완전. 온통. [경치·기상·소리·말 등을 세는 단위로, 앞에 '一(yī)'를 붙여서 씀] ¶一~春光=완연한 봄 경치. / 一~胡言=온통 헛소리. 圈 **1** (일을) 분배하다. 할당하다. 시키다. ¶他总是喜欢分~活儿. =그는 걸핏하면 남에게 일을 시킨다. **2** 파견하다. 분배하다[안배하다]. 지명하다[임명하다]. ¶调~=파견하다. / 分~=임명하다. **3** (남의 잘못을) 지적하다. ¶编~=과장하다. 날조하다. 圕圈 위엄이 있다. 늠름하다. ¶你穿上这身西服真够~的. =네가 이 양복을 입으니까 정말 늠름해 보인다.

○● 编派, 嫡dí派, 调派, 反派, 分派, 海派, 教派, 京派, 勒lè派, 流派, 势shì派, 摊tān派, 特派, 托Tuō派, 委派, 选派, 正派, 政派, 支派, 指派, 宗zōng派, 做派

【派别】pàibié 圕 (학술·종교·정당 등의) 파별. 파(派). 유파.
【派兵】pàibīng 圏 파병하다. ¶~遣将=군대를 파견하다.

【派不是】**pài bù‧shi** 동 다른 사람의 잘못을 지적하다. ¶他总在派别人的不是, 从不自我反省。＝그는 늘 다른 사람의 잘못을 지적하기만 할 뿐 자신은 전혀 반성하지 않는다.

【派差】**pàichāi** 동 (관리를) 파견하다.

【派出机构】**pàichū jīgòu** ☞【派出机关】**pàichū jīguān**

【派出机关】**pàichū jīguān** 명 (政) (중국의 각 지방 정부가 필요에 따라 소속 지역 내에 설립하는) 지소. 분소. 출장소. ＝【派出机构】**pàichū jīgòu**

【派出所】**pàichūsuǒ** 명 파출소.

【派定】**pàidìng** 동 1 임명하다. 지명하다. 지정하다. ¶公司～他作市场调查。＝회사에서 그에게 시장 조사를 하도록 임명하였다. 2 확신하다. 감정(鑑定)하다. 단언하다. 인정하다. ¶专家～这幅画是真品。＝전문가들은 이 그림이 진품이라고 감정했다.

【派对】**pàiduì** 명〔俗〕파티(party). ¶生日～＝생일 파티.

【派发】**pàifā** 동 나누어 주다. 제공하다. 방출하다. ¶～宣传广告＝광고물을 나누어 주다.

【派饭】**pài‖fàn** 동 (마을에 임시로 머무르는 간부 등에게 유상으로) 농가를 지명하여 식사를 제공하도록 하다. ¶由村委会负责给下乡干部～。＝촌민 위원회(村民委員會)에서 기층으로 내려간 간부에게 식사 제공을 책임진다.

【派饭】**pàifàn** 명 농가에서 촌민 위원회(村民委員會)의 안배에 따라 기층으로 내려간 간부에게 제공하는 식사. ¶吃～＝농가에서 제공된 식사.

【派赴】**pàifù** 동 파견되다. ¶他被～国外进行汉语教学。＝그는 중국어 교육을 하기 위해 외국으로 파견되었다.

【派购】**pàigòu** 동 (중요한 농업 부산물에 대해 정부가) 지령하여 구매하다.

【派活】**pài‖huó**(～儿) 동 일을 할당하다〔분배하다〕. ¶快～吧, 工人们都等着呢。＝인부들이 모두 기다리고 있으니 빨리 일을 할당하시오.

【派款】**pàikuǎn** 동 (상부에서 하급 기관이나 개인에게 강제적으로) 분담금을 할당하다〔지우다〕.

【派力司】**pàilìsī** 명〔紡〕팔라스(palace).

【派遣】**pàiqiǎn** 동 파견하다. ¶～留学生出国深造。＝외국에서 더 깊은 연구를 하도록 유학생을 파견하다.

【派人】**pàirén** (어떤 일을 하기 위해) 사람을 파견하다〔보내다〕. ¶各单位都～参加了这次学习。＝각 부서에서 이번 학습을 위해 모두 사람을 파견하여 참가했다.

【派任】**pàirèn** 동 임명하여 (어떤 직무를) 담당하게 하다. 파견하여 임용하다.

【派生】**pàishēng** 동 파생하다. ¶由此～了不少问题。＝여기에서부터 적지 않은 문제가 파생되었다.

【派生词】**pàishēngcí** 명〔言〕파생어.

【派势】**pàishì** 명 기세. 태도. ¶～嚣张＝오만하다.

【派送】**pàisòng** 동 1 파견하다. 파견하여 보내다. ¶～青年干部下基层锻炼。＝청년 간부를 말단 조직에 파견하여 단련시킨다. 2 나누어 주다. ¶～节日赠品＝명절 증정품을 나누어 주다.

【派头】**pàitóu**(～儿) 명 기세. 태도. 위엄. ¶好大的～！＝대단한 기세구나! 늑气派

【派系】**pàixì** 명 파벌. ¶～斗争＝파벌 투쟁.

【派销】**pàixiāo** 동 강매하다.

【派性】**pàixìng** 명 파벌 의식. ¶消除～＝파벌 의식을 없애다.

【派用场】**pài yòngchǎng**〈方〉쓰임이 있다. 도움이 되다. 유용하다. ¶这些东西都能派上用场, 千万别扔了。＝이 물건들은 다 쓰일 데가 있으니, 절대 버리지 마라.

【派员】**pàiyuán** 동 (어떤 직무를 담당하거나 일을 하도록) 사람을 파견하다. ¶有关部门已～前去调查事故原因。＝유관 부서에서 사고의 원인을 조사하도록 이미 사람을 파견하였다.

【派驻】**pàizhù** 동 (임무 수행을 위해) 주재원을 해당 장소로 파견하다. ¶～海外＝해외에 주재원을 파견하다.

**蒎 pài** 피난 파
명 외(化) 피난(pinane).

**湃 pài** 물결 이는 모양 배
☞【滂湃】**pāngpài**【澎湃】**péngpài**

# pan

**扳 pān** 오를 반
동 '攀(pān)'와 같음.
☞ **bān**

**番 pān** 땅 이름 반
☞ **fān**
【番禺】**Pānyú** 명(地) 판위. [광둥(广东)성에 있는 지명]

**潘 Pān** 성씨 반
명 성(姓).
【潘江陆海】**Pānjiāng Lùhǎi** ☞【陆海潘江】**Lùhǎi Pānjiāng**

**攀 pān** 오를 반
동 1 더위잡고 오르다. ¶～高山峻岭＝고산 준령을 등반하다. 2 (손으로) 잡아당기다. 잡다. ¶请勿～折花木。＝꽃과 나무를 꺾지 마시오. 3 (접근하기 위하여) 말을 걸다. 가까워지려고 접촉하다. ¶两人一见面就～上了。＝두 사람은 만나자마자 말이 많아졌다. 4 자기보다 지위가 높은 사람과 친분 관계(친척 관계)를 맺다. ¶高～＝자기보다 신분이 높은 사람과 친분 관계를 맺어 자신의 지위를 높이다.

【攀比】**pānbǐ** 동 (비기며) 허세를 부리다. (자기

**pān 攀**

보다 더 강한 사람과) 비교하다. ¶互相~=서로 지지 않으려고 허세를 부리다.

【攀不上】**pān·bushàng** 〔동〕 **1** 기어오를 수 없다. **2** 신분이 높은 사람과 친척 관계〔친분 관계〕를 맺을 수 없다.

【攀缠】**pānchán** 〔동〕 감아 오르다. 타고 오르다. 뒤얽히게 되다. ¶花架上~着各种藤蔓。=화분대 위에는 갖가지 넝쿨이 뒤엉켜 있다.

【攀扯】**pānchě** 〔동〕 **1** 관계를 갖다〔맺다〕. ¶他想尽办法和那些有权势的人~。=그는 권세가 있는 사람들과 관계를 가지려고 무척 노력한다. **2** (다른 사람이나 일을 고의로) 연루시키다. 끌어들이다. 말려들게 하다. ¶这是你自己的事情, 干吗~上别人?=이것은 네 자신의 일인데, 무엇하러 다른 사람을 끌어들이는 거냐?

【攀得高, 跌得重】**pān·de gāo, diē·de zhòng** 〔속〕 **1** 높은 곳에 오르면 떨어질 때 충격도 크다. **2**〔비〕지위가 높을수록 실패도 크다.

【攀登】**pāndēng** 〔동〕 **1** 더위잡고 오르다. 동반하다. 타고 오르다. ¶~险峰=험한 봉우리를 더위잡고 오르다. **2**〔비〕 (어려움을 두려워하지 않고 적극적으로) 기어오르다〔나아가다〕. [추상적인 사물에 쓰임] ¶~科学高峰=과학의 정상을 향해 나아가다.

【攀附】**pānfù** 〔동〕 **1** 휘감아 오르다. ¶葡萄藤~在高高的架子上。=포도넝쿨이 높게 솟아 있는 지지대를 휘감아 오른다. **2**〔비〕(권세에) 빌붙어 승진을〔부를〕 노리다. ¶~权贵=권세 있는 사람에게 빌붙다. 늑趋奉 趋附

【攀高】**pāngāo** 〔동〕 **1** (무엇을 잡고) 높은 곳으로 오르다. 더위잡고 오르다. 타고 올라가다. ¶抓住扶梯, 奋力~。=난간을 잡고 힘을 다해 계단을 오르다. **2** (가격 따위가) 끊임없이 오르다. ¶产品销量一路~。=상품 판매량이 상승일로를 달리고 있다. **3** (자신보다 우월한 사람과) 비교하다. ~心理=자신보다 우월한 사람과 비교하는 심리. **4** 자기보다 지위가 높은 사람과 친척 관계〔친척 관계〕를 맺다. ¶不敢~=감히 사귈 수가 없다.

【攀高枝儿】**pān gāozhīr** 〔숙비〕 **1** 자신보다 지위가 높은 사람과 친분 관계를 맺다. **2** 더욱 좋은 곳으로 뛰어오르다. 〔비〕【巴高枝儿】**bā gāo zhīr**

【攀供】**pāngòng** 〔동〕 다른 사람을 무고(誣告)하다. 남을 죄에 연루시키다.

【攀话】**pānhuà** 〔동비〕 말을 걸다〔붙이다〕. ¶大家都喜欢和她~儿。=모두들 그녀에게 말을 걸고 싶어한다.

【攀交】**pānjiāo** 〔동〕 (자신보다 지위가 높은 사람과) 사귀다〔교제하다〕. ¶咱老百姓哪~得上这些有权势的人?=우리 평민들이야 어떻게 저런 권세가 높은 사람과 사귈 수가 있겠니?

【攀交情】**pān jiāo·qing** 〔동〕 일부러 다른 사람과 교제를 하려고 애쓰다.

【攀结】**pānjié** 〔동〕 (지위가 높은 사람에게) 빌붙다〔아부하다〕. ¶~权贵=권력자에게 빌붙다.

【攀龙附凤】**pānlóng-fùfèng** 〔성〕 권세가 높은

사람에게 아첨하다〔빌붙다〕. =【附凤攀龙】**fùfèng-pānlóng** 늑趋炎附势

【攀爬】**pānpá** 〔동〕 (어떤 것을 잡고) 위로 오르다. 더위잡고 오르다. 타고 오르다. ¶~树木=나무를 타고 오르다.

【攀亲】**pān‖qīn** 〔동〕 **1** (목적 달성을 위해) 친분 관계를 맺다. ¶四处~=도처에 다니며 친분 관계를 맺다. **2** 약혼하다. ¶孩子还小, 别着急~。=자식이 아직 어리니, 약혼을 서둘지 마라.

【攀亲道故】**pānqīn-dàogù** (목적 달성을 위해) 친분〔혼인〕을 맺다.

【攀禽】**pānqín** 〔명〕〔动〕 (딱따구리·두견새 따위의) 반족(攀足)을 가진 큰 새. 반금류.

【攀绕】**pānrào** 〔동〕 휘감아 오르다. ¶细细的藤蔓~在粗大的树干上。=아주 가느다란 등나무 덩굴이 굵은 나무 줄기를 휘감아 오른다.

【攀升】**pānshēng** 〔동〕 **1** (어떤 것을 잡고) 오르다. 더위잡고 오르다. ¶抓住绳梯, 努力~。=줄사다리를 잡고 열심히 위로 올라간다. **2** (수량·가격 따위가) 끊임없이 오르다. ¶期刊发行量逐年~。=정기 간행물 발행 부수가 해마다 증가한다.

【攀谈】**pāntán** 〔동〕 (접근하기 위하여) 말을 걸다. 한담하다. ¶他走上前去, 和我们的师傅一起来。=그는 문지기 아저씨에게 다가가서 말을 걸었다.

【攀诬】**pānwū** 〔동〕 무고하다. 모함하다. 끌어들이다. 연루시키다. ¶~好人=좋은 사람을 무고하다.

【攀岩】**pānyán** 〔명〕〔體〕 암벽등반. 암벽타기.

【攀援】**pānyuán** 〔동〕 **1** (외부의 힘을 빌어) 타고 오르다. ¶手抓绳索, ~而上。=손으로 밧줄을 잡고 올라가다. **2**〔비〕(권세나 부유한 사람에게 의지하여) 출세하다. ¶谄媚逢迎, ~高位。=권세에 영향하여 높은 자리에 오르다.

【攀缘】**pānyuán** 〔동〕 (외부의 힘을 빌어) 타고 오르다. ¶~植物=덩굴(성) 식물.

【攀缘茎】**pānyuánjīng** 〔명〕〔植〕 만연경. 덩굴줄기. 만경(蔓莖).

【攀辕卧辙】**pānyuán-wòzhé** 〔성〕 반원와철. 원님이 떠날 때 만류하기 위하여 수레채에 매달리고 수레바퀴 앞에 드러눕다. 훌륭한 목민관의 유임(留任)을 원하다.

【攀越】**pānyuè** 〔동〕 등반하여 넘다. ¶~大山=큰 산을 등반하여 넘다.

【攀折】**pānzhé** 〔동〕 (꽃·나무를) 잡아당겨서 꺾다. ¶严禁~花木。=꽃과 나무를 절대 꺾지 마시오.

【攀枝花】**pānzhīhuā** 〔명〕 **1** ☞【木棉】**mùmián 2**(**Pānzhīhuā**)〔地〕 판즈화. 〔쓰촨(四川)성에 있는 지명〕

**片 pán 양수사 판**

〔명비〕 (나무·대나무 따위의) 널빤지. 판자. ¶竹~=대쪽. 〔양〕 **1** 집. 채. [상점·공장 등을 세는 단위. '家(jiā)'·'座(zuò)'에 상당함] ¶一~水果店=과일 가게 한 집. **2** 떼기. [논이나 밭을 세는

단위. '块(kuài)'·'片(piàn)'에 상당함〕¶一~水田=논 한 뙈기.

**胖** pán 편안할 반
[형] 편안하고 안락하다. ¶心广体~=마음이 넓으면 몸이 편안하다.
☞ pàng

○● 发胖, 虚xū胖

**般** pán 기쁠 반
[형] 즐겁다. 기쁘다. ¶~乐=즐겁다.
☞ bān, bō

**盘[盤]** pán 소반 반
[명] 1 대야. [옛날 세면 도구의 일종] 2 (~儿) 쟁반. ¶托~=쟁반. / 茶~儿=차반. 다반. 3 모양이나 기능이 접시와 같은 것. ¶磨~=맷돌아래짝. / 棋~=바둑판. 4 (~儿) 시세. 매매 가격. 시장 가격. ¶开~=개장(開場) 시세. / 收~=폐장(閉場) 시세. 5 (Pán) 성(姓). [양] 1 개. [평평한 물건을 세는 단위] ¶一~磨=맷돌 하나. 2 개. [감겨 있는 물건을 세는 단위] ¶两~蚊香=모기향 두 개. 3 판. [장기나 바둑의 시합을 세는 단위] ¶下一~棋=바둑 한 판을 두다. [동] 1 둘둘 감다. 빙빙 돌다. ¶~辫子=땋은 머리를 틀다. 2 자세히 조사(검사)하다. ¶反复~问=자꾸 따져 묻다. 반복해서 심문하다. 3 (구들장·부뚜막을) 놓다. 쌓다. ¶把炕拆了重~。=구들장을 뜯어 다시 구들을 놓다. 4 (점포·기업을) 양도하다. ¶出~=점포를 양도하다. / 受~=점포를 양도받다. 5 운반하다. 쌓아 놓다. ¶把余货~到另外的仓库去。=남은 화물을 다른 창고로 옮겨 놓다.

○● 表盘, 底盘, 顶盘, 放盘, 红盘, 花盘, 键jiàn盘, 绞盘, 冷盘, 脸盘儿, 罗盘, 碾niǎn盘, 胚pēi盘, 拼pīn盘, 全盘, 沙盘, 算盘, 胎tāi盘, 通盘, 围盘, 吸盘, 洋盘, 营盘, 油盘, 转zhuàn盘, 秤chèng盘子, 方向盘

【盘剥】pánbō [동] 가혹하게 착취하다. 뜯어 내다. ¶重利~=고리(高利)로 착취하다. ≒剥削
【盘驳】pánbó [동] 따져 묻고 비난하다. 반박하다. [주로 조기 백화문에 보임]
【盘查】pánchá [동] 상세하게 조사하다. 취조하다. 단속하다. ¶对过往行人严加~。=오가는 사람들에 대해 낱낱이 조사하다.
【盘缠】pán·chan [명] 여비.
【盘秤】pánchèng [명] 접시 천칭. 접시 저울.
【盘川】pánchuān [명][동] 여비.
【盘存】páncún [동] 재고를 조사하다. ¶定期~=정기적으로 재고를 조사하다.
【盘错】páncuò [동][형] 1 (나무 뿌리 또는 나뭇가지가) 복잡하게 뒤얽히다. 2 (일이 뒤엉켜 복잡하다. ¶这些历史遗留问题交互~，解决起来有一定难度。=이런 역사적으로 남겨진 문제들은 서로 뒤얽혀 있어서 해결하기엔 어느 정도 어려움이 있다.

【盘道】pándào [명] 구불구불한 (산)길.
【盘底】pándǐ [동] (속사정을) 상세하게 조사하다.
【盘点】pándiǎn [동] (재고를) 정리·점검하다. ¶商场每个月都要~库存货物。=상가는(백화점은) 매달 재고품을 조사해야 한다. ≒清点
【盘店】pándiàn [동] 점포를 넘기다. ¶本店一再亏损, 只得~。=우리 가게가 계속해서 적자가 나서 점포를 넘길 수밖에 없다.
【盘跌】pándiē [동] (주가·선물(先物) 가격 등이) 완만하게 소폭으로 하락하다.
【盘费】pán·fei [명] 여비.
【盘杠子】pán gàng·zi [동] 철봉을 하다.
【盘根】pángēn (~儿) [동] 1 (사건의 내막·진상·경위 따위를) 캐어묻다. 2 [명] 나무 뿌리가 뒤얽히다.
【盘根错节】pángēn-cuòjié [성] 1 나무 뿌리가 휘감기고 줄기가 뒤얽히다. 2 (비) (일·사람의 관계가) 복잡하게 꼬여서 해결하기가 쉽지 않다.
【盘根究底】pángēn-jiūdǐ ☞【盘根问底】pángēn-wèndǐ
【盘根问底】pángēn-wèndǐ [성] 일의 원인을 철저하게 캐어묻다. 꼬치꼬치 캐어묻다. =【盘根究底】pángēn-jiūdǐ
【盘亘】pángèn [형] (산이) 서로 이어져 있다. ¶山岭绵延~=산봉우리가 길게 이어져 있다.
【盘古】Pángǔ [명] 반고. [중국 신화에 나오는 천지를 개벽한 인물]
【盘管】pánguǎn [명](機) 코일 파이프(coil pipe).
【盘桓】pánhuán [동] 1 [문] 배회하다. 머물다. ¶途经上海, 在那儿~了几天。=상해를 지나다가 그 곳에서 며칠 머물렀다. 2 맴돌다. 선회하다. 맴돌다. ¶一幕幕往事在脑海~=지난 일이 한 장면씩 머릿속에서 맴돈다. 3 구불구불하다. 빙빙 감돌다. ¶~髻=틀어 올린(얹은) 머리.
【盘簧】pánhuáng [명](機) 코일 스프링(coil spring).
【盘活】pánhuó [동] 활성화(活性化)하다. 활기를 불어넣다. (되)살리다. ¶~资金=자금을 활성화하다.
【盘货】pán‖huò [동] (화물을) 재고 조사하다. ¶停业~=휴업하고 재고품을 조사하다.
【盘缴】pánjiǎo [명][문] 1 일상적인 지출. ¶他有两个孩子上学, ~大。=그에게는 학교에 다니는 아이가 둘이 있어 지출이 크다. 2 여비. ¶备好~=여비를 준비해 두다.
【盘诘】pánjié [동] 캐어묻다. 따져 묻다. ¶~形迹可疑之人。=행동이 수상한 사람을 캐어묻다. ≒盘究 盘问
【盘结】pánjié [동] 1 돌다. ¶藤蔓~=(덩굴이) 얽히다. 2 서로 어울리다. ¶~深固=서로의 친분이 깊고 견고하다.
【盘究】pánjiū [동] 끝까지 따져 묻다. ¶~底细=진상을 따져 묻다. ≒盘诘 盘问
【盘据】pánjù ☞【盘踞】pánjù
【盘踞】[盘据][蟠踞] pánjù [동] 불법으로 점거하다. 둥지를 틀고 있다. 도사리다. ¶这伙匪徒~

在一处废弃的厂房。=악당들은 폐기된 공장 건물에 둥지를 틀고 있다.

【盘炕】 **pánkàng** 동 구들을 놓다.

【盘考】 **pánkǎo** 동 따져 물으며 조사하다. ¶仔细~=자세하게 따져 묻다.

【盘空】 **pánkōng** 동 맴돌다. 선회하다. 헛바퀴 돌다. ¶海燕~=바다제비가 하늘을 빙빙 돌다.

【盘库】 **pán‖kù** 동 재고 조사하다. 회계 검사를 하다.

【盘马弯弓】 **pánmǎ-wāngōng** 성 **1** 말을 타고 빙빙 돌며 활을 쏘려고 하다. **2** 비 겁만 주고 실제로는 행동하지 않다.

【盘面】 **pánmiàn** 명 어느 시각의 주식이나 선물 거래 상황.

【盘尼西林】 **pánníxīlín** 명(医) '青霉素(페니실린, penicillin)'의 옛 명칭.

【盘弄】 **pánnòng** 동 만지작거리다. ¶他~着手中的打火机,静静地听着大家的发言。=그는 손에 들고 있는 라이터를 계속 만지작거리며, 여러 사람의 발언을 조용히 듣고 있다.

【盘盘】 **pánpán** 형 꾸불꾸불하다. ¶~的山间小路=꼬불꼬불한 산길.

【盘盘曲曲】 **pán‧pan qūqū** (~的) 형 구불구불하다. 꼬불꼬불하다. ¶~的羊肠小道=꼬불꼬불한 산 속의 오솔길.

【盘曲】[蟠曲] **pánqū** 형 구불구불하다. ¶山路~=산길이 구불구불하다.

【盘儿菜】 **pánrcài** 명 (곧바로 끓여서 먹을 수 있도록 양념한 채소들을 접시에 담아 판매하는) 요리 재료.

【盘绕】 **pánrào** 동 휘감다. 둘러싸다. 감돌다. ¶瓜蔓顺着竹架~而上。=박덩굴이 대나무 지지대를 따라 휘감아 올라가다.

【盘山】 **pánshān** 동 산을 휘감다. ¶~公路=산을 휘감으며 나 있는 도로.

【盘跚】 **pánshān** ☞【蹒跚】 **pánshí**

【盘升】 **pánshēng** 동 (주가나 선물(先物) 가격 등이) 완만하게 소폭으로 상승하다.

【盘石】 **pánshí** ☞【磐石】 **pánshí**

【盘算】 **pán‧suan** 동 (마음속으로) 따져 보다. 생각하다. 고려하다. 예상하다. 계산하다. 주판을 놓다. ¶这个假期怎么过,他早就~好了。=이번 휴가를 어떻게 보낼 것인지 그는 진작에 다 생각해 놓았다. 명 속셈. 작정. 예상.

【盘梯】 **pántī** 명 나선식 계단. [망루나 탑 등에 많이 사용됨]

【盘条】 **pántiáo** 명(金) 와이어 로드(wire rod).

【盘头】 **pántóu** 명 머리를 틀어 올리다. 명 **1** 틀어 올린(얹은) 머리. **2** 머리 장식품. [주로 조기 백화문에 보임]

【盘腿】 **pán‖tuǐ** 동 책상다리를 하다. 가부좌〔양반다리〕하다. ¶老两口~坐在炕上。=늙은 부부가 책상다리를 하고 구들에 앉아 있다.

【盘陀】[蟠陀] **pántuó** ☞【盘陀】 **pántuó**

【盘陀】[盘陁] **pántuó** 형(ун) **1** 돌이 울퉁불퉁하다. ¶谷底乱石~。=계곡 아래에는 돌들이 울퉁불퉁하다. **2** 구불구불하다. ¶前面有一段~路。

=앞에는 한동안 구불구불한 길이 나 있다.

【盘陀路】 **pántuólù** 명 구불구불한 길.

【盘问】 **pánwèn** 동 꼬치꼬치 따져 묻다. ¶~目击证人,调查事实真相。=목격자에게 자세히 물어 사건의 진상을 조사하다. 늑盘诘 盘究

【盘膝】 **pánxī** 동 책상다리를 하다. 가부좌를 하다. ¶~而坐=책상다리를 하고 앉다.

【盘香】 **pánxiāng** 명 나선형 모양의 모기향.

【盘旋】 **pánxuán** 동 **1** 선회하다. 빙빙 돌다. 맴돌다. ¶一只雄鹰在空中~。=독수리 한 마리가 공중을 빙빙 돈다. **2** 배회하다. 머물다. ¶他在大门外~了好久。=그는 대문 밖에서 한참 동안 서성거렸다.

【盘羊】 **pányáng** 명(动) 큰뿔양(argali).

【盘运】 **pányùn** 동 운반하다. 옮기다. ¶~货物=화물을 운반하다.

【盘灶】 **pánzào** 동 부뚜막을 놓다〔쌓다〕.

【盘账】 **pán‖zhàng** 동 (장부를) 자세히 대조 검토하다.

【盘整】 **pánzhěng** 동 **1** 정돈하다. 조정하다. ¶经过~,市场秩序得以改观。=조정을 거쳐 시장 질서는 새로운 면모를 갖추게 된다. **2** 가격이 소폭으로 조정되다. ¶此次~对商品市场影响不大。=이번에 가격이 소폭으로 조정된 것이 상품 시장에 미치는 영향력은 크지 않다.

【盘子】 **pán‧zi** 명 **1** 쟁반. **2** 상품의 시세〔가격〕. 시장 가격.

【盘坐】 **pánzuò** 동 가부좌를 틀고 앉다. ¶两人~对饮。=두 사람은 가부좌를 틀고 마주 앉아서 술을 마신다.

## 槃¹ **pán** 쟁반 반

명(문) **1** (고대, 세면 도구로 사용된) 나무 접시. **2** 쟁반. 동(문) 빙빙 돌다.

## 槃² **pán** 음역자 반

☞【涅槃】 **nièpán**

## 磐 **pán** 너럭바위 반

명(문) 큰 바위. ¶安如~石=반석처럼 안정되다.

【磐石】[盘石] **pánshí** 명 반석. ¶坚若~=반석처럼 단단하다.

## 磻 **pán** 물 이름 반

【磻溪】 **Pánxī** 명(地) **1** 판시. [저장(浙江)성에 있는 지명] **2** 판시. [산시(陕西)성 바오지(宝鸡)의 동남쪽에 있는 하천 이름]

## 蹒[蹣] **pán** 비틀거릴 반

【蹒跚】[盘跚] **pánshān** 형 비틀비틀하다. [비틀거리며 걷는 모양] ¶步履~=걸음걸이가 비틀거린다.

## 蟠 **pán** 휘감을 반

동(문) 구불구불하다. 휘감다. 감돌다. 서리다. 똬리를 틀고 있다. ¶虎踞龙~=범이 버티고 앉아 있는 듯하고 용이 서려 있는 듯하다. 지세가 험준

하고 웅장하다. [주로 난징(南京)의 지세를 형용하는 말]
【蟠槐】 pánhuái ☞【龙爪槐】lóngzhǎohuái
【蟠踞】 pánjù ☞【蟠踞】pánjù
【蟠踞】[蟠踞] pánjù ☞【盘踞】pánjù
【蟠龙】 pánlóng 閔 똬리를 틀고 있는 용. 몸을 서리고 있는 용. ¶~山=판룽산.
【蟠曲】 pánqū ☞【盘曲】pánqū
【蟠桃】 pántáo 閔 1 (植) 반도나무. [열매 및 종자가 편평한 복숭아의 변종. 학명은 'P. persica var. platycarpa' 임] 2 (植) 반도. 3 (신화 속의) 선도(仙桃). 반도.

## 鏊 pán 큰 띠 반

閔튄 1 옛날, 패옥을 달던 큰 가죽 띠. 2 작은 주머니.

## 坢 pǎn 두둑 반

閔튄 두둑. 두렁. ¶崖~=가장자리.
☞ bàn

## **判 pàn 판단할 판

튄 1 나누다. 분별하다. 판단하다. ¶~別能力=분별력. 판단력. 2 평결(評決)하다. 평정(評定)하다. 재정(裁定)하다. 심의 결정하다. ¶评~=심의 결정하다. / 裁~=심판하다. 3 (法) 판결하다. 선고하다. ¶审~=심의하여 판결하다. / 公~=공개적으로 선고하다. 대중이 판정〔평가·평판〕하다. 웝 명백하다. 분명하다. ¶他前后表现~若两人.=그의 앞뒤 행동으로 봐서는 전혀 딴 사람 같다.

○● 裁cái判, 改判, 公判, 评判, 谈tán判, 宣xuān判

【判案】 pàn'àn 튄(法) 판결을 내리다.
【判别】 pànbié 튄 변별하다. 가리다. ¶~是非=시비를 가리다.
【判处】 pànchǔ 튄(法) (법정에서) 판결을 내리다. 선고하다. ¶~无期徒刑=무기 징역을 선고하다.
【判词】[判辞] pàncí 閔 1 '判决书(판결문)'의 옛 명칭. 2 단언. 결론. ¶没有事实根据, 不可妄下~。=사실적인 근거 없이 함부로 단언해서는〔결론내려서는〕 안 된다.
【判辞】 pàncí ☞【判词】pàncí
【判定】 pàndìng 튄 가리다. ¶~真伪=진위(眞僞)를 가리다.
【判读】 pàndú 튄 판독하다. ¶~卫星照片=위성 사진을 판독하다.
【判断】 pànduàn 튄 1 판단하다. 판정하다. ¶~错误=잘못을 가리다. 2 (안건을) 판결하다. 閔 1 (論) 판단력. 2 단정. ¶准确的~=정확한 판단.
【判断力】 pànduànlì 閔 판단력.
【判罚】 pànfá 튄 (관련 규정에 근거하여) 처벌하다. ¶裁判~不公.=심판의 처벌〔판정〕은 불공

정하다.
【判分】 pàn ‖ fēn (~儿) 튄 (시험이나 시합에서 동작 등에) 점수를 매기다. 채점하다. ¶~标准=채점 기준.
【判官】 pànguān 閔 1 판관. [당송(唐宋)대에 지방 관리의 공무를 돕던 관리] 2 판관. [미신이나 전설 속의 염라대왕 부하로서, '生死簿(생사부)'를 관리하는 관리]
【判据】 pànjù 閔 판결의 기준〔근거〕.
【判决】 pànjué 튄 1 (法) 판결하다. 선고하다. ¶~无罪=무죄를 선고하다. 2 판결하다. 결정하다. ¶裁判~恰当.=심판의 결정은 적합하다. 閔 1 (법률적인) 판결. 선고. ¶适用法律恰当, ~无误.=법규 적용이 적합해서 판결엔 틀림이 없다. 2 판단. 결정. ¶一名球员因不服从裁判的~而被罚出场外.=선수 한 명이 심판의 판정에 불복종하여 경기장 밖으로 퇴장당했다.
【判决书】 pànjuéshū 閔(法) 판결문.
【判例】 pànlì 閔(法) 판례(判例). [법원에서 같거나 비슷한 소송 사건을 판결한 전례]
【判例法】 pànlìfǎ 閔(法) 판례법.
【判令】 pànlìng 튄 판결하여 명령하다.
【判明】 pànmíng 튄 판명하다. ¶~真假=진짜와 가짜를 판명하다.
【判然不同】 pànrán-bùtóng 웝 구별이 명백하다. 완전히 다르다.
【判若鸿沟】 pànruòhónggōu 웝 1 (사물의) 경계가 분명하다. 그 차이가 진나라 말 초군(楚軍)과 한군(漢軍)이 대치하던 홍구(鴻溝)처럼 크다. 2 튄 완전히 다르다. 명백하게 구별되다.
【判若两人】 pànruòliǎngrén 웝 1 전혀 딴사람 같다. 2 튄 한 사람이 다른 장소 혹은 다른 시간에 보이는 태도의 변화가 매우 크다.
【判若天渊】 pànruòtiānyuān ☞【判若云泥】pànruòyúnní
【判若霄壤】 pànruòxiāorǎng ☞【判若云泥】pànruòyúnní
【判若云泥】 pànruòyúnní 웝튄 천양지차. 하늘 위의 구름과 땅의 진흙처럼 엄청난 차이가 있다. →【判若天渊】pànruòtiānyuān【判若霄壤】pànruòxiāorǎng ≒天壤之别 ↔大同小异 铢两悉称
【判死刑】 pàn sǐxíng 튄 1 사형을 선고하다. 2 튄 작업 중지 또는 어떤 정책 등의 포기를 결정하다.
【判刑】 pàn ‖ xíng 튄(法) 형을 선고하다. 실형을 내리다.
【判语】 pànyǔ 閔 1 (法) 판결문. 2 튄 비평. 평어(評語).
【判罪】 pàn ‖ zuì 튄(法) (법률에 따라) 판결하다. 형을 확정하다.

## 拚 pàn 버릴 분

튄 서슴없이 버리다. ¶~弃=내버리다. / ~死=목숨을 버리다.
☞ pīn
【拚命】 pàn ‖ mìng 튄웝 목숨을 아끼지 않다.

목숨을 (내)걸다.

泮 pàn 녹을 반
동문 녹다. 분해하다. 흩어지다. ¶~散=흩어지다. 1 (옛날의) 학교. ¶入~=수재(秀才)에 급제하다. 2 (Pàn) 성(姓).
【泮宫】pàngōng 명 1 반궁. [옛날, 고대 제후(諸侯)들이 射禮를 거행했던 장소] 2 (옛날의) 관립(官立) 학교.

**盼 pàn 볼 반
동 1 보다. ¶顾~=주위를 돌아보다. 2 바라다. 희망하다. ¶期~=기대하다.
【盼顾】pàngù 동 주위를 두리번거리다. ¶翘首~=목을 빼들고 주위를 돌아보다.
【盼念】pànniàn 동 바라다. 원하다. 그리워하다. ¶~亲友=친구를 그리워하다.
【盼头】pàn·tou 명 희망. 바람. 가망. ¶有了这份工作, 也就有了~。=이 일자리가 생겨서 희망이 생겼다.
【盼望】pànwàng 동 간절히 바라다. ¶~早日回到故乡。=하루빨리 고향에 돌아가기를 간절히 바라다. ≒望 渴望 祈望
【盼星星盼月亮】pàn xīng·xing pàn yuè·liang 숙어 학수고대하다. 손꼽아 기다리다. ¶母亲一终于盼回了离家多年的儿子。=어머니는 손꼽아 기다리다 마침내 오랫동안 집을 떠나 있던 아들을 맞이하였다.

*叛 pàn 배반할 반
동 배반하다. ¶众~亲离=모든 사람에게 버림을 받다.
○● 背叛, 反叛
【叛变】pànbiàn 동 배신하다. 배반하다. ¶~投敌=배신하여 적에게 투항하다. ≒背叛 叛逆 背叛
【叛党】pàn‖dǎng 동 1 당을 배신하다. 2 중국 공산당원이 당을 배반하다.
【叛匪】pànfěi 명 역적. 반역자.
【叛国】pàn‖guó 동 나라를 배반하다. ¶~外逃=나라를 배반하고 외국으로 도망가다.
【叛军】pànjūn 명 반란군.
【叛离】pànlí 동 배반하다. ¶~祖国=조국을 배반하다.
【叛乱】pànluàn 명 반란. ¶平定~=반란을 평정하다.
【叛卖】pànmài 동 배반하여 팔아먹다. ¶~国家利益=국가의 이익을 팔아넘기다.
【叛逆】pànnì 동 배반하다. 반역하다. ¶~行为=반역 행위. 명 반역자. 역적. ¶封建礼教的~=봉건적 예법과 도덕의 반역자. ≒叛变 悖逆
【叛逃】pàntáo 동 배반하고 도망치다. ¶~海外=배반하고 해외로 도망치다.
【叛徒】pàntú 명 1 반역자. 역적. 2 반혁명분자. [나라와 혁명 사업을 배반한 사람을 가리킴] ¶可耻的~=치욕스러운 반역자.

【叛贼】pànzéi 명 역적. 역도. [꾸짖고 욕할 때 사용함]

*畔 pàn 두둑 반
명 1 토지의 경계. ¶田~=밭두렁. 2 (강·호수·도로 등의) 가. 가장자리. 부근. ¶河~=강가. / 路~=길가.

袢¹ pàn 옷고름 반
'襻(pàn)'과 같음.

袢² pàn 긴 옷 번
☞【袷袢】qiāpàn

鋬 pàn 그릇 손잡이 반
명 기물(器物)의 손잡이 부분. ¶壶~=주전자 손잡이.

襻 pàn 옷고름 반
명 1 (~儿) 단춧고리. [헝겊으로 만든 단추를 거는 고리] ¶纽~儿=단춧고리. 2 (~儿) 형태나 기능이 단춧고리와 비슷한 물건. ¶鞋~儿=헝겊으로 된 신발의 끈을 거는 고리. 동 (실·끈·밧줄 따위로) 얽어매다. 동여매다. 꿰매다. 사뜨다. ¶裤子开线了, 给~上几针。=바지가 터졌으니 몇 바늘 꿰매 주시오.

# pāng

*乓 pāng 부딪히는 소리 병
의 탕. 땅. 쾅. 꽝. [총 소리·문 닫는 소리·물건이 부딪혀 깨지는 소리] ¶门~地一声被撞开了。=문이 쾅 하고 부딪혀 열렸다.
○● 乓pīng乓, 乓乓球

雱 pāng 펑펑 내릴 방
형문 1 (비나 눈이) 많이〔펑펑〕내리다. 2 '滂(pāng)'과 같음.

滂 pāng 세차게 흐를 방
형문 1 콸콸 흐르다. [물이 솟구치는 모양] 2 물살이 세다.
【滂湃】pāngpài 형 물살이 거세다. ¶~的江水奔腾而下。=강물이 세차게 흘러내리다.
【滂沛】pāngpèi 형 1 물살이 거세다〔세차다〕. ¶波涛汹涌~。=파도가 거세게 용솟음친다. 2 비가 많이 쏟아지다. ¶雨势~=빗줄기가 거세게 쏟아지다. 빗줄기가 거칠고 세차다. 3 기세가 왕성하다〔대단하다〕. ¶文辞~=글의 기세가 대단하다.
【滂沱】pāngtuó 형 1 비가 쏟아져 내리다. 많이 내리다. ¶大雨~=호우가 쏟아지다. 2 유 눈물을 많이 흘리다. ¶涕泗~=비 오듯 눈물을 펑펑 흘리다.

**膀** pāng 부을 방

형 붓다. ¶他病得脸都~了。=그는 병이 나서 얼굴이 온통 부었다.
☞ **bǎng, bàng, páng**

【膀肿】**pāngzhǒng** 형 부어오르다. ¶全身~。=온몸이 붓다.

**彷** páng 배회할 방
☞ **fǎng**

【彷徨】[旁皇] **pánghuáng** 형 배회하다. 방황하다. 갈팡질팡하다. ¶~失措=어쩔 줄 몰라 갈팡질팡하다.

**庞[龐]** páng 클 방

형 **1** 방대하다. ¶机构~大=기구가 방대하다. **2** 번잡하다. 난잡하다. ¶内容~杂=내용이 번잡하다. 명 **1** (~儿) 얼굴. ¶脸~=얼굴. 용모. 얼굴의 윤곽. **2** (Páng) 성(姓).

【庞大】**pángdà** 형 (형체·조직·수량 등이) 매우 크다. 방대하다. 거대하다. [지나치게 많거나 크다는 의미로 사용함] ¶规模~=규모가 방대하다. ≒巨大

【庞然】**pángrán** 형 크고 우둔해 보이다. 거대하다.

【庞然大物】**pángrán-dàwù** 성 **1** 대단히 거대한 물건. **2** 외견상으로 대단히 거대해 보이지만 실상 내실은 없는 것.

【庞杂】**pángzá** 형 번잡하다. 난잡하다. ¶事务~=사무가 번잡하다.

**逢** Páng 성씨 방

명 성(姓).
☞ **féng**

**旁** páng 옆 방

형 **1** 광범위하다. ¶~求俊彦=널리 인재를 구하다. **2** 다른. 별개의. ¶不要多管~人的事。=다른 사람의 일에 너무 간섭하지 마세요. 명 **1** 옆. 곁. ¶门~=문 옆. /袖手~观=팔짱 끼고 보기만 하다. 수수방관하다. 상관하지 않다. **2** (~儿) 한자의 편방(偏旁). ¶声~=성부. 소리 요소. [한자의 소리 부분을 나타내는 편방] / 土字~儿=흙토 변. [고어에서 '傍(bàng)'과 같음]

| ● 旁 páng | 傍 bàng |
| 榜 pǎng | 谤 bàng |
| 滂 pāng | 蒡 bàng |
| 螃 páng | 磅 bàng |
| 镑 bàng | 膀 bǎng |
| 榜 bǎng | |

●— 近旁, 两旁, 偏piān旁, 声旁, 四旁, 形旁, 耳旁风

【旁白】**pángbái** 명 **1**(劇) 방백. [배우가 청중에게는 들리나 무대 위의 상대방에게는 들리지 않는 것으로 약속하고 말하는 대사] **2**(映) 내레이션(narration).

【旁边】**pángbiān**(~儿) 명 옆. 곁. 근처. 부근. ¶学校~有一个公园。=학교 옆에 공원이 하나 있다.

【旁不相干】**pángbùxiānggān**(~儿) 성 아무런 관계가 없다.

【旁侧】**pángcè**(~儿) 명 옆.

【旁岔儿】**pángchàr** 명 옆길. 샛길. ¶这条路前边有个~。=이 길 앞쪽에 샛길이 하나 있다.

【旁出】**pángchū** 통 옆에서 나오다. ¶枝杈~=나뭇가지가 옆으로 뻗다.

【旁处】**pángchù** 명 다른 곳. ¶这儿没你要找的书, 请到~看看。=여기에는 당신이 찾고자 하는 책이 없으니, 다른 곳에 가서 찾아보세요.

【旁的】**páng·de** 대 다른 것. ¶你是不是还有~事情要办? =당신, 처리해야 할 다른 일이 또 있는 것 아닙니까?

【旁顾】**pánggù** 통 **1** 측면으로 머리를 돌려 옆을 보다. ¶~无人, 他的胆子便大起来了。=주위를 돌아보니 아무도 없어서, 그의 간덩이는 [담력은] 더욱 커졌다. **2** 다른 일까지 걱정하다. ¶潜心钻研, 无暇~。=연구에만 마음을 집중하여 다른 일까지 돌볼 겨를이 없다.

【旁观】**pángguān** 통 방관하다. 옆에서 보다. ¶袖手~=수수방관하다. →插手

【旁观袖手】**pángguān-xiùshǒu** ☞ 【袖手旁观】**xiùshǒu-pángguān**

【旁观者清】**pángguānzhě qīng** ☞ 【当局者迷, 旁观者清】**dāngjúzhě mí, pángguānzhě qīng**

【旁皇】**pánghuáng** ☞ 【彷徨】**pánghuáng**

【旁及】**pángjí** 통 연루되다. ¶~无辜=무고한 사람을 연루시키다.

【旁落】**pángluò** 통 (차지해야 할 권력이) 남의 수중으로 떨어지다. ¶大权~=대권이 다른 사람에게 넘어가다.

【旁门】**pángmén**(~儿) 명 **1** 측문. 옆문. **2**(喩) 부정한 방법. 정당하지 못한 통로〔경로〕.

【旁门左道】**pángmén-zuǒdào** ☞ 【左道旁门】**zuǒdào-pángmén**

【旁批】**pángpī** 명 본문 옆에 써 놓는 평어(評語). 방주(旁注).

【旁敲侧击】**pángqiāo-cèjī** 성 **1** 양 옆과 측면을 치다〔두드리다〕. **2**(喩) (문장이나 의견을) 빙 돌려 말하다. 말을 에두르다. ≒拐弯抹角 ↔开门见山 直言不讳

【旁人】**pángrén** 명 다른 사람. 제삼자.

【旁若无人】**pángruòwúrén** 성 **1** 옆에 사람이 없는 것 같이 행동하다. **2** 행동이 자연스럽다. 행동이 거만하다. 건방지다. 안하무인격이다.

【旁听】**pángtīng** 통 **1** (회의 따위를) 방청하다. **2** 청강하다. ¶他利用课余时间~了中文系的写作课。=그는 시간을 이용하여 중문과의 작문 수업을 청강했다.

【旁听生】**pángtīngshēng** 명 청강생.

【旁通】**pángtōng** 통 광범위하게 알다. 통달하다. ¶触类~=하나를 보고 열을 알다.

【旁骛】**pángwù** 통(書) 다른 일에 힘쓰다. 전심전력하지 않다. ¶心无~=전심전력하다. 집중하다. 다른 일에 신경 쓰지 않다.

【旁系】 pángxì 몡 방계. [직계(直系)에서 갈라져 나온 계통]¶~继承人=방계 계승자. ↔直系
【旁系亲属】 pángxì qīnshǔ 몡 방계 친족. ↔直系亲属
【旁逸斜出】 pángyì-xiéchū 솅 측면에서 불규칙적으로 자라다. (생각·이야기 따위가) 곁가지로 뻗(어 나가)다.
【旁征博引】 pángzhēng-bóyǐn 솅 논증을 충족시키기 위해 광범위하고 다방면으로 자료나 증거를 수집·인용하다.
【旁证】 pángzhèng 몡 방증. 간접적인 증거. ¶寻找~=방증을 찾다.
【旁支】 pángzhī 몡 방계.
【旁注】 pángzhù 몡 본문 옆에 달린 주석. 방주(旁注).

*膀 páng 오줌통 방
☞ bǎng, bàng, pāng
【膀胱】 pángguāng 몡(生) 방광. 오줌통. 뱡
【尿脬】 suī·pāo

*磅 páng 기세 성대할 팽
☞ bàng
【磅礴】 pángbó 솅윗 1 (기세가) 성대하다. 드높다. ¶气势~=기세가 드높다. 2 (기운이) 충만하다. 퍼지다. ¶~宇内=전세계로 기운이 퍼지다.

*螃 páng 방게 방
아래를 참조.
【螃蜞】 pángqí ☞【蟛蜞】 péngqí
【螃蟹】 pángxiè 몡(動) 게.

鳑[鰟] páng 방어 방
【鳑鲏】 pángpí 몡(動) 납줄개.

嗙 pǎng 큰소리 방
동뱡 자기 자랑하다. 허풍떨다. ¶胡吹乱~=입에서 나오는 대로 지껄이다.

耪 pǎng 일굴 방
동 (가래나 쟁기로) 땅을 일구다. ¶~地=땅을 일구다.

膀 pǎng 넓적다리 방
몡뱡 대퇴. 넓적다리.
☞ bǎng

胖 pàng 살찔 반
솅 (몸이) 뚱뚱하다. ¶肥~=살이 쪄서 뚱뚱하다. ≒肥 ↔瘦
☞ pán
【胖大海】 pàngdàhǎi 몡(植) 1 반대해나무. 2 반대해나무의 씨. ≒【膨大海】 péngdàhǎi
【胖嘟嘟】 pàngdūdū (~的) 솅 포동포동하다. [살이 쪄서 귀여운 모양]¶小家伙长得~的, 特讨人爱.=이 녀석은 포동포동해서 귀엽게 생긴 것이 여움을 받는다.
【胖墩墩】 pàngdūndūn (~的) 솅 딱바라지다. 땅딸막하다. ¶他俩父子都不高, 都长得~的.=그 두 사람은 모두 키도 크지 않고 딱바라지게 생겼다.
【胖墩儿】 pàngdūnr 몡(口) 통통한 아이. 토실토실한 아이. [주로 어린아이를 가리킴]
【胖乎乎】 pànghūhū (~的) 솅 통통하다. 포동포동하다. ¶~的小手=통통한 작은 손.
【胖头鱼】 pàngtóuyú ☞【鳙鱼】 yōngyú
【胖子】 pàng·zi 몡 뚱보. 뚱뚱이.

# pao

*抛 pāo 던질 포
동 1 던지다. ¶把喜糖~向围观的人群.=결혼사탕(결혼식 때 사람들에게 나누어 주는 사탕)을 구경하는 사람들에게 던졌다. 2 버려두다. 버리다. ¶~弃旧观念=낡은 관념을 버리다. 3 헐값에 팔다. ¶他把手上的股票全部~出.=그는 손에 있던 주식을 모두 헐값에 팔아 버렸다. 4 폭로하다. 드러내다. ¶他行事低调, 不喜欢~头露面.=그는 얼굴 드러내는 것을 좋아하지 않아, 일을 조용히 처리한다.
【抛出】 pāochū 동 1 던지다. ¶把铅球~十多米远.=(투)포환을 10여 미터 던졌다. 2 헐값에 팔다. ¶~库存=재고를 헐값에 팔다. 3(口) (어떤 일을) 공개〔공표〕하다. 내놓다. ¶两位总统候选人~了各自的施政纲领.=두 명의 대통령 후보는 각자의 정책을 공개했다.
【抛到九霄云外】 pāo dào jiǔxiāo yún wài 좋엉 (잊어버려서는 안 될 일이나 문제를) 깨끗이 잊다. 완전히 (까맣게) 잊어버리다. ¶他早把朋友的劝告~去了.=그는 일찌감치 친구들의 충고를 까맣게 잊어버렸다.
【抛到脑后】 pāodàonǎohòu 좋엉 일이나 문제를 잊어버리다. ¶把烦心事统统~.=골치 아픈 일을 모두 잊다.
【抛费】 pāofèi 동엉 (물건·시간을) 낭비하다. 소중하게 여기지 않다. ¶这么好的东西, ~了怪可惜的.=이런 좋은 물건을 소중하게 여기지 않다니, 정말 안타깝다.
【抛光】 pāoguāng 동(機) 광택을 내다.
【抛荒】 pāo‖huāng 동 1 (토지를 경작하지 않고) 방치하다. 내버려 두다. ¶由于无人耕种, 这些土地都~了.=경작할 사람이 없어서, 이 땅은 모두 방치되어 있다. 2 (학업·업무 등을) 등한시하다. 더 잊어먹다. 소홀히 하다. ¶改行多年, 专业早就~了.=직업을 바꾼 지 오래 되어, 전공은 일찌감치 다 잊어먹었다.
【抛货】 pāohuò 동 (상품을) 투매하다. 덤핑 판매하다. 염가로 처분하다.
【抛开】 pāokāi 동 내버려 두고 돌보지 않다. ¶~烦恼=고민을 떨쳐〔벗어〕 버리다.
【抛离】 pāolí 동 버리고 떠나다. ¶~故土, 远走

他乡。=고향을 버리고 멀리 타향으로 떠나다.
【抛脸】 pāoliǎn 〔동〕 체면을 잃다.
【抛锚】 pāo‖máo 〔동〕 **1** 닻을 내리고 정박하다. **2** (비) (자동차가) 고장이 나서 중간에 멈추다. **3** (비)(비) 사고로 일이 중지되다. ↔起锚
【抛盘】 pāopán 〔동〕〔經〕 증권·선물(先物)을 팔다. 〔명〕〔經〕 거래되는 증권·선물(先物).
【抛妻别子】 pāoqī-biézǐ 처자식을 버리고 떠나다.
【抛弃】 pāoqì 〔동〕 버리다. 포기하다. ¶~封建思想=봉건 사상을 버리다. ≒舍弃 摈弃 撇弃 ↔ 收养
【抛却】 pāoquè (벗어) 던지다. 털어 버리다. 포기하다. ¶~个人恩怨=개인적인 원한(怨恨) 〔얽히고설킨 정〕을 털어 버리다.
【抛洒】 pāosǎ 〔동〕 **1** (던져서) 흩뿌리다. ¶别把水~得满地都是。=온통 물바다가 되도록 뿌리지 마라. **2** 복받쳐 오르는 것을 토해 내다. ¶~热血=뜨거운 피를 쏟아 내다.
【抛舍】 pāoshě 〔동〕 (내던져) 버리다. 방치하다. ¶骨肉亲情, 难以~。=혈육의 정은 끊어 버리기가 어렵다.
【抛射】 pāoshè 〔동〕 발사하다. 투척하다. 던지다. ¶球被~人篮。=공이 (농구) 골대로 들어갔다.
【抛售】 pāoshòu 〔동〕 (상품을) 투매하다. 덤핑 판매하다. 염가로 처분하다. ¶~积压商品=쌓여 있는 상품을 덤핑 판매하다. ≒倾销 甩卖
【抛头颅, 洒热血】 pāo tóulú, sǎ rèxuè (정의로운 일을 위해) 머리를〔목숨을〕 내던지고 뜨거운 피를 쏟다. 생명을 바치다.
【抛头露面】 pāotóu-lùmiàn (성) **1** 부녀자가 대중 앞에 얼굴을 드러내다. **2** 공개된 장소에 얼굴을 드러내다. 〔주로 좋지 않은 뜻으로 쓰임〕 ≒出头露面 ↔隐姓埋名
【抛物面】 pāowùmiàn 〔명〕〔數〕 포물면.
【抛物面镜】 pāowùmiànjìng 〔명〕 포물(면) 거울. 〔반사면이 포물면으로 되어 있는 오목 거울〕
【抛物线】 pāowùxiàn 〔명〕〔數〕 포물선.
【抛掷】 pāozhì 〔동〕 **1** 던지다. 버리다. ¶~石块=돌멩이를 던지다. **2** 방치하다. 내버려 두다. 돌보지 않다. ¶把个人安危~脑后。=개인의 안위를 전혀 돌보지 않다.
【抛砖引玉】 pāozhuān-yǐnyù (성) **1** 벽돌을 던져 구슬을 끌어들이다. **2** (겸) 성숙되지 않은 의견으로 다른 사람의 고견을 끌어 내다. 남의 훌륭한 의견을 듣기 위해 먼저 자기의 미숙한 의견을 내놓다. 〔주로 자신의 의견이나 작품을 겸손하게 표현할 때 씀〕

**泡**¹ pāo 두부 포
〔명〕 **1** (~儿) 부풀어서 부드러운 것〔말랑말랑한 것〕. ¶眼~=눈두덩. / 豆腐~儿=기름에 튀겨서 부풀어오른 두부. **2**(양) 작은 호수. 〔주로 지명에 쓰임〕 ¶月亮~=웨량포. 〔지린(吉林)성에 있는 호수 이름〕 〔형〕(방) (속이 비어) 푸석푸석하다. 허벅하다. 말랑말랑하다. 딱딱하지 않다. ¶这种木材发~。=이런 종류의 목재는 푸석푸석 해진다. 〔양〕 번. 차례. 〔똥·오줌을 세는 단위〕 ¶撒一~尿=오줌을 한 번 누었다.
☞ pào
【泡货】 pāohuò 〔명〕〔方〕 부피만 크고 가벼운 물품.
【泡桐】 pāotóng 〔명〕〔植〕 오동나무.
【泡子】 pāo·zi 〔명〕〔方〕 작은 호수. 〔주로 지명에 쓰임〕 ¶干~=간호. 〔네이멍구(内蒙古) 자치구에 있는 호수 이름〕

**脬**¹ pāo 거품 포
〔양〕 '泡(pāo)'와 같음.

**脬**² pāo 오줌통 포
☞【尿脬】 suī·pāo

**刨** páo 깎을 포
〔동〕 **1** (구덩이를) 파다. 파내다. ¶~坑=구덩이를 파다. **2**(구) 빼다. 공제하다. ¶十天~去周末, 只剩八天了。=10일에서 주말을 빼면 8일만 남는다.
☞ bào
【刨除】 páochú 〔동〕 **1** 빼다. 공제하다. ¶~成本, 略有盈余。=원금을 빼면 이익이 조금 남는다. **2** 파내다. 캐내다. 찾아 내어 없애다〔제거하다〕. ¶~祸根=화근을 뿌리 째 뽑아 버리다.
【刨地】 páo‖dì 〔동〕 땅을 파다〔파내다〕.
【刨分儿】 páo‖fēnr 〔동〕 점수를 빼다〔깎다〕. ¶这次考试他全做对了, 没刨一分。=이번 시험에서 그는 1점도 깎이지 않고 다 맞혔다.
【刨根儿】 páo‖gēnr 〔동〕 **1** 뿌리를 캐다. **2**(비) 진상을 철저히 밝히다. 꼬치꼬치 캐묻다. 꼬치꼬치 따지다. ¶他非要~把事情搞清楚不可。=그는 근원을 철저히 캐내어 일을 분명하게 밝히려 든다.
【刨根问底】 páogēn-wèndǐ (~儿) (성) 진상을 철저히 밝히다. 원인을 끝까지 따지고 들다. 꼬치꼬치 따지다.
【刨去】 páoqù 〔동〕 빼다. 공제하다. ¶~食宿费用, 手上的钱就所剩无几了。=숙박비를 빼면 손에 남는 돈이 별로 없다.

**咆** páo 으르렁거릴 포
〔동〕(문) (맹수가) 포효하다. 울부짖다. ¶虎~龙吟=호랑이가 포효하고 용이 울부짖다. 소리가 우렁차고 웅장하다.
【咆哮】 páoxiào 〔동〕 **1** (맹수가) 포효하다. 노호 (怒號)하다. 으르렁거리다. ¶狮子~着冲了上去。=사자가 포효하면서 달려들었다. **2**(비) (사람이 몹시 화가 나서서) 고래고래 소리를 지르다. 포효하다. (홍수 등이) 노호(怒號)하다. ¶~如雷=우레와 같이 소리치다.

**狍** páo 노루 포
〔명〕〔動〕 노루.
【狍子】 páo·zi 〔명〕〔動〕 사슴과의 통칭.

**庖** páo 부엌 포

**庖** páo

[명][문] **1** 주방. 부엌. **2** 주방장. ¶越俎代~=제사를 담당하는 사람이 음식 만드는 일을 하다. 월권 행위를 하다.

【庖厨】páochú [명][문] **1** 부엌. 주방. **2** 주방장.

【庖代】páodài [동][문] **1** 주방장을 대신해서 밥을 짓다. **2** 다른 사람을 대신해서 일을 하다.

【庖丁】páodīng [명][문] 백정. 요리사. 주방장.

【庖丁解牛】páodīng-jiěniú [성] **1** 포정[백정]이 소를 잡다. **2** [비] 사물의 객관적인 규율을 꿰뚫고 나면 일을 자유자재로 할 수 있다.

**炮** páo 통째로 구울 포

[동] **1**[문] (음식물을) 굽다. **2**[의] 생약(生藥)을 〔약초를〕 뜨거운 쇠솥에 넣고 누렇게 타도록 볶다. 〔한약을 포제하는 방법의 하나〕 ¶~姜=생강을 포제(炮製)하다.

☞ **bāo, pào**

【炮格】páogé ☞【炮烙】páoluò

【炮炼】páoliàn [동][의] 열을 가하여 약재 속에 든 수분이나 불순물을 빼내다.

【炮烙】páoluò [명] 포락지형(炮烙之刑). [고대의 형벌] =【炮格】páogé

【炮制】páozhì [동] **1**[의] 포제하다. **2**[폄] 꾸며 내다. 조작하다. 만들다. ¶这份黑材料是那些他曾经得罪过的人~出来的。=이 비밀 자료는 그가 전에 미움을 샀던 사람들이 조작한 것이다.

**袍** páo 도포 포

[명](~儿) 앞섶이 있는 중국식 긴 옷. 두루마기. 도포. ¶棉~=(중국식) 솜두루마기. / 旗~儿=치파오. [둥근 깃이 달리고 오른쪽 겨드랑이부터 아래를 특수한 끈단추로 잠그는 중국 전통 의상]

0-0 长袍, 蟒mǎng袍, 旗qí袍, 罩zhào袍

【袍哥】páogē [명][옛] **1** 중국 서남(西南) 각 성(省)에 있었던 비밀 결사 조직. **2** 비밀 결사 조직의 조직원.

【袍笏登场】páohù-dēngchǎng [성] **1** 조복(朝服)을 입고 손에는 홀(笏)을 들고 무대에 올라 연기하다. **2**[비] 신임 관리가 부임하다. [풍자적인 의미를 내포함]

【袍泽】páozé [명][문] **1** 포택. [고대의 의복 이름] **2** (군대의) 동료. 전우(戰友). ¶~情深=전우애가 깊다.

【袍罩儿】páozhàor [명] '袍子(páo·zi)' 위에 입는 두루마기.

【袍子】páo·zi 앞섶이 있는 중국식 긴 옷. (중국식) 두루마기.

**匏** páo 박 포

【匏瓜】páoguā [명][植] **1** 호리병박. **2** 호리병박의 열매.

**跑** páo 긁어 팔 포

[동] 길짐승이 발로 흙을 파헤치다〔헤집다〕. ¶~槽=(가축이 여물을 먹기 위하여) 여물통의 여물을 앞발로 파헤치다.

☞ **pǎo**

**麅** páo 노루 포

[명] '狍(páo)'와 같음.

***跑** pǎo 달릴 포

[동] **1** 달리다. 뛰다. ¶长~=장거리 경주. / 赛~=달리기 경주를 하다. **2**[비] (차량이) 달리다. ¶汽车在高速公路上飞~。=자동차가 고속도로를 나는 듯이 달린다. **3** (어떤 일을 위해) 뛰어 다니다. ¶~销售=판매를〔영업을〕 하러 다니다. **4** 도망가다. ¶逃~=도망가다. **5** (물체가 원위치를) 떠나다. 없어지다. ¶报纸被风刮~了。=신문지가 바람에 날아가 버렸다. **6** 새다. 흐르다. 휘발하다. 날아가다. ¶油箱有点儿~油。=기름통에서 기름이 조금 샌다. **7**[방] 가다. 다니다. ¶他最近~了一趟香港。=그는 최근에 홍콩을 한번 다녀왔다.

☞ **páo**

0-0 奔bēn跑, 长跑, 短跑, 赶跑, 起跑, 赛sài跑, 逃táo跑, 小跑, 助跑

【跑表】pǎobiǎo ☞【马表】mǎbiǎo

【跑步】pǎo∥bù [동] 달리다. 구보하다.

【跑不了】pǎo·buliǎo [동] (원위치를) 떠날 수가 없다. 도망칠 수가 없다. 놓칠 리가 없다. 잃어버릴 수가 없다. ¶到手的生意, ~。=손에 들어온 장사는 놓칠 리가 없다.

【跑材料】pǎo cáiliào [동] **1** (직원이 돌아다니면서 회사에 필요한) 자재를 구매하다. **2** (참고 자료를) 돌아다니면서 조사하다.

【跑车】pǎo∥chē [동] **1** 승무원이 차에서 일하다. **2**[礦] (광산의) 윈치(winch)의 와이어 로프가 끊어져서 광차(鑛車)가 미끄러져 내리다.

【跑车】pǎochē [명] **1** ☞【赛车】sàichē **2**[林] 목재 운반용 차량

【跑单帮】pǎo dānbāng [동] 행상을 하다. 봇짐 장사를 하다.

【跑刀】pǎodāo [명][體] 스피드용 스케이트 슈즈의 날.

【跑道】pǎodào [명] **1**[體] (경주용) 트랙(track). **2** 비행기 활주로.

【跑电】pǎo∥diàn [동] 누전하다. 누전되다. =【漏电】lòu∥diàn

【跑调儿】pǎo∥diàor ☞【走调儿】zǒu∥diàor

【跑动】pǎodòng [동] **1** 달리다. 뛰다. **2** (연줄을 대거나 청탁을 위해) 돌아다니다. 로비(lobby)하다. 막후 교섭하다. ¶为了得到这个职位, 他费了不少心思去~。=이 직위를 얻기 위해 그는 적지 않은 신경을 써서 로비를 하였다.

【跑肚】pǎo∥dù [동][구] 설사하다.

【跑反】pǎo∥fǎn [동][옛] 피난하다. =【逃反】táo∥fǎn

【跑断腿】pǎoduàntuǐ [숙][비] 어떤 일을 위해 열심히 뛰어다니다. ¶为了他的事, 我都快~了。=그의 일을 위해 나는 다리가 부러지도록 뛰어다녔다.

【跑供销】pǎo gōngxiāo 통 돌아다니며 상품을 수매하고 판매하다.

【跑官】pǎoguān 통 관직을 얻기 위해 뇌물·선물 등을 쓰고 다니다. ¶要官=관직〔승진〕을 위해 뇌물을 쓰고 다니며 부탁하다.

【跑光】pǎo‖guāng 통 (필름이) 빛에 노출되다. 감광되다.

【跑旱船】pǎohànchuán 명 포한선. [남자가 사공 역을 하고 여자가 손님 역을 하여 춤추며 노래를 부르는 민속 무용]방 【采莲船】cǎiliánchuán

【跑江湖】pǎo jiānghú 옛 곡예사·점쟁이·관상가 등이 생계를 위해 떠돌아다니다.

【跑街】pǎojiē 통 외근하다. 명방 외근하는 사람.

【跑警报】pǎo jǐngbào 통 공습 경보를 듣고 신속히 대피하다.

【跑了和尚跑不了庙】pǎo·le hé·shang pǎo·buliǎo miào 속 ❶중은 도망가더라도 절은 도망가지 못한다. ❷뛰어야 벼룩이다. 뛰어봤자 부처님 손바닥 안이다.

【跑龙套】pǎo lóngtào 통 ❶(劇) (중국 전통극에서) 하인(병졸) 역을 맡다. ❷(비) 자질구레한 일을 하다. 잡일을 하다. ¶他在单位里就是打打杂, 跑跑龙套。=그는 회사에서 잡일이나 자질구레한 심부름을 한다.

【跑马】pǎo‖mǎ 통 ❶말을 타고 달리다. ¶~卖艺=곡마를 하다. ❷(體) 경마하다. ¶~厅=경마장. ❸(비) 유정(遺精)하다.

【跑马场】pǎomǎchǎng 명 (경)마장.

【跑马卖解】pǎomǎ-màixiè 곡마(曲馬)를 직업으로 살아가다. =【跑马解】pǎomǎxiè

【跑解马】pǎoxiěmǎ

【跑马戏】pǎomǎxiè ☞【跑马卖解】pǎomǎ màixiè

【跑码头】pǎo mǎ·tou 통 나루터나 부두를 끼고 있는 도시를 왕래하며 사업하다.

【跑买卖】pǎo mǎi·mai 통 각지를 돌아다니며 장사하다.

【跑冒滴漏】pǎomào-dīlòu 속 ❶액체·기체 등이 새어 나가다. ❷재산이나 물자가 부당한 방법으로 유출되다〔유실되다〕.

【跑面】pǎomiàn 통 지도급 간부가 관할 내의 각 지역을 돌아다니며 실정을 조사하고 아울러 지도하다.

【跑跑颠颠】pǎo·pao diāndiān (~的) 형 바쁘게 뛰어다니는 모양. ¶他整天在外面~揽业务。=그는 하루 종일 밖에서 바쁘게 뛰어다니며 영업을 한다.

【跑跑跳跳】pǎo·pao tiàotiào (~的) 형 껑충거리다. [발랄하게 뛰어다니는 모양] ¶下课铃一响, 孩子们~地冲出了教室。=수업 끝나는 종소리가 울리자마자 아이들은 껑충거리며 신나게 교실을 뛰어나갔다.

【跑片儿】pǎo‖piānr 통 이 극장 저 극장으로 영화 필름을 전달하다. =【跑片子】pǎopiān·zi

【跑片子】pǎopiān·zi ☞【跑片儿】pǎo‖piānr

【跑气】pǎo‖qì 통 (공기·증기 등이) 새다〔빠지다〕. ¶自行车胎~了。=자전거 타이어에 바람이 빠졌다.

【跑前跑后】pǎoqián-pǎohòu 성 적극적으로 이것저것 일을 거들다. 나서서 이것저것 일을 처리하다〔챙기다〕. ¶父母生病住院, 都是他~地照顾。=부모님이 병원에 입원하시는 바람에 그는 이리 뛰고 저리 뛰며 시중들었다.

【跑摘】pǎo‖shāng ☞【失摘】shī‖shāng

【跑神儿】pǎo‖shénr 통 정신 집중이 안 되다. 넋이 나가다〔빠지다〕. ¶今天不知怎么搞的, 开会时老~。=오늘은 어찌 된 영문인지 회의 중에 정신 집중이 안 되는구먼.

【跑生意】pǎo shēng·yi 통 장사〔영업〕하러 돌아다니다.

【跑堂儿】pǎotángr 통옛 식당〔음식점〕에서 잡일을 하다. 명 ☞【跑堂儿的】pǎotángr·de

【跑堂儿的】pǎotángr·de 명 (식당·음식점에서 잡일을 하는) 종업원. 사환. 보이(boy). 웨이터(waiter). =【跑堂儿】pǎotángr

【跑腾】pǎoténg 통방 돌아다니다. 뛰어다니다. ¶~了一天, 早点歇着吧。=하루 종일 돌아다녔으니, 일찍 쉬도록 해라.

【跑题】pǎo‖tí (말·글에서) 본제(本题)에서 벗어나다. 핵심에서 벗어나다. 옆길로 새다. ¶他说着说着就~扯到一边去了。=그는 한참 말을 하다 보니 주제에서 벗어나 옆길로 샜다.

【跑腿儿】pǎo‖tuǐr 통 심부름을 하다. ¶有什么~的事就让他去办。=무슨 심부름할 일이 있으면 저 사람을 시키면 된다.

【跑外】pǎowài 통 ❶밖으로 다니며 영업을 하다. ❷외근하다. ¶~拉客户=밖에서 뛰어다니며 거래처를 찾다.

【跑鞋】pǎoxié 명(體) 스파이크 슈즈(spike shoes). 러닝 슈즈(running shoes).

【跑解马】pǎoxiěmǎ ☞【跑马卖解】pǎomǎ màixiè

【跑新闻】pǎo xīnwén 통 밖으로 다니면서 뉴스를 취재하다.

【跑圆场】pǎo yuánchǎng 통(劇) (중국 전통극에서, 먼 길을 바삐 가는 것을 나타내기 위해) 무대 위를 빠른 걸음으로 빙빙 돌다.

【跑账】pǎo‖zhàng 통 (공장·상점에서 보낸 사람이) 외상을 받으러 돌아다니다.

【跑辙】pǎozhé 통방 ❶궤도를 벗어나다. 탈선하다. ❷(비) 주제에서 벗어나 옆길로 새다. ¶他说话老爱~。=그는 말을 하면 늘 옆길로 샌다.

## 奅 pào 클 포

형방 크다.

## *泡 pào 거품 포

명 ❶(~儿) 거품. 포말. ¶肥皂~儿=비누 거품. /气~儿=기포. ❷(~儿) 거품같이 생긴 것. ¶血~儿=피멍울. /电灯~儿=전구. 통 ❶물〔액체〕에 담가 두다. ¶衣服不能~很长时间。=옷을 너무 오래 물에 담가 두면 안 된다. ❷(어느 장소에서) 빈둥빈둥 시간을 보내다. 틀어박히다. 죽치다. ¶他特喜欢~酒馆。=그는 술집에 들어 박혀 시간 보내는 것을 아주 좋아한다. **3** 치근거리다. 귀찮게 굴다. ¶软磨硬~=귀찮게 조르다.
☞ **pāo**

◐● 打泡, 肺fèi泡, 浸jìn泡, 燎liáo泡, 气泡, 液yè泡

【泡吧】**pàobā** 통 술집[PC방]에서 죽치다. 바(bar)에 늘상 붙어 있다. ¶现在的年轻人大都喜欢~。=요즘 젊은이들은 대부분 술집[PC방]에서 죽치고 있는 것을 좋아한다.
【泡病号】**pào bìnghào**(~儿) 통 병을 핑계삼아 출근하지 않다. 꾀병을 앓다. =【泡病假】**pào bìngjià**
【泡病假】**pào bìngjià** ☞【泡病号】**pào bìnghào**
【泡菜】**pàocài** 명 김치.
【泡茶】**pàochá** 통 차를 달이다[끓이다]. ¶快给客人~。=얼른 손님에게 차를 드려라.
【泡饭】**pàofàn** 명 물에 만 밥.
【泡沸石】**pàofèishí** 명(礦) 제올라이트(zeolite). 비석(沸石). 곱돌.
【泡花碱】**pàohuājiǎn** ☞【水玻璃】**shuǐbōli**
【泡面】**pàomiàn** 명 인스턴트 라면.
【泡馍】**pàomó** 명 파오모. [중국 서북 지방의 식품으로, 먼저 빵을 으깬 후 양념을 하고 끓는 양고기(혹은 소고기) 국물을 부어서 먹는 음식]
【泡蘑菇】**pào mó·gu** 속어(통) 일부러 시간을 끌다. 꾸물거리다. 치근덕거리다. 끈질기게 달라붙다. ¶抓紧时间干活儿，别~了。=꾸물거리지 말고 얼른 일을 하시오.
【泡沫】**pàomò** 명 **1** (물)거품. 포말. **2** (비)(물)거품. [비현실적인 사물]
【泡沫剂】**pàomòjì** 명 거품제. 포말제. 기포제.
【泡沫经济】**pàomò jīngjì** 명(經) 거품 경제.
【泡沫塑料】**pàomò sùliào** 명 플라스틱 폼(plastic form).
【泡妞】**pàoniū** 통(속) 여자를 꼬여 내다. 여색에 빠지다. 여자와 놀아나다. ¶他整天不务正业, 就知道~和赌博。=그는 하루 종일 일은 하지 않고 여자들과 노닥거리거나 도박할 줄만 안다.
【泡泡】**pào·pao** 명 방울. ¶水~=물방울.
【泡泡纱】**pào·paoshā** 명(紡) 시어서커(seersucker). 서커(sucker).
【泡泡糖】**pào·paotáng** 명 풍선껌.
【泡汤】**pào ‖ tāng** 통 **1** 물거품이 되다. 수포로 돌아가다. 실패하다. 허사가 되다. ¶演出计划~了。=공연 계획이 수포로 돌아갔다.
【泡网】**pào ‖ wǎng** 통 인터넷을 하면서 시간을 보내다.
【泡漩】**pàoxuán** 명 소용돌이치는 물결.
【泡影】**pàoyǐng** 명(비) 물거품. 수포. 허황된 꿈. 환상. ¶所有希望全都化成了~。=모든 희망이 모두 물거품이 되었다.
【泡澡】**pào ‖ zǎo** 통 욕탕에 몸을 담그다. 욕탕에서 몸을 불리다.

【泡子】**pào·zi** 명(방) 전등.

**炮**[(砲·礮)¹/²/³] **pào** 대포 포
명 **1** 포. **2** (軍) 대포. ¶迫击~=박격포. **3** 다이너마이트. ¶打眼放~=구멍을 뚫어 발파하다. **4** 폭죽. ¶鞭~=폭죽을 터트리다. **5** (장기의) 포. ¶马后~=일이 끝난 뒤에 제기한 의견은 소용 없다.
☞ **bāo, páo**

◐● 鞭biān炮, 打炮, 大炮, 放炮, 号炮, 花炮, 火炮, 开炮, 礼炮, 排炮, 山炮, 瞎炮, 哑yǎ炮, 重炮, 马后炮

【炮兵】**pàobīng** 명(軍) **1** (병과로서의) 포병. **2** (포병 부대에 복무하는) 포병.
【炮车】**pàochē** 명(軍) 포차.
【炮铳】**pào·chong** 명(방) 폭죽.
【炮弹】**pàodàn** 명(軍) **1** 포탄. **2** 탄두.
【炮工】**pàogōng** 명 발파 작업.
【炮轰】**pàohōng** 통 포격하다.
【炮灰】**pàohuī** 명(비) 총알받이. 희생물.
【炮火】**pàohuǒ** 명 포화. ¶~连天=포화의 불길이 하늘을 덮다.
【炮击】**pàojī** 통 포격하다.
【炮架】**pàojià** 명(軍) 포가.
【炮舰】**pàojiàn** 명(軍) 포함(砲艦).
【炮舰外交】**pàojiàn wàijiāo** 명 군함 외교. =【炮舰政策】**pàojiàn zhèngcè**
【炮舰政策】**pàojiàn zhèngcè** ☞【炮舰外交】**pàojiàn wàijiāo**
【炮口】**pàokǒu** 명 **1** (軍) 포구. 포문. **2** (비) 위험한 상황.
【炮楼】**pàolóu** 명(軍) 포루.
【炮捻】**pàoniǎn**(~儿) 명 도화선.
【炮钎】**pàoqiān** ☞【钎子】**qiān·zi**
【炮声】**pàoshēng** 명 포성.
【炮手】**pàoshǒu** 명(軍) 포수. 포를 쏘는 병사.
【炮栓】**pàoshuān** 명(軍) 대포의 폐쇄기.
【炮塔】**pàotǎ** 명(軍) 포탑.
【炮台】**pàotái** 명(軍) 포대. 포루(砲樓).
【炮膛】**pàotáng** 명(軍) 포강(砲腔). 포의 약실.
【炮艇】**pàotǐng** 명(軍) 소형 포함(砲艦).
【炮铜】**pàotóng** 명 포금(砲金).
【炮筒】**pàotǒng** 명(軍) 포신(砲身). 포열.
【炮筒子】**pàotǒng·zi** 명 **1** (軍) 포신(砲身). 포열. **2** (비) 성격이 불 같은 사람. 불둥이. ¶他是个~, 藏不住话。=그는 성격이 불 같아서 말을 담아 두지 못한다.
【炮尾】**pàowěi** 명(軍) 포미.
【炮位】**pàowèi** 명(軍) 포의 위치.
【炮眼】**pàoyǎn** 명 **1** (軍) 포안. 총안(銃眼). 총구멍. **2** 발파구(發破口).
【炮衣】**pàoyī** 명 포 커버. 대포를 덮는 덮개.
【炮仗】**pàozhàng** 명 포격전.
【炮竹】**pàozhú** ☞【爆竹】**bàozhú**
【炮子儿】**pàozǐr** 명(구) **1** 작은 포탄. 소형 포탄.

2 총알. 총탄.

## 疱[(皰)] pào 물집 포
- 名 (피부에 생겨난) 물집. 수포.
- 【疱疹】 pàozhěn 名 (醫) 포진. 헤르페스(herpes).

# pei

## 呸 pēi 욕하는 소리 비
- 感 (경멸 또는 질책을 나타내어) 피. 체. 흥. 퉤. ¶~! 没良心的东西。= 흥! 양심도 없는 놈.

## *胚[(肧)] pēi 새끼 밸 배
- 名 (植) 배(胚). 배아. 눈. 움. 싹. ¶动物~胎= 동물의 태아.
- 【胚层】 pēicéng 名 (植) 배엽(胚葉). =【胚叶】 pēiyè
- 【胚囊】 pēináng 名 (植) 배낭.
- 【胚盘】 pēipán 배반. 알눈. 얼씨.
- 【胚乳】 pēirǔ 名 (植) 배유. 배젖.
- 【胚胎】 pēitāi 名 1 (植) 배(胚). 배아. 눈. 싹. 움. 2 (비) (사물의) 시초. 시발. 초기. (일의) 발단.
- 【胚芽】 pēiyá 名 1 (植) 눈. 배아. 2 (비) 갓 생긴 사물. 싹. 발단.
- 【胚叶】 pēiyè ☞【胚层】 pēicéng
- 【胚轴】 pēizhóu 名 (植) 배축.
- 【胚珠】 pēizhū 名 (植) 배주. 밑씨.

## 衃 pēi 어혈 배
- 名(문) 어혈. 멍.

## 痞 pēi / pèi 부스럼 배
- 名 (醫) 피부궤양. 부스럼. 헌데. 종기. 창병.
- 【痞癗】 pēilěi 名 (醫) 발진(發疹). 피진(皮疹). 홍진(紅疹). 뾰루지. 두드러기.

## 醅 pēi 거르지 않은 술 배
- 名(문) 거르지 않은 술. 탁주. ¶新~= 새로 빚은 탁주.

## **陪 péi 모실 배
- 動 1 모시다. 동반하다. 안내하다. 수행하다. 배석하다. ¶失~= (먼저 자리를 뜰 때 하는 인사말로) 먼저 실례하겠습니다. 2 곁에서 도와 주다. 시중들다. ¶~审团= 배심원단.

 ◦● 奉fèng, 少陪, 作陪

- 【陪伴】 péibàn 動 동무가 되다. 짝이 되다. 함께하다. 같이 있다. 모시다. 동반하다. 수행하다. 동석하다. 동행하다. ¶难得回一次家, 就多~父母几天。= 오랜만에 집에 한번 왔는데, 며칠 더 부모님과 보내다.
- 【陪绑】 péibǎng 動 1 (옛날, 자백을 받아 내거나 본보기로 징계하기 위하여 일반 범죄자나 잠시 집행을 미룬 사형수를 사형집행하려는 사형수와 함께 사형장으로 끌어 내다. 2 (비) 억울하게 함께 벌을 받다.
- 【陪餐】 péicān 動 손님을 모시고 식사하다.
- 【陪衬】 péichèn 動 부각시키다. 돋보이게 하다. 받쳐 주다. 두드러지게 하다. 뒷받침하다. ¶在绿叶的~下, 牡丹显得更外娇艳。= 초록색 잎이 받쳐 주니, 모란이 더욱 아름다워 보인다. 名 (부각시켜 주는) 조연. 보조. 상대역. 뒷받침. 배경. 곁다리. 들러리. ¶甘当他人的~= 기꺼이 남의 보조 역할을 하다.
- 【陪床】 péichuáng 動 (입원 중인) 환자를 병간호하다〔돌보다·시중들다〕.
- 【陪吊】 péidiào 動(옛) 상(喪)중인 사람을 대신하여 조문객을 접대하다.
- 【陪都】 péidū 名 제2의 수도.
- 【陪读】 péidú 動 1 (친척이나 남의) 공부를 봐 주다. 짝이 되어 함께 공부하다. 2 유학생이 외국에서 공부하는 동안 그 배우자가 곁에서 뒷바라지하다.
- 【陪房】 péi·fáng 名(옛) 시집 갈 때 따라가는 몸종〔하녀〕.
- 【陪护】 péihù 動 (환자를) 보살펴 주다. 돌보아 주다. 名 간병인. 간호인.
- 【陪祭】 péijì 動 제주(祭主)를 도와 제사를 지내다〔진행하다〕.
- 【陪嫁】 péijià 名 혼수(품). 늑嫁妆
- 【陪酒】 péijiǔ 動 (손님 등의) 술상대가 되다. 술자리에 배석하다. 함께 술을 마셔 주다.
- 【陪酒女】 péijiǔnǚ ☞【陪酒女郎】 péijiǔnǚláng
- 【陪酒女郎】 péijiǔnǚláng 名 호스티스(hostess). 바걸(bar girl). 접대부. 술시중을 드는 여자. =【陪酒女】 péijiǔnǚ
- 【陪客】 péi·kè 손님을 모시다. 손님을 접대하다. 名 (주인이 청해 와서) 주빈을 접대하는 사람. 배빈(陪賓).
- 【陪老】 péilǎo 動 노인들이 적적하지 않도록 곁에서 돌보다.
- 【陪奁】 péilián 名(방) 혼수(용)품.
- 【陪练】 péiliàn 動 (운동 선수와) 함께 훈련〔연습〕하다. 名 (운동 선수와 함께 훈련하는) 연습 상대. 훈련 파트너.
- 【陪聊】 péiliáo 動 말상대가 되다. 함께 대화하다. [흔히 돈을 지불하는 성질의 것을 가리킴]
- 【陪审】 péishěn 動(法) 배심하다. 배심원이 재판에 참가하다.
- 【陪审员】 péishěnyuán 名(法) 1 ☞【人民陪审员】 rénmín péishěnyuán 2 배심원.
- 【陪审制】 péishěnzhì 名(法) 배심 제도.
- 【陪侍】 péishì 곁에서 시중들다. 모시다. ¶他生病期间, 儿女们一直~在身边。= 그가 편찮은 동안 자녀들이 줄곧 곁에서 시중들었다.
- 【陪送】 péisòng 動 배송하다. 따라가서 전송하다. 바래다주다. 데려다 주다. ¶他喝醉后被两个朋友~回家了。= 그가 술에 취한 후 두 친구가 집까지 데려다 주었다.
- 【陪送】 péi·song 動 (시집 갈 때) 혼수나 몸종

을 딸려 보내다. 혼수를 보내다. ❸ 혼수(품).

【陪同】**péitóng** ❸ 모시고 다니다. 수행하다. 동반하다. 함께 다니다. 같이 가다. 따라가다. 좇아가다. ¶厂长~来宾参观了整条生产线。=공장장이 내빈을 모시고 전체 생산 라인을 참관했다.

【陪舞】**péiwǔ** ❸ 동반해서 춤을 추다. 같이 춤을 추다. [주로 돈을 지불하는 성질의 것을 가리킴]

【陪夜】**péiyè** ❸ 야간에 환자를 돌보다. 밤새 병간호를 하다.

【陪音】**péiyīn** ☞ 【泛音】**fànyīn**

【陪葬】**péizàng** ❸ ❶ 순장하다. ❷ 옛날, 신하나 처첩의 영구를 황제나 남편의 무덤 근처에 매장하다.

【陪住】**péizhù** ❸ 병실에 상주하며 환자를 돌보다. (환자와) 같이 자며 간호하다.

## \*\***培** péi 북돋울 배

❸ ❶ (식물의 뿌리나 기타 물체의 기초 부분에) 흙을 덮어 보호하다. 흙을 북돋우다. 북을 돋우다〔주다〕. ¶堤坝必须加高~厚。=제방은 반드시 더 높고 두텁게 흙을 쌓아야 한다. ❷ (인재를) 배양하다. 양성하다. 기르다. 키우다. ¶代~=위탁 교육하다.

○● 安培

【培土】**péi‖tǔ** ❸(農) 북을 주다. 배토하다. 흙을 북돋워 주다.

【培修】**péixiū** ❸ 보수하다. 정비하다. 수리하다. 손보다. [주로 토목 공사를 가리킴] ¶~大堤=제방을 보수하다.

【培训】**péixùn** ❸ 양성하다. 육성하다. 키우다. 훈련하다. ¶~员工=직원을 훈련하다.

【培训班】**péixùnbān** ❸ 양성반. 육성반. 배양반. 훈련반.

【培养】**péiyǎng** ❸ ❶ 〈生〉 배양하다. ¶~细菌=세균을 배양하다. ❷ 배양하다. 양성하다. 육성하다. 기르다. 키우다. 길러 내다. ¶~人才=인재를 배양하다. ≒培育 抚育 培植 造就

【培养基】**péiyǎngjī** ❸(化) 배양기. 배지(培地).

【培育】**péiyù** ❸ ❶ 기르다. 재배하다. 키우다. ¶~幼苗=새싹을 기르다. ❷ (인재를) 양성하다. 육성하다. 기르다. 키우다. ¶~全面发展的综合型人才。=다재다능한 종합형 인재를 양성하다. ≒培养 培植

【培植】**péizhí** ❸ ❶ (식물을) 재배하다. 기르다. 키우다. 가꾸다. ¶~名贵花木=진귀한 꽃나무를 재배하다. / ~野生草药=야생 약초를 재배하다. ❷ (인재나 세력을) 양성하다. 육성하다. 키우다. 기르다. ¶~亲信=측근을 양성하다. ≒培养 培育

【培种】**péizhòng** ❸ (식물을) 재배하다. 기르다. 가꾸다. ¶~中草药=약초를 재배하다.

○ 音 péi
培 péi
陪 péi
赔 péi
锫 péi
醅 pēi
剖 pōu
倍 bèi
焙 bèi
碚 bèi
部 bù
瓿 bù
涪 fú
踣 bó

## \*\***赔**[賠] péi 물어줄 배

❸ ❶ 배상하다. 변상하다. 보상하다. 물어주다. 갚아 주다. ¶包~=배상을 보증하다. 책임지고 배상하다. ❷ 손해를 보다. 밑지다. ¶有~有赚=밑지기도 하고, 벌어들이기도 하다. ❸ 사과하다. 사죄하다. 잘못을 빌다. ¶~礼道歉=사죄하다. ↔赚

○● 包赔, 退tuì赔

【赔本】**péi‖běn** ❸ 손해를 보다. 밑지다. 적자가 생기다. ¶~的生意谁也不愿做。=밑지는 장사는 누구도 하려 하지 않는다. ≒亏本

【赔补】**péibǔ** ❸ 변상하다. 배상하다. 보상하다. 채워 넣다. ¶~损失=손실을 배상하다.

【赔不起】**péi·buqǐ** ❸ 배상〔변상〕할 능력〔힘〕이 없다. ¶这么贵重的东西损坏了可~。=이렇게 귀중한 물건을 파손하면 정말 배상할 능력이 없다.

【赔不是】**péi bù·shi** ❸ 사죄하다. 사과하다. 잘못을 빌다. ¶这事儿你陪个不是也就算了。=이 일은 네가 사과하고 끝내라.

【赔偿】**péicháng** ❸ 배상하다. 변상하다. 보상하다. 물어주다. 갚아 주다. ¶按价~=가격대로 변상하다. ≒补偿

【赔错】**péi‖cuò** ❸ 사죄하다. 사과하다. 잘못을 빌다. ¶去给别人赔个错。=남에게 잘못을 빌다.

【赔垫】**péidiàn** ❸ 대신 돈을 물어주다. 대신 지불하여 손실을 보다. ¶他这人很义气, 为朋友~不少钱。=그 사람은 의리가 있어서, 친구 대신 많은 돈을 물어주었다.

【赔付】**péifù** ❸ (배상금을) 지불하다. ¶~精神损失费=정신적 피해 보상금을 지불하다.

【赔话】**péi‖huà** ❸ 사죄하다. 사과하다. 유감의 뜻을 표하다. ¶是他做得不对, 我让他给您赔个话。=그 사람이 잘못했으니, 내가 그 사람보고 네게 사죄하라고 할게.

【赔款】**péi‖kuǎn** ❸ ❶ (돈으로) 배상하다. 변상하다. 보상하다. 물어주다. 갚아 주다. ¶延期交货须按合同向对方~。=납품 기간을 넘기면 반드시 계약에 의거하여 상대방에게 배상해야 한다. ❷ (패전국이 승전국에게) 배상하다. 변상하다. 보상하다.

【赔款】**péikuǎn** ❸ ❶ 배상금. 보상금. ❷ 전쟁 배상금.

【赔了夫人又折兵】**péi·le fū·ren yòu zhé bīng** 〈成〉 ❶ 부인을 잃고 병사마저 잃다. [《삼국연의(三國演義)》에서 주유(周瑜)가 유비(劉備)를 동오(東吳)로 불러들여 손권(孫權)의 여동생과 결혼하는 틈을 타서 그를 감금하고 형주(荊州)를 빼앗으려 했으나, 유비는 결혼 후 부인을 데리고 동오(東吳)를 빠져 나가고, 주유의 병사들은 제갈량이 매복한 병사들에게 대패한 고사에서 유래함] ❷❸ 이득을 보려다가 오히려 손해를 보다. 이중으로 손해를 보다. 안팎으로 밑지다. 게도 구럭도 다 놓치다.

【赔礼】péi‖lǐ 〈동〉 사죄하다. 사과하다. 잘못을 빌다. ¶他出口伤人, 当然应该给人~。=그가 심한 말을 했으니, 당연히 사과해야 한다. ≒赔罪

【赔钱】péi‖qián 〈동〉 1 밑지다. 손해를 보다. 적자가 생기다. ¶这桩买卖赔了不少钱。=이번 장사에서 적잖은 돈을 손해 봤다. 2 (돈으로) 보상하다. 배상하다. 변상하다. 물어주다. 갚아 주다. ¶损坏了宾馆的东西得~。=호텔 물건을 손상시키면 변상해야 한다.

【赔青】péiqīng 〈동〉 (농지를 수용 또는 차용할 때) 풋곡식의 손실을 보상하다.

【赔情】péi‖qíng 〈동〉〈방〉 사죄하다. 사과하다. 용서를 빌다. ¶他错怪了你, 理应向你~。=그가 널 오해하여 원망했으니, 당연히 네게 사과해야 한다.

【赔贴】péitiē 〈동〉 보상적 차원에서 보조하다. 보상하다. ¶如果只提高收购价而不提高销售价, 政府要~不少钱。=만약 수매가만 올리고 판매가를 올리지 않는다면, 정부는 많은 돈을 보상해야 한다.

【赔小心】péi xiǎo·xīn 잘 보이려고 애쓰다. 화를 달래려고 애쓰다. 성난 것을 풀어 주려고 노력하다. 근신하여 사죄하다.

【赔笑】péi‖xiào 〈동〉 (화를 달래거나 즐겁게 해주려고) 웃는 낯으로 대하다. 눈웃음치다. =【赔笑脸】péi xiàoliǎn

【赔笑脸】péi xiàoliǎn ☞【赔笑】péi‖xiào

【赔账】péi‖zhàng 〈동〉 1 배상하다. 변상하다. 대신 돈을 물다. ¶他做出纳十几年, 从来没有~。=그가 출납 업무를 본 지 십여 년 동안 한 번도 변상해 본 적이 없다. 2〈방〉 밑지다. 손해를 보다. 적자가 나다.

【赔赚】péizhuàn 〈명〉 손익. ¶不论~, 都应遵守合同。=손익이야 어떻든 간에 모두 계약에 따라야 한다.

【赔罪】péi‖zuì 〈동〉 사죄하다. 사과하다. 잘못을 빌다. 죄를 빌다. 용서를 구하다. ¶登门~=찾아뵙고 사죄하다. ≒赔礼

锫 péi 날개 칠 배
【锫锶】péisāi 〈형〉〈문〉 날개를 편 모양.

锫[錇] péi 버클륨 부
〈명〉〈외〉〈化〉 버클륨(Bk, berkelium). [원자 번호 97]

裴 Péi 성씨 배
〈명〉 성(姓).

*沛 pèi 성한 모양 패
〈형〉 1〈문〉 (물이) 가득 흐르다. 세차다. 힘차다. ¶滂~=물이 콸콸 흐르다. 2 풍성하다. 가득하다. 충만하다. 왕성하다. ¶精力充~=정력이 왕성하다.

○● 颠 diān 沛, 丰沛

帔 pèi 소매 없는 웃옷 피

〈명〉 (옛날의) 어깨걸이. 숄(shawl). ¶凤冠霞~=봉황 장식을 한 관에 아름다운 수를 놓은 숄. 여인의 예장(禮裝).

*佩 pèi 찰 패
〈동〉 1 차다. 달다. ¶腰~长剑=장검을 허리에 차다. 2 탄복하다. 감탄하다. 감복하다. 경탄하다. ¶敬~=경탄하다. 〈명〉 옛날, 허리띠에 달던 장식품. ¶玉~=옥패.

○● 敬 jìng 佩, 赞 zàn 佩

【佩带】pèidài 〈동〉 1 (무기를) 차다. 패용하다. 지니다. ¶~枪械=총기를 차다. 2 ☞【佩戴】pèidài

【佩戴】[佩带] pèidài 〈동〉 (장식품·명찰 등을) 패용하다. 달다. 차다. 지니다. ¶~荣誉勋章=영예 훈장을 달다.

【佩刀】pèidāo 〈명〉 패도.

【佩服】pèifú 〈동〉 탄복하다. 감탄하다. 경탄하다. 심복하다. 감복하다. 감명받다. ¶他刻苦钻研的精神让人十分~。=그가 각고의 노력으로 연구에 전념하는 정신은 정말 탄복할 만하다. ≒钦佩, 敬服

【佩挂】pèiguà 〈동〉 (무기·장식품·명찰 등을) 패용하다. 차다. 달다. 지니다. ¶腰间~警棍。=허리에 경찰봉을 차다.

【佩剑】pèijiàn 〈명〉 1 패검. 차는 칼. 2〈體〉 펜싱검. 펜싱칼. 사브르. ® sabre

【佩兰】pèilán 〈植〉 벌등골나물. [학명은 'Eupatorium fortunei'임] =【兰草】láncǎo

【佩玉】pèiyù 〈명〉 패옥.

珮 pèi 허리띠 장식 패
〈명〉 옛날, 허리띠에 달던 장식품.

*配 pèi 짝지을 배
〈동〉 1 결혼하다. 혼인하다. 남녀가 결합하다. ¶婚~=결혼하다. / 许~=(부모가) 딸의 혼인을 허락하다. 2 (동물이) 교배(交配)하다. 교미하다. 교배〔교미〕시키다. ¶交~=교배하다. / ~马=말을 교배시키다. 3 배합하다. 조합하다. 조절하다. 맞추다. 고루 섞다. ¶搭~=배합하다. / 调(tiáo)~=(안료·약물 등을) 고루 섞다. 4 분배하다. 배치하다. ¶支~=안배하다. / 分~=분배하다. 5 보충하다. 채워 넣다. 끼워 넣다. 맞추다. ¶~眼镜=안경을 맞추다. / ~钥匙=열쇠를 끼워 맞추다. 6 부각시키다. 돋보이게 하다. 받쳐 주다. 부상시키다. 두드러지게 하다. ¶甘当~角=기꺼이 조연을 맞추다. 7 (…할) 자격〔능력〕이 있다. …어울리다. (…할) 만하다. ¶让他当代表? 我看他不~。=그에게 대표를 맡게 한다고? 내가 보기에는 어울리지 않아. / 他不~做优秀教师。=그는 우수 교사가 될 자격이 없다. 8〈법〉 죄인을 변방으로 유배 보내 군졸로 충당하거나 노역을 시키다. 귀양〔유배〕 보내다. ¶发~=범죄자를 군무·노역에 종사시키려고 변방으로 유배시키다. 〈명〉 배우자. [주로 아내를 가리킴]

○● 般bān配, 比配, 刺cì配, 调diào配, 继配, 交配, 匹pǐ配, 调tiáo配, 修配, 许配, 元配, 装配.

【配备】**pèibèi** 통 1 배치하다. 배분하다. 분배하다. 제공하다. 공급하다. 갖추다. ¶~高级技师=(수요에 따라) 고급 기사를 배치하다. 2 (병력을) 배치하다. 두다. 안배하다. ¶~特种部队协助作战=특수 부대를 배치하여 작전을 돕다. 명 한 벌〔세트〕의 설비〔장치·장비·기기〕. ¶~精良=설비가 좋고 훌륭하다.

【配比】**pèibǐ** 명 배분율. 배합율. 조합율.

【配不起】**pèi·buqǐ** 통 1 채워 넣을 수 없다. 보충할 수 없다. 메울 수 없다. 벌충할 수 없다. ¶缺少的桌椅一时~。=모자라는 탁자와 의자를 일시에 채울 수 없다. 2 어울리지 않다. 격에 맞지 않다. 맞지 않다. 조화가 되지 않다. 적합〔부합〕하지 않다. ¶他和先进工作者的称号~。=그에게 선진적인 활동가라는 호칭은 어울리지 않는다. 3 배합할 수 없다. 조립할 수 없다. 맞출 수 없다. 맞지 않다. ¶螺帽和螺丝~。=너트와 볼트가 맞지 않다.

【配不上】**pèi·bushàng** 통 1 채워 넣을 수 없다. 보충할 수 없다. 메울 수 없다. 벌충할 수 없다. ¶钢筋短期内~。=철근을 단기간 내에 보충할 수 없다. 2 배합할 수 없다. 조립할 수 없다. 맞출 수 없다. 맞지 않다. ¶榫头和榫眼~。=장부와 장붓구멍이 맞지 않다. 3 어울리지 않다. 격에 맞지 않다. 맞지 않다. 조화가 되지 않다. 적합〔부합〕하지 않다. (어떤 기준에) 이르지〔미치지〕못하다. 자격〔능력〕이 안 되다. ¶小伙子总觉得~人家大家闺秀。=청년은 내내 자신이 좋은 집안의 규수와는 어울리지 않다고 느꼈다.

【配菜】**pèicài** 통 요리를 배합하다. 식단을 짜다. 요리를 갖추다. 명 (주된〔메인〕요리 외의) 보조 요리. 곁들이는 요리. 요리에 곁들이는 것.

【配餐】**pèicān** 통 식단을 짜다. ¶餐厅会根据客人的不同口味进行~。=음식점은 손님의 다양한 입맛에 따라 식단을 짜는 데 능하다. 명 정식. 코스 요리. 세트 음식〔메뉴〕. ¶营养~=영양을 고려하여 짠 세트 음식.

【配称】**pèichèn** 통 어울리다. 걸맞다. 짝이 맞다. 딱 맞다. 균형을〔조화를〕이루다. ¶她的围巾和外套看起来不是很~。=그녀의 목도리와 외투가 그다지 어울리지 않아 보인다.

【配搭】**pèidā** 통 1 (주된 사람이나 사물에 보조 역할을 하는 사람이나 사물을) 배합하다. 배치하다. 맞춰 주다. 짜 주다. 두다. 붙여 주다. ¶需要给他~一个助手处理日常事务。=그에게 일상적인 일을 처리할 조수를 붙여 줄 필요가 있다. 2 배합하다. 조합하다. 안배하다. 조절하다. 맞추다. ¶合理~=알맞게 안배하다.

【配搭儿】**pèi·dar** 명 (주요 사람〔사물〕을 돕거나 부각시켜 주는) 보조. 조연. 조수. 상대역. 보조역. 보좌관. 부속물. 종속물. 장식품. 장신구. 보조적인 것. ¶他当个~还可以, 唱主角还差点儿实力。=그는 조연은 할 만해도, 주연을 맡기에는 실력이 좀 모자란다.

【配电】**pèidiàn** 통(電) 배전하다. ¶~房=배전실.

【配电盘】**pèidiànpán** 명(電) 배전반. 스위치 보드.

【配电网】**pèidiànwǎng** 명(電) 배전망.

【配殿】**pèidiàn** 명 (궁전이나 사원의) 정전(正殿)의 좌우에 세워진 전(殿). 곁채.

【配对】**pèi‖duì** (~儿) 통 1 짝을 짓다〔이루다〕. 한 쌍으로 만들다. ¶这双袜子不~。=이 양말은 짝이 맞지 않다. 2 교미시키다. 교미하다.

【配额】**pèi'é** 명 할당액. 배정액. 배당액. ¶~不足=할당액이 모자라다.

【配发】**pèifā** 통 1 분배하여 발급하다. 배부하다. 배당하다. 배분하다. 나누어 주다. ¶给每位编辑人员~一台电脑。=편집인마다 컴퓨터를 한 대씩 나누어 주었다. 2 배합하여〔곁들여서〕발표〔게재〕하다. ¶文章~了资料图片。=글을 자료 사진을 곁들여서 발표했다.

【配方】**pèi‖fāng** 통 1 처방에 따라 약을 조제하다. ¶这都是些名贵药材, 不好~。=이건 모두 진귀한 약재들이라 조제하기 쉽지 않다. 2 (數) 불완전 제곱식을 완전 제곱식으로 만들다.

【配方】**pèifāng** 명 1 화학 제품이나 야금 제품 등의 배합 방법. 2 약품의 처방. ㉺【方子】**fāng·zi**.

【配房】**pèifáng** 명 앞채. 곁채. 사랑채. [몸채 앞쪽에 좌우로 있는 집채]

【配购】**pèigòu** 통 (공급이 부족할 때) 한정〔정량〕 판매하는 물품을 사다. 배급 물품을 사다. ¶~汽油=한정 판매하는 기름을 구입하다.

【配股】**pèigǔ** 명(經) 증자하다.

【配合】**pèihé** 통 1 협동하다. 협력하다. 공동으로 하다. 호응하다. 호흡을 맞추다. 보조를 맞추다. 균형을·잡다. 조화를 이루다. ¶这项工作需要和其他部门~才能完成。=이 업무는 다른 부서와 협력해야만 해낼 수 있다. 2 서로 합치되다. 서로 잘 맞다. ¶舞蹈动作要和音乐节奏相~。=무용의 동작은 음악의 리듬과 서로 잘 맞아야 한다. 3 감합(嵌合)하다. 맞물리다.

【配合】**pèi·he** 형 어울리다. 짝이 맞다. 조화되다. 딱 맞다. 매치(match)되다. ¶这两种色调很~。=이 두 종류의 색조가 잘 어울린다.

【配合饲料】**pèihé sìliào** 명 배합 사료.

【配婚】**pèihūn** 통 결혼하다. 성혼하다.

【配火】**pèihuǒ** ☞ 【回火】**huíhuǒ**.

【配给】**pèijǐ** 통 배급하다.

【配给制】**pèijǐzhì** 명 배급제.

【配件】**pèijiàn** 명 1 부속. 부속품. 부분품. 부품. ¶汽车~=자동차 부속. 2 (~儿) 파손된 후 다시 해 넣은 부속〔부품〕.

【配角】**pèi‖jué** (~儿) 통(劇) 함께 출연하다. 공연(共演)하다. 단짝을〔콤비를〕이루다. ¶他俩常在一起~, 合演过很多戏。=그 두 사람은 자주 단짝을 이루어 많은 연극에 출연했다.

【配角】**pèijué** (~儿) 명 1 (연극·영화 등의) 조연. 상대역. 보조역. 2 ㊌ 조수. 보조. 보좌관. ↔主角.

【配军】pèijūn 阋 유배지에서 군무에 종사하는 죄인. [주로 조기 백화문에 보임]
【配料】pèi‖liào 동 원료를 배합하다〔조합하다·조절하다·맞추다〕. ¶~车间=원료를 배합하는 작업장.
【配料】pèiliào 阋 보조 재료. 배합 원료. 조미료. ¶购ავ~=보조 재료를 사들이다.
【配楼】pèilóu 阋 곁채. 별관. 별채. 딴채. [본관의 좌우에 세워진 건물]
【配偶】pèi'ǒu 阋 배필. 배우자. 반려자. 짝. 커플(couple). [주로 문어에 쓰임]
【配齐】pèiqí 동 모두 갖추다. 완비하다. 구비하다. ¶缺少的零件已经~。=모자라는 부품을 이미 완비했다.
【配平】pèipíng 동 1 (化) 반응물과 생성물의 계수를 맞추어 화살표 양쪽의 원자 종류와 수가 같도록 맞추다. 2 (비행기의) 균형을 잡다.
【配器】pèiqì 동 (音) (악보에 따라 서로 조화를 이루는) 악기를 배치하다.
【配曲】pèiqǔ 동 (가사·무용·체조 공연 등에) 곡을 붙이다. 작곡하다.
【配色】pèisè 동 배색하다. 색깔을 배합하다. 색을 맞추다.
【配膳】pèishàn 阋동 정식. 코스 요리. 세트 음식〔메뉴〕.
【配售】pèishòu 동 한정〔정량〕 판매하다. 배급 판매하다. 배정하여 팔다.
【配属】pèishǔ 동 (軍) 배속하다.
【配送】pèisòng 동 (소비자의 요구에 따라) 배송하다. 배달하다. ¶各大饭店的新鲜蔬菜都由他们公司负责~。=모든 큰 음식점의 신선한 야채는 그들 회사가 책임지고 배송한다.
【配糖物】pèitángwù ☞【糖苷】tánggān
【配糖体】pèitángtǐ ☞【糖苷】tánggān
【配套】pèitào 동 (관계가 있는 사물을 조합하여) 하나의 세트로 만들다. (부품을 모아) 조립하다. 맞추다. 결합하다. 짜 맞추다. ¶商场有~的办公家具出售。=백화점에서 세트로 된 사무용 가구를 판다.
【配套成龙】pèitào-chénglóng ☞【成龙配套】chénglóng-pèitào
【配伍】pèiwǔ 동(醫) (두 종류 혹은 두 종류 이상의) 약을 배합하여 같이 사용하다. 여러 가지 약을 같이 쓰다.
【配戏】pèi‖xì 동 조연으로 공연하다.
【配演】pèiyǎn 동 조연을 하다. 보조역을 하다. 阋 조연. 상대역. 보조역.
【配药】pèi‖yào 동 (처방에 따라) 약을 조제하다〔짓다〕.
【配音】pèi‖yīn 동 (영화나 드라마에) 더빙(dubbing)하다. 음악·대사·소리 등을 넣다.
【配音演员】pèiyīn yǎnyuán 阋 성우.
【配有】pèiyǒu 동 배치되어 있다. ¶省级主要领导都~专职秘书。=성급 주요 지도자들에게는 모두 전문 비서들이 배치되어 있다.
【配乐】pèi‖yuè 동 (연극·영화·낭송 등에) 배경음악〔백그라운드 뮤직〕을 넣다. ¶~诗歌朗诵=

시가 낭송에 백그라운드 뮤직을 넣다.
【配载】pèizài 동 (선박의 조건과 화물의 성질에 따라) 선적 계획을 짜다.
【配制】pèizhì 동 1 배합하여 만들다. 조제하다. ¶~鸡尾酒=칵테일을 조제하다. 2 곁들여 제작하다. ¶书中每个故事都~了插图。=책 속의 모든 이야기들마다 삽화를 곁들였다. ≒调制
【配制酒】pèizhìjiǔ 阋 칵테일.
【配置】pèizhì 동 배치하다. 장착하다. 부착하다. 갖추다. 끼워 쓰다. 쓰다. ¶~兵力=병력을 배치하다. 阋 사양. 품목. 옵션(option).
【配置文件】pèizhì wénjiàn 阋 (컴) 환경 설정 파일.
【配种】pèi‖zhǒng 동 교미시키다. 교배하다.
【配种站】pèizhǒngzhàn 阋 교배장.
【配子】pèizǐ 阋 (生) 배우자(配偶子). 생식체.
【配子体】pèizǐtǐ 阋 (植) 배우체(配偶體).

## 斾 pèi 기 패
阋 1 옛날, 끝 부분을 제비꼬리 모양으로 장식한 기. 2 웒 기.

## 辔 [轡] pèi 고삐 비
阋 (말 등의) 재갈과 고삐. ¶鞍~=안장과 고삐〔재갈〕.
【辔头】pèitóu 阋 (말의) 재갈과 고삐.

## 霈 pèi 비 쏟아질 패
阋웒 큰비. ¶甘~=감우. 단비. 웒웒 (비·눈이) 쏟아지다. 퍼붓다. ¶雨~=비가 쏟아지다.

# pen

## **喷 [噴] pēn 뿜을 분
동 (액체·기체·분말 등이 압력을 받아) 내뿜다. 분출하다. 사출하다. ¶井~=석유 탐사 때 지하에 있던 고압의 원유나 천연 가스 등이 갑자기 솟구치다. / 火山~发=화산이 용암을 분출하다.
☞ pèn
【喷薄】pēnbó 웒 물이나 태양이 힘차게 솟아오르는 모양. 용솟음하는. 분출하는. 내뿜는. ¶一轮红日在地平线上~而出。=붉은 해가 지평선에서 솟아오른다.
【喷出】pēnchū 동 1 분출하다. 내뿜다. 사출하다. 2 (地) (마그마나 기타 물질을) 분출하다. 내뿜다. ¶~岩=분출암.
【喷出岩】pēnchūyán 阋 (地) 분출암. 화산암.
【喷灯】pēndēng 阋 토치 램프(torch lamp).
【喷镀】pēndù 阋 분사식 도금.
【喷发】pēnfā 동 1 분출하다. 내뿜다. 2 (地) 용암을 분출하다〔내뿜다〕. 화산이 분화하다.
【喷发胶】pēnfājiāo 阋 (헤어) 스프레이.
【喷饭】pēnfàn 동 (갑작스런 웃음으로) 입 속의 밥을 내뿜다. 참지 못하고 웃음을 터뜨리다. ¶令人~=정말 웃긴다. 사람을 웃게 하다.

## pēn 喷 盆

**【喷放】pēnfàng** 통 내뿜다. 분사하다. 방사하다. 방출하다. 뿜어 내다. ¶节日的焰火~出多彩的火花. = 명절의 불꽃놀이가 다채로운 불꽃을 뿜어 낸다.

**【喷粉】pēnfěn** 통 (기계로) 분말을 분사하다〔뿌리다·살포하다〕. ¶~器 = 산분기.

**【喷粉器】pēnfěnqì** 명 살포기. 산분기. 더스터 (duster).

**【喷粪】pēn‖fèn** 통[비] 상스러운 말을 하다. 욕지거리를 퍼붓다. 입에서 나오는 대로 말하다. 함부로 말하다. [욕하는 말] ¶满口~ = 입만 벌리면 상스러운 말을 하다.

**【喷管】pēnguǎn** 명 (機) 노즐(nozzle).

**【喷灌】pēnguàn** 통 (農) 분무식으로 농작물에 물을 주다. 스프링클러로 관개하다.

**【喷壶】pēnhú** 명 조로. 물뿌리개. ⑤【喷桶】pēntǒng

**【喷花】pēnhuā** 통 분무식으로 (도안이나 글자를) 찍다〔그리다〕.

**【喷花筒】pēnhuātǒng** ☞【花筒】huātǒng

**【喷火器】pēnhuǒqì** 명 (軍) 화염방사기. =【火焰喷射器】huǒyàn pēnshèqì

**【喷溅】pēnjiàn** 통 사방으로 뿌려지다〔사출되다〕. ¶岩浆~ = 마그마가 사출되다. ≒喷射 迸射

**【喷浆】pēnjiāng** 통 (도료 등을) 분사하여 바르다〔칠하다〕.

**【喷口】pēnkǒu** 명 **1** 노즐(nozzle) 꼭지. **2** (기체·액체·분말 등이 분출되는) 분사구. 분출구. 분화구. 통(劇) (중국 전통극에서) 대사나 노래에 힘을 실어 내뱉다.

**【喷漆】pēn‖qī** 통 (래커(lacquer) 등을) 분무하여 도색하다〔칠하다〕.

**【喷漆】pēnqī** 명 래커(lacquer).

**【喷气】pēnqì** 통 공기(가스)를 내뿜다. 명 분출〔분사〕된 기체. 제트(jet).

**【喷气发动机】pēnqì fādòngjī** 명 제트 엔진 (jet engine). =【喷射推进器】pēnshè tuījìnqì

**【喷气式飞机】pēnqìshì fēijī** 명 제트기.

**【喷枪】pēnqiāng** 명 분무기.

**【喷泉】pēnquán** 명 **1** 분천. 비천. **2** 분수.

**【喷洒】pēnsǎ** 통 뿌리다. 살포하다. ¶~农药 = 농약을 뿌리다.

**【喷散】pēnsàn** 통 (액체·기체·분말 등이) 사방에 뿌려지다〔살포하다·퍼뜨리다·발산하다·풍기다〕.

**【喷砂】pēn‖shā** 통 모래를 분사하다. ¶~机 = 모래 분사기. 샌드 블라스트(sandblast) 기계.

**【喷砂】pēnshā** 명 분사된 모래.

**【喷射】pēnshè** 통 분사하다. 내뿜다. ¶高压水龙头~出高高的水柱. = 고압 호스에서 물기둥이 뿜어져 나온다. ≒喷溅 迸射

**【喷射器】pēnshèqì** 명 분사기. 이젝터(ejector).

**【喷射推进器】pēnshè tuījìnqì** ☞【喷气发动机】pēnqì fādòngjī

**【喷施】pēnshī** 통(農) (분무기로 농약이나 비료를) 뿌리다〔치다〕.

**【喷水】pēn‖shuǐ** 통 **1** 샘솟다. **2** (물뿌리개 등으로) 물을 뿜다〔뿌리다〕. 물을 분무하다.

**【喷水池】pēnshuǐchí** 명 분수지.

**【喷嚏】pēntì** 명 재채기. ¶打~ = 재채기하다. =【嚏喷】tì·pen

**【喷桶】pēntǒng** ☞【喷壶】pēnhú

**【喷头】pēntóu** 명 (물뿌리개·샤워기 등의) 분사 꼭지. ⑤【莲蓬头】lián·pengtóu

**【喷涂】pēntú** 통 도료를 뿜어 칠하다. 분무 도색하다. ¶~油漆 = 페인트를 뿜어 칠하다.

**【喷吐】pēntǔ** 통 분사하다. 내뿜다. 뿜어 내다. 분출하다. ¶高高的烟囱~着浓烟. = 높다란 굴뚝에서 짙은 연기를 뿜어 내고 있다.

**【喷雾】pēnwù** 통 분무하다. ¶~淬火 = 분무 담금질(fog quenching).

**【喷雾器】pēnwùqì** 명 분무기.

**【喷泻】pēnxiè** 통 세차게 흘러나오다. 펑펑 솟아 나오다. 솟구쳐 흘러(새어·쏟아져)나오다. 분출하다. 내뿜다. ¶火山~出炙热的岩浆. = 화산이 뜨거운 용암을 분출하다.

**【喷涌】pēnyǒng** 통 솟음치다. 용출하다. 솟구쳐 나오다. ¶一股甘冽的泉水~而出. = 맛좋고 시원한 샘물이 펑펑 솟아 나오다.

**【喷油嘴】pēnyóuzuǐ** 명 연료 분사구. 연료 분사 노즐.

**【喷云吐雾】pēnyún-tǔwù** 성 담배 연기가 자욱히 뿜어 나오는 모양.

**【喷子】pēn·zi** 명 분사기. 분무기.

**【喷嘴】pēnzuǐ** (~儿) 명 **1** 노즐(nozzle) 꼭지. **2** 노즐(nozzle).

## 盆 pén 동이 분

명 **1** (~儿) 대야. 화분. 분(盆). 버치. 양푼. 소래기. [윗부분은 넓고 밑부분은 좁은 생활 용기의 총칭] ¶脸~ = 세숫대야. /花~儿 = 화분. **2** 대야나 화분처럼 생긴 것. ¶骨~ = 골반. ⑤ (~儿) 대야·화분 등으로 담는 수량을 세는 데 쓰임. ¶一~儿鲜花儿 = 꽃 한 대야.

> 便盆, 缸gāng盆, 骨盆, 海盆, 火盆, 脸盆, 临盆, 倾qīng盆, 炭盆, 浴yù盆, 聚宝盆

**【盆地】péndì** 명(地) 분지. ¶四川~ = 쓰촨(四川) 분지.

**【盆花】pénhuā** (~儿) 명 화분에 심은 꽃.

**【盆景】pénjǐng** (~儿) 명 분경. 분재.

**【盆盆罐罐】pénpén guànguàn** (~儿) 명 일상 생활 용기.

**【盆腔】pénqiāng** 명(生) 골반강(骨盤腔).

**【盆腔炎】pénqiāngyán** 명(醫) 골반내염.

**【盆浴】pényù** 명 (대중목욕탕에서) 욕조가 설치된 일인용 욕실. =【盆汤】péntāng

**【盆塘】péntáng** ☞【盆汤】péntāng

**【盆浴】pényù** 통 욕조에서 목욕하다.

**【盆栽】pénzāi** 통 화분에 꽃을 가꾸다. 분재하다. ¶~植物 = 분재 식물. 명 분재.

**【盆子】pén·zi** 명 대야. 화분. 분(盆). 버치. 양푼. 소래기. [윗부분은 넓고 밑부분은 좁은 생활 용기의 총칭] ¶饭~ = 밥양푼.

溢 **pén** 용솟음칠 분
　동 (물이) 용솟음치다. 솟구치다. ¶~涌=용솟음쳐 흐르다.
【溢溢】**pényì** 동 (물이) 범람하다.

\***喷[噴] pèn** 향기 짙을 분
　형 향이 짙다. 향기롭다. (향기가) 코를 찌르다. ¶米饭香~~的。=밥 향기[밥 냄새]가 진동하다. 명(~儿) 한물. 한창. 한창때. 한철. 성수기. [농수산물이 대량으로 시장에 나오는 때] ¶葡萄正在~儿上。=포도가 막 한창때이다. 양(~儿) 물. 벌. [꽃이 피어 열매 맺거나 익어서 수확하는 것을 세는 단위] ¶头~儿豆角=맏물 연한 콩꼬투리.
　☞ **pēn**
【喷红】**pènhóng** 형 새빨갛다. 빨개지다. ¶她羞得满脸~。=그녀는 부끄러워 얼굴이 새빨개졌다.
【喷喷香】**pènpènxiāng** ☞ 【喷香】**pènxiāng**
【喷香】**pènxiāng** 형 향기가 코를 찌르다. 향기가 진동하다. ¶~的腊梅=향기가 진동하는 납매(臘梅). =【喷喷香】**pènpènxiāng**

## peng

匉 **pēng** 큰 소리 평
　의 동 '砰(pēng)'과 같음.

抨 **pēng** 탄핵할 평
　동 탄핵하다. 비난하다. 내리까다. 공격하다. 논란하다. ¶~击流俗=풍습을 비난하다.
【抨击】**pēngjī** 동 비난하다. 책잡다. 공격하다. 내리까다. 규탄하다. ¶~社会丑恶现象=사회의 추악한 현상을 비난하다. ≒攻击 评弹
【抨弹】**pēngtán** 동 동 1 비난하다. 책잡다. 공격하다. 내리까다. 규탄하다. 논란하다. 2 탄핵하다. ≒抨击 弹劾

怦 **pēng** 두근거릴 평
　의 쿵쿵. 콩콩. 두근두근. [가슴이 뛰는 소리] ¶她吓得心里~~直跳。=그녀는 놀라서 가슴이 계속 쿵쾅거렸다.
【怦然】**pēngrán** 형 두근거리다. 두근대다. ¶~心动=가슴이 두근거리다.

**砰 pēng** 부딪는 소리 팽
　의 펑. 쾅. 쿵. 꽝. 탁. 딱. [부딪거나 터지는 소리] ¶~的一声, 椅子倒在了地上。=쿵 소리를 내며, 의자가 바닥에 쓰러졌다.
【砰轰】**pēnghōng** ☞ 【砰訇】**pēnghōng**
【砰然】**pēngrán** 형 탁[평·쾅·쿵·꽝·딱] 하다.

¶~作响=쾅 하며 소리가 나다.

烹 **pēng** 삶을 팽
　동 1 삶다. 끓이다. ¶兔死狗~=토사구팽. 토끼를 잡고 나면 사냥개는 삶아 먹힌다. 2 볶다. [요리 방법의 하나. 먼저 끓는 기름에 살짝 볶은 다음, 간장 등의 조미료를 넣고 빨리 휘저어 만드는 것을 말함] ¶~对虾=참새우를 볶다.
【烹茶】**pēng‖chá** 차를 끓이다[우리다].
【烹饪】**pēngrèn** 동 요리[조리]하다. ¶长于~=요리를 잘하다.
【烹调】**pēngtiáo** 동 요리[조리]하다. ¶~佳肴=좋은 요리[안주]를 만들다. 명 요리. 음식 만드는 일.
【烹制】**pēngzhì** 동 요리[조리]하다.

嘭 **pēng** 두드리는 소리 팽
　의 딱. 쾅. 쿵. 꽝. 탕. 똑. [물체가 부딪치거나 문을 두드리는 등의 소리] ¶门被敲得~~响。=문을 쾅쾅 소리가 나도록 두드리다.

\***澎 pēng** 물 튈 팽
　동 (물이) 튀다. ¶~了一身泥水=온몸에 흙탕물이 튀었다.
　☞ **péng**

芃 **péng** 우거질 봉
　형 동 (식물이) 무성하다. 울창하다. 우거지다.
【芃芃】**péngpéng** 형 동 (식물이) 무성하다. 울창하다. 우거지다.

\*\***朋 péng** 친구 붕
　명 친구. ¶亲~=친척과 친구. / 宾~满座=손님과 친구들이 자리에 가득하다. 동 1 도당을 결성하다. 파벌을 이루다. 패거리를 만들다. 결당하다. ¶这些人沆瀣一气, ~=이 사람들은 서로 의기투합하여, 패를 지어 나쁜 짓을 한다. 2 비교하다. ¶硕大无~=비할 바 없이 크다.
【朋辈】**péngbèi** 명 동 같은 또래의 벗[친구]. ¶~欢聚=또래 친구들이 즐겁게 한자리에 모이다.
【朋比为奸】**péngbǐ-wéijiān** 성 패를 지어 나쁜 짓을 하다.
【朋党】**péngdǎng** 명 동 당파. 붕당. 파당. ¶~之争=당쟁. 당파 싸움.
【朋分】**péngfēn** 명 동 다 같이 나누다. 공동 분배하다. ¶~好处=이득을 나누어 갖다.
【朋友】**péng·you** 명 1 친구. 벗. 2 애인. 연인. 사랑하는 사람. ¶他年纪不少了, 该找~了。=그 사람은 나이가 적지 않으므로 애인을 구해야 한다. ≒友人 ↔敌人 冤家

| ○ 朋 | péng |
| 棚 | péng |
| 鹏 | péng |
| 硼 | péng |
| 埨 | péng |
| 绷 | bēng |
| 崩 | bēng |
| 蹦 | bèng |
| 嘣 | bēng |

堋 **péng** 물 나누어 보내는 제방 붕
　명 물줄기를 나누어 물살을 약화시키는 둑. [전국

(戰國) 시대, 이빙(李冰)이 도강(都江) 댐을 세울 때 창안했음)

## 琫 péng 가득 찰 붕
[동][문] 가득 차다. 충만하다.

## *彭 Péng 성씨 팽
[명] 성(姓).

○ 彭 péng　蟛 péng
　膨 péng　嘭 pēng
　澎 péng

## **棚 péng 우리 붕
[명] 1 (천)막. 장막. 차양. ¶凉~=차일(遮日). / 草~=초막. 2 우리. 막. 막사. 판자집. 오두막집. 가건물. 간이 건물. 헛간. ¶工~=공사 현장의 가설 건물. / 马~=마구간. 3 천장. 보꾹. ¶顶~=천장.

○● 彩棚, 顶棚, 工棚, 灰棚, 陆棚, 牛棚, 罩zhào棚

【棚车】péngchē [명] 유개 화(물 열)차.
【棚户】pénghù [명] 판자집[오두막집] 세대.
【棚户区】pénghùqū [명] 판자촌.
【棚圈】péngjuàn [명] (가축의) 우리. 축사.
【棚寮】péngliáo [명] 오막살이집. 오두막집.
【棚子】péng·zi [명] 1 (천)막. 장막. 차양. ¶草~=초막. 띳집. 2 우리. 막. 막사. 판자집. 오두막집. 가건물. 간이 건물. 헛간. ¶牲口~=축사.

## 搒 péng 매질할 방
[동][문] (채찍·몽둥이·댓조각 등으로) 매질하다. 때리다. ¶~掠=매질하다.
☞ bàng

## *蓬 péng 흐트러질 봉
[형] 문란하다. 어지럽다. 흐트러지다. 헝클어지다. 텁수룩하다. 더부룩하다. ¶~头散发=봉두난발하다. [명] 무더기. [무성한 화초 등에 쓰임] ¶一~竹子=대나무 한 무더기. [명] 1 (植) 민망초. [학명은 'Erigeron acris' 임] 2 (Péng) 성(姓).

○● 飞蓬, 莲lián蓬, 莲蓬头, 莲蓬子儿

【蓬荜】péngbì [명][압] 蓬门荜户(민망초·나뭇가지 등으로 만든 문. 가난한 집(안)).
【蓬荜生辉】péngbì-shēnghuī ☞【蓬荜增辉】péngbì-zēnghuī
【蓬荜增辉】péngbì-zēnghuī [명] 1 가난하고 천한 사람의 집에 영광스러운 일이 생기다. 2 [압] 손님이 오거나 서화 등을 받아 걸었을 때 감사의 뜻을 나타내는 말. =【蓬荜生辉】péngbì-shēnghuī
【蓬勃】péngbó [형] 번영〔번창·창성〕하다. 크게 발전하다. 왕성하다. 활기 있다. 생기가 넘치다. ¶朝气~=생기가 넘치다.
【蓬草】péngcǎo [명] ☞【飞蓬】fēipéng
【蓬蒿】pénghāo [명] 1 민망초와 쑥류. 2 [압] 초야. 재야. ¶~之人=초야에 묻혀 사는 사람. 3 ☞【茼蒿】tónghāo
【蓬户】pénghù [명] 1 민망초로 엮어 만든 문. 2 [압] 가난한 집. 누추한 집.
【蓬户瓮牖】pénghù-wèngyǒu [형] 1 민망초로 엮어 만든 문과 깨진 항아리로 만든 창문. 2 [압] 가난한 집. 누추한 집.
【蓬莱】Pénglái [명] 1 (신화에서 신선이 산다는 발해(渤海)의) 봉래산. 2 (pénglái) 선경(仙境). ¶~仙境=전설 속에 신선이 산다는 아름다운 곳. 더할 나위 없이 아름다운 곳.
【蓬乱】péngluàn [형] (풀·머리카락 등이) 헝클어지다. 흐트러지다. 어지럽다. 엉키다. ¶头发~=머리카락이 흐트러지다.
【蓬门】péngmén [명] 1 민망초·나뭇가지 등으로 만든 문. 2 [압] 가난한 집. 누추한 집.
【蓬门荜户】péngmén-bìhù [명] 1 민망초·나뭇가지 등으로 만든 문. 2 [압] 가난한 집. 누추한 집. 3 [압] 가난한 집안. ↔雕梁画栋
【蓬蓬】péngpéng [형] 1 빽빽하고 무질서하다. 더부룩하다. 덥수룩하다. 무성하다. ¶杂草~=잡초가 무성하다.
【蓬蓬勃勃】péng·peng bóbó [형] 번영〔번창·창성〕하다. 크게 발전하다. 왕성하다. 활기 있다. 생기가 넘치다.
【蓬蓬松松】péng·peng sōngsōng [형] 풀·머리카락 등이) 부드럽다. 어지럽다. 흐트러지다. 헝클어지다. 텁수룩하다. 더부룩하다. 부스스하다. 보풀보풀하다. 복슬복슬하다.
【蓬茸】péngróng [형][문] (풀이나 잡초 등이) 우거지다. 무성하다. 울창하다. ¶青草~=싱싱한 풀이 무성하다.
【蓬散】péngsǎn [형] (풀·머리카락 등이) 흐트러지다. 더부룩하다. 부스스하다. ¶长发~=긴 머리가 부스스하다.
【蓬松】péngsōng [형] (풀·머리카락 등이) 부드럽다. 흐트러지다. 헝클어지다. 텁수룩하다. 더부룩하다. 부스스하다. 보풀보풀하다. 복슬복슬하다. ¶~的干草=흐트러진 건초.
【蓬松松】péngsōngsōng (~的) [형] (풀·머리카락 등이) 부드럽다. 흐트러지다. 헝클어지다. 텁수룩하다. 더부룩하다. 부스스하다. 보풀보풀하다. 복슬복슬하다.
【蓬头垢面】péngtóu-gòumiàn [성] 머리카락이 마구 헝클어지고 얼굴에 땟물이〔땟국이〕 흐르는 모양.

## *硼 péng 붕산 붕
[명][압](化) 붕소(B, boron). [원자 번호 5]
【硼玻璃】péngbōlí [명] 붕소 규산염 유리.
【硼钢】pénggāng [명] 붕소강.
【硼砂】péngshā [명] (化) 붕사.
【硼酸】péngsuān [명] (化) 붕산.

## *鹏[鵬] péng 붕새 붕
[명] 붕새. 대붕. 전설상의 큰 새. ¶鲲~=곤어와 붕새. [《장자(莊子)》에 나오는 전설상의 큰 물고기와 큰 새]
【鹏程万里】péngchéng-wànlǐ [성][압] 전도가 양양하다. 장래가 유망하다.

澎 péng 물결 거셀 팽
아래를 참조.
☞ pēng
【澎湖列島】Pénghú lièdǎo 명(地) 펑후 열도. [타이완(台灣) 해협 동남쪽에 있는 중국의 군도(群島) 이름]
【澎湃】péngpài 형 1 물결이 서로 맞부딪쳐 솟구치는 모양. ¶激流~=격류가 맞부딪쳐 솟구치다. 2(비) 거세게 일어나다. 끓어 넘치다. 들끓다. ¶激情~=격정이 넘치다.

*篷 péng 덮개 봉
명 1(~儿) 뜸. 덮개. 막. 휘장. 차일. 포장(布帳). [대나무·범포 등으로 만들어 비바람을 막는 데 사용하는 것] ¶船~=배의 뜸. / 敵~汽车=무개차. 2(배의) 돛. ¶扯~行船=돛을 올리고 출항하다.

○● 斗篷

【篷布】péngbù 명 (천막·텐트 등을 만드는) 범포. 즈크 방수포.
【篷车】péngchē 명 1 유개 화차. 지붕이〔덮개가〕있는 화물 자동차〔트럭〕. 2(옛) 포장을 덮은 마차.
【篷船】péngchuán 명 지붕이〔덮개가〕있는 배. 유개 선박(有蓋船舶).
【篷窗】péngchuāng 명 돛단배〔범선〕의 선창.
【篷帆】péngfān 명 배의 덮개와 돛.
【篷帐】péngzhàng 명 장막. 천막. 텐트.
【篷子】péng·zi 명 뜸. 덮개. 막. 휘장. 차일. 포장(布帳). [대나무·범포 등으로 만들어 비바람을 막는 데 사용하는 것]

*膨 péng 부풀 팽
동 팽창하다. 부풀다. 불어나다. ¶体积~胀=부피가 팽창하다.
【膨大】péngdà 동 (부피가) 팽창하다. 불어나다. 부풀다. ¶黄豆浸泡后体积会~=콩을 물에 담가 두면 부피가 불어난다.
【膨大海】péngdàhǎi ☞【胖大海】pàngdàhǎi
【膨脝】pénghēng 형 1(문) 배가 불룩하다. ¶~大腹=불룩한 배. 2(방) (너무 커서) 거추장스럽다. 걸리적거리다. 거치적거리다. 다루기 힘들다.
【膨化】pénghuà 동 (곡물 등을) 튀기다. ¶~玉米=옥수수를 튀기다.
【膨化食品】pénghuà shípǐn 명 튀겨서 부풀게 만든 식품.
【膨体纱】péngtǐshā 명(紡) 벌키 얀(bulky yarn).
【膨胀】péngzhàng 동 1(物) 팽창하다. ¶木材受热~. =목재는 열을 받으면 팽창한다. 2(비) 부풀어오르다. 팽창하다. 부풀다. 불어나다. ¶通货~=통화 팽창. 인플레이션. ↔收缩 压缩
【膨胀系数】péngzhàng xìshù 명(物) 팽창계수.

鬅 péng 머리 흐트러질 붕
명 (머리카락이) 흐트러지다. 헝클어지다. 더부룩하다. 부스스하다. 보풀보풀하다.
【鬅鬙】péngsēng 형(문) 머리가 흐트러진〔헝클어진〕모양.
【鬅松】péngsōng 형 (머리가) 흐트러지다. 더부룩하다. 부스스하다. 보풀보풀하다. 복슬복슬하다.
【鬅头】péngtóu 형 머리카락이 흐트러지다〔헝클어지다〕. ¶~散发=머리카락이 흐트러지다. 명 더부룩한〔터부룩한·덥수룩한〕머리. ¶梳着~=더부룩한 머리를 빗질하다.

蟛 péng 방게 팽
【蟛蜞】péngqí 명(動) 방게의 일종. =【螃蜞】pángqí (쑥)【相手蟹】xiàngshǒuxiè 명 amphibious crab

*捧 pěng 받들 봉
동 1 두 손으로 받쳐 들다. 받들다. 두 손으로 움켜 뜨다〔집다〕. ¶~着煮花生=삶은 땅콩을 두 손으로 움켜 집다. 2 남에게 아첨하다. 치켜세우다. 추어올리다. 띄워 주다. (종이) 비행기를 태우다. ¶胡吹~=제멋대로 치켜세우다. 양 움큼. [두 손으로 받쳐 들거나 움켜 뜰 수 있는 것에 쓰임] ¶一~葵花子=해바라기씨 한 움큼.
【捧杯】pěng‖bēi 동 1 우승컵을〔트로피를〕받쳐 들다. 2 우승하다. ¶南美球队在足球世界杯赛中多次~. =남미 축구 팀은 월드컵 경기에서 여러 차례 우승했다.
【捧场】pěng‖chǎng 동 1 특별히 공연장을 찾아가서 연기자를 격려하다. 2 (다른 사람의 어떤 활동 장소를 찾아가서) 성원해 주다. 격려해 주다. 기세를 북돋워 주다. ¶新店开张, 有不少朋友前来~. =새로 개업하자 많은 친구들이 찾아와 성원해 주었다.
【捧臭脚】pěng chòujiǎo (쑥)(비)(비) (몰염치하게) 아첨하다. 아부하다. 알랑거리다. ¶有些人为了达到某种目的, 不惜相互~. =어떤 이들은 모종의 목적을 이루기 위해 서로 아첨하는 것도 꺼려하지 않는다.
【捧到天上】pěngdàotiān·shang (쑥)(비) 지나치게 치켜세우다〔아첨하다·띄워 주다〕. 하늘까지 추어올리다. =【捧上天】pěngshàngtiān
【捧读】pěngdú 동 받들어 읽다. 삼가 읽다. 봉독하다.
【捧腹】pěngfù 동 1 배를 움켜쥐다〔끌어안다·그러안다〕. 2 (우스워서) 배를 움켜쥐다〔끌어안다〕. ¶~大笑=포복절도하다. 3 배꼽이 빠지도록 웃다. 포복절도하다. ¶令人~=배를 움켜쥐고 웃게 하다.
【捧哏】pěng‖gén 동 만담의 보조역이 주역을 도와 관중을 웃기다.
【捧哏】pěnggén(~儿) 명 만담의 보조역.
【捧角】pěng‖jué(~儿) 동 특별히 어떤 연예인을 위해 공연장을 찾아가서 격려하다. ¶他一天不

务正业，就知道赌博、~。=그는 하루 종일 할 일은 하지 않고, 도박이나 특정 연예인을 위해 얼굴을 내밀러 다니는 것밖에 모른다.

【捧杀】**pěngshā** 동 지나치게 치켜세워 자만에 빠지게 해서 장래를 망쳐 놓다. ¶娱乐圈内的~现象值得人们深思。=연예계에서 너무 띄워 주어 자아도취에 빠지게 해서 장래를 망치는 현상은 모두가 깊이 생각해 볼 만하다.

【捧上天】**pěngshàngtiān** ☞【捧到天上】**pěngdàotiān·shang**

【捧托】**pěngtuō** 동 두 손으로 받쳐 들다. ¶她~着盛满汤的碗小步走了过来。=그녀는 국이 가득 담긴 그릇을 받쳐 들고 천천히 걸어왔다.

# 椪 **pèng** 뽕깡 병

【椪柑】**pènggān** 명 [植] 1 뽕깡 나무. [중국산 귤나무의 일종] 2 뽕깡.

## **碰** [(椪·踫)] **pèng** 부딪칠 팽

동 1 부딪다. 충돌하다. 만지다. 건드리다. ¶头在门框上~了一个包。=머리를 문틀에 부딪쳐서 혹이 하나 생겼다. 2 (우연히) 만나다. 마주치다. 부딪치다. ¶上班的路上~到了一位老同学。=출근길에 옛 동창을 우연히 만났다. 3 집적거리다. 건드리다. 범하다. 비위를 거슬리다. 화나게 하다. 대들다. ¶他一生气, 谁也不敢~他。=그가 한번 화내면 누구도 감히 그를 건드리지 못한다. 4 부딪쳐 보다. 시도〔시험〕해 보다. ¶到外地~~机会。=외지에 나가 기회를 찾아보다.

○— 磕kē碰, 磕碰儿

【碰杯】**pèng‖bēi** 동 (건배할 때) 잔을 서로 부딪다.

【碰壁】**pèng‖bì** 동 1 벽에 부딪치다. 2 (비) 난관에 부닥치다. 일이 안 풀리다. 어려움에 맞닥뜨리다. 거절당하다. 퇴짜맞다. ¶四处~=사방에서 난관에 부닥치다. ≒受阻

【碰钉子】**pèng dīng·zi** 동 (비) 난관에 부닥치다. 장애를 만나다. 일이 안 풀리다. 지장이 생기다. 거절당하다. 퇴짜맞다. 질책을 받다. ¶事情很不顺, 处处~。=일이 정말 순조롭지 못하여, 곳곳에서 난관에 부닥친다.

【碰簧锁】**pènghuángsuǒ** ☞【撞锁】**zhuàngsuǒ**

【碰击】**pèngjī** 동 부딪치다. 맞부딪치다. ¶易碎物品, 防止~。=깨지기 쉬운 물품이 부딪치지 않게 방지하다.

【碰见】**pèng‖jiàn** 동 (우연히) 만나다. 마주치다. 부딪치다. ¶他在街上~了中学时的同学。=그는 길에서 중학교 때의 동창을 우연히 만났다.

【碰劲儿】**pèng‖jìnr** 동 우연히. 운 좋게. 요행수로. 공교롭게. 때마침. ¶他~打中了靶子。=그는 요행수로 과녁을 맞혔다. =【碰巧劲儿】**pèng qiǎojìnr**

【碰铃】**pènglíng** 명 [音] 평링. [중국 민간 타악기의 일종. 양 손에 동으로 만든 그릇 모양의 종

을 하나씩 들고 마주쳐서 소리를 냄. 주로 합주나 중국 전통극 등의 반주에 쓰임]

【碰面】**pèng‖miàn** 동 만나다. 마주치다. 대면하다. 상견하다. 상봉하다. 면회하다. ¶他俩约好在公园~。=그 두 사람은 공원에서 만나기로 약속했다.

【碰碰车】**pèng·pengchē** 명 (서로 부딪치며 즐기는) 범퍼 카(bumper car).

【碰碰船】**pèng·pengchuán** 명 (서로 부딪치며 즐기는) 범퍼 보트(bumper boat).

【碰巧】**pèngqiǎo** 부 우연히. 운 좋게. 요행수로. 공교롭게. 때마침. ¶正说他, ~他就来了。=그 사람 얘기를 막 하고 있는데, 마침 그가 왔다. ≒恰巧 凑巧

【碰巧劲儿】**pèng qiǎojìnr** ☞【碰劲儿】**pèng‖jìnr**

【碰上】**pèng·shang** 동 1 (물체에) 부딪치다. ¶脚不小心~了一块石头。=덜렁대다가 발이 돌에 채이고 말았다. 2 (우연히·뜻밖에) 만나다. 마주치다. 맞닥뜨리다. ¶咱俩一幢大楼里工作, 但很难~。=우리 둘은 같은 빌딩에서 일하지만 좀처럼 만나기 힘들다. 3 (접촉을 통해) 탐색해 내다. 모색해 내다. 탐구해 내다. 맞히다. ¶我终于~好机会了。=그는 마침내 좋은 기회를 잡았다.

【碰锁】**pèngsuǒ** ☞【撞锁】**zhuàngsuǒ**

【碰头】**pèng‖tóu** 동 1 머리를 부딪치다. 충돌하다. ¶吊灯要挂高一点儿, 免得~。=부딪치지 않게 등을 좀 높게 달아라. 2 만나다. 마주치다. 대면하다. 상견하다. 상봉하다. ¶我和他不在一个部门, ~的机会不多。=난 그와 같은 부서가 아니라 만날 기회가 많지 않다. 3 (비) (이마를 땅에 조아리며) 절하다. ¶~求饶=머리를 조아리며 용서를 빈다.

【碰头会】**pèngtóuhuì** 명 미팅(meeting). 면담. 간단한 예비 회담. [정보 교환을 주된 내용으로 하는 시간이 짧은 회의]

【碰心】**pèngxīn** 동형 마음이 맞다. 마음이 통하다. 마음에 들다. ¶两人谈得很~。=두 사람은 대화가 아주 잘 통한다.

【碰一鼻子灰】**pèng yī bí·zi huī** ☞【抹一鼻子灰】**mǒ yī bí·zi huī**

【碰硬】**pèng‖yìng** 동 (주동적으로) 가장 힘든 일을 처리하다. 제일 민감한 부분을 건드리다. (부정적 권력자나 못된 세력에) 단호하게 맞서다〔대항하다〕. 강자와 맞서다〔상대하다〕. ¶改革就要敢于~。=개혁은 단호하게 맞서야 한다.

【碰运气】**pèng yùn·qi** 동 운에 맡기다. 운수를 시험해 보다. 운에 맡기고 해 보다. ¶这事没有把握, 只能~了。=이 일은 확신이 없어, 운에 맡길 수밖에 없다.

【碰撞】**pèngzhuàng** 동 1 충돌하다. 부딪치다. ¶两辆汽车发生~, 侥幸没有造成人员伤亡。=차량 두 대가 충돌하였으나 다행히 인명 피해는 없었다. 2 (언행 등으로) 비위를 거스르다. 불쾌하게 하다. 감정〔기분〕을 상하게 하다. ¶他脾气暴躁, 常与一些小事和人~。=그는 성질이 급해

서 흔히 작은 일로 사람들의 기분을 상하게 한다.

## pi

**丕** pī 클 비
[형][문] 크다. ¶~业=대업(大業). 제업(帝業).

| 丕 pī | 呸 pēi |
| 坏 pī | 胚 pēi |
| 疵 pī | 苤 piě |
| 邳 pī | |

**批** pī 칠 비
[동] 1 [문] 손바닥으로 찰싹 때리다[갈기다·치다]. ¶~颊=(손바닥으로) 뺨을 치다. 2 [문] 깎아 내다. 긁어 내다. 벗겨 내다. 벗기다. 3 (하부의 서면 보고나 남의 글, 리포트 등에 대해) 가부(可否)를 알려 주다. 지시하다. 결재〔재가·승인·허가〕하다. 의견을 적다. 평어(評語)를 쓰다. 피드백(feedback)하다. 코멘트(comment)하다. ¶审~=심사하여 비준하다. / ~作文=작문에 평어를 쓰다. 4 비판하다. 비평하다. 꾸중하다. ¶他又被老师~了一通.=그는 또 선생님에게 한바탕 꾸중들었다. [형] 거액의. 대량의. ¶~发货物=화물을 도매하다. [명] 1 평어(評語). 평어(評語)와 주해〔註解〕. ¶眉~=책·서류 등의 윗부분에 써 넣은 평어(評語)나 주석. 2 (~儿) 면(棉)·마(麻) 등의 아직 짜지 않은 섬유. ¶线~=면섬유. 엷] 무리. 떼. 패. 무더기. 더미. 일단(一團). 일군(一群). 묶음. 집단. 그룹(group). ¶一~化肥=화학 비료 한 무더기. / 大~游客=여행객 한 무리.

○● 趸dǔn批, 横批, 揭jiē批, 眉批, 审shěn批, 朱批

【批办】pībàn [동] (서면으로) 지시하다. 결재〔재가·승인·허가〕하다. ¶未经有关部门~的项目必须立即下马.=관련 부서의 지시를 받지 않은 항목은 즉시 중지해야 한다.

【批拨】pībō [동] 조달〔파견·배정·지급·지불〕을 허가하다. ¶~救灾物资=구제 물자의 지급을 허가하다.

【批驳】pībó [동] 반박하다. 비평하다. 반론하다. ¶~错误观点=잘못된 관점에 대해 반박하다. ≒驳斥 反驳 ↔赞同 辩护

【批捕】pībǔ [동] 체포를 승인하다. 체포령을 내리다. ¶~犯罪嫌疑人=범죄 용의자의 체포령을 내리다.

【批次】pīcì [명] 1 차(次). 차수. [제품을 대량으로 생산하는 횟수를 나타내는 말] ¶这是最新~生产的彩电.=이것은 최근 차수로 생산한 컬러텔레비전이다. 2 차수. 횟수. [대량으로 진행되는 일의 횟수를 나타내는 말] ¶分~展开高考录取工作.=차수를 나누어 대학 신입생을 모집하다.

【批点】pīdiǎn [동] 1 (글·간행물에) 평어(評語)와 권점을 붙이다. ¶~古籍=고서를 비평하고 권점을 붙이다. 2 [閩] 좋고 나쁨을 평가하다. 포폄하다. 지적하다.

【批发】pīfā [동] 도매하다. ¶~水果=과일을 도

매하다. ↔零售

【批发市场】pīfā shìchǎng [명] 도매 시장.

【批复】pīfù [동] (하급 기관에서 온 공문에 대해) 회답하다. ¶报告打上去, 上级机关还没有~.=보고서를 올려보냈는데, 상급 기관에서 아직 회답이 없다. [명] (하급 기관에서 온 공문에 대해) 회답. ¶关于这项工程的~已经下来了.=이번 프로젝트와 관련된 회답이 이미 내려왔다.

【批改】pīgǎi [동] (글·숙제 등을) 정정하고 평어를 덧붙이다. 정정하다. 고치다. 바로잡다. 수정하다. ¶~作业=숙제를 고쳐서 바로잡아 주다. ≒评改

【批购】pīgòu [동] 대량 구입하다. ¶~零销=대량으로 구입하여 소매하다.

【批号】pīhào [명] 로트 번호. ⊗ lot number / batch number ¶产品~=상품의 로트 번호.

【批汇】pīhuì [동] (액수가 큰 환전 등의) 외환 결산을 심의하여 승인하다.

【批假】pījià [동] 휴가를 승인〔재가〕하다. 휴가를 주다.

【批件】pījiàn [명] (상부의 하부에 대한) 회답 공문. 회신 문서.

【批量】pīliàng [명] (대규모로 생산할 때 1회분의) 생산량. ¶大~=대규모 생산량. [부] 대량으로. 대규모로. ¶~生产=대량으로 생산하다.

【批零】pīlíng [동] 도매와 소매를 겸하다. ¶~兼营=도매와 소매를 겸하여 경영하다.

【批判】pīpàn [동] 1 비판하다. 지적하다. 질책하다. 꾸짖다. 나무라다. ¶~错误言论=잘못된 언론을 비판하다. 2 비평하다. 장단점을 분석하다〔지적하다〕. ¶自我~=스스로 잘못을 따지다. 자기 비판을 하다. [형] 비판적으로. ¶对于传统文化要~地继承.=전통 문화에 대해서는 비판적으로 계승해야 한다. ≒批评 ↔表彰 赞颂

【批评】pīpíng [동] 1 비판하다. 지적하다. 질책하다. 꾸짖다. 나무라다. ¶这种无礼的行为应该~.=이런 무례한 행동은 마땅히 지적받아야 한다. 2 비평하다. 장단점을 분석하다〔지적하다〕. ¶文艺~=문예 비평. ≒批判 ↔表奖 赞扬

【批示】pīshì [동] (하부의 공문·신청 등에 대해) 서면으로 지시하다. 결재〔승인·허가〕하다. ¶道路改建方案已请示上级机关~.=도로 건 방안은 이미 상급 기관에 보고하여 지시를 요청했다. [명] (하부의 공문·신청 등에 대한) 지시. 지적. 소견. ¶要认真落实上级的~.=상급의 지시를 성실히 구체화시켜야 한다.

【批条】pītiáo [명] (윗사람의) 지시 메모〔쪽지〕.

【批条子】pī tiáo·zi (윗사람이) 간단한 메모로 지시하다.

【批文】pīwén [명] (상급 기관 또는 주관 기관의) 회답 공문. 회신 문서.

【批销】pīxiāo [동] 대량 판매하다. ¶~服装=옷을 대량 판매하다.

【批语】pīyǔ [명] 1 문장에 대한 평어(評語). 글에 대한 평어(評語)와 주해. ¶老师给每个学生的作文都写了详细的~.=선생님께서 모든 학생들의 작문에 상세한 평어(評語)를 달아 주셨다. 2

(공문으로) 지시하는 말. 지시了文件上的~。=모두 문서상의 지시에 대해 진지하게 토론했다. ≒评语

【批阅】**pīyuè** 동 (공문 등을) 읽고 지시하거나 수정하다. ¶~文件=문서를 읽고 지시하다. ≒评阅

【批注】**pīzhù** 동 평어(評語)와 주해를 달다. ¶文章的修改意见都~在相关段落的旁边。=글의 수정 의견은 모두 관련된 단락의 옆에 달려 있다. 명 평어(評語)와 주해. ¶他在书上加了很多~。=그는 책에 많은 평어와 주해를 달아 놓았다.

【批转】**pīzhuǎn** 동 (하부의 공문에 대해) 지시를 내리고 관련 부서에 전달하다.

【批准】**pī‖zhǔn** 동 비준하다. 허가하다. 승인하다. 재가하다. ¶由于身体原因, 学校~他休学一年。=건강상의 이유로 학교는 그에게 1년간 휴학을 허가했다.

【批租】**pīzū** 동 (정부의 관련 부처가) 토지의 차용을 허가하다. ¶土地~工作要严加管理。=토지의 차용 업무는 엄격하게 관리해야 한다.

## 邳 **pī** 땅 이름 비

명 **1** (地) 피저우(邳州). [쟝쑤(江苏)성에 있는 지명] **2** 성(姓).

## 伾 **pī** 힘셀 비

【伾伾】**pīpī** 형 힘찬 모양. 기운찬 모양.

## 纰[紕] **pī** 실 풀릴 비

동 (천이나 실 등이) 너덜너덜해지다. 삭다. 풀리다. ¶线~了。=실이 풀렸다. 명 실수. 잘못. 오류. 과실. ¶~漏百出=오류투성이이다.

【纰漏】**pīlòu** 명 실수. 잘못. 과실. ¶工作一定要做得仔细, 不能出~。=작업은 반드시 꼼꼼하게 해야지 실수를 범해서는 안 된다.

【纰缪】**pīmiù** 명서 잘못. 착오. 오류. 과실. ¶少有~=오류가 적다.

## 坯 **pī** 날기와 배

명 **1** (점토·고령토 등으로 모양을 만들어 아직 굽지 않은) 소태(素胎)·질그릇·날기와 등. ¶土~=(막 찍어 낸) 흙벽돌. **2** (막 찍어 낸) 흙벽돌. ¶脱~=흙벽돌을 만들다[찍다]. **3** 의(~儿) 반성품. 반제품. 날것. ¶面~儿=익었으나 아직 조미료를 넣지 않은 국수.

○ 钢**gāng**坯, 毛坯, 土坯

【坯布】**pībù** 명 날염 가공을 하지 않은 천.

【坯料】**pīliào** ☞ 【毛坯】**máopī**

【坯模(子)】**pīmú(·zi)** 명 (벽돌·기와 등의) 형(型). 주형(鑄型). 틀.

【坯胎】**pītāi** 명 벽돌·도자기·기와 등의 원형(原型). [예컨대 소태(素胎)·날기와]

【坯子】**pī·zi** 1 (점토·고령토 등으로 모양을 만들어 아직 굽지 않은) 소태(素胎)·질그릇·날기와 등. ¶砖~=(구워 내지 않은) 날벽돌. **2** 의 반성품. 반제품. 날것. ¶印章~=반제품 도장.

**3** 의 가능성이 있는 사람. 유망주. 기대주. [주로 청소년을 가리킴] ¶他生来是个演员~。=그는 날 때부터 연기자감이었다.

## 披 **pī** 나눌 피

동 **1** 나누다. 분산하다. (대나무·나무 등이) 갈라지다. 금가다. 터지다. 쪼개지다. 빠개지다. ¶竹竿被踩~了。=대나무 장대가 밟혀서 쪼개졌다. **2** (책을) 펴다. 펼치다. ¶~阅古今=고금의 서적을 펼쳐 보다. **3** 풀어지다. 느슨해지다. 헝클어지다. 흐트러지다. ¶她~头散发, 怪吓人的。=그녀가 머리를 풀어헤치고 있는 모습이 사람을 깜짝 놀라게 했다. **4** 쓰다. 걸치다. ¶他把大衣~在身上, 很帅气。=그가 외투를 몸에 걸쳤는데, 멋져 보인다.

○ 纷**fēn**披, 横披, 椅披

【披猖】**pīchāng** 형서 난폭하다. 날뛰다. 제멋대로 날뛰다. 미쳐 날뛰다. 광기를 부리다. 창궐하다. ¶贩毒活动~=마약 밀매가 창궐하다. 동서 몰아 내다. 쫓아 내다. 내몰다.

【披戴】**pīdài** 동 쓰다. 덮다. 걸치다. ¶~绶带=인끈을 어깨에 걸치다.

【披读】**pīdú** 동 (책 등을) 펼쳐 읽다. 읽다. ¶逐页~=한 쪽씩 펼쳐 가며 읽다.

【披发】**pīfà** 동 머리를 풀어헤치다. 머리카락을 흩트리다. 산발하다. ¶~入山=산발하고 산에 들어가다. 명 풀어헤친 머리카락. ¶一头~=풀어헤친 머리카락.

【披发左衽】**pīfà-zuǒrèn** 성 (고대, 동방·북방 소수 민족의) 머리를 산발하고 옷섶을 왼쪽으로 여민 차림새.

【披风】**pīfēng** 명 망토. (여성복의) 케이프(cape). (투우사의) 카파(capa).

【披拂】**pīfú** 동서 나부끼다. 흩날리다. ¶柳枝~=버들가지가 나부끼다.

【披肝沥胆】**pīgān-lìdǎn** 성 **1** 배를 갈라 담즙을 똑똑 떨어뜨리다. **2** 의 속을 털어놓고 대하다. 마음을 활짝 열고 대하다. **3** 의 충성을 다하다. ≒肝胆相照 赤胆忠心

【披挂】**pīguà** 동 **1** 군장을 하다. 갑옷을 입다. 무장하다. **2** (중국 전통극의 배역이나 직업에 맞게) 차려[꾸며] 입다. 복장을〔차림새를〕 갖추다. ¶戏曲演员们~整齐, 准备登台演出。=전통극 배우들이 제대로 차려입고, 무대에 올라 공연할 준비를 한다. 명 **1** 갑옷. [주로 조기 백화문에 보임] **2** (중국 전통극의 배역이나 직업과 어울리는) 복장. 차림새.

【披挂上阵】**pīguà-shàngzhèn** 성 **1** 갑옷을 입고 싸움터로 나가다. **2** 의 (만반의) 준비를 하고 경기〔일터·중요한 활동 등〕에 나가다〔참가하다〕.

【披红】**pīhóng** 동 (경축·영광의 의미로) 붉은 비단을 몸이나 물체에 두르다. ¶~戴花=몸에 붉은 비단 띠를 두르고 꽃을 달다.

【披红挂绿】**pīhóng-guàlǜ** 성 **1** 산뜻하고 아름다운 옷을 입다. 비단·색종이 등으로 주위를 꾸미다. **2** 경축 분위기.

【披怀】pīhuái 〔동〕 1 마음을 활짝 열다. 흉금을 털어놓다. 2 〔비〕 성심〔성의〕껏 대하다. ¶～相待＝성심껏 대하다.
【披枷带锁】pījiā-dàisuǒ 〔성〕 죄인에게 칼을 채우고 족쇄로 묶다. 감옥에 갇히다.
【披甲】pījiǎ 〔동〕 갑옷을 입다. 무장하다. ¶～上阵＝갑옷을 입고 싸움터로 나가다.
【披坚执锐】pījiān-zhíruì 〔성〕 1 갑옷을 입고 무기를 들다. 2 완전 무장을 하고 전투에 나가다.
【披肩】pījiān 〔동〕 어깨에 걸치다. ¶长发～＝긴 머리가 어깨를 어깨에 늘어뜨리다. 〔명〕 망토. (여성복의) 케이프(cape). (투우사의) 카파(capa). 어깨걸이. 숄(shawl).
【披肩发】pījiānfà 〔명〕 (여성의) 어깨까지 늘어뜨린 긴 머리.
【披巾】pījīn 〔명〕 숄(shawl).
【披荆斩棘】pījīng-zhǎnjí 〔성〕 1 가시덤불을 헤치거나 제거하다. 2 〔비〕 어려움이나 장애를 제거하다. 가시덤불을 헤치고 나아가다. 3 〔비〕 창업의 여러 어려움을 극복하다.
【披卷】pījuàn 〔동〕〔문〕 책을 펼쳐 읽다. ¶挑灯～＝등불을 켜고 책을 펴서 읽다.
【披览】pīlǎn 〔동〕〔문〕 책을 펼쳐 읽다. ¶有些书未及细读, 只是粗略～。＝어떤 책들은 자세히 읽어 보지 못하고 대충 훑어보았다. ≒翻阅
【披沥】pīlì 〔명〕 피력하다. 털어놓다.
【披露】pīlù 〔동〕 1 공표〔발표〕하다. ¶～事实真相＝진상을 공표하다. 2 드러내다. 나타내다. 밝히다. ¶～心迹＝속마음을 드러내다.
【披麻带孝】[披麻戴孝] pīmá-dàixiào 〔성〕 1 상복을 입고 허리에는 삼끈을 매다. 2 부모의 상(喪)을 입다.
【披麻戴孝】pīmá-dàixiào ☞【披麻带孝】pīmá-dàixiào
【披靡】pīmǐ 〔동〕 1 (초목이) 바람에 쓰러지다〔쓸리다〕. ¶北风卷地, 草木～。＝북풍이 휘몰아치자 초목이 바람에 쓰러진다. 2 〔비〕 (군대가) 패하여 흩어져 달아나다. 뿔뿔이 흩어져 도주하다. 궤주(潰走)하다. ¶望风～, 四下逃散。＝멀리서 적을 보기만 해도〔소문만 듣고도〕 뿔뿔이 흩어져 도주하다.
【披散】pī·san 〔동〕 머리를 풀어헤치다. 산발하다. ¶黑发～＝검은 머리카락을 풀어헤치다.
【披沙拣金】pīshā-jiǎnjīn 〔성〕 1 모래를 헤집고 금을 줍다. 2 〔비〕 많은 데에서 훌륭한 것을 고르다. ≒[排沙简金] páishā-jiǎnjīn
【披头散发】pītóu-sànfà 〔성〕 1 머리를 풀어헤치다. 머리를 산발하다. 머리카락이 마구 헝클어지다. 2 〔비〕 몸가짐이 단정치 못하다.
【披屋】pīwū 〔명〕 곁채.
【披星戴月】pīxīng-dàiyuè 〔성〕 1 별빛을 몸에 받고 달빛을 머리에 이다. 2 〔비〕 새벽부터 밤늦게까지 부지런히 일하다. 3 〔비〕 밤낮으로 길을 재촉하며 고달프게 길을 가다. ↔养尊处优
【披阅】pīyuè 〔동〕 책을 읽다. ¶～群书＝많은 책을 읽다. ≒翻阅
【披针形】pīzhēnxíng 〔명〕 바소꼴. 피침형.

犻 pī 짐승 떼지어 달릴 비
아래를 참조.
【犻豜】pīpī 〔형〕 들짐승이 무리지어 내달리는 모양. ¶鹿豕～＝사슴과 돼지가 떼지어 달리다.
【犻獉】pīzhēn ☞【獉犻】zhēnpī

砒 pī 비상 비
〔명〕〔化〕 1 비소(砒素). ['砷'의 옛말] 2 〔醫〕 비상(砒霜). ¶红～＝자황. 비상.
【砒霜】pīshuāng 〔명〕〔醫〕 비상(砒霜). ≒【白砒】báipī【红砒】hóngpī 〔명〕【红矾】hóngfán

铍[鈚] pī 화살 비
〔명〕〔문〕 촉이 얇고 넓으며 대가 긴 화살.

铍[鈹] pī 장침 피
〔명〕〔문〕 1 〔醫〕 장침(長針). [중의학에서 독창(毒瘡)을 터뜨릴 때 쓰는, 아랫부분에 양쪽으로 날이 있는 긴 침] 2 (모양은 칼(刀)처럼 생겼지만 양쪽에 날이 있는) 검(劍).
☞ pí

怶 pī 어긋날 비
〔명〕〔문〕 잘못. 실수. 오류. 과실. 과오.

辟 pī 열 벽
☞ bì, pì
【辟头】pītóu ☞【劈头】pītóu

锫[鎞] pī 화살촉 비
〔명〕〔문〕 화살촉.
☞ bī

**劈 pī 쪼갤 벽
〔동〕 1 (도끼 등으로) 쪼개다. 패다. ¶～木柴＝장작을 패다. 2 갈라지다. 금가다. 터지다. 쪼개지다. 빠개지다. ¶板子～了。＝판자가 갈라졌다. 3 벼락이 치다. ¶老槐树的一根大树杈被雷～断了。＝오래 된 회나무의 큰 가지가 벼락을 맞아 부러졌다. 〔명〕〔機〕 쐐기. 〔개〕 (사람의 머리·얼굴·가슴을) 정면으로 향하여. ¶暴雨～头盖脸地浇下来。＝폭우가 머리 위로 똑바로 쏟아졌다. 〔형〕〔방〕 목이 쉬다. ¶嗓子都喊～了。＝목이 쉬도록 소리를 질렀다.
☞ pǐ
【劈波斩浪】pībō-zhǎnlàng 〔성〕 1 파도를 헤치며 나아가다. 2 〔비〕 장애나 어려움을 극복하며 힘차게 나아가다.
【劈柴】pī‖chái 〔동〕 장작을 패다.
☞ pǐ·chai
【劈刺】pīcì 〔동〕〔軍〕 칼로 베고 찔러죽이다. 총검으로 찔러죽이다. ¶～训练＝총검술 훈련.
【劈刀】pīdāo 〔명〕 1 (나무나 참대 등을 패는) 등이 두꺼운 칼. 2 〔軍〕 군도술(軍刀術).
【劈口】pīkǒu 〔부〕〔방〕 갑작스레. 갑자기. 돌연히. ¶他一见到爱人, ～问发生了什么事。＝그는

아내를 보자마자, 갑자기 무슨 일이 벌어졌냐고 물었다.

【劈理】**pīlǐ** 명(礦) 벽개성(劈開性). [광물이나 결정질 고체가 기계적인 타격을 받으면 어느 일정한 방향을 따라 잘 쪼개지는 성질]

【劈里啪啦】**pī·lipālā** ☞【噼里啪啦】**pī·lipālā**

【劈脸】**pīliǎn** 부 얼굴을 향하여. 정면으로. 맞바로. ¶~泼了他一身的水. =그에게 정면으로 물을 끼얹었다.

【劈面】**pīmiàn** 부 얼굴을 향하여. 정면으로. 맞바로.

【劈啪】**pīpā** ☞【噼啪】**pīpā**

【劈杀】**pīshā** 동 1 (칼로) 베어 죽이다. 2 기병들이 말을 타고 군도로 적을 베어 죽이다.

【劈山】**pīshān** 동 산을 허물다〔깎다〕. ¶~修路=산을 허물고 길을 내다.

【劈手】**pīshǒu** 동 (상대가 대처할 수 없도록) 손을 날쌔게 움직이다. ¶~夺过歹徒手中的凶器. =날쌔고 강도 수중의 흉기를 빼앗았다.

【劈天盖地】**pītiān-gàidì** 성 1 하늘이 갑자기 쪼개져 대지를 뒤덮다. 2 (비) (천둥·번개 등의) 기세가 사납다. 위세가 드높다. 위풍이 대단하다.

【劈头】**pītóu** 명 첫머리. 맨 처음. 벽두. 맨 먼저. ¶他一走进门, ~第一句话就问母亲的病情. =그는 문을 들어서자마자 어머니의 병환부터 물었다.

【副词】**pītóu** 부 머리를 향해. 정면으로. ¶没容孩子申辩, 他~就是一顿痛打. =아이의 변명도 듣지 않고 그는 다짜고짜 머리를 후려갈겼다.

【劈头盖顶】**pītóu-gàidǐng** ☞【劈头盖脸】**pītóu-gàiliǎn**

【劈头盖脸】**pītóu-gàiliǎn** 성 1 정면으로. 바로 얼굴을 향해. 2 (비) 기세가 사납다. 위세가 드높다. 위풍이 대단하다. =【劈头盖顶】**pītóu-gàidǐng**【劈头盖脑】**pītóu-gàinǎo**

【劈头盖脑】**pītóu-gàinǎo** ☞【劈头盖脸】**pītóu-gàiliǎn**

【劈胸】**pīxiōng** 부 가슴을 향하여. ¶~给了对方一拳. =상대의 가슴을 향해 주먹을 날렸다.

## 噼 **pī** 터지는 소리 벽
아래를 참조.

【噼里啪啦】【劈里啪啦】**pī·lipālā** 의 탁탁. 탕탕. 짝짝. 딱딱. 착착. 후드득. 후두두. [연속적으로 작렬하거나 두드리는 소리] ¶雨点~地打下来. =빗방울이 후두두 떨어진다.

【噼啪】【劈啪】**pīpā** 의 짝짝. 탕탕. 탁탁. 딱딱. 쾅쾅. 쾅쾅. 후드득. 후두두. [두드리거나 작렬하거나 부딪치는 소리] ¶屋外传来~的鞭炮声. =집 밖에서 탁탁거리는 폭죽 소리가 들려온다.

## *霹 **pī** 벼락 벽
아래를 참조.

【霹雷】**pīléi** 명 벽력. 벼락.

【霹雳】**pīlì** 명 1 벽력. 벼락. =【落雷】**luòléi** 2 (비) 갑작스러운 사건. 날벼락. ¶晴天~=청천벽력.

【霹雳舞】**pīlìwǔ** 명(藝) 브레이크 댄스(break dance).

## \*\*皮 **pí** 가죽 피
**皮** 1 피부. 살갗. 가죽. 껍질. ¶手碰破了~. =부딪쳐 손의 살갗이 까졌다. / 香蕉~~=바나나 껍질. 2 (가공한 동물의) 가죽. ¶一双~鞋=가죽 구두 한 켤레. 3 고무. ¶橡~=고무. 지우개. 4 (~儿) 표면. 겉. 외면. ¶水~儿=수면. 5 (~儿) 겉. 포장. 껍데기. 거죽. 표피. 표지. 포장. 덮개. [겉에 싸거나 두르는 것] ¶饺子~儿=만두피. 6 (~儿) 얇고 평평한 것. ¶铁~=얇은 철판. / 豆腐~儿=얇게 썰어 말린 두부. 7 (**Pí**) 성(姓). 형 1 질기다. 졸깃졸깃하다. 찐득찐득하다. ¶牛~糖=쫄깃쫄깃한 캔디(사탕). 2 눅눅하다. 녹녹하다. 노글노글하다. ¶花生米都放~了. =땅콩이 눅눅해졌다. 3 굳다. 단단하다. 질기다. 튼튼하다. 견고하다. 야무지다. 강하다. ¶这孩子一生下来就~实. =이 아이는 태어날 때부터 튼튼했다. 4 표면적인. 얄팍한. 깊지 못한. 천박한. ¶浮~潦草=건성건성하다. 대충대충이다. 5 장난이 심하다. 까불다. 말을 듣지 않다. 개구쟁이이다. 말썽꾸러기이다. ¶调~=장난이 심하다. 6 (여러 차례 지적을 받아서) 대수롭지 않게 여기다. 무감각하다. 무신경하다. 뻔뻔스럽다. ¶他老挨批评, 都~了. =그는 툭하면 야단을 맞아서 이젠 무감각해졌다. ☞ 革

> 包皮, 表皮, 草皮, 扯**chě**皮, 陈皮, 单皮, 丹**dān**皮, 肚皮, 翻皮, 封皮, 浮皮儿, 桂皮, 果皮, 画皮, 胶皮, 赖**lài**皮, 脸皮, 毛皮, 奶皮, 泼**pō**皮, 漆**qī**皮, 俏**qiào**皮, 青皮, 肉皮, 书皮, 栓**shuān**皮, 调皮, 铁皮, 头皮, 蜕**tuì**皮, 顽**wán**皮, 西皮, 虾皮, 心皮, 信友儿, 眼皮, 油皮, 真皮, 植皮, 白皮书, 白皮松, 牛皮纸, 橡**xiàng**皮膏, 橡皮筋, 嘴皮子

| 皮 **pí** |
| 披 **pī** |
| 疲 **pí** |
| 铍 **pī** |
| 仳 **bǐ** |
| 被 **bèi** |
| 陂 **béi** |
| 波 **bō** |
| 玻 **bō** |
| 菠 **bō** |
| 破 **pò** |
| 颇 **pō** |
| 婆 **pó** |

【皮袄】**pí'ǎo** 명 모피로 안을 댄 중국식 윗옷.

【皮板儿】**píbǎnr** 명 모피의 가죽 부분.

【皮包】**píbāo** 명 가죽 핸드백〔손가방·서류 가방〕.

【皮包公司】**píbāo gōngsī** 명 컨설턴트(consultant) 회사. 컨설팅(consulting) 회사. 유령 회사.

【皮包骨】**píbāogǔ** 동 피골이 상접하다. 몹시 여위다. =【皮包骨头】**píbāogǔ·tou**

【皮包骨头】**píbāogǔ·tou** ☞【皮包骨】**píbāogǔ**

【皮包商】**píbāoshāng** 명 컨설턴트(consultant) 회사 경영자. 유령 회사 경영자.

【皮鞭】**píbiān** 명 가죽 채찍.

【皮草】**pícǎo** 명 1 가죽 제품과 초본 식물의 줄기나 잎으로 엮어 만든 수공예품. 2 모피 제품. 가죽 제품.

【皮层】**pícéng** 명(生) 1 피질. 피층. 2 ☞【大脑皮层】**dànǎo pícéng**

【皮尺】 **píchǐ** 몡 (칠을 한 천·비닐 등으로 만든) 줄자.

【皮大衣】 **pídàyī** 몡 모피〔가죽〕 외투〔오버코트 (overcoat)〕.

【皮带】 **pídài** 몡 **1** (기계 등의) 가죽 벨트(belt)〔띠·리본·끈〕. **2** 가죽 허리띠. 가죽 혁대. 가죽 벨트(belt).

【皮带扣】 **pídàikòu** 몡 **1** (허리띠의) 버클(buckle). =【带扣】 **dàikòu 2** 벨트 이음쇠.

【皮带轮】 **pídàilún** 몡 (기계의) 벨트(belt) 바퀴.

【皮蛋】 **pídàn** ☞【松花】 **sōnghuā**

【皮垫】 **pídiàn** 몡 가죽이나 고무로 만든 깔개〔방석·매트·받침〕.

【皮筏】 **pífá** 몡 (공기를 채워 넣는) 가죽 뗏목.

【皮肤】 **pífū** 몡(生) 피부. 톙(⾃) 천박하다. ¶~之见=천박한 견해.

【皮肤病】 **pífūbìng** 몡(醫) 피부병.

【皮肤针】 **pífūzhēn** 몡(醫) **1** 피부침. 소아침(小兒針). [작은 침 여러 개를 동시에 찌를 수 있도록 만들어진 피부 자극 침] **2** 피부침 요법.

【皮傅】 **pífù** 동(⾃) 천박한 견해나 말로 견강부회하다.

【皮革】 **pígé** 몡 피혁. 가죽.

【皮辊】 **pígǔn** 몡 (겉에 고무나 가죽을 입힌) 롤러(roller).

【皮辊花】 **pígǔnhuā** 몡(紡) 낙면(落綿). 제사(製絲) 과정에서 생기는 지스러기 솜. =【白花】 **báihuā**

【皮猴儿】 **píhóur** 몡 파카(parka). 아노락(anorak). 인조 털이나 가죽 후드(hood)가 달린 외투.

【皮花】 **píhuā** ☞【皮棉】 **pímián**

【皮划艇】 **píhuátǐng** 몡(體) 카약(kayak).

【皮黄】【皮簧】 **píhuáng** 몡(劇) 피황. [중국 전통극의 곡조로 '西皮(xīpí)'와 '二黄(èrhuáng)'을 함께 일컫는 말]

【皮黄戏】 **píhuángxì** ☞【京剧】 **jīngjù**

【皮簧】 **píhuáng** ☞【皮黄】 **píhuáng**

【皮货】 **píhuò** 몡 가죽〔피혁〕 제품. ¶~商行=가죽 제품 상사.

【皮肌炎】 **píjīyán** 몡(醫) 피부근염.

【皮夹】 **píjiā**(~儿) 몡 가죽 지갑. =【皮夹子】 **píjiā·zi**

【皮夹克】 **píjiākè** 몡 가죽 재킷〔점퍼〕.

【皮夹子】 **píjiā·zi** ☞【皮夹】 **píjiā**

【皮件】 **píjiàn** 몡 가죽〔피혁〕 제품.

【皮匠】 **pí·jiang** 몡 **1** 구두 수선공. 구두장이. **2** 피혁공.

【皮胶】 **píjiāo** 몡 아교(阿膠). 갖풀.

【皮筋】 **píjīn**(~儿) ☞【橡皮筋】 **xiàngpíjīn**

【皮具】 **píjù** 몡 가죽〔피혁〕 제품. 가죽으로 제작한 용구.

【皮开肉绽】 **píkāi-ròuzhàn** 솅 **1** 피부가 찢기고 살이 터지다. **2**⾃ 흠씬 두들겨 맞아 상처가 몹시 심하다.

【皮库】 **píkù** 몡 (피부 이식을 위한) 피부 조직 보관 설비.

【皮里春秋】 **pílǐ-Chūnqiū** ☞【皮里阳秋】 **pílǐ-Yángqiū**

【皮里阳秋】 **pílǐ-Yángqiū** 솅 **1** 피리양추. [공자(孔子)가 《춘추(春秋)》에서 포폄을 직접 드러내지 않고 글 속에 함축시킨 표현 수법을 '春秋笔法(춘추필법)'라고 하는데, 진대(晉代)에 문제(文帝)의 모친인 아춘(阿春)의 이름자를 피하기 위해 '春秋'를 '阳秋'로 바꾼 데서 유래한 말] **2**⾃ 입 밖으로 내지 않고 속으로만 하는 비평. =【皮里春秋】 **pílǐ-Chūnqiū**

【皮脸】 **píliǎn** 톙⾃ **1** 장난이 심하다. **2** 낯짝이 두껍다. 뻔뻔스럽다. 철면피 같다. 얼굴이 두껍다.

【皮脸儿】 **píliǎnr** 몡 (중국식 헝겊신에서) 가죽으로 된 코.

【皮毛】 **pímáo** 몡 **1** 사람의 피부와 모발. **2** (인체의) 겉(면). 피부. **3**⾃ 피상적인〔얕은·천박한〕지식. ¶对于电器维修, 他只懂一点~. =전자제품 수리에 대해서 그는 조금밖에 모른다. **4** (짐승의) 털가죽. 모피.

【皮帽】 **pímào** 몡 가죽 모자.

【皮棉】 **pímián** 몡 조면(繰綿). 피면. =【皮花】 **píhuā**

【皮囊】 **pínáng** 몡 **1** 가죽 주머니〔부대·자루·포대〕. **2** 몡⾃ 몸뚱이. 몸뚱어리. ¶空有一副好~=그럴듯한 몸뚱어리만 갖고 있을 뿐이다.

【皮袍】 **pípáo** 몡 모피로 안을 댄 중국 전통식 두루마기.

【皮球】 **píqiú** 몡 고무공.

【皮肉】 **píròu** 몡 **1** 피부와 살. ¶都是~伤, 并无大碍. =피부와 살만 다쳤을 뿐 별일 아니다. **2** 육체. 신체. ¶~之苦=육체적인 고통.

【皮褥子】 **pírù·zi** 몡 털요. 모피로 만든 깔개.

【皮试】 **píshì** ☞【皮下试验】 **píxià shìyàn**

【皮实】 **pí·shi** 톙 **1** (몸이) 튼튼하다. 실하다. 튼실하다. ¶他的身体~着呢. =그는 몸이 아주 튼튼해요. **2** (기물이) 견고하다. 튼튼하다. ¶这包挺~, 用了十多年都没坏. =이 가방은 제법 튼튼해서, 십여 년을 썼는데도 망가지지 않았다. →娇贵

【皮糖】 **pítáng** 몡 **1** 엿으로 만든 사탕. **2** 쫄깃쫄깃한 사탕.

【皮条】 **pítiáo** 몡 가죽끈. 고무끈.

【皮艇】 **pítǐng** 몡(體) **1** 카누(canoe). **2** 카약(kayak).

【皮桶儿】 **pítǒngr** ☞【皮桶子】 **pítǒng·zi**

【皮桶子】 **pítǒng·zi** 몡 (가죽옷을 만드는) 털가죽 안감. 모피. 털가죽. =【皮桶儿】 **pítǒngr**

【皮下试验】 **píxià shìyàn** 몡(醫) 스킨 테스트 (skin test). [소량의 약물을 환자의 피하에 주입하여 약물에 대한 과민 반응을 확인하는 것] ☞【皮试】 **píshì**

【皮下注射】 **píxià zhùshè** 동(醫) 피하에 주사하다.

【皮下组织】 **píxià zǔzhī** 몡(生) 피하 조직.

【皮线】 **píxiàn** ☞【橡皮线】 **xiàngpíxiàn**

【皮箱】 **píxiāng** 몡 가죽 트렁크(trunk). 여행용〔짐〕 가죽 가방. 가죽 슈트케이스(suitcase).

【皮相】 **píxiàng** 동⾃ 겉만 보다. 피상적이다.

얄팍하다. ¶~之见=피상적인 견해.
【皮硝】píxiāo 【朴硝】pòxiāo
【皮笑肉不笑】pí xiào ròu bù xiào 企 거짓 웃음을 짓다. 헛웃음을 짓다.
【皮鞋】píxié 圀 가죽 구두. ≒革履
【皮靴】píxuē 圀 가죽 장화. 가죽 부츠(boots). 가죽 목구두.
【皮炎】píyán 圀(醫) 피부염.
【皮衣】píyī 圀 모피나 가죽으로 만든 옷. 가죽옷. 모피옷. 털가죽옷.
【皮影戏】píyǐngxì 圀(劇) (가죽 인형) 그림자극. =【影戏】yǐngxì
【皮张】pízhāng 圀 (가공 전의) 생가죽. 날가죽. 생피.
【皮掌儿】pízhǎngr 圀 (고무·가죽으로 만든) 구두창.
【皮疹】pízhěn 圀(醫) 피진.
【皮之不存, 毛将焉附】pí zhī bù cún, máo jiāng yān fù 企 1 가죽이 없어지면 털은 어디에서 자랄까? 가죽 없이 털이 날까? 2 (사물은) 기초가 없으면 존재할 수 없다.
【皮脂】pízhī 圀(生) 피지.
【皮脂腺】pízhīxiàn 圀(生) 피지선. 기름샘.
【皮纸】pízhǐ 圀 (우산 등을 제작하는) 피지. 피딱지. 질긴 종이.
【皮质】pízhì 圀(生) 1 피질. 2 ☞【大脑皮层】dànǎo pícéng
【皮重】pízhòng 圀 1 포장 무게. 2 물건의 무게를 잴 때 사용하는 용기의 무게.
【皮子】pí·zi 圀 1 피혁. 가죽. 모피. 2 피(皮). 겉. 껍질. 껍데기. 거죽. 표피. 표지. 포장. 덮개. ¶书~=책가위

# 苉 pí 당아욱 비
【苉芣】pífú 圀(植) 고서(古書)에서 (당)아욱을 가리킴.

# 陂 pí 땅 이름 피
지명에 쓰이는 글자. ¶黄~=황피. [후베이(湖北)성에 있는 지명]
☞ bēi, pō

# 枇 pí 비파나무 비
【枇杷】pí·pá 圀(植) 1 비파나무. [열매 모양이 비파와 비슷하여 붙여진 이름. 약용하며 잎은 차로 달여 마심] 2 비파나무의 열매. 비파.

# 狓 pí 오카피 피
☞【㺽狓】huòjiāpí

# 毗[(毘)] pí 도울 비
屬❶ 1 인접하다. 맞닿다. 접하다. 잇닿다. 잇대어 있다. ¶檐梠~连=돛대가 잇대어 있다. 2 돕다. 협력하다. 보조하다. 협조하다. ¶~佐危国=위태로운 나라를 돕다.
【毗连】pílián 屬 인접하다. 맞닿다. 잇대어 있다. ¶山川~=산과 강이 맞닿다.

【毗邻】pílín 屬 (지역이) 인접하다. 맞닿다. 접하다. 잇닿다. ¶两国~=두 국가가 인접하다.

# 蚍 pí 왕개미 비
아래를 참조.
【蚍蜉】pífú 圀國(動) (고서(古書)에 나오는) 왕개미의 일종.
【蚍蜉撼大树】pífú hàn dàshù 企 1 왕개미가 큰 나무를 흔들어 움직이려 하다. 2 (비) 제 분수를 모르고 무모한 행동을 하다. 주제를 모르다. =【蚍蜉撼树】pífú-hànshù ☞ 【蚍蜉撼大树】pífú hàn dàshù

# 铍[鈹] pí 베릴륨 피
圀图(化) 베릴륨(Be, beryllium). [원자 번호 4]
☞ pī

# 郫 Pí 땅 이름 비
圀(地) 피(郫)현. [쓰촨(四川)성에 있는 지명]

# *疲 pí 피곤할 피
厖 피곤하다. 피로하다. 노곤하다. 지치다. ¶精~力尽=기진맥진하다. 屬 느슨하게 하다. 해이하게 하다. 약화시키다. 시들해지다. 시세가 부진하다. 가격이 떨어지다. ¶价格~软=가격이 떨어지다.
【疲惫】píbèi 厖 대단히 피곤(피로)하다. 대단히 지치다. ¶身心~=심신이 몹시 피곤하다. 屬 몹시 피곤하게(피로하게·지치게) 하다. ¶采取拖延战术，~对方。=지연 전술을 써서 상대를 몹시 지치게 하다. ≒疲乏
【疲敝】píbì 厖 (인력·물자가) 부족하다. 결핍되다. 궁핍하다. 피폐하다. ¶国力~=국력이 피폐해지다. ≒疲倦 ↔轻松
【疲顿】pídùn 厖國 대단히 피곤(피로)하다. 대단히 지치다. ¶~不堪=기진맥진하다.
【疲乏】pífá 厖 1 피곤(피로·노곤)하다. 지치다. ¶~无力=피곤하고 힘이 없다. 2 (生) 피로하다. ¶肌肉~=근육이 피로하다. ≒疲劳 疲倦 疲惫
【疲竭】píjié 厖國 (정력이) 깡그리 소모되다. 소진되다. ¶心神~=몸과 마음이 소진되다.
【疲倦】píjuàn 厖 1 피곤(피로·노곤)하다. 지치다. ¶忙了一整天，感觉有些~。=하루 종일 바빴더니 조금 피곤하다. 2 느슨하다. 늘어지다. 해이하다. 나른하다. ¶继续努力，不能~。=계속 노력해야지 늘어지면 안 된다. ≒疲乏 疲劳 疲敝
【疲困】píkùn 厖 1 피곤(피로·노곤)하다. 지치다. ¶连着熬了几天夜，把人搞得很~。=며칠 연달아 밤을 샜더니 무척 피곤하다. 2 (경제 상황 등이) 부진하다. 약세이다. 내림세이다. 무력하다. ¶~不振=부진하다.
【疲劳】píláo 厖 1 피곤(피로·노곤)하다. 지치다. ¶干了一天的活儿，感觉非常~。=하루 종일 일했더니 대단히 피곤하다. 2 (生) 피로하다. ¶视觉~=시각이 피로하다. 3 (物) 피로하다.

¶弹性~=탄성 피로. ≒疲乏 疲倦

【疲劳试验】píláo shìyàn 명(物) 피로 시험.

【疲累】pílèi 형 피로하다. 피곤하다. 노곤하다. 지치다. 기진맥진하다. 쇠약하다. ¶~不堪=기진맥진하다.

【疲癃】pílóng 형문 늙고 병이 많다. 노약하다.

【疲疲塌塌】pí·pi tātā(~的) 형 느슨하다. 해이하다. 늘어지다. 긴장이 풀리다. 꾸물거리다. 태만하다. ¶他这人~的, 干什么事都提不起劲儿。=그 사람은 꾸물거리기만 하고 무슨 일을 해도 힘을 쓰지 못한다.

【疲软】píruǎn 형 1 피로하고 기운이 없다. 나른하다. 피곤하다. 나약하다. ¶劳累过度, 浑身~。=지나치게 무리를 해서 온몸이 나른하다. 2(經) 불경기이다. 경기가 부진하다. 약세이다. 내림세이다. 가격이 떨어지다. ¶经济~=경제가 불황이다. ↔坚挺

【疲弱】píruò 형 연약하다. 허약하다. 힘이 없다. 쇠약하다. ¶身体~=몸이 허약하다.

【疲塌】【疲沓】pí·ta 형 느슨하다. 해이하다. 늘어지다. 긴장이 풀리다. 꾸물거리다. 태만하다. ¶做事这样~, 什么时候才能把工作干完？=일을 이렇게 꾸물거려서야, 언제 다 끝낼래?

【疲沓】pí·ta ☞【疲塌】pí·ta

【疲塌塌】pí·ta·ta(~的) 형 느슨하다. 해이하다. 늘어지다. 시들하다. 긴장이 풀리다. 꾸물거리다. 태만하다.

【疲于奔命】píyú-bēnmìng 성 1 명을 받고 바삐 돌아다니다가 지치다. 2 바빠서 숨 돌릴 새도 없다. ≒席不暇暖 ↔悠哉游哉 优哉游哉

**陴** pí 성가퀴 비
명문 여장. 성가퀴. 성 위에 낮게 쌓은 담.

**埤** pí 더할 비
동문 증가하다. 부가하다.
☞ pì

*啤 pí 맥주 비
명외 맥주. ¶生~=생맥주.
【啤酒】píjiǔ 명 맥주. =【麦酒】màijiǔ
【啤酒肚】píjiǔdù 명 맥주배. 술배. 뚱뚱한 배.
【啤酒花】píjiǔhuā 명(植) 1 홉(hop). 2 홉의 이삭. =【忽布】hūbù【蛇麻】shémá【酒花】jiǔhuā

**琵** pí 비파 비
아래를 참조.
【琵琶】pí·pá 명(音) 비파. [현악기의 일종]
【琵琶骨】pí·pagǔ ☞【肩胛骨】jiānjiǎgǔ

**椑** pí 술잔 비
명 옛날, 타원형의 술잔.
☞ bēi

**脾** pí 비장 비
명(生) 비장(脾臟). 비(脾). 지라.

○● 巢cháo脾, 醒脾, 牛脾气

【脾疳】pígān 명(醫) 비감. 식감(食疳).

【脾寒】pí·hán ☞【疟疾】nüèjí

【脾气】pí·qi 명 1 성격. 성질. 성미. 기질. ¶~暴躁=성격이 조급하다. 2 성깔. 성질. ¶发~=짜증내다. 화내다. ≒脾性

【脾胃】píwèi 명 1(生) 비장과 위. 2 비위. 취향. 기호. ¶童话故事很合孩子们的~。=동화 이야기는 아이들의 취향에 맞다.

【脾性】píxìng 명방 성격. 성질. 기질. 습성. ¶跟他接触不多, 不了解他的~。=그와는 접촉이 많지 않아서, 그의 성격을 잘 모른다. ≒脾气

【脾脏】pízàng 명(生) 비장.

**鲏**[鮍] pí 납줄개 피
☞【鳑鲏】pángpí

**裨** pí 보좌할 비
형문 보조의. 보조적인. 부차적인. ¶偏~=비장(裨將).
☞ bì
【裨将】píjiàng 명 비장. 부장(副將). 대장을 돕는 장군.

**蜱** pí 진드기 비
명(動) 진드기.

**罴**[羆] pí 큰곰 비
명문(動) 큰곰.

**膍** pí 처녑 비
명 (소나 양의) 처녑.
【膍胵】píchī 명방 조류(鳥類)의 위. ¶鸡~=닭의 위.

**貔** pí 비휴 비
명 고서(古書)에 나오는 전설상의 맹수.
【貔虎】píhǔ 명비 용맹한 군대.
【貔貅】píxiū 명 1 비휴. [고서(古書)에 나오는 맹수의 일종] 2비 용맹한 군대.
【貔子】pí·zi 명비 족제비.

**鼙** pí 북 비
명 옛날, 군대에서 사용하던 작은 북.
【鼙鼓】pígǔ 명 1 옛날, 군대의 전고(戰鼓). ¶~喧天=전투 북 소리가 하늘까지 울리다. 2 전쟁. ¶闻~而思良将。=전쟁터의 북 소리를 듣고서 훌륭한 장수를 생각하다.

**匹**[^1] pǐ 짝 필
명문 짝(쌍)을 이루는 것. 형 단독의. 혼자의. ¶单枪~马=혼자서 말을 타고 적진에 뛰어들다. 동 필적하다. 맞먹다. 상당하다. ¶难与为~=비교가 안 된다. 필적할 수 없다.

**匹**[^2][(疋)[^1/2]] pǐ 필 필

## 匹 pǐ

**1** 필. [비단·천 등의 길이 단위]¶一~布=포목 한 필. / 两~绸子=주단 두 필. **2** 필. [말·노새 등의 가축을 세는 단위]¶两~马=말 두 필. / 三~骡子=노새 세 필. **3** ⟨방⟩ 산을 세는 단위. ¶一~山=산 하나.
☞ 疋(yǎ)

○● 布匹, 马匹

【匹敌】**pǐdí** ⟨동⟩ 필적하다. 동등하다. 잘 어울리다. 걸맞다. 맞먹다. 엇비슷하다. 상대하다. ¶实力强劲, 无人能够~。=실력이 막강하여 아무도 필적할 수 없다.

【匹夫】**pǐfū** ⟨명⟩ **1** 홀몸. 한 사람. **2** 평범한 사람. 일반[보통] 사람. ¶国家兴亡, ~有责。=나라의 흥망성쇠에 대해서는 보통 사람들에게도 책임이 있다. **3** 필부. 학식과 지혜가 부족한 사람. [주로 초기 백화문에 보임] ¶~之辈=필부.

【匹夫之勇】**pǐfūzhīyǒng** ⟨성⟩ 필부의 용기. 지모(智謀)를 쓰지 않고 개인의 혈기에만 의지하는 용기.

【匹马单枪】**pǐmǎ-dānqiāng** ☞【单枪匹马 dānqiāng-pǐmǎ】

【匹配】**pǐpèi** ⟨동⟩ **1** ⟨문⟩ 결혼하다. 배필로 맺어지다. ¶~良缘=결혼을 하다. **2** (電) (부품 등을) 정합(整合)하다. ¶功率~=출력 정합.

【匹头】**pǐ·tou** ⟨명⟩ **1** ⟨방⟩ 피륙. 천. **2** 옷감.

## 庀 pǐ 갖출 비

⟨동⟩⟨문⟩ **1** 갖추다. 준비[구비]하다. ¶鸠工~料=종업원을 모으고 재료를 구비하다. **2** 다스리다. 관리하다. 처리하다. ¶子将~内政焉。=그대가 앞으로 내정을 다스리시오.

## 圮 pǐ 무너질 비

⟨동⟩⟨문⟩ 무너지다. 허물어지다. 쓰러지다. ¶倾~=(건물이나 담장이) 무너지다.

## 仳 pǐ 헤어질 비

⟨동⟩⟨문⟩ 이별하다. 헤어지다.

【仳离】**pǐlí** ⟨동⟩⟨문⟩ **1** 부부가 헤어지다[이혼하다]. **2** 처가 버려지다[쫓겨나다].

## 否 pǐ 악할 비

⟨형⟩⟨문⟩ 나쁘다. 사악하다. ¶乐极生悲, ~极泰来。=즐거움 끝에는 슬픈 일이 생기고, 불운이 극에 달하면 행운이 온다. ⟨동⟩⟨문⟩ 헐뜯다. 비난[책망·혹평]하다. 깎아 내리다. ¶臧~人物=인물의 좋고 나쁨을 비판하다. ↔泰
☞ fǒu

【否极泰来】**pǐjí-tàilái** ⟨성⟩ 불운이 극에 달하면 행운이 온다. 고생 끝에 낙이 온다. ≒苦尽甘来

【否泰】**pǐtài** ⟨명⟩⟨문⟩ 흉함과 길함. 불운과 행운. [《주역(周易)》64괘 중의 한 가지]

## 吡 pǐ 헐뜯을 비

⟨동⟩⟨문⟩ 비난[책망]하다. 꾸짖다. 헐뜯다.
☞ bǐ

## 痞 pǐ 뱃속 결릴 비

⟨명⟩ **1** (醫) (손으로 만져지는) 뱃속의 덩어리. 비괴(痞块). **2** 불량배. 깡패. 건달. 무뢰한. 악한. ¶地~=본바닥 건달.

○● 兵痞, 文痞

【痞话】**pǐhuà** ⟨명⟩ 상스러운 말. 비속한 말. 저열한 말.

【痞块】**pǐkuài** ⟨명⟩ (醫) (손으로 만져지는) 뱃속의 덩어리. 비괴(痞块). =【痞积】**pǐjī**

【痞积】**pǐjī** ☞【痞块】**pǐkuài**

【痞气】**pǐqì** ⟨명⟩ 건달[불량배] 기질. ¶一身~=건달 기질이 농후하다.

【痞子】**pǐ·zi** ⟨명⟩ 건달. 깡패. 무뢰한. 불량배. 악한. 부랑자.

## 劈 pǐ 쪼갤 벽

⟨동⟩ **1** 가르다. 쪼개다. 찢다. 나누다. 벌리다. ¶把白菜帮子~成两半。=배추 겉대를 둘로 찢다. **2** 떼어 버리다. 떼어 내다. 벗기다. 따다. 꺾다. 분리시키다. ¶~高粱叶=수숫잎을 떼어 내다. **3** (다리나 손가락이) 지나치게 벌어지다. ¶把两腿尽力~开。=두 다리를 힘껏 벌려라.
☞ pī

【劈叉】**pǐchà** ⟨명⟩ 다리벌리기. [체조·무술·무용 등에서 두 다리를 반대 방향으로 곧게 벌려서 땅에 대는 동작]

【劈柴】**pǐ·chai** ⟨명⟩ 땔나무. 땔감. 장작.
☞ pī‖chái

【劈账】**pǐ‖zhàng** ⟨동⟩ 계산〔지불액〕을 나누다. 비율에 따라 이익〔돈〕을 나누다. 배당하다. ¶四六~=4 대 6으로 돈을 나누다.

## 擗 pǐ 가슴 칠 벽

⟨동⟩ **1** ⟨문⟩ 가슴을 치다. ¶~踊拊心=(애통해서) 가슴을 치고 발을 구르다. **2** 떼어 버리다. 떼어 내다. 벗기다. 따다. 꺾다. 분리시키다. ¶~棒子=막대기를 꺾다.

【擗踊】**pǐyǒng** ⟨동⟩⟨문⟩ (애통해서) 가슴을 치고 발을 구르다. ¶~哀号=가슴을 치고 발을 구르며 통곡하다.

## 癖 pǐ 버릇 벽

⟨명⟩ 각별한 취미〔기호·버릇〕. 인. 고질. 탐닉. 열중. 중독. 벽(癖). ¶洁~=결벽(증). / 嗜酒成~=술에 중독되다.

○● 怪癖

【癖爱】**pǐ'ài** ⟨동⟩⟨문⟩ 특별히〔유별나게〕 좋아하다. ¶~书法=서예를 각별히 좋아하다.

【癖好】**pǐhào** ⟨명⟩ 취미〔기호·버릇〕. 인. 고질. 탐닉. 열중. 중독. 벽(癖). ¶他对收藏奇石有很深的~。=그는 수석 수집에 각별한 취미를 갖고 있다. ≒嗜好

【癖习】**pǐxí** ⟨명⟩ (개인적으로 독특한) 기호. 습관. 습성. 버릇. ¶~难改=습관은 고치기 힘들다.

【癖性】pǐxìng 图 (개인적으로 독특한) 기호. 습관. 습성. 버릇. ¶他没有什么怪~。=그는 별다른 괴이한 습성이 없다.

# 豍 pí 클 비
[형] 크다.

# *屁 pì 방귀 비
图 1 방귀. ¶放~=방귀뀌다. 허튼소리하다. 2 (비) 하찮은 것. 시시한 것. 보잘것없는 것. ¶~大点儿的事哪值得这样声张?=하찮은 일을 이렇게 떠벌릴 필요가 뭐 있어? 대 무엇. 뭐. [흔히 부정이나 질책에 쓰임] ¶你懂个~!=네가 뭘 알아!

○→ 狗屁, 拍pāi马屁

【屁股】pì·gu 图 1 (완) '臀(tùn, 궁둥이·엉덩이)'의 속칭. 둔부. 2 (동물의) 궁둥이. 엉덩이. 꽁무니. ¶老虎的~摸不得。=호랑이의 엉덩이는 만지면 안 된다. 건드려서는 [자극해서는·화나게 해서는·약올려서는] 안 된다. 3 (비) 끄트머리. 끝. 뒤. 배후. 꽁다리. (맨) 후부. ¶香烟~=담배꽁초.

【屁股沉】pì·guchén (방) 궁둥이가 무겁다. 한 군데에 오래 앉아 있다. (손님이) 오래 버티고 안 가다. ¶他~, 一坐就两小时。=그는 엉덩이가 무거워서 한번 앉으면 두 시간이다.

【屁股蛋儿】pì·gudànr 图(완) 엉덩판. 둔부. =【屁股蛋子】pì·gudàn·zi

【屁股蛋子】pì·gudàn·zi ☞【屁股蛋儿】pì·gudànr

【屁股蹲儿】pì·gudūnr 图(방) 엉덩방아. ¶不注意摔了个~。=잘못 넘어져서 엉덩방아를 찧었다.

【屁股帘儿】pì·guliánr 图(방) 개구멍바지의 엉덩이에 다는 방한용 가리개. =【屁股帘子】pì·gulián·zi 【屁帘儿】pìliánr

【屁股帘子】pì·gulián·zi ☞【屁股帘儿】pì·guliánr

【屁滚尿流】pìgǔn-niàoliú 방귀가 나오고 오줌을 쌀 정도로 몹시 놀라다 [쩔쩔매다]. 혼비백산하다.

【屁话】pìhuà 图 쓸데없는 소리. 헛[허튼]소리. ¶满口~=온통 헛소리뿐이다.

【屁帘儿】pìliánr ☞【屁股帘儿】pì·guliánr

【屁事】pìshì 图 1 자질구레한 일. 하찮은 일. 사소한 일. ¶这点~哪需要这么多人手?=이런 사소한 일에 어디 이렇게 많은 일손이 필요해? 2 무슨 일. [반감과 혐오를 나타냄] ¶别人爱怎么说怎么说去, 关我~!=남이야 뭐라고 말하든, 나랑 무슨 상관이야!

# 埤 pì 낮은 담 비
☞ pí

【埤堄】pìnì 图(완) 여장. 성가퀴. 흉장(胸牆). 성위에 낮게 쌓은 담.

# 滹 Pì 강 이름 비

图(지) 피허(淠河). [안후이(安徽)성에 있는 강 이름]

# 睥 pì 흘겨볼 비
【睥睨】pìnì 图(완) 1 눈을 흘기다. 흘겨보다. 2 업신여기다. 상대하지 않다. 깔보다. 멸시하다. ¶~万物=모든 것을 깔보다.

# *辟¹[闢] pì 열 벽
图 1 열다. 개척하다. 개발하다. 개간하다. 개설하다. 일구다. 창건[창립]하다. ¶独~蹊径=홀로 새로운 국면을 개척하다. 2 반박하다. 논박하다. 규탄하다. 배척[배제]하다. ¶~谬=잘못된 논리에 대해 반박하다. 图 투철하다. ¶精~=치밀하다.

# 辟² pì 법 벽
图(완) 법. 법률. 형법. ¶大~=옛날의 사형.
☞ bì, pī

○→ 开辟

【辟除】pìchú 图(완) 제거하다. 없애다. 쓸어 버리다. 배척하다. 물리치다. ¶~邪说=그릇된 주장을 물리치다.

【辟设】pìshè 图(완) 창립하다. 창건하다. 건립하다. 설립하다. 설치하다. ¶~公关部=섭외부를 설립하다.

【辟谣】pì‖yáo 图(완) 진상을 밝히다. 소문을 반박 [부인]하다. ↔造谣

# 媲 pì 비견할 비
图 필적하다. 비견하다. 어깨를 겨루다. 상대할 [견줄] 만하다. ¶完全可与之~美。=충분히 그것과 견줄 만하다.

【媲美】pìměi 图 아름다움을 겨루다. 필적하다. 비견하다. 어깨를 겨루다. 상대할 [견줄] 만하다. ¶她婉转的歌喉堪与夜莺~。=그녀의 감미로운 노랫소리는 꾀꼬리와 겨룰 만하다.

# *僻 pì 후미질 벽
图 1 외지다. 후미지다. 궁벽하다. 구석지다. ¶荒~=황량하고 외지다. / 穷乡~壤=궁벽한 벽촌. 산간벽지. 2 보기 드물다. 진귀하다. 희귀하다. ¶生~=낯설다. 보기 드물다. / 冷~=인적이 드물다. 쓸쓸하다. 3 (성격이) 괴팍[괴벽]하다. 별나다. 까다롭다. ¶怪~=괴팍하다. / 乖~=비뚤어지다. 어긋나다.

○→ 怪僻, 荒僻, 偏僻, 乡僻

【僻地】pìdì 图 벽지. 한적한 [외진] 곳. 인적이 드문 곳. 외딴 곳. 두메. ¶山村~=두메 산골.

【僻典】pìdiǎn 图 흔히 쓰지 않는 전고(典故).

【僻静】pìjìng 图 후미지다. 구석지다. 외지다. 으슥하다. 외딴 조용하다. 구석지고 고요하다. ¶找个~的地方说说话。=외진 곳을 찾아서 얘기 좀 하자. ↔喧闹

【僻陋】**pìlòu** 형 외지고 황량하다. 궁벽하다. ¶~的乡野之地＝외지고 황량한 시골.

【僻壤】**pìrǎng** 명 외진 곳. 벽촌. 산간벽지. ¶荒山~＝황폐한 산간벽지.

【僻巷】**pìxiàng** 명＠ 외진〔외딴·후미진·쓸쓸한〕 골목.

【僻远】**pìyuǎn** 형 외지고 멀다. ¶~的乡村小镇＝외지고 먼 시골 작은 마을.

【僻字】**pìzì** 명 벽자. 흔히 안 쓰는 드문 글자.

澼 **pì** 헹굴 벽
☞【洴澼】**píngpì**

甓 **pì** 벽돌 벽
명＠ 벽돌.

䴙[鷿] **pì** 농병아리 벽
【䴙䴘】**pìtī** 명(動) 농병아리.

譬 **pì** 비유할 비
동 비유하다. ¶连类~喻＝같은 무리를 연결지어 비유하다. 명 예. 비유. 실례. 실제 본보기. ¶设~＝비유하다.

【譬方】**pìfāng** 명 예. 비유.
【譬如】**pìrú** 동 예를 들다.
【譬喻】**pìyù** 동 비유하다.

# pian

片 **piān** 조각 편
아래를 참조.
☞ **piàn**

【片儿】**piānr** 명 얇고 납작한 것. 조각. 판. 편. ¶相~＝사진. / 唱~＝음반. 레코드.

【片头】**piāntóu** 명＠ 타이틀(title). 시작 자막. 오픈 크레디트(credit). [영화 등의 첫머리에 제목·주연·감독 이름 등을 소개하는 부분]

【片尾】**piānwěi** 명＠ 엔딩 크레디트(credit). 종영 자막. [영화 등의 끝머리에 배우 이름 등을 소개하는 부분]

【片约】**piānyuē** 명＠ (영화 배우나 탤런트의) 출연 계약.

【片子】**piān·zi** 명 1 영화용 필름. 2 영화. ¶这部~取得了不错的票房成绩.＝이 영화는 흥행에서 좋은 성적을 올렸다. 3 X선 필름. ¶他昨天到医院拍了张~.＝그는 어제 병원에 가서 X선 촬영을 했다. 4 레코드. 음반. 디스크. 유성기판. ¶他收藏了很多老~.＝그는 오래 된 레코드를 많이 소장하고 있다.
☞ **piàn·zi**

扁 **piān** 작을 편
☞ **biǎn**

【扁舟】**piānzhōu** 명＠ 편주. 작은 배. 조각배. ¶一叶~＝일엽편주.

偏 **piān** 치우칠 편
형 1 치우치다. 쏠리다. 몰리다. 기울다. ¶中间~左＝가운데가 왼쪽으로 쏠리다. 2 편향되다. 편중되다. 치우치다. ¶兼听则明, ~信则暗.＝여러 방면의 의견을 들으면 사리분별이 밝아지고, 어느 한 편의 말만 믿으면 사리분별이 어둡게 된다. 3 외지다. 보기 드물다. ¶~远地带＝외진 지역. 4 보좌의. 버금의. ¶以~佐攻. ＝좌우익이 거짓 공격을 하다. 동 1 (정상적인 방향에서) 벗어나다. 이탈하다. ¶飞机~离航向.＝비행기가 정상 항로를 이탈하다. 2 (정상적인 기준에서) 벗어나다. ¶气温~高＝기온이 높은 편이다. 3 먼저 실례하다. 먼저 실례했습니다. [차나 식사 따위를 상대방보다 먼저 하겠다, 혹은 먼저 하였음을 나타내는 말] ¶我已经~过了.＝저는 이미 먼저 실례했습니다. 부 기어코. 일부러. 꼭. 굳이. ¶明知山有虎, ~向虎山行.＝산에 호랑이가 있는 줄 뻔히 알고서도 기어코 산으로 가다. 어떤 일의 결과를 미리 알면서도 그 일을 기어코 하려 하다. ↔正

◐◉ 纠**jiū**偏, 一偏

【偏爱】**piān'ài** 동 편애하다. ¶在文学作品中, 他~诗歌.＝문학 작품 가운데 그는 시(詩)를 편애한다.

【偏安】**piān'ān** 동 (중원을 잃고) 겨우 남은 작은 영토에서 일시적인 안일을 탐하다. 일부 지방에 안거함을 만족해하다. ¶~一隅＝조그만 영토에 안거함을 만족해하다.

【偏才】**piāncái** 명 1 잔재주. 2 잔재주가 있는 사람. 잔재주꾼. 3 재주꾼. 재간꾼. 선수.

【偏差】**piānchā** 명 1 편차. 오차. ¶稍有~都不能击中目标.＝조금이라도 오차가 나면 과녁을 맞출 수 없다. 2 오류. 잘못. 틀림. 편향. ¶工作中一旦发生~, 必须立即纠正.＝작업 중 일단 오류가 나타나면 반드시 즉시 수정해야 한다.

【偏待】**piāndài** 동 편파적으로 대하다. 편견을 가지고 대하다. 한쪽만을 치우쳐 대우하다. 불평등한 대우를 하다.

【偏殿】**piāndiàn** 명 (궁전이나 사원의) 정전(正殿)의 좌우에 세워진 전(殿). 곁채.

【偏饭】**piānfàn** 명 1 (단체 급식에서의) 특별식. 2＠ 특별 대우. 우대. ¶吃~＝특별 대우를 받다.

【偏方】**piānfāng** (~儿) 명 민간 처방〔약방〕.

【偏房】**piānfáng** 명 1 사합원(四合院)의 동서 양쪽 방. 2＠ 첩.

【偏废】**piānfèi** 동 한쪽을 소홀히 하다. ¶各门功课都要重视, 不可~.＝모든 과목이 다 중요하니, 어느 한쪽도 소홀히 하면 안 된다.

【偏锋】**piānfēng** 명 1 편봉. [붓끝이 한쪽으로 향하게 쓰는 필법] 2 (말이나 글 등의) 에두름.

【偏光】**piānguāng** ☞【偏振光】**piānzhènguāng**

【偏航】**piānháng** 동 (비행기나 배가) 항로를 이탈하다. ¶受大风影响, 轮船~了.＝거센 바

람의 영향으로 기선이 항로를 이탈했다.
【偏好】**piānhǎo** 男喝 때맞추어. 공교롭게. ¶ 正有事找你,~你就来了。= 마침 일이 있어 너를 찾았는데, 때맞추어 네가 왔다.
【偏好】**piānhào** 동 특히 좋아하다. 열중하다. 빠지다. (정신이) 팔리다. ¶他从小就~音乐。= 그는 어려서부터 음악에 빠졌다.
【偏护】**piānhù** 동 두둔하다. 편들다. 역성들다. 거들다. 감싸다. ¶对人对事要公正,不可~。 = 사람을 대하든 일을 처리하든 다 공정해야지, 편들어서는 안 된다. ≒偏袒 偏向 偏心
【偏激】**piānjī** 형 (생각·주장 등이) 과격하다. 극단적이다. ¶言词~ = 언사가 극단적이다.
【偏见】**piānjiàn** 명 편견. 선입견. ¶心存~ = 마음에 편견을 가지다. ≒成见
【偏将】**piānjiàng** 명 부장(副將). 비장(裨將).
【偏襟】**piānjīn**(~儿) 명 (중국식 상의에서) 한쪽으로 옷자락을 튼 스타일.
【偏举】**piānjǔ** 동愈 편파적으로 추천하다. 불공평하게 추천하다.
【偏句】**piānjù** 명(언) 종속문(從屬文).
【偏科】**piānkē** 동 일부 과목만 좋아하고 다른 과목은 소홀히 하다. ¶在部分中学生中,~现象比较严重。 = 일부 중학생들은 어떤 과목만 좋아하고 다른 과목은 소홀히 하는 경향이 비교적 심하다.
【偏口鱼】**piānkǒuyú** ☞【比目鱼】**bǐmùyú**
【偏枯】**piānkū** (의) 반신불수. 불균형적이다. 불공평하다.
【偏劳】**piānláo** 동 수고하다. [남에게 도움을 청하거나 자신을 위해 일해 준 데 대해 감사를 나타내는 인사말] ¶~你帮我照看一下行李。= 수고스럽겠지만, 제 짐을 좀 봐 주세요.
【偏离】**piānlí** 동 빗나가다. 벗어나다. 일탈하다. 이탈하다. ¶~目标 = 목표를 빗나가다.
【偏盲】**piānmáng** 명(의) 애꾸눈. 외눈.
【偏门】**piānmén**(~儿) 명 1 정문 옆의 문. 옆문. 2 비인기 사업〔직업〕. 3 부정한 수단〔경로〕.
【偏旁】**piānpáng**(~儿) 명(언) (한자의) 편방. 변방(邊旁). 변.
【偏裨】**piānpí** 형 버금 가는. 다음 가는. 도와주는. 보좌하는. 명愈 부장(副將). 비장(裨將).
【偏僻】**piānpì** 형 외지다. 궁벽하다. 구석지다. ¶~的山区 = 외진 산골. ≒背静
【偏偏】**piānpiān** 男 1 기어코. 일부러. 굳이. 좀처럼. 도무지. 한사코. 아무리 해도. 기를 쓰고. [일부러 객관적이거나 남의 요구에 상반되게 행동함을 나타냄] ¶大家好言相劝,他~不听。 = 모두 좋은 말로 타일렀지만, 그는 기어코 듣지 않았다. 2 마침. 공교롭게. 뜻밖에. [공교롭게도 기대에 어긋날 경우에 쓰임] ¶我专程去拜访他,~他到外地度假去了。 = 내가 특별히 그를 찾아갔는데, 그는 마침 타지로 휴가를 떠났다. 3 유달리. 유독. 하필. 단지. [범위를 표시하며, 불만의 어감을 나타냄] ¶别人都能准时上班,为什么~你不能? = 다른 사람들은 모두 제 시간에 출근을 하는데, 어째서 유독 너만 그러지 않는 거냐? ≒单单

【偏偏倒倒】**piān·pian dǎodǎo**(~的) 형喝 비틀거리다. 휘청휘청하다. 제대로 서 있지 못하는 모양. ¶他喝醉了,走路~的。= 그는 취해서 비틀거리며 걷는다.
【偏颇】**piānpō** 형愈 편파적이다. 불공평하다. 치우치다. ¶这种说法有失~。= 이러한 논조는 편파적이다. ↔持平 公允 平允
【偏巧】**piānqiǎo** 男 1 때마침. ¶正想跟他说点事,~他就来了。 = 그와 막 의논하고 싶었는데, 때마침 그가 왔다. 2 공교롭게. 뜻밖에. ¶他来家里找我,~我有事出去了。= 그가 집으로 나를 찾아왔는데, 공교롭게도 내가 일이 있어 나갔었다. ≒恰巧
【偏衫】**piānshān** 명 편삼. [승복(僧服)의 일종. 왼쪽 어깨에서 오른쪽 옆구리에 걸쳐 상반신을 덮음]
【偏生】**piānshēng** 男喝 1 기어코. 일부러. 굳이. 한사코. 좀처럼. ¶叫他不要去冒险,他~要去。 = 그더러 모험하지 말라고 했는데, 그는 기어코 가려 한다. 2 마침. 공교롭게. 뜻밖에. ¶庄稼正是收割的时候,~老天要下雨。= 농작물을 수확하려는데, 공교롭게도 하늘에서 비가 오려고 한다.
【偏师】**piānshī** 명愈 (주력 부대의) 좌우익. 비주력 부대. 예비 부대.
【偏食】**piānshí** 동 편식하다. ¶~不利于身体健康。= 편식은 신체 건강에 이롭지 않다. 명 (천) 부분식.
【偏手儿】**piānshǒur** 명 편들기. 거들기. 옹호. 두둔하기. ¶拉~ = 싸움을 말리면서 한쪽을 거들다. 중재를 하면서 한쪽 편을 들다.
【偏私】**piānsī** 동 두둔하다. 사적인 정에 치우치다. 편애하다. 감싸다. 사정을 보아주다. 편들다. ¶执法要公正,不可~。 = 법의 집행은 공정해야지 사사로운 정에 치우쳐선 안 된다.
【偏瘫】**piāntān** 명(의) 반신불수. =【半身不遂】**bànshēn búsuí**
【偏袒】**piāntǎn** 동 1愈 한쪽 어깨를 드러내다. 2喝 두둔하다. 역성들다. 거들다. 감싸다. 편들다. ¶~任何一方都是不对的。= 어느 쪽이든 두둔하는 것은 옳지 않다. ≒偏护 袒护
【偏疼】**piānténg** 동 (아랫사람 중 특정한 사람(들)을) 편애하다. ¶爷爷奶奶~小孙子。 = 할아버지와 할머니는 막내손자를 편애한다.
【偏题】**piāntí** 명 까다로운〔생소한〕시험 문제. ¶学生们对老师出~意见很大。= 학생들은 선생님이 까다로운 문제를 출제하신 것에 대해 불만이 크다.
【偏听】**piāntīng** 동 한쪽 말만 듣다. ¶不能~一面之词。= 한쪽 말만 들어선 안 된다.
【偏听偏信】**piāntīng-piānxìn** 성 한쪽 말만 곧이듣다.
【偏头痛】**piāntóutòng** 명(의) 편두통.
【偏西】**piānxī** 동 1 서쪽에 가깝다〔치우치다〕. ¶工业区位于城市的东北~。= 공업 단지는 도시의 동북쪽에서 서쪽 방향으로 치우쳐 있다. 2

(태양이) 서쪽으로 기울다. ¶太阳要~了。=해가 서쪽으로 지려 한다.

【偏析】**piānxī** 명《金》 편석(偏析).

【偏狭】**piānxiá** 형 (언론·의견이) 편협하다. ¶分析问题要客观, 不能~。=문제 분석은 객관적이어야지 편협해서는 안 된다.

【偏向】**piānxiàng** 동 **1** (…쪽으로) 기울다. 쏠리다. (…에) 찬성하다. ¶出国旅游, 我~于去西欧。= 외국 여행이라면 나는 서유럽으로 가는 쪽에 찬성한다. **2** 두둔하다. 감싸다. 편들다. 비호하다. 역성들다. 편향되다. ¶对待每位员工都应一视同仁, 不能一任何人。= 매 직공들을 차별없이 대해야지, 어느 누구도 감싸서는 안 된다. 명 잘못된 경향〔풍조·추세〕. 편향. ¶必须纠正轻视教育的~。=교육을 경시하는 잘못된 경향을 반드시 바로잡아야 한다. ≒偏护 偏袒

【偏斜】**piānxié** 형 비뚤어지다. 기울다. ¶旗杆微微有些~。= 깃대가 약간 기울었다.

【偏心】**piānxīn** 형 **1** (마음이) 한쪽으로 치우치다〔기울다·쏠리다〕. 편파적이다. 편벽되다. ¶妈妈太~了, 每次都护着弟弟。= 엄마는 너무 편파적이어서, 매번 남동생만 감싼다. **2** 《机》 한쪽으로 치우치다. ¶~凸轮=편심캠(eccentric cam).

【偏心轮】**piānxīnlún** 명《机》 편심륜.

【偏心眼儿】**piānxīnyǎnr** 형 **1** (마음이) 한쪽으로 치우치다〔기울다·쏠리다〕. 편파적이다. 편벽되다. ¶老师~会导致威信丧失。= 선생이 편파적이면 위신이 깎일 수 있다. 명 편파적인 마음〔생각〕. 편심. 편견. ¶处事要公正, 不能有~。= 일처리는 공정해야지 편파적인 마음이 있어서는 안 된다.

【偏信】**piānxìn** 동 일방적으로 믿다. ¶注重能力, 不~文凭学历。= 능력을 중시해야지 졸업장이나 학력을 일방적으로 믿어서는 안 된다.

【偏压】**piānyā** 명《电》 바이어스(bias). ¶~电池=바이어스 전지(bias battery).

【偏要】**piānyào** 동 굳이〔일부러〕 …하려 하다. 한사코〔기어코〕 …하려 하다. ¶叫他别去, 他~去。=그에게 가지 말라고 해도 그는 한사코 가려 한다.

【偏移】**piānyí** 동 한쪽으로 이동하다〔움직이다〕. ¶月亮在慢慢~。=달이 천천히 이동한다.

【偏于】**piānyú** 동 …에 치우치다. ¶他的画作~描绘山水风景。=그의 회화 작품은 산수 풍경의 묘사에 치우쳤다.

【偏远】**piānyuǎn** 형 궁벽하다. 외지다. ¶他来自~的山区。= 그는 외진 산골에서 왔다.

【偏振】**piānzhèn** 명《物》 편광(偏光) 현상.

【偏振光】**piānzhènguāng** 명《物》 편광(偏光). = 【偏光】**piānguāng**

【偏正词组】**piānzhèng cízǔ** 명《言》 편정구. 수식구. [수식이나 한정 관계로 이루어진 구]

【偏执】**piānzhí** 형 편집스럽다. 극단적이고 고집스럽다. 고집스럽다. 완고하다. ¶性情~=성격이 편집스럽다.

【偏重】**piānzhòng** 동 편중하다. 치우치다. ¶~孩子的身体健康而忽视心理健康是不行的。

=아이의 신체적인 건강에만 치우치고 심리적인 건강을 소홀히 해서는 안 된다. ≒着重 侧重 ↔ 并重

【偏转】**piānzhuǎn** 동 **1** (物) (계기의 바늘 등이) 편향(偏向)되다. **2** (원래의 방향을) 빗나가다. 벗어나다. 일탈하다. ¶受风力影响, 滑翔机发生了~。=풍력의 영향으로 글라이더(glider)가 원래의 방향을 벗어났다.

【偏坠】**piānzhuì** 명《医》 (고환염·탈장 등으로) 음낭(陰囊)의 한쪽이 부어 처지는 증세.

## 犏 piān 소 편

【犏牛】**piānniú** 명《动》 황소와 야크의 잡종.

## *篇 piān 책 편

명 **1** 완결된 문장. 편. ¶名~佳构=훌륭한 작품〔저작〕. 가작(佳作). **2** (~儿) 쓰거나 인쇄한 낱장〔한 장〕의 종이. ¶歌~儿=낱장 악보. 양 편. 장. [문장·종이 등을 세는 단위] ¶一~散文=산문 한 편. / 两~信纸=편지지 두 장.

○● 开篇, 连篇, 诗篇, 闲篇, 遗yí篇

【篇幅】**piān·fu** 명 **1** 편폭. 문장의 길이. ¶文章~过长, 应作一定删减。=편폭이 너무 길어어느 정도 줄여야 한다. **2** (책·신문 등의) 지면. ¶本报今天用整整四版的~报道奥运会的消息。= 본 신문은 오늘 장장 4면에 걸쳐 올림픽 소식을 보도하였다.

【篇目】**piānmù** 명 **1** (서적의) 편명(篇名). ¶那篇文章的~是《故乡》。=그 문장의 편명은 《고향》이다. **2** (책의) 차례. 목차. ¶那本古籍只传下来一~, 内容全部散失了。=그 고서는 단지 목차만 전해지고 내용은 전부 소실되었다.

【篇页】**piānyè** 명 **1** 편(篇)과 페이지. **2** 문장. 글. 편폭. ¶小说花了不少~对主人公进行描述。=소설은 적지 않은 편폭을 할애하여 주인공을 묘사하였다.

【篇章】**piānzhāng** 명 **1** (작품의) 편(篇)과 장(章). **2** 문장. 글. (추상적인 의미의) 장. ¶~结构=문장 구조. / 唐诗宋词是中国文学史上的光辉~。=당시와 송사는 중국 문학사의 빛나는 장이다.

【篇子】**piān·zi** 명 (쓰거나 인쇄한) 낱장〔한 장〕의 종이. ¶习题~=연습 문제 한 장.

## *翩 piān 빨리 날 편

동⟨문⟩ 경쾌하게〔빨리〕 날다. ¶~若惊鸿=놀라 날아오르는 기러기같이 경쾌하게 날다. 형 동작이 경쾌한 모양. 재빠르다. ¶~然飞舞=나풀나풀 춤추며 날다.

○● 连翩, 联翩

【翩翩】**piānpiān** 형 **1** 동작이 경쾌한 모양. 펄펄〔훨훨〕 날다. 나풀나풀 날다. ¶~起舞=나풀나풀 춤추다. **2** (행동이나 태도가) 풍류스럽다. 멋스럽다. 시원스럽다. ¶风度~=풍채가 멋스럽다.

【翩然】piānrán 웹문 (동작이) 민첩하다. 재빠르다. 경쾌하다. 나는 듯하다. ¶～而至＝재빠르게 이르다.

【翩跹】piānxiān 웹문 (춤추는 모습이) 경쾌하다. 나는 듯하다. 펄펄〔훨훨〕 날다. 나풀나풀 날다. ¶～起舞＝나풀나풀 춤추다.

**便** pián 편할 편
아래를 참조.
☞ biàn

【便佞】piánnìng 웹문 교묘한 말로 남의 환심을 사다. 말주변은 좋으나 마음이 사악하다. ¶～之人＝교묘한 말로 남의 환심을 사는 사람.

【便便】piánpián 웹문 비만하다. 뚱뚱하다. 피둥피둥하다. ¶大腹～＝살이 피둥피둥 찌다.

【便宜】pián‧yi 웹문 공짜. 공것. ¶贪小～吃大亏.＝소탐대실하다. 통 좋게〔잘·수월하게〕 해 주다. 이롭게 해 주다. ¶这样也太～他了.＝이렇게 해도 정말 그에게 잘 해 주는 것이다. 웹 (값이) 싸다. 헐하다. ¶批发市场的水果比较～.＝도매시장의 과일이 비교적 싸다. ≒低廉
☞ biànyí

**骈[駢]** pián 나란히 할 변
통 1 두 필의 말을 나란히 하다. ¶～驰＝두 필의 말을 나란히 하여 질주하다. 2 병렬시키다. 짝을 맞추다. 쌍을 이루다. ¶观众相与～肩.＝관중이 대단히 많다. 웹 대구(對句)의. ¶～体文＝변려문.

【骈比】piánbǐ 웹문 즐비하다. 늘비하다. 빽빽이 늘어서다. ¶屋宇～＝집이 즐비하다.

【骈肩】piánjiān 통 1 어깨와 어깨가 맞닿다. 2 団 사람이 많다. ¶～累迹＝사람이 북적북적하다.

【骈俪】piánlì 명 문장의 대구(對句) 구법.

【骈拇枝指】piánmǔ-zhīzhǐ 중 1 엄지발가락과 두 번째 발가락이 붙고, 손가락이 하나 더 자라난 것. 2 団 쓸데없는 여분〔나머지〕. 군더더기. 사족(蛇足).

【骈四俪六】piánsì lìliù 명 사륙변려문(四六骈儷文). 변려문.

【骈体】piántǐ 명 변려체(骈儷體). 사륙체(四六體). [중국 고대 문체의 일종. '散体(산문체)'와 구별됨]

【骈阗】piántián ☞ 【骈闐】piántián
【骈填】piántián ☞ 【骈闐】piántián
【骈闐】[骈填][骈阗] piántián 통문 모이다. 나열하다. 늘어놓다. 배열하다. ¶奇花异草, ～阶砌.＝기이한 화초가 계단에 늘어놓여 있다. 웹문 매우 많다. ¶士女～＝지위가 높은 여성이 많다.

【骈文】piánwén 명 사륙변려문(四六骈儷文). 변려문.

【骈枝】piánzhī 명문 엄지발가락과 두 번째 발가락이 붙고, 손가락이 하나 더 자라난 것. 웹 군더더기. 사족(蛇足). 여분. 나머지. ¶～机构＝군더더기 기구. / 撤销～部门＝군더더기 부분을 잘라 내다.

**胼** pián 못 박일 변
아래를 참조.

【胼手胝足】piánshǒu-zhīzú 쎄 1 손발에 못이 박이다. 2 団 손발이 닳도록 일하다.

【胼胝】[骈胝] piánzhī 명 (손가락에 생기는) 못. 굳은살.

【胼胝体】piánzhītǐ 명 1 (生) 뇌량(腦梁). 2 (植) 캘러스(callus). 유상 조직(癒傷組織).

**缏[緶]** pián 꿰맬 편
통団 바늘로 꿰매다.
☞ biàn

**楩** pián 나무 이름 편
명(植) 고서(古書)에 나오는 나무의 일종.

**骿** pián 못 박일 변
【骿胝】piánzhī ☞ 【胼胝】piánzhī

**蹁** pián 비틀거릴 편
웹문 (걸을 때) 발이 비뚤다. 비틀거리다.

【蹁跹】piánxiān 웹문 휘돌며〔빙빙 돌며〕 춤추는 모양. ¶～飞舞＝휘돌며 춤추다.

**谝[諞]** piǎn 뽐낼 편
통웹문 과시하다. 뽐내다. 뻐기다. ¶～能＝재능을 뽐내다.

**片** piàn 조각 편
통 1 문 가르다. 절개하다. 나누다. 2 얇게 썰다〔자르다〕. 저미다. ¶～羊肉片儿＝양고기를 저미다. 웹 1 혼자의. 단독의. 단편적인. ¶～面之词＝단편적인 말. 2 산발적이다. 간단하다. 단순하다. 부분적이다. 불완전하다. ¶只言～语＝한두 마디의 간단한 말. 団 1 (～儿) 편평하고 얇은 조각. ¶～～儿面包＝빵 한 조각. / 三～儿药＝약 세 알. 2 지면과 수면 등에 쓰임. ¶～～麦地＝드넓은 보리밭. / ～～汪洋＝망망대해. 3 풍경·기상·언어·소리·마음 등에 쓰임. ¶～～春色＝흐드러진 봄기운. / ～～真心＝진실된 마음. 명 1 (～儿) 편평하고 얇은 물건. 조각. 편. 판. ¶名～儿＝명함. / 唱～儿＝음반. 레코드. 2 영화·연속극 등. ¶巨～＝거작. / 武打～＝무술 영화. 3 (전체 중의) 작은 부분. (큰 지역에서 나누어진) 작은 지역. ¶分～包干＝지역별로 나누어 책임지고 일을 맡다. 4 (Piàn) 성(姓).
☞ piān

○● 阿片, 冰片, 唱片, 弹片, 刀片, 碘diǎn片, 断片, 萼è片, 负片, 瓜片, 画片, 胶片, 景片, 镜片, 卡kǎ片, 裂片, 鳞lín片, 麦片, 篾miè片, 名片, 漆qī片, 切qiē片, 软片, 拓tà片, 图片, 香片, 相片, 雪片, 鸦yā片, 药片, 叶片, 饮yǐn片, 影片, 照片, 正片

【片长】piàncháng 명 1 조그마한 장점. ¶无有～＝조그마한 장점도 없다. 2 (영화나 텔레

비전 드라마의) 길이. ¶~8本=여덟 개 릴(reel)의 길이.

【片酬】 **piànchóu** 몡 (영화 배우나 탤런트의) 출연료.

【片段】 **piànduàn** 몡 토막. 도막. 단편. 부분. 일부. 단락. [주로 문장·책에 쓰임] ¶他们表演的是整部话剧的一个~. =그들이 연기한 것은 전체 연극의 한 토막이다.

【片断】 **piànduàn** 몡 토막. 도막. 단편. 부분. 일부. 단락. [주로 생활·경력에 쓰임] ¶一些往事的~时常在脑海里浮现. =옛일의 토막들이 자주 머릿속에 떠오른다. 혱 단편적인. 불완전한. 산발적인. 드문드문한. 조각조각의. 토막토막의. 산재한. ¶~经验=산발적인 경험.

【片剂】 **piànjì** 몡(醫) 정제(錠劑).

【片甲不存】 **piànjiǎ-bùcún** 솅 **1** 갑옷 한 조각도 남지 않다. **2**비 모조리 전멸되다. 전군이 몰살당하다. =【片甲不留】 **piànjiǎ-bùliú**

【片甲不留】 **piànjiǎ-bùliú** ☞【片甲不存】 **piànjiǎ-bùcún**

【片假名】 **piànjiǎmíng** 몡(言) 가타카나(Katakana).

【片警】 **piànjǐng** ☞【片儿警】 **piànrjǐng**

【片刻】 **piànkè** 몡 잠깐. 잠시. ¶稍坐~=잠깐 앉다. ↔许久

【片孔】 **piànkǒng** 몡 필름 홀(film hole). [영화 필름 양 옆의 구멍]

【片理】 **piànlǐ** 몡(地) 편리(片離). 편상 구조.

【片麻岩】 **piànmáyán** 몡(地) 편마암.

【片面】 **piànmiàn** 혱 **1** 일방적이다. 단편적이다. ¶~作出决定=일방적으로 결정을 내리다. **2** 한쪽으로 치우치다. 편파적이다. ¶不能~地看问题. =한쪽으로 치우쳐서 문제를 바라보면 안 된다. ↔全面 全局

【片面性】 **piànmiànxìng** 몡 단면성. 일방성. 편파성. 편견. ¶这个观点带有一定的~. =이 관점은 어느 정도 단편성을 갖고 있다.

【片儿会】 **piànrhuì** 몡 지구별 임시 회의.

【片儿警】 **piànrjǐng** 몡 지구(地區) 경찰. [관할구역의 사회 치안을 책임지는 경찰] =【片警】 **piànjǐng**

【片儿汤】 **piànrtāng** 몡 수제비.

【片商】 **piànshāng** 몡 영화 배급업자. 디스트리뷰터(distributer). [영화·텔레비전 제작물을 배급하는 사람]

【片石】 **piànshí** 몡 돌조각〔파편〕.

【片时】 **piànshí** 몡 잠깐. 잠시. ¶沉吟~=잠시 망설이며 중얼거리다.

【片头】 **piàntóu** 몡 타이틀(title). 시작 자막. 오픈 크레디트(credit). [영화 등의 첫머리에 제목·주연·감독 이름 등을 소개하는 부분]

【片瓦无存】 **piànwǎ-wúcún** 솅 **1** 기와 조각하나 남지 않다. **2**비 완전히 파괴되다. 잿더미가 되다.

【片尾】 **piànwěi** 몡 엔딩 크레디트(credit). 종영자막. [영화 등의 끝머리에 배우 이름 등을 소개

【片言】 **piànyán** 몡 몇 마디 간단한 말. ¶~可决=몇 마디 말로 해결할 수 있다.

【片言只语】 **piànyán-zhīyǔ** 솅 한두 마디의 간단한 말. 몇 마디의 토막말. =【片言只字】 **piànyán-zhīzì**

【片言只字】 **piànyán-zhīzì** ☞【片言只语】 **piànyán-zhīyǔ**

【片岩】 **piànyán** 몡(地) 편암.

【片约】 **piànyuē** 몡 (영화와 텔레비전 드라마의) 출연 계약.

【片纸只字】 **piànzhǐ-zhīzì** 솅 짤막한 글〔기록〕. 짧은 편지. 단신(短信). ↔连篇累牍

【片子】 **piàn·zi** 몡 **1** 편평하고 얇은 것. 조각. ¶纸~=종이 조각. **2** 명함. ¶把你的~给我一张. =당신의 명함을 한 장 주세요.
☞ **piān·zi**

# 骗[騙] piàn 속일 편

동 **1** 속이다. 기만하다. ¶上当受~=속임수에 빠지다. **2** 속여 빼앗다. 사취(詐取)하다. ¶~钱=돈을 사취하다. **3**㉠ (옆으로 다리를 들어) 올라타다. 뛰어오르다. 훌쩍 오르다. ¶他一~腿骑上了自行车. =그는 자전거에 훌쩍 올라탔다. ≒欺

○● 盗dào骗, 拐guǎi骗, 哄hǒng骗, 局骗, 诓kuāng骗, 蒙mēng骗, 欺qī骗, 诱yòu骗, 诈zhà骗, 撞zhuàng骗

【骗供】 **piàngòng** 동 속여서 자백하게 하다.

【骗局】 **piànjú** 몡 속임수. 꿍꿍이수작. 기만 행위. 기만책. 사기 수단. ¶不慎陷入~. =부주의로 속임수에 빠지다. ≒圈套

【骗马】 **piànmǎ** 동 훌쩍 뛰어 말을 타다. 다리를 들어 말에 올라타다.

【骗卖】 **piànmài** 동 (위조품·저질품을) 속여 팔다.

【骗钱】 **piànqián** 동 돈을 사취하다.

【骗取】 **piànqǔ** 동 편취하다. 사취하다. ¶用花言巧语~别人的信任. =감언이설로 다른 사람의 신임을 얻다.

【骗人】 **piànrén** 동 (남을) 속이다. 기만하다.

【骗术】 **piànshù** 몡 사기술. 기만책. 속임수.

【骗腿】 **piàntuǐ** (~儿) 동 다리를 옆으로 들어올리다. ¶他一~骑上马飞奔而去. =그는 말에 훌쩍 올라타더니 나는 듯이 달려갔다.

【骗子】 **piàn·zi** 몡 사기꾼. ¶江湖~=사기꾼. 야바위꾼. / 学术~=학술 사기꾼.

【骗子手】 **piàn·zishǒu** 몡비 사기꾼.

# piao

## 剽 piāo 빼를 표

동 **1**㉠ 빼앗다. 약탈하다. ¶~掠财物=재물을 약탈하다. **2** 훔치다. 절취하다. 베끼다. ¶~窃行为=표절 행위. 혱㉡ 동작이 날래

剽漂慓缥飘 **piāo** 1485

【剽悍】**piāohàn** 〔형〕 민첩하고 용맹하다. ¶英武~ = 영민하고 용맹스럽다.
【剽疾】**piāojí** 〔형〕 (동작이) 날쌔다. 민첩하다.
【剽掠】**piāolüè** 〔동〕 빼앗다. 약탈하다.
【剽窃】**piāoqiè** 〔동〕 표절하다. 도용하다. ¶学术界的~之风该刹车了。= 학계의 표절 풍조를 일찌감치 제지했어야 했다. ≒剽取 抄袭
【剽取】**piāoqǔ** 〔동〕 표절하다. 도용하다. ≒剽窃 抄袭
【剽袭】**piāoxí** 〔동〕 표절하다. ¶这本书明显~了他人的著作。= 이 책은 틀림없이 다른 사람의 저작을 표절하였다.

***漂** **piāo** 물에 뜰 표
〔동〕 **1** (물이나 액체 위에) 뜨다. ¶鸡汤上面~着一层油花儿。= 닭고깃국에 기름 한 겹이 떠 있다. **2** 이리저리 떠다니다. 표류하다. 떠돌아다니다. ¶一只小船在大海上~着。= 조각배 한 척이 바다에서 표류하고 있다. ≒浮
☞ **piǎo**, **piào**
○● 浮漂, 鱼漂

【漂冰】**piāobīng** 〔명〕 떠다니는 얼음덩이.
【漂泊】【飘泊】**piāobó** 〔동〕 **1** 떠다니다. 떠돌다. 부동(浮動)하다. 표류하다. 물결 따라 흐르다. 정박(停泊)하다. ¶竹筏顺着溪流~而下。= 대나무 뗏목이 시냇물을 따라 표류해간다. **2** 〔비〕 유랑하다. 떠돌아다니다. 방랑하다. ¶~四海 = 세상을 떠돌아다니다. ≒漂流 飘荡
【漂荡】**piāodàng** 〔동〕 **1** 떠다니다. 떠돌다. 부동(浮動)하다. 표류하다. 물결 따라 흐르다. ¶一艘艘帆船在海面上~。= 여러 척의 범선이 바다에서 떠다니고 있다. **2** 〔비〕 유랑하다. 방랑하다. 떠돌아다니다. ¶~异乡 = 타향을 떠돌아다니다. ≒漂流
【漂动】**piāodòng** 〔동〕 떠다니다. 떠돌다. 부동(浮動)하다. 표류하다. 물결 따라 흐르다.
【漂浮】**piāofú** 〔동〕 **1** (물이나 액체 위에) 뜨다. ¶浮萍~在水面上。= 부평초가 물 위에 떠 있다. **2** (물 위에서) 이리저리 떠다니다. 표류하다. ¶一艘破败的渔船~在海面上。= 파손된 어선 한 척이 바다에서 표류하고 있다. **3** 〔비〕 (일하는 것이) 착실〔성실〕하지 않다. 겉으로만 하다. 대충대충 하다. 겉날리다. ¶工作~ = 근무 태도가 착실하지 못하다.
【漂海】【飘海】**piāohǎi** 〔동〕 (먼 이역으로) 항해하다. 항행하다. 바다를 건너다. ¶~出洋 = 외국으로 항해하다.
【漂雷】**piāoléi** 〔명〕〔軍〕 부류 기뢰(浮流機雷).
【漂砾】**piāolì** 〔명〕〔地〕 표석(漂石). [빙하(氷河)를 따라 이동하다가 빙하가 녹은 뒤에 그대로 남게 된 바윗돌]
【漂零】**piāolíng** ☞ 【飘零】**piāolíng**
【漂流】【飘流】**piāoliú** 〔동〕 **1** (물 위에서) 표류하다. 물결 따라 떠다니다. 떠돌다. 부동

(浮動)하다. ¶顺水~ = 물결 따라 흐르다. **2** 작은 배나 가죽 뗏목으로 격류를 타고 내려가다. 래프팅(rafting)하다. 〔비〕 유랑하다. 방랑하다. 방황하다. 떠돌아다니다. ¶~异乡 = 타향을 떠돌아다니다. ≒漂泊
【漂漂荡荡】**piāo·piao dàngdàng** 〔형〕 (물 위에) 떠다니다. 떠돌다. 부동(浮動)하다. 표류하다. 물결 따라 흐르다. ¶一叶扁舟在湖面上~。= 조각배 한 척이 호수 위에 떠다닌다.
【漂萍】**piāopíng** 〔명〕〔운〕 **1** 떠다니는 부평초. **2** 〔비〕 떠돌아다니는 인생. 유랑〔방랑·떠돌이〕 인생. ¶身如~ = 떠돌이 인생.
【漂洋】【飘洋】**piāoyáng** 〔동〕 (먼 이역으로) 항해하다. 항행하다. 바다를 건너다. ¶他~出国去了。= 그는 바다를 건너 외국으로 갔다.
【漂洋过海】**piāoyáng-guòhǎi** 〔성〕 바다를 건너 먼 나라로 가다.
【漂移】**piāoyí** 〔동〕 떠다니다. 표류하다. ¶小船顺着河水缓缓~。= 조각배가 강물을 따라 천천히 떠다닌다. 〔명〕〔電〕 드리프트(drift) 현상. ¶频率~ = 주파수 드리프트.
【漂游】**piāoyóu** 〔동〕 **1** 느리게 떠다니다. ¶乘着木筏在河面上~。= 뗏목을 타고 강 위를 천천히 떠다닌다. **2** 〔비〕 유랑하다. 떠돌아다니다. 방랑하다. ¶他到处~, 四海为家。= 그는 도처를 떠돌아다니면서 천하를 집으로 삼는다.

**慓** **piāo** 날랠 표
〔형〕 '剽(piāo)' 와 같음.
【慓悍】**piāohàn** ☞ 【剽悍】**piāohàn**

**缥[縹]** **piāo** 어렴풋할 표
아래를 참조.
☞ **piǎo**

【缥缈】【飘渺】**piāomiǎo** 〔형〕 어렴풋하다. 가물가물하다. 희미하다. 흐릿하다. 어슴푸레하다. 몽롱하다. ¶虚无~ = 허무맹랑하다. 헛되다.
【缥缥缈缈】**piāo·piao miǎomiǎo** 〔형〕 어렴풋하다. 가물가물하다. 희미하다. 흐릿하다. 어슴푸레하다. 몽롱하다.

***飘[飄, 飃]** **piāo** 나부낄 표
〔동〕 (바람에) 나부끼다. 펄럭이다. 흩날리다. 휘날리다. 날아 흩어지다〔떨어지다〕. ¶彩旗~扬 = 채색 깃발이 펄럭이다. / 雪花~飞 = 눈송이가 흩날리다. 〔형〕 **1** 경박하다. 성실〔착실〕하지 않다. ¶他的工作作风有点儿~。= 그의 근무 태도는 좀 성실하지 않다. **2** (다리에 힘이 빠져) 휘청거리다. ¶他喝醉了, 走路腿发~。= 그는 취해서 걸을 때 몸이 휘청거린다. ≒浮
○● 轻飘, 虚xū飘飘

【飘摆】**piāobǎi** 〔동〕 (바람에) 펄럭이다. 나부끼다. 휘날리다. 흔들리다. 한들거리다. 너울거리다. ¶国旗随风~。= 국기가 바람에 펄럭인다.
【飘泊】**piāobó** ☞ 【漂泊】**piāobó**
【飘尘】**piāochén** 〔명〕 (공기 중에 떠다니는) 미세

**piāo** 飘

【飘带】**piāodài**(~儿) 명 펄럭이는 장식. 리본(ribbon). 술. 띠. 댕기.

【飘荡】**piāodàng** 동 ❶ 나부끼다. 펄럭이다. 흩날리다. 휘날리다. 날아 흩어지다〔떨어지다〕. ¶彩旗迎风~。=채색 깃발이 바람에 나부끼다. ❷(배) 유랑하다. 방랑하다. 정처 없이 떠돌다. 떠돌아다니다. ¶居无定所，四处~。=정처 없이 사방을 떠돌아다니다. ≒漂泊

【飘动】**piāodòng** 동 흔들리다. 펄럭이다. 나부끼다. 팔랑거리다. 나풀거리다. 너울거리다. ¶柳枝随着微风轻轻~。=버드나무 가지가 미풍에 가볍게 흔들린다.

【飘飞】**piāofēi** 동 나풀거리다. 나부끼다. 펄럭이다. 휘날리다. 휘날리다. 너울거리다. 떠다니다. ¶柳絮~=버들개지가 흩날린다.

【飘风】**piāofēng** 명서 폭풍. 선풍. 회오리바람.

【飘拂】**piāofú** 동 가볍게 휘날리다〔흔들리다·펄럭이다·떠다니다·너울거리다〕. ¶白云~=흰구름이 가볍게 떠다니다.

【飘浮】**piāofú** 동 ❶(공중에) 떠다니다. ¶在大气中的粉尘容易造成大气污染。=대기 중에 떠다니는 먼지는 대기 오염을 발생시키기 쉽다. ❷형(비) (일하는 것이) 착실(성실)하지 않다. 겉으로만 하다. 대충대충 하다. 겉날리다. ¶作风~=태도가 성실하지 않다.

【飘海】**piāohǎi** ☞【漂海】**piāohǎi**

【飘红】**piāohóng** 동 (經) (주식 등의 유가 증권이) 보편적으로 오르다. ↔飘绿

【飘忽】**piāohū** 동 ❶(동작·움직임이) 빠르다. ¶烟雾~而散。=안개가 빠르게 흩어지다. ❷요동하다. 흔들리다. 종잡을 수 없다. 변덕스럽다. 급변하다. 불확실하다. 일정하지 않다. ¶时局混乱，生活~不定。=시국이 혼란하여 생활이 안정되지 못하다.

【飘降】**piāojiàng** 동 날리며 떨어지다. 흔들리며 내려오다. ¶瑞雪~=서설이 흩날리다.

【飘卷】**piāojuǎn** 동 휘날리다. ¶彩旗~=채색 깃발이 휘날리다.

【飘零】[漂零] **piāolíng** 동 ❶(꽃·잎 등이) 날리며〔우수수〕 떨어지다. 시들어 떨어지다. ¶枯叶~=마른잎이 날리며 흩어지다. ❷비 떠돌아다니다. 유랑하다. 방랑하다. ¶四方~=사방으로 떠돌아다니다.

【飘流】**piāoliú** ☞【漂流】**piāoliú**

【飘绿】**piāolǜ** 동 (經) (주식 등의 유가 증권이) 보편적으로 내리다〔떨어지다〕. ↔飘红

【飘落】**piāoluò** 동 날리며 떨어지다. 흔들리며 내려오다. ¶凋残的花瓣随风~。=시든 꽃잎이 바람에 날려 떨어지다.

【飘渺】**piāomiǎo** ☞【缥缈】**piāomiǎo**

【飘飘】**piāopiāo** 형 ❶(바람에) 나부끼다. 펄럭이다. 흩날리다. 휘날리다. 날아 흩어지다〔떨어지다〕. ¶红旗~=빨간 깃발이 펄럭이다.

【飘飘然】**piāopiāorán** 형 ❶공중에 떠다니는 듯하다. ¶多喝了几杯酒，走起路来有些~。=술 몇 잔 마셨더니, 걸어다니는 것이 공중에 떠 다니는 듯하다. ❷우쭐거리다. 득의양양하다. ¶众人的褒奖让他有点儿~。=뭇 사람들의 칭찬에 그는 조금 우쭐해졌다.

【飘飘荡荡】**piāo·piao dàngdàng** 형 (바람에) 나부끼다. 펄럭이다. 휘날리다. 흩날리다. 날아 흩어지다〔떨어지다〕. ¶鹅毛~地落了下来。=거위 깃털이 흩날리며 떨어졌다.

【飘飘拂拂】**piāo·piao fúfú** 형 가볍게 휘날리다〔흔들리다·펄럭이다·떠다니다·너울거리다〕. ¶雪花在空中~，一派冬日美景。=눈송이가 공중에 가벼이 휘날리며 완연한 겨울 풍경을 자아낸다.

【飘飘悠悠】**piāo·piao yōuyōu** 형 (공중에서) 유유히 떠다니다. 흔들흔들 떠돌다. 표표히 흩날리다. 휘날리다. 팔랑거리다. 나풀거리다. 너울거리다. (물에) 떠다니다. 표류하다. 부동(浮動)하다. ¶风筝~地越飞越高。=연이 유유히 날수록 높아져 간다.

【飘然】**piāorán** 형 ❶나부끼다. 한들〔하늘〕거리다. (둥실둥실) 떠다니다. 나풀거리다. 너울거리다. ¶浮云~而去。=구름이 둥실둥실 떠간다. ❷재빠르다. 민첩하다. 신속하다. ¶她~步上舞台。=그녀는 재빠르게 무대로 걸어 올라갔다. ❸초탈(초연)한 모양. ¶~脱俗=초연하다. ❹즐거운 모양. ¶~自得=유쾌하고 만족하다.

【飘洒】**piāosǎ** 동 하늘하늘 내려오다. 흩날리며 내리다. 나부끼다. 흩날리다. ¶三月的细雨漫天~。=삼월의 가랑비가 온 하늘에 흩날리다.

【飘洒】**piāo·sa** 형 (자태가) 자연스럽다. 품위 있다. 우아하다. 우미하다. 고상하다. 격조 있다. ¶~自如=자연스럽고 아름답다.

【飘散】**piāosàn** 동 (안개·기체 등이) 날아 흩어지다. 사방으로 흩날리다. 공중에 흩어지다〔퍼지다〕. ¶山间的云雾渐渐~。=산 속의 구름과 안개가 점점 흩어진다.

【飘闪】**piāoshǎn** 동 떠다니며 반짝이다. ¶萤火虫在草地上~。=반딧불이 풀밭에서 떠다니며 반짝인다.

【飘逝】**piāoshì** 동 ❶떠다니며 흩어지다. 떠가다. ¶浮云~=구름이 떠가다. ❷지나가다. 흐르다. ¶往日的岁月早已随风~。=지난 세월은 일찌감치 바람 따라 흘러갔다.

【飘舞】**piāowǔ** 동 (바람에) 한들한들 춤추다. 하늘하늘 나부끼다. 춤추듯이 날다〔흩날리다〕. 흔들리다. ¶洁白的雪花漫天~。=새하얀 눈송이가 하늘 가득히 나부끼다. ≒飞舞

【飘扬】**piāoyáng** 동 (바람에) 펄럭이다. 휘날리다. 나부끼다. ¶旌旗随风~。=깃발이 바람에 펄럭이다.

【飘洋】**piāoyáng** ☞【漂洋】**piāoyáng**

【飘漾】**piāoyàng** 동 떠돌다. 감돌다. 맴돌다. 풍기다. ¶公园里~着淡淡的花香。=공원에 옅은 꽃 향기가 풍긴다.

【飘摇】[飘飖] **piāoyáo** 동 ❶나부끼다. 한들〔하늘〕거리다. (둥실둥실) 떠다니다. 나풀거리다. 너울거리다. ¶晚风轻拂，柳枝~。=저녁 바람이 가볍게 스치자, 버드나무 가지가 한들거린다. ❷

불안하다. 위태롭다. ¶整个国家处于风雨~之中。=나라 전체가 매우 위태로운 상황에 처해 있다.

【飘飖】 piāoyáo ☞【飘摇】 piāoyáo

【飘曳】 piāoyè 통 흐느적거리다. 하늘거리다. 흔들리다. ¶满山的翠竹随风~。=온 산의 청죽(青竹)이 바람에 흔들린다.

【飘移】 piāoyí 통 떠가다. 정처 없이 떠돌다. ¶乌云向西南方向~。=먹구름이 서남쪽으로 떠가다.

【飘逸】 piāoyì 형문 품위 있다. 우아하다. 우미하다. 고상하다. 격조 있다. 표일하다. ¶诗风~=시풍이 우아하다. 통 (안개·기체 등이) 날아 흩어지다. 사방으로 흩날리다. 공중에 흩어지다 [퍼지다]. ¶空气中~着淡淡的茉莉花香。=공기 중에 옅은 자스민 향이 퍼져 있다.

【飘溢】 piāoyì 통 가득 풍기다[퍼지다]. (공중에서) 떠돌다. ¶酒香~=술 냄새가 가득 풍기다.

【飘游】 piāoyóu 통 정처 없이 떠돌아다니다〔유랑하다〕. ¶四处~=정처 없이 사방으로 떠돌아다니다.

【飘悠】 piāo‧you 통 (공중에서) 유유히 떠다니다. 흔들흔들 떠돌다. 표표히 흩날리다. 팔랑거리다. 휘날리다. 나부끼다. 너울거리다. 너울너울하다. (물에) 떠다니다. 표류하다. 부동(浮動)하다. ¶纸船在池水上面~。=종이배가 연못에서 유유히 떠다니다.

【飘展】 piāozhǎn 통 (깃발이) 펄럭이다. 나부끼다. 휘날리다. ¶彩旗~=채색 깃발이 펄럭이다.

**螵** piāo 사마귀알 표
【螵蛸】 piāoxiāo 명(動) 사마귀의 알덩어리.

*朴 Piáo 성씨 박
명 성(姓).
☞ pō, pò, pǔ

嫖 piáo 음탕할 표
통 윤락녀[창녀·기녀]와 놀다. 집창촌을[화류계를·기생집을] 드나들다. ¶吃喝~赌=먹고 마시고 오입질하고 도박하다.

【嫖娼】 piáochāng 통 윤락녀[창녀·기녀]와 놀다. 집창촌을[화류계를·기생집을] 드나들다.

【嫖妓】 piáojì 통 윤락녀[창녀·기녀]와 놀다. 집창촌을[화류계를·기생집을] 드나들다.

【嫖客】 piáokè 명 매춘 고객. 오입쟁이. 기생집 고객. 기루(妓楼)의 유객.

【嫖宿】 piáosù 통 집창촌에서 밤을 보내다. 기생집에서 자다.

*瓢 piáo 박 표
명 (~儿) 표주박. 쪽박. 바가지. ¶照葫芦画~。=조롱박을 모방하여 표주박을 그리다. 모양을 모방하다. 양 (~儿) 바가지. ¶一~水=물 한 바가지. / 两~面=밀가루 두 바가지.

【瓢虫】 piáochóng 명(動) 무당벌레. ¶七星~=칠성무당벌레. / 龟纹~=꼬마남생이무당

벌레.

【瓢泼】 piáopō 형(비) (비가) 억수 같다. ¶暴雨像一样下了起来。=폭우가 억수같이 내리기 시작하였다.

【瓢泼大雨】 piáopō dàyǔ 명 억수같이 퍼붓는 비. 바가지로 퍼붓는 듯한 비.

【瓢儿菜】 piáorcài 명(植) 청경채.

薸 piáo 개구리밥 표
명(방) 부평초. 개구리밥.

莩 piǎo 굶어 죽을 표
명 '殍(piǎo)'와 같음.
☞ fú

殍 piǎo 굶어 죽을 표
명문 아사자(餓死者). 굶어 죽은 사람. ¶饿~=아사자.

*漂 piǎo 헹굴 표
통 1 (물로) 헹구다. 가시다. 씻어 내다. ¶~洗衣裳=옷을 헹구다. 2 표백하다. 희게 하다. ¶~白棉布=흰 면직물을 표백하다.
☞ piāo, piào

【漂白】 piǎobái 통 표백하다. 희게 하다.

【漂白粉】 piǎobáifěn 명 표백분.

【漂白剂】 piǎobáijì 명 표백제.

【漂染】 piǎorǎn 통 표백·염색하다. ¶~布匹=포목을 표백하여 염색하다.

【漂洗】 piǎoxǐ 통 (물로 직물을) 헹구다. 가시다. ¶~衣物=옷을 헹구다.

缥[縹] piǎo 옥색 비단 표
명문 청백색(옥색)의 견직물. 형문 옥색의. 옥색의. ¶碧~=청백색.
☞ piāo

瞟 piǎo 곁눈질할 표
통 곁눈질하다. 힐끗 보다. ¶她偷偷地~了他一眼。=그녀는 슬그머니 그를 힐끗 보았다.

*票 piào 표 표
명 1 아마추어 중국 전통극 배우가 공연을 하다. 취미 삼아 중국 전통극을 하다. ¶玩儿~=취미삼아 중국 전통극을 하다. 명 1 표. 티켓(ticket). 증서. 증명서. 어음. 수표. 주식. 유가 증권. ¶门~=입장권. / 飞机~=비행기표. 2 (~儿) 지폐. ¶钞~=지폐. / 零~儿=소액 지폐. 3 (~儿) (강도가 납치한) 인질. ¶绑~儿=인질을 납치하다. / 撕~=(몸값을 받지 못하게 되어) 인질을 죽이다. 4 (Piào) 성(姓). 양문 건(件). [장사·사업에 쓰임] ¶一~生意=한 건의 거래. / 两~货=2회

| ○ 票 piào | 瞟 piào |
|---|---|
| 飘 piāo | 剽 piāo |
| 漂 piǎo | 标 biāo |
| 瓢 piáo | 膘 biāo |
| 螵 piāo | 鳔 biào |
| 嫖 piáo | 瘭 biāo |
| 瞟 piǎo | 镖 biāo |
| 缥 piǎo | 骠 biào |

분 상품.

◦● 半票, 包票, 补票, 彩票, 唱票, 钞chāo票, 传票, 当票, 发票, 股gǔ票, 红票, 汇huì票, 货票, 剪票, 角票, 拘jū票, 开票, 客票, 门票, 免票, 期票, 钱票, 肉票, 售shòu票, 撕sī票, 通票, 退票, 选票, 邮票, 月票, 支票

【票车】 piàochē 명 객차.

【票额】 piào'é 명 액면 금액.

【票贩子】 piàofàn·zi 각종 유가 증권을 불법 거래하는 사람. 암표상.

【票房】 piàofáng 명 1 (구)(~儿) 매표소. 2 (~儿) 아마추어 중국 전통극 배우. 중국 전통극 동호인회. 3 (~儿) 아마추어 중국 전통극 배우의 연습장. 4 흥행 수입. ¶这部电影的~高达八千万. =이 영화의 흥행 수입은 팔천만 위안에 달한다.

【票房价值】 piàofáng jiàzhí 흥행 수입. ¶这部影片的~突破了亿元大关. =이 영화의 흥행 수입은 일억 위안대를 돌파하였다.

【票房收入】 piàofáng shōurù 명 흥행 수입.

【票匪】 piàofěi 명 인질범. 유괴범.

【票根】 piàogēn 명 (입장권·인수증 등의) 부본. 영수증. 보관증.

【票号】 piàohào 명〈옛〉 표호. [옛날, 산시(山西)성 상인이 경영하던 개인 금융 기관. 주로 환어음을 취급하였음] =【票庄】 piàozhuāng

【票汇】 piàohuì 통(經) 송금환(우편환·은행환) 으로 송금하다.

【票夹】 piàojiā 명 (각종 표·증명 등을 넣는) 지갑. 케이스(case).

【票价】 piàojià 명 (차표·입장권 등의) 표값. 티켓(ticket) 가격.

【票据】 piàojù 명 1 어음. 수표. 증권. 유가 증권. 2 (출납 또는 운송 화물 등의) 인수증. 영수증. 증거 서류. 증명서. 증표.

【票款】 piàokuǎn 명 표 판매 금액.

【票面】 piàomiàn 명 액면. 권면. =【票面值】 piàomiànzhí

【票面值】 piàomiànzhí ☞【票面】 piàomiàn

【票箱】 piàoxiāng 명 투표 용지·투표 등을 넣는 상자. 투표함.

【票选】 piàoxuǎn 통 투표로 뽑다.

【票友】 piàoyǒu 명 아마추어 중국 전통극 배우. 중국 전통극 동호인.

【票证】 piàozhèng 명 구매권. (중국의 계획 경제 시기의) 배급(증)표.

【票庄】 piàozhuāng ☞【票号】 piàohào

【票子】 piào·zi 명 지폐.

剽 piào 날랠 표

형〈문〉 1 날래다. 민첩하다. 재빠르다. 2 경박하다. 경솔하다.

嘌 piào 빠를 표

형〈문〉 몹시 빠르다. 쏜살같다.

【嘌呤】 piàolìng 명④ (化) 푸린(purine).

**漂 piào 틀어질 표

통(方) (일 등이) 허사가 되다. 헛수고가 되다. 쓸모 없이 되다. 무용지물이 되다. 틀어지다. 어그러지다. 돌리다. (돈을) 떼이다. 날리다. 허탕치다. ¶那笔钱~了, 没指望了. =그 돈은 떼였으니, (받을) 가망이 없다.
☞ piāo, piǎo

【漂亮】 piào·liang 형 1 예쁘다. 아름답다. 곱다. 어여쁘다. 아리땁다. 미려하다. 보기 좋다. ¶她不但长得~, 还相当聪明. =그는 예쁘게 생겼을 뿐만 아니라 상당히 총명하다. 2 (일처리·행동·말 등이) 멋지다. 멋들어지다. 훌륭하다. 빼어나다. 뛰어나다. 특출하다. 출중하다. ¶这场球赛赢得真~! =이번 축구 경기는 정말 멋지게 이겼다. ≒美丽 标致 ↔丑陋

【漂亮话】 piào·lianghuà 명 허울 좋은 말. 사탕발림. 겉발림 말. 듣기에는 좋으나 실현될 수 없는 말. ¶他只会说~. =그는 허울 좋은 말만 한다.

【漂漂亮亮】 piào·piao liàngliàng (~的) 형 1 예쁘다. 아름답다. 곱다. 어여쁘다. 아리땁다. 미려하다. 보기 좋다. 2 (일처리·행동·말 등이) 멋지다. 멋들어지다. 훌륭하다. 빼어나다. 뛰어나다. 특출나다. 출중하다.

骠[驃] piào 날랠 표

형〈문〉 1 말이 질주하는 모양. 2 용맹스럽다. ¶~勇 =용맹스럽다.
☞ biāo

【骠骑】 piàoqí 명 표기. [고대 장군의 호칭] ¶~将军 =표기 장군.

# pie

氕 piē 프로튬 피

명④ (化) 프로튬($H^1$, protium).

**撇 piē 버릴 별

통 1 버리다. 제쳐놓다. 놓아 두다. 내팽개치다. 내버려 두다. 돌보지 않다. 방치하다. 유류(遺留)하다. ¶他把那话儿早~在脑后了. =그는 그 말을 일찌감치 머릿속에서 팽개쳐 버렸다. 2 (고체가 섞이지 않게) 뜨다. 푸다. 떠내다. 건져 내다. 퍼내다. ¶不要稠的, ~点儿稀的就行了. =건더기는 빼고 국물만 뜨면 된다. 3 (거품 등을) 걷어 내다. 뜨다. 떠내다. 건지다. ¶~沫儿 =거품을 걷어 내다. 4 (구) 어색하게 (서투르게) 어떤 말투를 모방하다 (흉내내다). ¶~京腔 =북경 말투를 흉내내다.
☞ piě

【撇开】 piē∥·kāi 통 제쳐놓다. 놓아 두다. 내버려 두다. 내팽개치다. 돌보지 않다. ¶咱们先~这事不谈. =우리 우선 이 일은 놔 두고 이야기하지 말자.

【撇弃】piēqì 동 제쳐놓다. 놓아 두다. 내팽개치다. 내버려 두다. 돌보지 않다. 방치하다. 돌보지 않다. ¶做母亲的哪忍心～自己的孩子？＝엄마로서 어떻게 자기 아이를 내팽개칠 수 있겠는가? ≒抛弃
【撇脱】piētuō 형방 1 간단하고 명료하다. 쉽다. ¶说得～，哪有那么容易？＝말이야 쉽지만, 어디 그렇게 쉽겠어? 2 시원시원하다. 호쾌하다. 솔직하다. 소탈하다. 숨김이 없다. 구속받지 않다. ¶他这人～，怎么样都行。＝그는 소탈해서 어떻게 해도 괜찮다.
【撇下】piēxià 동 버리다. 방치하다. 내버리다. 내팽개치다. 내버려 두다. ¶他～妻儿老小，离家出走了。＝그는 처자를 버리고 집을 떠났다.
【撇油】piēyóu 동 (액체 표면에 뜬) 기름을 걷어내다.

**瞥** piē 언뜻 볼 별
동 힐긋〔힐끗〕 보다. 언뜻〔얼핏〕 보다. 잠깐 보다. ¶一～＝언뜻 보다.
【瞥见】piējiàn 동 언뜻〔얼핏〕 보다. 힐긋〔힐끗〕 보다. ¶我～有一个人进了他的办公室。＝나는 어떤 사람이 그의 사무실로 들어가는 것을 언뜻 보았다.
【瞥视】piēshì 동 힐긋〔힐끗〕 보다. 언뜻〔얼핏〕 보다. 한번 훑어보다. 잠깐 보다. 일별하다. ¶他～了一下台下的群众，开始演讲。＝그는 무대 아래의 군중을 힐긋 보고 나서 강연을 시작하였다.

**苤** piě 양배추 비
【苤蓝】piě·lan 명(植) 1 구경(球茎) 양배추. 콜라비(kohlrabi). [학명은 'Brassica oleracea'임.] 2 구경(球茎) 양배추의 줄기. ＝球茎甘蓝 qiújīng gānlán

**撇** piě 던질 별
동 1 던지다. 내던지다. 뿌리다. ¶～石块儿＝돌멩이를 던지다. 2 (밖으로) 기울다. ¶他走路有点儿～腿。＝그는 걸을 때 약간 팔자걸음이다. 3 입을 삐죽거리다. ¶他什么也没说，只是～了嘴。＝그는 아무 말도 하지 않으면서 입만 삐죽거렸다. 명(言) 삐침. 'ノ' 〔왼쪽으로 비스듬히 내려가는 한자 필획의 하나〕 양 삐침(ノ) 모양의 물건을 세는 단위. ¶他蓄着两～小胡子。＝그는 팔자수염을 기른다.
☞ piě
【撇嘴】piě‖zuǐ 동 (경시·불신·불쾌함의 표시로) 입을 삐죽거리다. 입을 삐쭉대다. ¶他又～又摇头，一副不以为然的样子。＝그는 입을 삐죽거리고 고개를 가로저으며, 그렇게 여기지 않는다는 듯한 표정을 지었다.

**潎[鐅]** piě 소금 굽는 가마솥 별
명방 염부(盐釜). 소금가마. 염분(盐盆). 염창. [주로 지명에 쓰이는 글자로 제염이 발달한 지방임을 나타냄] ¶潘家～＝판자폐. [장쑤(江苏)성에 있는 지명]

**婆** piē 너울거리는 모양 별
【嫳屑】pièxiè 형문 의복이 펄럭이는 모양.

# pin

**拚** pīn 목숨 걸 평
동 拼(필사적으로 하다)'과 같음.
☞ pàn

**拼** pīn 목숨 걸 평
동 1 (모아서) 합치다. 긁어모으다. 잇다. 연결하다. 맞붙이다. ¶东～西凑＝여기저기서 긁어모으다. 2 필사적으로 하다. 어떠한 것도 돌보지 않다. 목숨을 걸다. 죽을힘을 다하다. ¶奋力～搏＝힘을 다해 필사적으로 싸우다. ≒凑
【拼版】pīn‖bǎn 동(印) 조판하다. 판을 짜다.
【拼搏】pīnbó 동 전력을 다해 분투하다. 끝까지 싸우다. ¶～精神＝전력을 다해 싸우는 정신.
【拼刺】pīncì 동 1 백병전〔육탄전〕을 하다. 2 총검술 훈련을 하다.
【拼刺刀】
【拼凑】pīncòu 동 긁어모으다. 그러모으다. 모아서 합치다. 규합하다. ¶这件衣服是用碎布头～而成的。＝이 옷은 천 조각을 모아서 만든 것이다.
【拼到底】pīn dàodǐ 동 최후까지 투쟁하다. 끝까지 싸우다. 죽을힘을 다해 싸우다. ¶要和侵略者～。＝침략자와 끝까지 싸워야 한다.
【拼斗】pīndòu 동 필사적으로 싸우다. 목숨을 내걸고 싸우다. 죽을힘을 다해 싸우다. ¶顽强～＝필사적으로 싸우다.
【拼读】pīndú 동 표음 자모의 맞춤법에 따라 읽다. ¶掌握了汉语拼音方案，～就简单了。＝한어병음방안(중국어의 로마자 표음 방식)을 파악하면 표음 자모의 맞춤법에 따라 읽는 것이 쉬워진다.
【拼合】pīnhé 동 모아서 합치다. 모아 맞추다. 조합하다. 결합하다. 모으다. ¶把拼图的各个部分～在一起就成了一幅完整的图画。＝퍼즐의 각 부분을 맞추면 한 폭의 완전한 그림이 된다.
【拼接】pīnjiē 동 한데 모아 잇다. 이어 맞추다. 결합하다. 연결하다. 잇다. 갖다 붙이다. ¶这张床是用几块木板～而成的。＝이 침대는 나무판 몇 개를 연결하여 만든 것이다.
【拼劲儿】pīnjìnr 명 악착스러움. 불굴의 의지〔정〕. 박력. 추진력. ¶年轻人就应该有点儿～。＝젊은이라면 어느 정도 악착스러움이 있어야 한다.
【拼力】pīnlì 동 모든 힘〔기운〕을 다하다. 온 힘을 다 바치다. ¶～抗争＝필사적으로 항쟁하다.
【拼命】pīn‖mìng 동 1 목숨을 내걸다〔내던지다〕. 목숨을 버리다. ¶～抵抗＝목숨을 걸고 항거하다. 2 부 기를 쓰다. 죽을힘을 다하다. 죽기 살기로 하다. 필사적으로 하다. 온 힘을 다하다. ¶～干活儿＝기를 쓰고 일을 하다. ≒拼死

【拼盘】 **pīnpán**(~儿) 몡 모둠 요리. [두 가지 이상의 '冷菜'를 한 접시에 담아 내는 전체 요리] ¶卤水~=수육 냉채.

【拼拼凑凑】 **pīn·pin còucòu** 통 긁어모으다. 그러모으다. ¶大家~, 最后还是把所需的款项凑齐了。=모두들 긁어모아서 결국 필요한 비용을 마련하였다.

【拼抢】 **pīnqiǎng** 통 힘껏 빼앗다. 다투어 쟁탈하다. ¶奋力~=온 힘을 다해 빼앗다.

【拼杀】 **pīnshā** 통 **1** 목숨을 걸고 싸우(고 죽이)다. 필사적으로 싸우다. ¶士兵们一对一地~起来。=사병들은 일 대 일로 목숨을 걸고 싸우기 시작하였다. **2** (비) 온 힘을 다해 승리를 다투다. ¶两人棋艺相当, ~得很厉害。=두 사람은 바둑 솜씨가 상당하여 불꽃 튀는 접전을 벌인다.

【拼死】 **pīnsǐ** 통 **1** 목숨을 내걸다〔내던지다〕. 목숨을 버리다. ¶~一战=목숨을 걸고 싸우다. **2** 기를 쓰다. 죽을힘을 다하다. 죽기살기로 하다. 필사적으로. 온 힘을 다하다. ≒拼命

【拼死拼活】 **pīnsǐ-pīnhuó** 성 **1** 죽기살기로 싸우다. 목숨을 걸고 싸우다. **2** 온 힘을 다하다. 전심전력하다. ¶~地干工作=전심전력으로 일을 하다.

【拼图】 **pīntú** 통 **1** 퍼즐을 맞추다. **2** (컴퓨터 기술을 이용하여) 영상〔형상〕을 맞추다.

【拼写】 **pīnxiě** 통 표음 자모를 사용하여 맞춤법에 따라 표기하다. ¶~单词=표음 자모로 단어를 표기하다.

【拼音】 **pīnyīn** 통 음소(音素)를 결합하여 한 음절로 만들다.

【拼音文字】 **pīnyīn wénzì** 몡 표음 문자.

【拼音字母】 **pīnyīn zìmǔ** 몡 (言) **1** 표음 자모. **2** 한어병음방안(중국어의 로마자 표음 방식)이 채택한 26개의 로마자.

【拼战】 **pīnzhàn** 통 결사적으로 싸우다. 목숨을 걸고 싸우다. 혈전을 벌이다. ¶浴血~=격렬하게〔결사적으로〕 혈전을 벌이다.

【拼争】 **pīnzhēng** 통 있는 힘을 다해 싸우다. 죽을힘을 다해 다투다. ¶队员们奋力~, 最终反败为胜。=선수들이 죽을힘을 다해 싸워서 마침내 역전승하였다.

【拼制】 **pīnzhì** 통 조합하여〔결합하여·이어서·연결하여·합쳐서〕 제작하다. ¶这种地板是用碎木~成的。=이런 바닥은 나무 조각을 이어서 제작한 것이다.

【拼装】 **pīnzhuāng** 통 (한데 모아서) 조립하다. 맞추어 설치하다. ¶这台电脑是他自己~的。=이 컴퓨터는 그가 스스로 조립한 것이다.

【拼缀】 **pīnzhuì** 통 조합하다. 결합하다. 모으다. 모아서 합치다. 모아 맞추다. 연결하다. 잇다. ¶她用边角布料~成一个非常别致的窗帘。=그녀는 자투리천을 모아서 색다른 커튼을 만들었다.

【拼字】 **pīnzì** 통 표음 문자의 자모나 한자의 편방을 합쳐서 글자를 만들다. 철자(綴字)하다. ¶~游戏=철자놀이.

**姘** **pīn** 남녀가 사통할 평

【姘夫】 **pīnfū** 몡 동거남. 정부(情夫). 내연(內緣)의 남자.

【姘妇】 **pīnfù** 몡 동거녀. 정부(情婦). 내연(內緣)의 여자.

【姘居】 **pīnjū** 통 (부부가 아닌 남녀가) 동거하다.

【姘头】 **pīn·tou** 몡 **1** 사통한 남녀. 동거하는 남녀. **2** 정부(情夫). 정부(情婦).

**玭** **pín** 구슬 이름 빈
몡 (문) 진주(珍珠).

**贫[貧]** **pín** 가난할 빈
형 **1** 가난하다. 구차하다. 빈궁하다. ¶清~=청빈하다. / 脱~致富=가난에서 벗어나 부자가 되다. **2** (방) (싫증나도록) 수다스럽다. 주절거리다. 잔소리하다. 잘 지껄이다. 군말이 많다. 장황하다. 시시콜콜하다. ¶耍~嘴=시시콜콜한 말을 주절거리다. 통 모자라다. 결핍하다. 부족하다. ¶脑~血=뇌빈혈. 乃穷 ↔富

❶ 赤chì贫, 次贫, 济jì贫, 清贫

【贫病交迫】 **pínbìng-jiāopò** 성 빈곤과 질병이 함께 닥쳐오다.

【贫齿动物】 **pínchǐ dòngwù** 몡 (動) 빈치류(貧齒類). 빈치목(貧齒目).

【贫道】 **píndào** 몡 (칭) 빈도(貧道). 빈승(貧僧). [옛날, 중이나 도사가 자신을 낮추어 일컫던 말]

【贫乏】 **pínfá** 형 **1** 빈궁하다. 가난하다. ¶生活~困顿。=생활이 빈궁하고 고달프다. **2** 부족하다. 빈약하다. 결핍하다. ¶工作经验~。=일의 경험이 부족하다. 乃充实 丰富 丰厚 丰盛

【贫骨头】 **píngǔ·tou** 몡 **1** 본성이 천한 인간. 옹졸한 인간. 인색한 인간. 구두쇠. 수전노. 깍쟁이. **2** 수다쟁이.

【贫寒】 **pínhán** 형 빈곤하다. 곤궁하다. 빈한하다. 가난하다. (가문이나 출신이) 변변하지 못하다. 빈천하다. ¶出身~=출신이 빈천하다. 乃贫困 贫苦 ↔富有

【贫化】 **pínhuà** 몡 (礦) 유용 광물의 함유량이 적은 것.

【贫化铀】 **pínhuàyóu** 몡 (化) 열화우라늄. 얭 【贫铀】 **pínyóu**

【贫瘠】 **pínjí** 형 (땅이) 척박하다. 메마르다. 비옥하지 않다. ¶土地~=토지가 척박하다. ↔肥沃

【贫贱】 **pínjiàn** 형 빈천하다. 가난하고 천하다. ¶~之交=빈천했을 때 사귄 친구. ↔富贵

【贫贱不移】 **pínjiàn-bùyí** 성 빈천해도 뜻을 바꾸지 않다.

【贫贱骄人】 **pínjiàn-jiāorén** 성 몸은 비록 빈천해도 신분이 고귀한 사람을 우습게 알다. 빈천하여도 긍지를 잃지 않다.

【贫居闹市无人问】 **pínjū nàoshì wú rén wèn** 속 집이 가난하면 번화한 거리에 살아도 찾아오는 사람이 없다. 가난하여 자주 냉대를〔푸대접을〕 받다. ¶~, 富在深山有远亲。=집이 가난하면 번화한 거리에 살아도 찾아오는 사람이 없지

만, 집이 부유하면 깊은 산 속에 살아도 먼 친척이 찾아온다.

【贫窭】**pínjù** 〔형〕〔문〕 가난하다. 빈곤하다. 빈궁하다. 곤궁하다.

【贫苦】**pínkǔ** 〔형〕 빈곤하다. 곤궁하다. ¶家境~=집안 형편이 곤궁하다. ≒贫寒 贫困 寒苦

【贫矿】**pínkuàng** 〔명〕〔礦〕 빈광(贫鑛). 품질이 낮은 광석(鑛石). [‘富矿(부광)'과 구별됨]

【贫困】**pínkùn** 〔형〕 빈곤하다. 곤궁하다. ¶~地区=곤궁한 지역. ≒贫苦 贫寒 贫穷 ↔富足 富裕 富强

【贫困线】**pínkùnxiàn** 〔명〕 최저 생계 유지선. 최저 생계비.

【贫民】**pínmín** 〔명〕 빈민.

【贫民窟】**pínmínkū** 〔명〕 빈민굴. 슬럼(slum).

【贫农】**pínnóng** 〔명〕 빈농.

【贫气】**pín·qi** 〔형〕 **1** (싫증나도록) 수다스럽다. 주절거리다. 잔소리하다. 잘 지껄이다. 군말이 많다. 장황하다. 시시콜콜하다. ¶他说来说去都是这些无聊的话, 真~!=그가 말하는 것은 모두 이런 무료한 것들로, 정말 군말이 많다. **2** 어색하다. 뭔가 이상하다. 부자연스럽다. 인색하다. 째째하다. 옹졸하다. ¶不管她怎么打扮, 总让人觉得有些~。=그녀는 어떻게 꾸미든지 늘 어색한 느낌을 준다.

【贫穷】**pínqióng** 〔형〕 가난하다. 빈곤하다. 빈궁하다. ¶改变~落后的生活面貌。=빈궁하고 낙후된 생활 모습을 개선하다. ≒贫困 ↔富裕

【贫弱】**pínruò** 〔형〕 빈약하다. 가난하고 쇠약하다. ¶~之国=빈약한 국가. ↔富强

【贫僧】**pínsēng** 〔명〕〔敎〕 빈도(贫道). 빈승. [중이 자신을 낮추어 일컫는 말]

【贫无立锥】**pínwúlìzhuī** ☞【贫无立锥之地】**pín wú lì zhuī zhī dì**

【贫无立锥之地】**pín wú lì zhuī zhī dì** 〔성〕 **1** 가난하여 송곳을 꽂을 만한 땅도 없다. **2** 〔비〕 가난하여 몸둘 곳이 없다. 똥구멍이 찢어지게 가난하다. =【贫无立锥】**pínwúlìzhuī**

【贫相】**pínxiàng** 〔명〕 궁상. 빈상. 궁상맞은 모양. ¶此人虽已暴富, 但不时还是露出~。=이 사람은 비록 벼락부자가 되었지만 자주 궁상맞은 모습을 드러낸다.

【贫血】**pínxuè** 〔명〕〔醫〕 빈혈.

【贫油】**pínyóu** 〔동〕〔地〕 석유 자원이 부족하다〔결핍되다〕.

【贫油国】**pínyóuguó** 〔명〕 석유 자원이 부족한 〔없는〕 나라.

【贫铀】**pínyóu** ☞【贫化铀】**pínhuàyóu**

【贫铀弹】**pínyóudàn** 〔명〕〔軍〕 열화우라늄탄.

【贫嘴】**pínzuǐ** 〔형〕 되지도 않는 농담이나 쓸데없는 말을 잘 지껄이다. 너절하게 〔당치 않은〕 말을 잘 하다. ¶耍~=되지도 않는 소리를 지껄이다. 〔명〕 되지도 않는 말을 잘 지껄이는 사람. 수다쟁이. 잔소리꾼. 잔말쟁이.

【贫嘴薄舌】**pínzuǐ-bóshé** 〔성〕 수다스럽고 매몰차다. =【贫嘴贱舌】**pínzuǐ-jiànshé**

【贫嘴贱舌】**pínzuǐ-jiànshé** ☞【贫嘴薄舌】

**pínzuǐ-bóshé**

*【频】[頻] **pín** 자주 빈

〔형〕 여러 번의. 다수의. ¶尿~=빈뇨증. 삭뇨증. 〔부〕 누차. 여러 번. 자주. 자꾸. ¶战事~仍=전쟁이 빈발하다. 〔명〕〔物〕 주파수(周波數). ¶调~=주파수를 조정하다.

○ 频 **pín**
○ 颦 **pín**
○ 瀕 **bīn**

○● 低频, 高频, 视频, 音频, 中频

【频传】**pínchuán** 〔동〕 잇달아〔연달아〕 전하다. [주로 좋은 소식을 가리킴] ¶捷报~=잇달아 승전보를 전하다.

【频次】**píncì** 〔명〕 빈도(수).

【频带】**píndài** 〔명〕〔物〕 주파수대.

【频道】**píndào** 〔명〕〔電〕 채널(channel).

【频度】**píndù** 〔명〕 빈도. [일정한 군락 안에서 특정 동식물 개체의 출현 횟수가 전체 관찰 횟수에서 차지하는 백분율을 가리키는 말]

【频段】**pínduàn** 〔명〕〔電〕 주파수의 구간〔분단〕.

【频发】**pínfā** 〔동〕 빈발하다. 빈번히 발생하다. 자주 일어나다. ¶该路段交通事故~。=이 구간에서 교통 사고가 빈번히 발생한다.

【频繁】**pínfán** 〔형〕 잦다. 빈번하다. ¶往来~=왕래가 잦다.

【频率】**pínlǜ** 〔명〕 **1**〔物〕 주파수. **2** 빈도(수).

【频密】**pínmì** 〔형〕 잦다. 빈번하다. ¶近期外事活动~。=근래에 대외적인 활동이 잦다.

【频频】**pínpín** 〔부〕 빈번히. 자주. 번번히. 자주자꾸만. 되풀이하여. 거듭하여. 잇달아. 누누이. ¶~举杯=자꾸 잔을 권하다.

【频谱】**pínpǔ** 〔명〕〔物〕 주파수 스펙트럼. 〔영〕 frequency spectrum

【频群】**pínqún** 〔명〕〔物〕 주파수군.

【频仍】**pínréng** 〔형〕〔문〕 잦다. 빈번하다. 빈발하다. 자주 〔잇달아〕 발생하다 〔일어나다〕. [주로 나쁜 상황에 쓰임] ¶水旱~=수해와 한해가 잦다.

【频数】**pínshuò** 〔부〕 자주. 빈번히. 자꾸. 여러 번. 되풀이하여. 거듭하여. 잇달아. ¶~出访=외국을 자주 방문하다.

嫔[嬪] **pín** 후궁 빈

〔명〕〔문〕 **1** 후궁. 황제의 첩. **2** 궁중의 여관(女官). ¶~嫱=빈장. [궁중(宮中) 여관(女官)의 명칭]

【嫔妃】**pínfēi** 〔명〕 **1** 후궁과 태자·왕·제후의 아내. **2** 후궁. 황제의 첩.

蘋[(蘋)] **pín** 네가래 빈

〔명〕〔植〕 네가래.
☞ 苹(**píng**)

颦[顰] **pín** 찡그릴 빈

〔동〕 '颦(pín)'과 같음.

颦[顰] **pín** 찡그릴 빈

〔동〕 눈살(미간)을 찌푸리다. ¶一~一笑=찌푸렸다 웃었다 하다.

【颦蹙】píncù 동문 눈살〔미간〕을 찌푸리다. 상을 찡그리다. ¶双眉~=눈살을 찌푸리다.

## 品 pǐn 물건 품

형문 많다. ¶~物=많은 물건. 동 1 품평하다. 평하다. ¶评头~足=이러쿵저러쿵 함부로 비평하다. 2 맛보다. 시험삼아 먹어 보다. 시식하다. 직접 체득하다〔음미하다〕. 직접 느끼다〔맛보다〕. ¶~尝美味佳肴=맛있는 요리를 시식하다. / 他的为人, 你以后自然会~出来的. =그의 사람 됨됨이를 너는 차차 자연스레 느끼게 될 것이다. 3 (관악기, 주로 피리를) 불다. ¶~竹弹丝=관악기를 불고 현악기를 뜯다〔켜다〕. 악기를 연주하다. 명 1 물품. ¶商~=상품. / 样~=견본. 2 (사물의) 종류. ¶~种繁多=품종이 다양하다. / ~色齐全=품종이 완벽히 갖추어져 있다. 3 (사물의) 등급. ¶精~=상등품. / 次~=질이 낮은 물건. 등외품(等外品). 4 품. 〔옛날, 관리의 등급〕 ¶七~芝麻官=말단 관리. 5 품질. 품위. 인품. ¶人~=인품. / ~行端正=품행이 단정하다. 6 (Pǐn) 성(姓).

○• 备品, 补品, 残cán品, 成品, 出品, 蛋品, 毒dú品, 废fèi品, 副品, 贡gòng品, 供品, 果品, 货品, 极品, 奖jiǎng品, 礼品, 神品, 食品, 甜品, 物品, 小品, 赝yàn品, 样品, 药品, 音品, 用品, 杂品, 赠zèng品, 珍品, 正品, 制品, 作品, 商品粮, 小品文, 一品锅guō, 抵押dǐyā品

【品茶】pǐn‖chá 동 1 차의 맛을 보다. 차를 음미하다. 차를 마시다. 2 (전문가가) 찻잎의 품질과 등급을 평가하여 정하다. 찻잎의 등급을 평정(评定)하다.

【品尝】pǐncháng 동 맛보다. 시식(试食)하다. 자세히 식별하다. ¶~佳酿=좋은 술을 맛보다. 늑品味

【品德】pǐndé 명 인품과 덕성(德性). 품성. ¶~高尚=인품과 덕성이 고상하다. 늑品质 品行

---

品德(pǐndé) / 品格(pǐngé) / 品质(pǐnzhì)

品德: 인품과 덕성. 사람의 도덕성 방면을 가리킴. ¶自古以来教育家都十分重视品德教育。= 예로부터 교육가들은 모두 인품과 덕성 교육을 매우 중시하였다. / 在评价甲乙两个同学时, 无论是老师还是学生都一致认为学生甲品德优良, 学生乙道德品质较差。= 갑과 을 두 학생을 평가할 때, 선생님과 학생을 막론하고 모두 학생 갑은 인품이 훌륭하고, 학생 을은 품성이 좀 떨어진다고 생각한다.

品格: 성품, 품행, 품격. 사람의 성격을 가리키나 예술의 등급을 품평함. ¶这些人的品格、才华、学识和成就, 都是最值得我们尊敬和歌颂的。= 이 사람들의 성품, 재능, 학식과 업적은 모두 우리가 가장 존경하고 칭송할 만하다. / 六十年代出生的一代作家呈现出斑斓多彩的文化品格。= 60년대에 출생한 이 작가들은 화려하고 다채로운 문화 품격을 보여 준다.

品质: 품성, 소질, 품질. 행위나 태도에서 표현되는 생각, 사람의 본성을 가리키거나 물건의 질을 말함.

---

【品第】pǐndì 동문 우열을 평정(评定)하다. 등급을〔순위를〕나누다. 명 등급. 지위.

【品读】pǐndú 동 음미하면서 읽다. ¶~经典名著=고전 명작을 음미하면서 읽다.

【品格】pǐngé 명 1 품격. 품성. 품행. 성품. ¶~高尚=성품이 고상하다. 2 (문학이나 예술 작품의) 품격. 풍격. ¶这些通俗读物~不高. =이런 통속적인 책들은 품격이 높지 않다. 늑品行 品质

【品红】pǐnhóng 형 담홍색의.

【品级】pǐnjí 명 1 관계(官阶). 〔옛날, 관리의 등급〕 2 (생산품이나 상품의) 등급. ¶高~茶叶=고급 찻잎.

【品鉴】pǐnjiàn 동 평가하여 판정하다. 감정(鉴定)하다. 감별 평정하다. ¶~古画=옛 그림을 감정하다.

【品节】pǐnjié 명 품행과 절조. ¶~高洁=품행과 절조가 고결하다.

【品酒】pǐn‖jiǔ 동 술맛을 보다. 술을 음미하다. 술의 질을 평정(评定)하다.

【品蓝】pǐnlán 형 불그레한 남색의.

【品类】pǐnlèi 명 종류. 품종. ¶~齐全=품종이 완벽히 갖추어져 있다. 늑品种 种类

【品绿】pǐnlǜ 형 담녹색의.

【品貌】pǐnmào 명 1 용모. ¶~端庄=용모가 단정하다. 2 인품과 용모. ¶~双全=인품과 용모를 다 갖추다.

【品名】pǐnmíng 명 품명.

【品茗】pǐnmíng 동문 차맛을 보다. 차를 음미하다. 차를 마시다.

【品目】pǐnmù 명 품목.

【品牌】pǐnpái 명 1 상표. 브랜드(brand). ¶知名~=유명 상표. 2 저명 상표. 유명 브랜드(brand). ¶~效应=유명 브랜드 효과.

【品评】pǐnpíng 동 품평하다. 평하다. 평가하다. 감정하다. =【品议】pǐnyì ¶~人物=인물을 품평하다.

【品色】pǐnsè 명 1 품종. 종류. ¶~多样=품종이 다양하다. 2 (단색보다 약간 옅은) 담홍색·담녹색이나 불그레한 남색 등.

【品题】pǐntí 동문 품평〔평가〕하고 느낌·소견 등을 쓰다. ¶经由名家~, 此画价值大增. =유명한 전문가의 평가를 받고 나서 이 그림의 가격이 크게 뛰었다. 명문 품평〔평가〕하고 쓴 글. ¶洞庭湖畔, 历代文人墨客留下了众多~。=동정호 주위에 역대 문인들이 많은 기념글을 남겨 놓았다.

【品头论足】pǐntóu-lùnzú ☞【评头论足】píngtóu-lùnzú

【品脱】pǐntuō 양외 파인트(pint). 〔영미(英美)의 부피 단위. 1파인트(pint)는 1쿼트(quart)의 절반에 상당함〕

【品玩】pǐnwán 동 품평하며 완상〔감상〕하다. ¶~古董=골동품을 품평하며 감상하다.

品榀牝聘乓 **pīng** 1493

【品位】**pǐnwèi** 〈名〉 **1**〈书〉 관계(官階). [옛날, 관리의 등급] **2** 품위. 품격과 지위. ¶这场音乐会的~相当高。= 이 음악회의 품위가 상당히 높다. **3**〈矿〉품위.

【品味】**pǐnwèi** 〈动〉 **1** 맛을 보다. ¶~佳肴＝좋은 요리의 맛을 보다. **2** 체득하다. 이해하다. 깊이 음미하다〔새겨보다〕. 잘 생각해 보다. 곰곰이 생각하다. ¶人生的酸甜苦辣都值得好好~。= 인생의 단맛과 쓴맛은 모두 깊이 새겨볼 만하다. 〈名〉 질과 맛. 질. 맛. ¶地方小吃~各异。= 지방의 먹을거리는 질과 맛이 제각기 다르다. ≒品尝

【品系】**pǐnxì** 〈名〉〈生〉계통. 종족.

【品相】**pǐnxiàng** 〈名〉 **1** 외관 상태. [서적·문물 등의 완벽한 정도를 가리키는 말] **2**(상품의) 외관. 겉모양. 상태. ¶这套邮票的~不错。= 이 우표 세트의 외관은 괜찮은 편이다.

【品行】**pǐnxíng** 〈名〉 품행. 몸가짐. ¶~不端＝품행이 단정하지 못하다. ≒品德 品质 品格

【品性】**pǐnxìng** 〈名〉 품성. ¶~忠厚＝품성이 듬직하다.

【品学】**pǐnxué** 〈名〉 품행과 학문.

【品学兼优】**pǐnxué-jiānyōu** 〈成〉 품행과 학문이 다 훌륭하다. ≒德才兼备

【品月】**pǐnyuè** ☞【品评】**pǐnpíng**

【品月】**pǐnyuè** 〈名〉 옅은 남색.

【品藻】**pǐnzǎo** 〈动〉〈书〉(인물을) 품평하다. 평하다. 논하다.

【品质】**pǐnzhì** 〈名〉 **1** 품질. 질. ¶只有保证产品~, 才能赢得顾客的信任。= 제품의 품질을 보증할 수 있어야만 고객의 신임을 얻을 수 있다. **2** 품성. 인품. 자질. ¶~淳厚＝품성이 순박하고 인정이 두텁다. ≒品德 品行 品格

【品种】**pǐnzhǒng** 〈名〉 **1** 품종. ¶优良~＝우량 품종. **2** 제품의 종류. 품종. ¶~繁多＝제품의 종류가 아주 많다. ≒种类 品类

【品族】**pǐnzú** 〈名〉〈生〉 동일 어미에서 나온 가축의 무리. [유전적으로 동일한 특성과 특징을 갖추고 있음]

**榀 pǐn** 외가지 품
〈量〉 트러스(truss)를 세는 데 쓰임.

**牝 pìn** 암컷 빈
〈形〉(조수(鳥獸)의) 암컷의. ¶~鸡＝암탉. / ~马＝암말. ↔牡

【牝鸡司晨】**pìnjī sīchén** 〈成〉 **1** 암탉이 새벽을 알리다. 암탉이 홰를 치다. **2**〈喩〉여자가 정권을 쥐다. 여자가 권력을 쥐고 정국을 어지럽히다. 부인이 전권(全權)을 가지다.

【牝牡】**pìnmǔ** 〈名〉 암수. 암컷과 수컷.

【牝牡骊黄】**pìnmǔ-líhuáng** 〈成〉 **1** 좋은 말을 고르는 데 있어서 색깔과 성별에 구애될 필요가 없다. **2**〈喩〉외관(外觀). 겉보기. 겉모양.

【牝牛】**pìnniú** 〈名〉 암소.

**聘 pìn** 모실 빙
〈动〉 **1** 옛날, 천자와 제후 또는 제후 간에 사신을 파견하여 방문하다. ¶报~＝답례 방문. **2** 옛날, 예물로 현자를 초빙하다. **3** 초빙하다. 모시다. 모셔 오다. ¶招~＝초빙하다. / 解~＝(초빙한 사람을) 해임하다. **4** 정혼하다. 약혼하다. [주로 부모가 주선한 것을 가리킴] ¶下~礼＝신랑집에서 신부집에 예물을 보내다. **5**(여자가) 출가하다. 시집 가다. ¶出~＝출가하다.

○● 报聘, 敦dūn聘, 礼lǐ聘, 延yán聘, 招zhāo聘, 征zhēng聘

【聘金】**pìnjīn** 〈名〉 **1**〈旧〉약혼할 때 신랑집에서 신부집에 보내는 금품. 약혼 금품. **2** 초빙료.

【聘礼】**pìnlǐ** 〈名〉 **1** 약혼할 때 신랑집에서 보내는 예물. 약혼 예물. **2** 사람을 초빙할 때 경의를 표하는 예물. 초빙 선물.

【聘请】**pìnqǐng** 〈动〉 초빙하다. 모시다. 모셔 오다. ¶公司正高薪~财务部经理。= 회사는 마침 높은 봉급으로 재무부 책임자를 초빙한다. ≒聘任 聘用

【聘任】**pìnrèn** 〈动〉 초빙하여 임용하다. 초빙하여 직무를 맡기다. 초빙하다. 모시다. 모셔 오다. ¶广告公司~他为设计总监。= 광고 회사에서 그를 디자인 총책임자로 초빙하였다. ≒聘请 聘用

【聘任制】**pìnrènzhì** 〈名〉 초빙 임용제. 초빙제. ['任命制(임명제)'와 구별됨]

【聘书】**pìnshū** 〈名〉 임명장. 임용장. 고용 계약서. 초빙 증서.

【聘问】**pìnwèn** 〈动〉〈书〉 옛날, 자국(自國)의 정부를 대표하여 우방(友邦)을 방문하다.

【聘用】**pìnyòng** 〈动〉 초빙하여 임용하다. 초빙하여 직무를 맡기다. 초빙하다. 모시다. 모셔 오다. ¶~专业人才＝전문 인재를 초빙하다. ≒聘任 聘请

【聘用制】**pìnyòngzhì** 〈名〉 초빙 임용제. 초빙제.

【聘约】**pìnyuē** 〈名〉 초빙 약정. 초빙 증서.

# ping

**乓 pīng** 물건 부딪는 소리 **병**
〈拟〉 탕. 땅. 뻥. [총을 쏘거나 물건이 서로 부딪치는 등의 소리] ¶~的一声, 枪走火了。= 땅 하고 총 소리가 났다. 〈名〉 탁구. ¶世~赛＝세계 탁구 선수권 대회.

【乒联】**pīnglián** 〈名〉〈略〉 乒乓球联合会(탁구 연합회).

【乒乓】**pīngpāng** 〈拟〉 똑딱. 또닥또닥. 펑펑. 뻥뻥. 투닥투닥. 툭툭. 후드득. [작렬하거나 부딪치거나 두드리는 등의 소리] ¶冰雹打在房顶上, ~直响。= 우박이 지붕에 떨어져 끊임없이 후드득 소리를 낸다. 〈名〉 탁구. ¶打~＝탁구를 치다.

【乒乓球】**pīngpāngqiú** 〈名〉〈体〉 **1** 탁구. **2** 탁구공.

【乒赛】**pīngsài** 〈名〉 탁구 경기. 탁구 시합.

【乒坛】**pīngtán** 〈名〉 탁구계.

【乒协】**pīngxié** 〈名〉〈略〉 乒乓球协会(탁구 협회).

# pīng 俜娉平

**俜** pīng 고독할 빙
☞【伶俜】língpīng

**娉** pīng 예쁠 빙
【娉婷】pīngtíng [형](운) (여자의 자태가) 아름답다. 우아하다. 우미하다. ¶体态~=자태가 아름답다.

**平** píng 평평할 평

[형] **1** 평평하다. 평탄하다. 반반하다. 고르다. ¶夷为~地=평지〔폐허〕로 만들다. / 四~八稳=매사에 믿음직하다. **2** 같다. 동급이다. 대등하다. 동등하다. 비기다. ¶两人是一辈。=두 사람은 동년배이다. / 两队打了个~手。=두 팀은 경기에서 비겼다. **3** 균등하다. 공평하다. 공정하다. ¶公~=공평하다. / 持~之论=공평한 이론. **4** 안정되다. 평온하다. ¶天下太~=천하가 태평하다. / 风~浪静=풍랑이 일지 않고 고요하다. 모든 일이 무사 평온하다. **5** 보통의. 일상적인. 평상의. ¶~常小事=대수롭지 않은 사소한 일. / 淡无味=무미건조하다. [동] **1** 평평하게〔고르게〕하다. 평평하게 고르다. ¶削~=깎아서 평평하게 하다. / ~操场=운동장을 고르다. **2** 공평하게 하다. ¶~反昭雪=누명을 벗겨 주다. **3** 안정시키다. 진정시키다. 억제하다. ¶这事要等他~一~怒气再说。=이 일은 그가 화를 가라앉히고 난 후에 다시 이야기하도록 하자. **4** 진압하다. 평정하다. ¶讨~=토평하다. 쳐서 평정하다. / 扫~叛乱=반란을 소탕하여 평정하다. [명] **1** (言) 평성(平聲). ¶~上去入=평상거입. **2** (**Píng**) 성(姓). ↔仄

○ 平 píng
评 píng
蘋 píng
萍 píng
坪 píng
鲆 píng
枰 píng
砰 pēng
抨 pēng
怦 pēng

○─● 不平, 承chéng平, 公平, 和平, 拉平, 溜liū平, 清平, 扫平, 生平, 升shēng平, 水平, 太平, 讨tǎo平, 平, 削xuē平, 阳平, 阴平, 找平, 太平间, 太平门

【平安】píng'ān [형] 평안하다. 편안하다. 무사하다. ¶祝你一路~。=여행 중 무사하시기를 바랍니다. ➔平安

【平安险】píng'ānxiǎn [명] 손해 보험. 단독 해손부 담보 조건. (영) FPA, Free from Particular Average

【平白】píngbái [부] 아무런 이유〔원인〕도 없다. 조금의 이유도 없다. 공연히. 까닭 없이. 괜히. 괜하게. 괜스레. 부질없이. 이유 없이. ¶~受了一通责骂。=공연히 한바탕 꾸지람을 받았다. =

【凭白】píngbái [형] (글이) 쉽고 통속적이다. ¶~如话=글이 말처럼 쉽고 통속적이다.

【平白无故】píngbái-wúgù [성어] 아무런 이유〔원인〕도 없다. 조금의 이유도 없다. 공연히. 까닭 없이. 괜히. 괜스레. 부질없이. 이유 없이.

【平板】píngbǎn [형] 평범하다. 단조롭다. ¶小说叙述过于~，缺乏起伏跌宕的情节。=소설의 서술이 너무 단조롭고 줄거리의 변화가 부족하다. [명] 정반(定盤). [연마용 공구]

【平板车】píngbǎnchē [명] **1** (화물 적재 부분이 평평한) 삼륜 자전거. =【平板三轮】píngbǎn sānlún **2** 측면이 없는 대형 화물차〔트럭〕.

【平板仪】píngbǎnyí [명] 평판 측량기.

【平版】píngbǎn [명](印) 평판.

【平辈】píngbèi [명] 같은 항렬. 동년. 동년배. ¶他们是~的堂兄弟。=그들은 동년배의 사촌 형제이다.

【平布】píngbù [명](紡) 평직.

【平步青云】píngbù-qīngyún [성어] 단번에 높은 지위에 오르다. ➔一步登天

【平槽】píng∥cáo [동] 하천의 수위가 강변〔강기슭〕에 이르기까지 이르다. ¶一场暴雨过后, 河水~了。=한바탕 폭우가 지나가자 강물이 강기슭까지 차올랐다.

【平产】píngchǎn [동] **1** (비교하는 대상과) 생산량이 거의 같다. 평년작이다. ¶全省大部分地区粮食与去年~。=성 전체 대부분 지역의 양식이 작년 생산량과 비슷하다. **2** 순산하다.

【平常】píngcháng [명] 평소. 평시. 평상시. 보통 때. ¶~他很少有时间休息。=평소 그는 휴식할 시간이 거의 없다. [형] 보통이다. 평범하다. 수수하다. 일반적이다. 뛰어나지 않다. 그저 그렇다. ¶~人家=보통 사람. ➔通常 寻常 平凡 平时 ↔特殊 別致

【平车】píngchē [명] **1** (화물 적재 부분이 평평한) 손수레. 가축이 끄는 수레. **2** 무개 화차. **3** 환자 운반 카트.

【平畴】píngchóu [명](운) 평평한 논밭〔경작지〕. ¶~沃野=평평하고 비옥한 평야.

【平川】píngchuān [명] 평야. 평원. ¶一马~=말이 마음껏 달릴 수 있는 드넓은 평지. ➔平原

【平旦】píngdàn [명](운) 새벽녘. 동틀녘. 날 샐 무렵. 여명.

【平淡】píngdàn [형] 보통이다. 평범하다. 그저 그렇다. 무미건조하다. 일반적이다. 뛰어나지 않다. ¶语调~=말투가 뜨뜻미지근하다.

【平淡无奇】píngdàn-wúqí [성어] 특이한 점이 없이 평범하다. 그저 그렇다.

【平等】píngděng [형] **1** 동일한〔평등한〕 대우를 받다. ¶法律面前, 人人~。=법률 앞에서 모든 사람은 평등하다. **2** 평등하다. 대등하다. ¶~相待=평등하게 대하다. ➔对等

【平等互利】píngděng-hùlì [성어] 호혜 평등. ¶国与国之间的交往应遵循~的原则。=국가 간의 교류는 호혜 평등의 원칙을 따라야 한다.

【平籴】píngdí [동](옛) 정부가 풍년에 정상 가격으로 곡물을 수매하여 저장했다가 흉년에 방출하여 판매하다.

【平底】píngdǐ [명] (배(船)·솥·신발 등의) 바닥이 평평한. ¶~船=(삿대로 젓는) 너벅선.

【平底煎锅】píngdǐ jiānguō [명] 프라이 팬(fry pan).

【平底烧瓶】píngdǐ shāopíng [명] 넓적바닥 플

라스크.
【平底鞋】 píngdǐxié 图 굽이 낮은 신발.
【平地】 píng‖dì 图 땅을 평평하게 고르다. ¶翻地，～之后才能播种。=땅을 갈고 평평하게 고른 다음에야 파종할 수 있다.
【平地】 píngdì 图 평지. ¶～起波澜。=평지풍파를 일으키다. ↔高原 山地
【平地风波】 píngdì fēngbō 图(비) 뜻밖의 재난. 날벼락.
【平地机】 píngdìjī 图(機) (땅을 고르거나 길을 닦는) 그레이더(grader), 롤러(roller).
【平地楼台】 píngdì-lóutái 图 1 빈터 위에 세운 망루(望樓)[고루(高樓)]. 2 (비) 맨손으로 일군 사업. 빈터 위에서 이루어 놓은 성과.
【平地摔跟头】 píngdì shuāi gēn·tou 图(비) (익숙하거나 간단한 일에서) 뜻밖에 실패하거나 좌절을 겪다.
【平地一声雷】 píngdì yī shēng léi 图(비) 1 갑자기 이름이 나다. 단번에 유명해지다. 2 갑자기 좋은 일이 생기다.
【平调】 píngdiào 图 동급으로 인사이동하다〔전근하다〕. ¶他这次调动属于～。=그의 이번 전근은 동급 인사이동에 속한다. 图 1 (劇) 평조. [지방 전통극의 하나, 허베이(河北)성 한단(邯鄲) 등지에서 유행함] 2 (言) 평조. [발음할 때 음의 높이가 기본적으로 변하지 않는 성조]
【平顶】 píngdǐng 图 평평한 상부[상단·꼭대기]. ¶～房=평지붕인 집.
【平定】 píngdìng 图 안정되다. 차분하다. 평온하다. ¶时局～=시국이 안정되다. 图 1 안정시키다. 진정시키다. 평온하게 하다. 가라앉히다. ¶众人的劝解慢慢～了他的情绪。=여러 사람들의 권유가 그의 기분을 차츰 안정시켜 주었다. 2 (반란 등을) 평정하다. 진압하다. 수습하다. 잠재우다. ¶～天下=천하를 평정하다.
【平动】 píngdòng 图(物) 등속도 운동. =【平移】 píngyí
【平峒】 píngdòng 图(礦) 횡갱(橫坑). 가로로 뚫은 갱도. 가로로 뚫은 굴.
【平凡】 píngfán 图 평범하다. 보통이다. 일반적이다. 그저 그렇다. ¶他一生的经历很不～。=그의 일생 경력은 평범하지 않다. ≒平常 普通 ↔非凡 杰出 卓越 突出 珍贵
【平反】 píngfǎn 图 잘못된 판결이나 정치적 결론을 시정하다. 바로잡다. 교정하다. 시정하다. 억울한 누명을 벗겨 주다. 명예를 회복시키다. 복직〔복원·복권〕시키다. ¶～冤案=억울한 누명을 벗겨 주다.
【平泛】 píngfàn 图 (문학 작품이) 평범하다. 무미건조하다. 그저 그렇다.
【平方】 píngfāng 图(數) 제곱. 평방. 图 ☞【平方米】 píngfāngmǐ
【平方根】 píngfānggēn 图(數) 제곱근.
【平方公里】 píngfānggōnglǐ 图 제곱〔평방〕킬로미터.
【平方米】 píngfāngmǐ 图 제곱〔평방〕미터. =【平方】 píngfāng 【平米】 píngmǐ

【平房】 píngfáng 图 1 단층집. ['楼房(층집)'과 구별됨] 2 (비) 평지붕인 집.
【平分】 píngfēn 图 고르게〔평등하게〕 나누다. 균분하다. ¶～财产=재산을 균등하게 나누다.
【平分秋色】 píngfēn-qiūsè 图(비) (양측이) 각각 절반씩 차지하다. 똑같이 나누어 가지다.
【平服】 píngfú 图 1 (진심으로) 승복하다. 신복하다. 수긍하다. 굴복하다. ¶他的魄力让人不得不～。=그의 투지[패기]는 사람으로 하여금 승복하지 않을 수 없게 한다. 2 (마음이) 가라앉다. 진정되다. 안정되다. ¶心情一时难以～。=마음을 한동안 진정시키기 어려웠다.
【平复】 píngfù 图 1 회복되다. 낫다. ¶病体日渐～。=병든 몸이 나날이 회복되어 간다. 2 평정을 되찾다. 가라앉다. 평온한 상태로 돌아가다. ¶时间一长，再大的风波也会～。=시간이 지나면 아무리 큰 풍파도 가라앉을 것이다.
【平光】 píngguāng 图 (안경의) 도수가 없는. ¶～镜=도수 없는 안경.
【平巷】 pínghàng 图(礦) 수평 갱도. 보통〔일반〕 갱도.
【平和】 pínghé 图 1 평온하다. 차분하다. 안정되다. 편안하다. ¶双方在～的气氛中进行了磋商。=쌍방은 차분한 분위기 속에서 협상을 진행하였다. 2 (성격이나 언행이) 온화하다. 부드럽다. ¶语气～=말투가 온화하다. 3 (약성(藥性)이) 부드럽다. 순하다. ¶药性～=약성이 부드럽다. 图(비) (분쟁 등이) 멎다. 그치다. 정지하다. 멈추다. ¶经过调解，一场争端～了下来。=중재를 거쳐 분쟁이 해결되었다. ≒温和 ↔剧烈
【平衡】 pínghéng 图 1 (무게가) 균형이 맞다. 균형잡히다. 평형하다. ¶轻重～=무게의 균형이 맞다. 2 균형이 맞다. 균형잡히다. 평형하다. ¶收支～=수지 균형이 맞다. 图 균형〔평형〕되게 하다. 균형 있게 하다. 균형을 맞추다〔잡다〕. ¶运用市场的杠杆来～制造业的布局。=시장이라는 지렛대를 활용하여 제조업의 구도를 균형있게 하다. 图 1 (物) 평형. ¶使身体保持～。=몸으로 하여금 평형을 유지하게 하다. 2 (哲) 평형. ≒均衡 ↔失调
【平衡觉】 pínghéngjué 图 평형 감각.
【平衡木】 pínghéngmù 图(體) 1 평균대 운동. 2 평균대.
【平滑】 pínghuá 图 평활하다. 평평하고 미끄럽다. 매끈매끈하다. ¶珍珠的表面十分～。=진주의 표면은 매우 매끈매끈하다. ≒光滑 ↔粗糙
【平滑肌】 pínghuájī 图(生) 평활근(平滑筋). =【不随意肌】 bùsuíyìjī
【平话】〔评话〕 pínghuà 图 평화. 〔옛날, 민간에서 유행하던 구두(구비) 문학. 이야기와 노래로 구성되고, 내용은 역사나 소설 속의 이야기를 위주로 하며, 송(宋)대에 성행했음〕 ¶《三国志～》=《삼국지평화》.
【平缓】 pínghuǎn 图 1 (지면이) 평탄하다. ¶坡度～=땅이 평탄하다. 2 (마음·말씨 등이) 온화하다. ¶声调～=말투가 온화하다. 3 (속도 등이) 완만하다. 느리다. ¶水流～=물의 흐름이

완만하다. 늑平坦 ↔陡立 湍急
【平毁】pínghuǐ 동 헐다. 허물다. 무너뜨리다. 파괴하다. 분쇄하다. ¶~旧碉堡=오래 된 토치카를 허물다.
【平假名】píngjiǎmíng 명《言》히라가나 (Hiragana).
【平价】píngjià 동 물가의 상승을 안정시키다. 명 1 적정 가격. 공정 가격(公定价格). 공정가. 지정 가격. 통제 가격. ¶~收购=공정가로 수매하다. 2 보통 가격. 일반 가격. 정상 가격. ¶~商店=일반(가격) 상점. 3《經》평가. [본위 화폐에 포함된 순금의 양] 4《經》평가. [각국 통화의 대외적 가치를 표시하는 기준]
【平交】píngjiāo 명 같은 항렬·동년배 사이의 교제〔교류〕. 대등한 교제〔교류〕. ¶大家都是~, 不必讲究那么多礼节. =모두들 동년배끼리 사귀는 것이니, 그렇게 많은 예의를 따질 필요가 없다. 동 평면으로 교차하다. ['立交(입체로 교차하다)'와 구별됨] ¶~路口容易发生交通堵塞. =평면 교차로에서는 교통 체증이 쉽게 발생한다.
【平角】píngjiǎo 명《數》평각.
【平靖】píngjìng 동 평정(平定)하다. 진압하다. 수습하다. ¶~叛乱=반란을 평정하다. 형 (사회가) 평온하다. 안정되다. ¶时局~=시국이 평온하다.
【平静】píngjìng 형 (마음·환경 등이) 조용하다. 고요하다. 차분하다. 평화롭다. 평온하다. ¶~的港湾=고요한 항구. / 局势~=정세가 평온하다. ↔动荡 兴奋
【平居】píngjū 명〔문〕평소. 평상시. ¶~多病. =평소에 병약하다.
【平局】píngjú 명 무승부. 동점. ¶两队踢成~. =두 팀이 무승부가 되다.
【平均】píngjūn 동 평균하다. 평균을 내다. 평균하여 …이다. 균등히 하다. 고르게 하다. ¶30个人植树120棵, ~每人植树4棵. =30명이 나무 120그루를 심었으므로, 평균 한 명이 네 그루씩 심은 셈이다. 형 평균의. 균등한. 평균적인. ¶~分摊=똑같이 분담하다. 늑均等
【平均里望寿命】píngjūn qīwàng shòumìng 명 평균 여명. 기대 여명.
【平均寿命】píngjūn shòumìng 명 평균 수명.
【平均数】píngjūnshù 명《數》평균. 평균치. =【平均值】píngjūnzhí
【平均值】píngjūnzhí ☞【平均数】píngjūnshù
【平均主义】píngjūnzhǔyì 명 절대 평등주의.
【平空】píngkōng ☞【凭空】píngkōng
【平口虎钳】píngkǒu hǔqián 명《機》평바이스(plain vice).
【平口钳】píngkǒuqián 명《機》납작코 플라이어(plier)〔펜치〕. [턱의 안쪽 날은 평면으로, 바깥쪽 날은 둥글게 만든 집게]
【平阔】píngkuò 형 평활하다. 평평하고 널찍하다. ¶~的广场=평활한 광장.
【平列】píngliè 동 나란히 놓다〔두다·배열하다〕. 같이 열거하다. 병렬하다. 동일시하다. ¶这是两种性质截然不同的现象, 不能~. =이것은 성질이 확연히 다른 두 종류의 현상이므로 같이 열거할 수 없다.
【平流】píngliú 명《氣》이류(移流). 수평류(水平流). ¶~层=성층권.
【平流层】píngliúcéng 명《氣》성층권.
【平隆】pínglóng 명《礦》수평갱.
【平炉】pínglú 명 평로. =【马丁炉】mǎdīnglú
【平炉钢】pínglúgāng 명 평로강. [평로 제강법으로 만든 강(鋼)]
【平路机】pínglùjī 명《機》그레이더(grader). 롤러(roller). [땅을 고르거나 길을 닦는 기계]
【平乱】píngluàn 동 반란을〔난리를〕 평정하다.
【平米】píngmǐ ☞【平方米】píngfāngmǐ
【平面】píngmiàn 명《數》평면.
【平面波】píngmiànbō 명《物》평면파.
【平面几何】píngmiàn jǐhé 명《數》평면 기하(학).
【平面交叉】píngmiàn jiāochā 명 평면 교차. ¶~道路=평면 교차 도로.
【平面镜】píngmiànjìng 명《物》평면경. 평면 거울.
【平面图】píngmiàntú 명 1 평면에 나타난 도형. 2 평면도.
【平民】píngmín 명 평민. 일반인. 일반 대중. ¶~百姓=일반 백성. ↔贵族
【平明】píngmíng 명〔문〕새벽.
【平年】píngnián 명 1 평년. 2 수확이 보통인 해. ['丰年(풍년)'·'歉年(흉년)'과 구별됨]
【平叛】píngpàn 동 반란을 평정하다.
【平平】píngpíng 형 1 평평하다. 반반하다. ¶~坦坦=평평하다. 2 보통이다. 평범하다. ¶业绩~=업적이 평범하다. 3 (소리가) 고르다. 일정하다. ¶~的语调=고른 말투. 동 1 평평하게〔고르게〕 하다. 평평하게 고르다. ¶去~菜地=가서 채소밭을 평평하게 고르거라. 2 안정시키다. 가라앉히다. 진정시키다. ¶你别急, 先~气. =너는 서둘지 말고 먼저 마음을 가라앉혀라. ↔突出
【平平安安】píngpíng ān'ān 형 평안하다. 무사하다.
【平平常常】píngpíng chángcháng 형 보통이다. 평범하다. 일반적이다. 수수하다. 뛰어나지 않다.
【平平淡淡】píngpíng dàndàn 형 보통이다. 평범하다. 그저 그렇다. 무미건조하다. 일반적이다. 뛰어나지 않다.
【平平当当】píngpíng dāngdāng 형 일의 진행이 순조롭다.
【平平凡凡】píngpíng fánfán 형 평범하다. 보통이다. 일반적이다. 그저 그렇다.
【平平和和】píngpíng héhé 형 1 평온하다. 차분하다. 안정되다. 편안하다. 2 (성격이나 언행이) 온화하다. 부드럽다. 3 (약성(藥性)이) 부드럽다. 순하다.
【平平静静】píngpíng jìngjìng 형 (마음·환경 등이) 조용하다. 고요하다. 차분하다. 평화롭다. 평온하다.

【平平展展】 píngpíng zhǎnzhǎn 형 **1** (주름·구김살 없이) 쫙 펴다. 평평하다. **2** (지대가) 평평하고 넓다〔널찍하다·드넓다〕. 넓게 펼쳐져 있다. 가없이 넓다.

【平平整整】 píngpíng zhěngzhěng (~的) 형 가지런하다. 고르다. 일매지다. 깔끔하다. 말끔하다. 질서 있다. 정연하다. (땅이) 평평하다. 통 평평하게 고르다. 가지런히 하다.

【平铺直叙】 píngpū-zhíxù 성 (글이나 말에서) 수식에 신경 쓰지 않고 의미만 간단히 직접적으로 서술하다〔말하다〕. 수식을 하지 않고 진술하게 쓰다〔말하다〕.

【平起平坐】 píngqǐ-píngzuò 성비 동등한 자격으로 대하다. 지위나 권력이 동등하다.

【平权】 píngquán 통 평등한 권리를 누리다. ¶男女~=남녀가 동등하게 권리를 누리다.

【平日】 píngrì 명 평일. 평소. 평상시. ¶儿子在外地工作，~难得回家。=아들이 외지에서 일하기 때문에 평일에 집에 오기 어렵다. ≒素日

【平绒】 píngróng 명(紡) 무명 벨벳(velvet). 면 비로드.

【平射炮】 píngshèpào 명(軍) 평사포.

【平伸】 píngshēn 통 수평으로 뻗다〔펼치다〕. ¶双臂~=두 팔을 수평으로 뻗다.

【平身】 píngshēn 통옛 (절을 하고 나서) 몸을 일으키다〔세우다〕. [주로 옛날 소설이나 중국 전통극에 보임]

【平生】 píngshēng 명 **1** 평소. 종래. ¶他~都是这样乐观地面对生活。=그는 평소에 늘 이렇게 낙관적으로 생활에 임한다. **2** 일생. 평생. ¶他~第一次感到了失败的痛苦。=그는 평생에 처음으로 실패의 고통을 맛보았다.

【平声】 píngshēng 명(言) **1** 평성. [고대 중국어 4성 중의 제1성] **2** 평성. [현대 중국어 4성 중의 제1성과 제2성] ↔仄声

【平时】 píngshí 명 **1** 평소. 평상시. 보통 때. ¶他~回家都比较晚。=그는 평소에 비교적 늦게 귀가한다. **2** (비상시와 구별하여) 평상시. ¶~装备=평상시 장비. ≒平素 平常 一般 ↔战时

【平实】 píngshí 형 평이하고 소박하다. 꾸밈없다. 있는 그대로이다. 수수하다. 질박하다. ¶语言~=언어가 소박하다.

【平视】 píngshì 통 똑바로 앞을 보다. 정시(正视)하다. ¶~前方=똑바로 앞을 보다.

【平手】 píngshǒu (~儿) 명 무승부. 비김. ¶两人打了个~。=두 사람은 무승부를 기록했다.

【平水期】 píngshuǐqī 명 강물(하천)이 정상 수위인 시기. =(中水期) zhōngshuǐqī

【平顺】 píngshùn 형 순탄하다. 탈없다. 무사하다. 순조롭다. 평탄하다. ¶日子过得很~。=생활이 순조롭다.

【平素】 píngsù 명 평소. 보통 때. 평시. ¶他~不怎么爱运动。=그는 평소에 운동을 그다지 좋아하지 않다. ≒平时

【平台】 píngtái 명 **1** 옥상 건조대. 옥상 마당. 옥상 테라스. **2** 평면 작업대. **3**(컴) 플랫폼(platform). **4**통 평지붕의 집. **5**비 같은 수준. 동일한 등급. ¶两人的技术水平处在同一个~上。=두 사람의 기술은 같은 수준이다. **6**비 무대. 환경. 장(場). 호기. 공간. ¶这次干部制度改革为年轻人展示才华提供了一个很好的~。=이번 간부 제도 개혁은 젊은이들이 재능을 펼칠 수 있도록 좋은 기회를 제공하였다.

【平摊】 píngtān 통 평균하여〔균등히〕 분담하다. ¶餐费由大家~。=음식값은 모두 균등히 분담하다.

【平坦】 píngtǎn 형 (도로·지대 등이) 평평하다. ¶地势~=지대가 평평하다. ≒平缓 平展 平整 ↔坎坷 险峻

【平坦坦】 píngtǎntǎn (~的) 형 평평하다.

【平添】 píngtiān 통 저절로 더해지다. 자연히 더해지다. (보이지 않는 가운데) 더하다. 보태다. 늘리다. ¶悠扬的琴声~了几分雅趣。=은은한 거문고 소리가 저절로 고상한 정취를 더해 주었다.

【平粜】 píngtiào 통명 흉년에 쌀값이 오를 때, 정부가 쌀값을 조절하기 위해 비축미를 정상 가격으로 방출하여 판매하다.

【平头】 píngtóu 명 상고머리. 형 **1** 보통의. 평범한. ¶~老百姓=보통 백성. **2** 끝수〔우수리〕가 없는. 나머지가 없는. 꼭. 딱. 꼬박. 만(滿). ¶~六十=만 60세이다.

【平头百姓】 píngtóu bǎixìng 명 일반 국민〔백성〕. 평민.

【平头数】 píngtóushù 명수 (10·100 등) 우수리가 없는 정수(整數). 끝수가 없는 수.

【平头正脸】 píngtóu-zhènglǐan (~儿的) 성 용모가 단정하다.

【平妥】 píngtuǒ 형 매끄럽고 적절하다. 알맞다. 적당하다. 타당하다. 적절하다. 적합하다. ¶措词~=어휘 사용이 적절하다.

【平纹】 píngwén 명(紡) 평직(平織).

【平稳】 píngwěn 형 **1** 안정되다. 평온하다. 편안하다. ¶物价~=물가가 안정적이다. **2** (물체가) 고정되다. 흔들리지 않다. 안정되다. ¶衣柜放得很~。=옷장을 안정되게 놓았다. ≒安稳 ↔危机

【平芜】 píngwú 명문 잡초가 무성한 벌판. 황무지. 황야.

【平西】 píngxī 통 해가 서쪽으로 기울다. 해가 지다. ¶太阳~，暮色降临。=해가 저물자 어둠이 찾아들었다.

【平昔】 píngxī 명 평소. 평(상)시. 다른 날. 지난날. ¶他~不太注重保养身体。=그는 평소에 건강 관리에 별로 신경을 쓰지 않는다.

【平息】 píngxī 통 **1** 그치다. 멎다. 정지하다. 멈추다. 가라앉다. 잠잠해지다. ¶猛烈的台风渐渐~了。=맹렬한 태풍이 점점 가라앉았다. **2** 평정하다. 진압하다. 수습하다. 가라앉히다. ¶~骚乱=소란을 평정하다.

【平铣刀】 píngxǐdāo 명(機) 플레인 밀링 커터 (plain milling cutter).

【平心】 píng‖xīn 통 마음을 가라앉히다. 마음을 냉정하게 하다. ¶~想来，他的话不无道理。=마음을 가라앉히고 생각하니, 그의 말에 일리

가 없는 것은 아니다.

【平心而论】píngxīn'érlùn ㊋ 냉정하게[공정하게] 논하다. 감정에 사로잡히지 않고 논하다. 마음을 가라앉히고 평론하다.

【平心静气】píngxīn-jìngqì ㊋ 마음을 가라앉히고 감정에 사로잡히지 않다. 냉정하게. 감정에 얽매이지 않고. 공평하게. ≒心平气和

【平信】píngxìn ㊂ 보통 우편. 보통 편지.

【平行】píngxíng ㊊ 1 동시에 일어나는. 동시의. 병행의. ¶经济和文化~发展。=경제와 문화가 동시에 발전하다. 2 (지위나 등급이) 대등한. 동등한. 동급의. ¶~单位=동급의 부서. 3 (數) 평행인. ¶~六面体=평행육면체.

【平行四边形】píngxíng sìbiānxíng ㊂(數) 평행사변형.

【平行线】píngxíngxiàn ㊂(數) 평행선.

【平行作业】píngxíng zuòyè ㊂ 동시 작업. 병행 작업.

【平衍】píngyǎn ㊊㊍ 1 (주름·구김살 없이) 쫙 펴다. 매끈하다. 평평하다. 2 (지대가) 평평하고 넓다[널찍하다·드넓다]. 넓게 펼쳐져 있다. 가없이 넓다. ¶大地~,一望无际。=평평한 대지가 가없이 넓게 펼쳐져 있다.

【平野】píngyě ㊂ 평야. 야. 벌. 벌판. ¶空阔的~上缀满星星点点的野花。=광활한 평야에 들꽃이 넓게 펴져 있다.

【平一】píngyī ㊊㊍ 평정하여 통일하다. ¶~宇内=천하를 통일하다.

【平移】píngyí ☞【平动】píngdòng

【平议】píngyì ㊊ 1 공평하게 잘잘못을 가리다. ¶~曲直=공평하게 잘잘못을 가리다. 2 (글이) 논하다. 토론하다. 비평하다. 의논하다. 의논하다. 상의하다. ¶~天下大事。=천하 대사를 논의하다.

【平抑】píngyì ㊊ (억제하여) 안정시키다. ¶~物价=물가를 안정시키다.

【平易】píngyì ㊊ 1 (성격·태도가) 겸손하고 온화하다. 상냥하다. 붙임성이 있다. ¶可亲=임성이 있어 사귀기 쉽다. 2 (글이) 평이하다. 알기 쉽다. ¶语言~=언어가 평이하다.

【平易近人】píngyì-jìnrén ㊊ 1 태도가 겸손하고 온화하여 쉽게 접근할 수 있다. 붙임성이 좋다. 사귀기 쉽다. 2 (글이나 논조가) 평이하여 이해하기 쉽다.

【平庸】píngyōng ㊊ 평범하다. 보통이다. 그저 그렇다. 예사롭다. 용속하다. ¶无能=평범하고 무능하다. ↔显赫 优异

【平鱼】píngyú ☞【鲳鱼】chāngyú

【平原】píngyuán ㊂(地) 평원. ≒平川 ↔高原

【平月】píngyuè ㊂ (윤달이 아닌) 평년의 2월.

【平允】píngyǔn ㊊ 공평하고 타당하다. ¶持论~=지론이 공평하고 타당하다. ¶偏颇

【平仄】píngzè ㊊ 1 (言) (중국어 성조(聲調)의) 평성(平聲)과 측성(仄聲). 2 평측. [시문(詩文)의 운율(韻律)]

【平展】píngzhǎn ㊊ 1 (주름·구김살 없이) 쫙 펴다. 매끈하다. 평평하다. ¶他身穿一套~笔挺

的西服。=그는 빳빳하게 다림질된 양복을 입었다. 2 (지대가) 평평하고 넓다[널찍하다·드넓다]. 넓게 펼쳐져 있다. 가없이 넓다. ¶~的牧场=넓게 펼쳐져 있는 목장. ≒平整

【平展展】píngzhǎnzhǎn (~的) ㊊ 평평하다. 가지런하다. 고르다. 매끈하다. 일매지다. 깔끔하다. 말끔하다. 질서 있다. 정연하다. ¶~的滨江大道=매끈한 빈장 대로.

【平整】píngzhěng ㊊ 가지런하다. 고르다. 일매지다. 깔끔하다. 말끔하다. 질서 있다. 정연하다. ¶(땅이) 평평하다. ¶~的操场=평평한 운동장. ㊍ 평평하게 고르다. 가지런히 하다. ¶~土地=땅을 평평하게 고르다. ≒平展 平坦

【平正】píng·zheng ㊊ 1 반듯하다. 가지런하다. 말끔하다. 정연하다. ¶被子叠放得非常~。=이불을 반듯하게 개어 놓았다. 2 매끈하다. 구김[주름]이 없다. ¶桌布很~。=식탁보가 구김하나 없이 매끈하다.

【平直】píngzhí ㊊ 1 평평하고 똑바르다. ¶~的大马路=평평하고 일직선으로 뻗은 대로. 2 ㊍ (글이) 평이하고 질박하다. ¶文章语言~,说理透彻。=글의 언어가 평이하고 질박하며, 이론이 확실하다.

【平治】píngzhì ㊍㊎ 다스리다. 관리하다. 손질하다. 정리하다. ¶水土~=물과 토양을 다스리다. ㊊㊎ 태평하다. 안정되다. ¶天下~=천하가 태평하다.

【平装】píngzhuāng ㊂ (서적의) 보통 장정. 페이퍼백(paperback). [精裝(고급 장정)과 구별됨] ¶~本=보통 장정본.

【平足】píngzú ☞【扁平足】biǎnpíngzú

【平作】píngzuò ㊍(農) 평작하다.

## 冯[馮] píng 걸어서 물 건널 빙

㊍㊎ 도섭(徒涉)하다. ¶暴虎~河=무모한 짓을 하다. [고어에서 '凭(píng)'과 같음]

☞ Féng

## 评[評] píng 평가할 평

㊍ (사람이나 사물의 우열·시비 등을) 평하다. 논하다. 논평하다. 평론하다. 판정하다. 심사하다. ¶批~=비평하다. / ~选先进=선진적인 인물을 심사하여 선발하다. ㊂ 논평. 평론. 비평. ¶短~=단평. / 影~=영화 평론.

> ⦿ 讲评, 批评, 品评, 社评, 时评, 史评, 书评, 述shù评, 影评, 总评

【评比】píngbǐ ㊍ 비교하여 평가하다. ¶对各部门进行综合~。=각 부문을 종합적으로 비교 평가하다.

【评标】píngbiāo ㊍ 입찰자의 신용과 입찰 문서를 심사하다.

【评测】píngcè ㊍ 평가하여 추산하다. ¶~工作进度=작업의 진행 속도를 평가 추산하다.

【评产】píngchǎn ㊍ 재산을 평가하다.

【评点】píngdiǎn ㊍ 1 평하고 지적하다[비난하다]. ¶对自己不了解的人和事不要妄加~。=

자신이 모르는 사람과 일에 대해 함부로 평하고 비난해서는 안 된다. **2** 평어(評語)를 쓰고 방점을 찍다. ¶~文学名著=문학 명저에 평어를 남기고 방점을 찍다.

【评定】**píngdìng** 동 평정하다. 평가하여 결정하다. ¶~业绩=업적을 평정하다.

【评断】**píngduàn** 동 (평가하여) 판단하다. 판정하다. 가리다. 따지다. 정하다. ¶~曲直=잘잘못을 가리다.

【评分】**píng‖fēn**(~儿) 동 점수를 매기다〔평정하다〕. 성적을 평가하다. 채점하다. ¶裁判现场~。=심판이 현장에서 점수를 매기다.

【评分】**píngfēn** 명 평점. 점수. ¶在所有选手中，他的~最高。=모든 선수 중에서 그의 점수가 가장 높다.

【评改】**pínggǎi** 동 (글 등을) 고쳐 주다. 고치다. 정정하다. 평어를 쓰고 고치다. ¶~学生作文=학생의 작문을 고쳐 주다. ≒批改

【评家】**píngjiā** 명 (대중이) 간부를 평하다. ¶民主~=민주적으로 간부를 평의하다.

【评功】**píng‖gōng** 동 공적을 평가하다. ¶~授奖=공적을 평가하여 상을 주다.

【评功摆好】**pínggōng-bǎihǎo** 성 공적을 평가하고 장점〔우수한 점〕을 공표하다.

【评估】**pínggū** 동 (질·수준·성적 등을) 평가하다. ¶对建筑公司进行资质~。=건축 회사에 대한 자질 평가를 하다. ≒评价 估价

【评话】**pínghuà** 명 **1** ☞【平话】**pínghuà 2** (艺) 평화. 〔설창 문예의 하나. 한 사람이 노래 없이 사투리로 이야기를 들려주는 것〕 ¶扬州~=양저우 평화.

【评级】**píng‖jí** 동 등급을 평정하다〔매기다〕.

【评价】**píngjià** 동 평가하다. ¶一部作品的好坏必须考虑多方面的因素。=한 작품의 우열을 평가하려면 반드시 다방면의 요소를 고려해야 한다. 명 평가. ¶他的突出表现赢得了很高的~。=그의 뛰어난 태도는 높은 평가를 얻었다. ≒评估 估价

【评讲】**píngjiǎng** 동 평론하고 해설〔설명〕하다. 강평하다.

【评奖】**píng‖jiǎng** 동 수상자〔수상 단위〕를 선정하다. ¶~细则=수상자 선정 세칙.

【评介】**píngjiè** 동 평론〔논평·비평〕하여 소개하다. ¶电影~=영화를 평론 소개하다.

【评剧】**píngjù** 명(剧) 평극. 〔지방 전통극의 하나로 화베이(华北)·둥베이(东北) 등지에서 유행했음. 20세기 초 설창 문예 '莲花落(liánhuāluò)'의 기초 위에서, '河北梆子(héběibāng·zi)'·'二人传(èrrénzhuàn)'의 곡조를 흡수·발전시켜 만들어짐. 초기에는 '蹦蹦儿戏(bèngbèngrxì)'라고 불렸음〕=【落子】**lào·zi**【评戏】**píngxì**

【评卷】**píng‖juàn** 동 시험 답안을 채점하다.

【评理】**píng‖lǐ** 동 시비를 가리다〔판단하다·판정하다·따지다〕. 어느 쪽이 옳은가를 결정하다. ¶谁对谁错，让大家来~。=누가 옳고 그른지 사람들에게 시비를 가리게 하자.

【评论】**pínglùn** 동 평론하다. 논의하다. 평

다. 토론하다. 토의하다. 논하다. 비평하다. 논평하다. ¶~时局=시국을 평론하다. 명 평론. 논평. 논설. ¶这篇~写得很有深度。=이 논평은 심도 있게 쓰여졌다.

【评论家】**pínglùnjiā** 명 평론가. 비평가.

【评论员】**pínglùnyuán** 명 (신문 매체의) 논설위원. 해설 위원. 해설자.

【评脉】**píngmài** 동 진맥하다. 진찰하다.

【评模】**píngmó** 동 모범이 될 만한 사람을 선정하다. ¶~选优=모범 인물을 선정하다.

【评判】**píngpàn** 동 (시비·승부·우열을) 판정하다. 결정하다. 정하다. 심사하다. ¶~是非=시비를 판정하다.

【评聘】**píngpìn** 동 (전문 기술 요원에 대해) 직위를〔직함을〕 심사하고〔평정하고〕 초빙하다. ¶~高级技师=고급 기술자를 심사하고 초빙하다.

【评审】**píngshěn** 동 평가하다. 심사하다. ¶~参展影片=영화제 출품 영화를 심사하다.

【评书】**píngshū** 명(艺) 평서. 〔설창 문예의 일종. 쥘부채·손수건·딱따기 등의 도구를 사용하며 주로 장편의 고사를 이야기함〕

【评述】**píngshù** 동 논평하다. 평론하다. ¶时事~=시사 문제를 평론하다. 명 논평. 평론. ¶这篇~写得很深刻。=이 평론은 매우 깊이 있게 쓰여졌다.

【评说】**píngshuō** 동 평론하다. 논의하다. 심의하다. 토론하다. 토의하다. 논하다. 비평하다. 평가하다. ¶~历史人物的是非功过。=역사 인물의 시비와 공과를 논하다.

【评弹】**píngtán** 명 **1**(艺) 평탄. 〔설창 문예의 일종. 쟝쑤(江苏)·저쟝(浙江) 일대에서 유행했으며, 이야기와 노래로 구성됨. '评话(평화)'와 '弹词(탄사)'를 결합한 형식〕 **2** '评话(평화)'와 '弹词(탄사)'의 합칭.

【评头论足】**píngtóu-lùnzú** 성 **1** 부녀자의 용모에 대해 이러쿵저러쿵하다. **2** (사람·일에 대해) 이러쿵저러쿵하다. =【评头品足】**píngtóu-pǐnzú**【品头论足】**pǐntóu-lùnzú**

【评头品足】**píngtóu-pǐnzú** ☞【评头论足】**píngtóu-lùnzú**

【评为】**píngwéi** 동 …으로 선정하다. ¶~优质产品=우량 상품으로 선정하다.

【评委】**píngwěi** 명(약) 评审委员会(심사 위원회) 혹은 评审委员(심사 위원).

【评委会】**píngwěihuì** 명(약) 评审委员会(심사 위원회).

【评析】**píngxī** 동 논평하다. 분석하다. 비평하다. ¶~国际形势=국제 정세를 분석하다.

【评戏】**píngxì** ☞【评剧】**píngjù**

【评薪】**píng‖xīn** 동 급료를 평정〔평정〕하다. 봉급을 의논하여 결정하다.

【评选】**píngxuǎn** 동 (심사) 선정하다. 평가하여 선발하다. ¶~优秀学生干部=우수 학생 간부를 선정하다.

【评议】**píngyì** 동 평의하다. 서로 의견을 교환하여 의논하다〔심의하다〕. ¶对全年的工作进行总结~。=연간 작업 진행에 대해 총괄적인 심의를

하다.
【评优】**píngyōu** 동 우수한 사람이나 사물을 선정하다.
【评语】**píngyǔ** 명 평어. 평언. 비평하는 말. ≒批语
【评阅】**píngyuè** 동 (시험 답안·작품 등을) 검토하고 평가하다. 채점하다. 점수를 매기다. ¶~试卷=답안지를 채점하다. ≒批阅
【评赞】**píngzàn** 동 칭찬하다. 찬평하다.
【评职】**píngzhí** 동 직위를〔직함을·직무를〕심사하다〔평정하다〕.
【评骘】**píngzhì** 동문 평정하다. 평가하여 결정하다. ¶~书画=서화를 평정하다.
【评注】**píngzhù** 동 평론과 주석을 달다. ¶~《诗经》=《詩經(시경)》에 평론과 주석을 달다.
【评传】**píngzhuàn** 명 평전. 논평을 겸한 전기(傳記).

\***坪 píng** 평평한 땅 평
명 1 평지. 평평한 땅. [산악·구릉 지대의 부분적인 평지를 가리키며, 주로 지명에 쓰임] ¶王家~=왕자평. [산시(陝西)에 있음] 2 평평한 용지〔공터〕. ¶草~=잔디밭. / 停机~=비행기 계류장. 양수 평. [면적 단위. '1坪'은 약 3.3제곱〔평방〕미터임]
【坪坝】**píngbà** 명수 1 평지. [산악·구릉 지대의 평지를 가리키며, 주로 지명에 쓰임] ¶沙~=사바. [충칭(重庆)에 있음] 2 평평한 용지〔공터〕.

\***苹[蘋] píng** 빈과 빈
아래를 참조하시오.
☞ 蘋(**pín**)
【苹果】**píngguǒ** 명(植) 1 사과나무. 2 사과.
【苹果绿】**píngguǒlǜ** 형 담록색의. 연두색의.

\***凭[憑, 凴] píng** 기댈 빙
동 1 (몸을 …에) 기대다. ¶~栏远眺=난간에 기대어 먼 곳을 바라보다. 2 의지하다. 의거하다. 기대다. ¶~借实力赢得了最终的胜利。=실력에 의지하여 최후의 승리를 거두었다. 명 증거. ¶文~=증서. / 真~实据=확실한 증거. 개 …에 의거하여. …에 근거하여. …에 의해. …에 따라. …에 힘입어. ¶~本事吃饭。=능력으로 먹고살다. 접튼 설령〔설사〕 …이라 할지라도〔하더라도〕. 아무리 …하여도. ¶~你跑到哪儿, 我也找得着。=네가 어디로 도망가든지 난 찾아 낼 수 있다.

○● 任**rèn**凭, 听凭, 依凭

【凭白】**píngbái** ☞【平白】**píngbái**
【凭单】**píngdān** 명 증명서. 증명. 증서. 증서서류. 증표. 전표. 상환증. 인환증(引換證).
【凭吊】**píngdiào** 동 (유적·분묘·기념물 등을 대하고 고인(故人)이나 옛일을) 회상하다. 생각하다. 추모하다. 위령제를 거행하다. ¶~先人=고인을 추모하다.
【凭借】**píngjiè** 동 …에 의지하다. …에 기대다.

…을 믿다. …을 기반으로 하다. …를 통하다. 평계 대다. 빙자하다. 구실로 삼다. ¶一支球队的取胜~的不单是队员个人的技术, 还有队员之间的相互配合。=팀의 우승은 팀원 개개인의 기술에만 의지한 것이 아니라, 팀원 간의 상호 협력에도 힘입었다. 개 …에 의거하여. …에 근거하여. …에 의해. …에 따라. …에 힘입어. ¶~顽强的意志, 他坚持到了最后。=강한 의지로 그는 마지막까지 버텨 냈다.
【凭据】**píngjù** 명 증거. 근거. 증거물. 증빙. ≒凭证 契据
【凭靠】**píngkào** 동 의거하다. 의하다. 의지하다. 기대다. 힘입다. ¶夺冠~的是实力而不是运气。=우승은 실력에 의한 것이지 운이 아니다.
【凭空】[平空] **píngkōng** 부 근거 없이. 터무니없이. 까닭 없이. ¶~想象=터무니없는 상상.
【凭空捏造】**píngkōng niēzào** 동 근거〔터무니〕없이 날조하다.
【凭栏】**pínglán** 동 난간에 기대다. ¶~远望=난간에 기대어 멀리 바라보다.
【凭陵】**pínglíng** 동문 1 세력을 믿고 괴롭히다. 세력을 믿고 침범하다. 얕보다. 업신여기다. 깔보다. 2 …에 의지하다. …에 기대다. …을 믿다. …을 기반으로 하다. …를 통하다. 평계 대다. 빙자하다. 구실로 삼다.
【凭恃】**píngshì** 동 의지하다. 기대다. 힘입다. 믿다. ¶~良好的信誉度, 公司的业务量逐年攀升。=양호한 신망도에 힘입어 회사의 업무량이 해마다 늘어난다.
【凭眺】**píngtiào** 동 높은 곳에서 멀리 바라보다. ¶登高~=높은 곳에 올라 멀리 바라보다.
【凭险】**píngxiǎn** 동 험한 지대에 의거하다. 요새에 의거하다. 지세가 험하고 요긴한 곳을 거점으로 삼다. ¶~固守=험한 지대에 의거하여 굳게 지키다.
【凭信】**píngxìn** 동 신뢰하다. 믿다. 신용하다. 신임하다. ¶此人不足~。=이 사람은 믿을 수 없다. 명 증거. 증빙. 근거. ¶协议经双方签字后即可作为~。=협의서는 쌍방의 서명을 거친 후에 곧바로 근거로 삼는다.
【凭依】**píngyī** 동 의지하다. 의거하다. 기대다. ¶孤苦一人, 无所~。=외롭고 가난한 외톨이라서 의지할 데가 없다.
【凭倚】**píngyǐ** 동 (몸을) 기대다. 의지하다. ¶她~在阳台的护栏上看园内的风景。=그녀는 베란다 난간에 기대어 정원의 풍경을 바라본다.
【凭仗】**píngzhàng** 동 …에 의지〔의존〕하다. …에 기대다. …을 믿다. …을 기반으로 하다. …를 통하다. 평계 대다. 빙자하다. 구실로 삼다. ¶~丰富的工作经验, 他很快就把那事处理好了。=풍부한 업무 경험으로 그는 그 일을 재빨리 처리하였다.
【凭照】**píngzhào** 명 증거. 근거. 증거물. 증빙. 면허증. 자격증. 증명서.
【凭证】**píngzhèng** 명 증거. 근거. 증거물. 증빙. ≒凭据
【凭准】**píngzhǔn** 명 표준. 기준.

枰 píng 바둑판 평
【명】【문】 바둑판. 장기판. (장기·바둑의) 대국 형세. 기국(棋局)/碁局). ¶对～=바둑을 두다.

帡 píng 휘장 병
【명】【문】 막. 휘장. 장막.
【帡幪】píngméng 【명】 장막. 【동】 비호하다. 감싸고 보호하다. 덮다. 가리다.

洴 píng 빨 병
【洴澼】píngpì 【동】【문】 (솜을) 물에 헹구다.

*屏 píng 병풍 병
【명】 1 담장. 2 병풍. ¶画～=그림 병풍. 3 (막·스크린(screen) 등) 병풍처럼 생긴 것. 荧光～=형광판(螢光板). 스크린. 4 여러 폭. ¶条～=족자. 가리다. 차단하다. ¶障京都～水道를 병풍처럼 둘러싸다.
☞ bīng, bǐng
○● 插chā屏, 耳屏, 挂屏, 网wǎng屏, 围屏, 荧yíng光屏

【屏蔽】píngbì (병풍처럼) 가리다. 차단하다. 둘러막다. ¶这种杀毒软件能够～多种病毒。=이 백신 프로그램은 많은 바이러스들을 차단할 수 있다. 【명】 차폐. 장막. 장벽. ¶以长江天堑为～。=창장(长江)의 천연 참호를 장벽으로 삼다. ≒屏障
【屏藩】píngfān 【명】【문】 1 병풍과 울타리. 2 【비】 변경. 사방의 국토. 나라를 지키는 대신(大臣). 【동】【문】 방어하다. 지키다. 보위하다.
【屏风】píngfēng 【명】 병풍.
【屏极】píngjí 【명】【电】 (진공관의) 양극. 플레이트(plate).
【屏门】píngmén 【명】 (집의 안채와 바깥채 사이의) 중문.
【屏幕】píngmù 【명】【电】 영사막. 스크린(screen).
【屏条】píngtiáo (~儿) 【명】 (4폭 혹은 8폭의) 족자. 주련(柱聯).
【屏障】píngzhàng 【명】 (병풍처럼 둘러쳐진) 장벽. 보호벽. ¶连绵的群山是一道天然的～。=끝없이 이어진 산들은 하나의 천연적인 장벽이다. 【동】 (병풍처럼) 둘러싸다. 차단하다. 막다. ¶～中原=중원을 둘러싸다. ≒屏蔽

**瓶[甁] píng 병 병
【명】(~儿) 병. ¶酒～儿=술병. / 花～儿=꽃병. 花瓶. 양(~儿) 병. ¶一～醋=식초 한 병. / 两～酒=술 두 병.
○● 冰瓶, 瓷cí瓶, 电瓶, 暖nuǎn瓶, 烧shāo瓶, 暖水瓶

【瓶胆】píngdǎn 【명】 보온병의 속병.
【瓶盖】pínggài (~儿) 【명】 병마개. 병뚜껑. =【瓶盖子】pínggài·zi ☞【瓶盖】pínggài

【瓶颈】píngjǐng 【명】 1 병목. 2【비】 병목. 난관. 장애. 걸림돌. 슬럼프. ¶观念陈旧是影响改革进程的～。=관념이 진부한 것은 개혁의 진행에 영향을 미치는 장애물이다.
【瓶瓶罐罐】píngpíng guànguàn 【명】 (병·깡통·단지 등의) 잡다한 일용 용기.
【瓶塞】píngsāi (~儿) 【명】 코르크 마개. =【瓶塞子】píngsāi·zi
【瓶塞子】píngsāi·zi ☞【瓶塞】píngsāi
【瓶装】píngzhuāng 【형】 (제품을) 병에 담은. ¶～饮料=병 음료(수).
【瓶子】píng·zi 【명】 병. ¶酱油～=간장병.
【瓶嘴】píngzuǐ (~儿) 【명】 병 주둥이. =【瓶嘴子】píngzuǐ·zi
【瓶嘴子】píngzuǐ·zi ☞【瓶嘴】píngzuǐ

*萍 píng 부평초 평
【명】【植】 부평초.
○● 浮萍, 水萍, 紫zǐ萍

【萍寄】píngjì 【동】【문】 (부평초처럼) 떠돌아다니다. 방랑하다. 유랑 생활을 하다. ¶～四方=사방을 떠돌아다니다.
【萍水相逢】píngshuǐ-xiāngféng 【성】【비】 (모르는 사람을) 우연히 만나다. 우연히 만나서 알게 되다. ≒不期而遇
【萍踪】píngzōng 【명】 (부평초같이) 정처 없이 떠돌아다님. 정처 없음.
【萍踪浪迹】píngzōng-làngjì 【성】【비】 정처 없이 떠돌아다니다. 방랑하다. =【萍踪浪影】píngzōng-làngyǐng
【萍踪浪影】píngzōng-làngyǐng ☞【萍踪浪迹】píngzōng-làngjì

帲 píng 병풍 병
'屏(píng)'과 같음.

鮃[鮃] píng 넙치 평
【명】【动】 넙치. [비목어(比目魚)류의 한 과]

# po

*朴 pō 박도 박
☞ Piáo, pò, pǔ
【朴刀】pōdāo 【명】 박도.

钋[釙] pō 폴로늄 박
【명】【化】 폴로늄(Po, polonium). [원자 번호 84]

陂 pō 비탈 피
☞ bēi, pí
【陂陀】pōtuó 【형】 경사지다. 비탈지다. ¶山路～曲折。=산길이 비탈지고 구불구불하다.

*坡 pō 언덕 파

[명] (～儿) 비탈. 언덕. ¶陡～＝가파른 언덕. / 山～＝산비탈. [형] 경사지다. 비스듬하다. ¶把梯子～着放。＝사다리를 비스듬하게 놓아라.

○● 陡dǒu坡, 护hù坡, 滑坡, 缓坡, 慢坡, 退坡, 脱坡, 斜xié坡

【坡岸】**pō'àn** [명] (강·호수·바닷가의) 기슭. 언덕. 경사지.
【坡道】**pōdào** [명] 비탈길. 언덕길. 고갯길.
【坡地】**pōdì** [명] 산비탈의 경사진 밭. ＝【坡田】**pōtián**
【坡度】**pōdù** [명] 경도(傾度). 경사도(傾斜度). 기울기.
【坡跟】**pōgēn** [명] 뒤는 높고 앞은 낮은 신발 바닥. ¶～皮鞋＝웨지(wedge) 힐.
【坡田】**pōtián** ☞【坡地】**pōdì**

**泊** pō 호수 박

[명] 호수. 늪. [주로 호수 이름에 쓰임] ¶湖～＝호수. / 罗布～＝뤄부호. [신장(新疆) 위구르 자치구에 있는 호수 이름]
☞ **bó**

【泊地】**pōdì** [명] 호반(湖畔)(의 땅). 호숫가의 땅.

**泼[潑]** pō 뿌릴 발

[동] (물 등의 액체를) 뿌리다. 붓다. ¶先在地上～点水, 然后再扫。＝먼저 땅에 물을 좀 뿌리고 나서 쓸어라. [형] **1** 무지막지하다. 제멋대로이다. ¶撒～＝막무가내로 행동하다. 소동을 부리다. **2** [방] 박력이 있다. 과감하다. 기백이 있다. 생기발랄하다. 활발하다. ¶大家干得～极了。＝모두들 매우 원기왕성하게 일하다.

○● 活泼, 瓢piáo泼

【泼妇】**pōfù** [명] (주로 욕하는 말로) 몰상식한 여자. 바가지긁는 여자. 무지막지한 여자. 사납고 거센 여자. ≒悍妇
【泼悍】**pōhàn** [형] 사납다. 흉포하다. 잔인하다. 무지막지하다. 거세다. ¶蛮横～＝무지막지하고 사납다.
【泼剌】**pōlà** [의] 팔딱팔딱. 펄떡펄떡. [물고기가 물에서 뛰는 소리] ＝【泼剌剌】**pōlàlà**
【泼剌剌】**pōlàlà** ☞【泼剌】**pōlà**
【泼辣】**pō·la** [형] **1** 괄괄하다. 악랄하다. 심술궂다. 사납다. 드세다. ¶这女人～得很, 谁都不敢惹她。＝이 여자는 아주 사납고 드세어서 아무도 감히 건드리지 못한다. **2** 강력하다. 용감하다. 박력이 있다. 맺고 끊다. ¶作风～＝일을 하는 데 있어서 박력이 있다.
【泼赖】**pōlài** [동] 억지를 부리다. ¶这孩子又～上了, 一个劲儿地苦闹。＝이 애가 또 막무가내로 울고불고 억지를 부리는구나.
【泼冷水】**pō lěngshuǐ** [닫] **1** 찬물을 끼얹다. **2** [비] 흥을 깨다. ＝【浇冷水】**jiāo lěngshuǐ**
【泼墨】**pōmò** [명]《美》발묵(潑墨). [산수화 기법 중의 하나]
【泼醅】**pōpēi** ☞【酦醅】**pōpēi**
【泼皮】**pōpí** [명] 무뢰한. 건달. 깡패. 부랑자. ≒地痞
【泼洒】**pōsǎ** [동] (물 따위의 액체를) 쏟다. 뿌리다. ¶手一晃, 杯子里的酒～了出来。＝손이 한 번 흔들리자 컵에 든 술이 쏟아져 나왔다.
【泼水节】**Pōshuǐjié** [명] 살수절. 물 뿌리는 축제. [중국의 소수 민족인 태족(傣族)과 태국·미얀마 등 일부 민족의 최대 명절(청명절 후 10일 경)로, 이 기간 동안 전통 의상을 입고 서로 물을 뿌리며 축복함]
【泼天】**pōtiān** [형] 엄청나다. 어마어마하다. 대단하다. [주로 조기 백화문에 보임] ¶～大祸＝엄청난 재앙.
【泼野】**pōyě** [형] 사납고 거칠다. 난폭하다. (여자가) 말괄량이이다. ¶这孩子自小没有受到什么教育, ～得很。＝이 아이는 어릴 때부터 교육을 받지 못하여 매우 거칠다.
【泼脏水】**pō zāngshuǐ** [닫] **1** 더러운 물을 퍼붓다. **2** [비] 중상 모략하다.

**钹[鏺]** pō 낫 발

[명][방] (자루가 긴) 낫. [동][방] (풀·곡식 등을) 베다. 자르다.

**颇[頗]** pō 자못 파

[형][문] 치우치다. 바르지 않다. ¶偏～＝편파적이다. [부][문] 꽤. 상당히. 자못. ¶～佳＝자못 훌륭하다. / ～有同感＝상당히 공감하다.
【颇为】**pōwéi** [부][문] 매우. 상당히. 꽤. 자못. 제법. ¶他对当地的民俗～了解。＝그는 현지의 민속에 대하여 상당히 잘 알고 있다.

**酦[醱]** pō 술 담글 발

[동][문] (술을) 담그다. 다시 양조하다.
☞ **fā**

【酦醅】[泼醅] **pōpēi** [동][문] 거르지 않은 술을 다시 양조하다.

**婆** pó 할미 파

[명] **1** 할머니. ¶老太～＝노부인. 할머니. 노파. **2** 시어머니. ¶公～＝시부모. **3** [옛] (～儿) 특정 직업에 종사는 부녀. ¶媒～儿＝매파. 혼인을 중매하는 할멈. / 产～＝산파. **4** [방] 할머니 또는 할머니뻘의 친척을 부르는 호칭. ¶外～＝외할머니. / 姑～＝고모할머니. ↔公

○● 伯bó婆, 产婆, 老婆儿, 虔qián婆, 神shén婆, 婶shěn婆, 叔shū婆, 太婆, 外婆, 稳wěn婆, 巫wū婆, 牙yá婆

【婆家】**pó·jia** [명] 시댁. ＝【婆婆家】**pópó·jia** ↔娘家
【婆罗门教】**Póluóménjiào** [명][외]《宗》바라문교(婆羅門教). 브라만교. [범] brahmana
【婆母】**pómǔ** [명] 시어머니.
【婆娘】**póniáng** [명][방] **1** 아내. **2** 아줌마. [기혼 여성을 가리킴]
【婆婆】**pó·po** [명] **1** 시어머니. **2** [방] 할머니. 외

할머니.
【婆婆妈妈】pó·po·jiā ☞【婆家】pó·jia
【婆婆妈妈】pó·pomāmā (~的) 형 1 수다스럽다. 미적거리다. [시시콜콜 말을 많이 하거나 행동이 화끈하지 못한 모양] ¶简单点儿说, 别~的. =쓸데없는 말은 하지 말고 좀 간단하게 말해. 2 나약하다. 연약하다. [마음이 여린 모양] ¶她就是这么~的, 动不动就哭. =그녀는 이리도 마음이 연약해서, 걸핏하면 운다.
【婆婆嘴】pó·pozuǐ 형 수다스럽다. ¶他这个人太~了. =그 사람은 너무 수다스럽다. 명 수다쟁이. 잔소리꾼. ¶她是个~, 说起来就没个完儿. =그녀는 수다쟁이라서 말을 했다 하면 끝이 없다.
【婆娑】pósuō 형문 1 파사(婆娑)하다. 한들한들하다. 하늘하늘하다. 춤추는 소매의 날림이 가볍다. [빙빙 돌며 가볍게 춤추는 모양] ¶舞姿~=춤추는 자태가 하늘하늘하다. 2 나뭇가지나 잎이 보기 좋게 어우러진 모양. ¶树影~=나무 그림자가 잘 어우러져 아름답다.
【婆媳】póxí 명 시어머니와 며느리. 고부(姑婦). ¶~不和=고부간이 화목하지 못하다.
【婆心】póxīn 명(유) 노파심. 인정 있는 마음. 동정심 있는 마음. ¶苦口~=노파심에서 거듭 충고하다.
【婆姨】póyí 명방 1 아내. 2 아줌마. [기혼 여성을 가리킴]
【婆子】pó·zi 명 1 형 할망구. 2 아내.

# 鄱 pó 땅 이름 파
【鄱阳】Póyáng 명(地) 포양호. 파양호. [장시(江西)성에 있는 호수 이름]

# 繁[緐] Pó 성씨 파
명 성(姓).
☞ fán

# 皤 pó 머리 센 모양 파
형문 1 (노인의) 머리카락이 희다. 머리가 세다. ¶须发~然=수염과 머리카락이 새하얗다. 2 (배가) 불룩하다. ¶~其腹=불룩한 배.

# 叵 pǒ 불가능할 파
부문 1 …할 수가 없다. …해서는 안 된다. ¶居心~测=속셈을 알 길 없다. 다른 꿍꿍이가 있다. 2 곧. 당장. 즉시. 바로. ¶~欲讨之=당장 토벌하려고 한다.
【叵测】pǒcè 통(유) 추측할 수 없다. 헤아릴 수 없다. ¶心怀~=다른 꿍꿍이를 품고 있다.
【叵奈】pǒnài ☞【叵耐】pǒnài
【叵耐】【叵奈】pǒnài 형 1 용인할 수가 없다. 참을 수가 없다. [주로 조기 백화문에 보임] 2 어찌 할 수 없다. [주로 조기 백화문에 보임]

# 钷[鉕] pǒ 프로메튬 파
명(약)(化) 프로메튬(Pm, promethium). [원자 번호 61]

# 笸 pǒ 소쿠리 파
아래를 참조.
【笸籃】pǒlán 명 (버드나무 가지나 대껍질을 엮어서 만든) 바구니.
【笸箩】pǒ·luo 명 (버드나무 가지나 대껍질로 엮어 만든 둥글고 낮은) 광주리.

# 朴 pò 팽나무 박
명(植) 팽나무.
☞ Piáo, pō, pǔ

◐ 厚朴

【朴硝】pòxiāo 명(化) 박초. ◐【皮硝】píxiāo

# 迫[廹] pò 닥칠 박
통 1 다가오다. 임박하다. 가까워 오다. 다가가다. 가까이 가다. 접근하다. ¶年关~近=세밑이 다가오다. 2 억지로 시키다. 강요하다. 강제하다. 핍박하다. ¶压~=억압하다. / 饥寒交~=굶주림과 추위에 시달리다. 형 급박하다. 긴급하다. 다급하다. 촉박하다. 절박하다. ¶紧~=긴박하다. / 从容不~=태연자약하다.
☞ pǎi

◐ 逼bī迫, 交迫, 紧迫, 强qiǎng迫, 驱qū迫, 威迫, 胁xié迫

【迫不得已】pòbùdéyǐ 성 어찌 해 볼 도리가 없다. 방법이 없다. ≒无可奈何
【迫不及待】pòbùjídài 성 일각도 지체할 수 없다. 잠시도 늦출 수 없다. ≒刻不容缓
【迫供】pògòng 통 (육체적·정신적 고통을 주어) 자백을 강요하다.
【迫害】pòhài 통 박해하다. 학대하다. ¶惨遭~=참혹하게 박해를 당하다.
【迫和】pòhé 통 상대에게 억지로 강화(화해)하게 하다.
【迫降】pòjiàng 통 1 (비행기가 고장 등의 원인으로 인해) 불시착하다. ¶因为发动机故障, 飞机不得不紧急~. =엔진 고장 때문에 비행기는 어쩔 수 없이 긴급 불시착하였다. 2 강제 착륙시키다. ¶一架擅自入境的飞机被强制~. =국경을 침범한 비행기 한 대는 강제 착륙당하였다.
☞ pòxiáng

【迫近】pòjìn 통 가까이 가다. 접근하다. 다다르다. 임박하다. 다가오다. 가까워지다. 가까워 오다. 닥치다. 닥쳐오다. 박두하다. ¶婚期~=결혼 일자가 임박하다. ≒逼近
【迫临】pòlín 통 임박하다. 가까이 가다. 접근하다. 다가오다. 가까워 오다. ¶考期~=시험 기간이 임박하다.
【迫令】pòlìng 통 억지로 …시키다. …하도록 무리하게 요구하다. 강요하다. …하게 하다. 강박하다. ¶~回收不合格产品. =불량 제품을 회수하게 하다.
【迫迁】pòqiān 통 강제로 이전시키다.
【迫切】pòqiè 형 절박하다. 다급하다. 촉박하다.

**pò** 迫珀破

긴박하다. 절실하다. 간절히 …하고 싶어하다. ¶他的愿望很~。=그의 바람은 매우 절실하다. ≒急切 急迫

【迫切性】**pòqièxìng** 图 절박성. 긴박성. ¶要充分认识防治沙尘暴的~。=황사 방지의 절박성을 충분히 알아야 한다.

【迫使】**pòshǐ** 图 억지로 …시키다. …하도록 무리하게 요구하다. 강제로 …하게 하다. ¶~谈判对手让步。=협상 상대가 양보하도록 강압하다.

【迫视】**pòshì** 图 가까이 가서 보다. 면밀히 살펴보다. ¶他满腹疑虑地~着面前的这个年轻人。=그는 의심에 찬 눈초리로 앞에 있는 이 청년을 면밀히 살펴보고 있다.

【迫降】**pòxiáng** 图 (강제로) 투항시키다.
☞**pòjiàng**

【迫胁】**pòxié** 图 협박하다.

【迫于】**pòyú** 图 압력 때문에 어쩔 수 없이 …을 하다. …에 쫓기어 …를 하다. …에 강요되어 …를 하다. ¶~舆论压力，他不得不登报致歉。=여론의 압력 때문에 그는 어쩔 수 없이 신문 지면을 통해 사과하였다.

【迫在眉睫】**pòzàiméijié** 图 **1** 눈썹에 불이 붙다. 발등에 불이 떨어지다. 일이 코앞에 닥치다. **2** 예 상황이 매우 긴박하다. ≒燃眉之急

**珀** **pò** 호박 박
☞【琥珀】**hǔpò**

\*\***破** **pò** 깨어질 파

图 **1** 파손되다. 찢어지다. 망가지다. 깨지다. 해지다. ¶袜子~了。=양말이 해졌다. **2** 찢다. 깨다. 망가뜨리다. 파손하다. ¶牢不可~=견고하여 깨뜨릴 수 없다. **3** 쳐부수다. 무찌르다. 격파하다. ¶攻~=공격하여 무찌르다. / 一一击~=하나하나 쳐부수다. **4** (기존의 구성·제한·기록 등을) 깨뜨리다. 타파하다. (원래의 규정을) 준수하지 않다. ¶~记录=기록을 깨다. / ~格晋升=파격적으로 진급하다. **5** 제거하다. 제외하다. 없애다. 배제하다. 물수하다. ¶~除情面=안면을 물수하다. **6** (돈을) 쓰다. ¶~财免灾=돈을 써서 재앙을 면하다. **7** 가르다. 쪼개다. ¶势如~竹=파죽지세. **8** (큰돈을) 잔돈으로 바꾸다. ¶把100元的~成两张50的。=100위안짜리를 50위안짜리 두 장으로 바꾸다. **9** 진상을 밝히다. 파헤치다. ¶说~=(은밀한 일·생각 등을) 폭로하다. 누설하다. …을 간파하다. 꿰뚫어 보다. 图 **1** 파손된. 깨진. 낡은. 너덜너덜한. ¶几把~椅子=변변찮은 의자 몇 개. / 一件~棉袄=너덜너덜한 솜저고리 하나. **2** 형편 없는. 보잘것없는. 하찮은. [혐오의 의미가 내포되있음] ¶什么~电影，太难看了。=이 무슨 형편 없는 영화야. 너무 재미가 없어. ↔立

○● 爆**bào**破, 残**cán**破, 打破, 道破, 点破, 读破, 攻破, 击**jī**破, 识破, 突破

【破案】**pò**∥**àn** 图 형사 사건을 해결하다. ¶限期~=기한 내에 사건을 해결하다.

【破败】**pòbài** 图 **1** (집 등이) 망가지다. 찌그러지다. 퇴락(頹落)하다. 무너져 가다. 헐다. ¶屋宇~=집이 무너져 가다. **2** 쇠미해지다. 파탄되다. 쇠퇴하다. ¶~的家庭=파탄된 가정.

【破敝】**pòbì** 图 낡다. 해지다. ¶衣服~=옷을 해지다.

【破冰船】**pòbīngchuán** 图 쇄빙선(碎冰船).

【破财】**pòcái** 图 (뜻밖에) 재물 피해를 입다. 돈을 쓰다. ¶~免灾=돈을 써서 재앙을 면하다.

【破残】**pòcán** 图 파손된. 너덜너덜한. ¶挖掘出的文物虽然~，但还是可以修复的。=발굴한 문물은 비록 파손되었지만, 그래도 복원할 수 있는 것이다.

【破产】**pò**∥**chǎn** 图 **1** 망하다. 파탄이 나다. ¶一场大火，使他彻底~。=대형 화재는 그를 쫄딱 망하게 하였다. **2**〈法〉파산하다. 도산하다. 부도나다. ¶那家企业最近~了。=그 회사는 최근에 도산하였다. **3** 거덜나다. 실패로 끝나다. ¶阴谋~=음모는 실패로 돌아갔다.

【破产法】**pòchǎnfǎ** 图〈法〉파산법.

【破钞】**pòchāo** 图 돈을 쓰다〔들이다·소비하다〕. [대접·선물·기증 등을 받았을 때 인사치레로 하는 말] ¶总让你~，心里实在过意不去。=늘 당신에게 돈을 쓰게 해서 송구스럽습니다.

【破除】**pòchú** 图 제거하다. 타파하다. ¶~封建迷信=낡은 미신을 타파하다. ≒废除 取消

【破敌】**pòdí** 图 적을 무찌르다. ¶~无方=적을 무찌를 방도가 없다.

【破的】**pòdì** 图 **1** (화살이) 과녁의 중심에 적중하다. **2** 예 말이 정곡을 찌르다. ¶一语~=한마디로 정곡을 찌르다.

【破订】**pòdìng** 图 (일간 신문 구독시) 월초부터 구독하지 않고 월중부터 구독하다. (월간·반월간·주간지 등 정기 간행물 구독시) 만기를 채우지 않고 구독을 중단하다. (격월간·계간지 구독시) 반 년을 채우지 않고 구독을 중단하다.

【破读】**pòdú** 图〈言〉파독. [하나의 자형(字形)이 의미가 달라 두 개 이상의 음으로 읽히는 경우 가장 보편적인 독음 이외의 독음]

【破读字】**pòdúzì** 图〈言〉하나의 자형(字形)에 두 개 이상의 독음이 있는 한자.

【破费】**pòfèi** 图 (돈·시간을) 쓰다. 들이다. 소비하다. ¶点这么多菜，太~了。=이렇게 많은 요리를 주문하다니, 돈을 너무 많이 쓰셨습니다.

【破釜沉舟】**pòfǔ-chénzhōu** 囼 **1** 솥을 깨뜨리고 배를 침몰시키다. [《사기·항우본기(史記·項羽本紀)》에서 항우(項羽)가 진(秦)나라 군사와 싸울 때, 강을 건넌 후 밥솥을 부수고 배를 침몰시키고 다시는 돌아가지 않을 결심을 하였다는 고사에서 유래함] **2** 예 결사의 각오로 싸움에 임하다. 배수진을 치다. 승부수를 던지다. ≒孤注一掷 义无反顾

【破格】**pògé** 图 파격하다. 일정한 격식을 깨뜨리다. 전례를〔관습을〕 깨다. ¶~录用=파격적으로 임용하다.

【破鼓乱人捶】**pò gǔ luàn rén chuí** 囼 사람이 권세를 잃거나 재수 없는 일을 당하여 곤경

에 처하게 되면 사람들의 비난과 업신여김을 당한다. 동네북이다.

【破瓜】**pòguā** 1 〈옛〉여자 나이 16세. 2 〈옛〉남자 나이 64세. 〔동〕〔비〕 여자가 순결을 잃다.

【破罐破摔】**pòguàn-pòshuāi** 〈성〉〔비〕 결점이나 잘못을 개선하지 않고 자포자기하여 더 나쁜 쪽으로 변하다. 자포자기하다. 될 대로 되라.

【破坏】**pòhuài** 〔동〕 1 (건축물 등을) 파괴하다. ¶不得~公共设施.=공공 시설을 파괴해서는 안 된다. 2 훼손시키다. 손해를 입히다. 손상시키다. 해치다. ¶~团结=단결을 방해하다. 3 변혁시키다. 없애다. 타파하다. ¶~旧制度=낡은 제도를 타파하다. 4 (규정·조약 등을) 어기다. 위반하다. ¶~协议=협약을 위반하다. 5 (물질의 조직·구조 등을) 파괴하다. 분해하다. ¶高温会~某些物质的营养.=고온은 일부 물질의 영양분을 파괴한다. ≒损坏 毁坏 ↔保护 爱护 维护

【破坏无遗】**pòhuài-wúyí** 〈성〉 남김없이 파괴하다. 완전히 파괴하다.

【破坏性】**pòhuàixìng** 〔명〕 파괴적인 성질. ¶乱采滥伐林木对水土保持具有严重的~.=마구잡이식 남벌은 생태계 보존에 치명적인 파괴력을 지닌다.

【破获】**pòhuò** 〔동〕 1 사건을 해결하여 용의자를 체포하다. ¶~贩毒团伙=마약 판매 조직을 적발하여 체포하다. 2 판독하여 비밀을 얻다〔획득하다〕. ¶~情报=정보를 판독해 내다.

【破货】**pòhuò** 〔명〕〔비〕 남자 관계가 문란한 여자. 화냥년.

【破家】**pòjiā** 〔동〕 가산을 탕진하다. 집안을 망치다. ¶~荡产=가산을 탕진하다. 〔명〕 몰락한 가정. 파락호(破落戶).

【破解】**pòjiě** 〔동〕 1 파헤치다. 풀다. ¶~宇宙之谜=우주의 수수께끼를 풀다. 2 분석하여 설명하다. ¶经老师这么一~, 同学们全明白了.=선생님께서 분석하여 설명을 하자, 학생들은 모두 이해하였다. 3 해결하다. 풀다. ¶他最终~了那道数学难题.=그는 마침내 어려운 수학 문제를 풀었다. 4 (재난을) 술법으로 막다. ¶~之术=재난을 막는 술법.

【破戒】**pò‖jiè** 〔동〕 1 (종교인이) 계율을 어기다. 파계하다. 2 (술·담배 등) 끊었던 것을 다시 시작하다. ¶今天老朋友难得一聚, 你就~喝两杯.=오늘 옛 친구들이 어렵사리 함께 모였으니, 끊었던 술이지만 몇 잔 마셔.

【破镜重圆】**pòjìng-chóngyuán** 〈성〉 1 깨졌던 거울이 다시 둥글어지다. [(당)唐대 맹씨(孟棨)의 《본사시(本事詩)》에서, 남조의 진(陳) 왕조가 막 멸망할 즈음 왕의 사위였던 서덕언(徐德言)이 구리 거울을 쪼개어서 아내 낙창(樂昌) 공주와 반조각씩 나눠 갖고 다시 만났을 때의 징표로 삼았는데, 결국 이 징표로 인하여 부부가 다시 만나게 되었다는 고사에서 유래됨] 2 〔비〕 부부가 헤어진 후 다시 결합하다.

【破旧】**pòjiù** 〔형〕 낡다. 오래 되어 허름하다. ¶房屋年久失修, 早已~不堪.=집을 오랫동안 수리하지 않아서 형편 없이 낡았다.

【破旧立新】**pòjiù lìxīn** 〈성〉 낡은 것을 타파하고 새로운 것을 세우다. ≒革故鼎新 除旧布新

【破句】**pòjù** 〔동〕 잘못 끊어 읽다. 구두점을 잘못 찍다.

【破口】**pòkǒu** 〔명〕 터진 곳. 찢어진 곳. 구멍. ¶麻袋上有一个~.=마대에 찢어진 곳이 한 군데 있다. 〔동〕 1 (상처가) 벌어지다. 찢어지다. 터지다. ¶手~了.=손에 상처가 났다. 2 (욕을) 하다〔퍼붓다〕. ¶他即使有再生气, 也从不~骂人.=그는 설령 아무리 화가 나더라도 여태껏 다른 사람에게 욕을 한 적이 없다.

【破口大骂】**pòkǒu-dàmà** 〈성〉 큰 소리로 욕을 퍼붓다. 입에 거품을 물고 욕설을 퍼붓다.

【破烂】**pòlàn** 〔형〕 (오래 되어) 낡다. 해지다. 너덜너덜하다. 허물어지다. 허름하다. ¶~的茅草房=허름한 초가집. 〔명〕 (~儿) 고물. 폐품. 넝마. ¶捡~=고물〔폐품〕을 줍다.

【破烂货】**pòlànhuò** 〔명〕 고물. 폐품.

【破浪】**pòlàng** 〔동〕 (선박이) 파도를 헤치다. ¶乘风~=바람을 타고 파도를 헤치고 나아가다.

【破例】**pò‖lì** 〔동〕 상례〔관례·통례〕를 깨다. ¶严格执行规章制度, 不可~.=규정을 엄격하게 집행하여야 하며, 통례를 깨뜨려서는 안 된다.

【破脸】**pò‖liǎn** 〔동〕 (친구·동료 등이) 얼굴을 일그러뜨리다. 싸우다. 안면몰수하다. 염치불구하다. 체면을 돌보지 않다. ¶两人竟为一件小事~吵了起来.=두 사람은 사소한 일로 안면몰수하고 다투게 되었다.

【破裂】**pòliè** 〔동〕 1 (온전하던 것이) 갈라지다. 파열되다. 찢어지다. 터지다. ¶毛细血管~=모세 혈관이 파열되다. 2 (감정·관계 등이) 사이가 벌어지다. 끊어지다. 결별하다. 끝장나다. ¶夫妻关系~=부부 관계가 끝장나다. ≒决裂

【破陋】**pòlòu** 〔형〕 낡고 누추하다. 낡고 초라하다. ¶~的房屋=낡고 초라한 집.

【破露】**pòlù** 〔동〕 (음모나 추행 등이) 발각되다. 폭로되다. 드러나다. 탄로나다. ¶机密~=기밀이 탄로나다.

【破落】**pòluò** 〔동〕 (가정 형편이) 쇠락하다. 몰락하다. 영락하다. ¶家业~=가업이 몰락하다. 〔형〕 낡고 허물어지다. 망가지다. 낡고 허물어진 데가 있다. ¶山上有一座~的寺庙.=산 위에 낡고 허물어진 절이 하나 있다.

【破落户】**pòluòhù** 〔명〕 파락호. 몰락한 집안.

【破谜儿】**pò‖mèir** 〔동〕 1 수수께끼를 맞히다〔풀다〕. ¶他是~的高手.=그는 수수께끼를 푸는 데는 고수이다. 2 〈방〉 수수께끼를 내다. ¶我来给大家破个谜儿.=내가 여러분들께 수수께끼를 하나 내겠습니다.

【破门】**pòmén** 〔동〕 1 문을 부수다. ¶几个歹徒~而入.=강도 몇 명이 문을 부수고 들어갔다. 2 파문(破門)되다. 출교(黜教)되다. 3 〈體〉 (축구 등의 운동 경기에서) 골인하다. 득점하다. ¶头球~=헤딩으로 득점하다.

【破门而出】**pòmén'érchū** 〈성〉 1 문을 부수고 밖으로 뛰쳐나오다. 2 〔비〕 자신의 영역을 뛰어넘어 활동하다.

【破门而人】**pòmén'érrù** [성] 문〔장애물〕을 부수고 쳐들어가다.

【破灭】**pòmiè** [동] (환상이나 희망이) 파멸되다. 깨지다. 산산조각이 나다. 물거품이 되다. 헛수고가 되다. ¶希望～＝희망이 깨지다. ≒幻灭

【破墨】**pòmò** [명]《美》 파묵(破墨).

【破破烂烂】**pò·po lànlàn**(～的) [형] (오래 되어) 낡다. 낡아빠지다. 해지다. 너덜너덜하다. 허물어지다.

【破伤风】**pòshāngfēng** [명]《醫》 파상풍.

【破身】**pòshēn** [동] 동정〔처녀성〕을 잃다.

【破碎】**pòsuì** [동] **1** 잘게 부수어지다. 산산조각이 나다. ¶窗玻璃～了。＝유리창이 산산조각이 났다. **2** 잘게 부수다. 산산조각을 내다. ¶把石块儿～了用来铺路。＝돌덩이를 잘게 부수어 도로를 깔았다. ≒破损 ↔完整

【破损】**pòsǔn** [형] 파손되다. 손상되다. ¶运输途中, 家具略有～。＝운송 도중에 가구가 조금 파손되었다. ≒破碎 ↔完好

【破题】**pòtí** [동] **1** [옛] 파제하다. 팔고문(八股文)을 지을 때 첫 단락에서 한두 구절로 제목의 뜻을 밝히다. **2** 글 첫머리에 제목의 뜻을 밝히다.

【破题儿第一遭】**pòtí·er dìyī zāo** [낮][비] 어떤 일을 처음으로 하다. 난생 처음이다. ¶登台演讲, 我还是～。＝단상에 올라서 하는 강연이 저는 난생 처음입니다.

【破体字】**pòtǐzì** [명][옛] (정자(正字)와 다른) 속자(俗字).

【破涕】**pòtì** [동] 울음을 멈추다〔그치다〕. ¶～强笑＝울음을 멈추고 억지로 웃다.

【破涕为笑】**pòtì-wéixiào** [성] **1** 울음을 멈추고 웃음을 보이다. **2** [비] 슬픔이 기쁨으로 바뀌다.

【破天荒】**pòtiānhuāng** [성] **1** 파천황(破天荒). [손광헌(孫光憲)의《북몽쇄언(北夢瑣言)》에 나오는 말로, 당(唐)대의 형주(荊州) 지방에서는 진사에 급제하는 사람이 없어 이를 천황(天荒 ; 한번도 개간하지 않은 땅)이라고 불렀는데, 유세(劉蛻)라는 사람이 처음으로 급제하자 이 일을 파천황(천황을 깨다)이라고 한 데서 유래함] **2** [비] 이전에 아무도 하지 못한 일을 처음으로 해내다.

【破铜烂铁】**pòtóng-làntiě** ☞【废铜烂铁】**fèitóng-làntiě**

【破土】**pòtǔ** [동] **1** (건축 공사나 매장할 때) 파토하다. 첫 삽을 뜨다. 착공하다. ¶～动工＝첫 삽을 떠 공사를 시작하다. **2** 봄갈이를 시작하다. ¶～耕种＝봄갈이를 하고 경작을 시작하다. **3** 새싹이 땅 위로 나오다〔솟아나다·돋아나다〕. ¶麦苗～而出。＝보리싹이 땅 위로 올라오다.

【破玩意儿】**pòwányìr** [명][구] 품질이 형편 없는 물건. 하찮은 물건. ¶什么～, 没用几天就坏了。＝이 무슨 형편 없는 물건이야, 며칠 쓰지도 않았는데 고장이 나다니.

【破网】**pòwǎng** [동]《體》 (축구·핸드볼 등의 구기 운동에서) 득점하다. ¶他在这场球赛中两次～。＝그는 이번 경기에서 두 차례나 골문을 갈랐다.

【破屋】**pòwū** [명] 허물어진 집.

【破五】**pòwǔ**(～儿) [명] 음력 정월 초닷새. [옛 풍습에 의하면, 상점은 주로 이 날부터 문을 열고 영업을 시작하였음]

【破相】**pò∥xiàng** [동] (얼굴의 상처로 인하여) 용모가 망가지다. 얼굴 모습이 일그러지다.

【破晓】**pòxiǎo** [동] 날이 새다. 동이 트다. ¶～时分＝동틀 무렵. 새벽녘.

【破鞋】**pòxié** [명][비] 남자 관계가 문란한 여자. 서방질을 하는 여자. 화냥년.

【破朽】**pòxiǔ** [형] 낡고 망가지다.

【破颜】**pòyán** [동] 웃음을 터뜨리다. ¶展眉～＝환하게 웃다.

【破译】**pòyì** [동] (암호·정보 등을) 해독하다. ¶～密电＝비밀 전보를 해독하다.

【破约】**pò∥yuē** [동] 약속〔계약〕을 어기다.

【破绽】**pò·zhàn** [명] **1** 파탄. 옷의 터진 부분. **2** [비] (말·행동시의) 허점. 빈틈. 결점. 약점. ¶他的话里面有很多～。＝그의 말에는 허점이 많다. ≒漏洞

【破绽百出】**pò·zhàn-bǎichū** [성][비] 말이나 행동이 치밀하지 못해 많은 허점이 드러나다.

【破折号】**pòzhéhào** [명]《言》 줄표. 풀이표. 대시. '——'. [화제의 전환이나 부연 설명을 나타냄]

【破竹之势】**pòzhúzhīshì** [성][비] 파죽지세. 적을 거침없이 물리치고 쳐들어가는 기세.

## 粕 **pò** 지게미 박

[명][문] 찌꺼기. 술찌끼. 지게미. 주박(酒粕). 주재(酒滓). 깻묵. 유박(油粕). 탈지박. [술을 담그거나 기름을 짜고 남은 찌꺼기] ¶糟～＝찌꺼기.

## **魄 **pò** 넋 백

[명] **1** 혼백. 넋. ¶魂～＝혼백. / 魂飞～散＝혼비백산하다. **2** 정신. 정력. 담력. 식견. ¶气～＝기백. / 惊心动～＝마음을 놀라게 하고 넋을 뒤흔들다. 손에 땀을 쥐게 하다.

☞ **bó, tuò**

○● 虎魄, 落魄, 心魄

【魄力】**pò·lì** [명] 박력. 패기. 기백. 투지. ¶作这样的决断是需要～的。＝이러한 결단을 내리려면 박력이 필요하다.

## 桲 **·po** 올발 발

☞【榅桲】**wēn·po**

# pou

## *剖 **pōu** 쪼갤 부

[동] **1** 쪼개다. 절개하다. 가르다. ¶解～＝해부하다. **2** 분석하다. 분별하다. ¶～明事理＝사리를 분명하게 밝히다.

【剖白】**pōubái** [동] 분명하게 밝히다. 표명하다. ¶～心曲＝속내를 밝히다. ≒表白

【剖辨】**pōubiàn** [동] 분석하여 밝히다. 식별하다. ¶～详明＝분석이 자세하고 분명하다.

【剖断】pōuduàn 동 분석 판단을 내리다. 시비를 가리다. ¶~如流=분석 판단이 아주 빠르다.
【剖腹】pōufù 동 배를 가르다. 할복하다. ¶自尽=할복 자살하다. / ~手术=제왕절개 수술.
【剖腹藏珠】pōufù-cángzhū 성 1 배를 갈라 진주를 감추다. 2 비 재물을 목숨보다 중요하게 여기다.
【剖腹产】pōufùchǎn 명《醫》제왕절개 분만.
【剖解】pōujiě 동 (이치 등을) 상세하게 분석하다. ¶~事理=사리를 상세하게 분석하다.
【剖露】pōulù 동 쪼개어 드러내다. 드러내어 밝히다. ¶~衷肠=속내를 드러내어 밝히다.
【剖面】pōumiàn 명 단면. 절단면. =【断面】duànmiàn【切面】qiēmiàn【截面】jiémiàn
【剖面图】pōumiàntú 명 단면도.
【剖明】pōumíng 동 분석하여 밝히다. 해명하다. ¶~利弊=이익과 폐단을 분석하여 밝히다.
【剖尸】pōushī 동 시체를 해부하다. ¶~验看=시체를 해부하여 검시하다.
【剖示】pōushì 동 1 분석해 보이다. ¶文章~了近期股市的走向.=글은 최근 주식 시장의 경향을 분석하고 있다. 2 해부하여 보이다. ¶生物课上, 老师가 了麻雀的肌体构造.=생물 시간에 선생님은 참새의 몸 구조를 해부하여 보여 주셨다.
【剖视】pōushì 동 세밀하게 분석 관찰하다. ¶~国际经济发展趋势=국제 경제의 발전 추세를 세밀하게 분석하여 관찰하다.
【剖视图】pōushìtú 명 단면도.
【剖释】pōushì 동 분석하여 설명하다. ¶~台风成因=태풍의 형성 원인을 분석하여 설명하다.
【剖析】pōuxī 동 해부하다. 상세히 분석하다. ¶~世界政治形势=세계 정세를 상세히 분석하다. 늑分析
【剖心】pōuxīn 동 1 배를 가르다. 2 비 마음(흉금)을 열고 진심으로 사람을 대하다. 충성을 다하다. ¶~以待=흉금을 열고 진심으로 사람을 대하다.

【抔】póu 움킬 부
동문 손으로 물건을 받쳐 들다. ¶~饮=손(바닥)으로 퍼마시다. 양 움큼. ['捧'에 상당하다] ¶一~土=흙 한 움큼.

【掊】póu 긁어모을 부
동문 1 파내다. ¶~坑=구덩이를 파다. 2 긁어모으다. 수탈하다. ¶~敛民财=백성들의 재물을 긁어모으다.
☞ pǒu

【裒】póu 모을 부
동문 1 모으다. 수집하다. ¶~然成集=많이 수집하였다. 2 덜어 내다. 줄이다. ¶~多益寡=많은 데서 덜어 내어 적은 데 보태다.
【裒辑】póují 동문 모아서 편집하다. ¶此书乃~各地民歌而成.=이 책은 각 지역의 민가(民歌)를 모아서 만든 것이다.

【掊】pǒu 칠 부
동 1 치다. 때리다. 비난하다. 규탄하다. ¶~击权贵=권세 있고 지위가 높은 사람들을 비평하다. 2 쪼개다. 격파하다. 부수다. ¶~斗折衡=말을 부수고 저울을 꺾어 버리다. 자연에 순응하고 모든 인위적인 예법 따위를 거부하다.
☞ póu
【掊击】pǒujī 동문 (글로) 공격하다. 공박하다. 비평하다. 규탄하다. ¶~时弊=시대의 병폐를 비평하다.

# pu

【仆】pū 엎어질 부
동 앞으로 넘어지다. 엎어지다. ¶前~后继=앞 사람이 쓰러지면 뒷사람이 계속 이어가다.
☞ pú

○● 颠diān仆

【扑[撲]】pū 칠 박
동 1 돌진하여 덮치다. 갑자기 달려들다. 뛰어들다. (몸을) 던지다. ¶飞蛾~火=나방이 불 속으로 날아들다. / 饿虎~食=굶주린 호랑이가 먹을 것을 덮치듯 동작이 신속하고 기세가 맹렬하다. 2 (기체 등이) 곧바로 덮쳐 오다. (코를) 찌르다. 스치다. ¶芳香~鼻=향기가 코를 찌르다. / 暖风~面=따뜻한 바람이 얼굴을 스치다. 3 (어떤 곳에) 모든 정력을 쏟아붓다. 몰두하다. ¶他一心~在工作上.=그는 전심전력으로 일에만 몰두한다. 4 찰싹 치다. 때리다. ¶~蝇=파리를 때려잡다. 5 (가볍게) 치다[두드리다]. (새가) 날갯짓을 하다. ¶往脸上~粉=얼굴에 분을 두드려 바르다. / 小鸟不时地~着翅膀.=작은 새가 수시로 날갯짓을 한다. 6 비 엎드리다. 머리를 숙이다. ¶他~在桌子上看地图.=그는 책상 위에 머리를 수그리고 지도를 본다. 명 두드리거나 문지르는 도구. ¶粉~=분첩. 파우더 퍼프(powder-puff).

○● 美pú 扑pū 仆pú 噗pū 濮pú 璞pú 镤pú 醭bú 朴pǔ

○● 反扑, 粉扑儿, 红扑扑

【扑奔】pūbèn 동 1 목적지를 향해 곧바로 달려가다. ¶我一下飞机就~你这儿来了.=나는 비행기에서 내리자마자 바로 너한테로 달려왔다. 2 (어떤 방면에) 온 힘을 집중시키다. ¶他一心~在科学实验上.=그는 과학 실험에 온 힘을 집중시킨다.
【扑鼻】pūbí 동 (냄새가) 코를 찌르다. 진동하다. 풍겨 오다. ¶香味~=향기로운 냄새가 코를 찌르다.
【扑哧】[噗嗤] pūchī 의 피식. 키득. 낄낄. 픽. 피식. 콱. [웃음소리 혹은 물·공기 등이 새는 소리]

【扑】¶~一声笑了起来。=피식 웃기 시작하였다.

【扑打】pūdǎ 동 (납작한 물건으로) 세게 내려치다. ¶~蚊子=모기를 세게 내려치다. ≒拍打

【扑打】 동 가볍게 툭툭 치다. 가볍게 털다. ¶把衣服上的灰尘~~。=옷에 묻은 먼지를 가볍게 툭툭 털다.

【扑跌】pūdiē 동 앞으로 넘어지다. 엎어지다. ¶路面太滑, 一不小心~在地。=길이 너무 미끄러워서 실수로 넘어졌다. 명 스모. 레슬링.

【扑粉】pūfěn 동 얼굴에 분을 바르다. 명 (화장용) 분. (땀띠용) 텔컴 파우더 (talcum powder).

【扑虎儿】pūhǔr 앞으로 넘어져 두 손을 땅에 짚는 동작. ¶不注意摔了个~。=부주의하여 앞으로 넘어져 손으로 땅을 짚었다.

【扑击】pūjī 동 1 치다. 때리다. 두드리다. 들이치다. ¶海浪不停~着海岸。=파도가 끊임없이 해안을 때린다. 2 덮치다. 돌진하다. ¶苍鹰从天而降, ~野兔。=참매가 공중에서 내려와 산토끼를 덮쳤다.

【扑救】pūjiù 동 1 화재를 진압하고 인명과 재산을 구조하다. ¶由于~及时, 此次火灾没有造成大的损失。=제때에 화재를 진압하고 인명을 구조하여, 이번 화재는 큰 손실이 나지는 않았다. 2 (체) (축구·배구 등의 운동 경기에서) 선수가 어려운 공을 살려 내다. ¶守门员大步一跃, 一把将球抱在怀里。=골키퍼가 몸을 날려 단번에 공을 잡아 가슴에 안았다. ≒抢救

【扑克】pūkè 명외 트럼프. 카드.

【扑空】pū‖kōng 동 1 헛걸음하다. 허탕치다. ¶我去找他几次都扑了空。=내가 그를 몇 차례 찾아갔지만 모두 헛걸음하였다. 2 쳐내지〔막아 내지〕못하다. ¶五个点球中, 守门员两次~。=다섯 차례의 페널티 킥 중에서 골키퍼가 두 차례는 막아 내지 못했다.

【扑棱】pūlēng 의 푸드덕. 파드득. 파닥파닥. [새가 날갯짓하는 소리] ¶一声, 树丛里飞出一只老鹰。=푸드덕 하면서 수풀 속에서 독수리 한 마리가 날아갔다.

【扑棱】pū‧leng 동 (날개 등을) 푸드덕거리다. 날개를 치다. 날갯짓하다. ¶海鸥~着翅膀飞走了。=갈매기가 날개를 치며 날아갔다.

【扑脸】pūliǎn(~儿) 동 얼굴을 덮치다. ¶寒风~=차가운 바람이 얼굴을 덮치다.

【扑亮】pūliàng 동(형) (날이) 막 밝아 오다. ¶天~的时候, 孩子们就上学去了。=날이 막 밝아 올 무렵 아이들은 벌써 학교에 갔다.

【扑噜】pūlū 의 1 후루룩. [한 입에 삼키는 소리] ¶~, 一碗稀饭就下肚了。=후루룩후루룩 소리가 나더니, 죽 한 그릇을 다 마셔 버렸다. 2 쿵쾅. 우르르. [물체가 구르는 소리] ¶几块大石头~~地从山坡上滚了下来。=큰 돌 몇 개가 우르르 하면서 산비탈에서 굴러 내려왔다.

【扑满】pūmǎn 명(옛) 박만. 벙어리저금통.

【扑面】pūmiàn 동 (기체나 물안개 등이) 얼굴을 향해 덮쳐 오다. ¶和煦的晚风~而来。=따뜻한 저녁 바람이 얼굴을 스친다.

【扑灭】pū‖miè 동 1 박멸하다. 모조리 잡아

애다. 2 (화재를) 진압하다. (불을) 끄다. ¶~火灾=화재를 진압하다.

【扑闪】pū‧shan 동 (눈을) 깜박거리다. ¶她~着两只大眼睛, 看起来十分可爱。=그녀가 커다란 두 눈을 깜박이고 있는 게 매우 귀여워 보인다.

【扑扇】pū‧shan 동 (날개 등을) 푸드덕거리다. 날갯짓하다. ¶公鸡~着翅膀飞上大树。=수탉이 날개를 푸드덕거리며 높다란 나무 위로 날아올랐다.

【扑朔迷离】pūshuò-mílí 성 1 암수의 구분이 분명하지 않다. 《목란사(木蘭辭)》에 '수토끼는 펄쩍 뛰어다니고, 암토끼는 눈을 반만 뜨고 있지만, 두 토끼가 나란히 달리게 되면 어느 것이 암놈인지 수놈인지 구별하기 어려워진다.'라고 한 것에서 유래됨 2 (비) 사물이 복잡하게 얽혀 있어서 구별하기 어렵다. 모호하다. 몽롱하다.

【扑簌】pūsù 형 눈물이 줄줄 흐르는 모양. ¶~直掉眼泪。=눈물을 줄줄 흘린다. =【扑簌】pūsùsù

【扑簌簌】pūsùsù ☞ 【扑簌】pūsù

【扑腾】pūtēng 의 쿵. 쾅. 콰당. 쿵쿵. 쿵덕쿵덕. [무거운 물건이 땅에 떨어지거나 심장이 뛰는 소리] ¶一声, 箱子掉在地上了。=쿵 하고 상자가 땅에 떨어졌다. ≒扑通

【扑腾】pū‧teng 동 1 (수영할 때) 풍덩풍덩거리다. ¶小孩子们在水里直~。=아이들이 물에서 줄곧 풍덩풍덩거리고 있다. 2 (심장 등이) 쿵쿵 뛰다. ¶他一声大吼吓得我心里直~。=그의 고함 소리에 나는 놀라서 가슴이 쿵쿵 뛰었다. 3 헤프게 쓰다. 헛되이 쓰다. 낭비하다. 탕진하다. ¶没多久他就把钱~光了。=얼마 되지 않아 그는 돈을 몽땅 다 써 버렸다.

【扑通】[噗通] pūtōng 의 쿵. 쾅. 콰당. 첨벙. 풍덩. [무거운 물건이 땅에 떨어지거나 물에 빠지는 소리] ¶一块石头~一声掉进了河里。=돌멩이 하나가 첨벙 하고 강물 속에 빠졌다. ≒扑腾(pūtēng)

\*\***铺[舗]** pū 펼 포

동 (물건을) 깔다. 펴다. ¶~地砖=타일(tile)을 깔다. / ~铁轨=철로를 깔다. 양 '炕(온돌)'을 세는 단위. ¶一~炕=온돌 하나.

☞ pù

【铺陈】pūchén 동 1 (書) 늘어놓다. 배치하다. 배열하다. ¶~雅致=배치가 고상하고 운치가 있다. 2 상세히 서술하다〔진술하다〕. 전말을 말하다. ¶~始末=자초지종을 진술하다. 명(방) 침구(寝具).

【铺衬】pūchèn 동 (대상이 돋보일 수 있도록) 바닥에 깔다〔받치다〕. ¶有了环境的~, 人物形象更为真实生动。=주변의 환경이 받쳐 주어 인물의 이미지가 더욱 사실적이고 생동적이다.

【铺衬】pū‧chen 명 (깁거나 덧대는 데 쓰이는) 천(헝겊) 조각.

【铺床】pū‖chuáng 동 이부자리를 침대에 펴다. 잠자리를 깔다.

【铺地锦】pūdìjǐn ☞ 【地茋】dìniè

铺 噗 潽 仆 **pú** 1509

【铺垫】**pūdiàn** 동 깔다. 펴다. ¶床上~有软和的褥子=침대에 부드러운 요〔매트리스〕를 깔다. 图(~儿) 요. 침대 매트리스. ¶把床上的~拿出去晒一晒。=침대 위에 있는 요를 가지고 나가서 햇볕에 좀 말려라. **2** 배경. 바탕. ¶小说开篇的环境描写是在为后文作~。=소설 첫 부분의 환경 묘사는 후반부의 배경으로 삼으려는 것이다.

【铺盖】**pūgài** 동 평평하게 덮어서 펴다. ¶在泥泞的路面上~一层煤渣。=진흙길 위에 연탄재를 한 층 덮어서 깔았다.

【铺盖】**pū·gai** 명요 요와 이불. 침구.

【铺盖卷儿】**pū·gaijuǎnr** 명 (둘둘 말아 둔) 이불보따리. 휴대용 침낭. =【行李卷儿】**xínglijuǎnr**

【铺轨】**pū‖guǐ** 동 철길을 놓다. 레일을〔철로를〕깔다.

【铺炕】**pūkàng** 동 온돌 위에 이부자리를 깔다.

【铺路】**pū‖lù** 동 **1** 도로를 부설하다. 길을 닦다. ¶~修桥=길을 닦고 다리를 놓다. **2** (비) (어떤 일을 위하여) 사전에 기초 작업을 하다. 전초 작업을 하다. 사전에 길을 내다. ¶与各方面建立联系是为以后开展工作~。=각 분야와 관계를 맺어 두는 것은 앞으로 일을 전개하기 위한 사전 기초 작업이다.

【铺路搭桥】**pūlù-dāqiáo** 성 **1** 다리를 놓고 길을 닦다. **2** (비) (어떤 일을 위해) 중간에서 다리를 놓아 주다. =【铺路架桥】**pūlù-jiàqiáo**

【铺路机】**pūlùjī** 명(机) 페이버(paver). [도로 포장 기계]

【铺路架桥】**pūlù-jiàqiáo** ☞【铺路搭桥】**pūlù-dāqiáo**

【铺路石】**pūlùshí** 명 **1** 도로 포장에 쓰이는 돌 멩이. 자갈돌. **2** (비) 디딤돌. 타인의 성공을 위해 묵묵히 희생하고 봉사하는 사람. ¶成千上万的教育工作者甘当祖国未来的~。=수많은 교육계 종사자들은 기꺼이 조국의 미래를 위해 희생하는 디딤돌이 되고자 한다.

【铺开】**pū‖kāi** 동 **1** 펼쳐 놓다. 평평하게 깔다. ¶~纸张=종이를 펼쳐 놓다. **2** (비) (일·작업 등이) 전개되다. 시행되다. 시작되다. ¶对中小学生进行安全教育的工作已全面~。=초·중등 학교 학생들에 대한 안전 교육이 이미 전면적으로 전개되었다.

【铺墁】**pūmàn** 동 벽돌로〔석판으로〕바닥을 깔다. ¶院子里青砖~, 显得格外古朴雅致。=정원에 푸른 벽돌을 깔아 놓으니, 유난히 소박하고 운치가 있다.

【铺排】**pūpái** 동 **1** 배치하다. 안배하다. 계획하다. ¶所有事情都已~妥当。=모든 일을 이미 적절하게 안배하였다. **2** 겉치레하다. 화려하게 꾸미다. 과시하다. ¶一切从简, 不可~。=모든 것은 간소하게 해야지 지나치게 차려서는 안 된다. ≒铺张

【铺平】**pūpíng** 동 **1** 고르게 펼치다. 평평하게 깔다. 펴서 깔다. ¶把床单~。=침대 시트를 펴서 깔다. **2** (비) (어떤 일의 성사를 위하여) 미리 준비 작업을 하다. 전초 작업을 하다. 길을 닦다. ¶为深化改革~道路。=개혁을 더욱 심화시키기 위하여 길을 닦다.

【铺砌】**pūqì** 동 벽돌〔석판〕을 바닥〔건물 벽〕에 평평하게 붙이다. ¶用大理石~地面。=대리석으로 바닥을 깔다.

【铺设】**pūshè** 동 **1** (도로를) 닦다. (다리를) 놓다. ¶~铁轨=철로를 깔다. **2** 배치하다. 안배하다. 계획하다. 장식하다. ¶会场~得很庄重。=회의장을 매우 장중하게 장식하였다.

【铺摊】**pū tān·zi** **1** (노점상이) 전을 펴다〔벌이다〕. **2** (비) 일을 막 시작하다. (일을) 막 벌여 놓다. ¶加工厂刚铺开摊子, 还谈不上有什么收效。=가공 공장은 막 일을 벌여 놓아 아직 무슨 성과가 있다고 이야기할 단계가 아니다.

【铺天盖地】**pūtiān-gàidì** 성 **1** 온 천지를 뒤덮다. **2** 기세가 대단히 맹렬한 모양. ≒弥天盖地

【铺叙】**pūxù** 동 (글을) 상세하게 서술하다. ¶~事情的经过=일의 경과를 상세하게 서술하다.

【铺展】**pūzhǎn** 동 쫙 펴다. 쫙 펼치다. 벌리다. ¶把画轴~开来。=족자를 쫙 펼치다.

【铺张】**pūzhāng** 형 겉치레이다. 화려하다. 과시되다. ¶过于~浪费=지나친 겉치레로 돈을 낭비하다. 동 **2** (글을) 과장하여 쓰다. ¶描写~=묘사가 과장되다. ≒铺排

【铺张浪费】**pūzhāng làngfèi** 성 지나치게 겉치레하여 재물과 인력을 낭비하다.

【铺张扬厉】**pūzhāng-yánglì** 성 **1** 지나치게 과장하여 떠벌리다. **2** 지나치게 겉치레하다.

【铺植】**pūzhí** 동 (넓은 땅에) 심다. 입히다. ¶~草坪=(드넓게) 잔디를 입히다.

【铺装】**pūzhuāng** 동 깔다. 펼쳐 맞추다. ¶~拼木地板=조립식 마루를 깔다.

## 噗 **pū** 뿜는 소리 박

의 푸. 후. 훅. [공기나 물이 뿜어져 나오는 소리] ¶~地一声, 蜡烛被吹灭了。=훅 하고 불자 촛불이 꺼졌다.

【噗嗤】**pūchī** ☞【扑哧】**pūchī**

【噗碌碌】**pūlūlū** ☞【噗噜噜】**pūlūlū**

【噗噜噜】【噗碌碌】**pūlūlū** 형 주르륵 흐르다. [눈물이 떨어지는 모양] 푸드득 나는. [새가 날갯짓 하는 모양] ¶伤心得~直掉眼泪。=상심하여 주르륵 눈물을 흘리다.

【噗通】**pūtōng** ☞【扑通】**pūtōng**

## 潽 **pū** 끓어 넘칠 보

동 (구) 끓어 넘치다. ¶稀饭~了。=죽이 끓어 넘쳤다.

## **仆**[僕] **pú** 하인 복

명 **1** 하인. 종. 고용인. ¶男~=남자 하인. / 一二~=일하는 사람은 적고 부리는 사람은 많다. **2** 문 겸 저. 소인. [자신을 낮추어 부르던 말로, 주로 편지글에 쓰임] ¶~顷已抵京。=저는 이미 북경에 도착했습니다. ≒婢 ↔主

☞ **pū**

**仆** ☞ 公仆, 奴仆, 童仆

【仆从】**púcóng** 명 **1** 종. 하인. 몸종. **2** ㈜ 종속된 사람〔단체〕. 예속된 사람〔단체〕. ¶~国家 = 종속국(가).
【仆妇】**púfù** 명 ㈜ (나이가 많은) 여자 종. 하녀.
【仆仆】**púpú** 협 여행길이 힘들다. 여행에 지치다. ¶风尘~ = 긴 여행에 지치다.
【仆人】**púrén** 명 하인. 고용인. ≒仆役 佣人 (yōngrén) 用人 ↔主人
【仆役】**púyì** 명 하인. 고용인. ≒仆人 ↔主人

## 匍 **pú** 길 포
아래를 참조.

【匍匐】**púfú** 동 **1** 포복하다. 기다. ¶~前进 = 포복하여 전진하다. **2** 엎드리다. ¶孩子们 ~ 在草地上, 静静地听老师讲故事. = 아이들은 풀밭에 엎드려서 조용히 선생님께서 해 주시는 이야기를 듣는다.
【匍匐茎】**púfújīng** 명 (植) 포복경(匍匐莖). 기는 줄기.

## 莆 **Pú** 땅 이름 포

명 **1** (地) 푸톈(莆田)시. [푸젠(福建)성에 있는 도시 이름] **2** (姓) 성.
【莆仙戏】**Púxiānxì** 명 (劇) 포선희(莆仙戲). [푸젠(福建) 지방의 전통극의 하나로, 푸톈(莆田)과 셴유(仙游) 일대에서 유행함] =【兴化戏】**xīnghuàxì**

## *菩 **pú** 보리 보
아래를 참조.

【菩萨】**púsà** 명 **1** ㈜ (佛) ① 보살. [석가모니가 성불하기 전의 호칭] ② 보살. ['菩提薩埵(보리살타)' 의 준말] ⓑ bodhisattva **2** (넓은 의미의) 부처. 보살. **3** ㈜ 마음씨가 자비로운 사람.
【菩提】**pútí** 명 **1** ㈜ (佛) 보리. 정각(正覺). ⓑ bodhi **2** 보리수.
【菩提树】**pútíshù** 명 (植) 보리수. =【道树】**dàoshù**【觉树】**juéshù**

## 脯 **pú** 가슴 포
명 흉부. 가슴. ¶胸~ = 흉부. 가슴.
☞ **fǔ**
【脯子】**pú·zi** 명 (닭·오리 등의) 가슴살(코기).

## **葡 **pú** 포도 포
아래를 참조.

【葡糖】**pútáng** ☞【葡萄糖】**pú·táotáng**
【葡萄】**pútáo** 명 (植) **1** 포도나무. **2** 포도.
【葡萄干】**pú·táogān** (~儿) 명 건포도.
【葡萄灰】**pú·táohuī** 명 연한 회색을 띤 핑크빛.
【葡萄酒】**pú·táojiǔ** 명 포도주.
【葡萄球菌】**pú·táoqiújūn** 명 (生) 포도상 구균(葡萄狀球菌).
【葡萄胎】**pútáotāi** 명 (醫) 포도상 귀태(鬼胎). 포상 귀태.
【葡萄糖】**pú·táotáng** 명 (化) 포도당. =【右旋糖】**yòuxuántáng** ㈜【葡萄】**pútáng**
【葡萄牙】**Pútáoyá** 명 (地) 포르투갈(Portugal). [수도는 '里斯本(리스본 : Lisbon)' 임]
【葡萄紫】**pú·táozǐ** 형 회색을 띤 짙은 자주색의. 적자색의.

## 蒲 **pú** 저포 포
☞【樗蒲】**chūpú**

## 蒲 **pú** 부들 포
명 **1** (植) 부들. 향포. ¶~包儿 = 부들로 엮어 만든 꾸러미. **2** (植) 창포. ¶~剑 = 창포 검. [단옷날 액신(厄神)을 막기 위해 문에 걸어 두는 창포잎이 검처럼 보이는 데서 유래함] **3** (Pú) 푸저우(蒲州). [지금의 산시(山西)성 융지(永济)현에 있었던 옛 지명] **4** (Pú) 성(姓).

☞ 菖**chāng**蒲, 香蒲

【蒲棒】**púbàng** (~儿) 명 부들의 이삭.
【蒲包】**púbāo** (~儿) 명 **1** 부들을 엮어 만든 꾸러미. **2** ㈜ 부들을 엮어 포장한 떡이나 과일 등의 선물꾸러미.
【蒲草】**púcǎo** 명 (植) 부들의 줄기〔잎〕.
【蒲墩】**púdūn** (~儿) 명 부들 방석. 포단(蒲團).
【蒲公英】**púgōngyīng** 명 (植) 민들레. 포공영.
【蒲瓜】**púguā** ☞【瓠子】**hù·zi**
【蒲节】**Pújié** 명 (문) 단오절. [단오절에 문 위에 창포잎을 걸어 액운을 막으려 한 데서 유래함]
【蒲剧】**pújù** 명 (劇) 포극. [산시(山西) 지방의 전통극의 하나로, 산시의 남부 지방에서 유행하였음] =【蒲洲梆子】**Púzhōu bāng·zi**
【蒲葵】**púkuí** 명 (植) 포규. 중국 종려나무. ⓔ Chinese Fan Palm
【蒲柳】**púliǔ** 명 **1** (植) 포류. 갯버들. 등류(藤柳). 수양(水楊). **2** ㈜ 협 허약한 몸. 낮은 지위. 미천한 신분. ¶~之质 = 허약한 체질. / ~人家 = 미천한 집안.
【蒲茸】**púróng** ☞【蒲绒】**púróng**
【蒲绒】【蒲茸】**púróng** 명 (植) 부들 솜.
【蒲扇】**púshàn** (~儿) 명 부들 부채.
【蒲式耳】**púshì·ěr** 양 ㈜ 부셸(bushel). [영미(英美)제 용량의 단위. 1부셸은 8갤런(gallons)에 해당함]
【蒲松龄】**Pú Sōnglíng** 명 (歷) 포송령(1640~1715년. 《요재지이(聊齋志異)》를 지은 청(清)대의 소설가]
【蒲团】**pútuán** 명 포단. 부들 방석.
【蒲月】**púyuè** 명 음력 5월.
【蒲洲梆子】**Púzhōu bāng·zi** ☞【蒲剧】**pújù**

## 酺 **pú** 연회 포
동 함께 모여 술을 마시다.

## 璞 **pú** 옥돌 박
명 **1** 옥돌. 옥석. **2** (다듬지 않은) 박옥(璞玉).

¶浑金～玉＝아직 정제하지 않은 금과 다듬지 않은 박옥(璞玉). 꾸밈이 없는 아름다움. [형][문] 순박하다. 질박하다. ¶反～归真＝(모든 가식적인 태도를 버리고) 애초의 순수함과 순박함으로 돌아가다. 자연으로 돌아가다.

【璞玉浑金】**púyù-húnjīn** [성] **1** 아직 다듬지 않은 옥돌과 정제하지 않은 금. **2**[비] 꾸미지 않은 천연의 아름다움. [주로 사람의 순박하고 선량한 품성을 가리키는 말로 쓰임] ＝【浑金璞玉】**húnjīn púyù**

# 镤[鏷] **pú** 프로탁티늄 복

[명][외]《化》 프로탁티늄(Pa, protactinium). [원자 번호 91]

# 濮 **Pú** 강 이름 복

[명] **1**《地》 푸양(濮阳). [허난(河南)성에 있는 지명] **2** 성(姓).

# **朴[樸] **pǔ** 순박할 박

[형] 순박하다. 질박하다. ¶质～＝질박하다. / 淳～＝순박하다.

☞ **Piáo, pō, pò**

⊶ 淳chún朴, 纯chún朴, 古朴, 浑hún朴, 简朴, 素朴, 质zhì朴

【朴厚】**pǔhòu** [형] 소박하고 후덕하다. ¶为人～＝사람 됨됨이가 소박하고 후덕하다.

【朴陋】**pǔlòu** [형] 소박하고 꾸밈이 없다. 소박하고 간소하다. ¶陈设～＝장식이나 배치가 소박하고 간소하다.

【朴茂】**pǔmào** [형][문] 소박하고 후덕하다.

【朴朴实实】**pǔ·pu shíshí**(～的) [형] 소박하고 성실하다.

【朴朴素素】**pǔ·pu sùsù**(～的) [형] 소박하다.

【朴实】**pǔshí** [형] **1** 정직하다. 성실하다. ¶性格～＝성격이 성실하다. **2** 소박하다. 꾸밈이 없다. ¶衣着～＝옷차림이 소박하다. **3** 착실하다. 알뜰하다. ¶作风～＝일하는 태도가 착실하다. ≒朴素 简朴 ↔华丽

【朴素】**pǔsù** [형] **1** (색채나 디자인이) 소박하다. 화려하지 않다. ¶穿着淡雅～。＝옷차림이 단아하고 소박하다. **2** 절약하다. 알뜰하다. 검소하다. ¶生活～＝생활이 검소하다. **3** 순박하고 꾸밈이 없다. ¶乡亲们～的情感深深地打动了我。＝고향 친지들의 순박하고 꾸밈이 없는 정이 나의 마음을 깊이 감동시켰다. **4** 맹아 상태의. 초기의. 발전되지 않은. ¶古代～的唯物主义＝고대의 원시 유물론. ≒朴实 简朴 ↔华丽 奢侈 奢华 华美

【朴学】**pǔxué** [명] **1** 박학(樸學). 질박한 학문. **2** 청(清)대의 고증학(考證學).

【朴直】**pǔzhí** [형] 성실하고 솔직하다. ¶生性～＝천성이 성실하고 솔직하다.

【朴质】**pǔzhì** [형] 질박하다. 수수하다. 소박하다. 꾸밈이 없다. ¶心地～＝심성이 꾸밈이 없다. ↔华丽

# 埔 **pǔ** 땅 이름 포

지명에 쓰이는 글자. ¶黄～＝황푸. [광둥(广东)성에 있는 지명]

☞ **bù**

# *圃 **pǔ** 밭 포

[명] 채소밭. 화초밭. ¶菜～＝채소밭. / 花～＝화초밭.

⊶ 花圃, 园圃

# *浦 **pǔ** 물가 포

[명] **1** 물가. **2** 포. 강어귀. [하천에서 큰 강으로 들어가는 어귀나 강물이 바다로 들어가는 곳. 주로 지명에 쓰임] ¶乍～＝자푸. [저장(浙江)성에 있는 지명] **3** (**Pǔ**) 성(姓).

# **普 **pǔ** 널리 보

[형] 보편적인. 일반적인. 전면적인. ¶～降瑞雪＝온 천지에 서설이 내리다. / ～查人口＝인구를 전면적으로 조사하다. [명] (**Pǔ**) 성(姓).

⊕ 普 pǔ 谱 pǔ 镨 pǔ 氆 pǔ

⊶ 科普, 吉jí普车

【普遍】**pǔbiàn** [형] 보편적인. 일반적인. 전면적인. 널리 퍼져 있는. ¶～现象＝보편적인 현상. ≒广泛

【普遍性】**pǔbiànxìng** [명] 보편성. 일반성. ['特殊性(특수성)'과 구별됨] ¶城市住房紧张具有一定的～。＝도시의 주택 부족은 상당히 보편적인 현상이다.

【普测】**pǔcè** [동] 전반적으로 측량하다. 두루 탐사하다. ¶～水情＝물 사정을 두루 탐사하다.

【普查】**pǔchá** [동] 두루 조사하다. 일제 조사하다. ¶地质～＝지질 측량.

【普度】**pǔdù** [동]《佛》 널리 제도(濟度)하다. ¶～众生＝중생을 제도하다.

【普洱茶】**pǔ'ěrchá** [명] 푸얼차[보이차]. [윈난(云南)성 서남부에서 생산되는 검은색을 띤 덩어리 차]

【普法】**pǔfǎ** [동] 법률 상식을 보급하다. ¶～教育＝법률 상식을 보급하는 교육.

【普高】**pǔgāo** [명][약] 普通高级中学(일반 중·고등 학교).

【普惠】**pǔhuì** [동] 두루 혜택을 주다.

【普惠制】**pǔhuìzhì** [명][약] 普遍优惠制(일반 특혜 관세 제도).

【普及】**pǔjí** [동] **1** 보급되다. 확산되다. ¶网络教育已在全国范围内～。＝인터넷 교육은 이미 전국적으로 보급되었다. **2** 널리 확산시키다. 보편화시키다. 대중화시키다. ¶～爱滋病防治知识＝에이즈 예방 상식을 널리 확산시키다. [형] 보편화된. 대중화된. ¶～读物＝대중적인 서적.

【普及本】**pǔjíběn** [명] (출판물의) 보급판.

【普及率】**pǔjílǜ** [명] 보급률.

【普济】**pǔjì** [동][문] 널리 구제하다. ¶～众生＝널

리 중생을 구제하다.

【普降】 **pǔjiàng** 동 (눈이나 비가) 두루 내리다. 전체에 내리다. ¶华南地区～大雨. ＝화난(华南) 지역에 소나기가 두루 내린다.

【普教】 **pǔjiào** 명 보통 교육.

【普九】 **pǔjiǔ** 명 9년제 의무 교육. [초등 학교·중등 학교를 합친 9년 간의 의무 교육을 가리킴]

【普客】 **pǔkè** 명 1 (철도·유로의) 보통 객차. [`豪华客车(호화 객차)'와 구별됨] 2 완행 열차. [`普快(보급 열차)'·`直快(직행 열차)'·`特快(특급 열차)'와 구별됨]

【普快】 **pǔkuài** 명 양 普通快车(보급 열차).

【普罗】 **pǔluó** ☞ [普罗列塔利亚] **pǔluólièt ǎlìyà**

【普罗列塔利亚】 **pǔluólièt ǎlìyà** 명 와 프롤레타리아. 무산 계급. 약 [普罗] **pǔluó** 프 prolétariat.

【普米族】 **Pǔmǐzú** 명 푸미족. [중국 소수 민족의 하나로, 주로 윈난(云南)성과 쓰촨(四川)성 지역에 분포함]

【普普通通】 **pǔ·pu tōngtōng** 형 보통이다. 평범하다. 일반적이다.

【普天】 **pǔtiān** 명 문 천하. 세상. ¶～率土＝천하. 온 세상.

【普天同庆】 **pǔtiān-tóngqìng** 성 천하의 모든 사람들이 함께 경축하다.

【普天之下】 **pǔtiānzhīxià** 성 천하. 온 세상.

【普调】 **pǔtiáo** 동 전반적으로 조정하다. ¶～工资＝임금을 전반적으로 조정하다.

【普通】 **pǔtōng** 형 보통이다. 평범하다. 일반적이다. ¶～人＝보통 사람. 늑平凡 一般 ↔珍贵 卓越 非凡 特别 奇异 奇特 新奇

【普通股】 **pǔtōnggǔ** 명 經 보통주(普通株). 통상주(通常株).

【普通话】 **pǔtōnghuà** 명 言 현대 중국 표준어. [베이징 어음(北京语音)을 표준음으로 하고 북방 방언을 기초 방언으로 삼으며, 전형적인 현대 백화(白话)로 된 문학 작품을 어법의 규범으로 삼은 현대 한족(汉族)의 공통어]

【普通教育】 **pǔtōng jiàoyù** 명 教 보통 교육. 일반 교육.

【普通邮票】 **pǔtōng yóupiào** 명 보통 우표. 일반 우표. [`纪念邮票(기념 우표)'·`特种邮票(특별 우표)'와 구별됨]

【普陀山】 **Pǔtuóshān** 명 地 푸퉈산(普陀山). [중국 4대 불교 명산의 하나. 저장(浙江)성 푸퉈(普陀)현에 있는 산 이름]

【普选】 **pǔxuǎn** 명 보통 선거. 총선.

【普照】 **pǔzhào** 동 두루 비추다. ¶秋高气爽, 阳光～. ＝가을 하늘은 높고 공기는 상쾌하고, 햇빛은 두루 비춘다.

# 溥

형 pǔ 넓을 보

형 ❶ 광대하다. 넓다. ¶～原＝광대한 평원. 두루두루. 널리. ¶～被＝널리 은전[은혜]을 입다. 동 (Pǔ) 성(姓).

# **谱**[譜]

pǔ 계보 보

명 ❶ 계보(系谱). 표. [사물의 계통과 순서를 세워, 그것을 체계적으로 기록한 것] ¶年～＝연보. / 菜～＝요리 메뉴. ❷ 보. [보고 배울 수 있도록 만든 견본 양식이나 도형] ¶棋～＝기보. / 画～＝화보. ❸ 音 악보. 곡보(曲谱). ¶简～＝약보. 숫자보. / 歌～＝악보. ❹ (～儿) 대체적인 기준. 이해의 정도. 파악. 감. ¶他心里根本没～儿. ＝그는 마음속에 전혀 감이 없다. ❺ (～儿) 위엄. 기세. 겉치레. 허세. ¶摆～儿＝허세를 부리다. 동 가사에 곡을 붙이다. ¶把这首词～成歌曲. ＝이 가사에 곡을 붙여 노래로 만들다.

○● 摆谱儿, 波谱, 词谱, 打谱, 大谱儿, 光谱, 简谱, 兰谱, 离谱, 脸谱, 曲qǔ谱, 声谱, 图谱, 印谱, 准谱, 摄shè谱仪yí

【谱斑】 **pǔbān** 명 天 양모반(羊毛斑). 면양반(綿羊斑). 양반(羊斑).

【谱表】 **pǔbiǎo** 명 音 보표. 오선(五線).

【谱牒】 **pǔdié** 명 문 보첩. 족보. 가보(家谱).

【谱号】 **pǔhào** 명 音 음자리표. 음부기호(音部記號).

【谱架】 **pǔjià** 명 보가(谱架). 라이어(lyre).

【谱曲】 **pǔqǔ** 동 音 가사에 곡을 붙이다. 작곡하다. ¶他曾为多首电影主题歌～. ＝그는 영화 주제가를 여러 곡 작곡하였다.

【谱系】 **pǔxì** 명 1 보계. 가계(家系). 세계(世系). 2 사물이 발전하고 변화하는 시스템.

【谱写】 **pǔxiě** 동 1 (악곡이나 가사를) 창작하다. ¶莫扎特一生～了许多动人的乐章. ＝모차르트는 일생 동안 감동적인 악장을 많이 창작하였다. 2 비 (훌륭한 업적을) 행동으로 이루다. 새로운 장을 열다. ¶各行各业的建设者们正在～着新的历史篇章. ＝각 분야에서 사업을 하는 사람들은 지금 새로운 역사의 장을 쓰고 있다.

【谱仪】 **pǔyí** 명 物 스펙트럼 분광기(分光器).

【谱子】 **pǔ·zi** 명 音 악보.

# 氆

pǔ 모포 보

【氆氇】 **pǔ·lu** 명 紡 방로. [티벳 일대에서 기르는 야크(yak)의 털로 짠 검은색 또는 다갈색의 모포]

# 镨[鐠]

pǔ 프라세오디뮴 보

명 와 化 프라세오디뮴(Pr, praseodymium). [원자 번호 59]

# 蹼

pǔ 물갈퀴 복

명 1 (動) 물갈퀴. ¶鸭～＝오리의 물갈퀴. 오리발. 2 물갈퀴같이 생긴 도구. ¶脚～＝물갈퀴. 오리발.

【蹼泳】 **pǔyǒng** 명 體 핀(fin) 수영.

# **铺**¹[鋪, 舖]

pù 가게 포

명 1 (～儿) (소규모의) 가게. 점포. 상점. ¶店～＝점포. / 杂货～儿＝잡화점. 2 옛 역참(驛站). [주로 지명으로 쓰임] ¶黄牛～＝황뉴푸. [산시(陕西)성에 있는 지명]

## 铺² [鋪] pù 침상 포

명 **1** 판자 침상. **2** 침상. ¶床~=침상.
☞ pū

○● 当铺, 地铺, 店铺, 吊diào铺, 饭铺, 通铺, 窝wō铺, 卧wò铺, 药铺

【铺板】pùbǎn 명 (침대용) 널판〔널빤지〕.
【铺保】pùbǎo 명옛 가게 보증(인). 상점 명의의 보증(인).
【铺底】pùdǐ 명옛 **1** (옛날, 상점이나 작업장 등에서 쓰이는) 비품의 통칭. **2** (옛날, 상점이나 작업장의) 임대권. (상점 또는 작업장을 재임대할 때, 임대료 이외에 원 임차인에게 주는) 권리금.
【铺户】pùhù 명 상점. 점포.
【铺家】pùjiā 명 상점. 점포.
【铺面】pùmiàn 명 **1** 상점의 외관. ¶临街的~已经装潢一新。=거리와 인접한 가게의 전면은 이미 완전히 새롭게 단장하였다. **2** (고객을 맞이하는) 상점 안. ¶女装部设在二楼~。=여성복 코너는 2층에 있다.
【铺面房】pùmiànfáng 명 (길가의) 점포가 딸린 집.
【铺位】pùwèi 명 (기차·여객선·호텔·기숙사 등의) 침대. 잠자리.
【铺子】pù·zi 명 점포. 가게.

## 堡 pù 역참 포

명 '铺(pù)'와 같음. [고대의 역참(驛站). 주로 지명에 쓰임] ¶十里~=스리푸. [허베이(河北)성에 있는 지명]
☞ bǎo, bǔ

## 暴 pù 쬘 폭

동⑤ '曝(pù)'과 같음.
☞ bào

## 瀑 pù 폭포 폭

명 폭포. ¶飞~=비폭. 아주 높은 곳에서 세차게 떨어지는 폭포.
☞ bào

【瀑布】pùbù 명 폭포(수).
【瀑布电影】pùbù diànyǐng ☞【水幕电影】shuǐmù diànyǐng

## 曝 pù 쬘 폭

동⑤ 햇볕에 말리다〔쬐다〕. ¶一~十寒=일폭십한. 어떤 일을 함에 있어서 일관성이 없다.
☞ bào

【曝露】pùlù 동⑤ 노출되다. 밖으로 드러나다. ¶~于地表=지표에 노출되다.
【曝晒】pùshài 동 햇볕에 말리다〔쬐다〕. ¶丝质衣物不能在日光下长时间~。=견직물은 장시간 햇빛을 쪼여서는 안 된다.

# Q

## qi

**七** qī 일곱 칠
㊀ 7. 일곱. ㊁ **1** 칠칠재(七七齋). 사십구일재. [사람이 죽은 후 7일마다 제사를 지내다가, 제49일에 마치는 제사] **2** (Qī) 성(姓).

○ 七 qī
　柒 qī
　切 qiē

|주의| '七'는 단독 혹은 문장 맨 끝이나 제1성·제2성·제3성 앞에서 제1성으로 발음하지만 제4성 앞에서는 제2성으로 발음하므로 본 사전에서는 편의상 제1성으로 표기하였음

◯● 断七, 三七

【七…八…】qī…bā… ㊌ 명사와 동사 혹은 형용사 사이에 쓰여, 많거나 난잡함을 나타냄. ¶~言~语 = 여러 사람이 와글와글 시끄럽게 떠들어 대다. / ~荤~素 = 정신이 없다.

【七八成】qībāchéng ㊀ 70~80%. 7~8할. ㊁ 거의.

【七病八痛】qībìng-bātòng ㊌ **1** 각양각색의 병. **2** 자주 병을 앓다.

【七步成诗】qībù-chéngshī ㊌ **1** 일곱 걸음을 걷는 동안 시 한 수를 짓다. [삼국 시대 조식(曹植)이 문제(文帝) 앞에서 일곱 발자국을 걷는 동안 시 한 수를 지어 낸 데서 유래함] **2** 재간이 있다. 생각이 민첩하다.

【七步之才】qībùzhīcái ㊌㊍ 사람의 뛰어난 글재주.

【七长八短】qīcháng-bāduǎn ㊌ 들쭉날쭉하다. 길고 짧음이 고르지 않다.

【七成】qīchéng ㊀ 10분의 7. 70%. 7할.

【七大八小】qīdà-bāxiǎo ㊌ 크기가 고르지 않다. 가지런하지 않다. 영락하여 어지럽다.

【七颠八倒】qīdiān-bādǎo ㊌ 횡설수설하다. (말이나 행동이) 조리가 없고 뒤죽박죽이다. 뒤범벅이 되다. 혼란스럽다.

【七断八续】qīduàn-bāxù ㊌ 끊어졌다 이어졌다 하다. 서로 연결이 안 되다.

【七高八低】qīgāo-bādī ㊌ 높이가 일정하지 않다. 울퉁불퉁하다.

【七古】qīgǔ ㊁㊍ 七言古诗(칠언고시). [고대 시 형식의 일종]

【七横八竖】qīhéng-bāshù ㊌ 엉망진창이다.

어지러이 흩어져 있다. [사물이 어지럽게 널려 있는 모양]

【七极管】qījíguǎn ㊁(電) 7극 진공관. ㊂ heptode

【七绝】qījué ㊁㊍ 七言绝句(칠언절구). [고대 시 형식의 일종]

【七孔八洞】qīkǒng-bādòng ㊌ 너덜너덜하다. 구멍투성이이다. 여기저기 헤지다.

【七老八十】qīlǎo-bāshí ㊌ **1** 70~80세. **2** 고령(高齡). 나이가 많음.

【七棱八瓣】【七楞八瓣】qīléng-bābàn ㊌ 가지런하지 않고 제멋대로이다. 고르지 않고 울퉁불퉁하다. 장단고저(長短高低)가 일치하지 않다. 들쭉날쭉하다.

【七楞八瓣】qīléng-bābàn ☞【七棱八瓣】qīléng-bābàn

【七了八当】qīliǎo-bādàng ㊌ 모든 것이 잘 자리잡다. 모든 것이 타당〔적합〕하다.

【七零八落】qīlíng-bāluò ㊌ 이리저리 흩어지다. 산산조각이 나다. 지리멸렬되다. 어지러이 흩어지다. 갈기갈기 찢어지다.

【七零八碎】qīlíng-bāsuì ㊌ 산산이 부서지다. 조각조각 깨어지다. 난잡하다.

【七律】qīlǜ ㊁㊍ 七言律诗(칠언율시). [고대 시 형식의 일종]

【七扭八歪】qīniǔ-bāwāi ㊌ 기울다. 비뚤비뚤하다. 찌그러지다.

【七拼八凑】qīpīn-bācòu ㊌ (말·이야기·부품·그림 등을) 여기저기서 가져다 억지로 끼워맞추다.

【七品芝麻官】qīpǐn zhī·maguān ㊁ **1** 옛날 품계가 매우 낮은 말단 관리를 해학적으로 일컫던 말. **2** 말단 관리.

【七七】qīqī ㊁ 일곱 이레. 칠재(七齋). [사람이 죽은 후 7일마다 모두 일곱 번의 제사를 지내는데, 그 가운데 마지막 제사를 가리킴. 사후(死後) 49일째 되는 날의 제사] =【尽七】jìnqī【断七】duànqī【满七】mǎnqī

【七七八八】qīqībābā(~的) ㊋ **1** 비슷하다. **2** 뒤죽박죽. 엉망진창.

【七七事变】Qī-Qī Shìbiàn ㊁(歷) 칠칠사변. [노구교 사변(盧溝橋事變)이라고도 함. 1937년 7월 7일, 일본군이 중국 북경 루거우(卢沟)교에서 중국군에게 공격을 가한 사건으로, 항일 전쟁의 도화선이 되었음] =【卢沟桥事变】Lúgōuqiáo Shìbiàn

【七巧板】qīqiǎobǎn ㊁ 칠교판. 칠교놀이. [지

능 개발 완구의 일종으로, 사방이 약 10cm 되는 나무판으로 만든 직각삼각형 큰 것 2개, 중간 것 1개, 작은 것 2개, 그리고 정사각형과 평행사변형 각 1개씩으로 여러 가지 형태를 만드는 놀이]

【七窍】**qīqiào** [명] (인체의) 일곱 구멍. [두 눈, 두 콧구멍, 두 귀 및 입을 가리킴]

【七窍生烟】**qīqiào-shēngyān** [성] (마치 눈·코·입·귀의 일곱 구멍에서 불이 뿜어 나오는 것처럼) 화가 머리끝까지 치밀다. 잔뜩 성이 나다. 노발대발하다. 불같이 성내다.

【七擒七纵】**qīqín-qīzòng** [성] **1** 칠종칠금(七縱七擒). 칠금(七擒). 일곱 번 잡았다가 일곱 번 풀어 주다. [삼국 시대 제갈량(諸葛亮)이 맹획(孟獲)을 일곱 번 사로잡았으나 일곱 번 모두 놓아주자, 맹획이 감동하여 다시는 배반하지 않았다는 고사에서 유래함] **2** [비] 상대를 마음대로 다루다.

【七情】**qīqíng** [명] **1** 칠정(七情). 사람의 일곱 가지 감정. [희(喜)·노(怒)·애(哀)·구(懼)·애(愛)·오(惡)·욕(欲)] **2** 《醫》 (중의학에서 말하는) 희(喜)·노(怒)·우(憂)·사(思)·비(悲)·공(恐)·경(驚)의 일곱 가지 정신 상태.

【七情六欲】**qīqíng-liùyù** [성] **1** 희(喜)·노(怒)·애(哀)·구(懼)·애(愛)·오(惡)·욕(欲)의 일곱 가지 감정과 생(生)·사(死)·이(耳)·목(目)·구(口)·비(鼻)의 여섯 가지 육체의 욕망. **2** [비] 인간의 각종 감정과 욕망.

【七色】**qīsè** [명] 빨강·주황·노랑·초록·파랑·남색·보라의 일곱 색깔.

【七色板】**qīsèbǎn** [명] 《物》 프리즘(prism).

【七上八下】**qīshàng-bāxià** [성] 마음이 복잡하다. 조마조마하다. 가슴이 두근두근하다. 안절부절못하다. 초조하고 불안하다.

【七十】**qīshí** [수] **1** 칠십. 70. **2** 칠십 세. 일흔 살.

【七十二变】**qīshí'èrbiàn** [명][구] (사람 혹은 사물의) 갖가지 변신. 변화무쌍한 전술. [《서유기(西游記)》에서 손오공이 72종의 변신술을 할 수 있던 것에서 유래함]

【七十二行】**qīshí'èrháng** [명] (농업·공업·상업 등의) 각종 업종. ¶~, 隔行如隔山。＝각종 업종이 서로 다르다. 직업이 다르면 서로 모른다.

【七手八脚】**qīshǒu-bājiǎo** [성] 우르르 달라붙어 하다. 너나할것없이 달라붙어 하다. 많은 사람이 달라붙어 하다.

【七死八活】**qīsǐ-bāhuó** [성] 죽음에 임박하다. 숨이 막 끊어질 듯하다. 거의 죽을 지경에 이르게 되다. 빈사 상태에 처하다.

【七夕】**qīxī** [명] **1** 칠석. 음력 7월 7일 밤. **2** 매년 견우와 직녀가 서로 만나는 날.

【七弦琴】**qīxiánqín** ☞【古琴】**gǔqín**

【七雄】**Qīxióng** [명] 전국 칠웅. [전국 시대의 일곱 제후국. 즉 진(秦)·초(楚)·연(燕)·조(趙)·한(韓)·위(魏)·제(齊)를 가리킴]

【七言八语】**qīyán-bāyǔ** [성] 여러 사람이 와글와글 시끄럽게 떠들어 대다. 제각기 떠들어 대다. 말이 많다.

【七言诗】**qīyánshī** [명] 칠언시. [일곱 글자를 한 구절로 하는 정형시. 칠언고시(七言古詩)와 칠언율시(七言律詩), 칠언절구(七言絕句)가 있음]

【七一】**Qī-Yī** [명] 중국 공산당 창당 기념일. [1921년 7월 1일, 제1회 전국 대표 대회를 열어 공산당의 탄생을 선포한 데서 유래함]

【七月】**qīyuè** [명] **1** 음력 7월. **2** 양력 7월.

【七折八扣】**qīzhé-bākòu** [성] 할인한 후에 또 할인하다. 크게 값을 깎다. 이래저래 값을 깎다. 이러저러한 명목으로 공제하다.

【七嘴八舌】**qīzuǐ-bāshé** [성] 여러 사람들이 와자지껄 떠들썩하게 이야기하다. 제각기 떠들다. 말이 많다. 수다스럽다. 의견이 분분하다.

## 沏 qī 우릴 절

[동] (뜨거운 물에) 타다. 우리다. ¶先用开水把药~开搅匀。＝먼저 뜨거운 물에 약을 탄 다음 골고루 젓는다.

【沏茶】**qī‖chá** [동] 차를 우리다〔타다〕. ¶客人要来了, 先沏一壶茶等着。＝손님이 곧 올 것이니, 차 한 주전자 우리며 기다리자.

## ** 妻 qī 아내 처

[명] 아내. 처. ¶老夫老~＝오랜 부부. 노부부.
☞ **qì**

妻 qī / 凄 qī / 萋 qī

发fā妻, 前妻, 休xiū妻

【妻弟】**qīdì** [명] 처남. 아내의 남동생.

【妻儿老小】**qī'ér-lǎoxiǎo** [성] (부모·처자식 등의) 온 가족.

【妻管严】**qīguǎnyán** [명] 공처가. 엄처시하(嚴妻侍下). [아내에게 쥐여사는 사람을 농조로 이르는 말]

【妻舅】**qījiù** [명] 처남. 아내의 남자 형제.

【妻离子散】**qīlí zǐsàn** [성] 가족이 뿔뿔이 흩어지다. 이산 가족이 되다.

【妻孥】**qīnú** [명][문] 처자식. 처와 자식(들).

【妻妾】**qīqiè** [명] 처첩. 아내와 첩.

【妻室】**qīshì** [명] 아내. 집사람.

【妻小】**qīxiǎo** [명] **1** 아내와 자식. 처자. 처자식. **2** 아내. 처.

【妻子】**qīzǐ** [명][문] 처자. 처자식. 아내와 자식.

【妻子】**qī·zi** [명] 아내.

## * 柒 qī 일곱 칠

[수] '七(qī)' 의 갖은자. [명] (Qī) 성(姓).

## * 栖[(棲)] qī 깃들 서

[동] **1** 깃들이다. 서식하다. ¶两~＝양서하다. **2** 머물다. 거주하다. 살다. ¶~于陋室＝누추한 집에 살다.
☞ **xī**

共栖

【栖遁】**qīdùn** [동][문] 은거하다. ¶~于林野＝숲과 들에 은거하다.

【栖居】**qījū** [동] **1** (새들이) 둥지를 틀다. 머물다. **2** 거주하다. 머물다.

【栖身】qīshēn 동 (잠시) 머물다. 거주하다. ¶~之地=잠시 머물 곳. ≒栖止

【栖息】qīxī 동 (새들이) 서식하다. 머물다. 쉬다. ¶~之所=서식지.

【栖止】qīzhǐ 동문 머물다. 거주하다. ≒栖身

桤[榿] qī 오리나무 기
명(植) 오리나무.
【桤木】qīmù 명(植) 오리나무.

郪 Qī 고을 이름 처
명(地) 치장(郪江). [지금의 쓰촨(四川)성에 있는 강 이름]

*凄¹[(淒)] qī 쓸쓸할 처
형 1문 쓸쓸하다. 을씨년스럽다. 처량하다. 2 차갑다. 차다. 춥다. 싸늘하다. ¶风~月冷=바람은 싸늘하고 달빛은 차갑다.

*凄²[(悽)] qī 쓸쓸할 처
형문 슬프다. 비통하다.

【凄哀】qī'āi 형문 구슬프다. 처절하다. 처량하다.

【凄惨】qīcǎn 형 참혹하다. 처량하고 비참하다. 처참하다. ¶琴声~=거문고 소리가 처량하다. ≒悲惨

【凄恻】qīcè 형문 몹시 슬프다. 비통(悲痛)하다. 측은하다.

【凄楚】qīchǔ 형문 슬프고 괴롭다.

【凄怆】qīchuàng 형문 처참하다. 비통하다. 몹시 슬프다.

【凄风苦雨】qīfēng-kǔyǔ 성 1 찬바람과 궂은 비. 악천후. 2 비 비참하고 처량한 신세. =【凄风冷雨】↔和风细雨

【凄风冷雨】qīfēng-lěngyǔ ☞【凄风苦雨】qīfēng-kǔyǔ

【凄寒】qīhán 형 처참하다. 슬프고 참혹하다. ¶地震后的情景令人~。=지진 후의 광경이 그야말로 처참하기 그지없다.

【凄惶】qīhuáng 형 비참하다. 참혹하다. 애처롭다. 슬퍼 어쩔 줄 모르다. 슬퍼 두려움에 떨다. 슬퍼 정신이 없다. ¶神情~=얼굴빛이 무척이나 슬퍼 보였다.

【凄苦】qīkǔ 형 처량하고 고통스럽다. ¶~的岁月=처량하고 고통스러운 세월.

【凄冷】qīlěng 형 처량하다. 쓸쓸하다. 으스스하고 쓸쓸하다. 쌀쌀하다. ¶风雪~=눈바람이 쌀쌀하다.

【凄厉】qīlì 형 (소리가) 처절하다. 스산하다. 거칠고 날카롭다. ¶~的哀鸣=처절한 비명. 처절히 울부짖는 소리.

【凄凉】qīliáng 형 1 처량하다. 처참하다. 애처롭다. ¶家境~=집안 형편이 처량하다. 2 쓸쓸하다. 썰렁하다. ¶遍地~=곳곳마다 쓸쓸하다. ≒凄清 悲凉

【凄迷】qīmí 형문 1 처량하고 쓸쓸하다. 슬피 망연하다. ¶目光~=눈빛이 처량하고 쓸쓸하다. 2 (경치가) 처량하고 흐릿하다. 쓸쓸하고 어슴푸레하다. 으스름하다. ¶山野一片~。=산과 들이 온통 쓸쓸하고 어슴푸레하다.

【凄凄】qīqī 1 슬프고 처량하다. 처연(悽然)하다. ¶~然泪如雨下。=처량하게도 눈물이 비 오듯 쏟아지다. 2 춥다. 차갑다. 쌀쌀하다. ¶风雨~=비바람이 차갑다.

【凄凄惨惨】qī·qi cǎncǎn (~的) 형 몹시도 처량하다. 매우 처참하다.

【凄凄惶惶】qī·qi huánghuáng (~的) 형 몹시 슬퍼 어쩔 줄 모르다. 깊은 슬픔에 두려워 떨다.

【凄凄凉凉】qī·qi liángliáng (~的) 형 매우 처량하다. 몹시 처참하다.

【凄凄切切】qī·qi qièqiè (~的) 형 처절하다. 처량하고 슬프다. 애절하다.

【凄切】qīqiè 형 (주로 소리가) 처절하다. 처량하고 슬프다. ¶箫音~哀怨。=퉁소 소리가 처량하고 구슬프다. ≒哀切

【凄清】qīqīng 형 1 싸늘하다. 약간 차다. ¶夜色~=밤 기운이 싸늘하다. 2 처량하다. 구슬프다. ¶笛声~=피리 소리가 처량하다. ≒凄凉

【凄然】qīrán 형 슬프다. ¶~落泪=슬피 눈물을 떨구다. ↔欣然

【凄伤】qīshāng 형 슬프다. 구슬프다. 애절하다. ¶歌声~=노랫소리가 구슬프다.

【凄婉】qīwǎn 형 1 애잔하다. ¶眼中满含~之情。=눈망울에 하나 가득 애잔한 마음이 담기다. 2 (소리가) 구슬프다. 애잔하다. 애절하다. ¶一声~雁啼=한 가닥 구슬픈 기러기 울음소리.

【凄惘】qīwǎng 형 슬퍼 망연하다. 실의에 빠져 망연자실하다. ¶~的眼神=망연한 눈빛.

【凄艳】qīyàn 형 1 아리따우면서도 애처롭다. ¶~的花朵在雨中绽放。=아리따우면서도 애처로운 꽃망울이 빗속에서도 피어나고 있다. 2 슬프고도 아름답다. ¶文辞~=문장이 슬프고도 아름답다.

萋 qī 풀 우거질 처
【萋萋】qīqī 형문 (풀이) 우거지다. 무성하다. ¶绿荫匝地, 芳草~。=녹음이 우거지고, 싱그러운 풀들이 무성하다.

桼 qī 옻 칠
명문 '漆(qī)'와 같음.

*戚¹ qī 겨레 척
명 1 친척. ¶皇亲国~=황제의 친척. 2 (Qī) 성(姓).

○ 戚 qī　槭 qì
　 嘁 qī　蹙 cù

*戚²[(慽·慼)] qī 슬플 척
형문 슬프다. 괴롭다. ¶哀~有加=매우 슬프다. ≒悲 ↔休

*戚³[鏚] qī 도끼 척
명 도끼와 비슷한 고대의 병기(兵器).

○─● 悲bēi戚, 亲qīn戚, 外戚, 忧yōu戚

【戚旧】 qījiù 명 친척과 친구.
【戚谊】 qīyì 명 친척간의 정(情).
【戚友】 qīyǒu 명 친척과 친구.

## 期 qī 기약할 기

명 1 시기(時期). 일정한 기간. ¶青春~=사춘기. 2 기한(期限). ¶如~完成=기간 안에 완성하다. 통 1 시일을 정하다. 기간을 약정하다. ¶不~而遇=약속하지 않고 만나다. 2 바라다. 기다리다. 기대하다. 3 ~별 ~(期). [일정 시기를 몇 개로 구분한 것 중의 하나] ¶双月刊一年六~。=격월간은 일년에 여섯 호로 되어 있다.

☞ jī

○● 按期, 长期, 初期, 定期, 短期, 改期, 工期, 后期, 花期, 缓期, 婚期, 活期, 吉jí期, 佳jiā期, 届jiè期, 经期, 末期, 愆qiān期, 前期, 穷期, 任rèn期, 日期, 如期, 时期, 暑shǔ期, 星期, 刑期, 行期, 汛xùn期, 延yán期, 幽yōu期, 逾yú期, 预期, 约期, 孕yùn期, 早期, 展期, 中期, 周期

【期报】 qībào 명 (일보·주보·순보 등의) 정기 신문.
【期待】 qīdài 통 기대하다. 기다리다. 고대하다. 바라다. ¶~大学毕业=대학 졸업을 기다리다. ≒期盼
【期房】 qīfáng 명(經) (아직 완공되지 않은) 분양 주택. ↔现房
【期汇】 qīhuì 명(經) 선물환(先物换). 영 forward exchange
【期会】 qīhuì 통 때를 정하여 모이다. 명 정기 모임. 정기 회합.
【期货】 qīhuò 명(經) 선물(先物). [매매 계약 성립 후, 장래에 기간을 정하여 주고받는 물건이나 유가 증권] ↔现货
【期货市场】 qīhuò shìchǎng 명(經) 선물 시장(先物市场).
【期冀】 qījì 통 희망(하다). 기대(하다). ¶对未来无限的~=미래에 대한 무한한 기대.
【期价】 qījià 명(經) 선물(先物) 가격.
【期间】 qījiān 명 기간. 시간. ¶上课~ =수업 시간.
【期刊】 qīkān 명 정기 간행물.
【期考】 qīkǎo 명 기말 고사.
【期满】 qīmǎn 통 만기가 되다. 기한이 만료되다. ¶服刑~=형기(刑期)가 만료되다.
【期末】 qīmò 명 학기말.
【期内】 qīnèi 명 기간 내(內).
【期盼】 qīpàn 통 기대하다. 바라다. 소망하다. ¶~新年的到来=새해가 오기를 기대하다. ≒期待
【期票】 qīpiào 명(經) 약속 어음.
【期期艾艾】 qīqī-ài'ài 성 말을 더듬다. 더듬거리다.
【期求】 qīqiú 통 (도움 따위를) 바라다. 기대하다. ¶~欢乐=즐거움을 추구하다.

【期日】 qīrì 명 기일(期日). 지정 날짜.
【期市】 qīshì 명(經) 1 선물(先物) 시세. 선물 가격. 2 선물 시장(先物市场). 영 forward market
【期望】 qīwàng 통 기대하다. 소망하다. ¶~学有所成=학업에 성과가 있기를 바라다. 명 희망. 기대. 바람. ¶殷殷的~=간절한 바람. ≒希望
【期望值】 qīwàngzhí 명 기대치. 기대값.
【期限】 qīxiàn 명 1 기한. 시한. ¶只有一个月的~=한 달밖에 남지 않았다. 2 만기가 거의 다 된 즈음. ¶~将至=만기가 곧 다가오다.
【期销】 qīxiāo 명(經) 정기 판매.
【期效】 qīxiào 명 유효 기간.
【期许】 qīxǔ 통(文) (주로 아랫사람들에 대해) 기대하다. ¶不负恩师的~=스승의 기대를 저버리지 않다.
【期颐】 qīyí 명(文) 기이(期颐). 기이지수(期颐之寿). 백 살 노인.
【期银】 qīyín 명 1 약정 기한 안에 지불하는 대금. 2 결제 기한을 정한 매매.
【期于】 qīyú 통 …을 바라다. …에 목적을 두다.
【期中】 qīzhōng 명 학기 중(學期中). 학기 중간. ¶~考试=중간 고사.

## 欺 qī 속일 기

통 1 속이다. 기만하다. ¶童叟无~=노인과 아이를 속이지 않다. 2 깔보다. 업신여기다. 얕잡아 보다. ¶仗势~人=세력에 의지해 남을 업신여기다. ≒诈
【欺负】 qī·fu 통 얕보다. 괴롭히다. 능욕하다. 업신여기다. ¶不甘~=남에게 능욕 당하는 것을 원치 않다. ≒欺凌 欺辱 欺侮 ↔帮助
【欺行霸市】 qīháng-bàshì 성 1 같은 업종을 억누르고 시장을 독점하다. 2 비도덕적인 방법으로 장사하다.
【欺哄】 qīhǒng 통 거짓으로 속이다. 기만하다. ¶恶意的~是极不道德的。=악의적으로 기만하는 것은 지극히 부도덕한 일이다.
【欺凌】 qīlíng 통 괴롭히다. 능욕하다. 업신여기다. ¶受人~=괴롭힘을 당하다. ≒欺负 欺辱 欺侮 ↔帮助
【欺瞒】 qīmán 통 기만하다. 속이다.
【欺蒙】 qīmēng 통 기만하다. 은폐하여 속이다.
【欺骗】 qīpiàn 통 사실을 숨기고 속이다. ≒欺诈
【欺人太甚】 qīrén-tàishèn 성 남을 지나치게 업신여기다.
【欺人之谈】 qīrénzhītán 성 남을 속이는 말. 새빨간 거짓말. ≒弥天大谎
【欺辱】 qīrǔ 통 괴롭히다. 능욕하다. 업신여기다. ¶惨遭~=무참히 능욕을 당하다. ≒欺负 欺凌 欺侮 ↔帮助
【欺软怕硬】 qīruǎn-pàyìng 성 1 약자 앞에 강하고 강자 앞에 약하다. 약자를 괴롭히고 강자를 두려워하다. 2 권세와 이득을 따지나 무능하다.
【欺上瞒下】 qīshàng-mánxià 성 윗사람을 기만하고 아랫사람을 속이다.
【欺生】 qīshēng 통 1 낯선 사람을 속이다. 2 가축 등

이 낯을 가리고 말을 듣지 않다.
【欺世盜名】 **qīshì-dàomíng** 세상 사람들을 속이고 명예를 훔치다. =【盜名欺世】 **dàomíng-qīshì**
【欺天誑地】 **qītiān-kuángdì** 1 천지를 속이다. 세상을 기만하다. 2 양심을 속이는 일을 하다.
【欺侮】 **qīwǔ** 우롱하다. 능욕하다. 업신여기고 모욕하다. ≒欺負 欺凌 欺辱 凌辱 ↔幫助
【欺心】 **qīxīn** 스스로를 기만하다. 양심을 속이다. ¶不說損人之語, 不為～之事。 =남을 헐뜯는 말을 하지 않고, 자신의 양심을 속이는 일을 하지 않다.
【欺壓】 **qīyā** (권세를 믿고) 남을 억압하다. 속이고 억누르다. ¶受人～=기만과 억압을 당하다. ≒壓迫
【欺詐】 **qīzhà** 사기를 치다. 남을 속여먹다. ¶這個商店賣假農藥～農民。 =그 상점은 가짜 농약을 팔아 농민을 속인다. ≒欺騙

## 攲 **qī** 기울어질 기
(기울다. ¶日影漸～=해 그림자가 점점 기울다.
【攲側】 **qīcè** 기울다.
【攲斜】 **qīxié** 기울다. 비뚤다.

## 欹 **qī** 기울어질 기
'攲(qī)'와 같음.
☞ yī

## 緝[緝] **qī** 꿰맬 집
(바느질에서) 박다. 단단히 꿰매다. 박음질하다. ¶～鞋口=신목을 박음질하다.
☞ jī

## 頎[頎] **qī** 못날 기
추하다. 박색(薄色)이다. 매우 못생기다.
【頎丑】 **qīchǒu** 1 고대의 기우(祈雨)용으로 쓰던 흙 인형. 2 추물. 얼굴이 매우 못생긴 사람.

## *喊 **qī** 부끄러워할 축
(주로 중첩하여) 소곤소곤. 수군수군. 속닥속닥. 숙덕숙덕.
【喊哩喀嚓】[喊哩喀嚓] **qī·likāchā** (말하는 것이나 일처리 등이) 시원스럽다. 명쾌하다.
【喊哩喀嚓】 **qī·likāchā** ☞【喊哩喀嚓】 **qī·likāchā**
【喊喊嚓嚓】[喊喊嚓嚓] **qīqī chāchā** 재잘재잘. 주절주절.
【喊喊嚓嚓】 **qīqī chāchā** ☞【喊喊嚓嚓】 **qīqī chāchā**

## *漆 **qī** 옻 칠
1 (Qī) 옛날, 강 이름. [지금은 치수이허(漆水河)라 부르며 산시(陝西)성에 있음] 2 (植) 옻나무. 3 각종 도료(塗料)의 총칭. 4 (Qī) 성(姓). (도료를) 칠하다. ¶～家具=가구에 칠을 하다.
◦ 瓷**cí**漆, 雕**diāo**漆, 火漆, 建漆, 噴**pēn**漆, 清漆, 生漆, 油漆, 朱漆

【漆包線】 **qībāoxiàn** (電) 에나멜 피복 전선. enamel insulated wire
【漆布】 **qībù** (책상보나 책 표지에 쓰이는) 칠을 한 천.
【漆雕】 **qīdiāo** 1 ☞【雕漆】 **diāoqī** 2 (Qī diāo) 복성(複姓).
【漆封】 **qīfēng** 봉랍(封蠟)으로 봉하다.
【漆工】 **qīgōng** 1 각종 칠을 하는 일. 2 칠공. 칠장이. 페인트공.
【漆黑】 **qīhēi** 칠흑같이 어둡다. 캄캄하다. 매우 까맣다. ¶夜～不見五指。 =밤이 칠흑같이 어두워 지척도 분간할 수 없다. ↔雪白
【漆黑一團】 **qīhēi yītuán** 1 컴컴하다. 깜깜하다. 2 아무것도 모르다. 3 (사회가) 부패하고 혼란하다. =【一團漆黑】 **yītuán qīhēi**
【漆畫】 **qīhuà** (美) 1 옻칠 공예품. 칠화. 2 옻칠 공예.
【漆匠】 **qī·jiang** 1 칠공. 칠장이. 2 칠기를 만드는 장인.
【漆皮】 **qīpí** (～兒) 칠기의 표피.
【漆片】 **qīpiàn** (～兒) 셸락(shellac).
【漆漆黑黑】 **qī·qi hēihēi** (～的) 어두컴컴하다. ¶屋里～的, 沒有一點兒聲音。 =집 안이 어두컴컴하고 아무런 기척도 없다.
【漆器】 **qīqì** 칠기.
【漆樹】 **qīshù** (植) 옻나무.

## 蹊 **qī** 이상할 계
☞ xī
【蹊蹺】 **qīqiāo** 이상하다. 수상쩍다. ¶此事頗為～。 =이 일은 매우 수상쩍은 구석이 있다. =【蹺蹊】 **qiāo·qi**

## 蠐 **qī** 두꺼비 척
(動) 복족류(腹足類).

## 曬 **qī** 쩰 급
모래흙으로 수분을 흡수하다. ¶谷場要用沙土～一～。 =타작마당을 모래흙으로 다져야 한다. 완전히 마르지 않다. 꾸덕꾸덕하다. ¶晾了一個晚上, 衣服還是有点～。 =저녁 내내 말렸으나, 옷이 아직도 조금 덜 말랐다.

## 亓 **Qí** 성씨 기
성(姓).

## **齊[齊] **qí** 가지런할 제
1 가지런하다. ¶長短不～=길고 짧음이 일정치 않다. 2 같다. 일치하다. 모으다. ¶心～事成=마음을 모아야 일을 성사시킬 수 있다. 3 갖추다. 완전하게 되다. ¶錢如數籌～。 =돈은 요구대로 준비되었다. 1 일정한 높이에 다다르다. ¶河水有～腰深。 =강물이 허리높이만큼 깊다. 2 맞추다. 일치시키다. ¶大家要～心努力。

齐 祁 圻 **qí** 1519

=모두들 마음을 모아 노력해야 한다. **3** (어떤 점이나 선과) 맞추다. 같게 하다. ¶布料要～线裁剪. =천을 선에 맞추어 재단해야 한다. 튀 함께. 다 같이. 일제히. ¶同声一唱〈我的祖国〉. =일제히〈나의 조국〉을 부르다. 圐 (**Qí**) **1** (歷) 제(齐)나라. [주(周)나라 제후국의 하나로, 지금의 산둥(山东)성 북부와 허베이(河北)성 동남부에 걸쳐 있었음] **2** (歷) 남제(南齐). **3** (歷) 북제(北齐). **4** (**qí**) (化) 합금(合金). ¶锰镍铜～. =망간·니켈·구리의 합금. **5** 성(姓).

○ 齐 qí
脐 qí
蛴 qí
荠 jì
挤 jǐ
剂 jì
济 jì
跻 jī
鲚 jī
哜 jì

☞ **jì**

【齐备】**qíbèi** 휑 (물품 등을) 갖추다. 구비하다. 완비하다. ¶教学用具一应～. =학습 도구가 모두 갖추어져 있다.

【齐边】**qí‖biān** 통 (어떤 물체의) 가장자리를 맞추다.

【齐步】**qíbù** 통 (행진 보법의 하나로) 발맞추어 가다. ¶队伍正以一行进. =대오가 척척 발을 맞추어 행진하다.

【齐步走】**qíbù zǒu** 통 (주로 구령으로) 발맞추어 가! 앞으로 가!

【齐唱】**qíchàng** 통 제창하다.

【齐齿呼】**qíchǐhū** 몡 (言) 제치호. [중국어의 운모(韵母)가 'i' 이거나 'i'로 시작되는 발음의 총칭]

【齐楚】**qíchǔ** 휑 (복장이) 가지런하다. 단정하다. 정연하다. ¶衣装～. =복장이 단정하다. 몡 (歷) (**Qí Chǔ**) (전국 시대의) 제(齐)나라와 초(楚)나라.

【齐东野语】**Qídōng-yěyǔ** (成)(比) 근거 없는 말이나 풍문. 믿을 수 없는 말.

【齐墩果】**qídūnguǒ** ☞【油橄榄】**yóugǎnlǎn**

【齐放】**qífàng** 통 **1** (꽃이) 일제히 피다. ¶百花～. =백화제방. 갖가지 예술·학문·사상이 번성하다. **2** 한꺼번에 쏘다. 일제히 사격하다.

【齐集】**qíjí** 통 함께 모이다. 모두 회합하다. ¶中外友人～首都. =(중국의) 내·외빈이 모두 수도에 모이다.

【齐肩】**qíjiān** 통 **1** 둘의 높이가 대등하다. ¶兄弟～. =형제가 키가 대등하다. **2** (比) (재능·명성·덕망이) 대등하다.

【齐鲁】**Qí Lǔ** 몡 **1** (歷) (주(周)나라 때 제후국이던) 제(齐)나라와 노(鲁)나라. **2** (地) 산둥(山东)성의 별칭. [전국 시대에 제(齐)나라와 노(鲁)나라가 모두 이 곳에 있던 데서 붙여진 이름임]

【齐眉】**qíméi** 통 부부 간에 서로 존경하고 사랑하다. ¶举案～, 相敬如宾. =아내가 남편을 깍듯이 존경하다. 부부가 서로 존경하다.

【齐眉棍】**qíméigùn** 몡 무술을 단련하는 이들이 사용하던 작대기. [그 길이가 눈썹까지 이르기 때문에 붙여진 이름임]

【齐眉穗儿】**qíméisuìr** 몡 (부녀자나 어린이들의) 눈썹 높이에 맞게 가지런히 드리운 짧은 머리.

【齐名】**qímíng** 통 다 같이 유명하다. ¶二人于诗坛～. =두 사람이 시단(诗坛)에서 모두 유명하다.

【齐鸣】**qímíng** 통 일제히 울리다. ¶礼炮～. =예포(礼炮)가 일제히 울리다.

【齐齐】**qíqí** 휑 가지런하다. 고르고 일정하다. ¶果树栽得～的. =과일 나무가 가지런히 심어져 있다.

【齐全全】**qí·qi quánquán** 휑 완비하다. 완벽히 갖추다. ¶所需之物均备得～. =필요한 물건이 모두 완벽히 준비되어 있다.

【齐驱】**qíqū** 통 (능력·지위 등이) 서로 엇비슷하다. 동일하다. 같다. 나란하다. ¶在文坛, 两人名望并驾～. =문단에서 두 사람의 명성이 어깨를 나란히 한다.

【齐全】**qíquán** 휑 완전히 갖추다. 완비하다. 완벽히 갖추다[마련하다]. ¶年货已准备～. =설맞이 용품이 이미 완전히 준비되었다. ≒齐备

【齐射】**qíshè** 통 (각종 화기를) 일제히 사격하다.

【齐声】**qíshēng** 튀 이구동성으로. 한 목소리로. 일제히. ¶～欢唱 =일제히 즐겁게 노래하다.

【齐刷刷】**qíshuāshuā** 휑 매우 가지런하다. 질서 정연하다. ¶与会者～地站了起来. =회의에 참가한 사람들은 질서 정연하게 일어났다.

【齐天大圣】**Qítiān Dàshèng 1** 제천대성. [《서유기(西游记)》에 나오는 손오공에 대한 호칭] **2** (比) 재간이 대단한 사람.

【齐头并进】**qítóu-bìngjìn** (成) 많은 사람이 나란히 전진하다. 다방면의 일을 동시에 진행하다.

【齐心】**qíxīn** 뜻을 모으다. 합심하다. ¶众人～, 铁杵成针. =여러 사람이 뜻을 모으면 쇠 절굿공이로도 바늘을 만들 수 있다. ≒同心

【齐心协力】**qíxīn-xiélì** 한마음 한뜻으로 함께 노력하다. =【齐心合力】**qíxīn hélì** ≒戮力同心

【齐崭崭】**qízhǎnzhǎn** 휑(口) 가지런하다. 반듯하다. 질서정연하다. 가지런히 정돈되어 있는 모양. ¶砖码得～的. =벽돌이 가지런히 쌓여 있다.

【齐整】**qízhěng 1** 가지런하다. 단정하다. 반듯하다. 정연하다. ¶架上的书放得非常～. =책꽂이의 책이 매우 가지런히 놓여 있다. **2** 반듯하다. 예쁘다. ¶他人长得很～. =그는 생김새가 매우 반듯하다. ↔杂乱

【齐抓共管】**qízhuā-gòngguǎn** (成) 각자 뜻을 모으고 협력하며 공동 관리하다.

【齐奏】**qízòu** 몡(통)(音) 합주(하다). ↔独奏

# 祁 **Qí** 고을 이름 기

몡 **1** 산시(山西)성의 치(祁)현. **2** 안후이(安徽)성의 치먼(祁门). **3** 후난(湖南)성의 치양(祁阳). **4** 성(姓).

【祁红】**qíhóng** 몡 안후이(安徽)성 치먼(祁门)현 일대에서 나는 유명한 홍차. [중국 명차(名茶)의 일종]

【祁连山】**Qíliánshān** 몡 (地) 치롄산(祁连山). [간쑤(甘肃)성과 칭하이(青海)성 사이에 있는 산]

# 圻 **qí** 경기(京畿) 기

[명][문] 땅의 경계. 지계(地界).
☞ **yín**

## 芪 **qí** 단너삼 기
☞【黄芪】**huángqí**

## 岐 **qí** 갈림길 기
[명] (**Qí**) **1** 《地》 치산(岐山). [산시(陕西)성에 있는 산 이름] **2** 성(姓). [형] '歧(qí)'와 같음.
【岐黄】**qíhuáng** [명] **1** (**Qí Huáng**) 기백(岐伯)과 황제(黄帝). [전설상 의술의 시조] **2** [비] 중의학. ¶精研～之术＝중의학에 정통하다.

## **其 **qí** 그 기
[대] **1** 그〔그녀·그것〕. 그들〔그녀들·그것들〕. **2** 그의〔그녀의·그것의〕. 그들의〔그녀들의·그것들의〕 ¶各随～愿＝각자 자기가 바라는 것을 이루다. **3** 그것. 그런 것. 그런 모양. ¶不乏～人＝그런 사람이 적지 않다. **4** 무의미 대명사. ¶顺～自然＝순리를 따르다. [조][문] **1** …해라. …해야 한다. [명령을 나타냄] ¶子～勉之!＝너는 노력해야 한다! **2** 혹시. 아마. [추측·반문을 나타냄] ¶～奈之何?＝장차 이를 어찌할꼬? [접미] 매우. 극히. 더더욱. [부사 뒤에 쓰여 어기를 강하게 함] ¶尤～突出＝매우 뛰어나다. / 极～艰难＝매우 어렵다.
☞ **jī**

⊙ 其 qí 期 qī 棋 qí 欺 qī 旗 qí 祺 qí 骐 qí 萁 qí 綦 qí 琪 qí 麒 qí 蜞 qí 淇 qí 基 jī 箕 jī

0➡ 更其, 何其, 卡kǎ其, 如其, 其, 惟wéi其, 与其, 萨sà其马

【其次】**qícì** [대] **1** 다음. 그 다음. 버금. ¶解决问题是主要的, 自我批评还在～。＝문제의 해결이 중요한 것이고, 자아 비평은 그 다음이다. **2** (순서상으로) 부차적인 것. 두 번째의 것. ¶首先谈立意, ～是谈结构, 再次谈修辞。＝우선은 착상에 대해, 두 번째로는 짜임새에 대해, 그 다음으로는 문체를 다듬는 것에 대해 이야기한다.
【其后】**qíhòu** [명] 그 후. ¶～他就没有来过。＝그 이후로 그는 온 적이 없다.
【其间】**qíjiān** [대] **1** 그 사이. 그 가운데. ¶陷于～, 身不由己。＝그 가운데 빠져 자신의 뜻대로 할 수 없다. **2** 그 기간. ¶离开中国才几年, 可～的变化令人不敢相信。＝중국을 떠난 지 겨우 몇 년밖에 안 되었는데, 그 사이의 변화가 정말 믿기 어렵다.
【其乐无穷】**qílè-wúqióng** [성] 즐거움이 무궁무진하다.
【其貌不扬】**qímào-bùyáng** [성] 용모가 매우 못나다. 추하다. ↔一表人才
【其时】**qíshí** [대] 그 때. ¶～正值黄昏。＝그 때가 바로 황혼이었다.
【其人】**qírén** [명] 그 사람. ¶只闻其名, 未见～。＝이름만 들었을 뿐 그 사람을 만나 본 적은 없다.
【其实】**qíshí** [부] 기실. 사실. ¶这个问题乍看很复杂, ～很简单。＝이 문제는 언뜻 보기에는 매우 복잡하지만, 실은 아주 간단하다.
【其势汹汹】**qíshì-xiōngxiōng** [성] 기세가 흉흉하다. 기세가 살벌하다.
【其它】**qítā** [대] (사물에 쓰여) 기타. 그 밖에. 그 외에.
【其他】**qítā** [대] (사람·사물에 쓰여) 기타. 다른 사람〔사물〕. ¶除了你, ～人都到了。＝너를 제외하고 다른 사람들은 모두 도착했다.
【其余】**qíyú** [대] 나머지. 남은 것. ¶除了这些, ～的统统当废品处理。＝이것들을 제외한 나머지는 모두 폐품 처리한다.
【其中】**qízhōng** [대] 그 중에. 그 안에. ¶有五篇作品获奖, ～就有我的文章。＝수상작이 다섯 편이었는데, 그 중에 나의 작품도 있다.

## **奇 **qí** 신기할 기
[형] **1** 기이하다. 진기하다. 특별하다. 신기하다. ¶平淡无～＝무미건조하고 특별하지 않다. **2** 뜻밖이다. 의외이다. 느닷없다. ¶出～制胜＝불의의 습격을 가하여 승리하다. 허를 찔러 승리하다. [동] 이상〔기이〕하게 여기다. 놀라다. 의아해하다. ¶不足为～＝놀랄 만한 것이 못 되다. [부] 특히. 매우. ¶～冷无比 ＝매우 춥다. [명] (**Qí**) 성(姓). ≒怪
☞ **jī**

⊙ 奇 qí 骑 qí 崎 qí 琦 qí 绮 qǐ 寄 jì 畸 jī 掎 jǐ 犄 jī 椅 yǐ 倚 yǐ 欹 yī 漪 yī 猗 yī 旖 yǐ

0➡ 出奇, 传奇, 好hào奇, 居奇, 离奇, 猎liè奇, 神奇, 希奇, 稀奇, 新奇, 珍奇

【奇案】**qí'àn** [명] 《法》 드물고 기이한 안건.
【奇拔】**qíbá** [형] 기이하게 우뚝 솟다. 치솟다. ¶山高壁立, ～险峻。＝산은 높고 절벽은 가파르며 기이하게 우뚝 솟아 험준하다. 기암절벽이 치솟아 있다.
【奇兵】**qíbīng** [명] **1** 기병. 복병. **2** [비] 다크 호스(dark horse). 변수. 복병. [주로 신인을 가리킴]
【奇才】**qícái** [명] **1** 기재. 뛰어난 재주. ¶～不在年高。＝뛰어난 재주는 나이와 상관없다. **2** 기재를 지닌 사람. 뛰어난 재주를 가진 사람. ¶物理～＝물리학의 기재.
【奇彩】**qícǎi** [명] 기이한 광채. 기이한 빛.
【奇策】**qícè** [명] 기책. 기계(奇計). 묘략(妙略).
【奇耻大辱】**qíchǐ-dàrǔ** [성] 커다란 치욕.
【奇峰】**qífēng** [명] 기봉(奇峯). 기이한 봉우리.
【奇功】**qígōng** [명] 기공(奇功). 탁월한 공적. 기이한 공훈. 뛰어난 공로. ¶屡立～＝여러 차례 뛰어난 공을 세우다.
【奇怪】**qíguài** [형] **1** 기이하다. 이상하다. 괴이하다. ¶～的发型＝기이한 헤어스타일. **2** 의아하다. 이해하기 어렵다. 희한하다. ¶真～, 今年夏天怎么下这么多的雨呢?＝정말 희한하다, 올 여름엔 어째서 이렇게 비가 많이 오는 거지? ≒离奇 奇特

【奇观】 qíguān 명 1 기관. 기이한 풍경. ¶影像~=형상이 기이하다. 2 기이한 일[현상]. ¶世事~=세상사가 기이하다.
【奇光异彩】 qíguāng-yìcǎi 생 기묘한 빛과 광채.
【奇瑰】 qíguī 형 기이하다. 기묘하다. ¶景色~=풍경이 기묘하다.
【奇诡】 qíguǐ 형 이상하다. 기이하다. 별나다. 괴벽스럽다. ¶其人言行很是~。=그 사람의 언행은 매우 기이하다.
【奇花】 qíhuā 명 진귀한 꽃. 보기 드문 꽃.
【奇花异草】 qíhuā-yìcǎo 생 진귀한 화초. 보기 드문 화초.
【奇幻】 qíhuàn 형 1 기이하고 변화무쌍하다. ¶~的山中云雾=기이하고 변화무쌍한 산중의 구름과 안개. 2 기이하고 환상적이다. ¶~的境界=기이하고 환상적인 경지.
【奇货可居】 qíhuò-kějū 생 1 진기한 물건을 쌓아 두고 고가의 매출을 기다리다. 2 (비) 어떤 특기나 기술 혹은 성과를 믿고, 그것을 명예와 이익을 얻는 바탕으로 삼다.
【奇祸】 qíhuò 명 뜻밖의 재난. 의외의 재앙.
【奇计】 qíjì 명 기묘한 계책. 예측 불허의 책략.
【奇迹】 qíjì 명 기적. ¶失败创造~。=실패는 기적을 낳는다.
【奇技】 qíjì 명 1 특수한 기예. ¶身怀~=특수한 기예를 갖고 있다. 2 사악한 속임수.
【奇技淫巧】 qíjì-yínqiǎo 생 사악하고 음험한 기교.
【奇景】 qíjǐng 명 뛰어난 경치. 기이한 경관. 특이한 경치.
【奇绝】 qíjué 형 매우 기이한. ¶~的极地风光=매우 기이한 극지의 풍경.
【奇崛】 qíjué 형(문) 기이하고 독특하다. 매우 특출하다. ¶文势~=문체가 매우 독특하다.
【奇峻】 qíjùn 형 기이하고 험준하다. ¶山峰~=산봉우리가 기이하고 험준하다.
【奇冷】 qílěng 형 드물게 춥다. 기이할 정도의 한파이다. ¶今冬~=올 겨울은 (예년과 다르게) 매우 춥다.
【奇丽】 qílì 형 신기하고도 아름답다. ¶~热带景观=신기하고도 아름다운 열대의 경치.
【奇妙】 qímiào 형 기묘하다. 신기하다. ¶~的诗化世界=기묘한 시적 세계.
【奇谋】 qímóu 명 기발한 꾀. 기묘한 계략.
【奇南香】 qínánxiāng ☞ [沉香] chénxiāng
【奇葩】 qípā 명 1 진기하고 아름다운 꽃. ~争艳=진기하고 아름다운 꽃이 다투어 피어나다. 2 (비) 수준 높은 문학 작품. 걸작. ¶文坛~=문단의 걸작.
【奇奇怪怪】 qí·qi guàiguài (~的) 형 기괴하다. 이상야릇하다. 괴상망측하다. 특이하다. ¶她的穿着总是~的。=그녀가 걸치고 다니는 꼴은 언제 봐도 괴상망측하다.
【奇巧】 qíqiǎo 형 독특하고 정교하다. ¶构思~=구상이 독특하고 정교하다.
【奇趣】 qíqù 명 기묘한 정취. ¶山石峥嵘, 颇富~。=산의 바위가 높고 험하여 매우 기묘한 정

취를 자아낸다.
【奇缺】 qíquē 동 아주 부족하다. 귀하다. 심히 결핍되다. ¶最近猕猴桃~。=최근에 키위가 귀하다.
【奇人】 qírén 명 1 기인. 괴짜. ¶~逸事 =기인과 일사(逸事). 보기 드문 사람과 숨겨진 일. 2 기재(奇才). 재능이 특출하여 남의 주목을 받는 사람. ¶剧坛~=연극계[경극계]의 기재.
【奇事】 qíshì 명 기사. 기이한 일. ¶奇人方有~。=기인에게 비로소 기이한 일이 생겼다.
【奇谈】 qítán 명 기담. 진기한 이야기. 기이한 논지나 견해. ¶西洋~=서양의 기담.
【奇谈怪论】 qítán-guàilùn 생 기이하고 이치에 맞지 않는 황당한 이야기.
【奇特】 qítè 형 이상하다. 이상하고도 특별하다. 독특하다. ¶~古建筑=독특한 옛 건축물. ≒奇异 奇怪 ↔普通
【奇突】 qítū 형 갑작스럽다. 전혀 뜻밖이다. 느닷없다. 뜬금없다. ¶此事尤其~, 令人费解。=이 일은 전혀 뜻밖이어서 이해하기 어렵다.
【奇伟】 qíwěi 형 특이하다. 훌륭하다. 독특하고 웅장하다. ¶~的万里长城=독특하고 웅장한 만리장성.
【奇文】 qíwén 명 특이한 글. 훌륭한 글[작품]. ¶这篇~在读者中引起了不同的反响=이 특이한 글은 독자들 사이에서 서로 다른 반향을 일으켰다.
【奇文共赏】 qíwén-gòngshǎng 생 1 훌륭한 글을 다 함께 감상하다. 2 황당무계한 글을 발표하여 사람들에게 비평하게 하다.
【奇闻】 qíwén 명 기문. 진기한 이야기. 재미있는 이야기. 놀라운 소문. ¶今古~=고금의 진기한 이야기.
【奇袭】 qíxí 명동(군) 기습(하다). 습격(하다).
【奇想】 qíxiǎng 명 기발한 생각. 특이한 착상. ¶~连篇=기발한 생각이 전편(全篇)에 계속되다.
【奇效】 qíxiào 명 특효. 뛰어난 효과. 기발한 효력. ¶此药对心脏病常有~。=이 약은 심장병에 특효가 있다.
【奇形怪状】 qíxíng-guàizhuàng 생 이상야릇한 형상. 괴상망측한 모양.
【奇秀】 qíxiù 형 색다르고 아름답다. ¶风景~=풍경이 색다르고 아름답다.
【奇勋】 qíxūn 명(문) 뛰어난 공훈. 뛰어난 공적. ¶戎马一生, ~卓著。=한평생 군대에서 뛰어난 공훈을 세우다.
【奇异】 qíyì 형 1 기이하다. 기괴하다. 신기하다. ¶~的海底世界=신기한 해저 세계. 2 이상해하다. 신기해하다. ¶他露出~的眼神。=그는 신기해하는 눈빛을 드러냈다. ≒奇特 ↔普通
【奇遇】 qíyù 명 1 기우. 뜻밖의 만남. [주로 좋은 일에 씀] ¶他们的相逢简直是~。=그들의 만남은 그야말로 뜻밖이다. 2 (흔히 겪을 수 없는) 아슬아슬한 경험. ¶森林~=정글에서의 아슬아슬한 경험.
【奇冤】 qíyuān 명 몹시 억울함. 억울한 누명. ¶千古~=천고의 억울함.

【奇缘】 **qíyuán** 뎡 기연. 기이한 인연. ¶绝世
~ = 절세의 기연.
【奇珍】 **qízhēn** 뎡 진기한 물건.
【奇珍异宝】 **qízhēn-yìbǎo** 솅 진기한 보배. 매우 진기한 보물.
【奇志】 **qízhì** 뎡 범상치 않은 포부. 고귀한 이상.
【奇装】 **qízhuāng** 뎡 기괴한 복장.
【奇装异服】 **qízhuāng-yìfú** 솅뎡 기괴한 복장. 이상망측한 차림새.

\* **歧** qí 갈림길 기
형 **1** (큰길에서) 갈라지다. ¶~路 = 샛길. **2** 다르다. 일치하지 않다. ¶~见 = 다른 의견. 뎡 (Qí) 성(姓). ↔同

○● 分歧

【歧出】 **qíchū** 동 옆으로 나오다. ¶~的山路 = 옆으로 난 산길. 동 (책이나 글의 내용, 특히 용어의) 전후가 일치하지 않다. 뒤죽박죽이다.
【歧化】 **qíhuà** 동(化) 불균등화하다. [같은 물질이 산화도 되고 환원도 되는 산화 환원 반응] 영 disproportionate
【歧见】 **qíjiàn** 뎡 다른 의견. 다른 견해. ¶搁置~, 发展共识. = 다른 의견은 보류해 두고, 공통된 의견을 발전시키다.
【歧路】 **qílù** 뎡 샛길. 갈림길. ≒歧途
【歧路亡羊】 **qílù-wángyáng** 솅뎡 상황이 복잡하여 샛길로 빠지다. 정세가 복잡하여 갈피를 잡지 못하다.
【歧视】 **qíshì** 동뎡 경시(하다). 차별 대우(하다). ¶种族~ = 종족 차별.
【歧途】 **qítú** 뎡 **1** 샛길. 갈림길. 곁길. **2** 뎡 잘못된 길. ¶误入~ = 잘못된 길로 빠지다. ≒歧路
【歧义】 **qíyì** 뎡 (말이나 글에 대한) 다른 이해. 다른 해석.
【歧异】 **qíyì** 형 (의견이) 다르다. 일치하지 않다. ¶不同的史书之间多有~的记载. = 서로 다른 역사책은 일치하지 않은 내용을 많이 기재하고 있다.

\* **祈** qí 빌 기
동 **1** 기도하다. 빌다. ¶~神 = 신께 빌다. **2** 원하다. 간청하다. 바라다. ¶敬~指正 = 잘 지도하여 주시기를 바랍니다. 뎡 (Qí) 성(姓).
【祈祷】 **qídǎo** 동 기도하다. 빌다.
【祈福】 **qífú** 동 복을 기원하다.
【祈怜】 **qílián** 동 긍휼히 여겨 주기를 바라다. 불쌍히 여겨 줄 것을 바라다.
【祈年】 **qí‖nián** 동 풍년을 기원하다.
【祈盼】 **qípàn** 동 간절히 바라다. ¶父母~他学成归来. = 부모는 그가 학업을 마치고 돌아올 것을 간절히 바란다. 뎡 소망. 희망. 소원. ¶多年的~ = 오랜 소망. ≒祈愿
【祈求】 **qíqiú** 동 바라다. 간구하다. 간청하다. 희구하다. ¶~五谷丰登 = 오곡이 풍성하기를 바라다. ≒企求
【祈使句】 **qíshǐjù** 뎡(言) 명령문.

【祈使语气】 **qíshǐ yǔqì** 뎡(言) 명령·요구·경고 등의 어기(語氣).
【祈望】 **qíwàng** 동 기대하다. 바라다. 희망하다. ¶~亲人平安 = 주위 사람들이 편안하기를 바라다. ≒祈愿
【祈雨】 **qíyǔ** 동 비 오기를 바라다. ≒求雨
【祈愿】 **qíyuàn** 동 희망하다. 바라다. 기원하다. ¶~与恋人的重逢 = 연인과 다시 만나기를 기원하다. ≒祈望 祈盼

**祇** qí 땅신 기
뎡 지신(地神). ¶神~ = 천지신명.
☞ zhǐ

\* **荠**[**薺**] qí 냉이 제
☞【荸荠】 **bíqí**
☞ jì

**俟** qí 성씨 기
☞【万俟】 **Mòqí**
☞ sì

**疧** qí 앓을 저
뎡 병(病).

**耆** qí 늙은이 기
형 육십 세가 넘은 이. 뎡 (Qí) 성(姓). [고어에서 '嗜(shì)' 와 같음]
【耆艾】 **qí'ài** 뎡문 (50~60세의) 노인.
【耆老】 **qílǎo** 뎡문 **1** 노인. **2** 덕망이 높고 존경받는 노인.
【耆宿】 **qísù** 뎡문 사회적으로 명망이 높은 노인.

**颀**[**頎**] qí 훤칠할 기
형 키가 훤칠하다. 몸매가 늘씬하다.
【颀长】 **qícháng** 형문 키가 크다. 훤칠하다. 늘씬하다.
【颀伟】 **qíwěi** 형 기골이 장대하다.

\* **脐**[**臍**] qí 배꼽 제
뎡 **1** 배꼽. **2** 게의 배딱지. ¶团~ = 암게의 둥근 배딱지. **3** 물체 중앙에 난 배꼽 모양의 홈. ¶瓜~ = (호박·수박 등의) 배꼽.
【脐橙】 **qíchéng** 뎡(植) 네이블 오렌지(navel orange).
【脐带】 **qídài** 뎡(生) 탯줄.
【脐风】 **qífēng** 뎡(醫) (중의학에서) 탯줄 감염으로 인한) 신생아 파상풍.

**埼**[(**碕**)] qí 굽은 언덕 기
뎡 구불구불한 강둑.

**萁** qí 콩깍지 기
뎡방 콩대. ¶豆~ = 콩대.

**畦** qí 밭두둑 휴
뎡 **1** 논배미. 뙈기. [경계를 지어 놓은 논밭의 구획] ¶菜~=채소밭. **2 (Qí)** 성(姓).

○● 阳畦

【畦灌】**qíguàn** 몡 휴간 관개. 고랑 물대기. [관개법의 일종으로, 밭을 작게 나누어서 순서대로 물을 대는 방법]

【畦田】**qítián** 몡 뙈기밭. 주위에 도랑을 파서 물을 대거나 저장할 수 있는 논[밭].

# 跂 qí 육발 기

몡⊗ 육발이의 여섯째 발가락. 回⊗ 꿈틀꿈틀. 꾸물꾸물. [벌레가 기어가는 모양]
☞ qǐ

# *崎 qí 험할 기

혱⊗ 기울다. 평탄하지 않다.

【崎岖】**qíqū** 혱 **1** (산길이) 험난하다. 울퉁불퉁하다. 험하다. 평탄하지 않다. ¶~的山路=험한 산길. **2**(비) 기구하다. 험난하다. 처지가 어렵다. ¶~坎坷的人生历程=기구하고 험난한 인생 역정. 늑坎坷

# 淇 Qí 강 이름 기

몡(地) **1** 치하(淇河). [허난(河南)성에 있는 강 이름] **2** 치(淇)현. [허난(河南)성에 있는 지명]

# 骐[騏] qí 털총이 기

몡⊗ 검푸른 말. 털총이.
【骐骥】**qíjì** 몡⊗ **1** 준마. 천리마. **2**(비) 재능 있는 사람.

# **骑[騎] qí 말탈 기

통 **1** (동물이나 자전거 등에) 다리를 가로질러 타다. ¶~车=자전거를 타다. **2** (두 물건의) 양쪽에 걸쳐 있다. ¶~墙=양다리 걸치다. 애매한 태도를 취하다. 몡 **1** 타는 말. **2** 사람이 탈 수 있는 동물. ¶坐~=승마용 말. 사람이 타는 동물. **3** 기병(骑兵). **4** 기수(骑手). 말 타는 사람. ¶轻~=경기병(輕騎兵).

【骑兵】**qíbīng** 몡(军) **1** 기병. 기마병. **2** 기마 군병.

【骑缝】**qífèng** 몡 **1** (문서·영수증 등의) 절취선. **2** (신문·책 등의) 이음매.

【骑缝章】**qífèngzhāng** 할인(割印). =【骑缝印】**qífèngyìn**

【骑缝印】**qífèngyìn** ☞【骑缝章】**qífèngzhāng**

【骑虎难下】**qíhǔ-nánxià** (成)(비) 어떤 일을 중도에서 계속 할 수도 그만둘 수도 없는 상황. 이러지도 저러지도 못 하는 딱한 처지. 늑进退维谷

【骑楼】**qílóu** 몡(방) **1** (건물의 인도 쪽으로 튀어나온) 베란다. **2** 길이나 골목 위를 가로질러 있는 건물.

【骑驴找驴】**qílǘ-zhǎolǘ** ☞【骑马找马】**qímǎ-zhǎomǎ**

【骑马】**qímǎ** 통 말을 타다.

【骑马订】**qímǎdìng** 몡(印) 중철 제본. 가운데 매기. [책 가운데를 스테이플러나 철사 등으로 꿰는 제본 방법] ⊗ saddle stitch

【骑马找马】**qímǎ-zhǎomǎ** (成)(비) **1** 옆에 두고도 이리저리 찾다. 업은 아이 삼 년 찾는다. **2** 이미 일자리가 있으면서 더 마음에 드는 일자리를 찾다. 일자리를 찾다. =【骑驴找驴】**qílǘ-zhǎolǘ**

【骑枪】**qíqiāng** ☞【马枪】**mǎqiāng**

【骑墙】**qíqiáng** 통(비) 애매한 태도를 취하다. 양다리 걸치다. 기회주의적인 태도를 취하다. 관망하다. 소속·주의·노선 따위가 뚜렷하지 않다. ¶~之言=애매한 말.

【骑射】**qíshè** 통 말을 타고 활을 쏘다.

【骑师】**qíshī** ☞【骑手】**qíshǒu**

【骑士】**qíshì** 몡 **1** (고대 로마의) 기사. **2** (중세 유럽의 낮은 계층을 가리키는) 기사. **3**⊗ 기병. 기마병. **4**(비) (표정·행동·풍채 등이) 대범하고 시원스러운 사람.

【骑手】**qíshǒu** 몡 기마 기술이 뛰어난 사람. 기수(骑手). =【骑师】**qíshī**

【骑术】**qíshù** 몡 기마술. 승마술. 말 타는 기술.

【骑者善堕】**qízhě-shànduò** (成) **1** 말타기에 능한 사람도 말에서 자주 떨어지곤 한다. **2**(비) 어떤 방면의 일을 잘하는 사람도 왕왕 그 일에서 실패할 때가 있다.

【骑着脖子拉屎】**qí·zhe bó·zi lāshǐ** ⊛ **1** 남의 목에 탄 채 똥을 누다. **2**(비) 남을 몹시 업신여기고 악랄하게 굴다.

【骑装】**qízhuāng** 몡 **1** 말 탈 차림새. 기마 복장. **2** 기마 복장을 닮은 여성의 의복 형식.

# 琪 qí 옥 기

몡⊗ 아름다운 옥. 혱⊗ 귀하다. 진기하다. 아름답다.

# 琦 qí 옥 이름 기

몡⊗ 아름다운 옥. 혱⊗ 진기하다. 아름답다.
【琦行】**qíxíng** 몡⊗ 훌륭한 덕행.

# *棋[棊·碁] qí 바둑 기

몡 **1** 장기. 바둑. 체스. ¶一副象~=장기 한 벌. **2** 바둑돌. 장기짝. 체스의 말. ¶~错一步, 满盘皆输。=한 수를 잘못 두면 게임이 완전히 지게 된다.

○● 回棋, 悔huǐ棋, 盲máng棋, 死棋, 跳棋, 着zhuó棋

【棋布】**qíbù** 혱 **1** (바둑판의 바둑돌처럼) 분포되어 있다. **2** 촘촘히 널려 있다. 사방에 널리 분포되어 있다. 쫙 깔려 있다. 수두룩하다. ¶此地湖泊星罗~。=이 곳은 호수가 셀 수도 없을 만큼 널려 있다.

【棋风】**qífēng** 몡 기풍. 장기나 바둑을 두는 풍격. ¶~幽雅=기풍이 우아하다.

【棋逢敌手】**qíféng-díshǒu** ☞【棋逢对手】**qíféng-duìshǒu**

【棋逢对手】**qíféng-duìshǒu** (成)(비) 쌍방의 기량이 막상막하이다. =【棋逢敌手】**qíféng-**

**díshǒu** ≒旗鼓相当 势均力敌 ↔天壤之别
【棋高一着】**qígāo-yīzhāo** 〔상〕한 수 위이다. 한 수 높다.
【棋局】**qíjú** 〔명〕**1** 바둑판. 장기판. **2** (장기·바둑의) 대국 형세. 기국(棋局／碁局).
【棋具】**qíjù** 〔명〕바둑·장기·체스 용구.
【棋类】**qílèi** 〔명〕바둑·장기·체스 등의 총칭.
【棋类运动】**qílèi yùndòng** 〔명〕바둑·장기·체스 등의 총칭.
【棋路】**qílù** 〔명〕(장기·바둑의) 수. 길.
【棋迷】**qímí** 〔명〕바둑·장기 등의 광〔마니아〕.
【棋盘】**qípán** 〔명〕바둑〔장기〕판.
【棋谱】**qípǔ** 〔명〕기보. [바둑·장기 등을 두는 법, 혹은 대국(對局) 내용을 기록한 책]
【棋赛】**qísài** 〔명〕바둑·장기·체스 대회.
【棋圣】**qíshèng** 〔명〕바둑의 명인. 기성(棋聖).
【棋师】**qíshī** 〔명〕**1** 장기·바둑을 가르치는 사람. **2** 프로 기사.
【棋手】**qíshǒu** 〔명〕장기·바둑을 잘 두는 사람.
【棋坛】**qítán** 〔명〕기계(棋界). 기단(棋壇). [바둑 또는 장기를 두는 사람들의 사회]
【棋王】**qíwáng** 〔명〕바둑왕. 장기왕.
【棋仙】**qíxiān** 〔명〕바둑·장기의 신선. [바둑·장기의 명수, 혹은 그것을 낙으로 삼은 이를 칭송하여 부르는 말]
【棋艺】**qíyì** 〔명〕장기·바둑을 두는 솜씨〔기술〕. ¶研习~=바둑·장기 기술을 깊이 연구하다.
【棋友】**qíyǒu** 〔명〕장기·바둑 친구.
【棋苑】**qíyuàn** 〔명〕**1** 기원. **2** (넓은 의미로) 바둑계. 장기계. 체스계. 기단(棋壇). ¶~新秀=바둑계의 신예.
【棋子】**qízǐ**(~儿) 〔명〕바둑돌. 장기짝.

## 蛴[蠐] **qí** 제조 제
【蛴螬】**qícáo** 〔명〕〔동〕매미나 풍뎅이의 유충.

## 祺 **qí** 복 기
〔형〕〔문〕(주로 편지의 끝에 축복의 의미로 쓰여) 행복하다. 길하다. ¶顺颂时~=아울러 행복을 기원합니다.

## 锜[錡] **qí** 솥 기
〔명〕**1** (고대에 취사용으로 쓰이던 세 발 달린) 솥. 가마. **2** (고대에 쓰이던) 끌의 일종.

## 綦 **qí** 연둣빛 비단 기
〔부〕〔문〕극히. 대단히. 매우. ¶言之~详=말하는 것이 매우 상세하다. 〔명〕(**Qí**) 성(姓).
【綦切】**qíqiè** 〔부〕〔문〕간절하다. ¶思之~=간절히 생각하다.

## 蜞 **qí** 방게 기
☞【蟛蜞】**péngqí**

## 旗[旂¹] **qí** 깃발 기
〔명〕**1** 기. 깃발. **2** 国~=국기. **3** 청(清)대의 팔기(八旗). ¶汉军~=한족 팔기. 팔기나 만주족에 속하는 사람〔사물〕. ¶满洲~民=만주인. **4** 팔기(八旗)군의 주둔지. [현재는 지명으로 쓰임] ¶蓝~营=란치잉. **5** 네이멍구(内蒙古) 자치구의 행정 구획 단위. [현(縣)에 해당함] **6** (**Qí**) 성(姓).

○● 八旗, 白旗, 堂旗, 花旗, 降jiàng旗, 旌jīng旗, 军旗, 靠旗, 升shēng旗, 献xiàn旗, 扬旗, 义旗

【旗标】**qíbiāo** 〔명〕깃발로 표시하는 표지〔상징〕.
【旗杆】**qígān** 〔명〕깃대.
【旗鼓相当】**qígǔ xiāngdāng** 〔성〕〔비〕쌍방의 세력이 대등하다. 대등한 형세이다. 막상막하이다. ≒棋逢对手 势均力敌
【旗号】**qíhào** 〔명〕**1** 〔옛〕(부대명이나 장수의 성을 표기한) 기. 깃발. **2** 〔비〕명의. 명목.
【旗徽】**qíhuī** 〔명〕깃발에 새긴 휘장.
【旗舰】**qíjiàn** 〔명〕〔军〕기함. [사령관이나 지휘관이 타고 있는 군함]
【旗开得胜】**qíkāi-déshèng** 〔성〕**1** 서전(緒戰)을 승리로 장식하다. 깃발을 내걸자마자 승리를 얻다. **2** 〔비〕시작하자마자 좋은 성과를 얻다. ≒马到成功
【旗袍】**qípáo**(~儿) 〔명〕치파오. [중국 여성이 입는 원피스 모양의 의복. 원래 만주족 여인들이 입었으나 후에 여성복으로 대중화되었음]
【旗人】**Qírén** 〔명〕**1** 청(清)나라 때, 팔기(八旗)에 속한 사람. **2** 만주족.
【旗手】**qíshǒu** 〔명〕**1** 기수. **2** 〔비〕선구자. 선도자. 선두 주자. ¶现代派的~=현대파의 선도자.
【旗语】**qíyǔ** 〔명〕수기 신호(手旗信號).
【旗帜】**qízhì** 〔명〕**1** 기. 깃발. ¶~飘扬=깃발이 펄럭이다. **2** 〔비〕① 본보기. 모범. ¶抓典型, 树~。=전형적인 것을 뽑아 모범으로 삼다. ② 기치. [대표적인 혹은 호소력 있는 사상·학설·정치 역량] ≒旗子
【旗帜鲜明】**qízhì-xiānmíng** 〔성〕〔비〕관점이나 입장이 매우 명확(하다). 정치적 태도가 분명(하다).
【旗子】**qí·zi** 〔명〕깃발. 기. ≒旗帜

## 蕲[蘄] **qí** 풀 이름 기
〔동〕〔문〕구하다. 기원하여 구하다. 〔명〕(**Qí**) **1** 〔지〕기주(蕲州). [옛 주명(州名)으로, 지금의 후베이(湖北)성 치춘(蕲春)현 남쪽임] **2** 성(姓).
【蕲艾】**qí'ài** 〔명〕쑥.
【蕲求】**qíqiú** 〔동〕〔문〕기원하다. 간구하다.

## 鳍[鰭] **qí** 만새기 기
【鳍鳅】**qíqiū** 〔명〕〔동〕만새기.

## *鳍[鰭] **qí** 지느러미 기
〔명〕지느러미. ¶背~=등지느러미. ／尾~=꼬리지느러미. ／胸~=가슴지느러미. ／腹~=배지느러미.

○● 背鳍, 腹鳍, 脊jǐ鳍, 肉鳍, 臀tún鳍, 尾wěi鳍, 胸鳍

【鳍脚】qíjiǎo 몡 (기각류 동물의) 기각.
【鳍足目】qízúmù 몡 기각목(鳍脚目). 기각류. [물개·바다표범 등 포유류 식육목(食肉目)의 한 아목(亞目)].

## 麒 qí 기린 기
1 ☞【麒麟】qílín 2 (Qí) 성(姓).
【麒麟】qílín 몡 1 기린. [상서로움을 상징하는 고대 전설 속의 동물. 사슴 모양에 뿔·꼬리·비늘 무늬의 가죽을 갖추었음] 2 囲 걸출한 인물. 뛰어난 인재.
【麒麟竭】qílínjié ☞【血竭】xuèjié

## 鬐 qí 말갈기 기
몡囲 말갈기.

## **乞 qǐ 구걸할 걸
동 빌다. 구걸하다. 빌어먹다. 애걸하다. 동냥하다. 몡 (Qǐ) 성(姓).

○● 求乞, 讨tǎo乞, 行乞

【乞哀告怜】qǐ·āi-gàolián 솅 애걸복걸하다. 동정을 구걸하다.
【乞丐】qǐgài 몡 거지. 비렁뱅이. 동냥아치. ≒叫花子 花子 要饭的 讨饭的
【乞浆得酒】qǐjiāng-déjiǔ 솅 1 목이 말라 물을 얻기를 원했는데, 의외로 술을 얻다. 2 囲 바라던 것보다 더 좋은 것을 얻다.
【乞怜】qǐlián 동 동정을 구걸[애걸]하다.
【乞灵】qǐlíng 동囲 1 신에게 도움을 청하다. 2 囲 확실하지 않은 것에 의지하다.
【乞巧】qǐqiǎo 몡 음력 칠월 칠석날 밤에 직녀성에게 수놓기와 바느질을 잘 할 수 있도록 해 달라고 기원하던 풍속.
【乞求】qǐqiú 동 구걸하다. 애원하다. 애걸하다. 간절히 바라다. ¶～谅解=간절히 양해를 바라다. ≒恳求
【乞食】qǐshí 동囲 걸식하다.
【乞讨】qǐtǎo 동 (돈·밥 등을) 구걸하다. ¶挨户～=집집마다 구걸하다. ≒行乞 ↔施舍
【乞降】qǐxiáng 동 항복을 받아줄 것을 간청하다 [빌다].
【乞援】qǐyuán 동 구조를 요청하다. 원조를 바라다. ¶八方～=팔방으로 구조를 요청하다. /向邻国～=이웃 나라에 원조를 요청하다.

○ 乞 qǐ
 迄 qì
 芑 qǐ
 汔 qì
 吃 chī
 扢 gē
 圪 gē
 仡 gē
 纥 gē
 屹 yì

## 芑 qǐ 흰 차조 기
몡(植) 1 고서(古书)에 나오는 흰 차조. 2 고서(古书)에 나오는 들나물의 하나. [줄기가 청백색임]

## 屺 qǐ 민둥산 기
몡囲 민둥산. 벌거숭이산.

## 岂[豈] qǐ 어찌 기
囲囲 어찌 …하겠는가. 어찌 …이란 말인가. [반어를 나타내며, '哪(nǎ)·可(kě)·怎么(zěn·me)' 등의 뜻과 상당함] ¶～能如此?=어찌 이와 같을 수 있는가? 몡 (Qǐ) 성(姓). [고어에서 '凯(kǎi)·恺(kǎi)'와 같음]
【岂不】qǐbù 囲 (반어의 어기를 강조하여) 어찌 …이 아닌가? ¶～是~妙哉?=이와 같으니, 어찌 훌륭하다 하지 않을 수 있겠는가?
【岂不是】qǐ·bushì 동 어찌 …이 아니겠는가? ¶这样~两全其美?=이런 것이야말로 서로에게 좋은 일 아니겠는가?
【岂但】qǐdàn 젭 (반어에 쓰여) 단지 …뿐 아니라. 어찌 비단 …뿐이겠는가. ¶他～会弹琴, 还会拉二胡。=그는 단지 거문고를 탈 수 있을 뿐 아니라 얼후(二胡) 또한 켤 수 있다. ≒不但 非但
【岂非】qǐfēi 囲 (반어에 쓰여) 어찌 …이 아니겠는가? ¶～自讨苦吃?=어찌 사서 고생하는 것이 아니겠는가?
【岂敢】qǐgǎn 囲 1 (반어에 쓰여) 어찌 감히 …하겠는가? 어찌 감히 …한단 말인가? ¶～造次=어찌 감히 경솔하겠는가? 2 솅 천만의 말씀입니다. 감당할 수 없는 말씀입니다. 아닙니다. ¶～, ～, 小儿科也。=아닙니다, 아닙니다, 하찮은 일입니다.
【岂可】qǐkě 동 (반어에 쓰여) 어찌 …해도 좋단 말인가? 어찌 …할 수 있단 말인가? ¶～袖手旁观?=어찌 수수방관할 수 있단 말인가?
【岂肯】qǐkěn 囲 (반어에 쓰여) 어찌 (기꺼이) …하겠는가? ¶那样的好机会, 他～放弃?=그처럼 좋은 기회를 그가 어찌 포기하겠는가?
【岂料】qǐliào 동 (반어에 쓰여) 어찌 짐작이나 할 수 있었겠는가? ¶～如此狼狈?=이토록 난처하리라 어찌 짐작이나 할 수 있었겠는가?
【岂能】qǐnéng 동 (반어에 쓰여) 어찌 …할 수 있겠는가? ¶～不辞而别?=어찌 작별 인사도 없이 떠날 수가 있겠는가?
【岂有】qǐyǒu 동 (반어에 쓰여) 어찌 …할 수가 있는가? ¶～不劳而获之理?=어찌 애쓰지 않고 이치를 깨달을 수 있겠는가?
【岂有此理】qǐyǒucǐlǐ 1 어찌 이럴 수가 있단 말인가? 이런 경우가 어디 있단 말인가? 2 언행이 도리나 이치에 어긋나다.
【岂知】qǐzhī 囲 (반어에 쓰여) 어찌 알겠는가? 생각해 본 일도 없다. ¶看来很容易, ～做起来这样难?=보기엔 매우 쉽지만, 실행에 옮기기가 이토록 어려울 줄 어찌 알았으랴?
【岂止】qǐzhǐ 囲 (반어에 쓰여) 어디 …뿐이랴? 어찌 …에 그치겠는가? ¶～他生气, 大家都不高兴。=어디 그 사람만 화가 났겠는가? 모두 언짢아했다.

## *企 qǐ 발돋움 기
동 1 발돋움하다. 까치발로 서다. ¶～踵以待=학수고대하다. 2 바라다. 기다리다. 희망하다. ¶～候佳音=기쁜 소식을 기다리다. 몡 (Qǐ) 성

(姓).

○● 翘qiáo企

【企鹅】qǐ'é 명(動) 펭귄.
【企而望归】qǐ'érwàngguī 성 (어떤 사람이 돌아올 것을) 발돋움하여 기다리다. 손꼽아 기다리다. 학수고대하다.
【企改】qǐgǎi 명 企业改革(기업 개혁). [주로 국영 기업에 쓰임]
【企管】qǐguǎn ☞【企业管理】qǐyè guǎnlǐ
【企划】qǐhuà 동 기획하다. 일을 꾸미다. ¶~人才=기획을 본업으로 하는 인재.
【企及】qǐjí 동 뜻을 이루기를 바라다. 따라잡기를 소망하다. ¶实难~=실제로는 (뜻을) 이루기 어렵다.
【企口】qǐkǒu 명(建) 은촉홈. [널빤지와 널빤지를 끼워 맞추기 위해 그 단면에 낸 홈]
【企口板】qǐkǒubǎn 명(建) 은촉붙임용 합판. [한쪽은 홈이 있고, 다른 한쪽은 거기에 맞게 혀를 낸 널빤지. 주로 바닥 재료로 쓰며, 연결이 견고하여 들뜨지 않음]
【企慕】qǐmù 동 앙모하다. 사모하다. 애모하다. ≒仰慕 倾慕
【企盼】qǐpàn 동 바라다. ¶~国富民安=나라가 부강하고 백성이 안녕하기를 바라다. ≒盼望
【企求】qǐqiú 동 바라다. 구하다. 갈구하다. 기대하다. ¶~健康=건강하기를 바라다. ≒祈求
【企事业】qǐshìyè 명 기업과 비영리 사업 기관.
【企图】qǐtú 동 의도하다. 기도하다. 도모하다. 계획하다. ¶~取胜=승리를 도모하다. 명 의도. ¶不良的~=좋지 않은 의도. ≒企图谋 意图
【企望】qǐwàng 동 희망하다. 바라다. 기대하다. ¶翘首~=간절히 희망하다. ≒希望
【企业】qǐyè 명 기업. ¶~管理=기업 관리. /~家=기업가. ↔事业
【企业管理】qǐyè guǎnlǐ 명 기업 관리. 약【企管】qǐguǎn 영 business management
【企业化】qǐyèhuà 동 1 (공업·상업·운수 등의 분야에서) 독립 채산제를 시행하다. 2 기업화하다.
【企业集团】qǐyè jítuán 명(經) 기업 그룹. =【企业群体】qǐyè qúntǐ 영 enterprise group
【企业家】qǐyèjiā 명 기업가.
【企业群体】qǐyè qúntǐ ☞【企业集团】qǐyè jítuán
【企业所得税】qǐyè suǒdéshuì 명 기업 소득세.
【企业文化】qǐyè wénhuà 명 기업 문화.
【企业债券】qǐyè zhàiquàn 명 기업 채권.
【企足而待】qǐzú'érdài 성 1 발돋움하여 기다리다. 2 에 절박한 심정이다. 3 에 성공이 멀지 않았다.

# 玘 qǐ 패옥 기

명(문) 패옥. [옥(玉)의 일종]

# 杞 Qǐ 구기자 기

명 1 (歷) 주(周)대 때의 나라 이름. [지금의 허난

(河南)성 치(杞)현 지역] 2 성(姓).

○● 枸gòu杞

【杞柳】qǐliǔ 명(植) 고리버들. =【红皮柳】hóngpíliǔ
【杞人忧天】Qǐrén-yōutiān 성 1 하늘이 무너질까 봐 걱정하다. 2 에 괜한 걱정. =【杞人之忧】Qǐrénzhīyōu ≒庸人自扰 ↔无忧无虑
【杞人之忧】Qǐrénzhīyōu ☞【杞人忧天】Qǐrén-yōutiān
【杞梓】qǐzǐ 1 좋은 목재(木材). 2 에 우수한 인재(人才).

# **启[启, 啟·啓]** qǐ 열 계

동 1 열다. 펼치다. ¶开~=열다. 2 계도하다. 일깨우다. ¶承前~后=과거를 계승하여 미래를 열다. 3 시작하다. ¶~动=시동(始動)하다. 4 진술하다. 아뢰다. ¶谨~=삼가 아뢰옵니다. 명 1 (옛날 문체의 한 가지로서) 짧은 편지. ¶小~=단찰(短札). 2 (Qǐ) 성(姓). ≒开 ↔闭 关

○● 哀āi启, 开启

【启禀】qǐbǐng 동(문) (상부나 상급자에게) 보고하다. 상신하다. 품하다.
【启程】[起程] qǐchéng 동 출발하다. 길을 나서다. ¶乐团明早~。=악단은 내일 아침에 출발한다. ≒出发 动身 ↔到达 抵达
【启齿】qǐchǐ 동 (주로 다른 사람에게 부탁하기 위해) 입을 열다. 입을 떼다. ¶难以~=입을 떼기가 어렵다. ≒启口
【启迪】qǐdí 동 깨우치다. 일깨우다. 계도하다. 인도하다. ¶~后人=후인을 일깨우다. 명 깨우침. ¶从老师的话里发现了新的~。=선생님의 말씀에서 새로운 깨우침을 발견하였다. ≒启发 启示
【启碇】[起碇] qǐ‖dìng 동 닻을 올리다. 출범하다. ¶~行船=배는 닻을 올리고 출범한다. ≒起锚 拔锚
【启动】qǐdòng 동 1 (기계·계량기·전기 설비 등의) 작동을 시작하다. 시동을 걸다. ¶~电脑=컴퓨터를 부팅시키다. 2 (법령이나 장기적인 계획(방안) 등을) 시작(시행)하다. ¶~环境治理工程=환경 관리 프로젝트를 실시하다. 3 개척하다. 개시하다. ¶~汽车消费市场=자동차 소비 시장을 개척하다. ≒发动 ↔关闭
【启动器】qǐdòngqì 명 (형광등의) 점등관. 글로스타터(glow starter). =【启辉器】qǐhuīqì
【启发】qǐfā 동 일깨우다. 계발하다. 시사하다. 영감을 주다. 불어넣다. ¶~学生的学习积极性。=학생들의 학구적 열성을 일깨우다. / ~大家的参与热情。=모두에게 동참의 열정을 불어넣다. 명 계발. 깨우침. 영감. ¶他的话对我很有~。=그의 말은 나에게 많은 영감을 주었다. ≒启迪 启示
【启发式】qǐfāshì 명(敎) 계발 교육(啓發教育). ['填鸭式(주입 교육)'와 구별됨]
【启封】qǐ‖fēng 1 (편지 봉투 등을) 뜯다. 개

봉하다. **2** 봉인(封印)을 뜯다.

【启航】 qǐháng ☞【起航】qǐháng

【启辉器】 qǐhuīqì ☞【启动器】qǐdòngqì

【启口】 qǐkǒu 통 입을 열다. ¶不便~=말文을 열기가 불편하다. ≒启齿 开口

【启蒙】 qǐméng 통 **1** 계몽하다. ¶文化~=문화 계몽. **2** 기초 지식을 전수(傳授)하다. ¶~教材=초급 교재. ≒发蒙 开蒙

【启蒙运动】 qǐméng yùndòng 명 **1** (17~18세기 유럽에서 일어난) 계몽 운동. **2** (교육을 통해 새로운 문화와 문물을 전수하는) 계몽 운동.

【启萌】 qǐméng 통 시작하다. 싹이 트다. ¶~阶段=시작 단계.

【启明(星)】 qǐmíng(xīng) 명 (天) 금성(金星). [금성은 항상 일출 직전에 동녘 하늘에 뜨기 때문에 옛날 중국에서는 계명성이라 부름]

【启示】 qǐshì 통 계시하다. 시사하다. 계발하다. ¶这本书~人生的真谛=이 책은 인생의 참뜻을 시사해 주고 있다. 명 계시. ¶深远的~=심원한 계시. ≒启发 启迪

【启示法】 qǐshìfǎ 명 계시법. [계시를 통해 새로운 사물을 창조하게 하거나 문제를 해결하게 하는 방법]

【启示录】 qǐshìlù 명 계시록. ¶这是一部促人奋进的~。=이것은 사람을 분발시키는 한 편의 계시록이다.

【启事】 qǐshì 명 광고. 공고. ¶寻人~=구인 광고. 사람 찾기 광고.

【启衅】[起衅] qǐxìn 통 다툼·싸움·시비·반목·불화 등을 도발하다. ¶无故~=아무런 이유 없이 싸움을 걸다.

【启行】 qǐxíng ☞【起行】qǐxíng

【启用】 qǐyòng 통 (공금이나 물자 따위를) 사용하기 시작하다. 사용에 투입하다. ¶~高速铁路=고속 철도 운영을 개시하다.

【启运】[起运] qǐyùn 통 운송(運送)을 시작하다. 발송하다. ¶订货已经~贵地。=주문 물품은 이미 귀측에게 발송하였습니다.

【起】 qǐ 일어날 기

통 **1** (누웠다가) 일어나 앉다. (앉았다가) 일어서다. ¶扶案而~=책상을 붙잡고 일어나다. **2** 상승하다. 올라가다. ¶有~有落=올라갔다 내려갔다 하다. **3** 떠나다. ¶~飞=이륙하다. **4** 뽑아 버리다. 제거하다. ¶~钉子=못을 뽑다. **5** 일으키다. 발생하다. 생기다. ¶顿~疑心=갑자기 의심이 들다. **6** 돋다. 나다. 생기다. ¶~鸡皮疙瘩=소름이 돋다. 닭살이 돋다. **7** 세우다. 창립하다. ¶平地~楼=평지에 건물을 짓다. **8** 시작하다. ¶从今儿~=지금부터 시작하여. **9** 발동하다. 흥기하다. 일으키다. ¶揭竿而~=무장 봉기하다. **10** 기안하다. 초안하다. ¶~草稿=초고를 기안하다. **11** 수령(受領)하다. ¶~身份证=신분증을 수령하다. **12** 등용하다. 임명하다. ¶再次~用=재임용하다. **13** (동사 뒤에 쓰여) …하기 시작하다. ¶不知从何讲~=어디서부터 얘기해야 할지 모르겠다. 개 통 …부

터. [시간이나 처소를 나타내는 낱말 앞에 쓰여 기점(起點)을 나타냄. '从(cóng)'·'自(zì)'·'由(yóu)'에 상당함] ¶~这儿开始跑=여기서부터 뛰기 시작하다. 양 **1** 무리. 떼. ¶一~戏迷=한 무리의 연극 팬. **2** 건(件). 가지. ¶两~交通事故=두 건의 교통 사고. **3** (횟수를 나타내어) 차. 번. 차례. ≒始

【起】·qǐ 일어날 기

통 **1** 동사 뒤에 쓰여, 위로 들어올리는 행위를 나타냄. ¶扛~米袋就走。=쌀부대를 짊어지고 가다. **2** 동사 뒤에 쓰여, 어떤 사물이나 사태가 동작에 따라 일어남을 나타냄. ¶剧场里不停地响~欢呼声。=극장 안에는 끊임없이 환호성이 울려 퍼지기 시작했다. **3** 동사 뒤에 쓰여, 역량이 충분한지 아닌지를 나타냄. [동사와 '起' 사이에는 대개 '不(·bu)'·'得(·de)'가 옴] ¶买不~=살 수 없다. ¶买得~=살 수 있다. **4** 동사 뒤에 쓰여, 사람 또는 일에 어떤 동작이 미치는 것을 나타냄. ¶老师经常谈~你。=선생님께선 네 얘기를 자주 하신다.

【起岸】 qǐ'àn 통 양륙하다. 배의 짐을 육지에 부리다. ¶货物要尽快~。=화물은 가급적 빨리 육지로 날라야 한다.

【起霸】 qǐ bà 명(剧) (중국 전통극 가운데) 무장(武將)역을 맡은 배우가 출전하기 전에 투구를 바로 쓰고 갑옷을 고쳐 입는 일련의 동작.

【起爆】 qǐbào 통 폭파시키다. ¶危楼准备~。=고층 빌딩의 폭파를 준비하다.

【起爆药】 qǐbàoyào ☞【引爆药】yǐnbàoyào

【起笔】 qǐbǐ 통 **1** (藝) (서예에서) 한 획을 쓰기 시작하다. **2** (글 등을) 쓰기 시작하다. ¶文章刚刚~。=문장을 막 쓰기 시작하다. 명 **1** (言) (검자(檢字)에서) 한 글자의 첫 획. **2** (문장의) 도입부. 첫 몇 구. ¶文章~不凡。=문장의 도입부가 훌륭하다.

【起膘】 qǐbiāo 통 살이 오르다. 살이 찌다. ¶小猪开始~了。=새끼돼지가 살이 오르기 시작했다.

【起兵】 qǐbīng **1** (전쟁을 위해) 출병(出兵)하다. 군대를 일으키다. ¶~攻城=출병하여 성을 공격하다. **2** 무장 투쟁을 시작하다. ¶~叛乱=무장 반란을 일으키다.

【起不来】 qǐ·bulái **1** (어떤 자리에서) 일어날 수 없다. ¶他摔倒在地, 半天~。=그는 땅에 넘어지더니 한참 동안이나 그 자리에서 일어나지 못하였다. **2** 앓아 눕다. 병으로 일어나지 못하다. ¶他一病就~。=그는 병이 나더니 앓아 눕고야 말았다.

【起步】 qǐbù 통 **1** 가기〔움직이기〕 시작하다. 발걸음을 떼다. ¶~追上=발걸음을 떼어 따라잡다. **2** (일) (어떤 일을) 시작하다. ¶这项研究刚刚~。=이 연구는 이제 막 시작되었다.

【起草】 qǐ∥cǎo 통 기초하다. 글의 초안을 작성하다. ¶~协议=협의서를 기초하다.

【起场】 qǐ∥cháng 통 마당에서 탈곡한 곡물을 창고에 거두어들이다.

【起承转合】qǐ-chéng-zhuǎn-hé ㉠ 1 기승전결. [옛날 시(詩)·문장의 기술(記述) 순서로 '起'는 시작, '承'은 앞 문장의 연결, '转'은 전환, '合'은 문장 전체의 종합을 나타냄] 2 문장의 작법(作法).
【起程】qǐchéng ☞【启程】qǐchéng
【起初】qǐchū ㉿ 처음. 최초. ¶后果在此事的~便有所暗示. =이 일의 결과는 처음에 암시된 바가 있었다. ≒起先 ↔后来
【起床】qǐ∥chuáng ⒹⒸ 1 (잠자리에서) 일어나다. ¶早晨~太晚. =아침 기상이 너무 늦다. 2 (병석에서) 일어나다. 병이 낫다. ¶卧病很久才~. =오랜 와병 생활 끝에 겨우 일어났다.
【起到】qǐ·dao ⒹⒸ 1 (어떤 한도에) 도달하다. ¶飞机~云彩那么高. =비행기가 구름에 다다를 정도로 높이 날아올랐다. 2 (어떤 상황을) 초래하다. 일으키다. ¶他的话对此事~很大的影响. =그가 한 말은 이 일에 있어 매우 큰 영향을 미쳤다.
【起点】qǐdiǎn ㉿ 1 (시간이나 장소 등의) 기점. 시작점. ¶新~新风尚 =새 출발과 새 기풍. 2 (體) (트랙 경기에서의) 출발점. ↔终点
【起点站】qǐdiǎnzhàn ☞【始发站】shǐfāzhàn
【起电】qǐ∥diàn ⒹⒸ 전기를 일으키다. ¶摩擦~=마찰하여 전기를 일으키다.
【起电机】qǐdiànjī ㉿(物) 기전기. ¶韦氏感应~. =윔즈허스트장치. ⒺWimshurst machine
【起电盘】qǐdiànpán ㉿(物) 전기쟁반. ⒺElectrophorus
【起吊】qǐdiào ⒹⒸ (기중기(起重機) 등으로) 달아올리다.
【起碇】qǐ∥dìng ☞【启碇】qǐ∥dìng
【起动】qǐdòng ⒹⒸ 1 (동물·기계 따위가) 움직이다. ¶朱唇~=입술을 떼다. 말문을 열다. 2 (모터·엔진 등의) 시동을 걸다. ¶这种车容易~. =이런 차는 시동이 잘 걸린다. 3 ㉿ 수고를 끼치다. ¶烦请~贵体. =귀하의 수고를 부탁드립니다.
【起端】qǐduān ㉿ (일의) 시작. 발단. ¶让他来细说事情的~. =그더러 일의 발단을 자세히 말하게 해라.
【起飞】qǐfēi ⒹⒸ 1 (비행기·로켓 등이) 이륙하다. 2 ㉭ (사업·경제 등이) 급성장하기 시작하다. 비약하기 시작하다. 빠르게 번창하다. 급속히 발전하다. ¶教育~=교육이 급속히 발전하기 시작하다. ↔降落
【起风】qǐfēng ⒹⒸ 1 바람이 일기 시작하다. 2 ㉭ 사건을 만들다. 말썽을 일으키다. ¶有人暗中作浪. =어떤 자가 몰래 풍파를 일으키다.
【起凤腾蛟】qǐfèng-téngjiāo ㉠ 1 봉황(鳳凰)이 날개를 펴고 높이 날아오르고, 교룡(蛟龍)이 솟구쳐 승천하다. 2 ㉭ 출중한 인재의 활약상이 매우 뛰어나다.
【起伏】qǐfú ⒹⒸ 1 기복을 이루다. ¶连绵~的丘陵=굽이굽이 높고 낮은 언덕. 2 ㉭ (정서·감정 등이) 변화하다. 변동되다. 불안정하다. ¶心绪~不定. =마음이 안정되지 않다.
【起复】qǐfù ⒹⒸ 1 ㉿ 관리의 부모의 상중(喪中) 또는 상을 마친 후에 재기용되다. 2 관리가 파면된 후 다시 기용되다.
【起稿】qǐ∥gǎo ⒹⒸ 초고(草稿)를 쓰다.
【起根】qǐgēn ㉭㉮ 1 (~儿) 지금까지. 줄곧. ¶那事~儿就考虑不周. =그 일은 지금까지도 면밀하게 고려되지 않았다. 2 처음부터. 애초부터. 근본적으로. ¶原因要~找. =원인은 근본부터 찾아야 한다.
【起根由头】qǐgēn-yóutóu ㉠ 처음부터(의 사정). 곧이곧대로. 처음부터 끝까지.
【起更】qǐ∥gēng ⒹⒸ 첫 번째 야경을 돌다.
【起锅】qǐ∥guō ⒹⒸ 다 익힌〔요리한〕 음식을 솥에서 담아 내다.
【起旱】qǐhàn ⒹⒸ (물길로 가지 않고) 육로(陸路)로 다니다.
【起航】[启航] qǐháng ⒹⒸ (선박·비행기 등이) 출항(出航)하다. ¶飞机因大雾不能~. =비행기는 심한 안개로 인해 출항할 수 없다.
【起哄】qǐ∥hòng ⒹⒸ 1 (여러 사람이 한두 사람을) 놀리다. 조롱하다. 희롱하다. 가지고 놀다. ¶别人不喜欢你们当众对他~. =남들은 너희들이 대중 앞에서 자신을 놀리는 걸 싫어한다. 2 (많은 사람이 함께) 소란을 피우다. 법석을 떨다. ¶一些球迷开始骚动~. =몇몇 축구광이 소란을 피우기 시작하였다.
【起火】qǐ∥huǒ ⒹⒸ 1 밥을 짓다. ¶他从不~. =그는 여태껏 밥을 지어 본 적이 없다. 2 불이 나다. 화재가 발생하다. ¶库房突然~. =창고에서 갑자기 불길이 일어났다. 3 (조급한 나머지) 성질내다. ¶不要~, 别跟小孩一般见识. =어린애같이 성질부리지 마라. 4 문제를 일으키다. 말썽부리다. ¶很遗憾, 他后院~. =대단히 유감스럽습니다. 그 자가 뒤에서 말썽을 부렸군요. 5 (욕망 등의 감정이) 강하게 일어나다. ¶片中男女媾合的情景让他心底~. =극 중 남녀의 정사 장면을 보고 그는 강한 욕정이 일었다.
【起火】qǐ·huo ㉿ 폭죽의 일종. [불을 붙이면 공중으로 솟구침]
【起货】qǐhuò ⒹⒸ 1 (배로부터) 짐을 부리다. ¶船靠岸~. =배를 접안(接岸)하고 짐을 내리다. 2 화물을 찾다. ¶老板亲自携款~. =사장이 직접 돈을 들고 가서 화물을 찾는다.
【起获】qǐhuò ⒹⒸ (감춘 장소에서) 찾아 내다. ¶~一批海洛因=헤로인 다발을 찾아 내어 압수하다.
【起急】qǐjí ⒹⒸ 1 초조해하다. 안절부절못하다. ¶越~越乱. =초조해할수록 더 뒤죽박죽이다. 2 (다른 사람에게) 성질을 부리다. ¶别无端~. =까닭 없이 성질내지 마라.
【起家】qǐ∥jiā ⒹⒸ (가세(家勢)나 사업을) 일으켜 세우다. ¶白手~=자수성가하다.
【起价】qǐjià ⒹⒸ 값이 오르다. ¶这支股票最近要~. =이 주식은 최근 값이 오르고 있다. ㉿ 최저가격. ~销售 =최저가 판매.
【起驾】qǐjià ⒹⒸ 1 (황제·황후 등의) 어가(御駕)가 출발하다. 2 행차하다. 출발하다. [주로 존대 혹은 비꼬는 어기(語氣)로 쓰임] ¶这么晚还不

起 **qǐ** 1529

~, 你想玩到什么时候? =이렇게 늦게까지 죽치고 있다니, 언제까지 놀고 있을 작정이지?

【起肩】**qǐjiān** 통 (어깨에 무거운 물건을) 짊어지고 일어서다.

【起茧】**qǐjiǎn** 통 **1** 굳은살이 박이다. **2** (비) 귀찮아하다. 싫어하다. 싫증나다. 물리다. ¶听得耳朵都~了. =하도 들어서 귀에 딱지가 앉을 지경이다.

【起见】**qǐjiàn** 조 ('为 …起见'의 형식으로 쓰여) …하기 〔입장〕에서. …을 위해서. ¶为安全~ =안전을 위하여.

【起降】**qǐjiàng** 통 (비행기가) 이착륙하다. ¶机场內飞机~频繁. =비행장의 비행기 이착륙이 빈번하다.

【起解】**qǐjiè** 통(옛) 죄인을 압송하다. (금·은·현금 따위의) 화물을 호송하다.

【起劲】**qǐjìn**(~儿) 형 기운이 나다. 흥이 나다. ¶孩子们唱得很~. =아이들이 흥에 겨워 노래를 부른다. ≒来劲

【起敬】**qǐjìng** 통 경모(敬慕)하는 마음이 들다. 존경심이 생기다. ¶肃然~ =숙연하게 존경심이 생기다.

【起居】**qǐjū** 명 **1** 일상 생활. 기거. ¶他饮食~缺乏规律. =그의 일상 생활은 규칙적이지 않다. **2** 문후. 안부를 물음. [편지 끝에 쓰는 말투] ¶顺候~ =요즘 평안하신지 문후 여쭙습니다.

【起居室】**qǐjūshì** 명 응접실. 홀(hall).

【起句】**qǐjù** 명 시(詩)의 첫 구.

【起圈】**qǐ‖juàn** 통 축사 안의 분뇨나 깔린 풀 등을 쳐내어 두엄을 만들다. (반)〖出圈〗**chū‖juàn** 〖出栏〗**chū‖lán**

【起开】**qǐ‧kai** 통 **1** 떠나다. 물러나다. 비키다. 피하다. ¶坐得太挤了, 请~点儿. =너무 바짝 붙어 앉았네요. 좀 비켜 주세요. **2** 열다. ¶把啤酒瓶盖儿~. =맥주병 마개를 열다.

【起炕】**qǐkàng** 통(방) **1** (잠자리에서) 일어나다. **2** (병이 완쾌되어) 병상에서 일어나다.

【起课】**qǐkè** 厂**卜课 bǔkè**

【起来】**qǐ‖‧lai** 통 (잠자리에서) 일어나다. ¶明儿可以晚点儿~. =내일은 늦게 일어나도 되겠군. **2** 일어서다. 일어나 앉다. ¶他忙一招呼. =그는 얼른 일어나서 인사를 했다. **3** 홍기(興起)하다. 떨쳐 일어나다. 위로 날아 솟구치다. ¶风筝~了. =연이 날아올랐다. **4** (원래의 위치를 떠나) 비키다. 물러나다. ¶你~点儿. =좀 물러서요.

【起来】**‖‧qǐ‧lai** 통 **1** 동사 또는 형용사 뒤에 쓰여, 어떤 동작이 시작되어 계속됨을 나타냄. ¶天晴~了. =날씨가 맑아지기 시작했다. **2** 동사 뒤에 쓰여, 위로 향함을 나타냄. ¶气球飞~了. =애드벌룬이 날아올랐다. **3** 동사 뒤에 쓰여, 어떤 동작이 완성되거나 일정한 목적이 달성됨을 나타냄. **4** 회상하다. ¶~了, 那是去年的事. =기억났어. 그건 작년의 일이야. **4** 동사 뒤에 쓰여, 어림짐작하거나 어떤 일에 대한 견해를 나타냄. ¶看~, 雪一时不会停. =보아하니, 눈이 금방 그칠 것 같지는 않군.

起来(‖·**qǐ**‖·lai)/出来(**chū**·lai)

起来: 위로 향하는 방향을 나타냄. ¶太阳升起来了. =해가 떠올랐다.

出来: 안에서 밖으로 나와 화자와 가까워지는 방향을 나타냄. ¶太阳从云层里钻了出来. =태양이 구름을 뚫고 나왔다.

【起浪】**qǐlàng** 통 **1** 물결〔파도〕을 일으키다. **2** (비) 말썽을 일으키다. 일을 저지르다.

【起雷】**qǐ‖léi** 통 천둥이 치기 시작하다. ¶天阴不久便~了. =날이 흐리더니 금세 천둥이 치기 시작하였다.

【起立】**qǐlì** 통 일어서다. 기립하다. [주로 구령(口令)으로 많이 쓰임] ¶请全体~! 奏国歌. =모두 일어나 주십시오. 국가(國歌)가 연주되겠습니다. ⇒坐下

【起灵】**qǐlíng** 통 관(棺) 또는 유골(遺骨)을 장지(葬地)로 옮기다. 발인(發靷)하다.

【起落】**qǐluò** 통 등락하다. 오르내리다. ¶物价~由市场调节. =물가의 상승과 하락은 시장에 의해 조절된다.

【起落架】**qǐluòjià** 명 (비행기의) 랜딩 기어 (landing gear).

【起码】**qǐmǎ** 형 최소한의. 기본적인. 기초적인. ¶这是最~的条件. =이것은 최소한의 조건이다. 甼 적어도. 최소한도로. ¶到那儿~要走半个小时. =그 곳까지 가려면 적어도 삼십 분은 걸린다.

【起毛】**qǐmáo** 통 **1** 보풀이 일다. ¶这件衣服~了. =이 옷은 보풀이 일었다. **2** (纺) (직물의) 보풀을 세우다. **3** 두려움이 엄습하다. ¶一走进那片阴森森的树林, 她心里就~. =음침하고 으스스한 숲으로 들어서자마자 그녀는 곧 두려운 마음이 들었다. **4** 성내다. 화내다. ¶听到孩子做得傻事, 他一阵阵地~. =아이가 어리석은 짓을 했다는 걸 듣고 그는 한바탕 화를 냈다.

【起锚】**qǐ‖máo** 통 (닻을 올려) 배가 출발하다. ↔抛锚

【起名】**qǐ‖míng** 통 이름을 짓다. 명명하다. ¶饭店要起个好听的名儿. =식당은 듣기 좋은 이름을 지어야 한다.

【起沫】**qǐ‖mò** 통 **1** 침이 나오다. ¶说得他满口~. =그는 입가에 거품을 물고 말했다. **2** 거품이 일다. ¶这种洗衣粉容易~. =이 가루비누는 거품이 잘 인다.

【起拍】**qǐpāi** 통 **1** (어떤 가격에서부터) 경매(競賣)를 시작하다. ¶~价 = 경매 최저 가격. **2** (體) (배드민턴·테니스에서) 경기를 시작하다.

【起跑】**qǐpǎo** 통(體) (육상 경기 중 출발선에서) 스타트하다.

【起跑器】**qǐpǎoqì** 명(體) (육상 경기에 쓰이는) 스타팅 블록(starting block).

【起跑线】**qǐpǎoxiàn** 명 **1** (體) (육상 경기에서의) 출발선. 스타트라인(start line). **2** (사업·학업의) 출발점.

【起泡】**qǐpào** **1** (피부에) 물집이 생기다. ¶

脚磨~了。=발에 물집이 잡히다. **2** 거품이 생기다. ¶~剂=기포제.
**【起偏镜】qǐpiānjìng** 몡(物) 편광자(偏光子). 영 polarizer
**【起讫】qǐqì** 통 시작하고 마치다. ¶~页码必须注明。=시작하고 마치는 쪽수는 반드시 명시해야 한다. 몡 시작과 끝. 처음과 마지막. ¶~不明=시작과 끝이 명확하지 않다.
**【起墙】qǐqiáng** 통 (돌이나 벽돌로) 담을 쌓다. ¶房子才开始~。=집을 이제 막 짓기 시작했다. 몡 (비교적 큰) 봉투·자루의 가장자리의 접힌 부분.
**【起色】qǐsè** 몡 (일·공부·병세가) 나아지는 기미. 좋아지는 기미. 호전되는 기색. ¶他的病大有~。=그의 병세가 호전될 기미가 뚜렷하다.
**【起响】qǐshǎng** 통 정오 휴식 후 일을 시작하다. 몡 정오 무렵.
**【起身】qǐ‖shēn** 통 **1** 출발하다. ¶他明天~回乡。=그는 내일 고향으로 떠난다. **2** (앉아 있거나 누워 있다가) 일어나다. ¶~迎上=일어나 맞이하다. **3** (잠자리에서) 일어나다. 기상하다. ¶这会儿他还没有~。=지금 그는 아직 일어나지 않았다.
**【起尸】qǐshī** 통 무덤에서 시체를 파내다. ¶准许~重验=무덤에 묻힌 시신을 파서 재검시하는 것을 허가하다.
**【起始】qǐshǐ** 통 (어떤 시간·지점으로부터) 시작하다. 발단하다. 몡 처음. 최초. 시작. ¶那事~我并不相信。=그 일을 나는 처음에는 믿지 않았다.
**【起事】qǐshì** 통 군대를 일으키다. 무장 투쟁을 일으키다.
**【起誓】qǐ‖shì** 통 맹세〔서약〕하다. 선서(宣誓)하다. ¶指天~=하늘을 우러러 맹세하다. ≒发誓 立誓
**【起手】qǐshǒu** 통 처음. 시작. ¶~不俗=시작이 평범하지 않다. 시작하다. 착수하다. ¶此事~宜早。=이 일은 빨리 시작해야만 한다.
**【起首】qǐshǒu** 몡 처음. 시작. ¶~就是独唱。=첫 순서는 독창이다.
**【起售】qǐshòu** 몡 판매 가능한 최소 수량 또는 최저 가격. ¶布料二十元~。=옷감의 최저 가격은 20위안이다.
**【起死回生】qǐsǐ-huíshēng** 셍 **1** 죽어 가는 사람이나 망해 가는 사물에 다시 생기를 불어넣다. **2** 의술(醫術)이 뛰어나다. 약효가 특출하다. **3** 기사회생하다.
**【起死人, 肉白骨】qǐ sǐrén, ròu báigǔ** 셍 **1** 죽은 사람을 다시 살려 내고, 백골에 다시 살이 돋아나게 하다. **2** 비 남에게 큰 은혜를 베풀다.
**【起诉】qǐsù** 통(法) 고소하다. 기소하다. ¶~要求精神赔偿=고소하여 정신적 피해 보상을 요구하다.
**【起诉书】qǐsùshū** 몡(法) 고소장.
**【起算】qǐsuàn** 통 기산하다.
**【起跳】qǐtiào** 통(體) (높이뛰기·멀리뛰기·다이빙 등에서) 도약하다. 뛰어오르다. 몡(體) 첫 도약 동작. ¶他的~很美。=그의 첫 도약 동작이 아주 멋지다.
**【起头】qǐ‖tóu**(~儿) 통 **1** 시작하다. 개시하다. ¶事情刚~=일은 막 시작되었다. **2** 앞장서다. 솔선하다. ¶我先起个头, 大家接着唱。=내가 먼저 할 테니 다들 따라 부르시오.
**【起头】qǐtóu**(~儿) 몡 처음. 시작. ¶这事他~就答应的。=그는 이 일을 처음부터 동의하였다. / 这得从~讲。=이건 처음부터 말해야 한다. ↔结尾
**【起网】qǐwǎng** 통 그물을 끌어올리다.
**【起卧】qǐwò** 몡 기상과 취침.
**【起屋】qǐwū** 통 집을 짓다.
**【起五更】qǐ wǔgēng** 통 일찍 일어나다.
**【起五更, 赶晚集】qǐ wǔgēng, gǎn wǎnjí** 셍 **1** 일찍 일어났어도 장에는 늦게 간다. **2** 비 무척 늦장부리다.
**【起五更, 爬半夜】qǐ wǔgēng, pá bànyè** 셍 **1** 새벽같이 일어나 밤늦게까지 애쓰다. **2** 비 노력하다. 힘쓰다.
**【起舞】qǐwǔ** 통 **1** 춤을 추기 시작하다. ¶翩翩~=덩실덩실 춤을 추기 시작하다. **2** 무예(武藝)를 단련하다. ¶闻鸡~=뜻을 품은 자가 때를 맞추어 떨쳐 일어나다.
**【起席】qǐxí** 통 자리에서 일어서다. 자리를 떠나다. ¶~辞去=자리에서 일어나 작별 인사를 하고 떠나다.
**【起先】qǐxiān** 몡 최초. 시작. ¶他~说的和后来说的不符。=그가 처음에 한 말과 뒤에 한 말이 맞지 않다. ≒最初
**【起小儿】qǐxiǎor** 뷔 어린 시절부터. 어려서부터. 어릴 때부터. ¶她~就喜欢音乐。=그녀는 어릴 때부터 음악을 좋아하였다.
**【起卸】qǐxiè** 통 (차·배 등에서) 짐을 내리다〔부리다〕.
**【起心】qǐ‖xīn** 통 마음이 동하다. 마음을 품다. ¶见财~=견물생심. 몡 마음속으로부터. 내심. ¶~景仰=마음 깊이 경모(景慕)하다.
**【起薪】qǐxīn** 몡 초봉(初俸). ¶这个工作~800元。=이 일의 초봉은 800위안이다. 통 임금〔월급〕을 산정하기 시작하다. ¶新员工从月初~。=신입 사원은 월초부터 임금을 산정한다.
**【起衅】qǐxìn** ☞【启衅】qǐxìn
**【起兴】qǐxīng** 통 번성해지다.
**【起行】[启行] qǐxíng** 통 출발하다. 길을 떠나다. ¶曲艺团昨晚已经~了。=곡예단은 어제 저녁에 이미 떠났다.
**【起兴】qǐxìng** 혱 흥이 나다. 열중하다. ¶他们谈得正~。=그들은 막 이야기꽃을 피우고 있다. 통 흥미가 생기다. 흥미를 불러일으키다. ¶~挥毫=흥이 일어 글을 짓다. 몡 (시가(詩歌) 표현 기법의 하나로) 외부 사물로부터 시흥(詩興)이 생기는 것.
**【起眼儿】qǐyǎnr** 혱 (남의) 시선을 끌다. 주의를 끌다. 주목을 받다. 볼품 있다. [주로 부정형으로 쓰임] ¶她一贯打扮得不~。=그녀의 차림새는 줄곧 사람들의 시선을 끌지 못하였다.

【起秧】qǐyāng 동 (이식하기 위해) 모를 찌다. ¶~容易插秧难。=모를 찌는 것은 쉬워도 모내기 하는 것은 어렵다.
【起夜】qǐyè 동 밤중에 일어나 소변을 보다.
【起疑】qǐ‖yí 동 미심쩍어하다. 의혹이 생기다. ¶无意的举动也常让人~。=아무 뜻 없이 한 행동도 가끔은 남들의 의심을 불러일으키곤 한다.
【起义】qǐyì 동 1 (잘못된 정부에 저항하기 위해) 무장 혁명을 일으키다. ¶农民~=농민들이 봉기하다. 2 (정의(正義)를 위해) 봉기하다. 의거(義擧)를 일으키다. ¶率部~=부하를 거느리고 의거를 일으키다.
【起意】qǐ‖yì 동 딴마음을 품다. (나쁜) 마음이 생기다. ¶见色~=예쁜 여자를 보니 딴마음이 든다.
【起因】qǐyīn 명 (사건 발생의) 원인. ¶酒后驾车是这次事故的~。=음주 운전이 이번 사고의 원인이다.
【起用】qǐyòng 동 1 (이미 퇴직하거나 면직된 관리를) 재임용하다. 재기용하다. ¶根据情况可以~退职干部。=상황에 따라 퇴직 간부를 재기용할 수 있다. 2 발탁하여 임용하다. ¶大胆~新人。=과감하게 새로운 인물을 기용하다. ≒任用 ↔免职
【起于】qǐyú …에 기원을 두다. …에서 비롯되다. ¶治乱常~淫靡。=정치 혼란은 늘 방탕한 생활에서 비롯된다.
【起源】qǐyuán 동 기원하다. ¶黄梅戏~于湖北。=황매희(黃梅戲)는 후베이(湖北)성에서 생겨났다. 명 기원. ¶汉字的~=한자(漢字)의 기원. ≒发源
【起运】qǐyùn ☞【启运】qǐyùn
【起赃】qǐ‖zāng 동 (범인이나 장물이 숨겨진 곳에서) 장물이나 부정한 돈을 수색해 내다.
【起早】qǐzǎo 동 아침 일찍 일어나다. ¶~进城=아침 일찍 일어나서 시내에 가다.
【起早摸黑】qǐzǎo-mōhēi ☞【起早贪黑】qǐzǎo-tānhēi
【起早贪黑】qǐzǎo-tānhēi 성 1 아침 일찍 일어나서 밤 늦게 자다. 2 매우 부지런하고 근면하다. =【起早摸黑】qǐzǎo-mōhēi
【起躁】qǐzào 동 성질부리다. 화내다. ¶他好~。=그는 곧잘 성질을 부린다.
【起征】qǐzhēng 동 1 과세하기 시작하다. ¶利息税已~好几年了。=이자세를 과세한 지 이미 몇 년이나 되었다. 2 수입·소비 등이 일정 액수에 도달한 후 최저 세율로 과세하다. ¶提高个人所得税的~点非常必要。=개인 소득세의 과세 최저한(課稅最低限)을 높일 필요가 절실하다.
【起征点】qǐzhēngdiǎn 명 과세최저한(課稅最低限). [개인 소득세를 부과하기 시작하는 최저한도]
【起止】qǐzhǐ 명 시작과 끝. 처음과 끝. ¶~时间=시작하는 시간과 끝나는 시간.
【起重车】qǐzhòngchē 명 (機) 기중기차. 크레인차. [고무 타이어가 있는 크레인의 총칭]
【起重船】qǐzhòngchuán ☞【浮吊】fúdiào

【起重机】qǐzhòngjī 명 기중기. 동 ☞【吊车】diàochē
【起皱】qǐzhòu 동 구김이 생기다. 주름이 지다. ¶衣服压得~了。=옷이 눌려 구겨졌다.
【起子】qǐ·zi 명 1 병따개. 2 동 드라이버(driver). 나사돌리개. 3 ☞【焙粉】bèifěn 양 무리. ¶一~影迷=한 무리의 영화팬.
【起奏】qǐzòu 동 (악곡의) 연주를 시작하다.
【起作用】qǐ‖zuòyòng 동 역할을 하다. 효과가 나타나다. 효능이 나타나다. 작용을 하다. ¶感情的问题, 钱不~。=감정의 문제에서 돈은 쓸모가 없다.

## 跂 qǐ 발돋움할 기

동 발뒤꿈치를 들고 서다. ¶~踵=발꿈치를 들다.
→ qí
【跂望】qǐwàng 동 1 발뒤꿈치를 들고 멀리 바라보다. 2 애타게 바라다.

## 绮[綺] qǐ 비단 기

명 무늬나 그림이 있는 비단 직물. 형 아름답다. 곱다. ¶风光~丽=경치가 수려하다.
【绮丽】qǐlì 형 (색이) 산뜻하고 아름답다. ¶景色~=경치가 참 아름답다.
【绮罗】qǐluó 명 무늬가 있는 비단.
【绮年】qǐnián 명 묘령. (젊은 여자의) 꽃다운 나이.
【绮年蕙质】qǐnián-huìzhì 성 꽃다운 나이에 지혜롭기까지 하다.
【绮思】qǐsī 명 아름다운 문사(文思). 아름다운 생각.

## 棨 qǐ 창 계

명 (과거의) 표신(標信). [관리들이 출장이나 외출시 신분을 증명하였던 물건. 나무를 창 모양으로 깎아 만들어서 휴대하였음]

## 腈 qǐ 장딴지 계

명 비장근(腓腸筋). 장딴지의 근육.

## 綮 qǐ 고운 비단 계

'棨(qǐ)'와 같음.
☞ qǐng

## *稽 qǐ 조아릴 계 / 상고할 계

→ jī
【稽首】qǐshǒu 명 계수. [무릎을 꿇고 머리가 땅에 닿게 조아리는 옛날의 절하는 방식]

## *气[氣] qì 기운 기

명 1 기체. 가스(gas). ¶天然~=천연가스. ¶屋里要好常透~。=실내는 자주 통풍을 시켜 줘야 한다. 3 냄새. ¶香~=향기. 4 (~儿) 호흡. 숨. ¶断~儿了。=숨이 끊어졌다. 5 기후(氣候). 기상(氣象). ¶秋高~爽=

○ 气 qì
  汽 qì
  忾 kài

가을 하늘은 높고 날씨는 상쾌하다. **6** (사람의) 기운. ¶扬眉吐~=기를 펴다. **7** (사람의) 기질. ¶傲~十足=오기가 가득하다. **8** (사회의) 기풍. 습성. ¶歪风邪~=좋지 않은 풍조. **9** 기개. 기세. ¶一鼓作~=단숨에 해치우다. **10** 분위기. ¶喜~洋洋=기쁨이 넘치다. **11** 화. 노기(怒氣). ¶怄~=화내다. **12**[醫] 어떤 병적 증상. ¶火~=화기. 내열. **13**[醫] (중의학에서 말하는) 기. ¶元~=원기. **14** 기. [중국 철학에서 말하는 사람의 정신, 또는 만물을 구성하는 가장 기본적인 물질] [접미] 형용사 뒤에 쓰여 '모양'이란 뜻을 나타냄. [ '样子(yàngzǐ)'에 상당함] ¶秀~=뛰어난 기질. [동] **1** 노하다. 화내다. ¶不急不~=조급해하지도, 화를 내지도 않다. **2** 화나게 하다. ¶别故意~人。=고의로 남을 화나게 하지 마라. **3** 업신여기다. 깔보다. 남을 억누르다. ¶老受~=늘 억압을 당하다.

暧ǎi气, 傲ào气, 闭气, 憋biē气, 屏bǐng气, 才气, 岔chà气, 潮气, 出气, 喘chuǎn气, 打气, 胆气, 动气, 斗气, 赌dǔ气, 断气, 废fèi气, 风气, 福气, 服气, 负气, 肝气, 骨气, 挂气, 贯guàn气, 光气, 豪气, 好气儿, 浩hào气, 和气, 缓气, 晦huì气, 火气, 娇jiāo气, 骄jiāo气, 接气, 节气, 解气, 客气, 吭kēng气, 口气, 阔kuò气, 老气, 力气, 流气, 闷气, 民气, 名气, 暮mù气, 闹气, 牛气, 怄òu气, 脾pí气, 贫pín气, 惹rě气, 撒sā气, 丧sāng气, 臊sāo气, 杀气, 傻shǎ气, 煞shà气, 伤气, 神气, 声气, 时气, 手气, 爽shuǎng气, 松气, 送气, 俗气, 胎tāi气, 叹tàn气, 淘táo气, 土气, 吐气, 文气, 雾气, 习气, 喜气, 闲气, 消气, 小气, 笑气, 歇xiē气, 邪xié气, 泄气, 懈xiè气, 心气, 腥xīng气, 性气, 凶xiōng气, 秀气, 压气, 咽yān气, 洋气, 养气, 氧yǎng气, 义气, 硬气, 油气, 怨气, 云气, 运yùn气, 瘴zhàng气, 争气, 蒸zhēng气, 志气, 稚zhì气, 沉chén住气, 牛脾气, 书生气

【气昂昂】**qì'áng'áng** (~的) [형] 기세가 당당하다. 기개가 있다. 힘차다. ¶雄赳赳, ~。=씩씩하고 기세가 당당하다.

【气包子】**qìbāo·zi** [명] (속이 좁아) 걸핏하면 화를 내는 사람. 불뚱이.

【气饱】**qìbǎo** [동] 잔뜩 화가 나다. ¶不吃了, 气都~了。=안 먹어, 화로 배부르니까.

【气泵】**qìbèng** [명](機) 공기 펌프.

【气表】**qìbiǎo** [명] 가스 미터기. 가스 계량기.

【气不打一处来】**qì bù dǎ yī chù lái** [부] 무척 화가 나다.

【气不忿儿】**qìbùfènr** [동][구] (불공평한 일을 보고) 불복하다. 화가 치밀다. 분노를 느끼다.

【气不公】**qìbùgōng** [동][구] (불공평한 일에 대해) 분노가 치밀다.

【气不过】**qìbùguò** [동][구] 화가 머리끝까지 나다. 화가 나서 견딜 수 없다. ¶他是~才打官司的。=그는 화를 참지 못하고 소송을 제기하였다.

【气不平】**qìbùpíng** [동][구] (불공평한 일에 맞닥뜨려) 분노하다.

【气层】**qìcéng** [명] **1**[地] (대량의 지하 천연 자원이 매장된) 지층. **2**[氣] 대기층.

【气冲冲】**qìchōngchōng** (~的) [형] 노기등등하다. ↔喜洋洋

【气冲斗牛】**qìchōng-dǒuniú** ☞【气冲牛斗】**qìchōng-niúdǒu**

【气冲牛斗】**qìchōng-niúdǒu** [성] 노기충천하다. 노발대발하다. =【气冲斗牛】**qìchōng-dǒuniú**

【气冲霄汉】**qìchōng-xiāohàn** [성] 기세가 높아 하늘을 찌를 듯하다.

【气喘】**qìchuǎn** [명] ☞【哮喘】**xiàochuǎn** [동] (호흡이 짧아) 숨이 차다. 숨이 가쁘다. 헐떡거리다. ¶~如牛=힘든 소처럼 헐떡이다.

【气喘吁吁】**qìchuǎn-xūxū** [성] (과로나 질병 등으로 인해) 호흡을 가쁘게 몰아쉬다. 숨이 가빠서 식식거리는 모양.

【气窗】**qìchuāng** [명] 환기창. 환기구.

【气锤】**qìchuí** ☞【空气锤】**kōngqìchuí**

【气粗】**qìcū** [형] **1** 성질이 난폭하다. 거칠다. ¶他生性有点~。=그 사람은 천성이 좀 거친 편이다. **2** 거만하다. ¶财大~=돈 좀 있다고 거만을 떨다.

【气道】**qìdào** [명](生) 기도(氣道).

【气垫】**qìdiàn** [명] **1** 에어 쿠션(air cushion). **2** 공기 부양선이 땅으로 분사하는 고압의 공기.

【气垫船】**qìdiànchuán** [명] 공기 부양선(空氣浮揚船).

【气动】**qìdòng** [형] 압축 공기로 작동되는. ¶~工具=공기압 공구.

【气度】**qìdù** [명] 기백과 도량. 기개. ¶~高雅=넘볼 수 없는 기백과 도량. 늑度量 气量

【气度恢弘】**qìdù-huīhóng** [성] 기백이 넘치고 도량이 넓다.

【气短】**qìduǎn** [형] 숨이 가쁘다. ¶爬得越高, 人越~。=더 높이 올라갈수록 사람은 숨이 가빠진다. [동] 기가 죽다. 풀이 죽다. ¶困难面前不能~。=어려움이 닥쳐도 기가 죽어서는 안 된다.

【气阀】**qìfá** [명] 에어 밸브(air valve).

【气氛】**qìfēn** [명] 분위기. ¶欢快的~=즐거운 분위기. 늑氛围 空气

【气愤】**qìfèn** [형] 화내다. 분개하다. ¶睹此不公, 他非常~。=이 불공평한 것을 보고 그는 매우 분개하였다. 늑气恼

【气疯】**qìfēng** [동] 미칠 듯이 화가 나다.

【气概】**qìgài** [명] 기개. ¶英雄~=영웅의 기개. 늑气魄

【气割】**qìgē** [명] (금속 재료의) 가스 절단.

【气根】**qìgēn** [명](植) 공기뿌리. 기근(氣根).

【气功】**qìgōng** [명] **1** 기공. [정좌·호흡 조절·특정 자세 등을 결합시킨 건강 단련술] **2** (무술의 일종인) 기공.

【气鼓】**qìgǔ** [형][방] 잔뜩 화난 모양. ¶好啦, 别~气胀的=알았으니까 씩씩거리지 마라.

【气鼓鼓】**qìgǔgǔ** (~的) [형][구] 잔뜩 화난 모양. ¶她~地走开了。=그녀는 잔뜩 화가 난 채 가버리고 말았다.

【气臌】qìgǔ 명(醫) 장만(腸滿). [중의학에서 기가 통하지 않아 복부가 팽창하는 현상을 가리킴]
【气管】qìguǎn 명(生) 기관. 기관지.
【气管炎】qìguǎnyán 명 1 (醫) 기관지염. 2 田 공처가. ['妻管严(qīguǎnyán)'과 발음이 같은 데서 비롯됨]
【气贯长虹】qìguàn-chánghóng 성 하늘의 무지개라도 꿰뚫을 것처럼 정기(正氣)가 드높다.
【气锅】qìguō 명 (조리용) 질그릇. 질흙으로 만든 신선로. ¶~鸡=질그릇에 끓인 닭 요리.
【气焊】qìhàn 명 산소 용접. [산소 아세틸렌 용접과 산소 수소 용접의 총칭]
【气狠狠】qìhěnhěn (~的) 형 노기등등하다.
【气哼哼】qìhēnghēng (~的) 형(구) 노기등등하다. ¶他~地走了回来.=그는 노기등등해서 돌아왔다.
【气哄哄】qìhōnghōng (~的) 형(구) (화가 나서) 목소리가 갈라지고 숨을 씩씩대는 모양. ¶他~地一言不发.=그는 숨을 씩씩거리며 아무 말도 하지 않았다.
【气候】qìhòu 명 1(氣) 기후. 2 田 결과. 성과. 성취. ¶精兵强将, 能成~.=정예 군대와 강한 장수라면 좋은 결과를 이룰 수 있다. 3 田 동향. 정세. ¶政治~=정치 동향.
【气候异常】qìhòu yìcháng 명(氣) 이상 기후.
【气候资源】qìhòu zīyuán 명 기후 자원. [사람의 생활과 생산 활동에 이용할 수 있는 빛·열·바람·습기 등의 기후 조건]
【气呼呼】qìhūhū (~的) 형 (화가 나서) 씩씩거리다.
【气化】qìhuà 동 1(醫) (중의학에서) 인체 내 기의 움직임이 변화하다. 2 ☞【汽化】qìhuà
【气话】qìhuà 명 1 (남을) 화나게 하는 말. ¶别介意, 他故意对你说~.=신경 쓰지 마, 그가 일부러 너 약올리려고 하는 말이야. 2 화내는 말. 화가 담긴 말. ¶满口~=하는 말마다 잔뜩 화가 나 있다.
【气坏】qìhuài 동 화가 나 죽을 지경이다. ¶那事真把她给~了.=그 일은 그야말로 그녀를 화가 나 죽을 지경으로 만들었다.
【气急】qìjí 동 (산소 부족이나 긴장 등으로) 호흡이 가쁘다.
【气急败坏】qìjí-bàihuài 성 1 격분하여 제정신이 아니다. 2 무척 화가 나다. 무척 당황하다. ↔心平气和
【气节】qìjié 명 1 (굽힐 줄 모르는) 기개. 절조. 절개. 지조. ¶民族~=민족의 기개. 2 절기.
【气井】qìjǐng 명 가스정(gas well).
【气绝】qìjué 동 죽다. 숨이 끊어지다. ¶~身亡=숨이 끊어져 죽다.
【气孔】qìkǒng 명 1 (식물체 표면의) 기공. 숨구멍. 2 ☞【气眼】qìyǎn 3 ☞【气门】qìmén
【气口】qìkǒu 명 (연극·설창 등에서) 숨을 고르는 부분.
【气浪】qìlàng 명 (기체의 폭발에 의한) 강한 충격력.
【气冷】qìlěng 명 공랭. 공기 냉각. ¶~设备=공기 냉각 설비.
【气力】qìlì 명 1 힘. 체력. 기력. ¶煞费~=체력을 많이 소모하다. 2 노고. 노력. 정력. 애. ¶学习是要花大~的.=공부는 많은 정력을 쏟아야 하는 것이다.
【气量】qìliàng 명 도량. 포용력. ¶此人~太小.=이 사람은 도량이 너무 작다. 늑度量 器量 心胸
【气流】qìliú 명 1(氣) 기류. 유동 공기. 2 숨.
【气楼】qìlóu 명 (건물 지붕에 튀어나온) 소형 통풍탑.
【气轮机】qìlúnjī ☞【燃气轮机】ránqìlúnjī
【气脉】qìmài 명 1 기혈과 맥박. ¶~匀调=기혈과 맥박을 고르게 조절하다. 2 田 시문(詩文)에서 일관하고 있는 사고의 방향과 맥락.
【气脉儿】qì·mair 명 정력. 기력.
【气煤】qìméi 명 가스 석탄. 영 gas coal
【气闷】qìmēn 동 1 (공기가 통하지 않아) 숨이 막히다. 2 고민하다. 번민하다. 답답하다. ¶胸中~=가슴이 답답하고 괴롭다.
【气门】qìmén 명 1(動) (곤충 등 절지동물의) 기문. 숨구멍. =【气孔】qìkǒng 2 타이어의 공기 주입구. 3 공기 밸브(valve).
【气门心】qìménxīn ☞【气门芯】qìménxīn
【气门芯】[气门心]qìménxīn (~儿) 명 1 (타이어의) 공기 주입 밸브. 2 (공기 주입 밸브(valve)를 만드는) 고무관.
【气密】qìmì 동 공기가 통하지 않다. 공기가 새지 않다. ¶~装置=기밀 장치.
【气囊】qìnáng 명 1 (비행선·기구의) 기낭. 가스주머니. 2(動) (조류의) 기낭. 공기주머니.
【气恼】qìnǎo 동 화내다. 성내다. 늑气愤
【气馁】qìněi 동 낙심하다. 낙담하다. 풀이 죽다. 용기를 잃다. ¶愈挫愈不~.=좌절할수록 낙담하지 않다. 늑泄气 泄劲 ↔振奋
【气逆】qìnì 명(醫) 기역(氣逆). [기운이 위로 치미는 병리 현상]
【气派】qìpài 명 (행동거지나 사물에서 드러나는) 풍채. 기풍. 기품. 기상. 기백. 패기. 위엄. 기세. ¶伟人~=위인의 풍채. 형 위엄이 나다. 근사하다. 그럴듯하다. 당당하다. 기운차다. 활기차다. 생기가 넘치다. 기품이 있다. 패기만만하다. 인상적이다. ¶他一身戎装, 很是~.=그의 군장 모습은 무척이나 당당하다. 늑派头
【气泡】qìpào 명 기포. 거품.
【气喷】qìpēn 동 가스가 분출하다.
【气魄】qìpò 명 1 기백. 패기. 기상. ¶锐意改革的~.=개혁을 향한 굳건한 패기. 2 기세. 힘. 세력. ¶新建的大厦~雄伟.=신축한 빌딩의 기세가 웅장하고 위엄이 있다. 늑气概 气势
【气气派派】qì·qi pàipài (~的) 형 (매우) 당당하다. 기운차다. 활기차다. 생기가 넘친다. 인상적이다. ¶新西服穿起来~的.=새 양복을 입어 보니 매우 당차 보인다.
【气枪】qìqiāng 명 공기총.
【气球】qìqiú 명 1 기구. 애드벌룬. 2 고무 풍선.
【气泉】qìquán 명 1 증기공. 2 지하 심층부에서 분출되어 나오는 뜨거운 열기.

【气人】qì ‖ rén 〔동〕(사람을) 화나게 하다. 약올리다. 부아를 돋우다. ¶这话真~。=이 말은 정말 화나게 한다.
【气溶剂】qìróngjì 〔명〕〈化〉에어로졸(aerosol).
【气褥子】qìrù·zi 〔명〕(환자의 욕창(褥瘡)을 방지하기 위한) 공기 방석. 에어 쿠션(air cushion).
【气色】qìsè 〔명〕안색. 혈색. 얼굴빛. 기색. ¶他近来~不佳。=그는 요즘 안색이 좋지 않다.
【气杀】qìshā 〔동〕화가 나 죽을 지경이다.
【气盛】qìshèng 〔형〕1 정력이 왕성하다. 2 다혈질이다. 쉽게 흥분하다〔충동하다〕. ¶年少~=젊고 다혈질이다.
【气势】qìshì 〔명〕(사람 또는 사물의) 기세. ¶~宏大=기세가 웅대하다. ≒气魄
【气势磅礴】qìshì-pángbó 〔성〕기세가 드높다.
【气势汹汹】qìshì-xiōngxiōng (~的) 〔성〕서슬이 시퍼렇다. 노기등등하다.
【气数】qì·shu 〔명〕운명. 명운. 운. [주로 큰 일에 쓰임] ¶~殆尽=운명이 다하다. ≒气运
【气死】qì ‖ sǐ 〔동〕화가 나 죽을 지경이다. [과장의 어기가 많이 포함됨]
【气态】qìtài 〔명〕〈物〉(물질의) 기체 상태.
【气体】qìtǐ 〔명〕〈物〉기체.
【气田】qìtián 〔명〕〈礦〉가스전. gas field
【气筒】qìtǒng 〔명〕(타이어 등의) 공기 펌프.
【气头上】qìtóu·shang 〔명〕화가 난 때〔상태〕. 화냄. 성냄. 분노함. ¶他正在~,别逗他。=그는 지금 화가 나 있으니 건들지 마라.
【气团】qìtuán 〔명〕〈氣〉기단(氣團).
【气吞山河】qìtūn-shānhé 〔성〕기개가 산하를 삼킬 듯하다.
【气味】qìwèi 〔명〕1 냄새. 2〈비〉성격과 취향.
【气味相投】qìwèi-xiāngtóu 〔성〕〔비〕마음이 맞다. 취향이 같다.
【气温】qìwēn 〔명〕〈氣〉기온.
【气息】qìxī 〔명〕1 숨. 숨결. ¶尚存一丝~。=아직 실낱 같은 숨이 남아 있다. 2 냄새. ¶泥土的~=진흙 냄새. 3〔비〕(문학 작품의) 정취. ¶小说洋溢着浓郁的时代~。=소설에는 농후한 시대 정취가 가득 넘쳐 흐른다.
【气息奄奄】qìxī-yǎnyǎn 〔성〕1 숨이 간댕간댕하다. 숨이 끊어지려 하다. 2〔비〕사멸 직전이다.
【气象】qìxiàng 〔명〕1〈氣〉기상. 2 기상학. 3 패기. 기세. ¶一片欣欣向荣的~=활기차게 발전하는 기세. 4 정경. 모습. ¶祖国山河~万千。=조국 산천의 정경이 다채롭다. 늑景象
【气象台】qìxiàngtái 〔명〕〈氣〉기상대.
【气象探测】qìxiàng tàncè 〔동〕〈氣〉기상을 관측하고 연구하다.
【气象万千】qìxiàng-wànqiān 〔성〕경치·사물이 다양하여 매우 장관이다.
【气象卫星】qìxiàng wèixīng 〔명〕〈氣〉기상 위성.
【气象学】qìxiàngxué 〔명〕기상학.
【气象站】qìxiàngzhàn 〔명〕〈氣〉기상 관측소.
【气性】qì·xing 〔명〕1 성질. 성격. 기질. ¶~温和=성격이 온화하다. 2 화를 잘 내는 성격. 화를 풀어지지 않는 성격. ¶她生来~大。=그녀는 어릴 때부터 화를 잘 내는 성격이었다.
【气胸】qìxiōng 〔명〕〈醫〉기흉(氣胸).
【气汹汹】qìxiōngxiōng (~的) 〔형〕(화가 나서) 부글부글 끓다.
【气咻咻】qìxiūxiū ☞【气吁吁】qìxūxū
【气吁吁】qìxūxū (~的) 〔형〕(큰 소리로) 씩씩거리다. =【气咻咻】qìxiūxiū
【气虚】qìxū 〔명〕〈醫〉기허. 원기 쇠약. 신체 허약. 〔형〕쇠약하다. 허약하다. 약골이다.
【气旋】qìxuán 〔명〕〈氣〉회오리바람. 선풍(旋風).
【气血】qìxuè 〔명〕〈醫〉기혈.
【气压】qìyā 〔명〕〈物〉〈氣〉대기압.
【气压表】qìyābiǎo 〔명〕기압계. 〔영〕barometer
【气压波】qìyābō 〔명〕〈氣〉기압파. 〔영〕atmospheric pressure wave
【气压水瓶】qìyā shuǐpíng 〔명〕(눌러서 온수를 따르는) 보온병.
【气眼】qìyǎn 〔명〕1 (주물 내부의) 기포. 구멍. 2 통풍 구멍. =【气孔】qìkǒng
【气焰】qìyàn 〔명〕〔비〕위세. 위풍. 기세. 콧대. ¶~张狂=콧대를 세우고 거들먹거리다.
【气宇】qìyǔ 〔명〕기개. 기백과 도량. ¶~不凡=기개가 범상치 않다.
【气宇轩昂】qìyǔ-xuān'áng 〔성〕기품이 서리고 위엄이 넘치다.
【气郁】qìyù 〔형〕(분노·원한 등이 마음에 쌓여) 울적하다. 답답하다.
【气运】qìyùn 〔명〕(사람 또는 사물의) 운수. 운명. ¶~昌盛=운수가 번창하다.
【气韵】qìyùn 〔명〕1 (사람의) 풍모. 기품. ¶~不俗=기품이 속되지 않다. 2 (문학·예술 작품의) 운치. 기운. 경계. 정취. ¶~沉雄=정취가 깊고 웅장하다.
【气炸】qìzhà 〔동〕분통이 터지다. 부아가 나다. ¶那个无赖让我的肺都~了。=그 무뢰한은 나를 분통 터지게 했다.
【气质】qìzhì 〔명〕1 기질. 성미. 성격. 성질. 소질. 2 자질. 풍채. 기개. 도량. 품격. 풍격. ¶文人~=작가적 자질.
【气滞】qìzhì 〔명〕〈醫〉기체. [인체를 흐르고 있는 기운의 흐름이 원활치 못하여 정체되는 현상]
【气壮】qìzhuàng 〔형〕기세가 드높다. 기세가 웅장하다. ¶理直~=도리에 바르고〔떳떳하고〕기세가 드높다.
【气壮如牛】qìzhuàng-rúniú 〔성〕겉으로 드러난 기세가 투우처럼 힘차다.
【气壮山河】qìzhuàng-shānhé 〔성〕높은 산과 큰 강처럼 기개가 드높다.
【气钻】qìzuàn 〔명〕〈機〉에어 드릴(air drill).
【气嘴】qìzuǐ 〔명〕에어 콕(air cock).

## 讫[訖] qì 마칠 흘

〔동〕1 마감하다. 끝내다. ¶起~日期=시작과 마감 날짜. 2 완결하다. 종료하다. ¶缴~=납부 완료.

## *迄 qì 이를 흘

**迄** 〖동〗 ···까지 이르다. ¶~为止=지금까지.
〖부〗('未(wèi)'·'无(wú)' 앞에 쓰여) 줄곧. 시종.
¶~未成功=줄곧 성공하지 못하다. / ~无音
讯=줄곧 소식이 없다.
【迄今】 **qìjīn** 〖동〗 지금까지 이르다. 지금까지.
¶~流传=지금까지 전해지다.
【迄今为止】 **qìjīn-wéizhǐ** 〖성〗 (이전 어느 시점부
터) 지금에 이르기까지. ¶~, 车还没出过什么毛
病。=지금까지 차는 아직 어떤 문제를 일으킨
적이 없다.

**汔** **qì** 거의 흘
〖부〗〖문〗 대체로. 거의.

**弃[(棄)]** **qì** 버릴 기
〖동〗 **1** 내버리다. 방치하다. ¶~若敝屣=헌 빗자
루처럼 버리다. **2** 저버리다. 포기하다. 위반하
다. ¶背信~义=배신하여 신의를 저버리다.
【弃暗投明】 **qì'àn-tóumíng** 〖성〗 **1** 암흑을 박차
고 광명을 찾다. **2** 〖비〗 못된 세력과 단절하고 옳은
길을 가다. ≒改邪归正 ↔执迷不悟
【弃短取长】 **qìduǎn-qǔcháng** 〖성〗 단점은 버리
고 장점은 배우다.
【弃恶从善】 **qì'è-cóngshàn** 〖성〗 악을 버리고 선
을 좇다. 개과천선하다.
【弃儿】 **qì'ér** 〖명〗 기아(棄兒). (부모로부터) 버려
진 어린 아이.
【弃妇】 **qìfù** 〖명〗〖문〗 (남편에게) 버림받은 여인.
【弃耕】 **qìgēng** 〖동〗 다시는 농사짓지 않다.
【弃甲曳兵】 **qìjiǎ-yèbīng** 〖성〗 **1** 갑옷을 내팽개
치고 무기를 질질 끌다. **2** 〖비〗 전쟁에 패하여 겁에
질려 허둥지둥 달아나는 모양.
【弃旧图新】 **qìjiù-túxīn** 〖성〗 낡은 것을 버리고 새
로운 것을 추구하다. [주로 나쁜 것에서 좋은 것
으로, 부당한 것에서 정당한 것으로의 변화를 나
타냄]
【弃绝】 **qìjué** 〖동〗 완전히 그만두다. ¶~恶行=악
행에서 완전히 손떼다.
【弃农经商】 **qìnóng-jīngshāng** 〖성〗 농사를 포
기하고 장사를 하다.
【弃取】 **qìqǔ** 〖동〗 취사선택하다. ¶如此复杂, 一
时~实难。=이처럼 복잡하니 한번에 취사선택
하기란 정말 어렵다.
【弃权】 **qì‖quán** 〖동〗 기권하다.
【弃如敝屣】 **qìrúbìxǐ** 〖성〗 **1** 헌신짝처럼 버리다.
**2** 〖비〗 조금의 미련도 없이 버리다.
【弃世】 **qìshì** 〖동〗〖문〗 **1** 세상을 떠나다. ¶老人家
已~多年。=아버지께서 돌아가신 지도 벌써 여
러 해가 되었다. **2** 속세를 버리다. 속세를 떠나
다. ¶中年~=중년에 속세를 떠나다.
【弃学】 **qìxué** 〖동〗 학업을 중도에 포기하다. ¶~
从商=학업을 중도에 그만두고 장사를 하다.
【弃养】 **qìyǎng** 〖동〗〖문〗 부모가 세상을 떠나다. 부
모를 여의다.
【弃业】 **qìyè** 〖동〗 **1** (가산(家產) 등을) 팔아치우다.
**2** 사업을 포기하다. ¶~遁入空门=사업을 정리
하고 불가(佛家)에 귀의하다.

**汽** **qì** 김 기
〖명〗 **1** 수증기. 증기. 김. ¶岸边停靠着一艘~船。
=물가에 증기선 한 척이 정박해 있다. **2** 〖물〗
기체.

○● 蒸 **zhēng** 汽, 盐汽水

【汽车】 **qìchē** 〖명〗 자동차.
【汽车拉力赛】 **qìchēlālìsài** 〖명〗 랠리(rally).
【汽车轮渡】 **qìchē lúndù** 〖명〗 카페리(car ferry).
【汽车站】 **qìchēzhàn** 〖명〗 정류장.
【汽船】 **qìchuán** 〖명〗 **1** 모터보트(motorboat). **2**
증기선(蒸氣船). 기선(汽船).
【汽锤】 **qìchuí** ☞【蒸汽锤】 **zhēngqìchuí**
【汽灯】 **qìdēng** 〖명〗 가스등.
【汽笛】 **qìdí** 〖명〗 (선박·기차 등의) 기적(소리). ¶
两声~=두 번의 기적 소리.
【汽点】 **qìdiǎn** 〖명〗〖물〗 (물의) 비등점(沸騰點).
끓는점.
【汽缸】 **qìgāng** 〖명〗〖기〗 (내연 기관의) 실린더
(cylinder).
【汽管(子)】 **qìguǎn**(·**zi**) 〖명〗 증기관. 〖영〗 steam
pipe
【汽化】[气化] **qìhuà** 〖동〗〖물〗 기화하다. ¶~作
用=기화 작용. ↔液化
【汽化器】 **qìhuàqì** 〖명〗 기화기(氣化器). 카뷰레터
(carburetor). =【化油器】 **huàyóuqì**
【汽化热】 **qìhuàrè** 〖명〗 기화열.
【汽机】 **qìjī** 〖명〗 **1** ☞【蒸汽机】 **zhēngqìjī 2** ☞
【汽轮机】 **qìlúnjī**
【汽酒】 **qìjiǔ** 〖명〗 치주. [탄산가스가 들어간 발포
성 과실주]
【汽轮机】 **qìlúnjī** 〖명〗〖기〗 증기 터빈. 〖영〗【汽机】
**qìjī**
【汽门】 **qìmén** 〖명〗〖기〗 스팀 밸브(steam valve).
증기 개폐기.
【汽碾(子)】 **qìniǎn**(·**zi**) 〖명〗〖기〗 증기식 로드 롤
러(road roller).
【汽暖】 **qìnuǎn** 〖명〗 증기 난방.
【汽配】 **qìpèi** 〖명〗 자동차 부속품.
【汽水】 **qìshuǐ** (~儿) 〖명〗 사이다(cider).
【汽艇】 **qìtǐng** 〖명〗〖기〗 모터보트(motorboat). =
【快艇】 **kuàitǐng**【摩托艇】 **mótuōtǐng**
【汽油】 **qìyóu** 〖명〗 휘발유. 가솔린(gasoline).
【汽油机】 **qìyóujī** 〖명〗 휘발유[가솔린] 엔진[기
관].

**妻** **qī** 아내 처
〖동〗〖문〗 여자를 시집 보내다.

☞ qī

**氕** qì 기운 기
- 명 '气(qì)'와 같음.

**泣** qì 울 읍
- 동 작게 소리내어 울다. 흐느끼다. ¶哭~ = 훌쩍훌쩍 울다. 명 눈물. ¶饮~ = 눈물범벅이 되다.

○● 抽泣, 啜chuò泣

【泣不成声】qìbùchéngshēng 성 1 (슬픔에) 목이 메다. 2 비 슬픔이 극에 달하다.
【泣如雨下】qìrúyǔxià 성 1 눈물이 비 오듯 쏟아지다. 2 비 극도로 슬프다.
【泣诉】qìsù 동 울며 하소연하다. ¶~不止 = 쉴새없이 울며 하소연하다.

**亟** qì 여러 번 극
- 부동 누차. 여러 번. ¶~来问候 = 누차 와서 문후를 여쭙다.
- ☞ jí

**契** qì 새길 계
- 명 1 문 새긴 문자. ¶书~ = 글자. 2 계약서. 합의서. 문서. ¶房~ = 집문서. 동 1 문 칼로 새기다. 2 의기투합하다. 마음이 통하다. ¶默~ = 묵계.
- ☞ xiè

○● 白契, 红契, 活契, 死契, 文契, 贤xián契

【契丹】Qìdān 명 거란(족).
【契合】qìhé 동 1 부합(符合)하다. ¶动作要与角色的内心情境。= 동작은 배우들의 내면 세계에 부합해야 한다. 2 의기가 서로 투합하다. ¶兄弟俩心性~。= 형제가 서로 의기투합하다.
【契机】qìjī 명 계기. 동기. ¶丧失~ = 동기를 상실하다.
【契据】qìjù 명 계약증서. 차용증(서). 영수증(서). 늑凭据
【契券】qìquàn 명 계약서. 차용 증서. 영수증.
【契税】qìshuì 명(经) (부동산의) 취득세.
【契友】qìyǒu 명 마음이 맞는 친구. 의기투합하는 친구. 늑挚友
【契约】qìyuē 명 계약(서). 동 계약하다.
【契约货币】qìyuē huòbì 명(经) (무역 계약 할 때 사용하는) 결제 통화. 영 currency under contract

**砌** qì 섬돌 체
- 명 층계. ¶雕栏玉~ = 조각으로 한 난간과 옥으로 만든 계단. 호화로운 대궐. 동 (진흙·모르타르 등을 발라) 벽돌·돌 등으로 층계를 쌓다. ¶~水井 = 돌로 우물 구멍의 가장자리를 쌓아올리다.
- ☞ qiè

○● 雕砌, 堆duī砌, 铺砌

【砌墙】qìqiáng 동(建) (돌이나 벽돌로) 담을 쌓다.
【砌筑】qìzhù 동(建) (벽돌·돌 등을) 한데 쌓아 올리다.

**葺** qì 지붕 일 집
- 동 1 문 띠로 지붕을 덮다. (지붕을) 이다. 이영을 이다. 2 (집 등의) 건축물을 수리하다. ¶修~ = 집을 수리하다.
【葺缮】qìshàn 동 손질하다. 수리하다. ¶~楼房 = 건물을 수리하다.

**憩** qì 쉴 게
- '憇(qì)'와 같음.
- ☞ hè, kài

**碛[磧]** qì 서덜 적
- 명 1 (모래와 자갈이 있는) 여울. 2 사막.
【碛卤】qìlǔ 명 모래·자갈·염분(盐分)이 많은 땅. 불모지.

**禊** qì 수갑(水闸) 계
- 명 돌로 쌓은 수문(水门). ¶拦河筑~ = 강물을 막고 돌로 수문을 쌓다.

**槭** qì 단풍나무 축
- 명(植) 단풍나무와 비슷한 낙엽성 교목.
【槭树】qìshù 명(植) 단풍나무와 비슷한 낙엽성 교목. [학명은 'Acer serrulatum hayata'임]

**磜** qì 땅 이름 체
- 지명에 쓰이는 글자. [예를 들어 '磜头(Qìtóu, 장시(江西)성에 있음)'·'小磜(Xiǎoqì, 푸젠(福建)성에 있음)' 등]

**器** qì 그릇 기
- 동 문 신임하다. 중시하다. 명 1 용기. 그릇. 기구. ¶电~ = 전기 기구. 2 (신체의) 기관(器官). ¶生殖~ = 생식 기관. 3 도량(度量). ¶小易怒 = 도량이 작아 화를 잘 낸다. 4 재능. 인물. ¶大~晚成 = 대기만성. 5 (Qì) 성(姓).

○● 暗器, 兵器, 成器, 盛chéng器, 电器, 法器, 衡héng器, 火器, 机器, 酒器, 口器, 利器, 料器, 滤lǜ器, 明器, 冥míng器, 武器, 响器, 仪器, 玉器, 乐器, 脏zàng器, 竹器, 核hé武器, 助听器

【器材】qìcái 명 기자재. 기재. 기구. ¶摄影~ = 촬영 기자재.
【器官】qìguān 명(生) (생물체의) 기관.
【器官移植】qìguān yízhí 명(医) (사람이나, 또는 동물과 동물 간의) 기관 이식. 장기 이식. 인조 기관(장기) 이식.
【器件】qìjiàn 명 전자기기·계기(计器)를 만드는 데 쓰이는 주요 부품. [예를 들어 반도체·다이오드 따위]
【器具】qìjù 명 기구. 용구. 공구.
【器量】qìliàng 명 도량. 기량.

【器皿】qìmǐn 몡 (그릇·식기 등) 생활 용기(容器)의 총칭.

【器识】qìshí 몡 도량과 식견. ¶~超凡=도량과 식견이 비범하다.

【器物】qìwù 몡 기물. 집기. 집물. [일상에서 사용하는 각종 물건의 총칭]

【器小】qìxiǎo 혱 도량이 작다. 통이 작다. 속이 좁다. ¶~之辈=속좁은 자들.

【器小易盈】qìxiǎo yìyíng 성에 도량이 작으면 교만에 빠지기가 쉽다.

【器械】qìxiè 몡 1 기계. 기구. ¶体育~=체육 기구. 2 무기(武器).

【器械体操】qìxiè tǐcāo 몡(體) (안마·철봉·평균대를 이용한) 기계 체조.

【器泳】qìyǒng 몡(體) 호흡 잠영(潛泳) 경기. 스쿠버(scuba) 잠영 경기. [핀수영(Fin Swimming) 종목 중에서, 압축 공기 잠수 장비·핀(fin)·물안경 등 장비를 착용하는 수영 종목]

【器宇】qìyǔ 몡 (사람의) 외모. 풍채. 용모. ¶~脱俗=용모가 속되지 않다. ≒仪表

【器乐】qìyuè 몡(音) 기악. ['声乐(성악)'과 구별됨]

【器质】qìzhì 몡 1 자질. ¶~不错=자질이 괜찮다. 2 기관(器官)의 조직.

【器质性】qìzhìxìng 혱 기관(器官) 조직(상)의. ¶~病变=기관 조직(상)의 질병.

【器重】qìzhòng 통 (상급자가 하급자를, 또는 선배가 후배를) 신임하다. 중시하다. ¶公司总经理很~他。=회사 사장은 그를 매우 신임한다. ≒重视 看重 ↔轻视

【憩】[(憇)] qì 쉴 게 통 휴식하다. ¶小~=잠깐 쉬다.

【憩室】qìshì 몡(醫) 게실(憩室). [기관·식도·위·장 등처럼 관강(管腔)을 가진 장기의 일부가 불룩하게 바깥쪽으로 돌출하여 맹낭(盲囊)을 이루고 있는 것] 영 diverticulum

【憩息】qìxī 통 휴식하다. 쉬다.

# qia

*【掐】qiā 딸 겹

통 1 (손가락으로) 꼬집다. 끊다. ¶~~一下菜须=채소 뿌리를 뜯어 내다. 2 (손톱 끝으로) 누르다. ¶~人中穴=인중을 지압하다. 3 (범아귀로) 조르다. 누르다. ¶双手~腰=양 손을 허리에 걸치다. 4 (암기나 계산을 위해) 손가락을 꼽다. ¶能~会算=점을 잘 치다. 5 양 (회로·파이프·케이블 등을) 차단하다. ¶电话昨天给~了。=전화가 어제 끊겼다. 6 통 다투다. ¶他们俩又~起来了。=그들은 또 다투기 시작했다. 양 (~儿) (엄지손가락과 다른 손가락으로 잡히는 만큼의) 움큼. 다발. 조금. ¶一~儿菠菜=시금치 조금.

【掐断】qiāduàn 통 1 (손톱으로) 끊다. 2 절단(截斷)하다. 끊다. ¶~电话线=전화선을 끊다.

【掐尖(子)】qiā jiān(·zi) 통(방) 1 (꽃·나무의) 연한 우듬지를 잘라 내다. 꽃순을 따다. 2 (비) (영향력이 크거나 지위가 높은) 사람을 (권좌에서) 끌어내리다.

【掐诀】qiājué 통 (승려·도사가) 결인(結印)하다. 결수(結手)하다. ¶~默念=결인을 하고 묵상에 잠기다.

【掐丝】qiāsī 몡 세선 세공(細線細工). 가는 줄 세공. 영 filigree

【掐死】qiāsǐ 통 목 졸라 죽이다. 교살하다. 눌러 죽이다.

【掐算】qiāsuàn 통 엄지로 다른 손을 짚어 가며 계산하다.

【掐头去尾】qiātóu-qùwěi 성 1 거두절미(去頭截尾)하다. 2 비 필요 없거나 중요치 않은 부분을 제거하다.

【掐指】qiāzhǐ 통 엄지로 다른 손가락을 짚어 가며 계산하다. 육갑을 짚다. ¶~一算=엄지로 다른 손가락을 짚어 가며 셈하다.

【掐子】qiā·zi 양 움큼. 다발. 조금. [엄지손가락과 다른 손가락의 끝으로 집는 만큼의 양] ¶一~粉丝=당면 한 다발.

【袷】qiā 겹옷 겹

【袷袢】qiāpàn 몡 위구르족·타지크족·우즈벡족 남자들의 두루마기. [웃옷의 두 섶이 겹치지 않고 가운데에서 단추로 채우는 형식임]

【葜】qiā 청미래 계
☞【菝葜】báqiā

【䖯】[䖯] qiā 깨물 가
통 물다. 깨물다.

【拤】qiá 조를 잡
통 (두 손으로) 조르다. 누르다.

*【卡】qiǎ 관문(關門) 잡
몡 1 (세금 징수·경비 등을 위한) 초소. 검문소. ¶关~=검문소. 세관. 2 클립(clip). 걸쇠. 버클(buckle). 죔쇠. ¶发~=머리핀. 통 1 끼(이)다. 꽂다. 걸리다. ¶鱼刺~在喉咙里~=생선 가시가 목구멍에 걸렸다. 2 (범아귀로) 꽉 죄다. 누르다. 조이다. 조르다. ¶~脖子=목을 조르다. 3 (사람·물건을) 억류하다. 저지하다. 가로막다. ¶~住退路=퇴로를 차단하다.
☞ kǎ

◊● 关卡, 边卡, 哨shào卡

【卡脖子】qiǎbó·zi 통 1 (목을) 조르다. 2 비 치명상을 가하다. 급소를 공격하여 죽이다.

【卡脖子旱】qiǎbó·zihàn 몡 (벼·보리 등 농작물의) 이삭이 팰 무렵에 당한 한재(旱災).

【卡具】qiǎjù 몡 [夹具] jiájù

【卡壳】qiǎ∥ké 통 1 탄피가 탄창부나 포강에 끼어 빠지지 않다. 2 비 말이 막히다. 3 비 (일 등

이) 어려움에 부딪혀 잠시 중단하다.
【卡口】 **qiǎkǒu** 명 (끼우거나 집는 방식으로 다른 물체를 연결하거나 고정시키는) 부재(部材).
【卡口灯泡】 **qiǎkǒu dēngpào** 명 삽입 소켓에 쓰이는 전구.
【卡口灯头】 **qiǎkǒu dēngtóu** 명 스완형 소켓. 삽입 소켓. 영 bayonet socket.
【卡盘】 **qiǎpán** 명(機) 척(chuck). [공작 기계의 하나인 선반의 주축(主軸) 끝에 장치하여 공작물을 유지하는 부속 장치]
【卡位】 **qiǎwèi** 명(體) (축구 등에서의) 공간 확보. 통비 좋은 기회를 먼저 잡다.
【卡住】 **qiǎzhù** 통 **1** (두 손으로) 누르다. 조르다. **2** 막히다. 끼(이)다. 걸리다.
【卡子】 **qiǎ·zi** 명 **1** 집게. 클립. 핀. **2** (세금 징수·경비 등을 위한) 초소. 검문소.

## \*\***恰** qià 마치 흡

부 (때)마침. 공교롭게도. 바로. 알맞게. 꼭. ¶~值梅雨时节=마침 장마철이다. 형 적합하다. ¶~言辞不~=언사가 적절치 못하다.
【恰当】 **qiàdàng** 형 알맞다. 타당하다. 적당하다. 합당하다. 적합하다. ¶~应对=적절히 대응하다. ≒妥当 适当 ↔不当

> 恰当(qiàdàng) / 适合(shìhé) / 合适(héshì)
> 알맞다, 적당하다
>
> 恰当 : 형용사로, 사람이나 언어·문장의 선택, 일의 안배가 적당한 것을 말함. ¶人选very恰当. = 인선이 매우 적당하다. / 在这个地方恰当使用了一个成语. = 여기에서 성어를 알맞게 사용하였다.
>
> 适合 : 동사로, 실제 상황이나 객관적인 요구에 부합되는 것을 말하며, 뒤에 주로 목적어를 수반함. ¶家乡菜最适合我的口味了. = 고향 음식이 나의 입맛에 가장 잘 맞는다. / 我不适合这份工作. = 나는 이 일에 적합하지 않다. / 他的汉语水平适合在一年级学习. = 그의 중국어 실력은 1학년에서 공부하는 게 적당하다.
>
> 合适 : 형용사로, 주로 사람의 복장에 대해 사용함. ¶我买不着十分合适的成衣. = 나는 아주 잘 어울리는 기성복을 살 수 없었다. / 这件衣服不大不小, 刚合适. = 이 옷은 크지도 않고 작지도 않고 딱 맞는다.

【恰到好处】 **qiàdào-hǎochù** 성 (말·행동 등이) 꼭 들어맞다. 아주 적절하다. 지극히 적당하다. 매우 적합하다.
【恰逢】 **qiàféng** 통 때마침 만나다. 제때 마주치다. ¶~知己=마침 지기(知己)를 만나다.
【恰好】 **qiàhǎo** 부 (때)마침. 잘. 바로. ¶你~来帮忙. =네가 때마침 도우러 왔다. ≒恰巧
【恰和时宜】 **qiàhé-shíyí** 성 시의적절(時宜適切)하다.
【恰恰】 **qiàqià** 부 바로. 꼭. ¶两人性格~相反. =둘의 성격은 전혀 반대이다. ≒恰好

【恰巧】 **qiàqiǎo** 부 때마침. 공교롭게도. ¶星期天我不在家, ~朋友来看我了. = 일요일에 난 집에 없었는데, 마침 친구가 나를 만나러 왔었다. ≒凑巧 碰巧

> 恰好(qiàhǎo) / 恰巧(qiàqiǎo)
> 바로, 마침
>
> 恰好 : '마침, 바로, 때마침 적당하다' 라는 의미가 강함. ¶我走进教室的时候, 恰好打铃. = 내가 교실에 들어갈 때, 마침 종이 울렸다.
>
> 恰巧 : '우연히 들어맞다' 라는 의미가 강함. 발생한 일은 자기의 바람과 일치할 수도 있고 일치하지 않을 수도 있음. ¶我去找他, 他恰巧不在家. = 내가 그를 찾아갔는데, 그는 마침 집에 없었다.

【恰切】 **qiàqiè** 형 언사(言辭)가 적절하다. ¶他的翻译极为~. = 그의 번역은 매우 적절하다.
【恰如】 **qiàrú** 통 바로 …와 같다. ¶眼前的风景~一幅美丽的画卷. = 눈앞에 펼쳐진 풍경은 마치 한 폭의 아름다운 그림과 같다.
【恰如其分】 **qiàrú-qífèn** 성 (일처리나 말이) 매우 적절하다. 매우 적당하다. ¶~的评价=매우 적절한 평가. ≒过犹不及
【恰似】 **qiàsì** 통 꼭 …와 같다. ¶暖暖柔情~和煦的春风. =따뜻하고 부드러운 마음씨는 훈훈한 봄바람과 같다.
【恰意】 **qiàyì** 형 마음에 들다. ¶他对此颇为~. =그는 이것에 대해 매우 마음에 들어 했다.
【恰遇】 **qiàyù** 통 공교롭게 …를〔와〕 마주치다. ¶旅途~故旧=여행 중에 공교롭게 옛 친구를 만나다.

## \*\***洽** qià 의논할 흡

통 의논하다. 상담하다. 절충하다. ¶双方面~=양측이 만나서 의논하다. 형 **1** 문 두루 미치다. 광범위하다. ¶博识~闻=박학다문(博學多聞)하다. **2** 정답다. 화목하다. ¶气氛融~=분위기가 화기애애하다.

> ○-● 接洽, 款kuǎn洽, 面洽, 商洽

【洽购】 **qiàgòu** 통 구매(에 관해) 상담하다. ¶~建筑材料=건축 자재를 구매 상담하다.
【洽借】 **qiàjiè** 통 빌리는 문제를 상의하다. ¶~车辆=차를 빌리는 것에 대해 상의하다.
【洽商】 **qiàshāng** 통 상담하다. 협상하다. ¶~引资事宜=투자 유치 업무를 협상하다. ≒洽谈
【洽谈】 **qiàtán** 통 협의하다. 상담하다. ¶~进出口业务=수출입 업무를 협의하다. ≒洽商
【洽谈会】 **qiàtánhuì** 명 협의회. 상담회. ¶投资~=투자 협의회.
【洽妥】 **qiàtuǒ** 통 결론〔동의〕에 이르다.

## **髂** qià 허리뼈 가

【髂骨】 **qiàgǔ** 명(生) 장골(腸骨). =【肠骨】 **chánggǔ** 영 ilium

# qian

**千**[1] **qiān** 일천 천
[수] **1** 1,000. 천. **2** [비] 매우 많다. ¶百～人众＝수백 수천의 사람. [명] (**Qiān**) 성(姓).

**千**[2] [(韆)] **qiān** 그네 천
☞【秋千】**qiūqiān**

O● 打千, 秋千, 万千

O 千 qiān
迁 qiān
纤 xiān
扦 qiān
仟 qiān
芊 qiān
阡 qiǎn

【千百万】**qiānbǎiwàn** [수] **1** 수천 수백만. **2** [비] 매우 많다. ¶～群众欢聚于广场。＝수많은 군중들이 광장에 몰려들다.

【千般易学, 一窍难通】**qiānbān yì xué, yīqiào nán tōng** [성] 여러 가지 기예(技藝)를 배우는 것은 쉬워도, 한 가지에 정통하기는 쉽지 않다.

【千变万化】**qiānbiàn-wànhuà** [성] 끊임없이 변화하다. 변화가 끝이 없다. 변화무쌍하다.

【千不该万不该】**qiān bùgāi wàn bùgāi** [관] 절대로 그렇게 해서는 안 된다.

【千差万别】**qiānchā-wànbié** [성] 천차만별. ↔千篇一律

【千疮百孔】**qiānchuāng-bǎikǒng** ☞【百孔千疮】**bǎikǒng-qiānchuāng**

【千锤百炼】**qiānchuí-bǎiliàn** [성][비] **1** 수많은 단련과 검증을 거치다. **2** 시문(詩文) 등을 여러 차례 심혈을 기울여 고치다.

【千锤打锣, 一锤定音】**qiān chuí dǎ luó, yī chuí dìng yīn** [성] **1** 많은 채로 계속 북과 징을 치더라도 마지막 음(音)은 하나의 채가 내는 것이다. **2** [비] 어떤 일에 대한 의견이 분분해도 결론은 권위자에 의해 내려진다.

【千电子伏】**qiāndiànzǐfú** [양]《物》 킬로전자볼트(keV).

【千叮咛万嘱咐】**qiān dīngníng wàn zhǔfù** [성] 신신당부하다. 재삼 당부하다. 거듭 부탁하다. ＝【千叮万嘱】**qiāndīng-wànzhǔ**

【千叮万嘱】**qiāndīng-wànzhǔ** ☞【千叮咛万嘱咐】**qiān dīngníng wàn zhǔfù**

【千儿八百】**qiān'ér bābǎi** [수][구] 천 또는 그보다 조금 적은 수. 팔구백 내지 천 정도. ¶挣个～的没问题。＝천 정도 버는 것은 아무 문제 없다.

【千乏】**qiānfá** [양]《物》 킬로바(kilobar). [압력의 단위. 1평방인치당 14,500파운드]

【千方百计】**qiānfāng-bǎijì** [성] 갖은 방법〔계략〕을 다 써 보다〔생각하다〕.

【千分表】**qiānfēnbiǎo** [명]《機》 다이얼 게이지(dial gauge). 다이얼 인디케이터(dial indicator).

【千分尺】**qiānfēnchǐ** ☞【分厘卡】**fēnlíkǎ**

【千分点】**qiānfēndiǎn** [명]《數》 천분율을 나타내는 전문 용어. [예를 들어, 1/1000은 하나의 '千分点' 임]

【千分号】**qiānfēnhào** [명] 천분율. 퍼밀(permil).

【千分数】**qiānfēnshù** [명]《數》 분모(分母)가 1000인 분수(分數). ['‰' 로 표기함]

【千夫】**qiānfū** [명][문] 중인(衆人). 뭇 사람. 수많은 사람.

【千夫所指】**qiānfūsuǒzhǐ** [성] 많은 사람들의 손가락질을 받다. 뭇 사람들의 지탄을 받다.

【千伏】**qiānfú** [양]《電》 킬로볼트(kV).

【千古】**qiāngǔ** [명] 오랜 세월. 천추(千秋). 천고. ¶～罪人＝천추의 죄인. [동] 고이 잠드소서. [죽은 사람을 애도하는 말로, 주로 조화(弔花)나 만장(輓章)에 쓰임]

【千古罪人】**qiāngǔ-zuìrén** [성] 천고의 죄인.

【千赫】**qiānhè** [양]《電》 킬로헤르츠(kHz).

【千呼万唤】**qiānhū-wànhuàn** [성] **1** 수천 수만 번 부르다. **2** [비] 여러 번 부탁하거나 재촉하다.

【千回百折】**qiānhuí-bǎizhé** [성] **1** 끊임없이 구불구불 굽어 있다. **2** [비] 우여곡절이 많다. ＝【千回百转】**qiānhuí-bǎizhuǎn**

【千回百转】**qiānhuí-bǎizhuǎn** ☞【千回百折】**qiānhuí-bǎizhé**

【千家】**qiānjiā** [명] 많은 집들. 수많은 사람. ¶～欢庆＝많은 사람들이 기쁘게 축하하다.

【千家万户】**qiānjiā-wànhù** [성] 수많은 가구. 많은 집들.

【千娇百媚】**qiānjiāo-bǎimèi** [성] (여자의) 얼굴이 예쁘고 자태가 아름답다.

【千斤】**qiānjīn** [명] **1** (중국 도량형 단위) 천 근. [500kg에 해당함] **2** [비] 무거운 책임. ¶身上的担子重～。＝맡은 책임이 막중하다.

【千斤】**qiān·jin** [명]《機》 **1** 기어(gear) 역회전 방지 장치. **2** ☞【千斤顶】**qiānjīndǐng**

【千斤顶】**qiānjīndǐng** [명]《機》 잭(jack). [약]【千斤】**qiān·jin**

【千斤重担】**qiānjīn-zhòngdàn** [성][비] 책임이 막중하고, 임무가 어렵다.

【千金】**qiānjīn** [명] **1** 천금. 많은 돈. ¶真正的友情～难买。＝진정한 우정은 만금을 주고도 못 산다. **2** [경] 따님. [남의 딸에 대한 존칭] [형][비] 귀중하다. 진귀하다. ¶～之躯＝귀하신 몸.

【千金买骨】**qiānjīn-mǎigǔ** [성] **1** 천금을 주고 천리마의 뼈를 사다. **2** [비] 절박하게 인재를 구하다.

【千金一诺】**qiānjīn-yīnuò** ☞【一诺千金】**yīnuò-qiānjīn**

【千金一笑】**qiānjīn-yīxiào** ☞【一笑千金】**yīxiào-qiānjīn**

【千金一掷】**qiānjīn-yīzhì** ☞【一掷千金】**yīzhì-qiānjīn**

【千军】**qiānjūn** [명] 많은 군대.

【千军万马】**qiānjūn-wànmǎ** [성] **1** 천군만마. 대규모 병력. **2** [비] 용맹스런 군대와 드높은 기세.

【千钧】**qiānjūn** [명] **1** 천 균. [옛날의 1균은 30근에 해당함] **2** [비] 매우 무거운 물건.

【千钧一发】**qiānjūn-yīfà** [성] **1** 매우 무거운 물건을 한 가닥의 머리털로 매어 끌다. **2** [비] 매우 위험하다. ＝【一发千钧】**yīfà-qiānjūn** ≒危

如累卵

【千卡】qiānkǎ ☞ 【大卡】dàkǎ
【千克】qiānkè 똉(物) 킬로그램(kg). [1킬로그램은 중국에서는 두 근에 해당함] = 【公斤】gōngjīn
【千里】qiānlǐ 똉 1 천리 길. 2 (비) 멀고 먼 노정.
【千里鹅毛】qiānlǐ-émáo (성) 1 천리 밖에서 보내 온 거위털. 2 (비) 선물은 하찮아도 정의(情誼)는 두텁다.
【千里驹】qiānlǐjū 똉 천리마.
【千里马】qiānlǐmǎ 똉 1 천리마. 준마(駿馬). 2 (비) 뛰어난 인재.
【千里迢迢】qiānlǐ-tiáotiáo (성) 길〔여정〕이 아주 멀다.
【千里眼】qiānlǐyǎn 똉 1 (옛) 망원경. 2 (비) 천리안. [멀리 내다볼 수 있는 식견]
【千里之堤, 溃于蚁穴】qiānlǐzhīdī, kuìyúyǐxué (성) 1 천리의 둑도 개미 구멍에 무너진다. 2 (비) 하찮은 일이라고 무시하면 큰 재앙을 불러올 수 있다.
【千里之行, 始于足下】qiānlǐzhīxíng, shǐyúzúxià (성) 1 천리나 되는 먼 여정도 내딛는 첫발에서부터 시작한다. 2 (비) 일의 성공은 작은 것에서 큰 것으로 점차 쌓여서 이루어진다. 천리길도 한 걸음부터.
【千粒重】qiānlìzhòng 똉 종자 천 알의 무게. [곡식의 여문 정도를 나타내는 단위. 무게가 많이 나갈수록 곡식이 잘 여물었음을 나타냄]
【千虑一得】qiānlǜ-yīdé (성) 평범한 사람의 생각 중에서도 취할 만한 좋은 생각이 있다. [주로 의견을 발표할 때 겸양어로 쓰임]
【千虑一失】qiānlǜ-yīshī (성) 현명한 사람의 생각 중에서도 간혹 틀린 것이 있을 수 있다. 다각도로 심사숙고해도 생각이 못 미치는 부분이 있다. 원숭이도 나무에서 떨어진다.
【千枚岩】qiānméiyán 똉(礦) 필라이트(phyllite). 천매암.
【千米】qiānmǐ 양 1,000미터. 킬로미터. = 【公里】gōnglǐ
【千难万险】qiānnán-wànxiǎn (성) 천고만난(千苦萬難). 천신만고(千辛萬苦). 온갖 고난.
【千年】qiānnián 똉 1 천 년. 2 (비) 시간이 매우 오래 됨. ¶ ~古松 = 천년 묵은 노송(老松).
【千年虫】qiānniánchóng 똉 밀레니엄 버그(millennium bug). Y2K 문제(year two kilo problem). 컴퓨터 모라토리엄(computer moratorium).
【千篇一律】qiānpiān-yīlù (성) 1 여러 시문(詩文)의 격조(格調)가 모두 비슷하여 개별적인 특색이 없다. 2 천편일률적이다. 조금도 변화가 없다. 새로운 것이 없다.
【千奇百怪】qiānqí-bǎiguài (성) 기이〔기괴〕하고 다양하다. 괴상하다. 가지각색의 괴이한 모양.
【千千万万】qiānqiān-wànwàn (성)(비) 수가 매우 많다.
【千秋】qiānqiū 똉 1 천 년. 천추. 2 (비) 오랜 세월. ¶ ~功过 = 오랜 세월 동안의 공적과 과실. 3 (존) (어른의) 생신. 4 특징. 특색. ¶各~ = 각각의 장점이 있다.
【千秋万代】qiānqiū-wàndài (성)(비) 1 대대손손. 2 오랜 세월. ↔一朝一夕
【千人】qiānrén 똉 1 천 명의 사람. 2 (비) 매우 많은 사람. ¶ ~共睹 = 많은 사람이 함께 지켜보다.
【千人一面】qiānrén-yīmiàn (성) 1 문예 작품 속의 인물이 천편일률적이다. 2 (비)(폄) 문예 창작이 천편일률적이다.
【千日】qiānrì 똉 1 천 일. 2 (비) 매우 긴 시간. 여러 해 동안. ¶苦学 ~ = 오랜 시간 동안 고생하며 공부하다.
【千日红】qiānrìhóng 똉(植) 천일홍. 영 globe amaranth
【千山】qiānshān 똉 1 천 봉우리의 산. 2 (비) 많은 산들. ¶ ~鸟飞绝, 万径人踪灭。 = 수많은 산에 새 날갯짓 끊어지고, 수만 갈래 길에는 사람 발걸음 끊어지다. 온 산엔 새 한 마리 날지 않고, 온 길엔 사람 하나 자취 없다.
【千山万水】qiānshān-wànshuǐ (성) 멀고도 험난한 길. = 【万水千山】wànshuǐ-qiānshān
【千升】qiānshēng 양 킬로리터(kiloliter). (옝)【公乘】gōngbǐng
【千乘】qiānshèng 똉 많은 수레와 말. [옛날, 4필의 말이 끄는 병거(兵車) 한 대를 1승(乘)이라 하였음. 병거(兵車) 천 대를 낼 수 있는 제후를 '千乘'이라고도 하였음] ¶ ~之国 = 천 승의 병거를 소유한 제후국.
【千丝万缕】qiānsī-wànlǚ (성)(비) 관계가 복잡하게 얽혀 있다. 매우 긴밀한 관계를 맺고 있다.
【千岁】qiānsuì 똉 1 천 년. 2 (비) 오랜 세월. 3 (옝) 친왕·태자·황후 등에 대한 존칭.
【千条】qiāntiáo 똉 1 천 줄기. 2 (비) 가짓수가 매우 많음. ¶ ~江河归大海。 = 여러 갈래의 강들이 바다로 흘러들어간다.
【千头万绪】qiāntóu-wànxù (성) (사물·일이) 얼기설기 뒤엉키다. 심하게 뒤얽혀 있다.
【千瓦】qiānwǎ 양(電) 킬로와트(kW).
【千瓦时】qiānwǎshí ☞ 【千瓦小时】qiānwǎ xiǎoshí
【千瓦小时】qiānwǎ xiǎoshí 양 킬로와트시(kilowatt時). [기호는 kWh] = 【千瓦时】qiānwǎshí
【千万】qiānwàn (수) 일천만. 형 엄청나다. ¶ ~家财 = 엄청난 가산(家産). (부) 부디. 제발. 아무쪼록. 꼭. 절대로. 반드시. ¶ ~记住 = 반드시 기억해라.
【千…万…】qiān…wàn… (부) 대단히 많음을 나타냄. ¶ ~思~想 = 온갖 생각. / ~村~户 = 여러 마을. (용) 강조를 나타냄. ¶ ~难~难 = 정말 정말 어렵다. / ~险~险 = 정말로 위험하다.
【千禧年】qiānxǐnián 똉 매 천년이 시작되는 해.
【千辛万苦】qiānxīn-wànkǔ (성) 천신만고.
【千言万语】qiānyán-wànyǔ (성) 1 수많은 말. 2 할 말이 매우 많다.
【千依百顺】qiānyī-bǎishùn (성) 매우 순종하다. 시키는 대로 하다.
【千载】qiānzǎi 똉 1 천 년. 2 (비) 장구(長久)한

세월. ¶～不变＝오랜 세월 동안 변하지 않다.

【千载难逢】**qiānzǎi-nánféng** [성] 천재일우의 기회. 좀처럼 만나기 어려운 기회. ≒千载一时 ↔司空见惯

【千载一时】**qiānzǎi-yīshí** [성] 천재일우의 기회. 좀처럼 만나기 어려운 기회. ≒千载难逢

【千张】**qiān·zhang** [명] 얇게 가공한 마른 두부. ＝【百叶】**bǎiyè**

【千真万确】**qiānzhēn-wànquè** [성] 천만 번 지당하다. 매우 정확하다. 아주 틀림없다.

【千姿百态】**qiānzī-bǎitài** [성] 모양이 제각각이고 서로 다르다.

## 仟 qiān 일천 천

[수] '千(qiān)' 의 갖은자.

## 阡 qiān 두렁 천

[명][문] **1** (가로세로로 난) 논밭길. **2** 묘지로 통하는 오솔길.

【阡陌】**qiānmò** [명][문] (논밭 사이에) 종횡으로 난 작은 길. ¶～交通, 鸡犬相闻。＝논밭 둔덕길이 가로세로 통해 있고, 닭이 울고 개 짖는 소리가 여기저기서 들린다.

【阡陌纵横】**qiānmò-zònghéng** [성] 수많은 논밭길이 종횡으로 나 있다.

## 芊 qiān 풀 무성할 천

아래를 참고.

【芊绵】**qiānmián** [형][문] 초목이 무성하다.

【芊芊】**qiānqiān** [형][문] 초목이 우거지다.

## 扦 qiān 끼울 천

[명] **1** 삿대. [부대 등에 찔러 넣어 분말이나 알갱이를 꺼내는 속이 비고 뾰처럼 생긴 도구] **2** (금속·대나무 등으로 만든) 꼬챙이. ¶竹～＝대나무 꼬챙이. [동][방] **1** 끼우다. 꽂다. ¶～窗＝(밀쳤던) 창문을 걸어잠그다. **2** 손질하다. 깎다. ¶～梨＝배를 깎다.

○● 花扦儿

【扦插】**qiānchā** [동]《農》 꺾꽂이하다. 삽식(插植)하다.

【扦子】**qiān·zi** [명] **1** 삿대. [부대 등에 찔러 넣어 분말이나 알갱이를 꺼내는 속이 비고 뾰처럼 생긴 도구] ＝【签筒】**qiāntǒng** **2** (쇠·대나무로 만든) 꼬챙이.

## **迁[遷] qiān 옮길 천

[동] **1**[문] 관직(官職)을 옮기다. ¶左～＝좌천되다. **2** 이전하다. 이사하다. ¶乔～＝더 좋은 곳으로 이사하다. **3** 바뀌다. 전환하다. 변화하다. 변천하다. ¶见异思～＝다른 새로운 것을 보고 생각이 바뀌다. [명] (**Qiān**) 성(姓).

○● 超迁, 乔qiáo迁, 升shēng迁, 跃yuè迁, 左迁

【迁并】**qiānbìng** [동] 이전하여 합병하다. ¶那两个工厂很快要～。＝그 두 공장은 곧 이전 합병할 것이다.

【迁出】**qiānchū** [동] 이사 가다. 옮겨 가다.

【迁地】**qiāndì** [동] 다른 곳으로 옮기다.

【迁调】**qiāndiào** [동] (높은 지위로) 인사 이동하다. 영전(榮轉)하다.

【迁都】**qiān‖dū** [동] 천도하다. 수도(首都)를 옮기다.

【迁飞】**qiānfēi** [동] 철새가 계절에 따라 (날아) 이동하다.

【迁建】**qiānjiàn** [동] 이전하여 신축하다. ¶～古桥＝옛 다리를 이전 신축하다.

【迁就】**qiānjiù** [동] (마지못해) 영합하다. 끌려가다. 아쉬운 대로 참고 견디다. ¶遵守规定, 互不～。＝규정을 준수하고, 서로 마지못해 끌려다니지 않는다.

【迁居】**qiānjū** [동] 이사하다. 거처를 옮기다. ¶～他市＝다른 도시로 이사하다.

【迁客】**qiānkè** [명][문] 귀양살이하는 사람. 좌천되어 쫓겨난 사람.

【迁流】**qiānliú** [동][문] (시간 등이) 흘러가다. ¶光阴～＝세월이 흐르다.

【迁怒】**qiānnù** [동] 화를 다른 사람에게 분풀이하다. 화풀이하다. ¶～好人＝괜히 좋은 사람에게 화풀이하다.

【迁入】**qiānrù** [동] 옮겨 들어가다.

【迁徙】**qiānxǐ** [동] 옮겨 가다. ¶候鸟～＝철새가 옮겨 가다.

【迁延】**qiānyán** [동] (시간을) 끌다. ¶故意～＝고의로 시간을 질질 끌다.

【迁移】**qiānyí** [동] **1** 이사하다. 옮겨 가다. 이전하다. ¶～工厂＝공장을 이전하다. **2** 변화하다. 바뀌다. ¶时日～＝시절이 바뀌다.

【迁葬】**qiānzàng** [동] 이장(移葬)하다.

【迁谪】**qiānzhé** [동][문] (죄지은 관리를) 좌천하다. 파직하고 귀양 보내다.

【迁装】**qiānzhuāng** [동] (원래의 시설물을) 옮겨 재설치하다. ¶～空调＝에어컨을 옮겨 다시 설치하다.

## 岍 Qiān 산 이름 견

[명]《地》 첸산(岍山). [산시(陕西)성에 있는 산 이름]

## 佥[僉] qiān 모두 첨

[부][문] 전부. 모두. 완전히. ¶～忘其身＝자신을 완전히 망각하다. [동] 서명하다. ['签(qiān)' 과 같음] [명] (**Qiān**) 성(姓).

| | | | |
|---|---|---|---|
| ⬇ 佥 | qiān | 睑 | jiǎn |
| 签 | qiān | 脸 | liǎn |
| 险 | xiǎn | 殓 | liàn |
| 猃 | xiǎn | 敛 | liǎn |
| 检 | jiǎn | 蔹 | liǎn |
| 俭 | jiǎn | 裣 | liǎn |
| 鹼 | jiān | 验 | yàn |
| 捡 | jiǎn | | |

【佥同】**qiāntóng** [동][문] 모두 동의하다.

## 汧 qiān 강 이름 견

[명] **1** 물이 고이는 곳. **2** (**Qiān**) 첸허(汧河). [간쑤(甘肃)성에서 발원하여 산시(陕西)성을 거쳐 웨이허(渭河)로 흘러들어가는 강. 지금은 '千河' 라고 씀] **3** 첸양(汧阳).

[산시(陕西)성에 있는 현으로, 지금은 '千阳'이라고 씀]

## 钎[釺] qiān 팔찌 한
명 정. 드릴(drill). ¶铁~=쇠 드릴.

○● 打钎

【钎子】qiān·zi 명 착암용 정. =【炮钎】pào qiān

## *牵[牽] qiān 끌 견
통 1 끌다. 끌어 잡아당기다. 잡아 끌다. ¶手~手=손에 손잡고. 2 관련되다. 연루되다. ¶~连获罪=죄에 연루되다. 3 제약하다. 견제하다. 구속받다. ¶暗中~制=암암리에 견제하다. 4 근심하다. 늘 생각하다. ¶心中始终~挂。=마음 속으로 늘 걱정하다. (Qiān) 성(姓).

○● 挂牵, 拘jū牵

【牵鼻子】qiān bí·zi 통(비) 조종(操縱)하다. 통제하다.

【牵缠】qiānchán 통 뒤엉키다. 연관되다. 말려들다. 매달리다. ¶为此事~多日。=이 일에 며칠 매달리다.

【牵肠挂肚】qiāncháng-guàdù 성 마음에 걸려 안심하지 못하다. =【悬肠挂肚】xuáncháng guàdù ↔无牵无挂

【牵扯】qiānchě 통 연루되다. 관련되다. ¶这事和他毫无~。=이 일은 그 사람과 아무런 관련이 없다.

【牵掣】qiānchè 통 1 견제하다. 2 연루되어 어떤 영향이나 장애를 입다. ¶彼此~=서로 연루되다.

【牵动】qiāndòng 통 1 불러일으키다. 촉발하다. 상기시키다. ¶那话~了他的心事。=그 말은 그의 걱정거리를 상기시켰다. 2 일부의 변화로 인해 나머지가 모두 변화하다. ¶小事有时亦可~全局。=조그마한 일도 때로는 대세를 변화시킬 수 있다.

【牵挂】qiānguà 통 1 걱정하다. 근심하다. ¶老人总是~远在国外的儿子。=노인은 늘 멀리 해외에 나가 있는 아들을 걱정한다. 2 연루되다. 누를 끼치다. 신세를 지다. ¶无事~=연루된 일이 없다. ≒挂念 挂肚

【牵记】qiānjì 통 걱정하다. 근심하다.

【牵就】qiānjiù 통 옮겨 가다. 끌려가다. 영합하다. 타협하다.

【牵累】qiānlěi 통 1 연루〔연좌〕되다. ¶不能无端~他人。=이유 없이 남을 연루시켜서는 안 된다. 2 얽매이다. 구속하다. ¶常受家事~, 不得脱身。=늘 집안일에 얽매여 몸을 빼지 못한다.

【牵连】【牵联】qiānlián 통 1 연루되다. 말려들다. ¶这案子~不少人。=이 사건에는 많은 사람들이 연루되어 있다. 2 관련되다. 연관되다. ¶世上很多事也都是互相~的。=세상에 매우 많은 일들이 서로 연관되어 있다. ≒连累

【牵联】qiānlián ☞【牵连】qiānlián

【牵念】qiānniàn 통 걱정하다.

【牵牛鼻子】qiān niúbí·zi 통(비) 문제의 핵심을 파악하다.

【牵牛花】qiānniúhuā 명(植) 나팔꽃. [씨는 '牵牛子(qiānniú·zi)'라 하여 약용함] 통【喇叭花】lǎ·bahuā

【牵牛星】qiānniúxīng 명(天) 견우성(牽牛星). 통【牛郎星】niúlángxīng

【牵强】qiānqiǎng 형 견강부회(牵强附会)하다. 억지 논리를 부리다. 억지쓰다. 억지로 갖다 붙이다. ¶这种解释太~。=이러한 해석은 너무 억지이다.

【牵强附会】qiānqiǎng-fùhuì 성 견강부회.

【牵绕】qiānrào 통 얽매여 벗어나기 어렵다. ¶对故乡的思恋一直~着我。=고향에 대한 그리움이 줄곧 나를 붙잡고 있다.

【牵涉】qiānshè 통 관련되다. 파급되다. 영향을 미치다. ¶这次改革要~很多部门。=이번 개혁은 많은 분야에 파급될 것이다.

【牵手】qiān‖shǒu 통 1 손을 잡다. ¶小两口牵着手在街上闲逛。=젊은 부부는 손을 잡고 한가로이 거리를 거닐었다. 2 합작하다. 연합하다. ¶两大汽车集团近日~, 共创明日辉煌。=두 대형 자동차 회사는 조만간 연합하여 함께 빛나는 미래를 창조할 것이다.

【牵头】qiān‖tóu 통 이끌다. (임시로) 앞장서다. 책임을 지다. ¶这项工作由老李~。=이번 업무는 이씨가 앞장섰다.

【牵线】qiān‖xiàn 통 1 (무대 뒤에서) 끈으로 꼭두각시를 조종하다. 2(비) 배후에서 조종하다. 3(비) 거간하다. 줄을 대어 주다. 관계를 맺어 주다. ¶他们的婚姻由我~做媒。=그들의 결혼은 내가 소개하여 맺어 준 것이다.

【牵线搭桥】qiānxiàn-dāqiáo 성(비) 중간에서 다리를 놓다. 관계를 맺어 주다.

【牵线人】qiānxiànrén 명(비) 중개인. ¶你可是我们合作的~啊! =너야말로 우리 합작의 중개인이다!

【牵一发而动全身】qiān yīfà ér dòng quánshēn 성(비) 사소한 것이 대세에 영향을 미치게 되다.

【牵引】qiānyǐn 통 1 (기계나 가축이 차량이나 농기구 등을) 끌다. ¶现在列车~机车已实现电气化。=오늘날의 기관차는 이미 전기화(電氣化)되었다. 2(醫) 견인(治療)하다. [신체의 특정 부위를 기계적 힘으로 늘려 치료하는 것을 가리킴] 영 traction

【牵引力】qiānyǐnlì 명(物) 견인력.

【牵制】qiānzhì 통 견제하다. [주로 군사(軍事) 용어로 쓰임] ¶~敌军=적군을 견제하다.

## *铅[鉛, 鈆] qiān 납 연
명 1(化) 납(Pb, plumbum). [원자 번호 82] 2 연필심.
☞ yán

○● 笔铅, 苍cāng铅, 方铅矿kuàng

【铅白】qiānbái 명(化) 연백.
【铅版】qiānbǎn 명(印) 연판. 스테레오판(stereo版).
【铅笔】qiānbǐ 명 연필.
【铅笔刀】qiānbǐdāo 명 연필깎이.
【铅笔画】qiānbǐhuà 명(美) 연필화(pencil drawing).
【铅玻璃】qiānbō·li 명(化) 납유리(lead glass).
【铅垂线】qiānchuíxiàn 명 연직선.
【铅锤】qiānchuí 명(建) 측연추(测铅錘). 다림추. 연추(鉛錘). =【测锤】cèchuí
【铅黛】qiāndài 명(문) (화장용) 연백분과 눈썹 연필.
【铅丹】qiāndān 명 1 (化) 연단. 사산화삼납. 2 (道) 단(丹). [도사(道士)가 납으로 만든 불로장생(不老長生)의 묘약]
【铅弹】qiāndàn 명 납탄.
【铅刀】qiāndāo 명 1 날이 무딘 칼. 2 (비) 재능이 부족한 사람.
【铅刀一割】qiāndāo-yīgē (성) 1 칼이 비록 무디더라도 우연히 한 번쯤은 물건을 벨 수도 있다. 2 (비) 재능이 별로 없는 사람이라도 어쩌다 쓸모가 있다.
【铅封】qiānfēng 명 봉연. (납으로) 봉인한 편 소포.
【铅华】qiānhuá 명(문) 1 (여자의) 화장용 연백분. ¶不施~=화장을 하지 않다. 2 (여자의) 아름다운 용모. ¶~未衰=미모가 아직 퇴색하지 않았다.
【铅灰】qiānhuī 명 (납과 같은) 연회색. ¶~上衣=연회색 윗도리.
【铅皮】qiānpí 명 함석판. ¶~桶=(함석으로 만든) 양동이. 물통.
【铅球】qiānqiú 명(體) 1 포환. 2 투포환.
【铅纱】qiānshā 명 (아연으로 도금한) 철망.
【铅丝】qiānsī 명 (녹을 방지하기 위해) 아연을 입힌 철사(鐵絲). 철선.
【铅条】qiāntiáo 명 1 (印) 인테르(interline). 슬러그(slug). 2 샤프펜슬의 심(芯).
【铅铁】qiāntiě 명 ☞【镀锌铁】dùxīntiě
【铅桶】qiāntǒng 명 (함석으로 만든) 양동이. 물통.
【铅芯】qiānxīn 명 연필심.
【铅印】qiānyìn 명(동)(印) 1 활자(活字) 인쇄(하다). 2 활판(活版) 인쇄(하다).
【铅直】qiānzhí 형 수직의.
【铅中毒】qiānzhòngdú 명(醫) 연중독. 납중독. ⓔ lead poisoning
【铅字】qiānzì 명(印) (아연·안티몬·주석 등으로 합금한) 활자(活字).

# 悭[慳] qiān 째째할 간
(동)(문) 부족하다. 모자라다. 형(문) 인색(吝嗇)하다.
【悭吝】qiānlìn 형(문) 인색하다. 째째하다. ¶~之徒=째째한 놈들.

# **谦[謙] qiān 겸손할 겸

형 겸손(겸손)하다. 자기를 낮추다. ¶自~=자기를 낮추다. ↔满
⊙→过谦
【谦卑】qiānbēi 형 (주로 아랫사람이 윗사람에게) 겸손하다. 자기 자신을 낮추다. ¶对老人~恭敬=노인께는 겸손하고 공경하여야 한다.
【谦称】qiānchēng 명 겸칭. (동) 겸손하게 일컫다. ¶他把自己的画~为习作.=그는 자기의 그림을 겸손하게 습작이라고 말한다.
【谦诚】qiānchéng 형 겸손하고 성실하다. ¶为人~=사람됨이 겸손하고 성실하다.
【谦词】qiāncí ☞【谦辞】qiāncí
【谦辞】qiāncí 명 겸손함을 나타내는 말씨.
【谦词】qiāncí (동) 겸손하게 거절하다. ¶~不受=겸손하게 거절하고 받지 않다.
【谦恭】qiāngōng 형 공손하다. ¶对人格外~=남들에게 매우 공손하다.
【谦和】qiānhé 형 겸손하고 온화하다. ¶言辞极为~.=말씨가 무척 겸손하고 온화하다.
【谦谦】qiānqiān 형 겸허하다. 공손한 모양.
【谦谦君子】qiānqiān-jūnzǐ (성) 1 겸손하고 자신에게 엄격한 사람. 2 겸손한 척하는 위선자.
【谦让】qiānràng (동) 겸양하다. 겸손하게 사양하다. ¶他~了一下便答应了.=그는 겸손하게 거절하다가 결국 동의하였다. ≒礼让 ↔争夺
【谦顺】qiānshùn 형 겸허하고 공손하다. ¶态度~有加.=태도가 매우 겸허하고 공손하다.
【谦虚】qiānxū 형 1 겸손하다. 겸허하다. ¶他向来~.=그는 본래부터 겸손하다. 2 (비판 등을) 겸허하게 받아들이다. ¶~者常思过, 骄傲者只论人非.=겸허한 사람은 늘 자신의 잘못을 생각하고, 오만한 자는 오직 남의 잘못된 점만 들춘다. (동) 겸손의 말을 하다. ¶他接受后又~了一番.=그는 받아들인 후 겸손의 말을 했다. ≒谦逊 ↔骄傲 傲慢 高傲
【谦虚谨慎】qiānxū-jǐnshèn (성) 겸손하고 신중하게 처세하다.
【谦逊】qiānxùn 형 겸손하다. ¶~有礼=겸손하고 예절바르다. ≒谦虚 ↔骄傲 傲慢

# *签¹[簽] qiān 쪽지 첨
(동) 1 서명하다. 사인하다. ¶~协议=협의서에 서명하다. 2 (요점·의견 등을) 몇 자 적다. 메모하다. ¶~意见=의견을 몇 자 적다.

# *签²[簽·籤] qiān 제비 첨
명 1 (~儿) 표지. 꼬리표. ¶书~=서표(書標). 2 (~儿) (도박·경기·점 등에 쓰이는) 제비. 산가지. ¶抽~算卦=산가지를 뽑아 점을 치다. 3 (~儿) 꼬챙이. ¶牙~=이쑤시개. 4 라벨. 스티커. 바코드. (동) 듬성듬성 꿰매다. ¶邮~=우편용 바코드.
⊙→草签, 路签, 瑞ruì签, 题签, 中zhòng签
【签单】qiān‖dān (동) (상품 구매·식사 등에서) 외상하다.

【签到】qiān∥dào 동 (출근부·회의 참석 명부 등에) 서명하거나 '到(dào)'를 기입하여 도착을 알리다. ≒画到
【签到簿】qiāndàobù 명 (도착했음을 써 넣는) 참석 명부. 출석부. 출근부.
【签订】qiāndìng 동 (조약을) 조인하다. 체결하다. (함께) 서명하다. ¶~购房合同=주택 구입 계약을 체결하다.
【签发】qiānfā 동 (담당자나 담당 부서가 공문이나 증명서 등을 심사하여 동의한 후) 서명하여 발급하다. ¶~护照=여권을 서명 발급하다.
【签封】qiānfēng 동 서명하여 봉함(封緘)하다. ¶假日期间库房必须~. =휴가 기간에는 창고를 반드시 봉함하여야 한다.
【签领】qiānlǐng 동 서명하고 수령(受領)하다. ¶~失物=분실물을 서명하고 찾다.
【签名】qiān∥míng 동 사인하다. 서명하다. ≒具名
【签批】qiānpī 동 서명하여 비준하다. ¶~文件=서류에 서명하여 비준하다.
【签收】qiānshōu 동 수령했음을 서명하다. ¶~特快信件=속달 우편물을 수령했음을 사인하였다.
【签售】qiānshòu 동 (서적이나 기타 출판물의 첫 출시 때) 저자 사인회를 하다.
【签署】qiānshǔ 동 (중요한 문서상에) 정식 서명하다. ¶~经贸协定=경제 무역 협정에 공식 서명하다.
【签筒】qiāntǒng 명 1 (점대를 담는) 첨통. (도박용) 제비통. 2 ☞【扦子】qiān·zi
【签押】qiānyā 동(옛) (문서 따위에) 서명하다. 수결하다.
【签约】qiān∥yuē 동 (조약·계약서 등에) 서명하다.
【签约国】qiānyuēguó 명 서명국(가).
【签证】qiānzhèng 명 비자(visa). 사증(査證). 동 (사증을 발급하여) 입국 허가를 증명하다. 사증을 발급해 주다.
【签注】qiānzhù 동 1 (증명서·유가 증권·장부 등에) 의견 또는 관련 사항을 써 넣다. 2 (서적·공문서에 끼운 꼬리표에) 참고 자료 등을 써 넣다. 3 (상급 기관에 올리는 문건에) 문서 처리에 관련한 의견을 적어 놓다.
【签字】qiān∥zì 동 (문서·조약·계약서·유언장 등에) 서명하다. 조인하다. 사인하다.
【签字笔】qiānzìbǐ 명 사인펜. 수성펜.
【签子】qiān·zi 명 1 (도박·경기·점 등에 쓰이는) 제비. 2 꼬챙이. 3 선장본(線裝本)의 책장 사이에 책명을 써서 아래 늘어뜨린 쪽지. 4 제첨. [선장본(線裝本)의 표지에 책명을 써서 붙인 쪽지] 5 주소 또는 이름을 쓰는 곳으로 봉투 중앙에 붙어 있는 가늘고 긴 붉은 쪽지.

## 愆[諐] qiān 허물 건

명(문) 잘못. 죄과. 과실. 동(문) (시기를) 상실하다. 놓치다.
【愆期】qiānqī 동(문) 시일을 끌어 놓치다. (약속한) 기일을 어기다.
【愆尤】qiānyóu 명(문) 과실. 죄과. 허물. 실수.
【愆滞】qiānzhì 동(문) 늑장을 부리다 일을 그르치다. 실수로 지체하다.

## 鹐[鵮] qiān 먹이 쫄 감

동 (조류가 뾰족한 부리로) 쪼다. 쪼아 먹다. ¶鸡在晒场上~麦子。=닭이 곡식을 널어놓은 곳에서 밀을 쪼아 먹는다.

## 骞[騫] qiān 이지러질 건

동(문) 1 높이 들다. 추켜들다. 높아지다. 2 '搴(qiān)'과 같음.

## 搴 qiān 빼낼 건

동(문) 1 뽑아 내다. 빼내다. 2 '褰(qiān)'과 같음.

## 磏 qiān 붉은 숫돌 렴

명(地) 다첸(大磏). [구이저우(贵州)성에 있는 지명]
☞ lián

## 褰 qiān 들출 건

동(문) (옷·장막 등을) 걷어올리다. 말아 올리다.

## 荨[蕁] qián 쐐기풀 담

☞ xún
【荨麻】qiánmá 명 1(植) 쐐기풀. 2 쐐기풀로 만든 천.

## 钤[鈐] qián 자물쇠 검

명 1 도장. 2(옛) 자물쇠. 동 1 (도장을) 찍다. 날인하다. ¶~印=도장을 찍다. 2(敬) 단속하다. ¶~束=단속하다.
【钤记】qiánjì 명(옛) (기관이나 단체에서) 하급 관리가 사용하던 도장.

## *前 qián 앞 전

동 앞으로 나아가다. ¶犹豫不~=머뭇거리며 앞으로 나아가지 않다. 형 1 이전의. 종전의. ¶~总统=전임(前任) 대통령. 2 (어떤 것이 생겨나기) 이전의. ¶~现代主义=현대주의가 생겨나기 이전의. 명 1 (공간에서의) 바로 앞. 정면. ¶~屋=앞집. /~门=앞문. 2 (방위·순서·시간상의) 앞. ¶~几名=앞의 몇몇 사람. 3 과거. 종전. ¶从~=종전에. /史~=역사상 유례가 없다. 4 미래. 앞날. ¶凡事要想开, 往~看。=매사에 넓게 생각하고 앞날을 바라보아라. 5 미리. 사전. ¶思~想后=지난날을 회상하고 앞날을 생각하다. 6 전선(前線). 전방. ¶支~衣物=전방 보급품. 7 (Qián) 성(姓). ↔后

○ 前 qián
箭 jiàn
煎 jiān
剪 jiǎn
翦 jiǎn
湔 jiān

【前半辈(子)】qiánbànbèi(·zi) 명 인생 전반부 (前半部). =【上半辈(子)】shàngbànbèi(·zi) ↔后半辈子
【前半年】qiánbànnián 명 (일년의) 상반기. 상

반년. =【上半年】shàngbànnián ↔后半年
【前半晌】qiánbànshǎng(~儿) 명 오전. 상오. 아침 나절. =【上半晌】shàngbànshǎng ↔后半晌
【前半生】qiánbànshēng 명 인생 전반부(前半部).
【前半天】qiánbàntiān(~儿) 명 오전. =【上半天】shàngbàntiān ↔后半天
【前半夜】qiánbànyè 명 초저녁부터 밤중[열두시 전]까지의 시간. =【上半夜】shàngbànyè ↔后半夜
【前半月】qiánbànyuè 명 선보름. 선망(先望). [매달 1일부터 15일까지] =【上半月】shàngbànyuè ↔后半月
【前辈】qiánbèi 명 1 항렬이 높은 사람. 2 연장자. 선배. ¶影坛~=영화계의 선배. ≒前辈 ↔晩辈 后辈
【前臂】qiánbì 명 팔뚝.
【前边】qián·bian(~儿) 명 앞. ≒前面 前方 ↔后边
【前部】qiánbù 명 앞부분.
【前不巴村, 后不巴店】qián bù bā cūn, hòu bù bā diàn ☞【前不着村, 后不着店】qián bù zhuó cūn, hòu bù zhuó diàn
【前不着村, 后不着店】qián bù zhuó cūn, hòu bù zhuó diàn ☞【前不巴村, 后不巴店】qián bù bā cūn, hòu bù bā diàn
【前不见古人, 后不见来者】qián bù jiàn gǔrén, hòu bù jiàn láizhě 속 1 이전에도 이만한 성인(聖人)이 없었고, 장래에도 이만한 현자(賢者)가 없을 것이다. 2 비 전무후무하다. 공전절후하다.
【前不久】qiánbùjiǔ 부 일전에. 얼마 전에. ¶我~才看过那部电影. =난 얼마 전에야 그 영화를 보았다.
【前不着村, 后不着店】qián bù zhuó cūn, hòu bù zhuó diàn 속 1 앞에도 마을이 없고, 뒤로도 묵을 곳이 없다. [인적이 드문 곳을 가리킴] 2 비 곤경에 처해 의지할 곳이 없다. =【前不巴村, 后不巴店】qián bù bā cūn, hòu bù bā diàn【前不着村, 后不着店】qián bù bā cūn, hòu bù zhuó diàn
【前场】qiánchǎng 명 1 전회(前回). 앞회. ¶~电影已结束很久了. =앞 영화는 끝난 지가 이미 오래 되었다. 2 (体) (축구의) 페널티 에어리어 부근. ¶发~任意球=페널티 에어리어 부근에서 프리킥을 차다.
【前朝】qiáncháo 명 1 전대(前代) 군주의 통치 시기. 2 (넓은 의미로) 과거의 왕조(王朝).
【前车之鉴】qiánchēzhījiàn 성 1 앞 수레가 뒤집히는 것을 보고 뒤 수레가 경각심을 갖게 되다. 2 비 선인의 실패를 교훈으로 삼다.
【前尘】qiánchén 명문 지난 일. 과거지사(過去之事). ¶~不堪回首=지난 일은 돌이켜 생각하고 싶지 않다.
【前程】qiánchéng 명 1 전도. 장래. ¶锦绣~=화려한 장래. 2 옛 (선비나 관리들이 추구하

였던) 공명(功名) 또는 관직. ≒前途
【前程似锦】qiánchéng-sìjǐn 성 전도가 양양하다.
【前程万里】qiánchéng-wànlǐ 성 전도가 양양하다.
【前仇】qiánchóu 명 묵은 원한. 숙원(宿怨). ¶不记~=묵은 원한을 마음에 두지 않다.
【前此】qiáncǐ 명 이에 앞서. 이보다 먼저. ¶~之前, 他曾提出过这样的论点. =이에 앞서 그는 일찍이 이와 같은 논점을 제기한 적이 있다.
【前次】qiáncì 명 전회(前回). 저번. 지난번. ¶这事~已经说清楚. =이 일은 지난번에 이미 분명히 얘기하였다.
【前代】qiándài 명 전대의 왕조.
【前导】qiándǎo 통 선도(先導)하다. 명 선도자(先導者). 선구자(先驅者).
【前敌】qiándí 명 전방(前方). 전선(前線). ¶~总指挥=전방 총사령관.
【前端】qiánduān 명 전단부. 앞. 앞부분. ¶礼仪小姐站在队伍的~. =행사 도우미가 대열의 앞에 서다.
【前额】qián'é 명 이마.
【前番】qiánfān 명 먼젓번. 지난번.
【前方】qiánfāng 명 1 (공간・위치적으로) 앞부분. 앞. 앞쪽. ¶正~=정면. 2 (军) 전선(前線). 전방(前方). ¶~哨所=전방 초소. ≒前面 前边 ↔后方
【前房】qiánfáng 명 (죽은) 전처(前妻).
【前非】qiánfēi 명 지난날의 과오. 이전의 잘못. ¶痛陈~=지난날의 잘못을 통절하게 진술하다.
【前锋】qiánfēng 명 1 (军) 선봉대(先鋒隊). 2 (体) (축구・농구 등 구기 종목에서) 전위(前衛). 포워드(forward).
【前夫】qiánfū 명 (죽거나 이혼한) 전남편.
【前俯后仰】qiánfǔ-hòuyǎng ☞【前仰后合】qiányǎng-hòuhé
【前俯后仰】qiánfǔ-hòuyǎng ☞【前仰后合】qiányǎng-hòuhé
【前赴后继】qiánfù-hòujì 성 1 앞사람이 돌진하고 뒷사람이 바짝 뒤쫓아가다. 2 비 희생을 무릅쓰고 용감하게 앞으로 나아가다.
【前功尽弃】qiángōng-jìnqì 성 앞의 성취・공로 등이 모두 쓸모 없게 되다. 공든 탑이 무너지다. ≒功亏一篑 功败垂成
【前滚翻】qiángǔnfān 명(体) 앞구르기.
【前汉】Qián Hàn ☞【西汉】Xī Hàn
【前恨】qiánhèn 명 이전의 원한.
【前后】qiánhòu 명 1 (물건의 공간적) 앞과 뒤. ¶别墅的~载满了花木. =별장의 앞뒤에는 꽃과 나무로 가득하다. 2 (시간적으로) 시작과 끝. ¶小区建筑工程~历时一年半. =주거 지역 건설 공사는 일년 반이란 시간이 걸렸다. 3 (특정 시간의) 전후. ¶劳动节~=노동절 전후.
【前…后…】qián…hòu… 1 두 종류의 사물 또는 행위가 시간적・공간적으로 하나는 앞서고 또 하나는 뒤서는 것을 나타냄. ¶~街~巷=앞거리 뒷골목. 2 동작이 앞과 뒤로 향하는 것을 나

타냄. ¶～跌～倒＝앞으로 쓰러지고 뒤로 자빠지다.

**【前后脚儿】qiánhòujiǎor** [부] (서로 약간의 차이로) 앞서거니 뒤서거니 하며. 거의 동시에. ¶我俩～到了学校。＝우리 둘은 거의 동시에 학교에 도착했다.

**【前呼后拥】qiánhū-hòuyōng** [성] **1** 앞의 사람은 소리쳐 길을 열고, 뒤의 사람은 에워싸고 호위하다. **2** [옛] 귀인이나 고관이 행차할 때 위세가 대단하다. **3** (오늘날) 지도자급 인사가 길을 나설 때 수행원에게 둘러싸이다.

**【前脚】qiánjiǎo**(～儿) [명] **1** (걸음걸이에서의) 앞발. **2** 한 발 먼저. 조금 빨리. ¶夫妻俩回家的时间差不多，一个～，一个后脚。＝부부가 집에 도착한 시간은 거의 엇비슷하여, 한 사람이 먼저 들어서자 뒷사람이 바로 따라 들어왔다.

**【前襟】qiánjīn** [명] (윗옷의) 앞자락.

**【前襟后裾】qiánjīn-hòujū** [성] 키우는 자녀가 많아서 하나는 안고 하나는 업고 있는 상황.

**【前进】qiánjìn** [동] 앞으로 나아가다. 발전하다. ¶不断～＝끊임없이 발전하다. ≒挺进 ↔后退 倒退

**【前景】qiánjǐng** [명] **1** (그림·무대·스크린·화면 등에서 관찰자로부터) 가장 가까운 경물(景物). **2** (가까운) 장래. 앞날. ¶此事～堪忧。＝이 일은 앞날이 걱정스럽다.

**【前臼齿】qiánjiùchǐ** [명]《生》 전구치. 앞어금니.

**【前倨后恭】qiánjù-hòugōng** [성] **1** 처음에는 거만하고, 나중에 공손하다. **2** 사람에 대한 태도가 처음과는 딴판이다.

**【前科】qiánkē** [명] **1**《法》 전과. **2** 지난번 과거. ¶～壮元＝지난번 과거의 장원.

**【前空翻】qiánkōngfān** [명]《體》 앞공중제비.

**【前来】qiánlái** [동] 이쪽으로 오다. 다가오다. ¶～学艺＝와서 기예를 배우다.

**【前例】qiánlì** [명] 전례. ¶史无～＝역사상 전례가 없다.

**【前列】qiánliè** [명] **1** (가장) 앞줄. **2** [비] 선두의 자리. ¶世界的～＝세계의 선두.

**【前列腺】qiánlièxiàn** [명]《生》 전립선.

**【前路】qiánlù** [명] 아직 가 보지 못한 길. ¶～渺茫＝앞길이 막막하다.

**【前轮】qiánlún** [명] 전륜. 앞바퀴. ¶自行车～＝자전거 앞바퀴. [형] 지난번의. ¶～谈判＝지난번 담판.

**【前茅】qiánmáo** [명] (남에 비해) 상위에 속함. ¶名列～＝이름이 상위에 있음.

**【前门】qiánmén** [명] **1** (여러 개의 문 가운데) 앞문. **2** (길에 접하고 있는) 정문(正門). **3** 베이징(北京) 내성(內城)의 정문. 즉, 정양먼(正阳门). ↔后门

**【前门拒虎，后门进狼】*qiánmén jù hǔ, hòumén jìn láng*** [성] **1** 앞에서 호랑이를 쫓고 나니, 뒤로 이리가 들어온다. **2** [비] 하나의 화를 넘기자 다른 화가 또 닥치다.

**【前面】qián·mian**(～儿) [명] **1** (공간·위치 상의) 앞. ¶房子～是草地。＝집 앞은 초원이다. **2** (순서의) 앞부분. ¶这项工作，大家～已经付出很多的心血。＝이번 작업에서 모두들 앞서 이미 많은 심혈을 기울여 주셨습니다. **3** (글·이야기의) 앞부분. ¶本文～对此已有说明。＝이 글 앞에 이에 대한 설명이 이미 있다. **4** 앞날. 장래. ¶你们还年轻，～的路还很长。＝너희들은 아직 젊고 앞길도 아직 멀다. ≒前边 前方 ↔后面 背面

**【前脑】qiánnǎo** [명]《生》 전뇌.

**【前年】qiánnián** [명] 재작년.

**【前怕狼，后怕虎】qián pà láng, hòu pà hǔ** [속] **1** 앞으로는 이리를 두려워하고 뒤로는 호랑이를 두려워하다. **2** [비] 온갖 걱정으로 위축되어 앞으로 나아가지 못하다. 지나치게 조심하다〔소심하다〕. ＝**【前怕龙，后怕虎】qián pà lóng, hòu pà hǔ**

**【前怕龙，后怕虎】qián pà lóng, hòu pà hǔ** ☞**【前怕狼，后怕虎】qián pà láng, hòu pà hǔ**

**【前排】qiánpái** [명] **1** (대열·극장 등의) 맨 앞줄. **2**《體》 (배구에서의) 전위.

**【前仆后继】qiánpū-hòujì** [성] **1** 앞 사람이 넘어지면 뒷사람이 그 뒤를 이어 계속 앞으로 나아가다. **2** [비] 희생을 두려워하지 않고 용감하게 전진하다.

**【前妻】qiánqī** [명] (죽거나 이혼한) 전처.

**【前期】qiánqī** [명] 전기. ¶～经营＝전기의 경영〔운영〕.

**【前愆】qiánqiān** [명][문] 이전의 과오. 지난날의 잘못.

**【前前后后】qián·qian hòuhòu** [명] **1** (어떤 곳의) 전후. 앞뒤. [강조의 의미를 가짐] ¶大厦的～都种了草栽了花。＝빌딩의 앞뒤에 모두 화초를 심었다. **2** (어떤 일의) 처음부터 끝까지의 시간. [강조의 의미를 가짐] ¶拍这部影片～共花了一年时间。＝이 영화를 찍는 데 모두 일년의 시간이 걸렸다.

**【前情】qiánqíng** [명] **1** 옛정. **2** (사건 발생) 이전의 상황.

**【前驱】qiánqū** [명] 선구. [사람 또는 사물에 쓰임] ≒先驱

**【前去】qiánqù** [동] (어디로) 가다. 나가다. ¶～商谈＝상담하러 가다.

**【前儿(个)】qiánr(·ge)** [명][방] 그제. 그저께.

**【前人】qiánrén** [명] 전인. 이전 사람. 옛 사람. 선인(先人).

**【前人栽树，后人乘凉】qiánrén zāishù, hòurén chéngliáng** [속][비] 앞 사람이 뒷사람을 위해 복을 짓다. 선인의 노력으로 후대 사람들이 혜택을 입다.

**【前任】qiánrèn** [명] 전임. ¶～首相＝전임 수상. ↔后任

**【前日】qiánrì** [명] 그저께. ¶～的函件对方已经收悉。＝그저께의 서신은 상대방이 이미 잘 받아 보았다.

**【前晌】qiánshǎng** [명][방] 오전.

**【前哨】qiánshào** [명]《軍》 **1** 전초(부대). **2** 최전선. ¶国防～＝국토 방위의 최전선.

【前哨战】qiánshàozhàn 몡 1 (軍) 전초전. 2 凸 (결정적 싸움 전에) 쌍방이 충돌함. ¶这是进军世界杯的~。=이것은 월드컵으로 향한 전초전이다.

【前身】qiánshēn 몡 1 (佛) 전생의 몸. 2 전신. 이전의 신분. 3 (~儿) (웃옷의) 앞섶. ↔后身

【前生】qiánshēng 몡 전생. ≒前世

【前世】qiánshì 몡 전생. ≒前生

【前市】qiánshì 몡 (經) (증권 시장 등의) 오전장. 지난 장. ↔后市

【前事】qiánshì 몡 (교훈을 삼을 만한) 이전 일.

【前事不忘, 后事之师】qiánshì bù wàng, hòushì zhī shī 숙 이전의 경험을 잊지 않으면 이후에 귀감이 된다.

【前视图】qiánshìtú 몡 (機) 정면도. 영 front view

【前思后想】qiánsī-hòuxiǎng 성 반복해서 심사숙고하다. 앞뒤로 곰곰이 생각하다.

【前所未见】qiánsuǒwèijiàn 성 1 이전에는 본 적이 없다. 2 매우 희한하다.

【前所未闻】qiánsuǒwèiwén 성 1 이전에 들어 본 적이 없다. 2 매우 희한하고 특이하다.

【前所未有】qiánsuǒwèiyǒu 성 역사상 유례가 없다. ≒史无前例

【前台】qiántái 몡 1 무대 앞쪽. 2 공연 업무. 3 凸 공개된 장소. 4 (호텔·댄스홀 등의) 프런트(front). 카운터(counter). ↔后台

【前提】qiántí 몡 1 전제. 전제 조건. 2 선결 조건

【前天】qiántiān 몡 그저께.

【前庭】qiántíng 몡 1 이마. ¶~饱满=이마가 훤하다. 2 (生) 전정. [속귀의 일부분] 3 (生) 전정(前庭). 전실(前室). ¶~口腔=구강 전정. 4 앞뜰. ¶~满是花草。=앞뜰에는 화초가 가득하다.

【前头】qián·tou 몡 앞.

【前途】qiántú 몡 1 전도. 앞길. 전망. ¶~光明=장래가 밝다. 2 凸 장래의 처지. ≒前程

【前途无量】qiántú-wúliàng 성 전도가 양양하다.

【前腿】qiántuǐ 몡 1 짐승의 앞다리. 2 (사람이 행진할 때의) 앞발.

【前往】qiánwǎng 동 앞으로 가다. 나아가다. 향하여 가다. ¶一同~=함께 나아가다.

【前卫】qiánwèi 몡 1 (軍) 전위대(前衛隊). 2 (體) (축구·핸드볼 등에서의) 하프백(halfback). 형 전위적이다. ¶~服饰=전위적인 패션.

【前文】qiánwén 몡 앞쪽의 글. 앞글. ¶~已有详述。=앞글에서 이미 상세하게 서술하였다.

【前无古人】qiánwúgǔrén 성 이제까지 그 누구도 해본 적이 없다. 최초의. 공전(空前)의.

【前夕】qiánxī 몡 1 전야. 전날 밤. ¶圣诞~=성탄 전야. 2 凸 중대한 일이 일어나기 전. 전야. ¶出访~=외국 방문 전날.

【前贤】qiánxián 몡 선현(先賢).

【前嫌】qiánxián 몡 이전의 나쁜 감정(앙금·원한). ¶冰释~=이전의 나쁜 감정이 얼음 녹듯 풀리다.

【前线】qiánxiàn 몡 1 (軍) 전선. 전방. 2 (생산·일 등의) 최전선. ¶奔赴抗洪~。=홍수와 맞서 싸우는 최전선으로 달려가다. ↔后方

【前向】qiánxiàng 몡 凸 지난 며칠. 얼마 전. 전. 지난날. ¶他~忙得屁股不连地。=그는 지난 며칠 동안 바빠서 엉덩이를 땅에 붙일 수가 없었다. =【前一向】qiányīxiàng

【前些日子】qiánxiē-rì·zi 몡 수일 전. 지난 며칠. 얼마 전. ¶他~出差了。=그는 지난 며칠 동안 출장을 갔었다.

【前些时候】qiánxiē-shí·hou 몡 얼마 전. 지난 얼마 동안. ¶他~发表了一篇很有分量的文章。=그는 지난 얼마 동안에 아주 무게 있는 글을 한 편 발표했다.

【前些天】qiánxiētiān 몡 며칠 전. 지난 얼마 동안. ¶~给杂志社投了一篇文章。=며칠 전 잡지사에 글을 한 편 투고했다.

【前行】qiánxíng 동 앞으로 나아가다. ¶奋起~=떨치고 앞으로 나아가다.

【前胸】qiánxiōng 몡 흉부. 가슴.

【前言】qiányán 몡 1 앞에서(이전에) 한 말. ¶违背~=앞에서 한 말과 어긋나다. 2 머리말. 서언(緒言). ↔后记

【前言不搭后语】qiányán bù dā hòuyǔ 숙 1 앞에 한 말과 뒤에 한 말이 서로 맞지 않다. 2 말에 두서가 없다.

【前沿】qiányán 몡 1 (軍) (방어 진지 혹은 전선의) 최전방. ¶~阵地=최전방 방어 진지. 2 凸 선도적인 위치에 있는 것. ¶~科学=선진 과학.

【前沿学科】qiányán xuékē 몡 과학 연구의 첨단 분야.

【前仰后合】qiányǎng-hòuhé 성 몸을 앞뒤로 흔들다. [주로 크게 웃을 때를 가리킴]=【前俯后合】qiánfǔ-hòuhé 【前俯后仰】qiánfǔ-hòuyǎng

【前夜】qiányè 몡 1 전날 밤. 전야. 어젯밤. ¶国庆~=건국 기념일 전야. 2 凸 중대한 일이 일어나기 전. 전야. ¶抗战~=항전 전야.

【前一向】qiányīxiàng ☞【前向】qiánxiàng

【前一阵】qiányīzhèn 몡 지난 얼마 동안. ¶他~很忙, 现在闲下来了。=그는 지난 얼마 동안 매우 바빴는데, 지금은 한가해졌다.

【前因】qiányīn 몡 1 (佛) 전생의 인연. 업보. 2 원인. 유래. ¶事件~=사건의 원인.

【前因后果】qiányīn-hòuguǒ 성 1 (일의) 원인과 결과. 2 (일의) 자초지종. 전후시말.

【前拥后挤】qiányōng-hòujǐ 성 매우 붐비는 모습.

【前有车, 后有辙】qián yǒu chē, hòu yǒu zhé 숙 1 앞에 수레가 있으면 뒤에 바퀴 자국이 있다. 2 凸 기존의 사례나 경험을 거울삼아 따라 할 수 있다.

【前缘】qiányuán 몡 1 (佛) 전생의 인연. 2 숙연(宿緣). 구연(舊緣).

【前院】qiányuàn (~儿) 몡 1 앞뜰. 정원. ¶他家的~种了不少花。=그의 집 앞뜰에는 많은 꽃들이 심어져 있다. 2 (저택·중국의 전통 가옥 '四

합원' 등의) 앞채. ¶他家住~, 伯父家住后院. =우리는 앞채에 살고 큰아버님은 뒷채에 사신다.

【前瞻】 **qiánzhān** 동 1 앞을 바라보다. ¶举目~=눈을 들어 앞을 바라보다. 2 전망하다. 예측하다. ¶这话极富~意识. =이 말은 예언적인 의식이 매우 많이 내포되어 있다.

【前瞻后顾】 **qiánzhān-hòugù** 생각이 너무 많아서 망설이고 결정을 하지 못하다.

【前站】 **qiánzhàn** 명 1 숙영(宿營)·주둔(駐屯)할 예정지. 2 선발대. 3 이미 지나 온 정거장. 전숙박지.

【前爪】 **qiánzhǎo** 명 (네발 달린 동물의) 앞발.

【前兆】 **qiánzhào** 명 전조(前兆). 조짐(兆朕). 징조(徵兆). ¶火山爆发~=화산 폭발의 징조. ≒先兆

【前者】 **qiánzhě** 명 전자. 앞의 것. ¶~后者是相互关联的名词. =전자와 후자는 서로 관련된 명사이다. ↔后者

【前震】 **qiánzhèn** 명 (地) 전진. [주(主)지진 전에 나타나는 미진(微震)]

【前肢】 **qiánzhī** 명 (動) (곤충이나 다리가 넷 달린 척추동물의) 앞다리. 전지.

【前置】 **qiánzhì** 동 1 앞에 놓다. 2 (言) 전치하다. [문법에서 본래 어떤 말의 뒤에 놓여야 할 말이 앞에 놓이는 것을 가리킴] ¶宾语~=목적어가 앞에 놓이다.

【前置词】 **qiánzhìcí** 명 (言) 전치사.

【前缀】 **qiánzhuì** 명 (言) 접두사. 접두어. [예를 들어 '老虎'의 '老' 등] =【词头】 **cítóu** ↔后缀

【前奏】 **qiánzòu** 명 1 전주곡. 2 (비) 일의 서막(序幕). ↔尾声

【前奏曲】 **qiánzòuqǔ** 명 1 (音) 전주곡. 2 (比)예고. 전조(前兆). 서곡. 서막.

【前作】 **qiánzuò** 명 1 (農) 전작. [이전 사람의 작품] 2 전작. [자기가 지난번에 만든 작품]

## 虔 **qián** 경건할 건

형 경건하다. 공경스럽다. 삼가다. ¶叩福安=삼가 문안을 올립니다. 명 (Qián) 성(姓).

【虔诚】 **qiánchéng** 형 경건하고 정성스럽다. ¶~之心=경건한 마음. ≒忠诚

【虔敬】 **qiánjìng** 형 경건하고 정성스럽다. ¶神情~=표정이 경건하다.

【虔婆】 **qiánpó** 명 1 (옛) 기생집의 기생어미. 포주. 2 (늙은 여자를 욕하는 말로) 몹쓸 할망구. 못된 년. 도둑년. [주로 조기 백화문에 보임]

【虔心】 **qiánxīn** 형 경건하다. ¶~祷告=경건하게 기도하다. 명 경건한 마음. ¶一片~=온통 경건한 마음.

## **钱[錢]** **qián** 돈 전

명 1 동전. ¶一串古~=옛날 동전 한 꾸러미. 2 화폐. ¶金~=돈. 3 재물. 돈. ¶有~有权=돈도 있고 권력도 있다. 4 (추상적인 의미의) 돈. 값. 금액. ¶船~=뱃삯. 5 동전처럼 생긴 물건. ¶纸~=지전. 종이돈. 6 (Qián) 성(姓). 양 돈. [무게의 단위. 1两(냥)의 1/10로, 5그램]

〇◦ 本钱, 壁bì钱, 茶钱, 称chèn钱, 船chuán钱, 打钱, 大钱, 定钱, 赌dǔ钱, 工钱, 黑钱, 换钱, 价钱, 脚钱, 金钱, 酒钱, 利钱, 力钱, 敛liǎn钱, 零钱, 赏钱, 市钱, 耍shuǎ钱, 铜tóng钱, 喜钱, 闲钱, 现钱, 小钱, 洋钱, 佣yòng钱, 月钱, 找钱, 值钱, 制钱, 租zū钱, 压岁钱

【钱包】 **qiánbāo** (~儿) 명 돈지갑. 돈가방. 돈주머니.

【钱币】 **qiánbì** 명 돈. 화폐. [주로 동전 등과 같은 금속 화폐를 가리킴]

【钱财】 **qiáncái** 명 금품. 금전. 재물. 재화. ¶浪费~=재물을 낭비하다.

【钱钞】 **qiánchāo** 명 동전과 지폐. 돈. ¶这趟买卖赔了不少~. =이번 장사에서 적잖은 돈을 손해 봤다.

【钱串子】 **qiánchuàn·zi** 명 1 지난날에 엽전을 꿰던 끈. 돈꿰미. 2 (비) 구두쇠. 깍쟁이. 수전노. ¶~脑袋=수전노. 3 (動) (절지동물의 일종인) 그리마. =【钱龙】 **qiánlóng**

【钱袋】 **qiándài** 명 돈자루. 전대.

【钱谷】 **qiángǔ** 명 1 화폐와 곡식. 2 전곡. [청(清)대에 재정을 주관하던 막료(幕僚)] ¶~师爷=(청대의) 재정 담당 막료.

【钱柜】 **qiánguì** 명 돈궤. 금고.

【钱荒】 **qiánhuāng** 명 (經) 통화(通貨) 결핍. 통화 부족.

【钱龙】 **qiánlóng** ☞【钱串子】 **qiánchuàn·zi**

【钱夹子】 **qiánjiā·zi** 명 (주로 지폐를 넣기 위해 천이나 가죽으로 만든) 돈주머니. 돈지갑.

【钱可通神】 **qiánkětōngshén** 성 돈만 있으면 귀신도 부릴 수 있다. 황금 만능.

【钱粮】 **qiánliáng** 명 1 지세(地稅). ¶完清~=지세를 완납하다. 2 청(清)대에 재정을 주관하던 막료. ¶~师爷=(청대의) 재정 담당 막료.

【钱迷心窍】 **qiánmíxīnqiào** 성 사람의 마음이 금전에 미혹되다.

【钱票】 **qiánpiào** (~儿) 명 1 중국 고대 지폐의 일종. 2 지폐(紙幣).

【钱权交易】 **qiánquán-jiāoyì** 성 권력과 돈을 거래하다. 수중의 권력으로 개인적인 이익을 도모하다.

【钱数】 **qiánshù** 명 [?] 액수. 금액.

【钱塘江】 **Qiántángjiāng** 명 (地) 첸탕장. [중국 안후이(安徽)성으로부터 시작하여 저장(浙江)성의 항저우(杭州)만으로 흘러드는 강]

【钱物】 **qiánwù** 명 재물. 금품.

【钱眼】 **qiányǎn** (~儿) 명 1 엽전 가운데의 네모난 구멍. ¶钻~=엽전의 구멍을 뚫다. 2 (비) 돈.

【钱庄】 **qiánzhuāng** 명 (개인적으로 경영하던) 금융 기관. 금융 점포.

## **钳[鉗]** **qián** 집을 겸

명 집게. 펜치. ¶铁~=펜치. 동 1 (펜치로) 집다. ¶~住钉子往外拔. =펜치로 못을 집어서 밖으로 당겨 빼다. 2 구속하다. 제한하다. 속박하다. ¶~制舆论=여론을 규제하다.

❶❷ 产钳, 焊hàn钳, 虎钳, 火钳, 卡kǎ钳, 台钳

【钳工】qiángōng 〔명〕 **1** 드릴이나 송곳, 바이스 등의 공구로 조립하거나 가공하는 일. **2** 1과 같은 일에 종사하는 기술공.
【钳击】qiánjī 〔동〕 협공하다.
【钳口】qiánkǒu 〔동〕 **1** 입을 다물다. 침묵을 지키다. **2** (협박·위험하여) 입을 틀어막다. 말을 못하게 하다.
【钳口不言】qiánkǒu-bùyán 〔성〕 **1** 입을 다물고 말을 하지 않다. **2** (비) 말수가 적은 사람.
【钳口结舌】qiánkǒu-jiéshé 〔성〕 **1** 입을 다물고 말하지 않다. **2** 감히 말하지 못하다.
【钳制】qiánzhì 〔동〕 억압하다. 탄압하다. 제한하다. 견제하다. ¶~自由=자유를 억압하다.
【钳子】qián·zi 〔명〕 **1** 집게. 족집게. 펜치. 니퍼. ¶老虎~=바이스(vise/vice). **2** 〔방〕 귀고리.

＊乾 qián 하늘 건

〔명〕 **1** 건. [팔괘(八卦) 가운데 하나. 괘형(卦形)은 '☰'로 하늘을 나타냄] **2** 〔옛〕 남성을 대표함. **3** (Qián) 성(姓). ↔坤
☞ gān
【乾坤】qiánkūn 〔명〕 **1** 〔문〕 건과 곤. 《역경(易經)》의 괘(卦) 이름] **2** (비) 천지(天地)·음양(陰陽)·일월(日月)·남녀·부부 등을 가리킴. ¶扭转~=하늘과 땅을 바꾸어 놓다. 대세를 완전히 뒤바꾸다.
【乾坤一掷】qiánkūn-yīzhì 〔성〕(비) 건곤일척. 모든 것을 걸고 마지막 결전을 벌이다. 일의 대소에 관계 없이 한 번에 모든 것을 걸고 승부나 성패를 겨루다.
【乾隆】Qiánlóng 〔명〕〔歷〕청(清)대 고종(高宗, 愛新覺羅弘曆)의 연호(年號). [1736~1795년]
【乾造】qiánzào 〔명〕 **1** 〔옛〕 남녀의 궁합을 볼 때 남자 쪽의 사주팔자(四柱八字). **2** 혼례에서의 신랑측.
【乾宅】qiánzhái 〔명〕〔옛〕 (혼례에서) 신랑집. 시댁.

掮 qián 멜 견

〔동〕〔방〕 어깨에 메다. ¶~木头=목재[나무]를 어깨에 메다.
【掮客】qiánkè 〔명〕 **1** 중개 상인. 거간꾼. 브로커 (broker). **2** 정상배(政商輩). ¶政治~=정치 모리배.

靬 qián 현 이름 건

〔명〕〔地〕여건(驪靬). [지금의 간쑤(甘肅)성에 있던 한(漢)대의 현(縣) 이름]

犍 qián 건위(犍爲) 건

〔명〕〔地〕건위(犍爲). [쓰촨(四川)성에 있는 지명]
☞ jiān

墘 qián 부근 건

〔명〕〔방〕 옆. 부근. [주로 지명에 쓰임] ¶河~=강변. /车路~=처루첸. [타이완(台灣)에 있는 지명]

箝 qián 재갈 먹일 겸

〔동〕〔문〕 **1** 집다. **2** 입을 굳게 다물다.

＊＊潜[(潛)] qián 자맥질할 잠

〔동〕 **1** 잠수하다. 물 속으로 깊이 들어가다. ¶~人水底=바닥까지 깊이 잠수하다. **2** 숨다. 잠복하다. 잠기다. ¶匿迹~踪=종적을 감추다. **3** 정신을 집중하다. 전념하다. 몰두하다. ¶~神静思=정신을 집중하여 조용히 생각하다. 〔부〕 몰래. 비밀리에. 살그머니. ¶~入室内=몰래 방 안으로 들어가다. 〔명〕 **1** 잠재력. ¶挖~=잠재력을 발굴하다. **2** (Qián) 성(姓). ↔浮

❶❷ 反潜, 猎liè潜艇tǐng

【潜藏】qiáncáng 〔동〕 감추다. 숨(기)다. ¶把委屈~在心底=억울함을 마음속에 감춰 두다.
【潜沉】qiánchén 〔동〕 **1** 물 속으로 숨다. ¶~海底=해저로 숨다. **2** (비) 겉으로 드러나지 않다. 잠재되어 있다.
【潜返】qiánfǎn 〔동〕 몰래 되돌아가다.
【潜伏】qiánfú 〔동〕 잠복하다. 매복하다. 깊이 숨다. 깊이 숨기다. ¶~危机=잠재되어 있는 위기. 늑埋伏
【潜伏期】qiánfúqī 〔명〕〔醫〕잠복기.
【潜航】qiánháng 〔동〕 잠항(하다). ¶潜艇急速~.=잠수정이 급속히 잠항하다.
【潜回】qiánhuí 〔동〕 몰래 되돌아가다.
【潜居】qiánjū 〔동〕 은거하다. ¶~山林=산림으로 은거하다.
【潜科学】qiánkēxué 〔명〕 잠재 과학. 맹아(萌芽) 중인 과학.
【潜亏】qiánkuī 〔명〕 잠재 손실. ¶公司的~问题必须尽快解决. =회사의 잠재 손실 문제는 최대한 빨리 해결해야 한다.
【潜力】qiánlì 〔명〕 잠재 능력. 잠재력. 저력. ¶发掘~=잠재 능력을 발굴하다.
【潜流】qiánliú 〔명〕 **1** 복류(伏流). 저류(底流). **2** (비) 마음속 깊은 곳에 숨겨진 감정. ¶爱的~在心底奔涌. =숨겨져 있던 사랑의 감정이 마음속 깊은 곳에서 용솟음쳤다.
【潜龙】qiánlóng 〔명〕(비) 재주를 가지고서도 때를 못 만난 영웅. 아직 세상에 나타나지 않고 숨어 있는 성인. 잠룡(潛龍). ¶~出世=잠룡이 세상에 나오다.
【潜能】qiánnéng 〔명〕 **1** 잠재력. 잠재 능력. 가능성. ¶发挥~=잠재 능력을 발휘하다. **2** 잠재된 에너지. ¶~巨大=잠재 에너지가 매우 크다.
【潜热】qiánrè 〔명〕 **1**〔物〕잠열. 숨은 열. **2** (아직 발휘되지 않은) 역량. 에너지(energy). ¶要进一步发挥~, 为社会做贡献. =다시 한번 남은 역량을 발휘해서 사회를 위해 공헌해야 한다.
【潜人】qiánrù 〔동〕 **1** 물 속으로 들어가다. ¶~深海=깊은 바닷속으로 들어가다. **2** 잠입하다. 숨어들다. ¶~密室=밀실 안으로 잠입하다.
【潜水】qiánshuǐ 〔동〕 잠수하다. ¶~作业=잠수 작업. 〔명〕〔地〕지하수.

【潜水面】qiánshuǐmiàn ☞【水层】shuǐcéng
【潜水艇】qiánshuǐtǐng ☞【潜艇】qiántǐng
【潜水衣】qiánshuǐyī 명 잠수복.
【潜水员】qiánshuǐyuán 명 잠수원. 잠수부.
【潜水运动】qiánshuǐ yùndòng 명(體) 수중 운동. 잠수 운동.
【潜思】qiánsī 동 깊이 생각하다. ¶~慎行=깊 이 생각하고 신중하게 행동하다.
【潜台词】qiántáicí 명 1 대사 가운데 직접 말하 지 않거나 암시하는 언외지의(言外之意). 2 (비) 분명하게 말로 하지 않는 언외지의(言外之意).
【潜逃】qiántáo 동 (죄인 등이) 몰래 도망가다. ¶仓促~=황급히 몰래 도망가다.
【潜听】qiántīng 동 몰래 숨어서 듣다.
【潜艇】qiántǐng 명(軍) 잠수정. =【潜水艇】 qiánshuǐtǐng
【潜望镜】qiánwàngjìng 명 잠망경.
【潜心】qiánxīn 형 잠심하다. 전심하다. 몰두하 다. 골몰하다. 몰입하다. ¶他对此作过~的研究. =그는 이것에 대해 전심으로 연구한 적이 있다. 동 전심[몰두]하여 연구하다. ¶~于考古事 业=옛 것을 연구하는 데 전심하다.
【潜心静气】qiánxīn-jìngqì 성 마음을 평정시키 고 집중하는 모습. 전심전력. 일심전력.
【潜像】qiánxiàng ☞【潜影】qiányǐng
【潜行】qiánxíng 동 1 물 속에서 움직이다. 물 속으로 (나아)가다. ¶~海底=해저에서 움직이 다. 2 비밀리에 행동하다. 잠행하다. 몰래 가다. 숨어서 행동하다. ¶隐居~=은거하여 남몰래 움직이다.
【潜修】qiánxiū 동 전심전력으로 수양하다. 깊 이 연구하다. ¶~哲学=철학을 깊이 연구하다.
【潜血】qiánxuè ☞【隐血】yǐnxuè
【潜移默化】qiányí-mòhuà 성 한 사람의 사상 이나 성격 등이 어떤 영향을 받아 부지불식간에 변화가 생기다. 은연중에 감화되다. 무의식 중에 감화되다.
【潜意识】qiányì·shí ☞【下意识】xiàyì·shí
【潜因】qiányīn 명 잠재 요소. ¶过于紧张是发 病的~. =지나친 긴장은 발병의 잠재 요소이다.
【潜影】qiányǐng 명 잠상. =【潜像】 qiánxiàng 명 latent image
【潜泳】qiányǒng 명(體) 잠수 영법. 잠영. ¶ 练习~=잠영을 연습하다.
【潜在】qiánzài 동 잠재하다.
【潜在顾客】qiánzài gùkè 명 잠재 고객.
【潜质】qiánzhì 명 잠재된 소질. ¶他是一个很 有~的电影演员. =그는 잠재적인 소질이 많은 영화 배우이다.
【潜滋暗长】qiánzī-ànzhǎng 성 사물이 부지 불식간에 생기고 발전하다.
【潜踪】qiánzōng 동(書) 종적을 감추다. ¶畏罪 ~=죄가 무서워 종적을 감추다.
【潜踪隐迹】qiánzōng-yǐnjì 성 종적을 감추다.

**黔** qián 검을 검
명 1 (書) 검은색. 2 (Qián) (地) 중국 구이저우 (贵州)성의 별칭. 3 (Qián) 성(姓).
【黔剧】qiánjù 명(劇) 구이저우(贵州) 지방의 희곡.
【黔驴技穷】Qiánlǘ-jìqióng 성(비) 얼마 안 되 는 재주도 다 써 버리다. 쥐꼬리만한 재주마저 바 닥이 나다.
【黔驴之技】Qiánlǘzhījì 성 1 쥐꼬리만한 재 주. 보잘것없는 꾀. 하찮은 재주. 2 겉모습만 그 럴듯하고 실제로는 별것 아니다.
【黔首】qiánshǒu 명(書) 고대, '老百姓(백성)'을 가리키는 말. [일반 백성들은 검은 수건으로 머리 를 싸매고 있었던 데서 일컬음]

**灊** Qián 땅 이름 첨
명 첸. [지금의 안후이(安徽)성 훠산(霍山)현에 있던 옛 지명]

**肷[(膁)]** qiǎn 허구리 겸
명(生) 허구리. [주로 짐승의 허리 양측 갈비뼈와 사타구니뼈 사이 부분]

***浅[淺]** qiǎn 얕을 천
형 1 얕다. (가옥·장소 등의 길이나 폭이) 좁 다. 밭다. 짧다. ¶池水~=연못의 물이 얕다. / 院子~=뜰이 좁다. 2 쉽다. 평이하다. 간명 하다. 而易懂=평이하여 쉽게 이해할 수 있 다. 3 (감정·친분·교분이) 깊지 않다. 얕다. ¶交 情甚~=서로 간의 교분이 깊지 않다. 4 천박하 다. ¶学识~=학식이 천박하다. 5 (시간이) 짧 다. ¶年份~=햇수가 짧다. 6 정도가 낮다. 수 준이 낮다. ¶害人非~=남에게 해를 입힌 것이 적지 않다. 7 (색깔이) 옅다. ¶味淡色~=맛은 싱겁고 색깔은 옅다. 명 (Qiǎn) 성(姓). ↔深
☞ jiān

○● 粗cū浅、短浅、肤fū浅、浮浅、搁gē浅、沙浅 儿、深浅、危浅

【浅白】qiǎnbái 형 평이하고 통속적이다. 심오 하지 않다. ¶此诗失之~. =이 시는 지나치게 평이한 것이 흠이다.
【浅表】qiǎnbiǎo 명 표면. ¶他对这个问题的 认识还停留在~上. =그의 이 문제에 대한 인식 은 아직 겉돌고 있다. 형 얕다. 천박하다. ¶本文 的分析还比较~. =이 글의 분석은 아직 비교적 얕은 편이다.
【浅薄】qiǎnbó 형 1 (지식이나 경험이) 천박하 다. 학식이나 수양이 부족하다. ¶学问~=학문 이 천박하다. 2 경박하다. 경망스럽다. ¶流俗 ~=풍속이 경박하다. 3 미미하다. 깊지 않다. ¶情分~=서로간의 정이 깊지 않다. ≒浅陋 ↔ 深厚 渊博
【浅草】qiǎncǎo 명 갓 싹이 튼 부드러운 풀. 크 지 않은 녹초(綠草).
【浅尝】qiǎncháng 동 (지식·문제 등을) 깊게 연구하지 않다. 겉핥다.
【浅尝辄止】qiǎncháng-zhézhǐ 성 1 조금 해 보고 그만두다. 2 (비) 노력을 기울여 깊이 파고들

려 하지 않다. ≒不求甚解 ↔登堂入室 炉火纯青 寻根究底

【浅成岩】 **qiǎnchéngyán** 图(地) 반심성암.

【浅淡】 **qiǎndàn** 图 색깔이 연하다. 정도가 가볍다. ¶~的衣裙=색깔이 연한 여성 정장.

【浅耕】 **qiǎngēng** 图(農) (농작물을 수확한 후) 땅을 얕게 갈다. 천경(淺耕)하다.

【浅海】 **qiǎnhǎi** 图 천해. 얕은 바다. [수심이 200미터 이내인 해역]

【浅红】 **qiǎnhóng** 图 담홍색의.

【浅化】 **qiǎnhuà** 图 평이하거나 부천(膚淺)하게 하다. 통속화하다. ¶~抽象的哲理. =추상적인 철리를 통속화시키다.

【浅黄】 **qiǎnhuáng** 图 담황색의.

【浅灰】 **qiǎnhuī** 图 담회색의.

【浅见】 **qiǎnjiàn** 图 1 얕은 견해. 천박한 생각. 2 函 천견. [자기의 의견을 겸손하게 이르는 말] ↔高见

【浅见寡闻】 **qiǎnjiàn-guǎwén** 函 견해가 천박하고 견문이 넓지 않다.

【浅近】 **qiǎnjìn** 图 평이하다. 쉽다. ¶~明了=평이하고 명료하다.

【浅蓝】 **qiǎnlán** 图 연한 남색의.

【浅陋】 **qiǎnlòu** 图 식견이 짧고 조잡하다. ¶学识~=학식이 짧고 너절하다. ≒浅薄

【浅露】 **qiǎnlù** 图 (말·글이) 평이하게 직접 드러나다. 가볍게 드러내다. 완곡하지 않다. 함축적이지 않다. ¶文意~=글의 뜻이 함축적이지 않다. ≒直露 ↔深刻

【浅绿】 **qiǎnlǜ** 图 담록색의.

【浅明】 **qiǎnmíng** 图 평이하다. 쉽다. ¶说理~=논리가 평이하다. ≒浅显 浅易

【浅浅】 **qiǎnqiǎn** 图 1 (물이) 깊지 않다. 얕다. ¶~的水波=얕은 물결. 2 (색이) 엷다. ¶~的色彩=연한 색. 3 (정도가) 가볍다. 가볍게 일소(一笑)하다.

【浅山】 **qiǎnshān** 图 산 속에서 산 밖까지 거리가 가까워 사람들이 많이 찾는 산. ↔深山

【浅识】 **qiǎnshí** 图图 천박한 지식. 图 대충 알다. ¶~奥妙=오묘함을 대충 알다. 图 식견이 짧고 천박하다. ¶~之辈=학식이 천박한 무리.

【浅视】 **qiǎnshì** 图 근시안적인. ¶要往远处和深处看, 千万不能~。=멀고 깊게 보아야지, 절대 근시안적이어서는 안 된다.

【浅水】 **qiǎnshuǐ** 图 깊이가 비교적 얕은 물. ↔深水

【浅说】 **qiǎnshuō** 图 알기 쉽게 (평이하게) 해설하다 (설명하다). [주로 서명(書名)이나 글의 표제로 쓰임] ¶《诗经~》=《알기 쉽게 풀어 쓴 시경》

【浅滩】 **qiǎntān** 图 바다·호수·강 등의 얕은 곳. 여울. 얕은 물목.

【浅谈】 **qiǎntán** 图 가볍게 논의하다. [주로 글의 표제로 많이 쓰임] ¶《~当代电影业的发展》=〈당대 영화 산업의 발전을 가볍게 논함〉

【浅显】 **qiǎnxiǎn** 图 (말이나 글이) 간단하고 이해하기 쉽다. ¶~的幼儿读物=간단하고 이해하기

기 쉬운 유아용 읽을거리. ≒浅明 浅易 ↔深奥 奥妙

【浅笑】 **qiǎnxiào** 图图 미소(짓다). ¶含情~=정감어린 미소(를 짓다).

【浅学】 **qiǎnxué** 图 학식이 얕다. ¶~之徒=학식이 천박한 자.

【浅易】 **qiǎnyì** 图 쉽다. 평이하다. ¶文词~=문사(文词)가 평이하다. ≒浅明 浅显

【浅饮低唱】 **qiǎnyǐn-dīchàng** 函 1 천천히 술을 마시며 다른 사람의 낮은 노랫소리를 듣다. 2 田 유유자적하는 모습.

【浅知】 **qiǎnzhī** 图图 조금 알다. ¶~一二=조금 알다. 图 얕은 지식. ¶陋闻~=천박한 견문과 얕은 지식.

【浅注】 **qiǎnzhù** 图 간명하게 주석(註釋)을 달다. [주로 서명(書名)이나 편명에 쓰임] ¶《离骚》~=〈離騷(이소)〉 천주.

\* 遣 **qiǎn** 보낼 견

图 1 파견하다. 보내다. ¶差~=파견하다. 임명하다. 2 풀다. 해소하다. 덜다. 달래다. ¶消~=소일하다. 3 (문장의 단어를) 선택하다. 운용하다. ¶选字~词=알맞은 글자와 낱말을 선택하여 사용하다.

○● 编遣, 差(chāi)遣, 调遣, 派遣, 驱qū遣, 先遣, 消遣, 自遣

【遣词】[遣辞] **qiǎncí** 图 낱말을 운용하다.

【遣词造句】 **qiǎncí-zàojù** 图 (글을 짓거나 말을 할 때) 적당한 단어를 골라 문장을 만들다.

【遣辞】 **qiǎncí** ☞【遣词】 **qiǎncí**

【遣返】 **qiǎnfǎn** 图 (원래의 장소로) 돌려보내다. 송환하다. ¶~难民=난민을 송환하다.

【遣怀】 **qiǎnhuái** 图 속내를 드러내다. 속마음을 표현하다. ¶赋诗~=시를 지어 속마음을 드러내다. ≒遣兴

【遣闷】 **qiǎnmèn** 图 고민을 해소하다. 우울한 마음을 개운하게 풀다. 갑갑증을 풀다. ¶以酒~=술로써 고민을 해소하다.

【遣散】 **qiǎnsàn** 图 1 (기관이나 단체 등이 개편 또는 해산 때) 해고시키다. 제대시키다. 2 (포로를) 돌려보내다. 해산하여 귀환시키다.

【遣送】 **qiǎnsòng** 图 (거류 조건에 부합하지 않는 사람을) 돌려보내다. 송환하다. ¶~回国=본국으로 돌려보내다.

【遣兴】 **qiǎnxìng** 图 정감을 (정회를) 드러내다. 마음을 달래다. ¶~之作, 不足挂齿。=개인의 흥취를 읊조린 작품이라 언급할 가치가 없다. ≒遣怀

嗛 **qiǎn** 협낭 겸

图(動) 원숭이의 협낭(頰囊). 图 매우 적다. 근소하다. [고어에서 '谦(qiān)·歉(qiàn)'과 같음]

\* 谴[譴] **qiǎn** 꾸짖을 견

图 1 囤 관리가 죄를 지어 직위가 강등되다. ¶遭~=강등당하다. 2 견책하다. 나무라다. ¶严

~己过＝자신의 잘못을 엄하게 질책하다.
【谴责】qiǎnzé 동 비난하다. 질책하다. 견책하다. 꾸짖다. 규탄하다. ¶~侵略＝침략을 비난하다. ≒斥责 指责
【谴谪】qiǎnzhé 동문 관리가 죄를 지어 폄적(贬谪)당하다.

## 缱[繾] qiǎn 곡진할 견
【缱绻】qiǎnquǎn 형문 정이 깊어 헤어지기 어렵다. 헤어지기 아쉬워하다.

## **欠 qiàn 하품 흠
동 1 (몸이나 몸의 일부를) 살짝 들어올리다. 위로 뻗다. ¶~屁股＝엉덩이를 들어올리다. 2 하품하다. ¶打呵~＝하품하다. 3 모자라다. 부족하다. 불충분하다. ¶万事俱备, 只~东风. ＝모든 일이 다 준비되었는데, 다만 때가 안 되었을 뿐이다. 4 빚지다. ¶拖~＝빚을 제때에 갚지 않고 끌다.
○- 短欠, 挂欠, 哈hā欠, 积欠, 亏kuī欠, 缺quē欠, 赊shē欠, 拖tuō欠, 尾欠, 下欠

【欠安】qiàn'ān 동 몸이 좋지 않다. 편찮다. 불편하다. ¶近来身体~. ＝근래 몸이 편찮다.
【欠产】qiàn‖chǎn 동 생산량이 목표치에 미치지 못하다. ¶麦子~一밀[보리] 생산량이 목표치에 미치지 못하다.
【欠产】qiànchǎn 형 생산량이 미달된.
【欠火】qiàn‖huǒ 동 불이 부족하다. [음식을 충분히 찌거나 굽지 않은 경우를 말함] ¶这笼包子有点~. ＝이 만두는 조금 덜 쪄졌다.
【欠佳】qiànjiā 형 좋지 않다. 불량(不良)하다. ¶成绩~＝성적이 좋지 않다.
【欠款】qiàn‖kuǎn 동 돈을 빚지다. ¶我最近欠了两笔款. ＝나는 최근에 돈을 두어 몫[건] 빚졌다. 명 빚. ¶还清~＝빚을 깨끗하게 갚다.
【欠钱】qiàn‖qián 동 빚을 지다.
【欠情】qiàn‖qíng (~儿) 동 마음의 빚을 지다. 은혜를 입고 갚지 못하다. 신세를 지다. ¶~未谢＝마음의 빚을 지고 고마운 마음을 전하지 못하다.
【欠缺】qiànquē 동 모자라다. 결핍되다. ¶知识~＝지식이 모자라다. 명 부족한 점. 흠. 결점. 결함. ¶一切就绪, 无有~. ＝모든 것이 제자리를 잡아서 부족한 점이 없다. ↔完好
【欠伸】qiànshēn 동 하품하며 기지개를 켜다.
【欠身】qiàn‖shēn 동 몸을 일으켜 앞으로 조금 숙여서 공경을 표시하다. ¶~问好＝몸을 숙여 문안 인사하다.
【欠收】qiànshōu 동(农) 흉년[흉작]이다. ¶涝了一次, 庄稼可能~. ＝한 번 침수되어 농작물 수확이 아마 좋지 않을 것이다.
【欠条】qiàntiáo (~儿) 명 차용 증서.

○- 欠 qiàn, 嵌 qiàn, 芡 qiàn, 歉 qiàn, 砍 kǎn, 坎 kǎn, 莰 kǎn, 饮 yǐn, 吹 chuī, 炊 chuī, 款 kuǎn, 软 ruǎn

【欠通】qiàntōng 형 1 (문맥이) 통하지 않다. 2 이치에 잘 맞지 않다. ¶你的话有些~. ＝너의 말은 이치(理致)에 좀 맞지 않는다.
【欠妥】qiàntuǒ 형 타당성이 부족하다. 적절하지 않다. 알맞지 않다. ¶此事这样做~. ＝이 일을 이렇게 처리하면 타당하지 않다.
【欠薪】qiàn‖xīn 동 월급[급료·봉급]을 체불하다. 임금이 밀리다. 명 체불 임금. 밀린 임금.
【欠债】qiàn‖zhài 동 1 빚지다. ¶~还钱, 自古如此. ＝빚을 지면 갚는 것은 자고이래의 이치이다. 2 약속을 실행하지 않다. ¶报社约的稿, 至今还欠着债. ＝출판사와 약속한 원고를 아직까지 완성하지 못했다. 명 1 빚. 부채. ¶追讨~＝빚 독촉을 하다. 2 아직 실현하지 못한 약속. ¶这些年人情上的~太多了. ＝요 몇 년 동안 사람들에게 지키지 못한 약속이 너무 많다.
【欠账】qiàn‖zhàng 동 빚지다. 외상으로 하다. 명 빚. 부채. 외상값.
【欠资】qiànzī 동 1 (우편물을 부칠 때) 요금을 덜 내다. 미납하다. 2 (기업 등의) 경영 자금이 부족하다.
【欠租】qiànzū 동 임대료를 기한 내에 지불하지 않다.

## **纤[縴] qiàn 동아줄 견
명 배를 끄는 밧줄. 뱃줄. ¶拉~＝뱃줄을 끌다.
☞ xiān
【纤夫】qiànfū 명 (밧줄로) 배를 끄는 인부. 물건을 끄는 인부.
【纤路】qiànlù 명 (강이나 연안의) 배를 끄는 길.
【纤绳】qiànshéng 명 (배를) 끄는 밧줄.
【纤手】qiànshǒu 명 1 (밧줄로) 배를 끄는 인부. 2(喩) 거간꾼. 중개상. 부동산 중개업자.

## 芡 qiàn 가시연 검
명 1(植) 가시연. ['鸡头(jītóu)'라고도 부름] 2 가시연밥으로 만든 녹말가루를 물에 풀어 만든 액즙. [주로 요리에 쓰임] ¶勾~＝가시연으로 만든 녹말가루를 물에 풀어 요리에 넣다.
○- 粉芡

【芡粉】qiànfěn 명 (요리에 쓰이는) 가시연밥으로 만든 녹말가루.
【芡实】qiànshí 명(植) 가시연밥. 가시연의 열매. ＝鸡头米 jītóumǐ

## 茜 qiàn 꼭두서니 천
명 1(植) 꼭두서니. 2(Qiàn) 성(姓). 형 붉은 색의. ¶~裙＝붉은 치마.
☞ xī
【茜草】qiàncǎo 명(植) 꼭두서니.

## 倩 qiàn 예쁠 천
형문 아름답다. 곱다. 예쁘다. 동문 (남에게) 부탁하다. 의뢰하다. ¶~人执笔＝(남에게) 집필을 부탁하다.

【倩女】qiànnǚ 囘 아름다운 소녀.
【倩人】qiànrén 통 (남에게) 부탁하다. 의뢰하다. ¶~代写=다른 사람에게 대신 써 달라고 부탁하다.
【倩笑】qiànxiào 囘 예쁘게 웃는 모습. 어여쁜 미소. ¶满脸~=얼굴 가득한 예쁜 미소.
【倩影】qiànyǐng 囘 1 (여성의) 아름다운 자태. ¶~婀娜=자태가 아리땁다. 2 미인의 사진·화상.
【倩装】qiànzhuāng 囘 아름다운 복장. 고운 옷차림.

## 堑[塹] qiàn 구덩이 참
囘 1 도랑. 해자(垓子). ¶天~=천연의 해자(垓子). 2㈜ 실패. 좌절. ¶吃一~, 长一智。=한 번 좌절을 맛보면 그 가지 지혜가 생긴다.
【堑壕】qiànháo 囘《军》 참호(堑壕).

## 綪[綪] qiàn 붉은 비단 천
囘㈜ 검붉은 색의 견직물〔비단〕. [주로 인명에 쓰임]

## 椠[槧] qiàn 판 참
囘㈜ 1 (책의) 판본. ¶明~=명각본. 2㈎ 기록용의 목판. 3 서신(書信). 서찰(書札). ¶密~=밀서(密書).
【椠本】qiànběn 囘㈜ (책의) 판본. 목판본.

## *嵌 qiàn 박아 넣을 감
통 (비교적 큰 물건의 오목한 홈에) 끼워 넣다. 박아 넣다. ¶镶~=상감하다. ≒镶
【嵌缝】qiànfèng 통 모르타르나 시멘트 등으로 빈 틈을 메우다.
【嵌花】qiànhuā 囘 아플리케. ⇒ appliqué
【嵌金】qiànjīn 통 금으로 상감(象嵌)하다.
【嵌入】qiànrù 통 상감하다. 삽입하다. 끼워 넣다. 새겨 넣다. ¶在门上~铜制雕花=문에 구리로 꽃무늬를 상감해 넣다.
【嵌塞】qiànsāi 통 밀어넣다. 삽입하다. 틈에 넣다. 끼다. ¶食物~在牙隙里=음식물이 이 틈새에 끼다.
【嵌饰】qiànshì 통 장식을 상감해 넣다. 상감하여 장식하다. ¶把钻石~在手镯上=다이아몬드를 팔찌에 상감해 넣다.
【嵌镶】qiànxiāng 통 상감하다.
【嵌有】qiànyǒu 통 (어떤 물건에 어떤 장식물이) 상감(象嵌)되어 있다.

## 慊 qiàn 불만스러울 겸
통㈜ 유감스럽다. 한(恨)스럽다.
☞ qiè

## *歉 qiàn 흉년 들 겸
囘 사과. 미안한 마음. ¶致~=사과하다. 囘 1 수확이 좋지 않다. ¶以丰补~=풍작으로써 흉작을 보충하다. 2 미안하다. 유감이다. 겸연쩍다. ¶心中~疚=마음에 꺼림칙하다.

○● 荒歉
【歉疚】qiànjiù 囘 (남에게 잘못하여) 마음에 꺼림칙하다. 송구스럽다. ¶深为~=매우 송구스럽게 생각하다.
【歉年】qiànnián 囘 흉년.
【歉然】qiànrán 囘 미안해하다. ¶~落泪=미안해하며 눈물을 흘리다.
【歉收】qiànshōu 囘 수확이 좋지 않다. 흉작이다. ¶谷物~=곡물 수확이 좋지 않다. 囘 흉작. ↔丰收
【歉岁】qiànsuì 囘 흉년. ['丰年(풍년)·平年(수확이 평년적인 해)'과 구별됨]
【歉意】qiànyì 囘 미안한 마음. ¶深表~=깊이 미안한 마음을 나타내다.
【歉仄】qiànzè 囘 송구스럽다. 미안하다. 마음에 꺼림칙하다.

# qiang

## 抢[搶] qiāng 부딪칠 창
통 1㈜ 부딪히다. 충돌하다. ¶呼天~地=대성통곡하다. 2 거스르다. 맞받다. ['戗(qiāng) 1'과 같음]
☞ qiǎng

## *呛[嗆] qiāng 쫄 창
통 1 사레들리다. ¶辣椒太辣, 吃~着了。=고추가 너무 매워서 먹다 사레들었다. / 慢慢喝, 别~着。=천천히 마셔, 사레들리지 않게. 2 사레가 들어 갑자기 입 안의 것을 밖으로 내뿜다.
☞ qiàng

## 羌[(羌·羗)] Qiāng 종족 이름 강
囘 1 중국 고대 민족. 2 강족(羌族). [중국 소수민족의 하나로, 주로 쓰촨(四川)성 일대에 분포함] 3 성(姓).
【羌笛】qiāngdí 囘《音》 강족(羌族)의 피리.
【羌管】qiāngguǎn 囘《音》 강족(羌族)의 피리.
【羌族】Qiāngzú 囘 강족. [중국 소수 민족의 하나로 쓰촨(四川)성 일대에 분포함]

## 玱[瑲] qiāng 옥 소리 창
囘㈜ 쨍강. 댕그랑. [옥이 서로 부딪히는 소리]

## *枪¹[槍, 鎗] qiāng 창 창
囘 1 창. ¶刀~剑戟=무기의 총칭. 2 총. ¶冲锋~=자동 소총. 3 성능이나 모양이 총과 같은 것. ¶电子~=전자총. 4 발사된 총알. ¶挨了一~=총알을 한 방 맞다.

## *枪²[槍] qiāng 대신할 창
통 (시험에서) 대리 응시하다. ¶找~手=대리 응시자를 찾다.

**qiāng** 枪 戗 戕 斨 将 酱 跄 腔

○● 标枪, 步枪, 长枪, 大枪, 刀枪, 短枪, 黑枪, 花枪, 火枪, 机枪, 开枪, 冷枪, 猎 liè 枪, 马枪, 鸟枪, 排枪, 气枪, 水枪, 抬 tái 枪, 投枪, 烟枪

【枪把(子)】 qiāngbà(·zi) 명 총자루. 총목.

【枪崩】 qiāngbēng 동(구) 총살하다. [주로 사람들이 혐오하는 자에게 쓰임]

【枪毙】 qiāngbì 동 1 총살하다. [주로 사형 집행에 쓰임] 2 (비) (계획·글 등이) 기각되다. 몰서(没書)되다. [익살스러운 의미를 담고 있음] ¶他的文章被编辑~了.=그의 글은 편집자에 의해 폐기되었다. ≒枪决.

【枪刺】 qiāngcì 명 총검.

【枪打出头鸟】 qiāng dǎ chūtóuniǎo (속) 1 총은 머리 내민 새를 쏜다. 2 (비) 앞장선 자를 공격하거나 벌하다. 모난 돌이 정 맞는다.

【枪带】 qiāngdài 명 (총의) 멜빵.

【枪弹】 qiāngdàn 명 1 총알. 2 탄두. ☞【子弹】 zǐdàn

【枪洞】 qiāngdòng 명 탄흔. 총알 구멍.

【枪法】 qiāngfǎ 명 1 사격술. ¶他~准, 指哪打哪.=그는 사격술이 정확하여 가리키는 대로 맞힌다. 2 창을 쓰는 기술. 창술. ¶~出神入化.=창술이 입신의 경지에 들었다.

【枪杆】 qiānggǎn(~儿) 명 1 총자루. 총대. 총신. [주로 장총을 가리킴] 2 무기. 무력. =【枪杆子】 qiānggǎn·zi ☞【枪杆】 qiānggǎn

【枪杆子】 qiānggǎn·zi ☞【枪杆】 qiānggǎn

【枪管】 qiāngguǎn 명 총신. 총열.

【枪花】 qiānghuā 명 (무술에서) 긴 창으로 상대를 미혹하는 동작. ¶要~儿=무술에서 속임 동작을 하다.

【枪击】 qiāngjī 동 총을 쏘다. 저격하다. 총격을 가하다.

【枪机】 qiāngjī 명 총의 방아쇠.

【枪决】 qiāngjué 동 총살(형을 집행)하다. ≒枪毙.

【枪口】 qiāngkǒu 명 총구. 총부리.

【枪林弹雨】 qiānglín-dànyǔ (성) 1 총이 숲의 나무만큼 많고 총알이 비 오듯 쏟아지다. 2 (비) 전투가 매우 격렬하다.

【枪榴弹】 qiāngliúdàn 명 총류탄.

【枪炮】 qiāngpào 명 1 총과 대포. 2 무기.

【枪杀】 qiāngshā 동 총살하다. ¶遭流弹~.=유탄에 맞아 죽다.

【枪伤】 qiāngshāng 명 총상.

【枪声】 qiāngshēng 명 총 소리. 총성.

【枪手】 qiāngshǒu 명 1 (옛) 창을 든 병사. ¶长~=긴 창을 가진 병사. 2 사격수. 사수. ¶神~=명사수.

【枪手】 qiāng·shou 명 대리 시험을 치는 사람.

【枪栓】 qiāngshuān 명 총의 노리쇠[격발기].

【枪膛】 qiāngtáng 명 (총의) 약실. 탄창부.

【枪替】 qiāngtì 동 대리로 시험을 치르다. 대리로 응시하다. =【打枪】 dǎqiāng

【枪托】 qiāngtuō 명 총의 개머리판.

【枪乌贼】 qiāngwūzéi 명(동) 오징어. =【鱿鱼】 yóuyú

【枪械】 qiāngxiè 명 총. 총기(류). ≒枪支.

【枪眼】 qiāngyǎn 명 1 (~儿) 총구. 총알 구멍. 총탄이 관통한 구멍. 2 (담장이나 보루 등에서) 밖으로 사격할 수 있도록 낸 구멍.

【枪药】 qiāngyào 명 탄약.

【枪鱼】 qiāngyú 명(동) 청새치.

【枪战】 qiāngzhàn 동 총격전을 벌이다. ¶警匪~了近半个小时.=경찰과 강도가 삼십 분 가까이 총격전을 벌였다. 명 총격전. ¶~正酣=총격전이 한창이다.

【枪支】 qiāngzhī 명 총. 총기(류). ¶~弹药=총기와 탄약. ≒枪械.

【枪子儿】 qiāngzǐr 명 총탄. 총알. 탄알.

**戗[戧]** qiāng 부딪힐 창

동 1 거스르다. 맞받다. ¶~风前行=바람을 맞으며 앞으로 나아가다. 2(구) (말로) 부딪치다. 충돌하다. ¶两个人差点儿说~了.=두 사람은 하마터면 다툴 뻔했다.

☞ qiàng

【戗风】 qiāngfēng 동 바람을 맞다. ¶~奔走=바람을 맞으며 달려가다.

【戗水】 qiāngshuǐ 동 역류하다. ¶~上溯=역류하여 거슬러 올라가다.

**戕** qiāng 죽일 장

동(문) 죽이다. 해치다. 손상하다. ¶自~=자살하다.

【戕害】 qiānghài 동 해치다. ¶~心灵=마음을 해치다.

【戕身殒命】 qiāngshēn-yǔnmìng (성) 자살하다. 건강을 해치고 목숨을 잃다.

【戕贼】 qiāngzéi 동 해치다. 손상을 입히다. ¶~身体=몸을 해치다.

**斨** qiāng 도끼 장

명(옛) 도끼의 일종.

**将[將]** qiāng 청할 장

동(문) 원하다. 부탁하다. 청하다. 권하다. ¶~进酒=술 마시기를 권하다.

☞ jiāng, jiàng

**酱[醬]** qiāng 술 이름 창

명 티베트(Tibet)족이 쌀보리로 만든 일종의 술.

**跄[蹌]** qiāng 품위 있는 걸음걸이 창

☞ qiàng

【跄跄】[蹌蹌] qiāngqiāng 형(문) 예의바르게 걷는 모습. 춤추는 모습.

**腔** qiāng 빈 속 강

명 (~儿) 1(生) 강(腔). [체내의 빈 부분] ¶胸~=흉강. 2 기물의 빈 부분. ¶炉~=난로 속. 3 말의 억양. 말투. ¶娘娘~=여자 같은 말투. 4 말. ¶答~=회답. 5 곡조(曲调). 노랫가락.

¶唱~=곡조. 양 마리. [도살한 양(羊)을 세는 단위로, 주로 조기 백화문에 보임] ¶一~羊=(잡은) 양 한 마리.

○● 帮腔, 齿腔, 吹腔, 搭dā腔, 高腔, 官腔, 京腔, 昆kūn腔, 颅lú腔, 盆腔, 秦qín腔, 声腔, 体腔, 行腔, 装腔

【腔肠动物】qiāngcháng dòngwù 명(動) 강장동물.

【腔调】qiāngdiào 명 1 (劇) 강조. [중국 희곡(戲曲)의 곡조(曲調). 예를 들어, 서피(西皮)·이황(二黃)·곤강(昆腔) 등이 있음] 2 말투. 어조. 말씨. 말소리. ¶他的一~表明他不是本地人.=그의 말씨는 그 사람이 본토 사람이 아니라는 것을 나타내 준다. 3 (音) 노랫가락. 곡조(曲調).

【腔子】qiāng·zi 명 1 (生) 흉강(胸腔). 2 머리를 잘라 낸 동물의 사체.

# 蜣 qiāng 쇠똥구리 강
【蜣螂】qiānglánɡ 명(動) 말똥구리. 쇠똥구리. ⇒【屎壳郎】shǐ·kelàng

# 锖[錆] qiāng 자세할 청
【锖色】qiāngsè 명 (연)녹빛. [광물의 표면이 산화되어 나타나는 빛깔]

# 锵[鏘] qiāng 금옥 소리 장
의 쟁강. 쟁쟁. 댕그랑. [금속이나 옥이 서로 부딪히는 소리] ¶铿~=쟁쟁 / 锣鼓~~=댕댕 둥둥 징과 북이 울린다.

# 蹡[蹌] qiāng 비틀거릴 장
⇒ qiàng
【蹡蹡】qiāngqiāng ⇒【跄跄】qiāngqiāng

# 镪[鏹] qiāng 돈꿰미 강
⇒ qiǎng
【镪水】qiāngshuǐ ⇒【强酸】qiángsuān

# 强[[強・彊]] qiáng 굳셀 강
형 1 강하다. 건강하다. 힘이 세다. ¶年富力~=젊고 기력이 왕성하다. / 外~中干=겉은 강해 보여도 속은 부실하다. 2 (의지가) 굳건하다. 굳세다. ¶刚~=강직하다. 굳세다. 3 우월하다. 좋다. ¶争~好胜=승부욕이 강하다. 이기기를 좋아하다. 4 목표치나 요구 정도가 높다. ¶做事责任心要~=일을 함에 있어서 책임감이 강해야 한다. 5 포악하다. 난폭하다. ¶人横行=포악한 사람이 제멋대로 하다. 6 (醫) 중의학에서 딱딱하게 굳어지는 것을 가리킴. ¶关节~直=관절이 딱딱하게 굳어지다. 부 1 강제로. ¶~渡长江=장강을 강제로 건너다. 2 …보다 조금 더. …남짓. [소수나 분수 뒤에 쓰여 그 수보다 조금 많음을 나타냄] ¶书稿写了三分之二~.=원고는 3분의 2를 조금 더 썼다. 동 강하게 하다. ¶富国~兵=부국강병. 국가를 부유하게 하고 군대를 강성하게 하다. 명

(Qiáng) 성(姓). ≒刚 ↔弱
⇒ jiàng, qiǎng

○● 逞chěng强, 刚强, 高强, 豪强, 好hào强, 加强, 坚jiān强, 列强, 顽wán强, 压强, 音强, 增强

【强霸】qiángbà 동 강점(强占)하다. 강제로 차지하다. ¶~财物=재물을 강제로 차지하다.

【强暴】qiángbào 형 난폭하다. 흉포하다. 포악하다. ¶~的行径=난폭한 행동. 명 난폭하고 흉포한 세력. ¶不屈于~.=난폭하고 흉포한 세력에 굴복하지 않다. 동 강간하다. ¶惨遭~=무참히 강간당하다.

【强本节用】qiángběn-jiéyòng 성(Н) 기초 산업을 강화하고 지출을 줄이다.

【强辩】qiángbiàn 동 힘있는 변론을 하다. 웅변하다. ¶极富博闻~之才=박학다문하고 언변이 뛰어난 인재.
⇒ qiǎngbiàn

【强大】qiángdà 형 강대하다. ¶国力~=국력이 강대하다. ↔弱小

【强盗】qiángdào 명 1 강도. 2 비 침략자나 강도와 다를 바 없는 무리.

【强敌】qiángdí 명 강적. 강한 적수(敵手).

【强点】qiángdiǎn 명 장점. 강점(强點). ¶很多人常是~不强, 弱点不弱.=대부분의 사람들은 늘 강점을 발휘하지 못하고 약점은 보완하지 못한다. ↔弱点

【强调】qiángdiào 동 강조하다. ¶再三~=재삼 강조하다.

【强度】qiángdù 명 1 (물체의) 강도(强度). ¶抗震~=지진에 견딜 수 있는 강도. 2 (힘·소리·빛·전기·자력 등의) 세기. 강도. ¶光电~=광전 강도.

【强渡】qiángdù 동 (군대가) 도하를 강행하다.

【强队】qiángduì 명 강팀. 센 팀.

【强风】qiángfēng 명(氣) 1 된바람. [풍력 계급 6 이상의 강한 바람] 2 강풍. 센바람.

【强干】qiánggàn 동 강행하다. ¶此事要慎重, 不能~.=이 일은 신중하게 해야지 강행해서는 안 된다. 형 유능하다. 능력이 뛰어나다. ¶精明~=머리가 좋고 능력이 뛰어나다.

【强干弱枝】qiánggàn-ruòzhī 성 1 줄기는 강하게 하고 곁가지는 약화시키다. 2 비 중앙의 세력을 강화하고 지방의 세력을 약화시키다.

【强攻】qiánggōng 동 강공을 펴다. 강습하다. ¶~破门=(구기 운동에서) 강공으로 골을 넣다.

【强固】qiánggù 형 견고하다. ¶~的基础=견고한 기초.

【强国】qiángguó 동 국가를 강성하게 하다. ¶教育乃~之本.=교육은 국가를 강성하게 하는 근본이다. 명 강(대)국. ¶经济~=경제 강국.

【强悍】qiánghàn 형 강하고 용맹스럽다. 억세고 사납다. ¶为人~=사람 됨됨이가 억세고 사납다.

【强横】qiánghèng 형 횡포하다. ¶态度粗暴~=태도가 거칠고 횡포하다.

**【强化】 qiánghuà** 동 강화하다. 강하고 공고(鞏固)하게 하다. ¶~学习=학습을 강화하다. ↔弱化

**【强化食品】 qiánghuà shípǐn** 명 (비타민·무기염류·단백질 등의 영양 성분을 첨가하여 만든) 건강 식품. 영양 강화 식품.

**【强击】 qiángjī** 동(軍) **1** 강력하게 공격하다. **2** (초)저공으로 비행하며 지면·수면 위의 목표물을 공격하다.

**【强击机】 qiángjījī** 명 (저공·초저공) 폭격기. 전폭기.

**【强记】 qiángjì** 형 기억력이 뛰어나다. ¶博闻~=학식이 넓고 기억력이 뛰어나다. 동 억지로 〔애써〕 기억하다. ¶~不如勤思。=억지로 기억하는 것보다는 부지런히 사고하는 것이 낫다.

**【强加】 qiángjiā** 동 (어떤 의견이나 방법 등을 받아들일 것을) 남에게 강압하다. 강요하다. ¶~罪名=죄명을 뒤집어씌우다.

**【强加于人】 qiángjiāyúrén** 성 자기 생각이나 요구를 남에게 억지로 주입하다. 죄를 남에게 전가하다.

**【强奸】 qiángjiān** 동 **1** 강간하다. **2**(비) 왜곡시키다. ¶~人愿=다른 사람의 바람을 왜곡시키다. **3** 짓밟다. 유린하다. ¶~民意=국민의 뜻을 짓밟다.

**【强奸民意】 qiángjiān-mínyì** 성 통치자가 자신의 희망 사항을 국민들에게 억지로 주입시켜 강요하다.

**【强碱】 qiángjiǎn** 명(化) 강알칼리. 강염기.

**【强健】 qiángjiàn** 형 (몸이) 강건하다. 건장하다. ¶体魄~=신체와 담력이 강건하다. ≒强壮 ↔衰弱

**【强将】 qiángjiàng** 명 용맹하고 능력이 있는 장수. 강한 장수.

**【强将手下无弱兵】 qiángjiàng shǒuxià wú ruòbīng** 성 **1** 강한 장수 아래 나약한 병사가 있을 수 없다. **2**(비)① 훌륭한 지도자 아래 무능한 부하가 있을 수 없다. ② 훌륭한 지도자는 훌륭한 인재를 배출해 낼 수 있다.

**【强劲】 qiángjìng** 형 세다. 강력하다. 세차다. ¶~的球队=막강한 팀. ↔微弱

**【强劳力】 qiángláolì** 명 건장한 육체 노동자. 건장한 일꾼. 숙련 노동자.

**【强力】 qiánglì** 명 **1** (물체의) 외력에 견디는 힘. ¶要双层、一块钢板的~不够。=두 겹으로 해야 해, 강판(鋼板) 하나의 힘으로는 부족해. **2** 강력한 힘. ¶~夺回=강력한 힘으로 되찾다. 형 **1** 강력하다. ¶~霉素=독사사이클린 (doxycycline). **2** 국가 권력 유지에 절대적인 힘이 되는. [주로 사법·경찰 등을 가리킴] ¶~部门=국가 권력 유지에 절대적인 힘이 되는 부서.

**【强梁】 qiángliáng** 형(문) 횡포하다. 명 횡포한 사람이나 세력. ¶不惧~=횡포한 세력을 두려워하지 않다.

**【强烈】 qiángliè** 형 **1** 강렬하다. 맹렬하다. ¶~支持=강하게 지지하다. **2** 선명하다. 뚜렷하다. ¶~的爱国之情=뚜렷한 애국심. **3** 아주 강한. 힘이 있는. ¶~的进取心=강한 향상심. ≒猛烈 ↔轻微

**【强令】 qiánglìng** 동 강제적으로 명령을 내리다. ¶~解除=강제적 명령으로 해제시키다.

**【强龙不压地头蛇】 qiánglóng bù yā dìtóushé** 속(비) 유능한 외지인도 토박이 세력을 이기지는 못한다.

**【强铝】 qiánglǚ** ☞【硬铝】 yìnglǚ

**【强蛮】 qiángmán** 형 횡포하다. 무지막지하다. ¶切忌~手段。=횡포한 수단을 절대 피하라.

**【强弩之末】 qiángnǔzhīmò** 성 **1** 강궁으로 쏜 화살도 끝에 가서는 힘이 없어 얇은 비단조차 못 뚫는다. **2**(비) (강한 힘이) 이미 쇠약해지다. 쇠락의 처지.

**【强拍】 qiángpāi** 명(音) 센박. 강박.

**【强强联合】 qiángqiáng-liánhé** 성 **1** 강자와 강자의 협력. **2** 규모가 큰 회사나 기업 간의 합작.

**【强取】 qiángqǔ** 동 힘으로 빼앗다. 강제로 빼앗다. ¶~财物=재물을 강제로 빼앗다.

**【强取豪夺】 qiángqǔ-háoduó** 성 힘으로 착취하다. [주로 재물을 가리킴]

**【强权】 qiángquán** 명 강권(强權). ¶~政治=강권 정치.

**【强热带风暴】 qiángrèdài fēngbào** 명 (氣) 풍력 계급 10~11(노대바람~왕바람)의 바람. 2 몹시 강한 바람.

**【强人】 qiángrén** 명 **1** 거세고 흉포한 사람. **2** 강자. 실력자. 슈퍼맨. 슈퍼우먼. ¶商界女~=경제계의 슈퍼우먼. **3** 강도. [주로 조기 백화문에 보임] ≒强者 强盗

**【强弱】 qiángruò** 형 강하고 약하다. ¶不能不管~, 一刀切。=강약을 따지지 않고 일률적으로 처리해서는 안 된다. 명 (소리·광선 등의) 강약. 세기.

**【强身】 qiángshēn** 동 몸을 강하게 하다. ¶~健体=신체를 건강하게 하다.

**【强盛】 qiángshèng** 형 (주로 국가가) 강성하다.

**【强仕】 qiángshì** 명 마흔 살. ¶~之年=마흔의 나이.

**【强势】 qiángshì** 명 **1** (도달하려는 혹은 이미 이루어진) 강세(强勢). ¶广告要在短期内形成~。=광고는 단기간에 강세를 형성해야 한다. **2** (점차 강해지는) 발전 추세. ¶股市近期仍走~。=주식 시장은 최근에 여전히 강세를 보인다. **3** (세력이나 힘이) 강력하다. ¶~地位=강력한 지위. ↔弱势

**【强手】 qiángshǒu** 명 **1** 강한 적수. 힘겨운 상대. ¶不畏~=강한 상대를 두려워하지 않다. **2** 강자(强者).

**【强似】 qiángsì** 동 능가하다. 낫다. ¶这一轮的比赛成绩~上轮。=이번 경기 성적이 지난번보다 낫다.

**【强酸】 qiángsuān** 명(化) (산성 반응이 아주 강한) 강산. ㈜【镪水】 qiāngshuǐ ↔弱酸

**【强徒】 qiángtú** 명(문) 강도. 악당.

**【强项】 qiángxiàng** 명 (주로 운동에서 실력이

강 强 墙 蔷 嫱 樯 抢 qiǎng

비교적) 강한 종목. 통 **1** 고개를 숙이려 하지 않다. **2** 꿋꿋하여 굽히지 않다. ↔弱项

【强心剂】qiángxīnjì 명 **1**(醫) 강심제. **2**(비) 사람으로 하여금 정신이 번쩍 들게 하는 조치·행동.

【强心针】qiángxīnzhēn 명(醫) 강심제. [주사약을 가리킴]

【强行】qiángxíng 통 강행하다. 무리하여[억지로] 하다. ¶~穿越=강행하여 산과 고개를 넘다.

【强行军】qiángxíngjūn 통(軍) 강행군하다.

【强压】qiángyā 통 강압하다. 억누르다. ¶~怒气=노기를 억누르다.

【强硬】qiángyìng 형 **1** 강력하다. ¶~措施=강력한 조치. **2** 강경하다. ¶口气~=말투가 강경하다. ↔软弱

【强硬派】qiángyìngpài 명 강경파.

【强有力】qiángyǒulì 형 강력하다. 유력하다. ¶~的证据=유력한 증거.

【强援】qiángyuán 명 강대한 원조. 강력한 지원.

【强占】qiángzhàn 통 **1** 강점하다. 힘으로 차지하다. ¶~他人财产=힘으로 남의 재산을 차지하다. **2**(軍) 무력으로 점령하다. ¶~城池=무력으로 성(城)을 점령하다. ≒侵占

【强者】qiángzhě 명 강한 사람. 강자. ¶每个人都要努力做人生的~。=사람들 모두 인생의 강자가 되도록 노력해야 한다. ≒强人

【强震】qiángzhèn 명(地) 격진(激震). 강진(强震). [리히터 규모 7 이상의 강한 지진] ¶~地带=강진 지대.

【强直】qiángzhí 형통 강직하다. 명(醫) (근육과 관절의) 경직.

【强制】qiángzhì 통 (정치력이나 경제력 등으로) 강제하다. 강요하다. 강압하다. ¶~实行=강제적으로 실행하다. ≒强迫

【强中更有强中手】qiángzhōng gèng yǒu qiángzhōngshǒu 속 **1** 강한 자 중에 더 강한 자가 있다. 뛰는 놈 위에 나는 놈 있다. **2**(비) 학문과 기술에는 끝이 없으므로 자만해서는 안 된다.

【强壮】qiángzhuàng 형 건장하다. 강건하다. ¶~的身体=건장한 신체. 통 강하게 하다. ¶~体质=체질을 강하게 하다. ≒强健 ↔虚弱

**墙[墻，牆]** qiáng 담 장
명 **1** 담장. 벽. 울타리. ¶城~=성벽. / 防火~=방화벽. **2** (기물의) 칸막이. 격벽. **3**(Qiáng) 성(姓). ≒壁

○⇔ 花墙，火墙，女墙，骑墙，山墙，围墙，萧xiāo墙，胸墙，照墙，挖墙脚

【墙报】qiángbào ☞【壁报】bìbào

【墙壁】qiángbì 명 (벽돌·돌·흙 등으로 쌓아 만든) 벽. 담장.

【墙橱】qiángchú 명 벽장.

【墙倒众人推】qiáng dǎo zhòngrén tuī 속 **1** 담장이 무너지기 시작하면 뭇 사람이 밀어 넘어뜨린다. **2**(비) 사람이 세력을 잃거나 운수가 나쁠 때 많은 사람들의 비난과 공격을 받게 된다.

【墙根】qiánggēn(~儿) 명 (지면에 가까운) 담·벽의 밑. ≒墙脚

【墙柜】qiángguì 명 붙박이식 수납장.

【墙花路柳】qiánghuā-lùliǔ 성(비) 창녀. 노류장화.

【墙基】qiángjī 명 (지면 아래) 담장·벽의 토대.

【墙角】qiángjiǎo 명 담이나 벽의 모퉁이나 구석.

【墙脚】qiángjiǎo 명 **1** (지면에 가까운) 담·벽의 밑. **2** (지면 아래) 담·벽의 토대. **3**(비) 토대. 기반. 기초. ¶不能干挖人~的缺德事。=남의 사람을 빼오는 짓을 해서는 안 된다. ≒墙根

【墙里开花墙外香】qiánglǐ kāihuā qiángwài xiāng 속 **1** 담장 안에 꽃이 피면 담장 밖이 향기롭다. **2** 좋은 일이나 좋은 사람이 내부가 아닌 바깥에서 인정받다.

【墙面】qiángmiàn 명 담이나 벽의 표면. [주로 실내의 것을 가리킴]

【墙裙】qiángqún 명(建) 징두리(벽판). = 【护壁】hùbì

【墙上】qiáng·shang 명 **1** 담장. ¶~有一道裂缝。=담장에 갈라진 틈이 한 줄 있다. **2** 담장 위. ¶~芦苇=담장 위의 갈대. **3** 벽(에). ¶~贴年画。=벽에 세화(歲畫)가 붙어 있다.

【墙头】qiángtóu 명 **1** (~儿) 담장의 꼭대기. 담장의 윗부분. **2** 낮고 짧은 담장.

【墙头草】qiángtóucǎo 명 **1** 담장 꼭대기의 풀. **2**(비) 주견이 없는 사람이나 기회주의자.

【墙隙】qiángxì 명 담장이나 벽에 난 틈.

【墙有缝，壁有耳】qiáng yǒu fèng, bì yǒu ěr 속 담에도 틈이 있고, 벽에도 귀가 있다. 낮말은 새가 듣고, 밤말은 쥐가 듣는다.

【墙垣】qiángyuán 명 담장.

【墙纸】qiángzhǐ 명(建) 벽지. =【壁纸】bìzhǐ

**蔷[薔]** qiáng 장미 장
【蔷薇】qiángwēi 명(植) 장미.

**嫱[嬙]** qiáng 궁녀 장
명 고대 궁중의 여관(女官).

**樯[檣，艢]** qiáng 돛대 장
명통 돛대. 마스트(mast). ¶~倾楫摧=돛대가 기울고 노가 꺾이다.

**抢[搶]** qiǎng 빼앗을 창
통 **1** 빼앗다. 탈취하다. 약탈하다. ¶~球=공을 빼앗다. **2** 서두르다. 돌격하다. 다그치다. 급히 하다. ¶~修桥梁=서둘러 교량(橋梁)을 건설하다. **3** 앞을 다투다. 앞다투어 …하다. ¶~着购买=앞을 다투어 구매하다. **4** (사물의 표면을) 긁거나 닦다. 벗기다. 벗겨지다. ¶~掉锅底的油污。=솥 바닥의 기름때를 벗기다. ≒夺
☞ qiāng

【抢案】qiǎng'àn 명(法) 강도 사건. 약탈 사건.

【抢白】qiǎngbái 통 (면전에서) 나무라다. 타박하다. 책망하다. 꾸짖다.

【抢班夺权】qiǎngbān-duóquán 성 정당하지 않은 방법으로 권력을 탈취하다.

【抢场】 qiǎngcháng 통(農) (날씨가 급변하여) 농부가 타작을 서둘러 마무리하다.
【抢搭车】 qiǎngdāchē 통㉠ 주식을 상승 초기에 매수하다.
【抢答】 qiǎngdá 통 앞다투어 대답하다. ¶历史知识~赛=역사 지식 퀴즈 경연 대회.
【抢点】 qiǎngdiǎn 통 1 (기차·자동차 등이 지연된 탓에 속도를 내어) 제 시간에 도착하다. 2 (體) 축구 선수가 슛하기 좋은 자리를 차지하다.
【抢渡】 qiǎngdù 통 시간을 다투어 강을 건너다. ¶夜间~=야간에 시간을 다투어 강을 건너다.
【抢断】 qiǎngduàn 통(體) (축구나 농구 경기 중) 상대의 공을 낚아채다. ¶快速~=빠른 속도로 상대의 공을 낚아채다.
【抢夺】 qiǎngduó 통 빼앗다. 강탈하다. ¶~钱财=금품을 빼앗다. ≒掠夺↔归还 奉还
【抢饭碗】 qiǎng fànwǎn 통㉠ 남의 직장이나 직업을 빼앗다.
【抢匪】 qiǎngfěi 명 강도. 비적.
【抢干】 qiǎnggàn 통 서둘러 하다. 앞장서서 하다. ¶~重活脏活。=힘든 일 더러운 일을 앞장서서 하다.
【抢工】 qiǎnggōng 통 공사를 서둘러 하다.
【抢攻】 qiǎnggōng 통(軍) 시간을 다투어 공격하다.
【抢购】 qiǎnggòu 통 다투어 구매하다.
【抢红灯】 qiǎng hóngdēng 통㉢ 빨간 신호등에 지나가다. 신호를 위반하다.
【抢婚】 qiǎnghūn 명☞ 【掠夺婚】 lüèduóhūn 통 부녀자를 약탈하여 강제 결혼하다.
【抢建】 qiǎngjiàn 통 (지극히 짧은 기간 내에) 서둘러 건축하다.
【抢劫】 qiǎngjié 통 강도짓하다. (재물을) 빼앗다. 약탈하다. 빼앗다. ¶~财物=재물을 강탈하다. ≒打劫
【抢劫罪】 qiǎngjiézuì 명(法) 강도죄.
【抢截】 qiǎngjié 통(體) (상대편 공격을) 막다. 차단하다.
【抢景】 qiǎngjǐng 통 (가장) 멋진 장면을 포착하여 서둘러 촬영하다. [주로 경물(景物)에 쓰임] ¶目睹巨大的陆地冰川, 游客们纷纷~拍摄。=거대한 육지의 빙하를 보고, 여행객들은 너나없이 서둘러 멋진 모습을 촬영했다.
【抢镜头】 qiǎngjìngtóu 통 1 (가장) 멋진 장면을 포착하여 서둘러 촬영하다. ¶各媒体摄影记者纷纷到开幕式上~。=각 방송 매체의 촬영 기자들이 꼬리를 물고 개막식에 앞다투어 멋진 장면을 서둘러 촬영했다. 2㉠ 주목받다. 인기를 독차지하다. 스포트라이트(spotlight)를 받다. ¶他是本场演出中最~的演员。=그는 이번 공연에서 가장 주목받는 배우이다. 3① 끼어들다. 다른 사람의 화면을 가로막다. ②㉠ 나서서 말아야 할 때 나서다. 기회를 타서 자기를 드러내다. ¶他从来不跟达官贵人~。=그는 지금까지 높은 사람들에게 자기를 내세워 본 적이 없다.
【抢救】 qiǎngjiù 통 1 (응급 상황에서) 서둘러 구호하다. 구출하다. 구조하다. 응급 처치하다. ¶~伤者=부상자를 응급 처치하다. 2 구하다. ¶~文物=문물을 구하다. ≒急救
【抢掠】 qiǎnglüè 통 (주로 재물을) 강탈하다. 약탈하다. ¶侵略者烧杀~, 无恶不作。=침략자들은 방화, 살육, 약탈 등 온갖 못된 짓을 다 한다.
【抢拍】 qiǎngpāi 통 1 스냅사진(snap寫眞)을 찍다. 서둘러 촬영하다. ¶~突发性新闻。=돌발성 기사 장면을 다투어 촬영하다. 2 앞다투어 촬영하다. [주로 영화나 텔레비전 연속극을 가리킴] ¶不少影视剧~同一历史题材。=많은 영화와 연속극이 같은 역사 소재를 앞다투어 촬영하다.
【抢跑】 qiǎngpǎo 통(體) 운동 경기에서 시작 신호 전에 출발하다.
【抢跑道】 qiǎngpǎodào 통㉠ 차례를 지키지 않고 앞에 끼어들다.
【抢亲】 qiǎng‖qīn 통 부녀를 강탈하여 결혼하다.
【抢亲】 qiǎngqīn 명 (결혼 풍속의 하나로) 남자 측에 여자를 강탈하여 결혼하는 것.
【抢青】 qiǎngqīng 통(農) (부득이한 이유로 익지 않은 곡식을) 미리 수확하다.
【抢球】 qiǎngqiú 통(體) (구기 종목에서) 공을 다투다. 공을 빼앗다.
【抢墒】 qiǎngshāng 통(農) 토양이 축축하여 싹트기 좋을 때 파종하다.
【抢生意】 qiǎng shēng·yi 통 1 합당한 방법으로 고객을 끌어들이다. ¶大家都努力提高服务质量暗暗~。=모두들 열심히 서비스 품질을 향상시켜서 암암리에 고객을 끌어들인다. 2 부당한 방법으로 고객을 끌어들이다. ¶野的用哄骗方式~。=야비한 사람들은 속이는 방법으로 고객을 끌어들여 장사를 한다.
【抢时间】 qiǎng shíjiān 통 시간을 다투다. 서둘러 하다. 다급하게 하다. ¶大家都要~, 努力使工程提前竣工。=모두들 시간을 다투어 열심히 노력하여 공사 일정을 앞당겨 준공하려 한다.
【抢收】 qiǎngshōu 통(農) (다 익은 농작물이 피해를 보지 않도록) 서둘러 수확하다. 급히 거두어들이다.
【抢手】 qiǎngshǒu 통 (상품 등이 매우 인기가 있어서) 앞다투어 구매하다. 잘 팔리다. ¶新品上市, 非常~。=신상품이 출시되자 날개 돋친 듯 팔린다. ≒走俏
【抢手货】 qiǎngshǒuhuò 명(經) 아주 잘 팔리는 물건. 인기 상품.
【抢滩】 qiǎngtān 통 1(軍) 해안 상륙 진지를 다투어 점령하다. ¶快速~登陆。=해안 상륙 진지를 재빨리 점령하여 상륙하다. 2(經) 시장을 선점하다. ¶世界名牌汽车纷纷~中国内地市场。=세계 유명 메이커 자동차들이 다투어 중국 내륙 시장을 선점하고 있다. 3 (선박이 침몰할 위험이 있을 때) 선박을 얕은 해안에 일부러 좌초시켜 침몰을 막다.
【抢先】 qiǎng‖xiān(~儿) 통 앞을 다투다. 남보다 앞서서 행동하다. ¶~完成=남보다 먼저 완성하다. ≒当先
【抢险】 qiǎngxiǎn 통 응급 처치〔조치〕를 취하

다. 긴급 구조를 하다. ¶~救灾=서둘러 재난을 구제하다.
【抢行】qiǎngxíng 통 서둘러 길을 재촉하다.
【抢修】qiǎngxiū 통 1 (고장나거나 파손된 후) 서둘러 수리하다. 응급으로 수리하다. ¶~洪水冲毁的堤坝.=홍수로 파손된 제방을 서둘러 보수하다. 2 시간을 다투어 건립하다. 서둘러 건설하다. ¶~教学大楼.=서둘러 강의동을 건립하다.
【抢眼】qiǎngyǎn 통 사람들의 주목을 끌다. 눈에 띄다. 눈길을 빼앗다. ¶她穿的白色风衣很~.=그녀가 입은 흰색 윈드 코트(wind coat)는 매우 사람들의 주목을 끈다.
【抢运】qiǎngyùn 통 (긴급 상황에서 손실의 위험이 있는 물자를 안전한 장소로) 빨리 옮기다. 급히 나르다. 서둘러 운송하다. ¶~救灾物资.=구제 물자를 서둘러 운송하다.
【抢占】qiǎngzhàn 통 1 불법으로 점유하다. 탈취 점거하다. ¶~他人科研成果.=남의 연구 성과를 부당하게 취하다. 2 다투어 점령하다. ¶~滩头阵地.=해안 상륙 거점을 다투어 점령하다.
【抢种】qiǎngzhòng 통 (시기를 놓치지 않고) 서둘러 파종하다. ¶~经济作物.=경제 작물을 서둘러 파종하다.
【抢嘴】qiǎngzuǐ 통 1 다투어 먹다. 빼앗아 먹다. ¶猪崽在食槽里~.=새끼돼지들이 죽통에서 돼지죽을 다투어 먹는다. 2(방) 앞다투어 말하다. 말을 가로채다. ¶一个一个说, 别~.=한 사람씩 말하세요, 말을 가로채지 마시오.

# 羟[羥] qiǎng 경기(羥基) 경
명 (화) 수산기(水酸基). 히드록시기(hydrox기).
【羟基】qiǎngjī ☞[氢氧基] qīngyǎngjī
【羟基酸】qiǎngjīsuān 명(화) 히드록시산.

# **强[(強·彊)] qiǎng 억지로 강
통 1 억지로 하다. 강제로 하다. 무리하게 하다. ¶~牵·附会=견강부회하다. 2 강제로 시키다. 강박하다. ¶千万不要~人所难.=절대 다른 사람들에게 곤란한 일을 강요해서는 안 된다.
☞ jiàng, qiáng
○● 勉miǎn强, 牵qiān强

【强逼】qiǎngbī 통 강압하다. 강요하다. ¶本着自愿原则, 不~参展.=자원(自願)의 원칙에 따라 전람회 전시 참여를 강요하지 않는다.
【强辩】qiǎngbiàn 통 (본래 변명의 여지가 없는 일을) 억지로 변명하다. 생떼를 쓰다. 끝까지 우겨 대다. ¶胡缠~=말도 안 되는 억지 변명을 하다. ≒狡辩
☞ qiángbiàn
【强不知以为知】qiǎng bùzhī yǐwéi zhī 모르면서 억지로 아는 척하다.
【强词夺理】qiǎngcí-duólǐ 터무니없는 말로 억지를 부리다. 당찮은 이유를 내세우며 억지를 쓰다.
【强记】qiǎngjì 통 애써 기억하다. 억지로 외우다. ¶要理解记忆, 不能~.=이해하고 기억해

야지 억지로 외려고 해서는 안 된다.
【强留】qiǎngliú 통 억지로 못 가게 잡다. 무리하게 만류하다. 억지로 붙들다. ¶愿意撤股的, 不~.=주식에서 손을 떼고자 하는 사람들을 억지로 잡지는 않는다.
【强买强卖】qiǎngmǎi-qiǎngmài 통 억지로 사고 팔다. ¶要公平交易, 不~.=공평하게 교역하지 억지로 사고 팔지는 않는다.
【强扭的瓜不甜】qiǎngniǔ·deguā bù tián 〈속〉 억지로 한 일은 좋은 결과가 있을 수 없다.
【强迫】qiǎngpò 통 강요하다. 강제로 시키다. 핍박하다. ¶~劳动=노동을 강요하다. ≒逼迫
【强求】qiǎngqiú 통 억지로 요구하다. 강요하다. ¶要百花齐放, 不~一种风格.=갖가지 풍격을 자유롭게 추구해야지, 한 가지 풍격만을 강요하면 안 된다.
【强人所难】qiǎngrénsuǒnán 어려운 일이나 힘든 일을 남에게 강요하다. ≒勉为其难
【强忍】qiǎngrěn 통 (감정 등을) 억지로 참다. ¶~疼痛=아픔을 억지로 참다.
【强使】qiǎngshǐ 통 강제로 …하게 하다. ¶~戒赌=강제로 도박을 끊게 하다.
【强文假醋】qiǎngwén-jiǎcù 〈속〉 지식이나 학문을 뽐내다. 학문이 뛰어난 것처럼 가장하다. 학자인 체하다.
【强笑】qiǎngxiào 통 억지로 웃다. ¶心中痛苦, 但脸上还得~.=마음속은 고통스러웠지만 얼굴에는 억지웃음을 지어야 했다.
【强颜】qiǎngyán 통(문) 억지로 (웃는) 표정을 짓다.
【强颜欢笑】qiǎngyán-huānxiào 〈성〉 마음속으로 언짢지만 억지로 기쁜 표정을 짓다.
【强征】qiǎngzhēng 통 (사람이나 재물을) 강제로 징용하다.
【强作】qiǎngzuò 통 억지로 …을 가장하여 …인 체하다. ¶~笑颜=억지로 웃는 얼굴을 하다.
【强作解人】qiǎngzuò-jiěrén 〈성〉 이해하지 못하면서 억지로 이해하는 척하다.

# 镪[鏹] qiǎng 돈꿰미 강
명(문) 옛날 돈꿰미.
☞ qiāng

# 襁[(繈)] qiǎng 포대기 강
명(문) 포대기. 강보(襁褓).
【襁褓】qiǎngbǎo 명(문) 강보. 포대기. ¶婴儿熟睡在~中.=갓난아이가 강보 안에서 곤히 잠을 잔다.

# *呛[嗆] qiàng 쐴 창
통 (자극성 기체로 인해) 눈이 따갑다. 숨이 막히다. 코를 찌르다. ¶辣味~得眼直流水.=매운 맛[냄새]에 눈이 따가워 줄곧 눈물이 흐른다. 형 힘들다. 괴롭다. ¶天太冷, 冻得人够~.=날씨가 너무 추워서 사람이 괴로울만큼 꽁꽁 얼어붙는다.
☞ qiāng

【呛人】qiàng‖rén (동) (자극성 기체가) 코를 찌르다. 자극하다. ¶烟味呛死人。= 연기가 코를 찔러 사람이 숨막혀 죽을 지경이다.

## 戗[戧] qiàng 다칠 창

(동) 1 지탱하다. 버티다. ¶用木头~住墙。= 나무로 담장을 지탱하다. 2 참다. 억지로 견뎌 내다. 이겨 내다. ¶老吃方便面, 身子可~不住。= 늘 라면만 먹으면 몸이 견딜 수 없다. (명) 1 지붕 받침대. 2 버팀목. 3 큰 제방 밖의 보호용 제방. (형) 매우 심하다. 지독하다.
☞ qiāng

【戗堤】qiàngdī (명) (큰 제방을 더욱 공고히 하기 위하여) 덧붙여 쌓은 작은 제방. 버팀 제방.
【戗脊】qiàngjǐ (명) (지붕의 양 경사면이 만나는 곳에 형성된) 지붕 마루.
【戗面】qiàngmiàn (~儿) (동) 밀가루를 반죽하면서 마른 밀가루를 넣다. (명) 마른 밀가루를 넣어 반죽한 발효 밀가루. ¶~馍=발효 밀가루로 만든 만터우.

## 炝[熗] qiàng 데칠 창

(동) 1 (요리에서) 고기나 파 등을 뜨거운 기름으로 조금 볶은 후, 양념과 물을 넣고 삶다. ¶用葱花儿~一~锅=잘게 썬 파를 조금 볶은 후 물에 삶다. 2 (요리에서) 새우·야채 등을 살짝 데친 후 간장, 식초 따위로 무치다. ¶~芹菜=미나리를 살짝 데친 후 무치다.

## 跄[蹌] qiàng 추창할 창
☞ qiāng

【跄跟】【蹡跟】qiàngliàng ☞【跟跄】liàngqiàng

## 踉[蹡] qiàng 비틀거릴 장
☞ qiāng

【蹡跟】qiàngliàng ☞【跄跟】qiàngliàng

# qiao

**悄** qiāo 조용할 초
아래를 참조.
☞ qiǎo

【悄悄】qiāoqiāo (~儿) (형) 조용하다. 소리를 낮추다. 은밀하다. ¶夜静~儿的。=밤이 고요하다. (부) (소리나 행동을) 은밀히. 몰래. ¶他~儿地离开了。=그는 몰래 떠났다. ≒偷偷
【悄悄话】qiāoqiāohuà 귓속말. 비밀 이야기. ¶夫妻俩在说~。=부부는 귓속말을 하고 있다.

## 硗[磽, 墝] qiāo 메마른 땅 교

(형) (토지가) 메마르다. 척박하다. ¶人有好坏, 地有肥~。=사람에도 좋은 사람과 나쁜 사람이 있고, 땅에도 비옥한 곳과 메마른 곳이 있다.
【硗薄】qiāobó (형) (토지가) 딱딱하고 굳고 비옥하지 않다. 척박하다. 메마르다. ¶土地~=토지가 척박하다.
【硗瘠】qiāojí (형) 토지가 척박하다.
【硗确】qiāoquè (형) 척박하다.

## 雀 qiāo 검붉은 색 작
☞ qiǎo, què
【雀子】qiāo·zi (구) 주근깨.

## *跷[蹺, 蹻] qiāo 발돋움할 교

(동) 1 다리를 들다(꼬다). ¶~起二郎腿。=다리를 꼬고 앉다. 2 손가락을 치켜세우다. ¶~着大拇指叫好。=엄지손가락을 치켜세우고 좋다고 하다. 3 발돋움하다. ¶~起脚看热闹。=발뒤꿈치를 들고서 시끌벅적한 장면을 구경하다. (명) (높은) 나무 다리(발). (형) 다리를 절다.
【跷工】qiāogōng (~儿) (명) 중국 전통극에서 전족 부녀자로 분장하여 굽 높은 신을 신고 하는 연기.
【跷脚】qiāo‖jiǎo (동) 다리를 꼬다. ¶他~在椅上睡着了。=그는 의자에서 다리를 꼰 채 잠들었다. (형) 다리를 절다.
【跷捷】qiāojié (형) 솜씨가 민첩하다. (몸이) 재빠르다.
【跷蹊】qiāo·qi 【蹊跷】qīqiāo
【跷跷板】qiāoqiāobǎn (명) 시소(seesaw).
【跷腿】qiāo‖tuǐ (동) 다리를 꼬다.
【跷足】qiāozú (동) 발뒤꿈치를 치켜들다. 까치발을 하다. ¶~远望=발뒤꿈치를 들고 멀리 바라보다.
【跷足而待】qiāozú'érdài (성) 1 발뒤꿈치를 들고 기다리다. 2 (비) 곧 일의 결과가 나오다.

## *锹[鍬, 鏊] qiāo 가래 초

(명) 삽. (양) 1 한 삽의 분량. ¶一~泥=진흙 한 삽. 2 삽과 같은 길이의 깊이. ¶水沟要挖一~深。=도랑은 삽 하나 깊이만큼 파야 한다.

## 劁 qiāo 끊을 초

(동) (가축을) 거세하다. 불까다. ¶~猪=돼지를 거세하다.

## *敲 qiāo 두드릴 고

(동) 1 치다. 두드리다. 때리다. ¶~门=문을 두드리다. /零~碎打=일을 지속적으로 진행하지 않고 조금씩 간헐적으로 진행하다. 2 (구) 공갈(협박)로 재물을 빼앗다. 속이다. 속여 빼앗다. 사기치다. 바가지 씌우다. ¶在旅游区小摊上买东西常被~。=관광 지역 작은 노점에서 물건을 사면 자주 바가지를 쓴다. 3 사리를 연구하다. 탐구하다. 따져 보다. ¶此事非仔细推~不可。=이 일은 자세히 따져 보지 않으면 안 된다.

○● 推tuī敲

【敲边鼓】qiāo biāngǔ 낮(비) 부추기다. 선동하다. 충동질하다. 맞장구치다. 옆에서 기세를 돋우다. =【打边鼓】dǎ biāngǔ

【敲冰求火】qiāobīng-qiúhuǒ (성) 1 얼음을 두드려 불을 구하다. 2(비) 방법이 틀려 성공하지 못하다.

【敲冰煮茗】qiāobīng-zhǔmíng (성) 1 겨울에 얼음을 깨서 차를 끓이다. 2(비) 손님을 환대하다. 손님을 극진히 대접하다.

【敲打】qiāodǎ (동) 1 두드리다. 치다. ¶农民们~锣鼓庆丰收. =농민들은 징과 북을 두드리며 풍년을 경축했다. 2(비)(말로) 일깨워 주다. 자극하다. 비평하다. 약을 올리다. ¶他太过分了, 我有意autorisation话~了他一下. =그 사람이 너무 지나쳐서, 내가 일부러 약을 올렸어.

【敲定】qiāodìng (동) 결정하다. 확정하다. 검토하여 결론을 내다. ¶装修方案基本~. =실내 장식 설계가 거의 결정되었다.

【敲骨吸髓】qiāogǔ-xīsuǐ (성) 1 뼈를 부수어 골수(骨髓)를 빨아먹다. 2(비) 잔혹하게 착취하다. 고혈을 짜내다.

【敲葫芦震瓢】qiāo hú·lu zhèn piáo (숙) 1 조롱박을 두드려 표주박을 떨게 하다. 2(비) 한쪽을 쳐서 다른 한쪽에 경각심을 불러일으키다.

【敲击】qiāojī (동) 두드리다. ¶冷雨一着窗子. =찬비가 창을 두드린다.

【敲警钟】qiāo jǐngzhōng 경종(警鐘)을 울리다. 경고하다. ¶经理在对他~. =사장은 그에게 경고를 하고 있다.

【敲锣打鼓】qiāoluó-dǎgǔ (성)(비) 1 경축하는 시끌벅적한 장면. 2 크게 성세(成勢)를 이루어 주의를 끌다. 야단법석을 떨다.

【敲门】qiāomén (동) 노크하다. 문을 두드리다.

【敲门砖】qiāoménzhuān (명)(비) 입신양명의 수단. 출세 수단. ¶不能把读书当作人仕的~. = 공부를 관료가 되는 수단으로 삼아서는 안 된다.

【敲敲打打】qiāo·qiao dǎdǎ (동) 연속으로 두드리다. ¶修理车间一天到晚都在~. =수리 작업실에서는 아침부터 저녁까지 종일 두드린다.

【敲丧钟】qiāo sāngzhōng (동) 1 사람이 죽거나 장례를 치를 때 종을 치다. 2(비) 멸망의 신호를 보내다.

【敲山震虎】qiāoshān-zhènhǔ (성) 1 산을 울려 호랑이를 놀라게 하다. 2(비) 간접적인 방법으로 위협하거나 일깨워 주다.

【敲诈】qiāozhà (동) 사기를 치다. 협잡하다. 공갈쳐서 갈취하다. ¶~勒索=사기를 치고 갈취하다. ≒敲诈

【敲诈勒索罪】qiāozhà lèsuǒzuì (명)(法) 사기 갈취죄.

【敲竹杠】qiāo zhúgàng 낮(비) 남의 약점을 이용하거나 구실을 붙여 바가지를 씌우거나 재물을 뜯어내다.

# 橇 qiāo 덧신 교

(명) 1 (옛) 진흙 위를 걸을 때 신던 덧신. 2 썰매. ¶雪~=눈썰매.

○─● 冰bīng橇

# 幧 qiáo 머리띠 조

【幧头】qiāotóu (명) 옛날, 남성의 머리를 묶는 두건. =【帩头】qiàotóu

# 缲[繰] qiāo 고치 켤 소

(동) (바느질 방법의 하나로) 공그르다. ¶~裤边儿=바지 가장자리를 공그르다.

☞ sāo

# **乔[喬]** qiáo 높을 교

(형) 높다. ¶高大的~木=높고 큰 교목. (동) 속이다. 변장(위장)하다. 가장하다. ¶~裝打扮=변장하여 자신의 신분을 숨기다. (명) (Qiáo) 성(姓).

● 乔 qiáo
  侨 qiáo
  荞 qiáo
  桥 qiáo

【乔林】qiáolín (명) 교림. 키가 큰 나무숲.

【乔木】qiáomù (명)(植) 교목(乔木).

【乔其纱】qiáoqíshā (명)(紡) 조젯. (얇은 본견(本絹) 크레이프) (외) crêpe georgette

【乔迁】qiáoqiān (동) 더 나은 곳으로 이사하다. 승진하다. [주로 축하의 말로 쓰임] ¶~之喜=승진의 경사.

【乔松】qiáosōng (명)(植) 대왕오엽송.

【乔裝】qiáozhuāng (동) 변장(가장)하다. ¶青衣~小生. =여자가 젊은 남자로 변장하다.

# **侨[僑]** qiáo 타향살이 교

(동) 타국에 살다. ¶海外~胞=해외 교포. (명) 교민. ¶归~=돌아온 교민.

○─● 归侨, 难nàn侨

【侨办】qiáobàn (명)(약) 侨务办公室(교민 업무 사무실). ¶国务院~=국무원 교민 업무 사무실.

【侨胞】qiáobāo (명) 교포.

【侨产】qiáochǎn (명) 교포의 국내 자산.

【侨工】qiáogōng (명) 국외에서 임시로 일을 하면서, 본국 국적을 지닌 사람.

【侨汇】qiáohuì (명) 교포가 국내로 송금하는 돈.

【侨居】qiáojū (동) 1 타향에서 거주하다. 2 타국에서 살다. ¶~海外=해외에서 살다.

【侨眷】qiáojuàn (명) 국내에 거주하는 교포 가족. ≒侨属

【侨联】qiáolián (명)(약) 华侨联合会(화교 연합회).

【侨领】qiáolǐng (명) 교포 사회의 지도자. 교민 가운데 명망이 높은 사람.

【侨民】qiáomín (명) 교민.

【侨商】qiáoshāng (명) 1 교포 상인. 교포 경제인. 2 화교 상인.

【侨属】qiáoshǔ (명) 국내에 거주하는 교포 가족. ≒侨眷

【侨务】qiáowù (명) 해외 교포 관련 업무.

【侨乡】qiáoxiāng (명) 교민과 교민 가족이 비교적 집중되어 있는 곳.

【侨运】qiáoyùn 명 교민들의 운명. ¶国运兴~兴.=국운(國運)이 흥성하면 교민들의 운도 흥성하게 된다.
【侨资】qiáozī 명 (조국에 대한) 교민 투자. ¶引进~=교민 투자를 끌어들이다.

## 荞[蕎, 荍] qiáo 메밀 교
【荞麦】qiáomài 명(植) 메밀.

## 峤[嶠] qiáo 뾰족하게 높을 교
형(文) 산이 뾰족하고 높다.
☞ jiào

## 桥[橋, 荍] qiáo 다리 교
명 1 다리. 교량. ¶立交~=입체 교차로. 2 (Qiáo) 성(姓).

○● 便桥, 搭dā桥, 吊桥, 浮桥, 拱gǒng桥, 旱hàn桥, 浪桥, 炉桥, 胸桥, 鹊què桥, 天桥, 引桥, 栈zhàn桥, 独木桥

【桥洞】qiáodòng(~儿) 명(구) 교각과 교각 사이의 공간. ≒桥孔.
【桥墩】qiáodūn 명 우물통. [교각의 하부 구조물을 가리킴] ≒桥基.
【桥拱】qiáogǒng 명 아치교[교각 사이]의 아치(arch).
【桥归桥, 路归路】qiáo guī qiáo, lù guī lù 숙(비) 서로 다른 일에 따라 각기 나름대로의 처리 방식이 있다.
【桥涵】qiáohán 명 교량과 배수로.
【桥基】qiáojī 명 1 다리 목. 다리 어귀. [땅과 맞닿는 다리의 끝 부분] 2 우물통. [교각의 하부 구조물을 가리킴] ≒桥墩.
【桥孔】qiáokǒng 명 교각과 교각 사이의 공간. ≒桥洞.
【桥口】qiáokǒu 명 다리 목. 다리 어귀. [땅과 맞닿는 다리의 양 끝 부분] ≒桥头.
【桥栏】qiáolán 명 다리 난간.
【桥梁】qiáoliáng 명 1 교량. 다리. 2(비) 중개자. 매개. 어떤 추상적인 연결. ¶人与人之间需要架设沟通心灵的~.=사람과 사람 사이에 마음을 연결해 주는 다리를 놓아야 한다.
【桥面】qiáomiàn 명 1 (나무·철 등의) 교량 바닥. 2 교량의 노면.
【桥牌】qiáopái 명 브리지(bridge). [카드놀이의 일종]
【桥身】qiáoshēn 명 교량 본체.
【桥台】qiáotái 명(建) 교대(橋臺). 다리 받침.
【桥坛】qiáotán 명 (카드의) 브리지계. ¶~高手=브리지계의 고수.
【桥头】qiáotóu 명 다리 목. 다리 어귀. [땅과 맞닿는 다리의 양 끝 부분] ≒桥口.
【桥头堡】qiáotóubǎo 명 1(军) 교두보(橋頭堡). 2 교탑(橋塔). 3 거점. 발판.
【桥块】qiáotù 명 다리 목. 다리 어귀. [땅과 맞닿는 다리의 양 끝 부분]
【桥桩】qiáozhuāng 명 교각.

## 硚[礄] qiáo 땅 이름 교
지명에 쓰이는 글자. [예를 들어 '硚口(Qiáokǒu, 우한(武汉)에 있음)'·'硚头(Qiáotóu, 쓰촨(四川)성에 있음)' 등]

## 盉[盉] qiáo 바리 교
명 옛날, 사발 따위의 그릇.

## *翘[翹] qiáo 꼬리 긴 깃털 교
동(文) (고개를) 치켜들다. 곧추세우다. ¶~首远眺=고개를 치켜들고 멀리 보다. 형 1(文) 뛰어나다. 걸출하다. 특출하다. 2 (평평하던 목재나 종이 등이 마르면서) 휘다. 뒤틀리다.
☞ qiào

【翘楚】qiáochǔ 명(文)(비) 걸출한 인재. ¶乐坛~=음악계의 걸출한 인재.
【翘棱】qiáoléng 형(구) (평평하던 목재나 종이 등이 마르면서) 휘다. 뒤틀리다.
【翘盼】qiáopàn 동(문) 간절히 바라다. 고대하다. ¶不胜~=간절히 바라는 마음을 이기지 못하다. 간절히 바라 마지않다.
【翘企】qiáoqǐ 동(文) 1 고개를 들고 발돋움하다. 2 간절히 바라다. 기대하다. 학수고대하다. ¶延颈~=학수고대하다.
【翘首】qiáoshǒu 동(文) 고개를 들고 바라보다.
【翘首以待】qiáoshǒuyǐdài 성 1 고개를 들고 기다리다. 2 고대하다. 간절하게 기다리다.
【翘望】qiáowàng 동 1 고개를 들고 바라보다. ¶~故乡=고개를 들고 고향을 바라보다. 2 간절히 바라다. 열망하다. ¶~自由=자유를 간절히 바라다.
【翘足引领】qiáozú-yǐnlǐng 성 1 발돋움을 하고 목을 빼어 들다. 2(비) 간절하게 바라다. 학수고대하다.

## 谯[譙] qiáo 성루 초
명 1(문) 문루(門樓). 2 (Qiáo) 성(姓).
☞ qiào

【谯楼】qiáolóu 명(문) 1 고루(鼓樓). 2 초루(譙楼). 문루(門樓).

## 鞒[鞽] qiáo 말안장의 튀어나온 부분 교
명 말안장의 턱. ¶鞍~=안장 턱.

## 蕉 qiáo 초췌할 초
☞ jiāo
【蕉萃】qiáocuì ☞【憔悴】qiáocuì

## *憔[(顦·癄)] qiáo 수척할 초
【憔悴】[蕉萃] qiáocuì 형 1 (얼굴) 초췌하다. 파리하다. 까칠하다. ¶他病后十分~.=그는 병에 걸린 후 매우 초췌해졌다. 2 (식물 따위가) 말라서 시들다. ¶深秋了, 花木也已~.=가을이 깊어져 꽃나무도 이미 시들시들하다.

## 樵 qiáo 땔나무 초

동훈 땔나무하다. ¶采~=땔나무를 하다. 명 1
훈 나무꾼. ¶~户=나무꾼. / 渔~问答=어부
와 나무꾼의 문답. 2 땔나무. ¶拾~=땔나무를
줍다.
【樵夫】qiáofū 명훈 나무꾼.

## **瞧** qiáo 몰래 볼 초

동구 1 보다. 구경하다. ¶~风景=경치를 구경
하다. 2 방문하다. 찾아가 보다. 들여다보다. ¶
~病人=환자를 들여다보다. 3【醫】진찰하다.
진료하다. ¶医生登门为人~病. = 의사가 방문
하여 환자의 병을 진료하다. ≒看 瞅

○ 小瞧

【瞧扁了】qiáobiǎn·le 동구 얕잡아 보다. 깔보
다. 경멸하다. ¶别把人~, 那对我是小菜一碟.
=사람 얕잡아 보지 마라, 그건 나에게 있어서 아
무것도 아니야.
【瞧不惯】qiáo·buguàn 동구 눈에 거슬리다.
마음에 들지 않다. 눈꼴사납다. 그냥 보아 넘기지
못하다. ¶我~他那种欺软怕硬的德行. =그 사람
의 약자를 괴롭히고 강자를 두려워하는 꼬락서니
가 눈꼴사납다.
【瞧不见】qiáo·bujiàn 동구 보이지 않다.
【瞧不起】qiáo·buqǐ 동구 1 무시하다. 경멸하
다. 깔보다. 업신여기다. 2 (돈이 없어) 보지 못
하다. 구경하지 못하다. ¶电影票太贵~. =영
화 관람료가 너무 비싸 보지 못했다.
【瞧得见】qiáo·dejiàn 동구 볼 수 있다.
【瞧得起】qiáo·deqǐ 동구 존중하다. 중시하다.
【瞧见】qiáo‖·jiàn 동 보다. 보이다. 눈에 띄
다. ¶他在聘用名单上~了自己的名字. =그는
임용 명단에서 자신의 이름을 보았다.
【瞧你说的】qiáonǐshuō·de 동 1구 (상황이
상대방의 말처럼 심하지 않음을 나타내는 말로)
뭘. 천만에. 그 정도쯤이야. ¶~, 天不会那么冷.
=뭘, 날씨가 그렇게 춥지는 않을 거야. 2구 (상
대방의 칭찬을 받을 수준까지 이르지 못했음을
나타내는 말로) 뭘. 천만에. ¶~, 我还没有那么
大的能耐. =천만에, 난 아직 그렇게 큰 능력은
없어.

## **巧** qiǎo 기교 교

형 1 정교하다. 능하다. 날래다. 능란
하다. ¶能工~匠=솜씨가 고명한 장인(匠人).
2 재치 있다. 솜씨 있다. 영민하다. ¶她手~嘴
也~. =그녀는 손재주도 있고 말재간도 있다. 3
실속이 없는 (말). 4 공교롭다. 꼭 맞다. ¶碰~=때마침. 5 정
묘하다. 아름답고 묘하다. ¶妙~天成=정묘하
여 하늘이 만든 것 같다. 명 기술. 기능. 기예. 재
주. 기교. ¶技~=기교. ↔笨

○ 赶巧, 刚巧, 工巧, 乖guāi巧, 机巧, 技巧,
精巧, 可巧, 灵líng巧, 碰巧, 奇巧, 乞qǐ巧, 轻
巧, 取巧, 讨tǎo巧, 偷巧, 细巧, 纤xiān巧, 小
巧, 新巧, 正巧

【巧辩】qiǎobiàn 동 교묘하게 변명하다. 궤변하
다. 명 교묘한 변명. 궤변.
【巧不可阶】qiǎobùkějiē 성 따라 할 수 없을 정
도로 매우 교묘하다.
【巧夺天工】qiǎoduó-tiāngōng 성 1 인공의
정교함이 천연(天然)적인 것을 능가하다. 2비
기예가 매우 정교하다.
【巧发奇中】qiǎofā-qízhòng 성 시의적절하게
말하고, 정확하게 꼬집어 주어, 다른 이의 마음에
들게 하다.
【巧妇难为无米之炊】qiǎofù nán wéi wú mǐ
zhī chuī 속 1 아무리 솜씨 좋은 주부도 쌀이
없으면 밥을 지을 수 없다. 2비 제아무리 뛰어난
인재라도 필요한 여건을 갖추지 않고는 일을 성
사시키기 어렵다.
【巧干】qiǎogàn 동 교묘하게 하다. 재치 있게
하다. 능숙하게 하다. 능률적으로 하다.
【巧合】qiǎohé 동 우연히 맞다. 우연히 일치하
다. ¶二人穿相同的衣服纯属~. =두 사람이 같
은 옷을 입은 것은 완전히 우연의 일치이다.
【巧计】qiǎojì 동 교묘하게 계획하다. 명 묘책.
교묘한 계략〔계책〕.
【巧匠】qiǎojiàng 명 기술이 뛰어난 장인〔직
공〕. 기능공. 숙련공.
【巧劲儿】qiǎojìnr 명비 1 교묘한 수법. ¶这活
要用~. =이 일은 교묘한 방법을 써야 한다. 2
공교로운 일. 우연한 일. ¶说曹操, 曹操到, 真是
~! =그 사람 말을 하고 있는데 바로 그 사람이
오다니, 정말 공교로운 일이다.
【巧克力】qiǎokèlì 명외 초콜릿(chocolate).
【巧立名目】qiǎolì-míngmù 성 교묘하게 명목
을 만들어 정당하지 못한 목적을 추구하다.
【巧妙】qiǎomiào 형 교묘하다. ¶~的计策=
교묘한 계책. ≒精妙 绝妙 ↔拙劣
【巧取豪夺】qiǎoqǔ-háoduó 성 교묘한 방법이
나 완력으로 (재물이나 권리를) 빼앗다.
【巧舌如簧】qiǎoshé-rúhuáng 성 말재주가
아주 뛰어나다.
【巧手】qiǎoshǒu 명 1 솜씨 좋은 손. 2 기술이
뛰어난 사람. 숙련공.
【巧言】qiǎoyán 명 교언. 교묘한 말. 교묘하게
둘러대는 말. 겉만 번드르르한 말. ¶~中听不中
用. =겉이 번드르르한 말은 듣기는 좋지만 쓸모
가 없다.
【巧言令色】qiǎoyán-lìngsè 성 남에게 영합하
기 위한 듣기 좋은 말과 보기 좋은 낯빛.
【巧遇】qiǎoyù 동 우연히 마주치다. ¶~知己,
不胜快哉! =지기(知己)를 우연히 만나니, 그 즐
거움을 비할 데 있겠는가!
【巧诈】qiǎozhà 동 교묘하게 속이다. ¶~难抵
拙诚. =교묘한 속임수로 질박하고 진실됨을 이
기기 어렵다.
【巧致】qiǎozhì 형 공교롭다. 정교하다. ¶~的
工艺品=정교한 공예품.

## **悄** qiǎo 근심할 초

형 1훈 근심하다. 우울하다. 침울하다. 2 고

하다. 조용하다. 잠잠하다. ¶~声低言=아주 조그마한 목소리.
☞ qiāo

【悄寂】qiǎojì 형 고요하다. 조용하다. 잠잠하다. 적막하다. ¶森林~=숲 속이 적막하다.

【悄静】qiǎojìng 형 고요하다. ¶一片~=온통 고요함뿐이다.

【悄没声儿】qiǎo·moshēngr(~的) 형 동 소리가 없거나 아주 낮다. ¶寒夜~的。=추운 밤이 고요하다.

【悄然】qiǎorán 형 1 조용하다. 고요하다. ¶~潜行=살금살금 몰래 움직이다. 2 걱정스러운 모습. 시름에 겨운 모습. ¶~悲泣=시름에 겨워 슬피 울다.

【悄声】qiǎoshēng 형 소리가 없거나 아주 조용하다. ¶他凝神屏气，~出门。=그는 숨을 죽이고 살금살금 문을 나섰다.

【悄无声息】qiǎowúshēngxī 성 쥐 죽은 듯이 고요하다.

# 雀 qiǎo 참새 작

명 (구)(動) '雀(què)'와 같음. ¶家~儿=참새.
☞ qiāo, què

【雀盲眼】qiǎo·mangyǎn 명 동 (醫) 야맹증 (夜盲症).

# 愀 qiǎo 정색할 초

【愀然】qiǎorán 형 동 엄숙한 모양. 정색하는 모양. 낯빛이 변하는 모양. 언짢아하는 모양. ¶~发怒=언짢은 표정으로 화를 내다.

# *壳[殼] qiào 껍질 각

명 (동물·식물·과실 등의) 껍질. 껍데기. 허물. ¶地~=지각(地殼). / 金蝉脱~之计=몰래 도망치는 계획.
☞ ké

○● 介壳, 躯qū壳

【壳菜】qiàocài 명 1 (動) 홍합. 2 홍합의 살.
【壳质】qiàozhì 명 (生) 키틴질(chitin質). [곤충·게 등의 껍질을 이루는 성분]

# *俏 qiào 어여쁠 초

형 1 (자태가) 곱다. 아름답다. 맵시가 나다. ¶打扮得十分俊~。=매우 곱게 차려입다. 2 (상품이) 잘 팔리다. ¶近期空调的销路看~。=근래 에어컨 판매가 아주 잘 된다. 동(요리할 때) 양념을 넣다. ¶~点儿香菜。=고수를 좀 넣다. ≒俊 ↔丑

○● 俊jùn俏, 卖俏, 讨tǎo俏

【俏货】qiàohuò 명 잘 팔리는 상품(물건).
【俏丽】qiàolì 형 곱다. 멋지다. 맵시 있다. 수려하다. 아리땁다. 아름답다. ¶~如三冬寒梅。=아름답기가 마치 한겨울의 매화 같다. ≒俊俏 俏美 俏美 ↔丑陋
【俏美】qiàoměi 형 아리땁다. 아름답다.

【俏媚】qiàomèi 형 아름답고 매력적이다.
【俏皮】qiào·pi 형 1 (언행이) 세련되고 매력 있다. 활기 있다. 유머러스하다. ¶他说话一贯~。=그 사람은 말을 항상 유머러스하게 한다. 2 (용모나 장식이) 아름답다. 멋지다. 보기 좋다. ¶她今天打扮得很~。=그녀는 오늘 아주 예쁘게 차려입었다.
【俏皮话】qiào·pihuà(~儿) 명 1 농담이나 비꼬는 말. 2 헐후어(歇後語).
【俏色】qiàosè 명 (한때 유행하는) 인기색.
【俏似】qiàosì 형 흡사하다. ¶她的长相~某电影明星。=그녀의 생김새는 어떤 영화 배우와 흡사하다.
【俏头】qiào·tou 명 ('评书(píngshū)'나 희곡 등에서) 인기 있는 대목. 동 (요리할 때) 고명을 얹다.
【俏销】qiàoxiāo 동 (상품이) 잘 팔리다. ¶背投彩电一时~国内市场。=프로젝션 칼라TV가 한때 국내 시장에서 아주 잘 팔린다.
【俏艳】qiàoyàn 형 아름답다. 예쁘다. 아리땁다. ¶~的秋季女装=예쁜 가을 여성복.
【俏影】qiàoyǐng 명 아름다운 자태.

# 诮[誚] qiào 꾸짖을 초

동 문 1 비웃다. ¶讥~=조롱하다. 2 꾸짖다. 나무라다. 책망하다. ¶~子不孝=아들의 불효를 나무라다.
【诮呵】qiàohē 동 문 꾸짖다. 질책하다. 나무라다. 책망하다. ¶~之辞=꾸지람.

# *峭[陗] qiào 가파를 초

형 1 산세(山勢)가 높고 가파르다. ¶峻~=높고 가파르다. 험준하다. 2 (비) 엄하다. 엄격하다. 준엄하다. ¶生性~直=타고난 천성이 엄하고 올곧다.

○● 寒峭, 峻jùn峭, 冷峭, 料峭

【峭拔】qiàobá 형 1 (산) (산이) 높고 가파르다. ¶奇峰~=기이한 산봉우리가 높고 가파르다. 2 성격이 고오(高傲)하고 범상치 않다. ¶清俊~=(품성이) 맑고 고오(高傲)하다. 3 (필체·문장이) 웅건(雄健)하다. 힘있다. ¶下笔刚劲~。=글을 쓰면 힘이 있고 웅건(雄健)하다.
【峭壁】qiàobì 명 가파른 절벽. 낭떠러지. 벼랑. ¶悬崖，深谷险壑，别有一番奇趣。=깎은 듯 가파르고 계곡이 깊고 험준하여, 기이한 풍취가 있다.
【峭立】qiàolì 형 우뚝 솟다. 치솟다. ¶山石~=산석이 우뚝 솟다.
【峭削】qiàoxuē 형 깎아 놓은 듯 가파르다. ¶岩壁~=암벽이 깎인 듯 가파르다.
【峭直】qiàozhí 형 동 엄하고 곧다. 강직하다. ¶性情~豪爽。=성격이 올곧고 호방하다.

# 哨 qiào 묶을 초

【哨头】qiàotóu ☞ 【噱头】qiāotóu

# *窍[竅] qiào 구멍 규

窍 1❶ 구멍. ¶凿木为~=나무를 파서 구멍을 내다. 2 사람 얼굴의 입·코·귀 등 기관의 구멍. ¶七~=사람의 입·코·눈·귀 등 일곱 개의 구멍. 3㊋ 관건. 요점. 비결. 요령. ¶开~=깨닫다. / 诀~=비결.

○● 开窍, 通窍, 心窍

【窍门】qiàomén (~儿) ㊊ (문제를 해결할) 방법. 비결. 요령. ¶问题好讲, ~难找. =문제는 얘기하기 어렵지 않지만 해결 방법을 찾기가 어렵다. ≒诀窍

【窍如七星】qiàorúqīxīng ㊌ 1 지붕에 구멍이 북두칠성처럼 나 있다. 2 집이 낡아 새는 곳이 많다.

*翘[翹] qiào 꼬리 긴 깃털 교
㊌㊁ (한쪽 끝이 위로) 들리다. 휘다. 비틀리다. 쳐들리다. 치켜들다. ¶狗尾巴~得老高. =개가 늘 꼬리를 높이 치켜든다.
☞ qiáo

【翘辫子】qiàobiàn·zi ㊍㊋ (비꼬는 말로) 죽다. 뒈지다.

【翘舌】qiàoshé ☞【卷舌】juǎnshé

【翘舌音】qiàoshéyīn ☞【卷舌音】juǎnshé yīn

【翘舌元音】qiàoshé yuányīn ☞【卷舌元音】juǎnshé yuányīn

【翘尾巴】qiàowěi·ba ㊍㊋ 잘난 체하다. 기고만장하다.

谯[譙] qiào 꾸짖을 초
㊌㊁ '诮(qiào)'와 같음.
☞ qiáo

*撬 qiào 젖힐 교
㊌ (막대나 칼이나 송곳 따위를 틈새나 구멍으로 넣어) 힘껏 한쪽으로 젖히다. 지레질하다. 억지로 비틀어 열다. ¶~门别锁=문을 젖혀 놓고 잠그지 마라.

【撬棒】qiàobàng ㊊ (비교적 작은) 쇠지레. 크로바(crowbar).

【撬杠】qiàogàng ㊊ (비교적 작은) 지레. 크로바(crowbar). =【撬棍】qiàogùn

【撬棍】qiàogùn ☞【撬杠】qiàogàng

【撬开】qiàokāi ㊌ (막대나 칼, 송곳 등으로) 비틀어 열다. 젖혀 열다. ¶~卷帘门=셔터 문을 젖혀서 열다.

【撬门】qiàomén ㊌ (지렛대 등의 공구를 써서) 문을 비틀어 열다.

鞘 qiào 칼집 초
㊊ 1 칼집. ¶刀~=칼집. 2 칼집처럼 생긴 물건. ¶腱~=건초(腱鞘).
☞ shāo

【鞘翅】qiàochì ㊊㊌ 곤충의 딱딱한 겉날개. =【翅鞘】chìqiào

【鞘子】qiào·zi ㊊ 칼집.

撽 qiào 칠 교
㊌㊁ 옆에서 두드리다.

骹 qiào 말 엉덩이 교
㊊㊋ 가축의 항문.

## qie

*切 qiē 끊을 절
㊌ 1 (칼로) 끊다. 자르다. 썰다. 저미다. ¶~西瓜=수박을 자르다. 2 나누다. 가르다. 끊다. ¶山路被洪水~断了. =산길이 홍수로 끊겼다. 3 ㊏ (직선·원·면 등이) 접점에서 접하다.
☞ qiè

○● 割gē切, 余切, 正切, 纵zòng切面

【切菜板】qiēcàibǎn ㊊ 도마.

【切齿机】qiēchǐjī ㊊(机) 기어 절삭기.

【切除】qiēchú ㊌(医) (외과 수술에서) 잘라 내다. ¶~恶性肿瘤=악성 종양을 잘라 내다.

【切磋】qiēcuō ㊌ (학문·기예 등을) 함께 반복해서 토론하고 연구하다. 절차탁마하다. ¶~演技=함께 연기를 가다듬다.

【切磋琢磨】qiēcuō-zhuómó ㊌ 1 지난날 '절(切)'·'차(磋)'·'탁(琢)'·'마(磨)'는 각각 뼈·상아·옥·돌에 대한 가공을 가리켰음. 2㊋ (학문·기예 등을) 서로 토론하고 연구하여 향상시키다. 절차탁마하다.

【切点】qiēdiǎn ㊊(数) 접점(接點).

【切断】qiēduàn ㊌ 1 (칼로) 자르다. 썰다. ¶把甘蔗~=사탕수수를 자르다. 2㊋ (강하게 연결된 것을) 가르다. 나누다. 끊다. 절단하다. ¶联系已被~. =관계가 이미 끊겼다.

【切分】qiēfēn ㊌ (전체 사물을) 나누다. 가르다. 끊다. ¶正确~词语. =정확하게 어휘를 나누다.

【切分音】qiēfēnyīn ㊊(音) 당김음. 신코페이션(syncopation).

【切割】qiēgē ㊌ 1 (칼 등으로) 자르다. 2 (절삭기나 용접기 등으로) 금속을 절단하다.

【切花】qiēhuā ㊊ 잘라 낸 꽃(가지).

【切换】qiēhuàn ㊌ 1 (영화나 드라마에서) 빠르게 화면을 바꾸다. ¶从外景~到内景. =화면이 실외에서 실내로 빠르게 바뀌다. 2 전환되다. ¶股市中盘调整后, 热点随之~. =주식 시장은 중간 조정 후 강세를 보이던 항목이 전환되었다.

【切汇】qiēhuì ㊌(经) 외환 암거래에서 사는 측이 파는 측에게 지급해야 할 돈의 일부를 떼어먹다.

【切口】qiēkǒu ㊊(印) 1 책의 등을 제외한 머리·배·밑 3면의 자른 자리. 2 책의 가장자리 여백. 3㊋ 수술 자리. 절개한 자리.
☞ qièkǒu

【切块】qiē‖kuài ㊌ (칼로) 토막토막 자르다. 자르다. ¶把苹果~后做沙拉. =사과를 조각낸 후 샐러드를 만들다.

【切面】qiēmiàn 图 1 절단면. 단면. 2 (數) 절평면(接平面). 3 칼국수.
【切片】qiē∥piàn 통 (물체를) 얇게 자르다.
【切片】qiēpiàn 图 (현미경으로 관찰하여 연구하기 위해) 생물체의 조직이나 광물을 얇게 자른 조각. 절편.
【切入】qiērù 통 1 (어떤 곳으로부터) 깊이 들어가다. ¶电影画面从现代─历史。= 영화의 화면은 현대에서 역사 속으로 깊이 들어갔다. 2 (體) (농구나 핸드볼 경기에서) 공격측 선수가 빈틈을 보고 상대방의 골대까지 뛰어들어가다.
【切碎】qiēsuì 통 잘라서 조각내다. 잘게 자르다.
【切线】qiēxiàn 图 (數) 원이나 구면이 단지 한 점에서만 만나는 직선. 접선(接線).
【切削】qiēxiāo 통 (절삭기로) 절삭하다. 커팅(cutting)하다.
【切屑】qiēxiè 图 절삭기로 자르고 남는 쇳밥.

## 伽 qié 절 가
아래를 참고.
☞ gā, jiā

【伽蓝】qiélán 图 (불교의 사원) 절. 粵 Sam ghārāmā
【伽南香】qiénánxiāng ☞【沉香】chénxiāng

## 茄 qié 가지 가
图(植) 가지.
☞ jiā

○● 颠diān茄, 番茄, 风茄儿, 缅miǎn茄

【茄子】qié·zi 图(植) 가지.

## 且 qiě 또 차
粵 1 잠시. 잠깐. 당분간. 일단. ¶这事你~想一想。= 이 일은 네가 일단 한번 생각해 봐라. 2 (웤) 한참 동안. 오랫동안. ¶他一回不来呢。= 그 사람은 한동안 돌아올 수 없어요. 接1 …하면서 …하다. ¶~走~讲 = 가면서 얘기하다. 2 다시금. 그 위에. 더욱이. 게다가. 또한. ¶那活既累~脏。= 그 일은 힘든데다가 더럽기까지 해. 3 …조차도. 마저도. ¶你~如此, 况别人呢。= 너조차도 이러한데, 하물며 다른 사람이야.
图 (Qiě) 성(姓).
☞ jū

| 且 | qiě |
| 沮 | jǔ |
| 狙 | jū |
| 咀 | jǔ |
| 疽 | jū |
| 苴 | jū |
| 龃 | jǔ |
| 趄 | jū |
| 组 | zǔ |
| 阻 | zǔ |
| 和 | zū |
| 祖 | zǔ |
| 诅 | zǔ |
| 菹 | zū |
| 姐 | zū |

○● 苟gǒu且, 姑且, 况且, 聊liáo且, 权且, 暂zàn且

【且看】qiěkàn 통문 천천히 보다. 찬찬히 보다. ¶~这苦雨残花。= 이 궂은비에 지고 남은 꽃을 찬찬히 보세요.
【且慢】qiěmàn 통 잠깐 기다려라. 서두르지 마라. ¶~, 我们再想一想。= 잠깐만, 우리 다시 한번 생각해 보자.
【且…且…】qiě… qiě… 接 …하면서 …하다. ¶

~看~学 = 보면서 배우다. / ~战~退 = 싸우면서 후퇴하다.
【且说】qiěshuō 통 (지난날, 소설에서 화제를 전환할 때 쓰는 발어사(發語詞)의 하나로) 그런데. 각설하고. 한편.
【且住】qiězhù 통 잠시 멈추다. 잠깐 기다리다. 당분간 그만두다. ¶~, 等雨停了再走。= 잠시 멈추었다가 비가 그치면 가자.

## 切 qiè 절박할 절
形 급박하다. 절박하다. 절실하다. 간절하다. 긴급하다. 중요하다. ¶殷~= 간절하다. / 恳~ = 간절하다. 副 반드시. 꼭. 절대로. 결코. 제발. 부디. 확실히. ¶天冷了, ~记多穿衣服。= 날씨가 추워졌으니, 옷을 많이 입을 것을 꼭 기억해라. 통 1 맞물리다. ¶咬牙~齿 = 이를 악물다. 2 가깝다. 밀접하다. ¶~身利益 = 자신과 결부된 이익. / 和蔼亲~ = 상냥하고 친절하다. 3 부합되다. 맞아떨어지다. 딱 들어맞다. 맞물리다. ¶不~实情 = 실정에 맞지 않다. 4 (醫) (중의학에서) 진맥하다. ¶望闻问~ = (병의 상황을) 보고, 듣고, 묻고, 진맥하다. 图 (舊) 반절(反切, 지난날 한자의 발음을 표기하는 방법) 뒤에 쓰여 앞의 두 글자가 음을 나타내는 반절임을 나타냄.
☞ qiē

○● 悲bēi切, 操切, 关切, 激切, 急切, 密切, 迫pò切, 凄qī切, 确切, 热切, 深切, 贴tiē切, 痛切, 一切, 殷yīn切, 真切

【切齿】qièchǐ 통 1 이를 갈다. 2 원한이 깊이 사무치다. ¶咬牙~ = 이를 갈며 증오하다.
【切齿拊心】qièchǐ-fǔxīn (成) 1 절치부심하다. (복수를 못하여) 이를 갈고 가슴을 치다. 2 분함이 극에 달하다.
【切当】qièdàng 形 적합하다. 적절하다. ¶比喻~ = 비유가 적합하다.
【切肤之痛】qièfūzhītòng (成) 몸소 느끼는 아픔. 피부로 직접 느끼는 고통.
【切骨之仇】qiègǔzhīchóu (成) 아주 깊은 원한. 골수에 사무치는 원한.
【切合】qièhé 통 적합하다. 부합되다. 딱 어울리다. ¶~表演情境 = 공연 분위기에 딱 어울린다.
【切己】qièjǐ 形 1 자신과 밀접하게 관계되다. ¶~的利益 = 자신과 밀접한 이익. 2 마음에 맞는. ¶~的朋友 = 마음에 맞는 친구.
【切记】qièjì 통 꼭 기억하다. ¶~上课不要迟到。= 수업에 늦지 말아야 한다는 것을 꼭 기억해라.
【切忌】qièjì 통 절대 삼가다. 절대 방지하다. 백방으로 피하다. ¶~浮夸 = 과장되고 실속이 없는 것을 절대 삼가다.
【切近】qièjìn 통 가까이 있다. 접근하다. ¶村庄~县城 = 마을이 현성에 가까이 있다. 形 1 (거리상) 가깝다. ¶远大的事业要从~处做起 = 원대한 사업도 가까운 일부터 시작해야 한다. 2 비슷하다. (진실·사실에) 가깝다. ¶这样分析跟原意~。= 이러한 분석은 원래 의도에 가깝다.
【切口】qièkǒu 图 (비밀 조직이나 어떤 직업에

서 쓰는) 은어.
☞ qiēkǒu
【切脉】qiè‖mài ☞【诊脉】zhěn‖mài
【切莫】qièmò 통 절대로〔결코〕…하지 마라. ¶~等闲白了少年头。=절대 젊은 시절을 헛되이 보내지 마라.
【切末】[砌末] qiè·mo 명 (중국 전통극의 무대에서 사용되는) 간단한 배경과 도구들.
【切盼】qièpàn 통 간절하게 바라다. ¶~一切平安=모든 것이 평안하기를 간절히 바랍니다.
【切切】qièqiè 부 1 반드시. 꼭. 절대로. 부디. [주로 편지에 쓰임] ¶~不可忘记。=절대로 잊지 마라. 2 재삼. 거듭. 아무쪼록. [주로 공문 끝에 쓰임] ¶~此布=숙지하여 알리기를 재삼 권고합니다. 형 1 간절하다. 절절하다. ¶言辞~=말이 간절하다. 2 구슬프다. 애달프다. ¶凄凄~，煞是悲凉。=처량하고 애절하여 몹시 슬프다. 3 ☞【窃窃】qièqiè
【切切实实】qiè·qie shíshí 형 실제에 맞다. 적절하다. 착실하다. 성실하다. ¶~地总结归纳=적절하게 종합하여 귀납하다.
【切身】qièshēn 형 1 자신의. ¶~感受=자신의 느낌. 2 절실하다. 자신과 관련되다. ¶~利益=자신과 관련된 이익.
【切实】qièshí 형 1 실용적이다. 실제적이다. 실제로 도움이 되다. 현실적이다. 효과적이다. 알맞다. 적합하다. 적절하다. 실제에 맞다. ¶~可行=실제적이어서 실행할 수 있다. ¶~可行=실제에 부합되어 실행할 수 있다. 2 착실하다. 성실하다. 진실하다. ¶~地改正缺点。=착실하게 결점을 고치다. ↔浮夸 空洞
【切题】qiètí 형 (글이) 제목에 부합되다. 주제에 맞다. ¶这篇习作非常~。=이 습작은 주제에 아주 잘 부합된다. ↔离题
【切望】qièwàng 통 간절히 희망하다. 절실히 바라다. 간절히 소망하다. ¶~得到您的指导。=당신의 가르침을 받기를 간절히 바랍니다.
【切勿】qièwù 통부 절대 …하지 마라. ¶~性急=절대 성급해하지 마라.
【切要】qièyào 형 1 요긴하다. 중요하다. ¶救灾是当前最~的。=재난을 구제하는 것이 지금 가장 중요한 일이다. 2 정확하게 요점을 잡다. ¶所论极为~。=논하는 바는 지극히 정확하게 요점을 잡고 있다.
【切音】qièyīn 명(言) 반절(反切)로 표기된 음가. [두 개의 한자(漢字)로 표기된 다른 한 글자의 음]
【切责】qièzé 통부 엄하게 꾸짖다.
【切诊】qièzhěn 통명(醫) 촉진.
【切中】qièzhòng 통 (말이나 방법이) 정곡을 찌르다. 적중하다. ¶~批评~流弊。=비평이 폐단의 정곡을 찌르고 있다.

郄 Qiè 고을 이름 극
명 성(姓).
☞ xì

妾 qiè 첩 첩

명 1 (옛) 첩. 작은마누라. 2 (옛) 지난날 부녀자들이 자신에 대한 겸칭.

*怯 qiè 겁낼 겁
형 1 담이 작다. 겁이 많다. 소심하다. 비겁하다. ¶畏~=두려워하다. 2 (방) 촌스럽다. 속되다. 멋이 없다. 유행에 맞지 않다. 대담하지 못하다. ¶露~=촌티를 내다. ↔勇

○● 卑怯, 露lòu怯, 畏wèi怯, 羞怯

【怯步】qièbù 통 겁이 나서 나아가지 못하다.
【怯场】qiè‖chǎng 통 실전에 임하여 주눅이 들거나 불안해지다. 실전을 겁내다. ¶考试时要镇静，不要~。=시험 칠 때는 마음을 진정시키고 주눅이 들지 말아야 한다. 늑怯阵
【怯惧】qièjù 통 겁내다. 무서워하다. ¶心中~=마음속으로 두려워하다.
【怯懦】qiènuò 형 나약하고 겁이 많다. 비겁하다. ¶性格~=성격이 나약하고 겁이 많다.
【怯怯】qièqiè 형 (겁에 질려) 오금을 펴지 못하다. 쭈뼛쭈뼛하다. ¶小女孩~地坐着，一声不发。=여자 아이는 겁에 질려 쭈뼛쭈뼛 앉아서 아무 소리도 내지 않았다.
【怯弱】qièruò 형 겁이 많고 연약하다. ¶生性~=타고난 성격이 겁이 많고 연약하다.
【怯生】qièshēng 통(방) 낯을 가리다. 낯선 사람을 겁내다. ¶这孩子有点儿~。=이 아이는 낯을 좀 가린다.
【怯生生】qièshēngshēng (~的) 형 (겁에 질려) 쭈뼛쭈뼛하다.
【怯声怯气】qièshēng-qièqì 생 말을 할 때 쭈뼛쭈뼛하다. 말투가 어줍다.
【怯头怯脑】qiétóu-qiènǎo 생 1 무서워서 기를 펴지 못하다. 2 겁을 먹고 어줍은 모습. ¶我不大喜欢这个人，他总是那样~。=나는 이런 녀석은 별로야, 늘 그렇게 겁먹은 모습이거든.
【怯阵】qiè‖zhèn 통 1 (실전에서) 겁을 먹다. 겁에 질리다. ¶他首次参加国际大型比赛，有点儿~。=그는 처음으로 국제 대회에 참가하여 겁을 좀 먹었다. 2 (시험·공연 등에서) 주눅이 들다. 불안해하다. 긴장하다. 늑怯场

砌 qiè 섬돌 체
☞ qì
【砌末】qiè·mo ☞【切末】qiè·mo

*窃[竊] qiè 훔칠 절
통 1 훔치다. 도둑질하다. ¶行~=도둑질하다. 2 베끼다. 표절하다. ¶剽~=표절하다. 3 부당하게 점거하다. 분수에 맞지 않게 누리다. 탈취하다. ¶篡~国=정권을 탈취하다. 부 1 몰래. 살짝. 슬그머니. ¶暗自~笑=몰래 혼자 (비)웃다. 2 (겸) 삼가. [자신의 동작을 나타내는 동사 앞에 쓰여 겸손을 나타냄. 때로 '소견으로는'이라는 의미를 가짐] ¶~以为可行。=삼가 가능하다고 여깁니다. 명 도둑. 물건을 훔친 사람. ¶惯~=상습범. 늑偷 盗

○● 盜dào窃, 惯guàn切, 失窃, 鼠窃, 偷窃

**【窃案】qiè'àn** 图 절도 사건.
**【窃夺】qièduó** 图 (불법적인 수단으로) 빼앗다. ¶~钱财=재물을 빼앗다.
**【窃犯】qièfàn** 图 절도범.
**【窃国】qièguó** 图 국가 정권을 찬탈하다.
**【窃国大盗】qièguó dàdào** 图 역사의 흐름과 민의(民意)를 저버리고 국가의 최고 권력을 탈취한 사람.
**【窃据】qièjù** 图 (영역이나 지위를) 부당한 방법으로 차지하다. ¶~高位=부당한 방법으로 높은 지위를 차지하다.
**【窃据要津】qièjù-yàojīn** 图 1 불법으로 교통의 요충지를 차지하다. 2 (비) 부당한 방법으로 중요한 위치를 차지하다.
**【窃看】qièkàn** 图 몰래 훔쳐보다.
**【窃掠】qièlüè** 图 훔치고 약탈하다. ¶~金银珠宝=금은보화를 훔치고 탈취하다.
**【窃密】qiè‖mì** 图 기밀을 훔치다.
**【窃窃】qièqiè** 图 (작은 소리로) 소곤대는 모양. 속삭이는 모양. ¶~议论=소곤소곤 얘기하다. =【切切】qièqiè 图 몰래. ¶~自喜=몰래 혼자 즐거워하다.
**【窃窃私语】qièqiè-sīyǔ** 图 몰래 소곤소곤 속삭이다.
**【窃取】qièqǔ** 图 (주로 추상적인 것을) 훔치다. ¶~前人学术成果。=옛 사람의 학술적인 성과를 몰래 훔치다.
**【窃听】qiètīng** 图 1 몰래 (엿)듣다. 2 (전자 설비를 이용하여) 도청하다.
**【窃听器】qiètīngqì** 图 도청기.
**【窃位素餐】qièwèi-sùcān** 图 1 부당한 방법으로 높은 직위에 올라 봉록만 축내다. 2 (겸손의 말로) 자신(智臣)의 직무를 다하지 못하다.
**【窃喜】qièxǐ** 图 몰래 기뻐하다. ¶心中~=마음속으로 몰래 기뻐하다.
**【窃笑】qièxiào** 图 몰래 비웃다. 뒤에서 비웃다. 슬그머니 웃다.
**【窃玉偷香】qièyù-tōuxiāng** 图(비) 남자가 은근히 여자에게 수작을 걸다. 남자가 암암리에 여자와 정을 통하다. =【偷香窃玉】tōuxiāng-qièyù
**【窃贼】qièzéi** 图 좀도둑. 도둑. 도적.

# 挈 qiè 거느릴 설

图(문) 1 데리다. 지니다. 인솔하다. 이끌다. 거느리다. ¶扶老~幼=나이 든 사람을 부축하고 어린이의 손을 잡다. 2 (손에) 들다. 잡다. 휴대하다. ¶举~=들어올리다.

○● 带挈, 提挈

**【挈带】qièdài** 图 1 휴대하다. 손에 들다. 데리다. ¶~家属=가족을 동반하다. 2 (사람을) 탁으로 이끌다. ¶承蒙~=덕분에 발탁되었습니다.
**【挈眷】qièjuàn** 图 가족을 대동하다. ¶~出访=가족을 대동하고 국외로 방문차 나가다.

**【挈领】qièlǐng** 图 1 옷깃을 여미다. 2(비) (요점을) 잡다. 잡아서 말하다. ¶提纲~=주요 내용과 요점을 파악하다.

# 惬[惬, 愜] qiè 쾌할 협

图(문) 1 기분이 좋다. 만족하다. 흐뭇하다. 마음에 들다. ¶深~己意=자신의 뜻에 매우 합치하다. 2 합당하다. 알맞다. ¶词~意当=문사(文辞)와 뜻이 모두 합당하다.
**【惬当】qièdàng** 图(문) 합당하다. 합리적이다. 적당하다. 적합하다. ¶论说~=논조가 합리적이다.
**【惬怀】qièhuái** 图 만족하다. 흐뭇하다. 개운하다. 흡족하다. ¶如此美景, 令人爽神~。=이렇게 아름다운 경치는 사람으로 하여금 정신을 상쾌하게 한다.
**【惬心】qièxīn** 图 마음에 들다.
**【惬意】qièyì** 图 흡족하다. 만족하다. ¶秋风习习, 格外~。=가을 바람이 솔솔 불어 유난히 상쾌하다.

# 趄 qiè 기울 차

图 비스듬히 하다. 기울다. 경사지다. ¶~身而过=몸을 비스듬히 하고 지나가다.
☞ jū

○● 趔liè趄

# 慊 qiè 흡족할 겸

图(문) 만족하다. ¶内心不~=마음속으로 만족스럽지 못하다.
☞ qiàn
**【慊慊】qièqiè** 图(문) 겸허하다.

# 朅 qiè 갈 걸

图(문) 용맹스럽다. 图(문) 가다.

# 锲[鍥] qiè 새길 계

图 조각하다. ¶雕~=조각하다. 새기다.
**【锲而不舍】qiè'érbùshě** 图 1 중도에 그만두지 않고 끝까지 조각하다. 2(비) 나태함 없이 끈기 있게 끝까지 해내다.

# 箧[篋] qiè 상자 협

图 작은 상자. ¶书~=책 상자.

# qin

# 钦[欽] qīn 공경할 흠

图 공경하다. ¶可~可敬=존경스럽다. 图 황제가 몸소 (…하다). ¶~召进京=황제가 직접 수도로 소환하다. 图 (Qīn) 성(姓).
**【钦差】qīnchāi** 图(문) 钦差大臣(흠차 대신). [황제를 대신하여 밖으로 나가 중요한 일을 처리하는 관리]

【钦差大臣】qīnchāi dàchén 명 1 흠차 대신. 2 (비) (비꼬는 투의 말로) 상부에서 파견하여 중요한 일을 처리하는 사람.
【钦迟】qīnchí 동 (옛날, 서신 용어로) 우러러보다. 존경하다.
【钦赐】qīncì 동 (황제가) 하사하다.
【钦点】qīndiǎn 동 황제가 직접 보내다.
【钦定】qīndìng 동 황제가 (저서·제도·법률 따위를) 제정하다.
【钦服】qīnfú 동 존경하다. 흠복(欽服)하다.
【钦敬】qīnjìng 동 존경하다. 흠복(欽服)하다. ¶为人~=사람들에 의해서 존경을 받다.
【钦命】qīnmìng 동 (황제가) 명령하다. 파견하다.
【钦慕】qīnmù 동 흠모하다. ¶~之至, 难以言表.=지극히 흠모하여 (그 정도를) 말로 표현하기 어렵다.
【钦佩】qīnpèi 동 경복(敬服)하다. 탄복하다. ¶此之言行, 令人~。=그의 언행은 사람으로 하여금 경복(敬服)하게 한다.
【钦羡】qīnxiàn 동 존경하고 부러워하다. ¶~贤达=현명하고 명망이 있는 사람을 존경하고 부러워하다.
【钦仰】qīnyǎng 동 우러러보다. 흠모하다. ¶~民族英雄=민족의 영웅을 우러러보다. ≒仰慕 倾慕
【钦赞】qīnzàn 동 우러러 칭찬하다.

## *侵 qīn 범할 침

동 1 (날이 밝을 시간이) 가까워지다. ¶~晓时分=동틀 시간이 되다. 2 침입하다. ¶外敌入~=외적이 침입하다.
【侵晨】qīnchén 동틀 무렵. 새벽. ≒侵晓 侵早
【侵夺】qīnduó 동 침탈하다.
【侵犯】qīnfàn 동 1 (타국의 영역을) 침범하다. ¶~领海=영해를 침범하다. 2 (불법적으로 타인의 합법적인 권리를) 침범하다. ¶~隐私=사생활 침범. ≒侵略
【侵犯财产罪】qīnfàn cáichǎnzuì 명 (法) 재산 침해죄.
【侵害】qīnhài 동 1 침해하다. ¶不得~公民权利.=공민(公民)의 권리를 침해해서는 안 된다. 2 침범하여 피해를 끼치다. ¶遭冰雹~。=우박의 피해를 당하다.
【侵凌】qīnlíng 동 침해하고 능욕하다.
【侵略】qīnlüè 동 침략하다. ¶经济~=경제적인 침략. ≒侵犯
【侵略战争】qīnlüè zhànzhēng 명 (军) 침략 전쟁.
【侵权】qīnquán 동 (타인의 합법적인) 권리를 침범하다. ¶~盗印=타인의 저작권을 침해하여 해적판으로 인쇄하다.
【侵权行为】qīnquán xíngwéi 명 권리 침해 행위.
【侵染】qīnrǎn 동 1 (세균·병균이 생명체에) 침입하여 감염시키다. ¶~疾病=질병에 감염되다. 2 파고들다. 물들다. 감염되다. ¶防止青少年~腐朽思想.=청소년이 부패한 생각에 물들지 않도록 방지하다.
【侵扰】qīnrǎo 동 침요하다. 침범하여 소요를 일으키다. ¶~边境=변경을 침범하여 소요를 일으키다.
【侵人犯规】qīnrén fànguī 명 (体) 퍼스널 파울(personal foul). [신체적인 접촉에 의하여 일어난 파울]
【侵入】qīnrù 동 1 (외부적인 혹은 유해한 것이) 침입하다. 파고들다. 스며들다. ¶毒气~人体.=독가스가 인체에 스며들다. 2 (军) 무장 침입하다. ¶~领空=영공을 무장 침입하다.
【侵入岩】qīnrùyán 명 (地) 관입암(貫入岩).
【侵蚀】qīnshí 동 1 침식하다. ¶遭雨水~。=빗물에 침식당하다. 2 (재물을) 잠식하다. ¶~公款=공금을 잠식하다. ≒腐蚀
【侵吞】qīntūn 동 1 (재물 등을) 착복하다. 횡령하다. ¶~国家财产.=국가의 재산을 착복하다. 2 무력으로 다른 나라나 다른 나라 영토의 일부를 차지하다.
【侵侮】qīnwǔ 동 침범하여 치욕을 주다.
【侵袭】qīnxí 동 침입하여 습격하다. ¶台风近来~了沿海地带。=태풍이 근래에 연해 일대를 덮쳤다.
【侵晓】qīnxiǎo 명 날이 막 밝아 올 무렵. ≒侵晨 侵早
【侵渔】qīnyú 동 남의 나라 영해를 침범하여 고기를 잡다.
【侵越】qīnyuè 동 권한을 침범하다. 월권하다.
【侵早】qīnzǎo 명 날이 밝아 올 무렵. 동틀 무렵. ≒侵晨 侵晓
【侵占】qīnzhàn 동 1 불법으로 타인의 재산을 차지하다. 2 타국을 침략하여 점령하다. ≒侵吞 强占

## 亲[親] qīn 친할 친

형 1 같은 혈통의. ¶~姐妹=친자매. 2 관계가 밀접하다. 사이가 좋다. ¶~疏有别=친소(親疏)의 구별이 있다. 동 1 (사람이나 사물에) 입맞추다. ¶她~了~孩子的脸.=그녀는 아이의 얼굴에 입을 맞추었다. 2 가깝다. 친하다. ¶~贤臣, 远小人。=어진 신하를 가까이하고 소인배를 멀리하다. 부 직접. 몸소. ¶~临现场=직접 현장에 가다. 명 부모. ¶双~=양친 부모. 2 친척(親戚). 인척(姻戚). ¶走~访友=친인척과 친구를 방문하다. 3 혼인. ¶定~=약혼하다. 4 신부. ¶娶~=장가들다. 신부를 맞이하다. 5 (Qīn) 성(姓). ↔疏
☞ qìng

◐= 表亲, 成亲, 嫡dí亲, 干亲, 躬gōng亲, 和亲, 换huàn亲, 老亲, 令亲, 六亲, 内亲, 攀pān亲, 抢qiǎng亲, 求亲, 舍shè亲, 探亲, 讨tǎo亲, 提亲, 投亲, 退亲, 乡亲, 省xǐng亲, 血亲, 姻yīn亲, 长zhǎng亲, 招亲, 至亲, 尊亲, 做亲

【亲爱】qīn'ài 동 친애하다. 사랑하다. ¶~的妈妈=사랑하는 어머니.

【亲本】qīnběn 명(생) (동식물의 교배에 사용되는) 수컷 혹은 암컷 개체.
【亲笔】qīnbǐ 통 친필로 쓰다. ¶~信=친필로 쓴 편지. 명 친필. 직접 쓴 글. ¶此乃作家的~。=이것은 작가의 친필(원고)이다. ↔代笔
【亲兵】qīnbīng 명(군) 호위병. 근위병.
【亲传】qīnchuán 통 직접 전수하다. ¶~技艺=직접 기예를 전수하다.
【亲代】qīndài 명(생) 부모대(代). 어미대(代).
【亲等】qīnděng 명(법) 친등(親等). [친족 관계의 원근도(遠近度)를 나타내는 단위]
【亲弟】qīndì 명 친남동생.
【亲耳】qīn'ěr 부 자신의 귀로 (듣다). 직접 (듣다). ¶~所闻=직접 자신의 귀로 들은 바.
【亲夫】qīnfū 명 (자신의) 남편.
【亲赴】qīnfù 통 직접 가다. ¶~灾区=직접 재해 지역으로 가다.
【亲供】qīngòng 명(법) (피고인이 시인한) 공소 사실. 피고인의 자백. 통 자백하다. 진술하다. 공술하다.
【亲骨肉】qīngǔròu 명 1 친자녀. 2 혈육. 혈족(血族).
【亲故】qīngù 명 친척과 친구. ¶访诸~=친척과 친구들을 방문하다.
【亲和】qīnhé 형 1 온화하다. 상냥하다. ¶平易~=겸손하고 상냥하다. 2 (관계가) 친화하다. 사이좋게 잘 어울리다. ¶百姓~=백성들이 서로 친화하다.
【亲和力】qīnhélì 명 1 (화) 친화력. 2 친화력. ¶我们公司的经理很具有~。=우리 회사 사장은 매우 친화력이 있다.
【亲近】qīnjìn 형 친근하다. 친하다. 가깝다. ¶二人关系很~。=두 사람 사이는 매우 친하다. 통 친해지다. 가까이하다. ¶他总想找机会~她。=그는 늘 그녀와 가까이할 수 있는 기회를 만들고 싶어한다. ≒亲切 ↔疏远
【亲眷】qīnjuàn 명 1 친척과 식구. 2 친척. 식구. 권속.
【亲口】qīnkǒu 부 1 친히. 직접 자기 입으로 (말하다). ¶~表述=자기 입으로 말하다. 2 직접. 친히. 자기 입으로 (먹다). ¶你~尝尝, 味道不错。=직접 한번 맛보세요, 맛이 괜찮아요.
【亲历】qīnlì 통 직접 겪다. ¶~险境=위험한 상황을 직접 겪다.
【亲邻】qīnlín 명 친척과 이웃.
【亲临】qīnlín 통 (어떤 곳에) 직접 가다〔오다〕. ¶~工地=작업장에 직접 가다〔오다〕.
【亲聆】qīnlíng 통(문) 공손히 직접 듣다. 배청(拜聽)하다. ¶~教诲=공손히 가르침을 직접 듣다.
【亲密】qīnmì 형 관계가 좋다. 사이가 좋다. 친밀하다. ¶~的朋友=사이 좋은 친구. ↔疏远
【亲密无间】qīnmì-wújiàn 사이가 아주 좋아 전혀 격의가 없다.
【亲睦】qīnmù 형 친목하다. 가깝고 화목하다. 우애롭고 화목하다. ¶和邻邦~=이웃 나라와 가깝고 화목하다.
【亲昵】qīnnì 형 아주 친밀하다. 사이가 좋다. 허물없다. 친하고 매우 정답다. ¶那对恋人非常~。=저 연인들은 대단히 친밀하다.
【亲娘】qīnniáng 명 1 친어머니. 2(비) 자신에게 은혜를 많이 베푼 사람이나 사물.
【亲朋】qīnpéng 명 친척과 친구. ¶~旧友=친척과 오랜 친구.
【亲启】qīnqǐ 친계하시오. [주로 수신인의 이름 뒤에 쓰여 '직접 뜯어 보시오'의 뜻]
【亲戚】qīn·qi 명 친척. ¶多门~=여러 갈래의 친척.
【亲切】qīnqiè 형 1 친절하다. ¶~的教诲=친절한 가르침. 2 친근하다. 친밀하다. ¶一想到祖国, 他便倍感~。=조국만 생각을 하면 그는 더욱더 친밀감을 느끼게 된다. ≒亲近 ↔冷漠
【亲切感】qīnqiègǎn 명 친근감. 친밀감. ¶故乡的山水给了他浓烈的~。=고향의 산수는 그에게 강한 친근감을 준다.
【亲亲密密】qīn·qin mìmì (~的) 형 아주 사이 좋다. 매우 친밀하다. ¶他们在~地小声交谈。=그들은 사이좋게 작은 소리로 얘기를 나눈다.
【亲亲切切】qīn·qin qièqiè (~的) 형 매우 친근하다. 매우 친절하다. ¶老朋友~地畅谈家乡的变化。=친구는 아주 친근하게 고향의 변화에 대해 속시원하게 얘기한다.
【亲亲热热】qīn·qin rèrè (~的) 형 친밀하고 다정스럽다. ¶夫妻俩~地靠在沙发上看电视。=부부는 친밀하고 다정하게 소파에 기대어 텔레비전을 본다.
【亲情】qīnqíng 명 혈육간의 정. ¶父子~=부자(父子)간의 정.
【亲热】qīnrè 형 친밀하고 다정스럽다. 친절하다. ¶他对人很~。=그는 타인에게 매우 다정스럽다. 통 친밀하고 다정한 태도를 보이다. ¶小两口~个不停。=젊은 부부는 끊임없이 다정한 모습을 보인다. ≒亲切 ↔冷淡
【亲人】qīnrén 명 1 직계 친족. 배우자. 2(비) 관계가 밀접하고 사이가 좋은 사람. ↔仇人 仇家
【亲如手足】qīnrúshǒuzú (성) 가깝기가 마치 형제 같다.
【亲如一家】qīnrúyījiā (성) 일가처럼 친밀하다. 서로가 한 가족처럼 가깝다.
【亲善】qīnshàn 형 우호적이다. 친선적이다. ¶两国历来~。=두 나라는 예로부터 서로 우호적이다.
【亲上加亲】qīnshàngjiāqīn (성) 본래 인척 사이인데 또 혼인을 맺다. 친밀했던 관계가 더욱더 가까워지다.
【亲身】qīnshēn 형 자기의. 자신의. ¶~感受=자신의 느낌. 부 친히. 직접. 몸소. 스스로. ¶~历险=몸소 위험을 겪다.
【亲生】qīnshēng 통 자신이 낳다. 직접 낳다. ¶孩子是她~的。=그 아이는 그녀가 직접 낳았다. 형 자신이 낳은. 자신을 낳은. ¶~儿女=친자녀.
【亲事】qīn·shi 명 혼사(婚事). ¶操办~=혼사를 맡아 치르다. ≒婚事
【亲手】qīnshǒu 부 직접. 손수. 친히. 자기 손으

【亲授】**qīnshòu** 통 직접 전수하다. ¶他的绝活乃家传~。=그의 특기는 바로 가문에서 직접 물려준 것이다.

【亲疏】**qīnshū** 형 (감정·관계가) 친근하고 소원하다. ¶~不论, 一视同仁。=사이가 가깝고 먼 것을 따지지 않고 똑같이 대하다.

【亲属】**qīnshǔ** 명 친족. 친척. ¶旁系~=방계(傍系) 친척.

【亲随】**qīnsuí** 명 측근과 수행원.

【亲痛仇快】**qīntòng-chóukuài** 성 가까운 이를 마음 아프게 하고 원수를 기쁘게 하다.

【亲王】**qīnwáng** 명 친왕(親王).

【亲吻】**qīnwěn** 통 키스하다. 입맞추다.

【亲系】**qīnxì** 명 친족 계통. 혈통.

【亲信】**qīnxìn** 통 가까이하며 신임하다. ¶~小人=소인배를 가까이하고 신임하다. 명 심복. 측근. ¶提携~=심복을 키우고 돌보다.

【亲兄弟】**qīnxiōng·dì** 명 친형제.

【亲眼】**qīnyǎn** 부 직접 자신의 눈으로 (보다). ¶~目睹=직접 자신의 눈으로 보다.

【亲友】**qīnyǒu** 명 친척과 친구.

【亲鱼】**qīnyú** 명 번식 능력을 갖춘 암컷이나 수컷 물고기. 성숙한 암컷이나 수컷 물고기. =【种鱼】**zhǒngyú**

【亲缘】**qīnyuán** 명 혈연 관계. 혈연을 통한 유전 관계. 친연. 혈연.

【亲征】**qīnzhēng** 통 임금이 직접 출정하다.

【亲政】**qīnzhèng** 통 (유년에 즉위한 임금이 성년이 된 후) 직접 정사(政事)를 돌보다. 친정(親裁)하다.

【亲知】**qīnzhī** 통 직접 알다. ¶实践是~之源。=실천은 직접 알 수 있는 근원이다.

【亲炙】**qīnzhì** 통 직접 가르침을 받다.

【亲子】**qīnzǐ** 명 1 친자. 직접 낳은 아들. 친아들. 2 (사람과 동물의) 부모와 자식 간의 혈연 관계. ¶~之情=부모 자식 간의 정.

【亲子鉴定】**qīnzǐ jiàndìng** 통 (DNA나 혈액형 검사로) 친자 여부를 감정하다.

【亲自】**qīnzì** 부 직접 (하다). 손수. 친히. ¶~下厨=직접 부엌에 들어가 요리하다.

【亲族】**qīnzú** 명 친족. 친척과 가족.

【亲嘴】**qīn**‖**zuǐ** (~儿) 통 키스하다. 입맞추다.

**衾** **qīn** 이불 금

명 1 이불. 2 시체를 입관할 때 시체를 덮는 홑이불. ¶衣~棺椁=(시체에 입혀 주고 덮어 주는) 옷·이불·관 등의 장례 용품.

【衾寒枕冷】**qīnhán-zhěnlěng** 성 1 이불은 차갑고 베개는 싸늘하다. 2성 부부나 연인이 이별한 후 쓸쓸한 모습.

【衾影无惭】**qīnyǐng-wúcán** 성 양심에 비추어 조금도 부끄러움이 없다.

**骎**[**駸**] **qīn** 말 달릴 침

【骎骎】**qīnqīn** 형 부 1 말이 아주 빨리 달리다. 2 비 사업이 빠른 속도로 번창하다.

**嶔**[**嶔**] **qīn** 산이 높고 험할 금

【嶔崟】**qīnyín** 형 부 산이 높다.

**芹** **qín** 미나리 근

명 1 식 미나리. 2 문어 (예물·호의 등으로써) 변변치 못한 것. 약소한 것.

【芹菜】**qíncài** 명 식 1 미나리. 2 셀러리(celery).

【芹献】**qínxiàn** ☞【献芹】**xiànqín**

【芹意】**qínyì** 명 겸 작은 정성. ¶略表~=작은 정성을 표합니다.

**芩** **qín** 풀 이름 금

명 식 1 고서(古書)에서 갈대(류)의 식물을 가리킴. 2 황금(黄芩).

**矜** **qín** 창 자루 근

명 고대의 창 자루를 가리킴.

☞ **guān**, **jīn**

**秦** **Qín** 나라 이름 진

명 1 주(周)대의 나라 이름. 2 진(秦)나라. [B.C 221~B.C 206년] 3 산시(陝西)와 간쑤(甘肅) 일대의 지역. 4 산시(陝西)성의 별칭. 5 성(姓).

【秦川】**Qínchuān** 지 친촨(秦川)·산시(陝西)·간쑤(甘肅)·친링(秦岭) 북쪽의 웨이수이(渭水) 평원 지대. [지난날 진(秦)나라에 속했기 때문에 붙여진 이름임]

【秦淮】**Qínhuái** 명 지 친화이. [난징(南京)을 흘러 지나가는 강]

【秦椒】**qínjiāo** 명 식 가늘고 긴 고추의 일종.

【秦艽】**qínjiāo** 명 식 진교(秦艽). 오독도기.

【秦晋】**Qín-Jìn** 명 (춘추(春秋) 시대에 진(秦)과 진(晉) 두 나라가 여러 대에 걸쳐 서로 통혼한 것에서 유래하여) 두 집안이 혼인 관계를 맺는 것을 가리킴.

【秦晋之好】**Qín-Jìn zhī hǎo** 성 두 집안이 혼인을 맺다. ¶结为~=혼인을 맺다.

【秦镜高悬】**Qínjìng gāoxuán** ☞【明镜高悬】**míngjìng gāoxuán**

【秦岭】**Qínlǐng** 명 지 친링. [중국 중부를 가로지르는 큰 산맥]

【秦楼楚馆】**qínlóu-chǔguǎn** 성 1 가무(歌舞)를 즐기는 유흥 장소. 2 기생집. 기원.

【秦腔】**qínqiāng** 명 극 1 진강. [산시(陝西)성과 그 인근 성(省)에서 유행하는 지방 전통극] =【陝西梆子】**Shǎnxī bāng·zi** 2 중국 북방 '梆子腔(bāng·ziqiāng)'의 총칭.

【秦俑】**Qínyǒng** 명 역 진용(秦俑). 진(秦)의 병마용(兵馬俑).

【秦篆】**qínzhuàn** ☞【小篆】**xiǎozhuàn**

**琴**[**琹**] **qín** 거문고 금

명 1 음 금(琴). 거문고. [현악기의 일종] 2 일부 악기류의 통칭. ¶提~=4현(弦) 악기. / 胡~=호금(胡琴). 3 (**Qín**) 성(姓).

○= 抚fǔ琴, 古琴, 柳琴, 伦lún琴, 竖shù琴, 洋琴, 扬琴, 月琴, 大提琴, 六弦xián琴, 乱弹tán琴, 马头琴, 七弦xián琴, 手提琴, 小提琴, 中提琴

【琴拨】 qínbō 图(音) 술대. 플렉트럼(plectrum).
【琴弓】 qíngōng 图(音) (악기의) 활.
【琴键】 qínjiàn 图(音) (피아노나 풍금 등) 건반 악기의 건반(鍵盤).
【琴马】 qínmǎ 图(音) 괘. 기러기발(雁足). (현악기의) 줄 밑에 받쳐 줄을 고르는 기구.
【琴棋书画】 qín-qí-shū-huà 图 거문고 타고, 바둑 두고, 글 쓰고, 그림 그리는 일 등 문인들의 고상한 취미 생활. 2 각종 문예 특기.
【琴瑟】 qínsè 图 1 (音) 거문고와 비파. 2 (비) (주로 부부 사이의) 금실. 화목한 정. ¶∼情笃=부부간의 정이 돈독하다.
【琴瑟不调】 qínsè-bùtiáo 图 1 거문고와 비파의 연주가 화음을 이루지 못하다. 2 (비) 부부간에 불화하다.
【琴师】 qínshī 图(藝) 거문고(를 생업으로 하는) 악사. (중국 전통극 악대에서) 현악기 반주자.
【琴书】 qínshū 图(藝) 금서(琴書). [설창 문예의 일종. 이야기를 설창(說唱) 형식으로 전개하고, 양금(洋琴)으로 반주함]
【琴弦】 qínxián 图 거문고의 줄〔현〕. 악기줄.

# 覃 Qín 성씨 담
图 성(姓).
☞ tán

# *禽 qín 날짐승 금
图 1 图(動) 조수. 새와 짐승. 2 图(動) 조류. ¶飞∼=날짐승. / 珍∼=진귀한 조류. 3 (Qín) 성 (姓). [고어에서 '擒(qín)'과 같음]

○= 猛měng禽, 涉禽, 游禽, 珍禽, 走禽

【禽蛋】 qíndàn 图 조류의 알. [주로 달걀 또는 오리알을 가리킴]
【禽流感】 qínliúgǎn 图(醫) 조류 독감. 조류 인플루엔자.
【禽兽】 qínshòu 图 1 금수(禽獸). 2 (비) 행위가 비열한 사람을 욕하는 말. ¶衣冠∼=인간의 탈을 쓴 짐승. 금수(禽獸) 같은 인간.

# *勤¹ qín 부지런할 근
图 1 부지런하다. 근면하다. ¶眼∼手∼=보고 배우는 것에 열심이다. 2 힘들다. 고생하다. ¶辛∼=고생스럽다. 3 빈번하다. 잦다. ¶∼洗衣服=옷을 자주 세탁하다. 图 1 근무. ¶缺∼=결근하다. 2 사무 업무. 일. ¶后∼=(기관·학교 등의) 물자 조달·관리 업무. 3 (Qín) 성(姓). ↔懒惰

# *勤²[懃] qín 은근할 근
图 마음을 다하다. 정성을 다하다. ¶殷∼=은근하다.

○= 地勤, 后勤, 空勤, 辛勤, 殷yīn勤, 战勤

【勤奋】 qínfèn 图 꾸준하다. 부지런하다. 열심히 하다. ¶∼工作=열심히 일하다. ≒勤勉 努力 ↔懒惰
【勤工俭学】 qíngōng jiǎnxué 图 1 고학. 일하면서 공부함. 2 중국 일부 학교가 취하는 학교 운영 방식. [학생이 재학 기간 중 노동을 하고, 그 노동 수입을 학교 운영 자금으로 씀]
【勤工助学】 qíngōng zhùxué 图 학생이 일정량의 노동을 하고, 노동의 대가를 학비로 씀.
【勤俭】 qínjiǎn 图 근검하다. 부지런하고 알뜰하다. ¶∼节约=근검절약하다. ≒节俭 ↔浪费
【勤俭持家】 qínjiǎn-chíjiā 图 근검절약을 원칙으로 집안을 꾸리다.
【勤谨】 qín·jin 图(방) 근면하다. 부지런하다. ¶干活∼=일을 근면하게 하다.
【勤恳】 qínkěn 图 근면 성실하다. ¶∼工作=근면하고 성실하게 일하다.
【勤苦】 qínkǔ 图 애쓰다. 부지런히 힘쓰다. 각고면려하다. ¶演员们∼排练话剧.=배우들이 부지런히 연극 연습을 하다.
【勤快】 qín·kuai 图(口) (손발이) 부지런하다. ¶小保姆手脚特别∼。=젊은 보모는 손발이 아주 부지런하다. ≒勤劳 ↔懒惰
【勤劳】 qínláo 图 (고생을 마다 않고) 열심히 일하다. 부지런히 일하다. ¶∼的人民=고생을 마다 않고 열심히 일하는 국민. ≒勤快
【勤密】 qínmì 图 빈번하다. 잦다. ¶亲戚间走动很∼。=친척간에 왕래가 빈번하다.
【勤勉】 qínmiǎn 图 근면하다. 열심히 하다. ¶∼学习=공부를 열심히 하다. ≒勤奋
【勤能补拙】 qínnéngbǔzhuō 图 부지런함으로 재능이 부족함을 보완할 수 있다.
【勤勤】 qínqín 图(문) 정성스럽다. 은근하다. ¶其心∼=그 마음이 정성스럽다.
【勤勤俭俭】 qín·qin jiǎnjiǎn (∼的) 图 근검절약하다. ¶∼地生活=근검절약한 생활을 하다.
【勤勤恳恳】 qín·qin kěnkěn (∼的) 图 근면 성실하다. ¶∼地工作=근면 성실하게 일하다.
【勤王】 qínwáng 图(문) 1 조정〔왕실〕을 위하여 충성을 다하다. 근왕하다. 2 지난날 제왕에게 위기가 생겼을 때 신하가 군사를 일으켜 구원하다.
【勤务】 qínwù 图 1 근무. 2 군대에서 잡무를 담당하는 사람.
【勤务兵】 qínwùbīng 图(옛) (장교의 시중을 들거나 장교를 위해 잡무를 처리하는) 비전투병. 당번병. 전령.
【勤务员】 qínwùyuán 图 1 (부대나 기관의) 잡역부. 2 (비) (열심히 일하면서 스스로 남을 위해 헌신하는) 공복. 봉사자. 심부름꾼. 머슴. ¶永远做人民的∼。=영원히 국민의 머슴이 되다.
【勤学】 qínxué 图 부지런히 공부하다.
【勤学苦练】 qínxué-kǔliàn 图 부지런히 공부하고 애써 연마하다.
【勤于】 qínyú 图 …에 부지런하다. …에 열심이다. ¶∼写作=글쓰기에 열심이다.

【勤杂】 qínzá 图 1 잡일. 잡무. 허드렛일. 2 잡역부. 허드레꾼.
【勤杂工】 qínzágōng 图 잡역부. 허드레꾼.
【勤杂人员】 qínzá rényuán 图 잡역부. 인부. 허드레꾼.
【勤政】 qínzhèng 동 성실하게 정무(政務)를 보다. ¶~爱民乃为官之本. = 성실하게 정무를 보고 국민을 위하는 것은 관리의 본분이다.

# 嗪 qín 질소 화합물 진
图 유기 화합물 등의 음역(音譯)용 글자. ¶哌~ = 피페라진(piperazine).

# 溱 qín 진수(溱水) 진
☞ zhēn
【溱潼】 Qíntóng 图(地) 친퉁. [장쑤(江苏)성에 있는 지명]

# 廑 qín 부지런할 근
图(문) '勤(qín)'과 같음.
☞ jǐn

# *擒 qín 사로잡을 금
동 붙잡다. 포획하다. ¶欲~故纵 = 상대를 더욱 잘 통제하기 위하여 고의로 먼저 풀어 주다. / 生~活捉 = 생포하다. 늑捉 ↔纵
【擒敌】 qíndí 동 적을 붙잡다.
【擒获】 qínhuò 동 붙잡다. 체포하다. 포획하다. ¶~罪犯 = 범인을 체포하다.
【擒龙缚虎】 qínlóng-fùhǔ 图 1 용을 잡고 호랑이를 잡아 묶다. 2 (비) 강적(強敵)을 제압하고 승리하다.
【擒拿】 qínná 동 체포하다. 붙잡다. 생포하다. ¶~歹徒 = 강도를 체포하다. 图 (상대가 반항하지 못하게 제압하는) 일종의 권술(拳術). ¶~术 = 금나술.
【擒贼擒王】 qínzéi-qínwáng 图 1 적과 싸울 때는 먼저 우두머리를 잡아야 한다. 2 (비) 일을 함에 있어서 핵심을 집어 내야 한다.

# 噙 qín 머금을 금
동 (입이나 눈에) 머금다. ¶她的眼里~着泪水. = 그녀의 눈에 눈물이 글썽하다.

# 檎 qín 능금 금
☞ 【林檎】 línqín

# 螓 qín 작은 매미 진
图(动) 고서(古書)에 나오는 작은 매미.

# 檎 qín 계수나무 침
图(植) 1 고서(古書)에서 육계(肉桂; 계피)를 가리킴. 2 마취목(馬醉木).
【檎木】 qínmù ☞ 【马醉木】 mǎzuìmù

# 锓[鋟] qín 새길 침
동(문) 조각하다. ¶~版 = 조판하다.

# *寝[寢, 寑] qǐn 잠잘 침
동 1 자다. ¶废~忘食 = 침식을 잊다. 2 (문) 멈추다. 잠잠해지다. 그치다. 끝나다. ¶其议遂~ = 그 논의가 마침내 그쳤다. 图 1 침실. ¶就~ = 침실에 들다. 2 제왕의 묘. ¶陵~ = 제왕의 능묘.

0-0 灵líng寝

【寝不安席】 qǐnbù'ānxí 图 1 이리저리 뒤척이며 잠을 자지 못하다. 2 (비) 마음속에 근심이 가득 차다.
【寝车】 qǐnchē 图 기차의 침대칸. = 【卧车】 wòchē
【寝宫】 qǐngōng 图 1 침궁(寢宮). [제왕이나 왕후가 거주하는 궁전] 2 (황제의 능묘 중의) 묘실(墓室). 왕릉에서 관을 안치하는 곳.
【寝具】 qǐnjù 图 침구(寢具).
【寝食】 qǐnshí 图 1 침식. 잠자고 밥 먹는 일. 2 일상 생활의 통칭.
【寝食不安】 qǐnshí-bù'ān 图 1 밥을 먹지 못하고 잠도 제대로 자지 못하다. 2 (비) 마음이 불안한 모습〔상태〕.
【寝室】 qǐnshì 图 (주로 단체 기숙사의) 침실. ¶大学生~ = 대학생 기숙사의 침실.

# 吣 qìn 개 토할 침
图 1 (고양이나 개가) 토하다. 2 (비) 심하게 욕하다. ¶满口胡~ = 하는 말이 온통 욕지거리이다.

# 沁 qìn 스며들 심
동 1 (향기나 물이) 스며들다. 스며 나오다. ¶脸上~出了汗珠. = 얼굴에 땀방울이 스며 나왔다. 2 (문) 물 속에 담그다. 3 (문) 고개를 떨구다. ¶小男孩~着头, 一声不吭. = 사내아이는 고개를 떨구고 아무 소리도 내지 않았다.
【沁人肺腑】 qìnrén-fèifǔ ☞ 【沁人心脾】 qìnrén-xīnpí
【沁人心脾】 qìnrén-xīnpí 图 1 향기를 맡거나 시원한 음료를 마셔 심신을 편안하게 하다. 2 아름다운 시나 음악이 마음 깊이 스며들어 감동을 자아내다. = 【沁人肺腑】 qìnrén-fèifǔ
【沁润】 qìnrùn 图 (향기·액체 따위가) 스며들다. 적시다. ¶春雨~着绿油油的田野. = 봄비가 푸른 들녘을 적신다.

# 揿[撳, 搇] qìn 누를 근
동(방) 누르다. ¶~开关 = 스위치를 누르다.

# qing

# *青 qīng 푸를 청
图 1 푸르다. ¶~天白云 = 푸른 하늘의 흰구름. 2 진녹색의. ¶~草茵茵 = 진녹색의 풀이 요처럼 깔려 있다. 3 검다. ¶~布鞋袜 = 검은색의 신발

과 버섯. **4**㈜ 젊다. ¶大好~春=아름다운 청춘. 圖 **1** 진녹색 풀. 풋곡식. ¶踏~=(청명절의) 들놀이. **2** 청년. ¶老中~作家=노년·중년·청년 작가. **3 (Qīng)** ㉥(地) 칭하이(青海)성. **4 (Qīng)** 성(姓). ≒碧

◐◦ 菜青, 茶青, 垂chuí青, 催cuī青, 丹dān青, 淡青, 蛋青, 靛diàn青, 冬青, 豆青, 返青, 放青, 佛fó青, 绀gàn青, 汗青, 红青, 回青, 啃kěn青, 沥lì青, 篾miè青, 年青, 群青, 石青, 贪tān青, 天青, 铁青, 退青, 蟹xiè青, 玄青, 雪青, 压青, 藏zàng青, 知青

【青白】**qīngbái** 圖 **1** 흰색의. 회백색의. ¶~的脸色=회백색의 안색. **2**① 검고 하얗다. ②㈜ 옳고 그르다. ¶不分~=옳고 그름을 가리지 않다.

【青帮】**qīngbāng** ㉥㉦ 청방. [민간 결사의 일종. 창장(长江) 남북 대도시에서 활동했음]

【青菜】**qīngcài** ㉥(植) **1** 야채. 채소. **2** ☞【小白菜】**xiǎobáicài**

【青草】**qīngcǎo** ㉥ 푸른 풀. 싱싱한 풀. ↔干草

【青虫】**qīngchóng** ㉥(动) **1** 나비류의 유충. **2** (넓은 의미로) 푸른색 곤충.

【青出于蓝】**qīngchūyúlán** ㉤ **1** 푸른색은 쪽에서 나왔지만 쪽보다도 더욱 푸르다. **2**㈜ 제자가 스승보다 낫거나 후세 사람이 전대의 사람을 능가하다.

【青春】**qīngchūn** ㉥ **1** 청춘. ¶~年华=청춘 시절. **2**㈜ 아름다운 시절. 생기 넘치는 시기. ¶~焕发=생기가 넘치다. **3** 청년의 나이. ¶请问~几何？=여보게, (젊은이) 나이가 몇인가？

【青春(美丽)豆】**qīngchūn (měilì) dòu** ㉥㉦ 여드름. =【粉刺】**fěncì**

【青春期】**qīngchūnqī** ㉥(生) 사춘기.

【青瓷】**qīngcí** ㉥ 청자(青瓷).

【青葱】**qīngcōng** (~的) 圖 짙푸르다. ¶~的山林=짙푸른 산림.

【青葱葱】**qīngcōngcōng** (~的) 圖 짙푸르다. ¶~的山野=짙푸른 산야.

【青翠】**qīngcuì** 圖 새파랗다. 산뜻한 녹색의. ¶春雨过后, 满目~。=봄비가 내린 후 온통 새파랗다.

【青灯】**qīngdēng** ㉥ **1** (절의) 푸른빛이 도는 기름등잔. **2**㈜ 가난하고 쓸쓸한 생활. ¶~卷, 日夜苦读。=쓸쓸하고 가난한 생활 중에도 밤낮없이 불경을 읽다.

【青豆】**qīngdòu** ㉥(植) **1** 푸른 콩. 청대콩. 푸르대콩. 청대두. [콩 품종의 하나로, 열매의 껍질과 속살이 다 푸름] **2** 청대콩의 열매.

【青蚨】**qīngfú** ㉥㉦ **1**(动) 청부. 파랑강충이. [고대 전설 속의 벌레의 일종] **2** 동전.

◐ 青 qīng
  清 qīng
  请 qǐng
  情 qíng
  晴 qíng
  圊 qīng
  氢 qīng
  箐 jīng
  蜻 qīng
  鲭 qīng
  倩 qiàn
  静 jìng
  精 jīng
  睛 jīng
  靖 jìng
  腈 jīng
  婧 jìng
  菁 jīng
  靓 jìng
  猜 cāi

【青冈】【青枫】**qīnggāng** ☞【槲栎】**húlì**
【青枫】**qīnggāng** ☞【青冈】**qīnggāng**
【青工】**qīnggōng** ㉥㉦ 青年工人(청년 노동자).
【青光眼】**qīngguāngyǎn** ㉥(医) 녹내장. =【绿内障】**lùnèizhàng**
【青果】**qīngguǒ** ㉥(植) 감람나무의 열매.
【青海】**Qīnghǎi** ㉥(地) 칭하이성. [‘青(Qīng)’으로 약칭하며, 성도는 시닝(西宁)임]
【青海湖】**Qīnghǎihú** ㉥(地) 칭하이호. [중국에서 면적이 가장 넓은 함수호(鹹水湖)]
【青海湖裸鲤】**Qīnghǎihú luǒlǐ** ☞【湟鱼】**huángyú**
【青红皂白】**qīnghóng zàobái** ㉥㈜ 일의 옳고 그름. 사건의 연유. 시비곡직. ¶不管~=옳고 그름을 불문하다.
【青花】**qīnghuā** ㉥ **1** 청화(青花). [도자기 유약의 일종] **2** 청화자기(青花瓷器).
【青花鱼】**qīnghuāyú** ㉥(动) 고등어. =【鲭鱼】**qīngyú**(鲐鱼) **táiyú**
【青黄不接】**qīnghuáng-bùjiē** ㉤ **1** 묵은 양식은 이미 다 먹었는데 새 곡식은 아직 수확하지 못하다. 보릿고개. 춘궁기. **2**㈜ 인력·물자 따위가 제때에 대체되지 않아 잠시 공백 상태를 보이다.
【青灰】**qīnghuī** ㉥ 청흑색의 흑연. 圖 잿빛의. ¶脸色~=얼굴이 잿빛이다.
【青记】**qīngjì** ㉥ 몽고반점. 소아반점.
【青椒】**qīngjiāo** ㉥(植) **1** 파란 고추. **2** 피망.
【青衿】**qīngjīn** ㉥㉦ **1** (옛날, 선비가 입던) 검은색 긴 옷. **2**㈜ 글 읽는 선비.
【青筋】**qīngjīn** ㉥ 정맥 혈관. 핏줄.
【青稞】**qīngkē** ㉥(植) 쌀보리. =【青稞麦】**qīngkēmài**(元麦) **yuánmài**(稞麦) **kēmài**(裸麦) **luǒmài**(裸大麦) **luǒdàmài**
【青稞麦】**qīngkēmài** ☞【青稞】**qīngkē**
【青睐】**qīnglài** ㉥㉦ 총애. 호감. 인기. ¶最近推出的新产品倍受~。=최근에 내놓은 신상품이 대단한 인기를 누리고 있다. ≒青眼
【青莲色】**qīngliánsè** ㉥ 옅은 보라색.
【青龙】**qīnglóng** ㉥ **1** ☞【苍龙】**cānglóng 2** 도교(道教)에서 신봉하는 동방의 신(神).
【青楼】**qīnglóu** ㉥㉦ 기생집. 유곽. 기관. 기루.
【青绿】**qīnglǜ** ㉥ 진한 녹색. ¶~的林野=진녹색의 임야.
【青麻】**qīngmá** ☞【苘麻】**qǐngmá**
【青盲】**qīngmáng** ㉥(医) **1** 청맹과니. 당달봉사. [눈동자 등의 외관은 정상이나 시력을 잃은 병, 혹은 그런 사람] **2** 녹내장(绿内障). ㉥ glaucoma
【青梅】**qīngméi** ㉥(植) **1** 푸른 매실. **2** 열대 상록 교목의 하나. [목재가 견고하여 조선·건축·가구 제작 등에 쓰임]
【青梅竹马】**qīngméi-zhúmǎ** ㉤㈜ 죽마고우. 소꿉장난. 소꿉친구.
【青霉素】**qīngméisù** ㉥(医) 페니실린.
【青面獠牙】**qīngmiàn-liáoyá** ㉤ **1** 시커먼 얼굴에 뻐드렁니를 드러내다. **2**㈜ 얼굴이 험악한 모습. 험상궂은 얼굴.

# 青 qīng

【青苗】qīngmiáo 명 덜 익은 농작물. 풋곡식.
【青年】qīngnián 명 청년. 젊은이. ¶~作家 = 청년 작가. / 新世纪的~ = 새 세기의 청년.
【青年宫】qīngniángōng 명❀ 青年文化宫(청년 문화궁). [젊은이들을 위한 문화 회관]
【青年节】Qīngniánjié ☞【五四青年节】Wǔ-Sì Qīngniánjié
【青年人】qīngniánrén 명 젊은 남녀. 젊은이. [때로 '젊은 패기가 넘치다' 혹은 '아직 어리다' 등의 의미를 가짐]
【青年团】qīngniántuán ☞【共产主义青年团】gòngchǎnzhǔyì qīngniántuán
【青鸟】qīngniǎo 명 1 신화와 전설에서 서왕모(西王母)에게 먹을 것을 가져다 주고 편지를 전해 주던 신조(神鳥). 2(비) 사자(使者).
【青女】qīngnǚ 명 1 신화나 전설에서 서리와 눈을 관장하는 여신(女神). 2 서리. 눈.
【青皮】qīngpí 명 1 (중의학에서 덜 익은) 귤껍질. 풋과일. 2(비) 무뢰한. 부랑자. ¶~流氓 = 무뢰한.
【青青】qīngqīng 형 푸르고 무성하다. 푸릇푸릇하다. ¶~绿绿的麦苗 = 푸르고 싱그러운 보리 싹.
【青森森】qīngsēnsēn(~的) 형 검푸르다. 거무충충하다. 거무칙칙하다. ¶~的旧楼房 = 거무충충한 낡은 층집.
【青蛇】qīngshé 명(動) 청사. 푸른 뱀. [등이 초록색이고 배는 황록색인 독이 없고 온순한 뱀으로 지렁이, 곤충, 유충 등을 먹고 삶] =【翠青蛇】cuìqīngshé
【青纱帐】qīngshāzhàng 명(비) 푸른 장막. 크고 빽빽하게 자란 넓은 면적의 수수밭 또는 옥수수밭.
【青山】qīngshān 청산. 푸른 산. ¶~不老, 绿水长流. = 청산은 늙지 않고 푸른 물은 영원히 흐른다.
【青山绿水】qīngshān-lùshuǐ ❀ 청산녹수.
【青少年】qīngshàonián 명 청소년.
【青石】qīngshí 명 1 (건축·비석 등에 쓰이는) 청석. 2(口) 석회암(石灰岩)의 속칭.
【青石斑鱼】qīngshíbānyú 명(動) 도도바리.
【青史】qīngshǐ 명 1 사서. 청사. 역사. ¶流芳~ = 청사에 이름을 남기다. 2 (Qīngshǐ) 복성(複姓).
【青丝】qīngsī 명 1 (문)(비) 검은 머리. [주로 여자의 머리카락을 가리킴] 2 고명. [음식을 돋보이게 하려고 푸른 매실 등을 잘게 썰어 음식에 얹는 것] ☺ garnish.
【青饲料】qīngsìliào 명 녹색 사료.
【青松】qīngsōng 명(植) 짙푸른 소나무. 청송. 2(비) 사람의 굳은 절개.
【青蒜】qīngsuàn 명(植) (마늘의 부드러운) 잎. 대. 비늘줄기. 풋마늘.
【青苔】qīngtái 명(植) 푸른 이끼.
【青堂瓦舍】qīngtáng wǎshè 명 기와 지붕을 인 푸른 벽돌 집.
【青天】qīngtiān 명 1 푸른 하늘. 2(비) 청렴한 관료. ¶包公被后人誉为包~. = 포공은 후세 사람들에 의해 포청천이라고 칭송되었다.
【青天白日】qīngtiān báirì 명 (낮을 강조하는 말로) 대낮. 백주.
【青天霹雳】qīngtiān-pīlì ☞【晴天霹雳】qíngtiān-pīlì
【青田石】qīngtiánshí 명(礦) (저장(浙江) 칭톈(青田)에서 나는) 푸른색을 띤 석재.
【青桐】qīngtóng ☞【梧桐】wútóng
【青铜】qīngtóng 명(礦) 동(銅)과 주석(朱錫)의 합금(合金).
【青铜器】qīngtóngqì 명 1 청동기(青銅器). 2 중국 선진(先秦) 시기의 청동기.
【青铜器时代】qīngtóngqì shídài ☞【铜器时代】tóngqì shídài
【青蛙】qīngwā 명(動) 개구리. ☺【田鸡】tiánjī
【青虾】qīngxiā 명(動) 징거미새우. =【沼虾】zhǎoxiā
【青葙】qīngxiāng 명(植) 개맨드라미.
【青蟹】qīngxiè 명(動) 톱꽃게. =【锯缘青蟹】jùyuán qīngxiè
【青眼】qīngyǎn 명 1 (사람이 기쁠 때 똑바로 바라보는) 눈의 모습. 2(비) 호감. 총애. ≒青睐 ↔白眼
【青杨】qīngyáng 명(植) 갯버들. =【水杨】shuǐyáng
【青猺】qīngyáo ☞【花面狸】huāmiànlí
【青衣】qīngyī 명 1 검은색의 옷. 2(옛) 하녀. 시종. 종. 심부름꾼. 3(劇) 청의. [중국 전통극에서 젊거나 중년의 여성 역(役)]
【青幽幽】qīngyōuyōu(~的) 형 새파랗다. 푸르다. 시퍼렇다. 푸르스름하다. ¶~的星光 = 푸르스름한 별빛.
【青油灯】qīngyóudēng 명 식물 기름을 연료로 쓰는 등(燈).
【青鼬】qīngyòu 명(動) 날담비. =【黄猺】huángyáo
【青鱼】qīngyú 명(動) 1 (초어와 비슷하게 생긴) 잉어과 어류의 일종. [중국의 4대 민물 양식 어류 중의 하나]. =【黑鲩】hēihuàn ☺ chinese black carp 2 청어. ☺ herring
【青郁郁】qīngyùyù(~的) 형 짙푸르고 무성하다. 울창하다. ¶~的树林 = 짙푸른 수풀.
【青云】qīngyún 명 1 높은 하늘. 2(비) 높은 지위. ¶平步~ = 단번에 높은 지위에 오르다.
【青云直上】qīngyún-zhíshàng (成)(비) 입신출세하다. 출세가 아주 빠르다.
【青枝绿叶】qīngzhī-lǜyè (成) 1 무성하게 자란 나무. 2(비) 청춘(青春)의 꽃다운 나이.
【青肿】qīngzhǒng 명 검푸른 멍.
【青冢】qīngzhǒng 명 1 한(漢)대 왕소군(王昭君)의 묘. 2 분묘(墳墓)의 통칭.
【青贮】qīngzhù 동(農) 청사료(青饲料)를 묻어서 발효시키다.
【青砖】qīngzhuān 명 내화(耐火) 벽돌. 불벽돌. ↔红砖

【青壮年】qīngzhuàngnián 명 청년(青年)과 장년(壮年).

【青紫】qīngzǐ 명 1 문 ① 고대 고위 관료의 인수(印綬)와 복식(服飾)의 색깔. ② 비 높은 관료. 2 ☞【发绀】fāgàn

**轻[輕]** qīng 가벼울 경
형 1 (무게가) 가볍다. ¶头重脚~=머리는 무겁고 발은 가볍다. 무게의 중심이 잡히지 않다. 2 (정도가) 경미하다. 얕다. 가볍다. ¶年~=젊다. 3 (장비·옷차림 등이) 간단하다. 간편하다. ¶~型武器=경형 무기. 4 부담이 적다. 중요하지 않다. ¶人微言~=사람의 신분이 미천하면 하는 말도 경시당하다. 5 힘쓰는 정도가 약하다. 소리가 작다. ¶易碎物品要~放.=쉽게 부서지는 물건은 가볍게 놓아야 한다. 6 홀가분하다. 가뿐하다. ¶无事一身~=일이 없으니 일신이 홀가분하다. 7 엄숙하지 않다. 경박하다. ¶年少~薄=나이가 어리고 경박하다. 8 경솔하다. ¶偏听~信=한쪽 말을 듣고 경솔하게 믿다. 동 경시하다. ¶~利重义=이(利)를 경시하고 의(義)를 중시하다. 부 1 문 가벼운 수레. ¶驾~就熟=일에 익숙해서 하기 쉽다. 2 (Qīng) 성(姓). →重

○- 减jiǎn轻, 见轻, 看轻, 口轻, 年轻, 手轻

【轻便】qīngbiàn 형 1 (사용 따위가) 간편하다. 편리하다. ¶~摩托车=스쿠터(scooter). 2 쉽다. 수월하다. ¶~的工作=쉬운 일. 가벼운 일. ↔笨重 繁重

【轻薄】qīngbó 형 1 경솔하다. 경박하다. ¶言行~=언행이 경박하다. 2 (주로 여성을) 놀리다. 희롱하다. ¶险遭无赖~.=하마터면 무뢰한의 희롱을 당할 뻔하였다. 늑轻佻 轻浮 ↔庄重

【轻财重士】qīngcái-zhòngshì 성 재물을 경시하고 인재를 존중하다.

【轻车简从】qīngchē-jiǎncóng 성 비 지위가 비교적 높은 사람이 행차를 간소하게 하다. =【轻装简从】qīngzhuāng-jiǎncóng

【轻车熟路】qīngchē-shúlù 성 1 가벼운 수레를 몰고 아는 길로 순조롭게 가다. 2 비 일이 익숙해서 하기 쉽다.

【轻淡】qīngdàn 형 1 연하다. 묽다. ¶颜色~=색깔이 연하다. 2 (어떤 일에 대해서) 냉담하다. 대수롭지 않게 여기다. 시들하다. ¶他对此说的很~.=그는 이 일에 대해서 아주 대수롭지 않게 말했다.

【轻敌】qīngdí 동 적을 얕잡아 보다. ¶~必败=적을 얕잡아 보면 반드시 패하게 된다.

【轻度】qīngdù 형 경미한. 적은. 소폭의. 약한. ¶~磨损=경미한 마모.

【轻而易举】qīng'éryìjǔ 성 매우 수월하다. 식은죽먹기이다. 늑易如反掌 如履平地 ↔筚路蓝缕

【轻纺】qīngfǎng 명 1 방직 공업. 2 경공업.

【轻放】qīngfàng 동 가볍게 놓다. 천천히 놓다. 살짝 놓다. ¶容器易碎, 小心~.=그릇이 깨지기 쉬우니, 조심해서 살짝 놓아라.

【轻粉】qīngfěn ☞【甘汞】gānggǒng

【轻风】qīngfēng 1 (氣) 남실바람. [풍력 계급 2의 바람] 2 경풍. 가벼운 바람.

【轻浮】qīngfú 형 경박하다. 경망스럽다. 경거망동하다. ¶作风~=품행이 경박하다. 늑轻佻 轻薄 ↔庄重 稳重

【轻歌剧】qīnggējù 명 (劇) 경가극. 오페레타(operetta).

【轻歌曼舞】qīnggē-mànwǔ 성 경쾌한 음악과 우아한 춤.

【轻工】qīnggōng ☞【轻工业】qīnggōngyè

【轻工业】qīnggōngyè 명 경공업. 약【轻工】qīnggōng ↔重工业

【轻轨铁路】qīngguǐ tiělù 명 경궤 철로. [도시에서 운행되는 간이 열차용 철로]

【轻合金】qīnghéjīn 명 (化) 경합금. 영 light alloy

【轻忽】qīnghū 동 소홀히 하다. 경시하다. ¶此事不容~.=이 일은 소홀히 해서는 안 된다.

【轻活】qīnghuó(~儿) 명 수월한 일. 가벼운 일. 힘들지 않은 일. ↔重活

【轻火器】qīnghuǒqì 명 경화기(輕火器).

【轻货】qīnghuò 명 부피는 크고 무게는 가벼운 물건.

【轻机关枪】qīngjīguānqiāng 명 경기관총. =【轻机枪】qīngjīqiāng

【轻机枪】qīngjīqiāng ☞【轻机关枪】qīngjīguānqiāng

【轻贱】qīngjiàn 형 비천하다. 천하다. 동 깔보다. 경시하다. 무시하다. ¶被人~=다른 사람에게 무시당하다.

【轻健】qīngjiàn 형 경쾌하고 활기차다. 가볍고 기운차다. 팔팔하다. ¶步履~=발걸음이 가볍고 활기차다.

【轻捷】qīngjié 형 민첩하다. 재빠르다. 날렵하다. 경쾌하다. 가볍다. ¶身手~=몸놀림이 가볍고 민첩하다.

【轻金属】qīngjīnshǔ 명 (化) 경금속. [밀도가 5g/mm³ 이하의 금속이나 합금]

【轻举妄动】qīngjǔ-wàngdòng 성 경거망동하다.

【轻看】qīngkàn 동 얕보다. 무시하다. 경시하다. 깔보다. ¶不能~年轻人的冲劲=젊은이의 추진력을 무시해서는 안 된다.

【轻口薄舌】qīngkǒu-bóshé 성 말을 매우 각박하게 하다. 인정 사정 없이 말로 몰아치다. =【轻嘴薄舌】qīngzuǐ-bóshé

【轻快】qīngkuài 형 1 (느낌이) 경쾌하다. 홀가분하다. ¶~的歌曲=경쾌한 노래. 2 (동작이) 가볍다. 재빠르다. 민첩하다. 경쾌하다. ¶~的脚步=가벼운 발걸음.

【轻狂】qīngkuáng 형 경망스럽다. 방정맞다. ¶举止~=행동거지가 경망스럽다.

【轻利重义】qīnglì-zhòngyì 성 명리(名利)를 가벼이 보고 도의(道義)를 중시하다.

【轻量级】qīngliàngjí 명 (體) 경량급. 라이트(light)급.

【轻灵】qīnglíng 형 가볍고 재빠르다. 민첩하고

날렵하다.
【轻慢】**qīngmàn** 〔形〕오만하다. 거만하다. ¶他的态度非常~。=그의 태도는 너무 거만하다. 〔动〕불손하게 굴다. 버릇없이 굴다. ¶不可～客人。=손님에게 불손하게 해서는 안 된다. ↔爱戴
【轻描淡写】**qīngmiáo-dànxiě** 〔成〕 **1** (가볍게) 서술하다. 묘사하다. **2** 중요한 문제를 대강대강 얘기하고 지나가다.
【轻蔑】**qīngmiǎo** 〔动〕무시하다. 업신여기다. 얕보다. ¶~对手=상대를 업신여기다.
【轻妙】**qīngmiào** 〔形〕경쾌하고 아름답다. ¶~歌声=경쾌하고 아름다운 노랫소리.
【轻蔑】**qīngmiè** 〔形〕무시하다. 멸시하다. ¶~的口吻=무시하는 말투. ↔崇拜
【轻诺寡信】**qīngnuò-guǎxìn** 〔成〕쉽게 허락하고 잘 지키지 않다.
【轻飘】**qīngpiāo** 〔形〕 **1** 하늘하늘하다. 간들간들하다. 가볍게 날리다. ¶雪花~=눈꽃이 하늘늘 날리다. **2** 경박하다. 가볍다. 착실하지 못하다. 진중하지 못하다. ¶学习~=공부하는 것이 착실하지 못하다.
【轻飘飘】**qīngpiāopiāo** (~的) 〔形〕 **1** (동작이) 경쾌하다. 가볍다. (마음이) 홀가분하다. ¶他很高兴, 走路~的。=그는 매우 기뻐 발걸음이 가볍다. **2** 하늘하늘하다. 간들간들하다. [가벼워 날아갈 듯한 모양을 형용함] ¶~的柳絮=하늘하늘 날리는 버들개지. **3** 건성건성이다. 대충대충이다. 대강대강하다. ¶他的话是~的, 解决不了实际问题。=그의 말은 건성으로 하는 것이라서, 실제 문제를 해결할 수 없다. ↔沉甸甸
【轻骑】**qīngqí** 〔名〕 **1** 스쿠터(scooter). 소형 모터사이클. **2** 〔军〕경기병.
【轻骑兵】**qīngqíbīng** 〔名〕 **1**〔军〕경기병. **2**〔비〕(1인 다역·이동성 등을 특징으로 하는) 공연단. 간편한 문예 창작이나 연출 형식.
【轻悄悄】**qīngqiāoqiāo** (~的) 〔形〕 가볍다. 가뿐하다. 경쾌하다. 소리가 미세하다. 〔副〕(~地) 가볍게. 가뿐하게. 가만가만. 살그머니. 소곤소곤. ¶暖风~地吹拂大地。=따뜻한 바람이 살며시 대지를 스치고 지나간다.
【轻巧】**qīngqiǎo** 〔形〕 **1** 가볍고 정교하다. 깜찍하다. ¶新摩托车真~！=새 모터사이클이 정말 깜찍하다. **2** 손쉽다. 수월하다. ¶话可说得~, 但做起来不容易。=말은 쉽게 할 수 있지만 실천하려면 쉽지 않다. **3** 경쾌하다. 기민하다. 재빠르다. ¶~的体操动作=경쾌한 체조 동작. ≒轻盈 ↔笨重 繁重
【轻轻】**qīngqīng** 〔形〕 **1** (무게가) 가볍다. (나이가) 젊다. ¶年纪~的就有这么大的出息, 不简单。=나이도 젊은데 벌써 이러한 성취를 이루다니, 쉽지 않은 일이다. **2** 조용하다. ¶~的吟诵=조용하게 낭송하다.
【轻轻松松】**qīng·qing sōngsōng** (~的) 〔形〕 가뿐하다. 홀가분하다. ¶他~地跑完了十公里马拉松。=그는 10킬로미터 마라톤을 가뿐하게 다 뛰었다.
【轻裘肥马】**qīngqiú-féimǎ** 〔成〕 **1** 값비싼 옷을 입고 살진 말을 타다. **2**〔비〕생활이 부유하고 호화로운 모습.
【轻取】**qīngqǔ** 〔动〕손쉽게 이기다. 가볍게 제압하다. 낙승하다. ¶主场3：0~客队。=홈 경기에서 3 대 0으로 상대팀을 손쉽게 이겼다.
【轻饶】**qīngráo** 〔动〕간단히 (가볍게) 용서하다. 쉽게 용서하다. ¶不能~了小偷。=좀도둑을 쉽게 용서할 수 없었다.
【轻柔】**qīngróu** 〔形〕 가볍고 부드럽다. ¶~地爱抚=가볍고 부드럽게 어루만지다.
【轻软】**qīngruǎn** 〔形〕 가볍고 부드럽다. ¶衣料质地~。=옷감이 가볍고 부드럽다.
【轻纱】**qīngshā** 〔名〕〔纺〕가볍고 얇은 면·마 등의 섬유 직물.
【轻伤】**qīngshāng** 〔名〕경상. 가벼운 부상.
【轻身】**qīngshēn** 〔动〕 **1** (몸을) 가볍게 하다. 경쾌하게 하다. 활기차게 하다. 기운차게 하다. ¶~延年=몸을 가뿐하게 하여 장수하다. **2** 자신을 돌보지 않다. ¶~重义=자신을 돌보지 않고 의를 중시하다.
【轻生】**qīngshēng** 〔动〕(주로 자살을 가리키는 말로) 목숨을 가벼이 여기다. 자살하다. 스스로 목숨을 끊다.
【轻声】**qīngshēng** 〔名〕 **1** 작은 소리. ¶~慢语=작고 느린 말. **2**〔言〕(중국어에서 가볍고 짧게 읽는) 경성(輕聲). [예를 들어 '着(·zhao), 了(·le), 的(·de)'와 같은 허사나 '子(·zi), 头(·tou)'와 같은 접미사 등은 모두 경성으로 읽음]
【轻省】**qīng·sheng** 〔形〕〔방〕홀가분하다. 부담 없다. ¶现在总算可以~一下了。=지금은 마침내 홀가분하게 되었다. **2** 가볍다. 가볍고 편리하다. ¶这辆自行车挺~。=이 자전거는 제법 가볍고 편리하다.
【轻世傲物】**qīngshì-àowù** 〔成〕 **1** 세상을 멸시하고 사람들에게 오만하다. **2** 오만하기 그지없다.
【轻视】**qīngshì** 〔动〕경시하다. 무시하다. 가볍게 보다. ¶~名利=명리를 가볍게 보다. ≒藐视 小看 ↔重视 器重
【轻手轻脚】**qīngshǒu-qīngjiǎo** 〔成〕살금살금 행동하다.
【轻率】**qīngshuài** 〔形〕경솔하다. 신중하지 못하다. 덜렁이다. ¶~地答应=경솔하게 응낙하다. ≒鲁莽 ↔慎重 谨慎
【轻爽】**qīngshuǎng** 〔形〕(마음이) 가뿐하고 상쾌하다. ¶到风景区走一走, 很~。=경치 좋은 곳에서 걷다 보면 마음이 가뿐하고 상쾌해진다.
【轻水】**qīngshuǐ** 〔名〕〔化〕경수(輕水). ↔重水
【轻松】**qīngsōng** 〔形〕수월하다. 가볍다. 부담 없다. ¶~愉快地学习。=홀가분하고 유쾌하게 공부하다. 〔动〕홀가분하다. 가뿐하다. 편하게 하다. 느슨하게 하다. 쉬게 하다. 긴장을 풀다. ↔紧张 沉重
【轻佻】**qīngtiāo** 〔形〕언행이 경박하다. ¶说话~=말하는 것이 경박하다. ≒轻浮 轻薄 ↔庄重
【轻微】**qīngwēi** 〔形〕약하다. 경미하다. 심하지 않다. ¶~的损伤=경미한 손상. ↔严重 强烈
【轻侮】**qīngwǔ** 〔动〕업신여기고 모욕하다. ¶受

人~=남에게 업신여김과 모욕을 당하다.
【轻武器】qīngwǔqì 명 경화기(輕火器). 소화기(小火器).
【轻细】qīngxì 형 1 자그마하다. 가늘다. ¶~的说话声=자그만 이야기 소리. 2 날씬하다. ¶~的腰身=날씬한 허리.
【轻闲】qīngxián 형 1 한가하다. 한가롭다. ¶~自在=한가롭고 편안하다. 2 힘들지 않다. ¶~活儿=힘들지 않은 일. →繁重 忙碌
【轻泻】qīngxiè ☞ 【缓泻】huǎnxiè
【轻心】qīngxīn 명 가볍게 여기다. 대수롭지 않게 여기다. ¶掉以~=부주의하다.
【轻信】qīngxìn 통 쉽게 믿다. ¶~谣言=소문을 쉽게 믿다.
【轻型】qīngxíng 형 (기계나 무기 따위가) 경형(輕型)의. 소형(小型)의. ¶~飞机=경비행기.
【轻烟】qīngyān 옅은 안개〔연기〕.
【轻言细语】qīngyán-xìyǔ 성 조용하고 부드럽게 말하다.
【轻扬】qīngyáng 통 가볍게 날리다. ¶落花~=떨어진 꽃잎이 가볍게 날리다.
【轻徭薄赋】qīngyáo-bófù 성 1 노역을 줄이고 세금을 낮추다. 2 농민의 부담을 줄이다.
【轻易】qīngyì 형 1 제멋대로이다. 경솔하다. 함부로 하다. ¶不~为文=함부로 글을 쓰지 않는다. 2 쉽다. 간단하다. 수월하다. ¶不可能~中奖=쉽게 당첨되지 않을 것이다.
【轻音乐】qīngyīnyuè 명 경음악.
【轻盈】qīngyíng 형 1 가볍다. 경쾌하다. 가뿐하다. ¶~的笑语=가벼운 담소. 2 (여성이) 날씬하고 재빠르다. 유연하다. 나긋나긋하다. ¶步态~=걸음걸이의 자태가 재빠르다. ≒轻巧 ↔笨拙
【轻悠悠】qīngyōuyōu (~的) 형 1 소리가 가녀리고 부드럽다. ¶~的笛声=가녀리고 부드러운 피리 소리. 2 하늘하늘하는 모양. ¶枯叶~地飘落.=마른잎이 하늘하늘 날려 떨어지다.
【轻油】qīngyóu 명 (礦) 경유. ↔重油
【轻于鸿毛】qīngyú-hóngmáo 성 1 기러기 깃털보다 가볍다. 2 명 가치 없는 죽음.
【轻元素】qīngyuánsù 명 (化) (헬륨이나 수소 같이) 원자량이 비교적 적은 원소.
【轻灾】qīngzāi 명 가벼운 재해. [농작물의 손실이 30~50% 이하의 재해]
【轻躁】qīngzào 경망스럽고 성급하다. 침착하지 못하고 촐싹대다.
【轻质】qīngzhì 형 물건의 질량이 가볍다.
【轻重】qīngzhòng 명 1 무게. 중량. ¶称称~=무게를 한번 재어 보다. 2 (정도·일 등의) 경중. 중요한 것과 부차적인 것. ¶~搭配=경중의 배합. 3 분수. 절도. 분별. ¶说话总不知~。=말을 할 때 항상 절도를 모른다.
【轻重倒置】qīngzhòng-dàozhì 성 (일의) 경중이 뒤바뀌다.
【轻重缓急】qīngzhòng-huǎnjí 성 (일의) 중요한 것과 중요하지 않은 것. 급한 것과 급하지 않은 것.

【轻重量级】qīngzhòngliàngjí 명 (體) 라이트 헤비(light heavy)급.
【轻舟】qīngzhōu 명 운 경주. 가볍고 빠른 배. 소형 선박.
【轻装】qīngzhuāng 명 1 간편한 복장. ¶~出行=간편한 복장으로 나서다. 2 간편한 장비. ¶~骑兵=간편한 장비를 갖춘 기마병.
【轻装简从】qīngzhuāng-jiǎncóng ☞ 【轻车简从】qīngchē-jiǎncóng
【轻装上阵】qīngzhuāng-shàngzhèn 성 1 (軍) 가볍게 무장하고 전장에 나서다. 2 비 심리적인 부담을 떨치고 일이나 경기 등에 매진하다.
【轻子】qīngzǐ 명 (物) 경입자(輕粒子). 렙톤 (lepton).
【轻纵】qīngzòng 통 (잘못이나 죄를 지은 사람을 처벌하지 않고) 쉽게 놓아 주다.
【轻嘴薄舌】qīngzuǐ-bóshé ☞ 【轻口薄舌】qīngkǒu-bóshé
【轻罪】qīngzuì 명 (法) 경범죄. ↔重罪

* **氢**[氫] qīng 수소 경
명 (化) 수소(H, hydrogen). [원자 번호 1]
○● 重氢, 超chāo重氢
【氢弹】qīngdàn 명 (化) 수소 폭탄. =【热核武器】rèhé wǔqì
【氢氟化钾】qīngfúhuàjiǎ 명 (化) 불화 칼륨. 영 potassium fluoride
【氢氟酸】qīngfúsuān 명 (化) 불화 수소산. 영 hydrofluoric acid
【氢键】qīngjiàn 명 (化) 수소 결합. 영 hydrogen bond
【氢离子】qīnglízǐ 명 (化) 수소 이온.
【氢硫基】qīngliújī ☞ 【巯基】qiújī
【氢氯酸】qīnglǜsuān ☞ 【盐酸】yánsuān
【氢气】qīngqì 명 운 (化) 수소(水素).
【氢氧】qīngyǎng 명 (化) 산수소. ¶~焰=산수소염.
【氢氧根】qīngyǎnggēn ☞ 【羟基】qiǎngjī
【氢氧化铵】qīngyǎnghuà'ǎn 명 (化) 암모니아수.
【氢氧化钾】qīngyǎnghuàjiǎ 명 (化) 수산화 칼륨. 영 potassium hydroxide
【氢氧化钠】qīngyǎnghuànà 명 (化) 가성소다. 수산화나트륨(NaOH). =【烧碱】shāojiǎn 【苛性钠】kēxìngnà
【氢氧基】qīngyǎngjī ☞ 【羟基】qiǎngjī
【氢氧酸】qīngyǎngsuān 명 (化) 하이드록시산. 영 hydroxy acid

** **倾**[傾] qīng 기울 경
통 1 명 압도하다. 이기다. 2 명 ¶权~朝野=권력이 조야(朝野)를 압도하다. 2 부러지다. ¶樯~楫摧=돛대가 무너지고 노가 부러지다. 3 (그릇 따위를 뒤집거나 기울여) 다 쏟아 내다. ¶~壶倒酒=주전자를 기울여 술을 따르다. 4 기울다. 경사지다. 비스듬하다. 비뚤다. ¶~耳偷听=귀를 기울여 엿듣다. **5** (생각이) 치우치다. 쏠리다. ¶左~=좌경(左傾). **6** (힘 따위를) 다하다. 모두 기울이다. ¶~全力一搏. =온 힘을 다하여 덤비다. **7** 흠모하다. 경모하다. 탄복하다. ¶一坐尽~=좌중이 모두 탄복하였다. 圈 다하다. 쏟아 내다. 털어 내다. 동원하다. ¶~巢出动=병력을 총동원하여 출동하다.

**【倾侧】qīngcè** 圈 비스듬하게 기울다. 옆으로 쏠리다. ¶桅杆~=돛대가 비스듬하게 기울다.

**【倾巢】qīngcháo** 图 **1** 총출동하다. =而出=총출동하다. 남김없이 총동원하다. **2** 围 전멸하다. ¶祸致~=전멸에 이르는 재앙이 닥치다.

**【倾巢出动】qīngcháo-chūdòng** 图 围 전부 출동하다. 총동원하다.

**【倾城】qīngchéng** 图 성(城) 안의 모든 사람. ¶~皆知=성 안의 모든 사람이 다 알다. 圈 여자가 지극히 아름답다. ¶~之美=절세의 아름다움.

**【倾城倾国】qīngchéng-qīngguó** 围 **1** 한 번 돌아보면 성(城)이 기울고, 두 번 돌아보면 나라가 기운다. **2** 围 절세의 미인. 경국지색.

**【倾倒】qīngdǎo** 图 **1** (기울어) 넘어지다. 쓰러지다. 무너지다. ¶桌椅~,一片狼藉. =책걸상이 넘어지고 온통 어지럽다. **2** 탄복하다. 흠모하다. 매료되다. ¶听者为之~. =듣던 사람들이 모두 매료되었다.

**【倾倒】qīngdào** 图 **1** 모두 쏟아 내다. ¶~垃圾=쓰레기를 쏟아 내다. **2** 围 마음속의 이야기를 쏟아 내다. 시원스럽게 이야기하다. ¶~胸中烦恼. =가슴 속의 번뇌를 시원스럽게 말하다.

**【倾动】qīngdòng** 图 (사람으로 하여금) 탄복하고 감동하게 하다. ¶他的事迹令人~。=그의 행적은 사람으로 하여금 탄복하게 한다.

**【倾耳】qīng'ěr** 图 귀를 기울이다. ¶~细听=귀를 기울여 자세히 듣다.

**【倾覆】qīngfù** 图 **1** (물체가) 쓰러지다. 넘어지다. ¶大厦~=빌딩이 넘어지다. **2** 뒤집어엎다. 전복하다. 실패하게 하다. ¶~社稷=종묘 사직을 무너뜨리다.

**【倾盖】qīnggài** 图围 **1** 수레를 타고 가다 멈추어 수레 덮개를 가까이 하고 얘기를 나누다. **2** 첫 만남이 마치 오랜 친구를 대하는 듯하다.

**【倾盖如故】qīnggài-rúgù** 围 첫 만남이 마치 오랜 친구를 대하는 듯하다.

**【倾家荡产】qīngjiā-dàngchǎn** 围 가산(家産)을 모두 탕진하다.

**【倾角】qīngjiǎo** 图 **1** (數) 경각. =【倾斜角】 qīngxiéjiǎo **2** (地) 경사(각). =【倾斜角】 qīngxiéjiǎo **3** (物) 복각. 경각. **4** (數) 부각. 내려본각. 내림각.

**【倾慕】qīngmù** 图 흠모하다. ¶彼此~已久. =서로 흠모한 지 이미 오래 되었다. ≒仰慕 钦慕

**【倾囊】qīngnáng** 图 **1** (자루나 주머니 속에 있는 것을) 모두 쏟아 내다. **2** 있는 돈을 내다. ¶~相助=있는 돈을 다 털어 도와 주다.

**【倾盆】qīngpén** 图围 비가 억수같이 내리다. ¶雨~而下=비가 억수같이 내리다.

**【倾盆大雨】qīngpén-dàyǔ** 围 **1** 대야를 엎은 듯 큰비가 내리다. **2** 围 임무가 과다하고 막중하여 처리하기 벅차다.

**【倾情】qīngqíng** 图 모든 감정을 쏟아붓다. ¶~演出=감정을 몰입하여 연기하다.

**【倾洒】qīngsǎ** 图 모두 뿌리다. [주로 비유로 쓰임] ¶让热泪尽情地~。=뜨거운 눈물을 한껏 쏟아내다.

**【倾诉】qīngsù** 图 이것저것 다 말하다. ¶~乡思=고향에 대한 그리움을 남김없이 말하다.

**【倾塌】qīngtā** 图 무너지다. ¶墙垣~=담장이 무너지다.

**【倾谈】qīngtán** 图 마음껏 토로하다. ¶~相思之情=그리운 마음을 마음껏 토로하다.

**【倾听】qīngtīng** 图 귀를 기울여 듣다. 경청하다. ¶~百姓的呼声=백성들의 호소를 귀 기울여 듣다. ≒凝

**【倾吐】qīngtǔ** 图 토로하다. 쏟아 내다. ¶~肺腑之言=가슴 속의 말을 토로하다.

**【倾危】qīngwēi** 图 위태롭게 기울다. ¶国运~=국운이 위태롭게 되다.

**【倾箱倒箧】qīngxiāng-dàoqiè** 围 **1** 상자를 기울여 내용물을 다 쏟아 내다. **2** 围 가진 것을 다 탕진하다.

**【倾向】qīngxiàng** 图 경향. 추세. 성향. 情感=감정의 동향. 图 (한쪽으로) 기울다. 쏠리다. 치우치다. ¶比之于后者, 他~于前者. =후자에 비해서 그는 전자 쪽으로 기운다.

**【倾向性】qīngxiàngxìng** 图 **1** 경향성. [정치적 관점·감정·태도 등이 문예 작품이나 구체적인 언행 중에 드러난 것] **2** 성향. [어떤 사물에 대한 태도 가운데 나타나는 좋아하거나 싫어하거나 칭찬하거나 깎아 내리는 경향]

**【倾销】qīngxiāo** 图《經》덤핑(dumping) 판매하다. 투매(投賣)하다. ¶~积压商品=재고 상품을 덤핑 판매하다. ≒抛售 甩卖

**【倾斜】qīngxié** 圈 **1** 기울다. 경사지다. ¶古塔已有些~。=고탑은 이미 조금 기울었다. **2** 围 (어느 한쪽으로) 치우치다. 편향되다. 쏠리다. 치중되다. ¶国家投资向教育~。=국가의 투자가 교육 부문에 치중되다.

**【倾斜度】qīngxiédù** 图 경사도.

**【倾斜角】qīngxiéjiǎo** ☞【倾角】qīngjiǎo

**【倾泻】qīngxiè** 图 (대량의 물이) 빠른 속도로 쏟아져 내리다. 흘러내리다. ¶暴雨~=폭우가 쏟아져 내리다.

**【倾卸】qīngxiè** 图 **1** (차나 배에 실린 것을) 기울여 쏟아 내다. ¶卡车在~废物。=트럭이 폐기물을 쏟아 내리고 있다. **2** (넓은 의미로) 쏟다. 쏟아 버리다. ¶禁止向河中~垃圾. =강에 쓰레기를 쏟아 버리는 것을 금지하다.

**【倾卸(汽)车】qīngxiè(qì)chē** 图(機) 덤프 트럭. 덤프차.

**【倾心】qīngxīn** 图 **1** 마음을 다하다. 성의를 다하다. 온 힘을 다하다. ¶~商谈=성의를 다하여 상담하다. **2** 온 마음이 향하다. 사모하다. 마음을 빼앗기다. ¶一见~=첫눈에 반하다.

【倾轧】qīngyà 통 서로 배척하다. 알력이 생기다. ¶互相~=서로 간에 알력이 생기다.
【倾注】qīngzhù 통 1 (낮은 곳으로) 유입되다. 흘러들어가다. ¶山洪~进沟壑.=산의 홍수가 골짜기로 쏟아져 들어갔다. 2 (힘이나 감정 따위를) 쏟아붓다. 기울이다. 집중하다. ¶他全身心地~于教育事业.=그는 몸과 마음을 모두 교육사업에 쏟아부었다.

## *卿 qīng 벼슬 경

명 1 경. [옛날 작위의 하나] 2 애 친한 친구나 부부간의 애칭. 3 애 임금이 신하를 일컫던 말. 4 (Qīng) 성(姓).

○● 国务卿

【卿卿我我】qīngqīng-wǒwǒ 애 남녀가 매우 친근하게 이야기를 나누는 모양. 재잘거리는 모양.

## 圊 qīng 뒷간 청

명⟨문⟩ 변소. ¶~粪=측간의 오물.
【圊肥】qīngféi ☞【厩肥】jiùféi

## *清 qīng 맑을 청

형 1 깨끗하다. 맑다. ¶水~如镜=물이 거울같이 맑다. /冰~玉洁=얼음과 옥처럼 맑고 깨끗하다. 2 단순하다. 순수하다. ¶一杯~茶=맑은 차 한 잔. 3 분명하다. 또렷하다. 확실하다. 명확하다. ¶一—二楚=분명하다. 4 공정하다. 청렴하다. ¶为官~廉=관료 됨됨이가 청렴하다. 5 시원하다. 선선하다. ¶月白风~=달은 밝고 바람은 선선하다. 6 맑고 향기롭다. 맑고 그윽하다. ¶香远益~=맑고 그윽한 향이 멀리까지 퍼지다. 7 冷~=썰렁하고 적막하다. 통 1 청소하다. 불순물을 제거하다. 깨끗하게 하다. ¶~洗衣物=옷을 깨끗하게 세탁하다. 2 청산하다. 결산하다. ¶账已~了.=빚은 이미 청산했다. 3 점검하다. ¶~一一钱数=돈의 액수를 점검해 보다. 4 (깨끗하게) 정리하다. 처리하다. ¶~产核资=자산(資産)을 대조 정리하다. 명 (Qīng) 1 청(清)나라. 2 성(姓). ≒澄 ↔混 浊

○● 澄chéng清, 蛋清, 分清, 划huà清, 廓kuò清, 收清, 肃sù清, 誊téng清, 血清, 一清早, 冷清清

【清白】qīngbái 형 1 오점이 없다. 순결하다. 깨끗하다. 결백하다. ¶一身~=일신에 오점 하나 없이 깨끗하다. 2 형 분명하다. 또렷하다. 확실하다. ¶很难说~=분명히 말하기 어렵다. ≒纯洁
【清白人】qīngbáirén 명 청렴한 사람. [品行이 단정하고 순결하며, 청렴한 사람을 칭송하는 말]
【清波】qīngbō 명 푸른 파도. 깨끗하고 맑은 파도. ¶~微荡=푸른 파도가 잔잔히 일고 있다.
【清仓】qīng‖cāng 통 1 재고 조사를 하다. ¶~核产=재고 조사를 하고 자산을 따져 보다. 2 창고를 치우다(비우다). ¶~后改装된 货物.=창고를 치운 후 다른 화물을 채워 넣다. 3〈經〉투자자가 증권 따위를 전부 내다 팔다.

【清册】qīngcè 명 등기 대장.
【清茶】qīngchá 명 1 녹차. 녹찻물. 2 (다과는 없이) 차만 내는 것.
【清查】qīngchá 통 철저하게 조사하다. ¶~资金=자금을 철저히 조사하다. ≒彻查
【清产核资】qīngchǎn-hézī 애 모든 자산과 부채 상태를 따져 보다. 재무 상태를 따져 보다.
【清偿】qīngcháng 통 모든 채무를 깨끗이 갚다. ¶~贷款=대출금을 깨끗이 갚다.
【清场】qīng‖chǎng 통 장내를 깨끗이 치우고 정리하다. ¶~打扫=장내를 깨끗이 정리하고 청소하다.
【清唱】qīngchàng 통〈劇〉1 (중국 전통극에서) 분장 없이 간단한 반주에 맞추어 노래하다. 2 반주 없이 노래하다.
【清唱剧】qīngchàngjù 명〈音〉오라토리오 (oratorio).
【清炒】qīngchǎo 통 (조리 방법의 하나로 된장·간장 등을 쓰지 않고) 한 가지 재료만을 기름에 볶다.
【清彻】qīngchè ☞【清澈】qīngchè
【清澈】[清彻] qīngchè 형 맑고 투명하다. ¶泉水~=샘물이 맑고 투명하다. ≒清澄 ↔浑浊
【清晨】qīngchén 명 일출 전후의 시간. 이른 아침.
【清澄】qīngchéng 형 맑고 깨끗하다. ¶湖水~=호수가 맑고 깨끗하다.
【清除】qīngchú 통 깨끗이 없애다. ¶~污垢=때를 깨끗이 제거하다. ≒荡除
【清楚】qīng·chu 형 1 분명하다. 조리있다. 알기 쉽다. 명백하다. 뚜렷하다. ¶表达~=(의사) 표현이 뚜렷하다. 2 명석하다. ¶他头脑比一般人~.=그의 두뇌는 보통 사람보다 명석하다. 통 이해하다. 알다. ¶他弄~了问题的来龙去脉.=그는 문제의 전후 맥락(핵심)을 파악하였다. ≒清晰 明白 分明 ↔糊涂 含糊 隐约
【清创术】qīngchuāngshù 명〈醫〉(상처에서의) 괴사(壞死) 조직 및 부육(腐肉) 조직 제거.
【清纯】qīngchún 형 1 청순하다. ¶~的女郎=청순한 아가씨. 2 맑고 깨끗하다. ¶~的山泉=산의 맑고 깨끗한 샘물.
【清醇】qīngchún 형 (맛이나 냄새 따위가) 맑고 순정하다. 맑고 그윽하다. 감칠맛이 있다. ¶~的美酒=맑고 순정한 술.
【清辞丽句】qīngcí-lìjù 애 참신한 어휘와 아름다운 말.
【清脆】qīngcuì 형 1 (음식물이) 사각사각하고 상큼하다. ¶~的苹果=사각사각하고 상큼한 사과. 2 (소리가) 맑고 듣기 좋다. 낭랑하다. ¶~的笑声=해맑은 웃음소리.
【清单】qīngdān 명 명세서. 목록. ¶进货~=물건 반입 명세서.
【清淡】qīngdàn 형 1 (음식이 기름지지 않고) 담백하다. ¶饭菜~=밥과 반찬이 담백하다. 2 (색깔이나 냄새 따위가) 산뜻하다. 진하지 않다. 연하다. 은은하다. ¶荷香~=연꽃 향기가 맑고 은은하다. 3 불경기이다. ¶生意~=장사가 잘

되지 않다. **4** 참신하고 단아하다. ¶画风~=화풍이 참신하고 단아하다. ↔油腻 红火

【清道】 **qīngdào** 图 **1** 과거 제왕이나 고위 관료가 행차할 때, 앞에서 길을 트고 행인을 물리치다. **2** 거리를 청소하다. 길의 장애물을 치우다.

【清道夫】 **qīngdàofū** 图 **1** 〈예〉 도로〔거리〕 청소부. **2** 〈비〉 해결사.

【清点】 **qīngdiǎn** 图 철저히 점검하다. ¶~存货=재고를 철저히 점검하다. ≒盘点

【清炖】 **qīngdùn** 图 (육류 등을) 간장을 넣지 않고 고다〔푹 삶다〕.

【清肺】 **qīngfèi** 图 (醫) 폐·호흡 기관의 이물질을 제거하여 건강을 회복시키다.

【清风】 **qīngfēng** 图 **1** 선선한〔시원한·상쾌한〕 바람. ¶~拂面=선선한 바람이 안면을 스친다. **2** 청렴하고 고결한 인격. ¶两袖~=관리가 청렴하고 인품이 고결하다. 가진 것 없는 빈털터리이다.

【清福】 **qīngfú** 图 한가롭고 편안한 생활. ¶老人退休后在家安享~。=노인은 퇴직한 후 집에서 한가롭고 편안한 생활을 누린다.

【清高】 **qīnggāo** 图 **1** (인품이) 청렴하다. 고결하다. 고상하다. ¶品德~=품성이 고결하다. **2** 〈비〉 자기 혼자 고결하다고 여기다. ¶自命~=스스로 고상하다고 여기다.

【清稿】 **qīnggǎo** 图 베껴 적거나 깨끗하게 교정을 본 원고.

【清供】 **qīnggòng** 图 **1** (신선한 꽃이나 소찬(素饌)과 같은) 청아한 제물. **2** (옛 기물이나 분재 등의) 관상용 물건.

【清官】 **qīngguān** 图 청렴하고 공정한 관리. ↔脏官

【清官难断家务事】 **qīngguān nán duàn jiāwùshì** 〈속〉 집안일은 복잡해서 청렴하고 공정한 관리도 그 시비를 가리기 어렵다. 집안일은 시비를 가리기 어렵다.

【清规】 **qīngguī** 图 (佛) 불교·도교 신자가 지켜야 할 계율. 규율.

【清规戒律】 **qīngguī-jièlǜ** 〈성〉 **1** 승려·도사가 반드시 지켜야 할 규칙이나 계율. **2** 〈비〉 (주로 융통성 없고 불합리한) 규정. 제도.

【清寒】 **qīnghán** 图 **1** 맑고 차갑다. ¶晨光~=아침 햇살이 맑고 차갑다. **2** 청빈하다. ¶文人=청빈한 문인. ≒清苦

【清华大学】 **Qīnghuá Dàxué** 图 청화대학. [중국 베이징(北京)에 있는 교육부 직속의 명문 종합 대학]

【清还】 **qīnghuán** 图 깨끗이 갚다. 깨끗하게 돌려주다. ¶~借贷=채무를 깨끗이 갚다.

【清晖】 **qīnghuī** 图 맑고 아름다운 햇빛. ¶~高照=맑고 아름다운 햇빛이 내리쬐다.

【清辉】 **qīnghuī** 图 (눈을 자극하지 않는) 빛. ¶丽日~=아름다운 태양의 빛.

【清慧】 **qīnghuì** 图 청순하고 슬기롭다. ¶姿容~=생김새가 청순하고 총기(聰氣)있어 보인다.

【清火】 **qīnghuǒ** 图 열기를 식히다. 열을 내리다. ¶~的汤药=식힌 탕약.

【清寂】 **qīngjì** 图 썰렁하고 적막하다. ¶古寺~=고찰이 썰렁하고 적막하다.

【清俭】 **qīngjiǎn** 图 청렴하고 검소하다. 가난하고 검소하다. ¶生活~=생활이 가난하고 검소하다.

【清检】 **qīngjiǎn** 图 정리 점검하다. ¶~货物=화물을 정리 점검하다.

【清减】 **qīngjiǎn** 图 야위다. 수척하다.

【清健】 **qīngjiàn** 图 (노인이) 건강하고 활기 넘치다. 정정하다.

【清剿】 **qīngjiǎo** 图 숙청하다. 모두 없애다. 소탕하다.

【清缴】 **qīngjiǎo** 图 완납(完納)하다. ¶~欠税=밀린 세금을 완납하다.

【清教徒】 **qīngjiàotú** 图 **1** (宗) 청교도. [16세기 영국 기독교의 한 파로 사치스런 생활에 반대함] **2** 〈비〉 생활이 지나치게 가난하고 자신을 엄격하게 규제하는 사람.

【清洁】 **qīngjié** 图 깨끗하다. 청결하다. ¶爽朗~=청량하고 깨끗하다. 图 깨끗〔청결〕하게 하다. ¶~剂=청결제. ≒干净 ↔肮脏

【清洁车】 **qīngjiéchē** 图 **1** (거리를 청소하고 쓰레기를 가져가는) 쓰레기차. 쓰레기 손수레. 청소차. **2** (쓰레기를 가져가는 일만 하는) 쓰레기차.

【清洁工】 **qīngjiégōng** 图 환경미화원.

【清洁能源】 **qīngjié néngyuán** 图 친환경 에너지. [풍력 에너지·태양 에너지 등과 같이 개발과 이용 과정 중에 오염 물질이 생성되지 않거나 거의 생성되지 않는 에너지]

【清洁燃料】 **qīngjié ránliào** 图 친환경 연료. [메탄가스·액화석유가스 등과 같이 연소 과정 중에 오염 물질이 생성되지 않거나 거의 생성되지 않은 연료]

【清洁生产】 **qīngjié shēngchǎn** 图 친환경 생산 공정. [원료 생산·에너지 이용·제작 판매·생산품 사용으로부터 폐기물 처리에 이르는 모든 과정이 자원·환경·인체에 해를 끼치지 않은 것을 말함]

【清洁霜】 **qīngjiéshuāng** 图 클렌징 크림 (cleansing cream).

【清劲风】 **qīngjìngfēng** 图 (氣) 흔들바람. [풍력 계급 5의 바람]

【清净】 **qīngjìng** 图 **1** 청정하다. 깨끗하고 맑다. ¶水质~=수질이 깨끗하고 맑다. **2** 안정(安静)되다. 편안하다. ¶内心~=마음이 안정되다. **3** (道) 죄악(罪恶)이나 번뇌(煩惱)로부터 멀리 벗어나다. ¶无为~=(인위적인 작위 없이) 자연의 순리에 맡기고 죄악이나 번뇌로부터 멀리 벗어나 지내다.

【清静】 **qīngjìng** 图 (환경이) 조용하다. 고요하다. ¶~的冬夜=조용한 겨울 밤. ↔喧嚣 喧闹

【清酒】 **qīngjiǔ** 图 청주. 맑은술.

【清君侧】 **qīngjūncè** 〈성〉 군주 주변의 간신들을 제거하다.

【清俊】 **qīngjùn** 图 청순하고 아름답다. ¶~的少女=청순하고 아름다운 소녀.

【清咖啡】 **qīngkāfēi** 图 블랙커피.

【清客】qīngkè 명(옛) 문객(門客). 식객(食客). ¶权门~ = 세도가의 식객.
【清課】qīngkè 명(佛) (독경 등) 불자가 매일 하는 공부.
【清口】qīngkǒu 형 (입맛이) 시원하다. 개운하다. 상큼하다. ¶脆嫩~ = 사각사각하고 부드러워 개운하다.
【清苦】qīngkǔ 형 가난하고 고생스럽다. 청빈하다. [지난날 주로 선비를 가리킴] ¶~度日 = 가난하고 고생스럽게 생활하다. ≒清贫
【清库】qīngkù 통 1 재고 조사를 하다. ¶~核对 = 재고 조사를 하고 맞춰 보다. 2 창고 화물을 모두 내다 팔다. ¶~甩卖 = 창고 방출 바겐세일. 3 저수지를 치우다. ¶挖掘淤泥, 及时~。 = 충적된 진흙을 걷어 내고, 저수지를 제때 치우다.
【清朗】qīnglǎng 형 1 또랑또랑하다. 낭랑하다. ¶~的读书声 = 또랑또랑한 글 읽는 소리. 2 시원하고 맑다. 청명하다. ¶~的夜色 = 시원하고 맑은 밤 풍경. 3 깨끗하고 환하다. ¶眉眼~ = 용모가 깨끗하고 환하다. 4 참신하고 명쾌하다. ¶小说叙事格外~。 = 소설의 서사(敘事)가 유난히 참신하고 명쾌하다.
【清泪】qīnglèi 명 맑은 눈물. ¶满面~ = 온 얼굴에 흐르는 맑은 눈물.
【清冷】qīnglěng 형 1 썰렁하다. ¶买卖~ = 장사가 썰렁하다. 2 쌀쌀하다. 차갑다. ¶~的春水 = 차가운 봄물. ≒清凉 ↔热闹
【清理】qīnglǐ 통 깨끗이 정리(처분)하다. ¶~书房 = 서재를 정갈하게 정리하다. / ~古籍 = 고서(古書)를 말끔히 정리하다.
【清丽】qīnglì 형 청아하고 수려하다. ¶诗风~ = 시풍이 청아하고 수려하다.
【清涟】qīnglián 형 맑은 물에 잔잔한 파문이 이는 모양. ¶~的湖水 = 맑고 잔잔한 파문이 이는 호수.
【清廉】qīnglián 형 청렴하다. ¶为官~ = 관료 됨됨이가 청렴하다.
【清凉】qīngliáng 형 시원하고 선선하다. 서늘하다. ¶~的晨风 = 신선하고 시원한 새벽 바람.
【清凉凉】qīngliángliáng (~的) 형 시원하다. 서늘하다. 청량하다. ¶~的海风吹拂着不眠的秋夜。 = 시원한 바닷바람이 잠 못 이루는 가을밤을 스친다.
【清凉清凉】qīngliáng qīngliáng (~的) 형 (매우) 시원하다. 청량하다.
【清凉油】qīngliángyóu 명(醫) (두통·화상·벌레 물린 데 등에 효과가 있는) 연고.
【清亮】qīngliàng 형 맑고 깨끗하다. 투명하다. 소리가 낭랑하다. ¶声音~ = 소리가 맑고 깨끗하다. ≒清澈 ↔浑浊
【清亮清亮】qīngliàngqīngliàng (~的) 형 맑고 투명하다. ¶~的月光 = 맑고 투명한 달빛.
【清亮】qīng·liang 통 1 이해하다. 알다. 깨닫다. ¶心里一下子~了。 = 마음속으로 대번에 이해되었다. 2 맑고 투명하다. ¶池水~ = 저수지의 물이 맑고 투명하다. 3 또렷하다. 분명하다. ¶天晚了, 稍远的东西就看不~了。 = 날이 어두워지자 조금 멀리 있는 것은 또렷하게 보이지 않게 되었다.
【清冽】qīngliè 형 선선하다. 쌀쌀하다. 맑고 차다. ¶~的寒风 = 쌀쌀한 겨울 바람.
【清泠泠】qīnglīnglīng ☞【清凌凌】qīnglīnglīng
【清凌凌】[清泠泠] qīnglīnglīng (~的) 형(구) 물이 맑고 물결이 이는 모양.
【清冷冷】qīnglínglíng ☞【清凌凌】qīnglínglíng
【清泠泠】[清冷冷] qīnglínglíng 형 물이 맑고 물결이 이는 모양. ¶~的湖水 = 맑고 잔잔하게 물결이 이는 호수.
【清流】qīngliú 명 1 맑게 흐르는 물. ¶山涧~ = 계곡의 맑게 흐르는 물. 2(문어) 품행이 고결하고 명망이 있는 사람. ¶~雅士 = 인품이 고결하고 명망이 있는 인사.
【清露】qīnglù 명 맑고 영롱한 이슬. ¶~沾衣 = 맑고 영롱한 이슬이 옷을 적시다.
【清美】qīngměi 형 1 청순하고 아름답다. ¶容貌~ = 용모가 청순하고 아름답다. 2 기품이 있다. ¶神采~ = 겉모습에 기품이 서리다. 3 수려하다. ¶山色~ = 산 풍경이 청신하고 아름답다.
【清明】qīngmíng 형 1 맑고 환하다. 청명하다. ¶天色~ = 하늘이 맑고 환하다. 2 (정신이) 또렷하다. 맑다. ¶神志~ = 정신이 맑다. 3 (정치가) 깨끗하고 투명하다. ¶~之世 = (정치가) 깨끗하고 투명한 세상. 명(氣) 청명(절). [24절기 가운데 하나. 양력 4월 4일이나 5일 혹은 6일] ↔腐败
【清明】Qīngmíng 명(氣) 청명(절). [24절기의 하나. 양력 4월 4일이나 5일 혹은 6일]
【清盘】qīng‖pán 통 1 (집·화물·주식 따위를) 모두 내다 팔다. 2(經) 청산하다. [기업이 폐업할 때 자산을 급매하여 채무를 상환하고 남은 재산을 분배하는 것] 3(컴) 하드디스크나 플로피 디스크의 내용을 모두 삭제하다.
【清贫】qīngpín 형 (물질적으로) 가난하다. 청빈하다. 어렵다. ¶家境~ = 가정 형편이 어렵다. ≒清苦 ↔富贵
【清平】qīngpíng 형 1 태평하다. 평화롭다. ¶世道~ = 세상이 태평하다. 2 맑고 고요하다. ¶湖水~ = 호수가 맑고 고요하다. 3(문어) 청렴하고 공정하다. ¶吏治~ = 공무 집행이 청렴하고 공정하다.
【清漆】qīngqī 명 니스. 바니시(varnish).
【清讫】qīngqì 통 (돈 따위를) 깨끗이 청산하다. ¶余账~ = 남은 부채를 청산하다.
【清欠】qīngqiàn 통 빌린 돈을 깨끗이 정리하다. 부채를 깨끗이 청산하다. 빚을 다 갚다.
【清切】qīngqiè 형 1 또렷하다. 분명하다. 똑똑하다. ¶离得太远, 听不~。 = 너무 멀리 떨어져서 또렷이 들리지 않는다. 2 처량하다. 애처롭다. 쓸쓸하다. ¶哭声~ = 우는 소리가 처량하다.
【清清】qīngqīng 형 맑고 투명하다. 깨끗하다. ¶~的山溪 = 맑고 투명한 계곡물.
【清清白白】qīng·qing báibái (~的) 형 순결하다. 인품이 좋고 출신 성분도 좋다. ¶他是个

【清清楚楚】qīng·qing chǔchǔ(~的) 혱 분명하다. 또렷하다.
【清清静静】qīng·qing jìngjìng(~的) 혱 청정하다. 맑고 고요하다.
【清清凉凉】qīng·qing liángliáng(~的) 혱 시원하다. 선선하다.
【清清爽爽】qīng·qing shuǎngshuǎng(~的) 혱 맑고 상쾌하다.
【清清闲闲】qīng·qing xiánxián(~的) 혱 조용하고 한가하다.
【清秋】qīngqiū 몡 1 가을. 2 늦가을. ¶~时分, 叶绿花红. =가을이 깊어 잎은 푸르고 꽃은 붉다.
【清癯】qīngqú 혱〈문〉야위다. 수척하다. ¶面容~=얼굴이 야위다.
【清曲】qīngqǔ 몡(音) 리듬이 느리면서 명쾌한 곡. 산곡(散曲)의 별칭.
【清泉】qīngquán 몡 맑디맑은 샘물.
【清热】qīng‖rè 동(醫) (중의학에서) 약으로 몸 안의 열을 내리다. 체온을 내리다. 해열하다. ¶~化淤=몸 안의 열을 내리고 어혈을 없애다.
【清润】qīngrùn 혱 1 맑고 부드럽다. ¶唱腔~=곡조(曲調)가 맑고 부드럽다. 2 환하고 윤기 나다. ¶~的玉镯=환하고 윤기가 도는 옥팔찌. 3 맑고 촉촉하다. ¶~的海风=맑고 촉촉한 바닷바람.
【清扫】qīngsǎo 동 청소하다. 치우다. 소제하다. ¶~院子=정원을 청소하다.
【清神】qīngshén 동 정신을 맑게 하다. ¶~醒脑=정신이 맑고 머리가 개운하게 하다.
【清瘦】qīngshòu 혱 야위다. 수척하다. 마르다.
【清数】qīngshù 동 결산하다.
【清刷】qīngshuā 동 (달라붙어 더러운 것을) 솔질하여 닦아 내다. 깨끗이 닦아 내다.
【清爽】qīngshuǎng 혱 1 가뿐하고 상쾌하다. 홀가분하다. ¶满心~=온 마음이 가뿐하고 상쾌하다. 2 신선하고 시원하다. 맑고 시원하다. ¶空气~=공기가 신선하고 시원하다. 3 몡 깔백하고 개운하다. ¶这菜吃起来很~. =이 음식은 먹으면 담백하고 개운하다. 4 튕 깨끗하다. 쾌적하다. ¶屋里收拾得比较~. =방 안을 비교적 깨끗하게 치우다. 5 튕 분명하다. 또렷하다. ¶神志~=정신이 또렷하다.
【清水】qīngshuǐ 몡 1 맑은 물. 2 튕 침. 3 (물건이) 진품이다. 질이 좋다. ¶~货=믿을 수 있는 물건.
【清水墙】qīngshuǐqiáng 몡(建) 벽돌로만 쌓고 페인트나 석회 반죽으로 치장하지 않은 담.
【清水衙门】qīngshuǐ-yá·men 숙 1 옛 재물을 취급하지 않아 부수입을 올릴 수 없던 관아. 2 비 기용 경비나 복지 혜택이 적고 기타 재원도 없는 부서.
【清算】qīngsuàn 동 1 깨끗이 계산하다. ¶~财资=자산을 깨끗이 계산하다. 2 모든 죄악과 잘못을 들어 따지다.
【清谈】qīngtán 몡 1 위진(魏晉) 시기의 지식인들 사이에 성행하던 공리 공담(空理空談). 2 현실에 맞지 않는 담론(談論). ¶勿尚~=현실에 맞지 않는 공론을 좋아하지 마라.
【清汤】qīngtāng 몡 기름기나 건더기가 없는 멀건 국물.
【清汤寡水】qīngtāng-guǎshuǐ 숙 음식이 싱겁고 맛이 없으며 기름기가 없다. 기름기가 없고 맛이 담백한 반찬.
【清甜】qīngtián 혱 1 (맛이) 시원하고 감미롭다. ¶~的井水=시원하고 감미로운 우물물. 2 (목소리가) 맑고 달콤하다. ¶~的笑声=맑고 달콤한 웃음소리.
【清通】qīngtōng 혱 (문장이) 조리가 분명하고 문맥이 잘 통하다. ¶写得~是著文的基本要求. =조리가 분명하고 문맥이 잘 통하게 쓰는 것은 글쓰기의 기본적인 요구 사항이다.
【清退】qīngtuì 동 1 정리하여 돌려주다. ¶~公私财物=공적·사적 재물을 정리하여 돌려주다. 2 자세히 조사하여 해고하다. ¶~不合格的员工=자격이 미달되는 직원을 자세히 조사하여 해고하다.
【清挖】qīngwā 동 (흙이나 진흙 찌꺼기 등을) 청소하여 파내다. ¶~河道=강 속의 진흙 찌꺼기 등을 청소하여 파내다.
【清玩】qīngwán 동 감상하다. 몡 (운치 있는) 감상용 물건. 완상용 물건.
【清婉】qīngwǎn 혱 맑고 감칠맛 나다. 맑고 유연하다. ¶音律~=음률이 맑고 감칠맛이 나다.
【清晰】qīngxī 혱 또렷하다. 분명하다. ¶说理~=논리가 분명하다. ≒清楚 ↔模糊 含糊 朦胧 隐约
【清晰度】qīngxīdù 몡 선명도. 해상도. [주로 화면·영상 등을 가리킴]
【清溪】qīngxī 몡 맑은 개울물.
【清洗】qīngxǐ 동 1 깨끗이 씻다. ¶~餐具=식기를 깨끗이 씻다. 2 청소하다. 숙청하다. ¶~异己=자신과 다른 자를 숙청하다. 정적 등을 숙청하다.
【清鲜】qīngxiān 혱 시원하고 신선하다. 깨끗하고 신선하다. 싱싱하다. ¶~水果=신선한 과일.
【清闲】qīngxián 혱 한가하다. 한가롭다. 여유롭다. 조용하고 한적하다. ¶逍遥~=유유자적하며 한가롭다. ↔繁忙 忙碌
【清香】qīngxiāng 몡 맑은 향기. ¶~扑鼻=맑은 향기가 코를 찌르다.
【清心】qīngxīn 1 (마음이) 고요하다. 편안하다. 깨끗하다. 근심 걱정이 없다. ¶澹泊名利, 方可~. =명리(名利)에 초연하여야 비로소 근심 걱정이 없게 된다. 2 마음을 편안하게 하다. ¶~静坐=마음을 편안하게 가지고 조용히 앉다. 3 (醫) (중의학에서) 심열(心熱)을 식히다. ¶~明目=심열(心熱)을 식히고 눈을 밝게 한다.
【清心寡欲】qīngxīn-guǎyù 숙 마음을 평정시키고 욕심을 줄이다.
【清新】qīngxīn 혱 1 참신하다. ¶诗文格调~. =시문(詩文)의 격조가 참신하다. 2 신선하다. 청신하다. 맑고 산뜻하다. 깨끗하고 [시원하고

새롭다. ¶早晨的空气格外~。=아침 공기가 새로 맑고 산뜻하다.
【清馨】qīngxīn 명문 맑은 향기. ¶~满园=맑은 향기가 정원에 가득하다.
【清醒】qīngxǐng 동 정신이 들다. 의식을 회복하다. ¶伤者刚~过来。=부상자는 막 의식을 회복했다. 형 (정신이) 맑다. 분명하다. 또렷하다. ¶现在头脑很~，抓紧时间写点东西。=지금 정신이 아주 맑으니, 시간을 아껴 글 좀 써야지. ↔迷糊 糊涂 昏迷 昏沉
【清秀】qīngxiù 형 수려하다. 빼어나게 아름답다. 청순하고 아름답다. ¶山水~=산수가 수려하다.
【清雅】qīngyǎ 형 1 청아하다. ¶仪态~=자태가 청아하다. 2 고아하다. 고상하다. ¶格调~=격조가 참신하고 고상하다. 3 그윽하다. 운치 있다. ¶庭院~=정원이 운치가 있다.
【清样】qīngyàng 명(印) 1 교료지(校了紙). 2 교료지(校了紙)에서 마지막으로 찍어 낸 대조지.
【清野】qīngyě 명문 고요한 들판. 동 적에게 이용될지 모르는 물건을 옮기거나 없애 버리다.
【清夜】qīngyè 명 고요한 밤. 맑은 밤. ¶~的月光分外迷人。=고요한 밤의 달빛이 유난히 사람을 매혹시킨다.
【清一色】qīngyīsè 명 1 청일색. [마작에서 한 무늬로 14개의 패를 이룬 것] 2 명 한결같다. 획일적이다. ¶~的连衣裙=모두 하나같은 원피스.
【清议】qīngyì 명(옛) 명사들의 정치(인)에 대한 논평이나 논의.
【清逸】qīngyì 형 1 참신하고 빼어나다. 천박하지 않고 참신하다. ¶文笔~=필치가 참신하고 빼어나다. 2 고요하고 안락하다. ¶~的田园生活=고요하고 안락한 전원 생활.
【清音】qīngyīn 명 1 맑고 높은 소리. ¶悠远=맑고 높은 소리가 아득히 퍼져 나가다. 2 (옛) (결혼식이나 장례식에 쓰이던) 취주악. 3(言) 무성음. [중국어 표준어의 'p·f' 등과 같이 발성할 때 성대(聲带)가 떨리지 않고 나는 소리] 4 (藝) 청음. [쓰촨(四川)성에서 유행하는 설창 문예의 일종] ↔浊音
【清莹】qīngyíng 형 맑고 영롱하다. ¶~的泪水=맑고 영롱한 눈물.
【清幽】qīngyōu 형 (풍경이) 아름답고 그윽하다. ¶松林~=소나무 숲이 아름답고 그윽하다.
【清幽幽】qīngyōuyōu(~的) 형 푸르스름하다. ¶~的山野=푸르스름한 산과 들.
【清悠悠】qīngyōuyōu【~的】형 맑다. ¶~湖水=맑은 호수.
【清油】qīngyóu 명문 1 ☞【菜油】càiyóu 2 ☞【茶油】cháyóu 3 ☞【素油】sùyóu
【清越】qīngyuè 형 (소리가) 맑고 그윽하다. (선율이) 맑고 은은하다. ¶旋律~=선율이 맑고 그윽하다.
【清运】qīngyùn 동 깨끗이 치우고 운반하다. ¶~垃圾=쓰레기를 깨끗이 치우고 운반하다.
【清早】qīngzǎo 명(口) 이른 아침.
【清湛】qīngzhàn 형 맑다. ¶湖水~=호수가 맑다.

【清丈】qīngzhàng 동 (토지를) 자세하게 측량하다.
【清账】qīng‖zhàng 동 1 (회계 장부를) 결산하다. 검토하다. 대조하다. 조사하다. ¶审计人员正在~。=감사원들이 지금 막 회계 장부를 검토하고 있다. 2 ① 빚을 청산하다. ② 끝맺음하다. 마무리하다. ¶这件麻烦事总算~了。=이 골치 아픈 일은 결국 마무리되었다.
【清账】qīngzhàng 명 정리된 상세 장부. ¶把~归档以备核查。=정리된 장부를 파일에 넣어서 대조할 수 있도록 하다.
【清真】qīngzhēn 형 1 문 산뜻하고 질박하다. ¶文贵~，诗贵雅致。=산문(散文)은 내용이 산뜻하고 질박한 것이 좋고, 시(詩)는 정취가 있는 것이 좋다. 2 회교식의. 이슬람교의. ¶~饭店=회교식의 음식점.
【清真教】Qīngzhēnjiào 명 회교. 이슬람교.
【清真寺】qīngzhēnsì 명 이슬람교의 사원. =【礼拜寺】lǐbàisì
【清蒸】qīngzhēng 동 간장 등의 조미료를 넣지 않고 찌다. ¶~鸭=찐 오리 요리.
【清正】qīngzhèng 동 청렴하고 공정하다. ¶~为官=청렴하고 공정하게 관료 노릇을 하다.
【清浊】qīngzhuó 명 1 맑음과 혼탁함이 있다. 2 ⑪ 사회에 맑음과 혼탁함이 있거나 관리에게 청렴함과 탐욕스러움이 있다. 명(言) 청음과 탁음. 무성음과 유성음.
【清资】qīngzī 동 자산(資産)을 정리하다.

**蜻** qīng 잠자리 청
【蜻蜓】qīngtíng 명(動) 잠자리. ¶猩红~=고추잠자리.
【蜻蜓点水】qīngtíng diǎnshuǐ 성 1 잠자리가 꼬리로 수면을 적고 날아오르다. 2 ⑪ 일을 제대로 처리하지 않고 건성으로 대충하다.

**鲭[鯖]** qīng 청어 청
명(動) 고등어.
☞ zhēng

**勍** qíng 셀 경
형문 강하다. ¶~敌=강적.

**情** qíng 감정 정
명 1 감정. ¶深~=깊은 감정. 2 애정. ¶一见钟~=첫눈에 반하다. 3 정욕(情慾). 성욕(性慾). ¶春~萌动=춘정이 꿈틀거리다. 4 정분(情分). 정. ¶人~往复=사람의 정은 가고 오는 것이다. 5 정취. 흥미. ¶诗~画意=시적인 정취와 그림 같은 경치. 6 정리(情理). 도리(道理). ¶人之常~=인지상정. 7 상황. 정황. ¶疫~=(전염병의) 전염 상황.

0● 案情, 膘biāo情, 补情, 才情, 常情, 承chéng情, 痴chī情, 虫chóng情, 传chuán情, 道情, 敌dí情, 动情, 多情, 风情, 敢情, 寡guǎ情,

旱情,行háng情,豪情,激情,交情,矫jiǎo情,尽情,剧jù情,领情,留情,民情,求情,群情,任情,容情,柔róu情,商情,墒shāng情,深情,神情,盛shèng情,实情,水情,说情,送情,讨tǎo情,调tiáo情,详情,偷情,忘情,物情,下情,险xiǎn情,详情,殉xùn情,徇xùn情,疫yì情,隐yǐn情,幽yōu情,舆yú情,雨情,真情,知情,衷zhōng情,钟情,酌zhuó情,纵zòng情,难为情,鱼水情

【情爱】qíng'ài 图 1 사랑. 애정. 2 정.
【情报】qíngbào 图 (주로 기밀성을 띤) 정보. ¶科技~=과학 기술 정보.
【情变】qíngbiàn 통 1 애정이 돌변하다. 애정이 식어 버리다. 2 연인이 헤어지다. ¶当今社会,男女~婚变的事并不罕见。=요즘 사회에 연인간의 헤어짐이나 부부간의 이혼은 결코 드문 일이 아니다.
【情不自禁】qíngbùzìjīn 성 감정을 스스로 억제하기 힘들다.
【情操】qíngcāo 图 지조(志操). 정서(情緒). ¶道德~=도덕적인 지조.
【情长纸短】qíngcháng-zhǐduǎn 성 (주로 편지글에 쓰여) 할 말은 태산 같으나 지면상 이만 줄입니다.
【情场】qíngchǎng 图 (남녀 간의) 사랑의 세계. 애정의 세계. ¶~得意=애정 문제에서 뜻을 이루다. 연애가 성공하다.
【情痴】qíngchī 图 사랑에 눈먼 사람.
【情敌】qíngdí 图 연적(戀敵).
【情调】qíngdiào 图 1 정서(情緒). 기분. ¶诗中弥漫伤感的~。=시(詩) 속에 슬픈 정서가 충만해 있다. 2 분위기. 무드. ¶现代都市~=현대 도시의 분위기.
【情窦初开】qíngdòu-chūkāi 성 (주로 소녀가) 막 사랑에 눈을 뜨다.
【情分】qíng·fèn 图 정분. 정의(情義). 정(情). ¶姊妹~=자매간의 정.
【情夫】qíngfū 图 정부(情夫).
【情妇】qíngfù 图 정부(情婦).
【情感】qínggǎn 图 1 정. 정분. ¶二人~深厚,像亲兄弟。=두 사람 간의 정은 매우 깊고 두터워서 마치 친형제 같다. 2 감정. 느낌. ¶~世界=감정 세계. ≒感情
【情歌】qínggē 图 사랑을 주제로 하는 노래.
【情海】qínghǎi 图 1 깊은 애정. 바다 같은 사랑. ¶坠入~=깊은 사랑에 빠지다. 2 애정의 세계. ¶~风波=애정상의 시련. 사랑의 풍파.
【情话】qínghuà 图 1 정담(情談). 2 (존) (마음을 이해해 주는) 진심어린 말.
【情怀】qínghuái 图 1 심경(心境). 심정(心情). 기분. 심사. ¶忧郁的~=우울한 심정.
【情急】qíngjí 图 애타다. 애끓다. 조급하다. ¶一时~=한순간 마음이 급해지다. 2 (정세가) 긴박하다. 다급하다. ¶~生智=다급해지면 좋은 생각이 떠오른다. 궁하면 통하다.
【情急智生】qíngjí-zhìshēng 성 다급해지면 좋은 생각이 떠오른다. 궁하면 통하다.
【情节】qíngjié 图 1 플롯(plot). 줄거리. ¶~跌宕多姿=플롯 전개가 변화무쌍하고 다채롭다. 2 (일의) 경과. 경위. ¶做案~=범죄의 경과.
【情结】qíngjié 图 《心》 (마음속) 응어리. 마음속에 감춰진 생각이나 감정. ¶恋父~=아버지를 이성으로 흠모하는 감정.
【情景】qíngjǐng 图 1 (구체적인) 광경. 장면. 모습. ¶深秋的~有时令人感伤。=늦가을의 정취가 때로는 사람을 감상에 젖게 한다. 2 정경(情景). 작자의 감정이 묘사된 경치. ¶诗中~交融。=시(詩) 가운데 작자의 감정과 묘사된 경치가 서로 융화를 이룬다. ≒情形 情境
【情景交融】qíngjǐng-jiāoróng 성 (문학 작품에서) 사물 묘사와 감정 토로가 잘 융합되다.
【情境】qíngjìng 图 광경. 상황. 처지. 분위기. ¶恐怖~=공포 분위기. ≒情形 情景
【情况】qíngkuàng 图 1 상황. 정황. 형편. 사정. ¶~危急=상황이 위급하다. 2 《军》 군사상의 상황 변화. ¶侦察~=군사상의 상황 변화를 정찰하다. ≒状况
【情郎】qíngláng 图 정든 님. [사랑하는 남자에 대한 호칭]
【情理】qínglǐ 图 이치. 사리. 도리. 정리. ¶违背~=정리에 위배되다.
【情理难容】qínglǐ-nánróng 성 1 정리(情理)상 용납하기 어렵다. 2 용서할 수 없거나 쉽게 용서할 수 없다.
【情侣】qínglǚ 图 1 한 쌍의 연인. 2 애인. 연인. ≒情人
【情貌】qíngmào 图 기질과 생김새. 풍모(風貌). ¶~不俗=풍모(風貌)가 범상하지 않다.
【情面】qíngmiàn 图 (개인적인) 인정과 안면. 체면. ¶~难违=개인적인 인정과 안면을 저버리기 어렵다.
【情趣】qíngqù 图 1 정취(情趣). ¶诗词~高雅。=시(詩)와 사(詞)의 정취가 고상하다. 2 취향. 흥취. 성정(性情). ¶~相异=취향이 서로 다르다.
【情人】qíngrén 图 1 사랑하는 사람. 애인. 연인. 2 정부(情夫). 정부(情婦). ≒情侣
【情人节】Qíngrénjié 图 발렌타인데이(Valentine Day).
【情人眼里出西施】qíngrén yǎn·li chū Xīshī 속(후) 사랑하는 사람 눈에는 상대편의 곰보자국도 보조개로 보인다.
【情杀】qíngshā 图 사랑에 의한 살인. 치정에 의한 살인.
【情商】qíngshāng 图 1 정분을 기초로 하는 상업 관계. 2 《心》 사람의 정서와 사회에 대한 적응 능력.
【情深似海】qíngshēn-sìhǎi 성(후) 바다같이 깊은 정.
【情深意重】qíngshēn-yìzhòng 성 정의(情誼)가 매우 깊고 두텁다.
【情诗】qíngshī 图 사랑을 주제로 한 시.
【情史】qíngshǐ 图 1 로맨스(romance). 2 애정

【情势】qíngshì 图 정세(情势). 추세. 정황. ¶~紧急=정세가 긴박하다.
【情事】qíngshì 图 (일·사건 등의) 현상. 상황. ¶回忆旧年~=왕년의 일을 추억하다.
【情书】qíngshū 图 연애 편지.
【情丝】qíngsī 图(书) (실타래처럼) 뒤얽힌 감정. 얽히고설킨 정. ¶千种风韵, 万缕~。=온갖 풍취와 마음속에 얽힌 감정.
【情思】qíngsī 图 1 정서. 마음. 심사. ¶恬淡的~=고요하고 담담한 마음. 2 정. 감정. 애정. ¶悠远的~=그윽한 정.
【情死】qíngsǐ 图 사랑이나 혼인을 이루지 못해 죽다.
【情素】qíngsù ☞【情愫】qíngsù
【情愫】[情素] qíngsù 图(文) 1 진심. 본심. ¶吐露~=진심을 토로하다. 2 감정. 정. ¶患难~=어려움을 겪으며 생긴 정.
【情随事迁】qíngsuíshìqiān 图 상황이 변하면 마음도 따라 변한다.
【情态】qíngtài 图 1 표정. 태도. 모습. ¶~栩栩如生=표정이 마치 살아 있는 것처럼 생동감이 있다. 2 심경. 기분. 3〈言〉정태. ¶~副词=정태 부사.
【情同骨肉】qíngtóng-gǔròu 图(书) 서로 간의 정이 마치 혈육의 정처럼 돈독하다.
【情同手足】qíngtóng-shǒuzú 图(书) 서로 간의 정이 마치 형제와도 같이 두텁다.
【情投意合】qíngtóu-yìhé 图 서로 의기투합하다.
【情网】qíngwǎng 图 사랑의 늪. 사랑의 올가미. ¶坠入~=사랑의 늪에 빠지다.
【情味】qíngwèi 图 정서. 의미. ¶乡土~=향토적인 정서.
【情文并茂】qíng-wén bìngmào 图 글이 정서도 풍부하고 문장도 아름답다. 글의 형식과 내용이 모두 훌륭하다.
【情见乎辞】qíngxiànhūcí 图 진실한 마음이 언사(言辞)에서 보이다.
【情形】qíng·xing 图 정황. 상황. 형편. ¶故事~=이야기의 상황. ≒情景 情境
【情绪】qíng·xù 图 1〈心〉정서. 감정. 마음. 기분. ¶~激昂=감정이 격앙되다. 2 (언짢은) 기분. 마음. ¶抵触~=좋지 않은 기분을 건드리다. ≒心情
【情义】qíngyì 图 인정과 도의. 정(情). ¶~难却=정(情)을 뿌리치기 힘들다. ≒情意 情谊
【情谊】qíngyì 图 정의(情谊). 정(情). ¶~深厚=정의가 돈독하다. ≒情义 情意
【情意】qíngyì 图 정. 감정. 호의. 애정. ¶~绵长=정이 면면히 이어지다. ≒情义 情谊
【情由】qíngyóu 图 사연. 내막. 사정. ¶诉说~=사연을 하소연하다. 내막을 호소하다.
【情有独钟】qíngyǒudúzhōng 图 사람이나 사물에 각별한 애정을 보이다.
【情有可原】qíngyǒukěyuán 图 정리(情理)에 비추어 용서할 만한 점이 있다. 정상을 참작할 만하다.

【情语】qíngyǔ 图 감정을 표현하는 언어.
【情欲】qíngyù 图 1 (이성에 대한) 욕망. 2 성욕. 정욕. 욕정.
【情缘】qíngyuán 图 1 (남녀 간의) 연분. 인연. ¶~未了=연분이 다하지 않다. 2 (일반적인) 연분. 인연. ¶尘世~=속세의 인연.
【情愿】qíngyuàn 图 1 차라리 …하기를 원하다. ¶~独处=차라리 혼자 있기를 원하다. 2 마음속으로 바라다. 간절히 원하다. ¶心甘~=달갑게 여기고 기꺼이 원하다. ≒宁愿
【情韵】qíngyùn 图 정취. 운치. ¶~幽雅=정취가 그윽하고 고상하다.
【情真意切】qíngzhēn-yìqiè 图 마음이 매우 진실하다.
【情知】qíngzhī 图 잘 알다. 분명히 알다.
【情致】qíngzhì 图 정취. 흥취. ¶别有一番~在心头。=마음에 또다른 정취를 담고 있다.
【情至意尽】qíngzhì-yìjìn 图 사람에 대한 정성이 극에 달하다. 모든 성의를 다하다.
【情种】qíngzhǒng 图 (주로 남성에게 쓰여) 정이 많은 사람. 다정다감한 사람.
【情状】qíngzhuàng 图 상황. 정황. ¶其中~, 苦辣酸甜皆具。=그 안의 상황은 쓴맛·매운맛·신맛·단맛을 다 갖추었다.

## 晴 qíng 맑을 청

图 하늘이 맑다. ¶雨过天~=비가 내리고 나서 하늘이 맑다. ↔阴

○● 放晴, 响晴

【晴好】qínghǎo 图 날이 쾌청하고 좋다. ¶近日多~天气。=근래는 쾌청한 날씨가 많다.
【晴和】qínghé 图 맑고 따뜻하다. ¶天气~=날씨가 맑고 따사롭다. ↔阴冷
【晴间多云】qíngjiàn duōyún 图〈气〉맑은 가운데 구름이 많다.
【晴空】qíngkōng 图 맑은 하늘. ¶万里~=맑디맑은 만리 창공. 끝없이 맑은 하늘.
【晴朗】qínglǎng 图 쾌청하다. 구름 한 점 없이 맑다. ¶~的秋日=쾌청한 가을날. ↔阴暗
【晴朗朗】qínglǎnglǎng (~的) 图 유난히 쾌청하다. ¶~的天空=쾌청한 하늘.
【晴日】qíngrì 图 맑은 날씨.
【晴天】qíngtiān 图 1〈气〉비도 오지 않고, 구름이나 바람도 없는 날씨. 2 맑은 날씨.
【晴天霹雳】qíngtiān-pīlì 图 1 마른하늘에서 날벼락이 떨어지다. 청천벽력. 2(비) 갑자기 발생한 의외의 사건. =(青天霹雳) qīngtiān-pīlì
【晴雨表】qíngyǔbiǎo 图 1〈气〉청우계(晴雨计). [대기의 압력을 측정하여 날씨의 변화를 예측하는 계기] 2(비) 척도. 기준. ¶股市是经济状况的~。=주식 시장은 경제 상황의 척도이다.
【晴雨伞】qíngyǔsǎn 图 우산을 겸한 양산.

## 腈[睛] qíng 받을 청

图 1〈圈〉책임지다. ¶后果由我~着。=좋지 못한 결과는 내가 책임지겠다. 2 물려받다. 인계받

다. 계승하다. 이어받다. ¶光~省事的。= 힘들 지 않는 일만 인계받다.

【睛等】qíngděng 통[구] **1** 가만히 앉아서 누리다. 불로 소득을 향유하다. **2** (꾸지람이나 징계를) 앉아서 기다리다.

【睛好儿】qínghǎor 통[구] 가만히 앉아서 누리다. 불로 소득을 향유하다. ¶他负责治理, 你只管~。= 그 사람이 책임지고 처리하니, 당신은 앉아서 결과나 누리세요.

【睛受】qíngshòu 통 계승하다. 받다.

## 氰 qíng 시안 청
명 (化) 시안.

【氰胺】qíng'àn 명(化) 시안아미드(cyanamid).
【氰钴胺】qínggǔ'àn 명(化) 시아노코발라민(cyanocobalamin). 비타민 B₁₂ =【氰钴素】
qínggǔsù=【维生素B₁₂】wéishēngsù B₁₂
【氰钴素】qínggǔsù ☞【氰钴胺】qínggǔ'àn
【氰化汞】qínghuàgǒng 명(化) 시안화제이수은. 시안화수은.
【氰化钾】qínghuàjiǎ 명(化) 시안화칼륨. 청산 칼륨. 청산가리. =【山奈钾】shānnàijiǎ
【氰化氢】qínghuàqīng 명(化) 시안화수소. 청화수소.
【氰化锌】qínghuàxīn 명(化) 시안화아연. 명 zinc cyanide
【氰基】qíngjī 명(化) 시아노기.

## 檠 [(橄)] qíng 도지개 경
명 **1** 활을 교정하는 기구. **2** 등잔걸이. 촛대. ¶灯~= 등잔걸이. **3** 등(燈). ¶孤~= 홀로 있는 등불.

## *擎 qíng 들어올릴 경
통 들어올리다. 떠받들다. ¶众~易举= 여러 사람이 들면 쉽게 든다.

◦● 引擎

【擎起】qíng ‖ qǐ 통[문] 들어올리다.
【擎天柱】qíngtiānzhù 명 **1** 중국 전설에 나오는, 곤륜산(昆仑山)의 하늘을 떠받치는 여덟 개 기둥. **2**[비] 중요한 일을 맡은 사람. 중책을 담당하는 사람.

## 黥[(剠)] qíng 묵형 경
통 **1** 묵형(墨刑)에 처하다. **2** 문신을 새기다.

## 苘 qíng 어저귀 경
명(植) 어저귀. 백마(白麻). 경마(苘麻).

【苘麻】qíngmá 명(植) **1** 어저귀. [아욱과에 속하는 한해살이풀] **2** 어저귀의 줄기 껍질 섬유.
下【青麻】qīngmá

## **顷[頃] qǐng 논밭 넓이 경
통 **1** 순식간. 경각(頃刻). 잠깐 사이. ¶少~= 잠깐. 잠시. 튀 방금. 얼마 전에. ¶~接来书= 방금 보내 주신 편지를 받았습니다. 형[문]

(주로 시간에 쓰여) …쯤. …경. ¶唐太宗十年~= 당 태종 10년경. 양 경. [지적의 단위로 1경(顷)은 100묘(亩)에 상당함] ¶万~良田= 만 경이나 펼쳐진 좋은 농토. [고어에서 '倾(qīng)'과 같음]

◦● 公顷, 市顷

【顷刻】qǐngkè 명 경각. 아주 짧은 시간. 눈 깜짝할 사이. ¶~崩溃= 잠깐 사이에 붕괴되다.

## **请[請] qǐng 부탁할 청
통 **1** 청하다. 부탁하다. 요구하다. 신청하다. ¶~谅解= 양해를 청하다. **2** 초청하다. 초빙하다. ¶~家教= 가정 교사를 초빙하다. **3** 안부를 묻다. ¶~问安好= 평안하신지 문안드리다. **4**[경](향로·신단(神壇) 등의) 제사 용품을 사다. **5**[경] 상대가 어떤 일을 하기 바라는 의미로) …하세요. ¶~喝咖啡= 커피 드세요.

◦● 报请, 呈chéng请, 吃请, 敦dūn请, 雇请, 回请, 恳kěn请, 聘pìn请, 申shēn请, 声请, 延yán请, 宴yàn请, 邀yāo请, 邀yāo请赛sài, 有请, 约请

【请安】qǐng ‖ ān 통 **1** 문안드리다. **2**[청] 윗사람에게 오른손을 아래로 드리우고, 왼쪽 다리를 앞으로 내밀고, 오른쪽 다리를 굽혀서 인사하다. ≒问安
【请办】qǐngbàn 통 서류에서 제기한 요구에 따라 주관 부문이나 주관자를 지정하여 처리·검토하게 하다.
【请便】qǐngbiàn 통 **1** 편한 대로 하십시오. 마음대로 하십시오. ¶吃饭别客气, ~。= 체면 차리지 마시고 편하게 드십시오. **2** 꾸짖어 물리치다. 손님을 내쫓다. ¶我要下班, 你~。= 나 퇴근해야 되니 당신은 그만 가시지요.
【请不起】qǐng·buqǐ 통 (경제적 여력이 부족하여) 청할 수 없다. 초대할 수 없다. 초청할 처지가 못 되다.
【请茶】qǐngchá 통 차를 권하다. 차를 드세요.
【请长假】qǐng chángjià 통[경] 기관·군대의 근무자가 사직하다.
【请春客】qǐng chūnkè 명 설을 쇤 후 친지나 이웃을 대접하는 민간 풍습.
【请调】qǐngdiào 통 **1** 전근을 요청하다. ¶~申请= 전근 신청. **2** (자금이나 물자) 조달을 신청하다. ¶~灾款= 수재 의연금 지원을 부서에 신청하다.
【请功】qǐnggōng 통 (공로가 있는 부서나 개인을 위해) 공로를 상신(上申)하다. 공로에 대한 표창을 신청하다. ¶~颁奖= 공로를 상신하고 상을 주다.
【请假】qǐng ‖ jià (휴가·조퇴·외출·결근·결석 등의 허락을) 신청하다. ¶~探亲= 휴가를 신청하여 친척을 방문하다. ≒告假 ↔销假
【请假条】qǐngjiàtiáo 명 (휴가·결석 등의) 사유서. 결석계. 결근계.
【请柬】qǐngjiǎn 명 청첩장. 초대장. ≒请帖
【请将不如激将】qǐngjiàng bùrú jījiàng 속

정면으로 일을 부탁하는 것보다 자극하여 분발하도록 하는 것이 낫다.
【请教】qǐngjiào 图 가르침을 청하다. ¶虚心~=마음을 비우고 가르침을 청하다. ≒求教 讨教
【请酒】qǐngjiǔ 图 술을 준비하고 손님을 청하다. ¶~洗尘=술을 마련하여 먼 길에서 돌아온 사람을 접대하다.
【请君入瓮】qǐngjūnrùwèng 성숙어 자기가 놓은 덫에 자기가 걸려들다.
【请客】qǐng‖kè 图 접대하다. 초대하다. 한턱 내다. ≒做东 ↔做客
【请命】qǐngmìng 图 1 (상부에) 지시를 요청하다. 하명(下命)을 청하다. 2 (남을 대신해서) 살려 달라고 빌다. 고통에서 벗어나게 해 달라고 빌다. ¶为民~=백성을 위해서 고통을 없애 달라고 빌다.
【请求】qǐngqiú 图 요청하다. 바라다. 부탁하다. ¶~支援=지원을 요청하다. 图 요구. 요청. 부탁. ¶接受~=요구를 받아들이다. ≒要求
【请赏】qǐng‖shǎng 图 상(賞)을 바라다. ¶邀功~=남의 공을 가로채서 상을 바라다.
【请神容易送神难】qǐng shén róngyì sòng shén nán 속담 1 사람을 불러 청하는 것은 쉽지만 내보내는 것은 어렵다. 2 비 사람을 잘못 구하면 마무리가 어렵다.
【请示】qǐngshì 图 (윗사람이나 상부에) 지시를 바라다. ¶~尚没有得到答复。=상부에 지시해 줄 것을 청하였으나 아직 회답을 받지 못했다. 图 (상부에 지시해 줄 것을 요청하는) 지시 요청서.
【请帖】qǐngtiě 图 청첩장. 초대장. ≒请柬
【请托】qǐngtuō 图 부탁하다. 청하다.
【请问】qǐngwèn 图 말씀 좀 여쭙겠습니다. ¶~这个词该如何理解？=말씀 좀 여쭙는데요, 이 단어는 어떻게 이해해야 합니까？
【请勿】qǐngwù 图 …하지 마라. ¶~大声喧哗！=큰 소리로 떠들지 마세요.
【请降】qǐng‖xiáng 图 항복을 (받아 줄 것을) 요청하다.
【请缨】qǐngyīng 图 종군(從軍)을 자청하다. 임무를 간청하다.
【请援】qǐngyuán 图 지원을 요청하다.
【请愿】qǐng‖yuàn 图 청원하다. 탄원하다.
【请战】qǐng‖zhàn 图 1 (참전할 것을) 상부에 요청하다. 2 (경기에) 자신의 임무를 요청하다.
【请准】qǐngzhǔn 图 비준(批准)이나 허락을 요청하다.
【请罪】qǐng‖zuì 图 죄를 자인하고 처벌을 요청하다. 용서를 빌다. 사죄하다. 사과하다. ¶负荆~=스스로 형장(刑杖)을 짊어지고 처벌을 청하다. 정중히 사과하다.
【请坐】qǐngzuò 图 앉으세요.

## 廎[廎, 庼] qǐng 작은 마루 경
图문 작은 마루방.

## 綮 qǐng 힘줄 경
☞【肯綮】kěnqǐng

☞ qǐ

## 謦 qǐng 기침 경
【謦欬】qǐngkài 图 1 기침하다. 2 담소(談笑)하다. ¶亲承~=직접 담소를 나누다.

## 庆[慶] qìng 경사 경
图 경축하다. 축하하다. 경하하다. ¶欢~节日=명절을 경축하다. 图 길하다. 행복하다. ¶吉~有余=매우 길하다. 图 1 (경축할 만한) 일. 날. ¶~国~=건국기념일. 2 (Qìng) 성(姓).

○● 大庆, 吉jí庆, 喜庆

【庆大霉素】qìngdàméisù 图(醫) 젠타마이신 (gentamycine).
【庆典】qìngdiǎn 图 경축 의식. 축전. ¶盛大~=성대한 경축 의식.
【庆父不死, 鲁难未已】Qìngfù bù sǐ, Lǔ'nàn wèi yǐ 성 1 (두 임금을 시해하고 내란을 일으킨) 경보(慶父)가 죽지 않으면 노나라의 혼란은 끝나지 않는다. 2 비 난리를 일으키는 주모자를 제거하지 않으면 나라가 태평할 수 없다.
【庆功】qìnggōng 图 성공을〔공로를〕축하하다. 공로자를 표창하다. ¶~奖赏=공로자를 표창하고 상을 주다.
【庆功会】qìnggōnghuì 图 공로 축하회.
【庆贺】qìnghè 图 경축하다. 경하하다. 축하하다. ¶~新婚大喜=신혼의 경사를 축하하다. ≒庆祝
【庆寿】qìngshòu 图 생신을 축하하다.
【庆幸】qìngxìng 图 (예상보다 결과가 좋아) 축하할 만하다. 기뻐할 만하다. 다행스러워하다. ¶~死里逃生=사지(死地)에서 살아난 것을 다행스러워하다.
【庆祝】qìngzhù 图 경축하다. ¶~新年=신년을 경축하다. ≒庆贺

## 亲[親] qìng 인친(姻親) 친
아래를 참조.
☞ qīn

【亲家】qìng·jia 图 1 사돈댁. 2 사돈.
【亲家公】qìng·jiagōng 图 바깥사돈. 사돈어른.
【亲家母】qìng·jiamǔ 图 안사돈.

## 清 qìng 서늘할 정
형문 시원하다. 서늘하다.

## 箐 qìng 대숲 천
图방 1 산 속의 큰 대나무 숲. 2 대나무가 무성한 산골짜기. [주로 지명에 쓰임]

## 磬 qìng 경쇠 경
图 1 (音) (과거의 악기) 경쇠. 2 부처에게 절할 때 흔드는 동종(銅鐘).

## 罄 qìng 비울 경
형문 비우다. 다하다. ¶售~=매진되다. 图 다

쓰다. 모두 다 내놓다. ¶告~=다 써 버리다. 다 없어지다.
【罄尽】qìngjìn 동〈文〉 다 써 버리다. 조금도 남기지 않다. ¶积蓄~=저축한 것을 다 써 버리다.
【罄竹难书】qìngzhú-nánshū 성 1 대나무를 다 사용해도 모두 기록하지 못하다. 할 말이 많아 글로는 다 표현할수 없다. 2 ㈜ 죄(罪)가 너무 많아서 일일이 진술할 수 없다.

# qiong

邛 qióng 언덕 공
【邛崃】Qiónglái 명〈地〉 충라이. [쓰찬(四川)성에 있 산 이름]

**穷[窮] qióng 다할 궁
형 1 빈곤하다. 가난하다. 궁하다. ¶一~二白=농·공업이 낙후되고, 과학·문화 수준이 낮다. 2 다하다. 끝나다. ¶山~水尽=산과 물이 다 끝나고 더 이상 나아갈 길이 없다. 3 외지다. ¶~山恶水=주거 환경이 열악한 벽지. 4 막다른 지경에) 처하다. 몰리다. ¶~则思变=막다른 지경에 이르면 생각이 바뀐다. 다급해지면 변혁을 생각한다. 부 1 지극히. ¶~凶极恶=지극히 흉악하다. 2 철저하게. 끝까지. ¶~追猛打=끝까지 쫓아가서 난폭하게 때리다. 3 ㈜ 억지로. 군이. ¶~开心=(잠시 어려움을 잊고) 일시적인 즐거움을 좇다. 동 다하다. 다 쓰다. ¶~有生之年, 精研于此. =여생을 다하여서 이것을 깊이 연구하다.

○● 缝féng穷, 哭穷, 受穷

【穷白】qióngbái 형 1 첫째는 (농업과 공업이 낙후되어) 가난하고, 둘째는 (문화나 과학 기술 수준이) 공백 상태이다. 2 경제가 낙후되고 과학 문화가 발달하지 않다.
【穷办法】qióngbànfǎ 명 (돈을 안 쓰거나 적게 쓰는) 일처리 방법. 궁색한 방법.
【穷棒子】qióngbàng·zi 명 1 영세 농민. 가난뱅이. 빈털터리. 2 가난하지만 기개가〔진취성이〕 있는 사람. ¶~精神=가난하지만 진취적인 정신.
【穷兵黩武】qióngbīng-dúwǔ 성 모든 병력을 동원하여 함부로 전쟁을 일으키다. 병력을 남용하여 전쟁을 일삼다.
【穷愁】qióngchóu 형 가난으로 근심하다. ¶~潦倒=가난을 근심하여 자포자기하다.
【穷大方】qióngdà·fāng 동 (자신의 경제인 상황을 무시한 채) 돈이 많은 것처럼 행세하다.
【穷当益坚】qióngdāngyìjiān 성 가난할수록 더욱 의지를 굳건하게 해야 한다.
【穷而后工】qióng'érhòugōng 성 (문인은) 곤궁에 처할수록 훌륭한 작품이 나온다.
【穷乏】qióngfá 형 가난하고 궁핍하다.
【穷哥们】qiónggē·men 명 가난한 친구들.

【穷根】qiónggēn 명 가난의 근원.
【穷根究底】qiónggēn-jiūdǐ 성 일의 진상을 끝까지 밝히다. 진상을 꼬치꼬치 추궁하다.
【穷光蛋】qióngguāngdàn 명〈口〉 가난뱅이. 빈털터리. 알거지.
【穷光光】qióngguāngguāng (~的) 형 빈털터리의. 썻은 듯 가난한.
【穷逛】qióngguàng 동 빈둥빈둥 돌아다니다. 하릴없이 빈둥거리다. ¶买好了就回去, 别~。=다 샀으면 바로 돌아가라. 괜히 싸돌아다니지 말고.
【穷鬼】qióngguǐ 명〈俗〉 가난뱅이. 빈털터리. 알거지.
【穷汉】qiónghàn 명 가난뱅이 남자.
【穷极无聊】qióngjí-wúliáo 성 1 매우 곤궁한데 의지할 데도 없다. 2 (할 일이 없어서) 몹시 따분하다. 대단히 무료하다.
【穷家富路】qióngjiā-fùlù 성 집에서는 검소하게 생활해야 하고, 먼 길을 나설 때는 여비를 넉넉하게 준비해야 한다.
【穷讲究】qióngjiǎngjiū 동〈口〉 (실정에 맞지 않게 또는 불필요하게) 까다롭다. 따지다. 가리다. 괴팍스럽다. 소란떨다.
【穷竭】qióngjié 동 다하다. 다 쓰다. ¶~心思=온 마음을 다하다.
【穷尽】qióngjìn 동 궁구하다. 속속들이 파고들어 연구하다. ¶~奥妙=오묘함을 끝까지 궁구하다. 명 끝. 종점. ¶人的潜力是没有~的。=인간의 잠재력은 끝이 없다.
【穷究】qióngjiū 동 철저하게 탐구하다. 궁구하다. 깊이 연구하다. ¶深思~=깊이 생각하고 철저하게 탐구하다.
【穷开心】qióngkāixīn 동 (잠시 어려움을 잊고) 일시적인 즐거움을 좇다. 억지로 위안을 찾다. 억지로 마음을 달래다.
【穷寇】qióngkòu 명 1 막다른 골목의 도적. 독 안의 적. 2 패잔병.
【穷苦】qióngkǔ 형 가난하고 고생스럽다. 곤궁하다. 빈곤하다. ≒穷困 ↔富裕 富有
【穷匮】qióngkuì 형〈文〉 빈궁하다. 모자라다. 부족하다. 동〈文〉 궁구하다. 궁리하다. 철저히 파헤치다. 다하다. 다 없어지다. ¶生生不息, 永不~。=쉬지 않고 생겨나 영원히 끝이 없다. 명 빈곤한 사람. ¶体恤~=빈곤한 사람을 잘 돌보아 주다.
【穷困】qióngkùn 형 빈곤하다. 빈궁하다. 곤궁하다. ¶生活~=생활이 곤궁하다. ≒穷苦 ↔富有 富裕
【穷聊】qióngliáo 동 (쓸데없이) 잡담하다. 노닥거리다.
【穷忙】qióngmáng 동 1 먹고살기 바쁘다. 2 허둥지둥 바쁘다. 분주히 돌아다니다. 일이 복잡하여 매우 바쁘다. 하는 일 없이 바쁘다. 쓸데없이 바쁘다. ¶他一天到晚~个不停。=그는 하루 종일 쉴새없이 바삐 지낸다.
【穷年累月】qióngnián-lěiyuè 성㈜ 해가 가고 달이 가도록 지속되다. 오랜 세월 계속되다. 오랜 세월. 오랫동안.

qióng 穷 焭 穹 劳 筇 琼

【穷鸟入怀】qióngniǎo-rùhuái ⓒ 1 몸을 숨길 곳이 없는 새가 쫓기다가 사람의 품 안으로 날아 들어오다. 2㊌ 처지가 어려워 남에게 의지하다.

【穷人】qióngrén ⓜ 가난뱅이.

【穷日子】qióngrì·zi ⓜ 가난한 생활. 빈곤한 살림. ¶~一去不复返了。=가난한 생활이 한번 지나가고 반복되지 않았다.

【穷山恶水】qióngshān-èshuǐ ⓒ 1 황폐한 산과 홍수가 잦은 강. 황량한 경치. 2 자연 조건이 열악한 나쁜 땅. 불모지. 척박한 땅.

【穷山沟】qióngshāngōu ⓜ 산물(産物)이 풍부하지 않은 산간 지대.

【穷奢极侈】qióngshē-jíchǐ ⓒ 사치가 극에 다다르다. 극도로 사치하고 탐욕스럽다. =【穷奢极欲】qióngshē-jíyù

【穷奢极欲】qióngshē-jíyù ☞【穷奢极侈】qióngshē-jíchǐ

【穷思极想】qióngsī-jíxiǎng ⓒ 온갖 지혜를 다 짜내다. 온갖 궁리를 다하다.

【穷酸】qióngsuān ⓗ 1㊈ (선비를 비꼬아) 가난하면서 배운 티를 내다. 가난하고 고리타분하다. 2 가난하다. 초라하다. 궁상맞다. 꾀죄죄하다.

【穷酸气】qióngsuānqì ⓜ 가난하면서 고리타분한 기질〔습성〕.

【穷途】qióngtú ⓜ 1 막다른 길. 2㊌ 곤궁한 처지〔상황〕. ≒末路.

【穷途潦倒】qióngtú-liáodǎo ⓒ 어찌 해 볼 길이 없어 실의에 빠지다. 궁지에 빠져 의기소침하다.

【穷途末路】qióngtú-mòlù ⓒ 막다른 길에 다다르다. 궁지에 빠지다.

【穷乡僻壤】qióngxiāng-pìrǎng ⓒ 벽촌. 산간벽촌. 두메 산골.

【穷巷】qióngxiàng ⓜ 뒷골목.

【穷相】qióngxiàng ⓜ 궁상. 가난한 모양. 비참한 모습.

【穷小子】qióngxiǎo·zi ⓜ 가난한 녀석. 가난뱅이.

【穷形尽相】qióngxíng-jìnxiàng ⓒ 1 (묘사·조각·그림이) 섬세하고 생생하다. 아주 생동감이 있다. 2 추잡한 행위가 완전히 드러나다. 추태가 까발려지다.

【穷凶极恶】qióngxiōng-jí'è ⓒ 흉악무도하다. 매우 포악하다.

【穷原竟委】qióngyuán-jìngwěi ⓒ 일의 전말을 규명하다. 진상을 규명하다. 일의 자초지종을 밝혀 내다.

【穷源溯流】qióngyuán-sùliú ⓒ 근원을 규명하고 발전 과정을 탐구하다.

【穷则思变】qióngzésībiàn ⓒ 궁하면 변통을 생각한다. 궁하면 살 궁리를 한다.

【穷追】qióngzhuī ⓒ 끝까지 쫓아가다. ¶~到底=끝까지 캐다.

【穷追不舍】qióngzhuī-bùshě ⓒ 1 끝까지 쫓아가다. 2 끝까지 캐묻다.

【穷追猛打】qióngzhuī-měngdǎ ⓒ 1 끝까지 쫓아가서 맹타하다. 2 용서하지 않고 가차없이 꾸짖다.

焭[煢] qióng 외로울 경
ⓗⓂ 1 외롭다. 고독하다. 2 근심스럽다. 걱정하다. 시름에 잠기다.

【焭焭】qióngqióng ⓗⓂ 의지할 곳 없이 외로운 모양. ¶~孑立=외롭게 홀로 지내다.

穹 qióng 하늘 궁
ⓜ 1 아치형(arch形). 돔형(dome形). 궁륭형(穹窿形) 또는 그런 형태의 물건. 2 하늘. 창공. ¶苍~=하늘. ⓗ 1 깊다. ¶~谷=깊은 골짜기. 2 크다. ¶~石=큰 돌.

◐ 苍穹, 天穹

【穹苍】qióngcāng ☞【苍穹】cāngqióng

【穹顶】qióngdǐng ⓜ 돔형(dome形) 지붕.

【穹隆】qiónglóng ⓜ 아치형(arch形). 돔형(dome形). 궁륭형(穹窿形). ⓗ㊍ 위로 볼록한 형태의.

【穹庐】qiónglú ⓜ㊍ 파오. [유목 민족의 주거용 원형 천막 가옥]

【穹形】qióngxíng ⓜ 돔형(dome形). ¶~山丘=둥그런 산언덕.

劳[藭] qióng 궁궁이 궁
☞【芎䓖】xiōngqióng

筇 qióng 공죽 공
【筇竹】qióngzhú ⓜ 1(植) 공죽. [지팡이를 만드는 대나무의 일종] 2㊍ 지팡이. ¶扶~=지팡이를 짚다.

*琼[瓊] qióng 옥 경
ⓜ 1㊈ 아름다운 옥. 2 (Qióng) (옛 지명으로) ① 경애(瓊崖). [지금의 하이난다오(海南岛)] ② 경주(瓊州). [지금의 하이난다오(海南岛)에 있었던 부(府)] 3 (Qióng) ㊍(地) 하이난(海南)성. ⓗ 훌륭하다. 아름답다. ¶玉液~浆=옥으로 만든 즙. 미주(美酒).

【琼浆】qióngjiāng ⓜ 1 신선(神仙)의 음료. 2㊌ 미주. 가주(佳酒).

【琼浆玉液】qióngjiāng-yùyè ⓒ 1 선인들의 미주(美酒). 2 (귀한) 음료. 미주(美酒). =【玉液琼浆】yùyè qióngjiāng

【琼剧】qióngjù ⓜ(劇) 경극. [하이난(海南)성의 지방 전통극]

【琼楼玉宇】qiónglóu-yùyǔ ⓒ 1 달나라의 궁전. 신선이 사는 곳. 2㊌ 화려한 건축물.

【琼瑶】qióngyáo ⓜ㊈ 1 아름다운 옥. 2㊌ 훌륭한 시문(詩文). 주옥 같은 시. 다른 사람이 답례로 보내 온 예물이나 편지 또는 시(詩文).

【琼枝】qióngzhī ⓜ 1 전설 중의 옥수(玉樹). 2㊌ 좋은 나무와 아름다운 꽃. ¶玉树~=진귀하고 가치 있는 나무.

【琼脂】qióngzhī ⓜ 한천. =【石花胶】shí

琼 蛩 跫 銎 藑 丘 邱 龟 秋　qiū　1591

huājiāo ⇨【洋菜】yángcài【洋粉】yángfěn【冻粉】dòngfěn
【琼州海峡】Qióngzhōu Hǎixiá 图(地) 충저우 해협. [레이저우(雷州) 반도와 하이난다오(海南岛) 사이에 있는 해협 이름]

蛩 qióng 메뚜기 공
图(圈)(動) 1 귀뚜라미. 2 메뚜기.

跫 qióng 발자국 소리 공
【跫然】qióngrán 의(훈) 쿵쿵. 터벅터벅. 뚜벅뚜벅. [발자국 소리] ¶足音~=발자국 소리가 뚜벅뚜벅 나다.

銎 qióng 도끼 구멍 공
图(圈) 도끼 구멍. [도끼의 자루를 끼워 고정시키는 구멍]

藑 qióng 경모(藑茅) 경
【藑茅】qióngmáo 图(植) 고서(古書)에 나오는 풀의 일종. 영초(靈草).

## qiu

**丘**¹ qiū 언덕 구
图 관을 지면에 놓고 돌 등을 쌓아서 가매장하다. ¶棺材先~起来.=관은 먼저 돌을 쌓아 가매장해 두다.
图(Qiū) 성(姓).

◐ 丘 qiū
　 邱 qiū
　 蚯 qiū
　 岳 yuè

**丘**²【坵】qiū 지적 단위 구
图 1 언덕. 구릉. 흙더미. ¶山~=산언덕. 2 무덤. ¶坟~=무덤. 산소. 영(훈) 배미. [구획된 논을 세는 단위] ¶一~稻田=논 한 배미.
【丘比特】Qiūbǐtè 图(외) 큐피드(Cupid).
【丘壑】qiūhè 图 1 심산유곡. 산야. 2 (비) (문학작품 속의) 심원한 뜻[생각]. ¶胸无~=(작가의) 마음속에 심원한 뜻이 없다.
【丘陵】qiūlíng 图(地) 구릉. 언덕.
【丘墓】qiūmù 图(圈) 무덤.
【丘墟】qiūxū 图(圈) 1 무덤. 2 폐허. 황무지. 황폐한 지역.
【丘疹】qiūzhěn 图(醫) 구진.

邱 qiū 땅 이름 구
图 1 '丘(qiū)'와 같음. 2 (Qiū) 성(姓).

龟【龜】qiū 나라 이름 구
☞ guī, jūn
【龟兹】Qiūcí 图(地) 구자. [고대 서역(西域)의 나라 이름. 지금의 신장(新疆) 위구르 자치구 지역에 있었음]

**秋**¹【炑·穐】qiū 가을 추
图 1 (농작물이) 익을 무렵. 가을걷이 할 철. 2 가을. 초=초가을. 3 해. 년. ¶千~万代=기나긴 시대. 시기. [주로 좋지 않은 상황을 가리킴] ¶危亡之~=생사존망의 기로에 놓인 시기. 5 (다 익은) 가을 농작물. ¶看(kān)~=수확기의 농작물을 지키다. 6 (Qiū) 성(姓). ↔春

**秋**²【鞦】qiū 그네 추
☞【秋千】qiūqiān

◐➡ 大秋, 寒秋, 立秋, 三秋, 芟shān秋, 删shān秋, 收秋, 晚秋, 中秋, 仲zhòng秋, 小秋收

【秋波】qiūbō 图 1 가을날의 맑고 투명한 물결. 2 (비) 추파. (미녀의) 요염한 눈길. 은근한 정을 나타내는 눈짓. ¶频送~=여러 번 추파를 던지다.

◐ 秋 qiū
　 楸 qiū
　 鳅 qiū
　 湫 qiū
　 揪 jiū
　 啾 jiū
　 愁 chóu
　 瞅 chǒu
　 悄 qiǎo

【秋播】qiūbō 图(農) 가을 파종(播種).
【秋菜】qiūcài 图 가을걷이 채소.
【秋蝉】qiūchán 图 한선(寒蟬). 가을 매미.
【秋刀鱼】qiūdāoyú 图(動) 꽁치.
【秋分】qiūfēn 图(氣) 추분. [24절기의 하나]
【秋分点】qiūfēndiǎn 图(天) 추분점.
【秋风】qiūfēng 图 가을 바람. 추풍.
【秋风扫落叶】qiūfēng sǎo luòyè (成) 1 가을 바람이 낙엽을 쓸어 버리다. 추풍에 낙엽 떨어지듯. 2 (비) 강력한 힘으로 쇠잔한 세력을 일거에 소탕하다.
【秋高气爽】qiūgāo-qìshuǎng (成) 가을 하늘은 높고 날씨는 상쾌하다.
【秋耕】qiūgēng 图(農) 추경. 가을갈이.
【秋灌】qiūguàn 图(農) 입동(入冬) 전의 관개(灌漑).
【秋光】qiūguāng 图 1 가을 햇살. 2 가을 경치. ¶~无限好.=가을 경치가 정말 좋다.
【秋海棠】qiūhǎitáng 图(植) 베고니아(begonia).
【秋毫】qiūháo 图 1 가을 털갈이 후 새로 난 짐승의 가는 털. 2 (비) 추호. 매우 작은 사물. ¶明察~=눈이 예리하며 세세한 것도 놓치지 않다. 지극히 미세한 것까지 살피다.
【秋毫无犯】qiūháo-wúfàn (成) (군기가 엄하여) 백성에게 조금도 피해를 주지 않다.
【秋毫之末】qiūháozhīmò (成) 1 짐승의 가을 털갈이 후 새로 난 털의 끝 부분. 추호. 2 (비) 털끝만한 것. 매우 적거나 작은 것.
【秋后】qiūhòu 图 추수 이후.
【秋后算账】qiūhòu-suànzhàng (成) 1 추수 후에 결산[회계]하다. 2 (비) 일이 끝난 후에 기회를 노려 보복하다. 시비를 가리다. 책임을 추궁하다.
【秋季】qiūjì 图 추계. 가을철.
【秋景】qiūjǐng 图 1 가을 풍경. 2 가을 수확 상황. ¶今年的~不错.=올 가을 수확이 괜찮다.
【秋裤】qiūkù 图 보온 속옷 하의.
【秋兰】qiūlán ☞【建兰】jiànlán
【秋老虎】qiūlǎohǔ 图 (입추 후의) 잔서(殘暑). 늦더위. 초가을의 무더위.

【秋凉】qiūliáng 몡 가을의 시원하고 상쾌한 날씨. ¶~时节=시원하고 상쾌한 계절.
【秋粮】qiūliáng 몡 가을걷이한 양식(糧食).
【秋令】qiūlìng 몡 1 가을 날씨. ¶冬行~=겨울에 느껴지는 가을 같은 날씨. 2 가을(철). ¶已近~=벌써 가을이 가까워지다.
【秋牡丹】qiūmǔdān 몡(植) 아네모네. 와 wind flower
【秋气】qiūqì 몡 가을의 선선한 날씨.
【秋千】qiūqiān 몡 그네.
【秋日】qiūrì 몡 가을. 가을날.
【秋色】qiūsè 몡 가을빛. 추색. ¶~迷人=가을의 정취가 사람의 마음을 사로잡다.
【秋山】qiūshān 몡 가을 산.
【秋声】qiūshēng 몡 가을철의 (바람·낙엽의) 소리.
【秋实】qiūshí 몡 가을에 익은 곡식〔과일〕. ¶春华~=봄의 꽃과 가을의 열매.
【秋试】qiūshì 몡(歷) (명청(明淸)대의 과거 제도 중 가을에 실시한) 향시(鄕試). =【秋闱】qiūwéi
【秋收】qiūshōu 동 추수하다. ¶正值~=마침 추수할 무렵이다. 몡 추수한 농작물. ¶近年的~都还行.=올 추수는 그런대로 괜찮다.
【秋收起义】Qiūshōu Qǐyì 몡 추수 봉기. [1927년 9월, 모택동의 주동으로 일어난 노농(勞農) 무장 봉기. 이 일을 계기로 정강산에 농촌 혁명 근거지를 세우게 되었음]
【秋水】qiūshuǐ 몡 1 추수(秋水). 가을철의 맑은 물. 2 비 맑고 고운 눈매. [주로 여자를 가리킴] ¶望穿~=눈이 빠지도록 기다리다. 3 (칼의) 섬뜩한 빛. 차가운 빛. ¶剑悬~=칼날이 시퍼렇다. 4 (Qiūshuǐ) 〈추〉. 《莊子(장자)》의 편명(篇名).
【秋天】qiūtiān 몡 가을.
【秋闱】qiūwéi ☞【秋试】qiūshì
【秋宵】qiūxiāo 몡 가을 밤.
【秋行夏令】qiūxíngxiàlìng 생 가을 날씨가 여름 같다. 유달리 더운 가을 날씨.
【秋汛】qiūxùn 몡 입추(立秋) 후 강물이 불어나는 현상. 가을철의 불어난 강물.
【秋阳】qiūyáng 몡윤 찌는 듯한 햇볕. ¶~似火=불같이 뜨거운 햇볕.
【秋衣】qiūyī 몡 보온 속옷 상의.
【秋意】qiūyì 몡 가을날의 정취나 풍경. ¶~阑珊=가을 정취가 쇠잔하다.
【秋游】qiūyóu 동 가을 나들이 가다. 가을 소풍 가다.
【秋雨】qiūyǔ 몡 가을비.
【秋种】qiūzhòng 동(農) 가을에 농작물을 심다. 가을 곡식을 심다.
【秋庄稼】qiūzhuāng·jia 몡(農) 가을 농작물. 가을 곡식.

*蚯 qiū 지렁이 구
【蚯蚓】qiūyǐn 몡(動) 지렁이(류). 와 曲蟮 qū·shàn

萩 qiū 사철쑥 추
몡(植) 고서(古書)에 나오는 쑥의 일종.

湫 qiū 다할 추
몡운 늪. 못. 웅덩이.
☞ jiǎo

楸 qiū 가래나무 추
몡(植) 추목. 가래나무.
【楸树】qiūshù 몡(植) 추목. 가래나무.

鹙[鶖] qiū 무수리 추
몡(動) 고서(古書)에 나오는 물새의 일종. [머리에 털이 없고 성질이 사나우며 뱀을 즐겨 먹음]

鳅[鰍] qiū 미꾸라지 추
몡(動) 미꾸라지. 추어.

鞦 qiū 밀치끈 추
몡 (마소의) 밀치끈. 후걸이. ¶后~=후걸이. 동 수축하다. 줄어들다. ¶~脖子缩脑=(추위·공포 등으로) 목을 움츠리다. =(秋)
○─ 后鞦, 坐鞦

仇 Qiú 성씨 구
몡 성(姓).
☞ chóu

*囚 qiú 가둘 수
동 구금(拘禁)하다. 수감(收監)하다. ¶被~入狱=감옥에 수감되다. 몡 죄수. ¶阶下~=죄수. 포로.
○─ 幽yōu囚, 阶下囚

【囚车】qiúchē 몡 (죄수 압송용) 호송 차량.
【囚犯】qiúfàn 몡 죄수. 늑囚徒
【囚房】qiúfáng 몡완 감방.
【囚歌】qiúgē 몡 죄수들이 자기의 생각이나 느낌을 하소연하는 노래나 시.
【囚系】qiújì 동 수감(收監)하다.
【囚禁】qiújìn 동 감옥에 가두다. 수감하다. ¶他因犯重罪被~在监狱里.=그는 중죄를 지어 감옥에 수감되었다.
【囚困】qiúkùn 동 수감하다. 감옥에 갇히다.
【囚牢】qiúláo 몡완 감옥.
【囚笼】qiúlóng 몡완 죄인을 압송하거나 감금할 때 쓰던 나무 우리.
【囚室】qiúshì 몡 감방.
【囚首垢面】qiúshǒu-gòumiàn 생 죄수처럼 머리가 흐트러지고 얼굴이 지저분하다. 죄수같이 얼굴이 꾀죄죄하고 옷차림이 초라하다. 초라하고 볼품없다.
【囚徒】qiútú 몡 죄수. 늑囚犯
【囚衣】qiúyī 몡 수의. 죄수복.
【囚友】qiúyǒu 몡 철창〔감옥〕 친구.

## 犰 qiú 구여 구

【犰狳】 qiúyú 명(動) 아르마딜로(armadillo). [남미에 분포하는 야행성 포유동물]

## 求 qiú 부탁할 구

동 **1** 부탁하다. 청구하다. ¶恳~帮助=도움을 간절히 부탁하다. **2** 요구하다. ¶精益~精=훌륭한 것임에도 더욱 훌륭하도록 공을 들이다. **3** 요구되다. 필요로 하다. ¶供~平衡=수요와 공급이 균형을 이루다. **4** 추구하다. 찾다. 탐구하다. ¶不~名利=명리를 추구하지 않다. 명 **1** 요구. 필요. 수요. **2** (Qiú) 성(姓).
↔供(gōng)

○ 求 qiú
球 qiú
裘 qiú
逑 qiú
俅 qiú
赇 qiú
救 jiù

○● 哀āi求, 吹求, 访求, 讲求, 苛kē求, 渴kě求, 恳kěn求, 谋móu求, 期qī求, 企qǐ求, 乞qǐ求, 强qiǎng求, 请求, 探求, 推求, 妄wàng求, 需xū求, 谋móu求, 寻xún求, 央求, 要yāo求, 征zhēng求, 诛zhū求, 追求

【求爱】 qiú′ài 동 구애하다.
【求拜】 qiúbài 동 간절히 기원하다.
【求变】 qiúbiàn 동 (일이나 사물의) 변화를 희망〔요구〕하다.
【求成】 qiúchéng 동 성공을 바라다. ¶急于~=조급하게 성공하려 하다.
【求大同, 存小异】 qiú dàtóng, cún xiǎoyì 성 (의견 따위를 모으는 과정에서) 작은 차이점은 보류하고, 큰 틀에서 공통점을 찾다. =【求同存异】 qiútóng-cúnyì
【求得】 qiúdé 동 얻기를 기대하다. ¶~身心上的自由=심신의 자유를 얻기를 바라다.
【求告】 qiúgào 동 (도움·용서 등을) 간청하다. ¶苦苦~=애타게 간청하다.
【求购】 qiúgòu 동 구매를 희망하다. ¶~启事=구입 희망 공고. ↔求售
【求和】 qiúhé 동 **1** (數) (둘 또는 둘 이상 수의) 합을 구하다. **2** (장기·바둑에서) 비기려고 애쓰다. **3** (전쟁에서) 강화(講和)를 요청하다.
【求婚】 qiú‖hūn 동 구혼하다. ¶主动~=적극적으로 구혼하다.
【求见】 qiújiàn 동 뵙기를 청하다. 면회를 신청하다.
【求教】 qiújiào 동 가르침을 청하다. ¶虚心~=겸허하게 가르침을 청하다. ≒讨教 请教
【求解】 qiújiě 동(數) 해답을 구하다.
【求借】 qiújiè 동 (돈·물건 등을) 빌려 주길 청하다. ¶四处~=사방에 빌려 달라고 청하다.
【求救】 qiújiù 동 (위험·재난시에) 구원을 청하다. ¶惊慌~=놀라 허둥지둥 구원을 청하다.
【求靠】 qiúkào 동 (남에게) 생활을 의탁하고자 청하다. ¶~旧友=옛 친구에게 의탁하고자 부탁하다.
【求快】 qiúkuài 동 더 빠른 속도를 요구하다.
【求偶】 qiú′ǒu 동 배우자를 구하다. 애인을 구하

다. ¶~心切=절실하게 짝을 찾다.
【求乞】 qiúqǐ 동 빌어먹다. 구걸하다. 동냥하다.
【求签】 qiú‖qiān 동 (신불(神佛) 앞에서) 제비를 뽑아 길흉을 점치다. ¶~问卦=제비를 뽑아 점을 치다.
【求亲】 qiú‖qīn 동 **1** (남녀 가운데 한쪽이 상대 가족에게) 혼인을 청하다. **2** 친척에게 도움을 청하다.
【求亲告友】 qiúqīn-gàoyǒu 성 친척이나 친구에게 도움을 청하다.
【求情】 qiú‖qíng 동 너그러이 용서하길 바라다. 허락해 줄 것을 청하다. 인정에 호소하다. ¶替人~=다른 사람을 대신해서 용서를 구하다.
【求取】 qiúqǔ 동 (힘껏) 추구하다. 원하다. ¶~功名=공명을 추구하다.
【求全】 qiúquán 동 **1** 일이 성사되기를 바라다. ¶委曲~=자기 의견을 굽혀 일을 성사시키려 하다. **2** (지나치게) 완전무결하기를 요구하다. 완벽을 기하다. ¶刻意~=지나치게 완벽을 기하다.
【求全责备】 qiúquán-zébèi 성 (사람이나 일에 대해) 무리하게 완전무결하기를 요구하다.
【求饶】 qiú‖ráo 동 용서를 구하다. ¶哀告~=애원하며 용서를 빌다. ≒讨饶
【求人】 qiú‖rén 동 남에게 부탁하다. ¶遇事不能只想~=일이 닥쳤을 때 남의 도움만을 생각하여서는 안 된다.
【求人不如求己】 qiúrén bùrú qiújǐ 속 남의 도움을 바라는 것보다 자신에게 바라는 것이 낫다.
【求荣】 qiúróng 동 부귀영화를 추구하다. ¶屈膝~=비굴하게 부귀영화를 추구하다.
【求神】 qiúshén 동 신(神)에게 빌다.
【求神拜佛】 qiúshén-bàifó 성 신불(神佛)에게 빌다.
【求生】 qiúshēng 동 활로(活路)를 모색하다. 살 방법을 찾다.
【求胜】 qiúshèng 동 승리하고자 노력하다. 이기려고 애쓰다. 승리를 염원하다. ¶一心~=한마음 한뜻으로 승리를 염원하다.
【求师】 qiúshī 동 **1** 선생님〔스승〕을 찾다. **2** 자기를 이끌어 줄 사람을 찾다. ¶~学艺=이끌어 줄 사람을 찾아 기예를 배우다.
【求实】 qiúshí 동 실제적인 것을 추구하다. ¶~勿虚=허상을 좇지 않고 실제적인 것을 추구하다. ≒务实
【求是】 qiúshì 동 객관 사물의 내재적 규율을 탐구하다. ¶实事~=실사구시.
【求售】 qiúshòu 동 판매를 강구하다. ¶降价~=가격을 내려 판매를 모색하다. ↔求购
【求索】 qiúsuǒ 동 **1** 탐색하다. 모색하다. ¶立足实际, 努力~=실제적인 것에 입각하여 탐색하도록 노력하다. **2** 독촉하여 받아 내다. 요구하다. ¶~不得=요구했으나 얻지 못하다.
【求同存异】 qiútóng-cúnyì 성 이견은 미뤄 두고 의견을 같이하는 부분부터 협력하다.
【求贤】 qiúxián 동 현인(賢人)을 찾다. ¶~若渴=절박하게 현인을 찾다.

【求贤若渴】 qiúxián-ruòkě ⓢ 간절하게 현인을 찾다.
【求降】 qiúxiáng 图 (적에게) 항복 의사를 표시하다. 항복하다.
【求新】 qiúxīn 图 새로운〔신기한〕 것을 추구하다. ¶~猎奇=신기한 것을 추구하다.
【求学】 qiúxué 图 1 학교에서 공부하다. ¶~历程=학교 수업 과정. 2 학문을 탐구하다. ¶刻苦~=각고의 노력으로 학문을 탐구하다.
【求爷爷, 告奶奶】 qiú yé·ye, gào nǎi·nai 여기저기 닥치는 대로 애원하다.
【求医】 qiúyī 图 (불치병·난치병 환자가) 명의(名醫)를 찾아 진료를 받다. ¶~多年=여러 해 동안 용한 의사를 찾다.
【求异思维】 qiúyì sīwéi ☞【发散思维】fāsàn sīwéi
【求雨】 qiú∥yǔ 图 비 오기를 빌다. ≒祈雨.
【求援】 qiúyuán 图 지원을 요청하다. ¶向企业~=기업에 지원을 요청하다.
【求战】 qiúzhàn 图 1 (军) 싸움〔전쟁〕을 걸다. 2 참전(參戰)을 요구하다.
【求诊】 qiúzhěn 图 의사를 찾아가 진찰받다.
【求证】 qiúzhèng 图 1 증거를 찾다. 증거를 구하다. ¶多方~=다방면으로 증거를 찾다. 2 실증(實證)을 얻다. ¶大胆假设, 小心~。=대담하게 가정하고, 조심스럽게 실증을 찾다.
【求之不得】 qiúzhī-bùdé ⓢ 1 구하려 해도 구하지 못하다. 원해도 얻을 수 없다. 2 요구가 매우 절박하다. 기회를 얻기가 대단히 힘들다.
【求知】 qiúzhī 图 지식을 탐구하다. ¶强烈的~欲望=강렬한 지식 탐구의 욕망.
【求知欲】 qiúzhīyù 图 지식욕. 알려는 욕망.
【求职】 qiúzhí 图 구직(求職)하다. 직업을 찾다. ↔辞职.
【求治】 qiúzhì 图 치료를 부탁하다. ¶八方~=백방으로 치료를 부탁하다.
【求助】 qiúzhù 图 도움을 청하다. ¶被迫~=할 수 없이 도움을 청하다.
【求租】 qiúzū 图 (집·장소·공구 등을) 빌려 쓰려 하다. 차용을 희망하다.

# 虬 [(虯)] qiú 규룡 규

图 규룡. [고대 전설 속의 동물로서 뿔이 난 작은 용] 圈圉 굽다. 휘어지다.
【虬龙】 qiúlóng 图 규룡.
【虬蟠】 qiúpán 圈圉 (용이나 뱀같이) 도사리다. 구불구불하다. ¶山道~=산길이 구불구불하다.
【虬髯】 qiúrán 图 곱슬곱슬한 수염. [주로 구레나룻을 가리킴]
【虬须】 qiúxū 图圉 곱슬곱슬한 턱수염.

# 泅 qiú 헤엄칠 수

图 물에 뜨다. 헤엄치다. ¶~水过河=헤엄쳐 강을 건너다.
【泅渡】 qiúdù 图 (강·호수·바다 등을) 헤엄쳐 건너다.
【泅水】 qiúshuǐ 图 헤엄치다. ¶~而过=헤엄쳐 건너다.
【泅泳】 qiúyǒng 图 헤엄치다. 수영하다.

# 俅 qiú 공손할 구

아래를 참조.
【俅俅】 qiúqiú 圈圉 공손하다. 공순하다. 고분고분하다.
【俅人】 Qiúrén 图 구족. [중국 소수 민족의 하나인 두룽(独龙)족의 옛 명칭]

# 虬 qiú 급할 구

圈圉 핍박하다. 강요하다.

# 酋 qiú 두목 추

图 1 추장. 2 (도적 떼·침략자 등의) 두목. ¶贼~=도적 두목.
【酋长】 qiúzhǎng 图 (부락의) 추장.
【酋长国】 qiúzhǎngguó 图 추장이 통치하는 나라. 추장국.

# 逑 qiú 짝 구

图圉 배필. 짝. ¶窈窕淑女, 君子好~。=요조숙녀야말로 군자의 좋은 짝이로다.

# 屌 qiú 자지 구

图圉 남자의 생식기.

# *球 [(毬)] qiú 공 구

图 1 (數) 구. ¶~面=구면. 2 (~儿) 공 모양의 물체. ¶气~儿=기구. 3 (體) 구기(球技) 운동. ¶看~赛=구기 경기를 관람하다. 4 (體) 공. 볼. ¶足~=축구공. / 篮~=농구공. 5 (天) 지구. ¶南半~=남반구. / 全~=전세계. 6 (天) 별. 천체. ¶月~=달. / 星~=별.

○◐ 棒球, 地球, 发球, 罚fá球, 环huán球, 垒lěi球, 链liàn球, 马球, 排球, 皮球, 气球, 手球, 水球, 松球, 台球, 天球, 网球, 绣xiù球, 血球, 眼球, 月球, 足球, 板羽球, 羽毛球

【球半径】 qiúbànjìng 图(數) 반지름.
【球棒】 qiúbàng 图(體) (야구) 방망이. 배트(bat).
【球操】 qiúcāo 图(體) (리듬체조의 한 종목인) 볼(ball) 연기. 공 연기.
【球场】 qiúchǎng 图(體) (구기 경기의) 구장.
【球胆】 qiúdǎn 图 (공 속의) 튜브.
【球蛋白】 qiúdànbái 图(生) 글로불린(globulin).
【球队】 qiúduì 图 (구기 종목의) 팀. 단체.
【球风】 qiúfēng 图 (구기 종목 선수들의) 경기 태도. 경기 매너.
【球果】 qiúguǒ 图(植) 구과(毬果).
【球籍】 qiújí 图 지구의 적(籍). [개인이나 국가가 지구상에서 발전하거나 생존할 권리]
【球技】 qiújì 图 (치거나 차는 따위의) 공을 다루는 기술.
【球监】 qiújiān 图(體) (구기 운동의) 경기 출장

정지 처분.
【球茎】qiújīng 명(植) 알뿌리.
【球菌】qiújūn 명(生) 구균. 영 coccus
【球裤】qiúkù 명 운동 바지.
【球篮】qiúlán 명(體) (농구의) 바스켓 (basket).
【球类】qiúlèi 명(體) 구기(球技). 구기류(球技類). ¶~运动=구기 운동.
【球龄】qiúlíng 명 구력(球歷). 구기 운동 연수.
【球路】qiúlù 명 (구기 종목의) 수. 전술. 작전. 공 다루는 재간. ¶~怪异=전술이 괴이하다.
【球门】qiúmén 명(體) (축구·아이스하키 등에서의) 골(goal).
【球门球】qiúménqiú 명(體) (축구·럭비 등에서의) 골킥(goalkick).
【球门区】qiúménqū 명(體) (축구의) 골 에어리어(goal area).
【球迷】qiúmí 명 축구 팬(fan). 광적으로 구기를 좋아하는 사람.
【球面】qiúmiàn 명 1 (數) 곡면. 2 구면.
【球面度】qiúmiàndù 명(數) 스테라디안(steradian, sr). [입체각의 크기를 나타내는 국제 단위계의 보조 단위]
【球面角】qiúmiànjiǎo 명(數) 구면각. 영 spherical angle
【球面镜】qiúmiànjìng 명 (오목하거나 볼록한) 구면경. 구면 거울.
【球磨机】qiúmójī 명(機) 볼밀(ball mill). 볼 분쇄기.
【球墨铸铁】qiúmò zhùtiě 명(金) 연성 주철(軟性鑄鐵).
【球幕电影】qiúmù diànyǐng ☞【全景电影】quánjǐng diànyǐng
【球拍(子)】qiúpāi(·zi) 명(體) (탁구·배드민턴·테니스 등의) 라켓(racket).
【球儿】qiúr 명 1 작은 공. 2 (유리·돌로 만든) 구슬.
【球赛】qiúsài 명(體) 구기 경기. 구기 시합.
【球市】qiúshì 명 경기 표 판매 상황[시황]. ¶~不冷不热。=경기 표 판매 상황이 나쁘지도 좋지도 않다.
【球手】qiúshǒu 명 구기 종목의 운동 선수.
【球台】qiútái 명 1 (數) 구대(球帶). 구띠. 2 탁구대. 당구대.
【球坛】qiútán 명 구기 스포츠계(sports界).
【球体】qiútǐ 명(數) 1 구(球). [한 점에서 같은 거리에 있는 모든 점으로 이루어진 입체] 2 구형(球形). 구체(球體). ¶地球是一个大~。=지구는 하나의 커다란 구형이다.
【球土】qiútǔ 명(化) 볼 클레이(ball clay).
【球王】qiúwáng 명 (구기 종목에서의) 최우수 선수. 엠브이피(MVP).
【球网】qiúwǎng 명(體) (테니스·배드민턴 등의) 네트(net).
【球鞋】qiúxié 명 1 (구기 운동용) 운동화. 2 고무창 운동화.
【球心】qiúxīn 명 1 (數) 구심. 2 (넓은 의미로) 구(공)의 중심.

【球星】qiúxīng 명 (구기 스포츠의) 유명 선수. 스타 플레이어(star player).
【球形】qiúxíng 명 구형. 둥근 형태.
【球衣】qiúyī 명 1 (구기 운동용) 운동복. 2 구기 운동복 형태의 의복.
【球艺】qiúyì 명 구기 종목의 (공을 다루는) 기교[기술]. ¶钻研~=공을 다루는 기술을 깊이 연구하다.
【球员】qiúyuán 명 (구기 운동의) 선수.
【球轴承】qiúzhóuchéng ☞【滚珠轴承】gǔnzhū zhóuchéng
【球状】qiúzhuàng 명 구형. 둥근 형태.

## 赇[賕] qiú 뇌물 구
동 뇌물을 주다. 수뢰(受賂)하다. 뇌물을 받다. 명 뇌물. ¶受~=뇌물을 받다.

## 铼[銶] qiú 끌 구
명 고대에 사용한 끌[정]의 일종.

## 逎 qiú 씩씩할 주
형 강건(强健)하다. 힘이 있다. 강력하다. ¶诗兴方~=시흥이 강하게 일다. 명 (Qiú) 성(姓).
【逎劲】qiújìng 형 웅건(雄健)하고 힘이 있다. ¶笔锋~=필치가 힘이 있다.

## 巯[巰] qiú 메르캅토기 규
명(化) 메르캅토기. 수황기.
【巯基】qiújī 명(化) 메르캅토기(mercapto group, -SH). =【氢硫基】qīngliújī

## 裘 qiú 갖옷 구
명 1 용 모피옷. 가죽옷. 갖옷. ¶集腋成~=백여우의 겨드랑이 가죽을 모아 갖옷을 만들다. 2 (Qiú) 성(姓).
【裘马】qiúmǎ 명 가벼운 갖옷과 살진 말. 호화스럽고 사치스러운 차림.
【裘皮】qiúpí 명 모피. ¶~箱包=가죽 트렁크.

## 璆 qiú 아름다운 옥 구
명용 미옥(美玉). 의 쨍강. 쨍그랑. [패옥(佩玉)이 서로 부딪히며 나는 소리]

## 蝤 qiú 나무굼벵이 추
☞ yóu
【蝤蛴】qiúqí 명(動) 나무굼벵이. [고서(古書)에서 하늘소의 유충을 가리킴]

## 鼽 qiú 코 막힐 구
동 용 코가 막히다.

## 鳅[鰌] qiú 미꾸라지 추
동용 핍박하다. 밟다. 짓밟다. 명 '鳅(qiū)'와 같음.

## 糗 qiǔ 볶은 쌀 구
명용 건량(乾糧). 구비(糗糒). 형방 (밥·밀가루

음식이) 덩어리지다. 굳다. 퍼지다. ¶再不吃, 面就~了。=더 먹지 않으면 국수가 퍼질 것이다. 동(장) (방·집에) 틀어박히다. ¶他们整天~在一堆下棋。=그들은 하루 종일 틀어박혀 장기를 두었다.

# qu

**区[區]** qū 지역 구
명 **1** 구역(區域). 지구(地區). ¶经济开发~=경제 개발 지구. / 市~=시가지. 시내 지역. **2** 행정 구획 단위. ¶市辖~=시 직할구. / 自治~=자치구. 동 구분하다. 구획(區劃)하다. 구별하다. ¶有所~分=구별되는 바가 있다.
☞ Ou

○● 白区, 边区, 城区, 地区, 防区, 工区, 灌区, 海区, 郊区, 禁区, 军区, 老区, 牧mù区, 时区, 市区, 苏sū区, 辖xiá区, 新区, 选区, 战区

【区别】 qūbié 명 구별. 차이. ¶世界上没有完全没有~的两片树叶。=세상에 완전히 같은 나뭇잎은 없다. 동 구분하다. 나누다. 판별하다. ¶要~对待不同情况。=서로 다른 상황은 각기 구분하여 대처해야 한다. 늑区分 辨别 差别 差异
【区段】 qūduàn 명 (철로 운수에서의) 구간.
【区分】 qūfēn 동 구분하다. 분별하다. 나누다. ¶~优点和缺点=장점과 단점을 구분하다. 늑区别
【区划】 qūhuà 명 구획. 구역. ¶行政~=행정 구역. 동 구획하다.
【区徽】 qūhuī 명(政) (행정 단위의) 휘장(徽章). 마크(mark).
【区间】 qūjiān 명 (교통·통신 등에서) 전체 노선[선로] 중의 일부분. 구간.
【区间车】 qūjiānchē 명 구간 운행 차량.
【区旗】 qūqí 명(政) 행정 단위의 정식 깃발.
【区区】 qūqū 형 **1** 사소하다. 별것 아니다. 보잘것없다. 시시하다. 얼마 되지 않다. ¶~小事, 何足挂齿。=별것 아닌 사소한 일이니 입에 올릴 것도 못 된다. **2** 가지각색이다. 분분하다. ¶意见~=의견이 가지각색이다. 의견이 분분하다. 명(경) 저. 소인. ¶此乃~所为。=이건 제가 한 것입니다.
【区时】 qūshí 명(天) 경대시(經帶時).
【区位】 qūwèi 명 지역의 위치. ¶凭依~优势, 大力发展远洋运输业。=지역 입지의 유리함을 이용하여 원양 수송업(운수업·해운업)을 크게 발전시키다.
【区域】 qūyù 명 구역. 지역. ¶经济活跃~=경제가 활기를 띠는 지역.
【区域经济】 qūyù jīngjì ☞ 【地区经济】 dìqū

○ 区 qū
驱 qū
躯 qū
呕 ǒu
欧 ōu
鸥 ōu
沤 òu
怄 òu
瓯 ōu
讴 ōu
抠 kōu
眍 kōu
妪 yù
伛 yǔ

jīngjì

**曲¹** qū 굽을 곡
명 **1** 굽다. 구부러지다. 불합리하다. ¶背驼腰~=등이 휘고 허리가 굽다. **2** 불합리하다. 불공정하다. 부당하다. ¶歪~是非=옳고 그름을 왜곡하다. 동 구부리다. ¶弓腰~背=허리와 등을 구부리다.
명 **1** 굽이. 만곡(灣曲). 굽은 곳. ¶河~=강굽이. **2** 외진 곳. 궁벽한 곳. ¶乡~=외딴 시골. **3** (Qū) 성(姓).

○ 曲 qū
蛐 qū

**曲²[麴, 麯]** qū 누룩 국
명 누룩.
☞ qǔ

○● 大曲, 红曲, 酒曲, 款kuǎn曲, 蟠pán曲, 盘曲, 屈qū曲, 拳quán曲, 蜷quán曲, 神曲, 歪wāi曲, 弯wān曲, 委曲, 乡曲, 迂yū曲, 衷zhōng曲

【曲笔】 qūbǐ 명 **1** (사관의) 곡필. 왜곡. **2** (글쓰기에서) 완곡한 [간접적인] 표현 수법.
【曲臂】 qūbì 명(机) 크랭크 암(crank arm).
【曲别针】 qūbiézhēn 명 클립(clip). =【回形针】 huíxíngzhēn
【曲柄】 qūbǐng 명(机) 크랭크(crank).
【曲尺】 qūchǐ 명 곱자. 기역자. =【矩尺】 jǔchǐ 【角尺】 jiǎochǐ
【曲拱】 qūgǒng 명(建) 아치(arch)형. ¶~石桥=아치형 석교.
【曲棍球】 qūgùnqiú 명(體) **1** 필드하키(field hockey). **2** 필드하키용 공.
【曲解】 qūjiě 동 (말·의도·행동 등을) 곡해하다. ¶~人意=사람의 마음을 곡해하다. 늑歪曲 扭曲
【曲尽其妙】 qūjìn-qímiào 성 (음악·말 등의) 표현 기교가 매우 능숙하고 뛰어나다.
【曲颈甑】 qūjǐngzèng 명(化) 레토르트(retort). 증류기.
【曲径】 qūjìng 명 꼬부랑길. 꼬불꼬불한 작은 길. ¶长巷~=길고 꼬불꼬불한 골목길.
【曲径通幽】 qūjìng-tōngyōu 성 구불구불한 오솔길이 풍광이 아름다운 곳으로 나 있다.
【曲里拐弯】 qū·li guǎiwān (~的) 형(구) 매우 구불구불하다. (말 표현이) 매우 우회적이다.
【曲流】 qūliú 명(地) 곡류.
【曲率】 qūlǜ 명(數) 곡률.
【曲霉】 qūméi 명(生) 누룩곰팡이.
【曲面】 qūmiàn 명(數) 곡면.
【曲奇】 qūqí 명(외) 쿠키(cookie).
【曲曲】 qūqū 형 구불구불하다. 꼬불꼬불하다. ¶~的飘带=꼬불꼬불한 댕기.
【曲曲弯弯】 qūqū wānwān (~的) 형 구불구불하다. 꼬불꼬불하다. ¶游人沿着~的山路向前走着。=여행객들은 구불구불한 산길을 따라 앞을 향해 걸어가고 있다.
【曲曲折折】 qūqū zhézhé (~的) 형 구불구불하다. 우여곡절이 있다. ¶人生的路往往是~的。=

인생길은 종종 우여곡절이 있다.

【曲蟮】[蛐蟮] qū·shàn ☞【蚯蚓】qiūyǐn

【曲射炮】qūshèpào 명(军) 곡사포.

【曲突徙薪】qūtū-xǐxīn 성 1 굴뚝을 밖으로 굽혀 내고, 주위의 장작을 안전한 곳으로 옮기다. 2 예 사고를 미연에 방지하다. =【徙薪曲突 xǐxīn-qūtū】

【曲线】qūxiàn 명 1(数) 곡선. 2 (물리·화학·통계학 등에서) 매개 변수의 변화에 의한 곡선. 3 (주로 여자) 몸의 곡선. ¶女模特的身体~很美.=여자 모델의 몸 곡선이 매우 아름답다. 4 예 (간접적인) 방법. 수단. 대책. ¶~援助=간접적으로 원조하다. ↔直线

【曲线美】qūxiànměi 명 곡선미.

【曲意逢迎】qūyì-féngyíng 성 자신의 원래 뜻을 저버리고 남에게 영합하다.

【曲折】qūzhé 형 1 굽다. 구불구불하다. ¶~的林中小道=구불구불한 숲 속 오솔길. 2 곡절이 많다. ¶우여곡절. 복잡한 사정. ¶他早年经历了不少~.=그는 젊은 시절에 많은 우여곡절을 겪었다. ≒弯曲 波折 ↔笔直

【曲折语】qūzhéyǔ ☞【综合语】zōnghéyǔ

【曲直】qūzhí 명 1 곡직. 굽음과 곧음. ¶木有~,要各尽其用.=나무는 구부러진 것도 있고 굽은 것도 있으니 각각 그 쓰임새에 따라 활용해야 한다. 2 곡직. 옳고 그름. 시비. ¶不辨~=곡직을 분간 않다.

【曲种】qūzhǒng 명 술밑의 종류. ☞ qǔzhǒng

【曲轴】qūzhóu 명(机) 크랭크축.

*岖[嶇] qū 험할 구
☞【崎岖】qíqū

伹 qū 나라 이름 거
동존 몰아 내다. 쫓아 내다. 구축(驱逐)하다. 명 (Qū) 성(姓).

诎[詘] qū 굽힐 굴
형 언사가 어눌하다. 동존 1 굽다. 구부리다. 굽히다. 2 단속하다. 줄이다. 명 (Qū) 성(姓).

**驱[驅,駈·敺] qū 몰 구
동 1 (가축을) 몰다. 부리다. ¶~马疾驰=말을 몰아 쏜살같이 달리다. 2 쫓아 내다. 몰아 내다. ¶~蚊片=(네모난) 모기향. 3 빨리 달리다. ¶并驾齐~=나란히 앞으로 나아가다. 4 (차량 등을) 운전하다. 타다. ¶~车前往=차를 몰고 앞으로 나아가다. 5 강요하다. ¶受~迫而为=강요에 못 이겨 (억지로) 하다. 명 선봉. 선두. ¶先~=선구(자). ≒骋

○● 驰chí驱, 前驱, 先驱

【驱策】qūcè 동 1 휘몰다. 채찍으로 몰다. 2 예 부리다. 분부하다. 시키다. ¶无人可供~.=부릴 사람이 없다.

【驱车】qūchē 동 (자동차를) 몰다. 타다. ¶~赶

往目的地.=차를 몰아 목적지로 서둘러 가다.

【驱驰】qūchí 동 1 말에 채찍질을 가하며 질주하다. 2 예 부리다. 일을 시키다. 파견하다. ¶任凭~=마음대로 부려먹다.

【驱虫】qūchóng 동 (약으로 기생충·모기 등을) 구충하다. 살충하다.

【驱虫剂】qūchóngjì 명 (기생충용) 구충제. (모기·파리용) 살충제.

【驱除】qūchú 동 내쫓다. 없애다. 제거하다. ¶~杂念=잡념을 떨쳐 내다.

【驱动】qūdòng 동 1 시동을 걸다. 움직이게 하다. ¶~装置=시동 장치. 2 부리다. 추진하다. 촉진하다. ¶这件事是受利益所~的.=이 일은 이익 때문에 추진하는 것이다. 명 구동. ¶~软件=구동 소프트웨어.

【驱动器】qūdòngqì 명(컴) 디스크 드라이버 (disk driver). ¶硬盘~=하드디스크 드라이버 (hard disk driver).

【驱赶】qūgǎn 동 1 쫓아 내다. 내몰다. ¶~蚊蝇=모기와 파리를 쫓아 버리다. 2 몰다. ¶~马车=마차를 몰다. ≒驱逐

【驱寒】qūhán 동 추위를 쫓다. ¶喝酒~=술을 마셔서 추위를 쫓다.

【驱迫】qūpò 동 혹사하다. 핍박하다. ¶为他人所~,实不得已而为之.=다른 사람의 핍박에 못 이겨 부득이하게 하다.

【驱遣】qūqiǎn 동 1 존 쫓아 내다. 2 부리다. 부려먹다. ¶由人~=남에게 부림을 당하다. 3 없애다. 배제하다. ¶~烦恼=번뇌를 제거하다.

【驱散】qūsàn 동 1 몰아 내다. 쫓아 내다. ¶~牛群=소 떼를 몰다. 2 제거하다. 배제하다. ¶凉爽的海风~了心头的郁闷.=시원한 바닷바람이 마음속 답답함을 없애 주었다.

【驱使】qūshǐ 동 1 (강압적으로) 부려먹다. 혹사시키다. ¶不堪~=혹사를 견디지 못하다. 2 추진하다. 부추기다. 마음이 움직이다. ¶被私欲所~=사리사욕에 의해 마음이 동하다.

【驱邪】qūxié 동 (주문 등으로) 악귀를 쫓다.

【驱逐】qūzhú 동 몰아 내다. 쫓아 내다. ¶~出境=경계 밖으로 몰아 내다. ≒驱赶

【驱逐舰】qūzhújiàn 명(军) 구축함.

【驱走】qūzǒu 동 쫓다. 몰아 내다. ¶~苍蝇=파리를 쫓아 내다.

**屈 qū 굽을 굴
동 1 구부리다. 굽히다. ¶能~能伸=굽힐 수도 펼 수도 있다. 환경에 잘 적응하다. 2 예 원통하다. ¶蒙冤叫~=억울한 일을 당해 원통해하다. 3 굴복하다. 복종하다. ¶富贵不能淫,威武不能~.=부귀로도 그 마음을 미혹시킬 수 없고, 무력으로도 그 마음을 굴복시킬 수 없다. 4 이치에 어긋나다. 불합리하다. ¶理~词穷=이치에 어긋나고, 말문이 막히다. 조리가 없어 말문이 막히다. 명 (Qū) 성(姓). ↔伸 直

○● 抱屈, 不屈, 委屈, 冤yuān屈

【屈才】qū‖cái 동 재능을 충분히〔십분〕 발휘하

【屈从】qūcóng 〔动〕굴종하다. 굴복하다. ¶迫不得已而~=어쩔 수 없이 굴복하다. ≒屈服 ↔反抗
【屈打成招】qūdǎ-chéngzhāo 〔成〕무고한 사람에게 죄를 뒤집어씌우고 그 죄를 인정하도록 강요하다.
【屈服】[屈伏] qūfú 〔动〕굴복하다. ¶不得不~于压力=어쩔 수 없이 압력에 굴복하다. ≒屈从 ↔反抗 征服
【屈伏】qūfú ☞【屈服】qūfú
【屈光度】qūguāngdù 〔名〕(物) 굴절도. 굴절률. 디옵터(diopter).
【屈己】qūjǐ 〔动〕자신의 주장을 굽히다. ¶为人=남을 위해 자기의 주장을 굽히다.
【屈驾】qūjià 〔动〕〔敬〕삼가 왕림해 주시기 바랍니다. ¶~光临寒舍=누추한 저희 집을 방문해 주시기 바랍니다.
【屈节】qūjié 〔动〕 1 신분을 낮추다. ¶~事人=신분을 낮춰 다른 사람을 모시다. 2 절개를 굽히다. ¶~辱命=절개를 버리고 명령을 어기다.
【屈就】qūjiù 〔动〕 1 〔套〕(임무·직책 등을) 맡아 주십시오. ¶如肯~,实乃万幸。=맡아 주신다면 정말로 커다란 행운입니다. 2 옮겨 가다.
【屈居】qūjū 〔动〕억울하게 (낮은 지위에) 머무르다. ¶~人下=다른 사람 밑에서 참고 견디다.
【屈挠】qūnáo 〔动〕굴복하다. 순종하다. ¶宁死也不~。=죽을지언정 굴복하지 않다.
【屈曲】qūqū〔动〕굴곡. 〔形〕굴곡하다. 구부러지다.
【屈戌儿】qū·qur 〔名〕(주로 철·구리 등으로 만든 문·창문·궤짝 등의) 고리.
【屈辱】qūrǔ 〔动〕 굴욕. ¶感觉受到极大的~=엄청난 굴욕을 당한 느낌이다. ≒耻辱
【屈伸】qūshēn 〔动〕 1 굽혔다 폈다 하다. ¶胳膊已能~自如。=팔은 이미 자유자재로 굽혔다 폈다 할 수 있다. 2 나아가고 물러서다. 진급하고 좌천되다. ¶~不定=변화무상하다.
【屈身】qūshēn 〔动〕 몸을 굽히다. 자신을 낮추다. ¶~侍奉=자신을 낮춰 섬기다.
【屈死】qūsǐ 〔动〕원통하게 죽다. 무고한 죽임을 당하다.
【屈枉】qū·wang 〔形〕억울하게 하다. 원통하게 하다. 〔动〕억울하게 하다. 원통하게 하다. ¶千万不能~无辜=절대로 무고한 사람을 억울하게 해서는 안 된다.
【屈膝】qūxī 〔动〕 1 무릎을 꿇다. 2 〔비〕굴복하다. ¶卑躬~=비굴하게 굽실거리다.
【屈心】qūxīn 〔动〕양심에 꺼리다. 자신의 뜻을 굽히다. ¶~而为=자신의 뜻을 굽히고 행하다.
【屈原】Qū Yuán 〔名〕굴원(B.C. 340~B.C. 278년). [중국 전국 시대(戰國時代) 초(楚)나라의 시인으로《離騷(이소)》를 지었음]
【屈折语】qūzhéyǔ 〔综合语〕zōnghéyǔ
【屈指】qūzhǐ 〔动〕손가락을 꼽아 계산하다. ¶算来,出差已经三个星期了。=손을 꼽아 헤아려 보니 출장 간 지 이미 3주나 되었다.
【屈指可数】qūzhǐ-kěshǔ 〔成〕 1 손을 꼽을 셈할

【屈尊】qūzūn 〔动〕 1 〔套〕(타인에게 '존귀한 신분을 낮추어 …해 주세요.' 라는 의미로) 참고 억지로. ¶~来陋室一叙。=이 곳 누추한 곳에 오셔서 말씀이나 나누시지요. 2 억지로 참다. 참고 견디다. 자신을 낮추다. ¶~求教=자신을 낮춰 가르침을 구하다.

胠 qū 겨드랑이 거
〔名〕〔文〕옆구리. 〔动〕〔文〕옆에서부터 비틀어 열다.

祛 qū 떨쳐 버릴 거
〔动〕 제거하다. 물리치다. 없애다. ¶~病除痛=병을 없애고 고통을 제거하다.
【祛病延年】qūbìng yánnián 〔成〕병을 물리쳐 수명을 연장하다.
【祛除】qūchú 〔动〕 제거하다. 없애다. ¶~恐惧心理=공포 심리를 없애다.
【祛风】qūfēng 〔动〕(医) 풍한(風寒)을 없애다.
【祛热】qūrè 〔动〕(医) 신열(身熱)을 내리게 하다.
【祛暑】qūshǔ 〔动〕(医) 중서(中暑)를 치료하다.
【祛痰】qūtán 〔动〕(医) 거담하다. 가래를 없애다.
【祛疑】qūyí 〔动〕〔文〕 의혹을 불식시키다. (남의) 의심을 없애 버리다.
【祛瘀】qūyū ☞【化瘀】huàyū
【祛瘀活血】qūyū-huóxuè ☞【化瘀活血】huàyū-huóxuè
【祛瘀】qūyū ☞【化瘀】huàyū

袪 qū 소매 거
〔名〕 소맷부리. 메구(袪口). 〔动〕'祛(qū)'와 같음.

蛆 qū 구더기 저
〔名〕〔动〕구더기.
☞ jū
○● 船chuán蛆
【蛆虫】qūchóng 〔名〕 1 〔动〕구더기. 2 〔비〕나쁜 일만 일삼는 파렴치한 사람.

躯[軀] qū 몸 구
〔名〕몸. 신체. ¶高大的身~=크고 우람한 체구.
【躯干】qūgàn 〔名〕 1 몸통. 2 〔비〕(사물의) 주요 부분. ¶树的~=나무의 줄기.
【躯壳】qūqiào 〔名〕 (정신에 상대되는 말로) 육체. 육신. 몸뚱이.
【躯体】qūtǐ 〔名〕신체. 몸.

焌 qū 불사를 준
〔动〕 1 불붙은 물건을 물에 넣어 끄다. ¶把烟头~灭=담배 꽁초를 물에 넣어 불을 끄다. 2 불꽃이 없는 약한 불로(불에) 태우다(데다). ¶衣服被烟头~了一个窟窿。=담뱃불로 옷에 구멍을 하나 내고 말았다. 3 (요리 방법의 하나로) 달군 기름에 조미료를 넣고, 다시 채소를 넣어 신속하게 볶다. ¶~绿豆芽=숙주나물을 볶다.
☞ jùn

**趋[趨]** qū 달릴 추

[동] 1 빨리 걷다. ¶疾～而出＝빨리 달려나오다. 2 (일정한 방향으로) 나아가다. 향해 가다. ¶日～兴旺＝나날이 번창하는 추세이다. 3 빌붙다. 매달리다. ¶做人不能～炎附势。＝사람이라면 실력자에게 빌붙어 아부해서는 안 된다. 4 좇다. 추구하다. ¶～吉避凶＝길함을 추구하고 흉함을 피하다. [고어에서 '促(cù)'와 같음]

【趋避】 **qūbì** [동] 잽싸게 피해 도망하다. 교묘하게 피하다. ¶由于～及时，才没出意外。＝때맞춰 재빨리 피했기 때문에 뜻밖의 사고를 당하지 않았다.

【趋奉】 **qūfèng** [동] 영합하다. 아부하다. ¶～权势＝권세에 영합하다. ≒趋附 巴结 攀附

【趋附】 **qūfù** [동] 권력에 빌붙어 아부하다. ¶～权贵＝집권자에게 빌붙어 아부하다. ≒趋奉 巴结 攀附

【趋光】 **qūguāng** [동]《生》(곤충·물고기 따위가) 빛이 있는 곳을 향하다. (식물이) 빛이 있는 방향으로 자라나다.

【趋光性】 **qūguāngxìng** [명]《生》(곤충·어류·식물의) 주광성(走光性). 추광성(趨光性). ＝【慕光性】 **mùguāngxìng** 【向光性】 **xiàngguāngxìng**

【趋缓】 **qūhuǎn** [동] 완화하다. 풀어지다. ¶局势～＝국면이 완화되다.

【趋紧】 **qūjǐn** [동] (갈수록) 긴장되다. ¶资金～＝자금 사정이 갈수록 악화되다.

【趋冷】 **qūlěng** [동] 1 온도가 떨어지다. 2 [비] 냉각되다. 가라앉다. (어떤 사물의) 유행이 지나다. ¶两国关系～。＝양국 관계가 냉각되다. ↔趋热

【趋利避害】 **qūlì-bìhài** [성] 유리한 것만 좇고, 해로운 것은 피하다.

【趋热】 **qūrè** [동] 1 온도가 상승하다. 2 [비] (어떤 현상이) 가열되다. 홍성하다. (어떤 사물이) 유행하기 시작하다. ¶网络文艺～。＝사이버 문예가 유행하기 시작하다. ↔趋冷

【趋时】 **qūshí** [동] 풍조에 영합하다. 시대의 흐름에 맞추다. 유행을 따르다. ¶～之作＝시세(時勢)에 영합하는 작품.

【趋势】 **qūshì** [명] 추세. ¶改革的～令人乐观。＝개혁의 추세가 낙관적이다. ≒趋向

【趋势线】 **qūshìxiàn** [명]《經》증시(證市) 등락선. 주식 시황(市況) 그래프.

【趋同】 **qūtóng** [동] 한 유형으로 몰리다. ¶题材～和叙事的模式化是某些电影作品的误区。＝제재가 한 유형으로 몰리는 것과 서사의 고착화는 일부 영화 작품의 그릇된 부분이다.

【趋向】 **qūxiàng** [명] 추세. 경향. ¶经济发展的总～是前进的。＝경제 발전의 전체 추세는 전진적이다. [동] (어떤 방향으로) 발전하다. 나아가다. ¶公司经营形势～好转。＝회사 경영 상황이 호전 추세이다. ≒趋势

【趋向补语】 **qūxiàng bǔyǔ** [명]《言》방향 보어. [술어 뒤에 쓰여 동작·행위의 방향이나 일·상황의 진전·발전 등을 나타내는 문장 구성 성분으로, '走出来'·'发展起来' 등에서 '出来'·'起来' 등이 이에 해당함]

【趋性】 **qūxìng** [명]《生》주성(走性).

【趋炎附势】 **qūyán-fùshì** [성] 권력자에 빌붙어 아부하다. ≒攀龙附凤

【趋药性】 **qūyàoxìng** [명] 주화성(走化性). 추화성(趨化性).

【趋异】 **qūyì** [명]《生》변이(變異).

【趋于】 **qūyú** [동] …로 향하다. …로 기울어지다. ¶辩论～激烈。＝논쟁이 격렬해지다.

【趋之若鹜】 **qūzhī-ruòwù** [성] 1 (오리 떼처럼) 우르르 몰려가다. 떼지어 모여들다. 2 [비] (많은 사람들이) 옳지 않은 일에 다투어 달려들다.

**蛐** qū 지렁이 곡

아래를 참조.

【蛐蛐儿】 **qū·qur** [명][방] 귀뚜라미. ＝【蟋蟀】 **xīshuài**

【蛐蟮】 **qū·shàn** ☞【曲蟮】 **qū·shàn**

**觑[覷, 覰]** qū 엿볼 처

[동][구] 실눈을 뜨고 보다. ¶他～起眼仔细辨别。＝그는 실눈을 뜨고 자세히 판별하였다.

☞ **qù**

【觑觑眼】 **qūqūyǎn** [명][방] 근시안.

**黢** qū 검을 출

[형] 캄캄하다. 검다. ¶黑～～的夜晚＝캄캄한 밤.

【黢黑】 **qūhēi** [형] 매우 어둡다. 매우 검다. ¶摄影师在～的暗室里冲洗照片。＝사진사는 캄캄한 암실에서 사진을 현상한다.

**嚯** qū 호각 소리 구

[의] 1 호르륵. [호루라기 부는 소리] 2 찌르륵. [귀뚜라미 우는 소리]

**劬** qú 수고할 구

[형][문] 고생하다. 수고하다. 부지런히 일하다.

【劬劳】 **qúláo** [형][문] 피곤하다. 지치다.

**朐** qú 포 구

[명]《地》린취(临朐). [산둥(山东)성에 속한 현(縣)급 행정 구역]

**鸲[鴝]** qú 구관조 구

[명]《動》참새목에 속하는 새의 총칭.

【鸲鹆】[鸜鹆] **qúyù** ☞【八哥】 **bā·ge**

**渠[1]** qú 도랑 거

[형][문] 크다. [명] 1 인공 수로(水路). 도랑. ¶水～＝용수로. / 河～＝수로. 2 (Qú) 성(姓).

**渠[2][(佢)]** qú 도랑 거 / 그 거

[대] 그. 그 사람.

0● 斗dǒu渠, 干渠, 河渠, 毛渠, 支渠

【渠道】qúdào 〔名〕 **1** 관개 수로. **2** 경로. 방법. ¶销售~＝판매 경로. ≒途径
【渠灌】qúguàn 〔名〕〔農〕 용수로(用水路) 관개.
【渠魁】qúkuí 〔名〕〔貶〕 악당의 수령. 두목.
【渠水】qúshuǐ 〔名〕 용수(用水).

**蕖** qú 연꽃 거
☞ 【芙蕖】fúqú

**磲** qú 옥돌 거
☞ 【砗磲】chēqú

**璩** qú 옥고리 거
〔名〕〔文〕 **1** 옥고리. **2** (Qú) 성(姓).

**瞿** Qú 성씨 구
〔名〕 성(姓).
【瞿塘峡】Qútángxiá 〔名〕 취탕샤. [창장싼샤(长江三峡) 중의 한 협곡으로 충칭(重庆)시에 있음]

**鼩** qú 새앙쥐 구
【鼩鼱】qújīng 〔名〕〔動〕 뒤쥐.

**蘧** qú 풀 이름 거
〔形〕〔文〕 놀라고 기뻐하는 모양. 〔名〕 **1** 〔植〕 귀리. **2** (Qú) 성(姓).
【蘧麦】qúmài 〔名〕〔植〕 연맥. 귀리.
【蘧然】qúrán 〔形〕〔文〕 놀라고 기뻐하는 모습. 반색하는 모습.

**欋** qú 쇠스랑 구
〔名〕〔文〕 고대의 네 갈래 쇠스랑.

**氍** qú 모직물 구
【氍毹】qúshū 〔名〕〔文〕 **1** 모직 양탄자〔융단〕. **2** 무대(舞臺).

**籧** qú 대자리 거
【籧篨】qúchú 〔名〕〔文〕 (대나무·갈대로 짠 거친) 대자리. 거적.

**朧** qú 여윌 구
'癯(qú)'와 같음.

**鸜〔鴝〕** qú 구관조 구
【鸜鹆】qúyù ☞ 【鸲鹆】qúyù

**癯** qú 여윌 구
〔形〕〔文〕 여위다. 수척하다. ¶清~＝파리하게 여위다.

**蠷** qú 집게벌레 구
【蠷螋】〔蠼螋〕qúsōu 〔名〕〔動〕 집게벌레.

**衢** qú 네거리 구
〔名〕〔文〕 대로(大路). ¶通~＝사통팔달의 큰길.

**蠼** qú 집게벌레 구
【蠼螋】qúsōu ☞ 【蠷螋】qúsōu

**曲** qǔ 노래 곡
〔名〕 **1** (~儿)〔音〕 노래. 가곡. ¶清唱一~＝반주 없이 노래 한 곡을 부르다. **2**〔音〕 악보. 멜로디. ¶作~＝작곡하다. **3** 곡. [송원(宋元)대 운문(韻文) 형식의 일종]. ¶元~＝원곡. / 散~＝산곡.
☞ qū

○● 北曲, 插曲, 岔chà曲, 词曲, 度曲, 歌曲, 昆kūn曲, 南曲, 散曲, 套tào曲, 舞曲, 戏曲, 心曲, 序曲, 乐yuè曲, 组曲, 催眠cuīmián曲, 狂kuáng想曲, 牌子曲, 前奏zòu曲, 小夜曲, 协奏xiézòu曲, 圆舞曲, 奏zòu鸣曲

【曲本】qǔběn (~儿) 〔名〕 **1** 노래책. **2** 악보집.
【曲不离口】qǔbùlíkǒu 〈성〉 **1** 노래는 자주 불러야만 잘 부를 수 있다. **2**〈비〉 숙련되어야 비로소 기교가 생겨난다.
【曲调】qǔdiào 〔名〕 (희곡·노래의) 곡조. 가락. 멜로디. ≒旋律
【曲高和寡】qǔgāo-héguǎ 〈성〉 **1** 곡조가 수준이 높아서 따라 부를 수 있는 사람이 드물다. **2**〈비〉 (언변·예술 작품 등이) 너무 고상하여 이해하거나 감상할 수 있는 사람이 드물다.
【曲剧】qǔjù 〔名〕〔劇〕 **1** 곡극. [중화 인민 공화국 수립 이후 '曲艺(qǔyì)'에서 발전한 지방 희곡으로, '北京曲剧'·'河南曲剧'·'安徽曲子戏' 등이 있음] **2** 특히 '北京曲剧'을 가리킴.
【曲目】qǔmù 〔名〕 곡목. ¶精选~＝곡목을 세심하게 고르다.
【曲牌】qǔpái 〔名〕 곡조의 명칭. [예를 들어 '山坡羊(shānpōyáng)'·'滚绣球(gǔnxiùqiú)' 등]
【曲谱】qǔpǔ 〔名〕 **1** (희곡·노래의) 악보. **2** 곡보. [각종 곡조를 채집 분석한 책]
【曲坛】qǔtán 〔名〕 설창(說唱)계. ¶~新秀＝설창 예술계의 신예.
【曲艺】qǔyì 〔名〕 (지방 색채가 매우 강한) 각종 설창(說唱) 예술. [예를 들어, '弹词(táncí)'·'大鼓(dàgǔ)'·'快板儿(kuàibǎnr)' 등]
【曲终人散】qǔzhōng-rénsàn 〈성〉 **1** 곡이 끝나고 사람들이 흩어지다. **2**〈비〉 (시골벽적한) 일이 끝나고 평온해지다. 어떤 일이 끝나고 사람들이 각자 떠나가다.
【曲终奏雅】qǔzhōng-zòuyǎ 〈성〉 **1** 악곡 끝 부분에서 우아한 음악을 연주하다. **2** (예술 작품이나 글의) 마지막 부분이 매우 뛰어나다.
【曲种】qǔzhǒng 〔名〕 '曲艺(설창 문예)'의 종류.
☞ qūzhǒng
【曲子】qǔ·zi 〔名〕〔音〕 **1** 노래. 가곡. 악보. 멜로디. ¶随便听个~＝내키는 대로 노래를 듣다. **2** 곡. [송원(宋元)대, 운문 형식의 일종]

**苣** qǔ 상추 거
☞ jù
【苣荬菜】qǔ·mǎicài 〔名〕〔植〕 치코리. 꽃상추.

[영] endive

****取 qǔ 가질 취**

[동] **1** 가지다. 취하다. 찾다. ¶领～＝찾다. **2** 얻다. 받다. 받아들이다. ¶败中～胜＝형세상 불리한 싸움에서 승리를 얻다. **3** 불러일으키다. ¶自～其辱＝굴욕을 자초하다. **4** 고르다. 선발하다. ¶录～＝채용하다. 합격하다. / 听～＝청취하다. **5** (일정한 조건이나 근거에 의해) 행하다. ¶～决于事情的进展情况。＝일의 진전 상황에 따라 결정되다. ↔舍

⊶ 拔bá取, 备取, 博bó取, 采取, 夺duó取, 攻取, 换取, 获huò取, 汲jí取, 记取, 截jié取, 进取, 攫jué取, 考kǎo取, 猎liè取, 聆líng取, 领取, 掠lüè取, 谋取, 牟móu取, 剽piāo取, 弃qì取, 窃qiè取, 轻取, 摄shè取, 拾取, 收取, 索suǒ取, 提取, 听取, 妄wàng取, 吸取, 袭xí取, 选取, 榨zhà取, 争取, 正取, 支取

⊕ 取 qǔ
趣 qù
娶 qǔ
聚 jù
鲰 qū
郰 qǔ
陬 zōu
诹 zōu
最 zuì
蕞 zuì
撮 cuō
嘬 zuō

【取保】**qǔ‖bǎo** [동]《法》 보증인을 찾다〔세우다〕. ¶～获释＝보증인을 세워 석방되다.

【取保候审】**qǔbǎo hòushěn** [명]《法》 보석(保釋).

【取材】**qǔcái** [동] 자료〔제재〕를 고르다. ¶这部影片～于历史。＝이 영화는 역사에서 제재를 골랐다.

【取长补短】**qǔcháng-bǔduǎn** [성] 장점을 취하고 단점을 보완하다.

【取宠】**qǔchǒng** [동] (윗사람이나 대중의) 총애를 얻다. ¶哗众～＝말이나 행동으로 군중 심리에 영합하여 호감〔환심〕을 얻다.

【取代】**qǔdài** [동] **1** (다른 사람이나 사물로) 대체(代替)하다. ¶汽车～马。＝자동차가 말을 대체하다. **2**《化》 치환(置換)하다. ≒替代

【取道】**qǔdào** [동] 경유하다. ¶～首尔〔汉城〕, 前往美国。＝서울을 경유하여 미국으로 가다.

【取得】**qǔdé** [동] 취득하다. 얻다. ¶～好成绩＝좋은 성적을 거두다. ≒博得 得到 ↔舍弃

【取缔】**qǔdì** [동] (공개적으로) 금지〔취소〕를 명하다. ¶～毒品销售＝마약 판매를 금지하다.

【取而代之】**qǔ'érdàizhī** [성] 남의 권력과 지위를 빼앗고 그를 대신하다. 다른 것으로 대체하다.

【取法】**qǔfǎ** [동] 흉내내다. 모방하다. 본받다. 본보기로 하다. ¶～乎中, 仅得其下。＝중간 수준을 흉내내다가는 겨우 바닥 수준을 배우게 된다.

【取火】**qǔhuǒ** [동] 불씨를 얻다. 불로 비추다. ¶钻木～＝나무를 문질러 불씨를 얻다.

【取给】**qǔjǐ** [동] (…로부터) 공급받다. ¶～于内部节约＝내부의 절약으로부터 공급받다.

【取经】**qǔ‖jīng** [동] **1** 스님이 인도에 가서 불경(佛經)을 구해 오다. **2** [비] 외지(外地)로 나가 남의 좋은 경험을 배워 오다.

【取精用弘】[取精用宏] **qǔjīng-yònghóng** [성] 많은 자료에서 정수를 골라 취하다.

【取精用宏】**qǔjīng-yònghóng** ☞【取精用弘】**qǔjīng-yònghóng**

【取景】**qǔ‖jǐng** [동] (촬영·사생하기 위해) 풍경을 고르다. 배경을 고르다.

【取景框】**qǔjǐngkuàng** ☞【取景器】**qǔjǐngqì**

【取景器】**qǔjǐngqì** [명] (카메라의) 파인더. ＝【取景框】**qǔjǐngkuàng** [영] viewfinder

【取决】**qǔjué** [동] …에 달려 있다. [뒤에 주로 '于(yú)'가 붙음] ¶小说能否出版～于作品的质量。＝소설이 출판될 수 있는가의 여부는 작품의 수준에 달려 있다.

【取款】**qǔkuǎn** [동] 돈을 찾다. [주로 예금 인출을 가리킴]

【取乐】**qǔlè**(～儿) [동] 즐거움을 찾다. 즐기다. 놀다. 심심풀이로 하다. ¶别在老实人身上～。＝성실한 사람을 갖고 놀리지 마라. ≒作乐

【取名】**qǔ‖míng** [동] 이름을 짓다. 작명하다. ¶给孩子取个名＝아이에게 이름을 지어 주다.

【取闹】**qǔnào** [동] **1** 즐기다. 놀리다. ¶不要～身体有缺陷的人。＝신체 장애가 있는 사람을 놀리지 마라. **2** 소란을 피우다. 말썽부리다. 말다툼하다. ¶那纯粹是无理～!＝그건 순전히 이치에 안 닿게 소란만 피운 거야!

【取暖】**qǔnuǎn** [동] (몸에) 온기를 받다. 따뜻하게 하다. ¶开空调～＝온풍기를 틀어 따뜻하게 하다.

【取譬】**qǔpì** [동] 예를 들다. ¶～恰如其分。＝예가 참 적절하다.

【取齐】**qǔqí** [동] **1** 집합하다. 모두 모이다. ¶全班同学半小时后在汽车站～。＝반 친구들 모두 삼십 분 후에 버스 정류장에 모인다. **2** (수량·길이·높이를) 같게 하다. 맞추다. ¶墙的高度和这条线～。＝담의 높이를 이 선에 맞추어라.

【取其精华, 去其糟粕】**qǔ qí jīnghuá, qù qí zāopò** [성] 사물의 정수를 골라 취하고 찌꺼기는 버리다.

【取巧】**qǔ‖qiǎo** [동] 농간을 부리다. 요령을 피우다. 교묘한〔엉큼한〕 수단을 쓰다. 교활하게〔약삭빠르게〕 굴다. ¶投机～＝기회를 틈타〔교묘한 수단으로〕 사리사욕을 취하다. ≒偷巧

【取上】**qǔshàng** [동] 선발되다. 합격하다. ¶经过刻苦努力, 他终于被重点大学～。＝각고의 노력을 통해 그는 결국 일류 대학에 합격하였다.

【取舍】**qǔshě** [동] 취사선택하다. ¶如何～, 很难决断。＝어떤 것을 취하고 어떤 것을 버릴지 결단을 내리기가 무척 어렵다.

【取胜】**qǔshèng** [동] 승리하다. ¶最终～＝마침내 이기다.

【取向】**qǔxiàng** [명] 방향. 추세. ¶大众文化～＝대중 문화의 추세.

【取消】**qǔxiāo** [동] 취소하다. ¶～合同＝계약을 취소하다. ≒撤消 废除 破除

【取笑】**qǔxiào** [동] 비웃다. 놀리다. 농담하다. ¶无端地～＝까닭 없이 비웃다. ≒嘲笑 讥笑

【取信】**qǔxìn** [동] 남의 신임을 얻다. ¶～于民＝국민들에게 신임을 얻다.

【取信于民】**qǔxìnyúmín** [성] 민중들에게 신임

을 얻다.
【取样】qǔ‖yàng 통 표본을 추출하다. ¶~调查=표본 조사. ≒抽样
【取义成仁】qǔyì-chéngrén 성 숭고한 이상과 정의로운 일을 위해 목숨을 바치다.
【取悦】qǔyuè 통 (남을) 기쁘게 하다. 비위를 맞추다. ¶~上级=상급자의 환심을 사다. ≒讨好
【取证】qǔ‖zhèng 통 증거를 얻다. ¶审慎~=세밀하게 증거를 찾다.
【取之不尽, 用之不竭】qǔ zhī bù jìn, yòng zhī bù jié 성 매우 풍부하여 다 쓰지 못한다. 아무리 써도 없어지지 않는다. 무진장하다.
【取自】qǔzì 통 …에서 얻다〔취하다〕. ¶此物~深海。=이것은 깊은 바다에서 얻은 것이다.

*娶 qǔ 장가들 취
통 아내를 얻다. 장가들다. ¶婚丧嫁~=관혼상제(冠婚喪祭). ↔嫁

⊙ 迎娶

【娶亲】qǔ‖qīn 통㉠ 1 장가들다. 아내를 얻다. ¶~仪式=혼례 의식. 2 신부집으로 가서 신부를 맞이하다. ¶~途中=신부를 맞이하러 가는 도중.
【娶媳妇】qǔ xí·fu 통 1 장가들다. 아내를 얻다. 2 신부집으로 가서 신부를 맞이하다.

齲[齲] qǔ 충치 우
명 (醫) 충치.
【齲齒】qǔchǐ 명 (醫) 충치. =【蛀齒】zhùchǐ 낮【虫牙】chóngyá【蛀牙】zhùyá

**去 qù 갈 거
통 1 떠나다. ¶一~不回=한번 떠나더니 돌아오지 않는다. 2 ('来(오다)'와 상대되는 말로) 가다. ¶从上海~北京=상하이에서 베이징으로 가다. / 来~自由=오가는 것은 자유이다. 3 (거리·시간적으로) 서로 떨어지다. ¶两家相~甚远。=두 집은 서로 무척 멀리 떨어져 있다. 4 놓치다. 잃어버리다. ¶大势已~=대세가 이미 기울었다. 5 제거하다. 없애다. ¶掐头~尾=거두절미하다. 6 '죽다'를 완곡하게 이르는 말. ¶可惜, 年纪轻轻就~了。=정말 애석하군, 젊디젊은 사람이 벌써 죽다니! 7 (희곡 등의) 배역을 맡아 연기하다. ¶起用年轻演员~演主角。=젊은 배우를 기용하여 주연을 맡기다. 8 …해 보다. [동사 앞에 쓰여 어떤 일을 하겠다는 의지를 나타냄] ¶~看电影=영화를 보러 가다. 9 …하러 가다. [동사·동사구 뒤에 쓰여 어떤 일을 하러 감을 나타냄] ¶吃饭~了=밥 먹으러 갔다. 10 …로(서) …하다. [동사구나 개사구, 동사나 동사구 사이에 쓰여, 전자는 후자의 방법·방향·태도임을, 후자는 전자의 목적임을 나타냄] ¶从客观角度~解决问题。=객

⊙ 去 qù
袪 qū
却 què
劫 jié
怯 qiè
脚 jiǎo
丢 diū
法 fǎ
琺 fà
罢 bà
摆 bǎi

관적인 입장에서 문제를 해결하다. 형 지나간. 과거의. ¶~冬今春=지난겨울과 올 봄. 부영 매우. 무척. ['大(dà)'·'多(duō)'·'远(yuǎn)' 등의 형용사 뒤에 쓰이며 '了(·le)'를 수반함] ¶超市里的人多了~了。=슈퍼마켓에는 사람이 매우 많았다. 명 1 거성(去聲). ¶平上~入=평·상·거·입. 2 (Qù) 성(姓). ↔来 留 加 就

*去 ‖·qù 갈 거
통 1 동사 뒤에 쓰여, 동작의 계속을 나타냄. ¶随人说~=남이 말하는 대로 내버려 두다. 2 동사 뒤에 쓰여, 사람 또는 사물의 동작이 원래의 장소에서 떠나는 것을 나타냄. ¶把礼物带~=선물을 가지고 가다.

⊙ 出去, 故去, 过去, 回去, 进去, 上去, 失去, 下去

去(qù) / 走(zǒu) 가다
去: 어느 목적지를 향해 가는 것에 중점을 두며, '去' 뒤에는 장소를 나타내는 목적어가 쓰임. ¶我们去吧。=우리 갑시다. ['어떤 곳을 향해서 가다'에 의미를 둠] / 这次我们只去天津, 不去北京。=이번에 우리는 톈진에만 가고 베이징에는 가지 않는다.
走: 발이 앞으로 나아가는 것에 의미를 두며, '떠나다·걷다'의 뜻이 강함. '走' 뒤에는 장소를 나타내는 목적어가 올 수 없음. ¶我们走吧。=우리 갑시다. / 你什么时候走?=너 언제 가니? ['떠나다'에 의미를 둠] / 走大路。=큰길을 걷다. ['큰길에서 걷다'에 의미를 둠] / 手术后一个星期, 病人能下床自己走了。=수술 후 일주일이 지난 다음, 환자는 침대에서 내려와 혼자 걸을 수 있었다. / 我的钱包丢了, 只好走着回去。=내 지갑을 잃어버렸으니, 걸어서 돌아갈 수밖에 없다. / 马路上走着两个带帽子的女孩子。=길거리에 모자를 쓴 여자 아이 두 명이 걷고 있다.

【去病】qùbìng 통 병을 없애다. ¶吃药~=약을 먹고 병을 물리치다.
【去不成】qù·buchéng 통 (가려 해도) 갈 수 없다. ¶最近没有时间, 海边~。=최근에는 시간이 없어서 바닷가에 갈 수 없다.
【去不得】qù·bu·de 통 1 갈 수 없다. 가서는 안 된다. ¶深水区孩子~。=깊은 물에는 아이들이 가서는 안 된다. 2 없앨 수 없다. ¶这些都需要, ~。=이것들은 모두 필요한 것들이라 없애 버릴 수는 없다.
【去不掉】qù·budiào 통 제거할 수 없다. ¶这些节目~。=이 항목들은 없앨 수 없다.
【去不了】qù·buliǎo 통 (조건이 안 맞아) 갈 수 없다. ¶今天下雨, 泰山是~了。=오늘 비가 오니 등산은 갈 수 없겠다.
【去不起】qù·buqǐ 통 (경제 형편상) 갈 수 없다. ¶那家超市太贵了, ~。=그 슈퍼마켓은 너무 비싸 갈 수 없다.
【去成】qù‖chéng 통 (결과적으로 어느 곳에)

갔다. 갈 수 있었다. ¶他最终没～中国。＝그는 결국 중국에 가지 못했다.
【去除】 **qùchú** [동] 제거하다. 없애다. ¶～私心杂念＝사심과 잡념을 떨쳐 내다.
【去处】 **qùchù** [명] **1** 곳. 장소. ¶九寨沟是四季旅游的好～。＝주자이거우는 사계절 내내 여행하기에 좋은 곳이다. **2** 간 곳. 행방. 행선지. ¶他现在最可能的～是图书馆。＝그가 지금 간 곳이라면 분명 도서관일 것이다.
【去磁】 **qùcí** [동] (자기(磁氣) 물체가) 자성(磁性)을 잃다.
【去粗取精】 **qùcū-qǔjīng** [성] **1** 형편 없고 쓸모없는 것은 버리고 훌륭하고 유용한 것을 취하다. **2** [비] 학습과 인식에서 비판적이고 논증적인 태도를 취해야 한다.
【去掉】 **qù‖diào** [동] 없애 버리다. 빼 버리다. ¶～缺点，发扬优点。＝결점을 없애고 장점을 발양하다.
【去冬】 **qùdōng** [명] 작년 겨울.
【去恶务尽】 **qù'è-wùjìn** [성] 악을 제거하는 데에는 철저해야 한다. 나쁜 것은 철저하게 제거해야 한다.
【去官】 **qùguān** [동] 관직(官職)을 버리다. ¶～归隐＝벼슬을 버리고 물러나다.
【去国】 **qùguó** [동] (고향·고국을) 떠나다. ¶～思乡＝고국을 떠나 고향을 그리워하다.
【去火】 **qù‖huǒ** [동]《醫》 몸의 화기(火氣)를 없애다. ¶此药清热～。＝이 약은 열을 내리고 화기를 없애 준다.
【去疾】 **qùjí** [동] 질병을 없애다. 질병을 물리치다.
【去今】 **qùjīn** [동] 지금으로부터 (시간이) 경과하다. ¶～三十年，情况便大不一样了。＝지금으로부터 삼십 년이 지나면 상황은 무척 다르게 변할 것이다.
【去就】 **qùjiù** [동] (직무를) 맡거나 안 맡다. ¶～待定＝거취 결정을 기다리다. ≒去留
【去壳】 **qùké** [동] 껍데기를 벗기다. ¶吃核桃要先～。＝호두를 먹기 위해선 먼저 껍데기부터 벗겨야 한다.
【去留】 **qùliú** [동] 떠나거나 머물다. ¶～未定＝떠날 건지 머물 건지 아직 결정되지 않다. ≒去就
【去路】 **qùlù** [명] **1** (…로) 가는 길. ¶进城的～被洪冲断了。＝시내로 가는 길이 불어난 물에 끊겼다. **2** 진로. 앞길. ¶今后的～已明。＝앞으로의 진로가 이미 명확하다.
【去你的(吧)】 **qù nǐ·de(·ba)** [욕] (욕하는 말로) 꺼져 (버려)! 저리 가!
【去你妈的】 **qù nǐmā·de** [욕] (욕하는 말로) 꺼져 (버려)! 저리 가!
【去年】 **qùnián** [명] 작년.
【去皮】 **qùpí** [동] 표피(表皮)를 제거하다. 껍질을 벗기다. ¶吃菠萝要～。＝파인애플을 먹으려면 껍질을 벗겨야 한다.
【去去】 **qùqù** [동][문] 떠나다. 점점 멀어지다. ¶～不返＝떠난 후로 돌아오지 않다.
【去任】 **qù‖rèn** [동] (관리가) 퇴직하다. 사직하다. ¶他～已半年了。＝그가 퇴직한 지 이미 반년이 되었다.
【去日】 **qùrì** [명][문] 지난날. 지난 세월.
【去日苦多】 **qùrì kǔduō** [성] 지난 세월 고생이 많았다.
【去声】 **qùshēng** [명]《言》 거성. 제4성.
【去湿】 **qùshī** [동] 습기를 제거하다.
【去世】 **qùshì** [동] 돌아가다. 세상을 뜨다. ≒谢世 故世 ↔在世
【去势】 **qùshì** [동] 거세하다.
【去暑】 **qù‖shǔ** [동] 더위를 물리치다.
【去岁】 **qùsuì** [명][문] 작년. 지난해.
【去他的(吧)】 **qù tā·de(·ba)** [욕] (욕하는 말로) 꺼지라고 해! 꺼지게 놔 둬!
【去他妈的(吧)】 **qù tāmā·de(·ba)** [욕] (욕하는 말로) 꺼지라고 해! 꺼지게 놔 둬!
【去伪存真】 **qùwěi-cúnzhēn** [성] 거짓된 것은 버리고 진실된 것은 남기다.
【去污粉】 **qùwūfěn** [명] (분말형) 세제. 클렌저(cleanser).
【去芜存菁】 **qùwú-cúnjīng** [성] 불순한〔조잡한〕 것을 없애 버리고 정수만을 남겨 두다.
【去向】 **qùxiàng** [명] 행방. 간 곳〔방향〕. 가는 방향. ¶～难定＝갈 방향을 정하기가 어렵다.
【去雄】 **qùxióng** [명]《植》 제웅. 수술치기. 수꽃따기.
【去杂】 **qùzá** [동] 잡동사니를 제거하다. 이물질을 제거하다. ¶去粗～＝조잡한 것과 잡물을 제거하다.
【去职】 **qù‖zhí** [동] 사직하다. 사퇴하다. ¶离任～＝맡은 직책을 그만두다.

## 阒[闃] qù 고요할 격

[형][문] 고요하다. 조용하다. ¶～无声响＝아무런 소리도 나지 않다.
【阒然】 **qùrán** [형][문] 아무 소리도 들리지 않다. 매우 고요하다. 쥐 죽은 듯 고요하다. ¶夜晚的山村一片～。＝밤의 산촌은 쥐 죽은 듯 고요하다.

## **趣 qù 재미 취

[명] **1** (～儿) 재미. 흥미. 운치. ¶妙～横生＝미묘한 운치가 넘치다. **2** 지향. 홍취. 취향. 취지. ¶志～各异＝취향이 각자 다르다. [형] 재미있다. ¶逸闻～事＝알려지지 않은 재미있는 이야기. [고어에서 '促(cù)'와 같음]

○● 凑còu趣儿, 打趣, 逗dòu趣, 风趣, 乐lè趣, 没趣, 情趣, 生趣, 识趣, 天趣, 兴趣, 雅yǎ趣, 意趣, 幽yōu趣, 知趣, 志趣

【趣话】 **qùhuà** [명] 재미있는 이야기. ¶说段～解闷＝재미있는 얘기로 갑갑함을 풀다.
【趣事】 **qùshì** [명] 재미난 일. 우스운 일. ¶童年～＝어린 시절 재미있었던 일.
【趣谈】 **qùtán** [명] 재미있는 잡담. 농담. ¶刚才所说纯属～。＝방금 말한 것은 모두 농담이다.
【趣味】 **qùwèi** [명] **1** 재미. 흥미. 홍취. ¶作品～高雅。＝작품이 재미있고 고아하다. **2** 취미. 기호. ¶低级～＝저급한 취미.

【趣闻】qùwén 명 재미있는 소식. ¶市井~＝시정의 재미있는 소식.

## 觑[覷] qù 엿볼 처
동문 1 보다. ¶泪眼相~＝눈물을 글썽이며 서로 쳐다보다. 2 엿보다. 훔쳐보다. ¶~机而去＝기회를 엿보아 가 버리다.
☞ qū

【觑视】qùshì 동문 훔쳐보다. 엿보다. ¶~已久＝오랫동안 훔쳐보다.

## 戌 · qu 개 술
☞【屈戌儿】qū·qur
☞ xū

## quan

## 弮 quān 쇠뇌 환
명문 쇠뇌.

## 悛 quān 고칠 전
동문 회개(悔改)하다. ¶怙恶不~＝잘못을 저지르고도 뉘우치지 않다.

## **圈 quān 우리 권 / 동그라미 권
명 1 (~儿) 고리. 환. 테. ¶项~＝목걸이. / 围操场走一~＝운동장 둘레를 한 바퀴 걷다. 2 범위. 구역. ¶电影~里的人＝영화계의 사람. 3 주위. 둘레. 주변. ¶包围~＝주변을 포위하다.
동 1 동그라미를 그리다. 동그라미를 치다. 원을 그리다. ¶把要删去的文字用笔一~起来＝삭제할 글자에 연필로 동그라미를 치다. 2 테두리를 두르다. 둘러싸다. ¶用栏杆把草坪一~下＝울타리로 잔디밭을 둘러싸다.
☞ juān, juàn

○▶ 垫diàn圈, 风圈, 光圈, 花圈, 极圈, 罗luó圈, 瓦wǎ圈, 线xiàn圈, 项xiàng圈, 眼圈, 圆圈, 小圈子

【圈操】quāncāo 명(体) (리듬체조의 한 종목인) 후프(hoop) 연기.
【圈地】quāndì 동 토지 구획을 하다. 토지를 경계지어 가르다. ¶依法~＝법에 의거하여 토지 구획을 하다.
【圈点】quāndiǎn 동 (뛰어나거나 중요한 부분에) 방점을 찍다. 권점을 찍다.
【圈定】quāndìng 동 (선발 인원·범위 등을) 동그라미를 쳐서 확정하다.
【圈拢】quān·long 동문 1 끌어들이다. ¶他犯事肯定是因受人~。＝그가 죄를 저지른 건 분명다른 사람이 끌어들였기 때문일 것이다. 2 단결하다. 모이다. ¶要~目标一致的人。＝목표가 같은 사람들을 결속시켜야 한다.
【圈内】quānnèi 명 1 같은 테두리 내. 2문 (단체나 활동의) 범위 안. ¶~名人＝범위[분야] 내

의 유명 인사.
【圈批】quānpī 동 (결정권자가 문서상에 동그라미를 쳐서) 열람했거나 허가함을 표시하다.
【圈圈】quānquān 명 1 동그라미. 원. 2문 제한적 범위. ¶视野不能局限于小~里。＝시야를 작은 범위 안에 국한하여서는 안 된다.
【圈套】quāntào 명 올가미. 계략. ¶误入~＝올가미에 잘못 걸려들다. ≒骗局 陷阱
【圈选】quānxuǎn 동 1 (후보자의 명단에서) 선발 예정자의 이름에 동그라미를 치다. 2 (비축물 목록에서) 필요한 항목에 동그라미를 치다.
【圈椅】quānyǐ 명 등받이와 팔걸이가 연결된 반원형 의자.
【圈阅】quānyuè 동 (책임자가 문서의 자기 이름 위에 동그라미를 쳐서) 이미 검토했음을 표시하다.
【圈占】quānzhàn 동 경계선을 긋고 점거하다. ¶~土地＝땅 경계선을 긋고 점거하다.
【圈子】quān·zi 명 1 동그라미. 원형의 물건. ¶在球场上转~跑＝구장에서 한 바퀴 뛰어 돌다. 2문 범위. 테두리. ¶朋友~＝친구들 사이. 3 격식. 틀. ¶创作要突破前人的~。＝창작은 앞사람들의 격식을 뛰어넘어야 한다.

## 棬 quān 나무 그릇 권
명문 (마시는 데 쓰는) 나무 그릇.

## 鄿 quān 마을 이름 각
지명에 쓰이는 글자. ¶毕家~＝비자취안. [허베이(河北)성에 있음] / 大王~＝다왕취안. [톈진(天津)에 있음]

## **权[權] quán 저울추 권
명 1 (문) 권. 저울추. 2 권리. ¶署名~＝서명권. / 选举~＝선거권. 3 권력. ¶生杀大~＝타인을 죽이거나 살릴 수 있는 절대 권력. 생살여탈권. 4 유리한 형세. ¶制海~＝제해권. 5 위세. 권세. ¶豪门~贵＝권문 세가. 6 (Quán) 성(姓). 문 잠시. 우선. 당분간. 한동안. ¶死马~当活马医。＝가망이 없어도 끝까지 노력하다. 동 1 (문) 재다. 따져 보다. 짐작하다. ¶~其利弊＝이로움과 폐단을 따져 보다. 2 임기응변하다. 단기 대처하다. ¶通~达变＝상황에 따라 신속하게 대처하다.

○▶ 霸bà权, 版bǎn权, 兵权, 财权, 产权, 从权, 大权, 地权, 佃diàn权, 法权, 夫权, 皇huáng权, 集权, 军权, 君jūn权, 利权, 民权, 拿权, 弄nòng权, 平权, 弃qì权, 强qiáng权, 全quán权, 神权, 实权, 事权, 受权, 授权, 特权, 威wēi权, 越权, 债zhài权, 掌权, 政权, 职权, 主权, 专zhuān权, 族zú权

【权变】quánbiàn 동 임기응변하다.
【权柄】quánbǐng 명 권력.
【权臣】quánchén 명 권신. ¶~误国＝권신들이 나라를 망치다.
【权充】quánchōng 동 임시로 충당하다. ¶~

行家 = 전문가를 모시다.
【权重】quánchóng ☞ 【加权】jiāquán
【权当】quándāng 동 임시로 사용하다. ¶盆子~锅来用. = 대야를 솥으로 임시 사용하다.
【权贵】quánguì 명 실력자. 집권자. 세도가. 권세와 지위가 높은 사람.
【权衡】quánhéng 명 저울추와 저울대. 동예 비교하다. 따지다. 재다. ¶~得失 = 득과 실을 따져 보다.
【权奸】quánjiān 명예 간악한 관리. ¶~当道 = 간신이 정권을 휘두르다.
【权力】quánlì 명 1 (정치적) 권력. ¶国家~ = 국가 권력. 2 권한. ¶行使经理的~. = 지배인의 권한을 행사하다. ↔责任
【权利】quánlì 명(法) 권리. ↔义务
【权利能力】quánlì nénglì 명(法) 권리 능력 (權利能力).
【权略】quánlüè 명 권모술수. 임기응변의 계략.
【权门】quánmén 명 권문 세가(權門勢家).
【权谋】quánmóu 명 임기응변의 계략.
【权能】quánnéng 명 권한과 역할.
【权且】quánqiě 부 잠시. 우선. 당분간. ¶~住下, 再作打算. = (아쉬운 대로) 우선 머물며 다시 생각해 보자.
【权时】quánshí 동예 상황(形勢)을 따져 보다. ¶~度势 = 상황을 따져 보고 고려하다. 부 잠시. ¶~如此 = 우선 이렇게 하다.
【权势】quánshì 명 권세. ¶贪求~ = 권세를 탐하다. ≒势力
【权术】quánshù 명예 권모술수. 수단. ¶玩弄~ = 권모술수를 부리다.
【权数】quánshù 명 임기응변의 기지(機智).
【权威】quánwēi 명 권위. 권위자. 권위 있는 사람. ¶学界~ = 학계의 권위자. 형 권위 있다. ¶~论著 = 권위 있는 논저.
【权威性】quánwēixìng 명 권위성. [사람들로 하여금 믿고 따르게 하고 대중에게 영향을 미치는 성질]
【权位】quánwèi 명 권력과 지위. ¶不计~高低 = 권력과 지위의 높고 낮음을 따지지 않다.
【权限】quánxiàn 명 권한. ¶经营~ = 경영 권한. 경영권.
【权要】quányào 명예 집권자. 세도가. 실력자.
【权宜】quányí 동 임시변통하다. 일시적으로 조치하다. 임기응변으로 처리하다.
【权宜之计】quányízhījì 성 임시변통의 계책. 일시적인 대책.
【权益】quányì 명 권익. ¶法定~ = 법정 권익.
【权舆】quányú 동예 싹이 나다. 명예 (사물의) 시작.
【权欲】quányù 명 권력욕. 권세욕.
【权责】quánzé 명 권한과 책임. ¶明确~ = 권한과 책임을 명확히 하다.
【权责利】quán-zé-lì 명 권력·직책·이익을 일컫는 말.
【权诈】quánzhà 형예 궤사(詭詐)하다. 간사하다.
【权杖】quánzhàng 명 (정치가·종교 지도자들이

손에 드는) 권력을 상징하는 지팡이 [지휘봉·홀장(笏杖)].
【权族】quánzú 명 권문 세족(權門勢族).

**全** quán 모두 전

형 1 온. 전. 전부의. 전체의. ¶~人类 = 전 인류. / ~中国 = 중국. 2 모두 갖추다. 완비하다. ¶残缺不~ = 완전히 갖추어져 있지 않다. / 一应俱~ = 모두 갖추어져 있다. 부 모두. 완전히. ¶面目~非 = 전혀 딴 모습으로 바뀌다. / ~到齐了 = 모두 다 도착했다. 동 보전(保全)하다. 완전무결하게 하다. ¶两~其美 = 쌍방이 모두 좋게 하다. 명 (Quán) 성(姓). ≒都 备 ↔缺

➡ 全 quán
痊 quán
醛 quán
铨 quán
筌 quán
诠 quán
辁 quán
荃 quán
栓 shuān
拴 shuān

●○ 安全, 保全, 成全, 苟gǒu全, 顾全, 健全, 两全, 齐全, 求全, 十全, 双全, 瓦wǎ全, 完全, 万全, 圆yuán全, 周全

【全班】quánbān 명 학급 전체. 반 전체. ¶~同学 = 반 친구 모두.
【全般】quánbān 형 전반적이다. 전면적이다. ¶~布局 = 전반적 구성.
【全豹】quánbào 명예 전모(全貌). 전부. 전체. ¶窥一斑而知~. = 작은 것 하나만 보아도 전모를 알 수 있다.
【全备】quánbèi 형 완비되다.
【全本】quánběn 명 1 (누락되거나 삭제된 것이 없는) 완전한 판본. 완질본. 전질. 2 (~儿) (연극의) 전편(全篇) 공연. (한 연극의) 완전한 각본.
【全波】quánbō 명(電) 올 웨이브(all wave). 전파(全波).
【全部】quánbù 명 전부의. 전체의. 모두의. 전반의. ¶~利润 = 전체 이윤. 명 전부. 전체. 모두. ¶这只是局部, 不是事情的~. = 이것은 부분일 뿐이지 일의 전부가 아니다. ≒全副 完全 ↔部分 局部
【全才】quáncái 명 만능인. 팔방미인. ¶音乐~ = 음악에서의 만능인.
【全长】quáncháng 명 전체 길이. ¶这条高速公路~320公里. = 이 고속 도로의 전체 길이는 320km이다.
【全场】quánchǎng 명 1 공연장[운동장·용지·마당·그라운드(ground)·공터·회의장·극장·장소]. 전체. ¶~一片狼藉 = 온 운동장이 어질러져 있다. / ~寂静 = 회의장 전체가 조용하다. 2 (참석한) 전원. 모든 사람. ¶~起立 = 참석자 전원이 기립하다.
【全称】quánchēng 명 (기관·단체 등의) 정식 명칭. ¶中国的~是中华人民共和国. = 중국의 정식 명칭은 중화 인민 공화국이다. ↔简称
【全城】quánchéng 명 도시 전체.
【全程】quánchéng 명 1 전체 노정(路程). 전 행정. 전 코스. ¶坚持跑完~ = 전 코스를 끝까지 완주하다. 2 전(체) 과정. ¶~参与 = 전 과정에

참여하다.
【全等】quánděng 혭 모두 같다.
【全等形】quánděngxíng 圀(數) 합동형. 옝 congruent figures
【全都】quándōu 图 전부. 모두. ¶有关人员~出发了。= 관계자들이 모두 출발했다.
【全额】quán'é 圀 전액. ¶~年终奖 = 연말 전액 보너스.
【全耳毛兔】quán'ěrmáotù ☞【安哥拉兔】āngēlātù
【全反射】quánfǎnshè 圀(物) 전반사(全反射). 옝 total reflection
【全方位】quánfāngwèi 圀 1 모든 방향[위치]. 사면팔방. 전방위. 2(비) (사물의) 각 방면. ¶~的经济改革 = 전방위적인 경제 개혁.
【全份】quánfèn(~儿) 圀 완전한 한 벌.
【全副】quánfù 혭 모두의. 모두 갖춰진. 모든 것의. ¶~精力 = 모든 정력. 늑全部 完全
【全观】quánguān 통 전면적으로 관찰하다. ¶~经济发展状况, 势头良好。= 경제 발전 상황을 전면적으로 관찰해 보니 상황이 양호하였다.
【全国】quánguó 圀 전국. 나라 전체.
【全国妇联】Quánguó fùlián ☞【妇联】fùlián
【全国人大】Quánguó Réndà ☞【全国人民代表大会】Quánguó Rénmín Dàibiǎo Dàhuì
【全国人民代表大会】Quánguó Rénmín Dàibiǎo Dàhuì 圀 전국 인민 대표 대회. [중국의 최고 국가 권력 기관으로, 각 성(省)·자치구(自治區)·직할시(直轄市)에서 선출한 대표로 구성되며 5년의 임기를 가짐] 옝【全国人大】Quánguó Réndà
【全国自动报价系统】quánguó zìdòng bàojià xìtǒng 圀 전국 자동 견적 시스템. [전산 네트워크를 매개로 전국의 여러 큰 거래소를 연결하여 증권 등 유가 증권의 장외 교역에 정보 등을 제공하는 종합 서비스 시스템. 예를 들어 미국의 나스닥(NASDAQ) 시스템 등]
【全国一盘棋】quánguó yīpánqí 옝 전국이 통일적으로 움직이다. [온 나라의 다양한 일들을 일괄적으로 계획하고 부서를 통일하여, 전국을 한 범위로 일을 처리하는 것]
【全乎】quán·hu(~儿) 혭〔口〕완비되어 있다. 모두 갖춰져 있다. ¶那家超市的东西最~。= 그 슈퍼마켓의 물건이 제일 완전하게 갖춰져 있다.
【全会】quánhuì 圀 전체 회의.
【全集】quánjí 圀 전집. ¶《鲁迅~》=《루쉰 전집》
【全家福】quánjiāfú 圀 1 가족 사진. 2 요리의 하나. [잔치 음식으로 집안의 평안을 상징함]
【全价】quánjià 圀 (상품의) 정가.
【全歼】quánjiān 통 완전 섬멸하다.
【全景】quánjǐng 圀 1 전경. 전체 경치. ¶鸟瞰城市~ = 도시 전 전경을 조감하다. 2(映) 전경. [영화에서 사람의 전신이나 배경 전부를 화면 가득히 집어넣은 장면]

【全景电影】quánjǐng diànyǐng 圀(映) 시네라마(cinerama). [특수 영사기 석 대를 동시에 가동하여 화면의 뛰어난 입체감을 살림과 동시에 6본(本) 사운드 트랙으로 완전한 입체 음향을 재현시킨 대형 영화] =【球幕电影】qiúmù diànyǐng
【全景摄影】quánjǐng shèyǐng 圀 파노라마 사진. 옝 panoramic photography
【全境】quánjìng 圀 지역 전체. ¶欧洲~ = 유럽 지역 전체.
【全局】quánjú 圀 전체 국면. 대세. 전체적인 관국. ¶从~出发 = 대세에서 출발하다. ↔局部
【全局性】quánjúxìng 圀 전체 국면에 관련된 성질. ¶不会出现~粮食短缺。= 전체 국면에 영향을 미칠 정도의 식량 부족 현상은 나타나지 않을 것이다.
【全军覆没】quánjūn-fùmò 옝 1 군대가 전멸하다. 2(비) 일이 완전히 실패하다.
【全开】quánkāi 圀(印) 전지(全紙). 전장(全張). 온장.
【全靠】quánkào 통 완전히 의지하다.
【全科医师】quánkē yīshī 圀(醫) 일반의. 가정 의학과 전문의.
【全劳(动)力】quánláo(dòng)lì 圀 1 체력이 강해 어떤 산업이라도 종사할 수 있는 사람. 2 전체 노동력.
【全力】quánlì 圀 온 힘. 전력. ¶竭尽~ = 온 힘을 다 기울이다.
【全力以赴】quánlìyǐfù 옝 (어떤 일에) 전력 투구하다. 최선을 다하다.
【全麻】quánmá 圀(醫) 전신마취(전신 마취).
【全貌】quánmào 圀 전모. ¶我们难以了解事情的~。= 우리는 일의 전모를 이해하기가 어려웠다.
【全面】quánmiàn 圀 전면. 전반. 전체. ¶经理抓~, 副经理各有分工。= 사장은 전반을 파악하고, 부사장은 각각 분담하여 맡는다. 혭 전면적이다. 전반적이다. ¶~铺开 = 전면적으로 전개하다. ↔片面
【全苗】quánmiáo 圀(農) (작물) 모종의 완전 발아[성장].
【全民】quánmín 圀 전체 국민.
【全民公决】quánmín-gōngjué 옝 국민 투표로 국가 중대사를 결정하다.
【全民所有制】quánmín suǒyǒuzhì 圀(經) 전 국민 소유제. [생산 수단이 전체 국민에 의해 지배되는 경제 형식]
【全名】quánmíng 圀 전체 성명[명칭]. ¶北大的~是北京大学。= 북대의 전체 명칭은 북경대학이다.
【全能】quánnéng 혭 전능의. 만능의. ¶十项~比赛 = 10종 경기.
【全能运动】quánnéng yùndòng 圀(體) 10종 경기. 옝 decathlon
【全年】quánnián 圀 한 해 전체.
【全盘】quánpán 圀 전체. 전부. 전면. ¶~肯定 = 전반적으로 긍정하다[인정하다].

【全盘黑】 quánpánhēi 명《經》 모든 주가(株價)가 하락하는 현상.

【全陪】 quánpéi 통 (모든 일정을) 수행(隨行)하다. ¶对经济考察团,有关人员要~。=관계자들은 경제 시찰단의 모든 일정을 수행해야 한다.

【全篇】 quánpiān 명 (글이나 작품의) 전편. 한 편 전체. ¶通读本书~=이 책 전체를 통독하다.

【全票】 quánpiào 명 1 (투표에서의) 만장일치. ¶~通过=만장일치로 통과하다. 2 일반표. [할인되지 않은 입장권·차표·배표 등]

【全凭】 quánpíng 모두 …에 의거〔의지〕하다. 전적으로 의거하다.

【全勤】 quánqín 명 1 (개인적인) 개근(皆勤). ¶他这个月出~。=그는 이번 달 개근이다. 2 (전체적인) 개근. ¶一班同学今天~。=한 반 학생들이 오늘 모두 출석했다. ≒满勤 ↔缺勤

【全球】 quánqiú 명 전세계(全世界). 지구 전체. 온 세상.

【全球变暖】 quánqiú biànnuǎn 명《氣》 지구 온난화(地球溫暖化).

【全球定位系统】 quánqiú dìngwèi xìtǒng 명 위성 항법 장치. ⓔ global positioning system (GPS)

【全球性】 quánqiúxìng 형 전세계적. ¶~的体育盛会=전세계적인 체육 잔치.

【全权】 quánquán 명 전권. ¶~代理=전권 위임자.

【全权大使】 quánquán dàshǐ 명 전권 대사.

【全权代表】 quánquán dàibiǎo 명 1 전권 위원. 전권 대표. [전권을 위임받아 타국·국제 조직·국제 회의에 파견되는 대표] 2 (어떤 일에 대해) 전권을 가진 대표.

【全权证书】 quánquán zhèngshū 명 전권 위임장.

【全然】 quánrán 부 전혀. 완전히. ¶~不知=전혀 모르다.

【全日】 quánrì 명 하루 전체. 하루 온종일.

【全日制】 quánrìzhì 명《教》 전일제.

【全色】 quánsè 형 전정색(全整色)의. 전색의. ¶~盲=전색맹.

【全色片】 quánsèpiàn 명《映》 전정색(全整色) 필름. ⓔ panchromatic film

【全身】 quánshēn 명 전신. 온몸. ¶~酸麻=전신 마비. 동 몸을 온전히 하다. 몸을 보전하다. 몸의 안전을 유지하다. 자신을 보호하다. ¶远祸~=해로운 것을 멀리하여 자신을 보호하다.

【全身像】 quánshēnxiàng 명 전신상.

【全身心】 quánshēnxīn 부 몸과 마음을 다해. ¶~地投入学习。=몸과 마음을 다해 공부에 몰입하다.

【全神贯注】 quánshén-guànzhù ⓢ 온 정신을 집중시키다. ≒聚精会神

【全胜】 quánshèng 확실하게 이기다. 완승(完勝)하다. ¶甲队三战~。=갑팀이 세 번 모두 완승했다. 图 완승(完勝). ¶大获~=완승을 거두다.

【全盛】 quánshèng 형 매우 흥성〔강성〕하다. ¶词在宋朝达到~。=사는 송대에 극성하였다. ≒鼎盛

【全食】 quánshí 명《天》 개기식(皆既食). ['日全食(개기 일식)'와 '月全食(개기 월식)'가 있음]

【全始全终】 quánshǐ-quánzhōng 솅 시종일관하다.

【全数】 quánshù 명 전액. 전원. 총수. 전부. ¶~完好=전부 완전하다.

【全速】 quánsù 명 전속력. ¶~行驶=전속력으로 몰다.

【全塑】 quánsù 형 100% 플라스틱의. ¶~产品=100% 플라스틱 제품.

【全损】 quánsǔn 명 (보험에서의) 전손.

【全套】 quántào 명 (완전한) 한 세트. 한 질. 한 벌. 풀 세트. ¶~书籍=완전한 책 한 질.

【全体】 quántǐ 명 1 전신. 온몸. 2 전체. ¶~职员=전 직원. ↔部分

全体(quántǐ) / 全部(quánbù) / 所有(suǒyǒu)
모두, 다

全体 : 인원의 총수를 가리키고, 사물에는 쓰이지 않음. 명사를 수식하거나 단독으로 사용함. ¶全体运动员都到齐了。=전체 운동 선수들이 모두 모였다. / 全体同学希望见到他们尊敬的老师。=전체 학생들은 모두 그들이 존경하는 선생님을 보기를 원했다. / 全体人民=전체 인민. / 全体学生=전체 학생. / 全体起立!=전체 일어섯! / 全体出席=전체 출석하다.

全部 : 주로 사물의 전체·전부를 가리킴. 명사나 동사를 수식함. ¶考试全部结束了。=시험이 전부 끝났다. / 这篇文章代表了他的全部观点。=이 문장은 그의 관점 전부를 대표했다. / 问题已经全部解决了。=문제는 이미 전부 해결되었다.

所有 : 집합적 의미가 없는 사물이나 사람 모두를 가리킴. 명사만을 수식하고, 중간에 '的'를 사용하기도 함. ¶我把所有的脏衣服都洗了。=나는 더러운 옷들을 모두 빨았다. / 所有的人都来了。=모든 사람들이 왔다. / 所有问题都解决了。=모든 문제가 해결되었다.

【全体会议】 quántǐ huìyì 명 전체 회의.

【全天候】 quántiānhòu 형 1 전천후의. ¶~战斗机=전천후 전투기. 2 (서비스 부서의) 24시간 연중 무휴의. ¶~服务=전천후 서비스.

【全托】 quántuō 명 전탁. ↔半托

【全维作战】 quánwéi zuòzhàn 명《軍》 (육상·해상·공중) 전방위 작전.

【全文】 quánwén 명 전문. 문장 전체. ¶~发表=전문 발표.

【全无】 quánwú 형 완전히 없다. 전무하다. ¶~希望=희망이라고는 전혀 없다.

【全武行】 quánwǔháng 명 1 《劇》 (중국 전통극에서) 규모가 비교적 큰 격투. 2 비 패싸움. 난투극.

【全息】quánxī 몡 모든 이자. ¶~还贷＝(보조·우대 없이) 모든 이자를 내야 하는 융자 방식. 혱 홀로그래픽(holographic). ¶~电影＝홀로그래픽 영화(holographic movie). / ~摄影＝홀로그래피(holography). / ~图＝홀로그램(hologram).

【全息技术】quánxī jìshù 몡(物) 홀로그래피 (holography).

【全息照相】quánxī zhàoxiàng 몡 홀로그램 (hologram). ¶~存储器＝홀로그래픽 메모리 (holographic memory).

【全席】quánxí 1 (풀 코스(full course)의 음식이 나오는) 정식. 정찬. 2 연회석에 참석한 모든 사람.

【全线】quánxiàn 몡 1 전 노선(路線). 전 구간. ¶~完工＝전 노선이 완공되다. 2 (軍) 모든 전선. 전선(戰線) 전체. ¶~反击＝모든 전선에서 반격하다.

【全心全意】quánxīn-quányì 성 성심성의(誠心誠意). 전심전력(全心全力).

【全新】quánxīn 혱 참신하다. 면모를 일신하다. 아주 새롭다. ¶~的布局＝참신한 구성.

【全休】quánxiū 통 (질병 등으로 일정 기간 동안) 쉬다.

【全音】quányīn 몡(音) 온음. 전음. 옝 whole tone

【全优】quányōu 혱 1 모든 면에서 우수하다. ¶~产品＝우수 상품. 2 품성·지혜·신체·예술 등의 각 방면에서 뛰어나다. 모든 과목이 우수하다. ¶他各门功课~。＝그는 전 과목이 모두 우수하다.

【全员】quányuán 몡 전원. 모든 사람.

【全运会】quányùnhuì 몡약 全国运动会(전국체전).

【全责】quánzé 몡 모든 책임.

【全仗】quánzhàng 통 모두 의지하다. ¶能度过难关, ~朋友帮忙。＝난관을 극복할 수 있었던 건 모두 친구의 도움 덕택이다.

【全真】quánzhēn 몡(宗) 1 (도교(道教)의 주요한 일파인) '全真教(quánzhēnjiào)'. 2 전진교의 도사(道士).

【全知全能】quánzhī-quánnéng 성 모든 것을 알고 모든 것에 능하다. 전지전능하다.

【全职】quánzhí 혱 전담하다. ¶~人员＝전담 요원. ↔兼职

【全传】quánzhuàn 몡 1 (내용을 삭제하지 않은) 완본 장회소설(章回小說). ¶《水浒~》=《수호전 완본》. 2 (일반 전기보다 상세한) 전기(傳記).

【全自动】quánzìdòng 몡 전자동인. ¶~洗衣机＝전자동 세탁기.

## 佺 quán 신선 이름 전
☞【偓佺】Wòquán

## 诠[詮] quán 설명할 전
몡약 사리(事理). 진리(眞理). ¶真~＝참뜻.
통약 설명하다. 해석하다. ¶~解＝설명하다.

【诠次】quáncì 몡 차례. 순서. 조리. 짜임새. ¶语无~＝말에 조리가 없다. 통약 배열하다. 차례를 정하다.

【诠释】quánshì 몡통 해석(하다). 설명(하다). 전석(하다).

【诠注】quánzhù 몡 주해. 통 주석을 달아 설명하다. 주해(註解)하다. ¶~经书＝경서를 주해(註解)하다.

## 荃 quán 창포 전
몡약(植) 창포(菖蒲).

## 泉 quán 샘 천
몡 1 샘. 샘물. 2 温~＝온천. / 泪如~涌＝눈물이 샘솟듯 흐르다. 2 샘구멍. 3 지하. 땅 속. ¶九~之下＝구천지하. 4 고대에 화폐를 이르는 말. ¶~币＝돈. 5 (Quán) 성(姓).

○● 飞泉, 沸fèi泉, 黄泉, 九泉, 冷泉, 喷pēn泉, 汤泉, 盐泉, 源泉, 硫磺liúhuáng泉

【泉流】quánliú 몡 샘의 흐름. 샘줄기.

【泉水】quánshuǐ 몡 샘물.

【泉下】quánxià 몡 황천(黃泉). 저승.

【泉眼】quányǎn 몡 샘구멍.

【泉涌】quányǒng 몡 1 샘물이 솟아오르다. 2 비 끊어지지 않고 샘솟듯 하다. ¶诗思~＝시상이 늘 샘솟다.

【泉源】quányuán 몡 1 수원(水源). 2 비 (사물 발생의) 원천. 근원. 원인. ¶创作的~＝창작의 근원.

## 轻[輇] quán 살 없는 수레바퀴 전
몡약 바퀴살이 없는 수레바퀴. 혱약 천박하다. 미숙하다. 비루하다.

【轻才】quáncái 몡약 천박한 재능〔재기〕.

## 拳 quán 주먹 권
몡 1 주먹. 2 摩~擦掌＝주먹을 문지르고 손을 비비다. 단단히 벼르다. 2 권술(拳術). 권법(拳法). ¶练~习武＝권술을 연마하고 무예를 익히다. 통 굽(히)다. 구부리다. ¶~着腿坐在地上。＝다리를 구부려 땅바닥에 주저앉았다.

○● 抱拳, 花拳, 划huá拳, 老拳, 铁拳, 太极拳

【拳棒】quánbàng 몡 무술(武術).

【拳不离手, 曲不离口】quán bù lí shǒu, qǔ bù lí kǒu 속담 배운 기예(技藝)를 늘 연습하다. 기예를 꾸준히 연마하다.

【拳打脚踢】quándǎ-jiǎotī 성 주먹으로 치고 발로 차다. 마구 두들겨 패다.

【拳法】quánfǎ 몡 권법.

【拳击】quánjī 몡(體) 권투. 복싱.

【拳脚】quánjiǎo 몡 1 주먹과 발. 주먹질과 발길질. ¶施以~＝주먹질과 발길질을 가하다. 2 권술(拳術). 권법. ¶学过几手~＝권법을 몇 수 배운 적이 있다.

【拳曲】quánqū 혱 꼬불꼬불하다. ¶头发~＝

**拳铨痊惓筌蜷醛鳈鬈颧犬甽绻** **qiǎn**

머리카락이 곱슬곱슬하다. 늑弯曲 卷曲

【拳拳】[惓惓] **quánquán** 혱閏 간절하다. ¶ ~ 之心 = 간절한 마음.

【拳拳服膺】 **quánquán-fúyīng** 성 마음에 깊이 새겨 잊지 않다. 늘 마음에 간직하다.

【拳师】 **quánshī** 몡 권술의 사부(師父). 권술에 정통한 사람.

【拳手】 **quánshǒu** 몡 **1** 권술에 능한 사람. **2** 권투 선수.

【拳术】 **quánshù** 몡 권술.

【拳坛】 **quántán** 몡 **1** 무술계. 무림. **2** 권투계. 복싱계.

【拳套】 **quántào** 몡 **1** 권술의 체계. **2** (권투) 장갑. 글러브(glove).

【拳头】 **quán·tóu** 몡 주먹. ¶挥舞 ~ = 주먹을 휘두르다. 혱閏 우수한. 일류의. [질이 뛰어나고 경쟁력을 갖춘 물품·기술 등을 가리킴] ¶ ~ 产品 = 품질이 뛰어나고 경쟁력을 갖춘 제품.

【拳头产品】 **quán·tóu chǎnpǐn** 몡 우수 제품. 일류 제품. 히트 상품.

【拳头项目】 **quán·tóu xiàngmù** 몡閏 경쟁력을 갖춘 항목.

【拳王】 **quánwáng** 몡 (권투에서의) 챔피언(champion). 일인자.

## 铨[銓] **quán** 저울질할 전

통閏 **1** 따져 보다. 평가하다. ¶ ~ 度 = 재다. **2** 뽑다. 선발하다. ¶ ~ 考 = 선발 고사. 몡 (Quán) 성(姓).

【铨叙】 **quánxù** 통옛 (자격과 경력을 살펴) 관직을 수여하다. 진급과 좌천을 정하다.

【铨选】 **quánxuǎn** 통옛 (정부가 관리를) 심사하여 선임하다. (인재를) 선발하다. 뽑다.

## *痊 **quán** 병 나을 전

통 병이 낫다. ¶病已 ~ 愈 = 병이 이미 치유되었다.

【痊愈】 **quányù** 통 병이 낫다. 치유되다. 완쾌되다. ¶他已 ~ 多日了。= 그가 완쾌된 지 벌써 며칠이 되었다.

## 惓 **quán** 간절할 권

【惓惓】 **quánquán** ☞【拳拳】 **quánquán**

## 筌 **quán** 통발 전

몡閏 통발. [물고기를 잡는 죽제 도구] ¶得鱼忘 ~ = 고기를 잡고 나면 통발을 잊다. [목적을 달성한 후에는 그 과정이나 수단 따위를 잊기 쉬움을 비유한 말]

## 蜷 **quán** 구부러질 권

통 (몸을) 웅크리다. 구부리다. ¶ ~ 成一团 = 몸을 잔뜩 웅크리다.

【蜷伏】 **quánfú** 통 웅크리고 눕다. ¶ ~ 在床上 = 침대에 웅크리고 눕다.

【蜷局】 **quánjú** 통閏 도사리다. 웅크리다. 구부리다. 오므라들다.

【蜷曲】 **quánqū** 통 (사람·동물이) 사지를 구부리다. 웅크리다. 쪼그리다. ¶他~着睡着了。= 그는 몸을 웅크린 채 잠이 들었다. 늑弯曲

【蜷缩】 **quánsuō** 통 둥글게 수축하다. 오므라들다. 움츠리다. 오그라들다. ¶她冷得 ~ 着身子。= 그녀는 몸이 오그라질 정도로 추웠다.

【蜷卧】 **quánwò** 몸을 웅크리고 드러눕다〔엎드리다〕.

## 醛 **quán** 알데하이드 전

몡(化) 알데하이드(aldehyde). [R-CHO]

○● 甲醛, 蚁yǐ醛, 乙醛

【醛糖】 **quántáng** 몡(化) 알도오스(aldose).

## 鳈[鱥] **quán** 물고기 이름 천

몡(動) 중고기. [잉어과의 민물고기]

## 鬈 **quán** 머리털 아름다울 권

혱 **1** (머리카락이) 곱슬곱슬하다. ¶ ~ 发 = 곱슬머리. **2** 머릿결이 아름답다.

## 颧[顴] **quán** 광대뼈 관

【颧骨】 **quángǔ** 몡(生) 광대뼈. 협골(頰骨). 관골(顴骨).

## **犬** **quǎn** 개 견

몡(動) 개. ¶猎 ~ = 사냥개. / 鸡鸣 ~ 吠 = 닭이 울고 개가 짖다.

○● 鹰yīng犬, 狂犬病

【犬齿】 **quǎnchǐ** 몡(生) 견치(犬齒). 송곳니. =【犬牙】 **quǎnyá**

【犬马】 **quǎnmǎ** 몡 **1** 개와 말. **2** (옛날, 신하가 임금에게 자신을 낮추는 말로) 소신. 소인.

【犬马之劳】 **quǎnmǎzhīláo** 성 견마지로. 충성을 다하다. 노력을 바치다.

【犬儒】 **quǎnrú** 몡 **1**(哲) (고대 그리스의 견유학파(犬儒學派)) 철학자. **2** 세상을 비꼬며 냉소적인 눈으로 보는 사람.

【犬儒主义】 **quǎnrúzhǔyì** 몡(哲) 견유주의(犬儒主義). 시니시즘(cynicism). 냉소주의(冷笑主義).

【犬牙】 **quǎnyá** ☞【犬齿】 **quǎnchǐ**

【犬牙交错】 **quǎnyá-jiāocuò** 성 **1** 개의 이빨처럼 들쭉날쭉하다. 가지런하지 않다. **2**閏 경계선이 일정치 않고 들쭉날쭉하다. 들쑥날쑥하다. **3**閏 상황(국면)이 뒤엉키고 꼬여 복잡하다. ¶形成 ~ 的局面。= 상황이 꼬여 복잡해지다.

【犬子】 **quǎnzǐ** 몡옛 우식(愚息). 가돈(家豚). 가아(家兒). [자기 자식을 낮추어 일컫는 말]

## 甽 **quǎn** 밭도랑 견

몡閏 밭도랑.

【甽亩】 **quǎnmǔ** 몡閏 논. 밭.

## 绻[綣] **quǎn** 정다울 권

☞【缱绻】 **qiǎnquǎn**

****劝[勸]** **quàn** 권할 권
[동] **1** [문] 격려하다. 고무하다. ¶百般~勉=여러 방법으로 격려하다. **2** 권하다. 권고하다. 타이르다. 설득하다. ¶多番规~, 终于悔悟。=여러 번 타일렀더니, 결국에는 자신의 잘못을 후회하고 뉘우쳤다.

○● 奉fèng劝, 解劝, 相劝

【劝杯】**quànbēi** [동] 술을 권하다.
【劝不开】**quàn·bukāi** [동] (다툼 등을) 말리려 해도 말릴 수 없다.
【劝导】**quàndǎo** [동] 타일러 이끌다. 권유하다. ¶反复~=반복해서 타이르다. ≒开导
【劝返】**quànfǎn** [동] (집·작업장 등으로) 돌아오도록 타이르다〔권고하다〕.
【劝告】**quàngào** [동] 권고하다. 충고하다. ¶耐心~=인내를 갖고 타이르다. [명] 권고. 충고. ¶不听~=충고를 듣지 않다. ≒劝说 奉劝
【劝和】**quànhé** [동] 화해시키다. ¶多方~=다방면으로 화해시키다. ≒说和
【劝化】**quànhuà** [동]《佛》 **1** 교의(教義)를 전하고 선(善)을 행하게 하다. **2** 교화시키다. **3** 탁발하다.
【劝驾】**quàn‖jià** [동] (직책이나 어떤 일에) 나서도록 권유하다. 내방(來訪)을 권하다. 출마를 권유하다.
【劝架】**quàn‖jià** [동] (말다툼이나 싸움을) 말리다. ≒劝解
【劝谏】**quànjiàn** [동] 타일러 잘못을 고치게 하다. (윗사람에게) 충고하다. 간언하다.
【劝教】**quànjiào** [동] 권고하여 가르치다.
【劝解】**quànjiě** [동] **1** (싸움 등을) 말리다. 중재하다. 화해시키다. ¶上前~=앞에 나서서 싸움을 말리다. **2** 달래다. 위로하다. 권유하다. 타이르다. ¶~多时, 她才止住哭声。=한참을 달래서야 그녀는 울음을 멈추었다. ≒劝架 劝慰
【劝戒】**quànjiè** ☞【劝诫】**quànjiè**
【劝诫】[劝戒] **quànjiè** [동] 권계(勸誡)하다. 타일러 깨우치다. ¶~后人=후세 사람들을 권계하다. ≒告诫
【劝进】**quànjìn** [동] 이미 권력을 장악한 실력자에게 정식으로 등극할 것을 권하다.
【劝酒】**quàn‖jiǔ** [동] (술자리에서) 술을 권하다. ¶客人不时向新郎~。=손님들이 때때로 신랑에게 술을 권하다.
【劝君】**quànjūn** [동] (상대에게) 권하다. ¶~更尽一杯酒, 西出阳关无故人。=그대에게 다시 한 잔 술 권하나니, 서쪽 양관 땅 나가면 벗 없으리.
【劝开】**quàn‖kāi** [동] 달래다. 무마하다. ¶争吵双方终于被~了。=다투던 쌍방은 결국 무마되었다.
【劝勉】**quànmiǎn** [동] 충고하고 격려하다. 권고하다. ¶相互~=서로 충고하고 격려하다.
【劝募】**quànmù** [동] 모금을 장려하다. ¶多方~, 终于凑足钱款。=다방면으로 모금을 장려하여 마침내 충분한 자금을 모았다.
【劝农】**quànnóng** [동][문] 권농하다. 농업을 장려하다. [명] (권농을 책임진 관리라는 뜻으로) 권농.
【劝让】**quànràng** [동] (어떤 일을) 하도록 권유하다. 타이르다. 설득하다. ¶不管别人怎么~, 他还是滴酒不沾。=다른 사람이 아무리 권유해도, 그는 술을 한 모금도 입에 안 댄다.
【劝善】**quànshàn** [동] 권선하다. 선행을 권하다. ¶~抑恶=선행을 권하고 악행을 억제하다.
【劝世】**quànshì** [동] 세인(世人)을 권계(勸誡)하다. ¶~之说=사람들을 권계하는 말.
【劝说】**quànshuō** [동] 타이르다. 설득하다. ¶再三~=여러 번 타이르다. ≒劝告 奉劝 说和
【劝退】**quàntuì** [동] 물러날 것을 권고하다. ¶不合格的人员可以~。=불합격한 사람은 물러나도록 권고할 수 있다.
【劝慰】**quànwèi** [동] 달래다. 위로하다. ¶诚心~=성심껏 위로하다. ≒劝解
【劝降】**quàn‖xiáng** [동] 투항(投降)을 권하다.
【劝学】**quànxué** [동][문] 공부할 것을 권장하다. 권학하다.
【劝诱】**quànyòu** [동] 타일러 유도하다. ¶~不止=끊임없이 타일러 유도하다.
【劝止】**quànzhǐ** [동] 그만두게 타이르다〔권고하다〕. ¶极力~=극력 말리다. ≒劝阻
【劝住】**quàn‖zhù** [동] 그만두게 설득하다. ¶他要去找人理论, 但被妻子~了。=그는 그 사람을 찾아가 따지려 했으나, 아내의 설득으로 그만두었다.
【劝阻】**quànzǔ** [동] 그만두게 말리다. ¶大加~=강력히 만류하다. ≒劝止

****券[(劵)]** **quàn** 문서 권
[명] 권. 증서. 표. ¶债~=채권. / 购物~=상품권.
☞ **xuàn**

○● 奖jiǎng券, 库券, 胜shèng券, 债zhài券, 证券, 左券

【券商】**quànshāng** [명] 증권사. 증권 중개인. =【证券商】**zhèngquànshāng**

## que

**炔** **quē** 불타기 시작할 결
[명]《化》 알킨(Alkyne).
☞ **Guì**
【炔烃】**quētīng** [명]《化》 알킨(Alkyne).

****缺** **quē** 모자랄 결
[동] **1** 결핍되다. 결여되다. 부족하다. ¶资料奇~=자료가 매우 부족하다. **2** 결석하다. 빠지다. ¶经常~课=수업에 자주 결석하다. [형] **1** 모자라다. 완전치 못하다. 결함이 있다. ¶阴晴圆~=흐리고 맑음과 차고 이지러짐. **2** 불완전하다. ¶优~点=장점과 결점. [명] **1** [옛] 결원(缺

缺 quē

員). 공석(空席). ¶候~ = 결원이 생기기를 기다리다. **2** (일반 직책의) 빈 자리. 결원. ¶肥~ = 부수입이 많은 직책. →全 整

○● 短缺, 肥缺, 开缺, 空缺, 欠qiàn缺, 遗yí缺, 余yú缺

【缺笔】quē∥bǐ 〔动〕 글자의 획을 빠뜨리다. ¶这个字缺了一笔。= 이 글자는 한 획을 빠뜨렸다. 〔喩〕 작품이나 원고 중의 결실(缺失)〔빠뜨린〕 부분. ¶本书有多处~。 = 이 책은 누락된 곳이 여러 군데 있다.

【缺编】quēbiān 〔动〕 (인원·장비의 수량이) 편제 규정에 모자라다. ¶~单位 = 규정된 인원이 모자라는 부서.

【缺吃少穿】quēchī-shǎochuān 〔成〕 **1** 의식(衣食)이 부족하다. **2** 생활이 빈곤하다.

【缺唇】quēchún (~儿) 〔名〕〔醫〕 언청이. 결순(缺唇). 토순.

【缺档】quēdàng 〔动〕 (품절되어) 상품이 진열대에 없다.

【缺德】quē∥dé 〔形〕 부도덕하다. 비열하다. ¶不能做~事。 = 비열한 짓은 할 수 없다.

【缺点】quēdiǎn 〔名〕 결점. 단점. 부족한 점. ¶找出~, 加以改正。 = 단점을 찾아 고치다. ≒缺欠 缺陷 ↔优点

【缺额】quē'é 〔名〕 부족액. 결원(缺員). ¶~待补 = 결원의 보충이 필요하다.

【缺乏】quēfá 〔动〕 결핍되다. 결여되다. ¶~自信心 = 자신감이 결여되다. ≒缺少

缺乏(quēfá) / 缺少(quēshǎo) 부족하다

缺乏 : 꼭 필요로 하고 있어야 하는 사물이 부족한 것을 가리키며, 추상적 사물이 목적어가 될 수 있음. ¶他们缺乏能源。 = 그들은 에너지가 부족하다. / 缺乏勇气〔信心·知识·经验〕 = 용기가〔자신감이·지식이·경험이〕 부족하다. / 对这件事缺乏了解。 = 이 일에 대해 이해가 부족하다.

缺少 : 사람이나 물량이 부족한 것을 가리키며, 구체적인 수량을 동반함. ¶这几个人是不可缺少的。 = 이 몇 사람은 없어서는 안 될 사람들이다. / 我们单位还缺少两名打字员, 正在报上招聘。 = 우리 부서에서는 타이피스트가 두 명 부족하여, 신문에 초빙 공고를 냈다.

【缺根弦】quēgēnxián 〔俗〕〔喩〕 머리가 단순해서 생각이 주도면밀하지 못하다.

【缺憾】quēhàn 〔名〕 유감스러운 점. 불완전한 점. 불충분한 점. ¶要精益求精, 不能留下~。 = 더 훌륭하게 하려 애써야지, 불충분한 요소를 남겨서는 안 된다.

【缺货】quē∥huò 〔动〕 물건〔상품〕이 부족하다. 품절되다.

【缺斤短两】quējīn-duǎnliǎng ☞【短斤缺两】duǎnjīn-quēliǎng

【缺斤少两】quējīn-shǎoliǎng ☞【短斤缺两】duǎnjīn-quēliǎng

【缺刻】quēkè 〔名〕〔植〕 결각(缺刻).

【缺课】quēkè 〔动〕 (수업에) 결석하다.

【缺口】quēkǒu 〔名〕 **1** (~儿) 흠집. 홈집. ¶刀刃有个~。 = 칼날이 이빠진 부분이 있다. **2** (물질·경비 등의) 부족한 부분. ¶流动资金~很大。 = 유동 자금의 부족이 매우 심각하다. **3** 〔喩〕 돌파구. 빈틈. ¶打开~ = 돌파구를 열다.

【缺漏】quēlòu 〔名〕 결루. 궐루(闕漏). ¶校改~之处 = 궐루된 부분을 고치다.

【缺略】quēlüè 〔形〕 빠지거나 생략되어 결핍되다. 부족하다. 완전치 못하다. ¶注释~ = 주석이 부족하다.

【缺门】quēmén (~儿) 〔名〕 빈 자리. 공백 (부분). 미개척 분야. ¶研制~产品 = 미개발 부문의 상품을 연구 제조하다.

【缺欠】quēqiàn 〔动〕 모자라다. ¶~管理人才 = 관리 인원이 모자라다. 〔名〕 결점. 단점. 흠. 허물. ¶弥补~ = 결점을 보완하다.

【缺勤】quē∥qín 〔动〕 결근하다. ¶因故~ = 사고로 결근하다. ↔全勤

【缺三少四】quēsān-shǎosì 〔成〕 이것저것 모자라다. 이것저것 부족하다.

【缺少】quēshǎo 〔动〕 (인원이나 물건의 수량이) 부족하다. 모자라다. ¶~设备 = 설비가 부족하다. ≒缺乏

【缺失】quēshī 〔动〕 부족하다. 잃어버리다. ¶做人不能~起码的道德准则。 = 사람됨에 있어서 기본적 도덕 원칙을 잃어버리면 안 된다. 〔名〕 결함. 결점. ¶公司在新产品开发方面尚有不少~。 = 회사는 신상품 개발 방면에 아직도 적지 않은 결함이 있다.

【缺食】quēshí 〔动〕 먹을 것이 부족하다. 식량이 부족하다.

【缺市】quēshì 〔动〕 (시장에) 상품이 모자라다. 품귀 현상을 빚다. ¶西瓜最近有点~。 = 수박이 최근에 약간 모자란다.

【缺水】quēshuǐ 〔动〕 물 부족 현상을 빚다. 물이 부족하다. ¶这个城市近年有些~。 = 이 도시는 요 몇 년 약간의 물 부족 현상을 나타내고 있다.

【缺损】quēsǔn 〔动〕 **1** 손상을 입다. 결손이 생기다. 축나다. 흠집이 생기다. ¶家具用了几年, 毫无~。 = 가구를 몇 년 사용했지만, 조금도 흠집이 생기지 않았다. **2** (신체의 어떤 부위나 기관이) 결여되다. 결핍되다. 발육부진이다. 〔名〕 흠집. 결손. ¶他很小心, 车子开了那么长的时间, 没有一点儿~。 = 그는 매우 조심한 탓에, 차를 그렇게 오랫동안 몰았지만 조금의 흠집도 내지 않았다.

【缺位】quēwèi 〔名〕 결원. 공석. 빈 자리. ¶编制已满, 没有~。 = 편제가 다 차서 공석이 없다. 〔动〕 공석이 되다. ¶副经理一职暂时~。 = 부사장 자리는 잠시 공석이다.

【缺席】quē∥xí 〔动〕 결석하다. ¶明天大家一定要来, 不能~。 = 내일 모두들 꼭 와야지, 결석하면 안 된다. ↔出席

【缺席判决】quēxí pànjué 〔名〕〔法〕 결석 재판. 궐석 재판.

【缺陷】 quēxiàn 명 결함. 결점. 부족한 점. ¶性格~=성격적 결함.
【缺血】 quēxiě 동 (醫) 혈액 공급이 부족하다. 피가 모자라다.
【缺心少肺】 quēxīn-shǎofèi 성귀 생각이 모자라다. 분별력이 없다.
【缺心眼儿】 quē xīnyǎnr 숙 (사람이) 좀 모자라다. 주변머리가 없고 생각이 짧다. 단순하고 멍청하다.
【缺氧】 quēyǎng 명 (醫) 산소 부족. 산소 결핍.
【缺页】 quēyè 동 낙장이 생기다. 책에서 책장이 빠지다. 쪽수가 모자라다.
【缺一不可】 quēyī-bùkě 성 하나라도 부족해선 안 된다. 조금이라도 모자라면 안 된다.
【缺员】 quēyuán 동 결원이 생기다. 명 결원.
【缺阵】 quēzhèn 동귀 출전하지 않다. 경기에 나가지 않다. ¶这场比赛, 又有一名主力~。=이번 시합에 또 한 명의 주력 선수가 출전하지 않았다.
【缺嘴】 quēzuǐ 동방 1 먹을 것이 모자라다. 2 (~儿)(醫) 입술이 터지다. 3 표현 능력이 부족하다. 어눌하다. ¶他这个人~。=그는 표현 능력이 부족하다. 명 (~儿)(醫) 언청이. 결순. 토순. ¶他是个~儿。=그는 언청이이다.

## 阙 [闕] quē 모자랄 궐

명 1 문 과실. 허물. 잘못. 2 (Quē) 성(姓). [고어에서 '缺(quē)'와 같음]

☞ què

【阙如】 quērú 동문 결여되다. 비다. 모자라다. ¶暂告~=잠시 결여되다.
【阙失】 quēshī 명 과실. 과오. 잘못. ¶如有~, 敬请谅解。=과실이 있었다면, 양해해 주시기 바랍니다.
【阙文】 quēwén 명문 궐문. 문장에서 빠진 글귀나 글자. ¶碑刻有多处~。=비석에 궐문이 여러 군데 있다.
【阙疑】 quēyí 동문 의문스러운 것을 섣불리 단정하지 않고 당분간 보류해 두다. ¶此处~=여기에서 단정하지 않고 일단 보류해 둔다.

## 瘸 qué 절름발이 가

동 절뚝거리다. 절름거리다. 다리를 절다. ¶一~一拐=다리를 절뚝절뚝거리다.

【瘸腿】 quétuǐ 명 1 온전하지 못한 발. 2 절름발이.
【瘸子】 qué·zi 명 절름발이.

## 却 [卻·㕁] què 물리칠 각

동 1 후퇴하다. 퇴각하다. 물러나다. ¶望而~步=꽁무니를 빼다. 2 퇴각시키다. 물러나게 하다. 후퇴시키다. 격퇴시키다. 물리치다. ¶~敌=적을 퇴각시키다. 3 거절하다. 사양하다. ¶盛情难~=정리를 떠서 사양하기 어렵다. 4 …해 버리다. …해 치우다. …하고 말다. ¶失~希望=희망을 잃어버리다. 부 …지만. …하지만. ['可(kě)'·'倒(dào)'·'竟(jìng)'과 비슷한 뜻임]

로, 역접을 나타냄] ¶她想哭~哭不出来。=그녀는 울고 싶었지만 울음이 나오지 않았다. / 诗虽寥寥几行, ~颇有意境。=이 시는 비록 몇 줄에 불과하지만 정취가 가득하다. ↔进

○● 了却, 退却, 谢却

【却病】 quèbìng 동문 병을 물리치다. 병을 막아내다. ¶此药可~健体。=이 약은 병을 물리치고 몸을 건강하게 할 수 있다.
【却步】 quèbù 동 (공포나 혐오로 인해) 뒷걸음질치다. 물러서다. ¶要知难而上, 不能~不前。=어려움을 알았더라도 밀고 나가야지, 물러서면 안 된다.
【却步不前】 quèbù-bùqián 성 거리끼는 바가 있어 감히 앞으로 전진하지 못하고 뒷걸음치다.
【却待】 quèdài 부문 막 …하려 하다. [주로 조기백화문에 보임]
【却敌】 quèdí 동 적을 물리치다. 적을 격퇴하다.
【却立】 quèlì 동문 물러서다.
【却说】 quèshuō 동 각설하다. 차설(且说)하다. [소설에서 단락의 첫머리에 쓰이는 발어사로, 뒤에 주로 앞서 말한 내용을 다시 언급함]
【却之不恭】 quèzhī-bùgōng 성 (다른 사람의 호의를) 거절하자니 결례인 듯하다. 늑盛情难却
【却之不恭, 受之有愧】 quèzhī bùgōng, shòuzhī yǒukuì 성 1 (다른 사람의 호의를) 거절하자니 결례인 듯하고 받아들이자니 겸연쩍다. 2 귀 진퇴양난이다. 이러지도 저러지도 못하고 난처하다.

## 埆 què 메마를 각

형 (토양이) 척박하다. 비옥하지 않다.

## 悫 [(愨)] què 성실할 각

형문 1 성실하다. 2 공손하고 부지런하다. 건실하다.

## 雀 què 참새 작

명(動) 1 참새과의 새. 2 참새. ¶门可罗~=방문객이 거의 없어 적막하다. 형 작다. ¶~鱼=작은 물고기. / ~麦=귀리.

☞ qiāo, qiǎo

○● 燕yàn雀, 云雀, 朱雀, 孔雀石, 金丝雀

【雀斑】 quèbān 명 (醫) 주근깨.
【雀鹰】 quèyīng 명 (動) 매. 늑【鹞子】 yào·zi 【鹞鹰】 yàoyīng
【雀跃】 quèyuè 동 (기뻐서) 깡충깡충 뛰다. 팔짝팔짝 뛰다. 폴짝폴짝 뛰다. ¶欢呼~=환호하며 팔짝팔짝 뛰다.
【雀噪】 quèzào 동귀 (한때 주로 나쁜 것으로) 명성을 날리다. 유명하다. 이름이 떠들썩하다. ¶声名~=한때 이름이 세상에 떠들썩하다.

## 确 [確] què 굳을 확

형 1 확실하다. 견고하다. ¶~信其言=그 말을 확신하다. 2 진실하다. 사실이다. ¶昭~=명확하다. / 千真万~=엄연한 사실이다.

○● 精确, 明确, 真确, 正确, 准zhǔn确

【确保】**quèbǎo** 图 확보하다. 확실히 보장하다. ¶~年货供应充足。＝설 상품의 공급을 충분히 할 것을 확실히 보장하다. 설맞이 용품의 공급량을 충분히 확보하다.

【确当】**quèdàng** 图 적당하다. 적합하다. 적절하다. ¶本文立意和措辞都很~。＝본 문장은 구상과 어휘 선택 모두가 매우 적절하다.

【确定】**quèdìng** 图 확정하다. 확실히 결정을 내리다. ¶婚礼日期尚未~。＝결혼 날짜가 아직 확정되지 않았다. 图 확정적이다. 확고하다. ¶~的判断＝확고한 판단. 늑决定 肯定

【确乎】**quèhū** 凰 확실히. 정확히. ¶~如此＝확실히 이렇다.

【确立】**quèlì** 图 확립하다. 확고하게 세우다. 수립하다. ¶他自此~了人生的目标。＝그는 지금부터 인생 목표를 확고히 세웠다. 늑树立 建立

【确切】**quèqiè** 图 1 확실하다. ¶信息~＝정보가 확실하다. 2 적절하다. 정확하다. ¶~的描述＝적절한 묘사. 늑确实 确凿 ↔含糊 模糊

【确确切切】**què·que qièqiè** (~的) 图 매우 적절하다. 아주 정확하다. 매우 확실하다. ¶我~地记得那件事。＝나는 아주 정확하게 그 일을 기억하고 있다.

【确确实实】**què·que shíshí** (~的) 图 아주 정확하다. 매우 확실하다. ¶那是~的消息。＝그것은 매우 정확한 소식이다.

【确认】**quèrèn** 图 (사실이나 원칙 등을) 명확히 인정하다. 확인하다. ¶死者的身份有待~。＝사망자의 신분은 확인을 해야 한다.

【确实】**quèshí** 图 확실하다. 믿을 만하다. ¶他说的都是~的情况。＝그가 말하는 것은 모두 확실한 정황이다. 凰 절대로. 정말로. 확실히. 틀림없이. 영락없이. ¶他演讲得很好, ~该得冠军。＝그는 연설을 매우 잘해서 틀림없이 1등 할 것이다. 늑确切

【确守】**quèshǒu** 图 굳게 지키다. 철석같이 지키다. ¶~承诺＝약속을 굳게 지키다.

【确数】**quèshù** 图 확실한 수치.

【确信】**quèxìn** 图 확신하다. 조금도 의심하지 않다. ¶我~最后的成功。＝나는 최후의 성공을 확신한다. 图 확실한 소식. ¶那至今尚无~。＝그것은 지금까지 아직 확실한 소식이 없다.

【确凿】**quèzáo** 图 확실하다. 확고하다. 사실에 근거가 있다. ¶~的证据＝확실한 증거. 늑确切

【确凿不移】**quèzáo-bùyí** 图 확고부동하다. 의심의 여지가 없다.

【确诊】**quèzhěn** 图 (醫) (최종적으로) 진단을 내리다. ¶他的病已经~。＝그의 병은 이미 확실한 진단이 내려졌다.

【确证】**quèzhèng** 图 확증하다. 확실히 증명하다. ¶有些材料尚未得到~。＝어떤 자료들은 아직 확실한 증거를 얻지 못했다. 图 확실한 증거. 확증. ¶他点头默认了这些~。＝그는 고개를 끄덕여서 이 확증들을 묵인했다.

【确指】**quèzhǐ** 图 명확하게 가리키다. ¶他的话

有~对象是无疑的。＝그의 말은 명확한 대상이 있음은 의심의 여지가 없다.

# 阕[闋] **què** 문 닫을 결
图图 끝나다. 종료하다. 그치다. 图 1 (노래나 사(詞)의) 한 곡. ¶填词~＝사(詞) 한 수를 짓다. 2 (한 수의 사(詞) 가운데 한) 단락. ¶词的上~描写, 下~抒情。＝사(詞)의 위 단락은 묘사이고, 아래 단락은 서정이다. 3 (Què) 성(姓).

# **鹊**[鵲] **què** 까치 작
图 1 (動) 까치. 2 (Què) 성(姓).

○● 练鹊

【鹊报】**quèbào** 图 1 까치가 기쁜 소식을 전하다. 2 좋은 소식을 전하다.

【鹊巢鸠占】**quècháo-jiūzhàn** 图 1 까치 둥지를 비둘기가 차지하다. 2(비) 다른 사람의 집·땅 등을 강점하다.

【鹊起】**quèqǐ** 图(비) (명성·이름 등을) 신속히 떨치다〔날리다〕. ¶名声~＝명성을 순식간에 날리다.

【鹊桥】**quèqiáo** 图 1 오작교. 2(비) 중매. 중신. ¶居委会积极为大龄青年搭~。＝주민 위원회가 나이 든 청년들을 위해 적극적으로 중매를 서다.

# **碏** **què** 공경할 작
인명에 쓰이는 글자. ¶石~＝석작. [춘추 시대 위(衛)나라의 대부(大夫)]

# 阙[闕] **què** 대궐 궐
图 1 고대 궁전의 대문 양쪽에 세운 망루(望樓). 2 궁궐. 임금이 거주하는 곳. ¶城~＝궁궐. 도성. 3 화표주(華表柱). 망주석(望柱石). [무덤 앞 양쪽에 세우는 한 쌍의 돌기둥] 4 (Què) 성(姓).
☞ què

○● 城阙, 宫阙, 魏wèi阙

# 榷[(推·榷)] **què** 전매(專賣)할 각
图 1 囯 전매하다. ¶~盐＝소금을 전매하다. / ~茶＝차를 전매하다. 2 상의하다. 토의하다. ¶商~＝상의하다.

○● 扬榷

# qun

# 囷 **qūn** 곳집 균
图 고대 원형의 곳집. 곡창(穀倉).

# 逡 **qūn** 뒷걸음질칠 준
图图 물러가다. 후퇴하다. 뒷걸음질치다.

【逡巡】**qūnxún** 图图 머뭇거리다. 주저하다. 우물쭈물하다. ¶~不前＝주저하고 앞으로 나가지

못하다.

**峮** qún 여럿이 살 군
동훈 모여 살다. 군집하여 살다. 떼를 지어 살다.
명훈 사물이 모인 곳. ¶学~=학문과 지식이 모인 곳.

**裙**[(帬·裳)] qún 치마 군
명 1 치마. ¶连衣~=원피스. / 超短~=초미니스커트. 2 치마 모양의 물건. ¶墙~=징두리 벽판. / 围~=앞치마. 3 자라 등딱지 주변의 육질 부분. ¶~边=자라 등딱지 주변의 살.

○● 油裙

【裙钗】qúnchāi 명옛 1 치마와 비녀. 2 부녀자.
【裙带】qúndài 명비 (풍자적 의미에서의) 처가.
【裙带风】qúndàifēng 명 처갓집 덕을 보려는 세태.
【裙带关系】qúndài guān·xì 명 외척으로 얽힌 파벌 관계.
【裙房】qúnfáng 명 (한 건물을 중심으로 좌우로 펼쳐진) 곁채. 별관. ¶新建的宾馆分主楼和~两部分. =새로 지은 호텔은 본관과 별관 두 부분으로 나뉜다.
【裙幅】qúnfú 명 치마폭.
【裙裤】qúnkù 명 바짓가랑이 폭이 넓어 치마처럼 생긴 바지. 치마바지.
【裙衫】qúnshān 명 1 치마와 윗옷. 2 옷. 의복.
【裙子】qún·zi 명 치마. 스커트.

**群**[(羣)] qún 무리 군
명 1 무리. 떼. ¶羊~=양 떼. / 三五成~=삼삼오오 무리를 짓다. 2 군중. 대중. ¶才艺超~=재주가 뛰어나다. 군계일학(群鸡一鹤)이다.
형 무리를 이루다. ¶~山=군산(群山). (한 지역에 떼지어 있는) 많은 산. 동 떼지어 모이다. 연합하다. ¶卓而不~=탁월하다. 양 무리. 떼. ¶一~年轻人=한 무리의 젊은이들. / 一~鸭子=한 떼의 오리.

○● 超群, 分群, 合群, 机群, 随群, 咬yǎo群

| 群(qún) / 批(pī) / 帮(bāng) / 伙(huǒ) |
|---|
| 양사로, 두 개 이상의 개체로 조직된 단체나 사물을 나타냄. 사람에게 사용될 때 의미를 구별함. |
| 群 : 특별한 목적으로 모인 군중에게는 쓰이지 않음. ¶前边可能发生交通事故了, 一群人围在那里看. =앞에 교통 사고가 발생했는지, 한 무리의 사람들이 둘러서서 보고 있다. / 一群孩子围坐在爷爷身旁, 听爷爷讲故事. =한 무리의 아이들이 할아버지 가까이에 둘러싸고 앉아, 할아버지가 해 주시는 이야기를 듣고 있다. |
| 批 : 무리의 사람들을 나타냄. ¶大陆来了一批有文化的人, 提高了华人群体的文化素质. =대륙〔본토〕에서 한 무리의 교양인들이 와서, 화교 사회의 문화 수준을 향상시켰다. / 今年这一批 |

大学毕业生不容易找工作. =올해 대학 졸업생들은 직업을 찾기가 쉽지 않다.
帮〔伙〕: 주로 일정한 목적으로 조직된 사람들에게 쓰이고, 때로 나쁜 사람들에게도 쓰임. ¶这帮卖菜的都是外地来的. =야채를 파는 이 사람들은 모두 외지에서 온 자들이다. [야채 파는 것을 목적으로 하는 무리들] / 一伙歹徒趁朝山里逃云了. =한 무리의 악당들이 산으로 도망갔다. [나쁜 짓을 목적으로 하는 무리들]

【群策群力】qúncè-qúnlì 성 여러 사람이 지혜와 힘을 모으다. ↔独断专行
【群唱】qúnchàng 명(藝) (세 사람 혹은 세 사람 이상의 사람들이 교대로 구연(口演)하거나 노래하는) 중국 설창 공연 방식의 일종.
【群岛】qúndǎo 명(地) 군도. ¶南沙~=난사군도. [해남도 주변의 군도]
【群雕】qúndiāo 명 조각 군상.
【群而不党】qún'érbùdǎng 성 여러 사람이 모여 화합하나 자기 무리의 당리당략만을 위하지 않다.
【群芳】qúnfāng 명 1 아름답고 향기로운 각종 꽃들. 2 비 아름다운 여인들. ¶技压~=재주나 기술 혹은 미모 등이 여러 다른 사람보다 뛰어나다. 제품의 성능 혹은 외관이 다른 제품보다 뛰어나다.
【群分类聚】qúnfēn-lèijù 성 다른 부류는 갈라서고 같은 부류는 합치다. 끼리끼리 모이다.
【群峰】qúnfēng 명 군봉. 뭇 봉우리. ¶~耸立=군봉이 우뚝 솟아 있다.
【群婚】qúnhūn 명 군혼. 집단혼.
【群集】qúnjí 동 군집하다. 떼지어 모이다. ¶林中绿荫铺地, 鸟雀~. =숲에 녹음이 우거지니, 새들이 떼지어 모인다.
【群架】qúnjià 명 패싸움.
【群经】qúnjīng 명 여러 경전. 많은 경서.
【群居】qúnjū 동 1 성 군거하다. ¶喜独处而不爱~=독거하기를 좋아하고 함께 살기를 싫어하다. 2 무리를 지어 살다. ¶~穴=동굴에 무리를 지어 살다. ↔独处 独居
【群居穴处】qúnjū-xuéchǔ 성 원시 인류가 무리지어 살던 동굴. 원시인이 무리지어 동굴 생활을 하다.
【群聚】qúnjù 동 (사람 또는 동물이) 군집하다. 떼지어 모이다.
【群口相声】qúnkǒu-xiàng·sheng ☞ 多口相声 duōkǒu-xiàng·sheng
【群龙无首】qúnlóng-wúshǒu 성 1 용의 무리에 우두머리가 없다. 2 비 오합지졸(乌合之卒). 오합지중(乌合之众).
【群落】qúnluò 명 1 (동식물의) 군집. 군락. 떼. ¶生物~=생물의 군집. 2 (건축물 등의) 군락. 떼. 모임. ¶欧式建筑~=유럽식 건축물의 밀집 지역.
【群氓】qúnméng 명훈 군중. 백성.
【群魔乱舞】qúnmó-luànwǔ 성 악의 무리들이

창궐하다. 악당들이 날뛰다.
【群殴】 qún'ōu 동 패싸움하다. 뭇매질하다. 집단으로 구타하다. ¶遭~致伤=뭇매질을 당하고 상처를 입다.
【群栖】 qúnqī 동 (새·짐승 등이) 떼를 지어 한 곳에 서식하다.
【群起】 qúnqǐ 동 군기(群起) 하다. 봉기하다. 함께 일어나다. ¶~欢呼=여러 사람이 함께 환호하다.
【群起而攻之】 qúnqǐ ér gōng zhī 성 여러 사람이 함께 일어나 반대하거나 공격하다.
【群轻折轴】 qúnqīng-zhézhóu 성 1 가벼운 물건이라도 너무 많으면 수레의 축을 부러뜨릴 수 있다. 2 비 작은 일이라도 간과하면 막대한 결과를 초래할 수 있다.
【群情】 qúnqíng 명 군중의 감정. 민심. ¶~激昂=군중의 감정이 격앙되어 있다.
【群情鼎沸】 qúnqíng-dǐngfèi 성 모든 사람들의 감정이 들끓다.
【群山】 qúnshān 명 군산. 많은 산. 뭇 산. ¶~环绕=뭇 산이 휘감고 있다.
【群塑】 qúnsù 명 조각군.
【群体】 qúntǐ 명 1 (生) 군체. [분열이나 싹트기 등으로 생긴 많은 개체가 모여 한 개의 개체처럼 행동하는 것을 말함] 2 단체. 집단. ¶创作~=창작 단체. ≒集体 ↔个体
【群威群胆】 qúnwēi-qúndǎn 성 군중이 단결하여 발휘하는 힘과 용기.
【群舞】 qúnwǔ ☞【集体舞】 jítǐwǔ
【群贤】 qúnxián 명 군현. 여러 현인. 여러 성자. ¶~毕至=여러 현인이 모두 모이다.
【群像】 qúnxiàng 명 (문학·예술 작품 등에서 그려 낸) 군상. 여러 형상. ¶小说中塑造了现代妇女的~=소설 속에는 현대 여성의 군상을 그려 내고 있다.
【群小】 qúnxiǎo 명 유 일반 서민들. 소인배 무리.
【群星】 qúnxīng 명 1 군성(群星). 뭇별. ¶~闪烁=수많은 별들이 깜박이다. 2 비 수많은 걸출한 인물. ¶~荟萃=수많은 걸출한 인물들이 모이다.
【群雄】 qúnxióng 명 1 예 군웅. [혼란 시대에 여기저기에서 일어난 영웅호걸들] ¶~逐鹿=군

雄이 천하를 다투다. 2 수많은 영웅들. ¶~聚会=수많은 영웅들이 한데 모이다.
【群言堂】 qúnyántáng 명 비 민주적인 국면(분위기). ↔一言堂
【群蚁附膻】 qúnyǐ-fùshān 성 1 뭇 개미가 양고기에 달라붙다. 2 비 경 뭇 사람이 이익을 좇는 데만 급급하다.
【群英】 qúnyīng 명 1 뛰어난 많은 인물들. 2 여러 영웅호걸들.
【群英会】 qúnyīnghuì 명 1 군영회. [적벽대전(赤壁大戰) 전야에 모인 오(吴)나라 문관과 무장들의 모임을 일컬음] 2 영웅호걸들의 회합.
【群众】 qúnzhòng 명 1 대중. 군중. 민중. ¶人民~的力量是无穷的. =대중의 힘은 무궁하다. 2 비간부. 3 비당원. 대중. 인민. ≒大众 民众 ↔干部
【群众关系】 qúnzhòng guān·xì 명 대인 관계.
【群众观点】 qúnzhòng guāndiǎn 명 대중의 관점. [대중에 대한 정확한 인식과 그들을 대하는 올바른 태도]
【群众基础】 qúnzhòng jīchǔ 명 대중적 기반. [대중의 당과 당 조직에 대한 지지와 옹호]
【群众路线】 qúnzhòng lùxiàn 명 민중 노선. 대중 노선. [대중과 밀접히 연관된, 대중에 의거한, 대중에 관심을 둔, 대중의 이익을 도모하는, 대중과 동고동락하는 태도와 노선]
【群众团体】 qúnzhòng tuántǐ 명 민중 단체. [다수 대중이 참여하는 비정부 조직]
【群众性】 qúnzhòngxìng 명 대중성. 군중성. ¶~娱乐形式=대중 오락 형식.
【群众运动】 qúnzhòng yùndòng 명 대중 운동.
【群众组织】 qúnzhòng zǔzhī 명 대중 조직.
【群子弹】 qúnzǐdàn ☞【榴霰弹】 liúxiàndàn

麇 qún 떼지을 군
형 유 떼지어 모이다. 무리를 짓다.
☞ jūn
【麇集】 qúnjí 동 유 무리지어 모이다. 떼를 지어 모이다.
【麇至】 qúnzhì 동 유 떼를 지어 모여들다.

# R

## ran

**蚺** rán 비단뱀 염
【蚺蛇】ránshé ☞【蟒蛇】mǎngshé

**然** rán 그러할 연
接尾 그러나. 그렇지만. ¶虽已初冬, ~并无寒意. = 벌써 초겨울이라지만 추운 기는 없다. 形 옳다. 맞다. 그렇다. ¶大谬不~ = 완전히 틀리다. 代 이와 같다. 이러하다. ¶知其~, 不知其所以~. = 그것이 이렇다는 것은 알지만 왜 이런지는 모른다. 接尾 형용사나 부사 뒤에 쓰여, 사물이나 동작의 상태를 나타냄. ¶偶~ = 우연히. / 恍 大悟 = 문득 깨닫다. 名 (Rán) 성(姓). [고어에서 '燃(rán)' 과 같음]

⊙⊕ 靄ǎi然, 安然, 黯àn然, 岸然, 昂áng然, 盎àng然, 傲ào然, 勃bó然, 惨cǎn然, 粲càn然, 怅chàng然, 超然, 诚chéng然, 淡然, 荡dàng然, 定然, 陡dǒu然, 断然, 愕è然, 翻然, 斐fěi然, 废fèi然, 愤然, 固然, 果然, 骇hài然, 悍hàn然, 赫hè然, 哄hōng然, 轰hōng然, 哗huá然, 焕然, 焕然, 恍huǎng然, 浑hún然, 豁huò然, 霍huò然, 或然, 寂jì然, 既然, 戛jiá然, 截jié然, 孑jié然, 井然, 竟然, 迥jiǒng然, 居然, 遽jù然, 决然, 慨kǎi然, 铿kēng然, 岿kuī然, 喟kuì然, 栗然, 了liǎo然, 凛lǐn然, 茫máng然, 貌mào然, 猛měng然, 靡mǐ然, 漠然, 蓦mò然, 默mò然, 木然, 艴nǎn然, 偶ǒu然, 翩piān然, 飘piāo然, 凄qī然, 悄qiǎo然, 愀qiǎo然, 全然, 仍然, 飒sà然, 森然, 潸shān然, 释shì然, 爽然, 悚sǒng然, 肃sù然, 虽然, 索suǒ然, 泰tài然, 坦tǎn然, 倘tǎng然, 陶táo然, 恬tián然, 徒tú然, 颓tuí然, 宛wǎn然, 枉wǎng然, 惘wǎng然, 巍wēi然, 蔚wèi然, 萧xiāo然, 欣xīn然, 哑然, 俨yǎn然, 快yàng然, 怡yí然, 屹yì然, 毅yì然, 悠然, 油然, 跃yuè然, 崭zhǎn然, 昭然, 骤zhòu然, 卓zhuó然, 纵zòng然

【然而】rán'ér 接 그러나. 하지만. 그렇지만. ¶虽然有很多困难, ~也不能灰心. = 비록 어려움이 아주 많지만 낙심할 수는 없다.
【然而不然】rán'érbùrán 俗 비록 이렇긴 하지만 다 이런 것은 아니다.
【然否】ránfǒu 书 그런지 그렇지 않은지. 맞

는지 틀리는지. ¶如此处理, 不知~. = 이렇게 처리하는 것이 맞는지 틀리는지 모르겠다.
【然后】ránhòu 接 그런 후에. 연후에. 그 다음에. ¶先彩排, ~正式演出. = 먼저 리허설을 하고, 그런 후에 정식으로 공연한다.
【然诺】ránnuò 动书 허락하다. 승낙하다. 약속을 지키다. ¶此人讲义气, 重~. = 이 사람은 의리를 중시하고 약속을 소중히 여긴다.
【然则】ránzé 接书 그러한즉. 그렇다면. 그런즉.

○ 然 rán
燃 rán

**髯** [(髥)] rán 구레나룻 염
名书 1 구레나룻. 볼 수염. 2 수염. ¶白发苍~ = 흰 머리에 희끗희끗한 수염. ≒须
【髯口】rán·kou 名(剧)(중국 전통극에서 사용하는) 가짜 수염. 덧수염.
【髯须】ránxū 名 1 구레나룻과 입 주변 수염. 2 수염.

**燃** rán 태울 연
动 1 (불이) 타다. 일다. 붙다. ¶死灰复~ = 사그라진 재에서 불이 다시 일다. 2 불을 붙이다. 태우다. ¶点~鞭炮 = 폭죽에 불을 붙이다. ≒烧

⊙⊕ 点燃, 助燃, 内燃机

【燃爆】ránbào 动 불을 붙여 폭발시키다. ¶~炸药 = 폭약을 폭발시키다.
【燃炽】ránchì 动 세차게 타다. 벌겋게 타다.
【燃点】rándiǎn 名(物) 발화점. =【着火点】zháohuǒdiǎn 动 불을 붙이다. 불을 켜다. 점화하다. ¶~香烛 = 초에 불을 붙이다.
【燃放】ránfàng 动 (폭죽 등에 불을 붙여) 터뜨리다. ¶~烟花爆竹 = 폭죽을 터뜨리다.
【燃火】ránhuǒ 动 불을 붙이다. 불을 피우다. ¶~烧饭 = 불을 지펴 밥을 짓다. 名 불씨. ¶熄灭~ = 불씨를 끄다.
【燃料】ránliào 名(化) 1 연료. 2 핵연료.
【燃眉之急】ránméizhījí 成 1 눈썹에 불이 붙은 것처럼 다급한 상황. 초미지급(焦眉之急). 2 喩 상황이 매우 긴박하다. ≒迫在眉睫
【燃煤】ránméi 名 석탄.
【燃气】ránqì 名 가스. 기체 연료. [煤气(액화 석유 가스)·天然气(천연가스) 등] ¶~灶 = 가스 레인지. 가스 버너.
【燃气轮机】ránqìlúnjī 名(机) 가스 터빈(gas turbine). 略【气轮机】qìlúnjī
【燃烧】ránshāo 动 1(物) 연소하다. 타다. ¶木柴~起来了. = 장작이 타기 시작했다. 2 喩

(감정이) 타오르다. ¶胸中的怒火一下子~起来. =가슴 속의 분노가 삽시간에 치밀어오르기 시작 했다. ↔熄灭

【燃烧弹】 **ránshāodàn** 〔军〕 소이탄. =【烧夷弹】 **shāoyídàn**
【燃烧瓶】 **ránshāopíng** 화염병.
【燃烧值】 **ránshāozhí** 〔物〕 연소치.
【燃油】 **rányóu** 〔名〕 액체 연료. [煤油(등유)·汽油 (휘발유) 등].

# 冉[冄] **rǎn** 나아갈 염
〔名〕 (Rǎn) 성(姓).
【冉冉】 **rǎnrǎn** 〔副〕 천천히. 서서히. ¶太阳~升起. =해가 천천히 떠오른다. 〔形〕 한들거리는 모양. 하늘거리는 모양. ¶柔软的柳枝~飘荡. = 유연한 버들가지가 하늘거린다.

# 苒 **rǎn** 풀 우거질 염
아래를 참조.
【苒苒】 **rǎnrǎn** 〔形〕 1 부드러운 모양. ¶细柳~ =가는 버들이 하늘거린다. 2 무성하다. ¶草木~ =초목이 무성하다. 3 (시간이 점점) 흐르 다. ¶时光~流逝. =세월이 점점 흘러만 간다.
【苒荏】 **rǎnrěn** 〔形〕 시간(세월)이 점점 흐르다.

# 染 **rǎn** 물들일 염
〔动〕 1 염색하다. 물들이다. ¶印~土布=무명을 날염하다. 2 물들다. ¶~上不良习气=나쁜 습 관에 물들다. 3 전염되다. 감염되다. 걸리다. ¶ 传~疾病=질병에 전염되다. 4 연루되다. 연관 되다. 관련되다. ¶他与此事注定有~. =그는 이 일에 반드시 연루되어 있을 것이다.

○● 传chuán染, 点染, 感染, 浸jìn染, 蜡là染, 漂piǎo染, 濡rú染, 污wū染, 习染, 渲xuàn染, 熏xūn染, 沾zhān染.

【染病】 **rǎn‖bìng** 〔动〕 병에 걸리다. 병이 옮다. ¶~修养=병에 걸려서 요양하다.
【染毒】 **rǎndú** 〔动〕 1 (사물이) 유독 물질에 감염 되다. 2 (사람이) 마약을 하다. 아편을 피우다.
【染发】 **rǎnfà** 〔动〕 머리를 염색하다.
【染发剂】 **rǎnfàjì** 〔名〕 머리 염색제.
【染房】 **rǎnfáng** ☞【染坊】 **rǎn·fáng**
【染坊】 **rǎn·fáng** 〔名〕 염색 공방. 염색 공장. =【染房】 **rǎnfáng**
【染缸】 **rǎngāng** 〔名〕 1 염색 항아리. 물들이는 항아리. 2〈비〉 사람들에게 악영향을 미치는 장소 나 환경.
【染疾】 **rǎnjí** 〔动〕 병에 감염되다(걸리다).
【染匠】 **rǎnjiàng** 〔名〕 염색공.
【染料】 **rǎnliào** 〔名〕〔化〕 염료.
【染色】 **rǎnsè** 〔动〕 1 염색하다. 물들이다. 2 (관찰 하기 쉽게) 세균을 염색하다.
【染色体】 **rǎnsètǐ** 〔名〕〔生〕 염색체.
【染色体组】 **rǎnsètǐzǔ** 〔名〕〔基因组〕 **jīyīnzǔ**
【染色质】 **rǎnsèzhì** 〔名〕〔生〕 염색질.
【染指】 **rǎnzhǐ** 〔动〕〈비〉 자기 몫이 아닌 것에 손을

뻗다. 자기 영역 밖의 것을 넘보다.
【染指一鼎】 **rǎnzhǐ-yīdǐng** 〔성〕〈비〉 자기 몫이 아 닌 것에 손을 뻗다. 자기 영역 밖의 것을 넘보다.

# rang

**嚷** **rāng** 떠들 양
☞ **rǎng**
【嚷嚷】 **rāng·rang** 〔动〕 1 떠들다. 소리치다. ¶别~, 别人都睡觉了. =사람들이 모두 잠들었으 니, 큰 소리로 떠들지 마시오. 2 소문내다. (소문 을) 퍼뜨리다. 알리다. ¶这事可不能~出去. = 이 일은 절대 소문내서는 안 된다.

**儴** **ráng** 고달플 양
☞【俇儴】 **kuāngráng**

**勷** **ráng** 달릴 양
☞【劻勷】 **kuāngráng**

**蘘** **ráng** 양하 양
【蘘荷】 **ránghé** 〔名〕〔植〕 양하. [생강과에 속하는 다년생 풀]

**瀼** **ráng** 이슬 많을 양
☞ **Ràng**
【瀼河】 **Ránghé** 〔名〕〔地〕 랑허. [허난(河南)성에 있는 지명]
【瀼瀼】 **rángráng** 〔形〕 이슬이 많은 모양.

**禳** **ráng** 제사 이름 양
〔动〕 액을 쫓다. 액막이하다. ¶避祸~灾=재앙 을 쫓다.
【禳解】 **rángjiě** 〔动〕 (재앙을 쫓으려고) 빌다. ¶~灾祸=재앙을 쫓으려고 빌다.

**穰** **ráng** 볏대 양
〔形〕 (~儿) 풍성하다. 풍요하다. 〔名〕 (~儿) 1 (벼·보리 등의) 줄기. 2 '瓤(ráng)' 과 같음.
【穰穰】 **rángráng** 〔形〕 오곡이 풍성하다. ¶五 谷丰登, ~满亲. =오곡이 풍성하게 무르익어 창 고에 곡식이 가득하다.

**瓤** **ráng** 박속 양
〔名〕 1 (~儿) (수박·오이 등의) 속살. 과육. ¶西 瓜~=수박 속살. 2 (~儿) (껍질에 싸인) 물건. ¶信~儿=(편지의) 내용물. 3 내막. ¶~里 的事只有本人知道. =사건의 내막은 본인만이 알 뿐이다. 〔形〕〈방〉 약하다. 좋지 않다. 나쁘다. ¶ 手艺~=솜씨가 좋지 않다.

○● 沙瓤.

【瓤子】 **ráng·zi** 〔名〕 1 (수박·오이 등의) 속살. 과 육. ¶瓜~=박과 식물의 속. 2〈비〉 물건의 내부. 내용물. ¶钟~=시계 내부.

## 攘 ráng 더러워질 양

〖形〗더럽다. [주로 옛 소설에 보임] ¶外套~了. = 외투가 더러워졌다.

## *壤 rǎng 흙 양

〖名〗**1** 토양. 흙. ¶沃~千里=끝없이 펼쳐진 옥토. **2** 땅. ¶差之霄~=하늘과 땅의 차이. **3** 지역. ¶穷乡僻~=궁벽한 지방. ↔天

○● 红壤, 黄壤, 僻pì壤, 天壤, 土壤

【壤地】 **rǎngdì** 〖名〗토지. 땅.
【壤隔】 **rǎnggé** 〖动〗천양지차이다. ¶~之差=천양지차. 천양지간.
【壤土】 **rǎngtǔ** 〖名〗**1**〖书〗국토. 토지. 땅. **2** 롬(loam). [모래와 점토가 거의 같은 양으로 혼합된 토양] ¶砂~=사양토(sandy loam).

## *攘 rǎng 물리칠 양

〖动〗〖书〗**1** 훔치다. 빼앗다. 탈취하다. ¶~人之美=남의 성과를 가로채다. **2** 배척하다. 내쫓다. 물리치다. ¶力~外患=힘써 외적을 물리치다. **3** 혼란스럽다. 어지럽다. ¶熙~不绝=오가는 사람이 끊이지 않다. **4** 소매를 걷어올리다. ¶愤而~臂=화가 나서 소매를 걷어올렸다.

○● 扰rǎo攘

【攘臂】 **rǎngbì** 〖动〗〖书〗**1** 소매를 걷어올리다. **2** 화가 나다. ¶~一呼=화가 나서 소리를 질렀다.
【攘臂瞋目】 **rǎngbì-chēnmù** 〖成〗**1** 팔을 걷어붙이며 눈을 부릅뜨다. **2**〖喩〗화가 나다.
【攘除】 **rǎngchú** 〖动〗없애다. 내쫓다. 물리치다. ¶~忧患=근심 걱정을 없애다.
【攘夺】 **rǎngduó** 〖动〗〖书〗빼앗다. 탈취하다. ¶~权力=권력을 탈취하다.
【攘攘】 **rǎngrǎng** 〖形〗〖书〗무질서하다. 혼란하다. 어지럽다. ¶熙熙~=오가는 사람들로 흥성거리다. 오가는 사람이 끊이지 않는다.
【攘外】 **rǎngwài** 〖动〗외적을 물리치다.
【攘夷】 **rǎngyí** 〖动〗오랑캐를 물리치다.

## **嚷 rǎng 외칠 양

〖动〗**1** 큰 소리로 부르다. 고함을 치다. 외치다. ¶不要~, 影响别人休息. = 소리지르지 마라, 쉬는 사람들에게 방해된다. **2** 큰 소리로 다투다. 소란을 피우다. 떠들어 대다. ¶这件事, ~也起不了作用. = 이 일은 떠들어도 소용 없다. **3**〖方〗책망하다. 나무라다. ¶怕挨父母~, 那事他瞒着没说. = 부모님의 책망이 두려워 그는 그 일을 숨기고 말하지 않았다.

☞ rāng

○● 吵嚷, 叫嚷, 空嚷, 喧xuān嚷

【嚷叫】 **rǎngjiào** 〖动〗큰 소리로 외치다.
【嚷骂】 **rǎngmà** 〖动〗큰 소리로 다투고 욕하다.

## **让[讓] ràng 사양할 양

〖动〗**1**〖书〗책망하다. 나무라다. ¶责~=책망하다. **2** 사양하다. 양보하다. ¶一再谦~=거듭 사양하다. **3** 양도하다. 넘겨주다. ¶出~铺面=점포를 양도하다. **4** …하게 하다. …하도록 시키다. ¶这个问题要~他思考思考. = 이 문제는 그 사람이 잘 생각해 보도록 해야 한다. **5** 권하다. ¶他不停地向客人~酒~菜. = 그는 끊임없이 손님에게 술과 안주를 권했다. **6** 비키다. 피하다. ¶请~一下, 给他腾个位. = 그에게 자리를 내주게 좀 비켜 주세요. **7** (조건이나 값을) 낮추다. 깎다. ¶再~一点钱, 生意就做成了. = 조금만 더 깎아 주면 흥정은 성사될 것이다. **8** …에게 …되다. …에 의해서 …되다. ¶书~她给撕破了. = 책은 그녀에 의해서 찢어졌다. ↔受 争 抢

○● 出让, 辞让, 割gē让, 互让, 尽让, 宽让, 礼lǐ让, 谦qiān让, 忍rěn让, 禅shàn让, 推让, 退让, 揖yī让, 转让

【让步】 **ràng‖bù** 〖动〗양보하다. ¶不能再~=거듭 양보할 수는 없다. ≒退让 妥协
【让菜】 **ràngcài** 〖动〗음식을 권하다. ¶频频~=자꾸 음식을 권하다.
【让茶】 **ràngchá** 〖动〗차를 권하다. ¶主动~=적극적으로 차를 권하다.
【让道】 **ràng‖dào** 〖动〗**1** 길을 양보하다. 길을 내주다. ¶路窄, 前面的车首先~=길이 좁아서 앞차가 먼저 길을 내주었다. **2**〖喩〗(더 중요한 것에) 양보하다. 자리를 내놓다. ¶小工程应该给重点建设工程~儿. = 소규모 공사는 마땅히 중요한 건설 공사에 양보해야 한다.
【让价】 **ràng‖jià** 〖动〗값을 깎다. 값을 낮추다. 값을 내리다. ¶~促销=값을 낮추어서 판매를 늘리다.
【让家】 **ràng·jia** 〖名〗양도인.
【让酒】 **ràng‖jiǔ** 〖动〗술을 권하다. ¶主人不停地向客人~. = 주인은 손님에게 끊임없이 술을 권하였다.
【让开】 **ràng·kāi** 〖动〗길을 내주다. 길을 비키다. 직위를 내주다. 물러서다. ¶人多路窄, 请大家~点儿. = 사람은 많고 길은 좁으니, 여러분 조금만 비켜 주세요. / 没有合适的人选, 这个位子他暂时还难以~. = 아직 적임자가 없어서, 그는 이 자리를 당분간 내놓을 수 없다.
【让客】 **ràngkè** 〖动〗(손님을) 안내하다.
【让利】 **ràng‖lì** 〖动〗(일부분의 이윤이나 이익을) 양도하다. 돌려주다. ¶~批销=이윤을 줄이고 대량 판매하다.
【让路】 **ràng‖lù** 〖动〗**1** (길을) 양보하다. 비켜 주다. **2** (자리를) 내주다. 양보하다. ¶班组会只得给公司大会~. = 부서 모임은 회사의 전체 회의에 자리를 양보할 수밖에 없다.
【让盘】 **ràngpán** 〖动〗상점을 팔다. 상점을 양도하다.
【让球】 **ràngqiú** 〖动〗(구기 종목에서 고의로) 점수를 내주다.
【让权】 **ràngquán** 〖动〗권리를 넘겨주다.
【让人】 **ràngrén** 〖动〗(남에게) 양보하다. ¶不能

得理不~。=마땅히 이치를 따져 타인에게 양보해야 한다.

**【让位】ràng‖wèi** 동 **1** 자리를 양보하다. ¶请给老人让个位。=노인에게 자리를 양보합시다. **2** 직위에서 물러나다. 자리를 내놓다. ¶年龄大了, 他主动~。=나이가 들자 그는 자진해서 자리를 내놓았다.

**【让先】ràngxiān** 동 (장기나 바둑을 둘 때) 선수를 두게 하다.

**【让贤】ràng‖xián** 동 직위를 유능한 사람에게 넘겨주다. ¶被迫~=강요에 못 이겨 자리를 유능한 사람에게 넘겨주다.

**【让烟】ràng‖yān** 동 담배를 권하다.

**【让座】ràng‖zuò**(~儿) 동 **1**(좌석을) 양보하다. ¶为孕妇~=임산부에게 자리를 양보하다. **2** (손님에게) 자리를 권하다. ¶他一倒水, 很客气。=그는 자리를 권하고 차를 따라 주며 매우 예의를 갖추었다.

**瀼 Ràng** 물 이름 양

명(地) 랑수이(瀼水). [쓰촨(四川)성에 있는 강이름]

☞ **ráng**

## rao

**茭[蕘] ráo** 섶나무 요

명⟨문⟩ 땔나무. ¶薪~=땔나무.
☞ **yáo**

**饶[饒] ráo** 넉넉할 요

형 풍족하다. 많다. ¶富~的海岛=풍족한 섬. 동 **1** 덧붙이다. 덤으로 주다. ¶买条大鱼, ~一条小鱼。=큰 생선 한 마리를 사면 작은 생선 한 마리를 덤으로 준다. **2** 용서하다. ¶~过此回, 下不为例。=이번은 용서해 주지만 다음 번엔 안 된다. 접〈문〉 비록 …할지라도. 아무리 …라 하더라도. ¶~是如此, 还是不公平。=비록 이렇다 해도 역시 불공평하다. 명(Ráo) 성(姓). ≒恕

○● 丰饶, 告饶, 宽饶, 讨tǎo饶

**【饶命】ráo‖mìng** 동 목숨을 살려 주다.

**【饶人】ráo‖rén** 동 관용을 베풀다. ¶简直是得理不~! =그야말로 이치로 따져서도 용서 못 합니다!

**【饶舌】ráoshé** 동 말을 많이 하다. 잔소리를 하다. 이러쿵저러쿵하다. ¶对这个学术问题, 我不敢~。=이런 학술적인 문제에 대해 나는 감히 이러쿵저러쿵 말을 못 하겠다.

**【饶恕】ráoshù** 동 (처벌을) 면해 주다. 용서하다. ¶屡教不改, 实难~。=누차 가르쳤어도 고치지 않으니 실로 용서하기 어렵다. ≒宽恕

**【饶头】ráo·tou** 명⟨구⟩ 덤. 경품. 여분. ¶多买还有~。=많이 사면 덤을 준다.

**【饶有风趣】ráoyǒu-fēngqù** 성 흥미가 넘쳐다. 흥미진진하다.

**娆[嬈] ráo** 요염할 요
☞ **娇娆 jiāoráo 【妖娆】yāoráo**
☞ **rǎo**

**桡[橈] ráo** 노 요

명(배 젓는) 노.
**【桡骨】ráogǔ** 명⟨生⟩ 요골.

**扰[擾] rǎo** 어지러울 요

형 혼란하다. 어지럽다. 뒤죽박죽이다. ¶纷纷~~=분분하다. 동 **1** 방해하다. 귀찮게 하다. 어지럽히다. ¶打~=폐를 끼치다. **2** (인사말로) 폐를 끼쳤습니다. 신세졌습니다. ¶叨~多时=오랜 시간 폐를 끼쳤습니다.

○● 窜cuàn扰, 烦fán扰, 干扰, 惊扰, 侵qīn扰, 骚sāo扰, 肆sì扰, 袭xí扰, 相扰, 喧xuān扰

**【扰动】rǎodòng** 동 **1** 방해하다. 어지럽히다. 교란하다. 귀찮게 하다. ¶~一方=한쪽을 방해하다. **2** 소동〔소요·동란·혼란·소란〕을 일으키다. ¶朝野~=여야가 소란스럽다.

**【扰害】rǎohài** 동 어지럽히다. 방해하다. 해를 입히다. 소란으로 폐를 끼치다.

**【扰乱】rǎoluàn** 동 혼란시키다. 어지럽히다. 뒤죽박죽되게 하다. 어수선하게 하다. 뒤숭숭하게 하다. ¶~秩序=질서를 어지럽히다.

**【扰乱社会秩序罪】rǎoluàn shèhuì zhìxùzuì** 명(法) 소란죄. 사회 질서 문란죄.

**【扰民】rǎomín** 동 (대중에게) 해를 끼치다. 피해를 주다. ¶夜间禁止施工, 以防~。=야간 공사를 금지하여 대중에게 피해를 주는 것을 방지하다.

**【扰攘】rǎorǎng** 형 소란스럽다.

**【扰扰】rǎorǎo** 형⟨문⟩ 소란스러운 모양. 혼란한 모양. ¶纷纷~=어수선하다.

**【扰袭】rǎoxí** 동 교란하여 습격하다.

**娆[嬈] rǎo** 번거로울 뇨

동 폐를 끼치다. 귀찮게 굴다.
☞ **ráo**

**绕[繞, 遶]²/³ rào** 두를 요

동 **1** 휘감다. 두르다. 감다. ¶~线织布=실을 감아서 베를 짜다. **2** 우회하다. 돌아서 가다. ¶~道而行=길을 우회해서 가다. **3** 맴돌다. 감돌다. 돌다. ¶环~=둘레를 돌다. **4** 뒤얽히다. 뒤엉키다. 혼란해지다. ¶东算西算, 都被~糊涂了。=이리저리 계산하다가 전부 뒤엉켜 뒤범벅〔엉망〕이 되고 말았다. **5** 혀가 잘 돌지 않다. 유창하게 말하지 못하다. ¶~嘴-舌=말이 유창하게 되지 않다.

○● 缠chán绕, 环huán绕, 缭liáo绕, 袅niǎo绕, 盘绕, 围绕, 旋xuán绕, 萦yíng绕

**【绕脖子】rào bó·zi** ⟨口⟩ **1** 에둘러 말하다. 넌지

시 말하다. 빙 돌려 말하다. ¶简单说说, 别~。=간단하게 말해라, 빙빙 돌려 말하지 말고. **2** (말이나 일이) 애매하다. 갈피를 잡을 수 없다. 난해하다. 까다롭다. ¶他的话确实~。=그의 말은 정말로 갈피를 잡을 수가 없다.

【绕场】**ràochǎng** 〈动〉 운동장을〔장소를〕따라 돌다. ¶运动员先~一周, 然后进入指定位置。=선수들은 먼저 운동장을 한 바퀴 돌고 난 후, 지정된 위치로 들어갔다.

【绕道】**rào ‖ dào**(~儿) 〈动〉 우회하다. 길을 돌아가다. ¶不爬山, 只好~。=산을 오르지 않으면 우회해서 갈 수밖에 없다.

【绕道走】**ràodàozǒu** 〈俗〉 **1** 먼 길로 돌아가다. **2**〈비〉 곤란한 일에 부닥쳐 문제나 어려움을 회피하다.

【绕口】**ràokǒu** 〈형〉 발음하기 까다롭다. 읽기 어렵다. ¶这首诗读起来有点~。=이 시는 좀 읽기가 까다롭다.

【绕口令】**ràokǒulìng**(~儿) 〈명〉 잰말놀이. [발음하기 힘들거나 혀가 잘 돌아가지 않는 어구를 일시에 말하게 함. 예를 들어 "麻妈妈骑马, 马慢麻妈妈骂马" 등] =【拗口令】**àokǒulìng** ⑤【急口令】**jíkǒulìng**

【绕来绕去】**ràolái-ràoqù** **1** 주위를 빙빙 돌다. 주변을 돌고 돌다. **2**〈비〉일에 진전이 없다.

【绕梁三日】**ràoliáng-sānrì** 〈성〉 아름답고 묘한 노랫소리〔곡조〕의 여운이 오래도록 남다.

【绕梁之音】**ràoliángzhīyīn** 〈성〉 매우 아름답고 듣기 좋은 노랫소리나 곡조.

【绕路】**ràolù** 〈动〉 우회하다. 길을 돌아가다.

【绕圈子】**rào quān·zi** 〈动〉 **1** 길을 빙빙 돌아가다. ¶路不熟, 净~, 半天才找到这儿。=길이 낯설어서 빙빙 돌다가 한참 지나서야 겨우 이 곳을 찾아왔다. **2**〈비〉 빙빙 돌려서 말하다. 말을 에둘러 하다. ¶有事照直说, 别~。=일이 있으면 직접 말하시오, 에둘러 하지 말고. ⑤兜圈子

【绕射】**ràoshè** ☞〔衍射〕**yǎnshè**

【绕弯儿】**rào ‖ wānr** 〈动〉 **1** 산보하다. ¶他出门~去了。=그는 산보하러 나갔다. **2** 돌려 말하다. 말을 에둘러 하다.

【绕弯子】**rào wān·zi** 〈动〉 **1** 산보하다. ¶他在院子里一边~, 一边思考问题。=그는 정원에서 산보하면서 문제를 생각한다. **2**〈비〉 돌려 말하다. 말을 에둘러 하다. ¶他这个人说话总爱~。=그 사람은 돌려 말하기를 좋아한다.

【绕线】**ràoxiàn** 〈动〉 실을 감다.

【绕行】**ràoxíng** 〈动〉 **1** 주위를 돌다. 빙 돌다. ¶沿着操场~=운동장을 따라 빙 돌다. **2** 길을 돌아가다. ¶道路施工, 车辆请~。=도로가 공사중이니 차량은 돌아가시오.

【绕远儿】**rào ‖ yuǎnr** 〈动〉 멀리 돌아가다. 멀리 에돌다. ¶只要路好走, 绕点远儿没关系。=길이 좋기만 하다면 멀리 돌아가도 상관 없다. ⑤走那路太~!=그 길로 가면 너무 구불구불하고 멀다!

【绕越】**ràoyuè** 〈动〉 길을 돌아 지나가다. 길을 돌아 건너다.

【绕嘴】**ràozuǐ** 〈형〉 발음하기 어렵다. 혀가 잘 돌아가지 않다.

# re

**若** **rě** 반어 야
☞【般若】**bōrě** 【兰若】**lánrě**
☞ **ruò**

**喏** **rě** 예 야
☞【唱喏】**chàngrě**
☞ **nuò**

**\*\*惹** **rě** 야기할 야
〈动〉 **1** 불러일으키다. 야기하다. 초래하다. ¶招灾~祸=재난을 초래하다. **2** (사람이나 사물의 특징이) 어떤 감정을 일으키다. ¶~人喜欢=사람의 환심을 사다. **3** (언행이) 상대방의 기분을 건드리다. ¶没招谁, 没~谁, 偏偏让你遇见这倒霉事。=누구를 집적거리지도 건드리지도 않았는데, 이런 재수 없는 일을 만나다니. ⑤招引

**◐─◑ 招惹**

【惹不得】**rě·bu·dé** 〈动〉 건드리지 못하다. 건드릴 수 없다. 건드려서는 안 된다. ¶~, 躲得。=건드리지 못하면 피하다.

【惹不起】**rě·buqǐ** 〈动〉 건드려서는 안 된다. 건드릴 수 없다. ¶趁早收手, 你~!=일찌감치 손을 떼라, 네가 건드려서는 안 되니!

【惹火】**rěhuǒ** 〈형〉 인화하다. 불을 당기다. ¶汽油容易~。=기름은 쉽게 인화한다. 〈动〉 화나게 하다. ¶他一句话便把大家~了。=그의 한 마디가 모두를 화나게 했다.

【惹火烧身】**rěhuǒshāoshēn** 〈성〉〈비〉 **1** 스스로 고난이나 재난을 불러들이다. 사서 고생하다. **2** 스스로 멸망을 초래하다. =【引火烧身】**yǐnhuǒshāoshēn**

【惹祸】**rě ‖ huò** 〈动〉 화를 초래하다. 일을 저지르다. ¶他安分守己, 从不~。=그는 분수를 지키며 살아 여태껏 화를 초래하지 않았다.

【惹乱子】**rě luàn·zi** 〈动〉 소동을 일으키다. 화를 야기하다.

【惹目】**rěmù** 〈动〉 주의를 끌다. 시선을 끌다. ¶穿红大衣的女孩格外~。=빨간 외투를 입은 여자아이가 특히 시선을 끈다.

【惹恼】**rěnǎo** 〈动〉 노하게 하다. 화나게 하다. ¶说话小心点儿, 别把他~了。=말조심해, 그를 화나게 하지 말고.

【惹起】**rěqǐ** 〈动〉 일으키다. 야기하다. ¶那麻烦是他~的。=그 문제는 그가 일으킨 것이다.

【惹气】**rě ‖ qì** 〈动〉 화내다. 약오르다. ¶那点儿事, 不值得~。=그런 사소한 일은 화낼 가치조차 없다.

【惹人】**rěrén** 〈动〉 **1** 남을 화나게 하다. 남의 심기를 건드리다. **2** (어떤 마음이) 들게 하다. ¶~发

vection
【热风】**rèfēng** [명] 열풍.
【热敷】**rèfū** [명]《醫》 온습포. 온찜질. =【热罨】**rèyǎn** ↔冷敷
【热辐射】**rèfúshè** [명]《物》 열복사.
【热狗】**règǒu** [명][외] 핫도그(hot dog).
【热固塑料】**règù sùliào** [명]《化》 열경화성(熱硬化性) 플라스틱.
【热固性】**règùxìng** [명]《物》 열경화성(熱硬化性). [가열하면 단단해지는 성질]
【热滚滚】**règǔngǔn** [형] **1** 펄펄 끓다. **2** 열이 나다. 훈훈하다. 뜨끈뜨끈하다. 뜨겁다. ¶看了那部感人的电影, 他心里~的。=그는 감동적인 영화를 보고, 마음이 훈훈해졌다.
【热锅】**règuō** [명] 뜨거운 솥.
【热锅上的蚂蚁】**règuō·shàng·de mǎyǐ** [담] **1** 뜨거운 가마 속의 개미 같다. **2** [비] 갈팡질팡하며 허둥대다.
【热函】**rèhán** [명]《物》 엔탈피(enthalpy).
【热合】**rèhé** [동] (플라스틱·고무 따위를) 가열한 후 접착하다.
【热核弹头】**rèhédàntóu** [명]《軍》 핵탄두. [영] thermonuclear warhead
【热核反应】**rèhé fǎnyìng** [명]《化》 열핵 반응. =【聚变】**jùbiàn**
【热核武器】**rèhé wǔqì** ☞【氢弹】**qīngdàn**
【热烘烘】**rèhōnghōng**(~的) [형] 후끈후끈하다. 화끈화끈하다. ¶太阳把房子晒得~的。=태양이 내리쬐어 건물이 후끈후끈하다.
【热乎】[热呼] **rè·hu** [형] **1** 따듯하다. 훈훈하다. 따끈하다. ¶电热毯开了一会儿, 被子里便很~。=전기 장판을 잠시 틀었더니 이불 속이 금방 따듯해졌다. **2** 친밀하다. 관계가 뜨겁다. 무척 사이가 좋다. ¶两人恋爱谈得挺~。=두 사람은 관계가 제법 뜨겁다.
【热乎乎】[热呼呼] **rèhūhū**(~的) [형] **1** 뜨겁다. 따끈하다. ¶~的鸡汤=뜨거운 닭고깃국. **2** (마음이) 따듯하다. 따스하다. ¶回到故乡, 他心里~的。=고향으로 돌아오자, 그의 마음이 따스해졌다.
【热呼】**rè·hu** ☞【热乎】**rè·hu**
【热呼呼】**rèhūhū** ☞【热乎乎】**rèhūhū**
【热火】**rè·huo** [형] **1** 열렬하다. 열기에 차다. 맹렬하다. ¶剧场里的气氛很~。=극장 안의 분위기는 열기에 차 있다. **2** 정답다. 다정하다. 친밀하다. ¶他们谈得非常~。=그들은 매우 정답게 이야기를 한다. **3** 사이가 좋다. 의가 좋다. 사이가 뜨겁다. ¶夫妻俩日子过得挺~。=부부는 아주 사이좋게 지낸다.
【热火朝天】**rèhuǒ-cháotiān** [성] 열기가 하늘을 찌른다.
【热货】**rèhuò** ☞【热门货】**rèménhuò** ↔冷货
【热和】**rè·huo** [형] **1** 뜨겁다. 따끈하다. ¶馒头还~着, 快吃。=만터우가 아직은 따끈하니 어서 먹어라. **2** 정답다. 다정하다. 친밀하다. 사이가 좋다. ¶小两口相处得很~。=젊은 부부는 다정하게 잘 지낸다.
【热机】**rèjī** [명]《機》 열기관.
【热加工】**rèjiāgōng** [명] 열가공. 열처리.
【热劲儿】**rèjìnr** [명] 뜨거운 느낌. 열의. 의욕. ¶他对新的工作有股~。=그는 새로운 일에 열의를 가지고 있다.
【热辣辣】**rèlālā**(~的) [형] (뜨거워) 얼얼하다. 따갑다. 화끈화끈하다. ¶太阳晒得水泥地面~的。=햇볕이 따갑게 시멘트 바닥을 내리쪼인다.
【热浪】**rèlàng** [명] **1** 무더위. 열기. ¶~袭人=무더위가 기승을 부린다. **2** [비] 열기. 붐. ¶完善市场经济的~一波又一波。=시장 경제를 완벽하게 하려는 열기가 일파만파로 번진다. **3**《氣》 열파. [온대 지방의 따뜻한 시기 또는 열대 지방에서 나타나는 혹서(酷暑)]
【热泪】**rèlèi** [명] 뜨거운 눈물. ¶~纵横=뜨거운 눈물이 거침없이 흐른다.
【热泪盈眶】**rèlèi-yíngkuàng** [성] **1** 뜨거운 눈물이 눈에 그렁그렁하다. **2** [비] 매우 감격하다〔흥분하다·감동하다〕.
【热力】**rèlì** [명]《物》 열에너지.
【热力学温标】**rèlìxué wēnbiāo** ☞【开氏温标】**Kāishì wēnbiāo**
【热力学温度】**rèlìxué wēndù** [명]《物》 캘빈(kelvin) 온도. [기호는 K]
【热恋】**rèliàn** [동] **1** 열렬하게 연애하다. 열애하다. 뜨겁게 사랑하다. ¶他们彼此~着对方。=그들은 서로가 상대방을 열렬하게 사랑한다. **2** 그리워하다. 사모하다. ¶~故土=고향을 그리워하다.
【热量】**rèliàng** [명]《物》 열량. [단위는 칼로리(calorie)]
【热烈】**rèliè** [형] 열렬하다. ¶会上的讨论很~。=회의의 토론이 열렬하다. ≒猛烈
【热流】**rèliú** [명] **1** 열기. ¶经济改革的~不断向前。=경제 개혁의 열기가 끊임없이 달아오르고 있다. **2** 정열. 힘찬 기운. ¶心中~滚滚。=마음속에 힘찬 기운이 가득하다. **3**《物》 열류.
【热卖】**rèmài** [형] (물건이) 잘 팔리다. 불티나게 팔리다. 날개 돋친 듯 팔리다. ¶背投电视目前很~。=프로젝션 칼라TV가 요즘 잘 팔린다.
【热媒质】**rèméizhì** [명]《化》 열매(熱媒). 전열 매체(傳熱媒體).
【热门】**rèmén**(~儿) [명] 인기 있는 것. 유행하는 것. ¶~学科=인기 학과. ↔冷门
【热门话题】**rèmén huàtí** [명] 인기 화제.
【热门货】**rèménhuò** [명] 인기 상품. =【热货】**rèhuò**
【热门消息】**rèmén xiāo·xi** [명] 관심거리. 주요 뉴스.
【热敏电阻】**rèmǐn diànzǔ** [명]《電》 서미스터(thermistor). [온도에 따라 전기 저항치가 달라지는 저항체를 이용한 저항기]
【热敏性】**rèmǐnxìng** [명]《電》 (반도체 등의) 외부 온도 변화에 따라 전도(電導) 능력이 민감해지는 성질.
【热闹】**rè·nao** [형] (광경이나 분위기가) 번화하다. 홍성거리다. 떠들썩하다. 시끌벅적하다. 북

怒=남의 화를 돋우다.

【惹事】rě‖shì 동 일을 저지르다. 문제를 일으키다. 말썽을 일으키다. ¶出门在外, 千万别~。=밖에 나가서는 절대로 일을 저지르지 마라.

【惹是非】rě shì·fēi 시비를 일으키다. 문제를 일으키다. 말썽을 일으키다.

【惹是生非】rěshì-shēngfēi 성 시비를 일으키다. 말썽을 일으키다. ≒招灾惹祸 ↔安分守己

【惹嫌】rě xián 동 혐오감을 자아내다. 미움을 사다. ¶小点声说话, 别~。=작은 소리로 말해, 남한테 미움을 사지 말고.

【惹眼】rěyǎn 형 시선을 끌다. 주목을 끌다. 눈에 띄다. ¶这种颜色很~。=이 색은 눈에 띈다.

【惹厌】rěyàn 형 밉살스럽게 굴다. 혐오스럽게 굴다.

## 热[熱] rè 뜨거울 열

형 1 덥다. 뜨겁다. ¶近来天气忽冷忽~。=요즘 날씨가 추웠다 더웠다 변덕을 부린다. 2 인기 있다. 유행하다. ¶~门职业=인기 있는 직업. 3 정이 깊다. 친밀하다. 뜨겁다. 열정적이다. 열정적이다. ¶待人亲~=친밀하게 사람을 대하다. 4 매우 부러워하다. 탐내다. ¶眼~~=부러워하다. 5 왕성하다. 활기 있다. ¶一派~闹闹的过年景象=떠들썩한 설 광경. 동 가열하다. 데우다. ¶在微波炉里~一下剩菜。=전자 레인지에 남은 음식을 좀 데우자. 명 1 (物) 열. 2 (醫) 열. ¶感冒发~=감기가 들어 열이 나다. 3 (醫) 열병. ¶内~重=내열이 심하다. 4 유행. 붐(boom). ¶考研~=대학원 입시 붐. ↔冷 寒 凉

○● 白热, 比热, 炽chì热, 导dǎo热, 地热, 电热, 沸fèi热, 高热, 隔gé热, 滚gǔn热, 寒热, 火热, 加热, 酷kù热, 狂热, 闷热, 潜qián热, 伤热, 受热, 暑shǔ热, 炎yán热, 郁yù热, 灼zhuó热

【热爱】rè'ài 동 열애에 빠지다. 뜨겁게 사랑하다. ¶~故乡=고향을 열렬히 사랑하다. ≒酷爱 ↔憎恶 痛恨

【热泵】rèbèng 명(機) 열펌프. 영 heat pump.

【热病】rèbìng 명(醫) 1 열병. 열성병. 열증. [한·중의학에서 외부 감각에 의해 야기되는 모든 열병을 가리킴] 2 열. 발열.

【热补】rèbǔ 동 1 가열하여 보수하다[땜하다]. ¶~轮胎=타이어를 가열하여 땜하다. 2 (짧은 시간에 집중적으로) 보충 학습하다. 영양 보충하다. ¶~英语=집중적으로 영어를 보충 학습하다.

【热菜】rè‖cài 동 요리를 데우다.

【热菜】rècài 명 익힌 요리.

【热肠】rècháng 명 열정. 정열. ¶满腹~=가득한 열정.

【热肠古道】rècháng-gǔdào ☞【古道热肠】gǔdào-rècháng

【热潮】rècháo 명 열기. 붐. ¶全厂掀起学习新技术, 新知识的~。=공장 전체가 새로운 기술과 지식을 배우려는 열기로 달아올랐다.

【热炒】rèchǎo 동 1 (음식을) 볶다. 계속 뒤집어 데우다. 2 (비) (언론 매체에서 대대적으로) 기사화하다. 띄우다. 떠들다. 뜨겁게 다루다. ¶那位电影明星的隐私被一些小报~。=그 인기 있는 영화 배우의 사생활을 몇몇 신문지상에서 뜨겁게 다루었다.

【热炒热卖】rèchǎo-rèmài 성 1 막 볶은 음식을 뜨거울 때에 팔다. 2 (비) 막 익힌 지식을 가지고 다른 사람을 가르치다.

【热忱】rèchén 명 열정. ¶一腔~=가슴 가득한 열정. 형 열성적이다. 열정적이다. 열렬하고 진지하다. ¶他对工作非常~。=그는 일에 대해 매우 열성적이다.

【热诚】rèchéng 형 열성적이다. 정열적이다. ¶他对待朋友非常~。=그는 친구를 매우 열성적으로 대한다.

【热处理】rèchǔlǐ 동 1 열처리하다. 2 (비) 그때그때 문제를 해결하다. 3 (비) 냉정하게 문제를 처리하지 못하다.

【热传导】rèchuándǎo 명(物) 열전도. =【导热】dǎorè

【热传递】rèchuándì ☞【传热】chuánrè

【热带】rèdài 명(地) 열대. =【回归带】huíguīdài ↔寒带

【热带风暴】rèdài fēngbào 명(氣) 열대성 폭풍. 영 tropical storm

【热带气旋】rèdài qìxuán 명(氣) 열대성 선풍. [회오리바람]. 영 tropical cyclone

【热带鱼】rèdàiyú 명(動) (관상용) 열대어.

【热带雨林】rèdài yǔlín 명 열대 우림.

【热导率】rèdǎolǜ 명(物) 열대 우림.

【热导体】rèdǎotǐ 명(物) 열전도체.

【热岛效应】rèdǎo xiàoyìng ☞【城市热岛效应】chéngshì rèdǎo xiàoyìng

【热点】rèdiǎn 명 1 (物) 열점. 2 사람들의 이목을 끄는 곳이나 문제. 인기 장소. 핫 뉴스. 주관심사. 관심거리. 화두. 초점. 포커스(focus). 포인트. ¶新闻~=핫 뉴스(hot news).

【热点问题】rèdiǎn wèntí 명 핫 이슈(hot issue). 주관심사.

【热电厂】rèdiànchǎng 명 전력과 열을 공급하는 화력 발전소. =【电热厂】diànrèchǎng

【热电堆】rèdiànduī 명(電) 열전퇴(熱電堆). 열전기더미. 영 thermopile

【热电流】rèdiànliú 명(物) 열전류.

【热电偶】rèdiàn'ǒu 명(電) 열전대(熱電對). 열전쌍(熱電雙).

【热电效应】rèdiàn xiàoyìng 명(物) 열전 효과. 제베크(Seebeck) 효과. 영 thermoelectric effect

【热度】rèdù 명 1 열도. 열의 도수. ¶~达到燃点, 物体便会燃烧。=열도가 연소점에 도달하면 물체는 곧 연소한다. 2 정상보다 높은 체온. 신열. ¶他的~已经退了。=그의 신열은 이미 내렸다. 3 열정. 열의. ¶只有三分钟的~是不能成大气候的。=순간의 열정으로는 큰 일을 이룰 수 없다.

【热对流】rèduìliú 명 열대류. 영 thermal con-

적북적 들끓다. 뜨겁다. 붐비다. 부산하다. ¶节日的商场十分~。=명절 무렵의 상점이 매우 시끌벅적하다. 통 즐겁게 하다. 신나게〔떠들썩하게·즐겁게〕놀다. 흥청거리(게 하)다. ¶唱段京剧让大家~一下。=경극을 한 토막 불러 사람들을 좀 즐겁게 해 보라. 명 (~儿) 번화한〔떠들썩한〕장면. 구경거리. 재밋거리. 흥청거림. 떠들썩함. 여흥. 오락. ¶去街上瞧瞧~儿=거리로 나가 구경을 하다. ↔冷清 冷落 清冷 冷情

【热能】rènéng 명 1 (物) 열에너지. 2 열량.
【热膨胀】rèpéngzhàng 명 열팽창.
【热平衡】rèpínghéng 명 열평형.
【热气】rèqì 1 열기. 뜨거운 기운. 2 비 열의. 열성. 열기. ¶工地上人头攒动, ~高昂。=현장에서 사람들이 무리지어 움직이자 열기가 고조되었다.
【热气球】rèqìqiú 명 열기구.
【热气腾腾】rèqì-téngtēng 성 1 열기가 무럭무럭 나다. 뜨거운 김이 나다. 2 비 열기가 오르다. 분위기가 고조되다. ↔死气沉沉
【热气田】rèqìtián ☞【蒸气田】zhēngqìtián
【热钱】rèqián ☞【游资】yóuzī
【热切】rèqiè 형 열렬하다. 간절하다. ¶~地向往=간절히 그리워하다. 열렬히 동경하다.
【热情】rèqíng 명 열정. 열의. ¶满腔~=가득 찬 열정. 형 열정적이다. 친절하다. 다정하다. ¶他待人接物十分~。=그는 사람을 매우 친절하게 대한다. ↔冷淡 冷漠 淡漠
【热热】rèrè (~的) 형 1 따끈따끈하다. 뜨끈뜨끈하다. 뜨겁다. ¶~的包子=따끈따끈한 왕만두. 2 격동하다. 흥분하다. ¶~的情感在内心奔突。=격정이 마음 속에서 솟구친다.
【热热闹闹】rèrè nàonào 형 왁자지껄하다. 떠들썩하다. 시끌벅적하다. 흥성거리다. 흥청거리다. ¶一家子~地过个年。=온 집안이 시끌벅적하게 설을 보낸다.
【热容量】rèróngliàng 명 (物) 열용량.
【热丧】rèsāng 명 최근에 당한 친상.
【热身】rèshēn 통 워밍업하다. 준비 운동을 하다. 몸을 풀다. ¶~训练=준비 훈련.
【热身赛】rèshēnsài 명(體) (정식 시합 전의) 시범 경기.
【热水】rèshuǐ 명 1 펄펄 끓인 물. 2 따뜻한 물.
【热水袋】rèshuǐdài 명 더운물주머니. [온찜질용이나 보온용으로 쓰임] 녹暖水袋
【热水瓶】rèshuǐpíng ☞【暖水瓶】nuǎnshuǐpíng
【热水器】rèshuǐqì 명 온수기.
【热塑塑料】rèsù sùliào (化) 열가소성(熱可塑性) 물질.
【热塑性】rèsùxìng 명(化) 열가소성.
【热腾腾】rètēngtēng (~的) 형 1 김이 무럭무럭 나는 모양. 뜨끈뜨끈한 모양. ¶满桌~的饭菜。=식탁에 김이 무럭무럭 나는 요리가 가득하다. 2 (분위기·장면·심정 등이) 뜨겁다. 열렬하다. 고조되다. ¶听了他的话, 心里~的。=그의 말을 듣고 마음이 후끈 달아올랐다.

【热天】rètiān 명 무더운 날〔날씨〕.
【热土】rètǔ 명 오래 산 땅. 나서 자란 땅. ¶难离~=오래 살던 땅을 떠나기 어렵다.
【热望】rèwàng 통 열망하다. ¶老人~儿子学成归来。=노인은 아들이 학업을 마치고 돌아오기를 열망한다. ¶心中充满~。=마음 속이 열망으로 가득 찼다.
【热污染】rèwūrǎn 명 폐열(廢熱) 등으로 인한 환경 오염.
【热线】rèxiàn 명 1 직통 전화. 핫 라인(hot line). ¶~联系=핫 라인 연결. 2 인기 노선. 인기 루트. ¶旅游~=인기 있는 여행 노선. 3 ☞【红外线】hóngwàixiàn
【热线电话】rèxiàn diànhuà 명 직통 전화.
【热销】rèxiāo 형 잘 팔리다. 불티나게 팔리다. ¶家庭轿车近期~。=가정용 승용차가 요즘 잘 팔린다.
【热孝在身】rèxiào zàishēn 통 친상 중이다.
【热效率】rèxiàolǜ 명(物) 열효율.
【热心】rèxīn 형 친절하다. (마음씨가) 따뜻하다. ¶他对顾客很~。=그는 고객에게 매우 친절하다. 통 열심이다. 적극적이다. 열성적이다. ¶~教育事业=교육 사업에 적극적이다.
【热心肠】rèxīncháng (~儿) 명 적극적이고 따뜻한 마음씨. 열성. 열의. ¶她自小就是个~儿。=그녀는 어려서부터 적극적이고 따뜻한 마음의 소유자였다.
【热学】rèxué 명(物) 열학.
【热血】rèxuè 명 1 (인체의) 더운 피. ¶抛头颅, 洒~。=머리를 내던지고 더운 피를 쏟다. 정의를 위해 목숨을 바치다. 2 비 끓는 피. 열혈. 열정. ¶~男儿=열혈남아.
【热血动物】rèxuè dòngwù ☞【恒温动物】héngwēn dòngwù
【热血沸腾】rèxuè-fèiténg 성 1 더운 피가 끓어오르다. 2 비 정의감에 불타오르다.
【热压】rèyā 명(物) 가열압축. 가열성형.
【热压釜】rèyāfǔ ☞【加压釜】jiāyāfǔ
【热罨】rèyǎn ☞【热敷】rèfū
【热饮】rèyǐn 명 뜨거운 음료. ↔冷饮
【热应力】rèyìnglì 명(物) 열응력. 영 thermal stress
【热郁】rèyù 명(醫) 열울(熱鬱). [한·중의학에서 말하는 육울(六鬱) 중의 하나]
【热源】rèyuán 명(物) 열원.
【热运动】rèyùndòng 명(物) 열운동.
【热轧】rèzhá 명 열간 압연(熱間壓延). ¶~机=열간 압연기.
【热战】rèzhàn 명(軍) 열전. ↔冷战
【热胀冷缩】rèzhàng lěngsuō (物) 열팽창과 열수축.
【热障】rèzhàng 명 열 장애. 고온 장애. [비행기·미사일 등이 초음속으로 비행할 때, 그 표면이 고온의 기류에 의해 약해지거나 심지어 타 버리는 현상]
【热症】rèzhèng 명(醫) 열증. [한·중의학에서 발열·구갈·변비·맥박이 빨라지는 등의 종합적인

증상을 가리킴]
【热值】**rèzhí** 명 발열량.
【热中】**rèzhōng** ☞【热衷】**rèzhōng**
【热衷】[热中] **rèzhōng** 동 **1** 간절히 바라다. 갈망하다. ¶一名利=명예와 이익을 간절히 바라다. **2** 열중하다. 몰두하다. ¶~于上网=인터넷에 열중하다. ≒酷爱

# ren

**人** **rén** 사람 인
명 **1** 사람. 인간. ¶大~=어른. / 男~=남자. **2** 성인. 어른. ¶长大成~=자라서 성인이 되었다. **3** 일반인. ¶~皆有可取之处.=사람마다 본받을 만한 점이 있다. **4** (특정적인) 사람. ¶证婚~=혼인 증명인. **5** 타인. 다른 사람. ¶好为~师=남의 스승 노릇 하길 좋아하다. **6** 사람들. 모두들. ¶一鸣惊~=일을 한번 벌리면 남들이 놀랄 정도로 단번에 큰 성취를 거두다. **7** 몸. 의식. ¶~在曹营心在汉=몸은 조조(曹操) 진영에 있으나 마음은 한(汉)나라에 있다. 마음이 콩밭에 가 있다. **8** (사람의) 명예. 성격. 품행. ¶甘老师~很正直. =감 선생님은 성품이 매우 정직하다. **9** 일손. 인재. ¶十年树木, 百年树~=나무를 기르는 데는 십 년이 필요하고 인재를 기르는 데는 백 년이 필요하다. **10** (**Rén**) 성(姓).

○● 爱人, 保人, 鄙bǐ人, 便人, 冰人, 仇chóu人, 传人, 蠢chǔn人, 歹dǎi人, 道人, 得人, 敌人, 动人, 恶人, 废fèi人, 个人, 古人, 寡guǎ人, 国人, 汉人, 红人, 后人, 坏huài人, 佳jiā人, 贱jiàn人, 匠jiàng人, 近人, 惊人, 举人, 可人, 客人, 快人, 困人, 来人, 浪人, 泪人儿, 路人, 媒méi人, 门人, 面人儿, 明人, 牧mù人, 拿人, 难人, 恼人, 内人, 能人, 泥人, 拟nǐ人, 偶œu人, 怕人, 旁人, 仆pú人, 旗人, 前人, 强人, 亲人, 情人, 穷人, 求人, 孺rú人, 骚sāo人, 上人, 神人, 生人, 圣shèng人, 时人, 士人, 世人, 熟人, 通人, 瞳tóng人, 头人, 完人, 妄wàng人, 为人, 伟人, 闻人, 吾wú人, 喜人, 下人, 仙xiān人, 行人, 雪人, 雅yǎ人, 阉yān人, 洋人, 伊yī人, 宜yí人, 艺人, 用人, 游人, 真人, 中人, 众人, 专人, 族人, 做人, 代言人, 候选人, 接班人, 局外人, 明眼人, 有心人

【人本主义】**rénběnzhǔyì** 명[哲] 인본주의. 휴머니즘(humanism).
【人不犯我, 我不犯人】**rén bù fàn wǒ, wǒ bù fàn rén** 성 남이 우리를 침범하지 않으면 우리도 남을 침범하지 않는다.
【人不可貌相】**rén bùkě màoxiàng** 속 겉모습으로 사람의 재능과 품성을 판단해서는 안 된다.
【人不鬼, 鬼不鬼】**rén bù rén, guǐ bù guǐ** **1** 사람도 아니고 귀신도 아니다. **2** (비) 사람 꼴이 아니다. 차림새가 더럽기 짝이 없다.
【人不为己, 天诛地灭】**rén bù wèi jǐ, tiān**

**zhū dì miè** 성 사람이 자기 자신을 위하지 않으면 하늘과 땅이 그를 멸망시킨다. [주로 이기주의자들이 자기 변명투로 쓰는 말]
【人不知, 鬼不觉】**rén bù zhī, guǐ bù jué** 성 쥐도 새도 모르게. 감쪽같다.
【人才】[人材] **réncái** 명 **1** (재덕을 겸비한) 인재. (한 방면에 뛰어난) 인재. ¶尊重知识, 尊重~. =지식을 존중하고 인재를 존중한다. **2** 곱고 단정한 모습. ¶一表~=출중한 용모.
【人才辈出】**réncái-bèichū** 성 인재들이 대량으로 배출되다.
【人才济济】**réncái-jǐjǐ** 성 인재가 넘치다. 유능한 인재가 매우 많다.
【人才市场】**réncái shìchǎng** 명 인재 시장.
【人材】**réncái** ☞【人才】**réncái**
【人财两空】**réncái-liǎngkōng** 성 **1** 사람도 재물도 모두 잃다. **2** 아무것도 남지 않다.
【人财两旺】**réncái-liǎngwàng** 성 **1** 사람과 재산이 번창하다. **2** 가세가 번창하다.
【人潮】**réncháo** 명 인파. ¶~滚滚向前=인파가 물밀듯이 전진한다.
【人称】**rénchēng** 명(言) 인칭. ¶'我'是第一~代词. = '我'는 일인칭 대명사이다. 동 (…라고) 불리다. ¶~'常胜将军'='늘 승리하는 장군'이라 불린다.
【人次】**réncì** 명 연인원. ¶今天观看本片的观众有3万~=오늘까지 이 영화를 관람한 관객은 연인원 3만 명이다.
【人丛】**réncóng** 명 사람 무리. 인파. ¶他很快消失于~之中. =그는 인파 속으로 재빨리 사라졌다.
【人大】**Réndà** **1** ☞【人民代表大会】**rénmín dàibiǎo dàhuì 2** ☞【中国人民大学】**Zhōngguó Rénmín Dàxué**
【人大常委会】**Réndà chángwěihuì** 명[약] 人民代表大会常务委员会(인민 대표 대회 상무 위원회).
【人大代表】**Réndà dàibiǎo** 명 인민 대표 대회(人民代表大會) 대표.
【人代会】**réndàihuì** ☞【人民代表大会】**rénmín dàibiǎo dàhuì**
【人单力薄】**réndān lìbáo** 성 사람 수도 적고, 힘도 모자라다.
【人丹】**réndān** 명[醫] 인단. [한방 제제(製劑)의 일종으로, 중서·멀미·현기증·가슴 답답증 등에 쓰임]
【人道】**réndào** 명 **1** 인간성. 인간애. 휴머니티(humanity). **2** (俗) 인간사. 인도(人道). 인간의 도리. 사람의 도리. 동 성교하다. [주로 부정형으로 쓰임] ¶不能~=성교 불능. 형 인도적이다. 인간적이다. ¶你这样做太不~. =네가 이렇게 하는 것은 매우 비인간적이다.
【人道主义】**réndàozhǔyì** 명[哲] 인도주의.
【人地生疏】**réndì-shēngshū** 성 사람도 땅도 낯설다. 산 설고 물 설다. 낯선 환경.
【人丁】**réndīng** 명 **1**(옛) 성년. **2** 인구.
【人丁兴旺】**réndīng-xīngwàng** 성 인구가 증

가하다. 가문이 번창하다.

**【人盯人】rén dīng rén** ☞ **【人钉人】rén dīngrén**

**【人钉人】[人盯人] rén dīng rén** 동(體) 대인 방어를 하다. 명(體) 대인 방어. 맨투맨(man to man) 방어.

**【人定】réndìng** 문 한밤중. 밤이 깊어 고요한 때. ¶~之时=한밤중.

**【人定胜天】réndìngshèngtiān** 성 인간의 지혜와 노력은 대자연을 이긴다. 사람의 힘으로 운명을 극복할 수 있다.

**【人堆儿】rénduīr** 명(口) 군중. 무리. ¶他在~里坐下. =그는 무리 속에 앉았다.

**【人多势众】rénduō-shìzhòng** 성 사람이 많고 세력도 크다.

**【人多嘴杂】rénduō-zuǐzá** 성 1 사람이 많으면 의견이 분분하다. 2 사람이 많으면 비밀이 새기 쉽다.

**【人犯】rénfàn** 명(옛)(法) 범인. 사건 연루자.

**【人贩子】rénfàn·zi** 명 인신매매범.

**【人防】rénfáng** 명[약] 人民防空(인민 방공). [적의 공습에 대비하여 민간에서 이루어지는 방어] ¶~演习=민방공 훈련.

**【人防工程】rénfáng gōngchéng** 명[약] 人民防空工程(인민 방공 공정). [적의 공습에 대비하여 각종 시설을 건설하는 프로젝트]

**【人非草木, 孰能无情】rén fēi cǎomù, shú néng wúqíng** 속 사람은 목석이 아니니, 그 누군들 감정이 없겠는가.

**【人非圣贤, 孰能无过】rén fēi shèngxián, shú néng wúguò** 속 성인이 아닌 이상, 그 누구들 잘못이 없겠는가.

**【人份】rénfèn** 명 인분. [매 사람당 필요한 총량] ¶需乙肝疫苗20万~。=B형 간염 백신이 20만 명 분이 필요하다.

**【人逢喜事精神爽】rén féng xǐshì jīng·shen shuǎng** 속 사람은 기쁜 일을 만나면 정신이 상쾌해진다.

**【人夫】[人伕] rénfū** 1(옛) 부역꾼. 2 일꾼. 잡부. 인부.

**【人伕】rénfū** ☞ **【人夫】rénfū**

**【人浮于事】rénfúyúshì** 성 사람은 많고 일은 적다. ↔人尽其才

**【人高马大】réngāo-mǎdà** 성 사람의 체구가 크고 훤칠하다.

**【人格】réngé** 명 1 품격. 2 인격. ¶以~担保=인격으로 보장하다. 3 인품. ¶高尚的~=고상한 인품.

**【人格化】réngéhuà** 명 (문예 작품에서의) 인격화. 의인화. =【拟人化】nǐrénhuà

**【人格权】réngéquán** 명 인격권.

**【人各有志】réngèyǒuzhì** 성 개인마다 지향하는 것이 다르다. ↔志同道合

**【人工】réngōng** 형 인위적인. 인공의. ¶~操作=인위인 조작. 명 수공. 인력. ¶科技的进步使机器迅速代替~。=과학 기술의 발전이 기계로 하여금 수공[인력]을 대신하게 한다. 양

(작업량의 계산 단위로) 한 사람의 하루 작업량. 인력. ¶抢修桥梁需要较多的~。=교량을 서둘러 보수하는 데 비교적 많은 인력이 필요하다. ↔天然 自然

**【人工岛】réngōngdǎo** 명 인공 섬.

**【人工呼吸】réngōng hūxī** 명 인공 호흡.

**【人工湖】réngōnghú** 명 인공 호수.

**【人工降雨】réngōng jiàngyǔ** 명 인공 강우.

**【人工林】réngōnglín** 명 인공림.

**【人工流产】réngōng liúchǎn** 명 인공 유산. 영 **【人流】rénliú** 약 **【打胎】dǎ‖tāi 【堕胎】duò‖tāi**

**【人工授精】réngōng shòujīng** 명 인공 수정.

**【人工智能】réngōng zhìnéng** 명 인공 지능. 영 artificial intelligence

**【人公里】réngōnglǐ** 양 인킬로(人kilo). [여객 운송량의 단위로, 승객 한 사람을 1km 운송하는 것을 '一人公里'라 함]

**【人海】rénhǎi** 명 1 수많은 사람. 인해. ¶~翻腾=많은 사람들이 들끓다. 2(문)(비) 사회. ¶~兴衰=사회의 흥망성쇠.

**【人海战术】rénhǎi zhànshù** 1(军) 인해 전술. 2 인해 전술. [과학적이지 못하고 다수 인원에만 의존하는 일처리 방식]

**【人喊马嘶】rénhǎn-mǎsī** 성 1 사람들이 아우성치고 말들이 울어 대다. 2(비) 매우 시끌벅적하다.

**【人和】rénhé** 명 인화. 화합. ¶天时、地利、~三者皆具。=시기상의 적절함과 지리상의 이로움, 그리고 사람들의 화합 이 세 가지를 다 갖추었다.

**【人后】rénhòu** 명 뒷전.

**【人话】rénhuà** 명 1 사람의 말. ¶~鸟语=사람의 말과 새의 지저귐. 2 말다운 말. 이치에 맞는 말. ¶他说的不是~！=그의 말은 이치에 맞는 말이 아니다!

**【人欢马叫】rénhuān-mǎjiào** 성 매우 활기찬 모습.

**【人寰】rénhuán** 명(문) 세상. 인간. ¶惨绝~=전대미문의 참상.

**【人幌子】rénhuǎng·zi** ☞ **【稻草人】dàocǎorén**

**【人祸】rénhuò** 명 인재(人灾). 사람에 의한 재난. ¶此非天灾, 而是~。=이것은 천재가 아니고 인재이다.

**【人机对话】rénjī duìhuà** 명(컴) 자연 언어 처리. =【自然语言处理】zìrán yǔyán chǔlǐ 영 natural language processing

**【人机界面】rénjī jièmiàn** ☞ **【用户界面】yònghù jièmiàn**

**【人际】rénjì** 명 사람과 사람 사이. ¶复杂的~关系=복잡한 인간 관계.

**【人迹】rénjì** 명 사람의 발자취. 인적.

**【人迹罕至】rénjì-hǎnzhì** 성 인적이 드문 곳.

**【人家】rénjiā** 명(~儿) 1 집. 인가. ¶深山之中无有~。=깊은 산 속에는 인가가 없다. 2 가정. 집안. ¶耕读~=농사지으며 공부하는 집안. 3

정혼한 남자. 신랑감. ¶她已找好了~。=그녀는 이미 신랑감을 구해 놓았다.

【人家】rén·jia (대) 1 남. 타인. ¶~可以，你也应该可以。=남이 할 수 있으면 너도 당연히 할 수 있겠지. 2 나. 본인. 이 사람. ['我'에 상당함] ¶现在才来，~急死了。=이제야 겨우 왔네, 난 급해 죽을 뻔했는데. 3 어떤 사람. 어떤 사람들. ['他'나 '他们'에 상당함] ¶我去找了~，可~不在家。=내가 그 사람을 찾으러 갔는데, 그 사람이 집에 없었어. 4 신분. 몸. ¶女~少管男~的事。=여자의 몸으로 남자 일에 참견하지 않는다〔말라〕.

> 人家(rén·jia) / 别人(biérén) 다른 사람
> 둘 다 화자나 청자를 제외한 제3자를 가리킴. ¶人家〔别人〕都走了, 只有小王还在继续看书。=다른 사람들은 모두 가고, 샤오왕만이 아직 계속 공부하고 있다.
> 人家 : ① 제3인칭, 또는 앞서 말한 어떤 사람(들)을 가리킴. '他'나 '他们'에 상당함. ¶让我去做工作，人家会听我的吗？=나더러 가서 설득하라는데, 그들이 내 말을 들을까? / 我把照相机还给人家了。=나는 사진기를 그에게 돌려주었다.
> ② 화자 자신을 가리켜 제1인칭 '我'가 되기도 함. 관계가 가까운 사람들 사이에 쓰이며, 원망이나 불만을 나타냄. ¶人家都忙死了，你还在开玩笑啊！=난 바빠 죽겠는데, 넌 아직 농담하고 있니! / 人家早就告诉你了，你还来问什么！=내가 진작 네게 말했는데, 넌 이제 와서 뭘 또 물어 보니!

【人尖子】rénjiān·zi (명) 뛰어난 인물. 특출한 인재. ¶他是公司里的~。=그는 회사에서 뛰어난 인재이다.

【人间】rénjiān (명) 인간 사회. 세상. ¶~美景=인간 세상의 아름다운 광경.

【人见人爱】rénjiàn-rénài (성) 두루 사랑을 받다. 보는 사람마다 좋아하다.

【人杰】rénjié (명)(문) 뛰어난 인물.

【人杰地灵】rénjié-dìlíng (성) 1 걸출한 인물이 출생하면 그 지방도 이름을 얻는다. 2 빼어난 곳에서 뛰어난 인물이 난다. =【地灵人杰】dìlíng-rénjié

【人尽其才】rénjìnqícái (성) 사람마다 자신의 재능을 충분히 발휘하다. ↔人浮于事

【人精】rénjīng (명) 1 세상 물정에 밝은 사람. 2 영리하고 총명한 아이.

【人境】rénjìng (명)(문) 사람이 사는 곳.

【人均】rénjūn (명) 1인당 평균. ¶~国民生产总值=1인당 국민 생산 총액.

【人口】rénkǒu (명) 1 사람의 입. ¶脍炙~=인구에 회자되다. 사람들의 입에 오르내리다. 2 사람. 인신. ¶严禁拐卖~=인신매매를 엄금한다. 3 인구. ¶~大国=인구 대국. 4 식구. ¶家中~偏多。=집에 식구가 좀 많다.

【人口爆炸】rénkǒu bàozhà (동) 인구가 폭발적으로 증가하다.

【人口密度】rénkǒu mìdù (명) 인구 밀도.

【人口普查】rénkǒu pǔchá (명) 인구 조사.

【人口学】rénkǒuxué (명) 인구학.

【人口综合素质】rénkǒu zōnghé sùzhì (명) 사람의 신체 자질·문화 과학 자질·사상 도덕 자질 등의 총칭.

【人困马乏】rénkùn-mǎfá (성) 1 사람과 말이 모두 지치다. 2(비) 몹시 기진맥진하다.

【人来疯】rénláifēng (농) 아이가 손님이 왔을 때 떼를 쓰다.

【人老】rénlǎo (동) 60세 이상이 되다. 사람〔몸〕이 늙다.

【人老归乡，叶落归根】rénlǎo guī xiāng, yè luò guī gēn (성) 사람이 늙으면 고향으로 돌아가고 싶어하고, 시들은 나뭇잎도 뿌리 근처로 떨어진다.

【人老珠黄】rénlǎo-zhūhuáng (성) 사람은 늙으면 쓸모가 없어지고, 옥구슬은 누렇게 퇴색하면 가치를 잃게 된다.

【人类】rénlèi (명) 인류. ¶~起源=인류의 기원.

【人类学】rénlèixué (명) 인류학.

【人力】rénlì (명) 인력. ¶节约~和物力=인력과 물자를 절약하다.

【人力车】rénlìchē 1 (명) (사람을 태우는) 인력거. (동) 【洋车】yángchē【黄包车】huángbāochē 2 손수레.

【人流】rénliú (명) 1 인파. ¶~涌动=인파가 쏟아져 나오다. 2 ☞【人工流产】réngōng liúchǎn

【人伦】rénlún (명)(문) 1 인간 관계. 2 인륜. 윤리 도덕.

【人马】rénmǎ (명) 1 군대. ¶十万~=십만 군대. 2 인원. 요원. ¶续集由原班~出演。=속편은 전편의 인원들이 출연한다.

【人马座】rénmǎzuò (명)(天) 궁수자리. 인마궁(人馬宮). [염소자리와 전갈자리 사이에 있는 별자리]

【人满为患】rénmǎnwéihuàn (성) 사람이 많아 탈이다.

【人们】rén·men (명) 사람들. ¶~正陆续地走来了。=사람들이 계속해서 걸어오고 있다.

【人面兽心】rénmiàn-shòuxīn (성) 사람의 탈을 쓴 짐승. 인면수심.

【人面桃花】rénmiàn-táohuā (성) 사모하는 사람을 다시 볼 수 없어 실의에 빠지다.

【人民】rénmín (명) 인민. 국민. ¶~大众=인민 대중.

【人民币】rénmínbì (명) 런민비. 인민폐. [중국의 법정 화폐로, '圆(yuán)'을 기본 단위로 함]

【人民代表大会】rénmín dàibiǎo dàhuì (명)(政) 인민 대표 대회. (약) 【人大】Réndà【人代会】réndàihuì

【人民法院】rénmín fǎyuàn (명)(法) 인민 법원. [중화 인민 공화국 국가 사법 기관]

【人民检察院】rénmín jiǎncháyuàn (명)(法) 인민 검찰원. [중화 인민 공화국 국가 검찰 기관]

【人民警察】rénmín jǐngchá 图(法) 인민 경찰. 即【民警】mínjǐng
【人民内部矛盾】rénmín nèibù máodùn 图 인민 내부의 모순. 即【内部矛盾】nèibù máodùn
【人民陪审员】rénmín péishěnyuán 图(法) 인민 배심원. [인민 대중에서 선발하여 법원의 심판에 참가하는 인원] 即【陪审员】péishěnyuán
【人民团体】rénmín tuántǐ 图 민간 단체.
【人民武装】rénmín wǔzhuāng 图(军) 1 인민에 속하는 무장 역량. 2 중국 인민 해방군과 민병 등 무장 조직. 3 민병 등 민중적 무장 조직.
【人民性】rénmínxìng 图 인민성. [문예 작품 속에 인민의 생활·사상·감정·희망 등을 반영한 특성]
【人民战争】rénmín zhànzhēng 图(军) 1 인민 전쟁. [인민 군대를 골간으로 하고 광범한 인민 대중이 참가하여 민족의 해방과 독립을 쟁취하기 위해 벌이는 전쟁] 2 인민 항쟁. [착취 계급을 타도하거나 외래 침략자를 물리치기 위해 벌이는 전쟁]
【人民政府】rénmín zhèngfǔ 图(政) 인민 정부. [중앙과 지방의 각급 '人民代表大会(인민 대표 대회)'의 집행 기관과 국가 행정 기관]
【人名】rénmíng(~儿) 图 인명. 사람의 이름.
【人命】rénmìng 图 1 인명. 사람의 목숨. ¶殃及~=재앙이 인명에 미치다. 2 인명 사건[사고]. ¶出~了。=인명 사건이 발생했다.
【人命关天】rénmìng-guāntiān 囫 사람의 목숨은 하늘이 관장하는 것이어서 누구도 함부로 할 수 없다. 사람의 목숨과 관련된 일은 소홀히 할 수 없다. 인명과 관련된 중대한 일이다.
【人莫予毒】rénmòyúdú 囫 1 나를 해칠 수 있는 사람은 없다. 2 누구든 안중에 두지 않다.
【人模狗样】rénmú-gǒuyàng(~儿)囫 1 시답잖은 사람이 그럴듯하게 차려 입다. [비꼬는 의미를 내포함] 2 어린아이가 그럴듯하게 어른 흉내를 내다. [귀여워하는 뜻으로 쓰임]
【人怕出名,猪怕壮】rén pà chūmíng, zhū pà zhuàng 囫 사람은 유명해지면 화를 자초하기 쉽고, 돼지는 살찌면 도살당하기 쉽다.
【人坯子】rénpī·zi 图 행동거지가 덜떨어진 놈. 덜된 놈.
【人品】rénpǐn 图 1 인품. ¶高尚的~=고상한 인품. 2 풍채. ¶~超群=풍채가 출중하다.
【人气】rénqì 图 1 인기. ¶影片的获奖使导演的~攀升。=영화의 수상은 감독의 인기를 상승시켰다. 2 열기. 분위기. 기분. ¶大家争先恐后, 工地上~很旺。=모두들 뒤질세라 열심히 일하느라 현장의 열기가 매우 뜨겁다. 3 國 인품. ¶他的~常为人称道。=그의 인품은 항상 사람들에게 칭찬을 받는다.
【人前】rénqián 图 사람 앞. 공개적인 장소.
【人前人后】rénqián rénhòu 图 공개와 비공개. 사람의 앞과 뒤.
【人强马壮】rénqiáng-mǎzhuàng 囫 1 사람

은 굳세고 말은 건장하다. 2 比 군대가 매우 강하다. 3 比 어떤 집단이 활력이 넘치다.
【人墙】rénqiáng 图 인간 울타리. 인간 장벽. ¶队员在球门前站成~来阻挡任意球。=선수들이 골문 앞에서 벽을 쳐서 프리킥(free kick)을 막는다.
【人情】rénqíng 图 1 (예절·교제 등에서의) 습관과 풍속. ¶风土~=환경과 풍속. 2 인지상정. 감정. ¶不近~=인정머리 사납다. 3 안면. 개인적인 정. ¶法律不讲~。=법은 개인적인 정을 중시하지 않는다. 4 정의. 은혜. 인심. 선심. ¶卖个~=인심을 쓰다. 5 선물. ¶收~=선물을 받다.
【人情世故】rénqíng-shìgù 囫 처세술. 세상 물정.
【人情味】rénqíngwèi(~儿) 图 (사람 사이에 소통되는) 인간미. 인정미.
【人穷志不短】rén qióng zhì bù duǎn 囫 비록 가난해도 포부는 원대하다.
【人穷志短】rénqióng-zhìduǎn 囫 사람이 가난하면 뜻도 초라해진다.
【人权】rénquán 图 인권.
【人权保障】rénquán bǎozhàng 匭 인권을 보장하다.
【人权委员会】rénquán wěiyuánhuì 图(政) 인권 위원회.
【人群】rénqún 图 군중. 무리.
【人儿】rénr 图 1 (작은) 사람 모양의 것. 인형. ¶他堆了一个雪~。=그는 눈사람을 만들었다. 2 國 사람됨. 인품. ¶他~很好。=그는 사람됨이 좋다.
【人人】rénrén 图 사람마다. 매 사람. ¶~向学=사람마다 배움에 뜻을 두고 있다.
【人人自危】rénrén-zìwēi 囫 1 사람마다 자기가 안전하지 못하다고 느끼다. 2 比 긴장되고 공포스러운 사회 분위기.
【人日】rénrì 图㈜ 음력 정월 초이렛날.
【人乳】rénrǔ 图 유즙. 젖.
【人山人海】rénshān rénhǎi 囫 모인 사람이 대단히 많다. 인산인해.
【人蛇】rénshé 图匭 밀입국자.
【人身】rénshēn 图 인신. 사람의 신체·건강·행위·명예 따위. ¶~保健=신체 보건.
【人身保险】rénshēn bǎoxiǎn 图 생명 보험. 상해 보험.
【人身攻击】rénshēn gōngjī 匭 인신 공격을 하다.
【人身权】rénshēnquán 图(法) 인신권.
【人身事故】rénshēn shìgù 图 산업 재해.
【人身自由】rénshēn zìyóu 图 신체의 자유.
【人参】rénshēn 图(植) 인삼.
【人生】rénshēng 图 인생. ¶~在世,不能碌碌无为。=인생살이를 하는 일 없이 평범하게 보내서는 안 된다. 6 낯설다. ¶初来乍到, 还较为~。=방금 도착해서 아직은 낯설다.
【人生地不熟】rén shēng dì bù shú 囫 사람도 땅도 낯설어 상황을 이해하지 못하다.

【人生地疏】 **rénshēng-dìshū** 사람도 환경도 다 낯설다. 산 설고 물 설다.

【人生观】 **rénshēngguān** 인생관.

【人生如寄】 **rénshēng-rújì** 인생은 나그네 길이다. 인생이 덧없다. 인생무상.

【人生如朝露】 **rénshēng rú zhāolù** 인생은 아침 이슬처럼 매우 짧다. 인생이 덧없다.

【人声】 **rénshēng** 음성. 소리.

【人声鼎沸】 **rénshēng-dǐngfèi** 사람 소리로 들끓다. ↔鸦雀无声

【人师】 **rénshī** 사람의 스승. 사람의 모범. 사람의 사표. ¶好为~=남의 스승 노릇 하길 좋아하다.

【人士】 **rénshì** 인사. ¶爱国~=애국 지사.

【人氏】 **rénshì** 사람. [본적·출신지를 가리키며, 주로 조기 백화문에 보임]¶请问何方~？=실례지만, 어디 사람입니까?

【人世】 **rénshì** 인간 세상. 세상. 이 세상. 세간. ¶~沧桑=세상의 변천이 몹시 심하다.

【人世间】 **rénshìjiān** 인간 세상. 세상. 이 세상. 세간. ¶难述~的悲欢离合。=온갖 세상살이를 서술하기 힘들다.

【人事】 **rénshì** 1 인사. [직원의 임용·해임·평가 따위와 관계되는 행정적인 일] ¶~调整=인사 조정. 2 인간 관계. ¶~纠纷=인간 관계상의 알력. 3 세상 물정. ¶不谙~=세상 물정을 모른다. 4 인력으로 할 수 있는 일. ¶勉力~=할 수 있는 것을 열심히 하다. 5 인간사. ¶~复杂=인간사가 복잡하다. 6 사람의 의식의 대상. ¶不省~=인사불성이 되다. 7 예물. 선물. ¶去买贺寿的~=생신 축하 선물을 사러 가다.

【人事档案】 **rénshì dàng'àn** 인사 자료.

【人事制度】 **rénshì zhìdù** 인사 제도.

【人是铁, 饭是钢】 **rén shì tiě, fàn shì gāng** 1 사람이 무쇠라면 밥은 강철이다. 2 사람은 밥을 벌어 먹기 위해 노력하면서 겪게 되는 시련을 통해 강철처럼 단련된다. 그러므로 스스로를 단련시키기 위해 꾸준히 노력해야 한다.

【人是衣裳, 马是鞍】 **rén shì yī·shang, mǎ shì ān** 1 사람은 옷을 잘 입어야 하고, 말은 안장이 좋아야 한다. 2 옷이 날개다.

【人手】 **rénshǒu** 1 일하는 사람. 일손. ¶缺~=일손이 모자라다. 2 매 사람. ¶~一件=사람마다 한 건.

【人手一册】 **rénshǒu-yīcè** 사람마다 책을 한 권씩 가지고 있다. 잘 팔리는 책.

【人寿保险】 **rénshòu bǎoxiǎn** 생명 보험. ⟨옙 寿险⟩ **shòuxiǎn**

【人寿年丰】 **rénshòu-niánfēng** 1 사람이 장수하고, 수확이 풍성하다. 2 살기 좋은 세상.

【人数】 **rénshù** 사람 수.

【人死】 **rénsǐ** 사람이 죽다.

【人死留名, 豹死留皮】 **rén sǐ liú míng, bào sǐ liú pí** 사람은 죽어서 이름을 남기고 호랑이는 죽어서 가죽을 남긴다.

【人梯】 **réntī** 1 인간 사다리. 2 다른 사람의 성공을 위해 자신을 희생하는 사람. ¶默默无闻, 甘为~。=그는 세상에 자신을 드러내지 않고 묵묵히 남을 위해 기꺼이 자신을 희생했다.

【人体】 **réntǐ** 인체. ¶~摄影=인체 촬영.

【人体美】 **réntǐměi** 인체미. 나체(裸體)의 아름다움.

【人体炸弹】 **réntǐ zhàdàn** 육탄. 인간 폭탄. [몸에 폭탄을 두르고 자살 공격을 감행하는 사람을 가리킴]

【人同此心, 心同此理】 **rén tóng cǐ xīn, xīn tóng cǐ lǐ** 사람들의 생각과 느낌이 대체로 같다. 사람마다 다 한 마음이다.

【人头】 **réntóu** 1 사람의 머리. 2 사람 수. ¶按~分配=사람 수에 따라 나눠 주다. 3 (~儿)사람과의 관계. ¶他在当地~挺熟。=그는 그 곳에서 꽤 안면이 넓다. 4 (~儿) 인품. ¶~差=인품이 별로다.

【人头税】 **réntóushuì** 인두세.

【人亡政息】 **rénwáng-zhèngxī** 집정자가 죽으면 그가 추진했던 정사도 폐지된다.

【人往高处走】 **rén wǎng gāochù zǒu** 1 사람은 좋은 곳으로 가려고 한다. 2 사람은 마땅히 추구하는 바가 있어야 한다.

【人望】 **rénwàng** 인망. ¶他在当地~极高。=그는 그 곳에서 인망이 매우 높다.

【人微权轻】 **rénwēi-quánqīng** 지위도 낮고 권력도 작다.

【人微言轻】 **rénwēi-yánqīng** 사람이 지위가 낮으면 그 의견〔말〕도 경시된다. 사람이 지위가 낮으면 말발이 서지 않는다. ↔一言九鼎

【人为】 **rénwéi** 사람이 하다. ¶事在~=일은 사람이 하기에 달렸다. 인위적인. ¶~的阻力=인위적인 저항력.

【人为刀俎, 我为鱼肉】 **rén wéi dāozǔ, wǒ wéi yúròu** 칼자루를 남이 쥐었으니, 나는 당할 수밖에 없다.

【人味儿】 **rénwèir** 1 인격. 인정미. ¶做事没有~=인정머리 없이 일처리를 하다. 2 인생의 의미. 사는 보람. 사는 맛. 사는 낙. ¶活着没~=사는 낙이 없다.

【人文】 **rénwén** 인문. 인류 사회의 각종 문화 현상.

【人文关怀】 **rénwén guānhuái** 인문 정신에 바탕을 둔 관심과 애호.

【人文景观】 **rénwén jǐngguān** 인문〔문화〕경관. =【文化景观】 **wénhuà jǐngguān** ↔自然景观

【人文科学】 **rénwén kēxué** 인문 과학.

【人文休闲地】 **rénwén xiūxiándì** 휴양지.

【人文主义】 **rénwénzhǔyì** 〔哲〕 인문주의. 인본주의. 휴머니즘(humanism).

【人五人六】 **rénwǔ-rénliù** 잘난 체하다. ['人五'는 '人物'와 발음이 같아서 '사람·인물'을 뜻함. '人五〔人物〕가 人六인 척한다.'는 데서 '우쭐대다. 잘난 체하다.'라는 뜻으로 쓰이는 북경 지방의 속어]

【人物】 **rénwù** 1 인물. [특색이 있거나 대표

적인 사람을 가리킴] ¶创新~=참신한 인물. **2** (문예 작품에서의) 인물. ¶塑造~=인물을 형상화하다. **3** (美) 중국 인물화.
【人像】rénxiàng 圈(藝) (인체 또는 용모를 묘사한) 인물화. 인물 조각.
【人心】rénxīn 圈 **1** 인심. 사람의 마음. ¶~难测=인심을 예측하기 어렵다. **2** 양심. 인정. ¶是人皆有~. =사람은 누구나 양심을 가지고 있다. **3** 민심. ¶激动~=민심을 격동시키다.
【人心不古】rénxīn-bùgǔ 인심이 예전[옛날] 같지 않다.
【人心隔肚皮】rénxīn gé dùpí (속담) 열 길 물 속은 알아도 한 길 사람 속은 모른다. 인심은 헤아리기 어렵다.
【人心惶惶】rénxīn-huánghuáng 인심이 흉흉하다.
【人心叵测】rénxīn-pǒcè 인심은 헤아리기 어렵다.
【人心齐, 泰山移】rénxīn qí, Tàishān yí (속담) **1** 사람의 마음이 모이면 태산도 옮길 수 있다. **2** 마음을 하나로 뭉치면 힘이 커진다.
【人心如面】rénxīn-rúmiàn 사람의 마음은 얼굴 생김새처럼 제각기 다르다.
【人心所向】rénxīn-suǒxiàng 인심이 쏠리는 곳. 여러 사람이 바라고 지지하는 것.
【人心向背】rénxīn-xiàngbèi 민중이 옹호하는 것과 반대하는 것. 민심의 흐름.
【人行】rénxíng 동 사람이 걷다.
【人行道】rénxíngdào 圈 (도로 양측의) 인도. 보도.
【人行横道】rénxíng héngdào 圈 횡단보도.
【人形】rénxíng 圈 (사람의) 형상. 모양. 모습. 생김새.
【人性】rénxìng 圈 인성. 인간의 본성.
【人性】rén·xing 圈 인간성. 개성. 성질. 성격. 인간미. ¶泯灭~=인간성이 상실되다. ↔兽性
【人性论】rénxìnglùn 圈(哲) 인성론.
【人熊】rénxióng ☞【棕熊】zōngxióng
【人选】rénxuǎn 圈 선출된 사람. 선발[참가] 인원. 후보. (입)후보자. 적임자. 인선. ¶参赛~=경기에 참가할 선발 인원.
【人烟】rényān 圈 밥 짓는 연기. 인가. 인적. ¶渺无~=아득하게 멀도록 인가가 없다.
【人言】rényán 圈 **1**(圈) 사람의 말. ¶~兽语=사람의 말과 짐승의 소리. 떠들썩한 모습. **2** 여론. 소문. ¶~流布=소문이 널리 퍼지다.
【人言可畏】rényán-kěwèi 여론의 힘은 무섭다. 유언비어는 무섭다.
【人仰马翻】rényǎng-mǎfān (속담) **1** 사람이 넘어지고 말이 나뒹굴다. **2**(비) 혼란하여 수습하기 어렵다. =【马仰人翻】mǎyǎng-rénfān【马翻人仰】mǎfān-rényǎng
【人样】rényàng(~儿) 圈 **1** 사람의 형상. 사람의 모양. 인간다운 면모. 예절. ¶邋遢得不成~=더럽기가 사람 꼴이 아니다. **2** 장래성이 있는 사람. ¶说什么咱也要干出个~. =어떻게 해서든 성공한 모습을 보여 줄 테야.

【人妖】rényāo 圈 **1**(圈) 도깨비. 요괴. ¶物怪~=요괴. **2** 반음양. 남녀추니. (엥) hermaphrodite **3** 이성 복장자. 복장 도착자. (엥) trans-vestite **4** 여성으로 성전환 수술을 한 남자. 트랜스젠더. **5** 호모 중에서 여성 역할을 하는 남자.
【人一己百】rényī-jǐbǎi (속담) 백 배의 노력으로 남을 따라잡다.
【人意】rényì 圈 (사람의) 의지. 생각. 의향. ¶不尽~=마음을 다하지 못하다.
【人影儿】rényǐngr 圈 **1** 사람의 그림자. ¶墙上倒映着他的~。=담벼락에 그의 그림자가 거꾸로 비친다. **2** 사람의 모습이나 자취. ¶夜深了, 积雪的街上不见一个~. =밤이 깊어지자 눈 쌓인 거리에 사람의 자취가 끊겼다.
【人鱼】rényú ☞【儒艮】rúgèn
【人欲】rényù(圈) 사람의 욕망. ¶~横流=욕망이 넘치다.
【人员】rényuán 圈 인원. 요원. ¶设计~=설계 인원.
【人缘儿】rényuánr 圈 **1** 사람과의 관계. **2** 좋은 인상. 붙임성. 좋은 대인 관계. ¶他很有~。=그는 대인 관계가 아주 좋다.
【人猿】rényuán ☞【类人猿】lèirényuán
【人云亦云】rényún-yìyún (속담) **1** 남이 말하는 대로 따라 말하다. **2**(비) 주관이 없다. 亦步亦趋↔独树一帜
【人赃】rénzāng 圈 범인과 장물. ¶~俱获=범인을 잡고 장물을 압수하다.
【人造】rénzào 圈 인조의. 인공의. ¶~棉=인조솜. 인조면.
【人造地球卫星】rénzào dìqiú wèixīng 圈 인공 위성.
【人造革】rénzàogé 圈 인조 가죽.
【人造黄油】rénzào huángyóu ☞【人造奶油】rénzào nǎiyóu
【人造毛】rénzàomáo 圈(纺) 인조모.
【人造棉】rénzàomián 圈(纺) 인조면(화). 인조솜.
【人造奶油】rénzào nǎiyóu 圈 마가린. =【人造黄油】rénzào huángyóu
【人造石油】rénzào shíyóu 圈 인조 석유.
【人造丝】rénzàosī 圈(纺) 인견사. 인조 견사.
【人造土】rénzàotǔ 圈 인공 토양.
【人造卫星】rénzào wèixīng 圈 인공 위성.
【人造纤维】rénzào xiānwéi 圈(纺) 인조 섬유.
【人造行星】rénzào xíngxīng 圈 인공 행성.
【人证】rénzhèng 圈 인증. 인적 증거.
【人之常情】rénzhīchángqíng 사람이라면 누구나 가질 수 있는 마음이나 생각. 인지상정.
【人之初】rénzhīchū 처음 태어났을 때.
【人至察, 则无徒】rén zhì chá, zé wú tú (속담) 남에게 각박하면 가까이하는 사람이 없다. 너무 결백하면 친구가 안 생긴다.
【人质】rénzhì 圈 인질.
【人治】rénzhì 圈 **1** 덕치(德治). [선진 유가의 정치 사상으로, 군주는 현자에 의지하여 나라를 다스려야 한다는 것] **2** 지도자의 의지에 따라

나라를 다스리고 정책을 펴는 것. ↔法治

【人中】 **rénzhōng** 명(生) 인중.

【人种】 **rénzhǒng** 명 인종.

【人众】 **rénzhòng** 명 군중. 많은 사람. ¶一千～=한 무리의 군중.

【人主】 **rénzhǔ** 명 군주.

【人子】 **rénzǐ** 명 **1** 남의 자식. **2** 예수의 자칭.

【人自为战】 **rénzìwéizhàn** 성 각개 전투를 하다. 각자 개인적으로 하다.

【人走茶凉】 **rénzǒucháliáng** 속어 사람이 떠나가면 인정도 없어진다.

## 壬 rén 아홉째 천간 임

명튼 **1** (天) 임. [천간(天干)의 아홉 번째] **2** (Rén) 성(姓).

| 壬 rén | 任 rèn |
|---|---|
| 妊 rèn | 荏 rěn |
| 任 rèn | 賃 lìn |
| 衽 rèn | 恁 nèn |

## 仁 rén 어질 인

형 인자하다. 어질다. ¶为富不～=돈벌이를 위해 온갖 나쁜 짓을 하다. 명 **1** 인. 어진 마음. 박애. ¶行～政, 施礼教. =어진 정치를 행하고, 예교를 펼치다. **2** (경) 상대에 대한 존칭에 쓰임. ¶～兄=인형. **3** (～儿) (과일 씨 또는 과일 껍질 안의) 속살. ¶花生～儿=땅콩알. **4** (어류 등의) 속살. ¶虾～儿=새우살. **5** (Rén) 성(姓).

○● 不仁, 成仁, 核hé仁, 麻仁, 砂仁, 松仁, 桃táo仁, 种仁

【仁爱】 **rén'ài** 명 자애로운 마음. 어진 마음.

【仁慈】 **réncí** 형 인자하다. ¶～的老者=인자한 어르신. ↔残忍

【仁德】 **réndé** 명 어진 덕. 인덕.

【仁弟】 **réndì** 명(경) **1** 어진 동생. 인제. **2** 어진 제자. 인제. [주로 편지글에 쓰임]

【仁果】 **rénguǒ** 명(植) **1** 인과. 씨껍질 열매. [호두·은행·잣처럼 씨가 단단한 껍질로 싸여 있는 과실] **2** ☞【落花生】 **luòhuāshēng**

【仁厚】 **rénhòu** 형 어질고 너그럽다. ¶待人～=사람을 어질고 너그럽게 대하다.

【仁人】 **rénrén** 명 어진 사람. ¶义士～=의롭고 어진 사람.

【仁人君子】 **rénrén-jūnzǐ** 성 **1** 덕행이 높은 사람. **2** 남을 잘 돕는 사람.

【仁人志士】 **rénrén zhìshì** 명 인자하며 지조 있는 사람. =【志士仁人】 **zhìshì rénrén**

【仁叔】 **rénshū** 명(경) 아저씨. 삼촌.

【仁兄】 **rénxiōng** 명(경) 인형.

【仁言利溥】 **rényán-lìpǔ** 명 인덕 있는 사람의 말은 남에게 큰 이익을 준다.

【仁义】 **rényì** 명 인의. 어짊과 의로움. ¶～之道=어짊과 의로움의 도덕.

【仁义】 **rén·yi** 형(방) 온순하다. 선량하다. 어질다. 인정이 있다. ¶他为人很～=그는 사람됨이 아주 어질다.

【仁义道德】 **rényì dàodé** 명 **1** (유가(儒家)에서 제창한) 인의 도덕. **2** 행위 규범.

【仁者】 **rénzhě** 명 **1** 인자한 사람. 인자. ¶～爱人=인자는 타인을 사랑한다. **2** (佛) 사람에 대한 존칭.

【仁者见仁, 智者见智】 **rénzhě jiàn rén, zhìzhě jiàn zhì** 성(비) 같은 일이라도 보는 각도에 따라 견해가 다르다.

【仁者无敌】 **rénzhě-wúdí** 성 인자한 사람에게는 적이 없다. 인자무적.

【仁政】 **rénzhèng** 명 **1** 어진 정치. 인정. **2** 어진 정치 조치. ¶广施～=널리 어진 정치를 펼치다. ↔暴政 虐政

【仁至义尽】 **rénzhì-yìjìn** 성 남에게 인의를 다하여 최대한의 도움을 주다. 최대의 노력으로 남을 돕다.

## 任 Rén 성씨 임

명 **1** 런셴(任县)·런추(任丘). [모두 허베이(河北)성에 있는 지명] **2** 성(姓).
☞ **rèn**

## 忍 rěn 참을 인

동 **1** 참다. 견디다. ¶小不～则乱大谋。=조그만 것을 참지 못하면 큰 계획을 망치게 된다. **2** 잔인하다. 모질다. ¶残～=잔인하다.

○● 坚jiān忍, 落lào忍, 隐yǐn忍, 争忍

【忍不下去】 **rěn·buxià·qù** 동 더 이상 참을 수 없다. ¶对他的傲慢, 大家已经～了。=그의 오만함에 모두가 더는 참을 수 없었다.

【忍不住】 **rěn·buzhù** 동 견딜 수 없다. 참을 수 없다. ¶她～涕泪纵横。=그녀는 눈물이 거침없이 흐르는 것을 참을 수 없었다.

---

**忍不住(rěn·buzhù) / 禁不住(jīn·buzhù)**
**저절로, 자신도 모르게**

둘 다 '저절로·자신도 모르게'라는 의미로, 통제할 수 없는 동작에서 바꿔 쓸 수 있음. ¶听了老师说的笑话, 我们忍不住〔禁不住〕笑了起来。=선생님이 말씀하신 우스갯소리를 듣고, 우리들은 자신도 모르게 웃기 시작했다. / 见到多年不见的朋友, 他忍不住〔禁不住〕流下泪来。=몇 년 동안 만나지 못한 친구를 만나자, 그는 자기도 모르게 눈물을 흘렸다. / 想起往事, 他忍不住〔禁不住〕叹了一口气。=옛일을 생각하니, 그는 한숨이 절로 나왔다. / 那个小丑演员一开口, 大家忍不住〔禁不住〕笑了。=그 어릿광대가 입을 열자, 모두들 참지 못하고 웃음을 터뜨렸다.

忍不住 : 참을 수 없다. 참지 못하다. …하지 않을 수 없다. [폭발하는 감정을 참을 수 없음을 가리킴] ¶我终于忍不住问一个人。=나는 마침내 참지 못하고, 한 사람에게 물었다. / 那个服务员态度很不好, 我们忍不住和她吵了起来。=그 종업원의 태도가 너무 안 좋아서, 우리들은 참지 못하고 그녀와 싸우기 시작했다.

禁不住 : 견뎌 낼 수 없다. [누르는 억압을 감당하지 못하는 것을 말함] ¶我的自行车气不足了, 禁不住这么重的箱子。=내 자전거는 공기

가 부족해져서, 이런 무거운 상자를 견뎌 낼 수 없다. / 这个孩子自尊心很强, 禁不住你这么批评他. = 이 아이는 자존심이 매우 강해서, 네가 이토록 꾸짖을 걸 견뎌 내지 못한다.

【忍得住】**rěn·dezhù** 图 참을 수 있다. 견딜 수 있다.
【忍冬】**rěndōng** 图(植) 인동 덩굴.
【忍饥】**rěnjī** 图 배고픔을 참다.
【忍饥挨冻】**rěnjī-áidòng** 囫 1 추위와 배고픔에 시달리다. 2 처지가 매우 궁핍하다.
【忍饥挨饿】**rěnjī-ái'è** 囫 1 배고픔을 참다. 배고픔에 시달리다. 2 형편이 몹시 곤궁하다.
【忍俊】**rěnjùn** 图 웃음을 참다. ¶难以~=웃음을 참기 어렵다.
【忍俊不禁】**rěnjùn-bùjīn** 囫 웃지 않을 수 없다. 웃음을 금할 수 없다.
【忍耐】**rěnnài** 图 인내하다. 참다. 견디다. ¶疼得令人无法~=아파서 참을 수가 없(을 지경이)다. ≒忍受

忍耐(**rěnnài**) / 忍受(**rěnshòu**)
인내하다, 참다, 견뎌 내다
忍耐: 주로 어떤 느낌이나 기분을 참는 것을 가리킴. 뒤에 바로 목적어를 수반할 수 없으나, '忍耐得住/忍耐不住'의 형식으로 수반은 가능함. ¶病人实在忍耐不住了, 疼得大叫起来. = 환자는 정말로 참을 수가 없어, 크게 소리를 질러 댔다.
忍受: 주로 순조롭지 않거나 불행한 경우를 참는 것을 가리키며, 직접 목적어를 수반함. ¶忍受着饥饿和寒冷. =배고픔과 추위를 참고 견딘다.

【忍耐性】**rěnnàixìng** 图 인내성.
【忍气】**rěnqì** 图 분을 참다. ¶~接受=분을 참고 받아들이다.
【忍气吞声】**rěnqì-tūnshēng** 囫 울분을 억누르고 감히 아무 말도 못하다. ≒委曲求全 忍辱含垢 ↔忍无可忍
【忍让】**rěnràng** 图 참고 양보하다. ¶再三~=여러 번 양보하다.
【忍辱】**rěnrǔ** 图 치욕을 참다. ¶~偷生=치욕을 참고 구차하게 살아남다.
【忍辱负重】**rěnrǔ-fùzhòng** 囫 치욕을 참아 가며 중임을 맡다.
【忍辱含垢】**rěnrǔ-hángòu** ☞【含垢忍辱】**hángòu-rěnrǔ**
【忍受】**rěnshòu** 图 이겨 내다. 참다. ¶~辱骂=모욕을 이겨 내다.
【忍痛】**rěntòng** 图 고통을 참다. ¶~别离=이별의 고통을 참다.
【忍痛割爱】**rěntòng-gē'ài** 囫 고통을 참고 애지중지하는 물건을 포기하다.
【忍无可忍】**rěnwúkěrěn** 囫 더 이상은 참을 수 없다. ↔忍气吞声
【忍心】**rěn‖xīn** 图 모질게 …하다. 냉정하게 …

하다.
【忍性】**rěnxìng** 图 인내심. 인내성.

**荏 rěn** 들깨 임
囫(트) 연약하다. ¶色厉内~=겉은 강한데 속은 연약하다. 图(植) 들깨.
【荏苒】**rěnrǎn** 囫(트) (시간이) 덧없이 흘러가다. ¶时光~=세월이 덧없이 흐른다.
【荏弱】**rěnruò** 囫(트) 연약하다.

**稔 rěn** 곡식 익을 임
囫 1 (트) 농작물이 익다. 여물다. ¶丰~=풍작이다. 2 (낯이) 익다. ¶素~=본래 잘 안다. 图 년. 해. ¶历时数~=여러 해가 지났다.
○● 熟稔
【稔熟】**rěnshú** 囫(트) 1 익숙하다. 잘 알다. ¶~之人=잘 아는 사람. 2 성숙하다. ¶虑之~=충분히 고려하다.
【稔知】**rěnzhī** 图(트) 숙지하다. ¶~其行踪=그 행적을 숙지하다.

**刃 rèn** 칼날 인
图 1 칼. ¶游~有余=힘들이지 않고 여유 있게 일을 처리하다. 일처리가 능숙하고 여유 있다. 2 (~儿) (칼·가위 따위의) 날. ¶刀~=칼날. 图 칼로 죽이다. ¶自~=자해하다.
【刃具】**rènjù** 图【刀具】**dāojù**
【刃口】**rènkǒu** 图 칼날.

○ 刃 rèn
忍 rěn
韧 rèn
纫 rèn
轫 rèn
仞 rèn

**认[認] rèn** 알 인
图 1 식별하다. 분간하다. ¶~不清楚=확실히 분간할 수 없다. 2 승인하다. 동의하다. ¶不可否~=부인해선 안 된다. 3 어떤 관계를 맺다. ¶~兄妹=남매 관계를 맺다. 4 어쩔 수 없이 인정하다. 달게 감수하다. (뒤에 '了'를 이어 씀) ¶虽有不同意见, 但他还是~了. =비록 다른 의견이 있었지만, 그래도 그는 받아들였다. 5 (ア) 가치를 인정하다. 알아보다. 중시하다. ¶~钱不~人=돈만 알고 사람은 모른다.

○● 辨**biàn**认, 承**chéng**认, 供**gòng**认, 默**mò**认, 确认, 招认, 追认

【认本家】**rèn běnjiā** 图 한 집안임을 인정하다. ¶相互认了本家=서로가 한 집안이라는 것을 인정하였다.
【认不出来】**rèn·bu·chū·lái** 图 알아 내지 못하다. 알아 낼 수 없다.
【认不得】**rèn·bu·dé** 图 알 수 없다. 이해되지 않는다.
【认不清】**rèn·buqīng** 图 확실하게 분간할 수 없다.
【认不是】**rèn bù·shì** 图 잘못을 인정하다.
【认错】**rèn‖cuò** (~儿) 图 1 잘못을 인정하다. 오류를 시인하다. ¶~赔礼=잘못을 인정하고 사죄하다. 2 잘못 알다. 잘못 인식하다. ¶街上

晃眼~了人。=거리에서 눈이 부셔서 사람을 잘 못 봤다.
【认打】rěndǎ 〖동〗 매맞을 각오를 하다.
【认得】rèn·de 〖동〗 인식하다. 알다. ¶你~这个人吗?=너는 이 사람을 아니? ≒认识
【认定】rèndìng 〖동〗 1 인정하다. 확신하다. 굳게 믿다. ¶陪审员一致~那种行为的违法性质。=배심원들은 그 행위의 위법성을 일제히 인정하였다. 2 확정적으로 여기다. ¶可以~事物的变化是绝对的。=사물의 변화는 절대적인 것이라고 확정할 수 있다.
【认罚】rèn‖fá 〖동〗 달게 벌을 받다. ¶主动~=자진해서 벌을 받다.
【认付】rènfù 〖동〗 지급을 승낙하다. ¶~票据=어음에 대한 지급을 승낙하다.
【认购】rèngòu 〖동〗 구매를 승인하다. ¶~股票=증권 구매를 승인하다.
【认股】rèngǔ 〖동〗 주식 청약을 하다. 주식에 가입하다. ¶自愿~=스스로 주식 청약을 원하다.
【认股权】rèngǔquán 〖명〗〖經〗 신주 우선권.
【认股权证】rèngǔquánzhèng 〖명〗〖經〗 주권(株券). 유가 증권.
【认晦气】rènhuìqì 〖동〗 운수 탓으로 돌리다.
【认缴】rènjiǎo 〖동〗 납부할 것을 승낙하다. ¶~税额=납부하기로 한 세액.
【认脚】rènjiǎo 〖동〗〖방〗 신발은 좌우 짝을 바꿔 신을 수 없다.
【认捐】rènjuān 〖동〗 기부를 승낙하다.
【认可】rènkě 〖동〗 승낙하다. 허락하다. ¶签字~=서명하여 인가하다. ≒承认 同意
【认亏】rènkuī 〖동〗 기꺼이 손해 보다. 손실을 인정하다.
【认领】rènlǐng 〖동〗 1 확인하고 인수하다. 찾아가다. ¶~失物=분실물을 찾아가다. 2〖法〗 남의 자식을 양육하겠다고 승인하다. 입양하다. 입양하여 키우다. ≒招领
【认门儿】rènménr 〖동〗 지점 또는 그 곳으로 가는 길을 알다. 얼굴을 익히다. 안면을 트다. ¶先~,后拜师。=먼저 얼굴을 익힌 후에 입문하도록 해라.
【认命】rèn‖mìng 〖동〗 운명으로 여기다. 운명이라고 여기고 단념하다. 운명이라고 여기고 받아들이다.
【认票】rènpiào 〖동〗 1 어음을 인정하다. ¶~不认人=어음을 가진 자의 신분이나 지위와는 상관 없이 어음 그 자체를 인정한다. 2 주식에 가입하다. ¶积极~=적극적으로 주식에 가입하다.
【认亲】rènqīn 〖동〗 1 친척 관계를 맺다. 2 (헤어졌던) 친척을 알아보다. 3 사돈으로 삼다.
【认清】rèn‖qīng 〖동〗 확실히 알다. 똑똑히 알다. 확실히 이해 [인식] 하다. ¶~社会发展的形势=사회 발전의 정세를 확실히 이해하다.
【认人】rènrén 〖동〗 1 (정신이) 또렷하다. 맑다. ¶老头子病危,已不~了。=노인은 병이 위독하여 이미 의식이 흐리다. 2 사람을 알아보다. ¶婴儿~了,见了妈就笑。=아기가 사람을 알아보네, 엄마를 보고 웃잖아.

【认认真真】rèn·ren zhēnzhēn 〖형〗 진지〔진실〕하다. 성실〔착실〕하다. ¶他学习一直~。=그는 줄곧 진지하게 공부한다.
【认生】rènshēng 〖동〗 낯가림하다. 낯가리다. ≒怕生
【认识】rèn·shi 〖동〗 알다. 인식하다. ¶我们~很久了。=우리가 알고 지낸 지 꽤 오래 되었다. 〖명〗〖哲〗 인식. ¶理性~=이성적인 인식. ≒认得
【认识论】rèn·shilùn 〖명〗〖哲〗 인식론.
【认输】rèn‖shū 〖동〗 패배를 인정하다. 항복하다. 무릎을 꿇다. ¶他愈挫愈进,从不~。=그는 좌절할수록 정진을 하며 결코 패배를 인정하지 않았다.
【认死理】rèn sǐlǐ(~儿) 〖숙〗 완고하다. 고집부리다. 고집불통이다. 까다롭다.
【认同】rèntóng 〖동〗 1 인정하다. 승인하다. 동의하다. ¶那部影片被观众广泛~。=그 영화는 관중들에게 널리 인정받았다. 2 동일시하다. ¶民族~意识=민족 공동체 의식.
【认头】rèn‖tóu 〖동〗 체념하다. 단념하다. 마지못해〔어쩔 수 없이〕 인정하다. 어쩔 수 없이 …하다. ¶对那件荒唐事他决不~。=그 황당한 사건을 그는 결코 마지못해 인정하지는 않을 것이다.
【认为】rènwéi 〖동〗 여기다. 생각하다. 보다. 인정하다. ¶他~大家应精诚合作。=그는 모두가 성실하게 협력하여야 한다고 생각한다. ≒以为
【认销】rènxiāo 〖동〗 판매를 맡다〔책임지다〕. ¶履行~手续=판매 수속을 이행하다.
【认养】rènyǎng 〖동〗 1 맡아 부양하다. ¶她新近~了一个孤儿。=그녀는 최근 한 명의 고아를 맡아 키운다. 2 (관련 기관의 확인을 통해) 기르다. 보호하다. ¶~新栽的小树=새로 심은 어린 나무를 보호하다.
【认贼作父】rènzéizuòfù 〖성〗 1 도둑을 아버지로 여기다. 2〖비〗 원수를 아버지로 섬기다. 나쁜 놈의 품으로 기어들다. 기꺼이 적에게 투항하다.
【认账】rèn‖zhàng 〖동〗 1 빚을〔부채를〕 인정하다. 2〖비〗 (자신의 언행을) 인정하다. [주로 부정형으로 쓰임] ¶那事他死不~。=그 일을 그는 죽어도 인정하지 않는다. ↔赖账
【认着】rènzháo 〖동〗〖구〗 1 인식하다. 알다. ¶我终于~了你的家门。=나는 마침내 너의 집안을 알게 되었다. 2 (친척·친구에 대한 태도에) 만족하다. ¶干儿子可孝顺了,真是~了。=양아들이 효성스러우니, 정말 사람을 잘 알아본 것 같다.
【认真】rèn‖zhēn 〖동〗 진담으로 받아들이다. 곧이 듣다. 정말로 여기다. ¶他跟你开玩笑的,别~!=그가 농담을 한 것이니, 진담으로 여기지 마라.
【认真】rènzhēn 〖형〗 진지하다. 착실하다. 진솔하다. ¶~思考=진지하게 생각하다. ↔马虎 草率
【认证】rènzhèng 〖동〗 인증(하다).
【认支】rènzhī 〖동〗 지불을 승인하다. ¶~欠款=부채의 지불을 승인하다.
【认知】rènzhī 〖명〗〖동〗 1 인지(하다). 이해(하다). 인식(하다). ¶对现代文艺理论的~和借鉴尤为重要。=현대 문예 이론에 대한 인식과 참고가

더욱 중요하다. **2** (心) 인지(하다).
【认准】**rènzhǔn** 동 **1** 확인하다. 정확하게 인식하다. ¶~了专业方向, 便要努力学习。=전공 방향을 정확하게 인식했으면 열심히 공부해야 한다. **2** 확신하다. 단정하다. 꼭 …(이)라고 생각하다. ¶他就~了'笨鸟先飞'这句话。=그는 '능력이 모자란 사람은 남보다 뒤질까 봐 먼저 행동한다.'라는 말을 확신하게 되었다.
【认字】**rènzì** (글자를) 알다. 깨우치다. ¶小家伙刚能~。=꼬마가 막 글자를 깨우쳤다.
【认罪】**rèn‖zuì** 동 죄를 인정하다. 자백하다. ¶~伏法=죄를 시인하고 사형 집행을 받다.

# 仞 **rèn** 길 인
양 길. [길이의 단위로, 옛날 8자 혹은 7자가 '1仞'이었음] ¶山高万~=산 높이가 만 길이나 된다.

# 讱[訒] **rèn** 말 참을 인
형문 (말이) 둔하다. 무디다.

# ☆任 **rèn** 맡길 임
동 **1** 임명하다. 맡기다. 임용하다. ¶知人善~=사람을 잘 알아보고 적재적소에 쓰다. **2** 맡다. 담당하다. ¶历~此职=이 직책을 역임하다. **3** 감당하다. 이겨 내다. 견디다. 받아들이다. ¶~劳~怨=노고를 마다하지 않고, 원망을 두려워하지 않다. **4** 신뢰하다. 신임하다. ¶信~=신임하다. **5** 마음대로 하게 하다. 내버려 두다. 자유에 맡기다. ¶听之~之=내버려 두다. **6** 방종하다. 제재를 가하지 않다. ¶放~自流=멋대로 하다. 접 …을[를] 막론하고. …은[는] 물론. …든지. …할지라도. ¶现在开会, ~谁也别让进来。=지금은 회의 중이니 누구라도 들여보내지 마시오. 양 대. 째. 차례. 번. [직무를 맡은 횟수·차례를 나타냄] ¶他是第二~县长。=그는 제2대 현장이다. 명 직무. 임무. ¶继~=임무를 이어 맡다. 연임하다.

☞ **rèn**

◐ 常任, 充chōng任, 出任, 担任, 调任, 后任, 级任, 继任, 兼jiān任, 简任, 荐jiàn任, 接任, 聘pìn任, 前任, 胜任, 特任, 听任, 无任, 现任, 卸xiè任, 信任, 选任, 一任, 责任, 主任, 专任

【任便】**rèn‖biàn** 동 마음대로 하다. 제 뜻대로 하다. 편한 대로 하게 하다. ¶你参不参加会议~。=회의에 참가하든 안 하든 네 마음대로 해라.
【任从】**rèncóng** 동 제멋대로 하게 하다. 자유에 맡기다. ¶决不能~此事这样发展下去。=이 일이 이렇게 되어 가도록 내버려 두면 절대 안 된다.
【任何】**rènhé** 대 어떠한. 무슨. [주로 '都(dōu)'와 호응하여 쓰임] ¶~事都可能发生。=무슨 일이든 발생할 수 있다.
【任教】**rèn‖jiào** 동 교편을 잡다. 교직을 맡다. 교육을 담당하다. ¶他一直在这所大学~。=그는 줄곧 이 대학에서 교편을 잡고 있다.
【任课】**rèn‖kè** 동 강의를 담당하다. ¶他只任研究生的课。=그는 대학원 강의만 맡고 있다.

【任劳任怨】**rènláo-rènyuàn** 성 노고를 마다하지 않고, 원망을 두려워하지 않다. 열심히 일하면서도 불평하지 않다. ↔怨天尤人
【任满】**rènmǎn** 동 임기가 차다[끝나다·만료되다]. ¶这届总统即将~。=이번 대통령은 임기가 끝나 간다.
【任免】**rènmiǎn** 동 임면하다. 임명하고 해임하다. 임명. 임명과 해임. ¶~通知已下发。=임면 통지를 벌써 보냈다.
【任命】**rènmìng** 동 임명하다. ¶董事会~他为公司总经理。=이사회에서 그를 회사 사장으로 임명하였다.
【任内】**rènnèi** 명 **1** 직무 범위 내. ¶每人都要做好~的工作。=사람들마다 직무상의 일을 잘 처리해야 한다. **2** 임기 중. 재임 중. 임무 중. ¶~免职=재임 중에 면직되다.
【任凭】**rènpíng** 동 자유에 맡기다. 마음대로 하게 하다. ¶~上级处理=위에서 처리하도록 맡기다. 접 **1** …을[를] 막론하고. …에 관계 없이. ¶~风疾雨骤, 他仍奋力前行。=비바람에 관계없이 그는 여전히 힘껏 앞으로 나아간다. **2** …하더라도. …일지라도. …하여도. [주로 '也(yě)'와 호응하여 쓰임] ¶~雪下得再大一些, 我们也要把救灾物资送出去。=더 많은 눈이 내리더라도 우리는 구조 물자를 보내 주어야 한다. ≒听任, 听凭
【任凭风浪起, 稳坐钓鱼船】**rènpíng fēnglàng qǐ, wěn zuò diàoyúchuán** 성 어떠한 반대나 압력에도 불구하고 자신의 입장을 고수하다.
【任期】**rènqī** 명 임기. ¶美国总统~四年。=미국 대통령의 임기는 4년이다.
【任其自流】**rènqízìliú** 성 마음대로 하도록 내버려 두다. 사람이나 사물이 스스로 발전하도록 놓아 두다.
【任其自然】**rènqízìrán** 성 되어 가는 대로 내맡기다[내버려 두다].
【任情】**rènqíng** 동문 제멋대로 하다. 마음대로 하다. ¶率性~=제멋대로 하다. 부 마음껏. ¶~抒写=마음껏 묘사하다.
【任人】**rènrén** 동 **1** (사람을) 등용하다. 임명하다. ¶~不避亲=사람을 쓰는 데 친한 사람을 기피하지 않다. **2** 마음대로 하게 하다. (남의) 자유에 맡기다. ¶~指使=다른 사람의 마음대로 부려지다.
【任人摆布】**rènrén-bǎibù** 성 남에게 좌우지되다.
【任人唯亲】**rènrén-wéiqīn** 성 능력이야 어떻든 자신과 가까운 사람만 임용하다. ↔任人唯贤
【任人唯贤】**rènrén-wéixián** 성 자신과의 관계에 상관없이 인재를 임용하다. ↔任人唯亲
【任上】**rèn·shang** 명 **1** 직무. ¶他在这个~兢兢业业。=그는 이 직무에 성실하다. **2** 재임 기간. ¶他~很清廉。=그는 재임 기간 동안 매우 청렴하였다.
【任随】**rènsuí** 동 마음대로 하게 하다. 내버려 두다. 자유에 맡기다. ¶这件事~他处理。=이 일은 그가 처리하도록 한다. 접 …을[를] 막론하

고. …은〔는〕물론. ¶~大家怎么劝说, 他也不听。=모든 사람이 아무리 설득해도, 그는 듣지 않는다.

【任所】**rènsuǒ** 〖명〗 임지. 직무지. 직무를 맡고 있는 곳.

【任务】**rèn·wu** 〖명〗 **1** 임무. ¶推销~=판촉 임무. **2** 책무. ¶他的~是终审把关。=그의 책무는 최종 점검하는 것이다.

【任贤】**rèn·xián** 〖동〗 인재를 등용하다.

【任性】**rènxìng** 〖형〗 제멋대로 하다. 마음 내키는 대로 하다. 제 마음대로 하다. ¶~胡为=제멋대로 행동하다.

【任意】**rènyì** 〖형〗 조건 없는. 임의의. ¶~多边形=임의다각형. 〖부〗 마음대로. 제멋대로. ¶~玩耍=제멋대로 놀다. ≒随意 恣意

【任意球】**rènyìqiú** 〖명〗〖체〗 프리 드로(free throw). 프리킥(free kick).

【任用】**rènyòng** 〖동〗 임용하다. ¶量才~=능력을 헤아려 임용하다. ≒起用 录用 ↔罢免

【任由】**rènyóu** 〖동〗 임의로 하게 하다. 마음대로 하게 하다. ¶不能~他恣意妄为。=그가 제멋대로 행동하게 가만두어서는 안 된다.

【任着性儿】**rèn·zhexìngr** 〖부〗〖구〗 임의로. 마음 내키는 대로. 멋대로. ¶不能让他~干。=그가 제멋대로 하게 놔두면 안 된다.

【任职】**rèn‖zhí** 〖동〗 직무를 맡다. 재직하다. ¶他在银行~。=그는 은행에 재직하고 있다.

【任重】**rènzhòng** 〖형〗 책임이 막중하다. 책임이 무겁다. ¶位高而~=지위가 높고 책임도 무겁다.

【任重道远】**rènzhòng-dàoyuǎn** 〖성〗 **1** 맡은 바 책임은 무겁고, 갈 길은 멀기만 하다. **2** 〖비〗 책임이 무겁다.

*【纫[紉]】**rèn** 바늘에 실 꿸 인
〖동〗 **1** (바늘귀에) 실을 꿰다. ¶针眼太小, 不好~。=바늘귀가 너무 작아서 실 꿰기가 어렵다. **2** 바느질하다. 바늘로 꿰매다. ¶裁剪~, 她很在行。=그녀는 재단과 바느질에 능숙하다. **3** 〖문〗(편지글에서) 감복하다. 매우 감격하다. ¶感~不尽=한없이 감복하다.

【纫佩】**rènpèi** 〖동〗〖문〗 깊이 탄복〔감복〕하다.

【纫针】**rènzhēn** 〖동〗 바늘귀에 실을 꿰다.

*【韧[韌, 靭·靱·肕]】**rèn** 질길 인
〖형〗 부드러우면서 질기다. (변형은 되지만) 쉽게 부러지지 않다. ¶柔~=부드럽고 질기다. ↔脆

【韧带】**rèndài** 〖명〗〖생〗 인대.

【韧度】**rèndù** 〖명〗 **1** 〖방〗 강도. 〔섬유·실 등의 단위 굵기당 인장 강력을 말함.〕 ¶这种皮革很有~。=이 피혁은 부드럽고도 질기다. **2** 〖금〗 경도(硬度).

【韧劲】**rènjìn** (~儿) 〖명〗〖구〗 강인성. ¶这事的最终成功, 多亏了他那股~儿。=이 일이 마침내 성공한 것은 그의 강인성 덕분이다.

【韧力】**rènlì** 〖명〗 지구력. 의지력.

【韧皮部】**rènpíbù** 〖명〗〖식〗 체관부. 인피부.

【韧性】**rènxìng** 〖명〗 **1** 강인성. ¶工作越重越需要~。=업무가 가중될수록 강인성이 필요하다. **2** 〖물〗 인성.

【轫[軔, 靭]】**rèn** 바퀴 굄목 인
〖명〗〖문〗 바퀴 굄목. ¶发~=새로운 일이 시작〔발족〕되다.

【牣】**rèn** 찰 인
〖동〗〖문〗 가득 차다. 가득 채우다. 충만하다. ¶充~=충만하다.

【饪[餁, 餁]】**rèn** 익힐 임
〖동〗 조리하다. 요리하다. ¶烹~=요리하다.

【妊[(姙)]】**rèn** 임신할 임
〖동〗 임신하다.

【妊妇】**rènfù** 〖명〗 임신부.

【妊娠】**rènshēn** 〖동〗〖생〗 임신하다. 수태하다. ¶~反应=임신 반응.

【纴[(絍)]】**rèn** 짤 임
〖동〗〖문〗 방직하다. 〖명〗〖방〗 베 짜는 실.

【衽[(袵)]】**rèn** 옷깃 임
〖명〗〖문〗 **1** 옷깃. 소매. **2** 잠자리. ¶振~扫席=잠자리를 털고 청소하다.

○── 敛liǎn衽

【衽席】**rènxí** 〖명〗 **1** 잠자리. 침석. **2** 연회석.

【葚】**rèn** 오디 심
☞【桑葚儿】**sāngrènr**
☞ **shèn**

## reng

**【扔】**rēng 버릴 잉
〖동〗 **1** 포기하다. 내버리다. ¶衣服小了, 只有~了。=옷이 작아졌으니 버릴 수밖에 없다. **2** 던지다. ¶~石头=돌을 던지다. / 把球~给我。=공을 내게 던져라. ≒丢

【扔出去】**rēng·chū·qù** 〖동〗 (밖으로) 내던지다. 내버리다.

【扔掉】**rēngdiào** 〖동〗 버리다. 던져 버리다. 내버리다. 포기하다. ¶~废旧家具=못 쓰게 된 가구를 내버리다.

【扔货】**rēnghuò** 〖명〗〖구〗 **1** 폐품. 폐물. 불량품. 몹쓸 물건. **2** 〖비〗 쓸모 없는 인간.

【扔弃】**rēngqì** 〖동〗 내버리다. 던져 버리다. 내던지다. 포기하다. ¶钱财乃身外之物, 为了情义是可以~的。=재물은 중요하지 않으니, 우정을 위해서라면 포기할 수도 있다.

【扔下】**rēng·xia** 〖동〗 방치하다. 내버리다. 내던지다. ¶小男孩~书, 跑出去玩了。=사내아이가 책을 내던지고 뛰어나가 논다.

**仍** réng 그대로 잉
튀튀 여전히. 아직도. ¶药~不见效。=약이 아직도 효과가 없다. 튀 따르다. 답습하다. ¶一~其旧=하나같이 옛 것을 따르다. 튀튀 빈번하다. 잦다. ¶祸事频~=안 좋은 일이 잦다. 튀 (Réng) 성(姓).

【仍旧】réngjiù 튀 예전대로 하다. 옛 것을 따르다. 원래대로 따르다. ¶时虽移, 而物~。=시간은 흘렀어도 물건은 여전하다. 변함없이. ¶他~笔耕不辍。=그는 여전히 글을 쓰고 있다. 늑仍然 依然

【仍然】réngrán 튀 변함없이. 여전히. 아직도. 원래대로. ¶他~住在那座小城。=그는 여전히 그 마을에서 살고 있다. 늑仍旧

【仍是】réngshì 튀 여전히. ¶山~这样的葱绿。=산은 여전히 이렇게 푸르다.

【仍须】réngxū 튀 여전히 …해야 한다. ¶为了取得更大的成绩, 大家~刻苦。=더 좋은 성적을 거두기 위해서 모두가 여전히 고생을 해야 한다.

**礽** réng 다행 잉
튀튀 복(福).

# ri

**日** rì 해 일
튀 1 태양. 해. ¶旭~=밝은 태양. / 红~=붉은 해. 2 하루. 일. 날. ¶昨~=어제. 3 낮. ¶夜以继~=밤낮으로 계속하다. 4 매일. 하루하루. ¶蒸蒸~上=나날이 진보하다. 5 (특정한) 날. 일. ¶结婚纪念~=결혼 기념일. 6 때. 철. ¶重振昔~辉煌=옛날의 찬란함을 다시 떨치다. 7 (Rì) 튀 日本(일본). 튀 쐽하다. [욕하는 말로 쓰임] ↔夜

○● 白日, 不日, 成日, 当日, 度日, 队duì日, 庚gēng日, 吉日, 集日, 即日, 忌jì日, 假日, 舰jiàn日, 节日, 近日, 旧日, 连日, 烈liè日, 落日, 末日, 宁níng日, 平日, 前日, 人日, 闰rùn日, 生日, 时日, 朔shuò日, 素sù日, 他日, 天日, 望日, 无日, 向日, 旭xù日, 旬xún日, 翌yì日, 异yì日, 有日, 朝日, 镇日, 终日

【日班】rìbān 튀 주간반. ↔夜班
【日斑】rìbān ☞【太阳黑子】tàiyáng hēizǐ
【日报】rìbào 튀 일간지. [주로 조간 신문을 가리킴] 튀 매일 보고하다. ¶~表要及时报送。=일일 보고서는 시간에 맞추어 보내져야 한다.
【日本】Rìběn 튀(地) 일본. [수도는 '东京(도쿄 : Tokyo)'임]
【日本暖流】Rìběn nuǎnliú ☞【黑潮】hēi cháo
【日薄西山】rìbóxīshān 튀 1 해가 지려 하다. 2 (비) 죽어 가다. 3 (비) 세력이 기울어져 망하려는 판국. 늑行将就木 ↔如日中天

【日不暇给】rìbùxiájǐ 튀 날마다 눈코 뜰 새 없이 바쁘다.
【日常】rìcháng 튀 일상의. 평소의. 일상적인. ¶~消费=일상 소비.
【日场】rìchǎng 튀 주간 상영(공연). ↔晚场
【日抄】rìchāo 튀 일지. 일기. 일일 기록.
【日车公里】rìchēgōnglǐ 튀 자동차의 하루 주행 거리. ¶400~=1일 주행 거리가 400킬로미터인 자동차.
【日程】rìchéng 튀 일정. ¶考察~=일정을 살피다.
【日出】rìchū 튀 해가 뜨다. 일출하다.
【日出而作, 日入而息】rìchū ér zuò, rìrù ér xī (속) 해가 뜨면 일하고 해가 지면 쉰다.
【日出三竿】rìchū-sāngān (성) 1 해가 벌써 장대 세 개의 높이로 떠올랐다. 2 (비) 해가 벌써 중천에 뜨다. =【日上三竿】rìshàng-sāngān
【日戳】rìchuō 튀 날짜 도장. 일부인(日附印).
【日耳曼人】Rì'ěrmànrén 튀 게르만 인.
【日珥】rì'ěr 튀(天) 홍염. 프로미넌스(prominence).
【日费】rìfèi 튀 하루 비용. 일당. 튀 하루에 …을〔를〕 쓰다. 매일 쓰다.
【日工】rìgōng 튀 1 주간 작업. 낮일. 2 날품. 3 날품팔이꾼.
【日工资】rìgōngzī 튀 날품삯. 일당. 일급.
【日光】rìguāng 튀 1 햇빛. 일광. 2 시간. [주로 조기 백화문에 보임] ¶~已晚=시간이 이미 늦었다.
【日光灯】rìguāngdēng ☞【荧光灯】yíngguāngdēng
【日光浴】rìguāngyù 튀 일광욕.
【日规】rìguī ☞【日晷】rìguǐ
【日晷】rìguǐ 튀(天) 해시계. =【日规】rìguī
【日后】rìhòu 튀 장래. 뒷날. 금후. 나중. ¶只要努力, ~定能成功。=노력하기만 하면 뒷날 반드시 성공할 수 있다.
【日华】rìhuá 튀(天) 코로나(corona).
【日化】rìhuà 튀㊥ 일용 화학 공업. 일용 화학 제품.
【日环食】rìhuánshí ☞【环食】huánshí
【日货】rìhuò 튀 일제 상품.
【日积月累】rìjī-yuèlěi (성) (자료·정보·경험·불만 등이) 날마다 조금씩 쌓이다. 갈수록 더해 가다. 늑与日俱增
【日计】rìjì 튀 날마다 계산하다. 튀 일계.
【日记】rìjì 튀 일기. 일지.
【日记账】rìjìzhàng 튀 일기장. 일기책. [거래의 내용을 날짜 순서대로 기입하는 장부]
【日间】rìjiān 튀 낮. 대낮.
【日见】rìjiàn 튀 (나날이) …을〔를〕 보이다. (하루하루) …해지다. ¶~效果=나날이 효과를 보이다.
【日渐】rìjiàn 튀 나날이. 차츰차츰. 날로. ¶孩子~长高。=아이가 나날이 자란다.
【日较差】rìjiàochā 튀 일교차.
【日界线】rìjièxiàn ☞【国际日期变更线】guójì

rìqī biàngēngxiàn

【日进斗金】rìjìn-dǒujīn 🈴 날마다 막대한 수입이 들어오다.

【日经指数】Rìjīng zhǐshù 🈯(經) 닛케이 평균 지수. ⇨ Nikkei Stock Averages

【日久】rìjiǔ 🈴 시일이 오래 지나다. 시일이 경과하다. ¶~生情=시일이 지나 정이 생기다.

【日久见人心】rìjiǔ jiàn rénxīn 🈴 사람은 오랜 동안 같이 지내 봐야 안다.

【日久天长】rìjiǔ-tiāncháng 🈴 오랜 세월이 흐르다.

【日久玩生】rìjiǔ-wánshēng 🈴 시일이 흐르면 소홀한 마음이 생긴다.

【日就月将】rìjiù-yuèjiāng 🈴 1 일취월장하다. 나날이 발전하다. 2 티끌 모아 태산이 되다.

【日均】rìjūn 🈴 일평균의.

【日刊】rìkān 🈯 일간.

【日来】rìlái 🈯 요즘. 요사이. 지난 며칠 동안. ¶~偶有所思, 亦有所得。=며칠 전 우연히 생각하다가 깨달은 바가 있다.

【日里】rìlǐ 🈯 하루. 날.

【日理万机】rìlǐ-wànjī 🈴 정무에 몹시 바쁘다. [주로 고급 간부에게 쓰임]

【日历】rìlì 🈯 일력.

【日丽风和】rìlì-fēnghé ☞【风和日丽】fēnghé-rìlì

【日轮】rìlún 🈯🈴 태양.

【日落】rìluò 🈷 1 해가 지다. ¶~西山=해가 서산에 지다. 2 나날이 떨어지다[하락하다].

【日落西山】rìluòxīshān 🈴 1 해가 서산에 지다. 2 황혼 무렵. 3🈴 죽음이 가까워지다. 세력이 기울어져 망하려는 판국.

【日冕】rìmiǎn 🈯(天) 백광. 코로나(corona).

【日没】rìmò 🈷🈴 해가 지다. 일몰.

【日暮】rìmù 🈷 날이 저물다.

【日暮途穷】rìmù-túqióng 🈴 1 날은 저물고 갈 길은 멀다. 2🈴 힘도 꾀도 다하다. 궁지에 빠지다. 죽음이 다가오다. ↔蒸蒸日上

【日内】rìnèi 🈯 며칠 안. 수일 내. ¶这一问题容~研究。=이 문제는 수일 내로 연구할 수 있다.

【日偏食】rìpiānshí 🈯(天) 부분 일식.

【日平西】rìpíngxī 🈷 해가 저물다. 해가 서쪽으로 기울다.

【日期】rìqī 🈯 (특정한) 날짜. 기간. 기일. ¶开会~已定。=회의 날짜가 이미 정해졌다.

【日前】rìqián 🈯 일전. 며칠 전. ¶他~已回国。=그는 며칠 전에 이미 귀국하였다.

【日趋】rìqū 🈯 나날이. 날로. 더욱. ¶~兴盛=날로 흥성하다.

【日全食】rìquánshí 🈯(天) 개기 일식.

【日日】rìrì 🈯 매일.

【日日夜夜】rìrì yèyè 🈴 여러 밤낮. 여러 날. 밤낮으로. 주야로.

【日色】rìsè 🈯 1 일광. 햇빛. ¶~渐暖=햇빛이 점점 따듯해진다. 2 때. ¶~尚早=때가 아직 이르다.

【日晒】rìshài 🈷 햇빛이 비치다[내리 쬐다]. ¶风吹~=바람이 불고 햇빛이 비치다.

【日晒雨淋】rìshài-yǔlín 🈴 1 햇빛에 드러나고, 빗물에 젖는다. 2🈴 환경이 열악하다.

【日上三竿】rìshàng-sāngān ☞【日出三竿】rìchū-sāngān

【日甚一日】rìshènyīrì 🈴 날로 심해지다.

【日升月恒】rìshēng-yuègèng 🈴 1 해가 솟고 달이 차다. 2🈴 왕성한 시기. (세력이) 강해지다. 날이 갈수록 발전하다. [주로 축하의 말로 많이 쓰임]

【日蚀】rìshí ☞【日食】rìshí

【日食】[日蚀] rìshí 🈯(天) 일식.

【日头】rìtóu 🈯㉠ 1 낮. ¶这事整整浪费了一个~。=이 일로 꼬박 한나절을 낭비했다. 2 기간. 기일. 시기. 때. [주로 조기 백화문에 보임] ¶谁都有求人的~。=누구든지 남에게 도움을 청할 때가 있다.

【日头】rì·tou 🈯㉠ 태양. 해. ¶~偏西=태양이 서쪽으로 기울다.

【日托】rìtuō ☞【半托】bàntuō

【日文】Rìwén 🈯(言) 일본어.

【日无私照】rìwúsīzhào 🈴 1 해는 사사로이 비추는 일이 없다. 햇빛이 곳곳마다 고루 비추다. 2🈴 은혜가 고루고루 미치다.

【日夕】rìxī 🈯 조석(朝夕). 밤낮. 주야. ¶~思念=밤낮으로 생각한다.

【日夕相处】rìxī xiāngchǔ ☞【朝夕相处】zhāoxī xiāngchǔ

【日息】rìxī 🈯 하루 이자. 날변. 일변.

【日下】rìxià 🈯 현재. 요즈음. ¶~事急=요즈음 일이 급하다.

【日心说】rìxīnshuō 🈯(天) 태양 중심설. 지동설. ↔地心说

【日新月盛】rìxīn-yuèshèng 🈴 1 날로 발전하다. 2 흥성하다. 번영하다. 융성하다.

【日新月异】rìxīn-yuèyì 🈴 1 나날이 새로워지다. 2 변화와 발전이 빠르다. ≒一日千里 ↔一成不变

【日薪】rìxīn 🈯 일당. 일급.

【日行】rìxíng 🈯🈷 태양의 운행. 🈷🈴 하루에 …만큼 가다. ¶~数百里=하루에 수백 리를 가다.

【日夜】rìyè 🈯🈴 밤낮(으로). 주야(로). ¶为赶订货, 工厂~开工。=주문품을 대기 위해 공장을 밤낮으로 가동한다.

【日以继夜】rìyǐjìyè ☞【夜以继日】yèyǐjìrì

【日益】rìyì 🈴 날로. 나날이 더욱. ¶经济~繁荣。=경제가 날로 번영한다.

【日用】rìyòng 🈯 생활비. ¶工资的大部分作了~。=임금의 대부분이 생활비로 쓰인다. 🈴 일용의. ¶~物品=일용 물품.

【日用品】rìyòngpǐn 🈯 일용품.

【日语】Rìyǔ 🈯(言) 일본어.

【日元】rìyuán ☞【日圆】rìyuán

【日圆】[日元] rìyuán 🈯 엔. ¶一日元=1엔.

【日月】rìyuè(~儿) 🈯 1 해와 달. ¶~普照着大地。=해와 달이 널리 대지를 비춘다. 2🈴 시간. 시절. 시대. ¶~飞逝=시간이 쏜살같이 지나간

다. **3** [비] 생활. 삶. ¶快乐的～＝즐거운 생활.
【日月经天】**rìyuè-jīngtiān** [성][비] (정신·형상 등이) 광명정대하다. 영원히 불변하다.
【日月如梭】**rìyuè-rúsuō** [성] **1** 해와 달이 베틀의 북같이 오가다. **2** [비] 세월이 쏜살같이 흐르다.
【日月星辰】**rìyuè-xīngchén** [성] **1** 일월성신. 해와 달과 별. **2** 천체.
【日晕】**rìyùn** [명]《天》햇무리. [낮]【风圈】**fēngquān**
【日杂】**rìzá** [명][약] 日用杂货(일용 잡화). ¶～商店＝일용 잡화점.
【日涨】**rìzhǎng** [동] 날로 값이 오르다. 날로 비싸지다.
【日照】**rìzhào** [동] 햇볕이 내리쬐다. ¶某些花不经～就会枯萎。＝어떤 꽃들은 햇빛을 쬐지 못하면 금방 시들어 버린다. [명] 1일 일조 시간.
【日臻】**rìzhēn** [부] 날로 …되다. ¶～成熟＝날로 성숙해지다.
【日志】**rìzhì** [명] 일지. ¶教务～＝교무 일지.
【日中】**rìzhōng** [명] **1** 정오. 한낮. ¶～时分＝정오 무렵. **2** (**Rì Zhōng**) 일본과 중국. ¶～艺术交流＝일·중 예술 교류.
【日逐】**rìzhú** [명][문] 매일. ¶～辛劳＝매일같이 수고한다. ＝【每天】**měitiān**
【日子】**rì·zi** [명] **1** (선택한) 날. 날짜. 시일. 시간. ¶他回国有些～了。＝그가 귀국한 지 며칠이 되었다. **2** 기간. 시절. 때. ¶这是出游的好～。＝지금은 나들이하기에 좋은 때이다. **3** 생계. 생활. 살림. 형편. 처지. ¶～当细水长流。＝살림은 마땅히 절약해서 오래가도록 해야 한다.
【日昨】**rìzuó** [명][문] 어제.

## 驲[馹] **rì** 역말 일
[명][옛] 역말. 역마.

# rong

## 戎 **róng** 서쪽 오랑캐 융
[명] **1** [문] 군사. 군대. ¶投笔从～＝붓을 던지고 종군하다. **2** [문] 병기. 무기. ¶兵～相见＝전쟁하다. **3** (**Róng**) 서융. 융족. **4** (**Róng**) 성(姓).

0● 兵戎, 元戎

【戎行】**rónghǎng** [명][문] 군대. ¶久经～＝군대에 오래 복무하다.
【戎机】**róngjī** [명][문] **1** 전기(戰機). 군사 전략. 전투 시기. ¶坐失～＝앉아서 전기를 놓치다. **2** 군사 기밀. 전쟁. ¶精通～＝전쟁에 정통하다.
【戎马】**róngmǎ** [명][문] **1** 군마. 전마. **2** 군무. 군사. 종군. 작전. ¶～生涯＝종군 생활.
【戎马倥偬】**róngmǎ-kǒngzǒng** [성] 군무(軍務)가 번망하다.
【戎首】**róngshǒu** [명][문] **1** 전쟁 도발자. **2** 선동자. 주동자. 장본인.
【戎装】**róngzhuāng** [명][문] 군장.

## 彤 **róng** 융제사 융
[명] 제를 올린 다음 날 올리는 중국 고대의 제사.

## *茸 **róng** 무성할 용
[형] **1** (막 자란 풀이) 여리고 부드럽다. 야들야들하다. ¶春草纤～＝봄풀이 가늘고 부드럽다. **2** (털이) 촘촘하고 보송보송하다. ¶毛～～＝털이 촘촘하고 보송보송하다. [명] 녹용. ¶参～＝인삼과 녹용.

0● 蓬péng茸

【茸毛】**róngmáo** [명] **1** 잔털. **2** 솜털.
【茸茸】**róngróng** [형] (풀이나 머리털 등이) 가늘고 부드럽다. 여리고 부드럽다. ¶绿～的草坪＝푸르고 여린 잔디.

## **荣[榮] **róng** 꽃 영
[형] **1** 영광스럽다. 영예롭다. ¶盛衰～辱＝흥성과 쇠락과 영예와 치욕. **2** (초목이) 무성하다. 싱싱하다. ¶春～冬枯＝봄에는 무성하고 겨울에는 시든다. **3** 번영하다. 흥성하다. 번창하다. ¶繁～昌盛＝번영하여 크게 일어나다. [명] (**Róng**) 성(姓). ↔辱 枯 耻 耻

0● 哀āi荣, 光荣, 显荣, 虚xū荣

【荣登】**róngdēng** [동] 영광스럽게 등록(登錄)하다〔기재하다〕. ¶～榜首＝영광스럽게 수석을 차지하다.
【荣光】**róngguāng** [형] 영광스럽다. ¶无上～＝최고로 영광스럽다. ≒荣耀
【荣归】**róngguī** [동] 영광스럽게 돌아오다. ¶～故土＝금의환향하다.
【荣华】**rónghuá** [동] 초목에 꽃이 피다. [형][비] 홍성하다. 입신양명하다. 영화롭다. ¶一生～＝평생 영화를 누리다.
【荣华富贵】**rónghuá-fùguì** [성] 부귀영화. 부귀영화를 누리다.
【荣获】**rónghuò** [동] 영예롭게(도) …을〔를〕 획득하다. (상을 받는 따위의) 영예를 누리다. 영예로운 호칭을 얻다. ¶～竞赛一等奖＝영예롭게도 경기에서 1등을 획득하였다.
【荣记】**róngjì** [동] 영광스럽게(도) 기록되다. ¶～一等功＝영광스럽게도 일등 공훈〔공적〕으로 기록되다.
【荣军】**róngjūn** ☞【荣誉军人】**róngyù jūnrén**
【荣枯】**róngkū** [동] **1** 초목이 무성해졌다가 시들다. **2** [비] 번영하고 몰락하다. 융성하고 쇠퇴하다. [명] 영고성쇠. 번영과 영락. 융성과 쇠퇴.
【荣立】**rónglì** [동] 영광스럽게(도) …을〔를〕 세우다. ¶～功勋＝영광스럽게도 공로를 세우다.
【荣迁】**róngqiān** [동][문] 영전(榮轉)하다.
【荣任】**róngrèn** [동] 영광스럽게 (어떤) 직무를 맡다. 요직을 맡다. [주로 칭송의 어투나 문구에 쓰임] ¶～高位＝요직을 맡다.
【荣辱】**róngrǔ** [명] 영예와 치욕. 영욕. ¶不计个人的～得失＝개인의 영욕과 득실을 따지지 않다.

【荣辱与共】róngrǔ-yǔgòng 〈成〉 영광과 치욕을 함께하다.
【荣升】róngshēng 〈动〉 영전하다.
【荣退】róngtuì 〈动〉 (영광스럽게) 제대하다. 은퇴하다. 퇴직하다.
【荣幸】róngxìng 〈形〉 매우 영광스럽다. ¶今日得见尊颜, 不胜~之至. =오늘 존안을 뵙게 되어서 대단히 영광스럽습니다. ≒幸运
【荣耀】róngyào 〈形〉 ❶ 영광스럽다. 영예롭다. ¶一位新导演, 拍首部影片便在国际获奖, 那是多么的~! =신인 감독으로서 찍은 첫 번째 영화가 국제적인 상을 받았으니, 얼마나 영광스러운가! ❷ 〈云〉 부귀영화를 누리다. ¶身居高位, 显达~. =높은 지위에 올라 부귀영화를 누린다. ≒荣光 光荣 光彩
【荣膺】róngyīng 〈动〉〈云〉 (영광스럽게도) …이 〔가〕 되다. …을〔를〕 담당하다. …의 영광을 받다. ¶他在国际象棋大赛中~冠军. =그는 국제 장기 대회에서 영광스럽게도 1등을 하였다.
【荣誉】róngyù 〈名〉 명예. 영예. ¶获得极高的~. =지극히 큰 명예를 얻다.
【荣誉军人】róngyù jūnrén 〈名〉 상이 군인의 높임말. 〈略〉 【荣军】 róngjūn
【荣誉学位】róngyù xuéwèi 〈名〉 명예 학위.

# 狨 róng 원숭이 융

〈名〉〈动〉 명주원숭이. 〔'绢毛猴(juànmáohóu)'라고도 부름〕 〈英〉 marmoset

# 绒[絨, 羢・毧] róng 가는 베 융

〈名〉 ❶ (사람·동물 등의) 솜털. 잔털. 융모. 융털. ¶羽~=오리〔거위〕털. ❷ (纺) 표면에 털이 있는 직물. 융(绒). ¶平~=면 벨벳. / 条~=코르덴. ❸ (~儿) 자수용의 가는 실.

〇 艾ài绒, 貉háo绒, 火绒, 呢ní绒, 蒲pú绒, 条绒, 栽zāi绒

【绒布】róngbù 〈名〉〈纺〉 플란넬. 면 플란넬(綿flannel).
【绒花】rónghuā(~儿) 〈名〉 벨벳(velvet)으로 만든 꽃·새 등.
【绒裤】róngkù 〈名〉 플러시(plush)천 바지.
【绒毛】róngmáo 〈名〉 ❶ 〈纺〉 직물 표면의 짧고 가는 털. ❷ (사람·동물 등의) 솜털. 잔털. 융모. 융털.
【绒面革】róngmiàngé 〈名〉 스웨이드(suede). [무두질한 새끼양·새끼소 따위의 가죽]
【绒面鞋】róngmiàn píxié 〈名〉 스웨이드(suede) 구두.
【绒球】róngqiú(~儿) 〈名〉 ❶ 색실 방울. [여러 색실로 만든 공 모양의 물건. 축하 때 장식용으로 쓰임] ❷ 모자나 구두 장식용 방울 술.
【绒衫】róngshān 〈名〉〈纺〉 스웨터.
【绒毯】róngtǎn 〈名〉〈纺〉 융단. 양탄자.
【绒线】róngxiàn 〈名〉 ❶ 〈纺〉 자수용 가는 실. ❷ 털실.
【绒绣】róngxiù 〈名〉 털실 자수. 태피스트리(tap-

estry).
【绒衣】róngyī 〈名〉 두꺼운 플란넬로 만든 옷. [주로 상의를 가리킴]

## **容 róng 얼굴 용

〈动〉 ❶ 받아들이다. 포함하다. 넣다. 담다. ¶无处~身=몸을 맡길 데가 없다. ❷ 관용하다. 용서하다. 받아들이다. ¶罪不~诛=죽어도 그 죄악을 다 씻을 수 없다. ❸ 허락하다. 허용하다. ¶不~置疑=의심할 여지가 없다. 〈副〉〈云〉 아마. 혹시. 어쩌면. ¶~或有之=어쩌면 있다. 〈名〉 ❶ 용모. ¶美~=아름다운 용모. ❷ (얼굴의) 표정. 기색. ¶笑~满面=웃는 기색이 만연하다. ❸ 〈书〉 상황. 상태. 모양. ¶市~=市貌=시의 모습. ❹ (Róng) 성(姓). ≒姿 貌

| ❶ 容 róng |
| 溶 róng |
| 熔 róng |
| 蓉 róng |
| 榕 róng |

〇 包容, 从容, 动容, 涵hán容, 宽容, 敛liǎn容, 美容, 面容, 收容, 先容, 形容, 冶yě容, 遗yí容, 音容, 雍yōng容, 优容, 姿容, 纵zòng容

【容表】róngbiǎo 〈名〉 용모. 풍채. 생김새. ¶~精干=용모가 당차다.
【容不得】róng·bu·dé 〈动〉 ❶ 포용하지 못하다. ¶他⼒量不大, ~人. =그는 도량이 작아서 남을 포용하지 못한다. ❷ 허용하지 못하다. 허락하지 못하다. 용납하지 못하다.
【容不下】róng·buxià 〈动〉 ❶ (공간이 좁아) 수용할 수 없다. 담을 수 없다. ¶会议室~全班同学. =회의실은 반의 모든 학생을 수용할 수 없다. ❷ 용납할 수 없다. 용서할 수 없다. 받아들일 수 없다. ¶他~别人的缺点. =그는 다른 사람의 결점을 용납하지 못한다.
【容错】róngcuò 〈动〉 잘못을 용인하다. 〈名〉〈컴〉 내고장성. 〈英〉 fault tolerance
【容待】róngdài 〈动〉 기다리다. ¶这个问题~他日再议. =이 문제는 다른 날을 기다렸다가 다시 논의하지요.
【容当】róngdāng 〈动〉 허락해 주십시오. ¶漏寄资料~以后补上. =빠뜨리고 보낸 자료는 후에 보충하도록 허락해 주십시오.
【容得下】róng·dexià 〈动〉 받아들일 수 있다. 용서할 수 있다. 수용할 수 있다.
【容电器】róngdiànqì ☞【电容器】 diànróngqì
【容光】róngguāng 〈名〉 얼굴 표정. 환한 얼굴. 풍채.
【容光焕发】róngguāng-huànfā 〈成〉 ❶ 얼굴에 광채가 나다. 얼굴이 환하다. 혈색이 좋다. ❷ 원기 왕성하다.
【容后】rónghòu 〈动〉 후일을 기다려 주십시오. ¶~答复=훗날 회답하겠습니다.
【容缓】rónghuǎn 〈动〉 ❶ 늦추다. 연기하다. ¶刻不~=한시도 늦출 수 없다. ❷ 유예하다. ¶~处置=처벌을 유예하다.
【容或】rónghuò 〈副〉〈云〉 혹시. 아마. 어쩌면 (…일지도 모른다). ¶他讲的~与事情的真实情况

不符. =그가 말한 것이 어쩌면 사건의 진상과 부합되지 않을 수 있다.

【容积】**róngjī** 용적. 체적.

【容量】**róngliàng** 명 **1** 용적 크기. **2** 용량. ¶电~=전하(電荷)량.

【容留】**róngliú** 통 수용하다. 받아들이다. 머물게 하다. ¶~需要社会救助的人员=사회적 지원이 필요한 사람을 수용하다.

【容貌】**róngmào** 명 용모. 생김새. ¶~姣好=생김새가 예쁘다. ≒相貌

【容纳】**róngnà** 통 **1** 수용하다. 넣다. ¶剧场能~上万人. =극장은 만여 명을 수용할 수 있다. **2** 포용하다. 용납하다. 받아들이다. ¶~不同的见解=다른 의견을 받아들이다.

【容器】**róngqì** 명 용기.

【容情】**róngqíng** 통 너그럽게 봐주다. 용서하다. [주로 부정형으로 쓰임] ¶对贪污腐败的行为不能~. =탐관오리들의 부패 행위에 대해서는 용서하지 않는다.

【容让】**róngràng** 통 양보하다. 용인하다. ¶互相~=서로 양보하다.

【容人】**róng‖rén** 통 포용하다. 용서하다. ¶作为上司, 要能~. =상사로서 포용할 줄 알아야 한다.

【容忍】**róngrěn** 통 용인하다. 참고 견디다. 참고 서하다. 허용하다. ¶令人难以~如此恶劣的行径. =이 같은 나쁜 행위를 용인하기는 곤란하다.

【容身】**róng‖shēn** 통 몸을 의탁하다〔맡기다〕. ¶觅~之处=몸을 의탁할 곳을 찾다. ≒安身

【容恕】**róngshù** 통 용서하다. 허용하다. ¶~他人之过=다른 사람의 허물을 용서하다.

【容态】**róngtài** 명 문 자태. 용모와 자태. ¶~优雅=자태가 우아하다.

【容限】**róngxiàn** 명 (物) 공차(公差). [도량형기의 일정한 표준과 실제와의 차이를 법률에서 허용하는 범위] ◎ tolerance

【容许】**róngxǔ** 통 윤허하다. 허용하다. 허가하다. ¶不~破坏植被=산림을 훼손하는 것을 허가하지 않는다. ¶也许. 혹시. ¶你注意听, ~听得懂. =주의해서 들으면 아마 이해할 수 있을 거야. ≒允许 准许 许可 ↔禁止

【容蓄】**róngxù** 통 모아 쌓다. ¶~余粮=여유 식량을 모아 쌓다.

【容颜】**róngyán** 명 용모. 안색. ¶~秀美=용모가 곱다.

【容仪】**róngyí** 명 문 용의. 용모. ¶~超众=용모가 출중하다.

【容易】**róngyì** 형 **1** 쉽다. 용이하다. ¶得得去快. =쉽게 얻으면 쉽게 잃는다. **2** …하기 쉽다. …하기 일쑤다. ¶暖水瓶的瓶胆~坏. =보온병의 속병은 망가지기 쉽다. ↔困难

【容止】**róngzhǐ** 통 용모와 행동거지. ¶~倜傥=용모와 행동거지가 호방하다.

【容质】**róngzhì** 명 용모와 자질. ¶~俊美=용모와 자질이 준수하다.

【容重】**róngzhòng** 명 (수리에서의) 단위 중량 (unit weight).

【容妆】**róngzhuāng** 명 몸치장. 몸단장. 차림새. ¶~靓丽=몸치장이 멋지다.

【容装】**róngzhuāng** 명 용모와 옷차림.

【容姿】**róngzī** 명 용모. 모습. 자태. ¶~娇美=자태가 곱다.

## 嵘[嶸] **róng** 높고 험할 영
☞【峥嵘】**zhēngróng**

## *蓉 **róng** 연꽃 용
명 **1** ☞【芙蓉】**fúróng**【苁蓉】**cōngróng** **2** (만두나 월병에 넣는) 소. ¶豆~=콩소. **3** (Róng) 영 (地) 쓰촨(四川)성 청두(成都)의 별칭.

## *溶 **róng** 녹을 용
통 녹(이)다. 용해되다. ¶速~咖啡=인스턴트 커피.

○● 岩 **yán** 溶

【溶洞】**róngdòng** 명 (地) 종유동.

【溶化】**rónghuà** 통 **1** (化) (고체가) 용해되다. 녹다. ¶盐能很快~于水. =소금은 물에 빨리 녹는다. **2** ☞【融化】**rónghuà**

【溶剂】**róngjì** 명 (化) 용제.

【溶胶】**róngjiāo** 명 (化) 졸(sol). 교질 용액. 콜로이드 용액. =【胶体溶液】**jiāotǐ róngyè**

【溶解】**róngjiě** 통 (化) 용해하다.

【溶解度】**róngjiědù** 명 (化) 용해도.

【溶解热】**róngjiěrè** 명 (化) 용해열.

【溶解氧】**róngjiěyǎng** 명 (化) 분자 상태 산소.

【溶媒】**róngméi** 명 (化) 용매.

【溶溶】**róngróng** 형 **1** (물 따위가) 넘실거리는 모양. (강물이) 힘차게 흐르는 모양. ¶绿水~=푸른 물이 힘차게 흐르다. **2** 교교한 모양. 휘영청 밝은 모양. ¶~的月光泻满整个屋子. =휘영청 밝은 달빛이 온 방안에 들이비춘다.

【溶蚀】**róngshí** 명 (地) 용식. 카르스트 침식.

【溶体】**róngtǐ** ☞【溶液】**róngyè**

【溶血】**róngxuè** 명 (生) 용혈(현상).

【溶液】**róngyè** 명 (化) 용액. =【溶体】**róngtǐ**

【溶胀】**róngzhàng** 명 (化) 팽윤.

【溶质】**róngzhì** 명 (化) 용질. 용해질.

【溶注】**róngzhù** 통 녹여 쏟아붓다. ¶他把全部的精力~于文学创作. =그는 문학 창작에 온 힘을 쏟았다.

## 瑢 **róng** 패옥 소리 용
☞【瑽瑢】**cōngróng**

## *榕 **róng** 용수 용
명 **1** (植) 용수(나무). **2** (Róng) 영 (地) 푸젠(福建)성 푸저우(福州)시의 별칭.

## **熔 **róng** 쇠 녹일 용
통 (열을 가하여 금속 따위를) 녹이다. 녹다. 용해〔융해〕하다. 용해〔융해〕시키다. ¶铁慢慢地~

**熔** róng 熔 蝾 镕 融 冗

了。=철이 천천히 녹았다.
【熔池】róngchí 명(化) 전해조(電解槽). 용액조(溶液槽). ❷ molten bath
【熔点】róngdiǎn 명(物) 용점. 녹는점.
【熔断】róngduàn 동 1 (금속을) 열을 가하여 끊다. 2 (금속이) 열을 받아 끊어지다.
【熔焊(接)】rónghàn(jiē) 명(工) 용접(融接). [용접의 한 종류임]
【熔合】rónghé 동 녹아서 합쳐지다. 용합하다. 융합되다.
【熔化】rónghuà 동(物) (열을 가하여 금속 따위를) 녹이다. 녹다. 용해〔융해〕하다. 용해〔융해〕시키다. ≒【熔解】róngjiě【熔融】róng róng ↔凝固
【熔剂】róngjì 명(金) 용제. 융제.
【熔接】róngjiē 명동(工) 용접(하다).
【熔解】róngjiě ☞【熔化】rónghuà
【熔解热】róngjiěrè 명(物) 용해열.
【熔炼】róngliàn 동 1 (金) 금속을 정련하다. ¶~矿石=광석을 정련하다. 2 비 단련하다. ¶复杂的社会~了刚离大学的学子们的意志。=복잡한 사회가 막 대학을 졸업한 학생들의 의지를 단련시킨다.
【熔炉】rónglú 명 1 용광로. 2 비 사상이나 품성을 단련하는 환경〔도량〕. ¶社会就是一个大~。=사회는 하나의 커다란 용광로이다.
【熔融】róngróng ☞【熔化】rónghuà
【熔丝】róngsī ☞【保险丝】bǎoxiǎnsī
【熔岩】róngyán 명(地) 1 용암. 2 용암류.
【熔冶】róngyě 동(金) (금속·광석 등을) 정련하다.
【熔渣】róngzhā 명(金) 용재. 광재.
【熔铸】róngzhù 동 1 주조하다. ¶~铁器=철기를 주조하다. 2 비 제련하다. ¶活生生的艺术形象是由零散的素材~而成的。=생동감 있는 예술 형상은 널려 있는 소재에서 빚어낸 것이다.

# 蝾[蠑] róng 영원(蝾螈) 영
【蝾螈】róngyuán 명(動) 도룡뇽(류).

# 镕[鎔] róng 쇠 녹일 용
명 1 문 거푸집. 주형(鑄型). 2 옛날, 창의 일종. 동 '熔(róng)'과 같음.

# **融[螎]** róng 화합할 융
동 1 녹다. 풀리다. ¶残雪消~=잔설이 녹다. 2 융합하다. 화합하다. 조화되다. ¶水乳交~=서로 잘 어울리다. 관계가 밀접하다. 3 유통하다. 융통하다. ¶金~=금융.

○● 交融, 熔róng融, 通融

【融贯】róngguàn 동 통달하다. 정통하다. ¶~中西文化=중국과 서양 문화에 통달하다.
【融合】rónghé 동 융합하다. ¶影片将不同的样式~在一起。=영화는 서로 다른 양식들을 하나로 융합한다. ≒【融和】rónghé
【融和】rónghé 형 1 따사롭다. ¶春阳~=봄

햇살이 따사롭다. 2 융화하다. 화목하다. ¶情感~=감정이 융화되다. ≒【融合】rónghé
【融化】[溶化] rónghuà 동 (얼음·눈 따위가) 녹다. 용해되다. ¶雪开始慢慢~了。=눈이 서서히 녹기 시작하였다. ≒融解 ↔冻结 凝固
【融汇】rónghuì 동 융합하다. 녹아서 하나가 되다. 녹아 합쳐지다.
【融会】rónghuì 동 융합하다. ¶~古今艺术精神=고금의 예술 정신을 융합하다.
【融会贯通】rónghuì-guàntōng 성 다방면의 도리와 이치를 체계적이고 철저하게 이해하다.〔정통하다·통달하다〕
【融解】róngjiě 동 녹다. ¶冰雪~=빙설이 녹다. ≒融化
【融洽】róngqià 형 사이가 좋다. 조화롭다. 융화하다. ¶大家处得十分~。=모두들 사이좋게 지낸다.
【融融】róngróng 형문 1 화기애애하다. 화목하고 즐겁다. 평화롭게 즐기는 모양. ¶合家团圆, 其乐~。=온 가족이 모이니 화기애애하다. 2 따뜻하다. 온화하다. ¶秋日~=가을 날씨는 온화하다.
【融通】róngtōng 동 1 통달하다. ¶~古今中外=동서고금에 통달하다. 2 조화롭다. 사이가 좋다. ¶~情感=조화로운 정감. 3 (經) 유통시키다. ¶~闲散资金=여유 자금을 유통시키다.
【融资】róng‖zī 동(經) 융자하다.
【融资】róngzī 명 융자.

# 冗[宂] rǒng 쓸데없을 용
형 1 쓸데없이 많다. 불필요하다. 여분의. ¶裁撤~员=불필요한 인원을 줄이다. 2 번거로운. 복잡한. 성가신. ¶~杂之事=번거로운 일. 명 바쁜 일. ¶请拨~莅临。=바쁘시더라도 왕림해 주세요.

○● 拨冗, 烦fán冗, 繁fán冗

【冗笔】rǒngbǐ 명 1 (그림의) 필요 없는 가필. 2 군더더기 문장.
【冗长】rǒngcháng 형 (문장·강연 따위가) 지루하다. ¶文章~, 了无新意。=문장이 지루하고 새로운 개념이 없다. ↔简短 洗练
【冗词】rǒngcí 명 장황한 말.
【冗词赘句】rǒngcí-zhuìjù 성 쓸데없이 길고 지루한 문장.
【冗繁】rǒngfán 형 번잡하다. 번거롭다. ¶琐事~缠身=번잡한 일에 얽매이다.
【冗费】rǒngfèi 명문 쓸데없는 지출. ¶节约~=헛된 지출을 줄이다.
【冗官】rǒngguān 명令 쓸모 없는 벼슬아치. 불필요한 관리.
【冗务】rǒngwù 명 복잡한 사무. ¶~劳身=복잡한 사무에 몸이 고되다.
【冗余】rǒngyú 형 쓸데없이 많다. ¶~信息=쓸데없이 많은 소식.
【冗员】rǒngyuán 명 필요 없는 인원. ¶精简~=필요 없는 인원을 가려 내다.

【冗杂】rǒngzá 형 1 (일 따위가) 번거롭다. ¶家务~=집안일이 번거롭다. 2 (문장 따위가) 번잡하다. ¶叙述~=서술이 번잡하다.
【冗职】rǒngzhí 명 쓸데없는 관직. 불필요한 직위〔직책〕.
【冗肿】rǒngzhǒng 형 쓸데없이 많은.
【冗赘】rǒngzhuì 형 장황하다. ¶文辞~=글이 쓸데없이 장황하다.

## 毧[(氄)] rǒng 솜털 용
형 (털이) 가늘고 부드럽다.
【毧毛】rǒngmáo 명 가늘고 부드러운 털. ¶雏鸟满身~.=갓 깨어 나온 새끼는 온몸이 부드러운 털로 덮여 있다.

## rou

**柔** róu 부드러울 유
형 1 부드럽다. 연약하다. 여리다. ¶纤~的嫩枝=가늘고 여린 가지. 2 (심성이) 여리다. 연약하다. 온순하다. ¶以~克刚=온순함으로 굳셈을 이기다. 5 1 부드럽게 하다. ¶捏调~音=부드럽게 음을 조절하다. 2 편안하다. ¶怀~=회유하다.
명 (Róu) 성(姓). ≒软 ↔刚
○→ 怀huái~, 娇jiāo柔, 轻柔

| ○ | 柔 róu |
|---|---|
| | 揉 róu |
| | 糅 róu |
| | 蹂 róu |
| | 鞣 róu |
| | 猱 náo |

【柔板】róubǎn 명(音) 아다지오(adagio).
【柔长】róucháng 형 부드럽고 길다. ¶~的秀发=부드럽고 긴 머리카락.
【柔肠】róucháng 명 1 부드러운 마음. 어진 마음. 2 비 온유한 감정〔정감〕. ¶尽诉~=온유한 정감에 호소하다.
【柔肠百结】róucháng-bǎijié 성 1 어진 마음이 여러 갈래로 얽히다. 2 비 마음에 온갖 근심과 슬픔이 얽히다.
【柔肠寸断】róucháng-cùnduàn 성 1 마음이 갈기갈기 찢어지다. 2 비 극도로 상심하다.
【柔道】róudào 명(體) 유도.
【柔风】róufēng 형 부드러운 바람.
【柔光】róuguāng 명형 온화한 빛. 부드러운 햇빛.
【柔和】róuhé 형 1 연하고 부드럽다. 보드랍다. ¶毛料衣服手感~.=털실 옷이 촉감이 보드랍다. 2 온유하다. 온화하다. 온순하다. ¶性情~=마음씨가 온화하다. 3 (빛과 색이) 부드럽다. 강렬하지 않다. 눈을 자극하지 않다. ¶色彩~=색채가 부드럽다. 4 (소리가) 부드럽다. 귀를 자극하지 않다. ¶~的旋律=부드러운 선율.
≒柔软 ↔坚硬 强硬
【柔滑】róuhuá 형 부드럽고 매끈하다. 유연(柔软)하고 윤기 있다. ¶~的肌肤=부드럽고 매끈한 피부.
【柔静】róujìng 형 부드럽고 조용하다. ¶~少女=부드럽고 조용한 소녀.
【柔曼】róumàn 형(문) 1 (노랫소리나 무용 동작이) 부드럽고 차분하다. ¶歌声~动听.=노랫소리가 부드럽고 차분하여 듣기 좋다. 2 (피부가) 부드럽고 윤기 있다. ¶~可人=피부가 부드럽고 윤택하여 마음에 든다.
【柔毛】róumáo 명 가볍고 부드러운 털.
【柔美】róuměi 형 부드럽고 아름답다. ¶~的曲调=부드럽고 아름다운 곡조.
【柔媚】róumèi 형 1 온순하다. 얌전하다. 부드럽고 매력적이다. 붙임성이 있다. ¶性格~=성격이 붙임성이 있다. 2 아리땁다. ¶~的彩霞=아름다운 노을.
【柔嫩】róunèn 형 여리다. 연하다. ¶~的麦苗=여린 보리싹.
【柔能克刚】róunéngkègāng 성 부드러운 것으로 굳센 것을 이길 수 있다.
【柔情】róuqíng 형 부드러운〔정다운〕마음씨. 따뜻한 마음. ¶似水~=물처럼 부드러운 마음.
【柔韧】róurèn 형 유연하면서도 강인하다. 부드럽고 질기다. ¶舞蹈者身体的~性很好.=무용수는 몸의 유연성과 강인성이 매우 좋다.
【柔软】róuruǎn 형 유연하다. 부드럽고 연하다. ¶皮衣质地~.=모피의 질감이 부드럽다. ≒柔和 ↔坚硬
【柔润】róurùn 형 부드럽고 광택이 나다. ¶~的皮肤=윤택한 피부.
【柔弱】róuruò 형 유약하다. 연약하다. ¶身体~=몸이 약하다. ≒软弱 懦弱
【柔声唱法】róushēng chàngfǎ ☞【美声唱法】měishēng chàngfǎ
【柔顺】róushùn 형 유순하다. 온유하다. ¶生性~=천성이 유순하다. ↔暴躁
【柔态】róutài 명 1 온유한 태도. 유순한 태도. 얌전한 태도. 2 부드러운 자태.
【柔坛】róután 명(體) 유도계.
【柔婉】róuwǎn 형 1 유순하다. 얌전하다. ¶性情~=성품이 유순하다. 2 온화하다. ¶歌声~=노랫소리가 온화하다.
【柔细】róuxì 형 부드럽고 가늘다. ¶~的音律=부드럽고 가느다란 음률.
【柔性】róuxìng 명 1 유연성. ¶~塑料=부드러운 비닐. 2 융통성. ¶~处理=융통성 있게 처리하다. ↔刚性
【柔枝嫩叶】róuzhī-nènyè 성 어린 가지와 보드라운 잎.
【柔中有刚】róuzhōng-yǒugāng 성 1 부드러움 속에 굳셈이 있다. 2 외유내강.

**揉** róu 비빌 유
동 1 (문) (물건을) 구부리다. 휘다. ¶~木为耒=나무를 구부려 쟁기를 만들다. 2 (손으로) 비비다. 문지르다. ¶捶腿~腿=발을 두드리고, 다리를 주무르다. 3 (손으로 둥글게) 빚다. 반죽하다. ¶~面做馒头=밀가루를 반죽하여 만터우를 만들다.
【揉搓】róu·cuo 동 1 (손으로) 주무르다. 문지

르다. 비벼 구기다. **2**〖방〗 놀리다. 못살게 굴다. 괴롭히다. 들볶다.
【揉磨】**róumó**〖동〗〖방〗 놀리다.
【揉洗】**róuxǐ**〖동〗 비벼 빨다. 주물러 씻다. ¶~衣服=옷을 비벼 빨다.

**輮[輮] róu** 바퀴 테 유
〖명〗〖문〗 수레바퀴의 바깥 테. 〖동〗 '煣(róu)'와 같음.

**煣 róu** 휘어 바로잡을 유
〖동〗 나무를 불에 구워서 굽히다.

**糅 róu** 섞을 뉴
〖동〗 섞다. 섞이다. 혼합하다. ¶杂~=뒤섞이다.
【糅合】**róuhé**〖동〗 섞다. 혼합하다.
【糅杂】**róuzá**〖동〗 섞이다.

**\*蹂 róu** 밟을 유
〖동〗 짓밟다. ¶~踏青苗=(농작물의) 새싹을 짓밟다.
【蹂蹴】**róucù**〖동〗〖문〗 밟고 차다.
【蹂践】**róujiàn**〖동〗 짓밟다. 학대하다. 유린하다. 들볶다. 괴롭히다. 못살게 굴다.
【蹂躏】**róulìn**〖동〗 **1** 짓밟다. **2**〖비〗 유린하다. 침해하다. ¶倍受~=심하게 유린당하다.

**鰇[鰇] róu** 낙지 유
〖명〗(動) 꼴뚜기.

**鞣 róu** 다룬 가죽 유
〖동〗 (가죽을) 무두질하다. ¶~皮子=가죽을 무두질하다. 〖명〗 무두질한 가죽. 유피.
【鞣池】**róuchí**〖명〗 무두질할 동물 가죽을 담가 놓는 못 같은 공간.
【鞣革】**róugé**〖동〗 무두질하여 가죽〔피혁〕제품을 만들다.
【鞣剂】**róujì**〖명〗 유피제(鞣皮劑). =【鞣料】**róuliào**〖명〗 tanning material
【鞣料】**róuliào** ☞【鞣剂】**róujì**
【鞣皮(子)】**róu‖pí**(·zi)〖동〗 (가죽을) 무두질하다. 〖명〗 무두질한 가죽. 유피(鞣皮).
【鞣酸】**róusuān**〖명〗(化) 타닌산. 〖영〗 tannic acid
【鞣制】**róuzhì**〖동〗 무두질하여 가죽〔피혁〕제품을 만들다.

**\*\*肉 ròu** 고기 육
〖명〗 **1** (동물의) 고기. (사람의) 살. 근육. ¶肥~=비계. / 心惊~跳=가슴이 두근거리고 살이 떨리다. **2** 과육. 과일의 살. ¶果~=과육. 〖형〗〖방〗 **1** 퍼석퍼석하다. ¶这西瓜是个~瓤儿. =이 수박은 살이 퍼석퍼석하다. **2** 느릿느릿하다. 굼뜨다. 느리다. ¶他做事~得很. =그는 일을 처리하는 것이 꽤 느리다.

◐● 白肉, 骨肉, 果肉, 横肉, 火肉, 肌jī肉, 筋肉, 息肉, 血肉, 叶肉, 鱼肉, 苦肉计, 粉蒸zhēng肉, 俎zǔ上肉

【肉案(子)】**ròu'àn**(·zi)〖명〗 (정육점의) 도마.
【肉包子】**ròubāo·zi**〖명〗 고기 만두.
【肉鼻子】**ròubí·zi**〖명〗 주먹코.
【肉饼】**ròubǐng**〖명〗 (얇은 밀가루 피로 저민 고기 소를 싼) 부꾸미. 전병.
【肉搏】**ròubó**〖동〗 육박전을 하다.
【肉搏战】**ròubózhàn** ☞【白刃战】**báirènzhàn**
【肉畜】**ròuchù**〖명〗(動) 식용 가축.
【肉刺】**ròucì** ☞【鸡眼】**jīyǎn**
【肉苁蓉】**ròucōngróng**〖명〗(植) 오리나무더부살이. 육종용.
【肉丁】**ròudīng**〖명〗 네모나게 썬 고기.
【肉冻】**ròudòng**(~儿)〖명〗 (고기 껍질이나 힘줄을 푹 고아 냉동시켜 만든) 고기 젤리.
【肉豆蔻】**ròudòukòu**〖명〗(植) **1** 육두구. **2** 육두구의 씨.
【肉嘟嘟】**ròudūdū**(~的)〖형〗 오동통한. ¶~的小脸=오동통한 작은 얼굴.
【肉墩墩】**ròudūndūn**(~的)〖형〗 건장하다. 퉁퉁하고 튼튼한 모양. ¶小伙子长得~的. =아이의 생김새가 퉁퉁하고 튼튼하다.
【肉墩(子)】**ròudūn**(·zi)〖명〗 도마.
【肉脯】**ròufǔ**〖명〗 육포.
【肉干】**ròugān**(~儿)〖명〗 육포.
【肉感】**ròugǎn** ☞【性感】**xìnggǎn**
【肉鸽】**ròugē**〖명〗(動) 식용 비둘기.
【肉骨头】**ròugǔ·tou**〖명〗 (동물에서 발라 낸) 살이 붙어 있는 뼈.
【肉冠】**ròuguān**〖명〗 (새의) 볏.
【肉桂】**ròuguì**〖명〗(植) 계수나무. 육계.
【肉果】**ròuguǒ**〖명〗 장과(漿果). 육과(肉果). [과육과 액즙이 많은 과실] =【多汁果】**duōzhīguǒ**
【肉红】**ròuhóng**〖형〗 핑크색의. 연홍색의.
【肉乎乎】**ròuhūhū**〖형〗 포동포동하다. 토실토실하다. ¶孩子的脸~的. =아이의 얼굴이 포동포동하다.
【肉鸡】**ròujī** ☞【肉用鸡】**ròuyòngjī** ↔蛋鸡
【肉架子】**ròujià·zi**〖명〗 정육점에서 고기를 거는 대.
【肉酱】**ròujiàng**〖명〗 잘게 저민 고기.
【肉块】**ròukuài**〖명〗 고깃덩이.
【肉烂在锅里】**ròu làn zài guō·li**〖속〗〖비〗 이익 되는 것이 날아가지 않다.
【肉类】**ròulèi**〖명〗 육류 식품.
【肉瘤】**ròuliú**〖명〗 **1**(醫) 육종(肉腫). 〖영〗 sarcoma **2** 혹.
【肉麻】**ròumá**〖형〗 (경박하거나 가식적인 언행으로 인해) 메스껍다. 느글거리다. 낯간지럽다. 오싹오싹해지다. 소름이 끼치다. 진저리나다. 징그럽다.
【肉糜】**ròumí**〖명〗〖방〗 잘게 썬 고기.
【肉末】**ròumò**(~儿)〖명〗 잘게 다진 고기.
【肉泥】**ròuní**〖명〗 (진흙처럼) 잘게 다진 고기.
【肉泥烂酱】**ròuní-lànjiàng**〖성〗 **1** (원형을 찾아 볼 수 없을 정도로) 피와 살이 문드러져 흩어지다. **2**〖비〗 참혹한 현상.

【肉牛】ròuniú ☞【菜牛】càiniú
【肉排】ròupái 명 스테이크(steak).
【肉皮】ròupí 명 (요리에 쓰이는) 돼지고기 껍질.
【肉片】ròupiàn(~儿) 명 편육.
【肉票】ròupiào(~儿) 명(方) 인질.
【肉铺】ròupù 명 정육점. 푸줏간.
【肉鳍】ròuqí 명 (연체 동물의) 지느러미 모양부분. 지느러미살.
【肉禽】ròuqín 명(動) (오리·닭 등) 식용 가금.
【肉色】ròusè 명 살구색. ¶~长筒袜=살구색롱 스타킹.
【肉山脯林】ròushān-fǔlín 성 1 신선한 고기가 산더미처럼 쌓이고, 말린 고기가 숲을 이루다. 2(轉) 매우 사치스럽다.
【肉身】ròushēn 명(佛) 육신. 육체.
【肉食】ròushí 명 육식. ¶~动物=육식 동물.
【肉食】ròu·shí 명 육류 식품. ¶孩子的每日饭菜, ~和素食要搭配合适. =아이들의 매일 식단은 육식과 채식을 적절히 조절해야 한다.
【肉食者】ròushízhě 명(轉) 녹봉(祿俸)을 먹는 관리. 후한 녹봉을 받는 높은 벼슬아치.
【肉丝】ròusī(~儿) 명 채 썬 고기.
【肉松】ròusōng 명 러우쑹. [돼지·소 등의 살코기를 가공하여 분말 또는 풀솜 모양으로 만든 식품]
【肉汤】ròutāng 명 고깃국.
【肉体】ròutǐ 명 육체. ↔精神
【肉头】ròutóu 형(方) 1 멍청하다. 나약하고 무능하다. 소극적이다. 시원시원하지 않다. (줏대가 없이) 좋기만 하다. 2 인색하다.
【肉头】ròu·tou 형(方) 부들부들하다. 말랑말랑 포동포동하다. 토실토실하고 부드럽다. ¶婴儿的胳膊摸起来很~. =아기의 팔을 만져 보니 포동포동하다.
【肉兔】ròutù 명(動) 고기 토끼.
【肉丸(子)】ròuwán(·zi) 명 고기 완자.
【肉馅】ròuxiàn(~儿) 명 (고기 만두의) 속.
【肉星儿】ròuxīngr 명 고깃점. 고기 부스러기.
【肉刑】ròuxíng 명 육형. [몸에 먹어 죄명을 새기는 '묵(墨)', 코를 베는 '의(劓)', 발뒤꿈치를 베는 '비(剕)', 남자의 고환을 썩혀 베는 '궁(宮)', 목을 베는 '대벽(大辟)' 따위가 있었음]
【肉芽】ròuyá 명(醫) 새살. 육아. 영 granulation
【肉眼】ròuyǎn 명 1 육안. 맨눈. 2(轉) 평범한 안목. 범속한 안목. 식견이 없는 안목. ¶~不识真神. =식견이 없어 위인을 몰라보다.
【肉眼凡胎】ròuyǎn-fántāi 성(轉) 안목이 없는 범속한 사람.
【肉用鸡】ròuyòngjī 명(動) 고기닭. 육계. =【肉鸡】ròujī
【肉用牛】ròuyòngniú 명(動) 고기소. 육우.
【肉欲】ròuyù 명 육욕. 정욕. 성욕.
【肉汁】ròuzhī 명 고기즙. 육즙.
【肉制品】ròuzhìpǐn 명 육제품.
【肉质】ròuzhì 명(生) 육질. 살바탕.
【肉中刺】ròuzhōngcì 명(轉) 눈엣가시. [주로 '眼中钉(yǎnzhōngdīng)'과 함께 쓰임]
【肉猪】ròuzhū 명 고기돼지. 육돈.
【肉赘】ròuzhuì 명(醫) 사마귀.

# ru

**如** rú 같을 여

통 1 …와(과) 같다. …와(과) 비슷하다. ¶文~其人=글은 그 사람과 같다. 문장은 작자의 사상·입장과 세계관을 반영한다. / 坚~磐石=군기가 반석 같다. 2 미치다. 필적하다. 대등하다. ¶百闻不~一见. =백 번 듣는 것이 한 번 보는 것만 못하다. 3 부합하다. 따르다. ¶~愿以偿=희망이 이루어지다. 4 예를 들면. 예컨대. ¶中国宋代有多位杰出的词人, ~苏轼、李清照等. =중국 송(宋)대에는 많은 걸출한 사인(詞人)이 있었는데, 예를 들면 소식(蘇軾)·이청조(李清照) 등이다. 5(文) 가다. 이르다. ¶急欲~厕=급히 화장실에 가고 싶다. 개 1 (…보다) 나아지다. 초과하다. ¶学生一届好~一届. =학생들이 해마다 나아진다. 2 …에 따라. …대로. ¶~期竣工=기한 내에 준공하다. 접 만일. 만약. ¶~有不当处, 请斧正. =만일 틀린 부분이 있으면, 고쳐 주시기를 바랍니다. 접미 주로 고문(古文)에서 형용사 뒤에 쓰여 어떤 상황이나 상태를 나타냄. ¶空空~也=텅텅 비어 있다. 명(Rú) 성(姓).

○ 如 rú
茹 rú
铷 rú
洳 rù
恕 shù
絮 xù

⊙ 比如, 何如, 假jiǎ如, 例如, 莫如, 譬pì如, 恰qià如, 宛wǎn如, 无如, 俨yǎn如, 一如, 犹yóu如, 有如, 裕yù如, 诸zhū如, 自如

【如臂使指】rúbìshǐzhǐ 성 1 자기의 손발을 놀리는 듯하다. 2(轉) (다른 사람을) 마음대로 지휘하다. 부리다.
【如柴】rúchái 통(轉) 매우 마르다. 대단히 야위다. ¶骨瘦~=피골이 상접하다.
【如常】rúcháng 통 평소와 같다. 여전하다. 혼히 있다. ¶凡事~=모든 일이 평소와 같다.
【如出一口】rúchūyīkǒu 성(轉) 이구동성이다.
【如出一辙】rúchūyīzhé 성(轉) 두 가지 일이 아주 비슷하다. (여러 사람의 언행이) 꼭 같다.
【如初】rúchū 통 예전과 같다. 처음과 같다. ¶家境~=집안 형편이 처음과 같다.
【如椽大笔】rúchuán-dàbǐ ☞【笔大如椽】bǐdà-rúchuán
【如此】rúcǐ 대(轉) 이와 같다. 이러하다. ¶果真~=(결과가) 정말로 이러하다. 정말로 이렇다면.
【如此而已】rúcǐ-éryǐ 성 이와 같을 뿐이다.
【如此这般】rúcǐ-zhèbān 대 (주로 조기 백화 소설에서) 이러이러하다.
【如次】rúcì 통 아래와 같다. 다음과 같다. ¶观点~=관점은 아래와 같다.
【如弟】rúdì 명(婉) 의동생. 의제(義弟).
【如堵】rúdǔ 통 (사람이) 담처럼 둘러서다. 담장

을 두른 것 같다.

【如堕五里雾中】 **rú duò wǔlǐwù zhōng** [성] **1** 짙은 안개 속에 빠진 듯하다. **2** [비] (일이나 방향 따위가) 갈피를 잡을 수 없다. 오리무중이다.

【如堕烟海】 **rúduòyānhǎi** [성][비] 오리무중이다. 갈피를 잡을 수 없다.

【如法】 **rúfǎ** [동] 규정에 따르다. ¶~处理=규정대로 처리하다.

【如法炮制】 **rúfǎ-páozhì** [성] **1** 《醫》 처방대로 약을 조제하다. **2** [비] 규정〔관례〕대로 하다. 그 모양 그대로 하다. 본뜨다.

【如故】 **rúgù** [동] **1** 원래와 같다. 전과 같다. 예전대로 하다. ¶依旧~=여전하다. **2** 구면 같다. 오래 사귄 것 같다. ¶一见~=처음 만났지만 오래 된 친구 같다.

【如果】 **rúguǒ** [접] 만약. 만일. ¶~不是一时疏忽, 也不会有此结果。=한순간의 실수가 아니라면 이러한 결과가 있을 수 없다.

【如何】 **rúhé** [대] **1** 어떻게. 어떤. 어쩌면. 어찌하면. **2** 왜. 어째서. **3** 어떠한가. 어떠하냐. ¶所托之事不知进展~。=부탁한 일의 진전이 어떠한지 모르겠다.

【如虎添翼】 **rúhǔtiānyì** [성] **1** 범이 날개를 얻은〔단〕 격이다. **2** [비] 더욱 힘이 강해지거나 흉악해지다.

【如花】 **rúhuā** [동] 꽃과 같다. 꽃처럼 아름답다.

【如花似锦】 **rúhuā-sìjǐn** [성] **1** 풍경이 화려하다. **2** 전도가 양양하다.

【如花似玉】 **rúhuā-sìyù** [성] 여자의 자태가 아름답다. ≒花容月貌

【如簧之舌】 **rúhuángzhīshé** [속] **1** 혀가 악기의 발성 리드(reed)와 같다. **2** [비] 교묘한 말. 교묘하게 말을 잘하다.

【如火如荼】 **rúhuǒ-rútú** [성] **1** 불처럼 붉고 띠꽃처럼 하얗다. **2** [비] 군대의 기세가 하늘을 찌를 듯하다. **3** [비] (기세가) 왕성하다. 등등하다. ≒风起云涌

【如获至宝】 **rúhuòzhìbǎo** [성] **1** 진귀한 보물을 얻은 것 같다. **2** 얻은 것을 매우 귀히 여기다.

【如饥如渴】 **rújī-rúkě** ☞【如饥似渴】 **rújī-sìkě**

【如饥似渴】 **rújī-sìkě** [성][비] 애타게 갈망하다. 절실하게 요구하다. =【如饥如渴】 **rújī-rúkě**

【如假包换】 **rújiǎ-bāohuàn** [낮] **1** 만약 가짜라면 틀림없이 교환해 준다. **2** (상품 등이) 정품이다. 진짜다.

【如箭在弦】 **rújiànzàixián** [성] **1** 화살을 이미 시위에 메겼다. **2** [비] 돌이킬 수 없는 상황이다.

【如胶似漆】 **rújiāo-sìqī** [성] (남녀 간의) 정이 깊어서 갈라놓을 수 없다.

【如解倒悬】 **rújiědàoxuán** [성] **1** 거꾸로 매달린 사람을 풀어 준 것 같다. **2** [비] 고통에서 건져 주다.

【如今】 **rújīn** [명] (비교적 먼 과거에 대하여) 지금. 이제. 오늘날. 현재. ¶~青年人的观念已经变了。=오늘날 젊은이들의 관념은 이미 변하였다. ≒现今

【如旧】 **rújiù** [동] 전과 같다. 원래와 같다. ¶一切~=모든 것이 전과 같다.

【如来】 **Rúlái** [명] 《佛》 여래. 여래불. [부처를 달리 이르는 말]

【如狼似虎】 **rúláng-sìhǔ** [성][비] 매우 잔인하고 흉악하다.

【如雷贯耳】 **rúléiguàn'ěr** [성][비] 명성이 자자하다. 대단히 유명하다.

【如雷击顶】 **rúléijīdǐng** [성][비] 깊은〔큰〕 타격을 받다.

【如临大敌】 **rúlíndàdí** [성] **1** 마치 강적과 맞닥뜨리고 있는 것 같다. **2** [비] 일〔상황〕을 심각하게 여기다. 지나치게 긴장하다.

【如临深渊, 如履薄冰】 **rú lín shēnyuān, rú lǚ bóbīng** [성][비] 조심스럽고 신중하게 처리하다. 대단히 위험한 상황이다.

【如履虎尾】 **rúlǚhǔwěi** [성][비] 지극히 위험한 상태이다. 공연한 짓을 하여 화를 당하다.

【如履平地】 **rúlǚpíngdì** [성][비] 어떤 일을 하기가 매우 쉽다. ≒轻而易举

【如芒在背】 **rúmángzàibèi** [성] **1** 등에 가시가 찔린 것 같다. **2** [비] 바늘방석에 앉다. 좌불안석이다. 안절부절못하다.

【如梦初醒】 **rúmèngchūxǐng** [성] **1** 막 꿈 속에서 깨어난 듯하다. **2** [비] (어떤 일이나 이치를 잘 파악하지 못하다가) 방금 깨닫다.

【如面】 **rúmiàn** [동] (주로 편지에 쓰여) 마주 대하는 듯하다. 보는 듯하다.

【如母】 **rúmǔ** [명] 계모.

【如泥】 **rúní** [동] 몹시 취하다. 만취하다. ¶烂醉~=만취하다.

【如鸟兽散】 **rúniǎoshòusàn** [성] **1** 마치 놀란 새와 짐승같이 이리저리 흩어지다. **2** [폄] (집단이나 단체가) 제멋대로 뿔뿔이 흩어지다.

【如牛负重】 **rúniúfùzhòng** [성][비] 매우 부담스럽다.

【如期】 **rúqī** [부] 예정대로. 기한 내에. 기일 내에. ¶升学考试~举行。=입학 시험은 예정대로 치른다.

【如其】 **rúqí** [접][문] 만약. 만일. ¶~坐等援助, 不如积极自救。=만일 가만히 앉아서 원조를 기다릴 거라면, 차라리 적극적으로 자구책을 찾는 편이 낫다.

【如泣如诉】 **rúqì-rúsù** [성] **1** 마치 흐느끼는 것 같기도 하고, 하소연하는 것 같기도 하다. **2** [비] 소리가 매우 애절하다.

【如切如磋】 **rúqiē-rúcuō** [성][비] 함께 연구하고 서로 격려하다.

【如日中天】 **rúrìzhōngtiān** [성][비] 사물의 발전이 전성기에 이르다. 매우 발전〔홍성〕하여 전성기이다. ↔日薄西山

【如入无人之境】 **rú rù wú rén zhī jìng** [성] **1** 무인지경에 들어가는 듯하다. **2** [비] 아무런 저항을 받지 않다. **3** [비] 간섭을 받지 않다.

【如若】 **rúruò** [접] 만약. 만일.

【如丧考妣】 **rúsàngkǎobǐ** [성][폄] 마치 제 부모가 죽은 듯이 슬퍼하고 안타까워하다.

【如上】 **rúshàng** [동] 위와 같다. ¶~所言=위에

서 언급한 바와 같다.
【如失一臂】**rúshīyībì** [성] **1** 한쪽 팔을 잃은 것 같다. **2** [비] 가장 믿고 의지하던 사람을 잃다.
【如时】**rúshí** [부] 제 시간에. 정한 시간대로. ¶～离开＝정해진 시간대로 떠났다.
【如实】**rúshí** [부] 사실대로. ¶～介绍＝사실대로 소개하다.
【如使】**rúshǐ** [접][문] 만일. 만약. 가령.
【如是】**rúshì** [대][문] 이와 같다. 이렇다. ¶既～, 何必多言?＝이미 이와 같다면, 무슨 말이 더 필요한가?
【如释重负】**rúshìzhòngfù** [성] **1** 무거운 짐을 벗은 듯하다. **2** [비] 홀가분하다.
【如属】**rúshǔ** [접] 만일 …이라면. ¶～虚言, 定为人耻笑。＝만일 거짓이라면 분명히 사람들의 웃음거리가 될 것이다.
【如数家珍】**rúshǔjiāzhēn** [성] **1** 자기 집의 보물을 헤아리는 것 같다. **2** [비] 손바닥을 보듯 환히 꿰뚫고 있다. 속속들이 알고 있다.
【如数】**rúshù** [부] (원래) 숫자대로. 액수대로. ¶～归还＝숫자대로 돌려주다.
【如斯】**rúsī** [대][문] 이와 같다. ¶逝者～＝떠난 사람은 이와 같다.
【如梭】**rúsuō** [동][비] 빨리 지나가다. ¶岁月～＝세월이 빨리 지나가다. [형] 출입이 빈번하다. 왕래가 잦다.
【如汤沃雪】**rútāngwòxuě** [성] **1** 끓는 물을 눈에 붓는 듯하다. **2** [비] 일을 쉽게 해결하다.
【如同】**rútóng** [동] 마치 …와〔과〕 같다. 흡사하다. ¶冬日暖阳, 感觉～仲春。＝햇볕이 따스한 겨울날은 마치 봄날 같다.
【如闻其声, 如见其人】**rú wén qí shēng, rú jiàn qí rén** [성][비] (문예 작품에서) 인물에 대한 묘사가 사실적이고 생동감 넘치다.
【如下】**rúxià** [동] 다음과 같다. 아래와 같다. ¶代表作品～。＝대표 작품은 다음과 같다.
【如心】**rúxīn** [동] 뜻대로 되다. ¶凡事顺遂～。＝매사가 뜻대로 되다.
【如心如愿】**rúxīn-rúyuàn** [성] 소원대로 되다.
【如兄】**rúxiōng** [명][옛] 의형.
【如兄如弟】**rúxiōng rúdì** [성] **1** 친형제 같다. **2** [비] 서로가 매우 가깝다.
【如许】**rúxǔ** [대][문] **1** 상당수의. 꽤 많은. ¶徒费～心力＝꽤 많은 기력을 허비했다. **2** 이와 같다. 이러하다. ¶～超绝的才能＝이와 같이 탁월한 재능.
【如一】**rúyī** [동] 일치하다. ¶心口～＝생각과 말이 일치하다.
【如蚁附膻】**rúyǐfùshān** [성] **1** 양고기 누린내에 개미 모여들 듯하다. **2** [비] 많은 사람들이 권세 있는 자에게 빌붙다. **3** [비] 나쁜 것으로 의기가 투합하는 많은 사람들이 앞다투어 못된 것을 좇다.
【如意】**rú‖yì** [동] 뜻대로 되다. ¶事情不尽～。＝일이 다 뜻대로 되지는 않는다. ↔失意
【如意】**rúyì** [명] (옥·대나무·뼈 등으로 만든, 상서로움을 상징하는) 여의(如意).
【如意算盘】**rúyì-suàn·pán** [성][비] 좋은 쪽으로만 생각하다. 뜻대로 되기만을 바라는 마음.
【如蝇逐臭】**rúyíngzhúchòu** [성] **1** 냄새나는 곳에 파리 들끓듯 하다. **2** [비] 못된 것을 추구하다. 권세 있는 자에게 빌붙다.
【如影随形】**rúyǐngsuíxíng** [성] **1** 그림자가 몸을 따라다니듯 하다. 그림자처럼 따라다니다. **2** [비] 관계가 매우 밀접하다.
【如鱼得水】**rúyúdéshuǐ** [성] **1** 물고기가 물을 만난 것 같다. **2** [비] ① 의기투합하는 사람을 얻다. ② 자신에게 적합한 환경을 찾다.
【如辕下驹】**rúyuánxiàjū** [성] **1** 굴레 쓴 망아지처럼 행동이 자유롭지 못하다. **2** [비] 행동이 자유롭지 못하다. 마음대로 움직일 수 없다.
【如愿】**rú‖yuàn** [동] 원하는 대로 되다.
【如愿以偿】**rúyuàn-yǐcháng** [성] 희망이 이루어지다. 소원을 성취하다. ↔大失所望
【如约】**rúyuē** [부] 약속대로. 기약대로. ¶～出席＝약속대로 출석하다.
【如月】**rúyuè** [명] 음력 2월.
【如字】**rúzì** [명]《言》중국어 발음 방법의 하나. [한 글자가 두 가지 이상으로 발음될 때, 가장 통상적인 발음으로 읽음. 예를 들면 '美好'의 '好'는 '**hǎo**'로 읽음]
【如醉如痴】**rúzuì-rúchī** [성] 취한 듯 홀린 듯하다. 멍하다.
【如坐春风】**rúzuòchūnfēng** [성] **1** 봄바람 속에 앉아 있는 듯하다. **2** [비] 지극히 좋은 교육을 받다.
【如坐针毡】**rúzuòzhēnzhān** [성] 바늘방석에 앉은 듯하다. ≒芒刺在背

## 茹 rú 먹을 여

[동][문] **1** 먹다. **2** (고통을) 겪다. 참다. 인내하다. ¶含辛～苦＝고통을 참고 견디다. [명] **1**《植》뿌리. 줄기. ¶拔茅连～＝하나의 띠를 뽑으면 여러 뿌리도 뽑아 올리게 된다. **2** (**Rú**) 성(姓).
【茹古涵今】**rúgǔ-hánjīn** [성] 박학하다. 박식하다. ≒博古通今
【茹荤】**rúhūn** [동] 육식을 하다.
【茹苦含辛】**rúkǔ-hánxīn** ☞【含辛茹苦】**hánxīn-rúkǔ**
【茹毛饮血】**rúmáo-yǐnxuè** [성] 원시인이 불을 사용할 줄 몰랐을 때, 짐승을 잡아 털과 피까지 날것으로 먹던 생존 상황.

## 铷[銣] rú 루비듐 여

[명][외]《化》루비듐(Rb, rubidium). [원자 번호 37]

## *儒 rú 선비 유

[명] **1** [옛] 선비. 학자. ¶学～＝선비. **2** 유가. ¶独尊～术＝유가만 떠받들다. **3** (**Rú**) 성(姓).

⊶ 鸿hóng儒, 犬quǎn儒, 侏zhū儒

【儒典】**rúdiǎn** [명] 유가의 책. 유교의 경전.
【儒风】**rúfēng** [명] 유풍. 유가의 기풍.
【儒艮】**rúgèn** [명]《動》듀공(dugong). [낮]【人鱼】**rényú**

【儒家】 **Rújiā** 명 유가. 유학자.
【儒将】 **rújiàng** 명 선비의 풍모를 지닌 장수.
【儒教】 **Rújiào** 명 유교.
【儒经】 **rújīng** 명 유교의 고전. 유교의 경전.
【儒林】 **rúlín** 명문 유림. ¶名扬~=유림에 이름을 날리다.
【儒门】 **rúmén** 명 1 유가. 2 학자 집안.
【儒墨】 **Rú Mò** 명 유가와 묵가.
【儒商】 **rúshāng** 명 1 선비 출신의 상인. 2 선비 기질을 지닌 상인.
【儒生】 **rúshēng** 명문 1 유생. 2 학자.
【儒术】 **rúshù** 명 유가의 학술.
【儒学】 **rúxué** 명 1 유학. 2 원·명·청대에 부(府)·주(州)·현(縣)에 설치된, 생원들이 공부하던 학교.
【儒雅】 **rúyǎ** 형문 1 품위가 있다. 기품이 있다. ¶俊杰~=출중하고 품위 있다. 2 학문이 깊고 태도가 의젓하다. ¶~之士=학문이 깊은 선비.
【儒者】 **rúzhě** 명 1 유학자. 2 선비.
【儒宗】 **rúzōng** 명 1 유학의 대가. 2 대학자.

## 薷 **rú** 목이버섯 유
☞【香薷】 **xiāngrú**

## 嚅 **rú** 말 머뭇거릴 유
아래를 참조.
【嚅动】 **rúdòng** 동 (말을 하려고) 입술을 약하게 떨다. ¶老人~着双唇, 大概是想说什么。=어르신 입술에 미동이 있는 것으로 보아, 아마도 무엇인가 말씀하시려는 것 같다.
【嚅嗫】 **rúniè** 명문 우물쭈물하다.

## 濡 **rú** 적실 유
동문 1 적시다. 젖다. ¶耳~目染=많이 보고 많이 들어서, 은연중에 영향을 받다. 2 머무르다. 지체하다. ¶~滞不前=지체하며 나아가지 않다.
【濡毫】 **rúháo** 동 붓을 묵에 적시다.
【濡沫】 **rúmò** 동문 곤경 속에서 서로 돕다.
【濡染】 **rúrǎn** 동문 1 적시다. 스며들다. ¶~熏陶=영향을 주다. 영향을 미치다. 2 물들다. 물들이다. ¶~不良习气=나쁜 풍습에 물들다.
【濡忍】 **rúrěn** 동문 인내하다. 참고 견디다.
【濡湿】 **rúshī** 동 적시다. 축축하게 젖다. ¶她的眼睛~了, 声音也开始哽咽起来。=그녀의 눈이 젖어 들고, 목소리도 울먹이기 시작했다. 형 축축하다. 눅눅하다. ¶衣被~=옷이 축축해지다.
【濡滞】 **rúzhì** 동문 머물다. 체류하다. ¶~休整=머무는 가운데 휴식하고 정비하다.

## 孺 **rú** 젖먹이 유
명 1 어린아이. 유아. ¶妇~皆知=여자와 아이도 모두 안다. 2 (Rú) 성(姓).
【孺慕】 **rúmù** 동 1 (아이가 부모를) 그리워하다. 2 비 매우 그리워하다.
【孺子】 **rúzǐ** 명문 어린이. 아이.
【孺子可教】 **rúzǐ-kějiào** 성 젊은이가 발전성이 있어 가르칠 만하다.

【孺子牛】 **rúzǐniú** 명비 대중〔국민〕을 위해 기꺼이 봉사하는 사람.

## 襦 **rú** 저고리 유
명문 짧은 옷. 짧은 저고리.

## 颥[顬] **rú** 관자놀이 유
☞【颞颥】 **nièrú**

## *蠕[(蝡)] **rú** 벌레 움직일 연
동 꿈틀거리다. ¶~行=꿈틀거리며 가다.
【蠕动】 **rúdòng** 동 1 (벌레 따위가) 꿈틀거리다. ¶春蚕缓慢地~着。=봄누에가 느릿느릿 꿈틀거리다. 2 (生) 연동 운동을 하다.
【蠕蠕】 **rúrú** 형 (벌레가 기듯이) 꿈틀거리다. ¶~前移=꿈틀거리며 앞으로 움직인다.
【蠕形动物】 **rúxíng dòngwù** 명(動) 연형동물. 연충류.

## 汝 **rǔ** 너 여
대문 너. ¶~等=너희들. 명 (Rǔ) 성(姓).
【汝辈】 **rǔbèi** 대문 너희들.
【汝曹】 **rǔcáo** 대문 너희들.

## **乳 **rǔ** 젖 유
명 1 유방. 젖가슴. ¶丰~肥臀=풍만한 가슴과 통통한 엉덩이. 2 우유. 젖. ¶人~=젖. 3 젖과 같은 즙. ¶豆~=두유. 형 갓난. 젖먹이의. ¶~燕=제비 새끼. 동문 1 낳다. 번식하다. 생식하다. ¶孳~=번식하다. 2 수유하다. 젖을 먹이다. ¶~子哺孙=자손에게 젖을 먹이다.

◐● 腐乳, 胶乳, 炼liàn乳, 胚pēi乳, 钟乳石, 石钟乳

【乳白】 **rǔbái** 형 유백색의.
【乳钵】 **rǔbō** 명 막자 사발. 유발.
【乳齿】 **rǔchǐ** ☞【乳牙】 **rǔyá**
【乳畜】 **rǔchù** 명 젖을 생산할 목적으로 키우는 가축.
【乳儿】 **rǔ'ér** 명 젖먹이. 영아.
【乳房】 **rǔfáng** 명 유방. 젖가슴.
【乳化】 **rǔhuà** 동(化) 유화하다.
【乳黄】 **rǔhuáng** 형 담황색의. 크림색의.
【乳黄素】 **rǔhuángsù** ☞【维生素$B_2$】 **wéishēngsù** $B_2$
【乳剂】 **rǔjì** 명 1 (化) 유제. 에멀션(emulsion). 2 (醫) 현탁액.
【乳胶】 **rǔjiāo** 명 1 라텍스(latex). 2 (유백색의) 본드(bond). 접착제.
【乳胶漆】 **rǔjiāoqī** 명 라텍스 페인트.
【乳酪】 **rǔlào** 명 치즈(cheese).
【乳糜】 **rǔmí** 명(生) 유미.
【乳名】 **rǔmíng**(~儿) ☞【小名】 **xiǎomíng**
【乳母】 **rǔmǔ** 명 유모.
【乳娘】 **rǔniáng** 명 유모.
【乳牛】 **rǔniú** 명(動) 젖소. =【奶牛】 **nǎiniú**
【乳品】 **rǔpǐn** 명 유제품.

【乳清】rǔqīng 명 훼이(whey). 유청. 유장(乳漿).
【乳声奶气】rǔshēng-nǎiqì 성용 말소리가 어린아이처럼 가늘고 높다.
【乳兽】rǔshòu 명 어린 짐승.
【乳酸】rǔsuān 명 (化) 유산. 젖산.
【乳酸钙】rǔsuāngài 명 (化) 젖산칼슘.
【乳糖】rǔtáng 명 (化) 유당.
【乳头】rǔtóu 명 1 유두. 젖꼭지. =【奶头】nǎitóu 2 유두 모양의 돌기. ¶塑胶~ = 플라스틱 젖꼭지.
【乳下孙】rǔxiàsūn 명 젖먹이 손자.
【乳腺】rǔxiàn 명 (生) 유선. 젖샘.
【乳腺癌】rǔxiàn'ái 명 (醫) 유선암.
【乳腺炎】rǔxiànyán 명 (醫) 유선염.
【乳臭】rǔxiù 명 1 젖내. 젖비린내. 유취. 2 (젊은이의) 풋내. 어린 티. 유치함. ¶~未除=어린 티를 못 벗었다. 젖비린내 난다. / ~小儿 = 풋내기. 애송이.
【乳臭未干】rǔxiù-wèigān 성용 젖비린내가 나다. 젖내가 아직 가시지 않다. 아직 어린 티를 벗지 못하다.
【乳牙】rǔyá 명 (生) 젖니. =【乳齿】rǔchǐ 【奶牙】nǎiyá
【乳燕】rǔyàn 명 1 제비 새끼. 2 새끼를 갓 낳은 어미제비.
【乳婴】rǔyīng 명 젖먹이. 영아.
【乳痈】rǔyōng 명 (醫) 화농성 유선염.
【乳油】rǔyóu 명 1 크림(cream). 2 (化) 유제. 에멀션(emulsion).
【乳罩】rǔzhào 명 브래지어(brassiere). =【奶罩】nǎizhào 【胸罩】xiōngzhào 【文胸】wénxiōng
【乳汁】rǔzhī 명 (生) 젖.
【乳脂】rǔzhī 명 유지방. 유지.
【乳制品】rǔzhìpǐn 명 유제품.
【乳猪】rǔzhū 명 1 젖먹이 새끼돼지. 2 새끼를 갓 낳은 어미돼지.
【乳状液】rǔzhuàngyè ☞【乳浊液】rǔzhuóyè
【乳浊液】rǔzhuóyè 명 (化) 유탁액. =【乳状液】rǔzhuàngyè

**辱** rǔ 욕될 욕
명 치욕. 수치. ¶盛衰荣~=흥성과 쇠락, 영광과 치욕. 동 1 모욕하다. 창피를 주다. ¶士可杀, 不可~。= 선비는 죽일 수는 있어도, 욕되게 해서는 안 된다. 2 욕되게 하다. 더럽히다. 모독하다. ¶~命含羞=명령을 완수하지 못하여 부끄럽다. 경공경 황송하게도 …을[를] 받다. ¶~承斧正=과분한 가르침을 받았습니다.

○● 耻chǐ辱、玷diàn辱、凌líng辱、屈qū辱、荣辱、污wū辱、侮wǔ辱、刑辱.

【辱国】rǔguó 동 나라를 욕되게 하다. ¶丧权~=주권을 잃어 나라를 욕되게 하다.
【辱骂】rǔmà 동 욕설을 퍼붓다. 욕설을 퍼부어 모욕을 주다.
【辱命】rǔmìng 동경 사명을 어기다. ¶幸未

~=다행히도 사명을 어기지 않았습니다.
【辱没】rǔmò 동 더럽히다. 모욕하다. 부끄럽게 하다. 창피 주다. ¶决不做~人格和尊严的事。= 인격과 존엄을 더럽히는 일은 결코 하지 않는다.
【辱身败名】rǔshēn-bàimíng 성 몸을 욕되게 하고 이름을 더럽히다.

**擩** rǔ 찔 유
동용 1 꽂다. 끼우다. 찌르다. 집어 넣다. ¶把红薯~到火堆里。=고구마를 화덕에 집어 넣었다. 2 아무렇게나 놓다. ¶忘了手表~到什么地方去了。=시계를 어디에 던져 놓았는지 잊어버렸다. 3 (주로 뇌물을) 슬그머니 찔러 주다. ¶~他两万, 看事情成不。=그에게 2만 위안을 찔러 주었는데 일의 성사 여부는 두고 봐야 한다.

**入** rù 들 입
동 1 들어가다. 들어오다. ¶深~浅出=심오한 내용을 쉽게 표현하다. 2 들이다. 들여보내다. ¶余粮~库=남은 곡식을 창고에 들이다. 3 (조직이나 단체에) 참가하다. 가입하다. ¶新生刚刚~学。=신입생들이 막 입학했다. 4 적합하다. 합치하다. 맞다. ¶他的话~情~理。=그의 말이 이치에 맞다. 5 (어떤 정도나 경계에) 이르다. 도달하다. ¶出神~化=입신의 경지에 이르다. 명 1 수입. ¶量~为出=수입을 헤아려 지출하다. 2 (言) 입성. 늪进↔出

○● 插入、出入、混入、加入、介入、进入、阑lán入、潜qián入、侵qīn入、深入、渗shèn入、收入、输shū入、陷xiàn入。

【入板】rùbǎn 동문 도리에 맞다. ¶他讲的~人眼。=그의 주장은 도리에 맞아 마음에 든다.
【入不敷出】rùbùfūchū 성 수지가 맞지 않다. 수입보다 지출이 많다.
【入仓】rùcāng 동 입고하다. 선창에 넣다. ¶小麦急需~。=밀을 급히 입고해야 한다.
【入厂】rùchǎng 동 (공장에) 출근하다. 취직하다. 들어가다.
【入场】rùchǎng 동 입장하다.
【入场券】rùchǎngquàn 명 1 입장권. 2 비 출전 자격. ¶夺得世界杯的~=월드컵 출전 자격을 따냈다.
【入场式】rùchǎngshì 명 입장식.
【入超】rùchāo 명 (經) 수입이 수출을 초과하다. ↔出超
【入朝】rùcháo 동 1 (속국·외국 사신·지방 관리 등이) 천자를 알현하다. 2 조정에 들어가다. 벼슬길에 오르다.
【入春】rùchūn 동 봄철에 들어서다. 봄이 되다.
【入党】rù∥dǎng 동 입당하다.
【入档】rùdǎng 동 저장하다. ¶会员资料要整理~。=회원 자료를 정리해서 저장해야 한다.
【入地】rùdì 동 1 땅 속으로 빠져 들어가다. ¶上天无路, ~无门。=하늘에는 길이 없고 땅 속에는 문이 없다. 2 비 죽다. ¶你打听的人已经~了。=네가 찾는 사람은 벌써 죽었다.

【入调】rùdiào 통 1 장단이 잘 맞다. ¶他唱歌老是不~. =그가 노래를 부르면 늘 장단이 안 맞는다. 2 비 (사물의) 이치에 맞다. ¶他的言行有点不~. =그의 언행이 이치에 좀 어긋난다.

【入定】rùdìng 통 (佛) 입정하다.

【入冬】rùdōng 통 겨울철에 들어서다. 겨울이 되다.

【入队】rùduì 통 1 입대하다. 2 '中国少年先锋队(중국 소년 선봉대)'에 가입하다.

【入耳】rù'ěr 통 귀에 들어오다. 들리다. ¶不堪~ =귀에 담을 수 없다. 형 듣기 좋다. 들을 만하다. ¶他的话非常~. =그의 말은 매우 들을 만하다.

【入伏】rù∥fú 통 삼복 무더위가 시작되다. 삼복으로 들어서다.

【入港】rùgǎng 통 1 입항하다. 2 마음이 맞다. 대화가 통하다. ¶彼此谈得~. =서로 이야기가 통하다. 3 남녀가 부적절한 성관계를 갖다. [주로 조기 백화문에 보임]

【入阁】rùgé 통 입각하다. 정무에 참여하다.

【入贡】rùgòng 통 공물을 바치다.

【入彀】rùgòu 통 비 1 어떤 세력 범위 안에 들어가다. 남의 수하에 들어가다. 2 비 농락당하다. 3 비 격식이나 요구에 부합하다. 4 비 올가미에 걸리다. 속임에 빠지다. ¶引人~ =사람을 속임수에 빠뜨리다. 형 반하다. 넋을 잃다. ¶生动逼真影像让观众看得十分~. =생동감 넘치는 영화 화면에 관중이 넋을 잃었다.

【入股】rù∥gǔ 통 주식을 사다. 주주가 되다. ¶自愿~ =스스로 주주가 되길 원하다.

【入骨】rùgǔ 형 뼈에 사무치다. ¶他对此咬牙切齿, 恨得~. =그는 이에 대해 이를 갈며 뼈에 사무치도록 원망한다.

【入关】rùguān 통 1 관문[세관]으로 들어가다. 2 (经) GATT(관세·무역에 관한 일반 협정)에 가입하여 가맹국이 되다.

【入国问禁】rùguó-wènjìn 성 다른 나라에 가면 먼저 그 곳의 금지법부터 물어야 한다.

【入海口】rùhǎikǒu 명 강[하천]이 바다로 흘러 드는 곳.

【入户】rùhù 통 1 남의 집에 들어가다. 2 호적에 오르다.

【入画】rùhuà 통 그림에 담다. [주로 경치의 아름다움을 나타내는 데 쓰임] ¶九寨沟的山水, 处处皆可~. =주자이거우의 산수는 곳곳이 모두 그림에 담을 만하다.

【入伙】rù∥huǒ 통 1 모임·단체·패거리에 가입하다[들어가다·끼어들다]. ¶~开店 =가입하여 함께 상점을 열다. 2 단체 급식에 가입하다. ¶在食堂~ =식당 급식에 가입하다.

【入籍】rù∥jí 통 다른 국적을 취득하다.

【入寂】rùjì 통 (佛) 입적하다. 귀적하다.

【入教】rù∥jiào 통 (기독교·이슬람교 등에) 입교하다. 신자가 되다.

【入京】rùjīng 통 1 수도(首都)에 가다. 2 베이징(北京)에 가다.

【入静】rùjìng 통 (道) 무념무상의 경지에 다다르다.

【入境】rù∥jìng 통 입국하다. ¶申请~签证 = 입국 비자를 신청하다.

【入境问俗】rùjìng-wènsú 성 그 고장에 가면 그 고장 풍속을 따라야 한다.

【入镜】rùjìng 통 (映) (카메라·촬영기의) 렌즈(lens)·앵글(angle)에 담다.

【入局】rùjú 통 1 어떤 복잡한 국면에 진입하다. 2 도박판이나 내기에 끼다.

【入口】rù∥kǒu 통 1 입으로 들어가다. ¶他忙得一天什么也没~. =그는 하루 종일 바빠서 아무것도 먹지 못했다. 2 수입하다. 외지 물건이 들어오다. ≒进口 ↔出口

【入口】rùkǒu 명 입구.

【入寇】rùkòu 통 서 침입하다.

【入库】rùkù 통 1 입고하다. 창고에 넣다. 2 (불법 재물을 몰수하여) 국고에 귀속시키다.

【入理】rùlǐ 통 이치에 맞다. ¶小孩子说的话也很~. =아이가 한 말도 매우 이치에 맞다.

【入殓】rù∥liàn 통 입관하다. ≒成殓

【入列】rùliè 통 (대열에서 벗어나거나 늦게 온 사람이) 대열에 들어가다.

【入流】rùliú 통 1 (옛날) 9품 이상의 벼슬에 오르다. 2 (어떤) 등급[단계·수준]에 들다[끼다]. ¶他还是一个不~的作家. =그는 아직 수준에 오르지 못한 작가이다. 3 통 시대의 흐름에 부합되다.

【入梅】rùméi 통 장마철에 들어서다.

【入寐】rùmèi 통 잠들다. ¶他辗转反侧, 难以~. =그는 뒤척이며 쉽게 잠들지 못했다.

【入门】rù∥mén (~儿) 통 1 문으로 들어가다. ¶~叩问 =들어가서 인사드리다. 2 비 입문하다. 기초를 터득하다. ¶~容易精通难. =입문하기는 쉬워도 깊이 연구하기는 어렵다. 3 시집가다. ¶她是刚~的新媳妇. =그녀는 갓 시집온 새색시이다.

【入门】rùmén 명 입문. [주로 서명(書名)에 쓰임] ¶《围棋~》=《바둑 입문》.

【入门问讳】rùmén-wènhuì 성 남의 집을 방문하면 먼저 그 집의 금기를 알아야 한다.

【入梦】rùmèng 통 꿈에 빠지다. 잠들다. ¶困极了, 一搁头便~. =그는 너무 피곤해서 머리를 대자마자 잠들었다. ≒入睡 入眠

【入迷】rù∥mí 통 매혹되다. 빠져들다. 정신이 팔리다. 반하다. …광(狂)이 되다. ¶动画片太精彩了, 大人和小孩都看得入了迷. =만화 영화가 너무 재미있어서 어른 아이 할 것 없이 모두 푹 빠져들었다. ≒着(zháo)迷

【入眠】rùmián 통 1 잠들다. ¶他思绪翻腾, 彻夜不能~. =그는 복잡한 생각에 밤새도록 잠들지 못했다. 2 동면하다.

【入魔】rùmó 통 홀리다. 푹 빠지다. 중독되다. 미치다. 홀딱 반하다. ¶走火~ =기공이나 참선을 수행하던 중 잘못되어 심신에 병이 나다.

【入木】rùmù 통 1 판자에 글자나 그림을 새겨 넣다. 2 ① 관(棺)으로 들어가다. ② 비 죽다. ¶行将~ =죽을 날이 멀지 않다.

【入木三分】**rùmù-sānfēn** [성] **1** 먹물이 목판 깊숙이 스며들다. 필력이 웅건하다. **2** [비] 견해가 날카롭거나 관찰력이 예리하다. ≒鞭辟入里
【入目】**rùmù** [동] 보다. ¶脏乱不堪, 令人难以～。=너무 더럽고 지저분해서 차마 눈 뜨고 볼 수 없을 지경이다.
【入脑】**rùnǎo** [동] 자연스럽게 기억하다. 기억에 남게 하다. ¶说理施教, 要入耳～。=도리를 이야기하고 가르치면서, 자연스럽게 기억에 남도록 해야 한다.
【入侵】**rùqīn** [동] 침입하다. ¶痛击～之敌=침입하는 적을 통렬하게 쳐부수다.
【入寝】**rùqǐn** [동] 잠들다. 취침하다. ¶洗漱～=씻고 잠들다.
【入情入理】**rùqíng-rùlǐ** [성] 이치에 맞다.
【入秋】**rùqiū** [동] 가을철에 들어서다〔접어들다〕. 가을이 되다.
【入射点】**rùshèdiǎn** [명]《物》 입사점.
【入射角】**rùshèjiǎo** [명]《物》 입사각.
【入神】**rù‖shén** [형] (기술·기교 따위가) 절묘하다. 매우 뛰어나다. 빼어나다. ¶秋日的山景入画～。=가을날의 산 경치가 그림처럼 절묘한 경지에 이르다. [동] (눈앞의 사물에) 넋을 잃다. 마음을 뺏기다. 골똘하다. 빠져들다. 정신이 팔리다. 몰입하다. ¶相声演员精妙的表演使全场听众都入了神。=만담가의 훌륭한 연기는 청중들로 하여금 모두 넋을 잃게 했다. ↔出神
【入声】**rùshēng** [명]《言》 입성. 〔고대 중국어의 4개 성조 중 하나〕
【入时】**rùshí** [동] (복장 따위가) 유행에 맞다. 모던하다. ¶打扮～=차림새가 유행에 맞다. ≒时髦 时尚 时兴
【入世】**rùshì** [동] **1**《佛》 세속에 얽매이다. **2** 사회에 뛰어들다. ¶～尚浅=사회에 발을 내디딘 지 얼마 안 된다.
【入室】**rùshì** [동] **1** 방에 들어가다. **2** (학문·기예 등이) 심오한 경지에 오르다. ¶登堂～=심오한 경지에 오르다.
【入室操戈】**rùshì-cāogē** [성] **1** 남의 방에 들어가 무기를 빼앗아서 공격하다. **2** [비] 상대의 논점을 이용하고, 그 빈틈을 찾아 상대를 반박하다.
【入室弟子】**rùshì dì·zǐ** [명] 진수를 전수받은 제자. 출중한 제자.
【入手】**rùshǒu** [동] 착수하다. 손을 대다. 개시하다. ¶因材料缺乏, 这一论题实难～。=자료가 부족하기 때문에 이 논제는 손대기가 어렵다. ≒着(zhuó)手
【入水】**rùshuǐ** [동] 물에 들어가다.
【入睡】**rùshuì** [동] 잠들다. ≒入梦 入眠
【入土】**rù‖tǔ** [동] **1** 매장하다. ¶～为安=묻혀서 평안을 얻다. **2** 죽다. ¶都是快～的人了, 哪有那么多的想法? =곧 죽을 사람이 무슨 생각이 그리도 많을까? **3** 땅 속에 들어가 동면하다.
【入团】**rùtuán** [동] **1** 입단하다. **2** '中国共产主义青年团(중국 공산주의 청년단)'에 가입하다.
【入托】**rùtuō** [동] 탁아소에 보내다.
【入网】**rù‖wǎng** [동] **1** (물고기·새·짐승 등이) 그물에 걸리다. **2** (휴대폰·무선 호출기 등과 관련하여) 통신사에 가입하다. **3** (인터넷과 관련하여) 인터넷 서비스 제공 업체에 가입하다.
【入网费】**rùwǎngfèi** [명] **1** 휴대폰·무선 호출기 등의 가입비. **2** 인터넷 서비스 가입비.
【入微】**rùwēi** [형] 매우 세밀하거나 깊은 경지에 이르다. ¶关怀～=세심하게 돌보다. / 描写～=묘사가 세밀하다.
【入围】**rù‖wéi** [동] 선발을 통해 범위에 들다. ¶这部影片已～奥斯卡最佳外语片奖。=이 영화는 이미 오스카 최우수 외국어 영화상에 선정되었다.
【入闱】**rùwéi** [동] **1** 과거(科擧)에서 응시자와 감독관이 고사장에 들어가다. **2** 시험 출제 위원과 관계자들이 출제 장소에 들어가다.
【入味】**rùwèi**(～儿) [형] **1** (조미료가 잘 배어) 맛있다. ¶酸菜鱼做得很～。=쏸차이위(酸菜鱼)가 맛있게 요리되었다. **2** 재미있다. ¶那部科幻电影越看越～。=그 과학 환상 영화는 보면 볼수록 재미있다.
【入伍】**rùwǔ** [동] 입대하다. ¶新兵尚未～。=신병들이 아직 입대하지 않았다. ↔退伍
【入席】**rù‖xí** [동] (집회나 의식에서) 착석하다. 자리에 들다. ¶来宾依次～。=손님들이 차례대로 착석하였다. ↔退席
【入戏】**rùxì** [동] **1** 어떤 제재나 사건이 영화화〔드라마화·연극화〕되다. **2** (배우가) 배역에 몰입하다. ¶她的基本功扎实, ～很快。=그녀의 연기력은 탄탄해서 금방 배역에 몰입한다.
【入夏】**rùxià** [동] 여름철에 들어서다〔접어들다〕. 여름이 되다.
【入乡随俗】**rùxiāng-suísú** [성] 그 고장에 가면 그 고장의 풍속을 따라야 한다. 로마에 가면 로마법을 따라야 한다.
【入乡随乡】**rùxiāng-suíxiāng** ☞【随乡入乡】**suíxiāng-rùxiāng**
【入项】**rùxiàng** [명] 수입. 입금.
【入邪】**rùxié** [동] 홀리다. 푹 빠지다. 중독되다. 미치다.
【入绪】**rùxù** [동] (일의) 두서가 잡히다. 실마리가 잡히다. 윤곽이 잡히다. ¶关于这个项目的研究刚刚～。=이 항목에 관한 연구는 막 두서가 잡혔다.
【入选】**rùxuǎn** [동] 입선하다. 당선되다. 뽑히다. ¶～明星足球队=스타 축구 팀에 선발되었다. ≒中选
【入学】**rù‖xué** [동] **1** 취학하다. **2** 입학하다. ↔退学
【入汛】**rùxùn** [동] 증수기(增水期)에 들어서다.
【入眼】**rùyǎn** [동] 눈에 들어오다. 시야에 들어오다. ¶难以～=시야에 들어오기 어렵다. [형] 마음에 들다. 눈에 들다. ¶这套西服比较～。=이 양복이 비교적 마음에 든다.
【入眼货】**rùyǎnhuò** [명] 눈에 드는 물건. 사람들이 좋아하는 좋은 상품.
【入药】**rùyào** [동] 약재로 쓰다. ¶这种植物中医常～。=이 식물은 중의학에서 종종 약재로 쓴다.

【人夜】rùyè 동 밤이 되다. ¶虽已~, 可街上行人仍络绎不绝.=비록 밤이 되더라도 거리에 사람들이 끊이질 않는다.
【人狱】rùyù 동 수감되다. 감옥에 갇히다.
【人院】rù‖yuàn 동 입원하다. ¶填写~登记表=입원 수속 서류에 기입하다.
【人账】rù‖zhàng 동 장부에 올리다. 장부에 기록하다. ¶今天的营业额还没~.=오늘 영업한 돈을 아직 장부에 올리지 못했다.
【人蛰】rùzhé 동 (벌레들이) 동면(冬眠)에 들어가다.
【人主】rùzhǔ 동문 (들어가서) 주재자·통치자가 되다. ¶~白宫=백악관의 주인이 되다.
【人主出奴】rùzhǔ-chūnú 성 1 하나의 주의나 주장을 맹신하여 다른 것을 배척하다. 2 비 자기 의견만 옳다고 주장하다.
【人住】rùzhù 동 입주하다. (호텔 등에서) 숙박하다. ¶新建公寓即将~.=새로 지은 아파트는 곧 입주를 시작한다.
【人住率】rùzhùlǜ 명 입주율. 투숙율.
【人赘】rùzhuì 동 데릴사위가 되다.
【人坐】rù‖zuò ☞【人座】rù‖zuò
【人座】[人坐]rù‖zuò 동 자리에 앉다. ¶请嘉宾~.=귀빈 여러분, 자리에 앉으세요.

# 洳 rù 축축할 여
☞【沮洳】jùrù

# 蓐 rù 깔개 욕
명동 1 멍석. 자리. 깔개. 2 (임산부의) 산욕. ¶坐~=몸을 풀다.

# 溽 rù 무더울 욕
형 눅눅하다. 축축하다.
【溽热】rùrè 형 무덥다.
【溽暑】rùshǔ 명 혹서(酷暑).

# 缛 [縟] rù 무늬 욕
형동 번잡하다. 번다하다. ¶繁文~节=번잡하고 불필요한 예절.
○● 繁缛

# *褥 rù 요 욕
명 요. ¶被~=이불과 요.
○● 严褥期, 严褥热
【褥草】rùcǎo 명 가축 우리에 까는 짚.
【褥疮】rùchuāng 명(醫) 욕창.
【褥单】rùdān (~儿) 명 침대 시트. =【褥单子】rùdān·zi
【褥单子】rùdān·zi ☞【褥单】rùdān
【褥垫】rùdiàn 명 1 방석. 2 침대 매트리스 (mattress).
【褥套】rùtào 명 1 요 커버(cover). 이불보. 2 요를 만드는 솜.
【褥子】rù·zi 명 요.

# rua

挼 ruá 비빌 나 [뇌]
동 1 (베·종이 등이) 구겨지다. ¶那纸~得很, 不能用.=그 종이는 너무 구겨져서 쓸 수 없다. 2 (옷·천 등이) 해지려 하다. 닳아 떨어지다. ¶裤子穿~了.=바지가 닳아 떨어졌다.
☞ ruó

# ruan

塪 [壖] ruán 공터 연
명문 1 물가의 공터. 2 성곽 옆의 공터. 3 궁궐·절 밖의 빈터.

阮 ruǎn 나라 이름 완
명 1 양 阮咸(완함). 2 (Ruǎn) 성(姓).
【阮囊羞涩】ruǎnnáng-xiūsè 성비 주머니 사정이 말이 아니다. 주머니가 텅 비다.
【阮咸】ruǎnxián 명(音) 완함. [현악기의 일종. 서진(西晋)때 완함(阮咸)이라는 사람이 이 악기를 잘 연주하여 그의 이름을 따서 붙여진 이름]

**软 [軟, 輭] ruǎn 연할 연
형 1 (물체의 속성이) 부드럽다. 연하다. ¶松~=폭신폭신하다. / 绵~=부드럽다. 2 부드럽다. 온화하다. ¶~语细声=부드러운 말투. 3 연약하다. 나약하다. 나른하다. ¶全身酸~=온몸이 노곤하다. 4 (마음이) 여리다. ¶心肠~=마음이 여리다. 5 (태도가) 강경하지 않다. 부드럽다. 온화하다. ¶这事不能来硬的, 只能来~的.=이 일은 강경하게 해서는 안 되고, 부드럽게 할 수밖에 없다. 6 품질이 나쁘다. 능력이 모자라다. 보잘것없다. 변변치 못하다. ¶他的工夫还不到家, 有点儿~.=그의 솜씨는 전문가가 되기에는 아직 능력이 부족하다. 명 (Ruǎn) 성(姓). ↔柔↔硬
○● 脸软, 绵软, 疲pí软, 柔róu软, 手软, 松软, 酥sū软, 酸软, 瘫tān软, 细软
【软班子】ruǎnbān·zi 명 조직이 느슨하고 결속력이 없으며 작업 능력이 떨어지는 집단.
【软包装】ruǎnbāozhuāng 동 (비닐·은박지 등) 연질 재료로 포장하다. 연질 포장 재료.
【软币】ruǎnbì 명(經) 1 연화(軟貨). 양 soft currency 2 지폐.
【软尺】ruǎnchǐ 명 줄자.
【软床】ruǎnchuáng 명 스프링 침대.
【软磁盘】ruǎncípán ☞【软盘】ruǎnpán
【软蛋】ruǎndàn 명 1 껍데기가 아직 굳지 않은 알. 2 비 겁쟁이. 약골.
【软刀子】ruǎndāo·zi 명 부지불식간에 해치는 수단. 은근히 사람을 잡는 수단. ¶~伤人, 不

见血。=부지불식간에 감쪽같이 해치우다.
【软垫】 **ruǎndiàn** 명 패킹(packing).
【软钉子】 **ruǎndīng·zi** 완곡한 거절이나 책망. ¶他今天在经理那里碰了个~。=그는 오늘 사장실에서 은근히 지적을 받았다.
【软缎】 **ruǎnduàn** 명(紡) 공단.
【软腭】 **ruǎn'è** 명(生) 연구개.
【软耳朵】 **ruǎn'ěr·duo** 명 줏대 없는 사람. 귀가 얇은 사람.
【软风】 **ruǎnfēng** 명 1 (氣) 실바람. [풍력 계급 1의 바람] 2 미풍. 약한 바람. ¶~习习=미풍이 솔솔 분다.
【软钢】 **ruǎngāng** 명(工) 연강(軟鋼). 영 mild steel
【软膏】 **ruǎngāo** 명(醫) 연고.
【软骨】 **ruǎngǔ** 명(生) 연골.
【软骨病】 **ruǎngǔbìng** ☞【佝偻病】 **gōulóubìng**
【软骨头】 **ruǎngǔ·tou** 명 줏대가 없는 사람. 기개가 없는 사람. ↔硬骨头
【软骨鱼】 **ruǎngǔyú** 명(動) 연골 어류.
【软管】 **ruǎnguǎn** 명 가요관. [자유롭게 구부릴 수 있는 금속관·고무관·호스 등을 가리킴] 영 flexible pipe
【软罐头】 **ruǎnguàntóu** 명 레토르트(retort) 식품. [알루미늄박(箔)이나 합성수지 따위로 밀봉 포장된 음식]
【软广告】 **ruǎnguǎnggào** 명 간접 광고. [드라마 등에서 은밀히 광고 상품을 끼워 넣는 것. 예컨대 'PPL(Product Placement)' 등] ↔硬广告
【软乎乎】 **ruǎnhūhū** (~的) 형 보들보들하다. 연약하다. 부드럽다.
【软化】 **ruǎnhuà** 통 1 연하다. 부드럽다. ¶骨质~=뼈가 연하다. 2 연하게 하다. 무르게 되다. 부드럽게 하다. ¶~皮革=가죽을 연하게 하다. 3 누그러지다. 수그러지다. ¶他的态度终于~了下来。=그의 태도가 마침내 누그러졌다. ↔硬化
【软化版面】 **ruǎnhuà bǎnmiàn** 통 (신문이나 잡지가) 일상 생활을 더 많이 보도하여 가독성과 흥미를 높이다.
【软化栽培】 **ruǎnhuà zāipéi** 명(農) 연화 재배. [일조량을 차단하거나 제한하여 채소를 희고 부드럽게 재배하는 농법]
【软话】 **ruǎnhuà** 명 부드러운 말. 온화한 말. ¶说句~不就没事了。=부드러운 말투로 했다면 아무 일도 없었을 것을!
【软环境】 **ruǎnhuánjìng** 명 기본 환경. [물질적인 조건 이외의 정책·법규·관리·서비스 등을 가리킴] ¶~的改善对招商引资起着重要作用。=기초 환경의 개선은 외부 투자자와 외자 유치에 중요한 역할을 한다.
【软和】 **ruǎn·huo** 형(口) 1 부드럽다. 연하다. ¶新被子真~=새 이불이 정말 부드럽다. 2 (성격·말이) 부드럽다. 온화하다. ¶他没有生气, 说的都是~的话。=그는 화를 내지 않고, 온화한 말만 한다.

【软技术】 **ruǎnjìshù** 명 소프트 기술(soft technology). 경영 관리.
【软件】 **ruǎnjiàn** 명 1 (컴) 소프트웨어(software). 2 (생산·연구·경영 등의 과정에서) 구성원의 자질·관리 수준·서비스의 질 등.
【软件包】 **ruǎnjiànbāo** 명 소프트웨어 패키지 (software package).
【软禁】 **ruǎnjìn** 통(法) 연금하다.
【软靠】 **ruǎnkào** 명(劇) (경극에서) 무장이 갑옷과 호신용 거울만 갖추고, 다른 장식물은 달지 않는 분장.
【软科学】 **ruǎnkēxué** 명 소프트 사이언스(soft science).
【软肋】 **ruǎnlèi** 명 1 (生) 늑연골(肋軟骨). 2 비 약점. 민감한 부분.
【软领】 **ruǎnlǐng** 명 소프트 칼라(soft collar). ¶~夹袄=부드러운 칼라의 겹저고리.
【软帽】 **ruǎnmào** 명 부드러운 모자.
【软煤】 **ruǎnméi** 명(礦) (석탄의) 분탄.
【软绵绵】 **ruǎnmiánmián** (~的) 형 1 허약하다. 나른하다. ¶酒醉后, 他浑身~的。=술에 취하자 그는 온몸이 나른해졌다. 2 보드랍다. 폭신폭신하다. ¶沙发~的, 坐上去很舒服。=소파가 폭신해서 앉기에 편안하다. 3 정에 사로잡히다. 정이 깊다. ¶~的情话=정이 듬뿍 담긴 말.
【软磨】 **ruǎnmó** 통 조르다. 보채다. ¶~硬撞=무턱대고 조르며 달라붙다.
【软磨硬泡】 **ruǎnmó-yìngpào** 성 목적 달성을 위해 갖은 수단으로 사람을 귀찮게 하다.
【软木】 **ruǎnmù** ☞【栓皮】 **shuānpí** ↔硬木
【软木画】 **ruǎnmùhuà** 명(藝) (중국 민간 공예품으로) 코르크에 산수·꽃·새·정자 등의 풍경화를 부조(浮雕)한 것.
【软木塞】 **ruǎnmùsāi** 명 코르크 마개.
【软盘】 **ruǎnpán** 명(컴) 플로피 디스켓(floppy diskette). =【软磁盘】 **ruǎncípán**
【软片】 **ruǎnpiàn** ☞【胶片】 **jiāopiàn** ↔硬片
【软怯】 **ruǎnqiè** 형 겁이 많다. 유약하다. 비겁하다. ¶生性~=천성이 겁이 많다.
【软求】 **ruǎnqiú** 통 부드럽게 요구하다. ¶此事不能硬顶, 只能~。=이 일은 맞부딪칠 게 아니라 부드럽게 요구해야 한다.
【软驱】 **ruǎnqū** 명(컴) 软盘驱动器(플로피 디스크 드라이버).
【软任务】 **ruǎnrènwù** 명 유동적인 임무.
【软软】 **ruǎnruǎn** (~的) 형 1 폭신하다. 부드럽다. ¶~的席梦思=폭신폭신한 시몬스 침대. 2 나른하다. 허약하다. ¶虽已病愈, 但身体还是~的。=병은 이미 나았지만 몸이 아직 허약하다.
【软软乎乎】 **ruǎn·ruan hūhū** (~的) 형 폭신하다. 부드럽다. ¶躺在~的床上, 真舒坦。=폭신폭신한 침대에 누워 있으니 정말 편안하다.
【软弱】 **ruǎnruò** 형 1 연약하다. 가냘프다. ¶性格~=성격이 연약하다. 2 기운이 없다. ¶累了一天, 身体~得很。=하루 종일 피곤하더니 몸에 기운이 없다. ≒脆弱 懦弱 柔弱 ↔坚强 刚强 强硬

【软弱无力】ruǎnruò-wúlì ⓐ 1 (몸에) 기운이 없다. 무기력하다. 2 ㉯ 무능하다.
【软杀伤】ruǎnshāshāng ⓔ 〔軍〕 전자 장애·컴퓨터망 공격 등을 통해 상대방의 통신·지휘·정보 시스템 등을 무력화시켜 전투력을 상실시키는 작전.
【软善】ruǎnshàn ⓗ 유순하고 착하다. ¶性情~=심성이 유순하고 착하다.
【软设备】ruǎnshèbèi ⓔ (생산·연구·경영 등의 과정에서) 구성원의 자질·관리 수준·서비스의 질.
【软绳】ruǎnshéng ⓔ 1 유연한 줄. 2 철사.
【软食】ruǎnshí 연식. 유동식.
【软式网球】ruǎnshì wǎngqiú ⓔ 〔體〕 1 연식정구. 2 연식 정구공.
【软收拾】ruǎnshōu·shi ⓗ 은밀한 수단으로 따끔한 맛을 보이다〔손을 보다〕.
【软水】ruǎnshuǐ ⓔ 단물. 연수. ↔硬水
【软酥酥】ruǎnsūsū (~的) ⓗ 나른하다. 무기력하다. 늘어지다. ¶春天一到, 人~的, 犯困. =봄이 되자 나른해져 졸리다. 2 연하고 바삭바삭하다. 사각사각하고 부드럽다.
【软塌塌】ruǎntātā (~的) ⓗ 부드럽고 연하다. 유연하고 무력하다. ¶骨头~的, 像要散架似的. =뼈가 연약하여 꼭 부서질 것만 같다.
【软瘫】ruǎntān ⓗ 녹초가 되다. 힘이 빠지다. 축 늘어지다. ¶听到那个噩耗, 她一下子~下来. =불길한 소식을 듣자마자 그녀는 힘이 빠져 버렸다.
【软炭】ruǎntàn ⓔ 〔礦〕 흑탄.
【软糖】ruǎntáng ⓔ 1 소프트 캔디. 캐러멜. 젤리. 2 엿당. 맥아당.
【软梯】ruǎntī ⓔ 줄사다리.
【软体动物】ruǎntǐ dòngwù ⓔ 〔動〕 연체 동물.
【软通货】ruǎntōnghuò ⓔ 〔經〕 연화(軟貨). ⓔ soft currency
【软卧】ruǎnwò ⓔ㉮ 软席卧铺(중국 열차에서 4인 1실의 일등 침대석).
【软武器】ruǎnwǔqì ⓔ (적의 무선 설비 기능을 교란시키는) 전자 방해 장비.
【软席】ruǎnxí ⓔ (열차의) 상등석. 침대석. ↔硬席
【软线】ruǎnxiàn ☞【花线】huāxiàn
【软心肠】ruǎnxīncháng ⓔ 1 여리고 착한 마음. 2 여리고 착한 사람.
【软新闻】ruǎnxīnwén ⓔ (신문·잡지 등의) 흥밋거리 기사. 기고란.
【软性毒品】ruǎnxìng dúpǐn ⓔ 약품화된 마약〔독물〕.
【软椅】ruǎnyǐ ⓔ 폭신폭신한 의자.
【软银】ruǎnyín ⓔ㉮ 지방에서만 유통되는 은화·은염.
【软饮料】ruǎnyǐnliào ⓔ 소프트 드링크(soft drink). 알코올 성분이 없는 음료.
【软硬不吃】ruǎnyìng-bùchī ⓐ㉯ 어찌 할 도리가 없다. 어떤 수단과 방법도 통하지 않는다.
【软硬兼施】ruǎnyìng-jiānshī ⓐ㉯ 강건책과 유화책을 함께 쓰다.

【软玉温香】ruǎnyù-wēnxiāng ⓐ 여자의 피부가 뽀얗고 부드러우며, 마음이 따뜻하고 향기롭다.
【软脂酸】ruǎnzhīsuān ⓔ〔化〕 팔미트산. ⓔ palmitic acid
【软指标】ruǎnzhǐbiāo ⓔ 소프트 타겟(soft target).
【软着陆】ruǎnzhuólù ⓗ 1 연착륙하다. 2 ㉯ (중대 문제를) 원만하게 해결하다. ¶扩大内需是实现经济~的有效途径. =내수를 확대하는 것이 경제의 연착륙을 실현하는 효과적인 방법이다. ↔硬着陆
【软资源】ruǎnzīyuán ⓔ (자연 자원과 구별되는) 과학 기술과 정보 자원.
【软组织】ruǎnzǔzhī ⓔ〔生〕 연조직. ⓔ soft tissue
【软座】ruǎnzuò ⓔ 1 부드럽고 편안한 좌석. 2 (열차의) 상등석.

朊 ruǎn 달빛 희미할 원
ⓔ '蛋白质(단백질)'의 옛 명칭.

# rui

矮[緌] ruí 갓끈 유
ⓔ㉮ (깃발·모자의) 늘어진 장식.

蕤 ruí 드리워질 유
☞【葳蕤】wēiruí

桵 ruí 무리참나무 유
ⓔ〔植〕 고서(古書)에 나오는 식물의 일종.

*蕊[蕋·蘂·橤] ruǐ 꽃술 예
ⓔ〔植〕 꽃술. ¶雌~=암꽃술.

芮 Ruì 풀 뾰족할 예
ⓔ 1 〔歷〕 주(周)대의 제후국. [지금의 산시(陕西)성에 있었음] 2 성(姓).

汭 ruì 물굽이 예
ⓔ㉮ 물굽이.

枘 ruì 장부 예
ⓔ㉮ 장부. ¶方~圆凿=네모난 장부와 둥근 구멍. 서로 맞지 않다.
【枘凿】ruìzáo ☞【凿枘】záoruì

蚋[蜹] ruì 파리매 예
ⓔ〔動〕 파리매.

*锐[銳] ruì 날카로울 예
ⓗ 1 날카롭다. 예리하다. ¶尖~=날카롭고 예리하다. 2 급격하다. 급속하다. ¶价格~降=가격이 급락하다. 3 (감각·동작이) 예리하다. 날카

롭다. 예민하다. 민감하다. ¶敏~=예민하다. 图 1 예기(锐气). ¶养精蓄~=역량을 기르고 예기를 쌓다. 2 병기. ¶披坚执~=갑옷을 입고 무기를 들다. 3 (Ruì) 성(姓). ≒快↔钝

○● 精锐

【锐不可当】ruìbùkědāng 成 기세등등하여 막아 낼 수 없다.

【锐减】ruìjiǎn 动 격감하다. (시가가) 뚝 떨어지다. 급락하다. ¶戏剧观众人数~。=희극 관람객이 격감하였다.

【锐角】ruìjiǎo 名(数) 예각. ↔钝角

【锐利】ruìlì 形 1 (칼날 등이) 예리하다. 날카롭다. ¶剑锋~=칼날이 예리하다. 2 (말·문장 등이) 예리하다. 날카롭다. ¶~的目光=예리한 눈빛. ≒锋利

【锐敏】ruìmǐn 形 (감각이) 예민하다. (눈빛이) 예리하다. ¶~的观察力=예리한 관찰력.

【锐气】ruìqì 名 예기. 예리한 기세. ¶这群年轻人颇有~=이 젊은이들은 자못 예기를 지니고 있다.

【锐眼】ruìyǎn 名 날카로운 눈빛. 예리한 눈빛.

【锐意】ruìyì 副 단호하게. ¶~革新, 兴利除弊。=단호하게 개혁하여 이익을 꾀하고 병폐를 제거하다.

【锐意进取】ruìyì-jìnqǔ 成 단호하게 밀고 나아가다. 마음을 단단히 먹고 성취하도록 노력하다.

【锐增】ruìzēng 动 급증하다. 격증하다. ¶近年考研人数~。=몇 년 간 대학원 응시생 수가 급증하고 있다.

【锐志】ruìzhì 形动 단호하게. ¶~求学=단호하게 배움을 구하다.

**瑞** ruì 길조 서
形 상서롭다. 길하다. ¶~雪兆丰年。=상서로운 눈은 풍년의 징조다. 名 1 길조. 길상. 좋은 징조. ¶祥~=상서로운 전조. 2 (Ruì) 성(姓). ≒祥 吉

【瑞草】ruìcǎo 名 고대에 상서로운 풀을 가리킴.

【瑞典】Ruìdiǎn 名(地) 스웨덴(Sweden). [수도는 '斯德哥尔摩(스톡홀름: Stockholm)'임]

【瑞气】ruìqì 名 1 좋은 날씨. 2 길조.

【瑞士】Ruìshì 名(地) 스위스(Suisse). [수도는 '伯尔尼(베른: Bern)'임]

【瑞雪】ruìxuě 名 서설. 상서로운 눈. 때맞추어 내리는 눈. ¶~普降=상서로운 눈이 두루두루 내리다. / 这场~对小麦返青十分有利。=이번 때맞추어 내린 눈은 보리가 월동 후에 파란 싹을 키우는 데 아주 좋다.

**睿**[叡] ruì 깊고 밝을 예
形动 슬기롭다. 총명하다. 지혜롭다. ¶聪~=총명하다.

【睿哲】ruìzhé 形动 명철하다. 영명하다. ¶~之士=명철한 학자.

【睿智】ruìzhì 形动 예지롭다. 영명하다. ¶~眼光=예지로운 눈빛.

## run

**眴**[睸] rún 눈꺼풀 떨 순
动 1 눈꺼풀이 떨리다. 2 (근육에) 쥐가 나다.

***闰**[閏] rùn 윤달 윤
名 1 (역법의) 윤(달). 2 (Rùn) 성(姓).

【闰年】rùnnián 名 윤년.

【闰日】rùnrì 名 윤날. 윤일. 2월 29일.

【闰月】rùnyuè 名 윤달.

***润**[潤] rùn 젖을 윤
形 1 습하다. 눅눅하다. 축축하다. ¶湿~=눅눅하다. 2 매끄럽고 윤이 나다. 번지르르하다. ¶圆~=매끄럽다. / 光~=윤이 나다. 动 1 축이다. 축축하게 하다. ¶浸~=침윤되다. 2 다듬다. 손질하다. ¶加工~色=가공하여 윤색하다. 名 이익. 이득. 이점. ¶利~=이익. 이윤.

○● 丰润, 光润, 红润, 滑润, 湿shī润, 温润, 细润, 圆润, 滋zī润

【润笔】rùnbǐ 名 윤필료. 원고료.

【润肠】rùncháng 动(医) (중의학에서) 윤장(润肠)하다. [대장을 윤택하게 하여 부드럽게 함]

【润发油】rùnfàyóu 名 머릿기름. 헤어 크림.

【润肤】rùnfū 动 피부를 매끄럽게 하다. ¶~霜=모이스처 크림.

【润格】rùngé 名 윤필료의 표준.

【润滑】rùnhuá 形 기름을 발라 매끄럽게 하다. 윤택하고 매끄럽다. ¶小孩子的皮肤细腻~。=어린아이의 피부가 보드랍고 매끄럽다.

【润滑剂】rùnhuájì 名 윤활제.

【润滑油】rùnhuáyóu 名 윤활유.

【润例】rùnlì 名 윤필료의 표준.

【润美】rùnměi 形动 윤이 나고 아름답다.

【润面霜】rùnmiànshuāng 名 크림(cream).

【润色】rùnsè 动 윤색하다. (문장을) 다듬다. ¶这篇文章发表之前还需~一下。=이 글은 발표하기 전에 윤색을 좀 해야 한다. ≒润饰

【润身】rùnshēn 动动 (도덕적으로) 수양하다.

【润湿】rùnshī 动 적시다. 축이다. 촉촉해지다. ¶他的眼睛被泪水~了。=그의 눈은 눈물로 촉촉해졌다.

【润饰】rùnshì 动 윤색하다. ¶~文字=글을 윤색하다. ≒润色

【润手霜】rùnshǒushuāng 名 핸드 크림.

【润养】rùnyǎng 动 윤기나게 기르다. ¶~草木=풀과 나무가 윤기나게 자랐다.

【润雨】rùnyǔ 名 단비. ¶~渐沥=단비가 보슬보슬 내린다.

【润泽】rùnzé 形 윤기가 있다. ¶春雨过后, 花木~。=봄비가 내린 뒤 꽃과 나무에 윤기가 돈다. 动 적시다. 축이다. ¶喝水~喉咙。=물을 마셔 목을 축이다.

【润资】rùnzī 名 윤필료.

# ruo

## 挼 ruó 비빌 나〔뇌〕
〔동〕〔문〕 비비다. 주무르다.
☞ ruá

【挼搓】**ruó·cuo**〔동〕비비다. 주무르다. ¶別把钱~皱了。=돈을 구기지 마라.
【挼挲】**ruósuō**〔동〕비비다. 구기다. ¶注意, 别把报纸~烂了。=신문을 구겨 너덜너덜하지 않도록 주의하시오.

## 若 ruò 같을 약
〔접〕〔문〕 만일. 만약. ¶~不亲历, 真不知个中三昧。=직접 겪지 않으면 정말로 무슨 맛인지 모른다. ¶…와 같다. …인 듯하다. ¶大智~愚=큰 지혜를 가진 사람이 재능을 드러내지 않아, 겉으로는 어리석은 것 같다. / 虚怀~谷=겸허한 마음이 산골짜기만큼 깊다. 대단히 겸허하다. 〔대〕〔문〕 너. 당신. ¶~辈=당신들.
☞ rě

○ 若 ruò
  偌 ruò
  箬 ruò
  惹 rě
  喏 rě
  诺 nuò

○ 即若, 假jiǎ若, 莫mò若, 如若, 设若, 倘tǎng若, 自若

【若虫】**ruòchóng**〔명〕〔동〕약충.
【若此】**ruòcǐ**〔대〕〔문〕이와 같다.
【若非】**ruòfēi**〔접〕만일 …하지 않는다면. ¶~亲眼所见, 决不会相信世间有此美景。=직접 눈으로 보지 않았다면 결코 세상에 이런 절경이 있다고 믿지 못할 것이다.
【若夫】**ruòfú**〔조〕〔문〕**1** …에 대해서는. …와〔과〕 같은 것은. [문장 앞에 쓰여 말의 시작을 나타냄] **2** 그런데. [문장 앞에 쓰여 화제를 바꿈을 나타냄]
【若干】**ruògān**〔대〕약간. 조금. 소량. ¶这套系列丛书将分~册出版。=이 총서는 앞으로 몇 권으로 나뉘어 출판된다.
【若何】**ruòhé**〔대〕어떠한지. 어떠한가. ¶效果~, 还有待观察。=효과가 어떠한지는 더 두고 보자.
【若即若离】**ruòjí-ruòlí**〔성〕가까운 것 같기도 하고 그렇지 않은 것 같기도 하다.
【若明若暗】**ruòmíng-ruòàn**〔성〕**1** 밝은 것 같기도 하고 어두운 것 같기도 하다. **2**〔비〕태도가 애매모호하다. **3**〔비〕문제나 상황에 대한 인식이 확실치 않다.
【若是】**ruòshì**〔접〕만일. 만약. ¶~去那家超市, 我们可以步行。=만일 그 슈퍼마켓에 가는 거라면, 우리는 걸어갈 수 있다.
【若无】**ruòwú**〔접〕**1** 만일 …이〔가〕 없다면. ¶~太阳, 世间将没有白天。=태양이 없다면 세상에는 낮도 없어질 것이다. **2** 마치 없는 것 같다. ¶身体~不适。=몸에 문제가 없는 것 같다.
【若无其事】**ruòwúqíshì**〔성〕**1** 마치 아무 일도 없는 듯하다. 태연스럽다. **2** 무관심하다. 아랑곳

하지 않다.
【若隐若现】**ruòyǐn-ruòxiàn**〔성〕보일 듯 말 듯 하다.
【若要】**ruòyào**〔접〕만일 …하려면. ¶~功成, 必须专心努力。=성공을 하려면 반드시 전심전력해야 한다.
【若要人不知, 除非己莫为】**ruòyào rén bù zhī, chúfēi jǐ mòwéi**〔속〕**1** 남이 모르게 하려면 아예 일을 저지르지 마라. **2** 무슨 일이든 사람을 속일 수는 없다.
【若有】**ruòyǒu**〔동〕있는 듯하다. ¶此虽山林深处, 但~人迹。=이 곳이 비록 깊은 산 속이라고는 하나 인적이 있는 듯하다.
【若有若无】**ruòyǒu-ruòwú**〔성〕있는 듯하기도 하고 없는 듯하기도 하다.
【若有所失】**ruòyǒusuǒshī**〔성〕**1** 무엇인가 잃어버린 듯하다. **2** 심란하다.
【若有所思】**ruòyǒusuǒsī**〔성〕무슨 생각에 잠긴 듯하다.

## 偌 ruò 여차할 야
〔대〕 이렇게. 그렇게. [주로 조기 백화문에 보임]
【偌大】**ruòdà**〔형〕이렇게 크다. 그렇게 크다. ¶~的剧场, 可容上万人。=이렇게 큰 극장은 만여 명도 수용할 수 있겠다.

## 鄀 Ruò 나라 이름 약
〔명〕춘추(春秋) 시대 초(楚)나라의 수도. [지금의 후베이(湖北)성에 있었음]

## 弱 ruò 약할 약
〔형〕**1** 허약하다. 약하다. ¶瘦~=쇠약하다. 수척하다. / 虚~=허약하다. **2** 젊다. 어리다. ¶老~病残=노약자·병자·장애인. **3** …보다 못하다. …에 비해 손색이 있다. ¶不甘于~=자기가 남보다 못한 것을 보이기 싫어하다. **4** (성격이) 연약하다. 나약하다. ¶怯~=겁이 많고 나약하다. **5** (숫자 뒤에서) …에 조금 모자라다. 빠듯하다. ¶他高约1米八~。=그의 키는 대략 180센티미터에 약간 못 미친다.〔동〕잃다. 죽다. ¶伤者又有人~。=환자가 또 죽었다. ↔强

○ 薄bó弱, 脆cuì弱, 单弱, 减弱, 羸léi弱, 懦nuò弱, 贫弱, 怯qiè弱, 柔róu弱, 示弱, 瘦shòu弱, 微弱, 文弱, 细弱, 纤xiān弱, 虚xū弱, 削xuē弱

【弱不好弄】**ruòbùhàonòng**〔성〕어린 나이에도 장난을 좋아하지 않다.
【弱不禁风】**ruòbùjīnfēng**〔성〕몸이 너무 약해서 바람에도 쓰러질 것 같다.
【弱不胜衣】**ruòbùshèngyī**〔성〕**1** 입은 옷조차 못 이길 정도로 몸이 약하다. **2**〔비〕매우 허약하다.
【弱点】**ruòdiǎn**〔명〕약점. 단점. ¶她的~是太爱虚荣。=그녀의 약점은 허영심이 너무 강한 것이다. **2** 허점. ¶这支足球队的~是防守不力。=이 축구 팀의 허점은 수비가 약하다는 것이다. ↔优点

【弱冠】ruòguàn 명 약관. 20세 안팎의 남자 나이.
【弱化】ruòhuà 통 약화하다. 약하게 하다. ¶这部电影具有现代主义倾向, 明显~了叙事。=이 영화는 현대주의 경향을 띠고 있어, 현저하게 서사성을 약화시켰다. ↔强化
【弱碱】ruòjiǎn 명(化) 약알칼리. 약염기.
【弱旅】ruòlǚ 명 1 전투력이 약한 군대. 2 실력이 약한 운동 팀. ↔劲旅
【弱肉强食】ruòròu qiángshí 성 1 약육강식. 2㊗ 약자가 강자에게 침탈당하다.
【弱视】ruòshì 명(醫) 약시.
【弱势】ruòshì 명 1 약세. ¶股票交易近呈~。=증권 시황이 요즘 약세를 보이고 있다. 2 소외 계층〔단체·조직〕. ¶全社会都应关心~群体的生存状况。=온 사회는 소외 계층의 생존 상황에 관심을 가져야 한다. ↔强势
【弱势群体】ruòshì qúntǐ 명 소외 계층〔단체·조직〕.
【弱手】ruòshǒu 명 수준이 낮고 능력이 떨어지는 사람.
【弱酸】ruòsuān 명(化) 약산. 영 weak acid ↔强酸
【弱听】ruòtīng 형 청력이 좋지 않다.
【弱项】ruòxiàng 명 약세 종목. ↔强项
【弱小】ruòxiǎo 형 약소하다. ¶~的国家=약소 국가. ↔强大
【弱者】ruòzhě 명 1 약자. 2 나약한 사람.
【弱质】ruòzhì 명 약골. 약질.

【弱智】ruòzhì 형 지력(智力)이 떨어지는. 지능이 떨어지는. ¶~儿童=지능 장애 아동

## 渃 Ruò 물 이름 약
명 뤄수이(渃水). [쓰촨(四川)성에 있는 강 이름]

## 婼 ruò 야강(婼羌) 야
☞ chuò
【婼羌】Ruòqiāng 명(地) 뤄창. [신장(新疆) 자치구에 있는 지명. 지금은 '若羌'이라 씀]

## 蒻 ruò 부들 약
명(植) 고서(古書)에서 어린 '香蒲(부들)'를 가리킴.

## 箬[(篛)] ruò 조릿대 약
명(植) 1 (대나무의 일종인) 얼룩조릿대. 2 얼룩조릿대 잎.
【箬笠】ruòlì 명 얼룩조릿대의 껍질과 잎으로 만든 삿갓.
【箬帽】ruòmào 명 얼룩조릿대로 엮은 모자.
【箬竹】ruòzhú 명(植) (대나무의 일종인) 얼룩조릿대. [학명은 'Indocalamus tessellatus' 임]

## 爇[(焫)] ruò 태울 열
통㊗ 타다. 점화하다.
【爇烛】ruòzhú 통㊗ 촛불을 켜다.

# S

## sa

仨 sā 세 개 삼

[수][구] 셋. 세 개. [뒤에 '个'나 다른 양사를 동반할 수 없음] ¶兄弟~=형제 세 명.

【仨大俩小】 sādà liǎxiǎo [구] 다소간. 얼마간. 많든 적든 간에.

【仨瓜俩枣】 sāguā liǎzǎo [구][비] (수입이나 수확이) 좋지 않다. 별 볼일 없는 일. 하찮은 일. 사소한 것. 자질구레한 것.

【仨钱】 sāqián [명] 아주 적은 액수의 돈.

挲 sā 만질 사

☞【摩挲】mā·sā

☞ shā, suō

**撒 sā 뿌릴 살

[동] 1 놓아주다. 풀어 주다. 펼치다. 뿌리다. ¶~网捕鱼=그물을 쳐서 고기를 잡다. 2 [폄] 한껏 발휘하다. 마음대로 하다. 제멋대로 하다. 거리낌없이 하다. ¶~泼耍赖=포악을 떨며 억지를 부리다. 3 [구] 배설하다. 배출하다. 방출하다. ¶自行车胎有点~气。=자전거 타이어가 바람이 좀 빠졌다. [명] (Sā) 성(姓).

☞ sǎ

O● 弥mí撒

【撒把】 sā‖bǎ [동] (자전거 탈 때) 손잡이를 놓다.

【撒痴】 sāchī [동][폄] 과장되게 행동하다. 바보인 척하다. 터무니없이 굴다. 백치 같은 짓을 하다. ¶别~, 大家都是明眼人。=오버액션 하지 마, 모두 눈썰미가 있는 사람들이니까.

【撒村】 sā‖cūn [동][방] 거친 말을 하다. 상스러운 말을 하다. 야비한 말을 하다. ¶~耍泼=거친 말을 하며 사납게 굴다.

【撒村骂街】 sācūn-màjiē [구] 여러 사람 앞에서 욕지거리를 하면서 날뛰다.

【撒旦】 sādàn [명][외]《宗》 악마. 사탄(Satan).

【撒刁】 sā‖diāo [동] 꾀를 부리고 억지를 쓰다. 못된 짓을 하다. ¶~赖帐=억지를 부리고 시치미떼다.

【撒疯】 sā‖fēng [동][폄] 1 미친 척하고 함부로 굴다. ¶该怎么办就怎么办, ~也没有用。=마땅히 해야 할 것은 꼭 그렇게 해야만 하니까, 미친 척하고 설쳐도 소용 없다. 2 (불만이나 원한 등을) 멋대로 표출하다. 화풀이하다. ¶有气不要回家里~。=화가 난다고 집에 가서 멋대로 화풀이하지 마라.

【撒哈拉沙漠】 Sāhālā Shāmò [명]《地》 사하라 사막.

【撒欢儿】 sā‖huānr [동][방] 흥분하여 날뛰다. 즐거이 뛰놀다. 마음껏 뛰놀다. 기뻐 날뛰다. [주로 동물에게 쓰임] ¶猎狗在山野上~。=사냥개가 산야에서 흥분하여 날뛴다.

【撒谎】 sā‖huǎng [동] 거짓말을 하다. 허튼소리를 하다. ¶这孩子爱~。=이 아이는 거짓말을 잘 한다. ≒说谎 扯谎

【撒娇】 sā‖jiāo(~儿) [동] 응석부리다. 어리광부리다. 애교를[아양을] 떨다. ¶小女孩喜欢在客人面前~。=여자 애는 손님 앞에서 애교떠는 것을 좋아한다.

【撒酒疯】 sā jiǔfēng(~儿) [동] 술주정을 하다. =【发酒疯】fā jiǔfēng

【撒开】 sākāi [동] 1 놓아주다. 풀어 주다. ¶他~手, 让狗跑去。=그는 손을 놓아주어 개가 뛰어가도록 해 주었다. 2 나누어 주다. 배포하다. ¶他在人群里~了商品宣传单。=그는 사람들 속에서 상품 선전용 전단지를 나누어 주었다. 3 한껏 발휘하다. 마음대로 하다. 거리낌없이 하다. ¶小丫头又~娇了。=계집아이는 또 한껏 애교를 떨었다.

【撒口】 sā‖kǒu(~儿) [동] 1 입을 열다. 입을 풀다. 2 [비] 동의하다. 허락하다. ¶他对这事就是不~。=그는 이 일에 대하여 결코 동의하지 않는다.

【撒诳】 sā‖kuáng [동] 거짓말을 하다. 허튼소리를 하다.

【撒拉族】 Sālāzú [명] 살라족. [중국의 소수 민족의 하나로, 주로 칭하이(青海)성과 간쑤(甘肃)성에 분포함]

【撒赖】 sā‖lài [동] 제멋대로 굴다. 생떼를 쓰다. 억지를 부리다. ¶她撒起赖来, 无人敢惹。=그녀가 제멋대로 굴기 시작하면 아무도 건드리지 못한다.

【撒尿】 sā‖niào [동] 오줌 누다. 소변 보다.

【撒泼】 sāpō [동] 울고불고 억지를 부리다. 포악을 떨다. 못되게 굴다. ¶放刁~=못되게 굴며 억지를 부리다.

【撒气】 sā‖qì [동] 1 (공·타이어 등의) 공기가 새다[빠지다]. ¶真倒霉, 车胎半路上~了。=정말 재수 없어, 타이어가 도중에 바람이 빠졌어. 2 화풀이하다. 분풀이하다. ¶心里再不痛快, 也不能

拿妻子~。=마음이 아무리 답답하다 하여도 아내에게 화풀이해서는 안 된다.

【撒手】sā∥shǒu 통 1 손을 놓다. 손을 풀다. 2 손을 떼다. ¶~不问=손을 떼고 상관하지 않다. 3 (완곡한 표현으로) 죽다. 명을 달리하다. ¶~归西=유명을 달리하다.

【撒手尘寰】sāshǒu-chénhuán 성 죽다. 사망하다. =【撒手人寰】sāshǒu-rénhuán

【撒手锏】sāshǒujiǎn 명 1 옛 싸울 때에 상대에게 불시에 창을 던지는 공격. 비장의 무기〔기술·카드〕. =【杀手锏】shāshǒujiǎn

【撒手人寰】sāshǒu-rénhuán ☞【撒手尘寰】sāshǒu-chénhuán

【撒腿】sā∥tuǐ 통 후다닥 뛰어가다. 쏜살같이 달리다. 내달리다. 내빼다. 뛰어 달아나다. ¶一听到鞭炮响,小狗吓得~就跑。=폭죽 소리를 듣고 강아지가 놀라서 내뺐다.

【撒网】sā∥wǎng 통 1 그물을 치(고 고기를 잡)다. 2 비 그물을 놓다. 함정을 파다. ¶~诱敌=함정을 파고 적을 유인하다.

【撒丫子】[撒鸭子] sā yā·zi 통방 후다닥 뛰어가다. 쏜살같이 달리다. 내달리다. 내빼다. 뛰어 달아나다.

【撒鸭子】sā yā·zi ☞【撒丫子】sā yā·zi

【撒野】sā∥yě 통 (언행을) 멋대로 하다. 함부로 하다. 행패를 부리다. 방자(放恣)하다.

【撒吆挣】sā yì·zheng 방 잠꼬대를 하다. 잠버릇이 고약하다〔사납다〕.

【撒嘴】sā∥zuǐ 통 1 물었던 입을 놓다. ¶王八咬人不~。=못된 녀석이 사람을 물고서는 놓아주지 않는다. 2 서로 욕지거리를 그만두다. 말다툼을 그만두다. ¶劝了半天,两人终于~。=한참을 말리고 나서야 두 사람은 마침내 말다툼을 그쳤다.

## 洒[灑] sǎ 뿌릴 쇄

통 1 (물이나 다른 물건을 땅에) 뿌리다. ¶清扫院子的时候,最好先~些水。=마당을 쓸 때 되도록 먼저 물을 좀 뿌리는 것이 좋다. 2 흩뜨리다. 어지러이 떨어지다. 엎지르다. ¶小孩不注意,把饭~了一地。=어린아이가 주의하지 않아 밥을 온 바닥에 흘렸다. 형 (언행이나 행동거지가) 자연스럽고 거리낌없다. ¶潇~=시원스럽고 대범하다. 명 (Sǎ) 성(姓). [고어에서 '洗(xǐ)'와 같음]

◐─● 挥huī洒, 喷pēn洒, 飘piāo洒, 潇xiāo洒

【洒狗血】sǎ gǒuxiě 명 (劇) 본래 줄거리를 벗어나, 지나치게 무예를 뽐내거나 익살스러운 동작을 하거나 다른 과장된 연기를 하는 것.

【洒家】sǎjiā 대 나. 저. [주로 조기 백화문에 쓰였던 남자의 자칭]

【洒泪】sǎlèi 통 눈물을 흘리다. ¶~作别亲人=눈물을 흘리며 혈육과 이별하다.

【洒漏】sǎlòu 통 흘리다. 떨어뜨리다. ¶孩子吃饭很小心,没一滴汤。=아이는 밥을 먹을 때 매우 조심하여 국물을 한 방울도 흘리지 않는다.

【洒落】sǎluò 통 흩뿌리다. 흘리다. ¶她伤心之至,禁不住泪水~。=그녀는 마음이 아픈 나머지 절로 흐르는 눈물을 막을 수 없었다. 형 자연스럽고 품위가 있다. 멋스럽다. 말쑥하다. 스마트하다. 대범하다. 자유스럽고 얽매이지 않다. 거리낌이 없다. 시원스럽다. ¶说书人讲到兴处,妙语~,令人叫绝。=이야기꾼은 신나는 대목에 이르자, 재치있는 말들을 시원스럽게 뱉어 내며 듣는 이로 하여금 감탄하게 한다. ≒洒脱 ↔拘束

【洒满】sǎmǎn 통 도처에 흩어지다. ¶早晨的阳光~了屋子。=이른 아침 햇살이 집안 가득 비쳐 들었다.

【洒洒】sǎsǎ 형 글을 줄줄 써내려 가는 모양. ¶洋洋~,尽抒胸中肺腑。=거침없이 줄줄 글을 써내려 가며, 마음속 깊은 곳의 생각을 모두 토해내다.

【洒脱脱】sǎ·sa tuōtuō 형 멋스럽다. 말쑥하다. 거리낌이 없다. 시원스럽다. ¶他~的,举止很大方。=그는 거리낌이 없고 시원스러우며, 행동거지가 매우 대범하다.

【洒扫】sǎsǎo 통 물을 뿌리고 청소하다. 물청소를 하다. ¶~教室=교실을 물청소하다.

【洒水车】sǎshuǐchē 명 살수차.

【洒脱】sǎ·tuo 형 (기품이나 언행이) 대범하다. 거리낌이 없다. 시원스럽다. 멋스럽다. 말쑥하다. ¶他为人~,不拘小节。=그는 사람 됨됨이가 대범해서, 사소한 것에 연연해하지 않는다. ≒洒落 潇洒 ↔拘束

## 靸 sǎ 신 삽

통방 신발 뒤축을 꺾어 신다. (슬리퍼를) 신다. ¶他急得~了双拖鞋就上街了。=그는 다급해서 슬리퍼를 신은 채 거리로 나갔다.

【靸鞋】sǎxié 명 1 슬리퍼. 2 (신발의 코가 깊고, 양측을 촘촘하게 바느질하여, 앞 등에 가죽을 댄) 헝겊신의 일종.

## 撒 sǎ 뿌릴 살

통 1 살포하다. 흩뿌리다. 치다. ¶新郎不停地向人群~糖果。=신랑은 끊임없이 사람들에게 사탕을 뿌렸다. 2 엎지르다. 흘리다. 떨어뜨리다. ¶没注意,把盐弄~了。=조심하지 않아 소금을 흘렸다. 명 (Sǎ) 성(姓).

☞ sā

【撒播】sǎbō 통 (農) 씨앗을 골고루 뿌리다. 살파(散播)하다.

【撒布】sǎbù 통 (손 안의 것을) 살포하다. 흩어 뿌리다.

【撒胡椒面】sǎ hújiāomiàn 숙 선후를 가리지 않고 똑같이 분배하다.

【撒落】sǎluò 통 어지러이 떨어지다. 널리다. ¶茶几下~了不少瓜子。=찻상 아래에 많은 수박씨가 널려 있다.

【撒满】sǎmǎn 통 가득 퍼지다. ¶欢快的音乐~了整个校园。=경쾌한 음악이 온 교정에 가득 퍼져 나갔다.

【撒施】sǎshī 통 (農) 비료를〔거름을〕 (골고루)

뿌리다. ¶~化肥=화학 비료를 골고루 흩어 뿌리다.
【撒种】 sǎ‖zhǒng 동(農) 씨앗을 (골고루) 뿌리다.

**潵** Sǎ 물 흩어 떨어질 산
명 싸허(潵河). [허베이(河北)성 첸안(迁安)현에 있는 강 이름]

**卅** sà 서른 삽
수 삼십(三十).

**挲[挱]** sà 칠 살
동문 옆에서 가격하다. 치다.
☞ shā

***飒[颯, 颸]** sà 바람 소리 삽
의 쏴. 솨. [바람 소리] 형동 쇠락하다. 쇠로하다.
○● 萧xiāo飒
【飒然】 sàrán 형문 쏴. 솨. 획. [바람 소리] ¶寒风~而至.=차가운 바람이 쏴 불어오다.
【飒飒】 sàsà 의 쏴쏴. 솨솨. [비바람 소리] ¶秋夜, 风雨~。=가을밤 비바람에 쏴쏴 소리가 나는구나.
【飒爽】 sàshuǎng 형문 늠름하다. 시원스럽다. ¶英姿~=빼어난 모습이 늠름하다.

**脎** sà 오사존 살
명약(化) 오사존(osazone).

***萨[薩]** Sà 보살 살
명 성(姓).
○● 菩pú萨
【萨尔瓦多】 Sà'ěrwǎduō 명약(地) 엘살바도르 (El Salvador). [수도는 '圣萨尔瓦多(산살바도르 : San Salvador)' 임]
【萨克管】 sàkèguǎn ☞【萨克斯管】 sàkèsīguǎn
【萨克斯】 sàkèsī ☞【萨克斯管】 sàkèsīguǎn
【萨克斯管】 sàkèsīguǎn 명약(音) 색소폰. =【萨克管】 sàkèguǎn【萨克斯】 sàkèsī
【萨满教】 sàmǎnjiào 명약(宗) 샤머니즘.
【萨其马】 sàqímǎ 명약 (강정처럼 생긴) 과자의 일종. [기름에 튀긴 가늘고 짧은 면발을 물엿으로 굳혀 덩어리로 만든 후 사각형으로 자른 것]

# sai

**思** sāi 수염 많은 모양 새
☞【于思】yúsāi
☞ sī

**塞** sāi 막을 새

동 '塞(sāi)' 와 같음.

**毢** sāi 날개 칠 시
☞【毰毢】péisāi

***腮[(顋)]** sāi 뺨 시
명 뺨. 볼.
○● 痄腮
【腮帮(子)】 sāibāng(·zi) 명구 뺨. 볼.
【腮颊】 sāijiá 명 뺨. 볼.
【腮腺】 sāixiàn 명(生) 이하선(耳下腺). =【耳下腺】 ěrxiàxiàn
【腮腺炎】 sāixiànyán 명(醫) 이하선염(耳下腺炎).

***塞** sāi 막을 색
동 1 채우다. 막아 버리다. 쑤셔 넣다. ¶货物把库房~得满满的.=화물이 창고를 막아 버렸다. 2 막(히)다. 틀어 막(히)다. 통하지 않(게 되)다. ¶马桶~住了.=변기가 막혔다. 3 구 뇌물을 주다. ¶这件事,~钱也不一定能办好。=이 일은 뇌물을 준다 하더라도 꼭 처리할 수 있는 것이 아니다. 명(~儿) 마개. 뚜껑. ¶瓶~儿=병마개. 병뚜껑.
☞ sài, sè

| 塞 | sāi |
|---|---|
| 赛 | sài |
| 噻 | sāi |
| 寨 | zhài |
| 襄 | qiān |
| 搴 | qiān |
| 褰 | jiǎn |
| 蹇 | jiǎn |

○● 耳塞, 活塞, 加塞儿
【塞车】 sāi‖chē 동방 차가 막히다.
【塞尺】 sāichǐ ☞【厚薄规】 hòubáoguī
【塞规】 sāiguī 명(機) 플러그 게이지.
【塞牙】 sāiyá 동 1 이에 끼다. 2 비 말에 가시가 돋쳐 듣기에 거북하다. ¶他刚才说的话~。=그가 좀 전에 한 말에는 가시가 돋쳐 있어서 듣기에 거북하다.
【塞子】 sāi·zi 명 마개. 뚜껑.

**噻** sāi 티오펜 새
아래를 참조.
【噻吩】 sāifēn 명(化) 티오펜(thiophene, C₄H₄S).
【噻唑】 sāizuò 명(化) 티아졸(thiazole, C₃H₃NS).

**鳃[鰓]** sāi 아가미 새
명(生) 아가미.

***塞** sài 요새 새
명 변방의 요새. ¶要~=요새.
☞ sāi, sè
○● 边塞, 要塞
【塞北】 Sàiběi ☞【塞外】 Sàiwài
【塞拉利昂】 Sàilālì'áng 명약(地) 시에라리온 (Sierra Leone). [수도는 '弗里敦(프리타운 : Freetown)' 임]

【塞内加尔】**Sàinèijiā'ěr** 图외(地) 세네갈 (Senegal). [수도는 '达喀尔(다카르 : Dakar)'임]

【塞浦路斯】**Sàipǔlùsī** 图외(地) 키프로스 (CypruAs). [수도는 '尼科西亚(니코시아 : Nicosia)'임]

【塞上】**sàishàng** 图 **1** 만리장성 안쪽. **2** 변경 지역. 변방 지역. ¶~风情=변경 지역의 풍토와 인정.

【塞舌尔】**Sàishé'ěr** 图외(地) 세이셸(Seychelles). [수도는 '维多利亚(빅토리아 : Victoria)'임]

【塞外】**Sàiwài** 图 만리장성 이북 지역. =【塞北】**Sàiběi** ¶~风光=만리장성 이북 지역의 풍경.

【塞翁失马】**sàiwēng-shīmǎ** 성어 나쁜 일이 마냥 나쁜 일만은 아니라, 경우에 따라서는 전화위복(转祸为福)이 될 수 있다.

\*\***赛[賽] sài** 굿할 새
图 **1** 경기하다. 시합하다. 겨루다. ¶竞~=시합하다. / 预~=예선 경기를 하다. **2** 이기다. 능가하다. ¶他的棋艺~过我。=그의 바둑솜씨는 나를 능가한다. **3** 图 제사를 지내 신의 가호에 보답하다. ¶祭~=제사를 지내 신의 가호에 보답하다. 图 **1** 대회. ¶邀请~=초청 대회. / 径~=육상 경기. **2**(Sài) 성(姓).

○● 初赛, 复赛, 竞jìng赛, 径jìng赛, 决赛, 联赛, 球赛, 田赛, 预赛, 对抗kàng赛, 锦标赛, 淘汰táotài赛, 邀yāo请赛, 友谊赛

【赛不过】**sài·bu·guò** 图 이기지 못하다. ¶实力悬殊太大, 我们队~他们。=실력 차이가 너무 커서 우리 팀은 그들을 이길 수 없다.

【赛场】**sàichǎng** 图 경기장.

【赛车】**sài‖chē** 图(體) 자동차〔자전거·오토바이〕 경주를 하다.

【赛车】**sàichē** 图 **1** 경주용 자전거. 싸이클. **2** 경주용 오토바이〔자동차〕. =【跑车】**pǎochē** **3**(體) 자동차〔자전거·오토바이〕 경주.

【赛程】**sàichéng** 图 **1** 경기 일정. 경기 순서〔과정〕. ¶~已经排定。=경기 일정은 이미 정해졌다. **2**(體) 경주 거리. ¶他参加了~十公里的马拉松比赛。=그는 10킬로미터 마라톤 경기에 참가했다.

【赛池】**sàichí** 图(體) 경기용 수영장.

【赛船】**sài‖chuán** 图 보트 경기를 하다.

【赛船】**sàichuán** 图 경기용 보트.

【赛次】**sàicì** 图 경기의 횟수.

【赛地】**sàidì** (~儿) 图口 경기 장소.

【赛段】**sàiduàn** 图 **1** 경기의 어느 단계. **2**(體) (장거리 경기에서) 일정 구간의 거리.

【赛风】**sàifēng** 图 경기 매너. 경기 태도.

【赛歌】**sàigē** 图 노래 경연 대회.

【赛过】**sài·guò** 图 **1** 이기다. 능가하다. …보다 낫다. ¶只要发挥好, 我们完全可能~对手。=실력 발휘만 잘 하면 우리는 완전히 이길 수 있다.

【赛会】**sàihuì** 图 **1** 옛 의장을 갖추고 음악을 연주하며, 신상(神像)을 모시고 마을 돌던 행사. **2** 대회. 경연. 시연회. 품평회. 박람회.

【赛纪】**sàijì** 图 경기의 준수 사항.

【赛季】**sàijì** 图(體) 경기 시기. 경기 시즌. ¶本~的比赛已进行过半。=이번 시즌의 경기는 이미 절반이 진행되었다.

【赛况】**sàikuàng** 图 경기 상황. ¶本届奥运会的~将由中央电视台转播。=이번 올림픽 대회의 경기 상황은 중앙 TV 방송국에서 중계한다.

【赛龙舟】**sàilóngzhōu** 图(體) 용머리로 뱃머리를 장식하고 배 경주를 하다. 용머리로 뱃머리를 장식하고 벌이는 배 경주. [중국 민간의 전통 운동으로, 주로 단오절을 전후하여 거행함]

【赛璐玢】**sàilùfēn** 图 셀로판지(cellophane紙).

【赛璐珞】**sàilùluò** 图외 셀룰로이드(celluloid).

【赛马】**sài‖mǎ** 图(體) 경마(競馬)하다.

【赛马】**sàimǎ** 图 **1**(體) 경마 경기. **2** 경마(競馬)용 말.

【赛跑】**sàipǎo** 图(體) 달리기 경주를 하다. 图(體) 달리기 경주.

【赛期】**sàiqī** 图 경기 날짜.

【赛球】**sàiqiú** 图(體) 구기 경기를 하다. 图(體) 구기 경기.

【赛区】**sàiqū** 图 시합〔경기〕 구역.

【赛诗】**sàishī** 图 시(詩) 낭송 대회를 하다. 시 짓기 대회를 하다. ¶~会=시 짓기 대회.

【赛事】**sàishì** 图 경기. 대회. ¶今年乒乓球队的~较多。=올해 탁구 팀의 경기가 비교적 많다.

【赛似】**sàisì** 图 …보다 낫다. 마치 …와 같다. ¶两人的关系~亲姐妹。=두 사람의 관계는 친자매와도 같다.

【赛艇】**sài‖tǐng** 图(體) 조정(漕艇) 경기를 하다.

【赛艇】**sàitǐng** 图 **1**(體) 조정(漕艇) 경기. **2** 조정(漕艇) 경기용 선박.

【赛先生】**sàixiān·sheng** 图 과학. [중국 5·4 신문화 운동 때의 구호로, 영어 'science'를 의인화한 것]

【赛真】**sàizhēn** 휑 마치 진짜 같다. 진짜와 다름 없다.

【赛制】**sàizhì** 图 경기 제도. ¶乒乓球比赛不久将采用新~。=탁구 경기는 머지않아 장차 새로운 제도를 채택하게 될 것이다.

# san

\***三 sān** 셋 삼
㊄ **1** 삼. 셋. 3. **2** 다수. 여러 차례. ¶接二连~=몇 번 연이어서. / 入木~分=필력(筆力)이 웅건하다.

○● 瘪biē三, 封三, 洗三, 再三, 东三省

【三八】**sānbā** 图口 (부녀자를 욕하는 말로) 팔푼이. 맹꽁이.

【三八妇女节】**Sān-Bā Fùnǚjié** 图 국제 여성

의 날. [매년 3월 8일]=【三八国际劳动妇女节】 **Sān-Bā Guójì Láodòng Fùnǚjié**【国际劳动妇女节】**Guójì Láodòng Fùnǚjié**【国际妇女节】**Guójì Fùnǚjié** ☞【三八节】**Sān-Bājié**【妇女节】**Fùnǚjié**

【三八国际劳动妇女节】**Sān-Bā Guójì Láodòng Fùnǚjié** ☞【三八妇女节】**Sān-Bā Fùnǚjié**

【三八节】**Sān-Bājié** ☞【三八妇女节】**Sān-Bā Fùnǚjié**

【三八式】**sānbāshì** 명 **1** 38구경 소총. **2** 혁명 간부. [중국의 항일 전쟁 초기인 1938년 전후에 혁명에 참가한 간부를 가리킴]

【三八线】**sānbāxiàn** 명 **1** (한반도의) 삼팔선. **2** 비 경계선.

【三八制】**sānbāzhì** 명 하루 24시간 중 8시간은 일하고, 8시간은 휴식하고, 8시간은 오락과 교양에 쓰는 제도.

【三百六十行】**sānbǎi liùshí háng** 명 갖가지 직업. ¶~,行行出状元。=갖가지 직업마다 모두 전문가가 있다.

【三百篇】**Sānbǎipiān** 명《詩經(시경)》. [《시경》에 수록되어 있는 작품 수가 모두 300여 편인 것에서 유래함]

【三百千千】**Sān Bǎi Qiān Qiān** 명 (지난날 초학자의 입문서인)《三字經(삼자경)》·《百家姓(백가성)》·《千字文(천자문)》·《千家詩(천가시)》.

【三班倒】**sānbāndǎo** 명 1일 3교대제. 삼교대.

【三板】**sānbǎn** ☞【舢板】**shānbǎn**

【三包】**sānbāo** 명 **1** (상품에 대한) 수리·교환·환불 보증. **2** 양 문전삼포책임제(길가의 기관·상점·주민이 각자 문 앞의 위생·녹화·사회 질서를 책임지는 것).

【三胞】**sānbāo** 명 대만 동포, 홍콩·마카오 동포, 해외 동포.

【三宝】**sānbǎo** 명 **1** (佛) 삼보(三寶). [불(佛)·법(法)·승(僧)] **2** (佛) 불교. **3** 세 가지 귀중한 사물. 삼보(三寶). ¶人参、貂皮、鹿茸被誉为'东北~'。=인삼·족제비 가죽·녹용은 '동북삼보'로 손꼽힌다.

【三宝殿】**sānbǎodiàn** 명 (佛) 불전. 불당. 절의 본당(本堂).

【三北】**sānběi** 명 (地) 중국의 동북(東北)·화북(華北)·서북(西北).

【三北防护林】**sānběi fánghùlín** 명 중국의 동북(東北)·화북(華北)·서북(西北) 지역의 방풍보호림.

【三不管】**sānbùguǎn** 명 아무도 관할하지 않는 지역이나 일. ¶~地带=아무도 관할하지 않는 구역.

【三不知】**sānbùzhī** 동 **1** 일의 시작·과정·결과에 대하여 전혀 모르다. **2** 비 아무것도 모르다. 전혀 모르다. ¶这孩子太不用功了, 什么都是~。=이 아이는 열심히 공부하지 않아서 뭘 물어도 전혀 모른다.

【三步并作两步】**sān bù bìng zuò liǎng bù** 비 아주 빠르게 걷다. 아주 빠르게 걷는 모습.

【三部曲】**sānbùqǔ** 명 **1** (劇) (고대 그리스의) 3대 비극. 비극 3부작. **2** (문학 작품의) 3부작. **3** 비 (내재적으로 연결된) 세 가지 일. 3단계.

【三餐】**sāncān** 명 세 끼(식사). 조식·중식·석식. ¶一日~=하루 세 끼.

【三叉神经】**sānchā shénjīng** 명 (生) 삼차신경(三叉神經).

【三差两错】**sānchā-liǎngcuò** 성 비 **1** 의외의 차질. 뜻밖의 변고. **2** 오해.

【三茶六饭】**sānchá-liùfàn** 성 비 매우 풍성한 대접.

【三岔口】**sānchàkǒu** 명 **1** ☞【三岔路口】**sānchà lùkǒu 2** (劇)《삼차구》. [경극(京劇)의 한 제목]

【三岔路口】**sānchà lùkǒu** 명 삼거리. =【三岔口】**sānchàkǒu**

【三产】**sānchǎn** ☞【第三产业】**dìsān chǎnyè**

【三长两短】**sāncháng liǎngduǎn** **1** 뜻밖의 재난이나 변고. **2** 사망. =【一长两短】**yī cháng liǎngduǎn**

【三朝元老】**sāncháo yuánlǎo** 명 **1** 세 왕조나 세 황제를 섬긴 원로 중신(重臣). **2** 비 자격이나 경력이 풍부하고 명망이 두터운 사람.

【三重】**sānchóng** 형 삼중(의). ¶~重压=삼중의 무거운 압박.

【三重唱】**sānchóngchàng** 명 (音) 삼중창(三重唱).

【三重奏】**sānchóngzòu** 명 (音) **1** 삼중주. 트리오(trio). **2** 삼중주 곡.

【三春】**sānchūn** 명 운 **1**① 음력으로 봄에 해당하는 세 달. ② 음력 3월. **2**① 세 해의 봄. ② 비 3년. 세 해.

【三春柳】**sānchūnliǔ** ☞【柽柳】**chēngliǔ**

【三次产业】**sāncì chǎnyè** 명 3차 산업.

【三从四德】**sāncóng-sìdé** 성 삼종지도(三從之道)와 사덕(四德). [지난날 여성의 미덕으로 여겨졌던 윤리 덕목. 삼종지도란 여자는 어려서는 아버지를, 결혼해서는 남편을, 남편이 죽은 후에는 자식을 따라야 한다는 것이고, 사덕이란 여자로서 갖추어야 할 마음씨·말씨·맵시·솜씨를 가리킴]

【三寸不烂之舌】**sāncùn bù làn zhī shé** 성 뛰어난 말재주. =【三寸舌】**sāncùnshé**

【三寸金莲】**sāncùn jīnlián** 명 과거, 전족을 한 여성의 작은 발.

【三寸舌】**sāncùnshé** ☞【三寸不烂之舌】**sān cùn bù làn zhī shé**

【三大件】**sāndàjiàn** 명 한 시기에 높은 생활 수준을 나타내는 세 가지 가정용품. [1970년대에는 손목시계·재봉틀·자전거를, 1980년대에는 냉장고·컬러텔레비전·라디오 카세트를, 1990년대 이후에는 주택·자동차·컴퓨터를 가리킴]

【三大球】**sāndàqiú** 명 (體) 축구·농구·배구.

【三大战役】**sān dà zhànyì** 명 (歷) 중국 해방전쟁 중의 랴오선(辽沈)·화이하이(淮海)·핑진(平津) 등의 3대 주요 전투.

【三代】**sāndài** 명 **1** (歷) 하(夏)·상(商)·주(周) 3대. **2** 부(父)·조부(祖父)·증조부(曾祖父) 3대.

3 부친·자신·자식 3대.
【三道】sāndào 圈彎 세 번. 세 차례. ¶地已经翻了~了。=땅을 이미 세 번 뒤집었다.
【三点式】sāndiǎnshì 圈 비키니 수영복.
【三点式泳装】sāndiǎnshì yǒngzhuāng ☞【比基尼】bǐjīní
【三点水】sāndiǎnshuǐ 圈(言) 삼수변. '氵'. [한자 부수의 하나]
【三碘甲烷】sāndiǎn jiǎwán ☞【碘仿】diǎnfǎng
【三冬】sāndōng 圈彎 1① 음력으로 겨울에 해당하는 세 달. ② 음력 12월. 2① 세 해의 겨울. ②彎 3년.
【三度空间】sāndù kōngjiān ☞【三维空间】sānwéi kōngjiān
【三段论】sānduànlùn 圈(論) 삼단 논법.
【三番两次】sānfān-liǎngcì ☞【三番五次】sānfān-wǔcì
【三藩市】Sānfānshì ☞【旧金山】Jiùjīnshān
【三番五次】sānfān-wǔcì 圈 여러 번. 누차. 수차례. =【三番两次】sānfān-liǎngcì【两次三番】liǎngcì-sānfān
【三废】sānfèi 圈 '废气(폐기가스)'·'废水(폐수)'·'废渣(폐기물)'의 총칭.
【三分】sānfēn 圈 셋으로 나누다. ¶三国时, 魏, 蜀, 吴~天下。= 삼국 시대에 위(魏)·촉(蜀)·오(吴)는 천하를 셋으로 나누었다. 圈 10분의 3. ¶《三国演义》虽叙古事, 但~是实, 七分是虚。= 《삼국연의》는 비록 옛날 일을 서술하고 있지만, 10분의 3은 실화이고 10분의 7은 허구이다.
【三分话】sānfēnhuà 圈 많은 여지를 남기고 있는 말. ¶他有时过于谨慎, 对谁都只说~。= 그는 어떤 때는 지나치게 조심스러워서, 누구에게든 많은 여지를 남기는 말만 한다.
【三分球】sānfēnqiú 圈(體) (농구의) 3점 슛.
【三分钟热度】sānfēnzhōng rèdù ☞【五分钟热度】wǔfēnzhōng rèdù
【三坟五典】sānfén-wǔdiǎn 圈 (전설 속에 중국 최고(最古)의 서적으로) 삼황오제(三皇五帝)에 관한 책.
【三伏】sānfú 1 삼복(三伏). 2 초복(初伏) 첫날부터 말복(末伏) 10일째까지의 기간. ☞【末伏】mòfú
【三副】sānfù 3등 항해사.
【三纲五常】sāngāng-wǔcháng 圈 삼강(三綱)과 오상(五常). [삼강은 군위신강(君爲臣綱)·부위자강(父爲子綱)·부위부강(夫爲婦綱)을 가리키고, 오상은 인(仁)·의(義)·예(禮)·지(智)·신(信)을 가리킴]
【三高产品】sān gāo chǎnpǐn 圈(經) 고부가가치·하이테크·높은 수출율을 갖춘 생산품.
【三高青年】sān gāo qīngnián 圈 고학력·고수입·높은 직위를 갖춘 미혼 남자.
【三个臭皮匠, 赛过诸葛亮】sān gè chòu pí·jiang, sài·guò Zhūgě Liàng 1 보잘것없는 세 명의 신기료 장수가 제갈량보다 낫다. 2彎 여러 사람이 지혜를 모으면 좋은 방법을 생각해 낼 수 있다.
【三个代表】sāngè-dàibiǎo 圈(政) 중국 공산당이 '선진 생산력의 발전 요구·선진 문화의 전진 방향·가장 광범위한 인민의 근본 이익'을 대표한다는 말.
【三个面向】sāngè-miànxiàng 圈 교육이 현대화·세계화·미래화를 지향하여 사회 건설에 필요한 새로운 인재를 배양하는 것.
【三更】sāngēng 圈 삼경. 밤 11시~1시. 밤 12시 경. 깊은 밤.
【三更半夜】sāngēng-bànyè ☞【半夜三更】bànyè-sāngēng
【三姑六婆】sāngū-liùpó 彎 1 '三姑'는 '尼姑(비구니)'·'道姑(여자 도사)'·'卦姑(여자 점쟁이)'를, '六婆'는 '牙婆(인신매매를 하는 여자)'·'媒婆(중매쟁이)'·'师婆(여자 무당)'·'虔婆(포주)'·'药婆(돌팔이 여의사)'·'稳婆(무자격 산파)'를 가리킴. 2彎 정당한 직업에 종사하지 않는 부녀자.
【三顾茅庐】sāngù-máolú 彎 1 세 번이나 찾아가다. 삼고초려(三顧草廬). 2彎 성심성의를 다하여 거듭 초빙하다.
【三光】sānguāng 圈彎 해·달·별.
【三国】Sān Guó 圈(歷) 위(魏)(220~265년)·촉(蜀)(221~263년)·오(吳)(222~280년) 세 나라(가 병립하던 시기).
【三国演义】Sān Guó Yǎnyì 圈 《삼국연의》. [명말(明末) 나관중(羅貫中)이 위(魏)·촉(蜀)·오(吳) 삼국간의 전쟁을 배경으로 쓴 장편 소설]
【三害】sānhài 圈(農) 가뭄·침수·알칼리성 토양 등 세 가지 자연 재해.
【三好生】sānhǎoshēng ☞【三好学生】sānhǎo xué·sheng
【三好学生】sānhǎo xué·sheng 圈 모범 학생. [중국의 초·중·고등 학교에서 신체·학습·품행이 모두 뛰어난 학생에게 수여하는 칭호]彎【三好生】sānhǎoshēng
【三合板】sānhébǎn 圈 (삼중으로 된) 베니어합판.
【三合土】sānhétǔ 圈(建) 석회·모래·진흙을 물에 섞어 만든 건축 재료.
【三虎出一豹】sān hǔ chū yī bào 彎 〔자식〕이 많으면 그 가운데 특출한 사람이 한 명은 나온다.
【三花脸】sānhuāliǎn(~儿) 圈(劇) 삼화검. [중국 전통극에서 어릿광대 역]
【三皇五帝】Sān Huáng Wǔ Dì 圈 삼황오제. [중국 전설 속 상고(上古) 시대의 제왕. 삼황(三皇)은 복희(伏羲)·신농(神農)·수인(燧人) 혹은 천황(天皇)·지황(地皇)·인황(人皇)을 가리키고, 오제(五帝)는 주로 황제(黃帝)·전욱(顓頊)·제곡(帝嚳)·당요(唐堯)·우순(虞舜)을 가리킴]
【三极管】sānjíguǎn 圈(電) 삼극(진공)관.
【三级跳】sānjítiào 圈 1(體) 삼단뛰기. 2彎 매우 빠른 발전. 도약.
【三级跳远】sānjí tiàoyuǎn 圈(體) 삼단뛰기.

【三季稻】 sānjìdào 명(農) 삼모작 벼.
【三+X】 sān jiā X 명 현재 중국의 일부 지역에서 시행하고 있는 새로운 대입 시험 방식. [어문·수학·외국어 등 세 필수 과목 외에, 문과(文科)나 이과(理科) 과목 중 임의로 한 과목을 선택하여 시험을 치름]
【三驾马车】 sānjià-mǎchē 受(비) (국면(局面)이나 상황을 주도하는) 세 사람. 3인 체제. 세 방면. 트로이카(troika). 삼두마차.
【三缄其口】 sānjiān-qíkǒu 匆 (말을 지극히 조심하여) 감히 말을 못하거나 말하려 하지 않다.
【三江平原】 Sān Jiāng Píngyuán 명(地) 헤이룽장(黑龙江)·쑹화장(松花江)·우쑤리장(乌苏里江)의 흙과 모래가 쌓여 이루어진 평원. [헤이룽장(黑龙江)성에 있음]
【三讲】 sānjiǎng 명 '学习(학습)'·'政治(정치)'·'正气(정기)'를 중요시하는 업무 태도.
【三焦】 sānjiāo 명(醫) 삼초(三焦).
【三角】 sānjiǎo 명 1 ☞ 【三角学】 sānjiǎoxué 2 삼각형의 물건. ¶糖~=설탕 소를 넣어 만든 삼각형 찐빵. 匆 삼각형의. 삼각 관계의. ¶~关系=삼각 관계.
【三角板】 sānjiǎobǎn 명 삼각자. =【三角尺】 sānjiǎochǐ
【三角尺】 sānjiǎochǐ ☞ 【三角板】 sānjiǎobǎn
【三角带】 sānjiǎodài 명 'V'형 벨트. V벨트.
【三脚架】 sānjiǎojià 명 삼각대(三脚臺). 삼발이. 트라이포드.
【三角裤】 sānjiǎokù 명 삼각 팬티.
【三角恋爱】 sānjiǎo liàn'ài 명 남녀의 삼각 관계〔연애〕.
【三角铁】 sānjiǎotiě 명 1(音) 트라이앵글. 2 ☞ 【角钢】 jiǎogāng
【三角形】 sānjiǎoxíng 명(數) 삼각형.
【三角学】 sānjiǎoxué 명(數) 삼각법. 삼각학. 呼【三角】 sānjiǎo
【三角债】 sānjiǎozhài 명 삼각 채무 관계. [甲이 乙의 채무자나 채권자인 동시에 丙의 채권자나 채무자인 관계]
【三角洲】 sānjiǎozhōu 명(地) 삼각주.
【三教】 sānjiào 명 유교(儒教)·불교(佛教)·도교(道教).
【三教九流】 sānjiào-jiǔliú 匆 1 삼교와 구류. [삼교(三教)는 유교(儒教)·불교(佛教)·도교(道教)를 가리키고, 구류(九流)는 유가(儒家)·도가(道家)·법가(法家)·음양가(陰陽家)·명가(名家)·묵가(墨家)·종횡가(縱橫家)·잡가(雜家)·농가(農家)를 가리킴] 2 (종교나 학술계의) 온갖 유파. 3 온갖 직업. 4 온갖 부류의 사람. =【九流三教】 jiǔliú sānjiào
【三街六巷】 sānjiē-liùxiàng 匆 도시의 크고 작은 골목.
【三节】 sānjié 명 중국 3대 명절. ['端午节(단오절)·中秋节(추석)·春节(설)'를 가리킴]
【三九(天)】 sānjiǔ(tiān) 명(氣) 동지(冬至)가 지난 후 19일째부터 27일까지의 기간. 일년 중 가장 추운 때.
【三句(话)不离本行】 sān jù (huà) bù lí běn háng 匆 사람은 항상 자기 직업과 관련된 일을 얘기하게 마련이다. 직업은 못 속인다.
【三军】 sānjūn 명(軍) 1 육군·해공군·공군. 삼군. 2 군대. 전군(全軍).
【三K党】 SānKèidǎng 명인 (미국의 테러 조직인) 백의단(白衣團). 케이케이케이(KKK). 큐 클럭스 클랜(Ku Klux Klan).
【三棱草】 sānléngcǎo 명(植) 매자기. 삼릉초.
【三棱镜】 sānléngjìng 명(物) 프리즘(prism). 삼릉경(三棱鏡).
【三联单】 sānliándān 명 세 장이 한 조로 된 전표나 중서.
【三两下】 sānliǎngxià ☞【三下两下】 sān xià liǎngxià
【三令五申】 sānlìng-wǔshēn 匆 수 차례에 걸쳐 명령하고 훈계하다.
【三六九等】 sān-liù-jiǔděng 匆 여러 등급. 갖가지 차이.
【三轮车】 sānlúnchē 명 삼륜 자전거. =【三轮儿】 sānlúnr
【三轮儿】 sānlúnr ☞ 【三轮车】 sānlúnchē
【三媒六证】 sānméi-liùzhèng 匆 정식 혼인(절차).
【三昧】 sānmèi 명 1(佛) 삼매(三昧). 삼매경(三昧境). 2 오묘한 뜻. 깊은 뜻. 오의(奧義). 결요(訣要).
【三民主义】 sānmínzhǔyì 명(政) 삼민주의(三民主義). [손중산(孫中山)이 제창한 민생주의(民生主義)·민족주의(民族主義)·민권주의(民權主義)]
【三明治】 sānmíngzhì 명인 샌드위치.
【三年五载】 sānnián-wǔzǎi 匆 몇 년. 수년.
【三年有成】 sānnián-yǒuchéng 匆 각고의 노력을 거쳐 그리 길지 않은 기간 내에 성공하다.
【三农】 sānnóng 명 농업·농촌·농민.
【三跑田】 sānpǎotián 명(農) 큰비가 오면 물·흙·거름이 쉽게 유실되는 산비탈의 밭.
【三陪小姐】 sānpéi xiǎojiě 명 유흥업소의 접대부.
【三朋四友】 sānpéng-sìyǒu 匆 여러 친구.
【三栖大腕】 sān qī dàwàn 명(受) 영화·TV·가요 등 세 분야에서 모두 뛰어난 활약을 하는 유명 연예인.
【三七】 sānqī 명(植) 1 전칠삼(田七參). [중국 남부에서 생산되는 인삼의 일종] 2 삼칠초. =【田七】 tiánqī
【三七二十一】 sān qī èrshíyī 순(비) 자세한 사정. 자초지종. 곡절. 원인과 결과. ¶不管~, 他一进门就嚷。=자초지종은 아랑곳하지 않고, 그는 문을 들어서자마자 소리를 질렀다.
【三七开】 sānqīkāi 受 잘못과 공을 3 대 7로 평가하다. 삼칠제(三七制).
【三七土】 sānqītǔ 명(灰土) huītǔ
【三起三落】 sānqī-sānluò 匆(비) 직위나 사업에 변화가 빈번하다.

【三气】 sānqì 图 '天時(천시)'·'地利(지리)'·'人和(인화)'.

【三亲六故】 sānqīn-liùgù 성 여러 친척과 친지. 일가붙이와 친지.

【三秋】 sānqiū 图 1 ⓤ① 음력으로 가을에 해당하는 세 달. ② 음력 9월. 2 ⓤ① 세 해의 가을. ②ⓝ 3년. ¶一日~=하루가 3년같이 길게 느껴지다. 3《農》 가을걷이·가을갈이·가을 파종.

【三权分立】 sānquán fēnlì 图《政》 삼권 분립.

【三拳两脚】 sānquán-liǎngjiǎo 성 주먹질과 발길질을 하다. 손으로 때리고 발로 차다.

【三人行, 必有我师】 sān rén xíng, bì yǒu wǒ shī 성 1 세 사람이 길을 걸으면, 그 가운데에는 반드시 자신의 스승이 될 만한 사람이 있다. 2 ⓝ 사람은 마땅히 겸허하게 다른 사람에게 배워야 한다.

【三人一条心, 黄土变成金】 sān rén yī tiáo xīn, huángtǔ biànchéng jīn 속ⓝ 여러 사람이 마음을 모으고 힘을 합치면 큰 일을 이룰 수 있다.

【三日】 sānrì 图 3일.

【三三两两】 sānsān-liǎngliǎng 성 1 둘씩 셋씩. 삼삼오오. 2 ⓝ 숫자가 많지 않다.

【三色版】 sānsèbǎn 图《印》 삼색판.

【三色堇】 sānsèjǐn 图《植》 팬지(pansy). 삼색제비꽃.

【三生】 sānshēng 图《佛》 전생·현세·내세.

【三生有幸】 sānshēng-yǒuxìng 성ⓝ 지극히 운이 좋다.

【三牲】 sānshēng 图 세 가지 희생물. 제사용으로 쓰이는 소·양·돼지.

【三十】 sānshí ㈜ 삼십. 30. 图 서른 살. ¶~而立=서른 살이 되어 말과 행동에 어긋남이 없다.

【三十六计, 走为上策】 sānshíliù jì, zǒu wéi shàngcè 성 1 궁지에 몰려 별다른 계책이 없을 때에는, 도망치는 것이 상책이다. 삼십육계 줄행랑이 으뜸이다. 2 ⓝ 어떻게 할 도리가 없을 때에는 하는 수 없이 벗어나고 본다.

【三十年河东, 三十年河西】 sānshí nián hé dōng, sānshí nián hé xī 성ⓝ 세상사의 흥망성쇠가 변화무상하다.

【三十儿】 sānshír 图 1 음력 한 달의 제30일날. 2 섣달 그믐날.

【三十晚上】 sānshí wǎn·shang 图 음력 12월 30일 저녁. 섣달 그믐날 밤.

【三熟】 sānshú 图《農》 삼모작.

【三思】 sānsī 통 심사숙고하다. ¶事关重大, 必须~。=일이 중요한 만큼 반드시 심사숙고하여야 한다.

【三思而后行】 sānsī ér hòu xíng 성 (일을 할 때) 마땅히 심사숙고하고 나서 행동하여야 한다. =【三思而行】 sānsī'érxíng

【三思而行】 sānsī'érxíng ☞【三思而后行】 sānsī ér hòu xíng

【三岁】 sānsuì 图 세 살. ¶~小孩, 刚记事。=세 살 먹은 어린애는 막 일을 기억하기 시작한다.

【三态】 sāntài 图 고체·액체·기체의 세 가지 상태.

【三天】 sāntiān 图 1 삼 일. 2 매우 짧은 날수〔기간〕.

【三天打鱼, 两天晒网】 sān tiān dǎ yú, liǎng tiān shài wǎng 성ⓝ 공부나 일을 꾸준하게 하지 못하다.

【三天两头儿】 sāntiān liǎngtóur ⓝⓝ 사흘이 멀다 하고. 빈번하게. 자주. 툭하면. ¶他一泡茶馆。=그는 툭하면 찻집에 가서 죽치고 앉아 있다.

【三通】 sāntōng 图 1 'T' 자관. 2 (시공자가 현장에 진입하기 전, 발주자가 정비해야 하는) 通路(도로)·通水(수도)·通电(전기). 3 (중국 본토와 타이완 간의) 通商(통상)·通信(통신)·通航(통항).

【三头对案】 sāntóu-duì'àn 图 일〔사건〕의 두 당사자와 중재인〔증인〕이 함께 대질하여 진상을 밝히다.

【三头二面】 sāntóu-èrmiàn 성 1 이 사람 저 사람의 비위를 맞추어 어느 한쪽에게도 미움을 사지 않다. 2 ⓝ 온갖 수단과 방법을 다 동원하다. =【三头两面】 sāntóu-liǎngmiàn

【三头两面】 sāntóu-liǎngmiàn ☞【三头二面】 sāntóu-èrmiàn

【三头六臂】 sāntóu-liùbì 성ⓝ 초인적인 능력이나 재주.

【三王】 Sān Wáng 图《歷》 하(夏)의 우(禹)왕·상(商)의 탕(湯)왕·주(周)의 문(文)왕.

【三围】 sānwéi 图 (주로 여성의) 가슴·허리·둔부의 둘레.

【三维动画】 sānwéi dònghuà 图 3D 애니메이션.

【三维空间】 sānwéi kōngjiān 图 3차원의 입체 공간. =【三度空间】 sāndù kōngjiān

【三位一体】 sānwèi-yītǐ 图 1《宗》 (기독교의) 삼위일체. 2 ⓝ 삼위일체.

【三文鱼】 sānwényú 图《動》 연어.

【三无产品】 sānwú chǎnpǐn 图 불법 상품. [생산 허가증·상품 검사 합격증·생산 회사와 생산지 표시가 없는 상품을 가리킴]

【三无企业】 sānwú qǐyè 图 불법 기업. 유령 회사. [자금·용지·기구와 인원이 없는 기업을 가리킴]

【三五成群】 sānwǔ-chéngqún 성 삼삼오오 무리를 이루다.

【三峡】 Sānxiá 图《地》 瞿塘峡(취탕샤)·巫峡(우샤)·西陵峡(시링샤) [창장(长江)에 있는 세 개의 거대한 협곡이 만나는 구간]

【三下两下】 sānxià-liǎngxià ⓝ 동작이 시원시원하고 깔끔하다. =【三两下】 sānliǎngxià

【三下五除二】 sān xià wǔ chú èr ⓝ 1 주산에서, 2(3, 4)에서 3을 더할 때 5짜리 알을 내리고 1짜리 알 2개를 내리면서 외는 구구단. 2 ⓝ 일처리나 동작이 민첩하고 군더더기가 없다.

【三夏】 sānxià 图 1 ⓤ① 음력으로 여름에 해당하는 세 달. ② 음력 6월. 2 ⓤ① 세 해의 여름. ②ⓝ 3년. 3《農》 여름걷이·여름 파종·여름 작물 관리.

【三鲜】 sānxiān 图 해삼·새우·죽순·버섯·닭고

기 가운데 3가지 재료로 만든 음식. ¶~汤＝삼선탕.

【三弦】sānxián (~儿) 명(音) 현이 세 줄인 악기. [대삼현(大三絃)과 소삼현(小三絃) 두 종류가 있음] ＝【弦子】xián·zi

【三心二意】sānxīn-èryì 성 마음속으로 확실히 정하지 못하다. 망설이다.

【三星】sānxīng 명 1(天) 삼형제별. [오리온자리 중간에 늘어선 3개의 별] 2 복신(福神)·녹신(祿神)·수신(壽神). 3 한국 삼성전자(제품).

【三旬】sānxún 명 1 매월의 상순·중순·하순. 2 서른 살.

【三汛】sānxùn 명 황허(黃河) 등의 하류(河流)가 일년에 세 차례 범람하는 경계 기간. 즉 '春汛(chūnxùn)'·'伏汛(fúxùn)'·'秋汛(qiūxùn)'.

【三言二拍】Sānyán Èrpāi 삼언이박(三言二拍). [중국 명(明)대의 소설집인 《醒世恒言(성세항언)》·《警世通言(경세통언)》·《喩世明言(유세명언)》과 《初刻拍案驚奇(초각박안경기)》·《二刻拍案驚奇(이각박안경기)》]

【三言两语】sānyán-liǎngyǔ 성 1 몇 마디의 말. 두세 마디의 말. 2 (비) 말이 적음.

【三摇两摆】sānyáo-liǎngbǎi 성 걸음걸이가 흔들흔들하는 모양.

【三摇四晃】sānyáo-sìhuàng 성 걸음걸이가 흔들흔들하는 모양.

【三叶草】sānyècǎo 명(植) 클로버. 토끼풀.

【三一三十一】sān yī sānshíyī 숙 1 주산에서, 1을 3으로 나눌 때 외는 구구단. 2 (비) 셋으로 균등하게 나누다. 3 대략 평균으로 나누다.

【三原色】sānyuánsè 명 1 (색광의) 삼원색. [빨강·초록·파랑을 가리킴] 2 (색료의) 삼원색. [빨강·노랑·파랑을 가리킴]

【三月】sānyuè 명 1 음력 3월. 2 양력 3월.

【三月街】Sānyuèjiē 명 삼월가. [중국 백족(白族)의 전통 명절이자 정기 시장. 매년 음력 3월 15일부터 5~7일 동안, 백족 및 주변 민족들이 윈난(云南)성 다리(大理)에 모여 물자를 교류하고, 말타기·활쏘기·용춤 등을 벌임] ＝【观音市】Guānyīnshì

【三月三】Sānyuèsān 명 삼월삼. [중국 장족(壯族)의 전통 명절. 음력 3월 3일로, 원래는 청명(清明)의 제사·성묘와 관계된 것이나, 지금은 문화·오락 행사가 위주임]

【三灾八难】sānzāi-bā'nàn 성 1(佛) 삼재와 팔난. [불교에서 전쟁·굶주림·역병을 '소삼재(小三灾)'라 하고, 화재·풍재·수재를 '대삼재(大三灾)'라 하며, 팔난(八難)은 구도에 있어서의 여덟 가지 장애를 말함] 2 (비) 온갖 질병과 재난.

【三藏】SānZàng 명 1(佛) 삼장(三藏). [경장·율장·논장을 말함] 2 삼장(三藏)에 정통한 고승. 3 (당(唐))나라 때의 고승) 현장(玄奘).

【三朝】sānzhāo 명 1 아이가 태어난 후 셋째 날. [과거에는 이 날 아이에게 처음 목욕을 시킴] 2 결혼 후 셋째 날. [과거에는 이 날 신부가 친정으로 감]

【三只手】sānzhīshǒu 명(방)(비) 소매치기.

【三只眼】sānzhīyǎn 명(방)(비) 약삭빠르고 교활한 사람. 관찰력이 뛰어난 사람. 식견이 높은 사람. 총명한 사람.

【三锥子扎不出血】sān zhuī·zi zhā·bu chū xiě 숙 1 송곳 세 개로 찔러도 피 한 방울 안 나온다. 2 (비) 성격이 내성적이어서 말하는 것을 좋아하지 않다.

【三资企业】sānzī qǐyè (經) (중국 내의) 중외합자 기업·중외 합작 기업·외국 상사 독자 기업.

【三字经】Sānzìjīng 명 《삼자경(三字經)》. [옛날, 아동에게 글자를 익히게 하기 위한 책]

【三足鼎立】sānzú-dǐnglì 성 세 사람(세력·국가)이 병립하며 대치하다.

**弎** sān 셋 삼
㉠ '三(sān)'과 같음.

**叁** sān 셋 삼
㉠ '三(sān)'의 갖은자.

**毵[毿]** sān 털 길 삼
【毵毵】sānsān 형(문) (모발이나 가지가) 가늘고 긴 모양. ¶杨柳~＝수양버들 가지가 가늘고 길게 늘어져 있다.

**伞[傘, 伞·繖]** sǎn 우산 산
명 1 우산. ¶阳~＝양산. / 折叠~＝접는 우산. 2 우산 같은 물건. ¶跳~＝낙하산으로 낙하하다. 3 (Sǎn) 성(姓).

○● 灯伞, 跳伞, 跳伞塔 tǎ

【伞兵】sǎnbīng 명(軍) 낙하산병.

【伞骨】sǎngǔ 명 (긴 우산살을 지탱하는) 짧은 우산살.

【伞降】sǎnjiàng 동 낙하산으로 낙하하다.

【伞具】sǎnjù 명 1 우산. 2 낙하산과 기타 낙하에 필요한 도구.

【伞条】sǎntiáo 명 우산살.

**散[(散)]** sǎn 흩어질 산
형 1 자잘하다. 자질구레하다. 잡다하다. 소소하다. ¶~装白酒＝(원래 크게 포장된 것에서) 조금씩 파는 백주. 2 흩어진. 분산된. 낱개의. 산개한. ¶~兵＝분산되어 있다. / ~闲＝한산하다. 동 분산되다. 느슨해지다. 흐트러지다. ¶拆~＝해체하다. / 松~＝느슨하다. 명 가루약. [주로 한약 이름에 쓰임] ¶健胃~＝건위산.
☞ sàn

○● 懒lǎn散, 零散, 披pī散, 闲散

【散板】sǎnbǎn 명(劇) 중국 전통극 곡조의 박자 형식. [느린 박자로 비통한 감정을 표현하기에 적합함]

【散包】sǎnbāo 명 (전체 포장 중의) 낱개 포장.

【散兵游勇】sǎnbīng-yóuyǒng 성 1 뿔뿔이 흩어져 지휘권에서 벗어난 군대(병사). 2 (비) 집단에 속하지 않고 독자적으로 행동하는 사람.

散 sǎn 1665

【散打】 sǎndǎ 명(體) (무술 종목의 하나로) 기구를 사용하지 않고 손과 발만으로 겨루는 것.
【散放】 sànfàng 동 분산하여 방치하다. ¶把~的物资装箱入库。=분산하여 방치해 둔 물건을 상자로 포장하여 입고하다.
☞ sànfàng
【散工】 sǎngōng 명 임시 노동자. 일용직 노동자. 잡역부. ¶以做~为生。=일용직 노동자로 살아가다. / 有时请~来帮忙。=어떤 때에는 잡역부에게 도움을 청하기도 한다.
☞ sàn‖gōng
【散光】 sǎnguāng 명 1(醫) 난시(亂視). 2 산광(散光). [빛이 집중되지 않고 흩어짐] ¶今天多云，~，没有闪光灯不宜照相。=오늘은 구름이 많아 빛이 흩어지니, 플래시 없이 사진을 찍기에는 적합하지 않다.
【散逛】 sǎn·guàng 동 목적 없이 여기저기 돌아다니다. 한가롭게 거닐다. ¶他周末常到街上~。=그는 주말에 늘 거리로 나가 한가하게 거닌다.
【散户】 sǎnhù 명(經) 1 (금융업에서) 개인 고객. 2 (주식 시장에서) 개인 투자자.
【散活儿】 sǎnhuór 명 자질구레한 일. 허드렛일. 잡일.
【散货】 sǎnhuò 명 1 (전체 포장에서 떼어 내어 판매하는) 낱개 포장. 2 포장을 하지 않고 파는 물건.
【散记】 sǎnjì 잡기(雜記). 잡록(雜錄). [주로 책 이름이나 글의 표제로 쓰임] ¶《旅韩~》=《한국 여행 잡기》.
【散剂】 sǎnjì 명(醫) 가루약.
【散架】 sǎn‖jià 동 1 (사람·물체의 틀이) 풀리다. 분해되다. 와해되다. 녹초가 되다. 사지가 풀리다. ¶骨头都累~了。=피곤하여 뼈가 다 부서질 것 같다. 2 (벗) (조직·기구가) 해체되다. 와해되다. 허물어지다. 무너지다. ¶因经营不善，那家公司不久前~了。=경영 상태가 좋지 않아, 그 회사는 얼마 전에 문을 닫았다.
【散见】 sǎnjiàn 동 분산되어 나타나다. 흩어져 나타나다. ¶这个故事~于民间说唱艺术中。=이 이야기는 민간 설창 예술 가운데 분산되어 나타난다.
【散件】 sǎnjiàn 명 (조립하지 않은) 부(속)품.
【散焦】 sǎnjiāo 동 (사진·비디오 촬영 등에서) 초점이 맞지 않은 상태.
【散居】 sǎnjū 동 흩어져 살다. ¶全家人~多个城市。=전 가족이 여러 도시에 흩어져 산다. ↔群居
【散开】 sǎnkāi 동 풀어지다. 느슨해지다. 흩어지다. ¶书没有捆好，~了。=책을 잘 묶지 않아서 풀어졌다.
☞ sànkāi
【散客】 sǎnkè 명 1 (유흥업소·음식점 등에서) 방이나 좌석을 통째로 예약하지 않은 개별 손님. 2 (극장 등에서 표를 단체로 구매하지 않은) 개별 손님.
【散扩】 sǎnkuò 명 낱개의 필름을 확대 현상하는 다. ↔整扩
【散滥】 sǎnlàn 형 어수선하다. 난잡하다. ¶必须治理音像制品市场的~状态。=음반과 영상물 시장의 어수선한 상태를 반드시 바로잡아야 한다.
【散乱】 sǎnluàn 형 가지런하지 않다. 어지럽다. 흩어져 있다. ¶地板上~地堆着许多书籍。=바닥에 많은 책들이 어지럽게 쌓여 있다. ↔严整
【散落】 sǎnluò 동 뿔뿔이 널려 있다. 분산되어 있다. ¶草原上~着大大小小的蒙古包。=초원에 크고 작은 파오가 분산되어 있다.
☞ sànluò
【散漫】 sǎnmàn 형 1 분산되다. 흩어지다. 산만하다. ¶这篇习作层次混乱，观点也过于~。=이 습작은 조리가 없고 혼란스러우며, 관점도 지나치게 산만하다. 2 제멋대로이다. 기율을 지키지 않다. 방만하다. ¶由于管理不善，工人长期处于自由~的状态。=관리를 잘 하지 못하여 노동자들은 장기간 자유롭고 방만한 상태에 놓여 있다.
【散票】 sǎnpiào ☞ 【零票】 língpiào
【散曲】 sǎnqǔ 명(劇) 산곡(散曲). [중국의 원·명·청 3대에 걸쳐 유행하였던, 대사가 없는 시가가 형태의 곡]
【散散乱乱】 sǎn·san luànluàn (~的) 형 어수선하다. ¶地上满是~的果皮纸屑。=바닥이 온통 과일 껍질과 휴지로 어수선하다.
【散散漫漫】 sǎn·san mànmàn (~的) 형 산만하다. 제멋대로 하다. ¶一人独居，他便养成了~的起居习惯。=혼자서 살다 보니, 그는 제멋대로 생활하는 습관이 길러졌다.
【散沙】 sǎnshā 명 1 흩어진 모래알. 2 (비) (조직의 사람들이) 제각각인 상태. 결집(단결)되지 않은 상태. ¶这个小组简直就是一盘~。=이 팀은 완전히 제각각이다.
【散射】 sǎnshè 명(物) 1 (빛의) 난반사. = 【乱反射】 luànfǎnshè 3 두 입자가 부딪혀 운동 방향이 바뀌는 현상.
【散碎】 sǎnsuì 형 자질구레하다. 자잘하다. 소량이다. ¶~银子=소량의 은전.
【散套】 sǎntào 명(劇) 산투(散套). [산곡(散曲)의 일종으로, 동일 궁조(宮調) 몇 개의 곡으로 이루어짐]
【散体】 sǎntǐ 명 산문체.
【散文】 sǎnwén 명 1 (운문과 구별하여) 산문. 2 시·소설·희곡 이외의 문학 작품. [杂文(잡문)·随笔(수필)·游记(여행기) 등을 포함함]
【散文诗】 sǎnwénshī 명 산문시.
【散言碎语】 sǎnyán-suìyǔ 성 (주제와 무관한) 잡다한 말.
【散养】 sǎnyǎng 동 분산하여 양식하다. 분산하여 놓아기르다.
【散页】 sǎnyè 명(印) 낱장.
【散置】 sǎnzhì 동 분산하여 방치하다. 어지럽게 내버려 두다. 아무렇게나 놓아 두다. ¶几盆花草~于客厅和走廊上。=화분 몇 개가 응접실과 복도에 어지럽게 놓여 있다.

# sǎn 散 糁 橵 散

【散装】**sǎnzhuāng** 휑 (원래 통이나 봉지로 포장된 상품을 팔 때) 소포장하여 판매하는. 포장하지 않고 조금씩 파는. 포장하지 않고 그냥 담은. ¶~洗衣粉 = 포장하지 않은 세제.

【散座】**sǎnzuò** 똉 **1** (극장 등의) 일반석. 보통석. **2** (식당에서) 홀의 좌석. 일반 좌석. **3** 옛 (인력거의) 뜨내기손님.

# 糁[糝] **sǎn** 밥알 삼
똉(생) 쌀밥의 밥알.
☞ **shēn**

# 橵[橵] **sǎn** 산자 산
【橵子】**sǎn·zi** 똉 꽈배기.

# *散[(散)] **sàn** 흩어질 산
동 **1** 흩어지다. 분산하다. ¶逃~ = 도망쳐 흩어지다. / 云消雾~ = 구름이 사라지고 안개가 걷히다. **2** 산포하다. 분포하다. 퍼지다. ¶玫瑰的花香~满整个房间。= 장미꽃 향기가 온 집에 가득 퍼졌다. **3** 털어 버리다. 해소하다. 배제하다. ¶解闷~心 = 답답함을 해소하고 근심을 털어 버리다. **4** 해고하다. ¶他最近被老板~了。= 그는 최근에 사장에게 해고당했다. ↔集聚
☞ **sǎn**

○● 拆**chāi**散, 发散, 放散, 分散, 涣**huàn**散, 解散, 溃**kuì**散, 扩**kuò**散, 离散, 流散, 披**pī**散, 遣**qiǎn**散, 色散, 失散, 疏**shū**散, 四散, 逃**táo**散, 消散, 星散, 云散

【散播】**sànbō** 동 산포하다. 퍼뜨리다. 확산하다. ¶~小道消息 = 뜬소문을 퍼뜨리다.

【散布】**sànbù** 동 **1** 퍼져 있다. 곳곳에 분산되다. ¶湖边~着几座别墅。= 호숫가에는 몇몇 별장이 흩어져 있다. **2** 퍼뜨리다. 유포하다. ¶~流言蜚语 = 유언비어를 퍼뜨리다. ↔集聚

【散步】**sàn‖bù** 동 산보하다. ¶晚饭后散散步,有利于身体健康。= 저녁을 먹은 뒤에 산보를 하는 것이 건강에 좋다.

【散场】**sàn‖chǎng** 동 (연극·영화·운동 경기 등이) 끝나다. 관중들이 자리를 떠나다. ¶文艺汇演~了。= 문예 합동 공연이 끝나고 관중들이 자리를 떴다.

【散朝】**sàncháo** 동옛 조정 회의가 끝나다. 조회가 끝나다.

【散发】**sànfā** 동 **1** 발산하다. 퍼지다. 내뿜다. ¶花园里~出阵阵馨香。= 꽃밭에서 꽃 향기가 풀풀 퍼져 나온다. **2** 배포하다. ¶~报纸 = 신문을 배포하다.

【散发】**sàn‖fà** 똉 (머리를) 산발하다. ¶一头~ = 머리를 온통 산발하다.

【散放】**sànfàng** 동 **1** 배포하다. 뿌리다. 나누어 주다. ¶~广告单 = 광고 전단을 배포하다. **2** 뿜어 내다. 발산하다. ¶玫瑰花~着阵阵清香。= 장미꽃이 풀풀 맑은 향기를 뿜어 내고 있다.
☞ **sǎnfàng**

【散风】**sànfēng** 동 소식을 퍼뜨리다. ¶他嘴儿严,知道一丁点儿消息就到处~。= 그는 입이 무겁지 못해서 소식을 조금만 알면 도처에 다니며 퍼뜨린다.

【散工】**sàn‖gōng** 동 일을 파하다〔끝내다〕. ¶大伙儿干到很晚才~。= 모두들 아주 늦게까지 하고서야 일을 파했다.
☞ **sǎngōng**

【散会】**sàn‖huì** 똉동 산회(하다). ¶可能还要一个小时才能~。= 아마 한 시간은 더 있어야 산회할 것 같다.

【散伙】**sàn‖huǒ** 동 **1** (조직이나 단체가) 해산하다. ¶那家公司已经~了。= 그 회사는 이미 해산되었다. **2** 이혼하다. ¶夫妻俩每天吵架,最后只得~。= 부부는 매일 싸우더니, 결국 하는 수 없이 이혼했다.

【散集】**sàn‖jí** 동 시장이 파하다.

【散开】**sànkāi** 동 흩어지다. 산개하다. ¶看戏的人纷纷~了。= 연극을 보던 사람들이 분분히 흩어졌다.
☞ **sǎnkāi**

【散落】**sànluò** 동 **1** 흩어져 떨어지다. ¶花瓣~一地。= 꽃술이 온 바닥에 흩어져 떨어졌다. **2** 분산되다. 흩어지다. ¶草原上~着许许多多三五成群的牛羊。= 초원에는 삼삼오오 떼를 지은 소와 양이 흩어져 있다. **3** 산산이 흩어지다. 흩어져 없어지다. ¶不少珍贵文物~民间。= 많은 진귀한 문물들이 민간에 산산이 흩어져 있다.
☞ **sǎnluò**

【散闷】**sàn‖mèn** (~儿) 동 고민을 풀다. 근심을 해소하다. 기분 전환을 하다. 기분을 풀다. ¶他日前外出旅游,消愁~。= 그는 일전에 여행을 떠나 기분을 풀었다.

【散热】**sànrè** 동 산열하다. ¶~管 = 냉각관.

【散热器】**sànrèqì** 똉 **1** 라디에이터(radiator). **2** 냉각 장치. 냉각기.

【散失】**sànshī** 동 **1** 없어지다. 사라지다. ¶太阳一晒,早晨的露水很快~了。= 햇볕이 비추자 아침 이슬이 금방 사라졌다. **2** 흩어져 없어지다. 산실되다. ¶那封珍贵的信函因多次搬迁而~。= 그 진귀한 편지는 여러 차례 옮겨 다니는 바람에 흩어져 없어지고 말았다.

【散摊儿】**sàn‖tānr** ☞ 【散摊子】**sàn‖tān·zi**

【散摊子】**sàn‖tān·zi** 동 (조직이나 단체가) 해체되다. 해산하다. =【散摊儿】**sàn‖tānr**

【散亡】**sànwáng** 동 **1** 흩어져 도망치다. ¶灾荒使不少家庭~。= 흉년 때문에 많은 가정이 뿔뿔이 흩어졌다. **2** 산실되다. 흩어져 없어지다. ¶不少古代文献已经~了。= 적지 않은 고대 문헌들이 이미 산실되었다.

【散席】**sànxí** 동 연회가 끝나다.

【散戏】**sàn‖xì** 동 연극〔공연〕이 끝나다.

【散心】**sàn‖xīn** 동 고민을 풀다. 근심을 해소하다. 기분을 전환하다. 기분을 풀다. ¶到公园里闲逛~ = 공원에 가서 한가로이 거닐면서 시름을 없애다.

【散学】**sàn‖xué** 동(생) **1** 학교가 파하다. 방과

하다. **2** 방학하다.
【散佚】**sànyì** ☞【散轶】**sànyì**
【散轶】[散佚] **sànyì** 動 (도서·원고 등이) 산실되다. 흩어져 없어지다. 일실(逸失)되다. ¶那部古籍已经~, 今只有存引. =그 고서(古書)는 이미 일실(逸失)되었고, 지금은 제목만 남아 있다.

## sang

**\*\*丧[喪] sāng 죽을 상**
名 죽은 사람과 관련된 일. ¶奔~=분상하다. / 吊~=조문하다.
☞ **sàng**

○ 奔bēn丧, 初丧, 出丧, 除丧, 发丧, 服丧, 居丧, 守丧, 送丧

【丧车】**sāngchē** 名 영구차.
【丧服】**sāngfú** 名 상복.
【丧家】**sāngjiā** 名 상가.
【丧假】**sāngjià** 名 복상(服喪) 휴가.
【丧礼】**sānglǐ** 名 상례.
【丧乱】**sāngluàn** 名書 상란(喪亂). 사망·전란 등의 재난. 동란.
【丧棚】**sāngpéng** 名 초상집에 임시로 치는 천막. ↔喜棚
【丧器】**sāngqì** 名 장기(葬器). 장구(葬具). 상구(喪具).
【丧事】**sāngshì** 名 장례. 장의. ¶~尚白=장례에는 흰색을 숭상한다. ↔喜事
【丧俗】**sāngsú** 名 장례 풍속.
【丧帖】**sāngtiě** 名 부고.
【丧葬】**sāngzàng** 名 상례와 장례. ¶~从简 =상례와 장례를 간소하게 하다.
【丧钟】**sāngzhōng** 名 **1** 조종(弔鐘). 사망을 알리거나 망자를 위해 종교 의식을 거행할 때 치는 종. **2** 比 죽음. 멸망. 종말. ¶在某种意义上, 新事物的出现等于敲响了旧事物的~. =어떤 의미로서 새로운 사물의 출현은 낡은 사물의 종말을 알리는 셈이다.
【丧主】**sāngzhǔ** 名 상주.

**\*\*桑[(桒)] sāng 뽕나무 상**
名 **1**(植) 뽕나무. **2**(Sāng) 성(姓).

○ 沧cāng桑, 扶fú桑

【桑蚕】**sāngcán** ☞【家蚕】**jiācán**
【桑干河】**Sānggānhé** 名(地) 상간허. [산시(山西)성 북부에서 베이징(北京)을 지나는 강 이름]
【桑麻】**sāngmá** 名 **1**(植) 뽕나무와 삼(麻). **2**喩 농사일.
【桑拿浴】**sāngnáyù** 名 사우나 (sauna). =【桑那浴】**sāngnáyù**
【芬兰浴】**fēnlányù**
【桑那浴】**sāngnàyù** ☞【桑拿浴】**sāngnáyù**

○ 桑 sāng
嗓 sǎng
颡 sǎng
磉 sǎng
搡 sǎng

【桑农】**sāngnóng** 名 뽕나무 재배업자. 뽕나무 재배농(家).
【桑皮纸】**sāngpízhǐ** 名 뽕나무 껍질을 원료로 한 질긴 종이. ⑨【桑纸】**sāngzhǐ**
【桑葚儿】**sāngrènr** 名(口)(植) 오디. [뽕나무의 열매]
【桑葚】**sāngshèn** 名(植) 오디. [뽕나무의 열매] =【桑葚子】**sāngshèn·zi**
【桑葚子】**sāngshèn·zi** ☞【桑葚】**sāngshèn**
【桑椹】**sāngshèn** 名 **1**(植) 오디. [뽕나무의 열매] **2**(醫) 오디를 말려 만든 약재.
【桑树】**sāngshù** 名(植) 뽕나무.
【桑田】**sāngtián** 名 **1** 뽕나무밭. **2** 논밭. 전지. ¶沧海~=세상일이 덧없이 바뀌다.
【桑田沧海】**sāngtián cānghǎi** ☞【沧海桑田】**cānghǎi sāngtián**
【桑叶】**sāngyè** 名(植) 뽕잎.
【桑榆】**sāngyú** 名書 **1**(植) 뽕나무와 느릅나무. **2** 比 해질 무렵. ¶~之时=해질 무렵. 서쪽. ¶失之东隅, 收之~. =동쪽에서 잃어버린 것을 서쪽에서 찾다. **4** 比 말년. 만년. ¶时光荏苒, ~且至. =세월이 덧없이 흘러 어느새 말년이 다가왔다.
【桑榆暮景】**sāngyú-mùjǐng** 成 **1** 석양이 뽕나무와 느릅나무 가지 위를 비추다. **2**比 노년. 만년. 늘그막.
【桑园】**sāngyuán** 名 뽕(나무)밭.
【桑纸】**sāngzhǐ** ☞【桑皮纸】**sāngpízhǐ**
【桑梓】**sāngzǐ** 名書 **1** 뽕나무와 가래나무. **2**比 고향.

**搡 sǎng 때릴 상**
動 힘껏 밀다. 세차게 밀치다. 꽉 밀다. ¶连推带~=계속해서 힘껏 밀치고 당기다.

**\*\*嗓 sǎng 목구멍 상**
名 **1** 목구멍. ¶~子疼=목구멍이 아프다. **2**(~儿) 목청. 목소리. ¶假~儿=가성.

○ 本嗓, 倒嗓, 假jiǎ嗓子

【嗓门儿】**sǎngménr** 名 목청. 목소리. ¶他生来就是个大~. =그는 선천적으로 목청이 크다. ≒嗓音 嗓子
【嗓音】**sǎngyīn** 名 목소리. 목청. ¶她的~条件好, 适合唱歌. =그녀는 목청이 좋아서 노래하기에 적격이다. ≒嗓子 嗓门儿
【嗓子】**sǎng·zi** 名 **1** 목구멍. ¶~眼里=목구멍. **2** 哑了. =목소리가 쉬었다. ≒嗓音 嗓门儿 喉咙
【嗓子眼】**sǎng·ziyǎn**(~儿) 名 목구멍. ¶~疼=목구멍이 아프다.

**磉 sǎng 주춧돌 상**
名書 (기둥 아래의) 주춧돌.

**颡[顙] sǎng 이마 상**
名書 이마.

**丧[喪] sàng 잃을 상**

[동] **1** 상실하다. 잃어버리다. ¶老年～子＝노년에 아들을 잃다. **2** 죽다. ¶如～考妣＝마치 제 부모가 돌아가신 것처럼 하다. **3** 실의하다. 실망하다. ¶沮～＝절망하다.

☞ **sāng**

0-● 懊ào丧, 沮jǔ丧, 沦lún丧, 颓tuí丧

【丧胆】**sàng‖dǎn** [동] 간담이 서늘해지다. 매우 두려워하다. ¶闻风～＝소문을 듣고 간담이 서늘해지다.

【丧胆游魂】**sàngdǎn-yóuhún** [성] 두려워서 넋[혼]이 나가다.

【丧魂落魄】**sànghún-luòpò** [성] 혼비백산하다. ＝【丧魂失魄】**sànghún-shīpò**

【丧魂失魄】**sànghún-shīpò** ☞【丧魂落魄】**sànghún-luòpò**

【丧家】**sàngjiā** [동] 파산하다. 집안을 망치다.

【丧家败产】**sàngjiā-bàichǎn** [성] 집안을 망치고 가산을 탕진하다.

【丧家狗】**sàngjiāgǒu** ☞【丧家之犬】**sàngjiāzhīquǎn**

【丧家犬】**sàngjiāquǎn** ☞【丧家之犬】**sàngjiāzhīquǎn**

【丧家之狗】**sàngjiāzhīgǒu** ☞【丧家之犬】**sàngjiāzhīquǎn**

【丧家之犬】**sàngjiāzhīquǎn** [명][비] 의지할 데 없이 이리저리 떠돌아다니는 사람. ＝【丧家之狗】**sàngjiāzhīgǒu**【丧家犬】**sàngjiāquǎn**【丧家狗】**sàngjiāgǒu**

【丧尽天良】**sàngjìn-tiānliáng** [성] **1** 양심이 눈곱만큼도 없다. **2** [비] 악랄하고 흉포함이 극에 달하다.

【丧门鬼】**sàngménguǐ** ☞【丧门星】**sàngménxīng**

【丧门神】**sàngménshén** ☞【丧门星】**sàngménxīng**

【丧门星】**sàngménxīng** [명] **1** (죽음을 관장하는) 흉신. **2** [비] 나쁜 놈. 불길한 놈. 재수 없는 놈. ＝【丧门鬼】**sàngménguǐ**【丧门神】**sàngménshén**

【丧名】**sàngmíng** [동] 명성을[명예를] 잃다.

【丧命】**sàng‖mìng** [동] (주로 변고나 갑작스런 병으로) 목숨을 잃다. 죽다. ≒丧生

【丧偶】**sàng‖ǒu** [동][문] 배우자를 잃다.

【丧气】**sàng‖qì** [동] 낙담하다. 낙심하다. 의기소침하다. 풀이 죽다. 사기가 떨어지다. ¶垂头～＝고개를 떨구고 낙담하다. ≒懊丧 沮丧

【丧气】**sàng·qi** [형] 불길하다. 재수가 없다. ¶出门就丢钱包, 太～了。＝문을 나서자마자 지갑을 잃어버리다니, 정말 재수가 없다.

【丧气话】**sàng·qihuà** [명] 불길한 말. 재수가 없는 말. ¶新年新气象, 别说～。＝새해에 새로운 분위기인데, 불길한 말 하지 마라.

【丧权辱国】**sàngquán-rǔguó** [성] 나라가 주권을 잃고 치욕을 당하다.

【丧身】**sàng‖shēn** [동] 목숨을 잃다. 죽다. 몸을 망치다. 신세를 망치다.

【丧生】**sàng‖shēng** [동] 목숨을 잃다. 죽다. ≒丧命

【丧失】**sàngshī** [동] 잃어버리다. 상실하다. ¶～机会＝기회를 상실하다.

【丧亡】**sàngwáng** [동][문] 목숨을 잃다. 죽다. 멸망하다.

【丧心病狂】**sàngxīn-bìngkuáng** [성] **1** 마음을 주체하지 못하고 미친 듯이 행동하다. **2** 언행이 혼란스럽고 황당하다. **3** 잔인함이 극에 달한 모습.

【丧志】**sàngzhì** [동] 뜻이나 꿈을 잃다. 진취적인 마음을 상실하다. ¶玩物～＝어떤 (좋아하는) 사물에 정신이 팔려 진취적인 마음을 잃어버리다.

## sao

**搔 sāo 긁을 소**

[동] (손톱으로) 긁다. ¶～头皮＝머리를 긁다.

【搔到痒处】**sāo dào yǎngchù** [낮][비] 말의 핵심을 찌르다.

【搔首弄姿】**sāoshǒu-nòngzī** [성] 여성이 교태를 부리는 모습. ＝【搔头弄姿】**sāotóu-nòngzī**

【搔首抓腮】**sāoshǒu-zhuāsāi** [성] 어찌할 줄 모르다. 당혹해하다.

【搔头】**sāo‖tóu** [동] **1** 머리를 긁다. **2** [비] 사색하다. 근심하다.

【搔头】**sāotóu** [명] 비녀.

【搔头弄姿】**sāotóu-nòngzī** ☞【搔首弄姿】**sāoshǒu-nòngzī**

【搔痒】**sāoyǎng** [동] 가려운 곳을 긁다. ¶隔靴～＝격화소양. 신을 신고 발바닥을 긁는다. 핵심을 찌르지 못하고 겉돌다.

**骚[騷] sāo 떠들 소**

[동] 소란을 피우다. 소요를 일으키다. ¶人群突然～乱起来。＝사람들이 갑자기 소란을 피우기 시작했다. [형] **1** (행동거지가) 헤프다. 음탕하다. 색정적이다. ¶风～＝(주로 여자의 행실이) 헤프다. 음탕하다. **2** [방] (일부 가축의) 수컷의. ¶～驴＝수당나귀. **3** '臊(sāo)'와 같음. [명] **1** 굴원(屈原)의 《離騷(이소)》. **2** [문] 시문(詩文). ¶文人～客＝문인(文人)과 시인(詩人).

0-● 风骚, 牢láo骚

【骚婊子】**sāobiǎo·zi** [명] 음란한 계집. 화냥년.

【骚动】**sāodòng** [동] **1** 질서가 문란해지다. 난리가 나다. 떠들썩하다. 술렁거리다. ¶内外～＝안팎으로 술렁거리다. **2** 소동을 피우다. 소란을 일으키다. 어지럽히다. 혼란하게 하다. 교란하다. ¶一阵～＝한바탕 소동을 피우다.

【骚话】**sāohuà** [명] 저질스러운 말. 음탕한 말.

【骚货】**sāohuò** [명] 바람둥이. 창녀. 화냥년. [욕하는 말]

【骚客】sāokè 명문 시인.
【骚乱】sāoluàn 형 혼란해지다. 소란하다. ¶听到明星罢演，观众顿时~起来. =스타가 공연을 하지 않겠다는 말을 듣고서 관중들이 갑자기 소란해지기 시작했다. 명 소란. ¶平息~=소란을 수습하다.
【骚扰】sāorǎo 통 소란을 피우다. 교란하다. 훼방놓다. 폐를 끼치다. ¶性~=성희롱.
【骚人】sāorén 명문 시인(詩人).
【骚人墨客】sāorén mòkè 명문 시인 묵객. (시인·작가 등) 고상하고 우아한 문인.
【骚体】sāotǐ 명 소체(骚體). [문체의 일종으로, 굴원(屈原)의 《離騷(이소)》를 모방한 데서 유래한 명칭]

# 缫[繅] sāo 고치 켤 소
통 누에고치에서 실을 뽑다. 고치를 켜다.
【缫车】sāochē 명 물레.
【缫丝】sāosī 통 누에고치에서 실을 뽑다.
【缫丝厂】sāosīchǎng 명 제사(製絲) 공장. 견사 공장.

# 缲[繰] sāo 고치 켤 소
통 '缫(sāo)'와 같음.
☞ qiāo

# 臊 sāo 누릴 조
형 지리다. 노리다. ¶腥~=노린내.
☞ sào
【臊臭】sāochòu 형 지리고 구리다. 노리다.
【臊气】sāoqì 명 지린내. 노린내. 구린내. ¶~熏天=지린내가 하늘을 뒤덮다. 형 비리고 지리다. 지리고 구리다. ¶粪池太~。=똥통이 너무 구리다.

# **扫[掃] sǎo 쓸 소
통 1 청소하다. 쓸다. 소제하다. ¶打~=청소하다. 소제하다. / 清~=청소하다. 2 제거하다. 없애다. 일소하다. ¶秋风~落叶=가을 바람이 낙엽을 쓸어 간다. 3 신속하게 좌우로 움직이다. ¶他敏锐的眼光~向人群=그의 예리한 눈초리가 사람들을 향하여 움직인다. 형문 다하다. 모든. 전부의. ¶~数人库=전부 창고에 넣다.
☞ sào

○● 拜bài扫, 打扫, 横héng扫, 清扫, 洒sǎ扫

【扫边角儿】sǎo biānjuér ☞【扫边儿】sǎo ǁ biānr
【扫边儿】sǎo ǁ biānr 통구 1 (이발할 때) 머리가의 잔머리를 잘라 내다. ¶不要剪太狠, 扫一下边儿就行。=너무 많이 자르지 말고, 바깥쪽 잔머리만 잘라 주세요. 2 (劇) 단역(조연)을 맡다. =【扫边角儿】sǎo biānjuér ¶他刚来, 上台只能~。=그는 막 왔으므로 무대에서 단역밖에 맡을 수 없다.
【扫除】sǎochú 통 1 청소하다. 소제하다. ¶教室天天要~。=교실은 날마다 청소해야 한다. 2 제거하다. 쓸어 버리다. ¶~障碍=장애물을 제거하다.
【扫荡】sǎodàng 통 1 소탕하다. 2 철저하게 제거하다. ¶~黑恶势力=못된 세력을 소탕하다.
【扫地】sǎo ǁ dì 통 1 바닥을 청소하다. 2 (비) (명예나 위엄 등이) 땅에 떨어지다. ¶名声~=명성이 땅에 떨어지다.
【扫地出门】sǎodì-chūmén 성 모든 재산을 빼앗고 집 밖으로 내쫓다.
【扫地以尽】sǎodìyǐjìn 성비 1 철저하게 장애물이나 재앙의 근원을 없애다. 2 하나도 남김없이 파괴하다. 3 체면(명예·위엄)이 완전히 땅에 떨어지다.
【扫毒】sǎo ǁ dú 통 마약의 생산·판매·흡입 등을 퇴치하다.
【扫黄】sǎo ǁ huáng 통 매춘·음란 행위·음란물 매매 등을 근절하다.
【扫黄打非】sǎohuáng-dǎfēi 성 음란 행위·음란물 매매·불법 출판물 매매 등을 소탕하다.
【扫雷】sǎo ǁ léi 통 (軍) 지뢰(地雷)·수뢰(水雷)를 제거하다.
【扫雷舰】sǎoléijiàn 명 (軍) 소해정(掃海艇).
【扫脸】sǎoliǎn 통(비) 체면을 잃다. 면목이 없게 되다. ¶那事干得不好, 太~了。=그런 일을 잘 처리하지 못하다니, 정말로 면목이 없다.
【扫盲】sǎo ǁ máng 통 문맹을 퇴치하다.
【扫描】sǎomiáo 통 1 (電) 주사(走査)하다. 스캐닝(scanning)하다. 2 훑어보다. 휘둘러보다. 힐끗 둘러보다. ¶他~了一下人群, 然后开始讲话。=그는 군중을 한번 훑어보고 나서 말을 하기 시작했다. 3 (컴) 바이러스를 검사하다. 스캐닝하다. ≒扫视
【扫描机】sǎomiáojī ☞【扫描仪】sǎomiáoyí
【扫描器】sǎomiáoqì ☞【扫描仪】sǎomiáoyí
【扫描仪】sǎomiáoyí 명 (電) 스캐너(scanner). =【扫描机】sǎomiáojī【扫描器】sǎomiáoqì
【扫灭】sǎomiè 통 없애다. 소탕하다. 소멸하다. ¶~顽敌=완강한 적을 소멸하다.
【扫墓】sǎo ǁ mù 통 1 성묘하다. 2 열사의 묘 앞에서 기념 행사를 하다.
【扫平】sǎopíng 통 소탕하여 평정하다. ¶~叛乱=반란을 소탕하여 평정하다.
【扫清】sǎoqīng 통 깨끗이 청소하다. 철저히 제거하다. ¶~余孽=잔당을 철저히 제거하다.
【扫射】sǎoshè 통 1 (눈빛이나 불빛이) 사방을 훑고 지나가다. 2 (軍) (기관총 등으로) 소사(掃射)하다.
【扫视】sǎoshì 통 휙 둘러보다. 휘둘러보다. ¶他~一下周围, 夜静悄悄的。=그가 휙 사방을 둘러보니, 밤은 고요하고 적막했다. ≒扫描
【扫数】sǎoshù 명 전부. 다. 전액. 모두. ¶~归还=전부 돌려주다.
【扫榻】sǎotà 통문 침상의 먼지를 털다. ¶~以待=침상의 먼지를 털고 손님을 기다리다. 만반의 준비를 하고 손님을 환영하다.
【扫堂腿】sǎotángtuǐ 명 (무술 동작의 하나로) 다리로 상대를 걸어서 넘어뜨리다. 명 다리걸이.

=【扫腿】sǎotuǐ
【扫腿】sǎotuǐ ☞【扫堂腿】sǎotángtuǐ
【扫尾】sǎo‖wěi 동 마무리를 하다. 뒤처리를 하다. 끝맺다. 결말짓다. ¶这项工程已近~。=이 공사는 이미 끝마무리 단계에 이르렀다.
【扫兴】sǎo‖xìng 동 흥을 깨다. 기분을 망치다. ¶遇到那事, 大家只好~离去。=그런 일을 당하자 모두들 흥이 깨져 떠나 버렸다. ≒败兴
【扫眼】sǎoyǎn 동 힐끗 훑어보다. 휘둘러보다. ¶他一~, 竟然在人群中瞅见了老同学。=그는 힐끗 훑어보다가 뜻밖에도 무리 속에서 옛날 학교 친구를 발견했다.

**嫂** sǎo 형수 수
명 1 형수. ¶兄~=형수. 2 아주머니. [나이가 그리 많지 않은 기혼녀에 대한 호칭] ¶张~=장씨 아주머니.
◦• 大嫂, 舅jiù嫂
【嫂夫人】sǎofū·ren 명 친구의 아내를 높여 부르는 말.
【嫂嫂】sǎo·sao 명동 형수.
【嫂子】sǎo·zi 구 1 형수. 2 친구의 아내에 대한 통칭. 3 경 아주머니. [자기보다 나이가 많은 기혼 여성에 대한 호칭] ¶老~=아주머니.

**薂** sǎo 별꽃 소
☞【薞薂】màosǎo

**扫[掃]** sào 쓸 소
아래를 참조.
☞ sǎo
【扫把】sàobǎ 명동 빗자루.
【扫帚】sào·zhou 빗자루.
【扫帚星】sào·zhouxīng 명 1 ☞【彗星】huìxīng 2 비 재수 없는 놈. 불길한 놈.

**埽** sào 쓸 소
명 1 예 황허(黄河) 정비 공사에서 수수깡·나뭇가지·돌 등을 끈으로 묶어 호안용(護岸用)으로 쓴 원통형 완충물. 2 이와 같은 것을 사용하여 만든 구조물.

**瘙** sào 종기 소
명읍 옴. 개창(疥瘡).
【瘙痒】sàoyǎng 동 (醫) (피부가) 가렵다. ¶~难耐=가려움을 참기 힘들다.

**氉** sào 털 튼튼할 소모
☞【毷氉】màosào

**臊** sào 부끄러워할 조
동 부끄러워하다. 수줍어하다. ¶羞~=부끄러워하다. / 没羞没~=전혀 부끄러워하지 않다.
☞ sāo
【臊不搭】sào·bu dā (~的) 동 부끄러워 어쩔 줄 모르다. ¶她满脸~的。=그녀는 얼굴에 온통 부끄러워 어쩔 줄 몰라 하는 기색이다.
【臊眉搭脸】sàoméi-dāliǎn (성) 부끄러워하는 모양. 수줍어하는 모양. 겸연쩍어하는 모양. 난처한 모양. 거북한 모양.
【臊皮】sàopí 거북해하다. 부끄러워하다. 난처하다. ¶自找倒霉, 觉得很~。=스스로 재수 없는 일을 자초한 것이라 매우 부끄러워한다.
【臊人】sàorén 동 남에게 창피를 주다. 남을 모욕하다.
【臊心】sàoxīn 동 난처해하다. 겸연쩍어지다.
【臊子】sào·zi 명 잘게 썬[다진] 고기.

# se

**色** sè 빛 색
명 1 색. 색깔. ¶彩~=천연색. / 五颜六~=온갖 색상. 2 기색. 안색. 얼굴빛. ¶大惊失~=대경실색하다. 몹시 놀라 얼굴빛이 하얗게 변하다. / 眉飞~舞=희색이 만면하다. 3 여자의 미모. 여색(女色). ¶国~天香=세상 최고의 미인. / 绝~美女=절색의 미녀. 4 광경. 정경. 경치. 상황. 모습. 모양. ¶春~满园=봄빛이 뜰에 가득하다. / 景~迷人=경치가 사람을 매혹시키다. 5 종류. ¶各~人等=각양각색의 사람들. 6 품질. 함량. 순도. ¶足~=함량이 충분하다. 7 성욕. 정욕. ¶好(hào)~=여색을 좋아하다. / 桃~新闻=스캔들 관련 보도[뉴스]. 8 (佛) 감각으로 느낄 수 있는 것. ¶~即是空, 空即是~。=색즉시공, 공즉시색.
☞ shǎi

◦• 白色, 本色, 变色, 彩色, 菜色, 茶色, 出色, 春色, 辞色, 妃fēi色, 风色, 国色, 寒色, 湖色, 花色, 灰色, 火色, 基色, 减色, 酱jiàng色, 角jué色, 绝色, 愧kuì色, 栗色, 脸色, 米色, 蜜色, 面色, 暮色, 难色, 怒色, 女色, 暖色, 藕ǒu色, 配色, 起色, 气色, 秋色, 染rǎn色, 肉色, 润rùn色, 上色, 设色, 神色, 声色, 生色, 失色, 曙shǔ色, 桃色, 特色, 天色, 脱色, 驼tuó色, 五色, 物色, 喜色, 行色, 血色, 逊xùn色, 牙色, 眼色, 一色, 音色, 印色, 原色, 月色, 杂色, 正色, 着zhuó色, 棕zōng色, 作色

【色案】sè'àn 명 (法) 음란 행위·간음 등을 다룬 형사 사건.
【色笔】sèbǐ 명 색연필. 컬러펜.
【色变】sèbiàn 동 안색이 변하다. ¶谈虎~=말만 듣고도 무서워하다.
【色布】sèbù 명 염색한 천. ['白布(흰 베)'와 구별됨]
【色采】sècǎi ☞【色彩】sècǎi
【色彩】[色采] sècǎi 명 1 색채. 색깔. 빛깔. ¶~绚丽=색이 눈부시게 아름답다. 2 비 (개개인의) 성향. 편향. (사물의) 정서. 분위기. 경향. ¶乡土~=향토적 정서. / 情感~=감정의 성향. 감정적 색채.

【色彩缤纷】sècǎi bīnfēn [성] 색상이 다채롭다.
【色层分析法】sècéng fēnxīfǎ ☞【色谱法】sèpǔfǎ
【色差】sèchā [명] 1《物》색수차(色收差). =【色像差】sèxiàngchā 2 색깔의 차이.
【色带】sèdài [명] 도트프린터용 리본. 타자기용 리본.
【色胆】sèdǎn [명] 색욕(色慾)에 대한 담력. ¶他有色心而无~, 只是说说而已, 图个口福。=그가 호색하기는 하지만 담력이 없어, 다만 말로만 즐길 뿐이다.
【色胆包天】sèdǎn-bāotiān [성] 색욕에 사로잡혀 대담하기 그지없다.
【色调】sèdiào [명] 1 색조. ¶冷~可以表现忧郁、悲哀的情感。=차가운 색조는 우울함과 슬픔의 감정을 나타낼 수 있다. 2 [비] 문예 작품 속의 사상〔감정〕의 색채. ¶浪漫、抒情的~充斥整部作品。=낭만적이고 서정적인 색채가 작품 전체에 넘쳐난다.
【色度】sèdù [명] 1 색도. 2 (수질 검사에서) 물의 색도.
【色光】sèguāng [명] 색을 띤 빛.
【色鬼】sèguǐ [명][비] (욕하는 말로) 색골. 호색꾼. 호색한. 색광.
【色觉】sèjué [명] 색각. 색채 감각.
【色拉】sèlā [명][외] 샐러드. =【沙拉】shālā
【色拉油】sèlāyóu [명] 샐러드유(salad油).
【色狼】sèláng [명] 색마(色魔). 늑대. ¶严惩~=색마를 엄벌에 처하다.
【色厉内荏】sèlì-nèirěn [성] 겉으로는 강인해 보이지만, 실제로는 겁이 많고 나약하다.
【色盲】sèmáng [명]《醫》색맹.
【色眯眯】sèmīmī(~的) [형] 음란〔음탕〕한 눈빛을 띠다. ¶睁着一双~的眼=두 눈에 음란한 눈빛을 띠다.
【色迷】sèmí [명] 색광(色狂). 여색(女色)에 홀린 사람. 호색한.
【色魔】sèmó [명] 색마. 색광.
【色目人】Sèmùrén [명] 색목인. [원(元)나라 통치자들이 서역(西域) 각 민족과 서하(西夏) 사람들을 통틀어 일컫던 말]
【色谱】sèpǔ [명] 색표준. 색보. 크로마토그램(chromatogram).
【色谱法】sèpǔfǎ [명]《物》색층(色層) 분석법. 크로마토그래피(chromatography). =【色层分析法】sècéng fēnxīfǎ
【色情】sèqíng [명] 색정. 에로(erotic). 선정. ¶~电影=에로 영화.
【色情狂】sèqíngkuáng [명] 색광. 색정광. 호색광. 성욕 이상자.
【色球】sèqiú [명]《天》채층(彩層). 채구(彩球).
【色弱】sèruò [명]《醫》색약.
【色散】sèsàn [명]《物》색분산. [영] chromatic dispersion
【色色】sèsè [명] 색색. 여러 가지 색깔. 여러 가지. 가지각색. ¶形形~=형형색색.
【色授魂与】sèshòu-húnyǔ [성][비] 눈빛만으로도 서로의 마음을 알 수 있다.
【色素】sèsù [명]《生》색소.
【色相】sèxiàng [명] 1 색상. 2《佛》우주 만물의 형태〔모양·형상〕. 3 여자의 용모〔자태〕. ¶出卖~=미모를 팔다.
【色像差】sèxiàngchā ☞【色差】sèchā
【色心】sèxīn [명] 색심. 호색(好色)의 심리.
【色艺】sèyì [명] (여자의) 미모와 재주. ¶~双绝=미모와 재주가 모두 훌륭하다.
【色釉】sèyòu [명] 색유약.
【色欲】sèyù [명] 색욕. 성욕. 정욕.
【色泽】sèzé [명] 색깔과 광택. ¶~鲜艳=색깔과 광택이 산뜻하고 아름답다.
【色织】sèzhī [명]《紡》선염(先染). [영] yarn dyed

## *涩[澀, 澁·濇] sè 떫을 삽

[형] 1 매끈하지 않다. 반들반들하지 않다. ¶滞~=(문장이) 매끄럽지 못하다. 2 (맛이) 떫다. ¶苦~=쓰고 떫다. 3 (문구·문장이) 읽기 어렵다. 난해하다. 유창하지 않다. ¶生~=글이 서툴다. ↔滑

0-● 枯kū涩, 苦涩, 生涩, 脱涩, 羞涩, 拙zhuō涩

【涩果】sèguǒ [명][비] 설익은 결과.
【涩苦】sèkǔ [형] (맛이) 떫고 쓰다. ¶青番茄~难吃。=풋토마토는 떫고 써서 맛없다.
【涩脉】sèmài [명]《醫》결체맥(結滯脈).
【涩滞】sèzhì [형] 1 활기〔생기〕가 없다. ¶两眼~。=두 눈에 생기가 없다. 2 (문장이) 매끄럽지 못하다. 유창하지 못하다. ¶该文极为~, 难以卒读。=이 글은 아주 매끄럽지 못해서 끝까지 읽기 어렵다.

## 啬[嗇] sè 아낄 색

[형] 인색하다. 쩨쩨하다. ¶吝~=인색하다.
【啬刻】sè·ke [형][방] 인색하다. 쩨쩨하다. ¶~鬼=노랑이.

## 铯[銫] sè 세슘 색

[명][외]《化》세슘(Cs, cesium). [원자 번호 55]

## *瑟 sè 큰 거문고 슬

[명]《音》슬. [거문고와 유사한 고대 현악기] ¶调~=슬의 음을 맞추다.

0-● 萧xiāo瑟, 毛瑟枪qiāng

【瑟瑟】sèsè [의] 솨. 솔솔. 살랑살랑. 스르륵. [가벼운 바람 등의 경미한 소리] ¶寒风~=찬바람이 솔솔 불다. [형] 부르르. 부들부들. [몸·몸의 일부를 크게 떠는 모양] ¶~发抖=부르르 떨다.
【瑟瑟缩缩】sè·se suōsuō(~的) [형] 움츠린다. 웅크린다. 오돌오돌 (떠는 모습). ¶他~地抖作一团。=그는 오돌오돌 떨면서 한껏 웅크렸다.
【瑟缩】sèsuō [동] (추위로) 움츠리다. 웅크리다. 오들오들하다. ¶他冻得浑身~着, 一言不发。=그는 온몸을 오들오들 떨면서 한 마디도 하지 못했다.

【瑟索】sèsuǒ 동 (추위나 놀라움으로) 떨다. ¶他全身~, 病得不轻.＝그가 온몸을 떠는 것이 병이 예사롭지 않다.

## 塞 sè 막을 색

동 막다. 막히다. 가로막다. [합성어에 쓰임] ¶堵~＝막히다. / 闭目~听＝보지도 듣지도 않다.
☞ sāi, sài

○● 闭塞, 蔽bì塞, 充chōng塞, 堵dǔ塞, 梗gěng塞, 栓shuān塞, 搪táng塞, 壅yōng塞, 拥塞, 淤yū塞, 阻zǔ塞

【塞擦音】sècāyīn 명〔言〕 파찰음(破擦音). [현대 표준 중국어의 j·q·x·z·c·zh·ch 등] ≒ affricative
【塞音】sèyīn 명〔言〕 파열음(破裂音). [현대 표준 중국어의 b·p·d·t·g·k 등] ＝【爆发音】bàofāyīn ≒ plosive
【塞责】sèzé 동 색책(塞責)하다. 대강대강 해치우다. 대충 때우다. ¶敷衍~＝적당히 얼버무려 책임을 회피하다.

## 穑[穡] sè 거둘 색
동〔農〕 곡물을 수확하다. ¶稼~＝파종과 수확.

## sen

## 森 sēn 나무 빽빽할 삼

형 1〔文〕 빽빽하다. 많다. ¶~然林立＝빽빽이 들어서 있다. 2 (나무가) 무성하다. ¶原始~林＝원시 삼림. 3 어둡다. 음침하다. ¶阴~~＝어둡고 으스스하다. 4 엄숙하다. 삼엄하다. ¶壁垒~严＝수비가 삼엄하다. 명 (Sēn) 성(姓).

○● 萧森, 冷森森

【森冷】sēnlěng 형 음산하고 냉혹하다[차갑다]. ¶他~的目光扫过整个会场.＝그의 음산하고 냉혹한 눈빛이 회의장 전체를 훑고 지나갔다.
【森立】sēnlì 동 빽빽하게 들어서다. ¶高楼~＝고층 빌딩이 빽빽하게 들어차다.
【森林】sēnlín 명 삼림. 숲. 산림.
【森林赤字】sēnlín chìzì 명〔林〕 임업 적자. [벌채량이 축적량보다 클 때 생겨나는 차액]
【森林覆盖率】sēnlín fùgàilǜ 명〔林〕 삼림율. 산림율.
【森林古猿】sēnlín gǔyuán 명 드리오피테쿠스(Dryopithecus).
【森林疗法】sēnlín liáofǎ 명〔醫〕 산림 요법. [산림욕 등을 통해, 신진 대사 촉진·호흡 및 혈압 조절·항균력 강화 등을 꾀하는 치료법]
【森林资源】sēnlín zīyuán 명 산림 자원. 삼림 자원.
【森列】sēnliè 동 빽빽이 배열하다[늘어서다]. ¶群峰~＝뭇 봉우리들이 줄지어 들어서 있다.
【森罗殿】sēnluódiàn 명 삼라전.
【森罗万象】sēnluó-wànxiàng 명 삼라만상.

【森然】sēnrán 형 1 빽빽이 늘어선 모양. ¶古木~入云.＝고목들이 구름을 찌를 듯 빽빽이 서 있다. 2 무시무시하다. ¶夜幕中的山林~可怖.＝암흑이 짙게 깔린 숲이 무시무시하여 공포스럽다.
【森森】sēnsēn 형 1 나무가 우거지다[무성하다]. ¶苍松~＝푸른 소나무가 우거지다. 2 음산하고 적막하다. 오싹하다. 으스스하다. ¶破败的古寺阴~得令人发怵.＝무너진 고찰은 무서울 정도로 음산하고 적막하다. 3 한기가 엄습하다. 매섭다. 싸늘하다. 차갑다. ¶呈现在眼前的, 是冷~的漫天的雪野.＝눈 앞에 나타난 것은 차갑고 끝없이 펼쳐진 설야였다.
【森严】sēnyán 형 1 삼엄하다. ¶防范~＝경비가 삼엄하다. 2 엄(肅)하다. 위엄 있다. ¶气象~＝기상에 위엄이 서리다. ↔松散
【森郁】sēnyù 형 무성하다. 우거지다. ¶山林~＝산림이 우거지다.

## seng

## 僧 sēng 중 승

명 1〔佛〕 중. 스님. 승려. [범어 '僧伽(samgha)'의 준말] ¶得道高~＝득도한 고승. 2 (Sēng) 성(姓). ↔俗

○● 知客僧

【僧道】sēngdào 명 승려와 도사.
【僧多粥少】sēngduō-zhōushǎo 성(비) 사람은 많지만 나누어 줄 것은 적다. ＝【粥少僧多】zhōushǎo-sēngduō
【僧家】sēngjiā 명 중. 승려. 스님.
【僧来看佛面】sēng lái kàn fó miàn 속(비) 잘 모르는 사람에 대해 그 상사의 얼굴을 봐서 예우해 주다.
【僧侣】sēnglǚ 명 1 승려. 스님. 2 (불교 이외 종교의) 남자 수도자. ≒僧徒
【僧尼】sēngní 명 비구와 비구니. 스님.
【僧人】sēngrén 명 승려. 중. 스님.
【僧俗】sēngsú 명 승려와 속인.
【僧童】sēngtóng 명 동자승. 어린 승려.
【僧徒】sēngtú 명〔佛〕 승려. 중. 승도. ≒僧侣
【僧院】sēngyuàn 명 절. 사원.

## 鬙 sēng 머리 헝클어질 승
☞【鬅鬙】péngsēng

## sha

## 杀[殺] shā 죽일 살

동 1 죽이다. 살해하다. 잡다. ¶自~＝자살(하다). / 宰~猪羊＝돼지와 양을 잡다. 2 전투하다. 싸우다. ¶厮~＝서로 싸우고 죽이다. / 拼

~=목숨을 걸고 싸우다. **3** 감소시키다. 약화시키다. 누그러뜨리다. 약화되다. ¶减~暑热=여름 무더위를 누그러뜨리다. **4** 파손시키다. 훼손시키다. 손상시키다. ¶大~风景=흥을 완전히 깨다. 살벌한 광경이다. **5** 끝마치다. 마무리하다. 매듭짓다. 거두어들이다. ¶文章终于一尾了。=글은 마침내 결말을 맺었다. **6** (단단히) 조이다. 묶다. 졸라매다. ¶把腰带~一~=허리띠를 꽉 조이다. **7** …해 죽겠다. 죽도록 …하다. [동사 뒤에 쓰여, 정도가 심함을 나타냄] ¶笑~我也。=우스워 죽겠다./疼~人=아파 죽겠다. **8** (方) 접근하다. 가까이 가다. ¶天刚~黑, 他就赶到了。=날이 막 어두워질 무렵에야 그가 도착했다. **9** (약물 등이) 따갑게 하다. 쓰리게 하다. ¶辣椒~得人睁不开眼。=고추가 어찌나 매운지 눈을 못 뜰 정도이다. ≒屠 戮 宰

○● 暗杀, 残cán杀, 惨cǎn杀, 仇chóu杀, 刺杀, 扼è杀, 故杀, 减杀, 绞jiǎo杀, 抹mǒ杀, 谋móu杀, 虐nüè杀, 枪杀, 肃sù杀, 屠tú杀, 误wù杀, 凶xiōng杀, 掩yǎn杀, 诱yòu杀, 宰zǎi杀, 折zhé杀, 自杀

【杀场】 shāchǎng (名)(文) 형장. ¶绑赴~=형장으로 묶여 끌려가다.

【杀虫剂】 shāchóngjì (名) 살충제. =【杀虫药】 shāchóngyào

【杀虫药】 shāchóngyào ☞【杀虫剂】 shāchóngjì

【杀毒】 shā‖dú (动) **1** 바이러스를 죽이다. 소독하다. ¶用酒精~。=알코올로 소독하다. **2** (컴) 컴퓨터 바이러스를 죽이다. ¶~软件=컴퓨터 바이러스 백신.

【杀风景】[煞风景] shāfēngjǐng (义) **1** 아름다운 풍경을 해치다. 살벌한 풍경이다. **2** (牛) 흥을 깨다. 찬물을 끼얹다.

【杀害】 shāhài (动) 살해하다. 죽이다. ¶人质惨遭~。=인질이 참혹하게 살해되다.

【杀黑】 shāhēi (名)(牛) 날이 막 어두워지는 무렵.

【杀机】 shājī (名) **1** 살의. 살기. **2** 살인 동기.

【杀鸡给猴看】 shā jī gěi hóu kàn ☞【杀鸡吓猴】 shā jī xià hóu

【杀鸡取卵】 shājī-qǔluǎn (成) **1** 닭을 죽여 뱃속의 달걀을 꺼내다. **2**(牛) 눈앞의 이익만을 탐하다 앞날의 큰 이익을 놓치다. ≒竭泽而渔 焚林而猎 掘室求鼠

【杀鸡吓猴】 shājī-xiàhóu (成)(牛) 일벌백계하다. =【杀鸡给猴看】 shā jī gěi hóu kàn

【杀鸡焉用牛刀】 shā jī yān yòng niúdāo (成) **1** 닭 잡는 데 어찌 소 잡는 칼을 쓰랴! **2**(牛) 작은 일에 대단한 능력을 가진 사람을 쓸 필요없다.

【杀价】 shā‖jià (动) (대폭으로) 값을 깎다.

【杀脚】 shājiǎo (动)(方) **1** 걸음을 멈추다. 멈춰 서다. **2** 정지하다. 멈추다. 벌디디고 서다. ¶这混水不能趟, 赶紧~。=이런 일에 휩쓸리면 안 되니 빨리 발을 빼라.

【杀戒】 shājiè (名)(佛) 살생계(殺生戒).

【杀菌】 shā‖jūn (动) (햇빛·고온·약물 등으로) 살균하다.

【杀菌剂】 shājūnjì (名) 살균제.

【杀戮】 shālù (动) 살육하다. 도륙하다. 마구 죽이다. ¶在那场战乱中, 有多少无辜惨遭~。=그 전란 중에 얼마나 많은 무고한 사람들이 무참히 살육되었겠는가.

【杀掠】 shālüè (动)(文) 살육하고 약탈하다.

【杀灭】 shāmiè (动) 죽이다. 소멸시키다. 박멸하다. ¶~害虫=해충을 박멸하다.

【杀气】 shāqì (动) 성을 내다. 화풀이하다. 분을 풀다. ¶别乱拿人~。=남에게 함부로 화풀이하지 마라. ¶杀气。/ ~一冲天=살기등등하다.

【杀气腾腾】 shāqì téngténg (成) 살기등등하다.

【杀千刀】 shā qiāndāo (成) (욕하는 말로) 천 번을 죽여도 시원치 않다.

【杀青】 shāqīng (动) **1** 살청하다. [고대에, 죽간(竹簡)으로 사용할 대나무를 좀이 슬지 않고 글씨 쓰기에 편리하도록 불에 쬐어 수분을 없애는 일] **2** (문장·저서를) 탈고하다. 촬영을 완료하다. **3** (차(茶) 제작 공정의 하나로) 연한 새 찻잎을 고온으로 건조하여 발효를 억제시켜서 녹색을 보존하게 하다.

【杀球】 shā‖qiú (名)(體) (배드민턴 등에서) 스매시(smash)하다.

【杀人】 shā‖rén (动) 살인하다. 사람을 죽이다.

【杀人不过头点地】 shārén bùguò tóu diǎn dì (成)(牛) 다른 사람의 잘못을 너그럽게 용서할 줄도 알아야 한다. 사람을 막다른 곳까지 몰아넣어서는 안 된다.

【杀人不见血】 shārén bù jiàn xiě (成)(牛) 음험하고 악랄한 수단으로 감쪽같이 해치우다.

【杀人不眨眼】 shārén bù zhǎyǎn (成) **1** 사람을 죽여도 눈 한 번 깜짝하지 않다. **2**(牛) 매우 잔인하다.

【杀人鲸】 shārénjīng ☞【虎鲸】 hǔjīng

【杀人灭口】 shārén-mièkǒu (成) 사람을 죽여 입을 막다.

【杀人如麻】 shārén-rúmá (成) **1** 죽인 사람이 뒤엉킨 삼실처럼 많아 헤아릴 수 없다. **2**(牛) 살인을 밥 먹듯 하다. 수없이 살인하다.

【杀人越货】 shārén-yuèhuò (成) 살인하고 약탈하다. 살인과 강도.

【杀伤】 shāshāng (动) 살상하다.

【杀伤力】 shāshānglì (名)(軍) (무기의) 살상력.

【杀身】 shāshēn (动) 목숨을 잃다. 살해되다. 죽다. ¶幸免~之祸=다행히 죽는 화를 면하다.

【杀身成仁】 shāshēn-chéngrén (成) 살신성인.

【杀身大祸】 shāshēn-dàhuò ☞【杀身之祸】 shāshēnzhīhuò

【杀身之祸】 shāshēnzhīhuò (成) 목숨을 잃는 재앙. =【杀身大祸】 shāshēn-dàhuò

【杀生】 shāshēng (动)(佛) 살생하다.

【杀声】 shāshēng (名) (전쟁터의) 교전(交戰) 소리. 전투하는 군사들의 함성. ¶~四起=전투하는 병사들의 함성이 사방에서 일어나다.

【杀手】 shāshǒu (名) **1** 자객. 킬러(killer). ¶职业~=직업 킬러. **2**(牛) 해결사. 게임 메이커. 골

【杀手锏】shāshǒujiǎn ☞【撒手锏】sāshǒujiǎn

【杀熟】shāshú 동 (단골 손님·친구·친지 등에게) 바가지를 씌우다. 뒤통수를 치다.

【杀头】shātóu 1 목을 베다. 2 사형당하다.

【杀威】shā∥wēi 동 기세(위세)를 꺾다.

【杀性子】shā∥xìng·zi 동 감정을〔성미를〕억누르다. 자신을 제어하다.

【杀腰】shā∥yāo 동 허리를 조이다. 허리띠를 졸라매다.

【杀一儆百】[杀一警百] shāyī-jǐngbǎi 성 일벌백계하다.

【杀一警百】shāyī-jǐngbǎi ☞【杀一儆百】shāyī-jǐngbǎi

【杀总儿】shāzǒngr 동 총계를 내다. 합산하다. ¶手里~还余千把块钱。=수중의 돈을 따져 보니, 아직 천 위안 남짓 남아 있다.

## 杉 shā 삼나무 삼

명 '杉(shān)'과 같음. ['杉篙(shāgāo)'와 '杉木(shāmù)'등에 쓰임]
☞ shān

【杉篙】shāgāo 명(구) (가늘고 길고 곧은) 삼나무 목재. 삼나무 장대.

【杉木】shāmù 명(구) 삼나무 목재.

## *沙 shā 모래 사

명 1 모래. ¶流~=유사. 표사(漂沙). / 泥~俱下=토사가 흘러 내려오다. 2 모래알처럼 생긴 것. ¶豆~=콩[팥] 소. 3 모래를 포함한 도토(陶土)로 만든 것. ¶用~罐熬粥=(밑이 깊은) 질그릇으로 죽을 쑤다. 4 동 沙皇(차르). [옛날, 러시아와 불가리아의 황제에 대한 칭호] 5 (Shā) 성(姓). 형 (목소리가) 쉬다. 거칠다. 맑지 않다. ¶嗓子~了。=목소리가 쉬었다.
☞ shà

○● 蚕cán沙, 澄dèng沙, 粉沙, 流沙

【沙岸】shā'àn 명(地) 모래 해안.

【沙坝】shābà 명(地) 사주(沙洲). [자갈·조약돌 등이 해안선을 따라 제방 모양으로 퇴적된 지형]
영 sand bar

【沙包】shābāo 명 1 모래주머니. =【砂包】shābāo 2 (작은 산 만한) 커다란 모래더미. 3 오재미.

【沙暴】shābào ☞【尘暴】chénbào

【沙场】shāchǎng 명 1 모래 벌판. 2 전쟁터. ¶征战~=전쟁터로 출정하다. ≒战场 疆场

【沙尘】shāchén 명 모래(흙) 먼지.

【沙尘暴】shāchénbào 명(气) 1 모래폭풍. 2 (봄날 중국 서북부 및 북부에서 발생하는) 황사 현상.

【沙虫】shāchóng ☞【星虫】xīngchóng

【沙船】shāchuán 명 대형 정크(junk).

【沙袋】shādài 명 (체육·작전·홍수·화재 등에 사용되는) 모래주머니. 샌드백(sandbag).

【沙堤】shādī 명 사취(沙嘴). 모래부리. 모래톱. 영 sand spit

【沙地】shādì 명(地) 모래땅.

【沙雕】shādiāo 명 (모래를 쌓고 다듬어) 모래 조각을 하다. 명 모래조각.

【沙吊子】shādiào·zi 명(文) (물을 끓이는 데에 쓰이는) 질그릇. 질그릇 주전자.

【沙丁布】shādīngbù 명(紡) 새틴(satin).

【沙丁鱼】shādīngyú 명(動) 정어리.

【沙俄】Shā'é ☞【帝俄】Dì'é

【沙发】shāfā 명 소파(sofa).

【沙发床】shāfāchuáng 명 소파 베드(sofa bed). =【席梦思】xímèngsī

【沙肝儿】shāgānr 명(동) (음식에 쓰이는) 소·양·돼지의 비장(脾臟).

【沙缸】shāgāng 명 (점토를 원료로 구워 만든) 질그릇 항아리.

【沙罐】shāguàn ☞【砂罐】shāguàn

【沙锅】shāguō ☞【砂锅】shāguō

【沙果】shāguǒ ☞【花红】huāhóng

【沙海】shāhǎi 명 (바다와 같이 광활한) 사막.

【沙害】shāhài 명 모래로 인한 재해.

【沙壶】shāhú ☞【砂壶】shāhú

【沙化】shāhuà 동 사막화되다.

【沙獾】shāhuān ☞【猪獾】zhūhuān

【沙荒】shāhuāng 명(地) (태풍·홍수로 운반된 모래가 덮여 경작을 할 수 없는) 모래땅.

【沙皇】shāhuáng 명(史) 차르(tsar). [옛날, 러시아와 불가리아의 황제에 대한 칭호]

【沙鸡】shājī 명(動) 뇌조(雷鳥)의 일종. 영 sandgrouse

【沙棘】shājí 명(植) 갈매나무.

【沙浆】shājiāng ☞【砂浆】shājiāng

【沙礁】shājiāo 명 사초.

【沙金】shājīn 명 사금.

【沙坑】shākēng 명(體) (골프에서) 벙커(bunker). (육상 도약 경기에서) 착지하는 모래판. 피트(pit).

【沙拉】shālā 명 ☞【色拉】sèlā

【沙里淘金】shālǐ-táojīn 성 1 모래에서 금을 일어 내다. 2 방대한 자료에서 정수(精髓)를 찾아 내다. 3 큰 노력에 비해 성과가 미미하다. 애만 쓰고 성과가 적다.

【沙砾】[砂砾] shālì 명 모래와 자갈.

【沙粒】[砂粒] shālì 명 모래알.

【沙疗】shāliáo 명(醫) 모래찜질 요법. [중국 신장(新疆)성 투루판(吐鲁番)시 사막 지대의 요양원에서 발명한 치료법]

【沙柳】shāliǔ 명(植) 자주버들.

【沙龙】shālóng 명(史) 1 (歷) 살롱. [17세기 말부터 18세기까지 프랑스 문화·예술계의 인사들이 상류 가정의 객실에서 문예에 관하여 담론을 벌이던 사교 모임] 영 salon 2 문인과 지식인들이 담론하는 장소. 3 문학·예술계 인사들의 작은 모임. ¶电影~=영화 살롱. 4 프랑스 정부가 파리에서 정기적으로 여는 조형 예술 전람회.

【沙门】shāmén 图(佛) 승려. 사문. 匣 Śramaṇa
【沙弥】shāmí 图(佛) 사미. 사미승. 匣 Śrāmaṇera
【沙漠】shāmò 图(地) 사막.
【沙漠化】shāmòhuà 동(气) 1 ☞【荒漠化】huāngmòhuà 2 사막화되다.
【沙鸥】shā'ōu 图(动) (도요새·갈매기 등) 백사장·사주(沙洲)에 사는 물새.
【沙盘】shāpán 图 1 고운 모래를 담아 놓은 쟁반. 2 모래로 만든 모형(模型) 지형.
【沙碛】shāqì 图 사막.
【沙丘】shāqiū 图(地) 1 사구. 모래언덕. 2 (Shāqiū) 사추. [허베이(河北)성에 있는 지명]
【沙瓤】shāráng (~儿) 图 (잘 익어) 사박사박한 수박 속.
【沙壤土】shārǎngtǔ 图(地) 사양토(沙壤土). 모래땅.
【沙沙】shāshā 의 1 사박사박. 서벅서벅. [모래를 밟는 소리] 2 쏴쏴. [바람이 초목을 스치거나 모래바람이 물건을 때리는 소리] ¶晩风骤起, ~作响. =저녁 바람이 갑자기 일더니 쏴쏴 소리를 낸다.
【沙参】shāshēn 图(植) 사삼. 더덕.
【沙生植物】shāshēng zhíwù 图(植) 사구식물. 사생식물.
【沙石】shāshí 图 모래와 자갈. 사석.
【沙滩】shātān 图(地) 모래사장. 백사장. 모래톱.
【沙滩排球】shātān páiqiú 图(体) 1 비치 발리볼(beach volleyball). 해변 배구. 2 비치 발리볼 공.
【沙滩椅】shātānyǐ 图 (해변용) 접이식 간이 의자.
【沙糖】shātáng ☞【砂糖】shātáng
【沙特阿拉伯】Shātè Ālābó 图(地) 사우디아라비아(Saudi Arabia). [수도는 '利雅得(리야드: Riyadh)'임]
【沙田】shātián 图 모래밭. [모래가 많이 섞인 전답을 말함]
【沙土】[砂土] shātǔ 图 1 (地) 모래흙. 경미토(粳米土). 사토(沙土). [80% 이상이 모래로 이루어진 흙] 2 모래가 많은 토양.
【沙文主义】shāwénzhǔyì 图 쇼비니즘(chauvinism). 배타적 애국주의.
【沙哑】shāyǎ 图 목이 잠기다(쉬다). ¶她累得嗓子都~了. =그녀는 피곤한 나머지 목이 잠겼다.
【沙岩】shāyán ☞【砂岩】shāyán
【沙眼】shāyǎn 图(医) 트라코마(trachoma).
【沙音】shāyīn 图 1 잠음. 2 쉰 목소리.
【沙鱼】shāyú ☞【鲨鱼】shāyú
【沙浴】shāyù 동 1 모래찜질하다. 2 (닭·칠면조 등이) 사욕(沙浴)하다.
【沙灾】shāzāi 图 (홍수·바람으로 인한) 모래 재해.
【沙枣】shāzǎo 图(植) 1 사막보리수나무. 2 사막보리수나무의 열매. =【银柳】yínliǔ【香柳】xiāngliǔ【桂香柳】guìxiāngliǔ
【沙障】shāzhàng 图 모래막이. 사방(砂防).
【沙洲】shāzhōu 图(地) 사주. 모래섬. 囧 sand bar
【沙柱】shāzhù 图 사주. 모래기둥.
【沙子】shā·zi 图 1 모래. 2 모래알 같은 것. ¶铁~=(주물 원료로 쓰이는) 철가루.
【沙嘴】shāzuǐ 图(地) 사취. 모래부리. 모래톱.

\*纱[紗] shā 깁 사

图 1 (纺) 방직용 가는 실. 囧 yarn ¶麻~=베실. / 棉~=무명실. 2 (纺) 성기게 짠 직물. ¶面~=면사(포). 3 망사형 제품. ¶塑料~=플라스틱망. / 铁~=눈이 가는 철망. 4 (纺) 가볍고 얇은 방직물의 총칭. ¶乔其~=조젯(georgette).

○◉ 粗cū纱, 经纱, 拷kǎo纱, 麻纱, 纬wěi纱, 细纱, 洋纱, 绉zhòu纱, 花纱布, 青纱帐zhàng, 乌wū纱帽, 膨péng体纱

【纱包线】shābāoxiàn 图(电) 면으로 감은 전기줄. 면피복선.
【纱布】shābù 图(医) 거즈(gauze).
【纱厂】shāchǎng 图 방직 공장.
【纱橱】shāchú 图 실·철사 망을 씌운 찬장.
【纱窗】shāchuāng 图 사창(纱窗). 실이나 철사 망을 씌운 창문.
【纱灯】shādēng 图 사등롱(纱燈籠). 사초롱.
【纱锭】shādìng 图(纺) (방적 기계의) 방추. 물레의 실을 감는 가락. =【纺锭】fǎngdìng【锭子】dìng·zi
【纱巾】shājīn 图 사(纱) 스카프.
【纱笼】shālóng 图外 사롱(sarong). [미얀마·인도네시아·말레이반도 등지에서 남녀가 허리에 두르는 민속 의상]
【纱纶】shālún 图(纺) 사란(saran). [화학 섬유의 하나]
【纱罗】shāluó 图 깁. 사(纱).
【纱帽】shāmào 图 1 사모. 오사모. 관모. 2 사(纱)로 만든 여름 모자.
【纱门】shāmén 图 방충망을 한 문.
【纱线】shāxiàn 图(纺) 천을 짜는 실.
【纱帐】shāzhàng 图 1 사(纱)로 만든 휘장(막·장막). 2 모기장.
【纱罩】shāzhào 图 1 (음식물) 덮개. 2 (가스등·휘발유 등의) 갓. 덮개.

\*刹 shā 절 찰

동 1 (기계·차량 등을) 멈추다. ¶危急中将车~住, 才没酿成祸端. =위급한 상황에서 차를 세워 사고를 면했다. 2 ㉿ 금지하다. 막다. ¶~住公款吃喝的歪风邪气 =공금으로 먹고 마시는 나쁜 풍조를 금지하다.
☞ chà
【刹把】shābǎ 图 핸드 브레이크(hand brake).
【刹车】[煞车] shā‖chē 동 1 (자동차의) 브레이크를 걸다. 제동을 걸다. 차를 세우다. ¶不知为什么, 司机突然紧急~. =왜 그런지는 모르지만, 운전기사가 갑자기 급브레이크를 밟았다. 2 (동력을 차단하여) 기계를 정지시키다[멈추다]. ¶切割车床刚刚~. =절단용 선반이 막 멈췄다.

**3** [비] 멈추(게 하)다. 제지하다. ¶不切实际的形象工程必须～。=실제와 동떨어진 전시 효과만을 노린 건축 공사는 반드시 제지해야 한다.
【刹车】[煞车] **shāchē** [명] (자동차·모터사이클의) 제동기. 브레이크(brake). ¶这车的～出了毛病。=이 차의 브레이크는 고장났다.

## *砂 shā 모래 사

[명] **1** 모래. **2** 모래알 같은 것. ¶矿～=광사(鑛砂). 광석 부스러기.

⊶ 辰chén砂, 丹dān砂, 毒dú砂, 翻砂, 钢砂, 矿kuàng砂, 镁měi砂, 硼péng砂, 铁砂, 钨wū砂, 型砂, 朱砂

【砂包】**shābāo** ☞【沙包】**shābāo**
【砂布】**shābù** [명] 연마포(硏磨布). 금강사로 만든 사포. 에메리클로스(emery cloth).
【砂罐】[沙罐] **shāguàn** [명] (밑이 깊은) 오지솥.
【砂锅】[沙锅] **shāguō** [명] (뚝배기·약탕관 따위의) 질그릇.
【砂壶】[沙壶] **shāhú** [명] 오지 주전자.
【砂浆】[沙浆] **shājiāng** [명]《建》 모르타르(mortar). =【灰浆】**huījiāng**
【砂礓】 **shājiāng** [명]《礦》 비균질 석회 응괴(凝塊). 비균질 석회핵.
【砂矿】 **shākuàng** [명]《礦》 사광(砂鑛). 충적광상(沖積鑛床).
【砂砾】 **shālì** ☞【沙砾】 **shālì**
【砂粒】 **shālì** ☞【沙粒】 **shālì**
【砂轮】 **shālún**(～儿) [명] 연삭기(硏削機). 그라인더(grinder). 회전 숫돌. =【磨轮】**mólún**
【砂囊】 **shānáng** [명]《動》 **1** (새 등의) 모래주머니. 사낭(砂囊). **2** 지렁이의 모래주머니.
【砂糖】[沙糖] **shātáng** [명] 그래뉼(당). 알갱이 설탕. [영] granulated sugar
【砂土】 **shātǔ** ☞【沙土】 **shātǔ**
【砂型】 **shāxíng** [명] 사형. 모래 주형.
【砂岩】[沙岩] **shāyán** [명]《礦》 사암. 사암석.
【砂眼】 **shāyǎn** [명] (주조물의) 기포. 공기집.
【砂样】 **shāyàng** [명] (시추 작업에서 채취한) 암석 표본.
【砂纸】 **shāzhǐ** [명] 사포. 샌드페이퍼(sandpaper).
【砂铸】 **shāzhù** [동] 주조하다.
【砂子】 **shā·zi** ☞【沙子】 **shā·zi**

## 挱[撒] shā 뒤섞일 살

[동][문] 뒤섞이다.
☞ **sà**

## 莎 shā 사초(莎草) 사

지명·인명에 쓰이는 글자. ¶～车=사처. [신장(新疆)성에 있는 현 이름]
☞ **suō**

## 铩[鎩] shā 창 쇄

[명] 고대의 긴 창의 일종. [동][문] 손상하다. 해치다.
【铩羽】 **shāyǔ** [동][문] **1** 날개를 다치다. **2** [비] 실의하다. 실패하다. ¶～败退=지고 물러나다.

## 挲[(抄)] shā 문지를 사

☞【挓挲】**zhāshā**
☞ **sā, suō**

## 痧 shā 괴질 사

[명]《醫》 장염·콜레라·일사병 등의 급성병. ¶刮～=물소뿔 등으로 환자의 피부를 문질러서 질병을 치료하는 방법.

⊶ 发痧, 刮痧, 揪jiū痧, 绞肠jiǎocháng痧

【痧子】 **shā·zi** ☞【麻疹】 **mázhěn**

## *煞 shā 마무리할 살

[동] **1** 마치다. 마무리하다. 끝맺다. ¶收～=마무리짓다. **2** 손상시키다. 훼손시키다. 약화하다. 감소하다. ¶～风景=흥을 깨다. **3** 조이다. 동여매다. 졸라매다. 단단히 묶다. ¶～紧皮带=혁대를 꽉 졸라매다. **4** …해 죽겠다. 죽도록 …하다. [동사 뒤에 쓰여 정도가 심함을 나타냄] ¶恼～人也。=화가 나 죽겠다.
☞ **shà**

⊶ 扎zhā煞

【煞笔】 **shā‖bǐ** [동] 붓을 놓다. 글을 맺다〔마치다〕. ¶拙作即将～。=졸작이 머지않아 완성될 것입니다.
【煞笔】 **shābǐ** [명] (문장 맨 뒤의) 맺음말. 끝맺음. ¶这篇文章的～稍显简单。=이 글의 맺음말이 좀 간단한 것 같다.
【煞车】 **shā‖chē** [동] **1** ☞【刹车】 **shā‖chē** **2** 짐을 차에 단단히 묶다.
【煞车】 **shāchē** ☞【刹车】 **shāchē**
【煞风景】 **shāfēngjǐng** ☞【杀风景】 **shā fēngjǐng**
【煞尾】 **shāwěi** [동] 마무리짓다. 끝마치다. 결말을 짓다. ¶文章马上～。=글이 곧 마무리될 것이다. [명] **1** (글이나 일의) 결말. 대단원. ¶这篇散文的～部分还需要润色一下。=이 산문의 결말은 아직 좀 더 다듬을 필요가 있다. **2** [문] 북곡(北曲)의 투수(套數) 중 마지막 곡. ≒收尾
【煞账】 **shā‖zhàng** [동] (장부를) 결산하다.
【煞住】 **shāzhù** [동] 멈추다. 정지하다. 끝내다. 종결하다. ¶他突然把车～。=그는 갑자기 차를 멈추었다.

## 裟 shā 가사 사

☞【袈裟】**jiāshā**

## 鲨[鯊] shā 상어 사

【鲨鱼】[沙鱼] **shāyú** [명]《動》 상어.

## *啥 shá 무엇 사

[대][방] 무엇. 무슨. 어느. 어떤. ¶他～时候来？=그 사람은 언제 온다던?
【啥子】 **shá·zi** [대][방] 무엇. 무슨. 무슨 물건. ¶

你刚才在干~? =너 방금 뭐 하고 있었지?

**傻** shǎ 어리석을 사

[형] **1** 어리석다. 우둔하다. 멍청하다. 미련하다. ¶못~=아둔하다. / 一脸~相=얼굴 가득 멍청한 티가 나다. **2** 고지식하다. 융통성이 없다. 꽉 막히다. ¶此事要讲究技巧，不能~干.=이 일은 기교를 중시해야지, 고지식하게 처리해서는 안 된다. ≒笨 蠢 ↔精

【傻不愣登】shǎ·bulēngdēng (~的) [형] 멍청하다. 맹하다. 바보스럽다. ¶这人看起来~的.=이 사람은 멍청해 보인다.

【傻痴】shǎchī [형] 우둔하다. 멍청하다.

【傻吃傻喝】shǎchī-shǎhē 뒷일은 전혀 걱정하지 않고 마구 먹고 마시다. ¶这病都是平时~造成的.=이 병은 모두 평상시에 마구 먹고 마셔서 생긴 것이다.

【傻大笨粗】shǎdà bèncū [형] (사람·물체가) 멋대가리없이 크다. 크고 투박하다.

【傻大黑粗】shǎdà hēicū [형] (사람·물체가) 멋대가리없이 크다. 크고 투박하다. 거무튀튀하고 투박하다.

【傻等】shǎděng [동] 멍하니 기다리다. 바보처럼 기다리다. 우두커니 기다리다. 소득 없이 기다리다. 허탕치다. ¶我们要想办法，不能~.=우리는 방법을 생각해 봐야지, 우두커니 기다리고 있어서는 안 된다.

【傻瓜】shǎguā [명] 바보. 멍텅구리. 멍청이. [욕하거나 농담조의 말]

【傻瓜相机】shǎguā xiàngjī [명][통] 전자동 카메라. 자동형 카메라. [조작이 편리하여 바보라도 사용할 수 있다고 해서 붙여진 명칭]

【傻孩子】shǎhái·zi [명] **1** 어리석은 아이. 멍청한 아이. **2** 바보 녀석. 멍청한 녀석. 맹꽁이 녀석. [아이에 대한 애칭] ¶~，别担心家里，好好工作.=바보 같은 놈, 집 걱정은 말고 일이나 열심히 해.

【傻呵呵】shǎhēhē (~的) [형] 멍청하다. 맹하다. 무던하다. 어수룩하다. ¶他表面~的, 心里却清楚.=그는 겉으로는 어수룩해도 속으로는 다 알고 있다.

【傻乎乎】shǎhūhū (~的) [형] 멍청하다. 맹하다.

【傻话】shǎhuà [명] 바보 같은 이야기. 멍청한 소리. 맹한 소리. ¶这孩子尽说~.=이 아이는 바보 같은 소리만 한다.

【傻劲儿】shǎjìnr [명] **1** 뚝심. ¶这活不是靠~就能干得了的.=이 일은 뚝심으로 할 수 있는 일이 아니다. **2** 어수룩함. 바보스러움. ¶多动脑筋, 别一天到晚光犯~.=머리를 좀 써 봐, 온종일 멍청하게만 굴지 말고.

【傻乐】shǎlè [동][방] 바보처럼 웃다. 실없이 웃다. ¶小家伙一眼不眨地盯着电视画面~.=녀석은 눈도 깜박 않고 텔레비전 화면만 쳐다보며 실없이 웃고 있다. ≒傻笑

【傻愣愣】shǎlèngleng (~的) [형] 멍하다. 어리벙벙하다. 맹하다. ¶他~地站着, 一言不发.=그는 멍하니 서서 한 마디도 하지 않았다.

【傻里吧唧】shǎ·libājī [형] 어리석다. 바보스럽다. 멍청하다. 미련하다. 굼뜨다. ¶他只知道~地干活, 根本不知道谈报酬.=그는 미련스럽게 일만 할 뿐 보수에 관해서는 아예 신경 쓰지 않는다.

【傻里傻气】shǎ·li-shǎqì (~的) [형] 멍청하다. 어리어리하다. 어벙하다. 맹하다. ¶这人~的, 看来没读几年书.=저 사람 맹한 거 보니, 공부를 얼마 못 한 것 같군.

【傻帽儿】shǎmàor [형][방] 바보스럽다. 어수룩하다. ¶这人办事太~.=이 사람 일하는 게 너무 어수룩하다. [명] 바보. 멍텅구리. ¶他活是一个~.=그는 정말이지 바보 같은 사람이다.

【傻气】shǎqì [명] 어수룩함. 바보스러움. ¶说话小心点, 别尽犯~.=말조심 해, 바보처럼 그러지 말고. [형] 멍청하다. 어리어리하다. 어벙하다. 맹하다.

【傻人】shǎrén [명] 바보. 멍청이. ¶~有傻福.=바보에겐 바보의 복이 있다.

【傻傻乎乎】shǎ·sha hūhū (~的) [형] 멍청하다. 맹하다.

【傻傻愣愣】shǎ·sha lènglèng (~的) [형] 멍청하다. 어리벙벙하다. 맹하다.

【傻头傻脑】shǎtóu-shǎnǎo (~的) [형] 어리석다. 어리어리하다. 어벙하다. 맹하다. 어리숭하다. ¶他整天~的, 也不知做个啥.=그는 하루 종일 멍청하게 있으면서 뭘 해야 하는지도 모른다. ≒呆头呆脑

【傻小子】shǎxiǎo·zi [명] **1** 바보 녀석. 멍청한 놈. **2** 바보 같은 친구. 바보 같은 젊은이. [연장자가 친근하게 젊은이를 부르는 말] **3** 머저리. 병신. 얼간이. [남을 경멸하는 말] ¶~, 你懂个屁.=병신, 쥐뿔도 모르는 게!

【傻笑】shǎxiào [동] 실없이 (실실) 웃다. 바보스럽게 웃다. ¶别~, 说正经的.=실없이 웃지 말고 진지하게 얘기해 봐. ≒傻乐 痴笑

【傻丫头】shǎyā·tou [명] **1** 바보년. 멍청한 년. **2** 멍청한 계집애. 바보 같은 계집애. [연장자가 친근하게 젊은이를 부르는 말]

【傻眼】shǎ‖yǎn [동] 눈이 멍해지다. 아연실색하다. ¶他被眼前的车祸吓~了.=그는 눈앞에 벌어진 교통 사고에 놀라 아연실색하였다.

【傻子】shǎ·zi [명] 바보. 천치. 백치. 저능아. ≒白痴

**沙** shà 까부를 사

[동] (키로) 까부르다. (체로) 치다. ¶把麦子里的碎土~一~.=밀에 섞인 흙부스러기를 까부르다.
☞ shā

**唼** shà 쪼아먹을 삽

[동][문] 물새나 물고기가 먹이를 먹다.

【唼喋】shàzhá [의][문] 삭삭. 사각사각. [물고기 떼나 새 떼가 먹이를 먹는 소리]

**厦** [(廈)] shà 큰 집 하

【厦】 **1** 큰 건물. 빌딩. ¶大~=빌딩. **2**〈방〉 집 뒷편 처마 밑. ¶前廊后~=집의 앞뒤편 처마 밑.
☞ **xià**

○● 抱厦

## 嗄 shà 목 잠길 사
〔형〕〈문〉 목이 쉬다〔잠기다〕.
☞ **á**

## 歃 shà 마실 삽
〔동〕〈문〉 (입으로) 빨다. 마시다.
【歃血】 **shàxuè** 〈동〉 삽혈(歃血)하다. [고대에 동맹을 맺거나 굳은 약속의 표시로 개·돼지·말 따위의 피를 서로 나누어 마시거나 입에 바르던 일] ¶~为盟=삽혈로써 동맹을 맺다.

## 煞 shà 죽일 살
〔부〕 매우. 아주. 극히. 대단히. 몹시. 정말. 무척. ¶~是无聊=무척 심심하다. 〔명〕 흉신(凶神). 악귀. 악령. ¶凶~=흉악한 악귀.
☞ **shā**

○● 回煞, 凶煞

【煞白】 **shàbái** 〔형〕 (병·공포·분노 등으로) 얼굴에 핏기가 가시다. 창백하다. 새하얗다. 해쓱하다. 새파랗다. ¶她脸色~, 看来气愤极了. =그녀의 얼굴빛이 하얗게 질린 걸 보니 무척 화가 난 것 같다.
【煞费】 **shàfèi** 〔동〕 (매우) 많이 쓰다. ¶~精神=신경을 무척 많이 쓰다.
【煞费苦心】 **shàfèi-kǔxīn** 〈성〉 무척 고심하다. 심혈을 기울이다. 온 신경을 다 쓰다. 몹시 애를 쓰다. ≒费尽心思
【煞费心机】 **shàfèi-xīnjī** 〈성〉 온갖 잔꾀를 다 부리다. 온갖 잔머리를 굴리다. 무척 고심하다.
【煞气】 **shà‖qì** 〔동〕 공기가 새다〔빠지다〕. ¶气球~了. =풍선의 공기가 빠졌다.
【煞气】 **shàqì** 〔명〕 **1** 흉악한 인상. 독살스러운 표정〔기색〕. 살기. ¶一脸~=살기등등한 얼굴. **2** 사기(邪氣). 불길한 기운. 사악한 기운.
【煞星】 **shàxīng** 〔명〕 **1** 흉신(凶神)을 상징하는 별자리. **2**〈비〉 흉악한 사람.
【煞有介事】 **shàyǒujièshì** 〈성〉 아주 그럴듯하다. 정말 진짜 같다. =【像煞有介事】 **xiàng shàyǒujièshì**

## 箑 shà 부채 삽
〔명〕〈문〉 부채.

## 霎 shà 가랑비 삽
〔명〕 **1** 가랑비. **2**〈문〉 잠깐. 삽시간. 잠깐 사이. ¶短短的一~, 天就变阴了. =삽시간에 하늘이 흐려졌다. 〔의〕〔문〕 쏴쏴. [비바람 소리] 〔동〕〈문〉 눈을 깜빡이다.
【霎霎】 **shàshà** 〔의〕〈문〉 쏴쏴. [소리] ¶雨声~=빗소리가 쏴쏴 들린다.

【霎时】 **shàshí** ☞ 【霎时间】 **shàshíjiān**
【霎时间】 **shàshíjiān** 〔명〕 삽시간. 순식간. =【霎时】 **shàshí** ¶~天下起了暴雨. =순식간에 폭우가 쏟아지기 시작했다.
【霎眼】 **shàyǎn** 〔동〕〈방〉 눈을 깜빡이다. ¶一~又到春天了. =눈 깜짝할 사이에 또 봄이 왔다.

# shai

## 筛[篩] shāi 체 사
〔명〕 체. ¶把麦子过一下~. =밀을 체로 한번 치다. 〔동〕 **1** 체로 치다. 체질하다. ¶把米~一下. =쌀을 체로 한차례 치다. **2**〈비〉 (선별하여) 걸러내다. 도태시키다. ¶由于知识不全面, 他最终被~下来了. =지식이 전면적이지 못해, 그는 결국 도태당했다. **3** (술을) 따르다. 붓다. ¶给~壶酒来. =주전자에 술을 따라 오너라. **4** (술을) 데우다. 덥히다. ¶天冷, 把酒~一下再喝. =날이 추우니 술을 데워 마시자. **5**〈방〉 (징을) 치다. ¶锣刚~了三遍, 村民们便纷纷赶来了. =징이 세 번밖에 울리지 않았는데 마을 사람들이 다투어 모여들었다.
【筛除】 **shāichú** 〔동〕 체질하여 걸러 내다. 선별하여 걸러 내다.
【筛骨】 **shāigǔ** 〔명〕〈生〉 사골(篩骨).
【筛糠】 **shāi‖kāng** 〔동〕 **1** 겨를 체로 치다. **2**〈구〉〈비〉 (공포·추위로) 몸을 떨다. ¶他蜷作一团, 冻得全身~. =그는 몸을 잔뜩 웅크리고 추워서 온몸을 떨었다.
【筛洗】 **shāixǐ** 〔동〕 체로 치고 물로 헹구다. 체질하여 깨끗하게 하다.
【筛选】 **shāixuǎn** 〔동〕 **1** 체로 치다. **2** 걸러 내다. 골라 내다. 선별하다. ¶那么多人, 总能~出适合的人选. =사람이 이렇게 많으니 분명 적당한 사람을 고를 수 있을 것이다.
【筛眼】 **shāiyǎn** 〔명〕 쳇눈. 쳇구멍.
【筛子】 **shāi·zi** 〔명〕 체.

## 色 shǎi 빛 색
〔명〕〈구〉(~儿) 색. 색깔. ¶上~=색칠하다. / 掉~=퇴색하다. 색이 바래다〔날다〕.
☞ **sè**

○● 本色, 落lào色, 上色, 退色, 颜yán色, 玉色, 走色

【色酒】 **shǎijiǔ** 〔명〕 (색을 띤) 과실주.
【色子】 **shǎi·zi** 〔명〕 주사위. =【骰子】 **tóu·zi**

## 晒[曬] shài 쬘 쇄
〔동〕 **1** 햇볕을 쬐다. 햇볕에 말리다. ¶把被子拿出去~. =이불을 꺼내 햇볕에 말리다. **2** 햇볕이 내리쬐다. ¶风吹日~=바람이 불고 햇볕이 내리쬐다. **3**〈방〉 푸대접하다. 소홀히 대하다. 내버려 두다. 아랑곳하지 않다. 거들떠보지 않다. ¶他把来求他办事的人~在一边. =그는 그에게

일을 부탁하러 온 사람을 한쪽에 내버려 두었다.
○● 西晒

【晒场】shàicháng 阁 곡식을 말리는 장소.
【晒垡】shàifá 동(农) 갈아엎은 땅에 햇볕을 쪼이다.
【晒干】shàigān 동 햇볕에 말리다. 바짝 말리다. ¶衣服~了, 可以收回来了. =옷이 햇볕에 다 말랐으니 걷어 와도 되겠다.
【晒黑】shàihēi 동 (피부 등이) 햇볕에 타다. 햇볕에 꺼멓게 그을리다.
【晒台】shàitái 阁 옥상 건조대. 옥상 마당. 옥상 테라스.
【晒太阳】shài tài·yang 동 햇볕을 쪼이다. 일광욕하다.
【晒田】shài‖tián 동(农) 논에서 물을 빼고 바닥을 햇볕에 말리다.
【晒图】shài‖tú 동 청사진을 뜨다. 감광시키다.
【晒图纸】shàitúzhǐ 阁 청사진지. 감광지.
【晒烟】shài‖yān 동 (햇볕에) 담뱃잎을 말리다.
【晒烟】shàiyān 阁 1 햇볕이나 그늘에 말린 잎담배. 2 잎담배를 만드는 연초〔담배〕.
【晒盐】shàiyán 동 천일염(天日鹽)을 만들다. 阁 천일염. 볕소금.
【晒衣夹】shàiyījiā 阁 빨래집게.
【晒种】shài‖zhǒng 동 (습기·곰팡이 제거를 위해) 씨앗을 햇볕에 말리다.

# shan

**山** shān 뫼 산
阁 1(地) 산. ¶青~=청산. / 靠~吃~=산을 이용해 먹고살다. 2 산 모양의 것. ¶冰~=빙산. 3 '人'자형 지붕 가옥의 양 측면의 벽. ¶房~='人'자형 지붕 가옥의 양 측면의 벽. 4 누에섶. 잠족(蠶簇). ¶蚕~=누에섶. 잠족. 5 (Shān) 성(姓). 웅장하다. 거대하다. 크다. ¶广场上锣鼓敲得~响. =광장에서는 징과 북을 두드리는 소리가 크게 울린다.

○● 保山, 冰山, 蚕山, 常山, 朝cháo山, 坟fén山, 关山, 河山, 火山, 假jiǎ山, 江山, 开山, 靠山, 矿kuàng山, 炼liàn山, 名山, 劈pī山, 深山, 泰tài山, 童山, 雪山

○ 山 shān
  汕 shàn
  疝 shàn
  讪 shàn
  舢 shān
  灿 càn
  仙 xiān

【山坳】shān'ào 阁 산간의 평지. 안부(鞍部).
【山包】shānbāo 阁동 작은 산. 언덕.
【山崩】shānbēng 동 산사태가 나다. 산이 무너지다. ¶~地裂=산이 무너지고 땅이 갈라지다. 阁 산사태.
【山不转水转】shān bù zhuàn shuǐ zhuàn 〈속〉〈비〉 1 이 곳에서는 살 길이 없어도 다른 곳에는 있을 수 있다. 2 여기에서는 못 만나도 다른 곳에

서는 만날 수 있다.
【山茶】shānchá 阁(植) 동백나무.
【山城】shānchéng 阁 산간도시.
【山冲】shānchōng 阁〈방〉 1 산간의 평지. 안부(鞍部). 2 산지에 있는 평지.
【山重水复】shānchóng-shuǐfù 〈성〉 산은 겹겹이 연이어 있고, 강물은 휘감아 돌아 흐른다.
【山川】shānchuān 阁 산천. 산하(山河). ¶~秀美=산천이 빼어나게 아름답다.
【山村】shāncūn 阁 산촌. 산골.
【山大】Shān Dà ☞【山东大学】Shāndōng Dàxué
【山大王】shāndài·wang 阁〈완〉 산적 두목. [주로 조기 백화문에 보임]
【山丹】shāndān 阁(植) 하늘나리. 산단. [백합과의 여러해살이 풀] =【红百合】hóngbǎihé
【山地】shāndì 阁 1(地) 산지. 산간 지대. ¶保护~生态环境=산지 생태 환경을 보호하다. 2 산에 있는 농지. 메밭. ¶~退耕, 植林种草.=산지의 경작을 중단하고, 나무와 풀을 심다.
【山巅】shāndiān (~儿) 阁 산꼭대기. 산 정상.
【山顶】shāndǐng 阁 산꼭대기. 산 정상. ¶~上高高耸立着一座塔台.=산꼭대기에 관제탑이 높다랗게 우뚝 솟아 있다.
【山顶洞人】Shāndǐngdòngrén 阁(歷) 산정동인. [1933년에 지금의 베이징(北京)시 팡산(房山)현 저우커우뎬(周口店)에 있는 롱구산(龙骨山) 정상에서 발견된 약 18,000년 전의 인류 화석]
【山东】Shāndōng 阁(地) 산둥(山东)성. 산둥성. ['鲁(Lǔ)'로 약칭하며, 성도는 지난(济南)임]
【山东大学】Shāndōng Dàxué 阁 산동대학. [중국 교육부 직속의 연구 중심의 명문 종합 대학. 지난(济南)시에 있음] 약【山大】Shān Dà
【山东梆子】Shāndōng bāng·zi 阁(剧) 산동방자. ['梆子腔(중국 전통극의 주요 곡조의 하나)'으로 가창하는 산둥(山东)성의 지방 전통극]
【山东快书】Shāndōng kuàishū 阁(艺) 산동쾌서. [산둥(山东)성·화베이(华北)·둥베이(东北) 일대에서 유행하는 설창 문예의 일종]
【山洞】shāndòng 阁 산굴. 산동굴.
【山风】shānfēng 阁 1 산바람. 2(气) 밤에 산 정상에서 계곡 아래로 부는 바람.
【山峰】shānfēng 阁 산봉우리. 산봉.
【山腹】shānfù 阁 산 중턱. 산허리. 산요(山腰).
【山旮旯儿】shāngālár 阁〈방〉 두메 산골. =【山旮旯子】shāngālá·zi
【山旮旯子】shāngālá·zi ☞【山旮旯儿】shāngālár
【山冈】shāngāng 阁 낮고 작은 산. 언덕. 구릉.
【山岗(子)】shāngāng(·zi) 阁 낮고 작은 산. 언덕.
【山高高不过太阳】shān gāo gāo·bu guò tàiyáng 〈숙〉〈비〉 사람의 능력이 아무리 출중해도 한계가 있는 법이다.
【山高海深】shāngāo-hǎishēn 〈성〉〈비〉 능력이 대단하다. 은혜〔정의(情谊)〕가 매우 두텁다.
【山高皇帝远】shān gāo huángdì yuǎn

[속][비] 중앙 정부의 법률과 제도가 미치지 않는 곳. =【天高皇帝远】tiān gāo huángdì yuǎn
【山高路险】shāngāo-lùxiǎn [성] 험난한 여정.
【山高路远】shāngāo-lùyuǎn [성] 멀고 험한 여정.
【山高水长】shāngāo-shuǐcháng [성] 1 산봉우리처럼 우뚝 솟고, 강물처럼 끊임없이 흐르다. 2 [비] 훌륭한 인품·명성이 오랫동안 전해지다. 3 [비] 우의가 두텁다. 은덕(恩德)이 크다.
【山高水低】shāngāo-shuǐdī [성][비] 갑작스런 불행. 불의의 사고. 뜻밖의 재난. [주로 죽음을 가리킴]
【山高水远】shāngāo-shuǐyuǎn [성] 갈 길이 아득하다.
【山歌】shāngē [명]《音》(산과 들에서 일을 할 때 부르는) 민간 가곡.
【山根】shāngēn(~儿) [명] 산기슭. 산각(山脚). ≒山脚 山麓
【山沟】shāngōu [명] 1 산 개울. 2《地》산골짜기. 3 두메 산골. ¶昔日的~如今也不穷了。=이전의 두메 산골도 지금은 가난하지 않게 되었다.
【山谷】shāngǔ [명]《地》산골짜기.
【山光水色】shānguāng-shuǐsè [성] 아름다운 산수 풍경.
【山国】shānguó [명] 1 산이 많은 나라. 산국. 2 산이 많은 지역.
【山果】shānguǒ [명] 산과 들에서 나는 과실.
【山海关】Shānhǎiguān [명] 산하이관. [만리장성의 기점으로 허베이(河北)성 린젠(临检)현에 있음]
【山海经】Shānhǎijīng [명] 1《산해경》. [고대의 지리·산물·신화·무술(巫術)·종교 등을 기록한 선진(先秦) 문헌] 2 [비] 주제와 동떨어진 말. 뜬구름 잡는 말. 허튼소리. ¶他又在乱弹~。=그는 또 뜬그름 잡는 말을 해대고 있다.
【山河】shānhé [명] 1 산과 강. 2 국토. 산하. 강산. ¶秀丽~=수려한 강산.
【山和尚】shānhé·shang ☞【戴胜】dàishèng
【山核桃】shānhé·tao [명]《植》1 히코리(hickory). [호두나무과의 나무] 2 히코리의 열매. [방]【小胡桃】xiǎohútáo
【山洪】shānhóng [명] (폭우나 쌓인 눈이 녹아 생기는) 산의 홍수.
【山呼】shānhū [동][문] 1 소리로 환호하다. 소리 높여 외치다. ¶众人~不绝。=군중들이 끊임없이 큰 소리로 환호하다. 2 고대에, 황제에게 머리를 조아리고 '万岁(만세)' 를 삼창하다.
【山花】shānhuā [명] 산꽃. 산화. 야생화. ¶~烂漫=산꽃이 흐드러지게 피다.
【山獾】shānhuān ☞【猸子】méi·zi
【山荒】shānhuāng [명] (남벌로 인한) 산 속의 황(무)지〔거친 땅〕.
【山回路转】shānhuí-lùzhuǎn ☞【峰回路转】fēnghuí-lùzhuǎn
【山火】shānhuǒ [명] 산불.
【山货】shānhuò [명] 1 산지 산물. 2 (나무·대나무·점토 등으로 만든) 일용품. 가정용 세간.
【山积】shānjī [형][문] 산적하다. 매우 많이 쌓이다. ¶粮食~=식량이 산더미처럼 쌓여 있다.
【山鸡】shānjī [명]《動》꿩.
【山鸡舞镜】shānjī wǔ jìng [성] 1 꿩이 거울 앞에서 춤을 추다. 2 [비] 자기 혼자 좋아하다. 혼자 도취되다.
【山脊】shānjǐ [명] 산등성마루. 산등성이. 산척. ≒山梁
【山间】shānjiān [명] 산간.
【山涧】shānjiàn [명] 계곡을 흐르는 물. 개울.
【山脚】shānjiǎo [명] 산기슭. 산각. ≒山根 山麓 ↔山头
【山轿】shānjiào [명] 산길용 가마. [의자를 장대에 묶어 만든 것]
【山金】shānjīn ☞【脉金】màijīn
【山景】shānjǐng [명] 산 경치. 산 풍경.
【山径】shānjìng [명] 산길.
【山口】shānkǒu [명] 산어귀. 지레목. 산잘림. (산)고개. 재.
【山窟】shānkū [명] 산굴.
【山岚】shānlán [명][문] 산 속의 운무(雲霧). ¶~缭绕=산 속에서 운무가 피어오르다.
【山里】shān·li [명] 산 속. 산중(山中).
【山里红】shān·lihóng [명]《植》1 넓은잎산사나무. 2 넓은잎산사나무의 열매. [방]【红果儿】hóngguǒr
【山梁】shānliáng [명] 산등성마루. 산마루. ¶高高的~映入云端。=높디높은 산등성마루가 구름 끝자락에 감춰졌다. ≒山脊
【山林】shānlín [명] 1 산림. 숲. 2 은거하는 곳. ¶隐居~=산림에 은거하다.
【山陵】shānlíng [명][문] 1 산악과 구릉. 2 [옛] 임금(과 왕후)의 능묘.
【山岭】shānlǐng [명] 연봉(連峯). 죽 늘어선 높은 산봉우리. 산마루.
【山路】shānlù [명] 산길. ¶~盘桓=산길이 굽이굽이 이어져 있다.
【山麓】shānlù [명] 산록. 산기슭. 산자락. ≒山脚 山根 ↔山头
【山麓平原】shānlù píngyuán [명]《地》산악 지역과 평원 지역의 과도(過渡) 지대.
【山峦】shānluán [명] 연산(連山). 죽 잇대어 있는 산. ¶~叠嶂=첩첩이 우뚝 솟은 산.
【山脉】shānmài [명]《地》산맥.
【山猫】shānmāo ☞【豹猫】bàomāo
【山毛榉】shānmáojǔ [명]《植》너도밤나무. =【水青冈】shuǐqīnggāng [영] beech
【山毛桃】shānmáotáo ☞【山桃】shāntáo
【山门】shānmén [명] 1 산문. 절의 대문. 2 사원. 3 불교. ¶皈依~=불가(佛家)에 귀의하다.
【山盟海誓】shānméng-hǎishì [성] 1 산과 바다처럼 영원히 변하지 않을 것을 맹세하다. 2 굳은 맹세. 3 남녀의 영원한 사랑의 맹세. =【海誓山盟】hǎishì-shānméng
【山民】shānmín [명] 1 산민. 산사람. 2 [문] 산에 은거하는 사람의 자칭.

【山明水秀】 shānmíng-shuǐxiù ☞【山清水秀】 shānqīng-shuǐxiù
【山姆大叔】 Shānmǔ Dàshū 图(외) 1 엉클 샘(Uncle Sam). [19세기 미국에서 군용 쇠고기를 납품하던 상인의 별명] 2 미국.
【山奈钾】 shānnàijiǎ ☞【氰化钾】 qínghuàjiǎ
【山南海北】 shānnán-hǎiběi (성) 1 머나먼 곳. 방방곳곳. 2 (비) 수다떨다. =【天南海北】 tiānnán-hǎiběi
【山炮】 shānpào 图(军)(산악 전투 등에 사용하는) 산포.
【山坡】 shānpō 图 산비탈.
【山葡萄】 shānpú·tao 图(植) 산포도. 머루.
【山墙】 shānqiáng 图 '人'자형 지붕 가옥의 양 측면의 벽. =【房山】 fángshān
【山清水秀】 shānqīng-shuǐxiù (성) 산 좋고 물 맑다. 산수가 아름답다. =【山明水秀】 shānmíng-shuǐxiù
【山穷水尽】 shānqióng-shuǐjìn (성) 1 산길과 물길이 막바지까지 다다르다. 2 (비) 궁지에 빠지다. 막다른 길에 몰리다. 능走投无路
【山丘】 shānqiū 图 1 산언덕. 2 (문) 분묘. 무덤.
【山区】 shānqū 图(地) 산간 지역. 산악 지구. ¶大力发展~经济=산간 지역의 경제를 힘껏 발전시키다.
【山泉】 shānquán 图 산 속의 샘(물). ¶~丁冬响。=산 속의 샘물이 졸졸졸 소리를 낸다.
【山雀】 shānquè 图(动) 박새. ¶杂色~=곤줄박이.
【山色】 shānsè 图 산색. 산의 경치. ¶~早晚各异。=산의 빛깔이 아침 저녁으로 각각 다르다.
【山山】 shānshān 모든 산. ¶~风景宜人。=모든 산 풍경이 마음에 든다.
【山上】 shānshàng 图 산중. 산 속. ¶~林木繁盛。=산 속 나무들이 울창하다.
【山神】 shānshén 图 산신. 산신령.
【山石】 shānshí 图 산의 돌.
【山势】 shānshì 图 산세. 산의 형세. 산의 기세. ¶~险峻=산세가 험준하다.
【山水】 shānshuǐ 图 1 산과 물. 2 산수 풍경. 산과 물이 있는 풍경. ¶九寨沟的~梦幻般的美丽。=주자이거우의 산수는 환상적으로 아름답다. 3 산에서 흘러내리는 물. 4 (美) 산수화.
【山水画】 shānshuǐhuà 图(美) 산수화.
【山水相连】 shānshuǐ-xiānglián (성)(비) 불가분의 관계이다.
【山桃】 shāntáo 图(植) 소귀나무. =【山毛桃】 shānmáotáo
【山体】 shāntǐ 图 산의 형체.
【山桐子】 shāntóngzi 图(植) 의나무.
【山头】 shāntóu 图 1 산꼭대기. 산봉우리. 2 산채(山寨)를 지어 놓은 산꼭대기. 3 (비) 파벌. 종파. ¶大家要精诚团结, 不能自立~。=모두들 정성을 모아 단결해야지, 제각각 파벌을 만들어서는 안 된다. ↔山脚 山麓
【山头主义】 shāntóuzhǔyì 图 파벌주의.

【山洼】 shānwā 图 산 속 저지대. 산 속의 움푹 팬 곳. 산골짜기.
【山窝(窝)】 shānwō(·wo) 图 두메 산골.
【山坞】 shānwù 图 산간의 평지. 안부(鞍部).
【山西】 Shānxī 图(地) 산시(山西)성. 산시성. ['晋(Jìn)'으로 약칭하며, 성도는 타이위안(太原)임]
【山西梆子】 Shānxī bāng·zi ☞【晋剧】 jìnjù
【山系】 shānxì 图(地) 산계.
【山峡】 shānxiá 图 산골짜기. 협곡.
【山险】 shānxiǎn 图 산세가 험준한 곳.
【山乡】 shānxiāng 图 산촌. 산골. ¶~换新颜。=산촌이 새로운 면모로 바뀌었다.
【山响】 shānxiǎng (형)(비) 소리가 매우 크다. ¶除夕夜, 鞭炮噼噼啪啪~。=섣달 그믐날 밤, 폭죽이 팡팡 터지는 소리가 요란하다.
【山魈】 shānxiāo 图 1 (动) 맨드릴(mandrill). [원숭이의 일종] 2 (전설에 나오는) 산 속 외발귀신.
【山崖】 shānyá 图 낭떠러지. 절벽.
【山阳】 shānyáng 图 산의 남쪽. 산의 양지쪽.
【山羊】 shānyáng 图 1 (动) 염소. 산양. 2 ☞【跳跃器】 tiàoyuèqì
【山羊胡子】 shānyáng hú·zi 염소수염.
【山腰】 shānyāo 图 산허리. =【半山腰】 bànshānyāo
【山摇地动】 shānyáo-dìdòng ☞【地动山摇】 dìdòng-shānyáo
【山药】 shān·yao 1 ☞【薯蓣】 shǔyù 2 ☞【甘薯】 gānshǔ
【山药蛋】 shān·yaodàn ☞【马铃薯】 mǎlíngshǔ
【山肴野蔌】 shānyáo-yěsù (성) 산이나 들에서 나는 고기와 야채.
【山药】 shān·yao 图(植) 1 ☞【薯蓣】 shǔyù 2【甘薯】 gānshǔ
【山野】 shānyě 1 산과 들. 산야. ¶春天里, ~一片葱绿。=봄에는 산과 들판이 파릇파릇하다. 2 초야(草野). 민간(民间). ¶~百姓=민간 백성들.
【山阴】 shānyīn 图 산의 북쪽. 산그늘.
【山鹰】 shānyīng 图(동)(动) 산 속에 서식하는 멧새과의 새.
【山雨欲来风满楼】 shān yǔ yù lái fēng mǎn lóu (성) 1 산에 비가 막 쏟아지려는지 누각에 바람이 가득하다. 2 (비) (갈등의 폭발·전쟁 등) 큰 사건이 일어나기 직전의 긴장 상태. 폭풍 전야.
【山芋】 shānyù ☞【甘薯】 gānshǔ
【山岳】 shānyuè 图 산악.
【山泽】 shānzé 图(문) 산림과 강.
【山楂】 shānzhā ☞【山楂】 shānzhā
【山楂[山查]】 shānzhā 图(植) 1 산사나무. 아가위나무. 2 산사자. 아가위. 산사나무의 열매. =【红果儿】 hóngguǒr
【山楂糕】 shānzhāgāo 图 산사자가 주원료인 붉은 빛의 달고 신 과자.
【山寨】 shānzhài 图 1 산채. 2 울타리가 처진

산간 마을.
【山珍海味】 **shānzhēn-hǎiwèi** 명 **1** 산해진미. **2** 풍성한 요리. ↔粗茶淡饭
【山中】 **shānzhōng** 명 (깊은) 산 속.
【山茱萸】 **shānzhūyú** 명《植》**1** 산수유나무. **2** 산수유.
【山竹】 **shānzhú** 명《植》망고스틴(mangosteen).
【山庄】 **shānzhuāng** 명 **1** 산촌. 산골. **2** 산장. 산 속 별장. ¶休闲~ =휴양 산장.
【山嘴】 **shānzuǐ**(~儿) 명 뾰족하게 뻗어 나간 산기슭의 끝.

## 芟 shān 벨 삼
동(문) **1** (풀을) 베다. **2** 제거하다.
【芟除】 **shānchú** 동 **1** (풀을) 베다. ¶~田间野草 =들에 난 들풀들을 베어 내다. **2** 삭제하다. 없애 버리다. 제거하다. 지우다. ¶繁冗之辞, 务必~。 =번잡스런 말은 반드시 삭제해야 한다.
【芟秋】【删秋】 **shānqiū** 동 (농작물의 작황을 좋게 하고 잡초의 성장을 방지하기 위해) 입추 후에 김을 매고 북을 돋우다.
【芟夷】【芟荑】 **shānyí** 동(문) **1** (풀을) 베다. 제거하다. 없애다. **2** (어떤 세력을) 없애다. 제거하다. 소멸시키다.
【芟荑】 **shānyí** ☞【芟夷】 **shānyí**

## 杉 shān 삼나무 삼
명《植》삼나무.
☞ **shā**

○● 红杉, 冷杉, 水杉, 铁杉, 云杉, 紫zǐ杉

【杉树】 **shānshù** 명《植》넓은잎삼나무.

## 删 [(刪)] shān 깎을 산
동 (문장 속의 글자나 문구 등을) 삭제하다. 빼다. ¶增~文字 =글을 첨삭하다. ↔添
【删除】 **shānchú** 동 빼다. 삭제하다. 지우다. ¶~冗词赘句 =불필요하게 길고 장황한 말을 삭제하다.
【删定】 **shāndìng** 동 산정(删定)하다. 산수(删修)하다. 글을 깎고 다듬어서 잘 정리하다.
【删订】 **shāndìng** 동 삭제하고 정정하다. ¶~目录 =목차를 삭제하고 정정하다.
【删繁就简】 **shānfán-jiùjiǎn** 성 (글자·내용의) 번잡한 부분을 간결하게 고치다. 군더더기를 없애다.
【删改】 **shāngǎi** 동 (글을) 삭제하고 정정하다. 수정하다. 다듬다. 고치다. ¶~文章 =글을 수정하다.
【删减】 **shānjiǎn** 동 빼 버리다. 삭감하다. 줄이다. ¶~文稿字数 =원고의 자수를 줄이다.
【删节】 **shānjié** 동 (문장이나 책의 일부를) 빼 버리다. 삭제하다. 줄이다. 생략하다. ¶本文发表时作了~。 =이 글은 발표할 때 불필요한 부분을 삭제하였다.
【删节号】 **shānjiéhào** ☞【省略号】 **shěnglüèhào**

【删略】 **shānlüè** 동 삭제하고 생략하다. 빼고 줄이다. ¶文章被~后发表 = 글은 일부 삭제된 후에 발표되었다.
【删秋】 **shānqiū** ☞【芟秋】 **shānqiū**
【删润】 **shānrùn** 동 (글을) 삭제하고 윤색하다 〔다듬다〕.
【删汰】 **shāntài** 동 삭제하다. ¶~冗文 =쓸데없는 구절을 삭제하다.
【删削】 **shānxuē** 동 (글을) 빼 버리다. 삭감하다. 줄이다. ¶文章经~润色后已达到发表水平。 =글은 삭제와 다듬기를 거치고 난 후에 이미 발표할 만한 수준에 이르렀다.

## 苫 shān 이엉 점
명 (풀·짚 등으로 만든) 거적. 깔개. 덮개. ¶草~子 =풀로 엮은 거적.
☞ **shàn**

## 钐[釤] shān 사마륨 삼
명(외)《化》사마륨(Sm, samarium). [원자 번호 62]
☞ **shàn**

## 衫 shān 윗도리 삼
명 (~儿) **1** 셔츠. 내의. ¶T恤~ =티셔츠. / 衬~ =셔츠. 드레스 셔츠(dress shirt). **2** 홑 윗옷. 적삼. 단삼. **3** 옷의 총칭. ¶衣~褴褛 =옷차림이 남루하다.

○ 衫 **shān**
○ 杉 **shān**
○ 钐 **shàn**

○● 花衫, 接衫, 偏衫, 罩zhào衫

## 姗[(姍)] shān 어기적거릴 산
아래를 참조.
【姗姗】 **shānshān** 형 느릿느릿. 어슬렁어슬렁. [느리고 조용한 걸음걸이] ¶太阳落山了, 在田里劳作的村民~而回。 =해가 산으로 기울자 밭에서 일하던 마을 사람들은 느릿느릿 돌아왔다.
【姗姗来迟】 **shānshān-láichí** 성 느릿느릿 오다. 어슬렁어슬렁 걸어 오다.

## 珊 [(珊)] shān 산호 산
아래를 참조.

○● 阑 lán 珊

【珊瑚】 **shānhú** 명《動》산호.
【珊瑚虫】 **shānhúchóng** 명 산호충.
【珊瑚岛】 **shānhúdǎo** 명 산호섬.
【珊瑚礁】 **shānhújiāo** 명 산호초.

## 埏 shān 이길 선
동(문) 흙을 이기다.

## 栅 [(栅)] shān 목책 책
☞ **zhà**

○● 光栅

【栅极】 **shānjí** 명《電》그리드(grid).

**舢** shān 거룻배 산
아래를 참조.
【舢板】【舢舨】 shānbǎn 명 삼판선(三板船). =【三板】 sānbǎn
【舢板】 shānbǎn ☞【舢板】 shānbǎn

**痁** shān 학질 점
명문 고서(古書)에서 학질을 가리킴.

**\*\*扇** shān 부칠 선
동 1 (부채 등으로) 부치다. ¶~扇(shàn)子 = 부채질하다. 2 선동하다. 부추기다. ¶~风生事 = 선동하여 분규를 일으키다. 3 '搧'과 같음.
☞ shàn

○● 呼hū扇

【扇动】 shāndòng 동 1 (부채 모양의 것을) 부치다. 흔들다. ¶小鸟~了一下翅膀, 飞走了。 = 작은 새는 날개를 한 번 흔들더니 날아가 버렸다. 2 ☞【煽动】 shāndòng
【扇冷风】 shān lěngfēng 숙비 1 찬성(찬동)하지 않다. 2 펌하하거나 비꼬는 말을 하다.

**跚** shān 비틀거릴 산
☞【蹒跚】 pánshān

**搧** shān 때릴 선
동 손바닥 또는 손등으로 때리다. ¶他气得~了儿子一巴掌。 = 그는 화가 나서 손바닥으로 아들의 빰을 후려쳤다.

**煽** shān 부칠 선
동 1 (부채 등으로) 불에 부채질하다. 2 선동하다. 부추기다.
【煽动】【搧动】 shāndòng 동명 선동하다. 부추기다. 꼬드기다. ¶~滋事 = 선동하여 문제를 일으키다. ≒鼓动
【煽风点火】 shānfēng-diǎnhuǒ 성비 (나쁜 일을 하도록) 꼬드기다. 부추기다. 선동하다.
【煽惑】 shānhuò 동 (나쁜 일을 하도록) 부추겨 꾀다. 선동하고 유혹하다. ¶~人心 = 남의 마음을 부추겨 꾀다.
【煽情】 shānqíng 동 (말·표정·분위기 등으로) 마음을 움직이다. 감동시키다. 부추기다. 불러일으키다. ¶本片导演很擅长用音乐~。 = 이 영화의 감독은 음악으로 사람의 마음을 움직이는데 매우 뛰어나다. 형 마음을 잘 움직이는. 정서를 잘 불러일으키는. 잘 감동시키는. ¶这是一部极为~的悲剧影片。 = 이것은 매우 감동적인 비극 영화이다.

**潸** shān 눈물 흐를 산
형문 눈물을 흘리는 모습.
【潸然】 shānrán 형문 눈물을 줄줄 흘리는 모습. ¶~泪下 = 눈물을 줄줄 흘리다.
【潸潸】 shānshān 형문 눈물이 그치지 않는 모

습. ¶泪雨~ = 눈물이 비처럼 줄줄 흐르다.

**膻**[(羶·羴)] shān 누린내 전
형 노리다. 누리다. 노린내가 나다. ¶腥~ = 비리고 노리다. / 如蚁附~ = 나쁜 무리들이 모여 악행을 도모하다.
【膻气】 shānqì 명 (양고기 따위의) 노린내
【膻味】 shānwèi 명 노린내. 노린 맛.

**\*闪[閃]** shǎn 번쩍할 섬
동 1 (재빨리) 피하다. 비키다. ¶躲~不及, 差点儿跌倒。 = 얼른 피하지 못해 하마터면 넘어질 뻔했다. 2 (몸이) 갑자기 흔들리다. 비틀거리다. ¶急刹车差点儿~了他一个跟头。 = 급히 차를 멈추는 바람에 하마터면 그를 곤두박질치게 할 뻔했다. 3 (심한 동작으로) 삐다. 접질리다. ¶他不小心把腰~了。 = 그는 부주의하여 허리를 삐었다. 4 갑자기 나타나다. 번뜩이다. 떠오르다. ¶脑海里~过一个灵感, 他终于想明白了。 = 머릿속에 영감이 문득 떠올라서, 그는 마침내 분명히 깨닫게 되었다. 5 반짝이다. 번쩍이다. ¶金光~~ = 금빛이 번쩍이다. 6 남겨 두다. 내버려 두다. 떠어 놓다. 버려 두다. ¶出发的时候打电话, 别把我~下。 = 출발할 때 전화 해, 나 혼자 떠어 놓지 말고. 명 1 번개. ¶天空突然打起~来。 = 하늘에서 갑자기 번개가 치기 시작했다. 2 (Shǎn) 성(姓).

○● 躲duǒ闪, 忽闪, 霍huò闪, 失闪

【闪避】 shǎnbì 동 재빨리 피하다. 날쎄게 비키다. ¶~来往车辆 = 오가는 차를 잽싸게 피하다.
【闪长岩】 shǎnchángyán 명(礦) 섬록암.
【闪出】 shǎnchū 동 갑자기 나타나다. ¶小树林里突然~一个人。 = 작은 숲에서 갑자기 한 사람이 나타났다.
【闪道】 shǎn‖dào 동 (몸을 비켜) 길을 양보하다[내어 주다·터 주다·비켜 주다]. ¶欢聚的人们主动为客人~ = 즐겁게 모여 있던 사람들이 자발적으로 손님들에게 길을 터 주었다.
【闪点】 shǎndiǎn 명(化) 점화점. 인화점. 발화점. 플래시 포인트(flash point).
【闪电】 shǎndiàn 명(气) 번개. 동 번개가 번쩍이다.
【闪电内存】 shǎndiànnèicún 명 플래시메모리(flash memory).
【闪电战】 shǎndiànzhàn 명(軍) 전격전(電擊戰). 전격 작전(電擊作戰). =【闪击战】 shǎnjīzhàn
【闪动】 shǎndòng 동 1 (빛이) 번쩍거리다. 반짝이다. ¶路灯~着忽明忽暗的光。 = 가로등이 깜빡깜빡 빛나고 있다. 2 (갑자기) 휘청하다. 흔들리다. ¶他身体~了一下, 然后又站稳了。 = 그의 몸이 잠깐 휘청하더니 다시 똑바로 섰다.
【闪躲】 shǎnduǒ 동 재빨리 몸을 비키다[피하다]. ¶~不及, 两人撞了个满怀。 = 빨리 피하지 못해 두 사람은 정면으로 부딪혔다.
【闪光】 shǎn‖guāng 동 1 번쩍이다. 번뜩이

다. 빛나다. ¶路边的指示灯闪着强烈的光。= 길가의 조명등이 강렬하게 빛나고 있다. **2** (ㅎ) (사람이) 산뜻하고 아름답다. (사물이) 색채가 선명하다. ¶~的品格=빛나는〔눈에 띄는〕풍격.

【闪光】**shǎnguāng** (명) **1** 반짝이는 불빛. ¶草原深处有星星点点的~。= 초원 저 멀리 드문드문 불빛이 있다. **2** 섬광(闪光). 번갯불. 플래시. ¶刚才照相, 没看见~。= 방금 사진을 찍으면서 플래시가 터지는 것을 못 봤다.

【闪光灯】**shǎnguāngdēng** (명) **1** (촬영 장치의) 플래시〔램프〕. 섬광등. **2** (등표(燈標)의) 섬광등.

【闪光点】**shǎnguāngdiǎn** (명)(비) 우수한 점. 장점. 빛나는 면. ¶再平凡的人身上也有~。= 아무리 평범한 사람이라도 장점을 갖고 있다.

【闪光发亮】**shǎnguāng-fāliàng** (성) 빛이 눈부시다. 번쩍번쩍하다.

【闪击】**shǎnjī** (동)(軍) 전격(電擊)하다. 병력을 집중하여 갑자기 습격하다.

【闪击战】**shǎnjīzhàn** ☞【闪电战】**shǎndiànzhàn**

【闪开】**shǎn ‖ kāi** (동) (얼른) 비키다. 피하다.

【闪亮】**shǎnliàng** (동) **1** 반짝이다. 반짝이다. ¶星星在夜空中~。= 별들이 밤하늘에 반짝거린다. **2** 밝아지다. 환해지다. 날이 새다. ¶天刚~, 他就下地干活了。= 날이 밝자마자 그는 밭에 일하러 갔다.

【闪露】**shǎnlù** (동) 언뜻 드러내다.

【闪念】**shǎnniàn** (명) 번뜻 떠오른 생각.

【闪让】**shǎnràng** (동) 재빨리 피하다. 재빨리 비켜 서다. ¶~不及 = 재빨리 피하지 못하다.

【闪闪】**shǎnshǎn** (형) 번쩍번쩍하다. 번쩍거리다. 깜박깜박하다. 깜박거리다. ¶亮~的眼睛 = 번쩍번쩍하는 눈.

【闪闪烁烁】**shǎn·shan shuòshuò**(~的) (형) 번쩍번쩍하다. 번쩍거리다. 깜박깜박하다. 깜박거리다. ¶~的灯光把街道装点得分外美丽。= 번쩍이는 등불이 길거리를 매우 아름답게 꾸며준다.

【闪射】**shǎnshè** (동) 빛을 뿌리다. 빛을 방사하다. 번쩍번쩍하다. 번쩍거리다. 깜박깜박하다. ¶这部影片~着创作者智性的光辉。= 이 영화에는 창작자의 지성의 빛이 번쩍인다.

【闪身】**shǎn ‖ shēn**(~儿) (동) **1** 재빨리 몸을 옆으로 피하다. 재빨리 몸을 모로 세워 피하다. ¶~躲避突然扬起的尘灰 = 재빨리 몸을 옆으로 돌려 갑자기 일어난 먼지를 피하다. **2** 몸을 옆으로 돌리다. 몸을 모로 세우다. 몸을 가로로 하다. ¶她~跳下河去。= 그녀는 몸을 돌려 물 속으로 뛰어들었다.

【闪失】**shǎnshī** (명) 착오. 실수. 손실. ¶此事不能有半点儿~。= 이 일은 한치의 착오도 있어서는 안 된다.

【闪烁】**shǎnshuò** (동) **1** 번쩍번쩍하다. 반짝이다. 번쩍거리다. 깜박깜박하다. 깜박거리다. ¶星光~ = 별빛이 반짝인다. **2**(비) 떠듬거리다. 어물쭈물하다. 얼버무리다. 우물쭈물하다. ¶他

表态~, 其实就是没有表态。= 그의 태도가 어물쩍거리는 것은 사실 바로 자신의 명확한 입장이 없다는 것이다. **3**(비) (기억이) 희미하다. 어렴풋하다. ¶他对那件事的印象~不清。= 그는 그 일에 대한 인상이 흐릿하다. ≒闪耀

【闪烁其词】[闪烁其辞] **shǎnshuò-qící** (성) 말을 얼버무리다. 어물어물 넘기다.

【闪烁其辞】**shǎnshuò-qící** ☞【闪烁其词】**shǎnshuò-qící**

【闪现】**shǎnxiàn** (동) 갑자기〔언뜻〕 나타나다. ¶毕业庆典上那令人激动的一幕又~在眼前。= 졸업식에서의 그 감동적인 장면이 또 언뜻언뜻 눈앞에 나타난다.

【闪眼】**shǎnyǎn** (동) 눈이 부시다.

【闪腰】**shǎn ‖ yāo** (동) 갑자기 허리를 삐다. ¶她最近闪了腰, 在家休息。= 그녀는 최근에 갑자기 허리를 삐어서 집에서 쉬고 있다.

【闪耀】**shǎnyào** (동) **1** (눈부신) 빛을 발하다. 빛을 뿜어 내다. ¶都市的灯光在夜幕中~着五颜六色的光彩。= 도시의 불빛은 밤의 장막 속에서 가지각색의 빛을 뿜어 내고 있다. **2** 번쩍번쩍하다. 번쩍거리다. 깜박깜박하다. 깜박거리다. ¶萤火虫在草丛中~着微弱的光。= 반딧불이 풀숲에서 희미한 빛을 반짝거리고 있다. ≒闪烁

**陕[陝]** **Shǎn** 땅 이름 섬

(명) **1** (약)(地) 陕西(산시)성. **2** (성).

【陕西】**Shǎnxī** (명)(地) 산시성. ['陕(Shǎn)' 또는 '秦(Qín)'으로 약칭하며, 성도는 시안(西安)임]

【陕西梆子】**Shǎnxī bāng·zi** ☞【秦腔】**qínqiāng**

**\* 掺[掺]** **shǎn** 잡을 삼

(동)(문) 잡다. 쥐다. 가지다. ¶~手相贺 = 손을 부여잡고 서로 축하해 주다.

☞ **càn**, **chān**

**睒[睒]** **shǎn** 언뜻 볼 섬

(동) (빠르게) 눈을 깜박깜박하다. ¶鸟一~眼便从路边飞走了。= 새가 눈을 깜박깜박하더니 이내 길가에서 날아가 버렸다.

【睒睒】**shǎnshǎn** (동) 눈을 자주 깜박이다. ¶他俩眼~着, 仿佛有什么话要说。= 그 두 사람은 눈을 자꾸 깜박이는 것이, 마치 무슨 할 말이 있는 듯하다.

**讪[訕]** **shàn** 헐뜯을 산

(동) 비웃다. 조소하다. 조롱하다. ¶被人讥~ = 남에게 비웃음을 사다. (형) 난처하다. 계면쩍다. 부끄럽다. 멋쩍다. 무안하다. 어색하다. ¶她满脸发~, 很不好意思。= 그녀는 얼굴에 난처한 빛이 역력하며, 몹시 송구스러워했다.

○● 搭 **dā** 讪

【讪脸】**shànliǎn** (동)(방) (아이가 지나치게) 까불다. 응석을 부리다. 어리광을 피우다. ¶这孩子太爱~了, 得管一管。= 이 애는 너무 응석을 부

려서, 좀 단속을 해야 한다.
【汕汕】 shànshàn 형 멋쩍은 [무안한·어색한·계면쩍은] 모습. ¶她~地回答着公司经理的问话。=그녀는 회사 지배인의 묻는 말에 멋쩍게 대답했다.
【汕笑】 shànxiào 통 1 조소하다. 비웃다. 조롱하다. ¶在场的人们都暗暗~他盲目自夸的说辞。=현장에 있는 사람들은 내심 모두 그의 자화자찬을 비웃었다. 2 억지로 겸연쩍게 [멋쩍게·어색하게] 웃다. ¶他一着端起咖啡，~了一下，脑子已在想别的事了。=그는 억지로 겸연쩍게 웃으면서 커피를 들어 올렸지만, 머릿속으로는 이미 다른 일을 생각하고 있었다.

## 汕 Shàn 땅 이름 산
【汕头】 Shàntóu 명(地) 산터우. [광둥(广东)성에 속한 시(市)급 행정 구역]

## *苫 shàn 덮을 점
통 (천·거적 등으로) 덮다. ¶快入冬了, 蔬菜地早晚要用草席~上。=곧 입동이니, 채소밭을 조만간 거적으로 덮어야 한다.
☞ shān
【苫背】 shànbèi 통 지붕에 새벽을 바르다. [서까래를 덮은 풀·거적 따위 위에 석회와 진흙을 바르는 것을 말함]
【苫布】 shànbù 명 (물건을 덮는) 큰 방수포.
【苫盖】 shàngài 통 (거적·방수포 등으로) 덮다.
【苫席】 shànxí 명 (물건을 덮는 용도의) 거적. 명석. 삿자리.

## 钐[鈂] shàn 큰 낫 삼
명 벌낫. 자루가 긴 큰 낫. 통 벌낫을 휘두르다. 벌낫으로 베다. ¶~草=벌낫으로 풀을 베다.
☞ shān
【钐刀】 shàndāo ☞【钐镰】 shànlián
【钐镰】 shànlián 명 벌낫. =【钐刀】 shàndāo

## 疝 shàn 산통 산
명(醫) 1 산통(疝痛). 2 헤르니아(hernia). 탈장(脱肠). ¶~带=탈장(헤르니아)대. / 脐~=배꼽헤르니아. 제헤르니아.
【疝气】 shànqì 명(醫) 1 산통(疝痛). 2 헤르니아(hernia). 탈장(脱肠). =【小肠串气】 xiǎocháng chuànqì

## **单[單] Shàn 땅 이름 선
명 1(地) 산(單)현. [산둥(山东)성 허저(荷泽)시에 속한 현(縣)급 행정 구역] 2 성(姓).
☞ chán, dān

## 趓 shàn 뛸 산
통(方) 1 떠나다. 2 비키다.

## 剡 Shàn 땅 이름 섬
명 1 고대의 현(縣) 이름. [지금의 저장(浙江)성 성(嵊)현에 있음] 2(地) 산시(剡溪). [저장(浙江)

성에 있는 하천 이름]
☞ yǎn

## *扇 shàn 부채 선
명 1(~儿) 부채. ¶纸~=종이 부채. / 羽~=깃털 부채. 2 조각·판과 같이 생긴 물건. ¶隔~=칸막이. / 门~=문짝. 3 (기능이나 주요 부분의 모양) 부채 같은 사물. ¶电~=선풍기. / 排气~=환풍기. 양 짝. 틀. 장. 폭. [문·창문 등에 쓰임] ¶两~门=문 두 짝. / 几~窗子=몇 짝의 창문. 늑扉
☞ shān

○● 打扇, 风扇, 合扇, 葵kuí扇, 纨wán扇, 羽扇, 走扇

⊙ 扇 shàn
  煽 shān
  骟 shàn

【扇贝】 shànbèi 명(動) 가리비. =【海扇】 hǎishàn ¶栉孔~=비단가리비. / 虾夷~=큰가리비.
【扇车】 shànchē 명 (곡식의 겨 등을 불어 날리는) 풍구. 풀무. =【风车】 fēngchē
【扇骨】 shàngǔ (~儿) 명 부챗살. =【扇骨子】 shàngǔ·zi
【扇骨子】 shàngǔ·zi ☞【扇骨】 shàngǔ
【扇面儿】 shànmiànr 명 부채의 면.
【扇形】 shànxíng 명 부채꼴. 선형.
【扇坠】 shànzhuì (~儿) 명 부채 손잡이에 단 장식.
【扇子】 shàn·zi 명 부채.

## 墠[墠] shàn 제사 터 선
명 1 고대에, 제사를 위해 평평하게 손질한 평지. 2 베이산(北墠). [산둥(山东)성에 있는 지명]

## 掸[撣] Shàn 나라 이름 탄
명 1 고대에, 태족(傣族)에 대한 호칭. 2 미얀마 민족 중 하나. [주로 미얀마의 탄방(撣邦) 지역에 분포함]
☞ dǎn

## 掞 shàn 펄 섬
통(文) 펴다. 펼쳐 놓다. 늘어놓다. 진열하다. 발휘하다.

## *善 shàn 착할 선
형 1 착하다. 선량하다. 어질다. 자비롭다. ¶良~=선량하다. / 多行~事=선행을 많이 베풀다. 2 사이좋다. 친하다. 화목하다. 우호적이다. ¶亲~=사이가 좋다. / 友~=우호적이다. 3 좋다. 훌륭하다. ¶尽~尽美=더할 나위 없이 훌륭하고 아름답다. 4 잘 알다. 익숙하다. ¶面~=낯익다. 부 1 잘. 좋게. 부디. ¶~自珍重=자신을 잘 보전하다. 2 …하기 쉽다. ¶多愁~感=늘 수심에 잠기고 쉽게 감상에 빠진다. 통 1 …에 소질이 있

⊙ 善 shàn
  膳 shàn
  缮 shàn
  蟮 shàn
  鄯 shàn
  鳝 shàn

다. …을 잘하다. ¶多谋~思=지모(智謀)가 뛰어나고 생각이 정확하다. / 能歌~舞=노래도 잘 하고 춤도 잘 춘다. **2** 잘하다. 잘 해내다. 잘 처리하다. ¶独自~后=홀로 뒷수습을 잘하다. / 工欲~其事, 必先利其器。=장인이 일을 잘하려면, 반드시 그 연장을 날카롭게 해야 한다. 명 **1** 선(善). 선행. 좋은 일. ¶积~=적선하다. / 隐恶扬~=(남의) 나쁜 점은 감춰 주고 좋은 점을 치켜세우다. **2**(Shàn) 성(姓). ↔恶 狠 凶

○● 慈cí善, 改善, 和hé善, 妥tuǒ善, 完善, 伪wěi善

【善罢甘休】shànbà-gānxiū 성 분쟁을 잘 마무리하고 기꺼이 손을 떼다. 그대로 일없이 지내다. [주로 부정형이나 반어로 쓰임]
【善报】shànbào 동 선보. 훌륭한 보답. 선과(善果). ¶善有~, 恶有恶报。=좋은 일을 하면 좋은 보답이 있고, 악행을 하면 응분의 대가가 있다. ↔恶报
【善本】shànběn 명 선본. [옛날 문헌 가운데 예술·학술적으로 가치가 높은 희귀한 책·필사본·판본]
【善辩】shànbiàn 형 변론에 뛰어나다. 언변이〔말재주가〕좋다. ¶能言~=언사와 변론에 뛰어나다.
【善才】shàncái 명 (고대의) 비파 연주자.
【善处】shànchǔ 동 **1** 적절하게 처리하다. 선처하다. ¶~此事=이 일을 적절하게 처리하다. **2** 사이좋게 잘 지내다. ¶与人~=남들과 잘 지내다.
【善待】shàndài 동 잘 대접하다. 우대하다. ¶~生灵万物=백성과 만물을 소중히 대하다.
【善刀而藏】shàndāo'ércáng **1** 칼을 잘 닦아〔손질하여〕보관해 두다. **2** 倒 (물건을) 소중히 여기다. 잘 간수하다. 수완·재능을 아끼다〔뽐내지 않다〕.
【善导】shàndǎo 동 선도하다. 잘 인도하다. ¶教(jiāo)宜~=가르침은 선도를 잘해야 한다.
【善恶】shàn'è 명 선악. 선과 악. ¶~有报=선과 악에는 각각 응분의 대가가 있다.
【善感】shàngǎn 동 감상적이다. 쉽게 감동하다. 감정이 예민하다. 다감하다. ¶~易变=감정이 예민하여 기분이 쉽게 변한다.
【善果】shànguǒ 명 (佛) 선과. 좋은 과보. 훌륭한 보답. 선보.
【善后】shànhòu 동 사후 처리를 잘하다. 뒤처리를 잘하다. ¶做好~工作。=뒷수습을 잘하다.
【善举】shànjǔ 명 자비롭고 선한 일. 착한 일. 자선 행위. ¶躬行~=자비롭고 선한 일을 몸소 행하다.
【善类】shànlèi 명동 선량한 사람. [주로 부정형으로 쓰임] ¶此非~所为。=이건 선량한 사람의 행동이 아니다.
【善良】shànliáng 형 선량하다. 착하다. ¶~的心愿=착한 바람. ↔恶毒 狠毒
【善邻】shànlín 명 선린. 사이좋게 지내는 이웃.
【善门】shànmén 명 자선 사업.

【善谋】shànmóu 동 잘 계획하다〔꾸미다〕. 계획을 잘하다. 계략에 능하다. ¶足智~=지혜가 풍부하고 계략에 능하다. 명 훌륭한 계책〔계책〕. ¶屡有~=여러 번 훌륭한 계책이 있었다.
【善目】shànmù 명 자비로운〔선한〕 눈빛. ¶慈眉~=자비롭고 선한 얼굴.
【善男信女】shànnán-xìnnǚ 성 **1**(佛) 불교도. 불교 신도. **2** 선남선녀.
【善气】shànqì 명 온화하고 선량한 마음씨. 착한 마음씨. 온화한 표정.
【善人】shànrén 명 잘 대해 주다. ¶~者心善。=남을 잘 대해 주는 사람은 마음이 선량하다. 명 선인. 착한 사람. ¶~行善举。=착한 사람이 자비롭고 선한 일을 하다.
【善善】shànshàn 형동 착하다. 선량하다. [주로 선량한 사람을 칭찬할 때 쓰임] ¶~之辈=선량한 사람.
【善始善终】shànshǐ-shànzhōng 성 일을 시종일관 무척 잘하다. 처음부터 끝까지 한결같이 잘하다. ≒有始有终 ↔半途而废 有始无终
【善事】shànshì 명 자비롭고 선한 일. 좋은 일. 자선 활동. 자선 사업. ↔恶事
【善谈】shàntán 동 능변(能辯)이다. 말솜씨가 좋다.
【善忘】shànwàng 형 잘 잊어버리다. 건망증이 심하다. ¶我乃~之人, 多多包涵。=제가 잘 잊어버리는 사람이니, 너그럽게 용서해 주시기를 바랍니다.
【善心】shànxīn 명 선심. 착한 마음. 선량한 마음. 인정 많은 마음씨.
【善行】shànxíng 명 선행. ↔恶行
【善谑不为虐】shàn xuè bù wéi nüè 성 농담을 잘하는 사람은 마음에 악의가 없다.
【善言】shànyán 명 좋은 말. 유익한 말. ¶~宽慰=좋은 말로 위로하다.
【善意】shànyì 명 호의. 선의. ¶~的劝告=선의의 충고. ≒好意 美意 ↔恶意
【善有善报, 恶有恶报】shàn yǒu shànbào, è yǒu èbào 성(佛) 선행과 악행에 각각 응분의 보답과 대가가 있다. 죄는 지은 대로 가고 덕은 닦은 대로 간다.
【善于】shànyú 동 …를 잘하다. …에 능(숙)하다. ¶~写作=글쓰기에 능하다. ≒工于
【善战】shànzhàn 동 싸움을 잘하다. 싸움에 능하다. ¶勇猛~=용맹스럽고 싸움을 잘하다.
【善终】shànzhōng 동 **1** 일을 원만하게 잘 마치다. 끝마무리를 잘하다. 유종의 미를 거두다. ¶善始者未必~。=시작을 잘한 사람이라고 해서 반드시 끝을 잘 맺는 것은 아니다. **2** 천수(天壽)를 다하다. ¶不得~=천수를 다하지 못하다. ↔横死

# 禅[禪] shàn 사양할 선

동 선양(禪讓)하다. 선위(禪位)하다. 양위(讓位)하다. ¶受~=왕위를 물려받다.
☞ chán
【禅让】shànràng 동 선양(禪讓)하다. 양위

## 骟[騸] shàn 불깔 선
통 (가축을) 거세하다. 불까다. 난소를 제거하다. ¶~猪=돼지를 거세하다.

## 鄯 Shàn 나라 이름 선
【鄯善】 Shànshàn 명(地) 산산. [신장(新疆)에 있는 지명]

## 墡 shàn 백토 선
명통 백토(白土).

## 缮[繕] shàn 기울 선
통 1 수선하다. 수리하다. 고치다. 보수하다. 손질하다. ¶修~=수선하다. 2 베껴 쓰다. 옮겨 쓰다. 필사하다. ¶协议共~两份。=협의서는 모두 두 부를 옮겨 쓴다.
【缮发】 shànfā 통 옮겨 써서 발급하다. ¶~文告=공문을 옮겨 써서 발급하다.
【缮写】 shànxiě 통 베껴 쓰다. 옮겨 쓰다. 필사하다. ¶~文稿=초고를 옮겨 쓰다.

## *擅 shàn 멋대로 천
통 1통 전권(專權)하다. 마음대로 하다. 독점하다. ¶~专=제멋대로 하다. / 独~=독단하다. 2 …에 능하다. …에 뛰어나다. …에 정통하다. ¶不~言辞=언사에 능하지 않다. 3 (월권하여) 제멋대로 하다. 독단적으로 하다. ¶~作主张=제멋대로 결정하다.
【擅长】 shàncháng 통 (어떤 방면에) 뛰어나다. 잘하다. 정통하다. 재주가 있다. ¶~绘画=회화에 뛰어나다. 명 장기. 재간.
【擅场】 shànchǎng 통 압도하다. 특출하다. 뛰어나다. 독무대를 벌이다. ¶~表演=장내를 압도하는 연기.
【擅离职守】 shànlí-zhíshǒu 성 멋대로 직무를 이탈하다.
【擅美】 shànměi 통통 좋은 명성을 독차지하다. 홀로 이름을 날리다. 독무대를 벌이다. ¶~于前=전에 좋은 명성을 독차지하다.
【擅权】 shànquán 통 전권(專權)하다. 권력을 독차지하다. 권력을 마음대로 휘두르다. ¶专制~=전횡하고 전권하다.
【擅入】 shànrù 통 허락 없이 들어가다. 제멋대로 뛰어들다.
【擅自】 shànzì 통 (월권하여) 자기 멋대로 하다. 독단적으로 하다. ¶~发号施令=자기 멋대로 명령을 내려 시행하다.
【擅作】 shànzuò 통 (일을) 제멋대로 하다. ¶~主张=자기 주장대로 함부로 하다.

## *膳[(饍)] shàn 음식 선
명 식사. 밥. ¶早~=조반. / 用~=식사하다.
【膳房】 shànfáng 명 주방.
【膳费】 shànfèi 명 식비. 식대. 밥값.
【膳具】 shànjù 명 식기. 부엌 세간.

## 【膳食】 shànshí 명 (일상적으로 먹는) 식사. 음식. 밥.
【膳宿】 shànsù 명 식사와 숙박. 숙식. ¶参会人员, ~自理。=회의 참가자의 숙식은 각자 해결한다.

## 嬗 shàn 바뀔 선
통 1통 바뀌다. 탈바꿈하다. 변천하다. 2 '禅(shàn)'과 같음.
【嬗变】 shànbiàn 통통 변천하다. 바뀌고 변하다. 변화 발전하다.
【嬗替】 shàntì 통통 교체하다. 바뀌다.

## *赡[贍] shàn 넉넉할 섬
형통 충분하다. 풍부하다. ¶丰~=풍부하다. 통 먹여 살리다. 부양하다.

○● 丰赡, 宏赡

【赡养】 shànyǎng 통 1 먹여 살리다. 2 (부모를) 봉양하다. ¶~父母是每个子女应尽的责任。=부모님을 봉양하는 것은 모든 자식들이 마땅히 다해야 할 책임이다.

## 蟮 shàn 지렁이 선
☞ 曲蟮 qūshàn

## 鳝[鱔, 鱓] shàn 드렁허리 선
명(動) 드렁허리. ['黄鳝(huángshàn)'이라고도 부름]

○● 白鳝, 黄鳝

# shang

## **伤[傷] shāng 상처 상
명 상처. ¶烧~=화상. / 遍体鳞~=온몸이 상처투성이이다. 통 1 상하다. 해치다. 다치다. ¶暗箭~人=몰래 사람을 해치다. / 恶语中~=나쁜 말로 중상하다. 2 병에 걸리다. 앓다. ¶感冒~风=감기에 걸려 앓다. 3 (음식이) 물리다. 질리다. 식상하다. 싫증나다. ¶山珍海味吃多了也~人。=산해진미도 많이 먹으면 물리는 법이다. 4 방해하다. 저해하다. 지장을 주다. ¶无~大雅=전체적으로 큰 지장이 없다. 형 슬프하다. ¶感~=슬프게 느끼어 마음아파하다. / 哀~=비통해하다.

○● 哀āi伤, 暗伤, 悲bēi伤, 创chuāng伤, 挫cuò伤, 冻dòng伤, 负伤, 感伤, 工伤, 毁huǐ伤, 火伤, 劳伤, 鳞lín伤, 死伤, 损sǔn伤, 探伤, 烫wù伤, 养伤, 忧yōu伤, 中zhòng伤

【伤疤】 shāngbā 명 1 흉터. 2 비 마음의 상처. 아픈 곳. [사람의 잘못·치욕스러운 일·사적인 비밀 등을 가리킴] ¶打人不打脸, 骂人不揭~。=사람을 때려도 얼굴은 안 때리고, 욕을 해도 남의

아픈 곳은 들추지 않는다. ≒伤痕
【伤悲】shāngbēi [형][문] 슬퍼하다. ¶满心~ = 마음이 슬픔으로 가득 차다.
【伤兵】shāngbīng [명] 부상병.
【伤病】shāngbìng [동] 다치고 병들다.
【伤病员】shāngbìngyuán [명] 부상자. 상병자. 병상자(病伤者). 다치거나 병든 사람.
【伤财】shāngcái [동] 재산상의 손해를 보다. 재산을 축내다. ¶劳民~ = 백성을 고생시키고 물자를 축내다.
【伤残】shāngcán [동] (사람이나 물체가) 불구가 되다. 흠집이 생기다. 온전하지 못하게 되다. ¶他的胳膊一了。=그의 팔은 불구가 되었다. [명] (사람이나 사물의) 결함. 흠. 허물. 장애. 흉터. ¶他身上有多处~。=그의 몸에는 여러 군데 흉터가 있다.
【伤残人】shāngcánrén [명] 신체장애자.
【伤处】shāngchù [명] 상처. 다친 곳.
【伤悼】shāngdào [동][문] (죽은 자를) 애도하다. ¶无限~英才的逝去。= 뛰어난 인재의 서거에 한없이 애도하다. ≒哀悼
【伤风】shāngfēng [명][동][醫] 감기(에 걸리다).
【伤风败俗】shāngfēng-bàisú [성] 사회 도덕을 해치다. 풍속을 문란케 하다.
【伤感】shānggǎn [동] 슬퍼하다. 비애에 잠기다. 비탄에 빠지다. 마음이 상하다. ¶睹物思人, 不已。=물건을 보니 사람이 생각나 슬퍼하기 마지않다.
【伤感情】shāng gǎnqíng (~儿) 감정을 상하다. ¶这事处理不好, 容易~。= 이 일을 잘못 처리하면 감정을 상하기 쉽다.
【伤弓之鸟】shānggōngzhīniǎo [성] 1 화살을 맞아 다친 적이 있는 새. 2 [비] 자라 보고 놀란 가슴 솥뚜껑 보고 놀란다.
【伤害】shānghài [동] 1 (몸을) 상하게 하다. 손상시키다. 다치게 하다. 해치다. 상처를 주다. ¶经常熬夜会大大~身体。=자주 밤을 새는 것은 몸을 크게 상하게 할 수 있다. 2 (정신·감정 등을) 상하게 하다. 다치게 하다. 해치다. 상처를 입히다. ¶不要~他人的自尊。=남의 자존심을 상하게 하지 마라. 3 (法) 상해하다. ↔保护
【伤害罪】shānghàizuì [명] (法) 상해죄.
【伤寒】shānghán [명] (醫) 1 장티푸스. =【肠伤寒】chángshānghán 2 상한. [중의학에서 외부 감각에 열이 나는 질병을 통틀어 이르는 말]
【伤号】shānghào [명] (단체 구성원 중의) 부상자. 부상병. [주로 군대에서 쓰임] ≒伤员
【伤耗】shāng·hao [동] 소모되다. 축나다. 손실되다. 손모하다. ¶增加生产, 降低~。= 생산을 제고하고 손실을 줄이다.
【伤和气】shāng hé·qi [동] 감정을 상하(게 하)다. 불쾌하게 되다.
【伤痕】shānghén [명] 1 상처. 상흔. ¶他腿上有一道~。= 그의 다리에 상처가 한 줄 있다. 2 (물체의) 상처. 흠집. 흉터. ¶多年的风吹日晒, 塑像已满身~。= 오랜 세월의 풍화 작용으로 소상 전체에 흠집투성이가 되다. 3 [비] (생활·정신

의) 상처. 상흔. ¶内心的~不堪回首。= 마음속의 상처를 차마 회고할 수 없다. ≒伤疤
【伤痕文学】shānghén wénxué [명] 상흔 문학. [중국의 문화 대혁명이 사람들에게 안겨 주던 아픔을 소재로 한 문학 작품]
【伤怀】shānghuái [동][문] 상심하다. 슬퍼하다. 마음아파하다. ¶睹物思人, 无限~。= 물건을 보고 사람을 떠올리며 무한히 슬퍼하다.
【伤筋动骨】shāngjīn dònggǔ [성] 1 근육과 뼈를 모두 다치다. 2 [비] 근본적으로 손상을 입다.
【伤口】shāngkǒu [명] 상처.
【伤脸】shāng‖liǎn [동] 1 얼굴에 상처를 입다. 얼굴을 다치다. ¶不小心摔倒了, 伤了脸。= 부주의로 넘어져서 얼굴을 다쳤다. 2 [비] 체면을 손상하다〔구기다〕. 면목을 잃다. ¶有失分寸, 伤了脸。= 분수를 지키지 않아 체면을 구겼다. 3 [비] 사이가 나빠지다. ¶不能让一点小事伤了脸。= 자그마한 일로 사이가 나빠지게 해서는 안 된다.
【伤面子】shāng miàn·zi [동] 체면을 잃다. 면목이 없게 되다. 망신을 당하다.
【伤名】shāngmíng [동] 이름을 더럽히다. 명예를 손상하다.
【伤脑筋】shāng nǎojīn [동][비] 골치를 앓다. 골머리를 썩이다. 애를 먹다. ¶那件事太~了。= 그 일은 너무 골머리를 썩인다.
【伤情】shāngqíng [명] 부상 상태. 다친 상태. ¶查看~ = 부상 상태를 조사하다. [동][문] 상심하다. 슬퍼하다. 마음아파하다. ¶劳燕分飞, 使人~落泪。= 부부의 이별이 사람을 상심하게 하고 눈물짓게 한다.
【伤情害理】shāngqíng-hàilǐ [성] 인정과 도리에 어긋나다.
【伤情面】shāng qíngmiàn [동] 감정과 체면을 상하게 하다.
【伤人】shāngrén [동] 1 남을 다치게 하다. ¶劫匪只劫财, 没~。= 노상 강도는 재물만 빼앗고 사람을 해치지는 않았다. 2 감정〔자존심·기분〕을 상하게 하다. ¶出口~ = 근거 없는 말로 헐뜯어 남을 해치다.
【伤神】shāng‖shén [동] 1 [문] 상심하다. 슬퍼하다. 마음아파하다. ¶暗自~ = 남몰래 슬퍼하다. 2 과도하게 신경을 쓰다. 지나치게 정신을 소모하다. ¶这事既费力又~, 不如放弃。= 이 일은 힘뿐만 아니라 신경도 많이 쓰이는 것이어서, 포기하는 게 낫다. ≒伤心 痛心
【伤生】shāng‖shēng [동] 생명을 해치다.
【伤食】shāngshí [동] (醫) 식상(食伤)하다. 체하다. 얹히다. 배탈나다.
【伤势】shāngshì [명] 부상 정도〔상태〕. 다친 상태. ¶~严重 = 부상 상태가 심하다.
【伤逝】shāngshì [동][문] 1 (죽은 자를) 애도하다. 2 세월이 가는 것을 슬퍼하다.
【伤水】shāngshuǐ [동] 물을 너무 많이 마셔서 탈이 나다.
【伤损】shāngsǔn [동] 다치다. 망가지다. 손상되다. 파손되다. 훼손되다. ¶这个花瓶已经~了。= 이 꽃병은 이미 망가졌다.

【伤天害理】shāngtiān-hàilǐ 〈成〉 사람으로서 도저히 못할 짓을 하다. 천리를 위배하다. 사람의 도리에 어긋나다.
【伤痛】shāngtòng 〈동〉 ❶ 아픔. 괴로움. 고통. 슬픔. ¶大家抑制住满心的~。=모두가 한없는 슬픔을 억눌렀다. ❷ (육신의) 아픔. 고통. 통증. 괴로움. ¶~不可能催垮他坚强的意志。=통증이 그의 굳은 의지를 꺾을 수 없다.
【伤亡】shāngwáng 〈동〉 사상(死傷)하다. 죽거나 다치다. ¶~惨重=사상자가 막심하다. 〈명〉 사상자. ¶~大半=사상자가 태반이다.
【伤亡事故】shāngwáng shìgù 〈명〉 사상 사고.
【伤心】shāng∥xīn 〈동〉 상심하다. 슬퍼하다. 마음아파하다. ¶~流泪=상심하여 눈물을 흘리다. ≒痛心 伤神
【伤心惨目】shāngxīn-cǎnmù 〈成〉 너무 비참하여 차마 눈 뜨고 볼 수 없다. 끔찍하다.
【伤愈】shāngyù 〈동〉 다친 것이 다 낫다. 부상이 〔상처가〕 회복되다. ¶~复学=다친 것이 다 나아서 복학하다.
【伤元气】shāng yuánqì (사람·국가·조직 등의) 생명력이 상처를 입다. 원기가 손상되다. 기력을 잃다.
【伤员】shāngyuán 〈명〉 (주로 군대에서) 부상자. 다친 사람. ≒伤号
【伤众】shāngzhòng 〈동〉 여러 사람을 다치게 하다. 다수에게 손해를 끼치다. ¶此乃~之事, 不可为。=이것은 여러 사람들에게 손해를 끼치는 일이라, 해서는 안 된다.

## 汤[湯] shāng 물 세찰 탕
☞ tāng
【汤汤】shāngshāng 〈형〉〈문〉 물결이 세차다. 탕탕(蕩蕩)하다. ¶江水~=강물이 세차다.

## 殇[殤] shāng 일찍 죽을 상
〈동〉〈문〉 요절하다. 젊어서 죽다. ¶~逝=요절하다. 〈명〉〈문〉 전사자. ¶国~=순국 열사.

## **商 shāng 헤아릴 상
〈동〉 ❶ 상의하다. 토의하다. 의논하다. 협상하다. 협의하다. 상담하다. ¶磋~=협의하다. / 面~=만나 논의하다. ❷ 〈數〉 (어떤 수를) 몫으로 삼다. ¶六除三一二。=6을 3으로 나누면 몫은 2이다. 〈명〉 ❶ 상인. 장수. 장사꾼. ¶客~=행상. / 外~=외국 상인. ❷ 상업. 장사. ¶经~=상업을 경영하다. ❸〈音〉 상(商). [고대 오음(五音)의 하나] ❹〈天〉 심수(心宿). [이십팔수(二十八宿)의 하나] ❺ 〈數〉 (나눗셈에서의) 몫. ❻ 〈歷〉 (Shāng) 상나라. [B.C. 1600~B.C. 1046년 동안 존재하였던 중국의 고대 왕조] ❼ (Shāng) 성 (姓). ≒贾

◦▫ 厂商, 筹chóu商, 磋cuō商, 会商, 奸jiān商, 客商, 洽qià商, 参shēn商, 私商, 外商, 婉wǎn商, 行商, 坐商

【商办】shāngbàn 〈동〉 상의하여 처리하다.

【商标】shāngbiāo 〈经〉 상표.
【商标权】shāngbiāoquán 〈法〉 상표권. 상표 전용권.
【商埠】shāngbù 〈명〉〈옛〉 외국과의 통상 항구(도시). 개항장.
【商场】shāngchǎng 〈명〉 ❶ 백화점. 쇼핑 센터. ¶百货~=백화점. ❷ (한 개 또는 몇 개의 건물 안에 설치된) 시장. 상가. 아케이드(arcade). ❸ 상업계. ≒商界
【商城】shāngchéng 〈명〉 ❶ (상가 건물이 연이어진) 대형 시장. 대형 상가. 쇼핑 타운. 상가 타운. ❷ (한 건물로 된) 대형 쇼핑몰. 대형 쇼핑 센터.
【商船】shāngchuán 〈명〉 상선.
【商德】shāngdé 〈명〉 상도덕. 상도.
【商店】shāngdiàn 〈명〉 상점. 판매점. ¶批发~=도매점.
【商调】shāngdiào 〈동〉 협의하여 인사 이동하다.
【商定】shāngdìng 〈동〉 협의[토의]하여 결정하다. ¶合作的具体事宜已经~。=합작의 구체적 사안은 이미 협의를 통해 결정하였다.
【商队】shāngduì 〈명〉 대상(隊商). 상대. 캐러밴(caravane).
【商兑】shāngduì 〈동〉〈문〉 협의하여 따져 보다. 협의하다. 상의하다. 의논하다.
【商法】shāngfǎ 〈法〉 상법.
【商贩】shāngfàn 〈명〉 소상인. 소매 상인.
【商风】shāngfēng 〈명〉 상업 풍조. ¶大力提倡公平竞争的~。=공정하게 경쟁하는 상업 풍조를 강력하게 제창하다.
【商港】shānggǎng 〈명〉 무역항. 통상항. 상항.
【商购】shānggòu 상담을 거쳐 구매하다.
【商贾】shānggǔ 〈명〉〈문〉 상인. 장수. 상고.
【商海】shānghǎi 〈명〉〈비〉 상업계. [경쟁과 위험이 가득한 상업 분야를 바다에 비유하여 이르는 말] ¶他已在~中搏击数年。=그는 상업계에서 이미 수년 간 부대껴 왔다.
【商行】shāngháng 〈명〉 (규모가 큰) 상점. 상사.
【商号】shānghào 〈명〉 ❶ 상점. ¶繁华的街道上~鳞次栉比。=번화한 거리에 상점이 즐비하다. ❷ 상호(商號). 상점명. 브랜드 이름. ¶~'一品'=상호는 '일품'이다.
【商户】shānghù 〈명〉 상인 집안. 실업가 집안. 사업가 집안.
【商会】shānghuì 〈명〉 ❶ (각종 업종의) 상인 연합회. 상인 단체. ¶加入~=상인 단체에 가입하다. ❷ 상인 연합회 사무실. ¶到~面谈。=상인 연합회 사무실에 가서 면담하다.
【商机】shāngjī 〈명〉 상업 기회. 사업 기회. ¶西部大开发创造了众多~。=서부 대개발은 수많은 상업 기회를 만들어 냈다.
【商计】shāngjì 〈동〉 의논하다. 상의하다. 협의하다. ¶~对策=대책을 협의하다.
【商家】shāngjiā 〈명〉 ❶ 가게. 상점. ❷ (무역에서) 상품 판매측.
【商检】shāngjiǎn ☞【商品检验】shāngpǐn jiǎnyàn
【商界】shāngjiè 〈명〉 상업계. ¶投身~=상업계

에 뛰어들다. ≒商战.
【商借】shāngjiè 〔동〕 상의하여 빌리다. 상담하여 차용하다. 차용을 상담하다.
【商量】shāng·liang 〔동〕 (주로 말로 일반적인 문제를) 상의하다. 의논하다. 협의하다. 토의하다. ¶此事还需进一步~。=이 일은 아직 더 협의해 봐야 한다.
【商路】shānglù 〔명〕 1 상로. 장삿길. 2 판로. 판매 경로. 판매 루트. ¶打通~=판로를 열다.
【商旅】shānglǚ 〔명〕 1〔옛〕행상. 도붓장사. 여상(旅商). ¶~生涯=행상 생활. 2 상인과 여객(旅客). ¶~同路=상인과 여행객이 함께 가다.
【商略】shānglüè 〔동〕 논의하다. 협의 검토하다. 토의하다. 의견을 교환하다. ¶~国家大事=국가 대사를 토의하다. ≒商讨 商榷.
【商盲】shāngmáng 〔명〕 상업에 문외한인 사람.
【商贸】shāngmào 〔명〕 상업과 무역. ¶~往来=무역 거래.
【商棚】shāngpéng 〔명〕 물건〔상품〕을 파는 천막〔가건물〕.
【商品】shāngpǐn 〔명〕 1〔經〕상품. ¶~交换=상품 교환. 2 (시장에서 사고 파는) 제품. 물품. 상품. ¶这家超市的~非常齐全。=이 슈퍼마켓의 상품은 매우 완벽하게 갖춰져 있다.
【商品编码】shāngpǐn biānmǎ 〔명〕 바 코드 (bar code). 막대 표시. 줄 표시.
【商品差价】shāngpǐn chājià 〔명〕〔經〕상품의 가격 차이. [동일 상품이 유통 환경·계절·지역 등에 따라 나타나는 가격의 차이]
【商品房】shāngpǐnfáng 〔명〕 상품으로 파는 주택. 분양 주택.
【商品化】shāngpǐnhuà 〔동〕 상품화하다. ¶知识~=지식의 상품화.
【商品检验】shāngpǐn jiǎnyàn 〔명〕 상품 검사. [전문 기관에서 수출입 상품의 품질·규격·포장·수량·중량 등을 검사하는 것] 〔약〕【商检】shāngjiǎn.
【商品经济】shāngpǐn jīngjì 〔명〕〔經〕상품 경제.
【商品粮】shāngpǐnliáng 〔명〕 1 상품(으로 거래되는) 식량. 2 (중국이 계획 경제를 시행하던 시기에 국가가 계획에 따라 사람들에게 공급했던) 보급 양식.
【商品流通】shāngpǐn liútōng 〔명〕〔經〕상품 유통. =【商品流转】shāngpǐn liúzhuǎn.
【商品流转】shāngpǐn liúzhuǎn ☞【商品流通】shāngpǐn liútōng.
【商品生产】shāngpǐn shēngchǎn 〔명〕〔經〕상품 생산.
【商品市场】shāngpǐn shìchǎng 〔명〕 1 시장. 2 상품 시장.
【商洽】shāngqià 〔동〕 상담하다. 협의하다. 의논하다. ¶~合资事宜=합자 관련 (사)안을 협의하다.
【商情】shāngqíng 〔명〕 시장 상황. 시장 추세. 시황. 시세. ¶分析~=시장 상황을 분석하다.
【商请】shāngqǐng 〔동〕 1 협의하여 신청하다. ¶~帮忙=도와 줄 것을 협의하여 신청하다. 2 협의하여 지시를 바라다. ¶~批准=협의하여 비준을 바라다. 3 협의하여 초빙하다. ¶~有关专家来作学术讲座。=유관 전문가를 협의·초빙하여 학술 강좌를 개최하다.
【商圈】shāngquān 〔명〕 1 상업 밀집 지역. 2 상권. 상업 영역. 상권.
【商榷】shāngquè 〔동〕 (주로 글로 학술적인 문제를) 논의하다. 협의 검토하다. 토의하다. 의견을 교환하다. ¶这个论题还有~的余地。=이 논제는 아직 협의 검토의 여지가 남아 있다. ≒商讨 商略.
【商人】shāngrén 〔명〕 상인. 장사꾼. 상사.
【商厦】shāngshà 〔명〕 상가〔상업〕빌딩. 비즈니스 빌딩.
【商社】shāngshè 〔명〕 상사.
【商数】shāngshù 〔명〕〔數〕(나눗셈에서의) 몫. 상.
【商税】shāngshuì 〔명〕 상업세.
【商摊】shāngtān (~儿) 〔명〕 노점.
【商谈】shāngtán 〔동〕 (구두로) 상담하다. 협의하다. 의논하다. 논의하다. ¶~合作业务=협동 업무에 대해 의논하다.
【商讨】shāngtǎo 〔동〕 논의하다. 협의 검토하다. 토의하다. 의견을 교환하다. ¶~两国经贸交流事宜=양국 간의 경제 무역 교류에 관한 사안을 논의하다. ≒商榷 商略.
【商亭】shāngtíng 〔명〕 (길가·공원 등에 세워진 정자 모양의) 가두 판매점. 매점.
【商妥】shāngtuǒ 〔동〕 상의하여 매듭짓다. 상담하여 결론짓다.
【商务】shāngwù 〔명〕 상무. 상업상의 용무〔사무〕. ¶~活动=상무 활동.
【商业】shāngyè 〔명〕〔經〕상업. 비즈니스.
【商业城市】shāngyè chéngshì 〔명〕 상업 도시.
【商业大厦】shāngyè dàshà 〔명〕 상업 빌딩.
【商业贷款】shāngyè dàikuǎn 〔명〕〔經〕상업 대출.
【商业街】shāngyèjiē 〔명〕 상가(商街).
【商业片】shāngyèpiàn 〔명〕〔映〕(영리를 주요 목적으로 하는) 상업 영화. 오락 영화.
【商业区】shāngyèqū 〔명〕 상업 지구.
【商用软件】shāngyòng ruǎnjiàn 〔명〕〔컴〕상업용 소프트웨어.
【商业网点】shāngyè wǎngdiǎn 〔명〕 지점. 영업소. 매장. 판매망. 점포망.
【商业银行】shāngyè yínháng 〔명〕〔經〕상업 은행.
【商议】shāngyì 〔동〕 상의하다. 토의하다. 협의하다. 상담하다. ¶~下一步的经营方案=차기 경영 방안을 협의하다.
【商用】shāngyòng 〔명〕 상용의. 상업용의. ¶~楼房=상업용 건물.
【商誉】shāngyù 〔명〕 상업상의 신용과 명예.
【商约】shāngyuē 〔명〕 통상 조약.
【商展】shāngzhǎn 〔명〕 상품 전람회.
【商战】shāngzhàn 〔명〕 1 상전. 상업 경쟁. 무역 전쟁. 판매전. 2 상업 전쟁. [15C~18C에 서구 열강이 식민지 및 그 시장을 놓고 경쟁할 때 일어났

던 전쟁을 말함]
【商酌】 shāngzhuó 통 협의 검토하다. 협의하다. 상담하다. 토의하다. ¶合资合作的具体事宜再行~。=합자 협력에 관한 구체적 사안은 다시 협의 검토한다.

## 觞[觴] shāng 잔 상
명 (고대의) 술잔. ¶举~同庆=잔을 들어 함께 축하하다.

## 墒 shāng 땅의 물기 상
명(農) 토양의 습도. ¶透~=토양의 수분이 충분하다. / 保~=토양의 수분을 유지시키다.

○● 趁chèn墒, 底墒, 接墒, 开墒, 透墒, 走墒

【墒情】 shāngqíng 명(農) 토양의 습도 상태 [정도].
【墒土】 shāngtǔ 명(農) 새로 갈아엎은 습토(濕土). 새로 경작한 축축한 땅.

## 熵 shāng 엔트로피 상
명양(物) 엔트로피(entropy).

## *上 shǎng / shàng 상성 상
명 1 (言) (고대 중국어에서의) 상성. 제2성. 2 (현대 표준 중국어에서의) 제3성.
☞ shàng, ‖·shàng, ·shang
【上声】 shǎngshēng / shàngshēng ☞【上声】 shàngshēng

## 垧 shǎng 들 경
양⦿ 경. [토지 면적의 단위로서 각 지방마다 다름. 예를 들어, 동북(東北) 지역은 '15무(畝)'를 '1垧'이라 하고, 서북(西北) 지역은 '3무(畝)' 또는 '5무(畝)'를 '1垧'이라고 함]

## *晌 shǎng 정오 상
명 1 ⦿ 정오. 한낮. 상오(晌午). 오정(午正). ¶歇~=점심 후에 휴식하다. 2 나절. 하루 낮의 절반쯤 되는 동안. ¶上半~=오전 나절. / 下半~=오후 나절. 3 ⦿ 낮. 대낮. 백주. ¶他忙得没~没夜的。=그는 밤낮없이 바쁘다. 4 (~儿) 잠시. 한때. 한동안. ¶坐了半~儿, 一句话没说。=한동안 앉은 채로 한 마디 말도 하지 않았다.

○● 半晌, 傍bàng晌, 后晌, 前晌, 头晌

【晌饭】 shǎngfàn 명⦿ 1 점심. =【晌午饭】 shǎng·wufàn 2 새참. 중참. 사이참.
【晌觉】 shǎngjiào 명⦿ 낮잠. 오침. 오수(午睡). =【晌午觉】 shǎng·wujiào
【晌午】 shǎng·wu 명⦾ 정오. 한낮. ¶都~了该吃饭了。~=벌써 정오야, 밥 먹자.
【晌午饭】 shǎng·wufàn ☞【晌饭】 shǎngfàn
【晌午觉】 shǎng·wujiào ☞【晌觉】 shǎngjiào

## *赏[賞] shǎng 상줄 상
동 1 상을 주다. 상여하다. 하사하다. 포상하다. ¶犒~=위로하여 포상하다. / 论功行~=공로를 따져 상을 내리다. 2 눈에 들다. 감상하다. 가치를 알아보다. ¶称~=칭찬하다. / 叹~=극구 칭찬하다. 3 관상하다. 감상하다. ¶奇文共~=뛰어난 글을 함께 감상하다. / 孤芳自~=자기 스스로를 고결하다고 여기며 만족해하다.
명 1 상금. 상품. ¶受~=상[상품]을 받다. / 重~=큰 상. 2 (Shǎng) 성(姓). ↔罚 惩

○● 称chēng赏, 观赏, 激jī赏, 鉴jiàn赏, 奖jiǎng赏, 犒kào赏, 受赏, 叹tàn赏, 玩赏, 欣赏

【赏赐】 shǎngcì 동 상을 내리다. 하사하다. ¶~下人=아랫사람에게 상을 내리다. 명 하사품. 상품. 은상(恩賞). ¶拜领~=삼가 하사품을 받다. ≒赏赍 赐予 赐赏
【赏罚】 shǎngfá 동 (잘한 것에) 상을 주고 (잘못한 것에) 벌을 주다. 명 상벌. ¶~适度=상벌이 적절하다.
【赏罚分明】 shǎngfá-fēnmíng ⦿ 상벌에 있어 원칙·태도가 분명하다.
【赏封】 shǎngfēng 명 (붉은색 종이로 싼, 혹은 빨간 봉투에 넣은) 금일봉. 동⦿ 군주가 신하에게 토지를 분봉하고 상을 주다
【赏格】 shǎnggé 명 현상금.
【赏光】 shǎng‖guāng 동 (인사말로) 왕림해 주십시오. 제 체면을 보아서 꼭 와 주십시오. ¶恭请拨冗~。=바쁘시더라도 부디 왕림해 주시기를 바랍니다.
【赏花】 shǎnghuā 동 꽃을 감상하다. 꽃구경하다. 꽃놀이하다.
【赏鉴】 shǎngjiàn 동⦿ 감상하다. 평가하다. ¶~名人字画=유명한 사람의 글과 그림을 감상하다.
【赏金】 shǎngjīn 명 상금 ≒赏钱
【赏赉】 shǎnglài 동⦾ 상을 내리다. 하사하다. ≒赏赐
【赏脸】 shǎng‖liǎn 동 (인사말로) 체면을 보아 받아주십시오. 제 체면을 보아 청을 들어주십시오.
【赏墨】 shǎngmò 동⦿ 1 글씨이나 그림을 선사하다. 휘호(揮毫)하여 상으로 내리다. 2 글을 지어 선사하다.
【赏钱】 shǎng·qian 명 상금. ≒赏金
【赏识】 shǎngshí 동 (어떤 사람의 재능, 혹은 어떤 물건의 가치를 알아) 귀히 여기다. 아끼다. 높이 평가하다.
【赏叹】 shǎngtàn 동⦿ 칭송하다. 찬양하다. 감탄하다. ¶睹名花异草, 不禁大加~。=진기한 꽃과 풀들을 보고 감탄을 금치 못하다.
【赏玩】 shǎngwán 동 완상(玩賞)하다. 즐기다. 감상하다. ¶~木雕=목제 조각품을 감상하다.
【赏析】 shǎngxī 동 감상하고 분석하다. [주로 글·서적의 표제에 많이 쓰임] ¶《中外经典影片~》=《국내외 대표 영화 감상 분석》.

【赏心悦目】 **shǎngxīn yuèmù** 웹 (아름다운 정경에) 마음과 눈이 즐겁다.

【赏月】 **shǎngyuè** 图 달구경하다. 달맞이하다. ¶游园=정원을 노닐며 달구경을 하다.

【赏阅】 **shǎngyuè** 图 (시문 따위를) 즐거이 감상하다. 감상하며 읽다. 즐겨 읽다. ¶~古代诗词=고대의 시(詩)와 사(詞)를 즐겨 읽다.

## 上 **shàng** 위 상

图 **1** 위. ¶~知天文, 下知地理.=위로는 천문을 알고, 아래로는 지리를 이해하다. 박학다식하다. **2** 황제. 임금. 상(上). ¶~皇=황상. 황제. **3** 상급. 웃어른. ¶欺~瞞下=위를 기만하고 아래를 속이다. **4** (音) 옛 중국 음악에서 음계의 하나로, 약보에서 '1'에 해당함. 휑 **1** 위의. ¶~层=위층. / ~游=상류. **2** 먼저의. 앞의. ¶~古=상고(上古). / ~册=상권(上卷). **3** 상등의. 고품질의. ¶~品=상품. / ~等=상등. 图 위를 향하여. 위로. ¶~了午饭=점심 날다. / ~坚发=指=머리칼이 위로 곤두서다. 图 **1** 오르다. 타다. ¶~树=나무에 오르다. / ~楼=위층으로 올라가다. / ~车=차에 타다. **2** 가다. 다다르다. 도착하다. ¶~学校=학교에 가다. / ~家=집으로 가다. **3** 전진하다. 앞으로 나아가다. ¶大干快~=적극적으로 신속히 해 나가다. **4** (상급 기관에) 이송하다. 넘겨주다. 보고하다. 제출하다. 올리다. ¶~诉=상소하다. **5** 증가하다. 더하다. 보태다. 보충하다. ¶给车~货=차에 물건을 싣다. **6** 내다. 바치다. 올리다. 드리다. ¶~税=세금을 내다. **7** (요리를) 내오다. ¶~菜=음식을 내오다. / ~酒=술을 내오다. **8** 등장하다. 출연하다. 출장(出场)하다. 출전하다. ¶前半场比赛, 让候补队员~=전반전에 후보 선수를 출장시키다. **9** 달다. 장착시키다. 끼워 넣다. 부착시키다. 조립하다. ¶给抽屉~拉手=서랍에 손잡이를 달다. **10** 바르다. 칠하다. ¶给新做的家具~漆=새로 만든 가구에 칠을 하다. **11** 게재하다. 싣다. 등재하다. ¶~杂志=잡지에 싣다. **12** 공개되다. 보이다. 등장하다. ¶影片~映了.=영화가 상영되었다. **13** 죄다. 돌리다. 감다. ¶给钟~发条=시계에 태엽을 감다. **14** (정한 시간이 되어) 어떤 일을 하다. ¶~学=학교에 가다. / ~班=출근하다. **15** (일정 정도나 수량에) 달하다. 이르다. ¶~岁数=나이가 들다. / 成百~千=수백 수천에 달하다. **16** 당하다. 빠지다. 걸려들다. ¶~了贼船=해적선에 잘못 오르다. 좋지 않은 무리에 끼다. **17** (어떤 상황이) 생기다. 발생하다. ¶刀~锈了=칼이 녹슬었다. **18** 가하다. (어떤 동작이나 작용을) 다른 것에 미치게 하다. ¶该给地~肥了.=땅에 거름을 주어야겠다. **19** 진입하다. 들어가다. ¶~网聊天=인터넷에 접속하여 채팅을 하다. ↔下

☞ **shǎng**, ǁ **shàng**, ·**shang**

## 上 ǁ ·**shàng** 위 상

图 **1** ···위로 향하다. [동사 뒤에 쓰여, 낮은 곳으로부터 높은 곳으로 향하는 것을 나타냄] ¶登~房顶=지붕 위에 올라가다. **2** ···하기 시작하다. [동사 뒤에 쓰여, 시작과 동시에 지속함을 나타냄] ¶爱~了写作=글짓기를 좋아하기 시작하다. **3** ···에 다다르다. ···하게 되다. ···하는 결과를 낳다. [동사 뒤에 쓰여, 어떤 목적에 도달하였거나 결과가 있음을 나타냄] ¶交~了女朋友=여자 친구를 사귀게 되다. **4** ···에 달하다. [동사 뒤에 쓰여, 동작이 일정한 수량에 도달하였음을 나타냄] ¶你太累了, 今天最好睡~十来个小时.=너는 너무 피곤하니, 오늘 10시간쯤 자는 것이 좋겠다.

☞ **shǎng**, **shàng**, ·**shang**

## 上 ·**shang** 위 상

图 **1** ···에. ···에서. ···상. [명사 뒤에 쓰여, 어떤 것의 범위 안에 있음을 나타냄] ¶会议~=회의 석상. / 期刊~=정기 간행물에. **2** ···위에. ···에. [명사 뒤에 쓰여, 그 물체의 표면을 가리킴] ¶餐桌~=식탁에. **3** ···상. ···에 관한. ···적으로. [명사 뒤에 쓰여, 어떤 방면을 가리킴] ¶精神~=정신상. 정신적으로. **4** ···할 때. ···일 때. ···때(에). [나이를 나타내는 명사 뒤에 쓰여 '···的时候(···할 때)'의 의미를 나타냄] ¶他八岁~去过中国.=그는 8살에 중국에 간 적이 있다.

☞ **shǎng**, **shàng**, ǁ ·**shang**

○● 春上, 府上, 柜上, 皇上, 路上, 马上, 如上, 身上, 圣shèng上, 世上, 堂上, 天上, 同上, 晚上, 无上, 以上, 早上, 长zhǎng上, 至上, 祖上

> 上(·**shang**) / 里(·**li**)
> 
> 둘 다 명사 뒤에 쓰여 범위를 나타냄. 또는 기관이나 단체, 조직을 가리키는 명사와 결합하여 기관의 소재나 기관 자체를 나타냄.
> 班〔上·里〕/ 县〔上·里〕/ 单位〔上·里〕/ 部队〔上·里〕/ 矿〔上·里〕
> 
> ▶ '上'은 추상 명사와도 결합할 수 있음.
> 方针上 / 政策上 / 关系上 / 生活条件上
> ¶生活上我的岳父对她照料得很好.=생활면에서 우리 장인은 그녀를 잘 돌보아 주신다. / 中葡两国在澳门问题上的良好合作有利于澳门的前途.=중국과 포르투갈 양국이 마카오 문제에 있어서 우호적으로 협력하는 것은 마카오의 앞날에 유리하다.
> 
> ▶ 기관을 가리키는 명사 중에는 오직 '里' 만 함께 쓸 수 있음.
> 厂里 / 所里 / 院里 / 学校里 / 公司里
> ¶班里的很多同学看看我, 受到老师的催促, 走亲了.=반의 많은 친구들이 나를 보고 있었네, 선생님의 재촉을 받고 멀어져 갔다. / 他在县里的副食品总店工作.=그는 현 당국의 부식품 본부에서 일한다. / 你们这样千厂里同意吗?=너희들이 이렇게 하면 공장에서 동의하겠어? / 大哥、二哥和我先生三人都在大学里当教授.=큰오빠, 작은오빠, 남편 세 사람은 모두 대학에 교수로 있다.

【上岸】 **shàng'àn** 图 기슭에 다다르다. 육지에 오르다. 상륙하다.

**上 shàng**

【上百】shàngbǎi 통 (수량이) 백이 넘다. 몇백 되다.

【上班】shàng‖bān(~儿) 통 **1** 출근하다. ¶我马上要去~。=나는 곧 출근해야 한다. **2** 일을 하기 시작하다. ¶出版社早晨八点~。=출판사는 아침 8시에 일을 하기 시작한다. ↔下班

【上班族】shàngbānzú 명 출퇴근족. 샐러리맨. 봉급 생활자.

【上半辈(子)】shàngbànbèi(·zi) ☞【前半辈(子)】qiánbànbèi(·zi) ↔下半辈(子)

【上半部】shàngbànbù (사물의) 전반부. ¶他已经读完了小说的~。=그는 이미 소설의 전반부를 다 읽었다.

【上半场】shàngbànchǎng ☞【上半时】shàngbànshí

【上半截】shàngbànjié(~儿) 명 전반부. 상반부. 윗부분. ¶毕业生在学期~实习, 然后论文答辩。=졸업생들은 학기 전반부에는 실습을 하고, 그런 다음에 논문 답변을 한다.

【上半年】shàngbànnián ☞【前半年】qiánbànnián ↔下半年

【上半晌】shàngbànshǎng(~儿) ☞【前半晌】qiánbànshǎng ↔下半晌

【上半时】shàngbànshí 명(体) 전반전. =【上半场】shàngbànchǎng

【上半天】shàngbàntiān(~儿) ☞【前半天】qiánbàntiān ↔下半天

【上半夜】shàngbànyè ☞【前半夜】qiánbànyè ↔下半夜

【上半月】shàngbànyuè ☞【前半月】qiánbànyuè ↔下半月

【上绑】shàngbǎng 통 포박하다. 결박하다. 오라로 묶다. ↔松绑

【上报】shàng‖bào 통 신문에 나다. 신문에 실리다. ¶他见义勇为的事~了。=그가 정의 앞에서 용감하게 행동했던 일이 신문에 났다.

【上报】shàngbào 통 상부에 보고하다. ¶公司年终经营结算情况要及时~。=회사의 연말 경영 결산 상황을 즉시 보고해야 한다.

【上辈】shàngbèi(~儿) 명 **1** (집안에서) 손윗사람. 한 항렬 위의 세대. 아버지뻘 되는 세대. ¶这东西是~儿留下来的。=이 물건은 아버지 세대로부터 전해 내려온 것이다. **2** 조상. 선조. ¶我们要继承~儿的优良传统。=우리는 조상의 빛난 전통을 이어가야 한다.

【上辈子】shàngbèi·zi **1**《佛》전생. 과거세(過去世). 숙세(宿世). **2** 조상. 선조.

【上臂】shàngbì 명《生》위팔. 상완(上腕). 상박(上膊).

【上边】shàng·bian(~儿) 명 위쪽. 위. ≒上面 ↔下边 下面

【上膘】shàng‖biāo 통 (가축 등이) 살이 오르다. 살찌다. ¶用了新饲料, 猪近来~很快。=새 사료를 사용하자 돼지가 근래에 빠르게 살이 오른다. ↔掉膘

【上宾】shàngbīn 명 귀빈. 귀객. ¶视为~。=귀빈으로 대접하다.

【上兵】shàngbīng 명(军) (군사를 쓰는 데 있어서의) 상책(上策). 상계(上計). 상수(上數).

【上不来】shàng·bulái 통 **1** 올라갈 수 없다. ¶你拉我一下, 坎太深, 我~。=날 좀 당겨 줘, 웅덩이가 너무 깊어 올라설 수 없으니. **2**(方) 마음이 맞지 않다. 단합이 안 된다. ¶兄弟俩~, 一说话就闹别扭。=형제는 마음이 맞지 않아 말만 하면 서로 틀어진다.

【上不上, 下不下】shàng·bu shàng, xià·bu xià 숙 **1** 위에도 속하지 않고 아래에도 속하지 않다. **2**(方) 보통이다. 중간이다. 이도저도 아니다.

【上不着天, 下不着地】shàng bù zháo tiān, xià bù zháo dì 숙(方) 의지할 곳이 없다. 사고무친(四顧無親)이다.

【上部】shàngbù 명 **1** (신체·물체의) 윗부분. 상부. **2** (상·중·하 혹은 상·하로 나누어진 소설 혹은 영화 작품의) 제1부.

【上彩】shàng‖cǎi 통 **1** (도자기에) 색을 입히다. **2** 무대 화장을 하다. 분장하다. ¶演员上完彩后开演。=배우가 분장을 끝내면 공연을 시작한다.

【上菜】shàngcài 통 요리를 내오다.

【上苍】shàngcāng ☞【苍天】cāngtiān

【上操】shàng‖cāo 통 훈련을 나가다. 체조하러 나가다. ≒出操

【上册】shàngcè 명 상권(上卷). 통 등록하다. 등기하다. ¶学会的全部会员都~了。=학회의 전 회원이 모두 등록하였다.

【上策】shàngcè 명 상책. 상계(上計). 상수(上數). ≒上算 ↔下策

【上层】shàngcéng 명 **1** 위층. 상층. **2** (조직·기관·계층 등에서의) 상층. 상부. 상급. 상류. ¶~人物=상류 계층의 사람.

【上层建筑】shàngcéng jiànzhù 명 상부 구조. [경제 기초 위에 세워진 사회 과학·예술·철학·도덕·정치·법률 등 의식 형태의 총체] ↔经济基础

【上层人士】shàngcéng rénshì 명 상류 인사.

【上场】shàngcháng 통 (수확한 곡식 따위를) 탈곡장으로 옮기다.

【上场】shàng‖chǎng 통 (운동 선수·배우 등이) 출장하다. 등장하다. ↔下场

【上朝】shàng‖cháo 통 **1** 임금이 조정에서 집무를 보다. **2** 조회(朝會)하다. 입궐하여 뵙고 정사를 의논하다.

【上车】shàngchē 통 **1** (차·기차 따위에) 타다. 오르다. **2** 화물을 차에 실리다.

【上乘】shàng‖chéng 명 **1**《佛》대승(大乘). **2** (문학에서의) 상품(上品). 높은 경지. ¶这些是诗歌中的~。=이것들은 시가(詩歌) 중에서도 걸작이다. **3** 상등(上等). 상치. 높은 수준. 높은 등급. ¶这批货的质量是~。=이번 물건의 품질은 상등급이다. ↔下乘

【上秤】shàng‖chèng 통 저울에 달다. 저울로 재다.

【上齿龈】shàngchǐyín ☞【上牙床】shàngyáchuáng

【上愁】shàngchóu 동 걱정하다. 근심하다. 고심하다.
【上传】shàngchuán 동 업로드(upload)하다. ¶我把文章~到网站的论坛上了。=나는 글을 인터넷 사이트의 포럼에 업로드시켰다.
【上船】shàng∥chuán 1 배에 오르다. 2 화물 등이 배에 실리다.
【上床】shàngchuáng 동 1 침대에 오르다. 2 성관계를 갖다.
【上春】shàngchūn 명生 초봄. (음력) 정월.
【上唇】shàngchún 명生 윗입술. ↔下唇
【上次】shàngcì 지난번. 저번. ¶~回国已经是一年前的事了。=지난번 귀국한 것은 이미 일 년 전의 일이다.
【上刺刀】shàng cìdāo 동 착검하다. 대검을 총 끝에 꽂다.
【上蔟】shàng∥cù 동 (누에가) 섶에 오르다.
【上蹿下跳】shàngcuān-xiàtiào 성 1 (동물이) 여기저기서 날뛰다. 2 비喩 (나쁜 놈이) 도처에서 나쁜 짓을 일삼다. 횡행하다. =【上窜下跳】shàngcuàn-xiàtiào
【上窜下跳】shàngcuàn-xiàtiào ☞【上蹿下跳】shàngcuān-xiàtiào
【上达】shàngdá 동 1 상달하다. 상부에 (의견을) 반영하다. 하의상달(下意上達)하다. ¶~民情 = (위정자에게) 민생을 상달하다. 2 의와 덕을 알아 몸소 실천하다. 더 나은 경지로 나아가다. ¶君子~, 小人下达。=군자는 날마다 위로 향하여 나아가고, 소인은 날마다 아래를 향하여 나아간다.
【上大课】shàng dàkè 동 합반하여 수업하다.
【上代】shàngdài 명 윗대. 상세. 선조 대. 오랜 옛날.
【上当】shàng∥dàng 동 속다. 꾐에 빠지다. 사기를 당하다. ≒受骗
【上档次】shàng dàngcì 동 (보다 높은) 등급·품위에 이르다. ¶他穿的这身衣服~。=그가 입은 옷은 고급품이다.
【上刀山, 下火海】shàng dāoshān, xià huǒhǎi 숙어 어떤 어려움도 두려워하지 않다. 물불을 안 가리다.
【上灯】shàngdēng 동 옛 (날이 저물어) 등을 켜다. ¶天快~啦。=등을 켤 시간이 되었다.
【上等】shàngděng 형 1 고위의. 고급의. ¶~人才 = 고급 인재. 2 상등의. 양질의. ¶~家具 = 고급 가구. ↔下等
【上等兵】shàngděngbīng 명軍 상등병.
【上帝】Shàngdì 명 1 하느님. 상제. 상천(上天). 2 宗 (기독교의) 하나님.
【上殿】shàngdiàn 동 조회(朝會)하다. 입궐하여 정사를 의논한다.
【上吊】shàng∥diào 동 목을 매어 자살하다.
【上调】shàngdiào 동 1 상급 기관으로(단위로) 전근되다. ¶他已经~到省里工作了。=그는 이미 성도(省都)로 전근하여 일하고 있다. 2 상급 기관이 자재·물자 등을 조달하여 사용하다. ¶那批煤炭已被~。=그 석탄은 이미 상급 기관에 조달되었다. ↔下放
☞ shàngtiáo
【上冬】shàngdōng 명生 초겨울. 동生 겨울에 접어들다.
【上冻】shàng∥dòng 동 결빙되다. 얼음이 얼다. ¶鱼塘~了。=연못(양어장)에 얼음이 얼었다. / 地里~了, 这活不能干。=땅 속이 얼어 이 일은 할 수가 없다. ↔解冻 化冻
【上兜】shàngdōu 명 윗옷의 호주머니.
【上端】shàngduān 명 상단. 꼭대기.
【上颚】shàng'è 명 1 위턱. 상악. =【上颌】shànghé 2 (일부 절지동물의) 한 쌍의 큰 턱.
【上方】shàngfāng 명 1 (天) 하늘. 천상(天上). 2 옛 황제. 3 (음양설에서 말하는) 북쪽 또는 동쪽. 4 상급. 고층건물. 상부. ¶这是~的指示。=이것은 상부의 지시이다. 5 (Shàngfāng) 복성(複姓).
【上方宝剑】[尚方宝剑] shàngfāng-bǎojiàn 성 1 황제가 하사한 보검. [옛 소설이나 희곡에 자주 나오는 말로, 이를 하사받은 신하는 사람을 먼저 처단하고 후에 아뢸 수 있는 권리가 있음] 2 비喩 지도부가 부여한 권한.
【上房】shàngfáng 명 1 ☞【正房】zhèngfáng 2 옛 귀빈실. 최고급 객실. 동 1 지붕에 오르다. ¶~修理屋舍 = 지붕에 올라 집을 수리하다. 2 방에 들(어가)다. ¶~休息 = 방에 들어가 쉬다.
【上访】shàngfǎng 동 (대중이) 상급 기관에 상황을 알리고 해결을 요구하다.
【上肥】shàngféi 동 農 (농작물에) 거름을 주다. 비료를 주다.
【上坟】shàng∥fén 동 성묘하다.
【上粪】shàngfèn 동 農 (작물에) 인분을 주다.
【上风】shàngfēng 명 1 바람이 불어오는 방향. ¶一阵花香从~处飘来。=한바탕의 꽃 향기가 바람따라 날아온다. 2 비喩 우세. 우위. 기선. ¶经过拼搏, 原先落后的球队渐渐占了~。=분투 결과, 원래 뒤처졌던 (구기 종목의) 팀이 점점 기선을 잡기 시작했다. ↔下风
【上峰】shàngfēng 명 상급자. 상관.
【上浮】shàngfú 동 1 수면으로 떠오르다. 부상하다. 2 비喩 (가격·이율·월급 등이) 오르다. 뛰다. ¶近日股价普遍~。=최근에 주식 시세가 보편적으로 오름세이다.
【上杆子】shànggān·zi 옛 1 기어오르다. 2 비喩 교만하다. 머리꼭대기에 기어오르다. ¶这个人听不得表扬, 爱~。=이 사람은 칭찬을 들으면 안 돼, 머리꼭대기까지 기어오르려고 한다니까.
【上感】shànggǎn 명약 醫 上呼吸道感染(상기도 감염). [주로 코·목구멍·기관(숨통) 등 호흡기의 윗부분에 생기는 감염을 말함] 약 URI (Upper Respiratory Infection)
【上纲】shànggāng 동 1 정치 원칙의 입장에서 바라보다. [문화 대혁명 시기의 용어임] 2 비喩 교조적인 잣대로 몰아붙이다. 별것 아닌 일을 요란스레 처리하다. ¶具体问题具体分析, 不能随意~。=구체적인 문제는 구체적으로 분석해야지

멋대로 교조적인 잣대를 들이대서는 안 된다.

【上岗】shàng‖gǎng 图 1 보초나 경계 위치로 나가다. ¶天刚蒙蒙亮，交警便~了。=날이 막 어렴풋이 밝아오자, 교통 경찰은 직무를 수행하기 시작했다. 2 직장에서 근무를 하다. 제 위치에서 임무를 수행하다. ¶公司新进人员已全部~。=회사의 신입 사원들은 이미 모두 각각의 자리를 배정받았다. 3 일을 얻다. 재직하다. ¶近日又有一批下岗职工重新~。=최근 한 무리의 실직자들이 다시 일자리를 얻게 되었다. ↔下岗

【上告】shànggào 图 1 상부에 보고하다. ¶调查结果要如实~。=조사 결과를 사실대로 상부에 보고해야 한다. 2 사법 기관이나 상급 기관에 고소하다. ¶他决定越级~。=그는 상고하기로 결정했다.

【上工】shàng‖gōng 图 (노동자·농민이) 작업을 시작하다.

【上供】shàng‖gòng 图 1 제물을 바치다. 제사상을 차리다. 2(甲) 뇌물을 바치다.

【上钩】shàng‖gōu 图 1 낚싯바늘에 걸리다. 2(甲) 속임수에 빠지다. 꾀임에 넘어가다. 계략에 빠지다.

【上古】shànggǔ 图 1 상고 시대. 2 (歷) (중국 역사에서) 상(商)·주(周)·진(秦)·한(漢) 시대.

【上挂下联】shàngguà-xiàlián 亚(甲) 위아래로 관계를 맺다.

【上官】Shàngguān 图 복성(複姓)

【上光】shàngguāng 图 (화학·물리적인 방법으로) 윤내다. 광(택)을 내다. 광을 입히다. ¶给皮鞋~=구두에 광을 내다.

【上轨道】shàng guǐdào 图(甲) 궤도에 오르다. 자리를 잡고 진행되다. ¶新技术开发工作已~。=신기술 개발은 이미 궤도에 올랐다.

【上海】Shànghǎi 图(地) 상해. 상하이.

【上海滩】Shànghǎitān 图 '上海(상하이)'의 별칭.

【上好】shànghǎo 图 매우 좋은. 최고의. ¶~布料=최고급 천.

【上和下睦】shànghé xiàmù 亚 위아래 모두와 잘 지내다.

【上颌】shànghé ☞ 【上颚】shàng'è

【上呼吸道】shànghūxīdào 图(生) 콧구멍·목구멍·숨통 등) 상부 호흡 기관.

【上户】shànghù 图 호구 등록을 하다. 호적에 올리다. ¶给新生儿~。=신생아를 출생 신고하다. 图 부호(富豪).

【上环儿】shànghuánr 图 (피임을 위해) 루프 시술을 하다.

【上回】shànghuí 图 먼젓번. 지난번.

【上讳】shànghuì 图 이름의 첫번 째 글자를 피휘(避諱)하다〔꺼려 피하다〕. [두번 째 글자를 피휘하는 것은 '下讳'라고 함]

【上火】shàng‖huǒ 图 1 (醫) 상초열(上焦熱)이 나다. [중의학에서 대변이 건조해지거나 구강 혹은 비강, 점막 등에 염증이 생기는 증상을 말함] 2 (甲) (~儿) 성내다. 화를 내다. ¶他强忍住没有~。=그는 꾹 참고 화를 내지 않았다.

【上货】shànghuò 图 1 (차·선박·비행기 등에) 화물을 적재하다. 화물을 싣다. 2 (점포·매장 등이) 새 상품을 사들이다. 3 상품을 진열대에 진열하다. 상품을 매장에 내놓다.

【上机】shàngjī 图 1 비행기를 타다. 2 기기를 조작[조종]하다. 3 컴퓨터를 조작하다. ¶~查询=컴퓨터로 검색하다.

【上级】shàngjí 图 상급. 상부. 상급자. 상사. ¶~主管部门=상급 주관 부서. ≒上司 ↔下级

【上集】shàngjí 图 상편. 상권. ¶影片分~和下集两部发行。=영화는 상·하편으로 나뉘어 보급된다. 图 장을 보러 나가다. 시장에 가다. ¶~买肉去了。=장에 고기를 사러 갔다.

【上计】shàngjì 图 상책. 상계. 상수.

【上佳】shàngjiā 图 매우 좋은. 우수한. ¶实行~的营销策略=우수한 영업 전략을 실행하다.

【上家】shàngjiā 图 (~儿) (도박·술좌석에서 어떤 사람의 바로) 앞 순서의 사람. 图图 집에 (돌아)가다. ¶他已经下班~了。=그는 이미 퇴근하여 집으로 돌아갔다. ≒上家

【上江】Shàngjiāng 图(地) 1 '창장(长江)'의 상류. 2 (청나라 때의) 안후이(安徽)성. ['安徽'와 '江苏'를 '上下江'이라 칭하였음]

【上将军】shàngjiāngjūn 图 상장군. [고대 무관의 계급]

【上浆】shàng‖jiāng 图 (옷에) 풀을 먹이다.

【上将】shàngjiàng 图 (軍) 상장. [군대에서의 계급. '中将(중장)'보다 높고 '大将(대장)'보다 낮음]

【上交】shàngjiāo 图 (금품을) 상납(上納)하다. 바치다. 위에 넘겨주다. ¶把拾到的失物~=주운 물건을 위[기관]에 넘겨주다.

【上焦】shàngjiāo 图(醫) 상초(上焦). [중의학에서 말하는 횡격막(橫膈膜) 위의 기관. 심장·폐 및 식도가 여기에 딸림]

【上缴】shàngjiǎo 图 상납하다. 바치다. 납입하다. ¶~税利=세금과 이윤을 상납하다.

【上脚】shàngjiǎo 图 (신을) 발에 신다. ¶这鞋刚~两天。=이 신발을 신은 지 막 이틀이 되었다. 图 신발이 발에 꼭 맞다. ¶新买的皮鞋很~。=새로 산 가죽 신발이 발에 꼭 맞다.

【上轿】shàngjiào 图 가마에 타다. ¶新媳妇~了。=신부가 가마에 올라탔다.

【上接】shàngjiē 图 (글·신문 기사 등이) 위와 연결되다. 위로부터 계속되다. 위를 잇다. ¶~第34页。=제34쪽으로부터 계속되다.

【上街】shàngjiē 图 (물건을 사거나 관광 등을 위해) 거리로 나가다.

【上截】shàngjié (~儿) 图 상반부. 상단. 윗토막. 윗부분.

【上届】shàngjiè 图 전번. 전회. 앞 회. 지난번. ¶~毕业生=전년도 졸업생.

【上界】shàngjiè 图 천상계. 천상. 천계.

【上紧】shàngjǐn 图 (나사·태엽 등을) 꽉 죄다. 바싹 돌리다. 副(甲) 서둘러. 재빨리. 얼른. 어서. ¶交货日期快到了，大家得~干啊。=납품 일자

가 곧 다가오니, 모두들 서둘러 일해야 합니다.
【上进】shàngjìn 통 향상하다. 진보하다. ¶奋发~=분발하여 앞으로 나아가다.
【上进心】shàngjìnxīn 명 진취심. 성취욕.
【上劲】shàng∥jìn(~儿) 통 힘이 나다. 일에 가속이 붙다. 신이 나다. ¶你一言,我一语,大家越说越~。=너 한 마디 나 한 마디, 모두 말을 하면 할수록 힘이 났다.
【上京】shàngjīng 명 수도. 서울. 통 상경하다. 서울에 올라가다. ¶~观光=서울을 구경하다.
【上镜】shàngjìng 통 (영화·TV 등에) 출연하다. ¶她今年连续在几部电影中~。=그녀는 올해 연속해서 여러 편의 영화에 출연했다. 형 화면을 잘 받다. ¶虽然是歌手客串主持人,但挺~。=비록 가수가 사회자를 맡았지만 화면이 꽤 잘 받는다.
【上客】shàngkè 명존 귀빈. 상객. 상빈. 통 1 손님이 (차나 배 등의 교통 수단에) 타기 시작하다. 오르기 시작하다. ¶那辆出租车正在~。=그 택시에는 지금 막 손님이 타고 있다. 2 (호텔·상점 등에) 연이어 손님이 밀려들다. ¶今儿生意不好, 半天没~。=오늘은 장사가 잘 안 되네, 한나절 동안 손님 하나 없었다.
【上课】shàng∥kè 통 1 수업하다. 강의하다. ¶今天是外请专家给我们~。=오늘 외부에서 초정된 전문가가 우리에게 강의를 한다. 2 수업을 듣다. 강의를 듣다. ¶他~总是很专心听讲。=그는 항상 집중하여 수업을 듣는다.
【上空】shàngkōng 명 상공. 창공. 공중. ¶广场~飘着数十只五颜六色的风筝。=광장의 상공에는 수십 개의 알록달록한 연들이 나부끼고 있다.
【上口】shàngkǒu 통 1 (시문 등을 읽을 때) 낭랑하다. 또랑또랑하다. ¶琅琅~=낭랑하고 또랑또랑하다. 2 (시문 등이 잘 쓰여져 읊기에) 매끄럽다. 입에 붙다. ¶这段文字生涩古奥,很难~。=이 단락의 글은 생경하고 예스럽고 심오하여 읽기가 어렵다. 3 (요리 등이) 입에 맞다. 구미에 맞다. ¶今天的菜很~。=오늘의 요리는 매우 입에 맞는다.
【上口字】shàngkǒuzì 명[劇] 경극에서 베이징(北京)음으로 읽지 않고 옛날 음으로 읽어야 하는 글자. [예를 들어 '哥'·'可'를 'gē'·'kě' 로 읽지 않고, 'guō'·'kuǒ' 로 읽음]
【上款】shàngkuǎn(~儿) 명 남에게 작품이나 서신 혹은 선물 등을 선사할 때, 그 위에 명기하는 받는 사람의 성명이나 호칭. ↔下款
【上蜡】shàng∥là 통 (물체에) 왁스를 입히다. 밀랍을 입히다(먹이다). ¶木地板需要~了。=나무 바닥에 왁스를 입혀야 한다.
【上来】shànglái 통 1 시작하다. 처음 하다. ¶一~先听别人的意见。=시작하자마자 먼저 다른 사람의 의견을 듣다. 2 (기운이) 올라오다. ¶他酒劲~了。=그는 취기가 올랐다. 3 존 (이상의 말들을) 총괄하여. 정리하여. ¶~所述均是肺腑之言。=앞에서 말한 것은 모두 폐부에서 우러나온 말이다.

【上来】shàng∥·lái 통 1 (낮은 데서 높은 데로) 올라오다. ¶孩子们在楼下玩,半天没~。=아이들은 아래층에서 한나절 동안이나 올라오지 않고 놀고 있다. 2 (일하러) 시골에서 올라오다. ¶你先进省城工作,爱人很快~。=네가 먼저 성도(省都)에 가서 일하면 네 아내가〔남편이〕곧 올라올 것이다. ↔下去(xià·qù)
【上来】shàng∥·lái 통 1 (동사 뒤에 쓰여) 낮은 곳에서 높은 곳으로, 혹은 먼 곳에서 가까운 곳으로 이동하는 것을 나타냄. ¶茶点很快送~。=다과를 곧 내올 것이다. 2 (동사 뒤에 쓰여) 외우기·말하기·노래하기 등의 동작의 성공·완성을 나타냄. ¶这篇课文他终于背~了。=이 본문을 그는 마침내 외웠다. 3 (동사 뒤에 쓰여) 사람·사물이 낮은 곳〔부서〕에서 높은 곳〔부서〕으로 가는 것을 나타냄. ¶他下去不到一年就被提拔~。=그는 내려간 지 1년도 채 안 되어 뽑혀 올라왔다. 4 (형용사 뒤에 쓰여) 정도가 심화됨을 나타냄. ¶天一点点地冷~了。=날이 조금씩 추워진다.
【上篮】shànglán 통[體] (농구에서) 레이업슛(layup shoot)을 하다. ¶三步~=세 발짝 뛰어가서 레이업슛을 하다.
【上礼拜】shànglǐbài 명 지난 주. 저번 주. =【上星期】shàngxīngqī
【上联】shànglián(~儿) 명 대련(對聯)의 상반 구절. ↔下联
【上脸】shàng∥liǎn 통 1 (술을 마신 후) 얼굴이 빨개지다. 취기가 오르다. ¶他不胜酒力,喝一点儿就~。=그는 술이 약해 조금만 마셔도 금세 얼굴이 빨개진다. 2 존 우쭐대다. 칭찬에 득의양양해하다. ¶他这人一夸就~。=그는 칭찬만 하면 우쭐댄다.
【上梁】shàngliáng 통 상량하다. 마룻대를 올리다. 명 상량. 마룻대.
【上梁不正下梁歪】shàngliáng bù zhèng xiàliáng wāi 속 1 마룻대가 똑바르지 않으면 아래 들보가 비뚤게 된다. 2 비 윗물이 맑아야 아랫물이 맑다.
【上列】shàngliè 형 위〔앞〕에서 말한. 위〔앞〕에 열거한. 상술한. 상기의. 전술한. ¶~数据,都是从事实中得来的。=앞에 열거한 수치들은 모두 사실에서 얻어진 것이다.
【上流】shàngliú 명 상류. ¶黄河~=황하의 상류. 형 하이클래스의. 상류의. ¶~社会=상류 사회. ≒上游 ↔下流 下游
【上楼】shànglóu 통 위층으로 올라가다. ¶孩子们~吃饭去了。=아이들은 밥을 먹으러 위층으로 올라갔다. 명 위층. ¶~住的是一位作家。=위층에 사는 사람은 작가이다.
【上路】shàng∥lù 통 1 길에 오르다. 출발하다. 여정에 오르다. ¶去郊游的学生们이미~了。=소풍 가는 학생들은 이미 출발하였다. 2 비 궤도에 오르다. 자리를 잡고 진행되다. ¶这项研究刚刚~。=이 연구는 이제 막 궤도에 올랐다.
【上马】shàng∥mǎ 통 (비교적 큰 규모의 일이나 프로젝트가) 시작되다. 착수되다. ¶公司技

改项目即将~。=회사의 기술 개조 프로젝트가 곧 착수될 것이다. ↔下马

【上门】shàng‖mén 〔동〕1 문을 잠그다. 2 (상점 등이) 영업을 중지하다. ¶这么晚了, 那家餐馆肯定~了。=이렇게 늦었으니 그 식당은 틀림없이 문을 닫았을 것이다. 3 방문하다. 찾아뵙다. ¶~服务=방문 서비스. 4 데릴사위로 들어가다. ¶~女婿=데릴사위.

【上面】shàng·mian(~儿)〔명〕1 위. 위쪽. ¶河~没桥, 只有摆渡。=강의 위쪽에는 다리가 없고 나룻배만 있다. 2 표면. 위. 겉. ¶黑板~写着一首古诗。=칠판 위에 고시 한 수가 적혀 있다. 3 (순서적으로) 앞. (서술에 있어서) 앞부분. ¶~是总论, 下面结合例子来分析。=앞부분이 총론이고, 아래에서는 예를 들어 분석하겠다. 4 방면. 분야. ¶看得出作者在语言~下了很大的工夫。=작가가 언어면에 많은 노력을 기울였다는 것을 알 수 있다. 5 상급. 상부. ¶~来了调研的。=상부에서 조사 연구하는 사람이 왔다. 6 (집안에서) 윗대. ¶~有个叔父是科学家。=윗대의 한 숙부는 과학자였다. ≒上边 ↔下面 下边

【上年】shàngnián〔명〕작년. ¶他是~毕业的。=그는 작년에 졸업하였다.

【上年纪】shàng nián·ji〔동〕연로하다. 나이가 들다. 나이가 지긋하다. 나이를 먹다. ¶他已是~的人了, 可记忆力挺好。=그는 이미 나이가 들었지만 기억력은 꽤 좋다.

【上派】shàngpài〔동〕위에서 보내다. 파견하다. ¶~人员今天刚到。=위에서 파견한 사람이 오늘 막 도착했다.

【上皮】shàngpí〔명〕(生) 표피. 상피.

【上皮组织】shàngpí zǔzhī〔명〕(生) 상피 조직.

【上品】shàngpǐn〔명〕상품. 상치. ¶此乃酒中~。=이것이야말로 술 중의 상품이다. 〔형〕상등의. 고급의. ¶~绿茶=고급 녹차. ↔下品

【上坡路】shàngpōlù〔명〕1 오르막길. 언덕길. 오르막. 2 (비) 발전 가도. 번영의 길. ¶公司经营已经走在~上了。=회사는 이미 발전 가도를 달리고 있다.

【上铺】shàngpù〔명〕(이층·다층 침대의 가장) 윗침대. 위층. 상층.

【上期】shàngqī〔명〕1 지난 시기. ¶要总结~的有效经验, 在以后的工作中发扬。=지난 시기의 유효한 경험을 정리하여, 이후의 일 가운데 발전시켜 나가야 한다. 2 지난 학기. ¶~期末考试考得不好, 这期得努力。=지난 학기말 시험을 잘못 봐서 이번 학기에 열심히 해야 한다.

【上气不接下气】shàngqì bù jiē xiàqì 〔숙〕숨이 차다. 호흡이 곤란하다.

【上前】shàngqián〔동〕(어떤 일을 하기 위해) 앞으로 나아가다. ¶他大胆地~发言。=그는 대담하게 앞으로 나아가 발표를 했다.

【上情】shàngqíng〔명〕상부의 상황. 상급 기관의 생각. ¶~下达=상부의 뜻을 하달하다.

【上去】shàng‖·qù 〔동〕1 (낮은 데서 높은 데로) 올라가다. 오르다. ¶虽然在山路上走很吃力, 他还是慢慢地~了。=산길을 걷기에 무척 힘들었지만 그래도 그는 천천히 올라갔다. 2 (아랫단계에서 윗단계로) 넘겨지다. 올려지다. 올라가다. ¶这份揭发材料不知道能不能~。=이 진상을 밝힌 자료가 올려질 수 있을지 모르겠다. 3 (중간에 장소를 나타내는 명사를 넣어, 그 곳으로) 가다. ¶你上哪儿去?=너 어디 가니? ↔下来(xià‖·lái)

【上去】‖·shàng‖·qù 〔동〕1 (동사 뒤에 쓰여, 아래에서 위로) 올라가다. ¶顺着梯子爬~=사다리를 타고 올라가다. 2 (동사 뒤에 쓰여, 가까운 곳에서 먼 곳으로) 가다. ¶快追~, 不然就来不及了。=빨리 쫓아가! 안 그러면 못 따라잡아! 3 (동사 뒤에 쓰여, 아랫단계에서 윗단계로) 향하다. ¶老百姓的意见反映~了。=일반 서민의 의견이 반영되었다. 4 (동사 뒤에 쓰여, 주체에서 대상으로) 향하다. ¶为了堵住堤坝决口, 很多人冲~了。=제방의 터진 곳을 막기 위해서 많은 사람들이 달려갔다. 5 (동사 뒤에 쓰여, 어떤 부분에) 붙이다. 합치다. ¶灯泡终于拧~了。=전구를 마침내 돌려 끼웠다.

【上圈套】shàng quāntào〔동〕(비) 함정에 빠지다. 속임수에 빠지다. 덫에 걸리다. 사기를 당하다. 꾐에 걸려들다.

【上人】shàng‖rén(~儿)〔동〕(비) 1 (식당·상점에) 손님이 몰려들다. 2 (극장에) 관람객이 몰려들다.

【上人】shàngrén〔명〕1 〔옛〕상인(上人). [덕(德)과 지(智)를 갖춘 승려를 높여 부르는 말] 2 연장자를 높여 부르는 말. ¶~不好(hào)=연장자가 좋아하지 않다.

【上人】shàng·ren〔명〕(비) 1 부모. 양친. 어버이. 2 조부모.

【上任】shàng‖rèn〔동〕부임하다. 취임하다. ¶新县长今天~。=신임 현장이 오늘 부임한다. ≒到职 ↔离任 卸任

【上任】shàngrèn〔형〕전임의. ¶~市长是他的同学。=전임 시장은 그의 동기이다. 〔명〕전임자. ¶~已经调到省城工作了。=전임자는 이미 성도(省都)로 자리를 옮겨 일하고 있다.

【上色】shàngsè〔형〕상등의. 고급의. ¶~丝绸=고급 비단.

【上色】shàng‖shǎi〔동〕(그림이나 공예품에) 색을 칠하다. 색을 입히다. ¶那幅画还需要~。=그 그림에는 아직 더 색을 칠해야 한다.

【上山】shàng‖shān〔동〕1 등산하다. 산에 오르다. ¶~看风景=산에 올라 경치를 구경하다. 2 산 속으로 들어가다. ¶~调研=산 속으로 들어가 조사 연구하다. 3 누에가 섶에 오르다. ¶蚕不久就要~了。=누에가 머지않아 섶에 오를 것이다. 4 (비) 사람이 죽어 장지에 묻다. 장송(葬送)하다.

【上上】shàngshàng〔형〕1 최고의. 제일의. 상상(上上). 상지상(上之上). 최상(最上). ¶此乃~策。=이것이야말로 상책 중의 상책이다. 2 지난번의. 전전번의. ¶他是~年取得博士学位的。=그는 지지난 해에 박사 학위를 받았다.

【上上下下】shàng·shang xiàxià〔명〕1 위에

**shàng** 上

서부터 아래까지. 높은 곳에서 낮은 데까지. 머리부터 발끝까지. ¶老人把他的~打量了一遍。=노인은 그의 위아래를 한차례 훑어보았다. **2** (사람이나 사물의) 전부. 모두. 위아래 할 것 없이. 늙은이 젊은이 할 것 없이. ¶公司~一条心。=회사 위아래 사람 마음이 한마음이다. **동 1** 오르내리다. 올라가거나 내려가다. ¶住电梯公寓, ~都方便。=엘리베이터가 있는 아파트에 살면 오르내리기에 편리하다. **2** 어떤 때는 올라가고 어떤 때는 내려오다. 올라갔다 내려갔다 하다. 오르락내리락하다. ¶狭窄的山路上~都是游客。=좁은 산길에 오르락내리락하는 사람들은 모두 관광객이다.

【上身】shàng‖shēn **동 1** 새 옷을 처음 입다. ¶新西装~, 人显得很精神。=새 양복을 처음 입으니, 사람이 말쑥해 보인다. **2** 몸에 잘 맞다〔어울리다〕. ¶这衣服不太~。=이 옷은 잘 맞지 않는다.

【上身】shàngshēn **명 1** 상반신. ¶小家伙光着个~满屋跑。=녀석이 웃통을 벗고 온 집안을 뛰어다닌다. **2** (~儿) 윗옷. 윗도리. ¶小伙子穿着白~, 黑裤子。=젊은이는 흰 윗옷과 검은 바지를 입었다. ↔下身

【上神】shàngshén **명** 천신. 신령.

【上升】shàngshēng **동 1** 상승하다. 위로 올라가다. ¶气球在缓缓~。=풍선이 느릿느릿 위로 올라간다. **2** (수량·정도·등급이) 제고되다. 올라가다. 상승하다. ¶新产品销量快速~。=신상품의 판매량이 급증하고 있다. ↔下降 下落

【上声】shàngshēng / shǎngshēng **명**〔言〕 **1** (고대 중국어의) 상성. 제2성. **2** (현대 표준 중국어에서의) 제3성.

【上士】shàngshì **1 명** 현사. 어진 선비. **2**〔军〕상사.

【上世】shàngshì **명** 윗대. 상대(上代). 상세.

【上市】shàng‖shì **동 1** 시장에 가다. ¶~购物去了。=시장에 물건을 사러 갔다. **2** 출시되다. 물건이 시장에 나오다. ¶又有一批新款家庭型轿车~了。=또 한 차례 신형 자가용이 출시되었다. **3**〔经〕상장(上場)되다. ¶这家公司的股票刚~。=이 회사의 주식이 막 상장되었다.

【上市公司】shàngshì gōngsī **명** (정식으로 상장된) 주식 회사.

【上市证券】shàngshì zhèngquàn **명** 증권 거래소가 정식으로 거래를 승인한 각종 증권.

【上手】shàngshǒu **1** ☞【上首】shàngshǒu **2** (도박·혹은 술좌석에서 어떤 사람의 바)로) 앞 순서의 사람. **동 1** 시작하다. 착수하다. ¶这事一便很顺利。=이 일은 시작부터 아주 순조롭다. **2**〔방〕손을 대다. ¶大家不用~, 他一个人能行。=다들 손댈 필요없어요, 그 혼자서도 할 수 있으니. ↔下手

【上首】[上手】shàngshǒu **명** 상석. 윗자리. ¶客人坐在~, 主人在旁边作陪。=손님이 상석에 앉고 주인이 옆에서 배석하였다. ↔下首

【上寿】shàngshòu **동** (술을 올리거나 선물을 드려 노인의 장수를) 축원하다. 하례하다.

【上书】shàng‖shū **동 1**〔옛〕서당에서 스승이 학생에게 새로운 글을 가르치다. **2** (주로 정치적 견해를 피력하는) 글을 올리다. 상서하다. ¶~陈情=글을 올려 진정하다.

【上述】shàngshù **형** 상술한. 위에서 말한. 앞에서 말한. 전술한. ¶~事例, 都是本人亲身经历的。=상술한 사례는 모두 본인이 몸소 겪은 것이다.

【上树】shàngshù **동** 나무에 오르다.

【上闩】shàngshuān **동** 문에 빗장을 지르다.

【上水】shàngshuǐ **명** 상류(上流). **동 1** 물을 거슬러 올라가다. 물살에 역행하다. ¶~船比下水船慢些。=물을 거슬러 올라가는 배가 물을 따라 내려가는 배보다 약간 느리다. **2** (기차·자동차·기선 등의 발동기에) 물을 붓다. ¶汽车要~了。=자동차에 냉각수를 넣어야겠다. ↔下水

【上水】shàng·shui **명**〔방〕 식용하는 가축의 심장·간·폐.

【上水道】shàngshuǐdào **명** 상수도. ↔下水道

【上税】shàng‖shuì **동** 납세하다. 세금을 내다. ¶公司今年~了吗? =회사는 올해 세금을 냈습니까? ≒纳税

【上司】shàng·si **명** 상급자. 상사. 상관. ¶顶头~=직속 상관. ≒上级 ↔下属 下级

【上诉】shàngsù **동**〔法〕 상소하다.

【上溯】shàngsù **동 1** 물을 거슬러 올라가다. ¶沿江~=강을 따라 올라가다. **2** 연대를 거슬러 올라가다. ¶本校的历史可~到清代末年。=이 학교의 역사는 청대 말기까지 거슬러 올라간다.

【上算】shàngsuàn **형** 수지가 맞다. ¶这宗买卖很~。=이런 장사는 매우 수지가 맞다. **명** 상책. ≒上策 ↔下策

【上岁数】shàng suì·shu (~儿) **동** 나이가 들다. 나이를 먹다. 연로하다. ¶人~, 身体便一年不如一年了。=사람이 나이가 들게 되면 몸이 한 해 한 해 다르게 된다.

【上锁】shàng‖suǒ **동** 잠그다. 자물쇠를 채우다. ¶抽屉已经上了锁。=서랍에 이미 자물쇠를 채웠다.

【上台】shàng‖tái **동 1** 무대·강단 등에 오르다. ¶~发言=강단에 올라 발표하다. / 演出=무대에 올라 공연하다. **2**〔비〕 정권을 잡다. 관직에 오르다. ↔下台 下野

【上台阶】shàng táijiē **동 1** 계단을 따라 올라가다. **2**〔비〕 (사회의 발전·생산 등에 있어서) 새로운 단계에 다다르다. ¶本市今年出口创汇又上新台阶。=본 시(市)의 올해 수출 소득은 또다시 새로운 단계에 진입했다.

【上堂】shàng‖táng **동 1** 법정에 나가다. ¶~举证=법정에 나가 증거를 제시하다. **2**〔방〕 수업하다.

【上膛】shàng‖táng **동** (탄알·포탄 등을) 장착하다. 장탄하다.

【上膛】shàngtáng **명**〔生〕 입천장. 구개.

【上套】shàngtào **동 1** 굴레를 씌우다. **2**〔비〕(사람·사냥감 등이) 함정에 빠지다. 덫에 걸리다. 속임수에 넘어가다.

【上体】shàngtǐ 圀 상반신. 상체.
【上天】shàng‖tiān 图 1 하늘에 올라가다. ¶宇宙飞船~了。=우주선이 하늘로 날아 올라갔다. 2 하늘나라[극락세계·신선세계]로 가다. 승천하다. 죽다.
【上天】shàngtiān 圀 1 하늘. 상천. 천공. 2 (자연과 인류를 주재하는) 하늘. 하느님. ¶~保佑好人一生平安。=하늘이 착한 사람을 보우하사 그 일생이 평안토록 하실 것이다. 3 신선세계.
【上天无路, 入地无门】shàngtiān wú lù, rùdì wú mén 圀圀 빠져나갈 구멍이 없다. 막다른 골목에 이르다. 궁지에 빠지다.
【上调】shàngtiáo 图 (가격 등을) 상향 조정하다. ¶汇率~ = 환율을 상향 조정하다. ↔下调
【上头】shàng‖tóu 图 1 (술이 독해서) 금방 취하게 되다. ¶这酒~ = 이 술은 금방 취하게 만든다. 2 圀 (시집 갈 때) 머리를 올리다.
【上头】shàng·tou 圀 위. 위쪽.
【上吐下泻】shàngtù-xiàxiè 圀 구토와 설사를 하다.
【上推下卸】shàngtuī-xiàxiè 圀 책임을 위아래로 미루고 자신은 책임을 지지 않다.
【上网】shàng‖wǎng 图 인터넷을 하다. 인터넷을 연결하다. ↔下网
【上位】shàngwèi 圀 1 상석. 상좌. ¶请客人坐~。= 손님을 상석에 모시다. 2 (순서대로 배치한 어떤 좌석의) 앞좌석. ¶主席台上坐在主持人~的人是谁? = 연단에서 진행자의 앞좌석에 앉은 사람은 누구입니까?
【上尉】shàngwèi 圀(军) 상위. [중위와 대위 사이의 계급]
【上文】shàngwén 圀 윗글. 앞의 문장.
【上屋】shàngwū 图 지붕에 오르다. ¶~修瓦 = 지붕에 올라 기와를 고치다. 圀 '四合院(sìhéyuàn)'에서 정면에 있는 방. 큰채.
【上无片瓦, 下无立锥之地】shàng wú piàn wǎ, xià wú lì zhuī zhī dì 圀圀 아무것도 없는 빈털터리이다.
【上午】shàngwǔ 圀 1 오전. 상오. [밤 0시부터 낮 12시까지의 시간] 2 오전. [아침부터 정오까지의 시간] ↔下午
【上西天】shàng xītiān 图圀 죽다. 황천길을 가다. 저승으로 가다.
【上席】shàngxí 圀 상석.
【上下】shàngxià 图 오르내리다. ¶公寓里有电梯, ~都方便。= 아파트에는 엘리베이터가 있어 오르내리기가 모두 편리하다. 圀 1 위에서부터 아래까지. ¶浑身~淋个透湿。= 온몸이 위에서부터 아래까지 흠뻑 젖었다. 2 지위가 높은 사람과 낮은 사람. 위아래. ¶公司~达成了技术革新的共识。= 회사의 위아래가 기술 혁신에 공동의 인식을 갖게 되었다. 3 (사물의) 상부와 하부. 위와 아래. 위아래. ¶桌子~堆满了书。= 탁자의 위아래에 책이 가득 쌓여 있다. 4 (수량사 뒤에 쓰여, 그 숫자의) 내외. 즈음. 쯤. 안팎. 가량. ¶看起来, 那个人的年龄在四十岁~。= 보아하니 그 사람 나이가 40세쯤 된 것 같다. 5 (정도

의) 좋고 나쁨. 높고 낮음. 우열. ¶两个人的研究能力不相~。= 두 사람의 연구 능력은 우열을 가리기 어렵다.
【上下古今】shàngxià gǔjīn 圀 천지(天地)와 고금(古今). 천하고금. 세상의 모든 것[일]. 세상만사.
【上下级】shàngxiàjí 圀 상급과 하급. 상급 기관과 하급 기관. 상급자와 하급자.
【上下江】Shàngxiàjiāng 圀(地) 1 상샤장. [주장(珠江)의 지류로, 광둥(广东)성에 있음] 2 청나라 때, 안후이(安徽)성과 장쑤(江苏)성 두 성(省)을 합하여 가리킨 말.
【上下两难】shàngxià-liǎngnán 圀 1 위로 올라가지도 아래로 내려오지도 못하다. 2圀 호랑이를 타고 있는 꼴이다. 이러지도 저러지도 못하다.
【上下其手】shàngxià-qíshǒu 圀圀 수단을 부리다. 몰래 부당한 짓을 하다.
【上下水】shàngxiàshuǐ 圀 1 상하수도. 2 식용으로 쓰이는 가축의 내장.
【上下文】shàngxiàwén 圀 전후 문맥. 문장의 앞뒤.
【上弦】shàngxián 圀(天) 상현(上弦). 图 1 (시계 등에) 태엽을 감다. 2 시위를 당기다.
【上限】shàngxiàn 圀 상한선. ↔下限
【上线】shàngxiàn 图 1 (신입생·사원 모집 등에서) 성적이 합격선을 넘다. 2 (어떤 사항을) 정치 노선의 입장에서 바라보다. ¶不要胡乱上纲~。= 함부로 정치적 원칙의 관점에서 검토·비판해서는 안 된다.
【上香】shàngxiāng 图 1 분향하다. 향불을 피우다. 2 (사찰을 찾아) 분향하고 부처에게 절하다.
【上相】shàngxiàng 图 사진을 잘 받다. ¶她很~。= 그녀는 사진을 잘 받는다.
【上校】shàngxiào 圀(军) 상교. [장교 계급 중의 하나로 중령과 대령 사이]
【上鞋】[绱鞋] shàng‖xié 图 신바닥을 신의 몸통에 붙여 꿰매다.
【上心】shàngxīn 图 몰두하다. 마음을 쓰다. 열중하다. 관심을 기울이다. ¶他对自己的研究工作很~。= 그는 자신의 연구에 매우 열중한다.
【上星期】shàngxīngqī 圀 지난 주.
【上刑】shàngxíng 圀(圀) 중형. 图(圀) 형틀에 매어 고문하다. 형벌을 가하다.
【上行】shàngxíng 图 1 배가 강의 상류로 올라가다. 2 공문을 올려 보내다. 3 (기차가) 상행하다. ↔下行
【上行下效】shàngxíng-xiàxiào 圀 윗사람이 모범을 보이면 아랫사람이 본을 받는다.
【上学】shàng‖xué 图 1 (초등 학교에) 진학하다. 입학하다. ¶孩子已经六岁了, 该~了。= 아이가 이미 여섯 살이 되었으니 초등 학교에 입학할 때가 되었다. 2 등교하다. ¶他~又迟到了。= 그는 또 지각하였다.
【上学期】shàngxuéqī 圀 저번 학기. 지난 학기. 전(前) 학기.
【上旬】shàngxún 圀 상순.

【上牙】shàngyá 图(生) 윗니.
【上牙床】shàngyáchuáng 图(生) 잇몸. =【上齿龈】shàngchǐyín
【上牙打下牙】shàng yá dǎ xià yá ☞ (춥거나 놀라서) 이가 딱딱 부딪히다.
【上眼药】shàng yǎnyào ☞㉥ 고의로 남을 곤경에 빠뜨리다. 일부러 다른 사람을 난처하게 만들다.
【上演】shàngyǎn 图 공연하다. 상연하다. ¶新排的话剧很快就要~。=새로 연습한 연극이 곧 상연될 것이다.
【上扬】shàngyáng 图 (수량·가격 등이) 상승하다. 오르다. ¶储蓄利息~=금리가 상승하다. ≒上升 ↔下降
【上药】shàngyào 图 약을 바르다. 약을 넣다. 〔붙이다〕.
【上夜】shàngyè 图㉥ 야근하다. 숙직하다. 당직하다. ¶~巡视=숙직하며 순시하다. 图 초저녁부터 자정까지의 이른 밤.
【上一次】shàngyīcì 图 지난번.
【上一号】shàng yīhào ☞ 화장실에 가다.
【上衣】shàngyī 图 윗도리. 상의. 저고리.
【上议院】shàngyìyuàn 图(政) (양원제 의회에서) 상원. ㉥【上院】shàngyuàn
【上瘾】shàng‖yǐn 图 중독되다. 인이 박이다. ¶他喝酒~了, 每天都要喝。=그는 술에 중독이 되어서 매일 술을 마셔야 한다.
【上映】shàngyìng 图(映) 상영하다. 영화를 틀다. ¶她去年主演的那部影片最近~了。=그녀가 작년에 주연했던 영화가 최근에 상영되었다.
【上油】shàng‖yóu 1 (차량 등에) 기름을 넣다. 2 (피혁 제품에) 기름을 칠하다.
【上游】shàngyóu 图 1 (강의) 상류(上流). 2㉥ 우위. 앞장. ¶争取~=우위를 차지하다. ≒上流 ↔下游 下流
【上有政策, 下有对策】shàng yǒu zhèngcè, xià yǒu duìcè ☞ 위에 정책이 있다면 아래는 대책이 있다. [간부가 자신이나 작은 집단의 이익을 위해, 각종 수단을 써서 상급 기관이나 심지어 중앙 정부의 지침을 교묘히 거절하는 것을 가리킴]
【上釉子】shàng yòu·zi 图 (도자기에) 유약을 칠하다.
【上谕】shàngyù 图 조서(詔書). 조명(詔命). 조칙(詔勅).
【上元节】Shàngyuánjié ☞【元宵节】Yuán xiāojié
【上院】shàngyuàn ☞【上议院】shàngyì yuàn
【上月】shàngyuè 图 지난 달. 저번 달.
【上载】shàngzài 图(컴) 업로드(upload)하다. ↔下载
【上贼船】shàng zéichuán 图㉥ 1 나쁜 무리에 끼어 들다. 범죄 조직에 가입하다. 건달 패거리에 가세하다. 2 여럿이 하는 일에 끼어들다. [해학적인 의미를 내포함]
【上涨】shàngzhǎng 图 (수위·물가 등이) 오르

다. ¶江水~=강물의 수위가 상승하다. ↔下落 下跌
【上账】shàng‖zhàng 图 장부에 기입하다. 치부책에 적다. ¶每天的经营款项要~。=매일의 출납 내역을 장부에 기입해야 한다.
【上阵】shàng‖zhèn 图 1 싸움터에 나가다. 출전하다. 2㉥ (일터·시합 등에) 나가다. ¶今天的比赛, 全体队员都上了阵。=오늘 시합은 팀원 전부가 모두 출전하였다.
【上证指数】Shàng Zhèng zhǐshù 图(經) (증권)상해(上海)지수.
【上肢】shàngzhī 图(生) 팔.
【上周】shàngzhōu 图 지난 주.
【上妆】shàngzhuāng 图 화장하다. ¶她~后更加漂亮。=그녀가 화장을 하고 나니 더욱 예쁘다.
【上装】shàng‖zhuāng 图 배우가 분장하다. ↔下装 卸装
【上装】shàngzhuāng 图㉥ 윗옷. 상의.
【上梓】shàngzǐ 图 간각하다. 등재(登梓)하다.
【上座】shàng‖zuò (~儿) 图 (극장·영화관·음식점에) 손님이 오다. ¶这部影片非常~。=이 영화는 관객이 아주 많이 몰린다.
【上座】shàngzuò 图 상좌. 윗자리. 최고의 위치.
【上座率】shàngzuòlǜ 图 관객 동원율.

## 尚 shàng 숭상할 상

㉮㉥ 1 …조차. …에도 불구하고. ¶汝~如此, 何况人乎? =너조차 이러한데 하물며 남은 오죽하랴? 2 아직. 여전히. ¶年龄~小=나이가 아직 어리다. 图 존중하다. 중시하다. ¶崇~=숭상하다. 图 숭고하다. 거룩하고 존엄하다. ¶高~=고상하다. 图 풍조. 물결. ¶上网已成~=인터넷을 하는 것은 이미 시대의 풍조가 되었다. 2 (Shàng) 성(姓).

| ❶ 尚 shàng | 棠 táng |
|---|---|
| 绱 shàng | 膛 táng |
| 赏 shǎng | 螳 táng |
| 常 cháng | 樘 táng |
| 裳 cháng | 镗 tāng |
| 尝 cháng | 傥 tǎng |
| 偿 cháng | 当 dāng |
| 敞 chǎng | 党 dǎng |
| 氅 chǎng | 挡 dǎng |
| 惝 chǎng | 档 dàng |
| 嫦 cháng | 谠 dǎng |
| 徜 cháng | 档 dàng |
| 堂 táng | 掌 zhǎng |
| 躺 tǎng | 撑 chēng |
| 倘 tǎng | 瞠 chēng |
| 淌 tǎng | |

❷ 风尚, 高尚, 好hào尚, 和尚, 时尚, 俗尚

【尚待】shàngdài 图 아직 …가 필요하다. 아직 …를 기다려야 한다. ¶~讨论=아직 토론을 거쳐야 한다.
【尚可】shàngkě 图 그런대로 괜찮다. ¶效果~=효과가 그런대로 괜찮다.
【尚方宝剑】shàngfāng-bǎojiàn ☞【上方宝剑】shàngfāng-bǎojiàn
【尚且】shàngqiě 圈 1 …조차 …한데. 그럼에도 불구하고. [뒤에 '何况(hékuàng)' 등이 호응함] 2 여전히. ¶钱财去了, 人~安好, 已是大幸了。=재물은 잃었지만 사람은 여전히 무사하니,

그것만 해도 커다란 행운이다.

【尚书】shàngshū 명 1 상서. [명·청 시기에 각 부의 최고 장관] 2 (Shàngshū)《尚书(상서)》.《書經(서경)》.

【尚书郎】shàngshūláng 명 상서랑. [중국 고대의 관명(官名)]

【尚未】shàngwèi 부 아직 …하지 않다. ¶公司的办公大楼~竣工. =회사의 빌딩이 아직 준공되지 않았다.

【尚武】shàngwǔ 통 1 무(武)를 숭상하다. 무술을 중시하다. ¶~精神=상무 정신. 2 군사를 중시하다.

【尚希】shàngxī 통⟨문⟩ (여전히·더욱) 희망하다. 바라다. ¶拙文~斧正.=졸작을 잘 고쳐 주시기를 바랍니다.

## 绱[絠] shàng 부채 장

통 신바닥을 신의 몸통에 붙여 꿰매다.

【绱鞋】shàng‖xié ☞ 【上鞋】shàng‖xié

## 裳 ·shang 치마 상

☞ 【衣裳】yī·shang
☞ cháng

# shao

## 捎 shāo 부칠 소

통 가는 김에 지니고 가다. 인편에 보내다. ¶拜托你~件礼物给朋友.=부탁하건대, 가는 김에 선물을 친구에게 전해 주세요.
☞ shào

【捎搭】shāodā 통 하는 김에 …하다. 곁들여 하다. ¶请你买菜时给我~些新鲜蔬菜回来.=반찬거리를 사는 김에 신선한 채소를 좀 사다 주세요.

【捎带】shāodài 통 하는 김에 …하다. 곁들여 하다. ¶你买那本书时, 也给我~一本.=네가 그 책을 사는 김에 내게도 한 권 사다 줘. 부 …하는 김에. …하는 계제에. 덩달아. ¶你上街时, 把这个包裹~寄了.=네가 시내에 나가는 김에 이 소포를 부쳐 주렴.

【捎带脚】shāodàijiǎo(~儿) 통⟨구⟩ 하는 김에…하다. 부 …하는 김에. 덩달아.

【捎话】shāo‖huà 통 말을 전하다. 소식을 전하다. 안부를 전하다. ¶见到我的朋友, 你给捎个话, 请他有空的时候来找.=내 친구를 만나면, 시간 있을 때 놀러 오라고 소식을 전해 주렴.

【捎脚】shāo‖jiǎo(~儿) 통 차가 가는 김에 사람이나 물건을 싣고 가다.

【捎口信】shāo kǒuxìn 통 (구두로) 이편의 소식을 저편에 전하다.

【捎书】shāoshū 통 인편으로 편지를 보내다.

【捎信】shāo‖xìn(~儿) 통 인편에 (구두·서신으로) 소식을 전하다. ¶请你给我的家人捎个信.=(가시는 김에) 우리 집에 안부 전해 주세요.

## 烧[燒] shāo 불사를 소

통 1 태우다. 불사르다. ¶~信=편지를 태우다. 2 끓이다. ¶~水沏茶=물을 끓여 차를 우려내다. 3 (어떤 화학 물질 등에 닿아서 물체가) 파괴되다. 손상되다. ¶硫酸把木地板~坏了.=황산이 나무바닥을 태워 버렸다. 4 (요리 방법의 하나로) 굽다. ¶吃~鸡=통닭구이를 먹다. 5 (요리 방법의 하나로) 찌거나 튀기거나 살짝 볶은 후에, 국물과 양념을 넣고 다시 볶거나 졸이다. 먼저 끓인 다음 다시 기름에 튀기다. ¶红~肉=홍사오러우. [돼지고기를 살짝 볶은 다음 간장을 넣어 다시 익힌 요리] 6 요리를 하다. 밥을 짓다. ¶他今天~了几个拿手菜.=그는 오늘 가장 잘하는 요리 몇 가지를 하였다. 7 열이 나다. 달아오르다. 화끈거리다. 뜨겁다. ¶他高~四十多度.=그는 40여 도까지 열이 났다. 8 비료 과다로 식물이 시들거나 죽다. ¶花一定是被~死的.=꽃은 틀림없이 비료 과다로 말라죽은 것이다. 형 (재물이 많다고) 오만하다. 거들먹거리다. ¶有两个臭钱, 就~得连自己都不认识了.=구린 돈이 좀 있다고 제 주제도 모르고 거들먹거린다. 명 고열. 발열. ¶打了针以后, 他的~慢慢地退了.=주사를 맞은 뒤 그의 고열은 서서히 떨어졌다.

늦燃

○● 煅duàn烧, 焚fén烧, 高烧, 火烧, 燃rán烧, 退烧, 延烧, 火烧云

【烧包】shāobāo 형⟨방⟩ (갑자기 얻은 돈이나 명예로) 오만 방자하다. 뻐기다. ¶刚有几个钱就~起来了.=금세 돈이 좀 생겼다고 오만해지기 시작했다.

【烧杯】shāobēi 명 비커. 실험 유리컵.

【烧饼】shāo·bing 명 사오빙. [밀가루 반죽을 동글납작한 모양으로 만들어 화덕 안에 붙여 구운 빵. 표면에 참깨를 뿌리기도 함]

【烧菜】shāocài 통 요리를 하다. 음식을 만들다. ¶~做饭=요리를 만들고 밥을 짓다. 명 1 기름으로 튀긴 후 소스를 넣고 볶거나 찐 음식. 2 삶은 후 다시 기름에 튀긴 음식.

【烧柴】shāochái 명 땔감. 땔나무. 섶나무. 장작. 장작과 건초. 명 나무를 때다. ¶~做饭=나무를 때서 밥을 짓다.

【烧瓷】shāocí 명 칠보. [금·은·동으로 원형을 빚어 법랑을 입혀 만든 공예품]

【烧饭】shāofàn 통 밥을 짓다.

【烧高香】shāogāoxiāng 통 1 장기간 향을 피워 제사 지내고 신을 공경히 모시다. 2⟨비⟩ 남의 도움에 지극히 감격하다. 3 (바라지도 않던 일이) 의외로 좋은 결과를 얻어 더 이상 바랄 것이 없다.

【烧锅】shāoguō 통 솥이나 가마에 불을 때다. ¶~煮饭=솥을 불에 올려 밥을 짓다. 명 (법랑을 입힌) 철제 냄비.

【烧锅】shāo·guo 명⟨방⟩ 백주(白酒) 양조장.

【烧焊】shāohàn 통 납땜하다. 용접하다.

【烧化】shāohuà 통 (제물·유해 따위를) 태우

다. 화장하다.
【烧荒】shāohuāng 동 (개간하기 위하여) 황무지의 풀을 태우다.
【烧毁】shāohuǐ 동 불사르다. 소각하다. 태우다. 타 버리다. ¶大火把整个房屋都~了。=큰 불로 집이 홀딱 다 타 버렸다.
【烧火】shāo‖huǒ (주로 취사를 위해) 불을 지피다. 불을 때다. 불을 피우다. ¶~做饭=불을 지펴 밥을 짓다.
【烧火棍】shāohuǒgùn 명 부지깽이.
【烧鸡】shāojī 명 통닭구이.
【烧碱】shāojiǎn ☞【氢氧化钠】qīngyǎng huànà
【烧焦】shāojiāo 동 타서 눌어붙다. 까맣게 타다. ¶微波炉里的烤鱼~了。=전자레인지 속의 생선구이가 타서 눌어붙었다.
【烧结】shāojié 동 (化) 소결(燒結)하다. 소고(燒固)하다. [제련 과정에서 작은 광석·분말 물질을 녹는점 이하의 온도로 가열하였을 때, 서로 밀착하여 고결(固結)되는 현상]
【烧酒】shāojiǔ ☞【白酒】báijiǔ
【烧炕】shāokàng 동 온돌에 불을 때다. 보일러를 때다.
【烧烤】shāokǎo 동 (육류·채소를) 불에 굽다〔볶다〕. 명 불에 구운 육류 및 채소류 식품.
【烧烙】shāolào 동 벌겋게 달군 인두로 지지다.
【烧麦】shāo·mai ☞【烧卖】shāo·mai
【烧卖】shāo·mai 명 고기와 야채 등을 갈아 넣고 얇은 밀가루피로 빚어 만든, 만두와 비슷한 음식.
【烧瓶】shāopíng 명 플라스크(flask). =【长颈瓶】chángjǐngpíng
【烧杀抢掠】shāoshā-qiǎnglüè 성 방화하고 죽이고 약탈하고 빼앗다. 만행을 저지르다.
【烧伤】shāoshāng 동 화상 (을 입다).
【烧手】shāo‖shǒu 형(비) (일이 쉽지 않아 자칫 잘못되면 자기가 다치게 되므로) 손대기 어렵다. ¶那事太~了，不能接。=그 일은 굉장히 위험스러워 맡을 수 없다.
【烧水】shāo‖shuǐ 동 물을 끓이다.
【烧死】shāosǐ 동 태워 죽이다. 타 죽다.
【烧塌】shāotā 동 불에 타서 무너지다〔내려앉다〕. ¶大火把整幢楼都~了。=큰불로 건물 전체가 타서 무너졌다.
【烧炭】shāotàn 동 1 숯을 굽다. ¶伐木~=벌목하여 숯을 굽다. 2 불을 피우다. 불을 지피다. 숯불을 피우다. ¶~暖屋=숯불을 피워 난방을 하다. 명 석탄. 목탄. 숯.
【烧香】shāo‖xiāng 동 1 분향하다. 2(비) 향응을 제공하면서 일을 부탁하다. 도움을 받기 위해 뇌물을 주다.
【烧香礚头】shāoxiāng-kētóu 낮(비) 뇌물을 바치며 통사정하다.
【烧心】shāoxīn 동 1 가슴앓이를 하다. 속이 쓰리다. 2(방) (~儿) 채소의 고갱이가 병충해로 누렇게 되거나 까맣게 썩다.
【烧窑】shāoyáo 동 도자기·벽돌·기와 등을 굽다.
【烧夷弹】shāoyídàn ☞【燃烧弹】ránshāodàn
【烧针】shāozhēn ☞【火针】huǒzhēn
【烧纸】shāo‖zhǐ 지전(紙錢)을 사르다.
【烧·纸】shāo·zhǐ 지전(紙錢)의 일종.
【烧炙】shāozhì 1 굽다. 2(비) 마음이 타 들어가는 듯하다. ¶内心~难耐。=속이 타 들어가는 것 같아 참기 어렵다.
【烧制】shāozhì (모양에 맞게 만들어 놓고 굽지 않은 벽돌·기와·도기·자기 등을) 가마에 넣어 굽다.
【烧砖】shāozhuān 명 벽돌·기와를 굽다.
【烧灼】shāozhuó 동 불에 데다. 화상을 입다. ¶手以前不慎被烟头~，至今还留下疤痕。=전에 조심하지 않아 손을 담뱃불에 데는 바람에 아직까지도 흉터가 남아 있다.

*梢 shāo 나무 끝 초
명 (~儿) 1 나무(의) 끝. 말단. ¶树~=나뭇가지의 끝. 2 (가늘고 길쭉한 물건의) 끝 부분. ¶喜上眉~=기뻐서 눈썹꼬리가 올라가다. 좋아서 입이 귀에 걸리다.
☞ sào

○● 叮dīng梢, 钉梢, 末梢, 下梢, 眼梢

【梢柴】shāochái 명 나뭇가지. 땔감.
【梢公】shāogōng ☞【艄公】shāogōng
【梢末】shāomò 명 1 (나뭇가지 등) 긴 물건의 끝. 2(비) 사소한 일. 작은 일. ¶看远点儿，不必计较~。=멀리 봐야지, 작은 일을 따질 필요가 없다.
【梢头】shāotóu 명 나뭇가지의 가는 쪽의 끝. ¶鸟落~=새가 나뭇가지에 앉아 있다.

**稍 shāo 끝 초
부 약간. 조금. 좀. 잠깐. 잠시. ¶请~坐一下。=잠깐 앉으세요.
☞ shào

稍(shāo) / 稍微(shāowēi)
약간, 조금

둘 다 '정도'를 나타내고 형용사를 수식하며, '(一)点·(一)些' 등과 함께 쓰임. ¶相比之下, 这件衣服稍长点。=비교해 보니, 이 옷은 조금 길다. / 比较起来, 他的成绩稍好些。=비교해 보니, 그의 성적이 조금 낫다. / 工作虽然稍微忙点, 但心情很舒服。=일이 조금 바쁘지만 마음은 아주 편안하다.

稍微 : ① '有点儿'과 함께 쓸 수 있음. ¶情况稍微有点儿复杂。=상황이 약간 좀 복잡하다. / 我稍微有点儿害怕。=나는 좀 무서워.
② 시간이 짧거나 범위가 좁은 것, 수량이 적은 것을 나타냄. 이 때에는 주로 동사구를 수식함. ¶请您稍微坐一会儿。=잠시 좀 앉으세요. / 稍微等一下。=잠시만 기다리세요. / 汤里稍微放了点儿盐。=국에 소금을 약간 넣었다.

【稍大】**shāodà** 형 약간 큰. 조금 큰. ¶衣服~了点儿. =옷이 약간 크다.

【稍后】**shāohòu** 명 (시간상) 잠시 뒤. 조금 후. (공간상) 조금 뒤. 약간 뒤. ¶会议~开始. =회의가 잠시 뒤에 시작된다.

【稍候】**shāohòu** 동 조금 기다리다. ¶请~, 经理马上就到. =조금만 기다리세요, 사장님께서 곧 도착하실 겁니다.

【稍加】**shāojiā** 부 조금 더. ¶请你再~压缩一下文章. =다시 조금만 더 문장을 줄여 주시길 바랍니다.

【稍顷】**shāoqǐng** 명 잠깐 동안. 아주 짧은 시간. ¶~, 风停雨住. =잠깐 동안 비바람이 멎다.

【稍稍】**shāoshāo** 부 조금. 약간. 잠깐. 잠시. ¶他~躺了一下, 精神便好了起来. =그는 잠시 누워 쉬고 나니, 정신이 훨씬 맑아졌다. ≒稍微

【稍胜一筹】**shāoshèng yīchóu** ☞【略胜一筹】**lüèshèng yīchóu**

【稍事】**shāoshì** 동 잠깐〔잠시〕 …하다. ¶~休整. =(군대가) 잠깐 휴식하며 정비하다.

【稍微】**shāowēi** 부 조금. 약간. 다소. ¶我~有点儿累, 想休息一下. =나는 약간 피곤해서 좀 쉬고 싶다. ≒略微 稍稍 稍许

【稍为】**shāowéi** 부 조금. 약간. 다소.

【稍小】**shāoxiǎo** 형 약간 작은. ¶买个~的西瓜, 大的吃不了. =약간 작은 수박을 사라, 큰 것은 다 먹지 못하니까.

【稍许】**shāoxǔ** 부 조금. 약간. 다소. 좀 더. ¶天冷, 你~多穿点儿衣服. =날씨가 추우니, 옷을 좀 더 많이 입어라. ≒稍微 稍稍

【稍逊】**shāoxùn** 형 조금 뒤떨어지다. 약간 뒤지다〔못하다〕. 약간 손색이 있다. 조금 달리다.

【稍逊一筹】**shāoxùn-yīchóu** ☞【略逊一筹】**lüèxùn-yīchóu**

【稍有】**shāoyǒu** 동 약간〔조금〕 …이〔가〕 있다. ¶~闪失, 全盘皆输. =조금이라도 실수하면 모든 것을 잃게 된다.

【稍纵即逝】**shāozòng jíshì** 성 (시간이나 기회) 조금만 늦어도 사라져 버린다.

## 蛸 shāo 갈거미 소
☞【蠨蛸】**xiāoshāo**
☞ xiāo

## 筲[(籓)] shāo 대그릇 소
명 1 (대나무·나무 등으로 만든) 물통. ¶水~= 물통. 2 양 (대나무로 만든) 원형 용기. 들통. 3 (쌀을 일거나 채소를 씻을 때 사용하는) 소쿠리. 양 통. [물통을 세는 단위로] ¶一~水=물 한 통.

【筲箕】**shāojī** 명 (쌀이나 채소를 씻을 때 쓰는 키처럼 생긴) 대나무 소쿠리.

## 艄 shāo 배 뒷부분 소
명 1 꽁지부리. 선미(船尾). ¶船~=선미. 2 키. ¶撑~=키를 잡다.

【艄公】〔梢公〕**shāogōng** 명 1 키잡이. 조타수

(操舵手). 타수(舵手). 2 뱃사공. 선장.

## 鞘 shāo 선후걸이 초
명 채찍의 끝. 채찍의 가죽 오리.
☞ qiào

## **勺 sháo** 국자 작
명 1 (~儿) 국자. 주걱. 수저. 구기. ¶汤~=国자. / 饭~=밥주걱. 2 국자를 닮은 반구형의 물체. ¶后脑~=뒷통수. 후두부의 돌출 부분. 양 작(勺). [용량의 단위로, 한 홉의 10분의 1]

| ● 勺 sháo | 酌 zhuó |
| 芍 sháo | 钓 diào |
| 杓 sháo | 的·de / dì |
| 妁 shuò | 豹 bào |
| 灼 zhuó | 趵 bào |

○● 炒勺, 漏勺, 掌勺儿

【勺柄】**sháobǐng** 명 국자 손잡이.

【勺状软骨】**sháozhuàng ruǎngǔ** 명 (생) 후두연골.

【勺子】**sháo·zi** 명 (조금 큰) 국자. 주걱. 수저. ¶这道菜由名厨掌~, 味道不错. =이 요리는 유명한 요리사가 만들어서 맛이 훌륭하다.

## *芍 sháo 작약 작
○● 白芍, 赤chì芍

【芍药】**sháo·yao** 명 (식) 1 작약. 2 작약꽃.

## 杓 sháo 국자 자루 표
명 (나무로 된) 국자. 주걱.
☞ biāo

## 莦 sháo 고구마 소
명 동 고구마.
☞ tiáo

## 韶 sháo 아름다울 소
형 문 아름답다. ¶风~丽. =경치가 아름답다.

【韶光】**sháoguāng** 명 문 1 봄의 아름다운 경치. 2 비 아름다운 젊은 시절. ¶~易逝. =아름다운 젊은 시절은 쉽게 흘러가 버린다. 3 세월. ¶~荏苒. =세월이 덧없이 흐르다. ≒韶华

【韶华】**sháohuá** 명 문 세월. ≒韶光

【韶山】**Sháoshān** 명 (지) 사오산. [후난(湖南)성 샹탄(湘潭)시에 있는 지명]

【韶秀】**sháoxiù** 형 수려하다. 아름답다. 아리땁다. ¶姿容~可人. =자태가 아름다워 호감이 간다.

【韶颜】**sháoyán** 명 문 1 아름다운 얼굴. 수려한 용모. 2 소년. 청년. ¶春光已老, ~不在. =봄빛은 이미 사그라지고, 젊음은 간 데 없다.

## **少 shǎo 적을 소
형 적다. ¶很~=아주 적다. / 僧多粥~=사람은 많지만 나누어 줄 것은 적다. 부 약간. 잠시. 조금. ¶~等片刻=잠시 기다리세요. 동 1 모자

라다. 결핍되다. ¶缺斤~两＝근량을 속이다. **2** 빚지다. 빌리다. ¶他~人的钱已经还清了。＝그는 남에게 빌린 돈을 이미 갚았다. **3** 잃다. 잃어버리다. 분실하다. 없어지다. 사라지다. ¶办公室里~了东西。＝사무실에서 물건이 없어졌다. ≒寡 ↔多

☞ **shào**

| | |
|---|---|
| ⊙ 少 shǎo | 炒 chǎo |
| 沙 shā | 钞 chāo |
| 纱 shā | 耖 chào |
| 砂 shā | 杪 miǎo |
| 莎 suō | 秒 miǎo |
| 鲨 shā | 妙 miào |
| 痧 shā | 渺 miǎo |
| 裟 shā | 眇 miǎo |
| 抄 chāo | 缈 miǎo |
| 吵 chǎo | |

○● 短少, 多少, 减少, 缺quē少, 希xī少, 稀xī少, 至少

【少安毋躁】**shǎo'ān-wúzào** [성] 조급해하지 말고 잠깐 기다리세요. 진정하고 기다리세요.

【少半】**shǎobàn** [명] 절반이 채 안 되는 수〔양〕. ¶今天的会, ~的人没有来。＝오늘 회의에 절반에 가까운 사람들이 오지 않았다.

【少报】**shǎobào** [동] 실제보다 적게 보고하다. ¶任何单位不得~利税。＝어떤 기관도 이윤과 세금을 실제보다 적게 보고해서는 안 된다.

【少不得】**shǎo·budé** [동] **1** 없어서는 안 된다. ¶别人请咱客, 咱也~请别人。＝남이 우리를 초대했으니, 우리도 남을 초대해야 한다. **2** 면하기 어렵다. 피할 수 없다. …하지 않을 수 없다. …되게 마련이다. 불가피하다. ¶回到母校, ~要去看看老师。＝모교에 가면 선생님을 뵙지 않을 수 없다.

【少不了】**shǎo·buliǎo** [동] **1** 없어서는 안 된다. 빼놓을 수 없다. ¶这次歌唱比赛, 肯定~你。＝이번 노래 자랑에서는 네가 없어서는 안 된다. **2** 적지 않을 것이다. 많을 거라고 예측하다. ¶来看演出的人肯定~。＝공연을 보러 오는 사람들이 반드시 많을 것이다. **3** 면하기 어렵다. 피할 수 없다. …하지 않을 수 없다. …되게 마련이다. 불가피하다. ¶求人办事, ~要请客送礼。＝남에게 일처리를 부탁하려면 접대와 선물을 하지 않을 수 없다.

【少秤】**shǎochèng** [동] 저울을 속이다. ¶卖东西, 不能乱涨价, 更不能~。＝물건을 팔 때 멋대로 가격을 올려서도 안 되지만, 저울을 속여서는 더욱 안 된다.

【少吃俭用】**shǎochī-jiǎnyòng** [성] 적게 먹고 아껴 쓰다. 검소하다. 절약하다.

【少待】**shǎodài** [동] 잠깐 기다리다.

【少等】**shǎoděng** [동] 잠깐 기다리다. ¶~一会儿＝잠깐 기다려 주십시오.

【少而精】**shǎo'érjīng** [형] 적지만 알차다. 소수 정예이다. ¶新公司的人员组成应该本着~的原则。＝새로운 회사의 사원 구성은 마땅히 소수 정예의 원칙에 입각하여야 한다.

【少管闲事】**shǎoguǎn-xiánshì** [낮] 쓸데없는 일에 참견하지 않다.

【少候】**shǎohòu** [동][문] 잠깐 기다리다. ¶~片刻。＝잠깐만 기다려 주십시오.

【少见】**shǎojiàn** [형] 보기 드물다. 희귀하다. ¶这种美景, 人间~。＝이런 아름다운 경치는 세상에서 보기 드물다. [동] **1** 오랜만입니다. 반갑습니다. ¶~了, 你最近过得怎么样? ＝오랜만이야, 넌 요즘 어떻게 지내? **2** 견문이 적다. 식견이 적다. ¶别~多怪。＝별거 아닌 것 가지고 놀라지 마라.

【少见多怪】**shǎojiàn-duōguài** [성] 별것 아닌 것에 놀라다. 견문이 좁아 모든 것이 신기해 보이다. 세상일에 어둡다.

【少刻】**shǎokè** [명] 잠시. 잠깐.

【少来】**shǎolái** [동] **1** 드물게 오다. 왕래가 드물어지다. ¶以前他经常进城, 但最近~了。＝이전에 그는 자주 시내에 나갔으나, 지금은 드물어졌다. **2** (수량이나 분량을) 적게 하다. ¶给咖啡加点糖, 但~点儿。＝커피에 설탕을 넣되 조금만 넣어 주세요.

【少礼】**shǎolǐ** [동] **1** (인사말로) 실례했습니다. ¶鄙人~, 请谅解。＝소인이 결례를 했습니다, 양해해 주십시오. **2** (인사말로) 격식을 차릴 필요가 없습니다. 예의를 따질 필요가 없습니다. ¶你请~, 有什么要我做的尽管直说。＝예의를 따지지 말고, 내가 해야 할 일이 있으면 얼마든지 솔직히 얘기해 주십시오.

【少量】**shǎoliàng** [형] 소량의. 적은 양의. 소액의. ¶公司现在只有~流动资金可供支配。＝회사는 지금 소액의 유동 자금만을 운용할 수 있다. ≒少许 ↔大量 大批

【少陪】**shǎopéi** [동] (자리를 떠날 때 인사말로) 먼저 실례하겠습니다. ¶请慢吃, 恕我~。＝천천히 드세요, 먼저 실례하겠습니다.

【少气无力】**shǎoqìwúlì** [성] 전혀 기력이〔원기가〕 없다.

【少憩】**shǎoqì** [동][문] 조금 쉬다. 잠깐 휴식하다.

【少顷】**shǎoqǐng** [명][문] 잠깐. 잠시.

【少时】**shǎoshí** [명] 잠시 뒤. 잠시 후. ¶~, 雨住天晴, 太阳又出来了。＝잠시 뒤에 비가 멎고 날이 개더니 해가 다시 나왔다.

【少数】**shǎoshù** [명] 소수. ¶意见不一致的问题, ~服从多数。＝의견이 통일되지 않는 문제는 소수가 다수에 따른다. ↔多数

【少数民族】**shǎoshù mínzú** [명] **1** 소수 민족. **2** 중국의 '汉族(한족)' 이외의 '苗族(묘족)'·'藏族(티벳족)'·'蒙古族(몽골족)' 등의 기타 민족.

【少说】**shǎoshuō** [동] **1** (쓸데없는) 말을 삼가다. 말을 적게 하다. ¶~废话。＝헛소리 좀 작작하시오. **2** 적게 잡다. 최소한으로 어림하다. ¶这猪~也有三百斤。＝이 돼지는 적게 잡아도 300근은 족히 될 것이다.

【少算】**shǎosuàn** [동] 돈이 비다. ¶账~了一百多块。＝100위안 남짓 되는 돈이 계산에서 빈다.

【少调失教】**shǎotiáo-shījiào** [성] 교양이 없다. 버릇이 없다.

【少停】**shǎotíng** [동][문] 잠깐 멈추다.

【少头】**shǎo·tou** [명] 에누리. ¶西瓜还有没有~? ＝수박을 좀 더 깎아 줄 수 있습니까?

【少头缺尾】**shǎotóu-quēwěi** [성] **1** 머리도 없고

少 召 邵 卲 劭 shào

꼬리도 없다. **2** (비) 밑도 끝도 없다. 불완전하다.

【少息】 **shǎoxī** (동)(문) 잠깐 쉬다.

【少心没肺】 **shǎoxīn-méifèi** (낮)(비) 생각이 없고 세상 물정을 모르다.

【少心眼】 **shǎo xīnyǎn** (낮)(비) 생각도 없고 줏대도 없다.

【少许】 **shǎoxǔ** (명)(문) 약간의. 소량의. ¶菜里还要放~的盐. =요리에 소금을 약간 더 넣어야 한다. ≒少量

【少言】 **shǎoyán** (동)(문) 말을 아끼다.

【少言寡语】 **shǎoyán-guǎyǔ** (상) 과묵하다. 말을 아끼다. 묵묵하다. 무뚝뚝하다.

【少盐没醋】 **shǎoyán-méicù** (낮)(비) 말을 재미없게 하다. 무미건조하게 말하다. 말이 싱겁다.

【少一缺二】 **shǎoyī-quē'èr** (낮)(비) 이것저것 다 모자라다. 모든 것이 부족하다.

【少有】 **shǎoyǒu** (형) 드물다. 희귀하다. ¶这种现象世间~. =이런 현상은 세상에서 드물다.

【少云】 **shǎoyún** (명)(氣) 약간 흐림.

**少** shào 어릴 소

(형) 젊다. 어리다. ¶年~无知=나이가 어리고 아는 것이 없다. / 老~皆宜=노인이나 젊은이에게 다 적합하다. (명) **1** 도련님. ¶阔~=부잣집 도련님. **2** 군대 계급의 단위. ¶~尉=소위. / ~校=소령. **3** (Shào) 성(姓). ↔老 长(zhǎng)
☞ shǎo

○● 遗yí少, 大少爷

【少白头】 **shàobáitóu** (동) 젊은 나이에 머리가 세다. (명) 젊은 나이에 머리가 센 사람.

【少不更事】 **shàobùgēngshì** (상) 나이가 어려 경험이 적고 물정에 어둡다.

【少东家】 **shàodōngjiā** (명)(옛) 도련님. [하인이 주인집 아들을 부르는 칭호]

【少儿】 **shào'ér** (명) 소년 소녀. 어린이. 아동.

【少儿读物】 **shào'ér dúwù** (명) 어린이 잡지.

【少妇】 **shàofù** (명) 젊은 부인.

【少管所】 **shàoguǎnsuǒ** (명)(약) 少年犯管教所(소년원).

【少将】 **shàojiàng** (명)(軍) 소장.

【少林拳】 **shàolínquán** (명) 소림사(少林寺) 권법. 소림권.

【少林寺】 **Shàolínsì** (명)(佛) 소림사. [허난(河南)성 쑹산(嵩山)에 있음]

【少奶奶】 **shàonǎi·nai** (명)(옛) **1** 며느님. 자부. [남의 며느님을 존칭하여 이르는 말] **2** 아씨. [하인이 주인집의 며느님을 부를 때 쓰던 칭호]

【少男】 **shàonán** (명) 젊은이. 미혼인 남자 청년. 청년 남아.

【少年】 **shàonián** (명) **1** (문) 청년. ¶偶偿~=호방한 청년. **2** 소년기. 소년 시절. ¶~时期=소년기. **3** 소년. ¶看起来, 他还是个~. =보아하니 그는 아직 소년이다.

【少年班】 **shàoniánbān** (명) (조기 입학한 영재를 위해 대학에 개설된) 소년반. 영재반.

【少年法庭】 **shàonián fǎtíng** (명)(法) 소년 법정. [소년 범죄 안건을 심리하는 법정]

【少年犯】 **shàoniánfàn** (명)(法) (14세부터 18세까지의) 소년범.

【少年宫】 **shàoniángōng** (명) 소년궁. [정치 교육과 집단 문화 활동을 위해 설치한 기관]

【少年老成】 **shàonián-lǎochéng** (상) **1** 어리지만 침착하고 어른스럽다. **2** 젊은이가 패기가 없다. 애늙은이처럼 행동하다.

【少年先锋队】 **shàonián xiānfēngduì** (명) 소년 선봉대. [소년으로 구성된 군중 조직] (약)【少先队】 **shàoxiānduì**

【少女】 **shàonǚ** (명) 소녀. 미혼의 젊은 여자.

【少日】 **shàorì** (명)(문) 소싯적. 젊었을 적.

【少时】 **shàoshí** (명) 어릴 때.

【少帅】 **shàoshuài** (명) **1** 특별히 시안(西安) 사변을 일으킨 '장쉐량(张学良)' 장군을 지칭하는 말. **2** (비) (스포츠 계의) 대표 선수.

【少尉】 **shàowèi** (명)(軍) 소위.

【少先队】 **shàoxiānduì** ☞【少年先锋队】 **shàonián xiānfēngduì**

【少相】 **shào·xiang** (형) 어려 보이다. 젊어 보이다. ¶他虽年过四十, 却仍一脸~. =그는 비록 사십이 넘었지만 아직도 젊어 보인다. ↔老相

【少小】 **shàoxiǎo** (명)(문) 젊은 시절.

【少校】 **shàoxiào** (명)(軍) 소령.

【少爷】 **shào·ye** (명) **1** 도련님. 자제. [남의 집 아들을 존칭하여 이르는 말] **2** 도련님. [하인이 주인집 아들을 부르는 칭호] **3** (명문 대가의) 도련. 자제.

【少长】 **shàozhǎng** (명)(문) 젊은이와 노인. 연소자와 연장자.

【少掌柜】 **shàozhǎngguì** (명)(옛) 작은 주인나리. 젊은 주인. [상점 주인의 아들에 대한 존칭]

【少者】 **shào·zhe** (명)(문) 젊은이.

【少壮】 **shàozhuàng** (형) 젊고 힘이 넘치다. ¶~派军官=소장파의 군인. ↔老迈

【少壮派】 **shàozhuàngpài** (명) 소장파. [조직·집단에서 뜻을 같이하고 능력을 갖춘 무리의 젊은층]

【少子】 **shàozǐ** (명)(문) 작은아들. 막내아들.

**召** Shào 나라 이름 소

(명) **1** (歷) 주(周)대의 나라 이름. [지금의 산시(陕西)성에 있었음] **2** 성(姓).
☞ zhào

**邵** Shào 고을 이름 소

(명) 성(姓).

**卲** shào 덕 높을 소

(형)(문) (주로 도덕적 품성이) 아름답다. 덕스럽다.

**劭** shào 힘쓸 소

(동)(문) 권면하다. 격려하다. 면려하다. (형) (주로 도덕적 품성이) 아름답다. 고아(高雅)하다. ¶年高德~=나이가 지긋하고 품성이 고아하다.

**绍[紹] shào** 이을 소
동 1⟨丹⟩ 계승하다. 이어가다. 2 추천하다. 소개하다. ¶介~=소개하다. 명 (Shao) 양 '浙江(저장)' 성 '绍兴(사오싱)' 시.

○● 陈chén绍, 介绍

【绍介】 **shàojiè** 동⟨丹⟩ 소개하다. ¶请代为~。=대신하여 소개해 주십시오.
【绍酒】 **shàojiǔ** ☞ 【绍兴酒】 **shàoxīngjiǔ**
【绍剧】 **shàojù** 명⟨劇⟩ 소극. [저장(浙江)성 지방 전통극의 하나. 사오싱(绍兴) 일대에 유행함]
【绍熙】 **shàoxī** 동⟨丹⟩ 빛난 업적을 계승·발전시키다.
【绍兴酒】 **shàoxīngjiǔ** 명 사오싱주. 소흥주. ['浙江(저장)' 성 '绍兴(사오싱)' 지역에서 나는 황주(黃酒)의 일종] =【绍酒】 **shàojiǔ**

**捎 shào** 벨 소
동 1⟨丹⟩ (노새·말 등이) 물러나다. 뒷걸음질하다. ¶听到鞭炮声,马惊得往后~了两下。=폭죽 소리를 듣고, 말이 놀라 두어 걸음 뒤로 물러났다. 2 (색깔이) 퇴색하다. 바래다. 날다. ¶这种布容易~色(shǎi)。=이런 옷감은 쉽게 색이 바랜다.
☞ **shāo**

【捎马子】 **shāomǎ·zi** 명⟨丹⟩ (말등에 거는) 커다란 전대. 자루.
【捎色】 **shào‖shǎi** 동⟨丹⟩ 퇴색하다. 바래다. ¶裤子旧了,也~了。=바지가 낡고 색이 바랬다.

**哨 shào** 망볼 초
명 1 (~儿) 호루라기. ¶吹~儿=호루라기를 불다. 2⟨軍⟩ 옛날 군대 편제의 하나. 3 초소. ¶放~=보초를 서다. 4 보초. ¶前~=전초. 동 1 순시하다. 순찰하다. 정찰하다. ¶巡~=순찰하다. 2 (새가) 지저귀다. 울다. ¶画眉时断时续地~着。=화미조가 울었다 그쳤다 한다. 3 양⟨軍⟩ (주로 군대의) 대. 대오. ¶一~骑兵=한 대오의 기병.

○● 步哨, 查哨, 呼哨, 花哨, 口哨儿, 前哨, 巡xún哨

【哨兵】 **shàobīng** 명 초병. 보초병.
【哨船】 **shàochuán** 명 초선. 정찰선.
【哨岗】 **shàogǎng** 명 초소. 보초를 서는 망루.
【哨卡】 **shàoqiǎ** 명 (변경이나 요도에 설치된) 초소.
【哨声】 **shàoshēng** 명 1 호루라기 소리. 2 대기 중의 비악음(非樂音)이 통신 시스템에서 일으키는 악음(樂音)에 가까운 소리.
【哨所】 **shàosuǒ** 명 초소. 보초를 서는 망루.
【哨位】 **shàowèi** 명 보초를 서는 위치.
【哨子】 **shào·zi** 명 호루라기.

**睄 shào** 힐끗 볼 소
동⟨丹⟩ 힐끗 보다. 흘끔 보다.

**稍 shào** 조금 초
☞ **shāo**

【稍息】 **shàoxī** 동 (열중) 쉬어!

**潲 shào** 비 뿌릴 소
동 1 비가 들이치다. ¶雨从窗户~进屋里来了。=비가 창문을 통해 집 안으로 들이친다. 2 물을 뿌리다. ¶先~水,再打扫。=먼저 물을 뿌리고 나서 청소해라. 명 쌀뜨물·쌀겨·야채 따위를 끓여 만든 돼지죽.
【潲水】 **shàoshuǐ** ☞ 【泔】 **gān·shuǐ**

## she

**輋[畬] Shē** 땅 이름 사
'畬(yú)'와 같음. [지명에 쓰임] ¶大~坳=다서아오. [광둥(广东)성에 있는 지명]

**奢 shē** 사치할 사
형 1 사치하다. ¶骄~淫逸=교만하고 사치스러우며 방탕하고 태만하다. 2 과분한. 지나친. 분에 넘치는. ¶人不能~望太多。=사람은 지나친 바람을 많이 가져서는 안 된다. ↔ 俭
【奢侈】 **shēchǐ** 형 사치하다. 낭비하다. ¶有钱也不能~。=돈이 많더라도 사치해서는 안 된다. ↔ 简朴 节俭
【奢侈品】 **shēchǐpǐn** 명 사치품.
【奢华】 **shēhuá** 형 사치스럽고 화려하다. 호화스럽다. ¶装饰~=장식이 호화스럽다. ↔ 简陋 简朴 朴素 节约
【奢俭】 **shējiǎn** 명 사치와 검소. 낭비와 검약(儉約). ¶~因人而异=사치와 검소는 사람에 따라 다르다.
【奢靡】 **shēmí** ☞ 【奢糜】 **shēmí**
【奢糜】[奢蘼] **shēmí** 형 사치스럽다. 호화스럽다. ¶生活~=생활이 사치스럽다.
【奢念】 **shēniàn** 명 과도한 바람. 지나친 욕망. ¶澹泊为人,不存~。=수수한 사람은 지나친 욕심을 갖지 않는다.
【奢求】 **shēqiú** 동 과도한 욕심을 부리다. 무리한 요구를 하다. ¶他朴朴实实,从不~什么。=그는 소박하여 이제껏 그 어떤 과도한 욕심도 부려 본 적이 없다. 명 지나친 욕심. 과도한 요구. ¶对此他没有~。=이것에 대해 그는 지나친 욕심이 없다.
【奢谈】 **shētán** 동 무책임하게 과장하여 떠들어대다. ¶要实干,不要~。=실제로 추진을 해야지 떠벌리기만 해선 안 된다.
【奢望】 **shēwàng** 동 지나친 바람을 갖다. 분에 넘치는 욕망을 품다. ¶他从不~发财。=그는 여태까지 큰돈을 벌겠다는 욕심을 부려 본 적이 없다. 명 지나친 바람. 분에 넘치는 욕망. ¶我没有什么~。=그는 어떤 지나친 욕심도 갖고 있지 않다.

【奢愿】shēyuàn 명 지나친 바람. 과분한 소원. ¶~往往是难以实现的. = 지나친 바람은 왕왕 실현되기 어렵다.

**赊[賖]** shē 외상으로 살 사
동 외상으로 사다. ¶现金交易, 概不~账. = 현금 거래만 하고 외상은 일체 사절이다.
【赊购】shēgòu 동 외상으로 사다.
【赊货】shēhuò 동 외상으로 사다.
【赊买】shēmǎi 동 외상으로 사다.
【赊卖】shēmài 동 외상으로 팔다.
【赊批】shēpī 동 외상으로 도매하다.
【赊欠】shēqiàn 동 외상으로 사다.
【赊取】shēqǔ 동 외상으로 물건을 사다.
【赊三不敌现二】shē sān bùdí xiàn èr 속 서 푼에 외상으로 파느니, 차라리 두 푼에 현금 판매 하는 게 낫다.
【赊销】shēxiāo 동 외상으로 팔다.
【赊账】shē‖zhàng 동 외상으로 팔다〔사다〕. ¶本店概不~. = 우리 가게는 외상은 일체 사절입니다. 명 외상. ≒挂账
【赊主】shēzhǔ 명 (외상 거래의) 채무자.

**猞** shē 짐승 이름 사
【猞猁】shēlì 명(動) 스라소니. =【林㹭】línyì

**畲¹** shē 화전 일굴 사
동문 화전(火田) 경작하다. ¶~田=화전.
☞ yú

**畲²** shē 종족 이름 사
명 사족(畲族).
【畲族】Shēzú 명 사족. [중국 소수 민족의 하나로, 주로 저장(浙江)성·푸젠(福建)성 등에 분포함]

***舌** shé 혀 설
명 1 혀. ¶口干~燥=(말을 많이 하여) 입이 바싹 마르다. 2 혀 모양의 물건. ¶火~=불꽃. 3 방울이나 목탁 속의 추.
○● 长舌, 唇chún舌, 鼓舌, 喉hóu舌, 嚼jiáo舌, 口舌, 帽舌, 饶ráo舌, 小舌, 学舌, 咬舌儿
【舌敝唇焦】shébì-chúnjiāo ☞【唇焦舌敝】chúnjiāo-shébì
【舌敝耳聋】shébì‧ěrlóng 성 1 (말하는 사람의) 혀가 닳고 (듣는 사람의) 귀가 멍멍하다. 2 비 의견이 분분하고 복잡다단하다.
【舌锋】shéfēng 명비 예리하고 정확한 언변. ¶~杀人=예리하고 정확한 말로 사람을 죽이다 〔굴복시키다〕.
【舌根】shégēn 명 설근. 혀뿌리.
【舌根音】shégēnyīn 명(言) 설근음. 혀뿌리소리. [현대 표준 중국어의 g·k·h 등] =【舌面后音】shémiàn hòuyīn
【舌耕】shégēng 동부 학생을 가르치는 일로 생계를 꾸려 나가다.
【舌尖】shéjiān 명 혀끝.

【舌尖音】shéjiānyīn 명(言) 설첨음. 혀끝소리. [현대 표준 중국어의 z·ch·r 등]
【舌剑唇枪】shéjiàn-chúnqiāng ☞【唇枪舌剑】chúnqiāng-shéjiàn
【舌面后音】shémiàn hòuyīn ☞【舌根音】shégēnyīn
【舌面前音】shémiàn qiányīn 명(言) 설면전음. [현대 표준 중국어의 j·q·x 등]
【舌面音】shémiànyīn 명(言) 설면전음·설면중음·설면후음〔설근음〕의 합칭. [현대 표준 중국어에는 설면중음(舌面中音)이 없음]
【舌乳头】shérǔtóu 명(生) 설유두. 혀의 자잘한 돌기.
【舌苔】shétāi 명(生) 설태. 혀의 표면에 생기는 이끼 모양의 물질.
【舌头】shé‧tou 명 1 (生) 혀. 2 (軍) 적에 관한 정보를 얻기 위해 사로잡은 적.
【舌头底下压死人】shé‧tou dǐ‧xia yāsǐ rén 속비 혀로 사람을 죽일 수도 있다. 무책임한 말이 사람을 죽일 수도 있다.
【舌头精】shé‧toujīng 비비 수다쟁이. 잔소리꾼.
【舌下腺】shéxiàxiàn 명(生) 혀밑샘. 설하선.
【舌咽神经】shéyān shénjīng 명(生) 설인 신경. 제9뇌신경.
【舌音】shéyīn 명(言) 설음. 혓소리.
【舌战】shézhàn 동 설전을 벌이다. ¶~群英 = 설전을 벌이는 수많은 영재(英才). 명비 격렬한 언쟁. 설전. ¶一场~ = 한 차례의 격렬한 언쟁.

***折** shé 꺾을 절
동 1 ㉠ 부러지다. 끊어지다. 꺾어지다. ¶椅子腿~了. = 의자 다리가 부러졌다. 2 손해 보다. 밑지다. ¶损~ = 손해 보다. 명 (Shé) 성(姓). ≒断
☞ zhē, zhé

○● 亏kuī折

【折本】shé‖běn(~儿) 동 본전을 밑지다. ¶~生意=밑지고 장사하다. ≒亏本
【折秤】shé‖chèng 동 1 (저울에 다시 달아 보는 과정에서) 축나다. 줄어들다. 2 (물건을 대량으로 들여와 소량으로 판매하는 과정에서) 줄어들다. 축나다.
【折耗】shéhào 동 (물건·상품을 제조·운수·보관하는 과정에서 그 수량이) 줄어들다. 축나다. 소모되다. ¶做这种家具, 木料往往~较多. = 이런 가구를 만드는 데는 목재가 꽤나 많이 든다.

**佘** Shé 산 이름 사
명 성(姓).

**蛇[虵]** shé 뱀 사
명 1 뱀. 2 뱀 모양의 물건. ¶丈八~矛=(옛날에 쓰던) 기다란 창 모양의 무기. 3 비 밀수업자. 밀입국자. ¶人~=밀입국자.
☞ yí

◐ 毒dú蛇, 蝮fù蛇, 蟒mǎng蛇, 水蛇, 赤chì练蛇, 地头蛇, 四脚蛇, 响尾蛇

【蛇船】shéchuán 밀입국자를 태운 선박.
【蛇胆】shédǎn (醫) 사담. [중의학에서 약재로 쓰이는 살무사의 쓸개를 가리킴]
【蛇毒】shédú 뱀독.
【蛇符】shéfú 뱀의 허물.
【蛇瓜】shéguā (植) 1 뱀박. [뱀처럼 생긴 박과 식물의 일종] 2 뱀박의 열매. ⊜ snake gourd
【蛇口蜂针】shékǒu-fēngzhēn 매우 위험하다.
【樝麻】shémá ☞【啤酒花】píjiǔhuā
【蛇漠】shémò 살무사의 입에서 뿜어 나오는 독이 있는 점액.
【蛇年】shénián 뱀해. 사년(巳年).
【蛇皮癣】shépíxuǎn (醫) 사피선. 어린선. [피부병의 일종으로, 환부의 피부가 뱀 비늘 또는 물고기 비늘 모양과 같아서 얻어진 이름]
【蛇拳】shéquán 사권. [뱀의 동작을 본떠 만든 권법의 일종]
【蛇鼠横行】shéshǔ-héngxíng 악인이 권세를 얻어 횡행하다.
【蛇头】shétóu 밀입국 알선 브로커.
【蛇蜕】shétuì (醫) 뱀의 허물.
【蛇吞象】shétūnxiàng 1 뱀이 코끼리를 삼키다. 2 탐욕스럽기 짝이 없다. 분수를 모르고 주제넘게 욕심을 부리다.
【蛇无头不行】shé wú tóu bù xíng 1 뱀은 머리가 없으면 나아가지 못한다. 2 지도자가 없으면 일을 이룰 수 없다.
【蛇蝎】shéxiē 1 뱀과 전갈. 2 잔인하고 악독한 사람. ¶毒如~=독하기가 뱀이나 전갈과도 같다.
【蛇蝎心肠】shéxiē-xīncháng 악독한 마음씨.
【蛇行】shéxíng 1 포복하여 전진하다. 2 구불구불 전진하다. 지그재그로 나아가다. ¶溪水~, 穿山越林, 缓缓向前。=시내가 구불구불 산을 넘고 숲을 지나 천천히 흐른다.
【蛇形】shéxíng 뱀 모양. S자 모양. 사형. ¶~管=S자 관.
【蛇医】shéyī (醫) 뱀에 물린 환자를 전문적으로 치료하는 의사.
【蛇足】shézú 사족. 군더더기.

# 阇[闍] shé 고승 사
☞ dū

【阇梨】shélí (佛) 1 고승(高僧). 학덕이 높은 중. 2 승려. 중. 스님.

# 揲 shé 셀 설
(옛날 시초(蓍草)로 점을 칠 때) 시초를 몇 묶음으로 나누다.
☞ dié

# 舍[捨] shě 버릴 사

1 포기하다. 버리다. ¶取~=취하고 버리다. / 依依不~=헤어지기 서운해하다. 2 바치다. 희사하다. ¶施~财物=재물을 내놓다. ≒施 弃
↔取
☞ shè

◐ 割gē舍, 取舍, 施shī舍

【舍本逐末】shěběn-zhúmò 1 근본이 되는 것을 버리고 세세한 것을 좇다. 2 경중을 뒤바꾸고 주요한 것과 부수적인 것을 구분하지 못하다. ≒本末倒置 ↔追本溯源
【舍不得】shě·bu·de 1 헤어지기 섭섭해하다. 이별을 아쉬워하다. 미련이 남다. ¶真~与你分开。=정말 너와 헤어지기 섭섭하다. 2 …하지 못하다. …하기 아까워하다. ¶老师送我的这块表, 我~戴。=선생님께서 내게 주신 이 시계를 나는 차고 다니기가 아깝다.
【舍得】shě·de 1 기꺼이 버리다. 기꺼이 하다. 미련이 없다. ¶你~离开爱人吗?=너 미련 없이 부인[남편]과 헤어질 수 있니? 2 아까워하지 않다. 인색하지 않다. ¶你~为她买这块钻戒吗?=너는 그녀를 위해 선뜻 이 다이아몬드 반지를 사 줄 수 있니?
【舍短取长】shěduǎn-qǔcháng 결점은 버리고 장점은 취하다.
【舍己】shějǐ 자기를 버리다. 자신의 목숨을 [안위를] 돌보지 않다. ¶~从人=자신을 버리고 남을 따르다. 자신의 의견을 버리고 남의 의견을 따르다.
【舍己救人】shějǐ-jiùrén 자신을 돌보지 않고 남을 구하다. 자신을 희생하여 남을 구하다. 자기의 목숨을 무릅쓰고 남을 구조하다.
【舍己为公】shějǐ-wèigōng 공공의 이익을 위해 자신의 이익을 희생하다.
【舍己为人】shějǐ-wèirén 타인의 이익을 위해 자신의 이익을 희생하다.
【舍近求远】shějìn-qiúyuǎn 1 가까운 곳에 있는 것을 버리고 먼 곳에 있는 것을 찾다. 2 ① 일을 하는 데 쉬어 헛수고를 하다. 일을 빙 둘러가며 하다. ② 허망한 것을 좇다. =【舍近图远】shějìn-túyuǎn
【舍近图远】shějìn-túyuǎn ☞【舍近求远】shějìn-qiúyuǎn
【舍车保帅】shějū-bǎoshuài 1 (장기(將棋)에서) 장(將)을 살리고 차(車)를 버리다. 2 중요한 것을 위해 그보다 덜 중요한 것을 포기하다.
【舍命】shě‖mìng 목숨을 버리다. 생명을 돌보지 않다. 필사적이다. ¶~陪君子。=목숨을 돌보지 않고 군자를 따르다.
【舍难就易】shěnán-jiùyì 어려운 것을 버리고 쉬운 것을 취하다.
【舍弃】shěqì 포기하다. 버리다. ¶~所好(hào)=좋아하는 것을 포기하다. ≒抛弃 ↔取得
【舍身】shěshēn 1 (佛) 사신(捨身)하다. 불도(佛道)를 위해 자신을 희생하다. 2 (조국·대의를 위해) 자기를 희생하다. 목숨을 바치다. ¶~报国=목숨을 바쳐 나라에 보답하다. ≒捐躯 牺牲

【舍身求法】shěshēn-qiúfǎ 🔘 1〈佛〉 불법을 구하려 자기의 희생을 아끼지 않다. 2 진리를 추구하기 위하여 몸을 돌보지 않다.
【舍生取义】shěshēng-qǔyì 🔘 정의를 위해 목숨을 바치다.
【舍生忘死】shěshēng-wàngsǐ ☞ 【舍死忘生】shěsǐ-wàngshēng
【舍死】shěsǐ 통 목숨을 돌보지 않다. ¶~抗敌=목숨을 바쳐 적에 대항하다.
【舍死忘生】shěsǐ-wàngshēng 🔘 자기의 안위를 돌보지 않다. 죽음을 무릅쓰다. =【舍生忘死】shěshēng-wàngsǐ ↔贪生怕死
【舍我其谁】shěwǒqíshéi 🔘 내가 아니면 누가 하랴? 나 외에 누가 이 대임을 맡으랴?
【舍粥】shězhōu 통옛 (가난한 사람·거지 등에게) 죽을 베풀다.

# 厍[庫] shè 마을 사

명 1 ㉠ 마을. 촌. [주로 마을 이름으로 쓰임] 2 (Shè) 성(姓).

# **设[設]** shè 세울 설

통 1 설치하다. 배치하다. 세우다. ¶陈~=벌려 세우다. / 天造地~=자연스럽고 이상적으로 지어지다. 2 건립하다. 창립하다. 개업하다. ¶建~=건설하다. 3 준비하다. 계획하다. ¶想方~法=온갖 방법을 강구하다. 4 가정하다. 가상하다. ¶如此~想, 很合情理. =이 같은 가설은 아주 합리적이다. 접옛 만약. 만일. 설령. ¶~若对此有意, 还可择日细谈. =만약 이 일에 의견이 있다면, 따로 날을 잡아 자세히 상의할 수 있다.

○─◦ 安设, 摆bǎi设, 陈chén设, 创chuàng设, 分设, 敷fū设, 附设, 公设, 假jiǎ设, 架设, 建设, 开设, 铺设, 虚xū设

【设备】shèbèi 통 갖추다. 설비하다. ¶新建的影院~得很完善. =새로 지은 영화관은 설비가 나무랄 데 없다. 명 1 설비. 시설. ¶维修机器~=기계 설비를 수리하다. 2 ㉥ 컴퓨터 부품과 컴퓨터 자체. ¶电脑~陈旧, 急需更新. =컴퓨터 부품이 낡아서 빨리 새로 바꾸어야 한다.
【设备完好率】shèbèi wánhǎolǜ 명 설치 완성률.
【设点】shèdiǎn 통 분점을 내다〔차리다〕. ¶~批销=분점을 내고 대량 판매하다.
【设定】shèdìng 통 1 설정하다. 규정을 세우다. ¶~机构编制=기구 편제를 설정하다. 2 가정하다. 입안하다. 초안을 만들다〔세우다〕. ¶~目标=목표를 세우다.
【设赌】shèdǔ 통 놀음〔도박〕판을 벌이다.
【设法】shèfǎ 통 방법을 강구하다. ¶~解困=방법을 생각하여 어려움을 타개하다. ≒想法
【设防】shèfáng 통 1 방어 시설. 방어 시설을 갖추다. ¶~区域=방어 구역. 2 ㉥ 경계심을 늦추지 않다. ¶坦诚以待, 互不~=솔직하고 성실하게 대하며 서로 경계를 풀다.
【设伏】shèfú 통 매복시키다. 복병을 심어 놓다.

¶~擒贼=매복을 두어 도적을 잡다.
【设岗】shègǎng 통 1 초소[보초]를 세우다. ¶层层~=겹겹이 초소를 세우다. 2 일자리를 만들다. ¶要根据需要, 而不能因人~. =필요에 따라야지 사람에 따라 일자리를 만들 수는 없다.
【设或】shèhuò 접옛 만약. 만일. 가령. 설사. 설령. 설혹.
【设计】shèjì 통 1 설계하다. 디자인하다. 짜다. 계획하다. ¶~广告=광고를 디자인하다. 2 계책을 꾸미다. 흉계를 꾸미다. ¶~陷害=모해하려 흉계를 꾸미다. 명 설계. 디자인. ¶他的~比较新颖. =그의 디자인은 참신하다.
【设计师】shèjìshī 명 설계사. 디자이너.
【设酒】shèjiǔ 통 술자리를 베풀다. ¶~款待=술자리를 베풀어 후히 대접하다.
【设局】shèjú 통 1 (남을 빠뜨리기 위해) 함정을 만들다. 계략을 꾸미다. 2 (정부의 행정 기구로서) 관리 부서를 설치하다.
【设立】shèlì 통 (기구·조직 등을) 설립하다. 건립하다. ¶~社区医院=지역 병원을 설립하다. ≒设置
【设卡】shèqiǎ 통 관문을 설치하다. 검문소를 설치하다. 초소를 세우다.
【设若】shèruò 접옛 가령. 만약.
【设色】shèsè 통〈美〉 채색하다. 색칠하다. ¶这幅画~前卫, 富有创意. =이 그림은 색감이 아방가르드적이고 창의력이 풍부하다.
【设身处地】shèshēn-chǔdì 🔘 처지를 바꾸어 생각하다.
【设施】shèshī 명 시설. ¶~完善=시설이 나무랄 데 없다.
【设使】shèshǐ 접옛 만약. 가령.
【设摊】shètān 통 노점[난전]을 벌이다. ¶~售货=노점을 벌여 놓고 물건을 팔다.
【设问】shèwèn 명〈言〉 설문. [자문 자답의 형식으로 요점을 강조하는 수사법]
【设席】shèxí 통 술자리를 베풀다. ¶~接风=술자리를 베풀어 손님을 대접하다.
【设险】shèxiǎn 통 요충지에 방어 시설을 갖추다. ¶~防御=요충지에 방어 시설을 갖추어 방어하다.
【设想】shèxiǎng 통 1 가상하다. 상상하다. ¶后果难以~. =뒷일은 상상하기조차 힘들다. 결과는 상상하기 어렵다. 2 착상하다. 고려하다. 생각하다. ¶做官要多为老百姓~. =관리 노릇하는 사람은 늘 백성을 생각하는 태도를 가져야 한다. 명 상상. 가상. 생각. ¶这只是初步~, 不妥之处请指正. =이는 단지 초보적인 생각일 뿐이니, 타당하지 않은 부분은 고쳐 주시기를 바랍니다. ≒想象
【设宴】shè‖yàn 통 연회를 베풀다. ¶~饯行=연회를 베풀어 송별하다.
【设有】shèyǒu 설치되어 있다. 가설되어 있다. ¶主卧~电视和电话插座. =안방에는 텔레비전과 전화 콘센트가 설치되어 있다.
【设障】shèzhàng 통 장애물을 설치하다.
【设置】shèzhì 통 1 설치하다. 설립하다. 세우

다. ¶学校又～了新的院系。=학교는 또 새 단과 대학 및 전공 학과를 설치하였다. **2** 설치하다. 놓다. ¶校园里～了磁卡电话。=캠퍼스에 카드 전화기를 설치하였다. ≒设立 布设

## 社 shè 지신 사

명 **1** 지신(地神). 지신을 모신 곳. 지신제(地神祭). 지신제를 지내는 날. ¶秋～=추수 감사제사. **2** 단체. 조직. 집단. ¶诗～=시문학 단체. **3** 기구. ¶报～=신문사. ¶书～=출판사. **4** 서비스 업체. ¶茶～=찻집. 다관. / 旅行～=여행사. **5** 옛 지방 말단 행정 단위. ¶～学=사학. [ '乡(향)'과 '镇(진)'에 세운 교육 기관. 남송(南宋) 때에 생겼으며 원(元)·명(明)·청(清)대에 융성하였음]

☞ 茶社, 公社, 结社, 旅社

【社会】 **shèhuì** 명 사회. ¶封建～=봉건사회. / 在某种意义上, ～是一个熔炉。=어떤 의미에 있어서 사회는 하나의 용광로이다. / 经营～保险业务=사회 보험 업무를 하다. ➡【社会形态】 **shèhuì xíngtài**
【社会保险】 **shèhuì bǎoxiǎn** 명 사회 보험.
【社会保障】 **shèhuì bǎozhàng** 명 사회 보장 (제도).
【社会财富】 **shèhuì cáifù** 명 사회적 재산.
【社会存在】 **shèhuì cúnzài** 명 사회적 존재.
【社会地位】 **shèhuì dìwèi** 명 사회적 지위.
【社会分工】 **shèhuì fēngōng** 명 사회적 분업.
【社会风气】 **shèhuì fēngqì** 명 사회 풍조.
【社会福利】 **shèhuì fúlì** 명 사회 복지〔복리〕.
【社会工作】 **shèhuì gōngzuò** 명 **1** 사회 봉사. **2** 사회 복리 사업.
【社会购买力】 **shèhuì gòumǎilì** 명 사회의 구매력.
【社会关系】 **shèhuì guān·xì** 명 **1** 사회 관계. ¶复杂的～=복잡한 사회 관계. **2** 인간 관계. 대인 관계.
【社会活动】 **shèhuì huódòng** 명 사회 활동.
【社会化】 **shèhuìhuà** 통 사회화되다. 사회화하다. ¶幼儿期是人生～的起始阶段。=유아기는 삶이 사회화되는 시작 단계이다.
【社会价值】 **shèhuì jiàzhí** 명 사회적 가치.
【社会教育】 **shèhuì jiàoyù** 명(教) 사회 교육.
【社会经济制度】 **shèhuì jīngjì zhìdù** ➡【经济制度】 **jīngjì zhìdù**
【社会科学】 **shèhuì kēxué** 명 사회 과학. 양 【社科】 **shèkē**
【社会青年】 **shèhuì qīngnián** 명 실업 청년. [대학에 진학하지 않고 직업도 없는 젊은이]
【社会问题】 **shèhuì wèntí** 명 사회 문제.
【社会效益】 **shèhuì xiàoyì** 명 사회적 가치. 사회적 효과와 이익. ¶拍摄电影不仅要考虑经济效益, 也要考虑～。=영화 제작에는 경제적 가치 뿐만 아니라 사회적 가치도 고려해야 한다.
【社会形态】 **shèhuì xíngtài** ☞ 【社会】 **shèhuì**

【社会学】 **shèhuìxué** 명 사회학.
【社会意识】 **shèhuì yìshí** 명 사회적 의식.
【社会制度】 **shèhuì zhìdù** 명 사회 제도.
【社会主义】 **shèhuìzhǔyì** 명 **1** 사회주의. **2** 과학적 사회주의의 사상 체계.
【社火】 **shèhuǒ** 명 (명절 때의) 민속 놀이.
【社稷】 **shèjì** 명 **1** 지신과 곡신. 사직. **2** 조정. 나라. 국가.
【社交】 **shèjiāo** 명 사교. ¶～活动=사교 활동.
【社交圈】 **shèjiāoquān** 명 사교 범위.
【社科】 **shèkē** ☞ 【社会科学】 **shèhuì kēxué**
【社论】 **shèlùn** 명 사설. 논평. ≒社评
【社评】 **shèpíng** 명 사설. 논평. ≒社论
【社情】 **shèqíng** 명 사회 상황. ¶调查～民意=사회상과 민심을 조사하다.
【社情民意】 **shèqíng mínyì** 명 사회 상황과 민의〔대중의 의견·원망(願望)〕
【社区】 **shèqū** 명 지역 사회. (아파트 등의) 단지. ¶～服务=지역 사회에 제공되는 서비스.
【社鼠城狐】 **shèshǔ-chénghú** ☞ 【城狐社鼠】 **chénghú-shèshǔ**
【社团】 **shètuán** 명 각종 군중 조직의 총칭. 결사 단체. 집단. 모임. 서클. 동아리.
【社戏】 **shèxì** 명 농촌에서 지신제를 올릴 때 하던 연극.
【社员】 **shèyuán** 명 **1** 인민공사·합작사의 구성원. **2** 사원.

## 舍 shè 집 사

명 **1** 집. 가옥. ¶房～=가옥. / 宿～=기숙사. **2** 寒～=(누추한) 저의 집. **3** 객사(客舍). 객관. ¶旅～=여관. **4** (가축·가금을 기르는) 우리. 축사. 집. ¶羊～=양우리. / 猪～=돼지우리. / 鸡～=닭장. **5** 자기보다 어리거나 항렬이 낮은 친척을 남에게 지칭할 때 쓰는 말. ¶此乃～弟。=이 사람이 바로 제 동생입니다. **6** (Shè) 성(姓). 양 30리. ¶退避三～=멀찍이 피하다〔대치하다〕.
☞ shě

☞ 庐lú舍

【舍宾运动】 **shèbīn yùndòng** 명양 (體) 몸매 만들기 운동.
【舍弟】 **shèdì** 명양 제 남동생.
【舍间】 **shèjiān** 명양 (누추한) 제 집. ≒舍下
【舍利(子)】 **shèlì(·zi)** 명양 (佛) 사리. 불사리(佛舍利). 粵 śarīra.
【舍妹】 **shèmèi** 명양 제 여동생. 저의 누이동생.
【舍亲】 **shèqīn** 명양 저의 부모나 친척.
【舍人】 **shèrén** 명 (전국 시대부터 한나라 초기까지) 귀족의 측근이나 시종에 대한 통칭.
【舍下】 **shèxià** 명 (누추한) 저의 집. ≒舍间

## 拾 shè 오를 섭

통〈書〉가벼운 걸음으로 올라가다.
☞ shí

【拾级】 **shèjí** 통〈書〉한 단계씩 올라가다. ¶他～

而上，慢慢登上了塔顶。＝그는 한 단계씩 위로 올라가, 천천히 탑 꼭대기로 올랐다.

## 射 [(躲)] **shè** 쏠 사

**동** **1** 쏘다. 발사하다. 쐈하다. ¶弹~＝사출하다. / 发~＝발사하다. **2** (빛·열·전파 따위를) 발산하다. 쏘다. 방사하다. ¶照~＝쏘이다. / 光芒四~＝빛이 사방으로 발산하다. **3** (액체를) 뿜다. 분사하다. ¶注~＝주사하다. **4** 암시하다. 가리키다. ¶暗~＝암시하다. / 含沙~影＝은근히 헐뜯다. 암암리에 중상하다. **명** (**Shè**) 성(姓).

| 射 | shè |
|---|---|
| 麝 | shè |
| 谢 | xiè |
| 榭 | xiè |

○● 攒cuán射, 点射, 放射, 绕rào射, 散射, 闪shǎn射, 弹射, 投射, 斜xié射, 衍yǎn射, 隐yǐn射, 映射, 照射, 折zhé射, 注射

【射程】**shèchéng 명**（军）사정 거리. 사거리.
【射电望远镜】**shèdiàn wàngyuǎnjìng 명**（天）전파 망원경.
【射雕手】**shèdiāoshǒu 명 1** (활쏘기의) 명사수. **2**〈비〉명수. 달인.
【射击】**shèjī 동** 사격하다. 쏘다. **명**（体）사격(경기).
【射击场】**shèjīchǎng 명** 사격장.
【射箭】**shè‖jiàn 동** 활을 쏘다. ¶他从小就会~。＝그는 어려서부터 활을 쏠 줄 알았다. / 射得一手好箭＝활솜씨가 훌륭하다.
【射箭】**shèjiàn 1** 활쏘기. 궁도. **2**（体）양궁(archery).
【射界】**shèjiè 명**（军）사계. [쏜 탄알이 미치는 범위]
【射精】**shèjīng 동**（生）사정하다.
【射口】**shèkǒu 명** (몸을 숨긴 채로 총을 쏘기 위하여 성벽·보루 등에 뚫어 놓은) 총구. 총구멍. 총안.
【射猎】**shèliè 동** 사냥하다.
【射流】**shèliú 명** 작은 구멍으로 뿜어 나오는 유체(流體).
【射门】**shèmén 동**（体）(축구·핸드볼 등에서) 슛하다.
【射频】**shèpín 명**（电）무선주파수. RF(Radio Frequency).
【射球】**shèqiú 동**（体）필드하키·아이스하키 등에서 스틱으로 퍽을 치다.
【射人】**shèrù 동** (추력·탄력을 이용하여 물체를) 목표에 세게 (집어) 넣다. ¶你想谁将~夺冠一球？＝너는 누가 우승골을 넣을 것이라고 생각하니?
【射人先射马】**shè rén xiān shè mǎ**〈속〉**1** 사람을 쏘려면 먼저 말을 쏘아라. **2**〈비〉먼저 급소를 찌르라.
【射杀】**shèshā 동** 쏘아 죽이다.
【射手】**shèshǒu 명 1** 사수. **2**（体）골게터(goal getter).
【射线】**shèxiàn 명 1**（物）방사선. ¶α~＝알파선. **2**（物）(적외선·가시 광선·X선 등

의) 사선. **3**（数）사선. **4**（军）사선.

## 涉 **shè** 건널 섭

**동 1** (걸어서) 물을 건너다. **2** 강을 건너다. 물을 건너다. ¶跋~＝산을 넘고 물을 건너다. 고생스럽게 여행하다. / 远~重洋＝멀리 외국으로 가다. **3** 겪다. 경험하다. ¶~世未深＝세상 경험이 적다. **4** 관련되다. 연관되다. 연루되다. ¶这案子牵~不少人。＝이 사건은 적지 않은 사람과 연루되어 있다.

○● 跋bá涉, 干涉, 关涉, 牵qiān涉, 徒tú涉

【涉案】**shè'àn 동** 사건에 연루되다. ¶这起经济案件有多人~。＝이 경제 사건은 많은 사람과 연루되어 있다.
【涉笔】**shèbǐ 동**〈문〉집필하다. 글을 짓다. ¶~成趣＝글 쓰는 것이 즐거움이 되다. 붓을 잡으면 흥취가 일어 작품이 되다.
【涉渡】**shèdù 동** (걸어서) 물을 건너다. ¶~急流＝급류를 건너다.
【涉及】**shèjí 동 1** 관련되다. 연관되다. 연루되다. ¶这个案件~不少在职官员。＝이 안건은 적지 않은 현직 관리들과 연관되어 있다. **2** 미치다. 관계되다. 상관되다. ¶处理一大众切身利益的事要慎之又慎。＝대중의 직접적인 이익과 관계된 일을 처리하는 데는 신중에 신중을 기해야 한다. **3** 포함하고 있다. 언급하다. ¶这部报告文学~的内容很广泛。＝이 르포 문학이 포함하고 있는 내용은 매우 광범위하다. **4** 접촉하다. 이해하다. ¶文艺创作者~的生活面越广越好。＝작가가 생활에 대한 이해하는 폭이 넓으면 넓을수록 좋다.
【涉及面】**shèjímiàn 명** 섭렵하는 범위. 미치는 영역. 관련되는 범위. ¶本书~较广。＝이 책의 섭렵 범위는 비교적 넓다.
【涉览】**shèlǎn 동**〈문〉두루 살펴보다. 이것저것 훑어보다. ¶~群书＝많은 책들을 읽다.
【涉猎】**shèliè 동 1** 대강 읽다. 대충 훑어보다. 두루 섭렵하다. ¶~甚广＝두루 섭렵하여 이해의 폭이 넓다. **2** 접촉하다. 관련되다. 미치다. ¶他在所~的研究领域都有建树。＝그는 손을 댄 연구 분야에서 모두 업적을 쌓았다.
【涉禽】**shèqín 명**（动）(두루미·백로·황새 따위의) 섭금류.
【涉世】**shèshì 동** 세상 물정을 겪다. 세상 경험을 하다. ¶~不深＝세상 물정에 어둡다.
【涉水】**shèshuǐ 동** 물을 건너다. ¶跋山~＝산 넘고 물을 건너다.
【涉讼】**shèsòng 동** 송사에 관련되다.
【涉外】**shèwài 동** 외교에 관련되다. ¶~案件＝외교 안건.
【涉外婚姻】**shèwài hūnyīn 명** (중국인과 외국인의) 국제 결혼.
【涉嫌】**shèxián 동** 혐의를 받다. ¶~劫案＝강도 사건의 혐의를 받다.
【涉险】**shèxiǎn 동** 모험하다. 위험을 무릅쓰다. ¶登山队员~冲顶。＝등산 대원은 위험을 무릅

쓰고 정상을 향해 돌진하였다. ≒冒险
【涉足】shèzú 匧 (어떤 환경이나 생활 범위에) 발을 들여놓다. ¶~于山水之间, 顿感无限快意。=자연에 묻혀 사노라니, 홀연 말로는 다 못 할 즐거움이 밀려온다.

## 赦 shè 용서할 사
匧 사면하다. 용서하다. ¶特~=특별사면. / 十恶不~=열 가지 악은 용서할 수 없다. 죄질이 무거워 용서가 안 된다.
【赦令】shèlìng 图《法》사면령.
【赦免】shèmiǎn 匧《法》사면하다. 방면하다.
【赦罪】shè‖zuì 匧 죄를 용서하다. 형벌을 면제해 주다.

## 摄[攝] shè 당길 섭
匧 1 图 보양하다. 양생하다. ¶珍~=건강에 유의하다. 2 섭취하다. 흡수하다. ¶~取养分=영양분을 섭취하다. 3 图 대행하다. 대신하다. ¶小人~政=소인이〔소인배가〕섭정하다. 4 신중하다. 삼가다. 조심하다. ¶收心~念=마음을 가다듬고 삼가 조심하다. 5 사진을 찍다. 촬영하다. ¶拍~影片=영화를 촬영하다.

○→ 拍pāi摄, 调tiáo摄, 统摄

【摄动】shèdòng 图《天》섭동. [태양계의 천체가 다른 행성의 인력으로 인하여 타원 궤도에 변화를 일으키는 일]
【摄魂】shèhún 匧 1 혼을 앗아가다. 2㉑ (문학 작품 등이) 심금을 울리다.
【摄理】shèlǐ 匧 대신하다. 대행하다. ¶~朝政=국정을 대행하다.
【摄力】shèlì 图《物》인력(引力).
【摄录】shèlù 匧 (녹음과 함께) 촬영하다. 녹화하다. 찍다. ¶~电视短片=텔레비전 단편 드라마를 촬영하다.
【摄谱仪】shèpǔyí 图《物》분광기. 분광 사진기.
【摄取】shèqǔ 匧 1 (영양 등을) 흡수하다. 섭취하다. ¶~水分=수분을 섭취하다. 2 (사진이나 영화를) 촬영하다. 찍다. ¶今天还需~几个落日的镜头。=오늘 또 몇몇 낙조 장면을 촬영해야 한다.
【摄生】shèshēng 匧匧 섭생하다. 양생하다. ¶精通~之道=양생의 도에 정통하다. ≒摄卫
【摄食】shèshí 匧 (주로 동물이) 음식물을 섭취하다.
【摄氏度】Shèshìdù 图《物》섭씨(온도). ['°C'로 표기함] ¶明天气温会降到1~到2~=내일 기온은 1°C~2°C까지 내려간다.
【摄氏温标】Shèshì wēnbiāo 图《物》섭씨 온도계.
【摄氏温度】Shèshì wēndù 图《物》섭씨(온도). ['°C'로 표기함]
【摄氏温度计】Shèshì wēndùjì 图 섭씨 온도계.
【摄卫】shèwèi 匧匧 몸을 보양하다. ≒摄生
【摄象】shèxiàng ☞【摄像】shèxiàng
【摄像】shèxiàng 匧 촬영하다. 녹화하다. 

사진을 찍다. ¶电视~=TV 촬영을 하다.
【摄像管】shèxiàngguǎn 图 촬상관. 송상관 (送像管)
【摄像机】shèxiàngjī 图 비디오 카메라(vidio camera). ¶电视~=TV 카메라.
【摄行】shèxíng 匧匧 직무를 대행하다. 섭행하다. ¶~政务=정무(政務)를 대신 처리하다.
【摄影】shèyǐng 匧 1 사진을 찍다. ㉑【照相】zhào‖xiàng 2 영화를 촬영하다.
【摄影机】shèyǐngjī 1 ☞【照相机】zhàoxiàngjī 2 ☞【电影摄影机】diànyǐng shèyǐngjī
【摄影棚】shèyǐngpéng 图《映》영화 촬영 세트. 스튜디오(studio).
【摄政】shèzhèng 匧 (왕을 대신하여) 섭정하다. 정사를 대행하다.
【摄制】shèzhì 匧《映》(영화 작품 등을) 촬영하여 제작하다.
【摄制组】shèzhìzǔ 图《映》(영화나 드라마 등의) 촬영 제작팀.

## 慑[慴, 慹] shè 두려워할 습
匧匧 무서워하다. 무섭게 하다. 위협하다. ¶震~=두려움에 떨게 하다. / 威~=위세(威勢)로 두렵게 하다.
【慑伏】shèfú ☞【慑服】shèfú
【慑服】[慑伏] shèfú 匧 1 두려워서 복종하다. ¶在场者无不~。=그 자리에 있던 사람들 가운데 무서워 복종하지 않는 사람이 없었다. 2 겁을 주어 굴복시키다. ¶~欲犯之敌=침범하려는 적에게 겁을 주어 굴복시키다.
【慑于】shèyú 匧 (…에) 겁을 먹다. 두려움을 느끼다. ¶~淫威=대단한 위세에 겁을 먹다.

## 滠[灄] Shè 강 이름 섭
图《地》서수이(滠水). [후베이(湖北)성에 있는 강 이름]
【滠口】Shèkǒu 图《地》서커우. [후베이(湖北)성에 있는 지명]

## 歙 Shè 고을 이름 섭
图 서(歙)현. [안후이(安徽)성에 있는 현 이름] ☞ xī
【歙砚】shèyàn 图 섭연. [안후이(安徽)성 서(歙)현에서 나는 돌로 만든 최상급의 벼루]

## 麝 shè 사향노루 사
图 1《动》사향노루. 2㉑ 麝香(사향).
【麝牛】shèniú 图《动》사향소.
【麝鼠】shèshǔ 图《动》사향쥐.
【麝香】shèxiāng 图 사향(麝香).

# shei

## 谁[誰] shéi / shuí 누구 수

대 **1** 누. 누구. ¶～是这里的负责人? =누가 이곳의 책임자입니까? **2** 아무. 누구. [불특정한 사람을 나타냄] ¶今天有～打电话给我吗? =오늘 나한테 전화한 사람이 있었나요? **3** 누가. [반어에 쓰여 한 사람도 없음을 나타냄] ¶～不夸他能干? =그가 능력이 있다고 누군들 칭찬하지 않겠는가? **4** 누구. 아무. [임의의 어떤 사람을 나타냄] ① ('也(yě)' 와 '都(dōu)' 앞에 쓰여) 말하는 범위 내에서는 예외가 없음을 나타냄. ¶明天上课～也不能迟到。=내일 수업은 누구도 지각해서는 안 된다. / 这个决定现在～都没有告诉。=이 결정은 지금 누구에게도 얘기하지 않았다. ② ('谁' 자가 앞뒤에 쓰여) 같은 사람을 가리킴. ¶～准备好了, ～就发言。=준비를 마친 사람이 발언을 한다. ③ (주어와 목적어에 모두 '谁' 를 써서) 두 사람이 피차 마찬가지임을 나타냄. ¶夫妻俩～也不听～的。=부부는 서로 상대의 말을 따르지 않는다.

【谁边】**shéibiān** 대문 어디. 어느 곳. ¶所向～? =향하는 곳이 어느 쪽인가?

【谁个】**shéigè** 대방 누구. 어느 사람. ¶这件事, 没有～不知道的。=이 일은 모르는 사람이 없다.

【谁跟谁】**shéigēnshéi** 대 (관계가 지극히 친밀함을 나타내는 말로) 누구와 누구. ¶我们～呀, 别提钱的事。=우리가 누구와 누구야, 돈 얘기는 꺼내지도 말게.

【谁家】**shéijiā** 대 **1** 누구 집. 어느 집. ¶～不团团圆圆过新年。=어느 집인들 가족들이 함께 모여 새해를 보내지 않겠는가. **2** 누구. 어떤 사람. [주로 조기 백화문에 보임] ¶～在撒村骂街? =누가 마을 길에서 욕을 하나?

【谁人】**shéirén** 대 누구. 어떤 사람. ¶天下～不识君? =천하에 어느 누가 당신을 모르겠소?

【谁谁】**shéishéi** 대 누구누구. 아무아무개. 모모. ¶他是个百事通, ～考了大学, ～结婚生子, 他都知道。=그는 소식통이라서, 누구누구가 대학에 합격했고, 누구누구가 결혼하여 애를 낳았는지, 모두 다 안다.

【谁知(道)】**shéi zhī(·dao)** 동 (…을) 누가 알겠는가? 아무도 (…일 줄은) 모른다. ¶明天开学术研讨会, ～他来不来? =내일 학술 세미나를 하는데, 그가 올지 안 올지 누가 알겠는가? / 他那么能干, ～那事会办砸呀! =그는 능력이 그렇게 뛰어난데, 그 일을 망칠 줄 누가 알았겠나!

## shen

**申 **shēn** 밝힐 신

동 **1** 펴다. 펼치다. **2** 설명하다. 진술하다. 피력하다. ¶再三～明=연거푸 설명하다. **3** (억울함을) 밝혀 내다. 씻어 내다. (사리를) 설명해 내다. ¶～冤叫屈=억울함을 호소하다. 명 **1** 신(申). [지지(地支) 가운데 아홉 번째] **2** (**Shēn**) 《地》 '上海(상하이)' 의 별칭. **3** (**Shēn**) 《歷》 주(周)나라 때의 국명. [지금의 허난(河南)성에 있었음] **4** (**Shēn**) 성(姓).

0● 引申

【申办】**shēnbàn** 동 신청하여 처리하다〔거행하다〕. 처리〔거행〕하기를 신청하다. 행사 유치를 신청하다. ¶2008年奥运会由北京～成功。=2008년 올림픽 대회는 북경이 유치를 신청하여 성공하였다.

【申报】**shēnbào** 동 (상급·관련 기관에) 서면으로 보고하다. ¶～收支情况=수입 지출 상황을 보고하다.

【申辩】**shēnbiàn** 동 (질책에 대해) 해명하다. 변명하다. ¶反复～=반복하여 해명하다.

【申斥】**shēnchì** 동 (주로 윗사람이 아랫사람을) 질책하다. 꾸짖다. 경고하여 타이르다. ¶严加～=엄하게 질책하다. 명 질책. 책망. 타이름.

【申饬】**shēnchì** 동 **1** ☞【申敕】**shēnchì** **2** (주로 윗사람이 아랫사람을) 질책하다. 꾸짖다. 경고하여 타이르다.

【申敕】[申饬] **shēnchì** 동문 훈계하다. 경고하다. 계고(戒告)하다. ¶～再三=재삼 훈계하다.

【申购】**shēngòu** 동 구입 신청을 하다. ¶～经济适用房=절약형 주택의 매입을 신청하다.

【申领】**shēnlǐng** 동 신청하여 받다. ¶～护照=여권을 신청하여 받다.

【申令】**shēnlìng** 동 명령을 내리다. 명령하다. ¶～全军=전군에게 명령을 내리다.

【申论】**shēnlùn** 동 자세하게 설명하다. 논술하다. ¶此文章对国有企业改制问题进行了～。=이 글은 국유 기업의 제도 개혁 문제에 대해 자세하게 설명하고 있다.

【申论考试】**shēnlùn kǎoshì** 명 (공무원 임용 시험 과목 중의 하나인) 논술 고사.

【申明】**shēnmíng** 동 (견지하는 입장·관점·태도에 대해) 자세히 밝히다〔설명하다〕. 똑똑하게 해명하다. ¶～有关规定=관련 규정을 자세히 설명하다. ≒声明

【申请】**shēnqǐng** 동 신청하다. ¶～贷款=대출을 신청하다. ≒声请

【申请书】**shēnqǐngshū** 명 신청서.

【申时】**shēnshí** 명 신시(申時). [과거의 시제(時制)로 오후 3시～5시]

【申述】**shēnshù** 동 (관점·이유·상황 등을) 자세히 설명하다. 진술하다. ¶～观点=관점을 자세히 설명하다.

【申说】**shēnshuō** 동 (이유 등을) 자세히 설명하다. 진술하다. ¶一再～=연거푸 설명하다.

【申诉】**shēnsù** 동 **1** 《法》 상소하다. 상고하다. **2** 제소(提訴)하다. 고소하다. **3** 하소연하다.

【申讨】**shēntǎo** 동 (공개적으로) 성토하다. ¶公开～=공개적으로 성토하다. ≒声讨

【申屠】**Shēntú** 명 복성(複姓).

【申谢】**shēnxiè** 동 사의(謝意)를 나타내다. 감사의 뜻을 나타내다.

○ 申 shēn
伸 shēn
神 shén
审 shěn
婶 shěn
绅 shēn
呻 shēn
砷 shēn
胂 shèn
渖 shěn
抻 chēn

【申雪】[伸雪] **shēnxuě** 통 누명이나 억울함을 씻다. ¶~冤枉=억울함을 깨끗이 씻다.

【申冤】 **shēn‖yuān** 통 **1** 억울함을 씻다〔풀다〕. =【伸冤】 **shēn‖yuān** ¶为民~=국민을 위하여 억울함을 씻게 하다. **2** 자신의 억울함을 호소하다. 하소연하다. ¶~告屈=억울함을 호소하다.

**屾 shēn** 같이 선 산 신
통문 두 산이 나란히 서 있다.

**伸 shēn** 펼 신
통 **1** (신체나 물체의 일부분을) 펴다. 펼치다. 내밀다. ¶延~=늘여 펴다. / 能~能屈=펼 수도 있고 오므릴 수도 있다. **2** (억울함을) 밝혀 내다. 씻어 내다. 호소하다. (사리를) 설명해 내다. ¶到处~冤=도처에 억울함을 호소하다. ↔屈 缩

○→ 欠qiàn伸, 延伸

【伸脖子】 **shēn bó·zi** **1** 목을 (길게) 빼다. **2** (비) 갖고 싶어하다. 얻기를 갈망하다.

【伸长】 **shēncháng** 통 길게 뻗다. 길게 늘이다. ¶他~了脖子看热闹。=그는 목을 길게 빼고 떠들썩한 볼거리를 구경했다.

【伸大拇指】 **shēn dà·muzhǐ 1** 엄지손가락을 치켜세우다. **2** (비) 칭찬하다. 찬양하다. ¶说起他的为人, 有谁不~?=그 사람 됨됨이를 말하자면, 누가 칭찬하지 않겠는가?

【伸懒腰】 **shēn lǎnyāo** (비) 기지개를 켜다.

【伸舌头】 **shēn shé·tou** **1** 혀를 내밀다. **2** 혀를 내두르다. [놀라거나 감탄하는 모습]

【伸舌噘嘴】 **shēnshé-zézuǐ** 혀를 내밀기도 하고 혀를 차기도 하다. 혀를 내두르다. [감탄하는 모습]

【伸手】 **shēn‖shǒu** 통 **1** 손을 내밀다. 손을 뻗다. **2** (비) (사물이나 명예 등을 얻기 위해) 손을 내밀다. ¶能自己解决的就不要向组织~。=스스로 해결할 수 있는 것은 조직에 손을 내밀지 마라. **3** (비) 간섭하다. 끼어들다. 개입하다. ¶不关你的事, 你不要~。=당신하고 상관 없는 일이니, 당신은 끼어들지 마세요.

【伸手不见五指】 **shēnshǒu bùjiàn wǔzhǐ** (송) **1** 손을 내밀어도 손가락이 보이지 않는다. **2** (비) 한 치 앞이 보이지 않을 정도로 어둡다. 캄캄해서 지척을 분간할 수 없다.

【伸手将军】 **shēnshǒu jiāng·jun** (비) 재물을 바라고 자주 남에게 손을 내미는 사람. 거지. 빈대.

【伸手派】 **shēnshǒupài** 명(비) (스스로 노력하지 않고) 국가나 단체에 도움을 달라고 손만 내미는 사람들.

【伸缩】 **shēnsuō** 통 **1** 늘었다 줄었다 하다. 신축하다. ¶~自如=자유자재로 늘었다 줄었다 한다. **2** 융통성이 있다. 신축성이 있다. (伸缩) 여지. 여유. ¶话不能说绝了, 要留~的余地。=말을 딱 잘라 말할 것은 안 되고, 여지를 남겨야 한다.

【伸缩缝】 **shēnsuōfèng** 명(건) 익스펜션 조인트(expansion joint). [건축물이 온도 변화로 인하여 비틀어지는 것을 방지하기 위해 남겨 둔 틈]

【伸头探脑】 **shēntóu-tànnǎo** (성) 목을 빼들고 기웃거리다.

【伸腿】 **shēn‖tuǐ** 통 **1** 발을 뻗다. **2** ㉠(~儿) (죽음을 익살스럽게 나타내어) 꼴까닥하다. 뻗다. **3** (나쁜 의미로) 끼어들다. 곱살끼다. 관여하다. 발을 들이다. 조그만 이익을 차지하다. ¶在好处面前, 他肯定要~。=이익이 눈앞에 놓이면 그는 반드시 끼어들 것이다.

【伸雪】 **shēnxuě** ☞【申雪】 **shēnxuě**

【伸延】 **shēnyán** 통 길게 뻗다. 늘어나다. 연장되다. ¶公路已从城市~到乡村。=도로는 이미 도시에서 시골까지 뻗어 나갔다.

【伸腰】 **shēn‖yāo** 통 **1** 허리를 쭉 펴다. 몸을 곧게 펴다. **2** (비) 신세를 고치다. 더 이상 멸시받지 않다.

【伸引】 **shēnyǐn** 통 길게 뻗다. 펼치다. 늘이다.

【伸冤】 **shēn‖yuān** ☞【申冤】 **shēn‖yuān**

【伸展】 **shēnzhǎn** 통 **1** (일정한 방향으로) 뻗다. 늘이다. ¶高速公路向南~。=고속 도로는 남쪽으로 뻗어 있다. **2** 펼치다. 펴다. ¶~四肢=사지(四肢)를 펴다.

【伸张】 **shēnzhāng** 통 (주로 추상적인 것을) 발양하다. 신장하다. 활짝 펴다. 확장하다. ¶~正义=정의를 신장하다.

【伸直】 **shēnzhí** 통 곧게 펴다. 똑바로 뻗다. ¶~双腿=두 다리를 곧게 펴다.

**身 shēn** 몸 신
명 **1** 몸. 신체. 몸뚱이. ¶转~就走=몸을 돌려 바로 가다. **2** 물체의 중요 부분. 몸통. 몸체. 본체. ¶车~=차체(車體). / 河~=강. **3** 생명. 목숨. ¶以~殉职=목숨을 바쳐 순직하다. **4** 자기. 자신. 본인. ¶亲~经历=직접 자신이 경험하다. **5** 품격과 수양. ¶修~养性=몸을 닦고 성정(性情)을 수양하다. **6** 지위. 신분. ¶~显名扬=지위를 높이고 명성을 떨치다. **7** 일평생. 종신. ¶终~事业=한평생의 사업. 영 (~儿) 벌. [옷을 세는 단위] ¶他今天穿了一~新衣服。=그는 오늘 새 옷을 한 벌 입었다.

○→ 安身, 本身, 藏cáng身, 厕cè身, 插chā身, 抄身, 称chèn身, 持身, 抽身, 出身, 存cún身, 单身, 动身, 独身, 发身, 翻身, 分身, 后身, 化身, 浑hún身, 紧身儿, 可身, 老身, 卖身, 平身, 栖qī身, 前身, 欠身, 切身, 亲身, 人身, 容身, 肉身, 闪shǎn身, 上身, 失身, 尸shī身, 赎shú身, 束身, 搜sōu身, 随身, 替身, 贴身, 挺tǐng身, 通身, 投身, 脱身, 委身, 文身, 下身, 献xiàn身, 陷xiàn身, 腰身, 一身, 葬zàng身, 正身, 只身, 置身, 终身, 周身, 转zhuǎn身, 自身, 纵zòng身

【身安】 **shēn'ān** 형 몸이 건강하다.

【身败名裂】 **shēnbài-mínglliè** (성) 지위를 잃고, 명예가 땅바닥에 떨어지다. 철저히 실패하다.

**【身板】** shēnbǎn(~儿) 몡囝 몸. 몸집. 체격. ¶老人~儿还挺硬朗。=노인의 몸은 아직 꽤나 건장하다.

**【身边】** shēnbiān 몡 **1** 신변. 곁. ¶老人~已没有子女了。=노인 곁에는 이미 자녀가 없다. **2** 몸. 신상. ¶我~没带多少钱。=나는 몸에 돈을 얼마 지니지 않았다.

**【身不动，膀不摇】** shēn bù dòng, bǎng bù yáo 囝 **1** 꿈쩍도 하지 않다. 손가락 하나 까닥 않다. **2** 확고하다. 굳건하다.

**【身不由己】** shēnbùyóujǐ 囝 **1** 몸이 자기 마음대로 되지 않다. **2** 자신도 어찌할 수 없다.

**【身材】** shēncái 몡 몸매. 체격. 몸집. ¶~魁梧=체격이 우람하다.

**【身长】** shēncháng 몡 **1** 키. 신장. **2** 윗옷의 기장〔길이〕.

**【身底下】** shēndǐ·xia 몡 몸 아래. ¶那本书在他~压着。=그 책은 그의 몸 아래에 깔려 있다.

**【身段】** shēnduàn 몡 **1**(劇) (경극 배우나 무용가의) 몸놀림. 몸동작. **2** (여성의) 몸매. 자태. ¶~苗条=몸매가 날씬하다.

**【身法】** shēnfǎ 몡 (무술·체조·춤 등의) 몸놀림.

**【身分】** shēn·fen ☞【身份】shēn·fen

**【身份】**〔身分〕 shēn·fen 몡 **1** 신분. 지위. ¶他以作家的~举办讲座。=그는 작가의 신분으로 강좌를 열었다. **2** 품위. 체면. ¶不能说有失~的话。=품위에 손상이 가는 말을 해서는 안 된다. **3**囝(~儿) (물건의) 품질. ¶这些家具~不错。=이 가구들은 품질이 좋다.

**【身份证】** shēnfènzhèng 몡 신분증.

**【身高】** shēngāo 몡 키. 신장.

**【身个儿】** shēn'gèr 몡囝 키. 신장. ¶他高高的~，非常帅气。=그는 큰 키에 아주 멋있다.

**【身故】** shēngù 囝 죽다. 사망하다. ¶他已~多月。=그는 이미 죽은 지 몇 달이 되었다.

**【身后】** shēnhòu 몡 **1** 몸의 뒤. ¶他~簇拥着很多人。=그의 뒤에 많은 사람들이 빼곡히 둘러싸고 있다. **2** 사후(死後). 죽은 후. ¶他~并无太多积蓄。=그가 죽은 후 모아 둔 재산이 별로 없었다.

**【身怀】** shēnhuái 囝 **1** 임신하다. ¶~六甲=임신하다. **2** 품다. 몸에 지니다. ¶~绝技=절세의 기예를 지니다.

**【身家】** shēnjiā 몡 **1**囝 출신. 가문. ¶~显贵=훌륭한 집안 출신이다. **2** 본인과 그 가족. 일가. 집안. ¶殃及~=재앙이 본인과 집안에 미치다. **3** 집안의 재산. ¶~万贯=집안의 재산이 어마어마하다.

**【身家性命】** shēnjiā-xìngmìng 囝 자신과 모든 가족의 목숨.

**【身价】** shēnjià 몡 **1** 몸값. 명성과 지위. 사회적 지위나 신분. ¶~百倍=사회적 지위가 일약 오르다. **2** (물품의) 가격. 가치. ¶野参~不菲。=산삼의 가격은 평범한 수준이 아니다. **3**囝 (인신 매매시의) 몸값.

**【身价百倍】** shēnjià-bǎibèi 囝 **1** 사람의 명망이나 지위가 크게 향상되다. 몸값이 크게 오르다. 일약 유명한 인물이 되다. **2**囝 물품의 가격이 크게 오르다.

**【身架】** shēnjià 몡 몸매.

**【身教】** shēnjiào 囝 몸소 행동으로 가르치다. ¶言传~=말로 전하고 몸소로 모범을 보이다. ↔言教

**【身经百战】** shēnjīng-bǎizhàn 囝 **1** 몸소 많은 전투를 겪다. **2**囝 많은 시련을 겪어서 경험이 풍부하다.

**【身居】** shēnjū 囝 (본인이) 어느 곳에 거처하다. 어느 지위에 있다. ¶~高位=고위 관직에 있다.

**【身历】** shēnlì 囝 몸소 겪다. 직접 체험하다. ¶~其险=몸소 그 위험을 겪다.

**【身量】** shēn·liang(~儿) 몡 **1** 키. 신장. ¶~儿不矮=키가 작지 않다. **2** 몸매. 몸집. 체격. ¶~儿瘦小=몸집이 야위고 작다.

**【身临其境】** shēnlín-qíjìng 囝 어떤 장소에 직접 가(서 체험하)다. 어떤 입장에 서다.

**【身貌】** shēnmào 몡 몸매와 용모. 몸매.

**【身旁】** shēnpáng 몡 신변. 몸 주위. 몸 가까이.

**【身强力壮】** shēnqiáng-lìzhuàng 囝 신체 건장하고 힘이 넘치다.

**【身轻言微】** shēnqīng-yánwēi 囝 지위가 낮으면 말에 무게가 실리지 않는다.

**【身躯】** shēnqū 몡 몸. 신체. 몸집. 몸매. 체격. ¶高大的~=커다란 몸집.

**【身上】** shēn·shang 몡 **1** 몸(에). 신상. ¶他~穿着一套新西装。=그는 새 양복 한 벌을 입고 있다. **2** 수중(에). 몸(에). ¶他~没带什么钱。=그는 수중에 돈이 얼마 없다.

**【身世】** shēnshì 몡 **1** (주로 불행한) 신세. 출신. ¶~凄苦=신세가 처량하고 고달프다. **2** (인생) 경력. 경험.

**【身手】** shēnshǒu 몡 솜씨. 재능. 재주. 수완. 기량. 기예. 몸놀림. ¶大显~=크게 솜씨를 뽐내다. ≒本领

**【身手不凡】** shēnshǒu-bùfán 囝 솜씨나 기예가 출중하다. 능력이 뛰어나다.

**【身首】** shēnshǒu 몡 몸통과 머리.

**【身首异处】** shēnshǒu-yìchù 囝 **1** 머리와 몸통이 각기 다른 곳에 놓이다. **2**囝 참수되다. 목이 잘리다.

**【身受】** shēnshòu 囝 체험하다. 직접 겪다. 직접 받다. ¶感同~=직접 은혜를 입은 것처럼 감사하게 생각하다. 자기 일처럼 고마워하다.

**【身态】** shēntài 몡 몸짓. 몸가짐. 몸매. 자태. ¶~优美=자태가 고상하고 아름답다.

**【身体】** shēntǐ 몡 **1** 몸. 신체. **2** 건강.

**【身体力行】** shēntǐ-lìxíng 囝 몸소 체험하고 힘써 실천하다. ≒事必躬亲 ↔坐而论道

**【身体素质】** shēntǐ sùzhì 몡 신체 소질.

**【身条儿】** shēntiáor 몡囝 몸매. 체격. 키. ¶瘦高的~=마르고 키가 큰 몸매.

**【身外之物】** shēnwàizhīwù 囝 몸 이외의 것. [주로 명예·지위·재산 등을 말하며, 별로 중요하지 않다는 의미를 담고 있음]

**【身亡】** shēnwáng 囝 사망하다. 죽다.

【身无长物】shēnwúchángwù ㊌ 1 몸에 별로 지닌 것이 없다. 2 ㊧ 매우 가난하다. 무척 검소하다.

【身无分文】shēnwúfēnwén ㊌ 1 수중에 돈이 한 푼도 없다. 2 ㊧ 매우 곤궁하다.

【身先士卒】shēnxiānshìzú ㊌ 1 (전쟁터에서) 장수가 병사들보다 앞장서다. 2 ㊧ 앞장서서 대중을 이끌다.

【身心】shēnxīn ㊂ 몸과 마음. 심신(心身). ¶~疲惫 = 심신이 몹시 지치다. / ~交病 = 몸과 마음이 병들다. 심신이 건강치 못하다.

【身形】shēnxíng ㊂ 외모. 외관. 몸매. 몸. (몸의) 형태. 윤곽.

【身影】shēnyǐng ㊂ (희미한) 사람의 그림자〔형체·형상·모습〕. ¶他的~渐渐消失于山林深处。 = 그의 그림자는 산림 깊은 곳으로 점점 사라져 갔다.

【身孕】shēnyùn ㊂㊕ 임신(하다). ¶她已有两个月的~。 = 그녀는 벌써 임신 2개월이다.

【身在曹营心在汉】shēn zài Cáoyíng xīn zài Hàn ㊌ 1 (관우(關羽)가) 몸은 조조 진영에 있어도 마음은 한나라에 있다. 2 ㊧ 어떤 직장〔업종〕에서 일하면서 마음은 다른 직장〔업종〕에 있다. 마음이 콩밭에 가 있다.

【身正不怕影儿歪】shēn zhèng bù pà yǐngr wāi ㊌ 1 몸이 바르면 그림자가 비뚤어질까 두려워하지 않는다. 2 ㊧ 자신의 행동만 올바르면 남의 말을 두려워하지 않는다.

【身姿】shēnzī ㊂ 몸매. 몸짓. 자태. ¶~俊美 = 자태가 빼어나고 아름답다.

【身子】shēn·zi ㊂ 1 몸. 신체. 건강. ¶他近来~不爽快。 = 그는 근래에 몸이 신통치 않다. 2 임신. ¶她已有了~。 = 그녀는 이미 임신했다. 3 ㊆ (은유적으로) 정조. ¶她被坏了~。 = 그녀는 정조를 잃었다.

【身子骨儿】shēn·zigǔr ㊂㊕ 체격. 몸. 기골. ¶老太太~还结实。 = 노부인은 몸이 여전히 건강하시다.

呻 shēn 읊조릴 신
㊕ 읊조리다.
【呻吟】shēnyín ㊕ 신음하다. ¶伤者不停地~着。 = 부상자는 끊임없이 신음하고 있다.

侁 shēn 많은 모양 신
【侁侁】shēnshēn ㊗ 많은 모양.

诜[詵] shēn 말 많을 선
【诜诜】shēnshēn ㊗ 많은 모양.

*参¹[參, 蔘·薓] shēn 인삼 삼
㊂ 1 (植) 인삼(人蔘)·만삼(蔓蔘) 등의 통칭. 2 (植) 인삼. 3 해삼.

*参²[參] shēn 별 이름 삼
㊂ (天) 삼수(参宿). [이십팔수(二十八宿)의 하나]
☞ cān, cēn

○㊀ 刺cì参, 丹dān参, 党参, 海参, 苦参, 人参, 沙参, 玄xuán参

【参茸】shēnróng ㊂ 인삼과 녹용.

【参商】shēnshāng ㊂㊕ (天) 삼(参)과 상(商)의 두 별. ㊕㊕ (삼과 상의 두 별이 동시에 나타나지 않는 것에서 유래하여) 친지가 서로 만나지 못하다. 서로 화목하지 못하다.

*绅[紳] shēn 큰 띠 신
㊂ 1 (과거 사대부가 허리를 묶던) 큰 띠. 2 (지방의) 유지(有志). 명사(名士). 세도가(勢道家). ¶乡~ = 향신.

○㊀ 豪háo绅, 耆qí绅, 士绅

【绅衿】shēnjīn ㊂㊗ (지방의) 유지. 유력 인사. 명사. 세도가.

【绅耆】shēnqí ㊂㊗ (지방의) 유지. 유력 인사. 명사. 세도가. (연배가 지긋한) 명망가.

【绅商】shēnshāng ㊂ 1 선비와 상인. 2 선비 출신의 상인.

【绅士】shēnshì ㊂ 1 ㊗ (지방의) 유지. 유력 인사. 명사. 세도가. 2 신사.

【绅士风度】shēnshì fēngdù ㊂ 신사다운 매너〔품격〕.

【绅士协定】shēnshì xiédìng ☞【君子协定】jūnzǐ xiédìng

珅 shēn 옥 이름 신
㊂㊕ 옥(玉)의 일종.

駪[駪] shēn 말 많을 신
【駪駪】shēnshēn ㊗㊕ 많은 모양. 떼지어 가는 모양.

莘¹ shēn 많을 신
【莘莘】shēnshēn ㊗㊕ 많은 모양. ¶~学子 = 수많은 학생들.

莘² Shēn 땅 이름 신
㊂ 1 (地) 신(莘)현. [산둥(山东)성에 있는 지명] 2 성(姓).
☞ xīn

砷 shēn 비소 신
㊂㊕ (化) 비소(As, arsenic). [원자 번호 33]
【砷化三氢】shēnhuàsānqīng ㊂ (化) 비화수소(砒化水素).

侁 shēn 많은 모양 신
【侁侁】shēnshēn ㊗ 많은 모양.

娠 shēn 아이 밸 신
㊂㊕ 임신하다. ¶妊~ = 임신하다.

**深[湥] shēn 깊을 심
㊂ 1 깊다. ¶~谷 = 깊은 계곡. / ~山 = 깊은

深 shēn

산. **2** 깊이 파고들다. 철저하다. 심각하다. ¶老谋~算=주도면밀하고 심원한 계획. **3** 심오하다. 어렵다. ¶高~莫测=깊이를 헤아릴 수 없다. **4** (정이) 두텁다. 돈독하다. (관계가) 밀접하다. 깊다. ¶情~意切=정(情)이 돈독하고 밀접하다. **5** (색깔이) 짙다. 진하다. ¶~蓝=짙푸르다. **6** (시간이) 오래 되다. 많이 지나다. ¶夜~人静=밤이 깊고 고요하다. 〖早〗매우. 아주. 깊이. 대단히. ¶~感痛心=매우 마음아프게 생각하다. / ~信不疑=깊이 믿어 의심치 않다. 〖명〗깊이. 심도. ¶河水有两米多~。=강물은 깊이가 2미터쯤 된다. ↔浅 淡

○➡ 高深, 加深, 艰jiān深, 进深, 精深, 景深, 幽yōu深, 渊yuān深, 纵zòng深

【深谙】shēn'ān 〖동〗잘 알다. 꿰뚫다. 속속들이 알다. 통달하다. 매우 익숙하다. ¶~茶道=다도에 대해 정통하다.

【深奥】shēn'ào 〖형〗(함의나 이치가) 심오하다. 깊다. ¶~的哲理=심오한 철리. ≒深邃 ↔浅显 粗浅

【深闭固拒】shēnbì-gùjù 〖성〗(새로운 사물이나 남의 의견을) 전혀 받아들이지 않다. 한사코 거부하다. 완강하게 거절하다.

【深不可测】shēnbù-kěcè 〖성〗**1** 깊이를 헤아릴 수 없다. **2** 이치가 심오하다. 마음을 헤아릴 수 없다.

【深藏若虚】shēncáng-ruòxū 〖성〗**1** 귀중한 물건을 감추고서 마치 없는 체하다. **2** 〖비〗지식과 재능을 뽐내지 않다.

【深层】shēncéng 〖명〗심층(深层). ¶土壤~富含水分。=토양의 심층에 수분을 풍부하게 함유하고 있다. 〖형〗깊은. 더욱 진일보한. ¶~内涵=깊은 내용. ↔表层

【深长】shēncháng 〖형〗**1** 깊고 길다. ¶~的古巷=깊고 긴 오래 된 골목. **2** (의미가) 심장하다. 깊은 여운이 남다. ¶意味~=의미심장하다.

【深沉】shēnchén 〖형〗**1** 내색하지 않다. 침착하고 신중하다. ¶~的目光=침착하고 삼가는 눈빛. **2** (목소리가) 낮고 묵직하다. 둔탁하다. ¶音调~=음조가 낮고 묵직하다. **3** (정도가) 깊다. 심하다. ¶夜色~=밤이 깊다. ↔活泼

【深成岩】shēnchéngyán 〖명〗〖광〗심성암.

【深仇】shēnchóu 〖명〗깊은 원한. 철천지원수.

【深仇大恨】shēnchóu-dàhèn 〖성〗아주 깊고 큰 원한. 철천지한. 골수에 사무치는 원한.

【深处】shēnchù 〖명〗깊숙한 곳. 심층. ¶森林~=삼림 깊숙한 곳. / 心灵~=마음 깊은 곳.

【深冬】shēndōng 〖명〗엄동. 한겨울.

【深度】shēndù 〖명〗**1** 깊이. 심도. ¶测量水井的~=우물의 깊이를 재다. / 向航天科技的~迈进=항공 우주 기술의 더 깊은 곳을 향해 매진하다. **2** (일이나 인식의) 정도. 깊이. ¶这篇论文有一定的~。=이 논문은 어느 정도 깊이가 있다. 〖형〗(정도가) 심한. ¶~近视=심한 근시.

【深翻】shēnfān 〖동〗〖농〗(논밭을) 깊이 갈다. 심경(深耕)하다.

【深根固本】shēngēn-gùběn 〖성〗**1** 뿌리가 깊어야 가지가 튼튼하다. **2** 〖비〗기초를 튼튼하게 다지는 것이 중요하다.

【深根固蒂】shēngēn-gùdì 〖성〗**1** 뿌리가 깊다. **2** 〖비〗고질적이다. 깊이 뿌리박혀 있다.

【深耕】shēngēng 〖명〗〖동〗〖농〗심경(하다).

【深耕细作】shēngēng-xìzuò 〖성〗**1** 깊이 갈고 세심하게 가꾸다. **2** 〖비〗세심하고 깊게 연구하다.

【深更半夜】shēngēng-bànyè 〖성〗깊은 밤. 심야. 한밤중.

【深宫】shēngōng 〖명〗궁전 안. 황궁(皇宫) 안.

【深沟高垒】shēngōu-gāolěi 〖성〗**1** 깊은 해자(垓子)와 높은 보루. **2** 견고한 방어 시설.

【深谷】shēngǔ 〖명〗심곡. 깊은 골짜기. 유곡.

【深广】shēnguǎng 〖형〗깊고 넓다. ¶识见~=식견이 깊고 넓다.

【深闺】shēnguī 〖명〗〖옛〗규방.

【深海】shēnhǎi 〖명〗〖해〗심해. 깊은 바다. [수심이 200m가 넘는 바다]

【深壑】shēnhè 〖명〗깊은 골짜기. 깊은 구덩이.

【深红】shēnhóng 〖명〗암홍색. 진홍색.

【深厚】shēnhòu 〖형〗**1** 두껍다. ¶岩层~=암층이 두껍다. **2** (감정이) 깊다. 두텁다. ¶情谊~=정이 깊다. **3** (기초가) 견실하다. 튼튼하다. 단단하다. ¶他具有~的传统文化基础。=그는 전통 문화에 대하여 견실한 소양을 갖추고 있다. **4** 충분하다. 풍부하다. ¶力量~=힘이 충분하다. ↔浅薄

【深呼吸】shēnhūxī 〖동〗심호흡하다.

【深化】shēnhuà 〖동〗**1** 심화되다. ¶认识~=인식이 심화되다. **2** 심화시키다. 더욱 깊은 단계로 발전시키다. ¶~改革=개혁을 심화시키다.

【深黄】shēnhuáng 〖명〗짙은 황색의.

【深灰】shēnhuī 〖명〗진회색의.

【深加工】shēnjiāgōng 〖동〗심층 가공하다. 한층 정교하게 가공하다. ¶大力促进~产品的出口工作=심층 가공한 생산품의 수출 업무를 대대적으로 촉진하다.

【深涧】shēnjiàn 〖명〗깊은 산골짜기.

【深交】shēnjiāo 〖동〗깊이 사귀다. 친하게 교제하다. ¶此人不可~。=이 사람은 깊이 사귀어서는 안 된다. 〖명〗두터운 교분. 깊은 우정. ¶两人并无~。=두 사람 사이에는 별 교분이 없다.

【深究】shēnjiū 〖동〗**1** 깊이 따지다. 철저히 파헤치다. ¶区区小事, 不必~。=사소한 작은 일을 진지하게 따질 필요가 없다. **2** 깊이 연구하고 고찰하다. ¶~文章的深邃意旨=글 속의 깊은 뜻을 연구하고 고찰하다.

【深居简出】shēnjū-jiǎnchū 〖성〗집에 틀어박혀 좀처럼 외출하지 않다. ↔走南闯北

【深刻】shēnkè 〖형〗**1** 핵심을 찌르다. 본질을 파악하다. 깊이가 있다. ¶论述~=논술이 깊이가 있다. **2** (인상이) 깊다. (느낌이) 매우 강렬하다. ¶~的教训=중대한 교훈. ↔肤浅 浅露

【深恐】shēnkǒng 〖동〗매우 걱정하다. ¶~考试落选=시험에서 떨어질까 봐 매우 걱정하다.

【深蓝】shēnlán 〖형〗짙은 남색의.

【深绿】shēnlǜ 形 짙은 녹색의.

【深妙】shēnmiào 形 심오하다. 심원하다. 오묘하다.

【深渺】shēnmiǎo 形书 심원하다. 심오하다. ¶教授的讲解颇为~。=교수님의 설명이 매우 심오하다.

【深明大义】shēnmíng-dàyì 成 대의명분을 잘 알다.

【深谋远虑】shēnmóu-yuǎnlǜ 成 주도면밀하게 계획하고 원대하게 생각하다.

【深浅】shēnqiǎn 名 1 깊이. 심도. ¶我们都不知道河中心水的~。=우리 모두 강 중심의 깊이를 모른다. 2〈喩〉(말이나 일의) 분수. 분별. 정도. ¶他说话总是没~。=그는 말을 할 때 항상 분별이 없다. 3〈喩〉(상황의) 허와 실. ¶去了解一下那件案子的~。=가서 그 사건의 허와 실을 알아보자. 4〈喩〉(사람의) 능력. 수준. ¶他在那方面的~, 一试便知。=그의 그 방면의 수준은 한번 테스트해 보면 바로 알 수 있다.

【深切】shēnqiè 形 1 깊고 확실하다. ¶~的感受=깊고 확실한 느낌. 2 (감정이) 깊다. 절절하다. 따뜻하고 친절하다. 심심한. 마음에서 우러나는. ¶~的关怀=깊은 관심[배려].

【深情】shēnqíng 名 깊은 정. 깊은 친분. 깊은 감개. ¶满怀无限的~=가슴 가득 무한히 깊은 정을 가지다. 形 정이 두텁다. ¶他~地注视着眼前的一切。=그는 다정하게 눈앞의 모든 것을 주시하고 있다.

【深情厚谊】shēnqíng-hòuyì 成 깊고 돈독한 정(情).

【深秋】shēnqiū 名 늦가을. 깊은 가을. 만추(晚秋). 계추(季秋).

【深入】shēnrù 形 깊다. 철저하다. 투철하다. ¶~地研究=깊게 연구하다. 动 깊이 들어가다. 깊이 파고들다. 깊이 침투하다. ¶~基层=사회 저변에 깊이 파고들다. / ~实际=실제를 깊이 파고들다.

【深入浅出】shēnrù-qiǎnchū 成 심오한 내용을 알기 쉽게 표현하다.

【深入人心】shēnrù-rénxīn 成 사상이나 이론이 사람들의 마음속으로 깊이 파고들다.

【深色】shēnsè 名 짙은 색.

【深涩】shēnsè 形 심오하여 이해하기 어렵다. ¶~的理论=심오하여 이해하기 어려운 이론.

【深山】shēnshān 名 깊은 산. 심산(深山). ¶~密林=깊은 산의 밀림.

【深山老林】shēnshān-lǎolín 成 깊은 산 속의 나무가 울창하고 인적이 드문 숲.

【深深】shēnshēn 形 1 매우 깊다. 깊숙하다. ¶他双腿陷入~的积雪中。=그의 두 다리는 깊게 쌓인 눈 속으로 빠져들었다. 2 (정도가) 깊다. ¶那些话~地伤害了她的心灵。=그 말들은 그녀의 마음에 깊게 상처를 주었다.

【深浅浅】shēn·shen qiǎnqiǎn (~的) 形 1 깊고 얕은 정도가 고르지 않다. ¶路上的积水~的, 一时半刻流不下去。=길에 고인 물의 깊이가 고르지 않아 단시간에는 흘러내려가지 않는

다. 2 다소간. 얼마간. 어느 정도이. ¶他~地了解一些医学知识。=그는 의학 지식을 어느 정도 이해한다.

【深识】shēnshí 名 심원한 식견. 깊은 지식. ¶~远虑=심원한 식견과 원려. 动 심도 있게 이해하다. 잘 알다. ¶~个中深味=그 속의 깊은 의미를 심도 있게 이해하다.

【深市】Shēnshì 名(經) (중국) 선전(深圳)의 주식 시장.

【深受】shēnshòu 动 (매우) 깊이 받다. 크게 입다. ¶~启发=매우 깊이 깨우침을 받다.

【深受其害】shēnshòu-qíhài 成 어떤 사람이나 일로부터 큰 해를 입다.

【深水】shēnshuǐ 名 깊은 물. ↔浅水

【深水炸弹】shēnshuǐ zhàdàn 名(軍) 폭뢰(爆雷).

【深思】shēnsī 动 깊이 생각하다. ¶启人~=사람으로 하여금 깊이 생각하게 하다. ≒熟思

【深思熟虑】shēnsī-shúlǜ 成 심사숙고하다. ≒冥思苦想 冥思苦索

【深邃】shēnsuì 形 1 심오하다. ¶~的意蕴=심오한 함의. 2 깊다. 심원하다. ¶~的峡谷=깊은 협곡. 누심오함.

【深谈】shēntán 动 깊게 이야기하다. 심각하게 이야기하다. ¶他们~了有关的合资开发项目。=그들은 관련된 합자 개발 항목을 깊이 있게 이야기했다.

【深通】shēntōng 动 정통하다. ¶~韩语=한국어에 정통하다.

【深透】shēntòu 形 깊고 철저하다. 깊이 파고들다. ¶理解~=철저하게 이해하다.

【深望】shēnwàng 动 간절히 바라다. ¶~您的光临。=당신의 왕림을 간절하게 바랍니다.

【深为】shēnwéi 副 매우. 대단히. 깊이. ¶~痛恨=매우 원망하다.

【深味】shēnwèi 名 깊은 의미[맛]. ¶难解其中~。=그 속의 깊은 맛을 이해하기 어렵다. 动 깊이 맛보다[느끼다]. 자세히 음미하다. ¶~个中辛苦=그 속의 어려움을 깊이 느끼다.

【深文周纳】shēnwén-zhōunà 成 법률의 조문을 왜곡하거나 엄하게 적용하여 죄를 뒤집어씌우다. 없는 죄를 들쑤시우다.

【深恶痛绝】shēnwù-tòngjué 成 극도로 미워하다.

【深陷】shēnxiàn 动 깊이 빠져들다. 깊이 빠지다. ¶~误区=안 좋은 데에 깊이 빠지다.

【深信】shēnxìn 动 깊게 믿다. 굳게 믿다. ¶~无疑=굳게 믿어 의심치 않다.

【深信不疑】shēnxìn-bùyí 成 믿어 의심치 않다. 철석같이 믿다. →将信将疑 疑神疑鬼

【深省】【深醒】shēnxǐng 动 크게 깨닫다. 깊이 반성하다. ¶发人~=사람으로 하여금 깊이 반성하게 하다.

【深醒】shēnxǐng ☞【深省】shēnxǐng

【深夜】shēnyè 名 심야. 깊은 밤. 한밤.

【深一脚,浅一脚】shēn yī jiǎo, qiǎn yī jiǎo 成 길이 울퉁불퉁하여 걷기 어렵다.

【深意】shēnyì 명 깊은 뜻. 깊은 의미. ¶这本小说富有~。=이 소설은 심오한 뜻을 풍부하게 담고 있다.

【深幽】shēnyōu 형 유심하다. 깊숙하고 고요하다[그윽하다].

【深渊】shēnyuān 명 1 깊은 물. 심연. ¶万丈~。=깊고 깊은 물. 2비 위험한 지경. 어려운 곤경. ¶如临~。=조심스럽고 신중하게 처리하다.

【深远】shēnyuǎn 형 (의의나 영향 등이) 심원하다. 깊고 크다. ¶具有~的社会历史意义=심원한 사회·역사적 의의를 지니고 있다.

【深栽】shēnzāi 동 깊게 심다.

【深造】shēnzào 동 더욱 깊이 연구하다. 학문을 더 닦다. ¶继续攻博~=계속 박사 과정을 밟으며 더욱 깊이 연구하다.

【深宅大院】shēnzhái-dàyuàn 성 깊숙이 자리잡고 있는 큰 저택.

【深湛】shēnzhàn 형 심오하다. 깊다. ¶学问~=학문이 심오하다.

【深证指数】Shēnzhèng zhǐshù 명 (經) (증권시장의) 선전(深圳) 지수. ⇨【深指】Shēnzhǐ

【深知】shēnzhī 동 매우 잘 이해하다. 깊이 알다. ¶~其妙=그 오묘함을 잘 이해하다.

【深指】Shēnzhǐ ☞【深证指数】Shēngzhèng zhǐshù

【深挚】shēnzhì 형 돈독하고 진실하다. 깊고 진지하다. ¶~的情感=돈독하고 진실한 감정.

【深重】shēnzhòng 형 (재난·위기·죄질·고민 등이) 아주 심하다. 대단하다. 혹심하다. ¶灾难~=재난이 심각하다.

**琛** shēn 무성할 침
【琛琛】shēnshēn 형 문 무성하다.

**糁[糝, 糂]** shēn 가루 삼
명 (~儿) 곡식가루. ¶高粱~儿=수수가루.
☞ sǎn

**鯵[鯵]** shēn 전갱이 삼
명 (動) 전갱이과의 어류.

**燊** shēn 성할 신
형 1 불기운이 왕성하다. 2 흥성하다.

**什** shén 무엇 심
아래를 참조.
☞ shí

○● 为什么

【什么】shén·me 대 1 의문을 나타냄. ① (명사 앞에 쓰여) 무슨. 어떤. 어느. ¶去~地方?=어느 곳에 갑니까? / 他是~人?=그는 어떤 사람입니까? ② (단독으로 쓰여) 무엇. ¶那是~?=그것은 무엇입니까? 2 (불특정 사물을 가리켜서) 무슨. 무엇. 아무 것. 어떤 것. ¶她~也不想做。=그녀는 무엇도 하고 싶지 않다. 3 (놀람이나 불만의 뜻을 나타내어) 뭐라고. 뭐라고요. ¶~, 你们夫妻吵架了!=뭐라고, 너희 부부가 다투었다고? 4 (힐난의 뜻을 나타내어) 무슨. 무얼. 왜. ¶装~成熟？=성숙은 무슨 성숙인 체하고 그래? 5 (상대의 견해에 동의하지 않음을 나타내어) 무슨. 뭐(라고). ¶~走三十分钟, 一个小时到不了。=무슨 30분이야, 한 시간이 걸려도 도착하지 못해. 6 (열거하는 말 앞에 놓여 일일이 다 나열할 수 없음을 나타내어) …며. …랑. …요. ¶~衣服呀, 水果呀, 她上街什么都买。=옷이며, 과일이며, 그녀는 거리로 나가 무엇이든 다 산다. 7 (허락하지 않음을 나타내어) 무슨. ¶打~游戏, 还不快去做作业。=게임은 무슨 게임이야, 빨리 가서 숙제나 하지 않고. 8 (그렇게 여기지 않는다는 뜻으로) 뭐. ¶那事没~难办。=그 일은 뭐 처리하기 어려울 게 없다. 9 (주로 '也(yě)' 혹은 '都(dōu)' 앞에 놓여, 말하는 범위 내에서는 예외가 없음을 나타내어) 무엇이든. 어떤 것이든. ¶只要努力刻苦, 没有~学不会的。=열심히 노력하기만 하면, 무엇이든 못 배울 것이 없다. 10 (두 개의 '什么'가 앞뒤에서 호응하여) 전자가 후자의 내용을 결정함을 나타냄. ¶你想知道~就问~。=네가 알고 싶은 것은 무엇이든 물어라.

【什么·de】shén·me·de 대 (나열하는 말 마지막에 쓰여) …등. …같은 것. 기타 등등. ¶他就爱写写画画~。=그는 쓰고 그리는 것 등등을 좋아한다.

【什么样】shén·meyàng (~儿) 대 어떠한. 어떤 모양. ¶她长得~?=그녀는 어떻게 생겼어?

**神** shén 귀신 신
명 1 신. 귀신. 신령. ¶鬼~=귀신. / 财~=재물신. / 太阳~=태양신. 2 정신. 정력. 신경. 마음. 주의력. ¶伤~=정신을 해치다. / 聚精会~=정신을 한 곳에 집중시키다. 3 (~儿) 기색. 표정. 안색. ¶眼~=눈빛. / ~色慌张=당황하는 표정을 하다. 4 (Shén) 성(姓). 형 1 오묘하다. 신비롭다. 신기하다. 기이하다. 신묘하다. ¶鬼斧~工=기예가 정교하고 빼어나다. / 他的书法是越写越~了。=그의 서예 솜씨는 갈수록 오묘해진다. 2 비 똑똑하다. 총명하다. 영리하다. ¶三岁的孩子能认五百个汉字, 太~了！=세 살 먹은 아이가 한자(漢字)를 500자나 알다니, 정말 똑똑하다.

○● 安神, 财神, 操神, 出神, 传chuán神, 定神, 分神, 鬼guǐ神, 慌神, 精神, 愣lèng神儿, 门神, 女神, 人神, 伤神, 淘táo神, 提神, 天神, 跳神, 瘟wēn神, 巫wū神, 下神, 心神, 凶xiōng神, 灶Zào神

【神奥】shén'ào 형 신비하다. 오묘하다. ¶传说中的超人大都非常~。=전설 속의 초인적인 인물들은 대부분 매우 신비스럽다.

【神笔】shénbǐ 명 절묘한 필법[필치].

【神不守舍】shénbùshǒushè 성 안절부절못하다. 정신이 나가다. 늑六神无主

【神不知, 鬼不觉】shén bù zhī, guǐ bù jué

[속] 귀신도 모르게. 쥐도 새도 모르게. 감쪽같이. 아무도 모르게.

【神采】[神彩] **shéncǎi** [명] 기색. 안색. 풍채. ¶～焕发＝기색이 활짝 피다.

【神采奕奕】 **shéncǎi-yìyì** [성] 원기왕성하다. 생기가 넘치다. 풍채가 늠름하다. ↔没精打采

【神彩】 **shéncǎi** ☞【神采】 **shéncǎi**

【神差鬼使】 **shénchāi-guǐshǐ** ☞【鬼使神差】 **guǐshǐ-shénchāi**

【神驰】 **shénchí** [동] 마음이 치닫다〔끌리다·쏠리다〕. 생각이 간절하다. 그리워하다. ¶～故土＝마음이 고향을 향해 치닫다.

【神出鬼没】 **shénchū-guǐmò** [성] 신출귀몰하다. 동에 번쩍 서에 번쩍하다.

【神吹海聊】 **shénchuī-hǎiliáo** [낮] 수다떨다. 주절주절하다. 이것저것 잡담하다.

【神道】 **shéndào** [명] **1** [문] 천도(天道). 신비롭고 기이한 도리. **2** 귀신의 조화. **3** 천지만물의 창조자와 통치자. 신선. 신. 귀신. **4** 묘소로 가는 길.

【神道碑】 **shéndàobēi** [명] 신도비(神道碑). (신도비의) 비문. ¶～已模糊不清。＝묘비의 비문이 이미 흐릿해져 잘 알아볼 수가 없다.

【神殿】 **shéndiàn** [명] 신전.

【神方】 **shénfāng** [명] 신통한 처방.

【神佛】 **shénfó** [명] **1** 신선과 부처. 신불. 영험한 부처. **2** 신상(神像).

【神福】 **shénfú** [명] (제사용) 신의 화상이 그려진 종이.

【神父】 **shén·fu** ☞【神甫】 **shén·fu**

【神甫】[神父] **shén·fu** [명][외]《宗》 신부(神父). ＝【司铎】 **sīduó**

【神工鬼斧】 **shéngōng-guǐfǔ** ☞【鬼斧神工】 **guǐfǔ-shéngōng**

【神功】 **shéngōng** [명] **1** 초인적인 무예·솜씨. **2** [비] 뛰어난 공로.

【神怪】 **shénguài** [명] 신선과 요괴. ¶～故事＝신선과 요괴 이야기.

【神鬼】 **shénguǐ** [명] 신선과 귀신. 귀신. ¶～难判＝귀신이라 해도 판단하기 어렵다.

【神汉】 **shénhàn** [명] 박수. 남자 무당.

【神乎乎】 **shénhū·hu**(～的) [형] 제정신이 아니다. 넋이 나가다. 흐리멍덩하다. ¶她这两天有点～。＝그녀는 요 며칠 조금〔약간〕 제정신이 아닌 것 같다.

【神乎其神】 **shénhūqíshén** [성] 불가사의하다. 매우 신기하다.

【神虎虎】 **shénhǔhǔ**(～的) [형] 활기차다. 생기가 넘치다. 씩씩하다. ¶小伙子～地站在众人面前。＝젊은이는 활기찬 모습으로 여러 사람 앞에 섰다.

【神化】 **shénhuà** [동] 신격화(神格化)하다. 신성시(神聖視)하다.

【神话】 **shénhuà** [명] **1** 신화. ¶～小说＝신화 소설. **2** 황당무계한 말.

【神魂】 **shénhún** [명] 정신. 기분. 마음. [주로 비정상적인 경우에 쓰임] ¶～错乱＝정신이 어수선하다.

【神魂颠倒】 **shénhún-diāndǎo** [성] (어떤 자극이나 유혹에) 푹 빠지다. 정신이 팔리다. 정신이 흐리멍덩하다. 정신이 몽롱하다. 제정신이 아니다. 얼떨떨해지다.

【神机妙算】 **shénjī-miàosuàn** [성] 신묘한 지략과 교묘한 계책.

【神交】 **shénjiāo** [동] 직접 만나지는 않았지만 마음이 상통하고 서로 흠모하다. ¶～已久＝만난 적은 없지만 서로 흠모한 지 이미 오래 되었다. [명] 마음이 맞고 서로 잘 아는 친구. 지기(知己). ¶两人笔来信往，已是～。＝두 사람은 서신 왕래를 통해 이미 지기가 되었다.

【神经】 **shénjīng** [명] **1**《生》 신경. **2** 정신 이상. ¶发～＝정신 이상을 일으키다.

【神经病】 **shénjīngbìng** [명] **1**《醫》 신경병. **2** (욕하는 말로) 미친놈. 또라이. **3** ☞【精神病】 **jīngshénbìng**

【神经错乱】 **shénjīng cuòluàn** [동] **1**《醫》 정신병에 걸리다. **2** 정신이 혼란스러워 허튼소리를 하다. [명]《醫》 정신 착란.

【神经官能症】 **shénjīng guānnéngzhèng** [명]《醫》 신경증.

【神经过敏】 **shénjīng guòmǐn** [명]《醫》 신경과민. [동] 지나치게 민감하다. 근거 없이 의심이 많다. 하찮은 일에 크게 놀라다.

【神经末梢】 **shénjīng mòshāo** [명]《醫》 말초신경. 신경 종말.

【神经衰弱】 **shénjīng shuāiruò** [명]《醫》 신경쇠약.

【神经系统】 **shénjīng xìtǒng** [명]《生》 신경 계통. 신경계.

【神经性皮炎】 **shénjīngxìng píyán** [명]《醫》 신경성 피부염.

【神经质】 **shénjīngzhì** [명][형] 신경질(적인).

【神龛】 **shénkān** [명] 감실(龕室). [신상이나 위패를 모셔 두는 장]

【神侃】 **shénkǎn** [동][방] 수다떨다. 주절주절하다. 이것저것 잡담하다. 한담하다.

【神来之笔】 **shénláizhībǐ** [성] 절묘한 글재주. 신들린 듯한 필치.

【神力】 **shénlì** [명] **1** 신력. 신의 위력. **2** [비] 초인적인 힘. 신기한 힘. ¶他真有一把～。＝그는 정말 초인적인 힘을 지녔다.

【神聊】 **shénliáo** [동] 수다떨다. 이것저것 잡담하다. 한담하다. ¶两人一见面就天南海北地～。＝두 사람은 만나자마자 이런저런 잡담을 늘어놓았다.

【神灵】 **shénlíng** [명] 신령.

【神龙见首不见尾】 **shénlóng jiàn shǒu bù jiàn wěi** [낮][비] 행적이나 행동이 매우 신비스럽다. 번개처럼 나타났다 구름처럼 사라지다.

【神秘】 **shénmì** [형] 신비하다. ¶～人物＝신비한 인물.

【神秘感】 **shénmìgǎn** [명] 신비감.

【神秘化】 **shénmìhuà** [동] (의도적으로) 신비스럽게 하다. 신비화하다.

【神秘主义】 **shénmìzhǔyì** [명] **1** 신비주의. [일

종의 종교적인 세계관] **2** 신비주의. [서양 현대 문학 유파의 하나]

【神妙】**shénmiào** 웹 신묘하다. 교묘하다. 불가사의하다. ¶~无比=교묘하기가 비길 데 없다.

【神庙】**shénmiào** 몡 신묘.

【神明】**shénmíng** 몡 **1** 천지신명. 신령. ¶奉若~=신령을 받들 듯이 하다. **2** 정신(상태). ¶~饱满=정신이 충만하다.

【神鸟】**shénniǎo** 몡(웹) (전설 속의) 신조. 신령한 새.

【神衣(氏)】**Shénnóng(shì)** 몡 (중국 고대 전설 속에서 농업과 의약을 발명했다고 전해지는) 신농씨.

【神女】**shénnǚ** 몡 **1** 여신. **2** (옛) 기녀. 창녀.

【神炮手】**shénpàoshǒu** 몡 명포수(名砲手).

【神品】**shénpǐn** 몡 (주로 서화 등을 가리켜) 신품. 절묘한 작품. 입신의 경지에 든 작품. 걸작.

【神婆(子)】**shénpó(·zi)** 몡 무녀. (여자) 무당.

【神奇】**shénqí** 웹 신기하다. 기묘하다. 신비롭고 기이하다. ¶~的景色=기묘한 경치.

【神祇】**shénqí** 몡(웹) **1** 천신(天神)과 지신(地神). **2** 신(神).

【神气】**shén·qì** 표정. 안색. 기색. ¶他一脸不屑的~=그는 얼굴 가득 응대할 가치도 없다는 듯한 표정이다. 튕 으스대다. 뽐내다. 우쭐대다. ¶我简直受不了他那个~活现的样子。=나는 정말이지 그의 그 잘난 체하는 꼴을 견딜 수가 없다. 웹 활기차다. 생기가 넘치다. 의기양양하다. ¶新西装一穿，小伙子显得更~了。=일단 새 양복을 입으니 젊은이는 더욱이 활기가 넘쳐 보였다. ≒神色 神情

【神气活现】**shén·qì-huóxiàn** 솅 잘난 체하며 뽐내는 모습.

【神气十足】**shén·qì-shízú** 솅 득의양양하고 자신만만해하다. 더없이 씩씩해 보이다.

【神器】**shénqì** 몡(웹) **1** (옥쇄·세발솥 따위의) 국가 권력을 상징하는 물건. **2** 제위. 정권.

【神钱】**shénqián** 몡 신불(神佛)에게 빌 때 태우는 종이돈.

【神枪手】**shénqiāngshǒu** 몡 명사수.

【神清气爽】**shénqīng-qìshuǎng** 솅 정신이 맑고 기분이 상쾌하다.

【神情】**shénqíng** 몡 표정. 안색. 기색. ¶~愉快=표정이 유쾌하다. /~恍惚=표정이 어리둥절하다. ≒神色 神气

【神权】**shénquán** 몡 **1** 신권. [고대 집권자가 신에게서 부여받은 통치 권력] **2** 귀신의 (인간의 운명을 지배하는) 권력. **3** (宗) 신권. [종교의 성직자가 신에게서 부여받은 권력]

【神人】**shénrén** 몡 **1** 신선. **2** (도가에서) 득도한 도사. **3** 신과 인간. ¶~共愤=신(神)과 사람이 공노하다. **4** 비범한 사람. ¶其才貌超群，俨若~。=그는 재주와 외모가 출중한 것이 범상한 사람이 아닌 것 같다. ≒神仙 ↔凡人

【神色】**shénsè** 몡 표정. 안색. 기색. 얼굴빛. ¶~惊慌=놀라고 당황스러운 표정을 하다. ≒神气 神情

【神伤】**shénshāng** 웹(튕) 상심하다. 위축되다. 풀이 죽다. 낙심하다. ¶暗自~=몰래 홀로 상심하다.

【神社】**shénshè** 몡 **1** 신전. [고대에 지신제(地神祭)를 거행하던 곳] **2** 사당. **3** (일본의) 신사.

【神神叨叨】**shén·shen dāodāo** ☞【神神道道】**shén·shen dāodāo**

【神神道道】[神神叨叨] **shén·shen dāodāo** (~的) 웹 비정상이다. 제정신이 아니다. 넋이 나가다. ¶他最近~的，仿佛有什么事似的。=그는 최근에 ~的，제정신이 아닌 것으로 보아 무슨 일이 있는 것 같다.

【神神气气】**shén·shen qìqì** (~的) 웹 **1** 제정신이 아니다. 비정상이다. 넋이 나가다. **2** 활기차다. 생기가 넘치다. 씩씩하다.

【神圣】**shénshèng** 웹 신성하다. 성스럽다. ¶领土~不可侵犯。=영토는 신성불가침한 것이다. /~的权利=신성한 권리.

【神圣同盟】**shénshèng tóngméng** 몡 **1**(歷) 신성 동맹. **2** 반동 세력 간의 동맹이나 합작.

【神使鬼差】**shénshǐ guǐchāi** ☞【鬼使神差】**guǐshǐ shénchāi**

【神手】**shénshǒu** 몡 **1** 신통한 손. 재주가 많은 손. **2** (기예 등이) 신의 경지에 이른 사람. 신기에 도달한 사람.

【神术】**shénshù** 몡 신기한 술법. 귀신 같은 재주〔기능·기술·의술〕.

【神思】**shénsī** 몡 정신. 마음. ¶~飞扬=생각의 나래를 펼치다.

【神似】**shénsì** 웹 정신적으로 흡사하다. 느낌이 비슷하다. 본질적으로 비슷하다. ¶描긁状物不仅形似更要~。=경물 묘사는 겉모습뿐만 아니라, 느낌까지도 비슷해야 한다. 튕 매우 흡사하다〔닮다·비슷하다〕. 꼭 같다. ¶他的言行举止~我的一个朋友。=그의 언행은 나의 한 친구와 매우 닮았다. ↔形似

【神速】**shénsù** 웹 매우 빠르다. 신속하다. 재빠르다. ¶兵贵~=군사(軍事)는 신속함이 가장 중요하다.

【神算】**shénsuàn** 튕 아주 정확하게 예측하다. 몡 신묘한 예측. 영묘한 계략. ¶~妙招=신묘한 계략과 술수.

【神态】**shéntài** 몡 표정과 태도. 기색과 자태. 표정. 기색. 태도. 몸가짐. 거동. ¶~各异=표정과 태도가 제각각이다.

【神探】**shéntàn** 몡 명탐정.

【神通】**shéntōng** 몡 **1**(佛) 신통력. **2** 신통한 능력. 특출한 재간. 묘한 솜씨. ¶~广大=신통력이 무궁무진하다. 재간이 굉장하다. 능력이 뛰어나다.

【神童】**shéntóng** 몡 신동.

【神往】**shénwǎng** 튕 마음이 쏠리다〔끌리다〕. 동경하다. 사모하다. ¶心驰~=마음이 쏠리다.

【神威】**shénwēi** 몡 신비한 위력. ¶一展~=신비한 위력을 한번 펼쳐 보이다.

【神位】**shénwèi** 몡 신주(神主). 위패(位牌).

【神武】**shénwǔ** 웹(튕) (주로 왕후장상을 칭송할

때 쓰여) 영명하고 위풍당당하다. ¶~雄才＝영 명하고 위엄이 있으며 뛰어난 재주를 지니다. 뜻 대단히 뛰어난 무용(武勇).

【神物】**shénwù** 명 1 신물. 신비한 물건. 2 신선.

【神悟】**shénwù** 명문 빠른 이해력. 동문 재빠르게 이해하다.

【神仙】**shén·xiān** 명 1 신선. 선인(仙人). 2 비 유유자적하며 어느 것에도 얽매이지 않는 사람. 3 예견이나 통찰력이 뛰어난 사람. ≒神人 ↔凡人

【神像】**shénxiàng** 명 1 신상(神像). 2 옛 유상 (遺像). 죽은 사람의 사진.

【神效】**shénxiào** 명 신비스런 효과. 신통한 효험. 특효.

【神学】**shénxué** 명 1 신학. 2 각종 종교 학설.

【神摇意夺】**shényáo-yìduó** 성 (마음이 어떤 사물에 이끌려) 헤아리지 못하다.

【神医】**shényī** 명 신의(神醫). 명의.

【神异】**shényì** 형 신기하다. 괴이하다. 신비하다. ¶~的森林景色＝신비로운 숲 속의 경치. 명 신선과 요괴. ¶~传说＝신선과 요괴에 관한 전설.

【神勇】**shényǒng** 형 매우 용맹스럽다. 용감무쌍하다. ¶~异常＝용맹하기 그지없다. 명 초인적인 용기.

【神游】**shényóu** 명동 상상 속에서 돌아다니다. ¶~异域＝마음은 이역을 떠돈다.

【神宇】**shényǔ** 명문 1 기색과 풍채. ¶~轩昂＝기색과 풍채가 헌걸차고 당당하다. 2 (**Shényǔ**) 중국.

【神韵】**shényùn** 명 (주로 예술 작품의) 신운. 운치. 기품. ¶影片颇富浪漫主义的~。＝영화에는 낭만주의적 운치가 물씬 배어 있다.

【神憎鬼厌】**shénzēng-guǐyàn** 성 1 귀신조차 싫어하다. 2 비 사람을 치 떨리게 만들다.

【神职】**shénzhí** 명 성직.

【神职人员】**shénzhí rényuán** 명 성직자.

【神志】**shénzhì** 명 지각과 의식. 정신. 의식. ¶~模糊＝정신이 흐릿하다.

【神智】**shénzhì** 명 1 정신과 지혜. 2 명문 탁월한 지혜.

【神州】**shénzhōu** 명 중국. [전국 시대 사람 추연(騶衍)이 중국을 '적현신주(赤县神州)'라고 한 것에서 유래된]

【神主】**shénzhǔ** 명 1 (고대에, 죽은 군주·제후를 위한) 신주(神主). 위패(位牌). 2 (공양·제사를 위한) 신주(神主). 위패(位牌). ＝【木主】 **mùzhǔ**

【神姿】**shénzī** 명형 출중한 풍채·외모·자태. ¶~不凡＝풍채가 범상하지 않다.

## 沈¹[瀋] **shěn** 즙 심

명 1 문 즙(汁). ¶墨~未干＝먹이 아직 마르지도 않았다. 2 (**Shěn**) 역 심. [주나라 때 지금의 허난(河南)성에 있었던 나라 이름] 3 (**Shěn**) 명 (地) 선양(沈阳).

## 沈² **Shěn** 성씨 심

명 성(姓).
☞ **chén**

【沈阳】**Shěnyáng** 명 (地) 선양. [랴오닝(辽宁)성의 성도]

## 审[審] **shěn** 살필 심

동 1 심사하다. 조사하다. 분석하다. ¶严~稿件＝원고를 엄격하게 심사하다. 2 심문하다. 심의하다. 심리하다. ¶公~＝공개 심문하다. 3 문 알다. ¶事已~悉。＝일을 이미 잘 알았습니다. 형 상세하다. 자세하다. 주도면밀하다. ¶精~＝정밀하고 빈틈없다. 부문 정말로. 참으로. 과연. 꼭. ¶~如其言＝과연 그 말과 같다. 명 (**Shěn**) 성(姓).

○● 编审, 承**chéng**审, 复审, 候审, 会审, 精审, 陪**péi**审, 提审, 原审, 再审

【审案】**shěn'àn** 동 (法) 안건을 심리[심의]하다.

【审办】**shěnbàn** 동 (안건 등을) 심사(심판)하여 처리하다.

【审查】[审察] **shěnchá** 동 (제안·계획·저작·경력 등을) 심사하다. 검열하다. 심의하다. ¶~属实＝심사 결과 사실에 부합하다.

【审察】**shěnchá** 동 1 자세히 살펴보다. 심찰하다. ¶~股市行情＝증권 시장의 시세를 자세히 살피다. 2 ☞【审查】**shěnchá**

【审处】**shěnchǔ** 동 1 심사하여 처리하다. ¶~建议＝건의를 심사하여 처리하다. 2 (法) 심판하여 처리하다. ¶~案件＝사건을 심판하여 처리하다.

【审订】**shěndìng** 동 심의하여 수정하다. ¶~文稿＝원고를 심의하여 수정하다. ≒核定

【审定】**shěndìng** 동 심의하여 결정하다. ¶~提案＝제안을 심의하여 결정하다.

【审读】**shěndú** 동 심사하며 읽다. 심사하기 위해 읽다. ¶~诗稿＝시 원고를 심사하며 읽어 보다. ≒审阅

【审度】**shěnduó** 동 자세히 살펴보고 헤아리다. 꼼꼼히 따져 보다. ¶~时势＝시대의 추세를 자세히 살펴보고 헤아리다.

【审改】**shěngǎi** 동 심사하여 수정하다. ¶~书稿＝책의 원고를 심사하여 수정하다.

【审干】**shěngàn** 동 간부(幹部)를 심사하다.

【审稿】**shěn**∥**gǎo** 동 원고를 심사하다.

【审核】**shěnhé** 동 (주로 숫자 자료나 문서 자료를) 심사하여 결정하다. 사정(查定)하다. ¶~经费＝경비를 심사하여 결정하다.

【审计】**shěnjì** 동 회계 감사를 하다.

【审计师】**shěnjìshī** 명 1 회계 감사원. 회계 검사관. 2 감사(監事).

【审校】**shěnjiào** 동 (초고나 책 등을) 심사하고 교정하다.

【审结】**shěnjié** 동 (法) 심리(審理)를 끝내고 판결하다. ¶此案已经~。＝이 사건은 이미 심리를 끝내고 판결을 내렸다.

【审看】 shěnkàn 동 1 자세히 살펴보다. ¶~相关资料=관련 자료를 자세히 살피다. 2 (영화 등을) 심사하며 보다. 보고 심의하다. ¶~样片=영화 샘플을 보고 심의하다.
【审理】 shěnlǐ 동 (法) 심리하다. 심사하여 처리하다. ¶开庭~=개정하여 심리하다.
【审美】 shěnměi 동 아름다움을 감상(감별)하고 평가하다. 명형 심미(적). ¶~观=심미관.
【审判】 shěnpàn 동 (法) (안건을) 심판하다. 재판하다. 심리하다. ¶~结束=심판하여 매듭짓다. 심판하여 끝내다.
【审判官】 shěnpànguān 명 (法) 판사.
【审判员】 shěnpànyuán 명 1 (法) 판사. 2 (운동 경기의) 심판.
【审判长】 shěnpànzhǎng 명 (法) 재판장.
【审批】 shěnpī 동 (하급 기관의 보고서·청원서 등을) 심사하여 비준하다. ¶~文件=서류를 심사하여 비준하다.
【审评】 shěnpíng 동 심사하다. 심사하고 평가하다. ¶大家对~结果很有意见=모두 심사 결과에 대해 불만이 많다.
【审慎】 shěnshèn 형 면밀하고 신중하다. ¶~地观察=면밀하고 신중하게 관찰하다. ≒谨慎
【审实】 shěnshí 동 심사한 결과가 사실과 맞다. ¶有关数字已经~。=심사한 결과 관련 숫자가 사실과 맞다.
【审时度势】 shěnshí-duóshì 성 시국을 자세히 연구하고, 발전 추세를 정확히 추측하다. 시세를 잘 살피다. 상황 파악을 잘 하다.
【审时观变】 shěnshí-guānbiàn 성 시국을 자세히 연구하고, 변동을 잘 관찰하다. 시세의 변동을 잘 관찰하다.
【审视】 shěnshì 동 자세히 살펴보다. ¶客观~=객관적으로 자세히 살펴보다.
【审题】 shěn∥tí 동 (글짓기나 답안 작성 전에) 제목을〔문제를〕 자세히 살펴보다. 표제를 잘 파악하다.
【审听】 shěntīng 동 심사하며 듣다. 심사하기 위해 듣다. ¶~录音=녹음을 들으며 심사하다.
【审问】 shěnwèn 동 (法) 심문하다. 취조하다.
【审讯】 shěnxùn 동 (法) 심문하다. 취조하다. ≒讯问
【审验】 shěnyàn 동 심의하고 검사하다. ¶~营业执照=영업 허가증을 심의하고 검사하다.
【审议】 shěnyì 동 심의하다. 심사하다. ¶~计划草案=계획안의 초안을 심의하다.
【审阅】 shěnyuè 동 심사하며 읽다. 심사하기 위해 읽다. ¶~图书清样=서적의 교료지를 심사하며 읽다. ≒审读

## 哂 shěn 웃을 신

동문 1 미소짓다. ¶微~=미소짓다. 2 비웃다. 조소하다. ¶为行家所~=전문가에게 비웃음을 당하다.
【哂纳】 shěnnà 동문 (인사말로) 웃고 받아 주십시오. ¶务请~=꼭 받아 주세요. ≒哂收
【哂收】 shěnshōu 동문 (인사말로) 웃고 받아

【哂笑】 shěnxiào 동문 비웃다. 조소하다. ¶为大方所~=대가(大家)에게 비웃음을 사다.
【哂正】 shěnzhèng 동문 (인사말로) 지적해 주십시오. 시정해 주십시오. ¶敬请~=지적해 주시기를 바랍니다.

## 矧 shěn 하물며 신

접문 하물며. 더군다나.

## 谂[諗] shěn 고할 심

동문 1 알다. 자세히 알다. ¶~知=잘 알다. 2 권고하다. 충고하다. ¶~其尽孝=효도를 다할 것을 권고하다.

## *婶[嬸] shěn 숙모 심

명 (~儿) 1 숙모. 작은어머니. ¶二~儿=둘째 숙모. 2 아주머니. [어머니와 동년배이면서 비교적 젊은 기혼 여성을 부르는 말] ¶大~儿=아주머니.
【婶母】 shěnmǔ 명 작은어머니. 숙모.
【婶娘】 shěnniáng 명방 작은어머니. 숙모.
【婶婆】 shěnpó 명 남편의 숙모. 시숙모.
【婶婶】 shěn·shen 명 작은어머니. 숙모.
【婶子】 shěn·zi 작은어머니. 숙모.

## 瞫 shěn 볼 심

동문 깊이 들여다보다.

## *肾[腎] shèn 콩팥 신

명 (生) 1 콩팥. 신장. 2 고환(睾丸). 외신(外腎).

○● 副肾, 外肾

【肾绞痛】 shènjiǎotòng 명 (醫) 신장 결석·신장 결핵·신장암 등에서 비롯되는 심한 복통.
【肾结石】 shènjiéshí 명 (醫) 신장 결석.
【肾亏】 shènkuī 명 (醫) 신허(腎虛). 신장이 나쁜 병.
【肾囊】 shènnáng 명 (醫) 음낭(陰囊).
【肾上体】 shènshàngtǐ ☞ 【肾上腺】 shèn shàngxiàn
【肾上腺】 shènshàngxiàn 명 (生) 부신(副腎). =【肾上体】 shènshàngtǐ 【副腎】 fùshèn
【肾上腺素】 shènshàngxiànsù 명 (生) 아드레날린. 에피네프린.
【肾虚】 shènxū 명 (醫) 신허. 신장이 나쁜 병.
【肾炎】 shènyán 명 (醫) 신장염. 신염.
【肾盂】 shènyú 명 (生) 신우(腎盂).
【肾脏】 shènzàng 명 (生) 신장. 콩팥.
【肾子】 shèn·zi 명 (生) '睾丸(고환)'의 별칭.

## *甚 shèn 심할 심

부 몹시. 매우. 아주. 대단히. ¶幸~=매우 다행스럽다. / 不求~解=깊이 이해하려고 하지 않다. 형 1 많다. 크다. ¶~雾之晨=안개가 매우 짙은 아침. 2 심하다. 지나치다. ¶欺人太~=사람을 매우 업신여기다. 통문 낫다. 능가하다. ¶年

~一年=한 해 한 해 나아지다. 【대】(명) 무엇. 무슨. ¶你有~事?=너 무슨 일이 있니?

◐ 食甚, 辛甚, 则甚

【甚低频】**shèndīpín** (명)(電) 초저주파.

【甚而】**shèn'ér** (부)(접) 심지어. …까지도. …조차도. ≒甚至

【甚而至于】**shèn'érzhìyú** ☞【甚至】**shèn zhì**

【甚高频】**shèngāopín** (명)(電) 초단파 (VHF). =【甚高频率】**shèngāopínlǜ**

【甚高频率】**shèngāopínlǜ** ☞【甚高频】**shèngāopín**

【甚或】**shènhuò** (접)(부) 심지어. …까지도. …조차도. 더욱이. 더 나아가서는.

【甚为】**shènwéi** (부) 몹시. 매우. ¶~悲痛=몹시 비통하다.

【甚嚣尘上】**shènxiāo-chénshàng** (성) 1 군영이 시끌벅적하고 흙먼지가 휘날리다. 2 (비) 소문에 대해 의견이 분분하다. 3 (喩) 여론이 아주 떠들썩하다.

【甚于】**shènyú** (동) (…보다) 심하다. 능가하다. ¶他关心朋友~关心自己。=그는 친구에 대한 관심이 자신에 대한 관심보다 더하다.

【甚者】**shènzhě** (명) 심지어. ¶~姓名不可稽考。=심지어 성명조차 알아 낼 수 없다. (형) 더욱 심한 경우. ¶~, 全军覆没。=더욱 심한 경우 전군이 전멸된다.

【甚至】**shènzhì** (부) 심지어. …까지도. …조차도. 흔히 '都(dōu)'·'也(yě)'가 옴. ¶他每天都去跑步、~刮风下雨也不中断。=그는 매일 달리기를 하는데, 심지어 비바람이 불어도 중단하지 않는다. =【甚至于】**shènzhìyú**【甚至而于】**shèn'érzhìyú** (접) 1 …까지도. …조차도. [복문에서 뒤의 단문 앞에 쓰여 뒤의 상황을 강조해 줌. 앞의 단문에는 '不但(búdàn)'을 씀] ¶这个字不但我不认识、~字典上也查不到。=이 글자는 내가 모를 뿐 아니라 사전에서조차 찾을 수 없다. 2 더욱이. 더 나아가서는. [병렬된 몇 개의 단어와 어구 가운데 마지막 것의 앞에 쓰여, 이 항목이 특별히 두드러짐을 나타냄] ¶大雪覆盖了田野、道路、房屋, ~树林。=큰눈이 논밭·도로·건물·나아가 숲까지 덮어 버렸다. ≒甚而

【甚至于】**shènzhìyú** ☞【甚至】**shènzhì**

◐ 甚 shèn
甚 shèn
谌 chén
椹 zhēn
斟 zhēn
堪 kān
勘 kān
戡 kān

## 肾 shèn 아르신 신
(명)(의)(化) 아르신(arsine).

## 渗 [渗] shèn 스밀 삼
(동) 1 (액체가) 스며들다. 배어들다. ¶田里的水已经~下去了。=밭의 물이 이미 다 스며들어갔다. 2 (액체가) 새다. 배어 나오다.

【渗出】**shènchū** (동) 스며 나오다. 배어 나오다.

【渗沟】**shèngōu** (명) (도로 밑에 매설된) 배수로. 하수로.

【渗灌】**shènguàn** (동) (지하 배수관을 통하여) 지하에 물을 대 땅을 습하게 하다.

【渗井】**shènjǐng** ☞【渗坑】**shènkēng**

【渗坑】**shènkēng** (명) (정원에 파서 지면에 고인 물이나 오수가 흘러든 후, 다시 점차 땅 속으로 스며들게 만든) 깊은 웅덩이. =【渗井】**shènjǐng**

【渗流】**shènliú** (명) (액체의) 유동(流動).

【渗漏】**shènlòu** (동) (기체·액체가) 천천히 스며 나오다. 누출되다. 새다.

【渗渠】**shènqú** (명) 배수로. 하수로.

【渗入】**shènrù** (동) 1 스며들다. 배다. ¶雨水一点点~土层。=빗물이 한 방울 한 방울 땅 속으로 스며들다. 2 (비)(喩) (어떤 세력이) 침투하다. ¶预防腐败堕落的思想~。=부패하고 타락한 의식이 침투하는 것을 예방하다.

【渗润】**shènrùn** (동) (수분이 스며들어) 토양을 젖게 하다. 배다.

【渗水】**shènshuǐ** (동) 물이 천천히 새다. ¶房屋的山墙有点~。=집의 벽에 물이 조금 샌다.

【渗碳】**shèntàn** (명)(동) 삼탄(하다). ¶~体=시멘타이트(cementite).

【渗透】**shèntòu** (동) 1 (액체가) 스며들다. 투과하다. ¶雨水~了他的衣服。=빗물이 그의 옷에 스며들었다. 2 (物) 삼투하다. 3 (비) (주로 추상적인 사물이나 세력이) 침투하다. ¶随着两国交往的加深、文化与经济的相互~不可避免。=두 국가의 교류가 깊어지면서 문화와 경제의 상호 침투는 불가피하다.

【渗透压】**shèntòuyā** (명)(物) 삼투압.

【渗析】**shènxī** (동)(化) 투석(하다). 여막 분석(하다). =【透析】**tòuxī**

【渗液】**shènyè** (명) 스며 나온〔배어 나온〕액체.

## 葚 shèn 오디 심
☞【桑葚】**sāngshèn**
☞ **rèn**

## 椹 shèn 오디 심
'葚(shèn)'과 같음.
☞ **zhēn**

## 蜃 shèn 무명조개 신
(명)(動) 대합. 무명조개.

【蜃景】**shènjǐng** ☞【海市蜃楼】**hǎishì shènlóu**

## 瘆 [瘮] shèn 무서울 참
(동) 무서워 떨게 하다. 두렵게 하다. 소름끼치게 하다. ¶夜晚的森林~得人发慌。=밤의 숲은 사람을 아주 무섭게 한다. (형) 놀라 두려워하다. 질겁하다. ¶~得头发直往上竖。=질겁하여 머리칼이 빼쭉 서다.

【瘆得慌】**shèn·dehuāng** (동) 매우 무서워 떨게 하다. 몹시 겁먹게 하다. 놀라게 하다. 두렵게 하다. 소름끼치게 하다. 무시무시하다.

【瘆人】**shènrén** (동) 무서워 떨게 하다. 두렵게

하다.

**慎[(愼)]** shèn 삼갈 신
㊀ 삼가다. 조심하다. 신중히 하다. ¶审~=신중하다. / 谨言~行=신중하게 말하고 행동하다. ㊁ (Shèn) 성(姓).

○● 谨jǐn慎, 审shěn慎, 失慎

【慎独】**shèndú** 통⑤ 신독하다. 홀로 있을 때 삼가고 도덕적 준칙을 준수하다.
【慎密】**shènmì** 웹 주의 깊고 세심하다. ¶思考~=생각이 주의 깊고 세심하다.
【慎始】**shènshǐ** 통 (일을) 시작할 때 신중하게 하다. ¶~慎终=시작과 끝을 신중하게 하다.
【慎思】**shènsī** 통 신중하게 생각하다. ¶~而行=신중하게 생각하여 행동하다.
【慎微】**shènwēi** 통 사소한 일이라도 신중히 하다. ¶谨小~=조그만 일에도 아주 신중하다.
【慎行】**shènxíng** 통 신중하게 행동하다. 행동을 조심하다. ¶慎言~=언행을 신중하게 하다.
【慎言】**shènyán** 통 신중하게 말하다. 말을 조심하다(삼가다). ¶~他人之事=남의 일을 신중하게 말하다.
【慎之又慎】**shènzhī-yòushèn** ㊀ 신중에 신중을 기하다.
【慎终】**shènzhōng** 통 (일을) 끝맺을 때 신중하게 하다. ¶~若始=끝맺음을 시작처럼 신중하게 하다.
【慎重】**shènzhòng** 웹 신중하다. ¶~行事=신중하게 행동하다. ≒谨慎 ↔轻率

## sheng

**升**¹ **shēng** 되 승
㊀ 1 리터(liter). ['1升'은 '1,000밀리리터' 임] 2 되. 승. [市制(중국식 도량형 제도)의 용량 단위. '1市升'은 '1市斗(말)'의 1/10에 해당함] ¶ 1 되. 됫박. [곡식이나 액체·가루 따위의 분량을 재는 그릇] 2 (Shēng) 성(姓).

**升**²[**昇·陞**] **shēng** 오를 승
통 1 오르다. 올라가다. 떠오르다. ¶上~=상승하다. / 回~=반등하다. 2 (등급 따위를) 올리다. 높이다. 승급하다. 진급하다. ¶荣~高位=영예롭게 높은 지위에 오르다. ≒涨 ↔降 跌 落

○● 超升, 毫háo升, 回升, 晋jìn升, 擢zhuó升

【升A】**shēngA** 통⑤ B급 구기 팀이 A급 구기 팀으로 올라가다.
【升班】**shēng∥bān** 통 (학생이) 진급하다. 학년이 오르다.
【升班马】**shēngbānmǎ** 명⑤ (구기 종목 시리즈 경기에서) 경기 시즌이 끝났을 때 윗등급으로 올라가는 팀.
【升档】**shēngdàng** 통 (상품 등이) 높은 등급으

로 올라가다. 업그레이드(upgrade)하다.
【升调】**shēngdiào** 명⟨言⟩ 올라가는 성조. 상성음조.
【升跌】**shēngdiē** 통 올라가고 떨어지다. ㊁ 오르고 내림. 고저. 등락. ¶股市的~极为正常。=주식 시장의 등락(腾落)이 지극히 정상적이다.
【升斗】**shēngdǒu** 명 1 되와 말. 2 ㊀ 빠듯한 살림살이. ¶~小民=(살림살이가) 빠듯하게 살아가는 소시민.
【升发】**shēngfā** 통 (더 나은 방향으로) 발전하다. 발달하다. 출세하다. 부자가 되고 지위가 오르다. 훌륭하게 되다.
【升幅】**shēngfú** 명 상승폭. ¶这支股票的~不大。=이 주식의 상승폭은 크지 않다. ↔跌幅
【升高】**shēnggāo** 통 위로 오르다. 높이 오르다. ¶这两天温度比以前~了。=요 며칠 기온이 이전보다 높게 올랐다. ↔降低
【升格】**shēng∥gé** 통 격상하다. 승격하다. ¶重庆市已由省辖市~为直辖市。=충칭(重庆)시는 이미 성(省) 정부의 관할에서 직할시로 격상되었다. ↔降格
【升汞】**shēnggǒng** 명⟨化⟩ 승홍. 염화제2수은($HgCl_2$). =⟨二氯化汞⟩ **èrlǜhuàgǒng**
【升官】**shēng∥guān** 통 관직이 오르다. 직위가 오르다. 벼슬이 오르다. 출세하다. ¶~晋爵=(옛날에) 관작이 오르다.
【升号】**shēnghào** 명⟨音⟩ 올림표. #. 샤프 (sharp). ↔降号
【升华】**shēnghuá** 통 1⟨物⟩ 승화하다. 2 ㊀ 승화되다. 새로운 단계로 올라서다. ¶这部悲剧影片使观众的情感得以~。=이 비극 영화는 관중의 감정을 승화시켜 준다.
【升华热】**shēnghuárè** 명⟨物⟩ 승화열.
【升火】**shēng∥huǒ** 통 불을 붙이다[때다·지피다]. ¶~取暖=불을 붙여 따뜻하게 하다.
【升级】**shēng∥jí** 통 1 승급하다. 승진하다. 격상되다. 2 (품질을) 향상시키다. 업그레이드(upgrade)하다. ¶这家公司的产品不断~换代。=이 회사는 상품의 질을 끊임없이 업그레이드하여 세대 교체하였다. 3 (학생이) 진급하다. 학년이 오르다. 4 (전쟁이) 확대되다. (사태가) 심해지다. ¶两国的贸易纠纷逐渐~。=두 나라 간의 무역 분쟁이 점차 심해진다. 명 진급. 승급. 업그레이드(upgrade).
【升级换代】**shēngjí-huàndài** ㊀ 상품을 업그레이드(upgrade)하다. 상품을 세대 교체하다. 상품의 질을 높여 차세대 제품을 개발·출시하다.
【升降】**shēngjiàng** 통 오르고 내리다. 오르내리다. ¶~设备=승강 장치.
【升降舵】**shēngjiàngduò** 명⟨机⟩ (비행기나 잠수함의) 승강타. 승강키.
【升降机】**shēngjiàngjī** 승강기. 엘리베이터 (elevator).
【升空】**shēngkōng** 통 공중으로 날아오르다. ¶彩色的气球慢慢~。=여러 색깔의 풍선이 천천히 하늘로 날아올랐다.
【升力】**shēnglì** 명⟨物⟩ 양력(扬力).

【升幂】shēngmì 명(數) 오름차. 승멱. ↔降幂
【升平】shēngpíng 형 태평하다. ¶歌舞~=태평성대를 노래하고 춤추다.
【升旗】shēng‖qí 동 1 기를 게양하다〔올리다〕. 2 국기를 게양하다. ↔降旗 ¶举行国旗‖仪式=국기 게양식을 거행하다.
【升迁】shēngqiān 동 영전하다. 높은 지위로 오르다. ↔下放
【升任】shēngrèn 동 직위가 오르다. 승직하다. 승임하다. ¶他最近由县长~副市长.=그는 최근에 현장에서 부시장으로 직위가 올랐다.
【升势】shēngshì 명 상승세.
【升堂】shēngtáng 동(옛) 재판관이 심판하기 위해 재판정으로 나가다. 관리가 관아에 나가다. 재판을 시작하다.
【升堂入室】shēngtáng rùshì 성(비) 학문이나 기예 따위가 점차 높은 수준에 도달하다. =【登堂入室】dēngtáng rùshì ≒炉火纯青 ↔浅尝辄止
【升腾】shēngténg 동 1 (불꽃이나 기체가) 솟아오르다. 피어오르다. ¶篝火~=모닥불이 피어오르다. 2 (비) (사업 등이) 발전하다. 번창하다. ¶公司的经营已进入~阶段.=회사의 경영은 이미 발전 단계로 들어섰다.
【升天】shēng‖tiān 동 1 하늘에 오르다. 승천하다. ¶热气球~了.=열기구가 하늘로 올랐다. 2 하늘나라로 가다. 죽다.
【升位】shēngwèi 동 (번호의) 자릿수를 늘리다.
【升温】shēngwēn 동 1 온도가 상승하다. 기온이 오르다. 2 (비) 열기를 더하다. 활발해지다. 고조되다. ¶近期证券市场不断~.=근래 증권 시장은 끊임없이 열기를 더하고 있다. ↔降温
【升限】shēngxiàn 명 상승 한도. ¶这种飞机的~是两万米.=이 비행기의 상승 한도는 2만 미터이다.
【升学】shēng‖xué 동 진학하다. ¶~考试=진학 시험.
【升学率】shēngxuélǜ 명 진학률.
【升压】shēngyā 동 1 수압〔압압·유압〕을 높이다. ¶~供水=수압을 높여 급수하다. 2(電) 전압을 높이다.
【升涨】shēngzhǎng 동 상승하다. 고조되다. 등귀하다. ¶文艺复兴的潮流在那个时候~起来.=문예 부흥의 조류가 그 당시 고조되기 시작했다.
【升帐】shēngzhàng 동 1 원수(元帅)가 장막 안에 장병을 소집하여 군사를 논의하거나 명령을 내리다. [주로 조기 백화문에 보임] 2(비) (어떤 사람이) 어떤 일을 맡기 시작하다. ¶经理在~布置近期经营.=사장이 최근의 경영을 맡아서 지휘하기 시작했다.
【升值】shēngzhí 동 1(經) 평가 절상하다. 화폐 가치가 상승하다. 2 사람이나 사물의 가치가 오르다. ¶那块地皮已经~了.=그 건축 용지는 이미 값이 많이 올랐다. ↔贬值

**生** shēng 날 생
동 1 자라나다. 성장하다. 생장하다. 생겨나다. ¶杂草丛~=잡초가 무성히 자라다. / 节外~枝=예상 밖의 일이 파생되다. 2 낳다. 태어나다. ¶卵~=난생하다. / ~子育女=아들딸을 낳아 기르다. 3 생존하다. 살다. ¶~死有命=살고 죽는 것은 운명에 달렸다. 4 발생하다. 일어나다. 생기다. 야기하다. ¶触景~情=경물을 보고 감정〔느낌〕이 일어나다. / 无中~有=무(無)에서 유(有)가 되다. 5 (불을) 피우다. 때다. 지피다. 사르다. 점화하다. ¶~灶=아궁이에 불을 붙이다. / ~火=불을 지피다. 형 1 생동하다. 생생하다. ¶栩栩如~=생동감이 있다. 2 자신이 직접 낳은. ¶~母=생모. 친어머니. 3 (과일이) 설익다. 덜 익다. ¶这苹果还有些~.=이 사과는 아직 좀 덜 익었다. 4 (음식물이) 날것이다. 설익다. ¶米饭有些夹~=쌀밥에 덜익은 것이 좀 섞여 있다. 5 가공하지 않은. 천연적인. 자연 그대로의. ¶~铁=무쇠. 6 생소하다. 낯설다. ¶人~地不熟.=사람도 설고 땅도 설다. 7 익숙하지 않다. 서툴다. 미숙하다. ¶他还是个~手.=그는 아직 초보이다. 8 아직 개간하지 않은 (땅). ¶~荒地=황무지. 부 1 (일부 감정이나 느낌을 나타내는 단어 앞에 쓰여) 매우. 아주. 대단히. 몹시. ¶~怕坏事=일을 그르칠까 매우 두렵다. 2 억지로. 한사코. 무리하게. ¶~编硬造=억지로 날조하다. / ~拉硬扯=억지로 끌어다 붙이다. 3(방) 정말이지. 정말로. 참으로. 사실상. ¶这事~叫他们搅乱了.=이 일은 정말이지 그들 때문에 엉망이 되고 말았다. 명 1 생명. 목숨. ¶舍~取义=살신성인하다. 2 평생. 일생. 생애. ¶终~不悔=죽을 때까지 후회하지 않는다. / 素昧平~=살아오면서 지금껏 만난 적이 없다. 3 생계. 생활. ¶谋~=생계를 도모하다. / 无以为~=살아갈 방도가 없다. 4 잘 모르는 사람. ¶认~=낯을 가리다. / 欺~=낯선 사람을 속이다. 5(옛) 선비. ¶书~=서생. 6 학생. 배우는 사람. 생도. ¶走读~=통학생. / 毕业~=졸업생. 7(劇) 생. (중국 전통극에서 남자 배역) ¶武~=남자 무사역. / 小~=젊은 남자역. 8 어떤 일에 종사하는 사람. ¶医~=의사. 9 (Shēng) 성(姓). 접미 부사·형용사 뒤에 쓰임. ¶好~伺候=잘 모시다. / 怎~了得=얼마나 대단한가. ↔死 熟 师

○ 生 shēng
 胜 shèng
 甥 shēng
 牲 shēng
 眚 shēng
 笙 shēng
 性 xìng
 姓 xìng

○● 安生, 半生, 毕生, 残cán生, 苍cāng生, 产生, 长生, 超生, 出生, 次生, 丛cóng生, 催cuī生, 脆cuì生, 诞dàn生, 对生, 耳生, 发生, 放生, 腐生, 更生, 贡gòng生, 共生, 后生, 互生, 花生, 化生, 回生, 寄生, 降jiàng生, 接生, 救生, 来生, 朗生, 孪luán生, 卵luǎn生, 轮生, 落生, 门生, 萌méng生, 面生, 民生, 陌mò生, 男生, 囊náng生, 女生, 怕生, 派生, 平生, 欺qī生, 前生, 怯qiè生, 亲生, 轻生, 求生, 人生, 伤生, 摄shè生, 收生, 双生, 胎tāi生, 逃生, 天生, 童生, 偷生, 头生, 投生, 托生, 晚

# 生 shēng

生，为生，卫生，下生，先生，写生，须生，学生，眼生，养生，野生，永生，余生，再生，增生，终生，众生，转zhuǎn生，滋zī生，孳zī生，维wéi生素，活生生，怯qiè生生

【生搬硬套】shēngbān-yìngtào ⟨成⟩ (실제 상황은 고려하지 않고) 남의 경험이나 방법 등을 기계적으로 적용시키다.

【生编硬造】shēngbiān-yìngzào ⟨成⟩ 근거 없이 만들어 내다. 조작하다. 날조하다.

【生变】shēng‖biàn ⟨动⟩ 변고가 생기다. 사고가 일어나다. ¶情急~=상황이 다급하면 변통이 생긴다.

【生病】shēng‖bìng ⟨动⟩ 병이 나다. 발병하다. 병에 걸리다.

【生不逢时】shēngbùféngshí ⟨成⟩ 1 때를 잘못 타고 태어나다. 2⟨喩⟩ 시운(時運)이 좋지 않다.

【生材】shēngcái ⟨名⟩ 생목재. [건조되지 않은 제재목]

【生财】shēngcái ⟨动⟩ 돈을 벌다. 재산을 늘리다. ¶~有方=돈을 버는 데 일가견이 있다. ⟨名⟩⟨方⟩ 상점의 가구와 재물.

【生财有道】shēngcái-yǒudào ⟨成⟩ 1 돈을 버는 데 일가견이 있다. 2 돈을 벌어도 정당하게 벌어야 한다.

【生菜】shēngcài ⟨名⟩ 1 생채. 2⟨植⟩ 상추.

【生产】shēngchǎn ⟨动⟩ 1 생산하다. ¶工业~=공업 생산. 2 출산하다. 몸풀다. 해산하다. ¶她就要~了。=그녀는 곧 출산한다. ↔消费

【生产定额】shēngchǎn dìng'é ⟨名⟩⟨经⟩ 생산 기준량. 책임 생산량.

【生产方式】shēngchǎn fāngshì ⟨名⟩⟨经⟩ 생산 방식. 생산 양식.

【生产工具】shēngchǎn gōngjù ⟨名⟩ 생산〔노동〕 도구.

【生产关系】shēngchǎn guān·xì ⟨名⟩⟨经⟩ 생산 관계.

【生产过剩】shēngchǎn guòshèng ⟨名⟩ 생산 과다. 과잉 생산.

【生产基金】shēngchǎn jījīn ⟨名⟩ 생산 기금.

【生产力】shēngchǎnlì ⟨名⟩⟨经⟩ 생산력.

【生产率】shēngchǎnlǜ ⟨名⟩ 1 생산율. 생산성. 2 ☞【劳动生产率】láodòng shēngchǎnlǜ

【生产能力】shēngchǎn nénglì ⟨名⟩ 생산 능력.

【生产手段】shēngchǎn shǒuduàn ☞【生产资料】shēngchǎn zīliào

【生产线】shēngchǎnxiàn ⟨名⟩ 생산 라인.

【生产者】shēngchǎnzhě ⟨名⟩ 생산자.

【生产资料】shēngchǎn zīliào ⟨名⟩⟨经⟩ 생산 수단. =【生产手段】shēngchǎn shǒuduàn ↔消费资料

【生辰】shēngchén ⟨名⟩⟨敬⟩ 생일. 생신.

【生辰八字】shēngchén bāzì ⟨名⟩ 1 생년월일시. 사주팔자. 2 운명. 운수.

【生成】shēngchéng ⟨动⟩ 1 생겨나다. 생성되다. 태어나다. 형성되다. 이루어지다. 만들어지다. ¶龙卷风是在特定条件下~的。=회오리바람은 특정 조건에서 생기는 것이다. 2 (선천적으로) 타고나다. ¶他~一个爆脾气。=그는 사나운 성미를 갖고 태어났다.

【生吃】shēngchī ⟨动⟩ 날것으로 먹다. ¶~黄瓜=오이를 날로 먹다.

【生齿】shēngchǐ ⟨动⟩⟨书⟩ 젖니(乳齿)가 나다. ⟨名⟩⟨书⟩ 인구. 식구. ¶~日繁=인구가 날로 많아지다.

【生疮】shēngchuāng ⟨动⟩⟨医⟩ 종기가 나다. 부스럼이 생기다.

【生词】shēngcí ⟨名⟩ 새 단어. 새 낱말.

【生凑】shēngcòu ⟨动⟩ 억지로 긁어모으다. 억지로 모아 맞추다.

【生存】shēngcún ⟨名⟩⟨动⟩ 생존(하다). ¶空气和水是人类~的必要条件。=공기와 물은 인류가 생존하는 데 필수 불가결한 조건이다. 늑生活 ↔死亡

【生存斗争】shēngcún dòuzhēng ⟨名⟩ 생존 경쟁. 늑生存竞争

【生旦净末丑】shēng-dàn-jìng-mò-chǒu ⟨名⟩ 1⟨剧⟩ 중국 전통극의 배역. [‘生’은 남자역, ‘旦’은 여자역, ‘净’은 성격이 강하고 거친 남자역, ‘末’은 중년 남자역, ‘丑’은 어릿광대역을 가리킴] 2⟨喩⟩ 가지각색의 사람.

【生得】shēngdé ⟨动⟩ 타고나다. 생기다. ¶她~一幅好模样。=그녀는 선천적으로 예쁘다.

【生地】shēngdì ⟨名⟩ 1⟨医⟩ 생지황(生地黄). [지황 뿌리의 날것을 한방에서 이르는 말] =【生地黄】shēngdìhuáng 2 ☞【生荒地】shēng huāngdì 3 낯선 곳.

【生地黄】shēngdìhuáng ☞【生地】shēngdì

【生动】shēngdòng ⟨形⟩ 생동감 있다. 생동하다. 생생하다. ¶~有趣=생동적이고 재미있다. / 描写~=묘사가 생동감이 있다. 늑形象 ↔死板 枯燥

【生端】shēngduān ⟨动⟩ 말썽을 일으키다. 사건을 일으키다. 일을 야기시키다. ¶滋事~=말썽을 일으키다.

【生儿育女】shēng'ér-yùnǚ ⟨成⟩ 자녀를〔자식을〕 낳아 기르다.

【生发】shēngfā ⟨动⟩ 생기다. 발전하다. [주로 추상적인 것에 쓰임] ¶由此~开来, 可写一篇感人的散文。=여기서부터 발전시켜 나가면 아주 감동적인 산문 한 편을 쓸 수 있다.

【生法】shēngfǎ ⟨动⟩⟨方⟩ 방법을 강구하다. 수단을 쓰다.

【生发水】shēngfàshuǐ ⟨名⟩ 발모액. 발모제.

【生番】shēngfān ⟨名⟩⟨贬⟩ 1 미개 민족. 야만 민족. 2⟨旧⟩ 성질이나 행동이 거친 사람.

【生矾】shēngfán ⟨名⟩⟨化⟩ 정제되지 않은 명반(明矾).

【生粪】shēngfèn ⟨名⟩⟨农⟩ (푹 썩이지 않은) 사람·가축의 분뇨.

【生分】shēng·fen ⟨形⟩ (감정·관계가) 소원하다. 서먹서먹하다. ¶长时间不来往, 亲戚也显得~。=오랫동안 내왕하지 않으니 친척도 소원해지는 것 같다.

【生俘】shēngfú ⟨动⟩⟨军⟩ 생포하다. 사로잡다.

【生父】shēngfù 몡 생부. 친아버지.
【生根】shēnggēn∥gēn 동 1 뿌리가 돋아나다. 뿌리를 내리다. 뿌리가 내리다. 자리를 잡다. 확고한 기초를 마련하다. ¶这些新观念慢慢地在人们心中~发芽。=이러한 새로운 관념은 점차 사람들 마음속에서 뿌리를 내리고 싹을 틔우게 되었다.
【生根开花】shēnggēn-kāihuā 괜 1 뿌리를 내리고 꽃을 피우다. 2 비 확고한 기초를 닦고 발전하다.
【生瓜】shēngguā 몡 덜 익은 박.
【生光】shēngguāng 몡 〈天〉 생광.
【生花妙笔】shēnghuā-miàobǐ ☞ 【妙笔生花】miàobǐ-shēnghuā
【生花之笔】shēnghuāzhībǐ 성비 뛰어난 글재주. 아름다운 필치.
【生化】shēnghuà 몡 생화학. ¶~武器=생화학 무기.
【生还】shēnghuán 동 생환하다. 살아서 돌아오다. ¶侥幸~=요행히 살아서 돌아오다.
【生荒】shēnghuāng ☞ 【生荒地】shēnghuāngdì
【生荒地】shēnghuāngdì 몡 (개간한 후에) 경작한 적이 없는 땅. =【生地】shēngdì 【生荒】shēnghuāng
【生活】shēnghuó 몡 1 생활. ¶日常~=일상 생활. ¶~水准=생활 수준. 2 일거리. 일. ¶他正在忙~。=그는 한창 일하느라 바쁘다. 동 1 살다. 생존하다. ¶没有友情的人只能孤独地~。=우정이 없는 사람은 고독하게 살 수밖에 없다. 2 생활하다. ¶夏令营的孩子们愉快地~在一起。=여름 캠프에 참가한 학생들은 즐겁게 함께 생활하다. 늑生存
【生活方式】shēnghuó fāngshì 몡 생활 방식.
【生活费】shēnghuófèi 몡 생활비.
【生活关】shēnghuóguān 어려운 생활 여건(의 시련).
【生活水平】shēnghuó shuǐpíng 몡 생활 수준〔정도〕.
【生活资料】shēnghuó zīliào 몡〈經〉생활 물자. 소비재. =【消费资料】xiāofèi zīliào
【生火】shēng∥huǒ 동 불을 피우다〔지피다〕. ¶~做饭=불을 피워 밥을 하다.
【生火】shēnghuǒ 몡 (배의) 화부(火夫).
【生货】shēnghuò 몡 가공하지 않은 원재료.
【生机】shēngjī 몡 1 살아갈 길. 생존의 기회. 삶의 희망. ¶一线~=일말의 생존 기회. 2 활력. 생명력. 생기. 활기. ¶~盎然=생명력이 충만하다. 늑生意(shēngyi)
【生机勃勃】shēngjī-bóbó 성비 생명력이 왕성하다. 생기발랄하다.
【生计】shēngjì 몡 생계. ¶忙于~=생계를 꾸려 나가느라 바쁘다.
【生姜】shēngjiāng 몡〔구〕생강.
【生胶】shēngjiāo ☞ 【生橡胶】shēngxiàngjiāo
【生津】shēngjīn 동〈醫〉 침이나 체액의 분비를 촉진시키다. ¶养胃~=위를 튼튼히 하여 위액의 분비를 촉진시키다.
【生境】shēngjìng (생물의) 서식지. 자생지. 번식지. 서식 환경. 생장 환경.
【生就】shēngjiù 동 (선천적으로) 타고나다. ¶他~一个聪明脑袋。=그는 총명한 머리를 타고 났다.
【生绢】shēngjuàn 몡〈紡〉생견(生絹).
【生角】shēngjué(~儿)몡〈劇〉 1 중국 전통극에서의 남자 배역. 2 중국 전통극에서의 '老生(노생 ; 주로 충신·재상·학자 등 중년 이상의 남자로 분장하는 배우)'.
【生客】shēngkè 몡 낯선 손님. 모르는 손님. ↔熟客
【生恐】shēngkǒng 동 (…할까 봐) 몹시 두려워하다. 매우 걱정하다. ¶~不能通过考试。=시험에 통과하지 못할까 봐 매우 걱정하다. 늑生怕
【生圹】shēngkuàng 몡 수실(壽室). 수혈(壽穴). 수당(壽堂). 살아 있을 때 미리 만들어 놓은 무덤.
【生拉硬扯】shēnglā-yìngchě ☞ 【生拉硬拽】shēnglā-yìngzhuài
【生拉硬拽】shēnglā-yìngzhuài 성비 1 억지로 끌어다가 자기 말을 듣게 하다. 2 비 견강부회하다. 억지로 끌어다 맞추다. =【生拉硬扯】shēnglā-yìngchě
【生来】shēnglái 동 타고나다. 천성적이다. ¶~的性格很难改。=타고난 성격은 고치기 어렵다. 부 태어날 때부터. 어릴 때부터. ¶他~体质就弱。=그는 태어날 때부터 허약하였다.
【生老病死】shēng-lǎo-bìng-sǐ 성비 생로병사.
【生冷】shēnglěng 몡 날음식과 차가운 음식. ¶他的病要忌~。=그의 병은 날것과 차가운 음식을 피해야 한다.
【生离死别】shēnglí sǐbié 성비 다시 만나기 어려운 이별. 영원한 이별.
【生理】shēnglǐ 몡 1〈生〉생리. ¶~年龄=생리 연령. 2 생리학. ¶这学期开~。=이번 학기에는 생리학 수업을 개설한다.
【生理学】shēnglǐxué 몡〈生〉생리학.
【生理盐水】shēnglǐ yánshuǐ 몡〈醫〉생리 식염수.
【生力军】shēnglìjūn 몡 1 신예 부대. 2 비 어떤 일에 새롭게 투입되어 활력을 불어넣는 인원. 새로운 활력소. ¶青年教师是教育战线的~。=젊은 교사는 교육 일선의 새로운 활력소이다.
【生利】shēnglì 동 이익이 생기다. 이자가 붙다. ¶投资~=투자하여 이익이 생기다.
【生脸】shēngliǎn 몡〔구〕 낯선 얼굴. 초면인 사람. 처음 보는 얼굴.
【生料】shēngliào 몡 가공하지 않은 원재료.
【生灵】shēnglíng 몡 1 생명체. 생령. ¶草木~=자연계의 모든 생명체. 2 비 백성. ¶征战挞伐, 祸及~。=전쟁으로 인한 화(禍)가 백성에게 미치다.
【生灵涂炭】shēnglíng-tútàn 성비 백성들이 도탄에 빠지다.

【生龙活虎】shēnglóng-huóhǔ ⓢⓗ 생기발랄하다. 활력이 넘치다. 원기왕성하다. 씩씩하다. ↔呆若木鸡

【生路】shēnglù 圀 살 길. 활로. 살아 나갈 방도. ¶另找~ = 달리 살 길을 찾다.

【生麻】shēngmá 圀 생마. 날삼.

【生煤】shēngméi 圀 불이 잘 붙지 않고 화력이 약한 석탄〔조개탄〕.

【生猛】shēngměng 혱ⓢ 1 (물고기나 새우 등이) 싱싱하다. ¶~海鲜 = 싱싱한 해산물. 2 생기와 활력이 넘치다. 원기왕성하다. 역동적이다. 팔팔하다. 용맹스럽다. ¶~的拳击动作 = 역동적인 권투 동작.

【生米煮成熟饭】shēngmǐ zhǔchéng shúfàn ⓢⓗ 엎질러진 물이다. 어찌할 수가 없다.

【生面】shēngmiàn 圀 1 새로운 양상. 새로운 국면. ¶別开~ = 새로운 국면을 열다〔개척하다〕. 2 (아직 조리하지 않은) 밀가루 반죽. 혱 낯설다. 생소하다.

【生民】shēngmín 圀ⓔ 백성. 국민.

【生命】shēngmìng 圀 생명. 목숨. ¶~短促 = 목숨이 얼마 안 남다. 혱 (예술 작품이) 생동감 있다. 살아 있는 것 같다.

【生命科学技术】shēngmìng kēxué jìshù 圀 생명 과학 기술. [유전자 재조합·세포 융합·세균 배양 기술·생물 반응 공학 등의 총칭]

【生命力】shēngmìnglì 圀 1 생명력. ¶仙人掌具有较强的~ = 선인장은 비교적 강한 생명력을 지녔다. 2 활력. 활기찬 기상. ¶这群年轻人具有旺盛的~ = 이 젊은이들은 활기찬 기상을 지녔다.

【生命起源】shēngmìng qǐyuán 圀(生) 생명의 기원.

【生命线】shēngmìngxiàn 圀 생명선. 생명줄. 명줄. ¶水是沙漠生物的~ = 물은 사막 생물의 생명줄이다.

【生命银行】shēngmìng yínháng ☞【精子库】jīngzǐkù

【生母】shēngmǔ 圀 생모. 친어머니.

【生怕】shēngpà 圏 (…할까 봐) 몹시 두려워하다. 매우 걱정하다. ¶他一生谨慎, ~做错事。 = 그는 평생토록 조심조심하며 일을 그르치게 될까 매우 두려워했다. ↔生恐

【生坯】shēngpī 圀 아직 굽지 않은 상태의 도기나 그릇·벽돌·기와 따위.

【生皮】shēngpí 圀 생가죽. 날가죽. ↔熟皮

【生啤酒】shēngpíjiǔ 圀 생맥주. = 【鲜啤酒】xiānpíjiǔ

【生僻】shēngpì 혱 (단어·서적 등이) 낯설다. 생소하다. 보기 드물다. ¶~字 = 잘 쓰이지 않는 글자. 늑冷僻 ↔常见

【生平】shēngpíng 圀 1 평소. 태어난 이래. ¶~罕见 = 평소에 보기 드물다. 2 생애. 일생. 평생. ¶~介绍 = 생애 소개.

【生漆】shēngqī 圀(植) 생칠. [정제하지 않은 생옻칠] = 【大漆】dàqī

【生气】shēng‖qì 圏 화내다. 성나다. ¶她对丈夫不管不问家务非常~。 = 그녀는 남편이 집안일에 무관심한 것에 대해 매우 화가 났다. 늑恼火 ↔消气

【生气】shēngqì 圀 생기. 생명력. 활력. ¶~昂扬 = 활력이 충만하다.

【生气勃勃】shēngqì bóbó 혱 생기발랄하다. 늑朝气蓬勃

【生前】shēngqián 圀 생전. 살아 있는 동안. 죽기 전. ¶挚友 = 생전의 친한 친구.

【生擒】shēngqín 圏 생포하다. 사로잡다. ¶~活拿 = 생포하다. 늑活捉

【生趣】shēngqù 圀 생활의 정취. 생활의 재미. 삶의 흥취. ¶~倍增 = 생활의 정취가 배가(倍加)되다.

【生人】shēng‖rén 圏 (사람이) 출생하다. 태어나다. ¶他是1970年~。 = 그는 1970년에 출생했다.

【生人】shēngrén 圀 낯선 사람. 모르는 사람. 초면의 사람. ¶小姑娘怕见~。 = 여자아이가 낯선 사람을 보기를 두려워한다. ↔熟人

【生日】shēng·ri 圀 1 (사람의) 출생일. 2 생일. ¶明天是他三十岁~。 = 내일은 그 사람의 30세 생일이다. 3 (조직·단체 등이) 결성된 날. ¶十月一日是新中国的~。 = 10월 1일은 신중국의 탄생일이다.

【生日贺卡】shēng·ri hèkǎ ☞【生日卡】shēng·rikǎ

【生日卡】shēng·rikǎ 圀 생일(축하) 카드. = 【生日贺卡】shēng·ri hèkǎ

【生荣死哀】shēngróng-sǐ'āi ⓢ 살아서는 추앙되고, 죽어서는 추모되다.

【生色】shēngsè 圏 빛을 더하다. 빛내다. 광채를 더하다. ¶她的演唱给整个晚会~不少。 = 그녀의 노래는 저녁 파티를 줄곧 더욱 빛냈다.

【生涩】shēngsè 혱 1 떫다. ¶舌根~ = 혀뿌리가 떫다. 2 (언어나 문자 등이) 생경하다. 유창하지 않다. 어색하다. 서툴다. ¶这篇文章言词太过~。 = 이 글은 언어가 지나치게 생경하다.

【生杀】shēngshā 圀 살리고 죽이다. ¶~大权 = 사람을 살리고 죽이는 권한. 생살지권.

【生杀予夺】shēngshā-yǔduó ⓢ 생살여탈. 마음대로 살리고 죽이며, 주고 빼앗는 것.

【生身】shēngshēn 혱 자신을 낳아 준. 자신을 낳아 기른. ¶~母亲 = 생모.

【生身父母】shēngshēn fùmǔ 圀 (낳아 준) 친부모. 생부모.

【生生】shēngshēng 쥅ⓤ (명사나 형용사 뒤에 쓰여) 생생하다. 생동감 있다. ¶活~ = 매우 생생하다. / 虎~ = 활기가 넘치다. 위풍당당하다. 圏 번식하다. 圀(佛) 세세생생. 凬 억지로. 강제로. 공연히. 까닭 없이.

【生生不息】shēngshēng-bùxī ⓢ 사물이 끊임없이 생장하고 번성하다.

【生生世世】shēngshēng-shìshì ⓢ 1 (佛) 생생세세. 세세생생. 불교에서 몇 번이든지 환생하는 일. 2 대대손손(代代孫孫).

【生生死死】shēngshēng-sǐsǐ ⓢ 삶과 죽음이

## shēng 生

거듭되며 다함이 없다.
【生石膏】 shēngshígāo ☞【石膏】 shígāo
【生石灰】 shēngshíhuī 명(化) 생석회. 산화칼슘(CaO). =【煅石灰】 duànshíhuī
【生食】 shēngshí 동 생식하다. 날것으로 먹다. ¶~鱼片=회를 날로 먹다. ↔熟食
【生事】 shēng‖shì 동 말썽을 일으키다. 사건을 야기하다. 일을 만들다. ¶造谣~=헛소문을 퍼뜨리고 말썽을 일으키다.
【生手】 shēngshǒu 명 초보자. 풋내기. 미숙련자. ≒新手 ↔熟手 老手
【生疏】 shēngshū 형 1 생소하다. 낯설다. ¶环境~=환경이 낯설다. 2 소원하다. 친하지 않다. ¶感情~=감정이 소원하다. 3 (오랜 기간 하지 않아) 서툴다. 미숙하다. ¶业务~=업무가 서툴다. ≒疏远 荒疏 ↔熟悉 熟练 娴熟
【生水】 shēngshuǐ 명 생수. 끓이지 않은 물. ↔开水
【生丝】 shēngsī 명(紡) 생사.
【生死】 shēngsǐ 동 살고 죽다. 명 생사. 삶과 죽음. ¶~关头=생사의 절박한 고비. 형 1 생사를 같이 하는. ¶~之交=생사를 같이하는 벗. 2 매우 절친한.
【生死簿】 shēngsǐbù 명 생사부.
【生死不渝】 shēngsǐ-bùyú 성 1 생사에 관계없이 변하지 않다. 절대 변치 않다. 2 변함없이 충성과 지조를 다하다. 의지가 굳건하다.
【生死存亡】 shēngsǐ-cúnwáng 성 생사존망. 생사존망이 걸려 있다. 매우 중대하다. 형세가 지극히 위험하다.
【生死骨肉】 shēngsǐ-gǔròu 성 1 죽은 자를 되살리고 백골에 살이 돋게 하다. 2(비) 크나큰 은혜를 입다.
【生死观】 shēngsǐguān 명 생사관.
【生死交】 shēngsǐjiāo 명 1 생사를 같이하는 정분. 2 생사를 같이하는 벗〔사이〕. =【生死之交】 shēngsǐzhījiāo
【生死攸关】 shēngsǐ-yōuguān 성 1 사람의 생사존망과 관련되다. 2(비) 관건이 되다. 지극히 중대하다.
【生死与共】 shēngsǐ-yǔgòng 성 1 생사를 함께 하다. 2 정이 지극히 돈독하다.
【生死之交】 shēngsǐzhījiāo ☞【生死交】 shēngsǐjiāo
【生态】 shēngtài 명 생태.
【生态标志】 shēngtài biāozhì ☞【环境标志】 huánjìng biāozhì
【生态城市】 shēngtài chéngshì 명 생태 도시. 환경 친화적 도시.
【生态工程】 shēngtài gōngchéng 명 생태 공학(工學).
【生态环境】 shēngtài huánjìng 명 생태 환경.
【生态建筑】 shēngtài jiànzhù 명(建)생태 건축. 환경 친화적 건축.
【生态农业】 shēngtài nóngyè 명(農) 생태 농업. 환경 친화적 농업.

【生态平衡】 shēngtài pínghéng 명 생태 평형. 생태계의 균형.
【生态危机】 shēngtài wēijī 명 생태 위기.
【生态系统】 shēngtài xìtǒng 명 생태계.
【生态效益】 shēngtài xiàoyì 명 생태계의 균형을 유지함으로써 얻어지는 긍정적 효과.
【生态学】 shēngtàixué 명 생태학.
【生态营销】 shēngtài yíngxiāo ☞【绿色营销】 lǜsè yíngxiāo
【生态游】 shēngtàiyóu 명 (생태 환경 보호와 여행을 결합한) 생태 여행.
【生疼】 shēngténg 형 정말 아프다. ¶你刚才那一拍打得人~。=네가 방금 한 번 친 것이 정말 아프다.
【生疼生疼】 shēngténg shēngténg (~的) 형 정말 아프다. ¶不小心针扎了手, ~的。=부주의로 손을 바늘에 찔렸는데, 정말 아프다.
【生铁】 shēngtiě 명 생철. 무쇠. =【铸铁】 zhùtiě【铣铁】 xiǎntiě
【生铜】 shēngtóng 명 생동. [캐낸 채로 아직 불리지 않은 구리]
【生土】 shēngtǔ 명(農) 1 생땅. 미개간지. 2 낯선 땅. 3 개간에 적합하지 않은 땅.
【生吞活剥】 shēngtūn-huóbō 성(비) (남의 이론·방법 등을) 기계적으로 모방하다. 기계적으로 적용하다. ≒囫囵吞枣
【生物】 shēngwù 명 1 생물. 2 생물학(生物學). ¶下学期所开课程中有~。=다음 학기에 개설되는 과목 중에 생물학이 있다.
【生物电】 shēngwùdiàn ☞【生物电流】 shēngwù diànliú
【生物电流】 shēngwù diànliú 명(生) 생물 전기. 생체 전기. =【生物电】 shēngwùdiàn
【生物多样性】 shēngwù duōyàngxìng 명(生) 생물 다양성.
【生物防治】 shēngwù fángzhì 명 생물(적) 방제. 생물을 이용하는 예방.
【生物工程】 shēngwù gōngchéng 명 생물 공학. 생명 공학. 바이오테크놀러지(biotechnology).
【生物碱】 shēngwùjiǎn 명(化) 알칼로이드(alkaloid). 식물 염기.
【生物节律】 shēngwù jiélǜ 명(生) 바이오리듬(biorhythm). 생리학적 리듬(biological rhythm). 생체 리듬.
【生物链】 shēngwùliàn 명 생물학적 사슬.
【生物圈】 shēngwùquān 명 생물권.
【生物体】 shēngwùtǐ 명 생물체. 생명체.
【生物污染】 shēngwù wūrǎn 명 생물에 의한 오염. [인류에게 해가 되는 생물의 대기·수원·토양·식물에 대한 오염]
【生物武器】 shēngwù wǔqì 명(軍) 생물(학) 무기. 세균 병기. 세균 무기. 생화학 무기. =【细菌武器】 xìjūn wǔqì
【生物芯片】 shēngwù xīnpiàn 명(生) 바이오칩(biochip).
【生物学】 shēngwùxué 명 생물학.
【生物制品】 shēngwù zhìpǐn 명(醫) 생물학

적 제제(製劑).
【生物钟】**shēngwùzhōng** 명(生) 생물 시계. 생물학적 시계. 생체 시계. 영 biological clock.
【生物资源】**shēngwù zīyuán** 명 생물 자원. 생명 자원.
【生息】**shēng**∥**xī** 동 이자가 붙다. 이자가 생기다. ¶存储~=저축하여 이자가 생기다.
【生息】**shēngxī** 동 1문 인구가 늘다. 번식하다. ¶休养~=회복기를 가지며 인구를 늘리다. 2문 성장시키다. 자라나게 하다. ¶~力量=힘을 키우다. 3 생존하다. 생활하다. ¶这是我们的祖先曾一过的地方.=여기는 일찍이 우리의 조상들이 살았던 곳이다.
【生香】**shēngxiāng** 명 아직 정제하지 않은 생송진.
【生相】**shēngxiàng** 명 용모. 생김새. ¶~清秀=생김새가 깔끔하고 시원스럽다.
【生橡胶】**shēngxiàngjiāo** 명 생고무. =【生胶】**shēngjiāo**
【生肖】**shēngxiào** 명 사람의 띠. =【属相】**shǔ**·**xiang**
【生效】**shēng**∥**xiào** 동 효과가 나타나다. 효력이 발생하다. ¶合同自签订之日起~.=계약을 체결하는 날부터 효력이 발생된다.
【生衅】**shēngxìn** 동 분규를 일으키다. 사건을 일으키다. 문제를 야기하다.
【生性】**shēngxìng** 명 천성. 타고난 성품. ¶~开朗=천성이 명랑하다.
【生锈】**shēng**∥**xiù** 동 녹이 슬다. ¶刀~了.=칼이 녹슬었다.
【生涯】**shēngyá** 명 생애. 생활. 일생. ¶演艺~=연예계 생활.
【生厌】**shēngyàn** 동 싫증이 나다. 싫어하다. 혐오하다. ¶不要惹人~.=다른 사람이 싫어하지 않도록 해라.
【生养】**shēngyǎng** 동 낳아서 키우다. ¶~子女=자녀를 낳아서 키우다.
【生药】**shēngyào** 명(醫) 생약.
【生业】**shēngyè** 명 생업. 직업. ¶不谋~=먹고 살 일을 도모하지 않다.
【生疑】**shēngyí** 동 의심이 생기다. 의심나다. 의심을 품다.
【生意】**shēngyì** 명 생기. 활력. 생명력. ¶草木葱茏, ~蓬勃=초목이 파릇파릇 생기가 넘친다. ≒生机
【生意】**shēng**·**yi** 명 (經) 장사. 영업. 사업. 비즈니스(business). 거래. ¶萧条=장사가 잘 되지 않는다. 2문 직업. 일. ¶你干啥~?=당신은 무슨 직업에 종사하십니까? ≒买卖
【生意经】**shēng**·**yijīng** 명 (經) 장사(사업)의 비결(요령·방법).
【生意口】**shēng**·**yikǒu** 명 (經) 1 (소규모 장사의) 업계. ¶~上要讲诚信.=장사에서는 신용을 중요시해야 한다. 2 장사꾼의 말투.
【生意人】**shēng**·**yirén** 명 (經) 상인. 장사꾼. 사업가.
【生硬】**shēngyìng** 형 1 부드럽지 못하다. 딱딱

하다. 섬세하지 못하다. ¶工作作风~=일하는 태도가 딱딱하다. 2 생경하다. 어색하다. 자연스럽지 못하다. 서툴다. ¶他的韩语说得很~.=그의 한국어는 너무 어색하다. ↔自然(zì·ran)委婉
【生油】**shēngyóu** 명 1 (사용한 적이 없는) 새 기름. 2방 땅콩기름. 3 (열처리를 하지 않은) 생기름. 정제하지 않은 기름.
【生于】**shēngyú** 동 …에(서) 태어나다.
【生鱼片】**shēngyúpiàn** (~儿) 명 생선회.
【生育】**shēngyù** 동 출산하다. 아이를 낳다. ¶~能力=생식 능력.
【生员】**shēngyuán** 명 생원. 수재(秀才). [명청(明清)대에 가장 낮은 등급의 시험을 통과한 선비] 영【秀才】**xiù**·**cai**
【生源】**shēngyuán** 명 학생 자원. ¶~充足=학생 자원이 충분하다.
【生造】**shēngzào** 동 (단어 등을) 제멋대로 만들다. 억지로 만들다. 근거 없이 만들다. ¶~一词往往让人云里雾里.=제멋대로 만든 단어는 왕왕 사람을 종잡을 수 없게 만든다.
【生张熟魏】**shēngzhāng-shúwèi** 성 모르는 손님과 아는 손님이 함께 있어서 서로 잘 알지 못하다.
【生长】**shēngzhǎng** 동 1 (生) 생장하다. 자라다. 2 성장하다. 나서 자라다. 생장하다. 생겨서 늘어나다. ¶他留学中国, ~在韩国.=그는 중국에서 유학하였는데, 한국에서 태어나고 자랐다. ≒成长
【生长点】**shēngzhǎngdiǎn** 명 1 (植) 생장점. 2 출발점. 돌파구.
【生长期】**shēngzhǎngqī** 명 성장기.
【生长素】**shēngzhǎngsù** 명(生) 성장 호르몬.
【生殖】**shēngzhí** 동(生) 생식하다.
【生殖洄游】**shēngzhí huíyóu** 명(動) 산란 회유(産卵回游).
【生殖器】**shēngzhíqì** 명 (生) 생식기. 성기.
【生殖腺】**shēngzhíxiàn** 명 (生) 생식선. 생식샘. =【性腺】**xìngxiàn**
【生众食寡】**shēngzhòng-shíguǎ** 성 생산자는 많고 소비자는 적다.
【生猪】**shēngzhū** 명 돼지. [주로 경제 용어로 쓰임]
【生子】**shēngzǐ** 동 1 (사람이) 아들을 낳다. 자식을 낳다. 2 (짐승이) 새끼를 낳다.
【生字】**shēngzì** 명 모르는 글자. 낯선 글자. 새로 생긴 글자.

** 声[聲] **shēng** 소리 성
명 1 (~儿) (목)소리. ¶人~鼎沸=사람들의 소리가 들끓다. / 掌~如雷=박수 소리가 우레와 같다. 2 명성. 명망. 명예. 이름. ¶名~显赫=명성이 자자하다. 3 소식. ¶销~匿迹=종적을 감추다. 4 (言) 성모(聲母). 자음(子音). ¶双~叠韵=쌍성 첩운(雙聲疊韻). 5 (言) 성조(聲調). ¶去~=거성(去聲). 6 (Shēng) 성(姓). 동 1 (목)소리를 내다. ¶不~不响=아무 소리도 내지

않다. **2** 선포하다. 진술하다. ¶向外～称＝외부에 선포하다. [양] 마디. 번. [소리의 횟수를 나타냄] ¶叫了几～＝몇 번 부르다. ≒音

○● 促cù声, 带声, 蜚fēi声, 风声, 鼾hān声, 和声, 呼声, 回声, 吭kēng声, 厉声, 连声, 曼声, 名声, 男声, 女声, 轻声, 去声, 入声, 上声, 失声, 舒声, 童声, 吞tūn声, 尾声, 无声, 先声, 响xiǎng声, 相声, 谐xié声, 心声, 形声, 应声, 则声, 仄zè声, 掌声, 吱zī声, 做声

【声辩】**shēngbiàn** [동] 공개적으로 해명하다. 변해하다. 변명하다. 언명하다. ¶严词～＝엄한 말로 공개 해명하다.

【声波】**shēngbō** [명]《物》음파(音波).

【声部】**shēngbù** [명]《音》성부.

【声场】**shēngchǎng** [명]《物》음장. 사운드 필드(sound field).

【声称】**shēngchēng** [동] 표명하다. 밝히다. 표(表)하다. 공언하다. 성명하다. 언명하다. (소리 높여) 주장하다. 공공연하게 말하다. ¶公开～＝공개적으로 발표하다. ≒宣称

【声带】**shēngdài** [명] **1**《生》성대. **2** 사운드 트랙(sound track). 음구(音溝). [영화 필름에서 소리가 녹음된 가장자리 부분] **3** 소리가 녹음된 필름(film)이나 자기 테이프.

【声道】**shēngdào** [명] **1** 트랙(track). **2** 채널(channel).

【声调】**shēngdiào** [명]《言》**1** 성조. 말투. 어조. 톤(tone). **2** ☞【字调】**zìdiào** ≒音调

【声东击西】**shēngdōng-jīxī** [성] 성동격서. 동쪽을 치겠다고 공언하고 실제로는 서쪽을 치다. 이쪽을 치는 척하고 저쪽을 치다. ≒调虎离山

【声符】**shēngfú** [명]《言》성부. [형성자에서 독음을 나타내는 부분]

【声价】**shēngjià** [명] 명성과 지위. 평판. ¶～倍增＝명성이 배가(倍加)되다.

【声控】**shēngkòng** [동] 소리로 제어〔조종〕하다. ¶～电灯＝소리로 제어하는 전등.

【声浪】**shēnglàng** [명] **1** 군중의 함성 소리. 군중의 목소리. 여러 사람의 목소리. ¶叫好的～此起彼伏。＝잘한다는 고함 소리가 여기저기서 일어나다. **2** [옛]《物》음파(音波). **3** 세평. 평판. 소문. **4** 풍조.

【声泪俱下】**shēnglèi jùxià** [성] **1** 눈물을 흘리며 하소연하다. **2** 매우 비통해하다.

【声律】**shēnglǜ** [명] (시(詩)·사(詞) 등의) 성률. 음률.

【声门】**shēngmén** [명]《生》성문.

【声名】**shēngmíng** [명] 명성. 평판. ¶～远播＝명성(名聲)이 멀리까지 퍼지다.

【声名大噪】**shēngmíng-dàzào** [성] 명성을 크게 떨치다. 명성이 자자하다.

【声名狼藉】**shēngmíng-lángjí** [성][비] 악명이 자자하다. 악명이 높다.

【声名鹊起】**shēngmíng-quèqǐ** [성][비] 명성이 하루 아침에 높아지다.

【声明】**shēngmíng** [동] 성명하다. 공개적으로 선언하다. ¶公开～＝공개 성명하다. [명] 성명서. 성명문. ¶联合～＝연합 성명서. ≒申明

【声母】**shēngmǔ** [명]《言》성모. 자음(字音). [예를 들어, '韩(hán)·国(guó)' 에서 **h**, **g** 등이 성모에 해당함]

【声呐】**shēngnà** [명][외] 소나(sonar). 수중 음파 탐지기.

【声能】**shēngnéng** [명]《物》사운드 에너지(sound energy).

【声旁】**shēngpáng** [명]《言》성부. [형성자에서 독음을 나타내는 부분]

【声频】**shēngpín** [명] **1**《物》가청 주파수(可聽周波數). 음향 주파수(音響周波數). **2**《電》가청. [영] audio

【声谱】**shēngpǔ** [명]《物》음향 스펙트럼.

【声气】**shēngqì** [명] **1** 소식. 정보. ¶互通～＝서로 소식을 전하다. **2** [방] 목소리. 말투. 음성. ¶～粗重＝말투가 거칠다.

【声腔】**shēngqiāng** [명]《劇》곡조. [많은 중국 전통극이 공유하는 계통적인 가락·곡조로, '昆腔(kūnqiāng)'·'高腔(gāoqiāng)'·'梆子腔(bāng·ziqiāng)' 등을 말함]

【声强】**shēngqiáng** [명]《物》소리의 강도.

【声情】**shēngqíng** [명] 목소리와 감정. ¶～动人＝목소리와 감정이 사람을 감동시키다.

【声情并茂】**shēngqíng-bìngmào** [성] 노래(또는 말과 연주) 소리가 듣기 좋고 감정이 넘쳐 사람을 감동시키다.

【声请】**shēngqǐng** [동] 신청하다.

【声容】**shēngróng** [명] 음성과 용모. ¶～俱佳＝음성과 용모가 모두 뛰어나다.

【声色】**shēngsè** [명] **1** [문] 가무와 여색. 성색. ¶不近～＝가무와 여색을 가까이하지 않다. **2** 말소리와 얼굴빛. ¶不露～＝목소리나 얼굴빛을 드러내지 않다. **3** (문학이나 예술에 나타난) 풍격. 격조. 색채. 분위기. ¶她的倾情歌唱别具～。＝그녀의 열정적인 노래는 독특한 분위기를 지니고 있다. **4** 생기와 활력. ¶他们的加入给整个小组增添了不少～。＝그들의 가입은 팀 전체에 적지 않은 활력을 북돋워 주었다.

【声色俱厉】**shēngsè-jùlì** [성] 목소리와 표정이 매우 사납다.

【声色犬马】**shēngsè-quǎnmǎ** [성] **1** 가무·여색·개 사육·승마. **2** [비] 퇴폐적인 생활.

【声声】**shēngshēng** [명] 소리소리마다. ¶歌声·琴声, ～动人。＝노랫소리와 거문고 소리가 소리소리마다 사람을 감동시킨다.

【声势】**shēngshì** [명] 성세. 명성과 위세. 위엄과 기세. ¶虚张～＝허장성세. 실속은 없으면서 큰 소리치거나 허세를 부리다. ≒声威

【声势浩大】**shēngshì-hàodà** [성] 명성과 위세가 드높다.

【声嘶力竭】**shēngsī-lìjié** [성] **1** 목이 쉬고 힘이 다 빠지다. 기진맥진하다. **2** 힘껏 외치다. ＝【力竭声嘶】**lìjié-shēngsī**

【声速】**shēngsù** [명]《物》음속. ＝【音速】**yīnsù**

【声讨】**shēngtǎo** [동] (공개적으로) 규탄하다. 성

토하다. ¶~独裁者的罪行=독재자의 죄상을 성토하다. ≒申讨

【声望】shēngwàng 명 성망. 명성과 덕망. 명망. ¶他在演艺界~很高.=그는 연예계에서 명망이 높다. ≒名望

【声威】shēngwēi 명 1 명성과 위엄. ¶~大振=명성과 위엄을 크게 떨치다. 2 위세. 기세. 사기. ¶战鼓阵阵, ~陡增.=전투의 북 소리가 둥둥 울리자 사기가 갑자기 드높아졌다. ≒声势

【声息】shēngxī 명 1 소리. 기척. [주로 부정형으로 쓰임] ¶~全无=쥐 죽은 듯 조용하다. 2 소식. 정보. ¶~相通=소식을 서로 통하다. ≒消息 声响

【声响】shēngxiǎng 명 소리. ¶奔流的瀑布发出巨大的~.=세차게 흘러내리는 폭포가 굉장한 소리를 내다. ≒声息

【声像带】shēngxiàngdài 명 카세트 테이프와 비디오 테이프.

【声销迹匿】shēngxiāo-jìnì ☞【销声匿迹】xiāoshēng-nìjì

【声学】shēngxué 명(物) 음향학.

【声讯】shēngxùn 명 전화 정보 서비스. ¶~服务=전화 정보 서비스.

【声讯台】shēngxùntái 명 유료 전화 정보 서비스 기관.

【声压】shēngyā 명(物) 음압(音压).

【声言】shēngyán 동 언명하다. 표명하다. 공언하다. 밝히다. 표(表)하다. 성명하다. (소리 높여) 주장하다. 공공연하게 말하다. ¶他~将坚持自己的立场.=그는 자신의 처지를 고수할 것임을 표명하였다.

【声扬】shēngyáng 동 소문내다. 크게 떠들다. 소문이 자자하다. ¶这事不要到处~.=이 일을 여기저기 소문내어서는 안 된다.

【声音】shēngyīn 명 1 소리. 목소리. ¶一点~也听不见.=아무 소리도 들리지 않는다. 2 의견. 논조. ¶正义的~是不容忽视的.=정의의 외침을 소홀히 해서는 안 된다.

【声誉】shēngyù 명 명성. 명예. ¶这一品牌在消费者中有极好的~=이 상표는 소비자들 사이에서 매우 평판이 좋다.

【声援】shēngyuán 동 성원하다.

【声源】shēngyuán 명 발음체.

【声乐】shēngyuè 명(音) 성악. ['器乐(기악)'와 구별됨]

【声韵】shēngyùn 명 1 (言) 성모와 운모. 자음과 모음. 2 시문(诗文)의 운율.

【声韵学】shēngyùnxué ☞【音韵学】yīnyùnxué

【声张】shēngzhāng 동 (사건·소식·소문을) 퍼뜨리다. 두루 알리다. ¶先别~, 等弄清楚情况以后再说.=우선 소문을 퍼뜨리지 말아라, 상황이 확실해진 뒤에 다시 이야기하자.

【声震】shēngzhàng 명(物) 음벽. 소리장벽.

【声振林木】shēngzhèn-línmù 목소리가 크고 우렁차다. [주로 노랫소리를 가리킴]

【声质】shēngzhì 명 말투.

狌 shēng 성성이 성
명 '猩(shēng)'과 같음.
☞ xīng

牲 shēng 희생 생
명 1 산 제물. 희생. [제사용 소·양·돼지 등] ¶献~=희생을 바치다. 2 가축. ¶家禽~畜=가금과 가축.

○● 三牲, 牺xī牲

【牲畜】shēngchù 명 가축. ≒家畜
【牲口】shēng·kou 명 (사람을 도와 일하는 소·말·노새·낙타 등의) 가축. 일짐승.

笙 shēng 생황 생
명(音) 생황. [관악기의 하나]

○● 芦lú笙

【笙歌】shēnggē 동 1 생황 반주에 맞춰 노래를 부르다. ¶~达旦=연주와 노래로 밤을 새우다. 2 악기를 연주하며 노래를 부르다. ¶夜夜~=밤마다 풍악을 울리고 노래 부르다. 명 연주와 가창 소리. ¶~悠扬=연주와 가창 소리가 은은하게 울리다.
【笙鼓】shēnggǔ 명(音) 1 생황과 북. 2 악기. ¶~齐鸣=악기가 일제히 울리다.
【笙管笛箫】shēng-guǎn-dí-xiāo 명(音) 관악기의 총칭.
【笙簧】shēnghuáng 명(音) 생황의 리드(reed).
【笙磬同音】shēngqìng-tóngyīn 성 1 생황과 경쇠의 소리가 잘 조화되다. 2 (비) 사람들의 마음이 잘 맞다.
【笙箫】shēngxiāo 명(音) 생황과 퉁소.

甥 shēng 생질 생
명 생질. 이질.
【甥女】shēngnǚ 명 생질녀. 이질녀.

鼪 shēng 족제비 생
명(동) 족제비.

渑[澠] Shéng 강 이름 승
명(地) 성수이(渑水). [지금의 산둥(山东)성 린쯔(临淄)현 일대에 있는 강의 옛 이름]
☞ miǎn

绳[繩] shéng 밧줄 승
동 1 바로잡다. 제재하다. 통제하다. ¶~之以法=법으로 제재하다. 2 잇다. 계승하다. 계속하다. ¶~其祖武=조상의 업적을 잇다. 명 (~儿) 1 (노)끈. (밧)줄. 새끼. ¶线~=끈. ¶麻~=삼끈. 2 먹줄. ¶木直中(zhòng)~=나무가 곧으면 먹줄을 맞는다. 3 표준. 규칙. ¶准~=기준. 표준. 4 (Shéng) 성(姓).

○● 火绳, 缰jiāng绳, 缆lǎn绳, 跳绳, 头绳, 准绳, 走绳

【绳操】shéngcāo 명(體)(리듬 체조 가운데) 줄(로프) 연기.

【绳尺】shéngchǐ 명 먹줄과 자.

【绳床】shéngchuáng 명 그물 침대. 해먹.

【绳床瓦灶】shéngchuáng-wǎzào 성 ① 새끼로 침상을 만들고 기와조각으로 아궁이를 만들다. ② 비 가난한 생활〔살림〕.

【绳技】shéngjì 명 줄타기. (리듬 체조 가운데) 줄체조 연기.

【绳锯木断】shéngjù-mùduàn 성 ① 노끈을 톱 삼아 나무를 자르다. ② 비 역량이 부족해도 포기하지 않고 노력하면 결국은 성공하다. 열 번 찍어 안 넘어가는 나무가 없다.

【绳捆索绑】shéngkǔn-suǒbǎng 성 포승줄로 꽁꽁 묶다. 포박하다.

【绳缆】shénglǎn 명 끈. 밧줄의 총칭.

【绳墨】shéngmò 명 ① 먹줄. ② 비 규범. 법도. 표준. ¶不拘~=규범에 얽매이지 않다.

【绳趋尺步】shéngqū-chǐbù 성비 언행이 규범에 맞고 본분을 지키다.

【绳索】shéngsuǒ 명 밧줄.

【绳套】shéngtào 명 ① (줄로 만든) 고리. 올가미. ② 봇줄. 고삐와 굴레. ③ 비 함정. 올가미.

【绳梯】shéngtī 명 줄사다리.

【绳之以法】shéngzhīyǐfǎ 성 법률에 근거하여 제재를 가하다.

【绳直】shéngzhí 형 (먹줄처럼) 똑바르다.

【绳子】shéng·zi 명 (노)끈. 새끼. 밧줄.

**省** shěng 줄일 생

동 ① 덜다. 줄이다. 빼다. 생략하다. ¶那事取消了, 确实~了不少麻烦.=그 일이 취소되어 확실히 적잖은 번거로움을 덜게 되었다. ② 아끼다. 절약하다. ¶~一时=시간을 절약하다. / 节衣食=입고 먹는 것을 절약하다. ¶在这句话里, '僧' 是'僧尼' 之~.=이 말에서 '僧' 은 '僧尼' 의 준말이다. ② 고대 관청 이름. ¶尚书~=상서성. ③ (地) 성. (현대 중국의 최상급 지방 행정 단위) ¶四川~=쓰촨성. / 江苏~=장쑤성. ④ 성도(省都). ¶抵~=성도에 도착하다. ↔费

☞ xǐng

○- 俭jiǎn省, 节省, 轻省, 外省

【省便】shěngbiàn 형 (일을 덜어) 간편하다. 편리하다. 수월하다. ¶有了新设备, 加工产品就~多了.=새 설비가 갖추어지니 생산품을 가공하기가 아주 간편해졌다.

【省城】shěngchéng ☞【省会】shěnghuì

【省吃】shěngchī 동 먹는 것을 절약하다. 아껴 먹다.

【省吃俭用】shěngchī-jiǎnyòng 성 아껴 먹고 아껴 쓰다.

【省道】shěngdào 명 성급(省級) 간선 도로.

【省得】shěng·de 접 …하지 않도록. …않기 위해. [주로 뒷 단문의 시작에 쓰임] ¶就在外面吃吧, ~回家再做.=집에 가서 다시 밥을 짓지 않도록 밖에서 먹읍시다.

【省费】shěngfèi 동 (비용을) 절약하다.

【省分】shěngfēn ☞【省份】shěngfèn

【省份】[省分] shěngfèn 명 성(省). [고유 명사와 함께 쓰이지 않고 단독으로 쓰임. 예를 들어 '山东省份' 이라고 하지 않음] ¶你来自哪个~?=당신은 어느 성에서 오셨습니까?

【省府】shěngfǔ 명약 省政府(성(행)정부).

【省会】shěnghuì 명 성도(省都). 성 정부 소재지. 성 행정부 소재지. =【省城】shěngchéng

【省级】shěngjí 명 성급. ¶~单位=성급 단위〔기관〕.

【省俭】shěngjiǎn 형 아껴 쓰다. 검약하다. 검소하다. 낭비하지 않다. ¶日常生活要~。=일상 생활은 검소해야 한다.

【省界】shěngjiè 명 성(省)의 경계.

【省劲】shěngjìn(~儿)형 수월하다. 수고롭지 않다. 동 힘〔수고·품〕을 덜다.

【省军级】shěngjūnjí 명 성1급과 군단1급.

【省力】shěnglì 형 수월하다. 수고롭지 않다. ¶用车推比用肩扛要~得多.=수레를 사용하는 것이 어깨로 지는 것보다 훨씬 수월하다. 동 힘〔수고·품〕을 덜다. ↔费力

【省立】shěnglì 형 성에서 세운. 성에서 주관하는. ¶~技术学校=성립 기술 학교.

【省料】shěngliào 동 재료〔원료〕를 아끼다. 재료〔원료〕를 절약하다. ¶省工~=품을 덜고 재료를 절약하다.

【省略】shěnglüè 동 ① 생략하다. 삭제하다. ¶这段文字太罗嗦, 应该~.=이 글은 너무 너저분해서 마땅히 삭제해야 한다. ② (言) (특정한 조건에서) 문구를 생략하다. ¶下雨了, 带把伞'这句话中~了主语'你'.='비가 오니 우산을 가지고 가거라.' 라는 이 말에서 주어인 '你' 가 생략되었다.

【省略号】shěnglüèhào 명(言) 생략표. (말)줄임표. '…'. =【删节号】shānjiéhào

【省钱】shěngqián 동 돈을 아끼다. 돈을 절약하다. 돈이 절약되다. 경제적이다. ¶在家做饭比吃餐馆要~得多.=집에서 해 먹는 것이 식당에서 먹는 것보다 훨씬 경제적이다.

【省情】shěngqíng 명 한 성(省)의 전반적인 상황〔사정〕.

【省区】shěngqū 명 성(省)과 자치구(自治區).

【省却】shěngquè 동 ① 없애 버리다. 제거하다. ¶~烦恼=번뇌를 없애다. ② 절약하다. ¶采用机器操作~了很多时间.=기계화 작업을 도입하여 많은 시간을 절약하게 되었다.

【省时】shěngshí 동 시간을 절약하다〔덜다〕. ¶~省力=시간과 힘을 절약하다. ↔费时

【省事】shěng∥shì 동 일을 줄이다. 힘〔수고·품〕을 덜다. ¶这样做可以省不少事.=이렇게 하면 수고를 적지 않게 덜 수 있다. 형 편리하다. 간단하다. ¶现在办驾照~多了.=요즘은 운전면허증을 따기가 꽤 간편해졌다. ↔费事

【省属】shěngshǔ 명 성(省) 직속의. ¶~重点中学=성 직속 중점 고등 학교.

【省委】shěngwěi 명❷ 中国共产党省委员会(중국 공산당 성 위원회). ¶~书记=성 위원회 서기.

【省辖市】shěngxiáshì 명 성(省)이나 자치구(自治區)의 직할시(直轄市). [밑에 '区(구)' 나 '县(현)'을 둠]

【省心】shěng∥xīn 동 근심〔걱정〕을 덜다. 시름을 놓다. ¶这孩子从小就懂事, 让人～。=이 아이는 어려서부터 철이 들어서 안심이 된다. ↔费心

【省用】shěngyòng 동 비용을 절약하다.

【省油灯】shěngyóudēng ❷❷ 성실하고 분수를 지키는 사람. [주로 부정형으로 쓰임] ¶她厉害着呢, 可不是个～。=그녀는 아주 대단해요! 절대 제 분수를 지키는 사람이 아니죠.

【省垣】shěngyuán 명❷ 성도(省都). 성 정부 소재지. 성 행정부 소재지.

【省长】shěngzhǎng 명 성장. 한 성의 최고 행정 장관.

【省直】shěngzhí 형 성 정부 직속의. ¶~机关=성 정부 직속 기관.

【省志】shěngzhì 명 성지. [지방지의 일종. 성(省) 또는 자치구(自治區)·직할시의 각종 상황을 기록한 것]

眚 shěng 백태 낄 생
동❷ 눈에 백태가 끼다. 명❷ 1 잘못. 과실. 과오. ¶不以一～掩大德=사소한 잘못으로 큰 공덕을 가려서는 안 된다. 2 재화. 재앙. 재난. ¶无～=재화가 없다.

**圣[聖]** shèng 성스러울 성
형 1 신성하다. 성스럽다. ¶神～=신성하다. 2 슬기롭다. 지혜롭다. 고상하다. ¶～明之人=슬기롭고 영명한 사람. 명 1 신통한 솜씨. 특출한 재간. ¶跑～=신통력을 발휘하다. 2 성인. ¶师法～贤=성현을 스승으로 삼아 본받다. 3 학문·기예에 가장 뛰어난 사람. ¶棋～=기성. 장기나 바둑의 명수. 4 임금에 대한 존칭. ¶开明～世=성세를 펼치다. 5 종교 신자가 숭배하는 사물에 붙이는 존칭. ¶～诞前夜=성탄 전야. 크리스마스 이브. 6 (Shèng) 성(姓).

　○● 朝cháo圣

【圣餐】shèngcān 명(宗) 성찬. 성찬식.
【圣诞】shèngdàn 명 1 성탄절. 예수의 탄생일. 2 ❷ 공자의 생일.
【圣诞花】shèngdànhuā ☞【一品红】yīpǐnhóng
【圣诞节】shèngdànjié 명 성탄절. 크리스마스.
【圣诞卡】shèngdànkǎ 명 크리스마스 카드.
【圣诞老人】Shèngdàn Lǎorén 명❷ 산타클로스.
【圣诞树】shèngdànshù 명 크리스마스 트리.
【圣地】shèngdì 명 1 (宗) 성지. 2 (역사적인 의미를 지닌) 성지. 성역. ¶民主革命的～=민주 혁명의 성지.
【圣火】shènghuǒ 명 1 성화. 2 올림픽 성화. ¶奥运～=올림픽 성화.

【圣洁】shèngjié 형 신성하고 순결하다. 성결하다. ¶～无瑕=티없이 성결하다. ↔污秽

【圣经】shèngjīng 명 1(宗) (기독교의) 성경. 성서. 2(宗) (유대교의) 성경. [《율법서》·《선지서》·《성문서》를 포함함] 3 유가의 경전.

【圣经贤传】shèngjīng xiánzhuàn 명 성경현전. 유가의 경전과 그것을 해석〔해설〕한 권위 있는 저서.

【圣灵】shènglíng 명 1 신령. 2(宗) 성령. [기독교에서, 성삼위(聖三位) 중의 하나인 하나님의 영을 이르는 말]

【圣卢西亚】Shènglúxīyà 명❷(地) 세인트루시아(Saint Lucia). [수도는 '卡斯特里(캐스트리스: Castries)' 임]

【圣马力诺】Shèngmǎlìnuò 명❷(地) 산마리노(San Marino). [수도는 '圣马力诺(산마리노: San Marino)' 임]

【圣庙】shèngmiào 명 성묘. 문묘(文廟). 공자를 모신 사당. 공자묘.

【圣明】shèngmíng 형 현명하다. 사리에 밝다. 슬기롭고 영명하다. 비범하고 총명하다. [주로 황제를 칭송하는 데 쓰임]

【圣母】shèngmǔ 명 1(宗) 성모 마리아. 2 여신(女神).

【圣品】shèngpǐn 명 예술성이 뛰어나고 가치가 높은 작품. 아주 훌륭한 작품. 걸작품.

【圣人】shèngrén 명 1❷ 성인. ¶孔子被后人尊为～。=공자는 후세 사람들에게 성인으로 떠받들어진다. 2 천자. 임금. [신하가 군주에 대해 붙이는 존칭] 3(佛)(道) 성인. [불교·도교에서 석가모니와 신선에 대한 존칭] 4(宗) 세인트(Saint). [성인(聖人)·대(大)천사·사도 이름 등에 붙임] ↔凡人 凡夫

【圣人门前卖孝经】shèngrén ménqián mài xiàojīng ❷❷ 공자 앞에서 문자 쓰다. 고수 앞에서 재주를 피우다.

【圣上】shèngshàng 명 성상. 성왕. [옛날, 재위 중인 황제에 대한 존칭]

【圣手】shèngshǒu 명 명수. 명인. ¶神医～=명의.

【圣水】shèngshuǐ 명 1 (복을 내리거나, 귀신을 쫓고 병을 치료한다는) 성수. 2 (종교 의식에 쓰이는) 성수.

【圣徒】shèngtú 명 성도. 기독교 신도.

【圣贤】shèngxián 명 성인과 현인. 성현. ¶人非～, 孰能无过？=성현이 아니고서야 누군들 허물이 없겠는가?

【圣像】shèngxiàng 명 1 공자의 화상. 2(佛) 불상. 3(宗) 성상. [그리스도나 성모의 상]

【圣训】shèngxùn 명 1 성현의 유훈(遺訓). 2 전대(前代) 황제의 유훈(遺訓). 3 조령(詔令). 황제의 명령. 4(宗) 하디스(Hadith). [마호메트(Muhammad) 및 그 교우(教友)들의 언행을 기록한 성전(聖傳)]

【圣药】shèngyào 명 성약. 영약. 특효약. ¶～灵丹=영약.

【圣旨】shèngzhǐ 圕 1 성지. 황제의 명령. 2 반드시 좇아야 하는 말이나 지시. ¶在你眼里, 领导的话就是~? =네 눈에는 지도자의 말이 곧 성지겠지?

【圣主】shèngzhǔ 圕 1 성왕. 성군. 덕이 높은 군왕. 2 성왕. 성군. [봉건 시대에 신하가 임금에 대해 붙이는 미칭].

## **胜[勝]** shèng 이길 승

圄 1 승리하다. 이기다. ¶百战百~=백전백승하다. 2 전승하다. 물리치다. ¶以弱~强=작은 힘으로 강한 것을 물리치다. 3 능가하다. 우월하다. 낫다. ¶略~一筹=약간 낫다. 4 능히 감당하다. …할 수 있다. 견디다. ¶不~其烦=괴로움을 견딜 수 없다. 圐 (경치 등이) 아름답다. 미려하다. 훌륭하다. ¶恰逢~境=마침 좋은 경치를 만나다. 圕 모두. ¶不~枚举=낱낱이 다 들 수 없다. 圕 1 고대의 머리 장식. 方~=네모꼴을 마름모꼴로 접어 옆으로 거듭 포갠 머리 장식물. 2 아름다운 곳. 빼어난 경치. ¶引人入~=사람을 황홀경에 빠지게 하다. 3 (Shèng) 성 (姓). ≒赢 ↔败 负 逊

○● 不胜, 戴dài胜, 好hào胜, 决胜, 形胜, 优yōu胜, 争胜, 制胜

【胜败】shèngbài 圕 승패. 승부. 승리와 패배. ¶~乃兵家常事. =이기고 지는 것은 전쟁에서 늘 있는 일이다. 승패는 병가의 상사이다.

【胜兵】shèngbīng 圕 승리한 군대. 승리할 수 있는 군대. ¶~不骄=이겼다고 교만하지 않다.

【胜不骄, 败不馁】shèng bù jiāo, bài bù něi 圙 이겼다고 교만[자만]하지 않고, 졌다고 낙심하지 않다.

【胜朝】shèngcháo 圕圂 (전쟁에 패해 멸망한) 이전 왕조. 전조(前朝). ¶~遗老=전대(前代)의 유신(遺臣).

【胜出】shèngchū 圄 (시합이나 경쟁에서) 승리하다. 이기다. 물리치다. ¶在这次比赛中, 他以微弱的优势~. =이번 시합에서 그는 약간 우세하게 이겼다.

【胜地】shèngdì 圕 명승지. ¶度假~=경치가 빼어난 휴양지.

【胜负】shèngfù 圕 승부. 승패. ¶~难测=승패를 가늠하기 어렵다.

【胜过】shèngguò 圄 …보다 낫다. …보다 앞서다. …을 능가하다. ¶对她来说, 顾客的满意~一切. =그녀에게는 고객의 만족이 무엇보다 최우선이다.

【胜机】shèngjī 圕 승기. 승리의 기회. ¶把握~=승기를 잡다.

【胜迹】shèngjì 圕 명승 고적. ¶名山~=명산 고적.

【胜绩】shèngjì 圕 승적. 승리한 성적. ¶这支球队整个赛季以来还不曾有过~. =이 팀은 시즌 전체를 통틀어 승리한 적이 없다.

【胜景】shèngjǐng 圕 승경. 아름다운 풍경. ¶~怡人=아름다운 경치가 사람을 기쁘게 하다.

【胜境】shèngjìng 圕 1 명승지. 경치가 아름다운 곳. ¶山川~=이름난 산천. 2 뛰어난 경지. ¶他的创作渐入~. =그의 창작은 점점 뛰어난 경지로 들어간다.

【胜局】shèngjú 圕 승세(勝勢). ¶~在握=승세를 잡다.

【胜利】shènglì 圄 1 승리하다. 이기다. ¶本队在刚刚结束的比赛中~. =우리 팀은 방금 끝난 시합에서 이겼다. 2 (일이나 사업이) 목표를 달성하다. 성공하다. 성과를 거두다. ¶~完成建设任务=건설 임무를 성공리에 완성하다. ¶取得彻底的~=확실한 승리를 거두다. ≒成功 ↔失败 败北

【胜利果实】shènglì guǒshí 圕 (정권이나 물자 등) 승리의 성과.

【胜利在望】shènglì-zàiwàng 圙 승리가 눈앞에 보이다.

【胜率】shènglǜ 圕 1 승리의 확률. ¶在所有参赛队伍中, 他们的~最大. =참가한 모든 팀 가운데 그들이 승리할 확률이 가장 크다. 2 승률. 승리한 비율.

【胜面】shèngmiàn 圕 승산. 승리의 가능성. ¶~不小=승산이 높다.

【胜券】shèngquàn 圕圂 승리에 대한 확신. ¶稳操~=승리를 확신하다.

【胜任】shèngrèn 圄 (맡은 직책이나 임무를) 능히 감당하다. ¶本人才疏学浅, 实难~该职. =본인은 재주가 모자라고 학문이 얕아, 실로 이 직책을 감당하기가 힘듭니다.

【胜似】shèngsì 圄 우월하다. 능가하다. 앞서다. ¶不是春光, ~春光. =봄볕은 아니로되 봄볕보다 따사롭다.

【胜诉】shèngsù 圄《法》 승소하다. ↔败诉

【胜算】shèngsuàn 圕 승산. 승리의 계책. ¶胸怀~=마음속에 승산을 가지다.

【胜友如云】shèngyǒu-rúyún 圙 훌륭한 벗들이 구름처럼 많다.

【胜于】shèngyú 圄 …보다 낫다. …보다 앞서다. …을 능가하다.

【胜仗】shèngzhàng 圕 1 《军》 승전(勝戰). 2 圂 자연 재해를 이겨 낸 혁혁한 성과. ¶打了抗洪救灾的大~=홍수와 싸워 혁혁한 성과를 거두었다. ↔败仗

## 晟 shèng 밝을 성

圐圂 1 밝다. 환하다. 2 흥성하다. 왕성하다.
☞ Chéng

## **乘** shèng 탈 승

양圂 승. [고대에 4필의 말이 끄는 전차 1대를 '一乘'이라고 하였음] ¶千~之国=천 승의 전차를 가진 나라. 세력이 큰 제후국. 圕圂 1 춘추 (春秋) 시대 진(晉)나라의 사서(史書). 2 역사책. 사서. ¶史~=사서.
☞ chéng

## **盛** shèng 흥성할 성

【형】 1 흥성하다. 번성하다. ¶繁荣昌~=번영 발전하다. 2 성대하다. ¶适逢~会=때마침 성대한 모임을〔대회를〕만나다. 3 왕성하다. 강렬하다. 세차다. 기운차다. ¶年轻气~=젊고 기세가 왕성하다. 4 풍성하다. 풍부하다. 충족하다. ¶物~年丰=물자가 풍성하고 풍년이 들다. 5 심후하다. 깊다. 극진하다. 두텁다. ¶~情款待=극진하게 대우하다. 6 (정도가) 심하다. ¶~赞其能=능력을 크게 칭찬하다. 7 광범위하다. 성행하다. 보편적이다. ¶韩流~行=한류 현상이 널리 성행하다. 8 크다. ¶久负~名=오랫동안 큰 명성을 누리다. 【명】(Shèng) 성(姓). ↔衰
☞ chéng

○● 昌chāng盛, 炽chì盛, 鼎dǐng盛, 繁盛, 丰盛, 茂mào盛, 强盛, 旺wàng盛, 心盛

【盛产】 shèngchǎn 【동】 많이 나다. 많이 생산하다. ¶海南岛~热带水果.=해남도에는 열대 과일이 많이 난다.

【盛传】 shèngchuán 【동】 널리 알려지다. ¶公司里~他将是下一任总经理.=그가 장차 차기 사장이 될 거라는 소문이 회사 안에 쫙 퍼져 있다.

【盛大】 shèngdà 【형】 1 성대하다. ¶~的开幕式=성대한 개막식. 2 대단하다. 혁혁하다. ¶~伟业=대단한 위업. ≒浩大

【盛待】 shèngdài 【동】【문】 성대하게 접대하다. ¶~贵宾=귀빈을 성대하게 접대하다.

【盛德】 shèngdé 【명】 성덕. 크고 훌륭한 덕. ¶~不泯=성덕은 소멸되지 않는다.

【盛典】 shèngdiǎn 【명】 성대한 의식. ¶颁奖~=성대한 수상식.

【盛服】 shèngfú 【명】【문】 성장. 화려한 옷차림. 화려하고 장중한 차림. ¶~出席=화려한 차림으로 출석하다.

【盛果期】 shèngguǒqī 【명】【植】 식물이 한창 열매를 맺는 시기.

【盛会】 shènghuì 【명】 성회. 성대한 모임. ¶体坛~=체육계의 성대한 모임.

【盛极一时】 shèngjí-yīshí 【성】 한때 성행하게 되다. 일시에 대성황을 이루다.

【盛季】 shèngjì 【명】 성수기. 제철. ¶冰箱的销售~=냉장고 판매 성수기.

【盛景】 shèngjǐng 【명】 성황(성황). ¶~难逢=성황을 만나기 힘들다.

【盛举】 shèngjǔ 【명】 1 성대한 활동. 성대한 행사. ¶庆祝载人飞船凯旋的~=유인 우주선의 개선을 경축하는 성대한 행사. 2 중대한 사업. 중대한 조치. ¶修建三峡水电站是一大~.=싼샤(三峡) 수력 발전소 건설은 크나큰 사업이다.

【盛开】 shèngkāi 【동】 (꽃이) 활짝 피다. 만발하다. ¶荷花~=연꽃이 만발하다.

【盛况】 shèngkuàng 【명】 성황. ¶~空前=전례 없던 성황.

【盛名】 shèngmíng 【명】 훌륭한 명성. 높은 명성. 드높은 명망. ¶不负~=명성을 저버리지 않다.

【盛名之下, 其实难副】 shèngmíng zhī xià, qí shí nán fù 【성】 명성은 대단하나 실제로는 그렇지 못하다.

【盛明】 shèngmíng 【형】【문】 영명하다. 현명하다. ¶~之举=현명한 행동.

【盛年】 shèngnián 【명】 성년. 장년. ¶正当~=마침 장년에 접어들다.

【盛怒】 shèngnù 【동】 대노하다. 격노하다. ¶~之下, 他打了自己那不争气的儿子.=그는 크게 화가 난 나머지, 자기의 그 변변찮은 아들을 때리고 말았다.

【盛期】 shèngqī 【명】 성기. 한창때.

【盛气凌人】 shèngqì-língrén 【성】 오만한 기세로 남을 핍박하다. 거만스레 남을 능멸하다. 매우 오만하다. ≒咄咄逼人

【盛情】 shèngqíng 【명】 두터운 정. 후의. ¶~招待=지극히 접대하다. ≒盛意

【盛情难却】 shèngqíng-nánquè 【성】 남의 후의를 거절하기 어렵다. ↔却之不恭

【盛世】 shèngshì 【명】 성세. 흥성한 시대. 태평성세. ¶太平~=태평성세. ↔乱世

【盛事】 shèngshì 【명】 성대한 일. 성대한 사업. 대사. ¶奥斯卡颁奖典礼乃美国电影界的一大~.=오스카 수상식은 미국 영화계의 성대한 행사이다.

【盛暑】 shèngshǔ 【명】 한더위. 혹서. ≒酷暑

【盛衰】 shèngshuāi 【명】 성쇠. 흥성과 쇠퇴. ¶~兴废=흥성과 쇠퇴.

【盛衰荣辱】 shèngshuāi-róngrǔ 【성】 흥성·쇠퇴·영광·치욕. 성쇠와 영욕.

【盛位】 shèng·wèi 【명】【문】 1 고위. 매우 높은 지위. 2 지위가 높은 사람.

【盛夏】 shèngxià 【명】 성하. 한여름. ≒酷夏

【盛销】 shèngxiāo 【동】 (상품이) 날개 돋친 듯 팔리다. 불티나듯 팔리다.

【盛行】 shèngxíng 【동】 성행하다. 널리 유행하다. ¶时下考研~.=지금 대학원 진학이 성행하고 있다. ≒风行 流行

【盛行风】 shèngxíngfēng 【명】【气】 탁월풍. 영 prevailing wind

【盛筵】 shèngyán 【명】 성대한 연회. 큰 잔치.

【盛宴】 shèngyàn 【명】 성대한 연회. 큰 잔치.

【盛意】 shèngyì 【명】 두터운 정. 후의. ¶~难拒=후의는 거절하기 어렵다. ≒盛情

【盛誉】 shèngyù 【명】 큰 영예. 큰 영광. ¶享有~=큰 영예를 누리다.

【盛赞】 shèngzàn 【동】 크게 칭찬하다. 힘껏 찬양하다. ¶与会者~她的演技.=대회에 참석한 사람들은 그녀의 연기를 크게 칭찬했다.

【盛馔】 shèngzhuàn 【명】 성찬. 풍성한 음식. 잘 차린 음식. 진수성찬. ¶享受~=진수성찬을 즐기다.

【盛装】 shèngzhuāng 【명】 성장. 화려한 옷차림. 화려하고 장중한 차림. ¶节日~=명절의 화려한 차림.

**剩**[(賸)] shèng 남을 잉
【동】 남다. 남기다. ¶~下不少饭菜=요리가 많이 남다. 요리를 많이 남기다. / 吃不了~下吧.=(다) 못 먹겠으면 남기세요.

○❶ 过剩, 下剩, 余剩

【剩菜】shèngcài 〈名〉(먹다) 남은 음식.
【剩磁】shèngcí 〈名〉(物) 남은 자성. 잔류 자성. 잔자성(殘磁性).
【剩饭】shèngfàn 〈名〉(먹다) 남은 밥. ¶剩菜~=남은 밥과 요리.
【剩货】shènghuò 〈名〉(팔다) 남은 물건.
【剩款】shèngkuǎn 〈名〉남은 금액. 잔액. 잔금. 잉여금.
【剩钱】shèngqián 〈名〉남은 돈. 잔금. 잔액. 잉여금.
【剩下】shèngxià 〈动〉남다. 남기다.
【剩余】shèngyú 〈动〉남기다. 남겨 두다. ¶钱款有所~。=돈을 어느 정도 남기다. 〈名〉남겨 둔 것. 잉여. 나머지. ¶~不多。=남겨 둔 것이 많지 않다.
【剩余产品】shèngyú chǎnpǐn 〈名〉(經) 잉여생산물.
【剩余价值】shèngyú jiàzhí 〈名〉(經) 잉여 가치.
【剩余劳动】shèngyú láodòng 〈名〉(經) 잉여 노동.

## 嵊

**Shèng** 산 이름 승

〈名〉(地) 성저우(嵊州). [저장(浙江)성에 있는 지명]

# shi

## 尸¹

**shī** 시동 시

〈动〉(일은 하지 않고) 자리만 차지하다. ¶~禄害政=하는 일 없이 봉록을 축내고 정사를 망치다. 〈名〉1 (죽은 사람을 대신하여 제사를 받던) 시동. 2 (Shī) 성(姓).

## 尸²[(屍)]

**shī** 주검 시

〈名〉시체. 송장. 주검. ¶僵~=굳은 시신. /死~=사체.

○❶ 浮尸, 诈zhà尸

【尸斑】shībān 〈名〉시반(屍斑).
【尸变】shībiàn 〈动〉(미신·전설 등에서) 시체가 갑자기 살아 움직이다.
【尸场】shīchǎng 〈名〉시체가 있는 곳. 사체가 있는 현장.
【尸臭】shīchòu 〈名〉시체 썩는 냄새.
【尸骨】shīgǔ 〈名〉1 유골. 해골. 백골. ¶~无存=유골이 보존되어 있지 않다. 2 시체. 유체. ¶~未寒=시체가 아직 식지 않다. ≒尸骸
【尸棺】shīguān 〈名〉시체를 넣은 관.
【尸骸】shīhái 〈名〉〈婉〉1 백골. 해골. 유골. 2 시체. 유체. ≒尸骨
【尸横遍野】shīhéngbiànyě 〈成〉1 시체가 온 들판에 널려 있다. 2 살해된 사람이 매우 많다.
【尸检】shījiǎn 〈动〉(醫)(法) 시체 검시(檢屍)하다. 부검하다. 해부하다.
【尸僵】shījiāng 〈形〉(사람·동물이 죽은 후에) 시체가 뻣뻣해지다.
【尸居余气】shījū-yúqì 〈成〉1 사람이 거의 죽어 가다. 목숨이 경각에 달려 있다. 2 (비) 아무것도 하지 않는 별 볼일 없는 사람.
【尸蜡】shīlà 〈名〉시랍. 납화(蠟化)한 시체.
【尸冷】shīlěng 〈形〉(사람이나 동물이) 죽은 후 시체가 차가워지다.
【尸身】shīshēn 〈名〉시신. 시체. ≒尸体
【尸首】shī·shou 〈名〉(사람의) 시신. 시체.
【尸体】shītǐ 〈名〉(사람이나 동물의) 시체. ≒尸身
【尸体解剖】shītǐ jiěpōu 〈动〉(醫) (시체를) 해부하다. 부검하다.
【尸位】shīwèi 〈名〉〈貶〉자리만 차지하고 일은 하지 않다. ¶~误国=자리만 차지하고 일은 하지 않아 국사를 그르치다.
【尸位素餐】shīwèi-sùcān 〈成〉일은 하지 않고 자리만 차지하고 봉록을 축내다.
【尸主】shīzhǔ 〈名〉사체 인수인.

## 失

**shī** 잃을 실

〈动〉1 잃다. ¶丢~=잃어버리다. /大~所望=크게 실망하다. 2 찾지 못하다. 못 찾다. ¶迷~目标=목표를 찾지 못하다. 3 놓치다. 지나치다. 소홀하다. ¶~于检点=점검에 소홀하다. 4 목적을 이루지 못하다. ¶万分~望=매우 실망하다. 5 변하다. 달라지다. 정상을 벗어나다. ¶大惊~色=대경실색하다. 6 위배하다. 배반하다. ¶决不能~信于人。=결코 남에게 신의를 저버려서는 안 된다. 〈名〉1 과오. 과실. 착오. 잘못. 실수. ¶过~=과실. /闪~=뜻밖의 실수. 2 손실. ¶有得有~=얻은 것도 있고, 잃은 것도 있다. ≒丢 ↔得

◯ 失 shī
  秩 zhì
  帙 zhì
  跌 diē
  迭 dié
  瓞 dié
  铁 tiě

○❶ 报失, 得失, 丢diū失, 挂失, 过失, 流失, 冒失, 散失, 闪shǎn失, 疏失, 损sǔn失, 亡wáng失, 消失, 走失

【失败】shībài 〈动〉1 패배하다. ¶惨遭~=처참하게 패배하다. 2 (일이나 사업을) 실패하다. ¶高考~=대학 입시에 실패하다. ↔胜利 成功
【失财免灾】shīcái-miǎnzāi 〈熟〉재물을 잃은 것으로 액땜을 하다. [주로 재물을 잃은 사람을 위로하는 데 쓰임]
【失策】shīcè 〈动〉실책하다. 오산하다. 계략을 잘못 꾸미다. ¶你在处理这件事情上有些~。=너는 이 일을 처리하면서 약간 오산한 것 같다. 〈名〉실책. 오산. ¶这一~=使全局陷入被动。=이 하나의 실책이 전체를 피동적인 국면으로 몰아넣었다. ≒失算 ↔得计
【失察】shīchá 〈动〉감독을 소홀히 하다. 감찰을 잘못 하다. ¶一时~, 酿成大祸。=한때 불찰이 큰 화를 빚는다.
【失常】shīcháng 〈形〉비정상(적)이다. 정상적인 상태가 아니다. 정상적이지 못하다. ¶言行~=언행이 비정상적이다.

失 **shī** 1739

【失宠】shī‖chǒng 통閨 총애를 잃다.
【失传】shīchuán 통 실전하다. 전해 내려오지 않다. ¶古代的诗词很多都已~。=고대의 시(詩)와 사(詞)는 이미 많이 실전되었다.
【失聪】shīcōng 통閨 청력을 잃다. 귀가 먹다. ¶双耳~=양쪽 귀가 다 먹다.
【失措】shīcuò 통 어찌할 바를 모르다. 갈팡질팡하다. ¶惊慌~=놀라고 당황하여 어찌할 바를 모르다.
【失单】shīdān 圀 도난 물품 명세서. 분실 물품 신고서.
【失当】shīdàng 휑 부당하다. 타당하지 않다. 적합하지 못하다. ¶处置~=조치가 합당하지 못하다.
【失盗】shī‖dào 통閨 도둑맞다. 도난을 당하다. 절도를 당하다. ≒失窃
【失道】shīdào 통閨 도의에 어긋나다. 도의에 위배되다. ¶~必败=도의에 어긋나면 반드시 패한다.
【失道寡助】shīdào-guǎzhù ☞【得道多助, 失道寡助】dédào duōzhù, shīdào guǎzhù
【失地】shīdì 통 영토를 빼앗기다. 국토를 잃다. ¶丧权~=주권과 국토를 잃다. 圀 실지. 빼앗긴 땅. ¶收复~=실지를 수복하다.
【失掉】shīdiào 통 1 잃다. 잃어버리다. ¶~信心=자신감을 잃다. 2 놓치다. 지나치다. ¶~良机=좋은 기회를 놓치다.
【失度】shīdù 통閨 법도를 잃다. 정도를 잃다. ¶毁誉~=명예를 훼손하고 법도를 잃다.
【失而复得】shī'érfùdé 働 잃어버린 것을 다시 얻다.
【失范】shīfàn 통 규범을 잃다. 규범에 위배되다. ¶举止~=행동거지가 규범에 맞지 않다.
【失分】shīfēn 통 실점하다. 점수를 잃다. ¶~太多=실점을 매우 많이 하다.
【失官】shīguān 통 관직을 잃다. ¶~丢位=관직과 직위를 잃다.
【失和】shīhé 통 사이가 나빠지다. 화목이 깨지다. ¶夫妻~=부부 사이가 나빠지다. ↔和好
【失衡】shīhéng 통 평형을 잃다. ¶心理~=마음의 평형을 잃다.
【失欢】shī‖huān 통閨 환심을 잃다.
【失悔】shīhuǐ 통 후회하다. ¶他~考前没有认真复习。=그는 시험 전에 착실하게 복습하지 않은 것을 후회하였다.
【失婚】shīhūn 통 배우자와 이혼·사별한 후 재혼하지 않다. 홀몸이다.
【失魂落魄】shīhún-luòpò 働 혼비백산하다. 넋을 잃다. =【丢魂落魄】diūhún-luòpò ≒魂不附体
【失火】shī‖huǒ 통 실화하다. 불이 나다. ¶森林~=삼림에 불이 나다. ≒着火
【失机】shījī 통 시기를 놓치다. 기회를 놓치다.
【失计】shījì 통 실책하다. 오산하다. 계략을 잘 못 꾸미다.
【失记】shījì 통閨 잊다. 잊어버리다. ¶年远~=해가 오래 되어 잊어버리다.

【失检】shījiǎn 통閨 점검에 소홀하다. 부주의로 일을 저지르다. 신중을 기하지 않다. ¶行为~=행위가 경솔하다.
【失脚】shī‖jiǎo 통 실족하다. 발을 헛디디다. ¶~摔倒=발을 헛디디어 넘어지다.
【失教】shījiào 통 1 교육 받을 기회를 놓치다. ¶家贫~=집안이 가난하여 교육을 받지 못하다. 2 교양이 부족하다. 예의가 없다. 버릇이 없다. ¶莽撞~=경망스럽고 교양이 없다.
【失节】shī‖jié 통 1 절개를 잃다. 기개를 굽히다. ¶身死事小, ~事大。=죽는 것은 작은 일이지만 절개를 굽히는 것은 큰 일이다. 2圀 정조를 잃다. ≒失身
【失禁】shījìn 통(醫) 실금하다. 대소변을 가누지 못하다.
【失惊打怪】shījīng-dǎguài 働 깜짝 놀라 어찌할 바를 모르다.
【失荆州】shī Jīngzhōu 뗅田 실패하다. 큰 손실을 입다. ¶大意~。=부주의하여 돌이킬 수 없는 손실을 입다.
【失敬】shījìng 통 (인사말로) 실례하였습니다. 예의를 갖추지 못하였습니다. ¶未曾远迎, ~~。=멀리 마중 나가지 못하여 실례했습니다.
【失据】shījù 통 근거를 잃다. 의지할 곳을 잃다. ¶进退~=몸 둘 데가 없다.
【失控】shīkòng 통 통제력을 잃다. 제어하지 못하다. ¶情绪~=마음을 추스르지 못하다.
【失口】shī‖kǒu ☞【失言】shī‖yán
【失礼】shīlǐ 1 실례하다. 예의에 어긋나다. ¶这样做不会~。=이렇게 하면 예의에 어긋나지 않는다. 2 (인사말로) 실례하였습니다. 예의를 갖추지 못하여 죄송합니다. ¶招待不周, ~得很。=제대로 대접 못하여 정말 실례가 많습니다.
【失利】shī‖lì 통 1(軍) (전쟁에서) 지다. 패배하다. ¶战斗~=전투에서 패하다. 2 (시합에서) 지다. 패배하다. (시험에) 실패하다. 떨어지다. ¶今年的知识竞赛他们又~了。=올해의 지식 경연 대회에서 그들은 또 떨어졌다.
【失恋】shī‖liàn 통 실연하다. 연애[사랑]에 실패하다.
【失灵】shīlíng 통 1 (기기·계측기·어떤 기관 등이) 고장나다. 작동하지 않다. 시원치 않다. 작동감이 떨어지다. ¶刹车~=브레이크가 고장나다. 2 (약품 등이) 효력을 잃다. ¶药物~=약물이 효력을 상실하다. 3田 통제력을 잃다. (명령·지시 등이) 통하지 않다. ¶指挥~=지휘력을 상실하다. 지휘가 먹혀들지 않다.
【失落】shīluò 통 1 (물건을) 잃다. 잃어버리다. 분실하다. 유실하다. ¶钱包~=지갑을 잃다. 2 떨어지다. ¶~湖中=호수에 빠지다. 휑 실의하다. 뜻을 이루지 못하다. 낙담하다. 풀이 죽다. ¶心情~=실의에 빠지다.
【失落感】shīluògǎn 圀 공허감. 허전함. 실의감. ¶和父母挥手告别, 他的心中涌上一股强烈的~。=부모님과 손을 흔들며 헤어질 때, 그의 마음에는 한 줄기 강렬한 공허감이 밀려왔다.

【失迷】shīmí 동 (방향이나 길을) 잃다. 헤매다.
【失密】shī‖mì 동 기밀 문건을 잃어버리다. 기밀이 새다. 기밀이 누설되다. ¶言谈~=얘기하는 중에 기밀이 새어 나가다.
【失眠】shī‖mián 동 잠을 이루지 못하다. 불면증에 걸리다. ¶彻夜~=밤새도록 잠을 이루지 못하다.
【失明】shī‖míng 동 실명하다. 눈이 멀다. ¶双目~=두 눈이 멀다.
【失偶】shī'ǒu 동 배우자를 잃다. 짝을 잃다. ¶暮年~, 倍感凄凉。=늘그막에 짝을 잃으면 갑절로 처량해진다.
【失陪】shīpéi 동 (먼저 자리를 뜰 때의 인사말로) 먼저 실례하겠습니다. ¶我还有事, 先~了。=제가 또 일이 있어서 먼저 실례하겠습니다.
【失期】shīqī 동 기한을 넘기다. 때를 놓치다. ¶~在先, 责罚在后。=기한을 어기면 처벌이 뒤따른다.
【失窃】shī‖qiè 동 (재물을) 도둑맞다. 도난당하다. ≒失盗
【失去】shīqù 동 잃다. 잃어버리다. ¶~耐心=인내심을 잃다. ↔得到
【失权】shīquán 동 실권하다. 권력을 잃다.
【失却】shīquè 동 잃다. 잃어버리다. ¶~激情=정열을 잃어버리다.
【失群】shīqún 동 떼를 잃다. 무리에서 떨어지다. ¶孤雁~=외로운 기러기가 무리에서 떨어지다. 같은 무리에서 홀로 떨어지다.
【失人】shīrén 동⟨書⟩ 인재를 잃다. ¶得人者兴, ~者衰。=사람을 얻는 자는 흥할 것이요, 사람을 잃는 자는 쇠할 것이다.
【失容】shīróng 동⟨書⟩ 1 외모가 상하다. 겉모습이 상하다. 제 모습을 잃다. ¶落魄~=실의에 빠져 몰골이 흉하다. 2 얼굴빛이 달라지다. 자세가 흐트러지다. ¶满脸~=안색이 온통〔싹〕 달라지다.
【失散】shīsàn 동 뿔뿔이 흩어지다. 헤어지다. 이산하다. ¶亲人~=일가족이 뿔뿔이 흩어지다.
【失色】shīsè 동 1 (놀라거나 두려워서) 얼굴색이 새파랗게 질리다. 얼굴빛이 달라지다. 실색하다. ¶大惊~=대경실색하다. 크게 놀라 얼굴빛이 변하다. 2 본래의 색〔빛·빛깔〕을 잃다. ¶画作年久~。=그림이 오래 되어 색이 바래다.
【失闪】shī·shan 명 뜻하지 않은 사고. 뜻밖의 실수. 의외의 착오. 뜻밖의 위험. ¶事关重大, 不可有半点~。=중요한 일이니 조금이라도 뜻밖의 착오가 생겨서는 안 된다.
【失墒】shī‖shāng 동⟨農⟩ (가뭄·수분 증발 등으로) 농토가 작물 성장에 필요한 습도를 잃다. ⇨〔跑墒〕pǎo‖shāng 〔走墒〕zǒu‖shāng
【失身】shī‖shēn 동 1 몸을 가누지 못하다. ¶~落水=몸을 가누지 못하고 물에 빠지다. 2 여자가 정조를 잃다. 3 절개를 굽히다. 기개를 잃다. ≒失节
【失神】shīshén 1 소홀히 하다. 부주의하다. 정신을 딴 데 팔다. 방심하다. ¶他一~, 操作出了差错。=그는 잠깐 정신을 딴 데 팔아 조작에 착

오가 생겼다. 형 1 비정상이다. 넋이 나가다. 제정신이 아니다. ¶看他那~的样子, 跟丢了魂似的。=그의 비정상적인 모습을 보니 혼백마저 빠져 버린 것 같다. 2 눈이 풀리다. 눈에 힘이 없다. 눈빛이 흐릿하다. ¶伤者看来不行了, 眼睛都~了。=보아하니 부상자는 안 되겠어, 눈조차 풀렸어. ≒走神
【失慎】shīshèn 동 신중하지 않다. 소홀히 하다. 주의하지 않다. 부주의하다. 방심하다. ¶言行~=언행이 신중하지 않다. 동⟨婉⟩ 실화하다. 불이 나다.
【失声】shīshēng 동 1 자신도 모르게 소리를 지르다. ¶~大叫=자신도 모르게 크게 소리를 지르다. 2 (너무 비통하여) 목이 메다. ¶痛哭~=목이 메이도록 통곡하다. 3 목소리가 나오지 않다. ¶他累得都~了。=그는 피곤하여 목소리조차 나오지 않는다.
【失时】shī‖shí 동 시기를 놓치다. 때를 놓치다. 기회를 지나치다. ¶水稻的栽插不能~。=모내기는 때를 놓쳐서는 안 된다.
【失实】shīshí 동 사실과 맞지 않다. 신빙성을 잃다. 실제와 부합하지 않다. ¶报道~=보도가 사실과 부합하지 않다.
【失事】shī‖shì 동 의외의 사고가 발생하다. ¶飞机~=비행기 사고가 나다.
【失势】shī‖shì 동 권세를 잃다. 세력을 잃다.
【失收】shīshōu 동 1⟨農⟩ (재해로 농작물이나 과일 등을) 거두지 못하다. 수확하지 못하다. ¶庄稼~=농작물을 수확하지 못하다. 2 (수록해야 할 조항을) 일가에서 빠뜨리다. ¶《全唐诗》也~了不少诗作。=《전당시》도 적지 않은 시를 빠뜨렸다.
【失手】shī‖shǒu 동 1 손에서 놓치다〔빠지다〕. 엉겁결에 손이 나가다. ¶她~打了孩子。=그녀는 엉겁결에 그만 손이 나가서 아이를 때리고 말았다. 2 실수하다. ¶~摔坏了水杯。=실수하여 그만 물컵을 깨뜨렸다. 3⟨喩⟩ (뜻밖에) 지다. 패배하다. 실패하다. ¶赛场~=시합에서 의외로 패배하다.
【失守】shīshǒu 동⟨軍⟩ (적에게) 빼앗기다. 함락되다. ¶城池~=성이 함락되다.
【失水】shī‖shuǐ ☞〔脱水〕tuō‖shuǐ
【失算】shīsuàn 동 오산하다. 잘못 계산하다. ¶一棋~, 全盘被动。=한 수를 오판하면 전반에 걸쳐 내내 몰리게 된다. ≒失策 ↔得计
【失所】shīsuǒ 동⟨書⟩ 몸 둘 곳이 없다. 의탁할 곳이 없다. 의지할 곳을 잃다. ¶流离~=의지할 곳을 잃고 이리저리 유랑하다.
【失态】shītài 동 (태도나 행동거지가) 적절하지 못하다. 예의에 맞지 않다. 추태를 부리다. ¶酒后~=술 마시고 추태를 부리다.
【失调】shītiáo 동 1 평형을 잃다. 균형을 잃다. 조화롭지 못하다. 배합이 맞지 않다. ¶比例~=비율이 맞지 않다. 2 몸조리를 제대로 못 하다. 몸을 잘 조절하지 못하다. ¶产后~=출산 후 몸조리를 제대로 못 하다. ↔平衡
【失望】shīwàng 형 (희망이 이루어지지 않아)

낙담하다. ¶考试成绩不理想让他很~。=시험 성적이 제대로 안 나와서 그는 매우 낙담하였다. 동 실망하다. 희망을 잃다. ¶在家属几乎彻底~的时候, 一直昏迷不醒的伤者苏醒了。=가족들이 거의 완전히 희망을 잃고 있을 때, 줄곧 혼수 상태에 있던 부상자가 깨어났다. ↔希望

【失物】 **shīwù** 명 유실물. 분실물. 도난품. ¶~招领处=분실물 취급소.

【失误】 **shīwù** 동 실수를 하다. 잘못 하다. ¶工作~=일을 실수하다. 명 실수. 실책. ¶~过多=실수가 너무 많다.

【失陷】 **shīxiàn** 동 (영토나 도시 등이 적에게) 함락되다. 점령당하다. ≒沦陷 ↔收复

【失笑】 **shīxiào** 동 실소하다. ¶不禁~=실소를 금치 못하다.

【失效】 **shī‖xiào** 동 효력을 잃다. 실효하다. 효력이 없어지다. ¶药物~=약물이 효력을 잃다.

【失信】 **shī‖xìn** 동 신용을 잃다. 약속을 어기다. ¶~于人=남에게 신용을 잃다.

【失修】 **shīxiū** 동 (주로 건축물을) 수리하지 않다. 수리를 게을리하다. ¶这房子年久~, 已不能住人了。=이 집은 오랫동안 수리를 하지 않아 이미 사람이 살 수 없게 되었다.

【失序】 **shīxù** 동 정상적인 질서를 잃다. 무질서하다. 뒤죽박죽이다. ¶生产~=생산이 뒤죽박죽이다.

【失学】 **shī‖xué** 동 배움의 기회를 잃다. 진학하지 못하다. 학업을 중단하다. 중퇴하다. ¶~儿童=진학을 하지 못한 아동.

【失学率】 **shīxuélù** 명 미취학률.

【失血】 **shīxuè** 동 과다하게 출혈하다. 피를 많이 흘리다. ¶他因~过多而死亡。=그는 출혈 과다로 사망하였다.

【失言】 **shī‖yán** 동 실언하다. 잘못 말하다. ¶不慎~=신중하지 않아서 실언을 하다.

【失业】 **shī‖yè** 동 일을 잃다. 실업하다. 직업을 잃다. 일자리를 찾지 못하다.

【失业保险】 **shīyè bǎoxiǎn** 명 실업 보험.

【失业率】 **shīyèlù** 명 실업률.

【失仪】 **shīyí** 동 (태도나 행동거지가) 적절하지 못하다. 예의에 맞지 않다. 추태를 부리다. ¶举止~=행동거지가 예의에 맞지 않다.

【失宜】 **shīyí** 형 마땅하지 않다. 타당하지 않다. 부적절하다. 합당하지 않다. ¶方法~=방법이 부적당하다.

【失遗】 **shīyí** 동 잃어버리다. 유실하다. 분실하다. ¶物品~=물건을 잃어버리다.

【失意】 **shī‖yì** 형 실의하다. 뜻을 이루지 못하다. 뜻을 얻지 못하다. 뜻대로 되지 않다. ¶官场~=관직에서 뜻을 이루지 못하다. ↔得意 如意

【失音】 **shī‖yīn** 동 (醫) (발음 기관의 병으로) 소리가 나오지 않다. 발성 장애가 생기다. 발음이 부정확하다.

【失迎】 **shīyíng** 동 (인사말로) 영접하지 못하여 죄송합니다.

【失于】 **shīyú** 동 …에 잘못이 있다. …에서 실수를 하다. ¶举止~轻率。=행동거지가 경솔하는 데 문제가 있다.

【失语】 **shīyǔ** 동 1 실언하다. 잘못 말하다. ¶多言必~。=말이 많으면 반드시 실언을 하게 된다. 2 (醫) 말을 하지 못하다. 잘 말하지 못하다.

【失语症】 **shīyǔzhèng** 명 (醫) 실어증.

【失约】 **shī‖yuē** 동 약속을 어기다. 약속을 이행하지 않다. 약속을 저버리다. ¶他们俩说好再见一面, 但她~了。=그 두 사람은 다시 한 번 만나기로 했는데, 그녀가 약속을 저버렸다.

【失责】 **shīzé** 동 책임을 다하지 않다. ¶没管好孩子就是父母的~。=아이를 제대로 지도하지 않은 것은 부모가 책임을 다하지 않은 것이다.

【失着】 **shī‖zhāo** 동 실책하다. 오산하다. 계략을 잘못 꾸미다. 실수하다. 방법이 틀리다. ¶一旦~, 全盘皆输。=한 번 오산하면 전체 판을 지게 된다. 동 (바둑·장기에서의) 악수.

【失贞】 **shīzhēn** 동 정조를 잃다.

【失真】 **shī‖zhēn** 동 1 (電) (라디오·텔레비전의 소리와 화상이) 부정확하게 재생〔재폭〕되다. 일그러지다. =畸变 **jībiàn** ¶图像~=화면이 일그러지다. 2 (소리·형상·말의 내용 등이) 원래와 다르다. 진상과 부합하지 않다. 사실과 어긋나다. ¶传言~=전한 말이 원래와 다르다.

【失之东隅, 收之桑榆】 **shī zhī dōngyú, shōu zhī sāngyú** 성 1 아침에 잃고 저녁에 거두다. 2 비 한때 실패하고 다른 때에 보상을 받다. 처음에 실패하다가 마지막에 성공하다.

【失之毫厘, 谬以千里】 **shī zhī háolí, miù yǐ qiānlǐ** 성 작은 실수가 큰 잘못을 초래한다.

【失之交臂】 **shīzhī jiāobì** 성 눈앞에서 호기를 놓치다. ↔不期而遇

【失枝脱节】 **shīzhī-tuōjié** 성비 일을 저지르다. 사고를 일으키다.

【失职】 **shī‖zhí** 동 직책을 다하지 못하다. 직무상 과실을 저지르다. ¶由于他的~, 使公司蒙受了巨大损失。=그의 직무상의 과실은 회사에 크나큰 손실을 입혔다. ≒尽职

【失重】 **shī‖zhòng** 동 1 (物) 무중력 상태가 되다. 2 비 중심을 잃다. (언행이) 정상이 아니다. ¶面对诱惑, 他的感情已经~了。=유혹에 직면하여 그의 감정은 이미 중심을 잃었다.

【失主】 **shīzhǔ** 명 분실자. 도둑맞은 물건의 주인. ¶找寻~=분실자를 찾다.

【失踪】 **shī‖zōng** 동 실종되다. 종적이 묘연하다. 행방불명되다. ¶他突然~, 音信全无。=그는 별안간 실종되어 소식이 전무하다.

【失足】 **shī‖zú** 동 1 실족하다. 발을 헛디디다. ¶~落水=발을 헛디뎌 물에 빠지다. 2 비 타락하다. 큰 과오를 범하다. 나쁜 길로 빠져들다. 탈선하다. 실수하다. ¶一~而成千古恨。=한 번 실수로 천추의 한이 되다.

【失足青年】 **shīzú qīngnián** 명 탈선 청소년. 비행 청소년.

**师[師]** **shī** 스승 사

동조 본받다. 배우다. ¶诗词须~法唐宋。=시(诗)와 사(词)는 반드시 당송(唐宋) 시대를 본받아야 한다. [명] **1** 많은 사람. 군중. **2** 선생. 스승. ¶大学教～＝대학 교수. / 良～益友＝훌륭한 스승과 좋은 친구. **3** 사제 관계로 말미암아 생긴 관계. ¶～兄＝사형. / ～妹＝사매. **4** 전문적인 학술이나 기예를 가진 사람. ¶会计～＝회계사. / 厨～＝요리사. **5** (배움의) 본보기. 모범. ¶前事不忘, 后事之～。＝이전의 일을 잊지 말고 뒷일의 본보기로 삼아야 한다. **6** 스님. 도사님. ¶法～＝법사. **7** 《軍》 사단. **8** 군대. ¶百万雄～＝백만 대군. 백만 정예군. **9** (**Shī**) 성(姓). ↔生 徒

○● 拜bài师, 厨师, 从师, 大师, 导师, 鼓师, 画师, 回师, 会师, 简师, 讲师, 京师, 军师, 劳师, 满师, 牧师, 偏师, 琴qín师, 拳quán师, 誓shì师, 水师, 讼sòng师, 天师, 投师, 巫wū师, 兴师, 雄xióng师, 业师, 义师, 宗师, 祖师

【师表】**shībiǎo** [명][문] (인품·학문의) 본보기. 모범. 사표. ¶为人～＝남의 사표가 되다.

【师承】**shīchéng** [명] 사승. 사전(師傳). 스승에게서 이어받는 계통. ¶他们各自的～不同。＝그들 각자의 전수받는 계통이 다르다. [동] 전승하다. 전수받다. 물려받다. ¶～名家＝명가들을 전승하다.

【师出无名】**shīchū-wúmíng** [성] **1** 정당한 이유 없이 출병하다. 정의롭지 못한 전쟁을 하다. **2** 일을 하는 데 정당한 이유가 없다. ↔师出有名

【师出有名】**shīchū-yǒumíng** [성] 명분을 가지고 출병하다. ↔师出无名

【师传】**shīchuán** [동] 전수(傳授)하다. 가르치다. ¶不忘～＝스승의 가르침을 잊지 않다.

【师从】**shīcóng** [동] (어떤 사람을) 스승으로 모시다. ¶～圣贤＝성현을 스승으로 모시다.

【师大】**shīdà** [명][약] 师范大学(사범 대학교).

【师道】**shīdào** [명][문] 스승 된 도리. 사도.

【师道尊严】**shīdào-zūnyán** [성] 스승의 존엄.

【师德】**shīdé** [명] 스승으로서의 도덕 규범.

【师弟】**shīdì** [명] **1** 스승과 제자. 사제. 사생. **2** 동문(同門) 남자 후배. 사제. **3** (자기보다 나이 어린) 스승의 아들이나 부모의 제자.

【师法】**shīfǎ** [동][문] 스승으로 본받다. 본보기로 하다. 모범으로 삼다. ¶～先贤＝이전의 성현을 모범으로 삼다. [명][문] 스승에게서 전수받은 학문이나 기예. ¶～相承＝스승의 학문을 이어받다.

【师范】**shīfàn** [명] **1** ☞【师范学校】**shīfàn xuéxiào** **2** [문] 본보기. 모범. 사표. ¶为世～＝세상의 모범이 되다.

【师范教育】**shīfàn jiàoyù** [명]《教》 사범 교육.

【师范学校】**shīfàn xuéxiào** [명]《教》 (초등학교 교원을 양성하는) 사범 학교. [약]【师范】**shīfàn**

【师范院校】**shīfàn yuànxiào** [명]《教》 사범 대학교. [중등 교육 기관의 교원을 양성하는 师范大学(사범 대학교)·师范学院(사범 대학교)·师范专科学校(사범 전문 대학)의 총칭]

【师父】**shī·fu** [명] **1** (기예·기능을 전수하는) 스승. 사부. 사장(師匠). 선생. **2** [경] 스님. 도사님. **3** [경] 스승님. 사부님. ≒师傅 ↔徒弟

【师傅】**shī·fu** [명] **1** 기사님. 선생님. [기예·기능을 가진 사람에 대한 존칭] ¶木匠～＝목수. **2** (기예·기능을 전수하는) 스승. 사부. 사장(師匠). 선생. **3** 선생님. 아저씨. 아주머니. [남에 대한 일반적인 존칭] ≒师父 ↔徒弟 弟子

【师哥】**shīgē** [명] 동문 남자 선배. 사형(師兄).

【师公】**shīgōng** [명] **1** 스승의 스승. 선생의 선생. **2** 박수. 남자 무당.

【师姐】**shījiě** [명] **1** 동문(同門) 여자 선배. 사제. **2** (자기보다 나이가 많은) 스승의 딸이나 부모의 여자 제자.

【师老兵疲】**shīlǎo-bīngpí** [성] (전쟁이 오랫동안 계속되어) 병사가 지치고, 사기가 저하되다.

【师旅】**shīlǚ** [명] **1** 《軍》 사단과 여단. **2** 군대. ¶～强大＝군대가 강하다.

【师妹】**shīmèi** [명] **1** 동문(同門) 여자 후배. 사매. **2** (자기보다 나이가 어린) 스승의 딸이나 부모의 여자 제자.

【师门】**shīmén** [명] **1** 스승의 문하. **2** 선생. 스승. 사부.

【师母】**shīmǔ** [명] (선생님의 부인을 이르는 말로) 사모(님).

【师娘】**shīniáng** [명][구] (선생님의 부인을 이르는 말로) 사모(님).

【师婆】**shīpó** [명] **1** (스승의 스승의 부인을 이르는 말로) 사모(님). **2** 무당. 무녀.

【师生】**shīshēng** [명] 선생과 학생. 스승과 제자. 사제. 사생. ¶～情谊＝스승과 제자의 정의.

【师事】**shīshì** [동][문] 스승으로 섬기다. 사사하다. 선생으로 모시다.

【师叔】**shīshū** [명] 스승의 동생이나 동문(同門) 후배. 사숙.

【师徒】**shītú** [명] 스승과 제자. 사제. ¶～关系＝사제 관계.

【师团】**shītuán** [명]《軍》 사단.

【师心自用】**shīxīn-zìyòng** [성] 자기의 의견만 옳다고 고집하다.

【师兄】**shīxiōng** [명] **1** 동문(同門) 남자 선배. 사형. **2** (자기보다 나이가 많은) 스승의 아들이나 부모의 남자 제자.

【师兄弟】**shīxiōngdì** [명] **1** 동문(同門) 선배와 후배. 사형과 사제. **2** 동문(同門) 남자.

【师训】**shīxùn** [명] 사훈. 스승의 가르침. 스승의 훈화.

【师爷】**shīyé** [명] **1** 스승의 부친. **2** 사조. 스승의 스승.

【师爷】**shī·ye** ☞【幕友】**mùyǒu**

【师友】**shīyǒu** [명] **1** 스승과 벗. ¶～齐聚一堂。＝스승과 벗이 한 곳에 모두 모이다. **2** 친구로 삼을 만한 스승. 스승으로 삼을 만한 친구.

【师院】**shīyuàn** [명][약] 师范学院(사범 대학교). ['师范大学'보다 한 단계 낮음]

【师长】**shīzhǎng** [명] **1** 《軍》 사단장. **2** 사장(師長). [교사에 대한 존칭]

【师直为壮】**shīzhí-wéizhuàng** [성] 출병의 이유가 정당하면 군대의 사기가 드높다.

【师专】**shīzhuān** [명][약] 师范专科学校(사범 전문 대학). [중등 교육 기관의 교원을 양성하며,

'师범학원'보다 한 단계 낮음]
【师资】shīzī 圀 1 교사. 선생. ¶~不足 = 교사가 부족하다. 2 교사가 될 만한 인재. ¶培养~队伍 = 교사 인력을 양성하다.

## 诗[詩] shī 시 시

圀 1 시(詩). ¶山水~ = 산수시. 2 ⓒ《시경(詩經)》. ¶孔子删~ = 공자가《詩經(시경)》의 3천여 수의 시를 305편으로 간추려 정리한 일. 3 (Shī) 성(姓).

○● 古诗, 旧诗, 史诗, 新诗, 艳yàn诗, 打油诗

【诗碑】shībēi 圀 시비. 시를 새긴 비석.
【诗才】shīcái 圀 시재. 시 창작의 재능.
【诗抄】[诗钞] shīchāo 圀 시초. [남의 시를 초록하여 만든 책. 책 이름에 많이 쓰임] ¶《天安门~》=《천안문초록》
【诗钞】shīchāo ☞【诗抄】shīchāo
【诗词】shīcí 圀 시(詩)와 사(詞). 시사. ¶~歌赋 = 운문.
【诗风】shīfēng 圀 시풍. 시의 풍격[기풍]. 시의 스타일. ¶~清新明快。= 시풍이 참신하고 명쾌하다.
【诗歌】shīgē 圀 시. 시가.
【诗行】shīháng 圀 1 시구. 2 시. 시가.
【诗话】shīhuà 圀 1 시화. [산문과 운문이 섞인 문학 장르의 하나] 2 시화. [시와 시인 등에 대한 평론과 일화를 모아 엮은 책]
【诗画】shīhuà 圀 시화. 시와 그림.
【诗集】shījí 圀 시집.
【诗经】Shījīng 圀《시경》. [중국 최초의 시가 총집으로 305편을 싣고 있으며, 風(풍)·雅(아)·頌(송) 등 세 부류로 나누어 놓음]
【诗境】shījìng 圀 시경. 시의 경지.
【诗句】shījù 圀 1 시구. 2 시. 시가.
【诗剧】shījù 圀《劇》시. [시의 형식으로 쓰여진 희곡]
【诗刊】shīkān 圀 전문적으로 시·시론(詩論)을 싣는 잡지.
【诗礼】Shī Lǐ 圀《詩經(시경)》과《禮記(예기)》.
【诗料】shīliào 圀 시재(詩材). 시의 소재.
【诗律】shīlǜ 圀 시율. 시의 격률.
【诗论】shīlùn 圀 시론. 시와 시인에 대한 평론이나 논술.
【诗谜】shīmí 圀 시의 형식으로 이루어진 수수께끼.
【诗派】shīpài 圀 시파. 시인이나 시가의 유파(파벌).
【诗篇】shīpiān 圀 1 시. ¶阅读~ = 시를 읽다. 2《비》생동적이고 의의가 있는 이야기나 글. 칭송할 만한 사적이나 성취. ¶他用自己的行动谱写了一首壮丽的~ = 그는 자신의 행동으로 한 편의 웅장하고 아름다운 서사시를 썼다.
【诗情】shīqíng 圀 1 시정. 시적인 정취·감흥·맛. 2 시를 짓는 정취·흥취.
【诗情画意】shīqíng-huàyì 圀 시의 정취와 그림의 분위기. [풍경·사물의 아름다움을 가리키는 말로] 시와 그림의 경지.
【诗趣】shīqù 圀 시취. 시정. 시적인 정취·맛·감흥. ¶富有~ = 시적인 정취가 풍부하다.
【诗人】shīrén 圀 시인. 늑骚人
【诗社】shīshè 圀 시사. 시인들이 결성한 문학 단체.
【诗圣】shīshèng 圀 1 시성. 뛰어난 시인. 2 (당나라 때 시인)'杜甫(두보)'의 별칭.
【诗史】shīshǐ 圀 1 시사. 시의 발전사. 2 시대의 면모를 반영하고 역사적 의의를 갖는 시.
【诗书】shīshū 圀 1 (Shī Shū)《詩經(시경)》과《尚書(상서)》. 2 책. 서적. ¶~传家 = 책이 집안 대대로 전해지다.
【诗书门第】shīshū méndì 圀⑦ 선비 가문.
【诗思】shīsī 圀 시상(詩想). 시적 감흥.
【诗坛】shītán 圀 시단. 시인의 활동 무대. ¶~新锐 = 시단의 신예.
【诗体】shītǐ 圀 시체. 시의 체제와 풍격.
【诗味】shīwèi 圀 시적인 맛. 시적인 정취.
【诗文】shīwén 圀 시문. 시와 글.
【诗仙】shīxiān 圀 1 시선. 신선의 기풍을 가진 시인. 2 (당나라 때 시인)'李白(이백)'의 별칭.
【诗兴】shīxìng 圀 시흥. 시적 감흥. 시를 짓고 싶은 기분. ¶~大发 = 시흥이 크게 발동하다.
【诗选】shīxuǎn 圀 시선. [한 사람 혹은 여러 사람의 시를 뽑아 모은 책] ¶《戴望舒~》=《대망서 시선》.
【诗眼】shīyǎn 圀 1 시안. 시적 안목. ¶独具~ = 독창적인 시적 안목을 지니다. 2 시안. [시의 진수를 나타내는 단어나 구절] ¶这个词是全诗的~。= 이 단어는 전체 시의 진수이다.
【诗以言志】shīyǐyánzhì 圀 시로써 뜻을 나타내다.
【诗意】shīyì 圀 시정. 시적인 정취·맛·분위기. ¶字里行间富有~。= 구절구절마다 시정이 넘친다.
【诗友】shīyǒu 圀 시우. 시(詩)와 사(詞)로 화답하며 맺은 벗.
【诗余】shīyú 圀 사(詞)의 별칭. [사(詞)가 시(詩)에서 발전된 것이라는 뜻]
【诗云子曰】shīyún-zǐyuē 圀 1 시경(詩經)에서 말한 것과 공자(孔子)가 말한 것. 2 유가의 말이나 경전. 3《비》허장성세. 케케묵은 설교. =子曰诗云 zǐyuē-shīyún
【诗韵】shīyùn 圀 1 시운. 시의 압운. 2 시를 짓는 데 참고하는 운서(韻書).
【诗章】shīzhāng 圀 시. 시편(詩篇).
【诗中有画】shīzhōng-yǒuhuà 圀 시 안에 그림이 있는 듯하다. 아름답고 절묘한 시 속에 그림의 경지를 간직하고 있다.
【诗作】shīzuò 圀 시작. 시(가) 작품.

## 鸤[鳲] shī 뻐꾸기 시

【鸤鸠】shījiū 圀 고서(古書)에서 뻐꾸기를 가리킴.

## *虱[(蝨)] shī 이 슬

虱 绝 鸤 狮 施 狮

명(動) 이.

○● 壁bì虱, 床chuáng虱, 鸡虱, 龙虱, 水虱, 体虱, 头虱

【虱子】shī·zi 명(動) 이.

# 绝[紲] shī 깁 시

명(운)(紡) 깁. 거칠게 짠 비단.

# 鸤[鳲] shī 동고비 시

명(動) 동고비. 오십작(五十雀).

# **狮[獅] shī 사자 사

명(動) 사자.

○● 海狮

【狮吼】shīhǒu 명 1 사자후. 사자의 포효. 2 (비) 우렁찬 소리.
【狮身人面】Shīshēn rénmiàn 명 1 (피라미드 등의 앞에 세워진) 스핑크스. 2 (그리스 신화에 나오는) 스핑크스.
【狮子】shī·zi 명(動) 사자. [일반적으로 '非洲狮(아프리카 사자)'를 가리킴]
【狮子鼻】shī·zibí 명 사자코. 들창코.
【狮子搏兔】shī·zi bótù (成) 1 사자가 토끼를 잡다. 2 (비) 작은 일에도 전력을 다하다.
【狮子大开口】shī·zi dà kāikǒu (喩)(비) 터무니없이 큰 돈이나 많은 물질을 요구하다.
【狮子狗】shī·zigǒu ☞【哈巴狗】hǎ·ba gǒu
【狮子会】shī·zihuì 명(약) 国际狮子会(국제 라이온스 클럽).
【狮子头】shī·zitóu 명 (중국 요리의 하나로) 뚝배기에 배추와 고기 완자를 넣고 끓인 요리.
【狮子舞】shī·ziwǔ 명 사자춤.
【狮子座】shī·zizuò 명(天) 사자자리.

# **施 shī 베풀 시

(動) 1 (물체 위에 어떤 물건을) 치다. 주다. 더하다. 뿌리다. ¶给土地~肥=땅에 비료를 주다. 2 베풀다. 희사하다. 시주하다. ¶布~=보시하다. 3 실행하다. 실시하다. 시행하다. 펼치다. ¶实~=실행하다. / 因材~教=자질에 맞추어 가르치다. 4 (압력이나 영향 등을) 주다. 가하다. ¶~压力于人=남에게 압력을 넣다. 명(Shī) 성(姓). ≒舍 ↔受

○● 点施, 撒sǎ施, 设施, 条施, 西施, 穴xué施

【施暴】shībào (動) 1 폭력을 휘두르다. ¶~抢劫=폭력을 휘둘러 강탈하다. 2 강간하다.
【施不望报】shībùwàngbào (成) 은혜를 베풀고 보답을 바라지 아니하다.
【施恩】shī'ēn (動) 은혜를 베풀다. ¶~不图报=은혜를 베풀고 보답을 바라지 않다.
【施放】shīfàng (動) 1 내보내다. 내뿜다. 발하다. 방출하다. 쏘다. 발사하다. 뿌리다. 치다. ¶~烟雾=연기를 내뿜다. 2 베풀다. 나누어 주다.
【施肥】shī‖féi (動) 시비하다. 비료를 주다. ¶给花草~=화초에 비료를 주다.
【施工】shī‖gōng (動) 시공하다. 공사하다. ¶~现场=공사 현장.
【施加】shījiā (動) (압력이나 영향 등을) 주다. 가하다. 넣다. ↔承受
【施教】shījiào (動) 가르치다. 교육하다. ¶因材~=사람의 자질에 따라 가르치다. 학생의 상황에 맞추어 교육하다.
【施救】shījiù (動) 구하다. 구제하다. 구조하다. 구원하다. ¶紧急~=긴급히 구제하다.
【施礼】shī‖lǐ (動) 절하다. 인사를 하다. 예를 행하다. ≒行礼
【施谋】shīmóu (動) 꾀를 내다. 계략을 행하다. ¶~用计=꾀를 내다.
【施耐庵】Shī Nài'ān 명(歷) 시내암(약 1296~1370년). [원말 명초(元末明初)의 소설가로, 《水浒傳(수호전)》을 지었음]
【施其所长】shīqísuǒcháng (成) 장점을 발휘하다.
【施仁】shīrén (動) 인덕을 베풀다. ¶~布恩=인덕을 베풀고 은혜를 펴다.
【施舍】shīshě (動) 희사하다. 시주하다. 베풀다. ¶~钱财=재물을 시주하다. ↔乞讨
【施事】shīshì 명(言) 동작의 주체. [문장 속에서 동작이나 변화를 일으키는 사람이나 사물]
【施威】shīwēi (動) 위엄을 보이다. 위풍을 보이다. 위세를 부리다. ¶逞强~=위세를 부리다.
【施行】shīxíng 1 행하다. 실행하다. ¶~药物治疗=약물 치료를 하다. 2 (법령·규정 등을) 집행하다. 시행하다. 실시하다. ¶新条例从明年一月一日起~。=새로운 조례는 내년 1월 1일부터 시행된다. ≒实行 执行
【施压】shīyā (動) 압력을 가하다. 압력을 넣다.
【施用】shīyòng (動) 사용하다. 시용하다. 가하다. 주다. 넣다. ¶~农药=농약을 뿌리다.
【施与】shīyǔ (動)(운) (재물로) 구제하다. 은혜를 베풀다.
【施斋】shī‖zhāi (動) (승려에게) 시주하다. 보시하다.
【施展】shīzhǎn (動) 1 (수완이나 재능을) 발휘하다. 펼치다. 보이다. ¶~绝技=절묘한 기술을 펼치다. 2 (수단을) 부리다. 취하다. ¶~诡计=간계를 부리다.
【施诊】shīzhěn (動) 무료로 진료하다. 무료로 시술하다.
【施赈】shīzhèn (動)(운) (사원이나 구제소 등에서) 베풀어 주다. 나누어 주다. 구제하다. 구휼하다.
【施政】shīzhèng (動) 시정하다. 정치를 하다. ¶~方针=시정 방침.
【施朱傅粉】shīzhū fùfěn (成) 분을 바르고 연지를 칠하다. 여자가 화장을 하다.
【施主】shīzhǔ 명 1 시주. 2 (출가하지 않은) 속세 사람. 일반 사람.
【施助】shīzhù (動) 돕다. 도움을 주다.

# 狮[澌] Shī 물 이름 시

명(地) 스허(澌河). [허난(河南)성에 있는 강 이름]

**菔** shī 도꼬마리 시
图(植) 고서에서 '苍耳(도꼬마리)'를 가리킴.

**湿[濕, 溼]** shī 축축할 습
图 습하다. 축축하다. 질퍽하다. ¶潮~=눅눅하다. / 淋~=푹 젖다. 图 적시다. 젖게 하다. ¶~了毛巾=수건을 적시다. 图(醫) 습기. [중의학에서 병의 원인이 되는 '六气(风(fēng)·寒(hán)·暑(shǔ)·湿(shī)·燥(zào)·火(huǒ))'의 하나] ↔干

○● 濡rú湿

【湿疮】shīchuāng 图(醫) 습창. 습종(濕腫).
【湿答答】shīdādā (~的) 图(方) 물이 뚝뚝 떨어지다. 흠뻑 젖다. ¶衣服没拧干, ~的. =옷의 물기를 짜지 않아서 물이 뚝뚝 떨어진다.
【湿地】shīdì ① 습한 곳. ② 습지.
【湿度】shīdù 图 ①(氣) 습도. ② (물체가 함유하고 있는) 습도. ¶土壤~=토양의 습도.
【湿度计】shīdùjì 图 습도계.
【湿乎乎】shīhūhū ☞【湿糊糊】shīhūhū
【湿糊糊】[湿乎乎] shīhūhū (~的) 图 축축하다. ¶地板刚擦过, ~的. =바닥을 금방 닦아서 축축하다.
【湿季】shījì 图 우기. 우계. 장마철. ¶六七月份是新加坡的~. =6·7월은 싱가포르의 우기이다. ↔干季
【湿冷】shīlěng 图 습하고 차다. 냉습하다. ¶~的地下室=차고 습한 지하실.
【湿淋淋】shīlínlín (~的) 图 물이 뚝뚝 떨어지다. 흠뻑 젖다. ¶他冒雨跑回来, 浑身~的. =그는 빗속을 뚫고 뛰어와서 온몸이 흠뻑 젖었다.
【湿渌渌】shīlùlù (~的) ☞【湿漉漉】shīlùlù
【湿漉漉】[湿渌渌] shīlùlù (~的) 图 축축하다. ¶她头发刚洗过, ~的. =그녀의 머리는 금방 감아서 축축하다.
【湿气】shīqì 图 ① (공기 중의) 습기. ¶这房子的~很重. =이 집의 습기가 매우 높다. ②(醫) 습진·손발에 생기는 무좀 등의 피부병.
【湿热】shīrè 图 습하고 무덥다. ¶~的天气=습하고 무더운 날씨. 图(醫) 습열. [중의학에서 말하는 열병의 일종]
【湿润】shīrùn 图 축축하다. 촉촉하다. 습윤하다. ¶空气~=공기가 촉촉하다. ↔干燥 干枯
【湿润润】shīrùnrùn (~的) 图 축축하다. 촉촉하다. 습윤하다.
【湿湿】shīshī (~的) 图 축축하다. 눅눅하다. ¶毛巾~的=수건이 축축하다.
【湿透】shītòu 图 흠뻑 젖다. 푹 적시다. ¶他冒雨回来, 浑身~. =그는 비를 맞으며 돌아와 온몸이 푹 젖었다.
【湿疹】shīzhěn 图(醫) 습진.
【湿纸巾】shīzhǐjīn 图 (일회용) 물수건.
【湿租】shīzū 图 포괄 임대방식. 메인터넌스 리스(maintenance lease). [설비와 차량 등을 임대할 때 유지·관리 인원까지 포함하는 것] ↔干租

**蓍** shī 시초 시
图(植) 시초. 톱풀. 가새풀.
【蓍草】shīcǎo 图(植) 시초. 톱풀. 가새풀. ☞【蚰蜒草】yóuyáncǎo 【锯齿草】jùchǐcǎo

**酾¹[釃]** shī / shāi 술 거를 시
图 ① (술을) 거르다. ② (술을) 따르다.

**酾²[釃]** shī 나뉘어져 흐를 시
图 물길을 트다. 물길을 트다.

**嘘** shī 불 허
凱 (말을 제지하거나 가끔 내쫓는 것을 나타내어) 쉿. 휘이. ¶~!小声点. =쉿! 소리 낮춰.
☞ xū

**鲺[鯴]** shī 물고기 이름 사
图(動) 방어.

**虱[蝨]** shī 어슬 슬
图(動) 어슬(魚蝨). 물고기진드기. [어류의 기생충]

**十** shí 열 십
囷 열. 십. 10. 图 절정에 달하다. 완전무결하다. ¶干劲~足=의욕이 대단하다.

○● 百十, 仨十

【十八般武艺】shíbā bān wǔyì 图 ① 십팔반 무예. ['刀(dāo)'·'枪(qiāng)'·'剑(jiàn)'·'戟(jǐ)' 등 18종의 옛날 무기를 사용하는 무예] ②(비) 각종 기예. 여러 가지 재주.
【十八层地狱】shíbā céng dìyù 图 ①(佛) 십팔층 지옥. [불교에서 가장 고통스런 최하층의 지옥] ②(비) 매우 고통스럽고 암담한 지경〔처지〕.
【十八罗汉】shíbā luóhàn 图(佛) 십팔나한. [불교에서 부처의 열여섯 제자와 항룡(降龙)·복호(伏虎) 두 존자(尊者)를 합하여 부르는 말]
【十不全】shíbùquán 图 신체에 여러 결함이 있는 사람. 몸에 성한 곳이 없는 사람.
【十不闲儿】shíbùxiánr ☞【什不闲儿】shí bùxiánr
【十步】shíbù 图 가까운 거리. ¶~之遥=가까운 거리.
【十成】shíchéng 图 10할. 100퍼센트. ¶那车没开几天, 还是~新. =저 차는 며칠 몰지 않아서 아직까지 100퍼센트 새 것이다. 凰 꼭. 반드시. 틀림없이.
【十大】shídà 图 10대의. 열 가지 중요한. ¶年度~新闻=연도 십대 뉴스. 图⑨ 中国共产党第十届全国代表大会(중국 공산당 제10기 전국 인민 대표 대회).
【十滴水】shídīshuǐ 图(醫) 한방약. [장뇌, 박하, 계피, 소회향 등으로 만든 물약으로 어지럼증·구토·복통·중서 등에 쓰임. 1회 복용하는 양을 손가락 두 마디만한 병에 여남은 방울을 넣어 복용한데서 붙여진 이름]

【十冬腊月】 shídōng làyuè 명 음력 10월·11월(동짓달)·12월(섣달). 일년 가운데 가장 추운 시기. 한겨울.

【十恶】 shí'è 명 1 (佛) 십악. [불교에서 말하는 살생(殺生)·투도(偸盜)·사음(邪淫)·망어(妄語)·양설(兩舌)·악구(惡口)·기어(綺語)·탐욕(貪慾)·진에(瞋恚)·사견(邪見)의 열 가지 죄악] 2 (고대의) 십악. 십대 죄악. [모반(謀反)·모대역(謀大逆)·모반(謀叛)·악역(惡逆)·부도(不道)·대불경(大不敬)·불효(不孝)·불목(不睦)·불의(不義)·내란(內亂)의 열 가지 죄명] 3 큰 죄. 중대한 죄.

【十恶不赦】 shí'è bùshè 성 죄가 너무 커서 용서할 수 없다.

【十二】 shí'èr 수 1 12. 2 12세. ¶孩子今年~了。=애가 올해 12살이 되었다.

【十二分】 shí'èrfēn 형 십이분의. 대단한. ¶~的感激=대단한 감격.

【十二级台风】 shí'èrjí táifēng 명 1 (氣) 싹쓸바람. [풍력 계급 12의 바람] 2 (비) 격렬한 투쟁. 다급한 형세.

【十二律】 shí'èrlǜ 명 (音) 십이율. [고대 음악의 황종(黃鐘)·대려(大呂)·태주(太簇)·협종(夾鐘)·고선(姑洗)·중려(仲呂)·유빈(蕤賓)·임종(林鐘)·이칙(夷則)·남려(南呂)·무역(無射)·응종(應鐘) 12음계]

【十二生肖】 shí'èr shēngxiào 명 12가지 띠. [사람의 태어난 해의 지지(地支)를 대표하는 쥐(鼠)·소(牛)·범(虎)·토끼(兔)·용(龍)·뱀(蛇)·말(馬)·양(羊)·원숭이(猴)·닭(鷄)·개(狗)·돼지(猪)의 12가지 동물]

【十二时】 shí'èrshí 명 십이시. [하루를 자시(子時)·축시(丑時)·인시(寅時)·묘시(卯時)·진시(辰時)·사시(巳時)·오시(午時)·미시(未時)·신시(申時)·유시(酉時)·술시(戌時)·해시(亥時)의 12시진으로 나눈 것]

【十二支】 shí'èrzhī ☞【地支】 dìzhī

【十二指肠】 shí'èrzhǐcháng 명 (生) 십이지장.

【十方】 shífāng 명 (佛) 십방. [동(東)·서(西)·남(南)·북(北)·동남(東南)·서남(西南)·동북(東北)·서북(西北)·상(上)·하(下) 등 10개의 방위]

【十分】 shífēn 부 매우. 아주. 대단히. 충분히. ¶~满意=매우 만족하다. 늑非常

【十风五雨】 shífēng-wǔyǔ 성 열흘에 한 번 바람이 불고, 닷새에 한 번 비가 오다. 바람 불고 비 오는 날씨가 잦다.

【十干】 shígān ☞【天干】 tiāngān

【十个】 shí·ge 열 개. ¶~脚趾头=열 개의 발가락.

【十个手指头还不一般齐呢】 shí·ge shǒuzhǐ·tou hái bù yībān qí·ne 성 1 열 개 손가락도 길고 짧아서 가지런하지 않다. 2 (비) 사람마다 차이가 있다. 사물 사이에는 늘 차이가 있게 마련이어서 억지로 일치시킬 수 없다.

【十行俱下】 shíháng-jùxià 성 열 줄의 글을 단번에 읽어 내려가다. 글 읽는 속도가 매우 빠르다. 늑一目十行

【十佳】 shíjiā 명 (어떤 분야의) 베스트 텐(best ten). ¶~网络教育机构=10대 (인터넷) 사이버 교육 기구.

【十家】 Shí Jiā 명 십가. [선진 시대 유가(儒家)·도가(道家)·음양가(陰陽家)·법가(法家)·명가(名家)·묵가(墨家)·종횡가(縱橫家)·잡가(雜家)·농가(農家)·소설가(小說家)의 10개 학파]

【十锦】 shíjǐn ☞【什锦】 shíjǐn

【十进对数】 shíjìn duìshù 명 (數) 상용 로그(常用log). 상용 대수.

【十进制】 shíjìnzhì 명 (數) 십진법.

【十九】 shíjiǔ 수 1 19. 2 19세. ¶他今年刚满~。=그는 올해 막 19세가 되었다.

【十里】 shílǐ 명 10리. 5킬로미터.

【十里洋场】 shílǐ yángchǎng 명 (옛) 1 대단위 외국인 거류지. 2 상하이(上海).

【十聋九哑】 shílóng-jiǔyǎ 성 귀머거리 열 가운데 아홉은 벙어리이다.

【十媒九谎】 shíméi-jiǔhuǎng 성 1 중매쟁이 열 사람 가운데 아홉은 거짓말쟁이다. 2 (비) 감언이설을 일삼는 사람을 도저히 믿을 수 없다.

【十面埋伏】 shímiàn máifú 명 (音) 비파 곡명. [초(楚)와 한(漢)의 해하(垓下) 결전을 묘사한 것]

【十目所视, 十手所指】 shí mù suǒ shì, shí shǒu suǒ zhǐ 성 열 개의 눈이 주시하고, 열 개의 손이 가리키는 바이다. 감독하는 사람이 많아서 부정을 저지를 수 없고, 설사 저질러도 숨길 수 없다.

【十拿九稳】 shíná-jiǔwěn 성 십중팔구는 틀림없다. 따 놓은 당상이다. =【十拿九准】 shíná jiǔzhǔn

【十拿九准】 shíná-jiǔzhǔn ☞【十拿九稳】 shíná-jiǔwěn

【十年】 shínián 명 1 10년. 2 여러 해. 오랜 세월. ¶君子报仇, ~不晚。=군자가 복수를 함에 있어서 세월이 늦어지는 것은 문제되지 않는다.

【十年动乱】 shínián dòngluàn 명 10년 대동란. [1966~1676년 사이 문화 대혁명으로 인한 재난을 가리키는 말] =【十年浩劫】 shínián hàojié

【十年寒窗】 shínián-hánchuāng 성 십년 공부. 오랫동안 고생스럽게 학문에 힘쓰다.

【十年浩劫】 shínián hàojié ☞【十年动乱】 shínián dòngluàn

【十年九不遇】 shínián jiǔ bù yù 성 10년을 두고도 좀처럼 만나기 어렵다. 매우 드문 일이다.

【十年九旱】 shínián-jiǔhàn 성 십 년 동안 아홉 번 가뭄이 들다. 거의 매년 가뭄이 들다.

【十年九涝】 shínián-jiǔlào 성 십 년 동안 아홉 번 홍수가 나다. 거의 매년 홍수가 지다.

【十年如一日】 shínián rú yīrì 성 십 년을 하루같이 하다. 십 년이 하루 같다.

【十年树木, 百年树人】 shínián shùmù, bǎinián shùrén 성 1 나무를 기르는 데는 십 년이 걸리고, 인재를 육성하는 데는 백 년이 걸린다. 2 (비) 인재 육성은 장기적인 계획을 필요로 한다. 3 (비) 인재 육성은 매우 어려운 일이다.

【十七】 shíqī 수 1 17. 2 17세.

【十全】shíquán 형 완전무결하다. ¶人不可能有~的。=사람은 완전무결할 수 없다.

【十全十美】shíquán-shíměi 성 모든 방면에 완전무결하여 나무랄 데가 없다. ≒白璧无瑕 ↔ 一无是处

【十日】shírì 명 10일.

【十三道辙】shísāndàozhé ☞【十三辙】shísānzhé

【十三经】Shísānjīng 명 십삼경. [《易經(역경)》·《書經(서경)》·《詩經(시경)》·《周禮(주례)》·《儀禮(의례)》·《禮記(예기)》·《春秋左傳(춘추좌전)》·《春秋公羊傳(춘추공양전)》·《春秋穀梁傳(춘추곡량전)》·《論語(논어)》·《孝經(효경)》·《爾雅(이아)》·《孟子(맹자)》]

【十三陵】Shísān Líng 명 십삼릉. [(明)나라 13황제의 능묘. 베이징(北京)시 창평(昌平)현에 있음]

【十三辙】shísānzhé 명 피황(皮黃)·고사(鼓詞) 등의 극(劇)과 설창 문예에서 쓰이는 13가지 압운. [중동(中東)·강양(江陽)·의기(衣期)·고소(姑蘇)·회래(懷來)·회퇴(灰堆)·인진(人辰)·언전(言前)·사파(梭波)·마사(麻沙)·야사(乜邪)·요초(遙迢)·유구(由求)]

【十室九空】shíshì-jiǔkōng 성 1 열 집에 아홉 집은 텅 비다. 2 비 전쟁이나 재난으로 백성들이 이리저리 떠돌아다니는 비참한 상황.

【十四行诗】shísìhángshī 명외 소네트(sonnet). 십사행시. [매 편이 14행으로 이루어진 유럽의 서정시체] =【商籟体】shānglàitǐ

【十天半月】shítiān-bànyuè 열흘이나 보름. 보름이 채 못 되는 날수. ¶他这一去，~怕是回不来。=그가 이번에 가면 아마 보름 안에는 돌아오지 못할까 봐 걱정이다.

【十万】shíwàn 수 1 10만. 2 정도가 매우 심하다. 수가 매우 크다.

【十万八千里】shíwàn-bāqiānlǐ 거리가 아주 멀다. 차이가 매우 크다.

【十万火急】shíwàn-huǒjí 성 일이 매우 긴급하여 조금도 늦출 수 없다.

【十五】shíwǔ 수 1 15. 2 15세. 3 음력 보름. ¶八月~是中秋。=음력 8월 보름은 추석이다.

【十项全能运动】shíxiàng quánnéng yùndòng 명(體) 10종 경기.

【十羊九牧】shíyáng-jiǔmù 성 1 열 마리 양에 아홉 명의 양치기. 2 비 사람에 비해 관리가 너무 많다.

【十一】Shí Yī 명 10월 1일. 중화 인민 공화국의 건국일. [1949년 10월 1일에 중화 인민 공화국이 성립됨]

【十有八九】shí yǒu bājiǔ 성(成) 십중팔구. 열에 아홉. 거의. ¶电话~是他打的。=전화는 십중팔구 그가 건 것이다. =【十之八九】shí zhī bājiǔ

【十雨五风】shíyǔ wǔfēng ☞【五风十雨】wǔfēng shíyǔ

【十月】shíyuè 명 1 음력 10월. 2 양력 10월. 3 열 달. ¶~怀胎=열 달 동안 임신하다.

【十之八九】shí zhī bājiǔ ☞【十有八九】shí yǒu bājiǔ

【十指】shízhǐ 명 열 손가락.

【十指连心】shízhǐ-liánxīn 성 1 열 손가락이 모두 마음에 닿아 있다. 열 손가락 깨물어 안 아픈 손가락 없다. 2 비 관련된 사람이나 일과의 관계가 매우 밀접하다.

【十字镐】shízìgǎo ☞【鸭嘴镐】yāzuǐgǎo

【十字架】shízìjià 명 1 (宗) 십자가. 2 비 고통. 재난.

【十字街头】shízì jiētóu 명 네거리. 사거리.

【十字军】shízìjūn 명(歷) 십자군.

【十字路口】shízì lùkǒu (~儿) 명 1 사거리. 네거리. 2 비 (중대한 문제의) 기로(岐路). 갈림길. 분기점.

【十足】shízú 형 1 충분하다. 충족하다. 넘쳐흐르다. ¶信心~=자신감이 넘쳐흐르다. 2 성분이 순수하다. 순도가 높다. 함유율이 높다. ¶~的黄金=순금.

\*什 shí 열 사람 십

형 여러 가지의. 다양한. 가지각색의. 여러 종류의. ¶满屋~物=집안 가득한 집기. 수 십. 열. 10. [분수 또는 배수를 나타내는 데 많이 쓰임] ¶~一=십분의 일. 열의 하나. / ~百=10배나 100배. 명 1 여러 가지. 갖가지. 잡다한 것. ¶家~=가재 도구. 2 운 서적. ¶篇~=문장과 서적. 3 (Shí) 성(姓).

☞ shén

【什不闲儿】shíbùxiánr 명(藝) 십불한아. [설창 문예의 일종. '莲花落(1인 혹은 2인이 대나무판을 두드리면서 노래하는 것)'에서 발전하여 이루어짐] =【十不闲儿】shíbùxiánr

【什件儿】shíjiànr 명 1 (음식을 만들 때) 닭·오리 내장의 총칭. ¶葱爆~=내장 파 볶음. 2 비 (궤짝·도검·수레 등에 붙여 견고함을 더해 주는) 금속 장식물. ¶纯金~=순금 장식물.

【什锦】[十锦] shíjǐn 명 여러 가지 원료로 만든. 다양한 모양의. 여러 용도의. ¶~糖=종합 사탕. 명 여러 가지 원료로 만든 것. 다양한 모양으로 이루어진 음식. ¶炒~=종합 볶음요리.

【什物】shíwù 명 일상 집기·집물·기물. 잡동사니. ¶储藏室里堆满了各种~。=저장실에 각종 집기가 그득하다.

【什项】shíxiàng 명 잡다한 항목. 다양한 항목. ¶油盐柴米等~开支。=기름·소금·연료·쌀 등 잡다한 살림 지출.

\*石 shí 돌 석

명 1 돌. ¶矿~=광석. 2 석각(石刻). 돌에 새긴 것. ¶金~=금속과 돌. 3 (医) 약용 광물. ¶药~=약석. 4 (音) 석경(石磬). ¶钟~丝竹之音不绝于耳。=각종 악기 소리가 귀에 끊이지 않다. 5 (医) 석침(石針). 돌침. ¶砭~=돌침을 놓다. 6 (医) 결석. ¶药物排~=

| ❶ 石 | shí |
| 炻 | shí |
| 硕 | shuò |
| 砦 | zhài |
| 跖 | zhí |
| 拓 | tuò |
| 宕 | dàng |
| 碭 | dàng |

약물로 결석을 배출하다. **7** (**Shí**)성(姓).
☞ **dàn**

○● 宝石, 笔石, 长石, 磁石, 电石, 浮石, 氟fú石, 矸gān石, 刚石, 硅guī石, 滑石, 化石, 辉huī石, 火石, 基石, 箭jiàn石, 礁jiāo石, 结石, 界石, 菊jú石, 矿kuàng石, 砺lì石, 卵luǎn石, 礞méng石, 盘石, 磐pán石, 闪shǎn石, 燧suì石, 霞xiá石, 硝xiāo石, 信石, 岩石, 药石, 英石, 萤yíng石, 油石, 玉石, 月石, 陨yǔn石, 赭zhě石, 柱石, 铸zhù石, 钻zuàn石

【石坝】**shíbà** 뗑 돌제방. 돌을 쌓아 만든 방죽.
【石斑鱼】**shíbānyú** 뗑(動) 우럭바리. ¶网纹~=구실우럭. / 赤点~=붉바리.
【石板】**shíbǎn** 뗑 **1** (주로 건축 자재로 쓰이는) 석판. 돌판. **2** (문구의 일종인) 석반(石盤). 석판(石板). ¶用石笔在~上写字. =석필로 석판에 글을 쓴다.
【石版】**shíbǎn** 뗑(印) 석판(石版). 석판 인쇄의 원판.
【石版画】**shíbǎnhuà** 뗑(美) 석판화.
【石碑】**shíbēi** 뗑 석비. 돌비.
【石笔】**shíbǐ** 뗑 석필.
【石壁】**shíbì** 뗑 **1** 벽처럼 가파른 암석. **2** 석벽. 돌로 쌓은 벽(담).
【石鳖】**shíbiē** 뗑(動) 딱지조개류.
【石材】**shícái** 뗑 석재.
【石槽】**shícáo** 뗑 **1** 돌물통. **2** 돌구유.
【石沉大海】**shíchén dàhǎi** 솅 **1** 돌이 바다에 가라앉은 듯 자취를 감추다. **2** 녬 감감무소식이다. 함흥차사이다.
【石莼】**shíchún** 뗑(植) 파래. 석순. 됭【海白菜】**hǎibáicài**
【石担】**shídàn** 뗑(體) (돌로 만든) 역기.
【石刁柏】**shídiāobǎi** 뗑 아스파라거스(asparagus). =【龙须菜】**lóngxūcài**【芦笋】**lúsǔn**
【石雕】**shídiāo** 뗑(藝) 석조. 돌 조각. 됭(藝) 돌을 조각하다.
【石墩】**shídūn** 뗑 (윗면이 평평하여 받침돌로 쓸 수 있는) 크고 두터운 돌.
【石方】**shífāng** 뗑 **1** (채굴·매립·운반 시) 석재의 체적을 계산하는 단위. ['1세제곱미터' 의 돌이 '1石方' 임] **2** 녬 ☞【石方工程】**shífāng gōngchéng**
【石方工程】**shífānggōngchéng** 뗑 (석재를 채석·매립·운반하는 등) 석재를 다루는 작업. 녬【石方】**shífāng**
【石坊】**shífāng** 뗑 돌패방(牌坊).
【石舫】**shífǎng** 뗑 (조경용) 배 모양의 돌 건축물.
【石膏】**shígāo** 뗑(化) 석고. =【生石膏】**shēng shígāo**
【石膏像】**shígāoxiàng** 뗑(藝) 석고상.
【石工】**shígōng** 뗑 **1** 채석 작업. 돌 가공. 돌 조각. **2** ☞【石匠】**shí·jiang**
【石拱桥】**shígǒngqiáo** 뗑 아치형 돌다리.
【石鼓】**shígǔ** 뗑 석고. [진(秦)의 문물. 북처럼 생긴 열 개의 돌판 위에 사언시(四言詩) 명문(銘文)이 새겨져 있음]
【石鼓文】**shígǔwén** 뗑 석고문. [전국 시대의 석각 문자. 석고(石鼓)에 새겨진 명문(銘文)이나 그 명문의 자체(字體)]
【石桂鱼】**shíguìyú** 뗑(動) (우리나라) 쏘가리. =【斑鳜】**bānguì**
【石磙】**shígǔn** ☞【碌碡】**liù·zhou**
【石花菜】**shíhuācài** 뗑(植) 우뭇가사리.
【石花胶】**shíhuājiāo** 뗑【琼脂】**qióngzhī**
【石化】**shíhuà** 뗑 녬 石油化工(석유 화학 공업). 됭(生) 석화(石化)되다. [고대 생물이 점점 화석이 되는 과정]
【石化木】**shíhuàmù** ☞【木化石】**mùhuàshí**
【石灰】**shíhuī**(化) **1** 석회. **2** 생석회. 둉【白灰】**báihuī**
【石灰氮】**shíhuīdàn** 뗑(化) 석회질소. =【氮石灰】**dànshíhuī**
【石灰石】**shíhuīshí** ☞【石灰岩】**shíhuīyán**
【石灰岩】**shíhuīyán** 뗑(礦) 석회암. =【石灰石】**shíhuīshí**
【石灰窑】**shíhuīyáo** 뗑 석회 가마.
【石灰质】**shíhuīzhì** 뗑 석회질.
【石级】**shíjí** 뗑 돌계단. 돌층계.
【石家庄】**Shíjiāzhuāng** 뗑(地) 스자좡. [허베이(河北)성의 성도]
【石匠】**shí·jiang** 뗑 석장. 석공. 석수(石手). =【石工】**shígōng**
【石阶】**shíjiē** 뗑 돌계단. 돌층계.
【石蜐】**shíjié** ☞【龟足】**guīzú**
【石臼】**shíjiù** 뗑 석구. 돌절구.
【石坎】**shíkǎn** 뗑 **1** 돌산에 만든 계단. **2** 돌로 쌓은 제방.
【石刻】**shíkè** 뗑 **1** 석각. **2** (비석이나 암벽 등) 석재에 새겨진 문자나 그림.
【石窟】**shíkū** 뗑 **1** (佛) 석굴. [암벽에 굴을 파서 지은 절] **2** 석굴. 바위 동굴.
【石块】**shíkuài** 뗑 석괴. 돌 덩어리.
【石蜡】**shílà** 뗑(化) 파라핀(paraffin).
【石蜡红】**shílàhóng** ☞【天竺葵】**tiānzhúkuí**
【石蜡烃】**shílàtīng** ☞【烷烃】**wántīng**
【石蜡油】**shílàyóu** 뗑 파라핀유(paraffin油). =【液状石蜡】**yèzhuàng shílà**
【石栏】**shílán** 뗑 돌난간. 석란.
【石砾】**shílì** 뗑 자갈.
【石梁】**shíliáng** 뗑 돌로 된 들보 모양의 물건.
【石料】**shíliào** 뗑 석재(石材).
【石林】**shílín** 뗑(地) 카르스트. 둉 Karst
【石榴】**shí·liu** 뗑(植) **1** 석류나무. **2** 석류. =【安石榴】**ānshí·liu**
【石榴裙】**shí·liuqún** 뗑 **1** 붉은 치마. **2** 여인.
【石榴石】**shí·liushí** 뗑(礦) 석류석.
【石煤】**shíméi** 뗑(礦) (암석처럼 생긴) 질이 낮은 석탄.
【石棉】**shímián** 뗑(礦) 석면.
【石棉瓦】**shímiánwǎ** 뗑 석면 타일.
【石墨】**shímò** 뗑(礦) 흑연. 석묵.

【石磨】shímò 圖 (돌) 맷돌.
【石脑油】shínǎoyóu 圖《化》나프타(naphtha). 석뇌유. =【粗气油】cūqìyóu
【石碾】shíniǎn 圖 연자매. 연자방아.
【石女】shínǚ 圖 1 석녀. [선천적으로 질(膣)이 없거나 완전하지 않은 여자] 2 석녀. [자궁이 생리적으로 기형인 여자] 3 석녀. [일생 동안 월경이 없는 여자]
【石破天惊】shípò-tiānjīng 圖 1 공후(箜篌) 연주 소리가 높았다 낮았다 하며 경천동지의 기세를 지니다. 2 (비) (예술 창작·의론(議論) 등이) 기상천외하여 사람을 놀라게 하다.
【石器】shíqì 圖 1 (歷) 석기. 2 석기. [돌로 만든 기물]
【石器时代】shíqì shídài 圖《歷》석기 시대.
【石桥】shíqiáo 圖 돌다리.
【石青】shíqīng 圖《礦》(남색 안료로 쓰이는) 남동석. 남동광.
【石人】shírén 圖 석인. 돌로 조각한 사람 형상. 석상.
【石蕊】shíruǐ 圖 1《植》리트머스이끼. 2 리트머스(litmus).
【石狮】shíshī 圖 돌사자. 석사자.
【石室】shíshì 圖 1 석실. 돌로 만든 방. 2 석조 묘혈. 석조 분묘. 돌무덤. 3 (비) 견고한 방어 진지. ¶金城~=철옹성.
【石首鱼】shíshǒuyú 圖《動》민어과 조기 종류 물고기의 통칭.
【石松】shísōng 圖《植》석송.
【石蒜】shísuàn 圖《植》석산. ⇨【龙爪花】lóngzhǎohuā【蟑螂花】zhāngláng huā
【石笋】shísǔn 圖《地》석순.
【石锁】shísuǒ 圖《體》돌물치. 돌포환. [돌로 만든 운동 기구의 일종. 체력 단련에 쓰이고 옛날에 자물쇠처럼 생겼음]
【石炭】shítàn 圖 고대에 석탄을 가리킴.
【石炭酸】shítànsuān 圖《化》석탄산. =【苯酚】běnfēn
【石头】shí·tou 圖 1 돌. 2 (가위바위보에서의) 바위.
【石头子儿】shí·touzǐr 圖 자갈. 돌멩이.
【石碨】shíwò 圖 (땅을 다지는) 돌로 만든 달구. 돌달구.
【石像】shíxiàng 圖 석상.
【石心铁肠】shíxīn tiěcháng 圖(비) 철석같은 마음.
【石盐】shíyán ⇨【岩盐】yányán
【石窑】shíyáo 圖 (가파른 석벽 아래에 파서 만든) 동굴집.
【石印】shíyìn 圖 (印) 석인. 석판 인쇄.
【石英】shíyīng 圖《礦》석영.
【石英钟】shíyīngzhōng 圖 수정 손목시계.
【石油】shíyóu 圖《礦》석유.
【石油醚】shíyóumí 圖 석유 에테르.
【石油气】shíyóuqì 圖 석유 가스.
【石渣】shízhā 圖 잔돌. 자갈.

【石砟】shízhǎ 圖 잔돌. 자갈.
【石钟乳】shízhōngrǔ ⇨【钟乳石】zhōngrǔshí
【石竹】shízhú 圖《植》석죽. 패랭이꽃. =【洛阳花】luòyánghuā
【石柱】shízhù 圖 1 돌기둥. 2 (地) 석회주(石灰柱).
【石桩】shízhuāng 圖 표석. 돌 푯말.
【石子儿】shízǐr 圖 자갈. 돌멩이.

\*时[時, 旹] shí 때 시

圖 1 (정해진) 시간. ¶按~=시간에 맞추다. / 届~=때가 되다. 2 때. 시대. 시기. [비교적 긴 시간을 나타냄] ¶平~=평상시. / 现~=현시기. 3 계절. 철. 때. ¶不违农~=농사철을 놓치지 않다. / 应~果蔬=제철 과일과 채소. 4 시진. [옛날의 시각 단위] ¶子~=자시. 5 시. [현재의 시각 단위] ¶~下午四~=현재 오후 4시이다. 6 시간. 세월. ¶费~=시간을 낭비하다. / ~光飞逝=세월이 나는 듯이 지나간다. 7 시속(時俗). 시류. 시대적 풍모. ¶~~~(주로 차림새가) 시류에 맞다. / ~合~=시의적절하다. 8 시기. 기회. 알맞은 때. ¶待~而变=기회를 기다려 응변하다. 9 조대. 시대. ¶唐~=당대. 10 (言) 시제. ¶过去~=과거 시제. / 现在~=현재 시제. 11 (Shí) 성(姓). 圖 1 당시의. 현재의. ¶~价=시가. / ~务=시무. 2 일시의. 시기 적절한. ¶~运=시운. / ~装=유행 복장. 圖 1 늘. 항상. 종종. 자주. ¶~有发生=늘 발생하다. 2 이따금. 때로. [주로 '时… 时…'의 형태로 겹쳐 씀] ¶~好~坏=좋았다 나빴다 하다. / ~隐~现=숨었다 나타났다 하다.

○ 时 shí
莳 shì
塒 shí
鲥 shí

○ 报时, 背时, 不时, 辰chén时, 当时, 得时, 登时, 顿dùn时, 多时, 饭时, 费时, 工时, 过时, 亥hài时, 及时, 即时, 届jiè时, 旧时, 课时, 立时, 临时, 卯mǎo时, 年时, 片时, 趋qū时, 权时, 入时, 少时, 申shēn时, 失时, 适时, 授时, 巳sì时, 随时, 天时, 同时, 未时, 午时, 小时, 行时, 戌xū时, 学时, 眼时, 一时, 寅yín时, 酉yǒu时, 暂zàn时, 战时, 走时

【时报】shíbào 圖 시사 일간지. 시사지. [신문 이름에 많이 쓰임] ¶《纽约~》=《뉴욕포스트》
【时弊】shíbì 圖 시폐. 그 시대의 병폐[폐단]. ¶针砭~=시대적 폐단을 지적하여 비판하다.
【时变】shíbiàn 圖(書) 1 사계절의 변화. ¶观乎天文, 以察~。=천문을 보고 사철의 변화를 살피다. 2 형세의 변화. 시국의 변동. 시대의 변천. ¶以应~=형세의 변화에 대처하다.
【时标】shíbiāo 圖 시간 좌표. ¶准确的~在数字通信方面很重要。=정확한 시간 좌표는 디지털 통신에서 매우 중요하다.
【时不时】shíbùshí 圖(方) 자주. 늘. 언제나. ¶他~来看一下他的老母亲。=그는 자주 노모를 뵈러 온다.

【时不我待】shíbùwǒdài ㉰ 1 시간은 사람을 기다려 주지 않는다. 2 촌음을 아껴 노력해야 한다. ¶人生苦短，~。=인생은 괴롭고 짧으니, 촌음을 아껴 노력해야 한다.
【时不我与】shíbùwǒyǔ ㉰ 1 시간은 사람을 기다려 주지 않는다. 2 촌음을 아껴야 한다. 3㉱ 좋은 기회가 없다. ¶空有满腹经纶，只可惜~。=뛰어난 학식과 경륜을 지니고 있지만, 좋은 기회가 없음이 아까울 뿐이다.
【时不再来】shíbùzàilái ㉰ 1 흘러간 시간은 다시 돌아오지 않는다. 2 유리한 기회를 잘 포착해야 한다.
【时菜】shícài ㉰ 제철의 채소.
【时差】shíchā ㉰(天) 시차.
【时常】shícháng ㉯ 늘. 자주. 항상. ¶~到户外活动对老年人的身体大有益处。=자주 밖에 나가서 활동하는 것은 노인의 건강에 아주 유익하다. ≒经常 常常 ↔偶尔 偶然
【时辰】shí‧chen ㉰ 1㉱ 시진. [옛날의 시간 단위. 하루를 12시진으로 나누며, 1시진은 지금의 2시간임] 2 시각. 시기. 때. ¶~已到，立即动身。=시간이 되었으니 곧바로 출발해야 한다.
【时代】shídài ㉰ 1 (역사상의) 시대. 시기. ¶上古~=상고 시대. / 新石器~=신석기 시대. 2 (사람의 일생 가운데 어느) 시기. 시절. 때. ¶青年~=청년 시절.
【时代感】shídàigǎn ㉰ 시대감. 시대적 감각. ¶这部小说具有浓郁的~。=이 소설은 농후한 시대적 감각을 갖추고 있다.
【时点】shídiǎn ㉰ 시점. ¶年生产总量的统计以12月31日12点整为最后~。=일년 총생산량의 통계는 12월 31일 12시 정각을 최후 시점으로 한다.
【时调】shídiào ㉰ (일정 지역에서 일정 시기 동안 유행하는) 곡조. 민가.
【时段】shíduàn ㉰ (특정한) 시간대. 기간〔시기〕. ¶国际新闻在黄金~播出。=국제 뉴스는 황금 시간대에 방송된다.
【时而】shí‧ér ㉯ 1 때때로. 이따금. [부정기적으로 중복 발생함을 나타냄] ¶老师亲切的面容~在他的脑海浮现。=선생님의 자상한 얼굴이 이따금 그의 뇌리에 떠오른다. 2 때로는⋯ 때로는⋯. [중첩 사용하여 일정한 시기 내에 다른 현상이나 일이 교차적으로 발생함을 나타냄] ¶乐曲~高亢，~低沉。=곡조가 때로는 치솟다가 때로는 가라앉는다.
【时分】shífèn ㉰ 무렵. 때. 녘. 철. 시절. ¶傍晚~=해질녘. 저녁 무렵.
【时乖命蹇】shíguāi-mìngjiǎn ☞【时乖运蹇】shíguāi-yùnjiǎn
【时乖运蹇】shíguāi-yùnjiǎn ㉰ 시운이 나쁘다. 운수가 나쁘다. =【时乖命蹇】shíguāi-mìngjiǎn
【时光】shíguāng ㉰ 1 시기. 때. 시절. ¶那~山里的路很不好走，现在不同了。=그 시절에는 산길이 나빴지만, 지금은 달라졌다. 2 시간. 세월. 광음(光陰). ¶虚度~=세월을 헛되이 보내다. 3 생활. 생계. 살림. 형편. ¶改革开放以后，老百姓的~好多了。=개혁 개방 이후 일반 대중〔서민〕의 생활은 훨씬 나아졌다. ≒时期
【时过境迁】shíguò-jìngqiān ㉰ 시간이 흐름에 따라 상황도 변하다.
【时过心平】shíguò-xīnpíng ㉰ 시간이 흘러 마음이 진정되다.
【时好】shíhào ㉱ 시류. 시대적 풍조. 시대적 유행. ¶这篇文章是投~而作。=이 글은 시류에 영합하여 쓴 것이다.
【时和年丰】shíhé-niánfēng ☞【时和岁丰】shíhé-suìfēng
【时和岁丰】shíhé-suìfēng ㉰ 사철 날씨가 좋고 오곡이 풍성하다. =【时和年丰】shíhé-niánfēng
【时候】shí‧hou ㉰ 1 시간. 동안. ¶读完这本书需要多少~？=이 책을 다 읽는 데 시간이 얼마나 걸리겠니? 2 때. 시각. 무렵. ¶我们什么~出发？=우리 언제 출발합니까? ≒时间

| 时候(shí‧hou) / 时间(shíjiān) |
|---|
| 时候 : 구체적이고 특징이 있는 시간을 가리킴. 이때 앞에 구체적이며 특정적인 단어나 시간 명사, 혹은 시각을 나타내는 수식어가 쓰임. ¶那时候=그 때. / 文化革命的时候=문화혁명 때. / 小的时候=어렸을 때. / 最冷的时候=가장 추울 때. / 下午的时候=오후에. |
| 时间 : 시작과 끝이 있는 시간의 단락으로, 이미 확정된 시간을 가리킬 때 사용함. 시간 단락의 길이가 명확하므로 앞뒤에 주로 구체적인 시간이나 날짜 등을 나타내는 단어가 쓰임. ¶三个小时的时间=3시간의 시간. / 十年的时间=10년의 시간. / 这么长的时间=이렇게 긴 시간. / 下班时间快到了。=퇴근 시간이 다 됐다. / 我给你们几天时间考虑，好好想想。=너희들에게 고려할 시간을 며칠 줄 테니 잘 생각해 봐. |
| ▶ ① '时间'은 양사 '段'과 결합하기도 함. ¶一段时间里=한동안. |
| ② '时间'은 여유 시간을 나타내기도 함. ¶有时间的话，到我家来玩吧。=시간이 있으면 우리 집에 놀러 와. |
| ▶ 중국어에서 시간의 단위는 '小时〔钟头〕(시간)·分钟(분)·秒钟(초)'로 나타내고, '时间'은 시간의 단위를 나타내지 않음. ¶从首尔〔汉城〕到釜山需要六个时间。(×) → 从首尔〔汉城〕到釜山需要六个小时。=서울에서 부산까지는 6시간 소요된다. |

【时机】shíjī ㉰ (유리한) 시기. 기회. 때. ¶把握~=기회를 포착하다.

| 时机(shíjī) / 机会(jīhuì) 기회, 시기 |
|---|
| 时机 : 시간적으로 결정적이며 유리한 순간을 가리키며, 주로 '有利·成熟·把握·掌握' 등과 함께 쓰임. ¶时机成熟=때가 무르익다. / 把握时 |

机=기회를 포착하다. / 等待时机=기회를 기다리다. / 不失时机=시기를 놓치지 않다. / 合适的时机=적당한 시기. / 我现在不说, 到适当时机我会说. =지금 말하지 않고 적당한 시기가 오면 말할게요. / 咱们要利用这有利的时机. =우리는 이 유리한 기회를 이용해야 한다.

机会 : 적당한 때를 나타내며, 주로 '提供·利用·有·没有·找' 등과 함께 쓰임. ¶爸妈都不在家, 机会难得, 赶紧叫几个老同学来聚一聚. =엄마 아빠가 모두 집에 안 계시니 딱 좋은 기회다, 빨리 친구들 몇 명 불러 모으자. / 以后咱俩找机会, 跟孩子把这事说清楚. =다음에 우리 둘이 기회를 잡아 아이에게 이 일을 분명히 말합시다.

▶ '机会' 는 '수량사(수사+양사)' 의 수식을 받음. ¶我再给你最后一次机会. =다시 네게 마지막 한 번의 기회를 주겠어. / 他怎么能错过这种机会? =그가 어떻게 이런 기회를 놓칠 수 있겠니? / 一个偶然的机会=우연한 기회.

【时价】 **shíjià** 图 시가. 시세. 현재 가격. ¶海鲜多是~, 没有固定价格. =해산물은 대부분 시가로 따지며, 고정된 가격이 없다.

【时间】 **shíjiān** 图 1 시간. ¶珍惜~=시간을 아끼다. 2 (시각과 시각 사이의) 동안. 시간. ¶到那里大概需要多长~? =그곳에 가는 데 시간이 대략 얼마 정도 걸립니까? 3 시각. ¶事故发生的~是早晨6点. =사고가 난 시각은 새벽 6시이다. ≒时候 时刻

【时间表】 **shíjiānbiǎo** 图 1 시간표. 2 일정. 스케줄(schedule). ¶突发事件打乱了他的~. =돌발 사건이 그의 일정을 엉망으로 만들었다.

【时间差】 **shíjiānchā** 图 1 (體) (배구의) 시간차 공격. 2 시간차. ¶他利用南北方蔬菜种植的~赚了不少钱. =그는 남쪽과 북쪽의 채소 재배의 시간차를 이용하여 많은 돈을 벌었다.

【时间词】 **shíjiāncí** 图 (言) 시간 명사. ['现在 (현재)'·'去年(작년)' 등]

【时间性】 **shíjiānxìng** 图 시간성. 시간적 제약. ¶新闻的~很强. =뉴스의 시간성은 매우 엄격하다.

【时艰】 **shíjiān** 图圖 시국이 어렵다.

【时节】 **shíjié** 图 1 계절. 철. 절기. ¶收获~=수확철. 2 때. 시절. 시기. ¶那~, 我们都还是学生. =그 때 우리는 여전히 학생이었다.

【时紧时松】 **shíjǐn-shísōng** 図 때로는 엄하고 때로는 느슨하다. 때로는 긴장했다 때로는 해이하다. 때에 따라 조였다 늦췄다 하다.

【时局】 **shíjú** 图 시국. 당시의 사회·정치적 형세. ¶~动荡=시국이 요동치다.

【时刻】 **shíkè** 图 늘. 시시각각. 언제나. 항상. ¶~谨记恩师的教诲. =항상 은사의 가르침을 명심하라. 图 시간. 시각. 때. ¶关键~=결정적인 순간. ≒时候

【时刻表】 **shíkèbiǎo** 图 (열차·버스 등의) 시각표. 시간표.

【时空】 **shíkōng** 图 시공. 시간과 공간. ¶这篇文章的记叙顺序~结合. =이 글의 서술 순서는 시공이 결합된 것이다.

【时空观】 **shíkōngguān** 图 시공관. 사람의 시간과 공간에 대한 기본 관점.

【时款】 **shíkuǎn** 图 유행 양식·스타일. [주로 복장을 가리킴]

【时来运转】 **shílái yùnzhuǎn** 圆 때가 되어 운수가 트이다.

【时令】 **shílìng** 图 계절. 철. 절기. ¶~蔬菜=제철 채소. ≒季节

【时令病】 **shílìngbìng** 图(醫) 계절병. 시환(時患). 시령.

【时令河】 **shílìnghé** 图(地) 간헐천. 간헐류.

【时髦】 **shímáo** 圆 유행이다. 최신식이다. 첨단이다. 현대적이다. ¶穿着~=옷차림이 최신식이다. ≒时兴 时尚

【时评】 **shípíng** 图 (간행물의) 시평. 시사 논평.

【时期】 **shíqī** 图 (특정한) 시기. ¶和平~=평화 시기. ≒时光

【时起时伏】 **shíqǐ-shífú** 圆 때로 고조되고 때로 가라앉다. 기복이 되풀이되다. 고정적이지 않다. 일정하지 않다.

【时气】 **shí·qi** 图圖 1 (醫) 이상 기후로 유행하는 질병. ¶患~=기상 이변으로 인한 병을 앓다. 2 (일시적인) 운. 운수. ¶~不错=운이 좋다. 3 (일시적인) 행운. ¶有~=행운이 있다.

【时区】 **shíqū** ☞ 【标准时区】 **biāozhǔn shíqū**

【时人】 **shírén** 图 1圖 그 당시 사람. ¶此种恶行, ~莫不心中愤然. =이런 악행에 대해 당시 사람들 모두 분노하였다. 2예 한때 크게 활약한 사람.

【时日】 **shírì** 图 1 시일. 시간과 날짜. ¶延误~=시일이 지체되다. 2 (비교적 긴) 시간. ¶他出差有些~了. =그가 출장간 지 좀 되었다.

【时尚】 **shíshàng** 图 시대적 유행. 당시의 분위기. 시류. ¶赶~=시류를 좇다.

【时时】 **shíshí** 圖 늘. 항상. 언제나. 시각마다. ¶他~想起童年往事. =그는 늘 어릴 적 지난 일을 회상한다.

【时时刻刻】 **shí·shi kèkè** 圖 시시각각. 늘. 언제나. ¶他~不忘自己的职责. =그는 언제나 자신의 직책을 잊지 않는다.

【时世】 **shíshì** 图 1 시세. 지금의 사회. 시국. ¶顺应~=시세에 순응하다. 2 (역사상의) 시기. 시대. ¶蛮荒~=미개한 시대.

【时事】 **shíshì** 图 시사. 최근의 국내외 대사건. ¶~报道=시사 보도.

【时势】 **shíshì** 图 시세. 시대의 추세. 시대의 형국. ¶~变迁=시세가 바뀌다.

【时殊风异】 **shíshū-fēngyì** 圆 시대가 변하면 풍속도 따라서 변화한다.

【时蔬】 **shíshū** 图 제철 채소.

【时俗】 **shísú** 图圖 시속. 시대적 풍속. 당시의 습속. ¶不落~=시속에 떨어지지 않다.

【时速】shísù 〔名〕시속. ¶这车~可达两百公里. =이 차는 시속 200킬로미터까지 낼 수 있다.

【时态】shítài 〔名〕〔言〕시제. 텐스(tense).

【时文】shíwén 〔名〕〔文〕1 현재 유행하고 있는 문체. 2 시문. [옛날, 과거 시험의 답안에 쓰이던 문체. 명청 시대에는 팔고문(八股文)을 가리킴]

【时务】shíwù 〔名〕시무. 당면한 과업이나 정세. ¶识~者为俊杰. =시대의 중대사나 객관적인 형세를 정확하게 인식하는 사람이 비로소 걸출한 인물이다.

【时下】shíxià 〔名〕지금. 오늘날. 현재. 시하. ¶~正流行网络游戏. =지금 인터넷 게임이 한창 유행한다.

【时鲜】shíxiān 〔名〕제철의 채소·과일·어류 따위. 제철 먹을거리.

【时贤】shíxián 〔名〕〔文〕당시의 재덕을 갖춘 사람.

【时限】shíxiàn 〔名〕시한. 기한. 정한 기일. ¶~已到=기한이 이미 다 되었다.

【时效】shíxiào 〔名〕1 시효. 유효 기간. ¶出版合同的~一般在三年以上. =출판 계약의 시효는 일반적으로 3년 이상이다. 2〔法〕시효. ¶诉讼~=소송 시효.

【时新】shíxīn 〔形〕최신의. 최첨단의. 최고 유행하는. 최신식의. [주로 복장을 가리킴] ¶~款式=최신식 스타일.

【时兴】shíxīng 〔动〕(한때) 유행하다. 〔形〕(한때) 유행이다. ≒时髦 人时

【时行】shíxíng 〔动〕1 (한때) 유행하다. 2 때때로 하다.

【时序】shíxù 〔名〕시서. 계절 변화의 차례. 철의 바뀜. ¶~更迭=계절 변화.

【时谚】shíyàn 〔名〕당시의 속담. 당시대에 맞는 속담.

【时样】shíyàng 〔名〕최신식 스타일. 유행 스타일. 최첨단 스타일.

【时宜】shíyí 〔名〕시의. 당시의 요구〔필요〕. ¶合乎~=시의적절하다.

【时移】shíyí 〔动〕시대가 변하다. 시간이 흐르다. ¶~风易=시대가 변하고 풍속이 바뀌다. 시대의 변천에 따라 풍속도 바뀌다.

【时移俗易】shíyí-súyì 〔成〕시대의 변화에 따라 풍속도 바뀌다. 시대가 변하고 풍속이 바뀌다.

【时异事殊】shíyì-shìshū 〔成〕시대가 달라지면 일도 달라진다.

【时疫】shíyì 〔名〕〔医〕(특정 계절의) 전염병. 유행병. 돌림병. 시역.

【时隐时现】shíyǐn-shíxiàn 〔成〕1 사라졌다 나타났다 하다. 2 (사물이) 고정되지 않고 흔들거리다.

【时雨】shíyǔ 〔名〕단비. 때맞추어 오는 비. 〔动〕때때로 비가 오다.

【时运】shíyùn 〔名〕시운. 한때의 운수. ¶~不济=시운이 따르지 않다.

【时针】shízhēn 〔名〕1 시계바늘. 2 시침.

【时政】shízhèng 〔名〕시정. 당시의 정치 상황. ¶分析~=시정을 분석하다.

【时值】shízhí 〔动〕때마침 …에 처하다. 바로〔바야흐로〕 …때가 되다. ¶~春夏之交. =바야흐로 봄과 여름이 바뀌는 때다. 〔名〕1(音) 음표 또는 쉼표의 시간적 길이. 2(映) 한 장면의 시간적 길이.

【时至今日】shízhì-jīnrì 〔成〕지금에 이르러. 오늘에 이르러. [시간이 긴 것을 강조함] ¶~, 他仍没有回音. =지금에 이르기까지 그는 여전히 회신이 없다.

【时钟】shízhōng 〔名〕괘종시계.

【时装】shízhuāng 〔名〕1 당시의 보편적인 복장. 2 최신 스타일의 복장. 유행복. 유행 의상. 뉴 패션(new fashion). ¶~表演=패션 쇼(fashion show). ↔古装

【时装表演】shízhuāng biǎoyǎn 〔名〕패션 쇼.

【时装模特儿】shízhuāng mótèr 〔名〕패션 모델(model).

【时作时辍】shízuò-shíchuò 〔成〕하다가 말다가 하다.

## **识[識]** shí 알 식

〔动〕1 알아보다. 변별하다. 식별하다. 분간하다. ¶老马~途=경험자는 상황에 익숙하여 잘 이끌어갈 수 있다. / 目不~丁=낫 놓고 기역자도 모르다. 2 알다. 이해하다. 체득하다. ¶见多~广=견식이 넓다. / 不~羞=부끄러움을 모른다. 〔名〕1 지식. 식견. 견식. ¶学~=학식. / 远见卓~=멀리 내다보는 탁월한 식견. 2 (Shí) 성(姓).

☞ zhì

◐● 博识, 才识, 胆识, 见识, 结识, 姘pīn识, 认识, 赏shǎng识, 熟识, 相识, 意识, 知识, 认识论, 潜qián意识, 下意识

【识辨】shíbiàn 〔动〕식별하다. 변별하다. 분별하다. 가려 내다. ¶~真伪=진위를 가려 내다. ≒识别

【识别】shíbié 〔动〕식별하다. 변별하다. 분별하다. 가려 내다. ¶~善恶=선악을 분별하다. ≒识辨 辨别 鉴别

【识才】shícái 〔动〕인재를 알아보다〔식별하다〕. ¶~善用=인재를 알아보고 적소에 등용하다.

【识大体】shí dàtǐ 〔动〕대국적인 입장에서 문제를 바라보다.

【识大体, 顾大局】shí dàtǐ, gù dàjú 〔成〕대국적인 입장에서 전체 국면을 돌보다.

【识货】shí‖huò 〔动〕물건의 좋고 나쁨을 식별하다. 물건을 볼 줄 알다. ¶你选这件衣服证明你很~. =이 옷을 선택하였다는 것은 네가 꽤 물건을 볼 줄 안다는 것을 증명한다.

【识家】shíjiā 〔名〕물건을 볼 줄 아는 사람. 감식력이 있는 사람. 물건의 가치를 알아보는 사람. 견식이 있는 사람. 감식가(鉴识家). ¶货卖~=물건을 볼 줄 아는 사람에게 팔다.

【识见】shíjiàn 〔名〕〔文〕식견. 견식. 지식과 견문. ¶颇有~=패나 견식이 있다.

【识荆】shíjīng 〔动〕〔文〕〔敬〕(평소 흠모하던 사람을) 처음 만나 보게 되다. 처음으로 알게 되다.

【识面】shímiàn 동 서로 만나다. 상견하다. 대면하다. ¶未曾~=서로 만난 적이 없다.

【识破】shípò 동 간파하다. 꿰뚫어 보다. ¶~阴谋=음모를 간파하다. 능看破 看透 看穿

【识窍】shíqiào 동⟨방⟩ 핵심을 알다. 비결을 알다. 묘리를 깨닫다.

【识趣】shíqù 동 분별 있게 굴다. 눈치있게 굴다. 분위기 파악을 잘 하다. 약삭빠르게 굴다. 말귀를 잘 알아듣다. ¶你最好~点儿, 别再胡搅蛮缠. =될 수 있으면 눈치 좀 있게 굴어라, 더 이상 소란피우며 생떼쓰지 말고. 능识相 知趣

【识时通变】shíshí-tōngbiàn 성 당면한 대사나 조류를 정확히 꿰뚫어 변화에 대처할 수 있다.

【识时务】shí shíwù 동 당면한 정세와 조류를 정확히 이해하다. 시대의 요구를 알아 즉각 대응하다.

【识时务者为俊杰】shíshíwùzhě wéi jùnjié 성 시대의 중대사나 객관적인 형세를 정확하게 인식하는 자는 걸출한 인물이다.

【识途老马】shítú lǎomǎ 명⟨비⟩ 경험이 풍부한 사람.

【识文断字】shíwén-duànzì 성 글을 알다. 학문적 소양이 있다.

【识相】shíxiàng 동⟨방⟩ 분별 있게 굴다. 눈치있게 굴다. 분위기 파악을 잘 하다. 약삭빠르게 굴다. 말귀를 잘 알아듣다. ¶~点儿, 别没事找事. =눈치 있게 굴어라, 쓸데없는 말썽 피우지 말고. 능识趣 知趣

【识羞】shíxiū 동 부끄러움을 알다. [주로 부정형에 쓰임] ¶他说出这样不近情理的话, 真不~. =그가 이런 도리에 맞지 않은 말을 하다니, 정말 부끄러운 줄을 모르는구나.

【识字】shí‖zì 동 글자를 알다. ¶他小小年纪, ~不少. =그는 아주 어리지만 글자를 꽤 안다.

**实[實, 寔] shí** 열매 실

형 **1** 가득 차다. 충만하다. ¶把洞填~了. =구멍을 메우다. **2** 부유하다. ¶殷~=넉넉하다. **3** 진실하다. 사실적이다. 실제적이다. ¶真凭~据=확실한 증거. **4** 구체적이다. 실재하다. ¶务~不能务虚. =실재적인 것에 힘써야지 헛된 것에 힘을 써서는 안 된다. **5** 진실하다. 참되다. 성실하다. ¶忠~=충실하다. 부 확실히. 본래. 실제로. ¶~属无奈=실제로 어찌할 수 없다. 동⟨방⟩ 채우다. 담다. ¶荷枪~弹=총을 메고 총알을 장전하다. 명 **1** 실제. 사실. ¶有名无~=유명무실. **2** 열매. 종자. 씨앗. ¶子~=씨앗. ↔空 虚

○- 板实, 诚chéng实, 充实, 瓷cí实, 粗实, 笃dǔ实, 敦dūn实, 肥实, 故实, 果实, 核实, 厚实, 华实, 坚实, 口实, 老实, 落实, 密实, 皮实, 平实, 朴pǔ实, 其实, 切实, 求实, 确实, 如实, 史实, 事实, 踏tā实, 妥tuǒ实, 委实, 务实, 现实, 详实, 翔xiáng实, 橡实, 写实, 信实, 虚xū实, 讯xùn实, 严实, 殷yīn实, 硬实, 匀实, 扎zhā实, 折zhé实, 真实, 征实, 忠zhōng实, 壮实, 着zhuó实, 茁zhuó实, 子实

【实报实销】shíbào-shíxiāo 성 실제 지출에 근거하여 청산하다. 실비로 지급하다.

【实兵】shíbīng 명⟨군⟩ 실제 작전 부대. 실전 부대. 전투 부대.

【实兵演习】shíbīng yǎnxí 명⟨군⟩ 실전 연습. 실전 훈련.

【实不相瞒】shíbùxiāngmán 성 솔직히 말하다〔털어놓다〕. 숨기지 않고 사실대로 말하다. ¶~, 我最近一直走霉运. =솔직히 말하는데, 나는 최근 줄곧 재수가 없다.

【实测】shícè (계측기나 공구 등으로) 실측하다. 실제 측량하다. 실제로 계측하다.

【实产】shíchǎn 명⟨농⟩ 실제 생산량. [농작물 수확 후, 건조와 키질을 하고 잰 생산량] ¶新稻种的~大幅度提升. =신종 벼의 실제 생산량이 대폭 상승하였다.

【实诚】shí·cheng 형⟨구⟩ 성실하다. 진실되다. ¶他是个~人, 不会说假话. =그는 진실한 사람으로 거짓말을 할 줄 모른다.

【实处】shíchù 명⟨구⟩ 실제로 문제가⟨관건이⟩ 되는 곳. 정말로 중요한 곳. 실제로 필요로 하는 곳. 실제 역할을 하는 곳. ¶政策要落到~. =정책은 실제로 문제가 되는 곳에 시행되어야 한다.

【实词】shící 명⟨언⟩ 실사. [의미가 비교적 구체적인 단어로, 명사·동사·형용사·수사·양사 등을 포괄함] ↔虚词

【实打实】shídǎshí 형 확실하다. 견실하다. 착실하다. 실질적이다. ¶~地做事=확실하게 일을 처리하다.

【实弹】shídàn 명 실탄. ¶~演习=실탄 훈련. 동 총탄·포탄을 장전하다〔장착하다〕. ¶荷枪~=총을 메고 총알을 장전하다. 완전무장하다.

【实地】shídì 부 **1** 실제로. 실지로. 현장에서. ¶~考察=현장 조사하다. **2** 착실하게. 견실하게. ¶~去干=견실하게 행하다. 명 **1** 견고한 지면. **2**⟨구⟩ 실제. 실지. 현지. 현장. ¶脚踏~=실제에 근거하여 견실하게 일하는 모습.

【实多】shíduō 명⟨경⟩ 주가가 떨어지거나 심지어 팔리지 않는 경우에도 여전히 주식을 매입하는 행위 또는 그런 주식 투자자.

【实繁有徒】shífányǒutú 성 그러한 사람이 정말로 매우 많다.

【实付】shífù 동 실제로 지불하다.

【实感】shígǎn 명 진실한 감정. 실감. ¶真情~=실제적인 느낌. 진실한 감정.

【实干】shígàn 동 착실하게 일하다. 실제로 일하다. ¶~精神=실천 정신.

【实干家】shígànjiā 명 실무적인 사람. 착실한 사람. 견실한 사람. 성실한 사람. ¶经济建设需要~. =경제 건설에는 견실한 사람이 필요하다.

【实话】shíhuà 명 실화. 참말. 솔직한 말. ¶说~, 我真不赞同他的意见. =솔직히 말하자면, 나는 정말 그의 의견에 찬성하지 않는다. ↔谎言 谎话

【实惠】shíhuì 명 실리. 실익. ¶让顾客得到~. =고객에게 실리를 얻게 하다. 형 실속 있다. 실용적이다. 실질적이다. ¶买这件大衣比买那件

要~些。= 이 외투를 사는 것이 저 것을 사는 것 보다 실속 있다.

【实际】 **shíjì** 실제. ¶不切~ = 실제와 맞지 않다. 形 1 실제에 부합되다. 현실적이다. ¶你这些想法太不~了。= 너의 이러한 생각은 매우 현실적이지 못하다. 2 실제적이다. 구체적이다. ¶~人数 = 실제 인원수. ≒现实 ↔想象 虚幻 理论

【实际工资】 **shíjì gōngzī** 名〔經〕실질 임금.

【实际上】 **shíjì·shang** 副 1 사실상. 실제로. ¶他们公司的效益~不是他说的那样好。= 그들 회사의 이익은 사실상 그가 말한 대로 그렇게 좋은 것은 아니다. 2 실질적으로. 본질적으로. ¶你的这种行为~就是欺骗。= 너의 이러한 행위는 본질적으로 사기이다.

【实寄封】 **shíjìfēng** 名 (우표 수집에서) 소인이 찍힌 편지 봉투.

【实绩】 **shíjì** 名 실적. 실제 성적. ¶工作~ = 작업 실적.

【实价】 **shíjià** 名 실가. 실제 가격. ¶明码~ = 정찰 가격.

【实践】 **shíjiàn** 名〔哲〕실천. 실행. 이행. ¶~经验 = 실천 경험. 动 실천하다. 실행하다. 이행하다. ¶~诺言 = 약속을 지키다. ↔理论

【实缴】 **shíjiǎo** 动 실제로 지불하다.

【实景】 **shíjǐng** 名 (텔레비전·영화 촬영에서의) 실제 배경. 실경.

【实据】 **shíjù** 名 실증. 실제의 증거. ¶真凭~ = 요지부동의 확실한 증거.

【实空】 **shíkōng** 名〔經〕주식을 모두 매도하고, 주가가 회복되더라도 급히 매입하지 않는 행위 또는 그런 주식 투자자.

【实况】 **shíkuàng** 名 실황. 실제 상황. ¶~转播 = 실황 중계 방송.

【实力】 **shílì** 名 1 (정치·경제적인) 힘. ¶经济~ = 경제력. 2 실력. ¶他的~很强, 是夺冠的热门人物。= 그는 실력이 막강하여 강력한 우승 후보의 물망에 올랐다.

【实利】 **shílì** 名 실리. 실제 이익. ¶讲求~ = 실리를 추구하다.

【实例】 **shílì** 名 실례. 실제의 예. ¶举出~ = 실례를 들다.

【实录】 **shílù** 名 1 실록. [사실 그대로 적은 기록] ¶这本日记是他早年生活的~。= 이 일기는 그의 어린 시절의 실록이다. 2〔歷〕실록. [편년체로 기록한 역사책의 하나. 한 임금의 통치 기간 동안의 대사를 기록함] 动 실제 상황을 기록하다. ≒녹화〔녹음〕하다. ¶~演出现场 = 연출〔공연〕현장을 녹화하다.

【实名】 **shímíng** 名 실명.

【实名制】 **shímíngzhì** 名 실명제.

【实拍】 **shípāi** 动 실제 촬영하다. ¶本部影片全部~。= 이 영화는 전부 실제 촬영한 것이다.

【实情】 **shíqíng** 名 실정. 실제 사정. ¶调查~ = 실정을 조사하다.

【实权】 **shíquán** 名 실권. ¶掌握~ = 실권을 장악하다.

【实施】 **shíshī** 动 실시하다. 실행하다. ¶~计划 = 계획을 실시하다.

【实时】 **shíshí** 副 즉시. 실시간으로. 리얼 타임으로. ¶~报道大会的盛况。= 대회의 성황을 실시간으로 보도하다.

【实实】 **shíshí** 副 실제로. 정말로. 확실히. ¶我~不能喝酒。= 나는 정말로 술을 못 마신다.

【实实在在】 **shí·shi zàizài** (~的) 形 착실하다. 확실하다. ¶他这人~的, 很可靠。= 이 사람은 착실한 것이 매우 믿을 만하다.

【实事】 **shíshì** 名 1 구체적인 일. 실제로 의미가 있는 일. 실속 있는 일. 실용적인 일. ¶少说大话, 多办~。= 큰소리 작작하고 실제적인 일이나 많이 하시오. 2 사실. 실제로 있는 일. 실재하는 일. ¶本片取材于~。= 이 영화는 사실에서 소재를 취한 것이다.

【实事求是】 **shíshì-qiúshì** 成 실사구시. 사실에 토대로 하여 진리를 탐구하다.

【实收】 **shíshōu** 动 실수입. 실제로 받은 금액. ¶~金额 = 실수입액.

【实属】 **shíshǔ** 动 확실히〔정말〕…이다. ¶他的获胜~意外。= 그의 승리는 정말 의외이다.

【实数】 **shíshù** 名 1 실제의 숫자. ¶请按~上报。= 실제 숫자에 따라 보고하세요. 2〔數〕실수.

【实说】 **shíshuō** 动 사실대로 말하다. 솔직하게 말하다. ¶我实话~, 信不信由你。= 나는 사실대로 말했는데, 믿고 안 믿고는 너에게 달렸다.

【实岁】 **shísuì** 名 실제 나이. 만으로. ¶她今年~三十八。= 그녀는 올해 만으로 38세이다.

【实体】 **shítǐ** 名 1 실체. ¶经济~ = 경제 실체. 2〔哲〕사물의 본질.

【实物】 **shíwù** 名 1 실물. ¶~临摹 = 실물 모사. 2 현물. 물품.

【实习】 **shíxí** 动 실습하다. ¶~医生 = 인턴.

【实习生】 **shíxíshēng** 名 실습생.

【实现】 **shíxiàn** 动 실현하다. 달성하다. ¶~梦想 = 꿈을 실현하다.

【实像】 **shíxiàng** 名〔物〕실상.

【实效】 **shíxiào** 动 실효. 실제 효과. ¶注重~ = 실효에 치중하다.

【实心】 **shíxīn** 形 (~儿) 속이 꽉 차다. 옹골지다. ¶~丸子 = 속이 꽉 찬 완자. 名 진실한 마음. 성실한 마음. 실심. 진심. 성심. ¶他是一个~人, 别欺负他。= 그는 진실한 사람이니 그를 업신여기지 마라. ↔空心

【实心球】 **shíxīnqiú** 名〔物〕메디신 볼(medicine ball).

【实心实意】 **shíxīn-shíyì** 成 성실하고 진실하다. 성심성의.

【实心眼儿】 **shíxīnyǎnr** 形 성실하다. 정직하다. ¶这孩子~, 绝对不会撒谎。= 이 아이는 성실하여 절대로 거짓말할 줄 모른다. 名 성실한 사람. ¶他生来就是一个~。= 그는 천성적으로 성실한 사람이다.

【实行】 **shíxíng** 动 실행하다. ¶~改革开放 = 개혁 개방을 실행하다. ≒施行

【实学】 **shíxué** 名 실학. 견실한 학문. ¶真才~ = 진정한 재능과 견실한 학문.

【实验】shíyàn 동 실험(하다). ¶科学~=과학 실험.
【实验室】shíyànshì 명 실험실.
【实业】shíyè 명 실업. ¶经营~=사업을 경영하다.
【实业家】shíyèjiā 명 실업가. 기업가. 사업가.
【实益】shíyì 명 실익. 실제의 이익. ¶谋求~=실익을 도모하다.
【实意】shíyì 명 진실한 마음. 진심. ¶真心~=진심. 성심성의.
【实用】shíyòng 동 실제로 사용하다. 실제로 쓰다. ¶适合~=실제 사용하기에 적합하다. 형 실용적이다. ¶这款汽车既美观又~。=이 자동차는 멋있기도 하고 실용적이기도 하다.
【实用性】shíyòngxìng 명 실용성. ¶他的理论具有很强的~。=그의 이론은 강력한 실용성을 갖추고 있다.
【实用主义】shíyòngzhǔyì 명 1 〔哲〕실용주의. 프래그머티즘(pragmatism). 2 현실주의. 실제주의.
【实有】shíyǒu 동 실제로 있다. 실제로 존재하다. ¶~资金=실제 자금.
【实与有力】shíyǔyǒulì 성 (어떤 일에 있어서) 확실하게 힘이 되다. 도움을 주다.
【实在】shízài 1 확실히. 정말. 참으로. ¶你的新家~太漂亮了。=너의 새 집은 정말 멋있다. 2 실은. 사실은. 사실상. ¶他说他获得了博士学位, ~并不是这样。=그는 박사 학위를 취득했다고 말하지만, 사실은 그렇지 않다. 형 진실하다. 성실하다. 참되다. 거짓이 없다. 충실하다. ¶~的价格=실제 가격.
【实在】shí·zai 착실하다. 성실하다. 건실하다. 꼼꼼하다. 알차다. ¶工作做得很~。=일을 매우 착실하게 하다.
【实在法】shízàifǎ 명 〔法〕실정법. ↔自然法
【实则】shízé 접 실은. 사실. 사실인즉. ¶~不然=실은 그렇지 않다.
【实战】shízhàn 동 〔军〕실제로 싸우다. 명 실전. ¶军事技术创新要从~出发。=군사 기술의 혁신은 실전으로부터 출발하여야 한다.
【实证】shízhèng 동 실증하다. 실제로 증명하다. ¶这些结论可以~。=이런 결론은 실제로 증명할 수 있다. 명 실증. ¶文章在论述的同时给出~。=글은 논술과 동시에 실증을 제시해야 한다.
【实职】shízhí 명 실직. 실제적인 책임과 권력을 가진 직위. 형 실무를 맡는. ¶~人员=실무 인원.
【实至名归】shízhì-mínggui 성 실질적인 성과를 이루면 명성은 자연히 따라온다.
【实质】shízhì 명 실질. 본질. ¶弄清问题的~。=문제의 본질을 파악하다. ≒本质
【实字】shízì 명 〔言〕실자. 실제의 의미를 가지는 글자. ↔虚字
【实足】shízú 형 수가 충분하다. 수량이 넉넉하다. ¶分量~=분량이 충분하다. / 我~等了三个钟头。=내가 족히 3시간은 기다렸다.

**拾** shí 주울 습
동 1 줍다. 집다. ¶路不~遗=길에 물건이 떨어져 있어도 줍지 않는다. 2 정리하다. 수습하다. ¶~掇家务=집안일을 정리하다. 주 열. 10. '十(shí)'의 갖은자. ↔丢 弃
☞ shè

0-● 掇 duō 拾, 收拾

【拾掇】shí·duo 동〔구〕1 정리하다. 수습하다. 한데 모으다. ¶~屋子=집안을 정리하다. 2 벌주다. 혼내다. ¶我要是逮到小偷, 一定狠狠~他！=내가 만일 좀도둑을 잡게 되면 반드시 요절내 버려야지. 3 수리하다. 고치다. 수선하다. ¶~电视机=TV를 수리하다.
【拾荒】shíhuāng 동 (생활이 빈궁하여) 땔감·이삭·폐품 등을 줍다. 넝마를 줍다.
【拾芥】shíjiè 동 1 풀(티끌)을 줍다. 2〔비〕쉽게 구하거나 처리하는 수.
【拾金不昧】shíjīn-bùmèi 성 재물을 주워도 자기 것으로 탐내지 않다. 주인을 찾아 주다.
【拾零】shílíng 동 자질구레한 자료 따위를 모으다. [주로 글의 제목에 쓰임] ¶《旅韩~》=《한국 여행 단신》.
【拾取】shíqǔ 동 줍다. ¶~彩色鹅卵石=채색 자갈을 줍다.
【拾趣】shíqù 동 재미있는 소재〔이야기〕를 수집하다. [주로 글의 제목에 쓰임] ¶赛场~=경기장 이모저모.
【拾人牙慧】shírényáhuì 성〔비〕남의 말·관점 따위를 도용하다.
【拾穗】shísuì 동 이삭을 줍다.
【拾物】shíwù 명 습득물. ¶归还~=습득물을 돌려주다. 동 물건을 줍다〔습득하다〕.
【拾遗】shíyí 동 1 (남이 분실한) 물건을 주워 가지다. 습유하다. ¶路不~=길에 물건이 떨어져 있어도 줍지 않는다. 2 (남이) 빠뜨린 것을 보충하다. ¶~补阙=빠진 것을 보충하다.
【拾遗补缺】shíyí-bǔquē ☞【拾遗补阙】shíyí-bǔquē
【拾遗补阙】[拾遗补缺] shíyí-bǔquē 성 남이 빠뜨리거나 부족한 부분을 보충하다.
【拾音器】shíyīnqì 명 픽업(pickup). 전축에서 바늘의 진동을 전류의 진동으로 바꾸는 장치. =【电唱头】diànchàngtóu

**食** shí 먹을 식
동 1 먹다. ¶~吞=삼키다. / ~草=풀을 먹다. 2 밥을 먹다. 식사하다. ¶废寝忘~=침식을 잊다〔전폐하다〕. 3 (약속을) 깨뜨리다. 파기하다. ¶决不~言=결코 식언하지 않는다. 4 받아들이다. ¶自~其果=나쁜 결과를 자초하다. 자업자득이다. 5〔天〕식(蚀). ¶日~=일식. / 月~=월식. 형 식용의. 조미용의. ¶~盐=식염. / ~醋=식초. 명 1 음식. ¶副~=부식. / 民以~为天。=

○ 食 shí
蚀 shí
饰 shì
饲 sì
飧 sūn

백성에게는 먹는 일이 가장 중요하다. **2** (~儿) 사료. 먹이. 모이. ¶猪~=돼지 사료. / 鸡~儿=닭 모이. **3** (Shí) 성(姓).
☞ **sì, yì**

○● 白食, 扁biǎn食, 捕bǔ食, 蚕cán食, 茶食, 存cún食, 耳食, 饭食, 寒食, 环huán食, 伙食, 积食, 酒食, 绝食, 克kè食, 冷食, 粮食, 流食, 民食, 偏食, 乞qǐ食, 寝qǐn食, 全食, 软食, 膳shàn食, 伤食, 甜食, 停食, 吞tūn食, 吸食, 野食, 衣食, 饮yǐn食, 蒸zhēng食

【食补】 **shíbǔ** 동 **1** 음식으로 영양을 보충하다. **2** 보양 음식으로 몸보신하다. ¶~胜药补。=음식으로 보신하는 것이 보약보다 낫다.

【食不二味】 **shíbù'èrwèi** ⓢ **1** 식사 때 두 가지 요리를 올리지 않는다. **2**(비) 생활이 소박하다. 생활이 검소하다.

【食不甘味】 **shíbùgānwèi** ⓢ **1** 음식을 먹어도 맛을 모르다. **2**(비) 마음이 편치 않다. 병이 나다.

【食不果腹】 **shíbùguǒfù** ⓢ **1** 배불리 먹지 못하다. **2**(비) 생활이 어렵다.

【食道】 **shídào** ☞【食管】 **shíguǎn**

【食道癌】 **shídào'ái** ☞【食管癌】 **shíguǎn'ái**

【食雕】 **shídiāo** 명 음식 조각. [식품 재료를 이용한 조각] **2** 조각한 음식.

【食而不化】 **shí'érbùhuà** ⓢ **1** 먹어도 소화를 못 시키다. **2**(비) 배운 것을 자기 것으로 소화시키지 못하다.

【食饵】 **shí'ěr** 명 낚싯밥. 미끼.

【食分】 **shífēn** 명(天) 식분(蝕分).

【食古不化】 **shígǔ-bùhuà** ⓢ(비) 음식을 먹어도 소화를 못 시키는 것과 같이) 옛날의 문화 지식을 배웠어도 실제에 있어서 잘 이해하고 응용하지 못하다.

【食管】 **shíguǎn** 명(生) 식도. 식관. =【食道】 **shídào**

【食管癌】 **shíguǎn'ái** 명(醫) 식도암. =【食道癌】 **shídào'ái**

【食盒】 **shíhé** 명 찬합.

【食火鸡】 **shíhuǒjī** 명(動) 화식조.

【食积】 **shíjī** 명(醫) (중의학에서 과식으로 인한) 식체. 체증. 체기.

【食忌】 **shíjì** 명 삼가는 음식. 꺼리는 음식. 동 음식을 가려먹어 병을 예방하다.

【食既】 **shíjì** 명(天) 식기. 개기식(皆既蝕)의 제2 접촉.

【食具】 **shíjù** 명 식기.

【食客】 **shíkè** 명 **1** 음식점의 고객. **2**(옛) 식객.

【食口】 **shíkǒu** 명 식구.

【食粮】 **shíliáng** 명 **1** 식량. **2**(비) (힘·에너지가 될 수 있는) 양식. ¶精神~=정신적 양식.

【食量】 **shíliàng** 명 식사량.

【食疗】 **shíliáo** 명(醫) 식사 요법.

【食料】 **shíliào** 명 식료.

【食品】 **shípǐn** 명 (상품으로서의) 식품. ¶绿色~=무공해 식품.

【食品街】 **shípǐnjiē** 명 먹자거리.

【食谱】 **shípǔ** 명 **1** 식단. ¶学生~=학생 식단. **2** 요리책.

【食前方丈】 **shíqián-fāngzhàng** ⓢ **1** 상다리가 부러지도록 요리를 차리다. **2**(비) 진수성찬이다.

【食亲财黑】 **shíqīn-cáihēi** ⓢ 사리사욕에 눈이 멀어 제 실속만 차린다.

【食肉寝皮】 **shíròu-qǐnpí** ⓢ **1** 고기를 먹고 그 가죽을 베고 자다. **2**(비) 원한이 뼛속까지 사무치다.

【食甚】 **shíshèn** 명(天) 식심. [일식이나 월식에서 태양이나 달이 가장 많이 가려진 때]

【食俗】 **shísú** 명 음식 풍습.

【食宿】 **shísù** 명 숙식. ¶安排~=숙식을 마련하다.

【食堂】 **shítáng** 명 **1** (기관·단체 내의) 구내 식당. **2**(방) 음식점. 식당.

【食糖】 **shítáng** 명 설탕.

【食物】 **shíwù** 명 음식물.

【食物链】 **shíwùliàn** 명(生) 먹이 사슬. =【营养链】 **yíngyǎngliàn**

【食物中毒】 **shíwù zhòngdú** 명(醫) 식중독.

【食相】 **shíxiàng** 명(天) 태양·달의 모습·위치 등으로 분류한 일식·월식의 진행 단계.

【食心虫】 **shíxīnchóng** 명(動) 심식충(心食蟲). [열매의 속을 파 먹는 벌레의 총칭]

【食性】 **shíxìng** 명 **1** (사람의) 식성. 입맛. **2** (동물의) 섭식상의 습성. 식성.

【食言】 **shíyán** 동(비) 식언하다. 약속을 어기다. ¶从不~=여태껏 식언하지 않았다.

【食言而肥】 **shíyán'érféi** ⓢ **1** 식언으로 배를 불리다. **2** 자신의 이익을 위하여 약속을 지키지 않다.

【食盐】 **shíyán** 명 식염.

【食洋不化】 **shíyáng-bùhuà** ⓢ (음식을 먹어도 소화를 시키지 못하는 것과 같이) 외국의 문화 지식을 배웠어도 실제에 있어서 이해하고 응용하지 못하다. 외국의 경험이나 방법을 제대로 분석 응용하지 못하다.

【食蚁兽】 **shíyǐshòu** 명(動) 개미핥기.

【食用】 **shíyòng** 동 식용하다. 먹다. ¶金鱼只能观赏, 不能~。=금붕어는 관상할 뿐 먹을 수는 없다. 형 식용의. ¶~油=식용유. 명(구) 생활비. ¶手上的钱除去~, 所剩不多。=수중의 돈은 생활비를 제하면 남는 게 별로 없다.

【食用菌】 **shíyòngjūn** 명(生) 식용 곰팡이. 식용균.

【食油】 **shíyóu** 명 식용유.

【食欲】 **shíyù** 명 식욕. 밥맛. ¶~大增=식욕이 왕성해지다. / 运动能促进~。=운동은 식욕을 촉진시킨다. 운동은 입맛이 당기게 한다.

【食之无味, 弃之可惜】 **shí zhī wúwèi, qì zhī kěxī** ⓢ **1** 먹자니 맛이 없고 버리자니 아깝다. **2** 별 가치는 없으나 포기하기에는 아깝다.

【食指】 **shízhǐ** 명 **1** 식지. 집게손가락. **2**(문)(비) 가족. 식구. ¶~众多=식구가 많다.

【食茱萸】 **shízhūyú** 명(植) 머귀나무.

**蚀[蝕]** shí 좀먹을 식
1 좀먹다. 벌레 먹다. ¶蛀~=좀먹다. 2 손상하다. 손해 보다. ¶腐~=썩다. 图(天) (일식·월식 등의) 식(蝕)
○● 风蚀, 海蚀, 亏kuī蚀, 水蚀, 销xiāo蚀

【蚀本】 shí‖běn 图 밑지다. 적자 보다. ¶~买卖=장사에서 밑지다. ≒亏本
【蚀耗】 shíhào 图 손실을 보다. ¶减少~=손실을 줄이다.
【蚀刻】 shíkè 图 식각하다. 부각(腐刻)하다. 图 식각한 서화. 식각 공예품.

**炻** shí 오지 석
【炻器】 shíqì 图 오지그릇.

**祏** shí 감실 석
图 종묘(宗廟) 안에 신주를 모셔 두는 석실.

**坸[塒]** shí 횃대 시
图 흙벽에 구멍을 뚫어 만든 닭장.

**莳[蒔]** shí 풀 이름 시
☞ shì
【莳萝】 shíluó 图(植) 소회향(小茴香).

**湜** shí 물 맑을 식
图图 물이 맑아서 바닥이 환히 보이는 모양.

**鲥[鰣]** shí 준치 시
图(動) 준치.
【鲥鱼】 shíyú 图(動) 준치.

**鼫** shí 날다람쥐 석
图(動) 날다람쥐.

**史** shǐ 역사 사
图 1 역사. ¶通~=통사./留名青~=역사에 이름을 남기다. 2 사관. 3 역사를 기록한 글. 역사학. ¶《二十四~》=《24사》. 4 (Shǐ) 성(姓).
○● 别史, 国史, 讲史, 历史, 秘史, 女史, 青史, 诗史, 通史, 外史, 信史, 艳yàn史, 野史, 杂史, 正史

○ 史 shǐ
 驶 shǐ
 使 shǐ
 事 shì

【史部】 shǐbù 图 사부. [서적을 경(經)·사(史)·자(子)·집(集)으로 분류하였을 때 역사 부류에 속하는 책] =【乙部】 yǐbù
【史不绝书】 shǐbùjuéshū 图 역사 기록에 자주 나타나다.
【史册】[史策] shǐcè 图 역사서. 역사책. ¶永载~=역사책에 영원히 기재되다.
【史策】 shǐcè ☞【史册】 shǐcè
【史抄】 shǐchāo 图 역사책에서 발췌하여 만들어진 서적.
【史臣】 shǐchén 图图 사관. 역사 기록을 담당하는 관리.
【史地】 shǐdì 图 역사와 지리.
【史观】 shǐguān 图 역사관. 사관.
【史官】 shǐguān 图 사관. 역사 기록을 담당하는 관리.
【史馆】 shǐguǎn 图图 역사 편찬소.
【史话】 shǐhuà 图 사화. 역사에 관한 이야기. [주로 서명(書名)에 쓰임]
【史籍】 shǐjí 图 역사책. 사적.
【史记】 Shǐjì 图《사기》. [한(漢)대의 사마천(史馬遷)이 지은 역사서]
【史迹】 shǐjì 图 역사 유적. ¶参观~=역사 유적지를 참관하다.
【史家】 shǐjiā 图 (역)사가.
【史剧】 shǐjù 图(劇) 역사극. 사극.
【史料】 shǐliào 图 역사 자료. 사료.
【史略】 shǐlüè 图 간략하게 기술한 역사. 약사(略史). 사략(史略). [주로 서명에 쓰임] ¶鲁迅先生的《中国小说~》具有很高的学术价值. =루쉰 선생의《中国小说史略(중국 소설 사략)》은 지고한 학술적 가치를 지니고 있다.
【史论】 shǐlùn 图 1 (엣) 사론. [고대 역사책의 본기(本紀)·열전(列傳) 뒤에 기록된 역사 평론] 2 역사학 논문·저작.
【史评】 shǐpíng 图 1 역사에 관한 평론. 사평. 2 역사책에 대한 논평.
【史前】 shǐqián 图 선사 시대. ¶~文明=선사 문명.
【史乘】 shǐshèng 图图 역사책. 사서.
【史诗】 shǐshī 图 1 사시. 역사적 사실을 소재로 한 서사시. 2 (비) 후세에 길이 남을 만한 업적.
【史实】 shǐshí 图 역사적 사실. 사실. ¶尊重~=역사적 사실을 존중하다.
【史事】 shǐshì 图 역사적 사건.
【史书】 shǐshū 图 역사책. 사서.
【史坛】 shǐtán 图 역사학계. 사학계.
【史体】 shǐtǐ 图 사체. 역사를 기술하는 체재(體裁). 사서의 체재.
【史无伦比】 shǐwúlúnbǐ 图 역사상 비교할 만한 것이 없다.
【史无前例】 shǐwúqiánlì 图 역사상 전례가 없다. ≒前所未有
【史学】 shǐxué 图 역사학. 사학. =【历史学】 lìshǐxué

***矢** shǐ 화살 시
图 1 화살. ¶有的放~=과녁을 겨냥하여 활을 쏘다. 2 '屎(shǐ)'와 같음. ¶蝇~=파리똥. 图图 맹세하다.
○● 嚆hāo矢

○ 矢 shǐ
 雉 zhì

【矢车菊】 shǐchējú 图(植) 수레국화.
【矢口】 shǐkǒu 图 맹세하다. 단언하다. ¶~抵赖=한사코 잡아떼다.
【矢口否认】 shǐkǒu fǒurèn 图 끝까지 딱 잡아떼다. 한사코 부인하다.
【矢量】 shǐliàng 图(物) 벡터(vector). [속도·무

shǐ 矢豕使

게·힘 등의 물리량〕=【向量】xiàngliàng

【矢如雨下】shǐrúyǔxià (成) 화살이 비 오듯 쏟아지다.

【矢石】shǐshí (名) 전쟁에 쓰인 화살과 돌. ¶~如雨=화살과 돌이 비 오듯 하다.

【矢无虚发】shǐwúxūfā (成) 활 솜씨가 뛰어나다. 화살을 헛발로 쏘지 않다.

【矢志】shǐzhì (動文) (맹세하고) 뜻을 세우다. 포부를 가지다.

【矢志不渝】shǐzhì-bùyú (成) 의지가 굳어 변하지 않다.

【矢忠】shǐzhōng (動文) 충성을 맹세하다. ¶~于人民=국민에게 충성을 맹세하다.

**豕** shǐ 돼지 시

(名文) 돼지. ¶狼奔~突=나쁜 놈들이 도처에서 악한 일을 일삼다. 사악한 무리들이 사방에서 날뛰다.

**使** shǐ 시킬 사

(動) **1** 파견하다. 사람을 보내다. ¶差~=파견하다. / 役~=부려먹다. **2** (…에게) …시키다. …하게 하다. ¶迫~=강요하다. / ~人感动=사람을 감동시키다. **3** 사용하다. 쓰다. ¶这支笔不着=이 붓을 사용할 수 없다. **4** 발산시키다. ¶动怒~气=화를 내다. **5** 사신이 되어 나가다. 사신으로 가다. ¶出~=사신이 되어 나가다. (接続) 만약. 만일. 가령. ¶假~=만일. (名) **1** 외교관. ¶大~=대사. / 特~=특사. **2** (Shǐ) 성(姓).

⇨差chāi使, 出使, 促cù使, 即使, 假jiǎ使, 奴nú使, 迫pò使, 驱qū使, 设使, 嗾sǒu使, 唆suō使, 倘tǎng使, 特使, 天使, 向使, 信使, 行使, 役yì使, 支使, 指使, 致使, 主使, 纵zòng使

【使绊儿】shǐ‖bànr (動) **1** (씨름 등에서) 발을 걸어 넘어뜨리다. **2**(비) 음해하다. 은밀히 나쁜 수를 쓰다. ¶他暗中~, 让竞争对手一败涂地。=그는 속임수를 써서 경쟁 상대를 묵사발 내어 버렸다.

【使臂使指】shǐbì-shǐzhǐ (成比) (팔이나 손가락을 쓰듯이) 마음대로 부리고 지시하다. 마음대로 운용하다. 쥐고 흔들다.

【使不得】shǐ·bu·de (動) **1** 쓸 수 없다. 사용할 수 없다. ¶洗衣机坏了, ~。=세탁기가 고장이 나서 쓸 수 없다. **2** 써서는 안 된다. …할 수 없다. ¶这礼物太贵重了, ~。=이 선물은 너무 귀중해서 쓸 수 없다.

【使不惯】shǐ·buguàn 익숙하지 못하다. 습관 되지 않다. 서툴다. ¶我吃饭~刀叉。=나는 식사 때 나이프와 포크 사용에 서툴다.

【使不好】shǐ·buhǎo (動) 익숙하지 못하다. 정확하게 사용하지 못하다. 제대로 구사하지 못하다. ¶西方人~筷子。=서양인은 젓가락을 잘 못 쓴다.

【使不了】shǐ·buliǎo (動) 쓸 수 없다. 못 쓰다. 다 쓰지 못하다. ¶一般人~=일반인은 쓸 수 없다. / 织一件毛衣~那么多毛线。=스웨터 한 벌

【使不上】shǐ·bushàng (動) 쓸 수 없다. 필요치 않다. ¶空调在我们这里~。=에어컨은 이 곳에서는 필요치 않다.

【使不上劲】shǐ·bushàng jìn (動句) 힘을 쓸 수 없다. 도움이 되지 못하다. ¶他忙得一塌糊涂, 我~, 真急人。=그는 눈코 뜰 새 없이 바쁜데, 내가 도움이 되지 못해 정말 갑갑하다.

【使不上手】shǐ·bushàng shǒu (慣) **1** 개입해도 줄 수 없다. 손을 쓸 수 없다. **2** (사람이나 물건이 아직) 정상적으로 쓰이지 않다. ¶他刚来公司没多久, 还~。=그는 회사에 온 지 얼마 안 되어 아직 정식으로 업무를 보지 못한다.

【使臣】shǐchén (名) 사신.

【使出来】shǐ·chū·lái (動) (능력을) 발휘하다. 쓰다. ¶你有多少本事统统~。=네가 가지고 있는 기량을 전부 발휘하여라.

【使大胆】shǐ dàdǎn 자신의 능력을 넘어 강행하다. 무리를 하다. 대담하게 하다. ¶你办不了的事, 就不要~去应承下来。=네가 처리할 수 없는 일은 무리하게 승낙하지 마라.

【使得】shǐ‖·de **1** 사용할 수 있다. 쓸 수 있다. ¶这手机~, 你用吧。2 이 휴대폰은 쓸 수 있으니, 네가 사용해라. **2** 쓸 만하다. 괜찮다. ¶经理亲自去~吗?=사장이 직접 가는 이 괜찮을까? **3** (의도·계획·사물이) 어떠한 결과를 불러일으키다. …로 하여금 …하게 하다. ¶初次的胜利~他信心大增。=첫 번째 승리는 그에게 자신감을 더해 주게 되었다. ↔使不得

【使刁】shǐdiāo (動書) 속임수를 쓰다. 농간을 부리다. 재주를 피우다. ¶他一点本事没有, 专会~整人。=그는 재간은 조금도 없으면서 오로지 농간을 부려 사람을 골탕먹이다.

【使法子】shǐ fǎ·zi (動句) 방법을 내다. 강구하다. ¶我的钥匙掉了, 得~把门弄开。=열쇠를 잃어버렸으니 문을 열 방법을 강구해야만 한다.

【使馆】shǐguǎn (名) 대사관. 영사관.

【使花招】shǐ huāzhāo (慣) 모략을 꾸미다. 재간을 부리다. 수단을 쓰다.

【使坏】shǐ‖huài (動) (은밀히) 방해하다. 흉계를 꾸미다. 교활한 수단을 부리다. ¶背后~=배후에서 흉계를 꾸미다.

【使坏水儿】shǐ huàishuǐr (動) 흉계를 꾸미다. 나쁜 계책을 세우다. ¶暗地里~=암암리에 흉계를 꾸미다.

【使唤】shǐ·huan (動) **1** (남을) 시키다. 부리다. 심부름시키다. ¶自己的事情自己做, 别尽~人。=자신의 일은 자신이 해야지, 다른 사람에게 시키지만 마라. **2** (도구·가축 등을) 다루다. 부리다. 쓰다. 사용하다. ¶新买的脱粒机好~。=새로 산 탈곡기는 다루기〔쓰기〕가 좋다.

【使假】shǐ‖jiǎ 가짜를 섞다. 불량품을 정품으로 속이다. ¶搀杂~=진짜와 가짜를 섞어 사리를 챙기다. 가짜를 섞어 정품으로 가장하다.

【使节】shǐjié (名) **1** 외교 사절. **2** 외교관.

【使劲】shǐjìn (~儿) (動) **1** 힘을 쓰다. ¶这门很

使 始 **shǐ** 1759

重, 得~推。=이 문은 매우 무거워서 힘껏 밀어야 한다. **2** 힘껏 도와 주다. ¶孩子上大学的时候, 还请你多~。=아이가 대학에 들어갈 때 또 많이 도와 주시기를 바라겠습니다.

【使君】**shǐjūn** 圂冠꼍 사군. [옛날 주(州)·군(郡)의 최고 관원에 대한 존칭]

【使君子】**shǐjūnzǐ** 圂(植) **1** 사군자. **2** 사군자의 열매.

【使老牛劲】**shǐ lǎoniújìn** 俗꼍 소처럼 힘만 쓰다. 젖 먹던 힘까지 다 쓰다.

【使领馆】**shǐlǐngguǎn** 圂 대사관·공사관·영사관의 합칭.

【使令动词】**shǐlìng dòngcí** 圂(言) 사역 동사. [예컨대 '叫(jiào)'·'禁止(jìnzhǐ)' 등]

【使命】**shǐmìng** 圂 **1** 사명. 명령. **2**俗 중대한 책임. ¶历史~=역사적 사명.

【使女】**shǐnǚ** 시녀. 하녀. 여종.

【使气】**shǐqì** 動 화를 내다. 성질을 부리다. 내키는 대로 하다. 제멋대로 하다. ¶有话好好说, 别~。=할 말이 있으면 좋게 말해라, 화내지 말고.

【使气力】**shǐ qìlì** 힘을 쓰다. ¶他没多少文化, 只能干些~的活。=그는 배운 것이 별로 없어서 다만 힘쓰는 일에 종사할 수밖에 없다.

【使钱】**shǐqián** 動㉠ 뇌물로 돈을 쓰다. ¶这事要办成, 不~不行。=이 일을 성사시키려면 뇌물을 쓰지 않으면 안 된다.

【使巧劲儿】**shǐ qiǎojìnr** 俗 요령 있게 힘을 쓰다. ¶別蛮干, 要学会~。=무턱대고 하지 말고 요령껏 하는 것을 배워야 한다.

【使巧弄乖】**shǐqiǎo-nòngguāi** 慣 잔꾀를 부리다.

【使圈子】**shǐ quān·zi** 俗 함정을 파다. 계략을 쓰다. ¶~陷害人=속임수를 써서 사람을 모함하다.

【使然】**shǐrán** 動 그렇게 되게 하다. …하게 시키다. … 때문이다. ¶他的这种性格是家庭环境~。=그의 이러한 성격은 가정 환경 때문이다.

【使声儿】**shǐ ‖ shēngr** 動 (반응을 보기 위해) 소리를 내어 보다.

【使徒】**shǐtú** 圂 **1**(宗) (기독교) 사도. **2** 전도자.

【使团】**shǐtuán** 圂 **1** 사절단. **2** 각국의 사절로 이루어진 단체.

【使小钱】**shǐ xiǎoqián** 俗 작은 선심을 쓰다. ¶~收买人心=작은 선심으로 인심을 사다.

【使心】**shǐ ‖ xīn** 動 애를 쓰다. 마음을 쓰다. ¶她为孩子使碎了心。=그녀는 아이 때문에 애간장을 태웠다.

【使心眼儿】**shǐ xīnyǎnr** 動 수단을 부리다. 계략을 쓰다. ¶~捉弄人=수단을 부려 사람을 농락하다.

【使性(子)】**shǐ ‖ xìng(·zi)** 動 성질을 부리다. 화를 내다. 내키는 대로 하다. 제멋대로 하다. ¶~胡为=성질을 부리며 제멋대로 굴다.

【使眼色】**shǐ yǎn·sè** 눈짓으로 알리다. 눈짓하다. ¶他给我~, 示意我别说话。=그는 나에게 말하지 말라고 눈짓했다.

【使羊将狼】**shǐyángjiàngláng** 成 **1** 양에게

이리를 부리게 하다. **2**㉠ 약자가 강자를 통솔하지 못해 일을 그르치거나 해를 입다.

【使役】**shǐyì** 動 (가축 따위를) 부리다. ¶~骡马=노새와 말을 부리다.

【使用】**shǐyòng** 動 사용하다. 쓰다. ¶~计算机=컴퓨터를 사용하다. / ~种种手段。=갖가지 수단을 사용하다.

【使用价值】**shǐyòng jiàzhí** 圂(經) 사용 가치.

【使用权】**shǐyòngquán** 圂 사용권.

【使者】**shǐzhě** 圂 사절. 사자. 심부름꾼.

**始** **shǐ** 처음 시

動 시작하다. ¶周而复~=한 바퀴 돌고 다시 시작하다. / 此事~于去年。=이 일은 작년에 시작하였다. 副文 비로소. 겨우. ¶千呼万唤~出来。=수도 없이 소리를 질러대자 그제서야 나왔다. ¶~终. 최초. 시작. ¶起~=시작하다. / 有~有终=유종의 미를 거두다. **2** (**Shǐ**) 성(姓).

늑起 ↔终 末

○● 创chuàng始, 方始, 更gēng始, 开始, 未始, 原始, 肇zhào始

【始创】**shǐchuàng** 動 창시하다. 창건하다. ¶~者=창시자.

【始发】**shǐfā** 動 시발하다. 시작하다. 처음 발행하다.

【始发车】**shǐfāchē** 圂 첫차.

【始发站】**shǐfāzhàn** 圂 시발역. [주로 육로 교통에 쓰임] =【起点站】**qǐdiǎnzhàn**

【始料不及】**shǐliào-bùjí** 成 결과가 당초 예상에 이르지 못하다. 당초 예상하지 못하다. ↔始料所及

【始料所及】**shǐliào-suǒjí** 成 결과가 당초 예상대로이다. 처음 예상대로 되다. ↔始料不及

【始乱终弃】**shǐluàn-zhōngqì** 成 (남자가) 여자를 농락하고 버리다. 이용하고 버리다.

【始末】**shǐmò** 圂 (사건의) 전말. 전모. 시말. ¶他对这件事情的~最为清楚。=그는 이 사건의 전말에 대해 가장 정확히 알고 있다.

【始业】**shǐyè** 動 **1** 학업을 시작하다. **2** 학기가 시작되다. ¶秋季~=가을 학기가 시작되다.

【始终】**shǐzhōng** 圂 처음과 끝. 시종. ¶~如一=처음과 끝이 한결같다. 副 시종일관. 한결같이. 줄곧. ¶~坚持自己的学术方向=자신의 학문 방향을 시종일관 고수하다.

【始终不渝】**shǐzhōng-bùyú** 成 처음부터 끝까지 변함이 없다. 절대 변하지 않다. ↔朝秦暮楚 朝三暮四

【始终如一】**shǐzhōng-rúyī** 成 처음부터 끝까지 한결같다. 시종일관.

【始祖】**shǐzǔ** 圂 **1** 시조. **2**㉠ 창시자. 圂 최초의. 원시의. ¶~马=에오히푸스(eohippus).

【始祖鸟】**shǐzǔniǎo** 圂(動) 시조새.

【始作俑者】**shǐzuòyǒngzhě** 成 **1** 처음으로 순장(殉葬)에 쓰이는 나무 인형을 고안한 사람. **2**㉠ 나쁜 풍속을 처음으로 만든 사람. 나쁜 선례를 처음 만든 사람.

## 驶[駛] shǐ 달릴 사

**동** **1** (차·말 등이) 빨리 달리다. ¶急~而去=급히 질주하여 지나가다. **2** (차·배 등이) 운전하다. 몰다. 조종하다. 젓다. ¶驾~=운전하다. / 停~=정차하다.

○─○ 奔bēn驶, 疾jí驶, 行驶

【驶出】shǐchū (차·배 등을) 몰고 나아가다. ¶我们的车~了城区。=우리 차는 시내를 벗어났다.

【驶离】shǐlí **동** (차·배 등을) 몰고 떠나다. ¶游轮~港湾。=유람선이 항구를 떠나다.

【驶入】shǐrù (차·배 등을) 몰고 들어오다. ¶货轮~港口。=화물선이 항구로 들어오다.

【驶上】shǐshàng (차·배 등이) 길에 오르다. ¶货车~了高速公路。=화물차가 고속 도로에 진입했다.

【驶向】shǐxiàng **동** (차·배 등이) …를 향해 빨리 달려가다. …쪽으로 달리다. …를 향해 급하게 운전하다. ¶~郊区=교외로 달리다.

## 屎 shǐ 똥 시

**명** **1** 대변. 똥. ¶屙~=대변을 보다. **2** 눈곱. 귀지. ¶眼~=눈곱. / 耳~=귀지.

○─○ 狗吃屎, 狗屎堆

【屎包】shǐbāo **명** 똥덩어리. 폐물.
【屎蛋】shǐdàn **명** 똥덩어리. 바보. 멍청이.
【屎壳郎】shǐ·kelàng 【蜣螂】qiāngláng
【屎尿】shǐniào 대소변.
【屎盆子】shǐpén·zi **명** **1** 변기. **2** 오명. 누명.
【屎桶】shǐtǒng 변기. 똥통.

## 士 shì 선비 사

**명** **1** 미혼 남자. 총각. **2** 선비. 지식인. **3** 공경 대부와 서민의 중간 계층. **4** 특별한 재능이나 인품을 지닌 사람. ¶武~=무사. / 义~=의사. **5** 학위를 획득한 사람. ¶硕~=석사. / 博~=박사. **6** 기술을 갖춘 사람. ¶技~=기사. / 护~=간호사. **7** (军) 군인. ¶将~=장병. / 兵~=병사. **8** (军) 하사관. ¶上~=상사. / 下~=하사. **9** (장기의) 사. **10** 사람에 대한 미칭. ¶男~=남사. / 勇~=용사. **11** (Shì) 성(姓).

○ 士 shì
仕 shì
茌 chí
志 zhì

○─○ 辩biàn士, 兵士, 博士, 策cè士, 处士, 道士, 方士, 寒士, 将jiàng士, 教士, 进士, 居士, 爵jué士, 军士, 名士, 谋móu士, 骑士, 人士, 绅shēn士, 硕shuò士, 武士, 信士, 修士, 学士, 义士, 隐士, 院士, 壮士, 爵士乐yuè

【士兵】shìbīng **명** (军) **1** 하사관과 병사. 사병. **2** 병사. 사병.
【士大夫】shìdàfū **명** 사대부. 선비.
【士官】shìguān **명** (军) **1** 준위(准尉). 원사(元

士). **2** 지원 사병.
【士林】shìlín **명** (书) 학계. 지식인 사회. 사림. ¶享誉~=학계에서 이름을 떨치다.
【士女】shìnǚ **명** **1** (지난날) 처녀 총각. **2** 남녀. **3** ☞【仕女】shìnǚ
【士气】shìqì **명** **1** (军) 사기. 군대의 전투 의지. ¶官兵们~昂扬。=군사들의 사기가 오르다. **2** (군중의) 사기. ¶经理的讲话大大鼓舞了公司员工的~。=사장의 연설은 회사 직원의 사기를 크게 북돋았다.
【士人】shìrén **명** 선비. 지식인.
【士绅】shìshēn **명** **1** (옛) (지방의) 유지. 유력 인사. 명사. 세도가. **2** 신사.
【士卒】shìzú **명** 사병. 병사. 병졸. ¶身先~=몸소 병사의 선두에 서다. 전투에서 장군이 앞장서서 진격하다. 솔선수범하다.
【士族】shìzú **명** (历) (동한·위진 남북조 시기의) 사대부 가문. 사족.

## 氏 shì 성씨 씨

**명** **1** 씨. 성(姓). ¶李~兄弟=이씨 형제. **2** (옛) 씨. [여성의 친가 성씨 뒤에 쓰는 호칭. 결혼하면 친가 성씨 앞에 다시 남편의 성을 붙임] ¶张~=장씨 아주머니. / 王刘~=왕유씨. [유씨 가문에서 왕씨 가문으로 시집간 여자] **3** 씨. [상고 시대의 전설 인물·국명 뒤에 쓰는 호칭] ¶神农~=신농씨. **4** (옛) 씨. [친척 관계를 나타내는 호칭 뒤에 붙이는 존칭] ¶母~=(나의) 어머니. **5** 씨. [저명인·전문가의 성 뒤에 쓰는 호칭] ¶陈~太极拳=진씨 태극권. **6** (Shì) 성(姓).
☞ zhī

○ 氏 shì
舐 shì
芪 qí
抵 dǐ
纸 zhǐ
衹 zhī

○─○ 人氏, 姓氏

【氏族】shìzú **명** 씨족. =【氏族公社】shìzú gōngshè
【氏族公社】shìzú gōngshè ☞【氏族】shìzú

## 示 shì 보일 시

**동** 보이다. 알리다. 나타내다. ¶演~=실제로 보여 주다. 시범을 보이다. / 提~=제시하다.

○─○ 表示, 揭jiē示, 夸kuā示, 牌示, 批示, 启qǐ示, 请示, 提示, 晓xiǎo示, 宣示, 炫xuàn示, 训示, 演示, 预示, 展示, 昭示, 指示

【示爱】shì'ài **동** 사랑을 표현하다. 사랑을 고백하다. ¶他终于鼓起勇气向她~。=그는 마침내 용기를 내어 그녀에게 사랑을 고백하였다.

○ 示 shì
际 jì
祁 qí
蒜 suàn

【示波管】shìbōguǎn **명** (电) 오실로스코프(oscilloscope) 내의 음극선관(CRT : cathode ray tube).
【示波器】shìbōqì **명** (电) 오실로스코프(oscilloscope). 역전류 검출관. 오실로그래프(oscillograph). 기진기(記振器).
【示范】shìfàn **명동** 시범(하다). 모범(을 보이

다). ¶~动作=시범 동작.

【示复】 **shìfù** 통 (주로 지시를 바라는 공문에 쓰여) 답장을 주시(기를 바랍니)다.

【示功器】 **shìgōngqì** ☞【指示器】 **zhǐshìqì**

【示教】 **shìjiào** 통 (教) 시범 교육하다. 시범적으로 가르치다.

【示警】 **shìjǐng** 통 (동작이나 신호로) 경고하다. 주의하게 하다. 경종을 울리다. ¶鸣枪~=총을 쏴서 경고하다.

【示例】 **shìlì** 통 예시하다. 실례를 들다. ¶~说明=실례를 들어 설명하다. 명 범례(範例).

【示人】 **shìrén** 통 남에게 보이다. ¶他的家传宝物, 从不轻易~. =그의 집안에 전해 오는 보물은 지금까지 쉽사리 남에게 보이질 않았다.

【示弱】 **shìruò** 통 약한 모습을 보이다. 약세를 드러내다. 나약함[못함]을 드러내다. 약하게 보이다. [주로 부정형으로 쓰임] ¶不甘~=상대에게 약한 모습을 보이기 싫다.

【示威】 **shìwēi** 통 1 위세를 떨쳐 보이다. ¶不以权力~=권력으로 위세를 과시하지 않다. 2 시위하다. ¶~游行=시위를 하다. 명 시위. 데모.

【示意】 **shìyì** 통 (동작·표정·함축된 말 등으로) 의사를 나타내다. 뜻을 표시하다. ¶他冲我挥挥手, ~我离开. =그는 나를 향해 손을 휘저으며 떠나라는 표시를 하였다.

【示意图】 **shìyìtú** 명 안내도. 설명도. 약도.

【示众】 **shìzhòng** 통 1 대중에게 보이다. 2 특히 대중 앞에서 죄인을 징벌하다. ¶游街~=조리돌림을 하다. 죄인을 끌고 다니면서 대중에게 본보기로 돌리다.

\*\*【世】 **shì** 세상 세
 명 1 천하. 세계. 세상. 세간. ¶举~闻名=온 세상에 이름이 나다. 2 시대. ¶现~=현세. 3 사회. ¶立身处~=사회에 발붙이다. 4 생애. 일생. 한평생. ¶一生一~=한평생. 5 대. 세. [가계를 이어받은 순서] ¶第十一~孙=10세 손. 6 (地)세. [지질 시대를 구분하는 단위. '纪(jì)'보다 짧고, '代(dài)'보다 김] 7 (Shì) 성(姓). 형 1 대대로 사귐이 있는. 세교(世交) 관계가 있는. ¶~伯=(권세가 있는 집안의) 큰아버지. 아버지보다 나이가 많은 아버지 친구. 2 여러 대에 걸친. 대대로 전해 오는.

> ◐ 半世, 避世, 尘chén世, 出世, 处chǔ世, 传chuán世, 盖世, 故世, 后世, 家世, 举世, 旷kuàng世, 来世, 累lěi世, 乱世, 末世, 没mò世, 弃qì世, 前世, 去世, 人世, 入世, 身世, 盛shèng世, 时世, 逝shì世, 晚世, 万世, 下世, 先世, 现世, 谢世, 厌yàn世, 永世, 阅世, 浊zhuó世

【世弊】 **shìbì** 명 시폐(時弊). 사회의 폐단. 당대(當代)의 병폐. ¶痛陈~=사회의 폐단을 신랄하게 진술하다.

【世变】 **shìbiàn** 명 세상의 변화와 변고. ¶饱经~=세상의 모진 풍파를 다 겪다.

【世伯】 **shìbó** 명 아버지보다 나이가 많은 아버지 친구. (권세가 있는 집안의) 큰아버지.

【世博会】 **shìbóhuì** ☞【世界博览会】 **shìjiè bólǎnhuì**

【世尘】 **shìchén** 명 (佛)(道) 속세의 일. 속세.

【世仇】 **shìchóu** 명 1 대대로 내려오는 원한. 2 대대로 내려오는 원수[집안].

【世传】 **shìchuán** 통 1 세상에 전해지다. ¶~华夏祖先黄帝是其母亲见极光而生. =중국 민족의 조상인 황제는 그 어머니가 오로라를 보고 낳았다는 전설이 전해진다. 2 대대로 전해 내려오다. ¶~名医=대대로 전해 내려오는 명의.

【世代】 **shìdài** 명 1 여러 대. 대대. ¶~经商=대대로 장사하다. 2 (문) 세대. 연대. ¶~更替=세대 교체.

【世代交替】 **shìdài jiāotì** 명 (生) 세대 교번. 세대 교체.

【世代相传】 **shìdài-xiāngchuán** 성 대대로 전해 내려오다. 대대로 전하다.

【世道】 **shìdào** 명 세상 상황. 사회 분위기. 사회 풍조. 세상 형편. ¶~人心=세상 인심.

【世风】 **shìfēng** 명(문) 사회 기풍. 세상의 풍조. ¶~淳朴=사회 기풍이 순박하다.

【世风日下】 **shìfēng-rìxià** 성 사회의 기풍이 날로 나빠지다.

【世故】 **shìgù** 명 세상 물정. 세상사. 세상 경험. ¶人情~=인정 세태.

【世故】 **shì·gu** 형 세속적이다. 속물적이다. (일처리나 대인 관계가) 원활하다. 노련하다. 처세술이 뛰어나다. ¶他为人~, 不可深交. =그는 사람이 속물적이니 깊이 사귀면 안 된다. ↔死板

【世纪】 **shìjì** 명 세기. ¶二十一~=21세기.

【世纪末】 **shìjìmò** 명 1 세기말. 2 19세기말. [유럽, 특히 프랑스에 절망적 분위기가 지배하던 19세기 말] 3 (비) (사회의) 몰락 단계. 말세.

【世家】 **shìjiā** 명 1 (지난날) 세가(世家). 명문(名門). 2 세가. 《史记(사기)》 중 제후에 대한 전기. 3 (전문 기술을) 대대로 계승하는 집안. ¶梨园~=희곡계[연극계] 집안.

【世家大族】 **shìjiā dàzú** 명(외) 명문 대가.

【世间】 **shìjiān** 명 세간. 세상. 사회. ¶~万物=세상 만물.

【世交】 **shìjiāo** 명 1 대대로 교분이 있는 사람[집안]. ¶我们两家是~. =우리 두 집안은 대대로 교분이 있다. 2 2대 이상의 교분. ≒世谊

【世界】 **shìjiè** 명 1 세계. [지구상의 모든 곳] ¶放眼~=시야를 세계로 두다. 2 세상. [자연계와 인류 사회의 일체 사물의 총화] ¶~之大, 无奇不有. =세상은 넓어서 온갖 별난 것이 다 있다. 3 사회의 기풍·형세. ¶现在是什么~, 你还指望靠拳头闯天下? =지금이 어떤 세상인데 너는 아직도 주먹질로 세상을 헤쳐 나가려고 하느냐? 4 영역. 범위. ¶内心~=내면 세계. 5 인간 세상. 사회. ¶自打来到这~, 我就没过过一天好日子. =이 세상에 태어난 이래로 나는 하루도 편하게 지낸 날이 없었다. 6 (모종의) 정세. 형편. ¶我们单位什么事都是领导一人说了算, 真是黑暗~! =우리 부서[회사]는 무슨 일이든 모두 윗사

람 혼자 마음대로 해 버리니 정말로 암담한 지경이다. **7**(佛) 우주. 세계. ¶大千~=대천 세계. 복잡한 세상.

【世】**shì·jie** 圈㈜ 곳곳. 각처. 도처. ¶汤水洒了一~。=온통 엎질러진 국물바다가 되고 말았다. 온통 엎질러진 국물천지이다.

【世界杯】**shìjièbēi** 圈 **1** 세계 선수권 대회 우승컵. 월드컵(World Cup). **2** 월드컵 축구 대회.

【世界博览会】**shìjiè bólǎnhuì** 圈 세계 박람회. ㉯【世博会】**shìbóhuì**

【世界观】**shìjièguān** 圈 세계관. =【宇宙观】**yǔzhòuguān**

【世界纪录】**shìjiè jìlù** 圈 **1**(體) 세계 기록. **2** (일반적인 사물의) 세계 기록.

【世界贸易组织】**Shìjiè Màoyì Zǔzhī** 圈㉰ (經) 세계 무역 기구. WTO(World Trade Organization). ㉯【世贸组织】**Shìmào Zǔzhī**

【世界时】**shìjièshí** 圈 세계 표준시. 그리니치시(Greenwich時).

【世界市场】**shìjiè shìchǎng** 圈(經) 국제 시장. 세계 시장.

【世界屋脊】**shìjiè wūjǐ** 圈(地) 세계의 지붕. 파미르 고원(Pamir高原).

【世界遗产】**shìjiè yíchǎn** 圈 **1** 인류가 계승한 세계 공동의 문화·자연 유산. **2** (유네스코가 정한) 세계 문화·자연 유산.

【世界银行】**shìjiè yínháng** 圈 세계 은행.

【世界语】**Shìjièyǔ** 圈(言) 에스페란토(Esperanto). [폴란드의 자멘호프가 1887년에 공포하여 사용하게 된 국제 보조어]

【世局】**shìjú** 圈 세계 정세. 시국. ¶~动荡=세계 정세가 요동치다.

【世路】**shìlù** 圈 인생 행로. ¶~艰辛=인생 행로가 고달프다.

【世乱】**shìluàn** 圈 재난. 전란.

【世贸组织】**Shìmào Zǔzhī** ☞【世界贸易组织】**Shìjiè Màoyì Zǔzhī**

【世面】**shìmiàn** 圈 세상 물정. 세상 형편. 사회 상황. ¶没见过~=견문이 좁다. 세상 물정을 모르다.

【世情】**shìqíng** 圈 세정. 세상 형편. 세상 물정. 사회 상황. ¶深谙~=세상 물정을 깊이 알다.

【世人】**shìrén** 圈 세인. 세상 사람. 일반 사람.

【世上】**shìshàng** 圈 세상. 사회. ¶~无难事, 只怕有心人。=이 세상에서 마음만 먹으면 못할 일이 없다.

【世世】**shìshì** 圈 여러 대. 대대. 세세. ¶生生~=대대손손.

【世世代代】**shìshì-dàidài** 圈 대대손손. 자자손손.

【世事】**shìshì** 圈 세상일. 세상사. ¶~难料=세상일은 예측하기 어렵다.

【世叔】**shìshū** 圈 작은아버지. 삼촌. [아버지보다 나이가 적은 아버지 친구에 대한 호칭]

【世俗】**shìsú** 圈 **1** 세속. 통속. 일반적인 풍속. ¶~之见=속세적인 견해. **2** 속세. 인간 세상. 비종교적. ¶~之人=속세 사람.

【世态】**shìtài** 圈 세태. 세상이 돌아가는 상태. ¶~人情=인정 세태.

【世态炎凉】**shìtài-yánliáng** 圈 염량세태. 돈과 세력이 있으면 빌붙고, 그렇지 못하면 냉담해지다. 세태가 야박하다.

【世外桃源】**shìwài-táoyuán** 圈 무릉도원. 별천지. 도원경. =【桃花源】**táohuāyuán**

【世味】**shìwèi** 圈 세상의 쓰고 단 맛. 사회의 인정. ¶人老才知~薄。=사람은 나이가 들어서야 세상인정이 각박하다는 것을 안다.

【世无】**shìwú** 圈 세상에 없다. ¶~常胜将军。=세상에 항상 승리하는 장군은 없다.

【世袭】**shìxí** 圈 **1** 세습하다. ¶~贵族=세습 귀족. **2** 대대로 물려받다. ¶~产业=대대로 물려받은 사업.

【世系】**shìxì** 圈 세계(世系). 가계(家系). 대대의 계통.

【世相】**shìxiàng** 圈 사회 면모. 사회 현상. 세태. ¶~百态=세태가 천태만상이다.

【世兄】**shìxiōng** 圈㉰ **1** 대대로 교분이 있는 동년배 사이의 호칭. **2** 대대로 교분이 있는 아래 연배에 대한 존칭. (친분이 있는 집안의) 형.

【世医】**shìyī** 圈(醫) 대대로 의업을 이어가는 한의(漢醫).

【世异时移】**shìyì shíyí** 圈 세월 따라 세상이 많이 바뀌다.

【世谊】**shìyì** 圈 세교(世交). 대대로 맺은 친분. ≒世交

【世缘】**shìyuán** 圈 세연. 세상의 온갖 인연. 속세의 인연. ¶~未了=세상의 인연이 끝나지 않았다.

【世族】**shìzú** 圈 세족. 세가(世家). 명문(名門). 대대로 벼슬을 한 집안.

## 仕 **shì** 벼슬할 사

圈㉰ 벼슬하다. ¶~途艰辛=벼슬길이 험난하다. 圈 **1** (장기의) 사. **2** (Shì) 성(姓).

○● 出仕

【仕宦】**shìhuàn** 圈㉰ 벼슬을 하다. 관리가 되다. ¶~为臣=벼슬길로 나가 관리가 되다. 圈 벼슬아치. 관리. ¶~子弟=벼슬아치의 자제.

【仕进】**shìjìn** 圈㉰ 벼슬길에 들어서다. ¶不求~=벼슬을 바라지 않다.

【仕女】**shìnǚ** 圈 **1**(美) 미인화. 미인도. =【士女】**shìnǚ** ¶~图=미인도. **2** 궁녀.

【仕途】**shìtú** 圈㉰ 벼슬길. ¶~坎坷=벼슬길이 험난하다.

【仕途经济】**shìtú-jīngjì** 圈 관리가 되어 나랏일을 하다.

## *市 **shì** 시장 시

圈 **1** 시장. 장(場). 저자. ¶菜~=채소 시장. ¶招摇过~=남의 이목을 끌려고 저잣거리를 활보하다. **2** 시장 거래 가격. 시가. 시세. ¶行~=시세. 시가. **3** 도시. ¶都~=도

○ 市 shì
柿 shì
铈 shì

시. **4** (행정 구역 단위의) 시. [직할시(直轄市)와 성할시(省轄市) 또는 자치구시(自治區市)로 나뉘어짐] ¶北京~=베이징시. 成都~=청두시. **5** 중국식 도량형 제도인 '市制(shìzhì)' 앞에 붙는 말. ¶一~斤=한 근. 통(통) 사다. 팔다. 교역하다. 매매하다. ¶互~=서로 사고 팔다.

○● 罢bà市, 城市, 灯市, 发市, 行háng市, 黑市, 集市, 街市, 开市, 利市, 门市, 闹市, 小市, 晓xiǎo市

【市标】 **shìbiāo** 명 시(市)의 상징 표지. 시의 휘장. 도시의 로고. =【城标】 **chéngbiāo**
【市布】 **shìbù** 명(纺) 옥양목.
【市场】 **shìchǎng** 명 **1** 시장. [상품을 거래하는 장소] ¶建材~=건축 자재 시장. **2** 시장. [상품의 유통 영역] ¶国际~=국제 시장. **3** 상품의 판로. ¶~预测=상품의 판로 예측. **4**(벼) 받아들여질 여지. 환영받을 여지. ¶这些腐朽思想在年轻人中已没有~。=이러한 진부한 생각은 젊은 이들에게 이미 받아들여질 여지가 없다.
【市场机制】 **shìchǎng jīzhì** 명(经) 마켓〔시장〕메커니즘(market mechanism).
【市场经济】 **shìchǎng jīngjì** 명(经) 시장 경제. ¶'计划经济'와 구별됨]
【市场竞争】 **shìchǎng jìngzhēng** 명(经) 시장 경쟁.
【市场体系】 **shìchǎng tǐxì** 명(经) 시장 체계.
【市场中介组织】 **shìchǎng zhōngjiè zǔzhī** ☞【中介组织】 **zhōngjiè zǔzhī**
【市秤】 **shìchèng** 명 '市制(shìzhì)'로 표시된 저울.
【市尺】 **shìchǐ** 양 자. 척. ['市制(shìzhì)'의 길이의 기본 단위. 1市尺은 0.3333미터에 해당함]
【市寸】 **shìcùn** 양 치. ['市制(shìzhì)'의 길이 단위. 1市寸은 3.3333센티미터에 해당함]
【市石】 **shìdàn** 양 섬. ['市制(shìzhì)'의 용량 단위. 1市石은 1市升(되)의 100배에 해당함]
【市担】 **shìdàn** 양 '市制(shìzhì)'의 무게 단위. [1市担은 50킬로그램에 해당함]
【市电】 **shìdiàn** 명 도시 가정용 전기.
【市斗】 **shìdǒu** 양 말. ['市制(shìzhì)'의 용량 단위. 1市斗는 10市升(되)에 해당함]
【市分】 **shìfēn** 양 **1** 푼. ['市制(shìzhì)'의 길이 단위. 1市分은 10市里로 0.3333센티미터에 해당함] **2** 푼. ['市制(shìzhì)'의 무게 단위. 1市分은 10市厘로 0.5그램에 해당함] **3** 분. ['市制(shìzhì)'의 면적 단위. 1市分은 1/10市亩로 66.6666제곱미터에 해당함]
【市府】 **shìfǔ** 명 시 인민 정부. 시청.
【市合】 **shìgě** 양 홉. ['市制(shìzhì)'의 무게 단위. 1市合은 1/10市升(되)에 해당함]
【市毫】 **shìháo** 양 **1** '市制(shìzhì)'의 길이 단위. [1市毫는 1/10,000市尺(자), 즉 0.003333센티미터에 해당함] **2** '市制(shìzhì)'의 무게 단위. [1市毫는 1/10市厘, 즉 0.005그램에 해당함]
【市花】 **shìhuā** 명 시화. 시(市)를 대표하는 꽃.
【市话】 **shìhuà** 명 시내 전화.

【市徽】 **shìhuī** 명 시의 휘장.
【市惠】 **shìhuì** 통(문) 아부하다. 비위를 맞추다. 선심을 쓰다.
【市集】 **shìjí** 명 **1** (농촌이나 소도시의) 정기 시장. **2** 장이 서는 마을. 큰 읍.
【市价】 **shìjià** 명(经) 시장 가격. 시세. 시가.
【市郊】 **shìjiāo** 명 교외.
【市斤】 **shìjīn** 양 근. ['市制(shìzhì)'의 무게의 기본 단위. 1市斤은 500그램에 해당함]
【市井】 **shìjǐng** 명(문) 시정. 시장. ¶~之徒=시정잡배.
【市侩】 **shìkuài** 명 **1** 중매인(仲買人). 거간꾼. **2** (이익만 추구하는) 간상(奸商). **3** 모리배. 시정잡배. ¶~作风=모리배 작풍.
【市况】 **shìkuàng** 명 **1** 시황. 시장 거래 상황. ¶~良好=시황이 좋다. **2** 도시 모습. 도시 면모. ¶~比原来改观不少。=도시의 면모가 원래에 비하여 일신되었다.
【市厘】 **shìlí** 양 '市制(shìzhì)'의 무게 단위. [1市厘는 1/10000市斤, 즉 0.05그램에 해당함]
【市里】 **shìlǐ** 양 리. ['市制(shìzhì)'의 길이 단위. 1市里는 500미터에 해당함] 명 시내. ¶他一早就去~了。=그는 아침 일찍 시내로 갔다.
【市立】 **shìlì** 형 시립의. ¶~医院=시립 병원.
【市两】 **shìliǎng** 양 량. ['市制(shìzhì)'의 무게 단위. 1市两은 1/10市斤, 즉 50그램에 해당함]
【市面】 **shìmiàn** 명 **1** (길)거리. 시장. ¶~上没有转租的铺面。=시장에는 재임대하는 점포가 없다. **2** (~儿) 시황. 시장 상황. ¶~繁荣=시황이 호황이다.
【市民】 **shìmín** 명 **1** 시민. ¶~阶层=시민 계층. **2**(旧) (도시의) 수공업자와 중소 상인.
【市亩】 **shìmǔ** 양 묘. ['市制(shìzhì)'의 면적 단위. 1市亩는 약 666.7제곱미터에 해당함]
【市钱】 **shìqián** 양 돈. ['市制(shìzhì)'의 무게 단위. 1市钱은 1/100市斤, 즉 5그램에 해당함]
【市情】 **shìqíng** 명 **1** 시장 상황. 시장 형편. 시황. ¶~调查=시장 상황 조사. **2** 도시의 상황. 시정. ¶介绍本市~=본 도시의 상황을 소개하겠습니다.
【市顷】 **shìqǐng** 양 경. ['市制(shìzhì)'의 면적 단위. 1市顷은 100市亩, 즉 6.6667헥타르(1만제곱미터)에 해당함]
【市区】 **shìqū** 명 시내 지역.
【市容】 **shìróng** 명 도시의 면모. 시내 모습. ¶美化~=도시 외관을 미화하다.
【市升】 **shìshēng** 양 되. ['市制(shìzhì)'의 용량의 기본 단위. 1市升은 1/10市斗(말)에 해당함]
【市声】 **shìshēng** 명(문) 거리의 왁자지껄한 소리. ¶~喧哗=거리의 왁자지껄한 소리가 끊이지 않다. 거리가 왁자지껄 시끄럽다.
【市树】 **shìshù** 명 시목. 도시를 상징하는 나무.
【市肆】 **shìsì** 명(문) 시내 상점.
【市委】 **shìwěi** 명 '中国共产党(중국 공산당)'이나 '中国共产主义青年团(중국 공산주의 청년단)'의 시급 위원회.
【市无二价】 **shìwúèrjià** 성 정찰제로 판매하다.

【市辖区】shìxiáqū 圕 시 직할구
【市盈率】shìyínglǜ 圕(經) 주가 수익률(PER, price earnings ratio). =【本益比】běnyìbǐ
【市用制】shìyòngzhì ⇒【市制】shìzhì
【市长】shìzhǎng 圕 시장.
【市长热线】shìzhǎng rèxiàn 圕 (민의를 직접 수렴하기 위한) 시장 전용 전화.
【市丈】shìzhàng 圕 장. ['市制(shìzhì)'의 길이 단위. 1市丈은 10市尺(자)에 해당함]
【市招】shìzhāo 圕 간판.
【市镇】shìzhèn 圕 장이 서는 마을. 큰 읍. ¶~居民=읍민.
【市政】shìzhèng 圕 도시 행정. 시정. ¶~建设=시정 건설.
【市政工程】shìzhèng gōngchéng 圕 (도로·하수도·급수 등) 도시 건설 사업.
【市直】shìzhí 圕힁 市直属机关(시 직속 기관).
【市值】shìzhí 圕(經) 시가. ¶这件古董~不菲. =이 골동품은 시가가 만만치 않다.
【市制】shìzhì 圕 중국식 도량형 제도. ['国际公制(미터법)'에 중국의 민간 도량형 명칭을 결합하여 제정한 것] =【市用制】shìyòngzhì
【市中心】shìzhōngxīn 圕 시내(한복판). 도시 중심부.

## **式 shì 법 식

圕 **1** 의식. 의례. ¶闭幕~=폐막식. / 阅兵~=열병식. **2** 양식. 모양. 스타일. ¶旧~=구식. / 欧~=유럽 스타일. **3** 격식. 형식. ¶程~=격식. / 模~=표준 양식. 모델. **4** (자연 과학의) 공식. ¶方程~=방정식. **5**(言) 식. 법. 서법. ¶命令~=명령법.

⇨ 式 shì
  试 shì
  拭 shì
  轼 shì
  弑 shì

◐● 板bǎn式, 版式, 边式, 等式, 调式, 方式, 分式, 格式, 根式, 公式, 款kuǎn式, 模式, 南式, 俏qiào式, 时式, 算式, 体式, 通式, 形式, 样式, 仪式, 因式, 正式, 中式

【式微】shìwēi 圕 〈식미〉. [《詩經·邶風(시경·패풍)》의 편명(篇名)] 圄운 **1** (국가나 세족이) 몰락하다. **2** (사물이) 쇠락하다. ¶家道~=집안의 도덕적 규범이 쇠락하다.
【式样】shìyàng 圕 모양. 양식. 스타일. 디자인. ¶新潮~=새로운 경향의 디자인. 녹款式
【式子】shì·zi 圕 **1** 자세. 형. 품세. ¶她跳舞的时候, ~很优美. =그가 춤을 출 때 자세가 매우 아름답다. **2** (數) 식. 공식. 수식(數式).

## **似 shì 닮을 사
☞ sì
【似的】[是的] shì·de 困 …와 같다. …와 비슷하다. [명사·대사·동사 뒤에서 어떤 사물이나 상황과 비슷함을 나타냄] ¶她的脸红得像苹果~。=그녀의 얼굴이 사과처럼 빨개졌다.

## **事 shì 일 사

圕 **1**(~儿) 일. ¶私~=사적인 일. / 天下大~=천하대사. **2**(~儿) 직업. 업무. ¶谋~=일거리를 찾다. 일을 도모하다. / 同~=동료. **3** 관계. 책임. ¶这不干他的~。=이것은 그의 책임이 아니다. **4**(~儿) 사고. 사건. ¶出~=사고가 나다. / 别担心, 没什么~儿. =아무 일 없으니 걱정하지 말아라. 屠 **1** 종사하다. 행하다. ¶大~宣扬=크게 선양하다. 대대적으로 홍보하다. **2**(文) 모시다. 섬기다. ¶~奉父母=부모님을 받들어 섬기다.

◐● 碍ài事, 白事, 办事, 本事, 差事, 尘chén事, 处事, 炊事, 从事, 抵dǐ事, 顶事, 董dǒng事, 懂事, 多事, 法事, 凡事, 犯事, 房事, 费事, 偾fèn事, 佛事, 干事, 工事, 共事, 故事, 怪事, 管事, 海事, 憾hàn事, 好事, 横hèng事, 后事, 绘huì事, 混事, 祸huò事, 济事, 记事, 接事, 就事, 旧事, 举事, 军事, 快事, 理事, 了liǎo事, 领事, 录事, 蒙mēng事, 民事, 拿事, 难事, 闹事, 能事, 年事, 农事, 怕事, 启qǐ事, 起事, 亲事, 情事, 惹rě事, 人事, 丧sāng事, 丧事, 生事, 省事, 盛shèng事, 师事, 失事, 施shī事, 时事, 视事, 世事, 受事, 琐事, 厅事, 听事, 通事, 同事, 推事, 外事, 完事, 万事, 往事, 误wù事, 物事, 喜事, 闲事, 心事, 刑事, 行事, 辛事, 叙xù事, 要事, 一事, 遗事, 议事, 逸yì事, 用事, 韵事, 战事, 招事, 肇zhào事, 正事, 政事, 知事, 执zhí事, 指事, 滋zī事, 做事

【事半功倍】shìbàn-gōngbèi 圐 적은 노력으로 많은 성과를 올리다. ↔事倍功半 得不偿失
【事倍功半】shìbèi-gōngbàn 圐 힘은 많이 들이고 성과는 적다. ↔事半功倍
【事必躬亲】shìbìgōngqīn 圐 어떠한 일이라도 반드시 몸소 행하다. 녹身体力行
【事变】shìbiàn 圕 **1** 정치·군사 방면의 중대한 변화. **2** 돌발적인 정치·군사적 중대 사건. 사변. 변란. **3** 세상일(사물)의 변화. ¶通达~=세상일의 변화에 통달하다.
【事变知人心】shì biàn zhī rénxīn 囵 중대한 돌발 사건을 통해 사람의 내심을 알 수 있다.
【事不从愿】shìbùcóngyuàn 圐 일이 뜻하는 대로 안 되다.
【事不关己, 高高挂起】shì bù guān jǐ, gāo gāo guà qǐ 圐 자신과 무관한 일이면 거들떠보지도 않다.
【事不过三】shìbùguòsān 圐 실수를 거듭해선 안 된다.
【事不宜迟】shìbùyíchí 圐 일이 지체되어서는 안 된다. 일은 때를 놓치거나 질질 끌어서는 안 된다.
【事出不测】shìchū bùcè 圐 일이 뜻밖에 발생하다. 예기치 못한 일이 일어나다.
【事出有因】shìchū-yǒuyīn 圐 사건의 발생에는 원인이 있다.
【事到临头】shìdàolíntóu 圐 일이 중요한 시기에 다다르다. 발등에 불이 떨어지다.
【事典】shìdiǎn 圕 **1** 예절에 관련된 것을 집

록한 유서(類書). **2** 사전. 어떤 방면의 사물을 집록하고 해설을 붙인 책. **3** 전고(典故)가 되는 고서 속의 이야기.

【事端】 **shìduān** 閱 **1** 사고. 분규. ¶挑起~＝사고를 일으키다. **2** 사단. 일의 원인. ¶不明~＝사건의 발생 원인이 불분명하다.

【事发】 **shìfā** 통 폭로하다. 밝히다. 드러나다. ¶东窗~＝못된 짓이 드러나다.

【事繁任重】 **shìfán-rènzhòng** 쳉 일이 번잡하고 책임이 무겁다. ＝【事繁责重】 **shìfán-zézhòng**

【事繁责重】 **shìfán-zézhòng** ☞【事繁任重】 **shìfán-rènzhòng**

【事隔不久】 **shìgébùjiǔ** 쳉 일이 발생한 지 오래되지 않다. 일이 생긴 지 얼마 되지 않다.

【事功】 **shìgōng** 閱倠 공적. 공로. 공훈과 업적. 일의 성과.

【事故】 **shìgù** 閱 사고. ¶交通~＝교통 사고.

【事关重大】 **shìguānzhòngdà** 쳉 일이 매우 중대하다.

【事过境迁】 **shìguò-jìngqiān** 쳉 일은 지나가고 상황도 변화하다.

【事后】 **shìhòu** 閱 **1** 사후. 일이 벌어진 후. ¶~着急有什么用. ＝일이 벌어진 뒤에 안달한들 무슨 소용이 있나! **2** 사후. 일이 끝난 뒤. 일이 처리된 후. ¶~才知道我错怪他了. ＝일이 끝난 후에야 비로소 내가 그를 오해했다는 것을 알았다. ↔事先 当场

【事后诸葛(亮)】 **shìhòu Zhūgé (Liàng)** 뚤어 행차 뒤에 나팔 불다. 사건이 끝나고 나서야 대책을 세우다.

【事缓有变】 **shìhuǎnyǒubiàn** 쳉 일이 천천히 발전하는 가운데 변화가 일어나다.

【事机】 **shìjī** 閱 **1** 정세. 시기. ¶~成熟＝정세가 무르익다. **2** 기밀. ¶~泄露＝기밀이 누설되다.

【事迹】 **shìjì** 閱 사적. ¶英雄~＝영웅의 사적.

【事假】 **shìjià** 閱 사적(私的)인 휴가.

【事件】 **shìjiàn** 閱 사건. ¶历史~＝역사 사건.

【事理】 **shìlǐ** 閱 사리. 일의 도리. ¶阐明~＝사리를 명백히 밝히다.

【事例】 **shìlì** 閱 사례. 실례. ¶典型~＝전형적인 사례.

【事略】 **shìlüè** 閱 약전(略传). [한 사람의 생애를 간략하게 서술하는 전기(传记) 문체의 일종]

【事前】 **shìqián** 閱 사전. 일이 일어나기 전. ¶~通知＝사전에 통지하다. **2** 일이 끝나기 전. 일이 처리되기 전. ¶~不许走漏任何风声. ＝일이 처리되기 전에 어떠한 소문도 새나가서는 안 된다.

【事情】 **shì·qing** 閱 **1** 일. 사건. ¶~多, 任务重＝일은 많고 임무는 무겁다. **2** 직업. 일자리. ¶他在报社找了个~. ＝그는 신문사에서 일자리를 찾았다. **3** 사고. ¶晚上开车, 小心别出~. ＝야간에 운전할 때 사고나지 않도록 주의해라.

【事权】 **shìquán** 閱 직권. ¶独掌~＝직권을 홀로 틀어쥐다.

【事儿】 **shìr** 閱 일. 사정. ¶有~找我. ＝일이 생기면 나를 찾아라.

【事实】 **shìshí** 閱 사실. ¶~胜于雄辩. ＝사실이 웅변보다 낫다. 말보다 사실을 중시해야 한다.

【事实婚姻】 **shìshí hūnyīn** 閱 사실혼.

【事实上】 **shìshí·shang** 閱 사실상. ¶他说得很轻松, ~情况很严重. ＝그는 아무렇지도 않게 말하지만 사실상 상황은 매우 심각하다.

【事事】 **shìshì** 閱 만사. 모든 일. ¶~操心＝매사에 노심초사하다. 매사에 조심하다. 통 일을 하다. ¶无所~＝아무런 일도 하지 않다. 하는 일이 없다.

【事势】 **shìshì** 閱 일의 추세. 사태. 형세. ¶~难估＝사태를 짐작하기 어렵다.

【事态】 **shìtài** 閱 사태. 정황. ¶~严重＝사태가 엄중하다. ≒局势

【事无巨细】 **shìwújùxì** 쳉 일의 대소를 논하지 않다.

【事务】 **shìwù** 閱 **1** 일. 사무. 업무. ¶处理日常~＝일상 사무를 처리하다. **2** 총무. 서무. ¶~部门＝총무 부서. **3** 전문적인 업무. ¶外交~＝외교 업무.

【事务所】 **shìwùsuǒ** 閱 사무소. ¶律师~＝변호사 사무소.

【事务主义】 **shìwùzhǔyì** 閱 사무주의. 실무주의. [일의 경중이나 본말은 따지지 않고 온종일 일상적인 잡다한 사무에만 몰입하는 업무 풍조]

【事物】 **shìwù** 閱 사물. ¶客观~＝객관 사물.

【事先】 **shìxiān** 閱 사전. ¶~不了解情况. ＝사전에 상황을 파악하지 못하다. ↔事后

【事项】 **shìxiàng** 閱 사항. ¶注意~＝주의 사항.

【事业】 **shìyè** 閱 **1** 사업. ¶文化~＝문화 사업. **2** ('企业(기업)'과 달리, 생산이나 수입이 없이 국가의 경비로 운영되는) 비영리적 사회 활동. ¶~费＝사업비. ↔企业

【事业单位】 **shìyè dānwèi** 閱 사업 부문. 사업 부서. 사업 기관. [예컨대, 공립 학교·의원·과학 연구 기구 등]

【事业心】 **shìyèxīn** 閱 **1** 사업 정신. **2** 사업에 대한 의욕.

【事业型】 **shìyèxíng** 閱 사업형. ¶他是一个~的人, 对家庭的照顾很少. ＝그는 사업형의 사람이라 가정은 잘 보살피지 않는다.

【事宜】 **shìyí** 閱 (관련된) 일. 사항. 사무. [공문·법령 등에 많이 쓰임] ¶善后~＝일 뒤처리를 잘 하다.

【事由】 **shìyóu** 閱 **1** 사유. 일의 경과. ¶查明~＝사유를 조사하여 밝히다. **2** (~儿) 이유. 구실. 핑계. ¶他找了个~从办公室溜了出来. ＝그는 구실을 대어 사무실에서 빠져 나왔다. **3** (공문 용어로) 공문의 주요 내용. **4** (~儿) 倠 직업. 일자리. ¶他最近找了个~儿. ＝그는 최근에 일자리를 찾았다.

【事与愿违】 **shìyǔyuànwéi** 쳉 일이 바라는 대로 되지 않다.

【事在人为】 **shìzàirénwéi** 쳉 일의 성공 여부는 사람의 노력 여하에 달렸다.

【事主】 **shìzhǔ** 閱 **1** 倠 혼례·상례 따위를 주최

하는 측 사람. **2**(法) 피해자.

**势[勢]** shì 기세 세
통 **1** 세력. 위세. ¶有权有~=권력과 세력이 있다. /仗~欺人=세력을 업고 사람을 업신여기다〔기만하다〕. **2** 기세. 동향. 형세. ¶来~凶猛=닥쳐오는 기세가 맹렬하다. **3** (정치·군사·사회적) 정세. 상황. ¶审时度~=시대 상황을 살피다. **4** (자연계의) 현상이나 형세. ¶地~=지세./水~=수세. **5** 자태. 몸짓. ¶手~=손짓./装腔作~=실력도 없으면서 허세를 부리다. **6** 뗑 수컷의 생식기. ¶去~=거세하다.

○● 把势, 笔势, 病势, 大势, 得势, 攻势, 虎势, 火势, 架势, 就势, 均势, 劣势, 气势, 情势, 伤势, 声势, 生势, 失势, 顺势, 态势, 颓tuí势, 现势, 形势, 音势, 优势, 长zhǎng势, 阵势, 肢势, 作势

【势必】shìbì 閉 반드시. 꼭. 필연코. ¶从现在的情形看, 他一会获得冠军.=현재 상황으로 보면, 그가 반드시 우승을 차지할 것이다.

【势不可当】shìbùkědāng 셍 세찬 기세를 막아낼 수 없다. ≒【势不可挡】shìbùkědǎng

【势不可挡】shìbùkědǎng ☞【势不可当】shìbùkědāng

【势不两立】shìbùliǎnglì 셍 (적대적인 사물이나 사람과) 공존할 수 없다. 양립할 수 없다.

【势不能免】shìbùnéngmiǎn 셍 (좋지 않은) 상황이 피할 수 없는 지경에 이르다. 피할 수 없는 처지이다.

【势成骑虎】shìchéngqíhǔ 셍 진퇴양난의 상황에 빠지다.

【势将】shìjiāng 閉 반드시 …할 추세이다. 곧 … 할〔될〕것이다. ¶没有文化的人~被现代社会淘汰.=현대 사회에서는 교양이 없는 사람은 반드시 도태당하는 추세이다.

【势均力敌】shìjūn-lìdí 셍 (견주어 보아) 세력이 엇비슷하다. 힘이 비등하다. ≒旗鼓相当 旗逢对手 众寡悬殊

【势力】shì·li 뗑 세력. ≒权力

【势利】shì·li 셍 지위나 재산에 따라 사람을 차별하여 대하는. ¶~小人=권세나 재물에 빌붙는 소인배.

【势利小人】shì·li xiǎorén 뗑 권세나 재물에 빌붙는 소인배. 간에 붙었다 쓸개에 붙었다 하는 인간.

【势利眼】shì·liyǎn 셍 지위나 재산에 따라 사람을 대하는. ¶别人穷你就不把他当朋友, 你也未免太~了吧.=사람이 가난하다고 친구로 보지 않으니, 너도 정말로 속물이다. 뗑 권세나 재물에 빌붙는 소인배. ¶这个~, 专会巴结有钱人.=이 소인배는 오로지 돈 있는 사람에게만 빌붙는다.

【势能】shìnéng 뗑(物) 위치 에너지. =【位能】wèinéng

【势如破竹】shìrúpòzhú 셍 **1** 파죽지세. 대를 쪼개는 기세와 같다. **2**(비) 적수 없이 무찌르고 쳐들어가는 기세.

【势如水火】shìrúshuǐhuǒ 셍 **1** 형세가 물과 불같이 맹렬하다. **2**(비) 두 세력이 병립할 수 없다. ≒【势同水火】shìtóngshuǐhuǒ

【势所必然】shìsuǒbìrán 셍 필연적 추세이다. 그렇게 되게 마련이다.

【势态】shìtài 뗑 정세. 발전 추세. ¶~紧急=정세가 긴급하다.

【势同水火】shìtóngshuǐhuǒ ☞【势如水火】shìrúshuǐhuǒ

【势头】shì·tóu 뗑ⁿ **1** 정세. 형세. 추세. 기미. ¶~不妙=정세가 심상치 않다. **2** 세력. 기세. ¶他在当地很有~.=그 곳에서 꽤 세력이 있다.

【势焰】shìyàn 뗑(ㄴ) 기세. 위세. 세력. 기염. ¶~嚣张=기고만장하다.

【势要】shìyào 셍ⁿ 권세가 있고 요직에 있다. ¶~权贵=권세가 있고 지위가 높다. 뗑 권세 있고 요직에 있는 사람. 세도가. 권세가. 실력가. ¶朝中~=조정의 세도가.

【势在必行】shìzàibìxíng 셍 피할 수 없는 추세〔상황〕이다. 반드시 그렇게 해야 할 추세이다.

**侍** shì 모실 시
동 모시다. 시중들다. 섬기다. ¶服~=시중들다. 뗑(Shì) 성(姓).

○● 伏侍, 服侍, 陪péi侍

【侍臣】shìchén 뗑 근신. 시신. 임금을 가까이에서 모시는 신하.

【侍从】shìcóng 뗑 시종.

【侍奉】shìfèng 동 (윗사람을) 섬기다. 모시다. 시봉하다. 봉양하다. ¶~父母=부모를 섬기다.

【侍候】shìhòu 동 시중들다. 보살피다. ¶~病人=환자를 보살피다. ≒服侍

【侍郎】shìláng 뗑 시랑. [고대 관직 이름]

【侍立】shìlì 동 시립하다. 곁에서 시중들다. ¶垂手~=손을 늘어뜨리고 시립하다.

【侍弄】shìnòng 동 **1** (농작물·가축 등을) 가꾸다. 기르다. ¶~果园=과수원을 가꾸다. **2** 취급하다. 수리하다. 손을 보다. ¶~电视机=TV를 수리하다.

【侍女】shìnǚ 뗑(ㄴ) 시녀.

【侍卫】shìwèi 동 호위하다. 시위하다. 뗑 호위병. 근위병.

【侍养】shìyǎng 동 봉양하다. 모시다. ¶~老人=노인을 봉양하다.

【侍中】shìzhōng 뗑 시중. [고대 관직 이름]

【侍者】shìzhě 뗑 **1** 시중드는 사람. 시자. 하인. **2**(ㄴ) (숙박업소의) 종업원.

**饰[飾]** shì 꾸밀 식
동 **1** 장식하다. 수식하다. 꾸미다. ¶修~=수식하다./粉~=단장하다. **2** 숨기다. 가리다. ¶文过~非=잘못을 숨기다. **3** 분장하고 연기하다. …역을 연기하다. ¶他在本片中~男主角.=그는 이 영화에서 남자 주인공 역을 맡았다. **4** (말·문구를) 수식하다. 꾸미다. ¶润~=윤색하다. 图 장식품. ¶首~=머리 장식. 머리 장신구. 헤어 액세서리. / 窗~=창문 장식.

○● 花饰, 矫jiǎo饰, 夸kuā饰, 润rùn饰, 涂tú饰, 文饰, 油饰, 藻zǎo饰, 妆饰, 装饰

【饰词】[饰辞] shìcí 图 구실. 핑계.
【饰辞】 shìcí ☞【饰词】 shìcí
【饰带】 shìdài 图 장식 띠.
【饰非】 shìfēi 图 잘못을 가리다. 과오를 감추다.
【饰扣】 shìkòu 图 커프스(cuffs) 단추.
【饰品】 shìpǐn 图 (귀고리·반지·목걸이 등) 장신구. 액세서리. ¶金银~=금은 장신구. ≒饰物 首饰
【饰物】 shìwù 图 1 (기물 위의) 장식품. 장식물. 2 (귀고리·반지·목걸이 등) 장신구. 액세서리. ≒饰品 首饰
【饰演】 shìyǎn 图 …역을 연기하다. ¶他在影片中~女主角.=그는 이 영화에서 여자 주인공 역을 하였다. ≒扮演
【饰针】 shìzhēn 图 넥타이핀.

## 试 [試] shì 시험할 시

图 1 시험보다. ¶面~=면접 시험. / 笔~=필기 시험. 2 시험삼아 해 보다. 시행하다. 시행(試行)하다. ¶屡~不爽=여러 번 시도해 봐도 시원치가 않다. / 跃跃欲~=(어떤 일을 하고 싶어) 몸이 근질근질하다. 图 (Shì) 성(姓).

○● 比试, 测cè试, 尝cháng试, 春试, 殿diàn试, 会试, 秋试, 乡试, 应试

【试办】 shìbàn 图 시험적으로 해 보다. 시험으로 운영하다. ¶~诗会=시(詩) 모임을 시험적으로 운영하다.
【试笔】 shìbǐ 图 시험삼아 글을 짓다〔글씨를 쓰다·그림을 그리다〕. ¶初次~, 便小有收获.=처음 써 본 것 치고는 얼마간의 수확이 있다.
【试表】 shì‖biǎo 图 체온을 재다. ¶给患者~=환자의 체온을 재다.
【试播】 shìbō 图 1 (정식 방송 전에) 시험 방송하다. ¶我们电台还处于~阶段.=우리 방송국은 아직 시험 방송 단계에 머물러 있다. 2 (어떤 프로그램을 정식으로 방송하기 전에) 방송 하다. ¶电视台~新栏目, 希望听取观众意见.=방송국에서 새로운 프로그램을 시험 방송하니, 시청자들의 의견을 바랍니다.
【试步】 shìbù 图 시험적으로 해 보다. 시행(試行)하다.
【试产】 shìchǎn 图 1 (새 공장[광산]이 정식 가동[채광]에 앞서) 시험 생산하다. 2 (신제품을 정식 생산에 앞서) 시험 생산하다.
【试场】 shìchǎng 图 시험장. 고사장.
【试唱】 shìchàng 图 시창하다. 시험적으로 불러 보다. ¶节目两个小时后开演, 你先~一次.=프로그램은 두 시간 후에 공연되니, 먼저 목 좀 풀어 보아라.
【试车】 shì‖chē 图 시운전하다.
【试穿】 shìchuān 图 입어 보다.

【试点】 shì‖diǎn 图 시험적으로 해 보다. 시행(试行)하다. ¶人事制度改革要先~.=인사 제도 개혁은 먼저 시험적으로 실시해 보아야 한다.
【试点】 shìdiǎn 图 시험적으로 해 보는 곳. ¶~单位=시행(試行) 부처.
【试电笔】 shìdiànbǐ 图(電) 테스터(tester). 회로계. =【电笔】diànbǐ
【试读】 shìdú 图 (정식 입학 전에 적응 여부를 살피거나 입학 후에 유급 여부를 결정하기 위해) 시험적으로 공부하(게 하)다.
【试法】 shìfǎ 图 법률에 저촉되다. 법률을 위반하다. 법에 맞서다. ¶以身~=법률을 위반하다.
【试飞】 shìfēi 图 (새로운 비행기·비행 노선을) 시험 비행하다.
【试岗】 shìgǎng 图 인턴 직원〔수습 직원〕으로 근무하(게 하)다.
【试工】 shì‖gōng 图 (주로 노동자를 정식으로 고용하기 전에 짧은 기간 동안) 시험적으로 일을 시켜 보다.
【试管】 shìguǎn 图(化) 시험관.
【试管婴儿】 shìguǎn yīng'ér 图(醫) 시험관 아기.
【试航】 shìháng 图 1 (새로 생산하거나 수리한 비행기·선박 등을) 시항하다. 시험 운항하다. 2 (새로운 노선을) 시항하다.
【试婚】 shìhūn 图 결혼을 목적으로 동거하다.
【试机】 shìjī 图 (신형·수리한 기계를) 정식 가동에 앞서 시운전하다.
【试剂】 shìjì 图(化) 시약(試藥). 시제. =【试药】shìyào
【试件】 shìjiàn 图 시험용 기구.
【试讲】 shìjiǎng 图(敎) 1 (교사가 정식으로 공개 수업·시범 수업·실험 수업 등에 앞서) 시험적으로 강의하다. 2 (교사가 정식으로 초빙되기 전에) 공개 강의하다. 시험적으로 강의하다.
【试脚】 shìjiǎo 图 1 (體) 축구 훈련이나 시합에 처음 참가하다. 2 새 신발을 신어 보다.
【试金石】 shìjīnshí 图 1 (礦) 시금석. 2 (비) 시금. 정확하고 신뢰할 수 있는 검사 방법과 근거〔표준〕.
【试镜(头)】 shìjìng(tóu) 图 (정식 촬영 전에 배역이 적합한지) 시험 촬영하다.
【试举】 shìjǔ 图(體) (역도의) 시기. ¶挺举~成功.=용상 시기에 성공하다. 图 예를 들다. ¶~一例来说明问题.=예를 하나 들어 문제를 설명하다.
【试卷】 shìjuàn 图 1 시험지. 2 답안을 적은 시험지.
【试开】 shìkāi 图 1 시험적으로 개방하다. 2 시운전하다.
【试刊】 shìkān 图 시험적으로 발행하다. 图 시험 간행물. ¶~明日与读者见面.=시험 간행물이 내일 독자들과 만나게 된다.
【试看】 shìkàn 图 보세요. 살펴보다. ¶~今日世界, 和平与发展仍是主潮.=오늘날의 세계를 살펴보자면 평화와 발전이 여전히 주류를 이루고 있다.

【试论】shìlùn 〖动〗〖名〗 시론(하다). [주로 견해가 완숙하지 않음을 나타내며, 논저의 제목으로 많이 쓰임] ¶《~电视·电影》=《TV·영화 시론》.
【试拟】shìnǐ 〖动〗 시안을 만들다. 시험적으로 작성하다. ¶~学习计划=학습 계획을 시험적으로 작성하다.
【试片】shìpiàn 〖动〗 (영화 따위를) 시사하다.
【试期】shìqī 〖名〗 1 시험 기간. 2 시험 날짜.
【试射】shìshè 〖动〗〖軍〗 1 (신식 총포를) 시험 사격하다. 2 (목표물에 대해) 시험 사격하다.
【试试看】shì·shi·kan 〖动〗 시험삼아 해 보다. 시험해 보다. ¶~,先~,如果行,这工作就交给你来做. =먼저 시험해 보고, 만약 제대로 해내면 이 일을 네가 하도록 넘겨주겠다.
【试手】shì‖shǒu(~儿)〖动〗 1 (주로 노동자를 고용하기 전에 짧은 기간 동안) 시험적으로 일을 시켜 보다. 2 시험삼아 해 보다. 손을 대 보다.
【试探】shìtàn 〖动〗 (어떤 문제를) 탐색해 보다. 모색해 보다. 탐구해 보다. ¶投一块石子儿,~一下河水的深浅. =돌멩이를 던져서 강물의 깊고 얕음을 탐색해 보다.
【试探】shì·tan 〖动〗 (상대방의 의사 등을) 타진하다. 알아보다. 떠보다. ¶我~着问了一下他的意见. =나는 떠보려고 그의 의견을 한번 물어 보았다.
【试题】shìtí 〖名〗 시험 문제. ≒考题.
【试投】shìtóu 〖动〗 우체부가 주소 등이 불분명한 우편물을 시험삼아 배달해 보다.
【试图】shìtú 〖动〗 시도하다. ¶~扭转被动局面=수동적인 정세를 반전시키도록 시도하다.
【试问】shìwèn 〖动〗 잠깐 여쭙겠습니다. 말 좀 물어 봅시다. 시험삼아 물어 보다. [질문하거나 상대방의 의견에 동의하지 않음을 나타낼 때 쓰임] ¶你说出这样的话,~你的良心何在? =당신이 이런 말을 내뱉다니, 도대체 양심이 있는지 물어 봅시다.
【试想】shìxiǎng 〖动〗 생각해 보다. [완곡하게 일깨우거나 질문할 때 많이 쓰임] ¶~有谁自甘堕落呢? =생각해 봐, 누군들 스스로 타락하고 싶겠나?
【试销】shìxiāo 〖动〗 (새 상품을) 시험 판매하다.
【试新】shì‖xīn 〖动〗 1 신상품을 시험해 보다. 2 (햇곡식을) 시식하다. ¶这是刚摘的葡萄,来试试新. =이것은 방금 딴 포도이니, 와서 먹어 보세요.
【试行】shìxíng 〖动〗 시험삼아 해 보다. 시행하다. 시험적으로 실행하다. ¶~新的作息制度=새로운 근무 제도를 시행해 보다.
【试演】shìyǎn 〖动〗 (연극이나 공연을) 시연하다. 리허설하다.
【试验】shìyàn 〖动〗 시험하다. 실험하다. 테스트하다. ¶这个方法好不好,你可以先~一下. =이 방법이 좋은지 아닌지 네가 먼저 시험해 봐라. 〖动〗 시험. ≒尝试
【试验品】shìyànpǐn 〖名〗 1 시험(용 물)품. 2 〖비〗 실험 대상.
【试验田】shìyàntián 〖名〗 1 〖農〗 농업 실험용 전답. 2 〖비〗 시험적으로 하는 장소나 일.
【试养】shìyǎng 〖动〗 시험 양식.
【试样】shìyàng 〖名〗 견본. 샘플(sample). 〖动〗 (옷·신발·모자 등이 어울리는지) 입어 보다. 시험삼아 착용해 보다.
【试药】shìyào ☞【试剂】shìjì
【试营业】shìyíngyè 〖动〗 시험적으로 영업해 보다. 시험 영업하다.
【试映】shìyìng 〖动〗 (영화 따위를) 시사하다.
【试用】shìyòng 〖动〗 (물건을) 시용하다. (사람을) 시험삼아 쓰다. ¶~人员=시용 인원.
【试用品】shìyòngpǐn 〖名〗 시용품.
【试用期】shìyòngqī 〖名〗 시용 기간.
【试运转】shìyùnzhuǎn 〖动〗 시운전하다.
【试纸】shìzhǐ 〖名〗〖化〗 시험지. ¶石蕊~=리트머스(litmus) 시험지.
【试制】shìzhì 〖动〗 시험 제작하다. 시작(試作)하다. ¶~新产品=신상품을 시험 제작하다.
【试种】shìzhòng 〖动〗〖農〗 시험 재배하다.

## 视[視,眂·眎] shì 볼 시

〖动〗 1 보다. ¶注~=주시하다. / 目不斜~=한눈팔지 않고 한길만 보다. 2 살피다. 시찰하다. ¶巡~=순시하다. / 审~=살피다. 3 간주하다. 여기다. ¶重~=중요시하다. / 珍~=소중하게 여기다. 〖名〗 1 시력. ¶近~=근시. / 远~=원시. 2 (Shì) 성(姓). ≒观 看

○ 傲ào视, 逼bī视, 鄙bǐ视, 仇chóu视, 敌视, 电视, 短视, 俯视, 忽视, 环huán视, 检视, 眄miàn视, 蔑miè视, 漠视, 凝níng视, 怒视, 平视, 歧qí视, 扫视, 审shěn视, 探视, 透视, 无视, 小视, 斜xié视, 省xǐng视, 珍视, 诊zhěn视, 正视, 注视, 自视, 坐视

【视财如命】shìcái rúmìng 〖成〗 재물을 목숨처럼 중히 여기다.
【视差】shìchā 〖名〗〖物〗〖天〗 시차.
【视察】shìchá 〖动〗 1 관찰하다. ¶~地形=지형을 관찰하다. 2 시찰하다.
【视场】shìchǎng 〖名〗〖物〗 시야.
【视唱】shìchàng 〖动〗〖音〗 악보를 보고 부르다. 시창하다.
【视程】shìchéng 〖名〗 시정. 시계(視界).
【视窗】shìchuāng 〖名〗 1 〖컴〗 윈도(window). 창. 2 (계측기의) 창. 윈도.
【视点】shìdiǎn 〖名〗 시점. 관찰 각도. 시각. ¶这篇文章作者的~很新颖. =이 글은 작가의 시각이 아주 참신하다.
【视而不见】shì`érbùjiàn 〖成〗 1 보아도 보이지 않다. 보고도 알지 못하다. 2 〖비〗 주의하지 않다. 관심이 없다. 보고도 못 본 체하다.
【视…而定】shì…érdìng 〖动〗 …에 근거하여 결정하다. …에 따라 결정하다. ¶是否增加人手,到时视具体情况而定. =사람을 늘려야 할지 말지는 그 때 가서 구체적인 상황에 따라 결정하자.
【视感】shìgǎn 〖名〗 시각(視覺). 시감(視感). 본 느낌.

【视角】shìjiǎo 몡 1(物) 시각. 2 카메라의 앵글(angle). 3 시각. [사물을 관찰하고 파악하는 기본적인 자세(관점)] ¶本片以一个孩子的~来观察成人社会的虚伪与荒诞。=본 영화는 한 아이의 시각에서 성인 사회의 허위와 허황됨을 관찰하였다.

【视界】shìjiè 몡 시야. 시계(視界).

【视距】shìjù 몡 가시 거리.

【视觉】shìjué 몡 시각. 본 느낌.

【视觉污染】shìjué wūrǎn 몡 시각 오염.

【视觉艺术】shìjué yìshù ☞【造型艺术】zàoxíng yìshù

【视力】shìlì 몡 시력.

【视力表】shìlìbiǎo 몡(의) 시력검사표(시력 검사표).

【视力检查表】shìlìjiǎnchábiǎo ☞【视力表】shìlìbiǎo

【视亮度】shìliàngdù 몡(天) 항성의 광도.

【视民如伤】shìmínrúshāng 성 백성의 고통을 자신의 고통으로 여기다. 임금이 백성을 애호하다.

【视盘】shìpán ☞【视频光盘】shìpín guāngpán

【视盘机】shìpánjī 몡 비디오 디스크 플레이어(video disk player).

【视频】shìpín 몡(物) 영상 신호 주파수.

【视频高密光盘】shìpíngāomìguāngpán ☞【数字视盘】shùzì shìpán

【视频光盘】shìpín guāngpán 몡 비디오 디스크(video disk). 약【视盘】shìpán

【视频会议】shìpín huìyì 몡 넷미팅(net meeting). 영상 회의.

【视频图形适配器】shìpín túxíng shìpèiqì 몡(컴) 비디오카드. VGA(video graphics adepter).

【视如】shìrú 통 동일시하다. 여기다. ¶她把领养的孩子~己出。=그녀는 입양한 아이를 자신이 낳은 것처럼 여긴다.

【视如敝屣】shìrú-bìxǐ 성 1 헌신짝처럼 여기다. 2(比) 매우 경시하다. 몹시 천대하다.

【视若】shìruò 통 동일시하다. 여기다. ···로 여기다. ¶~珍宝=보배처럼 여기다.

【视若无睹】shìruò-wúdǔ 성 1 보고도 못 본 체하다. 2 무관심하다.

【视弱】shìruò 몡(醫) 약시. 약한 시력.

【视神经】shìshénjīng 몡(生) 시신경.

【视事】shìshì 통(文) 집무를 시작하다. 일을 시작하다.

【视死如归】shìsǐrúguī 성 1 죽는 것을 집으로 돌아가는 것처럼 여기다. 2 죽음을 두려워하지 않는다.

【视听】shìtīng 몡 1 보고 듣는 것. 시청. ¶混淆~=이목을 현혹시키다. 2 시각과 청각. ¶~享受=눈과 귀로 즐기다.

【视同】shìtóng 통 여기다. ···처럼 보다. ¶~故旧=오랜 친구로 여기다.

【视同儿戏】shìtóng-érxì 성 1 아이들의 장난으로 여기다. 2(비) 대수롭지 않게 여기다. 하찮게 여기다.

【视同路人】shìtóng-lùrén 성 1 길 가는 사람 보듯 하다. 남처럼 대하다. 2 아무 상관 없는 사람처럼 여기다.

【视图】shìtú 몡 투시도.

【视网膜】shìwǎngmó 몡(生) 망막. 약【网膜】wǎngmó

【视为】shìwéi 통 여기다. 간주하다. ···으로 보다. ¶~知己=진정한 친구로 여기다.

【视险如夷】shìxiǎnrúyí 성 1 험한 길도 평지처럼 여기다. 2 매우 용감하고 강인하다. 어려움을 개의치 않다.

【视线】shìxiàn 몡 1 시선. 눈길. 2(비) 주의력. ¶转移~=시선을 돌리다.

【视学】shìxué 통 학교를 시찰하다.

【视野】shìyě 몡 1 시야. 시계. ¶从这里看出去，~很开阔。2(비) 시야. [생각이나 식견의 영역] ¶扩大~=시야를 넓히다.

【视域】shìyù ☞【视阈】shìyù

【视阈】shìyù 몡 1 시각역(阈). 역 visual threshold. 2 시야. =【视域】shìyù ¶~狭窄=시야가 좁다.

【视在功率】shìzài gōnglǜ 몡(物) 피상 전력(皮相電力). 겉보기 전력. 역 apparent power.

【视紫质】shìzǐzhì 몡(生) 시홍소(視紅素).

贳[貰] shì 세낼 세

통(文) 1 빌려 주다. 세주다. 2 외상으로 사다. 3 용서하다. 사면하다.

柿[柹] shì 감나무 시

몡(植) 1 감나무. 2 감.

○→ 盖gài柿，油柿，西红柿

【柿饼】shìbǐng 몡 곶감.

【柿霜】shìshuāng 몡 시상(柿霜). 시설(柿雪).

【柿子】shì·zi 몡(植) 1 감나무. 2 감.

【柿子椒】shì·zijiāo 몡(植) 1 피망. 2 피망의 열매.

拭 shì 닦을 식

통 닦다. 비비다. ¶拂~=(의심이나 부조리한 점 등을) 말끔히 떨어 없애다. 불식하다. /~目=눈을 비비다.

○→ 擦cā拭

【拭泪】shì‖lèi 통(문) 눈물을 닦다.

【拭目以待】shìmùyǐdài 성 1 눈을 비비고 기다리다. 2 간절히 기대하다. 손꼽아 기다리다. 큰 기대를 걸다.

是[昰] shì 옳을 시

통 1(문) 옳다고 여기다. 긍정하다. ¶深~其言=그 말이 매우 옳다고 여기다. 2 형용사·동사성 술어 앞에서 강한 긍정을 나타냄. ['的确(확실히)'·'实在(실로)'에 상당하며, 반드시 강하게 발음함]. ¶那部影片~好, 你应该去看。=그 영화는 참 괜찮으니 너는 꼭 가서 봐야 한다. **3** …이다. [존재를 나타냄] ¶会议室里全~人。=회의실 안은 전부 사람이다. **4** (명사 앞에서) 무릇. …이라면. ¶~有益于大家的事他都愿意做。=모든 사람에게 도움이 되는 일이라면 그는 모두 하고 싶어한다. **5** (명사 앞에서) 적합함을 나타냄. ¶这场雪下的~时候。=이번 눈은 제때에 내렸다. **6** (문장의 앞에 쓰여) 어감을 강하게 함. ¶~谁这么说的？=누가 이렇게 말하더냐? **7** …이다. [두 사물을 연계시켜 양자가 같거나, 후자가 전자의 종류·속성 등을 설명하는 것을 나타냄] ¶他不~那个学校的老师。=그분은 그 학교의 선생님이 아니다. **8** …이다. [두 사물을 연계시켜, 진술하는 대상이 '是' 뒤에서 설명하는 상황에 속함을 나타냄] ¶他~诚心诚意的。=그는 진심이다. 그는 성심성의적이다. **9** …이다. [두 사물을 연계시켜, 해석이나 묘사를 나타냄] ¶他~经济学博士。=그는 경제학 박사이다. **10** '的'와 호응하여 분류(分类)를 나타냄. ¶这把椅子~新的。=이 의자는 새 것이다. **11** '是'의 앞뒤에 같은 명사 동사를 사용하고, 이와 같은 두 개의 구문을 연용하여 양자가 무관함을 나타냄. ¶这事~这事, 那事~那事, 每件事怎么能都一样呢？=이 일은 이 일이고 저 일은 저 일이지, 매사가 어떻게 모두 같을 수가 있겠니? **12** 두 개의 같은 어휘를 연계하여 사물의 객관성을 강조함을 나타냄. [이런 격식을 하나만 사용함] ¶错了就~错了, 不要推托责任。=잘못했으면 잘못한 것이지, 책임을 미루지 마라. **13** …라 할 수 있다. …로 칠 수 있다. 다른 것은 고려하지 않다. ¶走一步~一步, 走着看吧。=하는 데까지 하면서 보자. 일단 해 나가면서 보자. **14** 선택의문문·정반 의문문·반어문에 쓰임. ¶你~坐火车去, 还~坐飞机去？=너는 기차를 타고 갈래, 아니면 비행기를 타고 갈래? / 你~饿了不~？=너는 배가 고프니, 고프지 않니？ / 他不~找到工作了吗？=그는 일거리를 찾지 않았나요? **15** '是'의 앞뒤에 같은 명사·형용사·동사를 사용하여 양보를 나타냄. ['虽然'에 상당함] ¶文章~好文章, 就是篇幅长了点。=글이 좋기는 한데 편폭이 좀 길다. 〖형〗맞다. 옳다. ¶一无~处=하나도 옳은 데가 없다. 맞은 것이 하나도 없다. 〖대〗〖문〗**1** 이. 이것. ¶如~이와 같다. **2** 앞에 도치된 목적어를 다시 가리킴. ¶惟利~图=오직 이익만을 도모하다. 〖부〗예. 네. 그렇습니다. [응답의 말] ¶~, 我马上回家。=예, 제가 곧바로 귀가하겠습니다. 〖명〗**1** (큰) 계획. 기본. 방침. 정무. ¶共商国~=정무를 함께 상의하다. **2** 올바름. 옳음. 바름. 진리. ¶实事求~=실사구시. 사실에 토대를 두어 진리를 탐구하는 일. **3** (**Shì**) 성(姓).

○● 别是, 但是, 反是, 敢是, 国是, 横héng是, 既是, 就是, 可是, 若是, 算是, 先是, 要是, 硬是, 于是, 真是, 只是, 自是

○ 是 shì
匙 chí
提 tí
题 tí
缇 tí
醍 tí
堤 dī

【是啊】 **shì·a**〖감〗그래. 맞아. [상대방이 한 말에 긍정을 나타냄] ¶~, 你说得完全正确。=그래, 네 말이 딱 맞다.

【是不是】 **shì·bushì**〖동〗…인가, 아닌가? 그러하냐, 그렇지 않으냐? ¶这~真的？=이것이 진짜야, 아니냐? 〖부〗늘. 자주. 걸핏하면. ¶他性子太急, ~就发脾气。=그는 성격이 너무 급해서 걸핏하면 화를 낸다.

【是的】 **shì·de**〖동〗그렇다. ¶~, 我曾说过这话。=그래, 내가 전에 이 말을 한 적이 있어. 〖조〗☞【似的】**shì·de**

【是凡】 **shìfán**〖부〗무릇. 모두. 대체로. 무릇 …이라면.

【是非】 **shìfēi**〖명〗**1** 시비. 옳고 그름. 잘잘못. ¶~不分=잘잘못을 구분하지 못하다. **2** 말다툼. ¶搬弄~=쌍방을 부추겨서 시비를 일으키다. 말을 옮겨 시비를 일으키다.

【是非曲直】 **shìfēi qūzhí**〖성〗시비곡직. 사리의 옳고 그름.

【是非窝】 **shìfēiwō**〖명〗분쟁〔갈등〕이 많은 곳.

【是非之地】 **shìfēizhīdì**〖성〗분쟁〔갈등〕이 많은 곳. 분쟁의 소굴.

【是否】 **shìfǒu**〖부〗…인지 아닌지. ¶情况~属实还有待调查。=상황이 사실인지 아닌지는 더 조사를 해야 봐야 한다.

【是个儿】 **shì‖gèr**〖동〗〖구〗상대〔적수〕가 되다. ¶跟我比百米跑, 他~。=나와의 100미터 경주에서 그가 적수이다.

【是古非今】 **shìgǔ fēijīn**〖성〗옛 것은 옳고 오늘날의 것은 그르다고 여기다.

【是故】 **shìgù**〖접〗〖문〗그러므로. 이런 까닭으로. 한 연고로. ¶~为文以记之。=그러므로 문자로 기록하다.

【是荷】 **shìhè**〖동〗〖문〗…하여 주시면 감사하겠습니다. …해 주시기를 바랍니다. [다른 사람의 도움·은혜에 감사를 표시하는 말로, 주로 서신·공문 등에 쓰임] ¶即请示之~。=결정해 주시면 감사하겠습니다.

【是可忍, 孰不可忍】 **shì kě rěn, shú bùkě rěn**〖성〗이것을 참을 수 있다면 무엇을 못 참겠는가? 절대 용납할 수 없다. 도저히 참을 수 없다.

【是吗】 **shì·ma**〖감〗그렇습니까. [반문을 나타냄] ¶~, 我怎么没听说？=그렇습니까, 제가 어째서 못 들었을까요?

【是日】 **shìrì**〖명〗〖문〗그 날. 그 당시. [주로 과거의 어느 날을 가리킴] ¶~午后, 天突降大雨。=그 날 오후 갑자기 큰비가 내렸다.

【是时候儿】 **shìshí·hour**〖동〗때마침이다. 딱 맞게. 마침 좋은 때다. ¶你赶得~, 我们正准备出发。=너 딱 맞게 왔다, 우리 막 출발하려던 참이었어.

【是味儿】 **shì‖wèir**〖형〗**1** 맛있다. 입에 맞다. 제맛이 난다. ¶这饭菜吃着~。=이 요리는 먹어 보니 입에 맞는다. **2** 편안하다. 듣기 좋다. 제 느낌이다. ¶这歌听起来~。=이 노래는 듣기가 좋다.

【是样儿】 **shì‖yàngr**〖형〗〖구〗스타일이 좋다. 모

양이 아름답다. ¶这衣服很~。= 이 옷은 정말 모양이 좋다.

【是以】shìyǐ 囼 이로 인해. 이 때문에. 그래서. 그러므로. ¶事情都过去了，~不再追究谁是谁非。= 이미 지나가 버린 일이므로 두 번 다시 누가 옳고 그른지를 따지지 않겠다.

**崼** shì 우뚝 설 치
지명에 쓰이는 글자. ¶崿~= 판스. [산시(山西)성에 있는 현 이름]
☞ zhì

**适[適]** shì 갈 적
囲 1囼 가다. ¶~彼乐土 = 극락 세계로 가다. 2囼 출가하다. 시집가다. ¶~人 = 시집가다. 3 알맞다. 적합하다. ¶削足~履 = 발을 깎아 신에 맞추다. 억지로 끼워 맞추다. 囿 편(안)하다. ¶偶感不~= 이따금 불편함을 느끼다. 틘 마침. 身材~中 = 몸매가 꼭 알맞다.
☞ kuò

○● 安适, 合适, 恬tián适, 闲适

【适才】shìcái 틘 방금. 금방. 막. ¶~多有得罪，敬请海涵。= 방금 실례가 많았으니 너그러이 봐 주십시오.

【适从】shìcóng 囼囿 따르다. 좇다. ¶无所~= 어찌할 바를 모르다. 누구의 말을 들어야 좋을지 모르다.

【适当】shìdàng 囿 적절하다. 적합하다. 알맞다. 적당하다. ¶处理~= 처리가 적절하다. ≒恰当↔不当 过分

【适得其反】shìdé-qífǎn 囵 결과가 바라는 것과 정반대가 되다.

【适度】shìdù 囿 (정도가) 적당하다. 적절하다. ¶快慢~= 빠르고 느림의 정도가 적당하다. ↔过度

【适度人口】shìdù rénkǒu 囼 적정 인구

【适逢其会】shìféng-qíhuì 囵 때마침 시기(기회)를 만나다.

【适航】shìháng 囿 비행·항해 조건을 갖추다.

【适合】shìhé 囼 적합하다. 부합하다. 알맞다. 적절하다. 어울리다. ¶这个发型很~你。= 이 헤어스타일이 너에게 어울린다.

【适婚】shìhūn 囿 결혼 적령기이다. ¶~青年 = 결혼 적령기의 청년.

【适可而止】shìkě'érzhǐ 囵 적당한 정도에서 멈추다. ↔得寸进尺

【适口】shìkǒu 囿 입에 맞다. 구미에 맞다. ¶饭菜~= 음식이 입에 맞다.

【适量】shìliàng 囿 적당량이다. ¶~运动 = 적당한 운동. ↔过量

【适龄】shìlíng 囿 적령기이다. 알맞은 나이이다. [주로 입학 연령·입대 연령 등을 가리킴] ¶接受义务教育的~儿童不应辍学在家。= 의무 교육을 받는 적령기 아동이 중도에 학업을 접고 집에 있어서는 안 된다. ↔超龄

【适路】shìlù 囿 (수요·요구·기호에) 부합 맞다.

하다.

【适如其愿】shìrú-qíyuàn 囵 꼭 바라던 대로 되다.

【适时】shìshí 囿 1 시의적절하다. ¶穿着~= 옷차림이 (분위기·계절 등에) 알맞다. 2 시기가 적절하다. 제때에 하다. ¶~播种 = 제때에 씨를 뿌리다.

【适体】shìtǐ 囿 몸에 맞다. ¶礼服~= 예복이 몸에 딱 맞다.

【适销】shìxiāo 囿 시장[소비자]의 요구에 부합되(어 잘 팔리)다. ¶~对路 = 소비자의 기호에 잘 맞다.

【适宜】shìyí 囿 적합하다. 적당하다. 적절하다. 좋다. ¶这样的天气~外出旅游。= 이러한 날씨는 여행가기에 좋다. 囿 알맞다. ¶浓淡~= 농담이 알맞다. ≒合适

【适意】shìyì 囿 쾌적하다. 기분이 좋다. ¶顺心~= 마음대로 되어 기분이 좋다.

【适应】shìyìng 囿 적응하다. ¶~时代潮流 = 시대의 흐름에 적응하다.

【适应性】shìyìngxìng 囼(生) 적응성. [생물체가 일정한 조건이나 환경 등에 맞추어 알맞게 변화하는 성질]

【适应症】shìyìngzhèng 囼(医) 적응증. [어떤 약제나 수술 등의 치료에 의하여 치료 효과가 기대되는 질환이나 증상]

【适用】shìyòng 囿 사용에 적합하다. 쓰기에 알맞다. ¶~技术 = 기술을 사용하기에 적합하다. 囼 적용하다.

【适于】shìyú 囼 …에 알맞다(적합하다). ¶冬季~进补。= 겨울철에 보약 먹기에 알맞다.

【适者生存】shìzhě shēngcún 囼(生) 적자생존. [환경에 적응하는 생물만이 살아남고, 그렇지 못한 것은 도태되어 멸망하는 현상]

【适值】shìzhí 囼 마침 …을 만나다. 때마침 …즈음하다. 마침 …때이다. ¶~壮年 = 막 장년기에 접어들다.

【适中】shìzhōng 囿 1 위치가 알맞다. 좋은 위치에 있다. ¶远近~= 멀고 가까운 것이 알맞다. 2 정도가 알맞다. ¶咸淡~= 간이 알맞다.

**恃** shì 믿을 시
囼 의지하다. 믿다. ¶有~无恐 = 믿는 구석이 있어 겁이 없다. 囼囿 어머니. ¶失~= 어머니가 돌아가시다.

○● 仗恃, 自恃

【恃才傲物】shìcái-àowù 囵 자신의 재능을 믿고 남을 깔보다.

【恃强】shìqiáng 囼 세력에 의지하다. ¶~欺弱 = 세력을 믿고 약한 자를 괴롭히다.

【恃强凌弱】shìqiáng-língruò 囵 자기의 힘을 믿고 약한 자를 능욕하다.

**室** shì 방 실
囼 1 방. ¶教~= 교실. / 卧~= 침실. 2 집. 가족. ¶王~= 왕실. 3 처. ¶妻~= 아내. 4 실.

[학교·기관·공장 등의 내부 업무 단위] ¶阅览～＝열람실. / 编辑～＝편집실. **5** 집. 실. [기관(器官)·기계 등의 내부 공간] ¶心～＝심실. **6** 《天》 실수(室宿). [이십팔수의 하나] **7** (**Shì**) 성(姓). ≒堂

> ○● 暗室, 侧cè室, 斗室, 宫室, 鼓室, 画室, 皇室, 继室, 科室, 墓室, 脑室, 妻室, 寝qǐn室, 王室, 温室, 心室, 浴室, 正室, 宗室, 办公室, 教研室

【室迩人远】 **shì'ěr rényuǎn** [성] 그리워하면서도 만나지 못하다.

【室内】 **shìnèi** [명] 실내. ¶～温度＝실내 온도.

【室内剧】 **shìnèijù** [명] 실내극. [세트 안에서 촬영하는 극. 주로 연속극을 가리킴]

【室内乐】 **shìnèiyuè** [명] 《音》 실내악.

【室内装饰】 **shìnèi zhuāngshì** [명] 실내 장식. 실내 인테리어.

【室怒市色】 **shìnù-shìsè** [성] 집에서 난 화를 밖에 나가 다른 사람에게 풀다.

【室女】 **shìnǚ** [명][옛] 처녀. 미혼녀.

【室女座】 **shìnǚzuò** [명] 《天》 처녀자리.

【室如悬磬】 **shìrúxuánqìng** [성] **1** 집에 아무것도 없다. **2** [비] 매우 빈궁하다.

【室外】 **shìwài** [명] 실외.

【室温】 **shìwēn** [명] 실내 온도.

## 莳[蒔] shì 심을 시

[동] **1** [문] 재배하다. 심다. ¶～木＝나무를 심다. **2** [방] 이식(移植)하다. 옮겨 심다. ¶～田＝못자리. ☞ **shí**

## 栻 shì 점치는 기구 식

[명][옛] 점치는 기구.

## 轼[軾] shì 수레앞턱가로나무 식

[명][문][옛] 수레 앞 부분의 손잡이용 횡목.

## **逝 shì 떠날 서

[동] **1** (물·시간 등이) 지나가다. 흐르다. ¶光阴易～시간은 쉽게 지나간다. **2** 죽다. ¶病～＝병들어 죽다.

> ○● 长cháng逝, 流逝, 伤逝, 仙逝, 消逝

【逝川】 **shìchuān** [명] **1** 흘러간 물. **2** [비] 흘러간 세월〔사물〕.

【逝世】 **shìshì** [동] 서거하다. 세상을 떠나다. 작고하다. 돌아가다. [장중한 뜻을 내포함] ¶鲁迅～于1936年。＝노신(鲁迅)은 1936년에 서거하였다. ≒去世 死亡 ↔诞生

## 铈[鈰] shì 세륨 시

[명][외] 《化》 세륨(Ce, cerium). [원자 번호 58]

## 舐 shì 핥을 지

[동][문] **1** 핥다. ¶老牛～犊＝어미소가 송아지를 핥아 주다. **2** 붓을 고르거나 과다하게 묻은 먹물을 없애다. ¶举笔～墨＝붓을 들어 붓을 고르거나 과다하게 묻은 먹물을 없애다.

【舐犊】 **shìdú** [동] **1** (어미소가) 송아지를 핥아 주다. **2** [비] 자식 사랑이 극진하다. ¶～之爱＝부모의 자식에 대한 극진한 사랑.

【舐犊情深】 **shìdú-qíngshēn** [성][비] (어미소가 송아지를 핥아 주듯이) 자식을 지극히 사랑하다.

【舐糠及米】 **shìkāng-jímǐ** [성] **1** 겨를 핥다가 쌀까지 핥다. **2** [비] 겉으로부터 점차 속까지 침식해 들어가다.

【舐食】 **shìshí** [동] 핥아먹다.

【舐痔】 **shìzhì** [동][문] **1** 남의 치질을 핥다. **2** [비] 후안무치하게 아첨하다.

【舐痔吮痈】 **shìzhì-shǔnyōng** [성] **1** 남의 치질을 핥고 부스럼을 빨다. **2** [비] 치사하게 아첨하다.

## 弑 shì 임금 죽일 시

[동][문] 시해하다. 신하가 임금을 죽이다. 자식이 부모를 죽이다. ¶～君＝임금을 시해하다. / ～父＝아버지를 시해하다.

## **释[釋] shì 풀 석

[동] **1** 풀다. 풀어지다. 늦추다. 놓다. **2** 해석하다. 설명하다. 풀다. ¶注～＝주석하다. / 解疑～惑＝의혹을 풀다. **3** 제거하다. 풀어지다. ¶涣然冰～＝얼음이 녹듯이 의문이 완전히 풀리다. **4** 석방하다. 풀어 주다. ¶保～＝보석하다. / 假～＝가석방하다. **5** 놓다. 떼다. ¶爱不～手＝좋아해서 잠시도 손에서 놓지 않다. [명] (**Shì**) **1** [약] 《佛》 释迦牟尼(석가모니). **2** 불교. ¶儒·～·道三教＝유·불·도 3교. **3** 성(姓).

> ○● 冰释, 阐chǎn释, 假jiǎ释, 解释, 考释, 诠quán释, 稀xī释, 消释, 真释

【释典】 **shìdiǎn** ☞【佛经】 **fójīng**

【释读】 **shìdú** [동] (옛날 문자 등을) 고증하고 해석하다.

【释放】 **shìfàng** [동] **1** 방출하다. 내보내다. ¶～能量＝에너지 방출량. **2** 석방하다. ¶刑满～＝형기가 차서 석방되다. ↔吸收 捕获 吸取

【释根灌枝】 **shìgēn-guànzhī** [성] **1** 뿌리는 가만두고 가지에만 물을 주다. **2** [비] 본말이 전도되다.

【释怀】 **shìhuái** [동] 마음속에서 지우다. 마음에서 없애다. ¶对于故乡的思念让我久久不能～。＝고향에 대한 그리움은 오래도록 내 마음속에서 지워지지 않는다.

【释迦牟尼】 **shìjiāmóuní** [명][외] 석가모니. [범] Sakyamuni

【释教】 **shìjiào** [명] 불교. [동] 노동 교도 기간이 만료되어 석방하다.

【释卷】 **shìjuàn** [동][문] 책을 손에서 놓다. ¶手不～＝손에서 책을 놓지 않다.

【释老】 **Shì Lǎo** [명] **1** 석가와 노자. **2** 불교와 도교. 불가와 도가.

【释然】 **shìrán** [동][문] (의문이 풀려) 개운하다. 석연하다. 마음이 놓이다. ¶得知他安全到达，我心中方才～。＝그가 안전하게 도착하였다는 것

을 알고 나서야 마음이 놓였다.

**【释俗】shìsú** 통 알기 쉬운 말로 해석하다. 통속적으로 풀다. 쉽게 해석하다. ¶生僻的字词~后才能为更多的人理解. =생소한 단어는 쉬운 말로 해석된 뒤에야 비로소 더욱 많은 사람들이 이해하게 된다.

**【释文】shìwén** 명통 1 문자의 음과 의미를 해석하다. [서명(書名)에 많이 쓰임] ¶《诗经~》=《시경 석문》. 2 (옛 문자(文字)를 고증하여) 한 글자 한 문구마다 해석하다. 명통 해석한 글. 풀이한 글.

**【释疑】shìyí** 통 1 우려·근심·걱정·심려를 없애다〔풀다〕. ¶多做解释工作, 让大家~. =다양하게 설명해서 모든 사람의 우려를 없애다. 2 의문〔의심〕을 풀다〔풀리다〕. ¶~解难=난제를 풀다.

**【释义】shìyì** 통 (단어나 문장의 뜻을) 해석하다. 풀이하다. ¶解词~=단어와 문장의 뜻을 풀이하다. 명 석의(釋義). 단어 또는 문장에 주석을 해석한 글. ¶这个词的~不妥. =이 단어의 의미 해석이 타당하지 못하다.

**【释怨】shìyuàn** 통 원한을 풀다. 맺혔던 응어리를 풀다. ¶~解仇=맺혔던 원과 한을 풀다.

**【释藏】shìzàng** 명(佛) 대장경. 불교 경전의 집대성.

**【释子】shìzǐ** 명통 승려. 스님. 불자. 불교도. ¶佛门~=불교 승려.

**谥[諡, 謚] shì** 시호 시
명 시호. [군주 시대에 제왕·귀족·대신이 죽은 후, 생전의 공적에 따라 부여하는 칭호] 통 …라고 부르다. …라고 칭하다. ¶~之为理想主义者=이상주의자라고 부르다.

**【谥号】shìhào** 명 시호(諡號).

***嗜 shì** 즐길 기
통 (아주·특별히) 좋아하다. 즐기다. 애호하다. ¶~茗=차를 아주 좋아하다. / ~酒=술을 특별히 좋아하다.

**【嗜赌】shìdǔ** 통 도박을 좋아하다. ¶~成性=도박에 푹 빠지다. 도박에 버릇 들다.

**【嗜好】shìhào** 명 기호. 기벽. 취미. [주로 나쁜 것을 가리킴] ¶抽烟、喝酒都是他的~. =담배와 술 모두 그의 기호이다. ≒癖好

**【嗜痂成癖】shìjiā-chéngpǐ** ☞【嗜痂之癖】shìjiāzhīpǐ

**【嗜痂之癖】shìjiāzhīpǐ** 성어 괴이한 취향. 변태적인 기호. =【嗜痂成癖】shìjiā-chéngpǐ

**【嗜酒】shìjiǔ** 통 유달리 술을 좋아하다.

**【嗜癖】shìpǐ** 명 (나쁜) 기호. 기벽.

**【嗜血】shìxuè** 통 1 사람의 피를 빨아먹기 좋아하다. 2 비 탐욕스럽게 갈취하다. 흉악하고 잔인하다. ¶~成性=살인을 일삼다. 사람을 죽이는 데 이골이 나다.

**【嗜异】shìyì** 명(醫) (중의학에서) 환자가 이상한 것을 먹기 좋아하는 증세.

**【嗜欲】shìyù** 명 (청각·시각·미각·후각 등에서의) 향락적인 욕구. ¶~无厌=끝없이 향락을 탐하다.

**筮 shì** 점대 서
통통 고대에 시초(蓍草)로 점을 치다.

***誓 shì** 맹세할 서
통 맹세하다. 결의하다. ¶~守秘密=비밀을 지키기로 맹세하다. 명 서언. 맹세. 결의. ¶立~=맹세하다. / 宣~=선서하다.

◆◇ 发fā誓, 立誓, 盟méng誓, 明誓

**【誓不罢休】shìbùbàxiū** 성어 절대로 그만두지 않겠다고 맹세하다.

**【誓不甘休】shìbùgānxiū** 성어 절대로 그만두지 않겠다고 맹세하다.

**【誓不两立】shìbùliǎnglì** 성어 절대로 상대와 공존하지 않겠다고 맹세하다. 불구대천의 원수.

**【誓词】[誓辞] shìcí** 명 서언. 맹세하는 말.

**【誓辞】shìcí** ☞【誓词】shìcí

**【誓师】shìshī** 통 1 (軍) (군대가 출정하기 전에) 지휘관이 장병들을 집합시켜 작전의 의의를 일러 주고, 전투 의지를 북돋우다. 2 (군중 집회에서) 어떤 일을 완성하겠다고 장엄하게 맹세하다. ¶~大会=궐기 대회.

**【誓死】shìsǐ** 통 목숨을 걸고 맹세하다. ¶~不渝=죽어도 변하지 않다.

**【誓言】shìyán** 명 서언. 맹세하는 말. 맹세문. 선서문. ¶宣读~=선서문을 읽다.

**【誓愿】shìyuàn** 명 (어떤 결심을 할 때의) 소원. 서원. ¶不忘~=서원을 잊지 않다.

**【誓约】shìyuē** 명 서약. 맹세. ¶遵守~=서약을 준수하다.

**奭 shì** 클 석
형통 성대하다. 왕성하다. 명 (Shì) 성(姓).

**噬 shì** 씹을 서
통 깨물다. ¶吞~=삼키다. 통째로 삼키다.

**【噬菌体】shìjùntǐ** 명(生) 박테리오파지(bacteriophage). 세균 바이러스.

**【噬脐莫及】shìqí-mòjí** 성어비 후회막급이다. 후회해도 소용 없다.

**澨 shì** 물가 서
명통 물가.

**螫 shì** 쏘일 석
통통 (벌 등이) 쏘다. [구어에서는 'zhē'로 발음함] ☞ zhē

**【螫针】shìzhēn** 명(生) (꿀벌·말벌 따위의) 독침.

**襫 shì** 비옷 석
☞【袯襫】bóshì

***匙 ·shi** 열쇠 시
☞【钥匙】yào·shi

☞ chí

**殖** ·shi 썩을 식
☞【骨殖】gǔ·shi
☞ zhí

# shou

**收** shōu 거둘 수
[동] **1** 받다. 접수하다. 받아들이다. 용납하다. 수용하다. ¶～信＝편지를 받다. / ～礼品＝선물을 받다. **2** (밖의 물건을) 안으로 들여오다. 거두어들이다. 거두다. (분산되어 있거나 펼쳐져 있는 물건을) 한데 모으다. ¶～晾干的衣服＝말린 옷을 걷다. **3** (원래 자기에게 속한 물건이나, 소유할 권리가 있는 물건을) 회수하다. 거두어들이다. 되찾다. 가지다. ¶没～赃物＝장물을 몰수하다. **4** 수확하다. 거두다. 가을걷이하다. ¶秋～＝가을걷이. **5** (경제적 이익을) 얻다. 획득하다. ¶～支相当＝수입과 지출이 비슷하다. **6** (감정이나 행동을) 구속하다. 통제하다. 억누르다. 억제하다. 걷잡다. ¶思绪像飘飞的浮云～不住了。＝생각이 흐르는 구름같이 걷잡을 수가 없다. **7** 구금하다. 체포하다. 가두다. ¶～押罪犯＝범죄자를 구속하다. **8** (일을) 마치다. 끝맺다. 그만두다. 그치다. 정지하다. ¶工程已进入～尾阶段。＝이 공정은 이미 마무리 단계에 접어들었다. ↔发送种支

○● 查收, 点收, 丰收, 回收, 接收, 没mò收, 签qiān收, 歉qiàn收, 抢收, 税shuì收, 吸收, 夏收, 验收, 招收, 征收

【收案】**shōu'àn** [동]《法》 안건을 받아들이다. 안건을 수리하다.
【收报】**shōu‖bào** [동] 전보를 받다.
【收报机】**shōubàojī** [명] 전보 수신기. ↔发报机
【收编】**shōubiān** [동] (군대·무장 세력을) 받아들여 재편성하다. 개편하다.
【收兵】**shōubīng** [동] **1**《軍》 군대를 철수하다. 전투를 끝내다. 휴전하다. ¶鸣金～＝징을 울려 군사를 철수시키다. **2** [비] 일을 끝내다. 종결시키다. 중지시키다. ¶比赛结束后, 各队～踏上返程。＝경기가 끝난 후 각 팀은 선수들을 철수시켜 귀로에 올랐다.
【收不住】**shōu·buzhù** [동] 멈출 수 없다. 거둘 수 없다. 걷잡을 수 없다. ¶两人～脚, 撞了个满怀。＝두 사람은 발을 멈출 수 없어 정면으로 부딪치고 말았다.
【收藏】**shōucáng** [동] **1** 수장하다. 소장하다. 수집하여 보관하다. ¶～古玩字画＝골동품·서화를 소장하다. **2** 보존하다. ¶那封信, 他一直～着。＝그 편지를 그는 줄곧 보존하고 있다.
【收藏家】**shōucángjiā** [명] 수집가. 애호가. 소장자.
【收操】**shōu‖cāo** [동] 훈련을 끝마치다. 체조를 끝내다. ¶～回营＝훈련을 마치고 병영으로 돌아오다.
【收场】**shōuchǎng** [동] 끝마치다. 결말을 짓다. 그치다. 걷어치우다. 수습하다. 해결하다. ¶电影刚刚～。＝영화가 금방 끝났다. [명] 결말. 끝장. 말로. 종국. ¶他辛苦一辈子, 却落得这样不幸的～。＝그는 한평생 고생했지만 결국 이런 불행한 끝을 보게 되었다.
【收场锣】**shōuchǎngluó** [명][비] 사건의 결말을 알리는 신호나 지표.
【收车】**shōu‖chē** [동] (운송 일을 끝내고) 차를 차고로 몰아 돌아가다. 회차(回車)하다. ¶公交车还没有～。＝시내 버스가 아직 다 회차하지 않았다. ↔出车
【收成】**shōu·cheng** [명] **1**《農》 (곡식이나 과일·야채 등 농작물의) 수확. 작황. **2** (수산업의) 어황. (목축업의) 수확. 성과.
【收存】**shōucún** [동] 수집하여 보존하다. 거두어 두다. 정리해서 간수해 두다. ¶～信件＝편지를 간수해 두다.
【收到】**shōudào** [동] 받다. 얻다. 수령하다. ¶～礼物＝선물을 받다.
【收订】**shōudìng** [동] **1** (제품) 주문을 받다. 오더(order)를 받다. **2** (신문·잡지의) 구독 신청을 받다.
【收兑】**shōuduì** [동] 태환하다. 사들여 바꾸다. ¶～金银＝금은을 태환하다.
【收发】**shōufā** [동] **1** (기관·학교에서 공문·편지 등을) 받고 보내다. 수발하다. 접수하고 발송하다. ¶～文件＝문건을 접수·발송하다. **2** (유·무선 장치로 신호를) 송신하고 수신하다. 송수신하다. ¶～电报＝전보를 받고 보내다. [명] 수발 업무 담당자.
【收方】**shōufāng** [명]《經》 차변(借邊). 차방. ↔付方
【收放】**shōufàng** [동] 간수해 두다. 거두어 두다. 받아 보관하다. ¶～衣物＝옷을 간수해 두다.
【收费】**shōufèi** [동] 비용을 받다. 유료로 하다. ¶～标准＝요금표. [명] 비용. 요금. 납입금.
【收风】**shōu‖fēng** [동]《法》 산보·운동 등을 끝낸 죄수들을 다시 감방으로 들여보내다.
【收伏】**shōufú** ☞【收服】shōufú
【收服】[收伏] **shōufú** [동] 굴복〔복종〕시키다. 항복을 받다. 귀순시키다.
【收抚】**shōufǔ** [동] **1** 받아들여 키우다. ¶～孤儿＝고아를 들여 키우다. **2** 수용하여 위무하다. ¶～难民＝피난민들을 수용하여 위무하다.
【收付】**shōufù** [명] 수입과 지출. 수납과 지불. ¶～相抵, 所剩无几。＝수입과 지출이 비슷해 남는 것이 별로 없다.
【收复】**shōufù** [동] (잃어버린 진지·영토를) 되찾다. 수복하다. 회수하다. 광복하다. ¶～失地＝잃었던〔빼앗겼던〕 땅을 수복하다. ≒光复 克复 ↔沦陷 失陷
【收杆】**shōugān** [동]《體》 (골프 등의 경기가 끝나고) 채를 거두다.
【收竿儿】**shōugānr** [동] (낚시를 끝내고) 낚싯대

를 거두다.

【收割】**shōugē** 동(농) (익은 농작물을) 거두다. 수확하다. 가을걷이하다. 거두어들이다. ¶~麦子=밀을 수확하다.

【收搁】**shōugē** 동 거두어 두다. ¶~餐具=식기를 거두어 보관하다.

【收工】**shōu‖gōng** (들이나 공사 현장에서 일하는 사람이) 일을 끝내다. ¶~回家=일을 끝내고 집으로 돌아가다.

【收购】**shōugòu** 동 1 (여기저기서) 사들이다. 구입하다. 매입하다. 수매하다. ¶~土特产=토산품을 사들이다. 2 (국가가 농민으로부터 대량으로) 수매하다. 구매하다. ¶小麦~任务即将完成。=밀 수매 임무는 곧 마무리된다. ↔买 ↔ 出售 出卖

【收骨】**shōugǔ** 동 시신〔유골〕을 수습하여 묻다〔매장하다〕.

【收归】**shōuguī** 동 회수하다. 되찾다. 몰수하다. ¶~国有=회수하여 국가 소유로 하다.

【收回】**shōu‖huí** 동 1 (내놓았거나 빌려 줬던 재물을) 거두어들이다. 회수하다. 도로 찾다. 찾아오다. ¶~投资=투자한 돈을 회수하다. 2 (명령이나 의견 등을) 취소하다. 취하하다. 무효화하다. ¶~指控=고소를 철회하다.

【收回成命】**shōuhuí-chéngmìng** 성 1 관청이 이미 발포한 명령을 거두어들이다. 2 비 개인이 자기의 의견을 철회하다.

【收活】**shōu‖huó**(~儿) 동 1 (수리·가공 등의) 일거리를 받다. 2 비 일을 마치다. ¶提前~儿=미리 일을 끝내다.

【收货】**shōuhuò** 동 물품을 받다〔인수하다·접수하다〕.

【收获】**shōuhuò** 동(농) 수확하다. 추수하다. (가을)걷이하다. 익은 농작물을 거두다. ¶秋天是~的季节。=가을은 수확의 계절이다. 명 1 (농) 수확물. 2 비 소득. 수확. 성과. 전과(戰果). ¶参加这次培训, ~挺大。=이번 훈련에 참가하여 얻는 게 제법 많다.

【收集】**shōují** 동 수집하다. (끌어)모으다. 채집하다. (인재를) 모집하다. ¶~写作素材=창작 소재를 수집하다.

【收监】**shōu‖jiān** 동(法) 수감하다. 투옥하다.

【收件】**shōujiàn** 동 (물건을) 수취하다. 접수하다. ¶请填写~人的姓名。=수취인의 성명을 적어 주세요. 명 배달 우편물. ¶今天没有~。=오늘은 우편물이 없다.

【收件人】**shōujiànrén** 명 수취인. 접수인.

【收缰】**shōujiāng** 동 말고삐를 죄다〔당기다〕. ¶~勒马=고삐를 당겨 말을 멈추어 세우다.

【收桨】**shōujiǎng** 동(體) 배 경기가 끝나다.

【收缴】**shōujiǎo** 동 1 징수하여 상납하다. 거두어 내다. ¶~农业税=농업세를 징수하여 상납하다. 2 접수하다. 받아들이다. 거두어들이다. 노획하다. 몰수하다. ¶~毒品=마약(류)을 몰수하다.

【收紧】**shōujǐn** 동 1 죄다. 긴축하다. ¶~腰带=허리띠를 조이다. 2 엄격하게 통제하다〔제

어하다〕. ¶~开支=지출을 엄격히 집행하다.

【收进】**shōujìn** 동 1 사들이다. 구입하다. 매입하다. ¶~原材料=원자재를 구입하다. 2 입수하다. 손에 넣다. (밖에서 안으로) 거두어 넣다. ¶把被套~衣柜。=이불 커버를 이불장에 개어 넣다.

【收禁】**shōujìn** 동 구금하다. 잡아 가두다. 잡아 넣다. ¶~关押=잡아서 수감하다.

【收旧利废】**shōujiù lìfèi** 성 폐기물을 회수하여 이용하다.

【收据】**shōujù** 명 영수증. 인수증. 수취증(서).

【收看】**shōukàn** 동 (텔레비전을) 시청하다〔보다〕. ¶~球赛=구기 경기를 시청하다.

【收口】**shōu‖kǒu**(~儿) 동 1 (상처가) 아물다. ¶腿上的伤快~了。=다리에 난 상처가 곧 아물어 간다. 2 (손뜨개·광주리 등의 터진 곳을) 결합하다. 마무리하다. ¶毛衣正在~, 明天你就可以穿了。=이 스웨터는 지금 마무리 중이니 내일이면 당신이 입을 수 있어요.

【收款】**shōukuǎn** 동 돈〔대금〕을 받다.

【收揽】**shōulǎn** 동 1 문 긁어모아서 독점하다. ¶~大权=대권을 한 몸에 지니다. 2 매수하다. 사로잡다. 농락하다. ¶~人才=인재를 매수하다. 3 접수하다. 받(아들이)다. 청부 맡다. 거두어들이다.

【收礼】**shōulǐ** 동 선물을 받다.

【收理】**shōulǐ** 동 1 정돈하다. 수습하다. 정리하다. ¶~家务=집안일을 돌보다. 2(法) 접수·심리하다.

【收镰】**shōu‖lián** 동(농) 낫을 거두다. 가을걷이를 끝내다. ¶今年水稻已~了。=올해 벼농사는 이미 끝났다.

【收敛】**shōuliǎn** 동 1 (언행을) 삼가다. 조심하다. 신중하게 하다. 자제하다. ¶你那张狂劲儿也该~一下了。=너의 그 방종한 것도 좀 삼가야겠다. 2 (빛·웃음 등이) 사라지다. 없어지다. 약해지다. ¶他一起笑容, 变得十分严肃。=그는 웃음을 거두더니 자못 엄숙한 표정을 지었다. 3 (醫) 수축하다. 수렴하다. ¶~剂=수렴제. 아스트린젠트(astringent).

【收殓】**shōuliàn** 동 입관(入棺)하다. 납관(納棺)하다.

【收领】**shōulǐng** 동 1 입양하다. 데려다 키우다. ¶~孤儿=고아를 입양하다. 2 (재물을) 수령하다. 받다. ¶~救灾款=구제금을 수령하다.

【收留】**shōuliú** 동 (어려움이 있는 사람을) 받아들이다. 거두다. 떠맡다. 수용하다. ¶~灾民=이재민을 수용하다.

【收拢】**shōulǒng** 동 1 (흩어진 것을) 한데 모으다. 걷다. 죄다. ¶~资金=자금을 모으다. 2 매수하다. 농락하다. ¶~人心=인심을 매수하다.

【收楼】**shōulóu** 동 (집을 구매한 사람이) 집을 인수하다.

【收录】**shōulù** 동 1 (시문(詩文) 등을) 수록하다. 싣다. 올리다. ¶~旧作=옛날 작품을 수록하다. 2 (인원을) 뽑다. 받아들이다. 채용하다. ¶~原班人马=원래 인원들을 그대로 채용하다.

**3** 녹음하다. ¶她现场演唱的歌曲被~了下来。=그녀의 라이브 곡은 녹음되었다.

【收录机】shōulùjī 图 라디오(radio).

【收罗】shōuluó 動 (사람·사물을) 망라하다. 널리 모으다. ¶~材料=널리 자료를 모으다.

【收买】shōumǎi 動 **1** 사들이다. 구입하다. 수매하다. ¶~农产品=농산품을 구입하다. **2** 매수하다. 회유하다. 포섭하다. 길들이다. ¶~人心=인심을 매수하다. ≒收购

【收纳】shōunà 動 **1** 받아들이다. 거두다. 떠맡다. 수용하다. ¶~贤能=현명하고 능력 있는 자를 받아들이다. **2** 수납하다. 받다. 거두다. ¶如数~钱款=액수대로 수납하다.

【收拍】shōupāi 图(體) (라켓을 사용하는) 배드민턴·탁구 등의 경기가 끝나다. ↔开拍

【收盘】shōupán(~儿) 動 **1**(經) (거래소의) 영업을 종료하다. 파장하다. **2** 바둑·장기 등의 경기가 끝나다. ↔开盘

【收盘价】shōupánjià 图(經) (거래소의) 파장 시세. 최종 시세. 마지막 거래 가격. 종가(終價).

【收篷】shōu‖péng 動 **1** 돛을 내리다. **2**{比} 끝내다. 그만두다. ¶见好就起早~。=잘 될 때 적당히 그만두다.

【收齐】shōuqí 動 다 모으다. 다 거두다. 전부 받다. ¶作业本已~。=숙제 노트를 이미 다 거두었다.

【收讫】shōuqì 動 (돈이나 물건 등의) 수령을 마치다. ¶当面~=면전에서 수령을 마치다.

【收清】shōuqīng 動 (주로 재물을) 전부 수령하다. ¶~余款=나머지 돈을 전부 수령하다.

【收秋】shōu‖qiū 動(農) 가을걷이하다. 가을에 농작물을 수확하다. ¶现在正是~时节。=지금은 한창 가을걷이하는 철이다.

【收取】shōuqǔ 動 받다. 수납하다. 수취하다. ¶~服务费=서비스 비용을 받다. ↔支付

【收容】shōuróng 動 **1** (구제를 목적으로) 수용하다. 받아들이다. ¶~伤员=부상자를 수용하다. **2** (범법자를) 수용하다(여 교육하다). ¶~审查=수용하여 심사하다.

【收容所】shōuróngsuǒ 图 수용소.

【收入】shōurù 動 받다. 받아들이다. 수록되다. 포함하다. ¶他的小说被≪跨世纪文丛≫。=그의 소설은《두 세기 문총》에 수록되었다. 图 수입. 소득. ¶年~=연수입. ↔支出

【收神】shōushén 動 마음을 가라앉히다〔진정시키다〕. ¶闭目~=눈을 감고 마음을 진정〔안정〕시키다.

【收审】shōushěn 動 구속 조사하다.

【收生】shōushēng 動 아이를 받다. 해산을 돕다. 조산(助産)하다.

【收生婆】shōushēngpó 图 산파. 조산원.

【收尸】shōu‖shī 動 시신을 거두어 화장하거나 매장하다.

【收市】shōu‖shì 動 (시장이나 상점 등이) 영업이나 거래를 마치다. 문을 닫다. 파장하다. ¶证券交易所已~了。=증권거래소는 이미 파장했다.

【收视】shōushì 動 시청하다.

【收视率】shōushìlǜ 图 시청률.

【收拾】shōu·shi **1** 거두다. 정리하다. 정돈하다. 치우다. 수습하다. 꾸리다. ¶~房间=방을 치우다. / ~行李=짐을 꾸리다. **2**㋀ 손을 보다. 따끔한 맛을 보이다. 가만두지 않다. 쓴맛을 보게 하다. 벌을 주다. 처벌하다. 혼내 주다. 응징하다. ¶~恶人=악인을 응징하다. **3**㋀ 고치다. 수리하다. 손질하다. 수선하다. ¶衣服拉链坏了, 你给~一下。=옷의 지퍼가 고장났는데, 수선 좀 해 주세요. **4**㋀ 소멸하다. 없애다. 죽이다. 해치우다. ¶剩饭、剩菜总算给~完了。=남은 밥과 음식을 드디어 다 해치웠다. ≒收束

【收手】shōushǒu 動㋀ (손을) 멈추다. (하던 일을) 그만두다.

【收受】shōushòu 動 받다. 수령하다. 수수(收受)하다. ¶~礼品=예물을 받다.

【收束】shōushù 動 **1** (생각·마음을) 정리하다. 가라앉히다. 다잡다. 바로잡다. ¶~心思=마음을 가라앉히다. **2** 꾸리다. 거두다. 수습하다. 싸다. ¶~行装=짐을 싸다. **3** 끝내다. 끝맺다. 마무리하다. 결속하다. ¶工程已进入~阶段。=공사가 마무리 단계에 접어들었다. ≒收拾

【收缩】shōusuō 動 **1** 긴축하다. 축소하다. 줄이다. 좁히다. (분산하였다가) 집중하다. 오그라지다. ¶~银根=금융을 긴축하다. **2** 수축하다. 졸아들다. ¶这毛衣洗后不会~。=이 스웨터는 세탁해도 줄지 않는다. ↔扩张 扩大 膨胀

【收摊儿】shōu‖tānr **1** 노점상이 팔던 물건을 거두어들이다. 노점을 거두다. **2**㋁ (하던 일을) 중도에 끝내다. 그만두다. 중지하다. ¶~吧, 下班了。=그만 하고 퇴근하세요.

【收条】shōutiáo(~儿) 图 영수증. 인수증. ¶打~=영수증을 써 주다〔떼 주다〕.

【收听】shōutīng 動 (라디오를) 청취하다. 듣다. ¶~新闻=뉴스를 듣다.

【收托】shōutuō 動 (부탁·의뢰를 받아) 수용하다. 돌보다. ¶~孤儿=부탁으로 고아를 돌보다.

【收尾】shōuwěi 動 마무리하다. 끝을 맺다. 마치다. 마무르다. ¶~工作仍不能松懈。=마무리 작업은 아직도 느슨해져서는 안 된다. 图 글의 말미. 에필로그(epilogue). (일의) 마지막 단계. 마감. 결말. 끝. ¶本文的~很好地点了题。=본문의 마무리는 주제를 아주 잘 나타냈다. ≒煞尾

【收文】shōuwén 動 (공문 등을) 접수하다. 받다. ¶收发室主要负责~发文的工作。=수발실은 주로 문서를 받고 보내는 일을 책임진다. 图 접수한 공문〔서류〕. ¶~归档=접수한 서류를 분류해 보관하다.

【收悉】shōuxī 動 잘 받아 보다. 받아 내용을 알다. ¶来信~=보내 온 편지를 잘 받아 보았습니다.

【收下】shōuxià 動 받다. 받아 두다. 받아 놓다. ¶~礼物=선물을 받아 두다.

【收效】shōu‖xiào 動 효과를 거두다〔보다〕. ¶~甚微=효과가 별로 없다. 图 (얻은) 효과. ¶很有~=효과가 크다.

【收心】shōu ‖ xīn 동 1 (마음을) 가라앉히다. 진정시키다. 가다듬다. 다잡다. ¶你也该～用功学习了。=너도 마음을 가라앉히고 열심히 공부해야 한다. 2 마음을 바로잡다. 바른 마음을 가지다. ¶～悔过=마음을 바로잡고 회개하다.

【收信】shōuxìn 동 편지를 받다.

【收押】shōuyā 동 구류하다. 구속하다. 가두다. 감금하다. 구금하다. ¶～待审=구속되어 심리를 기다리다.

【收养】shōuyǎng 동 입양하다. 수양하다. 맡아서 키우다. ¶～遗孤=남겨진 고아를 입양하다. →抛弃

【收益】shōuyì 명 수익. 이득. 수입. ¶～颇丰=수입이 꽤 두둑하다.

【收音】shōuyīn 동 1 소리를 모으다. 음향 효과를 좋게 하다. ¶新剧院的～效果很好。=새 극장의 음향 효과가 아주 좋다. 2 (방송을) 청취하다. 수신하다. ¶～装置=수신 시설.

【收音机】shōuyīnjī ☞【无线电收音机】wúxiàndiàn shōuyīnjī

【收银】shōuyín 동 돈을 받다. 계산하다. ¶～台=계산대.

【收银小姐】shōuyín xiǎojiě 명 (계산대에서) 수금하는 아가씨. 수금원.

【收用】shōuyòng 동 고용하다. 수용하다. (받아들여) 쓰다. ¶～小工=잡역부를 고용하다. 막노동꾼을 두다.

【收载】shōuzǎi 동 수록하다. ¶～天下奇事=천하의 기이한 일들을 수집하여 기록하다.

【收摘】shōuzhāi 동 수확하다. 따다. ¶～橘子=귤을 따다.

【收债】shōuzhài 동 빚을 받다. ¶公司来了好些～的。=회사에 빚을 받으러 온 사람이 많다.

【收账】shōuzhàng 동 1 (돈·대금·외상 등을) 받다. 수금하다. ¶外出～=수금하러 외출하다. 2 (금전·물품의 출납을) 장부에 기입하다. ¶这笔开支已经～了。=이 지출 내역은 이미 장부에 기재했다.

【收针】shōuzhēn 동 (손뜨개의) 끝을 맺다. 매듭을 짓다. 마무르다. ¶毛衣的袖口快～了。=스웨터의 소매가 곧 마무리된다.

【收诊】shōuzhěn 동 (医) (환자를) 받아〔접수하여〕 진료하다.

【收支】shōuzhī 명 수입과 지출. 수지. ¶～平衡=수지 평형. 수입과 지출이 맞아떨어지다.

【收执】shōuzhí 동 받아서 보관하다. [공문서 용어임] ¶～档案=기록부를 받아서 보관하다. 명 (정부 기관에서 발급하는) 영수증.

【收治】shōuzhì 동 받아서〔수용해〕 치료하다. ¶～伤者=부상자를 수용하여 치료하다.

【收住脚】shōuzhù jiǎo 동 발걸음을 멈추다. ¶他在报栏前～，细细地看了起来。=그는 신문 게시판 앞에서 걸음을 멈추고 자세히 보기 시작했다.

【收转】shōuzhuǎn 동 1 받아서 전해 주다〔전달하다〕. ¶请把这份文件～校长。=이 서류를 총장님께 전해 주십시오. 2 수신하고 중계하다.

¶要努力做好奥运会的～工作。=올림픽 경기〔대회〕의 수신과 중계 업무를 잘 해내도록 노력해야 한다.

【收租】shōuzū 동 임대료를 받다〔거두다〕.

【收足】shōuzú 동 모두 거두어들이다〔받다〕. ¶～税款=세금을 다 거두다.

**熟** shóu 익을 숙

조 '熟(shú)'와 같음. ¶饭～了。=밥이 익었다〔다 되었다〕.
☞ shú

**手** shǒu 손 수

명 1 손. ¶拍～称快=박수치며 즐거워하다. 2 손잡이. 자루. (동물의) 촉수. 扳～=스패너(spanner). / 触～=촉수. 3 어떤 전문적인 일을 하는 사람. ¶助～=조수. 4 어떤 기능이나 기술에 능숙한 사람. ¶棋～=기수. / 能～=능수. 명수. 5 수단. 수법. ¶心狠～辣=마음이 독하고 수단이 악랄하다. / 大显身～=실력을 과시하다. 솜씨를 보이다. 동 갖다. 쥐다. 잡다. ¶人～一册=사람마다 한 권씩 가지다. 형 1 자그마하고 휴대하기 편한. 자그마하고 사용하기 편한. ¶～机=휴대폰. 2 친필의. ¶作家～迹=작가의 자필. 부 직접. 손수. 몸소. 친히. ¶～书=직접 쓴 글〔편지〕. 양 1 (～儿) 기능이나 능력 따위에 쓰임. ¶写一～好书法=글씨를 잘 쓰다. 2 거쳐 간 횟수에 쓰임. ¶二～货=중고품. 3 주식 시장에서의 거래 단위. ¶买两～股票=두 주를 샀다.
→脚 足

把手，罢bà手，扳bān手，帮手，插手，缠chán手，抄手，扯chě手，趁chèn手，出手，触手，揣chuāi手儿，垂手，凑còu手，措cuò手，搭dā手，打手，带手儿，倒手，到手，得手，敌手，丢diū手，动手，毒dú手，对手，舵duò手，放手，分手，佛手，扶手，副手，高手，拱gǒng手，鼓手，国手，过手，号手，后手，还huán手，挥huī手，回手，棘jí手，假jiǎ手，交手，接手，解手，经手，净手，就手，靠手，快手，拉手，辣手，老手，里手，了liǎo手，撂liào手，猎手，名手，拿手，能手，扒手，炮pào手，劈手，平手，扦qiān手，纤qiàn手，枪手，亲手，入手，撒sā手，上手，射手，伸手，身手，生手，圣shèng手，失手，试手，熟手，束手，甩shuǎi手，顺手，松手，随手，缩suō手，摊tān手，徒tú手，脱手，外手，握手，洗手，下手，先手，歇xiē手，携xié手，新手，信手，凶xiōng手，摇手，一手，硬手，御yù手，驭yù手，援手，扎zhā手，沾zhān手，招手，住手，转zhuǎn手，着zhuó手

【手把手】shǒubǎshǒu (口) 1 (기술 등을) 직접 가르치다. 몸소 전수하다. ¶书法老师～地教他练字。=서예 선생님은 직접 그에게 글씨를 가르쳤다. 2 손에 손을 잡고. 한마음 한뜻으로. ¶～地教孩子走路。=손을 맞잡고 아이에게 걸음마를 시키다.

【手把】shǒubà ☞【手柄】shǒubǐng

【手板】shǒubǎn 图 1 ☞【手版】shǒubǎn 2 图 손바닥. ¶摊开~=손바닥을 펴다.
【手版】shǒubǎn 图 1 홀(笏). [지난날 벼슬아치가 임금을 만날 때 손에 쥐던 물건] 2 명함. [명·청 시기에 제자가 스승을 배알하거나 부하가 상사를 만날 때 쓰던 것]
【手包】shǒubāo(~儿) 图 핸드백. [주로 피혁제품임]
【手背】shǒubèi 图 손등. ¶手心~=손바닥과 손등. 图 (마작 따위를 할 때) 운이 나쁘다. 재수가 나쁘다. ¶今天~得很, 打麻将老输.=오늘은 운이 정말 나빠서 마작놀이에서 지기만 한다. ↔手心
【手本】shǒuběn 图 1 수첩. 안내 책자. 소책자. 편람. 안내서. 2 명함. [명·청 시기에 제자가 스승을 배알하거나 부하가 상사를 만날 때 쓰던 것]
【手笨】shǒubèn 图 손재주가 없다. 서투르다. 둔하다. 졸렬하다. 솜씨가 없다. ¶我~, 做不好针线活.=나는 솜씨가 없어서 바느질을 잘 못한다.
【手笔】shǒubǐ 图 1 (유명인이) 직접 쓴 글이나 글자. 직접 그린 그림. ¶名家~=유명한 사람의 작품. 2 (글·서예·그림의) 조예. 기교. 솜씨. ¶大~=대단한 솜씨. 3 필적. ¶以委托人的~为证.=위탁인의 필적을 증거로 한다. 4 图 직접 한 일. ¶这件手工艺品是她的得意~.=이 수공예품은 그녀가 자랑스러워하는 작품이다. 5 图 일하는 품. 돈 씀씀이. ¶阔~=큰 씀씀이.
【手臂】shǒubì 图 1 팔뚝. 2 图 조수. ¶他是总经理的得力~.=그는 사장님의 오른팔이다.
【手边】shǒubiān(~儿) 图 1 손 가까이. 손 옆. 몸 가까이. 신변. 주변. ¶把你~那碗递给我。=네 옆의 그릇을 내게 주렴. 2 수중. 손(의 안). ¶那笔钱现在还没到我~.=그 돈은 아직 내 손에 들어오지 않았다. ≒手头
【手表】shǒubiǎo 图 손목시계.
【手柄】shǒubǐng 图 손잡이. 핸들. 조종간. =【手把】shǒubà
【手不释卷】shǒubùshìjuàn 图 1 책을 손에서 떼지 아니하다. 2 图 열심히 공부하다. 공부에 정신이 팔리다.
【手不沾泥, 面不沾盆】shǒu bù zhān mián, miàn bù zhān pén 图图 일처리가 깔끔하다. 뒤에 문제가 될 여지를 남기지 않다.
【手册】shǒucè 图 1 안내 책자. 소책자. 편람. 안내서. [주로 서명(書名)으로 쓰임] 《四川旅游~》=《쓰촨 관광 길잡이》. 2 수첩. ¶出勤~=출근부.
【手长】shǒucháng 图图 1 손버릇이 나쁘다. 도벽이 있다. ¶他老是改不掉~的毛病.=그는 도둑질하는 손버릇을 못 고친다. 2 여기저기로 손길을 뻗다. 도처에서 권력을 쥐다. ¶他真~, 管到我们部门来了.=그는 우리 부서 일에까지 참견한다.
【手抄】shǒuchāo 图 (손으로) 베껴 쓰다. 손으로 쓰다. ¶~不如打印快.=손으로 베끼는 것보다 타이핑하는 것이 빠르다.

【手抄本】shǒuchāoběn 图 수사본(手寫本).
【手车】shǒuchē 图 손수레. =【手推车】shǒutuīchē
【手迟脚慢】shǒuchí-jiǎomàn 图 동작이 느리다. 동작이 굼뜨다.
【手持】shǒuchí 图 손에 쥐다〔잡다〕. ¶~镰刀=낫을 손에 쥐다.
【手串儿】shǒuchuànr 图 팔찌.
【手钏】shǒuchuàn 图图 팔찌.
【手创】shǒuchuàng 图 직접 만들다. 몸소 창건하다. ¶这些产业都是他~的.=이 기업은 모두 그가 몸소 창건한 것이다.
【手锤】shǒuchuí 图 (작은) 망치. 장도리. 해머 (hammer).
【手戳】shǒuchuō(~儿) 图 (개인) 도장.
【手刺】shǒucì 图图 (본인이 직접 벼슬 이름을 써 넣은) 명함.
【手搭凉棚】shǒudā-liángpéng 图 손으로 햇볕을 가리다. 손차양을 하다.
【手大】shǒudà 图 손이 크다. 씀씀이가 헤프다. ¶你可真~, 买这么些贵而无用的东西.=너 정말 손도 크다, 비싸기만 하고 쓸데없는 것을 이렇게 많이 사다니.
【手大遮不住天】shǒudà zhē·buzhù tiān 图 1 손이 아무리 커도 하늘은 못 가린다. 2 图 아무리 능력이 있는 사람도 혼자 모든 것을 다 할 수는 없다.
【手袋】shǒudài 图 핸드백. 손가방. [주로 여성용을 가리킴]
【手到病除】shǒudào-bìngchú 图 1 손이 닿기만 하면 병이 낫는다. 의술이 뛰어나다. 2 图 일을 쉽게 성사시키다. 식은죽먹기. ≒着手成春
【手到擒来】shǒudào-qínlái 图 1 손을 쓰자마자 적을 붙잡다. 2 图 일에 아주 자신이 있다. 일을 아주 쉽게 성사시키다. 식은죽먹기.
【手底下】shǒudǐ·xia 图 손아래. 수하. 부하.
【手递】shǒudì 图 직접 전하다〔넘겨 주다〕. 손으로 건네다. ¶他把茶杯~过来了.=그는 찻잔을 직접 건넸다.
【手电】shǒudiàn ☞【手电筒】shǒudiàntǒng
【手电筒】shǒudiàntǒng 图 손전등. =【手电】shǒudiàn 【电筒】diàntǒng 图【电棒】diànbàng
【手定】shǒudìng 图 손수 제정하다〔작성하다〕.
【手动挡】shǒudòngdǎng 图 수동 변속기.
【手段】shǒuduàn 图 1 수완. 솜씨. 능력. ¶~高强=능력이 대단하다. 2 수단. 방법. 수법. ¶行销~=마케팅 방법. 3 잔꾀. 잔재주. ¶~卑劣=잔꾀가 비열하다.
【手法】shǒufǎ 图 1 (예술〔문학〕 작품의) 기교. 수법. 솜씨. ¶表现~=표현 수법. 2 수완. 수법. ¶蒙骗~=사기 수완.
【手风琴】shǒufēngqín 图(音) 손풍금. 아코디언 (accordian).
【手扶】shǒufú 图 핸들식(의). 손잡이식(의). ¶~拖拉机=경운기. 图☞【手扶拖拉机】shǒufú

tuōlājī
【手扶拖拉机】**shǒufú tuōlājī** [명]《機》 경운기. 소형 트랙터. 핸드 트랙터. [약]【手扶】**shǒufú**
【手复】**shǒufù** [동] (직접) 회신하다. 답장하다. ¶虽卧病在床，但读者的来信他仍坚持～。＝병상에 누워 있으면서도 여전히 독자들의 편지에 직접 답장을 썼다.
【手感】**shǒugǎn** [명] 손의 감촉〔촉감〕. ¶～柔滑＝손의 감촉이 부드럽고 매끄럽다.
【手高手低】**shǒugāo-shǒudī** [성] (물건을 어림짐작으로 나눌 때) 약간 차이가 남는 것은 어쩔 수 없다.
【手稿】**shǒugǎo** [명] 친필 원고. 직접 쓴 원고. 수고(手稿).
【手工】**shǒugōng** [동] 수공으로 하다. 손으로 만들다. ¶～刺绣＝수공 자수. [명] **1** 수공. 손일. ¶学～＝수공 기술을 배우다. **2** 수공예인. ¶他是个～。＝그는 수공예인이다. **3** [구] 품삯. 공전. 가공비. ¶这家裁缝店的～不贵。＝이 재봉소의 품삯은 안 비싸다.
【手工业】**shǒugōngyè** [명] 수공업.
【手工业者】**shǒugōngyèzhě** [명] 수공업자.
【手工艺】**shǒugōngyì** [명] 수공예.
【手工艺品】**shǒugōngyìpǐn** [명] 수공예품.
【手鼓】**shǒugǔ** [명]《音》 **1** (위구르(uygur) 등 소수 민족의) 타악기. **2** 탬버린(tambourine).
【手黑】**shǒuhēi** [형] (수단이) 잔인하다. 악독하다. 악랄하다. ¶心狠～＝마음이 독하고 수단이 악랄하다.
【手狠】**shǒuhěn** [형] 수단이 잔인하다.
【手狠心黑】**shǒuhěn-xīnhēi** [성] 수단이 잔인하고 음험하다.
【手慌脚忙】**shǒuhuāng-jiǎománg** [성] **1** 허둥지둥하다. **2** 당황하여 어찌할 바를 모르다.
【手机】**shǒujī** [명] 휴대폰. 휴대 전화기.
【手疾眼快】**shǒují-yǎnkuài** [성] 손발이 빠르다. 반응이 빠르고 날쌔다. 민첩하다. 재빠르다. ＝【眼疾手快】**yǎnjí-shǒukuài**
【手记】**shǒujì** [동] 수기하다. 직접 기록하다. [명] 수기. ¶作家～＝작가 수기.
【手技】**shǒujì** [명] **1** 손재주. 손재간. 솜씨. 기술. **2**《藝》 손묘기〔기예〕. [손재주를 부리는 곡예]
【手迹】**shǒujì** [명] **1** 필적. 자필. 손수 쓴 글씨나 그린 그림. ¶这是徐悲鸿的～。＝이것은 쉬베이훙이 직접 그린 그림이다. **2** (물건에 남긴) 손 흔적. 지문. ¶验证～＝지문을 검증하다.
【手茧】**shǒujiǎn** ☞【手趼】**shǒujiǎn**
【手趼】[手茧] **shǒujiǎn** [명] 손에 박인 굳은살.
【手脚】**shǒujiǎo** [명] **1** 손발. 수족. ¶～冰凉＝손발이 얼음같이 차다. **2** 거동. 동작. 행동. ¶～利索＝동작이 빠르다. **3** 마음. 신경. 기력. 힘. ¶颇费～＝힘이 많이 든다. **4** 수단. 재능. 기량. 수완. 능력. 솜씨. ¶～了得＝수단이 이만저만이 아니다. **5** [폄] 잔꾀. 간계. ¶暗做～＝몰래 간계를 쓰다.
【手脚不干净】**shǒujiǎo bù gānjìng** [낮] 손버릇이 나쁘다. 도벽이 있다.
【手巾】**shǒu·jīn** [명] **1** 수건. **2** [방] 손수건.
【手紧】**shǒujǐn** [형][비] **1** 주머니 사정이 좋지 않다. 돈이 마르다. ¶最近我有点～，所以不能乱花钱。＝나는 요즘 주머니 사정이 여의치 않아서 돈을 함부로 쓰지 못한다. ＝【手头儿紧】**shǒu tóurjǐn** **2** 인색하다. 구두쇠다. 노랭이이다. 짠돌이이다. ¶他～得很，别指望他请客。＝그는 아주 인색하니, 그가 한턱 내기를 바라지 마라. ↔手松
【手劲】**shǒujìn** [명] 손(아귀)힘. 팔심. ¶～很大＝팔심이 세다.
【手锯】**shǒujù** [명] (손잡이가 있는) 작은 톱.
【手卷】**shǒujuàn** [명]《藝》 (서예 작품·그림의) 두루마리. [벽에 걸 수 없고 책상에 놓고 보는 것]
【手绢】**shǒujuàn**(～儿) [명] 손수건.
【手铐】**shǒukào** [명] 수갑. 쇠고랑.
【手快】**shǒukuài** [형] 손이 빠르다. 동작이 민첩하다. 손〔몸〕놀림이 재다. 날쌔다. 잽싸다.
【手辣】**shǒulà** [형] (수단이) 잔인하다. 모질다. 냉혹하다. ¶心狠～＝마음이 지독하고 수단이 모질다.
【手雷】**shǒuléi** [명]《軍》 **1** 대전차 수류탄. **2** 투척용 수류탄.
【手里】**shǒu·li** [명] **1** 손안. 수중. 손. ¶他～握着大权。＝그는 수중에 대권을 쥐고 있다. **2** 호주머니 사정. 재정 상태.
【手链】**shǒuliàn** [명] 팔찌.
【手令】**shǒulìng** [명] 친필 명령(서). [동] 친히 명령을 내리다.
【手榴弹】**shǒuliúdàn** [명] **1**《軍》 수류탄. **2**《體》 (수류탄처럼 생긴) 투척 기구.
【手笼】**shǒulóng** [명] 머프(muff). 토시. [방한용구의 일종]
【手炉】**shǒulú** [명] 주머니난로. 손난로.
【手锣】**shǒuluó** ☞【小锣】**xiǎoluó**
【手慢】**shǒumàn** [형] 손이 굼뜨다〔둔하다〕. 일·동작이 느리다. ¶她～得很，半天才做这点活儿。＝그녀는 손이 굼떠서 한나절에 일을 이것밖에 못 했다.
【手忙脚乱】**shǒumáng-jiǎoluàn** [성] **1** (일처리에) 두서가 없다. 갈피를 잡지 못하다. **2** 이리 뛰고 저리 뛰다. 갈팡질팡하다. 허둥지둥하다. 정신이 하나도 없다. 어쩔 줄 모르다. 쩔쩔매다.
【手面】**shǒumiàn** [명][방] **1** 수단. 수완. 방법. 책략. 능력. 실력. ¶他的～跟他师傅相比还差一截。＝그의 실력은 그의 사부에 비해서 한참 차이가 난다. **2** 돈 씀씀이. ¶～宽不见得是个好习惯。＝돈 씀씀이가 헤픈 것은 좋은 습관은 아니다.
【手民】**shǒumín** [명][문]《印》 조판공(彫版工). 식자공(植字工). ¶～之误＝식자공의 오류.
【手模】**shǒumó** [명] **1** 손도장. 지장. **2** 손자국. 손가락 자국. 지문.
【手墨】**shǒumò** [명] 친필. 진필(眞筆).
【手拿】**shǒuná** [동] 손으로 잡다. 쥐다. ¶他～扫帚开始打扫院子。＝그는 빗자루를 손에 쥐고 마당을 청소하기 시작했다.
【手帕】**shǒupà** [명] 손수건.

【手旗】shǒuqí 圄 수기. 손기. ¶~通讯=수기 신호.
【手起刀落】shǒuqǐ-dāoluò 涵 칼 쓰는 솜씨가 뛰어나다. 칼 쓰는 동작이 빠르다.
【手气】shǒuqì (도박이나 복권에서의) 운 (수). 재수. 손덕. ¶~好=운이 좋다. / 有~=운이 있다.
【手钳】shǒuqián 圄 핸드 바이스(hand vice). 손 바이스. 집게.
【手枪】shǒuqiāng 圄 권총.
【手巧】shǒuqiǎo 圈 솜씨가 좋다. 손재주가 뛰어나다. ¶心灵~=영리하고 손재주가 좋다.
【手勤】shǒuqín 圈 부지런하다. 근면하다. ¶~脚快=부지런하다.
【手轻】shǒuqīng 圈 (손동작이) 부드럽다. 살살 하다. 손놀림이 가볍다. 힘을 약하게 쓰다.
【手球】shǒuqiú 圄(體) 1 핸드볼. 2 핸드볼 공. 3 (축구 경기의) 핸들링(handling).
【手圈】shǒuquān 圄方 팔찌.
【手儿】shǒur 圄口 1 일거리. 일감. ¶近来~没事.=요즘 손이 놀고 있다. 2 능력. 실력. 수완. 솜씨. 기량. ¶他有两~.=그는 패〔상당한〕실력이 있다.
【手软】shǒuruǎn 圈 1 심하게 대하지 못하다. 사정을 봐주다. 2 차마 손을 대지 못하다. 마음이 무르다. 우유부단하다. 결단력이 없다. ¶心慈~=마음이 무르고 약하다.
【手伸得长】shǒushēn·de cháng 俗 곳곳에 손을 뻗어 권력을 쥐거나 이득을 얻다.
【手生】shǒushēng 圈 1 (해 본 적이 없어) 손에 익지 않다. 손설다. 생소하다. 서툴다. ¶你刚学几天, ~不奇怪.=너는 배운 지 며칠 되지 않았으니, 서투른 것이 이상할 게 없다. 2 (익숙했던 일을 오랫동안 하지 않아) 손에 익숙하지 않다. 손설다. ¶很久不做针线, ~了.=오랫동안 바느질을 안 했더니 손이 설다.
【手势】shǒushì 圄 손짓. 손시늉. 손동작. ¶老师做了一个~, 示意大家安静.=선생님께서는 조용히 하라는 손짓을 했다.
【手势语】shǒushìyǔ 圄 수화.
【手书】shǒushū 통 (글을) 직접 쓰다. 손수 쓰다. ¶~请柬=손수 쓴 청첩장. 圄 친필 편지. 몸소 쓴 편지. ¶他收到父亲的~, 很是感动.=그는 아버님께서 몸소 쓰신 편지를 받고 매우 감동했다.
【手熟】shǒushú 圈 (손에) 익다. 숙련되다. 익숙하다.
【手术】shǒushù 圄통(醫) 수술(하다). ¶病人明天~.=환자는 내일 수술을 한다.
【手术刀】shǒushùdāo 圄(醫) 1 메스(mess). 수술칼. 2 외과 의사. ¶他是本院的头把~.=그는 본 병원의 으뜸가는 외과 의사입니다.
【手松】shǒusōng 圈 (돈이나 물건을) 아낌없이 나 쓰다. 헤프다. 관리를 못하다. 인색하지 않다. ¶他~, 问他借钱准没错.=그는 인색하지 않으니까, 그한테 꾸면 틀림없어. ↔手紧
【手谈】shǒután 통文 바둑을 두다.

【手套】shǒutào(~儿) 圄 장갑.
【手提】shǒutí 통 손에 들다. 휴대하다. 圈 휴대형의. 손에 드는. ¶~电脑=노트북 컴퓨터.
【手提包】shǒutíbāo 圄 핸드백. 손가방.
【手提电话】shǒutí diànhuà ☞【手提移动电话】shǒutí yídòng diànhuà
【手提电脑】shǒutí diànnǎo 圄(컴) 노트북 컴퓨터. =笔记本(儿)电脑】bǐjìběn(r) diànnǎo
【手提式】shǒutíshì 圈 휴대형의. ¶~收录机=휴대형 라디오 카세트.
【手提箱】shǒutíxiāng 圄 여행용 가방. 슈트케이스(suitcase).
【手提移动电话】shǒutí yídòng diànhuà 圄 휴대폰. 휴대 전화기. 이동 전화기. =【手提电话】shǒutí diànhuà
【手帖】shǒutiě 圄旧 (손으로 쓴) 명함. 책. 공 책.
【手头】shǒutóu(~儿) 圄 1 수중. 신변. 몸 까이. 곁. ¶车子现在不在我~儿.=차가 지금 내게 없다. 2 솜씨. 손재주. 글솜씨. ¶他~儿来得快, 三千字的文章一天准完.=그는 솜씨가 좋아서 삼천 자 정도의 글은 하루만에 틀림없이 써 낸다. 3 (개인의 일시적인) 경제 상황. 주머니 사정. ¶~不宽裕=경제 사정이 넉넉하지 못하다. ≒手下
【手头儿紧】shǒutóurjǐn ☞【手紧】shǒujǐn
【手推车】shǒutuīchē ☞【手车】shǒuchē
【手腕】shǒuwàn(~儿) 圄 1(生) 팔목. 손목. 2 재능. 기량. 능력. 기능. 실력. ¶~高超=기량 이 뛰어나다. 3 잔재주. 수완. 잔꾀. 술수. 술책. 계략. ¶耍~=잔꾀를 부리다.
【手腕子】shǒuwàn·zi 圄(生) 팔목. 손목.
【手纹】shǒuwén 圄 손금.
【手无寸铁】shǒuwúcùntiě 涵 맨주먹이다. 손에 아무런 무기도 갖고 있지 않다.
【手无缚鸡之力】shǒu wú fù jī zhī lì 涵 닭 한 마리 붙들어맬 힘도 없다. 힘이 없다. 기력이 아주 약하다.
【手舞足蹈】shǒuwǔ-zúdǎo 涵 1 기뻐서 덩실 덩실 춤을 추다. 2 기뻐 어쩔 줄 모르다.
【手下】shǒuxià 圄 1 (어떤 사람의) 아래. 밑. 수하. 지도 아래. 관할하에. 통치하에. ¶我在他~干过一段时间.=나는 그 밑에서 한동안 일했다. 2 수하. 부하. ¶他是老爸的~.=그는 우리 아버지의 부하이다. 3 (개인의) 경제 형편〔상황〕. 주머니 사정. ¶他近来~有点儿紧.=그는 요즘 주머니 사정이 좋지 않다. 4 손 안. 수중. 곁. ¶那本书不在~.=그 책은 내 손에 없다. 5 손쓸 때. 일을 처리할 때. 손댈 때. ¶~开恩=사정을 봐주다. ≒手头 部下
【手下败将】shǒuxià-bàijiàng 涵 친히 패배시키킨 적이 있는 사람.
【手下留情】shǒuxià-liúqíng 涵 사정을 봐주다. 관대하게 조처하다.
【手相】shǒuxiàng 圄 1 손금. 수상. 2 (손의) 크기. 두께. 유연성. 모양.

【手写】shǒuxiě 동 손으로 쓰다. 친필로 기록하다. 친히〔손수〕쓰다. ¶耳听~=귀로 듣고 손으로 쓰다.
【手写体】shǒuxiětǐ 명 필기체. 〔'印刷体(인쇄체)'와 구별됨〕
【手心】shǒuxīn 명 1 손바닥(의 가운데). ¶~手背=손바닥과 손등. 2 (~儿) 비유 수중. 손아귀. 지배. 통제. ¶你再怎么折腾, 也逃不出他的~儿. =너 아무리 뛰어봤자 그의 손바닥 안을 못 벗어난다. ↔手背
【手续】shǒuxù 명 수속. 절차. ¶贷款~=대출 수속.
【手续费】shǒuxùfèi 명 수속비. 수속료.
【手眼】shǒuyǎn 명 1 손과 눈. ¶~并用=손과 눈을 동시에 쓰다. 2 비유 수법. 수단. 수완. 술책. 속임수. 계략. 소행. ¶他是个老江湖, ~多着呐. =그는 능구렁이라서 수법이 많다니까.
【手眼通天】shǒuyǎn-tōngtiān 성 수완이 비상하다.
【手痒】shǒuyǎng 형 1 손이 가렵다. 손이 근질근질하다. 2 비유 (어떤 일을 하고 싶어) 마음〔몸〕이 근질근질하다. ¶他几天不训练, 又~了. =그는 며칠 연습을 하지 않자 또 몸이 근질근질해졌다.
【手艺】shǒuyì 명 손재간. 솜씨. 수공 기술. ¶~高明=손재간이 뛰어나다.
【手艺人】shǒuyìrén 명 수공업자.
【手淫】shǒuyín 명동 수음(하다).
【手印】shǒuyìn (~儿) 명 1 손자국. 손가락 자국. 지문. ¶水杯上留有他的~. =물컵에는 그의 손자국이 남아 있다. 2 손도장. 지장. ¶按~=손도장을 찍다.
【手硬】shǒuyìng 형 1 (도박·복권 따위에서) 운이〔재수가〕좋다. ¶他今天~, 赢了不少钱. =그는 오늘 운이 좋아 많은 돈을 땄다. 2 주먹이 세다. 태도가 강경하다.
【手语】shǒuyǔ 명 수화(手话).
【手谕】shǒuyù 명문 (상급 기관이나 상사·웃어른의) 친필 지시〔편지〕. 친히 내린 명령.
【手泽】shǒuzé 명 선인의 유물 또는 필적.
【手札】shǒuzhá 명 친필 서한.
【手闸】shǒuzhá 명 수동 제어기. 수동 제동 장치. 핸드 브레이크(hand brake).
【手章】shǒuzhāng 명 (개인) 도장.
【手掌】shǒuzhǎng 명 1 손바닥. 2 비유 통제. 통치. 관할. 세력 범위. ¶难脱~=손바닥을 벗어나기 힘들다.
【手掌机】shǒuzhǎngjī ☞【掌上机】zhǎngshàngjī
【手掌心】shǒuzhǎngxīn 명 1 손바닥(의 가운데). 2 비유 수중. 손아귀. 지배. 통제.
【手掌游戏机】shǒuzhǎng yóuxìjī ☞【掌上机】zhǎngshàngjī
【手杖】shǒuzhàng 명 지팡이.
【手折】shǒuzhé 명 첩장(帖裝). 첩책(帖册). 〔옛날에 관리가 공무를 보고하거나, 상인이 수입과 지출을 기입하는 데 쓰였음〕

【手诊】shǒuzhěn 동(醫) 손바닥을 보고 진단하다.
【手植】shǒuzhí 동 손수 심다. ¶院里的那棵树乃是家父早年~. =마당에 있는 나무는 일찍이 아버님께서 손수 심으신 것이다.
【手纸】shǒuzhǐ 명 휴지.
【手指】shǒuzhǐ 명(生) 손가락.
【手指甲】shǒuzhǐjiǎ 명 손톱.
【手指模】shǒuzhǐmó (~儿) 명문 지문.
【手指头】shǒuzhǐ·tou 명 손가락.
【手指头肚儿】shǒuzhǐ·toudùr 명 손가락 끝의 지문이 있는 부분.
【手指字母】shǒuzhǐ zìmǔ 명 수화(手话)의 자모. 수화 문자.
【手中】shǒuzhōng 명 수중. 손 안.
【手重】shǒuzhòng 형 손힘이 세다. 손이 거칠다. 손끝이 맵다. ¶他~, 把我打疼了. =그는 손끝이 매워서, 맞으니 아프다. ↔手轻
【手肘】shǒuzhǒu 명 1 팔꿈치. 2옛 수갑. 〔두 손을 가슴 앞에 고정하는 철제 형구〕
【手镯】shǒuzhuó 명 팔찌.
【手字儿】shǒuzìr 명 서명(署名). 날인. 사인. ¶这协议上有他的~. =이 협의서에 그의 사인이 있다.
【手足】shǒuzú 명 1 손과 발. 손발. ¶~被缚=손발이 묶이다. 2 동작. 거동. ¶~无措=당황하여 어찌할 바를 모르다. 3 비유 형제. ¶~情深=형제의 정이 깊다.
【手足重茧】shǒuzú-chóngjiǎn 성 손과 발에 못이 박이다. 고생이 막심하다. 고생을 거듭하다.
【手足无措】shǒuzú-wúcuò 성 매우 당황하여 어찌할 바를 모르다. 대처할 방법이 없다.
【手足之情】shǒuzúzhīqíng 성 피와 살을 나눈 형제간의 정.
【手钻】shǒuzuàn 명(機) 핸드 드릴(hand drill).

**守** shǒu 지킬 수

동 1 지키다. 수비하다. 고수하다. ¶据~=(어떤 지점을) 근거지로 삼아 지키다. / 攻~自如=공격과 수비가 자유롭다. 2 간호하다. (곁에서) 돌보다. ¶看~病人=환자를 돌보다. 3 (약속 따위를) 지키다. 준수하다. ¶~时间=시간을 지키다. / 奉公~法=공무에 힘쓰고 법을 잘 지키다. 4 유지하다. 지키다. ¶~秘密=비밀을 지키다. / 因循~旧=옛날 것을 그대로 유지하다. 5 가까이하다. 접근하다. ¶~山吃山=산과 가까이 있으면 산을 의지해 산다. 명 1 지난날, 벼슬 이름. ¶郡~=군수. 2 (Shǒu) 성(姓). ↔攻

⊙ 保守, 操守, 扼è守, 防守, 固守, 监jiān守, 据jù守, 困守, 留守, 确守, 失守, 死守, 退守, 信守, 严守, 镇zhèn守, 职守, 株zhū守, 驻zhù守, 遵zūn守.

【守备】shǒubèi 동 수비하다. 방어하다. ¶加强~=수비를 강화하다. 명 지난날, 무관 이름.
【守备区】shǒubèiqū 명(軍) (부대의) 경비 구역. 수비 구역.

【守本分】shǒu běnfèn ⓥ 본분을 지키다. 분수를 지키다.
【守边】shǒubiān 통 국경을 지키다. 변경을 수비하다. ¶~卫国=변경을 수비하여 나라를 지키다.
【守兵】shǒubīng 몡(軍) 수비 군대. 방어 부대. 수비병.
【守不住】shǒu·buzhù 통 1 견딜 수 없다. 견지할 수 없다. 버틸 수 없다. ¶~节操=수절하지 못하다. 2 (軍) 수비할 수 없다. 방어할 수 없다. ¶~阵地=진지를 고수하지 못하다.
【守财奴】shǒucáinú 몡 구두쇠. 수전노. 노랭이. 돈에 인색한 사람. =〔看财奴〕kāncáinú
【守车】shǒuchē 몡 (열차 맨 끝의) 승무원실.
【守成】shǒuchéng 통ⓕ 가업을 지키다. 앞사람이 이룩한 사업을 유지해 나가다. ¶保业~=사업을 지키고 성과를 유지하다.
【守得住】shǒu·dezhù. 통 지킬 수 있다. 지켜 낼 수 있다. ¶~家业=가업을 지켜 낼 수 있다.
【守敌】shǒudí 몡 적군의 수비대.
【守法】shǒu‖fǎ 통 법을 지키다〔준수하다〕. ¶遵纪~=규율을 지키고 법을 준수하다. ↔违法
【守分】shǒufèn 통 본분을 지키다. ¶安常~=일상에 따르고 본분을 지키다.
【守服】shǒufú 통 1 상을 당하다. 상을 입다. 2 (부모의 상을 당해) 탈상하기 전까지 오락과 교제를 끊고 애도를 표시하다.
【守更】shǒugēng 통ⓕ 야경을 돌다. 야간 순시를 하다. 야간 당직을 서다.
【守宫】shǒugōng ☞ 【蝘蜓】yǎntíng
【守规矩】shǒu guī·ju 통 본분을 지키다. 규칙을 준수하다. ¶他是一个~的人. =그는 본분을 지키는 사람이다.
【守寡】shǒu‖guǎ 통 과부로 수절을 하다. ≒寡居
【守恒】shǒuhéng 통(物) (수치를) 변함없이 보존하다. ¶能量~=에너지가 항상 일정함을 유지하다.
【守恒定律】shǒuhéng dìnglǜ 몡(物) 보존 법칙.
【守候】shǒuhòu 통 1 돌보다. 간호하다. ¶~重症患者=중환자를 돌보다. 2 기다리다. 고대하다. ¶他天天~在国外的妻子的消息. =그는 날마다 외국에 있는 아내의 소식을 기다리고 있다.
【守护】shǒuhù 통 지키다. 수호하다. ¶~边疆=변경을 지키다. ≒守卫
【守活寡】shǒu huóguǎ ⓥⓕ 생과부로 지내다. 생과부로 살다.
【守纪】shǒujì 통 규칙을 지키다.
【守将】shǒujiàng 몡(軍) 수비를 맡은 장군.
【守节】shǒu‖jié 통ⓔ 1 절조를 지키다. 지조를 지키다. ¶~不移=변함없이 지조를 지키다. 2 (여자가) 수절하다. 정조를 지키다.
【守旧】shǒujiù 톙 구습에 얽매이다. 구습을 지키다. 수구(守舊)하다. ¶因循~=습관을 따르고 구습을 지키다. 몡(劇) (중국 전통극에서) 무대 뒤쪽에 거는 막(幕). 〔공연하는 곳과 무대

뒤편을 나누는 용도 외에 어느 정도의 배경 효과도 가짐〕. ↔创新 革新 开通 变革
【守旧派】shǒujiùpài 몡 수구파. 보수파.
【守军】shǒujūn 몡(軍) 수비군.
【守空房】shǒu kōngfáng ⓥ 빈 방을 지키다. 독수공방하다.
【守口如瓶】shǒukǒu-rúpíng ⓢ 입이 무겁다. 비밀을 지키다. 비밀을 엄수하다.
【守垒员】shǒulěiyuán 몡(體) (야구나 소프트볼의) 내야수. 누수.
【守擂】shǒulèi 통 1 무술 경기장을 지키며 도전을 받아들이다. 2 ⓑ 도전을 받아들이다.
【守灵】shǒu‖líng 통 경야(經夜)하다. 〔죽은 사람을 장사 지내기 전에 가까운 친척이나 친구들이 관 옆에서 밤을 새우는 일〕
【守门】shǒu‖mén 통 1 문을 지키다. 문지기를 하다. 경비 일을 하다. 2 (體) (축구·핸드볼·하키 등에서) 골문을 지키다. 골을 수비하다.
【守门员】shǒuményuán 몡(體) (축구·핸드볼·하키 등의) 골키퍼.
【守墓】shǒumù 통 1 ⓕ 손윗사람의 무덤을 지키며 효를 다하다. 2 무덤을 관리하다.
【守女儿寡】shǒu nǚ'érguǎ ⓥⓑ 처녀 과부. 처녀로 수절을 하는 일. 〔약혼자가 죽은 후, 시집에 가서 수절하는 것을 가리킴〕
【守贫】shǒupín 통 가난한 생활을 하다. 가난하게 살다.
【守丧】shǒu‖sāng 통 경야(經夜)하다. 〔죽은 사람을 장사 지내기 전에 가까운 친척이나 친구들이 관 옆에서 밤을 새우는 일〕
【守身如玉】shǒushēn-rúyù ⓢ 옥처럼 순결하게 정절을 지키다.
【守时】shǒushí 통 (약정한) 시간을 준수하다. ¶他一贯~, 不会迟到. =그는 늘 시간을 지키므로 늦지 않을 것이다.
【守势】shǒushì 몡 수세. 방어 태세. ¶采取~=방어 태세를 취하다. ↔攻势
【守岁】shǒu‖suì 통 섣달 그믐날 밤을 새우다. 까치설을 쇠다. ¶~迎新=밤을 새우며 새해를 맞다.
【守摊(子)】shǒutān(·zi) 통 1 노점을 보다〔지키다〕. 2 ⓑ 국면을 지탱하다.
【守土】shǒutǔ 통ⓕ 영토를 지키다. 국토를 보위하다. ¶~有功=영토 수호에 공이 있다.
【守望】shǒuwàng 통 망보다. 파수를 보다. 감시하다. ¶~台=감시 초소.
【守望相助】shǒuwàng-xiāngzhù ⓢ (외침에 대비하기 위해) 인근 마을간에 서로 망을 보며 위험이 닥쳤을 때 돕는다.
【守卫】shǒuwèi 통 수비하다. 지키다. 방위하다. 방어하다. ¶~国土=국토를 지키다. 몡 수위. 경비원. ¶大门口有~. =대문에 수위가 있다. ≒守宫
【守孝】shǒu‖xiào 통 (지난날 부모의 상을 당해서) 탈상하기 전까지 오락과 교제를 끊고 애도를 표시하다. 상(喪)을 입다.
【守信】shǒu‖xìn 통 신용을 지키다. 신의를 지

키다. ¶诚实~=성실하게 신용을 지키다.
【守业】shǒu‖yè 图 앞사람이 창업한 것을 지키다. 가업을 지키다. ¶创业难, ~更难。=창업은 어렵지만 그것을 지키기란 더 어렵다.
【守夜】shǒuyè 图 야간 경비를 하다. 야경(夜警)을 서다. ¶~巡逻=야간 순시를 돌다.
【守约】shǒuyuē 图 약속을 지키다〔준수하다·이행하다〕. ¶践诺~=승낙한 것을 실천하고 약속한 것을 지키다.
【守则】shǒuzé 圀 수칙. 준칙. 규칙. 규정. ¶中学生~=중·고등 학교 학생 수칙.
【守着】shǒu·zhe 图 1 같이 살다. 함께 지내다. ¶你不能~爸妈一辈子。=너는 아버지 어머니와 한평생 같이 살 수 없다. 2 옆에서 지키다. 보다. 맡아 보다. ¶~行李, 以免丢失。=잃어버리지 않게 짐을 보다.
【守贞】shǒuzhēn 图옌 1 정조를 지키다. 수절하다. 2 처녀의 몸으로 결혼하지 않다.
【守正不阿】shǒuzhèng-bù'ē 웹 정도를 지키며 아부하지 않다. 진리를 지키며 아첨하지 않다. =【守正不挠】shǒuzhèng-bùnáo
【守正不挠】shǒuzhèng-bùnáo ☞【守正不阿】shǒuzhèng-bù'ē
【守职】shǒu‖zhí 자리를 지키다. 일터를 지키다. 직무에 충실하다. 자기 일에 충실하다. 맡은 바 일에 성실하다. ¶奉公~=공무에 힘쓰고 직무에 충실하다.
【守制】shǒuzhì 图옌 지난날 자식이 부모의 상을 당해 만 27개월 동안 근신하며 모든 교제를 끊다. [이 기간 동안에 과거 응시나 혼인을 할 수 없었고, 관리는 휴직을 해야 했음]
【守株待兔】shǒuzhū-dàitù 웹 1 나무 그루터기를 지키며 토끼를 기다리다. 2옌 요행만을 바라다. 3옌 일천한 경험만 고집하며 변화를 도모하지 않다. 융통성이 없다. ≒刻舟求剑

\*首 shǒu 머리 수
圀 1 머리. ¶昂~阔步=머리를 들고 힘차게 발걸음을 내딛다. ¶俯~贴耳=비굴하게 굽실거리다. 2 우두머리. 수령. 수반. 지도자. ¶群龙无~=졸개들만 있고 우두머리가 없다. 3 시작. 최초. 처음. ¶岁~=연초. 4 (Shǒu) 성(姓). 옝 1 최초의. 처음의. ¶~届展览=제1회 전람회. 2 제일의. 최고의. ¶~席代表=수석 대표. 囝 제일 먼저. 최초로. ¶~尝胜果=최초로 승리의 결실을 맺다. 图 출두하여 고발하다. ¶自~=자수하다. 옝 수. [시(诗)·사(词)·노래 등을 세는 단위] ¶两~诗=시 두 수. 웹 위치를 나타냄. ¶上~=위쪽. / 左~=좌측. ≒头 ↔尾

○= 匕bǐ首, 部首, 倡chàng首, 顿dùn首, 匪fěi首, 颔hàn首, 皓hào首, 后首, 祸huò首, 聚首, 开首, 叩kòu首, 魁kuí首, 面首, 起首, 黔qián首, 翘qiáo首, 戎róng首, 尸shī首, 授首, 岁首, 外首, 为wéi首, 枭xiāo首, 右首, 元首, 斩zhǎn首, 左首

【首班车】shǒubānchē 圀 첫차.
【首报】shǒubào 图 처음으로 보고하다. 처음으로 출원하다.
【首播】shǒubō 图 (텔레비전·라디오 등에서) 첫 방송을 시작하다. ¶~时间=첫 방송 시간.
【首场】shǒuchǎng 圀 첫 경기[공연]. ¶~演出=첫 번째 공연.
【首倡】shǒuchàng 图 처음으로 제창하다.
【首车】shǒuchē 圀 첫차.
【首创】shǒuchuàng 图 창시하다. 처음으로 만들다. ¶这种新型节能冰箱在我国还是~。=이런 새로운 모델의 절전형 냉장고는 아직까지는 우리 나라에서 처음으로 만든 것이다. ≒开创
【首创精神】shǒuchuàng jīngshén 圀 창조적 정신. 개척자 정신.
【首次】shǒucì 圀 최초. 처음. 첫 번째. 제1회. ¶~登台演讲=처음으로 무대에 올라 강연하다.
【首当其冲】shǒudāng-qíchōng 웹 제일 먼저 공격을 받거나 그 대상이 되다. 맨 먼저 재난을 당하다.
【首都】shǒudū 圀 수도. ≒国都
【首度】shǒudù 圀 처음. 첫 번째. ¶~出访=처음으로 방문을 나가다.
【首夺】shǒuduó 图 1 (메달 따위를) 가장 먼저 획득하다〔따다〕. 2 (메달 따위를) 처음으로 획득하다〔따다〕.
【首恶】shǒu'è 圀(法) 주범. 주모자. 범죄의 우두머리〔두목〕. 원흉. ¶严惩~=주모자를 엄벌하다.
【首尔】Shǒu'ěr 圀(地) 서울.
【首发】shǒufā 图 1 처음으로 발행하다. 최초로 발행하다. ¶图书~式=출판 기념회. 2 첫 번째로 발차하다. ¶这路车每天早上六点~。=이 노선은 매일 아침 6시에 첫차가 출발한다. 3 처음으로 시장에 내놓다. ¶福利彩票~式=복지 복권 발매 행사. 4 (구기 경기·문예 공연 등에서) 첫 번째로 출장〔출연〕하다. ¶~阵容=첫 출장 진용〔阵容〕. ¶~(총탄·포탄 등의) 첫발.
【首发式】shǒufāshì 圀 (도서·기념 우표 따위의) 출판 기념회.
【首犯】shǒufàn 圀(法) 주범. 주모자. 범죄의 우두머리〔두목〕. ↔从犯
【首访】shǒufǎng 图 처음으로 방문하다.
【首飞】shǒufēi 图 처음으로 비행하다.
【首府】shǒufǔ 圀 1옌 성도(省都)가 소재한 부(府). 2 자치구의 정부〔행정부〕 소재지. 자치주의 정부〔행정부〕 소재지. 3 부속 국가나 식민지의 최고 정부 기관 소재지.
【首富】shǒufù 圀 1 (한 지역에서) 갑부. 2 (한 지역에서) 제일 잘 사는 곳. ¶他们乡是县辖乡的~。=그들의 향(乡)은 현 관할 지역에서 제일 잘 사는 곳이다.
【首告】shǒugào 图옌 (출두하여) 고발하다.
【首功】shǒugōng 圀 1 수훈. 일등 공로. 으뜸 공로. 2 첫 공로. ¶荣记~=영예스럽게 첫 공로를 세우다.
【首航】shǒuháng 图 (비행기·배 따위의) 첫 출항. 첫 비행. ¶~成功=첫 출항〔비행〕이 성공

하다.
【首户】shǒuhù 圀 (한 지역의) 갑부.
【首级】shǒují 圀 수급. 머리. 옛날 싸움터에서 베어 온 적군의 머리.
【首季】shǒujì 일사분기.
【首届】shǒujiè 圀 제1차. 제1기. 제1회. ¶~大学生电影节=제1회 대학생 영화제.
【首肯】shǒukěn 圄 수긍하다. 동의하다. 응낙하다. ¶这事上级已经~。=이 일은 이미 위에서 동의했다.
【首揆】shǒukuí 圀 수상(首相). 수뇌. 총리. ¶内阁~=내각 총리.
【首例】shǒulì 첫 예.
【首领】shǒulǐng 圀 1 (문) 머리와 목. ¶得保~=생명을 보존하다. 2 수령. 영수. 영수자. 지도자. 우두머리. 두목. ≒魁首 头目
【首轮】shǒulún 圀 1 (映) 개봉. 첫 상영. ¶这部影片~放映取得了不俗的票房。=이 영화는 개봉에서 적잖은 수입을 올렸다. 2 (리그 경기에서) 제1라운드. ¶~比赛=제1라운드 경기.
【首脑】shǒunǎo 圀 수뇌. 지도자. 영도자. ¶两国~最近举行了会晤。=양국 정상이 최근 만남을 가졌다.
【首批】shǒupī 圀 첫 번째. ¶~产品=첫 번째 제품.
【首屈一指】shǒuqū yīzhǐ (성) 1 엄지손가락을 꼽다. 2 (비) 으뜸가다. 제일이다. 첫손꼽히다.
【首任】shǒurèn 圀 초임. 초대. 처음 담당. ¶华盛顿是美国的~总统。=워싱턴은 미국의 초대 대통령이다.
【首日封】shǒurìfēng 圀 (우체국에서 우표를 발행하는 당일에) 새 우표를 붙이고 발행일 소인이나 기념 소인을 찍어 판매하는 봉투.
【首善之区】shǒushànzhīqū 圀(문) 1 가장 좋은 지역. 2 수도.
【首饰】shǒu·shi 圀 1 머리 장식품. 2 (귀고리·목걸이·반지·팔찌 따위의) 장신구. ≒饰品 饰物
【首饰皮炎】shǒu·shi píyán 圀(醫) 장신구로 인한 접촉성 피부염.
【首鼠两端】shǒushǔ-liǎngduān (성) 우유부단하다. 결단성이 없다. 태도가 분명하지 않고 우물쭈물하다.
【首途】shǒutú 圀(문) 출발하다. 길을 떠나다. ¶~赴任=부임하는 길에 오르다.
【首推】shǒutuī 圄 으뜸으로 치다. 최고로 여기다. 제일이다. 첫손꼽히다. ¶十大菜系，~川菜。=10대 요리 계통 가운데 쓰촨 요리를 으뜸으로 친다.
【首尾】shǒuwěi 圀 1 서두와 말미. 처음과 끝. 시말(始末). 수미. ¶~照应=처음과 끝이 호응하다. 2 시종. 시작부터 끝까지. ¶这项工程~历时两年。=이 공사는 시작부터 끝까지 2년이 걸렸다.
【首尾相应】shǒuwěi-xiāngyìng (성)(비) 1 작전할 때 각 부대가 잘 협력하다. 2 글의 앞뒤가 호응하다.
【首位】shǒuwèi 圀 수위. 제1위. 일등. 첫자리.

앞자리. ¶他把事业放在~。=그는 사업을 가장 중시한다.
【首乌】shǒuwū ☞【何首乌】héshǒuwū
【首席】shǒuxí 圀 1 수석. 가장 높은 지위〔직위〕. ¶~指挥家=수석 지휘자. 2 상석(上席). 맨 윗자리. ¶~留给最尊贵的客人。=상석은 가장 귀한 손님에게 남겨 둔다.
【首先】shǒuxiān 图 가장 먼저. 맨 먼저. 우선. 무엇보다 먼저. ¶~报到=제일 먼저 출두하다. 맨 처음 도착 보고하다. 떼(로). 먼저. [열거에 쓰임] ¶~，校长讲话；其次，教师和学生代表发言。=먼저 교장 선생님의 말씀이 있고, 다음으로 교사와 학생 대표의 발언이 있겠습니다.
【首相】shǒuxiàng 圀 1 수상. 2 총리.
【首选】shǒuxuǎn 圀 1등으로 당선된. 가장 먼저 선택된. 으뜸으로 치는. ¶冬季，海南岛是很多人的~度假地。=겨울에 하이난다오는 많은 사람들이 가장 먼저 선택하는 휴양지이다. 圄 우선하여 선택하다. 가장 먼저 고르다. ¶买彩电，我~这个品牌。=컬러 텔레비전을 산다면, 나는 이 브랜드를 우선 선택할 것이다.
【首演】shǒuyǎn 圀圄 첫 공연(하다). 초연(하다). ¶~成功=첫 공연이 성공하다.
【首要】shǒuyào 圀 수뇌. 수반. ¶政府~=정부의 수뇌. 圀 가장 중요하다. ¶学生的~任务是学习。=학생의 가장 주요한 임무는 학습이다. ↔次要
【首义】shǒuyì 圄(문) 제일 먼저 봉기(蜂起)하다.
【首映】shǒuyìng 圄(映) 개봉하다. 처음으로 상영하다. ¶新片~式=신작 영화 개봉 행사.
【首映式】shǒuyìngshì 圀 (영화·연속극 따위의) 개봉 행사. 첫 방영 행사.
【首战】shǒuzhàn 圀 1 (軍) 첫 전투. 첫 싸움. 2 (비) 제1회전. 첫 번째 시도. 서전(緖戰). ¶~赢得开门红。=첫 경기에서 승리를 거두었다. 서전을 승리로 장식하다.
【首战告捷】shǒuzhàn-gàojié (성) 1 첫 전투에서 승리하다. 2 (비) 첫 경기에서 좋은 성적을 거두다. 서전(緖戰)에서 승리하다.
【首长】shǒuzhǎng 圀 1 (부대·정부 각 부서의) 최고 지도자. 최고 간부. 지휘관. 수장. 수뇌. 우두머리. 2 (기관·기업 등의) 주요 책임자. 수장. 지도자.
【首坐】shǒuzuò ☞【首座】shǒuzuò
【首座】shǒuzuò 圀 1 상좌(上座). 제일 윗자리. ☞【首坐】shǒuzuò 2 (佛) 불교에서 지위가 가장 높은 스님. 좌선할 때 맨 상좌에 앉는 스님.

# 艏 shǒu 뱃머리 수
圀 뱃머리. 이물. 선수(船首).

# **寿[壽] shòu 목숨 수
圀 1 장수하다. 오래 살다. ¶人~年丰=사람은 장수하고 농사는 풍년 들다. 2 죽은 사람한테 쓰이는 것. ¶~衣=수의. 圄(문) 생신·생일을 축하하다. 圀 1 연령. 나이. 생명. 수명. ¶长~百岁=백세까지 장수하십시오. 2 생신. 생일. ¶祝

~=생신 축하. **3** (Shòu) 성(姓).

◐ 拜bài寿, 高寿, 暖寿, 折zhé寿, 祝寿

【寿斑】**shòubān** 몡 검버섯. 노인 반. 오지(污池).

【寿板】**shòubǎn** 몡 **1** 관재(棺材). 수관. 널감. 관을 만드는 목재. **2** 관.

【寿比南山】**shòubǐ-nánshān** 솅 (생신을 축하하는 말로) 장수하기를 기원하다. 오래오래 살기를 기원하다.

【寿材】**shòucái** 몡 **1** 생전에 준비해 두는 관. **2** 관. =【寿木】**shòumù**

【寿辰】**shòuchén** 몡 (주로 노인이나 중년이 된 사람의) 생신. ¶今天是他的八十~。=오늘은 그 어르신의 80세 생신이다. ≒寿诞

【寿诞】**shòudàn** 몡 생신. 생일. ≒寿辰

【寿酒】**shòujiǔ** 몡 생신 축하연. 생신 잔치.

【寿蜡】**shòulà** 몡 생신 축하용 초. [생신날에 켜는 붉은 초]

【寿礼】**shòulǐ** 몡 생신 선물.

【寿联】**shòulián** 몡 생일 축하 대련(對聯). 축수(祝壽) 대련.

【寿眉】**shòuméi** 몡 수미. 노인의 특별히 긴 몇 가닥 눈썹.

【寿面】**shòumiàn** 몡 (장수를 의미하는) 생신 축하 국수.

【寿命】**shòumìng** 몡 **1** 수명. 명. 목숨. 생명. ¶现代人的~越来越长。=현대인의 수명은 점점 길어진다. **2** 졘 사용 수명. ¶电视的使用~一般在十年左右。=텔레비전의 사용 수명은 일반적으로 10년 안팎이다.

【寿木】**shòumù** ☞【寿材】**shòucái**

【寿屏】**shòupíng** 몡 생신 축하용 병풍.

【寿山福海】**shòushān-fúhǎi** 솅 (생신을 축하하는 말로) 오래 살고 복이 많다. 장수하고 다복하다.

【寿山石】**shòushānshí** 몡 광 수산석. [푸젠 (福建)성 민허우(闽侯)현 서우산(寿山)에서 나는 돌의 일종. 명품 도장의 재료가 됨]

【寿数】**shòu·shu** 몡 **1** 수명. 천수(天壽). 천명 (天命). **2** 생명. 목숨. 명.

【寿堂】**shòutáng** 몡 생일 연회식장. 생일 잔치 장소.

【寿桃】**shòutáo** 몡 생일 축하 때 쓰는 복숭아 또는 복숭아 모양의 전빵.

【寿文】**shòuwén** 몡 생일 축하문. 생일 축하 글.

【寿险】**shòuxiǎn** ☞【人寿保险】**rénshòu bǎoxiǎn**

【寿限】**shòuxiàn** 몡 수명. 천수(天壽). 천명(天命). ¶~已到=죽을 때가 되다.

【寿星】**shòu·xing** 몡 (天) 남극노인성(南極老人星). 노인성. [예전부터 장수의 상징으로 삼았음] **2** 노인성. [민간에서 '남극노인성' 별자리를 형상화한 것으로, 이마가 튀어나오게 그린 노

인] =【寿星老儿】**shòu·xinglǎor**【老寿星】**lǎoshòu·xing 3** 졘 장수 노인. ¶爷爷是我们家的~。=할아버지는 우리 집의 장수 노인이시다. **4** 생신을 맞은 주인공. ¶你是今天的~, 该给您多敬几杯酒。=당신은 오늘 생신 잔치의 주인공이니까 제가 술을 몇 잔 권해 드려야지요.

【寿星老儿】**shòu·xinglǎor** ☞【寿星】**shòu·xing**

【寿靴】**shòuxuē** 몡 죽은 사람에게 신기는 신발.

【寿筵】**shòuyán** 몡 생일 축하 잔치. 생신 연. 생일 축하 파티.

【寿宴】**shòuyàn** 몡 생일 축하 잔치. 생신 연. 생일 축하 파티.

【寿衣】**shòuyī** 몡 수의.

【寿幛】**shòuzhàng** 몡 (포목·비단 따위로 만든) 생일 축사를 붙인 휘장.

【寿终】**shòuzhōng** 동 천수를 다하고 죽다. 자연사하다.

【寿终正寝】**shòuzhōng-zhèngqǐn** 솅 **1** 천수 (天壽)를 다하고 집에서 죽다. 생명이 끝나다. 죽다. **2** 졘 사물이 자연 소멸되다.

【寿轴】**shòuzhóu** 몡 생일 축하로 보내는 대련 (對聯)이나 족자.

\*\***受** **shòu** 받을 수

동 **1** 받다. 받아들이다. ¶~指点=지도를 받다. / 无功不~禄。=공로가 없으면 봉록을 받지 않는다. 공짜를 받지 않는다. **2** 참다. 견디다. ¶~得住=견딜 만하다. / 逆来顺~=억울하게 받는 매우 나쁜 대우를 참고 견디다. **3** 당하다. 입다. 받다. [피동형으로 쓰임] ¶~冤枉=억울함을 당하다. / ~礼遇=대우를 받다. **4** 옝 적당하다. 적합하다. 좋다. 쉽다. ¶他的话~听。=그의 말은 듣기 좋다〔귀에 거슬리지 않는다〕. ↔授予 施与 献 赠 与

◐ 笔受, 承chéng受, 感受, 好受, 接受, 禁jīn受, 经受, 领受, 蒙méng受, 难受, 忍rěn受, 容受, 身受, 授受, 享xiǎng受, 消受, 遭zāo受, 折zhé受

【受病】**shòu‖bìng** 동 병에 걸리다. 병을 얻다. [주로 증상이 바로 나타나지 않는 것을 가리킴] ¶她身子弱, 天气一冷就容易~。=그녀는 몸이 약해서 날이 차가워지면 병에 쉽게 걸린다.

【受不了】**shòu·buliǎo** 동 견딜 수 없다. 참을 수 없다. 배길 수 없다. 못 봐주다. ¶我真~他的装腔作势。=나는 정말 그가 허풍떠는 꼴을 못 봐주겠다.

【受不起】**shòu·buqǐ** 동졘 (선물·축하·칭찬 따위를) 받을 수 없다. 받을 자격이 없다. 감당할 수 없다. ¶你送这么贵重的礼物, 我真~。=이렇게 귀중한 선물을 주시니, 저는 정말 받을 수 없습니다.

【受不住】**shòu·buzhù** 동 견디지 못하다. 참지 못하다. 참기 어렵다. 견질할 수 없다. 지탱할 수 없다. 받아들일 수 없다. ¶~寂寞=적막함을 견

디지 못하다.

【受茶】 shòuchá 〖동〗〖옛〗 (혼인할 때에) 여자쪽에서 남자쪽의 예물을 받다. 납폐(納幣)하다. 납징(納徵)하다. 폐백(幣帛)을 받다.

【受潮】 shòu cháo 습기가 차다. 습기를 받다. 누기가 차다. ¶茶叶~变质了。=차가 습기가 차서 변질되었다.

【受斥】 shòuchì 〖동〗 배척을 받다. 야단을 맞다. ¶无故~=공연히 야단을 맞다.

【受宠】 shòuchǒng 〖동〗 총애를 받다. 총애를 얻다. 귀여움을 받다. 사랑을 받다. ¶她在家里很~。=그녀는 집에서 사랑을 듬뿍 받는다.

【受宠若惊】 shòuchǒng-ruòjīng 〖성〗 과분한 대우나 총애를 받아 놀랍고도 기쁘다. 과분한 사랑에 몸둘 바를 모르다. 과분한 대우에 (얻은 것을 잃을까) 불안을 느끼다.

【受刺激】 shòu cìjī 〖동〗 자극을 받다. 타격을 입다. ¶她的情绪容易失控, 不能~。=그녀는 감정 통제가 쉽지 않으니, 자극을 받으면 안 된다.

【受挫】 shòucuò 〖동〗 좌절당하다. 패하다. 상처를 입다. ¶感情~=감정에 상처를 입었다.

【受到】 shòudào 〖동〗 1 얻다. 받다. 만나다. 부딪치다. ¶~关注=관심을 받다. 2 견디다. 받다. 입다. ¶~约束=구속〔제약〕을 받다.

【受得了】 shòu·deliǎo 〖동〗 견딜 수 있다. 참을 수 있다. 지탱할 수 있다. 버틸 수 있다. ¶他涵养好, 还~气。=그는 그래도 수양을 쌓은 사람이라 분을 참을 수 있다.

【受得下】 shòu·dexià 〖동〗 1 용납할 수 있다. 수용할 수 있다. ¶会议室~两百人。=회의실은 200명을 수용할 수 있다. 2 참을 수 있다. 견딜 만하다. ¶她生性豁达, ~别人的种种猜忌。=그는 천성이 활달하여 다른 사람의 이런저런 질투를 참아 낼 수 있다.

【受敌】 shòudí 〖동〗 적의 공격을 받다. ¶腹背~。=앞뒤로 공격을 받다.

【受动】 shòudòng 〖형〗〖言〗 수동적. ¶'他被经理叫了出去'一句中的'他'是~主语。=그는 사장님한테 불려 나갔다'에서 '그'는 수동 주어이다.

【受冻】 shòu dòng 〖동〗 얼다. 추위에 떨다. 추위에 혼나다. ¶注意保暖, 别~感冒了。=추위에 감기에 걸리지 않도록 몸을 따뜻하게 하세요.

【受二茬罪】 shòu èrcházuì 〖숙〗 이전에 겪었던 고생을 되풀이하다. 거듭 어려움을 겪다.

【受罚】 shòu fá 〖동〗 처벌을 받다. 벌을 받다. 징벌을 당하다. ¶犯了错应该主动~。=잘못했으면 스스로 벌을 받아야 한다.

【受粉】 shòu fěn 〖동〗〖植〗 꽃가루를 받다. 수분(受粉)하다. ↔授粉

【受风】 shòu fēng 〖동〗 1 바람을 맞다. 바람을 쐬다. ¶到屋里来, 别站在门口~。=방안으로 오세요, 문가에 서서 찬바람 쏘이지 말고. 2 감기에 걸리다. 몸살이 나다. ¶昨天突然降温, 我~感冒了。=어제 갑자기 기온이 내려가는 바람에 감기에 걸렸다.

【受过】 shòu guò 〖동〗 (부당하게) 과실에 대해 책임을 지다. 문책을 당하다. ¶无端~=공연히

문책을 받다.

【受害】 shòu ‖ hài 〖동〗 피해를 입다. 손해를 보다. 피해를 당하다. ¶~不浅=상당한 손해를 보다. ↔受益

【受害人】 shòuhàirén 〖명〗 피해자.

【受寒】 shòu ‖ hán 〖동〗 1 찬바람을 맞다. 추위에 떨다. 한기가 들다. 감기에 걸리다. ¶天冷~=날이 추워 한기가 들다. 2〖醫〗 한기가 들어 병이 나다. ¶他受了寒, 这两天没来上班。=그는 한기에 병이 나서 요 며칠 출근하지 않았다. ≒受凉

【受旱】 shòu ‖ hàn 〖동〗 가뭄을 받다. 가물다. ¶庄稼~, 减收不少。=가뭄이 들어 곡식 생산량이 많이 줄었다.

【受话器】 shòuhuàqì 〖명〗 수화기. =【听筒】tīngtǒng 【耳机】 ěrjī

【受话人】 shòuhuàrén 〖명〗 전화 수신인. 전화를 받는 사람.

【受贿】 shòu ‖ huì 〖동〗 뇌물을 받다. 수뢰하다. ¶贪污~=횡령하고 수뢰하다. ↔行贿

【受贿罪】 shòuhuìzuì 〖명〗〖法〗 수뢰죄. 뇌물수수죄.

【受惠】 shòu ‖ huì 〖동〗 은혜를 입다. 혜택을 받다. ¶~于人=다른 사람에게서 은혜를 입다.

【受夹板气】 shòu jiábǎnqì 〖숙〗〖방〗 중간에 끼어 양쪽에서 비난을 받거나 욕을 먹다. ¶我这个中层干部不好当, 就是一个~的。=나처럼 이런 중간층의 간부 노릇은 쉽지 않아, 가운데 끼어 욕먹기 딱 좋거든.

【受奖】 shòu ‖ jiǎng 〖동〗 수상하다. 표창을 받다. 상을 받다. 포상을 받다. ¶立功~=공을 세워 상을 받다. ↔授奖

【受教】 shòu ‖ jiào 〖동〗 교육을 받다. 가르침을 받다. ¶诚心~=성실하게 가르침을 받다.

【受戒】 shòu ‖ jiè 〖동〗 1〖佛〗 수계(受戒)하다. 중이 되다. 스님이 되다. 2〖宗〗 이슬람교 순례 의식의 하나로, 순례자가 메카(Mecca)에 가기 전부터 순례를 마치기 전까지 규정에 따라 일정한 지점에서 목욕을 하고, 일상복 대신 수도복을 입고 기타 계율을 준수한다.

【受尽】 shòujìn 〖동〗 (고통·조롱 따위를) 진저리가 날 정도로 당하다. 실컷 당하다. 지긋지긋하게 겪다. 질리도록 당하다. ¶~折磨=괴로움을 실컷 당하다.

【受惊】 shòu ‖ jīng 〖동〗 놀라다. 기겁하다. ¶车祸让他~不小。=차 사고로 그는 적잖이 놀랐다.

【受精】 shòu ‖ jīng 〖동〗〖生〗 수정하다.

【受窘】 shòu ‖ jiǒng 〖동〗 궁지에 몰리다. 곤경에 처하다. 난처한 지경이 되다. 거북하게 되다. 이러지도 저러지도 못하는 처지가 되다. ¶避免~=궁지에 몰리는 것을 피하다.

【受看】 shòukàn 〖형〗〖구〗 볼 만하다. 보기 좋다. 볼수록 예쁘다. ¶这小姑娘长得很~。=이 아가씨는 볼수록 예쁘게 생겼다.

【受苦】 shòu ‖ kǔ 〖동〗 고통을 받다. 고생을 하다. ¶~受难=고난을 겪다. ↔享福

【受累】 shòu ‖ lěi 〖동〗 연루되다. 연좌되다. ¶牵连~=관련되어 연루되다.

【受累】shòu‖lèi 동 고생을 하다. 수고를 하다. 노고를 끼치다. ¶做父母的为孩子甘愿~。=부모의 입장에서는 자식을 위해서라면 고생도 달갑게 여긴다.

【受冷淡】shòu lěngdàn 동 냉대를 받다. 푸대접을 받다. 찬밥 신세가 되다. ¶他为在单位~而闷闷不乐。=그는 회사에서 냉대를 받아 기분이 우울하다.

【受礼】shòu‖lǐ 1 절·인사·경례를 받다. ¶弓身~=허리 굽혀 절을 받다. 2 선물을 받다. ¶欣然~=흔쾌히 선물을 받다.

【受理】shòulǐ 동 1 (法) 수리하다. 받아들여〔접수하여〕심사하다. ¶~诉讼=소송을 수리하다. 2 받아서 처리하다. 다루다. ¶~邮寄业务=우송 업무를 다루다.

【受连累】shòu liánlěi 동 연루되다. ¶经理犯了法, 下属也跟着~。=사장이 법을 어겨 부하들도 따라서 연루되었다.

【受凉】shòu‖liáng 동(醫) 감기에 걸리다. 몸살이 나다. ¶伤风~=감기 몸살. ≒受寒 着凉

【受领】shòulǐng 동 접수하다. 받아들이다. 받다. ¶你们的美意我~了。=여러분의 좋은 뜻은 제가 받아들였습니다.

【受命】shòu‖mìng 동 명령을 받다. 임무를 받다. ¶~调查=명령을 받고 조사하다. ↔授命

【受难】shòu‖nàn 동 재난을 당하다. 어려움을 당하다. 수난을 겪다. ¶受苦~=재난을 당하다.

【受盘】shòupán 동 (기업·가게를) 양도받다. =【接盘】jiēpán

【受骗】shòu‖piàn 동 사기를〔기만을〕당하다. 속다. 속임수에 넘어가다. ¶上当~=사기를 당하다. 속上当

【受聘】shòu‖pìn 동 1 초빙〔초대〕되다. 임용되다. 초청을 받아들이다. ¶他~做了服装公司的设计师。=그는 의류 회사의 디자이너로 초빙되었다. 2 (전통 혼례에서) 여자측이 남자측의 예물을 받다.

【受气】shòu‖qì 동 천대를 받다. 모욕을 당하다. 학대를 받다. ¶他在家里只有~的份儿。=그는 집에서 천대만 받는다.

【受气包】shòuqìbāo(~儿) 명 천덕꾸러기.

【受牵连】shòu qiānlián 동 (안 좋은 일에) 연루되다. 연관되다. ¶这件案子, ~的人很多。=이 사건에 연루된 사람들이 아주 많다.

【受穷】shòu‖qióng 동 빈곤에 시달리다. 가난에 찌들다. 곤궁에 빠지다. ¶吃苦~=고생을 하고 가난에 시달리다.

【受屈】shòu‖qū 동 억울함을 당하다. 원통함을 당하다. 누명을 쓰다.

【受权】shòuquán 동 권한을 부여받다. 위임받다. ¶他~处理公司销售业务。=그는 회사 마케팅 업무를 처리하도록 위임받다. ↔授权

【受热】shòu‖rè 동 1 열을 받다. 고온의 영향을 받다. ¶木板~会膨胀。=널빤지는 열을 받으면 팽창한다. 2 (醫) 더위를 먹다. ¶她脸色苍白, 直冒虚汗, 怕是受了热。=그녀는 얼굴이 창백하고 식은땀이 나는 것으로 보아 더위를 먹은 것 같다.

【受任】shòurèn 동 임무를 받다. 임명받다. ¶~行事=임무를 받고 행동하다.

【受辱】shòu‖rǔ 동 모욕을 당하다. 창피를 당하다. 창피한 일을 겪다. ¶当众~=여러 사람들 앞에서 창피를 당하다.

【受伤】shòu‖shāng 동 부상당하다. 부상을 입다. 상처를 입다. ¶意外~=의외의 부상을 당하다. ≒负伤

【受赏】shòu‖shǎng 동 상을 타다. 수상하다. 표창을 받다. 포상을 받다. ¶立功~=공을 세워 표창을 받다.

【受审】shòu‖shěn 동 심사〔심문·재판〕을 받다. ¶出庭~=법정에 출두하여 재판을 받다.

【受事】shòushì 명(言) 동작의 대상. 동작의 지배를 받는 사람이나 사물. [예컨대, '他在看电视 (그는 텔레비전을 본다)' 에서 '电视' 가 동작의 대상임]

【受暑】shòu‖shǔ 동(醫) 더위를 먹다.

【受损】shòusǔn 동 손실을 입다. 손해를 보다.

【受胎】shòu‖tāi ☞【受孕】shòu‖yùn

【受听】shòutīng 형 듣기 좋다. 마음에 들다. 귀에 거슬리지 않다. ¶你这话很~。=너의 이 말은 아주 마음에 든다.

【受托】shòu‖tuō 동 부탁을 받다. 의뢰를 받다. 위탁을 받다. ¶~于人=사람에게서 부탁을 받다.

【受委屈】shòu wěi·qu 동 괴로움을 당하다. 억울한 일을 당하다. 손해를 보다. 기가 죽다. ¶家里条件再差, 也不能让孩子~。=가정 형편이 아무리 어려워도, 아이가 기죽게 할 수는 없다.

【受窝囊气】shòu wō·nangqì 동 괜히 화나 원망을 뒤집어쓰다. 억울함을 당하다. ¶你看着我~, 也不站出来说两句公道话。=너는 내가 괜한 억울함을 당하는 것을 보고도 나서서 몇 마디 바른말도 해 주지 않았다.

【受洗】shòuxǐ 동(宗) (기독교에서) 세례를 받다.

【受降】shòu‖xiáng 동 1 적군의 투항을 받아들이다. 항복을 수락하다. 2 항복을 투항하다. ¶下马~=말에서 내려 항복받다. ≒纳降

【受刑】shòu‖xíng 동 1 형벌을 받다. 2 고문을 당하다.

【受训】shòu‖xùn 동 1 훈련을 받다. ¶新生要在部队~一个月。=신입생들은 부대에서 한 달 동안 훈련을 받아야 한다. 2 훈계를 듣다. 야단맞다. ¶挨批~=욕을 먹고 야단을 맞다.

【受洋罪】shòu yángzuì 동 (새로운 것을 시도하다가) 혼이 나다. 쓴맛을 보다. 경을 치다. 사서 고생하다. 생고생을 하다. ¶让我参加舞会, 那可真是~。=나더러 무도회에 참가하라는 것은 정말 사서 고생하라는 것 같다.

【受邀】shòuyāo 동 초청을 받다. 초청을 받아들이다. ¶~访问=초청을 받아들여 방문하다.

【受业】shòuyè 동 1〈문〉수업을 받다. 글을 배우다. ¶~弟子=공부하는 제자. 2 앞사람의 사업을 이어받다. ¶蒙恩~=은혜를 입어 사업을 이어받다. 명〈문〉제자. [스승한테 제자가 스스로를

일컫는 말]¶~不才=제자가 재능이 없습니다.
【受益】shòuyì 통 이익[이득]을 얻다. 유익하다. 수혜를 받다. ¶~颇多=이득이 꽤 많다. ↔受害
【受益匪浅】shòuyì-fěiqiǎn 성 얻은 이득이 많다. 꽤 많은 이득을 얻다. =【获益匪浅】huòyì fěiqiǎn
【受用】shòuyòng 통 1 누리다. 향유하다. 즐기다. ¶~不尽的荣华富贵。=끝없는 부귀영화를 누리다. 2 이득을 얻다. 덕을 보다. ¶学好文化知识，你将终生~。=문화 지식을 잘 습득하면, 너는 한평생 덕을 보게 될 것이다. 형 쓸 만하다. 쓰기 좋다〔편하다〕. ¶这把刀很~。=이 칼은 정말 쓰기 좋다.
【受用】shòu·yong 형 편하다. 안락하다. 기분이 좋다. [주로 부정형으로 쓰임] ¶挨了上司的训，他心里很不~。=그는 상사한테 야단을 맞아서 마음이 아주 불편하다.
【受冤】shòu‖yuān 통 억울함을 당하다. 누명을 쓰다. 없는 죄를 뒤집어쓰다. ¶蒙辱~=누명을 쓰고 모욕을 당하다.
【受援】shòu‖yuán 통 원조를 받다. 도움을 받다. ¶~国=원조 수혜국.
【受阅】shòuyuè 통 검열을 받다. 사열을 받다. ¶~部队=사열을 받는 부대.
【受孕】shòu‖yùn 통 수태하다. 임신하다. 잉태하다. =【受胎】shòu‖tāi
【受灾】shòu‖zāi 통 재해를 입다. 피해를 입다. ¶~地区=재해 지구.
【受之无愧】shòuzhī-wúkuì 성 (상이나 선물을 받아도) 당연하다. 손색이 없다. 부끄러울 것이 없다. ↔受之有愧
【受之有愧】shòuzhī-yǒukuì 성 (상이나 선물을 받기에) 부끄럽다. 과분하다. 송구스럽다. [주로 사양하는 말로 쓰임] ↔受之无愧
【受制】shòu‖zhì 통 문 1 제약〔속박·제한〕을 받다. ¶~于人=다른 사람의 제약을 받다. 2 고통에 시달리다. 피해를 입다. 害를 당하다.
【受众】shòuzhòng 명 청중. 관객. 시청자. ¶摄影影视作品要考虑~的心理需求。=영화나 텔레비전 작품을 찍으려면 시청자와 관객들의 심리적 요구를 고려하여야 한다.
【受阻】shòuzǔ 통 방해를 받다. 저해를 받다. 막히다. ¶交通~，不能按时到达。=교통이 막혀 제 시간에 도착할 수 없다. ≒碰壁
【受罪】shòu‖zuì 통 1 죄를 받다. 고난을 당하다. 혼나다. 시달리다. 괴로움을 당하다. 학대받다. 혼쭐나다. ¶吃苦~=고생을 하고 괴로움을 당하다. 2 괴롭다. 벌을 받다. ¶听他啰嗦，简直是~。=그의 잔소리를 듣는 것은 정말 벌을 서는 것과 같다. ↔享受

## 狩 shòu 사냥할 수

통 1 수렵하다. 사냥하다. ¶不~不猎=사냥을 하지 않다. 2 겨울에 사냥을 하다. 3 순수(巡狩)하다. 천자가 나라 안을 돌며 민정을 살피다. ¶巡~=순수하다.

【狩猎】shòuliè 통 문 사냥〔수렵〕하다.

## 授 shòu 줄 수

통 1 주다. 수여하다. 넘기다. ¶追~=사후에 수여하다. / 临危~命=(국가가) 위기에 처한 것을 보고 아낌없이 목숨을 내놓다〔바치다〕. 2 가르치다. 전수하다. ¶讲~=강의하다. / 函~=통신으로 가르치다. 3 문 관직이나 작위를 수여하다. ¶举贤~能=현자를 천거하고 능력 있는 자에게 관직을 주다. 명 (Shòu) 성(姓). ↔受

⇨ 传chuán授，教授，口授

【授粉】shòu‖fěn 통 식 수분하다. 꽃가루를 받다. 수정하다. ↔受粉
【授给】shòugěi 통 주다. 수여하다. 넘기다. ¶~锦旗=비단 우승기를 수여하다.
【授计】shòujì 통 계략을 알려 주다. 책략〔계책〕을 일러 주다.
【授奖】shòu‖jiǎng 통 상금〔상품·상〕을 수여하다. ¶~仪式=시상식. ↔受奖
【授课】shòukè 통 수업하다. 강의하다. ¶~时间=수업 시간.
【授命】shòumìng 통 1 생명을 바치다. ¶见危~=(국가가) 위기에 처한 것을 보고 아낌없이 목숨을 바치다. 2 명령을 내리다. [대개 국가 원수가 내각이나 의회에 내리는 명령] ¶~成立督察委员会=명령을 내려 감사 위원회를 설립하게 하다. ↔受命
【授旗】shòuqí 통 깃발이나 우승기를 수여하다.
【授权】shòuquán 통 권한을 부여하다. ↔受权
【授人口实】shòurénkǒushí 성 말꼬리를 잡히다.
【授人以柄】shòurényǐbǐng 성 1 남에게 칼자루를 주다. 2 유 주도권을 상대방에게 주다. 남에게 자기를 해칠 틈을〔기회를〕주다. 남에게 약점을 잡히다.
【授时】shòushí 통 1 천 천문대에서 매일 정확한 시간을 알리다. 2 역 정부가 역서(曆書)를 반포하다.
【授受】shòushòu 통 주고받다. 수수하다. ¶私相~=사사로이 주고받다.
【授衔】shòu‖xián 통 군대 계급·경찰 계급·기타 칭호를 주다. ¶~典礼=계급 수여식.
【授勋】shòu‖xūn 통 훈장〔메달〕을 수여하다.
【授艺】shòuyì 통 기예를 전수하다.
【授意】shòuyì 통 (몰래) 의도를 알리다. 뜻을 알게 하다. 의견을 주다. 의중을 전하다. 생각을 귀띔해 주다. ¶这件事是他~做的。=이 일은 그가 넌지시 시켜서 한 일이다.
【授予】shòuyǔ 통 (훈장·상장·명예·학위 등을) 수여하다. 주다. ¶~博士学位=박사 학위를 수여하다.
【授职】shòuzhí 통 문 관직을〔직위를〕주다.

## 售 shòu 팔 수

통 1 팔다. ¶销~=팔다. / 零~=소매로 팔다. 2 문 (간계를) 쓰다. 부리다. ¶以~其奸=간계를 쓰

다. ≒销 卖 ↔购 买

○ ~ 兜dōu售, 发售, 寄售, 奖jiǎng售, 经售, 抛pāo售, 配售, 摊tān售, 惜xī售, 销xiāo售

【售后服务】shòuhòu fúwù 〖명〗 애프터 서비스 (A/S).
【售货】shòuhuò 〖동〗 물건〔상품〕을 팔다.
【售货亭】shòuhuòtíng 〖명〗 (주로 정자 모양의) 소형 매점.
【售货员】shòuhuòyuán 〖명〗 판매원. 점원.
【售价】shòujià 〖명〗 판매가(격). ¶~合理=판매 가격이 합리적이다.
【售卖】shòumài 〖동〗 팔다. 판매하다.
【售票】shòupiào 〖동〗 표를 팔다. 매표하다.
【售票处】shòupiàochù 〖명〗 매표소.
【售票员】shòupiàoyuán 〖명〗 매표원.
【售罄】shòuqìng 〖동〗〖문〗 매진되다. 다 팔리다. 품절되다. ¶这种书已~, 急需添货。=이 종류의 책은 이미 품절되어 급히 물건을 더 들여와야 한다.
【售缺】shòuquē 〖동〗 매진되다. 다 팔리다. ¶这款西服已经~。=이 스타일의 양복은 이미 매진되었다.

## 兽[獸] shòu 짐승 수

〖명〗〖動〗 짐승. ¶猛~=맹수. / 飞禽走~=금수(禽獸). 〖형〗〖비〗 야만적이다. 저질이다. ¶发泄~欲=동물적 욕망을 채우다.

○ ~ 害兽, 猛měng兽

【兽环】shòuhuán 〖명〗 구식 대문에 구리나 쇠로 짐승 머리 모양으로 만들어 붙인 문고리.
【兽圈】shòujuàn 〖명〗 (짐승의) 우리.
【兽类】shòulèi 〖명〗〖動〗 수류. 짐승(류). 〔포유동물의 총칭〕
【兽力车】shòulìchē 〖명〗 가축이 끄는 수레.
【兽王】shòuwáng 〖명〗 1 사자. 2 호랑이.
【兽心】shòuxīn 〖명〗〖비〗 짐승 같은 마음. 흉악한 마음. 잔인한 마음. ¶人面~=얼굴은 사람 모양이나 마음은 짐승같이 잔인하다.
【兽行】shòuxíng 〖명〗〖비〗 1 야만적이고 잔인한 행위. 흉악하고 파렴치한 행위. 2 동물적 욕망을 채우는 행위. 인륜을 벗어난 행위.
【兽性】shòuxìng 〖명〗 1 야수의 본성. 수성(獸性). 2 〖비〗 야만성. 잔인성. ¶人性与~=인성과 수성.
【兽药】shòuyào 〖명〗〖醫〗 동물의 질병 치료에 쓰이는 약.
【兽医】shòuyī 〖명〗〖醫〗 1 수의사. 2 〖약〗 兽医学(수의학).
【兽疫】shòuyì 〖명〗〖醫〗 수역(獸疫). 〔가축의 전염성 질병〕
【兽欲】shòuyù 〖명〗〖비〗 야만적인 성욕. 동물적인 욕망. 음란한 욕구.

## 绶[綬] shòu 인끈 수

〖명〗 인끈. 훈장을 매는 리본 모양의 끈. ¶印~=도장끈.

【绶带】shòudài 〖명〗 1 관인이나 훈장을 매는 끈. 2 어깨에서 허리로 비스듬하게 둘러 신분을 나타내는 비단끈.

## **瘦 shòu 여윌 수

〖형〗 1 마르다. 여위다. ¶消~=빼빼 마르다. / 骨~如柴=장작개비처럼 마르다. 2 (고기류의) 비계가 적다. ¶买点~肉做饺子。=살코기를 사서 물만두를 만들다. 3 (땅이) 척박하다. 메마르다. ¶~田难耕=척박한 땅은 농사짓기 힘들다. 4 (의복·신발·양말 따위가) 꼭 끼다. 작다. 좁다. ¶裤子改~了。=바지를 좁게 고쳤다. 5 〖문〗 글씨가 가늘면서도 힘이 있다. 서법이 수경하다. ¶字迹~硬=필체가 가늘고 힘이 있다. ↔肥 胖

○ ~ 肥瘦儿, 干瘦, 枯kū瘦, 清瘦, 消瘦

【瘦巴】shòu·ba 〖형〗〖구〗 매우 여위다. 빼빼 마르다. ¶他~得跟柴似的。=그는 장작개비같이 말랐다.
【瘦瘪】shòubiě 〖형〗 (몸·얼굴 등이) 야위어 홀쭉하다. ¶~的身材=야위고 홀쭉한 몸매.
【瘦长】shòucháng 〖형〗 호리호리하다. 야위고 키가 크다. ¶~的个子=호리호리한 키.
【瘦高挑儿】shòugāotiǎor 〖명〗 호리호리한 몸매. ¶新来的厂长是个~。=새로 온 공장장은 몸매가 호리호리하다.
【瘦个子】shòuge·zi 〖명〗 1 야위고 키가 큰 체형 〔몸매〕. 말라깽이 키다리. ¶~的人=말라깽이 꺽다리. 2 호리호리한 사람. ¶他是个~。=그는 호리호리한 사람이다.
【瘦骨嶙嶙】shòugǔ-línlín ☞【瘦骨嶙峋】shòugǔ-línxún
【瘦骨嶙峋】shòugǔ-línxún 〖성〗 몹시 수척하다. 뼈만 남아 앙상하다. 몸이 홀쭉하다. =【瘦骨嶙嶙】shòugǔ-línlín
【瘦骨伶仃】shòugǔ-língdīng 〖성〗 뼈만 남아 앙상하다.
【瘦果】shòuguǒ 〖명〗〖植〗 수과(瘦果).
【瘦刮刮】shòuguāguā (~的) 〖형〗 몹시 여윈 얼굴 모양. ¶他长着一张~的脸。=그는 홀쭉한 얼굴이다.
【瘦猴儿】shòuhóur 〖명〗 말라깽이. 여윈 사람.
【瘦活】shòuhuó (~儿) 〖명〗〖구〗 이득이 별로 없는 일. ↔肥活
【瘦货】shòuhuò 〖명〗 1 판로가 좋지 않은 상품. 잘 팔리지 않는 상품. ¶库存的~卖不出去。=재고품이 팔리지 않다. 2 이익이 없는 상품. ¶~没什么卖头。=이익이 없는 상품은 별로 살 사람이 없다.
【瘦瘠】shòují 〖형〗 1 수척하다. 마르다. 야위고 허약하다. ¶~的身体=수척한 몸. 2 〖비〗 (땅이) 척박하다. ¶~的荒地=척박한 황무지. ≒瘦弱 ↔肥壮 肥沃
【瘦筋巴骨】shòujīn-bāgǔ 〖성〗 깡마르다. 여위고 깡마른 모양. 여위어 뼈가 튀어나온 모양.
【瘦劲】shòujìn 〖형〗〖문〗 (글씨가) 가늘면서도 힘이 있다. 말라도 힘이 세다.

【瘦棱棱】shòuléngléng(~的) 형 말라빠지다. 말라비틀어지다. 홀쭉하다. ¶这孩子~的, 看了叫人心疼。=이 아이의 말라비틀어진 모습이 마음아프게 한다.

【瘦煤】shòuméi 명(礦) 저열탄. [코크스(cokes)를 만드는 석탄의 일종. 성능이 점결탄과 비슷함]

【瘦俏】shòuqiào 형 호리호리하고 수려하다. ¶~的身材=호리호리하고 빼어난 몸매.

【瘦肉】shòuròu 명 살코기.

【瘦弱】shòuruò 형 여위고 허약하다. ¶身体~=신체가 여위고 허약하다.

【瘦山】shòushān 명 나는 것이 풍부하지 않은 산. 민둥산.

【瘦身】shòushēn 동 살을 빼다. ¶~运动=살빼기 운동.

【瘦瘦】shòushòu(~的) 형 날씬하다. 호리호리하다. ¶那姑娘~的, 挺好看。=그 처녀는 날씬해서 보기 좋다.

【瘦损】shòusǔn 형 여위어 수척하다. 앙상하다. ¶腰身~=앙상한 허리.

【瘦田】shòutián 명 메마른 전답. 척박한 논.

【瘦小】shòuxiǎo 1 작고 여위다. 왜소하다. ¶他虽然长得~, 力气却挺大。=그는 작고 여위었지만 힘이 아주 세다. 2 (의복 등이) 작다. ¶外套稍显~了点。=이 코트는 좀 작아 보인다. ↔肥大

【瘦小枯干】shòuxiǎo-kūgān 성 몸매가 작고 말라빠지다. 왜소하고 마르다.

【瘦削】shòuxuē 형 1 빼빼 마르다. 앙상하다. ¶她的脸~而苍白。=그녀의 얼굴은 앙상하고 창백하다. 2 글씨가 가늘면서도 힘이 있다. ¶他的毛笔字~而刚劲。=그의 붓글씨는 가늘면서도 힘이 있다. ↔丰满

【瘦子】shòu·zi 명 몹시 여윈 사람. 말라깽이.

## shu

**殳** shū 창 수
명 1 팔모 죽창. [고대에 참대를 깎아 만든 끝이 모가 나고 날이 없는 병기] 2 (Shū) 성(姓).

**书**[書] shū 책 서
동 기록하다. 쓰다. 기재하다. ¶奋笔直~=열나게 글을 쓰다. / 磬竹难~=죄가 너무 많아 다 못 쓰다. 명 1 책. ¶套~=질로 된 책. / 图~=도서. 2 편지. 서신. ¶家~=집에서 온 편지. / 情~=연애 편지. 3 글씨체. ¶行~=행서. / 草~=초서. 4 문서. 서류. ¶证~=증서. / 说明~=설명서. 5 약 명《尚书(상서)》. 6 (藝) 평서(評書). [설창 문예의 일종으로 재담가들이 장편 고사를 이야기하는 것] ¶听~=평서를 듣다. 7 (Shū) 성(姓). 늑信 函

○● 板书, 背书, 兵书, 帛bó书, 藏cáng书, 辞书, 但书, 读书, 法书, 鼓书, 古书, 故书, 官书, 国书, 婚书, 教jiāo书, 禁书, 经书, 旧书, 快书, 来书, 类书, 历书, 六书, 秘书, 念书, 聘pìn书, 评书, 琴qín书, 情书, 尚书, 史书, 手书, 说书, 四书, 天书, 通书, 图书, 伪wéi书, 文书, 下书, 闲书, 修书, 血书, 医书, 遗书, 诏zhào书, 真书, 正书, 支书

【书案】shū'àn 명문 긴 책상.

【书吧】shūbā 명 책도 보고 차도 마실 수 있는 바(bar).

【书包】shūbāo 명 책가방.

【书报】shūbào 명 서적과 신문. 잡지. 출판물.

【书背】shūbèi ☞【书脊】shūjǐ

【书本】shūběn(~儿) 명 책. ¶~知识=책에서 배운 지식.

【书不尽言】shūbùjìnyán 성 글[편지]로는 하고 싶은 말을 다 표현할 수 없다. 서면으로는 뜻을 다 나타낼 수 없다. [보통 편지의 마무리에 쓰임]

【书册】shūcè 명 책. 도서. 서적.

【书场】shūchǎng 명 만담·야담·재담 등을 들려주는 장소. ¶电视~=(텔레비전) 만담 프로그램.

【书城】shūchéng 명 1 문비 장서가 아주 많은 집. ¶坐拥~=아주 많은 책을 소유하고 있다. 2 책이 많은 대형 서점.

【书痴】shūchī 명비 책벌레. 독서광. 책만 읽을 줄 알고 세상물정에는 어두운 사람.

【书虫】shūchóng 명비 책벌레. 책읽기를 몹시 좋아하는 사람.

【书橱】shūchú 명 1 책장. 책궤. 서궤. 책상자. 2 비 박식하거나 기억력이 뛰어난 사람. ¶老教授博闻强记, 人称~。=노교수님은 박식하고 기억력이 뛰어나서 책장이라고 불린다. 3 비 책은 많이 읽되 실제로는 활용을 잘 못 하는 사람. [풍자적인 의미가 담김] ¶他只知读书, 但不甚解, 是个~。=그는 책만 읽을 줄 알았지 깊이 이해하지도 못하고 잘 활용하지 못하는 서궤에 불과하다. 늑书柜

【书呆子】shūdāi·zi 명비 1 책벌레. 공부벌레. [공부만 알고 세상물정에는 어두운 사람] 2 탁상공론가. [책의 지식만 알고 임기응변할 줄 모르는 사람]

【书丹】shūdān 동 1 빨간 글씨로 비석에 쓴 글. 2 비석에 씌어진 글자.

【书底儿】shūdǐr 문비 학문의 깊이. 학문의 조예. =【书底子】shūdǐ·zi ¶~深厚=학문의 조예가 깊다.

【书底子】shūdǐ·zi ☞【书底儿】shūdǐr

【书店】shūdiàn 명 서점. 책방.

【书牍】shūdú 명문 서신. 편지.

【书蠹】shūdù 명 1 (動) 책벌레. 좀벌레. 2 비 책만 읽는 사람.

【书法】shūfǎ 명(藝) 1 서법. 서도. 2 서예. ¶~大赛=서예 대회.

【书法家】shūfǎjiā 명 서예가. 서도가.

【书贩】shūfàn 명 책 파는 사람. 책 장사꾼.

【书坊】shūfāng 명옛 서방. [책을 인쇄하고 팔던 곳]

# 书 shū

【书房】shūfáng 명 서재.
【书稿】shūgǎo 명 원고.
【书馆】shūguǎn 명 1 서당. 사숙(私塾). 글방. 2 (~儿) 명 지난날, 만담·야담·재담 따위를 들려주는 장소.
【书归正传】shūguīzhèngzhuàn 성 이야기를 본 화제로 돌리다. 본론으로 가다. 각설하다. [재담가·야담가들이 잘 쓰는 말로 평서(評書)에 자주 나옴]
【书柜】shūguì 명 책장. 책궤. 서궤. ≒书橱.
【书函】shūhán 명 1 책갑(冊匣). 서질. 2 서한. 편지. ≒书信.
【书号】shūhào 명 국제 표준 도서 번호. 약 ISBN(international standard book number)
【书后】shūhòu 명 발문. 후기. 후서. [다른 사람의 책의 끝에 적는 설명이나 평론]
【书话】shūhuà 명 책의 판본이나 역사적 사실을 고증한 짧은 글.
【书画】shūhuà 명 서예와 그림. 서화. ¶~一律=서예와 그림은 같은 이치이다.
【书籍】shūjí 명 서적. 책.
【书脊】shūjǐ 명 책등. =【书背】shūbèi
【书记】shū·ji 명 1 옛 서리. 서기. [지난날 문서 처리와 초록(抄錄)을 맡은 사람] ¶~员=서리. 2 서기. [공산당·청년단 등 각급 조직의 책임자] ¶市委~=시 위원회 서기.
【书记员】shū·jiyuán 명 법원·검찰청의 서기〔기록원〕.
【书夹】shūjiā 명 서류 받침대. (종이·서류 따위의) 집게.
【书家】shūjiā 명 서예가. 서예에 능한 사람.
【书架(子)】shūjià(·zi) 명 책꽂이. 책장. 서가.
【书柬】shūjiǎn ☞【书简】shūjiǎn
【书简】[书柬] shūjiǎn 명 편지. 서한. ¶~往来=편지를 주고받다.
【书剑】shūjiàn 명 1 책과 검. 2 문어 글을 짓는 재능과 무예. ¶皇皇三十载, 两无成.=장장 30년 간에 문재(文才)와 무예 중 어느 것도 이루지 못했다.
【书经】shūjīng 명《상서(尙書)》.《서경(書經)》. [유교 경전의 하나]
【书局】shūjú 명 1 옛 서국. [관아에서 설립하여 책을 간행하거나 소장하던 기관] 2 일부 출판사나 서점의 이름.
【书卷】shūjuàn 명 서적. 책.
【书卷气】shūjuànqì 명 학자풍. 학자 냄새. 학자 타입.
【书刊】shūkān 명 서적과 잡지. (정기) 간행물. 출판물.
【书口】shūkǒu 명 책배. [책등의 반대쪽]
【书库】shūkù 명 1 서고. 장서실. 2 비유 박식한 사람.
【书录】shūlù 명 책 뒤에 판본·삽화·평론 등을 적어 놓은 목록.
【书眉】shūméi 명 책장의 상단 여백.
【书迷】shūmí 명 1 만담·야담·재담 따위에 푹 빠진 사람. 2 독서광. 서적광.

【书面】shūmiàn 명 서면. 지면. ['口头(구두)'와 구별됨] ¶~汇报=서면으로 보고하다.
【书面语】shūmiànyǔ 명 (言) 문어. 글말. ['口语(구어)'와 구별됨]
【书名】shūmíng 명 책 이름. 서명.
【书名号】shūmínghào 명 책 이름표. [책 이름을 표시하는 부호. 《 》나 〈 〉 등]
【书目】shūmù 명 1 도서 목록. 책 목록. 2 만담·야담·재담 등의 프로그램.
【书皮】shūpí(~儿) 명 1 책표지. 2 책가위. ¶包~=책가위를 쓰우다.
【书癖】shūpǐ 명 책읽기를 좋아하는 버릇. 서벽(書癖).
【书评】shūpíng 명 서평.
【书铺】shūpù 명 1 책방. 서점. 2 옛 대서소.
【书签】shūqiān(~儿) 명 1 제첨(題簽). 2 서표(書標). 갈피표.
【书商】shūshāng 명 도서 출판업자. 도서 판매업자.
【书社】shūshè 명 1 옛 (문인들이 모여 책을 읽고 시를 짓던) 문학회. 2 옛 서사. [책을 인쇄하던 기구] 3 출판사 이름. [주로 고서적을 출간하는 출판사를 가리킴] ¶巴蜀~=파촉 서사.
【书生】shūshēng 명 서생. 선비. 학자. 지식인. ¶文弱~=나약한 서생.
【书生气】shūshēngqì 명 1 학자풍. 학자 냄새. 학자 타입. 2 서생 티. 선비 기질. 선비 냄새.
【书声】shūshēng 명 글 읽는 소리. ¶~朗朗=글 읽는 소리가 낭랑하다.
【书市】shūshì 명 1 책 시장. 2 (출판사끼리 혹은 서점과 출판사가 연합하여 한시적으로 운영하는) 대형 도서 전시 매장.
【书首】shūshǒu 명 서언. 머리말. 머리글. 글의 시작 부분.
【书塾】shūshú 명 (지난날) 사숙. 서당. 글방.
【书肆】shūsì 명 옛 서점.
【书摊】shūtān(~儿) 명 노천 책방. 책을 파는 노점.
【书坛】shūtán 명 1 서예계. ¶~圣手=서예계의 대부. 2 만담계. 재담계. ¶~艺人=재담계의 연예인.
【书套】shūtào 명 책커버. 서질. 책갑.
【书体】shūtǐ 명 1 서체. 글씨체. 2 (藝) 서예의 유파.
【书亭】shūtíng 명 정자 모양의 작은 서점.
【书童】shūtóng 명 옛 시동(侍童).
【书屋】shūwū 명 옛 1 서재. 글방. 2 일부 점의 이름.
【书香】shūxiāng 명 선비 집안. ¶~门第=학자 가문.
【书香门第】shūxiāng méndì 성 학자 가문.
【书箱】shūxiāng 명 책(을 담는) 상자.
【书写】shūxiě 동 쓰다. 적다. ¶~告示=고시문을 쓰다.
【书写纸】shūxiězhǐ 명 글 쓰는 종이.
【书心】shūxīn 명 간행물의 매쪽마다 글자나 그림을 인쇄한 부분.

【书信】shūxìn 펜지. 서한. 서신. 서간. ¶~
交往=편지 왕래. 늑书函
【书信文化】shūxìn wénhuà 편지 문화. 서
한 문화.
【书讯】shūxùn 도서 출판 정보. 책에 관한
정보.
【书页】shūyè 페이지. 쪽. 책장.
【书影】shūyǐng 책의 판식(版式)과 내용을
부분적으로 보여 주는 인쇄물.
【书院】shūyuàn 서원.
【书札】shūzhá 서신. 편지. 서한. 서찰.
【书斋】shūzhāi 서재.
【书展】shūzhǎn 1 도서 전시. 2 서예 전시.
【书证】shūzhèng 1 저작이나 주석에서 단
어의 내원·의미·용법 등을 설명하면서 들어 주는
실례(實例). 2 (法) (안건의 사실을 증명하는) 서
면 자료.
【书桌】shūzhuō(~儿) 책상. 테이블. 서탁.

抒 shū 펼 서
1 표현하다. 나타내다. 진술하다. 발표하다.
표시하다. 털어놓다. 토로하다. ¶各~己见=각
자 자기의 의견을 털어놓다. / 直~胸臆=감정
을 직접 토로하다. 2 해제하다.

○● 发抒

【抒发】shūfā 나타내다. 토로하다. ¶~情
感=감정을 토로하다.
【抒怀】shūhuái 감회를 토로하다. 속마음을
털어놓다〔드러내다〕. ¶吟诗~=시를 읊어 감회
를 토로하다.
【抒情】shūqíng 감정을 토로하다. 정서를 드
러내다. ¶借景~=경치를〔사물을〕이용해 감정
을 토로하다.
【抒情诗】shūqíngshī 서정시.
【抒写】shūxiě 표현하다. 묘사하다. ¶~思
乡之情=향수의 감정을 표현하다.

纾[紓] shū 늘어질 서 / 풀 서
1 늦추다. 지연시키다. 2 없애다. 풀다. 해
제하다. ¶毁家~难(nàn)=가산을 털어 나라의
재난을 해결하다. 넉넉하다. 여유 있다.
【纾解】shūjiě 해제하다. 늦추다. 지연시키
다. ¶~危难(nàn)=위험에서 벗어나다.

枢[樞] shū 지도리 추
1 지도리. ¶户~=지도리. 2 중요한 부
분. 중심(적인 부분). ¶中~=중추. 3 중앙 행
정 기관. 요직. ¶~务繁多=중요한 정무(政務)
가 아주 많다.

○● 电枢

【枢机】shūjī 1 사물의 관건. 2 봉건 왕
조의 요직이나 기관.
【枢密】shūmì 1 국가 기밀. 극비. ¶事关
~=일이 국가 기밀에 관련되어 있다. 2 중앙
관청의 총칭.

【枢纽】shūniǔ 1 지도리. 2 중추. 주
축. 허브(hub). 관건. 키(key). ¶铁路~=철도
의 중추.
【枢要】shūyào 1 중심. 핵심. 2 중앙
정부의 주요 부서 또는 관직.
【枢轴】shūzhóu 1 지도리. 2 중추. 관
건. 주축. 중심.

叔 shū 숙부 숙
1 숙부. 작은아버지. 삼촌. ¶小
~=작은삼촌. 2 시동생. ¶小
子=시동생. 3 아저씨. [아버지와
항렬이 같으면서 아버지보다 나이가
어린 남자 친척을 부르는 말] ¶堂
~=당숙. / 表~=외숙. 4 아저씨.
[아버지보다 나이가 어린 남자에 대
한 존칭] ¶李~=이씨 아저씨.
5 형제 중 셋째. ¶伯仲~季=(형제의 순서를
나타내는) 첫째(맏이)·둘째·셋째·넷째. 6 (Shū)
성(姓).

○● 大叔

叔 shū
淑 shū
菽 shū
督 dū
寂 jì
椒 jiāo

【叔伯】shū·bai 사촌간의. 육촌간의. ¶我们
俩是~兄弟。=우리 둘은 사촌 형제이다.
【叔父】shūfù 숙부. 작은아버지. 삼촌.
【叔公】shūgōng 1 시삼촌. 시숙. 2 작은
할아버지.
【叔母】shūmǔ 숙모. 작은어머니.
【叔婆】shūpó 1 시숙모. 2 작은할머니.
【叔嫂】shūsǎo 시동생과 형수.
【叔叔】shū·shu 1 숙부. 작은아버지. 삼촌.
¶亲~=친숙부. 2 아저씨. [아버지와 항렬이 같
으면서 아버지보다 나이가 어린 남자 친척을 부
르는 말] ¶堂~=당숙. 3 아저씨. [아버지보다
나이가 어린 남자에 대한 존칭] ¶张~=장씨 아
저씨.
【叔丈】shūzhàng 처삼촌. 처숙부.
【叔侄】shūzhí 숙질. 숙부와 조카.
【叔祖】shūzǔ 작은할아버지.
【叔祖母】shūzǔmǔ 작은할머니.

姝 shū 예쁠 주
아름답다. 미인. 미녀.

殊 shū 다를 수
1 다르다. 차이나다. ¶众寡悬~=수적 차이
가 현저하다. 2 남다르다. 특별하다. 특수하다.
¶~勋伟绩=특별한 공훈과 위대한 공적.
아주. 특히. 매우. 극히. 전혀. ¶~难相信=특히
믿기 어렵다. 끊다. 단절하다. ¶~死搏
斗=목숨을 걸고 싸우다. ↔同

○● 特殊, 悬xuán殊

【殊别】shūbié 구별되다. 차이나다. ¶~
高下=수준이 많이 차이난다.
【殊不知】shūbùzhī 1 생각지도 못하다. 뜻
밖이다. 의외이다. [자기의 원래 생각을 바로잡

때 쓰임〕 ¶原以为他会准时，~他却迟到了一个小时。=그가 시간을 지킬 줄 알았는데, 한 시간이나 늦을 줄은 생각지도 못했다. **2** 전혀 모르다. 〔남의 잘못된 점을 지적할 때 쓰임〕 ¶都说外语难学，~只要掌握了好方法，并不难。=모두 외국어 학습이 어렵다고 말하지만, 좋은 방법만 알면 실제로는 어렵지 않다는 것을 전혀 모르고 있다.

【殊方】 shūfāng 〖名〗〖文〗 이역. 타지. 타향. 다른 지방.

【殊功】 shūgōng 〖名〗 **1** 수훈. 뛰어난 공로〔공적〕. ¶屡建~=여러 번 수훈을 세우다. **2** 〖文〗 서로 다른 기능〔용도〕. ¶人各有才，大小~=사람의 재주는 제각각이고, 그 쓰임도 크고 작음이 있다.

【殊荣】 shūróng 〖名〗〖文〗 특별한 영예〔영광〕.

【殊死】 shūsǐ 〖副〗 결사적으로. 목숨을 걸고. 사력을 다해. ¶~决战=결사적으로 싸우다. 〖名〗 참수형(斩首刑). 늑决死

【殊途同归】 shūtú-tóngguī 〖成〗 **1** 길은 다르지만 이르는 목적지는 같다. **2** 〖比〗 방법은 달라도 결과는 같다. 늑异曲同工

【殊效】 shūxiào 〖名〗 특수한 효능. 특효. ¶~药=특효약.

【殊形】 shūxíng 〖名〗 이상한 모양. 이상한 외형. ¶~怪状=괴상한 모양.

【殊勋】 shūxūn 〖名〗 특별한 공훈.

【殊异】 shūyì 〖形〗 **1** 차이가 크다. 많이 다르다. ¶二者相较，卓然~。=양자를 비교하니 차이가 많이 난다. **2** 특별하다. 특이하다.

# 倏 [(倏・儵)] shū 갑자기 숙

〖副〗〖文〗 갑자기. 별안간. 재빨리. 어느덧. ¶光阴~尔飞逝。=세월이 나는 듯이 흐르다.

【倏地】 shū·de 〖副〗 신속히. 신속하게. 재빠르게. 홱. ¶他~从我身边闪过。=그는 내 옆을 홱 스쳐 지나갔다.

【倏尔】 shū'ěr 〖副〗 재빨리. ¶~消失=재빨리 사라지다.

【倏忽】 shūhū 〖副〗〖文〗 갑자기. 아주 빨리. 별안간. 돌연. ¶~不见=별안간 안 보인다.

【倏然】 shūrán 〖副〗〖文〗 **1** 갑자기. 홀연히. ¶~一阵冷风=갑자기 찬바람이 불다. **2** 어느덧. 쏜살같이. 무척 빠르게. ¶时光~而逝=시간이 쏜살같이 지나가다.

# 菽 shū 콩 숙

〖名〗〖文〗 두류(豆类)의 총칭. ¶不辨~麦=콩인지 보리인지 구별하지 못하다. 사리 분별을 못 하다.

【菽麦】 shūmài 〖名〗 **1** 콩과 보리. **2** 〖比〗 서로 쉽게 구별되는 물건. ¶不辨~=우매하고 무지하다. 실무〔현장〕 지식이 부족하다. 시비 구별을 못 하다.

【菽水承欢】 shūshuǐ-chénghuān 〖成〗〖文〗 콩과 물만 먹고 살아도 즐겁게 부모님을 모시다. 가난한 살림에도 효도를 다하다.

【菽粟】 shūsù 〖名〗 콩류와 곡류. 양식. 곡식. 식량. ¶布帛~=옷과 양식.

# 梳 shū 빗 소

〖名〗 빗. ¶木~=나무빗. 〖动〗 빗다. 빗질하다. ¶~头发=머리를 빗다.

【梳篦】 shūbì 〖名〗 얼레빗과 참빗.

【梳辫子】 shūbiàn·zi 〖动〗 **1** 땋은 머리를 손질하다. 머리를 땋다. **2** 〖比〗 (복잡한 일·문제 등을) 분석하여 분류하다. 두서를 잡다.

【梳齿】 shūchǐ 〖名〗 빗살.

【梳具】 shūjù 〖名〗 머리 빗는 도구.

【梳理】 shūlǐ 〖动〗 **1** (머리·수염 따위를) 빗질하다. 빗다. 정리하다. ¶~头发=머리를 빗다. **2** 〖比〗 (조목조목 명확하게) 분석하다. 분류하다. ¶~思路=생각을 정리하다. **3** 〖纺〗 소면(梳棉)을 하다.

【梳毛】 shūmáo 〖名〗〖动〗〖纺〗 소모(하다).

【梳棉】 shūmián 〖名〗〖动〗〖纺〗 소면(하다).

【梳头】 shū‖tóu 〖动〗 머리를 빗다〔손질하다〕.

【梳洗】 shūxǐ 〖动〗 머리를 빗고 세수를 하다. ¶早起~=일찍 일어나 머리를 빗고 세수를 하다.

【梳妆】 shūzhuāng 〖动〗 치장하다. 화장하다. ¶~已毕=치장하는 이미 끝냈다.

【梳妆打扮】 shūzhuāng-dǎbàn 〖成〗 **1** (여자가) 치장을 하다. 화장을 하다. **2** 〖比〗 꾸며서 위장하다.

【梳妆台】 shūzhuāngtái 〖名〗 화장대.

【梳子】 shū·zi 〖名〗 빗.

# 郇 Shū 고을 이름 유

〖名〗 산둥(山东)성에 있었던 옛 현(县) 이름.

# *淑 shū 맑을 숙

〖形〗 **1** 얌전하다. 정숙하다. ¶贤~=어질고 정숙하다. **2** 곱다. 아름답다. **3** 착하다. 선량하다.

○● 私淑, 贤xián淑

【淑静】 shūjìng 〖形〗 (여자가) 유순하고 얌전하다. 품성이 곱고 부드럽다. ¶~娴雅=얌전하고 우아하다.

【淑女】 shūnǚ 〖名〗〖文〗 숙녀. ¶窈窕~=요조숙녀.

【淑媛】 shūyuán 〖名〗〖文〗 숙녀.

# **舒 shū 펼 서

〖动〗 펴다. 풀다. 늦추다. 여유 있게 하다. ¶~筋骨=근육과 뼈를 풀어 주다. 〖形〗〖文〗 **1** 느리다. 태연하다. 느긋하다. 여유 있다. 완만하다. ¶步履~缓=걸음걸이가 느리다. **2** 홀가분하다. 가뿐하다. 편안하다. ¶浑身~服=온몸이 편안하다. 〖名〗 (Shū) 성(姓).

○● 宽舒

【舒畅】 shūchàng 〖形〗 상쾌하다. 유쾌하다. 시원하다. 홀가분하다. 쾌적하다. ¶心情~=마음이 상쾌하다.

【舒服】 shū·fu 〖形〗 (몸·마음이) 편안하다. 쾌적하다. 가볍다. 가뿐하다. 홀가분하다. 유쾌하다. 안락하다. ¶昨晚上睡觉得很~。=어제 저녁 잠을 편안하게 잘 잤다. / 这沙发坐着很~。=이

소파는 참 편안하다. ≒舒坦 ↔难受 別扭

【舒怀】shūhuái 동 1 마음을 열다〔트다〕. 흉금을 터놓다. ¶~畅饮=마음을 열고 통음하다. 2 기분 전환을 하다. 마음을 즐겁게 하다.

【舒缓】shūhuǎn 형 1 느리다. 느릿느릿하다. ¶节奏~=박자가 느리다. 2 온화하다. ¶言语~=말이 온화하다. 3 완만하다. ¶坡度~=경사가 완만하다. 동 완만하게 하다. 느슨하게 하다. ¶~精神压力=정신적인 스트레스를 경감시키다. ≒缓慢 缓和 ↔急促 陡峭

【舒活】shūhuó 동 (사지·근육·뼈를) 풀다. ¶~筋骨=근육과 뼈를 풀다.

【舒筋活络】shūjīn huóluò 동(醫) 근육과 뼈를 풀어 혈맥과 경락이 잘 통하게 하다.

【舒筋活血】shūjīn huóxuè 동(醫) 근육과 뼈를 풀어 혈액 순환을 촉진시키다.

【舒卷】shūjuǎn 동文 모이고 흩어지다. 펼치고 오므리다. [주로 구름이나 연기를 말함] ¶~自如=움직임이 자유자재이다.

【舒眉】shūméi 동 1 (찌푸렸던) 이맛살을 펴다. 2 근심이 없어지다. 마음이 홀가분해지다. 유쾌해지다.

【舒眉展眼】shūméi-zhǎnyǎn 성 1 이맛살을 펴다. 2(비) 마음이 가볍고 즐거운 모습.

【舒气】shū·qì 동 1 숨을 돌리다. 한 호흡이 정상으로 돌아오다. ¶他被冻坏了, 喝下一碗姜汤才舒过气来。=그 사람은 추위에 꽁꽁 얼었다가 생강차를 한 잔 마시고서야 숨을 돌렸다. 2 안도의 한숨을 쉬다. 마음을 놓다. ¶得知自己已被应聘单位录用, 他才长舒了一口气。=자신이 이미 채용되었다는 소식을 알고 나서야, 그는 비로소 마음을 놓았다.

【舒散】shūsàn 동 1 (근육과 뼈를) 풀다. 2 (피로·불쾌함 따위를) 해소하다. 풀다. ¶~心中的不快=마음속의 불쾌함을 없애다.

【舒伸】shūshēn 동 펴다. 펼치다. 뻗다. 벌리다. ¶~四肢=온몸을 펴다.

【舒声】shūshēng 명(言) 고대 중국어 성조 중 평성(1성)·상성(3성)·거성(4성). ↔促声

【舒适】shūshì 형 편(안)하다. 쾌적하다. ¶~的工作环境=쾌적한 작업 환경.

【舒舒服服】shū·shu fúfú(~的) 형 편안하다. 쾌적하다. 가볍다. 가뿐하다. 유쾌하다. ¶今天晚上要~地睡个好觉。=오늘 저녁에는 편안하게 잠을 자려고 한다.

【舒舒坦坦】shū·shu tǎntǎn(~的) 형 편안하다. 기분이 좋다.

【舒舒展展】shū·shu zhǎnzhǎn(~的) 형 아무 거리끼는 것이 없다. 아무 근심 걱정이 없다. 아무런 속박이 없다. 자연스럽다.

【舒松】shūsōng 형 편안하고 홀가분하다. ¶小两口的日子过得很~。=젊은 부부는 아주 편안하고 홀가분하게 지낸다.

【舒泰】shūtài 형 편안하고 안정되다. ¶心中~=마음이 편안하고 안정되다.

【舒坦】shū·tan 형 편안하다. 유쾌하다. ¶夫妻俩小日子过得很~。=그 부부는 아주 편안한 나

날을 보낸다. ≒舒服 ↔难受

【舒心】shūxīn 형 마음이 편하다〔푸근하다〕. 기분이 좋다. 태평스럽다. 한가롭다. ¶今年~的事儿还真不少。=올해 기분 좋은 일이 정말 많다.

【舒徐】shūxú 형文 느리다. 여유롭다. 느긋하다. 태연하다. ¶~道来=느긋하게 말하다.

【舒展】shū·zhǎn 동 펴다. 펼치다. 뻗다. ¶~身躯=몸을 쭉 펴다. 형 1 아무 거리끼는 것이 없다. 아무 근심 걱정이 없다. 아무런 속박이 없다. 자연스럽다. ¶舞姿~=춤의 자태가 자연스럽다. 2 (몸과 마음이) 편안하다. 쾌적하다. ¶身心~=심신이 편안하다.

【舒展不开】shūzhǎn·bukāi 동 1 펼 수 없다. 잘 펴지지 않는다. ¶四肢~=온몸을 펼 수 없다. 2 마음을 놓을 수 없다. ¶心境~=마음이 불안하다.

【舒张】shūzhāng 동 1(生) (심장·혈관 등의 근육 조직이) 이완되다. 확장되다. 2 펴다. 펼치다. 열다. 벌리다. ¶~翅膀=날개를 활짝 펴다.

【舒张压】shūzhāngyā ☞【低压】dīyā

**疏¹**[(疎)] shū 트일 소

동 1 소통시키다. ¶~航道=항로를 준설하다. 2 분산하다. 성기게 하다. 흩어 놓다. ¶仗义~财=의를 내세워 재물을 나누어 주다. 형 1 성글다. 사이가 멀다. 드문드문하다. 희박하다. ¶人口稀~=인구가 희박하다. 2 소원하다. 관계가 멀다. 친하지 않다. 가깝지 않다. ¶亲~有别=친근함과 소원함에 구별이 있다. 3 낯설다. 생소하다. 익숙하지 않다. ¶人生地~=사람도 설고 땅도 설다. 4 천박하다. 실속이 없다. 모자라다. 변변치 않다. ¶学~=재능이 모자라고 학문이 얕다. 5 소홀하다. ¶~于防犯=방비에 소홀하다. 명(Shū) 성(姓). ≒稀 ↔密 亲

**疏²** shū 기록할 소

명 1 소. [고서에서 '注(주)'에 덧붙인 '注(주)'] ¶《十三经注~》=《13경주소》. 2 소. [문제의 이름. 신하가 임금에게 의견을 조목별로 진술하던 글] ¶奏~=상주문.

○● 粗cū疏, 扶疏, 荒疏, 空疏, 稀疏, 奏zòu疏

【疏不间亲】shūbùjiànqīn 성 관계가 소원한 사람이 관계가 친밀한 사람들을 이간시킬 수 없다. 사이가 먼 사람이 사이가 가까운 사람들의 일에 끼어들지 않는다.

【疏财仗义】shūcái-zhàngyì ☞【仗义疏财】zhàngyì-shūcái

【疏淡】shūdàn 형 1 성기다. 진하지 않다. ¶眉毛~=눈썹이 성기고 흐리다. 2 소원하다. 냉담하다. ¶关系~=관계가 소원하다.

【疏导】shūdǎo 동 1 막힌 수로를 소통시키다. 준설하다. ¶~水渠=도랑을 쳐내다. 2 (막힘이 없이) 잘 통하게 하다. 잘 흐르게 하다. ¶~交通=교통 정리를 하다. ≒疏浚

【疏而不漏】shū'érbùlòu 성(비) 비록 법망에 틈

새가 있긴 하지만 한 명의 죄인도 놓치지 않는다. 악한 짓을 한 자는 천벌을 피할 수 없다.

【疏防】shūfáng 방비를 소홀히 하다. ¶加强戒备, 不可~。=경계를 강화하고, 방비를 소홀히 해서는 안 된다.

【疏放】shūfàng 형문 1 거리낌이 없다. 방종하다. 구애받지 않다. ¶言行~=언행이 거리낌이 없다. 2 (문장이) 격식에 구속받지 않다. ¶行文~=글이 격식에 얽매이지 않다.

【疏港】shūgǎng 항구의 (화물과 선박의 소통) 기능을 원활하게 하다.

【疏果】shūguǒ(農) 적과(摘果)하다. [과일의 좋은 성장을 위해 작은 것 또는 병든 것을 따냄]

【疏忽】shū·hu 형 부주의하다. 꼼꼼하지 않다. 경솔하다. 대강대강이다. ¶过于~=지나치게 부주의하다. 통 소홀히 하다. 등한히 하다. 대수롭지 않게 여기다. ¶他~了这个问题。=그는 이 문제를 소홀히 했다. 명 (꼼꼼하지 못해 저지르는) 실수. ¶小~往往能造成大事故。=작은 실수는 자주 큰 사고를 일으킨다. ≒大意(dà·yi) ↔小心

【疏剪】shūjiǎn 통 전지(剪枝)하다. 가지치기하다. ¶~果树=과일 나무를 가지치기하다.

【疏解】shūjiě 통 1 화해시키다. ¶因朋友从中~, 夫妻俩的误会很快消除了。=친구가 중간에서 화해를 시켜서 부부 사이의 오해는 금방 사라졌다. 2 소통을 원활하게 하다. 잘 통하게 하다. ¶~节日客流=명절 귀성길을 원활하게 하다. 3 문 설명하다. ¶~文意=글의 뜻을 해석하다.

【疏浚】shūjùn 통 (도랑·강바닥 따위를) 쳐내다. 준설(浚渫)하다. ¶~河道=물길을 준설하다. ≒疏导

【疏狂】shūkuáng 형문 거리낌이 없다. 자유분방하다. 호방하다. ¶~不羁=거리낌없이 행동하다.

【疏旷】shūkuàng 형 광활하다. 드넓다. ¶~的荒野=광활한 황야.

【疏阔】shūkuò 형문 1 정밀하지 않다. 엉성하다. 조잡하다. ¶论述~=논술이 엉성하다. 2 현실에 맞지 않다. ¶他的设计过于~, 不可能实施。=그 사람의 설계는 현실과 전혀 맞지 않아 실현 불가능하다. 3 소원(疏遠)하다. ¶他与家人日渐~。=그와 가족들은 점점 멀어진다. 통 오랫동안 이별하다. 오랫동안 만나지 않다[떨어져 있다]. ¶夫妻~多年, 依然情投意合。=부부가 오랫동안 떨어져 지냈는데도 여전히 사이가 좋다.

【疏懒】shūlǎn 형 해이하다. 게으르다. 태만하다. ¶~成性=게으름이 습성이 되다.

【疏朗】shūlǎng 형 1 (성격이나 표정 등이) 명랑하다. 쾌활하다. 활달하다. 탁 트이다. ¶胸怀~=마음이 탁 트이다. 2 청명하다. 또렷하다. ¶星光~=별빛이 또렷하다. 3 (문장의 기세나 화풍이) 시원하다. 아름답다. ¶文风~=글의 풍격이 시원스럽다.

【疏离】shūlí 통 소원해지다. ¶~感=소원한 느낌. ≒疏远

【疏理】shūlǐ 통 정리하다. 풀다. ¶~思绪=생각을 정리하다.

【疏林】shūlín 명 소림. 나무가 듬성듬성한 숲.

【疏漏】shūlòu 형 누락. 빠짐. ¶减少~=누락을 줄이다. 통 (소홀하여) 누락하다. 빠뜨리다.

【疏略】shūlüè 형통 엉성하다. 대충대충이다. 소홀하다. 간략하다. ¶记述~=서술이 엉성하다. 통 빠뜨리다. 간과하다. ¶时间仓促, 难免~了不少地方。=시간이 촉박해서 어쩔 수 없이 적지 않은 곳을 빠뜨렸다.

【疏落】shūluò 형 드문드문하다. 성기다. ¶~的鞭炮声=드문드문 들려오는 폭죽 소리. ≒疏散(shūsàn) ↔稠密

【疏密】shūmì 형 1 성기고 빽빽하다. ¶花草相间。=화초의 밀도가 고르다. 2 소원하고 친밀하다. ¶~有度=소원하고 친밀함에 정도가 있다. 3 엉성하고 정밀하다. ¶科学实验必须精确, 不能~。=과학 실험은 정확해야지 엉성함과 정밀함이 구분되지 않아서는 안 된다. 명 소밀. (조)밀도.

【疏密相间】shūmì-xiāngjiàn 성 성기고 빽빽함이 알맞다. 밀도가 고르다.

【疏苗】shū‖miáo 통(農) 씨솎음하다. 모를 〔새싹을〕 솎다.

【疏谋少略】shūmóu-shǎolüè 성 계략에 능하지 못하다.

【疏浅】shūqiǎn 형 1 조잡하고 깊지 않다. 거칠고 천박하다. ¶思虑~=사려가 깊지 못하다. 2 친밀하지 않다. 소원하다. ¶关系~=관계가 소원하다.

【疏散】shūsǎn 형 한가하고 자유롭다. 활달하고 구애됨이 없다. ¶性情~=성격이 활달하고 구애됨이 없다. 통 부드럽게 하다. 풀어 주다. ¶~筋骨=뼈와 근육을 풀어 주다.

【疏散】shūsàn 통 (사람이나 물건을) 분산시키다. 소개(疏開)시키다. ¶~人群=인파를 분산시키다. 형 드문드문하다. 성기다. ¶山上有几户~的人家。=산 위에는 인가 몇 채가 드문드문 있다. ≒疏落 ↔召集

【疏失】shūshī 명 (소홀히 하여 생긴) 실수. ¶工作中谁都难免~=작업 중에 누구라도 실수를 면하기 어렵다. 통 소홀하여 실수하다. 부주의로 잘못하다.

【疏疏落落】shū·shu luòluò(~的) 형 드문드문하다. ¶树上~地着几片枯黄的叶子。=나무 위에 말라 버린 잎사귀가 몇 개 드문드문 걸려 있다.

【疏松】shūsōng 형 (토양이) 푸석푸석하다. ¶土质~=토질이 푸석하다. 통 푸석푸석하게 하다. ¶~土壤=토양을 푸석하게 하다. ≒松散 ↔严密

【疏通】shūtōng 통 1 (도랑·강바닥 따위를) 쳐내다. 준설하다. ¶~下水道=하수도를 쳐내다. 2 의견을 소통시키다. 화해시키다. ¶~关系=관계를 화해시키다. 3 잘 통하게 하다. ¶~道路=길을 소통시키다. 4 문 분석하다. 해석하다. ¶~古文=고문을 분석하고 해석하

다. ↔堵塞
【疏挖】shūwā 통 (도랑·강바닥 따위를) 쳐내다. 준설하다.
【疏于】shūyú 통 …에(서) 소홀하다. ¶~提防=방비에 소홀하다.
【疏虞】shūyú 형문 소홀하다. 부주의하다. 꼼꼼하지 않다. 대충이다. 건성이다.
【疏远】shūyuǎn 형 (관계나 감정적으로) 소원하다. 멀다. 가깝지 않다. 거리가 있다. ¶他自幼跟着爷爷奶奶, 与父母感情~。=그는 어릴 때부터 할아버지 할머니와 살아서, 부모와 사이가 소원하다. 통 멀리하다. ¶干部要经常深入基层, 不能~了群众。=간부는 늘 사회 저변으로 깊이 파고 들어가야 대중을 멀리해서는 안 된다. ≒疏离 生疏 ↔密切 亲近 亲密
【疏运】shūyùn 통 (적재된 화물 등을) 분산하여 수송하다. ¶~港口物资=항구의 물자를 분산하여 수송하다.
【疏枝】shūzhī 통 전지(剪枝)하다. 가지치기하다.

# 摅[攄] shū 펼 터
통문 1 발표하다. 나타내다. 드러내다. 진술하다. ¶略~己见=대략 자신의 의견을 드러내다. 2 용솟음치다. 뛰어오르다. 약동하다.

# *输[輸] shū 나를 수
통 1 운송하다. 전송하다. 나르다. 운반하다. ¶西电东~=서쪽에서 동쪽으로 송전하다. 2 문 (재물을) 바치다. 내다. 헌납하다. 기부하다. ¶~财助困=재물을 기부하여 힘든 사람을 돕다. 3 패하다. 지다. 잃다. ¶服~=패배를 인정하다. / 不认~=패배를 인정하지 않다. 명 (Shū) 성(姓). ↔赢

○─○ 伏输, 服输, 灌 guàn 输, 捐 juān 输, 运输

【输诚】shūchéng 통문 1 성의를 보이다. 성의를 다하다. ¶~结识=성의를 다해 사귀다. 2 투항하다. ¶~屈节=절개를 굽히고 투항하다.
【输出】shūchū 통 1 (經) (상품 수출. 2 (내부에서 외부로) 내보내다. ¶大学每年都要向社会~大批的人才。=대학에서는 매년 많은 인재를 사회로 배출하고 있다. 3 (에너지·신호 따위를) 출력하다. 아웃풋하다. 내다. 내뿜다. ¶图象~=그림 출력. ↔输入
【输电】shūdiàn 통 (電) 송전(送電)하다.
【输电网】shūdiànwǎng 명 송전망(送電網).
【输光】shūguāng 통 1 돈을 다 잃다. 2 문 (전쟁·시합에서) 완전히 지다.
【输家】shū·jiā 명 1 도박에서 진 사람. 2 문 (전쟁·시합에서) 패배한 사람(측).
【输将】shūjiāng 통문 헌찬하다. 기부하다. 헌납하다. 헌금하다. ¶慷慨~=아낌없이[기꺼이] 후원하다.
【输精管】shūjīngguǎn 명(生) 수정관. 정관.
【输理】shū ‖ lǐ 통 이치적으로 성립되지 않다. 이치상 패하다. ¶既然是你~, 就不要再争辩了。=이치상 네가 졌으니 더 이상 논쟁하지 마라.

【输卵管】shūluǎnguǎn 명(生) 나팔관. 난관. 수란관.
【输面】shūmiàn(~儿) 명 (시합·싸움 등의) 패배 가능성. ¶~较大=패배 가능성이 큰 편이다.
【输尿管】shūniàoguǎn 명(生) 수뇨관. 요관. 오줌관.
【输钱】shū‖qián 통 (내기·도박에서) 돈을 잃다.
【输人】shūrén 통 남에게 지다〔잃다〕. ¶今天他这一赌, ~三千块。=오늘 그는 이 도박에서 3,000위안을 잃었다.
【输人】shūrù 1 (經) (상품이나 자금을) 수입하다. 들여오다. ¶~资金=자금을 들여오다. 2 (외부에서 안으로) 들여보내다. 받아들이다. ¶~新鲜血液=신선한 혈액을 수혈하다. 3 (電) (컴) 입력하다. 인풋(input)하다. ¶~把数据=데이터를 입력하다. ↔输出
【输送】shūsòng 통 수송하다. 운송하다. ¶~天然气=가스를 수송하다.
【输送带】shūsòngdài 명 컨베이어 벨트(conveyer belt). =【运输带】yùnshūdài
【输心】shūxīn 통 (진심으로) 감탄하다. 탄복하다. ¶~仰慕=앙모해 마지않다.
【输血】shū‖xuè 통 1 수혈하다. 2 비 (자금이나 재물을) 원조하다. ¶单位进行技术改造, 急需金融部门~。=회사가 기술 개조를 진행함에 따라 금융쪽의 도움이 급히 필요하다.
【输氧】shū‖yǎng 통 산소를 공급하다.
【输液】shūyè 통 링거를 맞다. 수액을 놓다.
【输赢】shūyíng 1 승패. 승부. ¶~难测=승패를 추측하기 어렵다. 2 도박에서 따거나 잃는 돈의 액수. ¶他们赌得小, ~不大。=그들은 도박을 크게 하지 않아, 따고 잃은 돈이 많지 않다.
【输油船】shūyóuchuán 명 유조선. 유송선. 탱커(tanker).
【输油管】shūyóuguǎn 명 송유관.
【输纸】shūzhǐ 통 종이를 공급하다.
【输嘴】shūzuǐ 통 1 논쟁에서 지다. 2 약속을 지키지 못하다. 말한 대로 하지 못하다.

# 毹 shū 담요 유
☞【氍毹】qúshū

# *蔬 shū 푸성귀 소
명(植) 야채. 채소. 푸성귀. ¶布衣~食=검소하다.

○─○ 菜蔬

【蔬菜】shūcài 명(植) 채소. 야채. 푸성귀. 남새. 소채. ≒菜蔬
【蔬果】shūguǒ 명 채소와 과일.

# 秫 shú 찰수수 출
명(植) 수수. 고량. [주로 찰수수를 말함]
【秫秸】shújiē 명 수숫대. 수수깡.
【秫酒】shújiǔ 명 고량주.
【秫米】shúmǐ 명 수수쌀. 고량미.
【秫秫】shúshú 명문 수수.

【秫秫秸】shúshújiē 图명 수숫대. 수수깡.

## 孰 shú 누구 숙

때문 1 누구. ¶人吃五谷杂粮, ～能不病? =사람이 양식을 먹고서는 바에야 누군들 병이 안 나겠는가? 2 무엇. ¶是可忍, ～不可忍? =이것을 참을 수 있다면 무엇을 못 참겠는가? 3 어느 것. 어느. ¶～是～非=어떤 것이 옳고 어떤 것이 틀린가?

【孰若】shúruò 접면 어찌 …만 하랴. 어찌 비교할 수 있으랴. [보통 '与其(yǔqí)'와 함께 사용하여 선택을 나타냄] ¶与其坐而待亡, ～起而拯之. =앉아서 죽기만 기다리느니, 차라리 떨치고 일어나 구제해 보는 것이 낫다.

【孰云】shúyún 동문 누가 말하는가. 어찌 …는가. ¶～女子有德无才便是福? =여자가 덕이 있고 재능이 없는 것을 복이라고 누가 말하는가?

【孰知】shúzhī 동문 누가 알았겠는가. 어찌 알았겠는가. 어찌 생각이나 했겠는가. ¶～那会如此? =그것이 이리 될 줄을 누가 생각이나 했겠는가?

## *赎[贖] shú 속바칠 속

동 1 (재물로) 저당물을 되찾다. 자유를 되찾다. ¶把车子～回来。=자동차를 도로 찾아오다. 2 상쇄하다. 속죄하다. ¶将功～罪=공로로 죄를 상쇄하다. ↔当(dàng)

○● 回赎, 自赎

【赎出】shúchū 동 저당물을 되찾다. ¶～金银首饰=금은 장식을 되찾다.
【赎单】shúdān 명 저당물 회수 영수증.
【赎当】shúdàng 동 저당물을 되찾다.
【赎典】shúdiǎn 동 저당물을 되찾다.
【赎回】shúhuí 동 (대금을 치르고) 저당물을 되찾다. ¶～衣物=돈을 지불하고 옷을 되찾다.
【赎价】shújià 명 (저당물을 되찾기 위해) 물어줄 돈. (인질의) 몸값.
【赎金】shújīn 명 (저당물을 되찾기 위해) 물어줄 돈. (인질의) 몸값.
【赎款】shúkuǎn 명 (저당물을 되찾기 위해) 물어줄 돈. (인질의) 몸값.
【赎买】shúmǎi 동 1 (돈으로) 자유의 몸이 되게 나 저당물을 되찾다. 2 국가가 유상으로 사기업을 국유화하다.
【赎命】shú∥mìng 동 재물로 목숨을 건지다. 재물로 사형을 면하다.
【赎票】shúpiào 동 재물[몸값]을 주고 인질을 되찾다.
【赎身】shú∥shēn 동옛 (노비나 기녀 등이) 돈이나 다른 대가를 지불하고 자유를 얻다.
【赎刑】shúxíng 동옛 관아에 재물을 바치고 형벌을 줄이다. 돈으로 형벌을 면하다.
【赎罪】shú∥zuì 동 죄를 씻다. 속죄하다. ¶立功～=공을 세워서 죄를 씻다.

## 塾 shú 글방 숙

图명 (개인적으로 세운) 사숙. 글방. 서당. ¶私～=개인 서당.

○● 村塾, 学塾, 义塾

【塾师】shúshī 명 훈장. 사숙 선생.

## **熟 shú 익을 숙

형 1 (음식이) 익다. ¶半生不～=(음식이) 덜 익었다. 2 (生) (과일 등이) 익다. 여물다. ¶瓜～蒂落=오이가 익으면 꼭지가 떨어진다. 3 익숙하다. 잘 알다. ¶老～人=잘 아는 사람. 4 숙련되다. 능숙하다. 정통하다. ¶娴～=능숙하다. 5 가공하다. 정제하다. 정련하다. ¶～铜=정동(精铜). 6 정도가 깊다. ¶深思～虑=심사숙고하다. 동 일년 간 농작물이 익는 횟수. ¶一年两～=1년에 두 번 경작하다. ↔生

☞ shóu

○● 成熟, 纯chún熟, 腐熟, 黄熟, 烂熟, 面熟, 托熟, 娴xián熟, 驯xún熟, 眼熟, 圆熟, 早熟

【熟谙】shú'ān 동문 분명하게 이해하다. 충분히 알다. 이해하다. 파악하다. 터득하다. 숙지하다. 잘 알다. 능통하다. ¶～用兵之道=용병술에 능하다.
【熟菜】shúcài 명 조리된 요리. 익힌[삶은] 음식. [주로 판매하는 익힌 고기 등을 가리킴]
【熟道】shúdào(～儿) 명 잘 아는 길. 늘 다니는 길. 익숙한 길.
【熟地】shúdì 명 1 (农) 오랫동안 경작한 땅. 2 (医) 숙지황. 3 낯익은 고장. 잘 아는 곳.
【熟读】shúdú 동 숙독하다. ¶～经书=경서를 숙독하다.
【熟化】shúhuà 동 1 (农) (깊이 갈아엎기·갈아엎은 땅 햇볕 쬐기·시비(施肥)·관개(灌溉) 등을 통해) 농지를 개량하다. 2 (口) 숙성시키다.
【熟荒(地)】shúhuāng(dì) 명 (农) 황폐해진 농지. 묵정밭.
【熟记】shújì 동 잘 기억하다. 암기하다. ¶～古代诗词=고대 시(诗)와 사(词)를 잘 기억하다.
【熟客】shúkè 명 단골손님. 익숙해진 손님. 잘 아는 손님. ↔生客
【熟烂】shúlàn 형 1 (과일 따위가) 너무 익어 흐물흐물하다[물렁물렁하다]. 2 아주 익숙하다. ¶《诗经》、《楚辞》, ～于胸。=《시경》과 《초사》는 아주 익숙하다.
【熟练】shúliàn 형 능숙하다. 숙련되어 있다. 능란하다. ¶技术～=기술이 능숙하다. ≒娴熟 ↔生疏
【熟路】shúlù 명 익숙한 길. 잘 아는 길. 늘 다니는 길.
【熟虑】shúlǜ 동 곰곰이 생각하다. 심사숙고하다. ¶深思～=심사숙고하다.
【熟门熟路】shúmén-shúlù 성 1 아주 익숙한 집과 길. 2 (비) 어떤 곳에 대해 매우 익숙하다. 3 (비) 어떤 일을 매우 잘 알다.
【熟能生巧】shúnéngshēngqiǎo 성 익숙해지면 요령이 생긴다. 숙련되면 묘안이 생긴다.

【熟年】shúnián 명 풍년.
【熟皮】shúpí 명 무두질한 가죽. 유피(鞣皮).
【熟漆】shúqī 명 정제〔가공〕한 옻. ↔生漆
【熟人】shúrén (~儿) 명 잘 아는 사람. ≒生人
【熟稔】shúrěn 형문 아주 익숙하다. 잘 알고 있다. ¶他们俩甚为~。=그 둘은 아주 잘 아는 사이이다.
【熟肉】shúròu 명 익힌 고기.
【熟石膏】shúshígāo 명 소석고. 구운 석고.
【熟石灰】shúshíhuī 명〔化〕소석회. ≒【消石灰】xiāoshíhuī
【熟食】shúshí 명 (가공된) 익힌 음식(고기). 가공육. [주로 판매되는 육류 등을 가리킴]
【熟视】shúshì 동 자세히 보다. 눈여겨보다. ¶~多时=오랜 시간 동안 꼼꼼히 보다.
【熟视无睹】shúshì-wúdǔ 성 1 비록 자주 보아 왔지만 신경 쓰지 않아 못 본 것과 같다. 2 (비) 본 체만체하다. 보고도 못 본 척하다. 아무 관심이 없다. ≒充耳不闻
【熟识】shú·shi 동 (사람·사물을) 잘 알다. 잘 이해하다. 숙지하다. ¶我们俩从小一起长大, 彼此相当~。=우리 두 사람은 어려서부터 함께 자라서 서로를 잘 알고 있다.
【熟手】shúshǒu 명 (어떤 일에) 능숙한 사람. 숙달한 사람. ↔生手
【熟睡】shúshuì 동 깊이 잠들다. 달게 자다. 푹 자다. ¶~了一个晚上, 她看起来好多了。=하룻밤 푹 자고 나자 그녀는 많이 좋아져 보였다. ≒酣睡 沉睡
【熟思】shúsī 동 곰곰이 생각하다. 심사숙고하다. 주도면밀하게 고려하다. ¶~审处=곰곰이 생각하고 처리하다. ≒深思
【熟烫】shú·tɑng 형〈方〉 (과일·채소 등이 쓸리거나 열을 받아서) 신선한 빛깔이나 맛을 잃다. ¶这柿子捏来捏去, 都~了。=이 감은 주물럭거려서 이미 맛이 갔다.
【熟套子】shútào·zi 명비 관례. 규칙. 천편일률적인 방법.
【熟铁】shútiě ☞【锻铁】duàntiě
【熟透】shútòu 1 (음식에 열을 가해) 푹 익다. 잘 익다. ¶鸡已经~, 不能再炖了。=닭이 이미 익었으니 더 이상 고아서는 안 된다. 2 (과실이) 잘 익다. ¶~的西瓜格外甜。=잘 익은 수박이 정말 달다. 동 (사물에 대해) 잘 알다. 숙지하다. 꿰뚫다. ¶她~了宠物狗的脾性。=그녀는 애완견의 성질을 잘 안다.
【熟土】shútǔ 명〈农〉1 개량한 토양. 2 (오래 살아서) 낯익은 땅.
【熟悉】shúxī 동 1 분명하게 이해하다. 충분히 알다. ¶他~出版方面的情况。=그는 출판쪽의 상황을 분명하게 이해하고 있다. 2 (관찰·체험을 통해 상황을) 이해하다. 파악하다. 터득하다. ¶你先~环境, 然后再开展工作。=너는 먼저 상황을 파악한 후에 일을 진행해라. 동 잘 알다. 익숙하다. 생소하지 않다. ¶两人很~。=두 사람은 너무 잘 안다. ≒了解 ↔陌生 生疏
【熟习】shúxí 동 (어떤 기술이나 학문에 대해) 능통하다. 꿰뚫다. 숙련되다. 숙달하다. ¶他对古典诗词很~。=그 사람은 고전 시(詩)와 사(詞)에 아주 능통하다.
【熟橡胶】shúxiàngjiāo ☞【硫化橡胶】liúhuà xiàngjiāo
【熟语】shúyǔ 명〈言〉숙어.
【熟知】shúzhī 동 숙지하다. 익히 알다. 분명하게 알다. 잘 알다. ¶~当地的风土人情=현지의 풍토와 인정을 숙지하다.
【熟字】shúzì 명 아는 글자. ↔生字

* **暑** shǔ 더울 서

형 덥다. ¶中~=더위를 먹다. / 防~降温=더위를 막아 온도를 떨어뜨리다. 명 1 여름. 더위. ¶酷~=혹서. / 寒来~往=추위가 오고 더위가 가다. 2〔醫〕중의학에서 말하는 병을 유발하는 원인인 육음(六淫 : 風·寒·暑·濕·燥·火) 중 하나. ↔寒

○● 避bì暑, 处chǔ暑, 大暑, 伏暑, 酷kù暑, 溽rù暑, 盛shèng暑, 受暑, 小暑, 炎yán暑, 寒暑表

【暑安】shǔ'ān 동문 무더운 여름 날씨에 잘 지내시기를 바랍니다. [편지의 끝에 쓰는 말]
【暑伏】shǔfú 명 삼복.
【暑假】shǔjià 명 여름 방학. 여름 휴가.
【暑期】shǔqī 명 1 여름 방학〔휴가〕기간. 2 음력 소서와 대서 사이. 한여름. 3 여름. 하기(夏期). 하계(夏季).
【暑气】shǔqì 명 (한여름의) 더위. 열기. ¶~逼人=열기가 맹습하다.
【暑热】shǔrè 명 1 (氣) (한여름의) 무더위. 한 더위. 찌는 듯한 더위. ¶~难耐=무더위를 견디기 힘들다. 2〔醫〕(무더위로 인한) 열병. 열증. 형 무덥다. 찌는 듯하다. ¶这两天~难当。=요 며칠 동안 무더워 견디기가 힘들다.
【暑天】shǔtiān 명 무더운 날씨. 염천(炎天). 무더운 날.

* **黍** shǔ 기장 서

명〈植〉기장.
【黍子】shǔ·zi 명〈植〉1 기장. 2 기장 낟알.

** **属[屬]** shǔ 무리 속

명 1 종류. 부류. 유별. 분류. ¶金~=금속. 2 친속. 가족. 가속. ¶眷~=가족. / 军~=군인 가족. 3 부하. ¶下~=부하. 4 속. [생물의 가장 작은 분류 단위] ¶猫~=고양이속. / 稻~=벼속. 동 1 …에 속하다. …의 것이다. ¶成功终~持之以恒者。=성공은 결국 항심을 가지고 견뎌 나가는 사람의 것이다. 2 예속하다. …의 (관할)하에 있다. ¶附~中学=부속 중학교. / 直~单位=직속 기관. 3 …이다. ¶经查~实=조사를 통해 사실임이 판명되다. 4 (십이지의) …띠이다. ¶他是~猴的。=그 사람은 원숭이띠이다. 5 문 연접하다. 뒤따르다.

☞ zhǔ

○● 部属, 从属, 藩属, 归属, 眷juàn属, 抗kàng属, 隶lì属, 僚liáo属, 领属, 亲属, 所属, 统tǒng属, 吐tǔ属, 下属

【属爆竹的】shǔ bàozhú·de 명(II) 발끈 화를 잘 내는 사람. 성질이 거칠고 불 같은 사람.

【属地】shǔdì 명 식민지. 속지.

【属格】shǔgé 명(言) 소유격. 속격. 제2격. 명 genitive

【属国】shǔguó 명 속국. 종속국.

【属实】shǔshí 통 사실과 일치하다. 사실이다.
¶证词~=증언이 사실과 부합되다.

【属下】shǔxià 명 부하. 밑. 아래. ¶我们都是他的~。=우리는 모두 그의 부하이다.

【属相】shǔ·xiang ☞【生肖】shēngxiào

【属性】shǔxìng 명 속성. ¶运动是物质的~。=운동이 물질의 속성이다.

【属于】shǔyú 통 …에 속하다. …의 소유이다. ¶这是~我的私人物品。=이것은 내 개인 물건이다.

【属员】shǔyuán 명 1 옝 속관. 소속 관리. 하급 관리. 2 부하. 아랫사람.

*署 shǔ 관청 서

통 1 배치하다. 배속하다. ¶部~=배치하다. 2 서명하다. 사인하다. 기명하다. ¶签~文件=문서에 서명하다. 3 옝 (직무를) 대리하다. 잠시 맡다. 대행하다. ¶暂~=임시 대리하다. 명 사무실. 관청. ¶官~=관서. / 总~=본부.

○● 官署, 签署, 行署, 专zhuān署

【署理】shǔlǐ 통옝 (직무를 임시로) 대리하다. 대행하다.

【署名】shǔ‖míng 통 서명하다. 사인(sign)하다. 늑签名

*蜀 Shǔ 나라 이름 촉

명 1 (歷) 촉. [주(周)나라 때의 나라 이름으로, 지금의 쓰촨(四川)성 청두(成都) 일대] 2 (歷) 촉한. [삼국(三國) 시대의 나라 이름] 3 (地) '四川(쓰촨성)'의 다른 이름.

○● 玉蜀黍shǔ

【蜀汉】Shǔ Hàn 명(地) 촉한. [삼국(三國) 중 하나. 221~263년에 지금의 쓰촨(四川)성 동부와 윈난(云南)·구이저우(贵州)성 북부 및 산시(陕西)성 한중(汉中) 일대에 유비(刘备)가 세운 나라]

【蜀锦】shǔjǐn 명(紡) 쓰촨(四川) 특산인 채색 비단.

【蜀犬吠日】shǔquǎn-fèirì 솅 1 쓰촨(四川)의 개가 해를 보고 짖다. [쓰촨(四川)은 안개가 많고 해가 적어, 어쩌다 해가 뜨면 개가 이상하게 여기고 짖었다는 데에서 유래함] 2 옝 견문이 좁아 모든 것이 신기해 보이다. 대수롭지 않은 일을 신기하게 여기다.

【蜀黍】shǔshǔ ☞【高粱】gāoliáng

【蜀绣】shǔxiù 명(紡) 쓰촨(四川) 자수품. [중국 4대 자수 중의 하나]

**鼠 shǔ 쥐 서

명(動) 쥐. ['老鼠(lǎo·shǔ)'라고 통칭하고, 어떤 지방에서는 '耗子(hào·zi)'라고 부름]

○● 巢cháo鼠, 袋鼠, 沟gōu鼠, 黑鼠, 黄鼠, 灰鼠, 家鼠, 盲máng鼠, 松鼠, 田鼠, 跳鼠, 豚tún鼠, 野鼠, 银鼠, 黄鼠狼

【鼠辈】shǔbèi 명 (욕하는 말로) 쥐새끼 같은 놈(들). 형편 없는 놈(들). 소인배(들). ¶无名~, 不值一提。=보잘것없는 사람은 거론할 필요조차 없다.

【鼠标】shǔbiāo ☞【鼠标器】shǔbiāoqì

【鼠标垫】shǔbiāodiàn 명(컴) 마우스(mouse) 받침판.

【鼠标器】shǔbiāoqì 명(컴) 마우스(mouse). 옝【鼠标】shǔbiāo

【鼠疮】shǔchuāng 명(醫) 서루(鼠瘘). 나력(瘰疬). 연주창(連珠瘡).

【鼠窜】shǔcuàn 통(II) (쥐새끼처럼) 허둥지둥 도망치다. 급히 내빼다. ¶抱头~=머리를 감싸고 허둥지둥 도망치다.

【鼠胆】shǔdǎn 명 겁쟁이.

【鼠肚鸡肠】shǔdù-jīcháng ☞【小肚鸡肠】xiǎodù-jīcháng

【鼠肝虫臂】shǔgān-chóngbì 솅(II) 보잘것없는 것. 하찮은 것. =【虫臂鼠肝】chóngbì-shǔgān

【鼠害】shǔhài 명 쥐로 인한 피해.

【鼠耗】shǔhào 명 쥐로 인한 양식〔물품〕 손실.

【鼠夹】shǔjiā 명 쥐덫.

【鼠类】shǔlèi 명(動) 쥐의 총칭.

【鼠笼】shǔlóng 명 쥐덫. 쥐틀.

【鼠目】shǔmù 명(II) 작고 튀어나온 눈. 쥐눈.

【鼠目寸光】shǔmù-cùnguāng 솅(II) 시야가 좁다. 식견이 좁다. 근시안적이다. ≒目光如豆 ↔高瞻远瞩

【鼠窃狗盗】shǔqiè-gǒudào 솅(II) 1 좀도둑질 하다. 2 떳떳하지 못한 일을 하다. 3 떳떳하지 못한 남녀 관계. =【鼠窃狗偷】shǔqiè-gǒutōu

【鼠窃狗偷】shǔqiè-gǒutōu ☞【鼠窃狗盗】shǔqiè-gǒudào

【鼠蹊】shǔxī ☞【腹股沟】fùgǔgōu

【鼠疫】shǔyì 명(醫) 흑사병. 페스트(pest). =【黑死病】hēisǐbìng

**数[數] shǔ 헤아릴 수

통 1 세다. 헤아리다. ¶从一~到二十=1부터 20까지 세다. / 不可胜~=이루 다 헤아릴 수 없다. 2 (계산이나 비교해 보았을 때) 손꼽(히)다. 제일이다. 뛰어나다. 출중하다. ¶我们同学中就~他学问做得好。=우리 학우 가운데 그가 제일 공부를 잘한다. 3 일일이 열거하다. 나무라다. 꾸짖다. 책망하다. ¶历~其过=잘못을 낱낱이 열거하다. / 大加~落=크게 나무라다.

☞ shù, shuò

【数不过来】shǔ·buguò·lái 통 다 셀 수 없다. ¶来的人太多, ~。=온 사람이 너무 많아서 다 셀 수가 없다.

【数不好】shǔ·buhǎo 통 정확하게 세지 못하다. ¶这孩子老是~一百以上的数。=이 아이는 100 이상의 수는 늘 정확하게 세지 못한다.

【数不尽】shǔ·bujìn 통 다 셀 수 없다. ¶~的烦恼=수없이 많은 고민.

【数不清】shǔ·buqīng 통 정확하게 셀 수 없다. 이루 다 헤아릴 수 없다. ¶~的繁星=헤아릴 수 없이 많은 별.

【数不上】shǔ·bushàng ☞【数不着】shǔ·buzháo

【数不胜数】shǔbùshèngshǔ 성 일일이 다 셀 수 없다. 셀래야 셀 수 없다. ↔寥若晨星 寥寥无几.

【数不着】shǔ·buzháo 통 …축에 들지 못하다. 손꼽히지 못하다. ¶要说德才兼备近…他。=덕과 재능을 겸비한 걸로 말하자면, 그는 아직 축에 들지 못한다. =【数不上】shǔ·bushàng

【数叨】shǔ·dao 통구 1 잘못을 열거하며 꾸짖다. 2 나무라다. 야단치다. ¶她又在~孩子了。=그녀는 또 아이를 야단치고 있다. 3 끊임없이 늘어놓다.

【数得过来】shǔ·deguò·lái 통 다 셀 수 있다. ¶会议室里的人密密麻麻的, 哪里~？=회의실 안에 사람이 빽빽하게 들어차 있는데, 어떻게 그 수를 다 셀 수 있겠는가?

【数得上】shǔ·deshàng ☞【数得着】shǔ·dezháo

【数得着】shǔ·dezháo 통 …축에 들다. 손꼽히다. 저명〔유명〕하다. ¶这家餐厅的就餐环境在全城也是~的。=이 음식점의 분위기는 시내에서 손꼽힌다. =【数得上】shǔ·deshàng

【数第一】shǔ dìyī 통 제일이다. 으뜸이다. 손꼽히다. ¶他的成绩在全班~。=그의 성적은 반에서 일등이다.

【数典忘祖】shǔdiǎn-wàngzǔ 성구 1 자기 본래의 상황이나 사물의 근원을 망각하고 소홀히 하다. 2 자국의 역사를 잘 모르거나 망각하다.

【数东瓜, 道茄子】shǔ dōngguā, dào qié·zi 구 끊임없이 잔소리를 늘어놓다. 쉬지 않고 수다 떨다.

【数伏】shǔ‖fú 통 복날에 들어서다. 삼복더위가 시작되다.

【数黑论黄】shǔhēi-lùnhuáng ☞【数黄道黑】shǔhuáng-dàohēi

【数黄道黑】shǔhuáng-dàohēi 성 1 손으로는 노란색을 가리키고, 입으로는 검다고 말하다. 2 입에서 나오는 대로 함부로 말하다. 되는대로 지껄이다. 중언부언하다. =【数黑论黄】shǔhēi-lùnhuáng

【数九】shǔ‖jiǔ 동짓날로부터 시작되는 81일간에 들어가다. 한겨울에 들다.

【数九】shǔjiǔ 명 동짓날로부터 81일간. 한겨울. 동지섣달. [동짓날부터 시작하여 매(每) 9일가 '一九'이고, '一九'부터 '九九'까지 모두 81일간임]

【数九寒天】shǔjiǔ-hántiān 성 엄동설한. 겨울 중 가장 추운 시기.

【数来宝】shǔláibǎo 명 수래보. [설창 문예의 일종. 한 사람 또는 두 사람이 대나무 판이나 구리 방울이 달린 소 넓적다리뼈로 박자를 맞추며 노래하는 것. 최초에는 연예인들이 길거리에서 노래를 팔며 즉흥적으로 가사를 지었는데, 후에는 소형 오락 장소에서 공연하게 됨]

【数落】shǔ·luo 통 1 구 잘못을 열거하며 꾸짖다. 나무라다. 야단치다. 책망하다. 꾸짖다. 설교하다. ¶他因考试不及格被父母~了一顿。=그는 시험에서 낙제해서 부모님께 크게 야단을 맞았다. 2 끊임없이 지껄이다. 쉬지 않고 말하다. 수다스럽게 늘어놓다. ¶她一边伤心地哭, 一边~着丈夫的不是。=그녀는 상심해서 울면서 남편의 잘못을 계속 늘어놓았다.

【数骂】shǔmà 통 잘못을 들추면서 욕하다. ¶遭人~=잘못을 털어놓자 가며 욕을 먹다.

【数米而炊】shǔmǐ'érchuī 성 1 쌀알을 세어 밥을 짓다. 2 비 인색하다. 쩨쩨하다. 생활이 곤궁하다. 3 비 불필요한 자질구레한 일을 하다.

【数秒】shǔmiǎo 통 (10, 9, 8, …과 같이) 카운트다운(countdown) 하다. 초읽기 하다.

【数数儿】shǔ‖shùr 통 수를 세다. ¶她的孩子才一岁多就会~。=그녀의 자식은 겨우 한 살 남짓인데 벌써 수를 셀 줄 안다.

【数说】shǔshuō 통 1 꾸짖다. 나무라다. 책망하다. ¶对孩子要多鼓励, 别动不动就~。=아이에게는 많이 격려해 주어야지, 노상 꾸짖기만 해서는 안 된다. 2 열거하여 말하다. 조목조목 얘기하다. ¶他把公司目前的困难向全体员工~了一遍。=그는 회사의 현재 어려움을 모든 직원들에게 조목조목 말했다.

【数往知来】shǔwǎng-zhīlái 성 옛일을 알면 미래를 추측할 수 있다.

【数一数二】shǔyī-shǔ'èr 성 일(이)등을 다투다. 손꼽히다. 뛰어나다. 특출하다. ¶他的工作能力在单位上可是~的。=그의 능력은 회사에서도 손꼽힌다.

**薯**[(藷)] shǔ 고구마 저
명 (植) 고구마. 감자 등의 총칭.
○● 白薯, 豆薯, 番薯, 红薯, 凉薯, 木薯

【薯粉】shǔfěn 명 고구마가루.

【薯莨】shǔliáng 명 (植) 1 서랑. [다년생 초본식물. 그 뿌리는 약제와 물감의 원료가 됨] 2 서랑의 괴경. =【茨莨】cíliáng

【薯莨绸】shǔliángchóu ☞【香云纱】xiāng yúnshā

【薯蓣】shǔyù 명 (植) 마. 동 【山药】shānyào

**曙** shǔ 새벽 서
명 고 새벽. 여명. 해뜰 무렵. ¶~光初照=여명이 막 비추다. 동 날이 밝다.

【曙光】shǔguāng 명 1 서광. 여명. 새벽빛. 2 비 서광. 기대되는 일에 대하여 나타난 희망.

¶历经千辛万苦，终于迎来成功的～。＝천신만고 끝에 드디어 성공의 서광을 맞이하다.
【曙色】**shǔsè** 圐 새벽빛. 새벽 하늘빛. 여명. ¶雾蒙蒙的～＝안개가 자욱한 새벽 하늘빛.
【曙霞】**shǔxiá** 圐 아침 노을.

# 瘹 **shǔ** 근심할 서
동 근심으로 병이 나다. ¶～忧＝근심으로 마음이 우울하다.

# \*\*术[術] **shù** 꾀 술
圐 **1** 방법. 책략. 수단. ¶权～＝권모술수. / 心～＝계략. **2** 기술. 기예. 기교. 학술. ¶剑～＝검술. / 美～＝미술. / 不学无～＝배우지 않으면 재주도 없다.
☞ **zhú**

○● 法术, 国术, 幻huàn术, 技术, 马术, 魔术, 骗piàn术, 拳quán术, 儒rú术, 手术, 算术, 心术, 学术, 医术, 艺术, 智术

【术后】**shùhòu** 圐 수술 후. ¶～静养＝수술 후 안정을 취하다.
【术科】**shùkē** 圐 (군사 훈련이나 체육 훈련 중의) 실기 과목. 기술 과목.
【术士】**shùshì** 圐동 **1** 도사. 점성가. **2** 유생(儒生). 유학자.
【术语】**shùyǔ** 圐 (학문 분야의) 전문 용어. ¶医学～＝의학 용어.

# 戍 **shù** 지킬 수
동 (군대가) 지키다. 보위하다. ¶卫＝보위하다. (**Shù**) 성(姓).
【戍边】**shùbiān** 圐 변경(국경)을 지키다. ¶～卫国＝국경을 지켜 나라를 보위하다.
【戍守】**shùshǒu** 圐 지키다. 수호하다. 수비하다. ¶～边境＝국경을 지키다. ≒戍卫
【戍卫】**shùwèi** 圐 지키다. 수호하다. 수비하다. ≒戍守

# \*\*束 **shù** 묶을 속
圐 **1** 묶다. 매다. 동이다. ¶用发带～紧头发.＝머리끈으로 머리칼을 질끈 묶다. **2** 속박하다. 제한하다. 단속하다. ¶管～＝단속하다. / 无拘无～＝구속되지 않다. **3** 꾸리다. 정리하다. ¶～装就道＝여장을 꾸려 길을 떠나다. 圐 묶음. 다발. 단. ¶一～玫瑰＝장미 한 다발. 圐 **1** 모여서 한 줄로 된 것. ¶花～＝꽃다발. / 光～＝광속. **2** (**Shù**) 성(姓). ↔解

| ○ | 束 shù |
|---|---|
| | 漱 shù |
| | 嗽 sòu |
| | 速 sù |
| | 簌 sù |
| | 蔌 sù |
| | 涑 sù |
| | 竦 sǒng |
| | 悚 sǒng |

○● 波束, 管束, 花束, 检jiǎn束, 结束, 收束, 约束, 装zhuāng束

【束带】**shùdài** 圐 끈. 띠.
【束发】**shùfà** 동동 **1** (흐트러진) 머리를 묶다(땋다). **2** 입학 연령이 되다. 배움을 시작하

다. ¶～小生＝취학(就學) 아동.
【束缚】**shùfù** 동 **1** 줄로 묶다. 결박하다. ¶～双手＝양손을 결박하다. **2** 구속하다. 속박하다. 제한하다. ¶不少陈旧保守的观念还在～着人们的头脑.＝많은 낡고 보수적인 관념이 아직도 사람들의 생각을 구속한다. ≒约束 ↔摆脱 解脱
【束紧】**shùjǐn** 圐 꽉 매다. ¶～腰带＝허리띠를 졸라매다.
【束身】**shùshēn** 동동 **1** 자중하다. 조신하다. 몸가짐을 조심하다. **2** 자기를 묶다. 자박(自縛)하다. ¶～就擒＝자박하여 생포되다.
【束矢难折】**shùshǐ-nánzhé** 圐 **1** 한데 묶은 화살은 꺾기가 어렵다. **2** 동 단결하면 힘이 매우 강대해진다.
【束手】**shùshǒu** 동 **1** 손을 묶다. **2** 동 속수무책이다. 방법이 없다. ¶～无措＝속수무책이다.
【束手待毙】**shùshǒu-dàibì** 圐동 가만히 앉아서 패망을 기다리다. 팔짱 끼고 죽음을 기다리다.
【束手就擒】**shùshǒu-jiùqín** 圐 **1** 스스로 손을 결박하고 사로잡히다(귀순하다). **2** 동 반항할 생각을 하지 않다. 저항할 힘이 없다. 꼼짝달싹할 수 없다.
【束手束脚】**shùshǒu-shùjiǎo** 圐 **1** 손과 발을 묶다. **2** 동 이것저것 걱정만 많이 하고 감히 손대지 못하다.
【束手无策】**shùshǒu-wúcè** 圐동 속수무책이다. 어쩔 도리가 없다. ≒一筹莫展 ↔大刀阔斧
【束腰】**shùyāo** 동 허리를 졸라매다(동여매다). 휑 허리에 바싹 달라붙는. 허리가 잘록한(졸아드는). ¶～连衣裙＝허리가 잘록한 원피스. 圐 허리띠. 허리끈.
【束脩】**shùxiū** 圐동 **1** 포개어 묶은 포(脯). **2** 옛날에 선생님께 드리는 사례금(보수).
【束之高阁】**shùzhīgāogé** 圐 **1** 물건을 묶어 높은 시렁에 얹어 두다. **2** 동 방치해 둔 채 사용하지 않다.
【束装】**shùzhuāng** 동동 여장을 꾸리다. 길 떠날 준비를 하다. ¶～待命＝여장을 꾸리고 명령을 기다리다. ≒整装

# \*\*述 **shù** 말할 술
동 진술하다. 말하다. 서술하다. ¶概～＝개술하다. / 描～＝묘사하다. / 传～＝이러저러 말이 전해지다. ≒叙

○● 阐chǎn述, 陈chén述, 称述, 传chuán述, 记述, 讲述, 缕lǚ述, 论述, 申shēn述, 行述, 叙xù述, 著zhù述, 转zhuǎn述, 撰zhuàn述, 追述, 赘zhuì述, 自述, 综zōng述, 祖述

【述而不作】**shù'érbùzuò** 圐 타인의 학설을 기술할 뿐, 자신의 새로운 의견을 더하지 않다.
【述怀】**shùhuái** 동 술회하다. 감정을 나타내다. [시문의 제목에 많이 쓰임] ¶咏物～＝사물을 노래하며 감정을 읊다.
【述评】**shùpíng** 동 논평하다. 평론하다. ¶时事～＝시사에 대해 논평하다. 圐 논평. 평론. ¶今

天报上刊登了关于这一事件的~。= 오늘 신문에 이 일에 대한 논평이 실렸다.
【述说】shùshuō 〔动〕 진술하다. 설명하다. 말하다. ¶~原委 = 사건의 경위를 설명하다.
【述职】shù‖zhí 〔动〕 1 (주관 부서 등에) 업무 상황을 보고하다. ¶明天召开中层干部年终~大会。= 내일 중간 간부들의 연말 업무 보고회가 열린다. 2 외교관이 귀국하여 상황을 보고하다.

**沭** Shù 물 이름 술
〔名〕(地) 수허(沭河). [산둥(山东)성에서 발원하여 장쑤(江苏)성을 거쳐 바다로 흘러들어가는 강]
【沭阳】Shùyáng 〔名〕(地) 수양. [장쑤(江苏)성에 있는 지명]

\*\***树[樹]** shù 나무 수
〔动〕 1 심다. 재배하다. 키우다. 기르다. 배양하다. ¶~木易，~人难。= 나무를 키우는 것은 쉬우나, 사람을 키우는 것은 어렵다. 2 세우다. 수립하다. 건립하다. 이룩하다. ¶独~一帜 = 혼자서 일가를 이루다. 〔量〕 그루. ¶一~梨花 = 배나무 한 그루. 〔名〕 1 (植) 나무. 수목. ¶桃~ = 복숭아나무. / 绿~成林 = 푸른 나무가 숲을 이루다. 2 (Shù) 성(姓).

⊙- 稻树, 果树, 红树, 漆qī树, 铁树, 玉树, 棕zōng树, 摇钱树

【树碑立传】shùbēi-lìzhuàn 〔成〕 1 어떤 사람의 사적을 비석에 새기거나 전기(傳記)로 써서 칭송하다. 2〔비〕 모종의 수단을 부려 개인의 위신이나 권위를 높이다. ≒歌功颂德
【树菠萝】shùbōluó ☞【木菠萝】mùbōluó
【树杈】shùchà 〔名〕 나무 가장귀.
【树丛】shùcóng 〔名〕 나무숲.
【树大根深】shùdà-gēnshēn 〔成〕 1 나무가 크고 뿌리가 깊다. 2〔비〕 세력이 강대하고 토대가 견고하다.
【树大招风】shùdà-zhāofēng 〔成〕 1 나무가 너무 크면 바람도 세게 맞는다. 2〔비〕 명성이 높을수록 남의 시기를 받고 시비를 불러일으키기 쉽다.
【树袋熊】shùdàixióng 〔名〕(动) 코알라(koala). =【考拉】kǎolā
【树倒猢狲散】shù dǎo húsūn sàn 〔俗〕 1 나무가 넘어지면 원숭이도 사방으로 흩어진다. 2〔喩〕〔비〕 우두머리가 쓰러지면 따르던 자들도 뿔뿔이 흩어진다.
【树敌】shùdí 〔动〕 적을 만들다. ¶他一生~太多。 = 그는 일생 동안 적을 너무 많이 만들었다.
【树顶】shùdǐng 〔名〕 나무 꼭대기.
【树墩(子)】shùdūn(·zi) 〔名〕 나무 그루터기.
【树干】shùgàn 〔名〕 나무 줄기.
【树根】shùgēn 〔名〕 나무 뿌리.
【树挂】shùguà ☞【雾凇】wùsōng
【树冠】shùguān 〔名〕 수관(樹冠). [나무 위쪽의 가지와 잎이 무성하여 갓 모양을 이룬 부분].
【树海】shùhǎi 〔名〕〔비〕 수해. 울창한 숲.
【树行子】shùhàng·zi 〔名〕 작은 숲. 줄지어 심은 나무.

놓은 나무.
【树胶】shùjiāo 〔名〕 1 나무의 진. 2 고무.
【树节】shùjié 〔名〕 나무 마디.
【树径】shùjìng 〔名〕 나무 둘레.
【树棵子】shùkē·zi 〔名〕 나무숲. 총림. 묘목.
【树兰】shùlán ☞【米仔兰】mǐzǐlán
【树篱】shùlí 〔名〕 빽빽하게 심긴 나무 울타리.
【树立】shùlì 〔动〕 수립하다. 세우다. ¶~正确的人生观 = 정확한 인생관을 세우다. ≒建立 确立
【树凉儿】shùliángr 〔名〕 나무 그늘. ¶坐在~下乘凉。 = 나무 그늘에 앉아 더위를 식히다. =【树阴凉儿】shùyīnliángr
【树林(子)】shùlín(·zi) 〔名〕 숲. 수풀. ['森林(삼림)'보다 규모가 작음]
【树龄】shùlíng 〔名〕 수령. 나무의 나이.
【树苗】shùmiáo 〔名〕 묘목.
【树木】shùmù 〔名〕 나무. 수목. ¶严禁乱砍乱伐~。 = 함부로 벌목을 하는 것을 철저히 금하다. 〔动〕 나무를 심다. ¶十年~, 百年树人。 = 나무를 기르는 데는 십 년이 걸리고, 인재를 육성하는 데는 백 년이 걸린다.
【树皮】shùpí 〔名〕 수피. 나무 껍질.
【树人】shùrén 〔动〕 인재를 양성하다〔배양하다·키우다〕. ¶树木易，~难。 = 나무를 키우기는 쉬워도 인재를 키우기는 어렵다.
【树梢】shùshāo 〔名〕 1 나무 꼭대기. 나무 끝. 2 나뭇가지의 끝.
【树身】shùshēn 〔名〕 나무 줄기.
【树蛙】shùwā 〔名〕(动) 산청개구리.
【树丫】[树桠]shùyā 〔名〕 가장귀.
【树桠】shùyā ☞【树丫】shùyā
【树秧】shùyāng(~儿) 〔名〕 묘목.
【树叶】shùyè 〔名〕 나뭇잎.
【树阴】shùyīn(~儿) 〔名〕 나무 그늘. ≒绿阴
【树阴凉儿】shùyīnliángr ☞【树凉儿】shùliángr
【树欲静而风不止】shù yù jìng ér fēng bù zhǐ 〔成〕 1 나무는 가만히 있고 싶지만 바람이 끊임없이 흔들어 댄다. 2〔비〕 객관적인 상황과 주관적인 소망이 어긋나다. 일이 사람의 마음대로 되지 않는다.
【树葬】shùzàng 〔名〕 수상장(樹上葬).
【树枝】shùzhī 〔名〕 나뭇가지.
【树脂】shùzhī 〔名〕(化) 수지.
【树种】shùzhǒng 〔名〕 1 수종. 나무〔수목〕의 종류. ¶阔叶~ = 활엽수. 2 나무 종자. ¶撒播~ = 나무 종자를 뿌리다.
【树桩】shùzhuāng 〔名〕 1 나무의 그루터기. =【树桩子】shùzhuāng·zi 2 줄기가 굵고 짧막하면서 가지가 적은 나무. [분재에 많이 쓰임]
【树桩子】shùzhuāng·zi ☞【树桩】shùzhuāng

\*\***竖[竪，豎]** shù 세울 수
〔形〕 1 수직의. ¶弹~琴 = 하프를 연주하다. 2 세로의. ¶~着写 = 세로로 쓰다. 〔动〕 똑바로〔곧게〕 세우다. ¶把电线杆子~起来。 = 전봇대를 똑바

로 세우다. 몡 1 (~儿) 뚫을 곤. 'ㅣ'. [한자 부수의 하나] 2 (문) 젊은 하인. 어린 종. ↔橫

○● 橫héng竪

【竪井】 shùjǐng 몡(礦) 수갱(竪坑). 수직 갱도. =【立井】 lìjǐng【直井】 zhíjǐng

【竪立】 shùlì 동 똑바로〔곧게〕 세우다. 똑바로〔곧게〕 서다. ¶~石碑=비석을 곧게 세우다.

【竪眉】 shù‖méi (화가 나서) 눈썹을 치켜세우다. ¶~瞪眼=눈썹을 치켜세우고 두 눈을 부릅뜨다.

【竪起】 shùqǐ 동 (수직으로) 세우다. ¶~柱子=기둥을 곧게 세우다.

【竪琴】 shùqín 몡(音) 하프.

【竪蜻蜓】 shùqīngtíng ☞【倒立】 dàolì

【竪线】 shùxiàn 몡 수선. 수직선.

【竪写】 shùxiě 동 세로로 쓰다.

【竪心旁儿】 shùxīnpángr 몡 심방변. '忄'. [한자 부수의 하나]

【竪眼】 shùyǎn 동 (화가 나서) 눈을 부라리다. ¶橫眉~=눈썹을 치켜세우고 눈을 부라리다.

【竪直】 shùzhí 형 수직의. 직립의. ¶~跌落=수직으로 떨어지다. 동 똑바로〔곧게〕 세우다. ¶小兔子突然~了大耳朵, 好像在听什么。=토끼가 마치 무엇인가를 듣는 것처럼 갑자기 큰 귀를 쫑긋 세웠다.

【竪柱】 shùzhù 동 기둥을 세우다. ¶~架梁=기둥과 대들보를 세우다.

【竪子】 shùzǐ 몡(문) 1 나이 어린 종. 동복. 2 (경멸의 뜻으로) 새파란 놈. 하찮은 놈. 못난 자식. ¶~不可与谋。=새파란 놈과는 일을 도모할 수 없다.

# 俞 shù 경혈 이름 수

몡 '腧(shù)'와 같음. [일반적으로 '腧'로 씀] ☞ yú

# 铩[鈖] shù 돗바늘 술

몡 1 (문) 돗바늘. 2 (Shù) 성(姓).

# *恕 shù 용서할 서

동 1 (남의 잘못을) 용서하다. 따지지 않다. 관대히 봐주다. ¶饶~=용서하다. 2 용서〔양해〕해 주시기 바랍니다. ¶~不远送=멀리 배웅하지 못함을 양해해 주십시오. 형 관대하다. 너그럽다. 후하다. ¶忠~=스스로 진심을 다하고 남을 잘 이해하다. ≒饶

【恕己及人】 shùjǐ-jírén 성 자신을 용서하듯이 다른 사람을 너그러이 용서하다.

【恕罪】 shùzuì 동(경) 용서〔양해〕해 주시기 바랍니다. ¶适才多有不恭, 敬请~。=방금 실례가 많았습니다. 삼가 용서를 빕니다.

# *庶[庻] shù 여러 서

형 아주 많다. ¶富~=풍요하다. 뵈 거의. 대체로. 어쩌면. ¶~不致误=대체로 착오가 없을 것이다. 몡 1 (문) 백성. 평민. ¶黎~=서민. 2 (옛날)

서출(庶出). 첩의 소생. ¶此女乃~出。=이 여자는 서출이다. 3 (Shù) 성(姓). ↔嫡

【庶出】 shùchū 몡(문) 서출. 첩의 소생. ↔嫡出

【庶乎】 shùhū ☞【庶几】 shùjī

【庶几】 shùjī 형(문) 괜찮다. 어지간하다. 근접하다. 가깝다. 근사하다. ¶全我社稷, 可以~乎! =우리 종묘사직의 보전은 그런대로 희망이 있겠구나! 뵈 어쩌면. 거의. 대체로. …되기를 바라다. … 되면 좋겠다. [희망과 추측을 나타냄] ¶~足以成事。=어쩌면 충분히 성사시킬 수 있을 것이다. =【庶乎】 shùhū【庶几乎】 shùjīhū 몡(문) 현자. 가능성이 있는 인재. ¶~之才=인재.

【庶几乎】 shùjīhū ☞【庶几】 shùjī

【庶民】 shùmín 몡(문) 서민. 서인. 평민. 백성. ≒庶族

【庶母】 shùmǔ 몡(옛) 서모. 아버지의 첩.

【庶男】 shùnán 몡 서자. 첩이 낳은 아들.

【庶女】 shùnǚ 몡(옛) 서녀. 첩이 낳은 딸.

【庶人】 shùrén 몡(문) 서민. 평민. 백성.

【庶务】 shùwù 몡(문) 1 서무. 2 서무 담당자.

【庶子】 shùzǐ 몡 서자. 첩이 낳은 아들.

【庶族】 shùzú 몡(문) 1 관계가 소원한 종친. ¶~子弟=먼 친척의 자제. 2 서민. ≒庶民

# 裋 shù 해진 옷 수

몡 고대에 하인들이 입던 결이 거친 옷.

【裋褐】 shùhè 몡(문) 거친 베옷.

# 腧 shù 경혈 이름 수

몡(醫) 경혈(經穴). ¶胃~=위의 경혈.

【腧穴】 shùxué 몡(醫) 경혈(經穴).

# *数[數] shù 숫자 수

몡 1 (~儿) 수. ¶岁~=나이. / 号~=번호. 2 (言) 수사. ¶单~=단수. / 复~=복수. 3 (數) 수(數). [수학에서 말하는 양의 기본 개념] ¶整~=정수. / 有理~=유리수. 4 액운. ¶在~难逃=액운을 피하기 어렵다. 5 운명. 팔자. 천명. ¶气~已近=죽음이 가까워지다. ㈜ 1 몇. 여러. 수. ¶有~十人=몇십 명이 있다. / 重~百斤=수백 근이 된다. 2 (문) 대략적인 수. [수사나 양사 뒤에서 대략적인 수를 나타냄] ¶年产万~辆=연간 만여 대를 생산한다.

☞ shǔ, shuò

○● 报数, 倍bèi数, 辈数儿, 变数, 参数, 差chā数, 常数, 成数, 乘数, 充数, 出数儿, 除数, 凑còu数, 答数, 代数, 倒数, 得数, 底数, 顶数, 读数, 度数, 对数, 多数, 额é数, 分数, 负数, 概gài数, 过数, 函hán数, 合数, 和数, 荒数, 基数, 级数, 加数, 减数, 劫jié数, 礼数, 零数, 路数, 名数, 偶ǒu数, 权数, 全数, 如数, 扫数, 少数, 实数, 寿shòu数, 双数, 算数, 套数, 为数, 尾wěi数, 无数, 悉xī数, 系数, 小数, 心数, 虚xū数, 序数, 因数, 有数, 余数, 约数, 着zhāo数, 正数, 指数, 总数, 作数

【数表】 shùbiǎo 몡(數) 수표.

【数词】shùcí 图(言) 수사.
【数额】shù'é 图 일정한 수. 정액(定額). 액수. ¶这笔钱~巨大, 请妥善保管. = 이 돈은 액수가 크니까 잘 보관하세요.
【数据】shùjù 图 데이터(data). (실험·설계·계획 등에 필요한) 통계 수치.
【数据库】shùjùkù 图(컴) 데이터 베이스(data base). 데이터 뱅크(data bank).
【数据网络】shùjù wǎngluò 图(컴) 데이터 네트워크(data networks).
【数控】shùkòng ☞【数字控制】shùzì kòngzhì
【数理化】shù·li·huà 图 수학·물리학·화학.
【数理逻辑】shùlǐ luó·ji 图 수리 논리학. =【符号逻辑】fúhào luó·ji
【数理统计】shùlǐ tǒngjì 图(数) 수리 통계.
【数量】shù·liàng 图 수량. 양. 수효. ¶~和质量并重. = 수량과 품질을 모두 중시하다. ≒数字
【数量词】shùliàngcí 图(言) 수량사. [수사와 양사의 조합. 예컨대 '一个' '三间' 등]
【数量级】shùliàngjí 图(物) 크기의 자릿수. 图 order of magnitude
【数列】shùliè 图(数) 수열.
【数论】shùlùn 图(数) 수론.
【数码】shùmǎ (~儿) 图 1 숫자. 2 수량. 수. [주로 구어에 쓰임] ¶今天卖出的~比昨天多. = 오늘 판매된 수량이 어제보다 많다. 3 디지털(digital). ¶~摄像机 = 디지털 비디오 카메라(digital vidio camera). ≒数目
【数码相机】shùmǎ xiàngjī ☞【数字相机】shùzì xiàngjī
【数目】shùmù 图 수. 수량. 숫자. 수효. ¶你数一数人数, 然后把~告诉他. = 네가 사람 수를 세어 보고 나서 그에게 숫자를 알려 줘라. ≒数码
【数目字】shùmùzì ☞【数字】shùzì
【数儿】shùr 图 수. 수량. 숫자. 수. ¶算一算人~. =사람 수를 한번 계산해 보다.
【数位】shùwèi 图 1(数) 수의 위치. 수의 단위. 2(電) 디지털(digital).
【数学】shùxué 图 수학.
【数学模型】shùxué móxíng 图 수학적 모형. 图 mathematical model
【数以万计】shùyǐwànjì 图 1 수를 만(萬) 단위로 계산하다. 2 아주 많다.
【数值】shùzhí 图 수치.
【数制】shùzhì 图(数) 기수법.
【数轴】shùzhóu 图(数) 수의 축.
【数珠】shùzhū (~儿) 图(佛) 염주. =【念珠】niànzhū
【数字】shùzì 图 1 숫자. ¶一、二、三等是汉字的~. = 一, 二, 三 등은 한자에서 쓰는 숫자이다. / 阿拉伯~ = 아라비아 숫자. 2 수량. 수. ¶重~, 更要重质量. = 수량도 중요하지만 품질을 더 중요시해야 한다. 3 디지털형. ¶~显示 = 디지털 디스플레이(digital display). ≒数量
【数字唱片】shùzì chàngpiàn ☞【激光数码唱片】jīguāng shùmǎ chàngpiàn
【数字电视】shùzì diànshì 图 디지털 텔레비전.

【数字化】shùzìhuà 图 디지털화하다. ¶这是一个~的年代. = 지금은 디지털화된 시대이다.
【数字化部队】shùzìhuà bùduì 图(軍) 정보화 부대. [현대 정보 기술을 응용하는 부대]
【数字化技术】shùzìhuà jìshù 图 디지털 기술.
【数字计算机】shùzì jìsuànjī 图(컴) 디지털 컴퓨터(digital computer).
【数字控制】shùzì kòngzhì 图 수치 제어. ☞【数控】shùkòng
【数字摄像机】shùzì shèxiàngjī 图 디지털 비디오 카메라(digital vidio camera).
【数字视盘】shùzì shìpán 图 브이시디. VCD (Video Compact Disc). =【视频高密光盘】shì pín gāomì guāngpán【影像光盘】yǐng xiàng guāngpán
【数字通信】shùzì tōngxìn 图 디지털 통신.
【数字图书馆】shùzì túshūguǎn 图 전자 도서관. 디지털 도서관.
【数字信号】shùzì xìnhào 图 디지털 신호.
【数字移动电话】shùzì yídòng diànhuà 图 디지털 방식 이동 통신.
【数字影像光盘】shùzì yǐngxiàng guāngpán 图 디브이디. DVD(Digital Video Disc).
【数字相机】shùzì xiàngjī 图 디지털 카메라. =【数码相机】shùmǎ xiàngjī
【数罪并罚】shùzuì-bìngfá 图(法) 병과주의(併科主義). [여러 죄에 개별적으로 형을 정하고 이를 병과하는 것]

*墅 shù 농막 서
图 별장.

*漱[漱] shù 양치질할 수
图 양치질하다. 입가심하다. (입 안을) 가시다. ¶洗~. = 세수하고 양치질하다.

○● 盥 guàn 漱

【漱口】shùkǒu 图 양치질하다. 입을 가시다. ¶饭后要~. = 식후에는 양치질을 해야 한다.
【漱洗】shùxǐ 图 양치질하고 세수하다.

澍 shù 단비 주
图 단비. 때맞추어 오는 비.

# shua

*刷 shuā 닦을 쇄
图(~儿) 솔. 브러시. ¶牙~ = 칫솔. / 鞋~ = 구두솔. 图 1 솔로 닦다[씻다]. 솔질하다. ¶~碗 = 솔로 그릇을 닦다. 2 솔로 칠하다[바르다]. ¶用乳胶漆~墙 = 락텍스(latex)로 벽을 칠하다. 3 솔로 닦다[씻다]. 4(口) 도태시키다. 제명하다. 파면시키다. 해고하다. 쫓아내다. 제거하다. 축출하다. ¶中国留学选拔考试~下了三分之一的学生. = 중국 유학 선발 시험에서 3분의 1의

학생을 도태시켰다. 囮 쏴쏴. 쫙쫙. 휙. 홱. [빠르게 스쳐 가는 소리] ¶秋雨~~地下个不停。= 가을비가 쏴쏴 그칠 줄 모르고 내린다.
☞ shuā

○● 板刷, 冲刷, 粉刷, 洗刷, 印刷, 振zhèn刷

【刷卡】 shuā‖kǎ 图 (신분 확인·지불 등을 위해) 카드를 긁다. 카드로 결제하다.

【刷拉】 shuālā 囮 쏴쏴. 휙. 홱. [빠르게 스쳐 가는 소리] ¶~一声, 鸽子从房顶上飞走了。= 휙 하고 비둘기가 지붕에서 날아갔다. 囮 신속하게. 재빠르게. ¶她的脸一下变得通红。=그녀의 얼굴은 금방 빨갛게 변했다.

【刷了】 shuā·le 图粵 1 해고하다. 그만두게 하다. ¶他因工作失误被公司~。= 그는 업무 실수로 인해 회사로부터 해고당했다. 2 떨어지다. 낙방하다. ¶他今年高考不幸被~。= 그는 올해 대학 시험에서 불행히도 떨어졌다. 3 (시합에서) 지다. 패배하다. ¶他在复赛中被~, 没有获得决赛权。= 그는 준결승에서 져서, 결승 진출권을 얻지 못했다.

【刷亮】 shuāliàng 圈 아주 밝다. 환하다. ¶~的皮鞋=빛이 나는 구두.

【刷漆】 shuā‖qī 솔로 칠하다〔바르다〕. 图 솔로 칠할 수 있는 도료.

【刷洗】 shuāxǐ 图 (솔로) 씻다. 닦다. ¶~地板=솔로 바닥을 씻다.

【刷新】 shuāxīn 图 1 솔로 씻어 깨끗이 하다. 2 (비) (기록·내용 등을) 갱신하다. 쇄신하다. 혁신하다. 새롭게 하다. ¶他在奥运会上~了男子70公斤级举重世界纪录。= 그는 올림픽 남자 역도 70Kg급에서 세계 기록을 갱신했다.

【刷牙】 shuāyá 图 이를 닦다. 양치질하다. ¶~洗脸=양치를 하고 세수하다.

【刷子】 shuā·zi 图 솔.

**耍** shuǎ 희롱할 사
图 1 粵 놀다. 장난하다. ¶小孩子出去~, 别在屋里闹。= 밖에 나가 놀아라, 방안에서 떠들지 말고. 2 가지고 놀다. 희롱하다. 놀리다. 농락하다. 마음대로 다루다. ¶做这买卖要小心, 别被~了。= 이번 거래에서 속지 않도록 조심해야 한다. 3 粵 (수단을) 부리다. 피우다. 발휘하다. ¶别~手腕儿。= 수단 부리지 마라. 4 공연하다. 연기하다. ¶~一把势卖艺=무술 공연을 하고 기예를 팔다. 图 (Shuǎ) 성(姓).

○● 玩耍, 戏耍, 杂耍

【耍把戏】 shuǎ bǎxì 粵 1 곡예를 펼치다. 마술을 부리다. 2 (비) 잔재주를 부리다. 꿍꿍이수작을 부리다. 비열한 수단을 쓰다. 속임수를 쓰다. ¶别信他, 他又在~骗人。= 그를 믿지 말아라, 또 잔재주를 부려 사람을 속이는 거다.

【耍笔杆】 shuǎ bǐgǎn(~儿) 粵粵 펜대나 놀리다. 붓이나 놀리다. ¶他就是一个~儿的, 能有多大能耐? = 그는 펜대나 놀리는 사람인데 별로 큰 능력이 있겠어?

【耍刺儿】 shuǎcìr 粵 트집을 잡다. 억지를 부리다. 행패를 부리다. 짓궂게 굴다. 남의 기분을 상하게 하다.

【耍刀】 shuǎdāo 粵 1 검술을 부리다. ¶~弄枪=검술과 창술을 부리다. 2 칼을 휘두르다. 칼을 쓰다.

【耍骨头】 shuǎ gǔ·tou 粵粵 1 말썽부리다. 소란피우다. ¶别尽~, 你也用点儿心思在学习上! = 말썽만 부리지 말고, 너도 공부에 신경 좀 써라! 2 농담하다. 놀리다. 조롱하다. 희롱하다. ¶在这种场合~不合适。= 이런 분위기에서 농담은 어울리지 않는다.

【耍光棍】 shuǎ guāng·gùn 粵 1 제멋대로 굴다. 못되게 굴다. 난폭한 짓을 하다. ¶别以为~就没人治得了你。= 네가 제멋대로 굴어도 너를 제재할 사람이 없다고 생각하지 마라. 2 강한 척하다. 잘난 척하다. 허세를 부리다. 억지를 부리다. ¶年轻人不懂事, 就知道在外面~瞎胡闹。= 젊은이들은 철이 없어서 밖에서 잘난 척하며 쓸데없는 짓거리만 할 줄 안다.

【耍横】 shuǎ‖hèng 粵粵 횡포를 부리다. 난폭하게 굴다. ¶有理说理, ~解决不了问题。= 이치가 있으면 이치로 따져야지 횡포를 부린다고 문제가 해결되는 것은 아니다.

【耍猴儿】 shuǎhóur 粵 1 (곡예의 일종으로) 원숭이에게 각종 재주를 부리게 하다. 2 (비) 희롱하다. 놀리다. 가지고 놀다. 농락하다. 엉터리짓을 하다. ¶你让他当众出丑, 这不是~吗? = 너는 사람들 앞에서 그에게 창피를 주다니, 이게 사람을 놀리는 것이 아니고 뭐니?

【耍花枪】 shuǎ huāqiāng 粵 1 술이 달린 짧은 창을 휘두르다. 2 (비) 속임수를 써서 현혹시키다. 능란한 솜씨로 상대방을 농락하다. ¶别跟我~, 你的心思我一看就清楚。= 나를 속일 생각일랑 하지 마라, 네 생각을 한눈에 알 수 있으니까.

【耍花腔】 shuǎ huāqiāng 粵 교묘한 말로 속이다. 그럴싸한 거짓말을 하다. ¶有什么事你就直说, 别跟我~! = 무슨 일이 있으면 직접 얘기하지, 교묘한 말로 나를 속이지 마라.

【耍花舌子】 shuǎ huāshé·zi 粵 말솜씨가 좋다. 마음에도 없는 말을 잘 하다. 입에 발린 소리를 잘 하다. 겉치레 말을 잘 하다. ¶他人很老实, 不会~。= 그는 사람이 성실해서 입에 발린 말을 할 줄 모른다.

【耍花样】 shuǎ huāyàng(~儿) 粵 1 속임수를 쓰다. 교활한 계략을 쓰다. 술책을 꾸미다. 2 재간을 피우다. 솜씨를 부리다.

【耍花招】 shuǎ huāzhāo(~儿) 粵 1 속임수를 쓰다. 교활한 계략을 쓰다. 술책을 꾸미다. 2 재간을 피우다. 솜씨를 부리다. 잔꾀를 부리다.

【耍滑】 shuǎhuá 粵 농간을 부려 이익을 챙기거나 책임을 면하다. 교활한 짓을 하다. 간사한 짓을 하다. ¶偷奸~。= 교활한 수단으로 자기 이익을 챙기다. =【耍滑头】 shuǎ huá·tou

【耍滑头】 shuǎ huá·tou ☞【耍滑】 shuǎhuá

【耍奸】 shuǎjiān 粵 농간을 부려 이익을 챙기거나 책임을 면하다. 교활한 짓을 하다. ¶~取

巧=교활한 수단을 부려 자기 이익을 챙기다.

【耍阔】**shuǎkuò**〔동〕 허세를 부리다. 허영을 좇다. ¶~摆谱=허세를 부리며 과시하다.

【耍赖】**shuǎlài**〔동〕 **1** 생떼를 쓰다. 억지를 부리다. 행패를 부리다. **2** 시치미떼다. 잡아떼다. 발뺌하다. ¶明明是你的不对你还要~。=분명히 네 잘못인데 계속 시치미를 떼는 구나. =【耍无赖】**shuǎ wúlài**

【耍赖皮】**shuǎ làipí**〔동〕 **1** 생떼를 쓰다. 억지를 부리다. 행패를 부리다. **2** 시치미떼다. 잡아떼다. 발뺌하다. 뻔뻔스럽게 굴다. ¶他~, 不承认自己说过这话。=그는 시치미를 떼며 자신이 한 말을 인정하지 않는다.

【耍乐】**shuǎlè**〔동〕 장난치다. 농담하다. ¶法庭可不是~的地方。=법정은 장난칠 만한 곳이 아니다.

【耍两面派】**shuǎ liǎngmiànpài**〔동〕 양쪽에 기분을 잘 맞추다. ¶他在上司和下属面前~, 谁都不得罪。=그는 상사와 부하들의 비위를 다 잘 맞추기 때문에 누구에게도 미움을 사지 않는다.

【耍流氓】**shuǎ liúmáng**〔동〕 난폭하게 굴다. 뻔뻔스럽게 굴다. 생떼를 쓰다. 희롱하다. (비열한 수단으로) 남을 괴롭히다. 모욕을 주다. 깡패 같은 짓을 하다.

【耍龙灯】**shuǎ lóngdēng**〔동〕 (민간 전통 공연의 하나로, 음력 정월 보름날 밤에) 용등(龍燈)춤을 추다.

【耍蛮】**shuǎmán**〔동〕 난폭한 짓을 하다. 흉포한 짓을 하다. ¶~不讲理=흉포하게 굴며 억지를 부리다.

【耍闹】**shuǎnào**〔동〕 마음껏 웃고 떠들다. 떠들며 놀다. 장난치며 소란을 피우다. ¶和孩子们一起~很开心。=아이들과 마음껏 웃고 떠들며 매우 즐거워하다.

【耍弄】**shuǎnòng**〔동〕 **1** 가지고 놀다. 농락하다. 희롱하다. ¶~残疾人是极不道德的行为。=장애인을 놀리는 것은 지극히 비도덕적인 행위이다. **2** 수단을 부리다. ¶~花招=교묘한 술수를 펼치다.

【耍排场】**shuǎ pái·chang**〔동〕 허세를 부리다. 잘사는 티를 내다. 겉치레를 하다. 과시하다.

【耍派头】**shuǎ pài·tou**〔동〕 거드름을 피우다. 잘난 체하다. 건방지게 굴다. ¶他好~, 把谁都不放在眼里。=그 사람은 너무 거드름을 피우는 것이 아무도 안중에 없다.

【耍脾气】**shuǎ pí·qi**〔동〕 성질부리다. 제멋대로 굴다. 마음이 내키는 대로 하다.

【耍贫嘴】**shuǎ pínzuǐ**〔동〕 입만 살아서 저속한 농담을 늘어놓다. 쓸데없는 얘기를 끝없이 지껄이다. 잔소리하다. 수다떨다.

【耍钱】**shuǎ‖qián**〔동〕〔방〕 도박〔노름〕하다.

【耍枪弄棒】**shuǎqiāng nòngbàng**〔동〕 **1** 창과 봉을 쓰다. 창이나 막대기를 휘두르다〔사용하다〕. **2** 무술을 연마하다.

【耍强】**shuǎqiáng**〔동〕 위세〔허세〕를 부리다.

【耍拳】**shuǎ‖quán**〔동〕 권법을 하다.

【耍人】**shuǎ‖rén**〔동〕 (사람을) 희롱하다. 농하다. 조롱하다. 가지고 놀다. 놀리다. 속이다.

【耍狮子】**shuǎ shī·zi**〔동〕 **1** 사자를 놀리다. **2** 사자춤을 추다.

【耍势力】**shuǎ shì·li**〔동〕 권세를 부리다〔과시하다〕.

【耍手段】**shuǎ shǒuduàn**(~儿)〔동〕 속임수를 쓰다. 정당하지 못한 수단을 쓰다. 교활한 수단을 부리다.

【耍手腕】**shuǎ shǒuwàn**(~儿)〔동〕 속임수를 쓰다. 정당하지 못한 수단을 쓰다. 교활한 수단을 부리다.

【耍手艺】**shuǎ shǒuyì**〔동〕 손재주로 살아가다.

【耍态度】**shuǎ tài·du**〔동〕 성질을 부리다. 화를 내다. 짜증내다. ¶给你提意见是为你好, 你怎么还~? =너한테 의견을 말하는 것은 너를 위해서인데, 왜 화를 내니?

【耍玩】**shuǎwán**〔동〕 **1** 놀다. 장난하다. **2** 사람을 놀리다.

【耍威风】**shuǎ wēifēng**〔동〕 위세를 부리다. 위협적인 태도를 짓다. 시위하다. 위풍을 과시하다. 오만하게 굴다. ¶动不动就~。=걸핏하면 위세를 떨어 댄다.

【耍无赖】**shuǎ wúlài** ☞【耍赖】**shuǎlài**

【耍小聪明】**shuǎ xiǎocōng·ming**〔동〕 잔꾀를 부리다. 재간을 피우다. 솜씨를 부리다. 약삭빠르게 굴다. 잔재주를 부리다.

【耍笑】**shuǎxiào**〔동〕 **1** 마음껏 웃고 떠들다. 실컷 농담하다. ¶饭后大家在那里~了一会儿才离开。=모두 식사 후에 그 곳에서 잠깐 동안 마음껏 웃고 떠들고 나서 떠났다. **2** 남을 웃음거리로 만들다. 놀리다. 희롱하다. 우롱하다. ¶我这是和他~呢, 别当真。=이건 그를 놀린 것이니, 진짜로 생각하지 마라.

【耍心眼儿】**shuǎ xīnyǎnr**〔동〕 잔꾀를 부리다. 꿍꿍이수작을 부리다. 잔머리를 굴리다. 잔재주를 부리다. ¶她表面乖巧, 实际上很会~。=그녀는 겉으로는 얌전한 척하지만 속으로는 잔머리를 굴린다.

【耍眼神】**shuǎ yǎnshén**(~儿)〔동〕 눈짓하다. 눈으로 신호하다. 추파를 던지다.

【耍着玩儿】**shuǎ·zhewánr**〔동〕 놀다. 장난하다. 농담하다.

【耍嘴皮子】**shuǎ zuǐpí·zi**〔동〕 **1** 빈말만 하다. ¶他就会~, 正经事不会做一件。=그는 말만 좋지 일은 하나도 제대로 못 한다. **2**〔방〕 말재주를 부리다. ¶别~, 有什么事快说。=말을 돌리지 말고, 무슨 일이 있는지 바로 말해.

# 刷 shuà 고를 쇄

〔동〕〔방〕 고르다. 가리다. ¶把橘子拿出来看看, 好的~出来, 坏的扔了。=귤을 꺼내 보고, 좋은 것은 골라내고 나쁜 것은 버리자.
☞ **shuā**

【刷白】**shuàbái**〔형〕〔방〕 푸르스름하다. 희푸르다. 파르스름하다. 새파래지다. 새파랗게 질리다. ¶听到那个噩耗, 她脸色吓得~。=그 사망 소식을 듣고서, 그녀의 얼굴색이 새파랗게 질렸다.

# shuāi

**衰** shuāi 쇠할 쇠
⑩ 쇠약해지다. ¶兴~=흥쇠. / 经久不~=오래도록 쇠할 줄 모르다. ↔盛 兴
☞ cuī

◐● 兴xīng衰, 早衰

【衰败】shuāibài ⑩ 쇠락하다. 쇠미해지다. 쇠퇴하다. ¶家道~=가세가 기울다.
【衰惫】shuāibèi 〔形〕⑥ 쇠약하고 무기력하다. ¶~不堪=몹시 쇠약하고 무기력하다.
【衰变】shuāibiàn ⑩〔物〕붕괴하다. =【蜕变】tuìbiàn
【衰草】shuāicǎo ⑩ 시든 풀.
【衰耗】shuāihào ⑩ 쇠약해지다. 쇠퇴하다. 정력~=정력이 쇠퇴하다.
【衰减】shuāijiǎn ⑩ 약해지다. 감퇴하다. 떨어지다. ¶气力~=기력이 떨어지다.
【衰竭】shuāijié ⑩ 1〔醫〕(심한 병으로) 기력〔생리 기능〕이 극도로 쇠약해지다. ¶肺功能~=폐 기능이 쇠약해지다. 2 자원이 거의 고갈되다. ¶石油资源~=석유 자원이 거의 고갈되다. ↔旺盛
【衰老】shuāilǎo 〔形〕노쇠하다. 늙어 쇠약해지다. ¶短短几个月不见, 父亲又~了许多。=겨우 몇 달 못 본 사이에 아버지는 더 많이 쇠약해지셨다.
【衰落】shuāiluò ⑩ 1 쇠락하다. 쇠미해지다. 몰락하다. ¶家道~=가세가 기울다. 2 시들다. 조락하다. 말라 떨어지다. ¶花草~=화초가 시들다.
【衰迈】shuāimài 〔形〕노쇠하다. 늙어 쇠약해지다. ¶年老~=나이가 들어 쇠약해지다.
【衰灭】shuāimiè ⑩ 쇠락하여 망하다.
【衰容】shuāiróng 〔名〕노쇠한 얼굴.
【衰弱】shuāiruò 〔形〕 1 (사물이) 약해지다. ¶势力~=세력이 약해지다. 2 (신체 기능이) 쇠해지다. 약해지다. ¶神经~=신경 쇠약. ↔健壮 兴盛 强健
【衰损】shuāisǔn ⑩ 쇠약해지다. 감퇴하다. ¶体力~=체력이 쇠약해지다.
【衰替】shuāitì 〔形〕⑥ 쇠락하다. 쇠미해지다. 쇠퇴하다. ¶世风~=세상의 기풍이 쇠하다.
【衰颓】shuāituí 〔形〕 1 쇠퇴하다. ¶文学~=문학이 쇠퇴하다. 2 (신체·정신 등이) 쇠락하다. 퇴락하다. ¶身心~=심신이 쇠퇴하다.
【衰退】shuāituì ⑩ 1 (신체·정신·의지·능력 등이) 쇠약해지다. 쇠퇴하다. 감퇴하다. ¶视力~=시력이 감퇴하다. 2 (국가의 정치나 경제 상황이) 쇠퇴하다. 쇠락하다. 쇠미해지다. ¶经济~=경제가 쇠퇴하다.
【衰亡】shuāiwáng ⑩ 쇠퇴하여 멸망하다. 쇠망하다. ¶民族~=민족이 쇠퇴하여 멸망하다.
【衰微】shuāiwēi 〔形〕⑥ (국가나 민족 등이) 쇠락하다. 쇠미하다. 쇠퇴하다. ¶国力~=국력이 쇠락하다. ↔强盛
【衰萎】shuāiwěi 〔形〕⑥ 시들다. 쇠약해지다. ¶干旱使得草木~。=가뭄으로 초목이 시들었다.
【衰歇】shuāixiē 〔形〕⑥ 쇠진하다. 종말을 고하다. ¶心跳~=심장 박동이 멈추다.
【衰谢】shuāixiè 〔形〕⑥ 시들어 떨어지다. ¶百花~=모든 꽃이 시들어 떨어지다.
【衰朽】shuāixiǔ 〔形〕⑥ 1 노쇠하다. ¶~残年=노쇠한 여생. 2 쇠후하다. 쇠락하다. ¶树木~=나무가 시들어 썩다.
【衰颜】shuāiyán 〔名〕노쇠한 얼굴.

**摔** shuāi 내던질 솔
⑩ 1 내던지다. 내동댕이치다. ¶他气愤地把扑克~在桌子上。=그는 화가 나서 카드를 탁자 위에 내던졌다. 2 떨어져 부서지다〔깨지다〕. ¶他不小心把水杯~碎了。=그는 실수로 물컵을 떨어뜨려 깨뜨렸다. 3 (아주 빨리) 떨어지다. 추락하다. ¶他一下子从马上~了下来。=그는 단번에 말에서 떨어졌다. 4 (몸이 균형을 잃고) 쓰러지다. 넘어지다. ¶他一脚跟滑, ~了一个跟头。=그는 미끄러져서 엉덩방아를 찧었다. 5 (손에 잡고) 털다. ¶把外套拿出去~一~。=외투를 갖고 나가서 좀 털어라.
【摔打】shuāi·da ⑩ 1 (손에 잡고) 털다. ¶把裤子上的灰~干净。=바지의 먼지를 깨끗하게 털어 내다. 2〔喩〕시련을 겪다. 단련하다. 경험을 쌓다. 세파에 시달리다. ¶年轻人就应该到社会上多~。=젊은이는 마땅히 사회에 나가서 많이 단련되어야 한다.
【摔倒】shuāidǎo ⑩ (몸이 균형을 잃고) 쓰러지다. 넘어지다. 자빠지다. 엎어지다. 나뒹굴다. ¶他被对手~在地。=그는 상대에 의해 바닥에 넘어졌다.
【摔跟头】shuāi gēn·tou 〔慣〕 1 쓰러지다. 넘어지다. 자빠지다. 곤두박질치다. ¶路面太滑, 他摔了一跟头。=노면이 매우 미끄러워 그는 자빠졌다. 2〔喩〕좌절하다. 실패하다. ¶他心浮气躁, ~是难免的。=그는 마음이 들뜨고 성격이 급해서 실패를 면하기 어렵다.
【摔坏】shuāihuài ⑩ 1 깨지다. 부서지다. 박살나다. ¶碗给~了。=그릇이 깨졌다. 2 (넘어져서) 다치다. 상처를 입다. ¶他从树上跌下来, ~了腿。=그는 나무에서 떨어져 다리를 다쳤다.
【摔跤】shuāi jiāo ⑩ 1 넘어지다. 자빠지다. ¶他走路不小心摔了一跤。=그는 실수로 넘어졌다. 2〔喩〕좌절하다. ¶他不改易功近利的毛病, ~是迟早的。=그 사람은 눈앞의 이익에만 급급해하는 나쁜 습관을 고치지 않으면, 좌절하게 되는 것은 시간 문제이다. 〔名〕〔體〕레슬링. 씨름.
【摔耙子】shuāi pá·zi 〔慣〕일을 팽개치고 하지 않다. ¶你走半路~, 叫人怎么收拾? =네가 중간에 일을 팽개치고 하지 않으면 어떻게 수습하라는 말이냐?

**甩** shuǎi 흔들 솔

【甩】 **1** 휘두르다. 내젓다. 뿌리치다. 흔들다. ¶她一～辫子, 气冲冲地走了。=그녀는 땋은 머리를 휘저으며, 몹시 화를 내고 가 버렸다. **2** 내던지다. 뿌리다. 던지다. ¶他用力地把铁饼一～了出去。=그는 힘을 다해 원반을 던졌다. **3** 떼 버리다. 떼어놓다. 떨치다. 떨어뜨리다. ¶开快点儿, 把后面的车～掉。=차를 빨리 몰아서 뒷차를 떼 버리다. ≒丢 扔

○● 蝇甩儿 yíngshuǎir

【甩包袱】 **shuǎi bāo·fu** (얀어) 부담을 털어 버리다. (마음의) 짐을 벗다. 시름을 놓다. 번거롭게 하는 것을 떼어 버리다.

【甩车】 **shuǎi‖chē** 〔동〕 기관차에서 차량을 떼어놓다〔분리하다〕.

【甩掉】 **shuǎidiào** 〔동〕 **1** 내버리다. 내던져 놓고 상관 않다. ¶～旧报纸=오래 된 신문을 내다 버리다. **2** 벗어 버리다. 떨쳐 버리다. 던져 버리다. 뿌리치다. 따돌리다. 떼어 버리다. ¶～麻烦=번거로움을 벗어 버리다.

【甩掉尾巴】 **shuǎidiào-wěi·ba** (얀어) 따라붙는 사람이나 사물을 따돌리다〔뿌리치다·떼어 버리다〕.

【甩干机】 **shuǎigānjī** 탈수기.

【甩货】 **shuǎihuò** 헐값으로 팔다. 덤핑하다. 싸게 팔다. 투매하다. ¶折本～=손해를 보고 덤핑하다. 〔명〕 덤핑 물건. 싸게 파는 물건. ¶这些～, 质量不一。=이런 덤핑 물건들은 품질이 균일하지 않다.

【甩开】 **shuǎikāi** **1** 뿌리치다. 떨쳐 버리다. 벗어 버리다. 던져 버리다. ¶～烦恼=고민을 벗어 버리다. **2** (손발을 걷어붙이고) 힘차게 일하다. ¶～手脚干活儿=손발을 걷어붙이고 힘차게 일하다.

【甩开膀子】 **shuǎikāi-bǎng·zi** (얀어) 손발을 걷어붙이고 힘껏 일하다.

【甩脸子】 **shuǎi liǎn·zi** 불쾌한 티를 내다. 얼굴을 정그리다. 인상을 쓰다. ¶不管怎样, 也不该对客人的面～=어찌 되었든 간에 손님들 앞에서 기분 나쁜 티를 내서는 안 된다.

【甩卖】 **shuǎimài** 〔동〕 헐값으로 팔다. 덤핑하다. ¶清仓大～=창고 정리 바겐 세일. ≒倾销 抛售

【甩手】 **shuǎi‖shǒu** 〔동〕 **1** 손을 앞뒤로 내젓다. **2** (일에) 손을 떼고 관여하지 않다. 팽개치다. 방치하다. ¶他一气之下～不干了。=그는 화가 나서 내버려 두고 하지 않았다.

【甩手掌柜】 **shuǎishǒu-zhǎngguì** (얀어) **1** 다른 사람의 일을 지휘만 하고 자기의 일을 하지 않는 사람. **2** 직책만 있고 아무것도 상관하지 않는 사람.

【甩脱】 **shuǎituō** 뿌리치다. 떼 버리다. 떨쳐 버리다. 따돌리다. (옷을) 벗어 던지다. ¶～跟踪者=미행자를 따돌리다.

【甩袖子】 **shuǎi xiù·zi** (얀어) **1** 자리를 박차고 떠나다. 소매를 뿌리치다. ¶他实在听不下去, 只好～走人。=그는 정말 계속 들을 수가 없어서 하는 수 없이 자리를 박차고 가 버렸다. **2** (일을) 팽개치다. 방치하다. ¶他一～旅游去了。=그는 일을 팽개치고 여행을 가 버렸다.

【甩站】 **shuǎi‖zhàn** (시내 버스 등이 정거장을) 그냥 지나치다. 무정차 통과하다.

【甩子】 **shuǎizǐ** 〔동〕〔명〕 (물고기·개구리 등이) 알을 낳다. 산란하다.

**帅〔帥〕 shuài** 장수 수

〔명〕 **1** (군대의) 최고 지휘관. 원수. 총사령관. 통수권자. ¶统～=통수권자. / 元～=원수. **2** (Shuài) 성(姓). 〔형〕 **1** 아름답다. 잘생기다. 멋지다. 영준하다. 스마트하다. ¶小伙子长得很～。=젊은이가 참 잘생겼다. **2** 보기 좋다. 훌륭하다. ¶他的字写得真～。=그는 글씨를 정말 보기 좋게 잘 쓴다.

【帅才】 **shuàicái** 〔명〕 **1** 전군을 통솔할 수 있는 재능. **2** 영도하고 책략〔방침〕을 결정하는 재능. **3** 통솔력을 갖춘 인재.

【帅旗】 **shuàiqí** 〔명〕 사령기(司令旗).

【帅气】 **shuài·qi** 〔형〕 멋지다. 잘생기다. 영준하다. 스마트하다. 〔주로 남자를 형용함〕 ¶他穿上这件风衣很～。=그가 이 스프링코트를 입으니 정말 멋지다.

【帅印】 **shuàiyìn** 〔명〕 **1** 원수(元帥)의 도장. **2** 〔비〕 지휘권. ¶执掌国奥队的～=올림픽 대표팀의 지휘권을 갖다.

**率 shuài** 거느릴 솔

〔동〕 **1** 인솔하다. 통솔하다. 거느리다. ¶～团出访=단체를 인솔하여 외국을 방문하다. **2** 〔문〕 따르다. 의거하다. 그대로 하다. ¶～以为常=따라서 습관이 되다. 〔형〕 **1** 경솔하다. 신중하지 않다. ¶草～=경솔하다. **2** 솔직하다. 꾸밈이 없다. ¶坦～=솔직하다. 〔부〕〔문〕 대강. 대체로. 대개. ¶大～如此。=대개 이와 같다. 〔명〕 모범. 본보기. ¶表～=본보기.

☞ lǜ

○● 表率, 粗cū率, 统率, 相率, 真率

【率部】 **shuàibù** 〔동〕 예하 부대를 인솔하다. ¶～起程=부대를 이끌고 출발하다.

【率尔】 **shuài'ěr** 〔형〕〔문〕 경솔하다. 진지하지 않다. 소홀하다. 대충하다. ¶～应考=진지하게 시험 준비를 하지 않다.

【率领】 **shuàilǐng** 〔동〕 (무리나 단체를) 거느리다. 이끌다. 인솔하다. ¶～公司员工创下了不俗的业绩。=그는 회사 직원들을 이끌고 특별한 업적을 세웠다. ≒带领

【率然】 **shuàirán** 〔형〕〔문〕 경솔하다. ¶～允诺=경솔하게 허락하다. 〔부〕 갑자기. 돌연히.

【率师】 **shuàishī** 〔동〕 군대를 인솔하다〔통솔하다〕. ¶～远征=군대를 이끌고 원정을 가다.

【率同】 **shuàitóng** 〔동〕 인솔하여 (어떤 일을) 함께 하다. ¶市长～我市企业家代表到国外考察学习。=시장은 우리 시의 대표 기업가들을 인솔하여 해외 시찰을 갔다.

【率土】 **shuàitǔ** 〔명〕〔문〕 온 나라의 땅. 국토 전체. 관할 영토 이내. ¶～同庆=온 나라가 함께 경축

하다.
【率先】 shuàixiān 부 먼저. 솔선하여. 앞장서서. ¶~提问 = 먼저 질문하다.
【率性】 shuàixìng 통 제멋대로 하다. 제 마음대로 하다. 마음 내키는 대로 하다. ¶凡事要多思虑, 不可~而为。 = 모든 일은 심사숙고해야지 마음 내키는 대로 해서는 안 된다. 부 차라리. 아예. ¶风大雨大, 伞也遮不了, ~不打了。 = 비바람이 거세어 우산으로도 막을 수 없으니 차라리 쓰지 말아야겠다.
【率由旧章】 shuàiyóu-jiùzhāng 성 모든 것을 이전의 규정〔관례〕대로 처리하다.
【率真】 shuàizhēn 형 진솔하다. 솔직하다. 정직하다. ¶这小女孩儿~可爱, 很讨人喜欢。 = 이 소녀는 진솔하고 귀여워서 사람들에게 매우 사랑받는다.
【率直】 shuàizhí 형 솔직하다. ¶他说话向来~, 不会拐弯抹角。 = 그는 항상 솔직하게 말하지 돌려서 말할 줄 모른다. ≒直率

\*蟀 shuài 귀뚜라미 솔
☞【蟋蟀】 xīshuài

# shuan

闩[門] shuān 빗장 산
명 빗장. ¶门~ = 문빗장. 통 빗장을 걸다. ¶~门 = 문에 빗장을 걸다.

\*\*拴 shuān 묶을 전
통 1 (끈으로) 묶다. 붙들어매다. ¶~马 = 말을 묶다. 2 (비) 얽매어 자유롭게 행동할 수 없다. ¶他被杂事~住, 脱不开身。 = 그는 자질구레한 일에 얽매여 꼼짝할 수가 없다.
【拴缚】 shuānfù 통 1 (끈 등으로) 묶다. 붙들어매다. 동이다. 동여매다. ¶~柴草 = 땔감을 동여매다. 2 구속하다. 통제하다. ¶他的心早就不在学习上了, 哪里~得住? = 그는 일찌감치 공부에서 마음이 떠났는데, 어떻게 통제할 수 있겠어?
【拴疙瘩】 shuān gē·da 이합 1 (끈 등으로 매듭을 지어) 붙들어매다. 2 (비) 총결산하다. ¶今天开会, 对上个月的销售情况拴个疙瘩。 = 오늘의 회의는 지난 달 판매 상황에 대한 총결산 때문에 열렸다.
【拴马桩】 shuānmǎzhuāng 명 (말을 매는) 말뚝. 말목.
【拴束】 shuānshù 통 (끈 등으로) 묶다. 붙들어매다. 동이다.

\*栓 shuān 나무못 전
명 1 (기물의) 개폐기. 여닫이. ¶消火~ = 소화전. 2 (총의) 노리쇠. ¶拉~上子 = 총의 노리쇠를 당기고 장탄하다. 3 (병의) 마개. ¶木~ = 코르크 마개. 4 마개처럼 생긴 것. ¶血~ = 혈전. / 肛门~ = 항문 좌약.

○● 螺luó栓, 血xuè栓
【栓剂】 shuānjì 명(醫) 좌약. = 【坐药】 zuòyào
【栓皮】 shuānpí 명(植) 목전층. 코르크층. = 【软木】 ruǎnmù
【栓皮栎】 shuānpílì 명(植) 코르크나무.
【栓塞】 shuānsè 명(醫) 색전증(塞栓症).
【栓酸】 shuānsuān ☞【辛二酸】 xīn'èrsuān
【栓子】 shuān·zi 명(醫) 색전물(塞栓物). 삽입물.

\*涮 shuàn 데칠 쇄
통 1 (기물 안에) 물을 붓고 흔들어 씻다〔헹구다·가시다〕. ¶~茶杯 = 찻잔을 헹구다. 2 (손이나 물건을 물에 넣고) 휘젓다. 헹구다. 가시다. ¶把碟子在水里~。 = 접시를 물에 넣어 헹구다. 3 토렴을 하다. 샤브샤브를 하다. 〔얇게 썬 고기 등을 뜨거운 물에 살짝 데쳐서 양념장에 찍어 먹는 것〕 ¶~火锅 = 토렴〔샤브샤브〕. 4 (구) 속이다. 기만하다. ¶别拿我开~。 = 나를 기만하지 마라.
【涮锅子】 shuàn guō·zi 명 토렴〔샤브샤브〕. 신선로. 〔얇게 썬 고기·생선·새우·야채·당면 등을 신선로의 끓는 물에 살짝 익혀 먹는 요리〕
【涮肉】 shuànròu 명 고기 토렴〔샤브샤브〕.
【涮洗】 shuànxǐ 통 물로 헹구다〔빨다〕.
【涮羊肉】 shuàn yángròu 명 양고기 토렴〔샤브샤브〕.

# shuang

\*\*双[雙] shuāng 쌍 쌍
형 1 두 개의. 쌍의. 양쪽의. 쌍방의. ¶~目失明 = 두 눈을 실명하다. 2 짝수의. 우수(偶數)의. ¶这本杂志是~月刊。 = 이 잡지는 격월간(隔月刊)이다. 3 2배의. 갑절의. 두 몫의. ¶要公平, 一个人不能争~份。 = 공평해야지, 한 사람이 두 몫을 가져갈 수 없다. 양 짝. 켤레. 쌍. 매. ¶一~袜子 = 양말 한 켤레. / 两~筷子 = 젓가락 두 짝. 명 (Shuāng) 성(姓). ↔单

○● 无双
【双百方针】 shuāngbǎi fāngzhēn 명양 '百花齐放, 百家争鸣(과학·문화·예술 사업을 번영시키는)' 기본 방침.
【双棒儿】 shuāngbàngr 명(방) 쌍둥이. 쌍생아.
【双胞胎】 shuāngbāotāi 명 쌍둥이.
【双保险】 shuāngbǎoxiǎn 명 이중 보험. 이중 안전 장치.
【双边】 shuāngbiān 명 양자. 쌍방. 양국. 쌍무. ¶~会谈 = 양국 회담. / ~关系 = 양국 관계.
【双边贸易】 shuāngbiān màoyì 명(經) 쌍무 무역.
【双宾语】 shuāngbīnyǔ 명(言) 이중 목적어.
【双层】 shuāngcéng 형 1 이층의. ¶~公共汽

车=이층 버스. **2** (추상적인 사물을 가리켜) 이중의. ¶~结构=이중 구조.
【双重】**shuāngchóng** 이중의. [추상적인 사물을 많이 가리킴] ¶~身份=이중 신분.
【双重国籍】**shuāngchóng guójí** 图(法) 이중 국적.
【双重人格】**shuāngchóng réngé** 图 **1**图 이중 인격. **2**(醫) 분열증.
【双唇音】**shuāngchúnyīn** 图(言) 양순음. 입술소리. 쌍순음. [예컨대 표준 중국어의 'b·p·m' 등]
【双打】**shuāngdǎ** 图(體) **1** (탁구·테니스 등의) 복식. **2** (무술에서의) 대련(對練). 맞겨루기. ↔单打
【双方】**shuāngfāng** 图 쌍방. 양쪽. 양자. 양측. ¶协议~=협의하는 양측.
【双方面】**shuāngfāngmiàn** 图 양쪽. 두 방면. ¶合作出了问题, 是~的原因, 并不是单独哪一方的责任。=합작에 문제가 생긴 것은 양쪽에 원인이 있는 것이지 절대 어느 한 쪽만의 책임은 아니다.
【双飞】**shuāngfēi** 图 **1** (암수가) 함께 날다. **2**图 (부부가) 서로 아끼고 사랑하다. 금슬이 좋다. ¶比翼~=부부가 서로 아끼고 사랑하다.
【双份】**shuāngfèn** 图图 두 몫(의). ¶~报酬=두 몫의 보수.
【双峰驼】**shuāngfēngtuó** 图(動) 쌍봉 낙타.
【双幅】**shuāngfú**(~儿) 图图 (천의) 배폭(의). ¶~布料=배폭의 천.
【双缸】**shuānggāng** 图 2기통(의). 이조식(二槽式)(의). ¶~洗衣机=이조식 세탁기.
【双杠】**shuānggàng** 图(體) **1** 평행봉. **2** 남자 평행봉 경기.
【双钩】**shuānggōu** 图(藝) 쌍구(법).
【双股】**shuānggǔ**(~儿) 图 **1** 두 가닥으로 된 것. 두 줄로 된 것. **2**(紡) 2합사. 2겹실.
【双拐】**shuāngguǎi** 图 목발. 목다리.
【双关】**shuāngguān** 图(言) (하나의 말이) 두 가지의 의미를 가지다. ¶一语~=하나의 말이 두 가지 뜻을 가지다.
【双关语】**shuāngguānyǔ** 图(言) 쌍관어.
【双管齐下】**shuāngguǎn-qíxià** 图 **1** 두 자루의 붓으로 동시에 그림을 그리다. **2**图 두 가지 일을 동시에 진행하다. 두 가지 방법을 병행하다.
【双轨】**shuāngguǐ** 图 **1** 복선의. 복궤의. 복선 궤도의. ¶~铁道=복선 철로. **2** 두 계통이 병행하는. 복선형의. 이원화된. ¶教育~制=이원화된 교육 제도.
【双轨制】**shuāngguǐzhì** 图 서로 다른 두 체제를 병행하는 제도. 이원화 제도. 듀얼 트랙(dual track). ¶国家对某些商品实行统一定价和市场调节的~。=국가는 어떤 상품에 대해 정찰제와 시장 조절이라는 가격 이원화 정책을 병행하고 있다.
【双号】**shuānghào** 图 **1** 짝수 (번호). **2** 짝수날. ¶今天是~, 28.=오늘은 짝숫날, 28일이다.
【双铧犁】**shuānghuálí** 图 보습이 둘인 쟁기.
【双镜】**shuānghuáng** ☞【双簧】**shuāng**

**huáng**
【双簧】[双鐄] **shuānghuáng** 图 **1**(藝) '曲艺 (설창 문예)'의 일종. 한 사람은 무대에서 동작을 맡고, 다른 한 사람은 뒤에 숨어서 무대 연기자의 동작에 맞추어 대사와 노래를 맡는 것. **2**图 한 쪽은 전면에 나서고 다른 한 쪽은 배후에서 조종하는 것. 짜고 치기.
【双簧管】**shuānghuángguǎn**(~儿) 图(音) 오보에(oboe).
【双击】**shuāngjī** 图(컴) (마우스를) 더블 클릭(double click)하다. ¶~左键=왼쪽 버튼을 더블 클릭하다.
【双季稻】**shuāngjìdào** 图(農) 이모작을 할 수 있는 벼.
【双肩挑】**shuāngjiāntiāo** 图图 (한 사람이 같은 부서에서) 두 가지 일을 동시에 담당하다. ¶他在设计院是院长设计师~。=그는 설계원에서 원장과 설계사를 동시에 맡고 있다.
【双卡】**shuāngkǎ** 图 더블 데크. 더블 카세트. ¶~收录机=더블 카세트 라디오.
【双联单】**shuāngliándān** 图 보관용 부본(副本)이 붙어 있는 영수증·명세서 따위.
【双料】**shuāngliào**(~儿) 图 **1** 두 배의 재료로 만든. **2** 이중의. 둘 이상의. ¶~搪瓷锅=이중 법랑 냄비.
【双轮】**shuānglún** 图 **1** 이륜(의). 쌍륜(의). ¶~马车=이륜마차. **2** 두 번 순환하는. 더블 라운드(double round)의. ¶~淘汰制=더블 라운드 방식.
【双面】**shuāngmiàn** 图图 양면(의). ¶~刀片=양면 면도날. / ~织物=양면 천. / ~胶=양면 테이프.
【双名】**shuāngmíng** 图 두 자로 된 사람 이름. ↔单名
【双抢】**shuāngqiǎng** 图(農) (이모작을 위해) 서둘러 수확하고 서둘러 파종함. ¶~季节=서둘러 수확하고 서둘러 파종하는 계절.
【双亲】**shuāngqīn** 图 양친. 부모. ¶~健在=양친이 건재하시다.
【双球菌】**shuāngqiújūn** 图(醫) 쌍구균.
【双全】**shuāngquán** 图 양쪽을 다 갖추다. 겸비하다. ¶才貌~=재주와 용모를 다 갖추다.
【双人】**shuāngrén** 图图 2인용(의). ¶~沙发=2인용 소파.
【双人床】**shuāngrénchuáng** 图 2인용 침대. 더블 베드(double bed).
【双人滑】**shuāngrénhuá** 图(體) 페어 스케이팅(pair skating).
【双人旁】**shuāngrénpáng**(~儿) 图 두인변. '彳'. [한자 부수의 하나]
【双人舞】**shuāngrénwǔ** 图 2인무. 대무(對舞). [두 사람이 어울려 추는 춤]
【双日】**shuāngrì** 图 짝숫날. 우숫날. ¶我逢~值班。=나는 매달 짝숫날이면 숙직한다.
【双扇门】**shuāngshànmén** 图 좌우로 여닫는 문. 두짝문.
【双身子】**shuāngshēn·zi** 图 임(신)부.

【双生】shuāngshēng ☞【孪生】luánshēng

【双生子】shuāngshēngzǐ 쌍둥이 형제. 남자 쌍둥이.

【双声】shuāngshēng 图(言) 1 쌍성. [2음절 이상의 단어에서 각 글자의 성모가 같은 것. 예를 들어 '花卉(huāhuì)'는 'h'라는 성모를 공유하고 있음] 2 성모가 같은 연면어(連綿語). [예를 들어 '崎岖(qíqū)'・'叮当(dīngdāng)'] 3 쌍성. [성운학(聲韻學)에서 성모가 같은 두 글자의 관계. 예를 들어 '奏(zòu)'와 '祖(zǔ)'의 관계]

【双声道】shuāngshēngdào 图 더블 트랙(double track).

【双手】shuāngshǒu 图 두 손. 양 손.

【双数】shuāngshù 图 짝수. 우수. ↔单数

【双双】shuāngshuāng 쌍쌍으로. 둘씩. 쌍쌍이. 나란히. ¶兄弟俩~考上名牌大学。= 형제가 나란히 일류 대학에 합격했다.

【双宿双飞】shuāngsù shuāngfēi 成语 부부가 끔찍이 사랑하며 그림자처럼 붙어다니다.

【双体船】shuāngtǐchuán 图 (선체가 둘인) 쌍동선(雙胴船). 캐터머랜선(catamaran船).

【双喜】shuāngxǐ 图 겹경사. 이중의 경사.

【双喜临门】shuāngxǐ línmén 成 겹경사가 나다. 경사가 겹치다.

【双下巴】shuāngxià・ba 이중턱. 군턱.

【双响】shuāngxiǎng (~儿) 图 쌍발 폭죽. [지상에서 한 번, 공중에서 다시 한 번 폭음을 내는 것] 图 【二踢脚】èrtījiǎo【两响】liǎngxiǎng

【双饷】shuāngxiǎng 图 곱절의 임금. 두 배의 보수. [주로 하루 품삯을 말함] ¶节假日加班要拿~。= 명절 연휴에 잔업을 하면 곱절의 임금을 받아야 한다.

【双向】shuāngxiàng 图形 양방향(의). ¶~行驶 = 양방향으로 통행하다. 副 서로. 피차. ¶~贸易 = 서로 무역 거래를 하다.

【双向开关】shuāngxiàng kāiguān 图(電) 2로 스위치.

【双向选择】shuāngxiàng xuǎnzé 图 쌍방(주로 고용인과 피고용인)이 서로 선택하다.

【双效益】shuāngxiàoyì 图 사회적 효과와 경제적 효과. 이중 효과.

【双薪】shuāngxīn 图 두 배의 월급. ¶事业单位每年的最后一个月发~。= 회사에서 매년 마지막 달에는 월급을 두 배로 준다.

【双星】shuāngxīng 图(天) 1 쌍성. [두 개의 거리가 가깝거나 서로 끌어당기는 항성] 2 견우성과 직녀성.

【双姓】shuāngxìng 图 복성(複姓).

【双休日】shuāngxiūrì 图 (주 5일제 근무제에서의) 이틀 연휴. [일반적으로 토・일요일 연휴를 말함]

【双学位】shuāngxuéwèi 图 공동 학위. 두 개의 학위.

【双眼皮】shuāngyǎnpí (~儿) 图 쌍꺼풀.

【双氧水】shuāngyǎngshuǐ 图(化) 과산화수소수.

【双翼机】shuāngyìjī 图(機) 복엽(複葉) 비행기. 복엽기.

【双音节】shuāngyīnjié 图(言) 이음절. 쌍음절.

【双引号】shuāngyǐnhào 图 큰따옴표. [가로쓰기에는 " "를 사용하고, 세로쓰기에는 「 」를 사용함]

【双赢】shuāngyíng 图 양측 모두 이익을 얻다. ¶只有本着平等互利的原则, 对外贸易才能实现~。= 호혜 평등의 원칙을 따라야만 비로소 대외 무역에서 양측 모두 이익을 얻을 수 있다.

【双拥】shuāngyōng 图略 '拥军优属(군대를 옹호하고 혁명 군인 가족을 우대하자)'와 '拥政爱民(군대는 정부를 옹호하고 국민을 사랑하자)'의 준말.

【双鱼座】shuāngyúzuò 图(天) 물고기자리.

【双语】shuāngyǔ 图 2중 언어의. 동시에 두 종류의 언어를 사용하는. ¶~教学 = (소수 민족의) 이중 언어 교육.

【双月刊】shuāngyuèkān 图 격월간. 격월 간행물.

【双职工】shuāngzhígōng 图 맞벌이 부부.

【双峙反应】shuāngzhì fǎnyìng ☞【可逆反应】kěnì fǎnyìng

【双周刊】shuāngzhōukān 图 격주간(隔週刊). 격주 간행물.

【双绉】shuāngzhòu 图(紡) 크레프 드신. 四 crêpe de Chine

【双子叶植物】shuāngzǐyè zhíwù 图(植) 쌍떡잎식물. 쌍자엽식물.

【双子座】shuāngzǐzuò 图(天) 쌍둥이자리.

【双座】shuāngzuò 图形 2인승 (의). ¶~跑车 = 2인승 경주용 자동차.

# 泷[瀧] Shuāng 강 이름 상

지명에 쓰이는 글자. ¶~水 = 쌍수이. [광둥(广东)성에 있는 강 이름. 지금은 '双水'라고 씀] / ~冈 = 쌍강. [장시(江西)성에 있는 산 이름]
☞ lóng

# 骦[驦] shuāng 좋은 말 상
☞【骕骦】sùshuāng

# 鹴[鸘] shuāng 새 이름 상
☞【鹔鹴】sùshuāng

# *霜 shuāng 서리 상

图 1 (氣) 서리. 2 서리같이 생긴 것. ¶柿~= 시상. 시설. 图略㉑ 흰색의. ¶白发~髭 = 백발이 서리다.

○● 冰霜, 风霜, 砒pī霜, 晚霜, 盐yán霜, 早霜, 终霜

【霜鬓】shuāngbìn 图 상빈. 귀밑의 흰머리. 허옇게 센 살쩍.

【霜晨】shuāngchén 图 서리 내린 추운 아침.

【霜打】shuāngdǎ 图 서리 피해를 입다. ¶~的茄子蔫蔫的。= 서리를 맞은 가지가 시들시들해지다.

【霜刀】shuāngdāo 명 (서늘한 빛을 띠는) 예리한 칼.
【霜点】shuāngdiǎn 명 (氣) 서리점. 영 frost point
【霜冻】shuāngdòng 명 (氣) 서리 피해를 일으키는 기후 현상.
【霜锋】shuāngfēng 명 흰빛이 번뜩이는 칼끝. 서릿발 같은 칼끝.
【霜害】shuānghài 명 (農) 서리 피해. 상해.
【霜花】shuānghuā 명 1 (氣) 서리. 2 성에. 서리꽃. 3 상고대. 무송.
【霜降】shuāngjiàng 명 상강. [24절기의 하나로, 10월 23일 혹은 24일임]
【霜露】shuānglù 명 (氣) 서리와 이슬.
【霜霉病】shuāngméibìng 명 (農) 버짐병. 노균병.
【霜期】shuāngqī 명 (氣) (1년 중) 서리가 내리는 기간.
【霜天】shuāngtiān 명 추운 하늘. 추운 날씨. [대부분 늦가을이나 겨울을 가리킴]
【霜雪】shuāngxuě 명 1 서리와 눈. 2 비 백발. 가혹한 환경과 처지.
【霜叶】shuāngyè 명 1 서리를 맞은 나뭇잎. 2 상엽. 서리를 맞아 단풍이 든 잎. ¶~红于二月花。=단풍잎이 (음력) 2월의 꽃보다 붉다.
【霜灾】shuāngzāi 명 (農) 서리 피해. 상해.

## 孀 shuāng 과부 상
명 과부. ¶遗~=미망인. / 孤~=과부. 동 과부로 수절하다. 과부살이하다. ¶丈夫死后, 她一直~居。=남편이 죽은 후에 그녀는 줄곧 혼자 살았다.
【孀妇】shuāngfù 명운 과부.
【孀居】shuāngjū 동운 과부로 수절하다. 과부살이하다. ¶多年~=오랫동안 과부살이하다.

## 骦[驦] shuāng 좋은 말 상
☞【骕骦】sùshuāng

## 礵 shuāng 땅 이름 상
지명에 쓰이는 글자. ¶四~列岛=쓰솽례다오. [푸젠(福建)성에 있음] / 南~列岛=난솽례다오. [푸젠(福建)성에 있음]

## 鹴[鸘] shuāng 새 이름 상
☞【鹔鹴】sùshuāng

## **爽 shuǎng 시원할 상
형 1 밝다. 맑다. ¶秋高气~=가을 하늘은 높고 공기는 맑다. 2 상쾌하다. 편안하다. ¶神清气~=기분이 맑고 상쾌하다. 3 (성격이) 솔직하다. 시원하다. ¶生性豪~=천성이 호탕하다. 동 1 어기다. ¶~约失礼=약속을 어겨서 실례하다. 2 어긋나다. 틀리다. 위배되다. ¶毫厘不~=조금도 어긋나지 않다.
○● 凉爽, 清爽, 飒sà爽

【爽畅】shuǎngchàng 형 후련하다. 시원하다. 상쾌하다. 쾌적하다. ¶心情~=마음이〔속이〕 후련하다.
【爽脆】shuǎngcuì 형 1 (음식이) 아삭아삭하고 상큼하다. 사각사각하고 시원하다. ¶苹果~=사과가 아삭아삭하고 상큼하다. 2 (소리가) 낭랑하다. 깨끗하고 맑다. ¶嗓音~=목소리가 낭랑하다. 3 (성격이) 시원시원하다. ¶为人~=사람이 시원시원하다.
【爽的】shuǎng·de 부 아예. 차라리. ¶你~就别去, 既然去了, 就别抱怨。=너는 차라리 가지 말고, 굳이 가려거든 원망하지 마라.
【爽捷】shuǎngjié 형 시원시원하다. 깔끔하고 날래다. ¶做事~=일처리가 시원시원하다.
【爽口】shuǎngkǒu 형 1 (음식이) 시원하다. 개운하다. 상큼하다. 상쾌하다. ¶这道菜清香~。=이 요리는 향긋하고 맛있다. 2 (말하는 것이) 시원시원하다. ¶他答应的很~。=그는 시원시원하게 응낙했다.
【爽快】shuǎng·kuai 형 1 시원시원하다. 호쾌하다. 명쾌하다. 솔직하다. ¶说话~点儿, 别扭扭捏捏的。=말을 좀 시원시원하게 해라, 우물쭈물하지 말고. 2 상쾌하다. 유쾌하다. 통쾌하다. 개운하다. 후련하다. ¶今天玩儿个~。=오늘 통쾌하게 놀았다. ≒痛快 直爽 爽直
【爽朗】shuǎnglǎng 형 1 명랑하다. 쾌활하다. 활달하다. 솔직하다. 시원시원하다. ¶~的笑声=쾌활한 웃음소리. 2 (날씨가) 맑고 깨끗하다. 시원하다. 청량하다. 쾌청하다. ¶雨后的天空分外~。=비 온 뒤의 하늘이 유달리 맑다. ≒开朗 ↔沉闷
【爽利】shuǎnglì 형 시원시원하다. 명쾌하다. 깔끔하다. 말끔하다. 깨끗하다. ¶他做事~, 决不拖泥带水。=그는 일을 시원시원하게 하지 절대 질질 끌지 않는다.
【爽亮】shuǎngliàng 형 1 (소리가) 맑고 우렁차다. ¶歌声~=노랫소리가 맑고 우렁차다. 2 (공간이) 정갈하고 훤하다. 깔끔하고 탁 트이다. ¶这屋子挺~。=이 방은 제법 정갈하다.
【爽目】shuǎngmù 형 참신하다. 보기 좋다. ¶漫山遍野的桃花令人~。=온 천지에 핀 복숭아꽃이 보기 좋다.
【爽气】shuǎngqì 명운 상쾌한 공기. 신선하고 시원한 공기. 시원하고 상쾌한 날씨. ¶享受雨后的~=비 온 뒤의 상쾌한 공기를 마시다. 형운 (성격이) 시원시원하다. 호쾌하다. ¶他这人很~。=그는 사람이 매우 시원시원하다.
【爽然】shuǎngrán 형운 1 시원스럽다. 소탈하다. ¶~应允=시원스럽게 응낙하다. 2 상쾌하다. 시원하다. 쾌적하다. 후련하다. ¶身心~=심신이 상쾌하다. 3 망연(茫然)하다. 멍하다. ¶~不知所措=망연하여 어찌 할 바를 모르다.
【爽然若失】shuǎngrán-ruòshī 성 망연자실(茫然自失)하다. 멍하니 어찌할 바를 모르다.
【爽身粉】shuǎngshēnfěn 명 탤컴 파우더 (talcum powder). 분말 땀띠약. [활석가루·탄산 마그네슘·붕산·박하뇌 등을 섞어 만든 것]

【爽神】shuǎngshén 동(기분을) 상쾌하게 하다. ¶~快意=기분을 상쾌하게 하다.

【爽声】shuǎngshēng 형(소리가) 맑고 시원하다. 쾌활하다. 활달하다. ¶~高歌=맑고 시원하게 소리 높여 노래 부르다.

【爽爽快快】shuǎng·shuang kuàikuài(~的) 형 1 (성격·태도가) 시원시원하다. 호쾌하다. 명쾌하다. 솔직하다. 2 (마음·기분이) 상쾌하다. 유쾌하다. 통쾌하다.

【爽爽朗朗】shuǎng·shuang lǎnglǎng(~的) 형 1 (성격·태도 따위가) 쾌활하다. 명랑하다. 시원하다. 시원스럽다. 2 (날씨 따위가) 맑고 깨끗하다. 청량하다. 쾌청하다.

【爽爽利利】shuǎng·shuang lìlì(~的) 형 시원시원하다. 명쾌하다. 말끔하다. 깔끔하다. ¶她~地收拾好出门去了.=그녀는 말끔하게 청소를 하고 외출했다.

【爽甜】shuǎngtián 형(음식이) 시원하고 달다. 향긋하고 맛있다. ¶砀山梨~可口.=탕산 배가 시원하고 달다. 2 (소리가) 시원하고 감미롭다. ¶她的歌声~悦耳.=그녀의 노랫소리는 시원하고 감미롭다.

【爽心】shuǎngxīn 형 (마음이) 상쾌하다. 후련하다. 시원하다. 유쾌하다. ¶快意~=속이 후련하다.

【爽心悦目】shuǎngxīn-yuèmù 성 좋은 경치를 보고서 마음이 후련하고 즐겁다.

【爽性】shuǎngxìng 부 차라리. 아예. 깨끗이. 시원스럽게. ¶上司老是刁难他, 他~辞职不干了.=상사가 늘 못살게 굴어서 그는 아예 직장을 그만두었다. ≒索性

【爽约】shuǎngyuē 동 약속을 어기다. ¶你跟别人说好了要见面就不能~.=네가 다른 사람과 만나기로 약속을 했으면 약속을 어겨서는 안 된다.

【爽直】shuǎngzhí 형 시원시원하다. 솔직(담백)하다. 직선적이다. ¶性情~=성격이 시원시원하다.

# 塽

shuǎng 높고 밝은 땅 상
명윤 높고 양지바른 곳.

# shui

**谁[誰]** shuí 누구 수
'谁(shéi)'의 또 다른 발음.

**水** shuǐ 물 수
명 1 (化) 물. [원소 기호는 H₂O임] 2 강·호수·바다·해양 등의 통칭. ¶千山万~=수많은 산과 강. 3 강(江). 4 汉~=한수이. 4 홍수. 수해. 수재. ¶发~=홍수가 나다. 5 (~儿) 묽은 액. 용액. ¶香~=향수. 7 墨~=잉크. 6 수영. ¶他会~.=그는 수영을 할 줄 안다. 7 부수입. 부가 수입. ¶外~=부수입. 8 (Shuǐ) 수족(水族). [중국 소수 민족의 하나로 구이저우(贵州) 지역에 분포함] 9 (Shuǐ) 성(姓). 양 번. 물. [빨래한 횟수를 나타냄] ¶衣服已经洗两~了.=옷을 벌써 두 번 빨았다. ↔火

○ 氨ān水, 白水, 踩cǎi水, 潮水, 吃水, 滴水, 跌diē水, 发水, 反水, 废fèi水, 风水, 浮水, 洪fù水, 腹水, 泔gān水, 钢水, 滚gǔn水, 汞hóng水, 会水, 活水, 祸huò水, 击水, 给jǐ水, 降jiàng水, 胶水, 口水, 苦水, 泪水, 沥水, 脸水, 凉水, 领水, 流水, 卤lǔ水, 露水, 落水, 墨水, 奶水, 逆nì水, 潜qián水, 秋水, 泉quán水, 软水, 散水, 山水, 上水, 生水, 升shēng水, 顺水, 死水, 缩suō水, 甜水, 跳水, 铁水, 脱水, 王水, 下水, 涎xián水, 香水, 小水, 薪xīn水, 血水, 羊水, 扬水, 一水儿, 饮yǐn水, 引水, 硬水, 油水, 游水, 雨水, 汁水, 治水, 重水, 走水, 自来水

【水吧】shuǐbā 명 음료 카페(cafe).

【水坝】shuǐbà 명 댐. 둑. 제방.

【水霸】shuǐbà 명구 1 물 폭군. [농업용수를 독점하고 남이 못 쓰게 하는 자를 이르는 말] 2 수도 요금 징수원.

【水板】shuǐbǎn ☞【水牌】shuǐpái

【水半球】shuǐbànqiú 명구(地) 수반구. ↔陆半球

【水保护】shuǐbǎohù 명 수자원 보호.

【水杯】shuǐbēi 명 물컵. 물잔.

【水泵】shuǐbèng 명(機) 펌프. 양수기.

【水笔】shuǐbǐ 명 1 작은 해서체용 붓. 2 수채화용 붓. 3 (旧) 만년필.

【水边】shuǐbiān 명 1 물가. 물기슭. ¶~垂柳依依.=물가의 수양버들이 한들거린다. 2 물의 가장자리. ¶小船停在了~.=작은 배는 물 가장자리에 멈추었다.

【水标】shuǐbiāo ☞【水标尺】shuǐbiāochǐ

【水标尺】shuǐbiāochǐ 명 양수표(量水標). 수표. 워터 게이지(water gauge). =【水标】shuǐbiāo

【水表】shuǐbiǎo 명 수도 계량기[미터기]. 수량계. 수위계.

【水鳖子】shuǐbiē·zi 명(動) '鲎虫(갑옷새우)'의 통칭.

【水滨】shuǐbīn 명 물가.

【水兵】shuǐbīng 명(軍) 수병. 수군.

【水波】shuǐbō 명 수파. 파도. 파랑. 물결. ¶~荡漾=물결이 출렁이다.

【水玻璃】shuǐbōlí 명(化) 물유리. =【泡花碱】pàohuājiǎn

【水彩】shuǐcǎi 명(美) 수채 물감.

【水彩画】shuǐcǎihuà 명(美) 수채화.

【水槽】shuǐcáo 명 1 물탱크. 2 물길. 수로.

【水草】shuǐcǎo 명 1 (植) 수초. 물풀. 2 물과 풀이 있는 곳. ¶~肥美=물이 풍부하고 풀이 우거지다.

【水层】shuǐcéng 명 1 (지표 밑의) 수층. =【潜水面】qiánshuǐmiàn 2 (강·호수·바다 속의)

수층. 물의 층.
【水汊】 shuǐchà 명 지류(支流).
【水产】 shuǐchǎn 명 수산. [대부분 경제적 가치를 가진 것을 말함]
【水产资源】 shuǐchǎn zīyuán 명 수산 자원.
【水车】 shuǐchē 명 1 (흐르는 물을 동력으로 사용하는 구식) 동력 기계 장치. 2 (인력이나 축력을 이용한 구식) 무자위. 3 물차. 급수차. 4북 소방차.
【水成岩】 shuǐchéngyán 명(礦) 수성암. 침적암. 퇴적암. =〖沉积岩〗 chénjīyán
【水城】 shuǐchéng 명 물의 도시. 수운(水運)이 발달한 도시.
【水程】 shuǐchéng 명 항행(航行). 항해. 수로의 길이. 물길로 친 거리. ¶两地相距十公里的~. =두 지역은 물길로 10킬로미터 떨어져 있다.
【水池】 shuǐchí 명 1 못. 저수지. 2 세면대. 씽크대. ¶不锈钢~=스테인리스(강) 씽크대.
【水尺】 shuǐchǐ ☞〖水标尺〗 shuǐbiāochǐ
【水床】 shuǐchuáng 명 물침대.
【水锤】 shuǐchuí 명(機) 1 물망치. 영 water hammer 2 수격 작용. 영 water hammering
【水葱】 shuǐcōng 명(植) 1 큰고랭이. 2 골풀. 등심초.
【水淬钢】 shuǐcuìgāng 명 물로 열처리한 강철. 영 water-hardened steel
【水到渠成】 shuǐdào-qúchéng 성 1 물이 흐르는 곳에 도랑이 생긴다. 2비 조건이 갖추어지면 일은 자연히 성사된다. 늑瓜熟蒂落
【水道】 shuǐdào 명 1 (연못·개울·강 등의) 물길. 2 뱃길. 수로(水路). ¶从武汉到上海走~陆道都行. =우한(武汉)에서 상하이(上海)까지는 수로(水路)와 육로(陆路)가 모두 가능하다. 3 수영장의 레인〔코스〕. 늑水路
【水稻】 shuǐdào 명(植) (논)벼.
【水稻恶苗病】 shuǐdào'èmiáobìng 명(農) 벼 키다리병. 영 bakanae disease
【水滴】 shuǐdī 명동 물방울(이 떨어지다).
【水滴石穿】 shuǐdī-shíchuān 성 1 낙숫물이 댓돌을 뚫는다. 2비 작은 힘이라도 꾸준히 계속하면 성공할 수 있다. =〖滴水穿石〗 dīshuǐ-chuānshí
【水的】 shuǐdī 명(구) 수상(水上) 택시. 수상 임대 모터보트.
【水地】 shuǐdì 명(農) 1 관개지. =〖水浇地〗 shuǐjiāodì 2 논.
【水电】 shuǐdiàn 명 1 수도와 전기. ¶缴~费=수도·전기세를 납부하다. 2 (電) 수력 발전. 수력 전기. ¶~厂=수력 발전소. 동 수력 발전하다.
【水电站】 shuǐdiànzhàn 명(電) 수력 발전소.
【水淀】 shuǐdiàn 명 얕은 호수. ¶高山~=높은 산과 얕은 호수.
【水貂】 shuǐdiāo 명(動) 밍크(mink).
【水吊子】 shuǐdiào·zi 명(구) (매달아서 물을 끓이는) 용기. 물주전자.
【水痘】 shuǐdòu 명(醫) 수두.

【水豆腐】 shuǐdòu·fu 명 순두부.
【水碓】 shuǐduì 명 물방아.
【水遁】 shuǐdùn 동 물 속을 경유해서 달아나다.
【水发】 shuǐfā 동 (요리 재료 등을) 물에 담가 불리다. ¶~鱿鱼=오징어를 물에 불리다.
【水阀】 shuǐfá 명 송수관의 밸브.
【水法】 shuǐfǎ 명(法) 1 수자원 관리법. 2 중화 인민 공화국 수자원 관리법.
【水房】 shuǐfáng 명 온수 공급실. 생활용수 공급실. [세면실을 겸하기도 함]
【水肥】 shuǐféi 명(農) 물거름. 액비. 수비.
【水费】 shuǐfèi 명 수도 요금. 물값.
【水肺】 shuǐfèi 명 1(구) 잠수용 수중 호흡기. 2 (動) 수폐. 호흡수(呼吸樹). [해삼 따위에 있는 나뭇가지 모양의 호흡기]
【水粉】 shuǐfěn 명 1 물분. 수분. [화장품의 일종] 2북 물에 담가 불린 당면.
【水粉画】 shuǐfěnhuà 명(美) 수분화. 과슈. 영 gouache
【水粉皮】 shuǐfěnpí 명 묵. [전분으로 만든 우무처럼 생긴 식품]
【水分】 shuǐfēn 명 1 수분. 물기. ¶这个西瓜的~充足. =이 수박은 물이 정말 많다. 2비 과장. 허풍. 거짓. 허위. 뻥. ¶他话里的~很多. =그의 말에는 허풍이 매우 많다.
【水府】 shuǐfǔ 명 (신화·전설 중) 수신(水神)이 사는 곳.
【水感】 shuǐgǎn 명 물에 대한 감각. [물의 부력·저항력·온도 등에 대한 인체의 종합적 감각을 가리킴] ¶这孩子~好, 可以去学游泳. =이 아이는 물에 대한 감각이 좋아서 수영을 배우러 가도 된다.
【水缸】 shuǐgāng 명 물독. 물항아리.
【水阁】 shuǐgé 명 물가의 누각. 수각.
【水工】 shuǐgōng 명 1 선원. 2 ☞〖水利工程〗 shuǐlì gōngchéng
【水沟】 shuǐgōu 명 1 하수구. 배수구. 2 (~儿) 물웅덩이. 3 (~儿) 도랑.
【水垢】 shuǐgòu ☞〖水碱〗 shuǐjiǎn
【水鸪鸪】 shuǐgūgū ☞〖鹁鸪〗 bógū
【水臌】 shuǐgǔ 명(醫) 복수(腹水).
【水怪】 shuǐguài 명 물 속에 사는 괴물. 물귀신.
【水管】 shuǐguǎn 명 수도관. 송수관. 호스.
【水罐】 shuǐguàn 명 물동이.
【水光】 shuǐguāng 명 물빛. ¶~山色=물빛과 산색.
【水鬼】 shuǐguǐ 명 1 수영의 달인. 2 (물에 빠져 죽은) 물귀신. 3 '潜水员(잠수부)'의 별칭.
【水柜】 shuǐguì 명 (비교적 큰) 물통. 물탱크. 수조(水槽).
【水果】 shuǐguǒ 명(植) 과일. 과실.
【水过地皮湿】 shuǐ guò dìpí shī 속 1 물 지나간 자리가 젖다. 2비 다른 사람을 돕는 가운데 조금 얻는 것이 있다. 3비 건성으로 하다. 대충대충 하다.
【水害】 shuǐhài 명 수해. 수재. 물난리.
【水旱】 shuǐhàn 명 1 수해(水害)와 한해(旱害)

¶连遭~ = 연달아 수해와 한해를 입다. **2** 수로와 육로. ¶~交通 = 수로와 육로 교통. **3** (農) 논과 밭. ¶~作物 = 논밭 작물.
【水旱码头】 **shuǐhàn mǎ·tou** 명 수륙 교통이 편리한 상업 도시〔항구〕.
【水蒿】 **shuǐhāo** ☞【蒌蒿】 **lóuhāo**
【水合】 **shuǐhé** 명(化) 수화(水化). =【水化】 **shuǐhuà**
【水红】 **shuǐhóng** 형 산뜻한 분홍색의. 밝은 핑크색의.
【水红】 **shuǐhóng** ☞【荭草】 **hóngcǎo**
【水壶】 **shuǐhú** 명 (물)주전자.
【水葫芦】 **shuǐhú·lu** 명(植) 부레옥잠.
【水浒传】 **Shuǐhǔzhuàn** 명《수호전》. [중국 4대 기서 중의 하나]
【水花】 **shuǐhuā**(~儿) 명 **1** 물보라. 물방울. 비말(飛沫). ¶快艇驶过江面, 激起层层~. = 쾌속정이 강 위를 지나가면서 겹겹의 물보라를 일으킨다. **2**〈방〉 수두(水痘).
【水华】 **shuǐhuá** 명 적조(赤潮) 현상. =【藻花】 **zǎohuā**
【水化】 **shuǐhuà** ☞【水合】 **shuǐhé**
【水化物】 **shuǐhuàwù** 명(化) 수화물.
【水患】 **shuǐhuàn** 명 수해(水害). 수재(水災). 물난리. 늑水灾
【水荒】 **shuǐhuāng** 명 **1** 심각한 물 기근〔부족〕. ¶~严重影响了城乡居民的日常生活. = 물 기근은 도시와 시골 주민들의 일상 생활에 심각하게 영향을 주었다. **2** 수재로 인한 흉년.
【水火】 **shuǐhuǒ** 명 **1** 물과 불. **2**〈비〉 서로 상극〔상반〕되는 것. ¶他们俩是死对头, ~不容. = 그 둘은 라이벌이라 병존할 수 없다. **3**〈비〉 재난. 도탄. [ '水深火热(shuǐshēn-huǒrè)' 의 약어] ¶救人于~之中 = 도탄에 빠진 사람을 구제하다. **4** 대소변. [주로 조기 백화문에 보임]
【水火不容】 **shuǐhuǒ-bùróng** 성 **1** 물과 불은 결코 서로 용납할 수 없다. **2**〈비〉 물과 불처럼 병존할 수 없다. 늑冰炭不容
【水火无情】 **shuǐhuǒ-wúqíng** 성 수재나 화재는 조금도 사정을 봐주지 않는다. 재난은 인정사정이 없다.
【水货】 **shuǐhuò** 명 **1** 수상(水上) 암거래 물품. **2** 밀수품.
【水剂】 **shuǐjì** 명(醫) 탕약. 탕제.
【水碱】 **shuǐjiǎn** 명 (물을 끓인 후 용기 내에 생기는) 물때. =【水垢】 **shuǐgòu**【水锈】 **shuǐxiù**
【水浇地】 **shuǐjiāodì** ☞【水地】 **shuǐdì**
【水饺】 **shuǐjiǎo** 명 물만두.
【水解】 **shuǐjiě** 동 (化) 가수 분해하다.
【水晶】 **shuǐjīng** 명(礦) 수정. 크리스털.
【水晶宫】 **shuǐjīnggōng** 명 **1** 수정으로 장식한 궁전. **2** (신화 속의) 용궁. **3** (전설 속의) 월궁.
【水晶晶】 **shuǐjīngjīng**(~的) 형 반짝반짝 빛나다. ¶她的一双眼睛~的, 可爱动人。 = 그녀의 반짝반짝 빛나는 두 눈이 정말 예쁘다.
【水晶石】 **shuǐjīngshí** 명(礦) 수정석.
【水晶体】 **shuǐjīngtǐ** ☞【晶状体】 **jīngzhuàngtǐ**
【水井】 **shuǐjǐng** 명 우물.
【水景】 **shuǐjǐng** 명 물이 있는 경치. 수상(水上) 경치. ¶桂林是山有山景, 水有~。 = 계림은 산은 산대로 물은 물대로 경치가 아름답다.
【水警】 **shuǐjǐng** 명 수상(水上) 경찰. 해양 경찰. 해경.
【水酒】 **shuǐjiǔ** 명 **1** 도수가 약한 술. **2**〈겸〉 박주. 변변치 못한 술〔음식〕. ¶略备~, 以表谢意. = 변변치 못한 술〔음식〕이나마 준비하여 감사의 뜻을 표합니다. **3** 주류와 음료.
【水具】 **shuǐjù** 명 물을 마시는 용구.
【水军】 **shuǐjūn** 명〈옛〉(軍) 해군. 수군.
【水坑】 **shuǐkēng** 명 물웅덩이.
【水库】 **shuǐkù** 명 저수지. 댐.
【水葵】 **shuǐkuí** ☞【莼菜】 **chúncài**
【水牢】 **shuǐláo** 명〈옛〉 수옥(水獄). 물을 가득 채운 감옥.
【水涝】 **shuǐlào** 명 침수(浸水). 동 홍수로 농작물·가옥 등이) 물에 잠기다.
【水雷】 **shuǐléi** 명(軍) 수뢰.
【水冷】 **shuǐlěng** 형 수냉식의.
【水里】 **shuǐ·li** 명 수중. 물 안. 물 속.
【水力】 **shuǐlì** 명 수력. 물의 힘.
【水力资源】 **shuǐlì zīyuán** 명 수력 자원. 수력 발전용 수자원.
【水利】 **shuǐlì** 명 **1** 수리. **2** ☞【水利工程】 **shuǐlì gōngchéng**
【水利工程】 **shuǐlì gōngchéng** 명 수리 공사. 〈약〉【水利】 **shuǐlì**【水工】 **shuǐgōng**
【水利枢纽】 **shuǐlì shūniǔ** 명 (제방·발전소·수문 따위가 포함된) 대규모 종합 수리(水利) 공사. 중추 역할의 수리 센터.
【水帘】 **shuǐlián** 명〈비〉 **1** (장식용의) 문발처럼 흘러내리는 인공 폭포. **2** (낙차가 크지 않은) 작은 폭포.
【水帘电影】 **shuǐlián diànyǐng** ☞【水幕电影】 **shuǐmù diànyǐng**
【水连水】 **shuǐliánshuǐ**〈문〉 물과 물이 이어져 있다. ¶虽然我们相隔千里, 但山连山, ~, 心是相通的。 = 비록 우리는 멀리 떨어져 있지만 산과 물이 이어져 있듯이 마음은 늘 통한다.
【水量】 **shuǐliàng** 명 수량.
【水疗】 **shuǐliáo** 명(醫) 수치 요법(水治療法).
【水淋淋】 **shuǐlínlín**(~的) 형 물이 뚝뚝 떨어지다. 물이 줄줄 흐르다. ¶从游泳池里上来, 他浑身~. = 수영장에서 나오자, 그의 온몸에서 물이 뚝뚝 떨어졌다.
【水灵灵】 **shuǐlínglíng**(~的) 형 **1** 윤기가 흐르고 생기가 돈다. 신선하다. 싱싱하다. 물기가 많다. ¶~的葡萄 = 윤기가 자르르한 포도. **2** 맑고 예쁜 모습. ¶一双~的大眼睛 = 초롱초롱한 큰 눈.
【水灵】 **shuǐ·ling** 형 **1** (외모·형상이) 예쁘고 생기가 돈다. ¶这小姑娘长得真~. = 이 여자아이는 예쁘고 생기가 넘친다. **2** (먹을거리가) 신선하다. 싱싱하다. 부드럽고 물이 많다. ¶新

摘的桃子~着呢。=금방 딴 복숭아가 싱싱하고 물이 많다.

【水流】shuǐliú 閔 **1** 수류. 물의 흐름. 물살. 흐르는 물. ¶~湍急=물살이 세다. **2** 강·하천 등의 총칭.

【水溜】shuǐliù (~儿) 閔 **1** 낙수받이. **2** 작은 하류. **3** 작게 흐르는 물.

【水龙】shuǐlóng 閔 **1** 소방용 호스. **2** (植) 물 금매. 실매화풀.

【水龙带】shuǐlóngdài 閔 천 호스. 소방 호스.

【水龙头】shuǐlóngtóu 閔 수도꼭지.

【水陆】shuǐlù 閔 **1** 수륙. ¶青蛙是~两栖动物。=개구리는 수륙에서 사는 양서동물이다. **2** 수로와 육로. ¶~交通=수륙 교통. **3** 산해진미. 산진해미. ¶~奇珍=산해진미.

【水陆道场】shuǐlù dàochǎng 閔 (佛) 수륙 도량. [수륙의 여러 망령들을 구원하기 위해 올리는 법회]

【水陆毕陈】shuǐlù-bìchén 閔 **1** 산해진미를 차리다. **2** 잔치가 풍성하다. =【水陆俱陈】shuǐlù-jùchén

【水陆俱陈】shuǐlù-jùchén ☞【水陆毕陈】shuǐlù-bìchén

【水鹿】shuǐlù 閔 (動) 수록. 삼바(sambar). [사슴의 일종. 학명이 *Cervus unicolor* 임] =【马鹿】mǎlù

【水路】shuǐlù 閔 수로. 뱃길. 물길. 해로. ¶~运输=수로 운송. ↔水道 ↔旱路 陆路

【水绿】shuǐlǜ 閔 연녹색.

【水轮泵】shuǐlúnbèng 閔 (機) 터빈 펌프.

【水轮机】shuǐlúnjī 閔 (機) 수력 터빈.

【水落】shuǐluò ☞【檐沟】yángōu

【水落管】shuǐluòguǎn 閔 (낙수받이에 연결된) 홈통. =【雨水管】yǔshuǐguǎn【落水管】luòshuǐguǎn

【水落石出】shuǐluò-shíchū 閔 **1** 물이 낮아지면 돌이 드러난다. **2** 진상이 밝혀지다.

【水脉】shuǐmài 閔 수맥.

【水莽】shuǐmǎng ☞【莽草】mǎngcǎo

【水煤气】shuǐméiqì 閔 (化) 수성 가스.

【水门】shuǐmén 閔 **1** 수도관 (송수관)의 밸브(valve). **2** 수문.

【水门汀】shuǐméntīng 閔 **1** 시멘트(cement). **2** 콘크리트(concrete).

【水米未沾】shuǐmǐ-wèizhān 閔 배도 고프고 목도 마르다.

【水米无交】shuǐmǐ-wújiāo 閔 **1** 서로 왕래가 없다. 아무 관계가 없다. **2** 청렴하다.

【水蜜桃】shuǐmìtáo 閔 (植) **1** 수밀도 나무. **2** 수밀도.

【水面】shuǐmiàn 閔 **1** 수면. 물의 표면. ¶船桨一上荡起一圈圈的涟漪。=노가 수면에서 동그랗고 잔잔한 물결을 일으킨다. **2** 수역 면적. ¶本省可以通航的~很大。=본 성은 배가 다닐 수 있는 수역이 아주 넓다.

【水磨】shuǐmó 閔 물갈음을 하다. 물을 뿌려 가며 갈다. ¶~砖墙面=폴리싱 타일(polishing tile) 벽.

【水磨工夫】shuǐmó-gōng·fu 閔 **1** 오랫동안 심도 있고 정밀하게 하다. **2** 세밀하고 정교한 솜씨.

【水磨石】shuǐmóshí 閔 (建) 테라초(terrazzo). 인조 대리석. ¶~地板=인조 대리석 바닥.

【水墨画】shuǐmòhuà 閔 (美) 수묵화.

【水磨】shuǐmò 閔 수력 제분기. 물방아.

【水母】shuǐmǔ ☞【海蜇】hǎizhé

【水幕电影】shuǐmù diànyǐng 閔 (映) 수막 (水幕) 영화. [폭포처럼 흐르는 물을 스크린으로 삼아 방영하는 영화] =【水帘电影】shuǐlián diànyǐng【瀑布电影】pùbù diànyǐng 閔 water screen cinema

【水嫩】shuǐnèn 閔 수분이 많고 부드럽다. ¶这桃~得很。=이 복숭아는 말랑말랑하다.

【水能】shuǐnéng 閔 **1** (物) 수력 에너지. 물에너지. 물의 운동 에너지. **2** 수력 에너지.

【水能载舟, 亦能覆舟】shuǐ néng zài zhōu, yì néng fù zhōu 閔 **1** 물은 배를 띄울 수도 있지만 뒤집을 수도 있다. **2** 민중은 군주를 떠받들어 모실 수도 있지만 몰아 낼 수도 있다.

【水泥】shuǐní 閔 시멘트(cement). =【洋灰】yánghuī

【水泥钉】shuǐnídīng 閔 시멘트못. 콘크리트못.

【水泥砂浆】shuǐní shājiāng 閔 시멘트 모르타르.

【水碾】shuǐniǎn 閔 물레방아.

【水鸟】shuǐniǎo 閔 (動) 물새. ↔水禽

【水牛】shuǐniú 閔 (動) 물소.

【水牛儿】shuǐniúr 閔 (蝸牛) wōniú

【水暖】shuǐnuǎn 閔 **1** 온수를 이용한 난방 설비. **2** 수도와 난방 설비. ¶~设备=수도·난방 설비.

【水暖工】shuǐnuǎngōng 閔 수도·난방 설비 기술자.

【水牌】shuǐpái 閔 작은 칠판. 화이트 보드(white board). =【水板】shuǐbǎn

【水泡】shuǐpào 閉 물에 불리다. ¶~黄豆=콩을 물에 불리다. 閔 수포. 물거품.

【水疱】shuǐpào (~儿) 閔 (醫) 물집. 수포.

【水培法】shuǐpéifǎ 閔 (農) 수경(水耕) 재배법. 수경법.

【水盆】shuǐpén 閔 대야.

【水皮儿】shuǐpír 閔 수면. 물의 표면.

【水瓢】shuǐpiáo 閔 (호리병박을 둘로 쪼개어 만든) 바가지.

【水平】shuǐpíng 閔 **1** 수평. ¶~距离=수평 거리. /~线=수평선. **2** 수준. ¶知识~=지식 수준. ↔水准 程度

【水平关系】shuǐpíng guān·xi 閔 수평 관계. 횡적 관계.

【水平面】shuǐpíngmiàn 閔 수평면.

【水平线】shuǐpíngxiàn 閔 **1** 수평선. **2** 평행선. **3** 수준.

【水平仪】shuǐpíngyí 閔 수평기. 수준기. 평면 측정기. =【水准器】shuǐzhǔnqì

# 水 shuǐ

【水泼不入，针扎不进】shuǐ pō bù rù, zhēn zhā bù jìn 〔成〕〔俗〕 통제나 방비가 매우 삼엄하여 전혀 빈틈이 없다.

【水葡萄】shuǐpú·tao ☞【醋栗】cùlì

【水汽】shuǐqì 〔명〕 1 수증기. 2 새벽녘 물안개.

【水浅】shuǐqiǎn 〔형〕 1 (물이) 깊지 않다. 얕다. 2 〔비〕 학문의 수준이나 일의 난이도 등이 높지 않다. ¶他肚里~得很. =그는 수준이 형편 없다.

【水枪】shuǐqiāng 〔명〕 1 수력 채탄 분사기. 2 분사관창. [구식 소방 기구의 하나. 물을 높고 먼 곳까지 분사시킬 수 있음] 3 (장난감) 물총.

【水禽】shuǐqín 〔명〕〔動〕 물새. 늑水鸟.

【水芹】shuǐqín 〔명〕〔植〕 미나리.

【水青冈】shuǐqīnggāng ☞【山毛榉】shānmáojǔ

【水清】shuǐqīng 〔형〕 물이 맑다. ¶~见底 =물이 맑아 바닥까지 보인다.

【水清无鱼】shuǐqīng-wúyú ☞【水至清则无鱼】shuǐ zhì qīng zé wú yú

【水情】shuǐqíng 〔명〕 (수위·유량 등) 물의 상황〔상태〕.

【水球】shuǐqiú 〔명〕〔體〕 1 수구 (경기). 2 수구용 공.

【水曲柳】shuǐqūliǔ 〔명〕〔植〕 들메나무.

【水渠】shuǐqú 〔명〕 도랑. 수로. 용수로.

【水圈】shuǐquān 〔명〕〔地〕 수권. [강·하천·호수·바다 등 지구 표면의 물의 총칭]

【水溶性】shuǐróngxìng 〔명〕〔化〕 수용성.

【水乳交融】shuǐrǔ-jiāoróng 〔成〕 1 물과 젖이 합쳐지다. 2 〔비〕 궁합이 잘 맞다. 서로 잘 통하다. 잘 어울리다. 완벽하게 조화를 이루다. 관계가 밀접하다. 마음이 서로 잘 맞다.

【水色】shuǐsè 〔명〕 1 물 풍경. 물가의 경치. ¶山光~=산수 풍경. 2 (바다·호수 따위의) 물의 색. ¶~清澈=물색이 맑고 투명하다. 3 수색. 물빛. 담청색.

【水杉】shuǐshān 〔명〕〔植〕 메타세쿼이아 (metasequoia).

【水上】shuǐshàng 〔명〕 물 위. 수면 위. 수상. ¶~漂浮着几朵鲜艳的玫瑰. =물 위에 산뜻하고 아름다운 장미 몇 송이가 떠 있다.

【水上芭蕾】shuǐshàng bālěi ☞【花样游泳】huāyàng yóuyǒng

【水上居民】shuǐshàng jūmín 〔명〕 1 수상 생활자. 2 어업이나 수상 운송업에 종사하는 자.

【水上运动】shuǐshàng yùndòng 〔명〕〔體〕 수상 운동(의 총칭).

【水筲】shuǐshāo 〔명〕〔방〕 물통.

【水蛇】shuǐshé 〔명〕〔動〕 1 물뱀. 2 독사의 일종. [학명은 'Enhydris chinensis' 임] =【中华水蛇】Zhōnghuá shuǐshé 【泥蛇】níshé

【水蛇腰】shuǐshéyāo 〔명〕 가늘고〔마르고〕 구부정한 허리.

【水深】shuǐshēn 〔명〕 수심. 물의 깊이. ¶~两米=수심이 2미터이다. 〔형〕 1 수심이 깊다. ¶别往前游了, 前面~. =더 이상 앞으로 헤엄쳐 가지 마라, 물이 깊으니까. 2 〔비〕 깊이를 헤아릴 수 없어 파악하기 힘들다. ¶那案子牵连的人很多, ~. =그 사건은 연루된 사람이 많아서, 파악하기가 쉽지 않다.

【水深火热】shuǐshēn-huǒrè 〔成〕〔비〕 모진 고통. 극심한 고통. 도탄.

【水生植物】shuǐshēng zhíwù 〔명〕 수생 식물.

【水师】shuǐshī 〔명〕〔옛〕 수군.

【水虱】shuǐshī 〔명〕〔動〕 물이.

【水蚀】shuǐshí 〔명〕〔地〕 수식. 물에 의한 침식.

【水势】shuǐshì 〔명〕 수세. 물의 형세〔기세〕. 물살. ¶~汹涌=물살이 세다.

【水手】shuǐshǒu 〔명〕 1 (일반) 선원. 2 갑판원.

【水刷石】shuǐshuāshí 〔명〕 (물로 씻어 내는 방식으로 제조하는) 인조 대리석. 인조 화강석 따위. =【汰石子】tàishí·zi

【水松】shuǐsōng 〔명〕〔植〕 청각채.

【水塔】shuǐtǎ 〔명〕 급수탑.

【水獭】shuǐtǎ 〔명〕〔動〕 수달.

【水潭】shuǐtán 〔명〕 깊은 못.

【水塘】shuǐtáng 〔명〕 연못.

【水体】shuǐtǐ 〔명〕 물.

【水体污染】shuǐtǐ wūrǎn 〔명〕 수질 오염. =【水污染】shuǐwūrǎn

【水田】shuǐtián 〔명〕 논. 수전. ↔旱田

【水亭】shuǐtíng 〔명〕 물가의 정자(亭子). 연못 가운데 지은 정자.

【水桶】shuǐtǒng 〔명〕 물통.

【水头】shuǐtóu 〔명〕 1 홍수 때의 물의 기세. 홍수 때의 최고 수위. ¶今年洪水的~超过了去年. =올해 홍수의 기세는 작년보다 더하다. 2 물의 기세. ¶这口山泉的~挺旺. =이 산의 샘물은 매우 힘차게 치솟는다.

【水土】shuǐtǔ 〔명〕 1 (지표의) 수분과 토양. 2 기후와 풍토. 자연 환경. ¶~不服 =기후와 풍토가 맞지 않다.

【水土保持】shuǐtǔ bǎochí 〔명〕 물과 토양의 유실을 방지하기 위한 각종 조치. [예컨대 경작지를 숲으로 환원하거나, 나무를 심거나, 계단식 밭을 일구거나, 경작 방법을 바꾸는 것 등]

【水土流失】shuǐtǔ liúshī 〔동〕〔地〕 지표면의 토양이 유실되거나 바람에 날려 가다.

【水汪汪】shuǐwāngwāng (~的) 〔형〕 1 물이 그득하다〔흥건하다〕. ¶刚下过大雨, 地面~的. =막 큰비가 내려서 땅바닥이 흥건하다. 2 (눈망울이) 초롱초롱하고 맑다. ¶~的一双大眼 =초롱초롱한 큰 눈.

【水网】shuǐwǎng 〔명〕 1 〔地〕 그물처럼 뒤얽힌 강과 호수와 지류. 수로망. ¶~密布=수로망이 조밀하다. 2 ☞【水网藻】shuǐwǎngzǎo

【水网藻】shuǐwǎngzǎo 〔명〕〔植〕 녹조(綠藻)의 일종. [학명은 'Hydrodictyon reticulatum (L.) Lagerh' 임] =【网藻】wǎngzǎo 【水网】shuǐwǎng

【水位】shuǐwèi 〔명〕〔地〕 1 수위. ¶洪水过后, ~回落. =홍수가 끝나자 수위가 내려갔다. 2 지하수와 지표 사이의 거리. ¶地下水的~有所下降. =지하수와 지표 사이의 거리가 더 벌어지다.

【水温】shuǐwēn 图 수온.
【水文】shuǐwén 图(地) 수문. [자연계에서 일어나는 물의 각종 변화와 운동 현상] ¶~观测=수문 관측.
【水文站】shuǐwénzhàn 图 수문(水文)·지질 관측소.
【水纹】shuǐwén 图 1 잔물결. 파문. 2 물결무늬. ¶~纸=물결무늬 종이.
【水污染】shuǐwūrǎn ☞【水体污染】shuǐtǐ wūrǎn
【水雾】shuǐwù 图 1 물안개. ¶~蒙蒙=물안개가 서리다. 2 물방울. 비말(飞沫). ¶快艇激起片片~。=쾌속정이 비말(飞沫)을 일으키다.
【水螅】shuǐxī 图(动) 히드라.
【水洗】shuǐxǐ 图 1 물로 씻다. ¶毛料西服只能干洗, 不能~。=모 양복은 드라이크리닝만 가능하고 물세탁은 안 된다. 2 (纺) (빛 바랜 느낌을 주기 위해) 워싱(washing) 처리하다. ¶~布料=워싱 처리한 원단.
【水洗布】shuǐxǐbù 图(纺) 워싱(washing) 처리한 원단.
【水系】shuǐxì 图(地) 수계.
【水下】shuǐxià 图 수면 아래. 물 속. 수중. ¶~世界=수중 세계.
【水仙】shuǐxiān 图(植) 수선화.
【水险】shuǐxiǎn 图 해상 보험.
【水线】shuǐxiàn 图 흘수선(吃水线). 수선. [배가 물 위에 떠 있을 때 배와 수면이 접하는 경계가 되는 선]
【水乡】shuǐxiāng 图 물의 고장. 수향. 하류·호수가 비교적 많은 지역. ¶~景色=물가 마을의 경치.
【水箱】shuǐxiāng 图 (기계·차량·건축물 등의) 물통. 물탱크. 수조(水槽).
【水泻】shuǐxiè ☞【腹泻】fùxiè
【水泄不通】shuǐxiè-bùtōng 图用 물샐틈없을 정도로 경계가 삼엄하다.
【水榭】shuǐxiè 图 1 물가의 정자. ¶~亭阁=물가의 정자. 2 방갈로(bungalow).
【水星】shuǐxīng 图(天) 수성. 2 (사방으로 튀는 작은) 물보라. 물방울. ¶~四溅=작은 물보라가 사방으로 튀다.
【水性】shuǐxìng 图 1 물의 성질. 물의 특징. [강·호수·바다 등의 수심·유속 등] ¶他对这条河的~相当了解。=그는 이 강의 특징에 대해 많이 알고 있다. 2 수영 기술. ¶她刚学游泳, ~不好。=그녀는 수영을 배운 지 얼마 되지 않아 수영 실력이 좋지 않다.
【水性杨花】shuǐxìng-yánghuā 图 1 물의 흐름은 일정하지 않고, 버드나무는 바람 부는 대로 흔들린다. 2 用 여자가 경박하고 지조가 없다.
【水袖】shuǐxiù 图 (무용이나 중국 전통극에서 연기자가 입는 옷의 소매 끝에 붙인) 긴 덧소매.
【水锈】shuǐxiù 图 1 물이 담겼던 흔적. 2 ☞【水碱】shuǐjiǎn
【水选】shuǐxuǎn 图 (종자를) 비중선(比重選)하다. (광물을) 중액선광(重液選鑛)하다.

【水靴】shuǐxuē 图 고무 장화.
【水循环】shuǐxúnhuán 图(地) (해양·육지·대기 사이에서 이루어지는) 수분의 대규모 순환.
【水压】shuǐyā 图 수압.
【水压机】shuǐyājī 图 수압기. 수압 프레스.
【水鸭】shuǐyā 图(动) 물오리. 청둥오리.
【水烟】shuǐyān 图 물 담뱃대로 피우는 살담배.
【水烟袋】shuǐyāndài 图 (구리나 대나무 등으로 만든) 수연통. 물 담뱃대. =【水烟筒】shuǐyāntǒng【水烟斗】shuǐyāndǒu
【水烟斗】shuǐyāndǒu ☞【水烟袋】shuǐyāndài
【水烟筒】shuǐyāntǒng ☞【水烟袋】shuǐyāndài
【水眼】shuǐyǎn 图 샘구멍.
【水杨酸】shuǐyángsuān 图(化) 살리실산(salicyl酸).
【水杨酸甲酯】shuǐyángsuān jiǎzhǐ ☞【冬青油】dōngqīngyóu
【水样】shuǐyàng 图 (수질 조사를 위해 채취한) 물 샘플. ¶抽检~=수질을 표본 조사하다.
【水舀子】shuǐyǎo·zi 图 물바가지. 구기. 작자(杓子). 국자.
【水翼船】shuǐyìchuán 图 (날개를 설치하여 수면 위를 이동하는) 수중익선(水中翼船). =【水翼艇】shuǐyìtǐng
【水翼艇】shuǐyìtǐng ☞【水翼船】shuǐyìchuán
【水银】shuǐyín 图(化) 수은.
【水银灯】shuǐyíndēng 图 수은등. =【汞灯】gǒngdēng
【水银柱】shuǐyínzhù 图 수은주.
【水印】shuǐyìn 图 1 (~儿) 물 얼룩. 2 (印) 수성 안료만을 이용하는 중국 전통의 목각화 인쇄. 3 (~儿) 워터마크(watermark). 은화. 숨은 그림. 4 (~儿) 旧 옛날, 상점의 인감도장.
【水域】shuǐyù 图 1 수역. 2 항만과 수로 가운데 배가 항행·정박하거나 기타 수상 작업을 하는 수면.
【水源】shuǐyuán 图 수원.
【水运】shuǐyùn 图 수운. 해운. ¶~业务=수상 운수 업무. 图 수상 운수를 하다.
【水灾】shuǐzāi 图 수해. 수재. ≒水患.
【水葬】shuǐzàng 图 수장.
【水蚤】shuǐzǎo 图(动) 물벼룩.
【水藻】shuǐzǎo 图(植) 물풀. 수초. [조류 식물의 총칭]
【水泽】shuǐzé 图(地) 강·호수·못이 많은 곳.
【水闸】shuǐzhá 图 수문(水門).
【水栅】shuǐzhà 图 1 관개(灌漑)를 위해 물을 막는 목책. 2 선박 통행을 막기 위한 목책.
【水战】shuǐzhàn 图(军) 수전. 해전. 수중(水上) 전투.
【水长船高】shuǐzhǎng-chuángāo ☞【水涨船高】shuǐzhǎng-chuángāo
【水涨船高】【水长船高】shuǐzhǎng-chuángāo 图 1 물이 불어나면 배도 올라간다. 2 用 기초가

향상되면 그것에 기반을 둔 사물도 향상된다.

【水蒸气】 shuǐzhēngqì 图 수증기. ⇨【蒸气】zhēngqì

【水至清则无鱼】 shuǐ zhì qīng zé wú yú 쑉 1 물이 너무 맑으면 고기가 없다. 남에게 너무 엄격하면 주변에 사람이 없다. 2 위 사람이나 물건에 대해 지나치게 요구해서는 안 된다. =【水清无鱼】shuǐqīng-wúyú

【水质】 shuǐzhì 图 1 수질. ¶防止~污染=수질 오염을 막다. 2 음용수의 수질. ¶~纯净=음용수의 수질이 좋다.

【水蛭】 shuǐzhì 图(動) 거머리. ⇨【马鳖】mǎbiē

【水中】 shuǐzhōng 图 수중. 물 속. ¶那是~月, 镜中花, 不可强求. =그것은 물 속의 달이요 거울 속의 꽃이니, 억지로 좇아서는 안 된다.

【水中芭蕾】 shuǐzhōng bālěi ☞【花样游泳】huāyàng yóuyǒng

【水中捞月】 shuǐzhōng-lāoyuè ☞【海底捞月】hǎidǐ-lāoyuè

【水肿】 shuǐzhǒng 图(醫) 부종. =【浮肿】fúzhǒng

【水珠】 shuǐzhū(~儿) 图 물방울. 이슬방울.

【水柱】 shuǐzhù 图 물기둥.

【水准】 shuǐzhǔn 图 1 수평면. 수평선. 2 수준. ¶生活~=생활 수준. ≒水平

【水准器】 shuǐzhǔnqì ☞【水平仪】 shuǐpíngyí

【水准仪】 shuǐzhǔnyí 图 수준의. 수평기.

【水资源】 shuǐzīyuán 图(地) 수자원.

【水族】 shuǐzú 图 1 수중 동물. 2 (Shuǐzú) 수족. [중국 소수 민족의 하나로 구이저우(贵州) 지역에 분포함]

【水族馆】 shuǐzúguǎn 图 수족관.

【水钻】 shuǐzuàn 图 인조 다이아몬드.

**说[說]** shuì 말할 세

動 설득하다. 설복하다. ¶游~=유세하다.
☞ shuō, yuè

**帨** shuì 수건 세

图 (옛날 허리에 차던) 수건. [오늘날의 손수건과 같음]

**税** shuì 세금 세

图 1 세금. 세. ¶工商~=상공업 종합 소득세. /个人所得~=개인 소득세. 2 (Shuì) 성(姓). ≒赋

◐◑ 版bǎn税, 丁dīng税, 赋fù税, 贡gòng税, 关税, 捐juān税, 漏税, 免税, 纳nà税, 偷税, 完税, 杂税, 租税, 印花税

【税案】 shuì'àn 图(法) 탈세 사건.

【税单】 shuìdān 图 납세 영수증. 세금 영수증. 납세 증명서. 세금 증서.

【税额】 shuì'é 图 세액. 세금액.

【税法】 shuìfǎ 图(法) 세법.

【税费】 shuìfèi 图 세금과 비용.

【税负】 shuìfù 图 납세 부담. 조세 부담. ¶减轻~=납세 부담을 줄이다.

【税后】 shuìhòu 图 납세 이후. ¶~服务=납세 이후 누릴 수 있는 서비스.

【税金】 shuìjīn 图 세금.

【税捐】 shuìjuān 图 세금.

【税款】 shuìkuǎn 图 세금.

【税利】 shuìlì 图 세금과 이윤.

【税率】 shuìlǜ 图 세율.

【税目】 shuìmù 图 세목.

【税票】 shuìpiào 图 납세 영수증. 세금 영수증. 납세 증명서. 납세 고지서.

【税卡】 shuìqiǎ 图옛 세관.

【税收】 shuìshōu 图 세수. 세금 수입.

【税务】 shuìwù 图 세무. ¶~部门=세무 부서.

【税务员】 shuìwùyuán 图 세무원.

【税源】 shuìyuán 图 세원.

【税则】 shuìzé 图 세칙. 세납 규칙. 조세의 부과·징수에 관한 규칙.

【税制】 shuìzhì 图 세제. 세금 제도.

【税种】 shuìzhǒng 图 세종. 세수(税收)의 종류. 세금의 종목. 조세의 종류.

**睡** shuì 잘 수

動 1 (잠을) 자다. ¶入~=잠이 들다. /熟~=숙면. 2 눕다. ¶虽说是单人床, 凑合着可以~两个人. =비록 일인용 침대라고는 하지만 그럭저럭 두 명이 누울 수 있다. ≒眠 ↔醒

◐◑ 沉chén睡, 鼾hān睡, 酣hān睡, 瞌kē睡, 入睡, 熟shú睡, 午睡

【睡不够】 shuì·bugòu 動 잠이 부족하다. 수면이 부족하다. 충분히 자지 못하다. ¶每天都很疲倦, 老是~. =매일 몹시 피곤하지만 늘 잠이 부족하다.

【睡不上】 shuì·bushàng 動 (잠들었다가 중간에 깨어) 잠들지 못하다.

【睡不下】 shuì·buxià 動 잠자리가 부족하다. 잠자리가 좁아 잠들지 못하다. ¶今天来了几个客人, 家里~. =오늘 몇 분 손님이 오시는 바람에 집에 잠자리가 부족하다.

【睡不醒】 shuì·buxǐng 動 잠에 취해 있다. 잠에서 깨어나지 못하다. ¶他这个瞌睡虫总是~. =이 잠꾸러기는 늘 잠에 취해 있다.

【睡不着】 shuì·buzháo 動 잠들지 못하다. 잠이 오지 않다. 잠을 잘 수 없다. ¶外面太吵了, ~. =밖이 너무 시끄러워 잠을 수가 없다.

【睡大觉】 shuì dàjiào 動 1 잠을 푹 자다. 실컷 자다. 늦잠을 자다. 2 휘 활동이 중지되다. 해이해지다. 경각심을 잃다. ¶躺在过去的成就上~是절대적으로 안 된다. =이전의 성과에 안주하여 나태해져서는 절대 안 된다. 3 (물자 등이) 개발되지 않고 잠을 자고 있다. 이용되지 않고 파묻혀 있다. ¶海底丰富的矿藏大多还在~. =바다 속의 풍부한 지하 자원은 대부분 여전히 이용되지 않고 파묻혀 있다.

【睡袋】 shuìdài 图 슬리핑백(sleeping bag). 침낭.

【睡够】shuì‖gòu (동) 잠을 충분히 자다. 실컷 자다. 늘어지게 자다. ¶连着几天假期, 可以~了。=며칠 간 이어지는 연휴라서 실컷 잘 수 있게 되었다.

【睡过头】shuì guòtóu (동) 늦잠을 자다. 늦게 일어나다. 너무 자버리다. ¶他~了, 没赶上早班车。=그는 늦잠을 자는 바람에 통근 버스를 놓치고 말았다.

【睡回笼觉】shuì huílóngjiào (숙) 두벌잠을 자다. 개잠 자다. 아침에 깼다가 잠시 후 다시 잠이 들다. ¶送孩子上学后, 她又回家睡了个回笼觉。=아이를 등교시키고 그녀는 집에 돌아와 다시 잠을 청했다.

【睡觉】shuì‖jiào (동) 1 (잠을) 자다. ¶时间不早了, 该~了。=시간이 늦었으니 잠을 자도록 해라. 2 성관계를 갖다.

【睡裤】shuìkù (명) 잠옷 바지.

【睡懒觉】shuì lǎnjiào (숙) 늦잠을 자다. [주로 아침에 늦게 일어나는 것을 가리킴] ¶他爱~, 经常上课迟到。=그는 늦잠 자길 좋아해서 수업에 지각을 자주 한다.

【睡莲】shuìlián (명) (植) 수련. =【子午莲】zǐwǔlián

【睡帽】shuìmào (명) 나이트 캡(nightcap). [잠잘 때 머리가 흐트러지지 않도록 쓰는, 그물 모양으로 뜬 모자]

【睡梦】shuìmèng (명) 잠. 수면. 꿈. ¶猫叫声把她从~中惊醒。=고양이 울음소리가 그녀를 꿈에서 놀라 깨게 했다.

【睡眠】shuìmián (명)(生) 수면. 잠. (동) 수면하다. 잠자다. ¶他每天只~6小时。=그는 매일 6시간만 잔다.

【睡眠疗法】shuìmián liáofǎ (명)(醫) 수면 요법.

【睡魔】shuìmó (명)(비) 수마. 심한 졸음. 지독한 졸음.

【睡袍】shuìpáo (명) 1 잠옷. 자리옷. 나이트 가운. 2 가운 스타일의 잠옷.

【睡铺】shuìpù (명) 1 침대. 침상. 2 (기차·여객선 등의) 침대.

【睡裙】shuìqún (명) 잠옷 치마.

【睡容】shuìróng (명) 잠기. 잠기운. 졸음. [잠이 오거나 아직 잠에서 깨어나지 못한 얼굴 모습이나 기색]

【睡晌觉】shuì shǎngjiào (동) 낮잠 자다. 오침(午寢)하다. 오수(午睡)하다.

【睡·上】shuì·shàng (동) 잠들다. ¶他累得不行, 一回家就~了。=그는 피곤해 견딜 수가 없어서, 집에 돌아오자마자 곧 잠들었다.

【睡态】shuìtài (명) 잠자는 모습. 잠잘 때 자태.

【睡午觉】shuì wǔjiào (동) (점심 후에) 잠깐 낮잠을 자다. 오침(午寢)하다. 오수(午睡)하다.

【睡乡】shuìxiāng (명) 꿈나라. 잠의 세계. [수면 상태를 가리킴] ¶进入~ = 꿈나라로 가다. 잠들다. 늑梦乡

【睡相】shuìxiàng (명) 잠자는 모습. ¶~不雅 = 잠자는 모습이 추하다.

【睡醒】shuìxǐng (동) 잠에서 깨다. ¶他~了就马上起床。=잠에서 깨자마자 곧 자리에서 일어나다.

【睡眼】shuìyǎn (명) (졸음이 오거나 잠이 덜 깨어) 게슴츠레한 눈. 흐리멍덩한 눈. 몽롱한 눈. ¶~蒙眬 = 잠에 취해 눈이 흐리멍덩하다.

【睡眼惺忪】shuìyǎn-xīngsōng (성) 잠에 취하여 눈이 게슴츠레하다. 졸려서 눈이 가물가물하다. 졸려서 눈이 흐리멍덩하다.

【睡衣】shuìyī (명) 잠옷. 자리옷.

【睡椅】shuìyǐ (명) 침대 겸용 의자. 침대용 소파. [누워 잘 수 있는 긴 의자]

【睡意】shuìyì (명) 졸음. 잠기. 잠기운. [잠이 오거나 아직 잠에서 깨어나지 못한 상태나 기색] ¶我一点~都没有, 想再看会儿书。=난 전혀 졸립지 가 않으니 책을 좀 더 보아야겠어.

【睡着】shuìzháo (동) 잠들다. 수면 상태에 들어가다. ¶他躺下很快就~了。=그는 눕자마자 바로 잠이 들었다.

【睡姿】shuìzī (명) 잠자는 모습. 잠잘 때 자태.

# shun

*吮 shǔn 빨 연
(동) (입으로) 빨다. 빨아들이다. ¶~乳 = 젖을 빨다. / ~血 = 피를 빨다.

○● 吸吮

【吮吸】shǔnxī (동) 1 (젖·조그만 구멍이 나 있는 물체 등을) 빨다. 빨아먹다. ¶~乳汁 = 젖을 빨아먹다. 2 (비) 착취하다. 짜내다. ¶~他人的血汗 = 다른 사람의 노동력을 착취하다.

【吮痈舐痔】shǔnyōng-shìzhì (성) 1 종기의 고름을 빨고 치질을 핥아 주다. 2 (비) 수단과 방법을 가리지 않고 아첨하다.

【吮咂】shǔnzā (동) 1 (젖·조그만 구멍이 나 있는 물체 등을) 빨다. 빨아먹다. 2 (비) 착취하다. 짜내다.

楯 shǔn 난간 순
(명)(문) 난간(欄杆).
☞ dùn

**顺[順] shùn 따를 순
(형) 1 거스르지 않는. 흐름에 따르는. 순방향의. ¶坐~水船 = 배가 가는 방향으로 앉다. 2 순조롭다. 순탄하다. ¶这件事办得不~。= 이 일은 처리가 순조롭지 않다. 3 (말·글 등이) 조리가 있다. 앞뒤가 들어맞다. 질서 정연하다. 유창하다. 적절하다. ¶文从字~ = 문맥이 잘 통하고 용어가 적절하다. 4 (알)맞다. 잘 어울리다. 조화하다. 적합하다. ¶风调雨~ = 때 맞춰서 비가 오고 바람이 불다. 날씨 환경이 매우 좋다. 5 합리적이다. 이치에 맞다. ¶名正言~ = 명분이 바르고 말이 사리에 맞다. (동) 1 같은 방향으로 향하다. 거스르지 않다. ¶~风而行 = 바람이 부는 방향으

로 나아가다. / ~流而下=물이 흘러가는 대로 따라 내려가다. **2** 가지런히 하다. 정리, 정돈하다. 조리나 순서에 맞도록 하다. ¶~一~文章=글을 조리 있게 수정하다. **3** (방향·사물·상황 을) 바로잡다. 일치시키다. ¶把船~一下=배의 방향을 잠시 바로잡다. **4** 순종하다. 순순히 복종하다. 따르다. ¶百依百~=매사에 맹종하다. **5** 부합하다. 알맞게 하다. ¶怎么也难使他~心。=어떻게 해도 그의 마음에 들게 하기가 어렵다. 图 **1** 차례(대)로. ¶会期~延=회기가 차례로 연기되다. **2** …하는 김에. 차제에. 겸사겸사. ¶~手关灯=손이 가는 김에 불을 꺼 주십시오. 丌 …을 따라서. …에 따라 (이동하다). ¶~着湖边走=호숫가를 따라서 걷다. 图 (Shùn) 성(姓).
↔倒 逆 背 违

○ 笔顺, 恭gōng顺, 和顺, 平顺, 柔róu顺, 随顺, 通顺, 温顺, 降xiáng顺, 孝xiào顺, 驯xún顺, 依顺, 忠zhōng顺

【顺变】 shùnbiàn 동문 변화〔변고〕에 순응하다. ¶节哀~=너무 슬퍼 마시고 변고에 순응하시기를 바랍니다.

【顺便】 shùnbiàn(~儿) 甼 …하는 김에. 겸사겸사. 차제에. ¶你经过收发室, ~看看有没有我的信件。=우편물 취급실을 지나는 김에 내 편지가 있는지 없는지 좀 봐 주게나. ≒趁便 乘便

【顺差】 shùnchā 명(經) (국제 무역 수지에서) 흑자. ↔逆差

【顺产】 shùnchǎn 동(醫) 순산하다. ↔难产

【顺畅】 shùnchàng 형 **1** 순조롭다. 원활하다. 거침없다. 막힘이 없다. ¶交通~=교통이 원활하다. **2** (생각·말·글 등이) 매끄럽다. 순탄하다. ¶小家伙这次写的作文还算~。=녀석의 이번 작문은 그런대로 매끄럽다. **3** 뜻대로 되다. 마음대로 되다. 시원하고 후련하다. ¶这两年的生活~多了。=요 2년은 생활이 많이 좋아졌다.

【顺次】 shùncì 甼 순서에 따라. 차례대로. 순차적으로. ¶~入场=순서대로 입장하다. ≒挨次

【顺从】 shùncóng 동 **1** 순종하다. 순순히 따르다. 순순히 복종하다. ¶~师命=스승의 말씀에 순종하다. 형 순종적이다. ¶她对丈夫十分~。=그녀는 남편에게 매우 순종하는 편이다. ≒恭顺
↔反抗 违背 违反

【顺大溜】 shùn dàliù 甼 대세에 순응하다. 여러 사람의 의견에 따르다.

【顺带】 shùndài 甼 …하는 김에. 겸사겸사. 차제에. ¶这次回老家, ~和老同学聚了聚。=이번 고향집에 돌아간 김에 옛 동창들과 자리를 같이했다.

【顺当】 shùn·dang 형 순조롭다. 뜻대로 되다. 잘 되어 가다. ¶事情办得很~。=일처리가 매우 순조롭다.

【顺导】 shùndǎo 동 좋은 방향으로 인도하다. 잘 되도록 이끌다.

【顺道】 shùndào(~儿) ☞ 【顺路】 shùnlù

【顺耳】 shùn'ěr 형 (말이) 듣기에 좋다. 귀에 맞다. ¶奉承话谁着都~。=아첨하는 말은 누가 들어도 다 듣기에 좋다. ↔逆耳

【顺访】 shùnfǎng 동 가는 길에 방문하다. ¶~老友=가는 길에 옛 친구를 방문하다.

【顺风】 shùnfēng 명 순풍. [차·배 등이 진행하는 쪽으로 부는 바람] ¶今天刮的是~。=오늘은 순풍이 분다. 동 **1** (차·배 등의) 진행 방향이 바람 방향과 일치하다. ¶~顺水, 船当然走得快。=순풍과 순류를 만나면 배는 당연히 빨리 간다. **2**(日) 여정이 순조롭다. 여행길이 평안하고 운이 따르다. ¶祝你一路~！=가시는 길이 순조롭길 바랍니다! 图 운수가 좋다. ↔逆风 迎风

【顺风船】 shùnfēngchuán 명 **1** 순풍에 돛 단 배. 순조롭게 항해하는 배. **2**(日) 모든 일들이 순조로운 상황.

【顺风吹火】 shùnfēng-chuīhuǒ (成) **1** 순풍에 불을 지피다. **2**(日) 힘들이지 않고 일을 쉽게 하다.

【顺风耳】 shùnfēng'ěr 명 **1** (옛 소설 속에서) 먼 곳의 소리를 들을 수 있는 사람. **2**(日) 소식통. 새 소식에 밝은 사람. **3** (한 쪽은 작고 다른 한 쪽은 큰) 구식 메가폰.

【顺风旗】 shùnfēngqí 명(日)(日) 형세의 변화에 따라 바뀌는 태도. ¶打~=형세의 변화에 따라 태도를 바꾸어 가며 순응하다.

【顺风转舵】 shùnfēng-zhuǎnduò (成) **1** 바람 부는 방향으로 키를 돌리다. **2**(日) 형세의 흐름에 따라 태도를 바꾸다. 정세에 따라 기회를 엿보다. 【随风转舵】 suífēng-zhuǎnduò

【顺服】 shùnfú 동 순종하다. 복종하다. ¶人人~=사람마다 모두 순종하다.

【顺杆儿爬】 shùngānrpá (成)(日) **1** (다른 사람의 마음·말·요구 등에) 영합하여 말하거나 행동하다. 비위를 맞추다. **2** 다른 사람의 힘을 빌어 위로 오르려 하다. 남의 힘으로 출세하려 하다.

【顺和】 shùn·he 형 (언어·태도 등이) 온화하다. 온순하다. 유순하다. 순화하다. 평순하다. ¶语气~=말투가 온화〔온순〕하다.

【顺乎】 shùnhū 동 순응하다. 순순히〔고분고분〕 따르다. ¶~民意=민의에 순응하다.

【顺乎】 shùn·hu 형(日) 순조롭다.

【顺汇】 shùnhuì 명 (지급은 상대 국가의 은행에게 위탁하는) 송금 방식.

【顺价】 shùnjià 명(經) (상품의) 수매 가격보다 높은 판매 가격. 정상 가격. ↔逆价

【顺脚】 shùnjiǎo(~儿) 甼 **1** 가는 길에〔김에〕. 오는 길에〔김에〕. …하는 김에. [인편·차편 등에 사람·물건 등을 편승·수송하는 것을 나타냄] ¶~捎了点儿土特产回来。=가는 김에 지역 특산품을 조금 사 오라고 부탁하였다. **2** ☞ 【顺路】 shùnlù

【顺境】 shùnjìng 명 순탄한 환경. 순조로운 처지. 좋은 경우. ¶她从小就身处~，没吃过什么苦。=그녀는 어릴 적부터 좋은 환경에서 자라서, 고생이라고는 해 본 적이 없다. ↔逆境

【顺口】 shùnkǒu 형 **1** (글이) 술술 읽히다. (말이) 술술 나오다. 유창하게 읽다. 읽기에 좋다. ¶这篇文章念起来很~。=이 글은 읽기에 아주 좋

다. **2** (～儿) (음식 등이) 입에 맞다. 구미에 맞다. 입에 착착 달라붙다. 감칠맛 나다. ¶家里的饭菜吃起来就是～儿。＝집에서 먹는 음식이야말로 구미에 맞는다. [부] 내키는 대로. 건성으로. 무심결에. 나오는 대로. ¶他～答应了一声。＝그는 내키는 대로 응낙해 버렸다.

【顺口溜】**shùnkǒuliū** [명] 읽기에 매우 재미있고 감칠맛 나는 구어로 된 문구를 외우는, 민간에서 유행하는 일종의 놀이.

【顺理】**shùnlǐ** [동] 이치〔도리〕에 맞다. 순리적이다. 합리적이다. ¶这话说得～。＝이 말은 매우 이치에 맞다.

【顺理成章】**shùnlǐ-chéngzhāng** [성] (글쓰기나 일처리가) 조리 정연하다. 이치에 맞게 저절로 잘 풀리다.

【顺利】**shùnlì** [형] 순조롭다. 일이 잘 되어가다. ¶进展～＝진행〔진전〕이 순조롭다. ↔坎坷

【顺溜】**shùn·liu** [형][방] **1** 질서 정연하다. 가지런하다. 단정하다. 조리가 있다. ¶头发梳得挺～。＝머리칼을 단정히 빗다. **2** 순종하다. 말을 잘 듣다. 고분고분하다. 얌전하다. 유순하다. ¶被老师批评后，这孩子～多了。＝선생님으로부터 꾸중을 들은 뒤, 이 아이는 퍽 얌전해졌다. **3** 거침이 없다. 원활하다. 막힘이 없다. ¶我们这一路都很～，没遇上什么麻烦。＝우리의 이번 길은 시종 순조로워 아무런 문제도 없다. **4** 용모가 단정하다. ¶小伙子越长越～。＝이 녀석은 갈수록 인물이 난다.

【顺溜溜】**shùnliūliū**(～的) [형] 가지런하다. 고분고분하다. 원활하다. 순조롭다. 거스르지 않다. 순종하다.

【顺路】**shùnlù**(～儿) [형] 길이 순탄하다. 길이 가기에 편하다. ¶这样走正好～。＝이렇게 가는 것이 바로 순탄한 길이다. [부] 가는 길에〔김에〕. 오는 길에〔김에〕. …하는 길에〔김에〕. ¶我到市中心办事儿，～去逛了逛商场。＝나는 시내에서 일을 보는 김에 쇼핑을 했다. ＝【顺道】**shùndào**【顺脚】**shùnjiǎo**

【顺毛驴】**shùnmáolǘ**(～儿) [명][비] **1** 비위를 맞추고 뜻대로 따라 주어야 사이좋게 지낼 수 있고, 그렇지 않으면 사이가 틀어지는 사람. **2** 패기가 없는 사람. 지나치게 온순한 사람.

【顺民】**shùnmín** [명][문] **1** [폄] 귀순자(歸順者). 귀순한 백성. [외국 침략자에게 귀순한 사람·조대(朝代)가 바뀐 후 새로운 통치자에게 귀순한 사람 등을 가리킴] **2** [비] 운명에 순응하고 분수를 지키며 사는 사람.

【顺坡下驴】**shùnpō-xiàlǘ** [성] **1** 비탈길을 핑계 삼아 나귀에서 내리다. **2** [비] 기회를 틈타 어떤 일을 하다. 기회를 이용하여 궁지에서 벗어나다.

【顺气】**shùn**‖**qì** [동]〈醫〉숨을 고르다. ¶开胸～＝가슴을 펴고 숨을 고르다. [형] 마음에 들다. 기분에 맞다. 속이 편하다. ¶那事让人很不～。＝그 일은 사람으로 하여금 매우 마음에 들지 않게 한다.

【顺情】**shùn**‖**qíng** [동] 남의 비위에 거슬리지 않다. 남의 감정에 맞추다. ¶～卖乖＝남의 비위를 맞추며 얌전하게 굴다.

【顺情顺理】**shùnqíng-shùnlǐ**(～儿) [성] 정리에 맞다. 인정과 도리에 부합하다. 순리대로 행동하다.

【顺时】**shùnshí** [부] (계절의 변화·시대의 조류 등에) 순응하여. 때맞추어. ¶～而动＝변화에 순응하다.

【顺势】**shùnshì** [부] **1** …하는 바람에. ¶又有人来拜访他，我～起身告辞。＝또 어떤 사람이 그를 찾아오는 바람에 나는 그대로 몸을 일으켜 자리를 떴다. **2** …하는 김에. 차제에. 겸사겸사. ¶这次出差，～到附近的几个旅游点看了看。＝이번 출장을 가는 김에 부근의 몇몇 여행지를 둘러보았다. ≒就势

【顺手】**shùnshǒu**(～儿) [형] **1** 순조롭다. 순탄하다. 막힘없다. 거침없다. ¶我现在的工作干起来很～。＝나의 현재 일은 매우 순조롭다. **2** (도구 등이 사용하기에) 편리하다. 알맞다. 손에 익다. ¶这把剪子用起来很～。＝이 가위는 쓰기에 매우 편하다. [부] **1** 손이 가는 대로. 닥치는 대로. ¶他～倒杯水给我。＝그는 손이 가는 대로 물을 한 잔 따라 내게 건네주었다. **2** …하는 김에. 차제에. 겸사겸사. 곁들여서. ¶你上街～把信寄了。＝네가 물건을 사러 나가는 김에 편지를 부쳐라.

【顺手牵羊】**shùnshǒu-qiānyáng** [성][비] 기회를 보아 남의 물건을 슬쩍 가져가다.

【顺水】**shùn**‖**shuǐ** [동] 물의 흐름을 따르다. ¶～而下＝물의 흐름을 타고 내려가다. ↔逆水

【顺水人情】**shùnshuǐ-rénqíng** [성][비] 엎드린 김에 절하다. 힘들이지 않고 선심을 쓰다. 값싼 친절을 베풀다.

【顺水推舟】**shùnshuǐ-tuīzhōu** [성][비] 추세에 따라 행동하다. 순풍에 돛을 달다. ≒因势利导

【顺顺从从】**shùn·shun cóngcóng**(～的) [형] 순순하다. 고분고분하다. 말을 잘 듣다. 얌전하다. 온순하다. ¶他的孩子一贯～的。＝그의 아이는 늘 고분고분하다.

【顺顺当当】**shùn·shun dāngdāng**(～的) [형] 매우 순조롭다. 뜻대로 되다. 아주 잘 되다.

【顺顺利利】**shùn·shun lìlì**(～的) [형] 매우 순조롭다. ¶他～地通过了考试。＝그는 순조롭게 시험에 통과하였다.

【顺顺溜溜】**shùn·shun liūliū**(～的) [형] 매우 순조롭다. 원활하다. 거침없다.

【顺丝顺绺】**shùnsī-shùnliǔ** [낮][비] 일처리에 매우 조리가 있다. 질서 정연하다.

【顺遂】**shùnsuì** [형] (일의 진행이) 순조롭다. 뜻대로 되다. 마음먹은 대로 되다. 생각대로 되다. ¶诸事～＝모든 일이 술술 마음먹은 대로 되다.

【顺藤摸瓜】**shùnténg-mōguā** [성] **1** 덩굴을 더듬어 참외를 따다. **2** [비] 실마리를 좇아 일의 진상을 밝히다.

【顺天】**shùntiān** [동] 하늘의 이치를 따르다. 하늘의 뜻에 순종하다. 자연 법칙을 따르다. ¶～应时＝하늘의 이치와 시대의 추이에 순응하다.

【顺天游】**shùntiānyóu** ☞【信天游】**xìntiānyóu**

【顺我者昌，逆我者亡】 shùnwǒzhě chāng, nìwǒzhě wáng 〈成〉 나에게 순종하는 자는 창성(昌盛)할 것이고, 거역하는 자는 멸망할 것이 며. 포악하고 독단적인 전제 정치를 시행하다. =【顺者昌，逆者亡】 shùnzhě chāng, nìzhě wáng

【顺心】 shùn‖xīn 〈形〉 뜻대로 되다. 마음대로 되 다. 생각대로 되다. 소원대로 되다. 마음에 꼭 들 어맞다. ¶事事~=하는 일마다 뜻대로 되다.

【顺序】 shùnxù 〈名〉 순서대로. 순차적으로. 차례 (대)로. ¶~登台演出=차례대로 무대에 올라가 공연하다. 〈名〉 1 순서. 차례. 순번. 순차. ¶排列 ~=순서를 배열하다. 2 〈컴〉 순차. 시퀀스 (sequence). ¶~字段=문자열. 늑次序 程序

【顺叙】 shùnxù 〈名〉 (소설·극본 등에서) 시간·순 서에 따라 이야기의 줄거리와 인물·성격의 발전 과정을 서술하다.

【顺延】 shùnyán 〈动〉 순연하다. 차례대로 연기하 다. ¶赛期~=시합 일자가 순연되다.

【顺眼】 shùnyǎn 〈形〉 마음에 들다. 보기에 좋다. 눈에 거슬리지 않다. ¶他今天心情不好, 看谁都 不~。=그는 오늘 기분이 좋지 않아서 누구를 봐도 눈에 거슬린다. ↔别扭

【顺意】 shùn‖yì 〈动〉 뜻대로 되다. 뜻에 따르다. 마음대로 되다. ¶这事得顺着老师的意。=이 일 은 선생님의 뜻에 따라야 한다. 〈形〉 마음에 드는. 뜻대로 되는. ¶他又遇到了不~的事。=그는 또 뜻대로 되지 않는 일을 만났다.

【顺应】 shùnyìng 〈动〉 순응하다. 적응하다. ¶~ 时代潮流=시대의 조류에 순응하다.

【顺着】 shùn·zhe 〈介〉 ⋯에 따라. 정세에 따라 움직이다. ¶你别走~我的话说, 有什么看法只 管讲。=늘 내 말만 따라 하지 말고, 의견이 있으 면 주저 말고 얘기해라.

【顺着线头找针脚】 shùn·zhe xiàntóu zhǎo zhēnjiǎo 〈喩〉〈俗〉 실마리를 좇아 일의 진상을 밝 히다.

【顺者昌，逆者亡】 shùnzhě chāng, nìzhě wáng ☞【顺我者昌，逆者亡】 shùnwǒzhě chāng, nìwǒzhě wáng

【顺致安康】 shùnzhì-ānkāng 〈成〉 아울러 평안 하고 건강하시길 빌겠습니다. [편지의 말미에 쓰 는 글투임]

【顺嘴】 shùnzuǐ 〈形〉 (글귀가) 읽기에 매끄럽다. 발음하기 좋다. ¶这首词读起来~。=이 사는 읽기에 매끄럽다. 〈副〉 내키는 대로. 함부로. 생각 없이. 거침없이. 나오는 대로. 얼떨결에. 무심코. 건성으로. [아무 준비 없이 말·노래 등을 하는 것 을 나타냄] ¶他~唱了一段京剧。=그는 내키는 대로 경극의 한 대목을 불렀다.

# 舜 Shùn 순임금 순

〈名〉 순. 순임금. [중국 상고 시대 전 설 중의 제왕 이름]

⊙ 舜 shùn
  瞬 shùn

【舜日尧年】 Shùnrì-Yáonián ☞【尧天舜日】

Yáotiān-Shùnrì

【舜尧】 Shùn-Yáo ☞【尧舜】 Yáo-Shùn

## 瞬 shùn 눈 감박일 순

〈动〉 (눈을) 깜박이다. 깜짝이다. ¶转~即逝=눈 깜짝할 사이에 지나가 버리다. 〈名〉〈书〉 순간. 찰나. 순식간. 삽시간. ¶~将结束=순식간에 끝난다.

【瞬变】 shùnbiàn 〈动〉 순식간에 변하다. 잠깐 사 이에 바뀌다. ¶时局~=정치 상황이 순식간에 바뀌다.

【瞬间】 shùnjiān 〈名〉 순간. 눈 깜짝하는 사이. 순 식간. 삽시간. ¶他一听这话, ~脸色大变。=그 는 이 말을 듣자마자 순식간에 얼굴빛이 확 바뀌 었다.

【瞬时】 shùnshí 〈名〉 일순간. 순식간. 삽시간. 눈 깜박하는 사이. 잠깐 동안.

【瞬时速度】 shùnshí sùdù 〈名〉 순간 속도. 짧은 시간 동안의 변위.

【瞬息】 shùnxī 〈名〉 순식간. 일순간. 극히 짧은 동 안. ¶~消失=순식간에 사라지다.

【瞬息万变】 shùnxī-wànbiàn 〈成〉 극히 짧은 시 간 동안 많은 변화가 생기다. 변화가 아주 빠르 다. ↔一成不变

# shuo

## 说[說] shuō 말할 설

〈动〉 1 말하다. 얘기하다. 이야기하다. ¶~时容易做时难。=얘기하긴 쉬워도 (직접) 하기에 어렵다. 2 설명하다. 해석하다. 해설하다. ¶他很聪明, 再难的问题, 老师一~就懂。=그는 아주 똑똑해서 아무리 어려운 문제라도 선생님이 설명하자마자 곧 알아듣는다. 3 가리키다. ⋯라고 생각하다. 암시하다. ¶你刚才的话是~谁呢? =당신이 방금 한 말은 누굴 두고 한 얘기입니까? 4 나무라다. 책망하다. 비판하다. 타이르다. 꾸짖다. ¶他又挨父亲~了。=그는 아버지한테 또 꾸중을 들었다. 5 중매하다. 소개하다. ¶孩子大了, 该~媳妇了。=자식이 장성했으니 마땅히 며느릿감을 소개해 주어야지. 6 〈艺〉 〈弹词 (táncí)〉·〈相声 (xiàng·sheng)〉·〈大鼓 (dàgǔ)〉 등의 설창 문예를 말로) 연기하다. 구사하다. ¶~相声=만담(漫談)이나 재담(才談)을 공연하다. 〈名〉 주장. 이론. 학설. 언론. 〈动〉 ¶著书立~=책을 저술하여 이론을 정립하다.
☞ shuì, yuè

⊙ 按⋯说, 剿chāo说, 陈说, 称说, 成说, 传chuán说, 分说, 关说, 好说, 胡说, 话说, 假jiǎ 说, 解说, 界说, 据说, 论说, 漫说, 慢说, 难 说, 评说, 浅说, 劝quàn说, 却què说, 申shēn 说, 数说, 述shù说, 诉说, 虽说, 听说, 图说, 妄wàng说, 瞎xiā说, 小说, 邪xié说, 叙xù说, 学说, 演说, 臆yì说, 杂说, 众说

【说白】 shuōbái 〈名〉 〈剧〉 (중국 전통극에서의) 대

사(臺詞).

【说白道绿】shuōbái-dàolù 〈成〉〈貶〉 이러쿵저러쿵 하다. 감 놔라 대추 놔라 하다. 콩이야 팥이야 하다. 내키는 대로 평가하다.

【说白了】shuōbái·le 〈貶〉 툭 까놓고 말하다. 툭 터놓고 얘기하다. ¶~,那事就是钱的问题。= 툭 까놓고 말하자면, 그 일은 다름 아닌 돈의 문제이다.

【说变就变】shuōbiàn-jiùbiàn 〈貶〉 변한다는 말이 떨어지기가 무섭게 변한다. 변화가 매우 빠르다.

【说部】shuōbù 〈名〉〈旧〉 소설이나 일화·사소한 이야기를 다룬 작품.

【说不出】shuō·buchū 〈动〉 말할 수 없다. 말로 표현할 수 없다. 말을 꺼낼 수 없다. 말하기를 꺼리다. ¶我~什么大道理。= 나는 무슨 거창한 이치는 말할 수 없다. ¶那么难听的话, 我~口。= 그렇게 지저분한 말을 나는 할 수가 없다.

【说不出来】shuō·buchūlái 〈动〉 말할 길이 없다. 말이 잘 나오지 않는다. 말을 꺼내기 어렵다. ¶她一肚子委屈, 但就是~。= 그녀는 억울하기 짝이 없지만 말을 꺼낼 수 없었다.

【说不到】shuō·budào 〈动〉 일깨우지 못하다. 환기시키지 못하다. ¶你也真是不长脑子, 我一句话~就能出错。= 넌 정말 먹통이구나, 내가 환기시키지 않았다고 이내 잘못을 저지르다니. 2 요점을 말하지 못하다. 주요 골자를 말하지 못하다. ¶他半天都~点子上。= 그는 한참 동안 요점을 말하지 못했다.

【说不得】shuō·bu·de 〈动〉 1 어디부터 말해야 좋을지 모르다. 말로 표현하기 힘들다. 차마 말할 수 없을 정도이다. ¶那事太复杂了,~。= 그 일은 너무 복잡해서 얘기하기가 어렵다. 2 말할 것이 아니다. 말할 수 없다. 말해서는 안 된다. ¶污言秽语~。= 욕설은 금물이다. 3 〈方〉 말할 것이 없다. 별로〔딱히〕할 말이 없다. ¶~,只有拿钱来赔偿。= 말할 것 없이 돈을 가져와서 배상해야만 한다. 4 〈方〉 어쩔 수 없다. 싫든 좋든 …하다. ¶~,你还要走一趟。= 싫든 좋든 네가 한 번 더 가야겠다.

【说不定】shuō·buding 〈动〉 확실히 단언하기 어렵다. 아마 …일 것이다. 짐작컨대 …일지도 모른다. ¶这官司谁输谁赢, 还~。= 이 소송에서 누가 지고 누가 이길지는 아직 단언할 수 없다. 〈副〉 아마. 짐작컨대. 대개. ¶~明天要下雨。= 아마 내일 비가 올 것이다.

【说不过】shuō·buguò 〈动〉 설득시킬 수 없다. 말로는 당해 낼 수가 없다. 반박하여 이길 수 없다. ¶你嘴巴厉害, 我~你。= 넌 입심이 대단해서 난 널 당해 낼 수가 없다.

【说不过去】shuō·buguòqù 〈动〉 이치에 어긋나다. 경우에 닿지 않다. 사리에 어긋나다. 말이 안 되다. 경우에 어긋나다. ¶你饭都不请别人吃一顿, 这也太~呀。= 밥 한 끼도 안 사고, 이거 말도 안 되는 거 아니냐?

【说不好】shuō·buhǎo 〈动〉 1 말을 잘 못하다. 말을 잘 할 줄 모르다. 잘 표현하지 못하다. ¶韩国语我能听懂一些, 可~。= 한국어를 조금 알아 들을 수는 있지만, 말은 잘 하지 못합니다. 2 모르다. 잘 알 수 없다. 잘 말로 표현할 수 없다. 어떻게 말해야 좋을지 모르다. ¶她心里到底怎么想我可~。= 그녀가 마음속에 대체 무슨 생각을 하는지 나는 잘 모르겠다.

【说不开】shuō·bukāi 〈动〉 터놓고 얘기하지 못하다. 타협점을 찾지 못하다. 결말이 나지 않다. 화해〔타협〕하지 못하다. ¶都是一家人, 没有什么事~? = 한집 식구끼리 터놓고 얘기하지 못할 일이 무엇이 있겠는가?

【说不来】shuō·bulái 〈动〉 1 (사상·감정이 맞지 않아) 말이 통하지 않다. 얘기가 안 통하다. 마음이 맞지 않다. 서로 의가 좋지 못하다. ¶我跟他怎么都~。= 나는 그와 도무지 말이 통하지 않는다. 2 〈方〉 말할 수 없다. 말을 못하다. ¶~粤语 = 광둥(广东)말을 못 하다.

【说不清】shuō·buqīng 〈动〉 1 확실히는 모르다. 똑똑히는 말할 수 없다. ¶那事已过去很长时间了, 我也~了。= 그 일은 이미 지난 지 오래 되어서, 나도 확실히는 모른다. 2 시비를 가릴 수 없다. 옳고 그름을 따지기 힘들다. ¶夫妻俩闹矛盾, 谁是谁非还真~。= 부부 사이에 갈등이 생기면 누가 옳고 누가 그른지 그 시비를 가리기란 정말로 어렵다.

【说不上】shuō·bushàng 〈动〉 1 …라고 할 정도는 아니다. …라 할 수는 없다. 별로 …가 없다. ¶我们只见过一次面, 还~朋友。= 우리는 단 한 번 만났을 뿐, 아직 친구라고 할 만한 정도는 아니다. 2 (이유가 성립이 안 되거나 확실하지 않아) 말할 필요가 없다. 말할 가치가 없다. ¶我只是尽一点微薄之力, 对你~帮助。= 나는 그저 작은 수고를 했을 뿐, 너에게 도움이 되었다고 말할 만한 것이 못 된다.

【说不上来】shuō·bushànglái 〈动〉 1 말로 표현할 수 없다. 말이 나오지 않는다. 말로 표현하기 힘들다. 어떻게 말해야 좋을지 모르다. ¶那本小说的名字我一时~。= 그 소설의 제목이 나는 잠깐 떠오르지 않는다. 2 서로 말이 통하지 않다. 관계가 좋지 않다. ¶兄弟俩闹矛盾, 很长时间都~。= 형제가 갈등이 생겨서 오랜 동안 서로 관계가 좋지 않다.

【说不通】shuō·butōng 〈动〉 아무리 말해도 통하지 않다. 납득할 수 없다. 이치에 닿지 않다. 경우에 어긋나다. ¶你做的这事无论如何都~。= 네가 한 이 일은 어찌 됐든 간에 납득할 수 없다.

【说不下去】shuō·buxiàqù 〈动〉 계속해서 얘기할 수 없다. 더 이상 말을 잇지 못하다. ¶她边说边流泪, 最后再也~了。= 그녀는 울며 이야기하다가, 결국 더 이상 말을 잇지 못했다.

【说不着】shuō·buzháo 〈动〉 1 (어떤 대상을 겨냥하여) 말할 수 없다. 말할 만한 근거가 없다. ¶那事不是他的错, 你~他。= 그 일은 그의 잘못이 아니니, 당신은 그를 나무라선 안 됩니다. 2 이야기할 기회가 없다. 말할 상황이 안 되다. ¶他们俩一年都没见面了, ~话。= 그 두 사람은 일 년 동안 만나지 못해서 이야기할 기회가 없었다.

【说不准】shuō·buzhǔn 동 확실히 단언하기 어렵다. 아마 …일 것이다. 짐작컨대 …일지도 모른다. 부 아마. 짐작컨대. 대개.

【说曹操, 曹操就到】shuō Cáo Cāo, Cáo Cāo jiù dào 속 1 조조에 대해 말을 하고 있는데 바로 조조가 나타난다. 호랑이도 제 말 하면 온다. 누구를 말하고 있는데 바로 그 사람이 나타난다. 2 비 매우 공교롭다.

【说岔】shuōchà 동 1 이야기가 주제에서 벗어나다. 이야기가 옆길로 새다. 이야기가 본론에서 벗어나다. ¶这并不是今天要讨论的问题,大家别~了。=이것은 오늘 토론하려는 문제가 아니니, 모두는 주제 밖의 이야기는 하지 마시오. 2 의견이 엇갈리다. 의견 차이가 생기다. ¶他们俩各有主张,说着说着就~了。=그 두 사람은 각자의 주장이 있어서, 이야기를 하다가 곧 의견이 엇갈리고 말았다.

【说长道短】shuōcháng-dàoduǎn 성 다른 사람의 장단점을 논하다. 다른 사람에 대해 이러쿵저러쿵 말하다. 타인의 잘잘못에 대해 말하다. 남의 흉을 보다. = 【说短论长】shuōduǎn-lùncháng≒大放厥词

【说唱】shuōchàng 명〔藝〕설창. 강창(講唱). [말하기도 하고 노래하기도 하는, 산문과 운문으로 꾸며진 민간 예술]

【说唱文学】shuōchàng wénxué 명〔藝〕설창 문학. 강창 문학(講唱文學). [운문과 산문으로 엮어진, 이야기 및 노래로 표현할 수 있는 문예 형식. 예를 들면 고대의 '变文'·'诸宫调', 현대의 '评弹'·'大鼓' 등]

【说成】shuōchéng 동 1 …라고 말하다. …하고 간주하다. …라 표현하다. ¶他把这本书的作者说成另一个人了。=그는 이 책의 저자를 다른 사람으로 보았다. 2 소개와 중매를 통해 (어떤 결과를) 달성하다. ¶他们俩的婚事~了。=그 두 사람의 혼사는 중매로 성사되었다.

【说出去】shuō·chū·qù 동 다른 사람에게 말하다. 외부에 알리다. ¶别把这事儿~。=이 일을 다른 사람에게 말하지 마시오.

【说穿】shuōchuān 동 (사실을) 폭로하다. 까놓고 말하다. 까발리다. ¶这事~了,大家脸上都不好看。=이 일을 폭로하면 모두가 난처해집니다. ≒道穿

【说错】shuō‖cuò 동 잘못 말하다. 틀리게 말하다. ¶~话=틀린 말을 하다.

【说辞】shuōcí 명 구실. 변명. 핑계. ¶错了就承认,别找什么~。=잘못했으면 인정해야지 변명 따위를 찾으려 하지 마시오.

【说大话】shuō dàhuà 숙 허풍떨다. 큰소리치다. 과장하다. 흰소리하다.

【说倒】shuōdǎo 동 (인정하도록) 몰아붙이다. 윽박지르다. 설득시키다. 반박하여 굴복시키다. 마구 나무라다. ¶他被我~了。=그는 나에게 설득당했다.

【说到底】shuōdàodǐ 동 끝까지 이야기하다. 근본적인 것을 말하다. 결론으로 말하다. ¶这种局面~还是你造成的。=이런 상황은 결국로 말하자면 바로 네가 야기시킨 것이다.

【说到做到】shuōdào-zuòdào 성 말한 것은 반드시 실행에 옮기다. 약속은 반드시 지키다. 언행을 일치시키다.

【说道】shuōdào 동 …라고 말하다. [소설 속에서 인물이 하는 말을 직접 화법으로 인용할 때 많이 쓰임] ¶他~: "我们走吧。"=그는 "우리 갑시다."라고 말했다.

【说道】shuō·dao 동부 1 말로 표현하다. 말하다. 이야기하다. ¶你把昨天开会的精神再~~,我们大家再琢磨一下。=당신이 어제 회의의 요지를 다시 한 번 말해 보시오, 우리 모두 다시 음미해 봅시다. 2 상의하다. 토론하다. 의논하다. ¶你俩~~,有了决定给我回个话。=당신 둘이 상의해서 결정이 나면 내게 알려 주시오. 명 (~儿) 사정. 명목. 도리. 이유. ¶那事突然变卦了,里面肯定有~儿。=그 일에 갑자기 변화가 생긴 이면에는 반드시 사정이 있을 것이다.

【说的是】shuō·deshì 말이 옳다. 말이 맞다. ¶你~,事情应该这样办。=당신 말이 맞아요. 이 일은 마땅히 이렇게 처리되어야 합니다.

【说得】shuō·de 동 말할 수 있다. 말해도 된다. ¶这话~说不得你还不知道?=이 말을 해야 하는지 말아야 하는지 너 아직 모르니?

【说得出】shuō·dechū 동 말을 꺼내다. 말이 입에서 나오다. ¶你这样不讲理的话亏你~!=이런 말도 안 되는 얘기가 유감스럽게도 네 입에서 나오다니!

【说得过去】shuō·deguòqù 동 조리에 맞다. 경우에 어긋나지 않다. 그런대로 괜찮다. 무난하다. ¶他的学习成绩还~。=그의 학습 성적[학점]은 그런대로 괜찮은 편이다.

【说得好】shuō·dehǎo 동 1 말하는 것이 훌륭하다. 말을 멋있게 하다. 말하는 것이 생동감이 있다. ¶刚才的相声~。=방금 전의 만담(漫談) 공연은 훌륭했다. 2 한 말이 매우 적절하다. 이치에 딱 맞다. ¶俗话~: 有理走遍天下,无理寸步难行。= "이치에 맞으면 천하를 누빌 수 있지만 이치에 맞지 않으면 한 치 앞도 나아갈 수 없다."라고 한 속담은 매우 적절하다.

【说得来】shuō·delái 동 1 (쌍방의 사상·감정이 비슷하여) 말이 통하다. 마음이 맞다. 의기투합하다. 배짱이 맞다. 사이가 좋다. ¶他们俩很~。=그 두 사람은 매우 잘 통한다. 2 비 말할 줄 알다. 말할 수 있다. ¶他~英语。=그는 영어를 할 줄 안다.

【说得上】shuō·deshàng 동 1 잘 말할 수 있다. 상세하게 말할 수 있다. 똑똑하게 말할 수 있다. ¶想知道详情找他,他准能~。=자세한 것을 알고 싶다면 그를 찾아가세요. 그는 틀림없이 상세히 말해 줄 수 있을 겁니다. 2 …라고 할 수 있다. …라고 할 만하다. ¶他们俩~是亲密无间。=그 두 사람은 격의 없이 절친한 사이라고 할 만하다. 3 쉽게 말하다. 거리낌없이 말하다. 허심탄회하게 말하다. ¶他在领导面前~话。=그는 상사 면전에서 거리낌없이 말한다.

【说得上来】shuō·deshànglái 동 (정확하게)

말하다. 이야기하다. 표현하다. ¶作者在诗中寄寓的情感, 你~吗？=작가가 시 속에 담고자 했던 감정을 네가 정확하게 말할 수 있겠니?
【说得着】**shuō·dezháo** 동 1 (어떤 대상에 대해) 말할 만한 근거가 있다. 말할 수 있다. ¶我又没有做错事, 你~我吗？=나는 또 뭐 잘못한 일도 없는데, 네가 나 가지고 무슨 말을 할 수 있겠냐? 2 바로 맞히다. 정확히 말하다. ¶你再猜一次, 看你这回是不是~。=당신이 다시 한번 추측해 보시오, 이번엔 바로 맞히는지 아닌지 봅시다. 3 말이 통하다. 마음이 맞다. ¶의기투합하다. 배짱이 맞다. ¶他们俩刚见面就很~。=그 두 사람은 만나자마자 곧 의기투합하였다.
【说定】**shuō‖dìng** 동 1 (그렇게 하기로) 구두로 결정하다. 약속하다. ¶我们~九点出发。=우리는 9시에 출발하기로 약속하였다. 2 단언하다. 단정하다. ¶结果还不能~。=결과는 아직 단정지을 수 없다.
【说东道西】**shuōdōng-dàoxī** 성동 갖은 이야기를 다 하다. 이것저것 마음대로 이야기하다. 이것저것 내키는 대로 이야기하다.
【说动】**shuō‖dòng** 동 다른 사람의 말을 듣고 생각이 바뀌다. 마음이 동하다. ¶我被他~了, 也想去乡下看看。=그의 말을 듣고 마음이 동하여, 나 역시 시골에 가서 둘러보고 싶어졌다.
【说短论长】**shuōduǎn-lùncháng** ☞【说长道短】**shuōcháng-dàoduǎn**
【说法】**shuōfǎ** 동(佛) 설법하다. 설교하다.
【说法】**shuō·fa** 명 1 의견. 견해. ¶这种~有一定道理。=이런 의견은 어느 정도 일리가 있다. 2 논법. 논조. 표현(방식). ¶意思一样, 只是换了一个~。=뜻은 같은데 그저 표현 방식을 바꾸었을 뿐이다. 3 이치. 일리. 도리. 도의. ¶他打这个官司, 也只是想讨个~。=그가 이 소송을 하는 것은, 단지 도리를 따지고자 하는 것뿐이다.
【说翻】**shuōfān** 동 말다툼하다. 의견 충돌을 일으키다. ¶他们俩刚才~了。=그 두 사람은 방금 말다툼을 했다.
【说风凉话】**shuō fēngliánghuà** 숙 빈정대다. 비꼬다. 무책임한 태도로 차갑게 말하다. 비아냥거리다.
【说风就是雨】**shuō fēng jiùshì yǔ** 숙비 (성격이 급하여) 가능성만 있는 일을 곧 사실로 간주해 버리다.
【说服】**shuō‖fú** 동 설복하다. 설득하다. 납득시키다. ¶他最终还是被~了。=그는 결국에는 설득되었다.
【说服力】**shuōfúlì** 명 (언사·견해 등에 구비된) 설득력. ¶他的话很有~。=그의 말은 매우 설득력이 있다.
【说怪话】**shuō guàihuà** 숙 빈정대다. 비꼬아 말하다. 비아냥거리다. 무책임한 태도로 차갑게 말하다.
【说归说, 笑归笑】**shuō guī shuō, xiào guī xiào** 숙 웃자고 한 얘기일 뿐 진지할 필요는 없다. 농담은 농담으로 끝난다. ¶~, 正事儿可不能耽误。=농담은 농담이고, 본론은 절대로 그르

쳐선 안 된다.
【说好】**shuō‖hǎo** 동 1 잘 말하다. 잘 구사하다. 제대로 구사하다. ¶~普通话不容易。=표준어를 잘 구사하기란 쉽지 않다. 2 (어떻게 하기로) 구두로 결정하다. 약속하다. ¶我们~在这里见面的。=우리는 여기서 만나기로 약속했었다. 3 (일 등이) 잘 마무리되다. 타결되다. 의견일치를 보다. 이야기를 마무리짓다. ¶别担心, 那事已经~了。=걱정하지 마세요, 그 일은 이미 잘 마무리되었습니다.
【说好话】**shuō hǎohuà** 동 1 듣기 좋은 말을 하다. ¶别只会~, 要实实在在地帮忙。=듣기 좋은 말만 하지 말고 실제로 도와야 한다. 2 (어떤 사람·일 등에 대해) 좋게 말하다. 이롭게 말하다. 유리한 말을 해 주다. ¶请在经理面前帮我说几句好话。=사장 앞에서 날 위해 몇 마디 좋은 말을 해 주실 것을 부탁드립니다.
【说合】**shuō·he** 동 1 중개하다. 소개하다. 중매하다. ¶~亲事=혼사를 주선하다. 2 상의하다. 의논하다. ¶那事还有~的余地。=그 일은 아직 의논의 여지가 있다. 3 화해시키다. 붙이다. 중재하다. ≒劝和
【说和】**shuō·he** 동 화해시키다. 화해를 붙이다. 중재하다. 조정하다. ¶这事多亏你从中~, 否则完不了。=이 일은 네가 중간에서 중재를 한 덕분이지, 만약 그렇지 않았다면 결말이 나지 않았을 것이다.
【说黑道白】**shuōhēi-dàobái** 성 이러쿵저러쿵 멋대로 평가하다. 제멋대로 지껄이다.
【说话】**shuō‖huà** 동 1 말하다. 이야기하다. ¶他不怎么爱~。=그는 말하기를 그다지 좋아하지 않는다. 2 (~儿) 한담하다. 잡담하다. ¶你有空吗, 我想找你~儿。=너 시간 있니? 내가 너와 얘기 좀 나누고 싶은데. 3 책망하다. 꾸짖다. 나무라다. 비난하다. ¶这样做确实太过分了, 怪不得别人要~。=이렇게 하는 것은 정말이지 너무 지나쳤어, 다른 사람이 비난하는 것도 당연하지.
【说话】**shuōhuà** 부 말하는 사이에. 잠깐 사이에. 금방. 곧. 이내. ¶他在路上, ~就到。=그가 오고 있는 길이니까 금방 도착할 것이다. 명 1 (藝) 설화. [당(唐)·송(宋) 시대 설창 예술의 하나로, 이야기 강설(講說)을 위주로 함] 2 방 말. 이야기. ¶他的~大家都很相信。=그의 말은 모두 다 굳게 믿는다.
【说谎】**shuō‖huǎng** 동 (의도적으로) 거짓말하다. ≒撒谎 扯谎 扯白
【说回来】**shuō·hui·lai** 동 이야기가 (말이) 원점으로 돌아가다. 원래의 화제로 말머리를 돌리다. 처음부터 다시 말하다. ¶话~, 谁又能十全十美呢？=처음부터 다시 말하자면, 어느 누가 완벽할 수 있단 말인가?
【说活】**shuōhuó** 동 융통성 있게 말하다. 여유를 두고 말하다. 융통성 있게 이야기하다. ¶话~, 别说死了。=융통성 있게 말해야지, 딱 잘라 말하지 마시오.
【说假话】**shuō jiǎhuà** 동 거짓말하다.

【说僵】shuōjiāng 동 (의견 대립에 한 치의 양보도 없어) 이야기를 이어나갈 수 없게 되다. 이야기가 결렬되다. 말문이 막히다. 교섭이 중단되다. ¶好好谈, 不要~了。=잘 말해 보도록 합시다, 결렬되지 하지 말고.

【说教】shuōjiào 동 1 (宗) 설교하다. 2 (비) 이론들을 딱딱하고 기계적으로 늘어놓다. 설교조로 이야기를 늘어놓다. ¶空泛地~是没有效果的。=공허하게 설교조로 늘어놓은 것은 효과가 없다.

【说…就…】shuō… jiù… 접 1 …라고 말하자마자 …하다. [두 개의 동사 사이에 쓰여 두 동작이 연이어 발생함을 나타냄] ¶六月的天气, ~变~变。=6월의 날씨는 변한다는 말이 떨어지기가 무섭게 변한다. 2 …다마다. …고말고. 아무렴, …고말고. [두 개의 같은 형용사의 사이에 쓰여 강조를 나타냄] ¶你~行~行。=네가 괜찮다면 괜찮은 거지. 아무렴, 괜찮다마다.

【说绝】shuōjué 동 극단적으로 말하다. 극언하다. ¶别把话~。=극단적인 말을 하지 마라.

【说开】shuōkāi 동 1 (명백히) 밝히다. 해명하다. ¶一旦把事情~, 大家自然就理解了。=사정을 설명하기만 하면 모두 자연히 이해하게 될 것이다. 2 (어떤 어휘가) 두루 퍼지다. 널리 사용되다. 널리 유행되다. 보편적으로 유행하다. ¶这些时髦的词儿在年轻人当中早就~了。=이들 유행어는 젊은이들 가운데 일찍부터 널리 유행하였다. 3 말[이야기]하기 시작하다. ¶参加聚会的人一见面就~了。=모임에 참석한 사람들은 만나자마자 말하기 시작하였다.

【说客】shuōkè 명 1 옛 세객. 유세(遊說)하며 다니는 사람. [남을 위해 유세하는 일을 하는 사람] 2 웅변가. 달변가. 능변가.

【说空话】shuō kōnghuà 1 빈말하다. 실속이 없는 말을 하다. ¶写文章要言之有物, 切不可~。=글을 쓸 때는 근거가 있고 내용이 충실해야지, 절대로 빈말을 해선 안 된다. 2 현실 가능성이 없는 말을 하다. ¶你老~, 谁还会相信你？=네가 늘 현실 가능성이 없는 말만 하는데, 누가 널 믿겠니?

【说口】shuō·kou 명 (藝) ('二人转(주로 두 남녀가 말을 하고, 춤을 추고, 노래를 부르는 등'의 설창 공연에서) 연기자가 무대에 오르면서 하는 우스갯소리 또는 '绕口令(잰말놀이)' 따위의 운문.

【说来】shuōlái 동 (어떤 사람·일 등을) 말하자면. 말하고 보면. 말이 났으니 말이지. ¶那事~令人痛心。=그 일에 관해 말하자면 가슴아프다.

【说来话长】shuōlái-huàcháng 성 말하자면 길다. 이야기하자면 끝이 없다. 한 두 마디의 말로는 설명이 불가능하다.

【说来说去】shuōlái-shuōqù 성 자꾸 반복해서 말하다. 이 얘기 저 얘기를 장황하게 늘어놓다. 곱씹다. 되새기다. ¶~他还是不同意货款买房。=이 얘기 저 얘기를 장황하게 늘어놓지만, 그는 여전히 대출을 받아 집을 사는 것에 반대하고 있다.

【说了不算】shuō·lebùsuàn 속 식언하다. 한 말에 대해 책임을 지지 않다. 말만 하면 그만이다. 어떤 일에 대해 결정권이 없다. ¶这件事不在我的职权范围, 我~。=이 일은 내 직권 범위 밖의 일이라 내겐 결정권이 없다.

【说了算】shuō·lesuàn 동 1 한 말에 책임을 지다. 어떤 일에 대한 결정권이 있다. 말한 대로 실행하다. ¶这事儿我~。=이 일은 내 소관이다. 2 이긴 팀에게 우선권을 주다. 이긴 팀이 마음대로 정하다. ¶第二阶段比赛如何进行, 第一阶段胜出者~。=시합의 2라운드를 어떻게 진행할 것인지는 1라운드 시합의 승자에게 우선권이 있다.

【说理】shuō‖lǐ 동 1 이치를 따지다. 도리를 밝히다. ¶~警世的杂文=이치를 따져 세상을 깨우치는 잡문. 2 도리에 어긋나지 않다. 이치에 밝다. 억지를 부리지 않다. [주로 부정형으로 쓰임] ¶他这个人历来不~。=그는 원래부터 억지를 부리는 사람이다.

【说溜嘴】shuōliūzuǐ (실수하여) 말이 나와 버리다. 해서는 안 될 말을 해 버리다. 말이 빗나가다[헛나가다].

【说漏】shuōlòu 동 해서는 안 될 말을 하다. 무심결에 말해 버리다. 엉겁결에 말이 새어 나오다.

【说媒】shuō‖méi 동 중매하다. 중신을 서다. 사람을 소개하다.

【说梦话】shuō mènghuà 동 1 잠꼬대하다. 2 (비) 황당무계한 말을 하다. 터무니없는 말을 하다. 허황한 말을 하다. 종잡을 수 없는 말을 하다. ¶你简直是白日~。=너는 그야말로 벌건 대낮에 잠꼬대를 하는 격이구나.

【说明】shuōmíng 동 1 설명하다. 해설하다. ¶~理由=이유를 설명하다. 2 증명하다. 입증하다. 분명하게 말하다. ¶事实~他是对的。=사실은 그가 맞다는 것을 증명한다. 명 설명. 해설. ¶使用~=사용 설명. 늘폐明

【说明书】shuōmíngshū 명 1 (물품) 설명서. 2 (영화·TV·연극 등의 주요 줄거리를 소개하는) 설명서.

【说明文】shuōmíngwén 명 설명문.

【说破】shuōpò 동 (은밀한 일·생각 등을) 폭로하다. 드러내다. 알리다. ¶有些事没必要~。=어떤 일들은 굳이 드러낼 필요가 없다.

【说破嘴】shuōpòzuǐ 俗 입이 닳도록 얘기하다. 입이 아플 정도로 타이르다. ¶我就是~, 他也听不进去。=내가 아무리 입이 닳도록 타일러도 그는 들어먹지를 않는다.

【说起来】shuō·qǐ·lái 동 1 말하기 시작하다. 입을 열다. ¶他们一~就没完没了。=그들은 한 번 입을 열면 그칠 줄을 모른다. 2 (어떤 일을) 언급하자면. 말하자면. 이야기하자면. 이야기해 보면. ¶~我们还是亲戚。=말하자면 우리는 친척인 셈이다.

【说千道万】shuōqiān-dàowàn 성 누차 얘기하다. 거듭 이야기하다. 골백번도 넘게 말하다.

【说僵】shuōqiāng 동 말이 어긋나다. 말문이 막히다. 이야기가 결렬되다. 교섭이 중단되다.

【说亲】shuō‖qīn 동 혼담을 꺼내다. 중매하다.

중신을 서다.
【说亲道热】shuōqīn-dàorè ⓢ 다정하게 얘기하다. 친밀하게 얘기를 나누다.
【说清道白】shuōqīng-dàobái ⓢ 똑똑히 말하다. 명확하게 얘기하다.
【说情】shuō∥qíng(~儿) ⓓ 사정 얘기를 하다. 간곡히 부탁하다. 인정에 호소하다. (다른 사람을 대신해) 통사정하다. ¶替人~=남을 대신하여 통사정하다.
【说人】shuōrén ⓓ 다른 사람의 시비를 운운하다. 남의 말을 하다. ¶~不如自省.=남의 말을 하기보다 자신을 돌아보아라.
【说三道四】shuōsān-dàosì ⓢ 멋대로 지껄이다. 이러쿵저러쿵 마구 논하다. 이러니저러니 불평을 늘어놓다.
【说傻话】shuō shǎhuà ⓓ 황당한 얘기를 하다. 사리(事理)에 닿지 않는 말을 하다.
【说什么…】shuō shén·me… ⓓ 이전에 어떻게 말했든지 간에. 어쨌든. 하여간. ¶~公平竞争, 结果还不是靠关系.=공평한 경쟁이라 말했든 어쨌든 결국은 인맥에 의한 것이 아닌가.
【说时迟, 那时快】shuōshí chí, nàshí kuài ⓓ 1 행동이 매우[아주] 빠르다. 말이 떨어지기도 전에 행동하다. 2 일이 눈 깜짝할 사이에[순식간에] 일어나다. 일이 신속하고 시원스럽게 진행되다.
【说实话】shuō shíhuà ⓓ 진실을 말하다. 참말을 하다. ¶你要~, 不要撒谎.=진실을 말하시오, 거짓말하지 말고.
【说实在的】shuō shízài·de ⓓ 실제 상황에 따라 말하다. 참말을 하다. 진실을 말하다. 정말이지. 솔직히 말해서. [어두에 쓰여 아래에서 언급하는 내용이 거짓이 아님을 나타냄] ¶~, 这活儿我真干不了.=솔직히 말해서, 이 일은 난 정말 못 하겠습니다.
【说书】shuō∥shū ⓓ〈艺〉'评书(píngshū)'·'平话(pínghuà)'·'弹词(táncí)' 등을 공연하다.
【说说笑笑】shuō·shuo xiàoxiào ⓓ 이야기로 웃음꽃을 피우다. 재미있게 이야기를 나누다. 담소하다. 흥미진진하게 이야기하다.
【说死】shuōsǐ ⓓ 단언하다. 딱 잘라 말하다. ¶话可不能~. 시 바꿀 수 없게 말하다. ¶话可不能~, 不能改变了.=이번엔 우리 딱 잘라 말하고, 번복할 수 없도록 합시다.
【说通】shuōtōng ⓓ 설득시키다. 이해시키다. ¶~了, 他同意自己一个人去.=설득시켜서 그는 자기 혼자 가는 것에 동의했다.
【说透】shuōtòu ⓓ 확실히 말하다. 똑똑히 말하다. ¶南김없이 다 얘기하다. 시원하게 죄 말하다. ¶把道理~=이치를 확실히 말하다.
【说头儿】shuō·tour 阁 1 변명할 만한 이유[근거]. 변명의 여지[구실]. ¶你有什么~, 讲出来大家听听.=당신에게 무슨 변명의 여지가 있다면 모두에게 말해 보시오. 2 말할 만한 것. 이야기할 만한 가치. ¶这事儿没有什么~.=이 일은 말할 만한 그 어떤 가치도 없다.
【说妥】shuōtuǒ ⓓ (어떤 일에 대하여) 이야기

를 끝내다. 말의 매듭을 짓다. 합의하다. 말을 맞추다. 언약하다. ¶我们已经~周末去郊外玩儿.=우리는 이미 주말에 교외에 놀러 가기로 이야기되어 있다.
【说完】shuōwán ⓓ 말을 마치다. 말을 끝내다. 다 말하다. 죄다 말해 버리다.
【说文解字】Shuōwénjiězì 阁 설문해자. [중국 최초의 자형(字形)과 의미를 분석한 자전으로, 후한(後漢) 때 허신(許愼)이 편찬한 한자학의 경전적인 저작임]
【说媳妇】shuō xí·fu ⓓ (남자 쪽에) 혼담을 하다[꺼내다].
【说戏】shuō∥xì ⓓ 1〈艺〉(감독 등이) 연기자에게 극의 줄거리를 해설하거나 연기 요령을 가르치다. 2 (경극 등 중국 전통극에서 스승이 제자에게) 연기를 가르치고 직접 시범을 보이다.
【说瞎话】shuō xiāhuà ⓓ 거짓말하다. 터무니없는[엉터리] 말을 하다. ¶一听就知道你在~.=듣기만 해도 네가 거짓말하고 있다는 것을 금방 알 수 있다.
【说闲话】shuō xiánhuà ⓓ 1 뒤에서 쑥덕거리다. 뒷공론하다. 뒷말하다. 뒷소리하다. ¶有什么看法当人面讲, 别背地里~.=의견이 있으면 면전에서 얘기해야지, 등 뒤에서 쑥덕거리지 마라. 2 (~儿) 한담하다. 잡담하다. ¶我刚才在楼下和张大爷说了会闲话儿.=나는 방금 아래층에서 장씨 할아버지와 잠간 잡담을 나누었다.
【说项】shuōxiàng ⓓ 남을 좋게 말하다. 남을 위해 사정을 하다. 역성들다. 두둔하다. 변호하다. 편들다. [당나라 때, 양경지(楊敬之)가 항사(項斯)를 마음에 들어하여 시를 써 증정하기를, '平生不解藏人善, 到處逢人說項斯(내 평생 남의 좋은 점은 감춰 두고 말하지 않았는데, 이제 다른 사람을 만나면 매번 항사를 얘기하리)'라고 한 데서 유래함]
【说小话】shuō xiǎohuà ⓓ 1 작은 소리로 말하다. 속닥거리다. 소곤거리다. 2 阁 (암암리에) 부추기다. 선동하다. 꼬드기다. 구슬리다.
【说笑】shuōxiào ⓓ 1 담소하다. 이야기로 웃음꽃을 피우다. ¶他们几个经常爱在一块儿~.=그들 몇 사람은 자주 함께 모여 이야기로 웃음꽃을 피운다. 2 비평하다. 비웃다. 조소하다. 깔보다. ¶那种场合要穿正式点儿, 以免惹人~.=그런 장소에서는 단정하게 옷을 입어서 남의 비웃음을 사지 않도록 해야 한다. 3 농담하다. 우스갯소리를 하다. 놀리다. ¶他是跟你~的, 千万别当真.=그는 너와 농담한 것이니, 절대 진지하게 생각하지 말아라.
【说笑话】shuō xiào·hua (~儿) ⓓ 1 재미있는 이야기를 하다. 웃기는 말을 하다. ¶我给大家说个笑话.=내가 너희들에게 재미있는 얘기 해 주마. 2 농담하다. 놀리다. ¶我这是在跟你~呢, 别当真.=내가 농담하는 거니까, 진지하게 듣지 말아라.
【说一不二】shuōyī-bù'èr ⓢ 1 한 입으로 두말 하지 않다. 말한 대로 하다. 한 말에 책임을 지다. 2 阁 남과 의논하지 않고 제멋대로 결단하여 행

하다. 독단적으로 전행(專行)하다.
【说一是一】shuōyī-shìyī ⓢ 말한 대로 행하다. 한 말에 책임을 지다.
【说怎么着就怎么着】shuō zěn·me zhe jiù zěn·me zhe ⓢ 말한 그대로 처리하다. 완전히 말대로 행동하다. ¶你~，我没意见。=네 말대로 그렇게 해, 난 이견이 없으니까.
【说着】shuōzháo (말이) 정곡을 찌르다. 핵심을 찌르다. 딱 알아맞히다. ¶这就~问题的实质了。=이것이야말로 문제의 본질을 꿰뚫은 것이다.
【说着说着】shuō·zhe-shuō·zhe ⓢ 이야기하다 보니. 이야기하는 중에. ¶~就扯远了。=이야기하다 보니, 본론에서 벗어났다.
【说着玩儿】shuō·zhewánr ⓢ 농담하다. ¶我们~呢, 别往心里去。=우리는 농담하는 것뿐이니 마음에 담아 두지 마라.
【说真的】shuō zhēn·de ⓢ 진심을 말하면. 정말(참말)로 하면. [어두에 쓰여 긍정·강조의 어기를 나타냄]
【说真话】shuō zhēnhuà ⓢ 진실을 말하다. 참말을 하다. ¶~, 干实事。=진실을 말하고, 실질적인 일을 하다.
【说中】shuōzhòng ⓢ 말이 딱 들어맞다. 말이 적중하다. 딱 맞게 말하다. ¶果然被我~了。=과연 내 말이 딱 맞았다.
【说准】shuōzhǔn ⓢ 1 말이 딱 들어맞다. 말이 적중하다. ¶今天的天气真被他~了。=오늘의 날씨는 정말 그가 한 말이 딱 들어맞았다. 2 확실히 결정하다. 확정하다. ¶事情就这么~了, 不能随意改变。=일을 이렇게 결정했으니, 임의로 바꿀 수 없다.
【说走了嘴】shuōzǒu·le zuǐ ⓢ 해서는 안 될 말을 하다. 엉겁결에 말해 버리다. 실수로 말을 흘리다. 말이 빗나가다.
【说嘴】shuōzuǐ ⓢ 1 허풍 떨다. 허세를 부리다. 자만하다. ¶~没有用, 有本事就露两手给大家看看。=허풍 떨면 무슨 소용이야, 능력이 있으면 모두에게 실제로 솜씨를 보여. 2 ⓢ 말다툼하다. 언쟁하다. ¶他好和人~, 得罪了不少人。=그는 남과 말다툼을 많이 해서 적잖은 사람에게 미움을 샀다.

妁 shuò 중매할 작
  ⓢ 중매. ¶媒~=중매쟁이.

*烁[爍] shuò 반짝일 삭
  ⓢ 반짝이다. 빛나다. ¶星光闪~=별빛이 반짝이다.
【烁亮】shuòliàng ⓢ 반짝반짝 빛나다. 환하다. 매우 밝다.
【烁烁】shuòshuò ⓢ (빛이) 반짝거리다. 반짝반짝 빛나다. ¶星光~=별빛이 반짝이다.

铄[鑠] shuò 쇠 녹일 삭
  ⓢ 1 (금속을) 녹이다. 용해하다. ¶众口~金=대중의 입은 쇠도 녹일 수 있다. 여론의 힘

은 막강하다. 2 손상되다. 쇠약해지다. 약화되다. ⓢ '烁(shuò)'와 같음.

○─○ 矍 jué 铄

【铄石流金】shuòshí-liújīn ☞【流金铄石】liújīn-shuòshí

朔 shuò 초하루 삭
  ⓢ 1 (天) 삭. 합삭(合朔). [달이 태양과 지구 사이에 들어가 일직선을 이루는 때. 달이 빛을 반사하지 않아 보이지 않으며, 흔히 일식 현상이 일어남] 2 ⓢ (음력) 초하루. 삭일(朔日). 3 북쪽. ¶~风凛冽=북풍이 살을 에는 듯하다.
【朔方】shuòfāng ⓢ 북방. 북쪽.
【朔风】shuòfēng ⓢ 북풍. 삭풍. ¶~刺骨=북풍이 뼛속까지 스미다.
【朔日】shuòrì (음력 매월) 초하루. 삭(朔). 삭일(朔日).
【朔望】shuòwàng ⓢ 음력 초하루와 보름날. 삭망.
【朔望月】shuòwàngyuè ⓢ (天) 삭망월. 태음월(太陰月). [보름달이 된 때부터 다음 보름달이 될 때까지의 시간 또는 초승달이 된 때부터 다음 초승달이 될 때까지의 시간. 평균 29일 12시간 44분 2초임] =【太阴月】tàiyīnyuè
【朔月】shuòyuè ☞【新月】xīnyuè

*硕[碩] shuò 클 석
  ⓢ 크다. ¶肥~=비대하다. ⓢ (Shuò) 성(姓).

○─○ 肥硕, 丰硕

【硕长】shuòcháng ⓢ 크고 길다. ¶~的树干=크고 길쭉한 나무 줄기.
【硕大】shuòdà ⓢ 대단히 크다. 거대하다. 매우 크다. ¶一块~的石头=하나의 커다란 돌덩이. 육중한 덩어리.
【硕大无朋】shuòdà-wúpéng ⓢ 비할 바 없이 크다. 어마어마하다. 거대하기 비할 데 없다.
【硕导】shuòdǎo ⓢ 硕士研究生导师(석사생) 지도 교수.
【硕果】shuòguǒ ⓢ 1 큰 과실. 커다란 열매. 2 ⓢ 혁혁한 업적. 커다란 성과. 큰 업적. 훌륭한 성적. 거대한 성취. ¶~累累=혁혁한 업적이 산더미같이 쌓이다.
【硕果仅存】shuòguǒ-jǐncún ⓢ 1 큰 열매가 겨우 하나 남아 있다. 2 ⓢ 겨우 남아 있는 몇 안 되는 훌륭한 인물(물건).
【硕士】shuòshì ⓢ 석사.

稍 shuò 창 삭
  ⓢ '槊(shuò)'와 같음.

蒴 shuò 삭과 삭
  ⓢ (植) 삭과. ¶百合~=백합(의) 삭과.
【蒴果】shuòguǒ ⓢ (植) 튀는 열매. 삭과. [익으면 과피(果皮)가 말라 쪼개지면서 씨를 퍼뜨리는, 여러 개의 씨방으로 된 열매. 심피(心皮)의

등이나 심피 사이가 터져서 씨가 나옴. 예를 들어 참깨·백합·고깔제비꽃·나팔꽃·양귀비·쇠비름 등의 열매가 있음]

**搠** shuò 찌를 삭
⟨동⟩ 찌르다. [주로 초기 백화문에 보임]

**数[數]** shuò 자주 삭
⟨부⟩⟨문⟩ 누차. 수차. 여러 번. 자주. 빈번히. ¶频~=빈번하다.
☞ shǔ, shù
【数见不鲜】**shuòjiàn-bùxiān** ⟨성⟩ 1 남의 집을 자주 찾아가서 그 집에서 별다른 음식을 내놓지 않다. 2⟨비⟩ 늘 보아서 신기하지 않다. 흔히 보는 [있는] 일이다. =【屡见不鲜】**lǚjiàn-bùxiān**
【累见不鲜】**lěijiàn-bùxiān** ↔司空见惯

**槊** shuò 창 삭
⟨명⟩ 자루가 긴 창. [고대 병기의 하나]

## si

**厶** sī 자기 사
⟨문⟩ '私(sī)'와 같음.

**司** sī 맡을 사
⟨동⟩ 주관하다. 담당하다. 경영하다. 조작하다. 관장하다. ¶各~其事=각자 자기 일을 담당하다.
⟨명⟩ 1 국(局). 부(部). [중앙 행정 기관의 부서명] ¶礼宾~=의전국(儀典局). 2 (Sī) 성(姓).

○● 公司, 官司, 上司, 土司, 阴司, 有司, 员司

| ⇨ | 司 sī |
|---|---|
| | 伺 sì |
| | 饲 sì |
| | 驷 sì |
| | 词 cí |
| | 祠 cí |

【司乘人员】**sīchéng rényuán** ⟨명⟩ (열차의) 운전사[기관사]와 승무원.
【司铎】**sīduó** ☞【神甫】**shén·fu**
【司法】**sīfǎ** ⟨명⟩(法) 사법.
【司法腐败】**sīfǎ fǔbài** 사법 기관의 부패.
【司法公正】**sīfǎ gōngzhèng** ⟨명⟩ 사법 기관의 공정성.
【司法救助】**sīfǎ jiùzhù** ☞【法律援助】**fǎlǜ yuánzhù**
【司法权】**sīfǎquán** ⟨명⟩(法) 사법권.
【司法系统】**sīfǎ xìtǒng** ⟨명⟩ 사법 계통[체계].
【司法援助】**sīfǎ yuánzhù** ☞【法律援助】**fǎlǜ yuánzhù**
【司号兵】**sīhàobīng** ☞【司号员】**sīhàoyuán**
【司号员】**sīhàoyuán** ⟨명⟩(軍) 신호병. 나팔수. 통신병. =【司号兵】**sīhàobīng**
【司机】**sījī** ⟨명⟩ (자동차·전차·기차 등의) 기사. 운전사. 기관사. 조종사.
【司空】**sīkōng** ⟨명⟩ 1 사공. [옛날의 관명] 2 (Sīkōng) 복성(複姓).
【司空见惯】**sīkōng-jiànguàn** ⟨성⟩ 1 사공은 자주 보아서 신기하지 않다. 2⟨비⟩ 늘 보아서 신기하지

않다. 자주 보아서 이상히 여기지 않다. 흔히 있는 일이다. ↔数见不鲜 ↔千载难逢
【司寇】**sīkòu** ⟨명⟩ 1 사구. [옛날의 관명] 2 (Sīkòu) 복성(複姓).
【司库】**sīkù** ⟨동⟩ 재무를 관리하다. ⟨명⟩ 단체에서 재무를 맡아 보는 사람. 재무 관리인. 회계원. 출납계원. 수납역.
【司垒裁判员】**sīlěi cáipànyuán** ⟨명⟩(體) (야구·소프트볼의) 누심.
【司令】**sīlìng** ⟨명⟩(軍) 1 사령. 사령관. 2⟨속⟩ 중국 인민 해방군의 '司令员'.
【司令部】**sīlìngbù** ⟨명⟩ 1(軍) (사단급 이상의 부대에서 소속 부대를 지휘·통솔하는 일을 맡아 보는) 사령부. 2 수뇌 기관. 지휘 중추.
【司令官】**sīlìngguān** ⟨명⟩(軍) 사령관.
【司令员】**sīlìngyuán** ⟨명⟩(軍) 사령원. [중국 인민 해방군의 군사 직무를 맡아 보는 고급 지휘관] ¶军区~=군관구(軍管區) 사령원.
【司炉】**sīlú** ⟨명⟩ (주로 기차 기관실의) 열관리 기사. 화부. 보일러공.
【司马】**sīmǎ** ⟨명⟩ 1 사마. [군사와 운수에 관한 일을 맡아 보던 관명. 주(周)대 '六卿(육경)', 한(漢)대 '三公(삼공)'의 하나로, 후대 '兵部尙书(병부상서)'의 별칭] 2 (Sīmǎ) 복성(複姓).
【司马光】**Sīmǎ Guāng** ⟨명⟩(歷) 사마광(1019~1086년. [송(宋)대의 정치가로《자치통감》을 씀]
【司马迁】**Sīmǎ Qiān** ⟨명⟩(歷) 사마천(B.C.145~B.C.86, 혹은 B.C.93년). [중국 고대의 사학자이자 문필가. 주요 작품으로는《史記(사기)》가 있음]
【司马昭之心, 路人皆知】**Sīmǎ Zhāo zhī xīn, lùrén jiē zhī** ⟨성⟩ 1 사마소의 야심은 길을 가는 사람조차 모두 다 안다. 2⟨비⟩ 야심이 분명하여 누구나 다 안다. 야심이 뻔히 들여다보이다. 모르는 사람이 없다. 드러난 음모와 야심.
【司命】**sīmìng** ⟨명⟩ 사명(司命). [전설에서 인간의 수명을 주관하는 궁중의 작은 신]
【司南】**sīnán** ⟨명⟩ 1 중국 고대의 나침반. 2 행위의 준칙. 행위의 정확한 방향.
【司农】**sīnóng** ⟨명⟩ 사농. 대사농. [한(漢)나라 때 구경(九卿)의 하나로, 국가 재정을 맡아 보았음]
【司农仰屋】**sīnóng-yǎngwū** ⟨성⟩ 1 사농(재정을 맡아 보는 관리)이 지붕을 쳐다보며 탄식하다. 2 국가가 바닥이 나다. 나라 살림이 어렵다.
【司售人员】**sīshòu rényuán** ⟨명⟩ 운전사와 매표원.
【司徒】**sītú** ⟨명⟩ 1 사도. [고대 중국에서 호구·논밭·재화·교육에 관한 일을 맡아보던 관리] 2 (Sītú) 복성(複姓).
【司务长】**sīwùzhǎng** ⟨명⟩(軍) 중대(中隊)의 경리 담당관. 경리 장교. [중대의 설비·물자·경비·취사 등의 병참 보급을 주관하는 간부]
【司线员】**sīxiànyuán** ⟨명⟩(體) 1 (육상 경기에서) 피니쉬라인 담당 요원. 2 (구기 종목에서의) 선심. 선심판.
【司药】**sīyào** ⟨명⟩(醫) (병원의) 약제사. 약사.
【司业】**sīyè** ⟨명⟩ 사업. [고대의 관직명. 중국 수

(隋)나라 양제(煬帝) 때에 둔 국자감(國子監)의 교수 요원】

【司仪】 **sīyí** 図 (대회·식전(式典)의) 프로그램 진행자. 사회. 사회자. 주례.

【司职】 **sīzhí** 동图 직무를 담당하다. 직책을 맡다. ¶他在公司~财务总监。=그는 회사에서 재무 총감독 직책을 맡고 있다.

## **丝**[絲] sī 실 사

图 **1** 생사. 날실. 견사. 명주실. ¶缫~=고치에서 실을 뽑다. **2** (~儿) 실과 같이 가느다란 물건. ¶铁~儿=철사. 胡萝卜~儿=당근채. **3** 〔音〕 현악기. ¶~竹乐=민간 관악기와 현악기로 연주한 음악. 준 어떤 계량 단위의 1/10,000임을 나타냄. ¶~米=0.1밀리미터. 1/10,000 미터. 양 **1** 오라기. (실의) 낱. 가닥. [매우 적은 양을 표시함] ¶一~微笑=한 가닥 (실낱같은) 미소. **2** 길이 단위로, 0.0003센티미터. ['一丝'는 '一毫'의 1/10임] **3** 무게 단위로, 0.0005그램. ['一丝'는 '一毫'의 1/10임]

○─ 拔bá丝, 刺cì丝, 灯丝, 粉丝, 钢丝, 花丝, 菌jūn丝, 刻丝, 拉丝, 螺luó丝, 铅丝, 青丝, 生丝, 钨wū丝, 烟丝, 游丝, 辣là丝丝, 凉丝丝

【丝布】 **sībù** 図(纺) 비단과 베. 비단과 면의 혼방직 천. [날실은 면사, 씨실은 견사로 짠 혼방직 천으로 장쑤(江苏)에서 생산됨]

【丝厂】 **sīchǎng** 図 제사(製絲) 공장. [잠사(蠶絲)를 가공하거나 인조 실크를 만드는 공장]

【丝绸】 **sīchóu** 図(纺) 비단. 명주. 견직물. [천연 실크·인조 실크로 짠 방직물의 총칭]

【丝绸之路】 **sīchóuzhīlù** 図 비단길. 실크 로드 (Silk Road). 실크 루트(Silk Route). [내륙 아시아를 횡단하여 중국과 서아시아 지중해 연안 지방을 연결하였던 고대의 무역 통상로. 고대 중국의 특산물인 비단을 서방의 여러 나라에 가져간 데서 유래함]

【丝带】 **sīdài** 図 명주끈. 비단 리본〔테이프〕.

【丝糕】 **sīgāo** 図 증편. [옥수수분·좁쌀가루 등을 반죽하여 발효시킨 후 찐 떡]

【丝攻】 **sīgōng** ☞ 【丝锥】 **sīzhuī**

【丝瓜】 **sīguā** 図〔植〕 **1** 수세미외. **2** 수세미외 열매.

【丝光】 **sīguāng** 图(纺) 머서 가공하다. [섬유 제품을 짙은 가성소다(NaOH) 용액으로 처리해서 광택 등을 내는 가공을 말함] 図(纺) 비단의 광택. ¶~棉=머서 가공하여 광택이 나는 면. 図 머서 가공한 면.

【丝光棉纱】 **sīguāngmiánshā** 図(纺) 머서 가공(mercerized finish)한 면직사〔무명실〕.

【丝光线】 **sīguāngxiàn** 図(纺) 머서 가공한 실. 图 mercerized thread

【丝毫】 **sīháo** 図 (계량 단위의) 사(絲)와 호(毫). 데시밀리와 밀리. [극히 적은 수량을 나타내며, 부정형으로만 쓰임] 圏 조금도. 추호도. 털끝만치도. 호리라도. ¶~无损=조금도 손상이 없다. / 没有~的好处。=털끝만치도 이점이 없다.

【丝胶】 **sījiāo** 図 세리신(sericin).

【丝巾】 **sījīn** 図 (인조) 비단 스카프(scarf).

【丝绵】 **sīmián** 図 풀솜. 설면자(雪綿子).

【丝帕】 **sīpà** 図 (인조) 비단 손수건.

【丝绒】 **sīróng** 図(纺) 벨벳(velvet). 우단(羽緞). 비로드(veludo).

【丝丝】 **sīsī** 图 **1** 매우 가늘다. ¶春雨~润万物。=봄비가 보슬보슬 만물을 적시다. **2** 경미하다. 은근하다. 은은하다. [겉으로 뚜렷하게 드러나지 아니하며 어슴푸레하며 흐릿한 것을 나타냄] ¶腿~的痛。=다리의 은근한 통증. **3** (~的) 단음절의 형용사 뒤에 쓰여 매우 적거나 지극히 작은 것을 나타냄. ¶甜~的=달짝지근하다. / 凉~的=서늘하다.

【丝丝挂挂】 **sī·si guàguà** (~的) 图 (옷 등이 해져서) 너덜너덜하다.

【丝丝拉拉】 **sī·si lālā** (~的) 图 **1** (질병 등이) 오랫동안 지속되다. 계속 시름시름하다. ¶他~地病了几个月。=그는 몇 달 동안 줄곧 앓아 왔다. **2** 살살 아프다. ¶肚子着了点凉, ~地疼。=배에 찬바람을 쐬는 바람에 배가 살살 아프다.

【丝丝人扣】 **sīsī-rùkòu** ⑤ **1** 베를 짤 때, 날실이 바디 사이를 지나가다. **2** (비) (글·예술 등의 표현이) 매우 짜임새 있고 섬세하다. 틀이나 구성 등이 조화롭게 잘 짜이다.

【丝素】 **sīsù** 図 피브로인(fibroin).

【丝微】 **sīwēi** 图 미세하다. 경미하다. 지극히 작다. 매우 적다.

【丝弦】 **sīxián** 図 **1** 〔音〕 현악기의 줄. 현. **2** (~儿)〔剧〕 쓰셴. 사현. [허베이(河北)의 지방 전통극의 일종. 스자좡(石家庄) 일대에서 유행함]

【丝线】 **sīxiàn** 図(纺) 견사. 명주실.

【丝袜】 **sīwà** 図 명주 양말. 비단 버선.

【丝织品】 **sīzhīpǐn** 図(纺) **1** 견사 편직물. **2** 견직물.

【丝竹】 **sīzhú** 図〔音〕 **1** (거문고·비파·통소·피리 등의) 관현악기. **2** 음악. **3** 민간 기악. [笙(생)·笛(피리)·二胡(호금)·三弦(삼현)·琵琶(비파)·揚琴(양금)을 주요 악기로 함]

【丝锥】 **sīzhuī** 図 탭(tap). [손작업 또는 기계에 장치하여 암나사를 만드는 공구] =【丝攻】 **sīgōng**【螺丝攻】 **luósīgōng**

## **私** sī 사사 사

图 **1** 개인의. 사적인. 개별적인. ¶办~事=사적인 일을 보다. / ~人物品=개인 물품〔용품〕. **2** 이기적인. ¶自~=이기적이다. **3** 비밀의. 은밀한. 비공개적인. 사적인. ¶讲~话=비밀 이야기를 하다. 베갯머리송사를 하다. **4** 불법의. 비합법적인. ¶贩卖~盐=소금을 밀매하다. 图 남몰래. 살짝. 암암리에. 비밀리에. ¶窃窃~语=남몰래 속삭이다. 図 **1** 사유 재산. 사생활. 개인사. ¶公而忘~=공적인 일 때문에 사적인 일을 잊다. **2** 사심. 사리(私利). ¶铁面无~=(인정에 끌리지 않고) 공평하고 사심이 없다. **3** 밀매품. 밀수품. ¶贩~=불법 판매하다. / 走~=밀수하다. **4** (Sī) 성(姓). ↔公

**sī 私**

○● 缉jī私, 家私, 偏私, 无私, 徇xùn私, 阴私, 隐yǐn私, 营私, 自私, 走私

**【私奔】sībēn** 동⊗ (여자가) 사랑하는 사람에게 몸을 맡기다. 사랑의 도피를 하다. 남녀가 사통하여 몰래 도망치다.

**【私弊】sībì** 명 부정 행각. 부정한 행위. 비행. ¶查处~=비행을 조사하여 처분하다.

**【私藏】sīcáng** 동 몰래 숨기다. 은닉하다. ¶~枪支=총기를 불법으로 소지하다. 명 개인 소장품. ¶此属~, 不可外借=이것은 개인 소장품이므로 외부 대여를 할 수 없습니다.

**【私产】sīchǎn** 명 사유 재산. ↔公产

**【私娼】sīchāng** 명 사창. [당국의 허가 없이 매음하는 여자]

**【私车】sīchē** 명 자가용차. 개인 소유의 차량. [주로 세단(sedan)을 말함] ↔公车

**【私仇】sīchóu** 명 개인적으로 맺은 원한〔원수〕. ¶公报~=공적인 일로써 사적인 원한을 갚다〔풀다〕.

**【私带】sīdài** 동 몰래 소지하다. 몰래 휴대하다. ¶不能~违禁品上飞机.=(반입) 금지 물품을 소지하고 비행기에 탑승할 수 없다.

**【私党】sīdǎng** 명 사적으로 규합된 종파(宗派) 집단. 사적인 종파 집단의 구성원.

**【私倒】sīdǎo** 동 불법 투기로 폭리를 취하다.

**【私德】sīdé** 명 개인 도덕. 개인의 품격. ¶~失检=개인 도덕에 신중함이 없다.

**【私敌】sīdí** 명 사적인 원수. 개인적인 적.

**【私邸】sīdǐ** 명 (고급 관리의) 사저. ↔官邸

**【私底下】sīdǐ·xia** 분 암암리에. 배후에서. 몰래. 살그머니. 비공식적으로. ¶~商量=몰래 상의하다.

**【私第】sīdì** 명 (고급 관리의) 사저. 사택. 사제.

**【私斗】sīdòu** 동 1 개인끼리 싸우다. 2 암암리에 서로 싸우다.

**【私法】sīfǎ** 명(法) 사법. [개인 사이의 재산·신분 등에 관한 법률 관계를 규정한 법. 민법·상법이 이에 해당함] ↔公法

**【私方】sīfāng** 명 (민간 합작 기업에서) 기업측. 민간측. ['公方(정부)'과 구별됨] ¶~代表=기업측 대표. ↔公方

**【私房】sī·fáng** 명 개인 주택. 개인 소유 주택. ↔公房

**【私房】sī·fang** 형 개인적인. 사적인. 남에게 알리고 싶지 않은. 은밀한. 비밀스런. ¶~话=부부 간의 비밀 이야기. 베갯머리에서 속삭이는 말. 명 가정에서 개인이 사사로이 모은 재물. 꼬불쳐 놓은 돈. 딴주머니. 비자금. 사전(私錢). ¶~钱=꼬불쳐 놓은 돈. 비자금. ↔公房

**【私房钱】sī·fangqián** 명 (가족 구성원이) 몰래 모은 돈. 꼬불쳐 둔 돈. 비상금. 쌈짓돈.

**【私访】sīfǎng** 동 1 개인적으로 방문하다. 2 (관원 등이) 미행(微行)하다. 신분을 숨기고 민간을 시찰하다. 평범한 옷차림을 하고 민정을 살피다. ¶微服~=미복잠행(微服潛行)하다.

**【私分】sīfēn** 동 (공적인 재물을) 개인적으로 나누어 가지다.

**【私愤】sīfèn** 명 (이해 관계에서 비롯된) 개인적인 원한〔분개·분노〕. ¶泄~=개인적인 원한을 풀다.

**【私股】sīgǔ** 명 (합작 기업에서) 개인 소유 주식.

**【私孩子】sīhái·zi** 명 사생아. ≒私生子

**【私话】sīhuà** 명 (남이 알면 안 되는) 사적인 이야기. 비밀 이야기. 사사로운 이야기. ¶这是两人之间的~, 不能到处说. =이것은 두 사람만의 비밀 이야기이니, 다른 곳에서 말해선 안 된다.

**【私活】sīhuó** (~儿) 명 (어떤 조직의 구성원이 본업 외에) 사적으로 하는 일. 공무 시간에 하는 사사로운 일. ¶做~=(근무 시간에) 사사로운 일을 하다.

**【私货】sīhuò** 명 1 밀수품. 밀매품. ¶查禁~=밀수품을 조사하여 금지시키다. 2 내력이 불분명한 물건. 수상한 물건. ¶夹带~=수상한 물건을 휴대하다. 3 비 (어떤 기치 아래에 행하는) 부정당한 행위. 틀린 관점. ¶文中有不少夹带自己的~. =글 가운데 자신의 사적인 관점을 멋대로 집어넣은 부분이 꽤 있다.

**【私家】sījiā** 명 개인. ¶~侦探=사립 탐정.

**【私家车】sījiāchē** 명 자가용차.

**【私见】sījiàn** 명 1 사견. 사적인 견해. 개인적인 생각. ¶纯属~, 仅供参考. =순전히 개인적인 생각이니, 단지 참고만 하십시오. 2 개인적 편견. 개인의 선입견. ¶对人对事要客观公正, 不要抱有~. =사람에 대해서든지 일에 대해서든지 객관적이고 공정해야지, 개인적 편견을 가져서는 안 된다.

**【私建】sījiàn** 동 개인적으로 짓다. ¶~住宅=개인 주택을 사적으로 건축하다.

**【私交】sījiāo** 명 개인적 교제. 개인적인 친분. ¶他们俩素来~很好. =두 사람은 평소 친분이 두터웠다.

**【私款】sīkuǎn** 명 개인 돈.

**【私亏】sīkuī** 명 1 개인적 손실〔손해〕. 개인의 결손. 2 개인 빚. 개인 부채.

**【私立】sīlì** 동 (학교·병원 등을) 개인이 설립하다. 명 사립의. ¶~大学=사립 대학. ↔公立

**【私利】sīlì** 명 사리. 개인의 이익. ¶不图~=개인의 이익을 도모하지 않다.

**【私了】sīliǎo** 동 (분쟁을) 사적으로 해결하다. 당사자끼리 해결하다. 재판 없이 개인끼리 화해하다. 시담(示談)하다. ↔公了 官了

**【私买私卖】sīmǎi-sīmài** ⊗ 암거래하다. 몰래 사고 팔다.

**【私密】sīmì** 명 개인적〔사적〕 비밀. 프라이버시. ¶不要窥探他人~. =타인의 사적인 비밀을 엿보려 하지 마시오. 형 사적인 비밀의. 은밀한 부분의. ¶卧室是~空间. =침실은 사적인 비밀 공간이다.

**【私面儿】sīmiànr** 분⊗ 은밀히. 몰래. 사적으로. 내밀하게.

**【私囊】sīnáng** 명 개인의 호주머니. 개인의 지갑. 사복(私腹). ¶中饱~=중간에서 개인의 호주머니 속으로 집어넣다. 중간에서 가로채다.

**【私念】sīniàn** 명 사념. 잡념. 이기심. ¶摈弃

~=잡념을 떨쳐 버리다.
【私挪】 sīnuó 〖동〗 (돈·재산 등을) 몰래 유용(流用)하다. ¶~公款=공금을 유용하다.
【私企】 sīqǐ ☞【私营企业】 sīyíng qǐyè
【私钱】 sīqián 〖명〗 1 사재(私財). 개인의 재산. 사유 재산. 2〈옛〉 민간에서 불법으로 제조한 (가짜) 화폐.
【私欠】 sīqiàn 〖동〗 개인적으로 빚지다. 〖명〗 개인 빚. 개인 부채.
【私情】 sīqíng 〖명〗 1 사적인 교분. 친분. 정실(情實). 사적인 감정. ¶不讲~=사사로운 정에 끌리지 않다. 2 (남녀 간의) 감정. 사랑. 애정. [주로 정당하지 않은 것을 가리킴] ¶男女~=남녀 간의 사랑.
【私人】 sīrén 〖형〗 1 개인 간의. 개인과 개인 사이의. ¶~感情=개인끼리의 감정. 2 개인의. 사적인. 민간의. ¶~财产=개인의 재산. 〖명〗 연고자. 개인적으로 연관이 있는 사람. ¶任用~=연고자를 임용하다. ↔公家
【私人老板】 sīrén lǎobǎn 〖명〗 민영 기업의 소유주. 개인 소유의 상점 주인.
【私商】 sīshāng 〖명〗 1 민영 상점. 개인 소유의 상점. 2 (민영 상점의) 상인.
【私设】 sīshè 〖동〗 개인적으로 설립하다. 민간에서 설립하다. 사설(私設)하다. ¶~公堂=민간 법정(法庭)을 사사로이 세우다.
【私生活】 sīshēnghuó 〖명〗 사생활. 개인 생활.
【私生子】 sīshēngzǐ 〖명〗 사생아. 사생자. 사자(私子). 늑私孩子
【私生子女】 sīshēng zǐnǚ ☞【非婚生子女】 fēihūnshēng zǐnǚ
【私史】 sīshǐ 〖명〗 (정사가 아닌) 개인이 편찬한 사서(史書).
【私事】 sīshì 〖명〗 1 사적인 일. 개인의 일. ¶办~=사적인 일을 보다. 2 (남에게) 공개하기 싫은 일. 사사로운 일. ¶别人的~不要打听.=다른 사람의 사사로운 일은 묻지 마시오.
【私室】 sīshì 〖명〗 (가족의) 개개인의 방. 자기 방.
【私受】 sīshòu 〖동〗 몰래 받다. 몰래 수수(收受)하다. ¶~贿赂=뇌물을 몰래 받다.
【私售】 sīshòu 〖동〗 밀매하다. 몰래 팔다. [주로 불법적인 것을 가리킴]
【私淑】 sīshū 〖동〗〖문〗 사숙(私淑)하다. [존경하는 사람에게 직접 가르침을 받을 수는 없으나, 그 사람의 인격이나 학문을 본으로 삼고 배우는 것을 말함] ¶~弟子=사숙 제자.
【私塾】 sīshú 〖명〗 사숙. 가숙(家塾). 글방. 서당. ¶~先生=서당의 훈장(訓長).
【私田】 sītián 〖명〗 사전(私田). 개인 소유의 논밭.
【私通】 sītōng 〖동〗 1 사통하다. 간통하다. 사사로이 정을 통하다. 2 내통하다. 내응하다. ¶~境外敌对势力=외국의 적대 세력과 내통하다.
【私图】 sītú 〖동〗〖문〗 (개인적인) 기도. 도모. 획책. 〖동〗〖문〗 (혼자서) 기도하다. 획책하다. 일을 꾸미다. 은밀히 꾀하다.
【私吞】 sītūn 〖동〗 몰래 집어삼키다. 남몰래 꿀꺽하다. 불법으로 가로채다. 횡령하다. ¶~公款=

공금을 횡령하다.
【私下(里)】 sīxià(·li) 〖부〗 1 비공식적으로. 개인적으로. ¶~了解=비공식(개인)적으로 알아보다. 2 배후에서. 암암리에. 몰래. 살짝. ¶~议论=배후에서 왈가왈부하다.
【私相授受】 sīxiāngshòushòu 〈성〉 몰래 주고받다. 암거래하다. 은밀히 사고 팔다. 은밀히 거래하다.
【私枭】 sīxiāo 〖명〗 1〈옛〉 소금 밀매업자. 2 밀수업자. 밀매업자. 마약 밀매업자.
【私校】 sīxiào 〖명〗 사립 학교.
【私心】 sīxīn 〖명〗 1 사심. 이기심. ¶存有~=사심을 품다. 2 내심. 속마음. 마음속. ¶就~而言, 我还是很感激他的.=속마음을 말하자면, 나는 그래도 그에게 매우 감사한다. ↔公心
【私心话】 sīxīnhuà 〖명〗 속심. 흉금(胸襟). 마음속 깊이 품은〔숨겨 둔〕 말.
【私心杂念】 sīxīn-zániàn 〈성〉 이기적인 생각. 잇속을 차리는 마음.
【私信】 sīxìn 〖명〗 사신. 개인의 사사로운 편지. 사서(私書). 사한(私翰).
【私刑】 sīxíng 〖명〗 (법적인 절차 없이) 개인적으로 가하는 형벌. 사형(私刑).
【私学】 sīxué 〖명〗 사숙(私塾). 글방. 서당. 사학(私學).
【私盐】 sīyán 〖명〗 불법으로 제조·판매된 소금. 밀매〔밀조〕 소금.
【私养】 sīyǎng 〖동〗 (동물 등을) 개인이 사육하다.
【私印】 sīyìn ☞【私章】 sīzhāng
【私营】 sīyíng 〖형〗 사적으로 경영하는. 민간인이 경영하는. ¶~企业=민영〔사영〕 기업.
【私营经济】 sīyíng jīngjì 〖명〗〖經〗 민영 경제.
【私营企业】 sīyíng qǐyè 〖명〗 사영 기업. 민영 기업. 〈약〉【私企】 sīqǐ
【私用】 sīyòng 〖동〗 개인적으로 사용하다. 사사로이 유용하다. ¶~公物=공공 기물을 개인적으로 사용하다.
【私有】 sīyǒu 〖동〗 사유하다. 개인이 소유하다. ¶~房产=개인 소유 부동산.
【私有财产】 sīyǒu cáichǎn 〖명〗 사유 재산.
【私有制】 sīyǒuzhì 〖명〗〖經〗 사유 재산 제도. 사유제. ↔公有制
【私语】 sīyǔ 〖동〗 소곤소곤 얘기하다. 작은 소리로 말하다. 비밀히 이야기하다. ¶暗中~=은밀히 소곤소곤거리다. 〖명〗 소곤거리는 말. 비밀 이야기. (개인적으로) 남몰래 한 말. ¶别人怎么知道他们的~?=다른 사람들이 어떻게 그들의 비밀 얘기를 알지?
【私欲】 sīyù 〖명〗 사욕. ¶~膨胀=사욕에 부풀어 오르다.
【私怨】 sīyuàn 〖명〗 사적인 원한. 개인적인 원한. ¶个人~=개인적 원한.
【私运】 sīyùn 〖동〗 몰래 운반하다. 몰래 수송하다. ¶~赃物=장물을 몰래 운반하다.
【私宅】 sīzhái 〖명〗 사택(私宅). 개인 주택. 사저(私邸).
【私章】 sīzhāng 〖명〗 개인 도장. 개인의 인감 도

장. =【私印】**sīyìn** ↔公章
【私账】**sīzhàng** 몡 개인 장부. 개인 재산 명세서. 개인 치부책.
【私衷】**sīzhōng** 몡통 자신의 정성[마음]. 진심 어린 마음.
【私资】**sīzī** 몡 개인의 자산. 사재. 개인의 자본.
【私自】**sīzì** 뿐 (관련 부문·조직·구성원 등이 모르게) 비밀리에. 사적으로. 몰래. 개인적으로. 제멋대로. 불법적으로. [규정이나 제도에 어긋나는 일을 하는 것을 가리킴] ¶~动用公物=공공 기물을 몰래 유용하다.

## 咝[絲] **sī** 나는 소리 사
의 피융. [도화선이 점화되거나 포탄·총알 등이 공중으로 날아가는 소리] ¶子弹~~地从耳边飞过。=실탄이 피융피융 하고 귓전을 스치며 날아갔다.

## **思** **sī** 생각 사
통 **1** 생각하다. 고려하다. 사고하다. ¶沉~=깊이 생각하다. / 痛定~痛=고통이 지나간 뒤에 다시 이전의 고통을 생각하다. 실패한 뒤에 실패한 원인을 깊이 생각하다. **2** 그리워하다. 보고 싶어하다. ¶相~=사모하다. 연모하다. / 每逢佳节倍~亲。=명절 때마다 부모님 생각이 더욱 간절하다. **3** 바라다. 희망하다. ¶穷则~变=궁지에 몰리면 변통을 꾀하다. 몡 **1** 생각. 사상. ¶构~=구상. **2** 감정. 마음. 심정. 기분. ¶神~=마음. 기분. 정신과 마음. **3** (Sī) 성(姓). ≒想
☞ **sāi**

| 思 sī |
| 锶 sī |
| 缌 sī |
| 腮 sāi |
| 鳃 sāi |
| 蒠 xī |
| 毸 xié |

○● 哀āi思, 才思, 沉chén思, 构gòu思, 凝níng思, 情思, 神思, 熟思, 心思, 意思, 幽yōu思, 运思, 单相思, 好意思

【思辨】**sībiàn** 통 **1** 사변하다. 깊이 생각하여 시비를 가리다. 사고하여 변별하다. =【思辩】
**sībiàn** ¶~能力=사변 능력. **2** (哲)사변하다. [경험이나 실증에 의하지 아니하고 순수한 논리적 사유(思惟)만으로 현실 또는 사물을 인식하려는 것]
【思辩】**sībiàn** ☞【思辨】**sībiàn**
【思不出位】**sībùchūwèi** 셍이 분수를 지켜 주제넘지 않다. 본분을 지키려 하다.
【思潮】**sīcháo** 몡 **1** 사조. ¶时代~=시대 사조. **2** 일련의 사고 활동. 생각. 갖가지 상념. ¶~起伏=갖가지 상념이 오락가락하다.
【思春】**sīchūn** 통 소녀가 이성을 그리워하다.
【思忖】**sīcǔn** 통몡 고려하다. 생각하다. 깊이 헤아리다. ¶反复~=여러 번 생각하다.
【思凡】**sīfán** 통 **1** 승려가 속세를 그리워하다. 출가하여서도 속세에 미련을 가지다. **2** (신화·전설 등에서) 신선이 인간 세상을 그리워하다. 선인(仙人)이 인간 세상에 내려와 살고 싶어하다.
【思妇】**sīfù** 몡 (외지에 나가 있는) 남편을 그

리워하는 아낙네.
【思古】**sīgǔ** 통뿐 지난날을 그리워하다. 회고하다. 옛일을 회상하다. ¶~伤今=옛 시절을 그리워하고 오늘을 슬퍼하다.
【思过】**sīguò** 통 (자기의) 잘못을 뉘우치다. 과실을 반성하다. ¶闭门~=두문불출하고 과오를 뉘우치다.
【思旧】**sījiù** 통 옛일을 그리워하다. 옛 친구를 그리워하다.
【思考】**sīkǎo** 통 사고하다. 사색하다. 사유하다. 깊이 생각하다. ¶深入~=깊은 사색에 잠기다.
【思恋】**sīliàn** 통 애타게 그리워하다. 몹시 생각하다. 사모하다. ¶~故人=고인을[옛 친구를] 그리워하다.
【思量】**sī·liang** 통 **1** 고려하다. 깊이 생각하다. 깊이 헤아리다. ¶如何取舍, 你得好好~。=어떻게 취사선택을 할지 당신은 깊이 생각해 보아야 합니다. **2** 의 그리워하다. 걱정하다. 염려하다. ¶~亲人=가족을 그리워하다.
【思路】**sīlù** 몡 사고의 맥락. 사고의 방향. 생각의 실마리. 생각의 갈래[갈피]. ¶~清晰=방향이 뚜렷하다. ≒思绪
【思虑】**sīlǜ** 몡통 숙고(하다). 사려(하다). 고려(하다). ¶~周密=사려가 주도면밀하다.
【思摸】**sī·mo** 통 〈方〉생각하다. 고려하다. ¶他~良久, 还是不能决断。=그는 아주 오랜 동안 생각해 보았으나 아직 결단을 내리지 못했다.
【思谋】**sīmóu** 통 고려하다. 생각하다. 사고하다. 계획하다. 기도(企圖)하다. 꾀하다. ¶仔细~=꼼꼼히 생각하다.
【思慕】**sīmù** 통 (자기가 경애하는 사람을) 사모하다. 그리워하다.
【思念】**sīniàn** 통 그리워하다. 보고 싶어하다. ¶~家乡=고향을 그리워하다. ≒想念 怀念
【思前想后】**sīqián-xiǎnghòu** 셍 일의 원인과 결과에 대하여 여러 번 생각하다. 앞뒤를 반복적으로 생각하다. 이모저모를 고려해 보다.
【思如泉涌】**sīrúquányǒng** 셍비 창작력·영감이 풍부하여 마치 샘솟듯 하다.
【思深虑远】**sīshēn-lǜyuǎn** 셍 생각이 깊고 생각이 멀리 앞을 내다보다.
【思索】**sīsuǒ** 통 사색하다. 깊이 생각하다. ¶苦心~=애써 깊이 생각하다.
【思惟】**sīwéi** ☞【思维】**sīwéi**
【思维】[思惟] **sīwéi** 몡 사유. ¶抽象~=추상적 사유. 통 사유하다. 숙고하다. 생각하다. ¶苦苦~=(고심하여) 깊이 생각하다.
【思维定势】**sīwéi dìngshì** 몡 (경험과 습관에서 비롯된) 정형화된 사유.
【思贤若渴】**sīxián-ruòkě** 셍 목마른 사람이 물을 찾듯 인재 얻기를 간절히 원하다.
【思乡】**sī‖xiāng** 통 고향을 그리워하다.
【思想】**sīxiǎng** 몡 **1** (哲) 사상. 의식. **2** 생각. 견해. 마음. ¶资助失学儿童是他早就有的~。=배움의 기회를 잃은 학생들을 돕는 것은 일찍부터 가졌던 생각이다. 통 생각하다. 고려하다. ¶他正在~今后的路。=그는 이후의 길[방

법]에 대해 생각하고 있다.

【思想家】 sīxiǎngjiā 명 사상가.

【思想库】 sīxiǎngkù ☞【智囊团】 zhìnáng tuán

【思想体系】 sīxiǎng tǐxì 명 1 사상 체계. 2 이데올로기. 사상 경향. 의식 형태.

【思想性】 sīxiǎngxìng 명 사상성. [문예 작품 등에 나타난 사회적 의의와 정치 경향을 말함]

【思绪】 sīxù 명 1 기분. 정서. ¶~不佳=기분이 좋지 않다. 2 생각(의 갈피). 사고(의 실마리). ¶~万千=오만 가지 생각이 다 들다. ≒思路

【思议】 sīyì 동 상상하여 이해하다. 생각하여 헤아리다. [주로 부정형으로 쓰임] ¶不可~=불가사의하다.

# 虒 sī 뿔범 사

명 1 뿔범. [고서에 나오는 호랑이와도 비슷하나 뿔이 있고 물 속을 다닐 수 있는 짐승] 2 (Sī) 쓰팅(虒亭). [산시(山西)성에 있는 지명]

# 鸶[鷥] sī 해오라기 사

☞【鹭鸶】lùsī

# 偲 sī 서로 권할 시

☞ cāi

【偲偲】 sīsī 동 학문이나 도덕을 함께 갈고닦으며 서로 독려하다.

# **斯 sī 이 사

대명 이. 이것. 여기. ¶何至于~? = 어떻게 여기까지 오게 되었는가? 어찌하여 이런 지경에 이르게 되었는가? 접 (…하면) 곧. 그래서. 이에. 즉. ¶有备~可以无患也。=준비가 있으면 즉 근심할 것이 없느니라. 명 (Sī) 성(姓).

○ 斯 sī
○ 撕 sī
○ 嘶 sī
○ 厮 sī
○ 澌 sī

○ 瓦 sī, 穆mù斯林, 法西斯

【斯拉夫人】 Sīlāfūrén 명 슬라브 인.

【斯里兰卡】 Sīlǐlánkǎ 명외《地》스리랑카 (Srilanka). [수도는 '科伦坡(콜롬보 : Colombo)' 임]

【斯洛伐克】 Sīluòfákè 명외《地》슬로바키아 (Slovakia). [수도는 '布拉迪斯拉发(브라티슬라비 : Bratislava)' 임]

【斯洛文尼亚】 Sīluòwénníyà 명외《地》슬로베니아 (Slovenia). [수도는 '卢布尔雅那(류블라나 : Ljubljana)' 임]

【斯人】 sīrén 명 이 사람.

【斯斯文文】 sī·si·wen·wen (~的) 형 우아하다. 고상하다. 점잖다. 얌전하다. 고아하다. ¶他~的, 看起来很有教养。=그는 점잖아서 매우 교양 있어 보인다.

【斯威士兰】 Sīwēishìlán 명외《地》스와질란드 (Swaziland). [수도는 '姆巴巴纳(음바바네 : Mbabane)' 임]

【斯文】 sīwén 명 문화. 문인. 선비. 학자. ¶

敬重~=문인을 존경하다.

【斯文】 sī·wen 형 우아하다. 고상하다. 점잖다. 얌전하다. 고아하다. ¶这姑娘~得很。=이 아가씨는 매우 우아하다. ≒文雅

【斯文扫地】 sīwén-sǎodì 성 1 문화·문인이 존중받지 못하다. 2 비 문인·학자가 스스로 타락하다. 문화가 공돌되다. 문화가 완전히 쇠퇴하다.

【斯须】 sīxū 명 문어 잠시. 잠깐. ¶且停~=잠시 멈추다.

# 蛳[螄] sī 고둥 사

☞【螺蛳】 luó·sī

# 缌[緦] sī 시마복 시

명 문어 가는 삼베. [상복을 만드는 데 많이 쓰임]

# 楒 sī 나무 이름 사

【楒仔】 sīzǐ ☞【淋漓柯】 línlíkē

# 飔[颸] sī 선선한 바람 시

명 문어 시원한 바람. 서늘한 바람.

# 厮[(廝)] sī 하인 시

명 1 놈. 자식. [사람을 낮추어 이르는 말로, 주로 조기 백화문에 보임] ¶这~=이놈. 2 사내종. 머슴. 하인. [주로 조기 백화문에 보임] ¶小~=동복(童僕). 부 서로. ¶两人~打不止。=두 사람이 서로 싸우기를 그치지 않는다.

【厮打】 sīdǎ 동 서로 맞잡고[맞붙어] 싸우다. ¶他们俩在街上~起来。=그 두 사람은 거리에서 서로 맞붙어 싸우기 시작했다.

【厮混】 sīhùn 동 1 난잡하게 뒤섞이다. 혼합되다. 뒤엉키다. ¶风声、雨声、奔跑声~在一起。=바람 소리·빗소리·달리는 소리가 한데 뒤섞이다. 2 함께 지내다. 함께 생활하다. ¶他天天和一些不务正业的人~, 哪能学得好=그는 매일 변변한 직업도 없는 이들과 함께 지내니, 어떻게 공부를 잘 할 수 있겠어.

【厮拼】 sīpīn 동 (서로) 필사적으로 싸우다. 사투를 벌이다. 목숨 걸고 싸우다. 결투하다. [주로 전투 상황을 나타낼 때 쓰임] ¶舍命~=목숨을 아끼지 않고 필사적으로 싸우다.

【厮杀】 sīshā 동 서로 싸우고 죽이다. 교전을 벌이다. 싸우다. ¶在战场上~=전쟁터에서 교전을 벌이다.

【厮守】 sīshǒu 동 서로 의지하며 지내다. 서로 보살피다. ¶长相~=오랫동안 서로 의지하며 지내다.

【厮熟】 sīshú 형 친숙해지다. 서로 익히 알다. 서로 잘 알고 있다. ¶他们早混得~啦。=그들은 일찍부터 서로 친숙하게 지냈는걸 뭐.

# 罳 sī 면장 시

☞【罘罳】 fúsī

# 锶[鍶] sī 스트론튬 송

명외《化》스트론튬 (Sr, strontium). [원자 번호

38]

**澌** sī 성엣장 시
【명】【문】 유빙(流冰). 성엣장. [해빙기에 물 위에 떠서 흘러가는 얼음덩이]

**撕** sī 찢을 시
【동】 (손으로) 찢다. 뜯다. 떼어 내다. ¶注意,别把对联~烂了. =조심해, 주련(柱聯)을 찢지 말고.
【撕扯】 **sīchě** 【동】 찢다. 째다. 떼다. 뜯다. ¶他一气之下把钱~成了碎片. =그는 너무도 화가 난 나머지 돈을 갈기갈기 찢어 버렸다.
【撕打】 **sīdǎ** 【동】 마주 붙잡고 싸우다.
【撕毁】 **sīhuǐ** 【동】 **1** 찢어 버리다. 잡아 찢다. ¶~书稿=원고를 찢어 버리다. **2** (협상·조약·계약 등을) 일방적으로 파기하다. ¶~合约=계약을 파기하다.
【撕揭】 **sījiē** 【동】 뜯어 내다. 뜯다. ¶把物品上的价格标签~掉=상품의 가격표를 뜯어 버리다.
【撕开】 **sīkāi** 【동】 찢다. 뜯다. ¶~包装=포장을 뜯다.
【撕票】 **sī‖piào**(~儿) 【동】 (납치범이) 인질을 죽이다.
【撕破】 **sī‖pò** 【동】 찢다. 잡아 찢다. 찢어 버리다. 찢어 발기다. ¶~画稿=밑그림을 찢어 버리다.
【撕破脸】 **sīpòliǎn** ☞【抓破脸】 **zhuāpòliǎn**
【撕碎】 **sīsuì** 【동】 갈기갈기 찢다. 발기발기 찢다. ¶~信件=편지를 갈기갈기 찢다.
【撕下假面具】 **sīxià jiǎmiànjù** 【속】【비】 가면을 벗다. 본래의 모습을 드러내다.
【撕咬】 **sīyǎo** 【동】 물어뜯다. ¶猎狗飞快地跑去~猎物. =사냥개가 나는 듯이 달려가서 사냥감을 물어뜯었다.

**嘶** sī 울 시
【형】【문】 목이 쉬다. ¶声~力竭=목은 쉬고 힘은 다하다. 【동】【문】 (말이) 울다. 울부짖다. ¶人喊马~=사람은 소리치고 말은 울부짖다. 【의】 '咝'(sī)와 같음.
【嘶喊】 **sīhǎn** 【동】 고함치다. 소리 높여 외치다.
【嘶叫】 **sījiào** 【동】 **1** (말이) 울부짖다. ¶战马~=군마(軍馬)가 울부짖다. **2** 울부짖다. 큰 소리로 부르짖다. 고래고래 소리지르다. ¶高声~=큰 소리로 울부짖다.
【嘶鸣】 **sīmíng** 【동】 (나귀·말 등이) 큰 소리로 울다. 울부짖다. ¶野马~=야생마가 울부짖다.
【嘶哑】 **sīyǎ** 【형】 목이 쉬다. 목소리가 잠기다. ¶嗓音~=목이 잠기다.

**偲** sī 대 이름 사
【偲箬竹】 **sīláozhú** 【명】【植】 (가구용) 대나무. [줄기가 곧으며 그 끝은 아래로 늘어지고 마디가 가늘고 길며 껍질은 얇음]

**澌** sī 다할 시
【동】【문】 다하다. 없어지다. 소멸하다.
【澌灭】 **sīmiè** 【동】【문】 소멸하다. 싹 다 없어지다.

**死** sǐ 죽을 사
【동】 **1** (생물이) 죽다. 생명을 잃다. ¶这棵树~了. =이 나무는 죽었다. **2** (바람·소망·생각 등을) 버리다. 없애다. 그만두다. 사라지다. 그치다. ¶贼心不~=도둑 심보를 못 버리다. **3** 목숨을 걸다. 생명을 돌보지 않다. ¶~守阵地=진지를 사수하다. 【형】 **1** 고정되다. 융통성이 없다. 움직이지 않다. 활동성이 없다. 생기가 없다. 죽은 듯하다. ¶一潭~水=못 가득히 고인 물. /~期存款=정기 예금. **2** 도저히 화해될 수 없다. 불구대천의. 철천지의. 불구대공의. ¶他俩是~对头. =그 두 사람은 철천지원수이다. **3** 통하지 않다. 막다르다. 막히다. ¶把洞堵~=구멍을 막아 버리다. **4** 극에 달하다. …해 죽겠다. 극도로 (죽도록) …하다. 너무. 매우. 지독히. 몹시. ¶愁~了=걱정되어 죽겠다. / 饿~了=배고파 죽겠다. **5** 단호하다. 결연하다. 변함없이 고수하다. 죽어도 …않다. 한사코 …않다. 절대로 …않다. ¶~不悔改=죽어도 뉘우치지 않다. **6** 고칠 수 없는. ¶上级下了~命令. =상부에서 지엄한 명령이 떨어졌다. ≒亡 卒 ↔生活

○● 处死, 垂死, 抵dǐ死, 扼è死, 该死, 梗gěng死, 横hèng死, 坏死, 假死, 僵jiāng死, 决死, 客死, 拼pīn死, 生死, 誓shì死, 殊shū死, 说死, 送死, 万死, 吓xià死, 效死, 凶xiōng死, 要死, 一死儿, 敢死队

【死挨活撑】 **sǐ'āi-huóchēng** 【성】 죽기를 각오하고 견디다. 갖은 애를 써 가며 지탱하다. 온갖 고생을 다하며 견디다.
【死巴】 **sǐ·ba** 【형】 (일처리가) 융통성이 없다. 완고하다. 고집스럽다. 신축성이 없다. 틀에 박히다. 경직되다. 시원스럽지 않다.
【死板】 **sǐbǎn** 【형】 **1** (일처리가) 융통성이 없다. 완고하다. 고집스럽다. 신축성이 없다. 틀에 박히다. 경직되다. ¶做事~=일하는 데 융통성이 없다. **2** 활기가 없다. 활발하지 않다. 생동적이지 못하다. 생기가 없다. ¶~的面孔=생기 없는 얼굴. ↔活泼 灵活 生动 世故 圆滑
【死抱】 **sǐbào** 【동】 한사코 고집하다. 한사코 매달리다. 기어이 고수하다. 꼭 부둥켜안다. ¶要实事求是, 不能~住老本不放. =실사구시의 태도로 임해야지, 한사코 책에만 매달리면 안 된다.
【死背】 **sǐbèi** 【동】 억지로 외우다. 뜻은 상관 없이 무조건 달달 외다. ¶要理解背诵, 不能~. =이해하고 암송해야지 억지로 외워서는 안 된다.
【死不改悔】 **sǐbùgǎihuǐ** 【성】 죽어도 뉘우치지 않다. 죽어도 회개하려고 하지 않다. ≒【死不悔改】 **sǐbùhuǐgǎi**
【死不悔改】 **sǐbùhuǐgǎi** ☞【死不改悔】 **sǐbùgǎihuǐ**
【死不了】 **sǐ·buliǎo** 【동】 죽을 수 없다. 죽을 정도는 아니다. 목숨 걸 리 없다. ¶放心, 一天不吃饭, 他~. =걱정 마, 하루 굶는다고 그는 죽지 않아.
【死不瞑目】 **sǐbùmíngmù** 【성】 **1** 죽어도 눈을 감

지 못하다. 죽어도 죽은 것이 아니다. **2** 목적을 달성하지 않고는 절대 포기하지 못하다.

【死不要脸】 **sǐbùyàoliǎn** ㉘ 뻔뻔하기 그지없다. 파렴치가 짝이 없다. 후안무치하다. 얼굴에 철판을 갈다. [욕하는 말로 쓰임]

【死缠硬磨】 **sǐchán-yìngmó** ㉘ (목적을 위해) 죽어라 엉겨붙다. 끈질기게 매달리다.

【死产】 **sǐchǎn** 图(醫) 사산하다.

【死沉】 **sǐchén** ㈜ **1** (중량이) 매우 무겁다. ¶这箱子~, 我提不动。=이 상자는 너무 무거워서 나는 들 수가 없다. **2** 매우〔대단히〕적막하다. 쥐 죽은 듯 고요하다. ¶人去楼空, 只剩下~的寂静。=사람이 떠난 건물에는 쥐 죽은 듯한 고요만이 남아 있다. **3** 매우 깊이 잠들다. 곤히 잠들다. ¶他搁下头就睡得~~的。=그는 머리를 눕히자마자 곧 깊이 잠들었다.

【死沉沉】 **sǐchénchén** (~的) ㈜ **1** (중량이) 매우 무겁다. ¶这张桌子~的。=이 탁자는 매우 무겁다. **2** 매우 적막하다. 쥐 죽은 듯 고요하다. ¶会议室的气氛~。=회의실의 분위기가 쥐 죽은 듯이 조용하다. **3** (색깔이) 매우 짙다. 매우 어둡다. ¶那件衣服的颜色~的。=그 옷 색깔은 매우 어둡다. **4** 매우 깊이 잠들다. 곤히 잠들다. ¶睡得~的=매우 깊이 잠들다.

【死党】 **sǐdǎng** 图图 **1** 완고한 보수적 집단이다. 结成~=보수적 집단을 결성하다. **2** 어떤 사람이나 집단을 위해 죽을힘을 다하는 패거리.

【死到临头】 **sǐdàolíntóu** ㉘ 죽기 직전의 위험한 상황에 직면하다.

【死道】 **sǐdào** 图 죽음의 길. 막다른 길.

【死得其所】 **sǐdéqísuǒ** ㉘ 가치 있게 죽다. 의미 있게 죽다.

【死等】 **sǐděng** 图 하염없이 기다리다. 한사코〔끝까지〕기다리다. 마냥 기다리다. ¶别~了, 他不会来的。=마냥 기다릴 것 없어, 그는 오지 않을 거야.

【死敌】 **sǐdí** 图 불구대천지원수. 철천지원수. 어떻게 해도 화해될 수 없는 원수. 숙적.

【死地】 **sǐdì** 图 사지. 죽을 지경. 살아날 길이 없는 위험한 지경. 사선. 사경. (풍수지리상으로) 불길한 땅. ¶置之~而后生。=죽을 지경에서 살아나다.

【死点】 **sǐdiǎn** 图(機) 사점. 데드 포인트(dead point). 사안점.

【死顶】 **sǐdǐng** 图 죽자 사자 맞서다. 한사코 맞서다. 끝까지 저항하다. 기를 쓰고 대항하다. 기어코 반대하다. ¶别跟他对着干了, ~对你没好处。=그와 맞서지 마, 죽어라 반항해 봤자 너에게 이로울 게 없으니까.

【死读书】 **sǐdúshū** ㊀ **1** 맹목적으로 공부하다. 현실과 동떨어져 덮어놓고 공부하다. **2** 공부에만 전념하다.〔매달리다〕.

【死对头】 **sǐduì·tou** 图 불구대천의 상대. 철천지원수. 어떻게 해도 화해될 수 없는 원수. 숙적.

【死多】 **sǐduō** 图(經) 장기 보유 투자. 바이 앤 홀드(Buy & Hold).

【死而复生】 **sǐ'érfùshēng** ㉘ 죽었다가 다시 살아나다.

【死而后已】 **sǐ'érhòuyǐ** ㉘ **1** 죽을 때까지 그만두지 않다. **2** (정의·이상 등을 위해) 죽을 때까지 싸우다. 평생토록 끝까지 분투하다.

【死而无悔】 **sǐ'érwúhuǐ** ㉘ 죽어도 후회하지 않다.

【死法子】 **sǐfǎ·zi** 图 틀에 박힌 방법. 융통성〔유연성·탄력성〕이 없는 방식.

【死工资】 **sǐgōngzī** 图 (상황에 따라 변동이 없는) 고정 임금. 고정급. 본봉. 기본급.

【死沟】 **sǐgōu** 图 물이 빠지지 않는 도랑. 시궁(창). [더러운 물이 잘 빠지지 않고 썩어서 질척질척하게 된 도랑]

【死规矩】 **sǐguī·ju** 图 케케묵은 규범. 낡아빠진 규칙. 진부한 전장(典章)〔제도〕. 융통성 없는 규칙. 고정 불변의 규칙.

【死光】 **sǐguāng** 图 전부 다 죽다. 깡그리 죽다. 하나도 남김없이 죽다. ¶我养的花全部~了。=내가 기른 꽃들이 모조리 죽어 버렸다. 图(物) 살인 광선. [파장이 매우 짧은 강한 에너지를 가진 광선]

【死鬼】 **sǐguǐ** 图 **1** 죽은 사람. 사자(死者). **2** 귀신. 유령. 도깨비. 귀신 같은 놈. 죽을 놈. [주로 욕·농담 등에 쓰임]

【死过去】 **sǐ·guò·qù** 의식을 잃다. 인사불성이 되다. 혼절하다. ¶她伤心过度, 昏~了。=그녀는 너무 상심한 나머지 혼절하고 말았다.

【死海】 **Sǐhǎi** 图(地) 사해. [아라비아 반도의 북서쪽에 있는 호수. 호수의 수면이 해수의 수면보다 392미터 낮아 세계의 호수 가운데 가장 낮음. 이스라엘과 요르단에 걸쳐 있으며 북으로 요르단 강이 흘러 들어오지만 나가는 데가 없고 증발이 심한 까닭에 염분 농도가 바닷물의 약 다섯 배에 달하여 생물이 살 수 없어서 사해라고 함]

【死耗】 **sǐhào** 图 부고. 부음. 죽음을 알리는 소식〔통지〕.

【死胡同】 **sǐhútòng** (~儿) 图 **1** 막다른 골목. 한쪽이 막힌 골목. **2** ㊂ 궁지. 절체절명의 위기.

【死话】 **sǐhuà** 图 상의할 여지가 없는 말. 융통성이 없는 말. 단언. 딱 잘라 한 말. ¶他已经下了~, 十天内还钱。=그는 이미 딱 잘라 말하기를, 열흘 안으로 돈을 갚으라고 하였다.

【死缓】 **sǐhuǎn** 图㊂(法) '判处死刑, 缓期二年执行(사형 집행 유예)'. [중국에만 있는 독특한 제도. 사형을 판결함과 동시에 그 집행을 2년 유예하고 강제 노동에 의한 노동 개조를 실시하여 죄수의 태도를 평가한 뒤, 사형에 처하거나 무기 징역으로 감형함]

【死灰】 **sǐhuī** 图 **1** 불씨가 꺼져 버린 재. 사그라진 재. **2** ㊂ 사그라진 의욕. 식어 버린 의지. ¶心如~=마음이 사그라진 재와도 같다. 차갑게 식어 아무런 열정도 남지 않다. **3** ㊂ 무 의욕이 있다.

【死灰复燃】 **sǐhuī fùrán** ㉘ **1** 사그라진 재가 다시 타오르다. **2** ㊂ 사그라진 세력이 또 다시 살아나기 시작하다. 세력을 상실한 사람이 다시 득세하다. [주로 나쁜 일을 가리킴]

【死活】 **sǐhuó** 图 생사(生死). 죽고 삶. ¶他只管

자기过得舒服, 哪管别人的~。=자신의 안일만을 생각할 줄 알지, 그가 어디 다른 사람이 죽고 사는 데 상관하겠는가? 🔹 한사코. 기어코. 어쨌든. 불문곡직하고. ¶我给他钱, 小家伙~不要。=내가 그에게 돈을 주려 하자 녀석은 한사코 받으려 하지 않았다.

【死火山】 **sǐhuǒshān** 명 (地) 사화산. ↔活火山

【死货】 **sǐhuò** 명 쓸모 없는 물건. 팔 수 없는 가치 없는 물건.

【死机】 **sǐ‖jī** 동 (컴) 컴퓨터가 다운(down)되다. [컴퓨터 시스템에 문제가 생겨서 작동이 일시적으로 중단된 상태를 가리킴]

【死记】 **sǐjì** 동 무턱대고 외우다. 기계적으로 외우다. 무조건 외우다. ¶学知识要理解记忆, 不能~。=지식을 익히는 데 있어서 이해하고 기억해야지 무턱대고 외워서는 안 된다.

【死记硬背】 **sǐjì yìngbèi** 성 (이해도 못하면서) 무턱대고 외우고, 기계적으로 암송하다.

【死寂】 **sǐjì** 형 쥐 죽은 듯 고요하다. 몹시 고요하다. 정적이 흐르다. ¶~的夜晚=쥐 죽은 듯 고요한 밤.

【死角】 **sǐjiǎo** 명 1 사각. 궁지. 被逼到~=궁지에 몰리다. 2 (軍) 사각. 사계(死界). [총포의 사정거리 안이면서도 무기의 구조나 장애물 때문에 쏠 수 없는 범위] 3 사각 지대. [어느 각도에서도 보이지 아니하는 범위] 4 (喩) 빈 구석. 공백 지역. 손길이 미치지 않는 곳. [정치적 운동·조류·풍기·사업·역량 등의 관심이나 영향이 미치지 못하는 범위를 가리킴] ¶普及法律知识要到村到户, 不要留~。=법률 지식의 보급은 마을마다 집집마다 이루어져야 하며, 사각 지대를 남겨 놓아서는 안 된다.

【死搅蛮缠】 **sǐjiǎo-mánchán** ☞【胡搅蛮缠】 **hújiǎo-mánchán**

【死校】 **sǐjiào** 동 원고대로만 교정하고 원고에 대해서만 책임을 지다. ↔活校

【死教条】 **sǐjiàotiáo** 탄력성이 없는 죽은 원칙(규정). 천편일률적인 교조.

【死节】 **sǐjié** 동(문) 순절하다. 정조·절개·충정 등을 지키기 위해 목숨을 버리다. ¶~殉国=순국하다.

【死结】 **sǐjié** 명 1 단단히 풀리지 않는 매듭. 옭매듭. 2 (喩) 해결하기 어려운 모순·문제. ↔活结

【死劲儿】 **sǐjìnr** 명 죽을힘을 다하다. 필사의 노력을 다하다. 모든 주의력을 집중하다. 뚫어지게 주시하다. ¶大家~地推=모두들 죽을힘을 다해 밀다. 명 죽을힘. 필사의 노력. ¶大家用~抬, 才把这书柜抬走。=모두들 죽을힘을 다해 들어야 이 책장을 들어 옮길 수 있다.

【死井】 **sǐjǐng** 명 물이 말라 버린 우물.

【死静】 **sǐjìng** 형 쥐 죽은 듯 고요하다. 몹시 고요하다. 정적이 흐르다.

【死局】 **sǐjú** 명 1 (장기·바둑 등의) 만회할 수 없는 국면. 불계패(不計敗)의 국면. 2 (喩) 실패할 수 밖에 없는 국면(형세).

【死抠】 **sǐkōu** (~儿) 동 한 곳에만 전력하여 파고들다. 황고집을 피우다. ¶他总爱~字眼儿。=그는 언제나 글자 하나하나에 파고들기를 좋아한다. 형 1 완고하다. 고지식하다. 고집스럽다. ¶他就是~儿脾气。=그는 완고한 성격의 소유자다. 2 인색하다. 좀스럽다. 쩨쩨하다. 옹색하다. ¶他这人太~儿。=그는 너무 인색하다.

【死扣儿】 **sǐkòur** 명 옭매듭. 단단히 풀리지 않는 매듭. (마음속의) 응어리.

【死库容】 **sǐkùróng** 명 (발전·관개·양어·항운 등을 유지하기 위한) 댐의 최저 수위 저수량.

【死拉活扯】 **sǐlā-huóchě** ☞【死拉活拽】 **sǐlā-huózhuài**

【死拉活拽】 **sǐlā-huózhuài** 성 억지로 잡아당기다. 무턱대고 잡아끌다. =【死拉活扯】 **sǐlā-huóchě**

【死牢】 **sǐláo** 명 사형수 감옥.

【死劳动】 **sǐláodòng** ☞【物化劳动】 **wùhuà láodòng**

【死老虎】 **sǐlǎohǔ** 명(喩)(貶) 죽은 호랑이. 종이 호랑이. 위세와 역량을 잃어버린 사람. 한물 간 사람.

【死里逃生】 **sǐlǐ-táoshēng** 성 구사일생으로 살아나다. 간신히 살아남다. 사지에서 탈출하다.

【死理】 **sǐlǐ** 명 (다소 억지가 담긴) 굽힐 수 없는 원칙(신념). 완고하고 융통성 없는 규칙. 고정 불변의 원칙. 억지 이론(이유). 도그마(dogma). 독단적 주장(견해). ¶认~=원칙을 고수하다.

【死力】 **sǐlì** 동 죽을힘을 다하다. 사력을 다하다. 전력을 다하다. ¶~抢险=사력을 다해 긴급 구조하다. 명 사력. 전력. 죽을힘. ¶下~=죽을힘을 쏟다.

【死路】 **sǐlù** 명 1 막다른 길. 막힌 길. 2 (喩) 절망의 길. 죽음의 길. 끝장. 늑绝路 ↔活路

【死落后】 **sǐluòhòu** (방)(喩) 자신이 낙후된 것을 알지도 못하는 완고한 사람. 매우 낙후한 사람. 구닥다리.

【死马当活马医】 **sǐmǎ dàng huómǎ yī** (喩) 1 죽은 말을 산 말처럼 치료하다. 2 (喩) 가망성이 없는 일을 알면서도 끝까지 최선을 다하다. 3 (喩) 최후의 일각까지 포기하지 않다. 마지막으로 시험해 보다.

【死脉】 **sǐmài** 명 1 (醫) 사맥. [죽음이 임박한 상태의 약한(위박한) 맥박] 2 (礦) 사맥. [광물이 고갈된 광맥]

【死面】 **sǐmiàn** (~儿) 명 발효시키지 않고 물에 이겨 놓기만 한 밀가루 반죽. ¶~蒸不了馒头。=발효시키지 않은 밀가루 반죽으로는 만터우를 찔 수 없다.

【死面饼】 **sǐmiànbǐng** 명 1 발효시키지 않은 밀가루 반죽으로 구워 만든 중국식 빵. 2 (喩) 완고하고 융통성이 없는 사람. 고집불통. 앞뒤가 꽉 막힌 사람.

【死灭】 **sǐmiè** 동 사멸하다. 죽다. 멸망하다. 없어지다. ¶~净尽=모조리 다 죽다.

【死命】 **sǐmìng** 명 죽을 운명. ¶难逃~=죽을 운명을 벗어나기 힘들다. 🔹 죽을힘을 다해. 필사적으로. 죽기살기로. ¶~冲杀=필사적으로 돌격하다.

【死难】 **sǐnàn** 동 나라를 위하여 싸우다 죽다

【死脑筋】sǐnǎojīn 圀 1 돌대가리. 케케묵은 사상. 진부한 생각. 2 고루한 사람. 고집불통. 옹고집쟁이.

【死怕】sǐpà 图 매우〔극히〕두려워하다. 지독히〔몹시〕무서워하다.

【死皮赖脸】sǐpí-làiliǎn 働 뻔뻔스럽게 억지를 쓰다. 파렴치하게 억지를 부리다. 몰염치하다. 후안무치하다. 얼굴에 철판을 깔다.

【死嫖滥赌】sǐpiáo-làndǔ 働 여색과 도박에 빠지다. 주색잡기에 빠지다. 계집과 노름에 빠져 방탕 생활을 하다.

【死期】sǐqī 圀 사기. 죽음의 시각. 임종. 죽는 시기. 죽을 때. 죽음이 닥쳐 오는 때.

【死棋】sǐqí 圀 1 승산이 없는 바둑〔장기〕. 죽은 바둑돌. 2 (비) 실패가 확실한 국면〔형세〕.

【死气沉沉】sǐqì-chénchén 働 분위기가 착 가라앉다. 생기라고는 전혀 없다. 활기가 전혀 없다. 의기소침하다. 침울하다. ↔热气腾腾

【死气白赖】[死乞白赖] sǐ·qibáilài (~的) 働(구) 끈덕지게 달라붙다. 집요하게 달라붙어 놓지 않다. 죽자사자 억지를 부리다. 고집을 부리다. 생떼를 쓰다.

【死乞白赖】sǐ·qibáilài ☞【死气白赖】sǐ·qibáilài

【死契】sǐqì 圀 부동산을 매매할 때, 계약서에 도로 물릴 수 없음을 명기한 계약. 고정불변의 계약. →活契

【死钱】sǐqián (~儿) 圀 1 일정한 시간 내의 고정된 수입. 2 이자를 늘릴 수 없는 돈.

【死囚】sǐqiú 圀 (法) 사형수.

【死球】sǐqiú 圀 (體) 데드볼(dead ball). [구기 종목에서 심판이 경기를 잠시 중단시킨 상태]

【死去】sǐqù 图 죽다. ¶他爷爷已~多年。=그의 할아버지는 이미 타계하신 지 몇 해 되었다.

【死去活来】sǐqù-huólái 働 1 까무러쳐 살아나다. 까무러쳤다가 깨어나다. 2 (비) 까무러칠 정도로 슬프다. 매우 아프다. 죽도록 얻어터지다. 3 (비) 모진 고초를 당하다. 죽도록 매맞다. 반죽음이 되다.

【死人】sǐrén 图 1 사람이 죽다. ¶隔壁院子里~了。=옆집에 사람이 죽었다. 2 죽게 하다. ¶这东西吃了又不会~，你怕什么？=이걸 먹는다고 죽는 것도 아닌데, 넌 뭘 무서워하는 거야？圀 1 죽은 사람. 사망자. 2 산송장. 죽일 놈. 걸어다니는 고깃덩이. [욕하는 말로 쓰임] ¶你这个~跑哪儿去了？=이 죽일 놈이 어디로 내뺐어？3 시체. 시신. 송장. ¶~被放进棺材里。=시신이 관속에 넣어지다. 圙 …해 죽겠다. …해 죽을 지경이다. [형용사의 뒤에 놓여 정도가 매우 심함을 표시함] ¶笑~了=우스워 죽겠다. / 累~了=피곤해 죽겠다.

【死伤】sǐshāng 圀 1 사상. 사망과 부상. [주로 사망한 사람과 부상당한 사람의 인원수를 가리킴] ¶~无数=사상자가 무수히 많다. 2 사상자. 죽은 자와 부상자. ¶~统计=사상자 통계.

【死神】sǐshén 圀 1 저승사자. 죽음을 관장하는 신. 2 (비) 사망. ¶大难不死，他再次逃出~的手掌。=큰 재난에도 죽지 않고, 그는 다시 한 번 죽음의 손아귀에서 벗어났다.

【死生】sǐshēng 图 죽고 살다. ¶~未卜=죽고 사는 것을 예측할 수 없다.

【死尸】sǐshī 圀 시체. 시신. 주검. 사체. 송장.

【死手】sǐshǒu 圀 극단적인 수단. 잔인한 수법. ¶下~=잔인한 수단을 쓰다.

【死守】sǐshǒu 图 1 사수하다. 필사적으로 지키다. ¶~关隘=요새를 사수하다. 2 고수하다. 굳게 지키다. 고집스럽게 지키다. ¶~陈规=낡은 규칙을 고수하다.

【死水】sǐshuǐ 圀 1 사수. 죽은 물. 갇힌 물. 고인 물. 흐르지 않는 곳. 2 (비) 오랫동안 아무런 변화도 없는 곳. ¶近年的诗坛犹如一潭~。=최근 몇 년 시단은 마치 고인 물과도 같다. 아무런 변화가 없다. ↔活水

【死睡】sǐshuì 图 깊이 잠들다. 깊은 잠을 자다. 숙면하다. 죽은 듯이 잠들다.

【死说活说】sǐshuō-huóshuō 働 갖은 소리를 다 해 가며 타이르다. 백방으로 설득하다. 여러 가지로 달래다. 입이 닳도록 말하다.

【死死】sǐsǐ 囝 단단히. 꼭. 철통같이. ¶把门~地关上。=문을 단단히 걸어잠그다.

【死死板板】sǐ·si bǎnbǎn (~的) 働 융통성이 없다. 완고하다. 신축성이 없다. 틀에 박히다. 활발하지 못하다. 생동적이지 못하다.

【死胎】sǐtāi 圀 (医) 사태. 죽은 태아.

【死套子】sǐtào·zi 圀 고정 불변의 방식〔형식·방법·양식〕. 낡아빠진 틀. 진부한 방식. 케케묵은 방식. 탄력성이 없는 방법.

【死土】sǐtǔ ☞【底土】dǐtǔ

【死拖】sǐtuō 图 1 무턱대고 시간을 끌다. ¶~硬犹=죽을힘을 다해 시간을 질질 끌다. 2 무한정 늦추다. 무한정 질질 끌며 빚을 갚지 않다. ¶得想办法还账，别~。=빚 갚을 생각을 해야지, 무한정 질질 끌지 말고.

【死顽固】sǐwángù 働 매우 완고하다. 매우 고집이 세다. ¶别~，能变通就变通。=너무 고집 부리지 마라, 그렇게 처리할 수 있으면 적당히 해야지. 圀 고집불통. 외고집쟁이. 옹고집쟁이. ¶他可真是个~，费半天口舌也没说动他。=그는 정말이지 고집불통이야. 한참을 얘기했지만 설득하지 못했어.

【死亡】sǐwáng 图 죽다. 사망하다. 생명을 잃다. 圀(비) 사망. 멸망. 파국. ¶殖民主义正在走向~。=식민주의는 파국의 길로 치닫고 있다. ≒逝去 ↔生存 诞生

【死亡保险】sǐwáng bǎoxiǎn 圀 사망 보험.

【死亡教育】sǐwáng jiàoyù 圀 죽음 교육. 호스피스 교육.

【死亡率】sǐwánglù 圀 사망률.

【死亡线】sǐwángxiàn 圀 사선. 죽을 고비. ¶逃离~=죽을 고비를 넘기다.

【死亡证】sǐwángzhèng 圀 사망 증명서.

【死无对证】 **sǐwúduìzhèng** ⓟ 죽은 자는 증언할 수 없어 사실을 증명할 길이 없다.

【死无葬身之地】 **sǐ wú zàngshēn zhī dì** ⓟ 처참하게 죽다. 죽어서 몸을 누일 곳조차 없다.

【死相】 **sǐxiàng** ⓜ 1 창백하여 죽어 가는 얼굴. 2 혐오감을 주는 표정〔행동거지·언사·치장〕. ¶瞧他那副~,真让人讨厌. =재수 없게 생긴 그 사람 얼굴 좀 봐, 정말 혐오스러워.

【死心】 **sǐ‖xīn** ⓥ 단념하다. 희망을 버리다. ¶你就一吧,他不会让你去的. =너 단념해라, 그는 너를 보내 주지 않을 거야.

【死心踏地】 **sǐxīn-tādì** ☞【死心塌地】 **sǐxīn-tādì**

【死心塌地】[死心踏地] **sǐxīn-tādì** ⓟ 1 마음을 정하여 결코 흔들리지 않다. 변함없이. 한사코. 외곬으로. 끝까지. 목숨을 걸고. 죽을 때까지. 2 체념하여 마음이 진정되다.

【死心眼儿】 **sǐxīnyǎnr** ⓟ (지나치게) 완고하다. 고집스럽다. 고지식하다. 생각이 트이지 못하다. ¶他太~了. =그는 너무 고지식하다. ⓜⓥ 융통성이 없는 사람. 고지식한 사람. 고집쟁이. 외고집. ¶他生来就是个~. =그는 태어나면서부터 고집쟁이이다.

【死信】 **sǐxìn** ⓜ 1 ☞【瞎信】 **xiāxìn** 2 (~儿) 부고. 부음. 사망 통지.

【死刑】 **sǐxíng** ⓜ〔法〕 사형.

【死性】 **sǐxìng** ⓜ 옹고집. 고집쟁이. 완고한 성격. 융통성이 없는 사람.

【死讯】 **sǐxùn** ⓜ 부고. 부음. 휘음(諱音). 사망 통지.

【死眼光】 **sǐyǎnguāng** ⓜⓥ 고정 불변의 보수적 관점. 고루한 관념.

【死要面子活受罪】 **sǐ yào miàn·zi huó shòu zuì** ⓥ 체면을 위해 고통을 감수하다.

【死亦瞑目】 **sǐyìmíngmù** ⓟ 1 죽어서도 눈을 감다. 편안히 눈 감고 죽다. 2 소원성취 했으니 죽어도 여한이 없다.

【死因】 **sǐyīn** ⓜ 사인. 사망 원인. ¶~不明=사인이 불분명하다.

【死硬】 **sǐyìng** ⓟ 1 완고하다. 강경하다. ¶态度~=태도가 강경하다. 2 융통성이 없다. 고지식하다. ¶他生性~,不善交际. =그는 천성이 고지식하고 사교적이지 못하다.

【死硬派】 **sǐyìngpài** ⓜ 강경파.

【死有余辜】 **sǐyǒuyúgū** ⓟ 1 죽어도 죄가 남는다. 죽어도 그 죄과를 다 씻을 수 없다. 백 번 죽어 마땅하다. 2 저지른 죄과가 너무 크다. 죄가 지극히 크다.

【死于非命】 **sǐyú fēimìng** ⓟ 뜻밖의 재난으로 죽다. 비명횡사하다. 비명(非命)에 세상을 뜨다.

【死冤家】 **sǐyuān·jia** ⓜ 1 불구대천의 원수. 철천지원수. 화해될 수 없는 원수. 2 ⓥ 미운 정 고운 정이 다 든 연인.

【死战】 **sǐzhàn** ⓥ 목숨 걸고 싸우다. 필사적으로 싸우다. 죽을힘을 다해 싸우다. 사투를 벌이다. ¶~到最后=최후의 일각까지 죽을힘을 다해 싸우다. ⓜ 사투. 결사전. 사활을 건 싸움. 생사를 건 전투. ¶决一~=사활을 걸고 마지막 승부를 겨루다.

【死仗】 **sǐzhàng** ⓜ 정면 충돌전. 결사적인 전투〔전쟁〕. 격전. 처절한 싸움. 힘든 임무.

【死者】 **sǐzhě** ⓜ 사자(死者). 망자(亡者). 죽은 사람.

【死症】 **sǐzhèng** ⓜ 불치병. 죽을병. 치명상.

【死中求活】 **sǐzhōng-qiúhuó** ☞【死中求生】 **sǐzhōng-qiúshēng**

【死中求生】 **sǐzhōng-qiúshēng** ⓟ 죽음의 문턱에서 살 길을 구하다. 절망적인 상황에서 살 방도를 강구하다. 곤경에 빠져서도 만회할 대책을 강구하다. 죽을 고비에서도 살 길을 찾다. 사경에서 살 길을 도모하다. =【死中求活】 **sǐzhōng-qiúhuó**

【死中作乐】 **sǐzhōng-zuòlè** ⓟ 절망 가운데서도 즐거움을 찾다. 곤경에 빠져서도 즐거움을 찾다.

【死猪不怕开水烫】 **sǐzhū bù pà kāishuǐ tàng** ⓟ 1 죽은 돼지는 뜨거운 물에 데일 것을 겁내지 않는다. 2ⓥ 완고하여 어떠한 자극이나 비평에도 아랑곳 않다.

【死子】 **sǐzǐ** ⓜ 사석(死石). 죽은 돌. [바둑에서 상대편에게 잡혀 죽은 돌]

【死罪】 **sǐzuì** ⓜ 1〔法〕 죽을 죄. 죽어 마땅한 죄. 사죄. 2 죽을 죄. [사죄·용서를 구할 때 사용하는 인사말]

## 巳 **sì** 여섯째 지지 사

ⓜ 1〔天〕 사. 〔십이지(十二支)의 여섯째〕 2 사시(巳時).

【巳时】 **sìshí** ⓜ 사시. [오전 9시부터 11시까지의 시간]

○ 巳 **sì**
汜 **sì**
祀 **sì**
巷 **xiàng**

## **四** **sì** 넷 사

ⓢ 4. 사. 넷. ⓜ 1〔音〕 중국 음악 음계의 하나. [악보에 쓰이는 부호로, 지금의 '简谱(약보)'의 '6(저음 '라')'에 해당함] 2 (Sì) 성(姓).

○ 四 **sì**
驷 **sì**
泗 **sì**

【四…八…】 **sì…bā…** ⓥ (두 개의 의미가 비슷한 말 앞에 각각 쓰여) '각 방면'을 나타냄. [예를 들어 '四通八达(사통팔달)'·'四乡八镇(도시에 가까운 작은 읍)' 등이 있음] ¶~面~方=사면팔방. 사방팔방. / ~邻~舍=가까운 이웃.

【四白落地】 **sìbáiluòdì** ⓥ 방안 사방의 벽을 온통 새하얗게 칠하다. ¶~,窗明几净. =방안의 벽은 온통 새하얗고 창문은 밝으며 책상은 깨끗하다. (방·서재 등이) 깨끗하고 산뜻하다.

【四边】 **sìbiān** (~儿) ⓜ 사방. 주위. ¶楼房~都有花园. =아파트[빌라] 주위가 전부 화원이다.

【四边形】 **sìbiānxíng** ⓜ〔數〕 사각형. 사변형. 네모꼴.

【四不拗六】 **sìbù'àoliù** ⓥ 소수는 다수의 뜻을 이길 수 없다. 다수의 의견을 따를 수밖에 없다.

【四不像】 **sìbùxiàng** ⓜ 1 ☞【麋鹿】 **mílù** 2 ☞【驯鹿】 **xùnlù** 3 이도 저도 아닌 것〔상황〕. 죽도 밥도 아닌 것. 무언가 어설픈 것.

【四部】 sìbù 명 경(經)·사(史)·자(子)·집(集)의 사부(四部). [중국 고대의 서적 분류법으로 군서(群書)를 네 부류로 분류하고, 사고(四庫)에 나누어 수장하였음] = 【四庫】 sìkù
【四菜一湯】 sìcài-yītāng 유 요리 4접시 국 1그릇. 네 종류의 요리와 한 종류의 국. [일반적이고 간단한 접대. 과도한 공금 낭비를 막기 위해 마련한 연회 규모의 규정]
【四衬】 sìchèn 형 어디에나 잘 어울리다. 어느 모로 보나 잘 맞다〔어울리다〕. 몸에 꼭 맞다. 아주 그럴듯하다. ¶这衣服他穿着挺~。=이 옷이 그가 걸치니 아주 잘 어울린다.
【四重唱】 sìchóngchàng 명(音) 사중창.
【四重奏】 sìchóngzòu 명(音) 1 사중주. 2 사중주곡.
【四出】 sìchū 동 1 주위의 각 곳에 이르다. ¶~走访=곳곳을 방문하다. 2 곳곳〔사방〕에서 나타나다. ¶谣言~=헛소문이 사방에서 퍼지다.
【四处】 sìchù 명 도처. 주위 각지. 사방. 사처. 여러 곳. ¶~流浪=여러 곳을 유랑하다.
【四川】 Sìchuān 명 쓰촨(四川)성. 사천성. ['川(chuān)' 혹은 '蜀(shǔ)'로 약칭하며, 성도는 '청두(成都)'임]
【四川大学】 Sìchuān Dàxué 명 쓰촨 대학. 사천 대학. [청두(成都)에 있음] 약 【川大】 Chuān Dà
【四大】 sìdà 명 1 어떤 분야에서 두드러진 네 종류〔명〕의 물건〔사람〕. ¶~歌星=4대 가수. 2 (佛) 사대. [불교에서 말하는 만물의 네 가지 근원으로, '地(땅)·水(물)·火(불)·風(바람)'을 말함]
【四大发明】 sìdà fāmíng 명 사대 발명품. [중국 고대의 4가지 발명품으로 종이·인쇄술·나침반·화약을 말함]
【四大皆空】 sìdà-jiēkōng 성(佛) 세상의 모든 현상은 공허하다. 색즉시공(色卽是空)이다. 세상의 모든 것을 깨달아 추구함이 없다.
【四大金刚】 sìdà jīngāng 명 1 사대천왕(四大天王). 사천왕(四天王). 사문(寺門)의 사천왕상(四天王像). [신화 가운데 천제(天帝)를 수호한다는 네 신령으로 손에 칼을 들고 있는 것을 '风', 비파를 들고 있는 것을 '调', 우산을 들고 있는 것을 '雨', 뱀을 들고 있는 것을 '顺'이라고 함] 2 비 네 명의 가장 유능한 조수·부하.
【四大奇书】 sìdà qíshū 명 4대 기서. [중국 고대 4대 명작 소설인 '수호전(水滸傳)'·'삼국연의(三國演義)'·'서유기(西遊記)'·'금병매(金瓶梅)'를 말함]
【四德】 sìdé 명유 1 사덕. 여자의 네 가지 덕. [중국 전통 여인이 갖춰야 했던 네 가지 덕목으로 '婦德(부덕 : 착한 마음씨)'·'婦言(부언 : 고운 말씨)'·'婦容(부용 : 깨끗한 맵시)'·'婦功(부공 : 얌전한 솜씨)'을 가리킴] ¶三从~=삼종지도(三從之道) 2 사덕. 인륜의 4가지 덕. [사람이 갖춰야 하는 네 가지 윤리적 소양으로 '孝(효 : 효도)'·'悌(제 : 우애)'·'忠(충 : 충성)'·'信(신 : 신의)'을 가리킴] ¶贤者以~修身。=현인은 '사덕' 으로 심신을 닦아야 한다.

【四二一结构】 sì èr yī jiégòu 명 4·2·1 구조. [한 자녀를 둔 가정의 가족 구조. '四'는 할아버지·할머니·외할아버지·외할머니, '二'은 부모, '一'는 자녀를 말함]
【四二一综合症】 sì èr yī zōnghézhèng 명 4·2·1 증후군. [현대 중국의 가족 구조에서 비롯된 폐단으로, 한 자녀를 둔 가정에서 모든 가족(조부모·외조부모·부모)이 어린애 하나를 맹목적으로 사랑함으로써 어린이의 교육에 해를 끼치는 현상을 가리킴]
【四方】 sìfāng 명 1 사방. 동서남북. 2 도처. 각 곳. 여러 곳. ¶奔走~=사방으로 뛰어다니다. 3 정방형. 입방체. 정방체. 네모. ¶~桌=네모난 탁자.
【四方步】 sìfāngbù (~儿) 명 점잖게 걷는 걸음걸이. 우아하고 점잖은 걸음걸이. 한가로이 걷는 걸음걸이. 단정하고 침착한 걸음걸이.
【四方块儿】 sìfāngkuàir 명 정방형. 입방체. 네모난 물건. 사각형.
【四方联】 sìfānglián 명 우표 시트. 연결형 화폐. 연결형 은행권.
【四方脸】 sìfāngliǎn 명 네모난 얼굴. 사각(형) 얼굴.
【四方脑袋】 sìfāng nǎo·dai 명비 옹고집쟁이. 완고한 사람. 융통성이 없는 사람.
【四方形】 sìfāngxíng 명(數) 사각형.
【四分五裂】 sìfēn-wǔliè 성 사분오열되다. 여러 갈래로 갈기갈기 찢어지다. 사방으로 분열되다. ≒支离破碎
【四伏】 sìfú 동 도처에 도사리고 있다. 사방〔도처〕에 잠복해 있다. ¶危机~=위기가 도처에 도사리고 있다.
【四个现代化】 sìgè xiàndàihuà 명 农业现代化(농업 현대화)·工业现代化(공업 현대화)·国防现代化(국방 현대화)·科学技术的现代化(과학 기술 현대화)의 합칭. 약 【四化】 sìhuà
【四更】 sìgēng 명영 사경. 정야(丁夜). [하루의 밤을 다섯으로 나눈 넷째 시각으로 오전 1시부터 3시 사이를 가리킴]
【四顾】 sìgù 동 사방을 둘러보다. ¶茫然~=망연히 사방을 둘러보다.
【四海】 sìhǎi 명 1 사해. 전국 각지. 전국 방방곡곡. 2 전세계. 온 천하. ¶五湖~=세계 여러 나라. 세계 각 곳. 온 세계. / ~之内皆兄弟。=온 세상 모두가 형제이다.
【四海为家】 sìhǎi-wéijiā 성 1 임금이 전국을 통치하다. 2 비 온 천하를 자기의 집처럼 여기다. 각지를 떠돌아다니다. 일정한 주거가 없이 떠도는 방랑객.
【四合房】 sìhéfáng ☞ 【四合院】 sìhéyuàn
【四合院】 sìhéyuàn (~儿) 명 사합원. [북경의 전통 주택 양식으로, 가운데 마당을 중심으로 사방이 모두 집채로 둘러싸여 있음] = 【四合房】 sìhéfáng
【四呼】 sìhū 명(言) 중국어에서 발음을 운모에 따라 나눈 '开口呼(kāikǒuhū)'·'合口呼(hékǒuhū)'·'齐齿呼(qíchǐhū)'·'撮口呼(cuōkǒuhū)'의

총칭.

【四胡】**sìhú** 図(音) 사호. [ '胡琴(húqín)' 의 일종으로, 모양은 '二胡(èrhú)' 와 비슷하나 현(弦)이 4줄임]

【四化】**sìhuà** 図 1 ☞ 【四个现代化】**sìgè xiàndàihuà** 2 간부의 '革命化(혁명화)·年轻化(소장화)·知识化(지식화)·专业化(전문화)' 의 합칭.

【四环素】**sìhuánsù** 図(醫) 테트라사이클린 (tetracycline).

【四季】**sìjì** 図 사계. 사철. 네 계절. 춘하추동.

【四季豆】**sìjìdòu** ☞ 【菜豆】**càidòu**

【四季常青】**sìjì-chángqīng** 図 (초목이) 사시사철 푸르다.

【四季如春】**sìjì-rúchūn** 図 일년 내내 기후가 봄날같이 따뜻하다.

【四溅】**sìjiàn** 図 사방으로 튀다. ¶泥水~=흙탕물이 사방으로 튀다.

【四郊】**sìjiāo** 図 1 도시 주변. 변두리. 2 교외.

【四脚】**sìjiǎo** 図 사지(四肢). 팔다리. ¶他不小心摔了个~朝天. =그는 조심하지 않아 뒤로 벌렁 나자빠졌다.

【四脚八叉】**sìjiǎo-bāchà** 図 벌렁 나자빠지다. 큰 대자로 넘어지다.

【四脚朝天】**sìjiǎo-cháotiān** 図 뒤로 벌렁 나자빠지다.

【四脚蛇】**sìjiǎoshé** 図(뙹)(動) '蜥蜴(도마뱀)' 의 속칭.

【四近】**sìjìn** 図 주위. 부근. 가까운 곳. ¶~无人居住. =주위에 사람이 살지 않다.

【四库】**sìkù** ☞ 【四部】**sìbù**

【四库全书】**Sìkù quánshū** 図 사고 전서. [청나라 건륭(乾隆) 황제의 칙선(勅選)으로, 궁중과 민간의 장서 총 1만 223부 17만 2626권을, 경(經)·사(史)·자(子)·집(集)의 네 부문으로 나누고, 일곱 통씩을 등본(謄本)하여 보관한 총서]

【四愣子】**sìlèng·zi** 図(方) 성격이 난폭한 사람. 무지막지한 무뢰한. 버릇없고 불손한 사람. 예절이 밝지 못한 사람.

【四立】**sìlì** 図 사립(四立). [입춘(立春)·입하(立夏)·입추(立秋)·입동(立冬)의 네 절기의 총칭]

【四联单】**sìliándān** 図 넉 장이 한 조로 되어 있는 전표·증서. 같은 양식이 네 장으로 한 면에 인쇄된 백지 영수증(증표).

【四梁八柱】**sìliáng bāzhù** 図 집의 골격. 건물의 골조.

【四邻】**sìlín** 図 이웃. ¶街坊~=이웃집. 이웃사람.

【四六体】**sìliùtǐ** 図 사륙체. 변려문(駢麗文). [주로 4자 또는 6자의 대구(對句)를 많이 써서 읽는 사람에게 미감을 주는 화려한 문체를 가리킴]

【四氯化碳】**sìlǜhuàtàn** 図(化) 사염화(四鹽化)탄소.

【四马攒蹄】**sìmǎ-cuántí** 図 양손과 양발을 함께 묶다.

【四面】**sìmiàn** 図 1 사면. 사방. 동서남북. 2 주위. 둘레. 사방. ¶~环山=사방이 산으로 둘러싸이다.

【四面八方】**sìmiàn-bāfāng** 図 사면팔방. 사방팔방. 각 방면. 방방곡곡.

【四面楚歌】**sìmiàn-Chǔgē** 図 1 사면초가. 2 四 사방이 적에게 포위되어 고립되고 위급한 곤경에 처하다.

【四面体】**sìmiàntǐ** 図(數) 사면체.

【四旁】**sìpáng** 図 (전후좌우의) 사방. 주위. 근방. 부근. 근처. 주변.

【四平八稳】**sìpíng-bāwěn** 図 1 (언행·일·글을 쓰는 것 등이) 온당하다. 사리에 맞고 무리가 없다. 2 일이 잘못되지 않을 것에만 치중하여 창조성이 모자라다.

【四起】**sìqǐ** 図 사방에서 일어나다. 도처에서 나타나다. ¶传闻~=뜬소문이 도처에 무성하다.

【四散】**sìsàn** 図 뿔뿔이 흩어지다. 사방으로 흩어지다. ¶~逃离=사방으로 도망치다.

【四舍五入】**sìshě wǔrù** 図(數) 사사오입. 반올림.

【四射】**sìshè** 図 사방으로 발산하다. 주위로 방사하다. ¶金光~=금빛이 사방으로 발산되다.

【四声】**sìshēng** 図 1 (言) 사성. 사운(四韻). [고대 중국어의 '平聲(평성)·上聲(상성)·去聲(거성)·入聲(입성)'의 4가지 성조] 2 사성. [현대 표준 중국어의 '陰平(1성)·陽平(2성)·上聲(3성)·去聲(4성)'의 네 가지 성조] 3 (넓은 의미로) 글자의 성조. 사성.

【四十】**sìshí** 囝 1 40. 사십. 2 마흔 살. 사십 살. ¶老王今年~了. =왕씨는 올해 마흔이 되었다.

【四时】**sìshí** 図 사시. 사계. 사계절. 네 계절. 춘하추동.

【四世同堂】**sìshì tóngtáng** 図 4대가 한 집에 같이 사는 것. [조부(祖父)·부(父)·자(子)·손(孫) 또는 증조부(曾祖父)·조부(祖父)·부(父)·자(子)의 네 세대가 함께 모여 생활하는 것을 가리킴]

【四书】**Sì Shū** 図 사서. [《大學(대학)》·《中庸(중용)》·《論語(논어)》·《孟子(맹자)》를 가리킴]

【四书五经】**Sì Shū Wǔ Jīng** 図 사서오경. [사서는 《大學(대학)》·《中庸(중용)》·《論語(논어)》·《孟子(맹자)》를, 오경은 《詩經(시경)》·《書經(서경)》·《禮記(예기)》·《易經(역경)》·《春秋(춘추)》를 가리킴]

【四四方方】**sì·sì fāngfāng** (~的) 図 네모반듯하다. (형체가) 단정하다. ¶~的盒子=네모반듯한 상자.

【四体】**sìtǐ** 図 1 図 (사람의) 사지(四肢). 2 (서예에서) 사체. [楷書(해서)·草書(초서)·隸書(예서)·篆書(전서)의 4가지 서체]

【四体不勤, 五谷不分】**sìtǐ bù qín, wǔgǔ bù fēn** 図 1 사지를 놀려 일할 줄도 모르고 오곡을 분간할 줄도 모르다. 2 図 책만 읽고 일을 하지 않아서 농사일을 모른다.

【四停八当】**sìtíng-bādàng** 図 (모든 일이) 잘 처리되다. 잘 수습되다. 잘 되어가다.

【四通八达】**sìtōng-bādá** 図 1 (길이) 사방으로 통하다. 사면팔방으로 통하다. 2 図 교통이 매우 편리하다.

【四外】**sìwài** 🅜 사처. 사방. 주위. 근방. 근처. 부근. [주로 넓은 지역을 가리킴] ¶~是茫茫原野。=사방이 온통 망망한 들판이다.

【四望】**sìwàng** 🅟 사방을 둘러보다. ¶举目~=눈을 들어 사방을 둘러보다.

【四围】**sìwéi** 🅜 사위. 사주(四周). 주위. 주변. 둘레. ¶~都是草原。=주변이 모두 초원이다.

【四维】**sìwéi** 🅜 **1** 🅟 (동서남북의) 네 방위〔방향·귀퉁이〕. **2** 🅟 사유. [나라를 다스리는 데 지켜야 할 4가지 원칙으로 예(禮)·의(義)·염(廉)·치(恥)를 가리킴] **3** (物) 4차원. [길이·넓이·높이의 3차원 공간에 시간이 더해진 것을 가리킴]

【四维空间】**sìwéi kōngjiān** 🅟(物) 4차원 공간.

【四下(里)】**sìxià(·li)** 🅟 사방. 사처. 도처. 주변. 각처. 각 곳. 여기저기. ¶~打听, 都没有他的消息。=여기저기 물어보았으나 그의 소식은 없었다.

【四仙桌】**sìxiānzhuō** 🅜 사선상(四仙床). [네 사람이 둘러앉게 만든 작고 네모난 음식상을 가리킴]

【四乡】**sìxiāng** 🅜 **1** (도시 주위의) 시골. **2** 가까운 시골.

【四言诗】**sìyánshī** 🅜 사언시. 사언(四言). [한 구(句)가 넉 자로 이루어진 한시(漢詩)를 가리킴]

【四仰八叉】**sìyǎng-bāchà** 🅟 벌렁 나자빠지다. 큰 대자로 넘어지다.

【四野】**sìyě** 🅜 너른 벌판. 광활한 들판. 사방의 들판. 사방. ¶声振~=소리가 너른 들판에 울려 퍼지다.

【四月】**sìyuè** 🅜 **1** 음력 4월. **2** 양력 4월.

【四则】**sìzé** 🅜(數) 덧셈·뺄셈·곱셈·나눗셈의 네 가지 계산 방법. 사칙.

【四肢】**sìzhī** 🅜(生) **1** 사지. 사체. 팔다리. 양팔과 양다리. 수족. **2** (동물의) 네 다리.

【四至】**sìzhì** 🅜 경지·건물 둘레의 경계. 대체적인 규모.

【四周(围)】**sìzhōu(wéi)** 🅜 사주(四周). 주위. 사방. 둘레. 주변. ¶~无人=사방에 사람이 없다.

【四座】**sìzuò** 🅜 **1** 주위에 앉은 사람. ¶语惊~=말이 주위 사람들을 놀라게 하다. **2** 주위의 자리. 사방의 좌석. ¶~客满=주위의 좌석이 손님으로 꽉 들어차다.

## **寺 sì** 절 사

🅜 **1** 고대의 관청 이름. ¶大理~=대리사. [사법을 관장하던 중앙 기관] **2** 《佛》(불교의) 사찰. 사원. 절. ¶少林~=소림사. **3** 《宗》(이슬람교의) 사원. ¶清真~=예배소. 모스크(mosque). 회교 사원(回教聖院). **4** (Sì) 성(姓).

○→ 阉yān寺

| 寺 sì | 持 chí |
|---|---|
| 时 shí | 痔 zhì |
| 诗 shī | 峙 zhì |
| 侍 shì | 特 tè |
| 恃 shì | 待 dài |
| 埘 shí | 等 děng |
| 鲥 shí | |

【寺产】**sìchǎn** 🅜 사원 소유 재산.

【寺观】**sìguàn** 🅜 **1** 불교 사원(寺院)과 도교 도관(道觀). **2** 사원. 절. 묘우(廟宇).

【寺门】**sìmén** 🅜 사원〔사찰〕의 문.

【寺庙】**sìmiào** 🅜 사원. 사찰. 묘우(廟宇). 사당. 묘당(廟堂). 불당. 역사적인 인물을 모신 곳.

【寺院】**sìyuàn** 🅜 **1** 절. 사찰. **2** (불교 외 기타 종교의) 수도원. 사원. 도관.

## **似[佀] sì** 닮을 사

🅟 닮다. (…와) 같다. 비슷하다. 흡사하다. ¶好~=아주 닮다. / 归心~箭=돌아가고 싶은 마음이 간절하다. / 마치 ~(인 것 같다〔듯하다〕). ¶~不足信=마치 믿을 바가 못 되는 것 같다. 🅶 (…와 비교하여) …보다 …(더)하다. [점점 정도가 더해짐을 나타냄] ¶城市化的程度一年高~一年。=도시화 속도가 한 해 또 한 해 빨라지고 있다.

☞ **shì**

○→ 好似, 貌mào似, 恰qià似, 神似, 胜似, 形似, 疑似

【似曾相识】**sìcéngxiāngshí** 🅢 어디선가 본 듯하다. 알 듯 말 듯하다.

【似懂非懂】**sìdǒng-fēidǒng** 🅢 아는 듯 모르는 듯하다.

【似…非…】**sì…fēi…** 🅶 …인(한) 듯도 하고 …아닌(아니한) 듯도 하다. ['…'의 자리에 단음절의 동일한 명사·동사·형용사를 써서 '…인 것 같기도 하고 …가 아닌 것 같기도 하다'는 뜻을 나타냄] ¶~蓝~蓝=남색 같기도 하고 아닌 것 같기도 하다. / ~哭~哭=우는 듯 마는 듯하다.

【似乎】**sì·hū** 🅶 마치 (…인 것 같다〔듯하다〕). ¶我~在哪儿见过他。=나는 마치 어디선가 그를 본 듯하다.

【似是而非】**sìshì'érfēi** 🅢 겉보기에는 맞는 것 같지만 실지는 그렇지가 않다. 그런 것 같으면서도 실지는 그렇지가 않다. 비슷한 것 같으면서도 다르다. 겉모습은 그럴듯하지만 실제는 그렇지 않다.

【似水流年】**sìshuǐliúnián** 🅢 **1** 시간이 물 흐르듯 흘러가다. **2** (비) 시간이 쏜살같다. 시간〔세월〕이 빨리 가다.

## **汜 Sì** 물 이름 사

🅜 (地) 쓰수이(汜水). [허난(河南)성에 있는 강 이름].

## **兕 sì** 암코뿔소 시

🅜🅟 (動) 암코뿔소. 암컷 서우(犀牛).

## **佀 sì** 닮을 사

🅟 '似(sì)'와 같음. 🅜 (Sì) 성(姓).

## ***伺 sì** 엿볼 사

🅟 **1** 살피다. 관찰하다. 엿보다. 정찰하다. 보살피다. 돌보다. ¶窥~=몰래 엿보다. **2** (때를) 노리다. 기다리다. (기회를) 엿보다. ¶~机出击=

기회를 엿보아 출격하다.
☞ **cì**

【伺察】**sìchá** 통문 사찰하다. 정찰하다. 살펴보다. ¶暗中~=몰래 사찰하다.

【伺机】**sìjī** 통 기회를 엿보다. 시기를 노리다. ¶~而动=기회를 엿보아 움직이다.

【伺隙】**sìxì** 통 탈 만한 기회를 엿보다. 틈을 노리다〔엿보다〕. 낌새를 살피다. 기회〔시기〕를 노리다. ¶~乘虚=기회를 노려 허점을 이용하다.

# 祀[(禩)] **sì** 제사 사

통 제사 지내다. ¶~天=제천. /~祖=조상님께 제사를 지내다. 명 해. 년(年). [은(殷)나라 때에는 '祀'가 '해〔년〕'를 가리키는 말로 쓰였음] ¶十有三~=13년.

○● 奉fèng祀, 祭jì祀

# 姒 **sì** 동서 사

명 **1** 옛 언니. **2** 옛 여자의 손윗동서. **3** (Sì) 성(姓).

# **饲[飼, 飤]** **sì** 짐승 먹일 사

통 사육하다. 기르다. 치다. 먹이다. ¶~养牲畜=짐승을 기르다. 명 사료. ¶打草储~=풀을 베어 사료를 비축하다.

○● 鼻饲

【饲槽】**sìcáo** 명 구유. 사조. 죽통(粥筩). 여물통.

【饲草】**sìcǎo** 명 꼴. 사료. 목초(牧草).

【饲料】**sìliào** 명 사료. 모이. 먹이.

【饲喂】**sìwèi** 통 (짐승을) 먹이다. 사육하다.

【饲养】**sìyǎng** 통 먹이다. 기르다. 치다. 사육하다. ¶~鸡鸭=닭과 오리를 치다.

【饲养员】**sìyǎngyuán** 명 사육사.

【饲育】**sìyù** 통 사육하다. 치다. 먹이다. 기르다.

# 泗 **sì** 물 이름 사

명 **1** 문 콧물. ¶涕~滂沱=콧물이 줄줄 흐르다. **2** (Sì) 지 쓰수이(泗水). [산둥(山东)성 쓰위안(四原)에서 발원하는 화이허(淮河)의 지류로 난양후(南阳湖)로 유입됨]

【泗州戏】**sìzhōuxì** 명 (剧) 쓰저우시. 사주희. 〔안후이(安徽)성 지방 전통극. 옛 쓰저우(泗州) 지방에서 비롯되었으며, 화이허(淮河) 양안의 각 지역에서 유행함〕 =【拉魂腔】**lāhúnqiāng**

# 驷[駟] **sì** 네 마리 말 사

명 **1** 문 사마(駟馬). [한 채의 수레를 끄는 4필의 말] **2** 사두마차. 사철. 사철(駟鐵). [네 필의 말이 끄는 수레를 가리킴] **3** 문 말. ¶骏~=준마. **4** (Sì) 성(姓).

【驷不及舌】**sìbùjíshé** ☞【驷马难追】**sìmǎ-nánzhuī**

【驷马】**sìmǎ** 명문 사마(駟馬). [한 채의 수레를 끄는 4필의 말] ¶一言既出, ~难追。=한번 입 밖에 낸 말은 사두마차로도 따라잡을 수 없다. 한

번 뱉은 말은 다시 주워 담을 수 없다.

【驷马高车】**sìmǎ-gāochē** 성비 호화로운 수레 〔교통 수단〕. 네 마리의 말이 끄는 지붕이 높은 호화로운 수레.

【驷马难追】**sìmǎ-nánzhuī** 성 **1** 말이 입 밖에 나가면 사두마차도 따라가지 못한다. 한번 뱉은 말은 네 마리가 끄는 수레도 따라잡지 못한다. **2** 비 말을 한번 하면 다시 수습하지 못한다. 말은 조심해야 한다. =【驷不及舌】**sìbùjíshé**

# 俟[(竢)] **sì** 기다릴 사

통문 기다리다. ¶~机进攻=기회를 기다려 공격하다.

☞ **qí**

# 食 **sì** 먹일 사

통 (사람에게) 먹이다.

☞ **shí, yì**

# 觇[覗] **sì** 훔쳐볼 사

통문 엿보다. 훔쳐보다.

# 涘 **sì** 물가 사

명문 물가. 강가. ¶涯~=물가. 한계.

# 耜 **sì** 보습 사

명 **1** 고대 농기구의 하나. [지금의 '锹(삽)'과 비슷함] **2** 보습.

○● 耒lěi耜

# 笥 **sì** 상자 사

명문 (옛날, 밥·옷 등을 담는) 네모진 대바구니〔상자〕.

# **肆** **sì** 방자할 사

통 제멋대로 하다. 아랑곳하지 않다. 마음대로 하다. 방자하다. ¶放~=방자하다. 명문 점포. 가게. 매점. ¶酒~=술집. 준 **4**. 넷. 사. ['四(sì)'의 갖은자〕

○● 大肆, 市肆, 恣zì肆

【肆口】**sìkǒu** 통 멋대로 말하다. 아무렇게나 말하다. 입에서 나오는 대로 말하다. 망언하다. ¶~抵赖=망언으로 발뺌하다.

【肆力】**sìlì** 통문 최선을 다하다. 있는 힘을 다하다. 힘을 쓰다. 진력하다. ¶~朝政=조정 일에 힘을 쓰다.

【肆虐】**sìnüè** 통 함부로 죽이거나 박해하다. 거리낌없이 잔학한 짓을 하다. 해를 끼치다. (자연력·폭동 등이) 위력을 떨치다. 기승을 부리다. 쑥대밭을 만들다. ¶狂风~=광풍이 위력을 떨치다.

【肆扰】**sìrǎo** 통 제멋대로 소란을 피우다. 방자하게 괴롭히다. 일부러 방해하다. ¶~乡邻=이웃들을 방자하게 괴롭히다.

【肆无忌惮】**sìwújìdàn** 성 제멋대로 굴고 전혀 거리낌이 없다.

【肆行】sìxíng 동 마음대로 행동하다. 제멋대로 굴다. ¶~无忌=멋대로 행동하고 전혀 거리낌이 없다.

【肆言】sìyán 동 함부로 말하다. 거리낌없이 말하다. 아무렇게나 말하다. 제멋대로 말하다. ¶~无惮=함부로 지껄이고 전혀 거리낌이 없다.

【肆意】sìyì 부 마음대로. (제)멋대로. 함부로. ¶~诽谤=함부로 비방하다. / ~歪曲事实真相=제멋대로 사실의 진상을 왜곡하다.

## 嗣 sì 이을 사

명 후손. 자손. 계승자. ¶子~=적자. 상속자. 동 잇다. 계승하다. 이어받다. ¶~国=나라를 이어받다.

○● 继嗣, 绝嗣, 子嗣

【嗣后】sìhòu 부 금후로. 이후로.
【嗣君】sìjūn 명 사군. 사왕(嗣王). 왕위를 이은 임금.
【嗣位】sìwèi 동부 왕위를 계승하다. 왕위를 이어받다.
【嗣子】sìzǐ 명 1 옛 제후의 아들이 상중에 있을 때 자신을 칭하는 말. 2 옛 (제왕·제후의) 적자(嫡子). 계승자. 후계자. 3 양사자(養嗣子). 양자(養子).

## 厕[廁, 廁]·sì 변소 측

☞【茅厕】máo·si
☞ cè

## song

## 忪 sōng 당황할 종

☞【惺忪】xīngsōng
☞ zhōng

## 松[1] sōng 소나무 송

명 1 (植) 소나무. 2 (Sōng) 성(姓).

## 松[2][鬆] sōng 풀 송

동 1 풀다. 놓다. ¶抓住别~手.=꼭 붙들고 놓지 말아요. 2 느슨하게 하다. 늦추다. ¶把腰带~一下=허리띠를 느슨하게 하다. 형 1 느슨하다. 헐겁다. ¶行李捆紧点儿, 不能太~.=짐을 단단히 묶어요, 너무 느슨하면 안 돼요. 2 부드럽다. 푹신푹신하다. 퍼석퍼석하다. 무르다. 바삭바삭하다. ¶今天买的饼干~脆可口.=오늘 산 과자는 바삭바삭하고 맛있다. 3 (경제적으로) 여유가 있다. 빠듯하지 않다. 넉넉하다. 풍족하다. ¶这段时间手头~, 我们出去旅游一下.=요즘 돈이 좀 여유가 있으니 여행이나 한번 다녀옵시다. 명 생선·새우·살코기 등을 실처럼 또는 분말로 만든 식품. ¶肉~=말린 고기 조미채. [고기를 말려서 실같이 가늘게 찢어 조미한 식품] ↔紧 严

○● 赤chì松, 放松, 干松, 果松, 海松, 红松, 蓬péng松, 轻松, 手松, 石松, 疏松, 瓦松, 稀xī松, 偃yǎn松, 油松, 鱼松, 马拉松

【松柏】sōngbǎi 명 1 (植) 송백. 소나무와 잣나무. 2 (비) 꿋꿋한 지조·정조·절개. [주로 시문(詩文)에 쓰임]
【松绑】sōng‖bǎng 동 1 포승을 풀다. 2 (비) 각종 규제·제약·구속을 풀다〔해제하다〕. 하급 기관에 자주권을 돌려 주다. ¶要用政策给思想~.=정책으로 사상의 규제를 풀어 나가야 한다. ↔上绑
【松弛】sōngchí 형 1 늘어지다. 느슨하다. 느른하다. 헐겁다. ¶皮肤~=피부가 늘어지다. 2 (규율·제도 등이) 해이하다. 무르다. 엄하지 않다. ¶纪律~=규율이 해이하다. 3 느슨하게 하다. 풀다. 이완하다. ¶去按摩一下, ~~肌肉.=안마를 해서 근육을 좀 풀어라. ↔紧张
【松脆】sōngcuì 형 (음식물 등이) 바삭바삭하다. 파삭파삭하다. 부드럽고 부서지기 쉽다. ¶点心~适口.=비스킷이 바삭바삭하고 입맛에 맞다.
【松动】sōngdòng 형 1 (공간이) 붐비지 않다. 여유가 있다. 넉넉하다. ¶下车的人很多, 车厢里一下子~了不少.=내리는 사람이 매우 많아서 차 안은 금방 덜 붐비게 되었다. 2 (경제가) 넉넉하다. 여유 있다. 궁색하지 않다. 옹색하지 않다. ¶他近来手头很~.=그는 요즘 주머니사정이 넉넉해졌다. 동 1 (태도·조치·관계 등이) 융통성을 발휘하다. 부드러워지다. 풀어지다. 느슨해지다. 부드럽다. 완만하다. 느슨하다. ¶他的口气有所~.=그의 말투가 좀 부드러워졌다. 2 느슨하게 하다. 헐겁게 하다. 여유가 있게 하다. 움직이게 하다. ¶大家~一下, 让他们坐下来.=여러분, 이분들이 앉도록 조금씩 움직이세요. 3 (이빨·나사 등이) 흔들리다. 헐렁해지다. 헐거워지다. 느슨해지다. ¶把~的螺丝拧紧.=느슨해진 나사를 조이다.
【松菇】sōnggū ☞【松蘑】sōngmó
【松果】sōngguǒ 명 (植) 솔방울.
【松果体】sōngguǒtǐ ☞【脑上体】nǎoshàngtǐ
【松果腺】sōngguǒxiàn ☞【脑上体】nǎoshàngtǐ
【松鹤】sōnghè 명 1 소나무와 학. 2 (비) 장수하는 사람.
【松花】sōnghuā 명 송화단. [오리알·계란 등을 찰흙·소금·왕겨·석회 등을 섞은 것으로 밀봉하여 삭힌 것으로 흰자위에 소나무 잎 같은 무늬가 있어 생긴 이름] =【变蛋】biàndàn【皮蛋】pídàn【松花蛋】sōnghuādàn
【松花蛋】sōnghuādàn ☞【松花】sōnghuā
【松花江】Sōnghuājiāng 쑹화장(松花江). 송화강. [헤이룽장(黑龙江)의 가장 큰 지류]
【松缓】sōnghuǎn 형 느슨하다. 완화하다. ¶紧张的气氛~了下来.=긴장된 분위기가 풀어졌다. 동 느슨해지다. 완화시키다. ¶~一下神经=신경을 좀 덜 쓰십시오.

【松胶】sōngjiāo ☞【松香】sōngxiāng
【松焦油】sōngjiāoyóu 囘《化》파인타르유 (pinetar油)
【松节油】sōngjiéyóu 囘 테레빈유. 송유(松油). 송탄유(松炭油)
【松解】sōngjiě 图 1 늦추다. 느슨하게 하다. 완화하다. 풀다. ¶~一下紧张的神经＝예민해진 신경을 좀 풀도록 하십시오. 2 풀다. 풀어헤치다. ¶~鞋带＝신발끈을 풀다. 3 푸석푸석해지다. 부드러워지다. ¶大雨过后, 板结的土壤渐渐~了。＝큰비가 지나간 후 굳어 있던 토양이 점점 부드러워졌다.
【松紧】sōngjǐn 囘 긴장도. 느슨함과 조임의 정도. ¶~适度＝느슨함과 팽팽함의 정도가 적당하다. 囿 탄력이 있다. 신축성이 있다. ¶~袜＝스판 양말.
【松紧带】sōngjǐndài(~儿) 囘 고무줄. 탄성 테이프.
【松紧口】sōngjǐnkǒu 囘 고무줄·탄성 헝겊을 댄 신발·자루의 아가리.
【松劲】sōng‖jìn 图 힘〔손〕이 늦추어지다. 힘〔손〕을 늦추다. 의기〔패기〕가 죽다. 긴장이 해이해지다〔이완되다〕. 맥을 놓다. 흐물흐물해지다. ¶最后关头千万不能~。＝마지막 고비에 절대 해이해져서는 안 된다.
【松开】sōng‖kāi 图 풀다. 풀어지다. 늦추다. 놓다. ¶别搜我, 把你的手~＝끌지 마세요, 이 손 놓으세요.
【松口】sōng‖kǒu 图 1 (입에) 물고 있던 것을 놓(아주)다. ¶狐狸叼着鸡不~。＝여우가 닭을 물고 놓아주지 않다. 2 (주장·의견 등을) 고집하지 않다. ¶对方已经~, 勉强接受我们的条件。＝상대방은 더 이상 고집부리지 않고 마지못해 우리의 조건을 받아들였다.
【松口蘑】sōngkǒumó ☞【松蘑】sōngmó
【松口气】sōngkǒuqì 卿 한숨 돌리다. 한시름 놓다. ¶忙完了, 终于可以~了。＝바쁜 일이 끝나서 드디어 한숨 돌리게 됐다.
【松垮垮】sōngkuǎkuǎ(~的) 囿 헐렁하다. 느슨하다. 헐겁다.
【松快】sōng·kuai 囿 1 (몸이) 경쾌하다. 개운하다. 편안하다. 가뿐하다. (기분이) 상쾌하다. 후련하다. ¶睡了一会儿, 感觉~多了。＝한잠 잤더니 몸이 훨씬 가뿐해졌다. 2 넓다. 널찍하다. 여유가 생기다〔있다〕. ¶这房子我一个人住, 很~。＝이 집은 나 혼자만 살아서 아주 널찍해요.
【松毛虫】sōngmáochóng 囘《动》송충이.
【松明(子)】sōngmíng(·zi) 囘 송명. 관솔. [송진이 많이 엉긴 소나무의 가지·옹이. 옛날에 여기에 불을 붙여 등불 대신 이용하였음]
【松蘑】sōngmó 囘《植》송이(버섯). ＝【松菇】sōnggū【松口蘑】sōngkǒumó【松茸】sōngróng【松蕈】sōngxùn
【松气】sōng‖qì 图 긴장을 풀다. 맥을 놓다. 자신을 잃다. 힘을 빼다. ¶别~, 我们一定能够成功。＝긴장을 풀지 마세요. 우리는 꼭 성공할 겁니다. 2 쉬다. 한숨 돌리다. ¶大家松一下气再干。＝우리 한숨 돌리고 다시 합시다.

【松墙】sōngqiáng 囘 소나무 울타리.
【松球】sōngqiú 囘《植》솔방울. 몡【松塔儿】sōngtǎr
【松仁】sōngrén(~儿) 囘《植》잣(의 씨). 소나무의 씨.
【松茸】sōngróng ☞【松蘑】sōngmó
【松软】sōngruǎn 囿 1 (사지·몸 등이) 나른하다. 힘이 없다. ¶他浑身~, 一回家就躺倒在沙发上。＝그는 온몸이 나른하여 집에 돌아오자마자 소파에 쓰러졌다. 2 폭신폭신하다. 말랑말랑하다. 보드랍다. 부드럽다. ¶面包很~。＝빵이 아주 말랑말랑하다.
【松散】sōngsǎn 囿 1 (짜임새 등이) 느슨하다. 성기다. ¶文章结构~。＝글의 짜임새가 느슨하다. 2 어수선하다. (정신이) 산만하다. 집중하지 못하다. 흩어지다. ¶人心~＝인심이 어수선하다. ↔〔紧密 森严〕
【松散】sōng·san 图 (육체적·정신적인 긴장을) 풀다. (기분이) 누그러지게 하다. (마음을) 시원하게 하다. 상쾌하게 하다. 가볍고 편안하게 하다. ¶你太累了, 去泡个热水澡~~。＝당신이 너무 지쳤으니 더운물로 목욕을 하면서 몸을 좀 푸세요.
【松手】sōng‖shǒu 图 1 손을 놓을 때. ¶抓紧了, 不要~。＝꼭 잡으시고, 손을 놓지 마세요. 2 (시간을) 늦추다. 미적거리다. 다그치지 않다. ¶这事要抓紧, 不能~。＝이 일은 다그쳐야지 미적거려서는 안 된다.
【松鼠】sōngshǔ(~儿) 囘《动》다람쥐. 청설모. 청서. 다람쥐류의 총칭.
【松树】sōngshù 囘《植》소나무.
【松爽】sōngshuǎng 囿 상쾌하다. 가뿐하다. 개운하다. 홀가분하다. ¶到山里走一走, 感觉~多了。＝산에 가서 좀 걸었더니 몸이 훨씬 가뿐해졌다.
【松松】sōngsōng 囿 부드럽다. (짜임새가) 느슨하다. 헐렁하다. 해이하다. ¶她一头~的秀发披在脑后。＝그녀의 등뒤에 부드럽고 긴 머리칼이 늘어져 있다. 图 부드럽게 하다. 헐렁하게 하다. 폭신폭신하게 하다. 보슬보슬〔푸슬푸슬〕하게 하다. 부슬부슬하게 하다. 느슨하게 하다. ¶~土, 准备播种(zhǒng)。＝땅을 부슬부슬하게 하여 씨 뿌릴 준비를 하였다.
【松松垮垮】sōng·song kuǎkuǎ(~的) 囿 1 (짜임새가) 견고하지 못하다. 긴밀하지 못하다. 느슨하다. 헐렁하다. 삐걱거리다. ¶这椅子~的, 最好别坐了。＝이 의자는 삐걱삐걱하니 앉지 않는 게 좋겠어요. 2 해이하다. 산만하다. 긴장을 풀다. 맥을 놓다. ¶平时~的, 考试肯定考不好。＝평소에 해이하면 확실히 시험을 잘 못 본다.
【松松快快】sōng·song kuàikuài(~的) 囿 1 (몸이) 경쾌하다. 개운하다. 편안하다. 가뿐하다. (기분이) 상쾌하다. 후련하다. 2 넓다. 널찍하다. 여유가 생기다〔있다〕.
【松松散散】sōng·song sǎnsǎn(~的) 囿 1 (짜임새 등이) 느슨하다. 성기다. 2 어수선하다.

(정신이) 산만하다. 집중하지 못하다. 해이하다.
【松松懈懈】sōng·song xièxiè(~的) 형 늦추다. 해이하다. 헐렁하다. 소원하다.
【松塔儿】sōngtǎr ☞【松球】sōngqiú
【松涛】sōngtāo 명 송도. [바람이 불 때 소나무 숲이 내는 파도 같은 소리]
【松头日脑】sōngtóu rìnǎo ⇨ 약골. 겁쟁이. 패기 없는 놈. [욕하는 말로 쓰임]
【松土】sōng‖tǔ 동 (파종하기 적합하도록 흙을) 푹신푹신하게 하다. 부드럽게 하다. 부슬부슬[보슬보슬·푸슬푸슬]하게 하다. 명 부드러운 토양. 부슬부슬한 토질.
【松闲】sōngxián 형 한가하다. 한적하다. 틈이 나다. ¶他日子过得很~。=그는 한가롭게 살아간다.
【松香】sōngxiāng 명 로진(rosin). =【松胶】sōngjiāo
【松香油】sōngxiāngyóu 명 로진유(rosin油).
【松香水】sōngxiāngshuǐ 명 솔벤트 나프타 (solvent naphtha).
【松懈】sōngxiè 형 1 (기율 등이) 산만하다. 엄하지 않다. 해이하다. 느슨하다. 늦추어지다. 의지가 굳지 못하다. ¶纪律~=기율이 산만하다. 2 (정신이) 산만하다. 해이하다. 늦추다. 긴장이 풀리다. ¶精神~=정신이 해이하다. 3 (사람과의 관계가) 소원하다. 동작이 조화롭지 못하다. 엉성하다. ¶刚才的舞蹈排练有些~。=방금 한 무용 연습은 약간 엉성하다. 동 해이해지다. ¶越临近比赛, 越不能~斗志。=시합이 다가올수록 투지가 해이해져서는 안 된다.
【松心】sōng‖xīn 동 마음을 놓다. (마음이) 한가로워지다. 시름을 덜다. 신경 쓰지 않다. 개운해지다. 후련해지다. ¶忙这一阵子, 下个月就可以松一下心了。=이번에 한바탕 바쁘고 나면 다음 달은 한가로워진다. 형 홀가분하다. 걱정 없고 마음이 편안하다. ¶孩子长大了, 做父母的也就~多了。=아이가 다 자라면 부모 노릇 하기도 마음이 한결 홀가분해진다.
【松蕈】sōngxùn ☞【松蘑】sōngmó
【松烟】sōngyān 명 송연묵(松烟墨). 숯그을음. [소나무를 태울 때 생기는 그을음으로 만든 먹]
【松针】sōngzhēn 명(植) 솔잎.
【松脂】sōngzhī 명 송진.
【松子】sōngzǐ 명 1 (~儿) 소나무 씨. 2 동 잣. 잣알. 잣나무 씨.
【松嘴】sōng‖zuǐ 동 (물고 늘어지던) 입을 풀다. 태도를 완화하다. (입에) 물고 있던 것을 놓(아주)다. (주장·의견 등을) 고집하지 않다.

## 娀 Sōng 나라 이름 융
명(歷) 유융(有娀). [고대의 나라 이름. 지금의 산시(山西)성 윈청(运城)현 일대에 있었음]

## 淞 sōng 상고대 송
명 서리. 상고대. 수빙(樹冰). ¶雾~=무송. 상고대. /雨~=나무·풀·전깃줄 등에 빗방울이 얼어붙은 것.

## 菘 sōng 배추 숭
명(植) 고서에서 배추를 가리킴.
【菘菜】sōngcài ☞【白菜】báicài

## 凇 sōng 물 이름 송
명(地) 쑹장(淞江). [장쑤(江苏)성 타이후(太湖)에서 발원하여 상하이(上海)를 거쳐 황푸장(黄浦江)으로 흘러들어가는 강 이름. '우쑹장(吴淞江)'으로 통칭함]

## 嵩[崧] sōng 높을 숭
형(文) 1 산이 크고 높다. ¶~岳=높고 큰 산. 2 높다. ¶~呼万岁=소리 높여 만세를 부르다.
명 (Sōng) 1 (地) 숭산(嵩山). [오악(五岳) 중 중악(中岳)으로 불리는 허난(河南)성에 있는 산 이름] 2 성(姓).

## 尿[㞞] sóng 맹추 종
명(口) 정액(精液). 형(口) (사람이) 나약하고 무능하다. ¶这个人太~了。=이 사람은 무척 나약하고 무능하다.
【尿包】sóngbāo 형 나약하고 무능하다. 명 맹추. 무골충(無骨蟲). 맹물. 맹물단지. 나약하고 무능한 사람. [나약하고 무능한 사람을 풍자하여 일컫는 말]
【尿人】sóngrén 명 맹추. 무골충(無骨蟲). 맹물. 맹물단지. 나약하고 무능한 사람. [나약하고 무능한 사람을 풍자하여 일컫는 말]

## 扨[攫] sǒng 곧게 세울 송
동 1 곧추세우다. 우뚝 서다. ¶~身=몸을 곧추세우다. 2 형 (세게) 밀다. ¶往外一~=밖으로 밀다.

## 怂[慫] sǒng 놀랄 종
동(文) 놀라다. 경악하다.
【怂恿】sǒngyǒng 동 꼬드기다. 부추기다. 시키다. 교사하다. 충동질하다. ≒鼓吹

## 耸[聳] sǒng 솟을 용
동 1 치솟다. 우뚝 솟다. ¶树木高~入云。=나무가 하늘을 찌를 듯이 우뚝 솟아 있다. 2 주의를 불러일으키다. 주의를 끌다. 놀라게 하다. ¶危言~听=깜짝 놀랄 만한 이야기를 하여 사람의 주의를 끌다. 3 (어깨를) 추키다. 으쓱거리다. 올리다. ¶把肩膀一~了=어깨를 으쓱거리다.
【耸动】sǒngdòng 동 1 (어깨·근육 등을) 으쓱거리다. 경련적으로 움직이다. 2 놀라게 하다. ¶~视听=듣고 보는 사람들을 놀라게 하다.
【耸肩】sǒng‖jiān 동 어깨를 으쓱하다. 어깨를 약간 추키다. [경멸·놀람·의혹을 나타냄] ¶他耸了耸肩, 不屑地走开了。=그는 어깨를 으쓱해 보이고는 거들떠보지도 않고 가 버렸다.
【耸立】sǒnglì 동 우뚝 솟다. 곧추 솟다. ¶峭壁~=가파른 절벽이 높이 솟아 있다.
【耸人听闻】sǒngréntīngwén 성 고의로 과장

# sǒng 耸悚竦讼宋送

하거나 날조하여 듣는 사람을 놀라게 하다.

【耸人云霄】 **sǒngrùyúnxiāo** (산·건물 등이 매우 높아서) 하늘을 찌를 듯 우뚝 치솟다. 하늘 높이 솟아 있다.

【耸身】 **sǒngshēn** 图 몸을 훌쩍 솟구쳐 뛰어오르다. ¶~跃起＝훌쩍 솟구쳐 뛰어오르다.

【耸峙】 **sǒngzhì** 图 우뚝 솟다. ¶山峰~＝산봉우리가 우뚝 솟아 있다.

## 悚 sǒng 무서워할 송

图图 무서워하다. 두려워하다. 놀라다. ¶神态慌~＝당황하고 두려운 기색.

○● 震悚

【悚惧】 **sǒngjù** 图 두려워하다. 무서워하다.

【悚栗】 **sǒnglì** 图图 두려워 떨다. 무서워 부들부들 떨다. ¶~不止＝두려워 몸을 부들부들 떨어대다.

【悚然】[竦然] **sǒngrán** 图 소름이 끼치다. 오싹하다. 송연하다. ¶毛骨~＝모골이 송연하다.

## 竦 sǒng 공경할 송

图图 공경하다. ¶~然肃立＝공손한 모습으로 서 있다. 图 1 '悚(sǒng)'과 같음. 2 '耸(sǒng)'과 같음.

【竦然】 **sǒngrán** ☞ 【悚然】 **sǒngrán**

## 讼[訟] sòng 소송할 송

图 1 ⓥ 시비를 가르다〔논하다〕. ¶聚~纷纭＝논쟁이 분분하다. 2 소송하다. 재판하다. ¶诉~＝소송하다.

○● 辞讼, 词讼, 诉讼, 听讼

【讼案】 **sòng'àn** 图(法) 소송 사건.

【讼词】 **sòngcí** 图 소송. 고소(내용).

【讼棍】 **sònggùn** 图ⓥ 소송 거간꾼. 악덕 변호사. 법률 협잡꾼. [소송을 제기하도록 남을 꼬드겨 그 사이에서 이득을 보는 나쁜 사람]

【讼师】 **sòngshī** 图 소송 대리인. 변호사.

## 宋 Sòng 송나라 송

图 1 (歷) 송. [주(周)대의 나라 이름. 지금의 허난(河南)성 상추(商邱)현 일대에 있었음] 2 (歷) 송. [420~479년. 남조(南朝) 시대의 나라 이름. 유유(劉裕)가 진(晋)의 선양(禪讓)을 받아 세운 왕조] 3 (歷) 송. [960~1279년. 조광윤(趙匡胤)이 후주(後周)의 선위(禪位)를 받아 세운 왕조] 4 성(姓).

○● 仿宋, 吕lǚ宋烟

【宋词】 **sòngcí** 图 송사. [중국 송나라 때 성행한 운문] ¶唐诗~＝당시 송사.

【宋体(字)】 **sòngtǐ(zì)** 图 명조체(明朝體). [가장 넓게 통용되는 한자 인쇄체. 자체가 방정하며 가로획은 가늘고 세로획은 굵음. 이 자체는 명(明)대 중엽에 나왔지만, 송(宋)대 판본의 자체에서 비롯된 것이라 하여 이렇게 부름. 1916년을 전후하여 가로·세로획이 모두 비교적 가는 서체가 출현하였는데, 이를 '仿宋体'라고 함. '仿宋体'와 구분하기 위하여 원래의 '宋体字'를 '老宋体'라고도 함]

【宋学】 **sòngxué** ☞ 【理学】 **lǐxué**

## *送 sòng 보낼 송

图 1 보내다. 배달하다. 전달하다. ¶给病人~束鲜花＝환자에게 꽃다발을 보내다. 2 배웅하다. 바래주다. 전송하다. 데려다 주다. ¶~病人去医院＝환자를 병원에 데려다 주다. / ~到大门外. ＝손님을 대문 밖까지 배웅하다. 3 주다. 선사하다. 증정하다. 선물하다. ¶奉~＝드리다. 4 버리다. 망치다. 탕진하다. 상실하다. ¶葬~＝완전히 상실하다. 5 ⓥ 신부측 친척이 신부를 신랑집에 데려다 주다. 신행(新行) 보내다.
↔接

○● 保送, 播送, 递dì送, 断送, 发送, 放送, 奉fèng送, 护送, 欢送, 解jiě送, 目送, 陪péi送, 遣qiǎn送, 输shū送, 选送, 押yā送, 运送, 葬zàng送, 赠zèng送, 转zhuǎn送

【送宝】 **sòngbǎo** 图 1 보물을 증정하다. 귀중한 것을 주다. 2(버) 선진적인 경험이나 기술을 전수하다. ¶传经~＝경험을 전수하고 귀중한 것을 선사하다.

【送报】 **sòngbào** 图 신문을 배달하다. 신문을 돌리다.

【送别】 **sòng‖bié** 图 송별하다. 배웅하다. 전송하다. ¶~亲友＝친구를 송별하다.

【送殡】 **sòng‖bìn** 图 (발인시) 영구를 바래다. 출상(出喪)하다. [일정한 곳까지 영구를 따라 배웅하거나 바라보는 것]

【送出来】 **sòng·chū·lái** 图 모시고 나오다. 데리고 나오다. ¶把客人~。＝손님을 모시고 나오다.

【送出去】 **sòng·chū·qù** 图 모시고 나가다. 데리고 나가다.

【送呈】 **sòngchéng** 图 (상부·윗사람에게) 공경스럽게 증정하거나 제출하다.

【送达】 **sòngdá** 图 배달하다. 송달하다. ¶迅速~＝신속하게 송달하다.

【送电】 **sòng‖diàn** 图 송전하다. 전기를 보내주다. 전기를 공급하다.

【送发】 **sòngfā** 图 (편지·신문·여객 등을) 발송하다. 송출하다. 보내다.

【送风】 **sòngfēng** 图 (신선한 공기·온풍·냉풍 등) 공기를 보내다. 송풍하다. ¶空调刚开始~。＝에어컨이 방금 송풍을 시작하였다.

【送风机】 **sòngfēngjī** 图 송풍기.

【送故迎新】 **sònggù-yíngxīn** ☞ 【送旧迎新】 **sòngjiù-yíngxīn**

【送鬼】 **sòngguǐ** 图 액 땜하다. 액막이하다. [옛날에는 망령 때문에 병이 난다고 생각해서 술과 음식을 올려서 액막이를 하였음]

【送红包】 **sòng hóngbāo** 图 1 사례금을 주다. 보너스를 지급하다. 2 뇌물을 먹이다.

【送话器】**sònghuàqì** [명]《電》 송화기.
【送还】**sònghuán** [동] 송환하다. 귀환하다. 되돌려주다. 반환하다. ¶～所借的书籍＝빌린 서적을 반환하다.
【送回来】**sòng·huí·lái** [동] 돌려 오다. 데려오다. 보내오다. 모셔 오다. ¶书看完以后给我～。＝책을 다 보고 나서 저한테 돌려주세요.
【送回去】**sòng·huí·qù** [동] 돌려보내다. 모셔가다.
【送货】**sònghuò** [동] **1** 거래된 상품을 매입한 사람에게 운송하다. **2** 상점에서 고객이 산 물건을 배달하다. 상품을 집까지 배달하다. ¶～上门＝집까지 상품을 배달해 주다.
【送货单】**sònghuòdān** [명]《經》 물표(物票). 송장(送狀).
【送检】**sòngjiǎn** [동] 검사받으러 보내다.
【送交】**sòngjiāo** [동] 넘겨주다. 직접 주다. 가져다 주다. 보내 주다. 교부하다. ¶～调查报告＝조사 보고를 넘겨주다.
【送旧迎新】**sòngjiù-yíngxīn** [성] **1** 묵은 한 해를 보내고 새로운 한 해를 맞이하다. **2** 낡은 것을 보내고 새로운 것을 맞이하다. ＝【送故迎新】**sònggù-yíngxīn**
【送客】**sòngkè** [동] 손님을 배웅하다. 손님을 보내다. 손님을 바래주다. ¶～出门＝손님을 문 밖까지 배웅하다.
【送老】**sònglǎo** [동] (부모·연장자의) 임종을 지켜보다. 장례를 치르다. 마지막 길을 보내다.
【送礼】**sòng‖lǐ** [동] 선물을 주다. 선물하다. 예물을 주다. ¶请客～＝음식을 대접하고 선물을 주다.
【送命】**sòngmìng** [동] (헛되이) 목숨을 잃다. 죽음을 자초하다. ¶白白～＝헛되이 목숨을 잃다.
【送气】**sòngqì** [동]《言》 자음(**p·t·k·q·c·ch**)을 발음할 때 비교적 강한 공기를 내보내다. 송기(送氣)하다. ＝【吐气】**tǔqì**
【送钱】**sòng‖qián** [동] **1** (남에게) 돈을 주다. 돈을 보내다. 돈을 기부하다. ¶昨天我给外婆送了点儿钱去。＝어제 나는 외할머니께 돈을 좀 보내 드렸다. **2** [구] 헛되이 돈을 쓰다. 가치 없이 돈을 쓰다. ¶一千元买这么个破玩意儿, 你这是白～。＝1,000위안이나 주고 이 따위 것을 사 오다니, 이건 그냥 돈을 버리는 거야.
【送亲】**sòng‖qīn** [동] (전통 혼례 때) 신부측 친족이 신랑집으로 후행(後行)하다.
【送情】**sòng‖qíng** [동] **1** 정을 주다. 호의를 보내다. ¶秋波～＝추파를 던지며 애정을 보이다. **2** [방] 선물을 보내다〔하다〕.
【送秋波】**sòng qiūbō** [낮] (여자가) 추파를 보내다〔던지다〕.
【送人】**sòngrén** [동] **1** 전송하다. 배웅하다. 바래다주다. ¶去机场～＝공항에까지 바래다주다. **2** (남에게) 증여하다. 기증하다. 주다. ¶这些东西用不着, 拿去～吧。＝이 물건들은 필요 없으니, 가져다 다른 사람한테 주세요.
【送人情】**sòng rénqíng** [동] **1** 인심을 쓰다. 선심을 쓰다. **2** [방] 선물을 하다〔보내다〕.
【送丧】**sòng‖sāng** [동] (발인시) 영구를 바래다. 회장(會葬)하다.
【送上门】**sòngshàngmén** [동] **1** (찾고자 한 목표가) 제 발로 찾아오다. 스스로 나타나다. **2** 상품을 집까지 배달하다. 상품을 목적지까지 확실히 보내 주다. 날라다 주다. 가져다 주다. 실어다 주다.
【送上天】**sòngshàngtiān** [낮] 죽이다. 사지에 몰아넣다.
【送审】**sòngshěn** [동] (상급 기관·유관 부문 등에) 심사받으러 보내다. ¶书稿～＝원고를 심사받으러 보내다.
【送审本】**sòngshěnběn** [명] 심사·검열받기 위해 관계 기관에 보내는 서적.
【送水】**sòng‖shuǐ** [동] **1** (밭·일터 등에) 식수·음료수·차를 배달하다. **2** 수도 사업소에서 물을 공급하다.
【送死】**sòngsǐ** [동] 스스로 죽을 길을 택하다. (헛되이) 목숨을 잃다. 죽을 짓을 사서 하다.
【送往事居】**sòngwǎng-shìjū** [성] 부모가 돌아가시면 훌륭하게 장사 지내고, 살아 계실 때는 극진히 모시다.
【送往迎来】**sòngwǎng-yínglái** [성] **1** 가는 사람 배웅하고 오는 사람 맞이하다. **2** 오가는 손님을 잘 접대하다. 손님 접대에 바쁘다. 교제하고 왕래함에 예를 다해 대접하다. ＝【迎来送往】**yínglái sòngwǎng**
【送温暖】**sòng wēnnuǎn** [낮] 남에게 호의를 베풀어 따사로움을 느끼게 해 주다. 상급 기관·조직 등이 극빈 가정에 관심을 가지고 지켜보며 구휼(救恤)하다.
【送瘟神】**sòng wēnshén** [낮] 온역신(瘟疫神)을 보내다. 사악한 세력이나 풍조를 제거하다.
【送信儿】**sòng‖xìnr** [동] **1** 소식을 전하다. ¶他会定期～给我告知他的近况。＝그는 정기적으로 소식을 보내 자기의 근황을 나에게 알려 줄 것이다. **2** 편지를 보내다〔배달하다〕. ¶邮递员～来了。＝우편 배달부가 편지를 가져왔다.
【送行】**sòng‖xíng** [동] **1** 전송(餞送)하다. 전별(餞別)하다. 송별연을 베풀다. ¶摆酒为客人～。＝술상을 차려 손님을 전송하다. **2** 배웅하다. 바래다주다. ¶给朋友～＝친구를 배웅하다. ≒饯行
【送一程】**sòng yīchéng** [동] **1** 일정 거리를 배웅하다. 어느 정도 바래다주다. **2** [비] 일정 정도까지 도와 주다. 일정 시간 밀어주다〔도와 주다〕. ¶老同志对年轻人要扶上马, ～。＝선임자는 신참을 도와 주고 밀어주어야 한다.
【送葬】**sòng‖zàng** [동] 영구를 묘지〔화장터·장지〕로 보내다. 장례를 치르다.
【送灶】**sòngzào** [동][옛] '灶王爷(조왕신)' 에게 제사를 지내고 하늘로 올려보내다. [음력 12월 24일 조왕신(竈王神)이 그 집의 일년간의 일을 옥황상제께 보고하러 가기 때문에, 전날 저녁에 집집마다 '关东糖(엿)' 이나 '料豆(사료용 콩)' 등을 차려 놓고 잘 보고해 달라고 제사를 지냄]
【送展】**sòngzhǎn** [동] 작품이나 제품을 전람회에 보내다.

【送站】sòngzhàn 동 정거장까지 배웅하다. 역까지 바래주다. ¶会议结束后要安排专人~。= 회의가 끝난 후 전담자를 배치하여 역까지 배웅해야 할 것이다.

【送终】sòng‖zhōng 동 1 (부모·연장자의) 임종을 지키다. 마지막 길을 보내다. 2 장례를 치르다. 장례를 돌보아 주다. ¶养老~~=윗사람을 생전에 잘 모시고 사후에 정중하게 장사 지내다. 부모에게 생전에도 사후에도 효도를 다하다.

## 诵 [誦] sòng 읽을 송

동 1 읽다. 낭독하다. ¶吟~=읊조리다. 2 외우다. ¶熟读成~=숙독하여 외울 정도가 되다. 3 말하다. 진술하다. 이야기하다. 칭송하다. 찬양하다. ¶传~=널리 알려지다.

○● 背诵, 讽fěng诵, 记诵

【诵读】sòngdú 동 (시문 등을) 읊다. 소리를 내어 읽다. 송독(誦讀)하다. ¶朗声~=낭랑한 소리로 읊다.

【诵经】sòngjīng 동 경문을〔경서를〕읽다. 독경하다.

【诵习】sòngxí 동 읽으면서 익히다. ¶~经书=경서를 읽으면서 익히다.

## 颂 [頌] sòng 기릴 송

명 1 송(頌). [시경(詩經)의 세 가지 시가 유형 (風·雅·頌)의 하나. 주(周)나라 제사용 무곡(舞曲)의 가사] 2 송(頌). [칭송을 목적으로 하는 시문(詩文)·가곡(歌曲)] 동 1 찬양하다. 칭송하다. 기리다. ¶歌~=노래하여 찬양하다. 2 축원하다. 기원하다. 축도하다. [주로 편지에 쓰임] ¶顺~春祺=아울러 봄철에 평안하시기를 기원합니다.

○● 称颂, 赞颂, 祝颂

【颂词】【颂辞】sòngcí 명 찬사. 축사. 축하의 말.
【颂辞】sòngcí ☞【颂词】sòngcí
【颂德】sòngdé 동 덕을 기리다. 공덕을 찬송하다〔칭송하다〕. ¶歌功~=(위정자의) 공덕과 은덕을 찬송하다.
【颂歌】sònggē 명 송가. 송시.
【颂古非今】sònggǔ fēijīn 성 (아무런 분석도 없이) 옛날을 찬양하고 현재를 비난하다.
【颂诗】sòngshī 명 송시.
【颂扬】sòngyáng 동 찬미하다. 찬양하다. 칭송하다. ¶~英雄事迹=영웅의 사적을 찬양하다.
【颂赞】sòngzàn 동운 찬송하다. 찬양하다.

## sou

## 搜 [(蒐²)] sōu 찾을 수

동 1 수사하다. 수색하다. 검색하다. 검사하다. ¶~山=산을 수색하다. 2 찾다. 모으다. ¶~集信息=정보를 모으다.

○● 抠kōu搜

【搜捕】sōubǔ 동 (法) 수색하여 체포하다. ¶~逃犯=탈주범을 수색하여 체포하다.
【搜查】sōuchá 동 (범인·금지된 물품 등을) 검색하다. 수색하다. 뒤지어 찾다. 수사하다. ¶~毒品=마약을 검색하다.
【搜肠刮肚】sōucháng-guādù 성 고심하여 생각을 짜내다. 있는 궁리를 다 짜내다. 모든 역량을 다 기울이다.
【搜刮】sōuguā 동 (수단 방법을 가리지 않고 백성의 재물을) 수탈하다. 약탈하다. ¶~钱财=금품을 수탈하다.
【搜集】sōují 동 수집하다. 모아들이다. 찾아 모으다. 채집하다. ¶~史料=사료를 수집하다.
【搜检】sōujiǎn 동 수색하여 조사하다. 뒤져서 검사하다.
【搜剿】sōujiǎo 동 수색하여 토벌〔소탕〕하다. ¶~残敌=남은 적들을 수색하여 토벌하다.
【搜缴】sōujiǎo 동 수사하여 몰수하다. 수색하여 빼앗다. ¶~盗版图书=해적판 도서들을 수색하여 몰수하다.
【搜劫】sōujié 동 뒤져서 약탈하다. ¶大肆~=함부로 뒤져서 약탈해 가다.
【搜救】sōujiù 동 수색하여 구조하다. ¶~失踪人员=실종 인원들을 수색하여 구조하다.
【搜括】sōukuò 동 (백성의 재물을) 수탈하다. 약탈하다. 착취하다.
【搜掠】sōulüè 동 뒤져서 약탈하다. ¶~一空=깡그리 뒤져서 약탈해 가다.
【搜罗】sōuluó 동 (사람·사물을) 긁어모으다. 한데 모으다. 망라하다. 도처에서 찾아 한곳에 모으다. ¶~人才=인재를 찾아 모으다.
【搜拿】sōuná 동 수색하여 체포하다. ¶~嫌疑犯=용의자를 수색하여 체포하다.
【搜奇】sōuqí 동 기이한 사물을 찾다.
【搜求】sōuqiú 동 찾다. 물색하다. ¶~古玩=골동품을 물색하다.
【搜身】sōu‖shēn 동 몸을 수색하다. 몸을 뒤져 찾다.
【搜索】sōusuǒ 동 1 (숨긴 사람·물건 등을) 수색하다. 수사하다. 자세히 찾다. 자세히 뒤지다. 검색하다. ¶~证据=증거를 찾다. 2 (军) 지역·해역·공역을 수색하다.
【搜索枯肠】sōusuǒ-kūcháng 성 (시 등을 짓기 위해) 머리를 짜다. 골머리를 쓰다. 골똘히 궁리하다.
【搜索引擎】sōusuǒ yǐnqíng 명(컴) (인터넷) 검색 엔진. =【搜寻引擎】sōuxún yǐnqíng
【搜寻】sōuxún 동 도처에 찾아다니다. 여기저기 (돌아다니며) 찾다. 물으며 찾다. 수색하다. ¶~失物=분실물을 찾아다니다. / ~可疑的痕迹=의심 가는 흔적을 수색하다.
【搜寻引擎】sōuxún yǐnqíng ☞【搜索引擎】sōusuǒ yǐnqíng
【搜腰包】sōu‖yāobāo 동 (강제로) 품속을 뒤지다. 호주머니를 뒤지다. 소지품 검사를 하다.

**嗖** sōu 바람 소리 수
의 씽. 휙. 쌩. [신속하게 지나가는 소리] ¶一颗子弹~的一声从头上飞过. =탄환 한 발이 쌩 하고 머리 위로 날아갔다.

**馊[餿]** sōu 밥 쉴 수
동 **1** (음식이) 쉬다. 시큼해지다. 쉰내가 나다. ¶剩饭~了. =남은 밥이 쉬었다. **2** (몸·옷에서) 땀 냄새를 풍기다. 땀내가 나다. ¶出了一身汗, 衬衣都~了. =흠씬 땀을 흘렸더니 셔츠가 땀 냄새로 절었다. 형 **1** 시금털털하다. 시큼시큼하다. ¶几天不洗澡, 浑身都是~味. =며칠 동안 목욕을 안 했더니 온몸에서 시금털털한 냄새가 난다. **2** (구)(비) (생각·아이디어 등이) 시시하다. 유치하다. ¶不要乱出~点子. =시시한 계책일랑 함부로 내지 마라.
【馊点子】 sōudiǎn·zi 명구 잔꾀. 유치한 계책. 시시한 생각. 어리석은 꾀.
【馊主意】 sōuzhǔ·yi 명구 현명하지 않은 방법. 잔꾀. 유치한 계책. 시시한 생각. 어리석은 꾀.

**廋** sōu 숨길 수
동문 은닉하다. 숨기다. 감추다.

**溲** sōu 눌 수
동문 **1** (대소변을) 보다. 싸다. 누다. **2** 소변을 보다. 오줌을 누다.

**飕[颼]** sōu 바람 소리 수
의 씽. 쌩. 휘이잉. [바람이 지나가는 소리] ¶寒风~~地吹着. =차가운 바람이 휘잉 하고 불어오다. 동문 바람이 불다. 바람에 쐬다. 바람에 쐬어 말리거나 차갑게 하다. ¶洗的衣服很快被风~干了. =빨래가 바람에 바로 말랐다.

○→ 冷飕飕, 凉飕飕

【飕飕】 sōuliú 의문 쏴쏴. 쌩쌩. 윙윙. 휙휙. 휘이잉. [바람 소리]

**锼[鎪]** sōu 새길 수
동문 (나무 등에) 조각하다. (아로)새기다. ¶千雕万~ =정교하게 새기다.

**螋** sōu 집게벌레 수
☞ 【蠼螋】 qúsōu

**艘** sōu 배 소
양 척. [선박을 헤아리는 데 쓰임] ¶两~游艇 =유람선 두 척.

**叟** sǒu 늙은이 수
명문 남자 노인. 늙은 남자. 늙은이. 영감. ¶童~无欺 =어린이든 노인이든 속이지 않다. 손님에게 정직하다.

| ○ 叟 sǒu | 溲 sōu |
| 搜 sōu | 飕 sōu |
| 嗖 sōu | 螋 sōu |
| 锼 sōu | 瘦 shòu |
| 馊 sōu | 嫂 sǎo |
| 瞍 sǒu | |

**瞍** sǒu 장님 수
형문 눈동자가 없어 앞이 보이지 않다. 명문 장님. 소경. 봉사. 눈이 먼 사람. 맹인.

**嗾** sǒu 개 부리는 소리 주
동문 **1** 소리를 내어 개를 부리다〔추기다〕. **2** 부추기다. 꼬드기다. 사주하다. 교사하다. ¶~使他人 =다른 사람을 부추기다. 의 쉭쉭. [개를 추길〔부릴〕 때 내는 소리]
【嗾使】 sǒushǐ 동 부추기다. 교사하다. 시키다. 꼬드기다. 사주하다.

**薮[藪]** sǒu 늪 수
명문 **1** 늪. 소(沼). 늪지. 풀이 무성한 호수. 소택지(沼澤地). **2** (비) 사람·사물이 많이 모인 곳. 인재·나쁜 무리의 집결처. ¶文坛渊~ =작가들이 많이 모이는 곳. / 盗贼的渊~ =도적의 소굴. / 罪恶渊~ =죄악의 온상.

**擞[擻]** sǒu 떨어 버릴 수
☞ 【抖擞】 dǒusǒu
☞ sòu

*\***嗽[(嗽)]** sòu 기침할 수
동 기침을 하다. ¶干~ =마른기침.

**擞[擻]** sòu 떨어 버릴 수
동문 (부지깽이·부젓가락 등으로) 난로를 쑤셔서 재를 떨어 내다. ¶~炉子 =부저로 쑤셔 난로의 재를 떨어 내다.
☞ sǒu

## su

*\***苏**¹**[蘇, 蓎]** sū 차조기 소
명 **1** (植) 차조기. 소엽(蘇葉). 적소(赤蘇). ¶紫~ =자소(紫蘇). **2** 술처럼 드리우는 장식물. ¶流~ =(가마·기(旗))끈·띠·책상보·옷·장막 등의 가장자리에 장식으로 늘어뜨린 술. 느림. **3** (Sū) 약 (地) 장쑤(江苏)성 쑤저우(苏州)시. ¶上等~锈 =쑤저우에서 생산된 높은 품질의 자수(刺繡). **4** (Sū) 약 장쑤(江苏)성. ¶~北 =장쑤(江苏)성 북부 지역. **5** (Sū) 약 소비에트(Soviet). ¶~区 =소비에트 지구〔구역〕. **6** (Sū) (地) 약 苏联(소련). **7** (Sū) 성(姓).

*\***苏**²**[蘇, 蓎·甦]** sū 소생할 소
동문 소생하다. 되살아나다. 회생하다. ¶复~ =다시 소생하다.

*\***苏**³**[囌]** sū 이야기할 소
☞ 【噜苏】 lū·sū
【苏白】 sūbái 명 **1** (言) 쑤저우(苏州)말. 쑤저우 (苏州) 방언. 소주어. 소주 방언. **2** (劇) 경극(京

劇)·곤극(昆曲) 등에서 쑤저우(苏州)말로 하는 대사.

【苏打】sūdá 명(의)(化) 소다(soda). [학명은 탄산 나트륨이고 원소기호는 $Na_2CO_3$임] =【纯碱】chúnjiǎn

【苏丹】sūdān 명(의) 1 (宗) 술탄(sultan). [일부 이슬람 국가 최고 통치자의 칭호] 2 (Sūdǎn) (地) 수단(Sudan). [수도는 '喀土穆(하르툼: Khartoum)'임]

【苏剧】sūjù 명(劇) 소극. [장쑤(江苏)성 지방 전통극의 일종]

【苏里南】Sūlǐnán 명(의)(地) 수리남(Surinam). [수도는 '帕拉马里博(파라마리보: Paramaribo)'임]

【苏联】Sūlián 명(歷) 苏维埃社会主义共和国联盟(소련).

【苏木】Sūmù 명(용) 소목. [네이멍구(内蒙古) 자치구 목축 지역의 행정 단위. 1954년 이후 향(乡)에 상당하며 기(旗)에 예속됨]

【苏区】Sūqū 명 소비에트 지역. [중국의 공산 혁명 과정에서 공산당 정권이 통치한 지구. 당시 이곳의 정권이 '苏维埃(소비에트)' 형식을 취해서 이렇게 부름]

【苏轼】Sū Shì 명(歷) 소식(1037~1101년). [북송 시기 유명한 문학가로 당송팔대가(唐宋八大家)의 한 사람]

【苏铁】sūtiě 명(植) 소철. [소철과의 열대산 상록 교목. 학명은 'Cycas revoluta'임] =【凤尾松】fèngwěisōng【凤尾蕉】fèngwěijiāo (의)【铁树】tiěshù

【苏维埃】sūwéi'āi 명(의) 1 소비에트(Soviet). [소련의 국가 권력 기관] 2 중국 공산혁명 과정에서 소비에트 지역의 정권.

【苏醒】sūxǐng 통 1 되살아나다. 소생하다. 의식을 회복하다. 정신을 차리다. ¶昏迷了两天两夜, 他终于~过来了。= 이틀 밤낮을 혼수 상태에 빠졌던 그가 드디어 의식을 회복했다. 2 (의) 사물이 회생하다[재생하다]. ¶随着春天的脚步, 大地慢慢地~了。= 봄이 다가옴에 따라 대지는 천천히 기지개를 켜기 시작하였다.

【苏绣】sūxiù 명 쑤저우(苏州) 자수(刺繡). [장쑤(江苏)성 쑤저우(苏州)에서 생산되는 자수로 중국 4대 자수 가운데 하나임]

【苏伊士运河】Sūyīshì Yùnhé 명(의)(地) 수에즈(Suez) 운하.

**酥** sū 연유 소

명 1 치즈. 유지(乳脂)식품. 2 비스킷(biscuit). [밀가루와 기름·설탕을 넣어서 바삭바삭하게 만든 과자] ¶桃~=호두 비스킷. 형 1 (음식물이) 바삭바삭하다. 파삭파삭하다. ¶虾片又~又脆。= 새우 맛 튀김 과자가 바삭바삭하다. 2 나른하다. 노곤하다. 힘이 없다. 지치다. ¶麻~~=(가볍게 마비되어) 저릿저릿하다. 찌르르하다.

0● 油酥, 辣là酥酥, 麻酥酥

【酥脆】sūcuì 형 (음식물이) 부드럽고 부서지기 쉽다. 바삭바삭하다. 파삭파삭하다.

【酥麻】sūmá 형 (사지가) 약간 저리다. 저려서 마비되다. 저릿저릿하다. 찌르르하다. [가볍게 마비된 것을 나타냄] ¶双腿~=두 다리가 저릿저릿하다.

【酥软】sūruǎn 형 (사지가) 나른하다. 연약하다. 노곤하다. 녹작지근하다. ¶手脚~=팔다리가 나른하다.

【酥松】sūsōng 형 (흙 등이) 부슬부슬하다. 푸슬푸슬하다. 부드럽다. 성기다. ¶土质~=토질이 부슬부슬하다.

【酥糖】sūtáng 명 쑤탕. [실타래처럼 늘인 엿에 콩고물·쌀가루·참깨가루 등을 입혀서 바삭바삭하게 만든 과자]

【酥胸】sūxiōng 명 (여성의) 살결이 희고 말랑말랑한 가슴. 말랑말랑하게 부푼 젖가슴. 희고 부드러운 가슴. ¶袒露~=희고 말랑말랑한 가슴을 드러내다.

【酥油】sūyóu 명 소·양의 젖에서 얻어 낸 유지방. [장족(藏族)과 몽고족(蒙古族)의 식품의 일종. 등불을 밝히거나 기타 용도로도 쓰임]

【酥油茶】sūyóuchá 명 장족(藏族)과 몽고족(蒙古族)의 애용 음료. [酥油(소·양의 젖에서 얻어 낸 유지방)·砖茶(전차)·소금 등을 넣어 만듦]

【酥油花】sūyóuhuā 명(藝) 장족(藏族)의 유지방 조소 예술. [나무틀·패방(牌坊)틀에 각종 안료를 먹인 유지방으로 인물·조수(鸟兽)·화훼(花卉) 등의 형상을 조소한 예술 작품]

**酥¹[穌]** sū 깨어날 소

통 되살아나다. 다시 깨어나다. 소생하다. 회생하다.

**酥²[穌]** sū 소생할 소

☞【耶稣】Yēsū

**窣** sū 작은 소리 솔

【窸窣】xīsū

**俗** sú 풍속 속

명 1 풍속. 관습. ¶习~=습속. /入乡随~=그 지방에 가면 그 지방의 관습을 따라야 한다. 2 (佛) 출가하지 않은 사람. 세속 사람. [출가한 불교도와 구별하기 위하여 쓰는 용어임] ¶还~=환속하다. 형 1 통속적이다. 속되다. 저속하다. 비속하다. 저급하다. 품위가 없다. ¶粗~=행동이 거칠고 속되다. /凡~=범속하다. 2 대중적이다. 통속적이다. 평범하다. 심상하다. 일반적이다. 흔하다. ¶通~易懂=통속적이어서 알기 쉽다. ↔雅

0● 鄙bǐ俗, 粗俗, 风俗, 还huán俗, 礼俗, 俚俗, 流俗, 陋lòu俗, 民俗, 世俗, 脱俗, 习俗, 庸yōng俗

【俗不可耐】súbùkěnài 성 속되기 짝이 없다. 저속하기 그지없다. 상스럽기가 말이 아니다. 매우 저속하다.

【俗尘】súchén 명비 속세.
【俗称】súchēng 명 속칭. 세칭. 통속적인 이름. 통 속칭하다. 세칭하다. 통속적으로 부르다. ¶蟾蜍~癞蛤蟆. =‘蟾蜍(두꺼비)'는 속칭 '癞蛤蟆'라고 부른다.
【俗传】súchuán 통 세간에서 입으로 전해지다. 세전(世傳)하다. 민간에 널리 유포되어 전해지다. 세상에 구전되다.
【俗骨】súgǔ 명비 속물(俗物). 속인. 평범한 사람. 저속한 기질. ¶凡胎~=평범한 출신의 평범한 사람.
【俗话】súhuà(~儿) ☞【俗语】súyǔ
【俗家】sújiā 명(宗) 1 (승려·도사 등 출가한 사람에 대해서) 출가하지 않은 사람. 속인. 세속 사람. 속세 사람. 2 (승려·도사의) 본가. 생가.
【俗间】sújiān 명 속세. 인간 세상. 속세간(俗世間). ↔红尘
【俗讲】sújiǎng 명(藝) 속강. [당나라 때 사원에서 불경을 해설할 때 쓰던 설창(說唱) 형식]
【俗礼】súlǐ 명 1 일반적인 예의. 속세의 예절. ¶不拘~=일반적인 예의에 얽매이지 않는다. 2 일반적인 예물. 세속적인 선물. 일상적인 선물. ¶不受~=세속적인 선물을 받지 않는다.
【俗里俗气】sú·li sú·qi(~的) 형 속되다. 천하다. 상스럽다. 저열하다. 촌스럽다. ¶她的打扮~的. =그녀의 치장[화장]은 촌스럽다.
【俗例】súlì 명 속례. 관례. 통례. 습관적인 방법. 일상적인 습관. 통속적인 습관. ¶依循~=관례를 따르다.
【俗名】súmíng 명 1 속명. [승려·도사들의 출가하기 전의 이름] 2 세칭. 속칭. ↔法名
【俗气】sú·qi 명 속되다. 조잡하고 상스럽다. 용속하다. 저속하다. ¶你我之间说钱, 那就~了. =당신과 나 사이에 돈을 거론하는 것은 상스럽지요. ↔高尚 雅致
【俗曲】súqǔ 명(樂) 통속 가곡. 민간에서 유행되는 속된 노랫가락. =【俚曲】lǐqǔ
【俗人】súrén 명 1 보통 사람. 속된 사람. 교양이 없는 사람. 세속적인 사람. 2 (승려·도사 등 출가한 사람에 대해서) 출가하지 않은 사람. 속인. 세속 사람. 속세 사람.
【俗尚】súshàng 명비 세상 일반 사람들의 기호 [풍기·유행·관습]. ¶迎合~=일반적인 유행을 따르다.
【俗态】sútài 명 거칠고 저속한 모양. 저속한 자태. 속된 자태. ¶满身~=저속한 자태가 온몸에 배었다.
【俗谈】sútán 명 속담. 속설. 속어.
【俗套(子)】sútào(·zi) 명 1 세속적인 관습. 속된 관례. 상투적인 스타일. 진부한 틀. ¶不落~=진부한 틀에 박히지 않다. 2 시시한[의미 없는·쓸데없는] 관습. 조례.
【俗体】sútǐ ☞【俗体字】sútǐzì
【俗体字】sútǐzì 명(言) 속자(俗字). [나라에서 인정한 표준 자형과 다르지만 세간에 널리 통용되는 이체자의 하나. '檢'을 '检'으로, '體'를 '躰'로 쓰는 것 등을 가리킴] =【俗字】súzì

【俗体】sútǐ
【俗文学】súwénxué 명 속문학. 통속 문학. [중국 고대의 가요(歌謠)·곡(曲子)·강사(講史)·화본(話本)·변문(變文)·탄사(彈詞)·보권(寶卷)·고사(鼓詞)·유머·수수께끼·민간 전설 및 송·원대 이래 남북의 희곡과 지방 전통극 등을 가리킴]
【俗务】súwù 명 속무. 속된 잡무. 일상적인 잡무. 자질구레한 일. ¶~缠身=자질구레한 일들이 많다.
【俗谚】súyàn 명 속언. [민간에 구전하는 깊은 도리가 반영된 글귀]
【俗语】súyǔ 명(言) 속어. 속담. [민간에서 널리 통용되는 인생에 대한 교훈이나 경계 등을 간결하게 표현한 정형화된 글귀] =【俗话】súhuà
【俗子】súzǐ 명 속인. 속세의 사람. ¶凡夫~=평범한 속세의 사람.
【俗字】súzì ☞【俗体字】sútǐzì

## 夙 sù 일찍 숙

명문 이른 아침. ¶~夜忧虑=밤낮으로 걱정하다. 형문 평소의. 일찍부터. 오래 전부터의. 이전부터의. 옛날부터의. ¶~愿未了=오랜 숙원을 이루지 못했다.
【夙仇】[宿仇] sùchóu 명 1 오랜 원한. 해묵은 원한. 오래 전부터 쌓여 온 원한. 2 숙적(宿敵). 오래 전부터의 원수. 항상 맞서는 원수.
【夙敌】[宿敌] sùdí 명 숙적. 오래 전부터의 원수. 항상 맞서는 원수.
【夙分】[宿分] sùfèn 명 오래 된 연분. 운명. 숙명. 일찍이 정해진 인연.
【夙来】sùlái ☞【素来】sùlái
【夙孽】sùniè 명 숙업(宿業). 숙세(夙世)의 죄업(罪業).
【夙诺】[宿诺] sùnuò 명 오래 전에 승낙한 말.
【夙望】sùwàng 명 지난날의 성망(聲望). 숙망(宿望). ¶~难再=지난날의 성망은 다시 오기 힘들다.
【夙昔】sùxī ☞【素昔】sùxī
【夙嫌】sùxián 명 오래 된 원한[불만·원망·앙심]. ¶~尽释=오래 된 원한을 다 풀다.
【夙兴夜寐】sùxīng-yèmèi 성 1 아침 일찍 일어나고 저녁 늦게 자다. 2 비 부지런하다. 근면하다.
【夙夜】sùyè 명비 이른 아침과 늦은 저녁. 조석. 부비 밤낮으로. 시시각각. 언제나. ¶~不怠=밤낮으로 부지런히 일하다.
【夙怨】[宿怨] sùyuàn 명 숙원(宿怨). 오래 된 원한. 오래 된 오해. ¶报~=오래 된 원한을 갚다.
【夙愿】[宿愿] sùyuàn 명 숙원(宿願). 숙망(宿望). 오랫동안 품어 온 소망. ¶得偿~=숙원을 이루다.
【夙志】[素志][宿志] sùzhì 명문 숙지(宿志). 오랫동안 마음에 품어 온 뜻[소망]. 숙심(宿心). 숙의(宿意). ¶~未酬=오랫동안 마음에 품어 온 뜻을 아직 이루지 못하다.

## 诉[訴, 愬] sù 말할 소

통 1 (…에게) 알리다. 말해 주다. 이야기해 주

다. ¶陈~=말해 주다. **2** (마음속 말을) 털어놓다. 하소연하다. 호소하다. ¶到处~苦=이곳 저곳에 억울한 사정을 하소연하고 다니다. **3** 고소하다. 고발하다. 기소하다. ¶起~=기소하다. / 控~=고발하다. 图(Sù) 성(姓). ≒告

○ 败诉, 陈诉, 反诉, 公诉, 控kòng诉, 泣qì诉, 倾qīng诉, 申shēn诉, 胜诉, 原诉, 自诉

【诉苦】sù‖kǔ 통 억울한 사정을 하소연하다. 쓰라린 마음을 호소하다. ¶无处~=억울함을 하소연할 데가 없다.

【诉求】sùqiú 통 **1** 요구를 제기하다. 요구를 말하다. 주장을 제기하다. ¶广大市民~执法部门严厉打击制裁卖假的违法行为. =많은 시민들이 가짜 상품을 만들고 파는 불법 행위를 엄벌해 줄 것을 사법 기관에 요구하였다. **2** 진정하다. 호소하여 요구하다. ¶受理群众~=민중들의 진정을 수리하다.

【诉屈】sù‖qū 통 억울함을 호소하다. 불만을 털어놓다. ¶苦无~之处=억울해도 억울함을 하소연 할 데가 없다.

【诉权】sùquán 图(法) 소권. 기소하고 소원할 권리. [민사 소송법에 따라 소송을 제기하여 그 판결에 의한 개인의 권리 보호를 청구하는 권리]

【诉述】sùshù 통 하소연하다. 간곡히 말하다. 감동적으로 말하다. ¶~不幸遭遇=불행한 처우를 하소연하다.

【诉说】sùshuō 통 감동적으로 말하다. 간곡하게 말하다. 간절히 하소연하다. ¶~对故乡的思念之情=고향에 대한 그리움을 간절히 말하다. ≒陈诉

【诉讼】sùsòng 图(法) 소송하다. 고소하다. 재판을 걸다. (受)【打官司】dǎguān·si

【诉讼法】sùsòngfǎ 图(法) 소송법.

【诉讼状】sùsòngzhuàng 图(法) 소송장. 기소장. 고소장. 소장.

【诉冤】sù‖yuān 통 억울함을 하소연하다. 억울한 사정을 호소하다.

【诉愿】sùyuàn 图(法) 소원하다. 하소연하여 바로잡아 주기를 바라다. [행정 관청 등 국가 기관의 위법 또는 부당한 처분으로 권리와 이익을 침해받을 때에, 그 상급 관청에 대하여 처분의 취소 또는 변경을 청구하는 일]

【诉诸】sùzhū 통图 **1** (남에게) 하고 싶은 말을 하다. …에게 털어놓다. ¶~旧友=옛 친구에게 털어놓다. **2** …에 호소하다. (…을) 행사하다. (…을) 쓰다〔취하다〕. (…으로) 해결하다. [어떤 수단과 방법을 쓰는 것을 나타냄] ¶~法律=법에 호소하다.

【诉诸武力】sùzhū-wǔlì ⓢ 무력으로 해결하다. 무력을 행사하다. 무력에 호소하다.

【诉状】sùzhuàng 图(法) (고)소장.

**肃[肅]** sù 엄숙할 숙

图 **1** 엄숙하다. 근엄하다. 엄정하다. ¶庄严~穆=장엄하고 엄숙하다. **2** 공경하다. 공손하다. 숙연하다. 경건하다. ¶全体~立=모든 사람들이 공손히 기립하다. 통 **1** 숙청하다. 제거하다. 척결하다. 일소하다. ¶有反必~=반역하면 반드시 숙청한다. **2** 정돈하다. 엄숙하게 하다. 바로잡다. 정연하게 하다. ¶整~军纪=군기를 바로잡다. 图(Sù) 성(姓).

○ 肃 sù
萧 xiāo
啸 xiāo
箫 xiāo
潇 xiāo

【肃毒】sùdú 통 마약(유통)을 일소하다〔소탕하다〕. ¶~行动=마약 소탕 작전.

【肃寂】sùjì 图 정숙하다. 조용하다. 고요하다.

【肃静】sùjìng 图 정숙하다. 조용하다. 고요하다. ¶全场~=장내가 정숙하다. ↔嘈杂 喧哗

【肃立】sùlì 통 공손하게 서 있다. 정중하게 서 있다. 숙연히 기립하다. 경건하게 서 있다. ¶~默哀=숙연히 기립해 묵도하다.

【肃穆】sùmù 图 엄숙하고 공손하다. 엄숙하고 정중하다. 엄숙하고 경건하다. ¶神情~=안색이 엄숙하고 정중하다.

【肃清】sùqīng 통 숙청하다. 깨끗이 제거하다. 추방하다. 일소하다. ¶~流毒=유전되는 못된 사상을 일소하다.

【肃然】sùrán 图 숙연하다. 공손하다. 정중하다. 경건하다. ¶~侍立=공손하게 시립(侍立)하다.

【肃然起敬】sùrán-qǐjìng ⓢ 경건한 마음이 생기다. 숙연한 마음이 들어 옷깃을 여미다.

【肃杀】sùshā 图愈 스산하다. 소슬하다. ¶秋气~=가을 기운이 소슬하다.

【肃贪】sùtān 통 탐오 행위를 숙청하다. 부정부패를 척결하다.

【肃正】sùzhèng 통 숙정하다. 엄숙하고 단정하게 하다. 맑게 하다. 바르게 하다. (추상적인 것을) 일소하다. ¶态度~=태도를 단정하게 하다.

**素** sù 흴 소

图 **1** 본색의. 흰색의. ¶一身~衣=흰 옷으로 단장하다. **2** (색깔이) 점잖다. 소박하다. 단순하다. 수수하다. ¶洁白~净=희고 수수하며 정결하다. **3** 본래의. 원래의. ¶朴~=소박하다. **4** 평시의. 일반의. ¶平~=평소의. 愚 이전. 원래. 평소. 종래. ¶~未谋面=이전에 한 번도 만난 적이 없다. 图 **1** 본색의 생견(生絹). 가공하지 않은 생견. 흰색의 생견. 흰 명주. ¶尺~=흰 명주 천에 쓴 편지. 길이가 한 자 되는 생견. 작은 그림. 서간. 편지. [옛날의 편지는 길이가 한 자였음] **2** 기본 성분. 요소. ¶要~=요소. / 元~=원소. **3** (생선·육류와 대비하여) 야채·과일류의 음식. 소식(素食). 식물성 음식. 소찬. 정진(精進)요리. ¶荤~结合=육류와 야채 요리를 결합하다. **4**(Sù) 성(姓). ↔黑 荤

○ 素 sù
愫 sù
嗉 sù

○ 茶素, 词素, 肝素, 缟gǎo素, 激素, 结素, 酪lào素, 卤lǔ素, 尿niào素, 朴pǔ素, 味素, 要素, 音素, 皂素, 核黄素, 金霉méi素, 抗菌kàngjùn素, 链liàn霉素, 硫胺liú ān素, 氯lǜ霉素, 麻黄素, 青霉素, 四环素, 同位素, 血色素, 叶绿素, 胰yí岛素

【素白】 **sùbái** 형 **1** 새하얗다. 하얗다. ¶~的衬衣=하얀 셔츠. **2** 희고 밝다. ¶月光~=달빛이 희고 밝다.

【素不相识】 **sùbùxiāngshí** 성 전혀 모르는 사이이다. 평소에 안면이 없다. 이전에 전혀 만난 적이 없다.

【素材】 **sùcái** 명 (문학·예술의) 소재. 감. ¶积累~=소재를 축적하다.

【素菜】 **sùcài** 명 소식. 야채 요리. 정진 요리. 소찬. 야채나 과일류로 만든 요리〔반찬〕.

【素餐】 **sùcān** 동 **1** 소식하다. 채식하다. (고기 요리를 먹지 않고) 밥과 야채·과일만 먹다. **2** 📖 공밥을 먹다. 놀고 먹다. ¶尸位~=자리만 차지하고 녹(祿)만 받아먹다. 명 간단한 식사. 소박한 음식. ¶一顿~=간단한 식사 한 끼.

【素常】 **sùcháng** 명 평소. 평상(시). ¶这是她~省吃俭用攒下的一点钱.=이것은 그녀가 평소에 아껴 먹고 아껴 써서 모은 약간의 돈이다.

【素瓷】 **sùcí** 명 질그릇.

【素淡】 **sùdàn** 형 **1** (무늬·색깔 등이) 소담하다. 단순하다. 소박하다. 수수하다. 점잖다. ¶颜色~=색깔이 수수하다. **2** (맛이) 담백하다. 산뜻하다. ¶老年人要吃~一点.=노인들은 약간 담백하게 먹어야 한다.

【素缎】 **sùduàn** 명 무늬 없는 흰 비단.

【素饭】 **sùfàn** 명 소식. 야채뿐인 식사. 채식. 소박한 식사.

【素服】 **sùfú** 명 **1** 소복. 백의(白衣). 흰 옷. **2** 상복(喪服).

【素供】 **sùgòng** 명 고기 없이 야채만으로 만든 제사 음식.

【素鸡】 **sùjī** 명 두제품(豆制品)의 하나. [두부를 가공한 것으로 덩어리·조각·채를 썰어 다른 재료와 볶아서 요리하거나 그대로 먹기도 함]

【素洁】 **sùjié** 형 (하얗게) 산뜻하다. 깨끗하다. 청결하다. ¶这条丝巾非常~, 淡雅.=이 명주 손수건은 아주 산뜻하고 우아하다.

【素净】 **sù·jing** 형 **1** (빛깔이) 수수하고 점잖다. ¶面料~=원단이 수수하고 점잖다. **2** (맛이) 담백하다. ¶饮食~=음식이 담백하다.

【素酒】 **sùjiǔ** 명 **1** 야채 요리를 안주로 먹는 술. **2** 📖 야채 요리만으로 차린 술자리.

【素来】[夙来] **sùlái** 부 평소부터. 처음부터. 이전부터. 진작부터. 종래. 줄곧. 원래. 본래. 내내. ¶他做事~认真.=그는 줄곧 착실하게 일한다.

【素昧平生】 **sùmèi-píngshēng** 성 평소 서로 만난 적이 없다. 안면이 전혀 없다. 일면식(一面識)도 없다.

【素面】 **sùmiàn** 명 **1** 소면. 육류를 넣지 않은 국수. **2** 화장하지 않은 얼굴. 맨얼굴. **3** (~儿) 무늬가 없는 단색 원단.

【素面朝天】 **sùmiàn-cháotiān** 성 **1** 맨얼굴로 황제를 배알하다. **2** 몸치장이 소박하고 화장을 하지 않다.

【素描】 **sùmiáo** 명 **1** (美) 소묘. 데생. ¶人体~=인체 소묘. **2** (美) 스케치. 사생(寫生). ¶一幅~=스케치 한 폭. **3** (문학상의) 간단한 묘사. 스케치. ¶本书刻画人物纯用~。=이 책은 인물을 묘사하면서 순전히 백묘법만을 썼다.

【素朴】 **sùpǔ** 형 **1** 소박하다. 수수하다. 순박하다. ¶他被乡亲们~而诚挚的情感打动了.=그는 마을 사람들의 소박하고 진실한 마음에 감동되었다. **2** 맹아 상태의. 미성숙 단계의. 성숙되지 않은. [주로 철학 사상을 나타냄] ¶~的唯物主义=초기 유물주의.

【素气】 **sùqì** 형 (빛깔이) 수수하다. 단순하다. 점잖다. ¶这窗帘挺~.=이 커튼은 색상이 매우 수수하다.

【素日】 **sùrì** 명 평일. 평소. 평시. 평상시. ¶她~不怎么喜欢与人交往.=그녀는 평소에 사람과 사귀는 것을 그다지 좋아하지 않는다. ≒平日

【素色】 **sùsè** 형 **1** 흰색의. 백색의. 하얀 색깔의. **2** 단순한 색의. 수수한 색깔. 점잖은 색의.

【素什锦】 **sùshíjǐn** 명 두부피와 여러 야채로 만든 요리.

【素食】 **sùshí** 명 소식. 채식. 야채·과일류 간식. 평소의〔소박한·간단한〕음식. 동 소식하다. 채식하다. ↔荤腥

【素数】 **sùshù** ☞【质数】 **zhìshù**

【素素净净】 **sù·su jìngjìng** (~的) 형 (색깔·무늬가) 수수하다. 점잖다.

【素昔】[宿昔] **sùxī** 부📖 평소. 평상시. 평소부터. 처음부터. 이전부터. 진작부터. 종래. 여태. 줄곧. 원래. 본래. 내내. ¶我跟他~没有交道.=나는 그와 평소에 왕래가 없다.

【素席】 **sùxí** 명🏛 야채 요리 안주만으로 차린 술자리.

【素性】 **sùxìng** 명 본성. 천성. 타고난 품성. ¶~残暴=천성이 잔악하고 흉폭하다.

【素雅】 **sùyǎ** 형 (빛깔·옷차림 등이) 소박하고 우아하다. 점잖다. ¶衣着~=옷차림이 소박하며 우아하다.

【素筵】 **sùyán** 명🏛 야채 요리만으로 차린 잔칫상〔연회 상〕.

【素养】 **sùyǎng** 명 소양. 평소의 수양〔교양〕. ¶文学~=문학 소양.

【素因数】 **sùyīnshù** ☞【质因数】 **zhìyīnshù**

【素油】 **sùyóu** 명 식물성 식용유. 🏛【清油】 **qīngyóu**

【素有】 **sùyǒu** 동 원래부터 있는. 평소에 있는. ¶~主见=평소에 가지고 있던 주견.

【素愿】 **sùyuàn** 명 오랜 소원. 숙원(宿願). 오랫동안 줄곧 마음에 품어 온 소원. ¶~未了=오랜 소원을 이루지 못했다.

【素志】 **sùzhì** ☞【夙志】 **sùzhì**

【素质】 **sùzhì** 명 **1** (사물 본래의 성질이라는 의미로) 소질. 밑바탕. 본질. ¶身体~=신체적 소질. **2** 소양. 자질. ¶军事~=군사적 자질. **3** (心) 소질. 천성. 소인. ¶心理~=심리적 소인. **4** (체질·성품·정감·지식·능력 등 사람의 전체적인) 소질. 자질. ¶实行~教育=전인 교육을 실시하다.

【素质教育】 **sùzhì jiàoyù** 명(敎) 전인 교육. 인

성 교육.

【素装】**sùzhuāng** 몡 **1** 흰색 복장. **2** 소박한 옷차림. 점잖은 옷차림.

## *速 **sù** 빠를 속

몡 속도. ¶光~=광속. / 时~=시속. 휑 빠르다. 신속하다. ¶欲~则不达.=일을 너무 급히 서두르면 도리어 이루지 못한다. 통⑤ 초청하다. 초대하다. ¶不~之客=불청객. ↩缓 迟

○● 初速, 从速, 飞速, 高速, 急速, 快速, 流速, 全速, 神速, 失速, 迅xùn速, 音速

【速成】**sùchéng** 통 빨리 이루거나 되다. 속성하다. ¶英语~班=영어 속성반.
【速递】**sùdì** ☞【特快专递】**tèkuài zhuāndì**
【速冻】**sùdòng** 통 급속 냉동하다. ¶~汤圆=탕위안(새알심 비슷한 모양의 식품)을 급속 냉동하다.
【速冻食品】**sùdòng shípǐn** 몡 (급속) 냉동 식품. 급랭 식품.
【速冻蔬菜】**sùdòng shūcài** 몡 (급속) 냉동 채소. 급랭 채소.
【速度】**sùdù** 몡 **1** (物) 속도. **2** 속도. [빠르고 느린 정도를 말함] ¶加快经济发展的~=경제 발전의 속도를 가속화하다.
【速度滑冰】**sùdù huábīng** 몡(体) 스피드 스케이팅(speed skating). 약【速滑】**sùhuá**
【速购】**sùgòu** 통 신속히 구매하다. 빨리 사다.
【速滑】**sùhuá** 몡(体) 속도 활빙(스피드 스케이팅). ¶~比赛=스피드 스케이팅 경기.
【速即】**sùjí** 톤⑤ 즉시. 속히. 바로. ¶~前往=바로 출발하다.
【速记】**sùjì** 통 속기하다. 몡 **1** 속기법. **2** 속기술 (速记術). 속기학 (速记學).
【速决】**sùjué** 통 속결하다. 신속하게 해결하다. ¶只求~, 不可恋战.=속전속결해야지 오래 끌어서는 안 된다.
【速决战】**sùjuézhàn** 몡 **1** (軍) 속결전. 속전속결로 하는 전투. **2** (비) 신속하게 성과를 얻는 활동. ↩持久战
【速率】**sùlǜ** 몡(物) 속도.
【速凝剂】**sùníngjì** 몡 콘크리트 경화 촉진제.
【速溶】**sùróng** 휑 빨리 용해되다. 신속하게 용해되다. ¶~咖啡=인스턴트 커피. [타이완(台湾)에서는 '即溶咖啡'라고 함]
【速射】**sùshè** 몡(体) 속사. [사격 경기의 하나]
【速生】**sùshēng** 휑 성장 속도가 빠르다. 신속하게 자라다. ¶~植物=빨리 자라는 식물.
【速生林】**sùshēnglín** 몡 속성림(速成林).
【速食面】**sùshímiàn** 몡 인스턴트 라면.
【速算】**sùsuàn** 몡통 (數) 속셈(하다).
【速调管】**sùtiáoguǎn** 몡(物) 속도 변조관(速度變調管). 클라이스트론(klystron).
【速效】**sùxiào** 휑 효과가 빠르다. ¶~药=효과가 빠른 약.
【速写】**sùxiě** 몡통 **1**(美) 스케치(하다). **2** 스케치(하다). [문체의 일종. 상황의 요점을 파악하여

때맞추어 독자들에게 보도하는 것]
【速战速决】**sùzhàn-sùjué** ⑤ **1** 속전속결. **2**(비) 적절한 조치를 동원하여 빨리 문제를 해결하다.

## 馇[餗] **sù** 솥 안의 음식 속

몡⑤ **1** 솥 안에 든 음식. **2** 맛있는 음식.

## 涑 **Sù** 물 이름 속

몡(地) 쑤수이(涑水). 속수. [산시(山西)성에 있는 강 이름]

## **宿[宿]** **sù** 묵을 숙

통 숙박하다. 밤을 지내다. 묵다. ¶投~=투숙하다. 휑 **1** 이전부터의. 평소의. 예전부터의. ¶~愿已了=숙원이 이미 이루어지다. **2**⑤ 연로한. (어떤 직업에 오래 종사하여) 노련한. 숙련된. 경험이 많은. ¶一员~将(jiàng)=경험이 풍부하고 노련한 장군〔지휘관〕. 몡 **1**⑤ 명망 있는 노인. ¶者~=나이가 많고 명망 있는 사람. **2**(Sù) 성(姓).

○● 伴宿, 归宿, 寄宿, 借宿, 留宿, 膳shàn宿, 投宿, 歇xiē宿, 信宿

☞ xiǔ, xiù

【宿弊】**sùbì** 몡⑤ 오래 된 폐해. 오래 된 병폐. ¶~一清=오래 된 병폐가 일소되다.
【宿便】**sùbiàn** 몡(醫) 숙변.
【宿逋】**sùbū** 몡⑤ 오랫동안 밀린 빚.
【宿娼】**sù‖chāng** 통 창녀와 자다. 창녀를 사서 놀다.
【宿仇】**sùchóu** ☞【夙仇】**sùchóu**
【宿敌】**sùdí** ☞【夙敌】**sùdí**
【宿分】**sùfèn** ☞【夙分】**sùfèn**
【宿根】**sùgēn** 몡 **1** (植) 숙근. 여러해살이 뿌리. **2**①(佛)(道) 숙근. [전세(前世)부터 이미 형성된 근기〔근성〕] ②(비) 오래 된〔묵은〕 사물의 근원·기초.
【宿疾】**sùjí** 몡 **1**(醫) 지병. 고질병. 숙질. 숙병. ¶~难医=지병은 고치기 힘들다. **2**(비) 오랫동안 누적된 폐단. 오랜 병폐. ¶~难改=오랜 병폐는 고치기 힘들다.
【宿见】**sùjiàn** 몡 지론. 평소 가지고 있던 견해.
【宿将】**sùjiàng** 몡⑤ 노장. 경험이 많고 노련한 장군〔지휘관〕.
【宿命】**sùmìng** 몡 숙명.
【宿命论】**sùmìnglùn** 몡(哲) 숙명론.
【宿诺】**sùnuò** ☞【夙诺】**sùnuò**
【宿儒】**sùrú** 몡 노유(老儒). 경험이 많고 박학한 노학자. 대학자.
【宿舍】**sùshè** 몡 숙사. 기숙사.
【宿世】**sùshì** 몡 전세. 전생.
【宿土】**sùtǔ** 몡⑤ 식물이 원래 자라던 곳의 흙.
【宿业】**sùyè** 몡(佛) 숙업. 전세의 죄업. 전생에 지은 죄.
【宿营】**sùyíng** 통 **1**(軍) (군대가) 숙영하다. 야

영하다. **2** 집단·조직이 숙영하다〔야영하다〕.
【宿营车】**sùyíngchē** 명 **1** 숙영차. 야영차. 캠핑카. **2** 열차 승무원이 휴식을 취하는 찻간.
【宿营地】**sùyíngdì** 명 숙영지. 야영지.
【宿雨】**sùyǔ** 명(文) 간밤의 비. 지난 밤에 내린 비. 밤새 내린 비.
【宿缘】**sùyuán** 명(佛) 전생에 맺어진 인연. 전세의 인연.
【宿怨】**sùyuàn** ☞【夙怨】**sùyuàn**
【宿愿】**sùyuàn** ☞【夙愿】**sùyuàn**
【宿债】**sùzhài** 명 묵은 부채. 묵은빚. 오랜 빚. ¶偿还~=묵은빚을 갚다.
【宿志】**sùzhì** ☞【夙志】**sùzhì**
【宿主】**sùzhǔ** ☞【寄主】**jìzhǔ**
【宿罪】**sùzuì** 명(佛) 전생(前生)의 죄업. 전생에 지은 죄.

# 骕[驌] sù 말 이름 숙
아래를 참조.
【骕骦】[驌驦] **sùshuāng** 명 고서에 나오는 양마(良馬)의 이름.
【骕骦】**sùshuāng** ☞【骕骦】**sùshuāng**

# *粟 sù 조 속
명 **1**(植) 조. **2** 좁쌀. **3**(Sù) 성(姓).

○● 菽 **shū** 粟, 罂 **yīng** 粟, 金粟兰

【粟米】**sùmǐ** 명(植) **1** 조. 좁쌀. **2**〈方〉옥수수. 강냉이.
【粟子】**sù·zi** 명(植) **1** 조. **2** 좁쌀.

# 谡[謖] sù 일어설 속
동(文) 일어서다. 일어나다.
【谡谡】**sùsù** 형 우뚝 솟아 있다. 우뚝하다. ¶青松~=푸른 소나무가 우뚝 솟아 있다.

# 嗉[膆] sù 모이주머니 소
명(動)(조류의) 모이주머니. 멀떠구니. 소낭(嗉囊).
【嗉囊】**sùnáng** ☞【嗉子】**sù·zi**
【嗉子】**sù·zi** 명 **1**(動) 모이주머니. 멀떠구니. 소낭(嗉囊). =【嗉囊】**sùnáng** ¶鸡~=닭의 모이주머니. **2**〈方〉목이 가늘고 긴 술병.

# *塑 sù 빚을 소
동 **1**(흙으로) 빚다. 소조하다. 만들다. ¶雕~=조소하다. **2** 플라스틱(plastic)·비닐 등 가소성 있는 고분자 화합물의 총칭. ¶涂~壁纸=비닐 코팅한 벽지.

○● 雕 **diāo** 塑, 面塑, 泥 **ní** 塑, 注塑

【塑封】**sùfēng** 동 (방수·내구성을 강화하기 위해) 비닐로 코팅하다〔밀봉하다〕. ¶~照片=코팅한 사진.
【塑钢】**sùgāng** 명 피브이시. 폴리염화비닐.
【塑胶】**sùjiāo** 명 합성 수지. 플라스틱(plastic). 플라스틱 시멘트(plastic cement). ¶~板=플라

스틱판.
【塑建】**sùjiàn** 동 (조각·동상 따위를) 조소(雕塑)하여 세우다.
【塑料】**sùliào** 명(化) 플라스틱(plastic)·비닐 등 가소성 있는 고분자 화합물의 총칭.
【塑料布】**sùliàobù** 명 비닐천.
【塑像】**sùxiàng** 명 (석고나 점토로 만든) 인물상. 소상(塑像). 조각상.
【塑性】**sùxìng** 명(物) 가소성(可塑性). =【范性】**fànxìng**
【塑造】**sùzào** 동 **1** (진흙 등으로) 빚어서 만들다. ¶~铜像=동상을 만들다. **2** (언어·문자·기타 예술 수단으로) 인물의 형상을 형상화하다〔묘사하다〕. ¶这部小说成功~了一个守财奴的形象.=이 소설은 수전노의 형상을 성공적으로 묘사하였다.

# *溯[泝·遡] sù 거슬러 올라갈 소
명 **1**(文) 거슬러 올라가다. ¶~流而上=물 흐름을 거슬러 올라가다. **2** (지난 일을) 추억하다. 회상하다. ¶追~=지난 일을 더듬어 추억하다.

○● 上溯

【溯流】**sùliú** 동 물길을 거슬러 올라가다.
【溯源】**sùyuán** 동 **1** 물의 근원을 찾아 거슬러 올라가다. **2**(喩) 역사의 근원을 캐다. ¶追本~=사물의 근본을 찾다. 일의 발생 원인을 찾다.

# 愫 sù 정성 소
명(文) 성의. 진정. 진심. ¶情~=진정.

# 鹔[鷫] sù 새 이름 숙
아래를 참조.
【鹔鹴】[鷫鸘] **sùshuāng** 명(動) (고서에 나오는 기러기와 비슷한) 서쪽의 신조(神鸟).
【鹔鸘】**sùshuāng** ☞【鹔鹴】**sùshuāng**

# 蔌 sù 푸성귀 속
명(文)(植) 채소. 야채. 푸성귀. ¶山肴野~=산과 들에서 나는 갖가지 먹을 것.

# 僳 sù 율속족 속
☞【僳僳族】**Lìsùzú**

# 觫 sù 무서워 떨 속
☞【觳觫】**húsù**

# *缩[縮] sù 축사밀 축
☞ **suō**
【缩砂(密)】**sùshā(mì)** 명(植) 축사밀. 축사나무. [생강과의 여러해살이풀]

# 僽 sù 늘어질 속
☞【俪僽】**lùsù**

# 簌 sù 소리 속
【簌簌】**sùsù** 의 쏴쏴. 바스락. [바람에 나뭇잎을

스치는 소리] ¶芦苇丛中传来~的响声。=갈대 숲에서 쏴쏴 하는 소리가 들려오다. 囹 1 부들부들. 후들후들. [사지를 떠는 모양] ¶双手~地颤抖。=두 손이 부들부들 떨린다. 2 줄줄. 주르륵. 뚝뚝. [눈물 등이 끊임없이 흐르는 모양] ¶热泪~而下。=뜨거운 눈물이 줄줄 흘러내리다.

**踀** sù 종종걸음 축
【踀踀】sùsù 囹囿 잔걸음의. 잰걸음의. 총총거리는. 종종거리는.

# suan

**狻** suān 산예 산
【狻猊】suānní 몡 산예. [사자와 비슷한 전설상의 맹수]

**酸** suān 초 산
囿(化) 산. ¶硫~=유산. 囹 1 (맛·냄새 등이) 시큼하다. 시다. ¶这李子太~了。=이 자두는 너무 시다. 2 비통하다. 슬프다. 서글프다. 마음이 쓰라리다〔아프다〕. ¶心~=마음이 아프다. 3 (학자·문인들이 세상 물정을 잘 모르고) 용색하다. 진부하다. 융통성이 없다. 좀스럽다. ¶寒~=살림이 궁색하거나 사람이 째째하다. 4 (과로·몸살로) 몸이 시큰시큰하다. ¶腰~背疼=허리가 시큰시큰하고 등이 결리다.

○● 悲酸, 草酸, 醋cù酸, 胆酸, 丁酸, 泛fàn酸, 硅guī酸, 果酸, 核酸, 甲酸, 尖jiān酸, 酪lào酸, 磷酸, 尿niào酸, 硼péng酸, 强酸, 鞣róu酸, 乳酸, 弱酸, 碳酸, 胃酸, 硝xiāo酸, 烟酸, 盐酸, 叶酸, 蚁yǐ酸, 乙yǐ酸, 油酸

【酸败】suānbài 통 쉬다. 부패하다. 쉬어빠지다. 산패하다.
【酸不唧儿】suān·bujīr (~的) 囹囿 1 시큼하다. 새큼하다. 약간 시다. ¶~的橙子=시큼한 등자〔오렌지〕. 2 몸이 나른하고 시큰시큰하다. ¶累得浑身~的。=피곤해서 온몸이 나른하고 시큰시큰하다.
【酸不溜丢】suān·buliūdiū (~的) 囹囿 1 (맛·냄새가) 시큼하다. [혐오스러운 어감을 내포함] ¶剩菜~的, 别吃了。=먹다 남은 요리가 시큼하니 먹지 말아라. 2 시샘하다. 질투하다. 3 (생각·언행 등이) 진부하다. 고리타분하다. 케케묵다. 낡다. 뒤떨어지다. ¶他这人说话~的, 不招人喜欢。=이 사람은 말이 고리타분해서 사람들의 환심을 사지 못한다.
【酸菜】suāncài 몡 발효되어 시큼한 맛이 나는 배추절임.
【酸臭】suānchòu 囹 시큼하고 구리다. ¶~味=시큼하고 구린 냄새.
【酸楚】suānchǔ 囹 슬프고 괴롭다. 마음이 쓰리고 아프다. ¶内心涌起~的感觉。=마음이 슬프고 괴로워지다.

【酸毒】suāndú 囹 악랄하고 가혹하다. 독살스럽다. ¶言语~=말이 악랄하고 독살스럽다.
【酸度】suāndù 몡(化) 산성도. 산도.
【酸腐】suānfǔ 囹 1 상해서 시큼하다. 2 (사고방식·언동이) 진부하다. 고리타분하다. 케케묵다. 융통성이 없다.
【酸甘】suāngān 囹 시고 달다. 새콤달콤하다. ¶~爽口=새콤달콤하고 입 안이 상쾌하다.
【酸酐】suāngān 몡(化) 산무수물(酸無水物). 무수산(無水酸).
【酸根】suāngēn 몡(化) 산기(酸基). =【酸基】suānjī
【酸黄瓜】suānhuángguā 몡 오이지. 오이절임. 피클(pickles).
【酸基】suānjī ☞【酸根】suāngēn
【酸碱度】suānjiǎndù 몡(化) 수소 이온 농도 지수. 수소 지수. [기호는 pH]
【酸刻】suānkè 囹 신랄하고 매몰차다. ¶说话~=말이 신랄하고 매몰차다.
【酸苦】suānkǔ 囹 1 (맛이) 시고 쓰다. 2 신고(辛苦)하다. 슬프고 괴롭다. 고생스럽다. 쓰라리다. ¶~的流浪经历=쓰라린 방랑 경험.
【酸困】suānkùn 囹 나른하고 졸리다. 노곤하고 졸리다.
【酸辣汤】suānlàtāng 몡 쏸라탕. [일종의 시큼하고 매운맛의 국]
【酸懒】suānlǎn 囹囿 (몸이) 시큰시큰하고 피곤하다. 노곤하여 축 처지다.
【酸溜溜】suānliūliū 囹 1 (냄새·맛이) 시큼하다. ¶这汤~的, 味道很独特。=이 국은 맛이 시큼한 것이 특이하다. 2 (마음이) 아프다. 슬프다. 쓰리다. ¶看到母亲憔悴的模样, 她心里~的。=어머니의 초췌한 모양을 보고 그녀는 마음이 쓰라렸다. 3 (약간) 시샘하다. 질투하다. ¶看到同事被领导表扬, 她心里~的。=동료가 윗사람한테 칭찬을 받자, 그녀는 마음속으로 시샘이 났다. 4 (몸이 약간) 시큰하다. ¶干了半天的活儿, 他浑身~的。=한나절이나 일했더니 그는 온몸이 시큰시큰하다. 5 (생각·언행 등이) 진부하다. 케케묵다. 고리타분하다. [고서(古書)의 구를 즐겨 인용하는 등 말이 진부한 것을 풍자하는 뜻을 내포함] ¶为了炫耀学识, 他常常要~地吟诵几句古诗词。=자기의 학식을 뽐내기 위해 그는 자주 고리타분하게 옛 시(詩)와 사(詞)를 몇 구절씩 읊어대곤 한다.
【酸麻】suānmá 囹 (몸이) 시큰시큰하고 저리다. ¶浑身~=온몸이 시큰시큰하고 저리다.
【酸梅】suānméi ☞【乌梅】wūméi
【酸梅汤】suānméitāng 몡 오매탕. [매실을 물에 담그거나 끓인 후 설탕을 넣어 만든 새콤달콤한 여름철 음료]
【酸奶】suānnǎi ☞【酸牛奶】suānniúnǎi
【酸牛奶】suānniúnǎi 몡 요구르트. 앵【酸奶】suānnǎi
【酸葡萄】suānpú·tao 몡囿 신포도. [가지고 싶지만 가지지 못한 물건에 대해 자기 위안의 심리를 풍자하는 말]

【酸气】 **suānqì** [명] 진부한 티. 케케묵은 티. 궁상기. 초라하고 옹색한 티. [주로 문인들을 가리키며 풍자의 뜻이 담겨 있음] ¶～十足＝케케묵은 티가 배어나다.

【酸软】 **suānruǎn** [형] (신체가) 나른하고 시큰하다. 노작지근하다. 노곤하다. 맥이 풀려 노곤하다. ¶两腿～＝두 다리가 노작지근하다.

【酸涩】 **suānsè** [형] **1** 시고 떫다. ¶苹果有点～。＝사과가 약간 시고 떫다. **2** (마음이) 슬프고 괴롭다. 쓰라리다. ¶内心～＝마음이 쓰라리다.

【酸式盐】 **suānshìyán** [명]《化》 산성염.

【酸酸】 **suānsuān**(～的) [형] **1** 새콤새콤하다. 시큼하다. ¶～的葡萄＝새콤한 포도. **2** (마음이) 슬프다. 시큰하다. 아리다. ¶心里～的＝마음이 아리다.

【酸疼】 **suānténg** [형] (몸이) 시큰시큰 쑤시고 아프다.

【酸甜】 **suāntián** [형] 새콤달콤하다. ¶～的杏子＝새콤달콤한 살구.

【酸甜苦辣】 **suān-tián-kǔ-là** [성] **1** 신맛·단맛·쓴맛·매운맛 등 각양각색의 맛. 여러 가지 맛. **2** [비] 세상 풍파. 풍상고초. 세상의 온갖 고초.

【酸痛】 **suāntòng** [형] (몸이) 시큰시큰 쑤시고 아프다.

【酸味】 **suānwèi** [명] 신맛. 새콤한 맛. 신 냄새. ¶～果汁＝신 과일즙.

【酸文假醋】 **suānwén-jiǎcù** [낮][비] (겉으로) 학식이 있는 척하다. 대단한 학자인 척하다. 학자연하다. [풍자의 뜻을 내포함]

【酸心】 **suānxīn** [동] 속이 쓰리다. 신물이 오르다. ¶红薯粉吃多了～。＝고구마가루를 많이 먹으면 신물이 오른다. [형] (마음이) 쓰라리다. 아프다. 슬프다. 아리다. ¶小说中的爱情悲剧让人～。＝소설 속의 애정 비극은 사람들의 마음을 슬프게 한다.

【酸辛】 **suānxīn** [명] 고생. 고초. 괴로움. [형] 신고하다. 고생이다. 쓰라리다. 괴롭다. 슬프다. 고달프다. ¶生活的不幸让她备感～。＝생활상의 불행이 그녀로 하여금 삶의 고달픔을 실컷 맛보게 하였다. ≒辛酸

【酸性】 **suānxìng** [명]《化》 산성. ¶～土壤＝산성 토양.

【酸性岩】 **suānxìngyán** [명]《地》 산성암.

【酸性雨】 **suānxìngyǔ** ☞【酸雨】 **suānyǔ**

【酸雨】 **suānyǔ** [명]《氣》 산성비. ＝【酸性雨】 **suānxìngyǔ**

【酸枣】 **suānzǎo** [명]《植》 **1** 멧대추나무. [종자를 '酸枣仁'이라고 하며 한방에서 건위·진정·최면제로 사용함] **2** (～儿) 멧대추.

【酸胀】 **suānzhàng** [형] 시큰시큰하고 땡땡하다. ¶肩膀～＝어깨가 시큰시큰하고 땡땡하다.

## **蒜 suàn 마늘 산

[명]《植》 **1** 마늘. **2** 마늘. [마늘의 비늘줄기]

○● 青蒜, 石蒜, 装蒜

【蒜瓣儿】 **suànbànr** [명][구]《植》 마늘쪽.

【蒜毫】 **suànháo**(～儿) [명]《植》 마늘종. 마늘쫑. 산대(蒜薹).

【蒜黄】 **suànhuáng**(～儿) [명]《植》 햇빛을 쐬지 않고 길러 낸 연한 마늘잎.

【蒜苗】 **suànmiáo** [명][방]《植》 **1** 마늘잎. **2** (연한) 마늘종. 마늘쫑.

【蒜泥】 **suànní** [명] 다진 마늘.

【蒜茸】 **suànróng** [명] 다진 마늘.

【蒜薹】 **suàntái** [명]《植》 마늘종. 마늘쫑.

【蒜头】 **suàntóu**(～儿) [명]《植》 마늘통. 마늘의 인경(鳞茎).

【蒜头鼻子】 **suàntóu bí·zi** [명][비] 주먹코. 개발코. 사자코.

## 筭 suàn 산가지 산

[문] '算(suàn)'과 같음.

## **算 suàn 셀 산

[동] **1** 계산하다. 셈하다. 세다. ¶口～＝암산하다. / 预～＝예산하다. **2** 셈에 넣다. 계산에 넣다. 치다. 포함시키다. ¶不～导游, 这个旅游团共有三十人。＝가이드를 포함시키지 않으면 여행단 인원은 모두 30명이다. **3** 따지다. 추측하다. …라고 생각하다. ¶我～着你该回中国了。＝나는 네가 중국으로 돌아가야 한다고 생각한다. **4** 계획하다. 계략을 꾸미다. 타산하다. 기도하다. ¶打～＝타산하다. …하려 하다. / 盘～＝궁리하다. **5** (유효하다고) 인정하다. 책임을 지다. 말한 대로 하다. ¶这事经理说了～。＝이 일은 사장님이 말한 대로 책임을 질 것이다. **6** 간주하다. 치다. …로 인정하다. …라고 여겨지다. …인 셈이다. ¶这件大衣不～便宜。＝이 코트는 싼 편이 아니다. **7** 그만두다. 그냥 넘기다. 따지지 않다. 더 이상 왈가왈부하지 않다. ¶这次吃亏就～了, 下次不跟他合作。＝이번 손해는 그만두고 다음부터는 그와 같이 일을 하지 않겠다. [부] 마침내. 드디어. 끝내. 결국. 어쨌든. ¶他后来～把那个问题解决了。＝후에 그는 마침내 그 문제를 해결하였다.

○● 暗算, 笔算, 成算, 筹chóu算, 打算, 倒算, 概gài算, 核算, 合算, 划huá算, 换算, 计算, 结算, 决算, 口算, 匡kuāng算, 盘算, 掐qiā算, 清算, 上算, 神算, 胜算, 推算, 心算, 演算, 验yàn算, 预算, 运算, 折zhé算, 珠zhū算, 总算

【算不得】 **suàn·bu·de** [동] … 축에 넣을 수 없다. … 축에 들지 않다. …라고 인정할 수는 없다. 손꼽히지 못하다. 대단한 것이 아니다. ¶我的工资还～高薪。＝내 월급은 여전히 고액 봉급 축에 들지 못한다.

【算不了】 **suàn·buliǎo** [동] **1** 계산할 줄 모르다. 풀 줄 모르다. 계산할 수 없다. ¶这道儿何题我～。＝이 기하 문제를 나는 풀 줄 모른다. **2** 셈에 넣을 수 없다. …라고 인정할 수 없다. … 축에 들지 않다. ¶他刚入门, ～行家。＝그는 금방 입문을 한 터라 전문가라고 할 수 없다.

【算不了什么】 **suàn·buliǎo shén·me** [낮] 아

무엇도 아니다. 별것 아니다. 심각한 것이 아니다. 그리 대단한 것이 아니다. 귀중한 것이 아니다. ¶只是点心意儿, ~。=그저 보잘것없는 성의일 뿐 별것 아닙니다.

【算不了一回事】suàn·buliǎo yī huí shì 아무것도 아니다. 별것 아니다. 심각한 것이 아니다. 그리 대단한 것이 아니다. 귀중한 것이 아니다.

【算不上】suàn·bushàng 통 …로 칠 수 없다. 기준에 이르지 못하다. …라고 할 수 없다. 손에 꼽히지 않다. 계산에 들어가지 않다. ¶他只是跑龙套的, ~专业演员。=그는 엑스트라일 뿐 전업 배우라고 할 수는 없다.

【算草】suàncǎo(~儿) 명 (數) 연산식. 계산식. (계산 문제를) 연산한 초고.

【算尺】suànchǐ ☞【计算尺】jìsuànchǐ

【算大账】suàn dàzhàng 통한 대강의 손익을 계산하다. 대국적으로 득실을 판단하다. 대국적으로 타산하다. ¶凡事不能只顾眼前利益, 要学会~。=무슨 일이든 눈앞에 이익만 고려해서는 안 되고, 대국적으로 판단하는 것을 배워야 한다.

【算得】suàn‖dé 통 …라고 여기다〔여기다〕. …라고 할 수 있다. 헤아릴 수 있다. ¶他们俩~是青梅竹马。=그 두 사람은 죽마고우라고 할 수 있다.

【算法】suànfǎ 명 계산법. 산술. 계산 방식.

【算卦】suàn‖guà 통 (팔괘로) 점을 치다.

【算话】suànhuà 통 말한 대로 하다. 한 말에 책임을 지다. ¶他这人说话~。=그는 말하면 말한 대로 하는 사람이다.

【算计】suàn·ji 통 1 (수를) 계산하다. 셈하다. ¶数量太多, 很难~。=너무 많아서 계산하기 어렵다. 2 추측하다. 짐작하다. 예견하다. 예측하다. ¶我~他不会来参加会议。=내 생각에 그는 회의에 참석하러 오지 않을 것이다. 3 계획하다. 고려하다. 생각하다. ¶这事得好好~~。=이 일은 잘 계획해야 한다. 4 음해하다. 몰래 모해하다. ¶不要搞~人的把戏。=남을 음해하는 농간을 부리지 마시오.

【算计儿】suàn·jir 명통 계획. 계책. 타산. 지략. ¶店铺开张前要先有个~。=점포를 개업하기 전에 계획이 있어야 한다.

【算筋算骨】suànjīn-suàngǔ 숙히 치밀하게 계산하다. 세밀하게 타산하다.

【算旧账】suàn jiùzhàng ☞【算老账】suàn lǎozhàng

【算来】suàn·lái 통 추측해 보다. 헤아려 보다. 계산해 보다. =【算起来】suàn·qǐ·lái ¶~我们已有十多年没见了。=헤아려 보니 우리는 이미 십여 년 동안 만나지 못했다.

【算来算去】suànlái-suànqù 숙 1 반복적으로 계산하다. 이리저리 계산하다. ¶~还是对不上账。=아무리 계산해 보아도 장부가 맞지 않는 다. 2 이리저리 궁리하다. 앞뒤로 따져 보다. ¶~还是不去的好。=아무리 생각해 봐도 가지 않는 것이 좋겠다.

【算老几】suànlǎojǐ 숙 중요한 사람이 아니다. 축에도 들지 못하다. ¶你~, 敢在我面前要

横?=네가 뭔데, 감히 내 앞에서 행패냐?

【算老账】suàn lǎozhàng 통 1 묵은빚을 청산하다. 묵은빚을 갚다. 2 옛일을 들추어 내어 청산하다. 과거의 일을 들추어 내어 따지다. =【算旧账】suàn jiùzhàng

【算命】suàn‖mìng 통 (앞날의 운세·운수를) 점치다.

【算盘】suàn·pán 명 1 주산. 주판. 2 타산. 심산. 계획. 기대. ¶如意~=뜻대로 되기만을 바라는 심산. 독장수셈.

【算盘脑袋】suàn·pan nǎo·dai 명 1 아주 뛰어난 계산 능력. 2 계산 능력이 아주 뛰어난 사람. 타산적인 사람. 인색한 사람. 구두쇠.

【算盘珠】suàn·pánzhū(~儿) 명 1 주판알. 2 피동적인 사람. 남에게 쥐어사는 사람. =【算盘子儿】suàn·pánzǐr

【算盘子儿】suàn·pánzǐr ☞【算盘珠】suàn·pánzhū

【算起来】suàn·qǐ·lái ☞【算来】suàn·lái

【算式】suànshì 명 (數) 식. 계산식.

【算是】suànshì 부 드디어. 마침내. 겨우. …하고 나서야. ¶我多年的梦想~实现了。=나의 오랜 꿈이 드디어 실현되었다. 통 1 (…라고) 불릴 만하다. 할 만하다. ¶他~有水平的人。=그는 수준 있는 사람이라고 할 만하다. 2 …인 셈이다. …으로 치다. …로 간주하다. …로 인정하다. ¶今天~我输了。=오늘은 내가 진 셈이다.

【算术】suànshù 명 1 (數) 산술. 2 (초등 학교의 교과 과목 가운데 하나인) 수학.

【算数】suàn‖shù 통 1 숫자를 세다. 수를 헤아리다. 수를 계산하다. ¶掰着手指头~。=손가락을 꼽아가며 숫자를 세다. 2 (~儿) 한 말을 책임지다. 말한 대로 하다. (유효하다고) 인정하다. ¶家里的大小事情他说了~。=집의 대소사는 그가 말한 대로 한다. 3 그뿐이다. 그만이다. 그것으로 됐다. 그만하면 좋다. ¶你要喝三杯酒才~。=너는 술 석 잔을 마셔야 그만둔다. ≒作数 作准

【算题】suàntí 명 (數) 수학 문제. 계산 문제.

【算无遗策】suànwúyícè 숙 계획이 주도면밀하여 빈틈이 없다. 일을 할 때 빠뜨리거나 틀리는 일이 없다. 일에 빈틈이 없다.

【算细账】suàn xìzhàng 통 1 손익을 자세히 계산하다. ¶~, 每月的开销得两千元左右。=손익을 잘 계산해 보면, 매달 지출이 2천 위안 정도 되어야 한다. 2 정산하다.

【算小账】suàn xiǎozhàng 통비 작은 이익만 챙기다. 눈앞의 작은 손익만 계산하다.

【算学】suànxué 명 (數) 1 수학. 2 산술(算術).

【算账】suàn‖zhàng 통 1 계산하다. 회계하다. 결산하다. 2 (손해를 보거나 실패한 뒤에 보복의 의미로) 결판을 내다. 끝장을 보다〔내다〕. 흑백을 가리다. 시비를 가리다. ¶改天才找你~!=나중에 다시 너와 결판을 낼 거다.

【算总账】suàn zǒngzhàng 통 1 총결산하다. 2 비 묵은 문제를 한꺼번에 해결하다. 맺혔던 원한을 한 번에 갚다.

【算作】 **suànzuò** 통 ⋯인 셈이다. ⋯으로 치다. ⋯로 간주하다. ¶这套衣服我仅付钱，~我送你的礼物。=이 옷은 내가 돈을 치를 테니, 당신에게 드리는 선물이라 생각하십시오.

## sui

**尿** **suī** 오줌 뇨
명방 오줌. ¶尿(niào)~=오줌을 싸다.
☞ niào쪽.
【尿泡】 **suī·pāo** ☞【尿脬】 **suī·pāo**
【尿脬】[尿泡] **suī·pāo** 명 방광.

**虽[雖]** **suī** 비록 수
접(문) **1** 비록 ⋯이지만. ¶他年龄~小，但本领很大。=그는 비록 나이가 어리지만 능력은 대단하다. **2** 설사 ⋯이더라도. ¶为正义而死，~死犹生。=정의를 위해 죽는다면, 죽더라도 살아 있는 것과 다름이 없다.
【虽然】 **suīrán** 접 비록 ⋯하지만〔일지라도〕. 설령 ⋯일지라도. ① 앞 구절 주어(主語)의 앞뒤에 쓰이며, 뒷구절에는 일반적으로 '但是(dànshì)'·'可是(kěshì)'·'却是(quèshì)'·'但(dàn)'·'可(kě)'·'却(què)' 등이 호응하여 쓰임. ¶那~是多年前的小事，但我现在仍记忆犹新。=그것은 몇 해 전에 있었던 작은 일이지만 지금도 기억에 새롭다. ② 뒷구절 주어(主語) 앞에 쓰이며, 뒷구절이 보충 설명의 역할을 함. [이 경우 앞 구절에는 관련된 어휘를 사용할 수 없음] ¶现在还没有结果，~已催问了几次。=몇 번 재촉했지만 아직 결과가 안 나왔다.
【虽说】 **suīshuō** 접 비록 ⋯이라도. 비록 ⋯하지만. 설령 ⋯일지라도. ¶~刚认识不久，但我们已是无话不谈的好朋友了。=비록 서로 안 지가 오래 되지는 않았지만 우리는 이미 못할 말이 없는 좋은 친구이다.
【虽死犹荣】 **suīsǐ-yóuróng** 성 **1** 사람은 비록 죽었지만 가치 있는 죽음이다. **2** 정의로운 일을 위해 헌신하였다면 죽어도 영광이다.
【虽死犹生】 **suīsǐ-yóushēng** 성 **1** 가치 있는 죽음은 죽었어도 살아 있는 것 같다. 가치 있는 죽어 아직 사람들의 마음 속에 살아 있다. **2** 정의로운 일을 위해 헌신하였다면 죽어서도 그 가치를 인정받는다.
【虽则】 **suīzé** 접 비록 ⋯이라도. 비록 ⋯하지만. 설령 ⋯일지라도. ¶~辛苦了点，但我们毕竟学到了不少知识。=비록 우리가 고생은 좀 했지만 많은 지식을 배울 수 있었다.

**荽** **suī** 고수풀 수
☞【芫荽】 **yán·suī**

**眭** **Suī** 성씨 휴
명 성(姓).
☞ huī

**眭¹** **suī** 물 이름 수 / 부릅떠 볼 휴
☞【恣睢】 **zìsuī**
**眭²** **Suī** 성씨 휴
명 **1**〈地〉 수이(睢)현. [허난(河南)성에 있는 현 이름] **2** 성(姓).

**濉** **Suī** 물 이름 휴
명〈地〉 수이허(濉河). [안후이(安徽)성에서 발원하여 장쑤(江苏)성으로 흘러들어가는 강 이름]

**绥[綏]** **suí** 편안할 수
동 안무하다. 위로하다. 어루만지다. 안정시키다. 편안하게 하다. ¶~靖政策=안무 정책. 형(문) 평안하다. 무사하다. [주로 편지글에 쓰임] ¶顺颂春~=아울러 봄철에 평안하시기를 기원합니다.
【绥靖】 **suíjìng** 동(문) 안무〔진무〕하다. 평정시키다. 안정시키다. 진정시키다. 어루만져서 지방의 평정을 유지시키다. ¶~边陲=변경 지역을 평정시키다.
【绥靖主义】 **suíjìngzhǔyì** 명 타협주의. 회유주의. 유화 정책.

**隋** **Suí** 수나라 수
명 **1**〈歷〉 수나라. [581~618년. 양견(楊堅)이 세운 왕조] **2** 성(姓).

**随[隨]** **suí** 따를 수
동 **1** (⋯의 뒤를) 따르다. 좇다. 따라가다. ¶尾~=뒤를 따르다. **2** 순종하다. 순응하다. (⋯에) 따르다. ¶依~=따르다. **3** 마음대로 하게 하다. 멋대로 하게 하다. 맡기다. (⋯에) 달려 있다. ¶你想怎么做，就~你的意吧。=네가 하고 싶은 대로 하여라. **4** 형 닮다. 비슷하다. ¶她长得~她母亲。=그녀는 어머니를 닮았다. 부 곧바로. 즉시. ⋯하자마자 ⋯하다. ¶~叫~到=부르자마자 달려오다. 개 **1** ⋯에 따라. ¶彩旗~风飘扬。=채색 깃발이 바람 따라 휘날리다. **2** ⋯하는 김에 하다. ¶~手拿来=하는 김에 가져오라. 명 (Suí) 성(姓).
【随笔】 **suíbǐ** 명 **1** 수필. **2** 필기. 기록.
【随便】 **suí‖biàn** 동 마음대로 하다. 좋을 대로 하다. 제멋대로 하다. 함부로 하다. 편한 대로 하다. ¶什么时候来，随你的便。=언제 오든지 편한 대로 하십시오.
【随便】 **suíbiàn** 형 무책임하다. 제멋대로이다. 부주의하다. 함부로 하다. ¶他说话很~，从不顾及别人的感受。=그는 언제나 다른 사람의 느낌을 고려하지 않고 말을 함부로 한다. 부 마음대로. 좋을 대로. 자유로이. 함부로. 제멋대로. 그냥 편한 대로. 아무렇게나. ¶你~说两句。=당신 편한 대로 몇〔두어〕 마디 하세요. 접 ⋯를 막론하고. ⋯라 할 것 없이. ¶中餐也好，火锅也好，~吃什么，我都没意见。=중식도 좋고, 샤브샤브도 좋고, 뭘 먹든 나는 괜찮다. ↔拘泥 拘束

【随波逐流】suíbō-zhúliú ⓐ 1 물결치는 대로 표류하다. 2 ⓑ 자기 주견 없이 시대 조류에 휩쓸리다. 남이 하는 대로 따라 하다. 남의 장단에 춤을 추다. 부화뇌동하다. ↔自行其是

【随常】suícháng ⓗ 평범하다. 보통이다. 일반적이다. 수수하다. 뛰어나지 않다. ¶这就是一个~的笔记本, 没什么特别的. =이것은 일반적인 노트일 뿐 별 특별한 것이 없다.

【随处】suíchù ⓑ 도처에. 어디서나. 여기저기. 아무 데나. ¶节日里, ~都是欢歌笑语. =명절에는 어디서나 노랫소리와 웃음소리가 가득하다.

【随船】suíchuán ⓑ 배와 같이. 같은〔가는〕배편으로. ¶~抵达=같은 배편으로 도착하다.

【随从】suícóng ⓢ 수행하다. 모시고 따라가다. 따라다니다. 뒤따르다. ¶~首长出访=지도자를 수행하여 외국을 방문하다. ⓜ 수행원. 종자(従者). ¶~不多=수행원이 많지 않다.

【随大流】suí dàliú ☞【随大溜】suí dàliù

【随大溜】suí dàliù ⓥ (주견·원칙 없이) 다수의 관점에 따라 말하거나 행사하다. 여러 사람이 하는 대로 따르다. 남이 하는 대로 덩달아 하다. 대세에 순응하다. ☞【随大流】suí dàliú

【随带】suídài ⓢ 1 몸에 지니다. 휴대하다. ¶~书籍就这几本. =휴대한 책은 이 몇 권이다. 2 (어떤 물건과) 같이 가지고 가다. 함께 지니고 가다. ¶信件~包裹一个. =편지와 함께 소포 하나를 같이 가지고 가다.

【随得随失】suídé-suíshī ⓐ 얻자마자 잃어버리다. 얻는 족족 다 써 버리다.

【随地】suídì ⓑ 어디서나. 아무 데나. ¶不可~吐痰. =아무 데나 침을 뱉으면 안 된다.

【随调】suídiào ⓢ (기관·기업 등에서) 직원이 전근할 때 가족이 따라 이동하다.

【随动件】suídòngjiàn ⓜ 〔機〕종동부(從動部).

【随方就圆】suífāng-jiùyuán ⓐⓑ 모난 데는 모난 대로 둥근 데는 둥근 대로 대응하다. 성격이 원만하다. 환경에 잘 적응하다. 융통성이 있다. 남의 비위를 잘 맞추다. 대응 능력이 강하다.

【随访】suífǎng ⓢ (상관을) 모시고 방문하다. 수행하고 방문하다. ¶~人员=수행 방문 인원. ⓜ (환자 치료나 상품 판촉 활동에서의) 방문 지도. 사후 방문 조사 및 지도.

【随份子】suífèn·zi ⓢ 1 남의 경조사에 부조를 가지고 조문하다. 2 각자 분담한 돈을 합쳐 단체로 선물하다.

【随风】suífēng ⓢ 바람을 따르다. 바람에 따르다. ¶~而逝=바람 따라 사라지다.

【随风倒】suífēngdǎo ⓥⓑ 바람 부는 대로 기울이다. 자기의 주견 없이 대세에 쏠리다. 남이 말하는 대로 하다.

【随风转舵】suífēng-zhuǎnduò ☞【顺风转舵】shùnfēng-zhuǎnduò

【随感】suígǎn ⓜ 수감. 마음에 일어나는 그대로의 생각이나 느낌. [주로 책 제목에 쓰임] ¶《旅美~》=《미국 여행 스케치》.

【随高就低】suígāo-jiùdī ⓐ 1 지세(地勢)에 따라 설계하고 배치하다. 2 ⓑ 실제 상황에 따라 적당하게 배치하다.

【随函】suíhán ⓑ (어떤 사물을) 편지와 함께〔같이〕동봉하여. ¶~寄去合同一份. =편지와 함께 계약서 한 부를 동봉하여 보내다.

【随行就市】suíháng-jiùshì ⓢ 가격이 시세에 따라 변동하다. 시세에 따라 값이 오르내리다. 시세에 따라 값을 매기다.

【随和】suí·he ⓗ (태도·성격 등이) 부드럽다. 상냥하다. 온순하다. 유순하다. (남과) 사이좋게 지내다. ¶他很~, 跟同事处得不错. =그는 성미가 아주 유순해서 동료들과 사이좋게 지낸다.

【随后】suíhòu ⓑ 뒤따라. 뒤이어. 이어서. 그 다음에. [주로 '就(jiù)'와 이어 씀] ¶你们先去, 我~就来. =당신들 먼저 가세요, 내가 뒤따라 곧 갈게요.

【随机】suíjī ⓢ (상황의 변화에 따라) 기회를 보다〔타다〕. 적당한 때〔시기〕를 잡다. ¶~调整对策=상황에 따라 대책을 조절하다. ⓑ 무작위(無作爲)로. 임의로. 수시로. ¶~抽查=임의로 추출하여 검사하다.

【随机存取存储器】suíjī cúnqǔ cúnchǔqì ⓜ 〔컴〕램(RAM, random access memory). =【随机访问存储器】suíjī fǎngwèn cúnchǔqì

【随机访问存储器】suíjī fǎngwèn cúnchǔqì ☞【随机存取存储器】suíjī cúnqǔ cúnchǔqì

【随机应变】suíjī yìngbiàn ⓐ 임기응변하다. =【临机应变】línjī yìngbiàn

【随即】suíjí ⓑ 바로. 즉각. 즉시. 곧. ¶做好准备, ~出发. =준비를 차질 없이 해 두세요, 곧 출발할 테니까.

【随记】suíjì ⓢ 수기하다. 손 가는 대로 기록하다. ¶随看~=보는 족족 기록하다. ⓜ 수기. [수필과 비슷하지만 기술(記述)에 보다 편중된 산문. 주로 문장 표제어로 쓰이는 말] ¶《旅行~》=《여행 수기》.

【随军】suíjūn ⓢ 종군하다. 군대를 따라가다. ¶~奔赴战场=종군하여 전쟁터를 누비다. ⓜⓗ 종군(의). ¶~记者=종군 기자.

【随口】suíkǒu ⓑ 입에서 나오는 대로. 엉겁결에. 얼떨결에. 아무 생각 없이 되는대로. 아무렇게나. ¶~答应=아무 생각 없이 대답하다.

【随流】suíliú ⓑ (언행이) 시대 조류를 따르다. 시세(時世)를 따르다. 시대의 흐름에 순응하다.

【随迁】suíqiān ⓢ 따라서 이사가다〔옮기다〕. 함께 이동하다. 따라가다. ¶~异乡=타향으로 따라가다.

【随群】suíqún (~儿) ⓢ 여러 사람이 하는 대로 하다. 대중을 따르다. 모두에게 맞추다.

【随人】suírén ⓢ 1 다른 사람을 따르다. ¶~出游=다른 사람을 따라 유람을 나서다. 2 남이 하는 대로 하다. ¶~摆布=남이 하자는 대로 좌지우지되다.

【随身】suíshēn ⓢ 1 곁에 따라〔붙어〕다니다. ¶~保镖=그림자처럼 붙어다니는 경호원. 2 몸에 지니다. 휴대하다. 몸에 간직하다. ¶~携带=휴대하다.

【随身听】suíshēntīng 명 워크맨(walkman).
【随声附和】suíshēng-fùhè 성 남이 말하는 대로 따라 말하다. 부화뇌동하다. 자기 주장 없이 남의 의견에 맹목적으로 영합하다. ≒人云亦云
【随时】suíshí 부 1 그때 즉시〔곧〕. 그때 그때에. 제때. 적시에. 형편에 따라. ¶~报告现场情况。=적시에 현장 상황을 보고하다. 2 수시로. 언제나. 아무 때나. 언제든지. 때를 가리지 않고. 시시각각으로. ¶有什么需要帮忙的,~来找我。=도움이 필요한 일이 있으면 언제든지 찾아오세요.
【随时随地】suíshí-suídì 부 언제 어디서나. 형편에 따라.
【随势】suíshì 통 상황·정세의 변화에 따르다〔따라 행동하다〕. 형편에 따르다〔따라 움직이다〕. 사정에 따라 잘 조치하다.
【随事应景】suíshì-yìngjǐng 성 사태 발전에 따라 대응하다. 일의 형편에 따라 잘 조치하다. 형편에 따라 행동하다.
【随手】suíshǒu (~儿) 부 …하는 김에. 겸해서. ¶离开时请~关灯。=나가면서 불을 좀 꺼주세요.
【随顺】suíshùn 통 순종하다. 따라가다. 온순하게 따르다. ¶凡事要有主见, 不要轻易~他人。=무슨 일이나 자기 주견이 있어야지, 쉽게 남을 따라서는 안 된다. 형 온순하다. 상냥하다. 유순하다. 남과 사이좋게 지내다. ¶她的性子很~。=그녀의 성격은 매우 온순하다.
【随俗】suísú 통 (그때·그곳의) 풍속을 따르다. 세속을 쫓다. 관습을 따르다. ¶入乡~=그 지역에 가면 그 지역의 풍속을 따르다.
【随…随…】suí… suí… 부 …하자마자〔하는 대로〕…하다. [두 개의 동사나 동사성의 단어 앞에 쓰여, 뒷 동작이 앞 동작에 바로 이어 일어남을 나타냄] ¶~说~写=말하는 대로 바로 쓰다. / ~吃~买=먹어치우는 대로 곧바로 사다.
【随随便便】suí·sui biànbiàn 형 1 신경 쓰지 않다. 마음쓰지 않다. 개의치 않다. 염두에 두지 않다. ¶~穿了件衣服就出门了。=되는 대로 걸치고 문 밖으로 나섰다. 2 마음대로 하다. 편한 대로 하다. 제멋대로 하다. 아무렇게나 하다. 하고 싶은 대로 하다. 함부로 하다. ¶东西不要~乱扔。=물건을 함부로 버리지 마세요.
【随同】suítóng 통 수행하다. 동반하다. 동행하다. 함께〔같이〕 가다. ¶~前往=함께 가다.
【随往】suíwǎng 통부 수행하다. 함께 가다.
【随喜】suíxǐ 통 1 (종) 사원을 참배〔참예(參詣)〕하다. 2 (佛) 남의 선행을 마음속으로 기뻐하다. 3 (佛) 남의 선행을 보고 기꺼이 참가하다. 4 (오락 등) 단체 활동에 기꺼이 참가하다. 여럿이 선물하는 데 한 몫 끼다. 기쁨을 같이 하다. ¶~! 我也凑一份儿。=같이 끼워 주세요. 나도 사면 줄게요.
【随乡入乡】suíxiāng-rùxiāng 성 그 지방에 가면 그 지방 풍속을 따르다. =【入乡随乡】rù xiāng-suíxiāng
【随想】suíxiǎng 명 수상. 그때그때 떠오르는 느낌이나 생각〔감상〕. ¶~录=수상록.

【随想曲】suíxiǎngqǔ 명(音) 기상곡(綺想曲). 카프리치오(capriccio). 광상곡(狂想曲).
【随心】suí‖xīn 1 뜻대로 하다. 생각대로 하다. 마음대로 하다. 제멋대로 하다. 하고 싶은 대로 하다. ¶~购买=사고 싶은 대로 사다. 2 자기 마음에 들다. 만족하다. 마음에 맞다. ¶事事~=모든 일이 마음에 들다.
【随心所欲】suíxīnsuǒyù 성 자기 뜻대로 하다. 하고 싶은 대로 하다. 제 마음대로 하다. =【从心所欲】cóngxīnsuǒyù
【随行】suíxíng 통 수행하다. 따라가다. ¶~人员=수행원.
【随意】suí‖yì 부 (자기) 마음대로. 뜻대로. 내키는 대로. 하고 싶은 대로. ¶大家~吃, 不必客气。=모두들 사양하지 마시고, 드시고 싶은 대로 드세요. 통 (자기) 생각대로 하다. 하고 싶은 대로 하다. 원하는 대로 하다. ¶到这儿就跟在自己家一样, ~。=여기서는 자기 집처럼 마음대로 하십시오. ≒任意
【随意肌】suíyìjī ☞【骨骼肌】gǔgéjī
【随意性】suíyìxìng 명 임의성.
【随遇而安】suíyù'érān 성 어떤 환경에도 잘 적응하고 만족하다. 자기의 처지에 만족하고 안주하다. ↔愤世嫉俗
【随遇平衡】suíyù pínghéng 명(物) 중립(中立) 평형.
【随员】suíyuán 명 1 외교관 시보(試補). [재외 공관의 최하급 외교관] 2 (외교 사절·대표단 등의) 수행원.
【随葬】suízàng 통 (재물 등을) 사자와 함께 매장하다. 부장(副葬)하다. ¶~品=부장품.
【随着】suí·zhe 통 (…에) 따르다. …따라서. 뒤이어. …에 따라. ¶~社会的发展, 人们对居住环境的要求越来越高。=사회가 발전함에 따라 사람들의 주거 환경에 대한 요구가 갈수록 높아지고 있다.
【随嘴】suízuǐ 통 입에서 나오는 대로 멋대로 말하다. 함부로 말하다. 아무렇게나 말하다. 아무 생각 없이 지껄이다. ¶~说说而已, 不必当真。=그냥 나오는 대로 말한 것일 뿐이니 진지하게 받아들이지 마세요.

*遂 suí 이를 수
☞【半身不遂】bànshēn bùsuí
☞ suì

*髓 suǐ 골수 수
명 1 (生) 골수. 골. 뼛골. 뼛속. ¶敲骨吸~=뼈를 두드려 깨서 골수를 빨아먹다. 악랄하게 착취하다. 2 골수처럼 생긴 물질. ¶脑~=뇌수. 3 (植) 고갱이. 목수(木髓). 4 비 정수. 정화(精華). 진수. 요점. 핵심. ¶精~=정수.

●─● 齿chǐ髓, 精髓, 心髓, 延髓

*岁[歲, 崴] suì 해 세
양 살. 세. [연령을 세는 단위] ¶孩子快三~了。

=아이가 곧 세 살이 된다. 图 **1** 해. ¶年终末=연말. 세모. **2** 图 작황. (한 해의) 수확. ¶~丰=풍년. **3** 图 세월. 시간. ¶~去人老=세월이 가면 사람은 늙는다. **4** (Suì) 성(姓).

○● 辞岁, 客岁, 年岁, 千岁, 去岁, 守岁, 太岁, 万岁, 虚xū岁, 早岁, 终岁, 周岁, 卒zú岁, 足岁, 压岁钱

【岁不我与】**suìbùwǒyǔ** 图 세월〔시간〕은 사람을 기다려 주지 않는다.
【岁差】**suìchā** 图 (天) 세차.
【岁出】**suìchū** 图 세출. 국가의 회계 연도 내의 총 지출액. ↔岁入
【岁初】**suìchū** 图 연초. 새해 첫머리. 조세(肇岁). 연두.
【岁除】**suìchú** 图图 섣달 그믐. 섣달 그믐날 밤. 제야. 세제(歲除). 제석(除夕).
【岁寒】**suìhán** 图图 세한. 추운 겨울. 한겨울의 추위.
【岁寒三友】**suìhán-sānyǒu** 图 **1** 세한삼우. [추운 겨울철의 세 벗이라는 뜻으로, 추위에 잘 견디는 소나무·대나무·매화나무를 통틀어 이르는 말] **2** 图 기개가 있어 본받을 만한 가치가 있는 친구.
【岁口】**suìkǒu** 图 짐승의 나이.
【岁杪】**suìmiǎo** 图图 연말(年末). 세밑. 세모.
【岁末】**suìmò** 图 세밑. 연말(年末). 세모. 늦岁暮=岁首
【岁暮】**suìmù** 图图 **1** 세모. 세밑. 연말(年末). ¶~天寒=세밑에는 날씨가 차다. **2** 也 노년. 만년. 늘그막. ¶~之人=노령에 접어든 사람.
【岁入】**suìrù** 图 세입. 국가의 회계 연도 내의 총 수입액. ↔岁出
【岁收】**suìshōu** 图 한 해의 수입.
【岁首】**suìshǒu** 图图 연초. 정초. 정월. 세수(歲首). 세초(歲初). 수세(首歲). 연두(年頭). ↔岁末 岁暮
【岁数】**suì·shu**(~儿) 图 나이. 연령. 연세. ¶你父亲多大~了?=당신 아버지 연세가 어떻게 되세요?
【岁岁】**suìsuì** 图图 해마다. 연년이. 매년. ¶~平安=해마다 평안하기를 기원합니다.
【岁尾】**suìwěi** 图 연말(年末). 세밑. 세모(歲暮). 세말(歲末).
【岁星】**suìxīng** 图(天)图 세성. 태세(太歲). [목성(木星)의 별칭]
【岁修】**suìxiū** 图 해마다 일정한 계획에 따라 하는 수리〔보수〕작업.
【岁序】**suìxù** 图 **1** 세서. 세월이 바뀌는 순서. 일월의 운행. ¶~更新=해가 바뀌다. **2** 세월. ¶~变迁=세월이 바뀌다.
【岁阴】**suìyīn** ☞ 【太岁】**tàisuì**
【岁月】**suìyuè** 图图 **1** 세월. ¶~不居=세월은 멈추지 않는다. **2** 시간. ¶~流逝=시간이 유수처럼 빨리 흘러가다. 늦年月
【岁月不饶人】**suìyuè bù ráo rén** 图 세월은 사람을 비껴가지 않는다. 세월은 속일 수가 없다.

* **祟** **suì** 빌미 수

图 **1** (귀신이 사람에게 끼치는) 재화. **2** 작간(作奸). 정당하지 않은 행동. 간악한 꾀. ¶邪~=사악한 작간. / 鬼~=귀신이 작간을 부리다.

○● 祸huò祟, 邪xié祟

**谇[誶]** **suì** 꾸짖을 수

图图 **1** 힐문하다. 꾸짖다. 질책하다. ¶诟~=꾸짖다. **2** 간쟁(諫諍)하다. 충고하다. ¶朝~而夕替=아침에 충고하면 저녁에 고치다. 남의 충고를 잘 받아들이다.

**遂** **suì** 이룰 수

图 **1** 성공하다. 이루다. 성취하다. ¶未~=미수. / 功成名~=성공도 하고 명예도 얻다. **2** 마음대로 되다. 뜻대로 되다. 생각대로 되다. 순조롭게 이루어지다. ¶顺~=순조롭게 이루어지다. / 天~人愿=하늘이 인간의 소원을 뜻대로 이루어 주다. 图图 그래서. 곧. 즉시. 드디어. 결국. ¶久等不见, ~去. =오래 기다렸으나 나타나지 않자 결국 가 버렸다. 图 (Suì) 성(姓).

☞ **suí**

○ 遂 suì
   隧 suì
   燧 suì
   邃 suì

○● 甘遂, 顺遂

【遂心】**suì**‖**xīn** 图 만족하다. 마음에 들다. 뜻대로 되다. ¶~如意=일이 뜻대로 되다.
【遂意】**suì**‖**yì** 图 만족하다. 마음에 들다. 뜻대로 되다.
【遂愿】**suì**‖**yuàn** 图 소원대로 되다. 소원이 성취되다. 뜻대로 이루어지다. 원하는 대로 이루어지다. ¶找到了理想的工作, 她总算~了. =이상적인 직업을 찾았으니, 드디어 그녀의 소원이 성취된 셈이다.

** **碎** **suì** 부서질 쇄

图 **1** 부서지다. 깨지다. ¶破~=부서지다. / 粉~=박살나다. **2** 박살내다. 부수다. ¶粉身骨=분골쇄신하다. 图 **1** 자질구레하다. 부스러져 있다. 온전치 못하다. ¶琐~=자질구레하다. / ~米=싸라기. **2** 말이 많다. 수다스럽다. 재자재자하다. 잔소리가 많다. ¶闲言~语=쓸데없는 시비와 공론.

○● 零碎, 破碎, 细碎, 玉碎, 杂碎, 嘴碎

【碎步儿】**suìbùr** 图 잰걸음. 종종〔총총·종종〕걸음. [주로 전통극 공연의 걸음걸이를 묘사할 때 쓰임] =【碎步子】**suìbù·zi**
【碎步子】**suìbù·zi** ☞ 【碎步儿】**suìbùr**
【碎烦】**suìfán** 图 자질구레하고 번거롭다. 사소하고 잡다하다. 번잡하다. ¶事务~=사무가 사소하고 잡다하다.
【碎花儿】**suìhuār** 图 작고 오밀조밀한 꽃무늬.
【碎货】**suìhuò** 图 자질구레한 물품. 잡화. ¶摆

개 小摊儿卖点~. =노점을 벌이고 잡화를 팔다.

【碎块儿】**suìkuàir** 〔명〕 (부서진) 조각. 부스러기.

【碎裂】**suìliè** 〔동〕 산산이 부서지다. 깨지다. ¶玻璃砰的一声~了. =유리가 쾅 하고 산산조각이 났다.

【碎米】**suìmǐ** 〔명〕 싸라기. 쌀 부스러기.

【碎末儿】**suìmòr** 〔명〕 가루. 분말.

【碎片儿】**suìpiànr** 〔명〕 (부서진) 조각. 단편. 부스러기.

【碎尸万段】**suìshī-wànduàn** 〔성〕 갈기갈기〔갈가리〕 찢어죽이다. 엄벌에 처하다.

【碎石】**suìshí** 〔명〕 잘게 깨진〔부순〕 돌. 잔돌. 자갈.

【碎石机】**suìshíjī** 〔명〕〔機〕 쇄석기.

【碎土机】**suìtǔjī** 〔명〕〔機〕 토양 분쇄기.

【碎屑】**suìxiè** (~儿) 〔명〕 부스러기. 부서진 가루.

【碎银】**suìyín** 〔명〕〔옛〕 (화폐로 쓰였던) 부스러기 은전.

【碎纸机】**suìzhǐjī** 〔명〕 문서 절단기. 서류 촌단기. 슈레더(shredder).

【碎嘴子】**suìzuǐ·zi** 〔형〕〔방〕 수다스럽다. 말이 많다. ¶老太太~, 说起来就没完. =할머니는 수다스러워서 말을 한번 시작하면 그칠 줄 모른다. 〔명〕〔방〕 수다쟁이. 잔소리꾼.

## 睟 **suì** 매끈할 수

〔형〕〔문〕 1 윤나다. 매끈하다. 반들반들하다. 함치르르하다. 2 색깔이 순수하다〔깨끗하다〕.

## *隧 **suì** 굴 수

〔명〕〔문〕 굴. 터널. 지하(갱)도.

【隧道】**suìdào** 〔명〕 굴. 터널.

【隧洞】**suìdòng** 〔명〕 굴. 터널.

## 燧 **suì** 부싯돌 수

〔명〕 1〔옛〕 부시. 수금(燧金). 화도(火刀). [옛날에 불을 일으키는 도구]. ¶~石 =부싯돌. 2〔옛〕 봉화. 봉수(烽燧). ¶烽~ =봉화.

○● 阳燧

【燧人氏】**Suìrénshì** 〔명〕 수인씨. [중국 고대 전설에서 처음으로 인류에게 불피우는 법과 화식(火食)법을 전수했다고 하는 인물]

【燧石】**suìshí** 〔명〕 부싯돌. 〔同〕【火石】**huǒshí**

## **穗 **suì** 이삭 수

〔명〕 1 (실·천·종이 등으로 만든 장식용) 술. 느림. ¶剑~儿 =검에 달린 술. 2 (~儿)〔植〕 이삭. ¶麦~儿 =밀·보리 이삭. 3 (Suì)〔地〕 '广州(광저우)'의 별칭. 4 (Suì) 성(姓).

○● 抽穗, 果穗, 接穗, 吐tǔ穗, 孕yùn穗

【穗状花序】**suìzhuàng huāxù** 〔명〕〔植〕 수상화서. 수상 꽃차례.

【穗子】**suì·zi** 〔명〕 1〔植〕 이삭. ¶高粱~ =수수 이삭. 2 (깃발 따위의 장식용) 술. ¶灯笼~ =등에 달린 술.

## 穟 **suì** 이삭 수

〔명〕 '穗(suì)'와 같음.

## 邃 **suì** 깊을 수

〔형〕〔문〕 1 (공간·시간적으로) 멀다. 깊다. 심원하다. ¶深~ =깊다. 2 (학문·이론이) 정심(精深)하다. 심오하다. 정밀하고 깊다. ¶精~ =심오하다. 정심하다.

○● 幽yōu邃

【邃古】**suìgǔ** 〔명〕 아주 먼 옛날. 원고(遠古). 태고(太古). 상고(上古).

【邃密】**suìmì** 〔형〕 1 깊숙하다. 깊다. ¶幽谷~ =유곡이 깊숙하다. 2 정밀하고 깊다. 조예가 깊다. ¶~的科学研究 =정밀하고 깊은 과학 연구.

# sun

## **孙[孫] **sūn** 손자 손

〔명〕 1 손자. 손녀. ¶祖~三代 =할아버지에서 손자에 이르는 3대. 2 손자뻘〔항렬〕의 친척. ¶外~ =외손. 3 (손자 이후의) 후손. ¶曾~ =증손. 4〔植〕 (한번 자른 식물의 뿌리·그루터기에서 나온) 움. 움돋이. (뿌리 등에서 파생되어 나온) 가지. ¶稻~ =도손. 벼 그루터기에서 돋은 움. 5 (Sūn) 성(姓). [고어에서 '逊(xùn)'과 같음]

○ 孙 sūn
狲 sūn
荪 sūn
逊 xùn

○● 重chóng孙, 儿孙, 公孙, 徒孙, 王孙, 长zhǎng孙, 子孙

【孙儿】**sūn'er** 〔명〕 손자. 손자녀석.

【孙女】**sūnnǚ** (~儿) 〔명〕 손녀.

【孙女婿】**sūnnǚ·xu** 〔명〕 손녀사위. 손녀의 남편. 손서(孫壻).

【孙悟空】**Sūn Wùkōng** 〔명〕 손오공. [소설 《西游记(서유기)》의 주인공]

【孙媳妇】**sūnxí·fu** (~儿) 〔명〕 손자며느리. 손자의 아내. 손부(孫婦).

【孙中山】**Sūn Zhōngshān** 〔명〕 손중산(1866~1925년). [이름은 문(文). 광둥(广东)성 샹산(香山)〔지금의 중산(中山)〕시 사람. 중국의 위대한 민주주의 혁명가로, 신해혁명(1911년) 후 중화민국의 임시 대통령으로 추대됨]

【孙子兵法】**Sūnzǐ Bīngfǎ** 〔명〕 《손자병법》. [춘추 말기 오(吴)나라 장군이자 병법가인 손무(孙武)가 편찬한 현존하는 가장 오래 된 병서]

【孙子】**sūn·zi** 〔명〕 손자.

## 荪[蓀] **sūn** 창포 손

〔명〕〔문〕〔植〕 창포(菖蒲).

## 狲[猻] **sūn** 원숭이 손

☞【猢狲】**húsūn**

**飧[(飱)]** sūn 저녁밥 손
명 🗧 저녁밥.

**损[損]** sǔn 줄어들 손
동 **1** 감소하다. 덜다. 줄(이)다. 적어지다. ¶耗~=소모하다. **2** 훼손하다. 손상시키다. 파손되다. ¶缺~=결손나다. 축나다. **3** 손실을 입히다. 손해를 끼치다. 손상을 주다. ¶有~声誉=명예에 손상을 입히다. **4** 🗧 악랄하게 굴다. 빈정거리다. 야박하게 약을 올리다. ¶嘴上积点儿德, 别~人.=입 덕(德)을 좀 쌓아, 그렇게 사람에게 빈정거리지 말아라. 형 각박하다. 악독하다. 지독하다. 박정하다. 냉혹하다. ¶那法子太~了.=그런 방법은 매우 악독하다. ↔益

○─ 贬biǎn损, 海损, 耗hào损, 毁huǐ损, 亏kuī损, 磨损, 消损

【损兵折将】 sǔnbīng-zhéjiàng 🗧 **1** 병졸·수 할 것 없이 죽거나 다치다. 장병을 모두 잃다. **2** 많은 군사를 잃다. **2** 🗧 작전에서 패배하다. 패전하다. 심한 손실을 입다.

【损到家】 sǔndàojiā 🗧 (말·행동이) 야박하기 그지없다. 악랄하기 그지없다. ¶你这样做可真是~了.=네가 이렇게 하는 것은 정말 악랄하다.

【损公肥私】 sǔngōng-féisī 🗧 (국가·단체 등) 공중의 이익을 해치고 자기 잇속만 차리다〔채우다·챙기다〕.

【损害】 sǔnhài 동 (사업·건강·이익·명예 등에) 손실을 입다. 손상시키다. 손해를 입다〔주다〕. 해치다. ¶饮酒过量~健康.=술을 지나치게 많이 마시면 건강을 해친다. ≒危害 破坏 ↔爱护 补偿

【损耗】 sǔnhào 동 소모되다. 손실되다. 축나다. 적어지다. ¶~严重=손실이 심하다. 명 (자연원인·운송 등으로 인한) 손실. 소모. 감모(减耗). 파손. 결손. ¶要尽量减少粮食运输中的~.=양식을 운반하는 과정에서 생기는 손실을 최대한 줄여야 한다. ≒消耗 耗费 ↔补偿

【损坏】 sǔnhuài 동 (원래의 기능·효과 등을) 손상시키다. 훼손시키다. 파손시키다. 마모되다. 파괴하다. 손실을 주다. 못 쓰게 만들다. ¶使用久了, 机器已有~.=사용한 지 오래 되어 기계가 이미 마모되었다. ≒破坏

【损话】 sǔnhuà 명 (각박하게) 빈정거리는 말. 약올리는 말.

【损毁】 sǔnhuǐ 동 훼손(파손)시키다. 부서뜨리다. ¶台风~了不少房屋.=태풍이 많은 집들을 파손시켰다.

【损人】 sǔnrén 동 **1** 남에게 손해를 끼치다. 손실을 입히다. ¶不要干~不利己的事.=남에게 손해를 입히고 본인도 이익이 없는 짓일랑 하지 말아라. **2** 🗧 남을 헐뜯다. 빈정대다. 약올리다. ¶你这话真~.=너 정말 빈정대는구나.

【损人利己】 sǔnrén-lìjǐ 🗧 남에게 손해를 끼치고 자기 이익만 차리다〔도모하다·채우다·챙기다〕.

【损伤】 sǔnshāng 동 **1** 손해를 입다. 해치다. 상처를 입다. ¶~元气=원기가 손상되다. **2** 손해를 보다〔입다〕. 손실을 입다. 손실되다. ¶财力~很大.=재력이 크게 손실되다.

【损失】 sǔnshī 동 (아무런 대가도 없이) 소모하다. 소비하다. 잃어버리다. 손실되다. 손해 보다. ¶~财产=재산이 손실되다. 명 손실. 손해. ¶~严重=손실이 심각하다.

【损事】 sǔnshì 명 나쁜 일. 남에게 손해를 끼치는 일. ¶别干~.=남에게 손해를 끼치는 일은 하지 말아라.

【损寿】 sǔnshòu 동 (부덕한 언행의 응보로) 수명을 단축시키다〔손상시키다〕. 제 명에 못 살다. ¶~折福=수명을 단축시키고 행복을 잃다. 제 명에 못 살고 행복하게 살지 못하다.

【损益】 sǔnyì 명 **1** 손 증감. 주는 것과 느는 것. ¶~均衡=주는 것과 느는 것이 균형을 이루다. **2** 손익. 버는 것과 밑지는 것. 남는 것과 나가는 것. ¶~相当=손익이 맞먹는다.

**笋[(筍)]** sǔn 죽순 순
명(植) 죽순. ¶春~=봄에 나는 죽순. 형 여리다. 어리다. 연하다. 야들야들하다. ¶~鸡=영계. 연계.

○─ 春笋, 冬笋, 芦lú笋, 毛笋, 石笋, 莴wō笋

【笋虫】 sǔnchóng 명(动) (송충이와 비슷하게 생긴) 죽순(竹笋)에 해를 가하는 벌레. ≒【笋蛆】sǔnqū

【笋干】 sǔngān(~儿) 명 삶아서 말린 죽순.

【笋瓜】 sǔnguā 명(植) (동양 호박의 일종인) 겨울호박. 🗧 winter squash

【笋鸡】 sǔnjī 명 영계(軟鷄). 연계.

【笋尖】 sǔnjiān 명 죽순 끝의 연한 부분.

【笋蛆】 sǔnqū ☞【笋虫】

【笋肉】 sǔnròu 명 (요리에 쓰이는) 죽순.

【笋丝】 sǔnsī 명 죽순을 가늘게 찢어 말린 것.

【笋头】 sǔntóu 명 **1** ☞【笋子】sǔn·zi **2** ☞【榫头】sǔn·tou

【笋子】 sǔn·zi 명 **1**(植) 죽순. =【笋头】sǔntóu **2** ☞【榫头】sǔn·tou

**隼** sǔn 매 준
명(动) (새)매. 송골매.

**榫** sǔn 장부 순
명(~儿) 장부. 사개. 순자(筍子). [한 부재의 구멍에 끼울 수 있도록 다른 부재의 끝을 가늘고 길게 만든 부분]

○─ 卯mǎo榫

【榫槽】 sǔncáo 명(建) 장부의 홈.

【榫钉】 sǔndīng 명 은혈(隱穴)못. 은정(隱釘).

【榫合】 sǔnhé 동 **1** 장부와 장붓구멍이 딱 들어맞다. **2** 🗧 딱 맞다. 적절하다. 알맞다. ¶用例与论点~自然.=용례와 논점이 적절하고 자연스럽다.

【榫头】 sǔn·tou 명 장부. 사개. =【笋头】

sǔntóu【笋子】sǔn·zi
【榫眼】sǔnyǎn [명] 장붓구멍.
【榫子】sǔn·zi [명] 장부. 사개.

簨 sǔn 악기틀 순
[명][옛] 종·북을 거는 틀〔가로대〕.

## suo

莎 suō 향부자 사
☞ shā
【莎草】suōcǎo [명]《植》 향부자. [방동사닛과의 식물. 이것의 땅속줄기도 향부자(香附子)라고 부르며 약용함]

*唆 suō 꾈 사
[동] 꾀다. 부추기다. 교사하다. 시키다. 종용하다. ¶教～＝교사하다.

0● 抠kōu唆, 挑tiǎo唆

【唆弄】suōnòng [동] 부추기다. 충동질하다. 사주하다. ¶～是非＝시비를 부추기다.
【唆使】suōshǐ [동] (남에게 나쁜 일을 하도록) 교사하다. 부추기다. 충동질하다. 종용하다. ¶受人～＝다른 사람의 부추김을 받다.

挲 suō 너울거릴 사
☞【婆娑】pósuō

桫 suō 사라나무 사
【桫椤】suōluó [명]《植》 시아데아 스피누로사(Cyathea spinulosa). [상록성 양치 식물]

*梭 suō 베틀북 사
[명]《紡》 (베틀)북.

0● 穿梭

【梭标】suōbiāo ☞【梭镖】suōbiāo
【梭镖】[梭标] suōbiāo [명] 장창. 긴 창. [긴 자루 끝에 양날의 칼을 장착한 무기]
【梭巡】suōxún [동][문] 순찰하다. 순시하다. 돌아보다. 순라(巡邏)를 돌다. ¶夜间～＝야간 순찰을 하다.
【梭鱼】suōyú [명]《動》 사어. 꼬치고기.
【梭子】suō·zi [명] 1《紡》 (베틀)북. 2《軍》 (기관총 등 무기의) 탄창. [양] 탄창. 탄띠. [탄알을 세는 단위] ¶一～子弹＝한 탄창의 탄알.
【梭子蟹】suō·zixiè ☞【蝤蛑】yóumóu

挲[(抄)] suō 어루만질 사
☞【摩挲】mósuō
☞ sā, shā

睃 suō 눈 흘겨볼 준
[동] 흘겨보다. 흘기다. 살펴보다. ¶她狠狠地～了那人一眼。＝그녀는 그 사람을 한눈에 매몰차게 흘겼다.

蓑[(簑)] suō 도롱이 사
[명] 1 도롱이. ¶～笠＝도롱이와 삿갓. 2《植》 띠. 도롱이풀.
【蓑草】suōcǎo [명]《植》 띠. 도롱이풀. ＝【龙须草】lóngxūcǎo
【蓑衣】suōyī [명] 도롱이.

*嗦 suō 떨 색
☞【哆嗦】duō·suō【啰嗦】luō·suō

嗍 suō 빨 삭
[동][구] (입으로) 빨다. 빨아먹다. ¶别～手指头。＝손가락을 빨지 마라.

羧 suō 카르복실기 최
[명]《化》 카르복실기(carboxyl基). 카르복시기.
【羧基】suōjī [명]《化》 카르복실기(carboxyl基). 카르복시기.
【羧酸】suōsuān ☞【有机酸】yǒujīsuān

**缩[縮] suō 줄어들 축
[동] 1 물러나다. 후퇴하다. ¶退～＝뒤로 물러나다. 2 줄어들다. 수축하다. 오그라들다. ¶热胀冷～＝더우면 팽창하고 추우면 수축한다. 3 움츠리다. 쪼그리다. ¶龟～＝움츠리다. 4 (지출을) 줄이다. 긴축하다. 절약하다. ¶节衣～食＝입을 것과 먹을 것을 절약하다. 입고 먹는 것을 아끼다. [명] (Suō) 성(姓). ↔胀 伸
☞ sù

0● 抽缩, 搐chù缩, 龟guī缩, 简缩, 减缩, 紧缩, 浓缩, 蜷quán缩, 瑟sè缩, 伸缩, 收缩, 退缩, 萎wěi缩, 压缩

【缩编】suōbiān [동] 1 (작품·프로그램 등의 부분 내용을) 축소 편집하다. 페이지를 줄여 편찬하다. 편폭을 줄여 중점을 부각시키다. ¶把这篇小说～成一个小故事。＝이 소설을 줄여서 짧은 이야기로 만드세요. 2 (부대·기관에서 기구·인원 등의) 편제를 축소하다. 티오(TO)를 줄이다. ¶机关～＝기관의 편제를 축소하다. ↔扩编
【缩脖子】suō bó·zi [낮][비] (위험·책임·곤란 등에서) 꽁무니를 빼다. 두려워 뒷걸음치다. 위축되다. 뒤로 물러서다. ¶他在困难面前从不会～。＝그는 곤란 앞에서 절대 물러서지 않는다.
【缩尺】suōchǐ [명] (지도 제작·기계 제도 등의) 축척. 비례척.
【缩短】suōduǎn [동] (원래의 거리·시간·길이 등을) 단축하다. 줄이다. ¶～工期＝공사 기간을 단축하다. ↔延长
【缩放仪】suōfàngyí [명] 축도기(縮圖器). 팬터그래프(pantagraph).
【缩合】suōhé [명][동]《化》 축합(하다).
【缩减】suōjiǎn [동] 감축하다. 축소하다. 줄이다. 감퇴하다. 감소시키다. ¶～开销＝지출을 줄이

다. ↔补充 扩充
【缩聚】suōjù 圈(化) 축중합. 축합 중합.
【缩略语】suōlüèyǔ ☞【简称】jiǎnchēng
【缩手】suō‖shǒu 图 1 손을 움츠리다. 2 예 손을 떼다. ¶~旁观=수수방관하다.
【缩手缩脚】suōshǒu-suōjiǎo 图 1 (추워서) 몸을 옹송그리다. 몸을 움츠리다. 2 몸을 사리다. 소심하다. 우유부단하다. 우물쭈물하다. ↔大刀阔斧
【缩水】suō‖shuǐ 图 (방직품·섬유 등의) 물에 담가 줄이다. ¶棉布做衣服前需要先~。=면으로 된 천은 옷을 만들기 전에 물에 담가 줄여야 한다.
【缩水】suōshuǐ 图 (일부 방직품이) 물에 젖어 줄어들다〔오그라들다〕. =【抽水】chōushuǐ ¶新买的毛衣~了，不能再穿了。=새로 산 스웨터가 물에 젖어 줄어들어 못 입게 됐다.
【缩水房】suōshuǐfáng 圈(于) 1 실제 면적이 광고보다 모자라는 분양 주택. 2 부실 분양 주택.
【缩水率】suōshuǐlǜ 圈 (방직품의) 수축률.
【缩头缩脑】suōtóu-suōnǎo 图 1 움짝달싹 못하다. 무서워 기를 펴지 못하다. 벌벌거리다. 주춤주춤하다. 움찔움찔하다. 2 소심하다. 머뭇거리다. 수줍어하다.
【缩头乌龟】suōtóu-wūguī 图(비) 겁쟁이. 비겁한 사람.
【缩微】suōwēi 图 마이크로 필름으로 복사하다. ¶~胶卷=마이크로 필름(microfilm).
【缩小】suōxiǎo 图 축소하다. 작게 하다. 줄이다. ¶~规模=규모를 축소하다. ↔扩大 放大
【缩写】suōxiě 图 1 (주로 장편 소설 등 문학 작품을) 축사하다. 줄여 쓰다. 축소하여 쓰다. ¶~本=축사본. 2〔言〕준말〔약어〕로 쓰다. ↔扩写
【缩衣节食】suōyī-jiéshí ☞【节衣缩食】jiéyī-suōshí
【缩印】suōyìn 图(印) 축쇄(縮刷)하다. 축소 인쇄〔복사〕하다.
【缩印本】suōyìnběn 圈(印) 축쇄본(縮刷本).
【缩影】suōyǐng 图 (동일 유형의 사람·사물을 대표하는) 축소판. 축소형. 축도(縮圖). ¶小说中人物的命运是一个时代的~。=소설 가운데 인물의 운명은 한 시대의 축소판이다.

# 岁[貨] suǒ 땅 이름 쇄
【岁乃亥】Suǒnǎihài 圈(地) 쒀나이하이. 〔칭하이(青海)성 쩌쿠(泽库)현을 가리키는 말〕

## **所 suǒ 곳 소
圈 1 장소. 곳. ¶住~=주소. 2 소. 〔기관·기타 사무를 보는 곳의 명칭에 쓰임〕¶研究~=연구소. 3 명(明)대에, 병사가 주둔하던 곳. 〔큰 것을 천호소(千户所), 작은 것을 백호소(百户所)라 하였음. 현재는 지명에만 쓰임〕¶海阳~=하이 양(산둥(山东)성에 있음〕 4 (Suǒ) 성(姓). 圈 1 채. 동. 〔집·건물을 세는 단위〕¶那~房子=그 (동·채)의 집. 2 개. 하나. 〔학교·병원을 세는 단위〕¶这~医院=이 병원. / 一~学校=학교 하

나. 图 1 …되다. 〔'为' 또는 '被'+명사+~+동사의 형태로 쓰여 피동을 나타냄〕¶为实践~证明=실천에 의해 증명되었다. 2 …하는 바. 〔'是+명사·대명사+~+동사+的'의 형태로 쓰여, 행위자와 동작과의 관계를 강조함〕¶他的安危, 是家人~忧虑的。=그의 안전은 집 식구들이 걱정하는 바이다. 3 '명사+~+동사'의 형태로 쓰여, 중심어가 동사의 객체임을 나타냄. ¶要好好听取大家~提的意见。=다른 사람들이 제기한 의견을 잘 들어야 한다. 4 图 (주로 단음절) 동사 앞에 '~+동사'의 형태로 쓰여 그 동사와 함께 명사적 성분이 됨. ¶见~未见=아직까지 본 적이 없는 것을 보다. / 答非~问=묻지 않은 것을 대답하다.

○● 便所, 厕cè所, 处所, 哨shào所, 失所, 寓yù所, 住所, 无所谓wèi

【所部】suǒbù 圈(军) 인솔 부대.
【所长】suǒcháng 圈 장점. 좋은 점. 뛰어난 점. ¶人各有~=사람은 저마다 장점이 있다.
【所答非所问】suǒdá fēisuǒwèn ☞【答非所问】dá fēisuǒwèn
【所得】suǒdé 圈 소득. 얻은 것. ¶~甚少=얻은 것이 아주 적다.
【所得税】suǒdéshuì 圈 소득세.
【所费不赀】suǒfèi-bùzī 圈 이루 헤아릴 수 없는 돈이 들다.
【所见所闻】suǒjiàn suǒwén 圈 견문. 보고 들은 것. ¶书中记述的是作者游历欧洲的~。=책에서 기술한 것은 작자가 유럽을 여행하면서 보고 들은 것이다.
【所罗门群岛】Suǒluómén Qúndǎo 圈(地) 솔로몬 제도(Solomon Islands). 〔수도는 '霍尼亚拉(호니아라 : Honiara)'임〕
【所剩】suǒshèng 圈 남은 것. 나머지. ¶~无多=남은 게 많지 않다.
【所剩无几】suǒshèng-wújǐ 圈 남은 것이 별로 없다. 얼마 남지 않다.
【所属】suǒshǔ 圈 1 예하의. 휘하의. 산하의. 관하의. ¶通知~单位主要负责人开会。=예하 부서의 주요 책임자들한테 회의를 한다고 통지하시오. 2 (당사자가) 소속된. 예속된. ¶向~主管部门递交申请。=소속된 주관 부서에 신청서를 내다. ¶부하. 예하. 휘하. 산하. 관하. ¶通令~一体遵照。=일제히 따르도록 휘하에 명령을 내리다.
【所图】suǒtú 圈 도모하는 바〔것〕. 기도하는 바 〔것〕. 의도하는 바〔것〕. 꾀하는 바〔것〕. 계획하는 바〔것〕. ¶另有~=다른 의도가 있다.
【所谓】suǒwèi 圈 1 ~하는 것은, …란. ¶~的人事改革, 就是实行全员聘任制。=인사 개혁이라는 것은 전원이 계약제를 실시하는 것이다. 2 소위. 이른바. 〔수식되는 말에 대하여 부정적인 태도를 나타냄〕¶这难道就是~的歌坛巨星？=이 자가 어찌 소위 가요계의 대 스타란 말인가?
【所向披靡】suǒxiàng-pīmǐ 圈 1 (바람이 불어) 지나가는 곳마다 초목이 쓰러지다. 2 예 힘이

미치는 곳마다 장애가 말끔히 제거되다. 거칠 것이 없다. 대적할 자가 없다.

【所向无敌】 **suǒxiàng-wúdí** (성) (군대 등이) 가는 곳마다 대적할 자가 없다. 당해 낼 자가 없다. 적수가 없다. 무적이다. =【所向无前】 **suǒxiàng-wúqián**

【所向无前】 **suǒxiàng-wúqián** ☞【所向无敌】 **suǒxiàng-wúdí**

【所幸】 **suǒxìng** 부(문) 다행히(도). 다행스럽게(도). 기쁘게(도). ¶~, 家人安然无恙。=다행히도 집안 식구들은 무사했다.

【所以】 **suǒyǐ** 접 **1** 그래서. 그러므로. 그런 까닭에. 때문에. [보통 '因为〔由于〕…, 所以…'의 형태에서 뒷구절에 쓰여 결과나 결론을 나타냄] ¶他没接到通知, ~今天没来开会。=그는 통지를 받지 못해서 오늘 회의에 오지 않았다. **2** '…, 是…所以…的原因〔缘故〕'의 형태에서 앞 구절에서 먼저 어떤 사실을 서술하고, 그것이 뒷구절에 있는 사실의 원인이 됨을 나타냄. ¶他是我的老同学, 这就是我~了解他的原因。=그는 내 옛 동창이다. 이것이 바로 내가 그를 잘 이해하는 까닭이다. **3** …한 이유는. …까닭은. ['…(之)所以…, 是因为〔由于〕…'의 형태에서, 앞 구절의 주어와 술어 사이에 쓰여 원인·이유 설명이 필요한 사항을 제기하고 뒷구절에서 그 원인을 설명함] ¶我~尊敬他, 是因为他确实德才兼备。=내가 그 사람을 존경하는 까닭은 그가 확실히 품덕과 재능을 겸비한 사람이기 때문이다. **4** 그러니. 그러니까. [단독으로 쓰여 독립된 문장을 이루어 '원인이 바로 여기에 있음'을 나타냄] ¶~嘛, 我要亲自来拜访你啦。=그러니까, 제가 직접 당신을 방문한 거죠. 명(문) 소이. 이유. 원인. 까닭. 연고. 실정(實情). [고정구에서 목적어로 쓰임] ¶忘乎~=너무 기뻐 어찌 된 까닭인 줄 모르다. 너무 흥분하여 모든 것을 잊어버리다. ≒因为 故此

---

**所以(suǒyǐ) / 因此(yīncǐ)**

인과 관계를 나타내는 복문에서 쓰이는 접속사

所以 : 문장의 앞 또는 뒤에 쓰여 결과를 나타내며, 문장 앞에 사용될 때에는 '之所以'로 쓰임. 주로 '因为〔由于〕…, 所以…' 의 형태로 쓰임. ¶因为中国的丝绸很有名, 所以我买了很多。=중국의 비단이 아주 유명해서 많이 샀다. / 他之所以没有取得大的成就, 是因为他过于骄傲。=그가 성공하지 못한 까닭은 지나치게 교만했기 때문이다.

因此 : 인과 관계를 나타내는 복문에서 원인을 나타내는 문장 뒤에 쓰여 결과를 나타냄. '由于…, 因此…' 형태로 쓰임. ¶由于事先做了充分的准备, 因此会议开得很成功。=사전에 충분한 준비를 했기 때문에 회의는 성공적으로 개최되었다.

---

【所以然】 **suǒyǐrán** 명 그렇게 된 까닭〔이유·원인·연유·연고〕. 소이연. ¶听了半天也没听出个~来。=한나절이나 들었지만 그렇게 된 까닭

〔왜 그런지를〕알 수가 없었다.

【所以说】 **suǒyǐshuō** 통 …때문에 말하다. 그러니까 그렇게 말하다. ¶~责任并不在他。=그러니까 그 사람한테는 책임이 없단 말이에요.

【所有】 **suǒyǒu** 형 모든. 전부의. 일체의. 전체의. ¶~人员都到齐了。=모든 인원이 다 도착하였다. 통 소유하다. 가지다. ¶~权=소유권. 명 가진 것. 소유물. 가진 물건. ¶尽其~=가진 물건을 다 내놓다. 소유한 모든 것을 내다.

---

**所有(suǒyǒu) / 一切(yīqiè)** 모두

所有 : 형용사와 명사만을 수식하며 이때 중간에 '的'를 사용하기도 함. ¶自从你来了之后, 他便对所有的女人失去了兴趣。=네가 온 후로 그는 모든 여성에 대해 흥미를 잃어버렸다. / 家里的所有杂事差不多都让老爷爷包了。=집안의 모든 자질구레한 일들은 거의 모두 할아버지가 도맡으시게 했다.

一切 : 지시 대명사로, 단독으로 쓰여 주어나 목적어가 될 수 있음. 또는 명사를 직접 수식하기도 함. ¶时间会改变一切。=시간은 모든 것을 변화시킨다. / 一切都已经过去了。=모든 것이 다 지나갔다. / 一切事物都有双重性。=모든 사물은 이중성을 띤다.

▶ '一切'는 분류가 될 수 있는 사물만을 수식하나, '所有'는 이런 제한이 없음. ¶所有的水他都喝光了。=모든 물을 그가 다 마셔 버렸다. / 街上所有樱花都开了。=거리의 모든 벚꽃이 다 피었다. / 家里的一切家务事儿不用你操心。=집안의 모든 가사 일은 네가 걱정하지 않아도 된다. / 经济建设是一切工作的中心。=경제 건설은 모든 일의 중심이다.

---

【所有权】 **suǒyǒuquán** 명(法) 소유권.
【所有者】 **suǒyǒuzhě** 명(法) 소유자. 소유인.
【所有制】 **suǒyǒuzhì** 명(經) 소유제.
【所在】 **suǒzài** 명 **1** 장소. 곳. ¶这里景色秀丽, 真是天堂般的~。=여기는 풍경이 수려하여 정말 천당 같은 곳이다. **2** 소재. 존재하는 곳. ¶问题~=문제의 소재. 문제가 있는 곳.
【所在地】 **suǒzàidì** 명 (사람·사물의) 소재지.
【所长】 **suǒzhǎng** 명 (연구소·파출소 따위의) 소장.
【所致】 **suǒzhì** 명 소치. (어떤 까닭으로) 빚어진 결과. 탓. ¶他的病纯粹是喝酒太多~。=그의 병은 전적으로 술을 너무 먹은 탓이다.
【所作所为】 **suǒzuò-suǒwéi** (성) 모든 행위〔행동〕. 행동거지. 한 일. 저지른 짓. ¶他的~已能说明一切。=그의 행동거지가 이미 모든 것을 잘 말해 준다.

## 索 suǒ 찾을 색

통 **1** 청구하다. 달라고 하다. 요구하다. 취하다. ¶敲诈勒~=남의 물건을 사기 공갈로 빼앗다. 갈취하다. 협잡하다. **2** 찾다. 수색하다. 들추어내다. ¶搜~=수색하다 **3** 탐구하다. 탐색하다.

○ 索 suǒ
  嗦 suǒ

¶求~=모색하다. 휑 1 외롭다. 고독하다. 쓸쓸하다. ¶离群~居=무리를 떠나 홀로 쓸쓸히 지내다. 2 적막하다. 삭막하다. 재미 없다. 따분하다. 지루하다. ¶兴致~然=재미가 없다. 몡 1 굵은 밧줄. 동아줄. 로프(rope). ¶绳捆~绑=밧줄로 꽁꽁 묶다. 2 (Suǒ) 성(姓).

○● 比索, 脊jǐ索, 勒lè索, 利索, 摸索, 思索, 探索, 线xiàn索, 萧xiāo索, 需xū索, 走索

【索逼】suǒbī 동 다그치며 강요하다. 강제로 협박하여 재물을 강요하다. ¶~欠債=채무를 다그치며 강요하다.

【索偿】suǒcháng 동 (손해) 배상을 요구하다. 클레임(claim)을 걸다. ¶向肇事方~=사고를 낸 쪽에 손해 배상을 요구하다.

【索酬】suǒchóu 동 보수를 독촉하여 받아 내다.

【索道】suǒdào 몡 삭도. 가공(架空) 삭도. 하늘찻길.

【索购】suǒgòu 동 구매를 요구하다. ¶~紧俏物资=공급이 달리는 물자의 구매를 요구하다.

【索还】suǒhuán 동 (빌려 주거나 강점당한 재물)반납(반환)을 요구하다. 갚으라고 요구하다. ¶~欠款=진 빚을 갚으라고 요구하다.

【索贿】suǒ‖huì 동 뇌물을 요구하다. ¶~受贿=뇌물을 수수하다.

【索价】suǒjià 동 값을 부르다. 대가를 요구하다. ¶~太高=부르는 값이 너무 높다.

【索解】suǒjiě 동 해답을 구하다. 답안을 찾다. ¶苦心~=답안을 찾는 데 고심하다.

【索款】suǒkuǎn 동 돈(대금)을 독촉하여 받다 〔징수하다〕. 돈을 달라고 하다. 돈을 요구하다. ¶屡屡~未果。=여러 번 돈을 달라고 하였지만 소용이 없다.

【索马里】Suǒmǎlǐ 몡(地) 소말리아(Somalia). [수도는 '摩加迪沙(모가디슈=Mogadishu)'임]

【索寞】suǒmò 형 1 삭막하다. 적막하다. 쓸쓸하다. ¶山野一派~的景象。=산야는 온통 적막하고 쓸쓸한 광경이다. 2 의기소침하다. 기운이 없고 풀이 죽다. ¶神情~=표정이 기운이 없고 풀이 죽다.

【索赔】suǒpéi 동 배상(변상)을 요구하다. 클레임(claim)을 요구하다. ¶她~精神损失五十万。=그녀는 정신적 피해의 배상으로 50만원을 요구했다.

【索欠】suǒqiàn 동 빚을 독촉하다. 빚을 갚으라고 하다.

【索桥】suǒqiáo 몡 (양쪽 언덕에 밧줄·쇠사슬을 건너질러 만든) 구름다리. 출렁다리. 줄다리. 현수교(懸垂橋). 현교(懸橋). 조교(吊橋).

【索求】suǒqiú 동 찾다. 탐구하다. ¶~良策=좋은 계책을 찾다.

【索取】suǒqǔ 동 요구하다. 달라고 하다. 구하다. (애써서) 얻어 내다. 받아 내려고 독촉하다. 받아 내다. ¶向大海~财富=바다로부터 재부를 구하다. ≒索要

【索然】suǒrán 형 따분하다. 지루하다. 답답하다. ¶~寡味=따분하고 재미없다.

【索然无味】suǒrán-wúwèi 성 단조롭고 무미건조하다.

【索索】suǒsuǒ 형 (무서워서) 부들부들거리다. 바들바들거리다. ¶两腿~发抖。=두 다리가 바들바들거리다. 의 사르르. 사락사락. 사각사각. [가벼운 소리를 형용함] ¶微风吹过, 树叶~作响。=미풍이 불자 나뭇잎이 사각사각거린다.

【索讨】suǒtǎo 동 독촉하여 받아 내다. 달라고 하다. 청구〔요구·재촉〕하다. 내라고 하다. ¶~债务=빚을 독촉하다.

【索现】suǒxiàn 동 현금을 요구하다. 현금 지불을 요구하다. 현금을 내라고 하다.

【索性】suǒxìng 뷔 차라리. 아예. ¶等了半天他都没来, ~不等了。=그를 한나절이나 기다려도 오지 않으니, 차라리 기다리지 맙시다. ≒爽性 干脆

【索要】suǒyào 동 요구하다. 달라고 하다. 구하다. (애써서) 얻어 내다. 받아 내려고 독촉하다. 받아 내다. ¶~彩礼=예단을 요구하다. ≒索取

【索引】suǒyǐn 몡 색인. 인덱스(index). 찾아보기. ≒[引得] yǐndé

【索子】suǒ·zi 몡 밧줄. 동아줄. 쇠사슬.

# 唢[嗩] suǒ 날라리 쇄

【唢呐】suǒ·nà 몡 (音) 수르나이(surnay). 태평소(太平簫). 날라리. [나팔과 비슷하며 정면에 7개, 뒤쪽에 1개의 구멍이 있는 회족(回族)의 관악기]

# *琐[瑣, 璅] suǒ 하찮을 쇄

형 1 비천하다. 하찮다. ¶猥~=옹졸하다. 2 자질구레하다. 사소하다. ¶繁~=번잡하고 자질구레하다. 몡 (Suǒ) 성(姓).

○● 烦fán琐, 委琐, 猥琐

【琐罗亚斯德教】Suǒluóyàsīdéjiào ☞【拜火教】Bàihuǒjiào

【琐事】suǒshì 몡 자질구레한 일. 사소한 일. 번거로운 일. 소소하고 번잡한 일. 잡일. ¶~缠身=자질구레한 일에 얽매이다.

【琐碎】suǒsuì 형 자질구레하고 번거롭다. 사소하고 잡다하다. 소소하고 번잡하다. ¶忙于~事务。=자질구레하고 잡다한 업무로 바쁘다. ≒琐细 琐屑

【琐碎碎】suǒ·suo suìsuì (~的) 형 아주 (무척) 자질구레하고 잡다하다. 굉장히 사소하고 번거롭다.

【琐闻】suǒwén 몡 시시한 소문(뉴스·소식). 자질구레한 소문(뉴스·소식). 단편적인 소문(뉴스·소식).

【琐细】suǒxì 형 작고 세세하다. 자질구레하다. 사소하다. ¶他干的都是些~小事。=그가 하는 것은 다 자질구레한 일들이다. ≒琐碎 琐屑

【琐屑】suǒxiè 형 사소하고 잡다하다. 자질구레하고 번거롭다. ≒琐碎 琐细

【琐议】suǒyì 몡 자질구레하고 하잘것없는 의론(议论). [주로 자기가 발표한 의견을 가리키며,

글이나 책의 제목으로 쓰임]

**锁[鎖, 鏁]** suǒ 자물쇠 쇄
① **1** 자물쇠. **2** 구식 자물쇠 모양의 물건. ¶石~=석쇄. [구식 자물쇠 모양의 신체 단련용 석제 운동 기구] **3** 쇠사슬. ¶枷~=칼[죄인에게 씌우던 형틀]과 쇠사슬. **4**(Suǒ) 성(姓). 图 **1** (자물쇠를) 잠그다. 채우다. ¶把门~上=문을 잠그다. **2** (미간·눈살을) 찌푸리다. 찡그리다. ¶眉头紧~=미간을 잔뜩 찌푸리다. / 愁眉~眼=찡그린 눈썹과 감은 눈. 얼굴에 수심이 가득차다. **3** 가두다. 유폐하다. ¶封~=봉쇄하다. **4** (바느질 감의 가장자리·솔기·단추 구멍의 실 올이 풀리지 않게) 감치다. 감아 꿰매다. ¶~边=가장자리를 감치다.

○● 暗锁, 封锁, 拉锁, 连锁, 碰锁, 撞zhuàng锁

【锁边】**suǒbiān** 图 바늘땀을 촘촘하게 가장자리를 감치다. 图 촘촘하게 감친 가장자리.
【锁匙】**suǒchí** 图图 열쇠.
【锁定】**suǒdìng** 图 **1** 고정시키다. 꼼짝 못 하게 하다. ¶~电视频道=채널을 고정시키다. **2** 바싹〔바짝〕 따라붙다. 뒤를 따르다. 놓치지 않다. ¶一目标=목표를 바싹 따라붙다. **3** 최종 확정하다. ¶~比分=스코어를 확정짓다.
【锁缝】**suǒfèng** 图 감쳐 공그리기.
【锁骨】**suǒgǔ** 图(生) 쇄골.
【锁国】**suǒguó** 图 쇄국하다. ¶闭关~=관문을 닫고 나라를 봉쇄하다.

【锁簧】**suǒhuáng** 图 자물쇠(안)의 용수철.
【锁匠】**suǒjiàng** 图 **1** 열쇠 수리공. 열쇠장이. **2** 열쇠 가게.
【锁紧】**suǒ‖jǐn** 图 단단히 잠그다. 자물쇠를 단단히 채우다. ¶~房门=문을 단단히 잠그다.
【锁口】**suǒkǒu** 图 단추 구멍 등을 감치다. 아가리를 깁다. ¶麻袋装满粮食后要~。=마대는 곡식을 채운 후 아가리를 감쳐야 한다.
【锁扣】**suǒkòu** 图 자물쇠 고리.
【锁链】**suǒliàn**(~儿) 图 **1** 쇠사슬. **2**⑪ (무형의) 속박. 구속. 억압. ¶砸烂封建婚姻的~=봉건적 혼인의 속박을 깨부수다.
【锁头】**suǒ·tou** 图 자물쇠.
【锁线】**suǒ‖xiàn** 图 (옷·책 따위의 가장자리를) 감치다.
【锁线订】**suǒxiàndìng** 图〔印〕 실매기. 가가리 사철(絲綴). [양장·반양장 제본에서 접장을 하나씩 실로 엮어 맞추는 공정]
【锁钥】**suǒyuè** 图 **1** 자물쇠와 열쇠. **2**⑪ 요새. 중요한 거점. 군사 요충지. ¶边塞~=변방의 요충지. **3**⑪ 관건(요소). ¶技术改造是老企业扭亏为赢的~。=기술 혁신은 낡은 기업들을 적자에서 흑자로 돌리는 관건이다.

**璅** suǒ 옥소리 쇄
囹囵 '琐(suǒ)'와 같음.

**铩[鏁]** suǒ 자물쇠 쇄
囹囵 '锁(suǒ)'와 같음.

# T

## ta

**他** tā 남 타

[대] **1** 그. 그 사람. 그이. [현대 문어(文語)에서는 일반적으로 남성을 가리킴. 다만 성별이 불분명하거나 구분이 필요 없을 때에도 '他'를 사용함] ¶~是大学教师。=그는 대학 교수이다. / 一个人如果没有朋友, ~的生活将没有意义。=어떤 사람이든 만약 친구가 없다면, 그의 생활은 무미건조해질 것이다. **2** 다른 방면. 다른 곳. ¶不作~想=다른 생각을 하지 않다. / 早已~去=일찌감치 다른 곳으로 갔다. **3** 다른. 딴. ¶浪迹~乡=타향을 떠돌아다니다. / ~日归省=다른 날 귀성하다. **4** ('你(nǐ)'와 함께 쓰여) 아무 사람. 많은 사람. ¶你跑, ~跳, 运动场上一片欢腾。=이 사람 저 사람이 뛰고 달리며 운동장에는 즐거움이 넘친다. **5** (동사와 수량사 사이에 쓰여) 구체적인 사람이나 사물을 가리키지 않고, 다만 어세를 강하게 함. ¶玩~一个通宵。=한바탕 밤새워 놀자. / 睡~一场大觉。=한잠 자자.

○━ 吉jí他, 其他

【他爹】tādiē [명][방] 아이 아빠. 애 아빠.
【他故】tāgù [명][문] 다른 원인[이유]. ¶另有~=다른 원인이 있다.
【他家】tājiā [명] **1** 그의 집. 남의 집. ¶已回~=이미 그의 집으로 돌아갔다. **2** 다른 곳. 다른 상점[회사].
【他荐】tājiàn [동] 다른 사람이 추천하다. ¶得此职位, 盖因~。=이 직위를 얻은 것은 아마도 다른 사람의 추천 때문일 것이다. ↔自荐
【他力】tālì [명] 남의 힘. 다른 힘. 딴 힘. ¶借助~=타인의 힘을 빌리다.
【他俩】tāliǎ [대][구] 그 두 사람.
【他律】tālǜ [명][법] 타율. ↔自律
【他妈的】tāmā·de [감] 젠장. 제미. 제기랄. 염병할.
【他们】tā·men [대] 그들. 저들. 그 사람들. 저 사람들.
【他年】tānián [명][문] **1** 과거의 어느 때. **2** 미래의 어느 해 또는 어느 때.
【他人】tārén [명] 타인. 다른 사람. 남. ¶关爱~等于关爱自己。=다른 사람을 돌보는 것은 자신을 돌보는 것과 같다.
【他日】tārì [명][문] **1** 지난날. **2** 타일. 훗날. 뒷날.

【他杀】tāshā [동] 타살하다. ↔自杀
【他山攻错】tāshān-gōngcuò [성] **1** 다른 산의 돌로 나의 옥을 갈 수 있다. **2**[비] 다른 사람의 장점을 취하여 자신의 단점을 보완하다. 남의 비평과 도움으로 자기의 결점을 고치다. 타산지석(他山之石).
【他伤】tāshāng [동] 타인에게 상해를 입다. ¶~致残=타인의 상해로 불구가 되다.
【他乡】tāxiāng [명] 타향. ¶身居~=타향에 살다. ↔家乡
【他信】tāxìn [동][문] 타인을 믿다[신임하다]. ¶不可~=다른 사람을 믿어선 안 된다.
【他意】tāyì [명] 다른 뜻. 다른 마음. 타의. ¶别无~=다른 마음이 없다.
【他用】tāyòng [명] 다른 용도[쓸모]. ¶另有~=달리 용도가 있다.
【他指】tāzhǐ [명] 달리 가리키는 바. ¶他的话定有~。=그의 말 속에는 분명 달리 가리키는 바가 있다.

**它**[(牠)] tā 그것 타

[대] **1** 그. 저. 그것. 저것. [사람 이외의 것을 가리킴] ¶钥匙在桌子上, 出门的时候别忘了拿~。=열쇠가 책상 위에 있으니 나갈 때 잊지 말고 그것을 가지고 가라. **2** (동사와 수량사 사이에 쓰여) 구체적인 사람이나 사물을 가리키지 않고, 다만 어세를 강하게 함. ¶喝~一碗凉水=냉수 한 잔을 마시다.

| ○ 它 tā | 佗 tuó |
| 鮀 tā | 酡 tuó |
| 驼 tuó | 柁 tuó |
| 鸵 tuó | 沱 tuó |
| 陀 tuó | 砣 tuó |
| 跎 tuó | 舵 duò |
| 坨 tuó | 蛇 shé |

【它们】tā·men [대] 그것들. 저것들.

**她** tā 그녀 타

[대] **1** 그녀. 그 여자. **2** 자신이 존경하고 사랑하거나 귀중하게 여기는 사물에 대한 칭호. ¶祖国, ~是我们的母亲。=조국은 우리의 어머니이다.
【她们】tā·men [대] 그녀들. 그[저] 여자들.

**趿** tā 지르신을 삽

[동] (신을) 지르신다. 꺾어 신다.
【趿拉】tā·la [동] (신을) 질질 끌다. 지르신(고 걷)다. 꺾어 신(고 걷)다. ¶不要~着鞋走路。=신을 질질 끌고 걷지 말아라.
【趿拉板儿】tā·labǎnr [명][방] 나무 끌신. =【呱嗒板儿】guā·dabǎnr

【趿拉儿】tā·lar 명방 슬리퍼.

# 铊[鉈] tā 분동 사
명양(化) 탈륨(Tl, thallium). [원자 번호 81]
☞ tuó

## 塌 tā 무너질 탑
동 1 무너지다. 붕괴하다. 넘어지다. 내려앉다. ¶房倒屋～=집이 무너지다. 2 꺼지다. 움푹 파다. 납작해지다. 가라앉다. ¶～鼻梁儿=납작코. 3 안정되다. 진정되다. 가라앉히다. 마음을 놓다. ¶考上了重点大学, 他总算～心了。=일류 대학에 합격해서 마침내 그는 마음을 놓았다. 4 늘어지다. 처지다. 시들다. 숙이다. ¶庄稼都晒～秧了。=농작물이 모두 햇볕에 시들었다.

○● 崩bēng塌, 倒塌, 疲塌

○ 嗒 tā
塌 tā
蹋 tà
漯 tà
鳎 tǎ
榻 tà
遢 tà

○● 崩bēng塌, 倒塌, 疲塌

【塌鼻子】tābí·zi 명 1 납작코. 안장코. ¶他长了个～。=그는 코가 납작하게 생겼다. 2 납작코인 사람. 코가 낮은 사람. ¶那个～你认不认识。=너는 그 납작코를 아니, 모르니?
【塌顶】tā‖dǐng 동 지붕〔천장〕이 내려앉다〔꺼지다〕.
【塌方】tā‖fāng 동 (도로·철도·터널·갱도 등이) 붕괴되다. 무너져 내리다. =【坍方】tān‖fāng
【塌毁】tāhuǐ 동 무너지다. 붕괴하다. ¶古城墙早已～。=옛 성의 담은 오래 전에 이미 무너져 부서졌다.
【塌架】tā‖jià 동 1 (건물·가옥 등이) 무너지다. 2 (비) 와해하다. 파산하다. 몰락하다. 거덜나다. 끝장나다. 망하다.
【塌窖】tā‖jiào 동 1 움이 무너지다. 2 (비) (사업에서) 손해를 보다. 실패하다.
【塌落】tāluò 동 무너져 내리다. ¶房顶～=천장이 무너져 내리다.
【塌实】tā·shi ☞【踏实】tā·shi
【塌台】tā‖tái 동(비) 와해하다. 붕괴하다. 파산하다. 몰락하다. 거덜나다. 끝장나다. 망하다.
【塌天】tātiān 동 하늘이 무너지다. 형(비) 매우 심각한〔엄중한〕. ¶～大祸=하늘이 무너져 내리는 것 같은 심각한 재난. 큰 재앙.
【塌陷】tāxiàn 동 꺼지다. 무너지다. 내려앉다. 함몰하다. ¶路面～=길바닥이 꺼졌다. =陷落
【塌心】tā‖xīn 동 안심되다. 마음을 놓다. ¶工作落实了就～多了。=일이 확정되어서 크게 마음이 놓인다.
【塌秧】tāyāng (～儿) 동(비) 1 (꽃이나 나무가) 시들다. 2 (비) 풀이 죽다.

## 遢 tā 갈 탑
☞【邋遢】lā·tā

## 溻 tā 젖을 탑
동(옷·이불 등에) 땀이 배다. 땀에 젖다. ¶淌

了这么多汗, 淌衬衫都～了。=땀을 이렇게 많이 흘려서 셔츠가 다 젖었다.

## 绱[鎝] tā 올무 던져 잡을 탑
동(비) (밧줄 따위로) 씌우다. 묶다. 감다. 동이다. 동여매다.

## 踏 tā 밟을 답
아래를 참조.
☞ tà

○● 糟zāo踏, 大踏步

【踏实】【塌实】tā·shi 1 마음이 놓이다. 편안하다. 안정되다. ¶事情没做完, 这心里总不～。=일을 끝내지 못해서 내 마음이 놓이지 않는다. 2 (태도가) 착실하다. 실하다. 견실하다. 성실하다. ¶他人很～。=그 사람은 매우 착실하다. ≒扎实 ↔浮躁 虚浮
【踏踏实实】tā·ta shíshí (～的) 형 1 마음이 놓이다. 편안하다. 안정되다. 2 (태도가) 착실하다. 실하다. 견실하다. 성실하다.

## 褟 tā 속옷 답
명(방) (～儿) 속옷. ¶汗～儿=땀받이. 러닝셔츠. ¶레이스·리본 따위를 대다.

## 嗒 tā 훅 들이마실 탑
동(비) 마시다.

# 塔[塠] tǎ 탑 탑
명 1 (佛) 탑. ¶宝～=보탑. 2 탑 모양의 건축물. ¶灯～=등대. / 电视～=텔레비전 탑. 3 (Tǎ) 성(姓).
☞ ·da

○● 宝塔, 杆gān塔, 煤塔, 炮pào塔, 松塔儿, 铁塔, 钻zuàn塔

【塔吊】tǎdiào 명(機) 타워 크레인. 탑형〔탑식〕기중기.
【塔夫绸】tǎfūchóu 명(紡) 호박단. 태피터 (taffeta).
【塔灰】tǎhuī 명(방) 벽이나 천장에 늘어진 먼지나 그을음.
【塔吉克斯坦】Tǎjíkèsītǎn 명양(地) 타지키스탄(Tadzhikistan). [수도는 '杜尚别(두샨베: Dushanbe)'임]
【塔吉克族】Tǎjíkèzú 명 1 타지크족. [중국 소수 민족의 하나로 주로 신장(新疆)에 분포함] 2 타지크족. [타지키스탄(Tadzhikistan) 공화국에서 인구 수가 가장 많은 민족]
【塔里木盆地】Tǎlǐmùpéndì 명(地) 타림 분지 (Tarim盆地).
【塔林】tǎlín 명(佛) 탑 분묘군. [탑 모양의 스님 분묘가 모여 있는 곳]
【塔楼】tǎlóu 명 1 (탑 모양의) 고층 건물〔빌딩〕. 2 건축물 꼭대기의 탑 모양의 작은 건물.
【塔塔尔族】Tǎtǎ'ěrzú 명 타타르족(Tatar族).

【塔台】tǎtái 몡 관제탑.
【塔钟】tǎzhōng 몡 (빌딩 꼭대기) 시계탑의 대형 시계.

## 溚 tǎ 타르 답
몡외(化) '焦油(타르, tar)'의 옛 명칭.

## 獭[獺] tǎ 수달 달
몡(動) 1 수달·마멋·해달의 총칭. 2 수달.
【獭祭】tǎjì 됭뭉 1 수달이 물고기를 많이 잡아 제물처럼 늘어놓다. 2 (비) 전고(典故)를 많이 늘어놓아 글을 짓다.

## 鳎[鰨] tǎ 가자미 탑
몡(動) 가자미.

## *拓[(搨)] tà 박을 탁
동 탁본하다. ¶把碑上的图案~下来。=비석의 도안을 탁본하다.
☞ tuò
【拓本】tàběn 몡 (제본한) 탁본.
【拓片】tàpiàn 몡 (낱장의) 탁본.
【拓印】tàyìn 됭 탁본하다. ¶~碑文=비문을 탁본하다.

## 沓 tà 겹칠 답
형 1뭉 겹치다. 중복되다. ¶杂~=소란스럽다. / 重~=중복하다. 2뭉 많다.
☞ dá

○● 重chóng沓, 拖tuō沓

○ 沓 tà
踏 tà

## 佊[傝] tà 뚱뚱할 달
☞【佻佊】tiāotà

## 挞[撻] tà 매질할 달
동뭉 (채찍이나 몽둥이로) 때리다. 치다. 갈기다. 편달(鞭撻)하다. ¶鞭~=편달하다.
【挞伐】tàfá 됭 1 토벌하다. 징벌하다. ¶大张~=대대적으로 토벌하다. 2 (비) 성토하다. 비난하다. 꾸짖다. 나무라다. ¶~异己=자기와 생각이 다른 사람을 성토하다.

## 闼[闥] tà 문 달
몡뭉 문. 작은 문. ¶排~直入=문을 밀치고 곧장[바로] 들어가다.

## 溻[澾] tà 미끄러울 달
형뭉 미끄럽다. 매끄럽다.

## 嗒 tà 멍할 탑
아래를 참조.
☞ dā
【嗒然】tàrán 형뭉 멍하다. ¶~衷叹=멍하니 슬프게 탄식하다.
【嗒丧】tàsàng 형 낙망하다. 실의하다. ¶~不语=낙망하여 말을 하지 못하다.

## 遢 tà 뒤섞일 답
☞【杂遢】zátà

## 阘[闒] tà 천할 탑
아래를 참조.
☞ dá
【阘懦】tànuò 형뭉 지위가 낮고 나약하며 무능하다.
【阘茸】tàróng 형뭉 비천하다. 졸렬하다.

## 榻 tà 침상 탑
몡 1 좁고 길며 비교적 낮은 침대. 2 침대. ¶竹~=대나무 침대. / 卧~=침대.

○● 病榻, 扫榻, 卧榻

【榻榻米】tàtàmǐ 몡외 다다미.

## 漯 Tà 강 이름 탑
몡(地) 타허(漯河). [산둥(山东)성에 있는 강 이름]
☞ luò

## **踏 tà 밟을 답
동 1 밟다. 디디다. ¶脚~实地=일을 견실하게 하다. 2 현장을 답사하다. ¶~看案发地点=사건 발생 현장을 답사하다.
☞ tā
【踏板】tàbǎn 몡 1 (구식 침상 앞에 놓는) 발판. 2 (차·배에 오르내릴 때 밟는) 디딤판. 발판. 3 (體) 구름판. 도약판. 4 (재봉틀·풍금 따위의) 페달. =【踏脚板】tàjiǎobǎn.
【踏步】tàbù 됭 제자리걸음하다. 답보하다. ¶原地~=원위치에서 제자리걸음하다. 몡방 계단. 디딤돌.
【踏查】tàchá 됭 현지 답사하다. ¶~旧城改造工程=구도심의 재건축 공사 현장을 답사하다.
【踏春】tàchūn 됭 봄나들이 가다.
【踏凳】tàdèng 몡 (구식 침상 앞에 놓는) 발판.
【踏点】tàdiǎn 됭 1 (범죄를 하기 전에 미리) 사전 답사하다. 지형을 살피다. 보아 두다. 2 (어떤 활동에 참가하는 사람이) 사전 답사하다. 지형을 살피다. 보아 두다.
【踏访】tàfǎng 됭 현지 답사하다. 현장 조사하다. 탐방하다. ¶~灾民=이재민을 탐방하다.
【踏歌】tàgē 몡(藝) 답가. 발로 박자를 치며 부르는 노래.
【踏脚】tàjiǎo 됭 답보하다. 몡방 (자전거) 페달.
【踏脚板】tàjiǎobǎn ☞【踏板】tàbǎn
【踏脚凳】tàjiǎodèng 몡 (구식 침상 앞에 놓는) 발판.
【踏脚裤】tàjiǎokù 몡 쫄바지.
【踏勘】tàkān 됭 1 (지형·지질 따위를) 현지 답사하다[조사하다]. ¶~矿藏=지하 자원을 현지 조사하다. 2 현장에 가서 살펴보다[조사하다].
【踏看】tàkàn 됭 현장에 가서 살펴보다. 현장 조사하다. ¶~现场=현장을 답사하러 가다.

【踏平】tàpíng 〔동〕 1 철저하게 평정하다. 완전히 소멸하다. ¶~叛乱=반란을 완전히 평정하다. 2 밟아 평평하게 하다.

【踏青】tàqīng 〔동〕 답청하다. [청명절(淸明節)을 전후하여 풀이 자란 교외를 거닐며 노는 것. 또는 그러한 풍속]

【踏跳】tàtiào 〔동〕 (높이뛰기·멀리뛰기에서) 구름판을 밟고 뛰어오르다.

【踏雪】tàxuě 〔동〕 눈 위를 거닐며 설경을 감상하다. ¶~访梅=눈을 밟으며 아름다운 경치를 찾다.

【踏足】tàzú 〔동〕 발을 들여놓다〔내딛다〕. ¶~文坛=문단에 발을 들여놓다.

## 鵀[(鴿)] tà 큰 배 탑
〔명〕〔문〕 큰 배.

## *蹹 tà 밟을 답
〔동〕〔문〕 1 고어에서 '踏(tà)'와 같음. 2 차다.

## tai

## 台¹ tāi 땅 이름 태
지명에 쓰이는 글자. ¶天~=텐타이. [저장(浙江)성에 있는 지명·산 이름]

## 台² Tāi 땅 이름 태
〔명〕(地) 타이저우(台州). [저장(浙江)성에 있는 지명]
☞ tái

## *苔 tāi 이끼 태
☞【舌苔】shétāi
☞ tái

## *胎 tāi 태아 태
〔명〕 1 (生) 태아. ¶怀~=잉태하다. / 堕~=유산하다. 2 (~儿) (옷이나 이부자리의) 속. 솜. ¶棉~=목화솜. 3 (~儿) (기물의) 원형. 바탕. ¶泥~儿=빚어서 아직 굽지 않은 질그릇. 4 〔비〕(일의) 시작. 근원. ¶祸~=화근. 5 〔生〕 태. ¶娘~=모태. 6 〔양〕 바퀴. 타이어. ¶车~=차바퀴. 〔양〕(生) 배. 번. [임신 또는 출산의 횟수를 세는 데 쓰임] ¶头~=첫 번째 임신. / 第二~=두 번째 임신.

○ 车胎, 堕duò胎, 轮胎, 娘胎, 胚pēi胎, 投胎, 脱胎

【胎动】tāidòng 〔동〕(生) 태동하다.

【胎毒】tāidú 〔명〕(醫) 태독. [젖먹이가 앓는 일종의 피부병]

【胎儿】tāi'ér 〔명〕(生) 태아.

【胎发】tāifà 〔명〕 태발. 배냇머리.

【胎粪】tāifèn 〔명〕(醫) 태변.

【胎记】tāijì 〔명〕 모반(母斑). [태어날 때부터 지니는 짙은 반점] ¶他的手臂上有一块红色的~。=그

의 팔에는 붉은 반점이 있다.

【胎教】tāijiào 〔동〕 태교하다.

【胎具】tāijù 〔명〕 1 거푸집. 주형. 2 모형(模型). 모델(model). =【胎模】tāimú

【胎里富】tāi·lifù 〔명〕 타고난 부자.

【胎里坏】tāi·lihuài 〔명〕 타고난 악질.

【胎里素】tāi·lisù 〔명〕 나면서부터 소식(素食)하는 사람. 선천적으로 고기부터 싫어하는 사람.

【胎毛】tāimáo 〔명〕 1 태발. 배냇머리. 2 갓 태어난 포유동물의 솜털.

【胎膜】tāimó 〔명〕(生) 태막.

【胎模】tāimú ☞【胎具】tāijù

【胎盘】tāipán 〔명〕(生) 태반.

【胎气】tāiqì 〔명〕(醫) 1 태기. 2 임신 부종.

【胎前】tāiqián 〔명〕 임신 기간.

【胎生】tāishēng 〔명〕〔동〕(生) 태생(하다).

【胎势】tāishì 〔명〕 태아의 자세.

【胎死腹中】tāi sǐ fùzhōng 〔성〕 1 태아가 뱃속에서 죽다. 2 〔비〕 (계획·방안 등이) 실시되기도 전에 실패하거나 취소되다. 중도에 유산되다. 어둠 속에 묻혀 버리다. 사건이 몰래 처리되다.

【胎位】tāiwèi 〔명〕 태위. [태아의 자궁 내의 위치]

【胎衣】tāiyī 〔명〕 1 ☞【胞衣】bāoyī 2 (醫) 태반과 태막.

【胎子】tāi·zi 〔명〕 1 (빚어만 놓고 굽지 않은 상태의 도자기〔질그릇〕. 2 〔비〕 자질. 타고난 바탕. 본바탕.

## **台¹[臺] tái 돈대 대
〔명〕 1 높고 평평한 건축물. 대. ¶塔~=관제탑. / 烽火~=봉화대. 2 무대. 단. ¶讲~=강단. / 舞~=무대. 3 받침대. 받침대 구실을 하는 것. ¶烛~=촛대. / 灶~=부뚜막. 4 대 모양의 소형 건축 구조물. ¶窗~儿=창대. 5 일부 기관의 명칭. ¶电视~=방송국. / 气象~=기상대. 6 〔경〕〔예〕 귀하. [상대방과 관련된 동작에도 쓰임] ¶兄~=귀형. 7 (Tái) 〔명〕(地) 타이완(台湾). 대만. ¶港~音乐=홍콩과 대만 음악. 8 (Tái) 〔명〕 1 (기계·차량·설비 등을 세는) 대. ¶一~机器=기계 한 대. 2 (연극·공연 따위를 세는) 편. 회. 차례. ¶一~话剧=한 편의 연극.

| 台 tái | 殆 dài |
|---|---|
| 抬 tái | 迨 dài |
| 胎 tāi | 给 dài |
| 苔 tái | 答 chī |
| 炱 tái | 始 shǐ |
| 跆 tái | 治 zhì |
| 鲐 tái | 怡 yí |
| 邰 tái | 诒 yí |
| 骀 tái | 饴 yí |
| 怠 dài | 冶 yě |

## **台²[臺·檯] tái 받침 대
〔명〕 탁자. 탁자와 유사한 기물. ¶写~=사무용 책상. / 梳妆~=화장대.

## **台³[颱] tái 태풍 태
☞【台风】táifēng
☞ tāi

○ 靶bǎ台, 拆chāi台, 出台, 船chuán台, 倒台,

**tái** 台 邰 苔

灯台, 登台, 敌台, 柜guì台, 后台, 镜台, 开台, 看台, 垮kuǎ台, 擂lèi台, 棱léng台, 凉台, 灵líng台, 楼台, 炉台, 露台, 炮pào台, 平台, 前台, 晒shài台, 上台, 塌tā台, 塔tǎ台, 坍tān台, 跳台, 戏台, 下台, 砚yàn台, 阳台, 印台, 舆yú台, 圆台, 月台, 站台, 烛zhú台, 转zhuàn台

【台胞】**táibāo** 몡얭 台湾同胞(대만 동포).
【台北】**Táiběi** 몡(地) 타이베이.
【台本】**táiběn** 몡(藝) 대본. 극본. 시나리오.
【台笔】**táibǐ** 몡 탁상 위의 붓두껍에 꽂아 두고 쓰는 붓.
【台币】**táibì** 몡(經) 타이완(台湾) 화폐. 대만 화폐. TWD. NT$(New Taiwan Dollar). [단위는 元(위안)임]
【台布】**táibù** 몡 탁자보. 테이블 보. 늑桌布.
【台步】**táibù** (~儿) 몡(藝) (연기자의) 무대에서의 걸음걸이.
【台秤】**táichèng** 몡 **1** 대칭. 앉은 저울. =【磅秤】**bàngchèng 2** ☞【案秤】**ànchèng**
【台词】**táicí** 몡(藝) 대사.
【台灯】**táidēng** 몡 탁상용 전등. 탁상용 스탠드.
【台地】**táidì** 몡(地) 더기. 덕. [높고 평탄한 고지]
【台端】**táiduān** 몡옝 귀하. 댁. [주로 기관·단체가 개인에게 보내는 서신에 쓰임]
【台风】**táifēng** 몡(氣) 태풍.
【台风儿】**táifēngr** 몡(藝) (연기자의) 무대 매너. 스테이지 매너. ¶~稳健=무대 매너가 안정되다.
【台风眼】**táifēngyǎn** 몡(氣) 태풍의 눈.
【台甫】**táifǔ** 몡겸 귀하의 자(字). [남의 자(字)를 묻는 데 쓰임]
【台港】**Tái Gǎng** 몡(地) 대만과 홍콩.
【台海】**Táihǎi** 몡얭(地) 台湾海峡(대만 해협).
【台函】**táihán** 몡겸 귀함(貴函). 혜서(惠書). 혜함(惠函). 혜찰(惠札). [상대편의 편지를 높여 이르는 말]
【台基儿】**táijīr** 몡 토대. 기반. 기부(基部). ¶~要打牢实.=토대를 튼튼히 해야 한다.
【台驾】**táijià** 몡겸옝 귀하. ¶~光临, 不胜荣幸.=귀하께서 왕림해 주시다니, 대단한 영광입니다.
【台鉴】**táijiàn** 통겸옝 살펴보소서. 태감(台覽). [주로 수신인의 이름이나 호칭 뒤에 쓰는 말] ¶母亲大人~=어머님 보십시오.
【台阶】**táijiē**(~儿) 몡 **1** 층계. 계단. 섬돌. **2** 옝 더 큰 성적. 더 높은 목표. [주로 '上'과 같이 사용함] **3** 교착 상태나 난처함을 벗어날 여지[기회]. 물러날 길. 퇴로. [주로 '下'와 같이 사용함] ¶你得给他个~下.=너는 그에게 퇴로를 열어 주어야 한다.
【台历】**táilì** 몡 탁상용 달력.
【台面】**táimiàn** 몡얭 **1** 탁자 위. 공개 석상. ¶有话请拿到~上说.=할 말이 있으면 공개 석상에서 말하라. **2** 얭 상류. ¶~人物=상류 인물. **3** (도박판의) 판돈의 총액. ¶~不小.=판돈이 적지 않다.

【台盘】**táipán** 몡얭 **1** 연회석상. 연석상. ¶粗茶淡饭哪上得了~.=변변찮은 음식을 어떻게 연회 석상에 올릴 수 있겠느냐! **2** 옝 교제하는 자리. 공공연한 장소. 공개 석상. ¶她没见过世面, 上不了~.=그녀는 세상 물정을 몰라서 공개 석상에 나갈 처지가 못 된다.
【台钳】**táiqián** ☞【老虎钳】**lǎohǔqián**
【台球】**táiqiú** 몡(體) **1** 당구. **2** 당구알. 공. **3** 옝 탁구.
【台容】**táiróng** 몡 (배우의) 무대 모습[이미지].
【台扇】**táishàn** 몡 탁상용 선풍기.
【台商】**táishāng** 몡 타이완(台湾) 상인. 대만 상인.
【台上】**táishàng** 몡얭 실세[책임자]의 위치에 있음. ¶他在~十多年了.=그는 책임자로 십여 년을 보냈다.
【台式】**táishì** 옝 탁상식의. 탁상의. ¶~电风扇=탁상용 선풍기.
【台式电脑】**táishì diànnǎo** ☞【台式计算机】**táishì jìsuànjī**
【台式计算机】**táishì jìsuànjī** 몡 **1** 데스크톱 컴퓨터. 탁상용 컴퓨터. **2** ☞【台式电脑】**táishì diànnǎo**
【台属】**táishǔ** 몡 **1** 중화 인민 공화국 건국 직전 대만으로 간 사람이 대륙에 남겨 둔 가족[친족]. **2** 대만 사람의 대륙 가족[친족].
【台湾】**Táiwān** 몡(地) 타이완. 대만.
【台湾暖流】**Táiwān nuǎnliú** ☞【黑潮】**hēicháo**
【台下】**táixià** 몡얭 실세[책임자]의 위치에 있지 않음. ¶人在~, 有些事就不要操心了.=책임자의 위치에 있지 않은 사람은 어떤 일들은 걱정할 필요가 없다.
【台衔】**táixián** 몡옝 상대방의 학위·관직 따위를 묻는 데 사용하는 경칭.
【台照】**táizhào** 통겸 (편지 용어로) 살펴보소서. ¶~先生=선생님 살펴보십시오.
【台钟】**táizhōng** 몡 탁상시계.
【台柱(子)】**táizhù(·zi)** 몡 **1** 무대의 기둥. **2** 옝 (劇) (극단의) 주요[간판] 연기자. 기둥. **3** 옝 (단체의) 주요[핵심] 인물. 기둥.
【台资】**táizī** 몡 대만 자본. [대만 상인이나 금융 기관이 해외나 대륙에 투자한 자본] ¶~公司=대만 자본 회사.
【台资企业】**táizī qǐyè** 몡 대만 상인이 투자한 기업.
【台子】**tái·zi** 몡 **1** ㉠(體) 당구대·탁구대 따위. **2** 옝 탁자. 책상. **3** (공공 장소의) 무대. 대. 단. ¶戏~=연극 무대. **4** 받침대. ¶灯~=등잔대. **5** 대. ¶窗~=창턱.

**邰 Tái** 나라 이름 태
몡(姓) 성(姓).

*苔 **tái** 이끼 태
몡(植) 이끼. 선태(蘚苔).
☞ **tāi**

苔 抬 擡 骀 炱 跆 鲐 儓 薹 呔 太  tài

【苔藓】**táixiǎn** 图(植) 선태. 태선. 이끼.
【苔藓植物】**táixiǎn zhíwù** 图(植) 선태식물.
【苔藓】**táixuǎn** 图(醫) 태선. [피부병의 하나]
【苔原】**táiyuán** 图(地) 툰드라(tundra). =【冻原】**dòngyuán**

**抬** **tái** 맞들 대
动 1 (두 사람 이상이) 맞들다. 함께 들다. 맞메다. ¶~桌子=책상을 맞들다. 2 들어올리다. 들다. 쳐들다. ¶他一~手一举足十分文雅.=그는 행동거지가 매우 점잖다. 3 언쟁하다. 말다툼하다. ¶两个人一说话就爱~.=두 사람은 말만 했다 하면 언쟁을 벌이기 좋아한다. 喻 짐. [두 사람이 맞드는 것에 쓰임] ¶八~嫁妆=혼수 여덟 짐. ↔压
【抬爱】**tái'ài** 动 보살피다. 아끼다. 배려하다. ¶承蒙~=보살핌을 받다.
【抬不起头】**táibùqǐtóu** 动(숙) 얼굴을 들 수가 없다.
【抬秤】**táichèng** 图 큰 대저울. [저울 중심에 멜대를 걸어 두 사람이 들어올려 무게를 다는 저울]
【抬杠】**tái**∥**gàng** 动 1 굵은 막대기로 운구하다. 2(平) 말다툼하다. 언쟁하다. ¶他俩一天到晚就好~.=그 두 사람은 아침부터 저녁까지 말다툼하기 일쑤다.
【抬高】**tái**∥**gāo** 动 1 높이다. 높이 들다. 높이 들어〔끌어〕올리다. ¶~腿=발을 높이 쳐들다. 2(喻) 오르게 하다. ¶~售价=판매 가격을 올리다. ↔压低 贬低
【抬行市】**tái hángshì** (숙) 시장 가격을 올리다.
【抬盒】**táihé** 图(옛) 예물을 담아 보내던 나무 함. [두 사람이 들며, 2층 또는 3층으로 되어 있음]
【抬价】**tái**∥**jià**(~儿) 动 가격을 올리다. ¶石油~了.=석유 가격이 올랐다. ↔压价
【抬肩】**tái**·**jian** 图 진동. [한복 저고리의 어깨선에서 겨드랑이까지의 폭] =【抬肯】**táikěn**
【抬轿子】**tái jiào**·**zi** 动 1 가마를 메다. 2(喻) 아첨하다. 3(經) 주가 시세에 관련된 정보에 따라 서둘러 증권을 매도·매수하는 행위.
【抬举】**tái**·**ju** 动 밀어주다. 발탁하다. 보살피다. 배려하다. 추어주다. 치켜세우다. ¶不识~=보살펴 주는 것을 몰라보다.
【抬肯】**táikěn** ☞【抬肩】**tái**·**jian**
【抬筐】**táikuāng** 图 (두 사람이 흙·거름 따위를 담아 나르는) 큰 삼태기 [광주리].
【抬枪】**táiqiāng** 图 구식 화승총.
【抬升】**táishēng** 动 1(地) (지형이나 기류 등이) 상승하다. 높아지다. ¶气流~带来降雨天气.=기류가 상승하면서 비를 뿌리는 날씨이다. 2 (가격 등이) 올라가다. 상승하다. ¶物价一路~=물가가 계속 오르다.
【抬手】**tái**∥**shǒu** 动 1 손을 들다. 2(喻) 용서하다. 관대하게 처리하다. ¶请你~放他一马.=당신이 그를 너그럽게 용서해 주십시오.
【抬死杠】**táisǐgàng** 动(平) 끝까지 자기 주장을 내세우며 말다툼하다.
【抬头】**tái**∥**tóu** 动 1 머리를 들다. 2(喻) 대두하다. 다시 활개를 치다. 다시 발전하다. ↔低头
【抬头】**táitóu** 图 1 (서신·공문 따위에서 상대방의 호칭을 언급할 때 존경을 표하기 위해) 줄을 달리하여 쓰다. 图 1 서신·공문 따위에서 상대방의 호칭을 언급할 때 존경을 표하기 위해 줄을 달리하여 쓰는 곳. 2 (수취 지정인을 나타내는) 명의. 3 (수취인의 이름을 쓰는) 수취인란.
【抬头纹】**táitóuwén** 图 이마의 주름살.
【抬眼】**tái**∥**yǎn** 动 1 눈을 들어 보다. ¶~四下张望=눈을 들어 사방을 살피다. 2(喻) 눈길을 끌다. 돋보이다. ¶她的红大衣很~.=그녀의 빨간 외투가 시선을 끈다.

**擡** **tái** 맞들 대
图 '抬(tái)' 와 같음.

**骀[駘]** **tái** 둔마 태
图(文) 노마. 둔한 말. ¶驽~=노둔한 말.
☞ **dài**

**炱** **tái** 그을음 태
图 그을음. 검댕. ¶煤~=(석탄) 그을음.

**跆** **tái** 밟을 태
动(文) (발로) 차다. 밟다. ¶进行~拳道训练=태권도 훈련을 하다.
【跆拳道】**táiquándào** 图(體) 태권도.

**鲐[鮐]** **tái** 고등어 태
图(動) 고등어.
【鲐鱼】**táiyú** ☞【青花鱼】**qīnghuāyú**

**儓** **tái** 하인 대
图 관노. 고대 관청의 노복.

**薹** **tái** 삿갓사초 대
图(植) 1 삿갓사초. 2 장다리. 종대. ¶蒜~=마늘종.

○● 菜薹, 蒜**suàn**薹, 芸**yún**薹, 紫**zǐ**菜薹

**呔[詃·噠]** **tǎi** 욕하는 말 태
形 다른 지방 말씨를 쓰다.
☞ **dāi**

**太** **tài** 클 태
形 1 최고의. ¶~古时期=태고 시기. 2 높다. 크다. ¶遨游~空=우주를 여행하다. 3 신분이 가장 높은. 항렬이 가장 높은. ¶老~爷=어르신. / ~夫人=대부인. 자당. 副 1 대단히. 매우. 아주. 극히. [감탄형에 쓰임] ¶他的文章写得~棒了.=그의 글은 대단히 좋다. 2 지나치게. 몹시. 너무. [정도가 지나침을 나타냄] ¶天~热了.=날씨가 너무 덥다. 3 그다지. 그리. 별로. 과히. [부정형으로 쓰임] ¶你做得不~合适.=네가 한 것은

○ 太 **tài**
态 **tài**
汰 **tài**
钛 **tài**
呔 **dāi**

그리 적합하지 않다. 團 (Tài) 성(姓).
【太白星】 tàibáixīng 圕(天) 태백성. [금성의 옛 이름]
【太半】 tàibàn 囿囿 대부분의. 태반의. ¶财力折损~. =재산의 태반이 결손이 나다.
【太仓】 tàicāng 圕 큰 창고.
【太仓一粟】 tàicāng-yīsù 囿 1 창고 안의 곡식 한 알. 2囿 매우 작다. 미미하다. 보잘것없다.
【太阿倒持】 Tài'ē-dàochí 圕 1 보검을 거꾸로 들다. ['太阿'는 고대의 보검 이름] 2囿 남에게 권력을 넘겨주고 자신은 도리어 위험에 처하다. =【倒持太阿】 dàochí-Tài'ē
【太公】 tàigōng 圕 1 노인의 존칭. ¶~钓鱼, 愿者上钩. =자발적으로 남의 올가미에 걸려들다. 2囿 증조부. 3 (Tàigōng) 복성(複姓).
【太古】 tàigǔ 圕 태고. 상고. 아주 오래 된 옛날. ¶~时代 =상고 시대.
【太行山】 Tàihángshān 圕(地) 타이항산. [허베이(河北)성과 산시(山西)성 경계에 있음]
【太后】 tàihòu 圕 태후.
【太湖】 Tàihú 圕(地) 타이후. 태호. [중국의 3대 담수호로 장쑤(江苏)성에 있음]
【太湖石】 Tàihúshí 圕 태호석. [장쑤(江苏)성 타이후(太湖)에서 나는 돌. 구멍과 주름이 많아 석가산(石假山) 제작이나 정원 장식에 많이 쓰임]
【太极】 tàijí 圕(哲) 태극. 태초.
【太极拳】 tàijíquán 圕(體) 태극권.
【太极图】 tàijítú 圕 태극도. [중국 고대에 우주 현상을 설명한 그림. 원 안에 음양을 상징하는 두 개의 상대적인 도형을 넣고, 원 밖에는 팔괘(八卦)를 더했음. 도교(道教)에서 표지로 사용함]
【太监】 tàijiàn 圕 ☞【宦官】 huànguān
【太君】 tàijūn 圕囿 1 태군. [옛날, 관리 모친의 봉호(封号)] 2囿 자당(慈堂).
【太空】 tàikōng 圕(天) 우주. 높고 드넓은 하늘. ¶飞越~ =우주를 날다.
【太空步】 tàikōngbù 圕(藝) 문 워킹(moon walking). [춤 스텝의 일종]
【太空舱】 tàikōngcāng 圕 우주선 캡슐.
【太空城】 tàikōngchéng 圕 우주 도시.
【太空穿梭机】 tàikōng chuānsuōjī ☞【太空梭】 tàikōngsuō
【太空船】 tàikōngchuán 圕(機) 우주선.
【太空服】 tàikōngfú ☞【宇航服】 yǔhángfú
【太空垃圾】 tàikōng lājī 圕 우주 쓰레기〔폐기물〕.
【太空棉】 tàikōngmián 圕 우주복용 직물.
【太空人】 tàikōngrén 圕 1 우주인. 우주 비행사. 2 외계인.
【太空梭】 tàikōngsuō 圕囿 太空穿梭机(우주 왕복선).
【太空战】 tàikōngzhàn 圕(軍) 우주전.
【太空站】 tàikōngzhàn ☞【空间站】 kōng jiānzhàn
【太庙】 tàimiào 圕 왕실의 종묘.
【太平】 tàipíng 囿 태평하다. 평안하다. ¶~盛世 =태평성세.

【太平斧】 tàipíngfǔ 圕 1 소방용 도끼. 2 선박의 비상용 도끼. [배가 태풍을 만났을 때 돛대나 밧줄을 끊는 데 사용함]
【太平鼓】 tàipínggǔ 圕 1(音) 태평고. [손잡이에 쇠고리가 달린 북] 2(藝) 주로 여자들이 북을 치며 추는 민간 춤.
【太平花】 tàipínghuā 圕(植) 고광나무.
【太平间】 tàipíngjiān 圕 (병원의) 영안실. 시체 안치실.
【太平龙头】 tàipíng lóngtóu 圕 소화전(消火栓). 방화전.
【太平门】 tàipíngmén 圕 비상구. 비상문.
【太平鸟】 tàipíngniǎo 圕(動) 여새.
【太平盛世】 tàipíng shèngshì 囿 태평성세.
【太平水缸】 tàipíng shuǐgāng 圕 방화수조. 방화용 물독.
【太平梯】 tàipíngtī 圕 1 비상 계단. 2 소방 사다리.
【太平天国】 Tàipíng Tiānguó 圕(歷) 태평천국. [훙슈취안(洪秀全), 양슈칭(杨秀清) 등이 1851년 광시(广西)성 진톈(金田)에서 농민을 이끌고 봉기하여 세운 국호]
【太平洋】 Tàipíngyáng 圕(海) 태평양.
【太婆】 tàipó 圕囿 증조모.
【太上皇】 tàishànghuáng 圕 1 태상황. 상황. 2囿囿 막후 실력자. 배후의 실권자.
【太上老君】 Tàishàng Lǎojūn 圕(道) 태상노군. [도가(道家)의 노자에 대한 존칭]
【太甚】 tàishèn 囿 너무(지나치게) 심하다. ¶欺人~ =사람을 너무 깔보다.
【太师】 tàishī 圕 1 국구(国舅). 부원군(府院君). [임금의 장인] 2 (Tàishī) 복성(複姓).
【太师母】 tàishīmǔ 圕 스승의 어머니.
【太师椅】 tàishīyǐ 圕 등널과 팔걸이가 있으며 비교적 큰 구식 의자.
【太守】 tàishǒu 圕 태수. [고대에 지방의 최고 행정장관]
【太岁】 tàisuì 圕 1(天) 태세. [목성의 옛 이름] =【岁阴】 suìyīn【太阴】 tàiyīn 2 ① 태세신. [전설 속의 흉신. 이 신이 지나는 방위는 피하고 건축 공사 등을 하지 말아야 했음] ② 흉악무도한 사람.
【太岁头上动土】 tàisuì tóu·shang dòngtǔ 囿 1 태세신이 지나는 방위에서 건축 공사를 하다. 2囿 권세 또는 힘있는 자를 건드리다.
【太太】 tài·tai 圕 1囿 마님. [관리의 처에 대한 통칭] 2囿 마님. [하인이 여주인을 부르는 호칭] 3 처. 아내. [남의 아내나 자기의 처를 부르는 말. 인칭대명사를 한정어로 많이 씀] ¶我~和他~是同事. =내 아내와 그의 아내는 동료이다. 4 부인. [기혼 여성에 대한 존칭. 남편의 성을 앞에 씀] ¶李~ =이씨 부인. 5 囿 증조모. 중조부.
【太太平平】 tài·tai píngpíng (~的) 囿 평안하다. 태평하다. ¶~过日子 =태평하게 나날을 보내다.
【太尉】 tàiwèi 圕 1 태위. [옛날, 무관 중 제일 높은 벼슬] 2 태위. [옛날, 일반 무관에 대한 존칭]

【太息】**tàixī** 동문 탄식하다. 한숨쉬다. ¶仰天～=하늘을 우러러 탄식하다.

【太先生】**tàixiān·sheng** 명 **1** 아버지의 스승. **2** 스승의 스승.

【太虚】**tàixū** 명 **1**〔哲〕태허. 〔중국 고대 철학에서 우주 만물의 가장 원시적인 상태를 가리킴〕 **2** 한없이 넓은 하늘. 공중. **3** 가공의 오묘한 경지.

【太虚幻境】**tàixū-huànjìng** 성 가공의 오묘한 경지.

【太学】**tàixué** 명 태학. [옛날, 수도에 세운 최고 교육 기관]

【太阳】**tàiyáng** 명 **1**〔天〕태양. 해. **2** 햇빛. 일광. ¶～=这么好, 出去散散步吧.=햇빛이 이렇게 좋으니 산보나 하러 갑시다. **3**〔生〕태양혈(太陽穴).

【太阳灯】**tàiyángdēng** 명〔醫〕태양등.

【太阳地儿】**tàiyángdìr** 명 양지.

【太阳电池】**tàiyáng diànchí** 명 태양 전지.

【太阳风】**tàiyángfēng** 명〔天〕태양풍.

【太阳风暴】**tàiyáng fēngbào** 명〔天〕태양 폭풍. 영 solar storm

【太阳黑子】**tàiyáng hēizǐ** 명〔天〕태양 흑점. =【日斑】**rìbān**【黑子】**hēizǐ**

【太阳活动】**tàiyáng huódòng** 명〔天〕태양 활동.

【太阳镜】**tàiyángjìng** 명 색안경. 선글라스.

【太阳历】**tàiyánglì**☞【阳历】**yánglì**

【太阳炉】**tàiyánglú** 명 태양로. 태양 고온로. =【太阳灶】**tàiyángzào**

【太阳帽】**tàiyángmào** 명 차양모. 썬캡.

【太阳能】**tàiyángnéng** 명〔物〕태양 에너지.

【太阳年】**tàiyángnián**☞【回归年】**huíguī nián**

【太阳热】**tài·yángrè** 명 태양열. ¶～热水器=태양열 온수기.

【太阳系】**Tàiyángxì** 명〔天〕태양계.

【太阳穴】**tàiyángxué** 명〔生〕태양혈.

【太阴月】**tàiyīnyuè**☞【朔望月】**shuòwàng yuè**

【太阳灶】**tàiyángzào**☞【太阳炉】**tàiyánglú**

【太爷】**tàiyé** 명 **1** 할아버지. 조부. **2**〔방〕증조부.

【太医】**tàiyī** 명 **1** 어의(御醫). 태의. =【御医】**yùyī** **2**〔방〕의사.

【太阴】**tàiyīn** 명 **1**☞【太岁】**tàisuì** **2**〔醫〕태음경. **3**☞【月球】**yuèqiú**

【太阴历】**tàiyīnlì**☞【阴历】**yīnlì**

【太原】**Tàiyuán** 명〔地〕타이위안(太原). 태원. [산서(山西)성의 성도]

【太岳父】**tàiyuèfù** 명 처조부. 장조부.

【太岳母】**tàiyuèmǔ** 명 처조모. 장조모.

【太子】**tàizǐ** 명 황태자.

【太子参】**tàizǐshēn** 명〔植〕들별꽃. =【孩儿参】**hái'érshēn**

**汰 tài** 씻을 태

동 도태시키다. 제거하다. 없애다. ¶优胜劣～=강자는 이기고〔번성하고〕약자는 도태된다.

○● 删**shān**汰, 淘汰赛

【汰石子】**tàishí·zi**☞【水刷石】**shuǐshuā shí**

**态[態] tài** 모양 태

명 **1** 모양. 형태. 형상. 생김새. 상태. 상황. ¶一反常～=평소의 태도와 판이하다. / 千姿百～=온갖 자태. **2**〔言〕태. ¶主动～=능동태. / 被动～=수동태.

○● 表态, 病态, 常态, 动态, 富态, 固态, 静态, 拟**nǐ**态, 气态, 情态, 神态, 生态, 失态, 世态, 事态, 体态, 物态, 液态, 状态, 醉**zuì**态, 作态

【态度】**tài·du** 명 **1** 태도. ¶表明～=태도를 표명하다. **2** 기색. 표정. 거동. 행동거지. ¶～大方=행동거지가 시원시원하다.

【态势】**tàishì** 명 태세. 형세. ¶出版行业发展～良好. =출판업의 발전 형세가 양호하다.

**肽 tài** 펩티드 태

명〔약〕〔化〕펩티드(peptide). 펩타이드.

**钛[鈦] tài** 티타늄 태

명〔약〕〔化〕티타늄(Ti, titanium). [원자 번호 22]

【钛白】**tàibái** 명〔化〕티탄백.

【钛合金】**tàihéjīn** 명 티타늄 합금의 총칭.

【钛颜料】**tàiyánliào** 명〔化〕티탄 안료.

**泰 tài** 편안할 태

형 **1** 평안하다. 무사하다. 편안하다. 태평하다. ¶舒～=편안하다. / 国～民安=나라가 태평하고 백성이 편안하다. **2**부 최고의. 최종의. ¶～西诸国=서양 각국. **3**부 너무. 지나치게. 과분히. ¶简略～甚=너무 심하게 간략하다. 명 **(Tài)** 성(姓). ↔否**(pǐ)**

【泰斗】**tàidǒu** 명 **1** 태산북두. 태두. **2**비 권위자. 대가(大家). 제일인자. ¶文学～=문학의 권위자.

【泰国】**Tàiguó** 명약〔地〕태국(Thailand). [수도는 '曼谷(방콕: Bangkok)'임]

【泰然】**tàirán** 형 태연하다. 태연스럽다. 천연스럽다. ¶～处之=태연하게 일을 처리하다.

【泰然处之】**tàirán-chǔzhī** 성 아무렇지도 않은 듯이 어렵거나 긴급한 상황에 대처하다. 태연하게 일을 처리하다.

【泰然自若】**tàirán-zìruò** 성 태연자약하다.

【泰山】**tàishān** 명 **1 (Tàishān)**〔地〕타이산(泰山). 태산. [오악(五岳)의 하나로 산동(山东)성에 있음] **2**비 존경받는 사람. 위인. 중대하고 가치가 있는 사물. ¶有眼不识～.=위인을 알아보지 못하다. 공자 앞에서 문자 쓰기. / 重于～=태산보다 귀하다. **3**〔岳人(장인)〕의 별칭.

【泰山北斗】**tàishān-běidǒu** 성 **1** 태산북두. 태두. **2** 권위자. 대가(大家). 제일인자.

【泰山鸿毛】**tàishān-hóngmáo** 성비 매우 무거운 것과 매우 가벼운 것. 경중의 차이가 매우

심하다.
【泰山压顶】**tàishān-yādǐng** [성] **1** 태산이 머리를 내리누르다. **2** [비] 스트레스가 매우 심하다. 머리가 깨질 것 같다.
【泰水】**tàishuǐ** [명] '岳母(장모)'의 별칭.
【泰西】**Tàixī** [명][옛] 서양. [주로 유럽을 가리킴] ¶ ~各国=유럽 각국.

**酞** **tài** 프탈레인 태
[명][외]《化》프탈레인(phthalein).

## tan

**坍** **tān** 무너질 담
[동] 무너지다. 허물어지다. ¶危房~了。=위태로운 집이 무너졌다.
【坍倒】**tāndǎo** [동] 무너지다. 내려앉다. ¶城墙~=성벽이 내려앉다.
【坍方】**tān‖fāng** ☞【塌方】**tā‖fāng**
【坍圮】**tānpǐ** [동][문] 무너지다. 붕괴하다.
【坍缩】**tānsuō** [동]《天》천체의 체적이 축소되어 밀도가 높아지고 중력이 붕괴되다.
【坍缩星】**tānsuōxīng** ☞【黑洞】**hēidòng**
【坍塌】**tāntā** [동] 붕괴되다. 무너지다. ¶隧道~=터널이 붕괴되다.
【坍台】**tān‖tái** [동][방] **1** 와해하다. 무너지다. 실패하다. 파산되다. 망하다. ¶他一走, 公司就~了。=그가 떠나자마자 회사는 와해되었다. **2** 체면을 손상하다. 창피를 당하다. 면목을 잃다. ¶当众~=군중 앞에서 창피를 당하다.
【坍陷】**tānxiàn** [동] 함몰하다. 꺼지다. 내려앉다. 무너지다. ¶地基~=지반이 무너지다.

****贪[貪]** **tān** 탐할 탐
[동] **1** 재물을 좋아하다. **2** 탐오(貪汚)하다. 횡령하다. 부정부패하다. ¶倡廉肃~=청렴을 제창하고 부정부패를 척결하다. **3** 욕심을 부리다. 골몰하다. 탐내다. ¶~玩无度=노는 것에 정신이 팔리다. / ~酒好色=술과 여색에 정신이 팔리다. **4** 몹시 바라다. 갈망하다. 추구하다. ¶~小便宜误大事。=눈앞의 사소한 이익을 추구하다 큰일을 그르치다.
【贪杯】**tānbēi** [동] 지나치게 술을 좋아하다. ¶~误事=지나치게 술을 좋아하여 일을 그르치다.
【贪财】**tān‖cái** [동] 재물을 탐내다.
【贪财害命】**tāncái-hàimìng** [성] 재물을 탐내어 사람을 죽이다.
【贪馋】**tānchán** [동] (음식에) 욕심이 많다. 게걸스럽다.
*【贪吃】**tānchī** [동] 게걸스럽게 먹다. 걸신들린 것처럼 먹다.* ≒贪嘴
【贪大求全】**tāndà-qiúquán** [성][폄] (실제 형편은 고려하지 않고) 그저 대규모로 구색을 다 갖추려 하다.
【贪大求洋】**tāndà-qiúyáng** [성] (객관적인 조건과 실제 수요는 따지지 않고) 무조건 대규모로 하려 하고, 무조건 외국의 설비와 기술을 추구하려 하다.
【贪得无厌】**tāndé-wúyàn** [성] 끝없이 욕심을 부리다. 욕심이 한이 없다. ≒得寸进尺
【贪多】**tānduō** [동] 욕심을 많이 부리다.
【贪多嚼不烂】**tānduō jiáo bù làn** [속] 지나치게 욕심을 부려 감당해 내지 못하다.
【贪夫徇财】**tānfū-xùncái** ☞【贪者徇财】**tān·zhe-xùncái**
【贪官】**tānguān** [명] 탐관. ¶严惩~=탐관을 엄하게 징벌하다.
【贪官污吏】**tānguān-wūlì** [성] 탐관오리.
【贪狠】**tānhěn** [형] 탐욕스럽고 악랄하다. ¶~成性=탐욕스럽고 악랄하다.
【贪花】**tānhuā** [동] 호색하다. 색을 좋아하다. ¶~恋酒=색을 밝히고 술을 몹시 좋아하다.
【贪贿】**tānhuì** [동] 뇌물을 탐내다. 탐오하다. ¶~成癖=탐오가 버릇이 되다.
【贪贿无艺】**tānhuì-wúyì** [성] 끝없이 뇌물을 탐내다.
【贪贱买老牛】**tānjiàn mǎi lǎoniú** [속][비] 싸구려 물건을 샀다가 돈만 버리다. 싼 게 비지떡.
【贪酒】**tānjiǔ** [동] 지나치게 술을 좋아하다.
【贪婪】**tānlán** [형] **1** [폄] 매우 탐욕스럽다. ¶过分~=지나치게 탐욕스럽다. **2** 만족할 줄 모르다. ¶~地汲取知识=한없이 지식에 목말라하다. ≒贪心
【贪恋】**tānliàn** [동] 연연해하다. 몹시 그리워하다. 미련을 갖다. ¶~舒适的生活=편안한 생활을 몹시 그리워하다.
【贪昧】**tānmèi** [형] 재물을 탐내고 이익에 눈이 멀다.
【贪名图利】**tānmíng-túlì** [성] 명예와 이익을 추구하다.
【贪墨】**tānmò** [동][문] 탐오하다. 횡령하다. 독직하다. ≒贪污
【贪便宜】**tān pián·yi** [낮] **1** [폄] 눈앞의 이익을 탐하다. **2** [폄] 이기적이다. 자기 편리만 찾다. **3** 싼 물건 사기를 좋아하다.
【贪青】**tānqīng** [명]《農》(거름기나 수분이 지나치게 많아서) 농작물이 누렇게 익을 때가 되었는데도 줄기와 잎에 녹색을 띠는 현상.
【贪求】**tānqiú** [동] 욕심부리다. 탐내다. ¶~名利=명예와 이익을 탐내다.
【贪色】**tānsè** [동] 호색하다. 여색을 탐내다.
【贪生】**tānshēng** [동][폄] 목숨을 아끼다. ¶~舍义=비겁하게 목숨을 구걸하다.
【贪生怕死】**tānshēng-pàsǐ** [성][폄] **1** 목숨을 아끼고 죽음을 두려워하다. **2** 비겁하게 죽음을 무서워하다. ↔舍死忘生
【贪睡】**tānshuì** [동] 잠만 자고 싶어하다. 잠욕심을 부리다. ¶~不起=잠욕심을 부리며 일어나지 않다.
【贪天之功】**tāntiānzhīgōng** [성] **1** 하늘의 공적을 훔치다. **2** 남의 공로를 자기의 것으로 돌리다.
【贪图】**tāntú** [동] 욕심부리다. 탐내다. ¶~享

乐＝향락을 탐내다.

【贪玩】tānwán(~儿) 통 노는 데만 열중하다. 지나치게 노는 것을 좋아하다. ¶这孩子太~, 不用功. ＝이 아이는 노는 데만 너무 열중하고 공부는 열심히 하지 않는다.

【贪污】tānwū 통 탐오하다. 횡령하다. 독직하다. ¶~公款＝공금을 횡령하다. ≒贪墨

【贪污腐化】tānwū-fǔhuà 성 횡령과 수뢰를 일삼고 타락한 생활을 하다.

【贪小】tānxiǎo 통 작은 이익을 탐내다.

【贪小失大】tānxiǎo-shīdà 성 작은 이익을 탐내다가 큰 이익을 잃다.

【贪心】tānxīn 형 탐욕스럽다. 욕심스럽다. ¶他太~了, 什么好的都想要. ＝그는 너무 욕심이 많아서, 좋은 일이란 것이면 모두 자기가 하려고 든다. 명 탐심. 탐욕. ¶~不足＝탐욕스럽기가 한이 없다. ≒贪婪

【贪欲】tānyù 명 탐욕. 욕심.

【贪赃】tān‖zāng 통 (관리가) 뇌물을 받다. ¶~舞弊＝뇌물을 받아먹고 부정을 행하다.

【贪赃枉法】tānzāng-wǎngfǎ 성 뇌물을 받아먹고 법을 어기다. ↔两袖清风

【贪占】tānzhàn 통명 욕심을 부려 차지하다. 독직[횡령]하다. 불법으로 점유하다. ¶~国家财产＝국가 재산을 횡령하다.

【贪者徇财】tān·zhe-xùncái 성 욕심쟁이는 재물에 목숨을 잃는다. ＝【贪夫徇财】tānfū xùncái

【贪枕】tān‖zhěn 통 (깨어난 후) 잠자리에서 일어나려 하지 않다. 잠만 자고 싶어하다. 잠욕심을 부리다.

【贪嘴】tānzuǐ 형 게걸스럽다. ≒贪吃

怹 tān 저분 탄
대통 저분. 그분.

啴[嘽] tān 헐떡일 탄
☞ chǎn
【啴啴】tāntān 형운 혁혁거리다. 씩씩거리다. [가축이 헐떡거리는 모양]

猠[貒] tān 야수 탐
명(動) 전설 중의 짐승.

**摊[攤] tān 펼칠 탄
통 1 늘어놓다. 벌이다. 펴다. 펼쳐 놓다. ¶把问题~在桌面上＝문제를 공개석상에 내놓다. 2 분담하다. 할당하다. ¶分~＝분담하다. 3 (주로 여의치 못한 일을) 만나다. 부딪히다. 맞닥뜨리다. ¶他总是老~上倒霉的事. ＝그는 늘 재수 없는 일을 당한다. 4 지지다. 부치다. ¶~煎饼＝전병을 부치다. 명 (~儿) 노점. ¶水果儿＝과일 노점. 양 웅덩이. 무더기. [질편하게 널린 액체나 엉겨 있는 풀 모양의 것에 쓰임] ¶一~血＝피 한 무더기.

【摊场】tān‖cháng 통(農) 수확한 곡식을 타작마당에 널어 말리다.

【摊车】tānchē 명 이동 판매대. 이동 가판대. 이동 판매차.

【摊床】tānchuáng 명 간이 판매대.

【摊档】tāndàng 명(방) 노점. 난전.

【摊点】tāndiǎn 명 (하나하나의) 노점. 판매점. 매장. 가게.

【摊贩】tānfàn 명 노점상(인).

【摊放】tānfàng 통 (고르게) 벌여 놓다. 펼쳐 놓다. ¶各种食品~在桌子上. ＝각종 식품을 탁자 위에 벌여 놓다.

【摊分】tānfēn 통 할당하다. 분담하다. 분배하다. ¶~任务＝임무를 분담하다.

【摊开】tānkāi 통 1 늘어놓다. 펼치다. 열어젖히다. 벌이다. ¶~地图＝지도를 펼쳐 놓다. 2 명확히 밝히다. 내놓고 말하다. ¶把问题~来讲＝문제를 내놓고 말하다.

【摊款】tān‖kuǎn 통 할당하다. 분담하다. ¶~集资＝할당하여 자금을 모으다.

【摊牌】tān‖pái 통 1 손에 쥔 모든 패를 내 보이며 승부를 결정짓다. 2(비) 최후로 자기의 의견·조건·실력 등을 상대방에게 내 보이다.

【摊派】tānpài 통 (기부금·임무 등을) 분담하다. ¶~任务＝임무를 분담하다. 명 할당된 돈·임무 따위.

【摊群】tānqún 명 군집한 노점상.

【摊晒机】tānshàijī 명(機) 건초기.

【摊商】tānshāng 명 노점상(인).

【摊手】tān‖shǒu 통 손을 놓다. 손을 펴다. 손을 떼다. ¶~不管＝손을 떼고 상관하지 않다.

【摊售】tānshòu 통 노점 행상을 하다. ¶~服装＝옷 행상을 하다.

【摊位】tānwèi 명 1 노점 자리. 가게 자리. ¶出租~＝노점 자리를 임대하다. 2 노점. 판매점. 매장. 가게. ¶增加零售~＝소매점을 늘리다.

【摊主】tānzhǔ 명 노점주.

[摊子] tān·zi 명 1 노점. ¶杂货~＝잡화 노점. 2(비) 규모. 구성. 짜임새. 국면. ¶收拾烂~＝어수선한 국면을 수습하다. 양 산더미. [산적한 것을 세는 데 쓰임] ¶我必须回去, 家里一~事等着我. ＝나는 반드시 돌아가야 해, 집안에 산더미 같은 일이 나를 기다리고 있거든.

滩[灘] tān 물가 탄
명 1 개펄. 모래사장. 사주(沙洲). ¶海~＝해변의 모래사장. 2 (강의) 여울. ¶急流险~＝급류와 위험한 여울.

○● 暗滩, 海滩, 河滩, 浅qiǎn滩, 沙滩

【滩地】tāndì 명 모래사장. 사주(砂洲). 강·호수·바다의 수면과 제방 사이의 평지.

【滩簧】tānhuáng 명(藝) 탄황. [장쑤(江苏)성 남부·저장(浙江)성 북부에서 유행하던 설창(說唱) 문예의 하나]

【滩头】tāntóu 명 (비교적 작은) 모래사장.

【滩头堡】tāntóubǎo 명(軍) 해안 상륙 거점. 교두보(橋頭堡).

【滩涂】tāntú 명 간석지(干潟地).

【滩羊】tānyáng 명(動) 면양의 일종. [주로 닝사(宁夏)의 황허(黄河) 연안에서 기르는 양. 중국에서 가죽을 이용하는 면양 가운데 우량 품종에 속함]

**瘫[癱]** tān 마비증 탄
동 1 반신불수가 되다. 중풍이 들다. 마비되다. ¶偏~=반신불수. /截~=하반신불수. 2 움직이지 못하다. 꼼짝 못하다. 마비가 되다. ¶他累~了.=그는 피곤해서 꼼짝 못하게 되었다.

○● 单瘫, 风瘫, 疯fēng瘫, 截jié瘫, 偏瘫

【瘫痪】tānhuàn 동 1 (醫) 반신불수가 되다. 중풍이 들다. 마비되다. 2 비(조직 따위가) 마비되다. 정지되다.
【瘫软】tānruǎn 형 녹초가 되다. 흐느적거리다. ¶无力=녹초가 되다.
【瘫子】tān·zi 명(口) 반신불수자. 중풍 걸린 사람.

**坛¹[壇]** tán 단 단
명 1 (옛날, 제사·출정식 등에 쓰이던) 단. 제단. ¶登~拜将=단에 올라 장군으로 임명받다. 2 (경축·기념 등의 대형 행사에 쓰이는) 단. ¶中华世纪~=(베이징(北京)에 있는) 중화세기단. 3 화단. ¶花~=화단. 4 (문예·체육 따위의) 계. 단. ¶文~=문단. /体~=체육계. 5 강단. 연단. ¶讲~=강단. 6 (중·도사가 종교 생활을 하거나 법회 따위를 거행하는) 단. 7 옛날, 일부 종교 결사들이 종교 집회를 열던 장소 또는 조직. ¶~主=단주.

**坛²[罎, 罈·罈]** tán 항아리 담
명(~儿) 항아리. 단지. ¶酒~=술항아리.

○● 菜坛, 祭jì坛, 讲坛, 论坛, 体坛

【坛坛罐罐】tántán guànguàn 명 가재도구. 살림살이. [항아리나 작은 단지 따위]
【坛子】tán·zi 명 단지.

**昙¹[曇]** tán 구름 낄 담
명 1〈문〉짙게 깔린 구름. 2 (Tán) 성(姓).

**昙²[曇]** tán 불법 담
음역용 글자. [불경에 많이 보임] ¶~摩=불법.

【昙花】tánhuā 명(植) 1 월하미인(月下美人). 2 (佛) 우담화(優曇花). 우담바라(Udumbara). [불교에서, 삼천 년에 한 번 꽃이 핀다는 상상의 식물]
【昙花一现】tánhuā-yīxiàn 성 1 우담화(優曇花)처럼 잠깐 나타났다가 바로 사라져 버리다. 2 비 활약하던 사람 혹은 귀한 사물이 덧없이 사라지다.

**倓** tán 조용할 담
형(문) 평온하다. 조용하다. [주로 인명에 쓰임]

**郯** Tán 나라 이름 담

명 1 (地) 탄청(郯城). [산둥(山东)성에 있는 현 이름] 2 성(姓).

**谈[談]** tán 말할 담
동 말하다. 이야기하다. 토론하다. ¶面~=면담하다. /商~=상담하다. 명 1 언론. 담화. 이야기. 말. ¶奇~怪论=기담. 2 (Tán) 성(姓).

○● 笔谈, 畅chàng谈, 侈chǐ谈, 丛cóng谈, 和谈, 会谈, 健谈, 交谈, 接谈, 空谈, 口谈, 攀pān谈, 清谈, 倾qīng谈, 商谈, 手谈, 晤wù谈, 闲谈, 乡谈, 笑谈, 叙xù谈, 言谈, 纵zòng谈, 座谈

【谈崩】tánbēng 동 의견이 틀려 관계가 깨지다. 담판이 결렬되다. ¶双方~了.=쌍방의 담판은 결렬되었다.
【谈柄】tánbǐng 명 1 고대에 담론할 때 손에 지니던 총채. 2 이야깃거리. 화제.
【谈不到】tán·budào 동 (…에까지 또는 …정도까지는) 말할 수 없다. 말이 미치지 않다. ¶公司刚成立, 还~有什么发展.=회사가 막 세워져서 아직 전망을 예측하기는 어렵다.
【谈不来】tán·bulái 말이 통하지 않다. 마음이 맞지 않다. 의기투합하지 않다. ¶他们俩~.=그들 둘은 말이 통하지 않는다.
【谈不拢】tán·bulǒng 동 의견 일치를 보지 못하다. 의견이 상치되다. ¶我们俩思想不同, ~.=우리 두 사람은 생각이 달라 의견의 일치를 보지 못하였다.
【谈不上】tán·bushàng 동 (…라고까지) 말할 수 없다. 말할 나위가 못 되다. ¶我们刚认识, ~是朋友.=우리는 금방 알게 되어서, 친구라고까지 말할 수는 없다.
【谈扯】tánchě 동 한담하다. 잡담하다. 쓸데없는 말을 하다. ¶随便~了几句.=마음 내키는 대로 잡담을 몇 마디 하다.
【谈到】tán‖dào 동 1 (…에 대해) 이야기하다. 언급하다. 화제에 올리다. ¶我们刚刚还~你.=우리는 금방 너에 대해 이야기하고 있었다. 2 (어느 정도까지) 대화를 나누다. ¶两人一直~深夜.=두 사람은 깊은 밤까지 줄곧 이야기를 나누었다.
【谈得到】tán·dedào 동 (…에까지) 말이 미치다. 말할 필요가 있다. ¶他年纪不小了, 也~成家的事了.=그는 나이가 적지 않아서, 결혼을 언급할 시기가 되었다.
【谈得来】tán·delái 동 말이 서로 통하다. ¶我跟他很~.=나는 그와 말이 잘 통한다.
【谈得上】tán·deshàng 동 말할 수 있다. 말할 만하다. 화제로 될 수 있다. ¶我们俩~是至交.=우리 둘은 가장 친한 친구라고 말할 수 있다.
【谈锋】tánfēng 명 날카로운 말솜씨. 언변. 말주변. ¶~甚健=말솜씨가 대단하다.
【谈古论今】tángǔ-lùnjīn 성 옛날과 지금의 일을 이야기하다.
【谈何容易】tánhéróngyì 성 1 신하가 임금에게 진언하기가 쉽지 않다. 2 말처럼 그렇게 쉽지

는 않다.

【谈虎色变】**tánhǔ-sèbiàn** ⓥ **1** 호랑이 이야기만 해도 얼굴빛이 달라지다. **2** 〈비〉 말만 듣고도 무서워하다.

【谈话】**tán**∥**huà** 통 **1** 이야기하다. ¶他正在和老师~。=그는 지금 막 선생님과 이야기를 나누고 있다. **2** 담화하다. ¶调查组找他~。=조사팀은 그를 찾아 담화하였다.

【谈话】**tánhuà** 몡 (정치성을 띤) 담화.

【谈及】**tánjí** 통 언급하다. …에까지 말이 미치다. ¶他们没有~这个话题。=그들은 이 화제를 언급하지 않았다.

【谈家常】**tán jiācháng** 통 일상사에 대해 이야기하다. 잡담하다. 한담하다.

【谈僵】**tánjiāng** 통 이야기가 결렬되다 [꼬이다]. ¶他们各执己见，~了。=그들은 각자 자신의 의견을 고집하여 이야기가 결렬되었다.

【谈开】**tánkāi** 통 **1** (어떤 화제를) 논의하기 시작하다. ¶话头一转，他们又~了炒股票的事。=화제가 바뀌자마자, 그들은 또 주식에 관해 논의하기 시작했다. **2** 꺼내어 말하다. 분명하게 말하다. ¶矛盾~了更容易化解。=모순〔갈등〕은 내놓고 이야기하면 더욱 쉽게 풀린다.

【谈恋爱】**tán liàn'ài** 통 연애하다. 사랑을 속삭이다.

【谈论】**tánlùn** 통 담론하다. 논의하다. ¶~时事=시사 문제를 논의하다.

【谈判】**tánpàn** 통 담판하다. 회담하다. 교섭하다. 협상하다. ¶贸易纠纷~=무역 분쟁 협상.

【谈情说爱】**tánqíng-shuōài** ⓥ 사랑을 속삭이다. 연애하다.

【谈谈打打】**tán·tan dǎdǎ** 통 〈軍〉 한편으로는 담판을 하면서 한편으로는 전쟁을 하다.

【谈天】**tántiān** (~儿) 통 한담하다. 잡담하다.

【谈天说地】**tántiān-shuōdì** ⓥ 이것저것 끝없이 이야기〔잡담〕하다. 말하지 못할 것이 없다. ¶和朋友们一起~，心情十分畅快。=친구들과 함께 이것저것 이야기하였더니 속이 후련해졌다.

【谈头】**tán·tou** 몡 말하는 재미. 말거리. 얘깃거리. ¶这事有点~。=이 일은 얘깃거리가 좀 있다.

【谈吐】**tántǔ** 몡 (말할 때의) 말투와 태도. 말하는 스타일. ¶~不凡=말투가 평범하지 않다.

【谈笑】**tánxiào** 통 담소하다. 웃으면서 이야기하다. ¶~自如=자연스럽게 담소하다.

【谈笑风生】**tánxiào-fēngshēng** ⓥ 이야기꽃을 피우다. 흥미진진하게 이야기하다.

【谈笑封侯】**tánxiào-fēnghóu** ⓥ **1** 담소 중에 벼슬을 얻다. **2** 손쉽게 벼슬길에 오르다.

【谈笑自如】**tánxiào-zìrú** ☞【谈笑自若】**tánxiào-zìruò**

【谈笑自若】**tánxiào-zìruò** ⓥ (위급한 상황에서도) 태연자약하게 담소하다. =【谈笑自如】**tánxiào-zìrú**

【谈心】**tán**∥**xīn** 통 마음을 터놓고 이야기하다. ¶促膝~=무릎을 맞대고 터놓고 이야기하다.

【谈兴】**tánxìng** 몡 이야기하는 재미. 이야기

분위기. ¶虽已夜深，~越来越浓。=비록 밤은 이미 깊었지만 이야기하는 재미는 갈수록 무르익어 간다.

【谈叙】**tánxù** 통 담화하다. 이야기를 나누다. ¶随意~=편하게 이야기를 나누다.

【谈言微中】**tányán-wēizhòng** ⓥ 완곡한 말로 정곡을 찌르다.

【谈助】**tánzhù** 몡 이야깃거리. 화제. ¶足资~=충분히 화젯거리가 된다.

【谈资】**tánzī** 몡 이야깃거리. 화제. ¶他的风流韵事已成为众人的~。=그의 애정 행각은 이미 대중의 화젯거리가 되었다.

\*\***弹**[彈] **tán** 탈 탄

통 **1** (탄성을 이용하여) 발사하다. 쏘다. ¶~射鸟雀=새를 쏘다. **2** 튀기다. (손가락을) 튕기다. 털다. ¶~去帽子上的灰尘=모자 위의 먼지를 손가락으로 튀겨 털다. **3** (악기를) 타다. 뜯다. 치다. 연주하다. ¶~钢琴=피아노를 치다. **4** 기계를 이용하여 섬유를 부드럽게 하다. (솜을) 타다. ¶~棉花=솜을 타다. **5** 규탄하다. 적발하다. ¶讥~=규탄하다. 혱 탄력 있는. ¶沙发的一根~簧坐断了。=소파의 용수철 하나가 끊어졌다.

☞ **dàn**

○→ 动弹, 乱弹, 抨pēng弹, 评弹, 乱弹琴qín

【弹拨】**tánbō** 통 (손가락·피크(pick) 따위로 현악기를) 치다. 뜯다. 튕기다. 켜다. 연주하다. ¶~琵琶=비파를 켜다.

【弹拨乐】**tánbōyuè** 몡〈音〉줄을 뜯어서 소리를 내는 악기 위주의 음악.

【弹拨乐器】**tánbō yuèqì** 몡〈音〉(줄을 뜯어서 소리를 내는) 현악기.

【弹唱】**tánchàng** 통〈音〉연주하며 노래하다. 병창하다.

【弹词】**táncí** 몡〈藝〉**1** 탄사. [설창 문예의 일종. '三弦(삼현금)' · '琵琶(비파)' 위주로 반주를 하며 남방의 각 성에서 유행했음] **2** 탄사의 대본.

【弹榧子】**tán fěi·zi** 통 엄지와 중지를 튕겨서 소리를 내다.

【弹钢琴】**tán gāngqín** 통 **1** 피아노를 치다. **2** 〈비〉핵심적인 일을 총괄하면서 다른 일들을 조화롭게 진행시키다.

【弹冠】**tánguān** 통 **1** 관(冠)·갓·모자 등의 먼지를 털다. **2** 벼슬할 준비를 하다.

【弹冠相庆】**tánguān-xiāngqìng** ⓥ 한 사람이 임관하거나 승진하면 주변 사람들도 장차 그 자리 할 수 있다는 기대감으로 서로 축하하다.

【弹冠振衣】**tánguān-zhènyī** ⓥ **1** 관(冠)의 먼지를 털고 의복을 청결히 하다. **2** 벼슬할 준비를 하다.

【弹劾】**tánhé** 통 탄핵하다.

【弹花】**tán**∥**huā** 통 솜을 타다.

【弹簧】**tánhuáng** 몡 용수철. 스프링. 〈同〉【绷簧】**bēnghuáng**

【弹簧秤】**tánhuángchèng** 몡 용수철 저울.

【弹簧钢】tánhuánggāng 図 스프링강.
【弹簧门】tánhuángmén 図 스윙 도어(swing door). 용수철의 탄력을 이용하여 자동으로 닫히는 문.
【弹簧锁】tánhuángsuǒ 図 용수철식 자물쇠.
【弹泪】tánlèi 图 1 눈물을 훔치다·흘리다·뿌리다. 2 상심의 눈물을 흘리다. 상심하여 눈물을 흘리다.
【弹力】tánlì 1 (物) 탄력. 탄성. 2 도약력.
【弹力丝】tánlìsī 図 탄성사(彈性絲). 스트레치사(stretch yarn).
【弹力袜】tánlìwà 図 탄성사(彈性絲) 양말. 스타킹(stocking).
【弹棉】tánmián 図(紡) 탄성 직물. 图 솜을 타서 부드럽게 하다.
【弹射】tánshè 图 1 图 규탄하다. 지적하다. 적발하다. ¶~时弊=시대의 병폐를 지적하다. 2 (탄력을 이용하여) 발사하다. 사출하다. ¶~弹丸=탄알을 쏘다.
【弹射座椅】tánshè zuòyǐ (비행기의) 비상 탈출용 의자.
【弹升】tánshēng 图 (가격 등이) 내렸다가 다시 오르다. 반등하다. ¶股票价格略有~。=주가가 약간 반등했다.
【弹丝品竹】tánsī-pǐnzhú 図 1 거문고나 피리를 연주하다. 2 비 풍류스럽고 운치 있는 생활을 하다.
【弹跳】tántiào 图 (몸·물체가) 튀어오르다. 뛰어오르다. 도약하다. ¶~练习=도약 연습.
【弹跳力】tántiàolì 図 도약력.
【弹性】tánxìng 1 (物) 탄성. 탄력성. 2 비 유연성. 탄력성. 신축성. ¶~外交=유연한 외교.
【弹性工作制】tánxìng gōngzuòzhì 図 선택적 근로 시간제. 플렉시블 타임제(flexible time制). [근무 시간을 스스로 정하는 제도]
【弹性模量】tánxìng móliàng 図(物) 탄성 계수. 탄성률. =【弹性系数】tánxìng xìshù
【弹性模数】tánxìng móshù ☞【弹性模量】tánxìng móliàng
【弹性市场】tánxìng shìchǎng 図(經) 영업 방식과 가격 결정이 자유로운 교역 시장.
【弹性系数】tánxìng xìshù ☞【弹性模量】tánxìng móliàng
【弹压】tányā 图图 탄압하다. 권력이나 무력 따위로 억누르다.
【弹指】tánzhǐ 図图 1 손가락을 튕길 동안의 시간. 2 아주 짧은 시간. 일순간. ¶~一挥间=눈 깜짝할 사이.
【弹奏】tánzòu 图 1 (音) 탄주하다. 치다. 뜯다. 연주하다. ¶~古筝=쟁을 치다. 2 탄핵하다.

覃 tán 깊을 담
園图 깊다. ¶~思=깊은 생각이다. 图 (Tán) 성(姓).
☞ Qín

○ 覃 tán   覃 xùn
  潭 tán   簟 diàn
  谭 tán

替 tán 연못 담
図图 연못. 저수지. [주로 지명에 쓰임]

锬[錟] tán 창 담
図图 긴 창.
☞ xiān

*痰 tán 가래 담
図 (生) 담. 가래.
【痰喘】tánchuǎn 図(醫) 가래가 심한 천식.
【痰盒】tánhé 타구(唾具). 가래침통.
【痰厥】tánjué 図(醫) 담궐. [가래로 말미암아 팔다리가 싸늘해지고 심지어 혼절하는 증상]
【痰桶】tántǒng 図 가래통. 타구(唾具).
【痰饮】tányǐn 図(醫) 담음. [마신 물이 장이나 위에 남아 있어 출렁출렁 소리가 나며 가슴이 답답한 증세]
【痰盂】tányú (~儿) 図 가래통. 타구(唾具).
【痰郁】tányù 図(醫) 담울. [중의학에서 말하는 육울(六鬱)의 하나. 물질 대사가 안되어 국소(局所) 부위에 가래가 몰려 생기는 증상]

*谭¹[譚] tán 이야기 담
図图 '谈(tán)'과 같음.

谭²[譚] Tán 성씨 담
図 성(姓).

*潭 tán 못 담
図 1 깊은 못. 심연(深淵). ¶深~=깊은 못. / 龙~虎穴=용이 사는 못과 호랑이가 사는 굴. 위험한 곳. 2 图 구덩이. 3 (Tán) 성(姓).
【潭府】tánfǔ 図图 1 심연. 깊은 못. 2 귀댁(貴宅). 귀가(貴家).

燂 tán 불로 데울 담
图图 불로 데우다.

澹 Tán 성씨 담
☞ dàn
【澹台】Tántái 図 복성(複姓).

*檀 tán 박달나무 단
図 1 (植) 박달나무. 2 (植) 단향목. 자단목. 3 (Tán) 성(姓).

○-○ 青檀, 紫zǐ檀

【檀板】tánbǎn 図 박자판. [민간 타악기의 하나. 딱딱한 나무 세 쪽을 묶어 박자를 맞추며 노래함]
【檀香】tánxiāng 図(植) 1 단향목. 2 단향목의 목재. =【旃檀】zhāntán 【白檀】báitán 【栴檀】zhāntán
【檀香扇】tánxiāngshàn 図 단향목 부채.
【檀越】tányuè 図(佛) 시주(施主).

礑 Tán 돌쐐기 담

【礑口】**Tánkǒu** 몡(地) 탄커우. [푸젠(福建)성에 있는 지명]

## 镡[鐔] **Tán** 성씨 심
몡 성(姓).
☞ **Chán**, **xín**

## 醓 **tán** 술맛 좋을 담
혱문 술맛이 진하고 좋다.

## 忐 **tǎn** 마음 허할 탐
아래를 참조.
【忐忑】**tǎntè** 혱 마음이 불안하다. 안절부절못하다. ¶心中~ = 마음이 불안하다.
【忐忑不安】**tǎntè bù'ān** ⓢ 안절부절못하는 모양. 불안한 모양.

## **坦** **tǎn** 평탄할 탄
혱 **1** 평평하다. 평탄하다. ¶平~ = 평탄하다. **2** 마음이 편안하다. ¶~然自若 = 태연자약하다. **3** 솔직하다. 숨김이 없다. ¶~率作答 = 솔직하게 답변을 하다. 몡 (**Tǎn**) 성(姓).
【坦白】**tǎnbái** 혱 담백하다. 솔직하다. 격의 없다. 허심탄회하다. ¶襟怀~ = 생각이 담백하다. 통 (자기의 결점·잘못 따위를) 솔직하게 말하다. 숨김없이 고백하다 (털어놓다). ¶~交代 = 솔직하게 자신의 잘못을 말하다.
【坦白从宽】**tǎnbái-cóngkuān** ⓢ 자백하면 관대하게 처리한다.
【坦陈】**tǎnchén** 통 솔직하게 진술하다. ¶~个人见解 = 개인의 견해를 솔직하게 진술하다.
【坦称】**tǎnchēng** 통 정직하게 공언하다.
【坦诚】**tǎnchéng** 혱 솔직하고 성실하다. ¶心地~ = 마음이 솔직하다. ↔虚伪
【坦诚相待】**tǎnchéng-xiāngdài** ⓢ 솔직하고 성실하게 대하다.
【坦承】**tǎnchéng** 통 솔직하게 인정하다. ¶他~自己在工作中确有失误。= 그는 자신이 업무 처리에서 분명히 실수가 있었음을 솔직하게 인정하였다.
【坦荡】**tǎndàng** 혱 **1** 평탄하다. ¶前途~ = 앞길이 평탄하다. **2** (마음에) 거리낌이 없다. ¶胸怀~ = 마음에 거리낌이 없다. ↔狭隘
【坦怀】**tǎnhuái** 통 솔직하다. 허심탄회하다. ¶~相告 = 허심탄회하게 이야기하다.
【坦缓】**tǎnhuǎn** 혱 지세가 평탄하다. ¶山势~ = 산세가 평탄하다.
【坦克】**tǎnkè** 몡(军) 탱크. 전차. = 【坦克车】**tǎnkèchē**
【坦克兵】**tǎnkèbīng** ☞ 【装甲兵】**zhuāngjiǎbīng**
【坦克车】**tǎnkèchē** ☞ 【坦克】**tǎnkè**
【坦克手】**tǎnkèshǒu** 몡(军) 전차병. 탱크병.
【坦阔】**tǎnkuò** 혱 평평하고 광활하다. ¶~的大草原 = 광활한 대초원
【坦露】**tǎnlù** 통 솔직하게 표명하다 (드러내다). ¶~心思 = 솔직하게 생각을 드러내다.

【坦平】**tǎnpíng** 혱 평탄〔평평〕하다. ¶路面~ = 길바닥이 평평하다.
【坦然】**tǎnrán** 혱 마음이 편안한 모양. 마음이 안정되어 있는 모양. ¶~自如 = 태연자약하다.
【坦桑尼亚】**Tǎnsāngníyà** 몡(地) 탄자니아 (Tanzania). [수도는 '达累斯萨拉姆(다르에스살람 : Dar es Salaam)' 임]
【坦实】**tǎnshí** 솔직 담백하다. ¶为人~ = 사람됨이 솔직 담백하다.
【坦述】**tǎnshù** 통 솔직하게 진술하다. ¶~心事 = 걱정거리를 솔직하게 진술하다.
【坦率】**tǎnshuài** 혱 솔직하다. 정직하다. 담백하다. ¶生性~ = 심성이 솔직하다. ↔隐瞒
【坦爽】**tǎnshuǎng** 혱 솔직하고 시원시원하다. ¶他人很~, 有什么说什么。= 그 사람은 매우 솔직하고 시원스러워 있는 그대로 이야기한다.
【坦白白】**tǎn·tan báibái** (~的) 혱 솔직하다. 담백하다.
【坦荡荡】**tǎn·tan dàngdàng** (~的) 혱 평탄하다. (마음에) 거리낌이 없다.
【坦然然】**tǎn·tan ránrán** (~的) 혱 마음이 편안한 모양. 마음이 안정되어 있는 모양.
【坦途】**tǎntú** 몡 **1** 평탄한 길. 탄탄대로. **2**(비) 순탄한 형세. 탄탄대로. ¶大家要有思想准备, 前面并非都是~。= 여러분 마음에 준비를 하세요, 앞날이 결코 순탄하기만 하지는 않습니다.
【坦言】**tǎnyán** 통 솔직하게 말하다. ¶他~自己对绘画知之甚少。= 그는 자신이 회화에 대해서는 아는 것이 매우 적다고 솔직하게 말하였다. 몡 솔직한 말. ¶~相告 = 솔직하게 이야기하다.
【坦直】**tǎnzhí** 혱 **1** 평탄하고 곧다. ¶道路~ = 도로가 평탄하고 곧다. **2** 솔직하다. ¶言语~ = 말이 솔직하다.
【坦挚】**tǎnzhì** 혱 솔직하고 진지하다. ¶一片~之心 = 솔직하고 진지한 마음.

## 钽[鉭] **tǎn** 탄탈 단
몡(化) 탄탈(Ta, tantal). [원자 번호 73]

## *袒[襢¹] **tǎn** 웃통 벗을 단
통 **1** (몸의 일부를) 드러내다. 웃통을 벗다. 상을 열어젖히다. ¶~胸露臂 = 가슴과 팔을 드러내다. 단정치 못한 차림새. **2** 감싸다. 비호하다. 옹호하다. ¶偏~ = 한쪽을 비호하다.

○● 左袒, 左右袒

【袒护】**tǎnhù** 통 비호하다. 감싸다. 두둔하다. 편들다. ¶对孩子的错误要及时纠正, 而不能一味~。= 아이의 잘못에 대해 그때 그때 바로잡아야지, 감싸면 안 된다. ≒偏袒 庇护 包庇
【袒露】**tǎnlù** 통 **1** (몸의 일부를) 노출시키다. 드러내다. ¶~双臂 = 양 어깨를 드러내다. **2**(비) 솔직하게 표명하다 〔나타내다〕. ¶~心声 = 진심을 표명하다.

## 菼 **tǎn** 물억새 담
혱문(植) 갓 자란 물억새.

## 毯 tǎn

**毯** tǎn 담요 담
- 〖名〗〖紡〗담요. 모포. 깔개. ¶地~=카펫. / 毛~=담요. 모포.
- 【毯子】tǎn·zi 〖名〗담요·모포·깔개 따위의 총칭.

## 叹[嘆, 歎] tàn 탄식할 탄

〖動〗**1** 한숨 쉬다. 탄식하다. 한탄하다. ¶悲~=비탄해하다. / 望洋兴~=일이 쉽지 않아 개탄하다. **2** 감탄하다. 찬양하다. 칭찬하다. ¶称~=칭찬하다. / 赞~=찬양하다. **3** 읊다. 읊조리다. ¶咏~=읊조리다. / 一唱三~=한 사람이 노래하니 세 사람이 따라 어울려 읊조리다.

○● 哀āi叹, 悲叹, 称叹, 感叹, 浩hào叹, 惊叹, 慨kǎi叹, 喟kuì叹, 兴叹

- 【叹词】tàncí 〖名〗〖言〗감탄사. [예컨대 '啊'·'哎' 등]
- 【叹服】tànfú 〖動〗탄복하다. 감복하다. ¶雕刻家的精湛技艺令人~. =조각가의 완벽한 기교가 사람을 감복시키다.
- 【叹观止矣】tànguānzhǐyǐ 〖成〗감탄해 마지않다. 더할 나위 없이 좋다. =【叹为观止】tànwéiguānzhǐ
- 【叹号】tànhào 〖名〗〖言〗감탄 부호. '!'.
- 【叹绝】tànjué 〖動〗찬탄하다. 탄복하다. ¶如画美景, 叫人~. =그림 같은 절경이 사람을 감탄케 하다.
- 【叹老嗟卑】tànlǎo-jiēbēi 〖成〗늙었음을 한탄하고 낮은 지위를 부끄러워하다. 평생 이룩한 것이 없음을 한탄하다.
- 【叹气】tàn‖qì 〖動〗탄식하다. 한숨짓다. ¶唉声~=아! 하고 탄식하다.
- 【叹赏】tànshǎng 〖動〗〖극구〗칭찬하다. 찬양[찬탄]하다. ¶精彩的表演令人~不已. =뛰어난 연기가 사람들 찬탄을 금치 못하게 한다.
- 【叹声】tànshēng 〖名〗탄식 소리.
- 【叹惋】tànwǎn 〖動〗〖書〗탄식하며 애석해하다.
- 【叹为观止】tànwéiguānzhǐ ☞【叹观止矣】tànguānzhǐyǐ
- 【叹息】tànxī 〖動〗탄식하다. ¶久久地~=오래도록 탄식하다.
- 【叹惜】tànxī 〖動〗탄식하며 애석하다. 매우 아쉬워하다. ¶英年早逝, 令人~. =젊은이가 요절하여 사람을 애석하게 하다.
- 【叹羡】tànxiàn 〖動〗〖書〗찬탄하며 부러워하다.

## 炭 tàn 숯 탄

〖名〗**1** 숯. 목탄. **2** 숯과 같이 생긴 것. ¶山楂~=(산사나무 열매인) 산사자 조각을 센 불로 까맣게 될 때까지 볶은 것으로 약용함. **3** ① 숯불. ② 〖비〗재난. ¶生灵涂~=백성들이 도탄에 빠지다. **4** 〖礦〗석탄. ¶挖~=석탄을 캐다. **5** (Tàn) 성(姓).

○● 冰炭, 草炭, 骨炭, 火炭, 焦炭, 煤炭, 木炭, 泥ní炭, 涂tú炭

- 【炭笔】tànbǐ 〖名〗〖美〗소묘용 목탄.
- 【炭电阻】tàndiànzǔ 〖名〗〖電〗카본 저항기.
- 【炭黑】tànhēi 〖名〗〖化〗카본 블랙(carbon black).
- 【炭化】tànhuà 〖動〗**1** 석탄으로 변하다. =【煤化】méihuà **2** 물질이 연소하여 숯이나 탄소 화합물이 되다.
- 【炭画】tànhuà 〖名〗〖美〗목탄화.
- 【炭火】tànhuǒ 〖名〗숯불. 탄화.
- 【炭精】tànjīng 〖名〗**1** 숯〔탄소〕제품의 총칭. **2** 〖略〗흑연과 인공 숯의 총칭.
- 【炭精棒】tànjīngbàng 〖名〗〖電〗탄소봉.
- 【炭精灯】tànjīngdēng ☞【弧光灯】húguāngdēng
- 【炭疽】tànjū 〖名〗〖醫〗탄저병. =【炭疽病】tànjūbìng
- 【炭疽病】tànjūbìng ☞【炭疽】tànjū
- 【炭盆】tànpén 〖名〗목탄을 쓰는 화로.
- 【炭条】tàntiáo 〖名〗막대숯. 막대연탄.
- 【炭窑】tànyáo 〖名〗숯가마.

## 探 tàn 찾을 탐

〖動〗**1** 정찰하다. 정탐하다. 알아보다. 떠보다. ¶试~=탐색하다. / 打~消息=소식을 알아보다. **2** (머리나 상체를) 앞으로 내밀다. ¶不要把头~出汽车窗外. =머리를 자동차 창문 밖으로 내밀지 말아라. **3** 손을 내밀어 더듬다〔뒤지다〕. ¶~取=손을 내밀어 더듬다. **4** 찾다. 뒤지다. ¶钻~=시추하다. **5** 찾아가다. 방문하다. ¶~亲访友=친척과 친구들을 방문하다. **6** 〖방〗참견하다. 간섭하다. ¶他这个人爱~闲事. =그 사람은 쓸데없는 일에 참견하기를 좋아한다. 〖名〗정탐꾼. 스파이. ¶密~=밀정. / 警~=경찰과 형사.

○● 暗探, 包探, 刺探, 打探, 敌探, 井探, 勘kān探, 窥kuī探, 密探, 锥zhuī探, 坐探

- 【探案】tàn'àn 〖動〗사건을 정탐하다. ¶~小说=탐정 소설.
- 【探班】tàn‖bān 〖動〗영화 배우·TV 연기자의 가족이 촬영 현장으로 친지를 찾아가 보다.
- 【探棒】tànbàng 〖名〗〖醫〗소식자(消息子). 존데(sonde). [진단이나 치료를 위하여 체강(體腔)·장기(臟器) 조직 속에 삽입하는 대롱 모양의 기구] =【探条】tàntiáo
- 【探本穷源】tànběn-qióngyuán 〖成〗거슬러 올라가 사물의 근원을 탐구하다. =【探本溯源】tànběn-sùyuán
- 【探本溯源】tànběn-sùyuán ☞【探本穷源】tànběn-qióngyuán
- 【探病】tàn‖bìng 병문안하다.
- 【探测】tàncè 〖動〗**1** (기구로) 탐측하다. 관측하다. 탐지하다. ¶~湖水深度=호수의 깊이를 탐측하다. **2** (추상적인 사리나 이치를) 탐구하다. 추측하다. 헤아리다. ¶~对方的心理=상대방의 심리를 알아보다.
- 【探测器】tàncèqì 〖名〗탐지기. 탐측기.
- 【探测仪】tàncèyí 〖名〗탐지기. 탐측기.
- 【探查】tànchá 〖動〗(깊이 있게) 찾다. 탐구하다.

조사하다. ¶~实情=실상황을 깊이 조사하다.
【探察】 **tànchá** 동 자세히 살피다. 탐사하다. ¶~地形=지형을 탐사하다.
【探春】 **tànchūn** 동 봄나들이 가다. 봄놀이하다.
【探底】 **tàndǐ** 동(經) 주가(株價)가 바닥을 치고 반등하다.
【探访】 **tànfǎng** 동 1 방문하다. 찾아보다. ¶~旧友=옛 친구를 방문하다. 2 탐방하다. 취재하다. ¶~民间偏方=민간 벽지를 탐방하다.
【探风】 **tànfēng** 동 탐문하다. 알아보다. 살펴보다. 동정을 살피다. =【探风声】 **tànfēngshēng**
【探风声】 **tànfēngshēng** ☞【探风】 **tànfēng**
【探戈】 **tàngē** 명(외)(藝) 탱고(tango).
【探花】 **tànhuā** 명(옛) 탐화랑. [명청(明清) 시대에 황제가 직접 주재하는 전시(殿試)에서 제1갑(甲)의 3등으로 합격하여 진사(進士) 가 된 사람. 1등은 장원(壯元), 2등은 방안(榜眼)이라 하였음]
【探获】 **tànhuò** 동 알아 내다. ¶~消息=소식을 알아 내다.
【探家】 **tàn‖jiā** 동 귀향하여 가족을 방문하다.
【探监】 **tàn‖jiān** 동 (친척이나 친구들이) 감옥에 가서 죄수를 면회하다.
【探井】 **tànjǐng** 명(礦) 시추. 시굴.
【探警】 **tànjǐng** 명(法) 경찰. 형사.
【探究】 **tànjiū** 동 탐구하다. 파고들어 깊이 연구하다. ¶~原委=자초지종을 파고들어 깊이 연구하다. ≒探求
【探究反射】 **tànjiū fǎnshè** 명(生) 무조건반사.
【探勘】 **tànkān** 동 조사 측량하다. 탐사하다. ¶~石油=석유를 탐사하다.
【探看】 **tànkàn** 동 (가서) 보다. 탐색하다. 관찰하다. (거동을) 살피다. 문안하다. ¶~亲人=가족을 가서 보다.
【探空】 **tàn‖kōng** 동(天) 1 기상 관측을 하다. 2 우주를 관측하다. ¶航天~=우주 비행 관측.
【探空仪】 **tànkōngyí** 명(氣) 라디오존데. 동 radiosonde.
【探口风】 **tàn kǒu·feng** ☞【探口气】 **tàn kǒu·qi**
【探口气】 **tàn kǒu·qi** 동 말을 떠보다. 말투를 살피다. 말을 듣고 의중을 알아보다. =【探口风】 **tàn kǒu·feng**
【探矿】 **tàn‖kuàng** 동(礦) 탐광하다.
【探雷】 **tànléi** 동(軍) 지뢰를 탐지하다.
【探骊得珠】 **tànlí-dézhū** 성 1 흑룡의 턱에서 귀한 구슬을 얻다. 2(비) 문자나 용어의 글의 주제를 적절히 나타내고 있다.
【探路】 **tàn‖lù** 동 1 길을 찾다. 2 길의 상황을 조사하다. 3(비) 일처리의 방법이나 경로를 탐색하다.
【探马】 **tànmǎ** 명(옛) 기마 정찰병. 척후 기병. [주로 조기 백화문에 보임]
【探觅】 **tànmì** 동 찾다. 탐구하다. 여기저기 찾다. 물으며 찾다. ¶~野生动物的踪迹=야생 동물의 종적을 찾다.
【探秘】 **tànmì** 동 비밀을 캐내다. 매우 깊은 뜻을 탐색하다. ¶火星~=화성의 비밀을 탐색하다.

【探明】 **tànmíng** 동 1 (물어서) 밝혀 내다. 알아내다. 확인하다. ¶~市场行情=시장 시세를 알아 내다. 2 (탐사·정찰 등을 통해) 확인하다. 밝히다. ¶~案情=사건의 경위를 밝혀 내다.
【探摸】 **tànmō** 동 손으로 더듬다〔뒤지다〕.
【探囊取物】 **tànnáng-qǔwù** 성 1 주머니 속을 뒤져 물건을 집어 내다. 2(비) 식은죽먹기이다.
【探亲】 **tàn‖qīn** 동 1 가족〔친척〕을 방문하다. [주로 부모와 배우자를 가리킴] ¶回家~=귀향하여 친척을 방문하다.
【探亲假】 **tànqīnjià** 명 가족 방문 휴가.
【探求】 **tànqiú** 동 탐구하다. 탐색하여 찾다. ¶~真理=진리를 탐구하다. ≒探究
【探区】 **tànqū** 명 시굴 구역. 탐사 구역.
【探丧】 **tànsāng** 동 조문하다. ≒吊丧
【探伤】 **tàn‖shāng** 동 금속 재료와 부품 내부의 결함이나 노화 상태를 검사하고 탐지하다. [비파괴 검사 따위]
【探伤仪】 **tànshāngyí** 명 탐상기. 결함 탐지기. [엑스선·감마선 따위를 이용하여 손상 여부를 탐지하는 기구]
【探身】 **tàn‖shēn** 동 몸을 앞으로 내밀다. ¶她从门里~出来向外张望。=그녀는 문 안에서 밖으로 몸을 내밀고 밖을 살펴보았다.
【探胜】 **tànshèng** 동(문) 아름다운 풍경을 찾다. ¶~访幽=아름답고 그윽한 경치를 찾다.
【探视】 **tànshì** 동 1 (머리를 내밀고) 살펴보다. 관찰하다. ¶向门外~=문 밖을 살펴보다. 2 (병)문안하다. ¶~病人=환자를 병문안하다. ≒探望 探问
【探溯】 **tànsù** 동 탐색하다. ¶~本源=근원을 탐색하다.
【探索】 **tànsuǒ** 동 탐색〔탐구〕하다. 찾다. ¶~宇宙奥秘=우주의 신비를 탐구하다.
【探讨】 **tàntǎo** 동 연구 토론하다. 탐구하다. 조사하다. 연구하다. ¶~子女教育问题=자녀의 교육 문제를 연구 토론하다.
【探条】 **tàntiáo** ☞【探棒】 **tànbàng**
【探听】 **tàntīng** 동 탐문하다. 알아보다. 엿듣다. 살피다. ¶~虚实=허실을 살피다. ≒打听
【探头】 **tàn‖tóu** 동 머리를 내밀다. ¶他~朝房间里看了一眼。=그는 방 안으로 머리를 디밀고 한번 들여다보았다.
【探头探脑】 **tàntóu-tànnǎo** (~儿) 성 머리를 내밀고 주위를 두리번거리며 살피다. 수상스럽게 사방을 둘러보다.
【探望】 **tànwàng** 동 1 방문하다. 문안하다. ¶回老家~父母。=고향집으로 돌아가 부모님을 찾아뵙다. 2 보다. 살피다. ¶四处~=여러 곳을 살피다. ≒探视 探问
【探望权】 **tànwàngquán** 명(法) 면접 교섭권.
【探问】 **tànwèn** 동 1 안부를 묻다. ¶~受灾群众=재해민들의 안부를 묻다. 2 탐문하다. ¶~昔日好友的近况=옛 친구의 근황을 탐문하다. ≒探视 探望
【探析】 **tànxī** 동 연구 토론하고 분석하다. [저작의 제목에 많이 쓰임] ¶《当代小说的演变~》=

《당대 소설의 변천에 대한 연구와 분석》.

【探悉】tànxī 동 탐문〔조사〕하여 알다. 확인하다. 알아 내다. 알아채다. ¶~内幕=내막을 확인하다.

【探险】tàn‖xiǎn 동 (자연계를) 탐험하다. ¶海底~=해저를 탐험하다.

【探信】tàn‖xìn 동 소식을 묻다.

【探寻】tànxún 동 탐구하다. 찾다. ¶~宝藏=보물을 찾다.

【探询】tànxún 동 탐문하다. 알아보다. 묻다.

【探幽】tànyōu 동(문) 1 심오한 이치를 탐구하다. ¶~析微=심오한 이치를 탐구하고 분석하다. 2 그윽하고 아름다운 경치를 찾다. ¶~揽胜=그윽하고 아름다운 경치를 찾아 유람하다.

【探鱼仪】tànyúyí (機) 어군 탐지기(魚群探知機). 어탐.

【探月】tàn‖yuè 동(天) 탐월하다.

【探赜索隐】tànzé-suǒyǐn 성 비밀한 도리를 탐구하고 깊이 숨겨져 있는 것을 찾아 내다.

【探长】tànzhǎng 명(法) 수사팀장.

【探照灯】tànzhàodēng 명 탐조등.

【探子】tàn·zi 명 1 (軍) 척후(斥候). 정탐원(偵探員). 정탐꾼. [조기 백화문에 많이 보임] 2 (내부의 물건을 소제하거나 또는 채취·조사 따위에 쓰이는) 긴 막대나 가는 관 모양의 도구.

## *碳 tàn 탄소 탄

명(약)(化) 탄소(C, carbon). [원자 번호 6]

○● 渗shèn碳, 低碳钢gāng, 高碳钢, 中碳钢

【碳酐】tàngān ☞【二氧化碳】èryǎnghuàtàn

【碳钢】tàngāng ☞【碳素钢】tànsùgāng

【碳黑】tànhēi 명(化) 카본 블랙(carbon black).

【碳化】tànhuà ☞【干馏】gānliú

【碳化硅】tànhuàguī 명(化) 탄화규소. 실리콘 카바이드(silicon carbide).

【碳环化合物】tànhuán huàhéwù 명(化) 탄소 고리 모양 화합물.

【碳精】tànjīng 명(電) 카본(carbon). 탄소. ¶~棒=탄소봉.

【碳氢化合物】tànqīng huàhéwù 명(化) 탄화수소(炭化水素).

【碳水化合物】tànshuǐ huàhéwù 명(化) 탄수화물. =【糖类】tánglèi

【碳三植物】tàn sān zhíwù 명(植) C3식물. [밀·벼 따위]

【碳四植物】tàn sì zhíwù 명(植) C4식물. [옥수수·수수 따위]

【碳素】tànsù 명(化) 탄소.

【碳素钢】tànsùgāng 명(化) 탄소강. =【碳钢】tàngāng

【碳酸】tànsuān 명(化) 탄산.

【碳酸钠】tànsuānnà 명(化) 탄산나트륨. 탄산소다.

【碳酸气】tànsuānqì ☞【二氧化碳】èryǎnghuàtàn

【碳酸氢钠】tànsuānqīngnà 명(化) 탄산수소

나트륨. 중탄산소다. 중탄산조달(重炭酸曹達).

【碳纤维】tànxiānwéi 명(化) 탄소 섬유.

【碳酰基】tànxiānjī 명(化) 카르보닐기(carbonyl基).

## tang

**汤[湯]** tāng 국 탕

명 1 뜨거운 물. 끓는 물. ¶赴~蹈火=물불을 가리지 않다. / 如~沃雪=눈에 끓는 물 붓기이다. 아주 쉽게 해결되다. 2 (음식물을 끓인 후 나오는) 국물. ¶鸡~=닭국. / 米~=미음. 3 탕. 국. ¶蔬菜~=채소국. / 豆腐~=두부국. 4 탕약. ¶柴胡~=시호탕. 5 (수분이 비교적 많은 식물이 부패한 후 나오는) 진물. ¶番茄熟得都流~了。=토마토가 진물이 흐를 정도로 너무 익었다. 6 옛날에 온천을 가리킴. [주로 지명에 쓰임] ¶~泉=온천. 7 (Tāng) 성(姓).

☞ shāng

○● 白汤, 茶汤, 高汤, 黄汤, 老汤, 盆pén汤, 片儿汤, 清汤

【汤包】tāngbāo(~儿) 명 쪘을 때 물기가 많아지는 고기소를 넣은 만두.

【汤池】tāngchí 명 1 온천. 2 (목욕탕의) 열탕. 3 (문) ① 뜨거운 물이 흐르는 해자(垓字). ② (비) 견고한 성. 접근하기 어려운 곳. ¶金城~=금성철벽. 방비가 매우 탄탄한 성.

【汤匙】tāngchí 명 (중국식의) 국 숟가락.

【汤罐】tāngguàn 명 중국식 부뚜막에 묻어 놓고 물을 끓이는 독.

【汤锅】tāngguō 명 1 냄비. 국솥. 2 도살장. 3 (털을 뽑기 위해) 도축한 가축을 튀기는 대형 솥. 4 (다른 요리에 쓰기 위해) 어류·어류를 푹 삶은 물. 육수.

【汤壶】tānghú 명 탕파(湯婆). [뜨거운 물을 담아 이불 속에 넣어 난방하는 기구. 구리·함석·자기 따위로 만듦] ⊕【汤婆子】tāngpó·zi

【汤火】tānghuǒ 명 1 끓는 물과 타는 불. ¶~不避=물불을 가리지 않다. 2 (비) 사람을 죽일 수 있는 위험한 것.

【汤镬】tānghuò 명 1 물이나 기름을 끓이는 가마솥. 2 (옛) 탕확. [죄인을 죽이기 위하여 물이나 기름을 끓이던 가마솥]

【汤剂】tāngjì 명(醫) 탕약. 탕제. =【汤药】tāngyào

【汤加】Tāngjiā 명(약)(地) 통가(Tonga). [수도는 '努阿洛法(누쿠알로파: Nukualofa)'임]

【汤料】tāngliào 명 국거리. 탕거리.

【汤面】tāngmiàn 명 탕면. 국물이 있는 국수. 국에 만 국수.

【汤泡饭】tāngpàofàn 명 국밥.

【汤皮儿】tāngpír 명 국의 윗부분에 생기는 막.

【汤泉】tāngquán 명 옛날, 온천을 가리키는 말.

【汤婆子】tāngpó·zi ☞【汤壶】tānghú

【汤色】tāngsè 閿 (우려낸) 차의 빛깔. [주로 차의 감정에 쓰임] ¶~澄碧=찻물이 맑은 비취색이 돈다.

【汤勺】tāngsháo 閿 국자.

【汤水】tāngshuǐ 閿 1 국물. 2 閿 뜨거운 물.

【汤头】tāngtóu 閿(醫) 약방(藥方). 약의 조제 〔처방〕방법.

【汤头歌诀】tāngtóu gējué 閿 암송과 응용에 편하도록 상용 약방(藥方)을 노래 형식으로 엮은 운문.

【汤团】tāngtuán 閿閿 탕퇀. [탕위안(汤圆)을 남방에서 달리 부르는 말]

【汤碗】tāngwǎn 閿 국그릇.

【汤药】tāngyào ☞【汤剂】tāngjì

【汤圆】tāngyuán 閿 탕위안. [찹쌀가루 등을 새알 모양으로 빚은 것으로 대부분 소를 넣어 만듦. 또는 이것을 넣고 끓인 음식] ≒元宵

## 铴[鍚] tāng 징 탕

【铴锣】tāngluó 閿(音) 작은 징.

## 耥 tāng 써레질 상

閿(農) 써레질하다.

【耥耙】tāngbà 閿閿(農) 써레(질하다).

## 嘡 tāng 탕 소리 당

閿 댕. 땡. 탕. 땅. 텅. [종·북을 칠 때 나는 소리] ¶远处一的一声钟响。=먼 곳에서 댕댕 종소리가 울린다.

【嘡啷】tānglāng 閿 댕그랑. 뎅그렁. ¶把锣敲得~响。=징을 댕그랑 소리나게 치다.

## **趟[跿·蹚·蹚]** tāng 건널 당

閿 1 (얕은 물을) 걸어서 건너다. ¶~过小溪=냇물을 건너다. 2 풀밭이나 길이 없는 곳을 걸어서 건너다. ¶年轻人在前面~道。=젊은 사람이 앞에서 길을 찾는다. 3 땅을 갈다. 쟁기질하다. ¶~地=땅을 갈다.

☞ tàng

【趟道】tāng∥dào (~儿) 閿閿 1 (새로운) 길을 찾다. 길을 살피다. 2閿 상황을 살피다. =【趟路】tāng∥lù

【趟地】tāngdì 閿(農) 쟁기질하다. 땅을 갈다.

【趟浑水】tāng húnshuǐ (~儿) 閿閿 남을 따라 나쁜 짓을 하다.

【趟路】tāng∥lù ☞【趟道】tāng∥dào

【趟水】tāngshuǐ 閿 (걸어서) 물을[내를] 건너다. ¶他~过了小河。=그는 걸어서 작은 내를 건넜다.

## 羰 tāng 카르보닐 탄

閿(化) 카르보닐(carbonyl).

【羰基】tāngjī 閿(化) 카르보닐기(carbonyl基).

## 镗[鏜] tāng 종소리 당

閿 '嘡(tāng)'과 같음.

☞ táng

## 饧[餳] táng 엿 당

閿 고어에서 '糖(táng)'과 같음.

☞ xíng

## **唐** táng 당나라 당

閿閿 1 (말이) 터무니없다. 황당하다. ¶荒~不经=황당무계하다. 2 소용 없다. 쓸데없다. 헛되다. ¶功不~捐=노력이 헛되지 않다. 閿(Táng) 1(歷) 당. [요(尧)가 세웠다는 전설상의 나라] 2(歷) 당. [A.D. 618~907년. 이연(李渊)과 그의 아들 이세민(李世民)이 세운 나라. 수도는 장안(长安), 지금의 시안(西安)이었음] 3(歷) 후당. 4 성(姓).

○ 唐 táng
糖 táng
塘 táng
搪 táng
醣 táng
瑭 táng
溏 táng
螗 táng

○● 荒唐, 颓tuí唐

【唐棣】tángdì ☞【棠棣】tángdì

【唐花】[堂花] tánghuā 閿 온실에서 재배한 화초. 온실꽃.

【唐菖蒲】tángchāngpú ☞【剑兰】jiànlán

【唐人】tángrén 閿 1 중국인. [당(唐)나라 때 외국인이 중국인을 일컫던 말] 2 중국인. [외국인이 화교(华侨)를 부르는 칭호]

【唐人街】tángrénjiē 閿 중국인 거리. 차이나타운.

【唐三彩】tángsāncǎi 閿 1 당(唐)대에 도자기용으로 사용한 황·녹·남색 등의 유약. 2 (이러한 유약을 발라서 제작한 당나라 도자기) 당삼채.

【唐三藏】Táng Sānzàng 閿(歷) 현장(玄奘). [당(唐)대 승려. 허난(河南)성 옌스(偃师) 사람. 인도에서 불경을 들여왔음] 2《서유기(西游记)》 속의) 현장법사.

【唐山大地震】Tángshān dà dìzhèn 閿(歷) 탕산 대지진. [1976년 7월28일 3시42분에 허베이(河北)성 탕산(唐山)·펑난(丰南) 일대에서 일어난 7·8급 대지진]

【唐诗】tángshī 閿 당시. [중국 문학사상 5언시·7언시·고체시·근체시의 최고봉이었음]

【唐宋八大家】Táng Sòng Bādàjiā 閿 당송팔대가. [당(唐)대의 한유(韩愈)·유종원(柳宗元)과 송(宋)대의 구양수(欧阳修)·소순(苏洵)·소식(苏轼)·소철(苏辙)·왕안석(王安石)·증공(曾巩) 8명의 문장가를 말함]

【唐突】tángtū 閿閿 미움을 사다. 실례가 되다. 노여움을 사다. 기분을 상하게 하다. 무례한 짓을 하다. 거스르다. ¶~尊师=스승의 기분을 상하게 하다. 閿 당돌하다. 무례하다. 경솔하다. 경망하게 하다. 갑작스럽다. ¶贸然拜访, 不免有些~。=무턱대고 찾아뵈어 무례함을 면치 못하겠습니다.

## **堂** táng 집 당

閿 1 정방. 안채. 몸채. 원채. ¶沙发摆在~屋里。=소파는 정방에 배치하였다. 2 대청. 응접실. 3 옛 전각·사당 등의 건물 이름에 붙이는 말.

**táng** 堂 棠 郯

¶杜甫草~=두보초당. [쓰촨(四川)성 청두(成都)에 있음] **4**〔옛〕관아의 법정. ¶过~=법정으로 나가다. **5** 홀(hall). 넓고 큰 방. ¶课~=교실. / 食~=식당. **6** 상호에 쓰임. ¶同仁~=동인당. [약국 이름] **7** 일가. 친척. [동성 동본이지만 직계가 아닌 친족 관계를 나타내는 말] ¶~兄弟=사촌 형제. / ~姊妹=사촌 자매. **8** 내실. 안방. 안방에 거주하는 모친. ¶令~=자당. **9**(**Táng**) 성(姓). 〔양〕**1** 시간. [수업 횟수를 세는 데 쓰임] ¶一~课=한 시간 수업. **2** 세트. 조. 벌. ¶一~家具=가구 한 세트. **3** 장면. 신(scene). 장. 폭. ¶一~壁画=한 폭의 벽화. **4** 회. [법정의 재판 횟수를 세는 데 쓰임] ¶过了三~=재판을 세 번 거쳤다. ⇨室

○● 庵ān堂, 拜bài堂, 禅chán堂, 穿堂儿, 祠cí堂, 嫡dí堂, 佛fó堂, 高堂, 公堂, 哄hōng堂, 课堂, 客堂, 亮堂, 灵líng堂, 令堂, 弄lòng堂, 庙堂, 名堂, 上堂, 天堂, 厅堂, 学堂, 印堂, 中堂, 穿堂风, 穿堂门, 满堂红, 群言堂, 一言堂, 育婴yīng堂

【堂奥】**táng'ào**〔명〕〔문〕**1** 가옥의 깊숙한 곳. **2** 중심에 가까운 지역. 내지. 오지. **3**〔비〕심오한 이치. 심원한 경지. ¶窥其~=심원한 경지를 엿보다.

【堂伯叔】**tángbóshū** ☞【堂叔伯】**táng shūbó**

【堂彩】**tángcǎi**〔명〕〔옛〕식당 종업원에게 주는 팁.

【堂弟】**tángdì**〔명〕종제. 사촌 (남)동생. 육촌 (남)동생 등.

【堂而皇之】**táng'érhuángzhī**〔성〕**1** 떳떳하다. 당당하다. ¶虽然未被邀请, 他仍~前去参加宴会了. =그는 비록 초청받지는 못했지만, 여전히 떳떳하게 연회에 참석하였다. **2** 그럴듯하다. 근사하다. ¶他们的婚礼可谓~. =그들의 혼례는 정말 그럴듯했다. ⇨冠冕堂皇

【堂房】**tángfáng**〔형〕일가의. 친척의. 사촌의. 육촌의. [동성 동본이지만 직계가 아닌 친족 관계를 나타냄] ¶~弟兄=사촌 형제. 육촌〔팔촌〕등. / ~侄女=종(당)질녀. 사촌 형제의 딸.

【堂鼓】**tánggǔ**〔명〕**1** 관청의 공당(公堂)에 건 북. [신호·소식 전달 등에 쓰였음] **2**(音) 당고. [중국 전통극의 반주에 쓰이는 큰 북]

【堂倌】**tángguān**〔명〕〔옛〕(식당·찻집·주점·목욕탕 등의) 종업원. 접대원. 사환.

【堂号】**tánghào**〔명〕당호. [전각 따위의 명칭]

【堂花】**tánghuā** ☞【唐花】**tánghuā**

【堂皇】**tánghuáng**〔형〕**1** 기세가 웅장하다. ¶富丽~=화려하고 웅장하다. **2** 그럴듯하다. 근사하다. ¶他为自己找了一堆~的理由. =그는 자기를 위해 그럴듯한 이유를 한 보따리나 찾아냈다.

【堂会】**tánghuì**〔명〕〔옛〕집안에 경사가 있을 때 연예인을 불러 진행하던 축하연.

【堂姐】**tángjiě**〔명〕사촌〔종〕누나〔언니〕. 육촌 누나〔언니〕등.

【堂姐妹】**tángjiěmèi**〔명〕사촌 자매. 육촌 자매 등. 종자매.

【堂客】**táng·kè**〔명〕**1**〔옛〕여자 손님. **2**〔방〕부녀. 부인. **3**〔방〕처. 아내. ¶他那~好能干. =그의 아내는 일솜씨가 있다.

【堂帘】**tánglián**〔명〕본채 입구에 치는 주렴이나 발 따위.

【堂上】**tángshàng**〔명〕**1** 전당(殿堂). 정당(正堂). **2** 부모. **3** 교실. **4**〔옛〕법정. 재판장. **5**〔옛〕재판관.

【堂叔伯】**tángshūbó**〔명〕아버지의 사촌 형제. 종숙(從叔). 당숙(堂叔). ▪【堂伯叔】**táng bóshū**

【堂堂】**tángtáng**〔형〕**1** 용모가 위풍당당하다. ¶相貌~=용모가 위풍당당하다. **2** 진용이나 힘이 강대하다. ¶~大国=강대국. **3** 패기가 있다. 기백이 있다. ¶~男子汉=패기가 넘치는 사내대장부.

【堂堂皇皇】**táng·tang huánghuáng**(~的)〔형〕성대하다.

【堂堂正正】**tángtáng zhèngzhèng**〔형〕**1** 광명정대하다. 정정당당하다. ¶做一个~的人=광명정대한 사람이 되다. **2** 늠름하다. 위풍당당하다. ¶小伙子长得~的. =젊은이가 늠름하게 생겼다. ↔鬼鬼祟祟

【堂屋】**tángwū**〔명〕**1** 본채의 한가운데 방. [주로 응접실로 쓰임] **2** 본채. 안채. 정방.

【堂戏】**tángxì**〔명〕〔剧〕**1** 집안에 경사가 있을 때 연예인을 불러 공연하는 중국 전통극. **2** 당희. [후베이(湖北)성 바둥(巴东)·우펑(五峯) 등지에서 유행하는 중국 전통극의 일종]

【堂兄】**tángxiōng**〔명〕사촌 형. 육촌 형. 팔촌 형 등.

【堂兄弟】**tángxiōngdì**〔명〕사촌 형제. 육촌 형제. 팔촌 형제 등.

【堂侄】**tángzhí**(~儿)〔명〕종질(從侄). 당질. 사촌 형제의 아들.

【堂侄女】**tángzhí·nǚ**(~儿)〔명〕종질녀(從侄女). 당질녀. 사촌 형제의 딸.

【堂姊妹】**tángzǐmèi**〔명〕사촌〔종〕자매. 육촌 자매 등.

【堂子】**táng·zi**〔명〕**1** 청(清)대의 황실에서 신에게 제사를 지내던 곳. **2**〔방〕〔옛〕'妓院(기루·妓樓). 기관(妓館)'의 별칭.

\***棠 táng** 해당화 당
〔명〕**1**(植) 팥배나무. **2**(植) 해당화. **3**(**Táng**) 성(姓).

○● 海棠, 秋海棠

【棠棣】[唐棣] **tángdì**〔명〕**1**(植) 당체. 산앵두나무. 산이스라지. **2**〔문〕〔비〕형제. 형제의 정. ¶~并为天下士. =형제가 나란히 천하의 명사가 되다.

【棠梨】**tánglí** ☞【杜梨】**dùlí**

**郯 táng** 나라 이름 당
【郯部】**Tángwú**〔명〕〔地〕당우. [산둥(山东)성에 있는 지명]

## **塘** táng 못 당

**명** **1** 둑. 제방. ¶海~=방파제. **2** 못. 저수지. ¶池~=못. **3** 욕조. 탕. ¶澡~=목욕통. **4** 실내의 바닥을 네모나게 잘라 내고 난방·취사용 불을 피울 수 있게 만든 장치. ¶火~=실내의 바닥을 네모나게 잘라 내고 난방·취사용 불을 피울 수 있게 만든 장치.

○● 泥ní塘, 苇wěi塘

【塘坳】 táng'ào **명** **1** 못. 저수지. **2** 물웅덩이.
【塘坝】 tángbà ☞【塘堰】 tángyàn
【塘肥】 tángféi **명** 비료로 쓰이는 못 바닥의 진흙〔오니〕.
【塘泥】 tángní **명** 못 바닥의 진흙.
【塘堰】 tángyàn **명** 산지나 구릉에 만든 소형 저수지. =【塘坝】 tángbà

## *搪 táng 막을 당

**통** **1** 막다. 버티다. 지탱하다. 저항하다. 항거하다. ¶你这件单衣不~风。=너의 이 홑옷은 바람을 막지 못한다. **2** 얼버무리다. 발뺌하다. 피하다. ¶什么时间还说清楚, 别~账。=언제 갚을 건지 정확히 말해라, 얼버무리지 말고. **3** (진흙·도료를) 바르다. 칠하다. ¶~炉子=화로 안을 (진흙으로) 바르다. **4** '镗(táng)'과 같음.
【搪差使】 tángchāi·shi 일을 적당히 해치우다〔때우다〕.
【搪瓷】 tángcí **명** 법랑. 에나멜. 에나멜칠.
【搪饥】 tángjī **통** 허기를 채우다. 요기하다.
【搪塞】 tángsè **통** 얼버무리다. 어물어물 넘기다. 발뺌하다. 대강대강 해치우다. 둘러맞추다. ¶老老实实把问题说清楚, 别想~过去。=사실대로 문제를 분명히 말해 보라, 어물어물 넘길 생각 하지 말고. ≒敷衍
【搪塞话】 tángsèhuà **명** 발뺌하는 말. 둘러대는 말. 책임을 회피하는 말.

## 溏 táng 진흙 당

**형** 물렁물렁하다. 흐물흐물하다. 물컹물컹하다. ¶~心儿鸡蛋=반숙 달걀. **명** 흙탕물.
【溏便】 tángbiàn **명**(醫) 묽은 똥.
【溏心】 tángxīn(~儿) **형** 반숙의. ¶~儿松花=반숙 송화단.

## 瑭 táng 옥 이름 당

**명**⇨ 옥(玉)의 일종.

## 樘 táng 문틀 탱

**명** 문틀. 창틀. ¶门~=문틀. / 窗~=창틀. **양** 짝. [문(틀)이나 창(틀)을 세는 데 쓰임] ¶一~双扇门=미닫이식 두 짝 문.

## 膛 táng 가슴 당

**명** **1** (生) 흉강. 가슴. ¶胸~=흉강. 가슴. **2** (~儿) 안. 속. ¶枪~=(총의) 약실. / 炉儿=난로 속.

## 【膛线】 tángxiàn **명**(軍) (총신의) 선조(旋條). 강선(腔线). =【来复线】 láifùxiàn

## 螗 táng 씽씽매미 당

**명**(動) 씽씽매미. 털매미.

## 镗[鏜] táng 쇠 깎을 당

**통** (보링 머신으로) 이미 나 있는 구멍을 절삭 가공하다. 내면 연삭하다.
☞ tāng
【镗床】 tángchuáng **명**(機) 보링 머신.
【镗孔】 tángkǒng **통** (보링 머신으로) 구멍을 넓히고 정확도와 매끄러운 정도를 높이다. 구멍을 뚫다.

## **糖[（餹]1/2)** táng 사탕 당

**명** **1** 설탕의 총칭. ¶红~=흑설탕. / 白~=백설탕. **2** 사탕. 캔디. 과자. ¶奶~=캐러멜. / 水果~=과일사탕. **3**(生) 탄수화물. ¶葡萄~=포도당.

○● 单糖, 多糖, 肝糖, 果糖, 黑糖, 黄糖, 皮糖, 乳rǔ糖, 食糖, 双糖, 喜糖, 血糖, 饴yí糖, 蔗zhè糖, 口香糖

【糖包】 tángbāo **명** 설탕소를 넣은 찐빵.
【糖炒栗子】 tángchǎo lì·zi **명** 군밤. [큰솥에 모래와 밤을 뒤섞어 휘저어서 열을 가한 뒤, 설탕을 집어 넣어서 구움]
【糖醋】 tángcù **형** 주로 설탕과 식초로 맛을 낸. 새콤달콤한. ¶~白菜=새콤달콤한 소스를 얹은 배추. / ~里脊=(탕수육과 비슷한) 새콤달콤한 돼지고기 요리.
【糖甙】 tángdài ☞【糖苷】 tánggān
【糖弹】 tángdàn ☞【糖衣炮弹】 tángyī pào dàn
【糖度】 tángdù **명** 당도.
【糖房】 tángfáng **명** 제당 공장.
【糖份】 tángfèn **명** 당분.
【糖苷】 tánggān **명**(生)(化) 배당체(配糖體). 글리코사이드(glycoside). 당원질(糖原質). =【甙】 dài【糖甙】 tángdài【配糖物】 pèitángwù【配糖体】 pèitángtǐ
【糖膏】 tánggāo **명** 당밀 시럽. [제당 과정에서 사탕수수나 사탕무의 즙을 증발·농축시킨 후에 생기는 끈끈한 액체]
【糖瓜】 tángguā **명** 참외 모양의 엿.
【糖果】 tángguǒ **명** 사탕. 캔디. 과자.
【糖葫芦】 tánghú·lu(~儿) **명** 산사자·해당화 열매 등을 꼬챙이에 꿰어 설탕물·엿 등을 발라 굳힌 것. =【冰糖葫芦】 bīngtánghú·lu
【糖化】 tánghuà **명**(化) 당화하다.
【糖浆】 tángjiāng **명** **1**(醫) 약용 시럽. 당액(糖液). **2** (당도 60%의) 당액. 시럽.
【糖精】 tángjīng **명**(化) 사카린.
【糖酒】 tángjiǔ **명** 럼주(rum酒). =【朗姆酒】 lǎngmǔjiǔ【老姆酒】 lǎomǔjiǔ
【糖块】 tángkuài(~儿) **명** **1** 덩어리 설탕. **2** 사

탕. 캔디. 과자.
【糖类】tánglèi ☞【碳水化合物】tànshuǐ huàhéwù
【糖量计】tángliàngjì 〔名〕(化) 검당계(檢糖計). 당액 비중계. 사카로미터(saccharometer).
【糖料】tángliào 〔名〕설탕 원료. 당료.
【糖料作物】tángliào zuòwù 〔名〕(農) 당료 (농) 작물.
【糖萝卜】tángluó·bo 〔名〕1 ☞【甜菜】tiáncài 2 〔방〕홍당무 사탕절이.
【糖酶】tángméi 〔名〕(化) 카보히드라제(carbohydrase).
【糖蜜】tángmì 〔名〕당밀.
【糖尿病】tángniàobìng 〔名〕(醫) 당뇨병.
【糖人】tángrén(~儿)〔名〕1 물엿으로 만든 사람·동물 등의 형상. 2 설탕을 녹여 모형에 부어 만든 사람·동물 모양의 과자.
【糖色】tángshǎi 〔名〕1 흑설탕을 약간 눌릴 때까지 볶아 만든 진갈색의 시럽. [요리의 착색제로 쓰임] 2 진갈색.
【糖食】tángshí 〔名〕설탕으로 만든 식품(류).
【糖霜】tángshuāng 〔名〕1 (음식물의 표면에) 얇게 입힌 설탕. 2〔방〕백설탕.
【糖水】tángshuǐ 〔名〕1 설탕물. 2 시럽.
【糖蒜】tángsuàn 〔名〕설탕·꿀·물·식초 등을 넣어 절인 마늘장아찌.
【糖稀】tángxī 〔名〕물엿.
【糖业】tángyè 〔名〕1 설탕 제조업. 제당업. 2 설탕 판매업.
【糖衣】tángyī 〔名〕(醫) 당의. [쓴 약의 겉에 씌우는 당분이 든 껍질]
【糖衣炮弹】tángyī pàodàn 〔名〕1 당의를 입힌 포탄. 2〔비〕사람을 잘 구슬려 이거나 변절시키도록 하는 교묘한 수단. 사탕발림. 달콤한 속임수. 〔略〕【糖弹】tángdàn
【糖饴】tángyí 〔名〕맥아엿. 물엿.
【糖原】tángyuán 〔名〕☞【肝糖】gāntáng
【糖渣】tángzhā 〔名〕설탕을 짜낸 찌꺼기.
【糖纸】tángzhǐ 〔名〕사탕(을 포장한) 종이.

## 糖 táng 얼굴 검붉을 당
〔形〕붉은색의. [사람의 얼굴색에 많이 쓰임] ¶紫~脸=검붉은 얼굴.

## 螳 táng 사마귀 당
〔名〕(動) 사마귀. 버마재비.
【螳臂当车】tángbì-dāngchē 〔成〕1 사마귀가 앞발을 들어 수레를 막다. 2〔비〕하룻강아지 범 무서운 줄 모른다. 자기 분수를 모르고 무모하게 덤벼들다. =【螳臂挡车】tángbì-dǎngchē ≒以卵投石
【螳臂挡车】tángbì-dǎngchē ☞【螳臂当车】tángbì-dāngchē
【螳螂】tángláng 〔名〕(動) 사마귀(류). 버마재비. ≒【刀螂】dāoláng
【螳螂捕蝉, 黄雀在后】tángláng bǔ chán, huángquè zài hòu 〔成〕1 사마귀가 매미를 잡

잡았으나 참새가 뒤에서 노리고 있더라. 2〔비〕눈앞의 이익만 보고 뒤에 닥칠 재난은 돌아보지 못하다.

## 帑 táng 금고 탕
〔名〕1 국고. 국가의 금고. 2 국유 재산. 공금. ¶国~=국고금. [고어에서 '孥(nú)'와 같음]
【帑藏】tángzàng 〔名〕국고.

## 倘 tǎng 혹시 당
〔接〕만약 ⋯이라면. ¶~能如此, 不胜感激之至. =만약 이 같을 수만 있다면 감격을 이기지 못하겠습니다.
☞ cháng
【倘或】tánghuò 〔接〕만일〔만약, 가령〕⋯한다면. ≒倘若 倘然 倘使
【倘来之物】tǎngláizhīwù 〔成〕뜻밖의 횡재. 뜻밖에 생긴 재물.
【倘然】tǎngrán 〔接〕만일〔만약, 가령〕⋯한다면. ≒倘若 倘或 倘使
【倘如】tǎngrú 〔接〕만일〔만약, 가령〕⋯한다면.
【倘若】tǎngruò 〔接〕만일〔만약, 가령〕⋯한다면. ¶~你不守诺, 就不会有人再相信你. =만일 네가 약속을 지키지 않으면, 그 누구도 다시는 너를 믿지 않을 것이다. ≒倘或 倘然 倘使
【倘使】tǎngshǐ 〔接〕만일〔만약, 가령〕⋯한다면. ≒倘若 倘或 倘然

## 淌 tǎng 큰 물결 창
〔動〕(물·눈물·땀 따위가) 흐르다. 흘러내리다. ¶流~=흐르다. / ~眼泪=눈물을 흘리다.
【淌汗】tǎng‖hàn 〔動〕땀을 흘리다. ¶热得浑身~=몸에 땀이 흐를 정도로 덥다.
【淌口水】tǎng kǒushuǐ 〔動〕군침을 흘리다. ¶馋得直~=먹고 싶어서 계속 군침을 흘리다.
【淌流】tǎngliú 〔動〕흘리다.

## 惝 tǎng 멍할 창
'惝(chǎng)'의 다른 음.

## 俛¹ [儻] tǎng 만일 당
〔接〕'倘(tǎng)'과 같음.

## 俛² [儻] tǎng 세속에 얽매이지 않을 당
☞【倜傥】tìtǎng

## 镋 [鐋] tǎng 삼지창 당
〔名〕옛날, 손잡이가 달린 반달 모양의 병기.

## 躺 tǎng 누울 당
〔動〕1 눕다. 드러눕다. ¶他~在床上看书. =그는 침대에 드러누워서 책을 본다. 2 (차량이나 물건 등이) 넘어지다. 쓰러지다. ¶被伐下的木头~在地上. =벌목한 나무가 땅에 쓰러져 있다.
【躺倒】tǎngdǎo 〔動〕1 (드러) 눕다. 2 (사물이) 넘어지다. 쓰러지다. 3〔비〕병상에 드러눕다. 병에 걸리다. ¶他没日没夜地工作, 终于累~了. =그

는 밤낮없이 일하더니 결국 힘들어 드러누웠다. **4**(비) 의도적으로 일을 게을리하다. 태업하다. 사보타주(sabotage)하다. ¶工钱再不支付, 大家都~不干。=또다시 급여를 주지 않으면 모두들 태업에 들어간다.

【躺柜】**tǎngguì** (명) 궤짝. 고리짝. =【卧柜】**wòguì**

【躺卧】**tǎngwò** (동) 눕다.

【躺椅】**tǎngyǐ** (명) (누울 수 있는) 침대식 의자.

## 烫[燙] **tàng** 뜨거울 탕

(동) **1** 데다. 화상 입다. ¶小心开水把手~着。= 뜨거운 물에 손을 데이지 않도록 조심하여라. **2** 데우다. 중탕하다. ¶把酒~一~再喝。=술을 데워서 마시자. **3** (머리를) 파마하다. ¶电~=세팅 파마하다. **4** 다리다. 다리미질하다. ¶~衣服=옷을 다리다. (형) 몹시 뜨겁다. ¶这粥太~了。= 이 죽은 매우 뜨겁다.

○● 滚gǔn烫, 火烫, 熟烫

【烫发】**tàng‖fà** (동) (머리를) 파마하다. ≒烫头

【烫饭】**tàngfàn** (동) 물이나 국으로 밥을 데우다. (명) (물이나 국으로) 데운 밥. 국밥.

【烫花】**tàng‖huā** ☞【烙花】**lào‖huā**

【烫画】**tànghuà** (명)(美) 달군 쇠로 목제 가구 등에 새긴 그림. 인두화.

【烫金】**tàng‖jīn** (印) 금박 인쇄하다. 철압인으로 금박 처리하다. =【烫印】**tàngyìn**

【烫蜡】**tàng‖là** (동) 밀랍을 먹이다. 바닥이나 가구 등의 표면에 밀랍을 먹여 광택을 내다.

【烫面】**tàngmiàn** (명) 익반죽한 밀가루. ¶~饺儿=익반죽한 피(皮)로 만든 만두.

【烫平】**tàngpíng** (동) (옷을) 다리미질하다. ¶~衣服上的褶子=옷의 주름을 다리미질하다.

【烫热】**tàngrè** (형) 몹시(델 만큼) 뜨겁다.

【烫伤】**tàngshāng** (동) 탕상(화상)을 입다. ¶他被热油~了。=그는 뜨거운 기름에 화상을 입었다. (명) 탕상. 화상. ¶他的~终于痊愈了。=그의 탕상은 마침내 완쾌되었다.

【烫手】**tàng‖shǒu** **1** 손을 데다. **2**(비) 손을 따뜻하게 하다.

【烫手】**tàngshǒu** (형) **1** 몹시(델 만큼) 뜨겁다. **2**(비) 일이 매우 난처하다. 손대기 곤란하다. 다루기 어렵다. ¶他遇到一件很~的麻烦事。=그는 매우 다루기 어려운 일에 봉착했다.

【烫头】**tàng‖tóu** (동) 파마하다. ≒烫发

【烫印】**tàngyìn** (印) ☞【烫金】**tàngjīn**

【烫澡】**tàng‖zǎo** (동) 목욕하다. [주로 욕조에서 하는 목욕을 가리킴]

## 趟 **tàng** 번 당

(명) (~儿) 행진 중인 대오. 행렬. ¶赶~儿=행렬에 따라붙다. (양) **1** 차례. 번. [왕래한 횟수를 세는 데 쓰임] ¶他今天又白跑了一~。=그는 오늘 또 한 차례 헛걸음을 하였다. / 他刚去了一~北京。=그는 막 북경에 한 차례 다녀왔다. **2** 편. 번. 차례. [정기적인 교통 수단의 운행 횟수를 세

는 데 쓰임] ¶这~特快列车开往成都。=이번 특급 열차는 청두(成都)로 간다. **3** 번. 차례. [한 조를 이루는 무술 동작을 세는 데 쓰임] ¶练了一~刀=검술을 한 차례 연습하다. **4**(양) 줄. 행. 열. ¶一~大字=한 줄의 큰 글자. / 整~街都是饭店。=모든 거리가 다 음식점이다.

☞ **tāng**

○● 赶趟儿, 光趟

【趟马】**tàngmǎ** (명)(劇) 중국 전통극에서 말을 타고 가거나 뛰어가는 동작.

【趟子】**tàng·zi** (양)(방) 줄. 행. 열. ¶割完了两~小麦。=밀을 두 줄 다 베었다.

# tao

## 叨 **tāo** 황공할 도

(동) 은혜를 입다. 신세를 지다. 폐를 끼치다. ¶这次~光, 将铭记在心。=이번 은혜는 마음에 깊이 간직하겠습니다.

☞ **dāo**, **dáo**

【叨光】**tāo‖guāng** (동) 신세졌습니다. 후의에 감사드립니다.

【叨教】**tāojiào** (동) 가르쳐 주셔서 감사합니다. 잘 배웠습니다.

【叨扰】**tāorǎo** (동) 후한 대접에 감사합니다. 폐를 끼쳤습니다. 실례 많았습니다. 잘 먹었습니다. [접대에 감사를 나타내는 말]

## 弢 **tāo** 활집 도

(명)(동)(문) '韬(tāo)'와 같음.

## 涛[濤] **tāo** 큰 물결 도

(명) **1** 큰 파도. ¶浪~=파도. / 波~=파도. **2** 파도 소리처럼 나는 소리. ¶松~=송도. [소나무가 바람에 흔들려 파도 소리처럼 나는 소리] / 林~=파도 소리처럼 들리는 숲 속의 바람 소리.

○● 林涛, 怒nù涛

## 绦[縧, 絛·絛] **tāo** 끈 조

(명) 실로 둥글거나 납작하게 엮은 끈(띠). ¶彩~=채색 끈.

【绦虫】**tāochóng** (명)(動) 촌충. 촌백충.

【绦子】**tāo·zi** (명) 실로 둥글거나 납작하게 엮은 끈(띠). [주로 옷·베개·커튼 등의 끝을 마무리하는 데 쓰임]

## 焘[燾] **tāo** 비출 도

(동) '焘(dào)'의 다른 발음. [주로 인명에 쓰임]

## 掏[(搯)] **tāo** 끄집어 낼 도

(동) **1** 파다. 후비다. 파내다. 파내다. ¶在墙上~洞=벽에 구멍을 파다. / ~耳垢=귀지를 파내다. **2** (손이나 도구로) 꺼내다. 끄집어 내다. 끌

어 내다. ¶~钱=돈을 꺼내다.
【掏出】**tāochū** 동 꺼내다. 끄집어 내다. ¶他从口袋里~证件.=그는 주머니에서 신분증을 꺼냈다.
【掏底】**tāo ǁ dǐ** 동 **1** 샅샅이 파악하다. 내막을 탐지하다. 속사정을 알아보다. 뒤를 캐다. **2** 속사정을 몽땅〔고스란히〕 드러내다.
【掏窟窿】**tāo kū·long** 동방비 빚을 지다. 돈을 꾸다.
【掏摸】**tāomō** 동 **1** (더듬어서) 꺼내다. 끄집어 내다. ¶在河里~螃蟹.=강에서 게를 잡아 내다. **2** 훔치다.
【掏窝儿】**tāo ǁ wōr** 동방비 (숨겨진 곳에서 사람이나 물건을) 끄집어 내다. 끌어 내다. ¶~逃捕逃犯=범인을 끌어 내어 체포하다.
【掏心】**tāoxīn** 동 속마음을 드러내다. 마음〔진심〕에서 나오다. ¶说句~的话, 他对我真的不错.=솔직히 말해서, 그는 나한테 정말 잘한다.
【掏心窝子的】**tāo xīnwō·zi·de** 방 속마음을 드러내다. 마음속〔진심〕에서 나오다. ¶说出了~的话.=속마음을 털어놓다.
【掏腰包】**tāo yāobāo**(~儿) 동 **1** 돈을 내다. 비용을 부담하다. ¶你是客人, 哪轮得到你~.=네가 손님인데, 어떻게 네가 돈을 낼 수 있어. **2** 소매치기하다.

## 滔 **tāo** 물 넘칠 도

동 (물이) 가득 차다. 넘치다. ¶波浪~天=파도가 하늘에 닿을 듯하다.
【滔滔】**tāotāo** 형 **1** 물이 도도하게 흐르는 모양. 세차게 굽이쳐 흐르다. 물결이 사납다. ¶~江水, 奔流不息.=도도한 강물이 세차게 쉼없이 흐르다. **2** (언행이나 기타 사물이) 끊임없이 계속되다. 끊임없이 말을 하다. ¶宏论~=웅대한 의론이 계속되다.
【滔滔不绝】**tāotāo-bùjué** 성 끊임없이 계속되다. 말이 끝이 없다. 쉴새없이 말하다.
【滔滔滚滚】**tāotāo gǔngǔn** 형 **1** 물이 세차게 흐르다. **2** (소리나 생각 등이) 끊임없이 계속되다.
【滔天】**tāotiān** 형 **1** 물이 세차게 흐르다. ¶白浪~=흰 파도가 하늘을 덮을 듯하다. **2** 죄악〔재앙〕이 극에 달하다. ¶罪恶~=죄악이 극에 달하다.

## 韬[韜] **tāo** 칼집 도

명문 **1** 활집. 칼집. **2** 병법. 전법. ¶六~=육도. [병서의 하나] 동방비 숨기다. 감추다. ¶~晦之计=자기의 재능을 감추는 계략.
【韬光】**tāoguāng** 동 재능을 감추고 드러내지 않다.
【韬光养晦】**tāoguāng yǎnghuì** 성문 재능을 감추고 드러내지 않다. 때를 기다리다.
【韬晦】**tāohuì** 동문 재능을 감추고 드러내지 않다. 때를 기다리다.
【韬略】**tāolüè** 명 **1** 육도(六韬)와 삼략(三略). [고대의 병서(兵书)] **2** 병법. 용병법. 용병술. **3** 책략. 계책.

## 饕 **tāo** 탐할 도

형문 (재물·음식 등을) 욕심내다. 탐내다. ¶老~=탐식하는 사람.
【饕餮】**tāotiè** 명문 **1** 도철. [전설상의 흉악하고 탐식하는 야수] **2** 비 탐식하는 사람. **3** 흉악하고 탐욕스러운 사람.
【饕餮纹】**tāotièwén** 명 도철문. [옛날, 동기(铜器)에 주조된 도철(饕餮)의 머리 문양]

## 匋 **táo** 질그릇 도

명문 '陶(táo)'와 같음.

## 咷 **táo** 울 도

동 울다. ¶号(háo)~=큰 소리로 울다.

## 逃 **táo** 달아날 도

동 **1** 도망치다. 달아나다. ¶望风而~=소문만 듣고도 달아나다. 멀리서 보기만 하고도 도망치다. **2** 피하다. 비키다. 도피하다. ¶旷课~学=학교를 무단 결석하다. ↔追

○● 出逃, 窜 cuàn 逃, 卷 juǎn 逃, 溃 kuì 逃, 潜 qián 逃, 脱逃, 在逃

【逃奔】**táobèn** 동 달아나다. 도망치다. ¶~异国他乡=다른 나라로 도망가다.
【逃避】**táobì** 동 도피하다. ¶~现实=현실을 도피하다. ≒躲避
【逃兵】**táobīng** 명 **1** 탈영병. 탈주병. 도망병. **2** 비 직장 이탈자. 근무지 이탈자.
【逃出】**táochū** 동 달아나다. 벗어나다. 탈출하다. ¶~牢笼=우리〔감옥〕에서 탈출하다.
【逃窜】**táocuàn** 동 달아나다. 도망치다. 도피하다. 도망쳐 숨다. 도주하다. ¶四处~=사방으로 달아나다.
【逃敌】**táodí** 명 도망간 적.
【逃遁】**táodùn** 동 도피하다. 달아나 숨다. 망치다. ¶闻讯~=소식을 듣고 달아나 숨다.
【逃反】**táo ǁ fǎn** ☞【跑反】**pǎo ǁ fǎn**
【逃犯】**táofàn** 명 도주범. 탈주범. ¶捉拿~=탈주범을 체포하다.
【逃荒】**táo ǁ huāng** 동 기근으로 살던 곳을 버리고 다른 곳으로 가다.
【逃汇】**táo ǁ huì** 동 외화 도피하다.
【逃婚】**táohūn** 동 억지 결혼을 피해 집을 나가다. 결혼을 꺼려 딴 곳으로 도망치다.
【逃课】**táo ǁ kè** 동 수업을 빼먹다. 땡땡이치다. 무단 결석하다.
【逃离】**táolí** 동 달아나다. 도망치다. ¶~现场=현장에서 도망치다.
【逃漏】**táolòu** 동 (세금을) 탈루하다.
【逃命】**táo ǁ mìng** 동 목숨을 건지기 위해 달아나다. 죽음에서 벗어나다. 목숨을 건지다. 생명의 위험에서 벗어나다.
【逃难】**táo ǁ nàn** 동 피난하다.
【逃匿】**táonì** 동 도망쳐 행방을 감추다. ¶~山野=초야로 도망쳐 행방을 감추다.

【逃跑】táopǎo 图 도망치다. 달아나다. 도주하다. 내빼다. ¶小偷趁人不备, ~了。=도둑이 경비가 허술한 틈을 타서 달아났다.

【逃票】táopiào 图 (고의로) 무임 승차[승선·입장]하다. ¶~要被罚款。=무임 승차하면 벌금을 내야 한다.

【逃散】táosàn 图 도망쳐서 뿔뿔이 흩어지다. ¶家人~, 难以找寻。=가족이 뿔뿔이 흩어져 찾을 수가 없다.

【逃生】táoshēng 图 목숨을 건지다. 죽음에서 벗어나다. 위험에서 빠져 나오다. ¶死里~=구사일생으로 살아나다.

【逃税】táo‖shuì 图 탈세하다. ¶清查~漏税情况。=세금 탈루 상황을 낱낱이 조사하다.

【逃脱】táotuō 图 1 달아나다. 도망치다. 탈출하다. ¶~搜捕=도망자를 수색하여 체포하다. 2 벗어나다. 면하다. ¶~责任=책임을 면하다.

【逃亡】táowáng 图 도망치다. 도망을 다니다. ¶连夜~=밤새 도망치다.

【逃席】táoxí 图 (연회석에서) 핑계를 대고 자리를 뜨다. 인사[말]도 없이 가 버리다. 몰래 도망치다. ¶借故~=핑계를 대고 연회 자리를 뜨다.

【逃刑】táoxíng 图 형벌을 피하(여 달아나)다.

【逃学】táo‖xué 图 무단 결석하다.

【逃逸】táoyì 图图 도망치다. 달아나다. 도주하다. 내빼다.

【逃灾避难】táozāi-bìnàn 图 재난을 피하기 위해 떠나가다.

【逃债】táo‖zhài 图 빚쟁이를 피해 도망치다. 빚을 떼어먹고 달아나다.

【逃之夭夭】táozhīyāoyāo 图 줄행랑을 놓다. 멀리 달아나 버리다. [본래《詩經(시경)》의 '桃之夭夭(복숭아꽃이 만발하다)'라는 구절에서, '逃'와 '桃'가 동음(同音)인 것을 이용하여 해학적으로 표현한 말]

【逃走】táozǒu 图 도주하다. 도망치다. 달아나다. ¶仓皇~=황급히 도망가다.

【逃罪】táozuì 图 죄과를 피하다. ¶~隐匿=죄과를 피해 은닉하다.

# 洮 Táo 강 이름 조
图(地) 타오허(洮河). [간쑤(甘肃)성에 있는 강 이름]

# *桃 táo 복숭아나무 도
图 1 (植) 복숭아나무. 2 (~儿) 복숭아. 3 (~儿) 복숭아처럼 생긴 것. ¶棉~=목화다래. 4 복사꽃 같은 색깔. [주로 여자의 얼굴을 비유하는 데 쓰임] ¶~腮杏眼=볼은 복사꽃 같고 눈은 살구 같다. 5 복사꽃 피는 철. ¶又是~汛时节。=다시 얼음이 녹아 강물이 불어나는 철이다. 6 호두. ¶~仁可以入药。=호두는 약에 쓸 수 있다. 7 (Táo) 성(姓).

○● 碧bì桃, 扁biǎn桃, 核桃, 胡桃, 毛桃, 蟠pán桃, 山桃, 寿shòu桃, 羊桃, 杨桃, 樱yīng桃.

【桃符】táofú 图 1 도부. [옛날, 복숭아나무 판자에 문신(門神)을 그리거나 문신의 이름을 새겨 넣은 부적으로 대문에 걸어 악귀를 쫓았음] 2 춘련(春聯).

【桃脯】táofǔ 图 1 복숭아를 설탕에 절여서 말린 것. 2 녹두가루에 복숭아 즙을 섞어서 끓여 만든 식품.

【桃核儿】táohér 图 복숭아씨.

【桃红】táohóng 图 도홍색. 분홍색.

【桃红柳绿】táohóng liǔlǜ 图 1 복숭아꽃은 붉고 버들잎은 푸르다. 2 (비) 눈부시게 아름다운 봄 경치.

【桃花】táohuā 图 1 (植) 복숭아꽃. 2 (비) (여자의) 아름다운 얼굴. ¶面如~=얼굴이 복사꽃 같다. 3 (비) 미녀. 미인. ¶走~运=염복이 많다.

【桃花马】táohuāmǎ 图(動) 흰 털에 붉은 반점이 있는 말.

【桃花水】táohuāshuǐ ☞【桃花汛】táohuāxùn

【桃花癣】táohuāxuǎn 图(醫) 마른버짐. 건선(乾癬).

【桃花雪】táohuāxuě 图(氣) 복숭아꽃이 필 때 내리는 눈. 춘설. 봄눈. =【春雪】chūnxuě

【桃花汛】táohuāxùn 图 도화수. [복숭아꽃이 필 무렵, 얼음이 녹아 강물이 불어나는 것] =【春汛】chūnxùn【桃汛】táoxùn【桃花水】táohuāshuǐ

【桃花眼】táohuāyǎn 图图 요염한 눈빛.

【桃花源】Táohuāyuán ☞【世外桃源】shìwài Táoyuán

【桃花运】táohuāyùn 图 1 남자의 애정 방면의 운. 여복. 염복. 2 행운. 좋은 운수.

【桃胶】táojiāo 图 도교. [복숭아나무의 진. 이질(痢疾) 치료나 접착제의 원료로 쓰임]

【桃李】táolǐ 图 1 복숭아나무와 자두나무. 2 (비) 문하생. 문인(門人). ¶~满天下。=문하생이 천하에 가득하다.

【桃李不言, 下自成蹊】táolǐ bù yán, xià zì chéng xī 图 1 복숭아나무와 자두나무는 말이 없으나, 꽃과 열매가 사람을 끌어들여 저절로 길이 생긴다. 2 (비) 덕을 갖추면 저절로 사람들이 따른다.

【桃李满天下】táolǐ mǎn tiānxià 图(비) 문하생이 천하에 가득하다.

【桃毛】táomáo 图 도모. 복숭아의 털. [몸의 사기(邪氣)를 물리치는 약재로 쓰임]

【桃仁】táorén(~儿) 图 1 도인. 복숭아씨의 알맹이. [기침·변비 등의 치료에 쓰임] 2 호두의 속 알맹이.

【桃腮杏眼】táosāi-xìngyǎn 图 1 볼은 복사꽃 같고 눈은 살구 같다. 2 (비) 여자의 얼굴이 아름답다.

【桃色】táosè 图 분홍색. 图 치정의. 부정한 남녀 관계에 얽힌. ¶~事件=치정 사건.

【桃色新闻】táosè xīnwén 图 (부정한 남녀 관계와 연관된) 스캔들. 염문(艷聞).

【桃树】táoshù 图(植) 복숭아나무.

【桃酥】táosū 图 타오쑤. [밀가루·기름·설탕·호

두 등을 원료로 만든 바삭바삭한 과자)
【桃汛】táoxùn ☞【桃花汛】táohuāxùn
【桃子】táo·zi 몡(植) 복숭아.

**陶** táo 질그릇 도
통 1 도기를 만들다. 2(비) 교육하다. 양성하다. 길러 내다. 도야하다. ¶熏~=가르쳐 감화시키다. 혱 즐겁다. 기쁘다. 흐뭇하다. 만족하다. ¶~然自得=스스로 만족하다. 몡 1 도기. 오지그릇. 토기. 질그릇. 도자기. ¶彩~=채도. 2(Táo) 성(姓).
☞ yáo

○● 白陶, 黑陶, 乐陶陶

【陶吧】táobā 몡 도기 체험장.
【陶车】táochē 몡 (도기 제작용) 녹로대.
【陶瓷】táocí 몡 도자기.
【陶雕】táodiāo 몡 1 도기 공예. [도기 위에 도 안이나 무늬를 조각하는 일종의 조각 예술] 2 도기 공예품.
【陶工】táogōng 몡 도공.
【陶管】táoguǎn 몡 도관. [주로 오수 배출에 쓰이는 관] ☞【缸管】gāngguǎn
【陶匠】táojiàng 몡 도공.
【陶钧】táojūn 몡(文) 1 (도기 제작용) 돌림판. 녹로(轆轤). 2(비) 인재를 기르다(양성하다).
【陶粒】táolì 몡(建) 세라사이트(ceramsite).
【陶器】táoqì 몡 도기. 오지그릇.
【陶然】táorán 혱(文) 즐겁고 편안한 모양. 흐뭇하다. ¶~自乐=스스로 즐기며 만족해하다.
【陶石】táoshí 몡 도토(陶土). 도석. 고령토. [도자기의 원료가 되는 진흙]
【陶塑】táosù 몡 1 도기 공예. 2 도기 공예품.
【陶陶】táotáo 혱(文) 즐거워하는 모양. 매우 즐겁다. ¶其乐~=즐겁기 그지없다.
【陶土】táotǔ 몡 도토. 도석. 고령토. [도자기의 원료가 되는 진흙]
【陶文】táowén 몡 도문. [옛날 도자기에 인명·지명·관명 등을 새긴 문자]
【陶冶】táoyě 통 1 도기를 굽고, 쇠붙이를 제련하다. 2(비) 도야하다. 갈고닦다. 수양하다. 연마하다. ¶~性情=성정을 도야하다.
【陶艺】táoyì 몡 1 도예. 2 도예 작품.
【陶俑】táoyǒng 몡 도용. 토용(土俑). 토우(土偶). [옛날, 순장용으로 사용하던 진흙]
【陶渊明】Táo Yuānmíng 몡(歷) 도연명(약 365~427년). [중국 동진(東晉)때의 저명한 시인]
【陶铸】táozhù 통 1 도기와 주물을 만들다. 2(비) 인재를 양성하다.
【陶醉】táozuì 통 도취하다. ¶她深深~于美妙的音乐之中。=그녀는 아름다운 음악에 도취되었다.

**萄** táo 포도 도
☞【葡萄】pútáo

**梼[檮]** táo 어리석을 도

【梼昧】táomèi 혱(文) 우매하다. 무지하다. [겸어로 많이 쓰임] ¶自惭~=저의 우매함을 부끄럽게 생각합니다.
【梼杌】táowù 몡 1 고대 전설에 나오는 사나운 짐승. 2(비) 흉악한 사람.

**啕** táo 울 도
통 울다. ¶号(háo)~=큰 소리로 울다.

**桃** táo 수수 도
【桃黍】táoshǔ 몡(方)(植) 수수.

**淘** táo 일 도
통 1 (쌀·낟알·알갱이 따위를) 일다. ¶沙里~金=모래에서 금을 일다. 2 (폐수·진흙·변 등을) 치다. ¶~阴沟=하수구를 치다. 3(문) 물로 씻어 내다. 가시다. 부시다. 헹구다. ¶大浪~沙=큰 물결이 모래와 자갈을 씻어 내다. 4 소모하다. 소비하다. (정신을) 쓰다. ¶这孩子~神得很。=이 아이는 엄청 속을 썩인다. 5(方) 중고 시장에 가서 물건을 찾다(구매하다). ¶~旧书=(중고 시장에 가서) 헌 책을 사다. 혱(方) 장난이 심하다. 말을 듣지 않다. ¶小家伙太~!=이 녀석은 너무 장난이 심해!
【淘河】táohé ☞【鹈鹕】tíhú
【淘换】táo·huan 통 찾다. 물색하다. ¶费了不少周折才~到这部老电影的光盘。=우여곡절 끝에 이 오래 된 영화의 시디(CD)를 찾아 냈다.
【淘获】táohuò 통 물색하여 얻다. 찾아 내다. ¶~几件古玩=골동품 몇 점을 어렵게 구했다.
【淘金】táo‖jīn 통 1 사금을 일다. 2(비) 일확천금을 꿈꾸다(노리다). 돈벌이하다.
【淘井】táo‖jǐng 통 우물을 치다.
【淘空】táokōng 통 (재산이나 정력 등을) 남김없이(깨끗이·모두) 소모하다. ¶~家产=가산을 남김없이 탕진하다.
【淘箩】táoluó 몡 (쌀을 이는) 조리. 광주리.
【淘米】táo‖mǐ 통 쌀을 일다.
【淘气】táoqì 혱(ㅁ) 장난이 심하다. 말을 듣지 않다. ¶这孩子~得很, 谁都管不住。=이 아이는 매우 장난이 심해서 누구도 말리지 못한다. 통(ㅁ) (táo‖qì) 화나게 하다. 성가시게 하다. 귀찮게 하다. 공연히 화를 내다. ≒调皮
【淘神】táoshén 통 신경을 쓰게 하다. 속을 썩 이다. 신경을 쓰이다. ¶装修房子是一件很~的事情。=집 수리는 매우 신경 쓰이는 일이다.
【淘汰】táotài 통 쓸데없거나 적합하지 않은 것 등을) 도태하다. 추려 내다. 가려 내다. 골라 내다. 제거하다. (물에 일어서) 가리다. ¶~旧家具=낡은 가구를 골라 내다.
【淘汰赛】táotàisài 몡(體) 토너먼트(tournament) 방식. 승자전.
【淘洗】táoxǐ 통 1 물로 씻어 내다. 가시다. 부시다. 헹구다. 2(비) 단련하다. 연마하다. ¶久经岁月的~, 他变得更成熟了。=그는 오랜 세월의 단련을 거쳐서 더욱 성숙해졌다.

## 绹[綯] táo 새끼 도
**명**(문) 밧줄. 노끈. 동아줄. **동**(방) (밧줄 따위로) 묶다. 동이다.

## 醄 táo 술 취할 도
☞【酕醄】máotáo

## 鼗 táo 땡땡이 도
**명** 땡땡이. [북의 일종]

## **讨[討]** tǎo 칠 토
**동** **1** 토벌하다. 정벌하다. ¶征~=정벌하다. **2** 초래하다. 야기하다. 받다. 사다. …하게 되다. ¶~人厌=남에게 미움을 사다. / 自~苦吃=고생을 사서 하다. **3** 독촉하다. 요구하다. 재촉하다. 청구하다. 빌다. ¶被迫~饭=어쩔 수 없이 구걸하다. / 再三~饶=거듭 용서를 빌다. **4** 토론하다. 연구하다. 탐구하다. ¶研~=연구하다. / 商~=의논하다. **5** 비난하다. 문책하다. 책망하다. 규탄하다. ¶声~=성토하다. **6** 장가들다. 아내를 맞다. ¶~老婆=아내를 맞다. **7**(문) 다스리다. 통치하다. 관리하다. ≒攻 征

◐⊖ 检jiǎn讨, 乞qǐ讨, 申shēn讨

【讨吃】tǎo‖chī **동** 빌어먹다. 걸식하다. 비럭질하다.
【讨打】tǎo‖dǎ **동** 맞다. ¶这孩子蛮不讲理, 自己~。=이 아이는 정말 막무가내라서 스스로 매를 번다.
【讨得】tǎodé **동** 얻다. 구하다. 사다. ¶~同情=동정을 얻다.
【讨伐】tǎofá **동** 토벌하다. ≒征讨
【讨饭】tǎo‖fàn **동** 걸식하다. 빌어먹다. 구걸하다. ¶沿街~=거리에서 구걸하다.
【讨饭的】tǎofàn·de **명** 거지.
【讨公道】tǎo gōngdào **동** 공정한 평가〔처리〕를 위해 노력하다. 정도를 구현하기 위해 애쓰다. ¶我只想讨个公道, 洗清自己的冤屈。=그는 다만 공정하게 평가하여 자신의 억울함을 씻을 뿐이다.
【讨好】tǎo‖hǎo(~儿) **동** **1** 잘 보이다. 환심을 사다. 기분을 맞추다. 비위를 맞추다. 영합하다. 눈에 들다. ¶~领导=상사의 환심을 사다. **2** 좋은 결과를 얻다. [주로 부정형으로 쓰임] ¶那事费力不~。=그 일은 애만 쓰고 좋은 결과를 얻지 못한다. 그 일은 수고하고도 좋은 소리를 못 듣는다. ≒取悦
【讨好卖乖】tǎohǎo-màiguāi (성) 남에게 영합하여 환심을 사다.
【讨还】tǎohuán **동** 반환을 요구하다. 받아 내다. ¶~欠款=부채 상환을 요구하다.
【讨价】tǎo‖jià **동** 팔 값을 부르다.
【讨价还价】(要价还价) yàojià-huánjià
【讨教】tǎojiào **동** 가르침을 청하다. 지도를 요청하다. ¶有不懂的地方要虚心~。=이해되지 않는 부분이 있으면 겸손히 가르침을 청하라. ≒请教 求教
【讨究】tǎojiū **동** 연구하다. 탐구하다. ¶细加~=상세하게 연구하다.
【讨口气】tǎo kǒu·qi **동** 소식을 탐문하다. 말을 떠보다. 말투를 살피다. 말을 듣고 의중을 알아보다.
【讨老公】tǎo lǎogōng **동**(방) (여자가) 배우자를 찾다. 신랑감을 찾다.
【讨老婆】tǎo lǎo·po **동**(방) 아내를 맞다. 장가들다.
【讨令】tǎo‖lìng **동** 명령을 요청하다. 임무를 자청하다. ¶~出发=명령을 받고 출발하다.
【讨论】tǎolùn **동** 토론하다. ¶~发展规划=발전 계획에 대해 토론하다. ≒议论
【讨骂】tǎo‖mà **동** 사서 욕을 먹다. 남을 집적거려 욕을 먹다. ¶你说人闲话不是~吗?=네가 남의 험담을 하니, 사서 욕먹는 거지.
【讨没趣】tǎo méiqù (성) 거북함〔난처함〕을 자초하다. 사서 고생하다. 분위기를 망치다.
【讨便宜】tǎo pián·yi **동** 자기 잇속을 챙기다. 자기 이익만을 꾀하다. 이기적인 짓을 하다.
【讨平】tǎopíng **동** 토벌하여 평정하다.
【讨乞】tǎoqǐ **동** 구걸하다. ¶他靠~度日。=그는 구걸로 연명한다.
【讨巧】tǎoqiǎo **동** 약삭빠르게 행동하다. 교활하게 행동하다. 힘들이지 않고 이익을 챙기다.
【讨俏】tǎo‖qiào **동** (일처리·공연 따위가) 사람을 즐겁게 하다. 마음에 들게 하다. 갈채를〔칭찬을〕받다.
【讨亲】tǎo‖qīn **동**(방) 아내를 맞이하다. 장가가다.
【讨情】tǎo‖qíng **동**(방) 사정하다. 인정에 호소하다. 동정을 구하다. 용서를 빌다. ¶~求饶=동정과 용서를 빌다.
【讨取】tǎoqǔ **동** 독촉하여 받다. 받아 내다. 얻어 내다. 독촉하다. 요구하다. ¶~欢心=환심을 얻다.
【讨饶】tǎo‖ráo **동** 용서를 구하다. ≒求饶
【讨扰】tǎorǎo **동** 후한 대접에 감사합니다. 폐를 끼쳤습니다. 실례 많았습니다. 잘 먹었습니다. [접대에 감사를 나타내는 말]
【讨人嫌】tǎorénxián ☞【讨嫌】tǎo‖xián
【讨生活】tǎo shēnghuó **동** 살 길을 찾다. 하루하루 살아가다.
【讨死】tǎo‖sǐ **동** 죽음을 자초하다.
【讨嫌】tǎo‖xián **동** **1** 미움을 받다〔사다〕. =【讨人嫌】tǎorénxián ¶他这人油嘴滑舌的, 让人~。=저 사람은 말만 번지르르해서 미움을 받는다. **2** 미워하다. 싫어하다. 혐오하다.
【讨厌】tǎo‖yàn **동** 싫어하다. 미워하다. 혐오하다. ¶她~恶俗的电视剧。=그녀는 저속한 드라마를 싫어한다. **형** **1** 꼴 보기 싫다. 얄밉다. 밉살스럽다. 혐오스럽다. 싫다. ¶这种见利忘义的人真让人~!=눈앞의 이익만 챙기는 이런 사람은 정말 싫어! **2** (일이 처리하기 어려워) 귀찮다. 성가시다. 번거롭다. 힘들다. ¶禽流感真~, 害

得人不敢吃鸡。=조류 독감은 정말 고약해서, 사람들이 감히 닭고기를 먹지 못하게 만들었다. 늦厌恶 ↔喜欢 喜爱

【讨要】tǎoyào 동 독촉하여 받다. 받아 내다. 얻어 내다. 독촉하다. 요구하다. ¶~房租=방세를 독촉하다.

【讨油水】tǎo yóushuǐ 동비 이익을 바라다〔요구하다〕.

【讨债】tǎo‖zhài 동 빚을 독촉하다. ¶外出~=빚을 받으러 나가다.

【讨账】tǎo‖zhàng 동 1 빚을 독촉하다. 2 명 외상값을 독촉하다〔받아 내다〕.

## 稻 tāo 옥수수 도

【稻黍】tāoshǔ 명방〔植〕 수수.

## **套 tào 덮개 투

명 1 (~儿) 덮개. 커버. 덧씌우개. ¶枕~=베갯잇. / 手~=장갑. 2 (~儿) 방 옷이나 이불에 넣는 솜. ¶袄~=옷솜. / 被~=이불솜. 3 (끈으로 만든) 고리. 올가미. 테. ¶绳~=올가미. 4 (~儿) (가축에게 씌우는) 굴레. ¶牲口~=굴레. 5 방 속임수. 흉계. 올가미. ¶小心, 别上了坏人的~儿。=조심해, 나쁜 사람의 속임수에 넘어가지 말고. 6 강이나 산의 굽이. [주로 지명에 쓰임] ¶河~=허타오. 오르도스(Ordos). 7 (~儿) 의례적인 말. 상투적인 말. 인사말. ¶客~=인사말. 8 낡은 수법. 진부한 방법. 고정된 격식. 관례. 관습. 9 전체. 총체. 세트. ¶~装歌碟=음반집. 동 1 씌우다. 걸치다. 걸쳐 입다. ¶这种毛衣, 只能~在外面作外套穿。=이런 종류의 스웨터는 겉에 걸쳐서 외투로만 입을 수 있을 뿐이다. 2 방 (솜을 이불이나 요·옷 등에 고르게 넣고) 꿰매다. ¶~棉衣=솜이불을 꿰매다. / ~棉被=솜옷을 꿰매다. 3 (올가미 따위로) 씌우다. 훔치다. 메우다. ¶~牲口=가축에게 굴레를 씌우다. / ~马=올가미로 말의 목을 훔치다. 4 맞물리다. 연결하다. 잇다. 거듭하다. 포개다. 겹치다. ¶书的内文~色印刷。=책의 속지를 컬러 인쇄하다. 5 모방하다. 본뜨다. 흉내내다. 베끼다. ¶生搬硬~=남의 것을 기계적으로 모방하다. 6 이끌어 내다. 유도해 내다. 유인하다. 실토하게 하다. ¶想点子把他的心理话~出来。=그의 속마음을 끌어 낼 방법을 궁리한다. 7 불법으로 사들이다. 사재기하다. ¶~外汇=불법으로 외화를 사들이다. 8 끌어들이다. 관계를 맺다. 교제하다. 가까이하다. ¶有什么事直说, 别跟我~近乎。=무슨 일이 있으면 직접 말해, 친한 척하지 말고. 9 탭(tap)이나 다이스(dies)로 나사선을 절삭하다. 양 밖에 걸치는. ¶工作时最好带上~袖=작업할 때는 토시를 끼는 것이 좋다. 양 벌. 조. 세트. 질. ¶一~茶具=다기 한 세트. / 一~丛书=총서 한 질.

◐● 帮套, 笔套, 成套, 拉套, 龙套, 乱套, 棉套, 配套, 褥rù套, 散套, 俗套, 头套, 袜wà套, 外套, 枕zhěn套, 整套, 虚xū套子, 跑龙套

【套版】tào‖bǎn 동〔印〕(순서에 따라) 인쇄판을 인쇄기에 걸다.

【套版】tàobǎn 명〔印〕색판.

【套包(子)】tàobāo(·zi) 명 (말·나귀·노새에게 멍에를 메울 때 목에 거는) 목걸이.

【套裁】tàocái 동 (천을 절약하기 위해) 두 개 이상의 옷을 한 천에 재단하다.

【套菜】tàocài 명 1 (밥과 음료가 포함되지 않은) 코스 요리. 정식. 2 (판매용) 반제품 음식.

【套餐】tàocān 명 1 세트 음식. 세트 메뉴. 2 (밥과 음료까지 포함된) 코스 요리. 3 비 세트 상품. 패키지 상품. 기획 상품. ¶厨具~=주방 용구 세트.

【套车】tào‖chē 동 마소에 수레를 메우다.

【套房】tàofáng 명 1 응접실·침실·주방·화장실 등이 갖추어진 집. ¶这种开间的~售价五十万。=이런 규모의 집값은 50만 위안이다. 2 ☞【套间】tàojiān.

【套服】tàofú ☞【套装】tàozhuāng.

【套改】tàogǎi 동 (제도·방법·직명 등을) 유관 법률·규정에 따라 바꾸다.

【套耕】tàogēng 동〔农〕 1 접갈이하다. [두 개의 보습을 동시에 사용하여, 뒷 보습이 앞 보습이 간 곳을 따라가면서 한 번 더 깊게 가는 것〕 =【套犁】tàolí 2 (기계 경작에서) 로터리를 치다. 로터리 작업을 하다.

【套供】tàogòng 동 유도 심문으로 자백시키다. 속임수를 써서 자백을 얻어 내다.

【套购】tàogòu 동 (폭리를 위해) 불법으로 통제품(统制品)을 사들이다. 사재기하다. 매점(買占)하다.

【套管】tàoguǎn 명 케이싱파이프(casing pipe). 슬리브(sleeve). 투관.

【套红】tàohóng 동〔印〕(간행물의 일부를 눈에 잘 띄도록) 붉은색으로 인쇄하다. ¶头版新闻标题作~处理。=일면 머리기사의 표제를 붉은색으로 찍다.

【套话】tàohuà 명 1 인사말. 사양하는 말. (편지·문장 등의) 상용 어구. 2 상투어. 틀에 박힌 말. 의례적인 말. ¶他在大会上的发言全是~。=그가 회의석상에서 한 발언은 모두 틀에 박힌 말이다. 동 슬쩍 속마음을 떠보다. 넌지시 말을 유도하다. 베개리하다. ¶他口风紧, 很难~。=그는 입이 무거워서 말을 유도하기가 매우 어렵다.

【套换】tàohuàn 동 (외화 등을) 암거래하다.

【套汇】tàohuì 동 1 외화를 암거래하다. 2 환차익을 얻다.

【套间】tàojiān (~儿) 명 1 이어진 두 방 중의 안쪽에 있는 방. [일반적으로 직접 바깥으로 통하는 문이 없음] 2 본채와 연결된 방. 3 방이 여러 개 연이어진 방. [바깥으로 통하는 문이 하나만 있음] 스위트룸. =【套房】tàofáng.

【套交情】tào jiāo·qing 동 자발적으로 교분을 〔친교를〕 맺다. 친교에 대하여 사귀다.

【套近乎】tào jìn·hu 동비 잘 모르는 사람에게 친한 체하다. 친한 듯 꾸며 대다. 천근하게 굴다. =【拉近乎】lā jìn·hu

【套口供】tào kǒugòng 동 유도 심문으로 용의자를 자백시키다.

【套裤】tàokù 명 덧바지. [바지 위에 입는 바짓가랑이만 있는 바지]

【套牢】tàoláo 동(經) 보유한 주식 가격이 하락하여 손해를 보고 팔 수 없어서, 주가 반등을 기대하는 동안 어쩔 수 없이 자금이 오랫동안 묶이다. 또는 그러한 상태.

【套犁】tàolí ☞【套耕】tàogēng

【套楼】tàolóu 명(農) (폭이 넓은) 두 이랑 사이에 다른 이랑을 짓다.

【套路】tàolù 명 1(體) 투로. 품세. 체계적인 연속 동작. 2 (경기의) 체계적인 전술. 3 방식. 방법. 시스템. ¶今年的干部选举是不是也该改改~了?=올해의 간부 선거도 방식을 고쳐야 하지 않겠습니까?

【套马】tàomǎ 동 올가미(가 달린 장대)로 말의 목을 훑치다.

【套马杆(子)】tàomǎgān(·zi) 명 말을 훑치기 위해 장대 끝에 올가미를 달아 놓은 도구.

【套弄】tàonòng 동 속이다. 기만하다. 계획적으로 우롱하다. ¶一些不法商贩专门~老年人。=일부 불법 장사꾼들이 전문적으로 노인들을 속인다.

【套配】tàopèi 동 짝을 맞추다. 짜 맞추다. 짝을 짓다. 체계적으로 배치하다. ¶~生产设备=생산 설비를 짜 맞추다.

【套票】tàopiào 명 1 우표 세트. 2 (여러 가지 이용권이 함께 들어 있는) 입장권 세트. 자유 이용권.

【套曲】tàoqǔ 명 1(音) 디베르티멘토. 희유곡(嬉游曲). 모음곡. 조곡(組曲). 2(文)(劇) 투곡. [중국 전통극이나 산곡(散曲)에서 여러 곡을 체계적으로 하나로 엮은 곡]

【套取】tàoqǔ 동 암거래로 취득하다. ¶~信息=부정한 방법으로 정보를 얻다.

【套圈儿】tào‖quānr 투호(投壺) 하다. 동 (tàoquānr) 투호.

【套裙】tàoqún 명 투피스.

【套色版】tàosèbǎn 명 1(印) 색판. 2 컬러판. 컬러 지면.

【套色】tào‖shǎi 동(印) (2도 이상 인쇄에서) 착색[채색]하다. 색을 입히다. ¶~彩印=컬러 인쇄하다.

【套衫】tàoshān 명 풀오버. [머리에서부터 뒤집어쓰며 입는 스웨터 따위] ☞【套头衫】tàotóushān ¶男式~=남성용 풀오버.

【套绳】tàoshéng 명 1 봇줄. 고삐와 굴레. 2 올가미.

【套式】tàoshì 명 상투적인 방법[격식]. ¶这些电视剧都是一个~, 没什么新意。=이런 드라마들은 모두 상투적이어서 아무런 신선함이 없다.

【套书】tàoshū 명 전집류. 전질. 시리즈 출판물.

【套数】tàoshù 명 1(劇) 투수. [중국 전통극이나 산곡(散曲)에서 여러 곡을 하나로 엮은 곡] 2(轉) 방식. 방법. 시스템. ¶用尽所有~=다 써 보다. 3 상투적인 말이나 방법.

【套索】tàosuǒ 명 1 고대에 교전 중에 적을 붙잡는 올가미. 2 봇줄. [마소에 써레·쟁기 따위를 매는 줄] 3 올가미.

【套套】tào·tao 명(方) 1 방법. 수단. 계책. ¶他人聪明, ~不少。=그는 총명해서 계책이 적지 않다. 2 관례. 고유의 격식. 전통적인 방법. ¶时代不同了, 老~也要改了。=시대가 다르니 전통적인 방법도 개선해야 한다.

【套筒】tàotǒng 명 1(機) 투관(套管). 2 구식 보병총의 일종.

【套头衫】tàotóushān ☞【套衫】tàoshān

【套问】tàowèn 동 (상대방이 자신의 의도를 모르게) 돌려 묻다. 슬쩍 묻다. 에둘러 묻다.

【套鞋】tàoxié 명 장화. 오버슈즈(overshoes).

【套袖】tàoxiù 명 토시.

【套印】tàoyìn 동(印) 채색[컬러] 인쇄하다. ¶~图书封面=책 겉표지를 채색 인쇄하다.

【套用】tàoyòng 동 (기존의 방법 등을) 모방하여 쓰다. 그대로 쓰다. 계속하여 전승하다. 답습하다. 기계적으로 적용하다. ¶~老办法=기존의 방법을 그대로 쓰다.

【套语】tàoyǔ 명 1 상투어. 틀에 박힌 말. 의례적인 말. ¶陈言~=틀에 박힌 말. 2 인사말. 사양하는 말. (편지·문장 등의) 상용 어구.

【套种】tàozhòng 동(農) 간작(間作)하다. 사이짓기하다. =【套作】tàozuò

【套装】tàozhuāng 명 1 슈트(suit). 정장. [위아래의 옷감이 같은 한 벌의 옷] =【套服】tàofú ¶西服~=양복 한 벌. 2 세트 상품. ¶~茶具=다기 세트 상품.

【套子】tào·zi 명 1 덮개. 커버. 덧씌우개. 뚜껑. 껍데기. 주머니. ¶沙发~=소파 커버. 2 (끈으로 만든) 고리. 3(匕) 속임수. 올가미. 계략. ¶中了别人的~=다른 사람의 속임수에 넘어가다. 4 상투적인 말이나 방법. ¶俗~=속례. 관례. 5(方) 이불이나 옷 안의 솜. ¶丝棉~=이불이나 옷에 넣는 명주솜.

【套作】tàozuò ☞【套种】tàozhòng

# te

**忑** tè 마음 허전할 특
☞【忐忑】tǎntè

**忒** tè 틀릴 특
명(文) 착오. 오류.
☞ tēi, tuī

**\*\*特** tè 특별할 특
형 1(文) 하나의. 단독의. ¶一~舟=한 척의 조각배. 2 특수하다. 특별하다. 특이하다. 독특하다. ¶奇~=특이하다. / 独~=독특하다. 부 1 일부러. 특별히. 모처럼. ¶~为此事前来。=일부러 이 일 때문에 왔다. 2(口) 유달리. 아주. 특히.

¶~热=유달리 덥다. / ~冷淡=아주 냉담하다. **3**(문) 단지. 다만. 겨우. …뿐. ¶不~此也.=다만 이것만이 아니다. 图 간첩. 스파이. ¶敌~=적의 스파이.

○→ 敌特, 独特, 非特, 伏fú特, 模mó特儿, 普特, 瓦wǎ特

【特版】**tèbǎn** 图 (간행물의) 특별판.
【特保财产】**tèbǎo cáichǎn** 图 담보 대상. 보험 대상(물). [재산 보험에서 보험 대상으로 약정한 재산을 가리킴]
【特别】**tèbié** 휑 특별하다. 특이하다. 별다르다. 보통이 아니다. ¶衣服的样式很~.=의상 디자인이 특별하다. 图 **1** 유달리. 각별히. 특별히. 아주. ¶他们相处得~融洽.=그들은 사이가 아주 각별하다. **2** 특히. 더욱. 더군다나. ¶他喜欢看书,~是科幻类的图书.=그는 독서를 좋아하는데, 특히 공상 과학 서적을 좋아한다. **3** 일부러. 특별히. ¶我们~征求了老同志的意见.=우리는 특별히 선임자의 의견을 구하였다. ≒特殊 ↔ 普通
【特别快车】**tèbié kuàichē** 图 특급 열차. ㈜【特快】**tèkuài**
【特别行政区】**tèbié xíngzhèngqū** 图 특별 행정구. ¶香港~=홍콩 특별 행정구. /澳门~=마카오 특별 행정구. ㈜【特区】**tèqū**
【特菜】**tècài** 图 **1** 특수한 채소 품종. **2** 특별 요리. 특별 메뉴.
【特藏】**tècáng** 图 특별 수장품.
【特产】**tèchǎn** 图 특산물.
【特长】**tècháng** 图 특기. 장기. 장점. 특색. ¶舞蹈是她的~.=무용은 그녀의 특기이다. ≒专长 长处
【特长生】**tèchángshēng** 图 특기생.
【特称判断】**tèchēng pànduàn** 图(論) 특칭 판단.
【特出】**tèchū** 图 **1** 특출하다. 특히 두드러지다. 출중하다. 걸출하다. ¶~的优点=특히 두드러진 장점. **2** 지면에 돌출된. ¶山峰~.=산봉우리가 우뚝 솟아 있다.
【特此】**tècǐ** 图 특별히. 각별히. 이상. 이에. [공문이나 서신 등에 사용하는 용어임] ¶~奉告=특별히 알려 드립니다.
【特大】**tèdà** 휑 **1** 특별히 큰. 특대의. 엑스트라 라지(extra large)의. ¶~的皮鞋=특대 사이즈의 가죽 구두. **2** 아주 중대한. ¶~新闻=중대한 소식.
【特大城市】**tèdà chéngshì** 图 대도시. [일반적으로 인구 100만이 넘는 도시를 가리킴]
【特等】**tèděng** 휑 특등의. 가장 우수한. ¶~舱(=배의) 특등실.
【特等残废】**tèděng cánfèi** 图 중증 장애.
【特地】**tèdì** 图 특별히. 일부러. 모처럼. ¶我今天~去拜访了中学时的老师.=나는 오늘 특별히 중학교 시절의 선생님을 찾아뵈었다. ≒特意 专程 专门
【特点】**tèdiǎn** 图 특징. 특색. 특점. 특성. ¶湿热多雨是这里夏季的~.=후덥지근하고 비가 많은 것이 이곳 여름의 특징이다. ≒特征

> 特点(tèdiǎn) / 特色(tèsè) / 特性(tèxìng) / 特征(tèzhēng)
> 特点(특색, 특징, 특성) : 사람이나 사물이 갖고 있는 독특한 점. 장점과 단점 모두 포함. ¶这个孩子的特点是貌似老实.=이 아이의 특징은 성실해 보인다는 점이다. / 这种子弹最大的特点是杀伤力强, 能击穿防弹衣.=이런 총탄의 가장 큰 특징은 살상력이 강해 방탄옷을 뚫을 수 있다는 것이다.
> 特色(특징, 특색) : 사물에서 드러나는 품격·격조·모양·상황 등의 독특한 장점. ¶该书还有以下几个特色.=이 책은 또한 다음과 같은 몇 가지 특색(특징)이 있다. / 曲调具有地域特色.=곡조는 지역적 특색을 많이 띤다.
> 特性(특성) : 어떤 사물이 가지고 특수한 성질. ¶竹地板在品质和外观上具有比普通木地板更为优良的特性, 它的市场潜力巨大.=대나무 마루는 품질과 외관상에서 보통 마루바닥보다 더 우수한 특성이 있어 시장 잠재력이 거대하다.
> 特征(특징) : 사물의 특징이 되는 징후나 표지. ¶价格竞争是市场经济的一个最显著的特征.=가격 경쟁은 시장 경제의 가장 두드러진 특징이다.

【特定】**tèdìng** 휑 **1** 특정한. 특별히 지정한. ¶报考飞行员要具备一些~的条件.=비행 조종사 시험에 응시하려면 특별히 지정한 조건을 갖추어야 한다. **2** 일정한. 주어진. 일반과 다른. ¶~的家庭环境培育了他坚强的性格.=주어진 가정 환경이 그의 강인한 성격을 키웠다.
【特高频率】**tègāo pínlǜ** 图(電) 극초단파. 마이크로 웨이브(micro wave).
【特工】**tègōng** 图 **1** 특수〔특별〕임무. ¶~人员=특수 임무 요원. **2** 특수 요원. 비밀 요원. 간첩. 스파이.
【特供】**tègōng** 휑 특별히 공급된. ¶~产品=특수 공급 제품.
【特行】**tèháng** 图㈜ 特种行业(특수 업종).
【特号】**tèhào** 图 **1** 특별 사이즈. ¶~鞋=특별 사이즈 신발. **2** (간행물의) 특별호. 호외.
【特护】**tèhù** 图(醫) (중환자 등에게) 특수 간호를 하다. ¶他刚做完手术, 需要~.=그는 방금 수술을 마쳐서, 특수 간호가 필요하다. 图(醫) 특수 간호사.
【特化】**tèhuà** 图(生) 분화(分化)하다.
【特惠】**tèhuì** 휑 특혜의. 특별 우대의. ¶~服务=특혜 서비스.
【特惠待遇】**tèhuì dàiyù** 图 (국가 간 무역과 관세 등에서의) 특혜 대우.
【特级】**tèjí** 휑 최고급의. 최상급의. 특급의. ¶~花茶=최상급 화차.
【特级教师】**tèjí jiàoshī** 图 특급 교사. [성(省)급 정부에서 우수 초·중·고 교사에게 수여하는 칭호]
【特急】**tèjí** 휑 매우 급하다. 지급하다. 심급하다.

절급하다. ¶～电传＝매우 급한 전송〔팩스〕.
【特辑】tèjí [명] 특집.
【特技】tèjì [명] 1 특기. 특수한 기능. ¶～飞行＝곡예 비행. 2《映》특수 촬영. 특수 효과.
【特价】tèjià [명] 특가. 특별 할인 가격. ¶～商品＝특가 상품.
【特警】tèjǐng [명] 특수 경찰.
【特刊】tèkān [명] 특집호(特輯號). ¶春节～＝설날 특집호.
【特快】tèkuài [형] 특별히 빠르다. ¶～列车＝특급 열차. [명] ☞【特别快车】tèbié kuàichē
【特快专递】tèkuài zhuāndì [명] 특급 우편. ＝【邮政特快专递】yóuzhèng tèkuài zhuāndì [약]【快递】kuàidì【速递】sùdì
【特困】tèkùn [형] (주로 경제적으로) 특별히 힘들다. 극빈의. ¶～阶层＝극빈 계층.
【特困户】tèkùnhù [명] 극빈 가정.
【特困生】tèkùnshēng [명] 극빈 학생.
【特来】tèlái [동] 특별히 오다. ¶～辞行＝특별히 와서 작별 인사를 하다.
【特立独行】tèlì-dúxíng [성] 의지와 품행이 고결하고 세속에 휩쓸리지 않다. 세속에 구애되지 않고 스스로 믿는 바를 행하다. 독자적인 의견을 가지고 홀로 세상을 가다.
【特立尼达和多巴哥】Tèlìnídá hé Duōbāgē [명][외]《地》트리니다드토바고(Trinidad and Tobago). [수도는 '西班牙港(포트 오브 스페인 : Port of Spain)' 임]
【特例】tèlì [명] 특례. 특수 사례.
【特洛伊木马】Tèluòyī mùmǎ [명] 1 트로이(Troy) 목마. 2 [비] 내부에 침투한 적.
【特卖】tèmài [동] 특가 판매하다. ¶夏季女装～会＝여름 여성복 특가 판매.
【特免】tèmiǎn [동] 특별 면제하다.
【特命】tèmìng [동] 특별히 명령〔임명〕하다. ¶～全权大使＝특명 전권 대사.
【特派】tèpài [동] 특파하다. ¶～专人调查此事。＝전문가를 특파하여 이 일을 조사한다.
【特批】tèpī [동] 특별 비준하다. ¶重大图书选题需要～。＝주요 도서 목록 선정은 특별한 비준이 필요하다.
【特聘】tèpìn [동] 특별 초빙하다. ¶本公司需要～专业技术人员数名。＝우리 회사는 전문 기술 연구원 몇 명을 특별 초빙해야 한다.
【特遣部队】tèqiǎn bùduì [명]《軍》(어떤 임무를 집행하기 위한) 특별 파견 부대.
【特勤】tèqín [명] 1 특근. 특별 근무. ¶出～＝특근을 나가다. 2 특별 근무 요원. 특근자.
【特区】tèqū [명] 1 (정치·경제 등에서의) 특구. 특별 구역. ¶经济～＝경제 특구. 2 ☞【特别行政区】tèbié xíngzhèngqū
【特权】tèquán [명] 특권. ¶法律面前人人平等，谁都没有～。＝법 앞에서는 모든 사람이 평등하고, 그 누구도 특권은 없다.
【特色】tèsè [명] 특색. 특징. ¶地方～＝지방 특색. [형] 독특한. 특별한. ¶这几道菜是本店的～菜。＝이 몇 가지 요리는 이 식당의 독특한 요리이다.
【特设】tèshè [명] 특설. ¶～机构＝특설 기구.
【特赦】tèshè [동]《法》특별 사면하다. 특사하다.
【特使】tèshǐ [명] 특사.
【特首】tèshǒu [명] 홍콩〔마카오〕 특별 행정구 행정 장관.
【特殊】tèshū [형] 특수하다. 특별하다. ¶～情况特别处理。＝특수한 상황은 특별하게 처리한다. ≒特别 ↔通常 一般 平常 寻常
【特殊化】tèshūhuà [동] 특수화하다. 특별 대우하다. 특별 취급하다. ¶多劳多得，谁也不能搞～。＝많이 일하면 많이 받을 것이고, 누구도 특별 대우할 수 없다.
【特殊教育】tèshū jiàoyù [명]《教》특수 교육.
【特殊人才】tèshū réncái [명] 특수 인재. [어떤 전문적인 기예를 가지고 사회에 특별한 공헌을 할 수 있는 사람]
【特殊性】tèshūxìng [명] 특수성. ¶矛盾的一般性和～＝모순의 일반성과 특수성.
【特体】tètǐ [형][약] 特殊体型(특수 체형의). [주로 특별히 크거나 뚱뚱한 체형을 가리킴] ¶～服装＝특수 체형 복장.
【特为】tèwèi [부] 특별히. 일부러. ¶关于这件事情，他～咨询了律师。＝이 일에 관해서 그 사람은 특별히 변호사에게 자문을 구했다.
【特务】tèwù [형] (군대에서 경비·통신·운송·정탐 등의) 특수〔특별〕 임무를 담당하는. 특무의. ¶～连＝특무 중대.
【特务】tè·wu [명] 특수 요원. 비밀 요원. 간첩. 스파이.
【特嫌】tèxián [명] 간첩 용의자. 스파이 혐의자. ¶～对象＝스파이 혐의자 대상.
【特效】tèxiào [명] 특효. ¶～洗衣粉＝효과가 특별한 세제.
【特写】tèxiě [명] 1 특집. 특필. 기획 기사. 특집 기사. 2 (신문의) 특별 기사. 특집 기사. 칼럼. 3《映》클로즈업(close-up). ¶脸部～＝얼굴 클로즈업.
【特写镜头】tèxiě jìngtóu [명]《映》클로즈업 장면〔화면〕.
【特型演员】tèxíng yǎnyuán [명] 전문 배우. [얼굴·체형 등이 저명한 인물들과 매우 닮아서 자주 그 역을 맡는 배우]
【特性】tèxìng [명] 특성. ¶他有着山里人淳朴憨厚的～。＝그 사람은 시골 사람의 순박하고 무던한 특성을 지니고 있다.
【特需】tèxū [형] 특별한 수요를 위한. 특별한 수요에 공급하는. ¶这类商品比较～。＝이런 상품들은 비교적 특별한 수요를 위한 것이다.
【特许】tèxǔ [동] 특허하다. 특별 허가하다. ¶未经～，一般药房不得出售此类药品。＝아직 특별 허가가 나지 않아 일반 약국에서는 이 종류의 약을 판매할 수 없다.
【特许经营】tèxǔ jīngyíng [명] 프랜차이즈 경영. ＝【特许专营】tèxǔ zhuānyíng
【特许专营】tèxǔ zhuānyíng ☞【特许经营】tèxǔ jīngyíng

【特训】**tèxùn** 동 특수 훈련하다. ¶新兵要进行～。=신병들은 특수 훈련을 받아야 한다. 回 특수 훈련. ¶他们正在搞～。=그들은 특수 훈련을 하고 있다.

【特邀】**tèyāo** 동 특별 초청하다. ¶～嘉宾=귀빈을 특별 초청하다. 특별 초청 귀빈.

【特艺】**tèyì** ☞【特种工艺】**tèzhǒng gōngyì**

【特异】**tèyì** 형 1 특이하다. 특수하다. 독특하다. ¶～功能=특이한 기능. 2 특별히 뛰어나다(우수하다). ¶成绩～=성적이 특별히 뛰어나다.

【特异功能】**tèyì gōngnéng** 명 1 초능력. 초염력. 초감적 지각. ESP(Extra Sensory Perception). 2 어떤 사물에서 나타나는 특수한 능력이나 현상.

【特异质】**tèyìzhì** 명(醫) 특이질. 특이 체질.

【特意】**tèyì** 부 특별히. 일부러. ¶这是我～为你选购的生日礼物。=이것은 내가 특별히 너를 위해 산 생일 선물이다. ≒特地.

【特优】**tèyōu** 형 특별히 우수하다. 특히 뛰어나다. ¶～生=우수 학생. [품행·지혜·신체 각 방면에서 특별히 우수한 학생을 지칭하는 말]

【特有】**tèyǒu** 동 특유하다. 고유하다. ¶这种山货为当地所～。=이 산지 산물은 그 지방의 특산품이다.

【特约】**tèyuē** 동 특약하다. 특별 계약하다. 특별 초대하다. ¶～记者=특약 기자.

【特展】**tèzhǎn** 명 특별 전시회. ¶古代性文化～=고대 성문화 특별 전시회.

【特招生】**tèzhāoshēng** 명 특기생.

【特诊】**tèzhěn** 동 특진하다. ¶请老专家前来～。=경험 많은 전문의에게 특진을 받으러 오다.

【特征】**tèzhēng** 명 특징. ¶时代～=시대적 특징. ≒特点.

【特指】**tèzhǐ** 동 특별히 지칭하다. 단독으로 가리키다. ¶作者所说的"雪域高原"～西藏。=작가가 말한 '설상 고원'은 특별히 티벳을 지칭하는 것이다.

【特制】**tèzhì** 동 특수[특별] 제작하다. 특제하다. ¶～香烟=특제 담배.

【特质】**tèzhì** 명 특질. 특유의 성질. ¶他身上有艺术家的～。=그는 예술가적인 특별한 기질을 가지고 있다.

【特种】**tèzhǒng** 형 특별한 종류의. ¶～合金钢=특수 합금강.

【特种兵】**tèzhǒngbīng** 명(軍) (공병·통신병 등의) 특수 병과.

【特种部队】**tèzhǒng bùduì** 명(軍) 특수 부대.

【特种工艺】**tèzhǒng gōngyì** 명 특수 전통 공예(품). [주로 감상용·장식용으로 쓰이는 공예품을 말함] 양【特艺】**tèyì**

【特种邮票】**tèzhǒng yóupiào** 명 (선전을 목적으로 특별히 발행하는) 특별 우표.

【特重量级】**tèzhòngliàngjí** ☞【超重量级】**chāozhòngliàngjí**

【特准】**tèzhǔn** 동 특별 허가하다(비준되다). 특허하다.

**铽**[鋱] **tè** 테르븀 특

명(化) 테르븀(Tb, terbium). [원자 번호 65]

**慝** **tè** 간특할 특

명(문) 사악(邪惡). 간악(奸惡). 간특(姦慝). 사념(邪念). 간사(奸邪). ¶隐～=남이 알지 못하는 죄악. 남에게 말할 수 없는 죄악.

**螣**[蟘] **tè** 황충 특

명(문)(動) 고서에서 식물의 잎과 싹을 먹는 해충.

**螣** **tè** 황충 특

명 '蟘(tè)'과 같음.
☞ **téng**

**忒** **·te** 용모 단정하지 않을 특
☞【肋忒】**lē·de / lē·te**

## tei

**忒** **tēi** 소리 특
부(방) '忒(tuī)'의 다른 발음.
☞ **tè**

【忒儿】**tēir** 의(방) 푸드덕. 푸르르. [새가 빠르게 날갯짓을 하는 소리] ¶小鸟～一声飞上了树梢。=새가 푸드덕 소리를 내면서 나무 꼭대기로 날아갔다.

## teng

**熥** **tēng** 불에 데울 통
동 (식은 음식을) 다시 찌거나 구워서 데우다. ¶把馒头～热了再吃。=만터우를 다시 따뜻하게 데워 먹어라.

**鼟** **tēng** 북 소리 등
의 둥둥. ¶战鼓～～=전고가 둥둥 울리다.

**疼** **téng** 아플 동
형 아프다. ¶头～得不得了。=머리가 매우 심하게 아프다. / 肚子～得很。=배가 심하게 아프다. 동 몹시 귀여워하다(사랑하다). 끔찍이(매우) 아끼다. ¶母亲最～的是小儿子。=어머니가 몹시 귀여워하는 것은 막내이다. ≒痛.

0-● 偏**piān**疼, 心疼

【疼爱】**téng'ài** 동 매우 귀여워하다(사랑하다). ¶爷爷奶奶很～小孙子。=할아버지, 할머니는 어린 손자를 매우 사랑한다.

【疼怜】**ténglián** 동 안타깝고 불쌍하다. ¶小小年纪就受这样的罪,真让人～。=어린 나이에 이런 고생을 하다니, 정말 안타깝고 불쌍하다.

【疼痛】**téngtòng** 형 아프다. ¶肌肉～=근육이 아프다.

【疼惜】téngxī 동 끔찍이 귀여워하다. 매우 사랑하다. ¶小家伙可~宠物狗了, 简直是寸步不离。=아이가 애완견을 끔찍이 귀여워해서, 한 발자국도 떨어지려 하지 않는다.

## 腾[騰] téng 오를 등

동 1 힘차게 달리다. 질주하다. 도약하다. 뛰어오르다. ¶欢~=기뻐 날뛰다. / 骏马奔~=준마가 내닫다. 2 (하늘로) 오르다. 올라가다. ¶飞~=날아오르다. / 升~=오르다. 3 비우다. 내다. ~地方=장소를 비우다. 4 상하 좌우로 마구 움직이다. 5 일부 동사의 뒤에 쓰여 반복을 나타낸다. ¶折~=엎치락뒤치락하다. / 闹~=떠들어대다. 명 (Téng) 성(姓).

○● 捣dǎo腾, 沸fèi腾, 乱腾, 踢tī腾, 图腾, 喧xuān腾, 喧xuān腾, 蒸zhēng腾

【腾出】téngchū 동 (시간을) 내다. (공간을) 비우다. ¶~库房=창고를 비우다. / ~时间复习考试=시간을 내서 시험 공부를 하다.

【腾达】téngdá 동 문 1 상승하다. 올라가다. 2 출세하다. 영달하다.

【腾地】téng·de 부 훌쩍. 휙. 펄쩍. ¶礼花~蹿向空中。=경축 불꽃이 휙 솟아오르다.

【腾飞】téngfēi 동 1 날다. 날아오르다. ¶巨龙~而去。=거대한 용이 하늘로 날아올라가다. 2 비 빠르게 발전하다. 비약하다. ¶经济~=경제가 비약적으로 발전하다.

【腾房】téng∥fáng 동 집을 비워 주다.

【腾工夫】téng gōng·fu 동 시간(짬)을 내다. ¶过两天一定~去拜望您。=이틀 후에 꼭 시간을 내서 찾아뵙겠습니다.

【腾贵】téngguì 동 (물가가) 등귀하다. 오르다. ¶钢材~=강재값이 등귀하다.

【腾空】téngkōng 동 하늘로(공중으로) 오르다. 하늘 높이 떠오르다. ¶热气球~而起。=열기구가 하늘 높이 올라가다.

【腾空】téngkòng 동 (공간을) 비우다. (시간을) 내다. ¶把仓库~, 准备装粮食。=창고를 비워서 곡식을 넣을 수 있도록 준비하자.

【腾挪】téngnuó 동 1 (위치 따위를) 옮기다. 이동하다. ¶把过道里的杂物~一下以免妨碍出入。=사람들의 출입에 방해되지 않도록 복도 안의 잡동사니를 좀 옮깁시다. 2 유용하다. 전용하다. 돌려쓰다. ¶救灾专款, 不得~。=구호 자금은 유용해서는 안 된다. 3 무술 가운데 몸을 날리고 피하는 동작을 취하다. ¶蹿跳~, 步法矫健。=몸을 날리고 날렵하게 피하는 등, 보법이 씩씩하고 힘차다.

【腾闪】téngshǎn 동 도약하다. 뛰어오르다. 재빨리 피하다(비키다). ¶红了眼的公牛猛冲过来, 斗牛士快速~在一旁。=성난 황소가 돌진해 오자, 투우사는 날렵하게 몸을 옆으로 피했다.

【腾身】téngshēn 동 몸을 솟구치다. 몸을 던지다. 몸을 훌쩍 솟구치다(날리다). 점프하다. ¶孙悟空~驾云而去。=손오공은 훌쩍 몸을 날려 구름을 타고 가다.

【腾升】téngshēng 동 (가격 등이) 오르다. 상승하다. ¶石油价格一路~。=석유 가격이 모두 오르다.

【腾手】téng∥shǒu 동 (어떤 일에서) 손을 놓다(떼다). 빠져 나오다. ¶最近腾不出手做别的事情。=요즘 다른 일을 할 짬을 낼 수가 없다.

【腾腾】téngténg 형 1 (기체·화염 따위가) 자욱하게 피어오르다. 솟구치다. ¶热气~=열기가 무럭무럭 오르다. 2 비 (기세가) 등등하다. ¶杀气~=살기등등하다. 3 느릿느릿한 모양. ¶慢~=느릿느릿하다.

【腾退】téngtuì 동 (원주인에게) 방을 비워 주다. ¶~所租房屋=셋집을 비워 주다.

【腾舞】téngwǔ 동 날뛰며 춤을 추다. ¶飞龙~=비룡이 날뛰며 춤을 추다.

【腾涌】téngyǒng 동 물살이 빠르다. ¶急流~=급류가 세차게 흐르다.

【腾跃】téngyuè 동 1 (물가가) 폭등하다. ¶米价~=쌀값이 폭등하다. 2 내달리며 뛰어오르다. ¶万马~=수많은 말들이 내달리다.

【腾越】téngyuè 동 뛰어넘다. ¶骑士纵马从障碍物上~而过。=기수가 말을 몰아 장애물을 뛰어넘다.

【腾云驾雾】téngyún-jiàwù 성 1 (신화·전설에서) 구름과 안개를 타고 하늘을 날다. 2 비 바람같이 질주하다. 머리가 혼미하다(어질어질하다).

## 誊[謄] téng 베낄 등

동 베끼다. 옮겨 쓰다. ¶把作文~在作文本上。=작문을 작문 노트에 옮겨 쓰다.

【誊本】téngběn 명 등본.

【誊抄】téngchāo 동 베끼다. 옮겨 쓰다. ¶~听课笔记=필기를 옮겨 쓰다.

【誊录】ténglù 동 옮겨 쓰다. 베끼다. 필사하다. ¶~书稿=원고를 옮겨 쓰다.

【誊清】téngqīng 동 정서(淨書)하다. 깨끗이 베끼다. ¶稿子修改得太乱, 需要重新~。=원고 수정이 너무 난잡하니, 다시 정서해야 한다.

【誊写】téngxiě 동 베끼다. 옮겨 쓰다. ¶~范文=모범 문장을 베끼다.

【誊写版】téngxiěbǎn 명 (印) 등사기. 등사판. 스텐실(stencil) 인쇄(법).

【誊写钢板】【誊写钢板】 téngxiě gāngbǎn 명 등사 줄판. 등사 철판.

【誊写钢板】 téngxiě gāngbǎn ☞【誊写钢板】téngxiě gāngbǎn

【誊印】téngyìn (印) 등사하다. 유인하다.

【誊正】téngzhèng 동 깨끗하게 고쳐 쓰다. 정서(淨書)하다. ¶~文稿=원고를 깨끗하게 고쳐 쓰다.

## 滕 Téng 나라 이름 등

명 1 (歷) 등. [주(周)대의 나라 이름. 지금의 산둥(山东)성에 있었음] 2 성(姓).

## 䲢 téng 등사 등

☞ tè

【螣蛇】téngshé 〚動〛 등사. [고서에 나오는 하늘을 나는 뱀]

縢 téng 끈 등
〚문〛 끈. 밧줄. 〚動〛 1 봉쇄하다. 밀봉하다. 2 구속하다.

*藤[(籐)] téng 등나무 등
〚植〛 1 등나무. 2 (등나무 등) 덩굴. 넝쿨. ¶葡萄~=포도덩굴.

○● 白藤, 葛gé藤, 红藤, 鱼藤, 紫zǐ藤

【藤本植物】téngběn zhíwù 〚植〛 덩굴 식물.
【藤编】téngbiān 〚動〛 (등나무 등) 덩굴로 엮다. 〚名〛 (등나무 등) 덩굴로 엮은 기물.
【藤材】téngcái 〚名〛 (덩굴 공예에 쓰기 위해) 기본 가공한 덩굴 재료.
【藤床】téngchuáng 〚名〛 (등나무 등) 덩굴로 만든 침대. 등나무 침대.
【藤花】ténghuā 〚植〛 등꽃.
【藤黄】ténghuáng 〚名〛 1〚植〛 등황. [상록 교목의 하나] 2 자황(雌黄). 갬부지(gamboge). [적황색의 덩어리 모양의 고체이며 니스·수용성(水溶性) 황색 그림물감 등의 제조에 사용됨]
【藤萝】téngluó ☞【紫藤】zǐténg
【藤牌】téngpái 〚名〛 1 등패. [등나무 등의 덩굴로 만든 방패] 2 방패.
【藤器】téngqì 〚名〛 (등나무 등) 덩굴로 만든 기물. [등나무 의자·등나무 상자 따위].
【藤条】téngtiáo 〚植〛 목질 덩굴 식물의 줄기. 등나무덩굴.
【藤蔓】téngwàn 〚名〛 1〚植〛 덩굴 줄기. 2 덩굴. 줄기. 넝쿨. ¶葡萄的~慢慢爬上了架子。=포도덩굴이 천천히 받침대로 뻗어 올라갔다.
【藤椅】téngyǐ 〚名〛 1 (등나무 등의) 덩굴로 만든 의자. 2 덩굴과 유사한 재료로 만든 의자.
【藤子】téng·zi 〚名〛〚植〛 등나무 등의 덩굴.

螣[䲢] téng 쑤기미 등
〚名〛〚動〛 쑤기미.

# tī

体[體] tǐ 몸소 체
☞ tǐ
【体己】tǐ·jǐ ☞【梯己】tī·jǐ

*剔 tī 바를 척
〚動〛 1 (뼈에서 살을) 발라 내다. ¶~了肉大骨头可以熬汤。=살을 발라 낸 뼈는 국을 끓일 수 있다. 2 쑤시다. 후비다. ¶掏耳聲, ~牙稀。=귀를 자주 파면 귀가 멀고, 이를 자주 쑤시면 이틈새가 벌어진다. 3 (부적당한 것을) 제거하다. 골라 내다. ¶挑~=(결점 따위) 들추다. 〚言〛

오른 삐침. 치침. '㇀'. [좌에서 우로 비스듬히 치켜 올라가는 한자 필획의 하나]
【剔除】tīchú 〚動〛 (부적당한 것을) 제거하다. 골라 내다. ¶汲取精华, ~糟粕。=정수를 받아들이고 찌꺼기는 제거하다.
【剔缝儿】tīfèngr 〚動〛 틈에 낀 것을 빼내다.
【剔骨肉】tīgǔròu 〚動〛 뼈에서 살을 발라 내다. 〚名〛 뼈에서 발라 낸 고기.
【剔红】tīhóng 〚名〛 조칠(雕漆). [칠기 공예의 하나] ☞【雕红漆】diāohóngqī
【剔透】tītòu 〚形〛 투명하다. 맑고 깨끗하다. 투철하다. ¶晶莹~=맑고 투명하다.
【剔牙】tī‖yá 〚動〛 이를 쑤시다.
【剔庄货】tīzhuānghuò 〚名〛 1 염가 판매 재고품. 염가 처분품. 2 염가 판매하는 일상 용품과 의복.

**梯 tī 사다리 제
〚名〛 1 사다리. 계단. ¶楼~=계단. 층층대. / 软~=줄사다리. 2 (엘리베이터·에스컬레이터 등) 계단 역할을 하는 설비. ¶电~=엘리베이터. 3 계단(사다리) 모양의 것. ¶改造~田, 退耕还林。=계단식 밭을 개조하여 숲으로 되돌리다. 4 (Tī) 성(姓).

○● 滑梯, 阶梯, 盘梯, 软梯, 天梯, 舷xián梯, 旋xuán梯, 云梯, 太平梯

【梯次】tīcì 〚名〛 순서. 앞뒤 차례. 순위. 선후(의 차례). (서로 다른) 등급. ¶新产品的结构~合理。=신제품의 등급 구성이 합리적이다. 〚副〛 (앞뒤·정도의) 순서별로. ¶该公司~推出了不同款型的家用轿车。=이 회사는 다양한 스타일의 승용차를 등급별로 내놓았다.
【梯道】tīdào 〚名〛 계단식 통로. 에스컬레이터 통로.
【梯度】tīdù 〚名〛 1〚物〛 경도. 경사도. 2〚物〛 계조도. [단위 시간 또는 단위 거리 내에서의 온도·기압·밀도·속도 등의 변화 정도] 3 순서. 앞뒤 차례. 순위. 선후(의 차례). ¶试题有一定的难易~。=시험 문제는 일정한 난이도가 있어야 한다. 〚副〛 (정도의) 순서별로. ¶制度改革要由上至下~推进。=제도 개혁은 위로부터 아래로 순서별로 추진해야 한다.
【梯队】tīduì 〚名〛 1〚軍〛 제대. [전투나 행군시 임무·행동 순서에 따라 나누어진 단위] 2〚비〛 진(陣). 후진. 뒷 세대. [순서에 따라 앞사람들을 대신하게 될 간부·운동 선수 등] ¶必须加强中小学师资的~建设。=초중고의 후진 교원 양성을 반드시 강화해야 한다.
【梯恩梯】tī'ēntī ☞【黄色炸药】huángsè zhà yào
【梯河】tīhé 〚名〛 계단식 강. [강에 많은 댐을 건설해서 물줄기가 계단처럼 보이는 강]
【梯级】tījí 〚名〛 1 (계단의) 단. 층. 2〚工〛 계단식 수리(水利) 공정. [계단식 댐으로 수위를 조절하는 것]
【梯己】[体己] tī·jǐ 〚名〛 (가족 구성원이) 몰래 모은 돈(재물). 꼬불쳐 둔 돈. 비상금. 쌈짓돈. ¶~

钱=몰래 모은 돈. 형 친근한. 허물없는. 격의 없는. 마음이 맞는. ¶~话=마음속에 있는 말.
【梯田】tītián 명(农) 계단식 밭. 제전.
【梯形】tīxíng 명(数) 사다리꼴. 제형.
【梯子】tī·zi 명 1 사다리. 사닥다리. 2 비 출세 수단. 출세길. 명리(名利)를 얻는 발판.

## 锑[鍗] tī 안티몬 제
명(외)(化) 안티몬(Sb, stibium). [원자 번호 51]
【锑电极】tīdiànjí 명(电) 안티몬 전극.
【锑粉】tīfěn 명(化) 안티몬 분말.
【锑华】tīhuá 명(化) 삼산화안티몬($Sb_2O_3$).
【锑酪】tīlào 명(化) 삼염화안티몬($SbCl_3$).
【锑酸盐】tīsuānyán 명(化) 안티몬산염.

## **踢 tī 찰 척
동 차다. 발길질하다. ¶~毽子=제기를 차다. / 拳打脚~=주먹으로 치고 발로 차다.
【踢蹬】tī·deng 동 1 닥치는 대로 차고 밟다. ¶这孩子睡觉不老实, 总爱~。=이 아이는 잠버릇이 고약해서 언제나 심하게 발길질을 한다. 2 준 깨끗하게 정리하다. 처리하다. ¶花了大半天时间才把资料一完。=한나절이나 걸려서 겨우 자료를 다 정리했다. 3 준 돈을 헤프게 쓰다. 돈을 물 쓰듯 하다. 돈을 함부로 막 쓰다. 낭비하다. ¶三千块钱没几天就被他~光了。=그는 3천 위안을 며칠 되지도 않아 다 써 버렸다. 4 고생하다. 고통받다. ¶跑过来, 跑过去, 把人都~死了。= 뛰어서 왔다 갔다 하느라고 힘들어 죽겠다. =
【踢腾】tī·teng
【踢脚板】tījiǎobǎn 명(建) 걸레받이. =【踢脚线】tījiǎoxiàn
【踢脚线】tījiǎoxiàn ☞【踢脚板】tījiǎobǎn
【踢皮球】tī píqiú 동(□) 책임을 전가하다. ¶几个部门都说这事不归自己管, 相互~。= 여러 부서가 모두 이 일이 자신들의 소관이 아니라며 서로 책임을 전가한다.
【踢破门槛】tīpò-ménkǎn 성 손님이 아주 많다.
【踢球】tī‖qiú 동(体) 축구하다. ¶他们在足球场上~。=그들은 축구 경기장에서 축구를 한다.
【踢踏舞】tītàwǔ 명(艺) 탭 댄스(tap dance).
【踢腾】tī·teng ☞【踢蹬】tī·deng
【踢腿】tī‖tuǐ 동 힘껏 차다.

## 鹏[鶒] tī 농병아리 체
☞【䴙鹏】pìtī

## 摘 tī 들출 적
동(□) 1 골라 내다. 들추다. ¶~巢探卵=둥우리를 들춰 알을 찾다. 2 (비위나 죄상 따위를) 적발하다. 들추어 내다. 폭로하다. ¶发奸~伏=간사하고 은밀한 일을 폭로하다.
☞ zhī

## 荑 tí 돌피 제
명(우)(植) 1 움. 2 개피.
☞ yí

## 绨[綈] tí 깁 제
명(우)(纺) 두터운 비단. ¶~袍=두터운 비단옷.
☞ tì

## **提 tí 끌 제
동 1 (손잡이나 끈이 있는 물건을) 들다〔쥐다〕. ¶~着篮子去买菜=장바구니를 들고 장을 보러 가다. 2 (아래에서 위로) 끌어올리다. 높이다. ¶粮食的价格~高了。=곡물 가격이 올랐다. 3 찾 다. 꺼내다. 뽑다. ¶到银行~款=은행에 가서 돈을 인출하다. 4 제시하다. 제기하다. 제출하다. ¶~问题=문제를 제기하다. / ~要求=요구 사항을 제시하다. 5 (예정된 기일을) 앞당기다. ¶~早上路=앞당겨 길을 떠나다. 6 말을 꺼내다. 말을 하다. 언급하다. ¶那事不必再~了。= 그 일은 다시 말할 필요가 없다. 7 (갇힌 곳에서) 범인을 데리고 나오다. 불러 내다. ¶~犯人=범인을 불러 내다. 8 인솔하다. 통솔하다. ¶~军出征=군대를 이끌고 출정하다. 명 1 구기. 작자(杓子). [기름이나 술 등의 액체를 풀 때 에 쓰는 손잡이가 긴 기구] ¶油~=기름 구기. / 酒~=술 구기. 2 손잡이. ¶买一个~包。=핸드백을 하나 사다. 3 (言) 치킴. '✓'. [좌에서 우로 비스듬히 치켜 올라가는 한자 필획의 하나] 4 (Tí) 성(姓).
☞ dī

0~ 别提, 孩提, 前提, 大提琴qín, 手提包, 小提琴, 中提琴

【提案】tí'àn 명 제안하다.
【提拔】tí·bá 동 발탁하다. 등용하다. ¶~干部=간부를 발탁하다.
【提包】tí‖bāo 동 가방을 들다. ¶他~出门。= 그는 가방을 들고 외출했다.
【提包】tíbāo 명 손가방. 핸드백. 粤【拎包】 līnbāo
【提笔】tí‖bǐ 동 펜을 들다. 펜을 사용하다. ¶~写信=펜을 들어 편지를 쓰다.
【提兵】tí‖bīng 동 군대를 거느리다. ¶~上阵=군대를 이끌고 출정하다.
【提步】tí‖bù 동 다리를 들다. ¶他~向前走去。 =그는 성큼성큼 앞으로 걸어간다.
【提不起来】tí·bu·qǐ·lái 동 1 (무거워서) 들 수 없다. 2 비 (품행·능력이 떨어져서) 발탁할 수 없다.
【提倡】tíchàng 동 제창하다. ¶~艰苦奋斗的工作作风=각고 분투하는 태도를 제창하다. ≒倡导
【提成】tí‖chéng (~儿) 동 공제하다. 총액에서 일정한 비율만큼 떼다. ¶销售~=판매에서 공제하다.
【提出】tíchū 1 꺼내다. ¶从库房~货物=창고에서 물건을 꺼내다. 2 제출하다. 제의하다. 신청하다. 제기하다. ¶~要求=요구 사항을 제시하다.
【提纯】tíchún 동 정제하다. 정련하다. 정화하

다. ¶~食用油=식용유를 정제하다.
【提词】**tí‖cí** 동(劇)(연극 공연시 배우에게) 대사를 알려 주다.
【提存】**tícún** 동 1 (다른 용도로 사용하기 위해) 일부를 찾아 저축해 두다. 2 (法) 공탁하다.
【提单】**tídān** 명(經) 인수증. 출고증. 선하 증권(船荷證券). 비엘(B/L). =【提货单】**tíhuòdān**
【提货单】**tíhuòdān** ☞【提单】**tídān**
【提到】**tídào** 동 1 언급하다. 말하다. 말이 미치다. ¶他常常在我面前~你。=그 사람은 자주 너에 대해 언급했다. 2 올리다. 끌어올리다. ¶不要把生活习惯问题~思想认识的高度上来。=생활 습관상의 문제를 사상적 인식의 수준 문제로 끌어다 붙이지 마라.
【提灯】**tídēng** 명 제등. [손잡이가 있는 등]
【提点】**tídiǎn** 동 일러 주다. 힌트를 주다. 제시하다. 알려 주다. ¶年轻人缺乏经验,还需要老同志多多~。=젊은 사람들은 경험이 부족해서 나이 든 사람들이 많이 일러 줘야 한다.
【提调】**tídiào** 동 1 지도하다. 지휘하다. 감독하다. 관리하고 배치하다. ¶他负责车辆的~工作。=그는 차량 배치를 책임진다. 2 이동하여〔조달하여〕쓰다. ¶~有关档案=관련 공문서를 가져다 쓰다. 지휘자. 지도 책임자.
【提兜】**tídōu** 명 (손잡이가 달린) 주머니.
【提督】**tídū** 명 제독. [옛날 무관(武官)의 하나]
【提挪】**tíduō** 동(方)(손으로 물건을) 들거나 옮기다. ¶他~个椅子来到院子里。=그는 의자를 들고 정원으로 왔다.
【提法】**tífǎ** 명 표현법. 제기 방식. 논법. 논조. ¶这种~不合理。=이런 표현법은 비합리적이다.
【提干】**tí‖gàn** 동 1 간부로 발탁하다. 장교로 진급하다. ¶他最近~了,工资涨了一大截。=그는 최근에 간부로 발탁되어서 월급이 많이 올랐다. 2 간부의 직급을 올리다.
【提纲】**tígāng** 명 (발언·연구·토론·작문·학습 등의) 요점. 요강(要綱). 개요. 제요(提要). 대의 요약. ¶论文~=논문 요점. ¶写作~=작문 요강
【提纲挈领】**tígāng-qièlǐng** 성 1 그물 벼리를 잡고 옷깃을 거머쥐다. 2(喩) 문제의 요점을 간명하게 제시하다.
【提高】**tí‖gāo** 동 (위치·수준·질·수량 등을) 제고하다. 향상시키다. 높이다. 끌어올리다. ¶~生活水平=생활 수준을 향상시키다. / ~粮食产量=식량 생산량을 높이다. ↔降低 贬低 下降
【提供】**tígōng** 동 (자료·물자·의견·조건 등을) 제공하다. 공급하다. 내놓다. ¶会议~食宿。=회의는 숙식을 제공한다.
【提灌】**tíguàn** 동 물을 끌어올려 관개하다.
【提行】**tí‖háng** 동 줄〔행〕을 바꾸다.
【提盒】**tíhé** 명 손잡이가 달린 찬합.
【提花】**tíhuā**(~儿) 명(紡) 자카드로 짠 도드라진 무늬. ¶~毛巾=자카드 무늬 수건.
【提婚】**tíhūn** 동 1 결혼 말을 꺼내다. 혼사를 거론하다. ¶登门~=찾아가서 혼사를 논하다. 2 (약혼자에게) 혼사를 거론하다.

【提货】**tí‖huò** 동 (창고에서) 물건을 꺼내다.
【提货单】**tíhuòdān** ☞【提单】**tídān**
【提及】**tíjí** 동 언급하다. 말하다. 말이 미치다. ¶过去的事就不要再~了。=지나간 일은 더 이상 언급하지 마라.
【提级】**tí‖jí** 동 1 (임금·직위 따위의) 등급을 올리다. ¶~加薪=등급을 올리고 월급을 올리다. 2 제품의 등급을 올리다. 제품을 업그레이드(upgrade)하다. ¶新车上市, ~不提价。=새 차가 출시되었는데, 제품을 업그레이드하고 가격을 올리지 않는다.
【提价】**tí‖jià** 동 가격을 올리다.
【提奖】**tí‖jiǎng** 동 성과급을〔보너스를〕받다. ¶年终~=연말 성과급을〔보너스를〕받다.
【提交】**tíjiāo** 동 회부(回附)하다. 제출하다. 제기하다. 제안하다. ¶~法院审理=법원에 회부하여 심리하다.
【提劲】**tíjìn** 동 흥미를 가지다. 힘을 내다. ¶孩子们一说到玩儿就~得很。=아이들은 노는 이야기만 하면 무척 신이 난다.
【提款】**tí‖kuǎn** 동 예금을 인출하다. 자금을 찾다. ¶~机=예금 인출기.
【提篮】**tílán**(~儿) 명 손바구니. [주로 작고 깜찍한 것을 가리킴]
【提炼】**tíliàn** 동 1 (물리·화학적인 방법을 통해) 추출하다. 정련하다. ¶~石油=석유를 추출하다. 2 (비) (문장·생활·경험 등을) 다듬다. 제고하다. 향상시키다. 높이다. 끌어올리다. ¶~主题=주제를 다듬다.
【提梁】**tíliáng**(~儿) 명 (바구니·핸드백·물주전자 등의) 손잡이.
【提留】**tíliú** 동 (총액에서 일부를) 떼어 놓다. 떼어 남겨 두다. ¶从工资中~一部分用做养老保险。=급여에서 일부를 떼어 연금 보험을 낸다.
【提炉】**tílú** 명 1 손에 드는 향로(香爐). 2 주머니 난로.
【提苗】**tí‖miáo** 동(農)(싹이 돋은 후에) 남아 돌거나 성장이 떨어지는 것을 솎아 주어 작물의 성장을 촉진시키다.
【提名】**tímíng** 동 (당선 가능성이 있는 사람이나 사물을) 거명하다. 지명하다. 추천하다. ¶他曾多次获得奥斯卡最佳男主角的~。=그는 일찍이 여러 차례 오스카 남우 주연상 후보로 거명되었다.
【提名道姓】**tímíng-dàoxìng** ☞【指名道姓】**zhǐmíng-dàoxìng**
【提起】**tíqǐ** 동 1 들어올리다. ¶下课铃一响, 孩子们~书包就往教室外跑。=수업 끝나는 종이 울리자마자, 아이들은 가방을 들고서 교실 밖으로 뛰어나갔다. 2 말을 꺼내다. 언급하다. ¶~小时候的事, 大家都还记忆犹新。=어린 시절의 일을 이야기하면, 모두들 아직도 기억이 새롭다. 3 분발시키다. 분기하다. ¶~精神=마음을 다잡다. 정신을 차리다. 분발하다. 4 제기하다. 제출하다. 제의하다. 신청하다. ¶~公诉=공소를 제기하다.
【提气】**tí‖qì** 동 힘을 한 곳에 모으다. 기운을 차

리다. ¶她身体很虚弱, 说话都提不起气来。= 그녀는 몸이 너무 허약해서 말하는 것도 힘에 부친다.

【提前】 **tíqián** 图 (예정된 시간·위치를) 앞당기다. ¶~完成任务 = 임무를 앞당겨 완성하다. ≒提早 ↔推迟

【提挈】 **tíqiè** 图⟨문⟩ **1** 거느리다. 인솔하다. 이끌다. ¶~全军 = 전군을 거느리다. **2** 발탁하다. 등용하다. **3** 돕다. 돌보다. 보살피다. ¶~后学 = 후학을 돌보다. **4** 휴대하다.

【提亲】 **tí‖qīn** 图 혼담을 꺼내다. 결혼 말을 꺼내다. =【提亲事】 **tí qīnshì**

【提亲事】 **tí qīnshì** ☞【提亲】 **tí‖qīn**

【提琴】 **tíqín** 图⟨音⟩ 4현(絃) 악기. [바이올린(小提琴), 첼로(大提琴), 비올라(中提琴), 콘트라베이스(低音提琴) 등 4가지로 나뉨]

【提请】 **tíqǐng** 图 제청하다. 요청하다. ¶~主管部门审批 = 주관 부서에 심의하여 비준해 줄 것을 제청하다.

【提取】 **tíqǔ** 图 **1** 추출하다. 뽑아 내다. ¶~黄金 = 황금을 추출하다. **2** (재물의 총수에서) 일부를 꺼내다〔찾다〕. **3** (은행·보관 기구에서) 찾다. 인출하다. ¶~现金 = 현금을 찾다.

【提任】 **tírèn** 图 등용하다. ¶他被~为财务总监。= 그는 재무 총책임자로 등용되었다.

【提神】 **tí‖shén** 图 정신을 차리게 하다. 기운 나게〔활기 띠게〕하다. 상쾌하게 하다. 원기를 회복시키다. ¶咖啡可以~。= 커피는 정신이 들게 할 수 있다.

【提审】 **tíshěn** 图⟨法⟩ **1** (범인을 감금한 곳에서) 불러 내) 심문하다. 재판하다. **2** (사안이 중대하거나 혹은 기타 원인으로 인해) 상급 법원이 하급 법원에서 아직 판결하지 않은 안건을 가져다 독자적으로 심판하다. 상급 기관이 하급 법원에 이미 판결한 안건을 재심하다.

【提升】 **tíshēng** 图 **1** (권양기 따위로 광물·재료 등을) 높은 곳으로 운반하다. ¶~装置 = 권양 장치. **2** 진급시키다. 발탁〔등용〕하다. ¶他由副县长~为县长了。= 그는 부현장에서 현장으로 승진했다.

【提示】 **tíshì** 图 일러 주다. 힌트를 주다. 알려 주다. 제시하다. 제기하다. 지적하다. ¶我一再~, 他还是没能说出正确答案。= 내가 거듭 힌트를 주었지만, 그는 여전히 정답을 말하지 못했다. 图 (독자를 위한) 도움말. ¶读文章前先读一读篇首的~。= 글을 읽기 전에 먼저 앞의 도움말을 읽어 보라. ≒提醒

【提手儿】 **tíshǒur** 图 **1** 재방변. 손수변. '扌'. [한자 부수의 하나] **2** (주전자·바구니 등의) 손잡이.

【提水】 **tí‖shuǐ** 图 물을 끌어올리다.

【提水工程】 **tíshuǐ gōngchéng** 图 양수 관개(揚水灌溉). =【扬水工程】 **yángshuǐ gōngchéng**

【提说】 **tíshuō** 图 말을 꺼내다. 언급하다. ¶老同学们聚在一块儿总爱~学生时代的往事。= 옛친구들이 함께 모이면 늘 학생 시절의 일을 이야기한다.

【提讼】 **tísòng** 图⟨法⟩ 제소(提訴)하다. 소송을 제기하다.

【提速】 **tí‖sù** 图 속도를 높이다. ¶这种汽车~很快。= 이런 차종은 가속 능력이 좋다.

【提头】 **tí‖tóu** 图 **1** 목을 자르다. [주로 조기 백화문에 보임] **2** (~儿) 말을 시작하다. 이야기를 꺼내다. ¶我先提个头儿, 大家接着说。= 내가 먼저 말을 꺼내면, 여러분이 이어서 말을 하세요.

【提味】 **tíwèi** (~儿) 图 맛을 돋구다. 맛을 내다. ¶汤里面加点虾仁~。= 국에 새우살을 조금 넣어 맛을 돋구다.

【提问】 **tíwèn** 图 (주로 교사가 학생에게) 질문하다. ¶老师逐个~学生。= 선생님께서 차례로 학생들에게 질문하다. 图 질문. ¶回答~ = 질문에 대답하다. ↔回答

【提现】 **tíxiàn** 图 현금을 인출하다. ¶办理~业务 = 현금 인출 업무를 처리하다.

【提线】 **tíxiàn** (~儿) 图 인형 조종 끈. 연줄.

【提线木偶】 **tíxiàn mù'ǒu** 图 망석중. 망석중이. [팔다리에 줄을 매고, 그 줄을 움직여 춤을 추게 하는 나무 인형]

【提箱】 **tíxiāng** 图 (손잡이가 달린) 소형 가방. 여행 가방. 슈트케이스(suitcase).

【提携】 **tíxié** 图 **1** (아이를) 손 잡고 가다. 데리고 가다. 데리다. **2**⟨비⟩ (후진이나 후배를) 돌보다. 보살피다. 육성하다. 이끌다. ¶~后辈 = 후배를 육성하다. **3**⟨문⟩ 협력하다. 합작하다. ¶相互~ = 상호 협력하다.

【提鞋】 **tí‖xié** 图 **1** 뒤축을 잡아당겨 신발을 신다. **2**⟨비⟩ (주로 하찮은 일을) 보조하다. 돕다. [무능력한 사람을 조롱하는 말로 쓰임] ¶他只配给人~。= 그는 남의 신발 시중이나 들어주면 딱 맞을 사람이다.

【提心吊胆】 **tíxīn-diàodǎn** ⟨성⟩ 매우 두려워하다〔걱정하다〕. 안절부절못하다. 마음이 조마조마하다. =【悬心吊胆】 **xuánxīn-diàodǎn** ≒胆战心惊

【提薪】 **tí‖xīn** 图 월급을〔급료를〕올리다.

【提醒】 **tí‖xǐng** 图 일깨우다. 깨우치다. 주의시키다. 상기시키다. 조심〔경계〕하다. 경고하다. ¶~大家注意安全。= 모두 안전에 유념해 줄 것을 환기시키다. ≒提示

【提选】 **tíxuǎn** 图 (좋은 것을) 골라 내다. 고르다. 선택하다. ¶~新的领导班子 = 새로운 지도자 그룹을 골라 내다.

【提讯】 **tíxùn** 图⟨法⟩ (범인을 감금한 곳에서) 불러 내어 심문하다.

【提要】 **tíyào** 图 제요하다. 요점을 제시하다. 요약하다. 개략하다. 图 요점. 개요. 제요(提要). 대의. 요약. ¶《四库全书总目~》 = 《사고전서 총목 제요》. ≒概要 纲要

【提掖】 **tíyè** 图 보살피다. 끌어 주다. 키워 주다. 등용하다. ¶~晚辈 = 후배를 키워 주다.

【提议】 **tíyì** 图 제의하다. ¶春天到了, 大家~组织一次郊游。= 봄이 되자, 모두가 봄나들이를 가자고 제의했다. 图 제의. ¶你的这个~不错。= 네가 낸 이 제의는 괜찮다.

【提早】tízǎo 동 (예정된 시간·위치를) 앞당기다. ¶~做好准备=시간을 앞당겨 준비를 다 끝냈다. ≒提前 ↔延迟
【提闸】tí‖zhá 동 수문을 열다.
【提职】tízhí 동 승진하다. ¶干好了就有~的机会。=일을 잘 하면 승진의 기회가 있다.
【提制】tízhì 동 정제하다. 추출하여 만들다. ¶这种香水用天然花卉~而成。=이런 향수는 천연 꽃을 정제하여 만든 것이다.
【提子】tí·zi 명 구기, 작자(杓子).
【提组】tí‖zū 동 임대료를 올리다.

## *啼[啼] tí 울 제

동 1 소리내어 울다. 훌쩍이다. ¶哭哭~~=하염없이 소리내어 울다. 2 (새나 짐승이) 울다. ¶虎啸猿~=호랑이와 원숭이가 소리내어 울다. / 月落乌~=달이 지고 까마귀가 울다.
【啼号】tíháo 동 목놓아 (큰 소리로) 울다. 엉엉 울다. ¶~不止=끊임없이 소리내어 울다.
【啼饥号寒】tíjī-háohán 성 1 굶주림과 헐벗음에 울부짖다. 2(비) 생활이 극도로 비참하다. = 呼饥号寒 hūjī-háohán.
【啼叫】tíjiào 동 (새나 짐승이) 울다. 우짖다. 울부짖다. ¶大雁在空中~。=기러기가 하늘을 날며 운다.
【啼哭】tíkū 동 목놓아 (큰 소리로) 울다. ¶大声~=큰 소리로 울다.
【啼鸣】tímíng 동 1 (새가) 우짖다. 지저귀다. 2 (닭이) 홰를 치다.
【啼啼哭哭】tí·ti kūkū (~的) 형 목놓아 (큰 소리로) 우는 모양. 엉엉 울다. ¶她在外面受了委屈，~地跑回家来。=그녀는 밖에서 억울함을 당하고 엉엉 울면서 집으로 돌아왔다.
【啼笑皆非】tíxiào-jiēfēi 성 1 울지도 웃지도 못하다. 웃을 수도 울 수도 없다. 2(비) 이러지도 저러지도 못하다.

## 遆 Tí 성씨 체

명 성(姓).

## 鹈[鵜] tí 사다새 제

【鹈鹕】tíhú 명(動) 펠리컨(pelican). 사다새. = 淘河 táohé.

## 騠[騠] tí 버새 제

☞【駃騠】juétí.

## 缇[緹] tí 붉은 비단 제

형(문) 감색의. 감빛의. 황적색의.

## 鹕[鶙] tí 두견이 제

【鹕鴂】tíjué 명(動) 소쩍새. 두견이. 자규.

## **题[題] tí 제목 제

동 적다. 쓰다. 서명하다. ¶落款~名=낙관에 서명(署名)하다. 명 1 제목. ¶借~发挥=어떤 일을 구실삼아 다른 일을 하다. 2 문제. 연습 문제. 시험 문제. ¶试~=시험 문제. 2 (Tí) 성(姓).

◐ 本题，标题，承chéng题，副题，话题，课题，例题，留题，论题，命题，难题，偏题，品题，切题，试题，算题，贴tiē题，问题，无题，习题，议yì题，正题，主题，专zhuān题

【题跋】tíbá 명 제발. 제사(题詞)와 발문(跋文).
【题壁】tíbì 동 벽에 글자[시문]를 쓰다. ¶以诗~=벽에 시를 쓰다. 명 벽에 쓴 글자[시문]. ¶观景台上有不少文人墨客的~。=관망대에는 많은 문인 묵객들의 글씨와 시문이 있다.
【题匾】tíbiǎn 동 편액(扁額)에 글을 쓰다.
【题材】tícái 명 1 제재. 문학이나 예술 작품의 소재. ¶农村~=농촌 제재. / 小说以两个家庭的历史变迁为写作~。=소설은 두 가정의 역사 변천을 글의 제재로 삼고 있다.
【题词】[題辭] tící 동 기념이나 격려의 글을 쓰다. ¶~留念=글을 남겨 기념하다.
【题词】[題辭] tící 명 1 기념이나 격려의 글. ¶这段~比较精妙。=이 기념사는 정교하고 절묘하다. 기념사가 매우 훌륭하다. 2 머리말. 서문.
【题辞】tící ☞【题词】tící
【题额】tí·é 동 편액(扁額)에 글을 쓰다.
【题海】tíhǎi 명(비) (학생들이 감당하기 힘들 정도로) 많은 양의 연습 문제 또는 시험 문제.
【题海战术】tíhǎi zhànshù 명 맹목적으로 연습 문제 양을 증가시켜 학생들의 성적을 높이는 방법.
【题花】tíhuā 명 타이틀 디자인. 신문이나 서적 따위에서 표제를 장식하는 도안.
【题画】tíhuà 동 그림에 글씨나 시문을 쓰다. ¶赋诗~=그림에 시를 지어 적다.
【题记】tíjì 명 책의 머리말.
【题解】tíjiě 명 1① (수학·물리·화학 등의) 문제풀이. ② 문제 풀이집. 문제집. ¶《高等函数~》=고등 함수 문제 풀이집. 2 해제(解题). [책의 제목과 관련된 해설] 3 해제집.
【题库】tíkù 명 문제 은행.
【题名】tí‖míng 동 (기념·표창 따위를 위해) 이름을 쓰다. 서명하다. 사인하다. ¶金榜~=시험 합격자 명단에 이름이 붙다.
【题名】tímíng 명 1 기념으로 쓴 이름. 2 제명. [책·시문 따위의 표제나 제목의 이름]
【题目】tímù 명 1 제목. 표제. 테마. ¶演讲~=연설 제목. / 新闻~=뉴스 제목. 헤드라인. 2 (연습이나 시험의) 문제. ¶考试~=시험 문제. ≒答案
【题签】tí‖qiān 동 제첨(题签)을 쓰다.
【题签】tíqiān 명 제첨(题签).
【题诗】tí‖shī 동 (주로 즉흥적으로 한 사물이나 서화에) 시를 쓰다. ¶~咏梅=시를 지어 매화를 노래하다.
【题书】tíshū 동(문) 편지를 쓰다. ¶~一封=편지 한 통을 쓰다.
【题写】tíxiě 동 (표제·편액 등을) 쓰다. ¶~春联=춘련을 쓰다.

【题外】**tíwài** 圀 여담. 화제 밖. ¶~话=화제와 동떨어진 말.

【题意】**tíyì** 圀 제목에 내포된 뜻.

【题赠】**tízèng** 동 서화·책에 글을 써서 증정하다. ¶~好友=서화〔책〕에 서명하여 친한 친구에게 증정하다.

【题旨】**tízhǐ** 圀 1 제목의 취지. 2 문예 작품 주제의 의미. ¶这部小说~深远.=이 소설의 주제가 심원하다.

【题注】**tízhù** 圀 시문의 제목에 관련된 설명. 제목 설명.

【题字】**tí‖zì** 동 기념으로 몇 자 적다. 글을 쓰다. ¶同学们纷纷在毕业纪念册上~.=학우들이 잇달아 졸업 기념 수첩에 글을 적었다.

【题字】**tízì** 圀 기념으로 몇 자 적은 글. 기념글. ¶扉页上有诗人的亲笔~.=속표지에 시인의 자필한 글이 있다.

**醍** **tí** 제호 제
아래를 참조.

【醍醐】**tíhú** 圀⓯ 1 제호. [고대에 우유에서 정제한 최상급의 음료] 2 〈印〉(佛) 불성(佛性). 최고의 불법(佛法).

【醍醐灌顶】**tíhú guàndǐng** 성⓯ 1 사람에게 지혜를 불어넣어 철저히 깨닫게 하다. 2 이치를 상세히 설명하여 크나큰 깨우침을 주다.

**蹄**[(蹏)] **tí** 발굽 제
圀 1 (소·말·양 따위의) 발굽. 2 발굽이 있는 발. 3 (Tí) 성(姓).

○● 马蹄, 铁蹄

【蹄膀】**tíbǎng** 圀 (음식으로서의) 돼지 족발.

【蹄间三寻】**tíjiān-sānxún** 성⓯ 말이 쏜살같이 달리다.

【蹄筋】**tíjīn** (~儿) 圀 소·양·돼지의 다리 힘줄. [음식 재료로 쓰임]

【蹄髈】**típǎng** 圀 돼지의 넓적다리살.

【蹄铁】**títiě** 圀 편자.

【蹄腿】**títuǐ** 圀 (말·소 따위의) 발굽.

【蹄子】**tí·zi** 圀 1 발굽. 발굽이 있는 발. 2 圀 돼지의 넓적다리살. 3 愈 망할 년.

**鳀**[鯷] **tí** 메기 제
圀〈動〉멸치.

**体**[體] **tǐ** 몸 체
圀 1 몸. 신체. ¶身高~重=신장과 몸무게. / 量~裁衣=치수를 재서 옷을 재단하다. 2 신체의 일부분. ¶下~=하체. / 四~不勤=게으르다. 3 물체. 사물의 본체 또는 전부. ¶个~=개체. / 团~=단체. 4 (사물의) 형상. 모양. 형체. ¶正方~=정육면체. / 圆锥~=원뿔(체). 5 글씨체. 서체(書體). 글자체. ¶楷~=해서체. / 宋~=송(조)체. 6 (작품의) 체재(體裁). 장르. ¶文~=문체. / 古~诗=고체시. 7 체제(體制). 8〈言〉(동사의) 상(相). 애

스펙트(aspect). 동 1 체험하다. 체득하다. ¶身~力行=직접 체험하고 힘써 실행하다. 2 입장을 바꾸어 생각하다. 알아주다. ¶~谅=(남의 입장에서) 알아주다.

☞ tī

○● 白体, 本体, 补体, 垂chuí体, 磁cí体, 大体, 单体, 导体, 得体, 刚体, 个体, 固体, 国体, 黑体, 黄体, 机体, 肌jī体, 解体, 晶jīng体, 具体, 楷kǎi体, 抗kàng体, 可体, 客体, 矿kuàng体, 立体, 流体, 柳Liǔ体, 裸luǒ体, 落体, 母体, 骈pián体, 气体, 球体, 躯qū体, 全体, 群体, 人体, 肉体, 散体, 身体, 尸shī体, 实体, 事体, 四体, 天体, 通体, 团体, 下体, 星体, 形体, 芽体, 颜体, 掩yǎn体, 一体, 遗yí体, 幼体, 载zài体, 正体, 政体, 主体, 总体

【体壁】**tǐbì** 圀〈生〉(사람 또는 동물의) 체벽.

【体表】**tǐbiǎo** 圀 1 (사람 또는 동물의) 체표. 체표에 가까운 곳. 2 풍채. 의표. 의용. ¶~不凡=풍채가 훌륭하다. 3 체온계.

【体裁】**tǐcái** 圀 체재. 장르. (문장이나 문학 작품의) 표현 양식.

【体操】**tǐcāo** 圀(體) 체조.

【体测】**tǐcè** 동 체력 테스트를 하다.

【体察】**tǐchá** 동 체험하고 관찰하다. 세심하게 살피다. ¶~民情=세심하게 민심을 살피다.

【体尝】**tǐcháng** 동 직접 경험하다〔느끼다〕. ¶~人生百味.=인생의 다양함을 직접 경험하다.

【体词】**tǐcí** 圀〈言〉체언(體言). [명사·대명사·수사·양사의 총칭]

【体大思精】**tǐdà-sījīng** 성 (저작·기획 등이) 규모가 웅대하고 사려가 면밀하다.

【体罚】**tǐfá** 동 체벌하다. ¶禁止~学生=학생 체벌을 금지하다.

【体改】**tǐgǎi** ☞【体制改革】**tǐzhì gǎigé**

【体高】**tǐgāo** 圀 키. 신장.

【体格】**tǐgé** 圀 1 체격. ¶~强健=체격이 건장하다. 2 (사람 또는 동물의) 체형. ¶狼和狗的~相似.=늑대와 개의 체형은 비슷하다. 3 (시문의) 양식. 격식. ¶这首古体诗的~清新飘逸.=이 고체시의 격식은 참신하다.

【体国经野】**tǐguó-jīngyě** 성 1 수도(首都)를 건설하고 논밭을 구획 정리하다. 2 나라를 창건하(고 다스리)다.

【体会】**tǐhuì** 동 체득하다. 체험하여 터득하다. 경험하여 알다. 이해하다. ¶你此时的心情我能~.=너의 지금 마음을 나는 이해할 수 있다. (체험에서 얻은) 느낌. 경험. 배운 것. 얻은 것. ¶讲述~=경험을 이야기하다. ≒体味

【体积】**tǐjī** 圀 체적.

【体积吨】**tǐjīdūn** 圀 용적톤(M/T, measurement ton)

【体检】**tǐjiǎn** 圀동 신체 검사(하다). ¶入学~=입학 신체 검사.

【体疗】**tǐliáo** ☞【体育疗法】**tǐyù liáofǎ**

【体力】**tǐlì** 圀 체력. 힘. ¶登山耗费了不少~.=등산은 많은 체력을 소모했다.

【体力不支】**tǐlì-bùzhī** [성] (어떤 신체 활동에서) 체력이 견디지 못하다. 몸이 따라주지 않다. ¶他因~退出了比赛。=그는 체력이 견디지 못해서 시합을 포기했다.
【体力劳动】**tǐlì láodòng** [명] 육체 노동. ↔脑力劳动
【体例】**tǐlì** [명] (문장이나 저작의) 격식. 체제. ¶~统一=체제가 통일되다.
【体谅】**tǐ·liàng** [동] (남의 입장에서) 알아주다. 이해하다. 양해하다. ¶对别人的难处要多加~。=남의 어려움을 더 많이 이해해 줘야 한다. ≒谅解 ↔抱怨
【体貌】**tǐmào** [명] 자태와 용모. ¶~平常=외모가 수수하다.
【体面】**tǐ·miàn** [형] **1** (모양이나 얼굴이) 아름답다. 예쁘다. 보기 좋다. 그럴듯하다. 근사하다. ¶她长得很~。=그녀는 아주 예쁘다. **2** 떳떳하다. 어엿하다. 체면이 서다. 영광스럽다. 영예롭다. ¶不应该做这种不~的事。=이런 떳떳하지 못한 일을 해서는 안 된다. [명] 체면. 체통. 면목. ¶有失~=체면을 잃다.
【体能】**tǐnéng** [명] 체능. 몸의 운동 능력. ¶~测试=체능 검사.
【体念】**tǐniàn** [명] (남의 입장에서) 이해하다. 양해하다. ¶他工作忙, 顾不了家, 你应该多~。=그 사람은 일이 바빠서 집안을 돌볼 수 없으니, 네가 좀더 이해해야 한다.
【体魄】**tǐpò** [명] 신체와 정신. 체력과 기백. ¶健康的~=건강한 체력과 정신.
【体腔】**tǐqiāng** [명]《生》 체강.
【体弱多病】**tǐruò-duōbìng** [성] 몸이 허약하고 자주 병에 걸리다. 몸이 허약하고 잔병이 많다. 몸이 허약하고 여러 병을 앓고 있다.
【体式】**tǐshì** [명] **1**《文》 체재. 장르. 문학 작품의 표현 양식. **2** 글자체. 글씨체. 서체. ¶封面上的字母采用手写体这种~。=책의 표지 글자는 필기체를 사용한다.
【体视】**tǐshì** [명]《物》 입체시(立體視). 스테레오(stereo).
【体态】**tǐtài** [명] (사람의) 자태. 몸매. 체형. 모습. ¶~柔美=자태가 아름답다.
【体态语言】**tǐtài yǔyán** [명] 신체 언어. 보디 랭귀지.
【体坛】**tǐtán** [명]《體》 체육계. ¶国际~=국제 체육계.
【体体面面】**tǐ·ti miànmiàn**(~的) [형] 떳떳하다. 당당하다. 어엿하다. 체면이 서다. 영광스럽다. 영예롭다.
【体贴】**tǐtiē** [동] 자상하게 돌보다〔보살피다〕. ¶她对父母很~。=그녀는 부모님을 잘 보살핀다.
【体贴入微】**tǐtiē-rùwēi** [성] 극진히 보살피다. 세세한 것까지 돌보다.
【体统】**tǐtǒng** [명] **1** 체제. 격식. 규범. ¶成何~? =이게 무슨 꼴이냐? **2** 체통. 체면. 면목. 품위. ¶有失~。=체통을 잃다.
【体外培养】**tǐwài péiyǎng** [명]《生》 체외 배양.
【体外受精】**tǐwài shòujīng** [명]《生》 체외 수정.
【体外循环】**tǐwài xúnhuán** [명]《醫》 체외 순환.
【体位】**tǐwèi** [명]《醫》 (몸의) 자세. 체위.
【体味】**tǐwèi** [동] 직접 체득하다〔음미하다〕. 직접 느끼다〔맛보다〕. ¶~生活的酸甜苦辣。=생활상의 갖은 고초를 직접 느끼다. ≒体会 玩味
【体温】**tǐwēn** [명] 체온.
【体温表】**tǐwēnbiǎo** ☞【体温计】**tǐwēnjì**
【体温计】**tǐwēnjì** [명] 체온계. =【体温表】**tǐwēnbiǎo**
【体无完肤】**tǐwúwánfū** [성] **1** 온몸에 상처를 입다. 만신창이가 되다. **2** [비] 문장이 많이 삭제되고 정정되다. 논점이 전부 반박당하다.
【体悟】**tǐwù** [동] 체득하다. 깨닫다. ¶~做人的道理=사람의 도리를 깨닫다.
【体惜】**tǐxī** [동] (주로 윗사람이 아랫사람을) 이해하고 동정하다. ¶~下属=부하를 보살피다.
【体系】**tǐxì** [명] 체계. ¶思想~=사상 체계.
【体细胞】**tǐxìbāo** [명]《生》 체세포.
【体现】**tǐxiàn** [동] 구현하다. 체현하다. 구체적으로 드러내다. ¶言谈举止能~一个人的修养。=말과 행동은 그 사람의 교양을 드러낼 수 있다. [명] 구현. 구체적인 표현. ¶这部小说是他人道主义思想的集中~。=이 소설은 그의 인도주의 사상의 집중적인 구현이다.
【体校】**tǐxiào** [명][약] 体育运动学校(체육 학교).
【体形】**tǐxíng** [명] **1** (사람 또는 동물의) 체형. 몸의 생긴 모양. **2** (기계 따위의) 형상. 모양.
【体型】**tǐxíng** [명] 체형. 인체의 유형. 몸매. ¶人的~随着年龄的增长而发生相应的变化。=사람의 체형은 나이의 증가에 따라 상응하는 변화가 생긴다.
【体恤】**tǐxù** [동] 자상하게 돌보다〔보살피다〕. 남의 입장에서 동정하고 도와 주다. ¶~灾民=이재민을 자상하게 보살피다.
【体癣】**tǐxuǎn** [명]《醫》 (피부사상균증의 일종인) 체부백선.
【体循环】**tǐxúnhuán** [명]《生》 체순환. 대순환. =【大循环】**dàxúnhuán**
【体验】**tǐyàn** [명][동] 체험(하다). ¶~野外生活=야외 생활을 체험하다. / 对人生, 不同的人有不同的~。=인생에 대해 사람마다 다른 체험을 갖고 있다.
【体液】**tǐyè** [명]《生》 체액.
【体育】**tǐyù** [명]《體》 **1** 체육. ¶~课=체육 수업. **2** 스포츠. 운동.
【体育场】**tǐyùchǎng** [명]《體》 운동장. 스타디움.
【体育馆】**tǐyùguǎn** [명]《體》 체육관.
【体育疗法】**tǐyù liáofǎ** [명]《醫》 운동 요법. [약]【体疗】**tǐliáo**
【体育运动】**tǐyù yùndòng** [명]《體》 스포츠. 체육 운동.
【体胀系数】**tǐzhàng xìshù** [명]《物》 체(적)팽창계수.
【体针】**tǐzhēn** [명]《醫》 침술 요법.
【体征】**tǐzhēng** [명]《醫》 병증. 병의 증상.
【体制】**tǐzhì** [명] **1** 체제. 형식. 격식. ¶诗文~=시문의 체제. **2** (기관·기업 따위의) 체제. 제도.

체계. ¶教育~=교육 체제.
【体制改革】tǐzhì gǎigé 똉 체제 개혁. 彎【体改】tǐgǎi
【体质】tǐzhì 똉 체질. 체력. ¶增强~=체질을 강화하다.
【体重】tǐzhòng 똉 체중. 몸무게.

## 屉[(屜)] tì 언치 체
똉 **1** (층층이 쌓아 음식을 찔 수 있는) 납작한 그릇. **2** 찜통. 시루. ¶~帽=찜통 뚜껑. **3** (침대나 의자에서) 떼어 낼 수 있는 부분. [쿠션이나 매트리스 등] ¶棕~=종려털 쿠션. **4** 퇑 서랍. ¶三~桌=삼단 서랍형 책상.
【屉柜】tìguì 똉 서랍장.
【屉子】tì·zi 똉 **1** (층층이 쌓아 음식을 찔 수 있는) 납작한 그릇. [찜통이나 시루 등] **2** (침대나 의자에서) 떼어 낼 수 있는 부분. [쿠션이나 매트리스 등] **3** 퇑 서랍.

## 剃[(薙·鬀)] tì 깎을 체
퇑 (칼로 머리카락·수염 등을) 깎다. 밀다. ¶~胡子=수염을 깎다. /~度出家=머리를 깎고 출가하다.
【剃刀】tìdāo 똉 면도칼.
【剃度】tìdù 퇑《佛》체도하다. 머리를 깎고 중이 되다.
【剃光头】tì guāngtóu ❶ **1** 머리를 박박 깎다. **2** (비) 시합에서 영패하다. 시험에서 낙방하다.
【剃胡膏】tìhúgāo 똉 면도용 크림. 세이빙 크림.
【剃头】tì∥tóu 퇑 머리를 깎다. 이발하다.
【剃须刀】tìxūdāo 똉 면도기.
【剃枝虫】tìzhīchóng ☞【黏虫】niánchóng

## 涕 tì 눈물 체
똉 '涕(tì)'와 같음.

## 俶 tì 시원시원할 숙
☞ chù
【俶傥】tìtǎng ☞【倜傥】tìtǎng

## 倜 tì 대범할 척
아래를 참조.
【倜然】tìrán 휑똉 **1** 고상하고 초연한 모양. **2** 우원(迂遠)한 모양.
【倜傥】[俶傥]tìtǎng 휑똉 **1** 호방하고 세속에 구속되지 않다. ¶风流~=운치가 있고 호방스럽다. **2** 탁이하다. 뛰어나게 다르다.

## 逖[(逷)] tì 멀 적
휑똉 멀다.

## 涕 tì 눈물 체
똉 **1** 눈물. ¶痛哭流~=통곡을 하며 눈물을 흘리다. **2** 콧물. ¶~泪俱下=콧물 눈물이 줄줄 흘러내리다.
【涕泪】tìlèi 똉 **1** 눈물. **2** 눈물과 콧물. ¶~交流=눈물과 콧물이 뒤범벅이 되다.

【涕零】tìlíng 퇑 눈물을 흘리다. ¶感激~=감격해서 눈물을 흘리다.
【涕泣】tìqì 퇑똉 흐느끼다. 눈물을 흘리다. ¶暗自~=남몰래 흐느끼다.
【涕泗滂沱】tìsì-pāngtuó 휑 **1** 눈물과 콧물이 비 오듯 흐르다. **2** (비) 세상이 떠나갈 정도로 울다.

## 悌 tì 공경할 제
퇑똉 윗사람을 공경하다. ¶孝~=부모에게 효도하고 윗사람을 공경하다.

## 绨[綈] tì 깁 제
똉(紡) 깁. 레이온과 면 혼방.
☞ tí

## 惕 tì 두려워할 척
휑 삼가다. 조심하다. 근신하다. 주의하다. ¶警~=경계하다. 彎(Tì) 성(姓).
【惕厉】[惕励]tìlì 퇑 두려워하다. 조심하다. 근신하다. 경계하다. 삼가다. ¶昼夜~=밤낮으로 조심하다.
【惕励】tìlì ☞【惕厉】tìlì
【惕惕】tìtì 퇑똉 두려워하다. 무서워하다.

## 替 tì 바꿀 체
휑퇑 쇠퇴하다. ¶兴~=흥망. 퇑 대신하다. 대체하다. ¶~人受过=다른 사람을 대신해서 과실 책임을 지다. 깨 …을(를) 위하여. …때문에. [행위의 대상을 나타냄] ¶明天大家~你饯行. = 내일 모두가 너를 (위해) 전송해 줄 거야. 늑代

◦→ 代替, 倒替, 顶替, 交替, 接替, 枪qiāng替

【替班】tì∥bān(~儿) 퇑 대신[대체] 근무하다. ¶他今天来不了, 得找个人~. =그 사람이 오늘 올 수 없으니, 대체 인력을 찾아야 한다.
【替班】tìbān(~儿) 똉 대체 근무자. 대체 인력. 대체 인원. ¶他是~. =그는 대체 인원이다.
【替补】tìbǔ 퇑 대신하여 보충하다. 보결하다. 대체하다. 대신하다. ¶~队员=후보(선수) 똉 예비 인원. 후보(선수). 대체 인력. 대체 인원. ¶当~=예비 인원이 되다.
【替代】tìdài 퇑 대신하다. 대체하다. 늑取代
【替工】tì∥gōng(~儿) 퇑 대신 일하다. ¶明天我有事, 你能不能帮我替一下工?=내일 일이 생겼는데, 네가 나 대신 일 좀 해 줄 수 있겠니?
【替工】tìgōng(~儿) 똉 대신 일하는 사람.
【替古人担忧】tì gǔrén dānyōu ❸ 남의 일을 걱정하다. 쓸데없는 걱정을 하다.
【替换】tì·huàn 퇑 교대하다. 교체하다. 바꾸다. ¶我太累了, 你来~我一下. =내가 너무 피곤하니, 네가 교대 좀 해줘.
【替角】tìjué 똉(劇) 대역.
【替考】tì∥kǎo 퇑 대리 시험을 보다.
【替身】tìshēn(~儿) 똉 **1** 대리인. 대역. **2** 남을 대신하여 책임을 지는 사람. 희생양. **3** 스턴트 맨.
【替身演员】tìshēn yǎnyuán 똉 스턴트 맨.
【替手】tìshǒu 똉 대리인. 조수. 조역.

【替死鬼】tìsǐguǐ 阅(旧) 남을 대신하여 해를 입는 사람. 희생양.

【替天行道】tìtiān-xíngdào 성 하늘을 대신해서 정의를 행하다.

【替罪羊】tìzuìyáng 명 1 속죄양. 2 (비) 남을 대신하여 책임을 지는 사람. 희생양.

殢[殢] tì 머무를 체
동(문) 1 귀찮게 굴다. 치근거리다. 매달리다. 엉겨붙다. 2 체류하다. 지체하다. 막히다.

褅 tì 포대기 체
명(준) 포대기.
☞ xī

嚏 tì 재채기 체
동(준) 재채기하다.
○● 阿嚏, 喷嚏

【嚏喷】tì·pen ☞【喷嚏】pèntì

鬀 tì 머리 깎을 체
동 '剃(tì)'과 같음.

趯 tì 뛸 적
동(준) 도약하다. 뛰어오르다.

# tian

＊天 tiān 하늘 천
명 1 하늘. 천공(天空). ¶顶~立地=하늘을 떠받치고 땅에 우뚝 서다. 2 낮. ¶冬季~短夜长. =겨울은 낮이 짧고 밤이 길다. 3 (~儿) 하루 중의 어떤 시각. ¶三更~=한밤중. 4 계절. ¶夏~=여름. 5 날씨. 기후. ¶晴~=맑은 날씨. ¶雨~=우천. 6 자연계. ¶~灾人祸=천재와 인재. 7 하느님. 조물주. ¶老~保佑=하느님이 보우하다. 8 하늘. 천국. 천당. 천계(天界). ¶归~=죽다. 천국하다. 9 하루. 날. 일(日). ¶整~=하루 종일. / 第二~=이튿날. 10 (Tiān) 성(姓). 형 1 위에 있는. 공중에 설치된. ¶电视~线=텔레비전 안테나. / 汽车~窗=(자동차) 썬루프. 2 타고난. 천부의. 천성의. ¶~性难改=천성은 고치기가 어렵다. / ~资聪颖=타고난 자질이 총명하다. ↔地 壤

○● 白天, 半天, 变天, 参天, 苍cāng天, 成天, 冲天, 当天, 冬天, 翻天, 飞天, 伏天, 改天, 过天, 航háng天, 好天儿, 后天, 回天, 见天, 景天, 九天, 乐天, 连天, 聊liáo天, 露天, 满天, 漫天, 霉méi天, 闹天儿, 泼pō天, 前天, 青天, 秋天, 热天, 暑shǔ天, 霜shuāng天, 谈天, 滔tāo天, 通天, 头天, 西天, 夏天, 先天, 巡xún天, 半边天, 礼拜天

【天安门】Tiān'ānmén 명 천안문.

【天崩地坼】tiānbēng-dìchè ☞【天崩地裂】tiānbēng-dìliè

【天崩地裂】tiānbēng-dìliè 성 1 하늘이 무너지고 땅이 갈라지다. 2 (천지가 무너지는 듯 엄청난 재난. 중대한 사변. 큰 소리. =【天崩地坼】tiānbēng-dìchè

【天边】tiānbiān (~儿) 명 1 하늘 끝. 하늘가. 2 (비) 아득히 먼 곳. ¶远在~, 近在眼前. =멀리 있다고 하면 아주 먼 곳에 있고, 가까운 곳에 있다고 하면 눈 앞에 있다. 찾으려는 사람(것)이 예상 밖으로 바로 곁에 있다.

【天兵】tiānbīng 명 1 (신화 속의) 신군(神軍). 신병(神兵). 하늘이 보낸 군대. 2 (비) 신병. 신출귀몰하는 군대. 천하무적의 군대. 3 옛날, 황제의 군대. 조정의 군대. 4 태평천국의 군대.

【天兵天将】tiānbīng tiānjiàng 명 1 (신화 속의) 신병(神兵)과 신장(神將). 2 (비) 천하무적의 군대.

【天禀】tiānbǐng 명(문) 타고난 소질(자질). 천성. ¶~聪颖=타고난 자질이 총명하다.

【天波】tiānbō 명 (物) 공간파. =【空间波】kōngjiānbō

【天不…】tiānbù… 접 하늘이 …하게 하지 않다. ¶~作美=운이 나쁘다. 신수가 사납다. / ~绝人=하늘이 무너져도 솟아날 구멍이 있다.

【天不怕, 地不怕】tiān bù pà, dì bù pà (속)(비) 하늘도 땅도 두렵지 않다. 아무것도 무섭지 않다. 겁날 것이 없다.

【天才】tiāncái 명 1 천부적인(타고난) 재능. 특출한 지혜(재능). ¶音乐~=천부적인 음악적 재능. 2 천재. ↔蠢才

【天蚕】tiāncán 명(动) 1 천잠. 참나무산누에나방의 애벌레. 2 (비) 밤나무산누에 나방. 어스렝이 나방.

【天差地远】tiānchā-dìyuǎn 성(비) 서로의 차이가 현저하다. 천양지차. =【天悬地隔】tiān xuán-dìgé

【天长地久】tiāncháng-dìjiǔ 성 1 하늘과 땅이 존재한 시간만큼 오래 되다. 2 (주로 사랑이) 영원히 변하지 않다. 하늘과 땅처럼 영원하다. =【地久天长】dìjiǔ-tiāncháng

【天长日久】tiāncháng-rìjiǔ 성 오랜 세월(시간)이 지나다.

【天朝】tiāncháo 명 1 천조. (옛날, 조정에 대한 존칭) 2 천조. (옛날, 외국에 대해 쓴 중국 조정의 자칭) 3 천조. (태평천국(太平天國)의 자칭)

【天车】tiānchē 명 천장 기중기. 천정 크레인. =【行车】hángchē

【天成】tiānchéng 동 자연적으로 생성되다(형성되다). ¶~美景=자연적인 훌륭한 경관.

【天秤座】tiānchèngzuò 명(天) 천칭자리.

【天虫】tiānchóng ☞【僵蚕】jiāngcán

【天窗】tiānchuāng 명 1 (~儿) 지붕창. 천장창. 썬루프. 2 (비) (검열에서 삭제되어 생긴) 신문 지면의 공백.

【天赐】tiāncì 동 하늘이 (내려)주다. ¶~良机=하늘이 준 좋은 기회.

【天从人愿】tiāncóngrényuàn ⓗ 하늘이 소원을 이루어 주다. 사람의 소원대로 되다.
【天打雷轰】tiāndǎ-léihōng ⓗ 벼락을 맞아 죽다. 천벌을 받다. 천벌이 내리다. =【天打雷击】tiāndǎ-léijī【天打雷劈】tiāndǎ-léipī【天打五雷轰】tiāndǎ-wǔléihōng
【天打雷击】tiāndǎ-léijī ☞【天打雷轰】tiāndǎ-léihōng
【天打雷劈】tiāndǎ-léipī ☞【天打雷轰】tiāndǎ- léihōng
【天打五雷轰】tiāndǎ-wǔléihōng ☞【天打雷轰】tiāndǎ-léihōng
【天大】tiāndà 휑㉮ 하늘만큼 크다. 엄청나게 크다. 아주 중요하다. ¶你的事就是~的事, 我能不抓紧办吗？ = 너의 일이 얼마나 중요한데, 내가 서둘러 하지 않을 수 있겠니？
【天胆】tiāndǎn 명㉮ 대단한 담력[배짱]. ¶我就是有~, 那种违法的事我也不敢做。 = 내가 아무리 담력이 크다고 해도 그런 불법적인 일은 감히 할 수 없다.
【天道】tiāndào 명 1 (哲) 천도. 천지 자연의 법칙. 하늘〔하느님〕의 뜻. 2 ㉯ 날씨. 기후. ↔ 人道
【天敌】tiāndí 명 천적.
【天底下】tiāndǐ·xia 명㉮ 하늘 아래. 천하. 이 세상. ¶~竟有这样的怪事。= 세상에 이렇게 이상한 일이 있다니.
【天地】tiāndì 명 1 천지. 하늘과 땅. ¶~万物 = 천지만물. 2 ㉯ 세상. 세계. 경지. [사람의 활동 범위] ¶别有~ = 다른 세상을 갖고 있다. 다른 세상이다. 3 지경. 경지. 상태. ¶想不到他会落到这般~! = 그가 이런 지경까지 이를 줄은 생각지도 못했다.
【天地良心】tiāndì-liángxīn ⓗ 하늘을 걸고 맹세하다. 목숨〔양심〕을 걸고 맹세하다.
【天地头】tiāndìtóu 명 책장의 아래위의 공백.
【天帝】tiāndì 명 하느님. 상제(上帝). 천제.
【天电】tiāndiàn 명(电) 공중(空中) 전기. 공전(空电).
【天顶】tiāndǐng 명 1 하늘. 공중. ¶飞机从~飞过 = 비행기가 하늘을 난다. 2 (天) 천정. 천(문)정점.
【天定】tiāndìng 동 하늘이 결정하다〔정해 주다〕. ¶祸福有~. = 길흉화복은 하늘에 달려 있다.
【天鹅】tiān'é 명(动) 백조. 큰고니.
【天鹅绒】tiān'éróng 명(纺) 우단. 벨벳. 비로드.
【天翻地覆】tiānfān-dìfù ㉯ 1 변화가 매우 크다. 천지개벽. 2 뒤죽박죽이 되다. 매우 소란스럽다. =【地覆天翻】dìfù-tiānfān
【天方】Tiānfāng 명㉰ 아라비아.
【天方夜谭】Tiānfāng yètán 명 1 ☞【一千零一夜】Yīqiān Líng Yī Yè 2 ㉯ 허황되고 터무니없는 소식〔이야기〕.
【天妃】tiānfēi ☞【妈祖】māzǔ
【天分】tiānfèn 명 타고난 소질〔자질〕. ≒天赋
【天府之国】tiānfǔzhīguó 명 1 토지가 비옥하고 자원이 풍부한 지역. 천혜의 자연 지역. 천부지국. 2(地) 쓰촨(四川)성.
【天父】tiānfù 명(宗) (기독교의) 하나님 (아버지).
【天赋】tiānfù 명 천부적이다. 타고나다. ¶~才智 = 타고난 재능과 지혜. ¶他~자질〔소질〕. ¶有~ = = 천부적인 자질을 가지고 있다. ≒天资 天分
【天干】tiāngān 동 가뭄이 들다. 명 천간. 십간. [갑(甲)·을(乙)·병(丙)·정(丁)·무(戊)·기(己)·경(庚)·신(辛)·임(壬)·계(癸)의 총칭] =【十干】shígān ↔地支
【天罡】tiāngāng 명㉯ 1 (天) 고서에서 북두성(北斗星)을 가리킴. 2 고서에서 북두칠성의 자루 부분을 가리킴.
【天高】tiāngāo 형 하늘이 높다. ¶~云淡 = 하늘은 높고 구름은 엷다.
【天高地厚】tiāngāo-dìhòu ⓗ 1 은정이 지극히 깊고 두텁다. 2 ㉯ 사물의 복잡하고 어려운 정도. 세상물정. [일반적으로 '不知'의 목적어로 사용함]
【天高皇帝远】tiān gāo huángdì yuǎn ☞【山高皇帝远】shān gāo huángdì yuǎn
【天高气爽】tiāngāo-qìshuǎng ⓗ 하늘은 높고 맑으며, 날씨는 시원하고 상쾌하다.
【天各一方】tiāngèyīfāng ⓗ 서로 멀리 떨어져서 만나기 힘들다.
【天工】tiāngōng 명 1 자연〔하늘〕의 조화. ¶巧夺~ = 자연의 조화보다도 뛰어나다. 2 하늘의 기능〔역할〕. ¶~人代 = 하늘의 역할을 사람이 대신하다.
【天公】tiāngōng 명 하느님. 하늘. 모든 만물의 주재자. ¶想去爬山, 可~不作美, 突然下起了雨。 = 등산을 가려 했는데, 하늘이 돕지를 않아, 갑자기 비가 내리기 시작했다.
【天公地道】tiāngōng-dìdào ⓗ 지극히 공평하고 합리적이다.
【天宫】tiāngōng 명 천궁. 하늘 궁전. 천신(天神)의 궁전.
【天沟】tiāngōu 명 (지붕의) 낙수홈통.
【天狗】tiāngǒu 명 1 천구. [신화 속의 짐승] ¶~吃月亮。 = 월식(月蝕) 2 (天) 천구. 천구성. 요성(妖星). [옛날, 별 이름]
【天光】tiānguāng 명 1 햇빛. 일광. ¶~从云层的缝隙透射出来。 = 구름 사이로 햇빛이 비친다. 2 날. 시간. ¶~不早了, 该回家了。 = 시간이 늦어서 집에 가야겠다. 3 ㉯ 새벽.
【天国】tiānguó 명(宗) 천국. 하늘나라. 천당. 2 ㉯ 이상 세계. 3 ㉮ 태평천국(태평천국).
【天寒】tiānhán 형 날씨가 춥다. ¶~了, 衣服多穿点儿。= 날씨가 추워졌으니 옷을 좀 더 껴입어라.
【天寒地冻】tiānhán-dìdòng ⓗ㉯ 날씨가 무척 춥다.
【天汉】tiānhàn 명(天) '银河(은하)'의 옛 명칭.
【天旱】tiānhàn 동 가뭄이 들다.
【天河】tiānhé ☞【银河】yínhé
【天黑】tiānhēi 명 해질녘. 동 날이 어두워지다.

해가 지다. ¶~了, 快回家吧。= 날이 어두워졌으니 빨리 집으로 돌아가자.
【天后】 tiānhòu ☞【妈祖】 māzǔ
【天候】 tiānhòu 명 기후. 날씨. 일기. 천후.
【天花】 tiānhuā 명 1 (医) 천연두. =【痘疮】 dòuchuāng 2 (植) 옥수수의 수꽃.
【天花板】 tiānhuābǎn 명 천장판. [아래로 향한 부분에 채색 그림이나 도안으로 장식한 데서 붙여진 이름]
【天花粉】 tiānhuāfěn ☞【花粉】 huāfěn
【天花乱坠】 tiānhuā-luànzhuì 성(成) 말이 그럴 듯하다. 입담이 좋다. 말만 번지르르하다.
【天荒地老】 tiānhuāng-dìlǎo 성 오랜 시간이 지나다. 긴긴 세월이 지나가다. =【地老天荒】 dìlǎo-tiānhuāng
【天皇】 tiānhuáng 명 1 황제. 천자. 2 천황. [일본의 황제]
【天昏地暗】 tiānhūn-dì'àn 성 1 흙먼지가 휘몰아쳐 온 천지가 어두컴컴하다. 2 정도가 심하다. 대단하다. 굉장하다. ¶两个人闹得~。= 두 사람이 심하게 소란을 떨다. 3 (喩) 정치가 부패하다. 사회가 혼란하다. =【天昏地黑】 tiānhūn-dìhēi
【天昏地黑】 tiānhūn-dìhēi ☞【天昏地暗】 tiānhūn-dì'àn
【天火】 tiānhuǒ 명(喩) 자연발생적인 불. 뇌화. 천화.
【天机】 tiānjī 명 1 천기. 하늘의 뜻. ¶~不可泄露。= 천기를 누설해서는 안 된다. 2 (喩) 자연계의 비밀. 3 (喩) 중대한 기밀. ¶一语道破~。= 한마디로 중대 기밀을 밝히다.
【天极】 tiānjí 명 1 (天) 천극. 2 (문) 하늘 끝. 하늘가.
【天际】 tiānjì 명 (육안으로 볼 수 있는) 하늘가. 하늘 끝.
【天假】 tiānjiǎ 통(문) 하늘이 (내려)주다. ¶~良缘, 有情人终成眷属。= 하늘이 내린 좋은 인연으로 연인이 마침내 가정을 이루었다.
【天价】 tiānjià 명(喩) 최고가.
【天将】 tiānjiàng 명 (신화 속의) 신장(神將). 하늘 나라의 장군.
【天骄】 tiānjiāo 명 1 한(漢)대 사람들이 흉노족의 선우(單于)를 일컫던 말. 2 북방 소수 민족의 군주.
【天津】 Tiānjīn 명(地) 톈진. 천진. ['津'으로 줄여 쓰기도 함]
【天尽头】 tiānjìntóu 명 지극히 (가장) 먼 곳. 하늘의 끝.
【天经地义】 tiānjīng dìyì 성 영원히 바뀔 수 없는 이치. 불변의 진리. 당연한 도리. 늑人情人理
【天井】 tiānjǐng 명 1 안채와 사랑채 사이의 마당. 뜰. 뜨락. 2 (채광을 위한) 천정 구멍.
【天空】 tiānkōng 명 하늘. 공중. ¶一轮明月挂在~。= 밝은 달이 하늘 높이 걸려 있다. ↔地面
【天籁】 tiānlài 명 자연계의 소리. 천뢰.
【天蓝】 tiānlán 명 하늘빛. 하늘색.
【天狼星】 tiānlángxīng 명(天) 천랑성. 시리우스(Sirius).
【天朗气清】 tiānlǎng-qìqīng 성 날씨가 맑고 화창하며 공기가 상쾌하다.
【天老儿】 tiān·laor 명(貶) 흰둥이. 백인(白人). [선천성 색소 결핍증으로 날 때부터 살과 털빛이 아주 하얀 사람]
【天老爷】 Tiānlǎo·ye 명(口) 하느님.
【天冷】 tiānlěng 통 날씨가 추워지다. ¶~了, 要穿厚一点儿。= 날씨가 추워졌으니 옷을 좀 두껍게 입어라.
【天理】 tiānlǐ 명 1 천지 자연의 이치. 자연의 법칙. 하늘의 바른 도리. ¶~不容=천지 자연의 이치로써 용납할 수 없다. 2 (哲) 천리. [송(宋)대 이학(理學)가들이 주장하는 객관적으로 존재하는 도덕 법칙]
【天良】 tiānliáng 명 양심. 타고난 착한 마음. ¶丧尽~=양심을 깡그리 저버리다. 양심을 죄다 잃어버리다.
【天亮】 tiānliàng 통 동이 트다. 날이 밝다. ¶我们~就出发。= 우리는 날이 밝으면 곧 출발한다.
【天量】 tiānliàng 명 천문학적인 수량. 엄청나게 큰 수량. [주로 증권거래량을 나타내는 데 쓰임]
【天灵盖】 tiānlínggài 명(口) 두정골(頭頂骨). 천령개. 정수리뼈.
【天伦】 tiānlún 명(文) 천륜. [하늘의 인연으로 부모와 자식 간에 정해져 있는 사회적 관계나 혈연적 관계]
【天伦之乐】 tiānlúnzhīlè 성 가족이 누리는 단란함〔즐거움〕.
【天罗地网】 tiānluó-dìwǎng 성 1 하늘과 땅에 사방으로 그물을 치다. 2 (喩) (적·범인 등이 빠져나가지 못하도록) 물샐틈없는 수사망을 펴다. 빈틈없는 경계망을 치다.
【天麻麻亮】 tiān‖má·maliàng 통 어슴푸레 날이 밝다. 어슴푸레 먼동이 터 오다. ¶时间还早, 天才麻麻亮。= 시간이 아직 일러, 이제 겨우 어슴푸레한걸.
【天麻】 tiānmá 명(植) 천마. [한약재로 쓰임]
【天马行空】 tiānmǎ-xíngkōng 성 1 말이 하늘을 나는 듯이 빨리 달리다. 2 (喩) (시·문장·서예 등의) 기풍이 호방하고 구속을 받지 않다. 3 (喩) 성격이 남의 구속을 받지 않고 자유롭다. 4 (喩) 굴레에서 벗어나 맹렬하게 전진하다. 5 (喩) 말이 들뜨고 두서가 없다.
【天门】 tiānmén 명 1 (옛) 천궁의 문. 2 궁궐의 문. 3 (道) 마음. 4 이마의 중앙. 양미간.
【天明】 tiānmíng 통 날이 밝다. 동이 트다. ¶~起程=날이 밝으면 출발한다.
【天命】 tiānmìng 명 1 천명. 하늘의 뜻. 2 천명. 타고난 운명. 3 (옛) 천명. 임금이 자기의 명령을 일컫던 말.
【天幕】 tiānmù 명 1 대지를 덮고 있는 하늘. 2 (劇) (무대의) 하늘 배경막.
【天南地北】 tiānnán-dìběi 성 1 아득히 멀리 떨어져 있다. 거리가 아주 멀다. 2 지역이 서로 다르다. 전국 곳곳. 여기저기. 3 본 주제에서 벗

어나 두서 없이 길게 늘어놓다. 이것저것 잡다하게 이야기를 하다. =【天南海北】tiānnán-hǎiběi
【天南海北】tiānnán-hǎiběi 〖성〗 1 ☞【天南地北】tiānnán-dìběi 2 ☞【山南海北】shānnán-hǎiběi
【天年】tiānnián 〖명〗 1 (사람의 타고난) 자연적인 수명. 천수. 천명. 천년. ¶颐养~=양생을 잘하여 천수를 누리다. 2 〖방〗 시대. 세월. 세상. ¶兵荒马乱的~一去不复返了。=전쟁으로 어수선한 시대는 지나가고 다시 돌아오지 않았다. 3 〖방〗 수확. 작황. ¶今年风调雨顺, ~不坏。=올해는 날씨가 좋아서 작황이 나쁘지 않다.
【天牛】tiānniú 〖명〗〖動〗 하늘소.
【天怒人怨】tiānnù-rényuàn 〖성〗 악행이 심하여 모두의 분노를 사다. 천인공노(天人共怒)하다.
【天女】tiānnǚ 〖명〗 천상의 신녀(神女).
【天女散花】tiānnǚ-sànhuā 〖성〗 1〖佛〗천상의 선녀가 꽃을 뿌리다. [불경에 나오는 이야기로, 천녀가 천상의 선녀가 보살과 큰제자들에게 하늘 꽃을 뿌려 도행(道行)을 시험하였는데, 보살에게 흩은 것은 곧 땅에 떨어졌으나, 번뇌와 습기(習氣)를 다 끊지 않은 큰제자들에게 흩은 것은 몸에 붙어서 떨어지지 않았다고 함] 2 〖비〗 물건이 하늘에서 흩날리며 떨어지다. 함박눈이 하늘에서 펑펑 쏟아져 내리다.
【天棚】tiānpéng 〖명〗 1 (햇빛을 가리기 위한) 천막. =【凉棚】liángpéng 2 천장.
【天平】tiānpíng 〖명〗 천칭(天秤). 천평.
【天气】tiānqì 〖명〗 1 〖氣〗 날씨. 일기. 2 〖방〗 때. 시간. ¶~太晚了, 该回家休息了。=시간이 너무 늦었으니, 집에 가서 쉬어야겠다.
【天气图】tiānqìtú 〖명〗〖氣〗 기상도. 천기도. 일기도. 기후도.
【天气形势】tiānqì xíngshì 〖명〗〖氣〗 기상도에 나타난 날씨의 분포 상황과 추세.
【天气预报】tiānqì yùbào 〖명〗〖氣〗 일기 예보. 기상 예보.
【天堑】tiānqiàn 〖명〗 1 천연의 요새. 천연의 참호. 천험(天險)의 요새. 2 창장(长江). 양쯔장(扬子江). ¶长江~=창장의 천험한 요새.
【天桥】tiānqiáo 〖명〗 1 육교. 2 (기차역의) 철로 구름다리. 3 〖體〗 외나무다리. [양쪽에 사다리가 가설되어 있으며, 주로 공군·소방 요원의 훈련용으로 사용됨]
【天琴座】tiānqínzuò 〖명〗〖天〗 거문고자리. 거문고좌. 금좌(琴座).
【天青】tiānqīng 〖형〗 감색의.
【天青石】tiānqīngshí 〖명〗〖礦〗 천청석.
【天晴】tiānqíng 〖동〗 날씨가 개다〔맑아지다〕.
【天穹】tiānqióng 〖명〗〖문〗 하늘. 창공. 천궁.
【天球】tiānqiú 〖명〗〖天〗 천구.
【天球仪】tiānqiúyí 〖명〗〖天〗 천구의.
【天趣】tiānqù 〖명〗 자연의 정취(흥취). [주로 문학 창작이나 예술 작품의 운치를 가리킴] ¶~盎然=자연의 정취가 넘쳐나다.
【天阙】tiānquè 〖명〗〖문〗 1 하늘의 궁궐. 2 임금이

사는 곳. 궁궐. 3 조정(朝廷). 수도. 서울.
【天然】tiānrán 〖형〗 자연의. 천연의. 자연적인. 자연〔천연〕 그대로의. ¶~宝石=천연의 보석. ↔人造 人工
【天然痘】tiānrándòu 〖명〗〖醫〗 천연두. 마마.
【天然林】tiānránlín 〖명〗 천연림. 자연림. ↔人工林
【天然免疫】tiānrán miǎnyì 〖명〗〖醫〗 자연 면역. 선천성 면역. =【自然免疫】zìrán miǎnyì ↔人工免疫
【天然气】tiānránqì 〖명〗〖化〗 천연 가스.
【天然食品】tiānrán shípǐn 〖명〗 (화학 비료·농약 등을 치지 않은) 무공해 식품. 천연 식품.
【天然丝】tiānránsī 〖명〗 천연 실크. 천연 견사.
【天然橡胶】tiānrán xiàngjiāo 〖명〗〖化〗 천연 고무.
【天壤】tiānrǎng 〖명〗〖문〗 1 ① 하늘과 땅. 천지. ② 자연계. ¶~之间=하늘과 땅 사이. 천지지간. 2 ① 천상과 지하. 하늘 위와 땅 아래. ② 〖비〗 차이가 대단히 심하다. 천양지차이다. ¶相去~=서로 큰 차이가 있다.
【天壤之别】tiānrǎngzhībié 〖성〗 1 하늘과 땅의 차이. 천양지차. 2 〖비〗 차이가 아주 크다. 늑判若云泥
【天人】tiānrén 〖명〗 1 하늘과 사람. ¶~感应=하늘과 인간이 서로 감응하다. 2 하늘에서 내려온 사람. 선인(仙人). 신선. ¶~下凡=신선이 인간세상에 내려오다.
【天人合一】tiānrén héyī 〖명〗〖哲〗 천인합일. 하늘과 사람은 하나이다.
【天日】tiānrì 〖명〗 1 하늘과 태양. 2 〖비〗 광명. 밝은 세상. 새 세상. ¶暗无~=암담한 세상이다. 3 날. 날짜. 시일. 시간. ¶这事太耗~。=이 일은 시일을 너무 끈다.
【天色】tiānsè 〖명〗 1 하늘빛. ¶~阴沉=하늘빛이 음침하다. 2 때. 날. 시간. ¶~已晚, 早点歇息吧。=날이 이미 저물었으니 일찍 쉬어라. 3 날씨. 일기. ¶看~, 明天要下雨。=날씨를 보니, 내일은 비가 올 것 같다.
【天杀的】tiānshā·de 〖욕〗 천벌을 받을 놈. 벼락 맞을 놈. 뒈질 놈.
【天山】Tiānshān 〖명〗〖地〗 톈산. 천산. [신장(新疆)에 있는 산 이름]
【天上】tiānshàng 〖명〗 하늘. 천상. ↔地下(dì·xia)
【天上人间】tiānshàng-rénjiān 〖성〗 1 하늘나라와 인간 세상. 2 〖비〗 처지가〔환경이〕 서로 완전히 다르다.
【天神】tiānshén 〖명〗 (전설의) 하늘에 있는 신. 천신. 하느님.
【天生】tiānshēng 〖형〗 타고난. 선천적인. 자연적으로 생긴. 천성적인. ¶~丽质=선천적으로 타고난 미모.
【天声】tiānshēng 〖명〗 천뢰(天籟). 자연의 소리. 자연계의 음향.
【天师】tiānshī 〖명〗〖道〗 1 천사. [동한(東漢) 시대 도교 창시인인 장도릉(張道陵)에 대한 존칭]

2 [경] 승려. 도사. 술사(术士). 득도한 사람. **3** 천자의 군대.
【天时】**tiānshí** [명] **1** 기후. 날씨. ¶～转寒＝날씨가 추워지다. **2** 어떤 일을 하는 데 좋은 기후 조건. 하늘이 내려준 좋은 시기〔기회〕. ¶趁～抓紧时间把秧插上。＝날씨가 좋을 때 빨리 모내기를 하자. **3** 때. 시간. ¶～尚早, 还可以再睡一会儿。＝시간이 아직 이르니, 좀 더 잘 수 있겠다. **4** 천명. ¶顺应～＝천명에 따르다.
【天使】**tiānshǐ** [명] **1** 《宗》 (유대교·기독교·이슬람교 등에서) 신의 사자(使者). 천사. **2** [비] 천진하고 귀여운 여자〔소녀〕. **3** [옛] 황제의 사자(使者). ↔恶魔
【天寿】**tiānshòu** [명] 천수. 천명. 천년.
【天授】**tiānshòu** [동] **1** 하늘에서 내려주다. **2** 자연이 부여하다. 타고나다. ¶～机谋＝계략을 타고나다.
【天书】**tiānshū** [명] **1** 하늘의 신선이 쓴 책〔편지〕. **2** [비] 난해한 글. 알기 힘든 문자. **3** [옛] 황제의 조서(詔書).
【天数】**tiānshù** [명] 타고난 팔자〔운수〕. 천명. 천운. 숙명.
【天算】**tiānsuàn** [명] **1** (사람의) 천연의 수명. 천년. 천명. 천수. **2** 자연의 이치. 자연의 조처. 자연의 변화 규율. ¶人算不如～。＝사람의 셈은 자연의 이치보다 못하다. 사람의 노력은 운보다 못하다.
【天塌地陷】**tiāntā-dìxiàn** [성] **1** 하늘이 무너지고 땅이 꺼지다. **2** [비] 큰 재난이나 재화(災禍).
【天坛】**Tiāntán** [명] 톈탄. 천단. [명청(明清)대 황제가 하늘에 제사를 지내던 제단. 베이징에 있음]
【天堂】**tiāntáng** [명] **1** 《宗》 천당. 천국. 극락. **2** [비] 천국과 같이 행복한 생활 환경. ↔地狱
【天梯】**tiāntī** [명] **1** 하늘에 오르는 사다리. **2** [비] 높고 오르기 힘든 등산로. **3** [비] 매우 높은 사다리. [주로 높은 건물이나 설비에 설치됨]
【天体】**tiāntǐ** [명] 《天》 천체.
【天天】**tiāntiān** [부] 매일. 날마다. ¶他～准时上班。＝그는 매일 정시에 출근한다.
【天条】**tiāntiáo** [명] **1** 천상의 계율. 하느님이 정한 규율. ¶触犯～＝천상의 계율을 어기다. **2** 태평천국(太平天國)이 정한 법률〔법규〕.
【天庭】**tiāntíng** [명] **1** (신화에서) 천신의 궁전. **2** 제왕의 궁전. **3** (관상에서) 이마의 복판〔중앙〕. 양미간. 천정. ¶～饱满＝양미간이 넓다. 부귀의 상이다.
【天头】**tiāntóu** [명] 페이지의 위 여백. ¶～地脚＝페이지의 위아래 여백. ↔地头
【天外】**tiānwài** [명] **1** 하늘의 바깥. **2** 아주 높고 먼 곳.
【天外有天】**tiānwài-yǒutiān** [성] **1** 최고라고 여겼던 경계 위에 한 층 더 높은 경계가 있다. **2** 학문·기예·재능 등에 최고의 경지란 없다. **3** [비] 뛰는 놈 위에 나는 놈 있다.
【天王】**tiānwáng** [명] **1** 천자(天子). **2** (신화·전설 속의) 천신(天神). **3** 태평천국(太平天國)의 지도자인 홍수전(洪秀全)의 칭호. **4** [비] 연예계의 남성 톱스타. [주로 음악계의 인사를 가리킴]
【天王老子】**tiānwáng lǎo·zi** [명][비] 권위〔지위〕가 아주 높은 사람. 거물. 스타. 실력자.
【天王星】**tiānwángxīng** [명] 《天》 천왕성.
【天网恢恢】**tiānwǎng-huīhuī** ☞【天网恢恢, 疏而不漏】**tiānwǎng huīhuī, shū'érbùlòu**
【天网恢恢, 疏而不漏】**tiānwǎng huīhuī, shū'érbùlòu** [성] **1** 천도(天道)는 큰 그물 같아서 비록 그물눈이 성긴 것 같지만 악인은 결코 놓치지 않는다. 악한 자는 천도의 징벌을 벗어날 수 없다. **2** [비] 못된 짓을 저지른 자는 결코 법망을 벗어날 수 없다. ＝【天网恢恢】**tiānwǎng-huīhuī**
【天文】**tiānwén** [명] **1** 《天》 천문. **2** 천문학.
【天文单位】**tiānwén dānwèi** [명] 《天》 천문 단위. 에이유(AU, astronomical unit). [태양계 내의 천체 사이의 거리를 나타내는 단위로, 일반적으로 태양과 지구와의 평균 거리를 말함. 1천문 단위는 약 1억 4,960만km임]
【天文馆】**tiānwénguǎn** [명] 천문관. [천문 지식 보급을 위한 문화 교육 기구]
【天文数字】**tiānwén shùzì** [명] 천문학적 숫자. 매우 큰 수. [1억 이상의 숫자를 가리킴]
【天文台】**tiānwéntái** [명] 천문대.
【天文望远镜】**tiānwén wàngyuǎnjìng** [명] 《天》 천체 망원경.
【天文学】**tiānwénxué** [명] 천문학.
【天文钟】**tiānwénzhōng** [명] 《天》 천문 시계.
【天无二日】**tiānwú'èrrì** [성] **1** 하늘에 두 개의 태양이 있을 수 없다. **2** [비] (사람·사물에 있어서) 두 개의 큰 세력이 병존할 수 없다. 한 나라에 두 임금이 있을 수 없다.
【天无绝人之路】**tiān wú jué rén zhī lù** [속] **1** 하늘이 무너져도 솟아날 구멍이 있다. **2** [비] 아무리 큰 어려움이 닥치더라도 살아 나갈 길은 있다.
【天物】**tiānwù** [명] 하늘이 준 천하만물. 자연계의 모든 것. ¶暴殄～＝천하만물을 함부로 없애다〔멸절(滅絶)시키다〕.
【天下】**tiānxià** [명] **1** 중국. ¶～兴亡, 匹夫有责。＝중국의 흥망은 모든 사람에게 책임이 있다. **2** 천하. 세계. 온 세상. ¶观当今～, 主题仍是和平与发展。＝오늘날 세계를 관찰하면, 주제는 여전히 평화와 발전이다. **3** [비] 국가의 정권. 통치권. ¶得民心者得～。＝민심을 얻는 자가 정권을 얻는다.
【天下大治】**tiānxià-dàzhì** [성] 국가가 잘 다스려져서 번영하다.
【天下奇闻】**tiānxià-qíwén** [성] 세상에서 한 번도 들어 본 적 없는 신기한 일.
【天下太平】**tiānxià-tàipíng** [성] 천하태평.
【天下为公】**tiānxià-wéigōng** [성] **1** 군주의 자리는 한 집안의 사유물이 아니다. **2** [비] 온 세상은 일반 국민이 공유하는 것이다. 조금도 사적인 것이 없다.
【天下乌鸦一般黑】**tiānxià wūyā yībān hēi** [속] **1** 온 세상의 까마귀는 다 검다. **2** [비] 온 세상

의 나쁜 놈들은 다 같은 놈들이다.

【天下无敌】**tiānxià-wúdí** [성] 천하무적이다.

【天下无难事, 只怕有心人】**tiānxià wú nánshì, zhǐ pà yǒuxīnrén** [속] 의지가 굳세면 세상에는 못 해낼 일이 없다.

【天下无双】**tiānxià-wúshuāng** [성] **1** 천하무쌍. 하나밖에 없는 강자. 천하무적. **2** [비] 대단히 뛰어나다.

【天仙】**tiānxiān** [명] **1** (전설 속 천상의) 선녀. **2** [비] 미녀.

【天仙子】**tiānxiān·zi** ☞【莨菪】**làngdàng**

【天险】**tiānxiǎn** [명] 천연 요새. 천험. 자연적인 요새.

【天线】**tiānxiàn** [명]《電》안테나.

【天香】**tiānxiāng** [명] **1** 방향. 꽃다운 향기. **2** 모란꽃의 향기. **3** 미녀.

【天香国色】**tiānxiāng-guósè** [성] **1** 모란이 향기롭고 아름답다. **2** [비] 절세미인이다. =【国色天香】**guósè-tiānxiāng**

【天象】**tiānxiàng** [명] **1**《天》천상. 천체 현상. 천문 현상. ¶观测～=천체 현상을 관측하다. **2**《氣》기상. 기후 현상. ¶～往往预示着天气情况的变化。=기후 현상은 늘 날씨의 변화를 미리 알려 준다.

【天象仪】**tiānxiàngyí** [명]《天》천상의. 플라네타륨(planetarium).

【天晓得】**tiānxiǎo·de** [낮] 하늘만이 안다. 누가 알겠는가. 아무도 모른다. ¶～他为什么要这样做!=그가 왜 이렇게 하는지는 아무도 모른다.

【天蝎座】**tiānxiēzuò** [명]《天》전갈자리.

【天幸】**tiānxìng** [명] 천만다행. 천행.

【天性】**tiānxìng** [명] 천성. 타고난 성격. ¶～率直=천성이 솔직하다.

【天旋地转】**tiānxuán-dìzhuàn** [성] **1** 하늘과 땅이 빙빙 돌다. **2** [비] 아주 큰 변화가 일어나다. **3** [비] 천지가 뒤집힐 듯 소란스럽다. 시끌시끌하다. 야단법석이다. **4** [비] 정신이 아찔하고 머리가 빙빙 돌다.

【天悬地隔】**tiānxuán-dìgé** ☞【天差地远】**tiānchā-dìyuǎn**

【天涯】**tiānyá** [명] 하늘 끝. 하늘가. 아득히 먼 곳. ¶远在～=아득히 먼 곳에 있다. ↔咫尺

【天涯地角】**tiānyá-dìjiǎo** ☞【天涯海角】**tiānyá-hǎijiǎo**

【天涯海角】**tiānyá-hǎijiǎo** [성] 하늘가와 바다 끝. 아득히 먼 곳. 서로 멀리 떨어져 있다. =【海角天涯】**hǎijiǎo-tiānyá**【天涯地角】**tiānyá-dìjiǎo**

【天阉】**tiānyān** [명]《醫》선천적인 고자. 천환(天宦). 천엄.

【天演】**tiānyǎn** [명] 자연계의 진화. 진화. ¶～论=진화론.

【天要下雨, 娘要嫁人】**tiān yào xiàyǔ, niáng yào jiàrén** [속] **1** 하늘에서 비가 내리려 하고, 어머니가 시집 가려 하다. **2** [비] 막 발생하려는 일을 인위적으로 막을 수 없다.

【天衣无缝】**tiānyī-wúfèng** [성] **1** 선녀의 옷은 바느질 자국이 없다. **2** [비] (시문·말이) 흠잡을 데가 없이 완전무결하다. 자연스럽고 완벽하다.

【天意】**tiānyì** [명] **1** 천의. 하늘의 뜻. **2** 자연의 법칙. 자연의 이치.

【天鹰座】**tiānyīngzuò** [명]《天》독수리자리.

【天有不测风云】**tiān yǒu bùcè fēngyún** [속] **1** 하늘에는 예측할 수 없는 풍운이 일어난다. **2** [비] 시국이 변화무상하여 길흉화복을 예측할 수 없다. 모든 사물에는 예상 못할 일들이 일어난다.

【天宇】**tiānyǔ** [명] **1** 하늘. **2** [문] 천하. 세상.

【天雨】**tiānyǔ** [명] 비. ¶～绵绵=비가 끊임없이 내리다.

【天渊】**tiānyuān** [명][문] **1** 하늘과 깊은 연못. **2** [비] 차이가 매우 크다. 대단히 현격한 차이. 엄청난 간격. 하늘과 땅만큼의 차이. ¶相去～=서로 차이가 매우 현격하다.

【天渊之别】**tiānyuānzhībié** [성] 천양지차. 하늘과 땅만큼의 차이. 차이가 대단히 현격하다.

【天灾】**tiānzāi** [명] 천재. 자연 재해.

【天灾人祸】**tiānzāi rénhuò** [성] 자연 재해와 사람으로 인한 재앙. 천재와 인재.

【天葬】**tiānzàng** [명] 조장(鳥葬).

【天造地设】**tiānzào-dìshè** [성] 아주 자연스럽고 이상적이다. ¶他们俩是～的一对儿。=그 두 사람은 아주 이상적인 한 쌍이다.

【天真】**tiānzhēn** [형] **1** 천진하다. 순진하다. 꾸밈이 없다. ¶～少女=천진한 소녀. **2** 머리가 단순하다. 생각이 유치하다. ¶你也太～了, 竟会对他的话信以为真!=너는 정말 단순하구나, 그 친구의 말을 정말로 믿다니!

【天真烂漫】**tiānzhēn-lànmàn** [성] 천진난만하다. [주로 어린아이를 형용할 때 쓰임]

【天真无邪】**tiānzhēn-wúxié** [성] 순진하다. 사악함이 없다. [주로 어린아이를 형용할 때 쓰임]

【天之骄子】**tiānzhījiāozǐ** [명] **1** 하늘의 총아. [중국 한(漢)나라 때 흉노족을 일컫던 말. 흉노족이 하늘의 총애를 입어서 강성하다는 의미] **2** [비] 행운아. 총애받는 사람. 운이 좋은 사람. **3** [비] 기린아. 성공한 사람.

【天知道】**tiānzhī·dao** [낮] 하늘만이 안다. 아무도 모른다. [이해하기 어렵거나 시원하게 설명할 수 없음을 나타냄] ¶～这到底是谁干的!=이 일을 누가 저질렀는지는 아무도 모른다.

【天知地知】**tiānzhī-dìzhī** [낮] **1** 하늘이 알고 땅이 알다. **2** [비] 저지른 일은 절대 숨길 수가 없다.

【天职】**tiānzhí** [명] 천직. 타고난 직업·직분. 마땅히 해야 할 직분. ¶赡养父母是儿女的～。=부모님을 봉양하는 것은 자녀가 마땅히 해야 할 일이다.

【天质】**tiānzhì** [명] 타고난 자질. 천부의 재능.

【天轴】**tiānzhóu** [명] **1**《天》천구(天球)의 중심축. **2**《機》선축(線軸). 라인샤프트(line shaft).

【天诛地灭】**tiānzhū-dìmiè** [성][비] 하늘과 땅이 용서하지 않다. 천벌을 받다. [주로 맹세·저주할 때 씀]

【天竺】**Tiānzhú** [명]《地》천축. 인도의 옛 이름.

【天竺葵】**tiānzhúkuí** [명]《植》제라늄(geranium). 양아욱. ⓒ【洋绣球】**yángxiùqiú**【石蜡红】**shílàhóng**【洋葵】**yángkuí**

【天竺牡丹】**tiānzhú mǔdān** ☞【大丽花】**dàlìhuā**

【天竺鼠】**tiānzhúshǔ** ☞【豚鼠】**túnshǔ**

【天主】**Tiānzhǔ** 명〔宗〕(천주교의) 천주. 하느님을 일컫는 말.

【天主教】**Tiānzhǔjiào** 명〔宗〕천주교. =【罗马公教】**Luómǎ gōngjiào**

【天主堂】**tiānzhǔtáng** 명〔宗〕성당.

【天助】**tiānzhù** 명 하늘의 도움. 하느님의 보우(保佑). 예기치 않은 행운. ¶如有~=만약 하늘의 도움이 있다면.

【天姿】**tiānzī** 명 타고난 아름다운 용모〔자태〕. [주로 여자를 가리킴]

【天姿国色】**tiānzī-guósè** 명 **1** (여자의) 자태가 곱고 용모가 아주 아름답다. **2** 절세미인. =【国色天姿】**guósè-tiānzī**

【天资】**tiānzī** 명 타고난 자질. 천부의 재능. ¶~过人=자질이 뛰어나다. ≒天分 天赋

【天子】**tiānzǐ** 명 천자. 황제. 임금.

【天字第一号】**tiānzì dì yī hào** ⓢ **1** 첫째. 맨처음. [옛날에 수가 많거나 종류가 많은 물건에 천자문(千字文)의 글자에 따라 순서를 매겼는데, '天' 자가 천자문(千字文)의 첫 구절인 천지현황(天地玄黄)의 '첫 글' 자인 데서 유래함] **2** 비 최고. 최대. 천하제일. 최고 수준.

【天足】**tiānzú** 명예 (전족(纏足)하지 않은) 자연 그대로의 발.

【天尊】**tiānzūn** 명 **1**〔佛〕부처님. **2**〔道〕신선.

【天作之合】**tiānzuòzhīhé** ⓢ 하늘이 맺어 준 인연〔혼인〕. [주로 결혼을 축하하는 말로 쓰임]

## 添 **tiān** 더할 첨

동 **1** 보태다. 더하다. 증가하다. 덧붙이다. ¶平~ = 저절로 증가하다. / 画蛇~足 = 사족을 그리다. **2** 🜍 아이를 낳다. 후손을 보다. ¶老头最近~了个孙子。= 영감이 최근에 손자를 보았다. 명 (**Tiān**) 성(姓). ≒加 ↔删 减

【添办】**tiānbàn** 동 추가 구입하다.

【添本】**tiān‖běn** 동 자본을 증액하다. [주로 금전을 가리킴]

【添膘】**tiān‖biāo** 동🜍 입춘·입하·입추·입동 때 가축에 영양이 있는 사료를 주어 살찌우다.

【添补】**tiān·bu** 동 (용구·의류 등을) 보충하다. 보태다.

【添彩】**tiāncǎi** 동 광채를 더하다. 영예를〔영광을〕 더하다. ¶增光~ = 영예를 한층 높이다.

【添丁】**tiān‖dīng** 동예 **1** 아이를 낳다. **2** 아들을 가리킴.

【添堵】**tiāndǔ** 동 **1** 갈수록 막히다. ¶陆续到来的车辆仍在~。= 계속해서 오는 차량들로 갈수록 더 막힌다. **2** 🜍 번민〔괴로움〕이 가중되다. 갈수록 짜증나게 하다. ¶这种粗俗的演出让人看了~。= 이런 조잡한 공연을 볼수록 더 짜증난다.

【添盖】**tiāngài** 동 증축하다. ¶~厂房 = 창고를〔공장 건물을〕 증축하다.

【添购】**tiāngòu** 동 추가 매입하다. 더 사들이다. ¶~衣物 = 옷을 추가 구매〔구입〕하다.

【添火】**tiān‖huǒ** 동 (아궁이에·난로에) 불을 지피다. 불을 넣다.

【添货】**tiān‖huò** 동 (주문한 수량이 부족하여) 추가로 물건을 사들이다. 상품을 추가 구입하다.

【添加】**tiānjiā** 동 보태다. 첨가하다. 증가하다. ¶~设备 = 설비를 증가하다.

【添加剂】**tiānjiājì** 명〔化〕첨가제.

【添料】**tiān‖liào** 동 **1** (가축에게) 사료를 더 주다. **2** 원자재를 추가 구매하다.

【添乱】**tiān‖luàn** 동〔口〕폐를 끼치다. 번거롭게 하다. 성가시게 하다. ¶我已经够忙了，你就别再给我~了。= 나는 이미 엄청 바쁘니, 제발 성가시게 하지 마세요.

【添麻烦】**tiān má·fan** 동 폐를 끼치다. 번거롭게 하다. 성가시게 하다. [주로 상대방의 도움에 대해 감사를 표시할 때 씀] ¶给您~了。= 폐를 많이 끼쳤습니다.

【添煤机】**tiānméijī** 명〔機〕자동 급탄기(自動給炭機).

【添色】**tiān‖sè** 동 광채를〔빛을〕 더하다. 더욱 훌륭하게〔근사하게〕 하다. ¶引经据典给本文~不少。= 경전 중의 어구나 고사를 인용한 것이 본문을 더욱 빛나게 한다.

【添设】**tiānshè** 동 증설하다. 설비를 증가하다. ¶~消防设备 = 소방 설비를 증가하다.

【添箱】**tiān‖xiāng** 동예 (신부쪽 친척〔친구〕들이) 신부에게 선물〔축의금〕을 주다.

【添箱】**tiānxiāng** 명예 (신부 쪽 친척〔친구〕들이) 신부에게 보내는 하례.

【添油加醋】**tiānyóu-jiācù** ☞【添枝加叶】**tiānzhī-jiāyè**

【添枝加叶】**tiānzhī-jiāyè** ⓢ비 (원래 없던 내용을) 보태어 말하다. 덧붙여 과장하다. =【加枝添叶】**jiāzhī-tiānyè**【有枝添叶】**yǒuzhī-tiānyè**【添油加醋】**tiānyóu-jiācù**【加油添醋】**jiāyóu-tiāncù**【加油加醋】**jiāyóu-jiācù** →原原本本

【添置】**tiānzhì** 동 추가 구입하다. 더 사들이다. ¶~家具 = 가구를 사들이다.

【添砖加瓦】**tiānzhuān-jiāwǎ** ⓢ **1** 기와와 벽돌을 보태다. **2** 비 (위대한 사업에) 적은 힘이나마 이바지하다〔보태다〕.

## 黇 **tiān** 백황색 첨

【黇鹿】**tiānlù** 명〔動〕담황갈색 사슴.

## 田 **tián** 밭 전

명 **1** 밭. 전지. 경작지. 농토. ¶麦~ = 보리밭. / 种~ = 농사를 짓다. **2** 🜍 논. **3**〔礦〕채광 가능한 지하 자원 매장 지역. ¶油~ = 유전. / 煤~ = 석탄 광산. **4** (**Tián**) 성(姓). 동문 '畋(tián)' 과 같음.

| 田 tián | 甸 diàn |
| 畋 tián | 畚 běn |
| 钿 diàn | 奋 fèn |
| 佃 diàn | 男 nán |

○● 大田, 丹田, 肥田, 归田, 旱田, 湖田, 煤田, 棉田, 衣田, 坡pō田, 畦qí田, 沙田, 梯tī田, 屯tún田, 晚田, 圩wéi田, 心田, 学田, 盐田, 秧yāng田, 油田, 园田, 原田, 种田.

【田边】**tiánbiān**(~儿) 圆 밭 기슭. 논 기슭. ¶~地角=밭 기슭과 밭 구석. 자투리땅. 조각땅.

【田产】**tiánchǎn** 圆 토지 부동산.

【田塍】**tiánchéng** 圆圆 밭〔논〕두렁.

【田畴】**tiánchóu** 圆 전지. 논밭. 전답. 들판.

【田地】**tiándì** 圆 1 전지. 전답. 논밭. 경작지. 2 지경. 처지. 경우. ¶谁也没想到他老了会是这般~. =그가 늙어서 이 지경이 될 줄은 아무도 몰랐다. ≒地步

【田赋】**tiánfù** 圆옛 전부(田赋). 토지세. 전조(田租).

【田埂】**tiángěng** 圆 밭두렁. 논두렁.

【田鸡】**tiánjī** 圆(動) 1 ☞【青蛙】qīngwā 2 뜸부기.

【田家】**tiánjiā** 圆 농가. 농삿집. ¶~野趣=농가의 전원 정취.

【田间】**tiánjiān** 圆 1 논밭. 전답. 전지. ¶~劳作=농사일. 2 농촌. ¶~农夫=농촌의 농부.

【田间管理】**tiánjiān guǎnlǐ** 圆(農) 전지 관리. 경지 관리.

【田界】**tiánjiè** 圆 논밭의 경계.

【田径】**tiánjìng** 圆 1 논길. 밭길. 2 ☞【田径运动】**tiánjìng yùndòng**

【田径赛】**tiánjìngsài** 圆(體) 육상 경기. [ '径赛(트랙 경기)'와 '田赛(필드 경기)'의 총칭].

【田径运动】**tiánjìng yùndòng** 圆(體) 육상 운동. ◎【田径】**tiánjìng**

【田坎】**tiánkǎn** 圆 밭두렁. 논두렁.

【田里】**tián·li** 圆 논밭. 전지.

【田猎】**tiánliè** 圆圆 사냥하다.

【田垄】**tiánlǒng** 圆 1 밭두렁. 논두렁. 2 이랑.

【田螺】**tiánluó** 圆(動) 우렁이.

【田亩】**tiánmǔ** 圆 논밭. 전지.

【田畔】**tiánpàn** 圆 밭 기슭. 논 기슭.

【田七】**tiánqī** ☞【三七】**sānqī**

【田畦】**tiánqí** 圆 밭두렁. 논두렁.

【田契】**tiánqì** 圆 토지 문서〔계약서〕. 땅문서.

【田赛】**tiánsài** 圆(體) 필드(field) 경기.

【田舍】**tiánshè** 圆圆 1 전지와 가옥. 2 농가. ¶~翁=농부. 3 농사(農舍). 농촌 집.

【田鼠】**tiánshǔ** 圆(動) 들쥐. ¶东方~=갈밭쥐.

【田坛】**tiántán** 圆(體) 육상계.

【田头】**tiántóu** 圆 1 밭머리. 논머리. 2 논밭의 가. 논밭 기슭. 3 논밭. 전지. 들.

【田野】**tiányě** 圆 논밭과 들판. 들. ¶秋天的~一片金黄. =가을의 들판은 온통 황금빛이다. ¶广阔的~=광활한 들판.

【田野工作】**tiányě gōngzuò** 圆옛 야외 작업. 현지 작업.

【田园】**tiányuán** 圆 1 전원. 2 농촌. ¶~风光=농촌의 풍경.

【田园化】**tiányuánhuà** 圆 전원의 풍광을 갖추도록 하다. 시골풍으로 하다. ¶~公寓园区=전원화된 아파트 단지.

【田园诗】**tiányuánshī** 圆 전원시.

【田月桑时】**tiányuè sāngshí** 圆 농번기.

【田中】**tiánzhōng** 圆 1 전답. 들판. 2 농촌. ¶~女=농촌 아낙네.

【田庄】**tiánzhuāng** 圆 1 전답과 장원. 2圆 농가. 농촌. ¶~人家=농촌 집안.

【田租】**tiánzū** 圆 소작료.

# 佃 tián 밭 갈 전

圆圆 1 논밭을 경작하다. 농사짓다. 2 '畋(tián)과 같음.
☞ diàn

# 畋 tián 사냥할 전

圆圆 사냥하다.

# *恬 tián 안일할 념

圈 1 평안하고 고요하다. ¶~静自然=한가하고 고요하다. 2 태연하다. 전혀 개의치 않다. ¶~不为怪=아무렇지도 않게 여기다. 별로 이상하게 여기지 않다. 3圆 담박하다. 마음이 담담하고 욕심이 없다. 공명에 무심하다. ¶心怀~淡=명예와 이익을 탐내지 않다.

【恬不知耻】**tiánbùzhīchǐ** 圈 (나쁜 짓을 하고도) 뻔뻔스럽고 부끄러운 줄 모르다.

【恬畅】**tiánchàng** 圈 편안하고 쾌적하다. ¶~的心情=편안하고 쾌적한 마음.

【恬淡】**tiándàn** 圈 1圆 세상 물욕이 없다. 명예나 이익을 탐내지 않는다. 사리사욕이 없다. ¶~寡欲=세상 물욕이 없다. 2 평안하고 고요하다. 안정되고 쾌적하다. ¶~的乡村生活=평안하고 고요한 농촌 생활. ≒淡泊

【恬静】**tiánjìng** 圈 평안하고 고요하다. ¶清晨的山林幽雅~. =새벽의 숲은 그윽하고 조용하다. ↔喧嚣

【恬美】**tiánměi** 圈 고요하고 아름답다. ¶~的秋日山景=고요하고 아름다운 가을 산 풍경.

【恬谧】**tiánmì** 圈圆 조용하다. 고요하다. 편안하다. 안온하다. 평온하다. ¶夜色~=밤 경치가 평온하다.

【恬然】**tiánrán** 圈 태연하다. 천연덕스럽다. ¶~处之=태연하게 처신하다.

【恬适】**tiánshì** 圈 조용하며 쾌적하다. ¶~自在=편안하고 자유롭다.

【恬雅】**tiányǎ** 圈 조용하고 고상하다. ¶诗中洋溢着~的乡村情趣. =시(诗) 속에 조용한 시골 정취가 물씬 넘쳐난다.

# 钿〔鈿〕 tián 머리꾸미개 전

圆圆 1 동전. ¶铜~=동전. 2 화폐. ¶几~=얼마입니까? 3 비용. 금액. 경비. ¶车~=차비.
☞ diàn

# 菾 tián 사탕무 첨

【菾菜】**tiáncài** ☞【甜菜】**tiáncài**

**甜** tián 달 첨
[形] **1** (설탕이나 꿀처럼) 달다. 달콤하다. ¶这桃子真~！=이 복숭아는 참 달구나! **2** 즐겁다. 행복하다. 기분 좋다. ¶小家伙睡得真~，叫都叫不醒。=녀석이 너무 달콤하게 자고 있어서, 아무리 불러도 깨어날 줄 모른다. ≒甘 ↔苦

○● 甘甜, 香甜, 嘴甜

【甜菜】[菾菜] tiáncài [名][植] **1** 사탕무. 감채. 첨채. **2** 사탕무 뿌리. ◇【糖萝卜】 tángluó·bo
【甜橙】 tiánchéng [名] 창장(长江) 이남에서 재배되는 감귤. =【广柑】 guǎnggān【广橙】 guǎngchéng
【甜脆】 tiáncuì [形] 맛이 달고 아삭아삭하다. ¶~的苹果=달고 아삭아삭한 사과.
【甜点】 tiándiǎn [名] (맛이) 단 빵이나 과자류. 디저트.
【甜瓜】 tiánguā [名][植] **1** 참외. **2** 멜론·머스크 멜론 등의 참외류. ◇【香瓜】 xiāngguā
【甜活儿】 tiánhuór [名] 힘은 적게 들고 보수가 많은 일거리. ↔苦活儿
【甜酱】 tiánjiàng ☞【甜面酱】 tiánmiànjiàng
【甜椒】 tiánjiāo [名]◇ 피망.
【甜津津】 tiánjīnjīn (~的) [形] 달콤하다. 달짝지근하다. 달달하다.
【甜酒】 tiánjiǔ [名] **1** 찹쌀동동주. **2** 달짝지근한 술. 단술.
【甜美】 tiánměi [形] **1** 달콤하다. ¶味道~=맛이 달콤하다. **2** 유쾌하다. 즐겁다. 편안하다. 아름답다. 기분이 좋다. ¶生活~=생활이 즐겁다. ↔苦涩
【甜蜜】 tiánmì [形] 달콤하다. 유쾌하다. 행복하다. 기분이 좋다. ¶~的笑容=달콤한 미소. ↔辛酸
【甜蜜蜜】 tiánmìmì (~的) [形] **1** 매우 달콤하다. **2** 친밀하다. 친근하다. 다정하다. ¶一对~的恋人=다정한 한 쌍의 연인.
【甜面酱】 tiánmiànjiàng [名] 춘장. [검고 단맛이 나는 소스. 오리구이 등을 먹을 때 찍어 먹음] ◇【甜酱】 tiánjiàng
【甜腻腻】 tiánnìnì (~的) [形] **1** 매우 달다. **2** (언행 등이) 친절하다. 다정하다. 달콤하다. 행복하다. ¶小两口亲热有加, ~的让人羡慕。=신혼부부가 너무 다정하고 행복해서, 사람들의 부러움을 산다.
【甜品】 tiánpǐn [名] 단맛의 식품[간식].
【甜柔】 tiánróu [形] 달콤하고 부드럽다. ¶嗓音~=목소리가 달콤하면서도 부드럽다.
【甜软】 tiánruǎn [形] 달고 몰랑몰랑하다. 달고 부드럽다. ¶~的柿子=달고 몰랑몰랑한 감.
【甜润】 tiánrùn [形] (소리가) 달콤하면서 촉촉하다[부드럽다]. **2** (공기가) 신선하고 습윤하다. ¶唱腔~=노래 곡조가 달콤하면서 촉촉하다.
【甜食】 tiánshí [名] 단맛의 식품.
【甜爽】 tiánshuǎng [形] 달콤하고 상쾌하다. ¶~的西瓜=달콤하고 상쾌한 수박.
【甜水】 tiánshuǐ [名] **1** 단물. 맛이 좋은 물. ¶~井=물맛이 좋은 우물. **2**[喩] 행복한 생활 환경. ¶她是在~里泡大的, 没吃过一点苦。=그녀는 행복한 환경에서 자라나서 고생이라고는 조금도 해 보지 않았다.
【甜睡】 tiánshuì [動] 단잠을 자다. 잠을 깊이 자다. 숙면하다. ¶~中露出幸福的微笑。=단잠을 자면서 행복한 미소를 짓다.
【甜丝丝】 tiánsīsī (~儿的) [形] **1** 달짝지근하다. 달달하다. ¶萝卜~的, 味道不错。=무우가 달짝지근한 것이 먹기에 좋다. **2** 행복하다. 유쾌하다. 흐뭇하다. ¶听到别人对自己的赞誉, 她心里~的。=다른 사람이 자기를 칭찬하는 것을 듣고서, 그녀는 마음속으로 흐뭇해하였다.
【甜甜】 tiántián (~的) [形] **1** 달콤하다. 달짝지근하다. ¶~的哈密瓜=달짝지근한 하미과(哈密瓜). ¶(新疆) 哈密产生产的甜瓜 **2**[俗] 편안하다. 쾌적하다. 행복하다. 유쾌하다. ¶她满脸~的微笑令人陶醉。=그녀의 얼굴 가득한 상큼한 미소는 사람들을 도취시킨다.
【甜甜蜜蜜】 tián·tian mìmì (~的) [形] 달콤하다. 달짝지근하다. ¶夫妻俩日子过得~。=부부 두 사람은 행복하게 지낸다.
【甜头】 tián·tou (~儿) [名] **1** 단맛. **2** 좋은 맛. **3**[喩] 좋은 점. 이익. ¶农民们尝到了种植果树的~。=농민들은 과일나무를 심은 덕을 보았다. ↔苦头(kǔ·tou)
【甜味】 tiánwèi [名] 단맛. 감미(甘味).
【甜味剂】 tiánwèijì [名] 감미료.
【甜香】 tiánxiāng [形] 감미롭고 향긋하다. 맛있다. ¶~爽脆的苹果=감미롭고 향긋하고 사각사각한 사과.
【甜心】 tiánxīn [名][俗] 스위트 하트(sweet heart). 애인. 연인.
【甜言蜜语】 tiányán-mìyǔ [成] 달콤한 말. 감언이설. ≒花言巧语
【甜滋滋】 tiánzīzī (~的) [形] **1** 달콤하다. 달짝지근하다. **2** 행복하다. 유쾌하다. 편안하다. 쾌적하다. ¶拿到了新房的钥匙, 他心里~的。=새 집의 열쇠를 받고서, 그는 마음이 행복하였다.

**湉** tián 고요히 흐를 첨
【湉湉】 tiántián [形]◇ 물이 고요히 흘러가다. 잔잔하게 흐르다.

**填** tián 채울 전
[動] **1** 채우다. 메우다. 막다. ¶~沟=도랑을 메우다. / 欲壑难~=욕망의 골짜기는 메우기 어렵다. 욕심이 굴뚝같다. **2** 보충하다. ¶~补空白=공백을 보충하다. **3** 기입하다. 써 넣다. ¶~体检表=신체 검사표에 기입하다. ↔挖
【填报】 tiánbào [動] (문서에 필요한 사항을) 기입하여 보고하다. ¶~高考志愿=대학 입시 원서를 작성하여 제출한다.
【填表】 tián‖biǎo [動] 표에 기입하다[써 넣다]. 표를 작성하다. ¶~登记=표를 작성하여 등록

【填补】**tiánbǔ** 동 (비거나 모자란 것을) 메우다. 보충하다. ¶~缺额=부족한 금액을 보충하다.
【填充】**tiánchōng** 동 **1** (공간을) 메우다. 채우다. 충전하다. 채워 넣다. ¶~材料=재료를 채워 넣다. **2** (教) (괄호 넣기 시험 문제에서) 괄호를 채우다. 빈 칸에 써 넣다. ¶~题=괄호 넣기 문제.
【填充物】**tiánchōngwù** 명 충전물(充填物).
【填词】**tián‖cí** 동 전사하다. 사(詞)의 격률(格律)에 따라 글을 짓다. [사패(詞牌)에 의거하여 자수·구식·성운·평측 등에 알맞게 글자를 채워 넣어 사를 짓는 것]
【填垫】**tiándiàn** 동 (흙·모래·돌 등으로) 파인 곳을 메우다. ¶~路面=파인 도로를 메우다.
【填堵】**tiándǔ** 동 메우다. 틀어막다. ¶~决口=(제방의) 터진 곳을 틀어막다.
【填发】**tiánfā** 동 (증명서·증권 등의 공란에 필요한 사항을) 기입하여 발급하다. 적어서 내주다. ¶~证件=증명서를 발급하다.
【填方】**tiánfāng** 동 (土) (토목 공사 시공에서) 파낸 곳을 입방미터($m^3$)에 따라 계산한 흙과 돌로 다시 메우다. (土) (토목 공사 시공에서 메우는) 흙과 돌의 입방미터($m^3$).
【填房】**tián‖fáng** 동 홀아비에게 시집 가다. 후처로 들어가다. 재취(再娶)로 들어가다.
【填房】**tián·fang** 명 후처.
【填黑窟窿】**tián hēikū·long** (당비) 빌려 준 돈을 메이다. 쓸데없는 데 돈을 쓰다. 아무 가치가 없는 데에 돈을 쏟아 넣다.
【填还】**tián·huan** 동 (土) (토목 공사 등에서 파내었던 곳을) 되묻다. 도로 메우다.
【填空】**tiánkòng** 동 **1** 빈 자리〔직위〕를 메우다. ¶~补缺=결원을 보충하다. **2** (괄호 넣기 시험 문제에서) 괄호를 채우다. 빈 칸에 써 넣다. ¶~题=괄호 넣기 문제.
【填窟窿】**tián kū·long** (당비) 구멍을 메우다. 결원을 보충하다. 결손을 메우다.
【填料】**tiánliào** 명 (시멘트·고무·플라스틱 등의 중간에) 섞어 넣는 재료. 충전재(充填材). [보통 입자 모양·분말 모양·섬유 모양으로 황토·쇳가루·활석·석면·카본블랙 등이 있음]
【填权】**tiánquán** 명 (經) 주가가 권리락(ex-rights)·배당락(ex dividend) 이전 시세로 회복되는 것. ↔貼权
【填塞】**tiánsāi** 동 **1** 메우다. 틀어막다. ¶~洞隙=구멍의 틈을 틀어막다. **2** (사람·차량 등이) 꽉 들어차다. 가득 메우다. ¶拥挤不堪的车辆把道路~得水泄不通.=붐비는 차들이 도로를 가득 메워 꼼짝 할 수가 없다.
【填隙】**tián‖xì** 동 틈을 메우다.
【填写】**tiánxiě** 동 (일정한 양식에) 써 넣다. 기입하다. ¶~通讯地址=연락처를 기입하다.
【填鸭】**tiányā** 동 오리를 강제 비육하다. [오리를 빨리 살찌우기 위해 운동은 시키지 않고 길쭉하게 생긴 성장 촉진 사료를 억지로 먹이는 사육 방법] 명 강제 비육한 오리.

【填鸭式】**tiányāshì** 형(비) 주입식의. ['啓發式(계발식)'와 구별됨] ¶~教学=주입식 교육.
【填膺】**tiányīng** 동(문) 가슴에 가득 차다. ¶义愤~=의분이 가슴에 가득 차다.
【填治】**tiánzhì** 동 메워서 보수하다. ¶塌陷的路面需要~.=파인 도로를 보수하여야 한다.
【填筑】**tiánzhù** 동 매립하고 건설하다. 메우고 짓다. ¶~堤坝=매립하고 둑을 쌓다.
【填装】**tiánzhuāng** 동 채워 넣다. 틀어막다. ¶~粮仓=창고에 곡식을 채워 넣다.

**阗**[闐] **tián** 가득 찰 전
동(문) 충만하다. 가득 차다. ¶喧~=시끌벅적하다. 소리가 요란하다.

**忝** **tiǎn** 공손한 말 첨
부(문)(겸) 황송하게. 분에 넘치게. 송구스럽게. ¶~列门墙=송구스럽게도 제자의 대열에 서게 되었습니다.

**殄** **tiǎn** 다할 진
동 다 없애 버리다. 근절시키다. 멸절(滅絶)시키다. ¶暴~天物=세상의 자원을 함부로 없애다. 재물을 아끼지 않고 함부로 탕진하다.
【殄灭】**tiǎnmiè** 동 전멸하다. 전멸시키다.

**舔**[餂] **tiǎn** 낚을 첨
동(문) (미끼로) 꾀다. 유인하여 취하다. 탐문하다. [주로 말로 마음을 떠본다는 의미로 많이 사용됨]

**涊** **tiǎn** 때 낄 전
형(문) (물 등이) 흐리다. 더럽다. 혼탁하다.

**忝** **tiǎn** 부끄러워할 전
형(문) 부끄럽다. 창피하다.

**觍**[靦] **tiǎn** 얼굴 붉히며 부끄러워할 전
동 **1** ⇒ 수줍어하다. 부끄러워하다. 어색해하다. ¶~颜回避=수줍어하며 피하다. **2**(구) 뻔뻔스럽다. ¶~着脸=뻔뻔스럽게 굴다.
【觍颜】**tiǎnyán** 동(문) **1** 부끄러워하다. 계면쩍어하다. **2** 뻔뻔스럽게 굴다. 후안무치하다. ¶~惜命=뻔뻔스럽게도 목숨을 아끼다.

**腆** **tiǎn** 많이 차릴 전
형(문) 풍성하다. 후하다. 동(방) (배·가슴을) 불쑥〔불룩〕 내밀다. ¶~着个肚子四处游逛.=배를 불룩 내밀고 사방을 휘젓고 다니다.

**靦**[靦] **tiǎn** 얼굴 모양 전
형(문) 사람 얼굴의. 사람 얼굴을 한. ¶~然人面=사람의 얼굴 모습이다. 동(문) '觍(tiǎn)'과 같음.
☞ **miǎn**

***舔** **tiǎn** 핥을 첨
동 핥다. ¶狗把盘子里的食物~得精光.=개가

쟁반 위에 있는 음식을 깨끗이 핥아먹었다.
【舔屁股】tiǎn pì·gu (낮)(비) 아첨하다. 남의 비위를 맞추다.
【舔食】tiǎnshí (동) 혀로 핥아먹다.
【舔碗边】tiǎn wǎnbiān (낮) **1** 그릇 가를 핥아먹다. **2** (비) 인색하다. 아까워하다. **3** (비) 남에게 빌붙어 졸개 노릇을 하다.

## 掭 tiàn 묻힐 첨

(동) **1** (먹을 묻혀) 붓끝을 고르다. ¶~笔=먹을 묻혀 붓끝을 고르다. **2** (동) 돋우다. ¶~灯心=등잔의 심지를 돋우다.

## 瑱 tiàn 귀막이 옥 진

(명) 옛날, 임금·관리의 모자에 달아 양쪽 귀로 늘어뜨리던 옥. [귀를 막아 남의 말을 함부로 듣지 않는다는 의미가 있음]

# tiao

## 佻 tiāo 방정맞을 조

(형) 경박하다. 경솔하다. 까불다. 경망스럽다. 방정맞다. ¶心性~佻=심성이 경박하다.
【佻薄】tiāobó (형) 경박하다. 경솔하다. 까불다. 경망스럽다. 방정맞다. 가볍다. ¶为人~=사람됨이 경박하다.
【佻巧】tiāoqiǎo (형)(문) **1** 경박하고 교활하다. **2** (필치가) 가볍고 엄숙하지 않다.
【佻佻】tiāotà (형)(문) 경박하다. 천박하다. 경솔하다. ¶~无行=경박하고 행실이 나쁘다.

## **挑** tiāo 멜 도

(동) **1** (멜대로) 메다. ¶~着两桶水=물 두 통을 어깨에 메다. **2** 고르다. 선택하다. ¶你~喜欢买的买。=네가 사고 싶은 것을 골라 사라. **3** (부정적인 면을) 끄집어(꼬집어) 내다. 가려 내다. 들추어 내다. 찾아 내다. ¶吃东西不能太~食。=먹는 것을 너무 가려먹어서는 안 된다. (명) (~儿) (멜대로 메는) 짐. ¶挑~儿=짐을 메다. (양) (~儿) 짐. [멜대로 메는 짐을 세는 단위] ¶一~儿水=물 한 짐.
☞ tiǎo

○● 出挑, 撂liào挑子

【挑鼻挑眼】tiāobí-tiāoyǎn (낮)(비) (고의로) 남의 결함(과실)을 들추어 내다. 트집을 잡다.
【挑补】tiāobǔ (동) 선발 보충하다. 골라서 채워 넣다. ¶~缺位=결원을 선발 보충하다.
【挑不起】tiāo·buqǐ **1** (짐이 무거워서) 멜 수가 없다. **2** (비) (책임·임무가 막중해서) 감당할 수 없다.
【挑不上眼】tiāo·bushàngyǎn (낮) **1** 마음에 들지 않다. ¶这么多衣服, 你就一件都~吗? =이렇게 많은 옷 중에 하나도 마음에 들지 않느냐? **2** 하나도 나무랄 데가 없다. 결점(흠·트집)

을 잡지 못하다. ¶他对工作认真负责, 谁也~。=그는 일에 대해 성실히 책임을 다했기 때문에 누구도 흠을 잡지 못한다.
【挑不是】tiāo·bushì (동) (언행의) 결점(흠)을 들추어 내다.
【挑吃挑喝】tiāochī-tiāohē (낮) 음식을 가리다. 입이 짧다. 입이 까다롭다.
【挑穿】tiāochuān (동) 옷 입는 것에 까다롭게 굴다. 옷을 가려입다. ¶挑吃~=먹고 입는 것을 가리다.
【挑刺儿】tiāo‖cìr (고의로 언행의) 작은 결점(흠)을 들추어 내다. 트집잡다. ≒挑剔
【挑错】tiāo‖cuò (동) (언행의 잘못을) 들추어 내다. 트집잡다. 흠을 잡다.
【挑担子】tiāo dàn·zi **1** 짐을 메다. 짐을 짊어지다. **2** (비) 책임을 지다. 임무를 맡다.
【挑肥拣瘦】tiāoféi-jiǎnshòu (성)(비) 오로지 자기에게 좋은 것만 골라 내다.
【挑夫】tiāofū (명) 짐꾼.
【挑高球】tiāogāoqiú ☞【吊高球】diào gāoqiú
【挑拣】tiāojiǎn (동) 선택하는 경우를 나타냄. [주로 구체적인 사물을 고르는 경우에 사용함]
【挑脚】tiāo‖jiǎo (동) (직업적으로) 짐을 운반하다. ¶找一个~的来=짐꾼 한 사람 구해 오세요.
【挑礼】tiāolǐ (동) (사소한) 실례를 흠잡다. 결례를 따지다.
【挑毛病】tiāo máo·bìng (동) (언행의) 결점을 들추다(찾아 내다). 흠을 잡다.
【挑毛拣刺】tiāomáo-jiǎncì (낮) (고의로 언행의) 결점(흠)을 들추어 내다. 트집잡다.
【挑取】tiāoqǔ (동) 골라 갖다. 골라잡다. 고르다.
【挑三拣四】tiāosān-jiǎnsì (성) 이것저것 까다롭게 고르다. =【挑三嫌四】tiāosān-xiánsì
【挑三嫌四】tiāosān-xiánsì ☞【挑三拣四】tiāosān-jiǎnsì
【挑食】tiāoshí (동) 편식하다. 음식을 가리다.
【挑水】tiāo‖shuǐ (동) (멜대로) 물을 지다.
【挑剔】tiāo·tī (동) (결점·잘못 등을) 지나치게 트집잡다. 지나치게 책망하다. ¶她对别人总是很~, 所以没什么朋友。=그녀는 다른 사람에게 늘 지나치게 트집잡기 때문에 별로 친구가 없다. ≒挑刺儿
【挑挑拣拣】tiāo·tiao jiǎnjiǎn (동) 세심하게 따져 고르다. 지나치게 고르다.
【挑选】tiāoxuǎn (동) 고르다. 선발하다. 선택하다. 뽑다. ¶~人才=인재를 선발하다. ≒选择
【挑眼】tiāo‖yǎn (동)(방) (태도·예절에 대하여) 결점(흠)을 들추다. 트집잡다.
【挑运】tiāoyùn (동) (멜대로) 메어 나르다. ¶~行李=짐을 메어 나르다.
【挑重担】tiāo zhòngdàn (동)(비) 중대한 일·임무를 떠맡다. ¶年轻人要勇于~。=젊은이들은 과감히 중대한 임무를 맡아야 한다.
【挑字眼儿】tiāo zìyǎnr (동) **1** 글자·단어·문장의 틀린 것을 찾아 내다. 단어 선택에 까다롭게 굴다. **2** 작은 흠(결점)을 들춰 내다. 사소한 일을

지나치게 책망하다. 말꼬리를 잡다.

【挑子】**tiāo·zi** [명] 멜대. 멘 짐. ¶货～＝멜대. [양] 짐. [메는 짐을 세는 단위] ¶挑着一～柴火＝한 짐의 땔감을 메다.

【挑嘴】**tiāozuǐ** [동][구] 편식하다. 음식을 가리다.

## 祧 tiāo 조묘 조

[명][문] 원조(遠祖)를 합사(合祀)하는 사당. [동][문] **1** 윗대를 계승하다. 대를 잇다. ¶兼～＝한 사람이 두 집의 대를 잇다. **2** 원조(遠祖)의 위패를 조묘(祖廟)에서 원조의 사당으로 옮기다. ¶不～之祖＝원조의 사당으로 옮기지 않은 창업 시조〔영향력 있는 조상〕. 어떤 일을 창시한 훌륭한 원조(遠祖).

## **条[條] tiáo 가지 조

[명] **1** (～儿) 가늘고 긴 나뭇가지. ¶枝～＝나뭇가지. / 柳～儿＝버드나무 가지. **2** (～儿) 가늘고 긴 것. 폭이 좁고 긴 것. ¶油～＝(조찬으로 '豆酱(dòujiàng)' 과 같이 먹는) 길쭉하게 생긴 튀김. / 纸～儿＝메모지. 메모용의 종이 쪽지. **3** (～儿) 종이 조각. 종이 쪽지. 메모지. ¶收～儿＝수령증. / 便～儿＝메모. **4** 조. 조목. 항목으로 나눈 것. ¶教～＝교조. / 信～＝신조. **5** 조리. 질서. 순서. ¶有～不紊＝문란하지 않고 질서가 있다. / 慢～斯理＝태연자약하다. [양] **1** 줄기. 가닥. 갈래. [지형·구조물과 관련된 것 등의 가늘고 긴 것을 세는 단위] ¶一～河＝한 줄기 강. / 一～路＝한 갈래의 길. **2** 개. 오리. [생활용품·도구와 관련된 것을 세는 단위] ¶一～裤子＝바지 한 개. / 一～线＝한 오리의 실. **3** 사람의 인체·목숨·운명과 관련된 것을 세는 단위. ¶一～人命＝한 목숨. / 两～胳膊＝두 팔. **4** 보루. [고정된 수량이 합쳐 이루어진 가늘고 긴 모양의 물건을 세는 단위] ¶一～儿烟＝담배 한 보루. **5** 조. 항. 조목. 항목. 가지. [항목으로 나누어진 것을 세는 단위] ¶五～规定＝5개조의 규정. / 一～新闻＝하나의 뉴스. **6** 마리. 개. [동물·식물과 관련된 것을 세는 단위] ¶一～狗＝개 한 마리. / 一～鱼＝물고기 한 마리. / 一～黄瓜＝오이 한 개. [형] **1** (～儿) 길고 가느다랗다. ¶白～儿布＝가늘고 긴 흰 천. **2** 항목의. 조목의. ¶社会治安～例＝사회 치안 조례.

O● 报条, 便条, 插chā条, 单条, 粉条, 封条, 辐fú条, 焊hàn条, 回条, 假条, 教条, 戒条, 借条, 荆jīng条, 口条, 肋lèi条, 链liàn条, 炉条, 路条, 苗条, 篾miè条, 屏píng条, 铅条, 收条, 霜shuāng条, 天条, 通条, 萧xiāo条, 信条, 雪条, 压条, 油条, 毡zhān条

【条案】**tiáo'àn** [명] 좁고 긴 책상. 장방형의 탁자. 긴 테이블. ＝【条几】**tiáojī**

【条播】**tiáobō** [동]《農》 줄파종하다. 조파(條播)하다. 줄뿌림하다.

【条畅】**tiáochàng** [형][문] (말이나 글이) 조리가 있고 유창〔유려〕하다. ¶文笔～＝글이 조리가 있고 유창하다.

【条陈】**tiáochén** [동] 조목별로 써서 진술하다. [명][옛] 조목별로 쓴 진술서〔진정서〕. ¶上～＝조목별로 쓴 진술서를 올리다.

【条凳】**tiáodèng** [명] 등받이가 없는 긴 의자.

【条对】**tiáoduì** [동] (물음에) 조목조목 대답하다. 하나하나 대답하다. [명] 세로로 건 긴 대련(對聯).

【条分缕析】**tiáofēn-lǚxī** [성] **1** 조목조목 상세하게 분석하다. **2** 세밀하고 조리 있게 분석하다.

【条幅】**tiáofú** [명] 세로로 된 글씨·그림 족자. [가로로 된 것을 '横幅(héngfú)' 라고 하며, 한 폭으로 된 것은 '单条(dāntiáo)', 짝수로 세트를 이룬 것을 '屏条(píngtiáo)' 라고 함]

【条格布】**tiáogébù** [명]《紡》 깅엄. [예] gingham

【条贯】**tiáoguàn** [명][문] 조리. 순서. 갈피. 질서. 체계. 계통.

【条规】**tiáoguī** [명] (국가·단체가 제정한) 조례. 규정. 조항.

【条几】**tiáojī** ☞【条案】**tiáo'àn**

【条件】**tiáojiàn** [명] **1** 조건. ¶地理～＝지리적 조건. **2** (상태·상황으로서의) 조건. ¶他年轻, 身体～不错。＝그는 젊어서 몸 상태가 좋다. **3** (요구하는) 조건. 기준. 표준. ¶有什么～你尽管提。＝어떤 요구 조건이 있는지, 얼마든지 말씀하세요.

【条件刺激】**tiáojiàn cìjī** [명]《生》 조건 자극. [조건 반사·조건 반응을 일으키게 하는 자극]

【条件反射】**tiáojiàn fǎnshè** [명]《生》 조건 반사. 대뇌피질반사.

【条举】**tiáojǔ** [동] 하나하나〔한 조목 한 조목〕 열거하다. ¶～事情的原委＝사건의 경위를 하나하나 열거하다.

【条块】**tiáokuài** [명] 기관 사이의 수직적 관리 시스템과 지역 사이의 수평적 관리 시스템. ¶～分割＝업무에서의 엄격한 수직적·수평적 분할 관리 시스템.

【条款】**tiáokuǎn** [명] (법규·조약·규정·계약 등의) 조항. 조목. ¶合同～＝계약 조항.

【条理】**tiáolǐ** [명] **1** (생활·일 등의) 질서. 짜임새. 체계. ¶他的作息时间按排的很有～。＝그의 일하고 쉬는 시간은 매우 체계적으로 짜여져 있다. **2** (생각·말·글 등의) 조리. 순서. 단계. 맥락. 두서. ¶文章写得很有～。＝글이 아주 조리 있게 쓰여졌다. ≒脉络

【条例】**tiáolì** [명] **1**《法》 (국가에서 제정한) 조례. 조항. ¶治安管理～＝치안 관리 조례. **2** (조목별로 제정한) 규정. 규칙. ¶公司奖惩～＝회사 상벌 규정.

【条列】**tiáoliè** [동] 조목별로 나누어 열거하다.

【条令】**tiáolìng** [명]《軍》 (간명한 조문으로 규정한 군대의 행동·전투·군기) 수칙. 규칙. 조령.

【条律】**tiáolǜ** [명] 조례. 법률.

【条码】**tiáomǎ** ☞【条形码】**tiáoxíngmǎ**

【条目】**tiáomù** [명] **1** (규칙·조약 등의) 조목. 세목. **2** (자전·사전의) 표제자. 어휘.

【条绒】**tiáoróng** ☞【灯心绒】**dēngxīnróng**

【条石】**tiáoshí** [명] 가늘고 긴 돌. 장방형의 석판. 연석(緣石). 갓돌.

【条条】 tiáotiáo 양⟨구⟩ 매 갈래. 조목마다. 조목 조목. ¶~小溪汇入江河. =매 줄기의 시냇물이 강으로 모여든다. 명⟨구⟩ (같은 업종 내부의) 종 적 관리 체제. 종적 지도 체제. [지역적인 횡적 관 리 체제는 '块块(kuàikuài)' 라고 함] ¶~块块 =종적·횡적 지휘 계통. 2 (법령·규정의) 조문. 조 항. 규정. ¶按~办事. =조문에 따라 일을 처리 하다. 3 (이론·지식의) 요점. ¶在记住~的同时, 要学会运用. =요점을 기억하는 동시에 응용하 는 것을 익혀야 한다.

【条条杠杠】 tiáo·tiao gànggàng 명⟨구⟩ 상급 기관의 각종 규정.

【条条块块】 tiáo·tiao kuàikuài 명⟨구⟩ 종적 ·횡적 관리 체제.

【条条框框】 tiáo·tiao kuàng·kuàng 명⟨구⟩ 1 (사람을 속박하는) 각종 (진부한) 규정[제도]. ¶打破~ =사람을 속박하는 제도를 타파하다. 2 각종 제한과 속박. ¶思想解放了, ~自然就少了. =사상이 해방되자, 각종 제한과 구속이 자연적 으로 줄어들었다.

【条条缕缕】 tiáo·tiao lǚlǚ (~的) 형 조리 정연 하다.

【条条絮絮】 tiáo·tiao xùxù (~的) 형 너덜너 덜하다. 갈기갈기 해진 모양.

【条文】 tiáowén 명 (법규·규정 등의) 조문.
【条纹】 tiáowén 명 줄무늬. ¶~面料 =줄무늬 옷감.
【条形码】 tiáoxíngmǎ 명(經) 바코드. ❀【条 码】 tiáomǎ
【条约】 tiáoyuē 명 조약.
【条桌】 tiáozhuō 명 장방형의 탁자.
【条子】 tiáo·zi 명 1 가늘고 긴 물건. ¶木~ =긴 막대. 2 글쪽지. 종이 쪽지. 메모. ¶他写了一 张~给你. =그가 쪽지를 써서 너에게 주라고 하 였다. 3 (종이) 영수증. ¶你把钱借给他后, 让他 打个~. =그에게 돈을 빌려 준 뒤 영수증을 한 장 써 달라고 하세요. 4 줄무늬. ¶白底蓝~的衬 衫 =흰 바탕에 남색 줄무늬의 와이셔츠. 5 방 대형 금괴.

## 苕 tiáo 능소화 초
명(植) 고서에서 능소화(凌霄花)를 가리킴.
☞ sháo
【苕帚】 tiáo·zhou ☞【笤帚】 tiáo·zhou
【苕子】 tiáo·zi 명(植) 야생 완두. [녹비(綠肥)와 사료로 쓰임]

## 岧 tiáo 산 높을 초
아래를 참조.
【岧岧】 tiáotiáo 형⟨문⟩ (산 등이) 높다랗다.
【岧峣】 tiáoyáo 형⟨문⟩ 산이 높다.

## 迢 tiáo 멀 초
아래를 참조.
【迢递】 tiáodì 형⟨문⟩ 1 (길이) 아득히 멀다. ¶关 山~ =갈 길이 아득히 멀다. 2 까마득히 높다. ¶朱楼~ =

부잣집이 덩그렇다. 3 완곡하다. 구성지다. ¶清 歌~ =반주 없이 부르는 노래가 매우 구성지다.
【迢迢】 tiáotiáo 형⟨문⟩ (길이) 아득히 멀다. ¶千里 ~ =천리나 되는 머나먼 길.
【迢远】 tiáoyuǎn 형 멀다. ¶路途~ =갈 길이 멀다.

## **调[調] tiáo 조절할 조
동 1 골고루 섞다. 배합하다. 적절하게 혼합하 다. ¶把凉菜~~味. =냉채의 간을 잘 맞추어 라. / 把鸡蛋~勺了做汤. =계란을 골고루 저어 서 탕을 만들다. 2 조정하다. 조절하다. ¶~工 资 =임금을 조정하다. 3 중재하다. 화해시키다. 조정하다. ¶反复~停 =반복하여 중재하다. 4 도발하다. 사주하다. 부추기다. 건드리다. 충동 질하다. ¶他喜欢干~词架讼的事. =그는 남이 소송하도록 부추기는 것을 좋아한다. 5 희롱하 다. 놀리다. ¶被人~戏 =남에게 희롱당하다. 6 고르다. 일정하다. 알맞다. 적당하다. 적절하 다. ¶谐~ =조화가 잘 되다. / 风~雨顺 =비바 람이 순조롭다.
☞ diào

○-○ 排调, 烹pēng调, 协xié调

【调拨】 tiáobō 동 부추기다. 분쟁을 일으키다. 도발하다. 충동질하다. 사주하다. ≒调唆. ↔调解
☞ diàobō
【调测】 tiáocè 동 조정하다. 테스트하다. ¶~机 器 =기계를 테스트하다.
【调处】 tiáochǔ 동 조정하다. 중재하다. 화해시 키다. ¶~纠纷 =분쟁을 중재[조정]하다.
【调词架讼】 tiáocí jiàsòng ⟨성⟩ 남에게 소송을 부추기고 중간에서 이익을 보다.
【调低】 tiáodī 동 조절하여 낮추다. ¶~电视机 的音量 =TV의 볼륨을 낮추다.
【调发】 tiáofā 동 (금전·물자 등을) 조절하여 방 출하다. ¶~救灾物资 =재난 구제 물자를 방출 하다.
【调房】 tiáo‖fáng 동 집을 구매·교환하다.
【调风弄月】 tiáofēng-nòngyuè ⟨성⟩⟨비⟩ 사랑을 나누다. 연애하다.
【调幅】 tiáofú 형(物) 진폭 변조하다. 명 1 (物) 진폭 변조. AM(amplitude modulation). 2 조정 (의) 폭. ¶粮价的~适度. =양곡 가격의 조정 폭이 적당하다.
【调羹】 tiáogēng 명 (중국식) 국숟가락.
【调和】 tiáo·hé 동 1 알맞게 배합하다. 골고루 섞다. ¶~泥沙 =진흙을 알맞게 배합하다. 2 분 규를 해결하다. 화해시키다. 중재하다. 조정[调 停]하다. ¶从中~ =중간에서 화해시키다. 3 타 협하다. 양보하다. [주로 부정형으로 쓰임] ¶这 事到了现在, 已没有~的余地. =이 일은 이제 타협할 여지가 없다. 형 1 배합이 알맞다. ¶雨 水~ =비가 알맞게 오다. 2 어울리다. 조화롭다. ¶旋律与歌声非常~ =선율과 노랫소리가 매 우 조화롭다. ≒调解 斡旋 ↔斗争
【调和漆】 tiáohéqī 명 조합 페인트.

【调护】 tiáohù 동 몸조리하다. 간호하다. 건강을 돌보다. 보살피다. ¶精心~=정성껏 건강을 보살피다.

【调级】 tiáo∥jí 동 등급을 조정하다. 진급하다. 승급하다.

【调剂】 tiáo∥jì 동(醫) 조제하다.

【调剂】 tiáojì 동 조절하다. 조정하다. ¶不能一天到晚全工作, 也需要~一下。=(온)종일 일할 수는 없으니, 적당히 조절하는 것이 필요하다.

【调价】 tiáo∥jià 동 가격을 조정하다. [주로 가격을 올리는 것을 가리킴]

【调减】 tiáojiǎn 동 (수량 등을) 조정하여 줄이다. ¶~编制外人员=편제 외의 인원을 줄이다.

【调浆】 tiáo∥jiāng 동 사이징(sizing)하다. [종이에 물이나 잉크가 번지지 않도록 하는 가공. 콜로이드 물질을 종이의 섬유 표면에 칠하거나 원료에 섞음]

【调焦】 tiáo∥jiāo 동 초점을 맞추다.

【调校】 tiáojiào 동 불안정한[부정확한] 작동 [눈금] 등을 조절하다. ¶~琴弦=거문고의 줄을 조율하다.

【调教】 tiáojiào 동 1 교육하다. 훈육하다. [주로 어린이를 훈육하는 것을 가리킴] ¶~孩子=아이를 교육하다. 2 (팀을) 훈련시키다. ¶~球队=구기 팀을 훈련시키다. 3 (짐승을) 길들이다. 조련하다. ¶~猎犬=사냥개를 조련하다.

【调节】 tiáojié 동 조절하다. ¶~室内温度=실내 온도를 조절하다.

【调节器】 tiáojiéqì 명(機) 제어기. 제동기.

【调节税】 tiáojiéshuì 명 조정 세금. [소득세 징수 후의 이윤이 규정 한도보다 많은 중·대형 국영 기업으로부터 더 징수하는 세금]

【调解】 tiáojiě 동 조정하다. 중재하다. 화해시키다. ¶~纠纷=분규를 중재하다. ≒调和 ↔挑拨 调唆

【调解书】 tiáojiěshū 명(法) 화해서.

【调经】 tiáojīng 동(醫) 조경하다. 월경을 고르게 하다.

【调侃】 tiáokǎn 동 비웃다. 조롱[희롱]하다. 조소하다.

【调控】 tiáokòng 동 제어하다. 조정하다. 콘트롤하다. ¶~电力供应=전력 공급을 제어하다.

【调理】 tiáo·lǐ 동 1 돌보다. 관리하다. ¶~饮食=음식을 관리하다. 2 몸조리하다. 조양하다. 건강을 돌보다. ¶大病初愈, 还需要好好~。=큰 병이 막 나았으니, 아직은 몸조리를 잘 해야 한다. 3 훈련시키다. 길들이다. ¶~牲口=짐승을 길들이다. 4 (方) 희롱하다. 놀리다. ¶找机会好好~一下这个老色鬼。=기회를 봐서 이 색마를 좀 놀려 주어라.

【调料】 tiáoliào 명 조미료. 양념. ≒作料

【调弄】 tiáonòng 동 1 정리하다. 조정하다. 조절하다. 맞추다. 처리하다. 배치하다. 진열하다. ¶~书架=책꽂이를 정리하다. 2 비웃다. 희롱하다. 조소하다. 가지고 놀다. ¶~要笑=(남을) 우롱하다. 3 부추기다. 사주하다. ¶~是非=시비를 부추기다. 4 악기를 타면서 조율하다. 악기

를 연주하다. ¶~琵琶=비파를 뜯다.

【调配】 tiáopèi 동 (안료·약물 등을) 고루 섞다. 배합하다. ¶~颜色=색깔을 배합하다. ☞diàopèi

【调皮】 tiáopí 형 1 장난스럽다. 장난이 심하다. ¶这孩子可~。=이 아이는 정말 장난스럽다. 2 약삭빠르게 굴다. 잔꾀를 부리다. 요령을 부리다. 까불다. ¶他是个~鬼。=걔는 약삭빠른 놈이야. 3 길들이지 않다. 말을 잘 듣지 않다. 다루기 어렵다. ¶再~的牲口到他手里也变得老实了。=더 이상 말 안 듣는 짐승은 그의 손에 들어가 봐야 얌전해질 거야. 4 영리하다. 기지가 있다. 교활하다. 간교하다. 간사하다. ¶她~地眨了眨眼睛。=그녀가 간사하게 눈을 깜박인다. ≒顽皮 淘气

【调皮捣蛋】 tiáopí-dǎodàn (成) 말을 잘 듣지 않고 말썽[소란]을 피우다.

【调皮鬼】 tiáopíguǐ 명(口) 개구쟁이. 말썽꾸러기. 장난꾸러기.

【调频】 tiáopín 명 1 (物) (전파의) 주파수 변조. FM(frequency modulation). 2 (電) (교류 전기 등의) 주파수 변조.

【调情】 tiáoqíng 동 (남녀 간에) 집적거리다. 희롱하다. 시시덕거리다.

【调色】 tiáo∥sè 동(美) 색을 배합하다. 조색하다. 물감을 섞어 빛깔을 내다.

【调色板】 tiáosèbǎn 명(美) 조색판. 팔레트.

【调色刀】 tiáosèdāo 명(美) 팔레트 나이프.

【调摄】 tiáoshè 동(문) 몸조리하다. 조섭하다. 조양하다. 건강을 돌보다.

【调升】 tiáoshēng 동 올리다. ¶~物价=물가를 올리다.

【调试】 tiáoshì 동 (설비·기기 등을) 테스트[시험]하여 조정하다. 시운전하다. 성능 시험을 하다. ¶~新设备=새로운 설비를 테스트하여 조정하다.

【调适】 tiáoshì 동 적응하다. ¶到了新环境要学会自我~。=새로운 환경에서는 스스로 적응하는 법을 배워야 한다.

【调顺】 tiáoshùn 동 순조롭게 하다. 화기애애하게 하다. 화목하게 하다. 조화롭게 하다. 어울리게 하다. ¶~干部和员工之间的关系=간부와 직원 사이의 관계를 화기애애하게 하다.

【调速】 tiáosù 동 속도를 조절[조정]하다. ¶自动~=자동으로 속도를 조절하다.

【调速器】 tiáosùqì 동(機) 조속기. 가버너 (governor).

【调唆】 tiáo·suō 동 부추기다. 충동질하다. 사주하다. 교사하다. ¶要不是旁人~, 兄弟俩不会闹僵。=옆에 있는 사람들이 부추기지만 않았어도, 형제 사이가 틀어지진 않았을 것이다. ≒调拨 ↔调解

【调停】 tiáo·tíng 동 1 조정하다. 중재하다. 화해시키다. ¶居中~=중간에서 조정하다. 2 돌보다. 보살피다. 뒷바라지하다. [주로 조기 백화문에 보임] ¶承蒙~=보살핌을 받다.

【调味】 tiáo∥wèi 동 (양념·조미료 등으로) 맛을

내다. 맛을 조절하다. 맛〔간〕을 맞추다. ¶汤里放点儿味精~. =국에 조미료를 조금 쳐서〔넣어〕 맛을 내다.
【调戏】tiáo·xì 동 (경박한 언행으로) 희롱하다. 집적거리다. 놀리다. 농지거리하다. ¶不准~妇女. =부녀자를 희롱해서는 안 된다.
【调笑】tiáoxiào 동 놀리다. 조소하다. 비웃다. 희롱하다. 농담하다. 시시덕거리다.
【调协】tiáoxié 동 어울리다. 조화하다. 타협하다. ¶服装搭配不~. =복장이 어울리지 않다.
【调谐】tiáoxié 형 조화롭다. 어울리다. ¶色彩~. =색깔이 어울리다. 동 (電) 동조(同調)하다.
【调休】tiáoxiū 동 잔업한 시간만큼 쉬다.
【调蓄】tiáoxù 동 저수량을 조절하다.
【调谑】tiáoxuè 동 놀리다. 조소하다. 비웃다. 희롱하다. 농담하다. 시시덕거리다.
【调压器】tiáoyāqì 명 (電) 전압 조정기.
【调养】tiáoyǎng 동 몸조리하다. 조양하다. 조섭하다. 건강을 보살피다〔돌보다〕. ¶~身体 = 몸조리하다.
【调音】tiáo‖yīn 동 소리의 높낮이를 조절하다. 조율하다. 조음하다. 튜닝(tuning)하다.
【调匀】tiáoyún 동 알맞다. 고르다. 적절하다. ¶饮食~ = 음식이 알맞다. 동 알맞게 조절하다. 잘 섞다. 고루 혼합하다. ¶~色彩 = 색을 알맞게 조절하다.
【调整】tiáozhěng 동 조정하다. ¶~作息时间 = 일하고 쉬는 시간을 조정하다.
【调脂弄粉】tiáozhī-nòngfěn 성 1 연지 찍고 분 바르다. 2 (電) 화장을 하다.
【调制】tiáozhì 동 1 조제하다. 재료를 배합하여 만들다. 가공 제조하다. ¶~鸡尾酒 = 칵테일을 조제하다. 2 (電) 변조(變調)하다. ≒酒制
【调制解调器】tiáozhì jiětiáoqì 명 (컴) 모뎀 (modem).
【调治】tiáozhì 동 몸조리하다. 요양하다. 질병을 치료하다. ¶精心~ = 정성껏 요양하다.
【调资】tiáo‖zī 동 임금을 조정하다. [주로 임금 인상을 가리킴] ¶~晋级 = 임금을 인상하고 진급시키다.
【调嘴】tiáozuǐ 동 입만 잘 놀리다. 말재간이 뛰어나다.
【调嘴弄舌】tiáozuǐ-nòngshé ☞【调嘴学舌】tiáozuǐ-xuéshé
【调嘴学舌】tiáozuǐ-xuéshé 성 뒤에서 남을 험담하며 고의로 시비를 부추기다. =【调嘴弄舌】tiáozuǐ-nòngshé

## 铫[銚] tiáo 창 조
명 긴 창.
☞ diào, yáo

## 笤 tiáo 비 소
아래를 참조.
【笤帚】[笤菷] tiáo·zhou 명 비. 빗자루.
【笤帚疙瘩】tiáo·zhou gē·da 명 작은 비 (빗자루).

## 蓨[(莜)] Tiáo 땅 이름 수
명 지금의 허베이(河北)성 징(景)현에 있었던 옛 지명.

## 齠[齠] tiáo 이 갈 초
동 (어린아이가) 이〔치아〕를 갈다.
【齠年】tiáonián 명(문) 동년(童年). 유년(幼年). [이 갈 무렵의 칠팔 세 아이]
【齠齔】tiáochèn 명(문) 1 동년(童年). 유년(幼年). 2 아동. 어린아이.

## 蜩 tiáo 매미 조
명(動) 고서에서 매미를 가리킴.

## 髫 tiáo 다박머리 초
명(옛) 아이의 늘어뜨린 머리. ¶垂~ = 머리카락을 늘어뜨리다.
【髫龄】tiáolíng 명(문) 동년(童年). 유년(幼年).
【髫年】tiáonián 명(문) 동년(童年). 유년(幼年).

## 鲦[鰷] tiáo 피라미 조
【鲦鱼】tiáoyú 【鳘鲦】cāntiáo

## 挑 tiǎo 집어낼 도
동 1 (막대기나 끝이 뾰족한 것으로) 파내다. 빼내다. 끄집어내다. 돋우다. 쑤시다. 후비다. ¶~刺 = 가시를 빼다. 2 (막대기 등으로) 쳐들다. 들어올리다. 받치다. ¶把窗帘~起来. = (막대기 따위로) 커튼을 받쳐 놓다. 3 일으키다. 도발하다. 충동질하다. 부추기다. 시키다. ¶~起事端 = 사단을 일으키다. 4 치켜세우다. ¶他一起大拇指直说好. = 그는 엄지를 치켜세우며 줄곧 좋다고 말하였다. 5 (자수의 한 방법으로) 십자수를 놓다. 크로스 스티치(cross stitch)를 놓다. ¶缝衣~花 = 옷을 짓고, 십자수를 놓다. 명(言) 치침. '丿'. [좌에서 우로 비스듬히 치켜 올라가는 한자 필획의 하나]
☞ tiāo
【挑班】tiǎobān 동 조직을 결성하여 이끌어 나가다.
【挑拨】tiǎobō 동 충동질하다. 부추기다. 이간시키다. 분쟁을 일으키다. ¶~煽动 = 선동을 하다. ≒调唆 调拨 ↔调解
【挑拨离间】tiǎobō-líjiàn 성 이간질하여 불화를 일으키게 하다.
【挑大梁】tiǎo dàliáng 동 1 (藝) (연극 등에서) 주요 배역〔주연〕을 맡다. 2 중요한 역할을 담당하다. 대들보가 되다. 크게 한몫 하다. ¶青年人~是应当的. = 청년이 중요한 역할을 맡는 것은 당연하다.
【挑灯】tiǎo‖dēng 동 1 (등불을) 심지를 돋우다. ¶~夜读 = 밤에 등 심지를 돋우고 열심히 공부하다. 2 등불을 높은 곳에 걸다. ¶~夜战 = (이전에 농촌에서) 등불을 높이 걸고 야간 작업을 하다.
【挑灯拨火】tiǎodēng-bōhuǒ 성(비) 시비를 부

추기어 분쟁을 일으키다.
【挑动】tiǎodòng 동 1 위로 들어올리다. 젖히다. ¶~门帘=문발을 걷어올리다. 2 선동하다. 도발하다. ¶~战争=전쟁을 도발하다. 3 (분쟁·심리 등을) 불러일으키다. 격발(激發)하다. 야기시키다. ¶~阅读兴趣=독서의 흥미를 불러일으키다.
【挑逗】tiǎodòu 동 집적거리다. 건드리다. 놀리다. 희롱하다.
【挑花】tiǎohuā(~儿) 명동 십자수〔크로스 스티치(cross stitch)〕(를 놓다).
【挑祸】tiǎo∥huò 동 화근을 야기하다. 화를 일으키다. 일을 저지르다. 사건을 일으키다.
【挑眉立目】tiǎoméi-lìmù 성 눈썹을 치켜세우고 눈을 부라리다.
【挑明】tiǎomíng 동 까발리다. 들추어 내다. 폭로하다. ¶既然你已经把话~, 那我就直说了。=이미 네가 다 까발렸으니, 나도 솔직히 말하겠다.
【挑弄】tiǎonòng 동 1 희롱하다. 놀리다. 집적거리다. ¶不要胡乱~人。=함부로 남을 희롱하지 마라. 2 도발하다. 부추기다. 충동질하다. ¶~是非=시비를 부추기다.
【挑破】tiǎopò 동 1 찔러서 터뜨리다〔뚫다〕. 2 폭로하다. 까발리다. ¶把事情~了说。=사건을 폭로하다.
【挑起】tiǎoqǐ 동 1 들어올리다. 내걸다. ¶高高地~灯笼=등롱을 높이 내걸다. 2 야기하다. 불러일으키다. 도발하다. 선동하다. ¶~事端=사단을 일으키다.
【挑惹】tiǎorě 동 야기하다. 불러일으키다. ¶~是非=문제를 야기하다.
【挑事】tiǎoshì 동 사건을 일으키다. 사고를 야기시키다.
【挑唆】tiǎo·suō 꼬드기다. 부추기다. 교사하다. 선동하다. 충동질하다. ¶别~人闹矛盾。=남을 부추겨 갈등을 유발시키지 마라.
【挑头】tiǎo∥tóu(~儿) 동 선두에 서다. 앞장서다. 리드하다. ¶~发言=앞장서서 발언하다.
【挑衅】tiǎoxìn 동 도전하다. 도발하다. 분쟁을 일으키다. 싸움을 걸다. ¶蓄意~=도발할 저의를 갖다.
【挑战】tiǎo∥zhàn 동 1 (적에게) 싸움을 걸다. 도전하다. 2 (맞수 등에) 맞서다. 도전하다. ¶向冠军~=우승자에게 도전하다. 동 도전. ¶我们所面临的是一场严峻的~。=우리가 직면한 것은 한차례의 엄중한 도전이다. ≒应战
【挑战书】tiǎozhànshū 명 도전장.

# 朓 tiǎo 그믐달 조
동형 음력 그믐께 초저녁에 달이 서쪽 하늘에서 뜨다.

# 窕 tiǎo 정숙할 조
☞【窈窕】yǎotiǎo

# 斛[䵵] tiǎo 바꿀 주
동형 교환하다. 바꾸다. ¶~麦种=보리 종자를 바꾸다.

# 眺[䀪] tiào 볼 조
동 (멀리) 바라보다. 조망〔전망〕하다. ¶登高~远=높은 곳에 올라 멀리 바라보다.
【眺望】tiàowàng 동 조망하다. 높은 곳에서 멀리 바라보다. ¶他站在楼顶~故乡的方向。=그는 옥상에 올라가서 고향 쪽을 바라본다.

# 粜[糶] tiào 쌀 내어 팔 조
동 양곡(糧穀)을 팔다. ¶~米=쌀을 팔다. ↔籴

# *跳 tiào 뛸 도
동 1 뛰다. 도약하다. 깡충 뛰다. ¶连蹦带~=껑충껑충 뛰다. / 他高兴得一~起来。=그는 기뻐서 껑충껑충 뛰었다. 2 (심장·눈꺼풀 등이) 두근거리다. 뛰다. 고동치다. 부르르〔부들부들〕 떨다. ¶心惊肉~=마음이 놀라고 살이 떨리다. 3 튀어오르다. ¶篮球应声落地, ~起老高。=농구공이 퉁 하고 땅에 떨어졌다가 매우 높이 튀어올랐다. 4 (차례·순서 등을) 건너뛰다. 뛰어넘다. ¶他这两年仕途大展, 连~三级。=그는 관운이 좋아서 요 2년 사이에 연속으로 3급이나 뛰어올랐다. [고어에서 '逃(táo)'와 같음] ≒蹦 踊 跃
【跳班】tiào∥bān ☞【跳级】tiào∥jí
【跳板】tiàobǎn 명 1(體) 구름판. 도약판. 스프링 보드(spring board). 2 (버스·배 등에서 오르내리는) 발판. 3(體) 널뛰기. 4(비) (다른 곳으로 진출하기 위한 과도기적인) 발판. 도약의 발판. 임시 직업〔직]. ¶她只是把那个单位当~, 很快就调走了。=그녀는 단지 그 부서를〔직장을〕 발판으로 삼아서 곧바로 옮겨 갈 것이다.
【跳蹦】tiàobèng 동 훌쩍 뛰다. 껑충 뛰다. ¶孩子们高兴得直~。=아이들은 기뻐서 계속 깡충깡충 뛴다.
【跳布扎】tiào bùzhá 동 액땜〔액막이〕 춤을 추다. [라마교의 풍습으로 종교 명절날 라마이이 신불(神佛)·마귀(魔鬼) 등으로 분장하여 경을 읽으며 액땜 춤을 춤. '布扎'은 티벳(Tibet)어로 '악귀(惡鬼)'의 의미임] =【跳神】tiào∥shén【打鬼】dǎ∥guǐ
【跳槽】tiàocáo 동 1 다른 구유로 가서 먹이를 다투다. 옆의 먹이통으로 가서 먹다. 2(비) 다른 부서로 옮기다. 직업을 바꾸다. ¶他在这儿没干多久就~了。=그는 여기에서 얼마 근무하지도 않고 다른 곳으로 옮겼다.
【跳厂】tiàochǎng 동 노동자가 전직하다. 직장을 옮기다.
【跳车】tiàochē 동 (달리는) 차에 올라타다. 차에서 뛰어내리다.
【跳大神】tiào dàshén ☞【跳神】tiào∥shén
【跳跶】tiào·da 동㋐ 1 (맥·가슴 등이) 뛰다. 고동치다. 두근거리다. 2 (사람·개구리·새 등이) 뛰다. 뛰어다니다. 깡충 뛰다. 팔팔 뛰다. 앙감질하다. 3(비) (일 때문에) 사방으로 싸돌아다니다. 분주하게 활동하다.
【跳荡】tiàodàng 동 1 (위아래로) 출렁이다. 요

동치다. 흔들리다. ¶迅疾的流水在灌溉渠中~。=빠른 물살이 관개 수로에서 출렁이며 흘러간다. **2** 뛰다. 두근거리다. 고동치다. ¶她吓得心不停地~。=그녀는 놀라서 가슴이 계속 두근거렸다.

【跳动】 **tiàodòng** 동 **1** 뛰다. 깡충 뛰다. 활동하다. ¶奔跑~=분주하게 뛰어다니다. **2** (맥·가슴 등이) 뛰다. 고동치다. 두근거리다. (눈꺼풀·근육 등이) 팔딱거리다. 푸들거리다. 부르르 떨다. (불꽃 등이) 춤추다. [일어났다가 가라앉았다 하는 모양] ¶火光~=불빛이 춤추다.

【跳房子】 **tiào fáng·zi** 동 사방치기놀이를 하다. =【跳间】 **tiàojiān**

【跳高】 **tiàogāo**(~儿) 동 뛰어오르다. ¶她气得直~儿。=그녀는 화가 나서 팔짝팔짝 뛰었다. 명(體) 높이뛰기.

【跳海】 **tiào ‖ hǎi** 동 (죽으려고) 바다에 뛰어들다. 바다에 투신하다.

【跳行】 **tiào ‖ háng** 동 **1** 줄을 바꾸어 쓰다. **2** (글을 쓰거나 읽을 때) 한 줄을 건너뛰다. 한 줄을 누락하다(빼먹다). **3** 직업을 바꾸다. 업종을 바꾸다. 장사를 바꾸다.

【跳河】 **tiào ‖ hé** 동 (죽으려고) 강물에 뛰어들다. 강에 투신하다.

【跳火坑】 **tiào huǒkēng** (유) **1** 불구덩이에 뛰어들다. 몸을 불구덩이에 던지다. **2** (비) 비참한 지경에 빠지다. 곤경에 빠지다.

【跳级】 **tiào ‖ jí** 동 **1** 월반(越班)하다. 학년을 뛰어넘다. =【跳班】 **tiào ‖ bān 2** 등급〔계급〕을 건너뛰다. 두 등급〔계급〕 이상 승진하다. ¶他早已~高升了。=그는 벌써 두 계급 이상 승진하여 올라갔다.

【跳加官】 **tiàojiāguān** 명(연) 중국 전통극에서 공연을 시작하거나 공연 중간에 추가적으로 공연하는 춤.

【跳间】 **tiàojiān** ☞【跳房子】 **tiào fáng·zi**

【跳脚】 **tiào ‖ jiǎo**(~儿) 동 발을 동동 구르다.

【跳进黄河洗不清】 **tiàojìn Huánghé xǐbùqīng** (속) **1** 황허(黃河)에 뛰어들어도 깨끗하게 다 씻어 버릴 수 없다. **2** (비) 아무리 해도 누명을 벗을 수 없다.

【跳井】 **tiào ‖ jǐng** 동 (죽으려고) 우물에 뛰어들다. 우물물에 투신하다.

【跳空】 **tiàokōng** 동(經) 주식 시장이 큰 폭으로 춤추기 시작하다.

【跳梁】[跳踉] **tiàoliáng** 동 **1** 뛰어오르다. 도약하다. 펄쩍 뛰다. 깡충깡충 뛰다. **2** (비) 악인이 창궐하다. 함부로 날뛰다. 발호(跋扈)하다. ¶这些历史上的~小丑将永遭挞伐。=역사상의 제멋대로 날뛰는 이 망나니들은 장차 영원히 징벌당할 것이다.

【跳梁小丑】 **tiàoliáng xiǎochǒu** (성) **1** 어릿광대. **2** (비) 설치고 다니며 문제나 일삼는 작자. 말썽꾼.

【跳踉】 **tiàoliáng** ☞【跳梁】 **tiàoliáng**

【跳楼】 **tiào ‖ lóu** 동 **1** (죽으려고) 건물〔위층〕에서 뛰어내리다. **2** (유) (손해 볼 정도로) 상품의 가격이 큰 폭으로 떨어지다.

【跳楼货】 **tiàolóuhuò** 명 (손해를 무릅쓰고) 대폭 가격을 인하한 상품. 투매품(投賣品).

【跳楼价】 **tiàolóujià** 명 (손해 볼 정도로) 대폭 인하한 상품의 가격. 최저 판매가.

【跳马】 **tiàomǎ** 명(體) **1** 도마 경기. 뜀틀 경기. **2** (경기용) 도마. 뜀틀.

【跳蝻】 **tiàonǎn** ☞【蝗蝻】 **huángnǎn**

【跳皮筋儿】 **tiào píjīnr** 동 고무줄놀이하다.

【跳棋】 **tiàoqí** 명 다이아몬드 게임.

【跳球】 **tiàoqiú** 동(體) (농구에서) 점프 볼(jump ball)하다.

【跳伞】 **tiào ‖ sǎn** 동 낙하산으로 뛰어내리다. 명(軍) 낙하. 강하.

【跳伞塔】 **tiàosǎntǎ** 명 낙하산 강하 훈련탑.

【跳神】 **tiào ‖ shén**(~儿) (신들린 무당이) 굿을 하다. =【跳大神】 **tiào dàshén 2** ☞【跳布扎】 **tiào bùzhá**

【跳绳】 **tiàoshéng** 명동(體) 줄넘기(를 하다).

【跳虱】 **tiàoshī** ☞【跳蚤】 **tiào·zao**

【跳水】 **tiàoshuǐ** 동 (죽으려고) 물에 뛰어들다. 물에 투신하다. 명(體) 다이빙.

【跳水池】 **tiàoshuǐchí** 명(體) 다이빙 풀. 다이빙장. 다이빙 경기장.

【跳台】 **tiàotái** 명(體) 다이빙대. 점프대.

【跳跳糖】 **tiàotiàotáng** 명 톡톡 캔디. [입 안에서 소리를 내며 터지는 사탕]

【跳跳蹦蹦】 **tiào·tiao bèngbèng**(~的) 형 깡충깡충. ¶孩子一地上学去了。=아이들이 깡충깡충 뛰면서 학교에 간다.

【跳腾】 **tiào·téng** 동(方) **1** 처리하다. 관리하다. 꾸려 나가다. ¶家里的大小事情全是她一个人~。=집안의 대소사는 모두 그녀 혼자 처리한다. **2** 성공하다. 출세하다. ¶没本事, 再怎么也~不起来。=능력이 없으면, 어떻게 하더라도 성공하지 못한다.

【跳舞】 **tiào ‖ wǔ** 동 **1** 춤을 추다. ¶~比赛现在开始。=댄스 경연을 지금부터 시작하겠습니다. **2** 사교춤을 추다. ≒舞蹈.

【跳舞毯】 **tiàowǔtǎn** 명 펌프(Pump). 디디알(DDR. Dance Dance Revolution). [스크린에 나타나는 화살표에 따라 발을 옮겨 디디며 음악에 맞추어 춤을 추는 오락용품]

【跳箱】 **tiàoxiāng** 명(體) 뜀틀.

【跳鞋】 **tiàoxié** 명(體) (높이뛰기·멀리뛰기용) 스파이크 점프 슈즈.

【跳雪台】 **tiàoxuětái** 명(體) 스키의 점프대.

【跳远】 **tiàoyuǎn**(~儿) 명(體) 멀리뛰기.

【跳月】 **tiàoyuè** 명 짝찾기 달놀이. [이족(彝族)·묘족(苗族) 등의 풍습. 미혼의 청춘 남녀들이 명절날 밤에 야외에서 마음껏 가무를 즐기며 짝을 고르는 전통놀이]

【跳跃】 **tiàoyuè** 동 뛰어오르다. 도약하다. ¶~着前进=뛰어올라 앞으로 나아가다.

【跳跃器】 **tiàoyuèqì** 명(體) (경기용보다) 작은 뜀틀. =【跳虱】 **tiàoshī**

【跳越】 **tiàoyuè** 동 뛰어넘다. 넘다. ¶~障碍

物=장애물을 뛰어넘다.
【跳蚤】tiào·zao 명(動) 벼룩. =【屹蚤】gè·zao 图【跳虱】tiàoshī
【跳蚤市场】tiào·zao shìchǎng 명(經) 벼룩 시장.
【跳闸】tiào‖zhá 동(電) 안전 스위치가 작동되다 [차단되다].

# tie

**帖** tiē 따를 첩
형 알맞다. 적합하다. 타당하다. 온당하다. ¶妥~=타당하다. 동 순종하다. 복종하다. ¶俯首耳=머리 숙여 복종하다. 명 (Tiē) 성(姓).
☞ tiě, tiè

○● 伏帖, 宁níng帖

【帖服】tiēfú 동(문) 순종하다. 복종하다. ¶手下~=부하들이 머리 숙여 복종하다.

**怗** tiē 복종할 첩
동(문) (반란·폭동 등을) 평정하다. 진압하다. 복종시키다.

**贴¹**[貼] tiē 붙을 첩
동 1 (경제적으로) 보태 주다. 도와 주다. ¶他每月要~钱给父母.=그는 매달 꼬박꼬박 부모님께 돈을 보태 주어야 한다. 2 붙이다. ¶把邮票~在信封的右上角.=우표를 편지 봉투의 우측 상단에 붙이다. 3 바싹 붙다. 아주 가깝게 달라붙다. ¶~身内衣=몸에 바싹 붙는 내의. 명 보조금. 수당. ¶房~=집세 보조금. 주택 수당. 양 장. 매. [고약 등을 세는 단위] ¶两~膏药=고약 두 매. ↔揭

**贴²**[貼] tiē 따를 첩
'帖(tiē)'과 같음.

○● 补贴, 倒贴, 伏贴, 锅guō贴儿, 津jīn贴, 体贴, 熨yù贴, 粘zhān贴, 张贴, 招贴

【贴本儿】tiēběnr 동 밑지다. 손해를 보다. 본전을 까먹다.
【贴边】tiē‖biān 동 사실에 가깝다. 근접하다. 관련되다. ¶他的回答和老师的提问根本不~.=그의 대답은 선생님의 질문과 전혀 근접하지 않는다.
【贴边】tiēbiān 명 (의복의) 가선. 가두리. 옷단.
【贴标签】tiē biāoqiān 동 1 상표를 붙이다. 2 ㈜ (인물·사건에) 꼬리표를 갖다 붙이다. 구체적인 분석도 없이 결론을 내리다.
【贴饼子】tiē bǐng·zi 통 솥 주위에 붙여서 구운 (타)원형의 빵. [주로 옥수수가루나 좁쌀가루로 만듦]
【贴补】tiē·bǔ 동 1 저축한 재물을 생활에 보태 다. ¶~家用=생활비로 보태다. 2 (주로 친척

· 친구를 경제적으로) 도와 주다. 보조해 주다. 보태 주다. ¶孩子上大学的学费, 全部由他叔父~.=아이의 대학 학비는 모두 그의 삼촌이 보조해 준다.
【贴布花】tiēbùhuā 명 (수예의) 아플리케.
【贴出】tiēchū 동 게시하다. 내붙이다. ¶~告示=게시하여 알리다.
【贴兜】tiēdōu 명 패치 포켓(patch pocket). 덧붙인 주머니. =【明兜】míngdōu
【贴合】tiēhé 동 1 타당하다. 확실하다. 적절하다. 정확하다. ¶他这话与事实不~.=그의 말은 사실과 맞지 않다. 2 잘 맞다. 딱 어울리다. 딱 맞아떨어지다. ¶青山绿水, 自然.=푸른 산과 푸른 물이 자연스럽게 어울린다.
【贴花】tiēhuā 명 1 아플리케. 2 옛날, 부녀자가 이마나 얼굴에 붙이던 장식. 3 상품 위에 붙이는 소형 장식 그림. 4 성냥갑 위에 붙이는 그림.
【贴画】tiēhuà 동 세화(歲畵)나 포스터를 벽에 붙이다. 명 1 벽에 붙이는 세화(歲畵)·포스터 따위. 2 성냥갑 위에 붙이는 그림.
【贴换】tiē·huàn 동 낡은 물건에 웃돈을 얹어 새 것으로 교환하다.
【贴己】tiējǐ 형 친근한. 허물없는. 마음이 맞는. 격의 없는. ¶他身边也没个~的人.=그의 주변에 친한 [허물없는] 사람이라곤 없다. 명(방) (가족 구성원이) 몰래 모은 돈(재물). 꼬불쳐 둔 돈(재물). 비상금. 쌈짓돈. ¶~钱=비상금.
【贴胶】tiējiāo 명 코팅.
【贴金】tiē‖jīn 동 1 (불상 등에) 금박을 입히다. 2 ㈜(홍) (자기 또는 타인을) 과대 포장하다. 미화하다. 자랑하다. ¶往自己脸上~=제 자랑하다.
【贴近】tiējìn 동 접근하다. 바싹 다가가다. ¶~现实的文学作品=현실에 접근한 문학 작품. 형 친(밀)하다. 가깝다. ¶他是我比较~的人.=그는 나와 비교적 친한 사람이다.
【贴面】tiēmiàn 명 (가구·건축 등의) 외장재. [보드(board)·래핑지(lapping纸)·대리석·타일 등을 가리킴] ¶塑料~=래핑지.
【贴谱】tiēpǔ 형 이치(실제)에 맞다. 적절하다. 적당하다. 알맞다. 어울리다. [도리·표준·실제에 부합하는 것을 나타냄] ¶这种说法太不~了.=이러한 견해는 실제와 너무 맞지 않는다.
【贴钱】tiēqián 동 1 돈을 보조해 주다. 경제적으로 도와 주다. ¶他这几年每年都要~供外甥上大学.=그는 요 몇 년 동안 매년 생질의 대학 학비를 보조해 주었다. 2 손해를 보다. 밑지다. 결손을 보다. ¶没有人愿意做~的生意.=손해 보는 장사를 하고 싶은 사람은 없다.
【贴切】tiēqiè 형 (어휘가) 적절하다. 타당하다. 적합하다. 알맞다. 딱 들어맞다. ¶这个比喻得十分~.=이 비유는 아주 적절하다.
【贴权】tiēquán 명(經) 주가가 권리락(ex-rights)·배당락(ex dividend) 이전 시세보다 떨어지는 것. ↔填权
【贴身】tiēshēn 형 1 (~儿) (옷이) 몸에 꼭 붙다. ¶~衣服=몸에 꼭 붙는 옷. 2 곁에 따라다니다. ¶~保镖=그림자처럼 곁에 따라다니는

tiē 贴 跕 萜 帖 铁

보디가드. **3** 몸에 맞다. 치수가 맞다. ¶你这套衣服很~。=이 옷은 네 몸에 꼭 맞다.

【贴水】tiēshuǐ 동 **1** 수면에 바싹 붙다. ¶快艇~疾驶。=쾌속정이 수면에 바싹 붙어 질주하다. **2** (經) (어음·화폐 등의) 교환 차액을 지급하다. 명 (經) 교환 차액.

【贴题】tiētí 형 (글이) 제목과 부합하다. ¶文章写得很~。=글을 제목과 잘 어울리게 썼다.

【贴息】tiēxī 동 **1** (經) (단기) 어음 (따위의) 할인액을 지불하다. **2** (정부·직장 등이) 주택 구입에 따른 대출 이자의 일부를 보조하다. 명 (經) 어음 (따위의) 할인액.

【贴现】tiēxiàn 동 (經) (장기) 어음·채권·주권 따위를 할인하(여 사들이)다. 명 (經) 어음 (따위의) 할인액.

【贴现率】tiēxiànlǜ 명 (經) 어음 할인율.

【贴心】tiēxīn 형 가장 친하다. 마음이 딱 맞다. 제일 가깝다. 마음에 딱 들다. ¶朋友不少, 但~的朋友不多。=친구는 적지 않지만 마음이 맞는 친구는 많지 않다.

【贴心人】tiēxīnrén 명 절친한 사람. 막역한 친구 (사이).

## 跕 tiē 신발 끌 접
동문 신을 끌면서 걷다.

## 萜 tiē 테르펜 첩
명외 (化) 테르펜(terpenes).

## **帖 tiě 쪽지 첩
명 **1** 청첩장. 초대장. ¶喜~=결혼 청첩장. **2** (~儿) 쪽지. 메모지. ¶字~儿=글쪽지. 메모지. **3** 필사하거나 인쇄한 통지서〔광고 포스터〕. ¶招~=광고. 포스터. **4** 옛 자신의 사주팔자를 적은 종이. ¶庚~=사주단자. 양 첩. [한약을 세는 단위] ¶一~药=약 한 첩.
☞ tiē, tiè

○─ 禀bǐng帖, 庚gēng帖, 黑帖, 回帖, 柬jiǎn帖, 揭jiē帖, 下帖, 谢帖, 无名帖

【帖子】tiě·zi 명 **1** 청첩장. 초대장. **2** 쪽지. 메모. **3** 옛 사주단자.

## **铁[鐵] tiě 쇠 철
명 **1** 의 (化) 쇠. 철(Fe, ferrum). [원자 번호 26] **2** 무기. ¶手无寸~=아무런 무장도 하지 않다. **3** (Tiě) 성(姓). 형 **1** 단단하다. 군세다. 견고하다. ¶铜墙~壁=구리와 쇠로 된 벽. **2** 강하다. 굽히지 않다. 강경하다. 믿음직하다. ¶他是一个~汉子。=그는 불굴의 사나이이다. **3** 확고부동하다. 확실하다. 철석같다. ¶~的事实=확고부동한 사실. **4** 정예의. 선발된. 난폭한. ¶这支队被誉为~军。=이 부대는 정예 군대로 알려져 있다. **5** (표정이) 엄숙한. 진지한. ¶他总爱~着个脸, 让人感不舒服。=그는 항상 굳은 표정이라 사람들에게 불쾌감을 준다. **6** 군게 결심하다. ¶他~了心要去参加比赛。=그는 군게 결심

하고 시합에 참가하려고 한다. **7** 검다. 시퍼렇다. ¶他的脸冻得~青。=그의 얼굴은 시퍼렇게 얼었다. **8** 관계가 긴밀하다. 매우 친하다. 의리로 똘똘 뭉치다. ¶他们都是我的~哥们儿。=그들은 모두 나의 아주 친한 친구들이다.

○─ 白铁, 镔bīn铁, 磁cí铁, 打铁, 地铁, 锻铁, 钢gāng铁, 灰铁, 烙lào铁, 铅铁, 生铁, 熟铁, 苏sū铁, 衔xián铁, 铣xiǎn铁, 洋铁, 陨yǔn铁, 铸zhù铁

【铁案】tiě'àn 명(버) 증거가 확실하여 뒤집을 수 없는 사건〔사안·결론〕.

【铁案如山】tiě'àn-rúshān 성 증거가 명백하여 뒤집을 수 없이 확정된 안건.

【铁板】tiěbǎn 명 철판.

【铁板钉钉】tiěbǎn-dìngdīng 성 **1** 이미 정해져서 바꿀 수 없다. **2** (버) 절대적으로 확실하다. 뻔하다. 영락없다.

【铁板一块】tiěbǎn-yīkuài 버 철판덩어리. **2** (버) 똘똘 뭉친 것. 강철대오.

【铁笔】tiěbǐ 명 **1** 등사판용 철필. **2** 도장칼. 새김칼. 조각칼.

【铁壁铜墙】tiěbì-tóngqiáng ☞【铜墙铁壁】tóngqiáng-tiěbì

【铁臂】tiěbì 명(버) 무쇠팔뚝.

【铁饼】tiěbǐng 명(體) **1** 원반던지기. **2** 원반.

【铁蚕豆】tiěcándòu 명 **1** 껍질이 터지지 않고 딱딱하게 볶은 잠두〔누에콩〕. **2** (버) 고집쟁이. 고집통. 완고한 사람. [풍자의 의미를 담고 있음]

【铁杵磨成针】tiěchǔ móchéng zhēn 성 **1** 쇠절굿공이를 갈아 바늘을 만들다. **2** (버) 꾸준히 노력하면 어떤 일도 해낼 수 있다.

【铁窗】tiěchuāng 명 **1** 철창. 쇠로 된 창. **2** 감옥. ¶~岁月=감옥 속의 세월.

【铁锤】tiěchuí 명 망치. 쇠메.

【铁搭】[铁耢] tiědā 명(동) 쇠써레.

【铁耢】tiědā ☞【铁搭】tiědā

【铁打】tiědǎ 형 **1** 쇠로 만든. **2** (버) 견고하다. 강경하다. 굽힐 모르다. ¶~的汉子=의지가 군센 남자.

【铁丹】tiědān ☞【红土子】hóngtǔ·zi

【铁道】tiědào 명 철도. 철로.

【铁道兵】tiědàobīng 명(軍) **1** 철도 병과. [철도 공사 등을 담당하는 병과. 1982년 12월 '铁道部(민간 철도청)' 으로 편입됨] **2** 철도병.

【铁钉(子)】tiědīng (·zi) 명 쇠못.

【铁定】tiědìng 형 확실하다. 확고부동하다. 철석같다. 고정되다. ¶~的安排=확실한 안배.

【铁矾】tiěfán 명(化) 철명반.

【铁饭碗】tiěfànwǎn 명 **1** 쇠밥그릇. **2** (버) 철밥통. 확실한 직업. 평생 직업. [주로 국영 기업체 직장을 가리킴]

【铁杆】tiěgǎn (~儿) 명 **1** 쇠막대기 모양의 물건. **2** (버) 확실히 믿을 만한 사람. 틀림없는 사람. 흔들림이 없는 사람. ¶~朋友=확실히 믿을 수 있는 친구. **3** (버) 고집불통. 완고한 사람. ¶~黑帮=살벌한 암흑가의 조직.

【铁镐】tiěgǎo 圏 곡괭이. 괭이.
【铁哥们儿】tiěgē·menr 圏(口)(비) 의리로 똘똘 뭉친 남자 친구. 절친한[둘도 없는] 남자 친구.
【铁工】tiěgōng 圏 1 철공일. 대장일. 2 철공. 대장장이.
【铁公鸡】tiěgōngjī 圏(비) 굉장히 인색한 사람. 구두쇠. 노랑이.
【铁姑娘】tiěgū·niang 圏(비) 여걸(女傑). 여장부. [주로 농촌의 강건하고 능력 있는 젊은 여성을 가리킴]
【铁箍】tiěgū 圏 쇠(로 만든) 테(띠).
【铁骨铮铮】tiěgǔ-zhēngzhēng 圏(비) 의지가 굳센 사람. 굽힐 줄 모르는 사람. =【铁中铮铮】tiězhōng-zhēngzhēng
【铁观音】tiěguānyīn 圏 철관음. [우룽차(乌龙茶)의 일종. 푸젠(福建)성에서 생산됨]
【铁管】tiěguǎn 圏 쇠파이프. 철관.
【铁轨】tiěguǐ ☞【钢轨】gāngguǐ
【铁棍】tiěgùn 圏 쇠몽둥이.
【铁锅】tiěguō 圏 가마. 솥.
【铁汉(子)】tiěhàn(·zi) 圏 의지가 굳센 사람. 억척같은 사나이. 굽힐 줄 모르는 사람.
【铁合金】tiěhéjīn 圏(化) 합금 주철.
【铁花】tiěhuā ☞【铁画】tiěhuà
【铁画】tiěhuà 圏(藝) 1 철화. [쇳조각·쇠꼬챙이·철사 등을 이용하여 용접 제작한 공예품] 2 철화 공예. =【铁花】tiěhuā 3 (서예에서) 응건한 필획. ¶~银钩=응건한 필획.
【铁环】tiěhuán 圏 1 굴렁쇠. 2 쇠고리. =【铁圈】tiěquān
【铁灰】tiěhuī 圏 (쇠에 녹이 슨 듯한) 진회색의.
【铁活】tiěhuó 圏 1 건축물 또는 기물의 각종 철제 제품. 2 철공일. 철골일.
【铁蒺藜】tiějí·li 圏(軍) 마름쇠. 질려 철. 철질려. [끝이 송곳처럼 뾰족한 서너 개의 발을 가진 쇠못으로, 도둑이나 적을 막기 위하여 흩어 둠]
【铁甲】tiějiǎ 圏 1 (軍) 철갑(옷). 2 장갑.
【铁甲车】tiějiǎchē ☞【装甲车】zhuāngjiǎchē
【铁甲舰】tiějiǎjiàn ☞【装甲舰】zhuāngjiǎjiàn
【铁将军】tiějiāngjūn 圏(비) 자물쇠. [해학적인 의미를 내포함] ¶~把门=자물쇠가 문(집)을 지키다.
【铁匠】tiě·jiang 圏 대장장이. 철공.
【铁交椅】tiějiāoyǐ 圏 1 철의자. 2 (비) 퇴출 걱정이 없는 든든한 간부 직위.
【铁脚板】tiějiǎobǎn (~儿) 圏 1 무쇠다리. 건각(健脚). 철각(鐵脚). 2 잘 걷는 사람.
【铁姐·men】tiějiě·men 圏(口)(비) 절친한[둘도 없는] 여자 친구.
【铁军】tiějūn 圏(軍) 무적 군대. 강한 군대.
【铁矿】tiěkuàng 圏(礦) 1 철광석. 2 철광.
【铁矿砂】tiěkuàngshā 圏(礦) 철광석.
【铁老大】tiělǎodà 圏(반) 철도 운수 분야.
【铁镣】tiěliào 圏 (흉악범에게 채우는) 쇠고랑. 쇠족쇄.
【铁链】tiěliàn 圏 쇠사슬.

【铁流】tiěliú 圏 1 (金) 녹아 흐르는 쇳물. 2 (비) 전투력이 막강한 군대. 무적 군대.
【铁路】tiělù 圏 철도.
【铁路干线】tiělù gànxiàn 圏 간선(본선) 철도.
【铁路网】tiělùwǎng 圏 철도망. 철로망.
【铁路支线】tiělù zhīxiàn 圏 철도의 지선.
【铁路专用线】tiělù zhuānyòngxiàn 圏 기관의 물자 수송 전용 철도(선).
【铁马】tiěmǎ 圏 1 철기(鐵騎). 철갑으로 무장한 말. 2 정예 기병. ¶金戈~=용맹하고 막강한 군대. 3 첨마(檐馬). 궁중·사찰 등 처마의 풍경(風磬).
【铁锚】tiěmáo 圏 (쇠로 만든) 닻.
【铁门槛】tiěménkǎn 圏(비) 엄격한 제한(제약·단속). 쇠문턱.
【铁锰合金】tiěměng héjīn 圏 망간철. 페로망간(ferromanganese).
【铁面皮】tiěmiànpí 圏(비) 철면피. 낯짝이 두꺼운 사람.
【铁面无私】tiěmiàn-wúsī 圈 인정에 구애됨이 없이 공평무사(公平無私)하다.
【铁幕】tiěmù 圏 1 쇠(로 만든 장)막. 2 (비) 철의 장막.
【铁镍合金】tiěniè héjīn 圏(金) 니켈철 합금.
【铁牛】tiěniú 圏 1 쇠로 주조한 소. 2 (又) 트랙터.
【铁耙】tiěpá 圏 쇠갈퀴. 쇠스랑. 써레.
【铁皮】tiěpí 圏 얇게 압제된 철판.
【铁铺】tiěpù 圏 1 철물점. 2 대장간.
【铁骑】tiěqí 圏(文) 1 철기. 2 (비) 정예 기병.
【铁器】tiěqì 圏 철기.
【铁器时代】Tiěqì shídài 圏(歷) 철기 시대.
【铁锹】tiěqiāo 圏 삽. 가래.
【铁桥】tiěqiáo 圏 철교.
【铁青】tiěqīng 圏 검푸르다. 새파랗다. [화를 내거나 겁에 질렸거나 병들었을 때의 얼굴빛을 가리킴] ¶他~着脸, 一言不发. =그는 새파란 얼굴로 한 마디도 하지 않았다.
【铁球】tiěqiú 圏 1 (體) 포환(砲丸). 2 (혈액 순환을 돕기 위해 손에 쥐고 굴리는) 마이티볼. 지압구.
【铁圈】tiěquān ☞【铁环】tiěhuán
【铁拳】tiěquán 圏(비) 철권. 쇠주먹.
【铁人】tiěrén 圏(비) 철인. 체력이(의지가) 매우 강한 사람.
【铁人三项】tiěrén sānxiàng 圏(體) (수영·사이클·마라톤의) 철인 3종 경기. 트라이애슬론(triathlon).
【铁扫帚】tiěsào·zhou 圏 1 쇠비. 쇠빗자루. 2 (비) (부패·부정·부조리 등을) 일소하는 강력한 수단. 강력한 조치.
【铁纱】tiěshā 圏 (가는 철사로 엮어 만든) 눈이 가는 철망. [주로 방충망으로 많이 쓰임]
【铁砂】tiěshā 圏 1 (산탄 속에 들어가는) 작은 탄알. 2 주조물의 표면을 가공하는 철가루. 3 (礦) 사철(砂鐵).
【铁杉】tiěshān 圏(植) 솔송나무.
【铁石心肠】tiěshí-xīncháng 圈 1 목석간장.

2 [비] 냉정하고 무정한 마음씨.
【铁树】**tiěshù** [명]《植》 **1** 홍죽(紅竹). [용설란과의 상록 관목. 학명은 *'Cordyline terminalis'* 임] =【朱蕉】**zhūjiāo**【朱竹】**zhūzhú** **2** ☞【苏铁】**sūtiě**
【铁树开花】**tiěshù-kāihuā** [성] **1** 소철에 꽃이 피다. [열대 상록 교목인 소철은 원래 드물게 꽃을 피우는 식물인데, 북방 지역에 옮겨 심으면 꽃을 피우는 일이 더욱 드물어서 유래한 말] **2** [비] 아주 드문 일. 실현 가능성이 극히 적은 일.
【铁水】**tiěshuǐ** [명]《金》 쇳물. 철탕(鐵湯).
【铁丝】**tiěsī** [명] 철사.
【铁丝网】**tiěsīwǎng** [명] **1** 철망. **2**《軍》 철조망.
【铁算盘】**tiěsuàn·pán** [명] **1** 정확한 계산. **2** [비] 계산이 정확한 사람.
【铁索】**tiěsuǒ** [명] 철삭. 쇠밧줄. 케이블(cable). 굵은 체인.
【铁索桥】**tiěsuǒqiáo** [명] 현수교.
【铁锁链】**tiěsuǒliàn** [명] **1** 쇠사슬. **2** [비] 쇠사슬. 억압. 압박. [사람을 속박하는 옛날 관념이나 사회 제도를 가리킴]
【铁塔】**tiětǎ** [명] **1** 철탑. **2** 쇳빛 유약을 칠한 벽돌로 쌓은 탑. **3** 고압선용의 철탑.
【铁蹄】**tiětí** [명] **1** 쇠발굽. 쇠편자. **2** [비] 발굽. 백성을 짓밟는 잔혹한 행위.
【铁条】**tiětiáo** [명] 쇠막대. 쇠꼬챙이.
【铁桶】**tiětǒng** [명] **1** 철통. 쇠통. **2** [비] 견고하여 파괴할 수 없는 것. ¶警察把逃犯的住所围成了一个~。=경찰은 도주범의 처소를 철통같이 포위하였다.
【铁腕】**tiěwàn** [명] **1** 철완. 무쇠팔. **2** [비] 강력한 수단. ¶~人物=압제자. 강권을 휘두르는 인물. **3** [비] 강력한 통치. ¶~政策=강력한 정책.
【铁锨】**tiěxiān** [명] 삽.
【铁线草】**tiěxiàncǎo** ☞【铁线蕨】**tiěxiànjué**
【铁线蕨】**tiěxiànjué** [명]《植》 공작고사리. =【铁线草】**tiěxiàncǎo**
【铁线连】**tiěxiànlián** [명]《植》 위령선. 꽃으아리. [미나리아재비과 으아리속에 딸린 식물]
【铁箱】**tiěxiāng** [명] 금고.
【铁屑】**tiěxiè** [명] 쇠부스러기.
【铁心】[铁芯] **tiě‖xīn** [동] 굳게 결심하다. 단단히 마음먹다. ¶他~下海经商。=그는 사회에 진출하여 상업에 종사하기로 굳게 결심하였다.
【铁芯】**tiě‖xīn** ☞【铁心】**tiě‖xīn**
【铁心】**tiěxīn** [명] 철심. [변압기·전동기 등에서 전기 기기의 자기 회로를 만들기 위하여 코일 속에 넣는 강재(鋼材)]
【铁锈】**tiěxiù** [명]《化》 (쇠에 스는) 녹.
【铁血】**tiěxuè** [명][문] **1** 무기와 피. **2** 전쟁. 무력. ¶~年代=전쟁 시대. **3** [비] 철석같은 의지와 희생 정신. *¶~男儿=강건하고 장한 사나이.*
【铁氧化物】**tiěyǎnghuàwù** [명]《化》 산화철.
【铁氧体】**tiěyǎngtǐ** [명]《化》 아철산염. 페라이트(ferrite).
【铁衣】**tiěyī** [명] 철갑(옷).
【铁椅(子)】**tiěyǐ(·zi)** [명] **1** 철의자. **2** [비] 퇴출 걱정이 없는 든든한 간부 직위.
【铁掌】**tiězhǎng** [명] **1** (구두의) 징. 편자. **2** [비] 강력한 파괴력.
【铁砧】**tiězhēn** [명] 철침. 모루.
【铁铮铮】**tiězhēngzhēng** [형] 굳세다. 강직하다. 확고하다. ¶~的男子汉=강건한 사나이.
【铁证】**tiězhèng** [명] 확증. 확실한 증거. 확거. 움직일 수 없는 증거. ¶握有~=확실한 증거를 갖고 있다.
【铁证如山】**tiězhèng-rúshān** [성] 명백한 증거로 완전히 확정된 안건.
【铁质】**tiězhì** [명] 철분(鐵分).
【铁中铮铮】**tiězhōng-zhēngzhēng** ☞【铁骨铮铮】**tiěgǔ-zhēngzhēng**
【铁嘴】**tiězuǐ** [명][비] **1** 뛰어난 말재주. **2** 말재주가 뛰어난 사람.

**帖 tiè 법첩 첩**
[명] 습자 교본. 글씨본. 그림본. ¶字~=서첩. / 画~=화첩.
☞ **tiē, tiě**

**餮 tiè 탐할 철**
[형][문] 탐식하다. 식탐하다. 음식을 탐하다. ¶饕~=전설 속의 흉악하고 탐식하는 야수. 식탐하는 사람. 흉악하고 욕심이 많은 사람.

## ting

**厅[廳] tīng 관청 청**
[명] **1** (집회·손님 접대·오락용의) 큰 방. 홀. 대청. ¶客~=응접실. / 三室两~=방 세 칸과 응접실 두 칸. **2** 청. [성(省)에 소속된 기관의 명칭] ¶教育~=교육청. / 民政~=민정청. **3** 청. [대형 기관의 부서 단위의 명칭] ¶办公~=사무국. **4** 옛날의 관공서. ¶官~=관청. **5** 특정 용도로 많은 사람을 수용할 수 있는 영업 장소. ¶歌舞~=나이트클럽. / 咖啡~=다방. 커피숍.

O● 白厅, 饭厅, 官厅, 过厅, 花厅, 舞厅, 正厅

【厅房】**tīngfáng** [명][방] 대청. 큰 방. 홀.
【厅事】**tīngshì** ☞【听事】**tīngshì**
【厅堂】**tīngtáng** [명] 대청. 넓은 방. 홀.
【厅长】**tīngzhǎng** [명] 청장.

**汀 tīng 물가 정**
[명][문] 물가. 물가의 평지. ¶绿~=초목이 무성한 물가.
【汀线】**tīngxiàn** [명]《地》 정선. 해안선.
【汀滢】**tīngyíng** [명][문] 얕은 물. [형][문] 물이 맑다. ¶湖水~=호수가 맑고 깨끗하다.

**听[聽] tīng 들을 청**
[동] **1** 듣다. ¶~音乐=음악을 듣다. / 我~到楼下有人喊我。=나는 아래층에서 누가 나를 부르

는 소리를 들었다. **2** (의견·권고 등을) 듣다. 받아들이다. 따르다. 복종하다. ¶言～计从＝어떤 말이나 계획을 모두 듣고 따르다. **3**㉫ 다스리다. 판단하다. 판결하다. ¶垂帘～政＝수렴청정. **4**㉫ 기다리다. ¶候旨～调＝명령과 지시를 기다리다. **5** 제멋대로 내버려 두다. 맡기다. 하자는 대로하다. 마음대로 하게 하다. 좋을 대로 하다. ¶～其自便＝자기 편한 대로 하다. ㉫㉠ 깡통. 캔. [영어 'tin(깡통)'의 음역] ¶～装奶粉＝깡통 분유. ㉫ 캔. 통. 초롱. [깡통·통·초롱 등으로 포장된 물건을 세는 단위] ¶一～可乐＝콜라 한 캔. / 三～咖啡＝커피 세 캔.

○● 打听, 动听, 好听, 聆líng听, 难听, 旁听, 倾qīng听, 扫听, 视听, 收听, 探tàn听, 中听, 重听

【听壁脚】 **tīng bìjiǎo** ㉤ 엿듣다.
【听便】 **tīng ǁ biàn** ㉰ 편리한 대로 하게 하다. 좋을 대로 하다. ¶你参不参加校篮球队，～。＝당신이 학교의 농구부에 들어오든지 말든지, 편한 대로 하세요.
【听不出来】 **tīng·buchū·lái** ㉰ 알아들을 수 없다. 들어서 구분할 수 없다. 들리지 않다. ¶我的声音你都～啦？＝내 목소리도 알아듣지 못하겠니?
【听不得】 **tīng·bu·de** ㉰ 들어서는 안 된다. 들을 필요가 없다. ¶他满嘴谎话，～。＝그는 말마다 온통 거짓말뿐이니, 들을 필요가 없다.
【听不懂】 **tīng·budǒng** ㉰ 알아들을 수 없다. 알아듣지 못하다. 듣고도 모르다. ¶你这话什么意思? 我～。＝너 그 말 무슨 뜻이야? 난 모르겠는데.
【听不惯】 **tīng·buguàn** ㉰ 귀에 익숙지 않다. 귀에 거슬리다. ¶他说话方音很浓，同事们都～。＝그 사람 사투리가 너무 심해서 동료들도 모두 잘 알아듣지 못한다.
【听不进去】 **tīng·bujìn·qù** ㉰ (권고·충고·의견 등을) 받아들이지 않다. 들어주지 않다. 귀에 들어오지 않다. ¶你说了也白说, 他～。＝네가 아무리 말해 봤자, 그는 귀를 기울이지 않는다.
【听不清】 **tīng·buqīng** ㉰ 똑똑히 들리지 않다. 분명하게 들리지 않다. ¶电话的杂音太大，～。＝전화의 잡음이 너무 심해서 분명하게 들리지 않는다.
【听不下去】 **tīng·buxià·qù** ㉰ 계속(더 이상) 들을 수가 없다. ¶这些污言秽语我实在～了。＝이런 욕설을 나는 정말 더 이상 들을 수가 없다.
【听差】 **tīngchāi** ㉰ 심부름하다. ¶我只是个～的，什么权力也没有。＝전 단지 심부름하는 사람이라, 아무런 힘도 없어요. ㉫㉠ 사환. 하인. 급사. 종.
【听从】 **tīngcóng** ㉰ (남의 말을) 듣다. 따르다. 복종하다. 순종하다. ¶～命令＝명령에 따르다. ↔违抗
【听到风就是雨】 **tīngdào fēng jiùshì yǔ** ☞ 【听风是雨】 **tīngfēng-shìyǔ**

【听道】 **tīngdào** ㉫(生) 귓구멍. 외청도(外聽道). 외이도(外耳道).
【听得出】 **tīng·dechū** ㉰ 들어서 분간할〔알아차릴〕 수 있다. ¶我～他话里有话。＝나는 그 사람 말 속에 또 다른 뜻이 있음을 알아챌 수 있다.
【听得懂】 **tīng·dedǒng** ㉰ 알아들을 수 있다. ¶他～电影里的英语对白。＝그는 영화의 영어 대화를 알아들을 수 있다.
【听得进去】 **tīng·dejìn·qù** ㉰ (충고·의견 등을) 받아들이다. 귀담아듣다. ¶你的意见他～。＝나는 그의 의견을 그가 받아들였다.
【听懂】 **tīng ǁ dǒng** ㉰ 알아듣다. ¶你～他的意思了吗? ＝그의 생각을 알아들었니?
【听而不闻】 **tīng'érbùwén** ㉬㉮ 못 들은 척하다. 듣는 둥 마는 둥 하다. 전혀 관심이 없다.
【听风】 **tīngfēng** (～儿) ㉰ 풍문〔소문〕을 듣다.
【听风是雨】 **tīngfēng-shìyǔ** ㉱ **1** 바람 소리만 듣고 비가 온다고 생각하다. **2**㉮ 소문만 듣고 사실로 여기다. 성급하게 판단을 내리다. ＝【听见风就是雨】 **tīng·jiàn fēng jiùshì yǔ**【听到风就是雨】 **tīngdào fēng jiùshì yǔ**
【听骨】 **tīnggǔ** ㉫(生) 청골. 청소골(聽小骨). 고실소골(鼓室小骨). 이소골(耳小骨). ＝【听力骨】 **tīnglìgǔ**
【听喝】 **tīng ǁ hē** (～儿) ㉰ 남이 시키는 대로 하다. 남의 지시를 따르다. 분부를 듣다. ¶你只管～做事，别的不要多问。＝당신은 시키는 대로만 하고, 다른 것은 더 이상 묻지 말아요.
【听候】 **tīnghòu** ㉰ (상급 기관의 지시·명령·결정 등을) 기다리다. 대기하다. ¶～处理＝처분을 기다리다.
【听话】 **tīng ǁ huà** **1** 듣다. ¶他耳朵背，～点困难。＝그는 귀가 어두워서 잘 알아듣지 못한다. **2** (어른·윗사람의) 말을 듣다〔따르다〕. 순종하다. ¶这孩子很～。＝이 애는 말을 잘 듣는다. **3** (가축·기구 등이) 말을 잘 듣다. 부리기 편하다. 이용하기 편리하다. ¶牲口很～，一个上午就犁了两块地。＝가축이 말을 잘 들어서, 오전에 두 뙈기를 갈았다.
【听话儿】 **tīng ǁ huàr** ㉰ 대답〔회답·연락〕을 기다리다. ¶明天下午聚不聚会, 你今天晚上～。＝내일 오후에 모일지 말지는, 오늘 밤에 연락을 기다리십시오.
【听会】 **tīng ǁ huì** ㉰ 회의장에 가서 발언〔강연〕을 듣다. ¶今天到场～的人很多。＝오늘 회의장에 강연을 들으러 온 사람이 많다.
【听见】 **tīng ǁ ·jiàn** ㉰ 듣다. 들리다. ¶我～有人敲门。＝나는 누군가가 문 두드리는 소리를 들었다.
【听见风就是雨】 **tīng·jiàn fēng jiùshì yǔ** ☞ 【听风是雨】 **tīngfēng-shìyǔ**
【听讲】 **tīng ǁ jiǎng** ㉰ **1** 강연을 듣다. 수강하다. 수업을 듣다. ¶专心～＝전념해서 수업을 듣다. **2**㉭ 들은 바로는 …라고 한다. 듣자니〔듣건대〕…라고 한다.
【听觉】 **tīngjué** ㉫(生) 청각.
【听君一席话, 胜读十年书】 **tīng jūn yīxí huà,**

**shèng dú shínián shū** 㕛 **1** 그대의 말을 들으니 책을 십 년 본 것보다 낫구나. **2** (비) 한 번 만나 이야기한 것이 오랫동안 책에서 배운 것보다 더 유익하다.

【听课】**tīng‖kè** 동 수강하다. 수업을 듣다〔받다〕. ¶~时注意力要集中. =수업할 때 주의력을 집중해야 한다.

【听力】**tīnglì** 명 (生) 청력. ≒耳力

【听力骨】**tīnglìgǔ** ☞【听骨】**tīnggǔ**

【听命】**tīngmìng** 동 **1** 명령에 따르다. ¶~于人=다른 사람의 명령에 따르다. **2** (비) 운명을 하늘에 맡기다. 천명에 따르다. 타고난 팔자에 내맡기다.

【听凭】**tīngpíng** 동 맡기다. 하자는 대로 하다. 마음대로 하게 하다. 좋을 대로 내맡기다. 자유에 맡기다. ¶这件事情~你处理. =이 일은 당신이 마음대로 처리하세요. ≒听任 任凭

【听其自然】**tīngqízìrán** 성 자연에 맡기다. 되어 가는 대로 내버려 두다. 될 대로 되라고 내버려 두다.

【听起来】**tīngqǐ·lai** 동 듣자니 …인 것 같다. …하게 들리다. ¶她的歌声~很柔美. =그녀의 노랫소리는 듣기에 부드럽고 아름답다.

【听取】**tīngqǔ** 동 (의견·보고 등을) 청취하다. 귀담아듣다. 귀를 기울이다. ¶虚心~员工的意见. =겸허하게 직원들의 의견을 듣다.

【听劝】**tīngquàn** 동 (충고·권고를) 듣다. 받아들이다. 따르다.

【听人穿鼻】**tīngrén-chuānbí** 성 **1** 남에게 코가 꿰이다. **2** (비) 남에게 질질 끌려다니다. 남이 시키는 대로 하다.

【听任】**tīngrèn** 동 맡기다. 하자는 대로 하다. 마음대로 하게 하다. 좋을 대로 내맡기다. 자유에 맡기다. ≒听凭 任凭

【听审】**tīngshěn** 동 법정의 심판을 기다리다〔받다〕.

【听事】**tīngshì** 명동 (관공서의) 대청. =【厅事】**tīngshì** 동동 정사를 듣다〔보다·펴다〕.

【听受】**tīngshòu** 동 (의견·충고를) 듣다. 받아들이다.

【听书】**tīng‖shū** 동 만담·설화를 듣다.

【听说】**tīngshuō** 동 **1** 듣고 말하다. ¶努力提高外国留学生的汉语~能力. =외국 유학생의 중국어 듣기와 말하기 능력을 향상시키는 데 힘쓰다. **2** 듣자(하)니. 듣건대. 들은 바로는 (…라고 한다). ¶我~他出国了. =듣자(하)니 그는 출국하였다고 한다. 동 말을 잘 듣다. 순종하다. ¶这孩子很~. =이 아이는 매우 말을 잘 듣는다.

【听讼】**tīngsòng** 동동 안건을 심리〔심의〕하다. 송사를 듣다. 소송을 심의하다. ¶~断狱=안건을 심의하고 판결을 내리다.

【听天由命】**tīngtiān-yóumìng** 성 **1** 운명을 하늘에 맡기다. 천명에 따르다. 타고난 팔자에 내맡기다. **2** (비) 되는 대로 그냥 내버려 두다. **3** 운에 맡기다. 자연에 맡기다.

【听筒】**tīngtǒng** 명 **1** ☞【耳机】**ěrjī** **2**

【受话器】**shòuhuàqì 3** ☞【听诊器】**tīngzhěnqì**

【听头】**tīng·tou**(~儿) 명 들을 만한 것. 들을 맛. 들을 재미. ¶他的发言没有什么~儿. =그의 발언은 들을 만한 것이 없다.

【听闻】**tīngwén** 동동 듣다. ¶~此事, 众人无不惊异. =이 일을 듣고 모두들 놀라지 않은 이가 없었다. 명동 들은 내용〔것〕. ¶以广~=견문을 넓히다. ≒耳闻

【听写】**tīngxiě** 동동 (教) 받아쓰기 하다.

【听信】**tīng‖xìn**(~儿) 동 소식을 기다리다. ¶这事儿准能成, 你就在家安心~吧. =이 일은 분명히 성사될 것이니, 집에서 마음 편히 소식을 기다리세요.

【听信】**tīngxìn** 동 (주로 부정확한 말이나 소식을) 곧이듣다. 쉽게 믿다. ¶~谣言=유언비어를 곧이믿다. 뜬소문을 곧이듣다.

【听阈】**tīngyù** 명 (生) 청역. 가청 한계.

【听诊】**tīngzhěn** 동 (醫) 청진하다. 진단하다.

【听诊器】**tīngzhěnqì** 명 (醫) 청진기. =【听筒】**tīngtǒng**

【听证】**tīngzhèng** 동 **1** (사안과 관련된) 증언을 청취하다. **2** (특수한 문제나 사건을 이해하기 위해) 당사자의 설명을 듣다.

【听证会】**tīngzhènghuì** 명 공청회.

【听政】**tīngzhèng** 동 청정하다. 정무를 보다〔처리하다〕. ¶临朝~=조정에서 정무를 보다.

【听之任之】**tīngzhī-rènzhī** 성 마음대로 하게 내버려 두다. 그냥 내버려 두다. 방임하다.

【听众】**tīngzhòng** 명 청중.

【听装】**tīngzhuāng** 혱 깡통〔캔〕 포장의. ¶~啤酒=캔맥주

【听子】**tīng·zi** 명 깡통. 캔.

## 烃[烴] **tīng** 탄화수소 경

명(化) 알킬(alkyl). 탄화수소.

○⁃ 环huán烃, 链liàn烃

【烃基】**tīngjī** 명(化) 알킬기(alkyl基). 탄화수소기.

## 桯 **tīng** 탁자 정

명 **1** 옛날, 침대 앞에 두던 작은 탁자. **2** (막)대. 줄기. 축(軸). 샤프트(shaft).

【桯子】**tīng·zi** 명 **1** (연장 등의) 대. 자루. 샤프트(shaft). ¶锥~=송곳 자루. **2** (植) 채소의 꽃대. 화축(花軸). 장다리.

## 鞓 **tīng** 가죽띠 정

명동 혁대.

## *廷 **tíng** 조정 정

명 **1** 조정. [임금이 정무를 처리하는 곳] ¶宫~=궁정. 궁궐. **2** 조정. [임금을 축으로 하는 중앙 통치 기구] ¶清~=청나라 조정.

| ○ 廷 tíng | 鋌 dìng |
|---|---|
| 庭 tíng | 蜓 tíng |
| 挺 tíng | 梃 tíng |
| 艇 tíng | 霆 tíng |
| 莛 tíng | |

○● 教廷, 内廷

## 莛 tíng 줄기 정
[명] (~儿)(植) (초본 (식물의)) 줄기. ¶麦~儿 = 보리 줄기.

## \*\*亭 tíng 정자 정
[명] **1** 정자. ¶凉~ = 정자. / 望江~ = 강가의 정자. **2** 정자 모양의 작은 건물. ¶书~ = 가두 서적 판매점. / 邮~ = 간이 우체국. [형] 꼭 알맞다. 치우치지 않다. 균등하다. 균형이 맞다. 적당하다. ¶不觉已是~午。 = 어, 벌써 정오가 되었네.

○● 亭 tíng / 停 tíng / 葶 tíng / 婷 tíng

○● 茶亭, 岗gǎng亭, 凉亭, 邮亭

【亭阁】tínggé [명] (공원·정원 등에 건조된) 정자·누대·누각 등.
【亭台】tíngtái [명] 정자와 누대.
【亭台楼阁】tíngtái lóugé [성] (공원·정원 등에 건조된) 정자·누대·누각 등.
【亭亭】tíngtíng [형][문] **1** 우뚝 솟다. 훤칠하다. 늘씬하다. ¶松树~直立。 = 소나무가 우뚝 서 있다. **2** ☞【婷婷】tíngtíng
【亭亭玉立】tíngtíng-yùlì [성] 미녀의 몸매가 늘씬한(호리호리한) 모양. 꽃이나 나무가 우뚝 솟은 모양.
【亭午】tíngwǔ [명][문] 정오.
【亭匀】tíngyún ☞【停匀】tíngyún
【亭子】tíng·zi [명] 정자.
【亭子间】tíng·zijiān [명][방] 다락방. 골방. [아래위층 계단 사이의 작은 방을 가리킴]

## \*\*庭 tíng 뜰 정
[명] **1** (앞)뜰. 정원. 뜨락. ¶门~若市 = 문전성시. 방문객이 매우 많다. **2** 대청. 홀(hall). ¶大~广众 = 대중이 모인 공개적인 장소. 많은 사람의 앞. **3** 법정. ¶开~ = (법정을) 개정하다. / 刑~ = 형사 법정. **4** 이마의 중앙. 천정. ¶天~饱满 = 양미간이 넓다. 부귀의 상이다.

○● 出庭, 法庭, 家庭, 径jìng庭, 天庭, 闲庭

【庭除】tíngchú [명] 정원(뜰)과 계단. ¶洒扫~ = 정원과 계단을 물로 청소하다. ≒庭院
【庭审】tíngshěn [명](法) 법정에서 심문하다. = [庭讯] tíngxùn = 필기 = 법정 심문 기록.
【庭试】tíngshì ☞【殿试】diànshì
【庭堂】tíngtáng [명] 뜰과 대청.
【庭讯】tíngxùn ☞【庭审】tíngshěn
【庭训】tíngxùn [명][문] **1** 부친의 가르침. **2** 웃어른 또는 상급자의 가르침.
【庭园】tíngyuán [명] 정원. 화원. 뜰.
【庭院】tíngyuàn [명] **1** (앞)뜰. **2** 정원. ≒庭除

## \*\*停 tíng 멈출 정
[동] **1** 정지하다. 멎다. 서다. 멈추다. 중지하다. ¶

雪~了。= 눈이 멎었다. / 马不~蹄 = 잠시도 쉬지 않고 길을 재촉하다. **2** 머물다. 묵다. 체재하다. 체류하다. ¶他在上海只~了两天, 就去了成都。 = 그는 상하이에 이틀만 머물고 바로 청두로 갔다. **3** 세우다. 정지하다. 정차하다. 정박하다. ¶车必须~在停车场。 = 차는 반드시 주차장에 세워야 한다. [형] 알맞다. 적절하다. 타당하다. 일이 잘 되어 있다. ¶收拾~妥 = 타당하게 정리하다. [양] (~儿)[구] 몫. 할. 분. ¶十~游客中有八~人徒步爬山。 = 관광객 중에 8할은 걸어서 산을 올라간다. ≒休

○● 居jū停, 调tiáo停, 消停, 匀yún停

【停摆】tíng‖bǎi [동] **1** 시계추가 멎다. **2**[비] 활동을 정지하다. 멈추다. 중단하다. 파산하다. ¶由于原料短缺, 工厂已~好些天了。 = 원료가 부족해서, 공장은 이미 가동을 멈춘 지 꽤 되었다.
【停班】tíngbān [동] (차·배가) 운행·운항을 일시 중단하다. 운휴하다.
【停板】tíngbǎn [동](經) (가격의 폭등 또는 폭락으로) 주식 거래를 일시 중단하다. 장을 거두다. ¶涨~价 = 상한가. / 跌~价 = 하한가.
【停办】tíngbàn [동] 하던 일을 중도에 멈추다. 진행 중인 사업을 중지하다. 운영을 중지하다.
【停闭】tíngbì [동] (공장·상점의) 문을 닫다. 쉬다. 영업을 정지하다. 폐쇄하다.
【停表】tíngbiǎo ☞【马表】mǎbiǎo
【停播】tíngbō [동] 방송이 중단되다(정지되다).
【停泊】tíngbó [동] (배가) 정박하다. 머물다. ¶船~在港口上。 = 배가 항구에 정박하다.
【停产】tíngchǎn [동] 생산을 중지하다.
【停车】tíng‖chē [동] **1** 차량이 정차하다. 운행을 정지하다. ¶火车~五分钟。 = 기차가 5분간 정차하다. **2** 차량을 주차하다. ¶门前禁止~。 = 문 앞 주차 금지. **3** 기계를 멈추다. 기계가 멎다. 공장의 작업을 멈추다. ¶~修理 = 기계를 멈추고 수리하다.
【停车场】tíngchēchǎng [명] 주차장.
【停当】tíng·dang [형] 완비되다. 타당하다. 다 갖추다. 잘 되어 있다. 적절하다. 알맞다. ¶一切都已准备~。 = 모든 것이 이미 다 준비가 잘 되어 있다.
【停电】tíngdiàn [동] 정전되다. 전력 공급이 중단되다. 단전되다.
【停断】tíngduàn [동] (일을) 중단하다. 끊다. 잠시 멈추다. ¶这药不能一直吃, 中途要~一段时间。 = 이 약은 계속 복용하면 안 되고, 중도에 어느 기간은 끊어야 한다.
【停顿】tíngdùn [동] **1** (말을) 잠시 쉬다(멈추다). 휴지(休止)하다. 일시적으로 중지하다. ¶他~了一下, 又接着往下说。 = 그는 잠시 쉬었다가, 다시 계속해서 말을 해 나갔다. **2** (일을) 중지하다. 중단하다. 잠시 멈추다. 정돈하다. 답보 상태에 놓이다. ¶工作处于~状态。 = 일이 답보 상태에 빠지다. **3** 머물다. 묵다. 멈추다. ¶游客们稍作~又继续爬山。 = 여행객들은 잠시 멈추었다가, 다시 계속해서 산을 올랐다. ≒暂停

【停发】tíngfā 동 지급〔지불〕을 정지하다. ¶~工资＝임금 지급을 정지하다.
【停放】tíngfàng 동 잠시 세워 두다. 주차하다. 안치하다. [주로 차량·영구 등을 잠시 놓아 두는 것을 가리킴] ¶~汽车＝기차를 잠시 정차하다.
【停飞】tíngfēi 동 1 (비행을) 중지하다. 취소하다. 휴항하다. 2 (비행기 승무원이) 비행 근무를 하지 않다.
【停付】tíngfù 동 지급〔지불〕을 정지하다. ¶~房租＝집세 지불을 정지하다.
【停搁】tínggē 동 일을 멈추다. 중지하다. 방치하다. 중단하다. ¶工程一定要抓紧, 决不能~。＝공사는 반드시 다그쳐야 하며, 결단코 멈추어서는 안 된다.
【停工】tíng‖gōng 동 일을 멈추다. 작업을 중지하다. 조업을 정지하다. 생산(건설)을 정지하다. ¶建筑工程因大雨被迫~。＝건축 공사는 큰 비로 부득이하게 작업이 중단되었다. ↔开工
【停供】tínggōng 동 공급을 정지하다. ¶~水电＝수도와 전기의 공급을 중단하다.
【停航】tíngháng 동 (선박·비행기의) 운행〔항행〕을 정지하다. 휴항하다. ¶班机因大雾~。＝정기편 비행기가 안개 때문에 휴항하다.
【停缓】tínghuǎn 동 (일을) 잠시 중지하다. 지연하다. 집행을 미루다. ¶地铁工程被~了下来。＝지하철 공사가 잠시 지연되고 있다.
【停火】tíng‖huǒ 동 1 가열을 멈추다. 불을 끄다. ¶熬这种药要用小火, 中间不能~。＝이런 약은 약한 불로 달여야 하며, 중간에 불을 끄면 안 된다. 2 (军) 싸움〔공격〕을 멈추다. 휴전하다. 정전하다. ¶~协议＝정전 협의. ↔开火
【停机】tíngjī 동 1 기계 운전을 중지하다. 기계를 멈추다. ¶~检修＝운전을 멈추고 점검·수리하다. 2 (비행) 휴항하다. 취소하다. ¶战斗机~待命。＝전투기가 비행을 중지하고 명령을 기다리다. 3 비행기를 세워 두다. ¶~坪＝비행기 격납고. 4 (映) (텔레비전·영화 등의) 촬영이 끝나다. ¶影片现已~, 预计下月上映。＝영화는 현재 이미 촬영을 끝내고, 다음 달에 상영할 예정이다. 5 (전화기·호출기 등의) 통화 서비스를 정지하다. ¶电话欠费~。＝전화는 요금 미납으로 정지되었다.
【停机坪】tíngjīpíng 명 비행기 격납고. (비행장의) 에이프런(apron).
【停建】tíngjiàn 동 건축을 중지하다.
【停柩】tíngjiù ☞ 【停灵】tínglíng
【停刊】tíng‖kān 동 (신문·잡지 등의) 간행을 중지하다. 정간하다. 휴간하다.
【停靠】tíngkào 동 (기차·배 등이) 잠시 머물다. 정거하다. 정박하다. ¶货轮~在码头上。＝화물선이 부두에 정박하다.
【停课】tíng‖kè 동 수업을 중지하다. 휴강하다. ¶学校组织歌咏比赛, ~一天。＝학교 노래 경연 대회로 하루를 휴강하였다.
【停灵】tínglíng 동 (안장하기 전에) 영구를 잠시 안치하다. ＝【停柩】tíngjiù
【停留】tíngliú 동 1 (잠시) 머물다. 묵다. 체류

하다. 멈추다. ¶他们将在成都~三天。＝그들은 청두에서 사흘 간 머문다. 2 정체하다. 침체하다. 제자리걸음하다. ¶一些工厂的生产技术还~在十年前的水平。＝일부 공장의 생산 기술은 여전히 10년 전의 수준에 머물러 있다.
【停牌】tíng‖pái 동 (經) (어떤 주식의) 거래를 일시 중지하다.
【停赛】tíngsài 동 (體) 1 경기를 중지하다. 경기를 취소하다. ¶足球因故~。＝축구 경기가 사정으로 중지되었다. 2 경기 출장〔출전〕을 정지하다. ¶~三场＝세 경기 출장을 정지하다.
【停食】tíng‖shí 동 (醫) (음식물이) 얹히다. 체하다.
【停驶】tíngshǐ 동 (차량 등이) 운행〔운전〕을 중지하다.
【停市】tíngshì 동 시장의 모든 거래를 정지하다. 장을 거두다. 상점이 영업을 정지하다.
【停手】tíng‖shǒu 동 일손을 멈추다. 일을 중단하다.
【停售】tíngshòu 동 판매를 중지〔정지〕하다.
【停水】tíng‖shuǐ 동 (수돗물을) 단수하다.
【停停当当】tíng·ting dāngdāng (~的) 형 완비하다. 타당하다. 다 갖추다. 잘 되어 있다. 적절하다. 알맞다. ¶一切都已安排得~的。＝모든 것이 이미 적절하게 안배되었다.
【停妥】tíngtuǒ 형 완비하다. 다 갖추다. 잘 되어 있다. 적절하다. 타당하다. 알맞다. ¶会场已布置~。＝회의장이 이미 적절히 배치되어 있다.
【停稳】tíngwěn 동 (차량·비행기·배 등이) 완전히 멈추다. ¶等飞机~了再打开安全带。＝비행기가 완전히 멈추고 나서 안전 벨트를 풀다.
【停息】tíngxī 동 멎다. 정지하다. 멈추다. 자다. 쉬다. 그치다. ¶他俩的争论一时半会儿还~不了。＝그 두 사람의 논쟁은 한시도 멈추지 않았다. ≒停止
【停下来】tíng xià·lái 동 멈추다. 잠시 정지하다. ¶别干了, ~休息一会儿。＝그만 해라, 잠시 멈추고 좀 쉬자.
【停闲】tíngxián 동 일을 그만두고 쉬다. ¶下岗后, 她一直~在家。＝퇴직한 뒤 그녀는 줄곧 집에서 쉬고 있다.
【停歇】tíngxiē 동 1 멎다. 그치다. 자다. 정지하다. ¶风雨~＝비바람이 멎다. 2 쉬다. 일을 멈추고 휴식하다. ¶今天一直在忙, 还没~过。＝오늘 줄곧 바빠서, 아직 쉬지 못했다. 3 휴업하다. 폐업하다. 영업을 중지하다. 가게를 닫다〔걷어치우다〕. ¶商店~＝상점 문을 닫다.
【停薪】tíngxīn 동 월급 지급을 정지하다.
【停薪留职】tíngxīn liúzhí 명 무급 휴직.
【停学】tíng‖xué 동 (학생을) 정학하다. 정학 처분하다. 학교를 중퇴하다. 휴학하다.
【停训】tíngxùn 동 훈련을 중지하다. ¶足球队~一周。＝축구팀은 1주일 간 훈련을 중지한다.
【停演】tíng‖yǎn 동 (희극·영화 등의) 공연〔상연〕을 중지한다. ↔开演
【停业】tíng‖yè 동 1 (일시적으로) 영업을 중지하다. 조업을 멈추다. 휴업하다. ¶盘点库存

~一天。= 재고품 조사로 하루 영업을 중지하다. **2** 폐업하다. 문을 닫다. ¶酒店因经营不善而~。= 호텔은 경영 부실로 문을 닫는다. ≒歇业 休业 ↔开业

【停映】**tíngyìng** 동 상영을 중지하다.
【停用】**tíngyòng** 동 사용을 중지하다. ¶~药物 = 약물 사용을 중지하다.
【停匀】[亭匀] **tíngyún** 형 (형체·리듬·박자 등이) 고르다. 균형이 잡히다.
【停战】**tíng‖zhàn** 동 《軍》정전하다. 싸움을 멈추다. 휴전하다. ¶~协定 = 정전 협정. ↔开战
【停诊】**tíngzhěn** 동 《醫》휴진하다. 진료를 중지하다. ¶春节~三天。= 설날에 3일 간 휴진한다.
【停职】**tíng‖zhí** 동 정직시키다. 잠시 직무를 해제하다. ¶~查办 = 정직시키고 진상을 조사하여 처벌하다. ↔复职
【停止】**tíngzhǐ** 동 **1** 멈추다. 정지하다. 중지하다. ¶~演出 = 공연을 중지하다. / 笑声忽然~了。= 웃음소리가 갑자기 그쳤다. **2** 머물다. ¶要与时俱进, 认识不能老~在书本上。= 시대와 함께 나아가려면, 책에만 머물러 있어서는 안 된다는 것을 알아야 한다. ≒停息 休止
【停滞】**tíngzhì** 동 정체되다. 막히다. 침체되다. ¶~不前 = 정체되어 앞으로 나가지 못하다. ↔发展
【停住】**tíng‖zhù** 동 정지하다. 멈추다. 멎다. 자다. 머물다. ¶他话说到一半突然~了。= 그는 말을 반쯤 하다가 갑자기 멈추었다.

**葶 tíng** 두루미냉이 정
【葶苈】**tínglì** 명《植》두루미냉이.

***蜓 tíng** 잠자리 정
☞【蜻蜓】qīngtíng

**渟 tíng** 물 괼 정
동문 물이 괴다. 물이 머물다. (물의) 흐름이 정체되다.

**婷 tíng** 예쁠 정
아래를 참조.
【婷婷】[亭亭] **tíngtíng** 형동 (사람·초목 등이) 예쁘다. 빼어나다.
【婷婷袅袅】**tíngtíng-niǎoniǎo** ☞【袅袅婷婷】**niǎoniǎo-tíngtíng**

**霆 tíng** 천둥 소리 정
명《氣》우레. 천둥. 벼락. ¶雷~万钧 = 막을 수 없는 매우 세찬 기세〔힘〕.

**町 tíng** 밭두둑 정
명문 **1** (논이나 밭 등의) 두둑. 경계. **2** 논밭. 전답. 전지.
☞ **dīng**

**侹 tǐng** 꼿꼿할 정
형문 평평하고 꼿꼿하다.

## 挺 **tǐng** 곧을 정

형 **1** 꼿꼿하다. 빳빳하다. 곧다. ¶笔~ = 꼿꼿하다. **2** 걸출하다. 특출하다. 뛰어나다. ¶秀~ = 외모가 뛰어나다. 동 **1** (몸 또는 몸의 일부를) 곧추펴다. 쭉 내밀다. ¶~直腰杆 = 허리를 쭉 펴다. **2** 억지로 버티다. 견디다. 지탱하다. 참다. ¶他硬~着把手上的工作做完。= 그는 억지로 버티며 하던 일을 마무리지었다. 부 꽤. 제법. 자못. 매우. 상당히. 대단히. 아주. ¶今年冬天~冷。= 올해 겨울은 꽤 춥다. 양 자루. 정. [기관총 을 세는 단위] ¶一~轻机枪 = 경기관총 1정.

◐• 硬挺, 打挺儿, 直挺挺

【挺拔】**tǐngbá** 형 **1** 우뚝하다. 곧추솟다. 쭉 빠지다. 미끈하다. 늘씬하다. 높이 (치)솟다. ¶青松~ = 푸른 솔이 우뚝 솟아 있다. **2** 굳세다. 강력하다. 힘차다. ¶笔力~ = 필력이 힘차다.
【挺不住】**tǐng·buzhù** 동 버틸 수 없다. 지탱할 수 없다. 견딜 수 없다. ¶遭受了一连串的打击, 他快~了。= 연이은 타격을 받고, 그는 거의 쓰러질 지경이다.
【挺而走险】**tǐng'érzǒuxiǎn** ☞【铤而走险】**tǐng'érzǒuxiǎn**
【挺括】**tǐng·guā** 형방 (의복·옷감·종이 등이) 빳빳하고 구김이 없다. ¶他穿的西服非常~。= 그가 입은 양복은 구김살 없이 빳빳하다.
【挺进】**tǐngjìn** 동《軍》(군대가) 힘차게 앞으로 나아가다. 씩씩하게 전진하다. ¶部队快速向前~。= 부대가 빠른 속도로 힘차게 전진하다. ≒前进
【挺举】**tǐngjǔ** 명《體》(역도 경기의) 용상.
【挺立】**tǐnglì** 동 꼿꼿이 서다. 곧바로 서다. 우뚝 서다. ¶傲然~ = 꼿꼿하게 우뚝 서다. ≒直立
【挺然屹立】**tǐngrán-yìlì** 성 꼿꼿하게〔굳건하게〕우뚝 솟다.
【挺身】**tǐng‖shēn** 동 **1** 몸을 곧게 세우다. **2** 정진(挺進)하다. 앞장서다. 용감하게 나서다. ¶~而起 = 용감하게 일어서다.
【挺身而出】**tǐngshēn'érchū** 성 (곤란하거나 위급한 일에) 선뜻 나서다. 용감하게 나서다. 자진하여 나서다.
【挺尸】**tǐng‖shī** 동수 **1** 시체가 빳빳해지다〔굳어지다〕. **2** 비 자빠져 자다. 뻗어져 자다. [흔히 잠자는 사람을 욕하는 말로 쓰임]
【挺实】**tǐng·shi** 형방 (몸이) 튼실하다. 실팍하다. 단단하다. 굳세다. 튼튼하다. 건장하다. ¶老头儿身板儿还很~。= 노인네의 몸집은 여전히 건장하다.
【挺脱】**tǐngtuō** 형방 **1** (옷이) 빳빳하고 구김이 없다. **2** 튼튼하다. 굳세다. 힘차다. 건장하다. 튼실하다. ¶这头老牛一着呢。= 이 늙은 소는 튼튼하구나.
【挺胸】**tǐngxiōng** 동 가슴을 쭉 펴다. 내밀다. ¶抬头~ = 머리를 들고 가슴을 쭉 펴다.
【挺胸凸肚】**tǐngxiōng-tūdù** 성 **1** 가슴을 쭉 펴고 배를 앞으로 내밀다. **2** 비 거들먹거리다. 득

의양양하다. 거드름을 피우다.
【挺秀】**tǐngxiù** 〖형〗 (몸매·나무 등이) 늘씬하다. 쭉 빠지다. 미끈하다. 빼어나다. ¶苍松~ =푸른 솔이 늘씬하게 솟아 있다.
【挺腰】**tǐng‖yāo** 〖동〗 **1** 허리를 펴다. 허리를 곧추세우다. **2** 〖비〗 자신만만하다.
【挺直】**tǐngzhí** 〖동〗 쭉 펴다. 똑바로 하다. 곧추세우다. ¶~腰板 =허리를 쭉 펴다. 〖형〗 곧다. 쭉바르다. ¶浆洗熨烫后衣服平整~. =풀먹이고 다림질하니 옷이 매끄럽고 빳빳하다.
【挺住】**tǐngzhù** 〖동〗 견디어 내다. 버티어 내다. 지탱해 내다. ¶那点儿伤, 他能~. =그 정도의 부상은 그는 견디어 낼 수 있다.

## 珽 **tǐng** 옥홀 정
〖명〗〖문〗 옥홀(玉笏). 옥정(玉珽).

## 梃 **tǐng** 몽둥이 정
〖명〗 **1** 〖문〗 몽둥이. 곤봉. 막대. **2** 〖문〗 식물의 줄기. **3** 설주. ¶门~ =문설주. **4** (~儿) 〖양〗 꽃자루. 화병(花柄). 화경(花梗). ¶独~儿 =꽃이 한 송이로 된 꽃자루.
☞ **tìng**
【梃子】**tǐng·zi** 〖명〗 설주. 문설주. (문·창문의) 양쪽에 세운 기둥.

## 脡 **tǐng** 곧을 정
〖형〗〖문〗 곧다. 〖명〗〖문〗 막대 모양의 육포(肉脯).

## 铤[鋌] **tǐng** 쇳덩이 정
〖형〗〖문〗 빨리 달리는 모양. 달음박질하다.
☞ **dìng**
【铤而走险】[挺而走險] **tǐng'érzǒuxiǎn** 〖성〗 막다른 처지에 몰려 모험적으로 행동하다. 궁지에 몰려 이판사판으로 행동하다. ≒孤注一掷

## 颋[頲] **tǐng** 곧을 정
〖형〗 **1** 머리를 곧추세운 모양. 머리를 쭉 편 모양. **2** 〖비〗 바르다. 정직하다. 올바르다.

## **艇** **tǐng** 거룻배 정
〖명〗 **1** 작은 배. 작고 경쾌한 배. 보트(boat). ¶救生~ =구명정. **2** 〖군〗 배수량 500톤 이하의 군용 선박. ¶炮~ =포정. [포를 주된 무장으로 설치한 날쌔고 작은 군함] **3** 〖군〗 잠수정.

○- 飞艇, 快艇, 炮pào艇, 潜qián艇, 猎liè潜艇, 鱼雷艇

## 梃 **tìng** 몽둥이 정
〖동〗 돼지 도살 후 '吹气(공기 주입)'를 위해 뒷다리에 홈을 내어 쇠꼬챙이로 살과 가죽 사이를 쑤시다. [털과 오물을 쉽게 제거하기 위한 기초 작업으로 공기를 불어 넣어 가죽을 팽팽하게 하는 것을 '梃猪(tìngzhū)'라고 함] 〖명〗 (돼지 다리를 쑤시는) 쇠꼬챙이.
☞ **tǐng**

# tong

## 恸 **tōng** 상심할 통
〖동〗〖문〗 **1** 애통해하다. 비통해하다. **2** 병을 앓다. 아파하다.
☞ **dòng**
【恸瘝在抱】**tōngguān-zàibào** 〖성〗 백성의 고통을 언제나 생각하다. 남의 고통을 자기 고통처럼 아파하다.

## **通** **tōng** 통할 통
〖형〗 **1** (막힘없이) 통하다. 관통하다. 뚫리다. ¶水沟不~ =하수구가 막히다. / 新修的高速公路~了。=새로 만든 고속 도로가 개통되었다. **2** (문맥이) 통하다. 순탄하다. 매끄럽다. 순조롭다. ¶文~字顺 =문장이 매끄럽다. **3** 일반적인. 보통의. 보편적인. 흔히 있는. 통상적인. ¶他~常忙得很. =그는 평소에 바쁘게 지낸다. **4** 온. 모든. 전체의. 전반적인. ¶~盘考虑 =전반적으로 고려하다. 〖동〗 **1** (도구를 사용하여) 뚫다. 쑤시다. ¶~下水道 =하수도를 뚫다. **2** (길이) 통하다. ¶四~八达 =사통팔달. **3** 서로 잇다. 서로 오가다. 교류하다. 서로 왕래하다. 통하다. ¶沟~ =교류하다. / 互~有无 =유무상통하다. 있는 것과 없는 것을 서로 융통하다. **4** 전하다. 전달하다. 알리다. 통지하다. 통하다. ¶互~姓名 =서로 통성명하다. / ~电话 =전화를 하다〔걸다〕. **5** 이해하다. 잘 알다. 정통하다. ¶粗~音律 =음률을 조금 알다. / 精~业务 =업무에 정통하다. 〖양〗 통. 건. [문서·전보 등을 세는 단위] ¶~电报 =전보 한 통. 〖명〗 **1** 통. [어떤 방면에 정통한 사람] ¶中国~ =중국통. / 万事~ =만물박사. [놀림·풍자의 의미로 온갖 일에 정통한 사람. 깊이는 없으나 박식한 사람] **2** (Tōng) 성(姓). ↔堵
☞ **tòng**

○- 变通, 畅chàng通, 共通, 勾gōu通, 贯通, 亨hēng通, 会通, 交通, 卡kǎ通, 开通, 连通, 灵líng通, 流通, 买通, 木通, 清通, 深通, 神通, 疏shū通, 相通, 圆通

【通报】**tōngbào** 〖동〗 **1** (상급 기관·주인에게) 통보하다. 전갈하다. 알리다. ¶给董事长~一声, 说有客人求见. =이사장에게 손님이 찾아뵙기를 원한다고 한 말씀해 주십시오. **2** (성명을) 말하다. ¶请~各自的姓名. =각자 성명을 말씀해 주십시오. **3** (상급 기관이 작업 상황·경험·교훈 등을 서면 형식으로 하급 기관에) 통고하다. 통보하다. 알려 주다. ¶~表扬 =표창을 통보하다. **4** (국가와 국가 혹은 국제 조직 간에) 고지하다. 〖명〗 **1** (상급 기관이 하급 기관에 보내는) 통보서. 통지문. 통지서. 통고문. **2** 저널(journal). 잡지. [주로 과학 연구 성과·학술 동태를 보도하는 간행물에 쓰임] ¶科学~ =과학 저널.
【通便】**tōngbiàn** 〖동〗 (약물로) 변통(便通)하다. 대변이 잘 나오게 하다.

【通病】 tōngbìng 囘 일반적 폐단〔결점·병폐〕. 통폐(通弊). ¶缺乏真情实感是很多学生作文的～。=진실된 감정의 결핍은 많은 학생들이 작문할 때 저지르는 일반적인 병폐이다.

【通播】 tōngbō 동 (같은 내용을 다수에게) 동시에 전송하다. 동시 보내기 하다. 일괄 전송하다. 포워드(forward) 전송하다.

【通才】 tōngcái 囘 통재. [온갖 사물에 능통한 재주. 또는 그런 재주를 가진 사람] ↔专才

【通草】 tōngcǎo 囘《植》② 으름나무. 으름덩굴.

【通常】 tōngcháng 圈 보통이다. 일반적이다. 일상적이다. ¶～的方法=일반적인 방법. 囘 평상시. 보통. 통상. ¶我们～在晚饭后出去散步。=우리들은 보통 저녁 식사 후에 산보하러 간다. ≒平常 一般 ↔特殊

---

通常(tōngcháng) / 常常(chángcháng)
일반, 보통

通常(일반, 보통): 시간에 관계 없이 동작이나 상황이 자주 발생하는 것을 가리킴. ¶他通常晚饭后散步。=그는 보통 저녁밥을 먹은 후에 산보를 한다.
常常(자주, 종종): 긴 시간 동안 있어 왔던 동작이나 상황 등이 규칙적으로 발생함을 가리킴. ¶他常常散步。=그는 자주 산보를 한다.
▶ '常常'은 어떤 조건 없이 단순 동사 앞에서 사용할 수 있으나, '通常'은 동사 앞뒤에 일정한 조건(시간이나 처소, 방식 등)이 있어야 함. ¶她通常去商店。=그녀는 자주 가게에 간다. / 她通常骑自行车去商店。=나는 보통 자전거를 타고 가게에 간다.

---

【通畅】 tōngchàng 圈 1 (통행이) 원활하다. 막힘이 없다. 잘 통하다. 거침없다. ¶道路～=도로가 막힘없이 잘 통하다. 2 (글·생각 등이) 유창하다. 순탄하다. 막힘이 없다. ¶文句～=글이 유창하다.

【通车】 tōng‖chē 동 1 차가 다니다. 차가 통하다. ¶有的偏远山区目前还没有～。=어떤 외진 산골에는 현재까지도 차가 다니지 않는다. 2 (철도·도로 등이) 개통되다. ¶新修的高速铁路全线～。=새로 부설된 고속 철도의 전 노선이 개통되었다.

【通彻】 tōngchè 동 잘 알다. 통달하다. 훤하게 꿰뚫다. ¶～事理=사리에 통달하다.

【通称】 tōngchēng 囘 통칭. 통상적인 명칭. 일반적인 명칭. ¶先生是对男士的～。=선생은 남자에 대한 통칭이다. 동 일반적으로 …라고 부르다. ¶电动机～马达。=전동기는 일반적으로 모터(motor)라고 부른다.

【通诚】 tōngchéng 동 1 (신이나 불상 앞에서) 자신의 성의를 표명하다. 2 (신이나 불상 앞에서) 기도하다. ¶～祈福=기원하며 복을 빌다.

【通存通兑】 tōngcún tōngduì 囘 동일 은행 내 전 지점에서 입출금이 가능한 것.

【通达】 tōngdá 동 (인정·사리 등에) 밝다. 통달하다. 정통하다. ¶～人情=인정에 통달하다. 圈 1 원활하다. 막힘이 없다. 잘 통하다. 거침없이 통하다. ¶～往来=왕래가 원활하다. 2 세상 물정〔사리〕에 밝다. ¶～知礼=세상 물정〔사리〕에 밝고 예절을 알다. ≒明达

【通道】 tōngdào 囘 1 통로. 큰길. ¶地下～=지하 통로. / 安全～=비상 통로. 2 《컴》 채널(channel). 경로. ¶信息～=정보 채널.

【通敌】 tōng‖dí 동 적과 내통하다〔결탁하다〕.

【通电】 tōng‖diàn 동《电》전기가 통하다. 전류를 통하게 하다.

【通电】 tōngdiàn 동《政》(정치 주장이나 결정을) 유관 부서에 공개적으로 전보를 치다. 통전을 치다. ¶～全国=전국에 공개 전보를 치다. 囘《政》통전. 공개 전보. [공개석상에서 발표한 정치적 주장이 담긴 전보] ¶发出～=공개 전보를 치다.

【通牒】 tōngdié 동《政》통첩하다. 한 국가가 다른 상대국에 답변을 요구하는 외교 문서를 통지하다. ¶最后～=최후 통첩하다.

【通都大邑】 tōngdū-dàyì ⓘ 교통이 발달하고 경제가 번영한 대도시. 사통팔달의 대도시. 교통 중심지.

【通读】 tōngdú 동 1 통독하다. 전문을 처음부터 끝까지 다 읽다. ¶～整部小说=소설 시리즈를 다 읽다. 2 완전히 알도록 읽다. 읽어서 다 이해하다〔통하다〕. ¶这孩子已能～较浅显的文章。=이 아이는 이미 쉬운 문장은 다 이해할 수 있다. ≒泛读

【通兑】 tōngduì 동《经》동일 은행의 전 지점에서 출금할 수 있다. ¶通存～=동일 은행 내 전 지점에서 입출금이 가능한 것.

【通匪】 tōngfěi 동 강도와〔악당과〕결탁〔내통〕하다.

【通分】 tōng‖fēn 동《数》통분하다. [분모가 다른 둘 이상의 분수·분수식에서 분모를 같게 만드는 것. 보통 각 분모의 최소 공배수를 공통 분모로 삼음]

【通风】 tōng‖fēng 동 1 통풍시키다. 공기를 유통시키다. 환기시키다. ¶～设备=통풍 설비. 2ⓤ 소식을 누설하다. 기밀을 누설하다. 내통하다. ¶～报信=상대편에 몰래 기밀을 누설하다.

【通风】 tōngfēng 圈 공기가 통하다. 공기가 유통되다. ¶房间里没有窗户，不～。=방안에 창문이 없어 공기가 통하지 않는다.

【通风报信】 tōngfēng-bàoxìn ⓘ 상대편에 몰래 기밀을 누설하다.

【通风机】 tōngfēngjī 囘《机》송풍기. 통풍기. 환기용 선풍기.

【通风口】 tōngfēngkǒu (～儿) 囘 통풍구.

【通稿】 tōnggǎo 囘 통신사가 신문사·잡지·방송사에 발송한 전신 원고.

【通告】 tōnggào 동 두루 알리다. 통고하다. 널리 통지하다. ¶～下属各单位=하급 각 부서에 통고하다. 囘 공고문. 포고. 게시. 알림. 통지. ¶张贴～=공고문을 붙이다.

【通功易事】**tōnggōng-yìshì** [성] 분담하고 협조하여 일을 쉽게 처리하다. 분담하고 협조하면 일 처리가 쉽다.

【通共】**tōnggòng** [부][구] 모두. 도합. 다 합하여. 전체로. 총계로. 통틀어. ¶～有两百多位代表出席了会议。=모두 이백여 명의 대표가 회의에 출석하였다.

【通古斯】**Tōnggǔsī** [명] 퉁구스족.

【通关】**tōngguān** [동] **1** 통관하다. 세관을 통과하다. ¶～出境=통관하여 출국하다. **2** 막쥔선〔손바닥 중앙에 좌우 일직선으로 강하게 나타난 손금〕이 양손에 걸쳐 이어지다. **3** ☞【打通关】 **dǎ tōngguān**

【通关鼻子】**tōngguān bí·zi** [명][낮] 들창코(인 사람).

【通关节】**tōng guānjié** [낮] 뇌물을 주고 편의를 제공받다. 뇌물을 주고 결탁하다〔청탁하다·내통하다〕.

【通关钥匙】**tōngguān yào·shi** [명][비] 관청〔관원〕과 내통하는 수단과 방법.

【通观】**tōngguān** [동] 총괄〔포괄〕하여 보다. 총괄적으로 보다. 전면적으로 보다. ¶～全局=전국면을 총괄하여 보다.

【通过】**tōng∥guò** [동] **1** (한쪽에서 다른 한쪽으로) 건너가다. 통과하다. 지나가다. ¶汽车～隧道。=기차가 터널을 통과하다. **2** (의안·법안 등이) 법정 가결수의 동의를 거쳐 채택되다. 통과되다. 가결되다. ¶～干部任免决议=간부 임면 결의안을 통과시키다.

【通过】**tōngguò** [동] (관계 기관·사람 등의) 동의나 비준을 얻다. ¶这事儿得～领导。=이번 일은 윗사람의 비준을 얻어야 한다. [개] …을 거쳐. …에 의해. …를 통해. ¶～自学, 他掌握了家电维修技术。=독학으로 그는 가전 제품 수리 기술을 터득하였다. ≒经过

> 通过(tōngguò) / 经过(jīngguò)
>
> 通过 : 개사로, 어떤 매개체나 방식·수단을 이끌어 냄. ¶通过大家的帮助, 他的水平提高了不少。=사람들의 도움으로 그의 수준이 많이 높아졌다.
>
> ▶ 동사로, 안건 등 법정인수의 동의를 거쳐 성립된 것을 가리킴. 지속적으로 아무런 방해 없이 어떤 공간을 '통과하다' 라는 의미를 나타냄. ¶我的论文答辩顺利地通过了。=내 논문 구술심사는 순조롭게 통과되었다. / 火车通过了沙漠。=기차가 사막을 통과했다.
>
> 经过 : 개사로, 어떤 경험이나 과정을 이끌어 냄. ¶经过双方的共同努力, 两国关系不断向前发展。=쌍방의 공동 노력으로 양국 관계는 부단히 발전했다.
>
> ▶ 동사로, 전체 운동 흐름의 과정 중에 어떤 공간을 '지나다' 라는 의미를 나타냄. ¶经过南京路时, 我去看看你。=난징루를 지날 때 너한테 갈게.

【通航】**tōngháng** [동] **1** 비행기나 선박이 다니다. 취항하다. 통항하다. 항행하다. **2** 취항〔항행〕하기 시작하다.

【通好】**tōnghǎo** [동][문] 서로 사이좋게 오가다. 우호 관계를 맺다. [주로 국가 간에 쓰임] ¶两国～=양국은 서로 사이좋게 내왕한다.

【通红】**tōnghóng / tònghóng** [형] 새빨갛다. 진홍빛이다. 온통 붉다. ¶她脸涨得～。=그녀의 얼굴은 온통 빨갛게 달아올랐다.

【通话】**tōng∥huà** [동] 통화하다. ¶～时间=통화 시간.

【通话】**tōnghuà** [동] 서로 통하는 말로 대화하다. ¶他们之间用英语～。=그들은 영어로 대화한다.

【通婚】**tōng∥hūn** [동] 통혼하다. 혼인 관계를 맺다.

【通货】**tōnghuò** [명]〈經〉 통화. 통용 화폐. ¶硬～=경화. [언제든지 금이나 다른 화폐로 바꿀 수 있는 화폐로, 미국의 달러·스위스의 프랑 등을 말함]

【通货紧缩】**tōnghuò jǐnsuō** [동]〈經〉 통화가 긴축〔수축〕되다. [명]〈經〉 통화 긴축〔수축〕. 디플레이션. [약]【通缩】**tōngsuō**

【通货膨胀】**tōnghuò péngzhàng** [명]〈經〉 통화 팽창. 인플레이션. [약]【通胀】**tōngzhàng**

【通缉】**tōngjī** [동]〈法〉 (경찰·사법 기관 등에서) 지명 수배하다.

【通缉令】**tōngjīlìng** [명]〈法〉 지명 수배령.

【通家】**tōngjiā** [형][문] 두 집안이 친밀하다. 집안끼리 우의가 돈독하다. ¶～之好=집안끼리 서로 왕래하는 매우 친밀한 관계. [명][문] **1** 전문가. **2** 온 집안. ¶～迁徙=온 집안이 이사하다.

【通假】**tōngjiǎ** [명]〈言〉 한자의 통용과 가차. 통가. [자음이 같거나 비슷한 글자를 차용하여 본래 글자를 대신하는 것. 고대 문헌에 '蚤(zǎo)' 를 빌어 '早(zǎo)' 로 쓴 경우가 발견되는데, 이 때 '早(zǎo)' 는 본자이고 '蚤(zǎo)' 는 통가자임]

【通假字】**tōngjiǎzì** [명]〈言〉 통가자.

【通价】**tōngjià** [명]〈經〉 보통〔일반·통용〕 시세〔가격〕. ¶市场～=시장 일반 시세.

【通奸】**tōng∥jiān** [동] 간통하다. [주로 한 쪽이나 쌍방이 배우자가 있는 경우를 가리킴]

【通鉴】**Tōngjiàn** [명][약]《资治通鉴(자치통감)》. [송(宋)대 사마광(司馬光)이 편찬한 편년체 역사서]

【通解】**tōngjiě** [동][문] 통달하다. 완전히 깨닫다. 이해하다.

【通今博古】**tōngjīn bógǔ** ☞【博古通今】 **bógǔ tōngjīn**

【通经】**tōng∥jīng** [동] **1** [옛] 유가 경전에 통달하다. **2**〈醫〉 (약물·침구로) 월경(月經)을 순조롭게 하다.

【通考】**tōngkǎo** [동] 전면적으로 고증하다. 체계적으로 고찰하다. ¶～古今婚俗=옛날과 지금의 혼인 풍속을 전면적으로 고증하다. [명] 통고. [옛날 역사책의 일종. 주로 문물 제도의 원류와 변천을 기록한 책]

【通栏】**tōnglán** [명] (신문·잡지 등의) 전면. 전단

通 tōng 1941

(全段). ¶这篇通讯~编排. =이 기사는 전단으로 편성되었다.
【通览】tōnglǎn 图통 통람하다. 통관(通觀)하다. 광범위하게〔전체적으로〕살피다.
【通栏标题】tōnglán biāotí 图 (서적·잡지 등의 상하 혹은 좌우로) 전단에 걸쳐 있는 큰 제목. 전단 표제.
【通礼】tōnglǐ 통 예의를 잘 알다. 예의에 밝다. ¶知书~=학식이 있고 예의에 밝다. 图 통례. 일반적인 예의. 통상적인 예절. 상례(常禮). ¶握手는 西方人의~。=악수는 서양인의 상례이다.
【通理】tōnglǐ 图 일반적 이치〔사리〕. 보편적 도리. 보통의 도리. 통상적 이치〔사리〕.
【通力】tōnglì 통 힘을 합쳐. 힘을 모아. ¶~协作=함께 힘을 합쳐 일하다.
【通例】tōnglì 图 1 관례. 통례. 일반적인 현상. 상규. ¶周末休息是事业单位的~。=주말에 쉬는 것은 사업 기관의 관례이다. 2 통 보편적인 규율〔규칙〕.
【通连】tōnglián 통 연결되다. 통하다. 이어지다. ¶书房和卧室~。=서재와 침실은 서로 이어져 있다.
【通联】tōnglián 통신 연락하다. ¶~工作=통신 연락 사업〔업무〕.
【通亮】tōngliàng 형 1 아주 밝다. 매우 환하다. ¶火光照得天空~。=불빛이 온 하늘을 밝게 비춘다. 2 똑똑하다. 명석하다. 훤하게 꿰뚫다. 똑똑히 알다. ¶心里~=마음속으로 훤하게 알다.
【通令】tōnglìng 통 동문 명령〔훈령·훈시·지시〕을 동시에 여러 곳에 내리다. ¶~全军=전군에 일제히 같은 명령을 내리다. 图 (동시에 여러 곳에 내린) 동문 명령〔훈령〕. ¶发出~=여러 곳에 동문 명령을 내리다.
【通路】tōnglù 图 1 통로. 대로. 큰길. ¶这条~贯串全城。=이 대로는 온 도시를 관통한다. 2 경로. 길. 과정. ¶电流~=전류 경로.
【通路子】tōng lù·zi 통 줄을 대다. 뒷구멍〔뒷문〕으로 해결하다〔통하다〕.
【通论】tōnglùn 图 1 통 사리에 통달한 의론(議論). 2 통론. [어떤 분야의 전반에 걸친 일반적 이론으로, 주로 서명(書名)에 쓰임] ¶《中国现代文学~》=《중국 현대 문학 통론》.
【通名】tōngmíng 통명 자기 이름을 대다. 통성명하다. [소설·희곡에서 무장들이 교전하는 장면에서 주로 쓰임] ¶~报姓=통성명하다. 图 통칭. 통용되는 명칭. 일반 명칭.
【通明】tōngmíng 형 매우 밝다. 아주 환하다. ¶灯火~=등불이 매우 밝다.
【通年】tōngnián 图 1년 동안. 1년 내내. 한 해 동안.
【通盘】tōngpán 형 전반적. 전면적. 전체적. ¶~的考虑=전반적인 고려. 통 총괄.
【通判】tōngpàn 图 통판. [조정의 신하 가운데 군(郡)에 나아가 정치를 감독하던 관직 이름]
【通篇】tōngpiān 图 전편. 전문(全文). 책 전체.
【通票】tōngpiào 图 1 (운수 수단·구간에 제한

이 없는) 자유 승차권. 2 (공원·박물관 등의) 자유 관람권. 자유 이용권.
【通铺】tōngpù 图 (기숙사 등의 하나로 연결된) 군대식 침상. =【统铺】tǒngpù
【通气】tōng∥qì 통 1 공기가 통하다. 공기를 유통시키다. 통풍시키다. ¶~孔=통풍구. 2 (파이프를 깔아서) 스팀이나 가스를 공급하다. ¶新建住宅小区还没有~。=신흥 주택 단지에는 아직 가스가 공급되지 않는다. 3 소식을 서로 통하다. 마음이 통하다. 뜻이 맞다. ¶上下~, 工作才好开展。=위아래 사람이 서로 마음이 통해야, 일이 순조롭게 전개된다.
【通前彻后】tōngqián-chèhòu 성 전후 관계를 잘 알다.
【通窍】tōng∥qiào 통 1 사리에 통달하다. 사리에 밝다. ¶他是一个~的人, 不用多费口舌。=그는 사리에 밝은 사람이라 장황하게 말할 필요가 없다. 2 깨닫다. 명백해지다. ¶说了半天, 这孩子也没~。=한참이나 말했지만, 이 아이는 역시 깨닫지 못했다. 3 (醫) 경락 안의 막힌 곳을 소통시키다. [주로 머리 부분을 가리킴] ¶~开郁=경락 안의 막힌 곳을 소통시키다.
【通亲】tōngqīn 통 통혼(通婚)하다. 혼인 관계를 맺다.
【通勤车】tōngqínchē 图 통근차.
【通情达理】tōngqíng-dálǐ 성어 말·행동이 모두 합리적이다. 사리에 밝다. 세상 물정에 아주 밝다. ↔蛮不讲理
【通衢】tōngqú 图통 큰길. 사방으로 통하는 도로. 사통팔달의 도로. ¶~要道=사방으로 통하는 요로.
【通权达变】tōngquán-dábiàn 성 시세의 변화를 알고 실정에 따라 민첩한 대책을 세우다. 정세에 따라 임기응변의 조치를 취하다.
【通人】tōngrén 图통 통인. 학식이 넓고 깊으며 고금의 일에 정통한 사람. ¶~达才=널리 사물의 이치에 통달한 인재.
【通融】tōng·róng 통 1 융통하다. 융통성을 발휘하다. ¶你给~一下, 看学费能不能缓交。=학비를 늦게 낼 수 있도록 융통성을 좀 발휘하여 주십시오. 2 단기간 돈을 빌리다. 변통하다. 꾸다. ¶他从我这儿~了五百块钱。=그는 내게 500위안을 꾸었다.
【通儒】tōngrú 图 통유. 여러 학문에 널리 통달한 학자. 각종 경서에 통달한 학자. 박학다식한 학자.
【通商】tōng∥shāng 통 통상하다. 국가·지역 간에 무역 거래를 하다. ¶~口岸=통상 항(구).
【通身】tōngshēn 图부 전신. 온몸. ¶~湿透。=온몸이 흠뻑 젖다.
【通神】tōngshén 형 1 신(령)과 통하다. ¶有人说钱能~, 我看不见得。=어떤 이들은 돈만 있으면 무엇이든 할 수 있다고 하지만, 나는 꼭 그렇게 생각하지 않는다. 2 신통하다. 신통력이 있다.
【通史】tōngshǐ 图 통사. [전 시대·전 지역·전 분야의 역사를 통틀어 서술한 역사책] ¶《史记》是

中国的第一部~.=《사기(史記)》는 중국의 첫 번째 통사이다.

【通式】tōngshì 명(化) 통식. [같은 종류의 화합물 분자 조직을 나타내는 화학식]

【通事】tōngshì 명옛 통역관. 역관. 통사.

【通书】tōngshū 명 1 (天) 역서(曆書). 책력. 달력. 2 옛 (결혼 전에 신랑측이 신부측에 보내는) 결혼 날짜 통지서.

【通水】tōng‖shuǐ 동 1 수로를 소통시키다. 물꼬를 트다. ¶挖渠~=도랑을 파서 수로를 소통시키다. 2 인수로 공사를 완공한 뒤 방류하다. ¶~灌溉=물을 방류하여 관개하다. 3 수도 시설을 통해 물을 공급하다. ¶~通电=수돗물과 전기를 공급하다.

【通顺】tōngshùn 형 (문장이) 매끄럽다. 조리가 있다. 순탄하다. 순조롭다. ¶语句~=문장이 매끄럽다.

【通俗】tōngsú 형 통속적이다. ¶~易懂=통속적이고 알기 쉽다.

【通俗歌曲】tōngsú gēqǔ 명 대중 가요.

【通俗化】tōngsúhuà 동 통속화하다. 간단명료하고 알기 쉽게 하다. ¶实用技术理论要~。=실용 기술 이론은 간단명료하고 알기 쉽게 해야 한다.

【通俗性】tōngsúxìng 명 통속성. ¶电影既要注重艺术性, 也要注重~。娱乐性。=영화는 예술성을 중시하면서 통속성과 오락성도 중시해야 한다.

【通俗音乐】tōngsú yīnyuè 명 대중 음악.

【通缩】tōngsuō ☞ 【通货紧缩】tōnghuò jǐnsuō

【通套】tōngtào 명 낡은 틀. 상투적인 격식. 통속적인 격식〔관습〕.

【通体】tōngtǐ 명 1 전신. 온몸. ¶~乏力=온몸에 기력이 없다. 2 전체. 전부. 통째. ¶珍珠~光洁圆润。=진주는 전체가 빛나고 깨끗하고 둥글고 윤이 난다.

【通天】tōngtiān 형 1 하늘과 서로 통하다. 2 (하늘에 닿을 만큼) 매우 높고 크다. ¶~的本领=매우 뛰어난 능력. 통비 최고위층과 직접 통하다. 최고위층과 끈이 있다. ¶~人物=최고위급과 직접 통하는 인물.

【通条】tōng·tiáo 명 (화로·난로 등의) 불쑤시개. 부지깽이. (총열·포열을 쑤시는) 꽂을대. 쑤시개.

【通通】tōngtōng 부 모두. 전부. 다. ¶假期里, 学生们~回家去了。=방학 기간 동안 학생들은 모두 집으로 돌아갔다. 늑统统

【通同】tōngtóng 동 결탁하다. 한패가 되다. 내통하다. 서로 미리 짜다. ¶~舞弊=결탁하여 나쁜 짓을 하다.

【通统】tōngtǒng 부 모두. 전부. 다.

【通透】tōngtòu 형 1 완전히 이해하다. 훤하게 꿰뚫다. 통달하다. 똑똑히 알다. ¶他对人情世故非常~。=그는 세상사에 매우 훤하다. 2 완전히 관통하다. 흠뻑 스며들다. ¶他的衣服被大雨淋个~。=그의 옷은 큰비에 완전히 흠뻑 젖었다.

【通途】tōngtú 명(문) 큰길. 대로. 탄탄대로.

【通侻】tōngtuō ☞ 【通脱】tōngtuō

【通脱】[通侻]tōngtuō 형(문) 호방하여 사소한 일에 얽매이지 않다. 활달하고 대범하다.

【通往】tōngwǎng 동 …로 통하다.

【通向】tōngxiàng 동 …로 통하다. …에 통하다. ¶这条公路~郊区。=이 도로는 교외 지역으로 통한다.

【通宵】tōngxiāo 명 온밤. 밤새도록. 밤새껏. 철야. ¶~达旦=온밤을 꼬박 새우다. 늑通宿

【通晓】tōngxiǎo 동 완전히 이해하다. 환히 꿰뚫다. 잘 알다. 통달하다. ¶~天文地理=천문지리에 통달하다. 늑明白

【通心粉】tōngxīnfěn 명 마카로니.

【通信】tōng‖xìn 동 1 편지를 내다. 통신하다. ¶往来~=서신을 왕래하다. 2 소식을 전달하다. 연락을 취하다. ¶团部~员=연대 본부 연락병. 늑通讯

【通信】tōngxìn 동 (전파·광파 등의 신호를 통해) 통신하다. 문자나 화상을 전송하다. ¶~电缆=통신 케이블. 늑通讯

【通信兵】tōngxìnbīng 명(軍) 1 통신 병과. 2 통신병.

【通信程序】tōngxìn chéngxù 명 1 통신 절차. 2 통신 프로그램.

【通信处】tōngxìnchù 명 연락처. 통신 주소. 통신 지점.

【通信服务器】tōngxìn fúwùqì 명 통신용 서버(server) 장치.

【通信鸽】tōngxìngē 명 전서구(傳書鳩). 통신용 비둘기.

【通信录】tōngxìnlù 명 주소록.

【通信赛】tōngxìnsài 명(體) 통신 경기. [각 경기장에서 분산 거행된 경기 결과를 주최측에 알려 주면, 이를 통합해서 전체 순위를 정하는 경기방식. 육상·역도·사격 등과 같이 객관적인 기준으로 평가할 수 있는 종목에 쓰임]

【通信卫星】tōngxìn wèixīng 명 통신 위성.

【通信员】tōngxìnyuán 명 통신원. 연락병. [기관·부대에서 공문 수발 등 연락 업무를 담당하는 인원]

【通行】tōngxíng 동 1 (사람·차량 등이) 통행하다. 다니다. ¶前方施工, 禁止~。=전방에서 공사 중이니 통행을 금지합니다. 2 (일정 범위 안에서) 보편적으로 사용되다. 유통되다. 통용되다. 유행하다. 두루 쓰이다. ¶这一办法全国~。=이 방법은 전국적으로 통용된다.

【通行证】tōngxíngzhèng 명 1 출입증. 2 통행(허가)증. 3 비 거칠 것이 없는 권력이나 증명.

【通性】tōngxìng 명 공통적인〔일반적인〕 성질. 일반성. 보편성.

【通宿】tōngxiǔ 명 온밤. 밤새도록. 밤새껏. 철야. 늑通宵

【通讯】tōngxùn 동 1 편지를 내다. 통신하다. ¶机关~处=기관 연락처. 2 (전파 등의 신호를 통해) 통신하다. 문자나 화상을 전송하다. 소식을 전달하다. 연락을 취하다. ¶无线电~=

무선 통신하다. 📗 통신. 뉴스. 기사. 생생한 보도문. ¶人物~ =인물 보도. ≒通信

【通讯兵】 **tōngxùnbīng** 📗〈軍〉 '信兵(통신병)'의 옛 명칭.

【通讯处】 **tōngxùnchù** 📗 '通信处(연락처·통신 주소·통신 지점)'의 옛 명칭.

【通讯录】 **tōngxùnlù** 📗 '通信录(주소록)'의 옛 명칭.

【通讯社】 **tōngxùnshè** 📗 통신사.

【通讯网】 **tōngxùnwǎng** 📗 통신망.

【通讯员】 **tōngxùnyuán** 📗 (신문사·방송국·통신사 등의) 통신원. 리포터.

【通夜】 **tōngyè** 📗 밤새. 온밤. 철야.

【通译】 **tōngyì** 📗🅐 통역하다. 📗🅑 통역원. 통역. 통역관. 역관.

【通用】 **tōngyòng** 📗 **1** (일정 범위 안에서) 보편적으로 사용하다. 통용되다. 유통되다. 두루 쓰이다. 일반적으로 쓰이다. ¶国际~标准=국제적으로 통용되는 표준. **2**〈言〉(발음이 같고 모양이 다른 두 개의 한자를) 통용하다. 바꾸어 쓰다. [예를 들어 '词'와 '辞'는 서로 통용함. 그러나 어떤 한자는 제한된 뜻에 한해서만 서로 통용함]

【通用字】 **tōngyòngzì** 📗〈言〉현대 중국어 통용 한자. [《现代汉语通用字表(현대 중국어 통용자표)》에 수록된 7,000자]

【通用字表】 **tōngyòngzìbiǎo** 📗〈言〉《现代汉语通用字表(현대 중국어 통용자표)》. ['中国国家语言文字工作委员会(중국 국가 언어 문자 사업 위원회)'와 '中华人民共和国新闻出版署(중화 인민 공화국 신문 출판부)'가 1988년 3월 공포한 것으로 모두 7,000자의 통용자를 싣고 있음]

【通邮】 **tōngyóu** 📗 (국가나 지역 간에) 우편이 통하다. 우편이 오고 가다.

【通韵】 **tōngyùn** 📗〈言〉통운. [서로 통용되는 운(韵)]

【通则】 **tōngzé** 📗 통칙. 일반 법칙. [일반적인 상황에 적합한 규칙과 법칙] ¶民法~ =민법 통칙.

【通胀】 **tōngzhàng** ☞【通货膨胀】 **tōnghuò péngzhàng**

【通知】 **tōngzhī** 📗 통지하다. 알리다. ¶~全体员工明天开会。=전체 직원에게 내일 회의를 연다는 사실을 통지하다. 📗 통지. 통지서. 통고서. ¶口头~=구두 통지.

【通知存款】 **tōngzhī cúnkuǎn** 📗 통지 예금. [예금 기간을 정하지 않고, 출금 3일·5일·7일·10일 등 전에 은행에 통지하여 돈을 찾는 예금 방식. 이자는 대개 보통 예금보다 높고, 정기 예금보다 낮음]

【通知单】 **tōngzhīdān** 📗 통지서. ¶取款~ =예금 인출 통지서.

【通知书】 **tōngzhīshū** 📗 통지서. ¶大学录取~ =대학 입학 통지서.

# 嗵 **tōng** 뛰는 소리 통

📗 쿵쿵. 탕탕. 쿵쾅. [심장이 뛰거나 물체가 부딪히는 소리] ¶她非常生气，心~~直跳。=그녀는 몹시 화가 나서 심장이 쿵쿵 방망이질을 한다.

# 仝¹ **tóng** 같을 동

'同(tóng)'과 같음.

# 仝² **Tóng** 성씨 동

📗 성(姓).

**\*\*同** **tóng** 같을 동

📗 같다. 동일하다. ¶大~小异=대동소이하다. / 二人年龄不~。=두 사람은 나이가 다르다. 📗 …와〈과〉같다. ¶本注释~前。=본 주석은 앞의 것과 같다. 📗 함께. 공동으로. 같이. ¶~甘苦，共患难。=동고동락하고 함께 환난을 겪다. 📗 **1** …와〔과〕. [같은지 다른지를 비교하는 대상을 가리킴. '跟'과 같음] ¶两人是双胞胎，弟弟长得~哥哥一样。=두 사람은 쌍둥이로 동생이 형과 모습이 똑같다. **2** …와〔과〕(함께). [동작의 대상을 가리킴. '跟'과 같음] ¶重大的事情要~老同志商量。=중대한 일은 동지들과 함께 상의해야 한다. **3** 📗 …를 위해. …에게. [남을 위하거나 대신하는 것을 나타냄. '跟'과 같음] ¶你送我的大作，我一直~你收藏着。=내게 보내 준 책을 너를 대신해 줄곧 소장하고 있다. 📗 …와〔과〕. [병렬 관계를 나타냄. 명사·대명사·명사화된 단어에 쓰임. '和'와 같음] ¶我~你一起去商场。=나는 너와 함께 시장에 간다. 📗 (Tóng) 성(姓). ≒跟 和 ↔异 歧 殊

☞ **tòng**

> O-● 伴同，帮同，大同，等同，共同，苟gǒu同，合同，胡同，会同，混同，伙同，雷同，连同，陪péi同，如同，随同，通同，下同，相同，偕xié同，协xié同，一同，异同，约同，赞同

【同案】 **tóng'àn** 📗 **1** 동안. [명청(明清)대, 같은 해에 '院考(향시의 하나)'에 합격하여 지방 학교에 진학한 수재(秀才)] **2** 동일한 안건. ¶二犯是~。=두 범인은 동일 안건에 연루되어 있다.

【同案犯】 **tóng'ànfàn** 📗〈法〉공범.

【同班】 **tóng‖bān** 📗 동급생이다. 같은 학급〔반〕이다. 같은 분대이다. ¶~同学=동기동창이다.

【同班】 **tóngbān** 📗 같은 학급〔반〕. 동급생. 동료. ¶他是我的~。=그는 나의 동급생이다.

【同伴】 **tóngbàn**(~儿) 📗 동료. 동무. 벗. 짝. 동반자. ¶他们是生意上的~。=그들은 영업상의 동반자이다.

【同胞】 **tóngbāo** 📗 **1** 친형제자매. 친동기. ¶~姐妹=친자매. **2** 동포. 겨레. 한 민족. ¶海内外~ =국내외 동포.

【同辈】 **tóngbèi** 📗 연배가 같다. ¶三人~。=세 사람의 연배가 같다. 📗 **1** 항렬이〔촌수가〕같은 사람. ¶他们是~。=그들은 항렬이 같다. **2** 동년배. 같은 또래. 동배. ¶他们是~，都当过知青。=그들은 같은 또래로 모두 '지식 청년(문화대혁명 기간 중에 중학교나 고등 학교를 졸업하고 농촌이나 생산 현장의 노동에 직접 참여했던 젊은이)'을 경험했다.

【同比】**tóngbǐ** 〔动〕 전년도 동기(同期)와 대비(對比)하다. ¶产量~增长12%。=생산량이 전년도 동기 대비 12% 성장했다.

【同病相怜】**tóngbìng-xiānglián** 〔成〕 동병상련. 2〔动〕 처지가 같은 사람끼리 동정하다.

【同步】**tóngbù** 〔形〕 1〔物〕 동시(성)의. 동기(同期)의. 동시 발생의. 2 (서로) 진행 속도를 맞추다. 보조를 맞추다. 행동을 통일하다. ¶各地区经济实现~发展。=각 지역의 경제를 동시에 발전시키다.

【同步加速器】**tóngbù jiāsùqì** 〔名〕〔機〕 싱크로트론(synchrotron). [하전 입자(荷電粒子)를 가속하는 장치의 하나]

【同侪】**tóngchái** 〔名〕〔문〕 항렬이〔촌수가〕 같은 사람. 동년배. 같은 또래. 동배.

【同仇敌忾】**tóngchóu-díkài** 〔成〕 한마음으로 공동의 적을 미워하다. 공동의 적에 대하여 다함께 적개심을 불태우다. =【敌忾同仇】**díkài-tóngchóu**

【同出一辙】**tóngchū-yīzhé** 〔成〕 궤(軌)를 같이 하다. 두 가지 일이 판에 박은 듯이 똑같다. 두 사람의 언행이 꼭 같다.

【同处】**tóngchǔ** 〔动〕 1 함께 거주하다. 동거하다. 같이 살다. ¶~一室=한집에서 같이 살다. 2 남과 함께 일하다. 동료로서 함께 일하다. ¶我们在一个单位~了两年。=우리들은 한 부서에서 2년 간 함께 일했다. 3 (어떤 지경에) 함께 처하다〔빠지다〕. ¶~困境=곤경에 함께 빠지다.

【同船过渡】**tóngchuán-guòdù** 〔成〕 같은 배를 타다. 한마음으로 힘을 모아 함께 난관을 극복하다.

【同窗】**tóngchuāng** 〔动〕 한 학교에서 같이 배우다. 같은 스승에게서 배우다. ¶~好友=한 학교를 나온 친한 친구. 〔名〕 동창(생). ¶他是我昔日~。=그는 나의 옛 동창이다.

【同床异梦】**tóngchuáng-yìmèng** 〔成〕 1 동상이몽. 한 이불 속에서 다른 꿈을 꾸다. 2〔비〕 같은 일을 하면서 서로 다른 생각을 하다.

【同党】**tóngdǎng** 〔动〕 한 당파〔패거리·동아리〕에 들다. 〔名〕 1~人士=같은 당 인사. 같은 당내 인사. 2 일당. 한패. 같은 패. 공범자. ¶将毒犯的~一网打尽。=마약 사범 일당을 일망타진하다.

【同道】**tóngdào** 〔动〕 같은 길로 가다. 뜻을 함께 하다. ¶他们俩上班~。=그 두 사람은 같은 길로 출근한다. 〔名〕〔문〕 1 뜻을 같이 하는 사람. 동행자. 동반자. 동지. ¶~中人=같은 길을 가는 사람. 2 동일 업종〔업계〕의 사람. 동(종)업자. ¶文艺界的~=같은 문예계의 사람. ⇔同行(tóngháng)

【同等】**tóngděng** 〔形〕 (등급·지위가) 동등하다. 같다. ¶~地位=동등한 지위.

【同等学力】**tóngděng xuélì** 〔名〕 동등 학력. ¶高中毕业或具有~者都可以报考。=고졸 또는 동등 학력을 갖춘 자는 모두 시험에 응시할 수 있다. /~报考者要加试两门基础课。=동등 학력으로 응시한 자는 두 개의 기초 과목을 더

치러야 한다.

【同调】**tóngdiào** 〔名〕 1 같은 가락〔음률〕. 2〔비〕 동지. 동조자. 동호인. ¶引为~=동조자로 끌어들이다.

【同恶相济】**tóng'èxiāngjì** 〔成〕 악인들끼리 서로 돕다. 나쁜 놈끼리 서로 도와 가면서 공동으로 나쁜 짓을 하다.

【同犯】**tóngfàn** 〔名〕 공범. 동일범. ¶二人~劫案=2인 공범 강도 사건.

【同房】**tóng‖fáng** 〔动〕 1 같은 방에 묵다. 한방을 쓰다. 2 부부가 성생활을 하다. 동침하다.

【同房】**tóngfáng** 〔名〕 친동기. 동기. ¶~兄弟=친형제.

【同甘共苦】**tónggān-gòngkǔ** 〔成〕 동고동락(同苦同樂)하다. ⇨休戚相关

【同感】**tónggǎn** 〔名〕 공감. 동감. ¶他认为这部小说缺乏深度，我也有~。=그는 이 소설이 깊이가 없다고 하였는데, 나 역시 동감이다.

【同根】**tónggēn** 〔名〕 (조상과 부모가 같은) 형제. ¶本是~生, 相煎何太急? =본래 같은 뿌리에서 나왔건만 어찌 이리 핍박하는가?

【同庚】**tónggēng** 〔动〕 나이가 같다. 동갑이다. ¶我跟他~, 前后只差一个月。=나는 그와 동갑이며 겨우 한 달 차이가 난다.

【同工同酬】**tónggōng tóngchóu** 〔动〕 (종족·민족·성별·연령의 구분 없이) 같은 일에 같은 보수를 주다.

【同工异曲】**tónggōng yìqǔ** ☞【异曲同工】**yìqǔ tónggōng**

【同归】**tóngguī** 〔动〕 같은 곳에 이르다. 같은 결과를 얻다. ¶殊途~=길은 다르지만 이르는 곳은 같다. 방법은 달라도 결과는 같다

【同归于尽】**tóngguīyújìn** 〔成〕 같이 죽다. 함께 망하다. 함께 희생되다. ⇨玉石俱焚

【同轨】**tóngguǐ** 〔动〕 1 수레바퀴의 폭을 통일하다. 2〔비〕 방법·규칙·질서 등이 통일되어 있다.

【同行】**tóngháng** 〔动〕 같은 일〔업종〕에 종사하다. ¶他俩~, 都是记者。=그 두 사람은 모두 기자이다. 〔名〕 동일 업종〔업계〕의 사람. ¶没想到他是你的~。=그가 너와 같은 업계에 있는 사람이라고는 생각지도 못했다. ⇨同道 ☞ **tóngxíng**

【同好】**tónghào** 〔名〕 취미가 같다. ¶两人~。=두 사람은 취미가 같다. 〔名〕 동호인. ¶公诸~=동호인과 취미를 함께 즐기다.

【同呼吸, 共命运】**tóng hūxī, gòng mìngyùn** 〔成〕 1 호흡을 같이 하고 운명을 함께 하다. 생사고락을 같이하다. 2〔비〕 관계가 매우 긴밀하고 정이 깊다.

【同化】**tónghuà** 〔动〕 1 동화하다. ¶民族~=민족 동화. 2〔言〕 같은 발음·비슷한 발음으로 동화하다. ↔异화

【同化作用】**tónghuà zuòyòng** 〔名〕〔生〕 동화 작용.

【同伙】**tónghuǒ** 〔动〕〔비〕 한패가 되다. 나쁜 무리에 끼다. 패거리에 들다. 〔名〕〔비〕 한패거리. 한패. 일당.

【同级】 tóngjí 동 1 등급·지위가 같다. 동급이다. ¶~干部=동급 간부. 2 학년이 같다. ¶我俩~不同班.=우리 둘은 학년은 같지만 반은 다르다.

【同居】 tóngjū 동 1 함께 살다. 동거하다. 같이 지내다. ¶他们婚后仍是和父母~.=그들은 결혼 후에도 여전히 부모님과 함께 산다. 2 부부가 함께 생활하다. 3 (결혼 전에) 남녀가 동거하다.

【同乐】 tónglè 동 함께 즐기다. 함께 즐거워하다. ¶与民~=백성과 함께 즐기다.

【同类】 tónglèi 동 같은 종류이다. 무리를 같이 하다. 동류이다. ¶~题材=동류의 제재. 명 동류(의 사람·사물). 같은 무리. ¶~相从=유유상종하다.

【同类项】 tónglèixiàng 명(數) 동류항.

【同理】 tónglǐ 같은 이치〔도리〕. ¶~类推=같은 이치로 유추하다.

【同利】 tónglì 이익을 함께 누리다. 공동의 이익을 지니다.

【同僚】 tóngliáo 명(옛) 동료. [같은 관청에 근무하는 관리를 일컬어음]

【同列】 tóngliè 동 지위가 같다. 서열이 같다. 같은 지위[서열]에 있다. ¶两人~院士.=두 사람은 서열이 같은 원사이다.

【同龄】 tónglíng 형 동갑의. 동년배의.

【同龄人】 tónglíngrén 명 1 동갑. 동년배. ¶他们三个~.=그들 세 사람은 동년배이다. 2 나이가 어느 연대와 같거나 가까운 사람. ¶共和国的~=신중국등이.

【同流合污】 tóngliú-héwū 성 나쁜 사람과 어울려 함께 못된 짓을 하다. 나쁜 물이 들다. ≒狼狈为奸 ↔洁身自好

【同路】 tóng‖lù 동 같은 길을 가다. 함께 가다. ¶他们上学~.=그들은 함께 등교한다.

【同路人】 tónglùrén 명 1 길동무. 동행인. 동반자. 2(비) (혁명의) 동반자. 동조자.

【同门】 tóngmén 동명 동문수학하다. 같은 문하에서 배우다. ¶~师兄弟=동문수학한 선후배. 명 동문. 같은 문하생. ¶他们俩是~.=그 두 사람은 동문이다.

【同盟】 tóngméng 동 동맹하다. ¶~罢工=동맹 파업. 명 동맹. ¶攻守~=공수 동맹.

【同盟国】 tóngméngguó 명 1 동맹국. 2 제1차 세계 대전 시기에 독일·오스트리아 등으로 결성된 동맹국. 3 제2차 세계 대전 시기에 독일·이탈리아·일본의 파시즘에 반대한 중국·소련·미국·영국·프랑스 등의 동맹국.

【同盟会】 Tóngménghuì ☞ 【中国同盟会】 Zhōngguó Tóngménghuì

【同盟军】 tóngméngjūn 명 동맹군. 협력자.

【同盟者】 tóngméngzhě 명 동맹자.

【同名】 tóngmíng 동 동명이다. 이름〔명칭〕이 같다. ¶这部电视剧根据~小说改编.=이 텔레비전 드라마는 동명 소설을 바탕으로 각색한 것이다.

【同谋】 tóngmóu 동 (나쁜 일을) 공모하다. 모의하다. 함께 꾸미다. ¶~作案=공모하여 범죄를 저지르다. 명 공모(자). 공범. ¶供出~=공모를 자백하다.

【同年】 tóngnián 명 1 같은 해. 동년. 그 해. ¶他俩~参加工作.=그 두 사람은 같은 해에 작업에 참가하였다. 2 동년. 동방(同榜). 같은 해에 과거에 급제한 사람. 형(방) 동갑의.

【同批人】 tóngpīrén 명 (사건의) 장본인들.

【同期】 tóngqī 명 1 같은 시기. 동일한 시기. 동기. ¶销售收入比去年~多了五个百分点.=판매 수입이 작년 동기 대비 500퍼센트 증가하였다. 2 (학번·졸업 연도 등이) 같은 기. 동기. ¶~毕业=같은 기수로 졸업하다. 3 (간행물의) 같은 호. ¶我和他的文章发表在~刊物上.=나와 그의 글은 같은 호의 간행물에 발표되었다.

【同期声】 tóngqīshēng 명(映) 촬영할 때 동시 녹음한 소리.

【同气相求】 tóngqì-xiāngqiú ☞ 【同声相应, 同气相求】 tóngshēng xiāngyìng, tóngqì xiāngqiú

【同前】 tóngqián 명 (글자·내용 등이) 앞과 같다. ¶字体字号~.=글꼴과 글자 크기는 앞과 같다.

【同情】 tóngqíng 동 1 동정하다. ¶~受害者=피해자를 동정하다. 2 찬동하다. 찬성하다. 공감하다. ¶~并支持正义的斗争=정의로운 투쟁을 찬동하고 지지하다.

【同庆】 tóngqìng 동 같이 경축하다. 함께 기뻐하다. ¶普天~=온 세상이 다 같이 경축하다.

【同人】 [同仁] tóngrén 명 1 동지. 2 (동일 계통에서) 함께 일하는 사람. 뜻을 같이하여 모인 사람. 동인. 동료. 동종업자. [주로 지식계의 동인을 가리킴] ≒同事

【同仁】 tóngrén ☞ 【同人】 tóngrén

【同日】 tóngrì 명 같은 날. 동일. ¶~往返=같은 날 왕복하다.

【同日而语】 tóngrì'éryǔ 성 1 같은 날 함께 논하다. 2 (성질이 다른 것을) 함께 취급하여 논하다. 한데 섞어 논하다. 마찬가지로 보다. [주로 부정형으로 쓰임] ≒相提并论 混为一谈

【同上】 tóngshàng 동 위와 같다. 상술한 것과 같다. 상동하다. [주로 표의 칸을 채울 때나 주석에 쓰임]

【同生】 tóngshēng 동 함께 살다. ¶不能~, 但求共死.=함께 살 수는 없지만 함께 죽기를 바라다.

【同生共死】 tóngshēng-gòngsǐ 성 1 함께 살고 함께 죽다. 생사를 같이 하다. 2(비) 우의가 매우 돈독하다. 3 공동 운명이다.

【同生死, 共患难】 tóng shēngsǐ, gòng huànnàn 성 1 생사를 함께하고 환난을 같이하다. 생사고락을 함께하다. 2(비) 우의가 매우 돈독하다.

【同声】 tóngshēng 동 1 동시에[일제히] 소리를 내다. 2 한 목소리를 내다. 입을 모으다. ¶异口~=이구동성으로 말하다. 명 1 같은 음계의 음악 소리. 2(비) 뜻이 같은 사람. 의기투합하는 사람. 동지. 동조자. ¶~相应=뜻이 같은 사람끼리 서로 통하다.

【同声传译】tóngshēng chuányì 몡 동시 통역. =【同声翻译】tóngshēng fānyì

【同声翻译】tóngshēng fānyì ☞【同声传译】tóngshēng chuányì

【同声相应】tóngshēng-xiāngyìng ☞【同声相应,同气相求】tóngshēng xiāngyìng, tóngqì xiāngqiú

【同声相应,同气相求】tóngshēng xiāngyìng, tóngqì xiāngqiú 쉉 1 같은 종류의 사물이 서로 감응한다. 2 의기투합하는 사람들끼리는 저절로 한데 모이다. 의기투합하다. =【同声相应】tóngshēng-xiāngyìng【同气相求】tóngqì-xiāngqiú

【同时】tóngshí 몡 동시. 같은 시간. 동일한 시기. 같은 때. ¶与此~=이와 동시에. 통 시간을 같이하다. 시기〔시대〕를 같이하다. 동시이다. ¶这几种作物的成熟都不~。=이 몇 종의 농작물은 익는 시기가 모두 다르다. 뷔 동시에. ¶~到达=동시에 도달하다. 젭 1 그리고. 또한. 아울러. ¶造林可以固土, ~可以防沙。=조림은 땅을 견고하게 하고 모래를 막을 수 있다. 2 게다가. 나아가. 더욱이. ¶他不但学习成绩好, ~还是学校的长跑冠军。=그는 공부 성적이 좋고, 게다가 학교의 장거리 달리기 우승자이기도 하다.

【同事】tóng∥shì 통 한 직장에서 같이 일하다. 함께 일하다. ¶我们~多年, 彼此都很了解。=우리들은 한 직장에서 여러 해 동안 함께 일해서 서로를 너무 잘 안다.

【同事】tóngshì 몡 동료. ¶他们是老~。=그들은 오랜 동료이다. ≒同人. 共事

【同室】tóngshì 통 같은 방을 쓰다. 같은 침실에 기거하다. ¶男女分住, 同性~。=남자는 남자끼리 여자는 여자끼리 방을 쓴다. 몡 1 룸메이트. 방 짝. 방 친구. ¶他们是~。=그들은 룸메이트이다. 2 (한) 가족. ¶~反目=한 가족끼리 서로 반목하다.

【同室操戈】tóngshì-cāogē 쉉 1 집안 사람끼리 창을 잡고 휘두르다. 형제가 상잔을 벌이다. 2 비 내부에서 서로 옥신각신하다. 내부 투쟁을 하다. 내홍(內訌)이 일어나다. 집안 싸움을 하다. ≒煮豆燃萁

【同岁】tóngsuì 쉉 동갑이다. 같은 나이이다. ¶我和他~, 但看起来他要成熟得多。=나와 그는 동갑이지만 그가 더 성숙해 보인다.

【同台】tóngtái 쉉 같은 무대. ¶~献艺=같은 무대에서 기예를 보여 주다.

【同堂】tóngtáng 통 일가족이 함께 살다. ¶四世~=4대가 함께 살다. 몡통 동창. 동학. 동문. ¶~故友=오랜 동문.

【同位素】tóngwèisù 몡 (化) 동위 원소.

【同位语】tóngwèiyǔ 몡 (言) 동격어(同格語).

【同温层】tóngwēncéng 몡 (気) '平流层(성층권)'의 옛 명칭.

【同屋】tóngwū 통 같은 집〔방〕에 살다. 한집〔한방〕을 쓰다. ¶他们三人~。=그 세 사람은 같은 방을 쓴다. 몡 룸메이트. 방 짝. 방 친구. 동거자. 동거인. ¶他是我的~。=그는 나의 룸메이트이다.

【同席】tóng∥xí 통 동석하다. ¶~共饮=같은 연회석에서 함께 마시다.

【同喜】tóngxǐ 통 기쁜 일은 함께 나누어야죠. [축하를 받았을 때 회답 인사로 하는 말]

【同系】tóngxì 통 (대학의) 같은 학과에서 배우다. ¶我们俩大学~, 都是学中文的。=우리 두 사람은 대학에서 같은 학과를 다녔는데, 둘 다 중문과를 나왔다. 몡 (대학의) 학과 동창. ¶他们都是我大学的~。=그들은 모두 나의 대학교 학과 동창이다.

【同乡】tóngxiāng 몡 동향(인). 한 고향(사람). [타향에서 같은 고향 출신끼리 서로 부르는 말] ≒乡亲

【同乡会】tóngxiānghuì 몡 향우회. 동향회.

【同心】tóngxīn 쉉 1 마음을 합치다. ¶戮力~=한마음으로 힘을 합치다. 2 (數) 몇 개의 도형이 같은 중점을 가지다. ¶~圆=동심원. ≒齐心

【同心合力】tóngxīn-hélì ☞【同心协力】tóngxīn-xiélì

【同心同德】tóngxīn-tóngdé 쉉 사상과 행동이 완전히 일치하다. 한마음 한뜻이 되다. 모두가 마음을 합치다. ↔离心离德

【同心协力】tóngxīn-xiélì 쉉 한마음 한뜻으로 힘을 합치다. 일치 단결하다. =【同心合力】tóngxīn hélì

【同心圆】tóngxīnyuán 몡 (數) 동심원.

【同行】tóngxíng 통 함께〔같이〕 가다. 동행하다. ¶他这次出差, ~的还有两个同事。=그는 이번 출장길에 두 명의 동료와 동행한다. ☞ tóngháng

【同性】tóngxìng 쉉 성별이 같다. 성질이 같다. ¶~的电互相排斥。=같은 성질의 전기는 서로 밀어 낸다. 몡 같은 성질(의 사물이나 사람). 같은 성별. 동성. ¶~相斥, 异性相吸。=같은 성질은 서로 밀어 내고, 다른 성질은 서로 끌어당긴다. ↔异性

【同性恋】tóngxìngliàn 몡 동성(연)애. =【同性恋爱】tóngxìng liàn'ài

【同性恋爱】tóngxìng liàn'ài ☞【同性恋】tóngxìngliàn

【同姓】tóngxìng 쉉 성이 같다. 동성이다. ¶两人~。=두 사람은 동성이다. 몡 동성인 사람. 동. 같은 성(씨). ¶他们全是~。=그들은 전부 동성이다.

【同学】tóng∥xué 통 한 학교에서 배우다. 같은 학교〔학과〕를 다니다. ¶我们从小学到高中一直~。=우리들은 초등 학교부터 고등 학교까지 줄곧 한 학교를 다녔다.

【同学】tóngxué 몡 1 학우. 학교 친구. 동학. 동창(생). 동급생. ¶他是我的同班~。=그는 나의 동기 동창이다. 2 학생에 대한 호칭. ¶~, 请问你这本书在哪儿买的? =학생, 이 책을 어디서 샀나요?

【同穴】tóngxué 통 (부부를) 합장(合葬)하다.

【同样】tóngyàng 쉉 서로 같다. 다름없다. 마찬

가지이다. 차이가 없다. ¶他们有～的经历. =그들은 같은 경력을 지녔다. 곕 (앞에서 말한 것와) 마찬가지로. ¶生产需要加快速度, 质量也需要提高. =생산에 속도를 붙여야 하고, 마찬가지로 품질도 높여야 한다. ↔异样

【同业】 tóngyè 곕 1 같은 직업〔직종〕. 동업. ¶～公会=동업 조합. 길드. 2 동(종)업자.

【同业公会】 tóngyè gōnghuì 곕옠 동업 조합. 길드. 옠【公会】 gōnghuì

【同一】 tóngyī 묑 1 같다. 동일하다. ¶～模式=동일 유형. 2 통일하다. 일치하다. ¶～性=통일성.

【同一律】 tóngyīlǜ 곕(論) 동일률.

【同一性】 tóngyīxìng 곕 1 통일성. 2 동질성.

【同义】 tóngyì 묑 뜻이 같다. 같은 의미이다. 동의이다. ¶'爸爸'和'父亲'～. ='爸爸'와'父亲'은 같은 의미이다.

【同义词】 tóngyìcí 곕(言) 동의어. [예를 들어, '大夫'와'医生', '优秀'와'优良'등이 동의어임] ↔反义词

【同意】 tóngyì 묑 동의하다. 찬성하다. 승인하다. 허락하다. ¶我～你的见解. =나는 너의 견해에 찬성한다. ≒承认 认可 赞成 赞同

【同音】 tóngyīn 묑(言) 자음〔독음〕이 같다. 소리가 같다. ¶～字=동음자.

【同音词】 tóngyīncí 곕(言) 동음어. 동음 이의어. [예를 들면 '家境(가정 환경)'과'佳境(경치 좋은 곳)'의 발음이 'jiājìng'으로 같고, '树木(나무)'과'数目(수량)'의 발음도 'shùmù'로 같지만 뜻은 각각 다른 경우를 가리킴]

【同源】 tóngyuán 묑 1 물의 발원지가 같다. 2 근원〔기원〕이 같다. ¶同宗～=동성 동본으로 뿌리가 같다.

【同院】 tóngyuàn 묑 1 한 울타리 안에서 살다. ¶同门～=한 울타리 안에서 살다. 곕 한 울타리 안에서 사는 사람. ¶他们是～, 低头不见抬头见. =그들은 한 울타리 안에 사는 사람으로, 시도 때도 없이 본다.

【同在】 tóngzài 묑 한곳에 같이 있다. 같은 곳에 있다〔위치하다〕. ¶两家公司～一幢大楼. =두 회사는 한 건물에 같이 있다.

【同志】 tóngzhì 곕 1 동지. [같은 이상과 사업을 위해 분투하는 사람] 2 동지. [특히 같은 당원을 가리킴] 3 동지. [비교적 정중한 장소에서 대중을 부르는 말] ¶今天出席大会的～都是各行业的优秀代表. =오늘 대회에 출석한 동지들은 각 분야의 우수 대표들이다. 4 동지. [습관적으로 상대방을 부르는 말] ¶老～=오랜 동지.

【同种】 tóngzhǒng 묑 (사람·사물 등이) 어떤 분류 표준에 같이 속하다. 동종이다. 같은 종류이다. ¶他们是～人, 都比较开朗大方. =그들은 같은 부류의 사람으로, 모두 명랑하고 시원시원한 편이다. 곕(生) 동종. 동족. 같은 종족. 같은 종. 동일 인종.

【同舟共济】 tóngzhōu-gòngjì 곕 1 같은 배를 타고 강을 함께 건너다. 2 閉 한 마음으로 협력하여 함께 곤경을 헤쳐 나가다. 어려운 환경에서 같

은 목적을 위하여 시련을 같이하다. ≒风雨同舟

【同桌】 tóng ‖ zhuō 묑 1 같은〔한〕책상을 쓰다. ¶～听课 = 같은 책상을 쓰며 수업을 듣다. 2 동석하다. 자리를 함께 하다. ¶～吃饭=동석하여 식사하다. 곕 짝. 짝꿍. 짝지. ¶他是我孩提时的～. =그는 나의 유년 시기 짝꿍이다.

【同宗】 tóngzōng 묑 한 집안이다. 동성 동본이다. 일가이다. 본을 같이하다. 한 가족이다. ¶二人同姓不～. =두 사람은 성은 같으나 본은 다르다. 同族. 같은〔한〕집안. 일가. 동성 동본. 종씨. ¶他们是～. =그들은 한 집안 사람이다.

【同族】 tóngzú 묑 종족·민족이 같다. 곕 동족. 같은〔동일〕민족. 같은〔동일〕종족.

佟 Tóng 성씨 동
곕 성(姓).

*彤 tóng 붉을 동
묑閉 붉다. 붉은 칠을 한. ¶红～～=붉디붉다. 곕 (Tóng) 성(姓).
【彤云】 tóngyún 곕閉 1 붉은 노을. 2 (눈 내리기 전의) 먹장구름. ¶～密布=먹장구름이 잔뜩 끼다.

峂 tóng 땅 이름 동
【峂峪】 Tóngyù 곕(地) 퉁위. [베이징(北京)에 있는 지명]

侗 tóng 어리석을 통
묑閉 유치하다. 무지하다. 어리다. 철없다. 몰상식하다.
☞ Dòng, tǒng

垌 tóng 땅 이름 동
☞ dòng
【垌冢】 Tóngzhǒng 곕(地) 퉁중. [후베이(湖北)성에 있는 지명]

茼 tóng 쑥갓 동
【茼蒿】 tónghāo 곕(植) 쑥갓. 帎【蓬蒿】 pénghāo

峒[(岽)] tóng 산 이름 동
☞【崆峒】 Kōngtóng
☞ dòng

洞 tóng 땅 이름 동
지명에 쓰이는 글자. ¶洪～=훙퉁. [산시(山西)성에 있는 지명]
☞ dòng

**桐 tóng 오동나무 동
곕(植) 1 오동나무. 2 기름오동. 앵자동. 유동. ≒油桐 3 벽오동나무.

○↦ 泡pāo桐, 梧wú桐, 油桐, 山桐子

【桐油】 tóngyóu 곕(植) 동유. 유동나무씨 기름.

【桐油树】tóngyóushù 图(植) 기름오동. 유동.
【桐子】[桐籽] tóngzǐ 图(植) 유동(油桐)의 씨앗.
【桐籽】tóngzǐ ☞【桐子】tóngzǐ

砼 tóng 콘크리트 동
图(建) 콘크리트.

炯 tóng 땅 이름 동
【炯炀】Tóngyáng 图(地) 퉁양. [안후이(安徽)성에 있는 지명·강 이름]

**铜[銅]** tóng 구리 동
图(化) 동. 구리(Cu, copper). [원자 번호 29]
○● 白铜, 红铜, 黄铜, 康Kāng铜, 青铜, 王铜, 紫zǐ铜

【铜氨人造丝】tóng'ān rénzàosī ☞【铜氨丝】tóng'ānsī
【铜氨丝】tóng'ānsī 图 구리 암모니아 인조견사. =【铜氨人造丝】tóng'ān rénzàosī【铜氨纤维】tóng'ān xiānwéi
【铜氨纤维】tóng'ān xiānwéi ☞【铜氨丝】tóng'ānsī
【铜氨液】tóng'ānyè 图(化) 구리 암모니아 용액.
【铜板】tóngbǎn 图 1 (옛) 동전. ≒铜圆 铜子儿 2(音) '快书(kuàishū)' 등 민간 설창 문예를 공연할 때 사용하는 동으로 만든 납작한 리듬용 악기. 3 동판. 구리로 만든 판.
【铜版】tóngbǎn 图(印) 동판.
【铜版画】tóngbǎnhuà 图(美) 동판화.
【铜版纸】tóngbǎnzhǐ 图 아트(art) 인쇄지.
【铜币】tóngbì 图 동전. 동화(폐).
【铜打铁铸】tóngdǎ tiězhù (成)(比) 매우 튼튼하다. 아주 견고하다.
【铜锭】tóngdìng 图 구리 주괴.
【铜鼓】tónggǔ 图(音) 1 북. 드럼. ≒(洋鼓) yánggǔ 2 동고. [중국 남방 '水族(수족)' 등 소수 민족의 전통 악기인 구리로 만든 북]
【铜管乐】tóngguǎnyuè 图 관악(管樂).
【铜管乐队】tóngguǎn yuèduì 图(音) 관악대. 브라스 밴드(brass band).
【铜管乐器】tóngguǎn yuèqì 图(音) 금관 악기. 금속 관악기.
【铜壶】tónghú 图 1 (중국 고대의) 동호. 구리로 만든 물시계. 2 구리로 만든 물을 담는 용기.
【铜壶滴漏】tónghú dīlòu ☞【漏壶】lòuhú
【铜婚】tónghūn 图 결혼 7주년. [서양에서 부부가 결혼한 지 7주년을 칭하는 말]
【铜活】tónghuó 图 1 구리 세공품. 동제품. 2 구리(동) 세공. [동제품을 제조·수리하는 일]
【铜匠】tóng·jiang 图 동장. 구리장이. 구리 세공사.
【铜筋铁骨】tóngjīn-tiěgǔ (成) 1 구리로 된 근육과 강철로 된 뼈. 2(比) 매우 강건한 신체.
【铜镜】tóngjìng 图 (고대의) 동경. 구리 거울.
【铜矿】tóngkuàng 图(礦) 1 동광. [구리가 든 광석] 2 동광. [구리를 캐는 광산]

【铜铃】tónglíng 图 동방울. 구리 방울.
【铜绿】tónglǜ 图(化) 동록. 동청(銅青). 구리 표면에 생긴 녹.
【铜锣】tóngluó 图(音) 동라. 징.
【铜模】tóngmú ☞【字模】zìmú
【铜牌】tóngpái 图 1 동제 표지판〔팻말〕. 2 동메달.
【铜器】tóngqì 图 놋그릇. 동기. 청동기.
【铜器时代】tóngqì shídài 图(歷) 청동(기) 시대. ≒【青铜器时代】qīngtóngqì shídài
【铜钱】tóngqián 图 엽전. 동전.
【铜钱眼里翻跟斗】tóngqián yǎn·li fān gēn·dou (熟) 1 동전 구멍 속에서 공중제비를 하다. 2(喩)(批) 재물을 너무 밝히다. 돈에 따라 행동하다. 계산에 밝다.
【铜墙铁壁】tóngqiáng-tiěbì (成) 1 동으로 만든 성과 철로 된 벽. 금성철벽. 2(比) 철옹성. 철통 같은 방비. [대단히 견고하여 무너트릴 수 없는 사물] =【铁壁铜墙】tiěbì-tóngqiáng
【铜丝】tóngsī 图 동선. 구리 철사.
【铜胎】tóngtāi 图 동 소태(素胎). [‘景泰蓝(경태람)’ 등의 자기 제작을 위해 동으로 만든 원형(原型)]
【铜像】tóngxiàng 图 동상.
【铜臭】tóngxiù 图 1 동전 냄새. 돈 냄새. 2(貶) 오직 잇속만을 추구하다. 오직 돈밖에 모르는 사람. [풍자의 뜻을 내포함] ¶这个人浑身一味, 不可深交. =이 사람은 오직 돈밖에 모르는 사람이니, 깊이 사귀어서는 안 된다.
【铜锈】tóngxiù 图 동록. 동청(銅青). 구리 표면에 생긴 녹.
【铜元】tóngyuán ☞【铜圆】tóngyuán
【铜圆】[铜元] tóngyuán 图 청말(清末)부터 항일 전쟁 이전까지 통용되던 동으로 만든 보조 화폐. ≒铜板 铜子儿
【铜子儿】tóngzǐr 图(口) 청말(清末)부터 항일 전쟁 이전까지 통용되던 동으로 만든 보조 화폐. ≒铜圆 铜板

**童** tóng 아이 동
图 1 미혼의. ¶~男=총각. / ~女=처녀. 2 벗어진. 대머리의. 민둥민둥한. 벌거숭이의. ¶一座~山=벌거숭이산. 图 1 아동. 어린이. ¶顽~=개구쟁이. / 牧~=목동. 2(옛) 동복. 어린 종. 시동. 미성년의 하인. ¶家~=가동. [집안 심부름을 하는 사내아이 종] / 书~=독서할 때 부리던 시동. 3 (Tóng) 성(姓).

| ○ 童 | tóng |
|---|---|
| 瞳 | tóng |
| 潼 | tóng |
| 僮 | tóng |
| 幢 | chōng |
| 憧 | chōng |
| 钟 | zhōng |
| 幢 | chuáng |
| 撞 | zhuàng |

○● 报童, 儿童, 孩童, 神童

【童便】tóngbiàn 图(醫) 동변. [12세 이하의 건강한 사내아이 오줌]
【童车】tóngchē 图 1 유모차. 2 어린이용 자전거.
【童工】tónggōng 图 (미성년의) 소년공. 소년

노동자.
【童话】tónghuà 몡 동화.
【童婚】tónghūn 몡뛷 동혼. 미성년(일 때 하는) 결혼.
【童蒙】tóngméng 몡뛷 철부지 어린이. 철모르는 어린이.
【童男】tóngnán 몡 1 미성년 남자. 소년. 사내아이. 2 동정남. 숫총각.
【童男童女】tóngnán tóngnǚ 몡 1 미성년 남자와 여자. 소년과 소녀. 총각과 처녀. 2 부장(副葬)용의 소년 소녀의 종이 인형.
【童年】tóngnián 몡 동년. 어린 시절. 어릴 적. 아동 시기. 유년. ¶回忆~往事=어린 시절의 지난 일을 회상하다.
【童女】tóngnǚ 몡 1 미성년 여자. 소녀(少女). 계집아이. 2 동정녀. 숫처녀.
【童仆】tóngpú 몡뛷 1 사내아이 종. 하인. 2 하인. 종.
【童趣】tóngqù 몡 아동 취향. 아동의 정취〔정감〕. ¶小朋友的绘画作品充满了~。=아이의 그림에는 아동의 정취가 넘친다.
【童儒】tóngrú 몡 소년. 어린(아)이.
【童山】tóngshān 몡 민둥산. 벌거숭이산. ¶~秃岭=민둥산.
【童身】tóngshēn 몡 동신. 동정인 몸. [이성(异性)과 한 번도 성적(性的)인 접촉을 한 적이 없는 순결한 몸]
【童生】tóngshēng 몡 동생. [명청(明清)대에 수재 시험을 보지 않았거나 그 시험에 낙방한 사람을 일컫던 말]
【童声】tóngshēng 몡 (변성기 이전의) 어린 목소리. 앳된 목소리.
【童叟无欺】tóngsǒu-wúqī 솅 1 노인이나 어린이조차도 속이지 않습니다. [주로 상점에서 물건을 팔 때나 상점의 선전 문구에 사용함] 2 뛷 공평하고 신용 있는 상거래를 하다.
【童心】tóngxīn 몡 1 동심. 어린이의 천진스럽고 순박한 마음. 2 어린이같이 천진한 마음. ¶~未泯=어린이같이 천진한 마음을 잃고 있지 않다.
【童星】tóngxīng 몡 (유명한) 소년 운동 선수. 아역 배우. 어린이 스타.
【童言无忌】tóngyán wújì 솅 1 어린이는 말을 거리낌없이 한다. 2 뛷 어린이가 불길한 말을 한다 해도 신경 쓸 것 없다.
【童颜】tóngyán 몡 1 동안. 어린아이의 얼굴. 2 동안. 노인이면서 어린아이 같은 얼굴. ¶鹤发~=백발 홍(동)안. 노인의 혈색이 매우 좋다. 매우 정정하다.
【童颜鹤发】tóngyán-hèfà ☞【鹤发童颜】hèfà-tóngyán
【童养媳】tóngyǎngxí 몡 1 민며느리. 2 민며느리 신세의 부녀자.
【童谣】tóngyáo 몡 동요.
【童音】tóngyīn 몡 (변성기 이전의) 어린 목소리. 앳된 목소리.
【童贞】tóngzhēn 몡 동정. [주로 여성의 순결을 가리킴]

【童真】tóngzhēn 몡 어린이의 천진함. 순진무구함. ¶~少女=천진난만한 소녀.
【童稚】tóngzhì 톙 어리다. 어린애티가 나다. 치기가 있다. 유치하다. ¶~的神情=어린이 표정. 몡뛷 아동. 어린이. ¶~无邪=아이들은 사악함이 없다.
【童装】tóngzhuāng 몡 아동복.
【童子】tóngzǐ 몡 동자. 아동. 남자 아이. 소년.
【童子鸡】tóngzǐjī 몡뛷 영계. 햇닭.
【童子军】tóngzǐjūn 몡 1 (중국의) 소년군. 동자군. 2 보이스카우트.
【童子痨】tóngzǐláo 몡뛷(医) 1 소아 결핵. 2 (만성 질병에서 비롯되는) 소아 체질 허약증이나 발육 부진병.

**酮** tóng 케톤 동
몡뛷《化》케톤(ketone).

**僮** tóng 아이 동
몡뛷 1 아이종. 어린 하인. 2 노복. 종. 노예.
☞ zhuàng

**峒[硐]** tóng 땅 이름 동
【峒城】Tóngchéng 몡뛷《地》퉁청. [안후이(安徽)성에 있는 지명]

**潼** tóng 강 이름 동
지명에 쓰이는 글자. ¶~关=퉁관. [산시(陕西)성에 있는 지명] / 临~=린퉁. [산시(陕西)성에 있는 지명]

**橦** tóng 나무 이름 동
몡《植》목면(木棉)나무.

**曈** tóng 동틀 동
아래를 참조.
【曈昽】tónglóng 톙뛷 동트다. 날이 새다. 여명이 밝아 오다.
【曈曈】tóngtóng 톙뛷 1 (동틀 때) 날이 점점 밝아 오는 모양. ¶红日~=막 떠오르는 태양이 밝게 빛나다. 2 (눈빛이) 반짝이는 모양. ¶目光~=눈빛이 반짝거리다. 3 밝은〔환한〕 모양. ¶火光~=불빛이 환하다.

**朣** tóng 달이 막 떠오를 동
【朣朦】tóngméng 톙뛷 어둑어둑하다. 어스름하다. 흐릿하다. 어렴풋하다.

***瞳** tóng 눈동자 동
몡 눈동자. 동공.
【瞳孔】tóngkǒng 몡(生) 동공. 눈동자. 통【瞳人】tóngrén
【瞳人】[瞳仁] tóngrén(~儿) ☞【瞳孔】tóngkǒng
【瞳仁】tóngrén ☞【瞳人】tóngrén

**侗** tǒng 클 통

☞【侊侗】lóngtǒng
☞ Dòng, tóng

**统[統]** tǒng 거느릴 통

[动] **1** 관할하다. 관리하다. 거느리다. 통솔하다. ¶~兵百万=백만 병사를 거느리다. **2** 총괄하다. ¶~筹按排=총괄하여 안배하다. [名] **1** [旧] 실마리. **2** 계통. 사물 간의 연속적인 관계. ¶传~=전통. / 血~=혈통. **3** (옷·신 등의) 통 모양으로 된 부분. ¶长~皮靴=(목이 긴) 가죽 장화. **4** [地] 통(統). [지질 계통 단위의 하나]

○● 道统, 法统, 军统, 笼lǒng统, 体统, 通统, 一统, 正统, 中统, 总统

【统办】tǒngbàn [动] 일괄 처리하다. 한꺼번에 처리하다.

【统包】tǒngbāo [动] 전부 도맡아 하다. 전부 책임지고 처리하다. ¶会议期间, 食宿~。=회의 기간 동안의 숙식 문제를 전부 책임지다.

【统编】tǒngbiān [动] **1** 통일되게 편찬하다. 일률적으로 집필하다. [주로 전국적인 것을 가리킴] ¶~教材=공통(통일) 교재. **2** 통일되게[일률적으로] 조[그룹·팀·대열·열]를 편성하다. ¶夏令营~为三个分队。=여름 훈련 캠프는 3개 분대로 통일되게 편성하다.

【统兵】tǒngbīng [动] 군대를 통솔하다.

【统舱】tǒngcāng [名] (기선의) 3등실. 대선실(大船室).

【统测】tǒngcè [动] 일괄적으로[일률적으로] 시험[테스트·측량]하다.

【统称】tǒngchēng [名] 총칭. 통틀어 이르는 말. ¶教职员是学校教员和职员的~。=교직원은 학교 교원과 직원의 총칭이다. [动] 총칭하다. 총칭하여 부르다. ¶学校的教员和职员~教职员。=학교 교원과 직원을 통틀어 교직원이라 부른다.

【统筹】tǒngchóu [动] 전면적인 계획을 세우다. 통일된 계획을 세우다. 총괄하다. ¶~全局=전반적으로 통일된 계획을 세우다.

【统筹兼顾】tǒngchóu-jiāngù [成] 여러 방면의 일을 일률적으로 계획하고 두루 돌보다.

【统带】tǒngdài [动] 통솔하다. 거느리다. ¶~十万大军=십만 대군을 통솔하다.

【统共】tǒnggòng [副][口] 모두. 통틀어. 전부. 도합. ¶~有十六支球队参加比赛。=모두 16개 팀이 경기에 참가한다.

【统购】tǒnggòu [动] 국가가 중요한 생활 물자를 계획적으로 일괄 수매하다.

【统购统销】tǒnggòu tǒngxiāo [动] 국가가 중요한 생활 물자를 계획적으로 일괄 수매하여 일괄 판매하다.

【统观】tǒngguān [动] 총체[총괄]적으로 보다. ¶~全文, 结构紧凑, 文字流畅。=전문을 총괄적으로 보면, 구성이 치밀하고 글이 유창하다.

【统管】tǒngguǎn [动] 모든 분야를 전면적으로 관리하다. 통괄하여 관리하다. 통일해서 관리하다. 통관하다. ¶行政工作由办公室~。=행정 사무는 사무실에서 통괄 관리한다.

【统合】tǒnghé [动] 통일하다. 통합하다. 종합하다. ¶新区规划建设标准应该~。=뉴타운의 계획 건설 기준은 당연히 통일되어야 한다.

【统货】tǒnghuò [名](經) 균일가 상품.

【统计】tǒngjì [动] **1** 합산하다. 합계하다. ¶~人数=인원을 합산하다. **2** 통계하다. [名] **1** 통계. ¶他的~很详细。=그의 통계는 매우 상세하다. **2** 통계 전문가. ¶她是我们公司的~。=그녀는 우리 회사의 통계 전문가이다. **3** 통계학.

【统计表】tǒngjìbiǎo [名] 통계표.

【统计学】tǒngjìxué [名] 통계학.

【统建】tǒngjiàn [动] 일괄적으로 건설[건조·건립]하다. ¶~公寓=아파트를 일괄적으로 건설하다.

【统考】tǒngkǎo [动] 통일적으로[일률적으로] 시험을 치르다. ¶全国数学~=전국 통일 수학 능력 고사를 치르다.

【统括】tǒngkuò [动] 총괄하다. 통괄하다. ¶把各方面~起来, 便可得出这一结论。=각 방면을 총괄하면 이러한 결론을 얻을 수 있다.

【统揽】tǒnglǎn [动] 총람하다. 전면적으로 장악하다. 총괄[통괄·통할]하다. ¶~全局=모든 국면을 전면적으로 장악하다.

【统领】tǒnglǐng [动] 통솔하다. ¶~兵马=군대를 통솔하다. [名][史] 통령. [청나라 말기의 무관으로 오늘날의 여단장에 상당함]

【统名】tǒngmíng [名] 총칭. 통칭. 통틀어 일컫는 말.

【统配】tǒngpèi [动] 일괄적으로 배치[분배·합]하다. ¶~物资=물자를 일괄 분배하다.

【统铺】tǒngpù 【通铺】tōngpù

【统摄】tǒngshè [动] 통할하다. 총괄하다. 통괄하다. ≒统辖

【统收】tǒngshōu [动] 일괄적으로[한꺼번에] 받다. ¶~统支=일괄적으로 받고 지불하다.

【统属】tǒngshǔ [动] **1** 통속하다. 통괄[지배]하고 예속[종속]되다. ¶互不~=서로 통괄하거나 예속되지 않다. **2** 전부 속하다. ¶本市文艺学会~市文联主管。=본 시의 문예 학회는 전적으로 시 중국 문예 연합회 시 지회에서 주관한다.

【统帅】tǒngshuài [动] 통솔하다. [名][軍] 최고사령관. 원수. 통수.

【统帅部】tǒngshuàibù [名][軍] 총지휘부. 최고 사령부.

【统率】tǒngshuài [动] 통솔하다. ¶~三军=삼군을 통솔하다.

【统算】tǒngsuàn [动] 통계하다. 합계하다. 집계하다.

【统统】tǒngtǒng [副] 전부. 모두. 다. ≒通通

【统辖】tǒngxiá [动] **1** (소속 기관·부서 등을) 통괄하다. 통할하다. ¶各个派出所由公安局~。=각 파출소는 공안국이 통할한다. **2** 전면적으로 관리하다. ¶学校住房建设由规划处~。=학교 사택 건설은 기획처가 전면적으로 관리한다. ≒统摄

【统销】tǒngxiāo [动] (국가가 중요한 생활 물자를 계획적으로) 일괄 판매하다.

【统一】tǒngyī 동 통일하다. 하나로 일치되다. ¶～全国＝전국을 통일하다. 형 일치된. 단일한. 집중된. 통일된. ¶～着装＝제복. 유니폼. ↔分裂 对立 分散

【统一体】tǒngyītǐ 명 1 (哲) 통일체. 2 통일체.

【统一战线】tǒngyī zhànxiàn 명 (政) 통일 전선. 약【统战】tǒngzhàn

【统战】tǒngzhàn ☞【统一战线】tǒngyī zhànxiàn

【统招】tǒngzhāo 동 (학생·노동자 등을) 일률적으로〔한꺼번에〕 모집하다〔받아들이다〕.

【统治】tǒngzhì 동 1 (政) 통치하다. 다스리다. ¶～阶级＝통치 계급. 2 지배하다. 통제하다. 컨트롤하다. ¶～乐坛＝음악계를 지배하다. 명 통치. ¶集权～＝중앙 집권 통치.

【统治阶级】tǒngzhì jiējí 명 1 통치 계급. 2 정치·경제·문화계의 고위 계층.

【统制】tǒngzhì 동 통제하다. 컨트롤하다. ¶～军用物资＝군용 물자를 통제하다.

\*【捅】tǒng 찌를 통

동 1 (손가락·막대기 등으로) 찌르다. 구멍을 내다. ¶把窗户纸～了一个洞. ＝창호지를 찔러 구멍을 냈다. 2 드러내다. 폭로하다. 파헤치다. 적발하다. ¶告诉他保密, 可他还是把那件事～了出去. ＝비밀을 지키라고 하였으나, 그는 그래도 그 일을 폭로하고야 말았다. 3 치다. 건드리다. ¶他用胳膊～了我一下, 暗示我发言. ＝그는 팔꿈치로 나를 한 번 툭 치며 나에게 발언하라고 암시하였다. 4 화를 초래하다. 일을 저지르다. 분란을 일으키다. ¶别到处～乱子. ＝곳곳에서 분란을 일으키지 마라.

【捅穿】tǒngchuān 동 1 찔러〔쑤셔〕 뚫다. ¶～窗户纸＝창호지를 뚫다. 2 파헤쳐 내다. 드러내다. 폭로하다. 적발하다. ¶～内幕＝내막을 폭로하다. ＝【捅破】tǒngpò

【捅咕】tǒng·gu 동 1 건드리다. 치다. 2 (어떤 일을 옆에서) 부추기다. 선동하다. 꼬드기다. 충동질하다. ¶别瞎～, 他有自己的想法. ＝괜히 부추기지 마라, 그는 자신의 생각이 있다.

【捅祸】tǒnghuò 동 사고〔문제〕를 일으키다. 소동〔말썽〕을 일으키다. 일을 저지르다. 말썽을 부리다. 화를 초래하다〔일으키다〕.

【捅窟窿】tǒng kū·long 喩 과실이나 낭비로 빚을 지다.

【捅娄子】tǒng lóu·zi 喩 사고〔문제·시비〕를 일으키다. 분란〔분쟁〕을 일으키다. 일을 저지르다. 말썽을 부리다. 화를 초래하다. ＝【捅漏子】tǒng lòu·zi 【捅乱子】tǒng luàn·zi

【捅漏子】tǒng lòu·zi ☞【捅娄子】tǒng lóu·zi

【捅乱子】tǒng luàn·zi ☞【捅娄子】tǒng lóu·zi

【捅马蜂窝】tǒng mǎfēngwō 喩 1 벌집을 쑤시다. 2 (喩) 화를 자초하다. 섣불리 건드려선 안 될 사람을 건드리다. 잠자는 사자의 코털을 건드리다.

【捅破】tǒngpò ☞【捅穿】tǒngchuān

\*【桶】tǒng 통 통

명 (물건을 담는) 통. 초롱. ¶水～＝물통. / 油～＝기름통. 양 1 배럴(barrel). [석유의 용량을 세는 단위. 1배럴은 42갤런임] ¶一～石油＝석유 1배럴. 2 통. [통으로 포장된 물건을 세는 단위] ¶一～散酒＝술 한 통.

○● 便桶, 吊桶, 恭gōng桶, 净桶, 马桶, 喷pēn桶, 痰tán桶

【桶装】tǒngzhuāng 명 통에 포장한〔넣은〕 것. 드럼통에 든 것. ¶～香油＝통(으로 포장된) 참기름.

\*【筒】[筩] tǒng 대통 통

명 1 굵은 대통. 대나무 통. 죽통. ¶竹～＝죽통. 2 대통 모양의 물건. ¶电～＝손전등. / 笔～＝필통. 3 (～儿) (옷·신 등의) 통 모양으로 된 부분. ¶袖～＝소매통. / 长～袜＝목이 긴 양말. 동㊉ (통 모양의 물건 안으로) 집어넣다. ¶他冷得把双手～到袖子中. ＝그는 추워서 두 손을 소매 안으로 집어넣었다.

○● 电筒, 浮筒, 滚gǔn筒, 号筒, 花筒, 唧jī筒, 量筒, 气筒, 签qiān筒, 听筒, 信筒, 药筒, 传chuán声筒, 掷弹zhìdàn筒

【筒管】tǒngguǎn 명 실패. ¶塑料～＝플라스틱 실패.

【筒裤】tǒngkù 명 일자바지.

【筒裙】tǒngqún 명 일자치마.

【筒瓦】tǒngwǎ 명 (建) 반원통형 기와.

【筒子】tǒng·zi 명 1 통. 통처럼 생긴 물건. ¶袜～＝양말목. 2 (아직 옷을 짓지 않은) 털가죽 상의 원료. ¶羊皮～＝양가죽 상의 원료.

【筒子楼】tǒng·zilóu 명 (중복도형의) 기숙사식 건물.

\*【同】[衕] tòng 거리 동
☞【胡同】hú·tòng
☞ tóng

【恸】[慟] tòng 서럽게 울 동

동㊉ 1 몹시 슬프다. ¶哀～＝애통해하다. 2 통곡하다.

【恸哭】tòngkū 동 통곡하다. 몹시 슬프게 울다. 서럽게 대성통곡하다. ¶捶胸～＝가슴을 치며 통곡하다.

\*【通】tòng 수량사 통

양 (～儿) 번. 차례. 바탕. [동작의 횟수를 세는 단위] ¶打了一～鼓＝한 차례 북을 쳤다. / 他被说了一～. ＝그는 한 차례 꾸지람을 들었다.
☞ tōng

\*【痛】tòng 아플 통

형 1 아프다. ¶头～＝머리가 아프다. / 脚扭～

了。=발을 빼어서 아프다. **2** 괴롭다. 고통스럽다. ¶惨~=비통하다. 통 **1** 애통하다. 가슴아파하다. 애석해하다. 미워하다. 원망하다. ¶深恶~绝=원한과 증오가 극도에 달하다. 부 몹시. 마음껏. 실컷. 철저히. ¶失声~哭=목이 잠기도록 실컷 울다. ≒疼

0● 病痛, 惨cǎn痛, 沉chén痛, 绞jiǎo痛, 经痛, 苦痛, 愧kuì痛, 肉痛, 酸痛, 疼téng痛, 压痛, 隐yǐn痛, 阵痛

【痛痹】**tòngbì** ☞【寒痹】**hánbì**
【痛不可言】**tòngbùkěyán** 셩 **1** 말을 못 할 정도로 아프다. **2** 아파도 미안해서 말을 못 하다.
【痛不欲生】**tòngbùyùshēng** 셩 **1** 죽고 싶을 정도로 슬프다. **2** 비 매우 슬프다. 슬픔이 극에 달하다.
【痛彻骨髓】**tòngchè-gǔsuǐ** 셩 **1** 아픔〔슬픔〕이 골수에 사무치다. **2** 비 아픔〔슬픔〕이 극도에 이르다.
【痛斥】**tòngchì** 통 호되게 야단치다〔꾸짖다〕. 몹시 배척〔책망·비난〕하다. ¶厉声~=엄한 목소리로 호되게 꾸짖다.
【痛楚】**tòngchǔ** 형 (육체적·정신적으로) 괴롭다. 고통스럽다. ¶极度~=몹시 고통스럽다. 명 아픔. 고초. 고통. 비통. ¶她内心的~终难抹去。=그녀는 마음속의 아픔을 끝내 지워버릴 수 없었다.
【痛处】**tòngchù** 명 **1** 아픈 곳. ¶他一边摸着~一边对医生说。=그는 아픈 곳을 만지면서 의사에게 말했다. **2** 비 고민. 근심. 치명적인 약점〔결함〕. 아킬레스건. ¶这句话说到了他的~。=이 말은 그의 아킬레스건을 건드렸다.
【痛打】**tòngdǎ** 통 통타하다. 힘껏 때리다. 호되게 두들겨패다. ¶小偷被~了一顿。=좀도둑은 늘씬하게 얻어맞았다.
【痛悼】**tòngdào** 통 통석하다. 매우 슬퍼하다. 깊이 애도하다. 몹시 애석해하다. ¶~故去的亲人=고인이 된 친척을 깊이 애도하다.
【痛诋】**tòngdǐ** 통 몹시 비방하다. 통렬하게 비판하다. 헐뜯다. 몹시 중상하다. ¶妄语~=터무니없는 말로 몹시 비방하다.
【痛定思痛】**tòngdìng-sītòng** 셩 **1** 슬픔이 가라앉은 후에 그 당시의 고통을 돌이켜 생각하다. **2** 비 실패를 교훈으로 삼아 미래를 경계하다.
【痛风】**tòngfēng** 명 〔醫〕 통풍. [관절염의 일종. 혈중 요산의 증가로 생기는 증상]
【痛改】**tònggǎi** 통 철저하게 고치다. ¶~恶习=악습을 철저히 고치다.
【痛改前非】**tònggǎi-qiánfēi** 셩 지난날의 잘못을 철저히 고치다.
【痛感】**tònggǎn** 명 아픈 느낌. ¶打针时有轻微的~。=주사를 맞을 때 약간 아픈 느낌이 있다. 통 뼈저리게 느끼다. 통감하다. 절감하다. ¶他~自身还有很多不足。=그는 자신이 아직 부족함이 많다는 것을 뼈저리게 느낀다.
【痛恨】**tònghèn** 통 몹시 증오〔미워·원망〕하다. 뼈저리게 뉘우치다. ≒仇恨 憎恨
【痛悔】**tònghuǐ** 통 몹시〔깊이〕 후회하다. 뼈저리게 뉘우치다〔후회하다〕.
【痛毁极诋】**tònghuǐ-jídǐ** 셩 극단적으로 비방하다. 매우 중상하다. 호되게 헐뜯다.
【痛击】**tòngjī** 통 호되게 공격하다. 통렬하게 쳐부수다. ¶迎头~=정면으로 호되게 공격하다.
【痛歼】**tòngjiān** 통 철저히〔모조리·깡그리〕 섬멸하다. ¶~敌寇=적을 깡그리 섬멸하다.
【痛经】**tòngjīng** 명 〔醫〕 생리통. =【经痛】**jīngtòng**
【痛疚】**tòngjiù** 통 (양심이) 가책을 느끼다.
【痛觉】**tòngjué** 명 〔生〕 통각.
【痛哭】**tòngkū** 통 통곡하다. 목놓아 울다. ¶放声~=방성통곡하다.
【痛哭流涕】**tòngkū-liútì** 셩 **1** 눈물과 콧물을 흘리며 가슴아프게 울다. **2** 비 몹시 슬퍼하다.
【痛苦】**tòngkǔ** 형 **1** 고통스럽다. 괴롭다. ¶~万分=매우 고통스럽다. **2** 쓰라리다. 뼈저리다. 엄중하다. ¶~的经历=쓰라린 경험. 명 고통. 아픔. 비통. 고초. ¶别人很难体会她内心深处的~。=다른 사람은 그녀의 마음속 깊은 곳의 고통을 좀처럼 이해하지 못한다. ≒难过 苦痛 ↔快乐 幸福
【痛快】**tòngkuài** 형 **1** 통쾌하다. 즐겁다. 기분 좋다. 유쾌하다. ¶老友齐聚一堂, 心中好不~! =옛 친구들이 한자리에 모이니 이 얼마나 쾌한가! **2** (성격이) 시원시원하다. 호쾌하다. 솔직하다. ¶他~地答应了我们提出的条件。=그는 시원시원하게 우리들이 제시한 조건을 받아들였다. **3** 마음껏 즐기다〔놀다〕. 흥을 돋우다. 실컷〔한껏〕 하다. 마음껏 하다. ¶爬过山洗个桑那, 真~! =등산을 한 뒤 사우나를 하니, 정말 후련하다〔만족스럽다〕. ≒爽快 干脆 索性 ↔烦闷 拖拉
【痛快淋漓】**tòngkuài línlí** 셩 **1** 대단히 통쾌하다〔후련하다〕. ¶和老朋友开怀畅饮, 真是~! =옛 친구와 흥금을 털어놓고 술을 마시니 정말 통쾌하구나! **2** (글·말 등의 의론이) 조금도 거침이 없다. 거리낌이 없고 힘차다. ¶本文论辩说理, 一气呵成, ~。=이 글은 변론이 설득력 있고 기세가 막힘이 없이 시원시원하다.
【痛骂】**tòngmà** 통 호되게 꾸짖다. 매섭게 욕설을 퍼붓다.
【痛切】**tòngqiè** 형 통절하다. 매우 침통하다. 비통하고 간절하다. 뼈에 사무치게 절실하다. ¶他~地认识到自己的过错。=그는 자신의 잘못을 뼈저리게 느끼고 있다.
【痛失】**tòngshī** 통 아쉽게 놓치다〔잃어버리다〕. ¶~良机=좋은 기회를 아쉽게 놓치다.
【痛痛快快】**tòng·tong kuàikuài** (~的) 형 통쾌하다. 즐겁다. 기분 좋다. 유쾌하다. (성격이) 시원시원하다. 호쾌하다. 솔직하다. 마음껏 즐기다〔놀다〕. 흥을 다하다.
【痛恶】**tòngwù** 통 매우 혐오하다. 극단적으로 증오하다. 대단히 미워하다. ¶毁坏公物的行为让人~。=공공의 물건을 훼손하는 행위는 혐오감을 준다.

【痛惜】tòngxī 图 몹시 애석하게〔아깝게〕여기다. 안타까워하다. 가슴아파하다. ¶小小年纪就误入歧途, 实在令人~。= 어린 나이에 잘못된 길로 들어서다니, 정말 가슴아프게 하는구나.

【痛下针砭】tòngxià-zhēnbiān 图 1 따끔하게 일침을 놓다. 2 呼 호되게 꾸짖다. 잘못을 따끔하게 지적하여 시정하도록 하다.

【痛心】tòngxīn 图 몹시 상심하다. 대단히 가슴〔마음〕아파하다. ¶这样的惨景真让人~。= 이러한 참혹한 광경은 정말 가슴아프게 한다. ≒伤心 伤神

【痛心疾首】tòngxīn-jíshǒu 图 몹시 증오하다. 대단히 미워하다.

【痛痒】tòngyǎng 图 1 아픔과 가려움. ¶~难耐=아픈 것과 가려운 것은 참기 어렵다. 2 呼 고통. ¶关心群众的~=대중의 고통에 관심을 갖다. 3 图 중요한 일. 요긴한 일. ¶无关~=대수롭지 않다.

【痛痒相关】tòngyǎng-xiāngguān 图 1 서로의 고통이 연관되어 있다. 2 呼 관계가 매우 밀접하다. 서로 깊고 가까운 관계이다.

【痛饮】tòngyǐn 图 (술을) 실컷 마시다. 마음껏 마시다. 양껏 마시다. 통음하다. ¶开怀~=흉금을 털어놓고 실컷 술을 마시다.

# tou

*偷¹ tōu 훔칠 투
图 1 훔치다. 도둑질하다. ¶他的手机被~去了。=그의 휴대폰은 도난당했다. 2 틈〔시간〕을 내다. ¶忙里~闲=바쁜 가운데 틈을 내다. 3 图 남녀가 몰래 정을 통하다. 사통(私通)하다. ¶那个女的在外边~汉子。=그 여자는 밖에서 외간 남자와 몰래 정을 통한다. 图 남몰래. 슬그머니. 살짝. 가만히. ¶小心说话被人~听。=남이 엿듣지 않도록 조심스럽게 말해라. 图 (~儿) 도둑. ¶小~=좀도둑. ≒窃 盗

*偷²[婾] tōu 구차할 투
图 일시적인 안일을 꾀하다. 구차하게 그럭저럭 눈앞만 챙기다. 눈앞의 안일을 꾀하여 대강대강〔건성건성〕하다. ¶苟且~生=구차스럽게 삶을 연명하다.

【偷安】tōu'ān 图 눈앞의 안일을 꾀하다. 일시적인 안일을 탐하다. ¶苟且~=구차하게 눈앞의 안일을 탐하다.

【偷吃】tōuchī 图 1 훔쳐 먹다. 2 (음식물을) 남몰래 먹다.

【偷盗】tōudào 图 훔치다. 도둑질하다. 절도하다. ¶~钱财=금품을 훔치다. ≒偷窃

【偷东摸西】tōudōng-mōxī 图 남몰래 물건을 훔치다. [주로 좀도둑질을 가리킴]

【偷渡】tōudù 图 1 (봉쇄 수역·구역을) 몰래 건너다〔지나다〕. 2 밀입국하다. ¶~入境=밀입국하다.

【偷工减料】tōugōng-jiǎnliào 图 1 (부당 이익을 얻기 위해 시공·생산 과정에서) 노력과 자재를 규정보다 적게 들이다. 2 呼 대강대강 일하다. 일을 대충대충 하다. 겉치레만 하다. ≒粗制滥造

【偷棺掘墓】tōuguān-juémù 图 몰래 묘를 파헤쳐 관 속의 부장품을 훔치다. 도굴하다.

【偷寒送暖】tōuhán-sòngnuǎn 图 1 추우면 추울세라 더우면 더울세라 남몰래 살뜰히 보살펴 주다. 2 呼 다른 사람의 상황에 관심을 가지고 남몰래 돕다. 관심을 가지고 알뜰히 보살피다.

【偷汉子】tōu hàn·zi 图 서방질을 하다. 샛서방을 두다〔보다〕.

【偷合苟容】tōuhé-gǒuróng ☞【偷合取容】tōuhé-qǔróng

【偷合取容】tōuhé-qǔróng 图 남의 비위를 맞추며 구차하게 환심을 얻다. =【偷合苟容】tōuhé-gǒuróng

【偷换】tōuhuàn 图 몰래〔슬쩍〕바꾸다.

【偷换概念】tōuhuàn gàiniàn 图 (의식적으로·무의식적으로) 다른 개념을 같은 개념으로 사용하다.

【偷鸡不着蚀把米】tōu jī bù zháo shí bǎ mǐ 图 1 훔치려던 닭은 훔치지 못하고 공연히 쌀만 한 줌 손해 보다. 2 呼 목적은 이루지 못하고 도리어 손해만 보다. 공짜를 바라다가 오히려 본전도 못 찾다.

【偷鸡摸狗】tōujī-mōgǒu 图 1 닭이나 개를 훔치다. 좀도둑질하다. 2 呼 계집질을 일삼다. 이 여자 저 여자 (가리지 않고) 건드리다.

【偷奸取巧】tōujiān-qǔqiǎo 图 교활한 수단·방법으로 힘들이지 않고 이익을 얻다.

【偷看】tōukàn 图 훔쳐보다. 남몰래 보다. 슬그머니 보다. 살짝 보다.

【偷空】tōu‖kòng (~儿) 图 틈〔짬·시간〕을 내다. ¶我今天~去买了本书。=나는 오늘 틈을 내서 이 책을 샀다. ≒偷闲

【偷懒】tōu‖lǎn 图 게으름을 피우다. 꾀를 부리다. 빈둥거리다. 뺀들거리다. ¶不能让孩子养成~的习惯。=아이를 게으른 습관에 길들이게 해서는 안 된다. ≒偷闲

【偷梁换柱】tōuliáng-huànzhù 图 1 대들보를 훔쳐 내어 기둥으로 바꾸어 넣다. 2 呼 몰래 사물의 본질·내용을 바꿔 놓다. ≒偷天换日

【偷猎】tōuliè 图 밀렵하다. ¶严禁~稀有动物。=희귀 동물 밀렵을 엄금하다.

【偷漏】tōulòu 图 (세금을 고의로) 탈루하다. 탈세하다. ¶~税款=세금을 탈루하다.

【偷摸】tōumō 图 훔치다. 좀도둑질하다. ¶~成性=좀도둑질이 버릇이 되다.

【偷拿】tōuná 图 훔치다. 슬쩍하다.

【偷拍】tōupāi 图 몰래 촬영하다. 남몰래 찍다. 슬그머니 촬영하다.

【偷巧】tōu‖qiǎo 图 1 약삭빠르게 굴다. 요령을 피우다. 교활하게 행동하다. 농간을 부리다. 교묘한〔엉큼한〕수단을 쓰다. ¶他做事老爱耍滑~。=그는 늘 교활하고 약삭빠르게 일을 한다.

2 힘을〔수고를〕덜다. ¶这活不能硬干,要想点儿~的法子. =이 일은 무리하게 해서는 안 되고, 힘을 더는 방법을 생각해 내야 한다. ≒取巧

【偷窃】tōuqiè 〔동〕 절도하다. 훔치다. 도둑질하다. ≒盗窃

【偷青】tōu‖qīng 〔동〕 논밭에 있는 농작물을 훔치다.

【偷情】tōu‖qíng 〔동〕 1〔예〕 남몰래 연애를 하다. 2 남몰래 정을 통하다. 사통하다. 부적절한 남녀 관계를 맺다.

【偷人】tōu‖rén 〔동〕 여자가 간통하다. 서방질하다. 화냥질하다.

【偷生】tōushēng 〔동〕 1 구차하게 살아가다. ¶~苟安=구차하게 일시적 안일을 탐하며 살아가다. 2 (중국에서 국가의 산아 제한 계획을 위배하여) 아이를 몰래 초과하여 낳다.

【偷师】tōushī 〔동〕 기예를 몰래 훔치다. 기술을 몰래 배우다. 비전을 훔치다. ¶~学艺=기예를 몰래 훔쳐 배우다.

【偷手】tōushǒu 〔동〕 능력을〔재주를〕 다 드러내지 않다. 짬을 내다.

【偷税】tōu‖shuì 〔동〕 탈세하다.

【偷逃】tōutáo 〔동〕 1 훔쳐 달아나다. 2 (고의로) 세금을 탈세하다. ¶~个人所得税=개인 소득세를 탈루하다.

【偷题】tōutí 〔동〕 시험 문제를 몰래 보다. 시험 문제를 훔치다.

【偷天换日】tōutiān-huànrì 〔성〕 1 하늘의 태양을 훔치고 다른 것으로 바꿔 놓다. 2〔비〕 진상을 크게 왜곡하여 사람을 속이다. 가짜로 진짜를 대신하다. ≒偷梁换柱 移花接木

【偷听】tōutīng 〔동〕 남몰래 듣다. 엿듣다. 가만히 듣다. 슬그머니 듣다. 도청하다. ¶~别人谈话=다른 사람의 얘기를 몰래 엿듣다.

【偷偷】tōutōu(~儿) 〔부〕 남몰래. 살짝. 슬쩍. 슬그머니. 넌지시. 슬며시. ¶他~地从会议室溜了出来. =그는 살그머니 회의실을 빠져서 나왔다. ≒悄悄

【偷偷摸摸】tōu·tou mōmō 〔형〕 남몰래 하다. 슬며시 하다. 살짝 하다.

【偷袭】tōuxí 〔동〕〔군〕 기습하다. 습격하다.

【偷闲】tōu‖xián 〔동〕 1 틈〔짬·시간〕을 내다. ¶忙里~=바쁜 가운데 틈을 내다. 2 〔방〕 게으름피우다. 빈둥거리다. 꾀부리다. 빈들거리다. 뺀들거리다. ≒偷空 偷懒

【偷香窃玉】tōuxiāng qièyù ☞【窃玉偷香】qièyù tōuxiāng

【偷香手】tōuxiāngshǒu 〔동〕 1 여자를 유혹하는 특효 수단. 2 여자를 잘 유혹하는 사람.

【偷眼】tōuyǎn 〔부〕 남몰래. 슬며시. 슬그머니. 살그머니. 슬며시 (보다). ¶他~看了一下父母的表情. =그는 슬그머니 부모님의 표정을 훔쳐보았다.

【偷营】tōu‖yíng 〔동〕〔군〕 적진을 기습하다. 적의 군영을 불시에 치다. ¶~劫寨=기습해서 적의 진영을 빼앗다.

【偷越】tōuyuè 〔동〕 (봉쇄 구역을) 몰래 넘다. ¶~国境=국경을 몰래 넘다.

【偷运】tōuyùn 〔동〕 밀수하다. 몰래 운반하다〔들여오다·내보내다〕. ¶~违禁药品=금지 약품을 밀수하다.

【偷嘴】tōu‖zuǐ 〔동〕 훔쳐 먹다. 몰래 집어 먹다. 〔형〕 (tōuzuǐ) 게걸스럽다. 식탐하다. ¶这孩子~得很. =이 아이는 너무 식탐이 많다.

**头¹**〔頭〕 tóu 머리 두

〔명〕 1 머리. 2 머리카락. 머리털. 머리 모양. 머리 스타일. ¶剃~=머리를 깎다. / 平~=상고머리. 스포츠머리. 3 (~儿) 두목. 우두머리. 보스. ¶他是这些人~儿. =그는 이들의 두목이다. 4 (~儿) 물체의 꼭대기〔앞부분·끝 부분〕. ¶火车~=기관차. [선두에서 이끄는 차량·인물] / 笔~=붓끝. 5 (~儿) (일의) 시초. 시작. 처음. 마지막. 결말. 정점(頂點). ¶话~儿=말머리. 到~来=마침내. 결국은. 6 (~儿) 두서. 실마리. 단서. ¶那事儿我一时还摸不着~儿. =그 일에 대해 나는 한동안 두서〔갈피〕를 잡지 못하였다. 7 (~儿) 방면. 쪽. 측. 편. ¶他没有忘记你这~儿. =그는 너희 쪽을 잊지 않았다. 8 (~儿) 동강(이). 꽁다리. 끄트머리. 자투리. 쪼가리. ¶~儿=자투리 천. / 烟~儿=담배 꽁초. 〔형〕 1 제일(第一)의. ¶~茶不采, 二茶不发. =첫물을 따지 않으면 두 번째 찻잎이 피지 않는다. 2 순서가 앞선. 앞장선. ¶~马跑在最前面. =선도마가 맨 앞에서 달리고 있다. 3 처음. 첫. [수량사 앞에 쓰여 순서가 처음임을 나타냄] ¶~一回=제1회. / ~个~来是头几趟. 4 〔접〕 (일) 지난. 이전. ['年(nián)'·'天(tiān)' 앞에 쓰여 지나간 시간을 나타냄] ¶那是~年发生的事. =그것은 지난 해에 발생한 일이다. 〔개〕〔구〕 앞서. 먼저. …전에. …에 임하여. …할 때쯤. ¶~睡前要洗澡. =잠자기 전에 목욕해야 한다. 〔수〕 1 제일. 첫 번째. 첫. 첫째. ¶~坐一班车=첫차를 타다. / 一回生, 二回熟. =첫 번째는 생소하지만 두 번째는 익숙해진다. 2 …정도. …내지. [두 숫자 사이에 쓰여 대략의 수를 표시하며, 동시에 수가 크지 않음을 나타냄] ¶三~五百=삼백에서 오백 정도. 〔양〕 1 마리. 필. 두. [돼지·소·말·당나귀·양 등의 가축을 세는 단위] ¶一~猪=돼지 한 마리. / 两~驴子=당나귀 두 필. 2 통. 개. [마늘·비녀·양파 등 머리 모양을 한 물건을 세는 단위] ¶三~蒜=마늘 세 통. / 一~洋葱=양파 한 개. ↪尾 脚

**头²**〔頭〕 ·tou 접미사 두

〔접미〕 1 명사 뒤에 쓰임. ¶砖~=벽돌. / 木~=나무. 2 형용사 뒤에 쓰여 추상 명사를 만듦. ¶甜~=단맛. / 苦~=고생. 3 동사 뒤에 쓰여 추상 명사를 만듦. [일부 동사는 '头'와 결합하여 그 일의 가치를 나타냄] ¶看~=볼 만한 가치. / 想~=생각. 희망. 4 방위사 뒤에 쓰임. ¶前~=앞. / 外~=바깥.

○● 案头, 熬áo头儿, 把头, 白头, 棒头, 包头, 报头, 奔bèn头, 鼻头, 钵bō头, 捕bǔ头, 埠头

头，彩头，孱càn头，苍cāng头，槽cáo头，插chā头，唱头，抽chōu头，初头，出头，锄chú头，憷chù头，磁头，词头，刺儿头，葱头，从头，搭dā头，打头，大头，带头，弹头，当头，倒头，到头，灯头，低头，地头，点头，调头，掉头，顶头，渡dù头，对头，多头，额é头，坟fén头，风头，浮头，斧头，杠gàng头，篙gāo头，镐gǎo头，个头儿，跟头，工头，寡guǎ头，关头，龟guī头，过头，号头，和头，黑头，喉hóu头，猴头，户头，花头，滑头，唤头，回头，火头，鸡头，肩jiān头，尖jiān头，箭jiàn头，荐jiàn头，浇jiāo头，接头，街头，劲jìn头，尽头，镜头，巨头，镢jué头，开头，刊kān头，磕kē头，空头，口头，叩kòu头，块头，来头，榔láng头，狼头，浪头，老头儿，临头，零头，领头，龙头，笼lóng头，搂lōu头，露头，码头，埋mái头，矛头，霉头，眉头，闷mēn头儿，名头，摸头，奶头，挠náo头，年头儿，排头，派头，盼pàn头，喷pēn头，碰头，劈头，匹pǐ头，姘pīn头，起头，墙头，桥头，俏qiào头，拳quán头，人头，认头，日头，肉头，乳头，梢shāo头，势头，手头，水头，蒜头，榫sǔn头，抬tái头，汤头，天头，推头，瓦头，乌头，先头，线头，想头，心头，行头，兴头，噱xué头，丫头，押头，烟头，咽yān头，摇头，瘾yǐn头，蝇yíng头，迎头，由头，芋yù头，冤yuān头，源头，云头，韵yùn头，灶zào头，找头，兆zhào头，折zhé头，针头，枕头，纸头，钟头，柱头，赚zhuàn头，钻zuàn头，嘴头

【头班车】**tóubānchē** [명] 첫차.
【头版】**tóubǎn** [명] (신문 등의) 첫 면. 제1면. ¶ ~头条=제1면 톱기사.
【头半年】**tóubànnián** [명] 1년의 상반기.
【头部】**tóubù** [명] 두부. 머리 부위.
【头彩】**tóucǎi** [명] (도박·게임 등의) 1등 추첨. 1등상. ¶中~=1등에 당첨되다.
【头茬】**tóuchá** [명]《農》 첫 그루. (그 해의) 첫 번째 농작물.
【头次】**tóucì** [명] 첫 번째. 처음. ¶这种事情我还是~听说。=이런 일은 나도 처음 듣는다.
【头筹】**tóuchóu** [명] **1** 첫 번째 제비. **2** [비] 제1등. 제1위. ¶拔取~=제1등을 뽑다.
【头寸】**tóucùn** [명]《經》 **1** (은행 등의) 보유 자금. **2** 금융. 자금 유통.
【头道】**tóudào** [명] 첫 번째. 처음.
【头道贩子】**tóudào fàn·zi** [명] 1차 도매상.
【头灯】**tóudēng** [명] **1** (광부·등산가 등의) 헤드램프. **2** (자동차의) 헤드라이트. 전조등.
【头等】**tóuděng** [형] 최상의. 제1등의. 첫째 가는. 가장 중요한. ¶~舱=일등 선실.
【头点地】**tóudiǎndì** [동][구] **1** 머리를 땅에 조아려 사죄하다. **2** 목이 땅에 떨어지다. ¶杀人不过~。=사람을 죽여 보았자 머리가 땅에 떨어질 뿐이다. 사람을 막다른 곳까지 몰아넣어서는 안 된다.
【头顶】**tóudǐng** [명] 머리꼭대기. 머리꼭지. 정수리. [동] 머리로 감당하다〔받치다·견디다〕. 머리에 이다. ¶~烈日=뜨거운 태양을 머리에 이다.
【头发菜】**tóufàcài** ☞【发菜】**fàcài**
【头发】**tóu·fa** [명] 머리카락. 두발. 머리털.
【头伏】**tóufú** ☞【初伏】**chūfú**
【头盖骨】**tóugàigǔ** [명][구] 두개골.
【头功】**tóugōng** [명] **1** 첫 공로. ¶这只是~，更大的成绩还在后头呢。=이것은 첫 공로에 불과하고, 더 큰 성과는 아직 뒤에 있다. **2** 일등 공로. 으뜸가는 공로. 수훈. ¶这笔生意能谈成，他可立了~。=이번 거래가 성사되는 데, 그는 정말 일등 공로를 세웠다.
【头骨】**tóugǔ** [명]《生》 두골. 머리뼈. =【颅骨】**lúgǔ**
【头关】**tóuguān** [명] 제1의 관문. 첫 번째 관문. 첫 고비. 첫 번째 난관.
【头号】**tóuhào** [형] **1** 첫째의. 첫 번째의. 최대의. 제일 큰. ¶~新闻=톱 뉴스. **2** 가장 좋은. 최고급의. 최상의. ¶~产品=가장 좋은 상품.
【头回】**tóuhuí** [명] **1** 처음. 첫 번째. 제1회. ¶这次老太太~坐飞机。=할머니는 이번에 처음 비행기를 탄다. **2** 지난번. 먼젓번. 전회. 전번. ¶我~来没见着你。=지난번에 와서 너를 만난 적이 없다. **3** 화본 소설의 제1회. ¶小说~讲了一个神话传说。=소설의 제1회는 신화 전설에 대해 이야기하고 있다.
【头昏】**tóuhūn** [형] 머리가 맑지 않다. 흐리멍덩하다. 멍하다. [동] 현기증이 나다. 어질어질하다. 어지럽다.
【头昏目眩】**tóuhūn-mùxuàn** [성] 머리가 아찔하고 눈앞이 캄캄하다. =【头昏眼花】**tóuhūn-yǎnhuā**
【头昏脑胀】**tóuhūn-nǎozhàng** [성] 머리가 어질어질하다. 머리가 띵하다〔멍하다〕.
【头昏眼花】**tóuhūn-yǎnhuā** ☞【头昏目眩】**tóuhūn-mùxuàn**
【头婚】**tóuhūn** [명][동] 초혼(하다).
【头家】**tóujiā** [명] **1** (도박·술자리 등에서) 자신의 바로 앞〔위〕 순번의 사람. **2** (도박이나 놀음에서) 패를 돌리는 사람. 선. **3** 도박장 주인. **4** [방] 주인장. 주인.
【头奖】**tóujiǎng** [명] 일등상. 최고상.
【头角】**tóujiǎo** [명][비] 젊은이의 기개〔재화(才華)·재능〕. 두각. ¶崭露~=두각을 나타내다.
【头巾】**tóujīn** [명]《紡》 **1** [옛] 두건. **2** (명청(明清) 대 선비들의) 두건. **3** 스카프.
【头颈】**tóujǐng** [명][방] 목.
【头盔】**tóukuī** [명] 투구. 철모. 헬멧(helmet). 철갑모.
【头里】**tóu·li** [명] **1** [구] 앞. 전방. ¶你~走，我跟着就来。=네가 앞장서라, 내가 금방 따라가마. **2** [구] 사전. 미리. 먼저. ¶咱们把话说在~，不要到时候把责任往别人身上推。=사전에 미리 말해 두지만, 그 때 가서 책임을 다른 사람에게 미루어선 안 된다. **3** [방] 전. 이전. ¶三年~我去过广州。=3년 전 나는 광저우에 간 적이 있다.
【头脸】**tóuliǎn** [명] **1** 안면. 용모. 면모. 얼굴(생김새). 모습. ¶灯光太暗，没看清楚他的~。=

불빛이 너무 어두워 그의 얼굴을 정확히 보지 못하였다. **2** 면목. 체면. ¶他在当地算是有~的人物。=그는 현지〔그 곳〕에서 꽤 알려진 사람이라고 할 수 있다.

【头领】**tóulǐng** 명 수령. 두령. 우두머리. 보스.

【头颅】**tóulú** 명 머리. ¶抛~，洒热血。=머리를 내던지고 뜨거운 피를 뿌리다. 정의를 위해 목숨을 바치다.

【头路】**tóulù** 〔화곳〕 제1급의. 최고의. 최상의. 일등급의. 제일 좋은. ¶~货=일등품. 명방 **1** 단서. 실마리. 두서. 갈피. ¶他刚到新单位, 还摸不着~。=그는 막 새로운 부서에 와서 아직 두서〔갈피〕를 잡지 못하고 있다. **2** 직업. 직장. 방법. 방도. 비결. 요령. ¶现在找~越来越难了。=지금 직업을 찾는 일은 점점 어려워져 간다. **3** 가르마.

【头轮】**tóulún** 명 (순번의) 맨 처음. 제1라운드. 첫돌림. 첫바퀴. (영화의) 개봉. ¶这部影片正在进行~放映。=이 영화는 지금 처음으로 개봉하여 상영중이다.

【头马】**tóumǎ** 명 (말 떼·대상(隊商) 등의) 맨 앞에 선 말. 선두에 서는 말. 선도마(先導馬).

【头面】**tóu·mian** 명앞 (부녀자의) 머리 장식품의 총칭. ¶一副~=머리 장식품 한 벌.

【头面人物】**tóumiàn rénwù** 거물. 유력자. 큰〔중요〕 인물.

【头名】**tóumíng** 명 1등. 첫 번째. 수석. ¶考了个~=시험에서 수석을 하다.

【头目】**tóumù** 명앞 두목. 수령. 두령. 우두머리. 보스. ¶小~=작은 두목. 중간 보스. 녹首领 ↔喽罗

【头难】**tóunán** 형방 (일할 때) 처음이 어렵다. 첫 시작이 어렵다. ¶做任何事都是~, 开了头就容易多了。=어떤 일을 하든지 처음이 어렵고, 시작만 하면 훨씬 쉬워진다.

【头脑】**tóunǎo** 명 **1** 두뇌. 머리. 사고력. 생각. ¶~清楚=두뇌가 명석하다. **2** 우두머리. 수령. 수뇌. 보스. ¶在这伙人中, 他是~。=이 패거리 가운데 그가 우두머리이다. **3** 단서. 실마리. 갈피. ¶他一时还摸不着~。=그는 한동안 갈피를 잡지 못하였다.

【头脑发热】**tóunǎo fārè** 녹 **1** 머리에 발끈 열이 오르다. **2** 방 (냉정하지 못하고) 열을 내다. 발끈하다.

【头脑资源】**tóunǎo zīyuán** 명 두뇌 자원. 인재 자원.

【头年】**tóunián** 명 **1** 지난 해. 작년. ¶~暑假=작년 여름 방학. **2** 첫해. ¶结婚~就有了孩子。=결혼 첫해 아이를 가졌다.

【头帕】**tóupà** 명 두건. 스카프.

【头牌】**tóupái** 명앞 첫 명패. 주요 연기자의 명패. [극을 공연할 때 연기자의 이름이 적힌 팻말을 내거는, 그 중 맨 앞에 걸어 놓는 명패] ¶~小生=젊은 남자역 가운데 주요 인물.

【头皮】**tóupí** 명 **1** 비듬. =【头皮屑】**tóupíxiè 2** 두피.

【头皮屑】**tóupíxiè** ☞【头皮】**tóupí**

【头破血流】**tóupò-xuèliú** 성 **1** 머리가 깨지고 피가 흐르다. **2** 비 여지없이 참패를 당하다. 심한 타격을 입다.

【头前】**tóuqián** 명구 **1** 이전. 전. ¶~这些地方是耕地, 现在都变成高楼了。=이전에 이 곳은 농경지였으나 지금은 다 고층 건물로 바뀌었다. **2** 앞. 전방. 전면. ¶我~走, 他后脚就跟出来了。=내가 앞장서자, 그는 바로 뒤따라 나왔다.

【头钱】**tóuqián** 명 (노름판의) 개평.

【头球】**tóuqiú** 명(體) (축구의) 헤딩 볼.

【头人】**tóurén** 명 우두머리. 수령. 추장. [주로 부락·소수 민족 등의 우두머리를 가리킴]

【头三脚】**tóusānjiǎo** 명 첫걸음(마). 제일보. 개시. [새로 부임하거나 새 일에 종사하는 사람이 처음에 하는 몇 가지 일]

【头三脚难踢】**tóusānjiǎo nántī** 녹비 일은 처음이 가장 어렵다.

【头纱】**tóushā** 명 베일. 면사포.

【头晌】**tóushǎng** 명방 오전. 상오.

【头上】**tóu·shang** 명 **1** 머리(위·끝·꼭대기). ¶他~戴了顶草帽。=그는 머리에 밀짚모자를 썼다. **2** 이전. 앞서. 종전. ¶他~来过一次。=그는 앞서 한 번 왔었다. **3** 때. 날. 시각. [때·시점을 가리킴] ¶到第二天~, 他还没清醒过来。=그 다음날이 되어서도 그는 깨어나지 않았다. **4** 몸(에). 신상. ¶这种好事怎么不落到我的~？=이렇게 좋은 일이 어떻게 나에게는 일어나지 않는 걸까？

【头生】**tóushēng** 동 처음 낳다. 초산(初產)하다. ¶~紧张是必然的。=아이를 처음 낳을 때 긴장하는 것은 당연한 것이다. 형 첫 번째 낳은. 초산의. ¶~孩子=첫아이. 명 (~儿) 첫아기. ¶她~是个男的。=그녀의 첫아기는 아들이다.

【头绳】**tóushéng** 명 **1** (~儿) 머리끈. 댕기. 리본. **2** 방 털실.

【头虱】**tóushī** 명(動) 머릿니.

【头饰】**tóushì** 명 머리 장식품. 수식(首飾).

【头是头, 脚是脚】**tóu shì tóu, jiǎo shì jiǎo** 녹비 옷차림이 단정하다〔깔끔하다〕. 옷차림이 제격이다.

【头水】**tóushuǐ** 명구 **1** 수수료. 커미션. 중개료. 수속비. ¶收~=수수료를 받다. **2** (~儿) (옷의) 첫물. 첫 세탁. ¶这条裙子还没洗~儿。=이 치마는 아직 첫 세탁을 하지 않았다. **3** (農) 첫물. 처음 주는 물. ¶玉米已浇过~。=옥수수는 이미 첫물을 주었다.

【头胎】**tóutāi** 명 첫아기.

【头趟车】**tóutàngchē** 명구 첫차. 녹首车

【头套】**tóutào** 명 **1** (중국 전통극에서의) 머리 씌우개. 가발. 탈. **2** (머리 스타일을 잡아 주는) 캡(cap).

【头疼】**tóuténg** 동 머리가 아프다. 명 두통. 형 골치(머리)아프다. 짜증나다. 성가시다. 번거롭다. 귀찮다. 괴롭다. ¶那事很让人~。=그 일은 몹시 사람을 머리아프게 한다.

【头疼脑热】**tóuténg nǎorè** (~的) 명구 잔병. 작은 병. 대수롭지 않은 병. ¶~的, 没什么大事

儿。=그냥 잔병이지, 뭐 그리 큰 일은 아니야.
【头天】**tóutiān** 명 **1** 첫날. **2** 전날. 어제.
【头条】**tóutiáo** 명 **1** 제1조. ¶章程的~作了概括性的说明。=규정의 제1조는 개괄적인 설명을 하였다. **2** 톱뉴스. 톱기사.
【头条新闻】**tóutiáo xīnwén** 명 톱뉴스. 톱기사. 가장 중요한 기사.
【头童齿豁】**tóutóng-chǐhuō** 성 **1** 머리칼이 빠지고 이빨도 훤하게 빠지다. **2** 매우 노쇠하다.
【头痛】**tóutòng** 동 머리가 아프다. 명 두통. 형 (비) 골치(머리)아프다. 짜증나다. 성가시다. 번거롭다. 귀찮다. 괴롭다. ¶繁杂事务让人~。=복잡한 일 때문에 골치가 아프다.
【头痛医头, 脚痛医脚】**tóutòng yī tóu, jiǎotòng yī jiǎo** 성 **1** 머리가 아프면 머리를 치료하고 다리가 아프면 다리를 치료한다. **2** (비) 문제의 근본을 해결하지 않고 표면적이고 지엽적인 현상만을 해결하려 하다.
【头头儿】**tóu·tour** 명 (구) 장(長). 수장. 보스. 우두머리. 두목.
【头头脑脑】**tóu·tou nǎonǎo** 명 (구) **1** 지도급. 수뇌급. 유력자. **2** 부스러기. 세세한 것. 자질구레한 것.
【头头是道】**tóutóu-shìdào** 성 말하는(일하는) 것이 조리가 정연하다. ↔语无伦次
【头陀】**tóutuó** 명 외 (佛) 두타. 행각승. 동 dhūta
【头尾】**tóuwěi** 명 **1** 머리와 꼬리. 처음과 끝. ¶~相连=처음과 끝이 서로 연결되다. **2** 시수. 일수. 달수. 햇수. 총시간. 앞뒤. 전후. [주로 햇수·달수·일수와 같이 시간을 계산할 때 쓰임] ¶出差~有一周时间。=그의 출장 기간은 총 1주일이다.
【头先】**tóuxiān** 명 (방) **1** 처음. 최초. 이전. 앞서. 종전. ¶这事~已经说好了。=이 일은 앞서 이미 결정된 것이다. **2** 앞. 전면. ¶他在~走。=그는 앞장서서 간다. 부 (방) 방금. 막. 금방. 갓. ¶他~来过。=그는 방금 왔었다.
【头衔】**tóuxián** 명 (관직·학위 따위의) 칭호. 직함. 학위.
【头像】**tóuxiàng** 명 (사진이나 조각의) 두상.
【头屑】**tóuxiè** 명 비듬.
【头绪】**tóuxù** 명 단서. 두서. 실마리. 갈피. ¶理清~=실마리를 풀다. 동 脉络 眉目
【头癣】**tóuxuǎn** 명 (医) 두부 백선.
【头雁】**tóuyàn** 명 **1** (기러기 떼를 인도할 때 날아가는) 선두 기러기. **2** 지도자. 선도자.
【头羊】**tóuyáng** 명 **1** (양 떼를 인도해 가는) 선두 양. 선도 양. 길잡이 숫양. **2** (비) 리더. 지도자. 선도자. =【领头羊】**lǐngtóuyáng**
【头一句, 脚一句】**tóu yī jù, jiǎo yī jù** 속 말에 두서가 없고 조리도 분명하지 않다.
【头一回】**tóuyīhuí** 명 [경] 첫 회.
【头一炮】**tóuyīpào** 명 첫 (번째 사람의) 발언. 제일성. 첫 포문. 신호탄.
【头油】**tóuyóu** 명 머릿기름.
【头晕】**tóuyūn** 동 현기증이 나다. 머리가 어지

럽다〔어질어질하다·빙빙 돌다·아찔하다〕. ¶~目眩=머리가 어지럽고 눈앞이 캄캄하다.
【头阵】**tóuzhèn** 명 **1** (军) 첫 번째 교전. 첫 싸움. **2** (비) 일의 시작. ¶在这次抢险任务中, 小伙子们打~。=이번 긴급 구조 임무에서 젊은이들이 선두에 섰다.
【头重脚轻】**tóuzhòng-jiǎoqīng** 성 **1** 머리는 무겁고 다리는 가볍다. **2** (비) 기초가 튼튼하지 못하다. **3** (비) 사물이 전후·상하가 조화롭지 않다.
【头子】**tóu·zi** 명 (폄) 수령. 두목. 우두머리. 보스. ¶流氓~=깡패 두목.

\*\*【投】**tóu** 던질 투
동 **1** 던지다. 투척하다. ¶~石子=돌을 던지다. / ~手榴弹=수류탄을 투척하다. **2** (죽으려고) 뛰어들다. 자살하다. ¶以身~江=몸을 강물에 던지다. 강물에 뛰어들어 자살하다. **3** 집어 넣다. 들여보내다. ¶~票选举=투표하여 선거하다. **4** 뛰어들다. 들어가다. 찾아들다. 참가하다. ¶~人工作=작업에 투입하다. / 弃暗~明=암흑을 버리고 광명을 찾다. **5** (편지 등을) 부치다. 보내다. 송부하다. ¶向杂志社~稿=잡지사에 투고하다. **6** (빛 등이) 비치다. (눈길 등을) 던지다. ¶影子~在墙壁上。=그림자가 담장에 비치다. **7** 마음이 맞다. 영합하다. 비위를 맞추다. ¶情~意合=마음과 뜻이 맞다. **8** ⋯에 가깝다. ⋯ (무렵)에 이르다. ⋯하기 직전이다. ¶天已~明。=날이 이미 새려고 한다. **9** (구) 행구다. ¶~被单=홑이불을 행구다. 동 丢 掷
【投案】**tóu**‖**àn** 동 자수하다. ¶~自首=자수하다.
【投保】**tóu**‖**bǎo** 동 보험에 가입하다. 보험을 들다. ¶到保险公司~。=보험 회사에 가서 보험을 들다.
【投保人】**tóubǎorén** 명 보험 계약자.
【投奔】**tóubèn** 동 (남에게) 몸을 의탁하다. 의지할 곳을 찾아가다. ¶~亲友=친구에게 몸을 의탁하다. 동 投靠
【投笔从戎】**tóubǐ-cóngróng** 성 **1** 붓을 내던지고 종군하다. **2** 문인이 종군하다.
【投币式】**tóubìshì** 형 동전 투입식의. ¶~电话=동전 투입식 전화.
【投畀豺虎】**tóubì-cháihǔ** 성 **1** (나쁜 놈을) 승냥이와 호랑이에게 던져 주다. **2** (비) 악인을 극도로 증오하다.
【投鞭断流】**tóubiān-duànliú** 성 **1** 모든 군사의 말채찍만 다 던져도 강물의 흐름을 막을 수 있다. **2** (비) 군사가 매우 많고 병력이 강하다.
【投标】**tóu**‖**biāo** 동 경쟁 입찰하다. ↔招标
【投产】**tóuchǎn** 동 생산에 들어가다. 조업(가동)을 시작하다. ¶食品厂已建成~。=식품 공장은 이미 건설되어 생산에 들어갔다.
【投诚】**tóuchéng** 동 (적·반군 등이) 귀순하다. 투항하다. ¶缴械~=무기를 반납하고 항복하다.
【投弹】**tóu**‖**dàn** 동 **1** 수류탄을 던지다. **2** 폭탄〔소이탄〕을 투하하다.
【投档】**tóudàng** 동 (일정한 기준에 이른) 응시

【投敌】tóudí 동 적에게 투항하다. ¶叛国~=나라를 배반하고 적에게 투항하다.
【投递】tóudì 동 (공문·편지 등을) 배달하다. 보내다. 송부하다. ¶~信件=우편물을 배달하다.
【投递员】tóudìyuán 명 우편집배원. 우편배달부. =【邮递员】yóudìyuán ❷ 배달원.
【投店】tóudiàn 동 여관에 투숙하다[들다]. ¶~住宿=여관에 숙박하다.
【投毒】tóudú 동 독극물을 투입하다.
【投毒罪】tóudúzuì 명(法) 독극물 투입죄.
【投放】tóufàng 1 투입하다. 던지다. 던져 넣다[주다]. 넣어 주다. ¶~鱼饲料=물고기 사료를 던져 주다. 2 (시장에 상품을) 공급하다. 내놓다. 출하하다. ¶这种产品一~市场就广受欢迎。=이 상품은 시장에 내놓자마자 널리 환영받았다. 3 (인적·물적 자원을) 투자하다. ¶~资金=자금을 투자하다.
【投稿】tóu∥gǎo 동 투고하다. ¶他给报社~数次均无回音。=그는 신문사에 여러 차례 투고하였으나 아무런 회신이 없었다.
【投稿】tóugǎo 명 투고(한 원고). ¶~已被杂志社录用。=투고한 원고는 이미 잡지사에 의해 채택되었다.
【投工】tóu∥gōng 동 노동력을 투입하다. ¶完成这项工作需要投多少工？=이번 작업을 완수하려면 노동력을 얼마나 투입해야 합니까?
【投合】tóuhé 동 맞추다. 영합하다. 만족시키다. ¶电视剧~观众的口味是必要的。=텔레비전 드라마는 시청자의 구미에 맞추는 것이 필요하다. 형 서로 뜻이 맞다. 투합하다. 마음이 일치하다. 배짱이 맞다. ¶他俩谈得很~。=그들 두 사람은 매우 의기투합하여 이야기를 나누었다. ≒迎合
【投河】tóuhé 동 (죽으려고) 강에 뛰어들다.
【投壶】tóuhú 명 투호. [손님과 주인이 일정한 거리에서 화살을 병 속에 던져 넣는 수효로 승부를 가리는 놀이로, 진 사람이 벌주를 마심]
【投缳】tóuhuán 동문 목매 죽다. 목을 매달다. 자살하다.
【投簧】tóuhuáng 형 1 열쇠가 자물쇠에 딱 들어맞다. 2 (비) (방법 등이) 실제에 부합하다. 효과적이다. 적절하다. ¶看来还是你的方法~。=보기에 그래도 네 방법이 효과적이겠다.
【投机】tóujī 동 투기하다. ¶~买卖=투기 매매하다. 형 견해가 일치하다. 의기투합하다. 배짱이 맞다. ¶两人一见面就谈得很~。=두 사람은 만나자마자 의기투합하였다.
【投机倒把】tóujī-dǎobǎ 성 투기로 폭리를 취하다.
【投机取巧】tóujī-qǔqiǎo 성 1 기회를 틈타 사리사욕을 취하다. 2 노력[노동]의 대가를 치르지 않고 요행으로[잔꾀로] 목적을 달성하다.
【投寄】tóujì 동 (우편물을) 부치다[보내다].
【投价】tóujià 동 (판매자에게) 구매가를 제시하다. 형 (구매에) 돈이 많이 들다. 많은 돈을 들이다. ¶这个包很~，花了近千元。=이 가방은 꽤 비싸서, 거의 천 위안을 썼다.
【投进】tóujìn 동 투입하다. 던져[집어] 넣다. ¶把硬币~存钱罐。=동전을 저금통에 넣다.
【投井】tóujǐng 동 (죽으려고) 우물에 뛰어들다.
【投井下石】tóujǐng-xiàshí 성 1 우물에 빠진 사람에게 돌을 던지다. 2 (비) 남의 어려움을 틈타 해를 가하다. =【落井下石】luòjǐng-xiàshí ≒乘人之危 ↔雪中送炭
【投军】tóujūn 동문 입대하다. 종군하다.
【投考】tóukǎo 동 시험에 응시하다. 시험을 치르다. ¶~艺术院校=예술 (전문) 대학에 응시하다. / ~公务员=공무원 시험에 응시하다.
【投靠】tóukào 동 남에게 의지하다[의탁하다·빌붙다]. ¶~亲戚=친척에게 의탁하다. ≒投奔
【投篮】tóu∥lán 동(体) (농구에서) 슛하다.
【投劳】tóu∥láo 동 노동력을 투입하다. ¶为了修路，村民们投资~，非常积极。=길을 닦기 위해 마을 주민들은 자금과 노동력을 투입하며 매우 적극적이다.
【投料】tóuliào 동 재료[원료]를 넣다. ¶必须按比例~。=반드시 비율에 맞춰 재료를 넣어야 한다.
【投袂而起】tóumèi'érqǐ 성 1 옷소매를 떨치고 일어서다. 2 (비) 분발하여 일어서다.
【投明】tóumíng 명 동틀녘.
【投暮】tóumù 명 해질녘.
【投拍】tóupāi 동 촬영에 들어가다[돌입하다]. ¶这部影片预计在明年年初~。=이 영화는 내년 초에 촬영에 들어갈 것으로 예상된다.
【投排】tóupái 동 리허설[무대 연습]에 들어가다[돌입하다]. ¶话剧已经~。=연극은 이미 리허설에 들어갔다.
【投脾气】tóu pí·qi 숙 마음에 맞다. 비위에 맞다. 의기투합하다. 배짱이 맞다.
【投票】tóu∥piào 동 투표하다.
【投其所好】tóuqísuǒhào 성 남의 비위를 맞추다. 남이 좋아하는 것에 영합하다.
【投契】tóuqì 동 의기가 투합하다. 마음이 맞다. 배짱이 맞다. 견해가 일치하다. ¶他俩一见如故，越谈越~。=그 두 사람은 만나자마자 마치 오랜 친구처럼 얘기를 거듭할수록 마음이 맞았다.
【投恰】tóuqià 동 의기가 투합하다. 마음이 맞다. 배짱이 맞다. 견해가 일치하다.
【投枪】tóuqiāng 명 창을 던지다.
【投亲】tóu∥qīn 친척에게 의탁하다[의지하다·빌붙다].
【投亲靠友】tóuqīn-kàoyǒu 성 친척과 친구에게 의탁하다[의지하다·빌붙다].
【投情】tóu∥qíng 동 성격[취향·마음·감정]이 맞다. ¶小两口非常~。=신혼 부부는 아주 찰떡궁합이다.
【投球】tóuqiú 동(体) (농구에서 림(rim)을 향해) 슛하다. 공을 던지다. 슛을 날리다.
【投入】tóurù 1 돌입하다. 뛰어들다. 참가하다. 개시하다. 들어가다. ¶地铁已正式~运营。=지하철은 이미 정식으로 운영에 들어갔다. 2

(자금 등을) 투입하다. 넣다. 투자하다. ¶城市绿化需要进一步~。=도시 녹화에는 더 많은 투자가 필요하다. 🟫 (어떤 일에 열정적으로) 몰두하다〔몰입하다·전념하다〕. 정신을 집중하다. 경주(傾注)하다. ¶她看书看得真~。=그녀는 독서 삼매경에 빠졌다. 🟥 투자금. ¶追加~=추가 투자금.

【投射】**tóushè** 🟫 **1** (목표를 향해) 던지다. 투척하다. ¶把标枪用力~出去。=표창을 힘껏 던지다. **2** (빛 등이) 투사하다. (그림자 등이) 비치다. (눈길 따위를) 던지다. ¶煦暖的阳光~在初春的大地上。=따뜻한 햇빛이 초봄의 대지에 비추다.

【投身】**tóushēn** 🟫 (어떤 일에) 투신하다. 헌신하다. ¶~于科研事业=과학 연구 사업에 투신하다.

【投生】**tóu‖shēng** ☞【投胎】**tóu‖tāi**

【投师】**tóu‖shī** 스승으로 모시다. 사사(師事)하다. 스승에게 의탁하다. 스승에게 입문하여 가르침을 받다. ¶~学艺=스승에게서 기예를 배우다.

【投石问路】**tóushí-wènlù** 🟩🟫 어떤 일을 하기 위해서 속내를 떠보다. 행동 개시 전에 미리 상황을 타진〔파악〕하다.

【投手】**tóushǒu** 🟥《體》(야구의) 투수. 피처(pitcher).

【投售】**tóushòu** 🟫 시장에 내다 팔다. 출하(出荷)하다.

【投书】**tóushū** 🟫 투서하다.

【投鼠忌器】**tóushǔ-jìqì** 🟩 **1** 쥐를 때려 잡고 싶어도 주위의 기물을 깰까 봐 겁내다. **2**⑪ 임금 옆의 간신을 제거하려 하여도 임금에게 누가 미칠까 두려워하다. 나쁜 놈을 벌하고 싶어도 도리어 더 큰 손해를 볼까 봐 꺼리다.

【投水】**tóushuǐ** 🟫 (죽으려고) 물에 뛰어들다.

【投送】**tóusòng** 🟫 **1** 배달하다. 운송하다. 송달하다. 보내다. ¶~报纸=신문을 배달하다. **2** 던지다. 던져 넣다. ¶向炉内~燃料。=난로에 연료를 던져 넣다.

【投诉】**tóusù** 🟫 (기관·관계자에게) 호소하다. 하소연하다. 고발하다. 신고하다. 고소하다. 불평하다. 제소하다. ¶向消费者协会~。=소비자협회에 고발하다. ↔撤诉

【投诉电话】**tóusù diànhuà** 🟥 민원 전화. 고발 전화. 신고 전화.

【投诉率】**tóusùlǜ** 🟥 (일정 기간 내 특정 업계·기관 등에 접수된) 불만 신고율. 민원 제기율.

【投宿】**tóusù** 🟫 투숙하다. ¶深夜~=한밤에 투숙하다.

【投胎】**tóu‖tāi** 🟫 (사람·동물이 죽은 후에) 환생하다. 다시 태어나다. [영혼이 다시 모태에 들어가 재차 세상에 태어남을 말함] =【投生】**tóu‖shēng**

【投桃报李】**tóutáo-bàolǐ** 🟩 **1** 복숭아를 선물 받고 자두로 답례하다. **2**⑪ 선물을 주고받으며 친목게 지내다. 서로 우호적으로 왕래하다.

【投喂】**tóuwèi** 🟫 (동물에게) 먹이를 던져 주다.

【投献】**tóuxiàn** 🟫 공헌하다. 헌상하다. 헌납하다. 바치다. ¶~财礼=납채 예물을 헌상하다.

【投降】**tóuxiáng** 🟫 **1** 투항하다. 항복하다. ¶战败~==싸움에 져서 투항하다. **2** (제 뜻을 굽혀) 남에게 굴종하다〔굴복하다〕. ¶决不能向错误观点~。=잘못된 관점에 결코 굴복해서는 안 된다. ≒归降

【投向】**tóuxiàng** 🟥 자금·구매력이 쏠리는〔몰리는〕방향. 투자 방향〔추세·목표〕. ¶大量资金~房地产。=대량의 자금이 부동산으로 몰리다. 🟫 (어떤 방면에) 투입하다. ¶年终赢利全部~设备更新。=그 해 이익금의 전부를 설비 갱신에 투자하다. **2** (어떤 방면으로) 투신하다. 의탁하다. 찾아가다. ¶~正义=정의에 몸을 내던지다.

【投效】**tóuxiào** 🟫 자진하여〔투신하여〕진력하다. 자원해서 복무하다. ¶~官府=공직에 복무하다〔복직하다〕. 🟥 투자 효율. ¶资金~有待提高。=자금의 투자 효율이 상승할 것으로 기대된다.

【投药】**tóuyào** 🟫 **1** 약을 놓다. [주로 쥐·바퀴벌레 등을 독살하는 것을 나타냄] **2** 투약하다.

【投医】**tóu‖yī** 진찰을 받다. 의사에게 보이다. ¶~问病=의사에게 진찰을 받다.

【投影】**tóuyǐng** 🟫《物》투영되다. **2**《數》도형의 그림자가 한 면이나 한 선(線)상에 투영되다. 🟥 투영된 물체나 도형의 그림자.

【投影仪】**tóuyǐngyí** 🟥 **1** 오에이치피(OHP). 오버헤드 프로젝터(overhead projector). 오버헤드 투사기. **2** 투영 측정기. 프로파일 프로젝터(profile projector).

【投映】**tóuyìng** 🟫 (영상이) 투영되다. 비치다. ¶白塔的倒影~在湖面上。=하얀 탑의 그림자가 호수 위에 비치다.

【投邮】**tóuyóu** 🟫 우편물을 부치다.

【投缘】**tóuyuán** 🟦 마음이〔배짱이〕 맞다. 의기투합하다. 인연이 있다. 마음에 들다. [주로 첫 번째 사귐에 쓰임] ¶他俩很~, 初次见面就聊个没完。=그 둘은 마음이 맞아서, 처음 만났는데도 얘기가 그칠 줄을 모른다.

【投运】**tóuyùn** 🟫 운영에 들어가다〔돌입하다〕. 운행〔운영·영업〕을 개시하다. ¶新修的高速铁路已经~。=새로 건설된 고속 철도는 이미 운영에 들어갔다.

【投赞成票】**tóu zànchéngpiào** 🟫 **1** 찬성표를 던지다. **2** 찬성하다. 지지하다.

【投掷】**tóuzhì** 🟫 던지다. 투척하다. ¶~铅球=포환을 던지다.

【投注】**tóu‖zhù** 🟫 **1** (도박에서) 돈을 걸다. **2** 복권을 사다. 🟥 도박·복권에 투자한 돈. ¶本期足球彩票的~大大超过了上期。=이번 회 축구 복권에 투자한 돈이 지난번보다 훨씬 웃돈다.

【投注】**tóuzhù** 🟫 (정신·역량을) 집중하다. 쏟다. 기울이다. 경주(傾注)하다. ¶她把全部精力~在孩子的培养上。=그녀는 아이를 키우는 데 모든 힘을 쏟는다.

【投资】**tóu‖zī** 🟫 (기업에) 투자하다. ¶~建

厂=공장 건설에 투자하다. **2** (특정 목적을 위해) 투자하다. 자금을 투입하다. ¶~买房=집 사는 데 투자하다.

【投资】**tóuzī** 圐 **1** (기업에 투자하는) 투자(금). ¶近百万~不能白白流失.=근 백만이나 되는 투자금을 헛되이 날려서는 안 된다. **2** (목적을 위해 투자하는) 투자(금). ¶保险~=보험 투자.

【投资布局】**tóuzī bùjú** 圐(經) 투자 분포.

【投资方向】**tóuzī fāngxiàng** 圐(經) 투자 방향.

【投资风险】**tóuzī fēngxiǎn** 圐(經) 투자 위험. 투자 리스크(risk).

【投资公司】**tóuzī gōngsī** 圐(經) 투자 공사. 투자 회사.

【投资环境】**tóuzī huánjìng** 圐(經) 투자 환경.

【投资基金】**tóuzī jījīn** 圐(經) 투자 기금.

【投资预测】**tóuzī yùcè** 圐(經) 투자 예측.

【投资咨询】**tóuzī zīxún** 圐(經) 투자 자문.

## 骰 **tóu** 주사위 투
【骰子】**tóu·zi** ☞ 【色子】**shǎi·zi**

## 钭[鈄] **Tǒu** 성씨 두
圐 성(姓).

## 敨 **tǒu** 펼 투
圐圙 **1** (흙먼지 등을) 털다. **2** (싸여 있거나 말려 있는 것을) 풀다. 풀어헤치다. (주름을) 펴다.

## *透 **tòu** 통과할 투
圐 **1** (액체·빛·공기 등이) 스며들다. 침투하다. 투과하다. 뚫다. 뚫고 들어오다. 통하다. ¶早晨的阳光~过窗户照进来, 给整个卧室平添了一股暖意.=아침 햇빛이 창문을 통과하여 들어와서, 온 방에 따뜻한 기운을 한결 더해 주었다. **2** 몰래 말하다. 알려 주다. 비밀이 새다[누설되다]. ¶单位人事上有什么变动, 你方便的时候给~个信儿.=부서의 인사에 무슨 변동이 있으면, 상황을 보아 귀띔 좀 해 주세요. **3** 드러내다. 나타나다. 나타내다. 띠다. …처럼 보이다. …같이 느껴지다. ¶她的脸色白里~红, 显得很健康.=그녀의 얼굴은 뽀얗기도 하면서 붉은 빛이 돌아 아주 건강해 보인다. 圙 **1** 투철하다. 분명하다. 명백하다. 완전하다. ¶老师把这个问题讲得很~.=선생님은 이 문제를 아주 분명하게 설명하셨다. **2** 충분하다. ¶他的衣服被雨淋~了.=그의 옷은 비에 흠뻑 젖었다.

◊─◊ 浸 **jìn** 透, 灵 **líng** 透, 深透, 渗 **shèn** 透

【透彻】【透澈】**tòuchè** 圙 **1** 투철하다. 치밀하다. 사리가 밝고 확실하다. 분명하다. 확실하다. 철저하다. ¶他对当前的形势分析得很~.=그는 현재의 형세에 대하여 매우 분명하게 분석하고 있다. **2** 맑고 투명하다. ¶湖水~.=호수의 물이 맑고 투명하다.

【透澈】**tòuchè** ☞ 【透彻】**tòuchè**

【透底】**tòudǐ** 圐 속사정[진상·내막]을 드러내다 〔알려 주다〕. ¶交心~=속마음을 털어놓고 속내를 드러내다. 圙 (맑고 투명하여) 바닥까지 보이다. 바닥을 드러내다. [주로 '清澈(qīngchè)'와 함께 씀] ¶清澈~=맑아서 바닥까지 보이다.

【透地雨】**tòudìyǔ** ☞ 【透雨】**tòuyǔ**

【透雕】**tòudiāo** 圐(藝) 투조. 누공(漏空).

【透顶】**tòudǐng** 圐圙 (…함이) 극에 달하다. 짝이 없다. 그지없다. 이를 데 없다. ¶糊涂~=어리석기가 한량없다.

【透风】**tòu∥fēng** 圙 **1** 바람이 통하다〔새다〕. 바람을 통하게 하다. ¶窗户没关严, 有点~.=창문을 제대로 닫지 않아서, 바람이 조금 새어들어 온다. **2** 바람을 쐬다. 바람에 말리다. 거풍(擧風)하다. ¶把棉絮晾出来透透风.=솜을 볕으로 꺼내어 바람을 쏘이다. **3** 圙 비밀을 누설하다. 비밀이 새다. 몰래 소식을 흘리다. ¶有什么消息你给我透点儿风.=무슨 소식이 있으면 내게 좀 알려 다오.

【透骨】**tòugǔ** 圙 뼛속까지 스며들다. 뼈에 사무치다. ¶雪水冰凉~.=눈 섞인 물이 얼음같이 차가와 (찬 기운이) 뼛속까지 스며든다. ≒彻骨

【透光】**tòuguāng** 圙 빛이 통과하다〔통하다·새다〕. 투광하다. ¶这种玻璃的~效果好.=이런 유리는 빛이 잘 통하여 효과가 좋다.

【透过】**tòu·guo** 圙 (액체·빛이) 통과하다. 스며들다. 뚫고 지나가다. 투과되다. ¶月光~窗户照在静静的屋子里.=달빛이 창문을 뚫고 들어와 고요한 방안을 비춘다.

【透汗】**tòuhàn** 圐 흠뻑 난 땀. ¶出一身~=온몸에 땀이 흠뻑 나다.

【透话】**tòu∥huà** 圙⊕ 내부 정보를 누설하다. 말을 흘리다. 넌지시〔슬며시〕 알리다. 귀띔하다. ¶他~说要把房子卖了.=그는 집을 판다고 슬그머니 귀띔하였다.

【透话】**tòuhuà** 圐 분명한 말. 확실한 말. 딱 떨어지는 말. ¶这事做不做, 你说句~.=이 일을 할 것인지 말 것인지, 딱 부러지게 말해라.

【透镜】**tòujìng** 圐(物) 렌즈(lens). ¶凸~=볼록 렌즈. / 凹~=오목 렌즈.

【透亮】**tòu·liàng** 圙 **1** 밝다. 환하다. 반짝반짝하다. 투명하다. ¶灯光把房间照得~.=불빛이 방을 환하게 비추다. **2** 분명하다. 명백하다. 환하게 알다. 잘 이해하고 있다. ¶别看他表面糊涂, 心里~.=그 사람 겉만 보고 흐리멍텅하다고 여기지 마라, 속으로는 잘 알고 있다.

【透亮儿】**tòu∥liàngr** 圙 밝은 빛이 비치다. 환히 밝아지다. 빛이 들다〔새다〕. ¶打开窗户, 透透亮儿.=창문을 열고 빛이 좀 들게 해라.

【透伶】**tòulíng** 圙 아주 영리〔총명〕하다. ¶这个小女孩真~!=이 여자 아이는 정말 무척 영리하구나.

【透漏】**tòulòu** 圙 **1** 새다. 누설되다. 폭로하다. ¶~消息=정보가 새다. **2** 알려지다. 드러나다. ≒透露 泄漏 走漏

【透露】**tòulù** 圙 **1** (정보·상황·의중 등을) 넌지시 드러내다. 누설하다. 흘리다. ¶~风声=소문을 흘리다. **2** 드러나다. 내비치다. 나타나다. 암

시하다. 시사하다. ¶他脸上~出疲倦的神情. = 그의 얼굴에 피곤한 기색이 드러난다. ≒透漏 泄露 走漏
【透明】**tòumíng** 〔형〕 **1** 투명하다. ¶~的水晶 = 투명한 수정. **2** 공개적이다. 투명하다. ¶公司政务要有一定的~度. = 회사의 업무는 어느 정도의 투명성을 갖추어야 한다.
【透明度】**tòumíngdù** 〔명〕 **1** 〈物〉 투명도. **2** 〈비〉 투명성. ¶要增加干部任用的~. = 간부 임용의 투명성을 높여야 한다.
【透明体】**tòumíngtǐ** 〔명〕〈物〉 투명체.
【透辟】**tòupì** 〔형〕 투철하다. 치밀하다. 철저하다. ¶说理~ = 논리가 치밀하다.
【透平机】**tòupíngjī** ☞【涡轮机】**wōlúnjī**
【透气】**tòu‖qì**(~儿)〔동〕 **1** 공기가 통하다. 공기를 통하게 하다. 환기시키다. ¶房间里窗户关着, 不~. = 방안에 창문이 닫혀 있어서 공기가 통하지 않는다. **2** 한숨 돌리다. 한시름 놓다. 안도의 숨을 쉬다. ¶等我透口气再说. = 한숨 돌리고 얘기하자. **3** 신선한 공기를 마시다. 바람을 쐬다. ¶屋子里闷得很, 到外面去透透气. = 방안이 답답하니, 밖으로 나가서 바람 좀 쐬자. **4** 소식을 알리다. 정보를 흘리다(귀띔하다). ¶结论出来了, 提前透个气. = 결론이 나오면 바로 좀 알려 주시오.
【透墒】**tòushāng** 〔형〕〈農〉 토양 속의 수분이 농작물이 발아하고 생장하기에 충분하다. 토양의 습도가 충분하다.
【透射】**tòushè** 〔동〕 **1** 투사하다. **2** 빛이 틈새로 비추다(뚫고 들어오다). ¶阳光从枝叶间一下来. = 햇빛이 나뭇가지와 이파리 사이로 비춘다.
【透视】**tòushì** 〔명〕 **1** 〈美〉 투시 도법. 투시 화법. **2** 〈醫〉 X선 투시(검사). 〔동〕〈비〉 (사물의 본질을) 투시하다. 꿰뚫어 보다. ¶能够~问题的实质, 才能找出解决问题的最佳方法. = 문제의 본질을 꿰뚫어 볼 수 있어야 문제를 해결하는 최선의 방법을 찾을 수 있다.
【透视图】**tòushìtú** 〔명〕 투시도.
【透水】**tòushuǐ** 〔동〕 물이 새다. 비가 새다. ¶房顶有点儿~. = 지붕에서 비가 약간 샌다.
【透水性】**tòushuǐxìng** 〔명〕 투수성.
【透脱】**tòutuō** 〔형〕 영민하다. 똑똑하다. 머리 회전이 빠르다. ¶小家伙~可爱. = 어린 녀석이 아주 영리하고 귀엽다.
【透味儿】**tòuwèir** 〔동〕 음식 맛이 나다. 요리 맛이 좋다. 제 맛이 나다. ¶鸡肉炖得~了. = 닭고기가 제 맛이 나게 삶아졌다.
【透析】**tòuxī** 〔동〕 **1** ☞【渗析】**shènxī** **2** 철저하게(세밀하게·치밀하게) 분석하다(해부하다). ¶~国际形势 = 국제 정세를 철저하게 분석하다. 〔명〕〈醫〉 투석.
【透心(儿)凉】**tòuxīn(r)liáng** 〔형〕 **1** 매우 차다(춥다). 차디차다. 차갑다. ¶가슴속까지 시리다. **2** 〈비〉 실망하다. 낙심하다. 낙담하다.
【透信】**tòu‖xìn**(~儿) 〔동〕 정보를 누설하다(알려 주다). 소식을 알리다(흘리다). 귀띔하다. ¶情况要是有变, 我会及时你们的~. = 변화가 생기면, 내가 곧바로 너희에게 알려 줄 것이다.
【透溢】**tòuyì** 〔동〕 충만하다. 가득 넘쳐흐르다. 물씬 발산하다. 널리 퍼지다. 충분히 드러내다. ¶腊梅~着阵阵清香. = 섣달 매화가 맑은 향을 물씬 풍기고 있다.
【透映】**tòuyìng** 〔동〕 투사하다. 빛이 틈새로 비추다〔뚫고 들어오다〕.
【透雨】**tòuyǔ** 〔명〕 흠뻑 내린 비. 충분한 비. =【透地雨】**tòudìyǔ** ¶下一场~才能缓解旱情. = 비가 한번 흠뻑 와야만 가뭄이 해갈된다.
【透支】**tòuzhī** 〔동〕 **1** 지출이 수입을 초과하다. 적자가 나다. **2** 〈옛〉 가불(假拂)하다. **3** 〈비〉 과도하게 몸과 마음을 쓰다. 무리하다. 〔명〕 대월(貸越). 당좌대월(當座貸越). 오버드래프트(overdraft).

# tu

**凸** **tū** 볼록할 철

〔형〕 볼록하다. 불룩하다. 두드러지다. 볼록 튀어 나오다. ¶凹~不平 = 울퉁불퉁 고르지 않다. 〔동〕 볼록(불룩)하게 하다. ¶挺胸~肚 = 가슴을 펴고 배를 불룩 내밀다. [거드름을 피우고 득의양양한 모양. 생기발랄하고 정력적인 모양] ↔凹

【凸版】**tūbǎn** 〔명〕〈印〉 볼록판. 철판. ↔凹版
【凸版纸】**tūbǎnzhǐ** 〔명〕〈印〉 볼록판 인쇄 용지.
【凸窗】**tūchuāng** 〔명〕〈建〉 퇴창(退窓). 베이 윈도우(bay window). 내민 창.
【凸出】**tūchū** 〔동〕 돌출하다. 불룩(볼록) 튀어 나오다. ¶路面不平整, 有的凹陷, 有的~. = 어떤 곳은 움푹 패여 있고 어떤 곳은 볼록 튀어나와서, 노면이 고르지 않다. ↔凹陷
【凸镜】**tūjìng** ☞【凸面镜】**tūmiànjìng**
【凸面】**tūmiàn** 〔명〕 볼록면. 철면(凸面).
【凸面镜】**tūmiànjìng** 〔명〕 볼록 거울. =【凸镜】**tūjìng**【发散镜】**fāsànjìng**
【凸起】**tūqǐ** 〔동〕 튀어나오다. 불거져 나오다. 부풀어오르다. 들며 오르다. ¶他额头上~了一个大包. = 그의 이마에 커다란 혹이 생겼다. 〔명〕 (물체·몸에 난) 혹. 돌기. 융기. ¶树干上长了不少坚硬~. = 나무 줄기에 단단한 혹부리가 많이 나 있다.
【凸透镜】**tūtòujìng** 〔명〕 **1** 볼록 렌즈. **2** 확대경. 돋보기. =【会聚透镜】**huìjù tòujìng**〈반〉【放大镜】**fàngdàjìng**
【凸显】**tūxiǎn** 〔동〕 분명하게 드러나다(나타나다). 부각되다. ¶土地沙漠化的问题日益~. = 토지 사막화 문제는 갈수록 부각되고 있다.
【凸现】**tūxiàn** 〔동〕 분명하게 표현하다(드러내다·나타내다). 부각시키다. ¶~人物个性 = 인물의 개성을 부각시키다.

**秃** **tū** 대머리 독

〔형〕 **1** 머리카락이 없다(적다). 머리가 벗어지다. (새·짐승의 머리·꼬리에) 털(깃털)이 없다. ¶~

尾巴=깃털〔털〕이 빠진 꼬리. / 他的头越来越~了.=그의 머리는 갈수록 벗어진다. **2** (산이) 벌거숭이이다. 민둥민둥하다. (나무가) 앙상하다. ¶~山=민둥산. 벌거숭이 산. / ~树=앙상한 나무. **3** (물체의 끝이 닳아) 무디다. 모지라지다. ¶笔尖~了, 该换一支了.=연필 끝이 무디었으니, 다른 것으로 바꾸어야겠다. **4** (문장이) 불완전하다. 온전하지 않다. 부족하다. ¶这篇文章的结尾太~, 要改一下.=이 글의 끝마무리가 매끄럽지 못해 좀 고쳐야겠다. 〖名〗(Tū) 성(姓).
↔尖

○● 斑bān秃, 白秃风, 米秃秃

◎ 秃tū 颓tuí

【秃笔】tūbǐ 〖名〗**1** 모지랑붓. 몽당붓. **2**〔비〕 졸필. 둔필. 보잘것없는 문장력. ¶他这支~不可能写出好的文章.=그의 보잘것없는 문장 실력으로는 좋은 글을 쓸 수가 없어.
【秃疮】tūchuāng ☞ 【黄癣】 huángxuǎn
【秃顶】tū‖dǐng〖动〗 머리가 벗어지다. 대머리가 되다.
【秃顶】tūdǐng〖名〗 대머리.
【秃光光】tūguāngguāng (~的)〖形〗(머리가 벗어져) 반들반들〔번들번들〕하다. ¶~的脑袋=반들반들한 머리(통).
【秃毫】tūháo〖名〗 모지랑붓. 몽당붓.
【秃鹫】tūjiù〖名〗〔动〕 대머리 독수리. [은색의 피부가 드러나 있어 붙여진 이름임.] = 【坐山雕】zuòshāndiāo
【秃噜】tū·lu〖动〗**1** (끈이) 풀리다. 느슨해지다. 떨어지다. ¶你的发带~了.=너의 머리끈이 풀렸다. **2** 질질 끌다〔끌리다〕. 떨어져 내리다. ¶小心点, 别让裙子~着地.=조심해라, 치마가 땅에 끌리지 않게. **3** (털·깃털)이 빠지다. 떨어지다. ¶羊皮上的毛快~光了.=양가죽의 털이 곧 다 빠지려고 한다. **4** 지나치다. ¶他花钱没个准儿, 一花就花~.=그는 돈을 쓰는 데 원칙이 없어서, 한번 썼다 하면 과소비를 하게 된다. **5** 말실수하다. ¶说话注意点儿, 别一开口就把话说~了.=말은 할 때 좀 조심해라, 입만 열면 말실수하지 않게.
【秃瓢儿】tūpiáor (~儿)〖名〗〖口〗〖비〗 대머리. 까까머리. ¶小家伙剃了个~.=녀석은 까까머리로 깎았다.
【秃头】tū‖tóu〖动〗 (머리에) 아무것도 쓰지 않다. 맨머리를 하다. ¶外面冷, ~容易着凉.=바깥이 추우니, 맨머리를 하면 감기 걸리기 쉽다.
【秃头】tūtóu〖名〗**1** 대머리. 까까머리. **2** 대머리〔까까머리〕인 사람.
【秃头名片】tūtóu míngpiàn〖名〗 직함 없이 성명만 있는 명함.
【秃头文章】tūtóu wénzhāng〖名〗 서론과 결론이 없는 문장. 밑도끝도없는 글.
【秃秃】tūtū〖形〗**1** 머리카락이 없다〔적다〕. 머리가 벗어지다. (새·짐승의 털·꼬리에) 털〔깃털〕이 없다. ¶~的脑袋=대머리. 까까머리. **2** (산이) 벌거숭이다. 민둥민둥하다. (나무가) 앙상

하다. ¶光~的小山=벌거벗은 작은 산.
【秃子】tū·zi〖名〗**1** 대머리〔까까머리〕인 사람. **2**〔动〕 황선(黄癣).

**突** tū 갑자기 돌
〖副〗 돌연히. 갑자기. 홀연히. ¶今天气温~降.=오늘 기온이 갑자기 떨어졌다. 〖动〗**1**〖书〗 개가 구멍에서 갑자기 뛰어나오다. **2** 뚫다. 맹렬하게 돌격하다. 돌파하다. 충돌하다. 돌진하다. ¶往来驰~=이리저리 마구 돌격하다. **3** (주위보다) 높다. 두드러지다. 우뚝 솟다. ¶山势~兀=산이 우뚝 솟아 있다. 〖名〗〖书〗 굴뚝. 연통. ¶曲~徙薪=굴뚝을 굽히고 곁에 있는 땔감을 옮겨 재난을 미연에 방지하다. 〖拟〗 두근두근. 쿵쿵. 통통. 탕탕. 텅텅. [기계나 심장 박동 소리] ¶拖拉机~~地奔跑着.=트랙터가 텅텅거리며 달리고 있다. / 心~~地跳个不停.=심장이 두근두근 뛰며 멈추지 않다. ≒陡 忽

○● 奔bēn突, 驰chí突, 冲突, 米突, 唐突

【突变】tūbiàn〖动〗**1** (뜻밖에) 돌변하다. 격변하다. 갑자기 변하다. ¶天气~=날씨가 갑자기 변하다. **2**〔哲〕 비약(飞跃)하다. **3**〔生〕 돌연 변이가 일어나다. 〖名〗(변증법의) 질적 변화. 질변 (qualitative change). ['渐变(jiànbiàn)' 즉 양적 변화·양변 (quantitative change)과 구별됨]
【突出】tū‖chū 돌파하다. 뚫다. ¶~重围=겹겹이 둘러싸인 포위를 뚫다.
【突出】tūchū〖形〗**1** 튀어나오다. 돌출하다. ¶两眼~=두 눈이 튀어나오다. **2** 돋보이다. 두드러지다. 뛰어나다. 뚜렷하다. ¶表现~=품행이나 성적이 돋보이다. 〖动〗 두드러지게 하다. 부각시키다. 돋보이게 하다. ¶~重点=중점을 부각시키다. ¶凹凸 平凡 平平
【突地】tū·di〖副〗 갑자기. 돌연히. 홀연히. ¶他~变了脸色.=그는 갑자기 안색이 바뀌었다.
【突发】tūfā〖动〗 돌발하다. 갑자기 발생하다〔발작하다·생기다〕. ¶心脏病~=심장병이 갑자기 발작하다.
【突飞猛进】tūfēi-měngjìn〖成〗**1** 갑자기 날아서 맹렬히 전진하다. **2** (사업·학문 등이) 비약적으로 발전〔진보〕하다. 전력으로 매진하다.
【突击】tūjī〖动〗**1**〔军〕 돌격하다. **2**〔비〕 총력을 다하여 단시간에 일을 완수하다. 돌격적으로 매진하다. ¶连续~了三天才把所有资料整理完.=3일 연속 매달려서야 모든 자료를 완전히 정리하였다. **3** (사전 통보 없이) 갑자기〔돌연히·뜻밖에〕 ···하다. 기습적으로 하다. 의표를 찌르다. ¶~检查卫生=기습적으로 위생 검사를 하다.
【突击队】tūjīduì〖名〗**1**〔军〕 돌격 부대. **2**〔비〕 돌격대.
【突击手】tūjīshǒu〖名〗 (전투·생산 현장 등의) 돌격대원.
【突进】tūjìn〖动〗**1** 맹렬히 나아가다〔전진하다〕. 돌진하다. ¶向目的地~=목적지를 향해 돌진하다. **2** 돌파하여 들어가다〔진입하다〕. ¶先遣队快速~敌军阵地.=선발대가 적군 진지로 재빨

르게 돌파해 들어가다. **3**(軍) (병력을 한 방향·한 지역에 집중하여) 돌진하다. 세차게 진격하다.

【突厥】 **Tūjué** 명(歷) 돌궐족.

【突尼斯】 **Tūnísī** 명(地) 튀니지(Tunisie). [수도는 '突尼斯(튀니스 : Tunis)' 임]

【突破】 **tūpò** 통 **1**(軍) 돌파하다. ¶ ~防线 = 방어선을 돌파하다. **2** (한계·난관을) 돌파하다. 타파하다. 극복하다. ¶ ~难关 = 난관을 돌파하다. ≒冲破

【突破口】 **tūpòkǒu** 명 돌파구. ¶ 找准~, 问题就迎刃而解. = 돌파구만 제대로 찾으면 문제는 저절로 풀린다.

【突起】 **tūqǐ** 통 **1** 돌연히 출현하다[나타나다]. 갑자기 발생하다[일어나다]. 불거지다. ¶ 异军~ = 예상하지 못한 복병이 갑자기 나타나다. **2** 우뚝[높이] 솟다. ¶ 山峰~ = 산봉우리가 우뚝 솟다. 명(生) 돌기, 종기.

【突然】 **tūrán** 부 갑자기. 문득. 난데없이. 느닷없이. 불쑥. 돌연히. 홀연히. ¶ 他~改变了主意. = 그는 갑자기 생각을 바꾸었다. 형 (상황이) 갑작스럽다. 난데없다. 느닷없다. 의외이다. 뜻밖이다. ¶ 雨下得太~了. = 비가 느닷없이 내리다. ≒忽然 猛然 骤然 陡然 猝然

---

**突然(tūrán) / 忽然(hūrán)**
갑자기

突然 : 형용사로, 문장 중에 부사어·목적어·술어·보어로 쓰임. ¶ 车胎突然爆了, 我该怎么办? = 타이어가 갑자기 펑크났으니, 어떻게 해야 하지? / 你觉得突然吗? = 뜻밖이라고 느끼니? / 事情的发生很突然. = 일의 발생이 너무 갑작스러웠다. / 他走得太突然, 太早了. = 그가 매우 갑작스레 일찍 떠났다.

忽然 : 부사로, 문장 중에 부사어로만 쓰임. ¶ 我忽然发现呢, 客人都挺喜欢他的. = 나는 갑자기 발견했어, 손님들이 모두 그를 아주 좋아하던걸. / 他忽然觉得累了, 整个肩膀又酸又麻. = 그는 갑자기 피곤해지더니 어깨 전체가 쑤시고 저렸다.

---

【突然间】 **tūránjiān** 부 별안간. 갑자기. 난데없이. 느닷없이. 순간. ¶ ~狂风大作. = 별안간 광풍이 크게 일어나다.

【突如其来】 **tūrúqílái** 성 갑자기 발생하다. 갑자기 닥쳐오다. 뜻밖에 나타나다.

【突入】 **tūrù** 통 돌입하다. 갑자기 뛰어들다. ¶ ~包围圈 = 포위망 속으로 돌입하다.

【突审】 **tūshěn** 통 기습 심문하다. ¶ 连夜~ = 밤새 기습 심문하다.

【突头突脑】 **tūtóu-tūnǎo** 성 경망스럽게 무턱대고 허둥지둥하다.

【突突】 **tūtū** 의 **1** 쿵쿵. 통통. 두근두근. (심장 뛰는 소리를 나타냄) ¶ 心~直跳. = 심장이 계속 쿵쿵거리다. **2** 텅텅. 통통. (기계·오토바이의 소리를 나타냄)

【突围】 **tū∥wéi** 통 포위망을 뚫다[돌파하다].

¶ 成功~ = 성공적으로 포위망을 뚫다. ↔包围

【突兀】 **tūwù** 형 **1** 돌출하다. 높이 솟아 우뚝하다. ¶ 怪石~ = 괴석이 우뚝 솟아 있다. **2** 갑작스럽다. 뜻밖이다. ¶ 事情来得很~, 让人防不胜防. = 일이 갑작스럽게 터져 대비할 수가 없다.

【突袭】 **tūxí** 통(軍) (불의에) 공격하다. 기습하다. 급습하다. ¶ 凌晨~ = 새벽에 급습하다.

【突显】 **tūxiǎn** 통 갑자기 나타나다. 두드러지게 [현저하게] 나타나다. ¶ 各地民居~地方特色. = 각 지역의 민가(民家)는 지방 특색이 두드러지게 나타난다.

【突现】 **tūxiàn** 통 **1** 갑자기[돌연히] 나타나다. 느닷없이 출현하다. ¶ 翻过山头, 眼前~一片广阔的草原. = 산봉우리를 넘으니 갑자기 눈앞에 광활한 초원이 나타났다. **2** 두드러지게 나타내다[드러내다]. 부각시키다. ¶ 对白和动作~了剧中人物的个性. = 대사와 동작은 극중 인물의 개성을 부각시킨다.

**葖** **tū** 골돌 돌
☞【蓇葖】 **gūtū**

**\*\*冬[圖]** **tú** 그림 도

명 **1** 그림. 도표. 도화. ¶ 插~ = 삽화(揷畵). 삽도(揷圖). / 地~ = 지도. **2** 의도. 계획. 뜻. ¶ 宏~大展 = 원대한 계획을 크게 펼치다. 통 **1** 운 그리다. (생생하게) 묘사하다. (그림같이) 그려 내다. ¶ 绘影~形 = 생생하게 묘사[서술]하다. **2** 계획하다. 꾸미다. 꾀하다. 도모하다. 강구하다. ¶ 试~ = 시도하다. / 力~ = 힘껏 도모하다. **3** 탐하다. 추구하다. 바라다. ¶ 唯利是~ = 이익만을 추구[탐]하다.

○● 版bǎn图, 不图, 草图, 构gòu图, 挂图, 海图, 鸿hóng图, 画图, 框kuàng图, 力图, 略图, 企qǐ图, 晒shài图, 试图, 视图, 私图, 贪tān图, 妄wàng图, 希图, 雄xióng图, 徐xú图, 要图, 舆yú图

【图案】 **tú'àn** 명(美) 도안(圖案).

【图板】 **túbǎn** 명 제도판(製圖板). 화판(畵板).

【图版】 **túbǎn** 명(印) 플레이트(plate). 그림판. [인쇄용 금속판]

【图报】 **túbào** 통 은혜에 보답하려 하다. ¶ 知恩~ = 은혜를 알고 보답하려 하다.

【图表】 **túbiǎo** 명 도표(圖表). 그림표.

【图财】 **túcái** 재물을 탐하다[탐내다]. ¶ ~害命 = 재물을 탐내어 사람을 해치다.

【图册】 **túcè** 명 그림책. 도설. 도감. 도책.

【图谶】 **túchèn** 명 도참(圖讖). 참서. =【谶书】 **chènshū**

【图存】 **túcún** 통 (국가·민족의) 생존을 도모하다[꾀하다]. 살 길을 강구하다[찾다]. ¶ 救亡~ = 죽음에서 벗어나 살 길을 찾다.

【图典】 **túdiǎn** 명 **1** 도서와 경전. **2** 그림책. 회화(繪畵)책. [회화 예술을 소개한 전적]

【图钉】 **túdīng** (~儿) 명 압정(押釘). 압핀.

【图画】 **túhuà** 명(美) 그림. 도화(圖畵). 통 그림

을 그리다.
【图画文字】**túhuà wénzì** 〖명〗 도화 문자. 회화 문자. 그림 문자. 그림 글자.
【图籍】**tújí** 〖문〗 **1** 지도와 호적. **2** 도서 전적(圖書典籍). 그림과 책.
【图记】**tújì** 〖명〗 **1** 인영(印影). 인문(印文). 인형(印形). 인발. 판인(判印). **2** 그림〔도형〕으로 나타낸〔표지(標識)한〕 기호.
【图件】**tújiàn** 〖명〗 도면. 도본(圖本). [지도·기계 구성도·건축 설계도 등의 총칭]
【图鉴】**tújiàn** 〖명〗 도감(圖鑑). [그림에다 설명을 곁들인 도서. 주로 서명으로 많이 쓰임] ¶《海洋动物~》=《해양 동물 도감》
【图贱多买】**tújiàn-duōmǎi** 〖속〗 값이 싸다고 대량으로 사재다.
【图贱买老牛】**tújiàn mǎi lǎoniú** 〖속〗 **1** 값이 싸다고 늙은 소를 사다. **2**〖비〗 싼 것을 탐내다가 돈만 버리다. 싼 게 비지떡이다.
【图解】**tújiě** 〖동〗 도해하다. 그림·도표로 설명〔분석·풀이〕하다. ¶~法=도해법. 〖명〗 도해. ¶不清楚的地方请参看~。=이해가 잘 되지 않는 부분은 도해를 참고하세요.
【图近】**tújìn** 〖동〗 질러가다. 지름길로 가다. ¶~走小路=오솔길로 질러가다.
【图景】**tújǐng** 〖명〗 **1** 경치. 경관. **2** 그림 속의 경치. **3** 〖비〗 묘사된 경관. 상상 속의 모습〔광경〕. 미래도. 상상도. ¶书中描绘了人类未来生活的美好~。=책에서는 인류의 미래 생활의 아름다운 모습을 생생하게 묘사하고 있다.
【图卷】**tújuàn** 〖명〗 **1** 두루마리 그림. **2**〖비〗 장려한 풍경〔자연 경관〕. 장엄하고 감동적인 장면.
【图利】**túlì** 〖동〗 사리를 추구하다. 이익을 꾀하다.
【图例】**túlì** 〖명〗 도표〔도서〕의 범례. [지도·통계도·천문도 등 도표에 사용된 부호에 대한 설명]
【图录】**túlù** 〖명〗 (고대 기물이나 예술품의 그림이나 사진을 모아 엮은) 도록.
【图谋】**túmóu** 〖동〗 **1**〖폄〗 (암암리에 나쁜 일을) 기도하다. 꾸미다. 획책하다. ¶~私利=암암리에 사적인 이익을 도모하다. **2** 계획하다. 도모하다. ¶~发展=발전을 도모하다. 〖명〗 계책. 계략. 의도. ¶不知他有何~。=그에게 무슨 의도가 있는지 모르겠다. ≒企图
【图谋不轨】**túmóu-bùguǐ** 〖속〗 나쁜 짓을 도모하다. 모반을 획책하다. 위법적인 일을 꾸미다.
【图囊】**túnáng** 〖명〗 지도〔도면·차트〕 주머니.
【图片】**túpiàn** 〖명〗 사진·그림·탁본 등의 총칭. ¶民族文化~展览=민족 문화 사진 전시회.
【图片社】**túpiànshè** 〖명〗 인쇄사.
【图谱】**túpǔ** 〖명〗 도감(圖鑑). ¶植物~=식물 도감.
【图穷匕见】**túqióng-bǐxiàn** 〖속〗 **1** 지도를 다 펼치자 비수가 드러나다. [전국(戰國) 시대 형가(荊軻)가 연(燕)나라 태자(太子) 단(丹)의 명을 받아 연나라 독항(督亢)의 지도에 비수를 숨겨 진시황(秦始皇)을 시해하려다가 실패한 고사에서 유래함] **2**〖비〗 일이 마지막 단계에 가서 진상이〔본의가〕 드러나다. 모략이나 진의가 탄로나다. =

【图穷匕首见】**tú qióng bǐshǒu xiàn**
【图穷匕首见】**tú qióng bǐshǒu xiàn** ☞【图穷匕见】**túqióng-bǐxiàn**
【图示】**túshì** 〖동〗 도시하다. 도식〔도표·그래프·그림〕으로 나타내다〔보여 주다〕. ¶~说明=그림이나 도표로 도시하여 설명하다. 〖명〗 도시. 도식〔도표·그래프·그림〕으로 보여 줌.
【图书】**túshū** 〖명〗 **1** 도서. 도편과 간행물. **2** 서적. ¶~室=도서실.
【图书】**tú·shu** 〖방〗 도장.
【图书馆】**túshūguǎn** 〖명〗 도서관.
【图说】**túshuō** 〖명〗 도설. 도해 설명서. [주로 서명에 쓰임] ¶《生物进化~》=《생물 진화 도설》.
【图腾】**túténg** 〖명〗 토템(totem).
【图瓦卢】**Túwǎlú** 〖명〗〖지〗 투발루(Tuvalu). [수도는 '富纳富提(푸나푸티 : Funafuti)'임]
【图文并茂】**túwén-bìngmào** 〖속〗 그림〔사진〕과 글이 풍부하고 뛰어나다〔훌륭하다〕.
【图文电视】**túwén diànshì** 〖명〗 (기호·숫자·그림으로 뉴스·일기 예보·증시 현황 등을 알리는) 데이터 방송.
【图象】**túxiàng** ☞【图像】**túxiàng**
【图像】【图象】**túxiàng** 〖명〗 도상. 이미지. 영상. 화상. 화면.
【图像通信】**túxiàng tōngxìn** 〖명〗 화상 통신. 영상 통신.
【图形】**túxíng** 〖명〗 **1** 도형. **2** ☞【几何图形】**jǐhé túxíng**
【图样】**túyàng** 〖명〗 도안. 도면. 설계도.
【图赞】**túzàn** 〖명〗 도찬(圖讚). 화찬(畫讚). [그림의 여백에 써 넣은 찬사의 시나 글]
【图章】**túzhāng** 〖명〗 **1** 도장. **2** 인영(印影). 인형(印形). 인발. 판인(判印).
【图纸】**túzhǐ** 〖명〗 **1** 도면. 설계도. 청사진. **2** 도화지. 도면지. 제도(用)지.

## 涂 **Tú** 성씨 도
〖명〗 성(姓).

## 荼 **tú** 씀바귀 도
〖명〗〖식〗 **1** 씀바귀. **2**〖옛〗 띠〔갈대〕의 흰 꽃. ¶如火如~=불이 활활 타오르는 것 같고, 띠꽃이 흐드러진 것 같다. 기세가 등등〔왕성·맹렬〕하다. 〖동〗 고통스럽게 하다. 해독을 끼치다. 상해〔살해〕하다. ¶身受~毒=고통을 당하다.
【荼毒】**túdú** 〖동〗〖서〗 해독을 끼치다. 상해〔살해〕하다. 고통스럽게 하다. ¶惨遭~=참혹하게 고통을 당하다.
【荼毒生灵】**túdú-shēnglíng** 〖속〗 백성들에게 해를 끼치다. 백성을 박해하다. 백성을 고통으로 몰아넣다.
【荼蘼】【酴醿】**túmí** 〖명〗〖식〗 찔레나무.

## **徒 tú** 무리 도
〖형〗 빈. 아무것도 없는. 근거가 없는. ¶~手搏=맨손으로 싸우다. 〖부〗 **1** 다만. 단지. 겨우. ¶家~四壁=집 안에는 사방에 벽밖에 없다. 가난

하여 가진 것이 아무것도 없다. **2** 공연히. 헛되이. 쓸데없이. ¶~自担忧=쓸데없이 혼자 걱정하다. 통 걷다. ¶~步前往=걸어서 가다. **1** 도제. 학생. 제자. ¶学~=학생. 제자. / 师~=스승과 제자. **2**뗸 무리. 패거리. ¶党~=도당. 패거리. **3** (종교의) 신도. ¶教~=교도. / 信~=신도. **4**뗸 꾼. 사람. ¶赌~=도박꾼. / 好色之~=호색한. **5**뗸 보병. 시종. 수행원. **6**뗸 (法) 징역. 도형. **7** (Tú) 성(姓). ≒师

○● 暴徒, 非徒, 奸jiān徒, 教徒, 叛pàn徒, 囚qiú徒, 僧sēng徒, 使徒, 信徒

【徒步】**túbù** 통 보행하다. 걸어가다. 도보하다. ¶~穿越大峡谷=도보로 대협곡을 건너다.

【徒弟】**tú·dì** 뗸 도제. 제자. ↔师傅 师父

【徒费】**túfèi** 통 헛되이 쓰다. 낭비하다. ¶~唇舌=입만 헛되이 놀리다. 공연히 말만 하고 아무 보람이 없다.

【徒负】**túfù** 통 함부로 …을 어기다. 헛되이 …을 저버리다. ¶~厚望=헛되이 두터운 신망을 저버리다.

【徒负虚名】**túfù-xūmíng** 성어 쓸데없이 헛된 명성만 있을 뿐 실속이 없다.

【徒工】**túgōng** ☞【学徒工】xuétúgōng

【徒耗】**túhào** 통 쓸데없이 낭비하다. 허비하다. ¶~精力=정력을 쓸데없이 낭비하다.

【徒劳】**túláo** 통 헛수고를 하다. 헛되이 힘만 들이다. ¶~奔波=쓸데없이 뛰어다니다.

【徒劳无功】**túláo-wúgōng** 성어 쓸데없이 힘만 낭비하고 아무런 성과도 이루지 못하다. 공연히 헛수고하다. =【徒劳无益】**túláo-wúyì**

【徒劳无益】**túláo-wúyì** ☞【徒劳无功】**túláo-wúgōng**

【徒然】**túrán** 뷔 **1** 헛되이. 공연히. 쓸데없이. ¶~浪费钱财=공연히 재화를 낭비하다. **2** 단지. 다만. 겨우. ¶你这样做, ~增加别人的话柄=네가 그렇게 하면, 공연히 다른 사람에게 말꼬리만 잡힌다. 형 쓸데없다. 소용 없다. 헛되다. ¶方法不对, 再怎么努力也是~=방법이 잘못되면 아무리 노력해도 소용이 없다.

【徒涉】**túshè** 통뗸 (개울이나 강을) 걸어서 건너다. 도섭하다.

【徒手】**túshǒu** 뗸 빈손의. 맨손의. ¶~搏斗=맨손으로 격투하다.

【徒手操】**túshǒucāo** 뗸(體) 맨손 체조.

【徒孙】**túsūn** 뗸 제자의 제자. 도제의 도제. 손제자(孫弟子). 손상좌. ¶徒子~=제자와 손제자. 자. 일파를 계승하는 사람. 한패.

【徒托空言】**tútuō-kōngyán** 성어 빈말만 하고 실천하지 않다.

【徒刑】**túxíng** 뗸(法) 징역.

【徒有空名】**túyǒu-kōngmíng** ☞【徒有虚名】**túyǒu-xūmíng**

【徒有其表】**túyǒu-qíbiǎo** 성어 외양만 그럴듯할 뿐 내실은 없다. 빛 좋은 개살구.

【徒有其名】**túyǒu-qímíng** ☞【徒有虚名】**túyǒu-xūmíng**【徒有空名】**túyǒu-kōng**

**míng**

【徒有虚名】**túyǒu-xūmíng** 성어 헛되이 명성만 가지고 있지 실제는 그렇지 못하다. 이름뿐이지 실질이 따르지 못하다. 유명무실하다. =【徒有其名】**túyǒu-qímíng**

【徒长】**túzhǎng** 통(農) 도장하다. 웃(헛)자라다. 쓸데없이 너무 자라다.

【徒子徒孙】**túzǐ túsūn** 뗸 **1** 제자와 손제자. **2**뗸 한패. 도당. 동아리. 신도.

## 途 **tú** 길 도

뗸 **1** 길. 도로. ¶坦~=평탄한 길. / 长~跋涉=먼길을 고생스럽게 가다. **2**(唯) 방법. 경로. ¶用~=용도. **3**(喩) 인생길. 인생역정. ¶仕~=벼슬길. / 前~远大=앞길이 원대하다. 전도가 양양하다.

○● 半途, 短途, 归途, 宦huàn途, 迷途, 歧qí途, 穷qióng途, 仕途, 首途, 坦tǎn途, 通途, 畏wèi途, 征zhēng途

【途程】**túchéng** 뗸 노정. 역정. 도정. 과정. ¶科技进步的~=과학 기술 진보의 노정. ≒路程

【途次】**túcì** 뗸(文) 여행길에 묵는 곳. 숙박지. 체류지. 도중. 도차.

【途经】**tújīng** 통 …를 거치다(경유하다·지나가다). ¶~杭州=항저우를 경유하다.

【途径】**tújìng** 뗸 **1** 경로. 과정. 길. **2**(唯) 방법. 방도. 수단. 비결. ¶外交~=외교 수단. ≒渠道

【途穷】**túqióng** 형 **1** 막다른 길에 이르다. **2**(唯) (사람이) 더 이상 갈 곳이 없는 궁지에 빠지다. 매우 어려운 곤경에 처하다. 막바지에 몰리다. ¶日暮~=날은 저물고 갈 길은 멀다.

【途中】**túzhōng** 뗸 (길을 가는) 도중. ¶旅行~=여행 도중.

## 涂¹〔塗〕 **tú** 진흙 도

뗸 **1**〈文〉 진흙. 진창. ¶百姓~炭=백성이 도탄에 빠지다. **2** 간석지. 개펄. ¶滩~=간석지. **3** '途(tú)'와 같음. 통 **1** (진흙·화장품·안료·페인트·약 등을) 바르다. 칠하다. ¶~口红=립스틱을 바르다. / 喷~油漆=페인트를 스프레이로 뿌리다. **2** 아무렇게나 갈겨쓰다. 서투르게 그리다. 마음대로(엉망으로) 쓰다(그리다). 낙서하다. ¶信笔~鸦=붓 가는 대로 아무렇게나 쓴 것입니다. **3** (글자 등을) 지우다. ¶本证~改无效。=본 증명서를 임의로 변경하면 효력을 상실합니다.

## 涂² **Tú** 성씨 도

뗸 성(姓).

○● 海涂, 糊涂, 滩tān涂, 乌涂, 糊涂虫chóng

【涂掉】**túdiào** 통 (글자 등을) 지워 버리다. ¶把写错的地方~重写。=잘못 쓴 부분을 지워 버리고 다시 쓰다.

【涂粉】**túfěn** 통 분을 바르다.

【涂改】**túgǎi** 통 지우고 고치다. 글자를 지우고 고쳐 쓰다. 그림을 지우고 고쳐 그리다. ≒涂抹

【涂盖】túgài 동 (틀린 곳이나 군더더기를) 지워 버리다. 덧칠하여 가리다〔숨기다〕.
【涂画】túhuà 동 엉망으로〔함부로·마구〕 쓰고 그리다. 닥치는 대로 낙서하다.
【涂料】túliào 명 (化) 도료.
【涂抹】túmǒ 동 1 칠하다. 바르다. ¶~油漆＝페인트칠을 하다. 2 마음대로〔엉망으로〕 갈겨쓰다〔그리다〕. 함부로 낙서하다. ¶不要在墙上随意~．＝벽에 함부로 낙서하지 마라. 3 (글자 등을) 덧칠해서 지우다. ≒涂改
【涂片】túpiàn 명 1 〔醫〕 도말 표본(塗抹標本). 2 〔生〕 염색 뒤 슬라이드에 고정〔부착〕된 (조직의) 절편. 3 〔化〕 도포 과정 중의 컬러 필름.
【涂染】túrǎn 동 색을 칠하다. 색을 먹이다.
【涂饰】túshì 동 1 (색깔이나 페인트를) 도식하다. 색칠하여 꾸미다〔장식하다〕. ¶~瓷器＝자기를 도식하다. 2 (진흙·회반죽을) 바르다. 회칠하다. 석회를 칠하다. ¶~影壁＝가림벽에 회칠을 하다.
【涂炭】tútàn 명형 1 도탄. 진흙과 숯불. 진창과 숯불 속. 2 (비) 지극히 곤궁하고 고통스런 상황. ¶生灵~＝백성들이 도탄에 빠지다. 동 1 진창에 빠지고 숯불에 타다. 2 (비) 도탄에 빠뜨리다. 지극히 곤궁하고 고통스런 상황에 빠뜨리다. 비참한 상황에 빠뜨리다. 유린하다. 짓밟다. ¶~百姓＝백성을 짓밟다.
【涂写】túxiě 동 아무렇게나 갈겨쓰다. 마음대로〔엉망으로〕 쓰다. 낙서하다. ¶随手~＝닥치는 대로 낙서하다.
【涂鸦】túyā 동 1 까마귀처럼 새카맣게 덮어 칠하다. 먹을 더덕더덕 칠하다. [당대 시인 노동(盧仝)이 책상에 먹물을 뒤엎고서 시와 글을 까마귀처럼 까맣게 뒤덮었다고 한 데서 유래함] 2 (비) 글씨나 시문(詩文)이 유치하고 졸렬하다. 졸필이다. 악필이다. 아무렇게나 쓰다. ¶信笔~＝붓이 가는 대로 아무렇게나 쓴 것입니다.
【涂乙】túyǐ 동문 1 글자를 지우고 보충하다. 2 글을 지우고 고치다. 문장을 첨삭하다.
【涂脂抹粉】túzhī-mǒfěn 성 1 연지와 분을 바르다. 2 여자가 화장하고 꾸미다. 3 (비) (추한 것을) 미화하다. (겉)보기 좋게 꾸미다. 일시적으로 꾸미다. 분식하다. ＝【擦脂抹粉】cāzhī-mǒfěn 【搽脂抹粉】cházhī-mǒfěn

**菟** tú 오도 도
☞【於菟】wūtú
☞ tù

**屠** tú 잡을 도
동 1 (가축을) 도살하다. 잡다. ¶~刀霍霍向猪羊．＝도살용 칼이 획획거리며 돼지와 양을 향하다. 2 (대량으로) 학살하다. 도살하다. 살육하다. ¶略地~城＝땅을 점령하고 성 안의 사람들을 깡그리 학살하다. 명 1 도살〔도축〕업자. 백정. 도호(屠户). 백정 집안. ¶一~晚归＝백정 한 사람이 밤늦게 돌아가다. 2 (Tú) 성(姓). ≒杀 戮 宰

○● 断屠, 浮屠
【屠场】túchǎng 명 1 도살〔도축〕장. 2 (비) 학살지.
【屠城】túchéng 동문 성을 점령한 후 성안의 주민을 깡그리 학살하다.
【屠刀】túdāo 명 1 도살〔도축〕용 칼. 2 살인 무기. 폭력. ¶放下~, 立地成佛．＝칼을 내려놓으면 그 자리에서 성불한다.
【屠夫】túfū 명 1 (비) 도살〔도축〕업자. 백정. 2 (비) 학살자. 인간 백정.
【屠户】túhù 명(口) 도살〔도축〕업자(집). 백정(집).
【屠戮】túlù 동문 (대량으로) 학살하다. 도살하다. 도륙하다. 살육하다. 무참하게 마구 죽이다. ≒屠杀
【屠杀】túshā 동 (대량으로) 학살하다. 도살하다. 도륙하다. 살육하다. 무참하게 마구 죽이다. ≒屠戮
【屠苏】túsū 명 도소(주). [중국 고대 약주 이름. 정월 초하루 이것을 마시면 한해의 액막이를 하고 전염병에 걸리지 않는다고 함]
【屠宰】túzǎi 동 (가축을) 도살하다.
【屠宰场】túzǎichǎng 명 도축장.

**腯** tú 살질 돌
형 1 (돼지가) 살지다. 비대하다. 2 사람이나 동물이 (뒤룩뒤룩) 살지다.

**瘏** tú 앓을 도
동문 병들다. 아프다. 앓다.

**酴** tú 술밑 도
명문 술밑. 주모(酒母).
【酴醿】túmí 명 1 (고서에서) 거듭 빚은 술을 가리킴. 2 ☞【荼蘼】túmí

**土** tǔ 흙 토
명 1 흙. 토양. ¶沙~＝사토. 모래 흙. / 黄~＝황토. 2 토지. 땅(덩이). 국토. ¶领~＝영토. / 国~＝국토. 3 고향. 터전. 본바닥. 고국. ¶故~＝고향. / 安~重迁＝원래 살던 곳에서 떠나기를 원치 않다. 4 정제〔가공〕하지 않은 (생)아편. ¶烟~＝생아편. 날아편. 5 (Tǔ) 토족. [중국 소수 민족의 하나로 주로 칭하이(青海)성·간쑤(甘肃)성에 분포함] 6 (Tǔ) 성(姓). 형 1 (서양 등 국외의 것과 비교하여) 재래식의. 예로부터의. 전래의. 민간의. ¶~洋并举＝구식과 신식 방법을 함께 쓰다. / 采用~法制作．＝재래식 방법으로 제작하다. 2 토착의. 그 지방 고유의. 토속적인. 지역적인. ¶他的话太~, 外地人根本听不懂．＝그의 말은 지방색이 너무 강해서, 외지인들은 아예 알아듣지 못한다. 3 촌스럽다. 촌티 나다. 시류에 맞지 않다. 유행에 뒤지다. 고리타분하다. ¶他穿的~里~气的, 不合时宜．＝그의 옷차림은 촌스럽고 유

| ○ | 土 tǔ |
|---|---|
| | 吐 tǔ |
| | 钍 tǔ |
| | 肚 dù |
| | 杜 dù |
| | 芏 dù |
| | 牡 mǔ |
| | 灶 zào |

土 **tǔ** 1967

행에 맞지 않다. ↔洋

○● 本土, 表土, 尘chén土, 出土, 瓷cí土, 底土, 动土, 矾fán土, 粪fèn土, 风土, 浮土, 故土, 黑土, 红土, 秽huì土, 疆jiāng土, 焦土, 净土, 客土, 乐土, 泥土, 粘nián土, 培péi土, 壤rǎng土, 入土, 沙土, 生土, 守土, 熟土, 水土, 陶táo土, 虚xū土, 壅yōng土, 脏土, 混凝níng土

【土坝】 **tǔbà** 图 (흙으로 쌓은) 제방. 둑. 방죽.
【土办法】 **tǔbànfǎ** 재래식 방법. 토속적인 방법. 구식 방법.
【土邦】 **tǔbāng** 图 토후국(土侯國). 번왕국(藩王國). 수장국(首長國). 왕후령(王侯領). ¶在英国统治下的印度曾有过五百六十二个半独立的~。= 영국 통치하의 인도에서는 562개의 반독립적인 토후국이 있었다.
【土包】 **tǔbāo** 图 1 흙더미. 작은 토산. 흙언덕. 2 흙을 가득 채운 자루〔포대〕.
【土包子】 **tǔbāo·zi** 图 1 촌놈. 촌뜨기. 시골뜨기. 2 ㈜ 흙더미. 작은 언덕. 구릉.
【土崩瓦解】 **tǔbēng-wǎjiě** 图 1 기와가 무너지고 기와가 깨지다. 2 ㈐ 조직이나 사물이 완전히〔여지없이·철저히〕무너지다〔붕괴되다〕. 산사태가 부서지다. ≒冰消瓦解
【土表】 **tǔbiǎo** 图 지표(地表).
【土鳖】 **tǔbiē** ☞【地鳖】**dìbiē**
【土拨鼠】 **tǔbōshǔ** ☞【旱獭】**hàntǎ**
【土布】 **tǔbù** 图(纺) 수직기〔손베틀〕로 짠 무명.
【土层】 **tǔcéng** 图(地) 토양층. 흙층. 토층.
【土产】 **tǔchǎn** 图 토산의. 그 고장의. 현지산의. 특정 지역에서 나는. ¶~品=토산품. 图 토산품. 지방 특산. 지방 특산물〔품〕. ¶出差带了一点当地的~回来。=출장 갔다가 그 고장 특산물을 조금 가지고 돌아왔다.
【土城】 **tǔchéng** 图 토성. 흙성. [흙으로 쌓아 올린 성루]
【土地】 **tǔdì** 图 1 토지. 전답. 전지. 농토. 땅. ¶耕种~=땅을 경작하다. 2 영토. 국토. 강토. 강역. ¶~辽阔=영토가 광활하다.
【土地】 **tǔ·di** 图 토지(수호)신. 마을 수호신. =【土地老】【土地爷】【土·diyé】
【土地老】 **tǔ·dilǎo** ☞【土地】**tǔ·di**
【土地庙】 **tǔ·dimiào** 图 토지신을 모시는 사당. [일반적으로 규모가 작음]
【土地爷】 **tǔ·diyé** ☞【土地】**tǔ·di**
【土地资源】 **tǔdì zīyuán** 图(地) 토지 자원.
【土豆】 **tǔdòu**(~儿) ☞【马铃薯】**mǎlíngshǔ**
【土豆泥】 **tǔdòuní** 图 삶은 감자를 으깬 것.
【土墩】 **tǔdūn** 图 작은 흙무더기.
【土耳其】 **Tǔ'ěrqí** 图㊂(地) 터키(Turkey). [수도는 '安卡拉(앙카라: Ankara)' 임]
【土耳其玉】 **Tǔ'ěrqíyù** ☞【绿松石】**lùsōngshí**
【土法】 **tǔfǎ** 图 민간 전래의 방식. 재래식 방법. 구식 방법.
【土方】 **tǔfāng** 图 1 (~儿)(醫) 민간 요법. 민

간 처방. 2 토목 공사 시 흙을 재는 단위. '1土方' 은 '1세제곱미터' 임] 3 ☞【土方工程】 **tǔfāng gōngchéng**
【土方工程】 **tǔfāng gōngchéng** 图(工) 토공. 토목 공사. 흙일. 图【土方】 **tǔfāng**
【土房】 **tǔfáng** 图 토담집. 토옥. 흙담집.
【土肥】 **tǔféi** 图(農) 토비. 흙비료. [비료로 쓰이는 낡은 벽토·아궁이 흙·구들 흙 등의 총칭]
【土匪】 **tǔfěi** 图㊂ 토비. 토적. 토구. 지방의 무장 도적떼.
【土风】 **tǔfēng** 图 1 토풍. 토속. 지방 풍속. 현지 풍습. 그 지방의 고유 풍습. ¶~淳朴=지방 풍습이 순박하다. 2 (해당) 지방 민요. ¶采集~=지방 민요를 채집하다.
【土蜂】 **tǔfēng** 图(動) 땅벌.
【土改】 **tǔgǎi** 图㊂ 土地改革(토지 소유제를 개혁하다).
【土岗(子)】 **tǔgǎng·zi** 图㊂ 작은 산. 낮은 언덕. 구릉.
【土埂(子)】 **tǔgěng**(·zi) 图 밭〔논〕두렁. 밭〔논〕두둑.
【土狗子】 **tǔgǒu·zi** ☞【蝼蛄】 **lóugū**
【土棍】 **tǔgùn** 图 토박이(본바닥·지역) 건달〔깡패〕. ¶地痞~=토박이 깡패〔건달〕.
【土豪】 **tǔháo** 图㊂ 1 토호. 지방 호족. 2 악덕 지주.
【土豪劣绅】 **tǔháo lièshēn** 图㊂ 악덕 지방 호족. 토호와 악덕 지주.
【土户】 **tǔhù** 图 토착 농가. 토착민. (본)토박이.
【土话】 **tǔhuà** 图 (사용 범위가 좁은) 지역 사투리. 지역 방언. 시골말. 토화. 토어. 본토박이말. =【土语】 **tǔyǔ**
【土皇帝】 **tǔhuángdì** 图 1 ㊂ (지방에서 왕처럼 세도를 부리는) 토호. 지방 우두머리. 지방 군벌. 2 포악한 지방 간부〔관리〕.
【土黄】 **tǔhuáng** 图 황토색의. 흙빛의.
【土灰】 **tǔhuī** 图 (흙)먼지. 图 (흙)먼지 같은 회색의.
【土货】 **tǔhuò** 图 1 토산품. 지방 산물. 2 국산품.
【土籍】 **tǔjí** 图 (대대로 오랫동안 거주한) 본적. ↔客籍
【土家族】 **Tǔjiāzú** 图 토가족. [중국 소수 민족의 하나로 주로 후난(湖南)성·후베이(湖北)성과 충칭(重庆) 등지에 분포함]
【土建】 **tǔjiàn** 图(建) 토목 건축.
【土窖】 **tǔjiào** 图 움. 동굴.
【土炕】 **tǔkàng** 图 온돌. 방구들.
【土坷拉】 **tǔkē·la** 图 흙덩이. 흙덩어리.
【土坑】 **tǔkēng** 图 흙구덩이.
【土库曼斯坦】 **Tǔkùmànsītǎn** 图㊂(地) 투르크메니스탄(Trukmenistan). [수도는 '阿什哈巴德(아슈하바트: Ashkhabad)' 임]
【土筐】 **tǔkuāng** 图 흙 등을 담아 나르는 데 쓰는 광주리.
【土牢】 **tǔláo** 图 지하 감옥. 토뢰. 지뢰(地牢).
【土老帽儿】 **tǔlǎomàor** 图㊂ 촌놈. 촌뜨기. 시골뜨기.

【土里土气】tǔ·litǔqì (~的) 촌스럽다. 촌티가 나다. 유행에 뒤떨어지다. ¶她打扮得~的。=그녀는 치장이 촌스럽다. ↔洋里洋气
【土鲮鱼】tǔlíngyú ☞【鲮鱼】língyú
【土路】tǔlù 흙길.
【土馒头】tǔmán·tou 산소. 무덤.
【土霉素】tǔméisù ☞【地霉素】dìméisù
【土木】tǔmù 토목. 토목 공사. ¶大兴~=대규모로 토목 공사를 하다.
【土木工程】tǔmù gōngchéng 토목 공사.
【土牛】tǔniú 제방의 긴급 보수용 흙더미.
【土偶】tǔ'ǒu 토우. 토우인. 흙인형.
【土坯】tǔpī (막 찍어낸) 흙벽돌.
【土坡】tǔpō 비탈. 경사지.
【土气】tǔqì 흙냄새. 땅냄새. 흙기운.
【土气】tǔ·qì 촌스럽다. 촌[시골]티가 나다. 유행에 뒤지다. 때[시골티]를 벗지 못하다. ¶她穿了一件很~的花棉袄。=그녀는 매우 촌스러운 알록달록한 솜저고리를 입었다. 시골티. 촌티. ↔洋
【土枪】tǔqiāng 사제(私製) 총. ¶~土炮=사제 총포.
【土腔】tǔqiāng 사투리 억양[말투·어조]. ¶当地人说话~重, 不容易听懂。=현지인들이 말할 때 사투리 억양이 심해서 알아듣기 어렵다.
【土墙】tǔqiáng 흙담. 흙벽. 토담. 토장.
【土丘】tǔqiū 작은 토산. 흙언덕.
【土壤】tǔrǎng 토양. 흙.
【土壤污染】tǔrǎng wūrǎn 토양 오염. 토질 오염.
【土人】tǔrén 1 토인. 토착인. 원주민. 토박이. 2 (~儿) 흙인형. 토우(人).
【土色】tǔsè 흙빛. 황토색. ¶面如~=얼굴이 흙빛 같다.
【土山】tǔshān (작은) 토산. 흙산.
【土生土长】tǔshēng-tǔzhǎng 현지[그 고장]에서 나고 자라다. ¶他是~的北京人。=그는 북경에서 나고 자란 사람이다.
【土圣人】tǔshèngrén 본토박이 박식가. 별다른 학력은 없지만 박식한 본토박이 지식인.
【土石方】tǔshífāng (土) '土方(tǔfāng)'과 '石方(shífāng)'의 합칭.
【土司】tǔsī 1 토사. [남송·원·명·청(南宋·元·明·清)대의 서남 지방에 둔 지방 벼슬. 소수 민족의 회유 수단으로 그 지역의 추장들을 주로 임명한 세습 족장 제도] 2 토사. [토사의 관직을 제수받은 세습 족장]
【土俗】tǔsú 1 토속. 현지[그 고장]의 풍속. ¶民风~=민풍과 토속. 1 거칠고 속되다[촌스럽다]. 비속하다. ¶~的语言=속된 말. 2 토속의. 민간의. ¶~食品=토속 식품.
【土特产】tǔtèchǎn 토산품과 특산품. 지역 특산품. ¶他从东北带回了不少~。=그는 동북에서 많은 지역 특산품을 가지고 돌아왔다.
【土头土脑】tǔtóu tǔnǎo (~的) (옷차림이) 촌스럽다. 촌[시골]티가 나다. 2 (언행·생각이) 시대에 뒤떨어지다.

【土围子】tǔwéi·zi 마을을 둘러친 흙담.
【土温】tǔwēn 토양의 온도. 지온.
【土物】tǔwù 토산물. 지방 특산물.
【土戏】tǔxì (劇) 1 토희. [쫭족(壮族) 전통극의 하나로 원난(云南)성의 원산(文山) 쫭족(壮族)과 먀오족(苗族) 자치구에서 유행함] =【壮族土戏】Zhuàngzú tǔxì 2 토희. [토가족(土家族)의 전통극으로 후베이(湖北)성의 라이펑(来凤) 일대에서 유행함]
【土星】tǔxīng (天) 토성.
【土腥气】tǔ·xīngqì 흙냄새. 흙내음. 흙내. =【土腥味】tǔ·xīngwèir ¶菜刚从田里挖出来, 还带着~。=채소를 금방 밭에서 뽑아 와서 아직 흙냄새가 난다.
【土腥味儿】tǔ·xīngwèir ☞【土腥气】tǔ·xīngqì
【土性】tǔxìng 토질. 토성. 토양의 성질.
【土洋结合】tǔyáng-jiéhé 1 재래식과 현대식을 결합하다. 2 간단한 설비와[기술과] 현대화된 설비가[기술이] 합쳐지다. 3 중국적인 사물과 서구적인 사물이 결합되다.
【土药】tǔyào 1 (醫) 민간 요법용의 약. 2 사제 화약. 3 중국에서 나는 아편.
【土医生】tǔyīshēng 농촌 의무대원. [단기간 의료 교육을 이수하고 농촌에서 농사와 의료를 겸하는 자]
【土仪】tǔyí 선물용 토산품.
【土音】tǔyīn 본토박이[사투리] 말씨[발음·말투]. ¶他的普通话带有轻微的~。=그의 표준어에는 사투리 발음이 조금 배어 있다.
【土语】tǔyǔ ☞【土话】tǔhuà
【土葬】tǔzàng 매장. 토장.
【土造】tǔzào 민간에서 만든. 재래식으로 만든. 손수 만든. ¶~枪炮=사제 총포.
【土政策】tǔzhèngcè 특정 지역 또는 하급 기관에서 자체적인 이익을 위해 제정한 규정이나 정책. [주로 중앙·상급 기관의 정책과 위배됨]
【土制】tǔzhì 민간에서 만든. 재래식으로 만든. 손수 만든.
【土质】tǔzhì 토질. [토양의 성질·비옥도] ¶~肥沃=토질이 비옥하다.
【土冢】tǔzhǒng 토총. 흙무덤.
【土著】tǔzhù 본토박이. 토착인. 원주민.
【土专家】tǔzhuānjiā 토박이 전문가. 정식 (현대식) 교육을 받지 않은 전문가[숙련공].
【土字眼儿】tǔzìyǎnr 방언이나 사투리에만 쓰이는 말이나 문자.
【土族】Tǔzú 토족. [중국 소수 민족의 하나로 주로 칭하이(青海)성과 간쑤(甘肃)성에 분포함]
【土作坊】tǔzuō·fang 낙후된 수공업 공장[작업장].

*吐 tǔ 뱉을 토

(動) 1 토하다. 토해 내다. (내)뱉다. ¶~唾沫=침을 뱉다. / 扬眉~气=(억눌림에서 벗어나) 기를 펴고 득의양양해하다. 활개를 치다. 2 말하다. 토로하다. 털어놓다. ¶谈~=(말할 때의) 말투

와 태도. /一~为快=하고 싶은 말을 다 하고 나니 속이 시원하다. **3** (입·틈새로부터) 길게 내뿜다〔드러내다〕. 나오다. 패다. ¶麦子~穗.=보리이삭이 패다. /春蚕~丝.=봄누에가 명주실을 뽑아 내다. **4** 발산하다. 내뿜다. 풍기다. ¶不经一番风霜苦, 难得腊梅~清香.=풍상을 겪지 않고서 어찌 섣달 매화가 맑은 향을 뿜을 수 있겠는가. 명 (Tǔ) 성(姓). ↔吞
☞ **tù**

○● 喷pēn吐, 倾qīng吐, 吞tūn吐

【吐蕃】**Tǔbō** 명 토번. [중국 고대 소수 민족의 하나로 지금의 칭짱(青藏) 고원(高原)에 분포하였음. 7∼9세기에 융성하였으며 당(唐)나라와 경제·문화적으로 교류가 활발하였음]

【吐翠】**tǔcuì** 동문 청록색〔비취색〕을 나타내다〔띠다·드러내다〕. ¶杨柳~=버드나무가 청록색을 띠다.

【吐故纳新】**tǔgù-nàxīn** 성 **1** (호흡에서) 묵은 공기를 내뱉고 신선한 공기를 들이마시다. **2** 비 낡고 좋지 않은 것은 버리고 새롭고 좋은 것을 받아들이다.

【吐话】**tǔ‖huà** (~儿) 동 말하다. 입을 열다. 구두로 지시하다〔경고하다·요구하다〕. ¶领导不~ 我们也不好办.=윗사람이 지시하지 않으면 우리도 일을 처리하기가 어렵다.

【吐口】**tǔ‖kǒu** 동 입을 열다. 말하다. [주로 동의를 나타내거나 실정〔사정·마음속 말〕을 토로하는 것을 가리킴] ¶任凭别人怎么问, 他就是不~.=다른 사람이 어떻게 물어도, 그는 한사코 입을 열지 않는다.

【吐露】**tǔlù** 동 (사실이나 진심을) 말하다. 토로하다. 털어놓다. ¶~心声=진심을 토로하다.

【吐纳】**tǔnà** 명 [道] 토납. [입으로 묵은 기운을 내뿜고 코로 새로운 기운을 들이마시는 도가 호흡법〔수련 방법〕의 하나] 동 호흡하다. 숨쉬다.

【吐气】**tǔ‖qì** 동 **1** 숨을 내쉬다. **2** 마음에 쌓인 울분〔억울함·원한〕을 토해내다. ¶扬眉~=(억눌림에서 벗어나) 기를 펴고 득의양양해하다. 활개를 치다. 버젓해지다.

【吐弃】**tǔqì** ☞【送气】**sòngqì**

【吐弃】**tǔqì** 동 뱉어 버리다. 타기(唾棄)하다.

【吐舌】**tǔshé** 동 혀를 내밀다. 혀를 내두르다. [주로 놀랍고 감탄할 때 취하는 동작을 가리킴]

【吐实】**tǔshí** 동 진실을 토로하다. 실토하다. 사실을 말하다.

【吐绶鸡】**tǔshòujī** ☞【火鸡】**huǒjī**

【吐属】**tǔshǔ** 명문 말투. 말하는 태도〔언사〕. 말의 풍격. ¶~不凡=말투가 평범하지 않다.

【吐司】**tǔsī** 명 ② 토스트(toast).

【吐丝】**tǔ‖sī** 동[動] 누에가 실을 토하다. 거미가 실을 뽑다. ¶~结网=(거미가) 실을 뽑아 집을 짓다.

【吐诉】**tǔsù** 동 (속마음을) 토로하다. 털어놓다. 하소연하다. ¶~心事=근심을 털어놓다.

【吐穗】**tǔ‖suì** (~儿) 동[植] 이삭이 패다〔생겨 나오다〕.

【吐痰】**tǔtán** 동 가래를 뱉다.

【吐芯子】**tǔ xìn·zi** 동 뱀이 혀를 날름거리다.

【吐絮】**tǔxù** 동 **1** 목화 다래가 피다〔터지다〕. **2** (솜털 같은) 버들개지나 갈대의 꽃이 피다.

【吐音】**tǔyīn** 동 발음하다.

【吐怨气】**tǔ yuànqì** 동 ㉯ 억울함을 호소하다. 불만을 털어놓다.

【吐谷浑】**Tǔyùhún** 명 토욕혼. [중국 고대 소수 민족의 하나로 지금의 간쑤(甘肃)성과 칭하이(青海)성 일대에 분포하였음]

【吐字】**tǔzì** 동 **1** 중국 전통극에서 노래 또는 대사를 할 때 전통적인〔정확한〕 음으로 발음하다. **2** 정확한 음으로 발음하다. ¶~清楚=발음이 또렷하고 정확하다.

## 钍 [釷] **tǔ** 토륨 토

명 ② (化) 토륨(Th, thorium). [원자 번호 90]

## *吐 **tù** 토할 토

**1** 토하다. 게우다. ¶呕~=구토하다. **2** 비 착복했던 재물을 도로 내놓다〔게워 내다〕.
☞ **tǔ**

【吐沫】**tù·mo** 명 ㉯ (生) 침. 타액.

【吐血】**tù‖xiě** 동 [醫] 피를 토하다.

【吐泻】**tùxiè** 동 구토하고 설사하다. ¶~不止=구토와 설사가 멈추지 않다.

## 兔 [(兎·兔)] **tù** 토끼 토

명 (動) (~儿) 토끼. ¶家~儿=집토끼. / 野~儿=산토끼.

○● 脱tuō兔, 玉yù兔

【兔唇】**tùchún** ☞【唇裂】**chúnliè**

【兔毫】**tùháo** 명 **1** 토끼털. **2** 토끼털로 만든 붓.

【兔起凫举】**tùqǐ-fújǔ** 성 **1** 토끼가 달리고 물오리가 날아오르다. **2** 비 동작이 매우 재빠르고 신속하다.

| 兔 | tù |
| 菟 | tù |
| 堍 | tù |
| 逸 | yì |
| 冤 | yuān |

【兔起鹘落】**tùqǐ-húluò** 성 **1** 토끼가 뛰자마자 매가 바로 덮치다. **2** 비 동작이 매우 민첩하다. 날쌔다. **3** 비 그림을 그리거나 글씨를 쓸 때 붓놀림이 신속하고 머뭇거림이 없다. 단번에 써내려 가다. 단 한 번에 거침없이 그리다.

【兔儿爷】**tùrýe** 명 토끼 머리에 사람 몸을 한 흙인형. [추석 때 가지고 놀거나 달에 제사 지내는 데 씀]

【兔死狗烹】**tùsǐ-gǒupēng** 성 **1** 토끼를 잡고 나면 사냥개는 삶아 먹히다. **2** 비 일이 성사되고 나면 그 일을 위해 힘쓴 사람을 버리다〔죽이다〕. 필요할 때는 부려먹다가 쓸데없게 되면 헌신짝처럼 버리다. 飞鸟尽弓藏 河清拆桥 得鱼忘筌

【兔死狐悲】**tùsǐ-húbēi** 성 **1** 토끼가 죽으면 여우가 슬퍼한다. **2** 비 같거나 비슷한 무리의 불행을 보고 슬퍼하다.

【兔脱】**tùtuō** 동 ㉯비 재빨리 도망치다. 꽁무니를 빼다.

【兔崽子】 tùzǎi·zi 몡 토끼새끼. 새끼. 쌍놈의 새끼. [주로 사람을 욕하는 말로 쓰임]
【兔】 tù·zi 몡(動) 토끼(의 통칭). ¶不见~不撒鹰=토끼를 발견할 때까지 매를 풀어놓지 않는다.

## 堍 tù 다리 끝 토
몡 다리의 (양)끝. 다리목. 다리턱. 다리 어귀. ¶桥~=다리목.

## 菟 tù 새삼 토
☞ tú
【菟丝(子)】 tùsī(zǐ) 몡(植) 새삼. 토사자.

## tuan

## 湍 tuān 소용돌이칠 단
혱몡 물살이 세다〔급하다〕. ¶~流奔腾=급류가 세차게 흐르다.몡 급류. ¶急~=급류. 세찬 물살.
【湍急】 tuānjí 혱 물살이 급하다〔세다〕. ¶江水~=강의 물살이 세다. ↔平缓 缓慢
【湍流】 tuānliú 몡몡 물살이 세고 소용돌이치는 물. 급류.
【湍滩】 tuāntān 몡 여울.

## 团¹[團] tuán 모일 단
혱 둥글다. 원형의. 동그란. ¶一把~扇=둥글부채 한 자루. 동 1 둥글게 빚다〔뭉치다·만들다〕. ¶~雪球=눈을 둥글게 뭉치다. 2 함께〔한데〕 모이다. (하나로) 모이다. ¶全家终于~聚。=온 가족이 마침내 한데 모이다. 몡 1 (~儿) (둥글게 된) 덩어리. 뭉구리. 뭉치. ¶棉花~儿=솜뭉치. 2 단체. 집단. 그룹. 조직. ¶剧~=극단. / 访问~=방문단. 3 (軍) 연대. 4 (政) 청소년의 정치 조직. ¶青年~=청년단. 5 양 中国共产主义青年团(중국 공산주의 청년단). ¶~中央=중국 공산주의 청년단 중앙위원회. 6 양 단. [고대 행정 단위의 하나로 오늘날의 '乡(xiāng)'에 해당함] 양 뭉치. 덩어리. 덩이. 뭉구리. [덩어리를 세는 단위] ¶两~毛线=털실 두 뭉치.

## 团²[糰] tuán 떡 단
몡 단자. 경단. [쌀밥(·찹)쌀가루·밀가루 등을 반죽하여 동글동글하게 빚은 식품] ¶汤~=탕위안 (汤圆).

○● 兵团, 财团, 党团, 集团, 剧团, 军团, 面团, 民团, 蒲pú团, 气团, 社团, 师团, 星团, 疑yí团, 乐团.

【团拜】 tuánbài 동 단체로 신년 하례를 하다. 단배하다.
【团报】 tuánbào 몡 단보. '中国共产主义青年团(중국 공산주의 청년단)'의 기관지.
【团部】 tuánbù 몡(軍) 연대 본부.
【团代会】 tuándàihuì 몡 中国共产主义青年团代表大会(중국 공산주의 청년단 대표 대회).
【团队】 tuánduì 몡 1 단체. 집체. 대오. 팀. ¶体育~=스포츠팀. 운동팀. 2 中国共产主义青年团(중국 공산주의 청년단)과 少年先锋队(소년선봉대).
【团队精神】 tuánduì jīngshén 몡 단체 정신.
【团费】 tuánfèi 몡 1 단비. [단체 구성원이 내는 돈] 2 (중국 공산주의 청년단의) 단비.
【团粉】 tuánfěn 몡(孔) (녹두나 연밥 등으로 만든 요리용의) 전분(澱粉). 녹말가루.
【团歌】 tuángē 몡 '中国共产主义青年团(중국 공산주의 청년단)'의 단가.
【团徽】 tuánhuī 몡 1 단체의 휘장. 2 중국 공산주의 청년단의 휘장.
【团伙】 tuánhuǒ 몡 악한의 무리〔패거리〕. 폭력단. 범죄 조직. 도당. 도배. ¶诈骗~=사기단.
【团籍】 tuánjí 몡 1 단적. [단체에 가입하여 얻은 단원 자격]. 2 중국 공산주의 청년단의 단적.
【团纪】 tuánjì 몡 단기. 중국 공산주의 청년단의 기율〔기강〕.
【团建】 tuánjiàn 몡 중국 공산주의 청년단의 사상 건설과 조직 건설.
【团结】 tuánjié 혱 화목하다. 우호적이다. 사이가 좋다. ¶班上的同学都很~。=반의 급우들은 모두 사이좋게 지낸다. 동 단결하다. 뭉치다. 단합하다. ¶~就是力量。=단결이 바로 힘이다.
【团聚】 tuánjù 동 1 결집하다. 결집시키다. 단결하여 모이(게 하)다. 한데 모으다. ¶~人民群众共同奋斗。=인민 대중을 결집시켜서 함께 분투하다. 2 한 자리에 모이다. 한데 모이다. [주로 육친이 헤어졌다가 다시 만나는 것을 가리킴] ¶家人~=헤어졌다 한 자리에 모이다. ≒团圆 ↔离散 分离 离别 分别
【团课】 tuánkè 몡 중국 공산주의 청년단과 입단하는 인사를 대상으로 개설한 당규 교육 과정.
【团粒】 tuánlì 몡(農) 단립(團粒). 입단(粒團). 입상(粒狀). 과립.
【团练】 tuánliàn 몡(孔) 1 단련. [지주들이 조직한 지방 자체 무장 조직] 2 단련의 우두머리.
【团拢】 tuánlǒng 동 1 둥글게 빚다. 뭉치다. 2 단결하다. 한 곳에 모이다〔모으다〕. ¶在经理的带领下, 公司上下~成一个富有战斗力的集体。=사장의 지도 아래 사원 전체가 단결하여 경쟁력이 강한 회사로 만들었다.
【团栾】 tuánluán ☞【团圆】 tuánluán
【团圆】 tuányuán 동 헤어졌다가 다시 모이다. 한 자리에 모이다. 온 가족〔집안〕이 단란하게 지내다. [주로 부부·부모 자식 등 육친이 헤어졌다가 다시 만나는 것을 가리킴] ¶合家~=온 가족이 한데 모이다. 혱몡 달이 둥글다. ¶~的明月高挂空中。=밝고 둥근 달이 공중에 높이 걸려 있다.
【团年】 tuánnián 동 섣달 그믐날(밤)에 온 가족이 한 자리에 모이다.
【团弄】[抟弄] tuán·nong 동양 1 (비벼서 둥글

게) 빚다. 뭉치다. **2** 좌지우지하다. 마음대로 지배하다. 속이다. 농락하다. (자기편으로) 끌어들이다.
【团脐】**tuánqí** 〖名〗〖動〗 **1** 암게의 둥근 배딱지〔복갑(腹甲)〕. **2** 암게.
【团旗】**tuánqí** 〖名〗 **1** 단기. 팀이나 단체의 깃발. **2** '中国共产主义青年团(중국 공산주의 청년단)' 의 깃발.
【团日】**tuánrì** 〖名〗 중국 공산주의 청년단의 날. [청년단 말단 조직에서 단체 행사를 거행하는 날]
【团扇】**tuánshàn** 〖名〗 (손잡이가 달린) 단선. 둥글부채. 윤선(輪扇). =〖宮扇〗**gōngshàn**
【团体】**tuántǐ** 〖名〗 단체. ¶文艺~=문예 단체. **2** 집체. ¶大型~操=대형 집단 체조.
【团体赛】**tuántǐsài** 〖名〗〖體〗 단체전.
【团体操】**tuántǐcāo** 〖名〗〖體〗 단체〔집단〕 체조. 매스 게임(mass game).
【团头鲂】**tuántóufáng** 〖名〗〖動〗 무창어. [모샘치의 일종. 후베이(湖北)성 우창(武昌)현 량쯔후(梁子湖)의 특산] =〖武昌鱼〗**wǔchāngyú**
【团头聚面】**tuántóu-jùmiàn** 〖成〗 여러 사람이 사방에서 한 곳으로 모이다. ¶一群人~地看热闹. =한 무리의 사람들이 사방에서 모여들어 구경하다.
【团团】**tuántuán** 〖形〗 **1** 빙빙〔빙글빙글〕 돌다. 겹겹이 에워싸다〔둘러싸다〕. ¶~包围=겹겹이 둘러싸다. **2** 동글동글〔둥글둥글〕하다. 둥〔둥〕그스름하다. 동그랗다. 동그렇다. ¶小女孩儿~的小脸儿非常可爱. =여자 아이의 동그스름한 작은 얼굴은 매우 귀엽다. 〖名〗 단자. 경단. 〔쌀밥·(찹)쌀가루·밀가루 등으로 동글동글하게 빚은 식품〕 ¶糯米~=찹쌀 경단.
【团团转】**tuántuánzhuàn** 〖動〗 **1** 빙빙〔뱅글뱅글〕 돌다. **2** 이리 뛰고 저리 뛰다. 허둥지둥하다. 쩔쩔매다. ¶忙得~=바빠서 이리 뛰고 저리 뛰다. / 急得~=급해서 쩔쩔매다.
【团委】**tuánwěi** 〖名〗〖약〗 **1** 中国共产主义青年团委员会(중국 공산주의 청년단 위원회). **2** 中国共产主义青年团委员(중국 공산주의 청년단 위원회 위원).
【团校】**tuánxiào** 〖名〗 중국 공산주의 청년단 간부 양성 학교.
【团音】**tuányīn** 〖名〗〖言〗 단음. [자음인 'j·q·x' 가 'i·ü' 또는 'i·ü' 로 시작되는 모음과 어울려 발음되는 것을 가리킴]
【团鱼】**tuányú** 〖名〗〖動〗 자라.
【团员】**tuányuán** 〖名〗 **1** 단원. ¶代表团共有七十名~. =대표단에는 모두 70명의 단원이 있다. **2** 중국 공산주의 청년단 단원.
【团圆】**tuányuán** 〖動〗 흩어졌다가 다시 모이다. 한 자리에 모이다. 온 가족〔집안〕이 단란하게 지내다. [주로 부부·부모 자식 등 육친이 헤어졌다가 다시 만나는 것을 가리킴] ¶全家~=온 가족이 한데 모이다. 〖形〗 동글동글〔둥글둥글〕 동그스름〔하다〕. 동그랗다. 동그렇다. ¶她长着一张~脸. =그녀의 얼굴은 동그스름하다. ≒团聚 ↔分离

【团圆饭】**tuányuánfàn** 〖名〗 명절(특히 설날)에 가족이 함께 모여 먹는 밥. ¶吃~=명절에 온 가족이 함께 모여 밥을 먹다.
【团圆节】**Tuányuán Jié** 〖名〗 중추절. 추석. 팔월 대보름. 한가위.
【团章】**tuánzhāng** 〖名〗 중국 공산주의 청년단의 단 규약〔규정〕.
【团长】**tuánzhǎng** 〖名〗 **1**〖軍〗 연대장. **2** 단장. ¶代表团~=대표단 단장.
【团中央】**tuánzhōngyāng** 〖名〗〖약〗 中国共产主义青年团中央委员会(중국 공산주의 청년단 중앙 위원회).
【团子】**tuán·zi** 〖名〗 단자. 경단. 〔쌀밥·(찹)쌀가루·밀가루 등으로 동글동글하게 빚은 식품〕 ¶菜~=야채 경단.
【团组】**tuánzǔ** 〖名〗 참관단·고찰단(考察團) 등 단체의 총칭.
【团坐】**tuánzuò** 〖動〗 **1** 빙 둘러앉다. 원형으로 둘러앉다. 뺑 돌아가며 앉다. ¶大家~在一起, 开怀畅谈. =모두들 빙 둘러앉아 가슴을 열고 마음껏 얘기하자. **2** 책상다리를 하다.

# 抟[摶] **tuán** 뭉칠 단
〖動〗 **1**〖문〗 선회하다. 맴돌다. 빙빙 돌다. **2** (비벼서) 둥글게 빚다. 뭉치다. [지금은 주로 '团(tuán)' 으로 씀]
【抟弄】**tuán·nong** ☞〖团弄〗**tuán·nong**

# 汻[摶] **tuán** 이슬 많을 단
〖形〗〖문〗 이슬이 많다.

# 疃 **tuǎn** 마을 탄
〖名〗〖문〗 촌락. 마을. 부락. [주로 지명에 쓰임] ¶柳~=류탄. [산둥(山東)성에 있는 지명]

# 彖 **tuàn** 판단할 단
〖動〗〖문〗 논단(論斷)하다. 판단하다. ¶~吉凶=길흉을 판단하다. 〖名〗 단사.
【彖辞】**tuàncí** 〖名〗 단사. [《역경(易經)》의 괘(卦)의 뜻을 쉽게 풀어놓은 글] =〖卦辞〗**guàcí**

# tui

# 忒 **tuī** / **tēi** 매우 특
〖副〗〖방〗 매우. 너무. 몹시. 지나치게. 굉장히. 터무니없이. ¶人~多. =사람이 너무 많다. / 路~滑. =길이 너무 미끄럽다.
☞ **tè**
【忒板】**tuībǎn** 〖形〗〖방〗 **1** 시대에 뒤떨어지다. 판에 박은 듯하다. 매우 고지식하다. ¶她穿戴历来~. =그녀의 차림새는 예전부터 틀에 박힌 듯하다. **2** 매우 융통성이 없다. 너무 기계적이다. 매우 서투르다. 딱딱하다. 경직되다. ¶他手脚~. =그는 손발이 경직되어 있다.
【忒柴】**tuīchái** 〖形〗〖방〗 아주 엉망이다. 아주 형편

없다. ¶他这次考试成绩～。=그는 이번 시험 성적이 아주 엉망이다.

**推** tuī 밀 추

[동] **1** 밀다. ¶～车=자전거〔자동차〕를 밀다. /～开窗子=창문을 밀어 열다. **2** (기계로) 밀어 깎다〔자르다〕. ¶～草=(제초기로) 풀을 밀어 깎다. /用刨子把桌面～～。=대패로 탁자 표면을 밀다. **3** (맷돌·절구로) 갈다. 빻다. 찧다. ¶～了一斗玉米。=옥수수를 한 말 찧었다. **4** (일을) 보급〔추진〕시키다. 확장하다. ¶要大力～广新技术。=신기술을 대대적으로 보급시켜야 한다. **5** 추천하다. 천거하다. 추거(推擧)하다. 선발〔선출〕하다. ¶同学们～他当班长。=급우들은 그를 반장으로 선출하였다. **6** 양보하다. 사양하다. ¶再三～辞=재삼 사양하다. **7** 추론하다. 유추하다. 미루어 짐작하다. ¶以此类～=이로써 유추하다. **8** 책임을 미루다〔전가하다〕. 구실을 삼아 회피하다. 핑계삼다. ¶他老是～三阻四的, 真讨厌!=그는 항상 이리저리 핑계를 대고 미루니, 정말 미워 죽겠다. **9** 연기하다. 뒤로 미루다. 늦추다. 지연시키다. ¶他决定～后一周回国。=그는 한 주 늦추어 귀국하기로 결정하였다. **10** 추앙하다. (떠)받들다. 찬양하다. 추어주다. ¶他被众人格外～重。=그는 유난히 사람들의 추앙을 받는다. ↔拉 拽 就

【推刨】**tuībào** [명] 대패.

【推本溯源】**tuīběn-sùyuán** [성] 근본을 캐고 근원을 따지다. 근원을 캐다. 원인을 찾다.

【推病】**tuībìng** [동] 병을 핑계삼다. 병을 구실로 삼다. ¶他～没去参加宴会。=그는 병을 핑계삼아 연회에 참가하지 않았다.

【推波助澜】**tuībō-zhùlán** [성][비] (주로 나쁜 일이) 커지도록 조장하다. 불난 집에 부채질하다. 사태가 번지도록 선동하다.

【推测】**tuīcè** [동] 추측하다. 헤아리다. ¶～比赛结果=시합 결과를 추측하다. ≒推想

【推陈出新】**tuīchén-chūxīn** [성] 찌꺼기는 버리고 알맹이만 취하여 새로운 방향으로 발전시키다. [주로 문화 유산의 계승을 가리킴]

【推诚】**tuīchéng** [동] 정성을 다하다. 성심성의껏 하다. 진심으로 대하다. ¶～结交=진심으로 사귀다.

【推诚相见】**tuīchéng-xiāngjiàn** [성] 진심으로 대하다. 성의껏 대하다. 정성을 다하여 만나다.

【推迟】**tuīchí** [동] 뒤로 미루다. 늦추다. 연기하다. 지연시키다. ¶会议～举行。=회의가 뒤로 연기되다. ↔提前

【推崇】**tuīchóng** [동] 추앙하다. (떠)받들다. 찬양하다. 추어주다. ¶他的诗歌备受青年人～。=그의 시는 젊은이들의 추앙을 받는다.

【推崇备至】**tuīchóng-bèizhì** [성] 여러 모로 지극히 떠받들다. 극도로 추앙하다.

【推出】**tuīchū** [동] **1** 밖으로 밀어 내다. ¶～门外=문 밖으로 밀어 내다. **2** 추천하다. 천거하다. 추거(推擧)하다. 선발〔선출〕하다. ¶大家最终～三名工会代表。=모두는 최종적으로 3명의 노조 대표를 추천하였다. **3** (신상품 또는 신기술을) 내놓다. 출시하다. ¶～新款轿车=새로운 디자인〔스타일〕의 승용차를 출시하다.

【推辞】**tuīcí** [동] 거절하다. 사양하다. 물리다. ¶一再～=연거푸 거절하다. ≒谢绝 推却 ↔接受

【推戴】**tuīdài** [동][문] 추대하다. 받들어 모시다. ¶全体职工一致～他出任厂长。=모든 직공들이 다 함께 그가 공장장을 맡도록 추대하였다.

【推宕】**tuīdàng** [동] 고의로 연기하다. 핑계〔구실〕삼아 지연시키다〔끌다〕. ¶借故～=핑계를 대고 시간을 끌다.

【推导】**tuīdǎo** [동] (수학·물리 등에서 기존의 법칙·정의에 근거한 논리적 추리나 수치 연산을 통하여) 새로운 결론을 이끌어〔유도해〕 내다.

【推倒】**tuī∥dǎo** [동] **1** 밀어서 넘어뜨리다. ¶～电线杆=전봇대를 밀어서 넘어뜨리다. **2** 뒤집다. 뒤엎다. 번복하다. ¶～谬论=잘못된 이론을 뒤집다.

【推定】**tuīdìng** [동] **1** 추천하여 뽑다. 선정하다. ¶大家～他为公司法律代表。=모두들 그를 회사의 법률 대표로 선정하였다. **2** 추정하다. ¶由此～他所说的并非事实。=이것으로 그의 말이 결코 사실이 아닌 것으로 추정된다.

【推动】**tuī∥dòng** [동] 추진하다. 나아가게 하다. 촉진하다. 조장하다. ¶～国民经济快速向前发展。=국민 경제가 신속히 발전하도록 추진하다. ≒推进

【推断】**tuīduàn** [동] 추단하다. 미루어 판단하다. 추리하고 판단하다. ¶无从～=미루어 판단할 수가 없다. [명] 추단. 추정. 추론. ¶事实证明他的～完全正确。=그의 추론이 완전히 정확하다는 것을 사실이 증명해 준다.

【推度】**tuīduó** [동] 추측하다. 미루어 짐작하다. 헤아리다. ¶他善于～别人的心理。=그는 다른 사람의 심리를 잘 헤아린다.

【推躲】**tuīduǒ** [동] 핑계를 대고 회피하다. 구실을 만들어 피하다. ¶由于女方一再～, 两家结亲的事最终没有办成。=여자측이 계속 핑계를 대고 피하는 바람에 양가의 혼사는 결국 이루어지지 못했다.

【推而广之】**tuī'érguǎngzhī** [성] 널리 보급〔확대·확충〕하다. 일반화하다.

【推翻】**tuī∥fān** [동] **1** 뒤집어엎다. ¶他一用力就把桌子～了。=그는 단번에 책상을 뒤집어엎었다. **2** (정권을) 전복시키다. (사회 제도를) 뜯어고치다. ¶～封建王朝=봉건 왕조를 전복시키다. **3** (기존의 이론·계획·결정 등을) 뒤집다. 뒤엎다. 번복하다. ¶～前人的论断=이전 사람의 논의를 뒤집다. ↔建立

【推服】**tuīfú** [동][문] 경탄하다. 우러러 탄복하다〔찬탄하다〕.

【推干就湿】**tuīgān-jiùshī** ☞【推燥居湿】**tuīzào-jūshī**

【推杆】**tuīgǎn** [명] **1** (벌목용의) 밀대. **2** (구식 전투기의) 조종간. [당기면 상승하고 밀면 하강하는 막대 또는 핸들 모양의 손잡이]

【推给】**tuīgěi** [동] 남에게 전가하다〔떠넘기다〕.

¶不要把责任~别人。= 책임을 남에게 전가하지 마라.

【推故】tuīgù 동(문) 핑계를 대다. 구실을 찾다. 빙자하다. [주로 거절할 때 사용함] ¶~辞官 = 핑계를 대고 관직을 사직하다.

【推广】tuīguǎng 동 널리 보급[확대·확충]하다. 일반화하다. ¶~新技术 = 새로운 기술을 널리 보급하다.

【推怀】tuīhuái 동 진심으로 대하다. ¶~相与 = 서로 진심으로 교제하다.

【推及】tuījí 동 …까지 미치(게 하)다. …까지 보급하다. …까지 유추하다. ¶~其余 = 그 나머지까지 미치게 하다. 일반화하다.

【推己及人】tuījǐ-jírén 〈成〉자기 마음에 비추어 다른 사람의 마음을 헤아리다. 역지사지(易地思之)하다. 처지를 바꾸어 생각하다.

【推挤】tuījǐ 동 1 밀치락달치락하다. 손으로 밀치고 몸으로 비집다. 비비대기치다. [주로 인파에 파묻혀 있는 것을 가리킴] ¶不要~, 按顺序购买。= 서로 밀치지 말고 순서대로 사세요. 2 서로 배척하다. 알력을 일으키다. 배제하다. 밀어 제치다. ¶要精诚团结, 不能互相~。= 성심성의로 일치단결해야지, 서로 배척해서는 안 된다.

【推见】tuījiàn 동 추측해 내다. 추론해 내다. 짐작하다. ¶从言谈中可以~他是一个有责任心的人。= 말하는 것을 보아 그가 책임감이 있는 사람이란 것을 짐작할 수 있다.

【推荐】tuījiàn 동 추천하다. 천거하다. 소개하다. ¶~精品图书 = 양질의 도서를 추천하다. ≒推举 引荐

【推荐书】tuījiànshū 명 추천서. 추천장. 거장(擧狀).

【推介】tuījiè 동 추천하다. 소개하다. 널리 알리다. ¶~新产品 = 신상품을 널리 알리다.

【推襟送抱】tuījīn-sòngbào 〈成〉(구) 성의[정성]껏 대하다. 진심으로 대하다.

【推进】tuījìn 동 1〈軍〉(전선이나 군대를) 밀고 나아가다. 진격하다. 2 (일·사업을) 추진하다. 추진시키다. ¶他被~两国之间的文化交流 = 양국 간의 문화 교류를 추진하다. ≒推动

【推进器】tuījìnqì 명(機) 추진기. [프로펠러·제트 장치 등을 가리킴]

【推究】tuījiū 동 (원인·이치를) 규명하다. 연구하다. 추구하다. ¶~根源 = 근원을 규명하다.

【推举】tuījǔ 동 추거(推擧)하다. 천거하다. 추천하다. ¶他被~为工会主席。= 그는 노조 위원장으로 천거되었다. ≒推选 推荐

【推拒】tuījù 동 사양하다. 거절하다. ¶不忍~ = 차마 거절하지 못하다.

【推开】tuīkāi 동 밀어 열다. 밀어젖히다. ¶~门 = 문을 밀어 열다.

【推拉门】tuīlāmén ☞【拉门】lāmén

【推来让去】tuīlái-ràngqù 〈成〉서로 양보(사양)하다. ¶他们~, 谁也不肯坐上座。= 그들은 서로 사양하며 누구도 상석에 앉으려 하지 않았다.

【推来推去】tuīlái-tuīqù 〈成〉서로 미루다[떠넘기다·전가하다]. ¶几个人~, 谁也不愿承担责任。= 몇 사람이 서로 떠넘기면서 누구도 책임을 지려 하지 않는다.

【推理】tuīlǐ 동(論) 추리(하다). 추론(하다).

【推力】tuīlì 명 추진력.

【推聋装哑】tuīlóng-zhuāngyǎ 〈成〉 귀머거리인 척 벙어리인 척하다. 고의로 모르는[못 들은] 체하다.

【推论】tuīlùn 동 추론하다. ¶根据事实~才是科学的态度。= 사실에 근거하여 추론하여야 과학적인 태도라 할 수 있다. 명 추론. ¶这只是~, 不是定论。= 이것은 단지 추론일 뿐이며, 확실한 결론은 아니다.

【推磨】tuī∥mò 동 맷돌질하다.

【推拿】tuīná ☞【按摩】ànmó

【推碾】tuī∥niǎn 동 연자매를 돌리다.

【推平头】tuī píngtóu 동(구) 1 상고[스포츠] 머리로 깎다. 2 (비)일률적으로 뒤엎어 버리다. 번복하다.

【推普】tuīpǔ 동(약) 推广普通话(표준어를 보급하자).

【推铅球】tuīqiānqiú ☞【掷铅球】zhì qiānqiú

【推敲】tuīqiāo 동 1 퇴고하다. 개고(改稿)하다. 문장을 수정하고 윤색하다. 자구를 고치고 다듬다. 윤문(潤文)하다. [당(唐)나라의 시인 가도(賈島)가 '僧推月下门'이란 시구를 지을 때 '推'를 '敲'로 바꿀까 말까 망설이다가 한유(韓愈)를 만나 그의 조언으로 '推'로 결정하였다는 데서 유래함] 2 (비) (어떤 문제에 대하여) 이것저것 곰곰이 생각하다. 헤아리다. ¶反复~ = 거듭하여 곰곰이 생각하다.

【推求】tuīqiú 동 (이치·의도 등을) 탐구하다. 찾다. 미루어 짐작하다. 헤아리다. 간파하다. ¶他的用意难以~。= 그의 의도는 미루어 짐작하기 어렵다.

【推却】tuīquè 동 사양하다. 거절하다. 물리다. ¶一番盛情, 实难~。= 후의를 실로 거절하기 어렵다. ≒推辞

【推让】tuīràng 동 (이익이나 직위 등을) 사양하다. 양보하다. 넘겨 주다. ¶互相~ = 서로 양보하다. ≒谦让

【推三推四】tuīsān-tuīsì ☞【推三阻四】tuīsān-zǔsì

【推三阻四】tuīsān-zǔsì 〈成〉갖가지 핑계를 대며 회피하다[거절하다]. ≒【推三推四】tuīsān-tuīsì ↔当仁不让 在所不辞

【推搡】tuīsǎng 동(구) 힘껏[확·세차게] 밀치다. ¶我使劲~他, 也没把他弄醒。= 세게 흔들었지만 그를 깨울 수 없었다.

【推事】tuīshì 명(옛) 재판관. 판사.

【推说】tuīshuō 동 변명하다. 핑계를 대다. 빙자하다. 구실로 삼다. ¶他~生病, 没有去参加聚会。= 그는 병을 핑계로 모임에 불참하였다.

【推算】tuīsuàn 동 1(數) 추산하다. 미루어 계산하다. ¶~太阳黑子爆发的时间。= 태양의 흑점이 폭발하는 시간을 추산하다. 2 운명을 점치다. ¶~运势 = 운세를 점치다.

【推搪】**tuītáng** 동 핑계를 대어 어물어물 넘기다. 회피〔전가〕하며 얼버무리다〔발뺌하다〕. ¶百般~=온갖 핑계로 책임을 떠넘기며 발뺌하다.

【推涛作浪】**tuītāo zuòlàng** 〈成〉 파란(波瀾)을 조장하다. 나쁜 일을 조장하여 말썽을 일으키다.

【推头】**tuī‖tóu** 동〔…〕 (이발기로) 이발하다. 머리를 밀다.

【推土机】**tuītǔjī** 명〔機〕 불도저.

【推推搡搡】**tuī·tui sǎngsǎng** 동 서로 반복하여 세차게 밀치다. 밀치락달치락하다.

【推托】**tuītuō** 동 (주로 다른 사람의 부탁을) 핑계를〔구실을〕 대서 거절하다. 회피하다·사양하다. ¶他~身体不适, 怎么也不肯喝酒.=그는 몸이 좋지 않다는 핑계로, 아무리 해도 술을 마시려들지 않는다.

【推脱】**tuītuō** 동 (주로 자신의 책임이나 과오를) 전가하다. 회피하다. 남에게 덮어씌우다. ¶~责任=책임을 회피하다. ≒推卸

【推委】**tuīwěi** ☞【推诿】**tuīwěi**

【推诿】〔推委〕**tuīwěi** 동 책임을 미루다〔전가하다·떠넘기다·회피하다〕. ¶互相~=책임을 서로 떠넘기다.

【推问】**tuīwèn** 동 추궁하다. 심문하다. ¶~案情=사건의 내용을 심문하다.

【推贤】**tuīxián** 동 현자를 천거하다. ¶~举善=어질고 선량한 사람을 천거하다.

【推贤让能】**tuīxián-ràngnéng** 〈成〉 현자를 천거하고 유능한 사람에게 직위를 양보하다.

【推想】**tuīxiǎng** 동 추측하다. 미루어 짐작하다. ¶~未来=미래를 추측하다. ≒推测

【推向】**tuīxiàng** 동 일정한 방향으로 밀다〔추진하다〕. ¶把事业~前进=사업을 앞으로 밀고 나가다.

【推销】**tuīxiāo** 동 판로를 확장하다〔넓히다〕. 널리 팔다. 내다 팔다. ¶~电脑=컴퓨터의 판로를 넓히다. ↔采购 采办

【推销员】**tuīxiāoyuán** 명 외판원. 판매원. 세일즈맨.

【推销自己】**tuīxiāo zìjǐ** 동 자기를 알리다. 자신의 능력〔실적〕을 홍보하다〔선전하다〕.

【推卸】**tuīxiè** 동 책임을 미루다〔전가하다·떠넘기다·회피하다〕. ¶~责任=책임을 회피하다. ≒推脱

【推谢】**tuīxiè** 동 핑계를〔구실을〕 대서 사양하다〔거절하다〕. ¶~不受=구실을 대서 거절하고 받지 않다.

【推心置腹】**tuīxīn-zhìfù** 〈成〉 진심으로 사람을 대하다. 성심〔성의〕껏 대하다. ≒开诚布公

【推行】**tuīxíng** 동 (경험·방법 등을) 보급하다. 널리 시행하다. 추진하다. ¶事业单位要逐步~全员聘任制.=(교육·위생 등의) 비영리 사업 부문에서는 점차 전원 초빙 임용제를 추진하려고 한다.

【推许】**tuīxǔ** 동 떠받들고 칭찬하다. 추앙하고 칭송하다. ¶他无私奉献的精神受到人们的~.=그의 사심 없는 봉사 정신은 사람들의 추앙과 칭송을 받았다.

【推选】**tuīxuǎn** 동 천거〔추천〕하여 선발〔선출〕하다. ¶~先进工作者=모범 근로자를 추천하여 선발하다. ≒推举

【推寻】**tuīxún** 동 추구(推究)하다. 규명하다. 탐구하다. 연구하다. ¶~事物的发展规律=사물의 발전 법칙을 탐구하다.

【推延】**tuīyán** 동 뒤로 미루다. 늦추다. 연기하다. 지연시키다. ¶比赛因故~.=사정이 생겨 시합이 연기되었다.

【推演】**tuīyǎn** 동 1 추론하여 연역하다. 미루어 판단하여 결론을 도출하다. 추단 연역(推斷演繹)하다. 2 변화 발전하다. ¶世间万物不停~, 以至永远.=세상만물은 끊임없이 영원토록 변화 발전한다.

【推衍】**tuīyǎn** 동〈문〉 (의미를) 덧붙여 확대 설명하다. 부연하다. 늘려서 전개하다〔펼치다〕.

【推一推, 动一动】**tuī yī tuī, dòng yī dòng** 〈옥〉 사람이나 사물이 능동적〔적극적〕이지 못하고 매우 수동적〔소극적〕이다.

【推移】**tuīyí** 동 (시간·형세·기풍 등이) 변화하다. 변천하다. 바뀌다. 지나가다. 추이하다. 이동하다. 발전하다. ¶时光~=세월이 흐르다.

【推因及果】**tuīyīn-jíguǒ** 〈成〉 원인을 통하여 결과를 미루어 짐작하다.

【推源溯流】**tuīyuán-sùliú** 〈成〉 근원을 캐고 밝히다. 거슬러 올라가다.

【推燥居湿】**tuīzào-jūshī** 〈成〉 1 아이는 마른자리에 골라 눕히고 어머니는 진자리에 눕다. 2〈喩〉 어머니의 자식에 대한 자애가 깊다. 어머니가 고생스럽게 자식을 키우다. =【推干就湿】**tuīgān-jiùshī**

【推展】**tuīzhǎn** 동 1 추진하다. 밀고 나가다. 진전되다. 발전시키다. ¶两国关系持续~.=양국 간의 관계가 지속적으로 진전되다. 2 홍보하고 판촉하다. 홍보 전시〔전람〕하다. 널리 알리다. ¶商品~会=상품의 홍보 및 판촉 전람회.

【推知】**tuīzhī** 동 미루어 알다. 짐작하여〔어림잡아〕 알다. 추측〔추론·추산〕하여 알다. ¶~缘由=원인을 미루어 알다.

【推重】**tuīzhòng** 동 받들어 존중하다. 높이 평가하다. 추중하다. 중시하다.

【推子】**tuī·zi** 명 이발기(理髮器). 바리캉.

# 蓷 tuī 익모초 퇴

명〔植〕 고서에서 익모초(益母草)를 가리킴.

# 陮[隤] tuí 무너질 퇴

동 '颓(tuí)'와 같음.

# 尵[㾊] tuí 말 병들 퇴

☞【尵㾊】**huītuí**

# \*颓[頹, 穨] tuí 무너질 퇴

동 1 무너지다. 허물어지다. 붕괴하다. ¶战乱过后, 满眼的~垣断壁.=전쟁이 지나간 뒤 눈에 보이는 것이라곤 허물어진 담장〔폐허〕뿐이다. 2 쇠퇴하다. 퇴락하다. 영락하다. ¶衰~=쇠퇴하다. 刨 쇠(약)하다. 소침하다. 위미(萎靡)하다. 위축되다. ¶精神~丧＝정신적으로 위축되다. 의기소침해지다.

【颓败】 **tuíbài** 冨 무너지다. 허물어지다. 붕괴하다. ¶老屋~。＝낡은 가옥이 허물어지다. 刨 퇴락하다. 쇠미하다. 부패하다. 풍속이 나쁘다〔문란하다〕. 퇴폐하다. ¶世风~＝사회 풍조가 문란하다.

【颓堕】 **tuíduò** 刨 심신이 쇠락하다. 활기〔원기〕가 없다.

【颓放】 **tuífàng** 刨冨 퇴폐하고 방종하다. 의욕을 잃어 방종하다.

【颓废】 **tuífèi** 冨 (건축물이) 허물어지다. 무너져 못 쓰게 되다. ¶古寺~＝옛 사찰이 허물어지다. 刨 의기소침하다. 의욕이 없고 활기〔원기〕가 없다. 퇴폐적이다. ¶情绪~＝의기소침하다.

【颓风】 **tuífēng** 冨 퇴폐한 풍기〔풍속〕.

【颓风败俗】 **tuífēng-bàisú** 冨 퇴폐한 풍기와 문란한 풍습.

【颓坏】 **tuíhuài** 刨 무너져서 파손되다〔파괴되다〕. 허물어지다. ¶屋宇~＝집이 무너지다.

【颓老】 **tuílǎo** 刨 노쇠하다. 쇠약하다. ¶~不堪＝몹시 노쇠하다.

【颓落】 **tuíluò** 冨 허물어져 내리다. 쇠락하다. 몰락하다. 퇴락하다. ¶花木~＝꽃나무가 조락〔쇠락·영락〕하다.

【颓靡】 **tuímǐ** 刨 위축되다. 맥이 빠지다. 의기소침하다. 풀이〔기가〕죽다. 활기〔원기〕가 없다. ¶士气~＝사기가 떨어지다.

【颓圮】 **tuípǐ** 冨 무너져 내리다. 허물어지다.

【颓然】 **tuírán** 刨 1 맥이 빠지다. 풀이 죽다. 실망하다. 낙담하다. ¶神情~＝풀이 죽은 기색이다. 2 (무참히) 파손되다. 파괴되다. 허물어지다. ¶洪灾之后, 满眼~的景象。＝수해 뒤 무참히 파손된 광경이 눈앞에 펼쳐지다.

【颓丧】 **tuísàng** 刨 위축되다. 맥이 빠지다. 의기소침하다. 풀이〔기가〕죽다. 활기〔원기〕가 없다. 낙심하다. 실망하다. ¶连续的挫败让他十分~。＝연이은 좌절이 그를 몹시 위축시켰다.

【颓伤】 **tuíshāng** 刨 낙심하고 슬퍼하다〔상심하다〕. ¶内心暗自~。＝내심 남몰래 낙심하며 슬퍼하다.

【颓势】 **tuíshì** 冨 퇴세. 쇠퇴해 가는 형세. ¶~已难以逆转。＝퇴세는 이미 반전시키기 어렵다.

【颓塌】 **tuítā** 冨 무너지다. 넘어지다. 허물어지다. ¶房屋~＝집이 무너지다.

【颓唐】 **tuítáng** 刨冨 1 쇠락하다. 퇴락하다. 쇠미해지다. 쇠퇴하다. 2 위축되다. 맥이 빠지다. 의기소침하다. 풀이〔기가〕죽다. 활기〔원기〕가 없다. ¶~不堪＝몹시 기가 죽다.

【颓萎】 **tuíwěi** 刨 위축되다. 맥이 빠지다. 의기소침하다. 풀이〔기가〕죽다. 활기〔원기〕가 없다.

【颓朽】 **tuíxiǔ** 刨 훼손되고 썩다. 낡아서 무너지다. 고후(衰朽)하다. ¶古庙~＝오래 된 사찰이 무너지고 썩다.

【颓垣断壁】 **tuíyuán-duànbì** ☞ 【残垣断壁】

**cányuán-duànbì**

*腿[(骽)¹/³] **tuǐ** 넓적다리 퇴

圄 1 (生) 다리. ¶前~＝앞다리. / 大~＝넓적다리. 2 (~儿) (물건의) 다리. ¶床~＝침대 다리. / 凳子~儿＝(등받이가 없는) 의자의 다리. 3 중국식 햄(ham). ¶云~＝운난(云南)성의 햄.

○● 拔bá腿, 绑bǎng腿, 裹guǒ腿, 寒腿, 护腿, 裤腿, 泥腿, 跑腿儿, 骗pian腿儿, 撒sā腿, 伸腿, 歇xiē腿, 宣腿, 飞毛腿, 狗腿子

【腿部】 **tuǐbù** 冨 다리.
【腿带】 **tuǐdài** (~儿) 冨 대님.
【腿肚子】 **tuǐdù·zi** 冨 장딴지.
【腿脚】 **tuǐjiǎo** 冨 1 다리와 발. 다리. 2 각력(脚力). 다릿심. (길을) 걷는 힘. ¶年纪大了, ~不灵便。＝나이가 들어서 다릿심이 신통치 못하다.
【腿劲儿】 **tuǐjìnr** 冨㋺ 다릿심. ¶~足, 爬起山来一点都不吃力。＝다릿심이 좋아서 산을 오르는 데 조금도 힘이 들지 않다.
【腿快】 **tuǐkuài** 刨 발〔걸음〕이 빠르다.
【腿懒】 **tuǐlǎn** 刨 움직이기 싫어하다. 게으르다. 나다니는 것을 싫어하다.
【腿勤】 **tuǐqín** 刨 1 다리가 부지런하다. 빈번하게 움직이다. 2 ㋺ 힘든 것을 마다 않고 사방으로 뛰어다니다.
【腿弯子】 **tuǐwān·zi** 冨㋺ 오금.
【腿腕子】 **tuǐwàn·zi** 冨㋺ 발목.
【腿子】 **tuǐ·zi** 冨 1 앞잡이. 주구(走狗). 2 ㋓ 다리. ¶~粗＝다리가 굵다.

**俀 tuì** 알맞을 태

刨㋺ 1 알맞다. 적당하다. 적합하다. 2 아름답다. 훌륭하다.

☞ **tuǒ**

**退 tuì** 물러날 퇴

冨 1 물러나다. 물러서다. 후퇴(퇴각)하다. ¶后~＝후퇴하다. / 不知进~＝나아가야 할지 물러나야 할지를 모르다. 행동할 바를 모르다. 2 물러나게 하다. 물리치다. 쫓아 내다. 퇴각시키다. ¶追敌~兵＝적을 물리치다. 3 (관직 등에서) 물러나다. 떠나다. 탈퇴하다. 탈회하다. ¶引~＝관직에서 물러나다. / 告~＝사직을 청하다. 4 (구매한 물건 등을) 반환하다. 무르다. 물리다. ¶包~包换＝반품과 교환을 보증하다. 5 내리다. 줄어들다. 감퇴(감소)하다. 쇠미하다. ¶病人的烧已经~了。＝환자의 열은 이미 내렸다. 6 (제의·신청 등을) 취소하다. 철회하다. ¶女方要求~婚＝여자 쪽에서 결혼을 취소할 것을 요구하다. 7 (약속·계약 등을) 파기하다. 해약하다. 8 (털·비늘 등을) 뽑다. 벗기다. 뜯다. 빼다. 9 양보하다. 겸양하다. 10 움츠러들다. 위축되다. ↔进 涨

○● 撤chè退, 斥chì退, 辞cí退, 促cù退, 告退, 减jiǎn退, 衰shuāi退, 消xiāo退, 引退, 早退

【退包】 **tuìbāo** 冨 도급 계약을 취소〔파기〕하다.

【退保】tuìbǎo 동 보험을 해약〔파기〕하다.
【退避】tuìbì 동 물러나다. 피하다. 멀리하다. 회피하다. ¶迎面碰上, 来不及~. =정면으로 마주치게 되어 피할 겨를이 없었다.
【退避三舍】tuìbì-sānshè 성 1 삼사(三舍)를 물러나다〔후퇴하다〕. [춘추 시대에 진(晉)나라와 초(楚)나라가 성복(城濮)에서 전쟁을 할 때, 진(晉)나라 문공(文公)이 이전의 약속을 지켜 먼저 3일 동안 90리(고대 행군에서 30리를 일사(一舍)라고 함) 즉 삼사(三舍)를 뒤로 물러난 것을 가리킴] 2 비 남에게 양보하고 다투지 않다. 회피하고 싸우지 않다.
【退膘】tuì∥biāo 동 (가축이) 살이 내리다〔빠지다〕. 마르다. 야위다.
【退兵】tuì∥bīng 동 1 군대〔병사〕를 철수하다. 철병하다. ¶号令~=철수할 것을 호령하다. 2 적군을 퇴각시키다〔격퇴하다·철퇴시키다〕. ¶~之策=적군을 퇴각시킬 책략〔전략〕.
【退步】tuì∥bù 동 1 퇴보하다. 뒷걸음질하다. 후퇴하다. 낙오하다. 악화되다. 나빠지다. ¶技艺~=기예가 퇴보하다. 2 (물러나서) 양보하다. 사양하다. ¶若是双方都不~, 这问题就没法解决. =만약 양측에서 모두 양보하지 않으면, 이 문제는 해결할 방법이 없다. ↔进步
【退步】tuìbù 명 물러설 여지〔자리〕. 빠져 나갈 구멍. 퇴각로. 퇴로. ¶不留~=빠져 나갈 구멍을 남기지 않다. ≒退路 后路
【退场】tuì∥chǎng 동 퇴장하다. ¶演员~=배우가 퇴장하다.
【退潮】tuì∥cháo 동 (海) 조수가 밀려 나가다. 썰물이 되다.【落潮】luò∥cháo ¶一些礁石只有在~后才会显露出来. =어떤 암초들은 썰물 때만 드러난다. ↔涨潮
【退出】tuìchū 동 1 퇴장하다. 뒤로 물러나다. ¶~会场=대회장에서 퇴장하다. 2 (단체·조직에서) 탈퇴하다. 물러나다. ¶~竞选=경선에서 물러나다. 3 (이미 손에 넣은 물건을) 내놓다. ¶~赃款=(뇌물 등과 같이) 부정한 돈을 내놓다. ↔加入 参加
【退磁】tuìcí 동 (고온 처리 등의 방법으로) 자성체의 자성을 없애다. 소자(消磁)하다. 멸자(滅磁)하다.
【退党】tuìdǎng 동(政) 1 당(黨)에서 탈퇴하다. 탈당하다. 2 중국 공산당을 탈당하다〔탈퇴하다〕.
【退佃】tuì∥diàn 동 지주가 소작지를 회수하다.
【退岗】tuìgǎng 동 직장에서 나오다. 퇴직하다.
【退给】tuìgěi 동 돌려주다. 반환하다. ¶把押金~房客. =보증금을 세입자에게 돌려주다.
【退耕】tuìgēng 동 환경 보호를 위해 경작을 중지하다. ¶~还林=경작을 중지하고 삼림으로 환원하다.
【退后】tuìhòu 동 1 후퇴하다. 뒤로 물러서다. ¶~点儿, 让车过去. =차가 지나가게 뒤로 좀 물러서라. 2 위축되다. 주춤하다. 뒷걸음질치다. 움츠러들다. 사양하다. 양보하다. ¶他嘴上说得好, 但遇事就~. =그는 말은 그럴듯하게 해도 (실제로) 부닥치면 움츠러든다.

【退化】tuìhuà 동 1 퇴화하다. 2 쇠퇴하다. 악화되다. 열악해지다. 타락하다. ↔进化
【退还】tuìhuán 동 (받거나 산 물건을) 돌려주다. 반환하다. ¶~原物=원래의 물건으로 돌려주다. ≒交还 归还 ↔接受
【退换】tuìhuàn 동 (상품을) 물리고 바꾸다. 교환하다. ¶商品质量不合格, 可以~. =상품의 품질이 불량이면 교환할 수 있습니다.
【退回】tuìhuí 동 1 반송하다. 돌려보내다. 돌려주다. ¶稿件一经采用, 概不~. =원고는 일단 채택이 되면 일체 돌려주지 않는다. 2 (원래의 장소로) 되돌아가다. ¶前面没路了, 只好~. =앞에 길이 없으니 되돌아갈 수밖에 없다.
【退汇】tuìhuì 동 (은행·우체국 등에서) 송금환을 송금 기관에 되돌려주다.
【退贿】tuìhuì 동 뇌물을 돌려주다.
【退婚】tuì∥hūn 동 파혼하다. 혼사를 물리다. ≒退亲 ↔订婚 定亲
【退火】tuì∥huǒ 동 1 열처리하다. 소둔(燒鈍)하다.【焖火】mèn∥huǒ 2 금속 공구가 사용 중 열을 받아 본래의 강도를 잃어버리다. 3 불을 끄다〔빼다〕. ¶鸡已经炖好了, 可以~了. =닭고기가 푹 고아졌으니, 불을 꺼도 된다. 4 (醫) 해열하다. 열을 내리다. 발열의 원인을 제거하다. ¶吃点儿~药, 过两天就会好的. =해열제를 먹고 이틀이 지나면 나을 것이다.
【退伙】tuì∥huǒ 동 1 단체 급식을 그만두다〔끊다〕. 2 비 조직〔단체·패거리〕에서 탈퇴하다. ↔入伙
【退货】tuì∥huò 동 물건을 물리다. 반품하다.
【退居】tuìjū 동 1 퇴직하여 집에 머물다. 은거하다. 틀어박히다. 2 (낮은 지위로) 물러나다. 밀려나다. ¶~二线=2선으로 물러나다.
【退款】tuì∥kuǎn 동 (미리 받은 돈이나 더 받은) 돈을 돌려주다. 환급하다.
【退款】tuìkuǎn 명 환급금. 환부금. 환불금. ¶对方的~已经收到. =상대방의 환불금을 이미 돌려받았다.
【退路】tuìlù 동 1 퇴각로. 퇴로. ¶截断~=퇴로를 차단하다. 2 비 물러설 자리〔여지〕. 빠져 나갈 구멍. ¶给自己留条~. =자신에게 한 가닥 물러설 여지를 남기다. ≒退步
【退赔】tuìpéi 동 돌려주다. 반환하다. 되갚다. 배상하다. [주로 약탈하거나 불법으로 취득한 재물을 가리킴] ¶限期~挪用的公款. =기한 내에 유용(流用)한 공금을 반환하다.
【退票】tuì∥piào 동 표를 환불하다〔물리다〕.
【退聘】tuìpìn 동 (초빙했던 사람을) 해임하다. 해고하다. 재계약하지 않다.
【退坡】tuì∥pō 동 1 내리막길로 가다. 2 의지가 약해지다. 위축되어 후퇴하다〔뒷걸음질치다〕. 쇠퇴하다. 퇴보하다. 퇴각하다. ¶~思想只能让人一事无成. =퇴보적인 사상은 그 어떤 일도 이루지 못하게 한다.
【退亲】tuì∥qīn 동 혼사를 물리다. 결혼을 취소하다. 파혼하다. ≒退婚 ↔定亲 订婚
【退却】tuìquè 동 1 (軍) 퇴각하다. 후퇴하다.

¶全线~=전 전선에 걸쳐 (전군이) 후퇴하다. **2** 위축되어 뒷걸음질치다. 기가 꺾여 후퇴하다. 움츠러들다. 주눅이 들다. ¶面对再大的困难我们也决不~。=더 큰 어려움에 직면해도 우리는 절대로 물러서지 않을 것이다.

【退让】**tuìràng** 〔동〕 **1** 뒤로 물러나 길을 터 주다. ¶对面来了车，大家~一下。=맞은편에 차가 오니 다들 뒤로 좀 물러나다. **2** 양보하다. 사양하다. ¶他极力坚持自己的意见，毫不~。=그는 자신의 의견을 끝까지 고집하며 조금도 양보하지 않는다. ≒让步 妥协

【退热】**tuì‖rè** ☞【退烧】**tuì‖shāo**

【退任】**tuìrèn** 〔동〕 퇴임하다. 퇴직하다.

【退色】[褪色] **tuì‖shǎi** **1** (천·옷의) 색이〔빛이〕 바래다. 퇴색하다. ¶这种布料容易~。=이런 천은 쉽게 퇴색하다. **2** 〔비〕 (본래 모습이나 의식 등이) 점차 사라지다. 퇴색하다. ¶他已经~变质了。=그는 이미 퇴색되고 변질되었다. ≒掉色(diào‖shǎi)

【退烧】**tuì‖shāo** 〔동〕 (정상으로) 열이 내리다. =【退热】**tuì‖rè**

【退身】**tuìshēn** 〔동〕 뒤로 물러나다. 몸을 빼다. ¶濒临绝境，难以~。=궁지에 몰려 뒤로 물러나기 어렵다.

【退守】**tuìshǒu** 〔동〕 물러나서 지키다. 후퇴하여 수세를 취하다.

【退税】**tuìshuì** 〔동〕 **1** (투자와 수출을 장려하기 위하여 일정 비율의) 세금을 돌려주다〔환급하다〕. **2** 잘못 징수하거나 과다 징수한 세금을 돌려주다.

【退缩】**tuìsuō** 〔동〕 뒷걸음질치다. 움츠러들다. 위축되다. 주눅이 들다. 주춤하다. ¶~不前=뒷걸음질치며 앞으로 나아가지 않다. ↔进

【退堂】**tuìtáng** 〔동〕 옛날, 관리가 법정에서 퇴정하다.

【退堂鼓】**tuìtánggǔ** 〔명〕 옛날, 관리들의 퇴청을 알리는 북. 〔비〕 (중도에) 손을 떼다. 하던 일을 중지하다〔그만두다〕. [주로 '打'와 함께 쓰임]

【退庭】**tuìtíng** 〔동〕 〔法〕 (원고·피고·변호사·증인 등이) 퇴정하다.

【退团】**tuìtuán** 〔동〕 **1** 단체를〔조직을〕 탈퇴하다. **2** (연령 초과·기타 원인으로) '中国共产主义青年团(중국 공산주의 청년단)'에서 탈퇴하다.

【退托】**tuìtuō** 〔동〕 (아이를) 탁아소에 그만 맡기다. 탁아소를 끊다.

【退位】**tuì‖wèi** **1** 최고 통치자가 물러나다. **2** (직위) 자리에서 물러나다. ¶~让贤=자리에서 물러나 유능한 사람에게 양보하다.

【退伍】**tuì‖wǔ** 〔동〕(军) 제대하다. 퇴역하다. ¶~军人=제대 군인. 퇴역 군인. **2** '中国人民解放军(중국 인민 해방군)'의 군인이 제대하다 〔퇴역하다〕. ↔入伍

【退席】**tuì‖xí** 〔동〕 (연회·대회 중간에) 자리를 뜨다. 물러나다. 퇴장하다. ↔入席

【退行】**tuìxíng** 〔동〕 퇴행하다. 뒤로 물러나다. 퇴화하다. ¶进入老年，人的机体会产生~性改变。=노년으로 접어들면 사람의 몸은 퇴행성 변화가 일어난다.

【退休】**tuìxiū** 〔동〕 퇴직하다. 퇴임하다. 은퇴하다. ¶~职工=퇴직 근로자.

【退休金】**tuìxiūjīn** 〔명〕 퇴직금.

【退休综合症】**tuìxiū zōnghézhèng** 〔명〕(醫) 퇴직 우울증. 퇴직 증후군.

【退选】**tuìxuǎn** 〔동〕 경선 후보에서 사퇴하다. 선거에서 물러나다.

【退学】**tuì‖xué** 〔동〕 **1** 퇴학하다. 학교를 그만두다. ¶因病~=병으로 퇴학하다. **2** 퇴학 처분을 내리다. ¶勒令~=퇴학 처분을 내리다. ↔入学

【退押】**tuì‖yā** 〔동〕 보증금을 되돌려주다. 저당 잡힌 물건을 되돌려주다.

【退养】**tuìyǎng** 〔동〕 퇴직하고 집에서 쉬다.

【退役】**tuì‖yì** 〔동〕 **1** (军) 퇴역하다. 제대하다. ¶~军人=퇴역 군인. **2** (军) (낡은 무기 등이) 도태되다. ¶那艘潜艇已经~了。=그 잠수함은 이미 도태되었다. **3** (운동 선수 등이) 은퇴하다. ¶他~后做了教练。=그는 은퇴 후 코치가 되었다. ↔现役

【退隐】**tuìyǐn** 〔동〕 **1** 〔옛〕 (관리가) 퇴직하여 은거하다. 은퇴하다. ¶~山林=산림에 은거하다. **2** 모습을 감추다. 점차 사라지다. ¶乌云渐渐~。=검은 구름은 점차 사라졌다.

【退有后言】**tuìyǒuhòuyán** 〔성〕 (면전에서 동의하고서) 나중에 이러니저러니 말하다. 뒤돌아서 이러쿵저러쿵하다.

【退赃】**tuìzāng** 〔동〕 뇌물이나 장물 등을 돌려주다〔게워 내다〕.

【退职】**tuì‖zhí** 〔동〕 **1** 사직하다. 해고되다. ¶提前~=조기 퇴직하다. **2** 퇴직하다. 은퇴하다. 퇴임하다. ¶他~后被一所大学聘为教授。=그는 은퇴한 후 한 대학에 교수로 초빙되었다.

【退走】**tuìzǒu** 〔동〕 **1** 뒤로 물러나다. ¶要不是及时~，准被潮水卷骊了。=만약 신속히 물러나지 않았다면 분명히 조수에 휘말려 갔을 것이다. **2** 퇴각하다. 후퇴하다. ¶敌人已经~。=적은 이미 퇴각하였다.

## *蜕 **tuì** 허물 벗을 태

〔동〕 **1** (動) (매미·뱀 등이) 허물을 벗다. 탈피하다. ¶~壳=껍질을 벗다. **2** (動) (새가) 털갈이〔깃갈이〕를 하다. **3** 변화하다. 변질하다. 탈바꿈하다. ¶腐败~变=부패하고 변질되다. 〔명〕 허물. 껍질. ¶蝉~=매미 허물. / 蛇~=뱀 허물.

【蜕变】**tuìbiàn** 〔동〕 **1** (사람·사물 등이 나쁜 방향으로) 탈변하다. 탈바꿈하다. 변질하다. ¶短短几年，他由一个淳朴的乡村少年~成了诈骗犯。=짧디짧은 몇 년 사이에 그는 순박한 시골 소년에서 사기범으로 탈바꿈하였다. **2** ☞【衰变】**shuāibiàn**

【蜕化】**tuìhuà** 〔동〕 **1** (動) (곤충이) 허물을 벗다. 껍질을 벗다. 탈피하다. **2** 〔비〕 부패하고 타락하다. ¶思想~=의식이 부패하고 타락하다.

【蜕化变质】**tuìhuà-biànzhì** 〔성〕 (사상적으로) 부패하고 변질되다. (좋은 사람이) 타락하여 변질되다.

【蜕皮】tuì‖pí 동(動) 1 허물을 벗다. 탈피(脱皮)하다. 2 피부가 벗어지다[벗겨지다]. ¶太阳太大了, 胳膊都晒~了。=태양이 너무 강렬하여서 팔뚝의 피부가 타서 벗겨졌다.

熥 tuī 튀할 퇴
동 (돼지·닭을) 튀하다. ¶~猪=돼지를 튀하다. / ~毛=(돼지나 닭을) 튀하다.

*褪 tuì 바랠 퇴
동 1 (짐승의 털이) 빠지다. 털갈이하다. ¶小鸡的黄毛慢慢地~了。=병아리의 노란 털이 서서히 털갈이하였다. 2 (색깔·흔적 등이) 바래다. 퇴색하다. 사라지다. ¶墙体上的颜色几乎~尽。=벽 색깔이 거의 다 바랬다. 3 동 (옷을) 벗다. ¶春暖花开, 是~去冬衣的时候了。=꽃 피는 따뜻한 봄이 되었으니 겨울옷을 벗을 때가 되었다.
☞ tùn
【褪色】tuì‖shǎi ☞【退色】tuì‖shǎi

## tun

*吞 tūn 삼킬 탄
동 1 (통째로) 삼키다. ¶狼~虎咽=게걸스럽게 먹다. 꿀꺽 삼키다. / 囫囵~枣=비판 없이 그대로 받아들이다. 기계적으로 모방하다. 2 병탄(併吞)하다. 겸병(兼并)하다. 점유하다. 침해하다. 횡령하다. 착복하다. ¶侵~公款=공금을 횡령하다. ↔吐(tǔ)
○─● 并bìng吞, 鲸jīng吞, 慢吞吞

【吞并】tūnbìng 동 병탄(併吞)하다. 겸병(兼并)하다. 삼키다.
【吞剥】tūnbō 동 착복하다. ¶~民脂民膏=백성들의 고혈을 짜다.
【吞吃】tūnchī 동 1 통째로 집어 삼키다. ¶他能一口~一个鸡蛋。=그는 계란 하나를 통째로 삼킬 수 있다. 2 병탄(併吞)하다. 겸병(兼并)하다. 점유하다. 침해하다. 횡령하다. ¶~国家财产=국가의 재산을 횡령하다.
【吞掉】tūndiào 동(口) 집어 삼키다. 삼켜[먹어] 버리다. ¶他一咬牙, 把一小把药片~了。=그는 이를 악물고 반 움큼의 알약을 집어 삼켰다.
【吞服】tūnfú 동 (잘) 삼키다. 통째로 [덩어리째] 삼키다. 복용하다. [주로 약을 복용하는 것을 가리킴] ¶~药片=알약을 삼키다.
【吞恨】tūnhèn 동 원한을 품다. 원한을 삼키다.
【吞金】tūn‖jīn 동 1 황금을 삼키다. 2 (비) 자살하다.
【吞灭】tūnmiè 동 1 병탄하여 멸망시키다. 삼켜서 없애 버리다. 2 물에 잠기다[빠지다]. 수몰[침몰]되다. ¶大水~了整个村庄。=큰물이 온 마을을 삼켜 버렸다.
【吞没】tūnmò 동 1 물에 잠기다[빠지다]. 수몰[침몰]되다. ¶衣田被洪水~。=농토가 홍수에 수몰되다. 2 횡령하다. 착복하다. 유용하다. ¶~巨资=거금을 횡령하다. 늑淹没

【吞声】tūnshēng 동 1 (하고 싶은 말이 있어도) 감히 소리를 내지 못하다. 소리를 삼키다. ¶忍气~=화를 누르고 소리를 삼키다. 울분을 참다. 2 울음을 삼키다[참다]. 소리 죽여 울다. 남모르게 울다. ¶~饮泣=소리 죽여 울다.
【吞食】tūnshí 동 1 삼키다. 통째로 먹다. 2 병탄[겸병]하다. 점유하다. 침해하다. 횡령하다. 착복하다.
【吞噬】tūnshì 동 1 삼키다. 통째로 먹다. 2 병탄[겸병]하다. 점유하다. 침해하다. 횡령하다. 착복하다. 3 (비) 목숨을 앗아가다[빼앗다·삼키다]. ¶泥石流~了数十人的生命。=사태가 수십 명의 인명을 앗아갔다. 4 (비) 파묻히다. 삼켜 버리다. 휩싸이다. ¶她被无尽的孤独~着。=그녀는 끝없는 고독에 파묻혀 있다.
【吞吐】tūntǔ 동 1 삼키고 내뱉다. 2 (비) (여객·화물 등이 대량으로) 드나들다. 출입하다. 들락날락하다. ¶~港=(물동량이 많은) 화물 항구. 형 (말·글이) 분명하지 않다. 애매모호하다. 얼버무리다. ¶~其词=말을 얼버무리다.
【吞吐量】tūntǔliàng 명 항구의 물동량.
【吞吞吐吐】tūntūn tǔtǔ 형 (말을) 얼버무리다. 우물쭈물하다. 떠듬거리다. 이리저리 둘러대다. ↔畅所欲言
【吞咽】tūnyàn 동 1 (통째로) 삼키다. ¶~食物=음식물을 잘 씹지 않고 통째로 삼키다. 2 (비) 말을 하려다가 참다. 말을 삼키다. ¶到嘴边的话又~了下去。=목구멍까지 나왔던 말을 다시 삼켜 버렸다.
【吞云吐雾】tūnyún-tǔwù 성 1 (도) 구름을 들이마시고 안개를 내뿜다. (도교의 도사(道士)가 수련 과정에서) 공기만 호흡하고 곡식을 먹지 않다. 2 (비) 담배나 아편을 피우다.
【吞占】tūnzhàn 동 착복하다. 횡령하다. 유용하다. ¶~公私财物=공적 또는 사적인 재물을 착복하다.

暾 tūn 아침 해 돈
명(문) 막 떠오른 태양. 아침 해. ¶朝~=(막 떠오른) 아침 해.

**屯 tún 주둔할 둔
동 1 모으다. 비축[저축]하다. ¶聚草~粮=꼴과 양식을 비축하다. 2(军) (군대가) 주둔하다. ¶驻~=주둔하다. 명 1 촌. 촌락. 마을. [주로 마을 이름에 많이 쓰임] ¶皇姑~=황구툰. [랴오닝(辽宁)성에 있음] 2(Tún) 성(姓).
☞ zhūn

【屯兵】túnbīng 동(军) 군대를 주둔시키다. ¶~要塞=요새에 군대를 주둔시키다. 명(军) 주둔한 군대. 2 주둔하여 농지를 개간하는 군대.
【屯防】túnfáng 동(军) 주둔하여 방어[방비]하다. ¶加强~=주둔하여 방어를 강화하다.
【屯集】túnjí 동 집결하다. 떼지어 모이다.
【屯街塞巷】túnjiē-sāixiàng 성 거리와 골목에

屯 囤 饨 忳 豚 魨 臀 氽 褪 乇 托 **tuō** 1979

많은 사람이 붐비다. 사람들이 붐비는 모습.
【屯聚】 **túnjù** 동 (사람·인마 등이) 모이다. 떼지어〔한 곳에〕모이다. ¶~兵马=병마가 떼지어 모이다.
【屯军】 **túnjūn** 동 (军) 군대를 주둔시키다.
【屯垦】 **túnkěn** 동 (军) 군대가 주둔하여 개간하다. 둔병을 두어 개간하다. ¶~戍边=군대가 변방에 주둔하여 개간하다.
【屯粮】 **túnliáng** 동 양식을 비축하다. 명 '屯田(túntián)'하는 군대가 바치는 양식.
【屯绿】 **túnlǜ** 명 툰뤼. [안후이(安徽)성의 툰시(屯溪)와 서(歙)현 등지에서 나는 고급 녹차]
【屯落】 **túnluò** 명동 촌락. 마을.
【屯守】 **túnshǒu** 동 주둔하여 지키다. ¶~边关=변경의 관문을 주둔하여 지키다.
【屯田】 **túntián** 동 주둔 지역을 경작하다. 농민을 모아 경작하게 하다. 둔전을 시행하다. [중국 한대 이후의 역대 정부는 병사를 이용하여 둔전을 시행하였음] 명 둔전. 주둔하여 개간한 토지.
【屯扎】 **túnzhā** 동 주둔하다.
【屯子】 **tún·zi** 명동 촌락. 마을.

* 囤 **tún** 곳간 돈

동 비축〔저장〕해 두다. 쌓아 두다. 사재다. 쟁이다. ¶~货待售=물건을 쌓아 놓고 팔 때를 기다리다.
☞ **dùn**
【囤货】 **túnhuò** 동 (상품을) 사재다. 매점하다. 저장하다.
【囤积】 **túnjī** 동 (투기를 목적으로) 사서 쟁이다. 사재다. 매점하다.
【囤积居奇】 **túnjī jūqí** 성 매점하다. 투기하다.
【囤集】 **túnjí** 동 비축〔저장〕해 두다. 모아 두다.
【囤聚】 **túnjù** 동 비축〔저장〕해 두다. 모아 두다. ¶~粮食=양식을 비축〔저장〕해 두다.
【囤粮】 **túnliáng** 동 양식을 비축〔저장〕해 두다. 양식을 사서 놓아 두다. ¶~备荒=흉년에 대비하여 양식을 비축〔저장〕해 두다.

## 饨 [飩] **tún** 혼돈 돈
☞ 【馄饨】 **hún·tun**

## 忳 **tún** 근심할 돈
【忳忳】 **túntún** 형동 근심하다. 번민하다.

## 豚 **tún** 돼지 돈
명 1 새끼돼지. 2 돼지.
○● 海豚, 河豚, 江豚, 土豚
【豚鼠】 **túnshǔ** 명 1 (动) 기니피그 (Guineapig). 모르모트 (marmotte). =【荷兰猪】 **hélánzhū**
【天竺鼠】 **tiānzhúshǔ** 2 ① 새끼돼지와 쥐. ②

○ 屯 **tún**
囤 **dùn**
饨 **tún**
吨 **dūn**
顿 **dùn**
钝 **dùn**
沌 **dùn**
盹 **dǔn**
炖 **dùn**
砘 **dùn**
肫 **zhūn**
窀 **zhūn**
纯 **chún**
莼 **chún**

약소하고 무능한 자. ¶~之辈=약소하고 무능한 무리.

## 魨 [魨] **tún** 복 돈
명 (动) 복. 복어.

## *臀 [臋] **tún** 볼기 둔
명 (生) 엉덩이. 궁둥이. 둔부.
【臀部】 **túnbù** 명 둔부. 엉덩이. 볼기.
【臀尖】 **túnjiān** 명 돼지 엉덩이 살.
【臀鳍】 **túnqí** 명 (动) (물고기의) 배지느러미.
【臀围】 **túnwéi** 명 엉덩이〔히프〕둘레〔사이즈〕.
【臀疣】 **túnyóu** 명 (动) 원숭이 엉덩이의 붉은 부분.

## 氽 **tǔn** 뜰 탄
동동 1 (물에) 뜨다. 떠돌다. 떠가다. ¶木排在溪水上~。=뗏목이 시냇물에 떠가다. 2 기름으로 튀기다. ¶油~花生米=기름으로 땅콩을 튀기다.

## *褪 **tùn** 옷 벗을 퇴
동 1 (옷·팔찌 등을) 벗다. ¶~下左边的衣袖=왼쪽 옷소매를 벗다. 2 명 소매 속에 감추다. ¶袖子里~着一叠钞票。=소매 속에 한 다발의 지폐를 감추고 있다.
☞ **tuì**
【褪去】 **tùnqù** 동 (옷 등을) 벗다. ¶~外套=외투를 벗다.
【褪套儿】 **tùn‖tàor** 1 (몸을 속박한) 굴레를 벗다. 올가미를 벗다. ¶马褪了套儿跑掉了。=말이 굴레를 벗고 도망쳐 버렸다. 2 명 책임을 벗어나다〔회피하다〕. 구속에서 벗어나다. ¶又让他~溜了。=또 그 녀석이 책임을 회피하고 빠져나가도록 하였다.

# tuo

## 乇 **tuō** 토르 탁
양외 '托(토르, torr)'의 옛 명칭. [압력 단위. 1토르는 1mmHg(1수은주 밀리미터), 또는 760분의 1기압 즉 133.322파스칼에 해당함]

○ 乇 **tuō**
托 **tuō**
钪 **tuō**

## *托[1] **tuō** 받칠 탁
동 1 (물체를) 받치다. 고이다. 받쳐 들다. ¶他两手~腮陷入了沉思。=그는 양손으로 뺨을 고이고는 깊은 생각에 잠겼다. 2 (바탕을 배경으로) 두드러지게 하다. 다른 사물을 사용하여 중요한 사물을 돋보이게 하다. 부각시키다. 돋보이게 하다. 안받침하다. ¶衬~=두드러지게 하다. / 烘~=돋보이게 하다. 부각시키다. ¶(~儿) 받침(판·대). 깔개. ¶茶~儿=찻잔 받침. / 花~儿=꽃받침. 화탁. 2 ㉠ 바람잡이. ¶那个人是个~儿。=그는 바람잡이이다. 명명 (物)

토르(tor, torr). [압력 단위. 1토르는 1mmHg(1수은주 밀리미터), 또는 760분의 1기압 즉 133.322 파스칼에 해당함]

**托²[(託)] tuō 부탁할 탁**

[동] **1** 위탁하다. 맡기다. 부탁하다. 의뢰하다. ¶～人捎信＝인편에 부탁하여 편지를 보내다. / 去～儿所接孩子。＝탁아소에 아이를 데리러 가다. **2** 의존하다. 의지하다. 기대다. ¶他有今天, 都是～您的福啊!＝그에게 오늘이 있게 된 것은 모두 당신 덕택입니다. **3** 핑계삼다. 빙자하다. 구실로 삼다. ¶～病在家休息＝병을 핑계삼아 집에서 쉬다. **4** [문] 기탁하다. 의탁하다. ¶无处～身＝몸을 기탁할 곳이 없다.

○● 拜bài托, 付托, 烘hōng托, 寄托, 假托, 摩托, 请托, 人托, 受托, 推托, 伪wěi托, 信托, 央托, 依托, 重托, 嘱zhǔ托, 转zhuǎn托, 乌wū托邦bāng

【托办】**tuōbàn** [동] 일처리를 위탁하다.
【托庇】**tuōbì** [동] (윗사람·권력자에게) 비호를 받다. 도움을 받다. 덕을 보다〔입다〕. 신세를 지다〔입다〕. 덕분에 …하다. ¶～祖荫＝조상의 음덕을 입다.
【托病】**tuōbìng** [동] 병을 핑계삼다〔빙자하다·구실로 삼다〕. ¶～谢绝访问。＝병을 핑계삼아 방문을 사절하다.
【托词】[托辞] **tuōcí** [동] 구실을 찾다〔붙이다〕. 핑계삼다. ¶～抽身离去＝구실을 찾아 빠져 나가다. [명] 구실. 핑계. ¶身体不适只是一个～。＝몸이 불편하다고 하는 것은 단지 하나의 구실일 뿐이다.
【托辞】**tuōcí** ☞【托词】**tuōcí**
【托大】**tuōdà** [동] (자격·지위·학문 등을) 자랑하다. 뽐내다. 잘난 체하다. 거만하게 굴다. 의기양양하다.
【托底】**tuōdǐ** [동] **1** 바닥에 깔다. **2** [비] 밑바탕으로 하다. 기초적인 조건으로 삼다. 밑천으로 삼다. ¶这些钱只能做公司开张的～。＝이 돈은 그저 회사 창업의 밑천이 될 뿐이다.
【托儿所】**tuō'érsuǒ** [명] 탁아소.
【托福】**tuō‖fú** [동] 덕을 입다〔보다〕. 신세를 지다. 덕분에〔덕택으로〕 …하다. [주로 남의 문안에 대답할 때 많이 쓰는 인사말] ¶托您的福, 我一切都好。＝당신 덕택에 잘 지내고 있습니다.
【托福】**tuōfú** [명][외] 토플(TOEFL). [‘Test of English as a Foreign Language(对非英语国家留学生的英语考试)’의 약칭]
【托付】**tuōfù** [동] 위탁하다. 부탁하다. 맡기다. 의뢰하다. ¶把孩子～给邻居照顾。＝아이를 이웃집에 맡겨서 돌보다. ≒委托 嘱托
【托购】**tuōgòu** [명][동] 위탁 구매(하다).
【托孤】**tuōgū** [동] **1** 탁고하다. 임금이 죽기 전에 어린 황태자를 신하에게 부탁하다. **2** 임종시 어린 자식을 남에게 부탁하다.
【托故】**tuōgù** [동] 핑계삼다. 구실을 만들다〔붙이다〕. ¶～逃学＝핑계를 대고 수업을 빼먹다. ≒借故
【托管】**tuōguǎn** [동] **1** 위탁 관리하다〔보관하다〕. 관리를 위임하다. 대신 돌보도록 하다. ¶这个孤儿由他的叔父～。＝이 고아는 그의 숙부가 대신 돌보고 있다. **2** 《政》 신탁〔위임〕 통치하다. [연합국의 위임을 받은 나라가 아직 자치권을 획득하지 못한 지역을 관리하는 것을 가리킴]
【托管地】**tuōguǎndì** [명]《政》 신탁〔위임〕 통치 지구.
【托疾】**tuōjí** [동][문] 병을 빙자하다〔핑계삼다〕. ¶～婉拒＝병을 핑계삼아 완곡하게 거절하다.
【托寄】**tuōjì** [동] **1** 몸을 기탁〔의탁〕하다. 몸을 의지하다〔맡기다〕. **2** 남에게 부탁하여 보내다. 남에게 의뢰하여 부치다. ¶～包裹＝소포 발송을 의뢰하다.
【托交】**tuōjiāo** [동] (남에게) 위탁하여 제출하다〔지불하다〕. 의뢰하여 제출하다〔지불하다〕. 대신 지불하게〔내게〕 하다. 대신 부치게 하다. ¶～信件＝편지를 대신 부치게 하다.
【托举】**tuōjǔ** [동] (손바닥이나 다른 물건으로) 받쳐 들다. 받쳐 올리다.
【托靠】**tuōkào** [동] 믿고 의지하다. 의존하다. 기대다. 의탁하다. ¶要学会自立, 不能～他人。＝자립해야지 다른 사람에게 의존해서는 안 된다.
【托拉斯】**tuōlāsī** [명][외]《經》 **1** 트러스트(trust). 기업 합동(企業合同). [독점적 대기업을 형성하는 기업 합동] **2** 전문 회사.
【托老所】**tuōlǎosuǒ** [명] 탁로소. 탁로원. [노인을 대상으로 탁아소처럼 운영되는 시설] ＝【托老院】**tuōlǎoyuàn**
【托老院】**tuōlǎoyuàn** ☞【托老所】**tuōlǎosuǒ**
【托卖】**tuōmài** [동] 위탁 판매하다.
【托门子】**tuō mén·zi** [숙] 연줄을 찾아 부탁하다. 연줄을 통하다. ¶她是靠～进的这家单位。＝그녀는 연줄을 통하여 이 직장에 들어왔다.
【托梦】**tuō‖mèng** [동] 현몽(現夢)하다. 꿈에 나타나다. (고인이 된 친척·친구가) 꿈에 나타나 알려 주거나 부탁하다.
【托名】**tuōmíng** [동] **1** 다른 사람의 명의를 빌리다. ¶这本书乃～之作。＝이 책은 이름을 빌린 것이다. **2** 자신의 이름을 어떤 사물에 가탁하다. ¶～风雅＝고상한 이름을 내걸다.
【托盘】**tuōpán** [명] 쟁반. [동]《經》 주가가 하락하는 주식을 대량으로 매수하여 주가를 방어하다.
【托妻寄子】**tuōqī-jìzǐ** [성] 처자식을 다른 집에 맡기다.
【托腔】**tuōqiāng** [동]《劇》 (중국 전통극을 공연할 때) 악기 연주로 배우의 노래를 받쳐 주다. ¶拉琴～＝거문고를 타서 노래를 받쳐 주다.
【托情】**tuōqíng** ☞【托人情】**tuō rénqíng**
【托球】**tuōqiú** [명]《體》 (배구의) 토스.
【托儿】**tuōr** [명][방] 바람잡이.
【托人】**tuōrén** [동] (일처리를) 남에게 부탁하다〔의뢰하다〕.
【托人情】**tuō rénqíng** [동] 인정에 호소하다. 청탁하다. 남에게 아쉬운소리하다. 남에게 부탁하여 사정하다. ＝【托情】**tuōqíng**

【托身】 tuōshēn 통 몸을 맡기다〔의탁하다〕. ¶
~之所＝몸을 맡길 곳.
【托生】 tuōshēng 통(佛) 탁생하다. 다시 태어
나다. ¶[전세(前世)의 인연으로 중생이 모태(母胎)
에 몸을 붙어 다시 태어나는 것을 가리킴]
【托收】 tuōshōu 통 (사람·기관 등을 통해) 대리
〔위탁〕징수〔추심〕하다. ¶~欠款＝위탁해서 빚
을 받다.
【托熟】 tuōshú 통 (낯이 익어서) 스스럼없이 하
다. 허물없이 대하다.
【托物言志】 tuōwù yánzhì (시문 창작에서)
사물을 빌어 감정을 드러내다〔나타내다·토로하
다〕.
【托幼】 tuōyòu 명 탁아소와 유아원. 통 다른 사
람에게 유아를 맡겨 돌보게 하다.
【托运】 tuōyùn 통 (짐·화물을) 탁송하다. 운송
을 위탁하다. ¶~水泥＝시멘트를 탁송하다.
【托子】 tuō·zi 명 받침대. 받침. ¶枪~＝총가
(銃架). 총걸이. 총받침.

# 饦[飥] tuō 수제비 탁
☞【餺饦】bótuō

# **拖[(拕)]** tuō 끌 타
통 1 (물을)끌다. 끌어〔잡아〕당기다. 견인하다.
¶~人家的后腿＝남의 뒷다리를 잡아당기다. 2
(밀걸레로) 닦다. 걸레질하다. ¶~地板＝(마룻)
바닥을 닦다. 3 (몸 뒤로) 늘어뜨리다. 드리우다.
(바닥에) 끌리다. ¶他脑后~着很长的辫子。＝
그의 머리 뒤쪽에는 긴 변발이 늘어뜨려져 있다.
4 부담하다. 책임지다. 돌보다. 보살피다. 연루되
다. 견제하다. ¶她一个人~儿带女, 很不容易。
＝그녀 혼자서 자식을 보살피니 매우 어렵다. 5
지연〔연장〕시키다. 시간을 끌다. 늦추다. 미루다.
¶这项工作要抓紧时间做, 不能~。＝이 일은 시
간을 다잡아서 해야지, 시간을 끌어서는 안 된다.
6 소리를 길게 늘이다〔빼다〕. ¶他把声音~长了
喊。＝그는 소리를 길게 빼서 고함을 질렀다.
【拖把】 tuōbǎ 명 밀대. 대걸레. 몹(mop). =【拖
布】tuōbù【墩布】dūnbù
【拖耙】 tuōbà 명(農) 써레. 쇠파〔쇄파〕.
【拖班】 tuōbān 통 늦게 퇴근하다.
【拖驳】 tuōbó 명 바지(barge). 거룻배. 〔예인선
·모터보트가〕 예인하는 선박. 피(被)예인 선박.
【拖布】 tuōbù ☞【拖把】tuōbǎ
【拖长】 tuō∥cháng 통 길게〔오래〕 끌다. 연장
하다. ¶~声音＝소리를 길게 끌다.
【拖车】 tuōchē 명 1 부수차(附隨車). 트레일러.
〔동력 없이 견인차에 연결하여 짐·사람을 실어나
르는 차량〕 2 (사람이 끄는) 큰 짐수레. 삼륜
수레.
【拖迟】 tuōchí 통 지연하다. 시간을 길게 끌다.
늦추다. 연장하다. ¶~付款＝지불을 지연하다.
【拖船】 tuōchuán 명 1 예인선. 예선. 터그보트
(tugboat). 2 (예인되는) 거룻배. 바지(barge).
【拖带】 tuōdài 통 1 견인하다. 끌다. 당기다.
¶这种车不仅~灵活, 而且平稳安全。＝이런 차는
끌기에 편할 뿐 아니라 안정감이 있고 안전하다.
2(用) 연루되다. 관련되다. 말려들다. ¶他不想让
家人受到~。＝그는 가족이 연루되는 것을 원치
않는다.
【拖宕】 tuōdàng 통(문) 지연하다. 연기하다. 시
간을 길게 끌다. 늦추다. 연장하다. ¶~时日＝
시일을 끌다.
【拖斗】 tuōdǒu 명 (소형이며 덮개가 없는) 부수
차(附隨車). 트레일러.
【拖儿带女】 tuō'ér-dàinǚ (成) 1 자녀를 양육하
다. 2 가정〔가사·가계〕 부담이 매우 크다.
【拖挂】 tuōguà 통 견인하다. 끌다. 끌어당기다.
¶货车~着一个拖斗。＝화물차는 트레일러를
하나 끌고 있다.
【拖后腿】 tuō hòutuǐ (成) 1 뒷다리를 잡아당기
다. 2(비) (사람이나 일을) 방해하다. 견제하다.
제약하다. 저지하다. 못하게 가로막다.
【拖家带口】 tuōjiā dàikǒu ☞【拉家带口】lājiā
dàikǒu
【拖垮】 tuōkuǎ 통 오랜 스트레스로 몸이 망가지
다. 지속되는 부담을 감당하지 못하고 사업이 실
패하다. ¶~身体＝장시간 스트레스에 시달려
건강을 해치다.
【拖拉】 tuōlā 통 1 끌다. 당기다. ¶她~着拖把
往水池边走。＝그녀는 대걸레를 끌고 수돗가로
갔다. 2 시간을 지체하다〔지연하다〕. 시간을 끌
다. ¶他现在还没到, 肯定是被什么事~住了。
＝그는 아직 도착하지 않았는데, 무슨 일 때문에
지체되고 있는 것이 분명하다. 혱 (일처리가) 느
려터지다. 지지부진하다. 꾸물거리다. 꾸물대다.
늑장을 부리다. ¶他办事一贯~。＝그는 일처리
가 한결같이 느려터졌다. ↔【干脆】利索 快当
【拖拉机】 tuōlājī 명(機) 트랙터.
【拖累】 tuōlěi 통 연루되다. 연루시키다. ¶~亲
人＝가족을 연루시키다.
【拖轮】 tuōlún 명(機) 예인선. 예선. 터그보트
(tugboat).
【拖磨】 tuōmó 통 (시간을) 끌다. 지연하다. 연
기하다. 늦추다. 연장하다. 혱 (일처리가) 느려터지
다. 지지부진하다. 꾸물거리다. 꾸물꾸물대다.
늑장을 부리다. ¶他做事总是很~。＝그는 일을
할 때 항상 꾸물거린다.
【拖泥带水】 tuōní-dàishuǐ (成) (말·글이) 간
결하지 않다. (일을) 시원시원〔깔끔〕하게 처리하
지 못하다. 맺고 끊는 맛이 없다. (일이) 자질구
레하고 번거롭다. ↔【斩钉截铁】
【拖疲】 tuōpí (成) 오래 끌어서 지치다. ¶这场持
续数年的官司把人都~了。＝몇 년 간 지속된 이
소송은 사람을 지치게 만들었다.
【拖欠】 tuōqiàn 통 빚을 질질 끌다. 질질 끌면서
빚을 갚지 않다. ¶~货款＝물건값을 질질 끌며
갚지 않다.
【拖腔】 tuōqiāng 통(劇) (중국 전통극에서) 창
을 할 때에 특정 글자를 길게 늘여서 발음하다.
【拖人下水】 tuōrén-xiàshuǐ (成)(비) 남을 나쁜
길로 끌어들이다.
【拖入】 tuōrù 끌고 들어가다. 끌어들이다. ¶

把沙发~客厅。=소파를 거실로 끌고 들어가다.

【拖三拉四】tuōsān-lāsì ⓐ 꾸물꾸물하다. 일처리가 시원스럽지〔말끔하지〕못하다. 일을 맺고 끊지 못하다.

【拖手拖脚】tuōshǒu-tuōjiǎo ⓓ (사람·일을) 방해하다. 견제하다. 제약하다. 저지하다. 못 하게 가로막다.

【拖税】tuōshuì 图 세금을 체납하다.

【拖沓】tuōtà 웽 1 (일처리가) 꾸물꾸물하다. 뭉그적뭉그적하다. 시원스럽지〔말끔하지〕못하다. 일을 맺고 끊지 못하다. ¶工作~ = 일을 하는 것이 시원스럽지 못하다. 2 언어가 간결하지 못하다. 말이 번잡하고 요지를 잡을 수 없다. (작품 등의) 구조가 치밀하지 못하다. ¶行文~ = 문장이 간결하지 않다. ↔利索 干脆

【拖堂】tuō‖táng 图 (교사가) 수업을 늦게 마치다.

【拖拖拉拉】tuō‧tuo lālā (~的) 웽 1 질질 끌다. ¶他被几个人~地带走了。= 그는 몇 사람에 의해서 질질 끌려갔다. 2 꾸물꾸물하다. 일처리가 시원스럽지〔말끔하지〕못하다. 일을 맺고 끊지 못하다. ¶她~地干了一天才把文件清理好。= 그녀는 꾸무럭꾸무럭거리더니 하루가 걸려서야 겨우 서류를 다 정리하였다.

【拖网】tuōwǎng 명 저인망(底引網).

【拖尾巴】tuō wěi‧ba 1 꼬리를 질질 끌다. 2(㐅) 일의 뒤처리가 깔끔하지 못하다. 3(㐅) 견제하거나 방해하다. 제약하다. 저지하다. 못 하게 가로막다.

【拖鞋】tuōxié 명 슬리퍼.

【拖延】tuōyán 图 (시간을) 끌다. 지연하다. 연기하다. 늦추다. 연장하다. ¶~时日 = 시일을 끌다. ≒迟延

【拖曳】tuōyè 图 견인하다. 끌다. 끌어가다. 끌고 가다. ¶他~着一个大箱子出门去了。= 그는 큰 트렁크 하나를 끌고 나갔다.

【拖油瓶】tuōyóupíng ⓓ 덤받이. 의붓자식. [개가할 때 아내나 첩이 데리고 들어온 자식]

【拖运】tuōyùn 图 (차·배로) 실어나르다.

## 侻 tuō 손쉬울 탈

웽ⓕ 1 쉽다. 간편하다. 간단하다. 2 적당하다. (알)맞다. 합당하다. 마땅하다. 3 호방하여 사소한 일에 구애받지 않다. 자질구레한 예속에 구애받지 않고 스스럼없다. ¶通~ = 사소한 일에 구애받지 않고 스스럼없다.
☞ tuì

## 挩 tuō 해탈할 탈

图ⓕ 1 벗어나다. 해탈하다. 2 빠뜨리다. 누락하다. 실수하다.

## *脱¹ tuō 부탁할 탁

图ⓕ 위탁하다. 기탁하다. 의탁하다. 맡기다. 부탁하다.

## **脱² tuō 벗을 탈

图 1 (머리털·피부 등이) 빠지다. 벗어지다. 벗겨지다. ¶太阳太大了, 胳膊上都晒~皮了。= 태양이 너무 강렬하여서, 팔뚝의 피부가 타서 벗겨졌다. 2 (몸에서) 벗다. ¶~鞋上炕 = 신발을 벗고 온돌에 올라가다. 3 제거하다. ¶~水机 = 탈수기. 4 빠지다. 누락하다. 빠뜨리다. 빼먹다. ¶文中多有~误。= 글 가운데 빠지거나 틀린 글자가 많다. 5 벗어나다. 이탈하다. 모면하다. 떠나다. 관계를 끊다. ¶摆~烦恼 = 번뇌에서 벗어나다. 웽ⓕ 경솔하다. 경망스럽다. 경박하다. ¶轻~ = 경망스럽다. 囼ⓕ 만약. 만일. 가령. 뜻밖에. 어쩌면. ¶~有不测, 实为大不幸。= 만약 무슨 예기치 못한 일이 생기면 실로 큰 불행이다. 몡 (Tuō) 성(姓). ↔穿

○● 超脱, 出脱, 诡é脱, 活脱儿, 解脱, 开脱, 夸kuā脱, 撇piē脱, 洒sǎ脱, 挺脱, 通脱, 兔tù脱, 推脱, 虚xū脱

【脱靶】tuō‖bǎ 图 과녁을 벗어나다〔빗맞추다〕. 명중시키지 못하다.

【脱班】tuō‖bān 图 (차·배·비행기가) 연착하다. 규정 시간보다 늦게 도착하다. ¶飞机~了一个小时。= 비행기가 한 시간 연착하다.

【脱保】tuōbǎo 图 보험을 갱신하지 않아 효력을 상실하다.

【脱不了】tuō‧buliǎo 图 벗어날〔모면할·헤어날·빠져 나갈〕수 없다. ¶~干系 = 관계를 끊을 수 없다.

【脱产】tuō‖chǎn 图 1 생산 현장을 떠나다. 2 근무지〔직장〕를 떠나다. ¶~培训 = 근무지를 떠나 훈련 교육을 받다.

【脱出】tuōchū 图 벗어나다. 떠나다. 이탈하다. ¶生活~常轨。= 생활이 일상적인 틀에서 벗어나다.

【脱党】tuōdǎng 图 1 탈당하다. 소속된 당파를 떠나다. 2 중국 공산당을 탈당하다.

【脱档】tuōdàng 图 (經) (어떤 상품의 생산이나 공급이) 잠시〔한때·일시〕중단되다. 품절〔매진〕되다.

【脱毒】tuōdú 图 독소를 제거하다.

【脱发】tuōfà 图 (醫) 머리카락이 대량으로 빠지다. 탈발하다. 몡 (醫) 탈모증.

【脱肛】tuō‖gāng 图 (醫) 탈항(脱肛)하다.

【脱肛】tuōgāng 몡 (醫) 탈항.

【脱岗】tuō‖gǎng 图 1 함부로 근무지를〔생산 라인을〕이탈하다〔떠나다〕. ¶严查~现象 = 근무 이탈 현상을 엄하게 조사하다. 2 (사정이 있어서) 잠시 근무지를〔생산 라인을〕이탈하다〔떠나다〕. ¶~学习 = 잠시 직장을 떠나 공부하다.

【脱稿】tuō‖gǎo 图 (저작·원고 등을) 탈고하다. 다 쓰다〔끝내다〕. ¶他的新作即将~。= 그의 새로운 작품은 곧 탈고하게 된다. ≒完稿

【脱钩】tuō‖gōu 图 1 (객차 사이의) 연결 고리를 풀다〔끄르다〕. 2(㐅) 관계가 중단되다. 관계를 끊다. ¶供销~ = 공급과 판매 관계가 중단되다.

【脱轨】tuō‖guǐ ☞【出轨】chū‖guǐ

【脱货】tuō‖huò 图 (經) 품절〔매진〕되다. ¶空

调暂时~，两天后才能运到。=에어컨은 잠시 매진되어 이틀 후에야 옵니다.

【脱缰】 tuō‖jiāng 〔동〕 (말의) 고삐가 풀리다. 굴레를 벗다. ¶~野马=고삐 풀린 야생마.

【脱缰之马】 tuōjiāngzhīmǎ 〔성〕 1 고삐 풀린 말〔망아지〕. 굴레 벗은 말. 2 (비) 아무 구속이나 구애를 받지 않는 사람. 자유분방한 사람. 제어할 수 없는 사물.

【脱胶】 tuō‖jiāo 〔동〕 1 (생사·삼베 등 섬유의) 세리신(sericin)을 제거하다. 디거밍(degumming)하다. 2 접착제가 떨어져 나가다. (풀·아교로 붙인 곳이) 떨어지다〔벌어지다·터지다〕. ¶鞋底~了。=구두 밑창이 떨어졌다.

【脱节】 tuō‖jié 〔동〕 1 갈라지다. 떨어지다. 짜개지다. 터지다. 분리되다. 2 어긋나다. 연관성을 잃다. 괴리가 생기다. 어울리지 않다. 맞지 않다. ¶理想和现实往往是~的。=이상과 현실은 왕왕 괴리가 있다.

【脱臼】 tuō‖jiù ☞ 【脱位】 tuō‖wèi

【脱开】 tuōkāi 〔동〕 벗어나다. 이탈하다. 풀리다. ¶鞋带不知什么时候~了。=신발끈이 언제 풀렸는지 모르겠다.

【脱壳】 tuōké 〔동〕 껍질〔허물〕을 벗다. ¶新孵的小鸡~了。=갓 부화한 병아리가 껍질을 깨고 나왔다.

【脱口】 tuōkǒu 〔동〕 아무 생각 없이 말하다. 나오는 대로 말하다. ¶~成章=말하는 것이 그대로 훌륭한 글이 되다. 글을 짓는 영감과 말재주가 뛰어나다.

【脱口而出】 tuōkǒu'érchū 〔성〕 깊이 생각하지 않고 나오는 대로 말하다.

【脱口秀】 tuōkǒuxiù 〔명〕〔외〕 토크쇼. =【出口秀】 chūkǒuxiù

【脱困】 tuō‖kùn 〔동〕 곤경〔곤란〕에서 벗어나다. ¶那家濒临倒闭的企业终于~。=문을 곧 닫을 지경에 이르렀던 그 기업이 마침내 곤경에서 벗어났다.

【脱蜡】 tuōlà 〔동〕 탈랍하다. 왁스 성분을 없애다. 디왁싱(dewaxing)하다.

【脱(了)裤子放屁】 tuō(·le) kù·zi fàngpì 〔성〕 1 바지를 벗고 방귀를 뀌다. 2 (비) 쓸데없는 이중의 수고를 하다. 공연한 짓을 하다.

【脱蕾】 tuōlěi 〔동〕(植) (꽃이 피기도 전에) 꽃봉오리가 떨어지다.

【脱离】 tuōlí 〔동〕 1 (어떤 상황·환경에서) 벗어나다. 떠나다. 이탈하다. ¶~危险=위험을 벗어나다. 2 (관계·연계 등을) 단절하다. 끊다. 떨어지다. ¶~群众=대중과 단절되다. ≒离开

【脱离速度】 tuōlí sùdù ☞ 【第二宇宙速度】 dì èr yǔzhòu sùdù

【脱粒】 tuō‖lì 〔农〕 탈곡하다.

【脱粒机】 tuōlìjī 〔명〕〔機〕 탈곡기.

【脱漏】 tuōlòu 〔동〕 빠뜨리다. 빼먹다. 누락하다. 빠지다. 탈루하다. 유루(遺漏)하다. ¶文字~=글자가 빠졌다. ≒遺漏

【脱略】 tuōlüè 〔동〕〔문〕 1 멋대로 하다. 거만하다. 구속받지 않다. 스스럼없다. ¶举动~=행동거지가 자기 마음대로이다. 2 (문구 등을) 빠뜨리거나 생략하다.

【脱落】 tuōluò 〔동〕 1 떨어지다. 탈락하다. 빠지다. 벗겨지다. ¶枯叶~=마른잎이 떨어지다. 2 (글자가) 누락하다. 빠지다. ¶词句~=문구가 빠지다.

【脱盲】 tuō‖máng 〔동〕 문맹(상태)에서 벗어나다. ¶经过学习,不少村民已经~。=학습을 통하여 적지 않은 마을 사람들이 이미 문맹에서 벗어났다.

【脱毛】 tuō‖máo 〔동〕 1 (새·짐승의) 털이 빠지다. 털갈이하다. 2 털옷이나 모피 원단에서 털이 빠지다. 3 ☞ 【脱羽】 tuōyǔ

【脱帽】 tuō‖mào 〔동〕 (경의를 표하기 위해) 모자를 벗다. 탈모하다. ¶~致敬=탈모하여 경의를 드리다.

【脱敏】 tuōmǐn 〔동〕(醫) 환자의 알레르기를 없애다. 환자 몸의 과민 반응〔과민증·거부 반응〕을 제거하다.

【脱难】 tuōnàn 〔동〕 어려움〔재난·위험·곤란〕에서 벗어나다.

【脱坯】 tuō‖pī 〔동〕 흙벽돌을 찍다〔만들다〕.

【脱皮】 tuō‖pí 〔동〕 1 피부가 벗겨지다. 껍질〔죽〕이 벗겨지다. ¶太阳晒得脊背脱了层皮。=햇볕에 등의 껍질이 한 겹 벗겨졌다. 2 (비) 심한 손상을 입다. ¶干这苦事儿,不累死也得脱一层皮。=이런 고된 일을 하면 죽지야 않겠지만, 심한 손상은 입게 마련이다.

【脱贫】 tuōpín 〔동〕 빈곤에서 벗어나다. ¶~致富=빈곤에서 벗어나 부자가 되다.

【脱贫户】 tuōpínhù 〔명〕 빈곤에서 탈피한 가구.

【脱坡】 tuō‖pō 〔동〕 (제방 등의) 경사면이 물에 씻겨 허물어지다〔무너지다〕.

【脱期】 tuō‖qī 〔동〕 1 예정된 날짜보다 늦어지다. 기한을 어기다. 2 (정기 간행물이) 연기되어 출판되다. 기한이 지나다. 발행 날짜를 어기다. ¶由于排版不及时,造成刊物~。=편집이 제때에 이루어지지 않아서, 간행물이 발행 날짜를 어기게 되었다. ≒延期

【脱壳】 tuōqiào 〔동〕 1 매미가 허물을 벗다. 2 (비) 꾀를 써서 벗어나다〔도망치다〕. ¶金蝉~=매미가 허물을 벗다. 꾀를 써서 상대방이 눈치채지 못하게 도망치다.

【脱去】 tuōqù 〔동〕 1 벗다. ¶~外衣=외투를 벗다. 2 제거하다. 없애 버리다. 벗어나다. 이탈하다. ¶~束缚=속박을 벗어나다

【脱色】 tuō‖sè 〔동〕 1 색이 바래다. 탈색되다. 2 (화학 약품으로) 탈색하다.

【脱涩】 tuō‖sè 〔동〕 (감 등의 과일의) 떫은 맛을 없애다.

【脱身】 tuō‖shēn 〔동〕 (일·상황·장소에서) 벗어나다. 몸을 빼다. 빠져 나오다. ¶杂务太多,难以~。=잡무가 너무 많아서 몸을 빼기 어렵다.

【脱手】 tuō‖shǒu 〔동〕 1 손을 떠나다. 손에서 빠지다〔놓치다〕. ¶气球一飞向了天空。=풍선이 손을 떠나 하늘로 날아갔다. 2 팔아 버리다〔넘기다〕. ¶存货全部~。=재고를 모두 팔아 넘기다.

【脱水】tuō‖shuǐ 동 1 탈수되다. 수분이 빠지다. 2 (醫) (설사·구토·발한·출혈 등의 증상으로) 탈수증을 일으키다. =【失水】shī‖shuǐ 3 (농) 논이 가뭄으로 바싹 마르다.

【脱俗】tuōsú 동 1 탈속하다. 속되지 않다. 세속에 물들지 않다. ¶气质高贵~。=품격이 고귀하여 세속에 물들지 않다. 2 출가하다. 세속을 떠나다. ¶离尘~, 皈依佛门。=속세를 떠나 불문에 귀의하다.

【脱胎】tuō‖tāi 동 1 탈태하다. 속태를 빼내다〔제거하다〕. [칠기 제조의 한 방법] 2 (道) 범태(凡胎)를 벗고 성태(聖胎)가 되다. 탈태하다. (다른 것으로) 다시 태어나다. 3 (어) 새 것이 옛 것을 바탕으로 변화하여 생기다. ¶~换骨, 重做新人。=환골탈태하여 새로운 사람이 되다. 4 (시문 창작에서) 남의 작품을 바탕으로 새로운 풍격을 창조하다.

【脱胎换骨】tuōtāi-huàngǔ (성) 1 (道) 탈태환골. [도교의 수련 용어로 수도자가 득도하면 범태(凡胎)를 벗고 성태(聖胎)가 되며 범골(凡骨)이 선골(仙骨)로 탈바꿈한다고 함] 2 (어) 입장이나 관점을 철저하게 바꾸다. 사상 등이 근본적으로 변화하다. 3 (어) 전혀 딴사람이 되다. 사람이 달라지다.

【脱逃】tuōtáo 동 도망치다. 탈주하다. 도망가다. ¶临阵~=전투를 앞두고 도망치다.

【脱兔】tuōtù 명 1 달아나는 토끼. 2 (어) 행동이 민첩함〔재빠름〕. ¶动如~=움직임이 달아나는 토끼처럼 재빠르다.

【脱位】tuō‖wèi 동 (醫) 탈구하다. 탈골하다. 삐다. =【脱臼】tuō‖jiù

【脱误】tuōwù 명 (글자의) 탈루(脱漏)와 오류. 빠진 (글)자와 틀린 (글)자. 누락(落)과 착오. 탈자와 오자. 오탈(誤脱). ¶校样的~之处很多。=교정본에 오탈된 곳이 매우 많다.

【脱险】tuō‖xiǎn 동 위험에서 벗어나다. ¶虎口~=극한 위험에서 벗어나다.

【脱销】tuō‖xiāo 동 매진〔품절〕되다.

【脱卸】tuōxiè 동 1 책임을 벗다〔전가하다·떠넘기다〕. ¶~责任=책임을 벗다·떠어 내다. 2 떼어 내다. ¶~轮胎=바퀴를 떼어 내다.

【脱星】tuōxīng 명 누드 스타. [나체 연기로 유명한 스타]

【脱形】tuōxíng 동 빼빼 마르다. 야위다. ¶一场大病后他瘦得脱了形。=큰 병을 치른 후 그는 바싹 야위었다.

【脱盐】tuō‖yán 동 1 탈염하다. 소금기를 없애다. 2 관개하여 씻어내는 방법으로 토양 중의 염분을 없애다.

【脱氧】tuō‖yǎng 동 탈산(脱酸)하다.

【脱氧核糖核酸】tuōyǎng hétáng hésuān 명(化) 디엔에이(DNA). 디옥시리보 핵산.

【脱衣】tuō‖yī 동 옷을 벗다.

【脱衣舞】tuōyīwǔ 명 스트립쇼.

【脱颖而出】tuōyǐng'érchū (성) 1 송곳 끝이 주머니를 뚫고 나오다. [조(趙)나라 평원군(平原君)과 문객 모수(毛遂)의 대화에서 유래된 말]

2 (어) 자기의 재능을 전부 드러내다. 두각을 나타내다. 사람의 재능이 완전히 드러나다. ¶经过十多年的苦读, 他终于~, 成为美国学术界的一颗新星。=십여 년의 힘든 공부를 거쳐 그는 마침내 두각을 나타내어 미국 학술계의 새로운 스타가 되었다.

【脱羽】tuōyǔ 동 (새가 봄가을에) 털갈이하다. =【脱毛】tuō‖máo

【脱脂】tuō‖zhī 동 탈지하다. 지방 성분을 제거하다.

【脱脂棉】tuōzhīmián 명 탈지면.

*驮[馱, 馱] tuó 짐 실을 태

동 1 (가축의) 등에 짐을 싣다〔지우다〕. ¶~运粮食=양식을 (가축의 등에) 실어나르다. 2 (사람이) 등에 업다〔지다·짊어지다〕.

☞ duò

【驮畜】tuóchù 명 역축(役畜). 전문적으로 물건을 실어나르는 데 이용되는 가축.

【驮脚】tuójiǎo 명 마바리꾼. 마삯꾼. 소바리꾼.

【驮轿】tuójiào 명 노새등에 얹은 가마.

【驮骡】tuóluó (動) 짐을 실어나르는 노새.

【驮马】tuómǎ 명 마바리. 짐을 싣는 말.

【驮运】tuóyùn 동 (가축으로) 물건을 실어나르다. 마바리(소바리)로 나르다. ¶~煤炭=(가축으로) 연탄을 실어나르다.

佗 tuó 짊어질 타

동(어) 짊어지다. 짐을 지다. 짊다.

陁 tuó 험할 타

☞【盘陁】pántuó

陀 tuó 비탈질 타

명(어) 언덕. 구릉.

◐ 佛Fó陀, 头陀, 盘陀路

【陀螺】tuóluó 팽이.

【陀螺仪】tuóluóyí 명 회전의(回轉儀). 윤전의(輪轉儀). 자이로스코프(gyroscope). 자이로(gyro).

坨¹ tuó 덩어리질 타

동 (밀가루 음식 등이) 삶은 뒤 덩어리지다. ¶面条要快点儿吃, 不然就~了。=국수는 빨리 먹어야지, 그렇지 않으면 덩어리져 붙는다. 명 (~儿) 덩어리. ¶粉~儿=가루 덩어리.

【坨子】tuó·zi 명 덩어리. 더미. ¶泥~=진흙 덩어리.

坨² tuó 땅 이름 이

지명에 쓰이는 글자다. ¶苏家~=쑤자퉈. [베이징(北京)에 있는 지명]

沱 tuó 강 이름 타

명 1 (방) (배를 정박시킬 수 있는) 포구. [주로 지명에 많이 쓰임] ¶朱家~=주자퉈. [쓰촨(四川)

성에 있는 지명] **2** (Tuó) 〈地〉 퉈장(沱江). [쓰촨 (四川)성에 있는 강 이름]
【沱茶】 tuóchá 〈名〉 **1** 퉈차. [윈난(云南)·쓰촨(四川)·충칭(重庆)에서 나는 사발 모양으로 압축시킨 차] **2** 퉈차로 우려낸 차.

## 驼 [駝, 駞] tuó 낙타 타

〈名〉〈動〉 낙타. 약대. 타마(駝馬). 탁타(橐駝). ¶~绒布料=낙타털로 짠 천〔옷감〕 〈形〉 등이 굽다. ¶上年纪了, 他的背越来越~了.=나이가 들더니 그의 등이 갈수록 더 굽어져 간다.

○● 骆luò驼, 锅guō驼机

【驼背】 tuóbèi 〈動〉 등이 굽다. 〈名〉〈方〉 **1** 낙타등. **2** 곱사. 곱사등(이).
【驼峰】 tuófēng 〈名〉 **1** 낙타혹. 타봉. 육봉. **2** 험프(hump). [열차 조차장의 방향별 구분선의 한쪽에 설치된 작은 언덕]
【驼户】 tuóhù 〈名〉 낙타로 짐 나르는 일을 업으로 하는 사람〔가구〕. 낙타바리꾼.
【驼铃】 tuólíng 〈名〉 낙타 방울.
【驼鹿】 tuólù 〈名〉〈動〉 낙타사슴. 엘크(elk). 말코손바닥 사슴. 〈方〉 【堪达罕】 kāndáhǎn
【驼绒】 tuóróng ☞ 【骆驼绒】 luò·tuóróng
【驼色】 tuósè 〈名〉 낙타색. 연한〔옅은〕 다갈색.
【驼子】 tuó·zi 〈名〉 곱사. 곱사등(이).

## 柁 tuó 들보 타

〈名〉 보. 들보. 양목(梁木). 봇장.
☞ duò

## 砣 tuó 맷돌 타

〈名〉 **1** (연자방아 등의) 돌절굿공이. 돌 롤러(roller). **2** 천칭(天平)의 분동. 저울추. ¶货太重, 打不住~.=물건이 너무 무거워서 저울에 달 수가 없다. 〈動〉 회전 숫돌로 옥기를 세공하다. ¶~~只玉镯=옥팔찌를 세공하다.

○● 称chèng砣, 夯hāng砣, 碾niǎn砣

【砣子】 tuó·zi 〈名〉 옥기를 가공하는 회전 숫돌.

## 铊 [鉈] tuó 저울추 타

〈名〉 천칭(天平)의 분동. 저울추. ¶货太重, 打不住~.=물건이 굉장히 무거워서 저울로 달 수가 없다.
☞ tā

## 鸵 [鴕] tuó 타조 타

〈名〉〈動〉 타조.
【鸵鸟】 tuóniǎo 〈名〉〈動〉 타조.
【鸵鸟政策】 tuóniǎo zhèngcè 〈名〉 타조 정책. 도피주의식 정책. 불합리한 현실을 직시하지 않고 자위하려는 정책〔방법〕. 눈 가리고 아웅하기. [타조가 위험에 처하면 머리를 모래 속으로 감추는 데서 유래함] ¶遇上事就一缩头, 来个~, 这种人真没出息.=문제에 부딪치면 곧장 목부터 움츠리고 눈 가리고 아웅하기식으로 처리하는 이런 사람은 정말 앞날을 기대할 게 없다.

## 堶 tuó 벽돌 타

〈名〉〈文〉 벽돌.

## 酡 tuó 불그레해질 타

〈形〉 음주 후 얼굴색이 불그스레하다. ¶~然=술기운에 얼굴이 불그스레하다.
【酡颜】 tuóyán 〈名〉〈文〉 술기가 오른 벌건 얼굴. 술에 취하여 붉어진 얼굴.

## 跎 tuó 헛디딜 타

☞ 【蹉跎】 cuōtuó

## 橐 tuó 전대 탁

〈名〉〈文〉 전대(缠带). ¶囊~=포대주머니. 〈擬〉 뚜벅뚜벅. 저벅저벅. 터벅터벅. [발자국 소리로, 주로 중첩하여 사용함] ¶~~的皮鞋声=저벅저벅하는 구둣발 소리.
【橐驼】 tuótuó 〈名〉〈文〉〈動〉 낙타. 약대. 타마(駝馬). 탁타(橐駝).

## 鼧 tuó 타발 타

【鼧鼥】 tuóbá 〈名〉〈動〉 고서에서 마모트(marmot)를 가리킴.

## 鼉 [鼉] tuó 악어 타

〈名〉〈動〉 양자강 악어.
【鼉龙】 tuólóng 〈名〉〈動〉 양자강 악어. 〈同〉 【猪婆龙】 zhūpólóng

## **妥 tuǒ 적당할 타

〈形〉 **1** 타당하다. 적당하다. 적절하다. 온당하다. ¶欠~=타당하지〔적절하지〕 않다. / 稳~=온당하다. **2** 완비되다. 잘〔다〕 되어 있다. 완전히 끝나 있다. [주로 동사 뒤에서 보어로 쓰여 완결〔완성〕 등을 나타냄] ¶事已办~.=일이 이미 잘 처리되었다. / 货买~了.=물건을 잘 샀다.

○● 平妥, 停妥

【妥便】 tuǒbiàn 〈形〉 아주 타당하고 편리하다. ¶他说的办法~可行.=그가 말한 방법은 타당하고 편리해서 실행할 만하다.
【妥当】 tuǒ·dang 〈形〉 타당하다. 알맞다. 온당하다. 적절하다. 적당하다. ¶这样做不够~, 还是另想他法吧.=이렇게 하는 것은 타당하지 않으니, 다른 방법을 생각해 보는 것이 좋겠다. 〈近〉 稳妥 ↔ 不当
【妥靠】 tuǒkào 〈形〉 믿음직하다. 듬직하다. 믿음직스럽다. ¶办事~=일하는 게 믿음직스럽다. / 我也想不出~的办法来.=나도 장담할 수 있는 방법이 떠오르지 않는다.
【妥恰】 tuǒqià 〈形〉 온당하다. 합당하다. 적당하다. 적합하다. 알맞다. ¶~合适=합당하고 적합하다.
【妥善】 tuǒshàn 〈形〉 나무랄 데 없다. 알맞다. 적절하다. 타당하다. ¶~处理=나무랄 데 없이 처

리하다.
【妥实】**tuǒshí** 혱 충실하다. 착실하다. 믿음직하다. 적당하다. ¶他为人~可靠.=그는 사람됨이 착실하고 믿음직스럽다.
【妥适】**tuǒshì** 혱 알맞다. 적절하다. 타당하다. ¶安置~=배치가 적절하다.
【妥帖】【妥贴】**tuǒtiē** 혱 매우 알맞다. 매우 적당〔적절·타당〕하다. ¶这个词用在这里不~.=이 단어를 여기에 쓰는 것은 적절하지 않다.
【妥贴】**tuǒtiē** ☞【妥帖】**tuǒtiē**
【妥妥当当】**tuǒ·tuo dàngdàng**(~的) 혱 타당하다. 적절하다. 알맞다.
【妥妥帖帖】**tuǒ·tuo tiētiē**(~的) 혱 적절하다. 알맞다. 타당하다.
【妥协】**tuǒxié** 동 타협하다. 타결되다. ¶原则性的问题决不能~.=원칙적인 문제는 절대 타협할 수 없다. / 你就~~吧, 别再跟她闹了.=너도 타협 좀 해라, 더이상 그녀와 옥신각신하지 말고. 늑让步 ↔斗争

**庹 tuǒ** 팔 벌려 잴 탁
양 발. [성인이 두 팔을 벌린 거리. 대략 다섯 자 정도에 해당함] 명 (Tuǒ) 성(姓).

**椭〔橢〕tuǒ** 길둥글 타
혱 길쭉하게 둥글다. 길둥글다. 타원형의. ¶鸡蛋是~圆的.=계란은 타원형이다.
【椭圆】**tuǒyuán** 명(數) 1 타원. 2 타원체. 3 타원형. 계란형. ¶~的脸蛋=타원형〔계란형〕 얼굴.
【椭圆体】**tuǒyuántǐ** 명(數) 타원체.

**髻 tuǒ** 머리털 고울 타
☞【鬌髻】**wǒtuǒ**

*拓 **tuò** 넓힐 척
동 (땅·도로 등을) 개척〔개간〕하다. 확장하다. ¶开~=개척하다. / ~宽马路=도로를 넓히다. 명 (Tuò) 성(姓).
☞ **tà**
【拓地】**tuòdì** 동 1 토지를 개간〔개척〕하다. ¶开荒~=황무지를 개간하다. 2 영토를 넓히다〔확장하다〕. ¶开疆~=변경을 개척하고 영토를 확장하다.
【拓荒】**tuòhuāng** 동 1 황무지를 개간〔개척〕하다. ¶~种粮=황무지를 개간하여 씨를 뿌리다. 2 (비) 새로운 영역을 연구하다〔개척하다·탐색하다〕. ¶他的研究具有~意义.=그의 연구는 새로운 영역을 개척하는 의의가 있다. 늑开荒
【拓荒者】**tuòhuāngzhě** 명 1 개척자. 2 (비) 새로운 영역을 연구〔개척·탐색〕하는 사람.
【拓垦】**tuòkěn** 동 개간하다. ¶~荒地=황무지를 개간하다.
【拓宽】**tuòkuān** 동 확장하다. 넓히다. ¶~街道=도로를 확장하다. / ~视野=시야를 넓히다.
【拓扑学】**tuòpūxué** 명(數) 1 토폴로지(topology). 위상 수학〔기하학〕. 위상 기하학. 2 지명 연상 기억법(地名聯想記憶法). 3 지형 조사. 풍토 연구. 풍수지리 연구.
【拓销】**tuòxiāo** 동 (상품의) 판로를 개척하다.
【拓展】**tuòzhǎn** 동 개발하다. 넓히다. 확장하다. ¶~市场=시장을 넓히다.

**柝 tuò** 딱따기 탁
명(문) (야경(夜警)을 돌 때 치는) 딱따기. ¶击~=(야경을 알리는) 딱따기를 치다.

**萚〔蘀〕tuò** 낙엽 탁
명(문) (초목의) 떨어진 껍질이나 잎사귀〔낙엽〕.

***唾 tuò** 침 타
명 타액. 침. ¶~腺=타액선. 동 1 침(타액)을 뱉다. ¶他咳嗽了半天, 终于~出一口痰来.=그는 기침을 한참이나 하더니, 마침내 가래를 한 입 뱉어 냈다. 2 (퉤 하며) 욕하다. 화를 내다. 경시하다. 멸시하다. 하찮게 여기다. ¶遭人~骂=사람들에게 무지한 욕지거리를 당하다.
【唾骂】**tuòmà** 동 경시하며 욕하다. 욕을 내뱉다. 모질게 욕하다. ¶这样的奸邪小人只会被世人~.=이런 간악한 소인배는 세상 사람들에게 욕만 얻어먹을 뿐이다.
【唾面自干】**tuòmiàn-zìgān** (성) 1 다른 사람이 자기 얼굴에 침을 뱉어도, 닦지 않고 침이 저절로 마르기를 기다리다. ¶古人讲忍耐, 说要~, 我可没有那个涵养.=옛사람들은 인내를 강조하여 남이 자기 얼굴에 침을 뱉어도 닦지 않고 침이 저절로 마르기를 기다릴 수 있을 정도로 잘 참았지만, 나에게는 그런 수양이 되어 있지 않다. 2 (비) 모욕을 당해도 극도로 참으면서 반항하지 않다. 인내심이 지극히 강하다.
【唾沫】**tuò·mo** ☞【唾液】**tuòyè**
【唾沫星子】**tuò·mo xīng·zi** 명 (튀어 흩어지는) 침방울.
【唾弃】**tuòqì** 동 (업신여기거나 아주 더럽게 생각하여) 돌아보지 않고 버리다. 타기하다. 갈보다. 미워하고 싫어하다. ¶为人~=다른 사람에게 버림받다. 늑鄙弃
【唾手而得】**tuòshǒu'érdé** ☞【唾手可得】**tuòshǒu-kědé**
【唾手可得】**tuòshǒu-kědé** 성 1 손바닥에 침을 뱉기만 해도 얻을 수 있다. 2 (비) 쉽게 손에 넣을 수 있다. 식은죽먹기이다. =【唾手而得】**tuòshǒu'érdé**【唾手可取】【唾手可取】**tuòshǒu-kěqǔ**
【唾手可取】**tuòshǒu-kěqǔ** ☞【唾手可得】**tuòshǒu-kědé**
【唾腺】**tuòxiàn** ☞【唾液腺】**tuòyèxiàn**
【唾液】**tuòyè** 명(生) 타액. 침. 【唾沫】**tuò·mo**〔口水〕**kǒushuǐ**
【唾液腺】**tuòyèxiàn** 명(生) 침샘. 타액선. 타선. =【涎腺】**xiánxiàn**【唾腺】**tuòxiàn**
【唾余】**tuòyú** 명(문)(비) 다른 사람의 보잘것없는 말이나 견해. ¶他的这些观点不过是拾人~而已.=그의 이러한 관점은 그저 다른 사람의 별 볼일 없는 의견을 모은 것일 뿐이다.

跅 tuò 방종할 탁
【跅弛】tuòchí 〔형〕〔문〕 방탕하다. 방자하다. 품행이 나쁘다. ¶~之士＝방탕한 사람.

箨[籜] tuò 대껍질 탁
〔명〕〔문〕 죽순 꺼풀〔껍질〕.

魄 tuò 영락할 탁
'落魄(luòpò)'의 '魄(pò)'의 다른 발음.
☞ bó, pò

# W

## wa

**窊** wā 파낼 알
> 동 '挖(wā)'와 같음.

**挖** wā 파낼 알
> 동 **1** (공구나 손으로) 파다. 파내다. 후비다. 후벼 내다. 깎아 내다. 갉아 내다. ¶~坑=구덩이를 파다. /~洞=구멍을 파다. **2**(비) 찾아 내다. 발굴하다. ¶~潛力=잠재력을 발굴하다. **3**(비) 손톱으로 긁다. ¶小狗在~痒痒。=강아지가 가려운 데를 긁고 있다. ≒掘↔填 补

○● 耳挖子

【挖补】wābǔ 동 잘못된 것이나 필요 없는 부분을 도려 내고 (새로운 재료로) 고쳐 넣다〔수선하다〕. ¶~字画=서화를 도려 내고 수선하다.
【挖东墙, 补西墙】wā dōng qiáng, bǔ xī qiáng (속)(비) 이 쪽에서 빌린 돈으로 저 쪽의 빚을 갚다. 빚을 돌려 막다.
【挖耳】wā'ěr 명(비) 귀이개.
【挖方】wāfāng 명(土) 토목 공사에서 파낸 1세제곱미터의 흙과 1세제곱미터의 돌.
【挖改】wāgǎi 동 (목판의 문자나 도형을) 칼로 도려 내고 고치다. ¶~错字=잘못된 글자를 도려 내고 고치다.
【挖根】wāgēn 동(비) 근절하다. 뿌리뽑다. 화근을 없애다.
【挖掘】wājué 동 **1** 파(내)다. 캐다. ¶~古墓=고분을 발굴하다. **2**(비) 찾아 내다. 발굴하다. ¶~潛能=잠재 능력을 발굴하다. ≒开掘 发掘
【挖掘机】wājuéjī 명(機) 굴착기. 채굴기.
【挖空心思】wākōng-xīnsī (성)(비) 온갖 지혜를 모두 짜내다. 온갖 궁리를 다하다. 갖은 애를 다 쓰다.
【挖苦】wā·ku 동 비꼬다. 비웃다. 빈정대다. 조롱하다. 비아냥거리다. 놀리다. 약올리다. 혈뜯다. 비방하다. ¶讽刺~=풍자하고 비꼬다. ≒奚落 剋落
【挖矿】wākuàng 동 광석을 채굴하다.
【挖老根儿】wā lǎogēnr (숙)(비) 근원을 철저히 제거하다. 뿌리뽑다.
【挖泥船】wāníchuán 명 준설선(浚渫船).
【挖泥机】wānííjī 명(機) 준설기.
【挖潛】wāqián 동 잠재력을 발굴〔개발〕하다.

【挖墙脚】wā qiángjiǎo (속)(비) (일의 진척·집단·개인 등의) 토대를〔기반을〕 무너뜨리다. 밑뿌리를 뒤흔들다. 실각시키다. 남을 궁지에 빠뜨리다. ¶你所谓的引进人才其实就是挖别人的墙脚。=네가 말하는 인재 스카우트는 사실 남의 기반을 무너뜨리는 짓이다. ≒拆墙脚
【挖穷根】wā qiónggēn (비) 빈곤의 근원을 제거하다.
【挖肉补疮】wāròu-bǔchuāng ☞【剜肉医疮】wānròu-yīchuāng
【挖土机】wātǔjī 명(機) 굴착기. 채굴기. 포클레인. (四) Poclain

**哇** wā 소리칠 와
> 의 왝왝. 앙앙. 엉엉. [구토나 울음소리] ¶~~大哭=엉엉 울다. /~的一声吐了一地。=왝 하고 온 바닥에 토하였다.
> ☞ • wa

【哇啦】【哇喇】wālā 의 와자지껄. 와글와글. 종알종알. [말하거나 떠드는 소리] ¶孩子们在教室里~~闹成一团。=아이들이 교실에서 뒤엉켜 와자지껄 소란을 피운다.
【哇喇】wālā ☞【哇啦】wālā
【哇塞】wāsài 감(비) 와. 우와. ¶~, 他竟然考了个满分。=우와! 그가 생각지도 않게 만점을 받다니.
【哇哇】wāwā 의 응애. 응아. [어린아이 울음소리] 까악까악. [까마귀 울음소리]

**洼[窪]** wā 웅덩이 와
> 형 움푹 들어가〔파여〕 있다. 푹 꺼져 있다. ¶把~池填平。=웅덩이를 메우다. 명 (~儿) 움푹 파인 곳. 웅덩이. ¶水~儿=물웅덩이. 동 우묵해지다. 움푹 패다. ¶路面~下去一块。=노면 한 곳이 움푹 패였다.

○● 鼻洼, 低洼

【洼处】wāchù 명 움푹 팬 곳.
【洼地】wādì 명 움푹한 지대. 저지(低地).
【洼田】wātián 명 움푹한 곳에 있는 전답.
【洼陷】wāxiàn 동 움푹 꺼져 들어가다. 움푹 파이다. [주로 지면을 가리킴] ¶路面~=노면이 움푹 패다.
【洼子】wā·zi 명 웅덩이. [주로 그리 크지 않은 것을 가리킴] ¶水~=물웅덩이.

**呱** wā 땅 이름 와

【呱底】**Wādǐ** 명(地) 와디. [산시(山西)성에 있는 지명]

**窊 wā** 우묵할 와
형 움푹하다. [주로 지명에 쓰임] ¶南~子=난와쯔. [산시(山西)성에 있는 지명]

**娲[媧] wā** 여신 와
☞【女娲】**Nǚwā**

**蛙[(黽)] wā** 개구리 와
명(動) 개구리.

○● 牛蛙, 树蛙

【蛙鸣】**wāmíng** 명 1 개구리 울음소리. 2 비 부화뇌동하는 의론(議論).
【蛙鸣蝉噪】**wāmíng-chánzào** (성) 1 개구리와 매미의 울음소리. 2 비 왁자지껄. 와글와글.
【蛙人】**wārén** 명 잠수부.
【蛙声】**wāshēng** 개구리 울음소리.
【蛙泳】**wāyǒng** 명(體) 평영. 개구리헤엄.

**娃 wá** 어린이 와
명 1 (~儿) (갓난)아기. 어린애. ¶女~=여자아기. 2 비 (일부 동물의) 새끼. ¶狗~=강아지.

○● 娇jiāo娃, 洋娃娃

【娃儿】**wár** 명 어린애.
【娃娃】**wá·wa** 명 (갓난)아기. 어린애. ¶生了一个胖~。=통통한 아기를 낳았다.
【娃娃脸】**wá·waliǎn**(~儿) 명 동안(童顏). 어린애 (같은) 얼굴. 앳된 얼굴.
【娃娃气】**wá·waqì** 어린애 같은 성격. ¶她一会儿哭，一会儿笑，~得很。=그녀는 가끔씩 울기도 하고 웃기도 하는데, 어린애 기질이 다분하다.
【娃娃亲】**wá·waqīn** 명비 어릴 때 부모들이 정한 혼사.
【娃娃生】**wá·washēng** 명(劇) 아역.
【娃娃戏】**wá·waxì** 명 아동극. 어린이극.
【娃娃相】**wá·waxiàng** ~ 어린애 같은 얼굴. 앳된 얼굴. ¶他三十几了，但还是一脸的~。=그는 서른이 넘었지만 아직도 어린애 같은 얼굴이다.
【娃娃鱼】**wá·wayú** ☞【大鲵】**dàní**
【娃子】**wá·zi** 명 1 비 (갓난)아기. 어린애. 2 비 (일부 동물의) 새끼. ¶猪~=돼지 새끼. 3 명 (량산(凉山) 등 소수 민족 지역의) 노예.

**瓦 wǎ** 기와 와
명 1 (진흙으로 구운) 질그릇. 토기. 오지그릇. ¶一个~罐=오지동이 한 개. 2 기와. ¶琉璃~=청기와. 양의명 瓦特(와트).
☞ **wà**

○● 板瓦, 缸gāng瓦, 弄nòng瓦, 千瓦, 筒tǒng瓦, 轴zhóu瓦, 泥ní瓦匠jiàng

【瓦钵】**wǎbō** 명 토기 사발.
【瓦卜】**wǎbǔ** 명 기와점. 와복. 와조(瓦兆). [기와를 두드려서 생긴 금으로 길흉을 점치는 것]
【瓦当】**wǎdāng** 명 와당. 마구리.
【瓦房】**wǎfáng** 명 기와집.
【瓦釜】**wǎfǔ** 명 1 질솥. 도기 솥. 2 비 저속한 사람이나 사물.
【瓦釜雷鸣】**wǎfǔ-léimíng** (성) 1 질솥이 우레와 같은 소리를 내다. 2 비 평범한 사람이 높은 관직에 올라 이름을 날리다. [주로 '黄钟毁弃(현인이 배척을 당하거나 부당한 대우를 받다)'와 함께 쓰임]
【瓦工】**wǎgōng** 1 미장일. 2 미장이.
【瓦罐】**wǎguàn** 명 질동이. 질항아리. 오지동이. 오지독.
【瓦灰】**wǎhuī** 형 짙은 회색의.
【瓦鸡陶犬】**wǎjī-táoquǎn** (성) 1 진흙으로 구워 만든 개나 닭. 2 비 형상만 갖추고 있을 뿐 아무 쓸모가 없는 것.
【瓦匠】**wǎ·jiang** 미장이.
【瓦解】**wǎjiě** 동 1 비 와해되다. 분열하다. 무너지다. 붕괴하다. ¶土崩~=철저히 무너지다. 2 와해시키다. 붕괴시키다. 분열시키다. 해체시키다. ¶~敌人=적을 와해시키다. ≒解体
【瓦块】**wǎkuài**(~儿) 명 1 낱개의 기와. 2 기와 조각.
【瓦蓝】**wǎlán** 형 짙은 남색의. 쪽빛의. ¶~的天空=쪽빛의 하늘.
【瓦楞】**wǎléng** ☞【瓦垄】**wǎlǒng**
【瓦楞纸】**wǎléngzhǐ** 명 골판지.
【瓦楞子】**wǎléng·zi** ☞【蚶子】**hān·zi**
【瓦砾】**wǎlì** 기와·벽돌·돌조각. ¶一片~=온통 폐허이다.
【瓦亮】**wǎliàng** 형 아주 밝다. 환하다. 빛나다. ¶头发梳得~~的。=머리를 반짝반짝하게[윤기나게] 빗었다.
【瓦垄】**wǎlǒng**(~儿) 명 죽 늘어선 기왓등과 기왓고랑. =【瓦楞】**wǎléng**
【瓦垄子】**wǎlǒng·zi** ☞【蚶子】**hān·zi**
【瓦努阿图】**Wǎnǔ'ātú** 명와(地) 바누아투 (Vanuatu). [수도는 '维拉港(포트빌라 : Port Vila)'임]
【瓦盆】**wǎpén** 명 질버치.
【瓦片】**wǎpiàn** 명 1 기와 조각. 2 낱개의 기와.
【瓦器】**wǎqì** 명 토기(土器).
【瓦圈】**wǎquān** 명 (자전거나 삼륜차 등의 바퀴의) 림(rim). =【车圈】**chēquān**
【瓦全】**wǎquán** 동비 절개 없이 구차하게 목숨을 부지하다. [주로 '玉碎(yùsuì)'와 함께 쓰임] ¶宁为玉碎，不为~。=차라리 절개를 지키며 죽을지언정 비굴하게 목숨을 부지하지 않겠다. ↔玉碎
【瓦斯】**wǎsī** 명와 1 기체. 2 가스.
【瓦特】**wǎtè** 양와(電) 와트(watt). [일률·전력(電力)의 단위]
【瓦特小时计】**wǎtèxiǎoshíjì** 명(電) 전력 계량기. 전력계. =【电表】**diànbiǎo**

【瓦头】wǎtóu 圐 기와 막새.
【瓦屋】wǎwū 圐 기와집.
【瓦窑】wǎyáo 圐 기와 가마. 벽돌 가마.

佤 wǎ 종족 이름 와
圐 와족(佤族).
【佤族】Wǎzú 圐 와족. [중국 소수 민족의 하나. 주로 윈난(云南)성에 분포함]

瓦 wà 기와 일 와
區 (지붕에) 기와를 이다. ¶房子这两天就~瓦(wǎ)。= 집은 요 며칠 동안 기와를 인다.
☞ wǎ
【瓦刀】wàdāo 圐 (기와를 일 때 쓰는) 흙손.

袜[襪, 韈·韤] wà 양말 말
圐 양말. ¶丝~=스타킹. / 长筒~=(목이 비교적) 긴 양말.
【袜船】wàchuán 圐(方) 덧버선.
【袜带】wàdài 圐 (허리에 메는) 스타킹 서스펜더(stocking suspender).
【袜底】wàdǐ 圐 양말 바닥.
【袜套】wàtào (~儿) 圐 목이 짧은[없는] 양말.
【袜筒】wàtǒng (~儿) 圐 양말목. 버선목.
【袜子】wà·zi 圐 양말. 스타킹.

膃 wà 살질 올
아래를 참조.
【膃肭】wànà 圐(俗) 뚱뚱하다. 비만하다.
【膃肭脐】wànàqí 圐(醫) 해구신(海狗腎).
【膃肭兽】wànàshòu ☞【海狗】hǎigǒu

哇 ·wa 소리칠 와
조 '啊(a)'가 'u·ao·ou'로 끝나는 앞 음절의 영향을 받아 발음이 변하면서 다르게 쓴 것. ¶近来好~?=요즘 잘 지내?
☞ wā

## wai

歪 wāi 비뚤어질 왜
형 1 비뚤다. 바르지 않다. 기울다. 비스듬하다. 삐딱하다. ¶这棵树长~了。=이 나무는 비뚤게 자랐다. 2 정당하지 않다. 옳지 않다. 나쁘다. 바르지 못하다. ¶别想~点子。=나쁜 생각을 하지 말라. 图 1 비뚤게 하다. 비스듬히 하다. 기울이다. ¶他~着头朝上看。=그는 고개를 기울이고 위를 쳐다본다. 2(方) 옆으로[모로·비스듬히] 눕다. ¶他~在沙发上睡着了。=그는 소파에 비스듬히 누워 잠이 들었다.
≒斜 ↔正
○● 侧 zhāi 歪
○ 歪 wāi
喎 wāi
拯 wǎi
【歪脖】wāibó (~儿) 圐 1 비뚤어진 목. 2 목이 비뚤한 사람. 3 비뚤하게 구부러진 물체. ¶~儿树=비뚤하게 휘어진 나무. 图 목을 비뚤하게 하다. =【歪脖子】wāibó·zi
【歪脖子】wāibó·zi ☞【歪脖】wāibó
【歪才】wāicái 圐 1 본업 이외의 재능. 정당하지 못한[비뚤어진] 재능. 부정한 재능. 2 본업 이외의 재능을 가진 사람. 정당하지 못한[비뚤어진] 재능을 가진 사람.
【歪缠】wāichán 图 트집을 잡다. 성가시게 굴다. 치근거리다. 귀찮게 달라붙다. ¶事情已经说清楚了, 你就不要再~下去了。=이 일에 대해서는 이미 분명히 말했으니까 다시는 성가시게 하지 마라.
【歪词】wāicí (~儿) 圐 남을 모함[중상]하는 말. 조리가 맞지 않는 말. 터무니없는 말.
【歪打正着】wāidǎ-zhèngzháo (成) 1 무의식 중에 제대로 맞추다. 2(比) 뜻밖에 좋은 결과를 얻다. 요행히 성공하다. 우연히 들어맞다.
【歪道】wāidào (~儿) 圐 1 나쁜 생각. =【歪道儿】wāidào·daor ¶你怎么满脑子~? =너는 왜 나쁜 궁리만 하느냐? 2 사도(邪道). 올바르지 않은 길. 그릇된 길. 나쁜 길. ¶真可惜, 一个好好的孩子走上了~。=참 안타깝다, 좋았던 아이가 나쁜 길로 빠지다니.
【歪道儿】wāidào·daor ☞【歪道】wāidào
【歪点子】wāidiǎn·zi 圐 나쁜 생각. 정당하지 못한 방법. ¶尽出些~。=정당하지 못한 방법만 두루 내놓다.
【歪风】wāifēng 圐 나쁜 풍조[기풍]. 정당하지 못한 태도[습관]. ¶公款吃喝的~必须刹住。=공금으로 먹고 마시는 나쁜 풍조를 반드시 바로잡아야 한다.
【歪风邪气】wāifēng-xiéqì (成) 좋지 않은 풍조[기풍].
【歪理】wāilǐ 圐 강변(强辯). 생억지. 견강부회. 궤변. ¶满嘴~=온통 생억지이다.
【歪路】wāilù 圐 사도(邪道). 사로(邪路). 올바르지 않은 길. 그릇된 길. ¶千万不能走~。=절대 그릇된 길로 가서는 안 된다.
【歪门】wāimén (~儿) 圐 정당하지 못한 수단[절차·방법]. 사도(邪道).
【歪门邪道】wāimén-xiédào (成) 정당하지 못한 수단[절차·방법]. 사도(邪道). 나쁜 생각. =【邪门歪道】xiémén-wāidào ≒邪魔外道
【歪派】wāipài 图(方) 남을 모함[중상]하다. 헛소문을 퍼뜨리다. 사실을 날조하여 남을 비난하다. ¶不要胡乱~别人。=남을 함부로 모함하지 마시오.
【歪七扭八】wāiqī niǔbā (成) 비뚤비뚤하다. =【歪七斜八】wāiqī xiébā ¶字写得~。=글자를 비뚤비뚤하게 썼다.
【歪七斜八】wāiqī xiébā ☞【歪七扭八】wāiqī niǔbā
【歪曲】wāiqū 图 (사실이나 내용을 고의로) 왜곡하다. [나쁘게 말하는 것을 가리킴] ¶~事实=사실을 왜곡하다. ≒扭曲 曲解
【歪诗】wāishī 圐 1 엉터리 시. 서투른 시. 조잡

한 시. 형식에 맞지 않는 시. **2** 재미삼아 마음대로 지은 시.

【歪事】**wāishì** 몡㉠ 나쁜 일. 못된 짓.

【歪说好说】**wāishuō-hǎoshuō** ⓥ 이리저리 타이르다〔구슬리다·설득하다〕. ¶~, 他总算同意了. = 이리저리 타일러서야 그는 마침내 동의하였다.

【歪歪】**wāi·wai** 톙 바르지 못하다. 비스듬하다. 비뚤다. 삐딱하다. ¶他身子~地靠在门框上. = 그는 몸을 문설주에 비스듬히 기대고 있다.

【歪歪倒倒】**wāi·wai dǎodǎo** 톙 비틀거리다. 흐느적거리다. ¶他喝多了, 走路~的. = 그는 술을 너무 많이 마셔서 걸음이 비틀거린다.

【歪歪扭扭】**wāi·wai niǔniǔ** 톙 비뚤비뚤하다. ¶他在笔杆上~地刻上了自己的名字. = 그는 붓대 위에 비뚤비뚤하게 자기의 이름을 새겨 넣었다.

【歪歪斜斜】**wāi·wai xiéxié** 톙 비스듬하거나 곧지 않은 모양. ¶他~地靠在沙发上. = 그는 소파에 비스듬히 기대고 있다.

【歪斜】**wāixié** 톙 비뚤다. 굽다. 휘다. 곧지〔바르지〕않다. ¶身子坐正, 不要~. = 몸을 비뚤게 하지 말고 똑바로 앉아라. ↔笔直

【歪嘴】**wāizuǐ** 몡 **1** 비뚤어진 입. **2**㉮ 사실을 왜곡하고 쓸데없는 말을 잘하는 입. **3** 입비뚤이.

【歪嘴和尚】**wāizuǐ hé·shang** 몡㉮ 심보가 나쁘거나 능력이 매우 떨어져서 늘 일처리를 잘 못 하는 사람.

# 呙[喎] **wāi** 입 비뚤어질 와

톙㉲ (입이) 비뚤다. ¶嘴巴~=입이 비뚤다.

【喎斜】**wāixié** 톙 (입이나 눈이) 비뚤다. ¶口眼~ = 입과 눈이 비뚤다.

# 喂 **wāi** 사람 부르는 소리 왜

㉯ (남을 부를 때 쓰는 말로) 어이. 이봐. 여보세요. ¶~, 你的手机号是多少? = 이봐, 너의 휴대폰 번호가 몇 번이지?

# 搲 **wǎi** 떠낼 왜

통㉯ 뜨다. 푸다. 떠내다. ¶去水缸里~一瓢水. = 물독에 가서 물 한 바가지를 뜨다.

# 崴 **wǎi** 평탄치 않을 외

몡 (산길이나 강의) 구비. [주로 지명에 쓰임] ¶海参~ = (러시아) 블라디보스토크의 다른 이름. 톙 산길이 평탄하지 못하다. 동 '踒(wǎi)'와 같음.
☞ **wēi**

【崴泥】**wǎi ∥ ní** 통㉮ **1** 진흙탕에 빠지다. **2**㉮ 곤경에 처하다. 난관에 부딪히다. 낭패하다. 일이 잘못되다.

【崴子】**wǎi·zi** 몡 (산길이나 물길의) 구비. [주로 지명에 쓰임] ¶三道~=싼다오와이쯔. [지린(吉林)성에 있는 지명]

# 踒 **wǎi** 발 삘 외

통 발을 삐다〔삐끗하다〕. ¶昨天爬山~了脚. =

어제 등산을 하다가 발을 삐끗하였다.

## 外 **wài** 밖 외

몡 **1** 겉. 밖. 바깥. ¶郊~=교외. / 里应~合 = 안팎에서 서로 호응하다. **2** 외국. ¶中~合资 = 중국과 외국과의 합자(合資). **3** …이외. …외에. ¶除~ = 제외하다. / 置之度~ = 도외시하다. **4**(劇) (중국 전통극에서의) 늙은 남자 역(役). 영감 역. 톙 **1** 딴 데의. 딴 고장의. 다른 곳의. ¶~省人 = 다른 성(省) 사람. / ~单位 = 외부 기관. **2** 바깥의. ¶他最近去了一趟~国. = 그는 최근 외국을 한 번 갔다. **3** 외국의. ¶努力学习~文. = 외국어를 열심히 공부한다. **4** 정식이 아닌. 비공식적인. 비정규적인. ¶挣~快=부수입을 벌다. / 别乱起~号. = 함부로 별명을 짓지 마라. **5** 관계가 소원한. 친밀하지 않은. 낯설다. ¶见~=남처럼 대하다. **6** (친족 관계에서) 어머니·아내·자매 또는 여자 쪽의. ¶~祖父和~祖母都还健在. = 외할아버지와 외할머니는 모두 아직 건재하시다. 토 따로. 또한. 게다가. ¶来一份卤菜, ~加一瓶啤酒. = 수육 한 접시에 맥주 한 병 주세요. ↔内 里 本 中

○● 不外, 出外, 除外, 等外, 额é外, 格外, 关外, 海外, 号外, 化外, 郊外, 开外, 口外, 例外, 另外, 媚mèi外, 排外, 跑外, 塞sài外, 涉shè外, 四外, 野外, 以外, 意外, 余外, 员外, 援yuán外, 中外, 自外, 局外人, 门外汉, 紫zǐ外线

【外办】**wàibàn** 몡㉮ 外事办公室(외사 사무실).

【外邦】**wàibāng** 몡㉮ 외국.

【外包装】**wàibāozhuāng** 몡 **1** (물품의) 외부 포장. **2**㉮ 표면적인 것.

【外币】**wàibì** 몡 외국 화폐. 외화(外貨).

【外边】**wài·bian** 몡 **1** (~儿) 밖. 바깥. ¶门~ = 문 밖. **2** 집 밖. 타향. 외지. ¶出去玩儿, 在~住了两个晚上. = 놀러 나가서 밖에서 이틀 밤을 잤다. **3** 표면. 겉. 거죽. ¶衣服~套了一个防尘罩. = 옷 위에 먼지 커버를 덮어 씌웠다. **4** 외지. 딴 지방. ¶他昨天从~回来了. = 그는 어제 외지에서 돌아왔다. **5** 외부. 사회. ¶他在~闯荡好些年了. = 그는 사회에서 몇 년을 떠돌아다녔다. ≒外头 外地 ↔里边

【外表】**wàibiǎo** 몡 **1** 겉모습. 외모. 외관. 의표(儀表). ¶看人不能只看~. = 사람을 볼 때는 외모만 봐서는 안 된다. **2** 겉(면). 표면. 바깥. ¶问题从~还看不出来. = 표면으로 봐서는 문제를 알아 낼 수가 없다. ≒外观 表面 ↔内心

【外宾】**wàibīn** 몡 외빈. 외국 손님. ↔内宾

【外部】**wàibù** 몡 **1** 외부. 밖. 바깥. **2** 표면. 겉. ↔内部

【外埠】**wàibù** 몡 **1** 타 도시. 다른 (지방의) 도시. **2** 외지. ¶~邮件 = 외지(에서 온) 우편물.

【外财】**wàicái** 몡 부수입. 뜻밖의 수입. ≒外快

【外层】**wàicéng** 몡 **1** 외층. 바깥층. 바깥쪽. 표면. 겉면. ¶墙的~是浅黄色的瓷砖. = 벽의 바깥쪽은 연황색의 타일로 되어 있다. **2**(天) 대기

권의 가장 바깥층.

【外层空间】wàicéng kōngjiān ☞【宇宙空间】yǔzhòu kōngjiān

【外场】wàichǎng 뗑 처세. 사교. 체면. 의리. ¶讲究~=체면을 따지다.

【外场人】wàichángrén(~儿) 뗑 체면을 차릴 줄 아는 사람. 사리를 분별할 줄 아는 사람. 세상물정을 아는 사람. 빈틈이 없는 사람.

【外场】wàichǎng 뗑 1(體)(야구나 소프트볼 경기장의) 외야. 2(劇)(중국 전통극에서) 무대 위의 탁자 앞쪽. ['内场(무대 위의 탁자 뒤쪽)'과 구별됨] ¶~椅=무대 위의 탁자 앞쪽에 놓인 의자. 3 외부. 사회. ¶~对他的人品有说法.=외부에서 그의 인품에 대해 불만이 있다. ↔内场

【外钞】wàichāo 뗑 외국 돈〔지폐〕.

【外城】wàichéng 뗑 외성. ['内城(내성)'과 구별됨]

【外出】wàichū 图 1(밖으로) 나가다. 외출하다. ¶昨天晚上~了, 不在家.=어제 저녁에 나는 외출하여 집에 있지 않았다. 2 출장 가다. ¶~务工=출장 가(서 일을 하)다.

【外传】wàichuán 图 1 밖에 전하다. 밖으로 돌리다. 외부에 퍼뜨리다. ¶内部资料, 请勿~.=내부 자료를 밖으로 내돌리지 마시오. 2 외부에서 말이 전해지다. ¶~他最近犯事了.=그가 최근 일을 저질렀다는 말이 돈다.
☞ wàizhuàn

【外存】wàicún ☞【外存储器】wàicúnchǔqì

【外存储器】wàicúnchǔqì 뗑(컴) 기억장치. 메모리(memory). [일반적으로 하드디스크를 가리키며, '内存储器(RAM 또는 ROM)'와 구별됨]
⑧【外存】wàicún

【外大气层】wàidàqìcéng 뗑(天) 외기권.

【外待】wàidài 图 남으로 대하다. ¶不能~客人.=손님을 남처럼 대해서는 안 된다.

【外带】wàidài 젭 게다가. 또한. 더구나. …뿐만 아니라. ¶她主要负责档案管理, ~收发信件.=그녀는 주로 공문서 관리를 담당하고, 또한 우편물을 수발한다. 뗑☞【外胎】wàitāi 늑外加
↔里带

【外道】wàidào 뗑 1(佛) 외도. (불법에 어긋나는 교파와 사상) ¶邪魔~=요괴와 이단. 사악한 세력과 황당하고 유해한 언론. 2 정도에 어긋나는 학설. 정당하지 못한 활동.

【外道】wài·dao 톙 남처럼 대하다. 지나치게 예절을 차려 오히려 서먹서먹하다. ¶你这样客气, 太~了.=네가 이렇게 사양하니 오히려 서먹서먹해진다.

【外道话】wài·daohuà 뗑 남 대하듯 하는 겸손의 말.

【外敌】wàidí 뗑 외적.

【外地】wàidì 뗑 외지. ¶他被派往~工作.=그는 외지로 파견되었다. 늑外边 ↔本地 当地

【外电】wàidiàn 뗑 외신. 외전.

【外调】wàidiào 图 1 외지〔외부 기관〕에 가서 조사하다. ¶内查~=안팎으로 조사하다. 2(사람이나 물자를) 옮기다. 이동하다. 전근시키다.

¶~干部=간부를 외지로 전근시키다.

【外耳】wài'ěr 뗑(生) 외이(外耳). 겉귀.

【外耳道】wài'ěrdào ☞【外听道】wàitīngdào

【外耳门】wài'ěrmén 뗑(生)=【耳孔】ěrkǒng ⓨ【耳朵眼儿】ěr·duoyǎnr

【外发】wàifā 图 외부 기관으로 보내다. 외지로 발송하다. ¶~信函=편지를 외부로 발송하다.

【外藩】wàifān 뗑 1(고대의) 봉토를 가진 제후국. 2 속지(属地). 속국(属國).

【外方】wàifāng 뗑(대외 교섭에서) 외국측. ¶在这一工程中, 中方投资51%, ~投资49%.=이 공사에서 중국측이 51%를 투자하고 외국측이 49%를 투자한다.

【外访】wàifǎng 图 1 외부로 나가서 방문하거나 조사하다. ¶内查~=안팎으로 조사하다. 2 출국 방문하다. ¶~团已抵达首尔.=방문단은 이미 서울에 도착하였다.

【外分泌】wàifēnmì 뗑(生) 외분비.

【外分泌腺】wàifēnmìxiàn 뗑(生) 외분비선.

【外稃】wàifū 뗑(植)(밀·보리 등의) 겉껍질. ['内稃(속껍질)'와 구별됨]

【外敷】wàifū 图 (연고 등을) 환부에 바르다. 외용(外用)하다. 도포(涂布)하다. ¶~用药, 不可内服.=외용 연고이므로 내복(内服)하지 마시오. ↔内服

【外感】wàigǎn 图(醫) 육음(질병을 일으키는 풍(風)·한(寒)·서(暑)·습(濕)·조(燥)·열(熱))과 역병 등이 인체에 침입하다. 뗑(醫) 외감(外感). [육음과 역병 등으로 인한 질병]

【外港】wàigǎng 뗑 외항.

【外稿】wàigǎo 뗑 (신문사나 출판사의) 외부 투고 원고.

【外公】wàigōng 뗑 외조부. 외할아버지.

【外功】wàigōng(~儿) 뗑 외공. [근육·뼈·피부 등을 단련하는 중국 무술] ↔内功

【外骨骼】wàigǔgé 뗑(生) 외골격. 바깥 뼈대.

【外观】wàiguān 뗑 외관. 외견(外見). 겉모양. ¶楼房~很漂亮.=빌딩의 외관이 아주 멋있다. 늑外表 表面

【外国】wàiguó 뗑 외국.

【外国语】wàiguóyǔ 뗑 외국어.

【外果皮】wàiguǒpí 뗑(植) 외과피. 겉열매껍질.

【外海】wàihǎi 뗑(地) 외해. ¶~捕捞=외해에서 고기를 잡다. ↔内海

【外行】wàiháng 톙 (어떤 일에 대해) 문외한이다. 경험이 없다. 비전문가이다. 아무것도 모르다. ¶摄影他可不~.=촬영에 대해 그는 결코 문외한이 아니다. 뗑 문외한. 비전문가. 풋내기. ↔内行

【外号】wàihào(~儿) 뗑 별명. 늑绰号 诨号 浑名

【外后天】wàihòutiān 뗑(톙) 글피.

【外话】wàihuà 뗑(톙) 남 대하듯 하는 말. 불친절하고 쌀쌀맞은 말. ¶一家人不说~.=한 가족끼리는 남 대하듯 하는 말을 하지 않는다.

【外踝】wàihuái 뗑(生) 바깥 복사뼈.

【外欢】wàihuān 뗑 부부 이외의 남녀 관계. 정부(情夫). 정부(情婦).

【外患】wàihuàn 圀 외환. ¶内忧~=내우외환. ↔内乱
【外汇】wàihuì 圀(經) 외화(外貨). 외환(外換).
【外汇储备】wàihuì chǔbèi 圀(經) 외화 보유액[보유고].
【外汇率】wàihuìlǜ 圀(經) 환율. =【外汇牌价】wàihuì páijià
【外汇牌价】wàihuì páijià ☞【外汇率】wàihuìlǜ
【外汇券】wàihuìquàn 圀(약)(經) 외화 태환권(外貨兌換券) (외화 태환권). [외국인이 런민비(人民幣) 대신 사용하던 화폐 대용권. 중국은행(中國銀行)이 1980년부터 국내에 발행하여 1995년 1월 1일 부로 유통을 중지함]
【外活儿】wàihuór 圀 부업.
【外货】wàihuò 圀 외제. 외국 상품.
【外祸】wàihuò 圀 외환(外患). ¶~频仍 = 외환이 빈번하다.
【外集】wàijí 圀 외집. [(작가 등의) 주요 작품 이외의 수기·논문 등의 모음집]
【外籍】wàijí 圀 1 외국 국적. ¶~专家 = 외국 전문가. 2 외지. 외지 호적. ¶~民工 = 외지 노동자.
【外籍华人】wàijí huárén 圀 중국계 외국인.
【外寄生】wàijìshēng 圀(生) 외부 기생.
【外加】wàijiā 图 그 외에 더하다. 추가하다. ¶工资~奖金每个月有五六千. = 임금 외에 상여금을 더하여 매월 5,6천 위안이 된다. ≒外带
【外家】wàijiā 圀 1 외가. 2 옜 첩의 집. 3 첩. 소실. 4 🗣 처가. 5 🗣 친정.
【外嫁】wàijià 图 외지나 외국으로 시집 가다. ¶~他乡 = 타향으로 시집 가다.
【外间】wàijiān 圀 1 (~儿) (몇 칸으로 이루어진 방들 가운데) 바깥으로 통하는 방. 바깥 방. 2 외부. 외계. 바깥 세계. 세간(世間). ¶关于此事~传闻很多. = 이 일에 관해서 세간에 소문이 아주 많다. ≒外屋 ↔里间
【外交】wàijiāo 圀 1 외교. 2 외부 교제. ↔内政
【外交辞令】wàijiāo cílìng 圀 1 외교적 언사. 외교적인 말. 2 (알맹이가 없는) 요식적인 말. 사교적인 말.
【外交官】wàijiāoguān 圀 외교관.
【外交关系】wàijiāo guān·xi 圀 외교 관계. ¶建立~=수교하다.
【外交家】wàijiāojiā 圀 외교가.
【外交特权】wàijiāo tèquán 圀 외교 특권.
【外交团】wàijiāotuán 圀 외교단.
【外角】wàijiǎo 圀(數) 외각.
【外教】wàijiào 圀 1 外籍教师(외국인 교원). 2 外籍教练(외국인 감독).
【外界】wàijiè 圀 외부. 외계. 바깥 세계(세상). 국외(局外). ¶多和~接触有利于增长见识. = 외부와 많이 접촉하면 견문을 넓히는 데 도움이 된다.
【外借】wàijiè 图 1 외부 대출하다. 밖으로 빌려 나가다. ¶资料一律不准~. = 자료는 일체 외부 대출이 안 된다. 2 외부[다른 곳]에서 빌려 오다.

¶现场桌椅是~的. = 현장의 탁자와 의자는 외부에서 빌려 온 것이다.
【外经】wàijīng 圀(약) 对外经济(대외 경제).
【外景】wàijǐng 圀 1(映) 야외 신. 야외 촬영. 로케이션. 2(劇) 무대에서의 실외 배경. ↔内景
【外径】wàijìng 圀(機) 바깥 지름. 외경(外徑). ['内径(안지름)' 과 구별됨]
【外舅】wàijiù 圀 🗣 장인.
【外举】wàijǔ 图 🗣 자신과 무관한 사람을 추천하다. 외부에서 추천하다. ¶~不避仇,内举不避亲. = (능력만 갖추고 있으면) 외부 추천에서는 원수도 마다 않고 내부 추천에서는 친척도 기피하지 않다.
【外军】wàijūn 圀 외국 군대.
【外刊】wàikān 圀 외국 간행물.
【外科】wàikē 圀(醫) 외과. ↔内科
【外壳】wàiké 圀 (비교적 딱딱한) 외각(外殼). 겉껍데기. 케이스. ¶空调~=에어컨 케이스.
【外客】wàikè 圀 낯선 손님. 교제가 그다지 깊지 않은 손님.
【外空】wàikōng 圀(약) 外层空间(우주 공간).
【外寇】wàikòu 圀 외구(外寇). 외적. 외국의 침략자.
【外快】wàikuài 圀 부수입. =【外水】wài shuǐ ¶挣~=부수입을 얻다. ≒外财
【外来】wàilái 图 외지(外国)에서 온. 고유한 것이 아닌. ¶~投资人员=외국(외부) 투자자.
【外来词】wàiláicí ☞【外来语】wàiláiyǔ
【外来的和尚好念经】wàilái·de hé·shang hǎo niànjīng 🗣 외부에서 온 사람이라도 능력만 있다면 반드시 환영을 받는다. =【外来的和尚会念经】wàilái·de hé·shang huì niànjīng
【外来的和尚会念经】wàilái·de hé·shang huì niànjīng ☞【外来的和尚好念经】wàilái·de hé·shang hǎo niànjīng
【外来工】wàiláigōng 圀 외지 노동자.
【外来户】wàiláihù 圀 외지 출신 정착민.
【外来货】wàiláihuò 圀 외지(外国) 물건.
【外来妹】wàiláimèi 圀 1 외지 출신 젊은 여자. 2 외지 출신의 젊은 노동 여성.
【外来人】wàilái rén 圀 외지(외부 기관)에서 온 사람.
【外来语】wàiláiyǔ 圀(言) 외래어. =【借词】jiècí【外来词】wàiláicí
【外力】wàilì 圀 1 외부의 힘. 외력. ¶借助~= 외부의 힘을 빌리다. 2(物) 외력. ↔内力
【外流】wàiliú 图 (인구·재산 등이) 국외(외지)로 유출되다(빠져 나가다). ¶人才~= 인재가 국외로 빠져 나가다.
【外流河】wàiliúhé 圀(地) (직접 혹은 간접적으로) 바다로 흘러들어가는 하류.
【外漏】wàilòu 图 1 (액체가) 밖으로 새다[누수되다]. ¶机油~=기계유가 새다. 2 (소식이) 밖으로 새다. ¶口风不能~. = 말이 밖으로 새서는 안 된다.
【外路】wàilù 圀 외지. 다른(타) 지방. ¶~口

音 =타 지방 말씨. 【형】 외지에서 온. 다른 지방의. ¶~商人 =외지에서 온 상인.
【外露】 wàilù 【통】 (밖으로) 드러나다. 드러내다. 나타나다. 나타내다. ¶财不~ =재산을 밖으로 드러내지 않다.
【外轮】 wàilún 【명】 외국 선박[기선].
【外卖】 wàimài 【통】 (음식과 음료를) 포장 판매하다. [주로 자신의 가게에서 바로 만든 것을 가리킴] ¶~熟食 =(가공된) 익힌 음식을 포장 판매하다. 【명】 포장 판매하는 식품. ¶送~ =포장 판매 식품을 배달하다.
【外贸】 wàimào 【명】【약】 对外贸易(대외 무역). ↔内贸
【外貌】 wàimào 【명】 외모. 용모. 풍채. 생김새. ¶~俊俏 =외모가 준수하다. ≒外形
【外面】 wàimiàn(~儿) 【명】 바깥. 표면. 겉(면). 외모. 겉모습. 외관. ¶礼品盒的~包装得非常精美. =선물 상자의 겉포장이 아주 정교하고 아름답다. ↔里面
【外面儿光】 wàimiànrguāng 【형】 겉만 번지르르하다. 겉보기만 좋다. ¶做事不能只求~, 得注重实效. =일을 겉만 번지르르하게 해서는 안 되고 실제적인 효과를 중요시해야 한다.
【外面】 wài·mian(~儿) 【명】 바깥. 밖. 겉면. ¶村子~有一条小河. =마을 밖에는 작은 하천이 있다.
【外脑】 wàinǎo 【명】【비】 외부 인재. ¶聘请~ =외부의 인재를 초빙하다.
【外女】 wàinǚ 【명】【방】 1 생질녀. 2 외손녀.
【外胚层】 wàipēicéng 【명】(生) 외배엽(外胚葉).
【外皮】 wàipí 【명】 표피. 상피. 표면. 표층. 겉껍질. 외피.
【外片儿】 wàipiānr 【명】【구】 외국 영화.
【外片】 wàipiàn 【명】 외국 영화.
【外聘】 wàipìn 【통】 외부에서 초빙하다. ¶~法律顾问 =법률 고문을 외부에서 초빙하다.
【外婆】 wàipó 【명】 외할머니. 외조모.
【外戚】 wàiqī 【명】 1 외척. 2 이성(異姓) 친척.
【外企】 wàiqǐ ☞【外商投资企业】 wàishāng tóuzī qǐyè
【外企人】 wàiqǐrén 【명】 외자 기업의 임직원.
【外气】 wài·qi 【통】 (남을 대하듯) 겸손하다. 사양하다. 체면 차리다. ¶都是老熟人了, 不必~. =다 잘 아는 사람들이니 체면 차릴 필요가 없다. 【형】【방】 남처럼 대하는. 타인 취급하는. 체면을 차리는. ¶~话 =체면치레로 하는 말.
【外迁】 wàiqiān 【통】 (밖으로) 옮기다. 이전하다. 이사하다. ¶三峡库区部分居民需要~. =산샤(三峡)댐 지역 내의 일부 주민은 밖으로 이주해야 한다.
【外欠】 wàiqiàn 【통】 별도로 빚지다. 【명】 빌려 준 돈. ¶清算~ =꾸어 준 돈을 깨끗이 결산하다.
【外强中干】 wàiqiáng-zhōnggān 【성】 겉으로는 강해 보이나 실제로는 약하기 그지없다.
【外侨】 wàiqiáo 【명】 국내에 거주하는 외국인. 외국 거류민.
【外亲】 wàiqīn 【명】 여자 계열의 친속. [할머니·어머니·아내 등의 친정과 딸·손녀·자매 등의 시가] 【동】【문】 겉으로만 친하다. ¶~内疏 =겉으로는 친한 듯하나 실제로는 소원(疏遠)하다.
【外勤】 wàiqín 【명】 1 외근. ¶跑~ =외근하다. 2 외근자. 외근하는 사람. ↔内勤
【外倾】 wàiqīng 【형】(心) (성격이) 외향적이다. ¶性格~ =성격이 외향적이다.
【外圈】 wàiquān 【명】(體) (육상 경기에서 트랙의) 바깥쪽 코스. 아웃코스.
【外人】 wàirén 【명】 1 남. 타인. 모르는 사람. 제삼자(第三者). 2 외부 사람. 외인. 비(非)관계자. 3 외국인.
【外伤】 wàishāng 【명】(醫) 외상. ↔内伤
【外商】 wàishāng 【명】 1 외국 상인. 2 외국 상사(商社).
【外商投资企业】 wàishāng tóuzī qǐyè 【명】 외자 기업. =【外资企业】 wàizī qǐyè 【약】【外企】 wàiqǐ
【外肾】 wàishèn 【명】(醫) 고환.
【外生殖器】 wàishēngzhíqì 【명】(生) 외생식기. 외음부(外陰部).
【外省】 wàishěng 【명】 1 다른 성. 타성(他省). 2 (수도 이외의) 지방의 각 성(省).
【外甥】 wài·sheng 【명】 1 생질. 2【방】 외손자.
【外甥女】 wài·shengnǚ(~儿) 【명】 1 생질녀. 2【방】 외손녀.
【外史】 wàishǐ 【명】 외사. [정사(正史)가 아닌 야사(野史)·잡사(雜史)·인물 묘사 위주의 소설] ¶《儒林~》 =《유림외사》.
【外室】 wàishì 【명】 첩. 소실.
【外事】 wàishì 【명】 1 외사(外事). 외교 사무. 외교에 관계된 일. ¶~活动 =외교에 관계된 활동. 2 바깥 일. 대외적인 일. 가정이나 개인 이외의 일. ↔内事
【外手】 wàishǒu(~儿) 【명】 (짐승이 끄는 수레를 몰거나 기계를 조작할 때의) 오른쪽. 바른쪽.
【外首】 wàishǒu 【명】【방】 밖. 바깥(쪽).
【外水】 wàishuǐ ☞【外快】 wàikuài
【外孙】 wàisūn 【명】 외손자.
【外孙女】 wàisūnnǚ(~儿) 【명】 외손녀.
【外孙子】 wàisūn·zi 【명】【구】 외손자.
【外胎】 wàitāi 【명】 (튜브를 싸고 있는) 타이어. 【약】【外带】 wàidài ↔里带
【外逃】 wàitáo 【통】 외지로[외국으로] 도망가다.
【外套】 wàitào(~儿) 【명】 1 (서양식 짧은) 겉옷. 2 외투. 오버코트(overcoat). 3【방】 탈. 허울. 외피. 겉포장.
【外听道】 wàitīngdào 【명】(生) 외청도. =【外耳道】 wài'ěrdào
【外头】 wài·tou 【명】 밖. 바깥(쪽). ≒外边 ↔里头 里边
【外围】 wàiwéi 【명】 주위. 주변. ¶房子~都是草地. =집 주변은 모두 풀밭이다. 【형】 외곽. 주변의. ¶~组织 =외곽 조직. ↔核心
【外文】 wàiwén 【명】 외국어.
【外屋】 wàiwū 【명】 (몇 칸으로 이루어진 방들 가운데) 바깥으로 통하는 방. 바깥방. ≒外间 ↔里间

【外侮】 wàiwǔ 몡 외욕(外辱). 외국의 침략과 억압. 외국으로부터 받는 모욕. ¶抵御~=외국의 침략과 억압을 막아 내다.

【外务】 wàiwù 몡 1 외무. 외교 사무. 2 직무(職務) 밖의 일.

【外鹜】 wàiwù 통(문) 본분 밖의 일을 하다. 분수에 맞지 않는 일을 하다. 마음이 한결같지 않다. 마음이 산만하다. 전념하지 않다.

【外弦】 wàixián 몡(音) 호금(胡琴)의 바깥쪽 가는 줄.

【外县】 wàixiàn 몡(他縣). 다른 현.

【外线】 wàixiàn 몡 1(軍) 포위선. ¶~围攻=포위선에서 포위 공격하다. 2 (전화의) 외선. ↔内线

【外乡】 wàixiāng 몡 타향. 타 지방. 다른 고장. ¶漂泊~=타향을 떠돌아다니다.

【外乡人】 wàixiāngrén 몡 타지인. 타 지방 사람. 다른 고장 사람.

【外向】 wàixiàng 혱 1 (성격이) 외향적이다. ¶性格~=성격이 외향적이다. 2 대외 지향적인. 외국[국제] 시장을 겨냥한. ¶大力扶持~型企业。=대외 지향적인 기업을 대대적으로 지원한다. ↔内向

【外向型经济】 wàixiàngxíng jīngjì 몡(經) 수출 지향형 경제.

【外向型企业】 wàixiàngxíng qǐyè 몡 수출 지향형 기업.

【外向型人才】 wàixiàngxíng réncái 몡 대외적 인재.

【外项】 wàixiàng 몡(數) 외항(外項).

【外销】 wàixiāo 통 해외 판매하다. 수출하다. 외지 판매하다. ¶~产品=수출품. ↔内销

【外校】 wàixiào 몡 타 학교.

【外邪】 wàixié 몡(醫) (외부에서 인체에 침입하여 질병을 일으키는) 육음(六淫)·풍(風)·한(寒)·서(暑)·습(濕)·조(燥)·열(熱))과 역병. 심신을 해치는 외계의 사물[요인].

【外泄】 wàixiè 통 (기체나 액체가) 밖으로 배출되다. 누설되다. 누출되다. 새다. ¶毒气~=독가스가 새다.

【外心】 wàixīn 몡 1 두 마음. 이심(二心). 이심(異心). 2 (배우자에 대한) 딴마음. 3 (사람 또는 직장에 대한) 딴마음. 이심(異心). 4 옛 (신하가 국가에 대한) 배심(背心). 외심. 딴마음. 5(數) 외심(外心). ↔内心

【外星人】 wàixīngrén 몡 외계인.

【外形】 wàixíng 몡 외형. 뇌외모(外貌).

【外姓】 wàixìng 몡 1 타성(他姓). 이성(異姓). 다른 성. 2 성이 다른 사람.

【外姓人】 wàixìngrén 몡 성이 다른 사람.

【外修】 wàixiū 통 출장 수리하다.

【外需】 wàixū 몡 1 외수(外需). 국외 시장의 수요. 2 홍콩·마카오·대만 시장의 수요. ↔内需

【外延】 wàiyán 몡 담비.

【外延】 wàiyán 몡(論) 외연. ↔内涵

【外沿】 wàiyán 몡 가장자리.

【外焰】 wàiyàn 몡 외염(外焰). 겉불꽃. 산화염(酸化焰). =【氧化焰】yǎnghuàyàn

【外扬】 wàiyáng 통 밖으로 소문내다〔퍼뜨리다〕. ¶家丑不可~。=집안 허물을 밖으로 퍼뜨려서는 안 된다.

【外洋】 wàiyáng 몡 1옛 외국. 2옛 외국 화폐. 3 원양(遠洋).

【外衣】 wàiyī 몡 1 겉옷. 재킷. 코트. 2 비 탈. 허울. 외피. ¶披着慈善的~谋求私利。=자선의 탈을 덮어쓰고 사리사욕을 꾀한다. ↔内衣

【外溢】 wàiyì 통 1 밖으로 넘치다. ¶汽油~容易引发火灾。=자동차 가솔린이 넘치면 화재가 일어나기 쉽다. 2 비 (재산 등이) 외부로[외국으로] 유출되다. ¶资金~=자금이 외부[외국]로 유출되다.

【外因】 wàiyīn 몡(哲) 외인(外因). 외부의 요인. 외적 요인[원인]. ↔内因

【外阴】 wàiyīn 몡(生) 외음부. 음문(陰門).

【外引】 wàiyǐn 통 (자금·기술·설비·인재 등을) 외국에서 끌어[들여]오다. ¶~技术=기술을 외국에서 들여오다.

【外用】 wàiyòng 통(醫) 외용하다. ['内服(내복하다)'와 구별됨] ¶~药=외용약.

【外语】 wàiyǔ 몡 외국어.

【外语角】 wàiyǔjiǎo 몡 외국어 방[마당·코너]. [외국어 동호인들이 외국어 학습을 위해 자발적으로 형성한 공공 장소]

【外域】 wàiyù 몡(문) 외국.

【外遇】 wàiyù 몡 부부 이외의 남녀 관계. 정부(情夫). 정부(情婦).

【外圆】 wàiyuán 몡 바깥 원[둘레·테두리].

【外圆内方】 wàiyuán-nèifāng 솅 1 겉은 둥글지만 속은 네모지다. 2 비 겉으로는 부드러우나 속으로는 아주 엄격하다.

【外援】 wàiyuán 몡 1 외국[외부]의 원조[도움]. 2 (운동 팀의) 외국 선수. 용병.

【外院】 wàiyuàn 몡 1 (대문에 가까운) 바깥 뜰. 2 다른 대학. 다른 병원.

【外运】 wàiyùn 통 외국으로[외지로] 운송하다[운반하다]. ¶出口产品陆续~。=수출품을 계속해서 외지로 운송한다.

【外在】 wàizài 혱 외재적인. 외재하는. ¶~力量=외재적인 역량. 2 외적인. 외형의. ¶~的美=외적인 아름다움. ↔内在

【外债】 wàizhài 몡 1 외채. 차관. 2 (개인이나 기관이 남이나 외부 기관으로부터 빌린) 빚. 부채. ↔内债

【外长】 wàizhǎng 몡(문) 外交部长(외교부 장관).

【外罩】 wàizhào 통 덮어 씌우다. 걸치다. ¶~一件夹克=재킷을 걸치다. 몡(~儿) 1 (홑겹) 덧옷. 겉옷. 2 커버. ¶洗衣机~=세탁기 커버.

【外症】 wàizhèng 몡(醫) 외증(外症).

【外植】 wàizhí 통 (세포·조직·기관 등을) 외부 배양하다.

【外治】 wàizhì 통(醫) 외치(外治)하다. 외부 치료하다. ¶内病~=내과적 병을 외부적으로 치료하다.

【外痔】**wàizhì** 〖醫〗외치(外痔). 수치질.
【外传】**wàizhuàn** 〖명〗 **1** 외전. [전기(傳記)의 일종] **2** 외전. [많은 사례를 들고, 경서의 뜻을 알기 쉽게 해석한 것] ¶《春秋～》=《춘추외전》. ☞ **wàichuán**
【外资】**wàizī** 〖명〗 외자. ¶引进～ = 외자를 유치하다. ↔内资
【外资企业】**wàizī qǐyè** ☞【外商投资企业】**wàishāng tóuzī qǐyè**
【外资银行】**wàizī yínháng** 〖명〗 외자 은행.
【外子】**wàizǐ** 〖명〗〖문〗 바깥양반. 바깥주인. 제 남편. [아내가 남에게 자신의 남편을 일컫는 말]
【外族】**wàizú** 〖명〗 **1** 다른 가족. **2** 외족. 다른 민족. 타 민족. 이민족. **3** 타국인. 외국인.
【外祖父】**wàizǔfù** 〖명〗 외조부. 외할아버지.
【外祖母】**wàizǔmǔ** 〖명〗 외조모. 외할머니.

## wan

**\*\*弯[彎]** **wān** 굽을 만
〖형〗굽다. 구불구불하다. 꼬불꼬불하다. 구부러져 있다. ¶～～的山路 = 구불구불한 산길. 〖동〗 **1** 구부리다. 굽히다. 휘다. ¶～腰捡东西. = 허리를 구부려서 물건을 줍다. **2**〖문〗(활시위를) 당기다. 〖명〗(～儿) 굽이. 굽어진 곳. 모퉁이. ¶绕～儿 = 모퉁이를 돌다. / 曲里拐～儿的 = 구불구불하다. 〖양〗 굽은 모양으로 된 것을 세는 단위. ¶一～新月 = 초승달 하나. ≒曲 ↔直

○● 拐**guǎi**弯, 急弯, 遛**liù**弯儿, 绕**rào**弯儿, 绕弯子

【弯刀】**wāndāo** 〖명〗 곡도(曲刀). 칼몸이 굽은 칼.
【弯道】**wāndào** 〖명〗 **1** 굽은 길. **2** (트랙의) 커브. 코너. **3** 물굽이.
【弯度】**wāndù** 〖명〗 굴곡도(屈曲度). 물체의 굽은 정도.
【弯弓】**wāngōng** 〖동〗〖문〗 활시위를 당기다. ¶～射箭 = 활시위를 당겨 화살을 쏘다.
【弯管】**wānguǎn** 〖명〗 굽은 관〔파이프〕.
【弯路】**wānlù** 〖명〗 **1** 굽은 길. 우회로. **2**〖비〗 (일·학습·생활 중의) 굴곡. 우여곡절.
【弯扭】**wānniǔ** 〖형〗 꼬불꼬불하다. 구불구불하다. ¶狭窄～的小巷 = 좁고 꼬불꼬불한 골목.
【弯曲】**wānqū** 〖형〗 만곡(彎曲)하다. 꼬불꼬불하다. 구불구불하다. ¶山路～ = 산길이 꼬불꼬불하다. 〖동〗 구부리다. 휘다. ¶把管子～成U形. = 관을 U자형으로 구부리다. ≒曲折 踡曲 ↔笔直
【弯儿】**wānr** ☞【弯子】**wān·zi**
【弯头】**wāntóu** 〖명〗 곡관(曲管). 엘보(elbow). 벤드(bend).
【弯弯拐拐】**wān·wan guǎiguǎi**(～的) 〖형〗 (도로나 하천 등이) 구불구불하다. 꼬불꼬불하다. ¶～的山溪 = 구불구불한 계곡. 〖비〗 괴상한 생각〔꾀〕. ¶他脑子里尽是一些～. = 그의 머릿속에는 온통 괴상한 생각으로 가득 차 있다.

【弯弯扭扭】**wān·wan niǔniǔ**(～的)〖형〗구불구불하다. 꼬불꼬불하다. ¶小溪～地从山谷穿流而过. = 시냇물이 구불구불 골짜기에서부터 흘러내려간다.
【弯弯曲曲】**wān·wan qūqū**(～的)〖형〗구불구불하다. 꼬불꼬불하다. ¶～的羊肠小道 = 꼬불꼬불한 오솔길.
【弯弯绕】**wānwānrào**〖동〗에둘러 말하다. 빙빙 돌려서 말하다. ¶有话直说, 别～. = 할 말이 있으면 솔직히 말해라, 빙빙 돌리지 말고. 〖명〗말을 빙빙 돌리며 잔꾀를 부리기 좋아하는 사람. ¶他这个人一贯是个～. =저 사람은 언제나 말을 빙빙 돌리며 잔꾀를 부리는 사람이다.
【弯腰】**wānyāo**〖동〗허리를 굽히다. ¶～鞠躬 = (서서) 허리를 굽혀 절하다.
【弯腰曲背】**wānyāo-qūbèi**〖성〗(나이가 들어) 허리가 꼬부라지다.
【弯月】**wānyuè**〖명〗초승달.
【弯子】**wān·zi**〖명〗 **1** 굽이. 굽어진 곳. 모퉁이. =【弯儿】**wānr** ¶公路～多, 汽车跑不快. = 도로에 구부러진 곳이 많아 자동차가 빨리 달리지 못한다. **2**〖비〗우회적인 말이나 행위. ¶有话直说, 不要绕～. = 할 말이 있으면 빙빙 돌리지 말고 솔직하게 말해라.

**剜** **wān** 도려 낼 완
〖동〗(칼·삽 등으로) 도려 내다. 파(내)다. 후비다. 후벼 내다. 깎아 내다. 갉아 내다. ¶～野菜 = 들나물을 도려 내다.
【剜肉补疮】**wānròu-bǔchuāng** ☞【剜肉医疮】**wānròu-yīchuāng**
【剜肉医疮】**wānròu-yīchuāng**〖성〗 **1** 살을 도려 내어 상처에 붙이다. **2**〖비〗뒷일은 생각하지 않고 유해한 수단으로 발등의 불을 끄기에만 급급하다. =【剜肉补疮】**wānròu-bǔchuāng**【挖肉补疮】**wāròu-bǔchuāng**
【剜眼剥皮】**wānyǎn-bāopí**〖성〗눈을 도려 내고 가죽을 벗기다. 잔학무도〔잔인무도〕하다.

**碗** **wān** 자투리 완
【碗子】**wān·zi**〖명〗〖비〗 **1** (옷을 재단하고 남은) 큰 천 조각. **2** (중국식 옷을 재단할 때) 겨드랑이를 도려 내고 남은 천.

**塆[壪]** **wān** 산골 평지 만
〖명〗산골짜기의 조그만 평지. [주로 지명에 쓰임]

**\*\*湾[灣]** **wān** 물굽이 만
〖명〗 **1** 물굽이. ¶河～ = 강의 물굽이. **2** 만(灣). ¶港～ = 항만. 〖동〗〖구〗배를 정박시키다. ¶把船～在对岸. = 배를 맞은편 기슭에 정박시키다.

○● 海湾

【湾泊】**wānbó** 〖동〗 정박(碇泊)하다. 멈추다. ¶几艘客轮～在码头. = 여객선 몇 척이 부두에 정박하고 있다.
【湾船】**wānchuán** 〖동〗〖구〗정박(碇泊)하다.

## 蜿 wān 꿈틀거릴 완

【蜿蜒】wānyán 형 1 (뱀 등이) 꿈틀꿈틀 기어 가는 모양. ¶~蛇行=꿈틀꿈틀 기어가다. 2 (산 맥·하천·도로 등이) 구불구불 이어져 있다. ¶河流~向前。=하천이 구불구불 흘러간다.

## 豌 wān 완두 완
아래를 참조.

【豌豆】wāndòu 명(植) 완두.

【豌豆黄】wāndòuhuáng 명 완두떡. [베이징 (北京)의 전통 간식거리. 완두를 푹 삶아 잘게 간 다음 물을 빼고 설탕 등을 넣어 찐 것]

## 丸 wán 알 환

명 1 (~儿) 작고 둥근 물건. 알. 알 갱이. 환(丸). ¶鱼~=둥근 어묵. /泥~=진흙 알갱이. 2 환약. 알 약. ¶定心~=진정환. 3 (Wán) 성(姓). 양 알. 환. [환약을 세는 단위] ¶一天吃三次，一次吃三~。=하루에 세 번, 한 번에 세 알을 먹는다.

○● 睾gāo丸，雷丸，药丸

【丸剂】wánjì 명(醫) 환약(丸藥). 알약.

【丸散膏丹】wán-sǎn-gāo-dān 명(醫) (환약·가루약 등) 중의약의 총칭.

【丸药】wányào 명(醫) 환약. 알약.

【丸子】wán·zi 명 1 (요리의) 완자. 2 환약. 알약. ¶药~=알약.

## 刓 wán 깎을 완

동 1 문 (모서리를) 깎다. ¶~方以为圆。=네모 난 것을 깎아서 둥글게 만들다. 2 (칼로) 도려 내 다. 에다. 파(내)다. 후비다. 후벼 내다. 깎아 내 다. 갉아 내다. 새기다. 조각하다.

【刓方为圆】wánfāng-wéiyuán 성 1 네모난 것을 깎아 둥글게 만들다. 2 문 곧이곧대로 하는 사람(고지식한 사람)을 원만한 사람으로 바꾸다.

## 芄 wán 박주가리 환

【芄兰】wánlán 명(植) 박주가리.

## 汍 wán 눈물 흐를 환

【汍澜】wánlán 형 눈물을 줄줄 흘리며 우는 모양.

## 纨[紈] wán 흰 비단 환
명문 희고 고운 비단.

【纨绔】[纨袴] wánkù 명문 1 (귀족의 자식이 입는) 고운 비단 바지. 2 (부잣집 자식이 입는) 화려한 옷. 3 귀족의 자식. 부잣집 자식. ¶~习气=귀족의 (나쁜) 습성.

【纨绔子弟】wánkù-zǐdì 성명 빈둥거리는 부잣집(귀족)의 자식.

【纨裤】wánkù ⇨ 【纨绔】wánkù

【纨扇】wánshàn 명 고운 비단으로 만든 부채.

【纨素】wánsù 명문 희고 고운 비단.

## 抏 wán 꺾을 완
동 (기세를) 꺾다. 좌절시키다. 소모시키다.

## 完 wán 완전할 완

형 1 완전하다. 완벽하다. 온전하다. ¶体无~肤=몸이 온통 상처투성이이다. 2 다 소모하다. 다하다. 없어지다. 다 떨어지다. ¶米吃~了。=쌀을 다 먹었다. 동 1 완성하다. (예정대로) 끝내다. 완수하다. ¶限期~工=기한 내에 완공하다. 2 마치다. 끝나다. 완결되다. ¶电影放~了。=영화 상영이 끝났다. 3 실패하다. 망하다. 끝장나다. ¶生意这回全~了。=장사가 이번에 완전히 끝장났다. 4 (세금 등을) 납부하다. ¶按时~税=기일에 맞추어 세금을 납부하다. 명 (Wán) 성 (姓). ⇨备

○ 完 wán
烷
脘 wǎn
皖 huàn
浣 huàn
莞 guān
院 yuàn
垸 yuàn

○● 玩儿完

【完败】wánbài 동 완패하다. ¶他们的实力明显不及对手，最后以0比3~。=그들의 실력은 상대보다 현저하게 떨어져서 결국 0 대 3으로 완패하였다.

【完备】wánbèi 형 완비되어 있다. 모두 갖추다. 완전하다. ¶手续~=수속을 모두 마치다. ⇨齐备 齐全 ↔欠缺

【完毕】wánbì 동 끝내다. 마치다. 종료하다. 완결하다. ¶审查~=심사를 끝내다. ⇨完结 完了 结束 就绪

【完璧归赵】wánbì-guīZhào 성 빌려 온 원래의 물건을 온전하게 주인에게 되돌려주다. [《사기·염파인상여열전(史記·廉頗藺相如列傳)》에서, 인상여(藺相如)가 화씨벽(和氏璧)을 온전하게 진(秦)나라로부터 조(趙)나라로 돌려보낸 고사에서 유래함]

【完成】wán‖chéng 동 완성하다. (예정대로) 끝내다. 완수하다. ¶~任务=임무를 완수하다.

【完蛋】wán‖dàn 동구 끝장나다. 망하다. 결딴나다. 거덜나다. ¶彻底~=철저히 결딴나다.

【完肤】wánfū 명 1 상처가 없는 피부. 온전한 피부. ¶体无~=몸에 성한 데가 없다. 상처투성이이다. 2 문 완전무결한 사물.

【完稿】wán‖gǎo 동 탈고하다. 원고를 다 쓰다. ¶小说将于近期~。=소설은 머지않아 탈고될 것이다. ⇨脱稿

【完工】wán‖gōng 동 완공하다. 공사를 끝마치다. 일을 마치다. ¶如期~=기일대로 공사를 끝마치다.

【完好】wánhǎo 형 완정(完整)하다. 온전하다. 완전하다. 완전무결하다. 완벽하다. 성하다. 완전히 갖추어져 있다. 나무랄 데가 없다. ¶~无缺=완전무결하다. ↔残缺 破损

【完婚】wán‖hūn 동 1 남자가 결혼하다. 아내를 얻다. 2 결혼하다.

【完结】wánjié 动 끝내다. 마치다. 종결하다. 완결되다. ¶调查工作已经~。=조사 작업을 이미 마쳤다. ≒完毕 完了 结束

【完尽】wánjìn 형 하나도 남지 않다. ¶燃烧~。=하나도 남지 않고 다 타 버리다.

【完具】wánjù 동문 완비하다. 완전히 갖추다. ¶首尾~=처음부터 끝까지 다 갖추어져 있다.

【完聚】wánjù 동문 한자리에 모이다. 한데 모이다. ¶合家~=온 가족이 한데 모이다.

【完卷】wánjuàn 동 1 시험 답안을 완성하다. ¶提前~=앞당겨 시험 답안을 완성하다. 2 비 임무를 완수하다. ¶施工还没~。=시공은 아직 끝나지 않았다.

【完竣】wánjùn 동 (공사 등을) 완공하다. 준공하다. 끝마치다. 완성하다. 끝내다. 마치다. 종료하다. 완결하다. ¶体育馆将于年底~。=체육관은 연말에 완공된다.

【完粮】wánliáng 동 공출미[현물세]를 납부하다. 현물로 조세를 완납하다.

【完了】wánliǎo 동 1 (일을) 끝내다. 끝마치다. 종결하다. 완결하다. ¶作业做~。=숙제를 다 했다. 2 끝장나다. 끝나다. 결딴나다. 망하다. ¶~,这次是在劫难逃了。=끝장났다, 이번에는 빠져 나가기가 어렵겠다. ≒完结 完毕 结束

【完满】wánmǎn 형 원만하다. 원활하다. 완벽하다. 훌륭하다. ¶问题得到~解决。=문제는 원만히 해결되었다. ≒圆满

【完美】wánměi 형 완미하다. 매우 훌륭하다. 완전하여 흠잡을 데가 없다. 완전무결하다. ¶力求~=힘껏 완전무결을 추구하다.

【完美无缺】wánměi-wúquē 성 완전무결하다. 전혀 흠잡을 데가 없다.

【完全】wánquán 형 완전하다. 온전하다. 완벽하다. 완전무결하다. 성하다. 완전히 갖추어져 있다. ¶四肢~=사지가 온전하다. 부 완전히. 전적으로, 전혀. 아주. 참으로. 절대로. 전연. 전부. ¶两人性格~不同。=두 사람은 성격이 완전히 다르다. ≒完整 全部 全副

【完全小学】wánquán xiǎoxué 명(教) (1~6학년까지 개설된) 6년제 초등 학교. 준【完小】wánxiǎo

【完全中学】wánquán zhōngxué 명(教) (중학교·고등 학교 과정이 함께 개설되어 있는) 6년제 중등 학교.

【完人】wánrén 명 (결점이 없는) 완벽한 사람. ¶金无足赤,人无~。=황금 가운데 순금은 없고, 사람 가운데 완벽한 사람은 없다.

【完善】wánshàn 형 완선하다. 완벽하다. 완전하다. 나무랄 데가 없다. 흠잡을 데가 없다. 완전히 갖추어져 있다. ¶设施~=설비가 완전히 갖추어져 있다. 동 완벽하게[완전히] 하다. ¶~知识结构=지식 구조를 완벽하게 하다.

【完胜】wánshèng 동 완승하다. 대승하다. ¶主队以3比0~客队。=홈팀이 원정팀을 3 대 0으로 완승하였다.

【完事】wán∥shì 동 일을 끝내다[마치다·매듭짓다]. 일이 끝나다[결말이 나다]. ¶文章写到半夜才~。=한밤중이 되어서야 글쓰기를 끝냈다.

【完事大吉】wánshì dàjí 성 1 (마침내) 일을 끝마치다. 일에서 해방되다. 2 비 (일이 잘못되어) 땡치다. [해학적인 의미를 내포함]

【完熟】wánshú 동 (곡물이) 완숙하다. 완전히 익다.

【完熟期】wánshúqī 명 완숙기. (곡물이) 완전히 익는 시기.

【完税】wán∥shuì 동 세금을 납부하다.

【完完全全】wán·wan quánquán(~的) 형 완전하다. 온전하다. 완벽하다. 완전무결하다. 성하다. 완전히 갖추어져 있다. ¶桌椅都~的。=탁자와 의자가 모두 갖추어져 있다. 부 완전히. 전적으로. 전혀. 전부. ¶他和这件事~没有关系。=그는 이 일과 전혀 관계가 없다.

【完完整整】wán·wan zhěngzhěng(~的) 형 완정하다. 온전하다. 완벽하다. 완전무결하다. 성하다. 완전히 갖추어져 있다. 나무랄 데가 없다. ¶一套~的餐具=완전히 갖추어진 주방 용구 한 세트.

【完小】wánxiǎo ☞【完全小学】wánquán xiǎoxué

【完整】wánzhěng 형 완정하다. 온전하다. 완전하다. 완전무결하다. 완벽하다. 성하다. 완전히 갖추어져 있다. 나무랄 데가 없다. ¶作者多年前的手稿已经不~了。=작가의 몇 년 전 수기〔친필〕 원고는 벌써 온전하지 못한 상태이다. ≒完全 ↔残缺 破碎

**玩¹** [(翫)] wán 감상할 완

동 1 (손에) 가지고 놀다. 장난하다. ¶把~古董=골동품을 손에 가지고 놀다. 2 구경하다. 관상(觀賞)하다. 감상하다. 완상(玩賞)하다. 보며 즐기다. ¶游山~水=산수 풍경을 감상하다. 3 직접 체득하다〔음미하다〕. 직접 느끼다〔맛보다〕. 깊이 연구하다. ¶反复~~=반복하여 음미하다. 4 업신여기다. 하찮게 여기다. 깔보다. 얕보다. 경시하다. ¶不要总是摆着一副~世不恭的样子。=늘 세상 모든 것을 하찮게 여기는 표정을 짓지 마라. 명 감상품. ¶古~=골동품.

**玩²** wán 놀 완

동 1 가지고 놀다. 농락하다. 희롱하다. (부당한 방법이나 수단을) 쓰다. 사용하다. 부리다. 피우다. 2 놀다. 놀이하다. ¶我们今天去公园~儿。=우리 오늘 공원에 가서 좀 놀자. 3 (체육 활동을) 하다. ¶~儿麻将=마작을 하다. ≒戏

○● 把玩, 好玩儿, 清玩, 赏玩, 文玩, 珍zhēn玩

【玩把戏】wán bǎxì 숙 1 (길거리 등에서) 마술·묘기 따위를 부리다. 2 비 수작을 부리다. 속임수를 쓰다. 술책을 부리다.

【玩忽】wánhū 동 홀시(忽視)하다. 소홀히 하다. 경시하다. ¶~懈怠=소홀히 하고 태만하다.

【玩忽职守】wánhū-zhíshǒu 성 (공무원 등이) 직무를 소홀히 하다. ↔忠于职守 以身殉职

【玩忽职守罪】wánhū zhíshǒu zuì 명(法)

(공무원 등의) 직무유기죄.
【玩花样】**wán huāyàng** [닷] 잔꾀를 부리다. 꿍꿍이수작을 부리다. 잔재주를 부리다. 잔머리를 굴리다. ¶你又在玩什么花样, 快做作业。=너 또 무슨 잔꾀를 부리려는 게냐, 얼른 숙제나 해.
【玩花招】**wán huāzhāo**(~儿) [닷] 속임수를 쓰다. 수작을 부리다. 교활한 계략을 쓰다. 술책을 꾸미다. 잔꾀를 부리다. 술수를 쓰다. ¶老实交代问题, 不要~儿。=수작 부리지 말고 솔직하게 진상을 고백해라.
【玩话】**wánhuà** [명] 농담. 우스갯소리.
【玩火】**wánhuǒ** [동][비] 불장난하다. 위험한 짓을 하다. ¶~者最终不会有好下场。=위험한 짓을 하는 자는 결국 좋은 결말을 보지 못할 것이다.
【玩火自焚】**wánhuǒ-zìfén** [성] **1** 제가 지른 불에 제가 타 죽다. **2** [비] 자업자득하다. 자승자박하다. ≒作法自毙
【玩具】**wánjù** [명] 장난감. 완구. ¶电动~=전동 완구.
【玩乐】**wánlè** [동] 즐기다. (흥겹게) 놀다. 장난치다. ¶尽情~=마음껏 놀다.
【玩弄】**wánnòng** [동] **1** 가지고 놀다. 만지작거리다. 장난치다. ¶~手机=휴대폰을 가지고 놀다. **2** 희롱하다. 우롱하다. 놀리다. ¶~感情=감정을 희롱하다. **3** (수단을) 부리다. 쓰다. 피우다. ¶~权术=권모술수를 쓰다. **4** 뽐내다. 자랑하다. 으스대다. 과시하다. 뻐기다. ¶本文有点儿~成语典故的意味。=이 글은 좀 성어와 전고(典故)를 뽐낸 느낌이 든다.
【玩偶】**wán'ǒu** [명] 장난감 인형.
【玩器】**wánqì** [명] (골동품·진품(珍品) 등의) 완상품(玩賞品). 감상품. ¶古董~=골동품.
【玩巧】**wánqiǎo** [동] 기교·솜씨·속임수 등을 부리다. ¶老实人哪会~。=착실한 사람이 어떻게 남을 속이는 짓을 하겠는가?
【玩儿不得】**wánr·bu·de** [동] 장난〔재미〕삼아 해서는 안 된다. 경시해서는 안 된다. ¶感情游戏~。=애정 문제는 장난삼아 해서는 안 된다.
【玩儿不转】**wánr·buzhuàn** [동] 처리할 수 없다. 해낼 수 없다. 대응〔대처·관리·통제·컨트롤〕할 수 없다. ¶他也太差劲了, 这么点小事都~。=그도 참 형편 없구나, 이런 조그만 일도 처리하지 못하다니.
【玩儿得转】**wánr·dezhuàn** [동] 처리할 수 있다. 해낼 수 있다. 방법이 있다. 대응〔대처·관리·통제·컨트롤〕할 수 있다. ¶你放心, 事情再难办他也~。=걱정하지 마세요, 일이 아무리 어려워도 그는 해낼 수 있으니까요.
【玩儿法】**wánrfǎ** [명] 게임〔놀이〕의 규칙과 방법. ¶~独特=놀이 방법이 독특하다. [동] 법을 얕보다〔경시하다·깔보다·우습게 알다〕. ¶~者必将受到法律的制裁。=법을 경시하는 자는 반드시 법률의 제재를 받게 될 것이다.
【玩儿命】**wánrmìng** [동] **1** [구] 목숨을 내놓다. 목숨을 담보로 하다. 무모하게 덤비다. 미친 짓을 하다. 생명을 가볍게 여기다. [해학적인 의미를 내포함] ¶酒后开车, 等于~。=음주 운전은 목숨을 내놓는 것이나 마찬가지이다. **2** 온 힘을 다하다. 필사적으로 하다. ¶~地研究=필사적으로 연구하다.
【玩儿票】**wánr‖piào** [동] 취미삼아 연극을 하다. ¶他不是专业演员, 只是~的。=그는 직업 배우가 아니라 그저 취미삼아 하는 것이다.
【玩儿深沉】**wánrshēnchén** [닷] (잘난 척하고) 무게를 잡다.
【玩儿完】**wánrwán** [동][구] 끝장나다. 와해되다. 파산하다. 몰락하다. 거덜나다. 망하다. 잡치다. 못 쓰게 되다. 망치다. 죽다. [해학적인 의미를 내포함]
【玩赏】**wánshǎng** [동] 완상하다. 감상하다. 관상하다. 보고 즐기다. ¶~奇花异草=기이한 화초를 감상하다.
【玩世不恭】**wánshì-bùgōng** [성] 세상을 하찮게 대하다. 세상을 우습게 알다. 세상을 백안시하다. 냉소적으로 세상을 대하다.
【玩耍】**wánshuǎ** [동] 놀다. 장난치다. ¶孩子们在院子里~。=아이들이 마당에서 놀고 있다. ≒戏耍
【玩索】**wánsuǒ** [동] 음미하다. 깊이 새겨보다. 곰곰이 생각하다. 되새기다. 곱씹다. ¶潜心~=몰두하여 곰곰이 생각하다.
【玩童】**wántóng** [명] 개구쟁이. 장난꾸러기.
【玩味】**wánwèi** [동] 완미하다. 깊이 새겨보다. 음미하다. 곰곰이 생각하다. ¶这句话耐人~。=이 말은 깊이 새겨볼 만하다. ≒体味
【玩物】**wánwù** [명] 노리개. 노리갯감. 장난감. 완구. 감상품.
【玩物丧志】**wánwù-sàngzhì** [성] 좋아하는 것에 정신이 팔려 진취적인 마음을 잃어버리다. 신선놀음에 도끼자루 썩는 줄 모른다.
【玩笑】**wánxiào** [동] 농담하다. 농지거리하다. ¶和姐妹们~了一阵。=자매들과 한바탕 농담을 하다. [명] 농담. 장난. 익살. 농지거리. ¶开~=농담하다.
【玩心】**wánxīn** [명] 놀려고만 하는 마음. ¶~太重=놀려고만 하는 마음이 너무 강하다.
【玩兴】**wánxìng** [명] 놀이의 재미〔흥취〕. ¶~正浓=놀이의 흥취가 막 무르익다.
【玩艺儿】**wányìr** ☞【玩意儿】**wányìr**
【玩意儿】[玩艺儿] **wányìr** [명][구] **1** 완구. 장난감. 완상품. 감상품. ¶书桌上摆着一些小~。=책상 위에는 작은 장난감들이 놓여 있다. **2** 설창 문예. 곡예. 묘기. 기예(技藝). 놀이. **3** 물건. 사물. ¶你这买的什么~? =네가 산 이것은 무엇이니? **4** (어떤) 사람. 사물. [경시·멸시의 의미를 내포함] ¶他算什么~, 哪有他说话的份儿。=지가 뭔데, 지가 어디 말할 자격이 있단 말이야? / 这个破~要它有什么用, 丢了算了。=이런 쓰레기 같은 물건을 어디에 쓰려고, 버리고 말아라.
【玩硬】**wányìng** [동][구] 강경한 수단〔강경책〕을 쓰다. 심하게 대하다〔다루다〕. ¶别以为我不敢跟你~的? =내가 너를 혼내지 못할 것 같아?
【玩主儿】**wánzhǔr** [명] 애호가. 아마추어. 비전문가. 호사가.

**wán** 玩顽烷宛

【玩嘴巴】**wán zuǐ·ba** (貶) 입을〔주둥이를〕놀리다. 입을 까다. 말재주를 부리다. 입심을 발휘하다. 입담을 늘어놓다. ¶光~解决不了什么问题。=입만 놀려서는 문제를 해결할 수 없다.

**顽[頑] wán** 완고할 완

(形) **1** 둔재의. 온전한. ¶他的话有~石点头的效果。=그의 말에는 돌멩이도 고개를 끄덕일 만한 설득력이 있다. **2** 미련하다. 어리석다. 우둔하다. ¶冥~不灵=어리석고 둔하다. **3** 짓궂다. 장난이 심하다. ¶这个~童,秉性~劣。=이 장난꾸러기는 천성적으로 짓궂다. **4** 고집이 세다. 완고하다. ¶~症难医=고질병은 고치기 어렵다. **5** 완강하다. 강경하다. ¶负隅~抗=험준한 지형에 의지하여 완강하게 저항하다. **6** '玩(wán)'과 같음.

○▶ 刁 diāo 顽, 愚 yú 顽

【顽痴】**wánchī** (形) 완고하고 우둔하다.
【顽敌】**wándí** (名) 완강한 적.
【顽钝】**wándùn** (形)(文) **1** 우둔하다. 미련하다. 어리석다. **2** 지조〔기개·절조·절개〕가 없다. **3** 무디다. 날카롭지 않다.
【顽匪】**wánfěi** (名) 드센 강도.
【顽梗】**wángěng** (形)(文) (매우) 완고하다. 고집스럽다. ¶~不化=고집불통이다.
【顽固】**wángù** (形) **1** 보수적이다. 수구적이다. ¶~守旧=보수적이다. **2** 고질적이다. 견고하다. ¶这种病很~,不易根治。=이 병은 매우 고질적이어서 근본적으로 치료하기는 어렵다. **3** 완고하다. 고집스럽다. ¶~分子=고집쟁이. (名) 고집쟁이. 고집통(이). 옹고집. 벽창호. ¶老~=벽창호. ≒固执↔开通 开明
【顽固不化】**wángù-búhuà** (成) 고집불통이다. 매우 완고하다.
【顽固派】**wángùpài** (名) **1** 완고한 사람. 고집쟁이. **2** 보수주의자.
【顽疾】**wánjí** ☞【顽症】**wánzhèng**
【顽健】**wánjiàn** (形)(謙) (자신을 낮추어) 건강하다. [주로 편지에 쓰임]
【顽抗】**wánkàng** (動) 완강하게 저항하다. 집요하게 반항하다. ¶凭险~=험한 지대에 의거하여 완강하게 저항하다.
【顽廉懦立】**wánlián-nuòlì** (成) **1** 탐욕스러운 사람이 청렴해지고, 유약한 사람이 자립할 수 있게 되다. **2**(轉) 감화력이 아주 크다.
【顽劣】**wánliè** (形) **1** 장난이 심하다. 짓궂다. 고집이 세다. ¶生性~=천성적으로 고집이 세다. **2** 완고하고 악질적이다. ¶态度~=태도가 완고하고 악질적이다.
【顽陋】**wánlòu** (形) 우둔하고 비천하다. ¶~之人=완고하고 비천한 사람.
【顽民】**wánmín** (名) **1** 새 왕조에 복종하지 않는 사람. 전 왕조에 여전히 충성하는 사람. **2** 말을 잘 듣지〔따르지〕 않는 사람. 불복하는 사람.
【顽驽】**wánnú** (形)(文) 어리석고 무능한 사람. (名)(文) 어리석고 무능한 사람.

【顽皮】**wánpí** (形) (아이가) 장난이 심하다. 말을 듣지 않다. 개구쟁이이다. 말썽꾸러기이다. ¶孩子~得很,谁也管不住。=아이가 너무 장난이 심해서 누구도 말릴 수가 없다. ≒调皮 淘气
【顽强】**wánqiáng** (形) 완강하다. 억세다. 드세다. 강경하다. ¶~拼搏=완강하게 끝까지 맞서 싸우다. ≒坚强
【顽石】**wánshí** (名) **1** (가공하지 않은) 돌 (멩이). 잡석(雜石). **2**(轉) (완고한) 나쁜 사람.
【顽石点头】**wánshí-diǎntóu** (成) **1** 돌멩이도 고개를 끄덕이다. [진(晉)나라 무명씨의 《연사고현전(蓮社高賢傳)》에서, 도생(道生) 스님이 돌에게 설법을 하자 돌이 고개를 끄덕였다는 고사에서 유래함] **2**(轉) 이치가 분명하여 설득력(감화력)이 있다.
【顽童】**wántóng** (名) 개구쟁이. 장난꾸러기.
【顽习】**wánxí** (名) 고질적인 악습.
【顽凶】**wánxiōng** (名) 회개할 줄 모르는 나쁜 사람〔악인〕.
【顽癣】**wánxuǎn** (名)(醫) (무좀·마른짐처럼 낫기 힘든) 만성 피부염.
【顽艳】**wányàn** (形)(文) 우둔한〔어리석은〕 사람과 총명한 사람.
【顽愚】**wányú** (形) 완고하고 우둔하다.
【顽症】**wánzhèng** (名) **1**(醫) 고질병. 난치병. **2**(轉) 고질적인 사회 문제. =【顽疾】**wánjí**

**烷 wán** 탄화수소 완

(名)(化) 알칸(alkane). 메탄계 탄화수소.

○▶ 丁 dīng 烷, 甲烷, 乙 yǐ 烷

【烷烃】**wántīng** (名)(化) 알칸(alkane). 메탄계 탄화수소. =【石蜡烃】**shílàtīng**

**宛 wǎn** 굽을 완

(形)(文) 굽다. 구부려져 있다. 구부정하다. 구불구불하다. 꼬불꼬불하다. ¶~转于京津一带。=베이징 (北京)과 톈진(天津) 일대를 전전하다. (副) 마치. 흡사. 꼭. 완연히. ¶音容~在=꼭 살아 있는 듯하다〔선하다〕. (名) (Wǎn) 성(姓).

| ○ 宛 wǎn | 蜿 wān |
|---|---|
| 碗 wǎn | 琓 wǎn |
| 腕 wàn | 剜 wān |
| 婉 wǎn | 睕 wǎn |
| 豌 wān | 菀 wǎn |
| 惋 wǎn | |

【宛妙】**wǎnmiào** ☞【婉妙】**wǎnmiào**
【宛然】**wǎnrán** (副)(文) 완연히. 마치. 흡사. ¶旧日情形还~在目。=옛 정경이 아직 눈에 완연하다〔선하다〕.
【宛如】**wǎnrú** (動) 마치〔흡사〕 …같다. ¶圆圆的月亮~玉盘挂在空中。=둥근 달이 마치 옥쟁반이 하늘에 걸려 있는 것 같다.
【宛若】**wǎnruò** (動) 마치〔흡사〕 …같다. ¶平静的湖水~一面镜子。=고요한 호수가 마치 거울과 같다.
【宛若游龙】**wǎnruò-yóulóng** (成) **1** 마치 꿈틀거리는 용처럼 구불구불하다. **2**(轉) 자태가 아름답다. ¶翩若惊鸿, ~。=놀라 날아오르는 기러

기나 승천하는 용처럼 자태가 곱고 늘씬하다.
【宛似】wǎnsì [동] 마치〔흡사〕…같다. ¶～从前＝마치 예전(으로 돌아간 것)과 같다.
【宛延】wǎnyán [형][문] 길고 구불구불한 모양. ¶道路～＝도로가 구불구불 길게 뻗어 있다.
【宛转】wǎnzhuǎn [동][문] 전전(輾轉)하다. 이리저리 돌아다니다. 엎치락뒤치락하다. 뒤척이다. ¶～于苏杭各地。＝쑤저우(苏州)와 항저우(杭州) 각지를 전전하다. [형] ☞【婉转】wǎnzhuǎn

**挽¹[(輓)] wǎn 끌 만**
[동] **1** (차나 수레를) 끌다. 견인하다. ¶～车＝수레를 끌다. **2** (죽은 사람을) 애도하다. ¶敬献～联＝경건하게 망자(亡者)를 애도하는 대련(對聯)을 바치다. [명] 만가(輓歌).

**挽² wǎn 잡아당길 만**
[동] **1** 끌다. 당기다. 잡다. ¶孩子们手～着手, 一路高歌。＝아이들이 손에 손을 잡고 길을 가는 내내 큰 소리로 노래한다. **2** (팔을 굽혀서) 걸다. 끼다. ¶她胳膊上～着个坤包出门了。＝그녀는 핸드백을 팔에 걸고 문을 나섰다. **3** 돌리다. 돌려세우다. 전변〔전환〕시키다. 만회하다. 돌이키다. ¶力～狂澜＝애써 만회하다. **4** (옷을 위로) 걷어올리다. ¶捋胳膊～袖子＝소매를 걷어올리다. **5** '绾(wǎn)'과 같음.
【挽词】wǎncí ☞【挽辞】wǎncí
【挽辞】[挽词] wǎncí [명] (죽은 사람을 애도하는) 추도사. 만장(輓章). 만사(輓詞).
【挽额】wǎn'é [명] 망령을 애도하는 편액(扁額).
【挽歌】wǎngē [명] **1** 만가(輓歌). 애도가. 장송곡. **2** [비] 멸망한 사물을 한스러워하는 말. 만가.
【挽回】wǎnhuí [동] **1** 만회하다. 돌이키다. ¶～劣势＝열세를 만회하다. **2** (이권 등을) 회수하다. 되찾다. ¶话已出口, 无法～。＝말을 이미 뱉었으니 되돌릴 수가 없다.
【挽救】wǎnjiù [동] (위험에서) 구해 내다. 구제하다. ¶～垂危病人＝목숨이 위태로운 환자를 구해 내다. ≒拯救
【挽具】wǎnjù [명] 만구(輓具). [수레를 끄는 말 등의 몸에 씌우는 기구]
【挽狂澜】wǎn kuánglán [동][비] 만회하다. 원상태로 돌이키다〔회복하다〕. ¶～于既倒。＝기울어진 대세를 다시 만회하다.
【挽力】wǎnlì [명] (가축이 수레·쟁기 따위를) 끄는 힘.
【挽联】wǎnlián [명] 만련(輓聯). 죽은 사람을 애도하는 대련(對聯).
【挽留】wǎnliú [동] (가지 말라고) 만류하다. ¶～客人＝손님이 더 머물도록 만류하다.
【挽诗】wǎnshī [명] 만시(輓詩).
【挽幛】wǎnzhàng [명] 만장(輓幛).

**莞 wǎn 빙그레 웃는 모양 완**
☞ guān, guǎn
【莞尔】wǎn'ěr [형][문] 빙그레〔씩·빙긋〕 웃는 모양. ¶～一笑＝빙그레 웃다.

**娩 wǎn 유순할 만**
☞【婉娩】wǎnwǎn
☞ miǎn

**菀 wǎn 개미취 완**
☞【紫菀】zǐwǎn
☞ yù

**晚 wǎn 늦을 만**
[명] **1** 해질녘. 황혼. ¶玫瑰色的～霞＝장밋빛 저녁 노을. **2** 저녁. ¶傍～＝저녁 무렵. **3** 밤. ¶夜～＝밤중. **4** [문] 말(末). 말기. 마지막 시기. ¶岁～＝연말. **5** [문] 황혼. 말년. 노년. ¶～节不保＝만년의 절조를 지키기 어렵다. **6** 만생(晚生). [선배에 대한 후배의 자칭으로, 주로 서신에 쓰임] ¶～顿首。＝후배가 삼가 올립니다. [형] **1** (규정된 혹은 적합한 시간보다) 늦다. ¶大器～成＝대기만성. / 快点走, 不然就～了。＝빨리 가자, 그렇지 않으면 늦겠다. **2** 나중의. 뒤의. 끝나 가는. 말(末)의. ¶～唐诗人＝만당 시인. / 癌症～期＝암 말기. **3** (세대나 순차가) 늦은. 뒤의. 뒤이은. ¶～辈不才, 有负前辈所托。＝후배가 재능이 없어서 선배들의 기대를 저버렸습니다. ≒迟 ↔早 先

O● 傍晚, 下晚儿, 夜晚, 早晚, 多早晚

【晚安】wǎn'ān [형] (밤에 하는 인사말로) 안녕히 주무세요.
【晚班】wǎnbān [명] (2교대 혹은 3교대 근무제에서의) 저녁〔야간〕 근무. ↔早班
【晚半晌儿】wǎnbànshǎngr ☞【晚半天儿】wǎnbàntiānr
【晚半天儿】wǎnbàntiānr [명][방] 황혼〔저녁〕 무렵. 땅거미질 무렵. ＝【晚半晌儿】wǎnbànshǎngr
【晚报】wǎnbào [명] 석간 신문.
【晚辈】wǎnbèi [명] 후배. 손아랫사람. ↔前辈 长辈 先辈
【晚餐】wǎncān ☞【晚饭】wǎnfàn ↔早餐
【晚场】wǎnchǎng [명] (연극·영화·운동 경기 등의) 저녁〔밤〕 공연〔경기〕. ＝【夜场】yèchǎng ↔早场 日场
【晚车】wǎnchē [명] 야간 열차〔버스〕. 밤차. 저녁차. ≒夜车 ↔早车
【晚成】wǎnchéng [동] 늦은 나이에 이루다. 늦은 나이에 성공하다. ¶大业～＝만년에 대업을 이루다.
【晚春】wǎnchūn [명] 만춘. 늦은 봄.
【晚炊】wǎnchuī [동] 저녁밥을 짓다.
【晚稻】wǎndào [명] 늦벼.
【晚点】wǎn∥diǎn [동] (차·배·비행기 등이) 규정 시간보다 늦다. 연착〔연발〕하다. ≒误点 ↔正点
【晚饭】wǎnfàn [명] 저녁밥. 저녁 식사. 만찬. ＝【晚餐】wǎncān
【晚会】wǎnhuì [명] 야회(夜會). 이브닝 파티(evening party).

【晚婚】wǎnhūn 동 만혼(晚婚)하다. 늦게 결혼하다. ¶~晚育=늦게 결혼하고 늦게 출산하다. ↔早婚

【晚间】wǎnjiān 명 저녁. 밤. ¶~新闻=저녁 뉴스.

【晚节】wǎnjié 명 1 만년의 절조(節操). ¶保持~=만년의 절조를 지키다. 2 만년(晚年). 노년(老年). 말년. 말엽. 말기. ¶~末路=말년의 말로.

【晚近】wǎnjìn 명 최근. 요새. 근년. 근세. ¶他~身体一直不好.=그는 최근에 몸이 줄곧 좋지 않다.

【晚景】wǎnjǐng 명 1 만경(晚景). 저녁 (무렵)의 경치. 2 만년[노년]의 형편〔처지〕.

【晚境】wǎnjìng 명 만년〔노년〕의 형편〔처지〕. 노경(老境). ¶~凄凉=노년이 처량하다.

【晚课】wǎnkè 명(佛) 야간 독경. 야간 수행. ¶做~=야간 독경을 하다.

【晚来】wǎnlái 동 늦게 오다. ¶货物比预定日期了三天.=화물이 예정 일자보다 3일 늦게 도착했다.

【晚了】wǎn·le 형 늦었다. ¶太~, 商店都已关门了.=너무 늦었어, 상점이 모두 이미 문을 닫았다.

【晚恋】wǎnliàn 동 늦은 나이에 연애를 하다.

【晚年】wǎnnián 명 만년(晚年). 노년(老年). 늘그막. ¶安度~=노년을 편안하게 보내다. 늑余年 余生 ↔早年

【晚娘】wǎnniáng 명〈방〉계모.

【晚期】wǎnqī 명 만기. 만년의 시기. 말기. ¶二十世纪~=20세기 말. ↔早期

【晚晴】wǎnqíng 형동 1 저녁 날씨가 맑다. 저녁 무렵에 날이 개다. 2 (비)노년에 이룬 바가 있다. 노년 생활이 넉넉하다.

【晚秋】wǎnqiū 명 1 만추(晚秋). 늦가을. 2 늦가을 작물.

【晚秋作物】wǎnqiū zuòwù 명 늦가을 작물. 〔밀·유채 등을 수확한 후 다시 심는 옥수수·고구마·콩 등의 농작물〕 ⇒【晚田】

【晚上】wǎn·shang 명 1〈氣〉저녁. 〔17시~20시〕 2 밤. 〔일몰에서부터 심야 이전까지의 시간〕 3 밤. 〔해가 진 다음부터 다음 날 여명까지의 시간〕 ↔早上 早晨

【晚生】wǎnshēng 명동존 만생(晚生). 〔후배가 선배에게 자기를 낮추어 부르는 말〕

【晚世】wǎnshì 명 근세(近世).

【晚熟】wǎnshú 형 만숙(晚熟)하다. 늦게 여물다〔익다〕. ¶~作物=만숙 작물.

【晚霜】wǎnshuāng 명〈氣〉만상. 늦서리.

【晚岁】wǎnsuì 명 만년(晚年). 노년(老年). 늘그막.

【晚田】wǎntián ⇒【晚秋作物】wǎnqiū zuòwù

【晚霞】wǎnxiá 명 저녁 노을. ↔朝霞

【晚香玉】wǎnxiāngyù 명〔植〕1 월하향(月下香). 만향옥. 2 월하향의 꽃. =【夜来香】yè láixiāng【月下香】yuèxiàxiāng

【晚学】wǎnxué 명 1 존 후학. ¶后辈~=후학. 2 존겸 (선배 학자에게 자기를 낮추는 말로) 후학. 3 (방) 오후 수업. ¶学生还没放~.=학생들이 아직 오후 수업을 안 마쳤다. 동 만학(晚學)하다. 나이가 들어 공부하다. ¶~不迟=나이가 들어서 공부해도 늦지 않다.

【晚宴】wǎnyàn 명 저녁 연회(宴會).

【晚育】wǎnyù 동 (결혼 후) 출산을 늦추다.

【晚造】wǎnzào 명 후작(後作). 후기 작물.

【晚照】wǎnzhào 명 만조(晚照). 낙조(落照). 석조(夕照). 석양.

脘 wǎn 밥통 완
명〔醫〕위 안. 위 속. 위강(胃腔). ¶胃~=위강.

*惋 wǎn 안타까워할 완
동존 애석해하다. 안타까워하다. ¶叹~=애석해 탄식하다.

【惋伤】wǎnshāng 동 애석해하며 슬퍼하다. ¶~哀叹=애석해하며 한탄하다.

【惋叹】wǎntàn 동 탄식하며 애석해하다. 매우 아쉬워하다. ¶~不已=못내 아쉬워하다.

【惋惜】wǎnxī 동 애석해하다. 안타까워하다. 아쉬워하다. 동정하다. ¶他因失误而未能夺冠, 实在令人~.=그가 실수로 우승을 놓쳐서 참으로 안타깝다.

*婉 wǎn 순할 완
형 1 존 부드럽다. 온화하다. 유순하다. ¶温~=부드럽고 온화하다. 2 존 아름답다. ¶诗词清新~丽.=시(詩)와 사(詞)가 참신하고 아름답다. 3 (말이) 완곡하다. 부드럽다. ¶~言相劝=완곡하게 설득하다.
○● 和婉, 凄qī婉, 委婉, 幽yōu婉

【婉词】[婉辞] wǎncí 명 완곡한 말.

【婉辞】wǎncí ☞【婉词】wǎncí 동 완곡하게 거절하다. ¶~宴请=연회 초청을 완곡하게 거절하다.

【婉和】wǎnhé 형 (말이나 태도가) 완곡하고 부드럽다. ¶语气~=말투가 완곡하고 부드럽다.

【婉拒】wǎnjù 동 완곡하게 거절하다.

【婉丽】wǎnlì 형존 1 얌전하고 아름답다. 사랑스럽다. 매력적이다. ¶姿容~=자태가 아름답다. 2 (시문이나 노래가) 우아하다. 우미하다. 아치(雅致) 있다. 품위 있다. ¶这篇散文的语言格外清新~.=이 산문의 언어는 유달리 참신하고 우아하다.

【婉媚】wǎnmèi 형존 아름답고 귀엽다. 부드럽고 매력적이다. ¶容貌~=용모가 아름답고 귀엽다.

【婉妙】[宛妙] wǎnmiào 형존 (소리가) 감미롭다. ¶琴声~=거문고 소리가 감미롭다.

【婉曲】wǎnqū 형 (말이나 글의 표현이) 완곡하다. 은근하다. ¶~进言=완곡하게 말씀드리다. 명존 억울한 심정. ¶倾诉~=억울한 심정을 다 털어놓다.

婉绾琬皖碗畹万　wàn

【婉劝】wǎnquàn 통 완곡하게 충고하다〔설득하다·권고하다〕.

【婉商】wǎnshāng 통 완곡하게 상의하다〔의논하다〕. ¶你和他好言~, 他会同意的. =네가 그와 좋은 말로 의논하면 그는 동의할 것이다.

【婉顺】wǎnshùn 형 온순하다. 유순하다. [주로 여성에게 쓰임] ¶性情~=성격이 유순하다.

【婉娩】wǎnwǎn 형동 유순하다. 얌전하다.

【婉谢】wǎnxiè 통동 완곡하게 거절하다.

【婉言】wǎnyán 명 완곡한 말. 에둘러 하는 말. ¶~相劝=완곡한 말로 설득하다. ↔直言

【婉约】wǎnyuē 형동 완곡하고 함축적이다. ¶词风~=사(詞)의 풍격이 완곡하고 함축적이다. ↔豪放

【婉转】〔宛转〕wǎnzhuǎn 형 1 (말의 표현이) 완곡하다. 은근하다. 부드럽다. 점잖다. ¶措词~=어휘 사용이 완곡하다. 2 (소리 따위가) 구성지다. 감미롭다. ¶歌声~动人。=노랫소리가 감미로워 사람을 감동시킨다. ≒委婉

## 绾 [綰] wǎn 맬 관

통 (길고 가는 것을) 둥글게 감아 매듭을 짓다. 똘똘 말아 묶다. ¶把辫子~起来。=땋은 머리를 감아올려 고정하다.

## 琬 wǎn 옥 완

명문 완. [아름다운 옥의 일종] ¶~圭=옥으로 만든, 위쪽 끝 부분이 둥근 홀(笏).

【琬琰】wǎnyǎn 명문 1 완(琬)과 염(琰). [둘 다 아름다운 옥의 일종임] 2 (비) 훌륭한 인품.

## 皖 wǎn 나라 이름 환

명(地) 안후이(安徽)성의 별칭.

## 碗 [盌·椀·䂺] wǎn 사발 완

명 1 사발. 공기. 주발. 그릇. ¶~筷=사발과 젓가락. 2 사발같이 생긴 것. 영 그릇. 공기. 사발. ¶一~面=국수 한 그릇.

○● 海碗, 铁饭碗

【碗橱】wǎnchú ☞【碗柜】wǎnguì

【碗底(儿)】wǎndǐ(r) 명 1 사발〔공기·그릇〕의 밑바닥. ¶吃得~朝天=남김없이 다 먹다. 2 사발〔공기·그릇〕의 밑바닥에 남은 것.

【碗碟】wǎndié 명 사발과 접시.

【碗柜】wǎnguì 명 찬장. 식기장. =【碗橱】wǎnchú

【碗筷】wǎnkuài 명 (밥)공기와 젓가락.

【碗碗腔】wǎnwǎnqiāng 명(劇) 완완극. [산시(陕西)성 지방 전통극의 일종. '皮影戏(그림자극)'에서 발전하여, 산시(陕西)성의 웨이난(渭南)·다리(大荔) 일대에서 유행함]

【碗盏】wǎnzhǎn 명 식기.

## 畹 wǎn 밭 면적 단위 원

양 고대의 농지 면적 단위. ['1畹'은 '30亩' 또는 '12亩'라고 함]

## **万 [萬] wàn 일만 만

㈠ 만. 형 매우 많다. ¶千山~水=온 산과 내. / 瞬息~变=눈 깜짝할 사이에 변화가 무궁하다. 부 아주. 대단히. 매우. 온갖. 절대. 전혀. ¶~不可行=절대 해서는 안 된다. / ~难从命=명령을 따르기 매우 어렵다. ㈡ (Wàn) 성(姓).

☞ mò

○● 巨万, 千万, 亿yì万

【万般】wànbān 명 만반(萬般). 모든 것. 여러 가지. 온갖. 각양각색. ¶~世相=온갖 세태. 부 몹시. 대단히. 극히. ¶~珍爱=몹시 사랑하다.

【万般无奈】wànbān wúnài 성 아무리 해도 어쩔 수 없다. 방법이 없다.

【万变不离其宗】wàn biàn bù lí qí zōng 성 아무리 변해도 본질은 달라지지 않는다.

【万不得已】wànbùdéyǐ 성 정말 방법이 없다. 부득이하다. 이렇게 하지 않을 수 없다. 만부득이하다. 막부득이하다.

【万代】wàndài 명 만대. 만세(萬世). 영원. ¶~基业=조상 대대로 전해 내려오는 사업.

【万端】wànduān 형 여러 가지이다. 가지각색이다. 각양각색이다. 형형색색이다. 여러 측면이다. 무수하다. 잡다하다. ¶感慨~=감개가 무량하다.

【万恶】wàn'è 명 각종〔모든〕 죄악. 극악. ¶~之源=모든 죄악의 근원. 형 극악무도하다. 악독하기 그지없다. ¶~不赦=극악무도하여 용서할 수 없다.

【万儿八千】wàn·er-bāqiān 수 만 개 정도〔가량〕. 만 개쯤.

【万方】wànfāng 명 만방. 전국 각지. 세계 각지. 온 천하. ¶振臂一呼, ~响应。=팔을 휘둘러 외치니 온 천하가 호응하다. 형 자태가 다양하다〔다채롭다〕. ¶仪态~=갖은 자태를 드러내다. 자태가 볼 만하다.

【万分】wànfēn 부 대단히. 극히. 매우. ¶~感谢=대단히 감사하다.

【万夫】wànfū 명 만부. 많은 장정〔사내〕. 만인. 많은 사람. ¶一夫当关, ~莫开。=한 병사가 관문을 지키고 있으면 만 사람으로도 함락시킬 수 없다. 지세가 험준한 요새는 함락시키기 어렵다.

【万福】wànfú 1 만복. 다복. [주로 축복하는 말로 쓰임] 2 옛 부녀자들의 인사. [두 손을 가볍게 겹쳐 쥐고 가슴 우측 아래쪽에서 위아래로 흔들며 살짝 고개를 숙여 절하고, 동시에 '万福(다복하세요)'라고 말하는] 3 부녀자들의 예절.

【万古】wàngǔ 명 만고(萬古). 오랜 세월. 천추만대(千秋萬代). ¶流传~=천추만대에 전하다.

【万古长春】wàngǔ-chángchūn ☞【万古长青】wàngǔ-chángqīng

【万古长青】wàngǔ-chángqīng 성 영원히 봄날의 초목처럼 푸르고 싱싱하다. 영원토록 변하지 않다. =【万古长春】wàngǔ-chángchūn

【万古流芳】 **wàngǔ-liúfāng** [성] 훌륭한 명성이 영원히 전해지다.

【万古千秋】 **wàngǔ-qiānqiū** [성] 천년만년. 천추만대(千秋萬代). 만고천추.

【万贯】 **wànguàn** [명] **1** [옛] 만 관의 동전. **2** 만금. 거액의 재산. ¶～家财＝거액의 재산.

【万国】 **wànguó** [명] 만국(萬國). 세계 각국. 전 세계. ¶～博览会＝만국 박람회.

【万壑】 **wànhè** [명] 수많은 산골짜기. ¶千沟～＝수많은 계곡과 산골짜기.

【万户】 **wànhù** [명] 만호(萬戶). 수많은 집〔인가〕. ¶千家～＝수많은 집.

【万户侯】 **wànhùhóu** [명] **1** 만호후. [한(漢)대의 후작(侯爵) 중 최고 등급. 일만 호 백성들에게서 부세를 거두어들임] **2** 고관(高官).

【万花筒】 **wànhuātǒng** [명] **1** 만화경. **2** [비] 변화무쌍한 양상〔광경·모습〕.

【万几】 **wànjī** [명] 집권자가 처리하는 각종 주요 사무. 국가 원수의 정무. 천하의 정치. ¶日理～＝매일 각종 사무를 처리하다. ≒万机

【万机】 **wànjī** [명] (대통령·총리 등) 국가 지도급 인사의 주요 정무. ¶日理～＝날마다 주요 정무를 처리하다. ≒万几

【万家】 **wànjiā** [명] 수많은 인가〔집〕. ¶～之都＝수많은 사람이 사는 도시.

【万家灯火】 **wànjiā-dēnghuǒ** [성] **1** 집집마다 등을 켜다. **2** [비] 밤이 되다. **3** [비] 등불이 찬란한 야경. 불야성을 이루다.

【万箭攒心】 **wànjiàn-cuánxīn** [성] 비통하기 그지없다. 한없이 고통스럽다. 매우 가슴아프다.

【万劫不复】 **wànjié-bùfù** [성] 영원히 회복될 수 없다. 영원히 되돌아오지 않는다.

【万金油】 **wànjīnyóu** [명] **1** [옛] 만금유(萬金油). [두통·화상·벌레 물린 데 등에 효과가 있는 연고] **2** [비] 무슨 일이든 할 줄 알지만 어느 것 하나 제대로 하지 못하는 사람.

【万卷】 **wànjuàn** [명] 만 권의 책. 수많은 책. ¶读书破～，下笔如有神。＝책을 많이 읽으면 글이 살아 있는 듯하다.

【万钧】 **wànjūn** [명] 만 균. [고대에, 30근(斤)이 1균(鈞)이었음] [형] 아주 무겁다. 힘이 아주 세다. ¶雷霆～＝우레와 같이 큰 소리. 대단히 큰 힘.

【万籁】 **wànlài** [명] 만뢰. 자연계의 온갖 소리. 만물의 소리.

【万籁俱寂】 **wànlài-jùjì** [성] **1** 자연계의 온갖 소리가 모두 그치다. **2** 주위가 매우 조용하다. ≒鸦雀无声 ↔震耳欲聋

【万类】 **wànlèi** [명] 만물. 자연계의 모든 생물. ¶～霜天竟自由。＝만물이 가을을 한껏 즐기다.

【万里】 **wànlǐ** [명] 만 리. 아주 먼 거리. ¶天气晴朗，～无云。＝날씨가 활짝 개여 온 하늘에 구름 한 점 없다.

【万里长城】 **Wànlǐchángchéng** [명] 만리장성(萬里長城). [약] 【长城】 **Chángchéng**

【万里长征】 **wànlǐ chángzhēng** [명] **1** 아주 먼 노정. 머나먼 길. **2** 《歷》 (만리)장정. [마오쩌둥(毛泽东)이 국민당의 공세를 피하여 1934~1936년 사이에 장쑤(江苏)성 루이진(瑞金)에서 옌안(延安)까지 벌인 12,500km의 대이동] **3** [비] 대장정. [장기적인 분투와 노력을 필요로 하는 사업]

【万流景仰】 **wànliú-jǐngyǎng** [성] 모든 사람들이 존경하고 우러러보다.

【万马奔腾】 **wànmǎ-bēnténg** [성] 천군만마가 내달리다. 기세가 드높고 웅장하다. 기세등등하다.

【万马齐喑】 **wànmǎ-qíyīn** [성] **1** 만 필의 말 중에 한 마리도 울지 않다. **2** [비] 모든 사람들이 침묵하여 분위기가 질식할 듯하다. 모든 사람들이 입을 굳게 다물고 말하지 않다.

【万民】 **wànmín** [명] 만민(萬民). 모든 국민〔백성〕. ¶～同心＝모든 국민이 한 마음이다.

【万目睽睽】 **wànmù-kuíkuí** ☞ 【众目睽睽】 **zhòngmù-kuíkuí**

【万难】 **wànnán** [명] 온갖 어려움〔곤란〕. ¶排除～＝온갖 어려움을 제거하다. [형] 대단히 어렵다. 극히 곤란하다. ¶事已至此，～挽回。＝일이 이미 이 지경에 이르러 만회하기 매우 힘들다.

【万能】 **wànnéng** [형] **1** 만능이다. 못 하는 것이 없다. 온갖 일에 능하다. ¶金钱并不是～的。＝돈은 결코 만능이 아니다. **2** 여러 가지 용도가 있다. 만능이다. ¶～钥匙＝만능 열쇠.

【万能表】 **wànnéngbiǎo** ☞ 【万用表】 **wànyòngbiǎo**

【万能胶】 **wànnéngjiāo** [명] 만능 접착제.

【万年】 **wànnián** [명] 만년. 아주 오랜 세월. ¶遗臭～＝영원히 악명을 남기다.

【万年历】 **wànniánlì** [명] 만세력(萬歲曆).

【万年青】 **wànniánqīng** [명]《植》 만년청.

【万念俱灰】 **wànniàn-jùhuī** [성] **1** 모든 생각과 계획이 다 깨지다. **2** (충격이나 실의로) 모든 의욕을 상실하다. 극단적으로 낙담하다.

【万千】 **wànqiān** [형] **1** 수가 대단히 많다. ¶～学子＝대단히 많은 학생. **2** 다양하다. 많고 복잡하다. 번잡하다. ¶气象～＝기후의 변화가 많다.

【万顷】 **wànqǐng** [명] 만 경. [ '1顷' 은 '100亩' 에 상당함] [형] 면적이 아주 넓다. 드넓다. 끝없이 펼쳐지다. ¶碧波～＝만경창파(萬頃滄波).

【万全】 **wànquán** [형] 만전을 기하다. 조금도 빈틈이 없다. 한 치의 실수도 없다. 매우 안전하다. ¶计出～＝계책에 만전을 기하다.

【万全之策】 **wànquánzhīcè** [성] 만전지책(萬全之策). 조금도 빈틈이 없는 계책〔방법〕.

【万人】 **wànrén** [명] 만인. 아주 많은 사람. ¶～瞩目＝만인이 주목하다.

【万人坑】 **wànrénkēng** [명] (적이나 통치자에 의해) 대규모로 학살된 사람들이 파묻힌 커다란 구덩이.

【万人空巷】 **wànrén-kōngxiàng** [성] **1** 집집마다 모든 사람들이 거리로 뛰쳐나오다. **2** [비] 한때 센세이션(sensation)을 일으키다. 한때 세상을 떠들썩하게 하다. 군중이 적극적으로 참여하여 성황을 이루다.

【万人嫌】 **wànrénxián** [명] 모든 사람들이 싫어하는 사람.

【万乘】 wànshèng 图(文) 1 만승(萬乘). 만 량의 병거. 2 만 량의 병거를 가진 대국. ¶~之国＝만 량의 병거를 보유한 대국. 3 천자. ¶~之君＝천자.
【万世】 wànshì 图 만세. 아주 많은 세대. 매우 오랜[긴] 세월. ¶~不朽＝오래도록 사라지지 않는다.
【万事】 wànshì 图 만사(萬事). 모든 일. ¶~不求人.＝어떤 일도 남에게 부탁하지 않는다.
【万事大吉】 wànshì-dàjí (성) 1 만사대길하다. 만사형통하다. 모든 일이 순조롭다. 2 모든 일이 원만히 끝나다.
【万事亨通】 wànshì-hēngtōng (성) 만사형통하다. 모든 일이 뜻대로 잘 되어가다.
【万事俱备，只欠东风】 wànshì jùbèi, zhǐ qiàn dōngfēng (성) 1 모든 것이 다 준비되었으나 하나가 모자라다.《삼국연의(三國演義)》에서, 주유(周瑜)가 조조(曹操)에게 화공(火攻)하려고 모든 준비를 마쳤으나 오직 동풍이 불지 않아 불을 지를 수 없었던 고사에서 유래함] 2 (비) 모든 준비를 마쳤으나 마지막으로 중요한 조건이 갖춰지지 않다.
【万事如意】 wànshì-rúyì (성) 모든 일이 뜻대로 이루어지다. [주로 축복하는 말로 쓰임]
【万事通】 wànshìtōng 图 만물박사. 무슨 일이든 다 아는 사람. [풍자적인 의미를 내포함] ＝【百事通】 bǎishìtōng
【万寿无疆】 wànshòu-wújiāng (성) 만수무강하다. [장수를 기원하는 말로 쓰임]
【万水千山】 wànshuǐ-qiānshān (성) 1 수없이 많은 산과 강. 모든 산과 강. 2 (비) 노정(路程)이 멀고 험난하다. ＝【千山万水】 qiānshān-wànshuǐ
【万死】 wànsǐ 图 1 (과장의 의미로) 만 번 죽다. 2 엄중한 처벌을 받다. 생명의 위협을 무릅쓰다. ¶罪该~.＝죄가 만 번 죽어 마땅하다.
【万死不辞】 wànsǐ-bùcí (성) 1 만 번의 죽음도 마다하지 않다. 2 (비) 어려움을 두려워 않고 죽을 각오로 충성을 다하다.
【万岁】 wànsuì 图 폐하. [황제에 대한 경칭] ＝
【万岁爷】 wànsuìyé 图 (오래오래) 영원토록 존재하다. [축원하는 말로 쓰임] ¶祖国~＝조국 만세.
【万岁爷】 wànsuìyé ☞【万岁】 wànsuì
【万头攒动】 wàntóu-cuándòng (성) 수많은 군중이 한데 모이다.
【万万】 wànwàn (수) 억. 图 수가 많다. ¶~年＝만만년. 억만년. (부) 결코. 절대로. 어찌 됐든. [부정형으로 쓰임] ¶~不可掉以轻心.＝절대로 소홀히 대해서는 안 된다.
【万维网】 wànwéiwǎng 图(컴) 월드와이드 웹 (www). 웹(web).
【万无】 wànwú 图(문) 만무하다. 결코[절대] 없다. ¶~此理＝절대 이럴 리가 없다.
【万无一失】 wànwúyīshī (성) 만에 하나의 실수도 없다. 한 치의 착오도 없다. 결코 틀림이 없다. 매우 정확하다.

【万勿】 wànwù (부) 절대로 …하지 마라. ¶~错失良机.＝절대 좋은 기회를 놓치지 마라.
【万物】 wànwù 图 만물. ¶春天到了, ~复苏.＝봄이 와서 만물이 소생하다.
【万象】 wànxiàng 图 만상(萬象). 온갖 사물. 온갖 현상[양상·상황·광경·모습]. ¶包罗~＝(내용이 아주 풍부하여) 포함하지 않는 것이 없다.
【万象更新】 wànxiàng-gēngxīn (성) 모든 경물〔현상·양상·상황·광경·모습〕이 일신하다. 모든 것이 변하고 새로운 기상이 나타나다. 모든 것이 새로워지다. 만물이 새로운 면모를 드러내다.
【万幸】 wànxìng 图 천만다행이다. 대단한 행운이다. ¶大难不死, 已是~.＝큰 재난에도 죽지 않았으니 천만다행이다.
【万姓】 wànxìng 图(문) 1 만 개의 성(姓). 2 모든 백성. 만민.
【万一】 wànyī 图 1 만분의 일. 극히 적은 부분. ¶景色之美, 言语难以尽述其~.＝경치의 아름다움을 말로는 만분의 일조차 표현할 수 없다. 2 만일. 뜻밖의 일. 만일의 경우. ¶以防~＝만일을 방지하다. (부) 만일에. 만약에. 혹시. ¶防止~发生意外＝만일에 발생할 의외의 일을 방지하다. (접) 만일. 만약. 만에 하나. 혹시라도. [발생하기를 바라지 않는 일에 쓰임] ¶~发生意外要及时报警.＝만일 의외의 일이 발생할 경우 곧바로 경찰에 신고해야 한다.
【万亿】 wànyì (수) 조(兆).
【万应灵丹】 wànyìng-língdān (성) 1 만병통치약. 2 (비) 어떠한 문제든지 해결할 수 있는 좋은 방법.
【万用表】 wànyòngbiǎo 图(電) 멀티미터 (multimeter). 멀티테스터. 만능 측정기. ＝【万能表】 wànnéngbiǎo
【万有引力】 wànyǒu yǐnlì 图(物) 만유인력. (약)【引力】 yǐnlì
【万元户】 wànyuánhù 图 1980년대 경제 개혁으로 인하여 출현한, 연수입 또는 누계 저축액이 1만 위안 이상 되는 가정. 돈이 많은 집안.
【万丈】 wànzhàng 图 아주 높거나 깊다. ¶~高楼＝아주 높은 빌딩. ¶~深渊＝아주 깊은 못. 헤어나올 수 없는 구렁텅이.
【万众】 wànzhòng 图 대중. 군중. 수천 수만의 사람. ¶~欢腾＝많은 사람들이 기뻐 날뛰다.
【万众一心】 wànzhòng-yīxīn (성) 1 모든 사람들이 한마음이다. 2 만민이 한마음으로 일치단결하다.
【万状】 wànzhuàng 图 온갖 상태이다. 극하다. 극도의. [주로 좋지 않은 일의 정도가 매우 심함을 나타냄] ¶痛苦~＝극도로 고통스럽다.
【万紫千红】 wànzǐ-qiānhóng (성) 1 만자천홍. 천자만홍. 온갖 꽃이 만발하여 울긋불긋한 모양. 2 (비) 사물이 풍부하고 다채로운 모양. 경치가 매우 아름다운 모양. 사업이 번창하는 모양. ≒姹紫嫣红

# 沥[溤] wàn 땅 이름 만

【沥尾】 Wànwěi 图(地) 완웨이. [광시(广西)성

에 있는 지명]

**忨** wàn 탐할 완
⟨동⟩⟨문⟩ 탐하다.

***腕** wàn 팔 완
⟨명⟩⟨生⟩ 1 (~儿) 팔목[손목]. 발목. ¶手~儿=손목. 2 촉수(觸手). ¶口~=촉수.

◐● 扼è腕, 口腕, 铁腕, 悬xuán腕

【腕法】wànfǎ ⟨명⟩ (글씨쓰기에서의) 완법. [주로 붓글씨의 '提腕法(제완법)·懸腕法(현완법)·枕腕法(침완법)'을 가리킴]
【腕骨】wàngǔ ⟨명⟩⟨生⟩ 완골. 손목뼈.
【腕力】wànlì ⟨명⟩ 1 완력. 여력(膂力). 팔 힘. 2 글자를 쓸 때 운필하는 힘. 3 ⟨비⟩ 수완. 능력. ¶凭他的~, 处理这些事情轻而易举.=그의 능력이라면 이러한 일들은 쉽게 처리할 수 있다.
【腕儿】wànr ⟨명⟩ 스타. 대가. 거물. 거두. 유력 인사. 기둥. 대들보. ¶他是影视圈的~.=그는 영화계의 거물이다.
【腕子】wàn·zi ⟨명⟩ 팔목[손목]. 발목. ¶脚~=발목.
【腕足】wànzú ⟨명⟩⟨動⟩ (문어·쇠갑오징어 등의) 촉수(觸手).
【腕足动物】wànzú dòngwù ⟨명⟩⟨動⟩ 완족동물. 의연체동물(擬軟體動物).

***蔓** wàn 덩굴 만
⟨명⟩⟨구⟩ (~儿) (식물의) 덩굴. 넝쿨. ¶瓜~儿=오이·수박·호박 등의 넝쿨.
☞ mán, màn

◐● 翻蔓儿, 压yā蔓

# wang

**尪** wāng 절름발이 왕
⟨형⟩⟨문⟩ 1 (등·정강이·가슴 등이) 굽다. 2 (몸이) 여위고 약하다.

***汪** wāng 깊고 넓을 왕
⟨형⟩⟨문⟩ 1 물이 깊고 넓다. ¶一片~洋=끝없이 넓다. 2 (액체가) 괴다. 고이다. ¶双眼~着泪水.=두 눈에 눈물이 고여 있다. ⟨양⟩(~儿) 고여 있는 액체를 세는 단위. ¶两~热泪=두 눈에 그렁그렁한 뜨거운 눈물. ⟨의⟩ 왕왕. 멍멍. [개 짖는 소리] ¶狗~~大叫.=개가 멍멍 하고 시끄럽게 짖어 댄다. ⟨명⟩ 1 ⟨방⟩ 물웅덩이. 구덩이. ¶路边有个小水~.=길가에 작은 물웅덩이가 있다. 2 (Wāng) 성(姓).

◐● 水汪汪, 油汪汪

【汪然】wāngrán ⟨형⟩⟨문⟩ 1 물이 깊고 넓은 모양. 2 눈물이 줄줄 흐르는 모양. 눈물이 뚝뚝 떨어지는 모양. ¶~涕泣=줄줄 눈물을 흘리다.
【汪汪】wāngwāng ⟨형⟩ 1 ⟨문⟩ 물이 넓게 펼쳐진 모양. 양양하다. 망망하다. 호호탕탕하다. ¶~一水=끝없이 펼쳐진 물⟨강⟩. 2 눈물이나 물이 가득 찬 ⟨관⟩ 모양. 그렁그렁하다. 글썽글썽하다. ¶眼泪~=눈물이 그렁그렁하다. ⟨의⟩ 멍멍. 왕왕. [개 짖는 소리] ¶~乱叫=멍멍 하고 마구 짖다.
【汪洋】wāngyáng ⟨형⟩ 1 물이 끝없이 넓은 모양. 양양하다. 망망하다. 호호탕탕하다. ¶~一片=한없이 펼쳐진 물. 2 ⟨문⟩ 도량이 큰 모양. ¶~大度=아주 넓고 큰 도량.
【汪洋大海】wāngyáng-dàhǎi ⟨성⟩ 1 양양대해. 망망대해. 2 ⟨비⟩ 큰 범위와 드높은 기세.
【汪洋恣肆】wāngyáng-zìsì ⟨성⟩ (언론이나 글의) 내용이 풍부하고 기세가 드높다.
【汪着】wāng·zhe ⟨동⟩ (액체가) 괴어 있다. 고여 있다. 그렁하다. 글썽하다. ¶地面~一摊水.=땅에 물이 질펀하게 고여 있다.
【汪子】wāng·zi ⟨양⟩ 액체를 세는 단위. ¶一~水=한 웅덩이의 물.

***亡** [(亾)] wáng 도망할 망
⟨동⟩ 1 도망치다. 달아나다. 도주하다. 내빼다. ¶流~=망명하다. 2 잃다. 없어지다. ¶歧路~羊=상황이 복잡하여 샛길로 빠지다. 정세가 복잡하여 갈피를 잡지 못하다. / 唇~齿寒=순망치한. 이해 관계가 서로 밀접하다. 3 멸망하다. 멸망시키다. ¶兴~=흥망하다. / ~党~国=당과 국가를 망하게 하다. 4 죽다. ¶伤~惨重=사상이 막심하다. / 家破人~=(재난으로) 집과 가족을 잃다. ⟨형⟩ 죽은. 고인이 된. ¶悼念~友=죽은 벗을 애도하다. [고어에서는 '无(wú)'와 같음] ≒死 卒 ↔存 兴

◐● 出亡, 存cún亡, 悼dào亡, 覆fù亡, 救亡, 沦lún亡, 灭miè亡, 散亡, 丧sàng亡, 衰shuāi亡, 危亡, 消亡, 兴亡

【亡故】wánggù ⟨동⟩⟨문⟩ 사망하다. 죽다. 고인이 되다.
【亡国】wáng‖guó ⟨동⟩ 나라가 망하다. 나라를 멸망시키다. ¶~灭种=나라가 망하고 민족이 멸절되다.
【亡国】wángguó ⟨명⟩ 망국. 망한 국가⟨나라⟩. ¶~之君=망국의 임금.
【亡国奴】wángguónú ⟨명⟩ (침략국의 노예가 된) 망국민.
【亡国之音】wángguózhīyīn ⟨성⟩ 국가가 멸망하려고 할 때의 비통함이 가득 찬 음악. 저속하고 음란한 음악.
【亡魂】wánghún ⟨명⟩ 망혼. 망령. 영혼. ⟨동⟩ 1 혼이 빠지다. 넋이 나가다. 넋을 잃다. 정신을 놓다. 2 (무서워서) 등골이 오싹하다. 간담이 서늘하다. ¶~失魄=간담이 서늘하다.
【亡魂丧胆】wánghún-sàngdǎn ⟨성⟩ 1 혼비산하다. 넋을 잃다. 얼이 빠지다. 2 간담이 서늘하다.
【亡灵】wánglíng ⟨명⟩ 1 망령. 망혼. 2 ⟨비⟩ 이미

죽었지만 역사적으로 영향력을 가진 사람. 망령.

【亡命】wángmìng 동 1 도망하다. 망명하다. ¶~天涯=먼 곳으로 망명하다. 2 필사적으로 하다. 목숨을 내놓다〔내걸다〕. 죽음을 두려워하지 않다. 생사를 돌보지 않다. ¶~逃窜=목숨을 걸고 도망치다.

【亡命之徒】wángmìngzhītú 상 1 망명자. 도망자. 2 목숨을 내걸고 악행을 저지르는 나쁜 사람.

【亡失】wángshī 동문 잃다. 잃어버리다. 분실〔상실·유실〕하다. 흩어져 없어지다. 산실되다. 유실되다.

【亡羊补牢】wángyáng-bǔláo 상 1 양을 잃은 후에라도 서둘러 울타리를 수리하면 그래도 늦은 편은 아니다. 2 비 손실을 입거나 문제가 발생한 후에 서둘러 보완하여 유사한 상황이 재차 발생하지 않도록 하다. ≒贼走关门.

【亡友】wángyǒu 명 죽은 친구. 죽은 벗.

## **王** wáng 임금 왕

명 1 군주. 임금. ¶国~=국왕. / 帝~=제왕. 2 왕. 〔한(漢)대 이후 최고의 작위임〕 ¶亲~=친왕. 3 수령. 우두머리. 두목. ¶擒贼先擒~.=적을 잡으려면 먼저 두목을 잡아라. 4 (같은 부류에서의) 왕. 우두머리. 일인자. ¶蜂~=여왕벌. / 牡丹乃花中之~.=모란은 꽃의 왕이다. 5 (Wáng) 성(姓). 명 1 옛 고대에 조부모뻘에 대한 존칭. ¶拜见~父, ~母.=조부모님께 인사 올리다. 2 최강의. ¶新产品是我们公司的~牌.=신상품은 우리 회사의 대표 상품이다.

☞ wàng

> ●◐ 大王, 帝王, 龙王, 魔mó王, 女王, 勤qín王, 天王, 阎Yán王

【王安石】Wáng Ānshí 명역 왕안석(1021~1086년). 〔북송(北宋)의 저명한 정치가이자 문학가. '당송팔대가(唐宋八大家)' 중의 한 사람임〕

【王八】wáng·ba 명 1 ☞【乌龟】wūguī 2 욕 '鳖(자라)'의 속칭. 3 바람난 여자의 남편. 4 기생집의 남자 주인. 남자 포주. 뚜쟁이.

【王八蛋】wáng·badàn 개새끼. 개자식. ≒

【王八羔子】wáng·ba gāo·zi

【王八羔子】wáng·ba gāo·zi ☞【王八蛋】wáng·badàn

【王朝】wángcháo 명 왕조. 조대. 조정. ¶封建~=봉건 왕조.

【王储】wángchǔ 명 왕세자. 황태자.

【王道】wángdào 명 (政) 왕도. ↔霸道

【王法】wángfǎ 명 1 (봉건 시대의) 법률. 국법. 2 (일반적인) 법률.

【王妃】wángfēi 명 1 왕비. 왕후. 비. 〔임금이나 태자의 아내〕 2 후궁. 〔제왕의 첩〕

【王府】wángfǔ 명 왕부. 〔봉건 시대 왕족(황족)의 저택〕

【王公】wánggōng 명 1 천자와 제후. 2 왕작(王爵)과 공작(公爵)에 봉해진 사람. 3 높은 벼슬 (아치). 고관(高官). 달관(達官). 귀현(貴顯). ¶

~贵族=높은 벼슬의 귀족.

【王宫】wánggōng 명 왕궁. 궁궐.

【王冠】wángguān 명 왕관.

【王国】wángguó 명 1 왕국. 2 비 (상대적으로 독립된 영역이나 범주를 나타내는 말로) 왕국. ¶汽车~=자동차 왕국. 3 비 관할 범위. 영역. 분야. ¶独立~=독립적인 영역.

【王侯】wánghóu 명 1 천자와 제후. 2 왕작(王爵)과 후작(侯爵). 3 매우 높은 벼슬(아치). 고관(高官). 달관(達官). 귀현(貴顯). ¶~将相=왕후장상.

【王后】wánghòu 명 1 왕후. 왕비. 비. 〔임금의 아내〕 2 여왕. 〔지위나 권력을 가졌거나 용모가 출중한 여인〕 ¶歌坛~=가요계의 여왕.

【王蔧】wánghuì 명 (植) 고서에서 댑싸리를 가리킴.

【王浆】wángjiāng 명 로열젤리. 왕유(王乳). =〔蜂王浆〕fēngwángjiāng

【王爵】wángjué 명 왕작(王爵). 왕의 작위.

【王老五】wánglǎowǔ 명 중년의 독신 남자. 〔해학적인 의미를 내포함〕

【王母】Wángmǔ ☞【西王母】Xīwángmǔ

【王母娘娘】Wángmǔ niáng·niang ☞【西王母】Xīwángmǔ

【王牌】wángpái 명 1 (트럼프에서의) 조커. 2 비 가장 강력한 인물〔세력·수단〕. 가장 대표적인 것. 최후의 카드. 최후의 수단. ¶~军=가장 강력한 군대.

【王权】wángquán 명 왕권.

【王师】wángshī 명 제왕의 군대. 국군. 나라의 군대. ¶~凯旋=제왕의 군대가 개선하다.

【王室】wángshì 명 1 왕실. 왕가. 왕의 집안. 2 조정.

【王水】wángshuǐ 명 (化) 왕수. 〔진한 염산과 질산을 3 대 1의 비율로 혼합한 액체〕

【王孙】wángsūn 명 1 왕손. 2 귀족의 자손. ¶公子~=지체 높은 집안의 자제.

【王位】wángwèi 명 1 왕위. 제위. 보위. 왕좌. 2 제후의 작위.

【王爷】wáng·ye 대왕. 〔왕의 작위를 가진 사람에 대한 존칭〕

【王者】wángzhě 명 1 제왕. 왕. 임금. 2 (같은 부류에서의) 왕. 일인자.

【王子】wángzǐ 명 1 왕자. 2 (Wángzǐ) 복성(複姓).

【王族】wángzú 명 왕족.

## **网[網]** wǎng 그물 망

명 1 그물. ¶撒~=그물을 치다. / 张~=그물을 치다. 2 그물처럼 생긴 것. ¶电~=전기 철조망. / 铁丝~=철조망. 3 비 (그물 형태의) 조직. 계통. 망. ¶法~=법망. / 通讯~=통신망. 4 약 国际互联网(인터넷). ¶铁杆儿~民=열성 네티즌(netizen). / ~上超市=온라인 시장. 사이버 장터. 동 1 그물처럼 덮어 씌우다〔뒤덮다·가리다·덮다·싸다〕 ¶双眼~满红丝.=두 눈에 핏발이 가득 서다. 2 그물로 잡다. ¶在河

~了几条大鱼。=강에서 큰 고기 몇 마리를 그물로 잡았다.

○● 法网, 河网, 火网, 流网, 漏lòu网, 漉lù网, 罗luó网, 落网, 情网, 水网, 拖tuō网, 围wéi网, 渔网, 蛛zhū网

【网吧】**wǎngbā** 图(旧) PC방. 인터넷 카페. (새)【电脑咖啡屋】**diànnǎo kāfēiwū**【公共电脑屋】**gōnggòng diànnǎowū**

【网虫】**wǎngchóng** 图 인터넷 중독자〔애호가·마니아〕.

【网袋】**wǎngdài** 图 그물 주머니〔바구니·자루〕. 망태기. 구럭.

【网点】**wǎngdiǎn** 图 1 점포망. 판매망. 서비스망. ¶销售~=판매망. 2(印) 망점.

【网兜】**wǎngdōu** 图 그물 주머니〔바구니·자루〕. 망태기. 구럭.

【网纲】**wǎnggāng** 图 벼리.

【网关】**wǎngguān** 图(컴) 게이트웨이.

【网巾】**wǎngjīn** 图 머리그물. 헤어네트. 망사두건.

【网警】**wǎngjǐng** ☞【网络警察】**wǎngluò jǐngchá**

【网具】**wǎngjù** 图 그물.

【网卡】**wǎngkǎ** 图(약)(컴) 网络适配卡〔랜카드, Lan card〕.

【网开三面】**wǎngkāisānmiàn** (成) 1 사냥 그물의 세 면을 열어 주다. 2(비) 관대히 대하다. 관대하게 용서하다.

【网开一面】**wǎngkāiyīmiàn** (成) 1 그물의 한쪽을 벌려 놓다. 2(비) (원수나 나쁜 자에게) 살 길을 열어 주다. 가볍게 처벌하다. 3(비) 일처리에 있어 사람을 궁지에 몰아넣지 말아야 한다. ↔严惩不贷

【网篮】**wǎnglán** 图 그물 덮개 바구니.

【网漏吞舟】**wǎnglòu-tūnzhōu** (成) 1 배를 삼킬 만한 큰 고기가 그물을 빠져 나가다. 2(비) 법이 너무 관대하여 중죄인이 법망을 빠져 나가다.

【网路】**wǎnglù** 图(电) 네트워크(network). ¶~故障=네트워크 고장.

【网罗】**wǎngluó** 图 1 망라. 그물. 2(비) 속박. 굴레. ¶冲破~=속박을 깨뜨리다. 图 망라하다. 긁어모으다. 모두 끌어모으다. ¶~人才=인재를 망라하다.

【网络】**wǎngluò** 图 1 그물처럼 생긴 것. 그물모양의 것. 2(비) (그물 형태의) 조직. 계통. 망. 시스템(system). ¶交通~=교통망. 3(电) 회로망. 4(컴) 네트워크(network). 웹(web). 사이버(cyber).

【网络冲浪】**wǎngluò chōnglàng** 图(컴) 인터넷 서핑.

【网络电话】**wǎngluò diànhuà** 图 1 인터넷 전화(폰). 2 IP전화(폰).

【网络犯罪】**wǎngluò fànzuì** 图(法) 사이버 범죄.

【网络计算机】**wǎngluò jìsuànjī** 图 네트워크 컴퓨터.

【网络经济】**wǎngluò jīngjì** 图 사이버 경제.

【网络警察】**wǎngluò jǐngchá** 图 1 사이버 경찰. 사이버 수사대. 2 사이버 경찰관. (약)【网警】**wǎngjǐng**

【网络咖啡屋】**wǎngluò kāfēiwū** 图(컴) 인터넷 카페.

【网(络)聊(天)】**wǎng(luò)liáo(tiān)** 图(컴) 인터넷 채팅.

【网络文学】**wǎngluò wénxué** 图(컴) 인터넷 문학.

【网络银行】**wǎngluò yínháng** 图(经) 인터넷 뱅킹. 인터넷 뱅크. =【虚拟银行】**xūnǐ yínháng**

【网络营销】**wǎngluò yíngxiāo** 图(经) 인터넷 경영.

【网迷】**wǎngmí** 图 인터넷 중독자〔애호가〕.

【网民】**wǎngmín** 图 1 인터넷 가입자〔이용자〕. 2 네티즌(netizen).

【网名】**wǎngmíng** 图 아이디(ID).

【网膜】**wǎngmó** 图 1(生) 대망(막). 2 ☞【视网膜】**shìwǎngmó**

【网目】**wǎngmù** 图 ☞【网眼】**wǎngyǎn**

【网球】**wǎngqiú** 图(体) 1 테니스. 정구. 2 테니스공.

【网上大学】**wǎngshàng dàxué** 图(컴) 가상대학. 사이버 대학교.

【网上购物】**wǎngshàng gòuwù** 图 온라인 쇼핑〔구매〕.

【网上书店】**wǎngshàng shūdiàn** 图 사이버 서점. 인터넷 서점.

【网绳】**wǎngshéng** 图 그물을 당기는〔걷는〕 밧줄.

【网坛】**wǎngtán** 图 테니스계.

【网线】**wǎngxiàn** 图 1 어망을 짜는 실. 고기 그물의 실. 2(印) (사진 평판 인쇄에서) 망점의 조밀도.

【网箱】**wǎngxiāng** 图 (그물을 쳐서 만든) 상자형 가두리.

【网箱养鱼】**wǎngxiāng yǎngyú** 图 (그물을 쳐서 만든) 상자형 가두리 양식을 하다.

【网眼】**wǎngyǎn**(~儿) 图 그물코〔그물눈〕. =【网目】**wǎngmù**

【网页】**wǎngyè** 图 인터넷 홈페이지. ¶~设计=웹 디자인.

【网友】**wǎngyǒu** 图 1 넷 친구. 인터넷 친구. 〔인터넷을 통해 교류하는 친구〕 2 넷 친구. 님. 〔네티즌 간의 호칭〕

【网藻】**wǎngzǎo** ☞【水网藻】**shuǐwǎngzǎo**

【网站】**wǎngzhàn** 图 (인터넷) 웹사이트. ¶登录~=웹사이트에 등록하다.

【网址】**wǎngzhǐ** 图 웹사이트 주소. 인터넷 주소.

【网主】**wǎngzhǔ** 图(컴) 웹 마스터(web master).

【网状】**wǎngzhuàng** 图 망상. 그물 모양. ¶~分布=그물 모양 분포.

【网状脉】**wǎngzhuàngmài** 图(植) 망상맥. 그물맥.

【网坠】**wǎngzhuì** 图 고기 그물의 추.

【网子】wǎng·zi 명 1 그물 모양의 용품. 2 머리그물. 헤어네트.

**枉** wǎng 굽을 왕

형 1 굽다. 비뚤다. 바르지 못하다. ¶矫~过正=잘못을 바로잡으려다 너무 지나쳐 오히려 나쁘게 되다. 2 억울하다. 원통하다. ¶冤~=원통하다. 통 구부리다. 왜곡시키다. 어기다. ¶贪赃~法=뇌물을 받아먹고 법을 어기다. 튀 헛되이. 쓸데없이. 공연히. 괜히. 보람 없이. ¶~费口舌=공연히 입품을 팔다.

○→ 诬wū枉

【枉尺直寻】wǎngchǐ-zhíxún 성 1 한 자를 굽히고 여덟 자를 펴다. 2 비 작은 양보로 큰 이득을 얻다. 작은 어려움을 견디어 큰 일을 성사시키다.
【枉断】wǎngduàn 통 법을 왜곡하여 그릇된 판결을 내리다.
【枉法】wǎngfǎ 통 법을 왜곡하다〔어기다〕. ¶徇私~=사사로운 정에 얽매여 법을 어기다.
【枉费】wǎngfèi 통 낭비하다. 허비하다. ¶~财力, 物力.=재력과 물력을 낭비하다.
【枉费心机】wǎngfèi-xīnjī 성 쓸데없이 애쓰다. 헛되이 노력하다. 헛수고하다.
【枉顾】wǎnggù 통경 왕림(枉臨)하다. 왕가(枉駕)하다. 혜림(惠臨)하다.
【枉活】wǎnghuó 통 헛살다. ¶一大把年纪还不明事理, 真是~了这么些年.=나이가 들어서도 사리에 밝지 못하니, 이렇게 많은 날들을 정말로 헛살았다.
【枉己正人】wǎngjǐ-zhèngrén 성 자기 자신은 바르지 않으면서 남을 바르게 하려 하다.
【枉驾】wǎngjià 통운경 1 왕림하다. 왕가하다. 혜림하다. 2 특별히 방문해 주십시오.
【枉口拔舌】wǎngkǒu-báshé 성 입에서 나오는 대로 함부로 지껄이다. 되는대로 말하다. [주로 조기 백화문에 보임]
【枉临】wǎnglín 통운경 왕림하다. 왕가하다. 혜림하다.
【枉屈】wǎngqū 통운경 왕림하다. 왕가하다. 혜림하다.
【枉然】wǎngrán 형 헛되다. 헛수고이다. 보람 없다. ¶孩子自身不努力, 父母操心再多也是~.=아이 스스로 노력하지 않으면 부모가 제아무리 걱정을 한다 해도 헛수고이다.
【枉死】wǎngsǐ 통 억울하게 죽다. 원사하다.
【枉送】wǎngsòng 통 헛되이 버리다. 헛되이 잃다. ¶~性命=목숨을 헛되이 버리다.
【枉自】wǎngzì 튀 헛되이. 보람 없이. 공연히. 괜히. ¶~费了半天唇舌, 别人根本不搭理.=입이 닳도록 말한 보람도 없이 사람들이 전혀 대꾸하지 않는다.

**罔**[(㒺)] wǎng 감출 망

통운 1 가리다. 감추다. 은폐하다. 숨기다. 속이다. 기만하다. ¶欺~=속이다. 2 없다. …하지

않다. ¶置若~闻=못 들은 척하다. 튀 (부정이나 금지를 나타내어) …이 아니다. …하지 말아야 한다. …해서는 안 된다. …하지 마라. ¶~知所措=어찌할 바를 모르다. 갈팡질팡하다.
【罔极】wǎngjí 형운 망극하다. 끝이 없다. 무한하다. ¶~之恩=한없는 은혜. 부모의 은혜.
【罔替】wǎngtì 통운 변함없다. 불변하다. ¶世袭~=세습이 변하지 않다.

**往**[(徃)] wǎng 갈 왕

통 1 가다. …에 이르다. 도착하다. ¶独来独~=자유롭게 행동하다. 마음대로 행동하다. / ~返奔走=왔다 갔다 분주하다. 2 (…로) 향하다. ¶你~南, 我~北.=너는 남으로 향하고 나는 북으로 향한다. 개 …쪽으로. …(을·를) 향해. ¶人~高处走, 水~低处流.=사람은 높은 곳을 향해 가고 물은 낮은 곳으로 흐른다. 형 이전의. 옛날의. 지나간. ¶回首~事=예전 일을 회상하다. ↔来 复返

○→ 过往, 交往, 神往, 向往, 以往, 已往

| 형식 | '이동'의 의미 | '향하다'의 의미 | 동작의 '대상' |
|---|---|---|---|
| 往 | ・往+처소명사/방위사+동사<br>・동사+往 | 방향으로 나아가다. | × | × |
| 向 | ・向+제한 없음+동사<br>・동사+向 | 방향으로 나아가다.<br>(추상적인 방향) | ○ | ○ |
| 朝 | ・朝+제한 없음+동사 | × | ○ | × |

往(wǎng) / 向(xiàng) / 朝(cháo)
동작의 방향을 나타내는 개사

【往常】wǎngcháng 명 평소. 평상시. ¶他今天来得比~都早.=그는 오늘 평소보다도 일찍 왔다.
【往返】wǎngfǎn 통 왕복하다. 오가다. ¶徒劳~=공연히 왔다 갔다 하다.
【往返票】wǎngfǎnpiào ☞【来回票】láihuí piào
【往复】wǎngfù 통 1 교제하다. 사귀다. ¶宾主~=주객이 교제하다. 2 왕복하다. 되풀이하다. ¶循环~=순환이 되풀이되다.
【往后】wǎnghòu 명튀 뒤〔후〕에. 뒷날. 앞으로. ¶~要注意锻炼身体.=앞으로 몸을 단련하는 것에 신경을 써라. 개 뒤를 향해. 뒤로. ¶看~=뒤를 향해 보다.
【往还】wǎnghuán 통 왕래하다. 오가다. 교제하다. ¶书信~=서신 왕래.
【往届】wǎngjiè 명 전회. 지난번. 전번. ¶~会议=지난번 회의. / ~毕业生=기존의 졸업생. ['应届生(당해 연도 졸업생)'과 상대되는 말]
【往来】wǎnglái 통 1 왕래하다. 오가다. 왔다 갔다 하다. ¶~不绝=왕래가 끊이지 않다. 2 방

wǎng 往 惘 辋 蛧 魍 王 妄

문하다. 교제하다. 주고받다. 교환하다. 사귀다. 거래하다. ¶贸易~=무역 거래.

【往脸上抹灰】wǎng liǎn·shang mǒhuī 〈낮비〉 스스로를 깎아 내리다. 제 얼굴에 똥칠하다.

【往脸上贴金】wǎng liǎn·shang tiējīn 〈낮비〉 스스로를 미화하다.

【往年】wǎngnián 〈명〉 왕년. 옛날. ¶今年的收入比~有所减少。=올해 수입은 왕년에 비해 감소하였다.

【往前】wǎngqián 〈명〉 이전. ¶~的事情就不要再提了。=이전 일은 더 이상 언급하지 마라. 〈개〉 앞(쪽)으로. ¶~看, 别回头。=앞을 보고 뒤돌아보지 마라.

【往日】wǎngrì 〈명〉 이전. 예전. 지난날. ¶整个城市面貌和~是大不相同了。=전체적인 도시의 면모가 예전과는 판이하게 다르다.

【往时】wǎngshí 〈명〉 이전. 옛날. 왕년. ¶学校还是~的老样子。=학교는 여전히 옛 모습 그대로이다.

【往事】wǎngshì 〈명〉 지난 일. 옛일. ¶~重提=옛일을 다시 제기하다.

【往往】wǎngwǎng 〈부〉 왕왕. 자주. 흔히. 종종. 때때로. 이따금. ¶他~是最后一个离开办公室。=그는 종종 제일 늦게 사무실을 떠난다.

【往昔】wǎngxī 〈명〉 종전. 이전. 예전. 옛날. ¶一如~=이전과 같다.

【往心里去】wǎng xīn·li qù 〈숙〉 마음에 두다. 마음속에 새기다. 개의하다. 신경 쓰다. ¶他信口胡说, 你别~。=그가 제멋대로 지껄이는 것이니, 당신은 신경 쓰지 마세요.

【往眼里揉沙子】wǎng yǎn·li róu shā·zi 〈낮비〉 고의로 방해하다〔저지하다·가로막다〕.

惘 wǎng 멍할 망
〈형〉 낙담하다. 낙심하다. 실망하다. ¶怅~=실의에 빠져 멍하다.

○● 迷mí惘

【惘然】wǎngrán 〈형〉 실의에 빠진 모양. ¶~而返=낙담하며 돌아가다.

【惘然若失】wǎngrán-ruòshī 〈성〉 1 뭔가 잃어버린 듯하다. 망연자실하다. 2 〈비〉 (마음이) 편안하지〔안정되지〕 않다. 자유롭지 못하다.

辋[輞] wǎng 바퀴테 망
〈명〉 바퀴테. 수레바퀴 테두리쇠. ¶车~=수레바퀴의 테.

蛧 wǎng 도깨비 망
【蛧蜽】wǎngliǎng ☞【魍魉】wǎngliǎng

魍 wǎng 도깨비 망
【魍魉】[蛧蜽] wǎngliǎng 〈명〉〈문〉 (전설상의) 괴물. 도깨비. 요괴. 정령. ¶魑魅~=이매망량. 사람을 해치는 온갖 귀신.

王 wàng 왕 노릇 할 왕

〈동〉〈문〉 왕 노릇 하다. 천하를 다스리다. ¶~天下=천하의 왕 노릇을 하다.
☞ wáng

**妄 wàng 허망할 망
〈형〉 1 터무니없다. 황당무계하다. 도리에 맞지 않다. ¶狂~自大=분별 없이 잘난 체하다. 2 망령되다. 분수에 넘치다. 본분을 벗어나다. 주제넘다. ¶痴心~想=망상에 빠지다. 〈부〉 함부로. 멋대로. 마구. 경솔하게. 무책임하게. ¶胆大~为=겁도 없이 함부로 날뛰다.

○● 虚xū妄, 愚yú妄

【妄称】wàngchēng 〈동〉 멋대로 말하다. 함부로 큰소리치다. ¶~专家=전문가라고 함부로 공언하다.

【妄动】wàngdòng 〈동〉 망동하다. 경솔하게〔함부로〕 행동하다. ¶轻举~=경거망동하다.

【妄断】wàngduàn 〈동〉 경솔하게〔함부로〕 결론을 내리다. ¶凭空~=근거 없이 함부로 결론을 내리다.

【妄加】wàngjiā 〈동〉 멋대로〔함부로〕 가하다〔주다〕. ¶~评论=함부로 논평을 가하다.

【妄念】wàngniàn 〈명〉 망념. 망령된 생각. 터무니없는 생각. 그릇된 생각. ¶滋生~=망령된 생각을 일으키다.

【妄求】wàngqiú 〈동〉 주제넘게〔분수에 넘치게·터무니없이〕 요구하다〔추구하다〕. ¶不可~=터무니없이 요구해서는 안 된다.

【妄取】wàngqǔ 〈동〉 허락 없이 함부로 사용하다. 제멋대로 가져다 쓰다. ¶非分之财, 不可~。=분수에 맞지 않는 재물을 함부로 취해선 안 된다.

【妄人】wàngrén 〈명〉〈문〉 황당무계한 사람.

【妄说】wàngshuō 〈동〉 함부로 말하다. 허튼소리를 하다. 터무니없이 말하다. 멋대로 말하다. ¶无知~=알지도 못하면서 함부로 말하다.

【妄谈】wàngtán 〈동〉 터무니없이 말하다. 함부로 논의하다. 황당한 말을 하다. ¶事关生死, 岂敢~。=일에 생사가 걸렸는데 어찌 감히 함부로 말하겠는가.

【妄图】wàngtú 〈동〉 터무니없이〔무모하게·분별없이·망령되게·함부로〕 꾀하다〔계획하다·기도하다〕. ¶~不轨=망령되게 반역을 꾀하다.

【妄为】wàngwéi 〈동〉 함부로 행동하다. 제멋대로 하다. ¶恣意~=제멋대로 날뛰다.

【妄下雌黄】wàngxià-cíhuáng 〈성〉 함부로 글자를〔문장을〕 바꾸다. 멋대로 왈가왈부하다〔의논하다〕.

【妄想】wàngxiǎng 〈동〉 망상하다. 공상하다. ¶~一夜暴富=하룻밤 사이에 벼락부자를 꿈꾸다. 〈명〉 망상. 공상. ¶痴心~=망상에 빠지다.

【妄言】wàngyán 〈동〉 함부로 말하다. 허튼소리를 하다. 터무니없이 말하다. 멋대로 말하다. 〈명〉 망언. 황당한 말. 터무니없는 말.

【妄语】wàngyǔ 〈동〉 망령된 말을 하다. 터무니없는 말을 하다. 황당한 말을 하다. 〈명〉 망언. 황당한 말. 터무니없는 말.

【妄自菲薄】**wàngzì-fěibó** [성] 지나치게 자신을 낮추다. 필요 이상으로 자신을 비하하다. ≒自惭形秽 自暴自弃 ↔妄自尊大 自命不凡

【妄自尊大】**wàngzì-zūndà** [성] 지나치게 잘난 체하다. ≒自命不凡 夜郎自大 ↔妄自菲薄 自惭形秽 自暴自弃 摇尾乞怜

**忘** **wàng** 잊을 망

[동] **1** (지난 일을) 잊다. 망각하다. ¶遗～=잊어버리다. / 那是多年前的事, 我早～了。=그것은 여러 해 전의 일이어서 나는 벌써 잊어버렸다. **2** 소홀히 하다. 경시하다. 무시하다. (마땅히 해야 할 일을) 잊다. ¶废寝～食=침식을 잊다. / 他今天～带手机了。=그는 오늘 휴대폰을 가져오는 것을 잊었다. ↔记

0● 淡忘, 健忘, 遗忘, 备忘录

【忘本】**wàng‖běn** [동] 근본을 잊다. (처지가 좋아진 후에) 옛날의 처지를 잊어버리다.

【忘不掉】**wàng·budiào** [동] 잊을 수 없다. 잊지 못하다. ¶～多年的同窗情谊。=오랜 세월 동안 동창의 우정을 잊을 수 없다.

【忘不了】**wàng·buliǎo** [동] 잊을 수 없다. 잊지 못하다.

【忘掉】**wàng‖diào** [동] 잊어버리다. ¶把不高兴的事～。=즐겁지 않은 일을 잊어버리다. ≒忘记 忘却 忘怀

【忘恩负义】**wàng'ēn-fùyì** [성] 배은망덕하다. 은혜와 의리를 저버리다.

【忘光】**wàng‖guāng** [동] 깨끗이〔모두〕 잊어버리다. 아주 잊다. ¶小时侯的事情差不多～了。=어렸을 때의 일은 거의 잊어버렸다.

【忘乎所以】**wànghū-suǒyǐ** [성] 너무 흥분하거나 자만하여 모든 것을 잊어버리다. =【忘其所以】**wàngqí suǒyǐ**

【忘怀】**wànghuái** [동] 잊다. 잊어버리다. ¶影片中感人的场面让人久久不能～。=영화 속의 감동적인 장면을 사람들은 오래도록 잊지 못한다. ≒忘记 忘掉 忘却 ↔想念 挂怀

【忘记】**wàngjì** [동] **1** (지난 일을) 잊어버리다. ¶我们没有～共同经历的艰苦岁月。=우리들은 함께 겪었던 고난의 세월을 잊지 않았다. **2** (마땅히 해야 할 일을) 잊다. 소홀히 하다. ¶～了关灯。=전등 끄는 것을 잊어버렸다. ≒忘却 忘掉 忘怀 遗忘

【忘旧】**wàngjiù** [동] **1** 옛정을 잊다. **2** 옛 친구를 잊다.

【忘年交】**wàngniánjiāo** [명] 망년지우. 나이에 거리끼지 않고 허물없이 사귄 벗.

【忘其所以】**wàngqí-suǒyǐ** ☞【忘乎所以】**wànghū-suǒyǐ**

【忘情】**wàngqíng** [동] **1** 감정을 억제할〔걷잡을〕 수 없다. 감정이 북받치다. ¶～地呐喊=감정이 북받치는 대로 소리를 지르다. **2** 정을 잊다. 정을 버리다. [주로 부정형으로 쓰임] ¶生死之交, 不能～。=생사를 같이하는 벗과의 정을 잊을 수 없다.

【忘却】**wàngquè** [동] 망각하다. 잊어버리다. ¶～旧事=지나간 일을 잊어버리다. ≒忘记 忘掉 忘怀 ↔想念

【忘我】**wàngwǒ** [동] **1** 자신을 돌보지 않다. 헌신하다. 자신을 희생하다. **2** 사심이 없다. 공평하다. ¶～地工作=사심이 없이 일하다.

【忘形】**wàngxíng** [동] (득의하거나 기쁜 나머지) 평상의 상태를 잃다. 자기의 체면을 잊어버리다. ¶得意～=조그만 성공에 자신의 처지를〔본분을〕 잊어버리다. 명리를 조금 얻자 우쭐거리다〔설치다〕.

【忘性】**wàng·xing** [명] 건망증. ¶～大, 记不住事。=건망증이 심해서 지나간 일을 기억할 수 없다. ↔记性

【忘忧草】**wàngyōucǎo** ☞【萱草】**xuāncǎo**

**旺** **wàng** 성할 왕

[형] **1** (기운이나 세력이) 성하다. 왕성하다. 맹렬하다. (생명력이) 강하다. (나무나 풀 따위가) 무성하다. ¶炉火正～=난롯불이 한창 타오르고 있다. / 百业兴～=각 업계가 번창하다. **2** [방] 많다. 충분하다. ¶泉水很～。=샘물이 충분하다.

0● 健旺

【旺炽】**wàngchì** [형] (불이) 세차다. 이글이글〔활활〕 타오르다. ¶～的篝火=세차게 타오르는 모닥불.

【旺地】**wàngdì** [명] **1** 비옥한 논밭. **2** (돈벌이가 잘 되는) 노른자위 땅.

【旺发】**wàngfā** [동] **1** (작물이) 왕성하게 자라다. **2** (어기(漁期)에) 고기 떼가 대량 출현하다.

【旺火】**wànghuǒ** [명] 맹렬히 타오르는 불. 세찬 불길. 이글거리는 불.

【旺季】**wàngjì** [명] (영업·생산·여행 등이) 한창인 때. 한물. 성수기. 최성기. ↔淡季

【旺健】**wàngjiàn** [형] 강건하다. 건장하다. ¶身体～=몸이 건장하다.

【旺年】**wàngnián** [명][방] 과수의 생장이 좋고 수확이 풍성한 해.

【旺盛】**wàngshèng** [형] **1** 세차게〔활활·이글이글·맹렬히〕 타오르다. ¶～的火焰=활활 타오르는 불꽃. **2** (정력이) 왕성하다. 성하다. 충만하다. ¶精力～=정력이 왕성하다. **3** (생명력이) 강하다. 무성하다. ¶小麦长势～。=밀의 작황이 좋다. ↔衰竭

【旺市】**wàngshì** [명] 호경기. 호황. ¶节日期间, 各大商场都是一片～景象。=명절 기간에는 상점마다 모두 호황을 누린다. ↔淡市

【旺势】**wàngshì** [명] 활황세. 호황세. ¶绿色食品呈现销售～。=무공해 식품이 판매에서 활황세를 보인다.

【旺旺】**wàngwàng** [형] (불기운이) 세차다. ¶火要烧得～的。=불길을 세차게 해야 한다.

【旺销】**wàngxiāo** [형] 불티나다. 잘 팔리다. ¶～产品=히트 상품.

【旺月】**wàngyuè** [명] 영업 실적이 좋은 달. 경기가 좋은 달. ↔淡月

**望[(朢)] wàng** 바랄 망

**동 1** (멀리) 바라보다. 조망하다. ¶一~无际=일망무제. 끝없이 넓다. **2** 주시하다. 살펴보다. 관찰하다. 둘러보다. ¶四处观~=사방을 둘러보다. **3** 바라다. 희망하다. 기대하다. ¶大失所~=크게 실망하다. **4** 향하다. ¶隔江相~=강을 사이에 두고 마주 보고 있다. **5** 문안하다. 방문하다. 찾아가다. 위문하다. ¶看~亲友=친한 친구를 찾아가다. **6** 원망하다. 책망하다. 증오하다. ¶怨~=원망하다. **7** 개 (나이가) …에 가깝다. …살을〔세를〕 바라보다. ¶~六之年=60세를 바라보는 나이. 개 …을〔를〕 향하여. …쪽으로. ¶抬~上看.=고개를 들어 위를 보다. 명 **1** 명망. 명성. ¶德高~重=덕성이 높고 명망이 크다. **2** 명망가(名望家). ¶一乡之~=한 고을의 명망가. **3** 희망. 기대. ¶众~所归=뭇 사람이 기대하는 바이다. 뭇 사람의 촉망이 쏠리다. **4** 간판. 표지. **5** (天) 술집 간판. **5** (天) 보름달. 망월. **6** (天) 보름날. 음력 15일. **7** (Wàng) 성 (姓). ⇨观

◦● 巴望, 才望, 承chéng望, 德望, 观望, 过望, 厚望, 鹄hú望, 绝望, 渴kě望, 瞭liào望, 名望, 凝níng望, 盼pàn望, 期望, 祈qí望, 企qǐ望, 热望, 人望, 奢shē望, 深望, 声望, 失望, 守望, 探tàn望, 眺tiào望, 威望, 无望, 希望, 想望, 悬xuán望, 仰望, 欲望, 愿望, 在望, 瞻zhān望, 展望, 张望, 指望, 众望, 资望

【望板】**wàngbǎn** 명(建) 지붕널.
【望尘莫及】**wàngchén-mòjí** 성 **1** 앞사람이 일으키는 먼지만 바라볼 뿐 따라잡지 못하다. **2** 매우 뒤처지다. 발밑에도 미치지 못하다.
【望穿秋水】**wàngchuān-qiūshuǐ** 성(부) 눈이 빠지게 기다리다. 매우 간절하게 바라다. [주로 여성에게 쓰임]
【望断】**wàngduàn** 동(문) 아득히 멀어져 보이지 않게 되다. 멀리 사라지다. ¶天高云淡, ~南飞雁.=하늘은 높고 구름은 옅은데, 남으로 날아가는 기러기들이 멀리 사라지누나.
【望而却步】**wàng'érquèbù** 성 (위험하거나 힘이 닿지 않을 듯한 것을 보고) 뒷걸음질치다. 꽁무니를 빼다.
【望而生畏】**wàng'érshēngwèi** 성 보기만 해도 두려워하다.
【望风】**wàng∥fēng** 동 (비밀스런 활동을 하는 사람을 위해) 동정을 살피다. 망을 보다.
【望风捕影】**wàngfēng-bǔyǐng** ☞【捕风捉影】**bǔfēng-zhuōyǐng**
【望风而逃】**wàngfēng'értáo** 성 멀리서 적의 강대한 기세를 보자마자 도망치다. 소문만 듣고도 질겁하여 달아나다.
【望风披靡】**wàngfēng-pīmǐ** 성 **1** 초목이 바람을 만나자마자 쓰러지다. **2** (비) 적의 강력한 기세를 보자마자 뿔뿔이 흩어져 도주하다. 혼비백산하여 패주하다.
【望见】**wàngjiàn** 동 망견하다. 멀리 바라보다.

¶远远~前面有一条河.=앞에 있는 강줄기를 멀리 바라보다.
【望楼】**wànglóu** 명 망루.
【望梅止渴】**wàngméi-zhǐkě** 성 **1** 매실을 생각하며 갈증을 풀다. [《세설신어·가휼(世說新語·假譎)》에서, 조조(曹操)가 행군시에 군사들이 몹시 목말라 하는 것을 보고 "앞에 새콤달콤한 매실 숲이 있다."고 거짓말을 하자 군사들이 침을 흘리며 갈증을 면했다는 고사에서 유래함] **2**(비) 공상으로 자기를 안위하다. ≒画饼充饥
【望门】**wàngmén** 명(문) 명망 있는 집안〔가문〕. ¶出身~=명망 있는 가문 출신이다.
【望门寡】**wàngménguǎ** 명(방) 망문 과부. 까막 과부.
【望门投止】**wàngmén-tóuzhǐ** 성 **1** 인가가 보이는 대로 투숙하다. **2** 여행 중에 피곤하여 휴식을 갈구하거나 곤경에서 벗어나기에 급박한〔급급한〕 상황.
【望女成凤】**wàngnǚchéngfèng** 성 딸이 훌륭한 인물이 되기를 바라다.
【望其项背】**wàngqíxiàngbèi** 성 (실력·열 등이 비교 대상에서) 거의 근접하다〔도달하다〕. 따라잡다. [주로 부정형으로 쓰임]
【望日】**wàngrì** 명(天) 보름날. 음력 매월 15일.
【望色】**wàngsè** 동(醫) 환자의 기색을 보고 진찰하다. ¶切脉~=맥을 짚고 기색을 살피다.
【望山跑死马】**wàng shān pǎo sǐ mǎ** 속(비) 보기에는 가까워도 실제로 가 보면 멀다. =【望山走倒马】**wàng shān zǒu dǎo mǎ**
【望山走倒马】**wàng shān zǒu dǎo mǎ** ☞【望山跑死马】**wàng shān pǎo sǐ mǎ**
【望台】**wàngtái** 명 전망대.
【望天田】**wàngtiāntián** 명 천수답. 천둥지기.
【望外】**wàngwài** 명 망외. 뜻밖. 의외. 생각 밖. ¶喜出~=뜻밖의 기쁨.
【望文生义】**wàngwén-shēngyì** 성 (깊이 탐구하지 않고) 글자만 보고 단편적이거나 잘못된 해석을 내리다. 글자만 보고 대강 뜻을 짐작하다.
【望闻问切】**wàng-wén-wèn-qiè** 명(醫) 4진(四诊). [환자의 병세를 보고, 듣고, 묻고, 맥을 짚어 진찰하는 것]
【望乡台】**wàngxiāngtái** 명 **1**(속) 망향대. [멀리 고향을 떠난 사람들이 자기의 고향을 바라보는 곳] **2** 망향대. [죽은 사람의 넋이 저승에서 자기의 고향이나 옛 집을 바라본다는 곳]
【望眼欲穿】**wàngyǎn-yùchuān** 성(비) 눈이 빠지게 기다리다. 매우 간절하게 바라다.
【望洋兴叹】**wàngyáng-xīngtàn** 성 **1** 위대한 사물 앞에서 자신의 왜소함에 탄식하다. **2**(비) 남의 위대함을 보고 자신의 초라함을 개탄하다. 자신의 역부족을 알고 탄식하다.
【望远镜】**wàngyuǎnjìng** 명 망원경.
【望月】**wàngyuè** 명(天) 보름달. =【满月】**mǎnyuè**
【望诊】**wàngzhěn** 명(醫) 망진. [진찰 방법의 하나. 환자의 상태·안색·설태(舌苔) 등을 보고 초보적인 진단을 내리는 것]

【望砖】wàngzhuān 명 서까래 위에 펴 놓는 얇은 벽돌.
【望子成龙】wàngzǐ-chénglóng 아들이 훌륭한 인물이 되기를 바라다.
【望子】wàng·zi 실물 표지〔간판〕. [점포의 문 밖에 높이 내걸어 멀리서도 볼 수 있기 때문에 붙여진 이름]
【望族】wàngzú 명 망족. 명망이 있는 집안. 명문 귀족. ¶名门~=명문 귀족.

# wei

**危** wēi 위태할 위

형 1툰 높이 솟다. 똑바로 서다. ¶绝壁~楼=절벽에 높이 솟은 누각. 2툰 단정하다. 바르다. ¶正襟~坐=옷깃을 여미고 단정하게 앉다. 3 위험하다. 위태롭다. ¶居安思~=편안한 때에도 위험을 잊지 않다. 4 (생명이) 위독하다. 위급하다. 거의 죽어 가다. ¶临~嘱托=죽음에 임박하여 부탁하다. 동 1 위태롭게 하다. 위험에 빠뜨리다. 해치다. ¶~及生命=생명까지 위태롭게 하다. 2 겁먹다. 무서워하다. 무섭게 하다. ¶人人自~=사람마다 무서워하다. 명 1 〔天〕수(危宿). [이십팔수(二十八宿)의 하나] 2 (Wēi) 성(姓). ↔安

○● 濒bīn危, 垂危, 艰jiān危

【危城】wēichéng 명 1툰 높이 솟아 있는 성. 2 (적에게 포위되어) 위태로운 도시. 함락 직전의 도시.
【危殆】wēidài 형문 (형세·생명 등이) 위험하다. 위태롭다. 위급하다. ¶病势~=병세가 위태롭다.
【危地马拉】Wēidìmǎlā 명 (地) 과테말라(Guatemala). [수도는 '危地马拉(과테말라시: Guatemala City)' 임]
【危笃】wēidǔ 형툰 (병세가) 위독하다.
【危房】wēifáng 명 붕괴될〔무너질〕 위험이 있는 집.
【危害】wēihài 동 해를 끼치다. 해치다. 손상시키다. ¶~身心健康=몸과 마음의 건강을 해치다. 명 위해. 해. 해독. ¶防治农业病虫的~。=농업 병충해를 예방 퇴치하다. ≒损害
【危害公共安全罪】wēihài gōnggòng ān quán zuì 명 (法) 공공위해죄.
【危机】wēijī 1 위기. 위험한 고비. ¶经济~=경제 위기. 2 잠복된 위험이나 재난. 위기. ¶四伏=위기가 도처에 숨어 있다.
【危机感】wēijīgǎn 명 위기감.
【危机四伏】wēijī-sìfú 형 위기가 도처에 도사리고 있다.
【危及】wēijí 동 위험이 미치다. ¶~国家财产=위험이 국가 재산에까지 미치다.
【危急】wēijí 형 위급하다. 급박하다. 화급하다. 다급하다. ¶情况~=상황이 위급하다.

【危境】wēijìng 명 위경. 위태로운 처지〔지경·상태〕.
【危局】wēijú 명 위국. 위태로운 국면〔판국〕. 위험한 정세. 위기. ¶深陷~=위험한 정세에 깊이 빠져들다.
【危惧】wēijù 동 위구하다. 무서워하다. 두려워하다.
【危困】wēikùn 형 위험〔위급〕하고 곤란하다.
【危楼】wēilóu 명툰 높은 건물. 위루. 매우 높은 누각. ¶~百尺=높은 누각이 백 척이나 된다.
【危难】wēinàn 명 위난. 위험과 곤란〔재난〕. ¶~之时=위난 시기.
【危浅】wēiqiǎn 형툰 (생명이) 위기에 처하다. 위독하다. 위태롭다. ¶人命~=생명이〔목숨이〕 위독하다.
【危如累卵】wēirúlěiluǎn 성어 위여누란. 쌓아올린 계란과 같이 몹시 위험하다. ≒千钧一发 摇摇欲坠 ↔安如泰山
【危若朝露】wēiruòzhāolù 성 1 위약조로. 위험하기가 아침 이슬 같다. 2 (비) (생명 등이) 대단히 위태롭다.
【危途】wēitú 명 위험한 길. 위태로운 도로. 위도(危道).
【危亡】wēiwáng 명 멸망의 위기. 생사존망의 위기. [주로 국가나 민족을 가리킴]
【危险】wēixiǎn 형 위험하다. ¶~地带=위험 지대. 명 위험. ¶女孩子孤身走夜路可能会有~。=여자 아이가 혼자서 밤길을 다니면 위험이 있을 수 있다. ↔安全
【危险废物】wēixiǎn fèiwù 명 위험 폐기물.
【危险品】wēixiǎnpǐn 명 위험물. [인화성과 폭발성이 강하거나 독이 들어 있는 물품]
【危象】wēixiàng 명 위험한 징후〔병세〕. ¶~迭出=위험한 징후가 여러 차례 출현하다.
【危言耸听】wēiyán-sǒngtīng 성어 일부러 놀래는 말을 하여 사람을 놀라고 두렵게 하다. ≒骇人听闻 耸人听闻
【危言危行】wēiyán-wēixíng 성어 올바른 언행. 정직한 언행.
【危在旦夕】wēizàidànxī 성어 위험이 조석에 달려 있다. 위험이 눈앞에 닥쳐 있다. 매우 위급하다. ≒厝火积薪 朝不保夕
【危重】wēizhòng 형 (병세가) 위중하다. 위독하다. 위태롭다. ¶~病人=위독한 환자.
【危坐】wēizuò 동툰 정좌하다. 단정히 앉다. 바르게 앉다. ¶围炉~=난로를 둘러싸고 단정히 앉다.

**委** wēi 따를 위
☞ wěi
【委蛇】wēiyí 동툰 따르다. 순종하다. ¶虚与~=겉으로만 추종하다. 겉으로만 공손한 체하다. 짐짓 좋은 체하다. 형 ☞【逶迤】wēiyí

**威** wēi 위엄 위
동 위협하다. 으르다. 협박하다. 윽박지르다. 엄포 놓다. ¶声~天下=이름을 천하에 떨치다. 명

**1** 위엄. 존엄. 위력. ¶~振四海=위력이 세상을 뒤흔들다. **2**(Wēi) 성(姓).

○→ 虎威, 神威, 施shī威, 雄xióng威, 淫yín威, 余威

【威逼】wēibī 통 협박하다. 윽박지르다. 위협하다. 으르다. 엄포 놓다. ¶要以理服人, 不能~=이치에 맞게 설득해야지 윽박질러서는 안 된다.

【威逼利诱】wēibī-lìyòu 협박하기도 하고 이익을 내세워 회유하기도 하다. 강경책과 유화책을 함께 쓰다. =【威迫利诱】wēipò-lìyòu【威胁利诱】wēixié-lìyòu

【威尔钢】wēi'ěrgāng ☞【伟哥】wěigē

【威风】wēifēng 명 위풍. 위엄. 콧대. ¶他太张狂了, 得杀杀他的~。=그가 너무 날뛰니, 콧대를 좀 꺾어 놓아야겠다. 형 당당하다. 늠름하다. 위엄이 있다. 위풍이 넘치다. ¶阅兵方阵中的士兵个个~。=사각 열병 대열 속의 병사들이 모두 위풍이 넘친다.

【威风凛凛】wēifēng-lǐnlǐn 성 위풍당당하다. 위엄이 서리다. 위풍늠름하다.

【威风扫地】wēifēng-sǎodì 성 위세가 땅에 떨어지다. 위세가 꺾이다.

【威吓】wēihè 통 위협하다. 으름장 놓다. 으르다. ¶不惧~=위협을 두려워하지 않다.

【威赫】wēihè 통 위세를 누리다〔떨치다〕. ¶~一时=한때 위세를 누리다.

【威力】wēilì 명 위력. ¶~无比=위력이 아주 뛰어나다.

【威猛】wēiměng 형 용맹스럽다. 사납다. ¶~雄壮=용맹스럽고 웅장하다.

【威名】wēimíng 명 명성. 명망. ¶~远扬=명성을 널리 떨치다.

【威迫】wēipò 통 협박하다. 윽박지르다. 위협하다. 으르다. 엄포 놓다.

【威迫利诱】wēipò-lìyòu ☞【威逼利诱】wēibī-lìyòu

【威权】wēiquán 명 권위. 힘. 권력. 위세. ¶不以~压人。=권력으로 사람을 억압해서는 안 된다.

【威容】wēiróng 명 위용. 위엄. 위엄 있는 모습. ¶~满面=얼굴에 위엄이 넘치다.

【威慑】wēishè 통 (무력이나 권세로) 위협하다. 으르다. 협박하다. 윽박지르다. ¶武力~=무력으로 위협하다.

【威士忌】wēishìjì 명(외) 위스키(whisky).

【威势】wēishì 명 **1** 위세. 위력과 권세. ¶倚仗~=(남의) 위세에 기대다. **2** 위력과 기세. 위세. ¶台风的~逐渐减弱。=태풍의 위세가 점점 약해진다.

【威望】wēiwàng 명 명망. 명성과 인망. ¶他在学术界享有极高的~。=그는 학계에서 아주 명망이 높다.

【威武】wēiwǔ 명 위무. 권세와 무력. ¶~不能屈。=권세와 무력에 굴복해서는 안 된다. 형 힘이 센 세다. 위풍당당하다. ¶~之师=위풍당당한 군대.

【威武不屈】wēiwǔ-bùqū 성 권세와 무력에 굴

복하지 않다.

【威胁】wēixié 통 **1** (무력이나 권세로) 위협하다. 으르다. 협박하다. ¶武力~=무력으로 위협하다. **2** (어떤 원인이) 위험을〔위해를〕 조성하다. 위협하다. ¶洪水~着人们的生命。=홍수가 사람들의 생명을 위협하고 있다. 명 위협. ¶沙尘暴对环境是一种不小的~。=황사는 환경에 적지 않은 위협이 된다.

【威胁利诱】wēixié-lìyòu ☞【威逼利诱】wēibī-lìyòu

【威胁性】wēixiéxìng 명 위협성. ¶不要说~的话。=위협적인 말은 하지 마라.

【威信】wēixìn 명 위신. 신망. 체면. 권위. 위엄. ¶他在下属面前没有~。=그는 부하들 앞에서 위신이 서지 않는다.

【威信扫地】wēixìn-sǎodì 성 위신이 땅에 떨어지다.

【威压】wēiyā 통 위압하다. 억누르다. 내리누르다. 협박하다. ¶~百姓=백성을 위압하다.

【威严】wēiyán 명 위엄. 위풍. ¶保持父亲的~。=부친으로서의 위엄을 유지하다. 형 위엄〔기품〕 있는 모양. 위풍당당하다. ¶神情~=표정에 위엄이 서리다.

【威仪】wēiyí 명 위의. 엄숙한 용모와 장중한 태도. ¶~凛然=위엄 서린 용모와 태도.

【威震】wēizhèn 통 위협하다. 으르다. 협박하다. 윽박지르다. 엄포 놓다. ¶~四方=위세를 세상에 떨치다

【威震天下】wēizhèn-tiānxià 성 위세를 천하에 떨치다.

## 逶 wēi 구불구불할 위

【逶迤】〔委蛇〕wēiyí 형(문) (도로·산천 등이) 구불구불 멀리 이어진 모양. ¶群山~=산들이 굽이굽이 이어져 있다.

## *偎 wēi 가까워질 외

통 바싹 달라붙다〔다가붙다·기대다〕. 아주 가까이 있다. 포근히〔아늑히〕 안(기)다. ¶依~=(다정히) 기대다.

【偎傍】wēibàng 통 접근하다. 가까이 다가가다. 바싹 붙어〔옆에〕 있다. 바싹 기대다.

【偎抱】wēibào 통 바싹 끌어안다. ¶两人紧紧~在一起。=두 사람은 서로 꼭 껴안고 있다.

【偎贴】wēitiē 통 바싹 달라붙다〔기대다〕.

【偎依】wēiyī 통 바싹 달라붙다〔다가붙다·기대다〕. 아주 가까이 있다. ¶相互~=서로 바싹 기대다. 늑依偎

## 隈 wēi 굽이 외

명(문) (산·물 등의) 굽이. 모퉁이. ¶山~=산모퉁이. / 河~=강굽이.

## 葳 wēi 구부릴 위

통(방) (가늘고 기다란 것을) 구부리다. 굽히다. ¶把针~成鱼钩。=바늘을 구부려 낚싯바늘을 만들다.

葳 wēi 무성할 위
【葳蕤】wēiruí 형문 초목이 무성하다. 나무가 우거지다.

崴 wēi 높을 외
☞ wǎi
【崴嵬】wēiwéi 형문 (산세가) 높고 험하다.

椳 wēi 지도리 외
명문 문지도리. 문추.

*微 wēi 작을 미
형 1 경미하다. 미약하다. 사소하다. 작다. 잘다. 적다. ¶~=미세하다. 자잘하다. /谨小慎~=사소한 것에 신경 쓰다. 지나치게 신중해서 소심하게 되다. 2 (지위가) 낮다. 미천하다. 비천하다. ¶卑~=비천하다. /人~言轻=사람이 지위가 낮으면 그 말도 경시된다. 3 정묘하다. 오묘하다. ¶精~=정묘하다. /阐幽发~=심오한 진리를 설파하다. 동 쇠락하다. 쇠퇴하다. 쇠(미)해지다. 몰락하다. 영락(零落)하다. 떨어지다. ¶家道衰~=집안 형편이 쇠미해지다. 부 약간. 조금. 살짝. [정도가 심하지 않음을 나타내며, '稍(shāo)'·'略(lüè)'에 상당함] ¶脸色~红=안색이 약간 붉어졌다. 양 미. [고대 길이의 단위로 '1 市寸(치)'의 '100만분의 1'임] ¶忽~=아주 미세하다. 주 일부 계량 단위의 100만분의 1. ¶一~米=1미크론. [백만분의 1미터] 명 (Wēi) 성(姓). 巨 著

◦ 卑微, 翠cuì微, 低微, 霏fēi微, 寒微, 精微, 略微, 轻微, 人微, 稍shāo微, 些微, 幽yōu微

【微安】wēi'ān 명(電) 마이크로암페어(microampere).
【微波】wēibō 명(物) 마이크로웨이브(microwave). 극초단파.
【微波炉】wēibōlú 명 전자레인지. 마이크로웨이브 오븐(microwave oven).
【微薄】wēibó 형 보잘것없다. 변변찮다. 미약하다. 매우 적다. ¶~之力=미약한 힘. ↔雄厚
【微步凌波】wēibù-língbō ☞ 【凌波微步】língbō-wēibù
【微不足道】wēibùzúdào 성 하찮아서 말할〔언급할〕가치도 없다.
【微忱】wēichén 명문경 변변찮은 성의. 작은 성의〔마음〕. ¶略表~=대충이나마 작은 성의를 표하다.
【微程序】wēichéngxù 명(컴) 마이크로프로그램(microprogram).
【微处理器】wēichǔlǐqì 명(컴) 마이크로프로세서(microprocessor).
【微词】[微辞]wēicí 명문 완곡한 비평. 불평. 불만. 푸념. ¶对于他的为人, 大家颇有~。=그의 사람됨에 대해서 모두들 불만이 있다.
【微辞】wēicí ☞ 【微词】wēicí
【微电脑】wēidiànnǎo 명(컴) 마이크로컴퓨터(microcomputer).
【微雕】wēidiāo 명(藝) 1 미니〔초소형〕조각. [물체에 지극히 작은 글씨나 그림을 조각하는 것] 2 미니 조각물. 초소형 조각물.
【微分】wēifēn 명(數) 미분.
【微风】wēifēng 명 1 미풍. ¶~细雨=미풍과 가랑비. 2 (氣) 산들바람. [풍력 계급 3의 바람]
【微伏(特)】wēifú(tè) 양(物) 마이크로볼트(microvolt).
【微服】wēifú 동 평복하다. 미복하다. ¶~出巡=미복 차림으로 순시를 나가다.
【微服私访】wēifú sīfǎng 성 평복 차림으로 민간에 나가 살피다.
【微观】wēiguān 명(物) 미시. ¶~考察=미시적 관찰. 형 미시의. 미시적이다. ¶~经济活动=미시 경제 활동. ↔宏观
【微观经济】wēiguān jīngjì 명(經) 미시 경제. ↔宏观经济
【微观经济学】wēiguān jīngjìxué 명(經) 미시 경제학.
【微观粒子】wēiguān lìzǐ 명(物) 입자.
【微观世界】wēiguān shìjiè 명(物) 미시적 세계. 마이크로코스모스(microcosmos). 소우주. [분자·원자·전자 등 미시적 물체의 영역] ↔宏观世界
【微光】wēiguāng 명 미광. 희미한 불.
【微乎其微】wēi hū qí wēi 성 매우 적다〔작다〕. 극히 미미하다.
【微火】wēihuǒ 명 약한 불. 잿불.
【微机】wēijī 명문 微型电子计算机(마이크로컴퓨터, 마이컴).
【微贱】wēijiàn 형 미천하다. (신분이) 낮다. ¶地位~=지위가 낮다.
【微晶】wēijīng 명(物) 미세한 결정(체).
【微澜】wēilán 명 작은 물결. ¶死水~=고인 물에 작은 물결이 일다. 침체된 국면에 활기를 불어넣다.
【微礼】wēilǐ 명 변변찮은 선물. 작은 성의.
【微力】wēilì 명문 미력. 자그마한 힘. ¶竭尽~=미력을 다하다.
【微利】wēilì 명 1 적은 이윤. ¶~出售=적은 이윤으로 판매하다. 2 적은 이익〔이득〕. ¶蝇头~=파리 머리만큼의 이익. 극히 적은 이익.
【微利房】wēilìfáng 명 (부동산 업자에게 있어서) 이윤이 적은 분양 주택.
【微粒】wēilì 명(物) 미립자.
【微量】wēiliàng 명 미량. 적은 분량. ¶~浮动=미량이 유동하다.
【微量元素】wēiliàng yuánsù 명(生)(化) 1 미량 원소. 미량 영양소. [식물이 자라는 데 매우 적은 양이기는 하지만 꼭 필요한 화학 원소. 예컨대, 철·아연·망간·구리·붕산·몰리브데늄(molybdenum) 등] 2 미량 원소. 미량 영양소. [사람과 동물의 몸 속에 미량으로 들어 있는 화학 원소. 예컨대, 철·유황·아연·셀레늄(selenium) 등]
【微量元素缺乏症】wēiliàng yuánsù quēfázhèng 명(醫) 미량 원소 결핍증.

# wēi 微煨溦薇鰃巍韦为

**【微茫】wēimáng** 형문 어슴푸레하다. 어렴풋하다. 희미하다. 은은하다. 분명하지 않다. ¶月色~=달빛이 어슴푸레하다.

**【微米】wēimǐ** 양 미크론(micron). [100만분의 1m]

**【微妙】wēimiào** 형 미묘하다. ¶他们的关系很~。=그들의 관계는 매우 미묘하다.

**【微明】wēimíng** 형 희미하게 밝다. ¶天色~=날이 희미하게 밝다. 명 희미한[어슴푸레한] 빛. ¶夜幕深处, 隐约可见几点儿~。=밤의 장막이 깊이 드리운 곳에서 몇 가닥의 어슴푸레한 빛이 보인다.

**【微末】wēimò** 형 사소하다. 대수롭지 않다. 별 것 아니다. 미미하다. 매우 작다. ¶~之功=대수롭지 않은 공훈.

**【微漠】wēimò** 형 어슴푸레하다. 어렴풋하다. 희미하다. 매우 작다. 미미하다. ¶~的悲哀=어렴풋한 슬픔.

**【微热】wēirè** 명[醫] 미열. 가벼운 열.

**【微软】wēiruǎn** 명 1 양 微机软件(마이크로컴퓨터 소프트웨어, 마이크로소프트). 2 **(Wēiruǎn)** 마이크로소프트(Microsoft)사.

**【微弱】wēiruò** 형 1 미약하다. 가냘프다. ¶声音~=소리가 가냘프다. 2 빈약하다. 허약하다. 쇠약하다. ¶国势~=국력이 빈약하다. ↔强劲 强烈 猛烈 显著

**【微生物】wēishēngwù** 명(生) 미생물. 세균.

**【微缩】wēisuō** 통 축소하다. ¶~景观=경관을 축소하다.

**【微缩景区】wēisuō jǐngqū** 명 풍경 축소촌. [산수·정원 등의 실물을 일정한 비율로 축소시킨 관광 명소]

**【微调】wēitiáo** 통 1 (電) 트리머(trimmer)를 조정하다. 미세 조정하다. 2 소폭 조정하다. ¶价格~=가격을 소폭으로 조정하다. 명(電) 트리머 콘덴서(trimmer condenser).

**【微微】wēiwēi** 형 작다. 미세하다. 미소(극소)하다. ¶远处有~的灯光。=먼 곳에 미세한 불빛이 있다. 부 조금. 약간. 살짝. ¶~一笑=살짝 웃다. 양 마이크로마이크로(micromicro). 1조분의 1.

**【微息】wēixī** 명(經) 매우 낮은 이자.

**【微细】wēixì** 형 미세하다. ¶~的纤维=미세한 섬유질.

**【微小】wēixiǎo** 형 미소[극소]하다. ¶~的尘埃=미세한 먼지. ≒细小 ↔巨大

**【微笑】wēixiào** 통 미소하다. 미소짓다. 웃음짓다. ¶她~着和我打招呼。=그녀가 미소지으며 나에게 인사한다. 명 미소. ¶面带~=얼굴에 미소를 머금다.

**【微笑服务】wēixiào fúwù** 명 스마일 서비스하기. 웃는 얼굴로 고객에게 봉사하다.

**【微行】wēixíng** 명 미행하다. 암행하다.

**【微型】wēixíng** 형 소형의. ¶~电视=소형 텔레비전. ↔巨型

**【微型小说】wēixíng xiǎoshuō** 명 콩트. 장편(掌篇) 소설. 엽편(葉篇) 소설. =【小小说】xiǎoshuō

**【微血管】wēixuèguǎn** ☞【毛细管】máoxìguǎn

**【微循环】wēixúnhuán** 명(生) 미세 순환. 모세혈관 속의 혈액 순환. 영 microcirculation

**【微言大义】wēiyán-dàyì** 성 1 적절한 말로 유가 경전의 요지를 밝히다. 2 비 함축된 말 속에 담긴 심오한 뜻.

**【微音器】wēiyīnqì** 명 마이크로폰(microphone). 마이크. =【传声器】chuánshēngqì ⇔【话筒】huàtǒng

**【微雨】wēiyǔ** 명 가랑비. 이슬비. 안개비. ¶~蒙蒙=가랑비가 보슬보슬 내리다.

**【微震】wēizhèn** 명 1 가벼운 진동[충격]. 2 (地) 미진.

**煨 wēi** 구울 외
동 1 (잿불 속에 넣어) 굽다. ¶~红薯=고구마를 잿불 속에 넣어 굽다. 2 (약한 불에 천천히) 고다. 삶다. ¶~鸡汤=닭곰탕.

**溦 wēi** 가랑비 미
명문 가랑비.

***薇¹ wēi** 들완두 미
명(植) '野豌豆(들완두)'의 옛 명칭.

***薇² wēi** 장미 미
☞【蔷薇】qiángwēi

**鰃[鰃] wēi** 물고기 이름 외
명(動) 얼게돔.

***巍 wēi** 높을 외
형 높고 큰 모양. ¶~然屹立=우뚝 솟다.
◇ 崔cuī巍, 颤chàn巍巍

**【巍峨】wēi'é** 형 (산이나 건물이) 높고 크다. 우뚝 솟다. ¶群山~=뭇 산이 우뚝 솟다.

**【巍然】wēirán** 형 우뚝한[웅대한] 모양. ¶~耸立=우뚝 솟다.

**【巍巍】wēiwēi** 형 높고 큰 모양. ¶~昆仑=높고 큰 쿤룬산.

**韦[韋] wéi** 가죽 위
명 1 다룸가죽. 무두질한 가죽. ¶~索=가죽끈. 2 가죽 띠. ¶佩~=가죽 띠를 차다. 3 **(Wéi)** 성(姓).

**【韦编三绝】wéibiān-sānjué** 성 1 위편이 세 번 끊어지다. 2 비 열심히 독서[공부]하다.

**为[爲] wéi** 할 위
동 1 하다. 만들다. ¶事在人~=일이란 사람에게 달려 있다. 2 문 어떤 동작이나 행위를 나냄. [다스리다·종사하다·설치하다·연구하다 등의 의미를 내포함] ¶~官清廉=청렴하게 관리 노릇을 하다. 3 …(으)로 삼다. …(으)로 생각하다

〔여기다〕. ¶画地~牢=땅바닥에 동그라미 하나를 그려 놓고 감옥으로 삼다. 스스로 자기를 제한하다. **4** …(으)로 변〔화〕하다. …이〔가〕 되다. ¶一分~二=하나가 둘로 나뉘다. **5** …이다. 三尺~一米. =세 자는 1미터이다. 개 …당하다. …에 의하여 …하게 되다. [ '所(suǒ)' 와 함께 쓰임] ¶~观众所接受=관중들에게 사랑받게 되다. 조虽 의문을 나타냄. [주로 '何(hé)' 와 함께 쓰임] ¶何自苦~=왜 사서 고생인가? 접미 **1** 일부 단음절 형용사 뒤에 쓰여 정도나 범위를 나타내는 부사로 만듦. ¶大~不满=대단히 불만이다. / 广~传诵=널리 전파되다. **2** 일부 정도를 나타내는 단음절 부사 뒤에 쓰여 어기를 강화시킴. ¶甚~重要=매우 중요하다. / 极~兴奋=대단히 흥분하다. ≒做
☞ **wèi**

0-● 成为, 难nán为, 能为, 人为, 认为, 稍shāo 为, 妄wàng为, 无为, 行为, 以为, 作为, 难为情

【为非作歹】**wéifēi-zuòdǎi** 성 온갖 나쁜 짓을 저지르다.
【为辅】**wéifǔ** 통 보조적인〔부차적인〕 것으로 삼다. ¶学生要以学习为主, 以社会实践~。=학생은 공부를 주된 것으로 여기고, 사회에서의 실천 활동은 부차적인 것으로 삼아야 한다.
【为富不仁】**wéifù-bùrén** 성 부자가 되려면 어질 수가 없다. 돈벌이를 위해 온갖 나쁜 짓을 다 하다. 부정한 수단으로 부자가 된 사람은 인의(仁义)를 신경 쓰지 않는다.
【为害】**wéihài** 통 손해를 끼치다. 해가 되다. ¶~四邻=주변국에 손해를 끼치다.
【为荷】**wéihè** 통 (…해 주어) 고맙게 생각하다. 감사하게 여기다. …하여 주시기를 바랍니다. [주로 서신의 말미에 쓰임] ¶盼接洽~。=상담해 주시면 감사하겠습니다.
【为怀】**wéihuái** 통형 마음에 두다. 마음을 먹다. 뜻을 품다〔삼다〕. ¶您就宽大~, 原谅他吧。=당신은 너그러운 마음으로 그를 용서하세요.
【为患】**wéihuàn** 통 화를 빚어 내다. 우환을 조성하다. 재앙을 초래하다. ¶~一方=한 쪽에게 화를 빚다.
【为力】**wéilì** 통 진력하다. 힘을 쓰다〔다하다〕. ¶无能~=어찌할 도리가 없다.
【为妙】**wéimiào** 형 …하는 편〔것〕이 좋다. ¶这次谈判还是副经理出面~。=이번 담판은 역시 부사장이 나서는 것이 좋겠다.
【为难】**wéinán** 통 **1** 난처하다. 난감하다. 곤란하다. 딱하다. ¶这件事让他~。=이 일이 그를 난처하게 했다. **2** 난처〔곤란·난감〕하게 만들다. 어렵게〔힘들게〕 하다. 괴롭히다. ¶不要存心~人。=일부러 사람을 난처하게 만들지 마라. ≒作难
【为念】**wéiniàn** 통 걱정〔근심〕하다. [서신의 말미에 쓰임] ¶未获复音~。=아직 회답을 받지 못해 걱정스럽습니다.
【为盼】**wéipàn** 통 희망하다. 바라다. [서신의 말

미에 쓰임] ¶速告近况~。=근황을 신속히 알려 주시기를 바랍니다.
【为凭】**wéipíng** 통 증거〔근거〕로 삼다. ¶以契约~。=계약서를 증거로 삼다.
【为期】**wéiqī** 통 시간〔기한〕으로 보아 …하다. ¶~甚远=기한이 많이 남았다. 명 기한. ¶~十日=십일 기한. ≒为时
【为期不远】**wéiqī-bùyuǎn** 성 기한〔예정일〕이 가까워지다. 예정일까지 얼마 남지 않았다.
【为人】**wéirén** 통 처세하다. 행동하다. ¶一生=일생을 살아가다. 명 (사람의) 됨됨이. 사람 됨. 인품. 인간성. 위인. ¶~诚实=사람 됨됨이가 성실하다.
【为人师表】**wéirén-shībiǎo** 성 타인의 모범이 되다.
【为善】**wéishàn** 통 선을 행하다. 착한 일을 하다. ¶与人~=타인에게 선을 행하다.
【为生】**wéishēng** 통 (어떤 수단으로) 생업으로 하다. 생활하다. 생계를 꾸려 나가다. ¶写作~。 =창작을 생업으로 하다. 창작으로 생계를 꾸려 나가다.
【为时】**wéishí** 통 시간으로〔시기로〕 보아 …하다. ¶~过早=시기상조. 때가 아직 이르다. 때가 아직 덜 되었다. ≒为期
【为首】**wéishǒu** 통 …을〔를〕 우두머리〔대표·리더·선두·진두 지휘자〕로 하다. ¶我们这个攻关小组以曹教授~。=우리의 이번 난관 극복팀은 조 교수를 대표로 한다.
【为数】**wéishù** 통 수량〔수적〕으로 보면 …하다. ¶~不多=그 수가 많지 않다.
【为所欲为】**wéisuǒyùwéi** 성편 하고 싶은 대로 하다. 마음대로 하다.
【为伍】**wéiwǔ** 통 동료〔한패〕가 되다. 동반자〔동료〕로 삼다. ¶羞与~=한패가 된 것을 수치스럽게 여기다.
【为限】**wéixiàn** 통 기한으로 하다〔삼다〕. …을〔를〕 한도로 삼다. …(으)로 한정하다. ¶交货日期以月底~。=물품 인도 날짜는 월말을 기한으로 한다.
【为学】**wéixué** 통형 학문하다. 학문에 힘쓰다. ¶潜心~=마음을 집중하여 학문에 힘쓰다.
【为要】**wéiyào** 통 필요〔긴요〕하다. 중요하다. ¶要万分小心~。=충분한 주의가 필요하다.
【为宜】**wéiyí** 통 적당하다. 적합하다. 적절하다. 희망하다. [주로 공문 끝에 쓰임] ¶望及时纠正~。=신속히 교정하여 주시기를 바랍니다.
【为由】**wéiyóu** 통 …을〔를〕 이유〔구실·핑계〕로 삼다. ¶以身体不适~中途离席。=몸이 편치 않다는 구실로 도중에 자리를 떴다.
【为止】**wéizhǐ** 통 …을〔를〕 끝으로 하다〔삼다〕. …까지 하(고 끝내)다. …(으)로 마감하다〔일단락 짓다〕. [주로 시간·진도 등에 쓰임] ¶迄今~, 遗留问题仍未得到解决。=지금에 이르기까지 남아 있는 문제들을 여전히 해결하지 못했다.
【为重】**wéizhòng** 통 …을〔를〕 중시하다. ¶以产品质量~。=상품의 품질을 중시하다.
【为主】**wéizhǔ** 통 …을〔를〕 위주로 하다. ¶他

以自学~, 掌握了好几门外语。=그는 독학 위주로 몇 개의 외국어를 정복하였다.

**圩** wéi 제방 우
❶ 图 (저지(低地)에 쌓은) 제방. ¶筑~=제방을 쌓다.
☞ xū
【圩堤】 wéidī 图 저지(低地)의 제방.
【圩埂】 wéigěng 图 (물을 둘러싼) 둑. 제방.
【圩田】 wéitián 图 둑으로 둘러싸인 논밭.
【圩垸】 wéiyuàn 图 (하천·호숫가의) 둑. 제방.
【圩子】 wéi·zi 图 1 저지(低地)의 제방. =【围子】 wéi·zi 2 ☞【围子】 wéi·zi

***违[違]** wéi 어길 위
图 1 헤어지다. 이별하다. 떨어지다. ¶久~=오랜간만입니다. 2 어기다. 위반하다. 거스르다. 따르지 않다. ¶不~农时=농사철을 어기지 않다. / 事与愿~=일이 뜻대로 되지 않다. ≒背(bèi) 悖 ↔顺 从 奉

⊙—● 乖guāi违, 睽kuí违, 依违

【违碍】 wéi'ài 图〉 (통치자가 금기하는 것에) 저촉되다. 위반하다. 범하다. 거슬리다. ¶文字并无~。=글에 전혀 저촉되는 부분이 없다.
【违拗】 wéi'ào 图 (고의로) 거스르다.
【违背】 wéibèi 图 위반하다. 위배하다. 어기다. 어긋나다. ¶~誓言=맹세를 위반하다. ≒违反 ↔顺从 遵从 遵循
【违法】 wéi‖fǎ 图 위법하다. 법을 어기다. ¶~行为=위법 행위. ↔合法 守法
【违法乱纪】 wéifǎ-luànjì 〉 법을 어기고 기강을 어지럽히다.
【违反】 wéifǎn 图 (법률·규정 따위를) 위반하다. 위배하다. 범하다. 어기다. ¶~国家政策=국가 정책에 위반되다. ≒违背 ↔遵守 按照 符合
【违犯】 wéifàn 图 위범하다. 위반하다. 위배하다. 범하다. 어기다. ¶~法律=법률을 위반하다. ↔遵守
【违规】 wéi‖guī 图 규정(规定)을 어기다. ¶~操作=규정을 어기고 일하다.
【违和】 wéihé 图〉 병이 나다. [남이 병난 것을 완곡하게 이르는 말] ¶听闻贵体~, 甚为挂念。=최근 귀하의 건강이 안 좋으시다는 말을 듣고 매우 염려했습니다.
【违纪】 wéijì 图 규율(기율)을 위반하다. ¶查处~人员。=규율 위반자를 조사·처리하다.
【违禁】 wéijìn 图 금법(금령)을 어기다. ¶~物品=금제품. 금지품.
【违禁品】 wéijìnpǐn 图 금제품. 금지품.
【违抗】 wéikàng 图 거역하다. ¶~命令=명령을 거역하다. ↔听从
【违例】 wéilì 图 1 관례(규칙)에 어긋나다(위반되다). 2 (體) (운동 경기에서) 규칙을 위반하다. 반칙을 하다.
【违令】 wéilìng 图 명령을 어기다.
【违逆】 wéinì 图 위배되다. 어기다. 거스르다.

거역하다. 반항하다. ¶~天理=자연의 이치를 거스르다.
【违忤】 wéiwǔ 图〉 거스르다. 거역하다.
【违误】 wéiwù 图 (공문서 용어로) 위배하다. 어기다. 지체하다. ¶及时办理, 不得~。=지체하지 말고 신속히 처리하시오.
【违限】 wéixiàn 图 기한을 어기다(넘기다). ¶按时返还, 不可~。=기한을 어기지 말고 제때에 반환하시오.
【违宪】 wéixiàn 图 법을 어기다.
【违心】 wéixīn 图 본심(본의)에 어긋나다. ¶不愿说~的话。=본심에 어긋나는 말을 하기 싫어한다.
【违心之论】 wéixīnzhīlùn 图 본의 아닌 말.
【违约】 wéi‖yuē 图 약속을 어기다. 위약하다. 계약을 위반하다. ¶单方面~要负法律责任。=일방적으로 계약을 위반하면 법률적인 책임을 져야 한다.
【违约金】 wéiyuējīn 图 위약금.
【违章】 wéi‖zhāng 图 규정을(규칙을) 위반하다. ¶~驾驶=법규를 위반하고 운전하다.
【违章建筑】 wéizhāng jiànzhù 图 불법 건축(물).

***围[圍]** wéi 둘레 위
图 둘러싸다. 에워싸다. ¶包~=포위하다. / 四面~住=사방으로 에워싸다. 图 1 둘레. 주위. 사방. ¶外~=바깥 둘레. 2 둘레 길이. ¶胸~=가슴 둘레. 圏 1 아름. ¶这根柱子有两~粗。=이 기둥은 두 아름의 굵기이다. 2 양 손의 집게뼘(엄지손가락과 집게손가락을 벌린 길이)을 합친 길이. ¶腰粗两~=허리 둘레가 양 손의 집게뼘을 두 번 합친 길이밖에 안 된다.

⊙—● 重chóng围, 打围, 堤围, 范fàn围, 雰fēn围, 氛fēn围, 合围

【围抱】 wéibào 图 둘러(에워)싸다. ¶群山~=산들이 에워싸다.
【围脖儿】 wéibór 图〉图 목도리. 머플러. 스카프.
【围捕】 wéibǔ 图 포위하여 잡다. ¶~猎物=사냥감을 포위하여 잡다.
【围产期】 wéichǎnqī 图 출산 전후의 일정 기간. 〔전통적으로 임신 28주부터 산후 1주까지의 기간을 가리킴〕=【围生期】 wéishēngqī
【围场】 wéichǎng 图 (옛날, 황제나 귀족들의) 사냥터.
【围城】 wéi‖chéng 图 도시를(성을) 포위하다. ¶~迫降(xiáng)=성을 포위하여 강제로 투항시키다.
【围城】 wéichéng 图 1 포위된 도시(성). 2 〈比〉 수렁. 구렁텅이. 늪. 골칫거리. ¶深陷婚姻的~=결혼이라는 수렁으로 깊이 빠져들다.
【围城打援】 wéichéng-dǎyuán 〈成〉 일부 병력은 도시를 포위하고, 주력 부대는 적의 원군을 유인하여 공격하다. =【围点打援】 wéidiǎn-dǎyuán
【围点打援】 wéidiǎn-dǎyuán ☞【围城打援】

wéichéng-dǎyuán

【围堵】**wéidǔ** 동 주위를 둘러싸다. 봉쇄하다. ¶~逃敌=도망치는 적을 포위하여 막다.

【围攻】**wéigōng** 동 **1** (军) 포위 공격하다. ¶~要塞=요새를 포위 공격하다. **2** (비) 여러 사람이 (말이나 글로) 집중 공격〔비난·비판〕하다. ¶他在会上多次遭到~.=그는 회의에서 여러 차례 집중 공격을 당했다.

【围观】**wéiguān** 동 (많은 사람들이) 둘러싸고 구경하다. 에워싸고 관람하다. ¶车祸现场有很多人~.=교통 사고 현장에 많은 사람이 에워싸고 구경하고 있다.

【围裹】**wéiguǒ** 동 둘러싸다. 포위하다. ¶闹新房的人把新郎新娘~在中央.=신혼 부부의 방에 몰려가 놀리던 사람들이 신랑과 신부를 가운데에 두고 에워쌌다.

【围哄】**wéihòng** 동 웅성거리며 에워싸다.

【围护】**wéihù** 동 둘러싸 보호하다〔호위하다〕. ¶苗圃四周有栅栏~.=묘포 주위를 울짱으로 둘러싸 보호하다.

【围击】**wéijī** 동 포위 공격하다.

【围歼】**wéijiān** 동 포위하여 섬멸하다. ¶~残敌=잔적을 포위하여 섬멸하다.

【围剿】**wéijiǎo** 동 포위하여 토벌하다.

【围巾】**wéijīn** 명 목도리. 머플러. 스카프.

【围聚】**wéijù** 동 사방〔도처·주변·각처〕에서 모여들다. ¶录取名单前~了不少考生.=합격자 명단 앞에 많은 수험생들이 모여들었다.

【围垦】**wéikěn** 동 간척(干拓)하다.

【围困】**wéikùn** 동 겹겹이 포위하여〔둘러싸서〕 곤경에 빠뜨리다. ¶被洪水~=홍수로 둘러싸여 곤경에 처하다.

【围栏】**wéilán** 명 울타리. 울짱.

【围猎】**wéiliè** 동 포위하여 사냥하다. ¶自然保护区严禁~.=자연 보호 구역에서는 사냥을 금지한다.

【围拢】**wéilǒng** 동 사방〔도처·주변·각처〕에서 모여들다.

【围埝】**wéiniàn** 명 (둘러쌓은) 제방〔둑〕.

【围屏】**wéipíng** 명 병풍.

【围棋】**wéiqí** 명 바둑.

【围墙】**wéiqiáng** 명 엔담. (집·정원·마당 등을) 빙 둘러싼 담.

【围裙】**wéiqún** 명 앞치마. 에이프런(apron). (비)【围腰】**wéiyāo**

【围绕】**wéirào** 동 **1** 주위〔둘레〕를 돌다. ¶地球~着太阳运行.=지구는 태양을 에워싸고 돈다. **2** (문제나 일을) 둘러싸다. …을〔를〕 중심에 놓다. ¶~这个话题展开讨论.=이 화제를 둘러싸고 토론을 벌였다.

【围生期】**wéishēngqī** ☞【围产期】**wéichǎnqī**

【围网】**wéiwǎng** 명 후릿그물.

【围魏救赵】**wéiWèi-jiùZhào** 성 **1** 위(魏)나라를 포위하여 조(趙)나라를 구원하다. [《사기·손자오기열전(史記·孫子吳起列傳)》에서, 위나라가 조나라의 수도 한단(邯鄲)을 포위 공격하자, 제(齊)나라가 위나라의 수도를 공격하여 위나라의 군대로 하여금 철군하게 함으로써 조나라를 구원했다는 고사에서 유래함] **2** (비) 적의 후방 근거지를 포위 공격해서 공격해 온 적이 스스로 물러가게 하는 전술.

【围岩】**wéiyán** 명 (礦) 모암(母巖).

【围堰】**wéiyàn** 명 방죽.

【围腰】**wéiyāo** 명 **1** (보호 또는 장식 목적으로) 허리에 두르는 띠. **2** ☞【围裙】**wéiqún**

【围桌】**wéizhuō** 명 탁자 앞에 둘러치는 보. [가리거나 장식을 위한 것으로, 옛날에는 주로 주요 명절이나 관혼상제 때에 사용됨]

【围子】**wéi·zi** 명 **1** (돌이나 흙으로 쌓은) 보루〔담〕. =【圩子】**wéi·zi** **2** 土~=마을을 둘러쌓은 흙담. **2** 【圩子】**wéi·zi** **3** ☞【帷子】**wéi·zi**

【围嘴儿】**wéizuǐr** 명 (유아용) 턱받이.

【围坐】**wéizuò** 동 둘러앉다. ¶~在炉火旁取暖.=난로 옆에 둘러앉아 불을 쬐다.

## 帏[幃] wéi 향낭 위

명 **1** (옛날 사람들이 차고 다니던) 향낭. **2** '帷(wéi)'와 같음.

## 闱[闈] wéi 대궐 작은 문 위

명 **1** (문) 고대, 궁전·종묘의 쪽문. **2** 내전. [고대, 황후와 후궁이 거처하는 거실] ¶宫~=궁위. 궁중의 내전. **3** 규방(閨房). 내방. 안방. ¶房~=내방. **4** 과거 시험장. ¶秋~=(명청(明淸)대의 과거 제도 중 가을에 실시한) 향시(鄕試).

⊙ 入闱

【闱墨】**wéimò** 명 과거 준비용 모범 문장. [청(淸)대에 향시(鄕試)·회시(會試) 합격자의 답안 중에서 선별 인쇄하여 과거 응시자들이 참고할 수 있게 한 문장]

## 沣[灃] wéi 강 이름 위

【沣源口】**Wéiyuánkǒu** 명 (地) 웨이위안커우. [후베이(湖北)성에 있는 지명]

## 沩[潙] wéi 물 이름 위

명 (地) 웨이수이(沩水). [후난(湖南)성에 있는 강 이름]

## 浈 wéi 물 이름 위

명 (地) 웨이수이(浈水). [후베이(湖北)성에 있는 강 이름]

## *桅 wéi 돛대 외

명 돛대. 마스트(mast). ¶船~=돛대.

【桅灯】**wéidēng** 명 **1** 돛대 위에 단 신호등. **2** 바람막이 유리가 부착된 제등.

【桅顶】**wéidǐng** 명 돛대 꼭대기.

【桅杆】**wéigān** 명 **1** 돛대. **2** 마스트(mast).

【桅樯】**wéiqiáng** 명 **1** 돛대. 마스트(mast). **2** 배. 선박.

## wéi 潿 碨 唯 帷 惟

**潿[潿]** wéi 땅 이름 위
【潿洲】 Wéizhōu 명(地) 웨이저우. [광시(广西) 성에 있는 섬 이름]

**碨[碨]** wéi 높은 모양 애
【碨碨】 wéiwéi 형운 높이 솟아 있는 모양.

**＊唯** wéi 발어사 유
갑운 (대답하는 소리로) 예. 부 단지. 다만. 오로지. …일 뿐. ¶任人～贤 =자신의 이해 관계와는 상관 없이 현명한 인재를 임용하다.
【唯独】 wéidú ☞【惟独】 wéidú
【唯恐】 wéikǒng ☞【惟恐】 wéikǒng
【唯理论】 wéilǐlùn 명(哲) 합리론(合理論). 이성론(理性論).
【唯利是图】 wéilì-shìtú ☞【惟利是图】 wéilì-shìtú
【唯妙唯肖】 wéimiào-wéixiào ☞【惟妙惟肖】 wéimiào-wéixiào
【唯名论】 wéimínglùn 명(哲) 유명론.
【唯命是从】 wéimìng-shìcóng ☞【惟命是从】 wéimìng-shìcóng
【唯命是听】 wéimìng-shìtīng ☞【惟命是听】 wéimìng-shìtīng
【唯美主义】 wéiměizhǔyì 명 유미주의.
【唯其】 wéiqí ☞【惟其】 wéiqí
【唯上】 wéishàng 동 (정확성은 접어두고) 오직 상부〔상급〕의 말을 따르다.
【唯实】 wéishí 동 모든 것을 실제에 토대를 두다. 실사구시(實事求是)의 원칙을 견지하다.
【唯书】 wéishū 동 오직 책의 내용만 전적으로 믿다.
【唯唯否否】 wéiwéi-fǒufǒu 성운 (감히 다른 의견을 내지 못하고) 오직 남이 하자는〔말하는〕 대로 하다〔말하다〕.
【唯唯诺诺】 wéiwéi-nuònuò 성운 (감히 의견을 제시하지 못하고) 무조건 응낙하다. 오로지 순종하다.
【唯我独尊】 wéiwǒ-dúzūn ☞【惟我独尊】 wéiwǒ-dúzūn
【唯我主义】 wéiwǒzhǔyì 명(哲) 1 유아론(唯我論). 독아론(獨我論). 독재론(獨在論). 2 이기주의(利己主義). 애기주의(愛己主義). =【惟我论】 wéiwǒlùn
【唯物辩证法】 wéiwù biànzhèngfǎ 명(哲) 유물변증법.
【唯物论】 wéiwùlùn 명(哲) 유물론. 유물주의.
【唯物史观】 wéiwù shǐguān ☞【历史唯物主义】 lìshǐ wéiwùzhǔyì ←唯心史观
【唯物主义】 wéiwùzhǔyì 명(哲) 유물주의. 유물론. ↔唯心主义
【唯心论】 wéixīnlùn 명(哲) 유심론.
【唯心史观】 wéixīn shǐguān ☞【历史唯心主义】 lìshǐ wéixīnzhǔyì ←唯物史观
【唯心主义】 wéixīnzhǔyì 명(哲) 유심주의. ↔唯物主义

【唯一】 wéiyī ☞【惟一】 wéiyī
【唯有】 wéiyǒu ☞【惟有】 wéiyǒu

**帷** wéi 휘장 유
명 막. 휘장. 장막. ¶罗～ =비단 휘장. / 车～ =수레에 둘러친 휘장.
【帷幔】 wéimàn ☞【帷幕】 wéimù
【帷幕】 wéimù 명 막. 휘장. 장막. =【帷幔】 wéimàn
【帷幄】 wéiwò 명운 군막. 군대에서 쓰는 장막. ¶运筹～ =장막 안에서 작전 계획을 짜다. 후방에서 책략을 세우다.
【帷帐】 wéizhàng 명 막. 장막. 휘장.
【帷子】【围子】 wéi·zi 명 막. 장막. 휘장. ¶床～ =침대 커튼.

**惟** wéi 생각할 유
동 생각하다. 사고하다. ¶思～ =사유하다. 부 오직. 오로지. 단지. 다만. ¶～陈言之务去。 =오직 진부한 말을 없애도록 노력하다. 접 그러나. 그런데. ¶雪景很好, ～冷了点儿。 =설경은 좋은데 약간 춥다. 조운 연월일(年月日) 앞에 쓰임. ¶～二月既望。 =때는 음력 2월 16일. 접투 형용사나 동사 앞에 쓰임. ¶这幅画把奔马的神态画得～～肖～肖。 =이 그림은 내달리는 말의 표정을 매우 생동감 있게 그려 냈다.
【惟独】【唯独】 wéidú 부 오직. 홀로. 유독. ¶～他不同意这个方案。 =유독 그만 이 방안에 동의하지 않는다.
【惟恐】【唯恐】 wéikǒng 동 다만 …가〔할까〕 걱정이다〔두렵다〕. ¶～出现意外。 =다만 뜻밖의 일이 벌어질까 걱정이다. ≒恐怕
【惟利是图】【唯利是图】 wéilì-shìtú 이익만 꾀할 뿐 다른 것엔 관심조차 없다. 돈과 재물에만 눈이 멀다.
【惟妙惟肖】【唯妙唯肖】〔维妙维肖〕 wéimiào-wéixiào 성 진짜와 똑같이 모방하다〔묘사하다〕. 실물처럼 생동감 있게 묘사하다.
【惟命是从】【唯命是从】 wéimìng-shìcóng 성 시키면 시키는 대로 절대 복종하다. =【惟命是听】 wéimìng-shìtīng
【惟命是听】【唯命是听】 wéimìng-shìtīng ☞【惟命是从】 wéimìng-shìcóng
【惟其】【唯其】 wéiqí 접운 …(하기) 때문에. ¶生命～短暂, 故才要倍加珍惜。 =생명은 짧기 때문에 더욱 소중하게 여겨야 한다.
【惟其如此】 wéiqírúcǐ 접 (바로) 이와 같기 때문에. 이렇기 때문에. ¶～, 我们必须更加努力。 =이렇기 때문에 우리는 반드시 더 노력해야만 한다.
【惟我独尊】【唯我独尊】 wéiwǒ-dúzūn 성 유아독존.
【惟我论】 wéiwǒlùn ☞【唯我主义】 wéiwǒzhǔyì
【惟一】【唯一】 wéiyī 형 유일한. 하나밖에 없는. ¶这书只剩下～一套了。 =이 책은 유일하게 한 세트만 남았다.

【惟有】[唯有] **wéiyǒu** 囝 다만. 오직. ¶大家都来了,～他还没到。＝모두 다 왔는데, 오직 그만 도착하지 않았다.

## 维[維] **wéi** 맬 유

동 **1** 잇다. 연접(連接)하다. 연결하다. 붙잡아 매다. 묶어 놓다. ¶～人心＝사람들의 마음을 묶어 놓다. **2** 유지하다. 지탱하다. 보존하다. ¶～护和平＝평화를 유지하다. **3** '惟(생각하다)'와 같음. 명 **1** (물건을 묶는) 굵은 줄. (참)바. **2** 실 모양의 물질. ¶纤～＝섬유. **3** (數) 차원. ¶二～平面＝2차원 평면. **4** (**Wéi**) 성(姓).

○● 恭**gōng**维, 思维, 纤**xiān**维, 苏维埃**āi**, 纤维板

【维持】**wéichí** 동 **1** 유지하다. 지키다. ¶现状＝현상을 유지하다. **2** 지지하다. 후원하다. 돌보다. 원조하다. 보호하다. ¶多亏朋友们～, 他才得以渡过难关。＝다행히 친구들의 도움으로 그는 겨우 난관을 넘겼다. ≒保持

【维和】**wéihé** 동 평화를 유지하다. ¶～行动＝평화 유지 활동.

【维和部队】**wéihé bùduì** 명(軍) 联合国维和部队(유엔 평화 유지군).

【维护】**wéihù** 동 유지하고 보호하다. 지키다. 옹호(수호)하다. ¶～国家利益＝국가 이익을 지키다. ≒保护 ↔破坏

【维艰】**wéijiān** 형운 곤란하다. 어렵다. 힘들다. ¶举步～＝발을 내딛기가 어렵다.

【维纶】**wéilún** 명(紡) 비닐론(vinylon). ＝【维尼纶】**wéinílún**【维尼龙】**wéinílóng**

【维棉布】**wéimiánbù** 명(紡) 비닐론(vinylon)과 면의 혼방 섬유로 짠 천.

【维妙维肖】**wéimiào-wéixiào** ☞【惟妙惟肖】**wéimiào-wéixiào**

【维纳斯】**Wéinàsī** 명(外) 비너스(Venus).

【维尼龙】**wéinílóng** ☞【维纶】**wéilún**

【维尼纶】**wéinílún** ☞【维纶】**wéilún**

【维权】**wéiquán** 동 권익을 옹호하다. ¶消费者的～意识正在逐步增强。＝소비자의 권익 보호 의식이 점차적으로 강화되고 있다.

【维生素】**wéishēngsù** 명(化) 비타민(vitamin).

【维生素B₂】**wéishēngsù** B₂ 명(化) 비타민 B₂. ＝【维生素乙二】**wéishēngsùyǐ'èr**【核黄素】**héhuángsù**【乳黄素】**rǔhuángsù**

【维生素B₁₂】**wéishēngsù** B₁₂ ☞【氰钴胺】**qínggǔ'àn**

【维生素乙二】**wéishēngsùyǐ'èr** ☞【维生素B₂】**wéishēngsù** B₂

【维他命】**wéitāmìng** 명(外)(化) '维生素(비타민, vitamin)'의 옛 명칭.

【维吾尔文】**Wéiwú'ěrwén** 명 위구르(Uighur)어. 위구르족의 언어.

【维吾尔族】**Wéiwú'ěrzú** 명 위구르족. [중국 소수 민족의 하나. 주로 신장(新疆) 자치주에 분포함]

【维系】**wéixì** 동 유지하다. 잡아매다. 묶어 놓다. ¶～友谊＝우정을 유지하다.

【维新】**wéixīn** 동 유신하다. 쇄신하다. [주로 정치적인 개선이나 개량주의 운동을 가리킴] ¶～变法＝유신 변법.

【维修】**wéixiū** 동 (기계 등을) 간수 수리하다. 보수하다. 손질(수선)하다. 손보다. ¶～机器＝기계를 수리하다. ≒修理

【维族】**Wéizú** 명(약) 维吾尔族(위구르족).

## 喂 **wéi** 부르는 소리 외

갑 (전화상에서) 여보세요. ¶～, 你找谁呀？＝여보세요, 누굴 찾으세요?
☞ **wèi**

## 嵬 **wéi** 높을 외

형(운) (산이나 건물이) 크고 높이 솟은 모양. 우뚝하다. ¶崔～＝높고 크다.

【嵬然】**wéirán** 형 우뚝 솟다. ¶～屹立＝우뚝 솟다.

【嵬嵬】**wéiwéi** 형(운) 높고 큰 모양. ¶～华山, 参天人云。＝우뚝 선 화산(華山)이 하늘까지 치솟아 있다.

## 鮠[鮠] **wéi** 작은 메기 외

명(動) (양쯔장(扬子江) 유역에서 나는) 메기의 일종.

## 潍[濰] **Wéi** 강 이름 유

지명에 쓰이는 글자. ¶～河＝웨이허. [산둥(山东)성에 있는 강 이름] /～坊＝웨이팡. [산둥(山东)성에 있는 지명]

## 伟[偉] **wěi** 위대할 위

형 **1** 크다. 웅장하다. ¶身材魁～＝체구가 우람하다. **2** 위대하다. 탁월하다. 걸출하다. 뛰어나다. 훌륭하다. 우수하다. ¶千秋～业＝천추의 위업. **3** (昰) 건장하고 잘생기다. ¶～男＝건장하고 잘생긴 남자. 명 (**Wěi**) 성(姓).

○● 瑰**guī**伟, 宏**hóng**伟

【伟岸】**wěi'àn** 형 **1** 체구가 우람하다. 기골이 장대하다. 나무 따위가 높고 크다. ¶～的身躯＝우람한 몸집. **2** (용모·기백 등이) 보통이 아니다. 뛰어나다. 비범하다. 웅대하다. 웅용이 있다. ¶胸怀～＝포부가 웅대하다.

【伟大】**wěidà** 형 위대하다. ¶～的祖国＝위대한 조국. /～的文学家＝훌륭한 문학가. ↔渺小

【伟哥】**wěigē** 명(醫) 비아그라(viagra). ＝【威尔钢】**wēi'ěrgāng**

【伟绩】**wěijì** 명 위대한 업적(공적). ¶丰功～＝위대한 공적. 위대한 업적.

【伟力】**wěilì** 명 위력. 거대한 힘.

【伟略】**wěilüè** 명 웅대한 모략(책략·계략). ¶雄韬～＝웅대한 병법과 모략.

【伟论】**wěilùn** 명 위대한(탁월한) 이론. ¶足成～＝탁월한 이론이 될 만하다.

【伟人】wěirén 图 위인. 위대한 사람. ¶一代~=일세의 위인. ↔凡人 凡夫

【伟业】wěiyè 图 위업. 위대한 업적. ¶创建~=위업을 창건하다.

【伟丈夫】wěizhàngfū 图 건장하고 잘생긴 남자. 포부가 큰 남자. 책임을 질 줄 아는 남자. 근사한 남자.

## *伪[僞] wěi 거짓 위

형 **1** 거짓의. 허위의. 가장된. ¶去~存真=거짓된 것은 버리고 진실된 것은 남기다. **2** 비합법적인. 정통이 아닌. 꼭두각시의. 괴뢰의. ¶~政府=괴뢰 정부. ↔真

○◆ 敌伪, 虚xū伪

【伪币】wěibì 图 **1** 위조 화폐[지폐]. 가짜 돈. **2** (歷) 중국의 항일 전쟁 기간에 일제(日帝)의 괴뢰 정권이 발행한 화폐.

【伪钞】wěichāo 图 위조 지폐.

【伪称】wěichēng 图 거짓으로 말하다. …라고 거짓말하다. ¶他竟~自己是某名牌大学的教授. =그는 자신이 모 유명 대학의 교수라고 끝까지 거짓말을 한다.

【伪军】wěijūn 图 **1** 비합법 정부의 군대. **2** 괴뢰 정부의 군대. [중국의 항일 전쟁 기간에 일제(日帝)의 괴뢰 정권이 조직한 군대를 가리킴]

【伪君子】wěijūnzǐ 图 위군자. 위선자.

【伪科学】wěikēxué 图 의사(擬似) 과학. 사이비 과학.

【伪劣】wěiliè 형 위조되거나 질이 낮은. ¶~产品=위조 저질품.

【伪劣商品】wěiliè shāngpǐn 图 위조 상품. 위조 저질품. 조악한 위조품.

【伪满】wěimǎn 图(歷) 伪满洲国(위만주국). [일제(日帝)가 중국을 침략한 시기에 중국 동북 만저우(满洲)에 세운 괴뢰 정권]

【伪冒】wěimào 图 사칭하다. 가장하다. 속여서 …하다. …인 체하다. ¶~诗人=시인이라고 사칭하다.

【伪善】wěishàn 형 위선적이다. ¶~之人=위선자.

【伪饰】wěishì 图 허위로[가짜로] 꾸미다[지어내다……인 척하다]. 가장하다. ¶家人面前, 不需~. =가족 앞에선 꾸며 댈 필요가 없다.

【伪书】wěishū 图 **1** 작자·저작 연대가 불확실한 책. **2** 위본. 위서. [남의 명의를 빌려서 낸 책]

【伪托】wěituō 图 남의 명의를 빌다. 위조하다. [주로 자신이나 후인의 작품을 옛 사람이 지은 것처럼 만든 것을 가리킴]

【伪造】wěizào 图 위조하다. 날조하다. ¶~证件=증명서를 위조하다.

【伪诈】wěizhà 형 거짓되고 교활하다. ¶~之心=거짓되고 교활한 마음.

【伪证】wěizhèng 图(法) 위증.

【伪政权】wěizhèngquán 图 괴뢰 정권.

【伪装】wěizhuāng 图 **1** 가장하다. ¶~好人=좋은 사람인 체하다. **2** (军) 위장하다. 가장. 가식. ¶撕去~, 露出真面目. =가식을 벗고, 진면목을 드러내다. **2** (军) 위장(한 것).

【伪足】wěizú 图(生) 위족. 헛발. 가족. 허족.

【伪组织】wěizǔzhī 图 비합법 조직. 괴뢰 조직.

【伪作】wěizuò 图 (시문이나 예술품을) 남의 이름을 도용하여 만들다. 위조하다. 图 위작. 가짜 작품.

## *苇[葦] wěi 갈대 위

图(植) 갈대.

【苇箔】wěibó 图 갈대발.

【苇丛】wěicóng 图 무성한 갈대숲.

【苇荡】wěidàng 图 갈대가 무성한 습지. =【芦荡】lúdàng【芦苇荡】lúwěidàng

【苇帘(子)】wěilián(·zi) 图 갈대발.

【苇眉子】wěiméi·zi 图 갈대의 줄기.

【苇塘】wěitáng 图 갈대밭. 갈대가 자라는 습지 [진펄].

【苇席】wěixí 图 삿자리. ⇨【芦席】lúxí

【苇子】wěi·zi ☞【芦苇】lúwěi

## 芛[蔿] Wěi 성씨 위

图 성(姓).

## **尾 wěi 꼬리 미

图 **1** 꼬리. 꽁무니. ¶摇头摆~=매우 의기양양해하다. 경망스럽다. **2** (물건의) 꼬리 부분. 끝부분. 뒷부분. 후미. ¶机~=비행기 꼬리 부분. /车~=차의 뒷부분. **3** 말단(末端). 말미(末尾). ¶有头有~=시작도 있고 끝도 있다. **4** 나머지. 잔여. 마무리. 뒤처리. ¶扫~工程=마무리 공정. **5** (天) 미수(尾宿). [이십팔수(二十八宿)의 하나] 영 마리. [물고기를 세는 단위] ¶一~鲫鱼=붕어 한 마리. ↔首 头

☞ yǐ

○◆ 词尾, 交尾, 结尾, 阑lán尾, 末尾, 煞shā尾, 收尾, 首尾, 押yā尾, 韵yùn尾

【尾巴】wěi·ba 图 **1** 꼬리. 꽁무니. **2** (물건의) 꼬리 부분. 끝부분. 뒷부분. 후미. ¶彗星~=혜성의 꼬리. **3** (비) 미행자. 뒤따라오는 사람. ¶把~甩掉. =뒤따르는 사람을 따돌리다. **4** 줏대가 없는 사람. 시키는 대로 하는 사람. 심부름꾼. 종. 똘마니. 따까리. 추종자. ¶你简直就是经理的~. =너는 정말로 사장의 심부름꾼이다. **5** 나머지. 잔여. 마무리. 뒤처리. ¶这项工作还有一点~没做完. =이 작업은 약간의 마무리 부분이 남아 있어 아직 끝내지 못했다.

【尾巴工程】wěi·ba gōngchéng 图 오랫동안 지연되는 공정[공사].

【尾巴翘到天上】wěi·ba qiào dào tiānshàng (속) **1** 꼬리를 하늘로 쳐들다. **2** (비) 매우 교만하고 잘난 체하다.

【尾部】wěibù 图 (어떤 사물의) 꼬리 부분. 끝부분. 뒷부분. 후미. ¶汽车~=자동차 후미.

【尾大不掉】wěidà-bùdiào (성) **1** 꼬리가 너무 커서 흔들 수 없다. **2** (비) 기구의 하부(下部)가 강

하고 상부(上部)가 약하여 마음대로 지휘할 수 없다. 조직이나 기구가 방대하고 산만하여 지휘하기가 힘들다.

【尾灯】 **wěidēng** 몡 미등.
【尾工】 **wěigōng** 몡 마무리 공사〔공정〕.
【尾骨】 **wěigǔ** 몡(生) 미골. 꼬리뼈.
【尾花】 **wěihuā** 몡 (신문이나 책에서 시나 글의 빈 자리에 넣는) 삽도(揷圖). 삽화. 장식 그림.
【尾击】 **wěijī** 동 추격하다. ¶~逃匪=탈주범을 추격하다.
【尾迹】 **wěijì** 몡 **1** 비행(기)운. 비행기 구름. 항적운. **2** 선박이 항행할 때 수면에 남는 흔적. 배가 지나간 자리.
【尾款】 **wěikuǎn** 몡(經) (결산할 때 남은) 잔액. 잔금. 잔여 금액.
【尾矿】 **wěikuàng** 몡(礦) 미광. 폐석.
【尾联】 **wěilián** 몡 미련. [율시(律詩)에서 제7구와 제8구]
【尾闾】 **wěilǘ** 몡 **1**(굳) 강의 하류. **2**(生) 미려골. 미추골. 꽁무니뼈.
【尾牌】 **wěipái** 몡 (자동차·전차 등의 후미에 단) 차량〔노선〕 번호판.
【尾批】 **wěipī** 몡 (선생님이나 독자가 단) 문장 말미의 평어(와 주해).
【尾鳍】 **wěiqí** 몡(動) 꼬리지느러미.
【尾气】 **wěiqì** 몡 폐기. 배기(排氣).
【尾欠】 **wěiqiàn** 동 상환(납부) 되지 않은 잔액이〔적은 액수가〕 남아 있다. ¶~税款八百元。=세금 800위안이 잔액으로 남아 있다. 몡 상환〔납부〕되지 않은 잔액〔적은 액수〕. ¶~月内还清。=미상환 잔액을 이 달 안에 청산하겠다.
【尾声】 **wěishēng** 몡 **1**(音) 코다(coda). 결미. **2** (문학 작품의) 에필로그(epilogue). 결말. **3** 남곡(南曲)·북곡(北曲)에서의 마지막 곡〔가락〕. **4** (활동이나 일의) 마지막〔종결〕 단계. ¶书画展已接近~。=서화전은 이미 마지막 단계에 가까워졌다. ↔前奏 序幕
【尾市】 **wěishì** 몡 (증권 시장·선물 시장 등의) 마감 전의 시세.
【尾数】 **wěishù** 몡 **1** (계산상의) 우수리. 나머지. **2** 끝자리 수. **3**(數) 소수점 이하의 수.
【尾随】 **wěisuí** 동 뒤를 따르다. 뒤따라가다. ¶~其后=그 뒤를 따르다. 늑跟随
【尾翼】 **wěiyì** 몡 (비행기의) 미익. 꼬리날개.
【尾音】 **wěiyīn** 몡 끝소리. 말음.
【尾蚴】 **wěiyòu** 몡(動) 기생충의 꼬리 달린 유충(幼蟲).
【尾羽】 **wěiyǔ** 몡 (조류의) 꼬리털.
【尾注】 **wěizhù** 몡 각주(脚注).
【尾追】 **wěizhuī** 동 바싹 뒤쫓다. ¶~不放=바싹 뒤쫓다.
【尾椎】 **wěizhuī** 몡(生) 척추의 마지막 부분.
【尾椎骨】 **wěizhuīgǔ** 몡(生) 미추(골). 미려골. 꽁무니뼈.
【尾子】 **wěi·zi** 몡휑 **1** (일·사물의) 끄트머리. 맨 끝 부분. 마지막 부분. 남은 부분. **2** (계산상의) 우수리. 나머지.

*【纬[緯]】 **wěi** 씨실 위
몡 **1**(紡) 씨. 씨줄. 씨실. 직물의 가로 짜인 실이나 선. ¶经~=직물의 날과 씨. 날실과 씨실. **2**(地) 위도(緯度). ¶南~=남위. **3**엳 纬书(위서). ¶谶~=도참과 위서. ↔经
【纬编】 **wěibiān** 몡(紡) 씨실로 짜다.
【纬度】 **wěidù** 몡(地) 위도.
【纬纱】 **wěishā** 몡(紡) 씨실. ↔经纱
【纬书】 **wěishū** 몡 위서.
【纬线】 **wěixiàn** 몡 **1**(紡) 직물의 씨실. **2**(地) 위선. 씨금. ↔经线

【玮[瑋]】 **wěi** 옥 이름 위
몡 옥(玉) 이름. 휑옌 진기하다. 귀중하다. ¶明珠~宝=귀중한 보물.

☞ 瑰guī玮

【晱[暐]】 **wěi** 빛날 위
휑옌 환히 빛나다.

*【委】 **wěi** 맡길 위
동 **1** 위임하다. 위탁하다. 맡기다. ¶~以重任=중임을 맡기다. **2** 방치하다. 던져 버리다. 내던지다. 포기하다. 버리다. ¶~弃不顾=방치하고 돌보지 않다. **3** 책임을 미루다〔전가하다·떠넘기다·회피하다〕. ¶~过他人=남에게 잘못을 전가시키다. **4**옌 쌓아 모으다〔올리다〕. 축적하다. 쟁이다. 퇴적하다. ¶~积如山=산처럼 쌓아 올리다. 몡 **1** (물의) 하류. **2**옌 (사물의) 결말. 결미. 최종 단계. ¶穷原竟~=일의 전말을 규명하다. 진상을 규명하다. **3**얃 委员(위원). 委员会(위원회). ¶县~=현 위원(회). / 编~=편집 위원(회). 휑 **1** 의기소침하다. 풀이 죽다. 맥〔힘〕이 없다. 활기가 없다. ¶~靡不振=원기가 쇠퇴하여 활기가 없다. 맥이 빠지다. **2** 굽이다. 구불구불하다. ¶~婉动听=말소리 등이 아름다워〔부드러워〕 듣기 좋다. 튀옌 확실히. 틀림없이. 분명히. 정말. 참으로. 실로. ¶~实凄凉=확실히 쓸쓸하다.
☞ **wēi**

☞ 加委, 推委, 政委

【委办】 **wěibàn** 동 처리를 맡기다. 위탁 처리하다. 위탁하다. ¶~签证=비자 처리를 맡기다. 몡얃 委员会办公室(위원회 사무실).
【委顿】[萎顿] **wěidùn** 휑옌 피곤하다. 피로하다. 지치다. 노곤하다. 나른하다. ¶精神~=활력이 없다.
【委付】 **wěifù** 동 위탁하다. 의뢰하다. 부탁하다. ¶~他人=타인에게 위탁하다.
【委过】[诿过] **wěiguò** 동 잘못을 남에게 전가하다〔덮어씌우다〕. ¶~于人=남에게 잘못을 전가하다.
【委决】 **wěijué** 동 결정하다. ¶难以~=결정하기 어렵다.

**wěi** 委炜洧桦诿娓萎

【委决不下】**wěijué-bùxià** 〈成〉 망설이며〔머뭇거리며〕결단을 내리지 못하다. 주저하며 결정을 하지 못하다.

【委令】**wěilìng** 〈명〉 위임 명령.

【委靡】[萎靡]**wěimǐ** 〈형〉 활기가 없다. 의기소침하다. 맥이 빠지다. 기가 죽다. 풀이 죽다. ¶~不振=활기가 없다. ↔振奋 勃发

【委内瑞拉】**Wěinèiruìlā** 〈명〉〈地〉베네수엘라(Venezuela). [수도는 '加拉加斯(카라카스: Caracas)' 임]

【委派】**wěipài** 〈동〉 임명하여 파견하다. 위임하여 파견하다. ¶~代表参加会议.=대표를 파견하여 회의에 참석하게 하다.

【委培】**wěipéi** 〈동〉 위탁 교육하다. ¶~生=위탁 교육생.

【委弃】**wěiqì** 〈동〉〈문〉 저버리다. 내던지다. 버리다. 포기하다. 방치하다. ¶~不用=방치하고 쓰지 않다.

【委曲】**wěiqū** 〈형〉 구불구불하다. 굽다. ¶~婉转=완곡하다. 〈동〉 억지로〔마지못해〕끌려가다〔영합하다〕. ¶~从俗=억지로 시속(時俗)을 따르다. 〈명〉〈문〉속사정. 내막. 곡절. 경위. 본말. 자초지종. ¶其中~无人知晓.=그 안의 내막을 아는 사람이 없다.

【委曲求全】**wěiqū-qiúquán** 〈성〉 아쉬운 대로 참고 견디며 보전을 꾀하다. 대국을 고려하여 잠시 참고 양보하다. 일을 그르치지 않으려고 유연한 태도를 취하다. ≒忍气吞声

【委屈】**wěi·qu** 〈형〉 (부당한 지적이나 대우를 받아) 억울하다. 답답하다. 괴롭다. 고통스럽다. 견딜 수 없다. ¶平白无故挨了一顿批评, 他觉得非常~.=아무런 이유도 없이 한바탕 꾸지람을 받아 그는 몹시 억울했다. 〈동〉 억울하게 하다. 억울한 일을 당하게 하다. 섭섭하게 하다. 불편을 느끼게 하다. 폐를 끼치다. ¶我们这儿条件差, ~你了.=우리의 조건이 나빠서 불편하게 해 드렸습니다. 〈명〉 억울함. 불평. 불만. ¶满肚子~没法说。=뱃속 가득한 불평을 털어 낼 방법이 없다.

【委任】**wěirèn** 〈동〉~状=위임장. 〈명〉 위임. [(신해(辛亥)혁명부터 중화인민 공화국 성립 이전까지 있었던 말단 문관(文官)]

【委任状】**wěirènzhuàng** 〈명〉 위임장.

【委身】**wěishēn** 〈동〉 1 몸을 맡기다. 헌신하다. ¶~事人=몸을 맡기고 남을 섬기다. 2〈옛〉시집가다.

【委实】**wěishí** 〈부〉 확실히. 실제로. 정말로. ¶~不知内情.=정말로 내막을 모른다.

【委琐】**wěisuǒ** 〈형〉〈문〉 1 (매우) 자질구레하고 번거롭다. 사소하고 잡다하다. 소소하고 번잡하다. 사소한 일에 구애되다. 2 ☞【猥琐】**wěisuǒ**

【委托】**wěituō** 〈동〉 위탁하다. 의뢰하다. ¶~律师打官司.=변호사에게 의뢰하여 소송을 걸다. ≒托付

【委托书】**wěituōshū** 〈명〉 위탁 증서.

【委宛】**wěiwǎn** ☞【委婉】**wěiwǎn**

【委婉】[委宛]**wěiwǎn** 〈형〉 (말·소리 등이) 완곡하다. 은근하다. 부드럽다. 점잖다. 구성지다. 감미롭다. ¶语气~=말투가 완곡하다. / 歌声~=노랫소리가 감미롭다. ≒婉转 ↔直率 生硬 直爽

【委婉语】**wěiwǎnyǔ** 〈명〉〈言〉완곡한 말. 부드러운 말.

【委委屈屈】**wěi·wei qūqū**(~的) 〈형〉 (부당한 지적이나 대우를 받아) 억울한 모양.

【委委琐琐】**wěi·wei suǒsuǒ** ☞【猥猥琐琐】**wěi·wei suǒsuǒ**

【委用】**wěiyòng** 〈동〉 임용하다. ¶~贤才=현명하고 유능한 인재를 임용하다.

【委员】**wěiyuán** 〈명〉 1 (위원회의) 위원. 2〈옛〉위원. [특정 임무를 띠고 파견된 인원]

【委员会】**wěiyuánhuì** 〈명〉 1 위원회. [정당·기관·학교 따위의 집단 지도 조직] ¶校务~=교무 위원회. 2 위원회. [특정 임무를 완성하기 위해 설립한 임시 조직] ¶招生~=학생 모집 위원회. 3 위원회. [일부 정부 부서의 명칭] ¶国家语言文字工作~=국가 언어 문자 위원회.

【委罪】[诿罪]**wěizuì** 〈동〉 죄를 남에게 전가하다〔덮어씌우다·돌리다〕. ¶~他人=죄를 남에게 전가하다.

**炜**[煒] **wěi** 붉게 빛날 위

〈형〉 붉게 빛나다. (색채가) 또렷하고 빛나다.

**洧** **wěi** 강 이름 유

【洧川】**Wěichuān** 〈명〉〈地〉웨이촨. [허난(河南) 성에 있는 지명]

**桦**[韡] **wěi** 빛날 위

〈형〉 빛나다. 찬란하다. 아름답다.

**诿**[諉] **wěi** 핑계할 위

〈동〉 (책임이나 잘못 따위를) 남에게 전가하다. 남에게 덮어씌우다. 회피하다. ¶推~=책임을 남에게 전가시키다.

【诿过】**wěiguò** ☞【委过】**wěiguò**

【诿卸】**wěixiè** 〈동〉〈문〉 (책임을) 전가하다. 회피하다. 남에게 덮어씌우다.

【诿罪】**wěizuì** ☞【委罪】**wěizuì**

**娓** **wěi** 흥미진진할 미

아래를 참조.

【娓娓】**wěiwěi** 〈형〉 (이야기가) 흥미진진하다. 감칠맛이 있다. ¶~而谈=흥미진진하게 말하다.

【娓娓动听】**wěiwěi-dòngtīng** 〈성〉 이야기가 흥미진진하여 귀가 솔깃하다.

*萎 **wěi** 마를 위

〈동〉 1 (식물이) 마르다. 시들다. ¶枯~=(식물이) 마르다. 2 쇠약해지다. 쇠락해지다. ¶气~=원기가 쇠약해지다.

【萎败】**wěibài** 〈동〉 (초목이) 시들다. 마르다.

【萎顿】**wěidùn** ☞【委顿】**wěidùn**

【萎黄】**wěihuáng** 〈형〉 1 (꽃·풀·잎·나뭇가지 등이) 누렇게 마르다. ¶枝叶~=나뭇가지와 잎이

누렇게 마르다. **2** (안색이) 초췌하고〔수축하고·핏기가 없고〕누렇다. ¶面色～=안색이 핼쑥하고 누렇다.
【萎落】**wěiluò** **동** **1** 시들어 떨어지다. ¶花木～=꽃나무가 시들어 떨어지다. **2** 쇠약해지다. 쇠락해지다. ¶国力～=국력이 쇠약해지다.
【萎靡】**wěimǐ** ☞【委靡】**wěimǐ**
【萎蔫】**wěiniān** **형** (수분 부족으로 초목이) 시들다. 쪼그라들다.
【萎弱】**wěiruò** **형** 허약하다. 미약하다. 쇠약하다. 가냘프다. ¶体质～=체질이 허약하다.
【萎缩】**wěisuō** **동** **1** (식물이) 마르다. 시들다. ¶草木～=초목이 시들다. **2**《醫》(몸·신체 기관이) 위축되다. 움츠러들다. (기능이) 쇠퇴하다. 떨어지다. ¶肌肉～=근육이 위축되다. **3** (경제가) 쇠퇴하다. 활기를 잃다. 부진하다. ¶经济～=경제가 쇠퇴하다.
【萎谢】**wěixiè** **동** **1** (화초가) 시들어 떨어지다. ¶百花～=모든 꽃이 시들어 떨어지다. **2** (俚) (생명이) 죽어 가다. ¶生命～=생명이 죽어 가다.

**痏** **wěi** 멍 유
**명** **문** 흉터. 상처. 헌데.

**陒** **Wěi** 성씨 외
**명** 성(姓). ☞ **Kuǐ**

**骫** **wěi** 굽을 위
**형** **문** 굽다. 비뚤다. 왜곡하다. ¶～法=법을 왜곡하다.
【骫骳】**wěibèi** **형** **문** 굽히다. 굴곡하다.
【骫曲】**wěiqū** **동** **문** 자신(의 뜻)을 굽혀서 타협하다. 자기의 의견을 굽혀 양보하다.

**颎[頠]** **wěi** 조용할 외
**형** **문** 조용하다. [주로 인명에 쓰임]

**猥** **wěi** 비루할 외
**형** **문** **1** 많다. 잡다하다. ¶烦～=번잡하다. **2** 천하다. 비열하다. 음탕하다. 저열하다. 상스럽다. 야비하다. ¶举止～琐=행동거지가 옹졸하다.

○● 淫 **yín** 猥

【猥鄙】**wěibǐ** ☞【猥陋】**wěilòu**
【猥词】**wěicí** ☞【猥辞】**wěicí**
【猥辞】[猥词] **wěicí** **명** **문** 저속한 말. 음란한 말.
【猥獕】**wěicuī** **형** **문** 꼴사납다. 추잡하다. 옹졸하다. 저속하다. [주로 조기 백화문에 보임]
【猥劣】**wěiliè** **형** **문** 비열하다. 야비하다. ¶行为～=행동이 비열하다.
【猥陋】**wěilòu** **형** **문** 저열하다. 비열하다. 야비하다. 비루하다. 비겁하다. =【猥鄙】**wěibǐ**
【猥琐】[猥琐] **wěisuǒ** **형** (생김새나 행동이) 비열하다. 초라하다. 추하다. 옹졸하다. 용렬하다. 비루(鄙陋)하다. ¶形象～=모습이 초라하다.
【猥猥琐琐】[猥猥琐琐] **wěi·wei suǒsuǒ** (～的)

(생김새나 행동이) 아주 비열하다. 아주 초라하다. 아주 추하다. 아주 옹졸하다. 아주 용렬하다. 아주 비루하다. ¶形象～=모습이 아주 초라하다.
【猥亵】**wěixiè** **형** (언행이) 음란하다. 외설적이다. 저속하다. ¶言词～=언사가 외설적이다. **동** …에게 무모한 짓을 하다. (여성에게) 음란한 짓을 하다. 추행하다. ¶～幼童=아동을 추행하다.
【猥杂】**wěizá** **형** **문** 난잡하다. 번잡하다. 어수선하다. 너저분하다.

**廆** **wěi** 사람 이름 외
인명에 쓰이는 글자. ¶慕容～=모용외. [서진(西晉) 말엽 선비족(鮮卑族)의 우두머리 이름] ☞ **Guī**

**韙[韙]** **wěi** 옳을 위
**형** **문** 옳다. 맞다. [주로 '不(bù)'와 어울려 쓰임] ¶冒天下之大不～。=천하 사람들의 의견을〔반대를〕무시하다.

**艉** **wěi** 고물 미
**명** (배의) 고물. 꽁지부리. 배의 뒷부분.

**痿** **wěi** 마비될 위
**동**《醫》(중의학에서) 기능이 상실되다. [몸의 어떤 부위가 위축되거나 기능을 상실하는 증상] ¶阴～=음위(陰痿). 임포텐츠(Impotenz).

**鲔[鮪]** **wěi** 다랑어 유
**명**《動》**1** 다랑어. 참치. **2** 고서에서는 철갑상어를 가리킴.

**亹** **wěi** 힘쓸 미
☞ **mén**
【亹亹】**wěiwěi** **형** **문** **1** 근면하고 지칠 줄 모르는 모양. **2** 말이나 소리가 계속되고 감미롭다〔부드럽다〕. **3** 앞으로 움직이는 모양.

**\*\*卫[衛]** **wèi** 지킬 위
**동** 보위하다. 지키다. 방호하다. ¶捍～=지키다. 보위하다. / 防～=방어하다. **명** **1** 지키거나 방어하는 사람. ¶警～=경비(요)원. / 门～=수위. 문지기. **2** 위. [명(明)대에 군사가 주둔한 지점을 가리킴. 후에 지명으로 쓰임] ¶威海～=위해위. [지금의 산둥(山東)성 웨이하이(威海)시] **3** (Wèi)〔歷〕위. [주(周)대의 나라 이름. 지금의 허베이(河北)성 남부와 허난(河南)성 북부 일대] **4** (Wèi) 성(姓).

○● 防卫, 拱 **gǒng** 卫, 后卫, 护 **hù** 卫, 警卫, 门卫, 前卫, 摄 **shè** 卫, 侍 **shì** 卫, 守卫, 中卫

【卫兵】**wèibīng** **명** 위병.
【卫从】**wèicóng** **명** 호위와 시종.
【卫道】**wèidào** **동** 주도적인 지위에 있는 사상 체계를 수호하다. 정통〔전통〕사상을 지키다. 전통 윤리를 옹호하다. ¶～者=정통 사상 옹호자.

【卫道士】**wèidàoshì** [명][폄] 수구주의자. 구사상의 옹호자. 구시대 도덕의 옹호자.
【卫队】**wèiduì** [명]《軍》 호위대. 경호대. 경비대. 위병대.
【卫护】**wèihù** [동] 보위하다. 수호하다. 지키다. 호위하다.
【卫冕】**wèimiǎn** [동] **1** 왕관을 지키다. **2**[비] (경기에서) 우승을 지키다. 타이틀을 방어하다. ¶～成功＝타이틀 방어에 성공하다.
【卫生】**wèishēng** [형] 위생적이다. 깨끗하다. ¶～常识＝위생에 관한 상식. [명] 위생. ¶环境～＝환경 위생.
【卫生间】**wèishēngjiān** [명] 화장실. 세면장.
【卫生巾】**wèishēngjīn** [명] 생리대.
【卫生裤】**wèishēngkù** [명][방] 겨울 내복 하의.
【卫生筷】**wèishēngkuài** [명] 위생저(箸). 소독저(箸).
【卫生棉】**wèishēngmián** [명] 탈지면.
【卫生球】**wèishēngqiú**(～儿) [명] (공 모양의) 나프탈렌(naphthalene).
【卫生设备】**wèishēng shèbèi** [명] 위생 설비. [화장실·세면대·욕조·변기 등의 설비] ＝【洁具】**jiéjù**
【卫生所】**wèishēngsuǒ** [명] 보건소. 위생소.
【卫生丸】**wèishēngwán** [명] (공 모양의) 나프탈렌(naphthalene).
【卫生香】**wèishēngxiāng** [명] 냄새 제거용 향.
【卫生衣】**wèishēngyī** [명][방] 겨울 내복 상의.
【卫生员】**wèishēngyuán** [명] 위생 요원. 보건 요원. (병원의) 잡역부. (군대의) 위생병. [기본적인 위생 지식을 갖추고 있으며 구급 활동을 행할 수 있는 초급 의료 요원]
【卫生院】**wèishēngyuàn** [명] 보건원. 보건소.
【卫生纸】**wèishēngzhǐ** [명] **1** (화장실용) 휴지. 화장지. **2** 월경시에 사용하는 소독된 휴지.
【卫士】**wèishì** [명] **1**《軍》 위병. 근위병. 호위병. **2** 경비원. 보디가드.
【卫视】**wèishì** ☞ 【卫星电视】**wèixīng diànshì**
【卫戍】**wèishù** [동] (주로 수도 경비에 쓰여) 위수하다. 경비하다. ¶～司令＝(수도) 경비 사령부.
【卫戍部队】**wèishù bùduì** [명]《軍》 (수도·요충지의) 수비대. 경비 부대. 위수 부대. 방위대.
【卫戍区】**wèishùqū** [명]《軍》 (수도·요충지의) 수비 지역. 경비 지역.
【卫校】**wèixiào** [명][약] 卫生学校(위생 학교).
【卫星】**wèixīng** [명] **1**《天》 위성. ¶月球是地球的～。＝달은 지구의 위성이다. **2** 인공 위성. ¶通信～＝통신 위성. **3**[비] 놀랄 만한 새로운 업적. ¶公司今年的科研放了～。＝회사의 올해의 과학 연구는 놀랄 만한 업적을 이루었다. [형] 위성처럼 어떤 지역을 둘러싼. ¶～城市＝위성 도시.
【卫星城】**wèixīngchéng** [명] 위성 도시.
【卫星电视】**wèixīng diànshì** [명] 위성 TV. [약]【卫视】**wèishì**
【卫星国】**wèixīngguó** [명][비] 위성 국가. [정치·경제적인 면에서 강대국에 의존하여 독립하지 못한 국가]
【卫星通信】**wèixīng tōngxìn** [명] 위성 통신.
【卫星云图】**wèixīng yúntú** [명]《氣》 위성 구름 사진.

**为[爲] **wèi** 위할 위

[동][문] 돕다. 보위하다. 보좌하다. [개] **1** …에게 (…을 해 주다). …을 위하여 (…을 하다). [행위의 대상을 나타내며, '替(tì)'·'给(gěi)'에 해당함] ¶～国争光＝국가를 위해 영예를 떨치다. **2** …때문에. …덕택에. …하기 위하여. [행위의 원인이나 목적을 나타내며, '因为(yīnwèi)'나 '为了(wèi·le)'에 해당함] ¶～什么他不来开会?＝무엇 때문에 그가 회의에 나오지 않지? / ～生活而奔波。＝생활을 영위하기 위해서 이리저리 뛰어다니다. **3** …에 대해서. …을〔를〕 향하여. [행위의 방향을 나타내며, '对(duì)'나 '向(xiàng)'에 해당함] ¶不足～外人道也。＝남에게 얘기할 만한 것은 못 된다.
☞ **wéi**

0-● 特为, 因为

【为此】**wèicǐ** [접] 이 때문에. 이를 위해서. 그런 까닭에. ¶孩子考上了大学, 全家人都～高兴。＝아이가 대학에 합격하자 온 가족이 모두 이 때문에 기뻐했다.
【为国捐躯】**wèiguó-juānqū** [성] 국가를 위해서 목숨을 바치다.
【为何】**wèihé** [부][문] 무엇 때문에. 왜. ¶他～要反对?＝그는 무엇 때문에 반대하느냐?
【为虎傅翼】**wèihǔ-fùyì** ☞ 【为虎添翼】**wèihǔ-tiānyì**
【为虎添翼】**wèihǔ-tiānyì** [성] **1** 호랑이에게 날개를 달아 주다. **2**[비] 못된 일을 하는 사람에게 힘을 보태 주다. 악인에게 가세하다. ＝【为虎傅翼】**wèihǔ-fùyì**【与虎添翼】**yǔhǔ-tiānyì**
【为虎作伥】**wèihǔ-zuòchāng** [성] **1** 호랑이를 위해 창귀(倀鬼)가 되다. **2**[비] 나쁜 사람의 앞잡이가 되어 나쁜 짓을 일삼다. ≒助桀为虐
【为了】**wèi·le** [개] …을〔를〕 하기 위하여. ¶～考上大学, 他加倍努力复习。＝대학에 합격하기 위하여 그는 갑절 열심히 공부한다.
【为民】**wèimín** [부] 백성을 위해서 (…를 하다). ¶～除害＝백성을 위해서 해악을 없애다.
【为民请命】**wèimín-qǐngmìng** [성] 백성을 대표하여 청원하다.
【为人作嫁】**wèirén-zuòjià** [성][비] 쓸데없이 남을 위해 고생하다. 헛되이 남 좋은 일을 하다.
【为什么】**wèishén·me** [부] 왜. 무엇 때문에. 어째서. [원인이나 목적을 묻는 데 쓰임] ¶你～要这样做?＝너는 무엇 때문에 이렇게 하려는 거냐? [명] 왜. [물을 가치가 있는 문제] ¶遇事要思考, 多问个～。＝일을 맞닥뜨리면 곰곰이 생각을 해야 하며, 왜라는 질문을 많이 던져야 한다.
【为渊驱鱼, 为丛驱雀】**wèi yuān qū yú, wèi cóng qū què** [성] **1** 수달이 물고기를 잡으려 하다가 도리어 물고기를 깊은 곳으로 몰아넣고, 새

매가 참새를 잡아먹으려 하다가 도리어 참새를 숲 속으로 내몰다. **2** ㉑ 자기 편이 될 수 있는 것도 적들 편으로 몰아주다. 본래 자신에게 유리하게 할 수 있는 상황을 도리어 상대측에 유리하게 하다. 자신에게 불리하게 만들다.
【为着】**wèi·zhe** ㉚ …을〔를〕 하기 위하여.

**未 wèi** 아닐 미
㉘ **1** 아직 …하지 않다. ¶前所~有=역사상 유례가 없다. **2** ㉭ …이〔가〕 아니다. [부정을 나타냄] ¶~知可否=가부를 알 수가 없다. ㉑ **1** (天) 미. [지지(地支)의 여덟 번째] **2** (Wèi) 성(姓). ↔已
【未艾】**wèi·ài** ㉓㉭ 그치지 않다. 다하지 않다. ¶方兴~=바야흐로 크게 흥하여 (그 기세가) 누그러질 줄을 모르다. 이제 막 한창이다.
【未必】**wèibì** ㉭ 반드시 …한 것은 아니다. 꼭 …하다고 할 수 없다. ¶他说的~可靠。=그가 말한 것은 반드시 믿을 만한 것은 아니다. ↔必定·必然
【未便】**wèibiàn** ㉭㉭ …하기 불편하다〔곤란하다〕. …하기는 힘들다. ¶此事须和家人商议, ~擅作主张。=이 일은 반드시 가족들과 상의해야지, 자신의 의견만 내세워서는 곤란하다.
【未卜】**wèibǔ** ㉓㉭ 짐작할 수 없다. 예측할 수 없다. 예견하기 어렵다. ¶生死~=생사를 예측할 수 없다.
【未卜先知】**wèibǔ-xiānzhī** ㉛ **1** 점치지 않고 미리 알다. **2** ㉑ 선견지명이 있다.
【未曾】**wèicéng** ㉭㉭ (일찍이) …한 적이 없다. 한 번도 …하지 않다. 지금까지 …못 하다. 아직 …하지 않다. ¶他们俩~合作过。=그 두 사람은 같이 협력한 적이 없다. ↔曾经
【未尝】**wèicháng** ㉭ **1** (일찍이) …한 적이 없다. ¶他~接受过正规的学校教育。=그는 정규 교육을 받은 적이 없다. **2** (이)라고 할 수 없다. …인 것은 아니다. 결코 …(이)지 않다. [부정사 앞에 쓰여 이중 부정을 나타냄] ¶遭受磨难~不是一件坏事。=어려움을 겪는 것이 반드시 나쁜 일인 것만은 아니다. ≒未始
【未成年】**wèichéngnián** ㉑ 미성년의. 아직 덜 성숙한. ¶~人不宜饮酒。=미성년자는 술을 마시지 않는 게 좋다.
【未成年人】**wèichéngniánrén** ㉑(法) 미성년(자).
【未定】**wèidìng** ㉓ **1** 정해지지 않다. 미정이다. ¶人选~=(최후) 인선은 아직 정해지지 않았다. **2** 안정을 찾지 못하다. 안정되지 않다. ¶惊魂~=놀란 가슴이 아직 안정되지 않다.
【未定稿】**wèidìnggǎo** ㉑ 미정고〔미정초〕. 미완성 원고. 탈고(脱稿)하지 않은 원고.
【未定之天】**wèidìngzhītiān** ㉛㉭ 일이 아직 결정되지 않은 상태. 미정인 상태.
【未果】**wèiguǒ** ㉓ 결과를 얻지 못하다. 실현되지 못하다. 성사되지 못하다. ¶协商~=협상이 이루어지지 않았다.
【未婚】**wèihūn** ㉓ 결혼하지 못하다. ㉑ 결혼하지 않은. 미혼의. ¶~青年=미혼 청년.
【未婚夫】**wèihūnfū** ㉑ (남자) 약혼자.
【未婚妻】**wèihūnqī** ㉑ 약혼녀.
【未及】**wèijí** ㉓ **1** 포함하지 않다. 언급하지 않다. ¶本文~语源问题。=본 글은 어원의 문제를 언급하지 않았다. **2** …에 미치지 못하다. …을〔를〕 따라잡을 수 없다. …에 이르지 못하다. ¶男生人数~女生人数一半。=남학생 수는 여학생 수의 절반에도 미치지 못한다. **3** 미처 …하지 못하다. …할 겨를이 없다. …할 틈이 없다. ¶时间仓促, ~多做准备。=시간이 촉박하여 좀더 준비할 겨를이 없었다.
【未几】**wèijǐ** ㉘㉭ (시간이) 얼마 지나지 않아. 오래지 않아. 머지않아. ¶他~即离任返乡。=그는 얼마 지나지 않아 곧 퇴임하고 고향으로 돌아갔다. ㉭ 많지 않다. 얼마 되지 않다. ¶春秋~=연세가 많지 않다.
【未见得】**wèijiàndé** ㉘ 반드시 …한 것은 아니다. 반드시 …라고는 할 수 없다. ¶~他就一定能取胜。=그가 꼭 이길 수 있다고 할 수는 없다.
【未经】**wèijīng** ㉭ (어떤 과정을) 거치지 않다. 아직 …하지 못하다. 경유(통과)하지 않다. ¶~许可, 不得擅自停课。=허가를 받지 않고 마음대로 휴강을 하여서는 안 된다.
【未竟】**wèijìng** ㉓㉭ 아직 끝내지 못하다. 아직 완성(완수)하지 못하다. 미완이다. [주로 사업을 가리킴] ¶~之业=미완의 사업.
【未决】**wèijué** ㉓ **1** 아직 결정〔해결〕되지 않다. 미결이다. ¶事情悬而~。=일은 현안으로 남아 아직 해결되지 않았다. **2** 아직 판결을 하지 않다. 미결이다. ¶~犯人=미결수(未决囚).
【未决犯】**wèijuéfàn** ㉑(法) 미결수.
【未可】**wèikě** ㉓ …할 수 없다. ¶~比肩=견줄 수 없다. 비견할 수 없다.
【未可厚非】**wèikě-hòufēi** ☞ 【无可厚非】**wúkě-hòufēi**
【未来】**wèilái** ㉑ 미래. ¶展望~=미래를 전망하다. ㉑ 머지않은. 곧 다가오는 (시간). 조만간. [시간을 가리킴] ¶~24小时天气预报=앞으로 24시간 동안의 일기 예보.
【未老先衰】**wèilǎo-xiānshuāi** ㉛ 나이가 들기도 전에 늙다. 겉늙다. 조로(早老)하다. ↔老当益壮
【未冷先寒】**wèilěng-xiānhán** ㉛ **1** 아직 추위가 오기도 전에 추위를 느끼다. **2** ㉑ 일이 일어나기도 전에 미리 겁부터 먹다.
【未了】**wèiliǎo** ㉓ 아직 끝나지 않다. 아직 마치지 못하다. 아직 종결하지 못하다. 아직 완결하지 못하다. 아직 해결하지 못하다. 아직 풀지 못하다. ¶宿愿~=숙원을 아직 해결하지 못하다. ↔已了
【未免】**wèimiǎn** ㉘ **1** …하다고〔…이라고〕 하지 않을 수 없다. 아무래도 …이다. ¶你这样做~太过分了。=네가 이렇게 한 것은 정말 너무 지나치다. **2** (불가피하게) 꼭 …하게 되다. …을〔를〕 면할 수 없다. ¶两个人都是急性子, ~有矛盾。=두 사람은 모두 성격이 급해서 서로 충

돌이 있을 수밖에 없다.

【未能】**wèinéng** 〔동〕…하지 못하다. …할 수 없다. ¶~如期完成.=기한 내에 마칠 수 없다.

【未能免俗】**wèinéng-miǎnsú** 〔성〕아직 인습〔습속〕에서 벗어나지 못하다. 관습을 따르지 않을 수 없다.

【未然】**wèirán** 〔동〕아직은 그렇지 않다. 아직은 사실이 아니다. 〔명〕미연. ¶防患于~.=환란을 미연에 방지하다. ↔已然

【未平】**wèipíng** 〔동〕아직 평정되지 않다. 아직 가라앉지 않다. 아직 완화되지 않다. ¶余波~.=여파가 아직 가라앉지 않다.

【未时】**wèishí** 〔명〕〔옛〕미시(未時). [오후 1시~3시]

【未始】**wèishǐ** 〔부〕〔옛〕…(이)라고 할 수 없다. 반드시 …인 것은 아니다. 결코 …(이)지 않다. [부정사 앞에 쓰여 이중 부정을 나타냄] ¶这~不是一个好办法.=이것은 결코 좋은 방법이 아닌 것만은 아니다. 이것은 좋은 방법일 수도 있다. ≒未尝 未曾

【未遂】**wèisuì** 〔동〕(목적을) 달성하지 못하다. (바람을) 이루지 못하다. 미수에 그치다. ¶强奸~=강간 미수에 그치다. ↔得逞

【未完】**wèiwán** 〔동〕아직 끝나지 않다. 아직 완성되지 않다. 미완이다. ¶~待续=아직 끝나지 않고 계속되다.

【未亡人】**wèiwángrén** 〔명〕〔옛〕미망인.

【未详】**wèixiáng** 〔동〕〔문〕미상이다. 확실〔분명〕하지 않다. 알려져 있지 않다. ¶事故原因~.=사고의 원인은 분명하지 않다.

【未央】**wèiyāng** 〔동〕〔문〕아직 절반에도 이르지 못하다. 아직 끝나지 않다. ¶夜~=밤이 깊다.

【未有】**wèiyǒu** 〔동〕아직 …이〔가〕 없다. 있은 적이 없다. ¶~妻室=아내가 아직 없다.

【未雨绸缪】**wèiyǔ-chóumóu** 〔성〕**1** 비가 오기 전에 미리 창문을 수리하다. **2** 〔비〕사전에 미리 준비하다. 사전에 방비하다.

【未遇】**wèiyù** 〔동〕아직 만나지 못하다. 만난 적이 없다. ¶百年~=백 년에 한 번 만나기도 힘들다. 매우 보기 드물다.

【未知】**wèizhī** 〔동〕〔문〕아직 모르다. ¶结局~=결말은 아직 모른다. 〔형〕미지의. 알지 못하는. ¶~领域=미지의 영역.

【未知数】**wèizhīshù** 〔명〕**1** 〔数〕미지수. **2** 〔비〕아직 모르는 일. ¶能不能被录用还是一个~。=채용이 될지 안 될지는 아직 미지수이다.

【未置可否】**wèizhì-kěfǒu** 〔성〕가부를 표명하지 않다. 가타부타 말하지 않다.

## **位** wèi 자리 위

〔명〕**1** 자리. 곳. 위치. ¶岗~=초소. 근무지. / 座~=자리. 좌석. **2** 직위. 지위. ¶学~=학위. / 名~=명성과 지위. **3** 왕위 ¶在~=재위하다. / 即~=즉위하다. **4** 〔数〕(숫자의) 자릿(수) ¶十~=십 자리. / 百~=백 자리. **5** (**Wèi**) 성(姓). 〔양〕**1** 〔경〕분. 명. [공경의 뜻을 내포함] ¶各~=여러분. / 诸~=여러분. **2** 〔컴〕비트(bit). [컴퓨터의 정보량 최소 단위]

○● 本位, 泊**bó**位, 舱**cāng**位, 潮位, 船位, 床位, 单位, 地位, 电位, 定位, 吨**dūn**位, 方位, 岗**gǎng**位, 货位, 借位, 进位, 就位, 爵**jué**位, 灵**líng**位, 牌位, 炮**pào**位, 品位, 铺位, 让位, 神位, 尸**shī**位, 数位, 水位, 胎**tāi**位, 退位, 脱位, 席位, 相位, 学位, 穴**xué**位, 音位, 职位

【位卑】**wèibēi** 〔동〕지위가 낮다. ¶~未敢忘国忧.=지위는 낮아도 국치를 잊지는 않는다.

【位次】**wèicì** 〔명〕**1** 위. 순위. 석차. 자리 순서. **2** 按~入座.=좌석 배치 순서에 따라 앉다.

【位号】**wèihào** 〔명〕**1** 위호(位號). 작위(爵位)와 명호(名號). **2** 자릿수와 자리 번호. ¶身份证编号共18个~。=신분증 일련 번호는 모두 18자릿수이다.

【位极人臣】**wèijí rénchén** 〔명〕대신들 중 관직이 가장 높은 사람.

【位居】**wèijū** 〔동〕…(의 자리)에 위치하다. …(의 자리)를 차지하다. ¶~榜首=수석을 차지하다.

【位觉】**wèijué** 〔명〕평형 감각. 평형감.

【位能】**wèinéng** ☞【势能】**shìnéng**

【位移】**wèiyí** 〔명〕(物) 변위.

【位于】**wèiyú** 〔동〕…에 위치하다. ¶韩国~北半球.=한국은 북반구에 위치한다.

【位置】**wèi·zhi** 〔명〕**1** 위치. ¶地理~=지리적 위치. **2** 지위. 위치. ¶唐诗宋词在中国古代文学史上占有相当重要的~.=당시와 송사는 중국 고대 문학사상에서 상당히 중요한 지위를 차지하고 있다. **3** 직위. ¶他早就梦想着总经理的~了.=그는 진작부터 사장 직위를 꿈꾸고 있다.

【位子】**wèi·zi** 〔명〕**1** 자리. 좌석. ¶这个~有人坐吗?=이 자리에 누가 있습니까? **2** 직위. ¶他现在还在处长的~上.=그는 아직도 처장의 직위에 머물러 있다.

## **味** wèi 맛 미

〔명〕**1** (~儿) 맛. ¶辣~儿=매운맛. / 食不甘~=(마음이 편치 않아서) 먹어도 단맛을 모른다. **2** (어떤 종류의) 요리. ¶野~=야생으로 만든 요리. / 山珍海~=산해진미. **3** (~儿) 냄새. ¶腥~儿=비린내. / 无色无~=색깔도 없고 냄새도 없다. **4** 취미. 기호. 재미. 의미. 흥취. 정취. 맛. 느낌. ¶情~=정취. / 枯燥无~=무미건조하다. 〔동〕음미하다. 맛보다. ¶品~=깊이 음미하다. / 耐人寻~=깊이 음미할 만하다. 〔양〕**1** 종류. 가지. [중의학에서 약재의 종류를 세는 단위] ¶医生一共开了六~药.=의사는 모두 여섯 가지 약재를 처방하였다. **2** 가지. [요리나 음식을 세는 단위] ¶酒过三巡, 菜过五~.=술이 세 순배 돌고, 요리는 다섯 가지가 나오다.

○● 对味儿, 乏**fá**味, 风味, 够味儿, 海味, 回味, 口味, 腊**là**味, 泛**lǔ**味, 美味, 南味, 腻**nì**味, 品味, 情味, 趣味, 人味, 是味儿, 调味, 玩味, 兴味, 寻**xún**味, 药味, 野味, 一味, 意味, 异**yì**味, 吟**yín**味, 余味, 韵**yùn**味, 走味, 五味子, 土腥**tǔxīng**味儿

【味道】wèi·dao 명 1 맛. ¶这道菜的~不错. =이 요리는 맛이 아주 좋다. 2 (비) (마음으로 느끼는) 맛. 기분. 느낌. 감. 감각. 분위기. 정취. 운치. 흥취. ¶我被人拒绝的~不好受. =남에게 거절당하는 기분은 견디기 어렵다. / 这篇文章读起来很有~. =이 글은 읽어 보면 매우 맛이 난다. 3 흥미. 재미. ¶这部小说越看越有~. =이 소설은 보면 볼수록 흥미진진하다. 4 (비) 냄새. ¶厨房里飘出香喷喷的~. =주방에서 향긋한 냄새가 풍겨 나온다.

【味精】wèijīng 명 (화학) 조미료. =【味素】wèisù

【味觉】wèijué 명 (生) 미각.

【味蕾】wèilěi 명 (生) 미뢰. 맛봉오리.

【味素】wèisù ☞ 【味精】wèijīng

【味同嚼蜡】wèitóngjiáolà (성) 1 맛이 밀랍을 씹는 듯하다. 2 (비) (글이나 말 따위가) 무미건조하다.

## 畏 wèi 두려워할 외

통 1 두려워하다. ¶不~艰险 = 힘들고 험한 것을 두려워하지 않다. 2 감탄하다. 탄복하다. 경외하다. 존경하다. ¶后生可~ = 후배가 존경할 만하다. 명 (Wèi) 성(姓). ≒惧

⊙ 无畏

【畏避】wèibì 통 두려워서 피하다.

【畏服】wèifú 통 두려워서 복종하다. ¶令人~ = 사람으로 하여금 두려워서 복종하게 하다.

【畏光】wèiguāng 통 (醫) 밝은 빛을 싫어하다. ¶~症 = 광선 공포(증). 수명증(羞明症).

【畏忌】wèijì 통 꺼리다. 두려워하고 꺼리다. ¶相互~ = 서로 두려워하고 꺼리다.

【畏惧】wèijù 통 두려워하다. 무서워하다. ¶无所~ = 무서워하는 것이 없다. ≒恐惧 惧怕 害怕 ↔ 无畏

【畏难】wèinán 통 어려움을 두려워하다. 어려움을 겁내다. ¶~的情绪 = 어려움을 두려워하는 마음.

【畏怯】wèiqiè 통 두려워하다. 무서워하다. 겁내다. ¶毫不~ = 조금도 두려워하지 않다.

【畏首畏尾】wèishǒu-wèiwěi (성) 처음도 걱정되고 나중도 걱정된다. 소심하여 모든 것이 걱정된다. 일을 지나치도록 소심하게 처리하다. ≒瞻前顾后 ↔ 无所畏惧

【畏缩】wèisuō 통 두려워서 움츠리다. 주눅들다. 기죽다. ¶困难面前, 决不能~. = 어려움 앞에서 절대 움츠러들어서는 안 된다.

【畏缩不前】wèisuō-bùqián (성) 움츠리고 나서지 않다. 무서워서 꽁무니를 빼다. 무서워서 뒷걸음질치다.

【畏途】wèitú 명 (운) 1 위험한 길. 2 (비) 위험한 일. 두려운 일. 모험적인 사업. ¶视为~ = 위험한 길〔일〕이라고 보다.

【畏畏缩缩】wèi·wei suōsuō (~的) 형 부들부들 떨다.

【畏葸】wèixī 통 (운) 두려워하다. 무서워하다. ¶

~踟躇 = 무서워서 나아가지 못하다.

【畏葸不前】wèixǐ-bùqián (성) 두려워서 앞으로 나아가지 못하다.

【畏友】wèiyǒu 명 (품행과 덕성이 훌륭하여) 경외하는 벗. 존경하는 친구. ¶严师~ = 엄한 스승과 경외하는 벗.

【畏罪】wèizuì 통 죄를 저지르고 징벌을 두려워하다. 처벌을 두려워하다. ¶~自杀 = 징벌이 두려워 자살하다.

## *胃 wèi 밥통 위

명 1 (生) (사람이나 고등 동물의) 위(장). 2 (天) 위수(胃宿). [이십팔수(二十八宿)의 하나]

⊙ 翻fān胃, 反胃, 开胃, 瘤liú胃, 脾pí胃, 皱zhòu胃

【胃癌】wèi'ái 명 (醫) 위암.

【胃壁】wèibì 명 (生) 위벽.

【胃病】wèibìng 명 (醫) (위염이나 위궤양 등의) 위장병.

【胃火】wèihuǒ 명 (醫) 위에서 나는 열.

【胃镜】wèijìng 명 (醫) 위 내시경.

【胃口】wèikǒu 명 1 식욕. ¶感冒了, 没~. = 감기에 걸려서 식욕이 없다. 2 (비) (어떤 일이나 활동에 대한) 흥미. 구미. 욕심. ¶这家公司的~很大, 已经兼并好几家企业了. = 이 회사는 욕심이 많아서 이미 여러 기업을 합병하였다.

【胃溃疡】wèikuìyáng 명 (醫) 위궤양.

【胃扩张】wèikuòzhāng 명 (醫) 위확장.

【胃气】wèiqì 명 (醫) 위의 기능〔원기〕. ¶~弱 = 위의 기능이 허약하다.

【胃酸】wèisuān 명 (生) 위산.

【胃痛】wèitòng 명 (醫) 위통.

【胃下垂】wèixiàchuí 명 (醫) 위하수.

【胃腺】wèixiàn 명 (生) 위선. 위샘.

【胃炎】wèiyán 명 (醫) 위염.

【胃液】wèiyè 명 (生) 위액.

## 谓[謂] wèi 일컬을 위

통 1 말하다. 이르다. ¶所~ = 이른바. 소위. 2 …(이)라고 부르다〔일컫다〕. …(이)라고 하다. ¶称~ = 호칭. 칭호. 명 1 (言) 술어. ¶主~句 = 주술 구문. 2 (Wèi) 성(姓).

⊙ 不谓, 无所谓

【谓词】wèicí 명 1 (論) 술어. = 【谓项】wèixiàng 2 (言) 용언. [「体词(체언)」와 구별됨]

【谓项】wèixiàng ☞ 【谓词】wèicí

【谓语】wèiyǔ 명 (言) 술어.

## *尉 wèi 벼슬 위

명 1 고대 관직명. ¶太~ = 태위. / 都~ = 도위. 2 (軍) 위관(尉官). ¶上~ = 상위. / 少~ = 소위. 3 (Wèi) 성(姓).

☞ yù

⊙ 准zhǔn尉

【尉官】wèiguān 图(軍) 위관.

## 遗[遺] wèi 줄 유

图(훈) 증여하다. 선사하다. ¶~之千金=천금을 증여하다.
☞ yí

## 喂¹[(餵·餧)] wèi 먹일 위

图 1 기르다. 사육하다. (동물에게) 먹이를 주다. ¶~猪=돼지에게 먹이를 주다. 2 (음식이나 약을) 먹이다. ¶~药=약을 먹이다. / ~饭=밥을 먹이다.

## 喂² wèi 부르는 소리 위

图 (비교적 편하게 부르는 소리로) 어이. 야. 이봐. 여보세요. ¶~, 你快过来看看这是什么. =어이, 빨리 와서 이게 뭔지 좀 봐.
☞ wéi

【喂奶】wèi∥nǎi 图 1 젖을〔우유를〕먹이다. 2 (엄마가 아기에게) 젖을 먹이다.
【喂食】wèi∥shí 图 음식을〔먹이를〕먹이다. ¶定时定量~=시간에 맞추어 정량을 먹이다.
【喂养】wèiyǎng 图 키우다. 양육하다. 사육하다〔기르다〕. ¶~宠物=애완 동물을 기르다.

## 猬[(蝟)] wèi 고슴도치 위

图(動) 고슴도치.
【猬集】wèijí 图(훈) 1 위집하다. 고슴도치의 털같이 사물이 한꺼번에 번잡하게 모여들다. 2 (비) 일이 많다〔번다(煩多)하다〕. ¶诸事~=잡무가 번다하다.

## 渭 wèi 강 이름 위

图(地) 웨이허(渭河). [간쑤(甘肃)성에서 발원하여 산시(陕西)성을 거쳐 황허(黄河)로 유입되는 강 이름]

## 蔚 wèi 무성할 위

图 1 (식물이) 무성하다. 울창하다. ¶~成林=울창하게 숲을 이루다. 2 (구름이) 가득 차다. 자욱하다. ¶云蒸霞~=구름이 피어오르고 노을이 자욱하다. 3 문예 방면의 재능이 뛰어나다. ¶~为辞宗=(글의) 문채가 뛰어나 사종(辞宗)이 되다. 图 확대되다. 확장되다. 커지다. ¶~成风气=사회적 기풍을 이루다.
☞ yù

【蔚成风气】wèichéng-fēngqì ☞【蔚然成风】wèirán-chéngfēng
【蔚蓝】wèilán 图 (맑은 하늘처럼) 짙푸른. 쪽빛의. 짙은 남색의. ¶~的大海=짙푸른 바다.
【蔚起】wèiqǐ 图(훈) 왕성하게 발전하다. 세차게 일어나다. 급속하게 일어나다. 흥기(兴起)하다. 번성하다. 번영하다. ¶诸儒~=여러 선비들이 세차게 일어나다.
【蔚然】wèirán 图 1 빽빽하다. 울창하다. 성대하다. 커다랗다. 왕성하다. ¶公司员工的业余学习~成风. =회사 직원들의 여가를 이용한 학

습은 이미 붐을 이루었다. 2 문예 방면의 재능이 뛰어나다. 문예 작품이 빼어나다. ¶词采~=글이 빼어나게 아름답다.
【蔚然成风】wèirán-chéngfēng 图 사회적 기풍으로 되다. 붐을 이루다. 좋은 기풍이 널리 퍼지다. =【蔚成风气】wèichéng-fēngqì
【蔚为大观】wèiwéi-dàguān 图 다채롭고 성대하여 장관을 이루다. 그야말로 대성황을 이루다. 그야말로 볼 만하다.

## 碨 wèi 돌로 문지를 외

图(방) 맷돌.

## 慰 wèi 위로할 위

图 위로하다. 위안하다. 안심시키다. ¶安~=위로하다. 위안을 주다. / 抚~=어루만져 위로하다. 위무하다. 图 안심하다. 마음을 놓다. ¶快~=즐겁고 만족스럽다. / 欣~=기쁘고 위안이 되다.

○● 安慰, 抚fǔ慰, 告慰, 快慰, 宽慰, 劝quàn慰, 自慰

【慰安】wèi'ān 图(훈) 위로하다. 위안하다. 안위하다.
【慰安妇】wèi'ānfù 图(歷) 위안부.
【慰抚】wèifǔ 图 위무하다. 위로하다. 안위하다. ¶~烈属=열사의 가족을 위로하다.
【慰藉】wèijiè 图(훈) 위로하다. 위안하다. 안위하다. ¶深感~=심히 위안을 느끼다. 图(훈) 위안. 위로. ¶心中漾起一丝~. =마음속에 한 가닥 위안이 생기다. ≒安慰
【慰劳】wèiláo 图 위문하다. 위로하다. ¶~一线工人=일선에 있는 근로자들을 위문하다. ≒慰问
【慰留】wèiliú 图 달래어 머무르게 하다. 권유하여 만류하다. ¶再三~=재삼 달래어 만류하다.
【慰勉】wèimiǎn 图 위로하고 격려하다. ¶相互~=서로 위로하고 격려하다.
【慰问】wèiwèn 图 (말이나 선물로) 위문하다. 위로하고 안부를 묻다. ¶~灾民=이재민을 위문하다. ≒慰劳
【慰唁】wèiyàn 图 (유가족을) 조문하다.

## 罻 wèi 그물 위

图(훈) 새 잡는 그물.

## 魏 Wèi 나라 이름 위

图 1 (歷) 위. [주(周)대의 나라 이름. 지금의 산시(陕西)성 루이청(芮城)의 북쪽에 있었음] 2 (歷) 위(200~265년). [전국(戰國) 시대 제후국의 하나] 3 (歷) 위. [삼국 중의 하나] 4 (歷) 북위. 5 성(姓).
【魏碑】wèibēi 图 위비. [북위(北魏) 시대 비각(碑刻)의 총칭으로, 글씨체가 엄정하고 필력이 강건하여 훗날 서법의 본보기가 되었음]
【魏阙】wèiquè 图 1 위궐. [옛날, 백성들에게 알리기 위하여 법령을 게시하던 궁문 밖에 있는 쌍

궐(雙闕)] **2** 조정(朝廷). 궁정.

**讆[讆, 讆]** wèi 거짓 위
형은 허망하다. ¶~言=잠꼬대같이 허망한 말.

**霨** wèi 구름 피어오를 위
형은 구름이 피어오르는 모양.

**鯝[鯝]** wèi 다랑어 위
명(動) 베도라치.

# wen

**溫** wēn 따뜻할 온
형 **1** 따뜻하다. 미지근하다. ¶一盆~水=따뜻한 물 한 대야. / 气候~暖=기후가 온난하다. **2** (성격이나 태도가) 부드럽다. 온유하다. 온순하다. 온화하다. ¶性情~順=성격이 온순하다. / 態度~和=태도가 온화하다. 동 **1** 덥히다. 데우다. ¶天冷, 把酒~一~再喝。=날씨가 추우니 술을 좀 데워서 마시자. **2** 복습하다. ¶学生们在教室里~课。=학생들이 교실에서 복습을 한다. 명 **1** 온도. **1** 体~=체온. / 气~=기온. **2** (醫) 온병(溫病). [중의학에서 급성 열병에 대한 총칭] ¶春~=온역(瘟疫). **3** (Wēn) 성(姓).

○● 保溫, 常溫, 低溫, 地溫, 高溫, 恒héng溫, 候溫, 降jiàng溫, 土溫

【温饱】 wēnbǎo 형 (입는 것은) 따뜻하고 (먹는 것은) 배부르다. 의식이 풍족하다. ¶灾民们很快就过上了~的生活。=이재민들은 금방 먹고 입는 것이 부족하지 않은 생활을 보낼 수 있게 되었다. 명 따뜻하고 배부른 생활. ¶他的工资勉强能够维持全家的~。=그의 수입으로는 겨우 전 가족이 따뜻하게 입고 배불리 먹는 것만 유지할 수 있다.

【温饱线】 wēnbǎoxiàn 명 (먹고 입는 기본 생계 유지에 필요한) 최저 수입 한계선.

【温饱型】 wēnbǎoxíng 명 (먹고 입는 기본 생계 유지에 필요한) 최저 생활 유형.

【温标】 wēnbiāo 명(物) 온도계의 눈금.

【温差】 wēnchā 명 온도차. 일교차. ¶沙漠地区昼夜~很大。=사막 지대는 주야의 일교차가 매우 크다.

【温床】 wēnchuáng 명 **1** (식물 재배용) 온상. **2** (비) 온상. [어떤 일이 생기거나 발전하는 데 유리한 환경이나 조건] ¶监督不严是滋生腐败的~。=감독이 엄하지 않으면 부패가 생기는 온상이다.

【温存】 wēncún 동 (주로 이성을) 정성껏 위로하다. 자상하게 배려하다. 위안하다. ¶他对爱人~了一番。=그는 아내를 정성껏 다독거려 주었다. 형 (주로 이성에게) 부드럽다. 다정다감하다. 자상하다. 살갑다. 살뜰하다. ¶~体贴=다정다감하고 살뜰하다.

【温带】 wēndài 명(地) 온대.

【温度】 wēndù 명 온도. ¶室内~=실내 온도.

【温度表】 wēndùbiǎo⇒【温度计】 wēndùjì

【温度计】 wēndùjì 명 온도계. =【温度表】 wēndùbiǎo

【温服】 wēnfú 동(醫) (중의학에서) 따뜻한 물로 약을 복용하다.

【温故知新】 wēngù-zhīxīn 성 **1** 온고지신. 옛 것을 연구하여 거기서 새로운 지식이나 도리를 찾아 내다. **2** 과거를 돌이켜보고 현재를 이해하다.

【温和】 wēnhé 형 **1** (기후가) 따뜻하다. 온난하다. ¶~煦暖的春风=따뜻한 봄바람. **2** (성격・태도・말투 등이) 온화하다. 부드럽다. ¶言谈~=말씨가 부드럽다. ↔粗暴 暴躁 暴烈 ☞ wēn·huo

【温和派】 wēnhépài 명(政) 온건파. [ '激进派 (과격파)' 와 구별됨]

【温厚】 wēnhòu 형 (사람 됨됨이) 온화하고 관대하다. ¶为人~=사람 됨됨이 온화하고 관대하다.

【温乎】 wēn·hu 형 따뜻하다. 미지근하다.

【温和】 wēn·huo 형(구) (물체가) 따끈하다. 미지근하다. ¶饭还~着呢, 快吃吧!=밥이 아직 따끈하구나, 어서 먹어라! ☞ wēnhé

【温静】 wēnjìng 형 (성격이) 상냥하고 얌전하다. ¶性情~=성품이 상냥하고 얌전하다.

【温酒】 wēn‖jiǔ 동 술을 데우다.

【温居】 wēn‖jū 동 집들이하다. 집알이하다.

【温觉】 wēnjué 명(生) 온각.

【温课】 wēn‖kè 동 배운 것을 복습하다.

【温控】 wēnkòng 동 온도를 제어하다. ¶~技术=온도 제어 기술.

【温良】 wēnliáng 형 온화하고 선량하다. ¶她性情~, 善解人意。=그녀는 성격이 온화하고 선량하며 다른 사람의 의중을 잘 헤아린다.

【温良恭俭让】 wēn liáng gōng jiǎn ràng 성 **1** 온화(溫和)・선량(善良)・공경(恭敬)・절검(節儉)・겸양(謙讓) 등 다섯 가지 덕목. **2** (비) 온정과 겸양 정신은 풍부하나 갖추어야 할 원칙이나 투쟁 성향은 부족하다.

【温暖】 wēnnuǎn 형 **1** 따뜻하다. 온난하다. 따스하다. 따사롭다. ¶冬日的太阳很~。=겨울철의 태양이 매우 따사롭다. **2** (비) 쾌적하고 안락하다. 포근하다. 온정이 넘치다. ¶~的大家庭=온정이 넘치는 대가족. 동 따뜻하게 하다. 포근하게 하다. ¶他的话~了大家的心。=그의 말은 모두의 가슴을 포근하게 하였다. 명 따뜻함. 포근함. ¶感受到了集体的~。=단체의 포근함을 느꼈다. ↔寒冷

【温情】 wēnqíng 명 **1** 온정. 따뜻한 인정. 온화한 (부드러운) 태도. ¶一片~=가득한 온정. **2** 온정적 태도[성격]. 온정. ¶~主义=온정주의.

【温情脉脉】 wēnqíng-mòmò 성 (사람・사물에 대해) 따뜻한 정을 나타내 보이려고 하는 모양. 온정이 넘치다. 따뜻한 정감이 넘쳐흐르다.

【温泉】 wēnquán 명 온천.

【温热】 wēnrè 형 따뜻하다. 뜨겁다. ¶~的手=

따뜻한 손.
【温柔】wēnróu 형 (주로 여성에 대해) 온유하다. 부드럽고 상냥하다. ¶~贤淑=성격은 부드럽고 상냥하며, 마음이 어질고 정숙하다. ↔粗暴
【温柔乡】wēnróuxiāng 명 다정한 애정이 있는 곳. 사랑의 보금자리. 홍등가. 유곽. 화류계. [주로 남자들이 탐닉하는 부드럽고 요염한 여색을 가리킴]
【温软】wēnruǎn 형 따뜻하고 부드럽다. ¶~的羽绒被=따뜻하고 부드러운 오리털 이불.
【温润】wēnrùn 형 1 온화하다. 온난 습윤하다. ¶气候~=기후가 온난 습윤하다. 2 (성격이·말투 등이) 부드럽고 친근감이 들다. 형 性情~=성품이 부드럽고 온화하다. 3 보드랍고 윤기가 나다. ¶柔嫩的肌肤如同碧玉般~。=부드러운 피부는 마치 벽옥처럼 보드랍고 윤기가 흐른다.
【温湿】wēnshī 형 온난하고 다습하다. ¶~的气候=온난 다습한 기후.
【温室】wēnshì 형 1 온실. 2 비 편안하고 안락한 생활 환경. ¶她从小就是在~里长大的。=그녀는 어릴 때부터 편안하고 안락한 환경에서 자랐다.
【温室效应】wēnshì xiàoyìng 명 1 (农) 온실 효과. 2 (대기의) 온실 효과. 대기 효과.
【温书】wēn‖shū 동 (배운 책을) 복습하다. ¶专心~=전념하여 복습하다.
【温水】wēnshuǐ 명 따뜻한 물.
【温顺】wēnshùn 형 온순하다. ¶性情~=성품이 온순하다.
【温汤】wēntāng 명 1 따뜻한 물. 2 비 온천.
【温吞】wēn·tūn ☞【温暾】wēn·tūn
【温吞水】wēn·tunshuǐ 명 1 미지근한 물. 2 비 미온적인 태도. 모호한 언사. 뜬구름잡는 말.
【温暾】[温吞] wēn·tūn 형 1 (액체가) 미지근하다. 2 (말이나 문장이) 명쾌하지 못하다. 주제에서 벗어나다. ¶~之谈=주제에서 벗어난 말. 주제와 동떨어진 말.
【温婉】wēnwǎn 형 온화하고 부드럽다. ¶性格~=성격이 온화하고 부드럽다.
【温文尔雅】wēnwén-ěryǎ 성 태도가 온화하고 행동거지가 교양이 있다.
【温习】wēnxí 동 복습하다. ¶~功课=학과를 복습하다. ≒复习
【温馨】wēnxīn 형 온화하고 향기롭다. 따스하다. 아늑하다. ¶房间布置得很~。=방안을 아주 아늑하게 꾸몄다.
【温煦】wēnxù 형운 1 따뜻하다. 따사롭다. 온화하다. ¶阳光~=햇빛이 따사롭다. 2 따뜻하고 다정스럽다. ¶目光~=눈빛이 따뜻하고 다정스럽다.
【温血动物】wēnxuè dòngwù ☞【恒温动物】héngwēn dòngwù
【温驯】wēnxùn 형 길들여져서 온순하다. 고분고분하다. ¶动物园的狮子已被调教很~。=동물원의 사자는 이미 온순하게 길들여져 있다.
【温雅】wēnyǎ 형 온화하고 우아하다. ¶态度

~=태도가 온화하고 우아하다.

榅 wēn 마르멜로 올
【榅桲】wēn·po 명(植) 마르멜로(의 열매). =【榠楂】míngzhā 오 marmelo

辒[轀] wēn 침대수레 온
【辒辌】wēnliáng 명 옛날, 누워서 탈 수 있도록 만든 수레. [영구(靈柩)를 싣는 수레로 쓰이기도 함]

*瘟 wēn
명(醫) 급성 전염병. 돌림병. 유행병. ¶鸡~=닭페스트. / 猪~=돼지콜레라. 형 1 (온병에 걸린 것처럼) 흐리멍덩해서 생기가 없다. ¶一副~头~脑的样子=흐리멍덩하니 생기가 없는 모습. 2 (연극 따위가) 단조롭고 지루하다. 무미건조하다. 생동감이 없다. ¶戏不~不火, 恰到好处。=극이 지루하지도 않고 자극적이지도 않아 아주 적절하다.
○● 春瘟, 冬瘟, 鸡瘟, 牛瘟, 暑shǔ瘟, 猪zhū瘟
【瘟病】wēnbìng 명(醫) 온병. [중의학에서 급성 열병의 총칭]
【瘟神】wēnshén 명 1 (전설 속의) 역귀(疫鬼). 역신. 2 비 재앙을 부르는 사람이나 사물.
【瘟头瘟脑】wēntóu wēnnǎo 명청하다. 얼떨떨하다. 생동감이 없다.
【瘟疫】wēnyì 명(醫) 급성 전염병. 돌림병. 역병. 온병. [유행성 급성 전염병의 총칭]
【瘟疹】wēnzhěn 명(醫) 온진. [(성홍열·티푸스 등에 전염되었을 때) 피부에 생기는 발진]

蕰 wēn 붕어마름 온
【蕰草】wēncǎo 명(방)(植) 붕어마름.

鳁[鰮] wēn 정어리 온
명(動) 정어리.
【鳁鲸】wēnjīng 명(動) 멸치고래. 정어리고래.

**文 wén 글월 문
동 1 문신하다. 자자(刺字)하다. ¶在胳臂上~了一条青龙。=팔뚝에 청룡 한 마리를 문신하다. 2 숨기다. 감추다. 가리다. 속이다. ¶决不能~过饰非。=결코 허물을 덮어 감추려고 해서는 안 된다. 형 부드럽다. 온화하다. 연하다. 고상하다. 얌전하다. 교양 있다. ¶谈吐~雅=말씨가 점잖다. 양 문. 푼. [옛날, 엽전을 세는 화폐 단위] ¶一~钱=돈 1푼. / 一~不值=한 푼어치의 가치도 없다. 명 1 형 무늬. 문양. 문채. 2 车=무늬 장식을 한 수레. 2 예 예절. ¶繁~缛节=복잡하고 번거로운 예절. 3 (무(武)의 상대 개념으로서) 문. ¶习~练武=글을 익히고 무예를 연마하다. 4 자연계의 어떤 현상. ¶天~=천문. / 水~=수문. 5 글자. 문자. ¶甲骨~=갑골문. / 钟鼎~=종정문. 6 (음성·문자에 의한) 언어. ¶汉~=중국어. / 韩~=한국어. 7 글. 문장. ¶散~=산문. / 诗~=시문. 8 인문·사회 과학과. ¶他学~, 我学理。=그는 문과를 공부하고, 나는 이과를 공부한다. **9** 공문. ¶发~=공문을 발송하다. / 收~=공문을 받다. **10** 문어. 문어체. 문어문. 문언문. 고어체. ¶半~半白=문어체와 구어체가 뒤섞이다. **11** 문명. 문화. ¶现代~明=현대 문명. **12** (Wén) 성(姓). ↔白 理 武

○← 跋bá文, 白文, 榜bǎng文, 碑bēi文, 本文, 变文, 成文, 呈chéng文, 重chóng文, 电文, 发文, 范fàn文, 公文, 古文, 国文, 和文, 换文, 祭jì文, 今文, 具文, 课文, 来文, 论文, 盲máng文, 明文, 铭míng文, 骈pián文, 人文, 上文, 时文, 释shì文, 收文, 斯sī文, 条文, 外文, 檄xí文, 戏文, 下文, 行xíng文, 雄xióng文, 叙xù文, 序文, 衍yǎn文, 译yì文, 阴文, 引文, 语文, 原文, 杂文, 征文, 正文, 朱文, 主文, 注文, 转zhuǎn文, 咨zī文, 作文

【文案】 wén'àn 图 **1** 문안. 문서. 문건. **2** 阅 관아의 공문서 담당 관리.

【文白】 wénbái 图 문어와 구어. ¶~夹杂=문어와 구어가 엇섞이다.

【文本】 wénběn 图 **1** 텍스트. 원전(原典). 원본. 판본. 문헌. ¶这份文件有中、英两种~。=이 문건은 중국어와 영어의 두 가지 텍스트가 있다. **2** 문본. 문건. ¶合同的非正式~=계약서의 비공식 문건.

【文本文件】 wénběn wénjiàn 图 텍스트 파일 (text file).

【文笔】 wénbǐ 图 문필. 필치. ¶~犀利=필치가 날카롭다.

【文不对题】 wénbùduìtí 图 **1** 글의 내용이 제목과 맞지[어울리지] 않다. **2** 동문서답하다. 주제와 동떨어지다. 엉뚱한 말을 하다.

【文不加点】 wénbùjiādiǎn 图 문장이 손볼 곳이 없다. 글이 수정할 필요가 없이 훌륭하다.

【文才】 wéncái 图 문재. 필재. 글재주. ¶~出众=글재주가 출중하다[뛰어나다].

【文采】[文彩] wéncǎi 图 **1** 화려하고 산뜻한 색채. ¶~绚丽=색채가 화사하다. **2** 문예 방면의 재능. 문예 작품의 예술적 매력. ¶~过人=문학적인 재능이 뛰어나다.

【文彩】 wéncǎi ☞【文采】 wéncǎi

【文昌星】 wénchāngxīng ☞【文曲星】 wénqǔxīng

【文昌鱼】 wénchāngyú 图 (動) 창고기. 활유어. 버들잎고기.

【文场】 wénchǎng 图 **1** (劇) 중국 전통극 반주의 관현악 부문. ['武场(무장)'과 구별됨] **2** (劇) 희곡 반주 중 관현악을 연주하는 악사. **3** (藝) 문장. [설창 문예의 일종. 여러 사람이 노래하며, 악기는 양금(揚琴)을 위주로 반주함. 광시(广西)성의 구이린(桂林)·류저우(柳州) 일대에서 유행함]

【文抄公】 wénchāogōng 图 남의 글을 표절하는 사람. 표절자.

【文丑】 wénchǒu (~儿) 图(劇) 익살광대. 익살꾼. [중국 전통극에서, 익살스러운 대사와 동작〔표정〕을 주로 하는 배역]

【文传】 wénchuán 图 전자 문서로 전송하다. ¶~机=전자 문서 전송 장치. 图 전자 문서. ¶发~=전자 문서를 발송하다.

【文词】 wéncí ☞【文辞】 wéncí

【文辞】[文词] wéncí 图 **1** 문사. 문장에 나타난 말. ¶~艳丽=문사가 화려하다. **2** 글월. 문장. 통사(統辭). ¶长于~=문장에 뛰어나다.

【文从字顺】 wéncóng-zìshùn 图 문장이 쉽고 용어 사용이 적절하고 문맥이 잘 통하다. 글이 조리가 서고 매끄럽다.

【文代会】 wéndàihuì 图약 문학예술工作者代表大会(문학 예술가 대표 대회).

【文旦】 wéndàn 图(植) 유자.

【文档】 wéndàng 图 **1** 문서. 서류. 파일. 기록. **2** (컴) (컴퓨터에 저장된) 파일. 문서. ¶打印~=파일을 인쇄하다.

【文德】 wéndé 图 문덕. 문인(文人)이 갖춘 위엄과 덕망. ¶作文要有~。=글을 쓰려면 문덕이 있어야 한다.

【文斗】 wéndòu 图 말과 글로 논박하다〔논쟁하다〕. ↔武斗

【文牍】 wéndú 图 **1** 공문·문서·서신 등의 총칭. **2** 阅 서기. 문서 취급자.

【文法】 wénfǎ 图 **1** 성문법. 성문률. **2** (言) 문법. 어법.

【文贩】 wénfàn 图 돈에 눈먼 작가〔문인〕.

【文房】 wénfáng 图 **1** 图 문방. 서재. 서각. 글방. **2** 阅 (관아의) 문서 관리소.

【文房四宝】 wénfáng-sìbǎo 图 문방사보. 문방사우. [서재에 상비된 4가지 필기구. 즉, 붓·먹·종이·벼루]

【文风】 wénfēng 图 **1** 문풍. 글의 풍격. 글의 스타일(style). ¶~朴实=글의 풍격이 질박하다. **2** 문화를 숭상하고 중시하는 사회 풍조. ¶巴蜀之地历来~很盛。=바슈(巴蜀) 지방은 대대로 문화를 숭상하는 사회 풍조가 매우 성했다.

【文风不动】 wénfēng-bùdòng ☞【纹风不动】 wénfēng-bùdòng

【文改】 wéngǎi ☞【文字改革】 wénzì gǎigé

【文稿】 wéngǎo 图 **1** (문장·공문서 등의) 초고. **2** 원고.

【文告】 wéngào 图 (기관·단체의) 통지문. 공문서.

【文蛤】 wéngé 图(動) 백합. 대합. 무명조개. ⇨【蛤蜊】 gé·lí

【文工团】 wéngōngtuán 图 문화 선전 공작단.

【文官】 wénguān 图 문관. 군인의 위계(位階)나 군적(軍籍)을 가지지 않은 관리. 문과(文科) 출신의 벼슬아치.

【文过饰非】 wénguò-shìfēi 图 허물〔과실〕을 덮어 감추다. 잘못을 교묘하게 숨기다. ⇌讳疾忌医

【文翰】 wénhàn 图 **1** 공문 서찰. **2** 문장. 글.

【文豪】 wénháo 图 문호. 문웅(文雄).

【文化】 wénhuà 图 **1** 문화. **2** (정신적인) 문화. ¶~教育=문화 교육. **3** (일반적인) 교양. 소양. 지식. ¶学习~知识=일반 상식을 공부하다. **4**

(특정 영역의) 문화. ¶酒~=술 문화. **5**(歷) 문화. ¶仰韶~=앙소 문화. ≒文明
【文化层】**wénhuàcéng** 명(歷) 문화층. [유적이나 유물이 묻혀 있는 지층(地層)]
【文化产业】**wénhuà chǎnyè** 명 문화 산업.
【文化宫】**wénhuàgōng** 명 문화궁. [규모도 크고 설비도 비교적 잘 갖추어진 대중 문화 활동 센터. 일반적으로 영화관·강당·도서관 등이 설치되어 있음]
【文化馆】**wénhuàguǎn** 명 문화관. [대중들의 문화 활동을 보급할 목적으로 설립된 기구. 대중들의 여가 활동 장소로 쓰임]
【文化广场】**wénhuà guǎngchǎng** 명 (노천) 문화 광장.
【文化街】**wénhuàjiē** 명 문화 거리. [서울의 인사동과 같이 도서·서화·공예품 등을 집중적으로 취급하는 거리]
【文化景观】**wénhuà jǐngguān** ☞【人文景观】**rénwén jǐngguān**
【文化课】**wénhuàkè** 명 문맹자나 초학자에게 기초 지식을 가르치는 수업.
【文化快餐】**wénhuà kuàicān** 명(비) 내용이 짧고 재미있으며 통속적으로 쉽게 쓴, 또는 그림이 곁들여진 책. [간편하고 먹기 쉬운 패스트푸드에 비유하여 붙여진 말]
【文化垃圾】**wénhuà lājī** 명(비) 쓰레기 문화. [음란·폭력·미신 등의 내용을 담고 있는 서적·잡지·VCD 등을 가리킴]
【文化人】**wénhuàrén** 명 **1** 문화 활동에 종사하는 사람. **2** 항일 전쟁 전후 문화 사업에 종사한 사람. **3** 지식인.
【文化沙漠】**wénhuà shāmò** 명 **1** 문화 불모지. **2** 문화의 황무지. [물질적인 생활만 추구하고 정신 문명은 경시하는 곳]
【文化衫】**wénhuàshān** 명 문화 티셔츠. [문화 심리를 반영한 글자나 도안 등을 그려 넣은 티셔츠]
【文化消费】**wénhuà xiāofèi** 명 문화 소비. ['物质消费(물질 소비)' 와 구별됨]
【文化遗产】**wénhuà yíchǎn** 명 문화 유산. ¶自然~=천연 문화 유산.
【文化站】**wénhuàzhàn** 명 문화 센터. ['文化馆(문화관)' 보다 규모가 작은 문화 활동 공간]
【文话】**wénhuà** 명 교양 있게 다듬어진 언어.
【文火】**wénhuǒ** 명 (조리하거나 약 달일 때의) 약한 불. ↔武火
【文集】**wénjí** 명 문집. ¶《巴金~》=《바진(巴金) 문집》.
【文籍】**wénjí** 명 **1** 전통적인 권위를 가지는 문장과 서적. **2** 책. **3** 재능과 학식.
【文件】**wénjiàn** 명 **1** 공문·서류·서신 등의 총칭. **2** (정치 이론·정책 등 방면의) 문건. 문장. 문헌. **3** (컴) 파일. 기록철.
【文件格式】**wénjiàn géshì** 명(컴) 파일 형식.
【文件夹】**wénjiànjiā** 명 **1** 서류철. **2** (컴) (파일) 폴더.
【文件扩展名】**wénjiàn kuòzhǎnmíng** 명

(컴) 파일의 확장명.
【文件名】**wénjiànmíng** 명(컴) 파일명.
【文件目录】**wénjiàn mùlù** 명(컴) 파일 목록. 디렉토리.
【文教】**wénjiào** 명 문화와 교육. ¶~事业=문화 교육 사업.
【文静】**wénjìng** 형 (성격이나 태도가) 얌전하다. 조용하다. 차분하다. 정숙하다. ¶她不爱多说话, 显得很~。=그녀는 말을 많이 하지 않아 얌전해 보인다.
【文句】**wénjù** 명 문구(文句). 글귀. 문장.
【文具】**wénjù** 명 문구. 문방구. 문방 제구.
【文卷】**wénjuàn** 명 **1** 공문 서류. **2** 문헌 자료.
【文科】**wénkē** 명(敎) 문과. ↔理科
【文库】**wénkù** 명 문고. [주로 총서의 이름에 쓰임] ¶《时代~》=《시대 문고》.
【文侩】**wénkuài** 명 글재주를 교묘히 부려 이득을 노리는 사람.
【文莱】**Wénlái** 명(외)(地) 브루나이(Brunei). [수도는 '斯里巴加湾市(반다르세리베가완 : Bandar Seri Begawan)' 임]
【文理】**wénlǐ** 명 **1** 문리. 문맥. 글의 조리. ¶~清晰=문리가 또렷하다. **2** 문과(文科)와 이과(理科)를 아울러 이르는 말. ¶~并重=문과와 이과를 다 같이 중시하다.
【文联】**wénlián** 명(약) 文学艺术界联合会(문학 예술계 연합회).
【文盲】**wénmáng** 명 문맹. 까막눈이.
【文秘】**wénmì** 명 서기(文書)와 비서(秘書). ¶~工作=서기와 비서 업무.
【文面】**wénmiàn** 동 **1** 얼굴에 문신하다. **2** (고대 형벌의 하나로) 얼굴에 자자(刺字)하다.
【文庙】**wénmiào** 명 '孔庙(공자사당)' 의 별칭.
【文明】**wénmíng** 명 문명. ¶精神~=정신 문명. / 物质~=물질 문명. **1** 문명화된. ¶社会~程度=사회의 문명화 정도. **2** 교양이 있다. 예의바르다. 언행이 점잖다. ¶举止~=행동거지가 교양이 있다. **3**(옛) 신식의. 현대적인. ¶~结婚=신식 결혼. ≒文化 文雅 ↔野蛮 愚昧
【文明棍儿】**wénmínggùnr** 명(옛) 서양식 지팡이. 개화 지팡이.
【文明戏】**wénmíngxì** 명(옛) 문명희. 화극(話劇). [20세기 초, 상하이 일대에서 시작한 대사를 위주로 공연하는 신식 연극]
【文墨】**wénmò** 명 **1** 글을 쓰는 일. 문장을 쓰는 일. 글쓰기. 글을 짓는 일. ¶略通~=글을 좀 쓸 줄 알다. **2** 지식. 상식. ¶胸无~=지식이나 교양이 없다. **3** 지식인. 화이트칼라. 정신 노동에 종사하는 사람(人物). ¶~人=지식인. / ~事儿=정신 노동.
【文痞】**wénpǐ** 명 저질 문인. 사실을 왜곡하는 문인. 곡학아세하는 문인.
【文凭】**wénpíng** 명 **1** (증명서로 쓸 수 있는) 공문서. **2** 졸업 증서.
【文气】**wénqì** 명 문기. 문장의 기세. 글의 기백. ¶~酣畅=문장의 기세가 무르익다.
【文气】**wén·qi** 형 얌전하다. 점잖다. 침착하다.

안정감 있다.
【文契】 **wénqì** 명 (옛날, 부동산의) 계약 문서. 계약서.
【文情】 **wénqíng** 명 문사와 정취. ¶~俱佳=문사와 정취가 모두 훌륭하다.
【文情幷茂】 **wénqíng-bìngmào** 성 문사가 우미하고 정취가 풍부하다.
【文曲星】 **wénqǔxīng** 명 1《天》 문곡성. 2(비) 관직이 높은 문관 혹은 대문호. =【文昌星】 **wénchāngxīng**
【文人】 **wénrén** 명 1 문인. 선비. 작가. 문사. ¶~墨客=문인 묵객. 2 지식인. ¶一个~, 一个 大老粗, 夫妻俩相差太大.=한 사람은 지식인, 다른 한 사람은 무식쟁이이니, 부부는 차이가 너무 많이 난다.
【文人画】 **wénrénhuà** 명《美》 문인화.
【文人相轻】 **wénrén-xiāngqīng** 성 1 문인들끼리 서로 경시하다〔깔보다〕. [위(魏)의 조비(曹丕)가 지은 《전론·논문(典論·論文)》에서, '文人相轻, 自古而然(문인끼리 서로 경시하는 풍조는 옛날부터 있었다)'라는 말에서 유래함] 2 지식인들이 오만하여 서로 적대시하거나 업신여기는 풍조.
【文如其人】 **wénrúqírén** 성 1 작품의 풍격이 작가의 성격과 비슷하다. 작품은 작가의 거울이다. 2 글은 반드시 작자의 사상이나 세계관을 반영하기 마련이다. 그 글에 그 사람.
【文弱】 **wénruò** 형 문약하다. 나약하다. [주로 문인을 가리킴] ¶~书生=문약한 선비.
【文山会海】 **wénshān-huìhǎi** 성(비) 잡다한 서류와 빈번한 회의.
【文身】 **wénshēn** 동 문신하다. 자자(刺字)하다.
【文石】 **wénshí** 명《礦》 1 문석. 마노(瑪瑙). 2 무늬가 있는 돌.
【文史】 **wénshǐ** 명 1 문학과 사학. 2 역사. ¶~资料=역사 문헌 자료.
【文史馆】 **wénshǐguǎn** 명 역사 문헌을 수집·연구하는 기관.
【文士】 **wénshì** 명(문) 문사. 문인. 선비.
【文饰】 **wénshì** 동(문) 1 문식하다. (문장을) 수식하다. 꾸미다. 겉치레하다. ¶文章朴实, 少有~.=문장이 질박하며 수식이 거의 없다. 2 (자신의 잘못을) 감추다. 숨기다. 은폐하다. 변명하다. ¶~其过=허물을 은폐하다.
【文书】 **wénshū** 명 1 문서. 공문서. 2 (기관·군부대 등의) 서기. 문서 담당자.
【文书处理软件】 **wénshū chǔlǐ ruǎnjiàn** ☞【文字处理软件】 **wénzì chǔlǐ ruǎnjiàn**
【文思】 **wénsī** 명 문사. 글을 짓기 위한 생각. 글의 구상. ¶~敏捷=작품 구상이 재빠르다.
【文思泉涌】 **wénsī-quányǒng** 성(비) 물이 샘솟듯 작품의 구상이 떠오르다.
【文坛】 **wéntán** 명 문단. 문원(文苑). 문학계. ¶~大师=문단의 대가. 늑文苑
【文体】 **wéntǐ** 명 1 문체. 2 레크리에이션과 체육. ¶~活动=레크리에이션 및 체육 활동.
【文天祥】 **Wén Tiānxiáng** 명(歷) 문천상(1236

~1283년). [남송(南宋)대의 저명한 정치가이자 문학가]
【文恬武嬉】 **wéntián-wǔxī** 성 1 문관(文官)은 안일한 생활을 도모하고, 무관(武官)은 향락을 추구하다. 2(비) 문무 관리들이 국사에는 무관심하고 향락과 안일만을 추구하다.
【文玩】 **wénwán** 명 (미술품이나 골동품 따위의) 완상용 기물. ¶金石~=금석 완상 기물.
【文文静静】 **wén·wen jìngjìng** (~的) 형 아주 조용하다. 아주 얌전하다.
【文文雅雅】 **wén·wen yǎyǎ** (~的) 형 품위 있다. 우아하다. 고상하다.
【文武】 **wénwǔ** 명 1(문) 문치와 무치. ¶~并用, 垂拱而治.=문치와 무치를 병용하여 무위(無爲)로 나라를 다스리다. 2(문) 문신과 무신. 문관과 무관. 문인과 무인. ¶满朝~=조정의 모든 문무백관. 3 학문과 무예. ¶~全才=학문과 무예가 모두 뛰어난 인재.
【文武百官】 **wénwǔ bǎiguān** 명 문무백관. 모든 관원들.
【文武双全】 **wénwǔ-shuāngquán** 성 문무를 겸비하다.
【文物】 **wénwù** 명 문물. ¶保护~=문물을 보호하다.
【文戏】 **wénxì** 명《劇》 (중국 전통극에서) 창(唱)과 동작, 표정 연기를 위주로 하는 극. ↔武戏
【文献】 **wénxiàn** 명 문헌. [역사적 가치가 있거나 참고할 가치가 있는 도서 자료] ¶参考~=참고 문헌.
【文献检索】 **wénxiàn jiǎnsuǒ** 동 문헌을 검색하다.
【文献片儿】 **wénxiànpiānr** 명(구) 다큐멘터리. 기록 영화.
【文献片】 **wénxiànpiàn** 명《映》 다큐멘터리. 기록 영화.
【文胸】 **wénxiōng** ☞【乳罩】 **rǔzhào**
【文秀】 **wénxiù** 형 부드러우면서 아름답다. 섬세하다. 곱살하다. ¶气质~=기질이 부드러우면서 아름답다.
【文选】 **wénxuǎn** 명 1 문선. [주로 서명(書名)으로 사용됨] ¶《邓小平~》=《덩샤오핑 문선》. 2(Wénxuǎn)《昭明文选(소명 문선)》. [남조(南朝) 양(梁)나라의 소명(昭明)태자 소통(蕭統)이 편찬한 책]
【文学】 **wénxué** 명 문학.
【文学家】 **wénxuéjiā** 명 문학가. 문학자.
【文学史】 **wénxuéshǐ** 명 문학사. ¶现代~=현대 문학사.
【文学语言】 **wénxué yǔyán** 명 1 문학적 언어. 2 표준어.
【文雅】 **wényǎ** 형 (언행이나 태도 따위가) 품위가 있다. 우아하다. 곱살하다. 점잖다. 부드럽고 예의가 바르다. ¶举止~=행실이 얌전하고 예의 바르다. 늑斯文 ↔粗野 野蛮 粗鲁 粗俗 粗豪
【文言】 **wényán** 명 문어. 문장어. 글말. [고대 중국어를 기초로 하는 문어(文語)] ↔白话
【文言文】 **wényánwén** 명 문어문. ↔白话文

【文野】wényě 圖문 1 고상함과 통속적임. ¶文有~之分. =글에는 고상한 것과 통속적인 것의 구분이 있다. 2 문명〔교양〕과 야만. ¶人有~之別. =사람은 교양이 있는 사람과 야만스러운 사람으로 구별된다.

【文义】wényì 圖 문의. 글의 의미. ¶~深刻 =글의 의미가 매우 인상적이다.

【文艺】wényì 圖 1 문예. 문학과 예술. ¶~表演 =문예 공연. 2 문학.

【文艺复兴】wényì fùxīng 圖(歷) 문예 부흥. 르네상스.

【文艺批评】wényì pīpíng 圖 문예 비평.

【文艺学】wényìxué 圖 문예학. [문예 이론·문학사·문예 비평 등을 포함함]

【文艺语言】wényì yǔyán 圖 문학과 예술 작품에 쓰이는 언어. 문학적 언어. [수사 기교 등을 포함함]

【文友】wényǒu 圖 문우. 글로 사귄 벗. 문학 동호인.

【文娱】wényú 圖 문화 오락. 레크리에이션. ¶~活动 =레크리에이션 활동.

【文员】wényuán 圖 문서 담당 직원.

【文苑】wényuàn 圖 문원. 문단. 문학계. 문예계. ≒文坛

【文责】wénzé 圖 작품에 대한 작가의 책임. 자신의 글에 대한 책임.

【文责自负】wénzé-zìfù 圖 자신의 글에 대한 책임은 자신이 진다.

【文摘】wénzhāi 圖 1 요점을 간추린 글. 적요〔摘要〕. 다이제스트(digest). 요약. 2 발췌. 초록〔抄錄〕.

【文章】wénzhāng 圖 1 독립된 한 편의 글. 문장. 글월. 2 저술 활동. 저작. 3〔口〕(일에 대한) 방법. 계책. 생각. ¶抓住对手的缺点大做~. =상대의 약점을 잡아 대대적으로 계책을 강구하다. 4〔口〕 내포된 뜻. 숨은 뜻. 꿍꿍이. 속셈. 속뜻. 까닭. 이유. ¶他的话里有~. =그의 말 속에는 무슨 숨은 뜻이 있다.

【文职】wénzhí 圖 문직. 문관의 직무〔직책〕. ¶~人员 =문관의 직무에 종사하는 사람. ↔武职

【文质彬彬】wénzhì-bīnbīn 圖 1 사람이 고상하면서 꾸밈이 없다. 소박하다. 2 사람이 고상하면서도 예의가 바르다. 점잖고 고상하다.

【文治】wénzhì 圖 문치. ¶以~兴邦 =문치로써 나라를 발전시키다.

【文治武功】wénzhì-wǔgōng 圖 국가의 정치와 군사상의 공적〔功績〕.

【文绉绉】wénzhōuzhōu (~的) 圖 (언행이) 고상한 모양. 품위가 있는 모양. 기품이 넘치는 모양. 점잖은 모양. 우아한 모양.

【文竹】wénzhú 圖(植) 관엽 아스파라거스. [화훼용으로, 주로 꽃꽂이 장식에 쓰임]

【文字】wénzì 圖 1 문자. 글자. ¶楔形~ =설형 문자. 2 문자 언어. ¶他懂三种~. =그는 세 가지 언어를 이해한다. 3 글. 문장. ¶~简练 =문장이 간결하다.

【文字处理软件】wénzì chǔlǐ ruǎnjiàn 圖 (컴) 워드프로세서용 소프트웨어. =【文书处理软件】wénshū chǔlǐ ruǎnjiàn

【文字改革】wénzì gǎigé 圖 문자를 개혁하다. =【文改】wéngǎi

【文字学】wénzìxué 圖(言) 문자학.

【文字狱】wénzìyù 圖 문자옥. 글로 인한 재난. 필화〔筆禍〕.

【文宗】wénzōng 圖 문종. 문장이나 문학의 대가〔종사(宗師)〕. ¶一代~ =한 시대의 문학의 대가.

## 纹[紋] wén 무늬 문

圖 1 (~儿) (비단의) 무늬. ¶绫~ =비단 무늬. 2 선으로 된 무늬. 결. ¶波~ =물결. / 条~ =줄무늬. 3 주름. ¶皱~ =주름살. / 抬头~ =이마의 주름살.

◐ 斑bān纹, 波纹, 花纹, 裂纹, 螺luó纹, 罗luó纹, 平纹, 条纹, 笑纹, 斜xié纹

【纹风不动】[文风不动] wénfēng-bùdòng 圖 미동도〔꿈쩍도〕 않다. 조금도 움직이지 않다. ≒纹丝不动

【纹理】wénlǐ 圖 (물체에 나타난) 무늬. 결. ¶~清晰 =무늬가 또렷하다.

【纹路】wénlù (~儿) 圖 (물체에 나타난) 결. 금. 주름.

【纹缕】wénlǚ (~儿) 圖 (물체에 나타난) 결. 금. 주름. ≒纹路

【纹饰】wénshì 圖 무늬 장식. 도안. [기물에 그리거나 주조해 낸 도안이나 무늬] ¶陶器上的~非常精美. =도자기의 무늬 장식이 매우 정교하고 아름답다.

【纹丝不动】wénsī-bùdòng 圖 미동도〔꿈쩍도〕 않다. 조금도 움직이지 않다. ≒纹风不动

【纹样】wényàng 圖 문양. 무늬. 장식 무늬.

【纹银】wényín 圖〔舊〕 (중국의) 순도가 가장 좋은 표준의 은. 순은.

## 炆 wén 따뜻할 문

圖〔方〕 약한 불로 오랫동안 삶다〔고다〕.

## 闻[聞] wén 들을 문

圖 1 듣다. ¶置若罔~ =마치 못 들은 척하다. 묵살하다. / 听而不~ =듣고도 못 들은 척하다. 2 (들어서) 알다. ¶~一而知十. =하나를 들으면 열을 안다. 3 냄새를 맡다. ¶臭不可~ =냄새를 맡을 수 없을 만큼 지독하다. 圖 명망이 있는. 지명도가 있는. 알려진. ¶社会~人 =명망가. 사회에서 잘 알려진 사람. 圖 1 소문. 소식. ¶丑~ =좋지 않은 소문. 스캔들. / 要~ =중요한 소식〔뉴스〕. 2〔書〕 명성. 평판. ¶秽~ =오명〔汚名〕. 좋지 않은 평판. / 令~ =명성. 좋은 평판. 3 (Wén) 성〔姓〕.

◐ 传chuán闻, 耳闻, 风闻, 讣fù闻, 见闻, 旧闻, 听闻, 要闻, 遗闻, 逸yì闻, 预闻, 珍闻

【闻达】wéndá 圖〔書〕 문달하다. 평판이 좋다. 명

망이 있다. ¶不求~于诸侯＝제후에게 명성〔문달〕을 바라지 않다.
【闻道】wéndào 〔통〕〔문〕 이치를 깨닫다. ¶~有先后, 术业有专攻.＝도(道)를 깨닫는 것은 선후가 있고 기술에는 전공이 있다.
【闻风】wénfēng 〔통〕 소문을 듣다. ¶~而逃＝소문을 듣고 도망가다. 어떤 일에 즉각 반응하다.
【闻风而动】wénfēng'érdòng 〔성〕 소문을 듣자마자 곧바로 행동에 옮기다.
【闻风丧胆】wénfēng-sàngdǎn 〔성〕 **1** 소문을 듣고 간담이 서늘해지다. **2**〔비〕 어떤 대상에 대해서 매우 두려움을 느끼다.
【闻过则喜】wénguò-zéxǐ 〔성〕 **1** 자신의 잘못이나 결점을 남이 지적해 주면 기쁘다. **2**〔비〕 마음을 비우고 자신에게 엄격하게 대하다.
【闻鸡起舞】wénjī-qǐwǔ 〔성〕 **1** 한밤중에 닭 우는 소리를 듣고 일어나서 무예를 연마하다. 〔《진서·조적전(晉書·祖逖傳)》에서, 동진(東晉)때 조적(祖逖)과 그의 친구 유곤(劉琨)은 늘 서로를 고무격려하여 한밤에 닭 우는 소리가 들리면 바로 일어나서 무예를 연마하였다는 고사에서 유래함〕 **2**〔비〕 큰 뜻을 품은 사람은 기회가 오면 있는 힘을 다해 분발하다.
【闻见】wénjiàn 〔통〕 **1** 보고 듣다. ¶早已~＝예전에 이미 보고 들었다. **2** 냄새 맡다. ¶~淡淡的花香＝은은한 꽃 향기를 맡다. 〔명〕 지식. 견문. 경험. ¶记下路途中的~.＝여행의 견문을 기록하다.
【闻雷失箸】wénléi-shīzhù 〔성〕 어떤 일을 빌미로 하여 자신의 마음속 진실을 감추다. 다른 일을 빌어 자신의 진짜 감정을 감추다. 〔《삼국연의(三國演義)》에서, 유비(劉備)는 조조가 자신을 영웅이라고 하자 순간 놀라서 젓가락을 땅바닥에 떨어뜨렸는데, 때마침 천둥이 쳐서 천둥 소리에 놀란 것처럼 꾸몄다는 고사에서 유래함〕
【闻名】wénmíng 〔형〕 유명하다. ¶举世~＝세계적으로 유명하다. 〔동〕 명성을 듣다. ¶~不如见面.＝명성을 듣는 것보다 직접 보는 것이 낫다.
【闻人】wénrén 〔명〕 **1** 저명한 사람. 명망 있는 사람. 유명 인사. **2**（Wénrén）복성(複姓).
【闻所未闻】wénsuǒwèiwén 〔성〕 **1** 일찍이 들어 본 적이 없는 것을 듣다. 금시초문이다. **2** 매우 희귀한 일. 전대미문의 일.
【闻悉】wénxī 〔통〕 듣다. 들어서 알다. ¶众人~此事, 无不讶然.＝이 일을 듣고 놀라지 않는 사람이 없다.
【闻讯】wénxùn 〔통〕 소식을 듣다. ¶~而至＝소식을 듣고 달려오다.
【闻一知十】wényī zhīshí 〔성〕 **1** 한 가지를 배우면 열 가지를 이해하다. **2**〔비〕 대단히 총명하다.

**蚊**［蟁·䘇］ wén 모기 문
〔명〕〔동〕 모기. ¶按~＝학질모기./淡色库~＝빨간집모기.
○● 按àn蚊, 常蚊, 家蚊, 库蚊, 疟nüè蚊, 摇yáo蚊, 伊yī蚊

【蚊虫】wénchóng 〔명〕〔동〕 모기.
【蚊香】wénxiāng 〔명〕 모기향.
【蚊蝇】wényíng 〔명〕 모기와 파리. ¶消灭~＝모기와 파리를 박멸하다.
【蚊帐】wénzhàng 〔명〕 모기장.
【蚊子】wén·zi 〔명〕〔동〕 모기.

**阌**［閿］ wén 땅 이름 문
【阌乡】Wénxiāng 〔명〕〔지〕 원상. 〔허난(河南)성에 있었던 옛 지명〕

**雯** wén 구름무늬 문
〔명〕〔문〕 꽃구름. 구름이 이룬 아름다운 무늬.

**刎** wén 목 벨 문
〔동〕 목을 베다. ¶自~＝스스로 목을 베어 죽다.
【刎颈交】wěnjǐngjiāo ☞【刎颈之交】wěnjǐngzhījiāo
【刎颈之交】wěnjǐngzhījiāo 〔성〕 문경지교. 생사고락을 함께할 만큼 절친한 사귐〔벗〕. ＝【刎颈交】wěnjǐngjiāo

**抆** wěn 닦을 문
〔동〕〔문〕（눈물 따위를）닦다. 씻다. 훔치다. ¶~泪＝눈물을 훔치다.

*吻［脗］ wěn 입술 문
〔명〕 **1** 입술. ¶接~＝키스하다. **2**（동물의）주둥이. 부리. ¶鹿~＝사슴 주둥이. 〔동〕 입맞춤하다. 키스하다. ¶她深情地~了一下孩子的面颊.＝그녀는 아주 정겹게 아이의 뺨에다 한번 뽀뽀를 하였다.
○● 鸱chī吻, 唇chún吻, 口吻, 亲吻

【吻别】wěnbié 〔통〕 작별 키스하다.
【吻合】wěnhé 〔통〕 **1** 두 입술이 마주치다〔합쳐지다〕. **2**〔비〕 완전히 부합하다. 일치하다.（꼭）들어맞다. ¶两人对当时情况的陈述是~的.＝당시의 상황에 대한 두 사람의 진술은 완전히 일치한다. **3**〔醫〕 문합(吻合)하다. ¶肠~＝장문합.

*紊 wěn 어지러울 문
〔형〕 무질서하다. 혼란하다. 문란하다. 난잡하다. 어지럽다. ¶有条不~＝질서정연하다.
【紊乱】wěnluàn 〔형〕 무질서하다. 혼란하다. 문란하다. 어지럽다. ¶思路~＝생각의 갈피가 혼란스럽다.

*稳［穩］ wěn 평온할 온
〔형〕 **1** 안정되다. 확고하다. 튼튼하다. 움직이지 않다. 고정되다. ¶~如磐石＝반석처럼 안정하다. **2** 평온하다. ¶时局不~＝시국이 어수선하다. **3** 확실하다. 틀림없다. ¶十拿九~＝십중팔구 확실하다. **4** 침착하다. 신중하다. 진중하다. ¶沉~老练＝침착하고 노련하다. 〔동〕 안정되게 하다. 진정시키다. 가라앉히다. ¶~一下情绪＝감정을 좀 가라앉히다.

○● 安稳, 把稳, 沉chén稳, 工稳, 牢láo稳, 平稳, 嘴稳

【稳便】wěnbiàn 혱 적절하다. 알맞다. 타당하다. ¶你这样做不大~。=네가 이렇게 하는 것은 그다지 적절하지 못하다. 동 상대방 편한 대로 하다. 상대방 맘대로 하다. 제멋대로 하게 하다. [주로 조기 백화문에 보임]

【稳不住】wěn·buzhù 동 (마음이나 형세를) 진정〔안정〕시키지 못하다. 차분하게 가라앉히지 못하다. ¶他这人性子急躁, 遇事~。=그 사람은 성질이 급해서 일에 부닥치면 마음을 진정시키지 못한다.

【稳步】wěnbù 부 착실하게. 견실하게. 안정되게. 점진적으로. ¶工业产值~提高。=공업 생산액을 안정되게 향상시키다.

【稳操胜券】wěncāo-shèngquàn 승리할 수 있다고 확신하다. 승산이 있다. ☞【稳操胜算】wěncāo-shèngsuàn【稳操左券】wěncāo-zuǒquàn

【稳操胜算】wěncāo-shèngsuàn ☞【稳操胜券】wěncāo-shèngquàn

【稳操左券】wěncāo-zuǒquàn ☞【稳操胜券】wěncāo-shèngquàn

【稳产】wěnchǎn 안정된 생산량. 지속적인 소출(所出). ¶~高产=안정적인 높은 생산.

【稳当】wěn·dang 혱 1 온당하다. 타당하다. 믿음직스럽다. ¶他办事很~。=그는 일처리를 믿음직스레 한다. 2 안정감이 있다. 견실하다. 고정되다. ¶地面不平, 桌子放不~。=지면이 고르지 않아 탁자가 고정되지 않다. ↔玄乎

【稳得住】wěn·dezhù 동 (정서나 국면을) 안정〔진정〕시킬 수 있다. 가라앉게 하다. ¶他遇到什么事都能~。=그는 어떤 상황에 맞닥뜨려도 흔들리지 않는다.

【稳定】wěndìng 혱 1 안정되다. ¶生活~=생활이 안정되다. 2《化》변화가 없다. 안정적이다. 동 진정시키다. 가라앉히다. ¶~局面=국면을 진정시키다. ↔波动 动荡

【稳定流】wěndìngliú 명《物》(유체의) 안정 유동. =【定常流】dìngchángliú

【稳定平衡】wěndìng pínghéng 명《物》 안정 평형 상태.

【稳定性】wěndìngxìng 명 안정성. ¶这个品牌的电视机~很好。=이 메이커의 TV는 안정성이 매우 좋다.

【稳固】wěngù 혱 튼튼하다. 견고하다. 공고하다. 안정적이다. ¶关系~=관계가 공고하다. 동 견고하게 하다. 안정시키다. ¶~政权=정권을 공고히 하다. ↔动荡

【稳厚】wěnhòu 혱 믿음직스럽고 관대하다. ¶为人~=사람 됨됨이가 믿음직스럽고 관대하다.

【稳获】wěnhuò 동 여유 있게〔어려움 없이〕획득하다. 획득을 자신하다. ¶~冠军=별 어려움 없이 우승을 거머쥐다.

【稳健】wěnjiàn 혱 1 굳건하다. 견실하다. 차분하면서도 힘있다. ¶步伐~=발걸음이 굳건하다. 2 믿을 수 있다. 확실하다. 듬직하다. ¶办事~=일처리가 확실하다. ↔毛躁

【稳静】wěnjìng 혱 차분하고 침착하다. 얌전하다. ¶态度~=태도가 차분하고 침착하다.

【稳练】wěnliàn 혱 침착하고 익숙하다. 노련하다. ¶处事~=일처리가 노련하다.

【稳拿】wěnná 동 확실하게 손에 넣다. 안정되게 손에 넣다. 틀림없이 손에 넣다. 자신 있다. ¶他成绩一贯很好, 每次都~第一。=그는 성적이 줄곧 좋아서 매번 확실하게 1등을 한다.

【稳如泰山】wěnrúTàishān 성 1 태산처럼 안정적이고 굳건하다. 2 비 (정세·지위가) 바위처럼 견고하다. ≒固若金汤 ↔摇摇欲坠

【稳帖】〔稳贴〕wěntiē 혱 적절하다. 온당하다. 타당하다. ¶言语~=언어가 온당하다.

【稳贴】wěntiē ☞【稳帖】wěntiē

【稳妥】wěntuǒ 혱 온당하다. 타당하다. 신뢰할 만하다. 적절하다. 안전하다. 확실하다. ¶这件事他处理得很~。=이 일은 그가 매우 온당하게 잘 처리했다. ≒妥当 恰当

【稳稳当当】wěn·wen dāngdāng(~的) 혱 매우 타당〔온당〕하다. 매우 믿음직하다.

【稳压电源】wěnyā diànyuán 명《电》안정된 전원.

【稳压器】wěnyāqì 명《电》전압 안정기. 전압 조정기.

【稳扎稳打】wěnzhā-wěndǎ 성 1《军》침착하게 차근차근 전진하며 확실하게 전투를 하다. 2 비 견실하고 확실하게 하다. 절차를 밟아 가며 자신 있게 일하다.

【稳扎扎】wěnzhāzhā(~的) 혱 견실하다. 착실하다. 진중(鎭重)하다. ¶新任厂长是一个~地干实事的人。=신임 공장장은 착실하고 실질적으로 일하는 사람이다.

【稳重】wěnzhòng 혱 (언어나 행동 등이) 신중하다. 분별력이 있다. 예의바르다. 사려 깊다. 진중하다. 중후하다. ¶为人~=사람됨이 사려 깊다. ↔浮躁 轻浮 急躁 鲁莽

【稳住】wěnzhù 동 가다듬다. 진정시키다. 가라앉히다. 공고히 하다. 단단히 굳히다. ¶~神儿=정신을 가다듬다.

【稳住阵脚】wěnzhù-zhènjiǎo 성비 내부의 진영을 공고히 하다. 확고한 발판을 마련하다.

【稳坐钓鱼台】wěn zuò diàoyútái 속비 일이 닥쳤을 때 당황하지 않고 침착하다. 남의 일에 전혀 신경 쓰지 않다. 어떤 변화·변동에도 끄떡하지 않다. 외부 사건에 무관심하고 냉정하다.

\*\*问〔問〕wèn 물을 문

동 1 묻다. 질문하다. ¶询~=문의하다. / 不耻下~=아랫사람에게 묻기를 부끄럽게 여기지 않다. 2 안부를 묻다. ¶慰~=위문하다. 3 심문하다. 취조하다. ¶审~=심문하다. 4 책임을 추궁하다. ¶盘~=추궁하다. 따져 묻다. / 唯你是~=당신에게 그것의 책임을 묻겠다. 5 상관하다. 관여하다. 관계하다. ¶过~=묻다. 관심을 가지다. / 不闻不~=전혀 관심을 두지 않다. 㫋㋳ …에게. …를 향하여. …로부터. [행위의 대상을 유발하며, '向(xiàng)'이나 '跟(gēn)'에 해당함] ¶这本小说是~老师借的. = 이 소설은 선생님으로부터 빌린 것이다. 㫕 (**Wèn**) 성(姓). ≒讯 ↔答

◐● 查问, 打问, 叮dīng问, 动问, 发问, 反问, 访问, 顾问, 诘jié问, 借问, 考问, 拷kǎo问, 盘pán问, 聘pìn问, 请问, 试问, 探问, 套问, 提问, 推问, 慰wèi问, 学问, 讯xùn问, 疑问, 音问, 责问, 质问, 追问, 自问

【问安】 **wèn ∥ ān** 㫕㋳ 안부를 여쭙다. 문안 인사를 드리다. 문안·방문하다. ≒请安
【问案】 **wèn ∥ àn** 㫕㋳ 사건을 심문하다.
【问卜】 **wènbǔ** 㫕 점을 치다. 점을 쳐서 해답을 구하다. ¶求签~ = 점대를 뽑아 해답을 구하다.
【问长问短】 **wèncháng-wènduǎn** 㫗 이것저것 자세히 묻다. 꼬치꼬치 캐묻다. [주로 관심을 나타내는 데 쓰임]
【问答】 **wèndá** 㫕 묻고 답하다. 문답하다. ¶~题 = 문답식 문제.
【问倒】 **wèn ∥ dǎo** 㫕 대답하기 어려운 질문을 하다. 질문을 하여 말문이 막히게 하다. ¶他喜欢发问, 不把人~决不罢休. = 그는 질문하기를 좋아하여 상대방이 말문이 막히기 전에는 절대 그치지 않는다.
【问道于盲】 **wèndàoyúmáng** 㫗 1 장님에게 길을 묻다. 2㋵ 아무것도 모르는 사람에게 가르침을 청하다.
【问底细】 **wèn dǐxì** 㫕 자세히 알아보다. 내막〔자초지종·실상〕을 캐묻다. ¶找个知道内情的人~. = 내막을 아는 사람을 찾아서 자초지종을 묻다.
【问鼎】 **wèndǐng** 㫕 1 정권 탈취를 도모하다. 2㋵ (시합에서) 우승을 시도하다〔노리다〕. ¶~世界杯冠军 = 월드컵에서 우승을 노리다.
【问卦】 **wènguà** 㫕 점을 치다. 점을 쳐서 해답을 구하다.
【问寒问暖】 **wènhán-wènnuǎn** 㫗 다른 사람의 형편을 알뜰히 보살피다.
【问好】 **wèn ∥ hǎo** 㫕 안부를 묻다. 문안드리다. ¶代我向伯父~. = 저를 대신해서 큰아버님께 안부를 전해 주세요. ≒问候
【问号】 **wènhào** 㫕 1 (言) 물음표. '?'. 2 의문. ¶那事能否办成, 还是个~. = 그 일을 해낼 수 있을지 의문이다.
【问候】 **wènhòu** 㫕 안부를 묻다. 문안드리다. ¶~亲人 = 친지에게 문안드리다. ≒问好
【问话】 **wènhuà** 㫕 1 (상급자나 웃어른이) 묻다. 문의하다. 물어 보다. ¶校长找他~. = 교장선생님이 그를 찾아 물었다. 㫕 묻는 말. ¶回答~ = 묻는 말에 대답하다.
【问及】 **wènjí** 㫕 알아 내다. ¶~事情的起因 = 일이 일어난 원인을 알아 내다.
【问津】 **wènjīn** 㫕 1 나루터가 있는 곳을 묻다. 2㋵ 묻다. 관심을 갖다. ¶无人~ = 관심을 갖는 사람이 아무도 없다.

【问句】 **wènjù** 㫕(言) 의문문.
【问卷】 **wènjuàn** 㫕 설문 조사. 앙케트. ¶~调查 = 앙케트 조사.
【问路】 **wènlù** 㫕 길을 묻다.
【问难】 **wènnàn** 㫕 논란하다. 논쟁하다. 질의하다. 의문을 제기하다. 따져 묻다. [주로 학술 토론회 등에서 쓰임] ¶他的观点遭多人~. = 그의 관점은 많은 사람들의 질의를 받았다.
【问世】 **wènshì** 㫕 (저작물·발명품·신상품 등이) 세상에 나오다. 발표되다. 출품되다. 출판되다. ¶他的新作即将~. = 그의 새로운 작품이 곧 발표된다. ≒面世
【问市】 **wènshì** 㫕 (제품 등이) 출시되다.
【问事】 **wènshì** 㫕 1 문의하다. 수소문하다. 알아보다. ¶他正向服务台的小姐~. = 그는 카운터 여직원에게 문의하고 있다. 2㋵ 관여하다. 참견하다. 처리하다. ¶他只挂名, 从不~. = 그는 그저 이름만 걸어 놓고 일에는 전혀 관여하지 않는다.
【问事处】 **wènshìchù** 㫕 안내소〔안내처〕.
【问俗】 **wènsú** 㫕 현지의 풍속을 묻다. ¶入乡~ = 지방에 가면 그 지방 풍속을 묻는다.
【问题】 **wèntí** 㫕 1 (해답·해석 등을 요구하는) 문제. ¶他只解答了其中的三个~. = 그는 그 중의 세 문제만 풀었다. 2 (해결해야 할) 문제. 숙제. ¶目前的~是缺乏流动资金. = 지금의 문제는 유동 자금이 부족하다는 것이다. 3 (사고나 문젯거리 등의) 문제. 고장. ¶汽车的发动机又出~了. = 자동차의 엔진에 또 문제가 생겼다. 4 (관건·중요한 일로서의) 문제. ¶~在于没有掌握有效的学习方法. = 문제는 효과적인 학습 방법을 제대로 파악하지 못했다는 데에 있다. 5 (결점이나 탈 등의) 문제. ¶他的腿关节一直有~. = 그의 다리 관절은 줄곧 문제가 있어 왔다.
【问天】 **wèntiān** 㫕 (억울함·번뇌 따위를) 하늘에 묻다. ¶~天不应. = 하늘에 물어도 대답이 없다.
【问心】 **wènxīn** 㫕 양심에 묻다. 스스로 반성하다. ¶~有愧 = 양심에 물어 부끄러운 바가 있다.
【问心无愧】 **wènxīn-wúkuì** 㫗 1 양심에 물어 부끄러운 바가 없다. 양심에 거리낌이 없다. 2 정당하게 일처리를 하여 남에게 미안할 것이 없다. 양심에 가책 받을 것이 없다.
【问询】 **wènxún** 㫕 묻다. 문의하다. 질의하다.
【问讯】 **wènxùn** 㫕 1 묻다. 문의하다. 알아보다. ¶~处 = 안내소. 2 (佛) 합장하여 인사하다. =【打问讯】 **dǎ wènxùn** 3 안부를 묻다. ¶请代为~. = 대신 안부 좀 전해 주세요.
【问斩】 **wènzhǎn** 㫕 참수하다. 목을 베다. 참형에 처하다. ¶秋后~ = 가을 추수 후에 목을 베어 죽이다. 일이 끝난 후에 참형에 처하다.
【问诊】 **wènzhěn** 㫕(醫) 문진하다.
【问住】 **wèn ∥ zhù** 㫕 대답 못할 질문을 하다. 질문하여 말문이 막히게 하다. ¶他一句话就把我给~了. = 그는 말 한 마디로 나를 말문이 막히게 하였다.
【问罪】 **wènzuì** 㫕 (죄를 들추어 내며) 죄를 묻다

**wèn**

〔따지다〕. 비난하다. 공격하다. 성토하다. 심문하다. 단죄하다. 관결하다. ¶兴师~=군대를 일으켜 상대의 죄를 묻다. 상대의 죄를 공개적으로 비난하다.

**汶** Wèn 물 이름 문
图(地) 원허(汶河). 원수이(汶水). [산둥(山东)성에 있는 강 이름].

**揾** wèn 닦을 온
图 1 (눈물 등을) 닦다. 닦아 내다. 훔치다. 문지르다. ¶~泪=눈물을 닦다. 2 스며들다. 적셔 들다. ¶~湿=축축하게 스며들다. 3 손가락으로 누르다.

**璺** wèn 금갈 문
图 (도자기·유리 그릇 등의) 갈라진 금. 틈. 홈(집). ¶茶杯上有一道~.=찻잔에 금이 한 줄 나 있다.

## weng

**翁** wēng 늙은이 옹
图 1 늙은이. 노인. 영감. ¶渔~=고기잡이 노인. 2 图 아버지. ¶尊~=(상대의) 아버님. 3 图 시아버지. ¶~姑二人=시아버지와 시어머니 두 사람. 시부모 두 분. 4 图 장인. 빙부(聘父). 악부(岳父). ¶~婿二人=장인과 사위 두 사람. 5 (Wēng) 성(姓).

○● 富翁, 不倒翁, 主人翁

【翁姑】wēnggū 图图 시부모.
【翁婿】wēngxù 图图 장인과 사위.
【翁仲】wēngzhòng 图 1 동상 혹은 석상. 2 (무덤 앞에 세우는) 돌로 만든 사람. 석인. 인석.

**嗡** wēng 벌레 소리 옹
图 윙윙. 웽웽. 앵앵. 붕붕. [곤충이 날아가는 소리·기계의 발동 소리로, 주로 중첩하여 쓰임] ¶蜜蜂~~地在花丛中飞舞.=꿀벌이 웽웽거리며 꽃무더기 사이로 날아다닌다.
【嗡子】wēng·zi ☞ 【京二胡】jīng'èrhú

**滃** Wēng 물 이름 옹
图(地) 웡장(滃江). [광둥(广东)성에 있는 강 이름].
☞ wěng

**鹟**[鶲] wēng 새 이름 옹
图(動) 딱새. [파리를 잡아먹는 작은 새]

**鳁**[鰮] wēng 물고기 이름 옹
图(動) 웅어. 얼럭실용치.

**鞲** wēng 장화 몸통 옹
图图 장화의 목.

【鞲靴】wēngxuē 图图 솜을 넣은 방한용 장화.

**塕** wěng 먼지 옹
图图 먼지. 图图 먼지가 흩날리다. 먼지가 자욱하다.

**蓊** wěng 우거질 옹
图图 (초목이) 무성하다. 울창하다. ¶~郁苍翠的松柏=검푸르고 울창한 송백나무.
【蓊勃】wěngbó 图图 왕성하다. 짙다. 그윽하다. 자욱하다. ¶香气~=향기가 그윽하다.
【蓊郁郁】wěng·weng yùyù(~的) 图 아주 울창하다. 아주 무성하다.
【蓊郁】wěngyù 图图 울창하다. 무성하다. ¶翠竹~=푸른 대나무〔취죽〕숲이 울창하다.

**滃** wěng 구름 일 옹
图图 1 구름이나 가스 등이 뭉게뭉게 피어나는 모양. 2 (물이) 세차게 흘러나오는 모양. 평평 솟아 나오는 모양. 분출하는 모양. (구름이) 피어오르는 모양.
☞ Wēng

\***瓮**[(甕·罋¹)] wèng 항아리 옹
图 1 독. 항아리. 옹기. ¶酒~=술독. / 水~=물독. 2 (Wèng) 성(姓).
【瓮城】wèngchéng 图 옹성(瓮城). 철옹산성. 곱은성. 월성. 곡성. =【月城】yuèchéng
【瓮缸】wènggāng 图 독. 항아리.
【瓮声瓮气】wèngshēng-wèngqì 图 목소리가 거칠고 낮게 깔려 웅웅 울리다.
【瓮牖绳枢】wèngyǒu-shéngshū 图 1 깨진 항아리로 창문을 삼고 새끼줄로 엮어 문짝을 만들다. 2 图 지극히 가난하다.
【瓮中之鳖】wèngzhōngzhībiē 图 1 독 안의 자라. 독 안에 든 쥐. 2 图 갇혀서 도망갈 수 없는 사람〔동물〕.
【瓮中捉鳖】wèngzhōng-zhuōbiē 图 1 독 안에 있는 자라를 잡다. 독 안에 든 쥐를 잡다. 2 图 잡으려는 대상을 이미 장악하고 있어서 언제든지 손쉽게 잡을 수 있다.

**蕹** wèng 옹채 옹
【蕹菜】wèngcài 图(植) 공심채. =【空心菜】kōngxīncài 图 water spinach

**齆** wèng 코 막힐 옹
图 코가 막히다.
【齆鼻】wèngbí (~儿) 图 코가 막혀 코맹맹이 소리를 내다. 图 코맹맹이.

## wo

**挝**[撾] wō 나라 이름 과
☞【老挝】Lǎowō

☞ **zhuā**

**莴**[萵] **wō** 상추 와
아래를 참조.
【莴菜】**wōcài** ☞【莴苣】**wō·jù**
【莴苣】**wō·jù** 명(植) 상추. =【莴菜】**wōcài**
¶结球~=결구상추. / 皱叶~=오그라기상추.
【莴笋】**wōsǔn** 명(植) 줄기상추. 아스파라거스 상추. 영 asparagus lettuce

**倭** **wō** 왜국 왜
명 왜(국). [고대 일본을 일컫는 말]

○● 老倭瓜

【倭瓜】**wōguā** ☞【南瓜】**nánguā**
【倭寇】**wōkòu** 명 왜구.

**涡**[渦] **wō** 소용돌이 와
명 **1** 소용돌이. 회오리바람. ¶水~=소용돌이. **2** 소용돌이를 닮은 것. ¶酒~儿=보조개. 볼우물. 조개볼.

☞ **Guō**

○● 笑涡, 旋 xuán 涡

【涡虫】**wōchóng** 명(動) 와충(류).
【涡电流】**wōdiànliú** ☞【涡流】**wōliú**
【涡流】**wōliú** **1** 와류. 맴돌이. 물이 소용돌이 치면서 흐름, 또는 그런 흐름. =【有旋流】**yǒuxuánliú** **2** (電) 와류. 맴돌이 전류. =【涡电流】**wōdiànliú** **3** 소용돌이.
【涡轮机】**wōlúnjī** 명 터빈(turbine). =【透平机】**tòupíngjī** 준【轮机】**lúnjī**
【涡旋】**wōxuán** 명 와선. 맴돌이. 소용돌이.

**喔** **wō** 닭 소리 악
의 꼬끼오. 꼬꼬. [수탉이 우는 소리] ¶公鸡不停地~~叫。=수탉이 끊임없이 꼬끼오 하고 운다.
감 (알았다는 표시로) 오! 어! 응! ¶~, 我知道了。=아! 알았다.
【喔唷】**wōyō** 감 (놀람이나 아픔을 나타내어) 와! 야! 아이야! 아니! ¶~, 上海发展得太快了！=와! 상하이는 엄청 빨리 발전하는구나. / ~, 好疼。=아이야! 너무 아파.

**窝**[窩] **wō** 움집 와
명 **1** 둥지. 둥우리. 보금자리. 우리. 집. 굴. 자리. [새·짐승·곤충 등의 거처를 가리킴] ¶鸡~=닭장. 계사(鷄舍). / 马蜂~~=호박벌〔말벌〕집.
**2** (비) 은신처. 잠복처. 거점. 소굴. 아지트. ¶安乐~=안락한 은신처. / 贼~=도둑놈 소굴.
**3** (~儿) 양비 (사람이나 물체가 차지하고 있는) 자리. 곳. ¶把桌子挪~。=탁자를 옆으로 좀 옮기다. **4** (~儿) 보금자리와 같은 곳 또는 물건. ¶被~儿=이불 속. **5** (~儿) 사람 몸에서 움푹하게 들어간 곳. ¶心~儿=심와. 명치. / 胳肢~儿=겨드랑이. **6** (Wō) 성(姓). 명 배. [한 배에 낳은 것, 또는 한 번에 부화한 것] ¶

一~下了八只小猪。=한 배에 돼지 새끼 여덟 마리를 낳았다. / 孵了一~小鸡=한 배의 병아리를 부화하였다. 통 **1** 구 굽히다. 구부리다. ¶把铁条~个钩。=철사를 갈고리처럼 구부리다. **2** (범인 등을) 숨기다. 은닉하다. 감추다. ¶~赃犯法。=장물을 은닉한 죄를 범하다. **3** 구 움츠리다. (한 곳에) 틀어박혀 있다. ¶他~在家里生了一天的闲气。=그는 방에 콕 틀어박혀 온종일 괜스레 화만 낸다. **4** 차다. 적체되다. 쌓이다. 한 자리에 머물다. 정체되다. [능력이나 스트레스 등이 발산되지 못함] ¶他今天工作不顺, ~了一肚子的火。=그는 오늘 일이 순조롭지 않아서 스트레스가 잔뜩 쌓였다. **5** (사람이나 기계 등이) 일손을 놀리다. 가동이 안 되다. [제 능력·기능을 발휘하지 못함] ¶机器不到位, 连~了几天的工。=기계가 제자리에 놓이지 않아서 연속 며칠 동안 가동이 안 되었다.

○● 抱窝, 被窝, 肩 jiān 窝, 毛窝, 山窝, 笑窝, 眼窝, 燕 yàn 窝, 肘 zhǒu 窝

【窝边草】**wōbiāncǎo** 명(비) 보금자리 주변에 난 풀. 악인이 거주하고 있는 그 주변. [항상 '吃'나 '不吃'와 이어 씀]
【窝憋】**wō·bie** 형(비) 답답하다. 안타깝다. 우울하다. 울적하다. 불편하다. 언짢다. ¶无缘无故挨了一顿骂, 心里~得很。=아무 이유 없이 한바탕 욕을 먹었더니만 속이 매우 언짢다.
【窝藏】**wōcáng** 통 (장물이나 범인 등을) 은닉하다. 은폐하다. 감추다. 숨기다. ¶~毒品=마약을 은닉하다.
【窝巢】**wōcháo** 명 **1** 둥지. 둥우리. 보금자리. **2** 소굴. 은신처. 잠복처.
【窝点】**wōdiǎn** 명 은닉처. 감추는 장소. ¶制假~=위조품 은닉처.
【窝匪】**wōfěi** 통 도적을 은닉하다. 범인을 숨기다. 명 소굴에 있는 도적.
【窝风】**wōfēng** 형 바람이 막히다. 통풍이 잘 안 되다. ¶这屋子~, 夏天热得很。=이 집은 통풍이 잘 안 되어 여름에는 엄청나게 덥다.
【窝工】**wō‖gōng** 통 (작업 계획이나 인력의 배치가 부적절하여) 일손을 놓다. 인력을 낭비하다. 일이 정체되다. 일감이 없어 놀다.
【窝弓】**wōgōng** 명 (맹수 등 큰 사냥감을 잡기 위해) 숲 속에 설치해 둔 활〔덫〕.
【窝火】**wō‖huǒ**(~儿) 통 울화가 차다. 화가 치밀다. ¶别惹他, 他心里正~儿。=저 친구는 지금 잔뜩 화나 있으니 건드리지 마라.
【窝家】**wōjiā** 명 장물아비. 장물 은닉처. 범인·뇌물·장물 등을 보관하는 사람〔집〕.
【窝眍眼】**wō·kōuyǎn** 명(비) 옴팡눈. 오목눈.
【窝里】**wō·li** 명(비) 집안. 내부. =【窝儿里】**wōr·li** ¶那是~的事, 最好由他们自己解决。=그것은 집안일이니 그들 자신이 해결하도록 하는 게 가장 좋다.
【窝里斗】**wō·lidòu** 상 집안 싸움이 일어나다. 내분이 일다. 내부 분쟁을 하다. =【窝儿里斗】**wōr·lidòu**

【窝里反】wō·lifǎn 〈方〉 집안 싸움이 일어나다. 내분이 일다. 내부 분쟁을 하다. =【窝儿里反】wōr·lifǎn

【窝里横】wō·lihèng 〈方〉 (밖에서는 찍소리도 못하고) 집에서만 멋대로 굴고 큰소리치다. =【窝儿里横】wōr·lihèng

【窝里窝囊】wō·li wō·nang (~的) 〈形〉〈口〉 겁약하다. 패기 없고 나약하다. 무능하다. 용기 없다. ¶他~的, 没什么出息. =그는 패기도 없고 나약해, 희망이 안 보인다.

【窝囊】wō·nang 〈形〉 1 (억울한 일을 당해) 속상하다. 분하다. 원통하다. 억울하다. 울적하다. ¶受~气=억울함을 당하다. 2 겁약하다. 패기 없고 나약하다. 무능하다. 용기 없다. 야무지지 못하다. ¶你一个大男人怎么这么~？=넌 사내대장부가 어쩜 이렇게 패기 없고 나약하니?

【窝囊废】wō·nangfèi (비꼬는 투로) 패기가 없고 나약하여 쓸모 없는 사람. 칠칠치〔야무지지〕못한 녀석. 못난이. 밥통. [풍자의 의미를 내포함]

【窝囊气】wō·nangqì 〈명〉〈口〉 울분. 울화. 억울함. 원통함. ¶一肚子~=가슴 가득한 울분.

【窝棚】wō·peng 〈명〉 움집. (공사장의) 막사. 가건물. (원두막 따위의) 움집.

【窝铺】wōpù 〈명〉 (잠을 잘 수 있도록 된) 움집. 막사. 가건물.

【窝气】wō‖qì 〈동〉 울화가〔울분이〕 치밀다. 울분이 차다. ¶挨了批评, 心里~。=비판을 받고 나니 마음속에 울화가 치민다.

【窝儿】wō·li ☞【窝里】wō·li
【窝儿里斗】wōr·lidòu ☞【窝里斗】wō·lidòu
【窝儿里反】wōr·lifǎn ☞【窝里反】wō·lifǎn
【窝儿里横】wōr·lihèng ☞【窝里横】wō·lihèng

【窝头】wōtóu 〈명〉 워터우. [옥수수 가루나 수수 가루 따위의 잡곡 가루를 원뿔 모양으로 빚어서 찐 음식] =【窝窝头】wō·wotóu

【窝窝囊囊】wō·wo nángnáng (~的) 〈形〉〈口〉 1 (억울한 일을 당해) 속상하다. 분하다. 원통하다. 억울하다. 울적하다. 2 무능하다. 용기 없다. 패기 없고 나약하다. 쭈뼛쭈뼛하다.

【窝窝头】wō·wotóu ☞【窝头】wōtóu

【窝心】wōxīn 〈동〉〈방〉 울화가 차다. 화가 치밀다. 답답하다. 의기소침하다. 낙심하다. 풀이 죽다. ¶没有比有苦说不出更~的。=고충이 있으면서도 말 못하는 것보다 더 답답한 것은 없다.

【窝赃】wō‖zāng 〈동〉 장물을 은닉하다. 장물을 옮겨 놓다. ¶他因~而被判刑。=그는 장물 은닉으로 판결을 받았다.

【窝主】wōzhǔ 〈명〉 장물아비. 장물 은닉처. 범인·뇌물·장물 등을 보관하는 사람〔집〕.

【窝子】wō·zi 〈명〉 1 (사람이나 물체가 차지하고 있는) 자리. 곳. ¶在一个地方呆烦了, 也挪挪~。=한곳에 지겹도록 있었으니 자리를 좀 옮기자. 2 소굴. 은신처. ¶抄窝匪的~=도적의 소굴을 약탈하다. 3 가족. 집안. 내부. ¶他们是一~的。=그들은 한집안 사람들이다.

## 蜗[蝸] wō 달팽이 와
〈명〉〈动〉 달팽이. 와우(蜗牛).

○● 耳蜗

【蜗杆】wōgǎn 〈명〉〈机〉 (원동기의) 웜(worm). [한 줄 또는 여러 줄로 된 나사 모양의 비틀린 이를 가진 톱니바퀴]

【蜗居】wōjū 〈명〉〈문〉 1 달팽이집처럼 좁은 집. 2 〈비〉〈겸〉 누추한 집. 작은 집. [자신의 좁은 집을 낮추어 부르는 말] ¶躲进~, 与书为伴。=누추한 집에 들어가 숨어 책과 벗삼다. 〈동〉〈비〉 (작은 집에서) 달팽이처럼 비좁게 살다. ¶~斗室=코딱지만 한 방에 틀어박히다.

【蜗轮】wōlún 〈명〉〈机〉 웜휠(worm wheel). 웜기어(worm gear). 와형 바퀴. [시계 치는 수를 정하는 바퀴]

【蜗牛】wōniú 〈명〉〈动〉 달팽이. 〈방〉【水牛儿】shuǐniúr

【蜗行牛步】wōxíng-niúbù 〈성〉 1 달팽이처럼 기어가고 소처럼 느리게 걷는다. 2 〈비〉 행동이나 일의 진전이 매우 더디다. ↔大步流星 风驰电掣

【蜗旋】wōxuán 나선 모양으로 빙빙 돌다. ¶汽车沿盘山路~而上。=자동차는 산길을 감돌아 빙빙 돌며 올라간다.

## 踒 wō 삘 위
〈동〉 (팔·다리 등을) 삐다. 접질리다. ¶把脚脖子~了。=발목을 삐었다.

## *我 wǒ 나 아
〈대〉 1 나. 저. ¶~和你以前见过面。=나는 너와 이전에 만난 적이 있다. 2 우리. ¶~校近年发展很快。=우리 학교는 최근 발전이 매우 빠르다. 3 ('你'·'我' 와 함께 쓰여 '나' 와 '너' 가 아닌 불특정 다수의) 여러 사람〔많은 사람〕을 가리킴. ¶你来~往=많은 사람들이 서로 오가다. 4 자기. 자신. ¶自~陶醉=스스로 도취되다.

○● 大我, 故我, 忘我, 小我, 自我

【我辈】wǒbèi 〈대〉 우리(들). 우리 같은 사람. ¶他乃学界泰斗, ~难以企及。=그는 학술계의 태두이니, 우리 같은 사람은 따라가기 어렵다.

【我处】wǒchù 〈명〉 이쪽. 우리 쪽. 우리 이곳. 당방(当方). ¶还未报名者, 速来~登记。=아직 신청하지 않은 사람은 빨리 이쪽으로 와서 등록하세요.

【我的天】wǒ·detiān 〈방〉 (매우 놀라거나 절망함을 나타내어) 아뿔싸. 맙소사. 아이구. 아차. 하느님. 제기랄. 뭐야. ¶~, 下这么大雨怎么回家? =맙소사! 이렇게 큰비가 내리니 어떻게 집에 가지?

【我等】wǒděng 〈대〉〈문〉 우리들. ¶~必须加倍努力。=우리는 반드시 노력을 배가해야 한다.

【我方】wǒfāng 〈명〉 우리 측〔편〕. 우리 쪽. ¶根据你方要求, ~已派出技术人员前往协助工作。=당신 측의 요구에 따라 우리 측은 이미 일을 협

조할 수 있도록 기술 요원을 파견하였습니다. ↔你方

【我耕人获】wǒgēng-rénhuò 〈成〉 **1** 밭은 내가 갈고 수확은 남이 하다. **2** 〈比〉 재능은 곰이 부리고 돈은 왕서방이 번다. 남 좋은 일을 하다.

【我国】wǒguó 〈名〉 우리 나라. [자기 나라를 지칭할 때 쓰임]

【我见】wǒjiàn 〈名〉〈书〉 나의 견해. [주로 문장의 표제어로 쓰임] ¶《电视电影之~》=《TV와 영화에 대한 나의 견해》.

【我军】wǒjūn 〈名〉 아군. 우리 군대.

【我看】wǒkàn 〈口〉 내가 보기에는. 내 의견으로는. 나의 견해로는. [주로 문장의 첫머리에 쓰임] ¶~, 他不见得会采纳你的意见. = 내가 보기에는, 그 사람이 너의 의견을 반드시 받아들인다고 볼 수 없어.

【我俩】wǒliǎ 〈名〉 우리 두 사람. ¶~的想法完全一致. = 우리 두 사람의 의견〔생각〕은 완전히 일치하다.

【我们】wǒ·men 〈代〉 **1** 우리(들). ¶只要~齐心协力, 再大的困难也不怕. = 우리가 함께 마음을 모아 협력을 한다면 어떤 큰 어려움도 두렵지 않다. **2** 나. 저. [주로 논문이나 보고서 등에 쓰임] ¶~认为, 对这一问题的探讨具有现实性、必要性. = 제가 생각하건데, 이 문제에 대한 토의는 현실성과 필요성을 갖고 있다고 봅니다. **3**〈口〉 우리. 나. [자]. [감정적인 색채를 띰] ¶~那口子昨天从国外回来了. = 우리〔제〕 남편은〔아내는〕 어제 외국에서 돌아왔다. **4** 여러분. 너희. [친근감을 나타냄] ¶同学们, 出去旅游, ~一定要注意安全. = 학생 여러분, 여행을 나가면 여러분은 반드시 안전에 주의하여야 합니다. ≒咱们.

【我说】wǒshuō **1** 에. 또. 자. [어떤 말을 하려고 할 때 청자의 주의를 환기시키는 말] ¶~, 你抽时间把这事儿给办了吧. = 에, 당신이 시간을 좀 내서 이 일을 처리해 주세요. **2** 내가 생각하기에는. 내가 보기에는. [자신의 견해를 나타냄] ¶~, 他的话一定有道理. = 내가 보기에는 그 사람의 말도 어느 정도 일리가 있어.

【我说呢】wǒshuō·ne 〈口〉 (갑자기) 어떤 사실을 깨닫고 내가 뭐랬어. 내가 그랬잖아. 그러면 그렇지. ¶~, 你心情这么好, 原来是得奖了. = 그러면 그렇지, 네가 기분이 좋다 했더니, 알고 보니 상을 받았군.

【我行我素】wǒxíng-wǒsù 〈成〉〈贬〉 평소 자기 방식대로 하다. 다른 사람이 뭐라고 하든 자기 하던 방식대로 하다. 다른 사람의 비평이나 권고를 받아들이지 않고 자신의 방식을 고집하다.

【我字当头】wǒzì-dāngtóu 〈贬〉 무슨 일이든지 개인의 이익을 최우선에 놓다. 자기 자신만 생각하다. ¶不能~, 要多考虑考虑别人. = 다른 사람을 좀 많이 고려해 주어야지, 자기 자신만 생각해선 안 된다.

## 鬈 wǒ 머리털 고울 와

【鬈髻】wǒtuǒ 〈形〉〈书〉 얹은머리 또는 상투가 아름다운 모양.

【肟】wò 옥심 오
〈名〉〈化〉 옥심(oxime).

## 沃 wò 물댈 옥 / 기름질 옥
〈动〉〈书〉 물을 대다. 관개하다. 물을 뿌리다. ¶~田 = 밭에 물을 대다. / 如汤~雪 = 더운물을 눈에 붓는 듯하다. 순식간에 일이 해결되다. 〈形〉 (토지가) 비옥하다. 기름지다. ¶肥~ = 비옥하다. / ~野万顷 = 옥야만경. 끝없이 넓은 기름진 들판. 〈名〉(Wò) 성(姓). ↪膥

【沃地】wòdì 〈名〉 비옥한〔기름진〕 땅. ¶肥田~ = 비옥한 농지.

【沃饶】wòráo 〈形〉 옥요하다. 땅이 기름져서 산물이 많다. 비옥하여 생산물이 풍족하다. ¶~的土地 = 비옥하여 생산물이 풍족한 토지.

【沃土】wòtǔ 〈名〉 옥토. 비옥한〔기름진〕 땅. ¶肥田~ = 비옥한 농지.

【沃野】wòyě 〈名〉 비옥한〔기름진〕 들판. ¶~千里 = 옥야천리. 끝없이 넓은 기름진 들판.

## 卧 wò 누울 와
〈动〉 **1** (사람이) 눕다. ¶仰~ = 바로 눕다. **2** (동물이) 엎드리다. 웅크리다. ¶鸡~在草垛旁. = 닭이 풀더미 옆에 웅크리고 있다. **3** 은거하다. 은둔하다. ¶高~东山 = 동산에 은거하다. **4** 〈方〉 계란을 깨서 우유나 물에 넣고 끓이다. ¶~几个鸡蛋. = 계란 몇 개를 깨 넣어 끓이다. **5** 〈方〉 아기를 눕히다. ¶把孩子~在推车里. = 아이를 유모차에 눕히다. 〈形〉 취침용의. 수면용의. ¶新买的房子有三间~室. = 새로 산 집은 침실이 세 칸 있다. ¶(기차나 여객선 따위의) 침대. 침상. ¶硬~ = (열차에서) 일반 침대석. / 软~ = (열차에서 4인 1실의) 일등 침대석.

○─● 被卧, 软卧, 硬卧

【卧病】wòbìng 〈动〉 병으로 눕다. 앓아 눕다. ¶~在床 = 병상에 눕다.

【卧不安席】wòbù·ānxí 〈成〉 **1** 누워도 자리가 편하지 않다. **2** 〈比〉 마음이 초조하고 불안하여 어찌할 바를 모르다. 안절부절못하다.

【卧蚕眉】wòcánméi 〈名〉〈比〉 와잠미. [잠자는 누에처럼 생긴, 길고 굽은 눈썹을 이르는 말]

【卧舱】wòcāng 〈名〉 여객선의 침대칸.

【卧车】wòchē **1** ☞ 【寝车】qǐnchē **2** 침대차. **3** 소형 승용차.

【卧床】wòchuáng 〈动〉 침대에 눕다. ¶~休息 = 침대에 누워 쉬다.

【卧倒】wòdǎo 〈动〉 엎드리다. 드러눕다. ¶迅速~ = 재빨리 땅에 엎드리다.

【卧底】wòdǐ 〈动〉 (정탐·내통을 목적으로 미리) 적진에 잠입하다〔숨어들다〕. 〈名〉 첩자. 스파이.

【卧房】wòfáng ☞ 【卧室】wòshì

【卧佛】wòfó 〈佛〉 와불. 누워 있는 불상.

【卧轨】wòguǐ 〈动〉 (기차의 통행을 가로막거나 자살을 목적으로) 철로 위에 드러눕다. ¶~自杀 = 철로에 누워 자살하다.

【卧柜】wòguì ☞【躺柜】tǎngguì
【卧虎】wòhǔ 명 1 누워 있는 호랑이. 2 비 재능을 드러내지 않는 숨은 인재. ¶藏龙~=재주를 드러내지 않는 숨은 인재.
【卧具】wòjù 명 1 이부자리. 침구. 2 (기차나 여객선 내의 이불·베개·담요 따위의) 침구.
【卧龙】wòlóng 명 1 와룡. 누워 있는 용. 2 비 알려지지 않은 숨은 인재. 때를 만나지 못한 숨은 영웅.
【卧铺】wòpù 명 (기차나 장거리 버스의) 침대.
【卧射】wòshè 동 (軍) 엎드려 쏘다.
【卧式】wòshì 형 횡식(横式)의. 가로식의. 수평식의. ['立式(입식)'와 구별됨] ¶~车床=수평식 선반.
【卧室】wòshì 명 와실. 와방. 침실. =【卧房】wòfáng
【卧榻】wòtà 명비 침대. 침상. ¶~之侧, 岂容他人鼾睡?=자신의 침대 곁에 어찌 다른 사람이 코를 골며 자게 두겠는가? [자신의 세력 범위 내에 다른 사람이 침범하는 것을 허락하지 않음]
【卧薪尝胆】wòxīn-chángdǎn 성 와신상담. 섶 위에 눕고 쓸개를 핥으며 원수를 잊지 않다. 원수를 갚거나 마음먹은 일을 이루기 위하여 온갖 어려움과 괴로움을 참고 견디다.

握 wò 신선 이름 악
【偓佺】Wòquán 명 악전. [옛날, 전설에 나오는 신선 이름]

涴 wò 더럽힐 와
동방 더럽히다. ¶干活注意一点儿, 别让油~了衣服. =일할 때 좀 주의를 해야지, 옷에 기름이 묻지 않게.
☞ yuān

**握 wò 쥘 악
동 1 (손으로) 잡다. 쥐다. ¶~笔=붓을 잡다. 집필하다. / ~枪=총을 잡다. 2 주먹을 움켜쥐다. ¶~紧拳头=주먹을 힘껏 움켜쥐다. 3 장악하다. 손에 넣다. ¶大权在~=대권을 손에 쥐다〔넣다〕.
【握别】wòbié 동 악수하고 헤어지다〔작별하다〕.
【握管】wòguǎn 동명 1 펜(붓)을 잡다. 2 글씨를 쓰다. 저술하다. 집필하다. 글을 쓰다. ¶~直书=펜을 잡고 곧장 쓰다.
【握力】wòlì 명 악력. 손아귀 힘.
【握拳】wò∥quán 동 주먹을 쥐다.
【握拳透爪】wòquán-tòuzhǎo 성 1 손톱이 손바닥을 뚫을 〔파고들〕 정도로 주먹을 움켜쥐다. 격분하여 주먹을 부르쥐다. 2 비 몹시 분노하다〔격노하다〕.
【握手】wò∥shǒu 동 악수하다. 손을 잡다. 명 (wòshǒu) 악수. ≒把手
【握手言和】wòshǒu yánhé 성 1 악수하고 화해하다. 2 비 (시합에서) 서로 비기다.
【握手言欢】wòshǒu-yánhuān 성 1 악수하며 담소하다. 다정하게 말을 주고받다. 2 악수하며 화해하다. 화해하고 사이좋게 지내다.

硪 wò 달구 아
명 달구. ¶打~=달구질하다. 달구로 땅을 다지다. / 石~=돌로 만든 달구.

幄 wò 휘장 악
명문 장막. 휘장. ¶运筹帷~=막사 안에서 계략을 꾸미다.

渥 wò 젖을 악
동 (비·물에) 젖다. 적시다. 담그다. 축이다. ¶~润=촉촉하게 젖다. 형문 두텁다. 중하다. 깊다. 짙다. 진하다. 농후하다. ¶优~=(은혜가) 두텁다.

斡 wò 빙빙 돌 알
동문 (빙빙) 돌다. ¶居中~旋=중간에서 알선하다. 명 (Wò) 성(姓).
【斡旋】wòxuán 동문 주선하다. 중재하다. 알선하다. 조정하다. 교섭을 돕다. ¶~纷争=분쟁을 중재하다. ≒调和

齷[齷] wò 더러울 악
【齷齪】wòchuò 형 1 더럽다. 불결하다. ¶浑身~=온몸이 불결하다. 2 비 (인품이) 천하다. 비열하다. 야비하다. ¶卑鄙~=비열하고 야비하다. 3 비 좀스럽다. 도량이 좁다. 쩨쩨하다. 악착같다. 옹졸하다. ≒污秽

## wu

兀 wū 민둥민둥할 올
☞ wù
【兀秃】wū·tu ☞【乌涂】wū·tu

**乌[烏] wū 까마귀 오
대문 어디. 어찌. 어떻게. [주로 반어로 쓰임] ¶~有此事?=어떻게 이런 일이 있을 수 있나? 형 검다. ¶~云翻滚=먹구름이 몰려오다. 명 1 (動) 까마귀. ¶爱屋及~=어떤 사람을 좋아하기에 그의 집 지붕에 앉은 까마귀까지도 관심을 갖다. 아내가 사랑스러우면 처갓집 말뚝에도 절을 한다. 2 (Wū) 성(姓). ≒黑
☞ wù

0⊕ 草乌, 金乌

【乌发】wūfà 동명 머리카락을 검게 염색하다. 명 검은 머리. ¶满头~=온통 새까만 머리털.
【乌飞兔走】wūfēi-tùzǒu 성 1 해와 달이 운행하다. [태양에는 삼족오(三足乌 ; 세 발 달린 새)가, 달에는 옥토(玉兔 ; 옥토끼)가 산다는 전설에서 유래함] 2 비 세월이 빨리 흘러가다.
【乌干达】Wūgāndá 명외 (地) 우간다(Uganda). [수도는 '坎帕拉(캄팔라 : Kampala)' 임]

【乌骨鸡】wūgǔjī 몡(動) 오골계.
【乌龟】wūguī 몡 1(動) 거북. 민물거북. 남생이. =【金龟】jīnguī ⇨【王八】wángbā 2 바람난 여자의 남편.
【乌龟壳】wūguīké 몡 1 귀갑. 귀각(龜殻). 거북이 등딱지. 2(비유) 적군의 장갑차나 탱크.
【乌合】wūhé 동 까마귀가 모인 것처럼 질서가 없이 모여들다. 무질서하게 모여들다.
【乌合之众】wūhézhīzhòng 솅 1 오합지졸. 오합지졸. 잡군. 2(비) (임시로 모여들어서) 규율이 없고 무질서한 무리.
【乌黑】wūhēi 솅 새까맣다. 아주 검다. 칠흑 같다. 깜깜하다. ¶她的头发~发亮。=그녀의 머리카락이 아주 검고 윤이 난다. ↔洁白
【乌呼】wūhū ☞【呜呼】wūhū
【乌金】wūjīn 몡 1(礦) 석탄. 2(醫) 오금. [중의학에서 먹을 가리킴]
【乌桕】wūjiù 몡(植) 오구나무. 오구목.
【乌克兰】Wūkèlán 몡⑴(地) 우크라이나(Ukraina). [수도는 '基辅(키예프 : Kiev)'임]
【乌拉】[乌喇]wūlā 몡 1 티베트(Tibet)에서 민주개혁 이전에 농노(農奴)가 관청이나 주인에게 제공하는 노역(勞役). 2 '乌拉(wūlā)'를 하는 농노(農奴).
【乌拉草】wūlācǎo 몡(植) (이전에 중국의 동북 사람들이 겨울에 신발 밑창에 깔았던) 보온용 풀.
【乌拉圭】Wūlāguī 몡⑴(地) 우루과이(Uruguay). [수도는 '蒙得维的亚(몬테비데오 : Montevideo)'임]
【乌喇】wūlā ☞【乌拉】wūlā
【乌兰牧骑】wūlánmùqí 몡 홍색 문화 순회 공연단. [1957년에 결성되어 네이멍구(内蒙古)의 광활한 목축 지구에서 유목민들을 대상으로 문예 공연·사회주의 정치 선전 등을 한 문예 선전대]
【乌蓝】wūlán 솅 검푸르다. ¶~的海水 = 검푸른 바닷물.
【乌鳢】wūlǐ 몡(動) 가물치. =【乌鱼】wūyú ⇨【黑鱼】hēiyú
【乌亮】wūliàng 솅 까마반드르하다. 검고 반들반들하다. 검으면서 윤기가 나고 매끄럽다. ¶~的头发=검고 반들반들한 머리카락.
【乌亮亮】wūliàngliàng(~的) 솅 까마반드르하다. 검고 반들반들하다. 검으면서 윤기가 나고 매끄럽다. ¶~的一双大眼睛=검고 반짝반짝 빛나는 큰 눈.
【乌溜溜】wūliūliū(~的) 솅 눈동자가 새까맣고 또렷또렷하다. ¶~的黑眼珠=새까맣고 또렷또렷한 눈동자.
【乌龙茶】wūlóngchá 몡 우롱차. 오롱차. [반쯤 발효시킨 흑갈색의 잎차. 주로 푸젠(福建)성·광둥(广东)성·타이완(台湾) 등지에서 생산됨]
【乌龙球】wūlóngqiú 몡⑴ 자살골. [영어 'own goal'의 음역]
【乌鲁木齐】Wūlǔmùqí 몡⑴(地) 우루무치. [신장(新疆) 위구르 자치구의 성도]
【乌梅】wūméi 몡(醫) 오매. [훈제한 매화 열매로 맛신 남] ⇨【酸梅】suānméi

【乌木】wūmù 몡 1(植) 흑단(黑檀). 2 흑단의 목재. 3 단단하고 무거운 검은색의 목재.
【乌蓬船】wūpéngchuán 몡 (비나 바람, 햇볕을 막기 위해) 검은 칠을 한 뜸을 씌운 배.
【乌七八糟】[污七八糟]wūqībāzāo 솅 뒤죽박죽이다. 난장판이다. 엉망진창이다.
【乌栖一枝】wūqī yīzhī 솅(비) 온 가족이 같이 모여 살다.
【乌漆墨黑】wūqī mòhēi 솅 칠흑같이 깜깜하다. 새카맣다. 어둡다. ¶屋里面~的, 什么也看不见。=실내가 칠흑같이 어두워서 아무것도 보이지 않는다.
【乌青】wūqīng 솅 검푸르다. 시퍼렇다. ¶嘴冻得~=입이 시퍼렇게 얼다.
【乌纱】wūshā ☞【乌纱帽】wūshāmào
【乌纱帽】wūshāmào 몡 1 사모(紗帽). 오사모. [옛날, 검은색 마포나 면으로 만든 관모(官帽)] 2 관직. 벼슬자리. =【乌纱】wūshā ¶丢掉~是小, 伸张正义是大。=관직을 잃는 것은 하찮은 일이고, 정의를 펴는 것이 중대한 일이다.
【乌兔】wūtù 몡 일월(日月). 광음(光陰). 세월. [태양에는 삼족오(三足烏 ; 세 발 달린 새)가, 달에는 옥토(玉兔 ; 옥토끼)가 산다는 전설에서 유래함]
【乌涂】[兀秃]wū·tu 솅⑴ 1 미지근하다. [주로 음료수를 가리킴] ¶他就喜欢喝~水。=그는 미지근한 물을 마시기 좋아한다. 2 우물(꾸물)거리다. 우물쭈물(흐지부지·유야무야)하다. 화통(시원시원)하지 못하다. ¶跟爽快人说话不要这么~。=화끈한 사람과 이야기하는데 이렇게 우물쭈물하지 마라.
【乌托邦】wūtuōbāng 몡 1 (영국의 공상적 사회주의 작가인 토마스 모어(Thomas More)가 지은 공상적 사회 소설에 나오는) 유토피아(Utopia)의 음역. 2 (모어의 소설 속에서 언급된) 가장 이상적인 사회. 이상향. 3 실현할 수 없는 환상 속의 희망·계획.
【乌鸦】wūyā 몡(動) 까마귀. ¶寒鸦=갈까마귀. / 大嘴~=큰부리까마귀. ⑴【老鸹】lǎo·guā【老鸦】lǎoyā
【乌鸦嘴】wūyāzuǐ 몡 1 까마귀주둥이. 2(비) 방정맞은 입. 3(비) 방정맞은 인간.
【乌烟瘴气】wūyān-zhàngqì 솅 (주위 상황이나 질서가) 뒤죽박죽이 되다. 엉망진창이 되다. 난장판을 이루다. 사회가 암담하다. 부정 세력이 득세하여 질서나 풍기가 엉망이다.
【乌药】wūyào 몡(植) 오약. [오약나무의 뿌리를 말린 것으로, 항균·대뇌피질의 흥분·혈압 상승·발한 작용 등이 있음]
【乌油油】wūyōuyōu(~的) 솅⑴ 까맣고 윤택이 있는 모양. 까마반드르하다. ¶~的土地 = 까맣고 반드르한 (비옥한) 토지.
【乌有】wūyǒu 몡⑴ 1 오유선생. [(漢)대 사마상여(司馬相如)의《자허부(子虛賦)》에 나오는 허구적인 인물] 2 허구적인 가공 인물. 존재하지 않는 사물. ¶化为~=아무것도 없게 되다. 깡그리 없어지다.

【乌鱼】wūyú ☞【乌鳢】wūlǐ 오점투성이이다.

【乌鱼蛋】wūyúdàn 〖명〗 (식품으로 쓰이는) 오징어 난소 복면(腹面)의 선체(腺體). [한 쌍의 타원형으로 이루어져 있으며, 점액을 분비하여 알을 덩어리지게 만듦]

【乌云】wūyún 〖명〗 1 먹장구름. 검은 구름. 먹구름. 오운. 흑운. 2〖비〗불길한 기운(조짐)이나 형세. 암담하고 열악한 형세. ¶战争的~=전쟁의 불길한 조짐. 3〖문〗〖비〗부녀자의 검은 머리카락.

【乌糟糟】wūzāozāo(~的) 〖형〗 1 음침하고 흐리터분하다. 너저분하다. ¶~的天气=음침하고 흐리터분한 날씨. 2 텁텁하다. 맛이 깔끔하지 않다. ¶菜做得~=음식 맛이 깔끔하지 않다. 3 어수선하다. 뒤죽박죽이다. 엉망진창이다. 무질서하다. ¶会开得~=회의 진행이 어수선하고 난잡하다.

【乌贼】[乌鲗] wūzéi 〖명〗〖동〗 쇠갑오징어의 일종. ⊗【墨鱼】mòyú【墨斗鱼】mòdǒuyú

【乌贼骨】wūzéigǔ ☞【海螵蛸】hǎipiāoxiāo

【乌鲗】wūzéi ☞【乌贼】wūzéi

【乌珠】wūzhū 〖명〗 검은 눈동자.

【乌孜别克斯坦】Wūzībiékèsītǎn 〖명〗〖地〗 우즈베키스탄(Uzbekistan). [수도는 '塔什干(타슈켄트: Tashkent)'임]

【乌孜别克族】Wūzībiékèzú 〖명〗 우즈베크족. [중국 소수 민족의 하나로, 주로 신장(新疆) 일대에 분포함]

## 圬 wū 흙손 오

〖명〗〖문〗 흙손. 〖동〗〖문〗 흙손질하다. 회를 바르다(칠하다). ¶粪土之墙, 不可~也.=더러운 흙 담장은 회를 바를 수 없다.

【圬工】wūgōng 〖명〗〖옛〗 '瓦工(미장일·미장 작업·미장이·미장공)'의 옛 명칭.

## 邬[鄔] Wū 성씨 오

〖명〗 성(姓).

## *\*污[汙·汚]] wū 더러울 오

〖명〗 1 혼탁한 물. 2 더러운 것. ¶血~=핏자국. / 藏~纳垢=나쁜 사람의 악행을 감싸 주다. 〖형〗 1 불결하다. 더럽다. ¶一潭~水=못 가득히 고인 더러운 물. 2 부정하다. 청렴결백하지 못하다. ¶贪~=부정한 재물을 탐하다. 〖동〗 1 더럽히다. ¶衰~=더럽히다. 2 모욕하다. 능욕하다. ¶奸~=강간하다. 범하다. ≒垢 ↔洁

○• 卑bēi污, 垢gòu污, 奸jiān污, 贪污

【污点】wūdiǎn 〖명〗 1 (옷이나 물건에 낀) 때. 자국. 얼룩. 2〖비〗오점. 흠이 되는 일. 떳떳하지 못한 일. 명예롭지 못한 일. 죄스런 일. ¶他的一生清清白白的, 没有任何~.=그는 일생 동안 청렴결백하여 어떠한 오점도 남기지 않았다.

【污垢】wūgòu 〖명〗 (몸이나 물건에 낀) 때. ¶浑身~=온몸이 때투성이이다.

【污痕】wūhén 〖명〗 1 얼룩. 자국. 더러운 흔적. 2〖비〗오점. ¶他的过去, ~累累=그의 과거는 오점투성이이다.

【污秽】wūhuì 〖형〗〖문〗 더럽다. 불결하다. ¶语言~=말투가 불결하다. 〖명〗 더러운 것. 불결한 것. ¶满身~=온몸이 때투성이이다. ≒肮脏 龌龊 ↔干净 圣洁

【污迹】wūjì 〖명〗 얼룩. 오점. 자국.

【污吏】wūlì 〖명〗 부정한(청렴하지 못한) 관리. 오리. ¶贪官~=탐관오리.

【污蔑】wūmiè 〖동〗 1 모독하다. 중상하다. 비방하다. 모욕하다. 2 더럽히다.

【污名】wūmíng 〖명〗 오명. 악명. ¶洗脱~=오명을 씻다.

【污泥】wūní 〖명〗 진창. 흙탕물. ¶出~而不染.=진창에서 나왔으면서도 물들지 않다.

【污泥浊水】wūní zhuóshuǐ 〖성〗〖비〗 썩어빠지고 낙후되고 더러운 것.

【污七八糟】wūqībāzāo ☞【乌七八糟】wūqībāzāo

【污染】wūrǎn 〖동〗 1 오염시키다. ¶~水源=수원을 오염시키다. 2 (공기·수원·토양 등에) 유해 물질이 섞어 들어가다. 오염되다. ¶大气~=대기가 오염되다. 3〖비〗불건전한 사상이 사람들에게 나쁜 영향을 미치다. 사상을 물들이다. ¶精神~=사상(정신)이 물들다.

【污染物】wūrǎnwù 〖명〗 오염 물질.

【污染源】wūrǎnyuán 〖명〗 1 환경 오염원. 2〖비〗사람의 사상·도덕에 해를 끼치는 사상 이론이나 문화 상품. ¶这些充斥凶杀暴力的影像制品是青少年堕落的~.=이러한 무자비한 폭력이 난무하는 영상물은 청소년을 타락시키는 오염원이다.

【污染指数】wūrǎn zhǐshù 오염지수.

【污辱】wūrǔ 〖동〗 1 모욕하다. 모독하다. ¶恶言~=폭언으로 모욕하다. 2 더럽히다. ¶~门风=가풍을 더럽히다. ≒凌辱

【污水】wūshuǐ 〖명〗 오수. 더러운 물. 구정물. 하수. 폐수. ¶生活~=생활 하수.

【污水处理】wūshuǐ chǔlǐ 〖동〗 오수(하수)를 처리하다.

【污水处理厂】wūshuǐ chǔlǐchǎng 〖명〗 오수(하수) 처리장.

【污水灌溉】wūshuǐ guàngài 〖동〗 오수를 이용하여 농지·초지·임지에 관개하다.

【污损】wūsǔn 〖동〗 더럽히고 손상시키다. 훼손시키다. ¶商品一旦~将不予退换.=상품을 일단 훼손시키면 무르거나 바꾸어 주지 않는다.

【污物】wūwù 〖명〗 오물. 더러운 것. ¶清洗~=오물을 씻어 내다.

【污言秽语】wūyán huìyǔ 〖명〗 더럽고 지저분한 말. 저속한 말.

【污浊】wūzhuó 〖형〗 (공기·물 등이) 더럽다. 혼탁하다. ¶空气~=공기가 혼탁하다. 〖명〗 더러운 것. 때. ¶扫除~=더러운 것을 제거하다. ↔洁净 纯洁

【污渍】wūzì 〖명〗 때. 땟자국. 기름때. ¶清除~=기름때를 씻어 내다.

## *巫 wū 무당 무

【巫】 1 무당. 박수. ¶小~见大~。=작은 무당이 큰 무당을 만나다. 임자를 만나다. 너무 벅찬 상대를 만나다. 2 (Wū) 성(姓).

○● 女巫, 神巫

【巫婆】 wūpó ☞【女巫】 nǚwū
【巫山】 Wūshān 명《地》우산. [중국 쓰촨(四川)성과 후베이(湖北)성의 경계에 있는 산 이름]
【巫神】 wūshén 명 무당. 박수. 주술사. [주로 박수무당을 가리킴]
【巫师】 wūshī 명 무당. 박수. 주술사. [주로 박수무당을 가리킴]
【巫术】 wūshù 명 무술. 마술. 요술.
【巫峡】 Wūxiá 명《地》우샤. [창장싼샤(长江三峡)의 하나. 충칭(重庆)시 우산(巫山)현의 동쪽에 있음]
【巫医】 wūyī 명 1 주술사와 의사. 2 (주술·기도·액땜 등의) 미신적인 방법에 약초를 곁들여 병을 치료하는 사람.

【呜[嗚]】 wū 탄식 소리 오
의 엉엉. 윙윙. 휘익 휘익. 빠아앙. [울음소리·바람 소리·기적 소리] ¶大风~~地刮着。=세찬 바람이 윙윙 불어 댄다.
【呜呼】[乌呼][於乎][於戏] wūhū 감탄 (탄식을 나타내는 소리로) 오호. 아아. ¶~, 天不助我也！=오호, 하늘도 나를 도와 주지 않는구나. 통 죽다. ¶一命~=죽어 버리다.
【呜呼哀哉】 wūhū-āizāi 성 1 오호 애재〔통재〕라. 아아 슬프도다. [제문(祭文)에서 애도를 표하는 데 상용하는 감탄사] 2 죽다. 멸망하다. [해학적인 의미를 내포함]
【呜噜呜噜】 wūlǔ wūlǔ 의 응얼응얼. [말소리가 똑똑하지 않음] ¶他~了半天, 也不知道说的是什么。=그는 한참 동안이나 응얼응얼거렸지만 무슨 말인지 도대체 모르겠다.
【呜呜咽咽】 wū·wu yèyè 통 훌쩍이다. 흐느끼다. 목메어 울다. 오열하다.
【呜咽】 wūyè 통 1 훌쩍이다. 흐느껴 울다. 목메어 울다. 오열하다. 2 비 (물 소리·관현악기 소리 등이) 구슬프다. 처량하다. ¶箫声~=피리 소리가 구슬프다.

【於】 wū 감탄사 오
감탄 (감탄하는 소리를 나타내어) 아. 오.
☞ Yū, yú(于), Yú
【於乎】 wūhū ☞【呜呼】 wūhū
【於戏】 wūhū ☞【呜呼】 wūhū
【於菟】 wūtú 명 호랑이. [옛날, 초(楚)나라 사람들이 호랑이를 칭하던 말]

【钨[鎢]】 wū 중석 오
명《化》중석. 텅스텐(tungsten). 볼프람(W, wolfram). [원자 번호 74]
【钨钢】 wūgāng 명《礦》텅스텐강(鋼). 볼프람강(鋼).
【钨砂】 wūshā 명《礦》정선(精選)해 낸 텅스텐광석.
【钨丝】 wūsī 명 텅스텐 필라멘트(tungsten filament).

【洿】 wū 웅덩이 오
명문 흙탕물이 고인 웅덩이. ¶~池=못. 통문 물웅덩이를 파다. [고어에서 '污(wū)와 같음]

*【诬[誣]】 wū 무고할 무
통 무고하다. 모함하다. 날조하다. 중상하다. 생사람 잡다. 몰다. ¶~良为盗=선량한 사람을 도적으로 몰다.

○● 辩biàn诬

【诬谤】 wūbàng 통 헐뜯고 비방하다. ¶恶意~=악의적으로 헐뜯고 비방하다.
【诬告】 wūgào 통 무고하다. 사실을 날조하여 해당 기관에 고소하다. ¶~是要负法律责任的。=무고 행위는 법적 책임을 져야 한다.
【诬害】 wūhài 통 모함하다. 무함(誣陷)하다. ¶~好人=선량한 사람을 모함하다.
【诬赖】 wūlài 통 (터무니없이) 모함하다. 중상 모략하다. 무함(誣陷)하다. 생사람 잡다. ¶蓄意~他人。=제멋대로 다른 사람을 모함하다.
【诬蔑】 wūmiè 통 중상 모략하다. 모독하다. 근거 없는 말로 남을 헐뜯어 명예나 지위를 손상시키다. ¶大肆~=함부로 중상 모략하다.
【诬枉】 wūwǎng 통 생사람에게〔억울하게〕죄를 덮어씌우다. ¶~无辜=무고한 사람에게 죄를 덮어씌우다.
【诬陷】 wūxiàn 통 무함하다. 사실을 날조하여 모함하다. 억울한 죄를 씌우다. 무고한 사람을 죄인으로 몰다. ¶遭人~=남의 모함에 빠지다.
【诬栽】 wūzāi 통 훔친 물건을 남의 집에 가져다 놓고 그에게 죄를 덮어씌우다. ¶遭人~, 有口难辩。=터무니없는 중상 모략에 빠져, 입이 있어도 변명할 길이 없다.
【诬指】 wūzhǐ 통 사실을 날조하여 고소하다. 중상 모략하여 질책하다. ¶~良善之人=선량한 사람을 모함하여 고소하다.

*【屋】 wū 집 옥
명 1 집. 가옥. ¶房~=가옥. / 房倒~塌=집이 무너지다. 2 방. 거실. ¶里~=안방. / 外~=바깥방. 늑房

○● 房屋, 茅máo屋, 书屋, 堂屋

【屋顶】 wūdǐng 명 옥상. 지붕.
【屋顶花园】 wūdǐng huāyuán 명 옥상 화원.
【屋基】 wūjī 명 건물의 부지. 집터. 택지.
【屋脊】 wūjǐ 명 1《建》용마루. 2 비 가장 높은 곳. ¶世界~=세계의 지붕.
【屋架】 wūjià 명《建》트러스(truss).
【屋角】 wūjiǎo 명 가옥의 구석.
【屋里】 wū·li 명 방안. 실내. ¶进~坐。=실내로 들어와 앉으세요.
【屋里的】 wū·li·de ☞【屋里人】 wū·lirén

【屋里人】wū·lirén 图(방) 처. 아내. 안〔집〕사람. =【屋里的】wū·li·de

【屋漏偏逢连夜雨】wū lòu piān féng lián yèyǔ (숙) 1 지붕이 새자 공교롭게도 밤새 비가 내리다. 2(비) 액운이 한창일 때 또 연이어 재난을 만나다. 설상가상(雪上加霜)이다. 엎친 데 덮친 격이다. 재앙은 번번이 겹쳐서 온다. 불행의 연속이다.

【屋面】wūmiàn 图(建) 지붕.

【屋墙】wūqiáng 图 가옥의 벽.

【屋上架屋】wūshàng jiàwū (성) 1 지붕 위에 또 지붕을 만들다. 2(비) 기구나 구조 등이 중첩되다. 3 부질없이 거듭〔중복〕하다.

【屋舍】wūshè 图 가옥. 주택.

【屋檐】wūyán 图 처마. ≒房檐

【屋宇】wūyǔ 图(문) 가옥. 집.

【屋子】wū·zi 图(구) 방.

## 恶[惡] wū 어찌 오
(대문) 어찌. 어떻게. [반문을 나타냄] ¶彼~知之? =그가 어떻게 알겠는가? (감) (놀라움을 나타내어) 오오. 아니. ¶~, 是何言也! =아니! 이게 무슨 말인가?

☞ ě, è, wù

## 无[無] wú 없을 무
(동) 없다. ¶从~到有 =무에서 유를 창조하다. (부) 1 …이(가) 아니다. …하지 않다. ¶但说~妨. =기탄없이 말해도 괜찮다. 2 '毋(wú)'와 같음. (접) …을(를) 막론하고. …하든 간에. ¶事~巨细, 他都亲自去做. =그는 일이 크든 작든 간에 모두 직접 처리한다. ≒没 不 ↔有

☞ mó

○● 虛xū无, 一无, 大无畏wèi

【无碍】wú·ài (동) 지장이 없다. 장애가 없다. 방해가 되지 않다. 무방하다. ¶~大局 =대세에 지장이 없다.

【无本之木】wúběnzhīmù ☞【无源之水, 无本之木】wúyuánzhīshuǐ, wúběnzhīmù

【无比】wúbǐ (형) 더 비할 바가 없다. 아주 뛰어나다. [주로 좋은 방면에 쓰임] ¶英勇~ =용감무쌍하다.

【无边】wúbiān 图 끝없이 넓다. 한없이 넓다. 가없다. ¶浩淼~的大海 =한없이 넓고 가없는 대해.

【无边无际】wúbiān-wújì (성) 끝없이 넓다. 일망무제하다. ≒漫无边际 一望无际

【无病呻吟】wúbìng-shēnyín (성) 1 무병 신음하다. 병도 없으면서 앓는 소리를 내다. 까닭 없이 신음하다. 2(비) 우려할 가치 없는 하찮은 일로 탄식을 거듭하다. 괜히 우는 소리를 하다. 3(비) (문예 작품이) 진실한 정감이 부족하고 일부러 너무 꾸며 몹시 부자연스럽다.

【无补】wúbǔ (동) 무익하다. 쓸모 없다. 도움이 안 되다. ¶于事~ =일에 도움이 안 된다.

【无不】wúbù (부) …하지 않는 자가〔것이〕 없다. 모두 …이다. ¶杂技演员的高超技艺令全场观众 ~惊叹. =서커스 단원의 고난도 기예로 하여금 탄성을 자아내게 만들었다.

【无…不…】wú…bù… (부) …하지 않는 것이 없다. 모두 …이다. [각각 두 단어 사이에 쓰여 예외가 없음을 나타냄] ¶~话~谈 =말하지 않은 것이 없다. / ~书~读 =읽지 않은 책이 없다.

【无猜】wúcāi (동) 의심이 없다. 천진하다. 혐오감이 없다. 틈〔격·허물〕이 없다. ¶两小~ =남녀의 어린아이가 허물없이 어울리다.

【无产阶级】wúchǎn jiējí 图 1 노동자 계급. 2 무산 계급. 프롤레타리아(proletariat).

【无产者】wúchǎnzhě 图 무산자. 프롤레타리아(proletariat).

【无常】wúcháng (형) 수시로 변하다. 무상하다. ¶喜怒~ =기분이 수시로 좋았다 나빴다 하다. (图) 저승사자. (동) 죽다. 불귀의 객이 되다. ¶一旦~ =하루 아침에 불귀의 객이 되다.

【无偿】wúcháng (형) 무상의. 대가를 바라지 않는. 보수가 없는. ¶~劳动 =무상 노동. ↔有偿

【无尘粉笔】wúchén fěnbǐ 图 가루가 날리지 않는 분필. 무진 분필.

【无成】wúchéng (동)(문) 이룬 것이 없다. 성과가 없다. ¶一事~ =아무것도 이룬 것이 없다.

【无耻】wúchǐ (형) 염치 없다. 부끄러움을 모르다. 수치를 모르다. 뻔뻔스럽다. ¶厚颜~ =후안무치하다.

【无耻之尤】wúchǐzhīyóu (성) 아주 염치가 없다. 뻔뻔스러움이 극치에 이르다.

【无出其右】wúchūqíyòu (성) 1 그보다 더 나은 사람이 없다. 2(비) 재주가 무척 뛰어나다. 재능과 지혜가 출중하다.

【无处】wúchù (동) …할 곳이〔데가〕 없다. 처할 곳이 없다. ¶~安身 =몸둘 곳이 없다.

【无从】wúcóng (부) (어떤 일을 하는데) …할 길이 없다. …할 방법이 없다. 실마리를 찾지 못하다. 어쩔 도리가 없다. ¶~入手 =손댈 길이 없다.

【无存】wúcún (동) 없다. 없어지다. 남지 않다. 존재하지 않다. ¶荡然~ =하나도 남지 않고 완전히 없어지다.

【无大无小】wúdà-wúxiǎo (성) 1 대소를 막론하다. 크든 작든 따지지 않다. =【无小无大】wúxiǎo-wúdà 2 항렬이나 나이를 따지지 않다. 언행이 위아래가 없다. 언행이 무례하다.

【无党派人士】wúdǎngpài rénshì 图 무당파 인사. 당파가 없는 유명 인물.

【无德】wúdé (형) 무덕하다. 덕이 없다. 인품이 떨어지다. 품행이 좋지 않다. ¶~无能 =덕도 없고 무능하다.

【无敌】wúdí (동) 무적이다. 당해 낼 적수가 없다. ¶天下~ =천하무적이다.

【无底洞】wúdǐdòng 图 1 끝이 없는 동굴. 영원히 메울 수 없는 구멍. 2(비) 한없는 탐욕. 끝없는 욕심.

【无地自容】wúdì-zìróng (성) 1 몸둘 바를 모르다. 2 부끄러워 얼굴을 들 수 없다. 부끄러워 어쩔 줄 모르다. 부끄러워 쥐구멍에라도 들어가고 싶은 지경이다.

【无的放矢】wúdì-fàngshǐ 성 1 과녁 없이 활을 마구 쏘다. 2 비 (언행이) 명확한 목표가 없다. 실제 상황과 동떨어지다. ↔有的放矢 对症下药

【无动于中】wúdòngyúzhōng ☞【无动于衷】wúdòngyúzhōng

【无动于衷】[无动于中] wúdòngyúzhōng 성 1 (마음속에) 아무런 느낌이 없다. 마음에 전혀 와 닿지 않다. 2 (당연히 관심을 가져야 할 일에) 전혀 무관심하다.

【无独有偶】wúdú-yǒu'ǒu 성비 (보기 드문 사람이나 일이) 하나만 있는 것이 아니라 틀림없이 그 짝이 있다. 같은 패거리가 있다. 희귀한 것이 하나 더 있다. ↔独一无二

【无毒不丈夫】wúdú bù zhàngfū 속비 독한 마음이 없으면 사내대장부가 아니다.

【无度】wúdù 형 한도가 없다. 무절제하다. ¶挥霍~=돈을 무절제하게 헤프게 쓰다.

【无端】wúduān 부 이유 없이. 까닭 없이. 터무니없이. 공연히. 실없이. ¶~受过=까닭 없이 문책을 받다.

【无恶不作】wú'è-bùzuò 온갖 못된 짓을 저지르다. 못된 짓이란 못된 짓은 다 저지르다.

【无二】wú'èr 형 1 무이하다. 비할 바가 없다. 오직 하나뿐이고 두 번째가 없다. ¶举世~=온 세상을 통틀어 비할 바가 없다. 세상에서 유일하다. 2 똑같다. 다른 데가 없다. ¶这对双胞胎长相~。=이 쌍둥이는 생김새가 똑같다.

【无法】wúfǎ 동 방법이[방도가] 없다. ¶职工的住房困难暂时还~解决。=근로자들의 주거 어려움을 한동안은 해결할 방도가 없다.

【无法无天】wúfǎ-wútiān 성 1 법도 무시하지 하늘도 꺼리지 않다. 2 비 아무 거리낌없이 마구 도리에 어긋나는 짓을 하다. 제멋대로 온갖 악행을 저지르다. 무법천지이다.

【无方】wúfāng 형 방법이 좋지 않다. 방법이 서투르다. ¶经营~=경영 방법이 좋지 않다. ↔有方

【无妨】wúfáng 동 무방하다. 괜찮다. 장애가 없다. 지장이 없다. 염려할 필요가 없다. ¶但做~。=염려 안 하고 해도 괜찮다. 부 거리낌없이. 기탄없이. ¶有什么意见, ~全部说出来。=어떤 의견이든 거리낌없이 전부 말해라.

【无妨无碍】wúfáng-wú'ài 성 그 어떤 장애도 없다. 그 어떤 어려움도 없다. 그 어떤 방해도 없다. 전혀 지장이 없다.

【无纺织布】wúfǎngzhībù ☞【非织造布】fēizhīzàobù

【无非】wúfēi 부 단지. 단지 …에 지나지 않는다. …밖에 없다. …에 불과하다. … 뿐이다. ¶经常聚的~就是几个好朋友。=자주 모이는 이는 몇 명의 가까운 친구뿐이다.

【无风】wúfēng 명 (天) 무풍.

【无风不起浪】wúfēng bù qǐ làng 속 1 바람이 없으면 파도가 일지 않는다. 2 비 일의 발생에는 반드시 원인이 있는 법이다. 아니 땐 굴뚝에 연기 나랴.

【无缝钢管】wúfèng gāngguǎn 명 (機) 이음 매가 없는 강관.

【无干】wúgān 동 관계 없다. 상관 없다. 무관하다. ¶此事与你~, 不要多问。=이 일은 너와 상관 없으니, 더 이상 묻지 마라.

【无告】wúgào 동 괴롭지만 호소할 곳이 없다. ¶下层百姓穷苦~。=하층 백성들은 곤궁해도 호소할 곳이 없다. 명 존 괴로워도 호소할 곳이 없는 사람.

【无根不长草】wúgēn bù zhǎng cǎo 속 1 뿌리가 없으면 풀이 자랄 리가 없다. 2 비 일에는 반드시 원인이 있는 법이다. 아니 땐 굴뚝에 연기 날 리 없다.

【无公害蔬菜】wúgōnghài shūcài 명 무공해 채소.

【无功】wúgōng 동 공로가 없다. 공을 세우지 못하다. 효과를 거두지 못하다. ¶~而返=공을 세우지 못하고 돌아오다.

【无功不受禄】wúgōng bù shòu lù 속 1 공로가 없으면 봉록을 받지 않는다. 공로가 없이 봉록을 받는 것은 마땅치 않다. 2 비 아무런 이유나 근거 없이 어떠한 보수나 우대 혹은 선물 등을 받아서는 안 된다.

【无功受禄】wúgōng-shòulù 성 1 공로도 없이 봉록을 받다. 2 비 제대로 한 일도 없는데 오히려 상이나 보수를 받다.

【无辜】wúgū 형 무고하다. 죄가 없다. ¶事实证明他是~的。=사실이 그가 무고하다는 것을 증명한다. 명 무고한 사람. ¶殃及~=재난이 무고한 사람에게까지 미치다.

【无故】wúgù 부 이유 없이. 까닭 없이. 무단으로. ¶~旷课=무단 결석하다.

【无怪】wúguài 부 어쩐지. 과연. 그러기에. 정말. 그도 그럴 것이. ☞【无怪乎】wúguài·hu ¶他这人性情孤僻, ~没什么朋友。=그 사람 성격이 괴팍하군, 어쩐지 친구가 없더라니.

【无怪乎】wúguài·hu ☞【无怪】wúguài

【无关】wúguān 동 1 무관하다. 상관 없다. 관계 없다. ¶他的事跟我~。=그의 일은 나와 무관하다. 2 영향을 미치지 않다. 파급되지 않다. ¶~大局=큰 국면에는 영향을 미치지 않다. ↔有关

【无关宏旨】wúguān-hóngzhǐ 성 1 대의에는 영향을 미치지 않다. 2 의미가 크지 않거나 혹은 관계가 깊지 않다.

【无关紧要】wúguān-jǐnyào 성 1 중요한 일과 별 관계가 없다. 2 대수롭지 않다. 중요하지 않다. 긴요하지 않다.

【无关痛痒】wúguān-tòngyǎng 성비 별로 관계가 없다. 중요하다거나 대수롭지 않다.

【无轨】wúguǐ 형 궤도가 없는. 무궤도의. ¶~矿井=무궤도 광정. 명 ☞【无轨电车】wúguǐ diànchē

【无轨电车】wúguǐ diànchē 명 무궤도 전차. 약【无轨】wúguǐ

【无国籍】wúguójí 형 무국적의. ¶~人=무국적인.

【无害】wúhài 동 무해하다. 해롭지 않다. ¶这

种杀虫剂对人体~。=이 살충제는 인체에 무해하다.

【无何】 **wúhé** 동문 **1** 머지않다. 오래지 않다. **2** 아무 일도 없다. 아무렇지도 않다. 별일 없다.

【无核】 **wúhé** 형 **1** 씨 없는. 과핵(果核)이 없는. 무과핵의. ¶~葡萄=씨 없는 포도. **2** 비핵의. 핵무기를 보유하지 않은. 핵무기를 제조하지 않은. ¶~国=비핵국가.

【无核区】 **wúhéqū** 명 비핵(무장) 지대.

【无恒】 **wúhéng** 형 항심(恒心)이 없다. 끈기가 없다. 진득하지 못하다. ¶学晁~=학문을 닦는 데는 모름지기 진득함이 있어야 한다.

【无后坐力炮】 **wúhòuzuòlìpào** 명(軍) 무반동포. =【无坐力炮】 **wúzuòlìpào**

【无花果】 **wúhuāguǒ** 명(植) **1** 무화과. **2** 무화과 열매.

【无花植物】 **wúhuā zhíwù** ☞【隐花植物】 **yǐnhuā zhíwù**

【无华】 **wúhuá** 형 화려한 색채가 없다. 수수하다. 질박하다. ¶朴实~=수수하고 질박하다.

【无话可说】 **wúhuà-kěshuō** ⓢ 할 말이 없다. 해명[변명]할 여지가 없다. ¶这是他自己的选择, 我~。=이것은 그 자신의 선택이므로, 나는 할 말이 없다.

【无悔】 **wúhuǐ** 동 후회하지 않다. 후회할 것이 없다. ¶无怨~=아무런 원망도 후회도 없다.

【无机】 **wújī** 형(化) **1** 무기의. 무생물체와 관련된. **2** (탄산이나 탄산가스를 제외한) 탄소 이외의 원소로 이루어진. ¶~染料=무기 염료.

【无机肥料】 **wújī féiliào** 명 무기(질) 비료.

【无机化合物】 **wújī huàhéwù** 명(化) 무기 화합물. ⇨【有机化合物】 **yǒujīwù** ↔有机化合物

【无机化学】 **wújī huàxué** 명(化) 무기 화학.

【无机可乘】 **wújī kěchéng** ☞【无隙可乘】 **wúxì kěchéng**

【无机物】 **wújīwù** ☞【无机化合物】 **wújī huàhéwù** ↔有机物

【无机盐】 **wújīyán** 명(化) 무기 염류.

【无稽】 **wújī** 형 터무니없다. 전혀 근거가 없다. ¶荒诞~=황당무계하다.

【无稽之谈】 **wújīzhītán** ⓢ 전혀 터무니없는 말. 황당무계한 말.

【无及】 **wújí** 동 미치지 못하다. 손쓸 수 없다. ¶追悔~=후회막급이다.

【无级】 **wújí** 형(機) 무단계의. 무등급의. ¶~变速=무단(계) 변속.

【无极】 **wújí** 형 끝이[한이·그지] 없다. ¶哀痛~=애통하기 짝이 없다.

【无几】 **wújǐ** 형 얼마 되지 않다. 많지 않다. ¶寥寥~=매우 적다. 튀ⓢ 머지않아. 곧. 얼마 되지 않아. ¶~, 其人已渺。=얼마 되지 않아, 그 사람은 아득하게 사라져 버렸다.

【无脊椎动物】 **wújǐzhuī dòngwù** 명(動) 무척추동물.

【无计可施】 **wújì-kěshī** ⓢ **1** 손쓸 길이 없다. 어찌 해 볼 도리가 없다. **2** 전혀 방도가 없다. 아무런 대책이 없다.

【无记名投票】 **wújìmíng tóupiào** 명 무기명 투표.

【无记名债券】 **wújìmíng zhàiquàn** 명(經) 무기명 채권.

【无际】 **wújì** 형 (넓어서) 끝이 없다. 무제하다. 매우 넓다. ¶一望~的大草原=일망무제의 대초원.

【无忌】 **wújì** 형 기탄없다. 거리낌없다. ¶横行~=거리낌없이 제멋대로 날뛰다.

【无济于事】 **wújìyúshì** ⓢ 일에 아무런 도움이 안 되다. 아무 쓸모 없다.

【无家可归】 **wújiā-kěguī** ⓢ **1** 돌아갈 집이 없다. 돌아갈 곳이 없다. **2** 몸 둘 곳이 없다.

【无家无小】 **wújiā-wúxiǎo** ⓢ 아내도 자식도 없는 단신 홀몸이다.

【无价】 **wújià** 형 **1** 값을 헤아릴 수 없다. **2** 아주 진귀하다〔값지다〕. ¶情义~=정의(情義)는 돈 주고도 살 수 없을 만큼 값지다. ↔有价

【无价之宝】 **wújiàzhībǎo** ⓢ **1** 값을 매길 수 없는 보물. 돈으로 살 수 없는 보물. **2** 아주 진기한 보물. 더없이 값진〔귀중한〕 것.

【无坚不摧】 **wújiān-bùcuī** ⓢ **1** 제아무리 견고한 물건이라 해도 다 부술 수 있다. **2**(비) 힘이 아주 세다.

【无间】 **wújiàn** 형동 **1** 끊임없다. 쉼 없다. ¶辛勤劳作, 昼夜~。=부지런히 밤낮으로 끊임없이 일하다. **2** 틈이 없다. 간격이 없다. ¶亲密~=아주 친밀하여 격이 없다. 동문 분별하지 않다. 가리지 않다. ¶~是非=시비를 가리지 않다.

【无疆】 **wújiāng** 형 끝이 없다. 무강하다. 무한하다. 한계가 없다. ¶万寿~=만수무강하다.

【无尽】 **wújìn** 형 무궁하다. 끝이 없다. 무한하다. 무진장하다. ¶~的烦恼=끝이 없는 번뇌.

【无尽无休】 **wújìn-wúxiū** ⓢ 끝이 없다. 한이 없다. 한도 끝도 없다. [혐오의 뜻을 나타냄]

【无精打采】 **wújīng-dǎcǎi** ☞【没精打采】 **méijīng-dǎcǎi**

【无拘无束】 **wújū-wúshù** ⓢ 아무런 구속이 없다. 아무런 구애 없이 자유롭다.

【无菌】 **wújūn** 형 무균(상태)의. ¶~手术室=무균 수술실.

【无菌真空包装】 **wújūn zhēnkōng bāozhuāng** 명 살균 진공 포장.

【无可】 **wúkě** 튀 …할 만한 것이 없다. …할 가치가 없다. …할 것이 없다. ¶~指责=질책할 게 없다.

【无…可…】 **wú… kě…** 튀 …할 이〔가〕 없다. [각각 두 단어 사이에 쓰여 그 무엇도 불가능함을 나타냄] ¶~路~走=갈 길이 없다. / ~药~治=치료할 약이 없다.

【无可比拟】 **wúkě-bǐnǐ** ⓢ **1** 비할 바가 없다. 필적할 만한 상대가 없다. **2** 유일무이하다.

【无可非议】 **wúkě-fēiyì** ⓢ **1** 나무랄 바〔데〕가 없다. 지적할 만한 것이 없다. **2** 언행이 사리에 들어맞다.

【无可奉告】 **wúkě-fènggào** ⓢ 드릴 말씀이 없다. 얘기해 줄 만한 것이 없다. 알릴 것이 없다.

노 코멘트(No comment). [주로 외교상에서 쓰이는 표현]
【无可厚非】**wúkě-hòufēi** [성] **1** 심하게 질책〔비난〕할 만한 것이 없다. 크게 비난할 바가 못 된다. **2** 비록 결점이 있지만, 그래도 너그럽게 봐줄 수 있다. =【未可厚非】**wèikě-hòufēi**
【无可讳言】**wúkě-huìyán** [성] **1** 말을 꺼릴 필요가 없다. 서슴지 않고 곧이곧대로 말하다. **2** 솔직하게 털어놓을 수 있다. =【毋庸讳言】**wúyōng-huìyán**
【无可奈何】**wúkě-nàihé** [성] 어찌 해 볼 도리가 없다. 대책을 강구해 볼 도리가 없다. 방법이 없다. ≒迫不得已
【无可无不可】**wúkě wúbùkě** [성] 가한 것도 없고 불가한 것도 없다. 아무래도 좋다. 일에 대한 뚜렷한 주관이 없다. 이래도 좋고 저래도 좋다.
【无可争辩】**wúkě-zhēngbiàn** [성] **1** 논쟁하거나 반박할 여지가 없다. **2** 사실이 명확하여 설득력이 있다.
【无可置疑】**wúkě-zhìyí** [성] **1** 의심할 여지가 없다. **2** 사실이 명확하여 이유가 충분하다. =【毋庸置疑】**wúyōng-zhìyí**
【无孔不入】**wúkǒng-bùrù** [성][폄] **1** 틈만 있으면 파고들다. 어디에나 파고들다. **2** [비] 모든 기회를 이용하다. 온갖 수단을 다 쓰다.
【无愧】**wúkuì** [동] 부끄러울 것이 없다. 손색이 없다. ¶问心～=양심에 물어 부끄러운 바가 없다. ↔有愧
【无赖】**wúlài** [형] 무뢰하다. 막돼먹다. ¶耍～=행패를 부리다. [명] 무뢰한. =【无赖汉】**wúlàihàn**【无赖子】**wúlài·zi**
【无赖汉】**wúlàihàn** ☞【无赖】**wúlài**
【无赖子】**wúlài·zi** ☞【无赖】**wúlài**
【无礼】**wúlǐ** [형] 무례하다. 버릇이 없다. ¶不得对长辈～。=연장자에게 무례하게 굴어서는 안 된다.
【无理】**wúlǐ** [형] 이치에 맞지 않다. 도리에 어긋나다. 무리하다. 억지스럽다. 비합리적이다. ¶蛮横～=무지막지하다. ↔有理 在理 正当
【无理取闹】**wúlǐ-qǔnào** [성] 아무런 까닭 없이 남과 다투다. 고의로 소란을 피우다. 일부러 말썽을 부리다.
【无理式】**wúlǐshì** [명]《數》무리식.
【无理数】**wúlǐshù** [명]《數》무리수.
【无厘头】**wúlítóu** [형][방] 아무런 근거가 없다. 제멋대로이다. ¶～搞笑=제멋대로 웃기다.
【无力】**wúlì** [형] **1** 무력하다. 힘이 없다. ¶四肢～=사지가 무력하다. **2** 능력이 없다. [주로 추상적인 사물에 쓰임] ¶～挽回败局=파국을 만회할 능력이 없다. ↔有力
【无立锥之地】**wú lì zhuī zhī dì** [성] **1** 송곳 하나 꽂을 자리도 없다. **2** [비] 매우 빈곤하다. 극빈하다.
【无量】**wúliàng** [형] 한량없다. 무량하다. 무한하다. 양양하다. ¶前途～=전도가 양양하다.
【无聊】**wúliáo** [형] **1** (말·행동이) 시시하다. 너절하다. 무의미하다. ¶老谈吃穿，太～了。=만날 먹고 입는 이야기만 하니, 정말 시시하다. **2** 무료하다. 따분하다. 지루하다. 심심하다. ¶每天重复毫无意义的工作，太～了。=매일 전혀 의미 없는 일이 반복되니, 너무 따분하다. ↔有趣
【无聊赖】**wúliáolài** [형][문] **1** 의지할 데가 없다. **2** 매우 심심하거나 실의에 빠지다.
【无论】**wúlùn** [접] …을〔를〕 막론하고. …을〔를〕 따지지 않고. …에 관계 없이. …든지. ¶～何时，我们都不能有丝毫的松懈。=어느 때든 우리는 털끝만큼도 해이해져서는 안 된다.
【无论如何】**wúlùn-rúhé** [부] 어찌 되었든 간에. 어떻게 해서든지. 어쨌든. ¶～都要按时完成任务。=어쨌든 간에 모두 일정에 맞추어 임무를 완수해야 된다.
【无米之炊】**wúmǐzhīchuī** [성] **1** 쌀이 없는데도 지어야 하는 밥. 쌀 없이 밥을 짓다. **2** [비] 필요한 조건이 충족되지 않는데도 성취된 일을 요구하다. 아무리 재간이 있어도 필요한 조건 없이는 일을 해낼 수가 없다. 거미도 줄을 쳐야 벌레를 잡는다.
【无冕之王】**wúmiǎnzhīwáng** [명][비] 무관의 제왕. 별 볼일 없는 지위지만 영향이나 작용이 큰 사람. [주로 신문 기자를 가리킴]
【无名】**wúmíng** [형] **1** 무명의. 이름이 알려지지 않은. ¶～小卒=무명소졸. 이름 없는 하찮은 사람. **2** 명칭이 없는. 이름 없는. 무명의. ¶～野花=이름 없는 야생화. **3** 까닭 없다. 이유가 없다. ¶～的恐惧=이유 없는 두려움. [동] 정당한 이유나 구실이 없다. ¶出师～=군대를 동원시키는 명분이 없다. ↔有名 著名
【无名火】**wúmínghuǒ** [명] 아무런 까닭 없이 일어나는 불 같은 분노.
【无名氏】**wúmíngshì** [명] 무명씨. [주로 저작자를 가리킴]
【无名帖】**wúmíngtiě**(～儿) [명] 무기명 쪽지. 익명의 투서. 익명의 벽보. [주로 무고하거나 남의 비밀을 폭로하는 내용임]
【无名小卒】**wúmíng xiǎozú** [명] **1** 무명소졸. 하찮은 말단 병사. **2** [비] 보잘것없는 사람. 이름 없는 하찮은 사람.
【无名英雄】**wúmíng yīngxióng** [명] 이름 없는 영웅. 무명의 영웅.
【无名指】**wúmíngzhǐ** [명] 무명지. 약손가락. 약지(藥指).
【无明】**wúmíng** [형]《佛》우매하다. 어리석다.
【无明火】**wúmínghuǒ** [명]《佛》무명업화(無名業火). 노화(怒火). 불 같은 분노.
【无乃】**wúnǎi** [부][문] 어찌 …하지 않은가? 어찌 …이〔가〕 아니겠는가? [주로 반어로 쓰임] ¶～不可乎？=어찌 불가하지 않겠는가?
【无奈】**wúnài** [동] 어찌 해 볼 도리가 없다. 대책을 강구해 볼 도리가 없다. 방법이 없다. 부득이하다. 하는 수 없다. ¶这样做实属～之举。=이렇게 하는 것은 실로 부득이한 것이다. [접] 유감스럽게도. 공교롭게도. 그렇지만. 그러나. [전환구의 첫머리에서 어떤 원인으로 앞 문장에서 말한 의도를 실현하지 못하여 아쉬움이 있음을 나타냄]

¶本想周末外出郊游, ~临时有事, 只有作罢。= 원래는 주말에 교외로 놀러 나가려고 했는데, 공교롭게도 일이 생겨서 그만둘 수밖에 없구나.

【无奈何】 **wúnài‖hé** 동 **1** 어찌 해 볼 도리가 없다. 대책을 강구해 볼 도리가 없다. 방법이 없다. 부득이하다. 하는 수 없다. ¶工作太忙, ~只得把孩子送到寄宿学校。 = 일이 너무 바빠서 부득이하게 아이를 기숙 학교에 보내는 수밖에 부득이하게. **2** …을[를] 어떻게 하는 수가 없다. [사람이나 사물에 대하여 어찌할 방법이 없음을 나타냄] ¶父母也无奈他何。 = 부모도 그를 어떻게 해 볼 도리가 없다.

【无能】 **wúnéng** 형 능력이 없다. 무능하다. ¶软弱~ = 연약하고 무능하다.

【无能为力】 **wúnéngwéilì** 성 힘을 제대로 쓰지 못하다. 능력이 없다. 능력이 미치지 못하다. ≒力不从心

【无宁】 **wúnìng** ☞ 【毋宁】 **wúnìng**

【无偏无党】 **wúpiān-wúdǎng** 성 불편부당하다. 공평무사하다. 아주 공평하여 어느 한쪽으로 치우치지 않다. 무편무당하다.

【无凭无据】 **wúpíng-wújù** 성 아무런 증거[근거]가 없다.

【无期】 **wúqī** 동 기한이 없다. 언제까지인지 알 수 없다. ¶遥遥~ = 아득하고 기한이 없다.

【无期徒刑】 **wúqī túxíng** 명〈法〉 무기 징역. 무기 도형.

【无奇不有】 **wúqí-bùyǒu** 성 온갖 기묘한 것들이 모두 있다. 별의별 것이 다 있다.

【无牵无挂】 **wúqiān-wúguà** 성 거치적거리는 것이 없다. 그 어떤 근심 걱정도 없다. 마음에 걸리는 것이 하나 없는 홀몸이다. ↔牵肠挂肚

【无铅汽油】 **wúqiān qìyóu** 명 무연 휘발유.

【无前】 **wúqián** 형 **1** 무적이다. 견줄 상대가 없다. ¶一往~ = 용왕매진하다. 거리낌없이 용감하고 씩씩하게 나아가다. **2** 전례가 없다. 과거에 예가 없다. 공전의. 전대미문의. ¶成就~ = 업적이 전례 없이 뛰어나다.

【无巧不成书】 **wú qiǎo bù chéng shū** 성 **1** 기이한 일이 아니면 이야기의 줄거리가 될 수 없다. 기묘한 일이 있어야만 책이 이루어진다. **2**〈卑〉 일이 매우 공교롭다. (일의 전개나 진행이) 아주 기이하거나 공교롭다.

【无亲无故】 **wúqīn-wúgù** 성 **1** (주위에) 친척도 친구도 없다. **2**〈卑〉 매우 고독하다.

【无情】 **wúqíng** 동 무정하다. 감정이 없다. ¶~无义 = 인정도 의리도 없다. 형 인정 사정 없다. 냉정하다. 잔혹하다. 무자비하다. ¶水火~ = 물과 불은 인정 사정 없다. ≒绝情 ↔多情

【无穷】 **wúqióng** 형 무궁하다. 한이 없다. ¶回味~ = 뒷맛이 무궁무진하다. 생각할수록 의미심장하다. 여운이 오래 남다. ↔有限

【无穷大】 **wúqióngdà** 명〈數〉 무한대. = 【无限大】 **wúxiàndà**

【无穷尽】 **wúqióng-wújìn** 성 무궁무진하다. 무진장하다. 한이 없다.

【无穷小】 **wúqióngxiǎo** 명〈數〉 무한소. = 【无限小】 **wúxiànxiǎo**

【无权】 **wúquán** 동 권력이 없다. 힘이 없다. ¶无职~ = 직위도 권력도 없다.

【无缺】 **wúquē** 형 (기물 등이) 무결하다. 흠집이 없다. 결함이 없다. ¶完美~ = 완전무결하다.

【无人】 **wúrén** 동 사람이 없다. ¶~驾驶 = 무인 운행.

【无人过问】 **wúrén-guòwèn** 성 상관하지 않다. 신경 쓰지 않다. 관심을 갖지 않다.

【无人区】 **wúrénqū** 명 무인지경. 사람이 살지 않는 지역. [주로 낙후되고 외진 곳을 나타냄]

【无人售票】 **wúrén shòupiào** 명 무인 매표.

【无人问津】 **wúrén-wènjīn** 성 **1** 나루터를 물어 보는 사람이 없다. **2**〈卑〉 신경 쓰는 사람이 없다. 관심을 가지는 사람이 없다.

【无任】 **wúrèn** 부〈卑〉 대단히. 매우. 충분히. ['感激(감격하다)'·'欢迎(환영하다)' 등을 한정하여 수식함] ¶多蒙先生提携, ~感激。 = 선생님의 극진한 보살핌을 받자와 감격을 억누를 수 없습니다.

【无日】 **wúrì** 부 하루도 빠짐없이. 나날이. 날마다. [항상 '不(bù)'와 이어 써서 '하지 않는 날이 없음'을 나타냄] ¶~不在渴盼亲人的归来。 = 가족이 돌아오기를 기다리지 않는 날이 없다. 동 부 **1** 머지않다. 오래 걸리지 않다. ¶祸至~ = 화가 닥칠 날이 머지않다. **2** 아득하여 기한이 없다. 그럴 날이 없다. ¶归国~ = 귀국할 날이 요원하다.

【无日无夜】 **wúrì-wúyè** 성 낮과 밤을 가리지 않고. 주야를 막론하고. 밤낮으로. 주야로.

【无如】 **wúrú** 접 부 유감스럽게도. 공교롭게도. 그렇지만. 그러나. [주로 문장의 첫머리에 쓰여 전환 관계를 나타냄] ¶~天不作美, 去郊外爬山的计划只得取消。 = 유감스럽게도 하늘이 도와주지 않으니, 교외로 나가 등산할 계획을 취소하는 수밖에 없다.

【无色】 **wúsè** 형 무색의. 색채가 없다. ¶空气既~也无味。 = 공기는 무색 무미하다.

【无色界】 **wúsèjiè** 명〈佛〉 무색계.

【无色无味】 **wúsè-wúwèi** 성 색깔도 맛도 없다. 무색무미.

【无伤大体】 **wúshāng-dàtǐ** 성 큰 지장이 없다. 전체에는 손색이 없다.

【无伤大雅】 **wúshāng-dàyǎ** 성 전체에는 지장이 없다. 주요 방면에는 지장이 없다.

【无上】【无尚】 **wúshàng** 형 무상이다. 최고이다. 최대이다. 최상이다. ¶至高~ = 지고 무상하다. 최고로 높다.

【无尚】 **wúshàng** ☞ 【无上】 **wúshàng**

【无神论】 **wúshénlùn** 명 무신론. ↔有神论

【无生物】 **wúshēngwù** 명 무생물.

【无声】 **wúshēng** 동 소리가 없다. ¶寂静~ = 쥐 죽은 듯 소리가 없다.

【无声儿】 **wúshēngpiānr** 명〈口〉 무성 영화.

【无声片】 **wúshēngpiàn** 명〈映〉 무성 영화. = 【默片】 **mòpiàn**

【无声无息】 **wúshēng-wúxī** 성 **1** 소리도 숨도

도 없다. **2** 아주 조용〔고요〕하다. 아무런 기척도 없다. 어떤 낌새도 없다. **3** (비) 알려지지 않아서 영향력이 없다.

【无声无臭】**wúshēng-wúxiù** (성) **1** 소리도 냄새도 없다. **2** (비) (사람이) 명성이 없다. 세상에 알려지지 않다. (일이) 전혀 영향이 없다.

【无绳电话】**wúshéng diànhuà** (명) 무선 전화기. [전화기 본체와 송수화기가 무선으로 연결된 전화기]

【无师自通】**wúshī-zìtōng** (성) 스승의 지도나 가르침 없이 스스로 배워서 통달하다. 스승도 없이 혼자서 터득하다. 스스로 터득하다〔깨닫다〕.

【无时无刻】**wúshí-wúkè** (성) **1** 시도 때도 없이. 그 어떤 때이든. **2** 언제나. 시시각각으로. 무시로.

【无事】**wúshì** (동) **1** 할 일이 없다. ¶~可做 = 해야 할 일이 없다. **2** 일이 생기지 않다. 무사하다. ¶平安~ = 평안 무사하다.

【无事不登三宝殿】**wúshì bù dēng sān bǎodiàn** (성) **1** 일이 없으면 삼보전(三寶殿)에 오르지 않는다. **2** 일이 없으면 찾아오지 않는다. 일이 생겨야만 방문한다. 매번 바라는 바가 있어서 찾아온다.

【无事忙】**wúshìmáng** (낮) 하는 일 없이 공연히 바쁘다. 무사분주하다.

【无事生非】**wúshì-shēngfēi** (성) 공연히 말썽거리를 만들다. 공연히 생트집을 피우다〔잡다〕.

【无视】**wúshì** (동) 무시하다. 업신여기다. 진지하게 대하지 않다. 홀시하다. ¶~社会公德 = 사회 공중 도덕을 무시하다. ≒漠视 忽视 ↔正视

【无殊】**wúshū** (형) (문) 구별이 없다. 다른 것이 없다. ¶两部作品, 风格~。 = 두 작품은 풍격에 구별이 없다.

【无术】**wúshù** (동) **1** 방법이 없다. 도리가 없다. ¶回天~ = 형세를 되돌릴 방법이 없다. **2** 기예가 없다. 특별한 재주가 없다. ¶不学~ = 무학 무능하다. 배운 것도 재주도 없다.

【无术可施】**wúshù-kěshī** (성) **1** 그 어떤 방법도 펼칠 수 없다. 재간을 발휘할 방법이 없다. **2** 어떠한 대책이나 방도가 없다.

【无数】**wúshù** (형) **1** 수를 헤아리기 어렵다. 수를 헤아릴 수 없다. **2** 무수하다. 매우 많다. ¶为了这事儿, 他来来回回跑了~趟。 = 그는 이 일 때문에 무수히 뛰어다녔다. (동) 내막을 알지 못하다. 속사정을 자세하게 모르다. 확신〔자신〕이 없다. ¶心中~ = 마음속에 확신이 없다. ↔有数

【无双】**wúshuāng** (동) 둘도 없다. 비할 상대가 없다. 유일무이하다. 무쌍하다. ¶盖世~ = 온 세상을 통틀어 비할 상대가 없다.

【无霜期】**wúshuāngqī** (명) (氣) 무상 기간. 서리가 내리지 않는 기간.

【无私】**wúsī** (형) 사심이 없다. 무사하다. ¶~的奉献 = 사심 없는 봉사〔봉헌〕. ↔自私

【无私无畏】**wúsī-wúwèi** (성) 사심이 없으니 아무것도 두렵지 않다. 사심이 없어 두려울 것이 없다.

【无私有弊】**wúsī-yǒubì** (성) 비록 사심이 없으나 처로 인하여 사람들의 의심을 받게 되다.

【无算】**wúsuàn** (동) 이루 헤아릴 수 없다. 다

셀 수 없다. 부지기수이다. ¶伤亡~ = 사상자가 이루 헤아릴 수 없다.

【无损】**wúsǔn** (동) **1** 손해가 없다. 영향이 없다. ¶偶尔的争执~朋友情谊。= 이따금의 의견 충돌이 친구의 우정에 영향을 끼치지 않는다. **2** 손상이 없다. ¶完好~ = 완전하고 손상이 없다.

【无所】**wúsuǒ** (동) 조금도 …하는 바가 없다. ¶~顾忌 = 조금도 꺼리는〔망설이는〕 바가 없다. / ~期求 = 조금도 바라는 바가 없다.

【无所不包】**wúsuǒbùbāo** (성) **1** 포함하지 않는 것이 없다. **2** 포함된 내용이 매우 광범하다.

【无所不能】**wúsuǒbùnéng** (성) 못할 것이 없다. 뭐든지 다 할 수 있다.

【无所不为】**wúsuǒbùwéi** (성)(貶) **1** 하지 않는 짓이 없다. 하지 못하는 일이 없다. 무소불위. **2** 온갖 나쁜 짓을 다 저지르다.

【无所不用其极】**wú suǒ bù yòng qí jí** (성)(貶) 나쁜 일을 저지르는 데 온갖 극악무도한 수단을 다 동원하다.

【无所不有】**wúsuǒbùyǒu** (성) **1** 없는 것이 없다. **2** 무엇이든지 다 갖고 있다.

【无所不在】**wúsuǒbùzài** (성) **1** 없는 곳이 없다. **2** 모든 곳에 다 있다. 어디에나 존재한다. 어디에나〔도처에〕 다 있다.

【无所不知】**wúsuǒbùzhī** (성) **1** 모르는 것이 없다. **2** 대단히 박학하다.

【无所不至】**wúsuǒbùzhì** (성) **1** 이르지 않는 곳이 없다. 어디에나 다 미치다. **2** (貶) 어떤 나쁜 일도 다 하다. 못하는 짓이 없다.

【无所措手足】**wú suǒ cuò shǒu zú** (성) **1** 손발을 어디에다 놓아야 할지 모르다. **2** (순간적으로) 어찌할 바를 모르다.

【无所事事】**wúsuǒshìshì** (성) **1** 할 만한 일이 없다. 하는 일이 없다. **2** 한가하여 아무 일도 하지 않다.

【无所适从】**wúsuǒshìcóng** (성) **1** 무엇을 따라야 할지 모르다. **2** 어떻게 해야 할지를 모르다.

【无所畏惧】**wúsuǒwèijù** (성) **1** 조금도 두려워할 만한 것이 없다. **2** 아무것도 두려워하지 않다. →胆战心惊 畏首畏尾

【无所谓】**wúsuǒwèi** (동) **1** 상관 없다. 아랑곳없다. 개의치 않다. ¶对他来说, 成绩好坏根本~。= 그에게는 성적의 좋고 나쁨이 아무런 관계가 없다. **2** …라고 할 정도는 아니다. …라 할 수는 없다. 그렇다고 할 수 없다. ¶我主要是和大家交流一下心得体会, ~传授经验。= 저는 주로 여러분과 체험을 교류하고자 하는 것이지, 경험을 전수한다고 할 정도는 아닙니다.

【无所用心】**wúsuǒyòngxīn** (성) **1** 전혀 머리를 〔마음을〕 쓸 것이 없다. **2** 아무런 일에도 관심을 두지 않고 머리를 쓰지 않다.

【无所作为】**wúsuǒzuòwéi** (성) **1** 어떤 성과도 내지 못하거나 성적이 변변찮다. **2** 현재 상황에 만족하여 진취적인 정신이 부족하다.

【无题】**wútí** (명) 무제. [시문의 표제. 시나 그림 등에서 적당한 제목이 없거나 제목을 내세우는 것을 원하지 않는 경우 제목 대신에 사용함]

【无题诗】 **wútíshī** 图 무제시. [제목을 '무제'라고 한 시]
【无条件】 **wútiáojiàn** 图 아무런 조건이 없다. 무조건이다. 어떤 조건도 달지 않다. ¶~执行=무조건 집행하다.
【无条件刺激】 **wútiáojiàn cìjī** ☞【非条件刺激】**fēitiáojiàn cìjī**
【无条件反射】 **wútiáojiàn fǎnshè** ☞【非条件反射】**fēitiáojiàn fǎnshè**
【无头】 **wútóu** 图 1 머리가 없다. ¶~尸身=머리가 없는 시체. 2 두서가 없다. 갈팡질팡하다. ¶~无尾=갈팡질팡 앞뒤가 없다. 3 전혀 짐작이 가지 않다. 어떤 실마리도 없다. ¶一桩~案=전혀 실마리를 잡을 수 없는 사건.
【无头案】 **wútóu'àn** 图 전혀 실마리를 잡을 수 없는 사건〔일〕. 미궁에 빠진 사건. 미스터리. =【无头公案】**wútóu gōng'àn**
【无头苍蝇】 **wútóu cāng·ying** 图(비) 머리 없는 파리처럼 이리저리 마구 날뛰고 다니는 사람.
【无头告示】 **wútóu gào·shi** 图 1 뜻이 분명하지 않은 공시. 2 요점이 명확하지 않은 관료풍의 틀에 박힌 글. 갈피를 잡을 수 없는 말.
【无头公案】 **wútóu gōng'àn** ☞【无头案】**wútóu'àn**
【无土栽培】 **wútǔ zāipéi** 图 수경 재배(水耕栽培).
【无往不利】 **wúwǎng-bùlì** 图 1 가는 곳마다 순조롭지 않은 것이 없다. 2 가는 곳마다 다 통하다〔성사되다〕. 모든 것이 다 순조롭게 진행되다. 늑一帆风顺
【无往不胜】 **wúwǎng-bùshèng** 图 1 가는 곳마다 승리하지 않은 곳이 없다. 가는 곳마다 승리하다. 2 어디에서나 성공을 할 수 있다.
【无妄之灾】 **wúwàngzhīzāi** 图 아무런 이유 없이 입은 재난. 불의의 재난.
【无望】 **wúwàng** 图 희망〔가망〕이 없다. 희망을 걸지 않다. ¶夺冠~=우승을 차지할 가망이 없다. ↔有望
【无微不至】 **wúwēi-bùzhì** 图 1 사소〔세세〕한 데까지 신경을 쓰다. 2 배려하고 보살핌이 세심하고 주도면밀하다.
【无为】 **wúwéi** 图 1 (道) 자연의 변화에 순응하면서 인위적으로 하지 않다. ¶清净~=죄악이나 번뇌로부터 멀리 벗어나 인위적인 작위 없이 자연의 순리에 맡기다. 2 (유가에서) 덕정(德政)으로 백성을 교화하며 형정(刑政)을 시행하지 않다. 3 적극적으로 하는 바가 없다. 진취적이지 못하다. 무위적이다. ¶庸碌~=범속하고 진취적이지 못하다. ¶有为
【无为而治】 **wúwéi'érzhì** 图(道) 자연에 순응하여 아무짓도 하지 않으면 천하가 저절로 잘 다스려지다.
【无味】 **wúwèi** 图 1 맛이 없다. ¶饭菜淡而~。=요리가 싱거워서 맛이 없다. 2 재미〔흥미〕가 없다. ¶枯燥~=무미건조하다.
【无畏】 **wúwèi** 图 두려움이 없다. 두려움을 모르다. ¶英勇~=용감하여 두려움이 없다. ↔畏惧恐惧

【无谓】 **wúwèi** 图 아무런 가치가 없다. 의미가 없다. ¶不要作~的牺牲。=가치 없는 희생을 하지 마라.
【无…无…】 **wú…wú…** 图 …도 없고〔아니고〕…도 없다〔아니다〕. [뜻이 같거나 비슷한 단어나 어소 앞에 쓰여 '없다'라는 뜻을 강조한다] ¶~情~义=인정도 없고 의리도 없다. /~拳~勇=힘도 약하고 용기도 없다.
【无物】 **wúwù** 图 물건이 없다. 내용이 없다. ¶言之~=말 속에 내용이 없다.
【无误】 **wúwù** 图 착오가 없다. 틀림없다. ¶准确~=정확하여 틀림없다.
【无息】 **wúxī** 图 1 기척이 없다. 숨소리도 없다. ¶无声~=쥐 죽은 듯이 조용하다. 2 이자가 없다. ¶~贷款=무이자 대출.
【无息贷款】 **wúxī dàikuǎn** 图(經) 무이자 대출〔대부〕.
【无隙可乘】 **wúxì-kěchéng** 图 1 뚫고 들어갈 만한 구멍이 없다. 발붙일 틈이 없다. 2(비) 이용할 만한 허술한 틈이 없다. 편승〔이용〕할 기회가 없다. =【无懈可乘】**wúxiè-kěchéng**【无机可乘】**wújī-kěchéng** ↔有机可乘
【无隙生风】 **wúxì-shēngfēng** 图 1 틈이 없는 데도 바람이 일다. 2(비) 아무런 근거도 없이 날조하다. 없는 사실을 꾸며 내다.
【无瑕】 **wúxiá** 图 옥에 티가 (반점·흠이) 없다. 하자가 없다. ¶白璧~=백옥에 티가 하나도 없다. 2(비) 사람이나 사물에 결점이나 오점이 없다. ¶洁白~=결백하고 오점이 없다.
【无暇】 **wúxiá** 图 여가가 없다. 틈〔짬·겨를〕이 없다. ¶~顾及=돌볼〔고려할〕 겨를이 없다.
【无限】 **wúxiàn** 图 끝이 없다. 무한하다. 한도가 없다. 그지없다. ¶风光~=풍경이 더없이 아름답다. 图 매우. 대단히. 아주. ¶~痛惜=매우 애석하다. ↔有限
【无限大】 **wúxiàndà**【无穷大】**wúqióngdà**
【无限公司】 **wúxiàn gōngsī** 图(經) 합명(合名) 회사. ↔有限公司
【无限期】 **wúxiànqī** 图 무기한. ¶~延后=무기한 연기.
【无限小】 **wúxiànxiǎo** ☞【无穷小】**wúqióngxiǎo**
【无限小数】 **wúxiàn xiǎoshù** 图(數) 무한 소수. [소수점 이하가 무한히 계속되는 수]
【无线】 **wúxiàn** 图(電) 무선의.
【无线电】 **wúxiàndiàn** 图 1 图 无线电技术(무선 전신). 2 ☞【无线电收音机】**wúxiàndiàn shōuyīnjī**
【无线电报】 **wúxiàn diànbào** 图 무선 전보.
【无线电波】 **wúxiàn diànbō** 图 무선 전파.
【无线电传真】 **wúxiàndiàn chuánzhēn** 图 전송 사진. 전사. 팩스.
【无线电话】 **wúxiàn diànhuà** 图 무선 전화.
【无线电视】 **wúxiàn diànshì** 图 무선 텔레비전. [공중파 텔레비전]
【无线电收音机】 **wúxiàndiàn shōuyīnjī** 图 라디오. ⓐ【无线电】**wúxiàndiàn**【收音机】

shōuyīnjī
【无线电台】wúxiàn diàntái 명 무선 전신국. ⇨【电台】diàntái
【无线电通信】wúxiàndiàn tōngxìn 명 무선 통신.
【无线因特网】wúxiàn yīntèwǎng 명 무선 인터넷.
【无小无大】wúxiǎo-wúdà ☞【无大无小】wúdà-wúxiǎo
【无效】wúxiào 동 효과가 없다. 효력〔소용·효용〕이 없다. 무효이다. ¶抢救~死亡.＝응급처치도 소용 없이 죽고 말았다. ↔有效
【无邪】wúxié 형 사악한 마음〔생각〕이 없다. ¶天真~＝천진하고 사악한 마음이 없다.
【无懈可乘】wúxiè-kěchéng ☞【无隙可乘】wúxì-kěchéng
【无懈可击】wúxiè-kějī 성 1 공격당할 만한 허술한 곳이 없다. 흠잡을 데가 없다. 잘못이나 결점을 잡을 곳이 없다. 트집잡을 곳이 없다. 2 대단히 엄밀〔치밀〕하다. 빈틈이 없다.
【无心】wúxīn 동 1 생각이 없다. 마음이 없다. …하고 싶지 않다. ¶~争辩＝논쟁할 생각이 없다. 2 아무 생각 없이 하다. 다른 뜻 없이 하다. 고의가 아니다. 무심코 하다. ¶他说这话是~的, 你不要在意.＝그의 이 말은 무심코 하는 것이니 마음에 두지 말아라. ↔有心
【无心人】wúxīnrén 명 포부나 꿈이 없는 사람.
【无行】wúxíng 동⟨문⟩ 품행〔행실〕이 나쁘다. ¶有才~＝재능은 있으나 품행이 좋지 않다.
【无形】wúxíng 형 무형의. 보이지 않는. ¶孩子被套上了~的枷锁.＝아이는 보이지 않는 족쇄에 채워져 있다. 부 무형 중에. 모르는 사이에. 어느 새. 어느 틈에. ¶他爱好音乐是~中受到了父母的影响.＝그가 음악을 사랑하는 것은 무형 중에 부모의 영향을 받은 것이다. ↔有形
【无形损耗】wúxíng sǔnhào 명⟨經⟩ (기계·설비 등의 고정 자산이 과학 기술의 발전으로 그 가치가 자연스레 감소하는) 무형적 손실.＝【精神损耗】jīngshén sǔnhào
【无形中】wúxíngzhōng 부 무형 중에. 모르는 사이에. 어느 새. 어느 틈에. ¶他的生活观念~有了一些改变.＝그의 생활 관념은 무형 중에 약간의 변화가 생겼다.
【无形资产】wúxíng zīchǎn 명⟨經⟩ 무형 자본. 무형 자산.
【无性】wúxìng 형⟨生⟩ 무성의. ¶~繁殖＝무성 번식.
【无性生殖】wúxìng shēngzhí 명⟨生⟩ 무성 번식. 무성 생식.
【无性杂交】wúxìng zájiāo 명 무성 교잡.
【无休止】wúxiūzhǐ 동 계속 끊임없이 이어지다. 멈추이〔쉼〕이 없다. ¶~地争论＝끊임없이 논쟁하다.
【无须】wúxū 부 필요 없이. 불필요하게. 쓸데없이.＝【无须乎】wúxū·hū【无需】wúxū ¶把事情说明白就行了, ~多讲.＝사정을 명백하게 설명하면 그만이지, 필요 없이 길게 말할 것 없다.

【无须乎】wúxū·hū ☞【无须】wúxū
【无需】wúxū 동 …할 필요가 없다. 필요로 하지 않다. 부 ☞【无须】wúxū
【无序】wúxù 형 차례〔순서〕가 없다. 무질서하다. 규칙이 없다. ¶整顿固定资产投资的~状态＝고정 자산 투자의 무질서한 상태를 정돈하다. ↔有序
【无绪】wúxù 형 두서〔단서·실마리·갈피〕가 없다. ¶各种事情搅在一起, 杂乱~.＝여러 가지 일이 한데 얽혀서 복잡하면서 두서가 없다.
【无涯】wúyá 형 끝〔한〕이 없다. 무궁〔무애〕하다. 끝없이 넓다. 일망무제하다. ¶学海~苦作舟.＝학문의 세계는 끝이 없어서 애써 정진해야 된다.
【无烟工业】wúyān gōngyè 명 (관광업 같은) 굴뚝 없는 산업.
【无烟火药】wúyān huǒyào 명⟨化⟩ 무연 화약.
【无烟煤】wúyānméi 명 무연탄. 동【硬煤】yìngméi【红煤】hóngméi【白煤】báiméi
【无言】wúyán 동⟨문⟩ 말이 없다. 말하지〔얘기하지〕 않다. 무언이다. 말할 수 없다. 말로 표현할 수 없다. ¶哑口~＝(질문·반박 등에) 벙어리처럼 말이 없다.
【无言以对】wúyányǐduì 성 대답〔해명·변명〕할 말이 없다. 할 말이 없다.
【无颜】wúyán 동⟨문⟩ 면목이 없다. 부끄럽다. 계면〔겸연〕쩍다. 쑥스럽다. 창피스럽다. ¶~面对亲友.＝친구를 대할 면목이 없다.
【无厌】wúyàn 형⟨문⟩ 만족할 줄 모르다. 욕심이 끝이 없다. ¶贪得~＝탐욕이 끝이 없다.
【无氧酸】wúyǎngsuān 명⟨化⟩ 수소산(水素酸). 영 hydracid
【无氧运动】wúyǎng yùndòng 명⟨體⟩ 무산소 운동. [전력 질주·역기 들어올리기 등과 같이 강도 높은 운동을 가리킴] ↔有氧运动
【无恙】wúyàng 형⟨문⟩ 질병〔탈〕이 없다. 건강하다. 화가〔재난이〕 없다. 무사하다. ¶安然~＝탈이 무사하다.
【无业】wúyè 형 1 무직의. 직업이 없는. ¶~游民＝유랑하는 무직자. 실업자. 직업 없이 떠도는 사람. 룸펜. 2 재산이 없다. ¶全然~＝재산이 전혀 없다.
【无一例外】wúyī liwài 성 하나도 예외가 없다.
【无依无靠】wúyī-wúkào 성 의지할 사람이〔데가〕 없다. 의탁할 곳이 없다. 무의무탁하다.
【无遗】wúyí 동 남김이 없다. 조금도 남기지 않다. ¶揭露~＝남김없이 들추어 내다.
【无疑】wúyí 형 의심할 바 없다. 틀림이 없다. 두말 할 것 없다. ¶确信~＝조금도 의심할 바가 없다.
【无已】wúyǐ 동⟨문⟩ 다함이 없다. 끝이 없다. 그치지 않다. …하여〔해〕 마지않다. ¶苛责~＝가책해 마지않다. 형 부득이하다. ¶~为之＝부득이하게 하다.
【无以】wúyǐ 동 …할 도리가 없다. …할 길이〔수가〕 없다. 어쩔 도리가 없다. ¶不积跬步, ~至千

里。=반보를 내딛지 않으면 천리에 이를 수 없다. 천릿길도 한 걸음부터.

【无以复加】**wúyǐfùjiā** ㉠㉭ **1** 그 이상 더할 것이 없다. 더할래야 더할 수 없다. **2** 절정〔극한·극도〕에 이르다.

【无以为生】**wúyǐwéishēng** ㉭ **1** 생계를 유지해 나갈 방법이 없다. **2** 생활이 안정되지 않다.

【无艺】**wúyì** ㉦㉭ **1** 준칙이나 법도가 없다. ¶用人~=사람을 씀에 있어 준칙이 없다. **2** 한도가 없다. ¶贪贿~=뇌물을 탐함에 한도가 없다.

【无异】**wúyì** ㉦ 다르지 않다. 똑같다. ¶这样做~于自取灭亡。=이렇게 하는 것은 스스로 멸망을 선택하는 것과 다르지 않다.

【无益】**wúyì** ㉦ 무익하다. 쓸모 없다. 이익이 없다. ¶徒劳~=쓸데없이 힘만 낭비하고 아무런 성취도 이루지 못하다. 공연히 헛수고하다.

【无意】**wúyì** ㉦ **1** 고의〔본의〕가 아니다. ¶~中走漏了风声。=본의 아니게 소문이 새어 나갔다. **2** …할 마음이 내키지 않다. …할 생각〔계획〕이 없다. …할 마음이 없다. ¶~参加角逐。=각축에 끼어들 마음이 없다. ↔有意 存心 蓄意

【无意间】**wúyìjiān** ㉱ 부지불식간에. 모르는 사이에. 뜻밖에. ¶他们~发现了一座古墓。=그들은 뜻밖에 고분 한 기(基)를 발견했다.

【无意识】**wúyì·shi** ㉨ 무의식의. 무의식적인. ¶~动作=무의식적인 행동. ㉭(心) 잠재 의식. ¶集体~=군중 잠재 의식. ↔有意识

【无意中】**wúyìzhōng** ㉱ 무의식 중에. 무심결에. 뜻밖에. 무심코. 생각 없이. 본의 아니게. ¶我~说到了他的痛处。=나는 본의 아니게 그의 아픈 곳을 건드려 버렸다.

【无翼鸟】**wúyìniǎo** ㉭(动) 키위(kiwi). 무익조. =【鷸鴕】yùtuó ㉨〖几维鸟〗**jīwéiniǎo**

【无垠】**wúyín** ㉨㉦ (드넓어서) 끝이 없다. 무한하다. 가없다. ¶一望~=일망무제. 끝없이 멀고 넓다.

【无影灯】**wúyǐngdēng** ㉭ 무영등. [병원에서 외과 수술을 할 때 사용하는 조명등]

【无影无踪】**wúyǐng-wúzōng** ㉠ **1** 그림자나 종적이 전혀 없다. **2** 완전히 사라지다. 향방을 전혀 알 수 없다.

【无庸】**wúyōng** ☞【毋庸】**wúyōng**

【无用】**wúyòng** ㉦ 쓸데없다. 소용 없다. ¶扔了这些~的东西。=이런 쓸모 없는 물건들을 버려라.

【无用功】**wúyònggōng** ㉭ **1**(物) 기계가 자체 저항력 극복에 필요한 일량. **2**(喻) 가치 없는 노동. 헛된 일. ¶你干这事纯粹是做~。=네가 하는 이 일은 순전히 헛된 짓이다.

【无忧无虑】**wúyōu-wúlǜ** ㉠ 아무런 근심〔걱정〕이 없다. ↔多愁善感 杞人忧天

【无由】**wúyóu** ㉱㉦ …할 방도〔도리〕가 없다. …할 길이〔수가〕 없다. ¶~说起=말할 방도가 없다.

【无有】**wúyǒu** ㉦ 없다. ¶~此事=이런 일이 없다.

【无余】**wúyú** ㉦㉭ 남김이 없다. 남은 것이 없다. ¶一览~=한눈에 들어오다.

【无与伦比】**wúyǔlúnbǐ** ㉠ 비교가 안 된다. 견줄〔비길〕 데가 없다. 탁월하다. 뛰어나다.

【无援】**wúyuán** ㉦ 원조가 없다. 지원이 없다. ¶孤立~=고립무원이다.

【无缘】**wúyuán** ㉦ 인연〔연분〕이 없다. 기회가 없다. ¶~聚首=만날 기회가 없다. ㉱ …할 방도〔도리〕가 없다. …할 길이〔수가〕 없다. ¶~分辨=분별할 길이 없다. ↔有缘

【无缘无故】**wúyuán-wúgù** ㉠ 아무런 이유〔원인〕도 없다. 조금의 이유도 없다.

【无源之水】**wúyuánzhīshuǐ** ☞【无源之水, 无本之木】**wúyuánzhīshuǐ**, **wúběnzhīmù**

【无源之水, 无本之木】**wúyuánzhīshuǐ**, **wúběnzhīmù** ㉠ **1** 원천이 없는 물과 뿌리가 없는 나무. **2**(喻) (단단한) 기초가 없는 사물. =【无源之水】**wúyuánzhīshuǐ**〖无本之木〗**wúběnzhīmù**

【无障碍设计】**wúzhàng`ài shèjì** ㉭ 무장애 설계. [행동이 불편한 사람의 편리를 위해 진행하는 각종 공사 설계]

【无障碍设施】**wúzhàng`ài shèshī** ㉭ 무장애 설비. [건물 안팎에 거동이 불편한 사람이나 장애인을 위해 설치해 놓은 출입 시설]

【无债一身轻】**wú zhài yī shēn qīng** ㉠ 빚이 없으면 일신이 편안하다. 빚이 없으면 마음이 가볍다.

【无政府主义】**wúzhèngfǔzhǔyì** ㉭ **1**(歷) 무정부주의. [19세기 초에 유럽에서 발생한, 국가의 권리와 권위를 일체 부정하는 소자산 계급의 정치 사조] **2** 일반적으로 조직의 규율에 복종하지 않는 개인주의적 사상 행위.

【无知】**wúzhī** ㉨ 무지하다. 아는 것이 없다. 사리에 어둡다. ¶年少~=나이가 어려 아는 것이 없다.

【无止境】**wúzhǐjìng** ㉨ 끝이 없다. 다함이 없다. 무한하다. ¶学习知识是~的。=배움에는 끝이 없다.

【无中生有】**wúzhōng-shēngyǒu** ㉠ **1** 본래 없던 일이 있다고 말하다. **2** 없는 사실을 날조하다. 터무니없이 꾸며 대다. ≒捕风捉影

【无主句】**wúzhǔjù** ㉭(言) 무주어문. [술어만 있고 주어가 없는 문장]

【无着】**wúzhuó** ㉦ 의지할〔생길·나올〕 곳이 없다. 방도가 없다. ¶衣食~=살아갈 방도가 없다.

【无足轻重】**wúzúqīngzhòng** ㉠ **1** 있어도 무거워지지 않고 없어도 가벼워지지 않다. **2**(喻) 대수롭지 않다. 별로 중시할 것이 못 되다. =【无足重轻】**wúzúzhòngqīng** ↔举足轻重

【无足重轻】**wúzúzhòngqīng** ☞【无足轻重】**wúzúqīngzhòng**

【无阻】**wúzǔ** ㉦ 지장이 없다. 막힘이 없다. 가로막지 못하다. ¶畅通~=막힘없이 잘 통하다.

【无罪】**wúzuì** ㉨ 죄가 없다. 무죄이다. ¶~释放=무죄 석방하다.

【无坐力炮】**wúzuòlìpào** ☞【无后坐力炮】**wúhòuzuòlìpào**

**毋** wú 금지사 무

**〖부〗** …하지 마라. …해서는 안 된다. [금지나 말리는 것을 나타냄] ¶宁缺~滥=차라리 모자랄지언정 지나치지 말아야 한다. **〖명〗** (Wú) 성(姓).

【毋宁】[无宁] **wúnìng** **〖부〗** …만 못하다. (…하기보다는) 차라리 …하는 편이 낫다. ¶他的成功与其说是幸运, ~说是多年努力的结果. =그의 성공은 행운이라기보다, 여러 해 동안의 노력의 결과라고 하는 것이 낫다.

【毋庸】[无庸] **wúyōng** **〖부〗** …할 필요가 없다. …하지 마라. …할 것까지는 없다. ¶~置辩=변명할 필요가 없다.

【毋庸讳言】 **wúyōng-huìyán** ☞ 【无可讳言】 **wúkě-huìyán**

【毋庸置疑】 **wúyōng-zhìyí** ☞ 【无可置疑】 **wúkě-zhìyí**

**芜[蕪]** wú 잡초 우거질 무

**〖형〗** 1 (경지가) 황폐하다. 잡초가 무성하다〔우거지다〕. ¶荒~=황폐하다. 2 **〖비〗** (문장이) 조잡〔잡다·번잡·난잡〕하다. 뒤죽박죽이다. ¶去~存菁=조잡한 것을 없애 버리고 정수만을 남겨 두다. **〖명〗** 잡초가 무성한 곳. ¶平~=잡초가 무성한 편평한 들(판).

○● 繁 **fán** 芜

【芜鄙】 **wúbǐ** **〖형〗** (문장이) 난잡하고 천박하다. ¶辞义~=글의 내용이 난잡하고 천박하다.

【芜词】 **wúcí** **〖명〗**〖겸〗 두서 없는 글〔말〕. 난잡〔졸렬〕한 글〔말〕. [자기 의견이나 글〔시문〕을 가리킴]

【芜废】 **wúfèi** **〖형〗** 1 (경지가) 황폐하다. 잡초가 무성하다. 2 **〖비〗** (학업·사업 등이) 황폐하다. 피폐하다. ¶学业~=학업이 피폐하다.

【芜秽】 **wúhuì** **〖형〗** 잡초가 우거지다. 몹시 황폐하다. ¶田园~=전원이 매우 황폐하다.

【芜菁】 **wújīng** **〖명〗**〖植〗 1 순무. 무청. 2 순무의 덩이뿌리(괴근(塊根)). ¶【蔓菁】 **mán·jing**

【芜劣】 **wúliè** **〖형〗** (문장이) 난잡하고 졸렬하다. ¶~之作=난잡하고 졸렬한 작품.

【芜杂】 **wúzá** **〖형〗** 난잡〔무잡〕하다. (문장이) 조리가 없다. 뒤죽박죽이다. ¶内容~=내용이 뒤죽박죽이다.

**吾** wú 나 오

**〖대〗** 나. 우리. ¶~国=우리 나라. / ~身=나. **〖명〗** (Wú) 성(姓). ≒我.

○● 支吾

【吾辈】 **wúbèi** **〖대〗**〖문〗 우리들. ¶先生教海, ~必将铭记在心. =스승님의 가르침을 우리는 꼭 마음에 아로새기겠습니다.

【吾侪】 **wúchái** **〖대〗**〖문〗 우리.

【吾人】 **wúrén** **〖대〗**〖문〗 우리.

**吴** Wú 나라 이름 오

**〖명〗** 1〖歷〗 오(吴). [주(周)나라의 제후국. 지금의 장쑤(江苏)성 남부와 저장(浙江)성 북부 지역에 있었으며, 후에 화이허(淮河)유역까지 확장됨] 2〖歷〗 오(吴). [삼국(三國)의 하나로 손권(孫權)이 세운 나라. 창장(长江) 중하류와 동남 연해 일대에 있었음] 3〖地〗 오(吴). [장쑤(江苏)성 남부와 저장(浙江)성 북부 지역을 가리킴] ¶~歌=오가. 오(吴) 지역의 노래. 4 성(姓).

【吴承恩】 **Wú Chéng'ēn** **〖명〗**〖歷〗 오승은(약 1500~1582년). [명(明)대의 소설가로, 《서유기(西遊記)》의 저자]

【吴方言】 **Wúfāngyán** ☞ 【吴语】 **Wúyǔ**

【吴钩】 **wúgōu** **〖명〗** 1 오구. ['钩(gōu)'는 구부러진 모양의 칼로, 병기의 일종임. 춘추(春秋) 시대 오(吴)나라 사람이 잘 만들었으므로 '오구(吴鉤)'라 칭함] 2 보검.

【吴敬梓】 **Wú Jìngzǐ** **〖명〗**〖歷〗 오경재(1701~1754년). [청(清)대의 소설가로, 《유림외사(儒林外史)》의 저자]

【吴牛喘月】 **Wúniú-chuǎnyuè** **〖성〗** 1 오(吴)나라 물소는 달만 보아도 (해인 줄 알고) 헐떡거린다. 2 **〖비〗** 날씨가 매우 덥다. 3 **〖비〗** (비슷한 사물을 보고서는) 지레짐작으로 지나치게 두려워하다. 자라 보고 놀란 가슴 솥뚜껑 보고 놀란다.

【吴市吹箫】 **Wúshì-chuīxiāo** **〖성〗** 1 (춘추(春秋)) 시대의 명장 오자서(伍子胥)가 부형(父兄)의 원수를 갚기 위해 초(楚)나라에서 오(吴)나라로 도망하여 오나라 저잣거리에서 피리를 불어 먹을 것을 구걸하다. 2 **〖비〗** (여비가 떨어져) 길거리를 떠돌아다니며 구걸하다.

【吴下阿蒙】 **Wúxià-Ā Méng** **〖성〗** 1 삼국(三國) 시대 오(吴)나라의 명장 여몽(呂蒙). 2 **〖비〗** 무략(武略)만 있고 학식이나 문재가 부족한 사람.

【吴音】 **Wúyīn** **〖명〗** 오어(吴語)의 어음. 오(吴)〔쑤저우(苏州)〕지방의 발음.

【吴语】 **Wúyǔ** **〖명〗**〖言〗 오어. 우어. [중국어 사투리의 하나. 장쑤(江苏)성 남부, 저장(浙江)성 대부분 지방 및 상하이(上海) 일대의 방언을 가리킴] = 【吴方言】 **Wúfāngyán**

【吴越】 **Wú Yuè** **〖명〗**〖歷〗 오월. 오(吴)나라와 월(越)나라. [주(周)나라의 제후국임]

【吴越同舟】 **Wú Yuè-tóngzhōu** **〖성〗** 1 오월동주. 원수지간인 오(吴)나라와 월(越)나라가 한 배를 타다. 원수끼리 같은 배 또는 한자리에 있다. 2 **〖비〗** (비록 원수지간이라도) 공동의 적이나 곤란한 지경에서는 서로 단합하여 난관을 극복한다.

【吴茱萸】 **wúzhūyú** **〖명〗**〖植〗 오수유.

**郚** wú 땅 이름 오

☞ 【郚鄏】 **Tángwú**

**捂** wú 모순될 오

☞ 【枝捂】 **zhīwú**

☞ **wǔ**

**唔** wú 글 읽는 소리 오

☞ 【咿唔】 **yīwú**

浯 **Wú** 강 이름 오
  [명](地) 산둥(山东)성에 있는 강 이름.

*梧 **wú** 오동나무 오
  [명](植) 오동(나무). ¶碧~ = 벽오동.
  ○→ 魁kuí梧
  【梧桐】wútóng [명](植) 오동(나무). 벽오동. =【青桐】qīngtóng

鹀[鵐] **wú** 참새 무
  [명](動) (참새와 모양은 비슷하나 약간 작은) 멧새류의 총칭.

锘[鋙] **wú** 산 이름 오
  ☞【锟铻】Kūnwú
  ☞ yǔ

*蜈 **wú** 지네 오
  【蜈蚣】wú·gōng [명](動) 지네. 오공(蜈蚣).

鼯 **wú** 날다람쥐 오
  【鼯鼠】wúshǔ [명](動) 날다람쥐.

**五 **wǔ** 다섯 오
  [주] 5. 다섯. 다섯째. [명] 1 (音) 중국 민족 음악의 한 음계. [악보에 쓰는 부호로, 지금의 '简谱(약보)' '6'에 해당함] 2 (Wǔ) 성(姓).
  ○→ 破五, 大五金, 小五金, 二百五
  【五爱】wǔ'ài [명] 다섯 가지 사랑. 오애. [1949년에 공포된《中华人民政治协商会议共同纲领(중화 인민 정치 협상 회의 공동 강령)》에서 규정한 중국 인민의 공중 도덕. '爱祖国(조국을 사랑하자)·爱人民(인민을 사랑하자)·爱劳动(노동을 사랑하자)·爱科学(과학을 사랑하자)·爱护公共财物(공공 재산을 애호하자)'의 5개 조항으로 되어 있음. 하여 1982년에 통과된《中华人民共和国宪法(중화 인민 공화국 헌법)》에서는 '爱护公共财物'가 '爱社会主义(사회주의를 사랑하자)'로 바뀌었음]
  【五霸】wǔbà [명] 춘추(春秋) 오패. [춘추(春秋)시대 다섯 명의 패자(覇者). 즉, 제환공(齊桓公)·진문공(晉文公)·송양공(宋襄公)·초장왕(楚莊王)·진목공(秦穆公)을 가리킴. 혹은 송양공·진목공대신 오왕 합려(吳王闔閭)·월왕 구천(越王句踐)을 넣기도 함]
  【五保】wǔbǎo [명] 다섯 가지 보장. 오보. [농촌에서 실시하는 사회 보장 제도. 노동력을 상실하였거나 부양자가 없는 '老(노인)·弱(병약자)·孤(고아)·寡(과부)·残(장애자)'인 농민에게 '吃(먹는 것)·穿(입는 것)·住(주거)·医(의료)·葬(장례)'의 다섯 가지에 대하여 보살피고 물질적인 지원을 하는 것. 수혜자가 미성년일 경우에는 '教(의무교육)'도 보장받음]
  【五保户】wǔbǎohù [명] (농촌에서) 우바오(五

保)의 사회 보장 혜택을 받는 세대나 개인.
  【五倍子】[五棓子] wǔbèizi [명](醫) 오배자.
  【五棓子】wǔbèizǐ ☞【五倍子】wǔbèizi
  【五步蛇】wǔbùshé [명](動) 백화사. 산무애뱀.
  【五彩】wǔcǎi [명] 1 오채. [青(푸른색)·黄(노란색)·赤(붉은색)·白(흰색)·黑(검은색)의 다섯 가지 색깔] 2 다채로운 빛깔. ¶~纷呈=오색찬란하다.
  【五彩缤纷】wǔcǎi-bīnfēn [성] 울긋불긋하다. 오색찬란하다.
  【五常】wǔcháng [명] 1 오상. [사람 사이의 도덕 표준인 '인(仁)·의(義)·예(禮)·지(智)·신(信)'을 가리킴] 2 ☞【五伦】wǔlún 3 ☞【五行】wǔxíng
  【五大】wǔdà [명] 우다. 5개 대학. [广播电视大学(TV 방송 대학)·职工大学(직장 대학)·函授大学(통신 대학)·业余大学(업무 시간 이외에 학습하는 대학)·夜大学(야간 대학)의 합칭]
  【五大三粗】wǔdà-sāncū 신체가 크고 건장하다. 체격이 우람하다. 기골이 장대하다.
  【五代】Wǔdài [명](歷) 오대. [907~960년. 당(唐)대 말기에서 송(宋)대 초기에 이르는 기간. 후량(後梁)·후당(後唐)·후진(後晉)·후한(後漢)·후주(後周)가 건립된 시기를 가리킴]
  【五道眉】wǔdàoméi ☞【花鼠】huāshǔ
  【五帝】Wǔdì [명] 1 오제. [상고 시대 전설상의 다섯 제왕. 황제(黃帝)·전욱(顓頊)·제곡(帝嚳)·요(堯)·순(舜) 등을 가리킴] 2 고대 신화 중의 다섯 천제(天帝). [동방의 청제(靑帝)·남방의 적제(赤帝)·중앙의 황제(黃帝)·서방의 백제(白帝)·북방의 흑제(黑帝)를 가리킴]
  【五斗橱】wǔdǒuchú [명] 큰 서랍이 다섯 개 달린 낮은 옷장. =【五斗柜】wǔdǒuguì
  【五斗柜】wǔdǒuguì ☞【五斗橱】wǔdǒuchú
  【五短】wǔduǎn [형] 팔다리가 짧고 몸집이 작다. 사지와 체구가 작다. 신체가 왜소하다. ¶~三粗=짤막하고 딱 바라지다.
  【五短身材】wǔduǎn shēncái [명] 작은[왜소한] 체구. 작달막한[자그마한] 몸.
  【五反】wǔfǎn [명] 오반. 우판. [1952년 1월부터 1952년 10월까지 펼쳐진 민영 공상업자들의 합법 경영을 위한 운동. '反行贿(반뇌물)·反偷税漏税(반탈세·누세)·反盗窃国家资财(반국가 재산 도용)·反偷工减料(반원자재 사취)·反盗窃国家经济情报(반국가 경제 기밀 절취)'의 5가지 해독에 대한 반대 운동]
  【五方】wǔfāng [명] 1 오방. [동·서·남·북·중앙의 다섯 방향] 2 각지. 각처. 여기저기. ¶~之民, 习俗不一. =각지의 주민들은 풍속이 다 다르다.
  【五方杂处】wǔfāng-záchǔ [성] 각처에서 온 사람들이 복잡하게 섞여 살다. 주민 구성이 복잡하여 각지의 온 사람들이 다 있다.
  【五分制】wǔfēnzhì [명] 5점 만점제. 5등급 평가제. [학생들의 성적 평가제의 하나. 5점이 최고 성적으로 '优等(우등)'이며, 4점은 '良好(양호)', 3점은 '及格(합격)', 2점과 1점은 '不及格(불합격)'임]

【五分钟热度】 wǔfēnzhōng rèdù ⓥ 5분간의 열기. 일시적인 열정. [어떤 사물에 대한 흥미가 쉽게 불붙고 쉽게 식어서 지속성이 없음을 나타냄] =【三分钟热度】 sānfēnzhōng rèdù

【五风十雨】 wǔfēng-shíyǔ ⓢ 1 닷새에 한 번 바람이 불고, 열흘에 한 번 비가 오다. 2ⓗ 날씨가 매우 순조롭다. =【十雨五风】 shíyǔ-wǔfēng

【五服】 wǔfú ⓝ 1 오복. [고대 상복(喪服) 제도로, 혈연 관계에 따라서 고조부부터 증조부·조부·아버지·자신까지 다섯 가지 상복이 규정되어 있음] 2 혈연 관계의 친소(親疏). 촌수. ¶没出~的近亲不能结婚。=5대를 벗어나지 않는 근친은 결혼할 수 없다.

【五更】 wǔgēng ⓝ 1 오경. [하룻밤을 一更(일경)부터 五更(오경)까지 다섯 단계로 나눈 시각의 총칭] 2 【五鼓】 wǔgǔ 2. [하룻밤을 다섯 단계로 나누었을 때 다섯째 부분. 새벽 3시에서 5시까지] ¶起~, 睡半夜。=새벽에 일어나고 한밤중에 자다. 노력하다.

【五更天】 wǔgēngtiān ⓝ 오경. [새벽 3시에서 5시까지]

【五古】 wǔgǔ ⓝⓢ 五言古诗(오언고시). [한 구(句)가 다섯 글자로 이루어진 고체시(古體詩)]

【五谷】 wǔgǔ ⓝ 1 오곡. [일반적으로 '稻(벼)·黍(조)·稷(수수)·麦(보리)·豆(콩)'를 가리킴] 2 양식(食糧)이 되는 작물.

【五谷不分】 wǔgǔ-bùfēn ⓢ 1 오곡도 구별하지 못하다. 2ⓗ 생산 노동에서 이탈하여 실천적인 지식이 없다.

【五谷丰登】 wǔgǔ-fēngdēng ⓢ 오곡이 풍성하다. 크게 풍년이 들다.

【五谷杂粮】 wǔgǔ záliáng ⓝ 각종 양식.

【五鼓】 wǔgǔ ☞【五更】 wǔgēng

【五官】 wǔguān ⓝ 1 오관. [중의학에서는 '귀·눈·입〔입술〕·코·혀'를 가리키나, 일반적으로는 얼굴에 있는 '눈·귀·입·코·눈썹'을 가리킴] 2 용모. 생김새. 오관. ¶~端正=용모가 뚜렷하다.

【五官科】 wǔguānkē ⓝ(醫) 이비인후과.

【五光十色】 wǔguāng-shísè ⓢ 색채가 아름답고 종류가 다양하다. 오색찬란하다.

【五行八作】 wǔháng-bāzuò ⓢ 각종 직업. 온갖 직업.

【五合板】 wǔhébǎn ⓝ 다섯 겹 합판.

【五湖四海】 wǔhú-sìhǎi ⓢ 사방팔방. 방방곡곡. 전국 각지.

【五花八门】 wǔhuā-bāmén ⓢⓗ 각양각색. 형형색색. 천태만상. 다양하다. 변화 다단하다.

【五花大绑】 wǔhuā-dàbǎng ⓢ 사람을 꽁꽁 묶다. 포승을 목에 걸어 팔을 뒤로 돌려 묶는 결박법.

【五花马】 wǔhuāmǎ ⓝ 1 털 색이 뒤섞인 잡색 말. 2 오화마. [갈기를 다듬어 다섯 갈래로 땋아 장식한 말. 특히 당(唐)대에 성행하였음]

【五花肉】 wǔhuāròu ⓝ 삼겹살.

【五环旗】 wǔhuánqí ⓝ 오륜기(五輪旗). 올림픽기.

【五黄六月】 wǔhuáng-liùyuè ⓝ 음력 오뉴월의 무더운 기간.

【五荤】 wǔhūn ⓝ(佛) 오훈채. [불교에서 금식하는 '마늘·부추·달래·파·무릇〔홍거〕'의 다섯 가지 자극성 있는 채소]

【五加】 wǔjiā ⓝ(植) 오갈피나무. ¶刺~=가시오갈피.

【五加皮】 wǔjiāpí ⓝ 오가피.

【五讲四美】 wǔjiǎng sìměi ⓝ 오강사미. [사회 생활에서 지켜야 하는 행위 규범의 총결. '讲文明(교양을 중시하고)·讲礼貌(예의를 중시하고)·讲卫生(위생을 중시하고)·讲秩序(질서를 중시하고)·讲道德(도덕을 중시하고)·心灵美(마음을 아름답게 하고)·语言美(말을 아름답게 하고)·行为美(행동을 아름답게 하고)·环境美(환경을 아름답게 하자)'의 축약어]

【五角大楼】 Wǔjiǎo Dàlóu ⓝ 1 펜타곤(Pentagon). [미국 국방부 건물] 2 미국 국방부.

【五角星】 wǔjiǎoxīng ⓝ 오각별.

【五戒】 wǔjiè ⓝ(佛) 오계. ['不杀生(죽이지 말 것)·不偷盗(훔치지 말 것)·不邪淫(음행하지 말 것)·不妄语(거짓말하지 말 것)·不饮酒食肉(술과 고기를 먹지 말 것)'으로, 불교도가 준수해야 하는 다섯 가지 계율]

【五金】 wǔjīn ⓝ 1 '금·은·동·철·주석'의 다섯 가지 금속. 2 금속 (제품). 철물. ¶~商店=철물점.

【五经】 Wǔjīng ⓝ 오경(五經). [시경(詩經)·서경(書經)·역경(易經)·예기(禮記)·춘추(春秋)의 다섯 가지 유가 경서]

【五绝】 wǔjué ⓝⓢ 五言绝句(오언절구).

【五劳七伤】【五痨七伤】 wǔláo-qīshāng ⓢ(醫) 1 오로칠상. 신체가 허약하고 병이 많은 것. ['五劳'는 오장, 즉 '심장·간장·비장·폐장·신장'의 손상을 가리키고, '七伤'은 '과식은 비장을, 분노는 간장을, 무거운 것을 억지로 들거나 축축한 곳에 오래 앉아 있으면 신장을, 몸을 차게 하거나 차가운 것을 마시면 폐장을, 근심 걱정이 쌓이면 심장을, 비바람과 한서(寒暑)는 모습을, 두려운 뜻을 상하게 함'을 가리킴] 2ⓗ 신체가 허약하고 병이 많다.

【五痨七伤】 wǔláo-qīshāng ☞【五劳七伤】 wǔláo-qīshāng

【五雷轰顶】 wǔléi-hōngdǐng ⓢⓗ 갑작스레 큰 타격을 입다. 청천벽력. 뜻밖의 날벼락.

【五里雾】 wǔlǐwù ⓝ 1 도사의 법술. 오리무. 2ⓗ 오리무중. 미궁. 미스터리. ¶如堕~中。=오리무중에 빠진 것 같다.

【五粮液】 wǔliángyè ⓝ 우량예. 오량액. [다섯 가지의 곡물로 빚은, 쓰촨(四川)성 이빈(宜宾)시에서 생산되는 고량주]

【五敛子】 wǔliǎnzi ☞【杨桃】 yángtáo

【五岭】 Wǔlǐng ⓝ(地) 오령. [후난(湖南)성·장시(江西)성 남부와 광시(广西)성·광둥(广东)성 북부 접경지에 있는 '월성(越城)·도방(都庞)·맹저(萌渚)·기전(骑田)·대유(大庾)'의 다섯 개 령]

【五律】 wǔlǜ ⓝⓢ 五言律诗(오언율시).

【五伦】 wǔlún ⓝ 오륜. [군신·부자·형제·부부

·붕우 사이의 윤리 관계】=【五常】wǔcháng
【五马分尸】wǔmǎ-fēnshī (성) 1 거열(車裂). 차열(車裂). [고대의 혹형으로, 죄인의 사지와 머리를 다섯 마리의 말에 묶은 후 말을 몰아 잔혹하게 찢어 죽임] 2 극형. 3 (비) 멀쩡한 물건을 산산조각 내다.
【五内】wǔnèi (명) (문) 1 오장. 2 내심. 마음속. ¶ 铭感~=마음속으로 감명받다.
【五内俱焚】wǔnèi-jùfén ☞【五内如焚】wǔnèi-rúfén
【五内俱伤】wǔnèi-jùshāng (성) 1 오장(五臟)이 전부 손상을 입다. 2 (비) 매우 고통스럽다. 몹시 슬프다. 매우 쓰라리다.
【五内如焚】wǔnèi-rúfén (성) 1 오장(五臟)이 타는 듯하다. 2 (비) 몹시 애가 타다. 몹시 안달이 나다. 매우 걱정되다.=【五内俱焚】wǔnèi-jùfén
【五年计划】wǔnián jìhuà (명) 5개년 계획.
【五禽嬉】wǔqínxī ☞【五禽戏】wǔqínxì
【五禽戏】wǔqínxì (명) 오금희. [후한(後漢)의 의원인 화타(華佗)가 호랑이·사슴·곰·원숭이·새 다섯 가지 동물의 동작 자세에 따라서 창안한 건강체조]=【五禽嬉】wǔqínxī
【五日京兆】wǔrì-jīngzhào (성) 1 오일경조. 경조윤(京兆尹)의 직책이 5일밖에 남지 않다. [《한서·장창전(漢書·張敞傳)》에서 서한(西漢)의 장창(張敞)이 경조윤(京兆尹)에서 면직되기 며칠 전 부하 직원이 '경조윤을 5일밖에 더 못하는데 무슨 일을 처리할 수 있겠느냐?'며 태업을 한 고사에서 유래함] 2 (비) 재직 기간이 짧다. 얼마 있지 않아 일자리를 떠나다.
【五色】wǔsè (명) 오채(五彩). 오색. [청·황·적·백·흑의 다섯 가지 색깔] ¶ ~斑斕=오색찬란하다.
【五色无主】wǔsè-wúzhǔ (성) 오색무주. 공포에 사로잡혀 얼굴빛이 여러 가지로 변하다.
【五声】wǔshēng (명) 1 (音) 오성. 오음(五音). [宫(궁)·商(상)·角(각)·徵(치)·羽(우), 즉 '简谱(약보)'의 1·2·3·4·5·6에 해당하는 고대 중국 음악의 다섯 가지 음계] 2 (言) 오성. [上平(상평)·下平(하평) 上声(상성)·去声(거성)·入声(입성)으로, 고대 중국어의 다섯 가지 성조]
【五十】wǔshí (주) 1 50. 오십. 2 쉰 살. 오십 세. ¶ 他今年刚满~。=그는 올해 만 50세이다.
【五十步笑百步】wǔshí bù xiào bǎi bù (성) 1 전쟁에서 오십 걸음 도망간 병사가 백 걸음 도망간 병사를 비웃다. 오십보백보. 2 (비) 같은 결점이나 잘못을 가지고 있지만 정도가 경미한 사람이 정도가 심한 사람을 비웃다. 겨 묻은 개가 똥 묻은 개를 나무란다. 3 (비) 양자의 결점과 잘못의 성질은 같고, 그저 정도의 차이가 있을 뿐이다.
【五四青年节】Wǔ-Sì Qīngniánjié (명) 5·4 청년절. [5·4 운동 당시의 청년 운동을 기리는 날] ⇒【青年节】Qīngniánjié
【五四运动】Wǔ-Sì Yùndòng (명) (歷) 5·4 운동. [1919년 5월 4일 중국 북경의 학생들을 중심으로 일어난 반제국·반봉건주의 정치·문화 혁명 운동]
【五台山】Wǔtáishān (명) (地) 우타이산. [산시(山西)성에 있는 중국 불교 4대 명산 중의 하나]

【五体投地】wǔtǐ-tóudì (성) 1 (佛) 오체투지. [불교의 가장 공경스런 예절. 먼저 두 무릎을 땅에 꿇고 두 팔을 땅에 대고 그 다음에 머리를 땅에 닿도록 절을 함] 2 (비) 대단히 감복〔경복〕하다. 우러러 추앙하다. 공경하여 마지않다.
【五味】wǔwèi (명) 1 오미. [酸(신맛)·甜(단맛)·苦(쓴맛)·辣(매운맛)·咸(짠맛)의 다섯 가지 맛] 2 모든〔온갖·여러 가지〕 맛. ¶ ~俱全=온갖 맛이 다 갖추어지다. 모든 맛을 다 느끼다. 만감이 교차하다. 여러 가지 생각이 뒤엉키다.
【五味子】wǔwèizǐ (명) (植) 1 오미자(나무). 2 오미자(열매).
【五线谱】wǔxiànpǔ (音) 오선보.
【五香】wǔxiāng (명) (중국 요리에 쓰이는) 오향. [산초(山椒)·회향(茴香)·계피(桂皮)·팔각(八角)·정향(丁香)]
【五项原则】wǔxiàng yuánzé (명) (약) 和平共处五项原则(평화 오원칙). [互相尊重主权和领土完整(상호 주권과 영토의 존중)·互不侵犯(상호 불가침)·互不干涉内政(상호 내정 불간섭)·平等互利(평등 호혜)·和平共处(평화 공존)'를 가리킴]
【五星】wǔxīng (명) 1 오각별. [오각별 모양의 도안] 2 (天) 오성. [金(금)·木(목)·水(수)·火(화)·土(토)의 5대 행성]
【五星红旗】Wǔxīnghóngqí (명) 오성홍기. [중화 인민 공화국의 국기]
【五刑】wǔxíng (명) 오형. [고대의 다섯 가지 주요 형벌. 은주(殷周) 시기에는 '墨(이마에 자자(刺字)하는 것)·劓(코를 베는 것)·刖(다리를 자르는 것)·宫(거세하는 것)·大辟(사형)'을, 수(隋)대 이후에는 '笞(태형)·杖(곤장형)·徒(징역형)·流(유형)·死(사형)'를 가리켰음]
【五行】wǔxíng (명) 오행. [金(금)·木(목)·水(수)·火(화)·土(토)의 다섯 가지 물질]=【五常】wǔcháng
【五言诗】wǔyánshī (명) 오언시. [매구(每句)가 다섯 자로 이루어진 시로 오언고시(五言古詩)·오언시(五言律詩)·오언절구(五言絶句)로 구분됨]
【五颜六色】wǔyán liùsè (성) 색깔이 아롱다롱 다양하다. 여러 가지 빛깔. 가지각색.
【五羊城】Wǔyángchéng ☞【羊城】Yángchéng
【五业】wǔyè (명) 오업. '农业(농업)·林业(임업)·牧业(목축업)·副业(부업)·渔业(어업)'의 다섯 가지 업종·직업] ¶ ~兴旺=모든 업종이 번창하다.
【五一】Wǔ-Yī ☞【五一国际劳动节】Wǔ-Yī Guójì Láodòngjié
【五一国际劳动节】Wǔ-Yī Guójì Láodòngjié (명) 노동절. 메이 데이(May Day). 근로자의 날. 국제 노동절. =【五一劳动节】Wǔ-Yī Láodòngjié【国际劳动节】Guójì Láodòngjié ⇒【五一】Wǔ-Yī【劳动节】Láodòngjié
【五音】wǔyīn (명) 1 (音) 오음. [宫(궁)·商(상)·角(각)·徵(치)·羽(우), 즉 '简谱(약보)'의 1·2·3·4·5·6에 해당하는 고대 중국 음악의 다섯

가지 음계] **2** (言) 오음. [다섯 가지 성모(聲母)
발음 부위. 후음(喉音)·아음(牙音)·설음(舌
音)·치음(齒音)·순음(脣音) 다섯 가지 발음 위치]

【五月】 **wǔyuè** 명 **1** 음력 5월. **2** 양력 5월.

【五月节】 **Wǔyuèjié** 명🛇 '端午节(단오절)'의
속칭.

【五岳】 **Wǔyuè** 명 오악. [중국 역사상 5대 명산
의 통칭. 동악태산(東岳泰山)·북악항산(北岳恒
山)·남악형산(南岳衡山)·서악화산(西岳華山)·중
악숭산(中岳嵩山)을 가리킴]

【五脏】 **wǔzàng** 명 오장. ['심장(心臟)·간
(肝)·비장(脾臟)·폐(肺)·신장(腎臟)'의 다섯 장
기(臟器)를 가리킴]

【五脏六腑】 **wǔzàng liùfǔ** 명 오장육부. [오
장은 '심장·간·비장·폐·신장'을, 육부는 '胃
(위)/胆(쓸개)·三焦(삼초)·膀胱(방광)·大肠
(장)·小肠(소장)'을 가리킴] **2** 신체의 모든 내장
기관.

【五指】 **wǔzhǐ** 명 오지. 다섯 손가락. ['拇指(엄
지)·食指(식지)·中指(중지)·无名指(무명지)·小
指(새끼손가락)' 다섯 손가락을 가리킴]

【五中】 **wǔzhōng** 명 **1** 오장(五臟). **2** 내심(內
心). 마음속. ¶铭感~=마음속 깊이 감명받다.

【五洲】 **wǔzhōu** 명 **1** 오대주. ['亚洲(아시아)·
欧洲(유럽)·非洲(아프리카)·美洲(아메리카)·澳洲
(오스트레일리아)'의 다섯 개 대륙] **2** 세계 각지.

【五洲四海】 **wǔzhōu sìhǎi** 명 전세계.

【五子棋】 **wǔzǐqí** 명 (바둑의) 오목.

**\*\*午** **wǔ** 일곱째 지지 오

명 **1** (天) 오. 십이지(十二支)의 일곱 번째. **2** 오
시(午時). **3** 정오. 낮 12시. ¶正~=정오. / 中
~=12시. **4** (Wǔ) 성(姓).

○● 重Chóng午, 端午, 晌shǎng午, 亭午

【午餐】 **wǔcān** 명 점심(밥). 오찬.

【午饭】 **wǔfàn** 명 점심(밥). 오찬.

【午后】 **wǔhòu** 명 오후. 하오. ¶~有雨=오후
에 비가 온다. ↔午前

【午间】 **wǔjiān** 명 점심때. 한낮. 정오경. ¶~休
息=점심 휴식.

【午觉】 **wǔjiào** 명 낮잠. 오수(午睡). ¶睡~=
낮잠을 자다.

【午门】 **wǔmén** 명 오문. 우먼. [자금성(紫禁城)
의 (남쪽) 정문]

【午前】 **wǔqián** 명 오전. 상오. ↔午后

【午膳】 **wǔshàn** 명동 점심(밥). 오찬.

【午时】 **wǔshí** 명 오시. [오전 11시~오후 1시]

【午睡】 **wǔshuì** 명동 낮잠(을 자다). ¶他正在
~。=그는 낮잠을 자고 있다.

【午休】 **wǔxiū** 동 점심 휴식을 취하다.

【午宴】 **wǔyàn** 명동 오찬회. 주찬회.

【午夜】 **wǔyè** 명 한밤중. 오밤중. 야밤중. 자정
전후의 시간.

**\*\*伍** **wǔ** 대오 오

명 **1** 오. [고대, 군대의 최소 단위. 다섯 사람이 1

오(伍)가 됨] **2** 군대. 대오. ¶队~=대오. / 退
~=퇴역하다. **3** 한패. 한패거리. 일당. 동아리.
¶羞与为~=한패가 되는 것을 수치로 생각하
다. **4** (Wǔ) 성(姓). 수 '五'의 갖은자.

○● 配伍, 退伍, 为wéi伍

【伍的】 **wǔ·de** 조명 등등. …따위. …류. 등. ¶
买个竹篮, 装点儿蔬菜~。=대나무 바구니를 구
입하여 채소 등을 담다.

**仵** **wǔ** 검시할 오

명 **1** (옛날의) 검시관(檢屍官). **2** (Wǔ) 성(姓).

【仵作】 **wǔzuò** 명 (옛날의) 검시관(檢屍官).

**迕** **wǔ** 만날 오

동 **1** 만나다. 조우하다. ¶相~=서로 만나
다. **2** 어기다. 거스르다. 위배(위반)하다. 범하
다. 거역하다. 저촉하다. ¶违~=거스르다. 거
역하다.

**庑[廡]** **wǔ** 집 무

명 **1** 곁채. ¶西~=서쪽 곁채. **2** (사방에 둘
러진) 회랑. ¶廊~=낭무.

**沕[潕]** **Wǔ** 물 이름 무

명(地) 우수이(沕水). [구이저우(贵州)성에서 발
원하여 후난(湖南)성으로 흘러들어가는 강 이름]

**怃[憮]** **wǔ** 애무할 무

동 **1** 사랑하다. 귀여워하다. 애틋[애련]하다.
**2** 실의에 빠지다. 실망[낙담]하다. ¶~然长
叹=실망하여 길게 탄식하다.

【怃然】 **wǔrán** 형동 실망[낙심]한 모양. ¶大家
~, 没有话。=모두 낙심하여 말이 없다.

**忤[(牾)]** **wǔ** 거스를 오

동 어기다. 거스르다. 위배[위반]하다. 범하다.
거역하다. 저촉하다. ¶~逆不孝=불효하다.

【忤逆】 **wǔnì** 동 (부모에게) 불효하다. ¶~之
子=불효자. ↔孝顺

【忤违】 **wǔwéi** 동 위반[위배]하다. 어기다. 거스
르다. 범하다. 거역하다. 저촉하다. ¶~尊长=
어른을 거역하다.

**妩[嫵]** **wǔ** 아리따울 무

【妩媚】 **wǔmèi** 형 (여자·꽃 등의 자태가) 사랑스
럽다. 곱고 아름답다. 어여쁘다. 매력적이다. 사
람의 눈길을 끌다. ¶娇柔~=곱고 부드럽고 어
여쁘다[사랑스럽다].

**\*\*武** **wǔ** 굳셀 무

명 **1** 양 족적. 발자국. **2** 양 발걸음. 선인이 보인
발자취. 모범적인 자취. ¶踵~=남의 발자취를
뒤따르다. 모방하다. **3** 무(武). 무력. 완력. 폭력.
[군사나 강력한 힘과 상관이 있는 것. '文(문)'과
구별됨] ¶穷兵黩~=무력을 남용해 전쟁을 벌
이다. / 文~双全=문무를 겸비하다. **4** 무공. 무

예. 무술. [격투기와 상관 있는 것] ¶比~=무예를 겨루다. /~艺超群=무예가 뛰어나다. **5 (Wǔ)** 성(姓). 〖형〗용감〔용맹〕하다. 맹렬〔격렬〕하다. 세차다. ¶英~=영민하고 용맹스럽다. ¶威~不屈=위풍당당하여 굴복하지 않다. 〖양〗반보(半步). [옛날에 육척(六尺)을 일보(一步)라 하고, 반보(半步)를 일무(一武)라고 하였음] ¶行不数~=몇 걸음도 가지 못하다. ↔文

○• 比武, 步武, 黩dú武, 继武, 尚武, 神武, 玄xuán武, 演武, 勇武, 用武, 踵zhǒng武

【武把子】**wǔbǎ·zi** 〖명〗〖劇〗 **1** 중국 전통극의 무술 전문 배역[배우]. **2** 전통극에서 사용하는 무기의 총칭. **3** (전통극 중의) 무술 동작.
【武备】**wǔbèi** 〖명〗 무비. 군비(軍備). 군사 장비. 무장력. 국방력. 국방 건설. ¶有文事者必有~。=문물 제도를 갖추면 반드시 국방력을 갖추어야 한다.
【武昌鱼】**wǔchāngyú** ☞【团头鲂】**tuántóufáng**
【武场】**wǔchǎng** 〖명〗 **1** 〖劇〗중국 전통극의 반주에 쓰이는 타악기의 통칭. [ '文场(전통극의 반주에 쓰이는 관현악기의 통칭)'과 구별됨] **2** 타악기를 연주하는 악사. **3** 무예를 겨루거나 훈련하는 장소.
【武丑】**wǔchǒu**(~儿) 〖명〗〖劇〗 무추. [중국 전통극 중 어릿광대의 하나로, 주로 무술이 활달하고 익살스런〔유머스런〕남자 배역. '文丑(주로 대사와 연기를 주로 하는 익살스런〔유머스런〕남자 배역)'와 구별됨] =【开口跳】**kāikǒutiào**
【武打】**wǔdǎ** (중국 전통극·영화나 TV의) 격투. 무술. ¶~动作=격투 동작.
【武打片儿】**wǔdǎpiānr** 〖구〗 (영화나 TV의) 무술 영화. 쿵푸 영화. 액션물.
【武打片】**wǔdǎpiàn** 〖명〗(映) (영화나 TV의) 무술 영화. 쿵푸 영화. 액션물.
【武大】**Wǔ Dà** ☞【武汉大学】**Wǔhàn Dàxué**
【武大郎】**Wǔdàláng** 〖명〗 **1** 무대. 《수호전(水滸傳)》에 나오는 무송(武松)의 형으로, 작고 못생겼으며 성격이 나약함] **2** 풍채가 볼품 없으며 나약하고 무능한 남자의 대명사[전형]. [풍자의 뜻을 내포함]
【武旦】**wǔdàn** 〖명〗〖劇〗 무단. [중국 전통극의 여자 무사 (배)역]
【武德】**wǔdé** 〖명〗 **1** 무덕. [무력을 씀에 있어서 반드시 지켜야 할 원칙] **2** 무덕. 무인의 덕목. [무공을 연마하고 무예를 전수하는 사람이 마땅히 갖추어야 할 덕목]
【武斗】**wǔdòu** 〖동〗 무력이나 폭력으로 투쟁하다〔싸우다〕. ↔文斗
【武断】**wǔduàn** 〖동〗 **1** 〖문〗권세를 등에 업고 함부로 시비를 판단하다. ¶~乡曲=시골에서 세력가가 권세로 백성을 억압하다. **2** 주관적으로〔혼자〕 판단하다. 독단〔무단〕하다. ¶我对实际情况不了解, 不好~了。=나는 실제 상황에 대해 모르기 때문에, 멋대로 판단하기 어렵다. 〖형〗 독단적

〔주관적〕이다. ¶情况都没调查清楚就下结论, 未免太~了。=정황을 다 자세히 조사하지도 않고 성급하게 결론을 내렸으니, 너무 독단적이라고 하지 않을 수 없다.
【武夫】**wǔfū** 〖명〗 **1** 〖문〗무사. 용사. ¶赳赳~=씩씩한 용사. **2** 군인. 병사. ¶一介~=일개 병사.
【武工】[武功] **wǔgōng** 〖명〗(劇) (중국 전통극의) 무술 연기.
【武工队】**wǔgōngduì** 〖명〗〖军〗武装工作队(무장공작대). [항일(抗日) 전쟁 당시 피점령지에서 군사·정치·경제·문화 등의 투쟁과 활동을 전개한 무장 조직]
【武功】**wǔgōng** 〖명〗 **1** 〖문〗 무공. 군사상의 공적. ¶文治=문화의 업적과 군사상의 공적. **2** 무술. 무예. ¶~高强=무예가 뛰어나다. **3** ☞【武工】**wǔgōng**
【武官】**wǔguān** 〖명〗 **1** 무관. 군관. 장교. **2** (외교관의 하나인) 무관.
【武馆】**wǔguǎn** 〖명〗 도장. 무도관(武道館).
【武汉】**Wǔhàn** 〖명〗〖地〗 우한. 무한. [후베이(湖北)성의 성도]
【武汉大学】**Wǔhàn Dàxué** 〖명〗 무한대학. [우한(武汉)시에 있는 교육부 직속의 종합 명문 대학] 〖양〗【武大】**Wǔ Dà**
【武行】**wǔháng** 〖명〗〖劇〗 무항. [중국 전통극에서 무술 전문 배역[배우]]
【武火】**wǔhuǒ** 〖명〗 (화력이) 센 불. 활활 세게 타는 불. ↔文火
【武将】**wǔjiàng** 〖명〗 무장. 장수. 군관. 장교.
【武警】**wǔjǐng** ☞【武装警察】**wǔzhuāng jǐngchá**
【武警部队】**wǔjǐng bùduì** 〖명〗〖양〗中国人民武装警察(중국 인민 무장 경찰 부대). [1983년에 창설된, 국내 안전 보위 임무를 담당하는 무장 조직]
【武举】**wǔjǔ** 〖명〗 **1** 무과. [명청(明清)대 무예로 선발하는 향시] **2** (명청(明清)대) 무과 향시에 급제한 사람.
【武库】**wǔkù** 〖명〗〖军〗 무기고.
【武力】**wǔlì** 〖명〗 **1** 무력. ¶~征服=무력 정복. **2** 폭력. ¶~镇压=폭력을 사용하는 진압.
【武林】**wǔlín** 〖명〗 무림. 무술계. ¶~高手=무림 고수.
【武庙】**wǔmiào** 〖명〗 **1** 관제묘(關帝廟). [삼국(三國) 시대 명장인 관우(關羽)를 모시는 사당] **2** 관우(關羽)와 악비(岳飛)를 같이 모시는 사당.
【武器】**wǔqì** 〖명〗 **1** 〖军〗 무기. 병기. **2** 투쟁의 도구. ¶思想~=사상이라는 무기.
【武器装备】**wǔqì zhuāngbèi** 〖명〗〖军〗 무기와 장비. [무기 및 기자재·군복·기술력 등의 총칭]
【武人】**wǔrén** 〖명〗 **1** 강하고 용맹한 사람. **2** 군인. 무인.
【武生】**wǔshēng** 〖명〗〖劇〗 무생. [중국 전통극의 남자 무사 (배)역]
【武师】**wǔshī** 〖명〗 **1** 군대. **2** 〖경〗 무예를 전수하는 사람이나 무예가〔무술이〕 뛰어난 사람에 대한 존칭. 무술 스승. 무술 대가〔명인〕.
【武士】**wǔshì** 〖명〗〖문〗 **1** 무사. 용사. **2** 고대 궁정

을 지키던 근위병.
【武士道】 wǔshìdào 몡 무사도.
【武术】 wǔshù 몡(體) 무술. 우슈.
【武松】 Wǔsōng 몡 1 무송. 〖수호전(水滸傳)〗에 나오는 영웅 호걸. 맨손으로 호랑이를 때려 잡았음 2 영웅 호걸의 대명사.
【武戏】 wǔxì 몡(劇) 무술극. 활극. ↔文戏
【武侠】 wǔxiá 몡 무협. 협객.
【武侠片儿】 wǔxiápiānr 몡(구) 무협 영화.
【武侠片】 wǔxiápiàn 몡(映) 무협 영화.
【武侠小说】 wǔxiá xiǎoshuō 몡 무협 소설.
【武艺】 wǔyì 몡 무예. 무술. ¶~高强=무예가 뛰어나다.
【武职】 wǔzhí 몡 무관직. 무직. 군사 방면의 직무. ['文职(문관의 직무)' 와 구별됨]
【武装】 wǔzhuāng 몡 1 무장. 군장. ¶全副~=완전 군장. 2 군사 장비. ¶~力量=무력. 군사력. 3 무장한 대오. ¶人民~=인민 군대. 툉 1 무장하다. 무장시키다. ¶用现代化武器~部队. =현대화 무기로 부대를 무장하다. 2 (喩) (사상이나 지식으로) 채우다. 무장하다. ¶用科学知识~头脑. =과학 지식으로 두뇌를 채우다〔무장하다〕.
【武装部队】 wǔzhuāng bùduì 몡 군대.
【武装带】 wǔzhuāngdài 몡 멜빵 달린 장교용 혁대. [근현대에 장교가 착용했던 가죽 띠. 권총이나 군도(軍刀) 등을 차는 데 사용함]
【武装警察】 wǔzhuāng jǐngchá 몡 1 中国人民武装警察(중국 인민 무장 경찰 부대). 2 중국 인민 무장 경찰 부대원. 약【武警】 wǔjǐng
【武装力量】 wǔzhuāng lìliàng 몡(軍) 무장 역량. 군사력. [국가의 정규군 및 기타 무장 조직의 총칭]

**侮** wǔ 모욕할 모
툉 얕보다. 경멸〔모욕·무시·능욕〕하다. 괴롭히다. 업신여기다. 불손하게〔버릇없이〕굴다. ¶欺~=업신여기고 모욕하다. / 外~=외부로부터 받은 모욕.

○● 轻侮

【侮骂】 wǔmà 툉 욕설을 퍼붓다. ¶恶语~=못된 말로 욕설을 퍼붓다.
【侮慢】 wǔmàn 툉 업신여기다. 모욕하다. 깔보다. ¶要懂得尊重他人, 不可有~之举. =다른 사람을 존중할 줄 알아야지, 업신여기는 행동을 해서는 안 된다.
【侮蔑】 wǔmiè 툉 모욕〔모독·능욕〕하다. ¶肆意~=함부로 모욕하다. 형 경멸의. ¶一脸~的神情=얼굴 가득한 경멸의 표정.
【侮弄】 wǔnòng 툉 깔보고 조롱하다. 모욕하다. 놀리다. 업신여기다. ¶~弱=약자를 놀리다.
【侮辱】 wǔrǔ 툉 모욕〔모독·능욕〕하다. ¶~人格=인격을 모욕하다. 능凌辱 ↔尊重

**捂** wǔ 가릴 오
툉 덮다. 가리다. 밀폐〔밀봉〕하다. 막다. ¶她不停地~着嘴笑. =그녀는 계속 입을 가리고 웃었다. ↔揭
☞ wú
【捂盖】 wǔgài 툉 1 덮다. 가리다. (물건을) 밀봉하다. ¶他身上~着厚厚的一床棉被. =그의 몸에 두터운 솜이불이 덮여 있다. 2 감추다. 은폐하다. 숨기다. 덮어두다. ¶他企图~自己的过失. =그는 자신의 과실을 은폐하려고 기도하다.
【捂盖子】 wǔ gài·zi 툉 1 뚜껑을 덮다. 2 (喩) (잘못이나 진상 등이 드러나지 않게) 덮어 버리다. 은폐하다. 덮어 감추다.
【捂汗】 wǔ‖hàn 툉 (이불 등을 뒤집어쓰고) 땀을 내다. ¶感冒不严重, 喝碗姜汤捂捂汗就好了. =감기가 심하지 않으니, 생강탕을 마시고 땀을 내면 나을 거야.
【捂捂盖盖】 wǔ·wu gàigài (~的) 톙(貶) (폭로되지 않도록) 한사코 감추다. ¶有过失就承认, 别是~的. =과실이 있거든 바로 인정해야지, 늘 감추려고 해서는 안 된다.

**牾** wǔ 거스를 오
툉(文) 어기다. 거스르다. 위배〔위반〕하다. 범하다. 거역하다. 저촉하다. ¶抵~=저촉하다.

**珷** wǔ 옥돌 무
【珷玞】[碔砆] wǔfū 몡(文) 무부. 옥(玉)처럼 생긴 아름다운 돌.

**鹉**[鵡] wǔ 앵무새 무
☞【鹦鹉】 yīngwǔ

**碔** wǔ 옥돌 무
【碔砆】 wǔfū ☞【珷玞】 wǔfū

**舞** wǔ 춤출 무
툉 1 춤추다. 춤추는 동작을 하다. ¶手~足蹈=기뻐서 덩실덩실 춤을 추다. / 眉飞色~=희색이 만면하다. 2 (어떤 것을) 손에 들고 춤추다. ¶~剑=칼춤을 추다. / ~狮子=사자춤을 추다. 3 휘두르다. ¶张牙~爪=이를 드러내고 발톱을 휘두르다. 힘으로 사람을 위협하다. 4 가지고 놀다. 마음대로 다루다. (수단·재주 등을) 부리다. 피우다. 발휘하다. ¶他一直喜欢~文弄墨. =그는 줄곧 글재주 부리는 것을 좋아하다. 5 (方) …을〔를〕 하다. 만들다. ¶大家一起动手, 凉棚就~起来了. =모두 함께 손을 쓰니, 곧 차일이 세워졌다. 몡 춤. 무용. 무도. ¶交际~=사교춤. / 轻歌曼~=경쾌한 노래와 우아한 춤.

○● 飞舞, 歌舞, 鼓舞, 挥huī舞, 飘piāo舞, 乐yuè舞

【舞伴】 wǔbàn (~儿) 몡 댄싱 파트너(dancing partner). 사교춤의 파트너. 춤출 때의 짝.
【舞弊】 wǔbì 툉 부정 행위를 하다. 속임수로 법률이나 기율을 거스르고 어지럽히다. 불법적인 일을 행하다. ¶徇私~=사사로운 이익을 위해 부정 행위를 하다.

## wǔ 舞兀勿乌戊

- 【舞步】 wǔbù 명 춤의 스텝(step). ¶轻盈的~ = 경쾌한 스텝.
- 【舞场】 wǔchǎng 명 무도장.
- 【舞池】 wǔchí 명 무도장의 플로어.
- 【舞刀弄棒】 wǔdāo-nòngbàng 성 1 칼과 몽둥이를 휘두르다. 폭력을 휘두르다. 2 (무술을 배우는 사람이) 칼과 봉을 연습하다.
- 【舞蹈】 wǔdǎo 명(藝) 무도. 춤. 무용. ¶民族~ = 민족 무용. 동(藝) 춤추다. 무용하다. ¶演员们随着舒缓的音乐~. = 배우들이 느린 음악에 맞추어 춤을 춘다. ≒跳舞
- 【舞蹈症】 wǔdǎozhèng 명(醫) 무도병(舞蹈病). [신경 계통 장애의 하나. 얼굴·손·발·혀 등이 뜻대로 움직이지 않고 저절로 심하게 떨려 마치 춤을 추는 듯한 증상이 나타남]
- 【舞动】 wǔdòng 동 휘두르다. (뒤)흔들다. 흔들리다. 춤추다. 흔들거리다. ¶~彩旗 = 채색 깃발을 흔들다.
- 【舞会】 wǔhuì 명 무도회.
- 【舞姬】 wǔjī 명 무희. 무녀(舞女). 여자 무용수. 댄서.
- 【舞技】 wǔjì 명 무기. 춤 솜씨. 무용 기예. 춤의 기예.
- 【舞剧】 wǔjù 명(劇) 무용극.
- 【舞客】 wǔkè 명 무도장의 손님〔고객〕.
- 【舞美】 wǔměi ☞【舞台美术】 wǔtái měishù
- 【舞迷】 wǔmí 명 댄스광. 춤에 미친 사람.
- 【舞弄】 wǔnòng 동 1 휘두르다. 제멋대로 다루다. ¶~棍棒 = 곤봉을 휘두르다. 2(방) …을〔를〕하다. 만들다. ¶他自己~了一个风筝。 = 그는 직접 연을 만들었다.
- 【舞女】 wǔnǚ 명 1 무희. 댄서. 2 여자 무용수.
- 【舞谱】 wǔpǔ 명 무보(舞谱). 무용보(舞踊谱).
- 【舞曲】 wǔqǔ 명(音) 무곡. 무도곡. 댄스 뮤직.
- 【舞狮】 wǔshī 동(藝) 사자춤.
- 【舞台】 wǔtái 명 1 무대. ¶~生涯 = 무대 생애. 2(비) 사회 활동 영역〔무대〕. ¶退出政治~ = 정치 무대에서 물러나다.
- 【舞台美术】 wǔtái měishù 명(藝) 무대 미술. 약【舞美】 wǔměi
- 【舞坛】 wǔtán 명 무용계. 무도계.
- 【舞厅】 wǔtīng 명 1 무도용의 대청. 무용실. 댄스 홀. 플로어. 2 (상업적인) 무도장.
- 【舞文弄法】 wǔwén-nòngfǎ ☞【舞文弄墨】 wǔwén-nòngmò
- 【舞文弄墨】 wǔwén-nòngmò 성 1 법조문을 왜곡하여 부정을 저지르다. =【舞文弄法】 wǔwén-nòngfǎ 2 글장난을 하다. 글재주를 부리다.
- 【舞舞爪爪】 wǔ·wu zhǎozhǎo (~的) 형 손짓 발짓 하는 모양. ¶说话不要~的. = 말할 때 손짓 발짓 하지 말아라.
- 【舞榭歌台】 wǔxiè gētái ☞【歌台舞榭】 gētái wǔxiè
- 【舞星】 wǔxīng 명 춤솜씨가 뛰어난 무용수. 이름난 무용수.
- 【舞艺】 wǔyì 명 무기(舞技). 춤솜씨. 무용 기예. 춤의 기예. ¶~娴熟 = 춤솜씨가 능숙하다.
- 【舞姿】 wǔzī 명 무용의 자태. 춤추는 모습. ¶~柔美 = 춤추는 모습이 유연하고 아름답다.

## 兀 wù 우뚝할 올

형(문) 1 우뚝 솟다. 우뚝하다. ¶突~ = 우뚝 솟다. 2 산이 민둥민둥하다. 3 머리가 벗어진 모양. 머리의 털이 빠진. 대머리의. ¶~鹫高飞 = 대머리독수리가 높이 날다. ☞ wū

- 【兀傲】 wù'ào 형(문) 오만〔교만〕하다. ¶恃才~ = 자기의 재능을 믿고 교만하다.
- 【兀鹫】 wùjiù 명(動) 대머리독수리. =【兀鹰】 wùyīng
- 【兀立】 wùlì 동 우뚝 솟다. 곧추서다. ¶舜壁~ = 절벽이 우뚝 솟아 있다.
- 【兀臬】 wùniè ☞【杌陧】 wùniè
- 【兀鹰】 wùyīng ☞【兀鹫】 wùjiù
- 【兀自】 wùzì 부(문) 아직. 여전히. 역시. [주로 조기 백화문에 보임] ¶提起伤心事, 他的心中~隐隐作痛. = 가슴 아픈 일을 들추면, 그의 마음은 여전히 아련하게 아파 온다.

## 勿 wù 금지사 물

부(문) …해서는 안 된다. …하지 마라. ¶切~遗失. = 절대 분실하지 마시오. / 请~吸烟. = 흡연하지 마시오.

- 【勿忘草】 wùwàngcǎo 명(植) 물망초. =【勿忘我草】 wùwàngwǒcǎo
- 【勿忘我草】 wùwàngwǒcǎo ☞【勿忘草】 wùwàngcǎo
- 【勿谓言之不预】 wù wèi yán zhī bù yù 성 1 사전에 미리 말한 적이 없다고 말하지 마라. 2(비) 사전에 미리 알려 주다.

## 乌[烏] wù 소리 오

아래를 참조.
☞ wū

- 【乌拉】 wù·la ☞【靰鞡】 wù·la ☞ wūlā
- 【乌拉草】 wù·lacǎo 명(植) 오랍초. [중국 동북 지방에 자라는 방동사니과 다년생 초본의 일종. 방한용 신발 속에 깔기도 하고 물건을 매는 데 사용하기도 함]

## 戊 wù 다섯째 천간 무

명(天) 무. [십간(十干)의 다섯 번째]

- 【戊戌变法】 Wùxū Biànfǎ 명(歷) 무술 변법. 백일 개혁. 백일 유신. 무술 유신. [1898년(무술년) 캉유웨이(康有为)와 량치차오(梁启超)가 덕종(德宗) 광서제(光绪帝)를 내세우며 추진했던 정치 개혁 운동으로, 서태후(西太后)를 옹립한 수구 세력의 반발로 일어났으며, 103일 만에 실패로 끝남] =【戊戌维新】 Wùxū Wéixīn 【百日维新】 Bǎi rì Wéixīn
- 【戊戌维新】 Wùxū Wéixīn ☞【戊戌变法】 Wùxū Biànfǎ

**务[務]** wù 일할 무

동 **1** 종사하다. 일하다. 힘쓰다. 애쓰다. 힘을 쏟다. 노력하다. ¶不~正业=정당한 직업에 종사하지 않다. 바른 일을 하지 않다. **2** 강구하다. 꾀하다. 바라다. 추구하다. 탐구하다. ¶贪多~得=탐욕이 한없이 많다. 부 반드시. 꼭. 필히. ¶除恶~尽=나쁜 것은 철저하게 제거해야 한다. 명 **1** 일. 사무. 업무. 임무. ~~商~=상무. 비지니스. / 公~缠身=공무에 시달리다. **2** 무. [고대 관서 이름으로, 주로 무역을 관장하거나 세금을 걷는 기관이었음. 현재는 지명에 많이 쓰임] ¶曹家~=차오자우. 조가무. [허베이(河北)성에 있는 지명] **3** (Wù) 성(姓).

○● 报务, 财务, 常务, 党务, 防务, 服务, 港务, 国务, 航务, 急务, 家务, 教务, 剧务, 军务, 内务, 侨qiáo务, 勤qín务, 商务, 时务, 庶shù务, 税shuì务, 特务, 外务, 洋务, 业务, 医务, 义务, 杂务, 债zhài务, 政务, 职务, 总务

【务必】wùbì 부 반드시. 꼭. 기필코. 반드시 …해야 한다. 꼭 …해야 한다. 기필코 …해야 한다. ¶欠款~按时还清。=빌린 돈은 반드시 제때에 깨끗이 갚아야 한다. ≒必须 务须

【务工】wùgōng 동 **1** 공업·건설 방면의 일에 종사하다. **2** 일하다. 아르바이트를 하다. ¶外出~=외지로 나가 일하다. **3** 공력을 들이다. 품을 들이다. 시간과 노력을 들이다. ¶~不少, 收效却甚微。=들인 공력은 많은데, 거두어들인 효과는 너무나 미미하다.

【务农】wùnóng 동 농업에 종사하다. ¶以~为生=농업에 종사하는 것을 생업으로 하다.

【务期】wùqī 동부 꼭[반드시·틀림없이] …해야 한다. ¶~学有所成。=반드시 배움에 성과가 있어야 한다.

【务请】wùqǐng 동부 반드시 …하기를 바라다. 꼭 …하도록 부탁하다. [주로 공문이나 서신에 쓰임] ¶~及时更正。=꼭 제때에 정정하기를 바랍니다.

【务求】wùqiú 동 꼭 …할 것을 바라다. 반드시 …하도록 애쓰다. ¶~达到最佳效果。=꼭 가장 좋은 효과를 거두기를 바란다.

【务实】wù∥shí 형 실무(실제·실용·사실)적인. 실속 있는. ¶~精神=실용 정신. 동 구체적인 실제 사업을 수행하다[처리하다]. 실무적인 사업 수행에 힘쓰다. 구체적인 문제를 토론하다. ['务虚(이론적인 학습 토론)'와 구별됨] ¶~与务虚相结合='실무적인 사업 수행'과 '이론적인 연구 토론'을 서로 결합하다. ≒求实 ↔务虚

【务使】wùshǐ 동 반드시 …가[로] 되게 하다. 꼭 …하도록 하다. …을[를] 보장하다. ¶~徙民得到妥善安置。=반드시 이재민이 제대로 정착하도록 해야 한다.

【务须】wùxū 부 반드시. 꼭. 기필코. 반드시 …해야 한다. 꼭 …해야 한다. 기필코 …해야 한다. ¶~准时出席会议。=반드시 제 시간에 회의에 출석해야 한다. ≒必须 务必

【务虚】wù∥xū 동 (어떤 일의) 정치 사상·방침·정책·이론 등 방면의 문제를 토론하고 연구하다. 이론 학습에 힘쓰다. 체계 있는 이론과 방침·정책 등을 연구하고 토론하다. ¶~会=이론 학습 토론회. ↔务实

【务要】wùyào 부 반드시. 꼭. 기필코. 반드시 …해야 한다. 꼭 …해야 한다. 기필코 …해야 한다. ¶借阅的图书, 一月之内~归还。=빌린 도서는 반드시 한 달 이내에 반납하여야 한다.

【务正】wùzhèng 동 정당한 직업에 종사하다. 정당한 일을 하다. ¶回心~=마음을 고쳐먹고 정당한 직업을 가지다.

**阢** wù 기울어져 위태로울 올
【阢陧】wùniè ☞【杌陧】wùniè

**扤** wù 흔들릴 올
동부 뒤흔들다. 요동하다. 진동하다.

**屼** wù 민둥산 올
형 산이 민둥민둥하다.

**坞[塢, 隖]** wù 성채 오
명 **1** 산간의 평지. ¶山~=산간의 평지. **2** 사면이 높고 가운데가 움푹 들어간 곳. ¶花~=움푹 들어간 꽃밭. **3** 항구. 항만. 독(dock). 선거(船渠). ¶船~=도크. **4** 부 방어용의 작은 성채. 작은 토성. ¶结~自守=작은 성채를 지어 스스로 지키다.

**芴** wù 순무 물
명 **1** (植) 부추의 일종. **2** (化) 플루오렌(fluorene).

**杌** wù 걸상 올
명 등받이가 없는 네모난 낮은[앉은뱅이] 걸상.
【杌凳】wùdèng(~儿) 명 등받이가 없는 네모난 낮은[앉은뱅이] 걸상.
【杌陧】[阢陧][兀臬] wùniè 형부 (형세·국면·심정 등이) 불안하다. 위태롭다. 불안정하다. ¶~不安=불안하다.
【杌子】wù·zi 명 등받이가 없는 네모난 낮은[앉은뱅이] 걸상.

**物** wù 물건 물
명 **1** 물건. 물질. 물체. 사물. ¶货~=물품. / 玩~丧志=좋아하는 것에 정신이 팔려 진취적인 마음을 잃어버리다. **2** (자기 이외의) 다른 사람. 남. 외부 환경. ¶~议沸腾=사람들의 비난이 들끓다. / 待人接~=처세하다. **3** (문장·말의) 실제 내용. ¶空洞无~=(공허하여) 내용이 없다. / 言之无~=말이나 글에 내용이 없다.

○● 宝物, 财物, 产物, 长物, 地物, 毒dú物, 读物, 发物, 废fèi物, 风物, 格物, 古物, 谷物, 怪物, 鬼guǐ物, 货物, 景物, 静物, 旧物, 刊物, 矿kuàng物, 礼物, 名物, 器物, 人物, 神物, 生

**wù 物**

物, 失物, 实物, 什shí物, 食物, 事物, 饰shì物, 书物, 土物, 玩物, 万物, 文物, 无物, 信物, 妖yāo物, 药物, 衣物, 遗物, 异yì物, 尤yóu物, 赃zāng物, 造物, 证物, 织物, 植物, 作物

【物产】wùchǎn 圓 (천연·인공의) 물산. 산물. 산물(產物). 생산물. 생산품. ¶~丰富=물산이 풍부하다.
【物阜民丰】wùfù-mínfēng 圀 물산이 풍부하고, 백성은 풍요롭다.
【物故】wùgù 통 작고〔물고〕하다. 사망하다.
【物归原主】wùguīyuánzhǔ 圀 물건이 원래의 주인에게 돌아가다. 물건을 원래 주인에게 돌려주다.
【物耗】wùhào 圓 물자 소모. ¶减少~=물자 소모를 줄이다.
【物候】wùhòu 圓 물후. 철이나 기후에 따라 변화하는 만물의 현상. [동면(冬眠)하고 싹트고 꽃 피고 열매 맺는 것과 같은 동식물의 주기성 현상. 혹은 자연계의 첫얼음이나 해동(解凍)같은 무생물 변화와 계절 기후의 관계]
【物华天宝】wùhuá-tiānbǎo 圀田 지극히 진귀한 보물.
【物化】wùhuà 통圓 죽다. 사망하다.
【物化劳动】wùhuàláodòng 圓(經) 유형적 노동. →【死劳动】sǐláodòng ↔活劳动
【物换星移】wùhuàn-xīngyí 圀 1 경물(景物)이 변하고, 별자리가 이동하다. 2田 계절이 변하다. 세상사가 변천하다. =【星移物换】xīngyí-wùhuàn
【物极必反】wùjí-bìfǎn 圀 사물의 발전이 극에 달하면 반드시 반전한다.
【物价】wùjià 圓 물가. ¶~稳定=물가가 안정되다.
【物价指数】wùjià zhǐshù 圓(經) 물가 지수.
【物件】wùjiàn 圓 물건. 물품. ¶保管好自己的私人~=개인 소지품을 잘 보관하다.
【物尽其用】wùjìnqíyòng 圀 각종 물품이 저마다의 효용을 충분히 발휘하다. 모든 물자의 효용을 극대화하다.
【物竞天择】wùjìng-tiānzé 圀 1 (생물 간에) 생존 경쟁을 하여 자연에 적응한 것만 선택되어 살아남다. 2 인류 사회가 번식하고 발전하다.
【物镜】wùjìng 圓(物) 대물 렌즈. 접물경. =【接物镜】jiēwùjìng
【物类】wùlèi 圓田 물품의 종류.
【物离乡贵】wùlíxiāngguì 圀 물건은 생산지를 떠나면 귀해진다. 물건은 생산지에서 멀어질수록 값이 더 오른다.
【物理】wùlǐ 圓 1 사물〔만물〕의 이치〔내부 규율〕. ¶人情~=인정과 만물의 이치. 2(物) 물리(학).
【物理变化】wùlǐ biànhuà 圓(物) 물리(적) 변화.
【物理常数】wùlǐ chángshù 圓(物) 물리 상수.
【物理量】wùlǐliàng 圓(物) 물리적 양.
【物理疗法】wùlǐ liáofǎ 圓(醫) 물리 요법. 물리 치료. 약【理疗】lǐliáo

【物理性质】wùlǐ xìngzhì 圓(物) 물리적 성질.
【物理学】wùlǐxué 圓(物) 물리학.
【物理诊断】wùlǐ zhěnduàn 圓(醫) (눈·청진기·손·망치 등으로) 물리적 진단.
【物力】wùlì 圓 물력. 조달할 수 있는 각종 물자. 물질적인 힘. ¶这项工程需要投入大量人力, ~。=이번 프로젝트는 대량의 인력과 물자의 투입이 필요하다.
【物料】wùliào 圓 물품과 재료. 자재. ¶节约~=자재를 절약하다.
【物流】wùliú 圓 1 물류. 물품〔물자〕 유통. 2 물류 상품.
【物美价廉】wùměi jiàlián 圀 상품의 질이 좋고 값도 저렴하다. =【价廉物美】jiàlián wùměi ↔米珠薪桂
【物品】wùpǐn 圓 물품. ¶贵重~=귀중품.
【物情】wùqíng 圓 물정. ¶世态~=세상 물정.
【物权】wùquán 圓(法) 물권.
【物色】wùsè 통 물색하다. ¶~演员=배우를 물색하다.
【物伤其类】wùshāngqílèi 圀 1 동물이 동류가 불행을 당하면 함께 슬퍼하다. 제 무리의 불행을 슬퍼하다. 2田 동료가 불행을 당하면 함께 슬퍼하다. [주로 부정적인 인물들에게 쓰임]
【物是人非】wùshì-rénfēi 圀 1 강산은 의구하나 인걸은 간데없다. 풍물은 여전한데, 인간사는 이미 변모하다. 2田 세상의 변화가 무상하다.
【物事】wùshì 圓 1運 일. 사정. ¶~繁杂=일이 번잡하다. 2방 물건. 물품. ¶你手里拿的是啥~？=네 손에 든 것이 무슨 물건이냐?
【物态】wùtài 圓 (고체·액체·기체 등) 물질의 상태.
【物探】wùtàn 圓 물리적 탐사. [물리학 원리로 지질 구조를 연구하고 광산(鑛產) 자원의 분포 상황을 측정함]
【物体】wùtǐ 圓 물체. ¶绝缘~=절연체.
【物外】wùwài 圓運 물외. 속세의 밖. ¶超然~=세속적인 것에 구애받지 않고 초연하다.
【物象】wùxiàng 圓 1 물상. [동물이나 기물(器物) 등의 사물이 환경 변화에 따라 나타내는 현상. 날씨 변화 등을 예측하는 보조 수단으로 사용되기도 함] ¶观察~=물상〔자연계의 사물과 그 변화 현상〕을 관찰하다. 2 사물의 형상〔형태〕. 물상. ¶描摹~=사물의 형상을 그려 내다.
【物像】wùxiàng 圓(物) 물상. 사물의 영상(映像).
【物业】wùyè 圓 1 산업. 2 가옥 등의 부동산. ≒产业
【物业管理】wùyè guǎnlǐ 통 1 산업을 관리하다. 2 (주택 관리 회사에서) 주택 단지〔아파트〕를 종합 관리하다.
【物以类聚】wùyǐlèijù 圀 1 끼리끼리 어울리다. 유유상종하다. 2田 나쁜 사람들이 의기투합하여 한데 어울리다.
【物以稀为贵】wù yǐ xī wéi guì 圀 물건은 적을수록 귀하다.
【物议】wùyì 圓運 물의. 대중의 비난〔비평〕. ¶免遭~=대중의 비난을 모면하다.

【物欲】wùyù 명 물욕. 물질적 향락을 추구하는 욕망. ¶~横流=물욕이 넘치다.

【物证】wùzhèng 명 물증. 물질적 증거. ¶仅有人证是不够的, 还需要~。=인적 증거만으로는 충분하지 않고, 물증이 더 필요하다.

【物质】wùzhì 명 1 (哲) 물질. ¶~决定意识。=물질이 의식을 결정한다. 2 (돈이나 생활 물자 등의) 물질. 재물. 재화(財貨). ¶~享受=물질적 향락을 누리다. ↔意识 精神

【物质损耗】wùzhì sǔnhào ☞ 【有形损耗】yǒuxíng sǔnhào

【物质条件】wùzhì tiáojiàn 명 1 돈이나 재물 등의 보유 상황. 2 물질적 조건.

【物质文明】wùzhì wénmíng 명 물질 문명. ↔精神文明

【物种】wùzhǒng 명 (生) 종(種). ¶~起源=종의 기원.

【物主】wùzhǔ 명 1 물주. 물건의 주인. 소유주. 2 물주. 분실물의 소유자. 주인.

【物资】wùzī 명 물자. ¶~调配=물자 분배.

脆 wù 위태로울 올
☞【靰脆】nièwù

**误[誤] wù 틀릴 오
형 틀리다. 잘못되다. ¶引起~会=오해를 불러일으키다. / 纯属~解=완전히 오해이다. 명 실수. 잘못. 틀림. ¶谬~=오류. / 笔~=잘못 쓴 글자. 오기. 동 1 (시간에) 늦다. 늦어지다. 지체하다. 지각하다. 延(yí)~=지체하다. 2 방해하다. (손)해를 끼치다. ¶~人不浅=남에게 많은 해를 끼치다. 부 잘못하여. 실수로. 무심코. 무심결에. ¶~触忌讳=건드리지 말아야 할 것을 실수로 건드리다. ↔正

○● 迟chí误, 舛chuǎn误, 错误, 耽dān误, 讹é误, 勘kān误, 谬miù误, 失误, 脱误, 违wéi误, 无误, 延误, 贻yí误, 正误

【误班】wùbān 동 지각하다. 출근이 지체되다. ¶因病~=병으로 지각하다.

【误报】wùbào 명 오보. 잘못된 보고. ¶~收支情况=수지 상황을 오보하다.

【误笔】wùbǐ 동 잘못 쓰다. 오기하다. 잘못 그리다. 명 잘못 쓴〔그린〕곳.

【误餐】wù‖cān 동 식사 시간을 놓치다. ¶~费=공무로 인하여 식사를 걸렀을 경우에 지급하는 식사 보조비.

【误差】wùchā 명 오차.

【误场】wù‖chǎng 동 배우의 등장이 늦어지다〔지체되다〕. 늦게 등장하다.

【误车】wù‖chē 동 1 (차의) 운행이 지연되다. 차가 연착하다. 2 차를 놓치다.

【误传】wùchuán 동 오보하다. 잘못 전하다.

【误导】wùdǎo 동 오도(誤導)하다. 잘못 이끌다. ¶~消费者=소비자를 오도하다.

【误点】wù‖diǎn 동 시간을 어기다. 연착하다. ¶飞机~=비행기가 연착하다. 늑晚点 ↔正点

【误断】wùduàn 동 잘못 판단하다.

【误犯】wùfàn 동 실수로〔무심결에〕 잘못을 저지르다.

【误工】wù‖gōng 동 1 일을 그르치다. 일이 지체되다〔늦어지다〕. ¶一旦~, 就不能按时完成任务。=일단 일이 지체되면 제때에 임무를 완수할 수 없다. 2 결근하거나 지각하다. ¶如有~现象, 奖金一律扣发。=만약 결근하거나 지각하는 사태가 발생하면, 일률적으로 보너스 지급을 멈출 것이다.

【误国】wù‖guó 동 국사(國事)를 그르치다. 나라를 망치다. 나라에 손실을 끼치다. ¶~误民=국가와 국민을 망치다.

【误国害民】wùguó-hàimín 성 국사를 그르치고, 국가와 국민에게 손해를 끼치다.

【误会】wùhuì 동 오해하다. ¶他并没有这个意思, 你~了。=그는 전혀 그런 뜻이 없었어, 네가 오해한 거야. 명 오해. ¶这纯粹是一场~=이것은 순전히 오해야. 늑误解 ↔谅解

【误解】wùjiě 동 오해하다. ¶他~了我的话。=그는 내 말을 오해했다. 명 오해. ¶消除~=오해를 풀다. 늑误会

【误码】wùmǎ 명 (디지털 통신 전송 중에 받은) 잘못된 코드〔부호〕.

【误卯】wù‖mǎo 동(옛) 출근 점호에 오지 않다. 출근 시간에 늦다. 지각하다. [옛날, 관청의 출근 시간은 卯时(오전 5~7시 사이)였음]

【误谬】wùmiù 명 오류. 과오. 잘못. ¶订正~=오류를 수정하다.

【误判】wùpàn 동 1 오판하다. 2 (法) 법정에서 잘못된 판결을 내리다. 3 (體) 오심하다.

【误期】wù‖qī 동 약속 기한을 어기다. 기한을 놓치다〔넘기다〕. 예정된 날에 늦다. ¶工程必须按时完成, 不得~。=프로젝트는 반드시 제때 끝내야지, 기한을 넘겨서는 안 된다.

【误区】wùqū 명 (장시간 형성된) 잘못된 인식. 잘못된 방법. ¶越贵越好实际上是一个消费~。=비쌀수록 좋다라는 것은 사실 잘못된 소비 인식이다.

【误人】wùrén 동(문) (자기의 과실로) 남을 해치다. 남에게 손해를 끼치다. ¶庸医~=돌팔이 의사가 사람 잡는다.

【误人子弟】wùrén-zǐdì 성 1 (교육자가 직책을 제대로 수행하지 못하여) 남의 자식을 망치다. 남의 자식에게 (손)해를 끼치다. 2 책이나 간행물 등 각종 매체가 사람들을 오도(誤導)하다.

【误认】wùrèn 동 오인하다. 잘못 생각하다.

【误入歧途】wùrù-qítú 성 (무지하거나 실수로) 잘못된 길로 들어서다. 옆길로 빠지다.

【误杀】wùshā 동 (法) 과실 치사하다. 잘못하여 사람을 죽이다. [`故杀(일부러 사람을 죽이다)'와 구별됨]

【误伤】wùshāng 동 과실 상해(傷害)하다. 잘못하여 상해를 입히다. ¶~他人=남에게 과실 상해를 입히다.

【误时】wù‖shí 동 시간을 지체하다. 시간에 늦

다. 때를 놓치다. 지각하다.
【误食】 wùshí 동 잘못 먹다. ¶~变质的水果=변질된 과일을 잘못 먹다.
【误事】 wù‖shì 동 일을 그르치다〔망치다〕. ¶放心, 误不了事. =일을 그르치지 않을 테니, 안심해라.
【误算】 wùsuàn 동 오산하다. 잘못 계산〔추산〕하다. ¶~日期=날짜를 잘못 계산하다.
【误听】 wùtīng 동 잘못 곧이듣다. ¶~传言=소문을 곧이곧대로 듣다.
【误信】 wùxìn 동 잘못 믿다. 오신하다. ¶~谣言=헛소문을 잘못 믿다.
【误译】 wùyì 동 오역하다. 잘못 번역하다. ¶多方查证, 以免~。=다방면으로 조사하여, 오역을 면하다. 명 오역. 잘못된 번역. ¶改正~=오역을 바로잡다.
【误用】 wùyòng 동 잘못 쓰다. 오용하다. 잘못 사용하다. 실수로 사용하다. ¶~典故=전고(典故)를 오용하다.
【误诊】 wùzhěn 동 1 오진하다. 잘못 진단하다. ¶把鼻炎~为感冒. =비염을 감기로 오진하다. 2 시간을 허비하여 진단·치료를 지체하다. ¶赶紧送医院, 别~了. =치료를 지체하지 말고, 빨리 병원으로 옮겨라.

## 恶[惡] wù 싫어할 오
동 싫어[미워]하다. 증오[혐오]하다. ¶厌~=미워하다. / 好逸~劳=편하고 쉬운 것만 좋아하고 일하기를 싫어하다. ≒憎 ↔爱 好(hào)
☞ ě, è, wū

○● 痛tòng恶, 嫌xián恶, 羞xiū恶

## 悟 wù 깨달을 오
동 이해하다. 알다. 각성하다. 깨닫다. ¶醒~=각성하다. / 若有所~=무엇인가 깨달은 듯하다. 깨달은 바가 있는 듯하다.

○● 感悟, 悔huǐ悟, 解悟, 领悟, 神悟, 省xǐng悟, 颖yǐng悟

【悟彻】 wùchè 동 깊이 깨닫다. 철저히 이해하다. ¶~人生真谛=인생 진리를 깊이 깨닫다.
【悟出】 wùchū 동 깨닫다. 이해하다. ¶~个中深意=깊은 속뜻을 깨닫다.
【悟道】 wùdào 동 (佛) 도를 깨치다. 오도(悟道)하다. 진리〔철리(哲理)·도리〕를 깨닫다. ¶静心~=마음을 가라앉히고 오도(悟道)하다.
【悟性】 wùxìng 명 깨달음. 오성. [사물에 대하여 이해·분석·판단하는 능력] ¶她对音乐很有~。=그녀는 음악에 대한 이해력이 풍부하다.

## 晤 wù 만날 오
동 만나다. 대면하다. ¶会~=만나다. / 无暇~面=만날 겨를이 없다.
【晤见】 wùjiàn 동 만나다. 접견하다. 회견하다. 인터뷰하다. ¶~来访客商=내방한 바이어를 접견하다.
【晤面】 wùmiàn 동 만나다. 면회하다. 대면하다. ¶我们只是书信来往, 未曾~。=우리는 단지 서신으로만 내왕했을 뿐, 아직까지 만난 적이 없다.
【晤商】 wùshāng 동 만나서 협의하다. 상담하다. ¶相关问题, 有待~。=관련 문제는 협의가 필요하다.
【晤谈】 wùtán 동 면담하다. 얼굴을 맞대고 이야기하다. 상담〔상의·협의〕하다. 인터뷰하다. ¶具体细节, 改日~。=구체적인 세부 사항은 다음에 만나서 상의합시다.

## 焐 wù 데울 오
동 데우다. 녹이다. ¶用暖手器~~手. =손[주머니] 난로로 손을 녹이다.

## 靰 wù 겨울신 올
【靰鞡】[乌拉] wù·la 명 우라. 올랍. [중국 동북 지방에서 겨울에 신는 가죽 신발]

## 痦 wù 사마귀 오
【痦子】 wù·zi 명 점. 사마귀.

## 婺 Wù 땅 이름 무
명 (地) 1 우장. [장시(江西)성에 있는 강 이름] 2 무주(婺州). [옛날의 주(州) 이름. 지금의 저장(浙江)성 진화(金华) 일대에 있었음]
【婺剧】 wùjù 명 (剧) 무극. [저장(浙江)성 지방극의 하나. 진화(金华) 지방에서 유행하며, 원래 명칭은 '金华戏(금화희)'임]

## 骛[鹜] wù 달릴 무
동 1 질주하다. 마구 내달리다〔치닫다〕. ¶驰~=질주하다. 2 추구하다. 종사하다. 힘쓰다. 애쓰다. ¶好高~远=실제에 맞지 않게 높은 이상만 추구한다.

## 雾[霧] wù 안개 무
명 1 안개. ¶云~缭绕=구름과 안개가 피어오르다. / ~大=안개가 짙다. 2 안개같은 작은 물방울. ¶喷~器=분무기.

○● 迷雾, 烟雾, 妖yāo雾, 云雾, 五里雾

【雾霭】 wù'ǎi 명(문) 안개. ¶大地笼罩堙在一片~之中。=대지가 안개 속에 뒤덮였다.
【雾沉沉】 wùchénchén (~的) 안개가 자욱한 모양. 안개가 자욱하다〔짙다〕. ¶天地间~的, 能见度很低. =온통 안개가 자욱하여 시계(视界)가 좋지 않다.
【雾都】 wùdū 명 안개 도시. [늘 안개에 뒤덮이는 도시] ¶伦敦是有名的~。=런던은 유명한 안개 도시이다.
【雾滴】 wùdī 명 무적. 안개 방울.
【雾化】 wùhuà 동 안개 모양으로 되다. ¶~杀虫剂=분사식 살충제.
【雾化器】 wùhuàqì 명 분사기.
【雾里看花】 wùlǐ-kànhuā 성 1 안개 속에서 꽃

을 보다. **2** 노안으로 눈이 침침하다. **3** 희미하고 분명하지 못하다. **4**㉫ 사물의 본질을 잘 파악하지 못하다.
【雾茫茫】 **wùmāngmāng**(~的) 휑 안개가 끝없이 끼다. ¶大海上~一片.=바다에 안개가 자욱하게 꼈다.
【雾蒙蒙】 **wùmēngmēng**(~的) 휑 (사물을 분간할 수 없을 정도로) 안개가 자욱한 모양. ¶草原~的, 什么也看不清.=초원에 안개가 짙게 끼어 아무것도 똑똑히 보이지 않는다.
【雾气】 **wùqì** 명 안개.
【雾水】 **wùshuǐ** 명 **1** 안개. **2** 안개가 응결되어 만들어진 물.
【雾凇】 **wù·sōng** 명 무송. 수빙. 상고대. 수괘. [추운 날에 안개가 나뭇가지나 전선 등에 응결되어 붙은 백색의 결정체] ㈜【树挂】 **shùguà**
【雾腾腾】 **wùtēngtēng**(~的) 휑 안개나 수증기가 자욱히 피어오르는 모양. ¶从远处看, 温泉池~的.=먼 곳에서 바라보니, 온천의 수증기가 자욱히 피어오른다.

## 寤 wù 깰 오
통㉠ **1** 잠에서 깨다. ¶惕然而~=놀라서 깨다. **2** '悟(wù)'와 같음. ↔寐.
【寤寐】 **wùmèi** 통㉠ 자고 깨다. 자나깨나. ¶~以求=자나깨나 간절히 원하다.

## 鹜[鶩] wù 집오리 목
명㉠(動) 집오리. ¶趋之若~=집오리처럼 떼지어 달려가다.

## 鋈 wù 도금할 옥
명㉠ 백은(白銀)이나 백동(白銅) 같은 흰색 금속. 통㉠ 도금하다. ¶~器=(금·은·동 등으로) 도금한 그릇.

# X

## xi

**夕** xī 저녁 석

[명] **1** 저녁때〔저녁 무렵〕. 해질녘〔해질 무렵〕. ¶朝花~拾=과거의 아름다운 추억을 하나하나 회상하다. / 朝令~改=조령모개. 조령석개. 아침에 공포한 법령이 저녁에 바뀌다. 정령이나 주장을 마음대로 바꾸어 갈피를 잡지 못하게 하다. 변동이 너무 잦다. **2** 밤. ¶除~=제야. 섣달 그믐날 밤. / 前~=전야(前夜). ↔朝 旦

○● 旦夕, 今夕, 七夕, 日夕

【夕晖】 xīhuī [명] 석양(빛). ¶~明丽=석양이 맑고 아름답다.

【夕烟】 xīyān [명][문] 저녁 연기. (들판·계곡의) 저녁 안개. ¶袅袅~=저녁 연기가 모락모락 피어오르다.

【夕阳】 xīyáng [명] **1** 석양. 저녁 해. 낙조(落照). ¶~西下=(저녁) 해가 (서쪽으로) 지다. **2** [비] 만년. 노년. 늘그막. 황혼녘. ¶年届~=연로하다. **3** [비] 몰락하거나 사양길에 접어든 사물. ¶~产业=사양 산업.

【夕阳工业】 xīyáng gōngyè [명] 사양 공업. 쇠퇴해 가는 전통 공업.

【夕阳婚】 xīyánghūn [명] 황혼 결혼. [독신 노인들의 결혼]

【夕照】 xīzhào [명] 석조. 낙조. 석양. 저녁 햇빛〔노을〕. ¶~把整个山野都染红了. =석양〔저녁 노을〕이 온 산과 들판을 빨갛게 물들였다.

**兮** xī 어조사 혜

[조][문] 문장 끝이나 중간에 쓰여 감탄을 나타내거나 어기를 부드럽게 함. 현대 중국어의 '啊(a)'와 비슷함. ¶风萧萧~易水寒, 壮士一去不复返. =바람은 쓸쓸히 불고 역수(易水)는 차가운데, 대장부 한번 가면 다시 돌아오지 않으리.

【兮兮】 xīxī [조] 어떤 단어 뒤에 쓰여 모양·형편·꼴·상태 등을 나타냄. ¶可怜~=불쌍하기 짝이 없다. / 神秘~=수상쩍다. 기묘하다.

**西** xī 서쪽 서

[명] **1** 서쪽. ¶日落~山=해가 서산으로 지다. / 汽车向~行驶. =자동차가 서쪽으로 달려간다. **2** '东(dōng)'과 함께 쓰여 '도처에·이리저리'의 뜻을 나타냄. ¶东游~逛=이리저리 돌아다(↙)

(↳)니다. / 东一头, ~一头. =일이 두서가 없다. 주관이 없어 어쩔 줄 모르다. **3** (佛) 극락세계. 서천(西天). 서방정토. ¶~命归=일순간 황천길로 가다. **4** (Xī) 서양(의). [주로 구미(歐美)를 가리킴] ¶学贯中~=동·서양의 학문에 통달하다. / ~装革履=양복과 구두. **5** (Xī) 성(姓).↔东 中

| ○ 西 xī | 栖 qī |
| 牺 xī | 洒 sǎ |
| 硒 xī | 晒 shài |
| 栖 xī | 晒 shěn |
| 茜 qiàn | |

○● 东西, 归西, 欧ōu西, 平西, 法西斯sī

【西安】 Xī'ān [명][지] 시안. [산시(山西)성의 성도]

【西安事变】 Xī'ān Shìbiàn [명][역] 시안(西安)사변. 서안사건. [1936년 12월 12일, 시안(西安)에서 장쉐량(张学良)과 양후청(杨虎城)의 서북군(西北军)이 공산군 토벌을 독려하러 온 장제스(蒋介石)를 감금하여 국민당(國民黨)과 공산당(共產黨)이 연합하여 항일 투쟁을 전개할 것을 요구한 사건]

【西班牙】 Xībānyá [명][지] 스페인(Spain). [수도는 '马德里(마드리드 : Madrid)'임]

【西班牙语】 Xībānyáyǔ [명][언] 스페인어.

【西半球】 xībànqiú [명][지] 서반구.

【西北】 xīběi [명] **1** 서북쪽. 서북간. **2** (Xīběi) [지] 중국의 서북 지역. [산시(陝西)·간쑤(甘肃)·닝샤(宁夏)·칭하이(青海)·신장(新疆) 등의 성·자치구를 포함함] ↔东南

【西边】 xī·bian [명] 서쪽.

【西部】 xībù [명] **1** 서부. **2** (Xībù) [지] 중국의 서부 지역. [산시(陝西)·간쑤(甘肃)·닝샤(宁夏)·칭하이(青海)·신장(新疆)·쓰촨(四川)·구이저우(贵州)·윈난(云南)·시짱(西藏)·광시(广西)·충칭(重庆) 등의 성·자치구·직할시를 포함함]

【西部大开发】 xībù dà kāifā [명] (1999년 중요 정책으로 책정된) 서부 대개발 계획.

【西部片】 xībùpiàn [명][영] **1** 서부 영화. **2** 중국 서부 지역의 특색·건설·생활상을 그린 영화.

【西餐】 xīcān [명] 양식. 서양 요리. ↔中餐

【西侧】 xīcè [명] 서쪽.

【西窗剪烛】 xīchuāng-jiǎnzhú ☞【剪烛西窗】 jiǎnzhú-xīchuāng

【西点】 xīdiǎn [명] **1** 서양 과자. 양과자. ['中点(중국식 과자)'과 구별됨] **2** (Xīdiǎn) 웨스트포인트(West Point). [미국의 육군 사관 학교]

【西番莲】 xīfānlián [명][식] **1** 시계꽃. 시계풀. 시계초. 서번련. **2** ☞【大丽花】 dàlìhuā

【西方】 xīfāng 몡 1 서쪽. 2 (Xīfāng) (미국·영국·프랑스·일본·이탈리아 등 자본주의) 서방 선진국. 3 (Xīfāng) 유럽과 미국. 4 (佛) 서방정토. 서방극락. 서천. ¶~极乐世界=서방극락세계. 5 (Xīfāng) 복성(複姓). ↔东方

【西方净土】 xīfāng jìngtǔ 몡 (佛) 극락세계. 서방정토. 서천.

【西方七国】 xīfāng qī guó 몡 서방 선진 7국. G7. [미국·영국·프랑스·독일·캐나다·이탈리아·일본 등 가장 발달한 서방 자본주의 7개국을 가리킴]

【西方人】 xīfāngrén 몡 서양인. 서방인. (유럽과 미국의) 백인종.

【西非】 Xī Fēi 몡 (地) 서아프리카.

【西风】 xīfēng 몡 1 서풍. 2 가을 바람. 3 (甲) 나날이 몰락하는 세력. 낡은 세력. ¶东风压倒~。=동풍이 서풍을 압도하다. 새로운 세력이 낡은 [보수적인] 세력을 압도하다. 4 서양 문화와 풍속. 서양바람. ¶~东渐=서양의 문화와 풍속이 점점 동쪽으로 밀려오다. ↔东风

【西凤酒】 xīfèngjiǔ 몡 시평주. 서봉주. [산시(陕西)성 펑샹(凤翔)·류린(柳林) 지역에서 생산되는 고량주]

【西服】 xīfú 몡 ☞ 【西装】 xīzhuāng

【西宫】 xīgōng 몡 1 서궁. [왕궁의 뒤편 서쪽에 건립된 건축물. 황후나 첩이 거주하는 장소임] 2 (서궁에 거주하는) 황후와 첩. 3 (Xīgōng) 복성(複姓).

【西瓜】 xīguā 몡 (植) 수박.

【西汉】 Xī Hàn 몡 (歷) 서한. 전한.[B.C.206~A.D.25년. 유방(劉邦)부터 왕망(王莽) 시기를 포함하여 유현(劉玄)까지를 말함. 도읍은 장안(長安)임. 후한(後漢)의 도읍인 낙양(洛陽)의 서쪽에 위치하였기 때문에 유래한 명칭]=【前汉】 Qián Hàn

【西红柿】 xīhóngshì ☞ 【番茄】 fānqié

【西湖】 Xīhú 몡 (地) 시후. 서호. [저장(浙江)성 항저우(杭州)에 있는 호수 이름]

【西葫芦】 xīhú·lu 몡 (植) 페포(pepo)호박. 주키니(zucchini)호박.

【西化】 xīhuà 통 서양화하다. ¶不能不顾国情, 盲目主张全盘~。=나라의 상황을 고려하지 않고 맹목적으로 전면적인 서양화를 주장해서는 안된다.

【西画】 xīhuà ☞ 【西洋画】 xīyánghuà

【西晋】 Xī Jìn 몡 (歷) 서진. [265~317년. 무제(武帝) 사마염(司馬炎)부터 민제(愍帝)인 사마업(司馬鄴)까지 52년 동안 유지함. 도읍은 낙양(洛陽)임]

【西经】 xījīng 몡 (地) 서경. [본초 자오선을 0도로 하여 서쪽으로 180도 사이]

【西口】 xīkǒu 몡 산시(山西)성 만리장성 서쪽의 여러 관문. ¶走~=만리장성 서쪽 지역으로 나가다.

【西裤】 xīkù 몡 양복 바지.

【西兰花】 xīlánhuā 몡 (植) 브로콜리(broccoli). ☞ 【绿菜花】 lùcàihuā 【茎椰菜】 jīngyēcài

【西历】 xīlì 몡 '公历(양력·서력)'의 옛 명칭.

【西门】 Xīmén 몡 복성(複姓).

【西门子】 xīménzǐ 몡⇧ (電) 지멘스. [도전율의 단위. 전기 저항의 단위 옴(Ω)의 역수]=【姆欧】 mǔ'ōu

【西面】 xī·mian 몡 서쪽.

【西南】 xīnán 몡 1 서남쪽. 2 (Xīnán) (地) 중국 서남 지역. [쓰촨(四川)·윈난(云南)·구이저우(贵州)·시짱(西藏)·충칭(重庆) 등 성·자치구·직할시를 포함함]

【西南非】 Xīnán Fēi 몡 (地) 서남 아프리카. [카메룬·가봉·콩고 등의 국가와 지역을 가리킴]

【西南亚】 Xīnán Yà ☞ 【西亚】 Xī Yà

【西宁】 Xīníng 몡 (地) 시닝. [칭하이(青海)성의 성도]

【西欧】 Xī Ōu 몡 (地) 서유럽. 서구.

【西皮】 xīpí 몡 (劇) 서피. [중국 전통극 곡조의 일종. 호금(胡琴)으로 반주하며 이황(二黄)과 합쳐 '피황희(皮黄戏)'라고 함]

【西晒】 xīshài 몡 (가옥의) 서쪽 면에 오후가 되어 햇빛[볕]이 들다. ¶当~的房间夏天会很热。=오후가 되어 햇빛이 드는 서쪽 방은 여름에 아주 더울 것이다.

【西施】 Xīshī 몡 1 서시. [춘추 시대 월왕 구천(越王句踐)이 오왕 부차(吳王夫差)에게 바친 월나라 미녀] 2 (甲) 미녀. 미인. =【西子】 Xīzǐ

【西施舌】 xīshīshé 몡 (動) 명주개량조개. ☞ 【海蚌】 hǎibàng

【西式】 xīshì 톙 서양(식)의. ¶~糕点=서양 과자. 양과자. ↔中式

【西双版纳】 Xīshuāngbǎnnà 몡 (地) 시쌍반나. [윈난(云南)성에 있는 유명한 관광지의 하나]

【西天】 xītiān 몡 (佛) 1 서천. [옛날, 불교도의 인도를 일컫는 말] 2 ☞ 【极乐世界】 jílè shìjiè

【西头】 xī·tou 몡⇧ 서쪽. 서단.

【西王母】 Xīwángmǔ 몡 서왕모. [신화 속의 여신. 곤륜산(崑崙山)의 요지(瑤池)에 살며 불로장생(不老長生)의 선도(仙桃)를 키웠다고 함]=【王母】 Wángmǔ ☞ 【王母娘娘】 Wángmǔ niáng·niang

【西魏】 Xī Wèi 몡 (歷) 서위. [535~556년. 문제(文帝) 원보거(元寶炬)가 세운 나라. 도읍은 장안(長安)임]

【西文】 xīwén 몡 서양 문자. 서양어. [영어·프랑스어·독일어·스페인어 등을 가리킴]

【西西】 xīxī 몡⇧ '毫升(세제곱센티미터·시시(c.c))'의 옛 명칭. ☞ cubic centimeter

【西席】 xīxí 몡 막료(幕僚). 막객(幕客). 비장(裨將). 가정교사. [옛날, 주인이 동쪽에, 손님은 서쪽에 앉음]

【西夏】 Xī Xià 몡 (歷) 서하. [1038년 당말(唐末)에 이원호(李元昊)가 닝샤(宁夏)·산시(山西) 북부·간쑤(甘肃) 서북부·칭하이(青海) 동북부와 네이멍구(内蒙古) 서부 지역에 세운 나라. 1227년 몽고에게 망함]

【西厢记】 Xīxiāngjì 몡 《서상기(西廂記)》. [원(元)대 희곡 대표작의 하나로, 왕실보(王實甫)가

지음]

【西学】**xīxué** 명 옛 서양 학문. 서학. 구미(歐美)에서 전래된 자연 과학과 사회 과학. [ '中学(중국 학문)' 와 구별됨] ¶~东渐=서양 학문이 점점 동양으로 밀려오다.

【西亚】**Xī Yà** 명 (地) 서아시아. =【西南亚】**Xīnán Yà**

【西洋】**xīyáng** 명 1 서쪽 바다. [옛날, 남중국해 서쪽 해양과 연안 지역] ¶郑和下~。=정화(鄭和)가 서쪽 바다로 가다. 2 서양. 구미 각국. ¶~音乐=서양 음악. ↔东洋

【西洋画】**xīyánghuà** 명 (美) 서양화. [ '中画(중국화)' 와 구별됨] 웹【西画】**xīhuà**

【西洋景】**xīyángjǐng** 명 1 옛 요지경. 2 밖 [외국]에서 들어온 신기한 것. [해학적인 의미를 내포함] 3 비 잔꾀를 부려 남을 속이려는 행위 [수법]. 교활한 정체. 내막. 속임수. 가면. 연막(전) 술. ¶戳穿~=내막을 폭로하다. =【西洋镜】**xīyángjìng**

【西洋镜】**xīyángjìng** ☞【西洋景】**xīyángjǐng**

【西洋参】**xīyángshēn** 명 (植) 서양 인삼. 화기삼(花旗蔘).

【西药】**xīyào** 명 양약. ↔中药

【西医】**xīyī** 명 1 서양 의학. 2 양의(사). ↔中医

【西游记】**Xīyóujì** 명 《서유기(西遊記)》. [사대기서(四大奇書)의 하나. 명(明)대 오승은(吳承恩)이 지음]

【西语】**xīyǔ** 명 서양 언어. 구미(歐美) 언어. ¶~系德语专业=서양어과 독일어 전공.

【西域】**xīyù** 명 서역. [한(漢) 이후 옥문관(玉門關) 서쪽 지역에 대한 총칭]

【西元】**xīyuán** 명 옛 서기(西紀). 서력 기원.

【西乐】**xīyuè** 명 서양 음악. 양악. [ '国乐(중국 음악)' 와 구별됨]

【西岳】**Xīyuè** 명 서악. (화산(華山)의 별칭. 오악(五嶽)의 하나임]

【西藏自治区】**Xīzàng Zìzhìqū** 명 (地) 시짱 [서장]. [ '藏(Zàng)' 으로 약칭하며, 정부 소재지는 '라사(拉薩)' 임]

【西装】**xīzhuāng** 명 1 양복. [서양에서 중국으로 들어온 서양식 복장] 2 양복. [서양 국가의 전통 복장]=【西服】**xīfú** ↔中装

【西周】**Xī Zhōu** 명 (歷) 서주(西周). [약 B.C.11~A.D.771년). [주(周)나라 무왕(武王)인 희발(姬發)이 세운 나라. 도읍은 호경(鎬京); 지금의 산시(山西)성 시안(西安) 서남쪽]임]

【西子】**Xīzǐ** ☞【西施】**Xīshī**

【西子湖】**Xīzǐhú** 명 서호(西湖). 시후. [송(宋)대 소식(蘇軾)의 《음호상초청후우(飮湖上初晴後雨)》에서 '欲把西湖比西子, 淡妆浓抹总相宜(서호를 가져다가 서시에 견주려 하니, 옅은 화장 짙은 단장 모두가 서로 어울린다.)' 란 시구에서 '서호' 를 '서시(西施)' 에 비교한 데서 유래함]

**吸** **xī** 들이쉴 흡

동 1 (코나 입으로 기체나 액체를) 빨(아들이)다. 들이마시다. 들이쉬다. ¶呼~=호흡하다. /一口气=단숨에 들이마시다. 2 흡수하다. 빨아들이다. ¶用海绵把水~干。=스펀지로 물을 완전히 빨아들이다. 3 (끌어)당기다. ¶磁铁上~着几根铁钉。=자석 위에서 몇 개의 쇠못이 달라붙어 있다. ↔呼

⊙ 呼吸, 空吸, 吮shǔn吸, 血吸虫chóng

【吸尘器】**xīchénqì** 명 전기(진공) 청소기.

【吸储】**xīchǔ** 동 1 (금융 기관이) 자금을 끌어들여 저축한다. 2 (금융 기관이) 저축 자금을 유치하다. ¶努力提高本行的~能力。=본 은행의 저축 자금 유치 능력을 힘써 향상시키다.

【吸顶灯】**xīdǐngdēng** 명 (가옥의) 천장에 찰싹 붙여서 설치한 등.

【吸毒】**xī‖dú** 동 마약을 복용하다. 흡입하다. 주사하다. 주입하다.

【吸附】**xīfù** 동 (化) 흡착하다.

【吸附剂】**xīfùjì** 명 흡착제.

【吸管】**xīguǎn** (~儿) 명 1 (化) 흡입관. 2 빨대. 스트로(straw).

【吸力】**xīlì** 명 (物) 흡력. 흡인력. 빨아들이거나 끌어당기는 힘. ↔斥力

【吸溜】**xī·liu** 동 홀쩍이다. (숨 또는 액체를) 소리내어 들이마시다 [들이켜다]. 후루룩 먹다 [마시다]. ¶感冒了, 鼻子直~。=감기에 걸려서 코를 계속 훌쩍거린다.

【吸墨纸】**xīmòzhǐ** 명 흡묵지. 압지(押紙).

【吸纳】**xīnà** 동 1 흡수하다. 받아들이다. 끌어들이다. ¶~新会员=새 회원을 받아들이다. 2 흡입하다. ¶~新鲜空气=신선한 공기를 흡입하다. 3 채택하다. 수락하다. 접수하다. 받아들이다. ¶~先进技术=선진 기술을 채택하다.

【吸奶器】**xīnǎiqì** 명 유축기(乳縮器).

【吸盘】**xīpán** 명 1 (動) 흡반. 빨판. 2 (植) (담쟁이덩굴 등의) 흡착근. 3 (機) (물건을 들어올리거나 내려놓는) 자석식 [진공식] 흡착 장치. 석션컵(suction cup).

【吸气】**xī‖qì** 동 공기를 들이마시다. 숨을 쉬다. ¶他深深地吸了一口气。=그는 깊게 [크게] 숨을 한번 들이마셨다.

【吸取】**xīqǔ** 동 흡수하다. 빨아들이다. 섭취하다. (교훈이나 경험을) 받아들이다. 얻다. ¶~教训=교훈을 받아들이다. ≒吸收 汲取 ↔释放

【吸热】**xīrè** 동 흡열하다. 열을 흡수하다. ¶深色面料~。=짙은 색 옷감은 열을 흡수한다.

【吸声材料】**xīshēng cáiliào** 명 흡음재.

【吸食】**xīshí** 동 (음식물 또는 마약을) 입으로 빨아들이다. 흡입하다. 피우다. ¶~鸦片=아편을 피우다.

【吸收】**xīshōu** 동 1 빨아들이다. 흡입하다. ¶木炭能~气体。=숯은 기체를 빨아들일 수 있다. 2 섭취하다. (식물이 영양분을) 흡수하다. ¶植物的根从土壤中~水分。=식물의 뿌리는 땅 속에서 수분을 흡수한다. 3 약화시키다. 소멸시키다. ¶这种板材可以~噪音。=이런 판재는 소음을 약화시킬 수 있다. 4 받아들이다. 끌어들이다. ¶学会需要~更

多的年轻会员。=학회는 훨씬 더 많은 젊은 회원을 받아들여야 한다. ≒吸取 汲取 ↔释放

【吸水性】 xīshuǐxìng 흡수성.

【吸吮】 xīshǔn 통 빨(아들이)다. 빨아먹다. 착취하다.

【吸铁石】 xītiěshí ☞【磁铁】cítiě

【吸血鬼】 xīxuèguǐ 몡 1 흡혈귀. 2 비 착취자. 흡혈귀.

【吸烟】 xīyān 통 담배를 피다. 흡연하다. =【抽烟】chōuyān ¶~有害健康。=흡연은 건강에 해롭다.

【吸氧】 xīyǎng 통 (특수 장치로) 산소를 들이마시다. ¶让病人~。=환자에게 산소를 들이마시게 하다.

【吸引】 xīyǐn 통 1 흡인하다. 빨아당기다 [빨아들이다]. 잡아끌다. 2 끌어당기다. 유인하다. 매료〔매혹〕시키다. ¶精彩的表演~了不少观众。=뛰어난 공연은 많은 관중을 매료시켰다. ↔排斥

【吸引力】 xīyǐnlì 몡 흡인력. 인력. 매력. ¶这个电视栏目很有~。=이 텔레비전 프로그램은 사람을 끌어들이는 매력이 있다.

# 汐 xī 조수 석

몡 석수(汐水). 석조(夕潮). 저녁 썰물. ¶潮~=조수(潮水)와 석수(汐水). 조석.

# *希 xī 바랄 희

통 희망하다. 바라다. ¶~准时参加=정시에 참가해 주시기를 바랍니다. 형 '稀(드물다·적다·희소하다)' 와 같음. ↔密

| ○ | 希 xī | 郗 xī |
|---|---|---|
| | 稀 xī | 欷 xī |
| | 烯 xī | 唏 xī |
| | | 浠 xī |

【希贵】 xīguì ☞【稀贵】xīguì

【希罕】 xī·han ☞【稀罕】xī·han

【希冀】 xījì 통 문 (생각하는 것이 실현되기를) 망하다. 바라다. ¶~事业有成。=사업이 성공하기를 바라다. 몡 희망. 소원. 소망. 원망. ¶心中充满~。=마음속에 희망으로 가득 차다.

【希腊】 Xīlà 몡 (地) 그리스(Greece). 희랍. 〔수도는 '雅典(아테네: Athens)'임〕

【希腊字母】 Xīlà zìmǔ 몡 그리스(Greece) 문자. 희랍 문자.

【希奇】 xīqí ☞【稀奇】xīqí

【希奇古怪】 xīqí-gǔguài ☞【稀奇古怪】xīqí-gǔguài

【希求】 xīqiú 통 (얻기를) 바라다. 희구하다. ¶~家人的支持=집안 사람의 지지를 바라다. 몡 희망. 요구. 원망. 소망. ¶他唯一的~是能考上理想的大学。=그의 유일한 희망은 바라는 대학에 합격하는 것이다.

【希少】 xīshǎo ☞【稀少】xīshǎo

【希世】 xīshì ☞【稀世】xīshì

【希图】 xītú 통 기도하다. 도모하다. ¶~掩盖事实真相=사실의 진상을 덮으려고 기도하다.

【希望】 xīwàng 통 (생각하는 것이 실현되기를) 희망하다. 바라다. ¶~我们合作愉快。=우리의

협력이 시원스럽게 이루어지기를 희망합니다. 몡 1 희망. 소망. 원망. 바람. 소원. ¶做一名教师是他从小就有的~。=교사가 되는 것은 그가 어렸을 때부터 품은 희망이다. 2 (비) 바람을 현실로 바꿀 수 있는 사람이나 사물. 희망. ¶孩子是未来的~。=어린이는 미래의 희망이다. ≒期望 祈望 ↔失望

【希望工程】 Xīwàng Gōngchéng 몡 희망 사업. 희망 프로젝트. 희망 공정. 〔'中国青少年发展基金会(중국 청소년 발전 재단)'가 발기한 것으로, 모금과 기증을 통해 빈곤 지역의 학업을 중단한 아동을 돕기 위한 조치와 활동. 아동은 국가의 희망이라는 의미에서 유래한 명칭〕

【希望小学】 xīwàng xiǎoxué 몡얍 희망 공정 소학(희망 프로젝트 초등 학교). 〔희망 사업에 참여한 기증자가 빈곤 지역에 건립한 초등 학교〕

【希有】 xīyǒu ☞【稀有】xīyǒu

【希珍】 xīzhēn ☞【稀珍】xīzhēn

# *昔 xī 옛 석

몡 옛날. 종전. 이전. 과거. 지난날. ¶往~=옛날. 이전. / 今非~比=(너무 많이 변해서) 지금은 옛날과 비할 바가 아니다. ↔今

| ○ | 昔 xī | 腊 là |
|---|---|---|
| | 惜 xī | 错 cuò |
| | 籍 jí | 措 cuò |
| | 借 jiè | 厝 cuò |
| | 藉 jiè | 醋 cù |
| | 猎 liè | 鹊 què |

○● 古昔, 平昔, 往昔

【昔年】 xīnián 몡맛 왕년. 옛날. 이전. 석년. ¶那些~的小事早已忘记了。=왕년의 자질구레한 〔사소한〕 일들은 진작에 모두 잊어버렸다.

【昔日】 xīrì 몡맛 옛날. 이전. 석일. 석시(昔時). 종전. ≒从前 ↔来日

【昔时】 xīshí 몡 옛날. 이전. 석일(昔日). 석시. 종전.

# *析 xī 나눌 석

통 1 나누다. 가르다. 분산하다. 흩어지다. ¶分崩离~=뿔뿔이 흩어지다. 분열하여 와해되다. 2 분석하다. 구별하다. 해석하다. 판별하다. ¶解~=해석하다. / 辨~=판별하다. 몡 (Xī) 성(姓).

| ○ | 析 xī |
|---|---|
| | 晰 xī |
| | 蜥 xī |
| | 淅 xī |
| | 菥 sī |

○● 辨biàn析, 分析, 离析, 缕lǚ析

【析产】 xīchǎn 통맛 재산을 분배하다. ¶~不均导致家庭纠纷。=재산 분배가 고르지 않아 가정 분란을 초래〔야기〕하다.

【析出】 xīchū 통 1 분석해 내다. ¶这样做, 结果不难~。=이렇게 하면 결과를 분석해 내기 어렵지 않다. 2 〈化〉 분리해 내다. 추출〔석출〕하다. 〔주로 액체나 기체에서 고체를 분리해 내는 것을 가리킴〕¶从海水中~海盐。=바닷물에서 소금을 석출해 내다.

【析居】 xījū 통 분가하다. ¶兄弟~=형제가 분가하다.

【析疑】 xīyí 통맛 의혹〔의문점〕을 분석하다. ¶~问难=의혹을 분석하고 토론하다.

## 矽 xī 규소 석

- 명 (化) '硅(규소, Silicon)'의 옛 명칭.
- 【矽肺】 **xīfèi** 명 (醫) '硅肺(규폐증)'의 옛 명칭. [장기간 규소 가루를 흡입하여 폐 속에 폐 섬유화증이 일어나는 질병. 주요 증상은 호흡 곤란임]
- 【矽钢】 **xīgāng** 명 (金) '硅钢(규소강)'의 옛 명칭.
- 【矽酸】 **xīsuān** ☞【硅酸】 **guīsuān**

## 肸 xī 사람 이름 힐

인명에 쓰이는 글자. ¶羊舌~ = 양설힐. [춘추시대 진(晉)나라의 대부]

## 穸 xī 무덤 구덩이 석

☞【窀穸】 **zhūnxī**

## 茜 xī 음역자 천

음역용 글자. [주로 외국 여성의 이름에 쓰임]
☞ **qiàn**

## 郗 Xī 성씨 치

- 명 성(姓).
☞ **Chī**

## 饻[餏] xī 화폐 단위 의

- 양 '老解放区(중국 인민 공화국 건립 이전에 중국 공산당이 통치한 지역)'에서 사용한 임금 계산 단위. [일정한 수량의 몇 종류의 현물을 시가로 환산하여 산출함]

## 恓 xī 적막할 서

아래를 참조.
- 【恓惶】 **xīhuáng** 형 1 (문) 놀라 쩔쩔매다. 당황하여 허둥지둥하다〔갈팡질팡하다〕. 2 (방) 가난(빈곤)하다. ¶过去的日子过得~ = 옛날은 가난하게 지냈다.
- 【恓恓】 **xīxī** 형 (문) 적막하다. 외롭다. ¶~终日 = 하루 종일 적막하게 보내다.

## 栖[(棲)] xī 바쁜 모양 서

☞ **qī**
- 【栖栖】 **xīxī** 형 (문) 바쁘다. 안정되지 않다.

## 唏 xī 한탄할 희

- 동 (문) 애탄〔한탄·탄식〕하다.
- 【唏里哗啦】 **xī·lihuālā** ☞【稀里哗啦】 **xī·lihuālā**
- 【唏嘘】 **xīxū** ☞【歔欷】 **xīxū**

## 牺[犧] xī 희생 희

- 명 (문) 옛날, 제사에 쓰인 털빛이 고른 가축. 희생(牺牲). 생뢰(牲牢). ¶~牛 = 희생용 소.
- 【牺牲】 **xīshēng** 명 희생. 옛날 제물용 가축. [소·양·돼지 등을 씀] 동 1 (정의를 위해) 희생하다. 자기 목숨을 버리다. ¶流血~ = 피를 흘리며 희생하다. 2 (어떤 사람(일)을 위해) 대가를 치르다. 희생하다. 손해를 보다. ¶~个人利益 = 개

의 이익을 희생하다. ≒捐躯 舍身 就义
- 【牺牲节】 **Xīshēngjié** ☞【古尔邦节】 **Gǔ'ěr bāngjié**
- 【牺牲品】 **xīshēngpǐn** 명 희생양. 희생품. 희생물. 희생된 사람이나 물건. ¶他们是封建婚姻的~。= 그들은 봉건적 결혼 제도의 희생양이다.

**息** xī 쉴 식

- 동 1 쉬다. 휴식하다. ¶歇~ = 휴식하다. / 作~制度 = 작업·휴식 제도. 2 멈추다. 정지하다. 중지하다. 그치다. 그만두다. ¶止~ = 멈추다. 그치다. / 川流不~ = (행인·차량 등이) 냇물처럼 끊임없이 오가다. 꼬리에 꼬리를 물다. 3 번식하다. 불어나다. 늘어나다. 퍼지다. ¶蕃~ = 왕성하게 번식하다. / 休养生~ = (전쟁·변란 이후) 회복기를 가지며 인구를 늘이다. 명 1 (문) 자녀. 자식. ¶子~ = 자식. 2 숨. 호흡. ¶喘~ = 헐떡거리다. / 仰人鼻~ = 남의 비위를 맞추다. 남의 눈치를 보다. 남에게 의지해서 살다. 3 이자. 이식. ¶年~ = 연리. / 低~贷款 = 저리(低利)로 대출하다. 4 소식. ¶信~ = 소식. 정보. 5 (Xī) 성(姓). ≒休 歇 ↔作

○ 息 xī
熄 xī
螅 xī
媳 xí

○ 安息, 本息, 拆chāi息, 出息, 定息, 姑息, 股息, 将息, 利息, 脉mài息, 平息, 栖qī息, 气息, 全息, 声息, 瞬shùn息, 太息, 叹tàn息, 贴息, 停息, 消息, 休息, 月息, 止息, 窒zhì息

- 【息兵】 **xībīng** 동 (문) 정전하다. 싸움〔용병〕을 멈추다. ¶~议和 = 전쟁을 멈추고 화해를 모색하다. 강화(講和)하다.
- 【息鼓】 **xīgǔ** 동 1 북 치는 것을 멈추다. ¶偃旗~ = 깃발을 내리고 북을 멈추다. 정전(停戰)하다. 싸움을 멈추다. 2 (비) (운동 경기·전투가) 끝나다. ¶整个赛事已于昨日~。= 모든 경기가 어제 이미 끝났다.
- 【息肩】 **xījiān** 동 (문) 1 어깨를 쉬다. 어깨를 놀리다. 잠시 쉬다. 2 책임(짐)을 벗다. ¶终生操劳, 未尝~ = 평생 열심히 일하면서 한 번도 (홀가분하게) 짐을 벗은 적이 없다.
- 【息金】 **xījīn** 명 이자. 이식(利息).
- 【息率】 **xīlǜ** 명 (經) 이(자)율.
- 【息怒】 **xīnù** 동 화를 가라앉히다. 성이 풀리다. 화를 거두다. ¶请~, 容我解释。= 잠시 화를 가라앉히고 제가 해명(설명)을 좀 하게 해 주세요. ↔发火
- 【息票】 **xīpiào** 명 (經) (채권에 붙어 있는) 이자표. [이자 지급일에 떼어서 이자 지급을 받을 수 있는 증서]
- 【息钱】 **xī·qian** 명 이자. 이식(利息).
- 【息肉】 **xīròu** 명 (醫) 폴립(polyp). 용종(茸腫). [점막 비후(肥厚)로 인한 돌기]
- 【息事宁人】 **xīshì níngrén** 성 1 일을 만들지 않고 백성을 편안하게 하다. 분쟁을 그치고 서로 편안하게 지내다. 2 (비) (분쟁 중에) 스스로 양보하여 알력(분쟁)을 없애다. ↔惹是生非
- 【息讼】 **xīsòng** 동 소송을 취하하다. ¶对方若有

성의와 화해, 我们可以考虑~。= 상대방이 화해할 성의가 있으면, 우리는 소송 취하를 고려해 볼 수도 있다.

【息息相关】 xīxī-xiāngguān 〈成〉 1 서로 호흡이 이어지다. 2〈비〉 관계가 아주 밀접하다. 밀접하게 관련되어 있다.

【息息相通】 xīxī-xiāngtōng 〈成〉 1 호흡이 서로 통하다. 2〈비〉 의기투합하다. 배짱이 맞아서 매우 사이가 좋다.

【息心】 xīxīn 〈동〉 1〈문〉 전념(專念)하다. 집중하다. ¶~钻研 = 전심전력으로 연구하다. 연구에 몰두하다. 2〈방〉 안심하다. 마음놓다. ¶听说孙子的病好了, 老太太才~了。= 손자가 병이 다 나았다는 말을 듣고서야 할머니는 마음을 놓았다.

【息影】 xīyǐng 〈동〉 1〈문〉 은거하여 한가롭게 지내다. 은퇴하여 한거(閑居)하다. ¶~山林 = 산림에 은거하여 한가롭게 지내다. 2 (배우가) 촬영을 그만두다. 영화계를 떠나다. ¶她~后就一直没有再复出。= 그녀는 영화계를 떠난 이후에 다시는 복귀하지 않았다.

【息争】 xīzhēng 〈동〉 분쟁을 멈추다〔그치다〕.

【息止】 xīzhǐ 〈동〉 중지하다. 정지하다. 멈추다. 그치다. ¶永不~地劳作。= 한시도 멈추지 않고 노동하다.

## 奚 xī 어찌 해

〈대문〉 왜. 어디. 어디에서. 어찌. 어떻게. 무엇. 어느. [처소나 사물을 가리키며 의문을 나타냄. '哪里(어디)'·'什么(무엇)'·'为什么(왜)' 등에 상당함] ¶~以知其然也? = 그런 줄 어찌 알았겠어요? 〈명〉 (Xī) 성(姓).

⊕ 奚 xī
溪 xī
蹊 xī
騱 xī
鸡 jī

【奚落】 xīluò 〈동〉 신랄한 말로 풍자하다〔조소하다〕. (심한 말로) 놀리다. 비웃다. 비난하다. 조소〔조롱〕하다. ¶他因个子瘦小常被同学~。= 그는 마르고 키가 작아서 자주 급우에게 놀림을 받는다. ≒嘲讽 挖苦 ↔赞颂

【奚幸】 xīxìng ☞【傒倖】 xīxìng

## 浠 Xī 물 이름 희

〈명〉(地) 시수이(浠水). [후베이(湖北)성에 있는 강 이름·지명]

## 悕 xī 슬퍼할 희

〈형〉〈문〉 슬프다.

## 娭 xī 즐길 희

〈동〉 '嬉(xī)'와 같음.
☞ āi

## 菥 xī 말냉이 석

【菥蓂】 xīmì 〈명〉(植) 말냉이. [학명은 'Thlaspi arvense' 임] =【遏蓝菜】 èláncài

## 硒 xī 셀렌 서

〈명〉(化) 셀렌. 셀레늄(Se, selenium). [원자 번호 34]

## 晞 xī 마를 희

〈형〉〈문〉 1 마르다. 건조하다. ¶朝露未~。= 아침이슬이 채 마르지 않았다. 2 (날이) 새다. 환해지다. 밝아 오다. ¶东方未~。= 동녘이 채 밝지 않았다.

## 欷 xī 흐느낄 희

【欷歔】[欷嘘] xīxū 〈동〉 흐느껴〔훌쩍거리며〕 울다. 탄식하다. ¶~不已 = 계속하여 울음을 그치지 않다. 계속해서 흐느껴 울다.

## *悉 xī 모두 실

〈형〉 1〈문〉 상세하다. 자세하다. 2 모든. 전부의. 온. ¶~心照顾 = 온 마음을 다하여 보살피다. 〈부〉 다. 모두. 전부. [전부를 총괄함을 나타냄. '都(dōu)'에 상당함] ¶~听尊便 = 당신 마음대로 하세요. 모두 당신 결정에 따르겠습니다. 〈동〉 상세히 알다. 잘 알다. ¶熟~ = 상세히 알다. / 知~ = 잘 알다.

⊕ 悉 xī
蟋 xī

○● 洞dòng悉, 获huò悉, 探tàn悉, 详悉, 知悉

【悉力】 xīlì 〈부〉〈문〉 전력〔온 힘〕으로. 전력〔온 힘〕을 기울여〔다하여〕. ¶~相助 = 전력을 기울여 돕다.

【悉数】 xīshǔ 〈동〉〈문〉 전부 나열하다. 일일이 열거하다. ¶花木品种繁多, 难以~。= 식물의 품종은 너무 많아 일일이 열거하기가 어렵다.

【悉数】 xīshù 〈명〉〈문〉 일체. 전부. 전액. ¶~归还 = 전부 돌려주다.

【悉心】 xīxīn 〈부〉 온 마음으로. 전심전력으로. ¶~照料 = 전심전력으로 보살피다.

## 烯 xī 에틸렌 희

〈명〉(化) 알켄(alkene). 에틸렌(ethylene)계 탄화수소. 올레핀(olefin)계 탄화수소.

【烯烃】 xītīng 〈명〉(化) 알켄. 에틸렌계 탄화수소. 올레핀계 탄화수소.

## 淅 xī 쌀 일 석

〈동〉〈문〉 (쌀을) 일다.

【淅沥】 xīlì 〈의〉 쏴쏴. 살랑살랑. 산들산들. 솔솔. 부슬부슬. 우수수. [미풍·가랑비·낙엽 등의 소리] ¶雨声~ = 비가 부슬부슬 내리다.

【淅飒】 xīsà 〈의〉 서걱서걱. 사락사락. 바삭바삭. 바스락. [물체가 가볍게 움직이는 소리] ¶雨点打在树叶上, ~作响。= 빗방울이 나뭇잎에 떨어져 사락사락 소리를 낸다.

【淅淅】 xīxī 〈의〉 쏴쏴. 살랑살랑. 산들산들. 솔솔. 부슬부슬. 우수수. [미풍·가랑비·낙엽 소리]

## **惜 xī 애석할 석

〈동〉 1 유감스럽게 여기다. 애석하게 생각하다. 안타까워하다. ¶叹~ = 탄식하며 애석해하다. 매우 아쉬워하다. / 可~ = 아깝다. 애석하다. 2 아끼다. 소중히 여기다. 중시하다. ¶爱~ = 아끼다. 소중히 여기다. / 珍~=소중히 여기다. **3** 지나치게 아까워하다. 차마 버리지 못하다. 인색하게 굴다. ¶吝~=내놓기를 아까워하다. / 在所不~=조금도 아까워하지 않다.

○● 顾惜, 可惜, 怜lián惜, 体惜, 惋wǎn惜

【惜败】**xībài** 통 석패하다. 애석하게 패하다. [주로 아주 적은 점수 차이로 진 것을 가리킴] ¶这场比赛他因失误而以两分之差~。=이 시합은 그의 실수로 인해 2점 차이로 아깝게 졌다.

【惜别】**xībié** 통 석별하다. 애틋하게 이별하다. ¶依依~=애틋하게〔아쉬워하며〕이별하다.

【惜春】**xīchūn** 통문 봄날이 (빨리) 지나감을 아쉬워하다.

【惜福】**xīfú** 통 자신에게 주어진 복을 소중하게 여겨 함부로 써 버리지 않다. (넉넉할 때 탕진하지 않고) 근검절약하다. ¶他虽富有却很~, 从不奢侈浪费。=그는 비록 부유하지만 근검 절약하여 여태껏 사치하거나 낭비한 적이 없다.

【惜老怜贫】**xīlǎo-liánpín** 성 노인과 가난한 사람을 가엾게 여기다. = 【怜贫惜老】**liánpín-xīlǎo**

【惜力】**xīlì** 통 힘〔몸〕을 아끼다. 몸을 돌보다〔사리다〕. ¶他很能吃苦, 干活从不~。=그는 고생을 잘 견뎌, 일을 하는 데 여태껏 몸을 사린 적이 없다.

【惜怜】**xīlián** 통 동정하여 아끼다. 가엾게〔불쌍히〕여기다.

【惜墨如金】**xīmò-rújīn** 성 **1** 먹을 아끼기를 금같이 하다. **2** 비 글을 좀처럼 쓰려 하지 않다. (글·그림 따위의) 창작 활동을 매우 신중하게 하다.

【惜售】**xīshòu** 통 팔지 않으려 하다. 팔기를 원하지 않다. 파는 것을 아깝게 생각하다. 팔 마음이 내키지 않다. ¶囤积~=창고에 쟁여 놓고 팔지 않으려 하다.

【惜阴】**xīyīn** 통 시간을 아끼다. 시간을 중히 여기다.

【惜玉怜香】**xīyù-liánxiāng** ☞【怜香惜玉】**liánxiāng-xīyù**

# 晰[(晳)] **xī** 밝을 석
형 명백하다. 분명하다. 뚜렷하다. 똑똑하다. ¶明~=명석하다. / 清~=뚜렷하다.

# 睎 **xī** 바라볼 희
통문 **1** 멀리 바라보다. **2** 앙모하다.

# \*\*稀 **xī** 드물 희
형 **1** 드문드문하다. 성기다. ¶月明星~=달은 밝고 별들은 드문드문하다. **2** 적다. 드물다. 희소하다. ¶人生七十古来~。=사람이 일흔 살까지 살기란 예로부터 드문 일이다. [두보(杜甫)의 《곡강(曲江)》에 나오는 글귀] **3** (농도가) 묽다. ¶熬绿豆~饭=녹두죽을 오래 끓이다. 부 아주. 극히. 매우. 지나치게. [일부 형용사 앞에 쓰여 정도가 심함을 나타냄. '极(jí)'에 상당함] ¶排骨炖得~烂。=돼지갈비가 너무 흐물흐물〔물렁물렁〕

하게 삶아졌다. / ~松平常=평범하다. 시시하다. 명 묽은 것. 멀건 것. 묽게 된 것. ¶糖~=물엿. ↔疏 ↔密 稀

○● 古稀, 拉稀, 糖稀, 依稀

【稀巴烂】**xībālàn**【稀烂】**xīlàn**

【稀薄】**xībó** 형 (공기·연기·안개 등의 농도가) 엷다. 희박하다. ¶随着海拔的升高, 空气逐渐~。=해발이 높아짐에 따라 공기가 점점 희박해진다. ↔浓厚

【稀度】**xīdù** 명 (化) 희석도(稀释度).

【稀饭】**xīfàn** 명 죽. ¶小米~=좁쌀죽. ↔干饭

【稀贵】**xīguì** 형 희귀하다.

【稀罕】[希罕] **xī·han** 형 희한하다. 보기 드물다. ¶对南方人来说, 下大雪可是件~事儿。=눈이 평평 내리는 것은 남방 사람에게는 참 보기 드문 일이다. 통 소중하게 여기다. 중요시하다. 진귀하게 여기다. ¶城里人如今都~野菜和粗粮。=도시 사람은 요즘 모두 나물과 잡곡을 귀하게 여긴다. 명 (~儿) 진품(珍品). 아주 특출한 것. 희한한 물건〔일〕. ¶瞧~儿=희한한 것을 보다. = 稀有

【稀客】**xīkè** 명 귀한 손님. 드물게 오는 손님. ↔常客

【稀拉】**xī·la** **1** 드문드문하다. 띄엄띄엄하다. 성기다. 드물다. ¶园子里长着一些~的花草。=정원에 약간의 화초가 띄엄띄엄 자라고 있다. **2** 형 형편 없다. 평범하다. 시시하다. 질질 끌다. ¶作风~=일처리 방식이 형편 없다.

【稀拉拉】[稀剌剌] **xīlālā** (~的) 형 드문드문하다. 띄엄띄엄하다. 성기다. 드물다. ¶~的枯草=드문드문 있는 시들은 풀.

【稀剌剌】**xīlālā** ☞【稀拉拉】**xīlālā**

【稀烂】**xīlàn** 형 **1** (물건이) 산산조각나다. 박살나다. 묵사발이 되다. =【稀巴烂】**xībālàn** ¶玻璃窗被砸得~。=유리창이 완전히 박살나다. **2** (음식을 너무 삶아서) 뭉글뭉글하다. 호물호물하다. ¶肉煮得~。=고기가 호물호물하게 삶아졌다.

【稀朗】**xīlǎng** 형 (등불이나 별빛이) 깜박이다. ¶星光~=별빛이 반짝이다.

【稀里光当】**xī·liguāngdāng** 형구 **1** (액체가) 묽다. 멀겋다. ¶煮了一锅~的菜汤。=멀건 나물국 한 냄비를 끓였다. **2** 헐렁헐렁하다. 느슨하다. 헐겁다. ¶这把椅子~的, 要修修了。=이 의자는 헐렁헐렁해서 수리를 좀 해야 한다.

【稀里糊涂】**xī·lihútú** 형 **1** 어리둥절하다. 흐리멍덩하다. 얼떨떨하다. 모호하다. 혼미하다. 분명하지 않다. 명확하지 않다. ¶他解释了半天, 我还是~地没弄明白。=그가 한참 동안 설명했는데도 난 여전히 흐리멍덩한 채 이해하지 못했다. **2** 소홀하다. 데면데면하고 허술하다. 제멋대로이다. 건성이다. 대강이다. ¶他根本没认真考虑就~地答应了对方的条件。=그는 전혀 진지하게 고려해 보지도 않고 건성으로 상대방의 조건을 받아들였다.

【稀里哗啦】[唏里哗啦] **xī·lihuālā** 의 후드두득

솨솨. 우르르. 와르르. 달그락달그락. 짤그락짤그락. [빗소리나 물건이 쏟아지는 소리] ¶大雨~倾盆而下。=큰비가 솨솨 퍼붓듯이 내린다. 〖형〗산란한 모양. 사방으로 흩어지는 모양. 산란하다. 어지럽다. 어수선하다. 엉망진창이다. 뿔뿔이(사방으로) 흩어지다. 산산조각나다. ¶餐厅被这伙捣乱的人搞得~的。=식당은 소란피우는 이들로 인해 엉망진창이 되었다.

【稀里马虎】xī·limǎ·hu 〖형〗소홀하다. 경솔하다. 대강대강 하다. 등한하다. 세심〔진지〕하지 못하다. 부주의하다. 흐리터분하다. ¶考试的时候可不能~的。=시험 칠 때는 결코 대강대강 해서는 안 된다.

【稀料】xīliào 〖명〗〖化〗희석제. 희석액. 용해제.

【稀溜溜】xīliūliū(~的, ~儿的) 〖형〗〖구〗(국·죽 등이) 매우 묽다〔멀겋다〕. 묽디묽다. 매우 묽은 모양. ¶~的一碗玉米粥=멀건 옥수수죽 한 그릇.

【稀乱】xīluàn 〖형〗엉망진창인 모양. 아수라장이다. 엉망진창이다. 산산조각나다. 난장판이다. ¶房间被他搞得~。=방은 그에 의해서 엉망진창이 되었다.

【稀落】xīluò 〖형〗드문드문하다. 띄엄띄엄하다. 성기다. ¶黎明的夜空~地散布着几颗星星。=새벽녘〔동틀 무렵〕의 하늘에 별 몇 개가 드문드문 보인다.

【稀泥】xīní 〖명〗흙탕물. 진창.

【稀奇】[希奇]xīqí 〖형〗희한하다. 신기〔진기〕하다. 드물다. ¶马戏表演让孩子们觉得很~。=곡단 공연은 아이들에게 아주 신기하게 느껴졌다.

【稀奇古怪】[希奇古怪]xīqí-gǔguài 〈성〉기괴〔괴상·괴팍〕하다. 매우 진기〔신기〕하다.

【稀缺】xīquē 〖형〗희소〔결핍〕하다. ¶~商品=희소한〔부족한〕 상품.

【稀软】xīruǎn 〖형〗1 매우 부드럽다. 몰랑몰랑하다. ¶西红柿熟透了, ~。=토마토가 너무 익어서 몰랑몰랑하다. 2 힘이 빠져 축 처지다. 나른하다. 맥이 빠지다. ¶手脚~=손발이 나른하다.

【稀散元素】xīsàn yuánsù 〖명〗희산 원소. [광상(鑛床)을 이루지 못하고 불순물 상태로 다른 광물 속에 섞여 있는 텔루륨(Te)·인듐(In)·설레늄(Se)·게르마늄(Ge)·갈륨(Ga)과 같은 원소]

【稀少】[希少]xīshǎo 〖형〗희소하다. 적다. 드물다. ¶人烟~=인가가 드물다. / 路上行人~=길 가는 사람이 드물다. ↔繁多 稠密 众多

【稀世】[希世]xīshì 〖형〗세상에 드물다. 세상에 보기 드문〔둘도 없는〕. ¶~珍宝=보기 드문 보물.

【稀释】xīshì 〖동〗〖化〗희석하다. 묽게 하다. ¶~农药=농약을 희석하다. ↔浓缩

【稀瘦】xīshòu 〖형〗몹시〔바짝〕 마르다〔여위다〕. ¶他长得~。=그는 너무 말랐다.

【稀疏】xīshū 〖형〗드물다. 성기다. 뜸하다. 드문드문하다. ¶草地上点缀着~的野花。=풀밭에 듬성듬성 들꽃들이 아름답게 피어 있다. ↔稠密 浓密

【稀松】xīsōng 〖형〗〖구〗1 해이하다. 느슨하다. (기강이) 풀어지다. ¶他平日里一惯了, 哪受得这约束？=그는 평소에 항상 느슨하게 지내는 게

습관이 되었는데, 이런 구속〔속박〕을 어떻게 견디겠어요？ 2 시시하다. 대수롭지 않다. 평범하다. 보통이다. ¶这可不是~小事, 得认真对待。=이것은 결코 시시한〔대수롭지 않는〕 일이 아니니, 진지하게 대응〔대처〕해야 한다. 3 (일·능력 등이) 형편 없다. 질이 낮다. 열등하다. ¶这帮年轻人干起工作来一个也不~。=이 젊은이들은 일을 시작하면 누구든 제대로 못하는 사람은 없다.

【稀碎】xīsuì 〖형〗산산조각나다. 박살나다. 가루처럼 되다. ¶瓷盘被摔得~。=사기 쟁반이 떨어져 산산조각나다.

【稀汤寡水】xītāng guǎshuǐ 〈성〉국·죽·요리가 멀겋고 맛이 없다.

【稀土】xītǔ 〖명〗희토. 〘영〙 rare earth

【稀土金属】xītǔ jīnshǔ ☞ 【稀土元素】xītǔ yuánsù

【稀土元素】xītǔ yuánsù 〖명〗〖化〗희토류 원소. [원소 주기표 중에 원자 번호 57에서 71까지, 즉 란타늄(La)·세륨(Ce)·프라세오디뮴(Pr)·네오디뮴(Nd)·프로메튬(Pm)·사마륨(Sm)·유로퓸(Eu)·가돌리늄(Gd)·테르븀(Tb)·디스프로슘(Dy)·홀뮴(Ho)·에르븀(Er)·툴륨(Tm)·이테르븀(Yb)·루테튬(Lu) 등 15개 원소에 이트륨(Y)·스칸듐(Sc) 등 2종을 더한 총 17종 원소의 총칭] = 【稀土金属】xītǔ jīnshǔ

【稀稀拉拉】xī·xi lālā(~的) 〖형〗드문드문〔띄엄띄엄〕하다. 듬성듬성하다. 분산되어 있고 적은 모양. ¶阅览室里只有~的几个人在看书。=열람실에 드문드문 몇 사람만이 책을 보고 있다. ↔密密麻麻

【稀稀落落】xī·xi luòluò(~的) 〖형〗드문드문〔띄엄띄엄〕하다. 듬성듬성하다. 뜨문뜨문 흩어져 있는 모양. ¶~的掌声=드문드문〔간간이〕 치는 박수 소리.

【稀稀疏疏】xī·xi shūshū(~的) 〖형〗드문드문〔듬성듬성〕하다. 성기다. 드물다. ¶树枝上~地挂着几片枯叶。=나뭇가지에 몇 개의 마른잎이 드문드문 달려 있다.

【稀有】[希有]xīyǒu 〖형〗희소〔희귀〕하다. 드물다. ¶如此美景, 世间~。=이렇게 아름다운 경치는 세상에 보기 드물다. ≒稀罕

【稀有金属】xīyǒu jīnshǔ 〖명〗〖化〗희소 금속. [锂(리튬)·钨(텅스텐)·锗(게르마늄)·钪(스칸듐)·铂(백금) 등 자연계에 존재하는, 양이 얼마 되지 않는 금속의 총칭]

【稀有气体】xīyǒu qìtǐ ☞ 【惰性气体】duòxìng qìtǐ

【稀有元素】xīyǒu yuánsù 〖명〗〖化〗희유〔희소〕 원소. [자연계에 존재하는 양이 얼마 되지 않는 원소. 희유기체·희토류 원소·백금속 원소·우라늄 등이 있음]

【稀糟】xīzāo 〖형〗〖방〗엉망진창이다. 너무 조잡하다. 너무 나쁘다. ¶储藏室里一团~。=저장실이 엉망진창이다.

【稀珍】xīzhēn 〖형〗희귀하다.

【稀粥】xīzhōu 〖명〗묽은 죽. 멀건 죽.

## 傒 xī 걱정할 혜
【傒倖】【奚幸】 **xīxìng** 형 걱정하다. 번민하다. 번뇌하다. 마음을 졸이다. 걱정스럽다. [주로 조기 백화문에 보임]

## 舾 xī 배의 시설 서
【舾裝】 **xīzhuāng** 명 1 배 위의 설비와 장치. 2 의장(艤裝). [배가 출항할 수 있도록 필요한 장비를 모두 갖추는 일]

## 翕 xī 합할 흡
동문 수렴(收斂)하다. 모으다. 거두다. 합치다. 닫다. 접다. ¶一张一～ = 열었다 닫았다 하다. 형 상냥(온순)하다. 화목하다. ¶～服 = 순순히 따르다. 늑흡 ↔张
【翕动】【噏动】 **xīdòng** 동문 (입술 등을) 열었다 닫았다 하다. 벌렸다 모았다 하다. ¶嘴唇～ = 입술을 모았다 벌렸다 하다.
【翕然】 **xīrán** 형문 1 말이나 행동이 일치되는 모양. 합치되다. 일치하다. 조화되다. ¶～从之 = 일치하여 따르다. 2 안정된 모양. 평화롭다. 안정되다. ¶边境～ = 변경이 안정되다.
【翕張】 **xīzhāng** 동문 번갈아 열고 닫다. ¶目自～ = 눈이 저절로 깜박이다.

## 腊 xī 말린 고기 석
명문 말린 고기.
☞ **là**

## 粞 xī 싸라기 서
명 1 문 싸라기. ¶糠～ = 겨와 싸라기. 2 방 쌀겨. 왕겨.

## 犀 xī 무소 서
명(動) 코뿔소. 무소. 서우(犀牛). ['犀牛 (xīniú)'라고 통칭함]

○● 木犀
【犀角】 **xījiǎo** 명 무소뿔. 서각(犀角). [얇게 썰거나 가루로 만들어 강심제·해독제·해열제·지혈제로 쓰임]
【犀利】 **xīlì** 형 1 (무기가) 날카롭다. 예리하다. 2 비 (언어나 비평이) 신랄하다. 예리하다. ¶词锋～ = 글이 신랄하다. 비평이 날카롭다.
【犀鸟】 **xīniǎo** 명(動) 서조. 코뿔새. [부리가 낫 모양으로 길고, 콧등에 큰 뿔이 나 있음] ¶双角～ = 큰코뿔새.
【犀牛】 **xīniú** 명① 무소. 코뿔소. 서우.

## 皙 xī 살결 흴 석
형문 (피부가) 희다. ¶白～ = (피부가) 희다.

## **锡[錫] xī 주석 석
명 1 ①(化) 주석(Sn, stannum). [원자 번호 50]
2 (Xī) 성(姓).

○● 焊 hàn 锡
【锡安主义】 **Xī'ānzhǔyì** 명① 시오니즘(Zionism). 시온주의. [유대인들의 민족 국가 건설을 위한 민족주의 운동]
【锡伯族】 **Xībózú** 명 시보족. [중국 소수 민족의 하나로, 신장(新疆)·랴오닝(辽宁)·헤이룽장(黑龙江) 등지에 분포함]
【锡箔】 **xībó** 명 석박. 은종이. 표면에 얇은 주석 막을 바른 종이. [담배 혹은 기타 물건에 습기를 방지하기 위해서 포장지로 사용하거나 죽은 사람의 명복을 빌기 위하여 태우는 지전(紙錢)으로 쓰임]
【锡焊】 **xīhàn** 명 납땜.
【锡匠】 **xījiàng** 명 주석 세공인.
【锡金】 **Xījīn** 명①(地) 시킴(Sikkim). [수도는 '甘托克(강토크 : Gangtok)'임]
【锡剧】 **xījù** 명(劇) 석극. [원래 상석문희(常錫文戱)라 불리는 장쑤(江苏) 지방 전통극 중의 하나로, 무석탄황(無錫灘簧)과 상주탄황(常州灘簧)이 합쳐서 이루어짐. 장쑤(江苏)성 남부와 상하이(上海)시에서 유행함]
【锡克教】 **xīkèjiào** 명(宗) 시크교(Sikh教). [힌두교의 신애(信愛, 바크티) 신앙과 이슬람교의 신비 사상(神秘思想)을 융합한 것으로, 교조(教祖) 나나크에 의해 인도 서북부의 펀자브 지방에서 창시된 종교]
【锡矿】 **xīkuàng** 명(礦) 1 주석 광석. 주석광. 2 주석 광산.
【锡石】 **xīshí** 명 석석(錫石). 주석석(朱錫石).
【锡杖】 **xīzhàng** 명(佛) 석장. [극기라(隙棄羅)라고 음역하며 성장(聲杖)·지장(智杖) 또는 육환장(六環杖)이라고도 함. 윗부분은 주석(朱錫)으로, 아랫 부분은 짐승의 엄니나 뿔로, 중간 부분은 나무로 만드는데, 윗부분에는 작은 고리를 달아 소리가 나도록 함]
【锡纸】 **xīzhǐ** 명 석박. 은종이. 납지(鑞紙).

## 徯 xī 기다릴 혜
동문 기다리다. ¶～待 = 기다리다. 명문 '蹊(xī)'와 같음.

➡ 犀 xī
樨 xí
迟 chí
墀 chí

## **溪[谿] xī 개울 계
명 1 산골짝 시내(개울). 2 시내. 개천. ¶清～ = 맑은 개울(시내). / 小～ = 작은 시내.
【溪涧】 **xījiàn** 명 산골짝 시냇물. 계곡물. 계간. 계류(溪流). 개울물. 시냇물. ¶清澈的～ = 맑다 맑은 개울물.
【溪流】 **xīliú** 명 1 계류. 개울. 2 시내. 개천. ¶～淙淙 = 시냇물이 졸졸 흐르다.
【溪水】 **xīshuǐ** 명 1 시냇물. 개울물. ¶甘甜的～ = 달콤한 시냇물. 2 시내. 개울. ¶～上有一座独木桥 = 시냇가에 외나무다리가 하나 있다.

## 裼 xī 웃통 벗을 석
동문 웃옷을 벗다. 상반신을 드러내다. 속옷을 드러내다. ¶袒～裸裎 = 팔을 걷어붙이고 웃통을 벗다.

드러내다. 예의가 없다.
☞ **tì**

\***熙**[(熈·熙)] **xī** 빛날 희
【형】【문】 **1** 빛나다. 밝다. 환하다. ¶~天耀日=밝은 하늘과 빛나는 태양. **2** 화목〔화평〕하고 즐겁다. ¶众人~~=모든 사람들이 화목하고 즐겁다. **3** 흥성〔왕성〕하다. ¶~~世=태평성세.

【熙和】 **xīhé** 【형】 **1** 화목〔화평〕하고 즐겁다. 평화롭다. 온화〔화목〕하다. ¶全家~~=온 가족이 화목하다. **2** 따스하다. ¶冬日~=겨울 해가 따스하다.

【熙来攘往】 **xīlái-rǎngwǎng** 〈성〉 흥성흥성하다. 왕래가 빈번하고 번화하다.

【熙攘】 **xīrǎng** 【형】 왕래가 빈번하고 왁자지껄한 모양. 북적거리다. 흥성흥성하다. 왕래가 빈번하고 번화하다. ¶游人~=여행객들이 왕래가 빈번하다.

【熙熙】 **xīxī** 【형】【문】 **1** 화목〔화평〕하고 즐겁다. 온화하다. 화목하다. 평화롭다. ¶全家~=온 집안이 화목하다. **2** 왁자지껄하다. ¶笑语~=웃음소리가 왁자지껄하다.

【熙熙攘攘】 **xīxī-rǎngrǎng** 〈성〉 왕래가 빈번하고 왁자지껄한 모양. 북적거리다. 흥성흥성하다. 왕래가 빈번하고 번화하다.

## 豨 **xī** 돼지 희
【명】【문】【動】 돼지.

【豨薟】 **xīxiān** 【명】【植】 진득찰. 희렴. 점호채(粘糊菜).

## 蜥 **xī** 도마뱀 석
【명】【動】 도마뱀. ¶巨~=왕도마뱀.

【蜥蜴】 **xīyì** 【명】【動】 도마뱀(류). 【四脚蛇】 **sìjiǎoshé**

## 僖 **xī** 기쁠 희
【형】【문】 기쁘다. 즐겁다. 유쾌하다.

\*\***熄** **xī** 꺼질 식
【동】 (등이나 불이) 꺼지다. ¶篝火已~。=캠프파이어 불이 이미 꺼졌다.

【熄灯】 **xī∥dēng** 【동】 (전등·형광등 등의) 불을 끄다. 소등(消燈)하다. ¶~就寝=전등을 끄고 취침하다.

【熄火】 **xī∥huǒ** 【동】 **1** (타고 있는) 불을 끄다. ¶浇水~=물을 뿌려 불을 끄다. **2** 엔진이 꺼지다. 시동이 꺼지다. ¶汽车~了。=자동차 시동이 꺼졌다. ↔燃烧

【熄灭】 **xīmiè** 【동】 (등이나 불이) 꺼지다. 소멸하다. ¶炉子里的火渐渐~了。=난로 속의 불길이 점점 꺼져 간다. ↔燃烧

## 磎 **xī** 개울 계
【명】【문】 '溪(xī)'와 같음.

## 嘻[(譆)] **xī** 감탄사 희
〖감〗 (찬미와 경탄을 나타내어) 아. 오호. 와. ¶~, 善哉!=아, 좋구나! 〖의〗 히히. 호호. [웃음소리] ¶她~~地笑着跑开了。=그녀는 호호 웃으면서 뛰어갔다.

【嘻闹】 **xīnào** ☞ 【嬉闹】 **xīnào**

【嘻皮笑脸】 **xīpí-xiàoliǎn** ☞ 【嬉皮笑脸】 **xīpí-xiàoliǎn**

【嘻嘻哈哈】 **xīxī hāhā** 【형】 **1** 하하하. 히히히. 히죽히죽. 즐겁게 웃는 모양. ¶孩子们在操场上~打闹。=아이들이 운동장에서 하하하 웃으면서 장난치고 있다. **2** 진지하지 않다. 건성이다. 엄숙하지 않다. ¶跟你说正事呢, 别~的。=공식적인 일을 말하고 있으니, 건성으로 듣지 마세요.

【嘻戏】 **xīxì** ☞ 【嬉戏】 **xīxì**

【嘻笑】 **xīxiào** 【동】 장난하며 웃다. 낄낄거리고 웃다. 시시덕거리다. 히히히 웃다. ¶他们一边走, 一边~地说着什么。=그들은 걸어가면서 낄낄거리며 무언가를 말하고 있다.

## 歙 **xī** 들이쉴 흡
【동】 **1** '吸(xī)'와 같음. **2** 수렴하다. 거두다.

【歙动】 **xīdòng** ☞ 【翕动】 **xīdòng**

## 巂 **xī** 땅 이름 수
지명에 쓰이는 글자. ¶越~=웨시. [쓰촨(四川) 성에 있는 지명. 현재는 '越西(yuèxī)'라고 씀]

\***膝**[(厀)] **xī** 무릎 슬
〖명〗 무릎. ['膝盖(xīgài)'라고 통칭함] ¶促~谈心=무릎을 맞대고 허물없이 말하다. 속마음을 털어놓고 이야기하다.

⊙– 护hù膝, 牛膝, 盘膝, 屈qū膝, 磕kē膝盖

【膝盖】 **xīgài** 【명】〈구〉 무릎.

【膝盖骨】 **xīgàigǔ** ☞ 【髌骨】 **bìngǔ**

【膝关节】 **xīguānjié** 【명】〈生〉 무릎 관절.

【膝下】 **xīxià** 【명】【문】 **1** 슬하. 부모님 슬하. **2** 자녀의 유무 상황을 나타냄. ¶~无子=슬하에 자식이 없다. **3** 슬하. [자녀가 부모 혹은 조부모에게 올리는 편지에서 호칭 다음에 붙이는 경어. 어른에 대한 공경을 나타냄] ¶父母大人~=부모님 슬하〔전상서〕.

【膝下犹虚】 **xīxià-yóuxū** 〈슬하에〉 아직 자식이 없다.

【膝痒搔背】 **xīyǎng-sāobèi** 〈성〉 **1** 무릎이 가려운데 등을 긁다. **2** 〖비〗 어긋나다. (일처리·말 등이) 적절하지 못하다. 엉뚱하다.

## 瘜 **xī** 굳은살 식
【瘜肉】 **xīròu** ☞ 【息肉】 **xīròu**

\***嬉** **xī** 놀 희
【동】 장난치다. 놀다. 유희하다. 노닐다. ¶孩子们在湖边~戏。=아이들이 호숫가에서 장난치며 놀다. 늑戏

【嬉闹】[嬉闹] **xīnào** 【동】 장난치다. 유희하다. 떠들어 대다. ¶自习时间不得~。=자습 시간에

## 嬉 熹 憙 樨 螅 歙 羲 熺 窸 蹊 蟋 謑 谿 漇 醯 曦 巇 爔

장난치면 안 돼요.
【嬉皮士】**xīpíshì** 명 히피(hippie). 히피족.
【嬉皮笑脸】[嬉皮笑脸] **xīpí-xiàoliǎn** 히히거리다. 히죽거리다. 헤헤거리다. 낄낄거리며 진지하지 않은 모양.
【嬉耍】**xīshuǎ** 동 장난치며 놀다. ¶孩子们在沙滩上～. =아이들이 모래밭에서 장난치며 논다.
【嬉戏】[嬉戏] **xīxì** 동문 놀다. 장난치다. 유희하다. ¶～游乐=장난치며 즐겁게 놀다.
【嬉笑】**xīxiào** 동 장난치며 웃다. 낄낄거리며 웃다. 시시덕거리다. ¶窗外传来孩子们的～声. =창 밖에서 아이들의 장난치며 웃는 소리가 들려온다.
【嬉笑怒骂】**xīxiào-nùmà** 성 1 비웃고 조롱하고 화내고 욕하다. 웃음과 욕설. 풍자와 욕설. 사람의 갖가지 감정. 2 비 제재나 형식에 구애받지 않고 마음대로 표현하다. ¶～, 皆成文章. =모든 감정이 고스란히 모두 글[작품]이 되다. 어떤 제재나 형식에 상관 없이 마음대로 표현하여 좋은 글을 쓰다.
【嬉游】**xīyóu** 동 노닐다. 돌아다니며 놀다. ¶～于湖光山色之间. =맑은 호수와 푸른 산이 어우러진 아름다운 자연 속에서 노닐다.

## 熹 **xī** 밝을 희
형문 1 (날이) 밝다. 동이 트다. 훤하다. ¶东方已～. =동녘이 이미 밝았다. 2 (빛이) 밝다. 훤하다. ¶星～=별빛이 밝다.
【熹微】**xīwēi** 형문 (새벽 햇빛이) 희미하다. 동틀 무렵 햇빛이 희미한 모양. ¶晨光～=새벽빛이 희미하다.

## 憙 **xī** 탄식 소리 희
감문 (탄식하는 소리로) 아. 휴.

## 樨 **xī** 금계 서
☞【木樨】**mùxī**

## 螅 **xī** 귀뚜라미 실
☞【水螅】**shuǐxī**

## 歙 **xī** 들이쉴 흡
동문 코로 숨을 쉬다. 흡입하다. 빨아들이다. ¶～风吐雾=바람을 들이키고 안개를 토하다. (고생스럽게) 노숙〔여행〕하다. 풍찬노숙(風餐露宿)하다.
☞ **Shè**

## 羲¹ **xī** 사람 이름 희
인명에 쓰이는 글자. ¶伏～=복희씨. [전설 속의 고대 제왕]

## 羲² **Xī** 성씨 희
명 성(姓).

## 熺 **xī** 밝을 희
형문 '熹(xī)'와 같음.

○ 羲 Xī
  曦 xī
  牺 xī

## 窸 **xī** 바스락거릴 실
【窸窣】**xīsū** 의문 바스락바스락. 사르륵사르륵. [낮고 가느다란 마찰음] ¶衣裙～=드레스가 사르륵사르륵거리다.

## 蹊 **xī** 오솔길 혜
명문 오솔길. 좁은 길. ¶桃李不言, 下自成～. =복숭아나무와 자두나무는 말이 없으나, 꽃과 열매가 사람을 끌어들여 저절로 길이 생긴다. 덕을 갖추면 저절로 사람들이 따른다.
☞ **qī**

○─○ 鼠 **shǔ** 蹊

【蹊径】**xījìng** 명문 1 좁은 길. 산길. 2 비 방법. 방책. 요령. 비결. ¶独辟～=혼자 스스로 방법을 찾아 내다.

## *蟋 **xī** 귀뚜라미 실
【蟋蟀】**xīshuài** 명 동 귀뚜라미. =【促织】**cùzhī** ☞【蛐蛐儿】**qūqūr** ¶灶～=히시무르 귀뚜라미. / 米卡斗～=극동 귀뚜라미.
【蟋蟀草】**xīshuàicǎo** ☞【牛筋草】**niújīncǎo**

## 謑 **xī** 다툴 혜
☞【勃謑】**bóxī**

## 谿 **xī** 개울 계
명 '溪(xī)'의 이체자. 동 ☞【勃谿】**bóxī**
【谿壑】**xīhè** 명문 산골짜기. 계곡. [주로 비유적인 표현에 많이 쓰임] ¶～之心, 贪而无厌. =마음은 산의 계곡과 같아서 아무리 채워도 욕심이 끝이 없다.
【谿卡】**xīkǎ** 명 장원(莊園). [1949년 이전에 티베트의 관청·사원·귀족 소유의 농장]
【谿刻】**xīkè** 형문 말투가 신랄하다[가혹하고 악랄하다]. 각박하다. 무정하다. 냉혹하다. 인색하다. ¶心怀～=마음이 각박하다.

## 漇 [瀥] **xī** 비오리 계
【漇鶒】**xīchì** 명 동 비오리. 자원앙(紫鴛鴦). 수계(水鷄). 계칙(漇鶒). [고서에 나오는, 원앙새와 닮은 물새]

## 醯 **xī** 식초 혜
명문 식초. 초. 형문 시다. ¶～梅=오매. [훈제한 매화 열매로, 신맛이 남]

## 曦 **xī** 햇빛 희
명문 햇빛. 일광. 햇살. [주로 아침 햇살을 가리킴] ¶晨～=아침 햇살.

## 巇 **xī** 험준할 희
형문 (산이) 험준하다. 가파르다. ¶险～=산이 험준하고 가파르다.

## 爔 **xī** 햇빛 희

명문 '曦(xī)'와 같음.

## 螇 xī 새앙쥐 혜
【螇鼠】xīshǔ ☞【小家鼠】xiǎojiāshǔ

## 蠵 xī 바다거북 휴
【蠵龟】xīguī 명(動) 붉은바다거북.

## 觿 xī 뿔송곳 휴
명문 뿔송곳. 쇠기. [뿔이나 옥 등으로 만든, 짐 승 뿔 모양의 매듭을 푸는 도구]

## 习[習] xí 익힐 습

동 1문 새가 반복적으로 나는 연습을 하다. 2 배우다. 학습하다. 복습하다. 연습하다. ¶自~=자습하다. / 温~=복습하다. / 实~=실습하다. 3 익숙하다. 능하다. ¶不~水性=물에 익숙하지 않다. 헤엄을 잘 못 치다. 부 항상. 늘. 익히. ¶~见不鲜=늘 보아서 신선하지 않다. 명 1 습관. ¶陋~=낡은 풍습. 나쁜 관습. / 积~=오래 된 버릇. 고질적인 습관. 인습. 2 (Xí) 성(姓).

○ 习 xí
熠 yì
摺 zhé
褶 zhě

○─● 补习, 传chuán习, 痼gù习, 见习, 讲习, 教习, 练习, 实习, 熟习, 温习, 学习, 演习, 预习

【习得】xídé 동 (어떤 능력을) 습득하다. 익히다. ¶~独门绝技=독보적인 기예를〔기술ㆍ기능을〕습득하다. 명(言) 어린이가 모어(母語)를 배우고 익히는 과정.

【习非成是】xífēi-chéngshì 성 나쁜 일도 익숙해지면 나쁘다고 생각하지 않게 된다. 나쁜 일에 익숙해지면 고치기 힘들다.

【习惯】xíguàn 동 습관〔버릇〕이 되다. 적응하다. 익숙해지다. ¶他刚开始独立生活, 还不是很~。=그는 홀로서기를 막 시작해서 적응이 다 된 것은 아니다. 명 버릇. 습관. 습성. 풍습. 관습. ¶改变不良~=나쁜 습관을 고치다.

【习惯成自然】xíguàn chéng zìrán 성 자주 하게 되면 자연스레 습관이 된다. 습관이 되어 버리다.

【习惯法】xíguànfǎ 명(法) 관습법.

【习惯势力】xíguàn shìlì 명 수구〔보수〕 세력. 전통〔보수〕적인 관념.

【习惯性】xíguànxìng 명 습관성. 관습성. ¶他~地撇了撇嘴。=그는 습관적으로 입을 실룩실룩거렸다.

【习惯于】xíguànyú 동 …에 습관이 되다. …에 버릇이 되다. …에 익숙해지다. ¶他~早起长跑。=그는 아침에 일어나 달리기하는 데 익숙이 되어 있다.

【习好】xíhào 명 (오래 된) 습관〔취미〕. 기호. ¶摄影是他的最大~。=촬영은 그의 가장 큰 취미이다.

【习见】xíjiàn 동 흔히 보(이)다. 눈에 잘 띄다. 익히 보다. 늘 보다. 눈에 익다. ¶这种现象大家都不~, 不足为怪了。=이런 현상은 모두들 익

히 보아 온 터라서 이상하게 여기지 않는다.

【习气】xíqì 명 나쁜 습관〔습성ㆍ태도ㆍ방식〕. ¶小市民~=소시민의 나쁜 습관.

【习染】xírǎn 동문 (나쁜 습관이) 몸에 배다. 물들다. ¶~不良作风=나쁜 습관이 몸에 배다. 명문 (몸에 밴) 나쁜 습관〔습성〕. ¶革除~=나쁜 습관을 없애다.

【习尚】xíshàng 명 풍습. 풍조. 조류(潮流). ¶社会~=사회 풍조〔풍습〕.

【习俗】xísú 명 풍속. 습속. ¶各地~有所差异。=각 지방〔지역〕의 풍속은 어느 정도 차이가 있다. ≒风俗

【习题】xítí 명 연습 문제. ¶~解答=연습 문제 해답.

【习武】xíwǔ 동 군사 기술을 연습하다. 무예를 연습하다. 연무하다. ¶修文~=글을 익히고 무술을 익히다.

【习习】xíxí 동문 (새가) 왔다 갔다 날아다니다. ¶春燕~筑巢忙。=봄 제비가 둥우리를 만드느라고 쉴새없이 바쁘게 왔다 갔다 날아다닌다. 형 솔솔 불다. [미풍이 살살 부는 모양] ¶清风~=신선한 바람이 솔솔 불다.

【习性】xíxìng 명 습성. 습관. ¶~难改=습관은 고치기 어렵다. 제 버릇 남 못 준다.

【习焉不察】xíyān-bùchá 성 어떤 일에 습관이 되어 그 속에 무슨 문제가 있는지 살피지 못하다. 어떤 일에 젖어서 문제점을 파악하지 못하다.

【习以为常】xíyǐwéicháng 성 (자주 하다 보니) 습관이 생활화되다. 버릇이 되어 예사로운 일로 되다.

【习艺】xíyì 동 기술을〔기예를〕 배우다. 재간을 배우다. ¶潜心~=기술을 배우는 데 전심전력을 다하다. 기예(技藝)를 배우는 데 몰두〔몰입〕하다.

【习用】xíyòng 동 늘〔흔히〕 사용하다. 습관적으로 쓰다. 사용에 익숙하다. 쓰는 데 버릇이 되다. ¶~的技巧=흔히 쓰는 기교. ≒惯用

【习与性成】xíyǔxìngchéng 성 오랫동안 어떤 습관이 들면 그러한 성격이 이루어진다. 습관은 제2의 천성이다.

【习语】xíyǔ 명 관용어.

【习字】xízì 동 글자〔글씨〕를 연습하다. 습자하다. 글씨를 익히다. ¶~本=습자본. 글씨본.

【习作】xízuò 동 습작하다. ¶~不辍=습작을 멈추지 않고. 계속해서 습작을 하다. 명 습작. ¶学生~=학생의 습작.

## 郋 Xí 마을 이름 해
명(地) 시. [지금의 허난(河南)성에 있었던 옛 지명].

## 席¹[(蓆)] xí 돗자리 석
명 자리. ¶凉~=여름 돗자리. / 竹~=대자리.
【席草】xícǎo ☞【茳芏】jiāngdù

## 席² xí 자리 석
명 1 (앉는) 좌석. 자리. ¶人~=(집회나 의식

에서) 착석하다. 자리에 들다. / 坐无虚~ = 빈 자리가 없다. **2** (국회의) 의석. ¶议~ = 의석. / 该党在议会占有36~。 = 그 당은 의회에서 36석을 차지한다. **3** 연회(석). ¶酒~ = 술자리. / 散~ = 연회가 파하다. **4** (**Xí**) 성(姓). 명 자리. 상. 차례. 바탕. [연회석〔술자리〕·대화〔담화〕 등을 세는 단위] ¶一~话 = 한 차례의 대화. / 两~酒菜 = 두 상의 안주. 늑座

○● 割gē席, 还huán席, 即席, 酒席, 列席, 芦lú席, 首席, 素席, 逃táo席, 西席, 筵yán席, 宴yàn席, 议席, 择zhái席, 枕席, 主席, 流水席

【席不暇暖】**xíbùxiánuǎn** 성 **1** 자리가 따뜻해질 겨를이 없다. **2** (비) 앉을 새도 없이 바쁘다. 바빠 눈코 뜰 새 없다. 늑疲于奔命

【席次】**xícì** 명 좌석〔자리〕의 차례〔순서〕. 석차. ¶来宾们都已按~人座。 = 내빈들은 이미 모두 좌석의 순서에 따라 차례로 앉았다.

【席地】**xídì** **1** 땅바닥에 자리를 깔고 앉다〔눕다〕. **2** 땅바닥에 앉다〔눕다〕. ¶~幕天 = 땅을 자리로 삼고 하늘을 장막으로 삼다. 기상이 매우 웅대하다. 한데서 잠을 자다. 야영하다.

【席地而坐】**xídì'érzuò** 성 자리가 깔려 있는 땅바닥에 앉다. **2** 땅바닥에 앉다.

【席间】**xíjiān** 명 (술자리·연회·회의 등의) 석상 (席上). ¶~宾主纷纷为友谊而举杯。 = 연회석상에서 손님과 주인은 잇따라 우의를 위해 건배하였다.

【席卷】**xíjuǎn** 통 **1** 석권하다. 휩쓸다. 말끔히 거두어들이다. ¶~一空 = 깡그리〔완전히〕 거두어들이다. **2** (비) 장악하다. 점령해서 통치하다. ¶~天下 = 천하를 장악하다.

【席卷而逃】**xíjuǎn'értáo** 성 몽땅 거두어〔챙겨〕 가지고 도망가다.

【席梦思】**xímèngsī** 명 **1** 스프링 침대 매트리스. [simmons(시몬스)의 음역] **2** ☞【沙发床】**shāfāchuáng**

【席面】**xímiàn** 명 (연회석상의) 요리. ¶~丰盛 = 연회석상의 요리가 풍성하다.

【席篾】**xímiè** 명 (바구니·자리 등을 짜기 위해) 잘게 쪼갠 참대·갈대·수숫대 등의 가늘고 긴 조각〔오리〕.

【席棚】**xípéng** 명 (해를 가리기 위해) 거적자리·갈대발 등으로 덮어 만든 막.

【席位】**xíwèi** 명 **1** 좌석. 자리. ¶后排还有几个~空着。 = 뒷줄에 아직 몇 좌석이 비어 있다. **2** 의석. 의원 수. ¶该党在议会里拥有半数以上的~。 = 그 당은 의회에서 반수 이상의 의석을 가지고 있다.

【席子】**xí·zi** 명 (바닥에 까는) 자리.

## 觋[覡] xí 박수 격

명(은) 박수. 남자 무당.

## **襲[襲] xí 계승할 습

통 **1** 답습하다. 그대로 베끼다. 전례를 따르다. ¶沿~ = 그대로 답습하다. / 抄~ = 그대로 베끼다. **2** (작위를·관직을) 계승〔습(襲)〕하다. 물려〔이어〕받다. ¶世~ = 세습하다. / ~位 = 작위를 이어받다. **3** 습격〔기습〕하다. ¶空~ = 공습(하다). / 奇~ = 기습(하다). **4** 엄습하다. 파고들어오다. 끼쳐 오다. [주로 감각적인 방면에 쓰임] ¶寒气~人 = 한기가 엄습하다. 양 벌. [옛날 옷을 세는 단위] ¶一~晚装 = 이브닝 드레스 한 벌. 명 (**Xí**) 성(姓). 늑攻

○● 奔bēn袭, 剿chāo袭, 承chéng袭, 蹈dǎo袭, 空袭, 奇袭, 侵qīn袭, 突袭

【袭夺】**xíduó** 통 **1** 습격하여 탈취하다. ¶~军事重镇 = 군사 요충지를 탈취하다. **2** (地) (골짜기가 깊어지고 넓어져서) 주위의 하천을 먹어 들어 합류하여 흐르다. ¶~河 = (주위 하천을 먹어 들어) 합류하여 흐르는 하천.

【袭击】**xíjī** 통 **1** (軍) 기습〔습격〕하다. ¶~敌营 = 적진을 기습〔습격〕하다. **2** (비) (의외의) 습격〔타격〕을 입다. ¶轮船遭遇风暴~。 = 배가 폭풍(우)의 타격을 받았다.

【袭来】**xílái** 통 엄습하다. 파고들어오다. 덮쳐오다. [주로 감각적인 방면에 쓰임] ¶淡淡的花香~。 = 아주 은은한 꽃 향기가 엄습해 온다.

【袭取】**xíqǔ** 통 **1** 기습하여 빼앗다. [주로 군사 충돌에 사용함] ¶~要塞 = 요새를 기습하여 빼앗다. **2** (옛날 또는 기존의 제도나 경험, 방식 등을) 답습하다. 습용(襲用)하다. 본뜨다. ¶~旧制 = 옛 제도를 답습하다.

【袭扰】**xírǎo** 통 습격하여 교란시키다. ¶盗匪时常~过往客商。 = 도적들이 늘 지나가는 행상들을 습격하여 교란시킨다.

【袭用】**xíyòng** 통 (옛날 것을) 답습하다. 습용 (襲用)하다. 그대로 본뜨다. ¶~传统工艺 = 전통 공예를 그대로 본뜨다.

【袭占】**xízhàn** 통 기습하여 점령하다. ¶~城池 = 도시를 기습하여 점령하다.

## *媳 xí 며느리 식

명 **1** 며느리. ¶婆~ = 고부(姑婦). 시어머니와 며느리. **2** 동생 혹은 손아래 친척의 아내. ¶弟~ = 제수. / 侄~ = 질부.

○● 童养媳

【媳妇】**xífù** 명 **1** 며느리. =【儿媳妇】**érxí·fu** **2** 동생 혹은 손아래 친척의 아내. ¶弟~ = 동생의 아내. 제수. / 孙~ = 손부.

【媳妇儿】**xí·fur** 명(방) **1** 아내. 처. ¶他~是老师。 = 그의 아내는 선생님이다. **2** 색시. 새댁. ¶这些小~们个个都很能干。 = 이 새댁들은 하나같이 모두 능력이 뛰어나다.

## 嶍 xí 산 이름 습

【嶍峨】**Xí'é** 명(地) 시어. 〔윈난(云南)성에 있는 지명으로, 현재 어산이(峨山彝)족 자치현(自治縣)임〕

## 隰 xí 진펄 습

【명】 1 ㊋ 습지. 진펄. 2 ㊋ 새로 개간한 밭. 개간지. 3 (Xí) 성(姓).

## 檄 xí 격문 격

격문. ¶羽~= 긴급 격문. [옛날 새의 날개를 꽂아 지급(至急)의 뜻을 나타내던 격문] 【동】㊋ 격문으로 타이르다〔징집하다·성토하다〕. ¶~告天下=천하에 격문을 띄워 성토하다.

○─● 传檄

【檄书】xíshū 【명】 격문.
【檄文】xíwén 【명】 1 격문. [옛날, 타이르거나 징집을 알리던 정부 공문서] 2 격문. [죄를 알리거나 성토하는 공문서]

## 霫 xí 비 내리는 모양 습

【霫霫】xíxí 【형】㊋ 보슬보슬. 부슬부슬. 비가 내리는 모양.

## 鳛[鰼] xí 미꾸라지 습

【명】㊋ (動) 미꾸라지.
【鳛水】Xíshuǐ 【명】(地) 시수이. [구이저우(贵州)성에 있는 지명. 지금은 '习水(xíshuǐ)'라고 씀]

## ✽洗 xǐ 씻을 세

【동】 1 씻다. 빨다. ¶~头=머리를 감다. / 干~衣服=옷을 드라이클리닝하다. 2 깨끗이 제거하다. 쓸어 버리다. 숙청하다. 제명하다. ¶清~异己=반대파를 숙청〔제거〕하다. 3 원한을[누명을·수치를] 씻다. ¶~冤=원한〔치욕·죄명〕을 씻다. 4 모조리〔깡그리〕 죽이다〔빼앗아 가다〕. ¶~劫一空=깡그리 빼앗아 가다. 5 (테이프의 녹음·영상 등을) 지우다. 삭제하다. 소거하다. ¶把刚翻录的那首歌~掉.=방금 복제한 그 노래를 지워 버리다. 6 현상하다. 인화하다. ¶~照片=사진을 현상하다. 7 (카드 등을) 뒤섞다. 뒤섞어서 치다. 패를 뒤섞다. ¶把牌——~.=패를 뒤섞어라. 【명】 1 옛날, 세수용의 얕은 대야와 비슷한 그릇. 2 세(洗) 모양의 그릇. ¶笔~=필세(筆洗). 붓을 빠는 그릇. 3 세례. ¶受~=세례를 받다.
☞ Xiǎn

○─● 笔洗, 拆chāi洗, 冲洗, 干洗, 盥guàn洗, 浆jiāng洗, 清洗, 受洗, 梳shū洗, 刷洗, 血洗

【洗尘】xǐchén 여행의 먼지와 피로를 씻어 내다. 멀리서 온 사람에게 연회를 베풀어 환영하다. ¶接风~=(멀리서 온) 손님을 대접하다. ↔接风
【洗城】xǐ‖chéng 【동】 (점령한) 도시 주민을 싹 쓸어 죽이다.
【洗涤】xǐdí 【동】 세척〔세정〕하다. 청소하다. 소제하다. 씻다. 닦다. ¶~衣物=옷을 빨고 집 안을 청소하다.
【洗涤剂】xǐdíjì ☞【合成洗涤剂】héchéng xǐdíjì
【洗耳恭听】xǐ'ěr-gōngtīng ㉿ 귀를 씻고 공손히 듣다. 온 마음을 다 기울여 듣다. ↔充耳不闻

【洗发剂】xǐfàjì 【명】 세발제. 두발용 세제. 샴푸. 세발분. 세발액.
【洗发精】xǐfàjīng 【명】 샴푸.
【洗碱】xǐ‖jiǎn 【동】 (관개하는 방법으로) 토양 중의 소금기를 씻어 내다〔제거하다〕. =【洗盐】xǐ yán
【洗脚】xǐ‖jiǎo 【동】 발을 씻다.
【洗劫】xǐjié 【동】 몽땅〔깡그리〕 약탈하다〔털어 가다〕. 씻은 듯 긁어 가다. ¶抢匪~了一家珠宝店.=강도는 금은방 한 곳을 몽땅 털어 갔다.
【洗礼】xǐlǐ 1 세례. 2 ㊛ 시련. 세례. ¶经受战火的~.=전쟁의 시련을 겪다.
【洗脸】xǐ‖liǎn 【동】 세수하다. 세면하다. 얼굴을 씻다.
【洗脸盆】xǐliǎnpén 세면기. 세숫대야.
【洗练】[洗炼] xǐliàn 【형】 (말·문장·기예 등이) 세련되다. 깔끔하다. ¶文字~=글이 세련되다. ↔冗长
【洗炼】xǐliàn ☞【洗练】xǐliàn
【洗煤】xǐméi 【동】(礦) 세탄하다. 석탄을 씻어서 불순물이나 불량탄을 없애다.
【洗面奶】xǐmiànnǎi 【명】 세안용 세제. 클렌징 크림.
【洗脑】xǐ‖nǎo 【동】 세뇌하다.
【洗牌】xǐ‖pái 1 패〔카드〕를 뒤섞다. 2 ㊛ 재조정하다. ¶由于高档轿车的大幅降价, 整个汽车市场又将再次~.=고급 승용차의 가격이 대폭 하락하여 전체 자동차 시장은 장차 다시금 재조정될 것이다.
【洗盘】xǐ‖pán 【동】(經) 주가를 조작하다.
【洗钱】xǐqián 【동】 돈세탁을 하다.
【洗清】xǐqīng 1 깨끗이 씻다〔제거하다〕. ¶~污垢=때를 깨끗이 씻다. 2 ㊛ (치욕·원한·오점 등을) 깨끗이 씻다. 제거하다. ¶~罪名=죄명을 깨끗이 씻다.
【洗染】xǐrǎn 【동】 세탁하고 염색하다. ¶这件皮大衣穿旧了, 最好拿去~一下.=이 가죽 외투는 입은 지 너무 오래 되어서 가져가다가 한번 세탁하고 염색하는 것이 좋다.
【洗染店】xǐrǎndiàn 【명】 세탁·염색집. 세탁소.
【洗三】xǐ‖sān 【동】㊛ (장수를 기원하며) 아이가 출생한 지 사흘 만에 목욕시키다.
【洗手】xǐ‖shǒu 【동】 1 손을 씻다. ¶饭前~=밥 먹기 전에 손을 씻다. 2 ㊛ (도둑·도박꾼이) 나쁜 짓에서 손을 떼다. 손을 씻고 새 삶을 살다. 개과천선하다. ¶他早就~不干了.=그는 진작에 손 씻고 새 삶을 살고 있다. 3 ㊛ (어떤 직업을) 그만두다. 하지 않다. ¶~改行=그만두고 직업을 바꾸다.
【洗手间】xǐshǒujiān 【명】 화장실.
【洗漱】xǐshù 【동】 세수하고 양치질하다.
【洗刷】xǐshuā 【동】 1 (솔로) 씻다. 세척하다. 씻고 닦다. ¶~地板=솔로 바닥을 씻다. 2 ㊛ (치욕·누명·오점·원한 등을) 씻다. 벗다. 제거하다. ¶~冤屈=억울함을 씻다. 누명을 벗다.
【洗涮】xǐshuàn 【동】 씻고 헹구다. ¶把杯子~干净.=잔을 깨끗이 씻고 헹구다.

【洗头】xǐ‖tóu 동 머리를 감다.
【洗头水】xǐtóushuǐ 명(속) '液态洗发剂(샴푸)'의 속칭.
【洗脱】xǐtuō 동 1 씻다. 씻어서 없애다〔털다〕. ¶~污渍=때나 얼룩을 씻어 없애다. 2(비) (치욕·억울함·오점 등을) 벗다. ¶~冤枉=억울함을 벗다.
【洗碗机】xǐwǎnjī 명 식기 세척기.
【洗洗涮涮】xǐ·xi shuànshuàn 씻고 헹구다. ¶家里~的活都是她做。=집안의 물일은 모두 그녀가 도맡아 한다.
【洗心革面】xǐxīn-gémiàn (성) 1 불건전한 생각을 버리고 면모를 바꾸다. 2(비) 철저히 회개하다. 개과천선하다. =【革面洗心】gémiàn-xǐxīn
【洗雪】xǐxuě 동 (수치·누명 등을) 씻다. 벗다. ¶~沉冤=억울한 누명을 벗다.
【洗盐】xǐyán ☞【洗碱】xǐ‖jiǎn
【洗衣】xǐ‖yī 동 빨래하다. 세탁하다. 옷을 빨다. ¶~店=세탁소.
【洗衣板】xǐyībǎn 명 빨래판.
【洗衣店】xǐyīdiàn 명 세탁소.
【洗衣粉】xǐyīfěn ☞【合成洗衣粉】héchéng xǐyīfěn
【洗衣机】xǐyījī 명 세탁기.
【洗印】xǐyìn 동 1 현상·인화하다. ¶~相片=사진을 현상·인화하다. 2(映) 영화 필름을 현상·프린트하다. ¶影片正在~, 不久即可公映。=영화 필름을 지금 현상·프린트하고 있으니 머지않아 곧 상영할 수 있다.
【洗冤】xǐyuān 동 억울함을 씻다〔벗다〕. ¶~雪耻=억울한 누명을 씻다.
【洗澡】xǐ‖zǎo 동 목욕하다. 몸을 씻다. ≒冲凉 沐浴
【洗濯】xǐzhuó 동(문) 세탁하다. 때를 제거하다.

## 枲 xǐ 마 시
명(植) 1 대마의 수그루. 2 삼. 마.
【枲麻】xǐmá 명(植) 대마의 수그루. [꽃만 피고 열매를 맺지 않음] =【花麻】huāmá

## 铣[鉨] xǐ 도장 새
명(문) '玺(xǐ)'와 같음.

## 玺[璽] xǐ 도장 새
명(옛) 황제(제왕)의 도장. 옥새. 국새. ¶玉~=옥새.

## 纚[纚] xǐ 머리띠 사
명(문) 비단 머리띠.
☞ lí

## *铣[銑] xǐ 작은 끌 선
동 밀링 머신〔프레이즈반〕으로 금속을 깎아 가공하다.
☞ xiǎn
【铣床】xǐchuáng 명(機) 밀링 머신(milling machine). 프레이즈반(fraise盘).
【铣刀】xǐdāo 명(機) 밀링 커터(milling cutter). [밀링 머신에서 사용하는 회전식 절삭 공구]
【铣工】xǐgōng 명 1 밀링 머신(milling machine) 작업. 2 밀링 머신공.
【铣削】xǐxiāo 동 (금속을) 밀링 머신으로 가공하다.

## *徙 xǐ 옮길 사
동(문) 1 옮기다. 이사하다. 이동하다. ¶迁~=이사하다. 옮기다. 2 관직을 옮기다.

○━ 流徙

【徙居】xǐjū 동 이사하다. ¶由于父母工作调动, 我们全家~上海。=부모님이 전근을 가게 되는 바람에 우리 온 가족은 상해로 이사한다.
【徙薪曲突】xǐxīn-qūtū ☞【曲突徙薪】qūtū-xǐxīn
【徙倚】xǐyǐ 동(문) 배회하다. 한가롭게 이리저리 거닐다. ¶~步而遥思。=한가롭게 거닐면서 옛일을 그리워하다.
【徙宅忘妻】xǐzhái-wàngqī (성) 1 이사를 하면서 아내를 데리고 가는 것을 잊어버리다. 2(비) 일을 처리하는 것이 세심하지 못하다. 너무 부주의하다.

## *喜 xǐ 기쁠 희
동 1 기쁘다. 즐겁다. ¶欢~=기뻐하다. / 沾沾自~=득의양양해하며 즐거워하다. 우쭐거리며 뽐내다. 2 좋아하다. 애호하다. ¶好大~功=큰 일을 하거나 공을 세우기를 좋아하다. 3 (어떤) 식물이 환경에 적응하다. ¶仙人掌~旱。=선인장은 메마른 땅에 잘 적응한다. 형 기쁘다. 경사스럽다. 경하하는. ¶大~事=큰 경사. / ~期将至=결혼 날짜가 다가오다. 명 1 기쁨. 기쁜 일. 경사. ¶恭~=축하하다. / 报~=기쁜 소식을 알리다. 2 임신. ¶外甥媳妇有了~了。=생질부가 임신했다. ↔怒 悲 忧 哀

○━ 喜 xǐ
嘻 xǐ
嬉 xǐ
禧 xǐ
僖 xǐ
熹 xǐ

○━ 冲chōng喜, 道喜, 恭喜, 害喜, 欢喜, 惊喜, 可喜, 随喜, 同喜, 欣xīn喜, 幸喜

【喜爱】xǐ'ài 동 좋아하다. 애호하다. 호감을 가지다. 흥미를 느끼다. 사랑하다. ¶她从小就~跳舞。=그녀는 어릴 때부터 춤추는 것을 좋아했다. ≒喜欢 ↔厌恶 讨厌 憎恶 憎恨
【喜报】xǐbào 명 1 기쁜 소식을 알리는 글〔통지서〕. ¶得奖~=수상을 알리는 기쁜 통지서. 2 기쁜 소식. 희소식. 좋은 소식. 낭보(朗報). 희보. ¶~频传=희소식이 잇달아 전해 오다. ≒喜讯 ↔噩耗
【喜病】xǐbìng 명(醫) 입덧.
【喜不成寐】xǐbùchéngmèi (성) 기뻐서 잠 못 이루다.
【喜不自禁】xǐbùzìjīn (성) 기쁨을 억누르지 못하다. 기쁨을 주체하지 못하다.
【喜不自胜】xǐbùzìshèng (성) 기뻐서 어찌할 줄

을 모르다. ↔怒不可遏 悲不自胜

【喜车】 **xǐchē** 〈명〉 웨딩 카(wedding car). 결혼 때 신부를 맞이하는 차량.

【喜冲冲】 **xǐchōngchōng** (~的) 〈형〉 기쁨에 가득 차다. 뛸 듯이 기쁘다. 기쁨이 치솟다. 매우 기쁜 모양. ¶他~地跑来给大家报告好消息。=그는 뛸 듯이 기뻐하며 달려와서 모두에게 반가운 소식을 알렸다. ↔气冲冲

【喜出望外】 **xǐchūwàngwài** 〈성〉 뜻밖의 기쁜 일을 만나 기뻐서 어쩔 줄 모르다.

【喜从天降】 **xǐcóngtiānjiàng** 〈성〉 기쁜 일이 생각지도 않게 갑자기 찾아들다.

【喜蛋】 **xǐdàn** 〈명〉 축하 달걀. [여자가 출가하거나 아이가 태어난 지 한 달이 되었을 때 친지에게 돌리는, 붉게 물들인 삶은 달걀]

【喜歌】 **xǐgē** (~儿) 〈명〉〈옛〉 축하 노래. [거지 등이 잔칫집에서 동냥할 때 부르던 축하의 노래]

【喜光植物】 **xǐguāng zhíwù** ☞【阳性植物】 **yángxìng zhíwù**

【喜果】 **xǐguǒ** (~儿) 〈명〉 **1** 축하 건과. [약혼이나 결혼시에 하객이나 친지들에게 나누어 주던 건과. 상서로움을 나타내는 연밥·붉은 대추·밤·땅콩 등을 말함] **2** 〈방〉 (결혼이나 출산을 축하하기 위해 친지에게 선물하던) 붉은 물을 들인 달걀.

【喜好】 **xǐhào** 〈동〉 좋아하다. 애호하다. 호감을 가지다. 흥미를 느끼다. 사랑하다. ¶他业余时间~打网球。=그는 여가 시간에 테니스를 치는 것을 좋아한다. ≒爱好

【喜欢】 **xǐ·huan** 〈동〉 **1** 좋아하다. 호감을 가지다. 흥미를 느끼다. 마음에 들다. 애호하다. 사랑하다. ¶我很~这部电影。=나는 이 영화를 무척 좋아한다. **2** (어떤 행위가) 자주 반복해서 발생하다. ¶这孩子总~感冒。=이 아이는 걸핏하면 감기에 걸린다. 〈형〉 기뻐하다. 즐거워하다. ¶春节全家团圆，一家老小都~得不得了。=설날에 온 식구가 모이니 집안 어른 아이 할 것 없이 모두 대단히 기뻐한다. ≒喜爱 爱好 欢喜 ↔讨厌 厌恶 悲伤 悲哀 憎恶 忧愁

【喜酒】 **xǐjiǔ** 〈명〉 **1** 결혼 축하주. ¶喝~=결혼 축하주를 마시다. **2** 결혼 축하주. 결혼 피로연.

【喜剧】 **xǐjù** 〈명〉〈劇〉 희극. ↔悲剧

【喜剧片】 **xǐjùpiān** (~儿) 〈명〉〈구〉 희극 영화〔TV 프로그램〕.

【喜剧片】 **xǐjùpiàn** 〈명〉〈映〉 희극 영화〔TV 프로그램〕.

【喜乐】 **xǐlè** 〈형〉 기쁘고 즐겁다. 희락하다. ¶婚礼上一派~氛围。=결혼식장은 온통 기쁨과 즐거움이 넘치는 분위기이다.

【喜联】 **xǐlián** 〈명〉 결혼 축하 대련(對聯).

【喜马拉雅山】 **Xǐmǎlāyǎshān** 〈명〉〈地〉 히말라야(Himalayas) 산맥. [세계에서 가장 높은 산맥. 중국의 티베트와 인도 대륙 사이에 있음]

【喜脉】 **xǐmài** 〈명〉〈醫〉 임신의 징후가 있는 맥박.

【喜眉笑眼】 **xǐméi-xiàoyǎn** 〈성〉 얼굴에 기쁨이 가득하다. 희색이 만면하다. 마음이 유쾌하고 얼굴에 웃음을 띤 모양.

【喜娘】 **xǐniáng** 〈명〉〈옛〉 신부를 시중드는 여자.

【喜怒哀乐】 **xǐ-nù-āi-lè** 〈성〉 **1** 희노애락. 기쁨과 노여움과 슬픔과 즐거움. **2** 〈비〉 사람의 각종 감정.

【喜怒无常】 **xǐnù-wúcháng** 〈성〉 **1** 금방 기뻐했다가 금방 화를 내다. 기쁨과 노여움을 종잡을 수가 없다. **2** 〈비〉 변덕스럽다. 정서 변화가 너무 잦다.

【喜期】 **xǐqī** 〈명〉 결혼 날짜.

【喜气】 **xǐqì** 〈명〉 기쁨. 희색. 기뻐하는 기색. 즐거운 분위기. ¶满脸~=희색이 만면하다.

【喜气洋洋】 **xǐqì-yángyáng** 〈성〉 기쁨이 넘치다. 아주 기쁘다. 기쁨이 치솟다. 즐거움이 충만하다. 매우 즐거운 모양. ↔怒气冲冲

【喜钱】 **xǐ·qian** 〈명〉〈옛〉 잔칫집에서 수고한 사람에게 주는 위로금.

【喜庆】 **xǐqìng** 〈동〉 기쁘게 경축하다. ¶~佳节=명절을 기쁘게 경축하다. 〈형〉 즐겁고〔기쁘고〕 경사스럽다. ¶~的日子=경사스러운 날. 〈명〉 경사. 기쁨. 경사스러운 일. ¶每逢~，朋友们都会聚会热闹一番。=매번 경사가 있을 때마다 친구들은 모여서 한바탕 시끌벅적하게 논다.

【喜鹊】 **xǐ·que** 〈명〉〈動〉 까치.

【喜人】 **xǐrén** 〈동〉 사람을 기쁘게 하다〔만들다〕. 만족스럽다. 흡족하다. 좋다. ¶庄稼长势~。=농작물의 성장 상황이 사람을 기쁘게 한다.

【喜丧】 **xǐsāng** 〈명〉 호상(好喪).

【喜色】 **xǐsè** 〈명〉 희색. 기뻐하는 표정〔기색〕. ¶面带~=얼굴에 기뻐하는 표정을 띠다. ↔忧色

【喜事】 **xǐshì** 〈명〉 **1** 기쁜 일. 경사. 길사. ¶人逢~精神爽。=사람은 경사가 있으면 정신이 상쾌해진다. **2** 〈비〉 결혼. 혼사. ¶办~=혼사를 치르다. ↔丧事 白事

【喜堂】 **xǐtáng** 〈명〉 결혼식장. (결혼) 예식장.

【喜糖】 **xǐtáng** 〈명〉 약혼〔결혼〕 축하 사탕. [약혼식이나 결혼식 때 사람들에게 나누어 주는 사탕]

【喜帖】 **xǐtiě** 〈명〉 **1** (결혼) 청첩장. **2** 〈옛〉 납채문(納采文). [옛날 혼사를 의논할 때 신랑집에서 신부집에 사주와 함께 홍색 보자기에 싸서 정식으로 결혼을 신청하던 서장(書狀)]

【喜闻乐见】 **xǐwén-lèjiàn** 〈성〉 기쁜 마음으로 듣고 보다. 즐겨 듣고 즐겨 보다.

【喜喜欢欢】 **xǐ·xi huānhuān** (~的) 〈형〉 매우 기쁘다.

【喜相】 **xǐxiàng** 〈명〉〈방〉 좋은 인상. 호감이 가는 인상. 귀염성 있는 용모. ¶这孩子生就一副~。=이 아이는 날 때부터 귀엽게 생긴 얼굴이다.

【喜笑颜开】 **xǐxiào-yánkāi** 〈성〉 **1** 희색이 만면하다. 얼굴에 웃음이 가득하다. 얼굴에 웃음이 활짝 핀 모양. **2** 〈비〉 상당히〔매우〕 기뻐하다. 대단히 즐거워하다.

【喜新厌旧】 **xǐxīn-yànjiù** 〈성〉 새로운 것을 좋아하고 옛 것을 싫어하다. [주로 애정이 한결같지 않음을 가리킴]

【喜信】 **xǐxìn** ☞【喜讯】 **xǐxùn**

【喜形于色】 **xǐxíngyúsè** 〈성〉 마음속의 기쁨이 얼굴에 나타나다. 희색이 만면하다. ↔怒形于色

【喜幸】 **xǐxìng** 〈형〉〈書〉 기쁘고 즐겁다. 희행하다. 기쁘고 다행스럽다. ¶~之事=기쁘고 다행스런 일.

【喜兴】 **xǐ·xing** 〈형〉〈방〉 즐겁다. 기쁘다. ¶瞧他今

天多~!=그가 오늘 얼마나 즐거워하는지 보세요.
【喜雪】xǐxuě 명 (농작물 성장에) 때맞추어 내린 눈. 서설(瑞雪).
【喜讯】xǐxùn 명 희보. 기쁜 소식. 낭보. 희소식. =【喜信】xǐxìn ≒喜报 ↔噩耗
【喜筵】xǐyán 명 결혼 축하연. 결혼 피로연. 축하연. 결혼 잔치.
【喜洋洋】xǐyángyáng 형 기쁨으로 가득 차다. 매우 즐겁고 기쁜 모양. ¶新春佳节, 人们~地拜亲访友. =설 동안 사람들은 매우 기쁜 마음으로 친척집이나 친구 집을 방문한다. ↔气冲冲
【喜盈盈】xǐyíngyíng 형 기쁨으로 가득 차다. 기쁨이 넘쳐흐르다. 희색이 만면하다. 기쁨이 가득하고 얼굴 가득 웃음꽃이 핀 모양. ¶他们捧着奖杯~地往回走. =그들은 트로피를 들고 희색이 만면하여 돌아갔다.
【喜雨】xǐyǔ 명 단비. 때맞추어 내리는 비. ¶~普降=단비가 두루 내리다.
【喜悦】xǐyuè 형 기쁘다. 즐겁다. 유쾌하다. ¶他怀着~的心情登上了领奖台. =그는 기쁜 마음으로 수상대에 올랐다. ≒高兴 愉快 ↔忧愁 悲哀 哀伤
【喜幛】xǐzhàng 명 결혼 등의 경사에 친지나 친구가 선물하는 비단. [주로 비단 천에 금종이로 축하의 글귀를 오려 붙임]
【喜蛛】xǐzhū ☞【蟢蛸】xiāoshāo
【喜孜孜】xǐzīzī ☞【喜滋滋】xǐzīzī
【喜滋滋】[喜孜孜]xǐzīzī(~的) 형 기쁨에 겨워하다. 흐뭇하다. 기쁨에 겨워 내심 흐뭇한 모양. ¶听到长辈对自己的夸奖, 她心里~的. =어르신들이 자신을 칭찬하는 말을 듣고 그녀는 마음이 흐뭇하였다.
【喜子】xǐzi ☞【蟢子】xǐ·zi

# 葸
xǐ 두려워할 사
형문 두려워하다. 무서워하다. 겁내다. ¶畏~不前=두려워서 앞으로 나가지 않다.

# 蓰
xǐ 다섯 곱 사
명문《数》다섯 배〔곱〕. ¶倍~=여러 갑절. 수배(数倍):

# 屣
xǐ 신 사
명문 신. 신발. ¶敝~=낡은 신발. 헌신짝. 아무 가치 없는 물건. 폐물.

# 禧
xǐ 복 희
명 복. 행복. 길상. 경사. 기쁜 일. ¶福~=복. 행복. /恭贺新~=삼가 새해에 행복하기를 축하하다.

# 镐[鎬]
xǐ 시보귬 희
명외《化》시보르기움(Sg, seaborgium). [원자 번호 106]

# 蟢
xǐ 갈거미 희
【蟢子】[喜子]xǐ·zi ☞【蟢蛸】xiāoshāo

# 鱚[鱚]
xǐ 보리멸 희
명《动》보리멸.

# 卌
xì 사십 십
주문 사십. 40.

# **戏[戯,戲]
xì 놀 희
동 1 놀다. 장난치다. 유희하다. ¶嬉~=놀다. 장난치다. /儿~=아이들 놀이. 2 조롱하다. 농담하다. ¶谐~=익살떨다. /调(tiáo)~=희롱하다. 명 1 곡예. 극. 서커스. ¶马~=곡마. 서커스. /把~=곡예. 잡기. 2 연극. 극. ¶京~=경극. /演~=연극. ≒玩 嬉 剧
☞ hū

⊙-❶ 把戏, 百戏, 扮bàn戏, 本戏, 唱戏, 大戏, 猴hóu戏, 闹戏, 排戏, 配戏, 散戏, 社戏, 调tiáo戏, 文戏, 武戏, 嬉xī戏, 小戏, 演戏, 影戏, 游戏, 独角戏, 对台戏, 鬼把戏, 折子戏, 重头戏

【戏班】xìbān(~儿) 명 (중국 전통극) 극단. =【戏班子】xìbān·zi
【戏班子】xìbān·zi ☞【戏班】xìbān
【戏本】xìběn(~儿) 명 (중국 전통극) 극본. 각본. 대본. =【戏本子】xìběn·zi
【戏本子】xìběn·zi ☞【戏本】xìběn
【戏场】xìchǎng 명뮈 극장. 연극하는 장소.
【戏称】xìchēng 동 농담으로 말하다. 우스개로 …이라고 부르다〔말하다〕. ¶大家都~她'包打听'. =모두들 그녀를 우스개로 '包打听(소식통)'이라 부른다. 명 희칭. 해학적으로 부르는 호칭〔별명〕. ¶'小辣椒'是朋友们对她的~. = '小辣椒(작은 고추)'는 친구들이 그녀를 우스개로 부르는 호칭이다.
【戏词】xìcí(~儿) 명《剧》중국 전통극의 가사와 대사.
【戏单】xìdān(~儿) 명 연극 팜플렛. 연극 안내서〔설명서〕.
【戏法】xìfǎ(~儿) ☞【魔术】móshù
【戏份儿】xìfènr 명옛 (배분된 배우들의) 보수. 출연료.
【戏服】xìfú 명 (배우들의) 무대 의상.
【戏歌】xìgē 명《音》전통극의 창과 유행가가 합쳐진 형태의 공연 예술.
【戏馆子】xìguǎnzi 명옛 극장.
【戏剧】xìjù 명 1 극. 연극. 가극〔오페라〕. 무용극. 중국 전통극. 2 극본. 각본. 대본. 시나리오. ¶他正在写一部~. =그는 대본 한 편을 쓰고 있는 중이다.
【戏剧化】xìjùhuà 동 (사물의 상태가) 극적으로 되다. 드라마처럼 불가사의하게 되다.
【戏剧性】xìjùxìng 명 1 희극성. 연극성. ¶这出戏具有很强的~. =이 극은 강렬한 희극성을 갖고 있다. 2 극적인 면. ¶他的经历颇富~. =그의 경력은 극적인 면이 다분하다.
【戏楼】xìlóu 명 공연용의 발코니식 건축.
【戏路(子)】xìlù(·zi) 명 배우가 연기할〔소화할

수 있는 배역 유형. ¶她的~非常宽, 尝试扮演 过多种角色。=그녀가 소화해 낼 수 있는 배역 은 상당히 넓어, 시험삼아 여러 종류의 배역을 맡은 적이 있다.

【戏码】 **xìmǎ**(~儿)〈명〉 연극의 연출 프로그램. 연극의 공연 종목.

【戏迷】 **xìmí**〈명〉 연극 팬.

【戏目】 **xìmù**〈명〉 연극의 프로그램. 연극의 공연 종목. 연극 제목. 연극 작품〔레퍼토리〕.

【戏弄】 **xìnòng**〈동〉 놀리다. 희롱하다. 가지고 놀다. ≒捉弄 戏耍

【戏票】 **xìpiào**〈명〉 연극 입장권. 극장 관람권.

【戏评】 **xìpíng**〈명〉 연극 비평.

【戏曲】 **xìqǔ**〈명〉 **1** 중국 전통극. 〔전국적으로 유행하는 경극(京劇)과 평극(評劇)·월극(越劇) 등의 지방극의 총칭. **2** (문학 형식의 하나로) 희곡.

【戏曲片】 **xìqǔpiàn**(~儿)〈명〉〈구〉 중국 전통극 영화. 중국 전통극 방영물.

【戏曲片】 **xìqǔpiàn**〈명〉〈영〉 중국 전통극 영화. 중국 전통극 방영물.

【戏曲音乐】 **xìqǔ yīnyuè**〈명〉〈음〉 중국 전통극의 악곡(樂曲)과 곡조.

【戏耍】 **xìshuǎ**〈동〉 **1** 놀다. 장난하다. ¶孩子们在花园里~。=아이들이 꽃밭에서 놀고 있다. **2** 놀리다. 희롱하다. 농담하다. ¶他特别喜欢~人。=그는 다른 사람을 놀리는 것을 특별히 좋아한다. ≒戏弄 捉弄 玩耍

【戏水】 **xìshuǐ**〈동〉 물에서 놀다. ¶鸳鸯~=원앙이 물에서 놀다.

【戏说】 **xìshuō**〈동〉 해학적으로〔재미있게〕 서술하다. 〔주로 문예 작품의 표제로 쓰임〕 ¶《~乾隆》=《해학적으로 풀어 보는 건륭황제》.

【戏台】 **xìtái**〈명〉〈구〉 연극 무대.

【戏谈】 **xìtán**〈동〉 농담〔장난〕으로 말하다. ¶事关人命, 不可~。=사람 목숨이 오가는 일이니 결코 농담으로 말하지 마세요.

【戏文】 **xìwén**〈명〉 **1** ☞【南戏】**nánxì 2** 중국 전통극의 가사와 대사. **3** 중국 전통극.

【戏侮】 **xìwǔ**〈동〉 희롱하고 모욕하다〔속이다〕.

【戏校】 **xìxiào**〈명〉 연극 학교. 〔연극의 창작과 편집을 가르치고, 배우를 양성하는 학교〕

【戏谑】 **xìxuè**〈동〉 우스갯소리를 하다. 해학적인 말로 농담하다. ¶~逗乐=우스갯소리로 (사람을) 웃기다.

【戏言】 **xìyán**〈명〉〈구〉 농담. 실없는 말. ¶一句~=한 마디 농담. 〈동〉 농담으로 말하다. ¶~人生=인생을 농담으로 말하다.

【戏衣】 **xìyī**〈명〉 무대 의상.

【戏园子】 **xìyuán·zi**〈명〉〈예〉 극장.

【戏院】 **xìyuàn**〈명〉 극장.

【戏照】 **xìzhào**〈명〉 **1** 공연 장면 사진. **2** 무대 의상을 입고 찍은 사진.

【戏装】 **xìzhuāng**〈명〉 무대 의상.

【戏子】 **xì·zi**〈명〉〈예〉 연극 배우. 연극쟁이. 〔경멸의 의미를 내포함〕

**饩**[餼] **xì** 음식물 보낼 희

〈명〉〈구〉 **1** 증송용 양식. **2** 곡물. 양식. 사료. ¶马~=말의 사료. **3** 산 가축. 〈동〉〈구〉 음식물을 보내다. 선사하다. 증송하다. ¶~赘=하사하다.

**系**¹[繫] **xì** 묶을 계

〈동〉 **1** 묶다. 매다. ¶~船=배를 묶다. / 马=말을 매다. **2**〈문〉 구금하다. 감금하다. ¶拘~=구금하다. **3** 마음에 걸리다. 마음에 두다. 근심하다. ¶~恋故乡=고향을 그리워하다. **4** 매달다. 매달아서 아래로 내려뜨리다. 달아올리다. 달아내리다. ¶把米袋从窗户口~上来。=쌀 포대를 창문으로 달아올리다. ↔解

**系**²[係] **xì** 이을 계

〈동〉 **1** 연결하다. 연계시키다. 맺다. 관련되다. 달려 있다. 〔주로 추상적인 사물에 쓰임〕 ¶干~=관계. / 观瞻所~=외관과 관련되다. **2**〈문〉 …이다. 〔판단을 나타내며, '是(shì)'에 상당함〕 ¶确~实情=확실히 사실이다.

**系**³ **xì** 계통 계

〈명〉 **1** 계통. 계열. ¶派~=파벌. / 嫡~(嫡派). 직계. **2** 학과. ¶中文~=중문학과. / 物理~=물리학과. **3**〈지〉 계. 〔연대 층서 구분 단위의 제3급〕

☞**jì**

○● 父系, 干系, 根系, 关系, 拘jū系, 联系, 轮lún系, 母系, 山系, 世系, 水系, 体系, 维wéi系, 星系, 语系, 转zhuǎn系.

【系词】 **xìcí**〈명〉 **1**〈론〉 계사(繫辭). 연사(連辭). 코퓰러(copula). 〔명제(命題)의 주사(主辭)와 빈사(賓辭)를 연결하여 긍정이나 부정의 뜻을 나타내는 말로, '他是教师.(그는 선생님이다)' 중의 '是'와 같은 것〕 **2**〈언〉 계사. 지정사. 연결 동사. 〔주어와 목적어를 연결하여 판단 작용을 나타내는 동사 '是'〕

【系风捕影】 **xìfēng-bǔyǐng** ☞【捕风捉影】 **bǔfēng-zhuōyǐng**.

【系缚】 **xìfù**〈동〉 속박하다.

【系恋】 **xìliàn**〈동〉 몹시 그리워하다. 마음에 두다. 연모하다. ¶~故园=이전에 살던 곳을 그리워하다.

【系列】 **xìliè**〈명〉 계열. 서로 관련되어 한 조(組)를 이루는 사물. 시리즈. ¶~丛书=시리즈 총서.

【系列化】 **xìlièhuà**〈동〉 계열화하다. ¶产品~=상품 계열화.

【系列剧】 **xìlièjù**〈명〉 연속물. 시리즈물.

【系列片】 **xìlièpiān**(~儿)〈명〉〈구〉 시리즈물. 연속 상영〔상연·방영〕물.

【系列片】 **xìlièpiàn**〈명〉〈영〉 연속물. 시리즈물. ¶电视~=텔레비전 시리즈물.

【系列小说】 **xìliè xiǎoshuō**〈명〉 (주제는 통일되어 있지만 내용은 각자 독립된) 시리즈 소설.

【系铃人】 **xìlíngrén**〈명〉 **1** 방울을 다는 사람. **2**〈비〉 장본인. 일의 원인을 만든 사람. ¶解铃还须~=문제의 해결은 반드시 사건의 장본인이

해야 한다.
【系念】xìniàn 통(문) 근심하다. 괘념하다. 걱정하다. ¶独处异乡, 心中时常～家人. =홀로 타향에 있으니 항상 가족이 걱정된다.
【系谱】xìpǔ 명(生) 1 계보. 계통. 2 가계. 혈통. 족보.
【系数】xìshù 명 1 (数) 계수. [기호 문자와 숫자로 된 식에서, 숫자를 기호 문자에 상대하여 이르는 말] 2 계수. [어떤 성질이나 정도 혹은 비율을 나타내는 수] ¶摩擦～=마찰 계수.
【系统】xìtǒng 명 계통. 체계. 시스템. ¶呼吸～=호흡 계통. 형 계통적이다. 체계적이다. ¶～学习=체계적인 학습.
【系统工程】xìtǒng gōngchéng 명 1 시스템 공학. 2 시스템. 체계. 3 복합적인 요소가 유기적으로 관련된, 복잡하고 방대한 사업 임무.
【系统化】xìtǒnghuà 통 시스템화하다. 계통을 세우다. 체계화하다. 체제를 확립하다. ¶把所搜集的资料～. =수집한 자료를 체계화하다.
【系统论】xìtǒnglùn 명(哲) 계통론.
【系统性】xìtǒngxìng 명 계통성. 체계성. ¶他的教案具有很强的～. =그의 교안은 엄격한 체계성을 지니고 있다.
【系子】xì·zi 명(方) (광주리·저울추 등에 비끄러매) 끈. 줄. ¶秤锤～=저울끈.

## 屃[屭] xì 힘 들일 희
☞【赑屃】bìxì

## 郄 xì 틈 극
명 1 '隙'(xì)와 같음. 2 '郤'(Xì)와 같음.
☞ Qiè

## **细[細] xì 가늘 세
형 1 가늘다. ¶～铁丝 =가는 철사. 2 (폭이) 좁다. ¶～～的直线=폭이 좁은 직선. 3 작다. ¶事无巨～=일에는 크고 작은 게 없다. 4 (미)약하다. ¶斜风～雨 =비스듬히 부는 바람과 가랑비. 5 (소리가) 약하다. 가늘다. ¶轻言～语=작고 낮은 소리로 말하다. 속삭이다. 6 (알이) 작다. 보드랍다. ¶面粉磨得很～. =밀가루를 보드랍게 갈다. 7 정교하다. 정밀하다. 섬세하다. 정교하다. 매끈하다. ¶精雕～刻 =정교하고 섬세하게 조각하다. 8 상세하다. 자세하다. 주도면밀하다. ¶胆大心～ =대담하지만 생각은 주도면밀하다. / 精耕～作=주의를 기울여 경작하다. 9 图 나이가 어리다. ¶～妹 =어린 누이. 图 밀정. 첩자. 스파이. 간첩. ¶奸～=첩자. 스파이. ↔粗 大

○● 粗cū细, 底细, 工细, 过细, 奸jiān细, 精细, 苛kē细, 琐suǒ细, 微细, 纤xiān细, 详细, 心细, 细, 子细, 仔细

【细胞】xìbāo 명(生) 세포.
【细胞壁】xìbāobì 명(生) 세포벽.
【细胞工程】xìbāo gōngchéng 명(生) 세포 공학.

【细胞核】xìbāohé 명(生) 세포핵.
【细胞膜】xìbāomó 명(生) 세포막.
【细胞器】xìbāoqì 명(生) 세포 기관.
【细胞学】xìbāoxué 명(生) 세포학. 영 cytology
【细胞移植】xìbāo yízhí 명(医) 세포 이식.
【细胞质】xìbāozhì 명(生) 세포질.
【细辨】xìbiàn 통 자세하게 분별[구별]하다. ¶～真伪=자세하게 진위를 분별하다.
【细别】xìbié 통 자세하게 분별[구별]하다. 세별하다. ¶这两种植物十分相似, 不加～难以分辨. =이 두 품종의 식물은 너무 흡사해서 좀더 자세하게 분별하지 않으면 구분하기가 어렵다. 명 미세한 차이.
【细布】xìbù 명(纺) 발이 가늘고 부드러운 평직(平织)의 무명천. [면직물의 대표적인 것으로 와이셔츠·블라우스 등에 사용됨] ↔粗布
【细部】xìbù 명 1 세부. 2 (그림이나 설계도의) 상세도. ¶这是油画中人物头像的～. =이것은 유화의 인물 두상의 상세도이다.
【细菜】xìcài 명 희귀 채소. [지역과 계절에 따라 공급량이 모자라는 채소. '粗菜(흔한 채소)'·'大路菜(흔한 채소)'와 구별됨]
【细查】[细察] xìchá 통 상세[자세·세밀]하게 조사하다. 면밀히 점검하다. ¶～事故原因. =사고 원인을 자세하게 조사하다.
【细察】xìchá ☞【细查】xìchá
【细长】xìcháng 형 가늘고 길다. 좁고 길다. 호리호리하다. ¶～的胳膊=가늘고 기다란 팔.
【细瓷】xìcí 명 상질의 도자기. 고급 자기.
【细大不捐】xìdà-bùjuān 성 1 큰 것 작은 것을 불문하고 하나도 버리지 못하다. 모든 것을 다 거두다. 2 (에) 인력과 재력을 아끼다.
【细点】xìdiǎn 명 공이 많이 간 고급 과자. 정교하게 만든 과자.
【细读】xìdú 통 자세하게 읽다. 정독(精读)하다. 세독(细读)하다. ¶对经典名篇要多读, ～. =경전적인 명작을 많이 읽고 정독해야 한다.
【细纺】xìfǎng 명(纺) 정방(精纺).
【细高挑儿】xìgāotiǎor 명(方) 1 날씬하고 키가 큰 몸매. 호리호리한 몸매. 2 키가 크고 날씬한 사람. 호리호리한 사람.
【细工】xìgōng 명 섬세한 일. 세공. [주로 수공을 가리킴] ¶刺绣是件～活儿. =수예는 (손이 많이 가는) 섬세한 작업이다.
【细故】xìgù 명 1 사소한[평범한] 원인[조건]. ¶深究～=사소한 원인을 철저히 캐다. 2 하찮은 일. 사소한 일. 자질구레한 일. ¶～末节=사소하고 자질구레한 일.
【细化】xìhuà 통 세분화[구체화]하다. 세분화되다. ¶社会分工日益～. =사회의 분업이 날로 세분화되다.
【细活】xìhuó (～儿) 명 1 세공. 섬세한 작업[일]. 정밀한 일[작업]. (농촌에서) 기술적인 일. ¶慢工出～儿. =천천히 (꼼꼼하게) 하면 정교한 작품이 나온다. 2 기술을 요하는 일[작업]. 정교한 일. ¶修理手机可是个～儿. =핸드폰 수리는 기술을 요하는 일이다. ↔粗活

【细火】xìhuǒ 몡 약한 불. ¶煲汤要用~。=탕을 끓일 때는 약한 불로 해야 한다.
【细嚼慢咽】xìjiáo-mànyàn 솅 오래오래 잘 씹고 천천히 삼키다. 음식을 천천히 먹다. 일을 차근차근 하다.
【细节】xìjié 몡 1 자세한 사정. 세부(사항). 사소한 부분. 세목. ¶合同的~部分有待进一步商谈。=계약서의 세부 사항은 좀더 협의의논해야 할 것이 남아 있다. 2 (작품 속 인물의 성격이나 사물의 특징에 대한) 섬세한 묘사. 세부 묘사. ¶这篇小说的~描写相当精彩。=이 소설의 세부 묘사는 상당히 뛰어나다.
【细究】xìjiū 통 상세히 연구〔탐구·규명〕하다. 밝혀 내다. ¶~缘由=이유를 상세히 구명하다.
【细菌】xìjūn 몡(生) 세균.
【细菌肥料】xìjūn féiliào 몡(农) 세균 비료.
【细菌武器】xìjūn wǔqì ☞【生物武器】shēngwù wǔqì
【细菌战】xìjūnzhàn 몡(军) 세균전.
【细看】xìkàn 통 자세히〔상세히〕 보다〔살피다〕. 면밀하게 고찰하다. ¶定睛~=눈여겨보다. 자세히 보다.
【细粮】xìliáng 몡 밀가루나 쌀 같은 식량. ↔粗粮 糙粮
【细溜溜】xìliūliū(~的) 혱 가느다랗다. 호리호리하다. ¶~的枝条=가느다란 나뭇가지.
【细流】xìliú 몡 작은 시내. 작은 개울. 실개천. ¶涓涓~=졸졸 흐르는 실개천.
【细毛】xìmáo 몡 1(生) 잔털. 2 ('狐皮(여우가죽)'·'貂皮(담비가죽)' 등의) 고급 모피.
【细蒙蒙】xìméngméng(~的) 혱 (비·안개 등으로) 자욱하다. ¶~的春雨=자욱하게 내리는 봄비.
【细眯眯】xìmīmī(~的) 혱 (눈을) 가늘게 뜨다. ¶~的眼睛=가늘게 뜬 눈. 실눈.
【细密】xìmì 혱 1 (천의 발이) 촘촘하다. 세밀하다. ¶这种布料质地~。=이런 종류의 옷감은 재질이 촘촘하다. 2 치밀하다. 신중하고 면밀하다. 세밀하다. ¶~的推理=치밀한 추리.
【细面】xìmiàn(~儿) 몡 1 고운 가루. ¶把药片磨成~儿冲水喝。=알약을 고운 가루로 갈아서 물에 타서 마신다. 2 밀가루.
【细描】xìmiáo 통 (문학 작품의 인물·환경을) 섬세〔세밀〕하게 묘사하다.
【细目】xìmù 몡 상세한 항목〔목록·조목〕. 세목. ¶查对收支~=수입과 지출의 세부 항목을 맞추어 보다.
【细嫩】xìnèn 혱 1 (살결 등이) 곱고 부드럽다. ¶~的皮肤=보드랍고 고운 살결. 2 여리다. 연(약)하다. 유약하다. ¶~的幼苗=여린 싹.
【细腻】xìnì 혱 1 부드럽고 매끄럽다. ¶丝绸手感~柔滑。=비단은 촉감이 부드럽고 매끄럽다. 2 (묘사나 연기 등이) 섬세하다. 세밀하다. ¶小说对人物心理的描写~十分。=소설은 인물의 심리에 대한 묘사가 아주 섬세하다. ↔粗犷 粗疏
【细皮嫩肉】xìpí-nènròu 솅 피부가〔살결이〕 곱고 부드럽다.

【细巧】xìqiǎo 혱 섬세하고 정교하다. ¶这些手工艺品做工非常~。=이런 수공예품의 제작 기술은 아주 섬세하고 정교하다.
【细情】xìqíng 몡 상세한 내막〔상황〕. 자세한〔구체적인〕 사정. ¶详说~=자세한 상황을 상세히 말하다.
【细人】xìrén 몡(문) 1 소인. 2 식견이 좁은 사람. 지위가 낮은 사람. 3 첩.
【细柔】xìróu 혱 1 가늘고〔섬세하고〕 부드럽다. ¶一头~的长发=연하고 부드러운 긴 머리. 2 (질감·감촉 등이) 매끄럽고 부드럽다. ¶~的绸缎=섬세하고 부드러운 주단.
【细软】xìruǎn 혱 가늘고 부드럽다. ¶腰肢~=허리가 가늘고 부드럽다. 몡 (휴대하기에 간편한) 귀중품이나 고급 의류. [주로 귀금속·보석·장신구·얇은 비단 등을 가리킴]
【细润】xìrùn 혱 곱고 윤기가 흐르다. 섬세하고 광택이 나다. ¶~的肌肤=곱고 윤기가 흐르는 살결.
【细弱】xìruò 혱 가냘프다. 미약하다. 여리다. 연약하다. ¶~的呻吟声=가냘픈 신음 소리. ↔粗壮
【细纱】xìshā 몡(纺) 정밀하게 짠 가느다란 번수(番手)의 면사.
【细筛】xìshāi 통 (곡물 등을) 곱게 체로 치다. 체질하다. 몡 고운 체. 눈이 고운 체.
【细商】xìshāng 통 자세히 의논〔상의〕하다. ¶问题如何解决, 大家坐下来~。=문제를 어떻게 해결할지 모두 앉아서 자세히 의논해 보자.
【细声细气】xìshēng-xìqì 솅 말하는 어투와 소리가 가늘고 약하다.
【细事】xìshì 몡 사소한 일. 하찮은 일. 자질구레한 일. ¶他从不计较~。=그는 여태껏 사소한 일을 따진 적이 없다.
【细瘦】xìshòu 혱 홀쭉하게 야위다. 몹시 여위다. 가냘프다. ¶~的身材=홀쭉하게 야윈 몸매.
【细述】xìshù 통 상세하게 설명〔묘사〕하다. 자세히 이야기하다. ¶~冒险经历=모험 경력을 상세하게 이야기하다.
【细水长流】xìshuǐ-chángliú 솅 1 가느다란 물이 지속적으로 끊이지 않고 오래오래 흐른다. 2(喩) (재물이나 인력 등을) 아껴 쓰면 항상 부족함 없이 오래도록 쓸 수 있다. 3(喩) 작은 힘이라도 일을 끈기 있게 해 나가면 효과가 있다.
【细说】xìshuō 통 상세하게 이야기하다. ¶~内情=내막을 상세하게 이야기하다. 몡(문) 소인배의 말. 하찮은 말.
【细丝】xìsī 몡 1 실처럼 가늘게 썬 요리 재료. 2(纺) (매우) 가는 실. 3(电) 필라멘트(filaments). 가는 전선.
【细碎】xìsuì 혱 자질구레하다. 사소하다. 하찮다. ¶~琐事=자질구레한 일. ≒零碎
【细谈】xìtán 통 상세하게 이야기를 나누다. 자세히 이야기하다. ¶改日见面~。=나중에 만나서 자세하게 이야기하다.
【细条】xìtiáo 혱 가느다랗다. 호리호리하다.
【细条条】xìtiáotiáo(~的) 혱 호리호리하다. 가

느다랗다. ¶~的高个儿=호리호리한 키다리.
【细条】 xì·tiao ☞【细挑】xì·tiao
【细挑】[细条] xì·tiao 囹 (몸매가) 날씬하다.
【细微】 xìwēi 囹 미세하다. 자잘하다. ¶~的差别=미세한 차이. ≒细小
【细问】 xìwèn 통 상세히[자세히] 묻다. 꼬치꼬치 캐묻다. ¶~事发原因=사건 발생 원인을 꼬치꼬치 캐묻다.
【细想】 xìxiǎng 통 자세히 생각하다. 숙고하다. ¶~根由=원인을 면밀하게 생각해 보다.
【细小】 xìxiǎo 囹 아주 작다. 미세하다. ¶~的尘埃=아주 작은 먼지. / 眼角有了~的皱纹.=눈꼬리에 아주 작은 주름이 생겼다. ≒细微 微小 ↔壮大
【细心】 xìxīn 囹 (생각이나 일처리가) 세심하다. 면밀하다. ¶~照看=세심하게 돌보다. ≒仔细 ↔粗心 粗疏 毛糙 鲁莽
【细辛】 xìxīn 囹(植) 세신. 소신. 옥번사. [족두리풀이나 민족두리풀의 뿌리로, 한약재로 쓰임. 주로 거담(祛痰)·두풍(頭風)·발한(發汗)·소화 불량(消化不良) 등에 효력이 있음]
【细腰】 xìyāo 囹 1 가는 허리. [주로 여성을 가리킴] 2 허리가 가느다란 미녀. 3 미녀.
【細腰蜂】 xìyāofēng 囹(動) 나나니벌. 세요봉.
【细雨】 xìyǔ 囹 가랑비. 이슬비. 보슬비. ¶和风~=부드러운 바람과 보슬비. 온건하고 부드러운 태도나 방식을 취하다.
【细语】 xìyǔ 통 작은 소리로 이야기하다. 속삭이다. ¶轻声~=작고 낮은 소리로 속삭이다.
【细乐】 xìyuè 囹(音) 1 전통 음악 중의 관현악기. 2 관현악.
【细则】 xìzé 囹 세칙. 세부 규정. ¶评分~=점수 평가 세칙.
【细账】 xìzhàng 囹 상세한 장부. 세밀한 계산 [회계].
【细针密缕】 xìzhēn mìlǚ 囹 1 바느질이 섬세하다[정교하다]. 2 (비) 일처리가 꼼꼼하고 주도면밀하다. 섬세하고 치밀하다.
【细支纱】 xìzhīshā 囹(紡) 세사.
【细枝末节】 xìzhī-mòjié 囹 1 가느다란 가지. 잔가지. 2 (비) 지엽적인 문제. 자질구레한 일. 사소한 일.
【细致】 xìzhì 囹 1 정교하다. 세밀하다. 정밀하다. 섬세하다. 공들이다. ¶做工~=제작 기술이 정교하다. 2 꼼꼼하다. 치밀하다. ¶凡事都要考虑~一些.=모든 일은 다 꼼꼼[치밀]하게 고려해야 한다. / 他~地观察了昆虫的变化.=그는 곤충의 변화를 꼼꼼하게 관찰했다. ↔粗略 粗糙 毛糙 粗劣 马虎
【细作】 xìzuò 통 정성껏 경작하다. ¶精耕~=정성껏 경작하다. 囹 첩자. 염탐꾼. 정탐꾼.

咥 xì 웃을 희
囹 큰 소리로 웃다. 크게 웃는 모양.
☞ dié

盼 xì 눈 흘길 혜
통 노려보다. ¶瞋目~之=눈을 부라리고 노려보다.

郤 xì 틈 극
囹 1 '隙(xì)'와 같음. 2 (Xì) 성(姓).

绤[綌] xì 칡베 격
囹(문) 거친 갈포(葛布).

阋[鬩] xì 다툴 혁
통 말다툼하다. 싸우다. ¶兄弟~于墙, 外御其侮=형제끼리 집안에서 싸우다가도 외부의 모욕에 대해서는 서로 힘을 합해 맞선다.

舄 xì 신 석
囹 1 (문) 석. [바닥에 나무를 댄 신발] 2 (문) 신발. 3 (문) '潟(xì)'와 같음. 4 (Xì) 성(姓).
【舄卤】 xìlǔ ☞【潟卤】xìlǔ

**隙 xì 틈 극
囹 1 틈. 꺠짐. =틈이 벌어지다. / 门~=문틈. 2 (공간·시간의) 빈틈. ¶间~=간극. / 空~=틈. 겨를. / 农~=농한기. 3 빈틈. 약점. 기회. ¶窥~滋事=트집을 잡아 일을 일으키다. / 无~可乘=뚫고 들어갈 만한 틈이 없다. 4 (감정적인) 틈. 사이. ¶嫌~=혐극. / 有~=사이가 벌어지다. ≒缝

○ 仇chóu隙, 缝fèng隙, 间jiàn隙, 孔隙, 空隙, 裂liè隙

【隙地】 xìdì 囹 공지. 빈터. ¶操场上人头攒动, 几无~.=운동장에 수많은 인파로 거의 빈틈이 없다.
【隙缝】 xìfèng 囹 틈. 갈라진 곳.

赩 xì 빨갈 혁
囹(문) 빨갛다.

隟 xì 틈 극
囹(문) '隙(xì)'와 같음.

禊 xì 계제사 계
囹 옛날에 재액을 떨어 버리기 위해 봄·가을 강가에서 거행하던 제사. ¶祓~=불계. [옛날, 물가에서 몸을 깨끗이 하고 재액을 없애는 뜻에서 행하던 제사의 일종]

潟 xì 갯벌 석
囹(문) 갯벌.
【潟湖】 xìhú 囹 석호.
【潟卤】[舄卤] xìlǔ 囹(문) 간석지.

虩 xì 두려워하는 모양 혁
【虩虩】 xìxì 囹(문) 벌벌 떨다. [두려워하는 모양]

嚱 xì 애통할 혁
囹(문) 몹시 슬프다. 마음아프다.

# xia

**呷** xiā 마실 합
⟨動⟩⟨方⟩ 찔끔찔끔 마시다. 조금씩 마시다. ¶~了两口酒=술 두 모금을 마시다.
☞ gā

**虾[蝦]** xiā 새우 하
⟨名⟩⟨動⟩ 새우. ¶龙~=닭새우. / 对~=참새우.
☞ há

○─● 卤lǔ虾, 毛虾, 明虾, 青虾

【虾兵蟹将】 xiābīng-xièjiàng ⟨成⟩ **1** 신화·전설 속의 용왕(龍王)의 장병. **2** ⟨바⟩ 무력한 군대.
【虾酱】 xiājiàng 새우젓.
【虾米】 xiā·mi ⟨名⟩ **1** 찌고 나서 말린 후 머리와 꼬리, 껍질을 제거한 작은 새우. **2** ⟨方⟩ 작은 새우.
【虾米皮】 xiā·mipí ☞【虾皮】 xiāpí
【虾皮】 xiāpí 햇빛이나 증기로 쪄서 말린 작은 새우. =【虾米皮】 xiā·mipí
【虾片】 xiāpiàn ⟨名⟩ 새우 칩(chip). [새우를 재료로 얇은 조각으로 만든 과자]
【虾仁】 xiārén (~儿) ⟨名⟩ 생새우살.
【虾油】 xiāyóu ⟨名⟩ 새우기름.
【虾子】 xiāzǐ ⟨名⟩ 새우알. ¶~酱油=새우장.
【虾子】 xiā·zi ⟨名⟩⟨方⟩ 새우.

**瞎** xiā 눈멀 할
⟨動⟩ **1** 눈이 멀다. 실명하다. ¶他两眼都~了. =그는 두 눈이 모두 실명하였다. **2** ⟨軍⟩ (포탄이) 불발하다. ¶炮炮不~=백발백중. **3** ⟨農⟩ 농작물의 싹이 나지 않다. 농작물의 열매가 쭉정이이다. ¶麦穗都是~的. =밀 이삭이 모두 쭉정이이다. **4** ⟨方⟩ 낭비하다. 파손시키다. 훼손시키다. 손상시키다. 잃다. ¶他打退堂鼓不说, 可惜的是~了一个名额. =그는 중도에 물러나는 것은 그렇다 치더라도, 자리 한 석을 잃어버린 것이 아쉽다. ⟨副⟩ 제멋대로. 함부로. 막연히. 아무렇게나. 되는대로. ¶~嚷嚷=마구 소리지르다. / ~操心=괜히 걱정하다. ⟨形⟩⟨方⟩ 두서 없다. 혼란스럽다. 어지럽다. ¶毛线绕~了. =털실이 어지럽게 둘둘 감겨 있다. ⇒盲 眇

○─● 抓zhuā瞎

【瞎掰】 xiābāi ⟨動⟩⟨方⟩ **1** 쓸데없는 짓을 하다. 보람 없는 일을 하다. 헛수고하다. ¶马上就要拆迁的房子还要装修, 这不是~吗? =곧 헐어 버릴 집에 인테리어를 한다니, 이거 쓸데없는 짓 아닌가요? **2** 함부로 말하다. 근거 없는 말을 하다. 헛소리하다. ¶我没想过要跳槽, 别听他~. =나는 직업을 바꿀 생각을 해 본 적이 없으니, 그 사람 헛소리를 곧이듣지 마세요.
【瞎编】 xiābiān ⟨動⟩ 제멋대로 꾸미다. 근거 없이 날조하다. ¶这都是他~的, 根本没这回事. =이것은 모두 그가 날조한 것이지요, 결코 이런 일이 없습니다.
【瞎猜】 xiācāi ⟨動⟩ 막연히 추측하다. ¶谁也不了解情况, 都是在~. =누구도 상황을 제대로 알지 못하고 다들 막연히 추측하고 있다.
【瞎吵】 xiāchǎo ⟨動⟩ 마구 떠들다. 중구난방이다. ¶有话好好说, ~什么? =할 말이 있으면 차근차근 이야기를 하지, 뭘 그리 떠드느냐?
【瞎扯】 xiāchě ⟨動⟩ 잡담하다. 마구 지껄이다. 근거 없이 함부로 지껄이다. ¶哪有这回事? 别听他~. =어디 그런 일이 있어요? 그 사람이 함부로 지껄이는 말 듣지 마세요.
【瞎闯】 xiāchuǎng ⟨動⟩ 막연히 돌아다니다. 목적 없이 이리저리 돌아다니며 생활하다. ¶他在外面~这么些年, 什么本事也没学到. =그는 밖에서 저렇게 여러 해를 돌아다녔지만 아무 기술도 배우지 못했다.
【瞎吹】 xiāchuī ⟨動⟩ 허풍떨다. 허튼소리하다. ¶他就好~, 别信他的话. =그 사람은 허풍을 잘 떠니까 그의 말을 믿지 마세요.
【瞎叨叨】 xiādāo·dao ⟨動⟩ **1** 끊임없이 말하다. 수다 떨다. ¶她~起来, 没个完. =그녀가 수다 떨기 시작하면 끝이 없어요. **2** 함부로 지껄이다. 헛소리를 하다. 아무렇게나 말하다. ¶你又不了解情况, ~什么? =너는 그 상황도 모르면서 무슨 헛소리를 하냐?
【瞎地】 xiādì ⟨名⟩⟨方⟩ 불모지(不毛地).
【瞎点子】 xiādiǎn·zi 얼토당토않은 아이디어. 비현실적인 제안. 뚱딴지같은 생각. ¶他净出些~. =그는 온통 얼토당토않은 아이디어들만 낸다.
【瞎胡闹】 xiāhúnào ☞【瞎闹】 xiānào
【瞎话】 xiāhuà ⟨名⟩⟨方⟩ 거짓말. ¶不要睁眼说~. =뻔뻔스러운 거짓말을 하지 마세요.
【瞎混】 xiāhùn ⟨動⟩ 그럭저럭〔어물어물〕해 나가다. 되는대로 지내다. ¶他什么本事没有, 就知道~. =그는 아무런 능력도 없어서, 그저 되는대로 생활한다.
【瞎火】 xiāhuǒ ⟨名⟩ (탄환·포탄 등의) 불발탄. ¶三发炮弹中有一发是~. =포탄 세 발 중 한 발은 불발탄이다. ⟨動⟩ 불발하다. ¶枪淋了雨, 子弹~了. =총이 비를 맞아서 총알이 불발되었다.
【瞎赖】 xiālài ⟨動⟩ (사람을) 함부로 무고(誣告)하다. (남에게) 덮어씌우다. ¶自己的责任自己承担, 别~. =자신의 책임은 자신이 져야지, 남에게 덮어씌우지 마세요.
【瞎聊】 xiāliáo ⟨動⟩ 한담(閑談)하다. 잡담하다. ¶我们没谈什么正事, 就~了一会儿. =우리 무슨 공적인 이야기를 나눈 것은 아니고, 그저 한담을 했을 뿐이야.
【瞎忙】 xiāmáng ⟨動⟩ 공연히〔하릴없이〕 바쁘다. 계획 없이 바쁘다. ¶他整天~. =그는 하루 종일 공연히 바쁘다. / 你~什么? =넌 뭐가 그리 하릴없이 바쁘니?
【瞎猫碰上死耗子】 xiāmāo pèng·shang sǐhào·zi ⟨成⟩ **1** 눈먼 고양이가 죽은 쥐를 만나다. **2** ⟨바⟩ 정말 운이 좋다. 뜻밖의 행운을 만나다. 순전히 우연이다.

【瞎蒙】xiāmēng 동 속이다. 기만하다. ¶不要~人.=사람을 속이지 마라.
【瞎摸】xiāmō 동 마구 더듬다. 되는대로 더듬거리다. 함부로 하다. ¶在墙上～了半天也没找着电灯开关.=벽면을 한참이나 더듬었지만 전등 스위치를 찾지 못했다.
【瞎奶】xiānǎi 명 1 함몰된 유두(乳頭). 2 젖이 나오지 않는 유방(乳房).
【瞎闹】xiānào 동 1 소란을 피우다. 억지를 부리다. 쓸데없는 짓을 하다. 떼를 쓰다. ¶~不是解决问题的办法.=억지를 부리는 것은 문제 해결 방법이 아니다. 2 빈둥거리다. 어슬렁거리다. ¶~了几年, 什么事也没干成.=몇 년을 빈둥거리며 지내다 보니, 어떤 일도 제대로 이루지 못했다. =【瞎胡闹】xiāhúnào
【瞎弄】xiānòng 동 마구잡이로 하다. 아무렇게나 만지다. 마구잡이로 가지고 놀다. ¶好些玩具都被他～坏了.=멀쩡한 장난감들을 걔가 함부로 가지고 놀아 다 망가뜨렸다.
【瞎跑】xiāpǎo 동 공연히〔하릴없이·쓸데없이〕바쁘게 쫓아다니다. ¶他整天在外面～, 也不知道在忙些什么.=그는 온종일 바쁘게 뛰어다니는데, 뭘 하고 있는지 모르겠다.
【瞎炮】xiāpào 명 1 불발탄. 2 폭파 시공 중 불발 폭약. ¶【哑炮】yǎpào
【瞎起哄】xiāqǐhòng 동 (많은 사람들이) 마구 소란을 피우다. ¶不要跟着～.=덩달아 소란을 피우지 마.
【瞎说】xiāshuō 동 함부로 말하다. 마구 지껄이다. 허튼소리를 하다. 무책임한 말을 하다. ¶不知道就不要～.=모르면 함부로 말하지 마시오.
【瞎说八道】xiāshuōbādào ☞【胡说八道】húshuōbādào
【瞎说一气】xiāshuō-yīqì 俗빈 한바탕 쓸데없는 소리를 지껄이다.
【瞎想】xiāxiǎng 동 터무니없는 생각을 하다. 쓸데없는 생각을 하다. 허튼생각을 하다. ¶这些担心都是多余的, 你就不要～了.=이런 걱정들은 다 쓸데없는 것들이니, 너 터무니없는 생각일랑 하지 마.
【瞎信】xiāxìn 명 (주소 불명·기재 착오 등으로 인한) 배달 불능 편지. =【盲信】mángxìn ≒死信
【瞎眼】xiā∥yǎn 동빈 잘못 보다. 눈이 멀다. 안목이 없다. ¶我真是瞎了眼, 没看清他的真面目.=내가 정말 눈이 멀었지, 그의 본색을 제대로 꿰뚫어 보지 못했으니 말이야.
【瞎眼】xiāyǎn 명 장님.
【瞎咋呼】xiāzhā·hu 동 함부로 소리치다. 마음대로 떠들다. ¶不知道他又在～什么.=그가 또 무슨 소리를 떠들어 대는지 모르겠구나.
【瞎账】xiāzhàng 명(口) 돌려받지 못하는 돈.
【瞎指挥】xiāzhǐhuī 동 터무니없이〔멋대로〕지휘〔명령을·지시〕하다. ¶他一阵～, 搞得大家不知所措.=그가 한바탕 제멋대로 휘저어 놓아서, 모두들 어떻게 해야 할 바를 모른다.
【瞎诌】xiāzhōu 동俗 엉터리로 꾸며 낸 이야기를 하다. 허튼소리를 하다. 신뢰할 수 없는 말을 하다. ¶～的话你也信?=그런 엉터리 이야기를 너도 믿니?
【瞎抓】xiāzhuā 동(口) 닥치는 대로 일하다. 계획 없이 일을 하다. ¶～一气=닥치는 대로 단번에 잡다.
【瞎子】xiāzi 명 1 장님. 맹인. 시각장애자. 2 (喻) 문맹(文盲). 사리 분별을 못 하는 사람. 3 (方) 쭉정이. 속이 덜 찬 이삭〔열매〕.
【瞎子摸象】xiā·zi-mōxiàng ☞【盲人摸象】mángrén-mōxiàng
【瞎子摸鱼】xiā·zi-mōyú 成(口) 철저한 조사 없이 맹목적으로 일을 하다.
【瞎子儿】xiāzǐr 명(口) 불발탄. 격발이 되지 않은 총알.

# 鰕[鰕] xiā 새우 하
동 '虾(xiā)'와 같음.

# 匣 xiá 작은 상자 갑
명 (～儿) 갑. 함. 작은 상자. ¶木～=목갑. /梳妆～儿=화장 도구 상자.

◆ 拜bài匣, 镜匣, 话匣子

【匣枪】xiáqiāng ☞【匣子枪】xiá·ziqiāng
【匣子】xiá·zi 1 갑. 함. 작은 상자. 2 얇고 작은 널. 3 ☞【匣子枪】xiá·ziqiāng
【匣子枪】xiá·ziqiāng 명 모제르총(Mauser 銃). =【匣枪】xiáqiāng【匣子】xiá·zi

# 侠[俠] xiá 호협할 협
동 의협심이 강하다. ¶豪～=기백이 있고 의협심이 강하다. /行～仗义=의협심을 발휘하여 의로운 일을 하다. 명 협객. ¶剑～=검객. /武～=무협.

◆ 豪háo侠, 剑jiàn侠

【侠胆】xiádǎn 명 의협(義俠)의 기개와 풍모.
【侠肝义胆】xiágān-yìdǎn 成 의협의 기개와 풍모. 불공평한 일을 보고 의연히 나서서 억눌린 자〔약자〕의 편을 드는 용기.
【侠骨】xiágǔ 명 장부다운 기골. 호방하고 의협심이 강한 기골. ¶～柔肠=강직한 기개와 부드러운 마음.
【侠客】xiákè 명(옛) 협객.
【侠气】xiáqì 명 의협심. ¶一身～=의협심이 넘쳐나다.
【侠士】xiáshì 명 협객.
【侠义】xiáyì 형 정의를 위하여 강자에 맞서서 약자를 돕는. ¶～之举=정의를 위하여 맞서서 약자를 돕는 일.

# 狎 xiá 업신여길 압
동(文) 허물없이 가까이하다. 거리낌 없이 대하다. 무례하게 대하다. 업신여기다. 가지고 놀다. ¶～侮=업신여기다.
【狎妓】xiájì 동 기생을 데리고 놀다. 기생질하다.

다. 매음을 하다.
【狎昵】xiánì 너무 허물없어 버릇이 없다.
【狎戏】xiáxì 통 희롱하다. 놀리다.

## 柙 xiá 우리 합

명[문] 들짐승을 가두는 우리. [죄인을 호송할 때 사용하기도 함] ¶~车=짐승 우리를 운송하는 차량.

## **峡[峽] xiá 골짜기 협

명 골짜기. [주로 지명에 쓰임] ¶长江三~=창장(长江) 싼샤. / 三门~=싼먼샤. [허난(河南)성에 있는 협곡 이름]

○● 地峡, 海峡, 山峡

【峡谷】xiágǔ 협곡.
【峡湾】xiáwān 명(地) 협만(峽灣). 피오르드.

## **狭[狹, 陿] xiá 좁을 협

형 좁다. ¶~窄的胡同=좁은 골목길. / 心胸~隘=마음이 좁다. ≒窄 ↔广 宽 阔

○● 褊biǎn狭, 促cù狭, 宽狭

【狭隘】xiá'ài 형 1 좁다. ¶~的栈道=좁은 잔도(栈道). 좁고 험한 벼랑길. 2 (도량·견식 등이) 좁다. ¶见闻~=견문이 좁다. ≒狭窄 狭小 ↔宽广 宽阔 开阔 坦荡
【狭隘民族主义】xiá'ài mínzúzhǔyì ☞【地方民族主义】dìfāng mínzúzhǔyì
【狭长】xiácháng 형 좁고 길다. ¶~的山谷=폭이 좁고 긴 산골짜기.
【狭路相逢】xiálù-xiāngféng 성 1 좁은 길에서 만나 양보할 여지가 없다. 2 (비) 원수를 외나무다리에서 만나다. ≒冤家路窄
【狭小】xiáxiǎo 형 좁고 작다. ¶空间~=공간이 협소하다. ≒狭隘 ↔宽大 宽广 广大 广阔
【狭邪】[狭斜] xiáxié 명(문) 좁고 꼬불꼬불한 골목. [주로 홍등가(紅燈街)를 가리킴] ¶~中人物=화류계(花柳界) 인물.
【狭斜】xiáxié ☞【狭邪】xiáxié
【狭心症】xiáxīnzhèng 명(醫) 협심증.
【狭义】xiáyì 명 협의. 좁은 의미. ¶~的解释=협의의 해석. ↔广义
【狭窄】xiázhǎi 형 1 비좁다. 협소하다. ¶~的走廊=비좁은 복도. 2 (도량·견식 등이) 좁다. 협애하다. ¶知识面~=지식의 폭이 좁다. ≒狭隘 ↔宽阔 宽敞 开阔 开豁 广泛

## 袷 xiá 합사 겹

명 합사(合祀).

## 硖[硤] Xiá 땅 이름 협

【硖石】Xiáshí 명(地) 샤스. [저장(浙江)성에 있는 지명]

## 遐 xiá 멀 하

형(문) 1 멀다. ¶~迩皆知=온 세상이 다 알다. 2 오래다. 장구하다. ¶~年=긴 시간. 장수. ↔迩
【遐迩】xiá'ěr 명(문) 먼 곳과 가까운 곳. 사방. ¶声闻~=온 사방에 명성을 떨치다.
【遐迩闻名】xiá'ěr wénmíng 성 명성이 널리 알려지다.
【遐龄】xiálíng 명(문) 장수(長壽). 고령(高齡).
【遐思】xiásī 동 끝없는 사색. ¶这些老照片引起了他无尽的~。=이 옛날 사진들은 그를 끝없는 사색에 젖게 한다.
【遐想】xiáxiǎng 동 끝없이 상상을 하다. 자유롭게 연상(聯想)하다. ¶故乡的一切都引人~。=고향의 모든 것들이 끝없이 상상을 하게 한다. 명 끝없는 상상. ¶沉浸在无尽的~中。=끝없는 상상에 빠져 있다.

## 瑕 xiá 옥의 티 하

명 1 옥의 티. ¶白璧微~=백옥의 티. 2 (비) 결점. ¶纯洁无~=티없이 깨끗하다. ≒斑 疵 ↔瑜
【瑕不掩瑜】xiábùyǎnyú 성 1 옥의 티가 옥의 빛깔을 가릴 수 없다. 2 (비) 결점이 장점을 가릴 수 없다. 장점이나 좋은 점이 더 중요하다.
【瑕疵】xiácī 명(문) 하자. 흠. 결함.
【瑕玷】xiádiàn 명(문) 1 옥의 흠. 2 (비) 결점. 결함. 오점(汚點).
【瑕瑜互见】xiáyú-hùjiàn 성 1 옥의 티와 빛깔이 동시에 드러나다. 2 (비) 장단점이 있다.

## *暇 xiá 겨를 가

형 (시간이) 여유롭다. ¶空~=한가한 시간. / 应接不~=접대에 여념이 없다.

○● 空暇, 闲xián暇, 余暇

【暇日】xiárì 명 한가한 날.
【暇时】xiáshí 명 한가한 시간.

## *辖[轄] xiá 비녀장 할

명(문) 비녀장. [바퀴가 빠지지 않도록 굴대 머리 구멍에 지르는 큰 못] 동 관리하다. 통제하다. ¶管~=관할하다. / 统~=통할하다.

○● 管辖, 统tǒng辖, 直辖市

【辖区】xiáqū 명 관할 구역. ¶~治安情况良好。=관할 구역의 치안 상태가 양호하다.
【辖制】xiázhì 동 단속하다. 관할하다. ¶~交通=교통 단속을 하다. / 受人~=남의 통제를 받다.

## **霞 xiá 노을 하

명 노을. ¶晚~=저녁 놀. / 云蒸~蔚=구름이 뭉게뭉게 피어오르고 놀이 짙게 비끼다.

○● 彩霞, 晚霞, 烟霞, 云霞, 朝zhāo霞

【霞光】xiáguāng 명 노을빛. ¶~万丈=노을빛이 만 갈래로 비치다.
【霞帔】xiápèi 명 고대에 귀족 부인들이 입던 예복의 하나. [조끼와 유사함] ¶凤冠~=부인의 예장(禮裝).

# 點 xiá 교활할 할

**【點】** xiá 교활할 할
**[형][문]** **1** 영민하다. ¶~智=영리하다. **2** 교활하다. ¶狡~=교활하다.
**【點棍】** xiágùn [명] 교활한〔간사한〕불량배.
**【點慧】** xiáhuì [형][문] 기민하고 지혜롭다. ¶~无比=비할 바 없이 영리하고 지혜롭다.
**【點吏】** xiálì [명] 교활한 관리.

## 下¹ xià 아래 하

**[명] 1** 밑. 아래. ¶楼~=아래층. /向~看=아래를 보다. **2** 나중. 다음. ¶~半月=후반월. /承上启~=앞의 문장을 받아서 아래로 잇다. **3** (사람·사물의) 하급(下級). 저급(低級). ¶上行~效=윗사람이 모범을 보이면 아랫사람이 본을 받는다. /此乃~策。=이것은 하책(下策)입니다. **4** …이하. 이내. =배우는 하책·시장·조건 등에 속함을 나타냄 ¶名~=이름 아래. /在这种条件~=이런 조건 하에. **5** …방면. …측. [숫자 뒤에 쓰여, 방위나 방면을 나타냄] ¶环顾四~=주위를 둘러보다. **6** …때. …시절. [어떤 시간이나 때를 나타냄] ¶年~=구정 전후. /时~=현재. [형] 낮다. ¶~肢伤风=하지(下肢) 장애. /~游地区=하류 지역. [동] **1** …보다 낮다. …보다 적다. [주로 부정형으로 쓰임] ¶参加晚会的演员不~30人。=이브닝 파티에 참석하는 연기자들은 30명이 넘는다. **2** (높은 곳에서 낮은 곳으로) 내려가다. ¶~楼=계단을 내려가다. /~飞机=비행기에서 내리다. **3** 가다. (장소에) 도착하다. [주로 위에서 아래로·상급 부서에서 하급 부서로·서에서 동으로·북에서 남으로 감을 가리킴] ¶~饭店=식당에 식사하러 가다. /~工厂=공장에 가다. **4** (명령·지시·뉴스 등을) 선포하다. 발포(發布)하다. (편지 등을) 송달하다. 보내다. ¶~请柬=초대장을 보내다. /~录取通知=입학〔합격〕 통지를 발송하다. **5** 물러나다. 떠나다. ¶~岗工人=퇴직 근로자. /演员从左边上场, 右边~去. =배우는 왼쪽에서 등장해서 오른쪽으로 퇴장한다. **6** (일 등을) 마치다. ¶提前~课=시간을 앞당겨 수업을 마치다. /~班回家=퇴근하여 집으로 돌아가다. **7** 떨어지다. 내리다. ¶声泪俱~=소리내어 울며 눈물을 흘리다. /昨晚上~雪了。=어젯밤에 눈이 내렸다. **8** 쓰기 시작하다. 사용하다. ¶无从~笔=어디서부터 글을 써야 할지 모르겠다. /对症~药=증상에 맞게 약을 쓰다〔처방을 하다〕. **9** 투입하다. 집어 넣다. ¶~汤圆=새알심을 〔솥에〕 넣다. /~网捕鱼=그물을 던져 고기를 잡다. **10** (바둑이나 장기를) 두다. ¶~象棋=장기를 두다. **11** 떼어 내다. 내리다. ¶把螺丝~下来. =나사를 돌려 빼내다. **12** (동물의 암놈이) 새끼를 낳다. 알을 낳다. ¶猪快~崽了。=돼지가 곧 새끼를 낳으려고 한다. **13** (결론·결정·판단 등을) 내리다. ¶~定义=정의를 내리다. /~决心=결심을 하다. **14** 공격하여 함락하다. ¶連~数城=연달아 여러 성을 함락하다. **15** 양보하다. 물러서다. ¶相持不~=서로 버티며 물러서지 않다. / ~(儿) **1** 번. 회. [동작의 횟수를 세는 단위] ¶摇了几~瓶子=병을 몇 번 흔들었다. /把房间收拾了一一~. =방을 한 번 정리했다. **2** '两(liǎng)'·'几(jǐ)'의 뒤에 쓰여 능력이나 솜씨를 나타냄. ¶他确实有两~儿。=그는 확실히 상당한 능력을 가지고 있다. /没有几~子也不敢说这个大话. =상당한 능력이 없다면 이런 큰소리를 치지 못할 것이다. **3** [양] 용기에 들어 있는 용량에 쓰임. ¶瓶子里还剩半~酒。=병에 술이 아직 반이나 남아 있다. ≒低↔上 高

## 下² ‖·xia 아래 하

[동] **1** 동사 뒤에 쓰여, 위에서 아래로 움직이는 것을 나타냄. ¶坐~休息=앉아서 쉬다. /跳~楼=빌딩에서 뛰어내리다. **2** 동사 뒤에 쓰여, 동작의 완성이나 결과가 이미 결정되었음을 나타냄. ¶定~目标=목표를 정하였다. /打~基础=기초를 다졌다. **3** 동사 뒤에 쓰여, 수용할 수 있음을 나타냄. [주로 '得(·de)' 또는 '不(·bù)'와 이어 씀] ¶包里装不~这么多东西。=가방에 이렇게 많은 물건을 넣을 수 없다. /会议室坐得~这么多人。=이렇게 많은 사람들이 회의실에 다 앉을 수 있다.

○● 卑bēi下, 笔下, 部下, 带下, 当下, 低下, 底下, 殿diàn下, 高下, 阁gé下, 黑下, 麾huī下, 脚下, 刻下, 门下, 名下, 目下, 泉quán下, 如下, 上下, 舍shè下, 时下, 私下, 天下, 膝xī下, 现下, 乡下, 以下, 余下, 在下, 足下

**【下巴】** xià·ba [명] **1** 턱. **2** ☞【下颌】 xiàhé
**【下巴骨】** xià·bagǔ ☞【下颌骨】 xiàhégǔ
**【下巴颏儿】** xià·bakēr [명][구] '下颌(아래턱)'의 속칭.
**【下摆】** xiàbǎi [명] (외투·상의·치마 등의) 하단.
**【下拜】** xiàbài [동] 무릎을 꿇고 절을 하다. ¶弓身~=무릎 꿇고 몸을 숙여 절하다.
**【下班】** xià‖bān (~儿) [동] 근무 시간이 끝나다. 퇴근하다. ¶准时~=시간에 맞춰 퇴근하다. ↔上班
**【下板儿】** xià‖bǎnr [동][구] 상점 문을 열다. 영업을 시작하다.
**【下半辈(子)】** xiàbànbèi(·zi) ☞【后半辈(子)】 hòubànbèi(·zi) ↔上半辈(子)
**【下半部】** xiàbànbù [명] (책·영화·연극 등에서 전후 두 부분으로 나누어서 서술〔연출〕할 때의) 후반부.
**【下半场】** xiàbànchǎng ☞【下半时】 xiàbànshí
**【下半截】** xiàbànjié (~儿) [명] 중간에서 아랫부분. 하반부.
**【下半局】** xiàbànjú [명][(體)] 후반전.
**【下半年】** xiàbànnián ☞【后半年】 hòubànnián ↔上半年
**【下半期】** xiàbànqī [명] 하반기. [중간 고사 이후의 반 학기]
**【下半旗】** xià bànqí [동] 반기〔조기(弔旗)〕를 내리다〔게양하다〕. =【降半旗】 jiàng bànqí

【下半响】 xiàbànshǎng(~儿) ☞【后半响】 hòubànshǎng ↔上半响
【下半身(子)】 xiàbànshēn(·zi) 阁 하반신.
【下半时】 xiàbànshí (운동 경기나 연극 등의 중간 휴식 이후의) 후반전. 후반부. =【下半场】 xiàbànchǎng
【下半天】 xiàbàntiān(~儿) ☞【后半天】 hòubàntiān ↔上半天
【下半夜】 xiàbànyè ☞【后半夜】 hòubànyè ↔上半夜
【下半月】 xiàbànyuè 阁 후보름. [매월 16일부터 월말까지의 기간] ↔上半月
【下绊子】 xià bàn·zi 图 몰래 흉계를 꾸며 방해를 하다. 몰래 딴죽을 치다. ¶有人背地里~, 事情没办成。=누가 뒤에서 딴죽을 쳐서 일을 처리하지 못하였다.
【下雹】 xià báo·zi 图⑦ 우박이 떨어지다.
【下辈】 xiàbèi(~儿) 阁 1 자손. 2 (가족 중의) 아래 세대.
【下辈子】 xiàbèi·zi 阁⟨佛⟩ 내세(來世). =【下一辈子】 xiàyībèi·zi
【下本钱】 xià běnqián ☞【下本儿】 xià‖běnr
【下本儿】 xià‖běnr 图 (인력·재력 등을) 투자하다. 밑천을 들이다. =【下本钱】 xià běnqián ¶做生意必须舍得~。=사업을 하려면 반드시 밑천을 기꺼이 들여야 한다.
【下笔】 xià‖bǐ 图 펜(붓)을 대다. 글〔그림〕을 쓰기〔그리기〕 시작하다. ¶先在脑子里构思好了再~。=먼저 머릿속에서 구상을 다 한 다음 붓을 댄다. ≒动笔
【下笔成章】 xiàbǐ-chéngzhāng ㉾ 1 붓을 대기만 하면 순식간에〔당장에〕 주옥 같은 글을 써 내다. 2㉿ 작문의 구상이 민첩하다. 문재(文才)가 뛰어나다.
【下边】 xià·bian(~儿) 阁 아래쪽. ≒下面 ↔上边 上面
【下拨】 xiàbō 图 (물자·경비 등을 상급 기관이 하급 기관으로) 나누어 주다. 떼어 주다. ¶~救灾物资=구호 물자를 나누어 주다.
【下不为例】 xiàbùwéilì ㉾ 1 다음부터 이번 일을 선례로 삼아서는 안 된다. 이번으로 마지막이다. 2 이번만은 용서해 주다.
【下不来】 xià·bulái 图 1 내려올 수 없다. ¶油价一旦涨上去就~。=기름값이 일단 한번 오르면 떨어지지 않는다. 2 난처해지다. 곤혹을 느끼다. ¶不要当众批评他, 让他~。=난처하게 사람들 앞에서 그를 야단치지 마세요. 3 처리할 수 없다. 해결할 수 없다. 수습할 수 없다. ¶这个活儿没有十天半个月的~。=이 일은 보름 가량의 시간이 없으면 끝마칠 수가 없다. 4 (농작물을) 아직 수확하지 않다. ¶这个季节, 苹果还~。=지금 시기에는 아직 사과가 수확되지 않는다.
【下不来台】 xià·buláitái ㉾㉿ 이러지도 저러지도 못하다. 수습할 수가 없다. 난처하다. =【下不了台】 xià·buliǎotái ¶他这一闹, 弄得大家都~。=그가 이렇게 난리를 쳐서 모두들 난처하게 되었다.

【下不了】 xià·buliǎo 图 1 (비·눈 등이) 내리지 않다. ¶这雨一时半会儿~。=이 비는 당장은 내리지 않을 것이다. 2 … 이하는 아니다. … 이하로 떨어지지 않다. ¶这种照相机再降价也~两千元。=이 카메라는 아무리 가격이 떨어져도 2,000위안 이하로 떨어지지는 않을 것이다.
【下不了台】 xià·buliǎotái ☞【下不来台】 xià·buláitái
【下部】 xiàbù 阁 1 (사람이나 물체의) 아랫부분. 2 사람의 음부(陰部).
【下菜碟儿】 xià càidiér ㉿㉾ 사람을 접대하는 방법. ¶他最会见人~。=그는 사람에 따라 접대하는 법을 완벽하게 터득하고 있다.
【下操】 xiàcāo 图 1 훈련을 나가다. 훈련을 하다. ¶不论刮风下雨, 他们每天都准时~。=비가 오나 눈이 오나 그들은 매일 정시에 훈련을 한다. 2 훈련을 마치다. ¶他刚刚~回来。=그는 방금 훈련을 마치고 돌아왔다.
【下策】 xiàcè 阁 하책. 서투른 계책. 현명하지 못한 책략. ¶万般无奈才出此~。=어찌할 도리가 없어서 하책을 내었다. ↔上策 上算
【下层】 xiàcéng 阁 1 건물의 아래층. ¶大楼~是停车场。=빌딩 아래층은 주차장이다. 2 (기구·조직·사회의) 기층. 하층. ¶~市民=기층 시민.
【下厂】 xià‖chǎng (간부·학생이) 시찰 가다. 공장에 실습 가다. ¶毕业班的学生都~实习去了。=졸업반 학생들은 모두 공장에 실습을 나갔다.
【下场】 xià‖chǎng 图 1 (배우나 운동 선수가) 퇴장하다. 2㉿ (과거) 시험장에 가서 시험을 보다. ↔上场
【下场】 xià·chǎng 阁 결말. 끝장. 말로. [주로 나쁜 것을 가리킴] ¶多行不义是不会有好~的。=나쁜 짓을 많이 저지르면 좋은 결말이 있을 수 없다.
【下场门】 xiàchǎngmén 阁 무대에서 배우가 퇴장하는 문. [주로 무대의 좌측에 있음. 관중의 위치에서는 오른쪽이 됨]
【下车冯妇】 xiàchē-Féngfù ㉾ 1 호랑이를 잡아 유명해진 풍부(馮婦)가 사람들의 요청에 의해 수레에서 내려 다시 호랑이를 잡다. 2㉿ 가지고 있던 솜씨를 다시 보이다. 옛날 명성을 다시 찾다. 옛일을 다시 하다.
【下车泣罪】 xiàchē-qìzuì ㉾ 1 하(夏)나라 우(禹)왕이 죄인을 볼 때마다 수레에서 내려서 자신의 부덕으로 죄인이 생겼다고 하다. 2㉿ 위정자(爲政者)가 통치상의 잘못을 인정하다.
【下车伊始】 xiàchē-yīshǐ ㉾ 1 관리가 새로운 임지에 처음 도착하다. 2㉿ 새 직책을 맡다. 새로운 장소에 막 도착하다.
【下沉】 xiàchén 图 가라앉다. ¶轮船触礁, ~=배가 암초에 부딪쳐 가라앉다.
【下乘】 xiàchéng 阁 1⟨佛⟩ 소승(小乘). 2㉿ 조악(粗惡)한 것. 수준〔질〕이 떨어지는 것. 신통치 못한 것. ↔上乘
【下齿龈】 xiàchǐyín ☞【下牙床】 xiàyáchuáng
【下厨】 xià‖chú 图 (주방에 가서) 음식을 만들

다. ¶他平时很少~。=그는 평소에 요리를 잘 하지 않는다.
【下处】xià·chu 図 여관. 여인숙. 처소.
【下船】xià chuán 图 1 배에서 내리다. 뭍에 오르다. 2(뱃) 배를 타다. 승선〔등선(登船)〕하다.
【下床】xià chuáng 图 1 침대에서 내려오다. ¶别睡了, ~洗漱。=그만 자고 일어나 세수하고 양치질해. 2 (환자가) 침대에서 내려와 활동하기 시작하다. ¶他刚动完手术, 还不能~。=그는 방금 수술을 했으니, 아직 활동할 수 없어요.
【下垂】xiàchuí 图 아래로 드리워지다. ¶柳条~=버드나무 가지가 아래로 늘어지다.
【下唇】xiàchún 図 아랫입술. 하순. ↔上唇
【下次】xiàcì 図 다음 번. ¶这事~再谈。=이 일은 다음에 이야기합시다.
【下存】xiàcún 図 잔고. ¶支取一千元后还~五百元。=1,000위안을 찾고 나면 잔고는 500위안이다.
【下挫】xiàcuò 图 (가격·판매량·환율 등이) 떨어지다. 하락하다. ¶汽车售价普遍~。=자동차 판매가가 전반적으로 하락했다.
【下达】xiàdá 图 (명령·지시 등을) 하달하다. ¶上情~=상급 기관의 의도가 하달되다.
【下大力气】xià dàlì·qi 많은 정력을 쏟다〔기울이다〕. ¶必须~整顿生产秩序。=반드시 모든 정력을 쏟아 생산 질서를 바로잡아야 한다.
【下蛋】xià dàn 图 (조류나 파충류가) 알을 낳다. 산란하다.
【下刀子】xià dāo·zi 图 1 ① (공중에서) 칼비가 내리다. ②(喩) 상황이 열악하다. ¶别说下雪, 就是~我们也得去。=눈이 내리는 건 말할 필요도 없고 칼비가 내린다고 하더라도 우리는 가야 한다. 2 ① 칼부림하다. ②(喩) 악랄한 수법을 쓰다. ¶小心他背后~。=그 사람이 뒤에서 독수를 쓰는 것을 조심해라.
【下等】xiàděng 囷 하등의. 질이 낮은. ¶~品=하등품. ↔高等 上等
【下地】xià dì 图 1 밭에 가서 일하다. ¶他一大早~了。=그는 일찌감치 밭에 나갔다. 2 (환자가) 침대에서 내려와 활동하다. ¶病好得差不多了, 可以~走动了。=병이 거의 다 나았으니 침대에서 내려와 걸어다녀도 된다. 3(방) 어린 아이가 걷기 시작하다. ¶孩子快两岁了, 能~了。=아기가 곧 두 살이 되니 걸을 수 있을 것이다.
【下地狱】xià dìyù 图 1 지옥에 떨어지다. 2(喩) 어둡고 비참한 생활을 하다.
【下第】xiàdì 囷图 하등의. 열등의. 과거 시험에서 떨어지다. 낙제하다. 낙방하다.
【下店】xià diàn 图 투숙하다.
【下调】xiàdiào 图 1 (사람을) 상급 부서에서 하급 부서로 내려보내다. ¶~干部=좌천된 간부. 2 상급 부서의 물자나 자금을 하급 부서로 조달하다. ¶~物资=물자를 조달하다. ☞ xiàtiáo
【下跌】xiàdiē 图 (상품 가격·수위(水位) 등이) 하락하다. 떨어지다. ¶空调价格持续~。=에어컨 가격이 계속해서 떨어진다. ≒下落 ↔上涨

【下定】xià dìng 图 1 ☞【下聘】xià pìn 2 계약금을 걸다.
【下碇】xià dìng 图 1 닻을 내리다. 2 정박(碇泊)하다.
【下毒】xià dú 图 독극물을 투입하다.
【下毒手】xià dúshǒu 图 독수를 쓰다. 악랄한 수단〔방법〕을 쓰다. ¶提防着坏人~。=나쁜 사람이 독수를 쓰는 것을 방비〔경계〕하고 있다.
【下肚】xià dù 图 (뱃속으로) 먹다. 마시다. ¶几杯酒~, 他的话多了起来。=술 몇 잔을 마시더니 그는 말이 많아지기 시작했다.
【下端】xiàduān 図 하단. 아래쪽의 끝.
【下颚】xià'è 図 1 ☞【下颌】xiàhé 2 (動) 구기(口器).
【下发】xiàfā 图 (하급 기관) 또는 기층으로) 내려보내다. 하달하다. ¶~文件=서류를 내려보내다.
【下凡】xiàfán 图 (신선이) 속세로 내려오다. ¶神仙~=신선이 속세로 내려오다.
【下饭】xià fàn 图 1 반찬을 곁들여서 밥을 먹다. ¶菜做少了, 不够~的。=요리를 너무 적게 해서 반찬이 부족하다. 2 입맛〔식욕〕을 돋우다. ¶泡菜很~。=김치는 아주 입맛을 돋운다.
【下饭】xiàfàn 囷图 찬. 반찬. 밥반찬.
【下方】xiàfāng 図 1 아래쪽. ¶阳台~架着一台空调压缩机。=베란다 아래쪽에 에어컨 실외기〔압축기〕가 설치되어 있다. 2 하계(下界). 하지(下地). 인간 세상. ¶~世界=인간 세계.
【下房】xiàfáng(~儿) 図 1 곁채. 2 하인들이 거처하는 방.
【下放】xiàfàng 图 1 (어떤 권력을) 하급 기관에 이양하다. ¶权力~=권력을 하급 기관으로 이양하다. 2 하방하다. [중국에서, 당원이나 공무원의 관료화를 방지하기 위하여 이들을 일정한 기간 동안 농촌이나 공장에 보내서 노동에 종사하게 한 운동] ¶~干部=하방(下放)한 간부. ↔上调 升迁
【下风】xiàfēng 図 1 바람이 부는 방향. 2(喩) 열세(劣势). 불리한 위치. ¶甘拜~=패배를 인정하다. 진심으로 탄복하다. ↔上风
【下浮】xiàfú 图 (가격·이율·임금 등이) 아래로 유동하다. 떨어지다. ¶存款利率~了两个百分点。=금리가 2% 떨어졌다.
【下腹】xiàfù 図(生) 하복. 아랫배.
【下疳】xiàgān 図(醫) 하감. 성병.
【下岗】xià gǎng 图 1 (근무를 마치고) 초소를 내려가다. 근무 교대하다. ¶他正在值勤, 还没~。=그는 지금 당직 중이라 아직 퇴근하지 않았다. 2 퇴직하다. 직장을 그만두다. 퇴출되다. 실직하다. ¶~待业=퇴직하고 구직 중에 있다. ↔上岗
【下工】xià gōng 图 1 일을 끝내다〔끝마치다〕. ¶每天下午六点~。=매일 오후 6시에 일을 마친다. 2(喩) 해고하다.
【下工夫】xià gōng·fu 图 공을 들이다. 시간과 정력을 쏟아붓다. 노력하다. 힘쓰다. ¶要想学好外语, 不~可不行。=외국어를 마스터하려면 공

【下官】xiàguān 〖명〗〖문〗 1 〖옛〗하관. 소관(小官). 미관(微官). 지위가 낮은 벼슬아치. 2 〖옛〗〖겸〗하관. 소관(小官). 미관(微官). [관리가 자기를 낮추어 부르는 일인칭 대명사]
【下馆子】xià guǎn·zi 〖동〗〖구〗 음식점에 식사하러 가다.
【下跪】xiàguì 〖동〗 무릎을 꿇다. 꿇어앉다.
【下锅】xià‖guō 〖동〗 (쌀·국수·요리 등을 익히기 위해) 솥에 넣다. ¶米还没~, 吃饭还有一会儿. =쌀을 아직 안치지 않았으니 밥을 먹으려면 좀 더 있어야 한다.
【下海】xià‖hǎi 〖동〗 1 바다에 나가다. ¶~游泳=바다에 뛰어들어 수영을 하다. 2 (어부가 고기를 잡으러) 바다에 나가다. ¶~捕鱼=바다에 나가 고기를 잡다. 3 (사업하지 않던 사람이) 직업을 바꾸어 사업을 경영하다. ¶~经商=직업을 바꾸어 사업을 경영하다. 4 아마추어 배우가 직업 배우로 전향하다. 5 〖옛〗(창기(娼妓)·무희(舞姬) 등의) 특정 직업에 종사하다.
【下颌】xiàhé 〖명〗〖생〗하악(下颚). 아래턱. =【下颚】xià·è ↔【下巴】xià·ba
【下颌骨】xiàhégǔ 〖명〗〖생〗하악골(下颚骨). 아래턱뼈. =【下巴骨】xià·bagǔ
【下黑儿】xiàhēir 〖명〗 해질 무렵. 밤. ¶~一个人出门小心点. =밤에 혼자 외출할 때는 조심하세요.
【下狠心】xià hěnxīn 〖동〗 대단한 결심을 하다. 모진 마음을 먹다. ¶她竟然能~扔掉自己刚出生的孩子. =그녀는 결국 자신이 방금 낳은 아기를 버리지로 모진 마음을 먹었다.
【下滑】xiàhuá 〖동〗 아래로 미끄러지다. ¶冰川~. =빙하가 아래로 미끄러지다.
【下怀】xiàhuái 〖명〗 제 마음. 저의 심정. ¶正中~. =제 마음에 딱 듭니다.
【下回】xiàhuí 〖명〗 1 다음 번. 이 다음. ¶~一定记得把书给你带来. =다음 번엔 잊지 않고 꼭 책을 가져오겠습니다. 2 (장회 소설의) 다음 회. ¶且听~分解. =잠시 쉬었다가 다음 회를 기대해 주세요.
【下火线】xià huǒxiàn 〖동〗〖군〗 전선에서 퇴각하다. ¶轻伤不~. =가벼운 상처 때문에 전선에서 퇴각하지는 않는다.
【下货】xià‖huò 〖동〗 1 선적(船積)하다. 2 (차·배 등에서) 물건을 내리다. 짐을 부리다.
【下级】xiàjí 〖명〗 하급 부서. 하급자. ¶~应听从上级的调遣. =하급 기관은 상급 기관의 지시를 따라야 한다. ≒ 下属 部下 ↔上级 上司
【下集】xiàjí 〖명〗 하편. [많은 분량의 책을 두세 부분으로 나눈 것의 뒷부분]
【下家】xiàjiā 〖명〗 1 (~儿) (카드·벌주 놀이 등의) 다음 차례〔순서〕의 사람. 2 〖방〗〖겸〗 저의 집. ↔上家
【下嫁】xià‖jià 〖동〗 공주가 시집을 가다. 2 귀한 집 딸이 신분이 낮은 사람에게 시집을 가다.
【下贱】xiàjiàn 〖형〗 1 〖옛〗 지위가〔신분이〕 낮다. 비천(卑贱)하다. 하천(下贱). ¶我还不至于~到要去求他. =나는 아직 그에게 가서 애걸할 정도로 비천하지는 않다. 2 저열하다. 비열하다. 치사하다. 야비하다. 상스럽다. ¶他这种行为实在是太~了！=그의 이러한 행동은 그야말로 비열함이 없다. ≒ 卑贱 低贱 卑劣 ↔崇高 高尚 高贵
【下江】Xiàjiāng 〖명〗〖지〗 1 창장(长江) 하류 지역. ¶~官话=창장 하류 지역 방언. 2 (청(清)대의) 장쑤(江苏)성.
【下降】xiàjiàng 〖동〗 1 하강하다. 내리다. ¶飞机正在~. =비행기가 막 내려오고 있다. 2 (정도가) 떨어지다. 낮아지다. (수량이) 줄어들다. ¶气温=~ =기온이 떨어지다. ↔上升 提高 上扬
【下焦】xiàjiāo 〖명〗〖의〗 하초. [중의학에서, 위(胃)의 아랫부분에서 골반까지의 부분을 가리킴]
【下脚】xià‖jiǎo (~儿) 〖동〗 발을 디디다〔들여놓다〕. ¶车厢内拥挤不堪, 简直无处~. =객차 안은 엄청 붐벼서 그야말로 발 디딜 틈이 없다.
【下脚】xiàjiǎo 〖명〗 자투리. =【下脚料】xiàjiǎoliào
【下脚货】xiàjiǎohuò 〖명〗〖방〗 팔다 남은 좋지 않은 물건.
【下脚料】xiàjiǎoliào ☞【下脚】xiàjiǎo
【下街】xiàjiē 〖동〗 장사꾼이 거리에서 외치며 물건을 팔다. 약장수가 거리로 나서서 기예를 팔다. ¶~卖艺=거리에서 기예를 팔다.
【下届】xiàjiè 〖명〗 다음 회. 차기(次期). ¶这些问题只有留待~领导班子解决. =이 문제들은 차기에 선출될 지도부에서 해결하도록 남겨 두는 수밖에 없습니다.
【下界】xià‖jiè 〖동〗 (신선이 하늘이나 선계(仙界)에서) 인간 세상에 내려오다.
【下界】xiàjiè 〖명〗 속세. 인간 세상.
【下劲】xià‖jìn 〖동〗 힘을 쓰다. 힘껏 노력하다.
【下九流】xiàjiǔliú 〖명〗〖옛〗 (예인(艺人)·나무꾼·이발사 등과 같이) 천한 직업이나 사회적 지위가 낮은 일에 종사하는 사람.
【下酒】xià‖jiǔ 〖동〗 안주를 곁들여 술을 마시다. ¶用花生米、豆腐干~. =땅콩과 두부를 안주로 삼아 술을 마시다. 술맛을 돋우다. ¶炒几个~菜来. =술안주 몇 접시를 볶아 와요.
【下酒菜】xiàjiǔcài 〖명〗 술안주.
【下颏】xiàkē 〖명〗 아래턱.
【下课】xià‖kè 〖동〗 1 수업이 끝나다. 수업을 마치다. 2 〖체〗 감독을 교체하다. 3 물러나다. 퇴진하다. ¶像他这样不称职的领导早该~了. =저렇게 직무에 부적절한 간부는 진작 물러났어야지.
【下口】xià‖kǒu 〖동〗 먹다. 입에 넣다. ¶无从~=입에 댈 수가 없다.
【下口】xiàkǒu 〖명〗 안주. 반찬. [주로 조기 백화문에 보임]
【下筷(子)】xiàkuài(·zi) 〖동〗 젓가락을 대다. (음식을) 먹다. ¶这道菜味道不佳, 没人~. =이 요리는 맛이 없어서 아무도 젓가락을 대지 않는다.
【下款】xiàkuǎn (~儿) 낙관. 서명. [남에게 작품이나 서신 또는 선물 등을 선사할 때, 맨 아래에 명기하는 작가 자신의 성명이나 호칭 또는 도장] ↔上款

【下来】xià‖·lái 통 1 위치가 화자가 있는 곳으로 바뀜을 가리킴. ① (위에서) 내려오다. ¶他马上从楼上~。=그는 금방 위층에서 내려올 것이다. ② 상급 부서에서 오다. ¶这是从省里~调研的领导。=이 분은 성(省)에서 조사 연구하러 내려온 고위 관계자입니다. ③ 전방[전선]에서 오다. ¶他刚从抗洪前线~。=그는 방금 홍수와 싸우는 현장에서 왔다. ④ 교대하다. 번갈아들다. ¶她~就该你去了。=그녀가 끝나면 네가 가야 할 차례이다. 2 통 (일정 기간이) 끝나다. 종결되다. ¶一个月~, 他净赚两万。=한 달이 지나자 그는 2만 위안을 벌었다. 3 농작물이 익어 수확하다. ¶再有十多天梨就~了。=앞으로 10일 정도 더 있으면 배를 수확한다. ↔上去

【下来】‖·xià‖·lái 통 1 동사 뒤에 쓰여, 높은 곳에서 낮은 곳으로 또는 먼 곳에서 가까운 곳으로 향함을 나타냄. ¶瀑布从山上流~。=폭포가 산꼭대기에서 쏟아져 내린다. 2 동사 뒤에 쓰여, 동작의 완성이나 결과를 나타냄. ¶把通讯地址写~。=연락처를 써 놓았다. 3 동사 뒤에 쓰여, 과거에서부터 현재까지 동작이 계속되거나 시작에서부터 끝까지 계속됨을 나타냄. ¶这些神话故事都是从古代流传~的。=이 신화들은 모두 고대에서부터 전해져 내려온 것들이다. 4 형용사 뒤에 쓰여, 어떤 상태가 나타나서 계속 발전되어 감을 나타냄. ¶夜深了, 整个城市渐渐安静~。=밤이 깊어지자, 온 도시는 점점 고요해져 갔다.

---

下来(‖·xià‖·lái) / 下去(‖·xià‖·qù) 동사 뒤에 쓰여 계속됨을 나타냄

下来 : 과거에서 현재까지 계속됨을 말함. 또는 처음부터 끝까지 계속됨을 나타냄. ¶说起来容易, 做起来难啊. 我总是坚持不下来. = 말하기는 쉬워도 하기에는 어렵다. 난 항상 끝까지 버티지 못했다. / 那处古建筑没有保存下来. =그 곳의 오래된 건축물은 보존되지 못했다.

下去 : 지금부터 시작해서 앞으로 계속됨을 말함. ¶一定要坚持下去! 坚持到底就是胜利. = 반드시 견뎌내야 한다! 끝까지 버텨야 승리다.

---

【下里巴人】xiàlǐ-bārén 성 1 쓰촨(四川)성 동부 일대의 시골 사람. ['下里(xiàlǐ)'는 시골을 가리키고, '巴(bā)'는 쓰촨(四川)성 동부와 충칭(重庆) 일대를 가리킴] 2 '下里巴(xiàlǐ bā)'의 민간 통속 문예 작품. 3 통속 문예 작품. [흔히 '阳春白雪(예술 문예 작품)'와 함께 쓰임] ↔阳春白雪

【下里】xià·li 명 숫자 뒤에 쓰여, 방향이나 방위를 나타냄. ¶他四~打听消息。=그는 사방으로 소식을 알아보았다.

【下礼拜】xiàlǐbài 명 다음 주.

【下力】xià‖·lì 통 힘을 쓰다. 열심히 하다. ¶他不怕累, 千活肯~。=그는 힘든 것을 두려워하지 않고 기꺼이 열심히 일한다.

【下联】xiàlián 명 1 대련(對聯)의 뒷구절. 2 (율시·절구 등 고시(古詩)에서의) 대구(對句)의 뒷구절. ↔上联

【下列】xiàliè 형 아래에 열거한. ¶~事项是大家需要注意的。=아래에 열거한 것은 모두가 주의해야 할 사항입니다.

【下令】xià‖·lìng 통 명령을 하달하다 [내리다]. ¶~出发=출발하도록 명령하다.

【下流】xiàliú 1 (강의) 하류. ¶黄河~=황허(黄河) 하류. 2 명형 비천한 지위. 형 저질이다. 비열하다. 상스럽다. 염치 없다. ¶说~话=상스러운 말을 하다. ≒下游 低贱 无耻 ↔上游 高尚 上流

【下落】xiàluò 명 (사람·물건의) 행방. 간 곳. 소재. ¶~不明=행방 불명. 통 떨어지다. 하락하다. 하강하다. ¶降落伞渐渐~。=낙하산이 서서히 하강한다. ≒着落 下降 ↔上升 上涨

【下马】xià‖·mǎ 통 1 말에서 내리다. 2 (비) 일을 중단하다. ¶没有通过审批的工程必须立即~。=심사 비준을 거치지 않은 공사는 즉시 중단해야 한다. ↔上马 动工

【下马看花】xiàmǎ-kànhuā 성비 자세히 조사·연구하다.

【下马威】xiàmǎwēi 명 1 관리가 부임 초에 부하들에게 세우는 위엄. 2 시작 단계에서의 본때 [호된 맛·군기].

【下毛毛雨】xià máo·maoyǔ 통 1 부슬비가 내리다. 2 미리 언질을 주다. 3 비 가볍게 비판하다. 살짝 혼을 내다.

【下锚】xià‖·máo 통 닻을 내리다. 정박하다.

【下米】xià‖·mǐ 통 (밥 또는 죽을 끓이기 위해) 쌀을 솥에 넣다. ¶等水开了再~。=물이 끓은 다음 쌀을 솥에 넣으세요.

【下面】xià‖·miàn 통 끓는 물에 국수를 넣어 삶다. ¶少下一点面, 我吃不了多少。=국수를 조금만 넣으세요. 난 얼마 먹지 못해요.

【下面】xià·mian (~儿) 명 1 (사람·물체의) 아랫부분. ¶她上边穿了一件毛衣, ~是一条短裙。=그녀는 위에는 스웨터를 입고 아래에는 짧은 치마를 입었다. 2 (물체의) 밑. 아래. ¶立交桥~是一个花园。=입체교차교 아래에 화원이 하나 있다. 3 (기관의 조직 체제에서의) 하급. 하부. ¶他到~检查工作去了。=그는 하급 부서로 검사하러 나갔다. 4 다음. 뒤. ¶这是我~将要谈论的问题。=이것이 내가 뒤에 논의하고자 하는 문제이다. ≒下边 ↔上面 上边

【下奶】xià‖·nǎi 통 (약물·음식 등으로) 산모의 젖을 나오게 하다. ¶生孩子后要多吃~的食物。=아이를 낳은 후에는 젖을 잘 나오게 하는 음식을 많이 먹어야 한다.

【下女】xiànǚ 명여 하녀.

【下皮】xiàpí 명〈生〉진피(眞皮).

【下品】xiàpǐn 명 저급. 하등품. 품질이 낮은 물품. ¶这些都是不合格的~。=이것들은 모두 규격 미달의 하등품이다. ↔上品

【下聘】xià‖·pìn 통여 신랑측이 신부측에게 예물을 보내어 혼사를 정하다. =【下定】xià‖·dìng

【下坡】xiàpō 통 비탈[내리막]을 내려가다. ¶~比上坡省劲多了。=비탈을 내려가는 것이 오

下 xià 2099

라가는 것보다 훨씬 힘이 덜 든다.

【下坡路】xiàpōlù 〈명〉 **1** 내리막길. ¶前面有一段~, 骑车要小心。= 앞쪽에 내리막길이 있으니 자전거 타는 것 조심하거라. **2** 〈비〉 내리막길. 하강 추세. ¶这两年公司一直在走~。= 요 몇 년간 회사는 계속 내리막길을 걷고 있다.

【下铺】xiàpù 〈명〉 **1** (2층 침대의) 하단 침대. **2** (열차 침대 칸의) 아래 침대.

【下期】xiàqī 〈명〉 **1** 다음 학기. **2** (정기 간행물의) 다음 호.

【下棋】xià∥qí 〈동〉 장기를 두다. 바둑을 두다.

【下气】xiàqì 〈동〉 **1** 마음을 진정시키다. 흥분을 가라앉히다. ¶累得上气不接~。= 힘들어서 가쁜 숨을 몰아쉬다. **2** 공경스럽게 말하다. 겸손하게 말하다. ¶低声~= 낮은 소리로 겸손하게 말하다.

【下欠】xiàqiàn 〈동〉 빚이 남아 있다. ¶银行贷款还了十万, ~五万。= 은행 대출금은 10만 위안을 갚고 나니 5만 위안이 남았다. 〈명〉 남은 빚. 잔여 채무. ¶所有借款都已还清, 并无~。= 모든 부채는 이미 다 갚아서 남은 빚은 없다.

【下情】xiàqíng 〈명〉 **1** 하급자의 사정. 아랫사람들의 사정. 민정(民情). ¶体察~= 민정을 세심하게 살피다. **2** 〈겸〉 저의 뜻. 저의 마음. ¶容禀~。= 저의 뜻을 받아 주십시오.

【下去】xià∥·qù 〈동〉 **1** 화자의 위치에서 떠나가다(멀어지다). ① (아래로) 내려가다. ¶他在楼下等你, 你快~。= 그가 아래층에서 너를 기다리니까 빨리 내려가. ② 하급 또는 기층으로 내려가다. ¶已经派人~调查了。= 이미 사람을 보내 조사를 했다. ③ 후방으로 가다. ¶抢险队~, 让预备队上来。= 구급대는 후방으로 내려보내고 예비대를 올라오게 하다. ④ 다른 대상으로 교대되다. ¶~就该小张了。= 다음은 샤오장이 교대할 차례이다. **2** 어떤 사물이 있던 것이 없어지다. ¶高烧已经~了。= 고열이 이미 내렸다. ↔上来

【下去】∥·xià·qù 〈동〉 **1** 동사 뒤에 쓰여, 높은 곳에서 낮은 곳으로 또는 가까운 곳에서 먼 곳으로 움직임을 나타냄. ¶不小心从楼梯上摔了~。= 부주의로 계단에서 넘어져 아래로 굴렀다. **2** 동사 뒤에 쓰여, 지금부터 앞으로 계속 지속됨을 나타냄. ¶别打断他, 让他说~。= 그의 말을 끊지 말고 계속 하게 해 주시오. **3** 형용사 뒤에 쓰여, 어떤 상태가 이미 존재하며 정도가 장차 더욱 심해짐을 나타냄. ¶天气一天天地冷~。= 날씨가 날로 추워진다.

【下人】xiàrén 〈명〉 **1** 〈예〉 하인. 종. =【底下人】dǐ·xiarén **2** 〈방〉 아랫사람. [자녀·자손 등을 가리킴]

【下任】xiàrèn 〈동〉 이임(離任)하다. 퇴임하다. ¶他~后回了老家休养。= 그는 퇴임 후 고향으로 돌아가 휴양하고 있다. 〈명〉 차기. ¶~总统已经选出。= 차기 대통령은 이미 선출되었다.

【下三烂】[下三滥] xiàsānlàn 저질이다. 비열하다. 상스럽다. ¶他那副~的样子, 看了让人恶心。= 그의 비열한 모습은 보기만 해도 구역질이 난다. 〈명〉〈방〉 불량배. 건달. 상놈. 창녀.

【下三滥】xiàsānlàn ☞【下三烂】xiàsānlàn

【下山】xià∥shān 〈동〉 **1** 산에서 내려오다. ¶~只有这一条路。= 산에서 내려오는 길은 이 길 하나뿐이다. **2** 해가 지다. ¶太阳快要~了。= 해가 곧 지려고 한다.

【下哨】xià∥shào 〈동〉 초소에서 철수하다. ¶他正在站岗, 还没~。= 그는 보초 임무를 끝마친 게 아니고 지금 보초를 서고 있다.

【下身】xiàshēn 〈명〉 **1** 하반신(下半身). **2** 음부(陰部). **3** (~儿) 바지. ↔上身

【下神】xià∥shén 〈동〉 강신(降神)하다. 신이 내리다.

【下渗】xiàshèn 〈동〉 (액체가) 지층〔땅〕에 스며들다〔배다〕. ¶雨水~= 빗물이 땅에 스며들다.

【下生】xiàshēng 〈동〉 출생하다. 태어나다.

【下剩】xiàshèng 〈동〉 남다. 남기다. ¶~的钱不多了。= 남은 돈이 많지 않다.

【下士】xiàshì 〈명〉〈군〉 하사.

【下世】xià∥shì 〈동〉 사망하다. 죽다.

【下世】xiàshì 〈명〉 내세. 후세. 다음 생애.

【下市】xià∥shì 〈동〉 **1** (계절성 물품이 철이 지나) 시장에서 사라지다. ¶桃子已经~了。= 복숭아는 이미 철이 지나 들어갔다. **2** (그 날의) 영업을 마치다. ¶时间还早, 怎么就~了? = 시간이 아직 이른데, 벌써 문을 닫습니까?

【下手】xià∥shǒu 〈동〉 착수하다. 손을 쓰다. 시작하다. ¶先~为强。= 먼저 행동을 취하는 편이 유리하다. 선수를 치는 자가 이긴다. ≒动手 ↔上手

【下手】xiàshǒu(~儿) 〈명〉 **1** ☞【下首】xiàshǒu **2** 다음 차례〔순서〕. **3** 조수. ¶我只能给你当~。= 나는 겨우 당신에게 조수 노릇을 해 드릴 수 있을 뿐입니다. ≒动手 ↔上手

【下首】xiàshǒu 〈명〉 **1** 아랫자리. 하좌(下座). 말석. =【下手】xiàshǒu ¶主人坐在~相陪。= 주인이 말석에 앉아 접대하다. **2** 다음 차례〔순서〕. ↔上首

【下书】xià∥shū 〈동〉〈문〉 편지를 배달하다〔띄우다〕. ¶~挑战= 도전장을 던지다.

【下属】xiàshǔ 〈명〉 부하. 하급 직원〔관리〕. ≒下级 ↔上级 上司

【下述】xiàshù 〈형〉 아래에 서술하는. ¶~意见仅供大家参考。= 아래에 서술하는 의견은 여러분들에게 참고로 제공할 뿐입니다.

【下水】xià∥shuǐ 〈동〉 **1** 물에 들어가다. ¶他~以后就游开了。= 그는 물에 들어간 후 곧바로 헤엄을 치기 시작했다. **2** (배를) 진수하다. ¶万吨轮船已经~。= 만 톤급 선박은 이미 진수되었다. **3** (면·마 등 섬유 제품을 수축하도록) 물에 담그다. ¶棉布在裁剪前最好先~。= 면직물은 재단하기 전에 우선 물에 담그는 것이 가장 좋다. **4** 〈비〉 나쁜 짓에 참여하다. ¶小心点儿, 不要被毒贩们拉~。= 마약 판매에게 끌려들어가지 않도록 조심하라. **5** 물을 흘리다. 방류(放流)하다. ¶疏通~道。= 하수도를 준설하다. ↔上水(shàng∥shuǐ)

【下水】xiàshuǐ 〈명〉 (물의 흐름을 따라) 내려가는

**xià 下**

수로(水路). ¶~船=물을 따라 떠내려가는 배. ↔上水(shàngshuǐ)

【下水】 xià·shuǐ 명 1 (식용의) 가축 내장. ¶猪~=돼지의 내장. 2 통 위(胃)와 창자.

【下水道】 xiàshuǐdào 명 하수도. ↔上水道

【下水管】 xiàshuǐguǎn 명 하수관.

【下死劲】 xià sǐjìn 통 전력을 다하다. 있는 힘을 다하다. ¶~干活儿=죽을 힘을 다해 일하다.

【下塌】 xiàtā 통 붕괴되다. 내려앉다. ¶桥面~=다리 바닥이 무너져 내리다. / 墙基~=담의 토대가 무너져 내리다.

【下榻】 xiàtà 통문 (여관·호텔 등에) 투숙하다. ¶~五星级酒店=5성급 호텔에 투숙하다.

【下台】 xià‖tái 통 1 무대〔연단〕에서 내려오다. 2 비 권력을 이양하다. 직무를 벗다. ¶新总统上任不久就~了.=새 대통령은 취임한 지 얼마 되지 않아 곧 하야(下野)했다. 3 ☞【下台阶】 xià táijiē ☞上台

【下台阶】 xià táijiē 통비 (난처하거나 곤란한 처지에서) 벗어나다. 빠져 나오다. [주로 부정형으로 쓰임]. =【下台】 xià‖tái ¶他一时下不了台阶, 显得很尴尬.=그는 한동안 곤란한 상황에서 벗어나지 못해 아주 난처해 보인다.

【下堂】 xiàtáng 명 다음 교시〔수업〕. ¶~课是语文.=다음 교시는 언어와 문학 수업이다. 1 통 수업을 마치다. ¶~后快回家.=수업이 끝난 후 서둘러 집에 돌아가다. 2 ⊛ 아내가 버림을 받다. 친정으로 쫓겨가서 이혼을 당하다. ¶糟糠之妻不~.=조강지처는 쫓아 낼 수가 없다.

【下体】 xiàtǐ 명문 1 하반신. 하체. 2 음부(陰部). ≒下身

【下田】 xià‖tián 통 밭에 (일하러) 나가다. ¶~耕作=밭에 가서 경작하다.

【下调】 xiàtiáo 통 (가격·이율 등을) 하향 조정하다. 내리다. ¶存款利息~=예금 이자가 인하되었다. ↔上调(shàngtiáo)

☞ xiàdiào

【下帖】 xià‖tiě 통 초청장〔초대장〕을 보내다.

【下同】 xiàtóng 통 아래도 위와 같다. [주로 주를 달 때 쓰임]

【下透】 xiàtòu 통⊛ (땅이 흠뻑 젖을 정도로) 비가 충분히〔촉촉히〕 내리다. ¶连着几天大雨, 总算~了.=연이어 며칠 동안 큰비가 내리더니 드디어 땅이 흠뻑 젖었구나.

【下头】 xià·tou 명 1 아래. 밑. ¶办公桌~放着一些旧书报.=사무용 탁자 밑에 낡은 간행물을 두었다. 2 하급. 민중. 儿 ¶领导对~的情况要做到心中有数.=지도자는 민중〔기층〕의 상황에 대하여 잘 파악하고 있어야 한다.

【下晚儿】 xiàwǎnr 명비 해질녘. 해질 무렵.

【下网】 xià‖wǎng 통 1 그물을 치다〔던지다〕. ¶~逮鱼=그물을 쳐서 고기를 잡다. 2 (인터넷의) 로그아웃(logout)하다. ↔上网

【下痿】 xiàwěi 명(醫) 하반신 마비.

【下文】 xiàwén 명 1 아래〔다음〕 글. 뒷 글. ¶~对这一观点进行了详尽阐述.=아래 글은 이 관점에 대해 상세하게 논술하고 있다. 2 비 일의

전〔후속〕 상황 또는 결과. ¶合作的事他跟我提过, 可后来就没~了.=협력에 관한 일을 그가 나에게 거론은 했지만 진전된 이야기가 없었다.

【下问】 xiàwèn 통 나이·항렬·지위·학문 등이 자기보다 어리거나 낮은 사람에게 가르침을 구하다〔묻다〕. ¶不耻~=아랫사람에게 묻는 것을 부끄러워하지 않다.

【下五花】 xiàwǔhuā ☞【奶脯】 nǎipú

【下午】 xiàwǔ 명 1 오후. [정오부터 해가 질 때까지의 동안] 2 오후. 하오(下午). [정오부터 밤 열두 시까지의 시간] ↔上午

【下辖】 xiàxiá 통 아래에 관할하다. ¶该市~四个县.=본 시(市)는 아래에 4개의 현(縣)을 관할한다.

【下下】 xiàxià 명 1 (시기상) 다다음의. ¶~个周末=다다음 주 주말. 2 최하의. 가장 못한. ¶~策=최하의 방법.

【下下星期】 xiàxià xīngqī 명 다다음 주.

【下弦】 xiàxián 명(天) 하현. [음력 매월 22~23일에 나타나는 달의 형태. 활 모양의 현(弦)을 엎어 놓은 것 같은 모양임. '上弦(상현)'과 구별됨] ¶~月=하현달.

【下限】 xiàxiàn 명 (시간·수량·정도 등의) 하한. 아래쪽의 한계. ['上限(상한)'과 구별됨] ¶这幅画拍卖价格的~是1500元.=이 그림의 경매 하한가는 1,500위안이다. ↔上限

【下陷】 xiàxiàn 통 함몰하다. 내려앉다. 움패다. ¶地基~=지반이 함몰되다.

【下乡】 xià‖xiāng 통 1 (도시에서 일하거나 거주하는 사람이) 농촌으로 가다. 하향하다. 2 간부나 학생이 농촌으로 내려가서 일〔단련〕을 하다. 하향(운동)하다. ¶~扶贫=하향하여 가난 구제 활동을 하다.

【下泄】 xiàxiè 통 (물이) 아래로 흐르다. ¶河水漫过堤坝, 急速~.=강물이 제방을 넘어 아주 빠르게 흘러내려간다.

【下泻】 xiàxiè 통 1 (물이) 빠른 속도로 아래로 흐르다. ¶~不畅=물의 흐름이 순탄하지 않다. 2 비 (가격 등이) 급격히 떨어지다〔하락하다〕. ¶油价~=유가가 급격히 떨어지다. 3 (醫) 설사하다. ¶上吐~=토하고 설사하다.

【下星期】 xiàxīngqī 명 다음 주.

【下行】 xiàxíng 통 1 (배가) 상류에서 하류로 내려가다. ¶~船=하행 선박. 2 (열차가) 하행하다. 내려가다. ¶~列车=하행 열차. 형 (공문서를) 하급 부서로 내려보낸다. ¶~公文=공문 하달. ↔上行

【下行线路】 xiàxíng xiànlù 명 다운링크(downlink). [우주선·위성 등으로부터 지구로 데이터〔정보〕 송신]

【下旋球】 xiàxuánqiú 명(體) (탁구·테니스 등의) 언더스핀(under spin). 백스핀(back spin).

【下学】 xià‖xué 통 학교가 파하다. ¶~回家=하교가 파하고 집으로 돌아가다.

【下雪】 xià‖xuě 통(氣) 눈이 내리다.

【下旬】 xiàxún 명 하순.

【下牙床】 xiàyáchuáng 명(生) 아래 잇몸.

【下齿龈】xiàchǐyín
【下眼皮】xiàyǎnpí 图(生) 아래 눈꺼풀.
【下咽】xiàyàn 图 삼키다. 넘기다. ¶难以~ = 삼키기가 곤란하다.
【下腰】xiàyāo 图 1 허리를 굽히다. ¶他~提包了箱子。=그는 허리를 굽혀서 가방을 들어올렸다. 2 (무술에서) 몸을 뒤로 굽히다.
【下药】xià‖yào 图 1 (의사가) 약을 처방하다. 투약하다. ¶对症~ = 증상에 맞게 약을 처방하다. 2 독약을 넣다. ¶~灭鼠 = 독약을 놓아 쥐를 박멸하다.
【下野】xià‖yě 图 하야하다. 정계에서 물러나다. 해임되다. ¶~为民 = 물러나서 평민이 되다. ≒下台 ↔上台
【下一步】xiàyībù 图 1 다음 발걸음. 2 (卿) 다음 단계(방법). ¶按施工计划，~该进行室内装修了。=시공 계획에 따르면 다음 단계는 실내 장식을 할 차례이다.
【下一辈子】xiàyībèi·zi ☞【下辈子】xiàbèi·zi
【下一代】xiàyīdài 图 다음 세대. 후(세)대. ¶培养~ = 다음 세대를 배양하다.
【下衣】xiàyī 图 하의.
【下议院】xiàyìyuàn 图(政) 하의원. 하원. ['上议院(상의원)'과 구별됨] =【下院】xiàyuàn
【下意识】xiàyì·shí 图(心) 잠재 의식. =【潜意识】qiányì·shí
【下游】xiàyóu 图 1 하류의 강물이 흘러 지나가는 지역. 하류 지역. ¶长江~是富饶的鱼米之乡。=창장(长江) 하류 지역은 풍요로운 어미지향(魚米之鄉)이다. 2 (卿) 낙후된 처지. 뒤떨어진 위치. ¶不甘居于~。=낙후된 처지를 달갑게 여기지 않다. ≒下流 ↔上游
【下余】xiàyú 图 남다. 남기다. ¶消费了五百元，卡上~一千元。=오백 위안을 쓰고 나니 카드에 천 위안이 남았다.
【下雨】xià‖yǔ 图(氣) 비가 오다(내리다).
【下狱】xià‖yù 图 하옥하다. 감옥에 넣다. 수감하다.
【下院】xiàyuàn ☞【下议院】xiàyìyuàn
【下月】xiàyuè 图 다음 달.
【下崽】xià‖zǎi 图(動) (동물이) 새끼를 낳다.
【下载】xiàzài 图(컴) 다운로드하다. ↔上载
【下葬】xià‖zàng 图 매장하다.
【下账】xià‖zhàng 图 장부에 기재하다.
【下肢】xiàzhī 图(生) 하지. 다리. [허벅지·종아리·발의 합칭]
【下中农】xiàzhōngnóng 图 하층의 중농(中農). ≒中农
【下种】xià‖zhǒng 图(農) 파종(播種)하다. 씨를 뿌리다.
【下种】xiàzhòng 图 경작을 하다. ¶适时~，不违农时。=적기에 경작을 하여 농사의 시기를 놓쳐서는 안 된다.
【下周】xiàzhōu 图 다음 주.
【下逐客令】xià zhúkèlìng 图 1 진시황(秦始皇)이 타국 출신 관리를 몰아 내다. 2 (卿) 고객(손님)을 내쫓다.

【下注】xià‖zhù (도박에서) 돈을 걸다. ¶~的数目都不大。=(도박에) 건 돈의 액수가 모두 많지 않다.
【下箸】xià‖zhù 图(문) 젓가락으로 음식을 집(어먹)다.
【下妆】xià‖zhuāng 图 화장을 지우다. ≒卸妆 ↔上妆
【下装】xiàzhuāng 图 (바지나 치마 따위의) 하의(下衣).
【下坠】xiàzhuì 图 1 (물체가) 아래로 떨어지다. 추락하다. 2 (醫) 아랫배가 묵직하다.
【下子】xià‖zǐ(~儿) 图 1 씨를 뿌리다. 2 알을 낳다. 3 바둑알을 놓다.
【下子】xià·zi 图 재능. 기량. [주로 '两(liǎng)·几(jǐ)'와 이어 씀] ¶没想到他还真有两~。=그에게 정말 저런 재능이 있다고는 생각도 못했다. / 他就那几~。=그는 바로 저 정도로 대단하다. 图 번. 대. 차례. [동작의 횟수를 세는 단위] ¶我气不过，打了他一~。=나는 화를 이기지 못해 그를 한 대 때렸다.
【下嘴】xià‖zuǐ (음식을) 먹다. 입에 대다. ¶这么大一只鸡，真不知该从哪儿~。=이렇게 큰 닭을 정말 어디서부터 먹어야 할지 모르겠다.
【下作】xià·zuo 图 1 저질이다. 천하다. 비열하다. 상스럽다. ¶这样做未免太~了。=이렇게 하면 너무 비열한 짓이라고 하지 않을 수 없다. 2 (卿) (음식을 먹는 모습이) 게걸스럽다. 천박하다. 图(卿) 조수. ¶打~ = 조수 노릇을 하다.

## **吓[嚇] xià 놀랄 혁

图 1 무서워하다. 두려워하다. 놀라다. ¶他~得脸发白。=그는 무서워서 얼굴이 새하얗게 질렸다. 2 무섭게 하다. 두렵게 하다. 놀라게 하다. ¶别~着孩子。=아이들을 놀라게 하지 마라.
☞ hè

o-• 惊吓

【吓呆】xiàdāi 图 멍해지다. ¶看到自己的车撞倒了行人，她顿时~了。=자신의 차가 행인을 치어 넘어뜨린 것을 보고 그녀는 잠시 멍해졌다.
【吓倒】xià‖dǎo 图 놀라 뒤로 물러서다(자빠지다). ¶你吓不倒我。=너는 나를 놀라게 할 수 없어.
【吓唬】xià·hu 图(구) 접주다. 무섭게 하다. 두렵게 하다. ¶别拿这话~我。=이런 말로 나를 접주지 마.
【吓坏】xiàhuài 图 깜짝 놀라다. ¶我~了，还以为钱掉了。=나는 돈을 잃어버린 줄 알고 깜짝 놀랐다.
【吓慌】xiàhuāng 图 놀라 당황하다. ¶她~了，一时不知该怎么办。=그녀는 당황하여 잠시 어쩔 줄을 몰랐다.
【吓人】xià‖rén 图 무섭다. 겁나다. 두렵다. 끔찍하다. 소름이 끼치다. 간담이 서늘해지다. 무시무시하다. ¶四周黑黢黢的, 一个人也没有, 真~。=사방은 캄캄한데 (사람이) 아무도 없어 정

말 무섭다. 동 사람을 놀래다〔무섭게·겁나게〕하다. 겁주다. ¶他躲在墙角想~。=그는 벽 모퉁이에 숨어서 남을 놀려 주려고 한다.
【吓醒】xiàxǐng 동 놀라서 잠을 깨다. ¶他被噩梦~了。=그는 악몽 때문에 잠에서 깨어났다.

## **夏** xià 여름 하

명 **1** 여름. ¶初~=초여름. / 消~=피서하다. **2**(Xià) 하(夏). [고대 중국 왕조의 하나(B.C. 22세기 말, 21세기 초~B.C. 17세기 초). 우(禹)왕에 의해 세워진 나라] **3**(Xià) 중국. ¶华~=중국. **4**(Xià) 성(姓). ↔冬

○● 半夏, 苦夏, 立夏, 三夏, 盛shèng夏, 消夏, 歇xiē夏, 仲zhòng夏

【夏安】xià'ān 형 무더운 여름날에 건강하세요. [주로 편지에서 끝맺는 인사말로 쓰임]
【夏布】xiàbù 명(纺) 모시.
【夏初】xiàchū 명 초하. 초여름.
【夏锄】xiàchú 동 여름철 김매기를 하다.
【夏服】xiàfú 명 하복. 여름 옷.
【夏侯】Xiàhóu 명 복성(複姓).
【夏候鸟】xiàhòuniǎo 명(动) 하조(夏鳥). 여름새. 여름 철새.
【夏季】xiàjì 명 **1** 하계. 여름. 주하(朱夏). **2** 여름. [입하(立夏)에서 입추(立秋)까지, 즉 음력 4월에서 6월까지의 3개월을 가리킴] ≒夏天 ↔冬季 冬天
【夏历】xiàlì ☞【农历】nónglì
【夏粮】xiàliáng 명 여름에 수확한 식량.
【夏凉】xiàliáng 명 **1** 하계(夏季). **2** 여름철 날씨. ¶春行~=봄 날씨가 여름 같다.
【夏令时】xiàlìngshí ☞【夏时制】xiàshízhì
【夏令营】xiàlìngyíng 명 여름 학교. 여름 캠프. 하계 캠프.
【夏炉冬扇】xiàlú-dōngshàn 성 **1** 여름의 난로와 겨울의 부채. **2** 비 시기가 지나 아무 쓸모 없는 물건. 당장에는 필요 없는 물건.
【夏眠】xiàmián 동 (동물이) 여름잠을 자다. =【夏蛰】xiàzhé
【夏日】xiàrì 명 **1** 여름. 여름날. ¶~的清晨, 暖风习习。=여름날 아침에 따뜻한 바람이 솔솔 분다. **2** 운 여름의 태양. ¶~炎炎=한여름의 태양이 이글거리다.
【夏时制】xiàshízhì 명 서머 타임(summer time). 여름 시간. 여름 앞뜰 시간. =【夏令时】xiàlìngshí
【夏收】xiàshōu 동 농작물을 여름에 수확하다. ¶保障~工作顺利进行。=여름 수확 작업을 순조롭게 진행할 것을 보장한다. 명 여름 작황. ¶今年~同去年相比有较大增长。=올해 여름 작황은 작년보다 대폭 증가하였다.
【夏熟】xiàshú 명 여름철에 여물다〔영글다·성숙하다〕. ¶~作物=여름에 여무는 작물.
【夏天】xiàtiān 명 여름. ≒夏季 ↔冬天 冬季
【夏娃】Xiàwá 명(외) 하와. 이브. [《성경(聖經)》속에 나오는 인류의 시조인 아담의 아내]

【夏闲】xiàxián 명(농) 여름 농한기. [여름철 수확 이후 가을 파종까지, 상대적으로 한가한 시기]
【夏夜】xiàyè 명 여름 밤.
【夏衣】xiàyī 명 여름옷. 하복(夏服).
【夏意】xiàyì 명운 여름 기분. 여름 분위기. ¶不觉已有暖暖的~了。=어느덧 후텁지근한 여름 기분이 든다.
【夏耘】xiàyún 동운 여름철 김매기를 하다. ¶春耕~=봄갈이를 하고 여름 김매기를 하다.
【夏蛰】xiàzhé ☞【夏眠】xiàmián
【夏至】xiàzhì 명 하지. [24절기의 하나. 음력 6월 21일 혹은 22일] ↔冬至
【夏至点】xiàzhìdiǎn 명 하지점.
【夏至线】xiàzhìxiàn 명 북회귀선(北回歸線).
【夏种】xiàzhòng 동(农) 여름철 파종(播種)을 하다. ¶此时正是~农忙季节。=지금이 마침 여름철 파종으로 한창 바쁜 시기이다.
【夏装】xiàzhuāng 명 하복. ↔冬装

## **唬** xià 으를 하

동 '吓(xià)'와 같음.
☞ hǔ

## **厦**[(廈)] Xià 땅 이름 하

☞ shà
【厦门】Xiàmén 명(地) 샤먼. [푸젠(福建)성에 있는 지명]

## **罅** xià 틈 하

명운 **1** (갈라진) 틈. 틈새. 금. ¶石~=돌 틈. **2** 빈틈. 약점. 결함. ¶补~=결함을 보충하다.
【罅漏】xiàlòu 명 **1** 갈라진 틈. 구멍. **2** 비 (일 또는 말의) 허점. 빈틈. ¶补苴~=결함을 보충하다.
【罅隙】xiàxì 명운 (갈라진) 틈. 틈새. ¶石多~, 空中多窍。=돌에는 균열이 아주 많이 나 있는데, 속이 비었으며 구멍이 많다.

# xian

## **仙**[(僊)] xiān 신선 선

명 **1** 신선. 선인. ¶天~=천신. 선녀. / 成~得道=신선이 되어 도를 깨닫다. **2** 비 (어떤 방면에) 비범한 사람. ¶酒~=주선. / 诗~=시선. **3**(Xiān) 성(姓).

○● 八仙, 狐hú仙, 神仙, 水仙, 天仙, 修仙

【仙丹】xiāndān 명 **1** 선단. 금단(金丹). 단약(丹藥). 선약(仙藥). [전설상의 신선이 만든다는, 기사회생·불로장생한다는 영약] **2** 비 특효약.
【仙岛】xiāndǎo 명 선도. [전설 속에 나오는 신선이 거처하는 섬] ¶蓬莱~=(중국 전설에서, 동쪽 바다 가운데에 있으며, 신선이 살고 불로초와 불사약이 있다는) 봉래산.
【仙方】xiānfāng 명 **1** 선방. [전설 중의 신선의

로부터 받은 처방] **2** [비] 특효가 있는 처방〔방법〕.

【仙风道骨】**xiānfēng dàogǔ** [성] **1**《道》 선풍도골. 신선의 풍채와 도인의 골격. 남달리 뛰어나고 고아(高雅)한 풍채. **2** [비] 범속(凡俗)을 초월한 풍격의 서예(書藝).

【仙姑】**xiāngū** [명] **1** 선녀. 신선 할미. **2** 여자 도사(道士)의 높임말. **3** [옛] 무녀(巫女).

【仙鹤】**xiānhè** [명] **1** ☞【白鹤】**báihè** **2** (신화 속에서) 신선이 기르는 백학(白鶴).

【仙后座】**xiānhòuzuò** [명]《天》 카시오페이아(Cassiopeia)자리.

【仙界】**xiānjiè** ☞【仙境】**xiānjìng**

【仙境】**xiānjìng** [명] **1** 선경. 선계(仙界). **2** [비] 선경. [경치가 신비스럽고 그윽한 곳] =【仙界】**xiānjiè**

【仙客来】**xiānkèlái** [명]《植》 시클라멘(cyclamen).

【仙女】**xiānnǚ** [명] **1** 선녀. ¶～下凡＝선녀가 세상에 내려오다. **2** [비] 선녀. 아름다운 여자. ¶她简直就是个～。＝그녀는 그야말로 선녀이다.

【仙人】**xiānrén** [명] 선인. 신선. ↔凡人 凡夫

【仙人球】**xiānrénqiú** [명]《植》 (공 모양) 선인장. =【仙人拳】**xiānrénquán**

【仙人拳】**xiānrénquán** ☞【仙人球】**xiān rénqiú**

【仙人跳】**xiānréntiào** [명][옛] 꽃뱀을 이용한 금품 갈취.

【仙人掌】**xiānrénzhǎng** [명]《植》 (손바닥 모양으로 납작한) 선인장.

【仙山】**xiānshān** [명] **1** 신선이 산다는 산. **2** [비] 도시에서 멀리 떨어진 심산유곡. ¶听说你最近又去～游玩了。＝듣자하니, 너 최근에 또 심산유곡으로 놀러 갔다며.

【仙山琼阁】**xiānshān-qiónggé** [성] **1** 신선이 산다는 산과 옥돌로 지은 누각(樓閣). **2** [비] 기이하고 아름다운 경지. [주로 몽환경(夢幻境)을 가리킴]

【仙逝】**xiānshì** [동][문] (사람이) 세상을 떠나다. 사망하다. 서거하다.

【仙桃】**xiāntáo** [명] 선도. [선경(仙境)에 있다는 복숭아]

【仙童】**xiāntóng** [명] 선동.

【仙乡】**xiānxiāng** [명] **1** 신선이 산다는 곳. **2** [경] 남의 고향에 대한 미칭. ¶请问～何处?＝고향이 어디십니까?

【仙乐】**xiānyuè** [명] **1** 선악. 신선의 풍악. **2** [비] 아주 미묘한 음악.

【仙姿】**xiānzī** [명] **1** 선자. 신선의 모습. **2** [비] 속세를 떠난 모습. 매우 아름다운 용모와 자태. ¶～绰约＝용모와 자태가 단아하고 아름답다.

【仙子】**xiānzǐ** [명] **1** 선녀. **2** 신선.

**先 xiān 먼저 선

[동] 앞서 가다. ¶争～恐后＝뒤질세라 앞을 다투다. [형] 돌아가신. [먼저 죽은 사람에 대한 존칭] ¶缅怀～师＝돌아가신 스승을 추모하다. / 祭奠～父＝돌아가신 아버지〔선친〕을 제사 지내다. [명] **1** 앞. 전. [공간·시간상 앞에 있는 것] ¶事～＝사전. / 有言在～＝미리 말해 두다. **2** 원래. 처음. ¶早～＝이전. / 原～＝원래. **3** 조상. 선조. ¶祖～＝선조. / ～烈～＝선열. **4** (**Xiān**) 성(姓). ≒前 ↔后 晚

> 从先, 尽先, 起先, 抢qiǎng先, 事先, 首shǒu先, 率shuài先, 预先, 原先, 在先, 早先, 占先, 争先, 急先锋fēng

【先辈】**xiānbèi** [명] **1** 선배. 연장자. [앞 세대의 사람] **2** 선열. ¶牢记～遗训。＝선열의 유훈을 마음에 깊이 새기다. ≒前辈 ↔晚辈 后辈

【先妣】**xiānbǐ** [명][문] 돌아가신 어머니.

【先导】**xiāndǎo** [동] 선도하다. 인도하다. ¶～者＝선도자. 안내자. [명] 선도자. 안내자. ¶挫折常常是成功的～。＝좌절은 성공의 안내자이다.

【先帝】**xiāndì** [명] 선황제(先皇帝).

【先睹为快】**xiāndǔ-wéikuài** [성] (작품을) 먼저 보아서 기쁘다. 남보다 먼저 보고 쾌감을 느끼다. [주로 문학 작품을 가리킴]

【先端】**xiānduān** [명]《植》 (잎·꽃·열매 등 기관의) 선단. 상단. 끝 부분.

【先发制人】**xiānfā-zhìrén** [성] **1** 전쟁에서 먼저 공격하여 적을 제압하다. **2** [비] 선수를 쳐서 주도권을 잡다. ↔后发制人

【先锋】**xiānfēng** [명] **1**《軍》 선봉. **2** [옛]《軍》 선봉을 인솔하는 지휘관. **3** [비] 선봉 역할을 하는 개인 또는 단체. ¶开路～＝선구자. 개척자.

【先锋队】**xiānfēngduì** [명] **1**《軍》 선봉대. **2** [비] 선봉대. [어떤 일 또는 사조(思潮)에서 선봉적 역할을 하는 조직]

【先夫】**xiānfū** [명] 선부. 망부(亡夫). 죽은 남편.

【先父】**xiānfù** [명] 선친. 망부(亡父). 돌아가신 아버지. 선고(先考).

【先公后私】**xiāngōng-hòusī** [성] 선공후사. 공적인 일을 먼저 하고 사사로운 일은 뒤로 미룸.

【先河】**xiānhé** [명] **1** 근원. [옛날 사람들은 황허(黄河)를 바다의 근원으로 생각하여 황허(黄河)에 먼저 제사를 지내 근원을 중시함을 나타냄] **2** (일의) 시작. 처음. 효시(嚆矢). ¶他的这部译著开国人翻译外国小说之～。＝그의 이 번역서는 내국인의 외국 소설 번역의 효시(嚆矢)이다.

【先后】**xiānhòu** [명] 앞과 뒤. 전과 후. ¶处理事情要～有序。＝일을 처리하는 데는 전후 순서가 있어야 한다. [부] 전후하여. 연속하여. 잇따라. 차례로. ¶他～出访过十多个国家。＝그는 전후하여 10여 개 국을 순방했다.

【先…后…】**xiān…hòu…** [명] 두 단어의 중간에 쓰여 동작의 앞뒤 순서를 나타냄. ¶～难～易＝처음에는 어렵지만 나중에는 쉽다. / ～国～家＝국가가 먼저고 가정은 나중이다. 가정 이전에 국가가 있다.

【先后脚儿】**xiānhòujiǎor** [부] 연이어. 줄줄이. 잇따라. 차례차례. ¶表演结束后, 观众们～地离开了剧院。＝공연이 끝나자 관객들은 잇따라 극장을 떠났다.

【先机】**xiānjī** [명] 기선. ¶抢占汽车市场～。＝자동차 시장의 기선을 점령하다.

【先见之明】 xiānjiànzhīmíng ⟨성⟩ 선견지명. 어떤 일이 일어나기 전에 미리 앞을 내다보고 아는 지혜〔판단력〕.

【先进】 xiānjìn ⟨형⟩ 선진의. 남보다 앞선. 진보적인. ¶~技术=선진 기술. ⟨명⟩ 앞선 사람. 선진적인 인물〔집단〕. 앞서 가는 일. ¶学~超○。=앞선 사람〔선진적인 인물〕을 배워서 그 사람을 앞지르다. ↔后进 落后 保守

【先决】 xiānjué ⟨형⟩ 선결적인. 먼저 해결해야 하는. ¶~条件=선결 조건.

【先觉】 xiānjué ⟨동⟩ (사물이나 세상일에 대하여) 남보다 먼저 깨닫다. ¶孙中山先生是中国民主革命的~者。=쑨중산(孙中山) 선생은 중국 민주 혁명의 선각자이다. ⟨명⟩ 선각자. ¶先知~=선지자와 선각자.

【先君子, 后小人】 xiān jūnzǐ, hòu xiǎorén ⟨송⟩ 1 처음에는 군자의 자세를 보이다가 나중에는 소인배가 하는 것이다. 2 ⟨비⟩ 사전에는 많은 속〔승낙〕을 하지만 뒤에는 신용〔약속〕을 지키지 않는다.

【先考】 xiānkǎo ⟨명⟩⟨문⟩ 선고. 선친. 돌아가신 아버지.

【先来后到】 xiānlái-hòudào ⟨성⟩ 선착순. 도착순. 선착순으로 순서를 정하다.

【先礼后兵】 xiānlǐ-hòubīng ⟨성⟩ 처음에는 예를 갖추어 상대와 교섭하다가 그것이 통하지 않을 시에는 무력을 사용하다.

【先例】 xiānlì ⟨명⟩ 선례. ¶无~可援。=인용할 만한 선례가 없다.

【先烈】 xiānliè ⟨명⟩ 선열. ¶缅怀~=선열들을 추모하다.

【先令】 xiānlìng ⟨양⟩⟨외⟩ 1 실링(shilling). [영국의 옛 화폐 단위. 1파운드의 20분의 1] 2 실링(schilling). [오스트리아·탄자니아·우간다 등 국가의 본위화폐(本位貨幣) 단위]

【先民】 xiānmín ⟨명⟩ 1 ⟨문⟩ 선현(先贤). 2 고인(古人). 옛 사람. ¶循着~的足迹, 去探索大自然的奥秘。=고인의 발자취를 따라 대자연의 신비로움을 탐색하다.

【先母】 xiānmǔ ⟨명⟩ 1 돌아가신 어머니. 망모(亡母). 선비(先妣). 2 선조의 모친.

【先期】 xiānqī ⟨명⟩ 예정된 날짜의 이전. 기한 날짜 이전. 사전. ¶部分会议代表已~到达。=일부 회의 참석자 대표들은 이미 예정된 날짜 이전에 도착했다.

【先前】 xiānqián ⟨명⟩⟨구⟩ 이전. 예전. ¶孩子们的学习兴趣比~大多了。=아이들의 학습 흥미가 예전보다 높아졌다.

【先遣】 xiānqiǎn ⟨형⟩ (정식 활동 전에) 먼저 파견한. 선발 파견한. ¶~部队=선발 파견 부대.

【先遣队】 xiānqiǎnduì ⟨명⟩ 선견대. 선견 부대. 선발대.

【先秦】 Xiān Qín ⟨명⟩⟨역⟩ 선진. 진(秦) 통일 이전. [주로 춘추전국(春秋戰國) 시대를 가리킴] ¶~文学=선진 문학.

【先秦诸子】 Xiān Qín zhūzǐ ⟨명⟩ 선진 제자.

【先驱】 xiānqū ⟨동⟩ 앞서 가다. 선도하다. [주로 추상적으로 쓰임] ¶~工业=공업을 선도하다. ⟨명⟩ 선구자. ¶中国现代文学的~=중국 현대 문학의 선구자. ≒前驱

【先驱者】 xiānqūzhě ⟨명⟩ 선구자. ¶现代主义文学的~=현대주의 문학의 선구자.

【先人】 xiānrén ⟨명⟩ 1 선조. 조상. 2 ⟨문⟩ 돌아가신 아버지.

【先人后己】 xiānrén-hòujǐ ⟨성⟩ (복지·향수 등에 대해) 자기보다 남을 먼저 생각하다.

【先容】 xiānróng ⟨동⟩ (어떤 사람을 잘 봐달라고) 사전에 그를 소개하여 추켜세우다. (누구를 잘 봐달라고) 사전에 언질을 주다. ¶为之~=그를 위해 잘 봐달라고 미리 부탁하다.

【先入为主】 xiānrù-wéizhǔ ⟨성⟩ 1 먼저 받아들인 견해가 관념에 고정되다. 2 ⟨비⟩ 먼저 받아들인 견해가 고정되어 견해가 다른 관점이나 사상을 받아들이지 않다. 선입관에 사로잡히다.

【先入之见】 xiānrùzhījiàn ⟨성⟩ 선입지견. 선입관. [주로 고정 관념을 가리킴]

【先上马, 后加鞭】 xiān shàngmǎ, hòu jiā biān ⟨송⟩⟨비⟩ 먼저 주어진 조건으로 일을 시작하고 그 이후에 힘껏 매진하다.

【先声】 xiānshēng ⟨명⟩ 전조. 발단. 기단(起端). 예고. 선구. 전주곡. 서곡. ¶'新文化运动'是'五四运动'的~。=신문화 운동은 5·4운동의 발단이었다.

【先声夺人】 xiānshēng-duórén ⟨성⟩ 먼저 큰소리를 쳐서 상대방의 기세를 꺾다. 대단한 기세로 적을 먼저 제압하다. 선수를 쳐서 상대방의 기를 꺾어 놓다.

【先生】 xiān·sheng ⟨명⟩ 1 교사. 선생님. ¶教书~=교사. 선생님. 2 ⟨경⟩ 선생님. [학문이나 명성이 높은, 자기보다 나이가 많은 사람에 대한 경칭] ¶鲁迅~=루쉰(鲁迅) 선생. 3 ⟨경⟩ 선생님. 씨. [성인 남성에 대한 경칭] ¶~, 请问去火车站怎么走？=선생님, 말씀 좀 묻겠습니다. 기차역에 가려면 어떻게 가야 합니까? 4 남편. [다른 사람의 남편 또는 자신의 남편에 대한 호칭. 반드시 앞에 인칭대명사가 옴] ¶她~是公务员。=그의 남편은 공무원이다. 5 ⟨경⟩ 선생. [서기나 비서 또는 회계 담당자에 대한 호칭] ¶账房~=회계 선생. 6 ⟨경⟩ 점쟁이·관상쟁이·지관 등에 대한 호칭. ¶算命~=점쟁이. / 风水~=풍수쟁이. 7 ⟨비⟩ 의사 선생님. ¶快去请~来给老人看病。=노인을 진찰해 줄 의사 선생님을 모셔 오도록 서두르세요.

【先师】 xiānshī ⟨명⟩ 1 전대의 스승. 2 돌아가신 스승. 3 (Xiānshī) 공자(孔子).

【先世】 xiānshì ⟨명⟩⟨문⟩ 전대(前代). 선조(先祖).

【先手】 xiānshǒu ⟨동⟩ (바둑·장기에서) 먼저 두다. (경쟁에서) 선수를 치다. 먼저 손을 쓰다. ¶~棋=선수 바둑〔장기〕. ⟨명⟩ (바둑·장기에서의) 선수. (경쟁에서) 유리한 국면. ¶占~=유리한 국면을 차지하다. ↔后手

【先天】 xiāntiān ⟨명⟩ 1 (医) 선천(적). 천성. 타고난 것. [사람이나 동물이 태어나기 전 태아의 시기] ¶~智力低下。=선천적으로 지능이 낮다.

**2**(哲) 선험적. ¶人的高尚品德不是~就有的. =인간의 고상한 품성은 태어나면서부터 가지고 있는 것이 아니다. ↔后天

【先天不足】 xiāntiān-bùzú 働 **1** 선천적으로 체질이 허약하다. **2**(비) 사물의 기초가 약하다. ↔得天独厚

【先天下之忧而忧, 后天下之乐而乐】 xiān tiānxià zhī yōu ér yōu, hòu tiānxià zhī lè ér lè 働 **1** 천하의 사람들이 걱정하기에 앞서 걱정하고 천하의 사람들이 다 기뻐하고 난 다음에 기뻐하다. **2**(비) 나라의 일을 자신의 소임으로 여기고, 고생스러운 일에는 자기가 앞장 서고 즐거운 일에는 남보다 뒤에 서다. **3**(비) 먼저 고통과 역경을 견디고 나면 뒤에 기쁨과 행복을 누릴 수 있다. =【先忧后乐】xiānyōu hòulè

【先天性】 xiāntiānxìng 働 선천성. ¶~心脏病 =선천성 심장병.

【先天性免疫】 xiāntiānxìng miǎnyì 働(醫) 선천성 면역.

【先头】 xiāntóu 뭐 (시간적으로) 앞서. 이전에. ¶我~并不知道你要来. =나는 사전에 네가 온다는 것을 전혀 모르고 있었다. 働 (공간적으로) 전방의. 맨 앞의. [주로 부대를 가리킴] ¶~部队 =전방 부대. 働 이전. 예전. 옛날. ¶我们不是约好时间了吗? =예전에 우리 시간을 약속하지 않았니? ↔后头

【先王】 xiānwáng 働 선왕.

【先下手为强】 xiān xiàshǒu wéi qiáng 働 **1** 먼저 행동을 취하는 편이 유리하다. 선수를 치는 자가 이긴다. **2** 일을 할 때 남보다 먼저 앞서서 주도권을 잡다. ¶~, 后下手遭殃. =선수를 잡으면 유리하고 후수를 두면 손해를 본다.

【先贤】 xiānxián 働 선현. ¶历代~ =역대 선현.

【先小人, 后君子】 xiān xiǎorén, hòu jūnzǐ 働 **1** 우선 세세하게 따진 후에 대범하게 대응하다. **2** 협상을 할 때에는 한 치도 양보 없이 엄격하게 요구하지만 일단 결정된 후에는 충실히 약속을 지키다.

【先行】 xiānxíng 働 먼저 가다. 선행하다. ¶兵马未动, 粮草~. =병마(군사)가 출발하기 전에 양초가〔식량이〕미리 출발하다. 働 선행자. 선행관. 뭐 먼저. 우선. 미리. ¶~筹备 =사전에 계획·준비하다. ↔后行

【先行官】 xiānxíngguān 働 **1** 선두 부대의 지휘관. **2**(비) 선도자. 선봉. [어떤 사업이나 업종에서 선도적 역할을 하는 요소] ¶技术开发是企业发展的~. =기술 개발은 기업 발전의 선도자적 역할을 한다.

【先行者】 xiānxíngzhě 働 선행자. 선구자. 개척자. ¶改革的~ =개혁의 선구자.

【先刑后闻】 xiānxíng-hòuwén ☞【先斩后奏】xiānzhǎn-hòuzòu

【先验】 xiānyàn 働(哲) 선험. 선험적 관념. 선험 명제.

【先验论】 xiānyànlùn 働(哲) 유심주의적 인식론. 초월론. 선험론.

【先意承志】 xiānyì-chéngzhì 働 **1** 부모가 말을 하기도 전에 그들의 뜻에 맞게 행동하다. **2**(비) 남의 의중을 짐작하여 미리 호의를 베풀다. 남에게 아첨하여 영합하다.

【先忧后乐】 xiānyōu-hòulè ☞【先天下之忧而忧, 后天下之乐而乐】 xiān tiānxià zhī yōu ér yōu, hòu tiānxià zhī lè ér lè

【先斩后奏】 xiānzhǎn-hòuzòu 働 **1** 죄인을 먼저 처결하고 나서 상부에 보고하다. 선 처리 후 보고. 선참후계(先斬後啓). **2**(비) 먼저 시행하고 나서 사후에 상부에 보고하다. 사후 보고. =【先刑后闻】 xiānxíng-hòuwén

【先兆】 xiānzhào 働 전조. 징조. 조짐. ≒前兆 征兆 预兆

【先哲】 xiānzhé 働(문) 선철. 선현(先賢). 왕철(往哲). 전철(前哲).

【先知】 xiānzhī 働 미리〔앞서〕알다. 선지(先知)하다. ¶~先觉 =선각자. **1** 선지자. ¶人类的~ =인류의 선지자. **2**(宗) (유대교·기독교의) 선지자.

【先知先觉】 xiānzhī-xiānjué 働 **1** 선견지명을 가지고 있다. 통찰력을 가지고 있다. **2** 선각자.

【先祖】 xiānzǔ 働 **1** 선조. 조상. **2** 돌아가신 할아버지.

**纤[纖]** xiān 가늘 섬

働 가늘다. 미세하다. ¶~弱的身体 =가냘프고 약한 몸. / 笔画~细 =글자의 획이 가늘다. 働 섬유. ¶化~ =화섬. 화학 섬유.

☞qiàn

【纤长】 xiāncháng 働 가늘고 길다. ¶~的手指 =가늘고 긴 손가락.

【纤尘】 xiānchén 働 극히 미세한 먼지. 매우 잔 티끌. ¶秋风拂起~. =가을 바람이 미세한 먼지를 일으키다.

【纤尘不染】 xiānchén-bùrǎn 働 **1** 먼지가 조금도 오염되지 않다. **2** 아주 깨끗한 모양. **3**(비) 나쁜 습성에 전혀 물들지 않다.

【纤度】 xiāndù 働(紡) 섬도. [섬유나 실의 굵기를 나타내는 정도. 일정한 길이의 무게로 나타냄]

【纤毫】 xiānháo 働(비) 매우 미세한 사물이나 부분. ¶仿制品和原件几乎~不差. =모조품과 진품이 거의 똑같다.

【纤介】[纤芥] xiānjiè 働 미세하다. 작다. ¶无~之失. =아주 조그만 실수도 없다.

【纤芥】 xiānjiè ☞【纤介】xiānjiè

【纤毛】 xiānmáo 働(生) 섬모.

【纤毛虫】 xiānmáochóng 働(動) 섬모충.

【纤美】 xiānměi 働 섬세하고 아름답다. 정교하고 아름답다. ¶~的手迹 =섬세하면서도 아름다운 필적.

【纤密】 xiānmì 働 섬밀하다. 세밀하다. 섬세하고 치밀하다〔촘촘하다〕. ¶~的刺绣 =섬세하고 촘촘한 자수.

【纤巧】 xiānqiǎo 働 **1** 섬세하고 정교하다. ¶一双~的手 =섬세하고 정교한 한 쌍의 손. **2**(예술 풍격이) 섬세하고 부드럽다. ¶这件饰物雕镂

= 이 장식품의 조각은 섬세하고 부드럽다.

【纤柔】 **xiānróu** 형 가늘고 부드럽다. ¶ ~的发丝 = 가늘고 부드러운 머리카락.

【纤弱】 **xiānruò** 형 섬약하다. 가냘프다. ¶ ~之身 = 가냘픈 몸매. ↔粗壮

【纤手】 **xiānshǒu** 명 (여자의) 섬세하고 보드라운 손.

【纤瘦】 **xiānshòu** 형 홀쭉하게 야위다. 몹시 여위다. 가냘프다. ¶ ~的身材 = 가냘픈 몸매.

【纤体】 **xiāntǐ** 동 날씬하게 살을 빼다. ¶ ~瘦身 = 날씬하게 살을 빼다.

【纤微】 **xiānwēi** 형 아주 작다. 미세하다. ¶ ~的过失 = 아주 작은 과실〔실수〕.

【纤维】 **xiānwéi** 명 (천연 또는 인공의) 섬유. ¶ 天然~ = 천연 섬유. / 合成~ = 합성 섬유.

【纤维板】 **xiānwéibǎn** 명 섬유판.

【纤维蛋白】 **xiānwéi dànbái** 명 (生) 피브린 (fibrin). 섬유소.

【纤维瘤】 **xiānwéiliú** 명 (醫) 섬유종. 섬유성 양성(良性) 종양.

【纤维素】 **xiānwéisù** 명 (生)(化) 섬유소. 셀룰로오스(cellulose).

【纤维植物】 **xiānwéi zhíwù** 명 (植) 섬유 식물. 올실 식물.

【纤悉】 **xiānxī** 형 동 상세하다. 자세하다. ¶途中所记, 甚为 ~. = (여행) 도중에 기록하여 아주 상세하다.

【纤悉不遗】 **xiānxī-bùyí** ☞ 【纤悉无遗】 **xiānxī-wúyí**

【纤悉无遗】 **xiānxī-wúyí** 상 1 하나도 빠뜨린 것이 없다. 아주 사소한 것조차도 빠짐이 없다. 2 아주 세밀하고 상세하다. ☞【纤悉不遗】 **xiānxī-bùyí**【纤屑无遗】 **xiānxiè-wúyí**

【纤细】 **xiānxì** 형 1 섬세하다. 매우 가늘다. 아주 작다. ¶ ~的雨丝 = 아주 가는 가랑비. 2 호리호리하다. 가냘프다. ¶ ~的身材 = 호리호리한 몸매. ↔粗壮

【纤纤】 **xiānxiān** 형 동 가늘고 길다. 호리호리하고 낭창낭창한 모양. ¶ ~玉手 = 가냘프고 고운 여자의 손. 섬섬옥수.

【纤小】 **xiānxiǎo** 형 조그맣다. 작다.

【纤屑无遗】 **xiānxiè-wúyí** ☞ 【纤悉无遗】 **xiānxī-wúyí**

【纤秀】 **xiānxiù** 형 섬세하고 아름답다. ¶ ~的字迹 = 섬세한 필적.

【纤腰】 **xiānyāo** 명 여자의 가녀린 허리.

# 氙 **xiān** 크세논 선

명 양 (化) 크세논(Xe, xenon). [원자 번호 54]

【氙(气)灯】 **xiān(qì)dēng** 명 크세논 방전관. 크세논 램프.

# 忺 **xiān** 바랄 험

형 기뻐하다. 만족스럽다. 흐뭇하다.

# 祆 **Xiān** 배화교 현

【祆教】 **Xiānjiào** ☞ 【拜火教】 **Bàihuǒjiào**

# 籼[(秈)] **xiān** 메벼 선

아래를 참조.

【籼稻】 **xiāndào** 명 (植) 인디카(Indica)종 벼. 메벼.

【籼米】 **xiānmǐ** 명 인디카(Indica)종 쌀.

# 苫[蔹] **xiān** 진득찰 렴

☞【豨苫】 **xīxiān**

# **掀 xiān** 번쩍 들 흔

동 1 들어올리다. ¶ ~拳攘袖 = 주먹을 높이 들고, 소매를 걷어올리다. 감정이 솟구치다. 2 들추다. 열다. ¶ ~被子 = 이불을 들추다. / ~锅盖 = 솥뚜껑을 열다. 3 용솟음치다. 솟구쳐 오르다. ¶ 白浪一天 = 흰 파도가 하늘 높이 솟구치다. / 他被从马背上~了下来. = 그는 말 위에서 솟구쳐 올랐다가 떨어졌다. ≒揭 ↔盖 按

【掀掉】 **xiāndiào** 동 (덮어 씌운 것을) 들추다 〔벗기다〕. ¶ 台风把屋顶~了. = 태풍이 지붕을 벗겨 버렸다.

【掀动】 **xiāndòng** 동 1 위로 들어올리다. 젖히다. 걷어올리다. ¶ ~门帘 = 문발을 걷어올리다. 2 (전쟁을) 시작하다. 개시하다. 일으키다. ¶ ~内战 = 내전을 일으키다.

【掀翻】 **xiānfān** 동 전복하다. 뒤집다. ¶ 他愤怒地将餐桌~在地. = 그는 분노하여 식탁을 바닥에 엎어 버렸다.

【掀风鼓浪】 **xiānfēng-gǔlàng** 성 1 풍파를 일으키다. 2 비 분규를〔소란을·분쟁을·말썽을〕 일으키다.

【掀起】 **xiānqǐ** 동 1 열다. 들어올리다. 벗기다. ¶ ~井盖 = 우물 뚜껑을 열다. 2 위로 용솟음치다. 출렁거리다. ¶ 狂风~巨浪. = 광풍이 큰 파도를 일으키다. 3 불러일으키다. 행동하게 하다. ¶ ~全民健身运动的热潮. = 전 국민의 건강 운동의 붐(boom)을 불러일으켰다. ≒发动 ↔镇压

【掀腾】 **xiānténg** 동 용솟음치다. ¶ 海浪~ = 파도가 용솟음치다.

【掀天揭地】 **xiāntiān-jiēdì** 성 1 천지가 발칵 뒤집히다. 세상을 떠들썩하게 하다. 2 재능〔기량〕이 뛰어나다. 3 비 기세가 드높다.

【掀涌】 **xiānyǒng** 동 출렁거리다. 용솟음치다. ¶ 浪涛~ = 파도가 출렁거리다.

# 铦[銛] **xiān** 날카로울 섬

형 동 (공구·무기 등이) 날카롭다. 예리하다. ¶ ~利 = 예리하다.

# 酰 **xiān** 아실기 선

명 양 (化) 아실기(acyl).

【酰基】 **xiānjī** 명 (化) 아실기(acyl基).

# 跹[躚] **xiān** 잽쌀 선

☞【翩跹】 **piānxiān**【蹁跹】 **piánxiān**

# 锨[鍁] **xiān** 삽 흔

【锬】삽. ¶木~=목재 가래. / 铁~=철재 가래.

## 锬[錟] xiān 날카로울 섬
[형] 날카롭다. 예리하다.
☞ tán

## 鲜¹[鮮, 鱻] xiān 싱싱할 선
[형] 1 신선하다. 싱싱하다. ¶~啤酒=병 생맥주. 2 맛이 좋다. ¶味道~美=맛이 신선하다. 3 물기가 아직 마르지 않은. 촉촉하다. ¶一束~花=생화 한 다발. 4 선명하다. ¶色彩~艳=색채가 산뜻하고 아름답다. [명] 1 수산물. ¶海~=해산물. / 鱼~=활어. 2 (과일·곡식·해산물 등) 신선한 것. ¶尝~=(맛있는 것을) 맛보다. / 时~=제철(에 나는) 채소.

○ 鲜 xiān
   藓 xiǎn
   鲜 xuǎn

## 鲜²[鮮] Xiān 고울 선
[명] 성(姓).
☞ xiǎn

○-○ 海鲜, 新鲜, 鱼鲜

【鲜卑】Xiānbēi [명] 선비(족). [고대 중국 북방의 몽고 퉁구스계 유목 민족]
【鲜菜】xiāncài [명] 1 신선한 야채. 2 새물.
【鲜醇】xiānchún (맛이) 신선하고 순수하다. ¶口味~=맛이 신선하고 순수하다.
【鲜脆】xiāncuì (맛이) 신선하고 아삭하다. ¶香瓜~可口.=참외가 신선하고 아삭아삭하여 맛이 좋다.
【鲜果】xiānguǒ [명] 신선한 과일.
【鲜红】xiānhóng [형] 새빨갛다. ¶~的旗幡=새빨간 깃발.
【鲜花】xiānhuā [명] 생화. 꽃. ¶~绽放=꽃이 피다.
【鲜活】xiānhuó 1 (꽃이) 신선하다. 싱싱하다. 살아 있는 (해산물). ¶~的鱼虾=(살아서) 싱싱한 어물. 2 선명하고 생동적이다. ¶小说塑造了不少~的人物形象.=소설은 선동적인 인물 형상을 적지 않게 묘사하였다.
【鲜货】xiānhuò [명] 1 (과일·채소 등이) 신선한 것. 2 (물고기·새우 등이) 살아 있는 것.
【鲜丽】xiānlì [형] 산뜻하고 아름답다. ¶花园里开满了~的玫瑰.=화원에 산뜻하고 아름다운 장미가 가득 피었다.
【鲜亮亮】xiānliàngliàng (~的) [형][방] 선명하다. 산뜻하다. ¶~的红色=선명한 붉은색.
【鲜亮】xiān·liang [형][방] 1 선명하다. ¶~的明黄色=선명한 밝은 황색. 2 아름답다. ¶她今天打扮得特别~.=그녀는 오늘 유달리 산뜻하게 치장했다.
【鲜灵】xiān·ling [형] 1 신선하고 윤택하다. 싱싱하다. ¶这番茄~看呢.=이 토마토는 싱싱하군요. 2 (색이) 산뜻하고 곱다. ¶~的杜鹃花漫山遍野.=산뜻하고 고운 진달래가 온 산천에 가득하다.
【鲜灵灵】xiānlínglíng (~的) [형][방] 싱싱하다.

선명하고 윤택하다.
【鲜绿】xiānlǜ [형] 파릇하다. ¶~的嫩芽=파릇한 새싹.
【鲜美】xiānměi 1 (식품의) 맛이 좋다. ¶~的鸡汤=맛있는 닭고기 수프. 2 [문] (화초 등이) 산뜻하고 아름답다. ¶一朵朵~的荷花擎出水面.=산뜻하고 아름다운 연꽃이 송이송이 수면 위에 떠 있다.
【鲜明】xiānmíng [형] 1 (색깔이) 선명하다. ¶~的色彩给人以很强的视觉冲击力.=선명한 색깔은 사람에게 아주 강한 시각적 충격을 준다. 2 분명하다. 명확하다. 뚜렷하다. ¶立场~=입장이 분명하다. ≒明确 ↔模糊 含糊
【鲜蘑】xiānmó [명] 생버섯.
【鲜奶】xiānnǎi [명] 신선한 우유.
【鲜嫩】xiānnèn [형] 1 연하다. 부드럽다. ¶~的麦苗=연한 보리싹. 2 (음식의 맛이) 신선하고 연하다. ¶京酱肉丝~可口.=징장러우쓰(京酱肉丝)가 아주 연하고 맛이 좋다.
【鲜嫩嫩】xiānnènnèn (~的) [형] 신선하고 연하다[야들야들하다].
【鲜啤】xiānpí (비열처리한) 병 생맥주.
【鲜啤酒】xiānpíjiǔ 【生啤酒】shēngpíjiǔ
【鲜肉】xiānròu [명] 생고기.
【鲜润】xiānrùn [형] 신선하고 촉촉하다[매끈하다]. ¶雨后的梨花~娇美.=비 갠 후의 배꽃이 촉촉하니 아름답다.
【鲜甜】xiāntián [형] 1 신선하고 달콤하다. ¶~的哈密瓜=달고 신선한 하미과(哈密瓜). 2 감미롭고 생기가 넘치다. ¶~婉转的歌喉=감미롭고 구성진 노랫소리.
【鲜血】xiānxuè [명] 선혈.
【鲜妍】xiānyán [형] 화려하다. 산뜻하고 아름답다. ¶~夺目=눈부시게 아름답다.
【鲜艳】xiānyàn [형] 화려하다. 산뜻하고 아름답다. ¶~的花朵=화려한 꽃송이. / ~夺目=화려하게 눈길을 끌다. ↔灰暗
【鲜于】Xiānyú [명] 복성(複姓).
【鲜鱼】xiānyú [명] 선어. 생선.

## 暹 xiān 햇살 오를 섬
【暹罗】Xiānluó [명] (地) 시암. 샴(Siam). ['泰国(태국)'의 옛 명칭]

## 骞[騫] xiān 훨훨 날 헌
[형][문] 새가 나는 모양.

## 闲[閑, 閒] xián 한가할 한
[형] 1 일이 없다. 활동이 없다. 한가하다. ¶清~=조용하고 한가롭다. / 安~=편안하고 한가롭다. 2 놀려 두다. 쓰지 않고 처박아 두다. ¶这台机器已~置很久了.=이 기계는 이미 오랫동안 사용하지 않고 처박아 두었다. 3 쓸데없는. 관계 없는. ¶生~气=공연히 화를 내다. / 管~事=쓸데없는 일에 참견하다. [명] 여가. 틈. ¶得~=틈이 나다. / 农~=농사일이 그다지 바쁘지 않다. ↔忙

⊶ 安闲, 等闲, 防闲, 赋fù闲, 空闲, 清闲, 轻闲, 偷闲, 消闲, 歇xiē闲, 休闲, 幽yōu闲, 悠闲, 余闲

【闲笔】**xiánbǐ** [명] 주제와 무관한 글. ¶删去～＝주제와 상관 없는 문구를 삭제하다.

【闲不住】**xián·buzhù** [동] **1** 가만히 있지 못하다. 계속 움직이다. ¶他虽然坐着, 可手脚总是～。＝그는 비록 앉아 있으면서도 손발을 잠시도 가만 두질 못한다. **2** 쉴새없이 바쁘다. 겨를이 없다. 한가롭지 못하다. ¶他退休后在家～, 到处找事做。＝그는 퇴직 후 집에 있으면서 가만히 있지 못하고 여기저기 찾아다니며 일을 한다.

【闲步】**xiánbù** [동][문] 한가롭게 거닐다. 산보하다. ¶～湖边＝호숫가를 산보하다.

【闲扯】**xiánchě** [동] 잡담하다. 한담하다. ¶我们～了一会儿, 没谈什么正事儿。＝우리는 진지한 이야기는 하지 않고 잠시 잡담을 했다.

【闲愁】**xiánchóu** [명] 괜한 걱정〔근심〕.

【闲荡】**xiándàng** [동] 한가로이 돌아다니다. ¶他不务正业, 整天在外面～。＝그는 일은 하지 않고 하루 종일 밖에서 빈둥거린다.

【闲得慌】**xián·dehuāng** [동] (할 일이 없어) 따분해서 견딜 수 없다. ¶他一天到晚无事可做, ～。＝그는 하루 종일 할 일이 없어 따분해서 견딜 수 없다.

【闲房】**xiánfáng** [명] 빈 집.

【闲工夫】**xiángōng·fu**(～儿) [명] 한가한 시간. 틈. ¶我忙得很, 没～跟你争论。＝나는 바빠서 당신과 말다툼할 겨를이 없어요.

【闲逛】**xiánguàng** [동] 한가로이 돌아다니다. ¶四处～＝사방을 한가로이 돌아다니다. ≒逛游

【闲话】**xiánhuà** [동][문] 한담하다. ¶清夜～＝고요한 밤에 한담하다. [명] **1** (～儿) 잡담. 여담. ¶～少说, 谈正事吧。＝잡담은 그만 하고 본론을 이야기합시다. **2** 험담. 험구. 뒷말. 뒷공론. 불평. ¶不要在背后说别人～。＝뒤에서 다른 사람의 험담을 하지 마세요.

【闲静】**xiánjìng** [형] **1** 한정하다. 한가하고 조용하다. ¶人们安居乐业, 过着～的生活。＝사람들이 즐겁게 일하고 안정된 생활을 누리며 한가하고 조용한 나날을 보내고 있다. **2** ☞【娴静】**xiánjìng**

【闲居】**xiánjū** [동] 일 없이 한가로이 집에 있다.

【闲磕牙】**xiánkēyá**(～儿) [동][방] 잡담하다. 한담하다.

【闲空】**xiánkòng**(～儿) [명] 여가. 틈. 한가한 시간. ¶等有了～, 咱们去郊游。＝우리 한가할 때 교외로 나들이 갑시다.

【闲款】**xiánkuǎn** [명] (쓰지 않고) 잠시 방치해 둔 돈. 여윳돈.

【闲聊】**xiánliáo** [동] 한담하다. 잡담하다. ¶大家在休息时间里总聚在一块儿～。＝모두들 쉬는 시간에는 늘 함께 모여 잡담을 한다. ≒闲谈

【闲磨牙】**xiánmóyá** [동][비] 한담하다. 잡담하다. ¶我这会儿没工夫跟你～。＝난 지금 당신과 한담을 할 시간이 없다.

【闲篇】**xiánpiān**(～儿) [명][방] 그리 중요하지 않은 말 또는 일. ¶他老爱扯～。＝그는 늘 잡담하기를 좋아한다.

【闲气】**xiánqì** [명] 하찮은 일로 내는 화. 공연한 분노. ¶让别人说去, 犯不着生这些～。＝자기들 마음대로 떠들어 보라고 그래, 공연한 화를 낼 필요는 없지.

【闲钱】**xiánqián** [명] 잠시 방치해 둔 돈. 여윳돈.

【闲情逸致】**xiánqíng-yìzhì** [성] 한가한 심정과 안일한 정취.

【闲趣】**xiánqù** [명][문] 한가한 정취. ¶湖边漫步, 别有一番～。＝호숫가를 한가롭게 거닐다 보니 또다른 한가로운 정취가 있네.

【闲人】**xiánrén** [명] **1** 한가한 사람. 일 없는 사람. ¶找个～来帮忙。＝한가한 사람을 찾아 도와 달라고 해라. **2** 관계 없는 사람. 관계자 외인. ¶工作重地, ～止步。＝중요한 작업장이니 외인 출입을 금지한다. ↔忙人

【闲散】**xiánsǎn** [형] **1** 한가하고 자유롭다. ¶他～惯了, 适应不了紧张的生活节奏。＝그는 느슨한 것에 습관이 되어서 긴장된 생활 리듬에 적응하지 못한다. **2** (사람·물자·땅 등을) 쓰지 아니하고 놀리고 있는 유휴의. 방치한. ¶～资金＝유휴자금.

【闲时】**xiánshí** [명] 한가한 때. ¶他～爱养鸟。＝그는 한가로운 시간에 새를 키운다.

【闲事】**xiánshì** [명] 중요하지 않은 일. 자신과 상관 없는 일. ¶不要去管别人的～。＝쓸데없이 남의 일에 참견하지 마라. ↔正事

【闲适】**xiánshì** [형] 한적하다. ¶～的生活＝한적한 생활.

【闲书】**xiánshū** [명] 심심풀이로 읽는 책. ¶看～＝심심풀이 책을 보다.

【闲谈】**xiántán** [동] 잡담하다. 한담하다. ≒闲聊

【闲田】**xiántián** [명] 한전. 경작하지 않는 밭. 휴한지. 휴경지.

【闲庭】**xiántíng** [명] 조용한 정원. ¶～信步＝조용한 정원을 발길 닿는 대로 걷다.

【闲暇】**xiánxiá** [명] 한가한 시간. ¶他～时喜欢看看书, 听听音乐。＝그는 한가한 시간에 책을 보거나 음악을 듣는 것을 좋아한다. ≒空暇 空闲

【闲下】**xiánxià** [동] 틈이 나다. 시간이 나다. 한가해지다. ¶～了到家里坐坐。＝시간이 나면 집에 놀러 오세요.

【闲心】**xiánxīn** [명] **1** 느긋한 기분. 한가로운 기분〔마음〕. ¶没～出去旅游。＝여행 갈 만큼 한가한 기분이 아니다. **2** 쓸데없는 걱정〔근심〕. ¶别人的事用不着你操～。＝다른 사람의 일을 당신이 쓸데없이 걱정할 필요가 없다.

【闲雅】**xiányǎ** [형] **1** 고상하다. 단아하다. 우아하다. ¶他忙得很, 没有这～的兴致。＝그는 하도 바빠서 이런 고상한 취미를 가질 시간이 없다. **2** ☞【娴雅】**xiányǎ**

【闲言】**xiányán** [명] **1** 여담. 한담. 쓸데없는 말. 중요하지 않는 말. ¶～少叙＝여담은 줄이다. **2** 뒷말. 험담. 뒷공론. ¶勿听～。＝험담을 듣지 마세요.

【闲言碎语】xiányán-suìyǔ 〈成〉 **1** 여담. 한담. 쓸데없는 말. 중요하지 않은 말. ¶~不用讲, 表一表好汉武二郎。=여담은 그만 하고 우리의 영웅 무송(武松)의 이야기로 돌아가자. 여담은 그만 하고, 본론으로 들어갑시다. **2** 근거 없는 말. 뒷말. 험담. ¶不要听信那些~。=그런 근거 없는 말을 믿지 마세요.

【闲逸】xiányì 〈형〉 유유자적하다. 안일하다. ¶~的生活=유유자적한 생활.

【闲员】xiányuán 〈명〉 잉여 인원. ¶裁撤~=잉여 인원을 해고 정리하다.

【闲云野鹤】xiányún-yěhè 〈成〉 **1** 한가로이 떠도는 구름과 들에서 자유로이 노니는 학. **2** 〈벼〉 세상의 구속을 받지 않는 은(둔)자. 출가인(出家人). **3** 〈벼〉 제 마음대로 빈둥거리다. 아무런 구속도 받지 않고 자유자재로 행동하는 사람.

【闲月】xiányuè 농한기. ¶冬春~=겨울에서 봄까지의 농한기.

【闲杂】xiánzá 〈형〉 어떤 일과 관계 없으며 불필요한. ¶~人员=관계자 외.

【闲杂人等】xiánzá rénděng 〈명〉 일과 관계 없는 사람들. 용무가 없는 사람들. 불필요한 인력. 잡다한 사람들. ¶~一律退场=관계자 외 사람들은 모두 퇴장하라.

【闲在】xiánzài 〈형〉〈구〉 한가하다. 한가롭다. ¶~时, 我也去公园走走。=한가할 때 나도 공원에 산보 갈거야.

【闲章】xiánzhāng(~儿) 〈명〉 한장. 사구인(詞句印). [주로 명언을 새기며, 일반적으로 서화에 사용함]

【闲职】xiánzhí 〈명〉 한직. ¶这是个~, 没多少事做。=이 곳은 한직이라 일이 별로 없다.

【闲置】xiánzhì 〈형〉(쓰지 않고) 방치하다. 내버려 두다. ¶~设备=설비를 방치하다.

【闲坐】xiánzuò 〈동〉 한가하게 앉아 있다. 일 없이 앉아 있다. ¶老人独自在公园里~。=노인이 홀로 공원에 한가하게 앉아 있다.

## **贤**[賢] xián 어질 현

〈형〉 **1** 어질다. 현명하다. 어질고 덕망이 높다. 유능하다. ¶举用~士=현명한 사람을 등용하다. **2** 선량하다. 착하다. ¶他有一个~惠的妻子。=그는 성품이 고운 아내가 있다. **3** 〈경〉 자기보다 나이는 어리지만 항렬이 같은 사람이나 손아랫사람을 존대하여 앞에 붙여 쓰는 말. ¶~弟先请。=아우 먼저 하시게. / =任别来无恙。=조카 별고 없으신가. **1** 현명한 사람. 유능한 사람. ¶先~=선현. / 选~举能=현명하고 유능한 사람을 발탁하다. **2** (Xián) 성(姓). ↔奸

O● 前贤, 时贤, 先贤

【贤才】xiáncái 〈명〉 현재. 재능이 뛰어난 사람. 현명하고 유능한 인재. 재덕을 겸비한 인재. ¶~难得=훌륭한 인재를 얻기 힘들다.

【贤达】xiándá 〈명〉 현명하고 사리에 통달한 사람. 덕행·재능·명망을 겸비한 사람. ¶社会~=사회적으로 명망 있는 사람.

【贤德】xiándé 〈명〉 선량한〔어진·착한〕 성품. ¶~出众=성품이 매우 어질다. 〈형〉 어질고 총명하다. 품성이 곱다. 부덕이 있다. 현모양처이다. ¶~女子=어질고 총명한 여자.

【贤弟】xiándì 〈명〉 아우님. 동생. 현제. [자기보다 나이는 어리지만 항렬이 같은 사람을 존대하여 이르는 말]

【贤惠】〔贤慧〕xiánhuì 〈형〉 어질고 총명하다. 품성이 곱다. 부덕이 있다. 현모양처이다. ¶他爱人很~。=그의 부인은 현모양처이다. ≒贤淑

【贤慧】xiánhuì ☞【贤惠】xiánhuì

【贤劳】xiánláo 〈동〉 (공적인 일을 위해) 힘쓰다. 노력하다. 열심히 일하다.

【贤良】xiánliáng 〈형〉〈문〉 현량하다. 품행이 어질고 재능이 뛰어나다. 덕행과 재능이 출중하다. ¶~之辈=어질고 재능이 뛰어난 인물. 〈명〉〈문〉 현량한 사람. 덕행과 재능이 출중한 사람. ¶任用~=덕행과 재능이 출중한 사람을 임용하다.

【贤良方正】xiánliáng-fāngzhèng 〈成〉 현명하고 선량하며, 품행이 바르다.

【贤路】xiánlù 〈명〉〈문〉 어질고 재능이 있는 사람이 관리에 임용되는 기회. ¶广开~=훌륭한 인재를 임용하는 길을 널리 열다.

【贤明】xiánmíng 〈형〉 현명하다. 총명하다. 재덕이 출중하고 사리에 밝다. 어질고 슬기로워 도리에 밝다. ¶~的君主=현명한 군주. 〈명〉 현명(총명)한 사람. 재덕이 출중하고 사리에 밝은 사람. 어질고 슬기로워 도리에 밝은 사람. ¶荐举~=현명한 사람을 천거하다.

【贤内助】xiánnèizhù 〈명〉 어진 아내. 어질고 재간이 있는 아내. [주로 다른 사람의 아내를 높여 부르는 데 쓰임]

【贤能】xiánnéng 〈형〉 재덕을 겸비하다. 어질고 재능이 있다. 현명하고 재간이 있다. ¶~之士=재덕을 겸비한 인사. 〈명〉 어질고 재능이 있는 사람. 재덕을 겸비한 사람. ¶推荐~=재덕을 겸비한 사람을 추천하다.

【贤妻】xiánqī **1** 어질고 사리에 밝은 아내. 품성이 곱고 지혜로운 아내. 어진 아내. **2** 〈경〉 여보. 내 아내. [자기의 아내를 일컫는 말]

【贤妻良母】xiánqī-liángmǔ 〈成〉 남편에게는 품성이 고운 아내이며, 자식에게는 자애로운 어머니. 현모양처.

【贤契】xiánqì 〈명〉〈문〉〈경〉 자신의 제자나 친구의 아들〔조카〕뻘에 대한 경칭.

【贤人】xiánrén 〈명〉 현인. 현사. 현자. 성품이 좋고 재능과 식견이 있는 사람.

【贤士】xiánshì 〈명〉〈문〉 현인. 현사. 현자. 성품이 좋고 재능과 식견이 있는 사람.

【贤淑】xiánshū 〈형〉〈문〉 마음이 어질고 정숙하다. 현숙하다. 어질고 총명하다. 품성이 곱다. 부덕이 있다. 현모양처이다. ¶她是一位温柔~的好妻子、好母亲。=그녀는 부드럽고 현숙한 좋은 아내이자 좋은 어머니이다. ≒贤惠

【贤婿】xiánxù 〈명〉 현서. 어진 사위. [사위에 대한 경칭]

【贤哲】xiánzhé 〈명〉 현철. 현명하고 재주와 지혜

가 뛰어나며 사려 깊은 사람.
【贤者】xiánzhě 몡 현인. 현사. 현자. 성품이 좋고 재능과 식견이 있는 사람.
【贤侄】xiánzhí 몡 현질. 어진 조카. [조카에 대한 경칭]

\*【弦[(絃)¹́²́³]】xián 악기줄 현
몡 **1** 활시위. ¶箭在~上=화살이 시위에 메겨 있다. 일의 형국이 이미 돌이킬 수 없는 상황에 이르다. **2**(~儿) (악기에서) 줄. 선. 현. ¶琴~=거문고 줄. **3**(音) 현악기. ¶管~乐=관현악. **4** 태엽. ¶别忘了给手表上~。=손목시계에 밥 주는 것을 잊지 마. **5**(數) 현. [원주 위의 두 점, 즉 호의 양 끝을 이은 선분을 나타내는 기하학 용어] **6**(數) 현. 빗변. [직각삼각형에서 직각에 마주 대한 변] **7**(天) 반달. 상현과 하현의 통칭. ¶上~月=상현달. / 下~月=하현달.

○● 单弦儿, 定弦, 断弦, 里弦, 三弦, 丝弦, 外弦, 下弦, 心弦, 续xù弦, 余弦, 正弦, 子弦

【弦歌】xiángē 图 현악기를 연주하며 노래 부르다. ¶~一曲=현악기를 타며〔연주하며〕노래를 한 곡 부르다.
【弦切角】xiánqiējiǎo 몡(數) 원(圆)의 접선과 접점을 지나는 현(弦)이 이루는 각.
【弦索】xiánsuǒ 몡 현악기의 줄(현). 현악기.
【弦外之音】xiánwàizhīyīn (成) **1** 현을 뜯고 난 후에 나는 여운. **2**(비) 말 속에 다른 뜻이 들어 있다. 말에 숨은 뜻이 있다. 말에 직접 나타나 있지 않은 딴 뜻. 언외의 뜻. 언외지의.
【弦月】xiányuè 몡(天) 상현〔하현〕달. 반달.
【弦乐】xiányuè 몡(音) 현악. 현악기 위주로 연주하는 음악.
【弦乐队】xiányuèduì 몡(音) 현악대.
【弦乐器】xiányuèqì 몡(音) 현악기.
【弦柱】xiánzhù 몡 기러기발. 안족(雁足). 안주(雁柱). 금휘(琴徽). [현악기의 줄을 고르는 기구]
【弦子】xián·zi 몡 **1** (악기의) 줄. 선. 현. **2**(音) 현악기. **3** ☞ 【三弦】sānxián
【弦子戏】xián·zixì ☞ 【柳子戏】liǔ·zixì

【挦[撏]】xián 딸 심
图 **1** (털 등을) 뽑다. ¶~鸡毛=닭털을 뽑다. **2** 따다. 뜯다. ¶~扯=뜯다.

\*【咸¹】xián 모두 함
[부][문] 전부. 모두. 다. ¶老少~宜=나이가 많고 적음을 막론하고 모두에게 다 좋다〔알맞다〕. 몡 (Xián) 성(姓).

\*【咸²[鹹]】xián 짤 함
혱 짜다. 소금기가 있다. ¶不~不淡=짜지도 싱겁지도 않다. ↔淡
【咸不叽儿】xián·bujīr (~的) 图 짭짤하다. 짭짤른 하다. 좀 짜다. =【咸不丝儿】xián·busīr ¶这菜~, 上口。=이 요리는 짭짤한 게 입

에 맞다.
【咸不丝儿】xián·busīr ☞ 【咸不叽儿】xián·bujīr
【咸菜】xiáncài 몡 **1** (소금에 절인) 장아찌. **2**(방) (된장 또는 간장에 절인) 장아찌.
【咸淡】xiándàn 몡 짜고 싱거움. 짠 정도. 간. ¶菜的~合适。=음식의 간이 알맞다.
【咸蛋】xiándàn 몡 소금에 절인 달걀〔오리알〕.
【咸津津】xiánjīnjīn (~儿的) 혱 (맛이) 약간 짜다. 짭짤하다. ¶~的萝卜丝=짭짤한 무채.
【咸肉】xiánròu 몡 고기 절임. 절인 고기.
【咸水湖】xiánshuǐhú 몡(地) 함수호. 염호. 짠물 호수. 함호.
【咸盐】xiányán 몡[방] 소금.
【咸鱼】xiányú 몡 소금에 절인 생선.

\*【涎[(次)]】xián 침 연
몡 침. 타액. 군침. ¶垂~三尺=몹시 탐을 내어 침을 석 자나 흘리다.
【涎皮赖脸】xiánpí làiliǎn (成) 염치 없고 뻔뻔스럽게 치근거리는 모양. 뻔뻔스럽다. 밉살스럽다. 밉살맞게 굴다. 철면피이다. 얼굴 가죽이 두껍다.
【涎水】xiánshuǐ 몡[구] 침. 타액. 군침. ¶馋得他直流~。=걸신들린 듯 그는 줄곧 침을 흘린다.
【涎腺】xiánxiàn ☞ 【唾液腺】tuòyèxiàn
【涎着脸】xián·zheliǎn 图 뻔뻔스럽게〔밉살스럽게·버릇없이·염치 없이〕굴다. 얼굴에 철판을 깔다. ¶他~想多讨点钱。=그는 뻔뻔스럽게 돈을 더 뜯어 내려 한다.

【娴[嫺, 嫻]】xián 우아할 한
혱 **1** 얌전하다. 조용하다. 차분하다. 정숙하다. 우아하다. 세련되다. ¶举止~雅=행동거지가 세련되고 우아하다. **2** 숙련되다. 익숙하다. 능란하다. 노련하다. ¶~于绘画=그림을 잘 그리다.
【娴静】[闲静]xiánjìng 혱 얌전하다. 조용하다. 차분하다. ¶性格~=성격이 얌전하다.
【娴淑】xiánshū 혱 얌전하고 착하다. ¶~端庄=얌전하고 착하며 단정하다.
【娴熟】xiánshú 혱 익숙하다. 능숙하다. 숙련되다. ¶技艺~=기예가 능숙하다. ↔生疏
【娴习】xiánxí 图 능숙하게 되다. 익숙해지다. ¶~礼仪=예의에 익숙해지다.
【娴雅】[闲雅]xiányǎ 혱 얌전하다. 정숙하다. 조용하다. 차분하다. 우아하다. 세련되다. [주로 여성에게 쓰임] ¶言谈~=말씨가 얌전하다.
【娴于辞令】xiányúcílìng (成) (정식 사교석상에서) 신분에 걸맞게 능수능란하게 말이나 행동을 잘 하다. 능란하게 응대하다.

【舷】xián 노래기 현
몡[문](動) 노래기.

\*【衔¹[銜, 啣]】xián 직함 함
몡 직함. 등급. 호칭. 계급. ¶军~=(군대의) 계급. / 授~=계급이나 기타 칭호를 수여하다.

**衔²[銜,啣・啣]** xián 머금을 함
動 **1** 입에 물다. 머금다. ¶燕子~泥=제비가 진흙을 물어다 둥지를 짓다. **2** (轉) 마음에 품다. 마음속 깊이 간직하다. ¶~恨而死=(가슴 속에) 한을 품고 죽다. **3** (轉) 받아들이다. 받다. 받들다. 담당하다. 맡다. ¶~命出使=명을 받들어 사신으로〔외교사절로〕가다. **4** 잇다. 연속하다. 계속되다. ¶首尾相~=앞뒤가 이어지다. ≒含 叼
○• 会衔, 领衔, 授衔, 职衔

【衔恨】 xiánhèn 動 원한〔한〕을 품다. 한스러워하다. 후회하다. ¶~而终=원한을 품고 죽다. ≒含恨 怀恨

【衔华佩实】 xiánhuá-pèishí (成) **1** 꽃을 피우고 열매를 맺다. **2** (比) 줄의 형식과 내용이 모두 훌륭하다. 문질(文質)을 겸비하다.

【衔环】 xiánhuán 動 **1** 옥환(玉環)을 물어 오다. [동한(東漢) 때 양보(楊寶)가 부상당한 꾀꼬리 한 마리를 구해 주자, 꿈 속에 황의 동자가 옥환(玉環) 네 개를 물고 와서 보답했다는 전설에서 유래함] **2** (引) 은혜에 보답하다. 은혜를 갚다.

【衔接】 xiánjiē 動 (두 사물이나 사물의 두 부분이 서로) 맞물리다. 맞물다. 잇다. 이어지다. 연결하다. 연결되다. ¶文章前后两部分~不紧密. =문장 앞뒤 두 부분의 연결이 긴밀하지 않다. ↔ 割裂

【衔枚】 xiánméi 動 (옛날, 비밀 작전시 떠들어 발각되는 것을 막기 위해) 하무〔나무 막대기〕를 입에 물리다. ¶~疾走=조용히 신속하게 행군하다.

【衔命】 xiánˌmìng 動(書) 명령을 받들다. 명령에 따르다. ¶~出征=명령을 받들어 출정하다.

【衔头】 xiántóu 名 (관직·학위·직위 등의) 직함. 학위. 칭호.

【衔尾相随】 xiánwěixiāngsuí (成) **1** 뒤따르는 말의 재갈이 앞말의 꼬리를 무는 것처럼 바싹 따라가다. **2** 꼬리를 물다. 꼬리를 잇다. 바싹 따라가다.

【衔冤】 xiányuān 動(書) 억울한 죄를 지다〔뒤집어쓰다〕. 원죄(冤罪)를 입다. 원한을 품다. ¶~负屈=억울한 죄를 뒤집어쓰고 굴욕을 당하다. ≒含冤

**舷** xián 뱃전 현
名 **1** 배·비행기 등의 양쪽 가장자리 부분. 현. 뱃전. 선연(船緣). ¶右~=우현. / 船~=뱃전. **2** 배·비행기 등의 양쪽. ¶打开~窗=현창을 열다.

【舷窗】 xiánchuāng 名 현창. 비행기나 배 양쪽의 둥근 창문.

【舷门】 xiánmén 名 현문. 뱃전에 만들어 놓은 출입구.

【舷梯】 xiántī 名 (비행기·배 등의) 트랩. 현제 (舷梯).

**痫[癇]** xián 간질 간
名 (醫) 간질. 전간. 지랄병.

【痫症】 xiánzhèng 名(醫) 간질.

**鹇[鷳]** xián 백한 한
☞ 【白鹇】 báixián

**嗛** xián 한스러워할 함
動 **1** (입으로) 머금다. 입에 물다. **2** 한을 품다. 원망하다. 한스럽게 생각하다.

**嫌** xián 싫어할 혐
名 **1** 원한. 미움. 증오. 앙심. 앙금. ¶前~尽释=이전에 품었던 앙금이 다 풀어지다. **2** 혐의. 의심. ¶涉~贪污=횡령 혐의를 받다. 動 **1** 의심하다. ¶猜~=질투하다. **2** 싫어하다. 역겨워하다. 꺼리다. 불만스럽게 생각하다. 맞갖잖게 느끼다. 마음에 들어하지 않다. ¶讨人~=(남의) 미움을 사다.
○• 猜cāi嫌, 多嫌, 涉嫌, 夙sù嫌, 讨嫌

【嫌猜】 xiáncāi 動 싫어하다. 혐오하다. 마음에 들어하지 않다. 의심하여 시샘하다. ¶消释~=싫었던 감정을 풀다.

【嫌烦】 xiánfán 動 짜증〔싫증〕을 내다. 짜증스러워하다. 진절머리나다. ¶她每天早起为老人做饭, 从不~. =그녀는 매일 아침 일찍 일어나 노인을 위해 밥을 지으면서도 한 번도 짜증스러워하지 않았다.

【嫌犯】 xiánfàn ☞ 【嫌疑犯】 xiányífàn

【嫌弃】 xiánqì 動 싫어하다. 불쾌하게 생각하다. 내버리다. 차 버리다. 싫어서 피하다. ¶遭人~=남의 미움을 받다. ↔爱慕

【嫌恶】 xiánwù 動 싫어하다. 미워하다. 역겨워하다. 혐오하다. ¶他轻浮的言行让人~. =그의 경박한 언행은 사람을 역겹게 한다.

【嫌隙】 xiánxì 名 혐극. (서로 꺼리고 싫어하여 생긴) 틈. 원한. 악감정. 혐오감. ¶两人之间渐生~. =두 사람 사이에 조금씩 틈이 생기게 되었다.

【嫌厌】 xiányàn 動 싫어하다. 귀찮아하다. 미워하다. 역겨워하다. 혐오하다. ¶她对清贫的生活早已~至极. =그녀는 가난한 생활에 대해 넌더리가 난 지 오래다.

【嫌疑】 xiányí 名 의심쩍음. 혐의. ¶他没有作案的~. =그는 범죄를 저지른 혐의가 없다.

【嫌疑犯】 xiányífàn 名(法) 혐의범. 용의자. 피의자. = 【嫌犯】 xiánfàn

【嫌疑人】 xiányírén 名 수상쩍은 사람. 의심스러운 사람.

【嫌怨】 xiányuàn 名 원한. 원망. 앙심. ¶~难消=원망이 잘 가시지 않다.

【嫌憎】 xiánzēng 動 증오하다. 미워하다. 싫어하다. 혐오하다. ¶不讲社会公德的行为让人~. =사회 공중 도덕을 저버린 행위는 혐오감을 자아내게 한다.

**鰔[鹹]** xián 돛양태 함
名(動) (동갈양태 등) 돛양태과 물고기의 통칭.

## 狝[獮] xiǎn 가을 사냥 선
[동][문] 옛날, 가을(철)에 사냥하다. ¶秋～＝가을철 사냥.

## 冼 Xiǎn 성씨 승
[명] 성(姓).

## **显[顯] xiǎn 나타날 현
[형] **1** 분명하다. 뚜렷하다. 명확하다. 드러나다. 눈에 띄다. ¶浅～易懂＝간단명료하여 알기 쉽다. **2** (명성이·권세가) 높다. 성대하다. 자자하다. ¶声名～赫＝명성이 자자하다. [동] (밖으로) 드러내다. 보이다. 나타내다. ¶各～神通＝제각기 자기 재간을 나타내다. 각자 재주를 부리다. ↔隐 藏

0-● 明显, 浅qiǎn显

【显摆】**xiǎn·bai** [동][방] 자랑하다. 뽐내다. 뻐기다. ¶他有一点钱就～起来了。＝그는 돈이 좀 있으면 뽐내기 시작한다.

【显鼻子显眼】**xiǎn bí·zi xiǎnyǎn** [낮][비] 매우 분명하고 똑똑히 보이는 모양. 너무도 확실하여 누구나 한눈에 알 수 있다. 매우 뚜렷하다. ¶婚事简办, 别搞得～。＝결혼식은 간소하게 해야지, 너무 떠들썩하게 하지 말아라.

【显妣】**xiǎnbǐ** [명][문][경] 현비. 돌아가신 어머니에 대한 경칭.

【显达】**xiǎndá** [형] 현달하다. (관직에 나아가) 높은 지위에 오르다. 입신출세하다. 명망이 높다. ¶不求～＝입신출세를 바라지 않다. [명] 고위 관리. 고관. 고위 관직자. 명망이 두터운 사람. ¶～名流＝유명 인사.

【显得】**xiǎn·de** [동] (어떤 상황이) 드러나다. …인 것 같다. …하게 보이다. …인 것처럼 보이다〔생각되다〕. 분명히〔확실히〕 …이다. ¶他今天～特别精神。＝그 사람은 오늘 유난히 활기차 보인다.

【显而易见】**xiǎn'éryìjiàn** [성] (사태나 도리 등이) 똑똑히〔뚜렷이〕 보이다. 분명하고 뚜렷이 보이다. 명백히 알 수 있다. 잘 알 수 있다.

【显贵】**xiǎnguì** [형] 현귀하다. 존귀하다. 지위가 높고 귀하다. ¶～人物＝직위가 높고 명성과 위세가 대단한 인물. [명] 높은 지위에 있는 사람. 현귀한 사람. 존귀한 사람. 고위 관리. 고관. ¶达官～＝직위가 높고 명성과 위세가 대단한 사람.

【显赫】**xiǎnhè** [형] (명성·권세 등이) 혁혁하다. ¶功劳～＝공로가 혁혁하다. ≒显耀 ↔平庸

【显赫一时】**xiǎnhè-yīshí** [성] 한때 명성을 날리다. 한때 권세를 떨치다.

【显花植物】**xiǎnhuā zhíwù** [명]〈植〉 현화식물. 종자식물. [꽃이 피고, 열매 맺고, 씨로 번식하는 식물. '隐花植物(은화식물)'와 구별됨]

【显豁】**xiǎnhuò** [형] 명백하다. 뚜렷하다. 현저하다. ¶文理～＝글의 조리〔문리〕가 뚜렷하다.

【显见】**xiǎnjiàn** [동] 명백히 볼 수 있다. 똑똑하게 알 수 있다. ¶这里的环境比以前～好了许多。＝이 곳의 환경이 이전보다 많이 좋아졌다는 것을 분명하게 알 수 있다.

【显考】**xiǎnkǎo** [명][문][경] 현고. 돌아가신 아버지에 대한 경칭.

【显老】**xiǎnn‖lǎo** [동] 늙어 보이다. ¶他虽已六十出头, 看起来却一点儿都不～。＝그는 60대 초반인데도, 보기에는 전혀 늙어 보이지 않는다.

【显亮】**xiǎnliàng** [형] 밝다. 환하다. 명백하다. 뚜렷하다. 눈에 띄다. 두드러지다. ¶～的启明星＝밝은 샛별.

【显灵】**xiǎn‖líng** [동] 현령하다. 귀신이 모습을 드러내다. 신통력을 발휘하다. 영험을 나타내다. [귀신이 나타나거나 소리를 내는 등 그 존재를 내보이는 것을 가리킴]

【显露】**xiǎnlù** [동] 밖으로 드러내다. 나타내다. 보이다. 드러내다. ¶～真情＝진실한 감정을 드러내 보이다. ≒显现 ↔隐藏

【显明】**xiǎnmíng** [형] 명백하다. 뚜렷하다. 선명하다. 현저하다. 똑똑히〔뚜렷이〕 보이다. 분명하고 뚜렷이 보이다. 명백히 알 수 있다. ¶两者的差异非常～。＝둘의 차이가 매우 뚜렷하다.

【显目】**xiǎnmù** [형] 눈에 띄다. 두드러지다. 눈길을 끌다. 뚜렷하다.

【显能】**xiǎn‖néng** [동][폄] 능력을 뽐내다〔자랑하다〕. 능력을 과시하다. ¶你就不要在行家面前～了, 免得人笑话。＝너 공자 앞에서 문자 쓰지 마라, 남들이 웃는다.

【显然】**xiǎnrán** [형] (상황이나 이치가) 명백하다. 분명하다. 뚜렷하다. ¶他这样做～是不合适的。＝그가 이렇게 하는 것은 분명 적절하지 못하다.

【显荣】**xiǎnróng** [형][문] 현영하다. 높은 지위에 올라 귀하게 되다. 입신출세하여 영화롭게 되다. ¶生前坎坷, 死后～。＝살아서 기구하더니, 죽어서 현영하다.

【显山露水】**xiǎnshān-lùshuǐ** [성] 자기의 재능을 내보여 남들의 주목을 끌다.

【显色剂】**xiǎnsèjì** [명]〈化〉 현색제. 나프톨 물감.

【显身手】**xiǎn shēnshǒu** [동] 재능을 나타내다. 솜씨를 보이다. 재간을 발휘하다. ¶大～＝크게 솜씨를 발휘하다.

【显圣】**xiǎnshèng** [동] 현성하다. 높고 귀한 사람이 죽은 후에 신령이 되어 나타나다. ¶所谓关公～, 纯属编造。＝이른바 관운장이 죽어서 신령이 되어 나타났다는 말은 순전히 꾸며 낸 말이다.

【显示】**xiǎnshì** [동] **1** 현시하다. 뚜렷하게 나타내 보이다. 분명하게 표현하다. 내보이다. 보여주다. ¶作品～了诗人对生活的热爱和对人生的深邃思考。＝작품에는 시인의 생활에 대한 열정과 인생에 대한 깊은 사유가 잘 표현되어 있다. **2** 과시하다. 자랑하다. 나타내다. ¶他最喜欢到处～自己。＝그는 어디서나 자기를 과시하기를 아주 좋아한다. ≒炫耀 ↔隐藏

【显示屏】**xiǎnshìpíng** [명]〈電〉 디스플레이 장치. 화면. 스크린.

【显示器】**xiǎnshìqì** [명]〈電〉 모니터. ¶电脑～＝컴퓨터 모니터.

【显微胶片】xiǎnwēi jiāopiàn 명 마이크로필름(microfilm).
【显微镜】xiǎnwēijìng 명 현미경.
【显微照片】xiǎnwēi zhàopiàn 명 현미경 사진. ≒显微照像
【显微照相机】xiǎnwēi zhàoxiàngjī 명 현미경 사진 장치.
【显现】xiǎnxiàn 동 현현하다. 분명하게 나타나다. 드러나다. 보이게 되다. ¶年轻人身上~出无穷的活力。= 젊은이들의 몸에서는 무한한 활력이 넘쳐난다. ≒显露 呈现
【显像管】xiǎnxiàngguǎn 명〔電〕키네스코프(kinescope). 수상관. 브라운관.
【显效】xiǎn‖xiào 동 효험을 보다. 효과가 뚜렷하다. ¶这种药物~很快。= 이 약물은 효과가 빠르다. 명 뚜렷한〔현저한〕효과. ¶并无~=아무 뚜렷〔뾰족〕한 효과도 없다.
【显形】xiǎn‖xíng (~儿) 동 원래 모습〔진상〕을 드러내다. 정체를 드러내다. 진상이 밝혀지다. [사람에게 쓰일 때는 폄하의 뜻을 내포함] ¶他贪婪的本性终于~了。=그의 탐욕스런 본성이 결국 드러났다.
【显性】xiǎnxìng 명 우성(優性)인. 현성인. ¶~基因=우성 유전자. ↔隐性
【显学】xiǎnxué 명ᄋᆢ 유명한〔저명한·명성 있는〕학설〔학파〕.
【显眼】xiǎnyǎn 형 눈에 띄다. 두드러지다. 눈길을 끌다. 뚜렷하다. ¶他个子高, 站在人群中很~。=그는 키가 커서 사람들 틈에 서면 금세 눈에 띈다. ≒醒目
【显扬】xiǎnyáng 동ᄋᆢ 1 표창하다. 찬미하다. 널리 알려 칭찬하다. 추어주다. 과시하다. 우쭐대다. 뽐내다. 자랑하다. ¶~战功=전공(戰功)을 표창하다. 2 넓게 알려지다. 명성을 날리다. 이름나다. 유명하다. ¶~于天下。=명성을 천하에 드날리다.
【显要】xiǎnyào 형 1 돋보이고〔눈에 잘 띄고〕중요하다. ¶文章发表在报纸的~位置。=글이 신문의 눈에 잘 띄는 중요한 위치에 게재되다. 2 지위나 직무가 높고 권세가 크다. ¶~人物=요직에 있는 인물. 명 1 높은 벼슬아치. 큰 권세가. 거물. 세도가. 세력가. 고위 관직자. 고관. 고위 관리. ¶政界~=정계의 거물. 2 고위 관직. 고관. 요직. 높은 벼슬. 고관대작. ¶身居~=요직에 있다.
【显耀】xiǎnyào 형 현요하다. 대단히 영예롭다. 눈부시고 찬란하다. ¶家世~=가문이 대단히 눈부시다. 동 뽐내다. 자랑하다. 과시하다. 뚜렷하게 나타내 보이다. ¶他总喜欢~自己。=그는 자기 자랑하기를 좋아하는 경향이 있다. ≒显赫 炫耀
【显影】xiǎn‖yǐng 동 현상하다.
【显影剂】xiǎnyǐngjì ☞【显影液】xiǎnyǐngyè
【显影液】xiǎnyǐngyè 명 현상액. 현상약. 현상제. =【显影剂】xiǎnyǐngjì
【显证】xiǎnzhèng 명ᄋᆢ 현증. 뚜렷한〔명확한〕증거. 확증.
【显著】xiǎnzhù 형 현저하다. 뚜렷하다. 두드러지다. 돋보이다. ¶成效~=효과가 현저하다. ≒卓著 卓越 ↔微弱

**洗** Xiǎn 성씨 선
명 성(姓).
☞ xǐ

**险[險]** xiǎn 험할 험
형 1 (지세가) 험하다. 사납고 가파르다. ¶山高水~=갈 길이 험하고 고생스럽다. / 不畏~阻=온갖 위험과 어려움을 두려워하지 않다. 2 위험하다. 험하다. 위태롭다. ¶艰~=힘들고 위험하다. / 惊~=아슬아슬하다. 3 음흉〔음흉〕하다. 교활하다. ¶奸~=간사하고 음흉하다. / 阴~毒辣=음흉하고 악랄하다. 부 하마터면. 아슬아슬하게. 자칫하면. ¶~遭毒手=자칫 마수에 걸릴 뻔하다. 명 1 요해(지). 요해처. 요새. ¶探~=탐험. / 履~如夷=위험한 길을 가면서 평탄한 길을 가는 것처럼 하다. 위험을 전혀 개의치 않다. 곤란한 일을 간단하게 하다. 2 위험한 상황〔지경〕. ¶抢~=응급 처치를 취하다. 긴급구조를 하다. / 化~为夷=위험한 상태를 평온하게 하다.

○● 出险, 风险, 火险, 艰jiān险, 奸jiān险, 惊险, 凭píng险, 抢qiǎng险, 山险, 寿shòu险, 水险, 探险, 危险, 凶xiōng险, 遇险

【险隘】xiǎn'ài 명ᄋᆢ 요해(지). 요해처. 요새. ¶镇守~=요새를 지키다.
【险堤】xiǎndī 명 위험한 제방. 위험을 안고 있거나 언제든지 위험한 상황이 발생할 가능성이 있는 제방〔댐·둑〕.
【险地】xiǎndì 명ᄋᆢ 1 험한 곳. 험지. 요해(지). 2 위험한 처지.
【险毒】xiǎndú 형 음흉하고 잔인하다. ¶居心~=저의가 음험하고 잔인하다.
【险段】xiǎnduàn 명 (노면이나 제방의) 위험 구역〔지역〕. ¶必须加快~的抢修进度。=위험 구역의 보수 공사 진도에 박차를 가해야 한다.
【险恶】xiǎn'è 형 1 음흉하고 잔인하다. ¶用心~=마음씨가 음흉하고 잔인하다. 2 (지세나 상황이) 험악하다. 위험하다. 위태롭다. ¶环境~=지리 조건이 험하고 열악하다.
【险峰】xiǎnfēng 명 험봉. 험준한 산봉우리.
【险工】xiǎngōng 명 위험한 공사.
【险固】xiǎngù 형 험난하고 견고하다. 땅의 형세가 험하고 수비가 견고하다. 험고하다. ¶地势~=지세가 험고하다.
【险关】xiǎnguān 명 난관. 어려운 고비. 험난한 관문.
【险乎】xiǎn·hu 부 자칫하면. 하마터면. 거의. ¶~犯下错误。=하마터면 잘못을 범할 뻔했다.
【险急】xiǎnjí 형 위태롭고 긴박하다. ¶灾情~=재해 상황은 심각하고 급박하다.
【险境】xiǎnjìng 명 위험한 곳〔처지·지경〕. 위험 지대. ¶濒临~=위험한 지경에 이르다.

절. ¶艰难~ = 온갖 위험과 어려움.

**【险局】 xiǎnjú** 명 (경기나 전쟁 중) 위험한 형세〔상황·지경·상태〕. ¶出离~ = 위험한 상황을 벗어나다.

**【险峻】 xiǎnjùn** 형 **1** 험준하다. (산세가) 높고 험하다. ¶山势~ = 산세가 높고 험하다. **2** 위험하고 호되다〔모질다·가혹하다〕. ¶形势~ = 형세가 위험하고 호되다. ≒严峻 ↔平坦

**【险僻】 xiǎnpì** 형 험악하고 외지다. ¶~的栈道 = 험악하고 외진 잔도.

**【险棋】 xiǎnqí** 명 **1** 승부수. 바둑에서 판국의 승패를 좌우하는 결정적〔모험적〕인 수. **2** 비 모험적인〔위험한〕 행동.

**【险峭】 xiǎnqiào** 형 험준하다. 우뚝 솟아 있다. 가파르다. ¶山崖~ = 절벽이 험준하다.

**【险情】 xiǎnqíng** 명 위험한 상황〔상태〕. ¶及时排除~ 。= 위험한 상황을 제때에 제거하다.

**【险球】 xiǎnqiú** 명(體) (축구 경기에서) 아슬아슬한 공. 위험한 공. 자칫 골로 연결될 뻔한 공. 상대의 골문을 살짝 스쳐 간 공. ¶扑出~ = 자칫 골로 연결될 뻔한 위험한 공을 손으로 쳐내다.

**【险区】 xiǎnqū** 명 위험한 구역. 위험 지구. ¶误入~ = 위험 지구에 잘못 들어가다.

**【险胜】 xiǎnshèng** 통 겨우 이기다. 아슬아슬하게 이기다. 신승하다. 경기에서 아주 근소한 점수차이로 이기다. ¶以两分之差~对手. = 2점 차로 상대에게 겨우 이겼다.

**【险滩】 xiǎntān** 명 (배의 운행이 위험한) 험탄. 위험한 여울. ¶急流~ = 급류가 흐르는 위험한 여울. 급류와 험한 여울.

**【险巇】[崄巇] xiǎnxī** 형부 **1** 산길이 험하다. **2** 길이 험난하다.

**【险象】 xiǎnxiàng** 명 위험한 현상. ¶病人出现~. = 환자에게 위험한 증세가 나타나다.

**【险象环生】 xiǎnxiàng-huánshēng** 성 위험한 현상이 꼬리를 물고 일어나다.

**【险些】 xiǎnxiē** 부 자칫하면. 하마터면. 거의. ¶~上当 = 하마터면 속을〔당할〕 뻔했다.

**【险要】 xiǎnyào** 형 (지세가) 험요하다. 험고 중요하다. ¶地势~ = 지세가 험요하다. 명 험요한 곳. 요해(지). 요충(지). ¶把守~ = 요충지를 지키다.

**【险韵】 xiǎnyùn** 명 험운. 난운(難韻). [고체시를 지을 때 벽자나 운목(韻目)의 글자가 적어서 운을 달기 어려운 운]

**【险遭】 xiǎnzāo** 통 자칫 〔하마터면·거의〕 (안 좋은 일을) 당할 뻔하다. ¶~不幸 = 자칫 안 좋은 일을 당할 뻔하다.

**【险诈】 xiǎnzhà** 형 음험하고 간사하다. 교활하다. ¶~小人 = 음험하고 간사한 소인배.

**【险兆】 xiǎnzhào** 명 위험한 전조〔징조〕. ¶~丛生 = 위험한 징조가 동시에 발생하다.

**【险症】 xiǎnzhèng** 명(醫) 위험한 질병. 위태로운 병. 위험한〔위태로운〕 증상 〔병세·증세〕.

**【险种】 xiǎnzhǒng** 명 보험의 종류.

**【险阻】 xiǎnzǔ** 형 (도로가) 험준하고 다니기 어렵다. ¶~难行 = 험준하고 다니기 어렵다. 명 **1** 험준하고 다니기 어려운 도로. **2** 비 큰 곤란과 좌

**蚬[蜆] xiǎn** 재첩 현
명(動) 재첩. [학명은 'Corbicula leana' 임]

**崄[嶮] xiǎn** 험할 험
**【崄巇】 xiǎnxī** ☞ 【险巇】 xiǎnxī

**崟[嵾] xiǎn** 땅 이름 험
지명에 쓰이는 글자. ¶周家~ = 저우자셴. [산시(陝西)성에 있는 지명]

**毨 xiǎn** 함치르르할 선
형운 (털갈이한 짐승의 털이) 가지런하고 반질반질하다. 함치르르하다.

**獫[獫] xiǎn** 오랑캐 이름 험
**【獫狁】 Xiǎnyǔn** ☞ 【猃狁】 Xiǎnyǔn

**猃[獫] Xiǎn** 오랑캐 이름 험
**【猃狁】[獫狁] Xiǎnyǔn** 명 험윤. [중국 고대 북방 민족의 하나. 전국(戰國) 시대 이후에는 흉노(匈奴)라고 부름]

**铣[銑] xiǎn** 무쇠 선
☞ xǐ
**【铣铁】 xiǎntiě** 명 **1** ☞ 【铸铁】 zhùtiě **2** ☞ 【生铁】 shēngtiě

**筅 xiǎn** 솔 선
**【筅帚】 xiǎnzhǒu** 명(방) (솥이나 냄비 등을 닦는) 대오리를 묶어서 만든 솔.

**跣 xiǎn** 맨발 선
통운 맨발이다. 발을 벗다. ¶~足 = 맨발.

**㬎 xiǎn** 나타날 현
'显(xiǎn)'과 같음.

**鲜[鮮, 尟·尠] xiǎn** 드물 선
형 적다. 드물다. ¶寡廉~耻 = 염치가 없다. 뻔뻔스럽다. 파렴치하다. 부끄러움을 모르다. ≒寡
☞ xiān
**【鲜见】 xiǎnjiàn** 통운 보기 드물다. 희귀하다. ¶世所~ = 세상에서 보기 드물다.
**【鲜为人知】 xiǎnwéirénzhī** 성 사람들에게 잘 알려지지 않다.
**【鲜有】 xiǎnyǒu** 통 희소하다. 드물다. 귀하다. 적다. ¶~的奇观 = 보기 드문 기이한 풍경.

**藓[蘚] xiǎn** 이끼 선
명(植) 이끼.

**燹 xiǎn** 야화 선
명운 **1** 들불. 들에 난 불. 야화(野火). **2** 전쟁으로 일어난 불. 병화(兵火). 전화(戰火). ¶兵~ = 병화.

**幰** xiǎn 수레 포장 헌
	명⊗ 수레에 둘러치는 휘장.

**见[見]** xiàn 보일 현
	명⊗ 나타나다. 드러나보이다. ¶图穷匕~=지도를 다 펼치자 비수가 드러나다. 일이 마지막 단계에 가서 진상이〔본의가〕 드러나게 되다. 모략이 탄로나다.
	☞ jiàn

**苋[莧]** xiàn 비름 현
	명(植) 비름.
	【苋菜】 xiàncài 명(植) 비름.

**县[縣]** xiàn 행정 단위 현
	명 현. [중국 행정 구획 단위의 하나. 지구(地區)·자치구(自治區)·직할시(直轄市) 밑에 속함. 고어에서는 '悬(xuán)'과 같음]
	○● 赤chì县, 外县, 知县
	【县城】 xiànchéng 명 현 정부 소재지. 현도(縣都).
	【县份】 xiànfèn 명 현. [고유 명사와 이어쓰지 않음] ¶奉节是重庆的一个~。=평제는 충칭시의 한 현(縣)이다.
	【县府】 xiànfǔ 명 현 정부(縣政府).
	【县官】 xiànguān 명⊗ 1 현관. 현급 행정 관리. 2 현지사. 현령(縣令). 현의 장관.
	【县级】 xiànjí 명 현급. 현의 등급.
	【县级市】 xiànjíshì 명 (행정 구획상) 현급에 속하는 도시.
	【县界】 xiànjiè 명 현 경계.
	【县里】 xiàn·li 명 1 현 정부 소재지. 현내. ¶他到~办事去了。=그는 현 정부 소재지로 일을 처리하러 갔다. 2 현 정부. 현의 관청. ¶~已经下文通知了。=현 정부에서 이미 문서를 보내 통지했다.
	【县立】 xiànlì 형 현 정부가 설립한. 현립의. ¶~实验中学=현립 실험 중등 학교.
	【县令】 xiànlìng 명⊗ 현령(縣令). 현지사. 현의 장관.
	【县太爷】 xiàntàiyé 명⊗ 1⊗ 현령(縣令). 현지사. 현의 장관. 2 영감. 현령[현감] 나으리. [지금 현지사의 해학적 호칭 또는 관료주의적 현지사를 풍자하여 부르는 호칭]
	【县团级】 xiàntuánjí 명 현단급. [지방의 현과 군대의 사단급 행정 등급] ¶~干部=현단급 간부.
	【县委】 xiànwěi 명 중국공산당 현 위원회(중국 공산당 현 위원회).
	【县长】 xiànzhǎng 명⊗ 현장. 현령(縣令). 현지사. 현의 장관.
	【县镇】 xiànzhèn 명 1 현(縣)과 진(鎭). 2 현 관할 내의 진(鎭).
	【县政府】 xiànzhèngfǔ 명 현 정부. 한 현의 최고 행정 기관.
	【县知事】 xiànzhīshì ☞【知事】 zhīshì

【县直】 xiànzhí 형 현 정부 직속의. ¶~机关=현 정부 직속 기관.
【县志】 xiànzhì 명 현지(縣志). [현의 역사·지리·풍속·인물·문화·교육·산물 등을 기록한 지방지]
【县治】 xiànzhì 명⊗ 현 정부 소재지.

**岘[峴]** xiàn 산 이름 현
	명(地) 셴산(岘山). [후베이(湖北)성에 있는 산 이름]

**现[現]** xiàn 나타날 현
	동 나타나다. 드러내다. ¶물~=나타나다. 드러나다. / 昙花一~=우담바라처럼 잠깐 나타났다가 바로 사라져 버리다. 사람 혹은 사물이 덧없이 사라진다. 형 현재 구비되어 있는. 현재 지니고 있는. 눈 앞에 실제로 있는. ¶~货供应=현물 공급. / ~金交易=현금 거래. 부 임시로. 곧. 막. 당장. 즉흥적으로. 그 자리에서. ¶~吃~做=그때 그때 만들어 먹다. 그때 그때 임시변통으로. / ~编~演=즉흥적으로 연기하다. 명 1 현재. 지금. ¶~行法律=현행 법률. / ~已查明=현재 이미 조사하여 밝혔다. 2 현금. ¶付~=현금으로 지불하다. / 兑~=현금으로 바꾸다. ↔隐

	○● 表现, 呈chéng现, 出现, 发现, 浮现, 活现, 闪shǎn现, 实现, 体现, 显现, 隐yǐn现, 涌yǒng现, 再现, 展zhǎn现

【现案】 xiàn'àn 명(法) 최근 발생한 안건. 근자의 사건. ↔积案
【现报】 xiànbào 명(佛) 현보. 순현보(順現報). [삼보(三報)의 하나. 현세(現世)에서 업(業)을 지어 현세에서 받는 과보(果報)를 말함]
【现场】 xiànchǎng 명 1 (사건이나 사고의) 현장. ¶事故~=사고 현장. 2 작업 현장. 현지. ¶卫星发射~=위성 발사 현장.
【现场办公】 xiànchǎng bàngōng 동 (문제 발생지나 급히 해결할 일이 있는) 현장에서 사무를 보다.
【现场会】 xiànchǎnghuì 명 현장〔현지〕 회의. 직장 집회.
【现钞】 xiànchāo 명 현금.
【现炒现卖】 xiànchǎo-xiànmài ⊗ 1 음식을 바로 조리해서 바로 팔다. 2⊗ 막 배운 재주를 바로 써먹다.
【现成】 xiànchéng (~儿) 원래부터 있는. 다시 준비할 필요가 없는. 마침 그 자리에 있는. 이미 갖추어져〔만들어져〕 있는. 기성의. ¶饭菜都是~儿的, 不用再做。=음식이 모두 이미 준비되어 있어서 조리할 필요가 없다.
【现成饭】 xiànchéngfàn 명 1 이미 다 지어 놓은 밥. 2⊗ 힘 안 들이고 손에 넣을 수 있는 성과〔이익〕. 불로 소득. ¶吃~=이미 지어 놓은 밥을 먹다. 불로 소득을 취하다.
【现成话】 xiànchénghuà 명 방관자의 무책임한 발언〔비평〕. ¶说~=무책임한 발언을 하다.
【现丑】 xiànchǒu 동 체면을 잃다. 망신을 당하

다. 체면을 구기다. 추태를 보이다. ¶当众~ =대중 앞에서 망신을 당하다.

【现出】 xiànchū 통 나타나다. 드러나다. 내보이다. ¶他的脸上~高兴的神色。=그의 얼굴에 기쁜 표정이 드러났다.

【现存】 xiàncún 통 현존하다. 현재 남아 있다. 현재〔지금〕있다. ¶仓库~五十余吨粮食。=창고에는 현재 50여 톤의 양식이 남아 있다.

【现大洋】 xiàndàyáng ☞【现洋】 xiànyáng

【现代】 xiàndài 명 1 현대. ¶~社会 = 현대 사회. 2 (중국 역사 구분에서) 현대. [1919년 5·4운동에서 현재까지의 시기를 가리킴] ¶中国~史 = 중국 현대사. 3 현대. [5·4운동에서 중화 인민 공화국 성립까지의 시기를 가리킴] ¶中国~文学 = 중국 현대 문학.

【现代服务业】 xiàndài fúwùyè 명 현대 서비스업(종).

【现代汉语】 xiàndài Hànyǔ 명⑦ 现代汉民族共同语(현대 중국어).

【现代化】 xiàndàihuà 통 현대화. ¶农业~ = 농업 현대화.

【现代农业】 xiàndài nóngyè 명 (현대 과학 기술을 응용한 전문화된) 현대적인 농업.

【现代派】 xiàndàipài 명 1 현대파. 아방가르드(avantgarde). [19세기 말·20세기 초 서양에서 일어난 현대 문학 예술 유파의 총칭] 2 현대파. [1932년 중국에서 출현한 문학 유파로, 문예 잡지 《现代(현대)》를 출간하여 이름을 얻음] 3 현대파. 모더니스트(modernist). [현대적 감각이 특출난 사람이나 사물] ¶人家穿戴打扮很有~的味道。=사람들의 차림새가 현대적인 감각이〔운치가·분위기가〕물씬 풍긴다.

【现代企业制度】 xiàndài qǐyè zhìdù 명 현대적 기업 제도.

【现代文学】 xiàndài wénxué 명 현대 문학. [5·4운동에서 중화 인민 공화국 성립 전까지 시기의 문학]

【现代五项】 xiàndài wǔxiàng 명〔體〕근대 5종 경기.

【现代舞】 xiàndàiwǔ 명〔藝〕현대 무용.

【现代戏】 xiàndàixì 명〔劇〕현대극.

【现地】 xiàndì 명 현지. 현장. ¶~作业 = 현지 작업.

【现房】 xiànfáng 명〔經〕후분양 주택. [ˈ期房(선분양 주택)ˈ과 구별됨]

【现付】 xiànfù 통 1 현금으로 지불하다. ¶请问是~还是刷卡? = 실례지만 현금으로 하시겠습니까, 아니면 신용카드로 하시겠습니까? 2 바로 지불하다. ¶要~,不拖账。 = 지금 바로 지불해야지, 외상은 안 됩니다.

【现购】 xiàngòu 통 1 현금으로 구입〔구매〕하다. 맞돈 주고 사들이다. 2 필요할 때가 되어서야 구입하다. 3 이미 만들어진 제품〔기성품〕을 구입하다. 현물을 구매하다.

【现官不如现管】 xiànguān bùrú xiànguǎn ⌾ 아무리 높은 관리라도 실제 일을 관장하는 사람보다는 실권〔실질적인 영향력〕이 없다.

【现管】 xiànguǎn 명⑦ (기관·기업 부서의) 현직 관리 직원.

【现话】 xiànhuà 명⑤ 상투적인 말. 쓸데없는 소리〔말〕. ¶他的发言了无新意, 全是~。 =그의 발언은 참신함이 없는 모두 상투적인 말뿐이다.

【现汇】 xiànhuì 명 (經) 즉시 교부 가능 외환. 즉시 환전 가능 외환.

【现货】 xiànhuò 명 (經) 현품. 현물. ¶~充足 =현물이 충족하다. ↔ 期货

【现价】 xiànjià 명 현재 가격.

【现今】 xiànjīn 명 현재. 현금. 지금. 이제. 오늘날. ¶~的日子比以前好过多了。 = 요즘은 예전보다 많이 살기 좋아졌다. 늑现在 늑如今

【现金】 xiànjīn 명 (經) 1 현금. 2 바로 현금과 바꿀 수 있는 수표. 3 은행준비금. 지급준비금. 은행 금고에 보존되어 있는 화폐. 늑现款

【现金账】 xiànjīnzhàng 명 (經) 현금〔금전〕출납장〔출납부〕.

【现金支票】 xiànjīn zhīpiào 명 자기앞 수표. 수표.

【现局】 xiànjú 명 현국. 현재의 시국〔국면〕. 현 정세. ¶~动乱 = 현 정세가 어지럽다.

【现刻】 xiànkè 명 지금. 이제. 현재. ¶他~还在家养病。 = 그는 현재 집에서 아직도 몸조리를 하고 있다.

【现款】 xiànkuǎn 명 현금. ¶~支付 = 현금 지불. 늑现金

【现况】 xiànkuàng 명 현황. 현재 상황. ¶~良好 = 현황이 아주 좋다.

【现蕾】 xiànlěi 통 (農) (작물이) 꽃망울을 드러내다. ¶棉花~期 = 목화가 꽃망울을 드러내는 시기.

【现买】 xiànmǎi 통 1 현금으로 구매〔구입·매입〕하다. 2 필요할 때 구매하다. 3 이미 만들어진 제품〔기성품〕을 구매하다. 현물을 구매하다.

【现买现卖】 xiànmǎi-xiànmài ⌾ 1 그 자리에서 사서 그 자리에서 팔다. 2 ⑪ 방금 배운 것으로 다른 사람을 가르치다. 3 현금으로 매매하다.

【现年】 xiànnián 명 현재 나이. 지금의 나이. 올해 나이. 현재 연령. ¶~四十五 = 올해 나이가 마흔 다섯이다.

【现期】 xiànqī 부 즉시. 바로. 당장. ¶~付清货款。 = 즉시 물건값을 깨끗이 지불하다.

【现钱】 xiànqián 명⑦ 현금. 현찰. ¶手上没有~。 = 수중에 현금이 없다.

【现任】 xiànrèn 통 현재 …을〔를〕 맡고〔담당하고〕 있다. ¶他~部门经理。 = 그는 현재 부서장을 맡고 있다. 명 현직. 현임. ¶~局长是原来的办公室主任。 = 현임 국장은 원래 사무실의 주인이다.

【现如今】 xiànrújīn 명⑤ 지금. 현재. 이제. 목하(目下). ¶~, 一切都晚了。 = 이제는 모두 너무 늦어 버렸다.

【现身说法】 xiànshēn-shuōfǎ ⌾ 1 (佛) 부처가 갖가지 모습으로 나타나 여러 사람에게 설법하다. 현신하여 설법하다. 2 ⑪ 자기의 경험을 들어 남에게 설명하거나 계도하다.

【现时】xiànshí 명 현재. 지금. 현 단계. 목전. 당면. ¶~的情况非常紧急. =현재 상황이 대단히 긴급하다.

【现实】xiànshí 명 현실. ¶要敢于面对~. =현실에 용감하게 맞서야 한다. 형 현실적이다. ¶这个想法不太~. =이런 생각은 그다지 현실적이지 못하다. ≒实际 ↔浪漫 理想

【现实性】xiànshíxìng 명(哲) 현실성. [ '可能性(가능성)' 과 구별됨]

【现实主义】xiànshízhǔyì 명 1 사실주의. 리얼리즘. 2 현실주의. ¶他非常务实, 奉行~. =그는 대단히 실무적이고, 현실주의를 신봉한다. ↔浪漫主义

【现世】xiànshì 명 현세. 금생. 금세. 이생. 살아 있는 이 세상. 이승. [ '前世(전생)' · '来生(내세)' 과 구별됨] ¶~作恶~报. =현세에 나쁜 짓을 하면, 현세에서 되돌려받는다. 동 망신을 당하다. 체면을 구기다(잃다). 추태를 보이다. ¶他这样胡闹, 也不怕~. =그는 이렇게 소란을 피우며 망신당하는 것도 아랑곳하지 않는다.

【现世报】xiànshìbào 명(佛) 현보. 순현보. 현세의 업인(業因)으로 현세에서 그 갚음을 받는 일.

【现势】xiànshì 명 현세. 현재[지금]의 정세[형세]. ¶~不容多想. =현재 형세가 다른 생각을 못하게 한다.

【现玩】xiànwán 명 (우표·기념주화 등의) 현대 소장품. [ '古玩(골동품)' 과 구별됨]

【现下】xiànxià 부 현재. 목전. 현 단계. 당면. 지금. ¶~没钱, 还打算买车. =현재 돈이 없는데도 차를 살 궁리를 하다.

【现…现…】xiàn…xiàn… 부 그 자리에서 …하여, 그 자리에서 …하다. [두 개의 동사 사이에 쓰여, 어떤 목적을 위해 그 자리에서 어떤 행동을 취하는 것을 나타냄 =【旋…旋…】 xuán…xuán… ] ¶~学~用=바로 배워서 바로 써먹다. / ~编~唱=그 자리에서 작사·작곡하여 그 자리에서 부르다.

【现象】xiànxiàng 명(哲) 현상. ¶打雷下雨都是自然~. =번개 치고 비가 오는 것은 모두 자연 현상이다. ↔本质

【现行】xiànxíng 형 1 현행의. 현재 실시하고 있는. 지금 유효한. ¶~体制=현행 체제. 2 (法) (범죄 활동이) 현재 진행되는. 현행되고 있는. 얼마 전까지 진행되었던. ¶~犯罪活动=현행되고 있는 범죄 행위.

【现行法】xiànxíngfǎ 명(法) 현행법.

【现行犯】xiànxíngfàn 명(法) 현행범.

【现形】xiàn‖xíng 동 본 모습을 드러내다. 정체를 폭로하다. ¶诈骗犯渐渐~了. =사기범이 점점 본 모습을 드러내기 시작했다.

【现眼】xiàn‖yǎn 동(구) 창피를〔망신을〕당하다. 체면을 잃다〔구기다·깎이다〕. 쪽 팔리다. 추태를 보이다. 면목을 잃다. 낯을 더럽히다. ¶丢人~=체면을 잃고 망신을 당하다.

【现洋】xiànyáng 명(속) 은화. =【现大洋】xiàndàyáng

【现役】xiànyì 명 현역. 형 현역의. 현역인. ¶~军人=현역 군인. ↔退役

【现银】xiànyín 명(속) 은화. 은자.

【现有】xiànyǒu 동 현재 있다. 현존하다. 지금 존재하다〔있다〕. ¶销售部~在职人员三名. =판매부에 현재 재직 인원이 세 명 있다.

【现在】xiànzài 명 1 지금. 현재. 이제. ¶他~不在办公室. =그는 지금 사무실에 없다. 2 현 단계. 목전. 당면. 오늘. ¶~的经济形势大有好转. =현재의 경제 상황은 크게 호전됐다. ≒现今 ↔当初

【现值】xiànzhí 동 현재〔지금〕 …에 처해 있다. 지금 …에 즈음하다. 현재 한창 …한 철[때]이다. ¶~农忙时节=지금은 농번기이다. 명 현재[지금]의 가치. 시가. ¶这套住房~五十万. =이 집은 시가가 50만 위안이다.

【现职】xiànzhí 명 현직.

【现状】xiànzhuàng 명 현상. 현황. 현 상태. 현재 상황. ¶维持~=현상을 유지하다.

## 晛[晛] xiàn 해뜰 현

동문 해가 뜨다. 해가 나다.

## **限 xiàn 한계 한

명 1 문 문지방. 문턱. ¶门~=문지방. 2 한도. 한계. 기한. 제한. ¶年~=연한. / 界~=한계. / 上~=한계선. 동 범위를 정하다. 제한하다. 규정하다. ¶身高不~=신장 제한이 없다. / ~速行驶=제한 속도로 운전하다. 속도를 제한하여 운전하다.

○-○ 程chéng限, 大限, 户限, 极限, 局限, 宽限, 门限, 年限, 权限, 时限, 无限, 象限, 展限

【限产】xiànchǎn 동 생산량을 제한하다. ¶对那些过剩产品必须实行~. =저런 과잉 생산품들에 대해서는 반드시 생산량 제한을 실시해야 한다.

【限电】xiàndiàn 동 전기의 공급과 사용을 제한하다. ¶限水~=물과 전기의 공급과 사용을 제한하다.

【限定】xiàndìng 동 (수량·범위·기한 등을) 한정하다. 규정하다. 제한하다. ¶~参赛人数=시합 참가 인원 수를 한정하다.

【限度】xiàndù 명 한도. 한계. ¶忍让是有~的. =참고 양보하는 데는 한계가 있다. ≒限量

【限兑】xiànduì 동 (외환 등의) 환전(태환)을 제한하다.

【限额】xiàn'é 동 수량이나 액수를 한정〔규정·제한〕하다. ¶~供应=한정 공급하다. 명 한도액. 정액(定额). 투자 기준액. ¶~贷款=대출 한도액.

【限购】xiàngòu 동 구입을 제한하다. ¶特价商品, 每人一件. =특가 상품은 매 사람마다 구입을 하나로 제한한다.

【限价】xiànjià 동 가격을 제한하다. ¶部分药品~销售=일부 약품은 가격을 제한하여 판매한다. 명 가격 제한. 제한 가격. 지정 가격. ¶不得超过最高~. =최고 제한 가격을 초과할 수

없다.
【限界】**xiànjiè** 몡 한계. 경계.
【限量】**xiànliàng** 통 범위나 수량을 제한[한정]하다. 양을[한도를] 정하다. ¶前途不可~. =앞날이 창창하다. 전도가 양양하다. 몡 한도. 제한량. 한정된 수량. ¶按需购买, 没有~. =정해진 수량 없이 필요한 대로 구입하다. ≒限度
【限令】**xiànlìng** 통 기한 내에 실행할 것을 명하다. ¶~三日之内完成任务. =3일 안에 임무를 완성하도록 명하다. 몡 기한을 정하여 실행하도록 한 명령. ¶下达~. =기한이 정해진 명령을 하달하다.
【限期】**xiànqī** 통 기일을 정하다. ¶~还款=돈을 갚을 기일을 정하다. 몡 지정 기일. 기한. ¶一个月的~已经到了. =한 달 간의 기한이 이미 다 되었다.
【限时】**xiànshí** 통 시간을 (한)정하다. ¶~到达=정해진 시간에 도착하다. 몡 한정된 시간. 정해진 시간. ¶~已过=정해진 시간이 이미 지났다.
【限养】**xiànyǎng** 통 (어떤 동물에 대해) 사육을 제한하다.
【限于】**xiànyú** 통 …에 한하다. 불과하다. (어떤 범위로) 한정되다. 국한하다. (조건이나 상황에) 제한을 받다. ¶~水平=수준의 제한을 받다. / 资料片只~内部观看. =다큐멘터리 영화는 내부 관람에 국한한다.
【限止】**xiànzhǐ** 통 제한하다. 한정하다. 속박하다. 구속하다. 제약하다. 규제하다.
【限制】**xiànzhì** 통 제한하다. 한정하다. 속박하다. 구속하다. 제약하다. 규제하다. ¶~发言时间=발언 시간을 제한하다. 몡 제한. 한정. 한계. 속박. 제약. 규정된 범위. ¶文章篇幅有~. =글의 길이에 제한이 있다.

## **线[綫, 線]** xiàn 줄 선

몡 **1** (~儿) 실. 선. 줄. 금. ¶棉~=무명실. / 丝~=견사. 명주실. **2** 선과 같이 가늘고 긴 것. ¶电~=전선. / 光~=광선. **3** (교통) 노선. ¶路~=노선. / 航~=항로. **4** (사상적·정치적) 노선. ¶上纲上~=정치적 강령·노선의 원칙적 관점에서 판단[비판]하다. **5** 실마리. 단서. 첩자. 끄나풀. 정보 제공자. ¶内~=끄나풀. / 眼~=끄나풀. 정보원. 밀고자. **6** 〈數〉 (기하학상의) 선. ¶直~=직선. / 曲~=곡선. **7** 경계선. ¶火~=전선(戰線). 생산 현장. 전원선(電源線). / 国境~=국경선. **8** 몡 (상황·상태 등의) 한계. 범위. ¶贫困~=빈곤선. / 生命~=생명선. **9** 일터. 작업장. ¶生产第一~=생산 제일선. 양 올. 줄기. 가닥. [추상적 사물에 쓰임. 수사는 '一(yī)'를 사용하며, 매우 적고 미약함을 나타냄] ¶一~光明=한 줄기 빛. / 一~希望=한 가닥 희망.

○● 侧cè线, 垂chuí线, 单线, 导dǎo线, 地线, 吊diào线, 法线, 复线, 干线, 割gē线, 管线, 基线, 接线, 经线, 路线, 裸luǒ线, 麻线, 墨线, 母线, 内线, 皮线, 牵qiān线, 切qiē线, 热线, 绒róng线, 射线, 视线, 水线, 膛táng线, 天线, 汀tīng线, 外线, 纬wěi线, 虚xū线, 雪线, 一线, 引线, 战线, 折zhé线, 针线, 阵线, 支线, 中线, 专线

【线板】**xiànbǎn** 몡 **1** 실패. ¶把~和针拿过来. =실패와 바늘을 가져와라. **2** 콘센트. ¶把电视插头插到~上. =텔레비전 전원 플러그를 콘센트에 꽂아라.
【线报】**xiànbào** 몡 밀정[첩자·정보원·끄나풀]의 보고. (경찰·탐정·기자 등에게 제공하는) 정보원의 정보[뉴스거리].
【线材】**xiàncái** 몡 선재. 와이어로드. 와이어로프. 철사.
【线虫】**xiànchóng** 몡 〈動〉 선형 기생충. 선충(線蟲)(류).
【线春】**xiànchūn** 몡 〈紡〉 선춘. 봄 옷감의 비단. [항저우(杭州)에서 생산되는 비단 이름. 기하학적 무늬가 있고 봄철 옷감으로 알맞기 때문에 붙여진 이름임] =【春绸】**chūnchóu**
【线段】**xiànduàn** 몡 〈數〉 선분(線分). 유한 직선. 한정된 길이의 직선.
【线桄儿】**xiànguàngr** ☞ 【线桄子】**xiànguàng·zi**
【线桄子】**xiànguàng·zi** 몡 실패. =【线桄儿】**xiànguàngr**
【线规】**xiànguī** 몡 〈機〉 와이어 게이지(wire gauge).
【线脚】**xiànjiǎo** 몡〔구〕바늘땀. 바느질자리.
【线裤】**xiànkù** 몡 (굵은 면사나 여러 가닥으로 꼰 합성 섬유로 짠) 스웨트 팬츠(sweat pants). 니트 바지. 메리야스로 짠 내복 바지.
【线路】**xiànlù** 몡 선로. 노선. 회선. 회로. ¶电话~=전화 회선. / 行车~=운행 노선[코스]. ≒路线
【线路板】**xiànlùbǎn** 몡 〈電〉 회로(기)판. 기판.
【线路图】**xiànlùtú** 몡 〈電〉 회로도.
【线麻】**xiànmá** ☞ 【大麻】**dàmá**
【线描】**xiànmiáo** 몡 〈美〉 선묘. [가는 선으로 사물의 형상을 묘사하는 기법]
【线呢】**xiànní** 몡 〈紡〉 면 나사(羅紗). 면 양복지〔양복감〕.
【线膨胀】**xiànpéngzhàng** 몡 〈物〉 선팽창.
【线坯子】**xiànpī·zi** 몡 〈紡〉 (대강 뽑은) 결이 거친 면사. 반 가공 면사. 슬라이버(sliver).
【线圈】**xiànquān** 몡 〈電〉 코일. 감줄. 권선. 선륜(線輪).
【线人】**xiànrén** 몡〔방〕밀정. 스파이. 정보원. 끄나풀.
【线绳】**xiànshéng** 몡 (여러 가닥) 면으로 꼰 줄〔끈〕. 노끈. 로프.
【线手套】**xiànshǒutào** 몡 (실) 장갑.
【线速度】**xiànsùdù** 몡 〈物〉 선형 속도.
【线索】**xiànsuǒ** 몡 **1** 실마리. 단서. ¶查找破案~. =사건 해결의 단서를 찾다. **2** (작품의) 줄거리. 맥락. 구성. 전개. 플롯(plot). ¶作品线

절~복잡, 由多条线交织而成. =작품 줄거리의 맥락은 복잡하게 여러 사건이 얽혀서 구성되어 있다.

【线毯】 **xiàntǎn** 名(紡) 면 담요〔모포〕. 면사로 짠 깔개. 혼방 담요〔모포〕.

【线膛】 **xiàntáng** 名(軍) 강선(腔線)이 있는 총강(銃腔)이나 포강(砲腔). ¶~炮=강선포.

【线绨】 **xiàntì** 名(紡) 선제. [날실은 비단으로 씨실은 면으로 짠 방직품. 일반 비단보다 두터우며 주로 이불 홑청으로 쓰임]

【线条】 **xiàntiáo** 名 1 (美) 선. 2 (粗~=굵은 선. 2 (인체나 공예품의) 선. 윤곽. 라인. ¶~柔美=선이 부드럽고 아름답다.

【线头】 **xiàntóu** 名(~儿) 1 실의 끝. 실마리. 2 실오라기. 실밥. =【线头子】 **xiàntóu·zi**

【线头子】 **xiàntóu·zi** ☞【线头】 **xiàntóu**

【线团】 **xiàntuán** 名 실뭉치. 실꾸리. 실타래.

【线袜】 **xiànwà** 名 목양말. 면양말.

【线香】 **xiànxiāng** 名 선향. 가늘고 긴 선 모양의 향.

【线形】 **xiànxíng** 名 선형. 선 모양. ¶~叶=선형 잎.

【线形动物】 **xiànxíng dòngwù** 名(動) 선형동물. 원형동물. =【圆形动物】 **yuánxíng dòngwù**

【线型】 **xiànxíng** 名 선형. 선의 유형〔사이즈·종류〕.

【线性】 **xiànxìng** 名 선형.

【线衣】 **xiànyī** 名 (굵은 면사나 여러 가닥으로 꼰 합성 섬유로 짠) 니트웨어(nitwear). 스웨터. 메리야스로 짠 속내의.

【线轴儿】 **xiànzhóur** 名 1 실감개. 실패. 릴(reel). 실톳. 보빈(bobbin). 2 원주형으로 감겨 있는 실.

【线装】 **xiànzhuāng** 名 선장. [책을 장정(裝幀)하는 방법의 하나. 책을 묶은 실이 책표지 밖으로 드러나 보임] ¶~书=선장본.

【线装书】 **xiànzhuāngshū** 名 선장본(線裝本). 선장서.

**宪** [憲] **xiàn** 법 헌
名 1(史) 법령. ¶~令=법령. 2(法) 헌법. ¶立~=헌법을 제정하다.

【宪兵】 **xiànbīng** 名 헌병.
【宪法】 **xiànfǎ** 名(法) 헌법.
【宪警】 **xiànjǐng** 名 헌병과 경찰.
【宪章】 **xiànzhāng** 名 1 전장(典章) 제도. 2 헌장. ¶联合国~=유엔 헌장. 動(文) 본받다. ¶~先哲=선현(선철)을 본받다.
【宪政】 **xiànzhèng** 名 헌정. 입헌 정치. ¶实行~=헌정을 실시하다.

**籼** [籼] **xiàn** 쌀가루 한
名 쌀가루. 쌀 부스러기.
【籼子】 **xiàn·zi** 名(方) 거친 밀가루.

**陷** **xiàn** 빠질 함

動 1 (진흙·늪 등의 성긴 곳에) 빠지다. ¶深泥潭=수렁에 깊이 빠지다. 2 (표면의 일부가) 움푹 꺼지다〔패이다·들어가다〕. 함몰하다. ¶天塌地~=하늘이 무너지고 땅이 꺼지다. 아주 큰 재난이 일어나다. 3 함락되다. 점령당하다. 적의 수중에 떨어지다. ¶沦~=함락당하다. 4 함락시키다. 점령하다. 정복하다. 공격해 빼앗다. ¶冲锋~阵=앞장서서 적진으로 돌격하다. 5 날조하다. 모함하다. 모해하다. ¶诬~=모함하다. 名 1 함정. ¶设置~坑=함정을 설치하다. 2 결점. 결함. ¶缺~=결함. ↔鼓

○● 凹āo陷, 沉chén陷, 构陷, 塌tā陷, 洼wā陷

【陷害】 **xiànhài** 動 모함하다. ¶~忠良=충신을 모함하다.

【陷阱】 **xiànjǐng** 名 1 함정. 2 (喩) 흉계. 악계. 속임수. ¶所谓的高额利润实际上是一个~。=소위 고액 이윤이라는 것이 알고 보니 속임수이다. ≒圈套

【陷坑】 **xiànkēng** 名 1 함정. 2 (喩) 흉계. 악계. 속임수.

【陷落】 **xiànluò** 動 1 함몰〔함락〕하다. 움푹 꺼지다〔패이다·들어가다〕. ¶地壳~=지각이 함몰하다. 2 빠지다. 떨어지다. ¶~重围=겹겹이 포위되다. 3 (영토 등이) 함락되다. 점령당하다. 정복당하다. 적의 수중에 떨어지다. ¶几大港口相继~。=몇 개의 큰 항구가 잇달아 함락되었다. ≒陷入 塌陷 失陷 沦陷

【陷落地震】 **xiànluò dìzhèn** 名(地) 함몰 지진. 함락 지진.

【陷没】 **xiànmò** 動 1 함몰〔함락〕하다. 빠지다. 떨어지다. 침몰하다. ¶~进淤泥里=진흙탕 속에 빠지다. 2 (영토 등이) 함락되다. 점령당하다. 정복당하다. 적의 수중에 떨어지다. ¶阵地~=진지가 적의 수중에 떨어지다.

【陷溺】 **xiànnì** 動 1 물에 빠져 죽다. 2 (喩) 빠지다. 탐닉하다. ¶她~于无尽的痛苦中。=그녀는 한없는 고통 속으로 빠져들었다.

【陷入】 **xiànrù** 動 1 (불리한 지경에) 빠지다. 떨어지다. ¶~泥淖=수렁에 빠지다. 2 (喩) 몰두하다. 열중하다. 전념하다. 깊이 빠져들다. ¶~沉思=깊은 생각에 잠기다. ≒陷落

【陷身】 **xiànshēn** 動 몸이 (불리한 처지에) 빠지다. ¶~囹圄=영어(囹圄)의 몸이 되다.

【陷于】 **xiànyú** 動 …에 빠지다〔떨어지다〕. ¶局面~混乱。=국면이 혼란에 빠지다.

【陷阵】 **xiànzhèn** 動 적진을 함락시키다. 적진에 뛰어들다. ¶~杀敌=적진에 뛰어들어 적을 무찌르다.

**馅** [餡] **xiàn** 소 함
名 (~儿) (떡이나 만두 등에 넣는) 소. ¶包子~儿=만두소.

○● 夹jiā馅

【馅料】 **xiànliào** 名 (떡·빵·만두 등을 만들 때 넣는) 소.

【馅儿饼】xiànrbǐng [명] 고기나 야채 소를 넣은 중국식 호떡.
【馅子】xiàn·zi [명][방] 1 소. ¶拌饺子~。=만두 소를 버무리다. 2 안에 감춰진 것. 내막. 속사정. 속뜻. ¶他刚才的话里有~。=그가 방금 한 말에는 속뜻이 담겨 있다.

## 羡 xiàn 부러워할 선

[동] 흠모하다. 탐내다. 부러워하다. 선망하다. ¶惊~=놀라워하며 부러워하다. / 艳~=부러워하다. [형] 남아 있다. 여유 있다. ¶~财=잉여 재산. [명] (Xiàn) 성(姓).

○● 欣xīn羡

【羡妒】xiàndù [동] 질투〔시기〕하다. 샘내다. =【羡嫉】xiànjí ¶招人~=남의 시기를 사다.
【羡嫉】xiànjí ☞【羡妒】xiàndù
【羡慕】xiànmù [동] 흠모하다. 부러워하다. 탐내다. 선망(羡望)하다. ¶他们的幸福家庭令很多人~。=그들의 행복한 가정은 많은 사람들의 부러움을 산다.
【羡叹】xiàntàn [동] 부러워하며 감탄하다. ¶他的高超技艺令人~不已。=그의 뛰어난 기예는 사람들의 부러움과 감탄을 금치 못하게 한다.
【羡余】xiànyú [명] 특별 부과 세금. [형] 쓸데없는. 불필요한. 군더더기의. ¶这些装饰物有些~。=이런 장식품들은 군더더기이다.

## 线[綫] Xiàn 성씨 선
[명] 성(姓).

## *献[獻] xiàn 바칠 헌

[동] 1 바치다. 드리다. 올리다. ¶捐~=기부하다. 희사하다. / 敬~=삼가 바치다. 2 나타내다. 표현하다. 보이다. ¶~媚讨好=아첨을 떨며 잘 보이다. / 登台~艺=무대에 올라 기예를 선보이다. ↔受

○● 呈chéng献, 奉献, 文献

【献宝】xiàn‖bǎo [동] 1 보물을 바치다. 2 [예] 귀중한 경험이나 의견을 제공하다. ¶传经~=귀중한 경험이나 지식을 전수하다. 3 [예] 자기의 (신기한) 물건을 과시하다.
【献策】xiàn‖cè [동] 계책을 올리다. 대책〔방안〕을 내놓다. ¶献计~=계책들을 내놓다. ≒献计
【献丑】xiàn‖chǒu [동] 부끄러운 솜씨를 보여 드리겠습니다. 하찮은 재주를 보여 드리겠습니다. [남에게 자기의 작품이나 기예를 보일 때 별 것 아님을 나타냄] ¶我为大家唱一首歌, ~了。=제가 잘은 못하지만 여러분들을 위해 노래 한 곡 부르겠습니다.
【献词】【献辞】xiàncí [명] 축사. ¶新年~=신년 축사.
【献辞】xiàncí ☞【献词】xiàncí
【献给】xiàngěi [동] 바치다. 드리다. 올리다. ¶把青春~自己热爱的事业。=청춘을 자기가 열렬히 사랑하는 사업에 바치다.

【献花】xiàn‖huā [동] 헌화하다. 꽃을 바치다〔드리다〕.
【献计】xiàn‖jì [동] 계책을 올리다. 대책〔방안〕을 내놓다. ¶大家踊跃~。=모두가 활발하게 방안을 내놓다. ≒献策
【献技】xiàn‖jì [동] 재주〔기예〕를 보여 주다. ¶几位魔术大师同台~。=몇 명의 마술사들이 한 무대에서 기예를 보여 주다.
【献礼】xiàn‖lǐ [동] 예물을 올리며 축하하다. 선물〔공양〕하다. 선물을 바치다. 선사하다. ¶这几部电影都是国庆~片。=이 몇 편의 영화들은 모두 건국 기념일 경축 영화이다.
【献媚】xiànmèi [동][폄] 알랑거리다. 애교를 떨다. 아첨하다. 아부하다. 비위를 맞추다. ¶~取宠=아첨하며 총애를 얻다.
【献旗】xiàn‖qí (경의나 감사를 표하기 위해) 기(旗)를 바치다〔수여하다〕.
【献芹】xiànqín [동] 보잘것없는 것을 바칩니다. 변변치 않은 것을 드립니다. 보잘것없는 의견을 내놓습니다. =【芹献】qínxiàn
【献身】xiàn‖shēn [동] 헌신하다. 몸을 바치다. ¶~科学事业=과학 사업에 헌신하다. ≒捐躯
【献血】xiànxiě [동] 헌혈하다. ¶义务~=(대가 없이) 의무로 헌혈하다.
【献演】xiànyǎn [동] 공연하다. [장중한 뜻을 내포함] ¶这出戏连续~了二十场。=이 연극은 연속해서 20번을 공연했다.
【献艺】xiànyì [동] 재주〔기예〕를 보여 주다. ¶同台~=같은 무대에서 기예를 보여 주다.
【献殷勤】xiàn yīnqín [동] 아첨하다. 알랑거리다. 아부하다. 비위를 맞추다. 애교를 떨다.
【献映】xiànyìng [동] 방영하다. [장중한 뜻을 내포함] ¶这部影片将于下月~。=이 영화는 다음 달에 방영할 예정이다.
【献拙】xiànzhuō [동][경][겸] 졸작을 드립니다. [자신의 시·서화 등을 남에게 선물할 때 쓰임]

## *腺 xiàn 분비샘 선
[명](生) 선. 샘. [생물체 내에서 어떤 화학 물질을 분비할 수 있는 조직] ¶淋巴~=임파선. / 汗~=땀샘. 한선.

○● 臭chòu腺, 毒dú腺, 泪腺, 乳rǔ腺, 腮sāi腺, 胃腺, 性腺, 胰yí腺

【腺细胞】xiànxībāo [명](生) 선세포. 샘세포.

## 锞[鋧] xiàn 쇠줄 선
[명] 금속선. 쇠줄.

## 霰 xiàn 싸라기눈 산
[명] 싸라기눈. ['米雪(mǐxuě)'라고 통칭함]
【霰弹】xiàndàn ☞【榴霰弹】liúxiàndàn

# xiang

## *乡[鄉] xiāng 시골 향

[명] **1** 향. [현(縣)이나 구(區) 아래의 농촌 말단 행정 구획 단위] ¶本县下辖十个～。=본 현(縣) 아래에 10개의 향(鄕)을 관할한다. **2** 시골. 촌. 농촌. 향촌. ¶山～=산촌. 산골. / 城～交流=도시와 농촌 간의 교류. **3** 고향. ¶故～=고향. / 背井离～=고향을 등지고 떠나다. **4** (**Xiāng**) 성(姓). ↔城

**O** 乡 xiāng
鄉 xiǎng
芗 xiāng

O● 故乡, 家乡, 老乡, 落乡, 梦mèng乡, 水乡, 睡乡, 思乡, 四乡, 他乡, 同乡, 外乡, 异yì乡, 游yóu乡, 醉zuì乡

【乡巴佬儿】**xiāng·balǎor** [명] **1** 시골뜨기. 촌뜨기. 시골 사람. 촌사람. 촌놈. =【乡下佬】**xiāng·xialǎo** **2** 세상물정 모르는 사람.

【乡愁】**xiāngchóu** [명] 향수. ¶离家时间越长, ～越浓。=집 떠난 시간이 길어질수록 향수는 짙어 간다.

【乡村】**xiāngcūn** [명] 농촌. 시골. 촌. 향촌. 전원. ↔城镇 城市

【乡党】**xiāngdǎng** [명][문] **1** 향당. [주(周)나라 제도 중에서 500가구를 '당(黨)', 12,500가구를 '향(鄕)'이라 하였음] **2** 고향. **3** 동향인. 한 고향 사람.

【乡风】**xiāngfēng** [명][문] 시골의 풍속. 향풍(鄕風). 향속(鄕俗). 촌속(村俗).

【乡关】**xiāngguān** [명][문] 고향.

【乡规民约】**xiāngguī mínyuē** [명] 농촌의 자치 규약.

【乡间】**xiāngjiān** [명] 시골. 마을. 촌. ¶～小路=마을의 오솔길.

【乡井】**xiāngjǐng** [명][문] 고향. ¶远离～=고향을 멀리 떠나다.

【乡里】**xiānglǐ** [명] **1** 고향. 향리. ¶荣归～=금의환향하다. **2** 한 고향 사람. 동향인. ¶～乡亲=한 고향 사람.

【乡邻】**xiānglín** [명] 이웃 (사람). 한 고향 사람. 동향인.

【乡民】**xiāngmín** [명] 시골 사람. 마을 사람. 촌민. 촌사람.

【乡僻】**xiāngpì** [형] 벽촌의. 벽지의. 촌구석의. 외진. ¶～之地=벽지.

【乡企】**xiāngqǐ** ☞【乡镇企业】**xiāngzhèn qǐyè**

【乡气】**xiāngqì** [명] 시골티. 촌티. ¶这身打扮太～。=이런 차림새는 너무 촌티가 난다.

【乡亲】**xiāngqīn** [명] **1** 한 고향 사람. 동향인. **2** 마을 사람. ¶～们种粮的积极性大大提高。=마을 사람들의 농사에 대한 적극성이 크게 향상되었다. ≒老乡 同乡

【乡情】**xiāngqíng** [명] 고향을 사랑〔그리워〕하는 마음. 고향에 대한 감정.

【乡曲】**xiāngqū** [명][문] **1** 고향. 향리. ¶横行～=향리를 횡행하다. **2** 벽촌. 시골구석. 촌구석. 외딴〔궁벽한〕 시골. 변비(邊鄙). ¶隐居～=외딴 시골에 은거하다.

【乡人】**xiāngrén** [명] **1** 시골(에 사는) 사람. 촌민. 향민. **2** 한 고향 사람. 동향인.

【乡绅】**xiāngshēn** [명][옛] 향신. 시골〔지역〕 유지〔권세가〕.

【乡试】**xiāngshì** [명] 향시. 과거의 제1차 시험. [명청(明清)대에 3년에 한 번 각 성(省)에서 실시된 과거 시험으로, 합격자는 거인(擧人)의 칭호를 받음] =【大比】**dàbǐ**

【乡思】**xiāngsī** [명] 고향 생각. 향수. 노스탤지어(nostalgia). ¶绵绵～=끊임없는 고향 생각.

【乡谈】**xiāngtán** [명] 고향 사투리. 고향 말. 지역 방언. [동] ☞【变口】**biànkǒu**

【乡土】**xiāngtǔ** [명] **1** 향토. 고향. ¶～人情=고향 인심. **2** 지방. 지역. ¶～不同, 生活习俗也不一样。=지역이 다르면, 생활 습속도 다르다.

【乡土气息】**xiāngtǔ qìxī** [명] 농촌 생활의 정취〔분위기〕. ¶他们演的小品充满了～。=그들이 공연한 단막극은 농촌 생활의 정취가 가득 담겨 있다.

【乡土文学】**xiāngtǔ wénxué** [명] 향토 문학.

【乡下】**xiāng·xia** [명] 시골. 지방. 농촌. 촌.

【乡下佬】**xiāng·xialǎo** ☞【乡巴佬儿】**xiāng·balǎor**

【乡下人】**xiāng·xiarén** [명] 시골〔농촌〕 사람. 촌사람.

【乡野】**xiāngyě** [명] 초야. ¶避居～=초야에 숨어 지내다.

【乡谊】**xiāngyì** [명][문] 동향의 정분. 한 고향 우정. 고향 친구간의 우의. ¶～亲情=동향의 우정과 혈육의 정.

【乡音】**xiāngyīn** [명] 고향〔지방〕 사투리. 고향 말씨. 시골 말투. ¶～难改=사투리는 잘 고쳐지지 않는다.

【乡勇】**xiāngyǒng** [명][옛] 향용. 지방 무장 조직.

【乡邮】**xiāngyóu** [명] 지방〔시골〕의 우편 배달 업무. ¶跑～=시골에서 우편 배달을 하다.

【乡邮员】**xiāngyóuyuán** [명] 시골의 우편 집배원.

【乡友】**xiāngyǒu** [명] 향우. 한 고향 사람. 같은 마을 사람. 동향인.

【乡愿】**xiāngyuàn** [명][문] 향원. 겉으로는 선량한 척하면서 지역 사람들을 괴롭히는 위선자.

【乡约】**xiāngyuē** [명] 향약. 향촌의 자치 규약.

【乡长】**xiāngzhǎng** [명] 향장. 향(鄕)의 우두머리. 촌장.

【乡镇】**xiāngzhèn** [명] **1** 향(鄕)과 진(鎭). **2** 소도시. 규모가 작은 지방 도시.

【乡镇企业】**xiāngzhèn qǐyè** [명] 향진 기업. [중국의 농촌 지역에 세운 각종 기업의 총칭] [약]【乡企】**xiāngqǐ**

【乡政府】**xiāngzhèngfǔ** [명] 향청. 향 정부. [현(縣)이나 구(區) 아래에 있는 향(鄕)의 행정 기관]

## 芗[薌] xiāng 향기로울 향

[형][문] 향기롭다. ¶芬～=향기롭다. [명] (고서에 나오는) 맛을 내는〔돋우는〕 향초(香草).

【芗剧】**xiāngjù** [명]《劇》 향극. [중국 지방 전통극

의 하나. 타이완(台湾)·푸젠(福建) 남쪽의 샹장(芗江) 일대에서 유행함. 타이완(台湾)에서는 '歌仔戏(gēzǎixì)'라고 부름]

**相** xiāng 서로 상
[부] **1** 서로. 함께. 상호. ¶~视而笑=서로 마주 보고 웃다. / 不~上下=막상막하. **2** 한쪽이 다른 한쪽에 행하는 동작을 나타냄. ¶好言~劝=좋은 말로 권하다. / 实不~瞒=속이지 않고 실사정을 말씀드리자면. (마음에 드는지) 직접 보다. 선보다. ¶那件大衣他没~中。=그 코트가 그는 마음에 들지 않았다.
[명] (Xiāng) 성(姓).
☞ xiàng

○ 相 xiāng
   想 xiǎng
   箱 xiāng
   厢 xiāng
   湘 xiāng
   缃 xiāng
   葙 xiāng
   霜 shuāng
   孀 shuāng

○● 端相

【相爱】 xiāng'ài [동] **1** 서로 아끼다. ¶相亲~=서로 아끼며 사랑하다. **2** 서로 사랑하다. ¶二人~很长时间了。=두 사람은 서로 사랑한 지 아주 오래 되었다.
【相安】 xiāng'ān [형] 서로 화목하게[사이좋게] 지내다. ¶彼此~=서로 화목하게 지내다.
【相安无事】 xiāng'ān-wúshì (성) 서로 다툼 없이 평화롭게 살다. 화목하게 아무 탈없이 지내다.
【相伴】 xiāngbàn [동] 동반하다. 함께하다. 배석(동석)하다. 동무가 되다. ¶~左右=좌우에 배석하다.
【相帮】 xiāngbāng [동](방) 원조하다. 돕다. 거들다. 도와 주다. 보좌하다. ¶全力~=온 힘을 다해 돕다.
【相悖】 xiāngbèi [동] 어기다. 어긋나다. 위배하다. 거스르다. ¶他身上有很多与正统观念~的东西。=그에게는 정통 관념에 위배되는 것들이 아주 많다.
【相比】 xiāngbǐ [동] 비교하다. 견주다. ¶和城市~, 乡村的生活条件要差一些。=도시와 비교하면, 농촌의 생활 조건은 조금 열악한 편이다.
【相差】 xiāngchà [동] 서로 차이가 나다. 서로 다르다. ¶两人~十岁。=두 사람은 열 살 차이가 난다.
【相称】 xiāngchèn [형] 서로 걸맞다. 격에 맞다. 제격이다. 알맞다. 잘 어울리다. ¶她的穿着和她的职业很~。=그녀의 옷차림과 직업이 서로 잘 어울린다.
【相称】 xiāngchēng [동] 서로 부르다. 호칭(互称)하다. ¶彼此姐妹~=서로 언니 동생이라고 부른다.
【相成】 xiāngchéng [동] 서로 맞추다. 서로 보완[보충]하다. 서로 협력[협동]하다. 서로 서둘러 성사시키다. ¶相辅~=서로 보충하고 서로 협력하여 일이 잘 되어 가도록 하다.
【相承】 xiāngchéng [동] 이어받다. 계승하다. 승계하다. ¶一脉~=한 계통으로 이어 내려오다.
【相乘】 xiāngchéng [동](数) 곱셈하다. 곱셈하다.

【相持】 xiāngchí [동] 서로 버티다. 서로 고집하다. 쌍방이 대립하다. 서로 대치하다. ¶两人~了半天, 谁也不让谁。=두 사람이 서로 한참을 버티며, 누구도 서로에게 양보하지 않는다.
【相持不下】 xiāngchí-bùxià (성) 서로 대치하여 승부가[해결이] 나지 않다. 서로 버티며 양보하지 않다.
【相斥】 xiāngchì [동] 서로 배척하다[밀어 내다]. ¶异性相吸, 同性~。=다른 성질은 서로 끌어당기고, 같은 성질은 서로 밀어 낸다.
【相除】 xiāngchú [동](数) 나누다. 나눗셈하다.
【相处】 xiāngchǔ [동] 함께 살다[지내다]. ¶~融洽=서로 사이좋게 지내다.
【相传】 xiāngchuán [동] **1** …(이)라고 전해지다. …라고 전해 오다. ¶~这里曾有一座古城。=이곳에는 예전에 고성이 있었다고 전해 온다. **2** 전수하다. 서로 전수받다. 대대로 전하다. ¶一脉~=한 핏줄[줄기]로 전하다.
【相待】 xiāngdài [동] 대하다. 대우하다. 대접하다. ¶以礼~=예절바르게 대우하다.
【相当】 xiāngdāng [동] 엇비슷하다. 대등하다. 상당하다. 맞먹다. ¶实力~=실력이 대등하다. [형] 적합하다. 적당하다. 합당하다. 알맞다. ¶这个职位目前还没找到~的人。=이 직위는 현재 적합한 사람을 아직 못 찾았다. [부] 상당히. 무척. 꽤. 퍽. ¶~漂亮=무척 예쁘다. 늑十分 非常
【相当于】 xiāngdāngyú …와[과] 같다. …에 상당하다. …에 맞먹다. …와[과] 필적하다. …와[과] 대등하다. ¶一辆车~他1年的工资。=차 한 대는 그의 1년 치 월급과 맞먹는다.
【相得益彰】 xiāngdé-yìzhāng (성) 서로 협력하고 보완하면 각자의 능력[장점]을 더욱 잘 나타낼[돋보이게 할] 수 있다. 늑珠联壁合
【相等】 xiāngděng (수량·분량·정도 등이) 같다. 대등하다. ¶数量~=수량이 같다. 늑平等 对等
【相抵】 xiāngdǐ [동] 서로 비기다. 상쇄하다. 맞먹다. 서로 저촉하다. 에끼다. 중화(中和)하다. 효력이[효과가] 없게 하다. ¶功过~=공로와 실이 서로 상쇄하다.
【相对】 xiāngduì [동] **1** 마주하다. 상대하다. ¶~而坐=서로 마주 앉다. **2** 서로 대립되다. ¶美与丑~。=아름다움과 추함은 서로 대립된다. [형] 상대적이다. ¶~性=상대성. [부] 비교적. 상대적으로. ¶~真实=비교적 진실되다. ↔绝对
【相对高度】 xiāngduì-gāodù [명] 상대적 높이. 상대 고도. [지면 또는 어떤 지점을 기준으로 삼는 고도를 말함]
【相对论】 xiāngduìlùn [명](物) 상대성 이론.
【相对湿度】 xiāngduì shīdù [명](物) 상대 습도.
【相对运动】 xiāngduì yùndòng [명](物) 상대 운동.
【相对真理】 xiāngduì zhēnlǐ [명](哲) 상대적 진리.
【相烦】 xiāngfán [동] 성가시게[귀찮게·번거롭게] 해 드리게 되었습니다. 폐를 끼치게 되었습니다. 부탁드립니다. [상대방을 성가시게 할

일이 있음을 나타내는 인사말】¶有事~=부탁 드릴 일이 있습니다.
【相反】xiāngfǎn 동 1 상반되다. 반대되다. ¶方向~=방향이 상반되다. 2 대립되다. 배척하다. ¶两人意见~。=두 사람의 의견이 대립되다. 접 반대로. 거꾸로. 오히려. 도리어. ¶他不但没有放弃，~，坚持到底的决心更大了。=그는 포기하지 않았을 뿐 아니라, 오히려 끝까지 버티겠다는 결심이 더 커졌다. ↔相同
【相反数】xiāngfǎnshù 명〈數〉상반수. [+5와 -5처럼 절대값은 같고 부호가 반대인 두 수를 가리킴]
【相反相成】xiāngfǎn-xiāngchéng 성 서로 대립되는 사물도 동일성이 있다. 서로 반대되면서도 어울리다. 서로 대립되면서도 어떤 조건에는 통일성이 있다.
【相仿】xiāngfǎng 형 대체로 비슷하다. 엇비슷하다. 큰 차이가 없다. ¶风格~=풍격이 엇비슷하다. ≒相近
【相逢】xiāngféng 동 만나다. 상봉하다. ¶萍水~=서로 모르는 사람끼리 우연히 만나 알게 되다. ↔分目
【相符】xiāngfú 동 서로 일치하다. 서로 부합〔合〕하다. 서로 들어맞다. ¶他的陈述和事实基本~。=그의 진술과 사실이 대체로 서로 들어맞는다.
【相辅而行】xiāngfǔ'érxíng 성 서로 협동하여 진행하다. 서로 합심하여 해 나가다.
【相辅相成】xiāngfǔ-xiāngchéng 성 서로 보완하고 도와서 일을 완성하다. 서로 도와서 일이 잘 되어 나가도록 하다.
【相干】xiānggān 동 상관이〔관계가〕있다. 서로 관련되다. [주로 부정형이나 반문으로 쓰임] ¶这事和我毫不~。=이 일은 나와 조금도 상관이 없다. ≒相关
【相隔】xiānggé 동 서로 떨어져 있다. ¶~遥远=서로 아득히 멀리 떨어져 있다.
【相顾】xiānggù 동〈문〉서로 마주 보다. ¶~无言=말없이 마주 보다. 2 서로 돌봐〔보살펴〕주다. ¶首尾难以~。=앞뒤 돌볼 겨를이 없다.
【相关】xiāngguān 동 상관이〔관계가〕있다. 서로 관련〔연관〕되다. 상관되다. ¶休戚~=밀접한 관계가 있다. ≒相干
【相好】xiānghǎo 형 서로 친하다. 관계가 밀접하다. 사이가 좋다. 마음이 맞다. ¶他俩从小就~。=그 두 사람은 어려서부터 서로 친했다. 명 1 친한 친구〔벗〕. 관계가 밀접하고 사이가 좋은 사람. ¶老~=오랜 친구. 2 연인. 애인. 사랑하는 사람. ¶他在外面有了~。=그는 밖에 여자가 생겼다. 동 연애하다. [주로 떳떳하지 못한 것을 가리킴] ¶他们早就偷偷摸摸~上了。=그들은 진작부터 남몰래 연애를 하였다.
【相合】xiānghé 동 (의견·견해·성격 등이) 서로 일치하다. 부합〔合〕하다. (들어)맞다. ¶性情~=성격이 서로 맞다.
【相互】xiānghù 부 상호(간에). 서로 (간에). 피차(간에). ¶~关心=서로 관심을 갖다. ≒互相

【相互作用】xiānghù zuòyòng 명 1〈哲〉상호 작용. [모든 사물 사이의 상호간의 연관·영향·제약을 가리킴] 2〈物〉상호 작용. [물체 사이의 작용과 반작용을 가리킴]
【相会】xiānghuì 동 서로 만나다. 대면하다. ¶两人约定一年后再~。=두 사람은 1년 후에 다시 만나기로 약속했다.
【相继】xiāngjì 부 잇따라. 연이어. 계속해서. 줄지어. ¶参赛选手~登场。=참가 선수들이 잇따라 등장하다.
【相加】xiāngjiā 동 1〈數〉더하다. 덧셈하다. 2 덧붙이다. 더하다. 3 (상대에게) 가하다. (압력이나 영향 등을) 주다. 넣다. ¶拳脚~=손과 발로 치고받고 하다.
【相煎何急】xiāngjiān-héjí 성 (형제끼리) 몹시 박해하다〔들볶다〕. =【相煎太急】xiāngjiān-tàijí ¶同室操戈，~。=내부에서 서로 옥신각신하다. 내부 투쟁을 하다. 내홍(內訌)이 일어나다. 집안싸움을 하다.
【相煎太急】xiāngjiān-tàijí ☞【相煎何急】xiāngjiān-héjí
【相减】xiāngjiǎn 동 1〈數〉빼다. 뺄셈하다. 2 상쇄하다. 서로 감하다.
【相见】xiāngjiàn 동 만나다. 마주치다. 대면하다. 상견하다. 맞닥뜨리다. 맞부딪치다. ¶仇人~，分外眼红。=원수끼리 마주쳐 눈에 핏발이 가득 서다.
【相见恨晚】xiāngjiàn-hènwǎn 성 1 일찍 만나지 못한 것을 한탄하다. 2〈비〉만나자마자 오랜 친구인 듯 서로 뜻이 맞다.
【相间】xiāngjiàn 동 (서로 다른 사람이나 사물이) 서로 떨어져 있다. 서로 엇바꾸다. 갈마들다. 번갈다. ¶疏密~=듬성듬성하기도 하고 빽빽하기도 하다.
【相交】xiāngjiāo 동 1 교차하다. 엇갈려 지나가다. ¶两条铁路在此~。=두 철로가 이 곳에서 교차한다. 2 교제하다. 사귀다. ¶我和他~多年，彼此非常了解。=나는 그와 여러 해 동안 사귀어서 서로 잘 알고 있다.
【相较】xiāngjiào 동 비교하다. ¶两者~，各有优劣。=양자를 비교하자면 서로 장단점이 있다.
【相接】xiāngjiē 동 접하다. 연결되다. 연속되다. 연접되다. 이어지다. 서로 잇닿다. 맞닿다. ¶首尾~=앞뒤가 서로 연결되다.
【相近】xiāngjìn 형 비슷하다. 접근하다. 근사하다. 가깝다. 멀지 않다. ¶观点~=관점이 비슷하다. ≒相仿
【相敬如宾】xiāngjìng-rúbīn 성 부부가 서로 손님을 대하듯이 존경하다. 부부간에 서로 깎듯이 존경하다.
【相距】xiāngjù 동 서로 떨어지다. ¶~千里=서로 천리나 떨어져 있다.
【相聚】xiāngjù 동 모이다. ¶~一堂=한자리에 모이다.
【相看】xiāng·kàn 동 1 (서로) 보다. 주시하다. ¶仔细~=자세히 바라보다. 2 대하다. 대우하다. …(으)로 보다. ¶另眼~=새로운 안목으

로 대하다. **3** 직접 보다. 맞선 보다. ¶双方~过了, 都满意。=쌍방이 선을 보고서는, 모두 만족해한다.

【相克】**xiāngkè** 동 **1** 상극. [오행설에서, 금(金)은 목(木)과, 목은 토(土)와, 토는 수(水)와, 수는 화(火)와, 화는 금(金)과 조화를 이루지 못함을 이르는 말] **2** 상극. [일반적으로 사물이 서로 제약함을 가리킴]

【相类】**xiānglèi** 동 닮다. 비슷하다. ¶情况~=상황이 비슷하다.

【相礼】**xiānglǐ** ☞【襄礼】**xiānglǐ**

【相连】**xiānglián** 동 접하다. 연결되다. 연속되다. 연결되다. 이어지다. 서로 잇닿다. ¶群山~, 绵延数十公里。=산들이 수십 킬로미터를 끊임없이 잇닿아 있다.

【相联】**xiānglián** 동 서로 연관되다. 연결되다. ¶这两个案子密切~。=이 두 사건은 밀접하게 연관되어 있다.

【相恋】**xiāngliàn** 동 서로 사랑하다. 연애하다. ¶他俩~多年。=그 두 사람은 사랑한 지 여러 해가 되었다.

【相邻】**xiānglín** 동 서로 인접하다. 서로 이웃하다. ¶~国家=인접 국가.

【相瞒】**xiāngmán** 동 속이다. 기만하다. ¶不必~=서로 속일 필요 없다.

【相逆】**xiāngnì** 동 상반되다. 반대되다. ¶结果~=결과가 반대이다.

【相配】**xiāngpèi** 형 서로 어울리다. 짝이 맞다. ¶她的裙子和上衣很~。=그녀의 치마와 윗옷이 아주 잘 어울린다.

【相扑】**xiāngpū** 명(體) **1** 씨름. **2** 일본식 씨름. 스모.

【相期】**xiāngqī** 동 서로 기대하다. ¶~来年相见。=다음 해에 만나기를 서로 기대하다.

【相契】**xiāngqì** 동⟨문⟩ 의기투합하다. 배짱이 맞다. 사이가 좋다. 뜻이 맞다. ¶两人很~。=두 사람은 사이가 아주 좋다.

【相强】**xiāngqiǎng** 동 강요하다. 강제로 시키다. 핍박하다. 억지로 하게 하다. ¶来去自便, 决不~。=오든 가든 마음대로 해, 절대 강요하지 않아.

【相亲】**xiāng‖qīn** 동 **1** 서로 친근하다. 가깝다. 사이가 좋다. ¶~相爱=서로 아끼고 사랑하다. **2** 맞선을 보다.

【相去】**xiāngqù** 동 차이가 나다. 멀리 떨어지다. ¶~甚远=서로 아주 멀리 떨어지다.

【相劝】**xiāngquàn** 동 권하다. 권고하다. 충고하다. ¶苦苦~=간절히 권고하다. 늑劝告

【相让】**xiāngràng** 동 **1** 양보하다. 사양하다. 물러나다. ¶互不~=서로 양보하지 않다. **2** 겸양하다. 겸손하게 사양하다. ¶诚意~=진심으로 사양하다.

【相扰】**xiāngrǎo** 동 **1** 서로 수고[염려]를 끼치다. 서로 방해[간섭]하다. ¶互不~=서로 간섭하지 않다. **2** 폐[수고]를 끼치겠습니다. [상대방을 성가시게 함을 나타내는 인사말] ¶一再~, 着实不安。=자꾸 폐를 끼쳐 드리게 되어 정말 미안합니다.

【相忍为国】**xiāngrěn-wèiguó** 성 국가의 이익을 위하여 양보하다[참다].

【相认】**xiāngrèn** 동 (헤어지거나 연락이 두절된 후 친지 관계를) 서로 알아보다. 인지하다. 인정하다. 확인하다. ¶父子~=부자가 (헤어졌다 다시 만나) 서로 알아보다.

【相容】**xiāngróng** 동 서로 받아들이다. 용납하다. 병존하다. 공존하다. 호환하다. ¶水火不~。=물과 불은 서로 용납하지 않는다. 형(數) 공동의 해를 갖는. 모순이 없는. ¶~方程=해를 갖는 방정식.

【相濡以沫】**xiāngrúyǐmò** 성 **1** 샘물이 마르자 물고기들이 서로 모여 침으로 서로를 촉촉하게 적셔 주다.《장자·대종사(莊子·大宗師)》에 나오는 말] **2** 비 같이 곤경에 처하여 미력한 힘이나마 서로 도와 주다. 곤경 속에서 서로 의지하고 돕다. =【以沫相濡】**yǐmòxiāngrú** ↔【以邻为壑】

【相若】**xiāngruò** 동 서로 비슷하다. 서로 닮다. ¶姐妹俩相貌~。=자매는 생김새[용모]가 서로 닮았다.

【相商】**xiāngshāng** 동 협의하다. 상담하다. 상의하다. ¶我找你有要事~。=나는 중요한 일을 상의하고자 널 찾았다.

【相涉】**xiāngshè** 동 관련되다. 관계되다. 상관하다. 간섭하다. ¶两件事毫不~。=두 일은 서로 조금도 관련이 없다.

【相生】**xiāngshēng** 동 **1** 상생하다. [오행설에서 오행(五行) 사이에는 서로 생겨나고 서로 촉진하는 작용이 있음을 가리킴. 즉 금(金)은 수(水)와, 수는 목(木)과, 목은 화(火)와, 화는 토(土)와, 토는 금(金)과 조화를 이룰 수 있음을 이르는 말] **2** 상생하다. [일반적으로 사물 간에 서로 연계되어 있음을 가리킴]

【相生相克】**xiāngshēng-xiāngkè** 성 **1** 상생과 상극. [오행(五行)이 운행함에 있어서, 서로 조화를 이루는 일과 서로 충돌하는 일] **2** 상생과 상극. [사물 사이에 서로 연계되고 제약되는 것을 가리킴]

【相识】**xiāngshí** 동 서로 알다. 안면이 있다. ¶相逢何必曾~。=서로 만나는데, 반드시 미리 아는 사이일 필요는 없다. 서로 아는 사이만 만나라는 법은 없다. 명 구면. 아는 사람. 알고 지내는 사람. ¶老~=오랜 친구.

【相视】**xiāngshì** 동 서로 마주 보다. ¶怒目~=성난 눈으로 서로 마주 보다.

【相熟】**xiāngshú** 동 서로 알다. 익숙하다. 상세히 알다. ¶我和她不甚~。=나와 그녀는 서로 잘 아는 사이가 아니다.

【相率】**xiāngshuài** 부 이어서. 연이어. 연달아. 계속하여. ¶各种新产品~推出。=각종 신상품을 연이어 내놓다.

【相思】**xiāngsī** 동 상사하다. 서로 사모하다. 서로 그리워하다. [주로 남녀가 사랑하여 상대방을 그리워하는 것을 가리킴] ¶单~=짝사랑하다. 명 **1** (남녀의) 상사. 그리움. 그리워하는 마음. ¶千里寄~。=천리 먼길에 그리움을 전하다. **2**

상사병. ¶害～=상사병에 걸리다.
【相思病】 xiāngsībìng 명 상사병.
【相思豆】 xiāngsīdòu ☞【红豆】hóngdòu
【相思树】 xiāngsīshù 명(植) (타이완) 상사수. [아카시아의 일종]
【相思子】 xiāngsī·zi 명(植) 1 등본 식물의 일종. [씨에 독이 있고, 인도와 기타 열대 지방에서 자람] 2 (열대 식물의 하나인) 홍두(紅豆)의 씨.
【相似】 xiāngsì 형 닮다. 비슷하다. 근사하다. ¶他俩家境～。=그 두 사람의 가정 형편은 비슷하다. ≒相像
【相似形】 xiāngsìxíng 명(數) 닮은꼴. 상사 (도)형.
【相送】 xiāngsòng 동 1 배웅하다. 전송하다. 바래다주다. ¶十里～=십릿길을 배웅하다. 2 증정하다. 선사하다. 증여하다. 선물하다. 주다. ¶以重金～。=거금을 증여하다.
【相随】 xiāngsuí 동 뒤따르다. ¶车队在警车后面紧紧～。=차량 행렬이 경찰차 뒤를 바싹 뒤따르고 있다.
【相提并论】 xiāngtí-bìnglùn 성 (성질이 다르거나 차이가 크게 나는 사람이나 사물을) 같이 이야기하다. 한데 섞어 논하다. 동등하게 대우하다. [주로 부정형이나 반문으로 쓰임] =【相提而论】 xiāngtí·érlùn ≒同日而语 混为一谈
【相提而论】 xiāngtí·érlùn ☞【相提并论】 xiāngtí-bìnglùn
【相通】 xiāngtōng 동 (사물 사이가) 서로 통하다. 상통하다. (사상·감정이) 서로 통하다. 서로 일치하다. 서로 이해하다. ¶心意～=속마음이 서로 통하다. / 沟渠～=관개수로가 서로 통하다.
【相同】 xiāngtóng 형 서로 같다. 똑같다. 일치하다. ¶想法～=생각이 서로 같다. ≒雷同 ↔不同 相反
【相投】 xiāngtóu 형 (사상·감정·취미·성격 등이) 서로 맞다. 의기투합하다. 합치되다. ¶情意～=마음이 서로 맞다.
【相托】 xiāngtuō 동 부탁하다. 의뢰하다. 위탁하다. ¶朋友～, 不好不办。=친구가 부탁하면 안 할 수 없다.
【相望】 xiāngwàng 동 1 마주 (대)하다. 마주 (바라)보다. ¶两岸隔江～。=강을 사이로 양안에서 서로 마주 바라보다. 2 서로 보이다. [주로 끊임없이 이어진 모습을 형용함] ¶前后～=앞뒤로 이어지다. 3 대치하다. 서로 맞서다. ¶两军～=양군이 대치하다.
【相违】 xiāngwéi 동 1 서로 어긋나다. 위배하다. 어기다. ¶他的选择和父母的意愿～。=그의 선택과 부모의 바람은 서로 어긋난다. 2 서로 헤어지다. 이별하다. 떨어지다. ¶～已久, 十分挂念。=헤어진 지 이미 오래 되어 서로 무척 그리워하다.
【相向】 xiāngxiàng 동 1 서로 마주하다. ¶～而立=서로 마주 보며 서다. 2 상대를 향하다. [어떤 행동을 취하는 것을 나타냄] ¶恶语～=상대를 향해 악담하다.
【相像】 xiāngxiàng 형 서로 닮다. 비슷하다.

# 相 xiāng 2125

근사하다. ¶他的性格和他父亲很～。=그의 성격은 부친과 아주 닮았다. ≒相似
【相偕】 xiāngxié 동 동반하다. 함께 하다. ¶～出游=함께 여행 가다.
【相信】 xiāngxìn 동 믿다. 신임하다. 신뢰하다. ¶我～他能取得成功。=나는 그가 성공하리라고 믿는다. ≒信任 ↔怀疑 猜忌

> 相信(xiāngxìn) / 信任(xìnrèn)
> 믿다, 신임하다
>
> 相信 : 본인 혹은 타인이나 사물이 진실되어 믿을 만하다고 여기는 것을 나타냄. ¶我相信我自己。=나는 내 자신을 믿는다.
> 信任 : 어떤 사람이 믿을 만하고 의심할 필요가 없다고 느낌. 대상은 일반적으로 다른 사람이나 조직일 수 있음. ¶他这个人一向很诚实, 是可以信任的。=그는 변함없이 성실해서 믿을 수 있다.
> ▶ 동사로, 둘 다 모두 목적어를 수반하지만 '相信'은 명사성 어구와 동사성 어구 모두를 취할 수 있는데 반해 '信任'은 명사성 어구만 목적어가 됨. ¶我相信这种方法是很有效果的。=나는 이런 방법이 아주 효과가 있다고 생각한다. / 大家这么信任我, 我一定会尽力把工作做好的。=모두들 이렇게 나를 믿으니 난 꼭 최선을 다해 일을 잘 해낼 거야.

【相形】 xiāngxíng 동 서로 비교하다. ¶～之下, 逊色不少。=서로 비교해 보니 뒤떨어진다.
【相形见绌】 xiāngxíng-jiànchù 성 다른 것과 비교해 보니 부족함이 드러나다.
【相形失色】 xiāngxíng-shīsè 성 다른 것과 비교해 보니 빛을 잃다〔손색이 있다〕.
【相形之下】 xiāngxíngzhīxià 부 비교해 보면. 대비해 보면. [주로 부정형으로 쓰임] ¶～, 我们的技术水平要落后很多。=비교해 보면, 우리들의 기술 수준이 많이 뒤떨어졌다.
【相沿】 xiāngyán 동 답습하다. 그대로 물려받다. 받아서 계승하다. ¶～成俗=답습하여 풍습이 되다.
【相沿成习】 xiāngyán-chéngxí 성 답습하여 풍습이 되다. 전해 내려오며 버릇〔습관〕이 되다.
【相邀】 xiāngyāo 동 초대〔초청〕하다. 청하다. ¶盛情～=정성껏 초대하다.
【相依】 xiāngyī 동 서로 의지하다〔기대다〕. ¶唇齿～=입술과 이처럼 서로 의지하다. 상호 의존적인 밀접한 관계이다.
【相依为命】 xiāngyī-wéimìng 성 서로 굳게 의지하며 살아가다.
【相宜】 xiāngyí 형 알맞다. 적당하다. 적합하다. ¶气候～=기후가 알맞다.
【相异】 xiāngyì 동 서로 다르다. 서로 차이가 나다. ¶两人性情～。=두 사람의 성격이 서로 다르다.
【相应】 xiāngyīng 동(옛) 응당〔마땅히〕…해야 한다. [공문서 용어임] ¶～函达=응당 편지로 알

【相迎】xiāngyíng 動 출영(出迎)하다. 영접하다. 맞이하다. 환영하다. ¶笑脸~=웃는 얼굴로 맞이하다.

【相应】xiāngyìng 動 상응하다. 서로 맞다. 어울리다. 호응하다. ¶文章首尾~=글의 앞뒤가 서로 호응하다. 形 적합하다. 적당하다. 적절하다. 알맞다. ¶实际情况发生了变化, 政策也应作~的调整。=실제 상황에 변화가 생겼으니, 정책도 적절한 조정을 해야 한다.

【相应】xiāng·ying 形(値이) 싸다. ¶批发市场的商品要~一些。=도매 시장의 상품이 좀 더 싸다.

【相映】xiāngyìng 動 서로 어울리다. 서로 대비를 이루다. ¶~生辉=서로 어울려 휘황찬란하게 빛나다.

【相映成趣】xiāngyìng-chéngqù 成 (대비되는 것끼리) 서로 어울려 아름다운 운치를 더하다.

【相与】xiāngyǔ 副 서로. 함께. 같이. ¶~商议=함께 상의하다. 動 사귀다. 교제하다. 어울리다. 함께 살다〔지내다〕. ¶两人~多年, 从未有过嫌隙。=두 사람은 여러 해를 사귀었지만 서로 틈이 벌어진 적이 없다. 名(旧) 친한 친구(벗). 친한 사람.

【相遇】xiāngyù 動 만나다. 마주치다. ¶两人在机场~。=두 사람은 공항에서 만났다.

【相约】xiāngyuē 動 약속하다. ¶我们~周末聚会。=우리들은 주말에 모이기로 약속했다.

【相悦】xiāngyuè 動 화목하고 서로 친애하다. 뜻이 맞고 서로 친애하다. ¶两情~=쌍방이 서로 사랑하다.

【相杂】xiāngzá 動 서로 뒤섞이다. ¶色彩~=색채가 뒤섞이다.

【相争】xiāngzhēng 動 투쟁하다. 싸우다. 다투다. 논쟁하다. 따지다. ¶无须~=서로 다툴 필요 없다.

【相知】xiāngzhī 動 서로 잘 알다. 서로 이해가 깊다. 서로 알아주다. ¶相识容易~难。=서로 알기는 쉽지만 서로 깊이 이해하기는 어렵다. 名 지기. 친한 친구. ¶今天来的都是几位~。=오늘 오는 사람들은 모두 친한 친구들이다. 熟知라.

【相峙】xiāngzhì 動 마주 서다. 대치하다. ¶两峰~, 直插云霄。=두 봉우리가 서로 마주 서서, 하늘 높이 치솟아 있다.

【相中】xiāng‖zhòng 動ㄦ 마음에 들다. 보고 반하다. 눈에 차다. ¶她~了一条钻石项链。=그녀는 다이아몬드 목걸이를 보고 반했다.

【相嘱】xiāngzhǔ 動敬 의뢰하다. 부탁하다. 위촉하다. ¶再三~=거듭 부탁하다.

【相助】xiāngzhù 動 상조하다. 서로 돕다. 협조하다. ¶鼎力~=전적으로 협조하다.

【相撞】xiāngzhuàng 動 충돌하다. 부딪치다. ¶火车和卡车突然~。=기차와 트럭이 갑자기 충돌하였다.

【相左】xiāngzuǒ 動敬 1 어긋나다. 일치하지 않다. 저촉하다. ¶意见~=의견이 서로 어긋나다. 2 길이 어긋나다. 엇갈리다. ¶道中~, 失之交臂。=도중에 어긋나서 좋은 기회를 놓치다.

**香** xiāng 향기 향

形 1 향기롭다. ¶幽~=그윽한 향기. / 鸟语花~=새가 지저귀고 꽃이 향기롭다. 2 (음식이) 맛있다. 맛이 좋다. ¶~甜可口=맛있고 입에 맞다. 3 (입맛이 좋아서) 맛있다. ¶这几天胃口不好, 吃什么都不~。=요 며칠 입맛이 없어서 무얼 먹어도 맛이 없다. 4 인기 있다. 환영받다. 평판이 좋다. 중시되다. 빛나다. 찬양을 받다. ¶这种行当目前很吃~。=이런 업종은 요즘 아주 인기 있다. 5 (잠이) 달다. 달콤하다. ¶小家伙睡得真~。=녀석이 정말 달게 잔다. 動敬 뽀뽀하다. 입맞추다. ¶来, 跟妈妈~~嘴。=자, 엄마랑 뽀뽀하자. 名 1 향료. ¶檀~=단향. / 麝~=사향. 2 향. ¶线~=선향. / 点蚊~=모기향을 피우다. 3 향을 피워 기도드리는 것과 관계 있는 사물을 가리킴. ¶摆~案=향안을 차려 놓다. / 客众多=참배객들이 무척 많다. 4 敬 여자와 관계 있는 사물 또는 여자를 지칭할 때 쓰임. ¶~魂=여자의 넋. / 怜~惜玉=여인에게 따뜻하게 대하다. 5 (Xiāng) 성(姓). ↔臭

○→ 吃香, 丁香, 芳fāng香, 茴huí香, 进香, 拈niān香, 喷pèn香, 清香, 麝shè香, 书香, 松香, 五香, 馨xīn香, 异yì香, 幽yōu香, 油香, 藏zàng香, 口香糖, 晚香玉, 郁yù金香

【香案】xiāng'àn 名 향안. 향상(香床). 향로를 놓아 두는 탁자.

【香包】xiāngbāo ☞【香囊】xiāngnáng

【香槟】xiāngbīn ☞【香槟酒】xiāngbīnjiǔ

【香槟酒】xiāngbīnjiǔ 名敬 샴페인. 略【香槟】xiāngbīn 敬 Champagne

【香波】xiāngbō 名敬 샴푸(shampoo).

【香饽饽】xiāngbō·bo (~儿) 名 1 맛있고 구미에 맞는 과자. 구미에 맞는 떡. 2 卿 환영받는 〔인기 있는〕 사람이나 사물. ¶学历高又有实际工作经验的人成了人才市场的~。=학력이 높고, 실무 경력이 있는 사람은 고용 시장에서 인기가 있다.

【香菜】xiāngcài ☞【芫荽】yán·sui

【香草】xiāngcǎo 名 1 (植) 바닐라(vanilla). 2 【香子兰】xiāng·zǐlán 2 바닐린. 略 Vanillin 3 (허브 등의) 향초. 향이 나는 식물.

【香插】xiāngchā 名 향꽂이.

【香茶】xiāngchá 名 화차. 꽃을 곁들여 꽃 향기가 나는 차.

【香肠】xiāngcháng 名 소시지.

【香车宝马】xiāngchē-bǎomǎ 成 화려한 수레와 훌륭한 말. 매우 훌륭한 거마(車馬). [주로 아름다운 여자가 사용하는 것을 가리킴]

【香橙】xiāngchéng 名 (植) 1 오렌지나무. 등자(橙子)나무. 2 오렌지. 등자.

【香椿】xiāngchūn 名 (植) 1 참죽나무. 2 참죽나무의 연한 잎.

【香纯】xiāngchún ☞【香醇】xiāngchún

【香醇】[香纯] xiāngchún 形 (맛이나 향기가) 향

기롭고 순수하다〔깨끗하다·진하다〕. ¶酒味~= 술맛이 향기롭고 순수하다.
【香醋】xiāngcù 〖명〗 (좋은 찹쌀로 빚은) 향과 맛이 맑고 순수한 식초.
【香袋】xiāngdài ☞【香囊】xiāngnáng
【香肚】xiāngdǔ 〖명〗 돼지 방광 순대〔소시지〕. [가공한 돼지 방광 속에 다진 고기와 양념을 넣고 말리거나 훈제한 부식]
【香饵】xiāng'ěr 〖명〗 1 미끼. [어로·사냥·해충 박멸시에 사냥감을 꾀어 내는 식품] 2 〖비〗 미끼. [사람을 올가미에 걸려들게 꾀어 내는 물건] ¶一些人以找工作为~, 诱拐少女. =몇몇 사람들은 직업 소개를 미끼로 소녀를 유괴하다.
【香榧子】xiāngfěi·zi 〖명〗〖식〗 '榧(비자나무)'의 통칭.
【香粉】xiāngfěn 〖명〗 향분. 파우더. 분.
【香风】xiāngfēng 〖명〗 1 향기로운 바람. 2 〖비〗 사치스런 풍조.
【香附子】xiāngfùzǐ 〖명〗〖식〗 1 ☞【莎草】suōcǎo 2 향부자의 뿌리〔덩이〕줄기. [약으로 쓰임]
【香馥馥】xiāngfùfù (~的) 〖형〗 향긋하다. 향기가 짙다〔진하다〕. 향기가 짙은 모양. ¶~的腊梅=향기가 짙은 섣달 매화.
【香干】xiānggān (~儿) 〖명〗 가공하여 쪄서 만든 두부말림.
【香港】Xiānggǎng 〖명〗〖지〗 1 홍콩 섬. 2 홍콩 특별 행정구(香港特别行政区).
【香港特别行政区】Xiānggǎng Tèbié Xíng zhèngqū 〖명〗〖지〗 홍콩 특별 행정구. [‘港 (Gǎng)’으로 약칭하며, 홍콩 섬·구룡(九龙)반도·신계지(新界地) 및 여러 도서(岛屿)를 관할함]
【香菇】xiānggū 〖명〗〖식〗 표고버섯. =【香蕈】xiāngxùn
【香瓜】xiāngguā (~儿) ☞【甜瓜】tiánguā
【香闺】xiāngguī 〖명〗〖옛〗 향규. 규방. [부녀자가 거처하는 규방에 대한 미칭]
【香荷包】xiānghébāo ☞【香囊】xiāngnáng
【香花】xiānghuā 〖명〗 1 향기로운 꽃. ¶异草~=향기로운 꽃과 진기한 풀. 2 사람들에게 유익한 언론이나 글〔작품〕. [주로 ‘毒草(유해한 언론이나 작품)’와 함께 쓰임] ¶决不能把~斥为毒草. =유익한 작품을 유해한 것이라고 매도하면 절대 안 된다.
【香灰】xiānghuī 〖명〗 향의 재.
【香会】xiānghuì 〖명〗〖옛〗 1 향회. [민간에서 명산대찰을 찾아 참배하는 집회] 2 향회. [명산대찰을 찾아 참배하기 위해 조직된 민간 단체]
【香火】xiānghuǒ 〖명〗 1 사찰 안의 향과 등촉. 참배드릴 때 켜는 향과 등촉. 2 사찰 안에서 향과 등촉을 관리하는 사람. 3 (~儿) 향불. ¶用~点鞭炮. =향불로 폭죽에 불을 붙이다. 4〖옛〗① 자손이 조상에게 제사 지내는 일. ② 자손. 후손. ¶~旺=자손이 번창하다. ≒香烟
【香蕉】xiāngjiāo 〖명〗〖식〗 바나나. =【甘蕉】gānjiāo
【香蕉苹果】xiāngjiāo píngguǒ 〖명〗〖식〗 딜리셔스(Delicious) 사과.

【香蕉球】xiāngjiāoqiú 〖명〗〖체〗 바나나킥.
【香蕉水】xiāngjiāoshuǐ 〖명〗〖화〗 1 (용제나 희석제로 쓰는) 시너(thinner). 2 바나나기름. 초산 아밀. 아세트산아밀.
【香精】xiāngjīng 〖명〗 에센스. [각종 천연 향료와 인조 향료를 적당한 비율로 혼합한 향료]
【香客】xiāngkè 〖명〗 참배자. 참배객. 사찰에 향을 피우러 오는 손님.
【香口胶】xiāngkǒujiāo ☞【口香糖】kǒuxiāngtáng
【香蜡店】xiānglàdiàn ☞【香蜡铺】xiānglàpù
【香蜡铺】xiānglàpù 〖명〗 향·초·소지(烧纸)·폭죽 등을 파는 가게. =【香蜡店】xiānglàdiàn
【香料】xiāngliào 〖명〗 향료.
【香柳】xiāngliǔ ☞【沙枣】shāzǎo
【香炉】xiānglú 〖명〗 향로.
【香茅】xiāngmáo 〖명〗〖식〗 레몬 그라스(lemon grass).
【香茗】xiāngmíng 〖명〗 화차. 꽃을 곁들여 꽃 향기가 나는 차.
【香囊】xiāngnáng 〖명〗 향낭. 향주머니. =【香袋】xiāngdài【香包】xiāngbāo【香荷包】xiānghébāo
【香喷喷】xiāngpēnpēn (~的) 〖형〗 향긋하다. 고소하다. 구수하다. 향기가 진하다〔짙다〕. 향기가 짙은 모양. ¶~的饭菜=향기가 폴폴 나는 음식.
【香片】xiāngpiàn ☞【花茶】huāchá
【香蒲】xiāngpú 〖명〗〖식〗 부들. 향포.
【香气】xiāngqì 〖명〗 향기. ¶~浓郁=향기가 진하다.
【香钱】xiāng·qian 〖명〗 1 향값. 2 보시(布施).
【香薷】xiāngrú 〖명〗〖식〗 향유. 노야기.
【香仨臭俩】xiāngsā-chòuliǎ 〖성〗 그 누구와도 오래 사귀지 못하다. 사귐이 진득하지 못하다. ¶他交朋友总是~的, 好不了几天. =그는 친구를 사귀는 데 진득하지 못하여 항상 며칠 못 간다.
【香色】xiāngsè 〖명〗 1 향기와 색채. ¶~杂陈=향기와 색채가 뒤섞여 드러나다. 2 다갈색. ¶~礼帽=다갈색 예모(礼帽).
【香石竹】xiāngshízhú 〖명〗〖식〗 1 카네이션(carnation). 2 카네이션꽃.
【香鼠】xiāngshǔ 〖명〗〖동〗 고산 족제비. [학명은 ‘Mustela altaica’임] =【香鼬】xiāngyòu
【香水】xiāngshuǐ (~儿) 〖명〗 향수.
【香水梨】xiāngshuǐlí 〖명〗〖식〗 향수리. 향수배. [익으면 순황색이며 과육은 약간 떫은 맛이 나는 배. 랴오닝(辽宁)성·허베이(河北)성의 동부 지역에서 생산됨]
【香酥】xiāngsū 〖형〗 고소하고〔향기롭고〕 바삭바삭하다. ¶~可口=고소하고 바삭바삭한 게 맛있다.
【香酥鸡】xiāngsūjī 〖명〗 닭튀김.
【香甜】xiāngtián 〖형〗 1 향기롭고 달다. 맛있다. ¶~的瓜果=향기롭고 달콤한 과일. 2 (잠이) 달다. 달콤하다. ¶孩子睡得正~, 别把他吵醒了. =아이가 한창 달콤하게 잠자고 있으니, 깨우지

마라.
【香味】xiāngwèi (명) 향. 향기. 향내. 향기로운 맛. ¶~淡雅=향기가 산뜻하고 우아하다.
【香香甜甜】xiāngxiāng tiántián (형) 향기롭고 달다. 맛있다.
【香象渡河】xiāngxiàng-dùhé (성)(비) 1 《佛》 불법(佛法)을 깊이 깨닫다. 2 시문이 심오하고 치밀하다.
【香消玉殒】xiāngxiāo-yùyǔn (성)(비) 젊고 아름다운 여인이 죽다. 미인이 죽다.
【香蕈】xiāngxùn ☞【香菇】xiānggū
【香烟】xiāngyān (명) 1 담배. 궐련. ☞【纸烟】zhǐyān【卷烟】juǎnyān ☞【烟卷儿】yānjuǎnr 2 향불 연기. ¶~缭绕=향불 연기가 피어오르다. 3 (예) ① 자손이 조상에게 제사 지내는 일. ② 후손. 자손. ¶断了~=후손이 끊겼다. ≒香火
【香艳】xiāngyàn (형) 1 (화초가) 향기롭고 화려하다. ¶~的玫瑰=향기롭고 화려한 장미. 2 여자가 요염하다 (고 품행이 바르지 않다). ¶~女郎=섹시한〔요염한〕 여자. 3 문체가 화려하다. (시문의 내용이) 규방에 관한. ¶~诗=규방시. 4 (소설·영화 등이) 색정적이다. 선정적이다. 야하다. ¶~小说=선정적인 소설.
【香胰子】xiāngyí·zi (명)(방) 세숫〔화장〕비누.
【香油】xiāngyóu ☞【芝麻油】zhī·mayóu
【香鼬】xiāngyòu ☞【香鼠】xiāngshǔ
【香鱼】xiāngyú (명)(動) 은어. ☞【油香鱼】yóuxiāngyú
【香橼】xiāngyuán (명)(植) 1 시트론. 2 시트론 열매. ☞【枸橼】jǔyuán
【香云纱】xiāngyúnshā (명)(紡) 향운사. [서량(薯莨)즙을 입히, 무늬가 있고 값은 고급 견직물. 통기성이 뛰어나고 내식성이 강해 여름 옷감으로 적합함. 광둥(广东)성·푸젠(福建)성에서 생산됨] =【薯莨绸】shǔliángchóu【拷绸】kǎoshā
【香皂】xiāngzào (명) 세숫〔화장〕비누.
【香泽】xiāngzé (명)(문) 1 향유. (향기로운 냄새가 나는) 머릿기름. 2 향기.
【香獐(子)】xiāngzhāng(·zi) (명)(動) 사향노루 (의 통칭).
【香樟】xiāngzhāng ☞【樟树】zhāngshù
【香脂】xiāngzhī (명) 1 발삼(balsam). 2 크림. [피부 보호용 화장품]
【香纸】xiāngzhǐ (명) 제사용 향과 지전(紙錢).
【香烛】xiāngzhú (명) 향촉. 향과 초. 조상께 제사 지내거나 참배할 때 사용하는 향과 초.
【香子】xiāngzǐ (명) 1 회향. 2 보시기. ☞【布袋】
【香子兰】xiāngzǐ·zilán ☞【香草】xiāngcǎo

*【厢[廂]】xiāng 행랑 상
(명) 1 곁채. 사랑(舍廊)채. ¶东~=동편 곁채. 동쪽 사랑채. / 西~=서편 곁채. 서쪽 사랑채. 2 (~儿) 룸. 독방. 단칸방처럼 된 설비. 칸막이 좌석. ¶包~=룸. / 车~=찻간. 3 부근. 언저리. 쪽. 편. 옆. [주로 조기 백화문에 보임] ¶那~=그 쪽. / 两~情愿=쌍방이 다 원하다. 4 상

(廂). [송(宋)대에 수도를 몇 개의 상(廂)으로 구분했는데, 오늘날의 구(區)에 해당함] ¶~官=상관(廂官). 상(廂)의 관리. 5 성문 밖 부근. 성문 어귀. 변두리. 근교. ¶关~=성 밖의 큰 거리와 그 일대. / 城~=도시와 근교. 도시의 근교.
○● 壁bì厢
【厢房】xiāngfáng (명) 곁채. 사랑(舍廊)채. ¶东~=동편 곁채. 동쪽 사랑채. ≒正房

【葙】xiāng 개맨드라미 상
☞【青葙】qīngxiāng

*【湘】Xiāng 강 이름 상
(명)(地) 1 샹장(湘江). [광시(广西)에서 발원하여 후난(湖南)성을 지나, 둥팅(洞庭)호로 들어가는 강 이름] 2 후난(湖南)성의 별칭.
【湘菜】xiāngcài (명) 후난(湖南) 요리.
【湘方言】xiāngfāngyán (명)(言) 샹(湘)방언. [중국어 7대 방언의 하나. 주로 후난(湖南) 지역에 분포되어 있음] =【湘语】xiāngyǔ
【湘妃竹】xiāngfēizhú (명)(植) 반죽(斑竹). [전설에 순(舜)임금이 창오(苍梧)에서 죽자, 그의 두 왕비인 아황(娥皇)과 여영(女英)이 상수(湘水)에서 창오(苍梧)를 바라보며 울었는데, 눈물이 대나무에 묻어 얼룩이 생겼다는 데서 유래함] =【湘竹】xiāngzhú
【湘剧】xiāngjù (명)(劇) 샹극(湘劇). [후난(湖南)성 지방극의 하나. 후난(湖南)으로 흘러들어온 익양강(弋阳腔)·곤강(昆腔)·피황강(皮黄腔)이 발전하여 형성됨]
【湘帘】xiānglián (명) 반죽으로 엮은 발.
【湘莲】xiānglián (명) 후난(湖南) 지방에서 나는 연밥.
【湘绣】xiāngxiù (명) 샹수. 후난(湖南) 지방에서 생산되는 자수 제품.
【湘语】xiāngyǔ ☞【湘方言】xiāngfāngyán
【湘竹】xiāngzhú ☞【湘妃竹】xiāngfēizhú

**缃[緗]** xiāng 담황색 상
(형)(문) 담황색의. ¶~黄=담황색.

**箱** xiāng 상자 상
(명) 1 상자. 트렁크. 박스. 궤짝. 케이스. 궤. 함. ¶木~=나무 상자. / 纸~=종이 상자. 2 상자 같이 생긴 것. ¶风~=풀무. / 信~=우편함. 사서함.
○● 暗箱, 沉chén箱, 顶箱, 烘hōng箱, 水箱, 添箱, 跳箱, 信箱, 油箱, 邮箱
【箱包】xiāngbāo (명) 트렁크와 가죽 가방.
【箱底】xiāngdǐ(~儿) (명) 1 상자 바닥. 2 저축해 두고 잘 쓰지 않는 재물. ¶这次可要动用~了. =이번에는 숨겨 놓은 재물까지 꺼내 써야겠다.
【箱笼】xiānglóng (명) 트렁크와 옷궤. 옷상자.
【箱式】xiāngshì (명) 상자 모양의. 상자 같은. ¶~货车=상자 모양의 화물차. 유개화차.

【箱体】xiāngtǐ 명 1 상자의 체적〔부피〕. ¶~过大, 不便托运. = 상자의 부피가 너무 커서 탁송하기 불편하다. 2 상자 모양의 몸체〔외관〕. ¶这种自动售货机的~美观大方. = 이런 자동판매기의 외관은 멋있고 세련되어 보인다.

【箱子】xiāng·zi 명 상자. 궤짝. 트렁크. 박스. 케이스. 궤. 함.

## 襄 xiāng 도울 양

통⟨문⟩ 돕다. 거들다. 협조하다. ¶共~义举 = 의거(義擧)를 같이 돕다. (Xiāng) 성(姓).

【襄办】xiāngbàn 통 협력하여 처리하다.

【襄礼】[相礼] xiānglǐ 통 (결혼식·장례식을 거행할 때) 주재자를 도와 의식을 진행하다. 명 (결혼식·장례식을 거행할 때) 주재자를 도와 의식을 진행하는 사람.

【襄理】xiānglǐ 통⟨문⟩ 협력하여 처리하다. 명 (은행이나 비교적 큰 기업의) 부책임자. 부지배인. 지배인대리.

【襄助】xiāngzhù 통⟨문⟩ 찬조하다. 돕다. 거들다. 협조하다. ¶倾力~ = 온 힘을 기울여 돕다.

| 襄 | xiāng |
| 镶 | xiāng |
| 骧 | xiāng |
| 让 | ràng |
| 嚷 | rǎng |
| 瓤 | ráng |
| 攘 | rǎng |
| 壤 | rǎng |
| 穰 | ráng |
| 禳 | ráng |

## 骧 [驤] xiāng 머리 들 양

통⟨문⟩ 1 말이 머리를 쳐들고 질주하다. 2 (머리를) 높이 세우다. 쳐들다. ¶高~ = 높이 쳐들다.

## 瓖 xiāng 상감할 상

통⟨문⟩ '镶(xiāng)'과 같음.

## *镶 [鑲] xiāng 상감할 상

통 끼워 넣다. 박아 넣다. 상감하다. 테를 두르다. ¶金~玉嵌 = 금이나 옥을 상감하다. / 项链上~着一颗钻石. = 목걸이에 다이아몬드를 박아 넣다. ≒嵌

【镶边】xiāng‖biān 통 테를 두르다. ¶领口和袖口全部用花布镶了边. = 옷깃과 소매에 모두 레이스를 둘렀다.

【镶工】xiānggōng 명 상감 세공(象嵌細工).

【镶嵌】xiāngqiàn 통 끼워 넣다. 박아 넣다. 상감하다. ¶胸针上~着一颗宝石. = 브로치에 보석이 박혀 있다.

【镶嵌画】xiāngqiànhuà 명 《美》 상감(象嵌) 기법으로 그린 그림.

【镶色】xiāngsè 통 (자수 등에서) 색을 넣다. 색으로 테를 두르다.

【镶牙】xiāng‖yá 통 의치(義齒)를 하다. 틀니를 끼워 넣다.

## *详 [詳] xiáng 자세할 상

형 상세하다. 자세하다. 세세하다. 세밀하다. ¶~情尽知 = 상세한 상황을 모두 알다. / ~细说明 = 상세히 설명하다. 통 1 상세히 설명하다. 상술하다. ¶内~ = (발신자 정보는) 안을 보시면 압니다. 〔편지 겉봉에 발신자의 성명과 주소

를 대신하여 쓰는 말〕 2 자세히 알다. 분명히 알다. 〔주로 부정형으로 쓰임〕 ¶出身年月不~. = 생년월일을 자세히 모르다. ↔略

○● 安详, 端详, 未wèi详, 周详

【详报】xiángbào 명 상보. 상세한 보고. 통 상세히〔자세히〕 보고하다.

【详备】xiángbèi 형 상세하고 완전하다. 상세히 갖추고 있다. 세세히 구비하고 있다. ¶材料~ = 자료가 세세히 구비되어 있다.

【详查】[详察] xiángchá 통 자세히 조사하다. 정밀 조사하다. ¶~案情 = 사건의 경위를 자세히 조사하다.

【详察】xiángchá 통 1 상세히 관찰하다. 자세히 살펴보다. ¶~古瓷的真伪 = 옛 자기의 진위를 자세히 살피다. 2 ☞【详查】xiángchá

【详见】xiángjiàn 통 상세한 내용은 …을〔를〕 보십시오〔참고하십시오〕. ¶参考文献~附录. = 참고 문헌은 부록을 보십시오.

【详解】xiángjiě 통 상세하게〔자세하게〕 해석하다〔풀이하다〕. ¶习题~ = 연습 문제를 상세하게 풀이하다.

【详尽】xiángjìn 형 상세하고 빠짐없다. 자세하고 빈틈없다. 상세하다. ¶这一事件的历史记载非常~. = 이 사건의 역사 기록은 매우 상세하다. ↔简略 大略 不详 概括 简单

【详略】xiánglüè 명 상세함과 간략함. 상략. ¶~得当 = 상세함과 간략함이 적당하다.

【详密】xiángmì 형 상밀하다. 상세하고 세밀하다. 주도면밀하다. ¶分析~ = 분석이 주도면밀하다.

【详明】xiángmíng 형 상명하다. 상세하고 분명〔명료〕하다. 자세하고 확실하다. ¶注释~ = 주석이 상세하고 분명하다.

【详情】xiángqíng 명 상세한 상황. 자세한 사정. ¶探明~ = 자세한 사정을 밝혀 내다. ↔概况

【详实】xiángshí ☞【翔实】xiángshí

【详述】xiángshù 통 상술하다. 자세히 서술하다. 세세하게 기술하다. ¶~原委 = 자초지종을 자세히 서술하다.

【详谈】xiángtán 통 상세히〔세세하게〕 말하다. ¶见面~ = 만나서 상세히 말하다.

【详图】xiángtú 명 상세도(詳細圖).

【详悉】xiángxī 통 자세히 알다. 훤히 파악하다. ¶~内情 = 내막을 자세히 알다. 형 상세하고 빠짐없다. ¶记述~ = 기술이 상세하고 빠짐없다.

【详细】xiángxì 형 자세하다. 세세하다. ¶~说明具体情况. = 구체적인 상황을 자세하게 설명하다. ↔简要 简略 不详 大略 扼要

---

详细(xiángxì) / 仔细(zǐxì)
상세하다, 자세하다, 꼼꼼하다

详细: 생각, 연구, 조사 등의 행위가 주도면밀하고 모두 갖춰지는 것을 말함. ¶这一点将在下一节里详细阐述. = 이 점은 다음 절에서 자세히 설명합니다. / 这个道理, 已经讲得很详细

了。= 이 이치는 이미 상세히 설명했다. ¶
仔细 : 전면적이고 꼼꼼하며 진지한 것을 강조함. ¶
这个问题我还没仔细考虑过。= 이 문제를 난 꼼꼼하게 고려해 보지 않았다. / 他仔细打量小伙子。= 그는 자세히 젊은이를 살펴본다.

【详详细细】 xiáng·xiang xìxì 〔형〕 상세하다. 자세하다. 세세하다.

【详注】 xiángzhù 〔동〕 상세하게 주석(註釋)하다. 상세하게 평어와 주해를 달다. ¶~出典 = 출전을 상세히 주석하다. 〔명〕 상주. 자세한 주석(註釋). ¶引文均有~。= 인용문에 모두 자세한 주석이 달려 있다.

## \*降 xiáng 항복할 항

〔동〕 **1** 항복하다. 투항하다. 굴복하다. ¶诈~ = 거짓 항복하다. / 诱~ = 투항을 권고하다. **2** 항복시키다. 굴복시키다. 길들이다. 제압하다. ¶~伏妖魔 = 요괴를 굴복시키다. / 一物一物 = 하나가 다른 하나를 제압하다. 뛰는 놈이 있으면 나는 놈이 있다.

☞ jiàng

○● 归降, 纳nà降, 乞qǐ降, 请降, 劝quàn降, 受降, 投降, 诱yòu降, 诈zhà降, 招降

【降表】 xiángbiǎo 〔명〕〔문〕 투항서. 항복 의향서.

【降敌】 xiángdí 〔동〕 **1** 투항하다. 항복하다. 백기를 들다. ¶叛国~ = 나라를 배반하고 항복하다. **2** 투항시키다. 항복시키다. ¶~数万人。= 수만 명을 항복시키다.

【降伏】 xiáng‖fú 〔동〕 길들이다. 굴복시키다. 복종시키다. [주로 사람 이외의 것에 쓰임] ¶~猛兽 = 맹수를 길들이다.

【降服】 xiángfú 〔동〕 **1** 투항하다. 항복하다. 굴복하다. ¶缴械~ = 무기를 바치고 투항하다. **2** 굴복[복종]시키다. 제압하다. [주로 사람에게 쓰임] ¶~绑匪 = 유괴범을 제압하다.

【降将】 xiángjiàng 〔명〕 항장. 투항한 장수.

【降龙伏虎】 xiánglóng-fúhǔ 〔성〕 **1** 큰 용을 굴복시키고 사나운 호랑이를 잡다. **2** 〔비〕 강적을 제압하다〔물리치다〕.

【降旗】 xiángqí 〔명〕 백기(白旗). 항기. 항복기.

【降顺】 xiángshùn 〔동〕 항복하여 순종하다. 굴복하여 따르다.

## 庠 xiáng 학교 상

〔명〕〔문〕 고대의 지방 학교.

【庠生】 xiángshēng 〔명〕〔문〕 '生员(생원)·수재(秀才)'의 별칭. [옛날, 부(府)·주(州)·현(縣)의 학교에 다니는 학생]

【庠序】 xiángxù 〔명〕〔문〕 **1** 고대(古代)의 지방 학교. **2** 학교.

## \*祥 xiáng 상서로울 상

〔형〕 상서롭다. 길하다. 좋다. ¶不~ = 불길하다. / 吉~如意 = (매사가) 길하고 뜻과 같이 이 되다. [인사말로 쓰임] 〔명〕 (Xiáng) 성(姓). ≒ 吉 瑞 ↔凶

○● 慈cí祥, 发祥地

【祥和】 xiánghé 〔형〕 **1** 상서롭고〔경사스럽고〕 평온하다〔평안하다〕. ¶~欢乐的节日气氛 = 경사스럽고 평온하고 즐거운 명절 분위기. **2** 자상하다. 인자하다. 어질다. 너그럽다. ¶神情~ = 표정이 인자하다.

【祥瑞】 xiángruì 〔명〕 상서. 길조(吉兆). 길상(吉祥). 선상(善祥). 길서(吉瑞). 경서(慶瑞). 경조(慶兆).

【祥云】 xiángyún 〔명〕 상운. 상서로운 구름.

## 翔 xiáng 빙빙 돌아 날 상

〔동〕 (새가) 빙빙 돌며〔선회하며〕 날다. 날다. ¶飞~ = 비상하다. / 翱~ = 선회하며 날다. 〔형〕 상세하다. 자세하다. ¶~实可信 = 상세하고 확실하여 믿을 만하다.

○● 翱áo翔, 回翔

【翔实】【详实】 xiángshí 〔형〕 상세하고 확실하다. 자세하고 믿을 만하다. ¶资料~ = 자료가 상세하고 확실하다.

## 享〔（亯）〕 xiǎng 누릴 향

〔동〕 **1** 〔문〕 (귀신이) 제물을 흠향(歆饗)하다. **2** 누리다. 향유하다. 즐기다. ¶坐~其成 = 가만히 앉아서 남의 성과를 누리다. / 乐无度 = 무절제하게 향락에 빠지다. **3** 가지다. 얻다. (취)득하다. ¶~年85岁 = 향년 85세. **4** 〔문〕 '飨(xiǎng)'과 같음.

○ 享 xiǎng
  淳 chún
  醇 chún
  鹑 chún
  谆 zhūn

【享福】 xiǎng‖fú 〔동〕 (행)복을 누리다. 행복〔안락·편안〕하게 살다. ¶辛苦了一辈子, 也该~了。= 한평생을 고생했으니, 행복을 누릴 때도 되었다. ↔受苦 吃苦 受罪 遭罪

【享乐】 xiǎnglè 〔동〕 향락하다. 즐기다. 탐닉하다. [주로 부정적인 또는 혐오적인 의미로 쓰임] ¶贪图~ = 향락에 탐닉하다.

【享年】 xiǎngnián 〔명〕〔경〕 향년. 한평생 살아 누린 나이. [주로 노인에게 쓰임] ¶~87岁 = 향년 87세.

【享受】 xiǎngshòu 〔동〕 향수하다. 누리다. 향유하다. 즐기다. 좋은 상태를 지니다. ¶~优厚待遇 = 후한 대우를 누리다.

【享用】 xiǎngyòng 〔동〕 누리다. 향유하다. 향수하다. 즐기다. 맛보다. 만끽하다. 사용하다. 이용하다. ¶尽情~各种美食。= 여러 가지 맛있는 음식을 만끽하다.

【享有】 xiǎngyǒu 〔동〕 (권리·명예 등을) 향유하다. 누리다. 지니다. 얻다. ¶他在医学界~极高的声誉。= 그는 의학계에서 최고의 명예를 지니고 있다.

【享誉】 xiǎngyù 〔동〕 명성을 향유하다〔누리다〕. 명예를 떨치다. ¶~全球 = 세계적으로 명성을

누리다.

**响[響]** xiǎng 소리 향
⓵ 1 메아리. 반향(反響). ¶影~=영향. / 回~=메아리. 2 소리. 음향. 울림. ¶声~=소리. / 音~=음향. ⓶ 1 소리가 나다. 울리다. 소리를 내다. ¶一声不~=찍소리도 나지 않는다. / 钟~了.=종이 울려 퍼졌다. 2 소리가 나게 하다. ¶~铃了=벨을 울렸다. 3 소리가 크다. 우렁차다. ¶电视机的声音开得太~了.=텔레비전의 소리를 너무 크게 틀었다.

○● 百响, 打响, 反响, 回响, 绝jué响, 山响, 声响, 双响, 音响

【响板】xiǎngbǎn ⓵(音) 캐스터네츠(castanets).
【响鼻】xiǎngbí(~儿) ⓵ (말·노새 등의) 투레질. ¶打~儿=투레질하다.
【响鞭】xiǎngbiān ⓵ 1 채찍을 휘두르는 소리. ¶他用力甩出一串~.=그는 힘껏 채찍을 휘둘렀다. 2 폭죽. ¶燃放了两挂~.=폭죽 두 꿰미를 터뜨렸다.
【响彻】xiǎngchè ⓶ 소리가 울려 퍼지다. 소리가 …까지 울리다. ¶人们的欢呼声~寂静的夜空.=사람들의 환호성이 적막한 밤 하늘에 울려 퍼졌다.
【响彻云霄】xiǎngchè·yúnxiāo ⓼ 1 소리가 하늘까지 울려 퍼지다. 2⓲ (소리가) 크고 맑다. 우렁차다. 울려 퍼지다. 낭랑하다.
【响当当】xiǎngdāngdāng ⓼ 1 땡땡〔쟁쟁·딸랑딸랑·뎅그렁뎅그렁·땡그랑땡그랑〕울리다. 2⓲ 쟁쟁하다. 매우 뛰어나다. ¶~的著名作家=쟁쟁한 유명 작가.
【响动】xiǎng·dong(~儿) ⓵ 기척. 동정(動靜). 소리. ¶窗外有~.=창 밖에 기척이 있다.
【响度】xiǎngdù ⓵(物) 음량. 성량. 볼륨. → 【音量】yīnliàng 【声量】shēngliàng
【响遏行云】xiǎng'èxíngyún ⓼ 1 소리가 하늘까지 울려 퍼져, 흘러가는 구름조차 멈추게 하다. 2⓲ (소리가) 크고 맑다. 우렁차다. 울려 퍼지다. 낭랑하다.
【响鼓】xiǎnggǔ 잘 울리는 북. 소리가 우렁찬 북.
【响鼓不用重槌】xiǎnggǔ bùyòng zhòngchuí ⓼ 1 잘 울리는 북에는 큰 북채를 쓸 필요가 없다. 2⓲ 재능이 있는 사람은 스스로 알아서 잘 한다.
【响箭】xiǎngjiàn ⓵ 향전. 효시(嚆矢).
【响雷】xiǎng∥léi ⓶ 천둥치다. ¶~了, 要下雨了.=천둥이 치는 걸 보니, 곧 비가 오겠다.
【响雷】xiǎnglèi ⓵ 소리가 요란한 천둥. ¶天空突然炸开一个~.=하늘에서 갑자기 요란한 천둥이 친다.
【响亮】xiǎngliàng ⓽ (소리가) 크고 맑다. 우렁차다. 울려 퍼지다. 낭랑하다. ¶~的歌声=우렁찬 노랫소리. ↔低沉
【响锣】xiǎngluó ⓵ 1 징을 치다. ¶~开道=징을 치며 길을 열다. 2 시작하다. 개시하다. ¶足球赛如期~.=축구 시합은 예정대로 열린다.
【响马】xiǎngmǎ ⓵ 노상 강도. 마적(馬賊). [약탈을 할 때 먼저 향전을 쏘아 기세를 올렸기 때문에 붙여진 이름임]
【响器】xiǎngqì ⓵(音) 타악기의 총칭.
【响晴】xiǎngqíng ⓽ 쾌청하다. 구름 한 점 없이 맑다. ¶~的天空一片蔚蓝.=쾌청한 하늘이 온통 짙푸르다.
【响儿】xiǎngr ⓵ 동정. 기척. 소리. ¶屋里没有一点儿~.=집 안에 아무런 기척이 없다.
【响声】xiǎng·sheng ⓵ 동정. 기척. 소리. ¶一阵刺耳的~=한바탕 귀를 찌르는 소리.
【响头】xiǎngtóu ⓵ (머리가 땅에 부딪쳐 소리가 날 정도로 하는) 고두(叩頭). 큰절. ¶磕~=고두하다.
【响尾蛇】xiǎngwěishé ⓵(動) 방울뱀.
【响响亮亮】xiǎng·xiang liàngliàng ⓽ (소리가) 크고 맑다. 우렁차다. 울려 퍼지다. 낭랑하다.
【响音】xiǎngyīn ⓵(言) 1 유성음. ['a·e·o'와 같은 모음과 'm·n·l'과 같은 유성 자음을 가리킴] 2 유성 자음.
【响应】xiǎngyìng ⓶ 1 (구두로) 대답하다. 응답하다. 2⓲ (호소·제안 등에) 호응하다. 응하다. 공명하다. ¶众人纷纷~他的提议.=많은 사람들이 잇달아 그의 제의에 호응했다.
【响指】xiǎngzhǐ ⓵ (엄지와 중지를 튀겨서 소리를 내는) 손가락 튕기기. ¶打~=손가락을 튕겨 소리를 내다.

**饷[餉, 饟]** xiǎng 군량 양
⓵ 1 옛날, 군량. 2 급료. 봉급. [옛날, 주로 군인과 경찰·정부 기관의 근무자에게 지급하던 급료를 가리킴] ¶发~=급료를 지급하다. / 月~=월급. ⓶⓼ 술과 음식 등으로 대접하다〔환대하다〕. ¶~宾=손님을 접대하다.

○● 军饷, 粮饷, 薪xīn饷

【饷银】xiǎngyín ⓵⓹ (군인과 경찰의) 급료. 봉급.

**蚃** xiǎng 벼 벌레 향
【蚃虫】xiǎngchóng ⓵⓲ (멸구 등) 벼의 해충.

**飨[饗]** xiǎng 잔치할 향
⓶ 1⓹ 술과 음식을 대접하다〔환대하다〕. 향응을 베풀다. ¶~客=술과 음식으로 손님을 대접하다. 2 남에게 만족을 주다. 남의 요구를 만족시키다. 남이 향유하게〔누리게·즐기게·만끽하게〕하다. ¶以~读者=독자들의 요구에 부응해 독자들을 즐겁게 해 주다.
【飨宴】xiǎngyàn ⓶⓹ 주연을 베풀어 환대〔접대〕하다.

**想** xiǎng 생각할 상
⓶ 1 생각하다. ¶左思右~=이리저리 생각하

다. / 冥思苦~ = 깊이 생각하다. **2** 추측하다. 예상하다. …(이)라고 여기다〔보다·생각하다〕. ¶推~ = 추측하다. / 猜~ = 짐작하다. **3** 바라다. 희망하다. 계획하다. …하고 싶다. …하려고 하다. …할 작정이다. ¶梦~ = 몽상하다. / 痴心妄~ = 허황된 망상을 하다. **4** 걱정하다. 그리워하다. ¶怀~ = 그리워하다. / 朝思暮~ = 아침 저녁으로 생각하다. 늑思

○● 猜cāi想, 畅chàng想, 痴chī想, 浮想, 感想, 怀huái想, 幻huàn想, 回想, 假jiǎ想, 渴kě想, 空想, 理想, 联想, 料想, 梦想, 缅miǎn想, 冥míng想, 设想, 试想, 思想, 推想, 妄wàng想, 遐xiá想, 休想, 玄xuán想, 臆xuán想, 意想, 预yù想, 追zhuī想, 着zhuó想

【想必】**xiǎngbì** 튄 반드시. 틀림없이. 꼭. 필연. 필시. ¶他这会儿不在家, ~是散步去了. = 그는 이 시간에 집에 없는데, 틀림없이 산책하러 갔을 것이다.

【想不出】**xiǎng·buchū** 통 생각나지 않다. 생각해 내지 못하다. 생각이 떠오르지 않다. ¶我~什么好办法。= 나는 무슨 좋은 방법이 떠오르지 않는다.

【想不出来】**xiǎng·buchūlái** 통 생각나지 않다. 생각해 내지 못하다. 생각이 떠오르지 않다. ¶答案一时还~。= 일순간 답안이 생각나지 않는다.

【想不到】**xiǎng·budào** 통 미처 생각하지 못하다. 예상하지 못하다. 생각지도 못하다. 뜻밖이다. 의외이다. ¶~在这儿会碰见你。= 여기에서 너와 만날 줄은 생각지도 못했다. ↔想得到

【想不开】**xiǎng·bukāi** 통 **1** (여의치 않은 일에 대해) 생각을 떨쳐 버리지 못하다. 납득〔이해〕하지 못하다. 꽁하게 생각하다. 헤어나지〔벗어나지·깨어나지〕 못하다. ¶一点小事, 没什么~的。= 작은 일인데 이해하지 못할 것도 없다. **2** (생각이) 답답하다. 막혀 있다. 화통하지 못하다. ¶他一辈子都~, 从来舍不得多花一分钱。= 그는 일평생을 답답하게 살아와서 이제껏 돈 한 푼도 아까워서 쓰지 못했다. ↔想得开

【想不了】**xiǎng·buliǎo** 통 (시간·능력이 없어서) 생각할 여지가 없다. 생각할 수 없다. 생각하지 못하다. ¶那个时候~那么多。= 그때는 그렇게 많은 것을 생각할 여지가 없었다. / 我~那么快。= 나는 그렇게 빨리 생각해 내지 못한다.

【想不起】**xiǎng·buqǐ** 통 생각〔기억〕이 나지 않다. 기억해 낼 수 없다. ¶想了半天, 我也~那个人是谁。= 한참을 생각해 봤지만, 나도 그 사람이 누구인지 생각이 나지 않는다.

【想不起来】**xiǎng·buqǐlái** 통 생각〔기억〕이 나지 않다. 기억해 낼 수 없다. ¶这个人仿佛在哪儿见过, 但一时~。= 이 사람을 어디선가 본 듯한데, 한순간 기억이 나지 않는다. ↔想起来

【想不通】**xiǎng·butōng** 통 (어떤 일의 이치나 여의치 않은 일에 대해) 납득할 수 없다. 이해할 수 없다. 납득〔이해〕되지 않다. 생각이 풀리지 않다. ¶平白受人冤枉, 他自然~。= 공연히 억울한 누명을 뒤집어썼으니, 그는 당연히 납득할 수

가 없다. ↔想得通

【想出病来】**xiǎngchū bìnglái** 통 그리움이 지나쳐 병이 나다. 너무 보고 싶어 병이 나다. ¶奶奶想你都~了。= 할머니께서는 네가 너무 보고 싶어서 병이 나셨다.

【想出】**xiǎng·chū** 통 생각해 내다. 떠올리다. 생각나다. 떠오르다. ¶她~一个好主意。= 그녀는 좋은 생각 하나를 떠올렸다.

【想出来】**xiǎng·chū·lái** 통 생각해 내다. 떠올리다. 생각나다. 떠오르다. ¶一个好的方案终于~了。= 좋은 방안 하나를 마침내 생각해 냈다.

---

想出来 / 想起来 생각나다

想出来 : 없던 생각을 새로 생각해 내는 것을 말한다. ¶这是一个孩子想出来的好办法。= 이것은 한 아이가 생각해 낸 좋은 방법이다.

想起来 : 원래 알던 것을 생각해 내는 것을 말한다. ¶我想起来了, 他叫李明。= 나 생각났어, 그 사람은 리밍이야.

---

【想当年】**xiǎng dāngnián** 통 그 당시를〔옛날을〕 생각하다. 그때를〔옛날을〕 떠올리다. ¶~, 我们也是响当当的人物。= 그때를 생각해 보면, 우리도 쟁쟁한 인물이었다.

【想当然】**xiǎng dāngrán** 통 (주관적으로) 아마 그럴 것이라고 생각하다. 응당 그럴 것이라고 생각하다. 으레 그러려니 여기다. 뻔하다고 생각하다. ¶不调查研究, 而是~, 怎么能办好事情? = 조사 검토하지 않고 뻔하다고 생각하니, 어떻게 일을 잘 처리할 수 있겠어?

【想到】**xiǎngdào** 통 **1** 생각하다. 생각이 미치다. ¶~时间太晚了, 就没来打扰你。= 시간이 너무 늦었다고 생각해서 당신을 찾아오지 않았습니다. **2** 예상하다. 예측하다. ¶没~天气变化得这么快。= 날씨 변화가 이렇게 빠를 줄은 미처 예상하지 못했다. **3** 생각이 나다. 생각이 떠오르다. ¶他~还有点儿作业没做。= 그는 아직 남은 숙제가 있다는 것이 생각났다.

【想得到】**xiǎng·dedào** 통 예상할 수 있다. 생각해 낼 수 있다. [주로 반문으로 쓰임] ¶谁会~情况这么复杂? = 누가 상황이 이렇게 복잡할 줄 예상했겠어? ↔想不到

【想得开】**xiǎng·dekāi** 통 (여의치 않은 일을) 마음에 두지 않다. 떨쳐 버리다. 털어 버리다. 납득〔이해〕하다. 마음을 넓게 먹다. 헤어〔벗어·깨어〕나다. ¶凡事~, 日子才过得快活。= 만사에 넓게 생각해야지 비로소 즐겁게 지낼 수 있다. ↔想不开

【想得起来】**xiǎng·deqǐlái** 통 생각〔기억〕해 낼 수 있다. ¶你还~我的名字吗? = 너 아직 나의 이름을 기억해 낼 수 있겠니? ↔想不起来

【想得通】**xiǎng·detōng** 통 (어떤 일의 이치나 여의치 않은 일에 대해) 납득할 수 있다. 이해할 수 있다. 알아차리다. 깨닫다. 생각이 풀리다. ¶这事儿他完全~。= 이 일을 그는 완전히 알아차렸다. ↔想不通

【想法】xiǎng‖fǎ 〔동〕 방법을 생각하다〔강구하다〕. 방도를 궁리하다. 대책을 세우다〔마련하다〕. ¶~度过难关=방법을 강구하여 난관을 극복하다. ≒设想 设法
【想法子】xiǎng fǎ·zi 〔동〕 방법을 생각하다〔강구하다〕. 방도를 궁리하다. 대책을 세우다〔마련하다〕. ¶~把贷款还了. =방법을 강구하여 대출금을 상환했다.
【想法】xiǎng·fa 〔명〕 생각. 의견. 견해.
【想方设法】xiǎngfāng-shèfǎ 〔성〕 온갖 방법을 다 생각하다. 갖은 방법을 다하다.
【想好】xiǎnghǎo 〔동〕 잘 생각하다. 충분히 생각하다. ¶你要~, 答应了就不能反悔. =너는 잘 생각해야 한다, 일단 대답하고 나면 다시 돌이킬 수 없으니까.
【想家】xiǎngjiā 〔동〕 집 생각을 하다. 집을 그리워하다. ¶出国以后, 她常常~. =출국한 이후, 그녀는 종종 집 생각을 한다.
【想见】xiǎngjiàn 〔동〕 짐작해 [미루어] 알다. 알아볼 수 있다. ¶由此可以~他为人十分正直. =이로써 그의 사람됨이 아주 정직함을 알 수 있다.
【想尽】xiǎngjìn 〔동〕 생각할 수 있는 것은 다 생각해 보다. ¶为那事, 他可算~了办法. =그 일을 위해서 그는 생각해 볼 수 있는 방법은 모두 생각해 본 셈이다.
【想开】xiǎngkāi 〔동〕 생각을 넓게 가지다. 떨쳐 버리다. 털어 버리다. 쉽게 생각하다. 연연해하지 않다. ¶你要~些, 不能总把这些不愉快的事情放在心上. =너는 생각을 좀 넓게 가져라, 늘 이런 불쾌한 일을 마음에 담아 두어서는 안 된다.
【想来】xiǎnglái 〔동〕 예상하다. 추측하다. 생각건대. [주로 삽입어로 쓰임] ¶至今没有接到通知, ~开会日期延后了. =지금까지 통보를 받지 못했으니, 아마도 회의 일자가 연기된 것 같다.
【想来想去】xiǎnglái-xiǎngqù 〔성〕 이리저리 생각하다. 여러 모로 고려해 보다. 여러 가지로 생각해 보다. ¶他~, 但还是想不出好办法. =그는 이리저리 생각했지만 여전히 좋은 방법을 떠올리지 못했다.
【想念】xiǎngniàn 〔동〕 그리워하다. 생각하다. ¶~家乡的亲人=고향의 친지를 그리워하다. ≒怀念 思念 ↔忘怀 忘却
【想偏】xiǎngpiān 〔동〕 생각[판단]이 빗나가다 〔틀리다·벗어나다〕. ¶这事你~了, 他说的都是玩笑话. =이 일은 네 생각이 빗나갔어, 그가 말한 것은 모두 농담이야.
【想起】xiǎng·qǐ 〔동〕 1 생각해 내다. 떠올리다. ¶他已经~对策来了. =그는 이미 대책을 생각해 냈다. 2 기억해 내다. 상기해 내다. ¶他~她的电话号码了. =그는 그녀의 전화 번호를 기억해 냈다. 3 그리워하다. 생각하다. ¶他~远隔千里的父母来了. =그는 아득히 멀리 있는 부모님을 그리워한다.
【想起来】xiǎng·qǐ·lái 〔동〕 생각이 나다. 생각이 떠오르다. 생각해 내다. 떠올리다. ¶他~钱包忘在办公室里了. =그는 지갑을 사무실에 놓고 온 것이 생각났다.

【想儿】xiǎngr 〔명〕〔방〕 희망. 장래성. 가망. ¶有~=희망이 있다.
【想入非非】xiǎngrùfēifēi 〔성〕 1 생각이 현묘한 경지에 들어서다. 2〔비〕 터무니없는〔허튼·비현실적인〕 생각을 하다. ≒异想天开
【想通】xiǎngtōng 〔동〕 알아차리다. 깨닫다. 알다. 납득하다. 생각이 풀리다. ¶经过开导, 他终于~了. =설득을 통해 그는 마침내 깨달았다.
【想透】xiǎngtòu 〔동〕 확실하게 알다. 분명하게 알아차리다. 철저히 깨닫다. ¶他终于~了, 哪里跌倒哪里爬起来. =그는 어떤 좌절에서도 바로 일어서야 한다는 것을 철저히 깨달았다.
【想头】xiǎng·tou 〔명〕〔구〕 1 생각. ¶他的脑子里突然有了一个~. =그의 머릿속에 갑자기 생각이 하나 떠올랐다. 2 희망. ¶日子越过越有~. =날이 갈수록 희망이 생긴다.
【想望】xiǎngwàng 〔동〕 1 희망하다. 기대하다. ¶他从小就~能当一名飞行员. =그는 어려서부터 비행기 조종사가 되기를 희망했다. 2〔문〕 앙모(仰慕)하다. 흠모하다. 우러러보다. 우러르다. ¶我对先生~已旧, 只是无缘得见. =제가 선생님을 앙모한 지 오래 되었는데, 단지 뵐 기회가 없었습니다.
【想象】[想像] xiǎngxiàng 〔명〕〔심〕 상상. ¶~奇特=상상이 기묘하다. 〔동〕 상상하다. ¶不难~当时的条件有多么艰苦. =당시의 조건이 얼마나 힘들었는지 어렵지 않게 상상할 수 있다. ≒设想 ↔实际
【想象力】xiǎngxiànglì 〔명〕〔심〕 상상력. ¶丰富的~=풍부한 상상력.
【想像】xiǎngxiàng ☞【想象】xiǎngxiàng
【想要】xiǎngyào 〔동〕 …하려고 하다. ¶~出去旅游, 可又没有时间. =여행을 떠나고 싶지만, 막상 떠나려고 하니 또 시간이 없다.
【想着】xiǎng·zhe 〔동〕 염두에 두다. 잊지 않다. 기억하고 있다. 생각하고 있다. ¶可要把我拜托给你的事~. =내가 너에게 부탁한 일을 꼭 염두에 두어야 한다.

**鲞** [鯗] xiǎng 건어 상
〔명〕 배를 갈라 말린 물고기. 건어(乾魚). ¶白~=배를 갈라 말린 조기. / 鳗~=말린 뱀장어.
【鲞鱼】xiǎngyú 〔명〕 건어.

**向**[1] xiàng 경향 향
〔동〕 두둔하다. 역성들다. 거들다. 감싸다. 편들다. 편애하다. ¶奶奶总~着小孙子. =할머니는 늘 작은손자를 두둔한다. 〔개〕 …(으)로. …에게. …을〔를〕 향하여. ¶~西走=서쪽으로 가다. / ~前辈请教. =선배에게 가르침을 청하다. 〔명〕 1 방향. ¶风~=풍향. / 去~不明=행방불명. 2 의지의 경향. 미래에 대한 생각. ¶意~=의향. / 志~=지향. 3 (Xiàng) 성(姓).

○ 向 xiàng
  响 xiǎng
  饷 xiǎng
  晌 shǎng
  垧 shǎng

**向**[2][嚮] xiàng 향할 향

動 1 …을〔를〕향해 있다. …〔으〕로〔을·를〕향하다. ¶窗户~南＝창문이 남쪽을 향해 있다. ¶奋勇~前＝용기를 내어 앞으로 향하다. 2 ⟨動⟩ 가까워지다. 다가가다. 근접하다. ¶天色~晚＝날이 저물어 간다. ↔背

**向³**[嚮, 曏] **xiàng** 앞서 향

⟨名⟩⟨文⟩ 이전. 종전. 과거. ¶~日＝이전. ⟨副⟩ (과거부터) 지금까지. 여태껏. 이제까지. ¶~无此例＝이제까지 이런 사례가 없었다.

○● 动向, 方向, 归向, 航háng向, 偏向, 倾qīng向, 趋qū向, 去向, 山向, 一向

【向背】**xiàngbèi** ⟨名⟩ 향배. 지지와 반대. ¶人心~＝인심의 향배.

【向壁虚构】**xiàngbì-xūgòu** ⟨成⟩ 1 벽을 마주하고 꾸며 내다. 2 ⟨喩⟩ 터무니없이 날조하다〔조작하다〕. ＝【向壁虚造】**xiàngbì-xūzào**

【向壁虚造】**xiàngbì-xūzào** ☞【向壁虚构】**xiàngbì-xūgòu**

【向导】**xiàngdǎo** ⟨動⟩ 길을 안내하다. ¶我们对山路不熟, 必须有人~。＝우리는 산길에 익숙하지 않으니, 꼭 길을 안내하는 사람이 필요하다. ⟨名⟩ 길 안내자. 가이드. ¶一路上都是他做我们的~。＝일정 내내 그가 우리를 안내했다.

【向迩】**xiàng'ěr** ⟨動⟩⟨文⟩ 가까이하다. 친하게 지내다. ¶不可~＝가까이해서는 안 된다.

【向光性】**xiàngguāngxìng** ☞【趋光性】**qūguāngxìng**

【向后】**xiànghòu** ⟨副⟩ 뒤로. 뒤쪽으로. 뒤를 향해. ¶~看＝뒤를 향해 보다.

【向来】**xiànglái** ⟨副⟩ 본래부터. 줄곧. 종래. 여태까지. 지금까지. 이제까지. 본시. 항상. ¶~如此＝줄곧 이와 같다. ≒一向

【向例】**xiànglì** ⟨名⟩ 관례. 전례. 통례. ¶打破~＝관례를 타파하다.

【向量】**xiàngliàng** ☞【矢量】**shǐliàng**

【向暮】**xiàngmù** ☞【向晚】**xiàngwǎn**

【向前看】**xiàngqiánkàn** ⟨動⟩ (과거의 원한이나 득실을 따지지 않고) 앞을 내다보다. 미래를 바라보다. ¶凡事都要~, 过去的就不必再计较了。＝만사에 모두 앞만 바라봐야지, 지난간 것은 다시 따질 필요가 없다.

【向钱看】**xiàngqiánkàn** ⟨動⟩ 오로지 돈만 추구하다〔따지다·쳐다보다·좇다〕. 돈 벌 궁리만 하다. 돈벌이만 생각하다. ¶一些不法商贩只顾~, 不惜损害广大消费者的利益。＝일부 불법 장사꾼들은 오로지 돈벌이만 생각하여, 많은 소비자들의 이익을 침해하는 것도 마다하지 않는다.

【向日】**xiàngrì** ⟨名⟩⟨文⟩ 지난날. 이전. 예전.

【向日葵】**xiàngrìkuí** ⟨名⟩⟨植⟩ 해바라기. ≒【葵花】**kuíhuā**【朝阳花】**cháoyánghuā**【向阳花】**xiàngyánghuā** ⟨方⟩【转日莲】**zhuànrìlián**

【向善】**xiàngshàn** ⟨動⟩ 선을 지향〔추구〕하다. 선한 것을 따르다. 선한〔좋은〕 일을 하다. ¶存心~＝마음이 선을 좇다.

【向上】**xiàngshàng** ⟨動⟩ 1 위로 향하다. ¶~飞＝위로 날다. 2 진보하다. 발전하다. 향상하다. ¶积极~＝향상을 위해 적극적으로 노력하다. ↔向下

【向上爬】**xiàngshàngpá** ⟨動⟩ 1 위로 향해 기어 올라가다. 2 ⟨貶⟩ 출세만 꾀하다. 부당한 수단으로 영전을 도모하다.

【向使】**xiàngshǐ** ⟨接⟩⟨文⟩ 만약. ¶~当年身便死。＝만약 그때였다면 죽었을 것이다.

【向晚】**xiàngwǎn** ⟨名⟩ 저녁〔황혼〕 무렵. 저물녘. ＝【向暮】**xiàngmù** ¶~时分＝황혼 무렵.

【向往】**xiàngwǎng** ⟨動⟩ 열망하다. 갈망하다. 동경하다. ¶他一直~着能够周游世界。＝그는 줄곧 세계 일주를 갈망했다.

【向午】**xiàngwǔ** ⟨名⟩ 정오 무렵. 점심때. 한낮.

【向下】**xiàngxià** ⟨動⟩ 1 아래(쪽으)로 향하다. ¶~降落＝아래로 착륙하다. 2 사회 밑바닥(기층·대중)을 향하다. ¶眼光~＝사회 기층에 관심을 기울이다. ↔向上

【向晓】**xiàngxiǎo** ⟨名⟩⟨文⟩ 동틀녘. 새벽녘. ¶~雪止＝동틀녘에 눈이 그치다.

【向心力】**xiàngxīnlì** ⟨名⟩ 1 ⟨物⟩ 구심력. 2 ⟨喩⟩ (단체의) 응집력.

【向学】**xiàngxué** ⟨動⟩ 학문에 뜻을 두다. 학습에 마음을 기울이다. ¶一心~＝학습에 온 마음을 쏟다.

【向阳】**xiàngyáng** ⟨動⟩ 해를 향하다. 남향하다. ¶~的房子冬天比较暖和。＝남향집은 겨울에 따뜻한 편이다.

【向阳花】**xiàngyánghuā** ⟨名⟩⟨植⟩ 1 ☞【向日葵】**xiàngrìkuí** 2 해바라기꽃.

【向隅】**xiàngyú** ⟨動⟩ 1 벽 구석을 마주 대하다. 2 ⟨喩⟩ 고독과 실의에 빠지다. ¶心中悲苦, ~独坐。＝마음이 슬프고 괴로워, 실의에 빠진 채 홀로 앉아 있다.

【向隅而泣】**xiàngyú'érqì** ⟨成⟩ 1 벽 구석을 향해 흐느껴 울다. 2 ⟨喩⟩ 한없는 외로움과 절망에 빠지다. 더없이 고립되다.

【向着】**xiàng·zhe** ⟨動⟩ 1 …(으)로〔을·를〕 향하다. ¶~大海大声呼喊。＝바다를 향해 큰 소리로 외치다. 2 ⟨口⟩ 역성들다. 편들다. 두둔하다. 애호하다. 감싸다. ¶在他眼里, 爸妈总是~哥哥。＝그의 눈에는 아빠 엄마가 늘 형을 편드는 것으로 보였다.

**项**[項] **xiàng** 목 항

⟨名⟩ 1 목덜미. 2 목. ¶颈~＝목. 3 항목. ¶义~＝사전〔자전〕의 뜻풀이 항목. / 事~＝사항. 4 비용. 경비. 자금. 소요액. 코스트(cost). 기금. 금액. ¶进~＝수입. 입금액. / 存~＝예금액. 잔고. 5 ⟨數⟩ 항. 6 (Xiàng) 성(姓). ⟨量⟩ 가지. 항목. 조목. 조항. 절목. ¶两~开支＝두 목의 지출. / 各~制度＝각 항의 제도. ≒脖 颈

○● 出项, 后项, 花项, 颈jǐng项, 款kuǎn项, 内项, 前项, 强qiáng项, 事项, 说项, 外项, 移项, 义项

【项背】**xiàngbèi** 图 **1** 목덜미와 등. **2** 団 (사람의) 뒷모습. ¶后人难以望其~。=후인들이 뛰어넘기 힘들다. 후인들이 어깨를 나란히 하기 힘들다.

【项背相望】**xiàngbèi-xiāngwàng** 函 **1** 앞뒤로 이어지다. **2** 사람들이 꼬리를 물다. 사람들의 왕래가 끊이지 않다.

【项链】**xiàngliàn** 图 목걸이.

【项目】**xiàngmù** 图 **1** 항목. 종목. 사항. ¶田径~=육상 종목. **2** 과제. 프로젝트. 사업. ¶房地产建设~=부동산 건설 과제.

【项圈】**xiàngquān** 图 (단단한 둥근 테로 된) 목걸이. 넥밴드(neckband).

【项庄舞剑, 意在沛公】**Xiàng Zhuāng wǔ jiàn, yì zài Pèigōng** 函 **1** 항장(項莊)이 검무를 추는 의도는 유방(劉邦)을 죽이는 데 있다. [《사기·항우본기(史記·項羽本紀)》에서, 한(漢)고조 유방(劉邦)이 초패왕 항우(項羽)가 베푸는 홍문연(鴻門宴)에 갔을 때, 항우의 모사인 범증(范增)이 항우의 무장인 항장에게 검무를 추는 척하면서 유방을 찔러 죽이게 하였는데, 유방의 모사인 장량(張良)이 범증의 의도를 간파하고 유방의 무장인 번쾌(樊噲)에게 "지금 항장이 검을 뽑아 검무를 추는 의도는 패공[유방]을 죽이는 데 있다."라고 말한 것에서 유래함] **2** 団 다른 의도가 있다. 목적은 다른 데 있다.

## 巷 **xiàng** 거리 항

图 골목. 좁은 길. ¶街谈~议=항간에 떠도는 소문. / 万人空~=집집마다 사람들이 모두 거리로 나오다.
☞ **hàng**

○● 里巷

→ 巷 xiàng
港 gǎng

【巷口】**xiàngkǒu** 图 골목 어귀. 좁은 길 어귀.
【巷尾】**xiàngwěi** 图 골목의 막다른 곳. 골목의 끝. 좁은 길의 끝. ¶街头~=거리와 골목.
【巷战】**xiàngzhàn** 图图 (軍) 시가전(을 하다).
【巷子】**xiàng·zi** 图 골목. ¶~口=골목 어귀.

## 相 **xiàng** 모양 상

图 **1** (자세히) 관찰하다. 살펴보다. 살피다. 둘러보다. ¶人不可貌~, 海水不可斗量。=사람은 용모로 판단해서는 안 되고, 바닷물은 말로 될 수 없다. **2** 보조하다. 돕다. 거들다. ¶吉人天~=착한 사람은 하늘이 돕는 법이다. 图 **1** 图 용모. 생김새. 몰골. ¶扮~=분장한 모습. / 长~=외모. 생김새. / 凶~毕露=흉악한 몰골까지 여지없이 드러나다. 음흉한 정체가 낱낱이 드러나다. **2** (사물의) 외관. 겉모습. ¶月~=달의 모양. / 真~大白=진상이 백일하에 드러나다. **3** 자세. 자태. 모습. 모양. ¶坐~=앉은 자세. / 吃~=먹는 모습. **4** 재상. ¶首~=수상. / 宰~=재상. **5** 중앙정부의 일급 관료. **6** 图 주인을 도와 손님을 접대하는 사람. ¶儐~=손님을 맞는 사람. 의식용

사회자. **7** (電) (음파·광파·교류·전류 따위의) 상(相). 위상(位相). 페이즈(phase). ¶三~交流发电机=삼상교류발전기. **8** (物) 상(相). 원소의 상태. ¶液~=액상. **9** (物) 위상(位相). 페이즈(phase). **10** (**Xiàng**) 图(姓). ≒形 象 像
☞ **xiāng**

○● 扮bàn相, 本相, 变相, 看相, 老相, 亮相, 露lòu相, 面相, 皮相, 上相, 少shǎo相, 识相, 食相, 属shǔ相, 星相, 形相, 洋相, 宰zǎi相, 照相, 真相, 裝相

【相变】**xiàngbiàn** 图(物) 상전이(相轉移). 상변화. 函 phase transition
【相册】[像册] **xiàngcè** 图 앨범. 사진첩.
【相公】**xiàng·gong** 图函 **1** 상공. [부인의 남편에 대한 경칭] **2** 상공. [선비나 성년 남자에 대한 경칭. 주로 중국 전통극·소설에 보임]
【相机】**xiàngjī** 图 사진기. =【像机】**xiàngjī** 图 기회를 [틈을] 엿보다. ¶~而行=기회를 보아 행동하다.
【相机行事】**xiàngjī-xíngshì** 函 적당한 기회를 골라 어떻게 처리할지를 결정하다.
【相里】**Xiànglǐ** 图 복성(複姓).
【相马】**xiàngmǎ** 图 **1** 말의 좋고 나쁨을 가려내다. 말의 양부(良否)를 판별하다. **2** 団 인재를 잘 알아보다.
【相马以舆, 相士以居】**xiàng mǎ yǐ yú, xiàng shì yǐ jū** 函 말의 좋고 나쁨을 알려면 끌고 있는 수레를 보면 되고, 사람의 덕행을 알려면 그가 사는 집을 보면 된다.
【相貌】[像貌] **xiàngmào** 图 용모. 생김새. ¶~平常=용모가 평범하다. ≒容貌
【相貌堂堂】**xiàngmào-tángtáng** 函 용모가 당당하다.
【相面】**xiàngmiàn** 图 관상을 보다.
【相片儿】**xiàngpiānr** 图(구) 사진.
【相片】[像片] **xiàngpiàn** 图 사진.
【相声】**xiàng·sheng** 图(藝) 만담. 재담. [설창문예의 일종]
【相手蟹】**xiàngshǒuxiè** ☞【蟛蜞】**péngqí**
【相书】**xiàngshū** 图 **1** 관상서(觀相書). 상서(相書). **2** 图 성대 모사. 입내. ¶四川~=쓰촨(四川)말로 하는 성대 모사.
【相术】**xiàngshù** 图 관상술.
【相态】**xiàngtài** 图(物) 상(相). 원소의 상태.
【相位】**xiàngwèi** 图(物) 위상. 페이즈(phase).
【相纸】**xiàngzhǐ** 图 인화지. 현상지.

## 象 **xiàng** 코끼리 상

图 **1** (動) 코끼리. **2** 형태. 형상. 모양. ¶现~=현상. / 形~=형상. / 万~更新=모든 것이 변하고 새로운 기상이 나타나다. 图 모방하다. 흉내내다. ¶~声=소리를 흉내내다. / ~形字=상형문자. ≒像 相 形

→ 象 xiàng
像 xiàng
橡 xiàng

○● 表象, 病象, 抽象, 椿chūn象, 豆象, 对象,

怪象, 海象, 早象, 好象, 幻huàn象, 浑hún象, 活象, 迹jì象, 假jiǎ象, 脉mài象, 毛象, 米象, 如象, 物象, 险xiǎn象, 现象, 相象, 想象, 星象, 形象, 虚xū象, 血象, 意象, 影象, 征zhēng象

【象鼻虫】**xiàngbíchóng** 명(動) 바구미과 벌레의 총칭. =【象甲】**xiàngjiǎ**

【象甲】**xiàngjiǎ** ☞【象鼻虫】**xiàngbíchóng**

【象脚鼓】**xiàngjiǎogǔ** 명(音) 상각고. [태족(傣族) 북의 일종. 목제 몸체가 코끼리 다리를 닮았으며, 마구리에 양가죽을 씌움]

【象棋】**xiàngqí** 명 중국 장기. =【中国象棋】**zhōngguó xiàngqí**

【象声词】**xiàngshēngcí** ☞【拟声词】**nǐshēngcí**

【象素】**xiàngsù** 명 화소(畵素). ¶130万~数码相机=130만 화소 디지털카메라.

【象限】**xiàngxiàn** 명(數) 상한. 원의 4분의 1.

【象形】**xiàngxíng** 명(語) 상형. [육서(六書)의 하나로, 글자를 실물의 형상을 본떠서 만든 방법]

【象形文字】**xiàngxíng wénzì** 명 상형문자.

【象牙】**xiàngyá** 명 상아.

【象牙海岸】**Xiàngyáhǎi'àn** 명외(地) 코트디부아르(Côte dIvoire). [수도는 '阿比让(아비장: Abidjan)'임]

【象牙之塔】**Xiàngyázhītǎ** 명(낱) 상아탑.

【象牙质】**xiàngyázhì** ☞【牙质】**yázhì**

【象征】**xiàngzhēng** 통 상징하다. 표시하다. 나타내다. ¶星光~希望. =별빛은 희망을 상징한다. 명 상징. 표상(表象). 표징(表徵). 심벌. 표시. ¶鸽子是和平的~. =비둘기는 평화의 상징이다.

【象征性】**xiàngzhēngxìng** 명 상징성. ¶~收费=상징적으로 돈을 받다. 형 상징적인. 표상적인. ¶~地做个样子. =상징적으로 제스처를 취하다.

【象箸玉杯】**xiàngzhù-yùbēi** (成) **1** 상아 젓가락과 옥으로 만든 술잔. **2**(비) 사치스러운[호화스러운] 생활.

# 缿 xiàng 투서함 항

명(옛) **1** 돈을 넣어 두는 용기. **2** 관청에서 밀고장·서찰 등을 접수하던 용기. [넣기는 쉽지만 꺼내기는 어려움]

# 衖 xiàng 거리 항

명(옛) '巷(xiàng)'과 같음.

# *像 xiàng 닮을 상

통 **1** 같다. 비슷하다. 닮다. ¶两个人的发型很~。=두 사람의 헤어스타일은 매우 비슷하다. **2** …와[과] 같다. ¶~他这样的脾气, 跟什么人相处都很难. =그의 이와 같은 성질은 어떤 사람과도 잘 지내기 어렵다. **3** 마치〔흡사〕(…)인 것 같다·듯하다). ¶这台电脑~是有毛病了. =이 컴퓨터는 문제가 있는 듯하다. 명 **1** 인물을 본뜬 그

림이나 소상(塑像) 등. ¶画~=초상화를 그리다. /塑~=인물상. **2** 상(像). ¶实~=실상. /虚~=허상. ☞相 象 形

○● 偶ǒu像, 群像, 人像, 神像, 实像, 头像, 图像, 肖xiào像, 胸xiōng像, 遗yí像, 造像

【像册】**xiàngcè** ☞【相册】**xiàngcè**

【像差】**xiàngchā** 명(物) 수차(收差).

【像带】**xiàngdài** 명 비디오테이프.

【像话】**xiànghuà** 형 (말이나 행동이) 말이 되다. 이치에 맞다. [주로 반문이나 부정형으로 쓰임] ¶他这么做真不~！=그가 이렇게 한다는 것은 정말로 말이 안 된다.

【像机】**xiàngjī** ☞【相机】**xiàngjī**

【像框】**xiàngkuàng** 명 (사진의) 액자.

【像貌】**xiàngmào** ☞【相貌】**xiàngmào**

【像模像样】**xiàngmú-xiàngyàng** (成) 그럴듯하다. 제법 폼〔모양〕이 난다. 나무랄 데 없다. 모양〔격식〕을 제대로 갖추다. 일정 수준에 이르다. ¶孩子们的芭蕾舞跳得~. =아이들의 발레 솜씨가 제법 폼이 난다.

【像片】**xiàngpiàn** ☞【相片】**xiàngpiàn**

【像煞有介事】**xiàngshàyǒujièshì** ☞【煞有介事】**shàyǒujièshì**

【像生】**xiàngshēng** 명 **1** 상생. [비단이나 으름덩굴 따위로 사람이나 동식물의 겉모습으로 만든 공예품] **2** (송원(宋元)) 시기에) 설창(說唱)을 직업으로 삼았던 여자 연예인.

【像是】**xiàng·shi** 뿐 (마치) …인 것 같다. ¶天阴沉沉的, ~要下雨了. =날씨가 어둠침침한 것이 곧 비가 내릴 것 같다.

【像样】**xiàng‖yàng** 형 그럴듯하다. 제법 폼〔모양〕이 난다. 나무랄 데 없다. 모양〔격식〕을 제대로 갖추다. 일정 수준에 이르다. ¶画展办得挺~的. =그림 전시회를 그럴듯하게 치렀다.

【像章】**xiàngzhāng** 명 초상(肖像) 휘장〔배지(badge)〕.

# *橡 xiàng 상수리나무 상

명(植) **1** 상수리나무. 떡갈나무. **2** 고무나무.

【橡胶】**xiàngjiāo** 명 **1** 고무. **2** 천연고무. 생고무.

【橡胶草】**xiàngjiāocǎo** 명(植) 고무민들레.

【橡胶树】**xiàngjiāoshù** 명(植) 고무나무.

【橡栗】**xiànglì** ☞【橡实】**xiàngshí**

【橡皮】**xiàngpí** 명 **1** ☞【硫化橡胶】**liúhuà xiàngjiāo 2** ☞【橡皮擦】**xiàngpícā**

【橡皮擦】**xiàngpícā** 명 지우개. =【橡皮】**xiàngpí**

【橡皮筏】**xiàngpífá** 명 고무뗏목.

【橡皮膏】**xiàngpígāo** 명 반창고. =【胶布】**jiāobù**

【橡皮筋】**xiàngpíjīn**(~儿) 명 고무줄. 고무밴드. 고무테. =【皮筋】**píjīn**

【橡皮泥】**xiàngpíní** 명 고무 찰흙. 고무 점토.

【橡皮圈】**xiàngpíquān** 명 **1** (수영할 때 쓰는) 고무 튜브. **2**(~儿) 고무밴드. 고무테.

【橡皮树】xiàngpíshù 몡(植) 인도고무나무. =【印度橡皮树】yìndù xiàngpíshù
【橡皮糖】xiàngpítáng 몡 껌.
【橡皮艇】xiàngpítǐng 몡 고무 보트.
【橡皮图章】xiàngpí túzhāng 몡 1 고무 도장. 2(비) 명의만 있고 실권은 없는 기구나 개인.
【橡皮线】xiàngpíxiàn 몡 피복선. 고무(를 씌운) 절연선. =【皮线】píxiàn
【橡实】xiàngshí 몡(植) 상수리. 도토리. =【橡子】xiàngzǐ 【橡栗】xiànglì 밥 【橡碗子】xiàngwǎn·zi
【橡碗子】xiàngwǎn·zi ☞【橡实】xiàngshí
【橡子】xiàngzǐ ☞【橡实】xiàngshí
【橡子面】xiàngzǐmiàn 몡 상수리가루. 도토리가루.

# xiao

**肖** Xiāo 성씨 소
몡 성(姓). ['萧(Xiāo)'의 속자]
☞ xiào

**枭[梟]** xiāo 올빼미 효
몡 1(動) 올빼미. 2 우두머리. 두목. 괴수. 수령. ¶毒~=마약 밀매 조직의 두목. 3(옛) 소금 밀매업자. ¶盐~=소금 밀매업자. 톙(문) 사납다. 용맹스럽다. ¶~骑=용맹한 기병. 통 효수하다. 목을 베어 매달다. ¶~示=효시하다.
【枭将】xiāojiàng ☞【骁将】xiāojiàng
【枭首】xiāoshǒu 통(문) 효수하다. [옛날, 죄인의 머리를 베어 높은 곳에 매달던 형벌] ¶~示众=효수하여 대중에게 본보기로 삼다.
【枭雄】xiāoxióng 몡(문) 효웅. 사납고 야심찬 인물. 뜻을 품은 영웅호걸.

**枵** xiāo 빌 효
톙 1(문) 텅 비다. (배를) 주리다. ¶外肥中~=겉은 번지르하고 속은 텅 비었다. 2 (천이) 성기고 얇다. 얄팍하다. ¶~薄=얄팍하다.
【枵腹从公】xiāofù-cónggōng 녳 배를 곯아가며 공무에 전념하다.

***削** xiāo 깎을 삭
통 1 깎다. 벗기다. 깎아〔잘라〕내다. ¶切~=잘라 내다. / ~梨=배를 깎다. 2(體) (공을) 커트(cut)하다. 늑剝(bāo).
☞ xuē

○● 刮削, 切qiē削,

肖 xiào
消 xiāo
削 xiāo
销 xiāo
宵 xiāo
硝 xiāo
霄 xiāo
魈 xiāo
蛸 xiāo
逍 xiāo
屑 xiè
悄 qiǎo

俏 qiào
峭 qiào
鞘 qiào
鞘 qiào
绡 shāo
捎 shāo
哨 shào
梢 shāo
稍 shāo
潲 shào
艄 shāo
筲 shāo

【削面】xiāomiàn ☞【刀削面】dāoxiāomiàn
【削皮】xiāo‖pí 통 껍질을 벗기다〔깎다〕. ¶苹果要~后再吃。=사과는 껍질을 깎아 낸 다음 먹어야 한다.
【削球】xiāo‖qiú 통(體) (테니스나 탁구에서) 공을 깎아치다. 커트(cut)하다.

**哓[曉]** xiāo 두려워하는 소리 효
【哓哓】xiāoxiāo 통(문) 끊임없이 주절거리다〔수다떨다·재잘거리다·떠들다·말하다〕. 큰 소리로 떠들다. 시끄럽게 다투다. ¶~不休=끊임없이 떠들다. 의 끼룩끼룩. 꽥꽥. [조류가 겁에 질려 우는 소리]

**骁[驍]** xiāo 날랠 효
톙(문) 용맹하다. 사납고 날래다. ¶~勇善战=용맹스럽고 싸움을 잘 하다.
【骁悍】xiāohàn 톙(문) 날래고 사납다. 용맹하다. ¶~的战将=용맹한 장수.
【骁健】xiāojiàn 톙(문) 용맹스럽고 힘차다. ¶~异常=용맹스럽고 힘찬 것이 비할 데 없다.
【骁将】[枭将]xiāojiàng 몡(문) 효장. 사납고 날랜 장수. 용맹한 장수. ¶一员~=용맹한 장수.
【骁骑】xiāoqí 몡(문) 효기. 용맹한 기병. 용감하고 날랜 기병.
【骁勇】xiāoyǒng 톙 용맹하다. 용감하고 날래다. ¶~无敌=용맹하여 당할 자가 없다.

**逍** xiāo 거닐 소
아래를 참조.
【逍遥】xiāoyáo 톙 소요하다. (유유)자적하며 즐기다. 아무것에도 얽매이지 않다. 아무런 구속도 받지 않다. 아무 구속도 받지 않고 자유자재로 행동하다. ¶~一生=일생을 (유유)자적하며 즐기다.
【逍遥法外】xiāoyáo-fǎwài 녳 법을 어기고도 아무런 법적 제재를 받지 않고 자유자재로 행동하다.
【逍遥自在】xiāoyáo-zìzài 녳 아무런 구속도 받지 않고 자유롭게 살아가다. 어느 것에도 얽매이지 않고 살아가다.

**鸮[鴞]** xiāo 올빼미 효
몡(動) 올빼미과 새의 총칭. ['猫头鹰(māotóuyīng)'이라고 통칭함]

**虓** xiāo 울부짖을 효
통(문) (호랑이가) 포효하다.

***消** xiāo 사라질 소
통 1 (사물이) 사라지다. 없어지다. 소실되다. 冰~瓦解=눈 녹듯 사라지다. / 烟~云散=연기나 구름같이 깨끗이 사라지다. 2 제거하다. 없애다. 몰아 내다. 배제하다. 지우다. ¶打~念头=생각을 단념하다. / 撤~方案=방안을 철회하다. 3 쓰다. 소비하다. 소모하다. ¶合理~费=합리적으로 소비하다. 4 (좋지 않은 기분을) 해

소하다. 풀다. 없애다. 일소하다. 전환하다. (시간을) 보내다. 소일하다. ¶~磨时间=시간을 보내면서 기분을 풀다. / ~闲解闷=한가로이 시간을 보내면서 기분을 풀다. **5** 필요로 하다. [앞에 주로 '不(bù)'·'只(zhǐ)'·'何(hé)' 등을 수반함] ¶只~半个钟头, 他就可以赶来。=30분만 있으면, 그가 올 수 있다. / 你不~说, 他自会办理。=너는 말하지 않아도 돼, 그가 알아서 처리할 수 있을 테니까. ↔长(zhǎng)

○● 撤chè消, 打消, 抵dǐ消, 对消, 花消, 取消

【消沉】 **xiāochén** 휑 소침하다. 기가 죽다. 풀이 죽다. 기분이 가라앉다. 기운이 사그라지다. ¶意志~=의기소침하다.
【消愁】 **xiāochóu** 통 근심을 해소하다〔풀다〕. 우울함을 털어 버리다〔없애다〕. ¶借酒~=술로써 근심을 해소하다.
【消愁解闷】 **xiāochóu-jiěmèn** 성 근심을 없애고 울적함을 풀다.
【消除】 **xiāochú** 통 없애다. 해소하다. 풀다. 제거하다. 일소하다. 청산하다. 퇴치하다. ¶~隐患=숨은 우환을 없애다.
【消磁】 **xiāo‖cí** 통 소자하다. (자성을 띤 물체의) 자성(磁性)을 없애다.
【消毒】 **xiāo‖dú** 통 **1** 소독하다. ¶手术器械都已经消过毒了。=수술 기구는 모두 이미 소독을 했다. **2** (비유) 해독(害毒)을 없애다.
【消毒柜】 **xiāodúguì** 명 소독기. 소독장.
【消毒剂】 **xiāodújì** 명 소독제.
【消毒水】 **xiāodúshuǐ** 명 소독 용액.
【消防】 **xiāofáng** 명 소방. 소화와 방화. ¶~设备=소방 설비.
【消防车】 **xiāofángchē** 명 소방차. (동)【救火车】**jiùhuǒchē**
【消防队】 **xiāofángduì** 명 소방대.
【消防栓】 **xiāofángshuān** ☞【消火栓】**xiāohuǒshuān**
【消费】 **xiāofèi** 통 소비하다. ¶理性~=이성적으로 소비하다. ↔生产
【消费城市】 **xiāofèi chéngshì** 명 소비 도시.
【消费基金】 **xiāofèi jījīn** 명 (經) 소비 기금.
【消费结构】 **xiāofèi jiégòu** 명 (經) 소비 구조.
【消费品】 **xiāofèipǐn** 명 소비품. 소비 물자.
【消费热点】 **xiāofèi rèdiǎn** 명 소비 활동의 중심지. 주요 소비 품목. 유망 사업.
【消费水平】 **xiāofèi shuǐpíng** 명 소비 수준.
【消费税】 **xiāofèishuì** 명 소비세.
【消费信贷】 **xiāofèi xìndài** 명 (經) 소비자 신용. 소비자 금융. (영) consumer credit
【消费者】 **xiāofèizhě** 명 소비자.
【消费者协会】 **xiāofèizhě xiéhuì** 명 소비자 협회. (동)【消协】**xiāoxié**
【消费资料】 **xiāofèi zīliào** ☞【生活资料】**shēnghuó zīliào**
【消耗】 **xiāohào** 통 **1** (정신·힘·물자 등을) 소모하다. ¶~能量=에너지를 소모하다. **2** 소모시키다. ¶~对手的体力=상대의 체력을 소모시키

다. 명 **1** 소모. 소비. ¶减少~=소모를 줄이다. **2** 소식. 기별. 동정. [주로 조기 백화문에 보임] ¶杳无~=아무 소식이 없다. 늪损耗 耗费 音讯 ↔积蓄
【消化】 **xiāohuà** 통 **1** (生) 소화하다. ¶~功能=소화 작용. **2** (비) (배운 지식을) 소화하다. ¶对知识不仅要学懂, 更主要的是要~。=지식이란 배워서 깨달아야 할 뿐만 아니라, 더욱 중요한 것은 자신의 것으로 소화해야 한다.
【消化道】 **xiāohuàdào** 명 (동물의) 소화관.
【消化酶】 **xiāohuàméi** 명 소화 효소.
【消化系统】 **xiāohuà xìtǒng** 명 (生) 소화(기) 계통.
【消魂】 **xiāohún** ☞【销魂】**xiāohún**
【消火栓】 **xiāohuǒshuān** 명 소화전. =【消防栓】**xiāofángshuān**
【消极】 **xiāojí** 형 **1** 소극적이다. ¶不能以~的态度对待工作。=소극적인 태도로 일에 임해서는 안 된다. **2** 부정적이다. ¶~影响=부정적인 영향. ↔积极
【消减】 **xiāojiǎn** 통 감퇴하다. 약해지다. (정도가) 내려가다〔낮아지다〕. 감소하다. 줄(어들)다. ¶激情~=격정이 약해지다.
【消解】 **xiāojiě** 통 없애다. 해소하다. 풀(리)다. 제거하다. 일소하다. 청산하다. 없어지다. 사라지다. ¶~愁闷=고민을 없애다. 늪消释
【消渴病】 **xiāokěbìng** 명 (醫) 소갈증.
【消弭】 **xiāomǐ** 통 (문) 제거하다. 없애다. 해소하다. 풀다. 소멸시키다. 일소하다. 청산하다. 퇴치하다. 지우다. 말소하다. ¶~嫌隙=악감정을 없애다.
【消灭】 **xiāomiè** 통 **1** 소멸하다. 없어지다. 사라지다. 멸망하다. ¶一些古生物早在几万年甚至几十万年前就已经~了。=일부 고대 생물들은 몇만 년, 심지어는 몇십만 년 전에 이미 없어졌다. **2** 없애다. 사라지게 하다. 소멸시키다. 제거하다. 멸하다. ¶~害虫=해충을 없애다. 늪歼灭 剿灭
【消泯】 **xiāomǐn** 통 **1** 소멸하다. 사라지다. 없어지다. ¶意志~=의지가 사라지다. **2** 없애다. 사라지게 하다. 제거하다. 소멸시키다. 멸하다.
【消磨】 **xiāomó** 통 **1** (의지·정력 등을) 소모하다. 점차 없어지게 하다. ¶~精力=정력을 소모시키다. **2** 시간(날)을 보내다〔허비하다〕. 시간을 때우다. 허송세월하다. ¶日子就这样一天一天地被~掉了。=세월이 이렇게 하루하루가 헛되이 지나갔다.
【消没】 **xiāomò** 통 사라지다. 없어지다. 은몰하다. ¶他的身影慢慢地~在人群中。=그의 그림자는 사람들 속에서 천천히 사라지고 있다.
【消纳】[销纳] **xiāonà** 통 (쓰레기 따위를) 수납 처리하다. ¶这个废品收购站一天能~上百吨废品。=이 폐품 매입소는 하루에 백 톤에 달하는 폐품을 수납 처리할 수 있다.
【消匿】 **xiāonì** 통 사라지다. 자취를 감추다. ¶行迹~=행적이 묘연하다.
【消气】 **xiāo‖qì** 통 노여움을 가라앉히다〔달래

다·누그러뜨리다]. 화를 풀다[삭이다]. ¶您老消消气, 别伤了身体.＝어르신 건강을 위해서라도 화를 푸세요. ↔生气
【消遣】xiāoqiǎn 통 1 소일하다. 심심풀이로 하다. 고민을 풀다. 마음을 달래다. 한가하게 시간을 보내다. (정신적 긴장을) 풀게 하다. 편안하게 하다. 쉬게 하다. ¶看看书、听听音乐是他喜欢的~方式.＝책을 보고, 음악을 듣는 것이 그가 즐겨 심심함을 달래는 방식이다. 2 희롱하다. 놀리다. [주로 조기 백화문에 보임] ¶你这些不是在~俺?＝너, 이게 나 놀리는 거 아니냐? 명 심심풀이. 소일거리. ¶打麻将成了她唯一的~.＝마작은 그녀의 유일한 소일거리가 되었다.
【消溶】xiāoróng ☞【消融】xiāoróng
【消融】[消溶] xiāoróng 통 1 (얼음·눈 등이) 녹다. 용해되다. 풀리다. ¶积雪已渐渐~.＝쌓인 눈이 벌써 점점 녹는다. 2 사라져 하나가 되다. 사라지다. ¶夜幕降临, 广阔的原野~在茫茫夜色中.＝밤의 장막이 내리자, 광활한 평야는 아득한 어둠 속으로 사라진다.
【消散】xiāosàn 통 (연무·냄새·정서 등이) 소산하다. 흩어져 사라지다[없어지다]. ¶袅袅的炊烟随着微风渐渐~.＝모락모락 피어오르는 밥 짓는 연기가 미풍에 점점 흩어졌다.
【消声】xiāoshēng ☞【消音】xiāoyīn
【消声器】xiāoshēngqì 명 소음기. 머플러. ☞【消音器】xiāoyīnqì
【消失】xiāoshī 통 1 (사물이나 사물의 기능이) 소실되다. 없어지다. 사라지다. ¶药性~＝약성이 없어지다. 2 자취를 감추다. 모습을 감추다. 사라지다. ¶他脸上的笑容顿时~了.＝그의 얼굴에 웃음이 갑자기 사라졌다. ≒消逝 ↔出現
【消石灰】xiāoshíhuī ☞【熟石灰】shúshíhuī
【消食】xiāo‖shí(~儿) 통 소화를 돕다[촉진하다]. ¶~健胃＝소화를 돕고 위를 튼튼하게 해 주다.
【消蚀】[销蚀] xiāoshí 통 부식되어 마멸되다[손실되다]. 부식하다. 손실되다. 사라지다. ¶废置的机器都已不同程度地~了.＝폐기된 기계가 모두 어느 정도의 차이를 보이며 부식되었다.
【消逝】xiāoshì 통 (시간이) 흐르다. (사물이) 사라지다. 없어지다. ¶岁月~＝세월이 흘러가다. ≒消失
【消释】xiāoshì 통 1 녹다. 용해되다. 풀리다. ¶冰雪~＝얼음과 눈이 녹다. 2 (의심·원망·고민·오해 등이) 풀리다. 없어지다. 해소되다. 없애다. 제거하다. ¶积怨~＝쌓이고 쌓인 원한이 풀어지다. ≒消解
【消受】xiāoshòu 통 1 누리다. 향수하다. 즐기다. 받다. [주로 부정형으로 쓰임] ¶这么贵重的礼物我可~不起.＝이렇게 귀한 선물은 제가 받기에 부담스럽습니다. 2 참다. 견디다. ¶浓烈的乡愁让人难以~.＝짙은 향수(鄕愁)가 사람을 견디기 힘들게 한다.
【消瘦】xiāoshòu 형 (몸이) 여위다. 수척해지다. ¶大病一场, 人~了许多.＝큰 병을 앓고 나니, 사람이 많이 수척해졌다.

【消暑】xiāo‖shǔ 통 1 (나름대로 더위를 이길 방법을 찾아) 여름을 보내다. 피서하다. ¶~胜地＝피서 명승지. 2 더위를 가시게 하다. 더위를 물리치다. ¶~饮品＝청량음료.
【消损】xiāosǔn 통 1 점점 감소하다[줄어들다]. 감손하다. 감소하다. 소모하여 줄다. 약화되다. ¶逐年~＝해마다 점점 감소하다. 2 손실되다. 떨어지다. 풀리다. 시들해지다. 손상시키다. 닳아 없애다. 마멸시키다. 시간(날)을 허비하다. 허송세월하다. ¶锐气~＝예기가 시들해지다.
【消停】xiāo·ting 형통 평온하다. 안정되다. 안온하다. 조용하다. ¶时局动荡, 不得~.＝시국이 어지러워 평온하지 않다. 통 멈추다. 쉬다. ¶走累了, 坐下来~一会儿吧.＝걷기가 힘드니, 앉아서 조금 쉬자.
【消退】xiāotuì 통 점점 사라지다[없어지다]. 감퇴하다. 줄어들다. ¶洪水~＝홍수가 점점 줄어들다.
【消亡】xiāowáng 통 쇠퇴하여 멸망하다. 쇠망하다. (추상적인 것이) 없어지다. 사라지다. 소멸하다. ¶国家~＝국가가 쇠망하다. ↔存在
【消息】xiāo·xi 명 1 소식. 기별. 편지. ¶杳无~＝아무 소식이 없다. 2 뉴스. 정보. 기사. 보도. 소식. ≒资讯 信息 声息

---

消息(xiāo·xi) / 新闻(xīnwén) / 信息(xìnxī)

消息(소식): 사람이나 사물의 새로운 상황에 관한 것으로, 신문이나 방송 매체에서 보도되거나 사람들 사이에서 전해지는 내용을 말함. ¶我告诉你一个好消息.＝너에게 희소식을 하나 알려 줄게.

新闻(뉴스): 일종의 문체를 말함. 신문, 방송, 인터넷 등의 매체에서 사람 혹은 사물의 새로운 상황을 보도하는 것으로, 글이나 그림이 있기도 함. ¶今天的报纸上有什么新闻?＝오늘 신문에 무슨 뉴스가 실렸니?

信息(정보): 여러 방송 매체나 문서, 자료 등에 실리거나 소개된 각종 상황과 지식을 말함. 이것은 새로운 내용이 아닐 수도 있음. ¶人类社会已经进入了信息时代.＝인류 사회는 이미 정보 사회로 진입했다.

---

【消息儿】xiāo·xir 명통 비밀 장치. 함정.
【消夏】xiāoxià 통 (나름대로 더위를 이길 방법을 찾아) 여름을 보내다. 피서하다. ¶到海滨~.＝해변에서 피서하다.
【消闲】xiāoxián 통 한가한 시간을 보내다[때우다]. 심심풀이로 하다. 소일하다. ¶对我来说, 玩儿扑克只是~, 谈不上有特别的兴趣.＝나에게 있어 카드놀이는 단지 심심풀이이지 특별한 취미라고 할 것까지는 없다. 형 한가하다. 한가롭다. 여유롭다. 유유하다. ¶~自在＝유유자적하다. ≒清闲 ↔忙碌
【消歇】[销歇] xiāoxiē 통문 사라지다. 멈추다. 멎다. ¶刮了整整一夜的大风终于~下来.＝밤새 내내 불던 큰바람이 마침내 멎었다.
【消协】xiāoxié ☞【消费者协会】xiāofèizhě

xiéhuì

【消炎】xiāoyán 동(醫) 염증을 없애다. 소염하다. ¶~止痛=염증을 없애 통증을 멎게 하다.
【消炎片】xiāoyánpiàn 명(醫) 소염제.
【消夜】xiāoyè 동 1 한가로이 밤 시간을 보내다. 2 야식〔밤참〕을 먹다. ¶ 야식. 밤참. 야찬.
【消音】xiāoyīn 동 소음하다. =【消声】xiāoshēng ¶~设施=소음 시설.
【消音器】xiāoyīnqì ☞【消声器】xiāoshēngqì
【消隐】xiāoyǐn 동 숨기다. 감추다. 사라지다. ¶那个电影明星已在报纸上~好长时间了.=그 영화 스타는 이미 신문에서 모습을 감춘 지 패 오래 되었다.
【消灾】xiāozāi 동 재앙을 없애다. 액막이를 하다. 액땜을 하다. ¶破财~=재물을 잃고 액막이를 하다.
【消长】xiāozhǎng 명 증감. 흥망. 성쇠. ¶实力~=실력의 증감.
【消肿】xiāozhǒng 동 1 (醫) 부기가 가라앉다. 부기를 가라앉히다. ¶伤口已经~了.=상처의 부기는 이미 가라앉았다. 2 (비) 기구를 간소화하다. 편제를 축소하다. ¶机关~是当前需要解决的一大问题.=기관의 간소화는 현 단계에 해결해야 할 큰 문제이다.

*宵 xiāo 밤 소
명 밤. ¶良~=좋은 밤. / 通~达旦=밤을 꼬박 새우다.
○→ 夜宵

【宵旰】xiāogàn 동(文) 날이 새기 전에 옷을 입고, 해가 진 뒤에야 밥을 먹다. 침식을 잊고 나랏일에 열중하다〔분주하다〕. ¶~图治=침식을 잊고 나랏일을 도모하다.
【宵禁】xiāojìn 동 야간 통행 금지. ¶解除~=야간 통행 금지를 해제하다.
【宵小】xiāoxiǎo 명(文) 1 도둑. 밤도둑. 2 나쁜 놈. 악인. ¶~行径=나쁜 놈의 행위.
【宵夜】xiāoyè 명(文) 1 밤. 야간. 2 야식. 야찬. 밤참. ¶ 야식을 먹다.
【宵衣旰食】xiāoyī-gànshí (성) 1 날이 새기 전에 옷을 입고, 해 진 뒤에야 밥을 먹다. 2 (비) 침식을 잊고 나랏일에 열중하다〔분주하다〕.

绡[綃] xiāo 생사 초
명동 1 생사(生絲). 생명주실. 2 생명주. 생초(生綃). 생사로 짠 직물. ¶~帐=생초 휘장.

萧[蕭] xiāo 쓸쓸할 소
형 쓸쓸하다. 처량하다. 적막하다. 생기가 없다. ¶秋风~瑟=가을 바람이 소슬하다. / 一条冷落=적막하고 쓸쓸하다. 명(Xiāo) 성(姓).
【萧曹随】Xiāoguī-Cáosuí (성) 1 한(漢) 초의 재상인 소하(蕭何)가 만든 법을 후임자인 조참(曹參)이 그대로 따르다. 2 전에 쓰던 방식을 그대로 답습하다. 전례를 따르다.
【萧墙】xiāoqiáng 명동 1 문병(門屛). [집안에

들여다보이지 않도록 대문 안이나 밖에 가로막아 놓은 담] 2 내부. 집안. 측근. ¶祸起~=화가 내부에서 발생하다.
【萧墙祸起】xiāoqiáng-huòqǐ ☞【祸起萧墙】huòqǐ-xiāoqiáng
【萧墙之祸】xiāoqiángzhīhuò (성) 내부에서 일어난 화. 내란.
【萧然】xiāorán 형동 1 적적하다. 쓸쓸하다. 휘휘하다. 음울하다. 황량하다. 외롭다. ¶四野一片~.=사방 들판이 적적하다. 2 텅 비어 있다. 공허하다. ¶四壁~=사방에 벽밖에 없다. 몹시 가난하다. 3 한가하다. 여유롭다. 유유하다. 자유스럽고 얽매이지 않다. 거리낌이 없다. ¶~自得=유유자적하다.
【萧洒】xiāosǎ ☞【潇洒】xiāosǎ
【萧飒】xiāosà 형동 쓸쓸하다. 적막하다. 스산하다. ¶寒风凜冽,满山~.=찬바람이 살을 에듯 불고, 온 산이 적막하다.
【萧瑟】xiāosè 의 쏴쏴. 쏴쏴. 휘휘. 휘휘. [나무에 바람이 부는 소리] ¶~的秋风使人倍添寒意.=휘휘 부는 가을 바람 소리가 한기를 더해 준다. 형 적막하다. 쓸쓸하다. 처량하다. 스산하다. ¶门庭~=집안이 적막하다.
【萧森】xiāosēn 형동 1 초목이 시든 모양. ¶秋树~=가을이 되어 나무가 조락하다. 2 음산하다. 을씨년스럽다. 으스스하다. ¶幽谷~=깊은 골짜기가 을씨년스럽다.
【萧疏】xiāoshū 형동 1 적막하다. 쓸쓸하다. 스산하다. ¶市井~=시정이 쓸쓸하다. 2 드문드문하다. 성기다. ¶枝叶~=나뭇잎이 드문드문하다.
【萧索】xiāosuǒ 형 적막하다. 스산하다. 쓸쓸하다. 생기가 모자라다. 활기가 없다. ¶满目~=눈에 보이는 것이 모두 생기가 없다.
【萧条】xiāotiáo 형동 1 적막하다. 쓸쓸하다. 생기가 없다. ¶秋日的荒野显得格外~.=가을 황야가 특별히 적막하게 보인다. 2 (經) 불경기이다. 불황이다. 부진하다. ¶经济~=경제 불황. ↔[繁荣 繁华 兴隆 兴旺]
【萧萧】xiāoxiāo 의 쏴쏴. 쏴쏴. 휘휘. 휘휘. [비바람 소리·낙엽 소리] ¶风~兮易水寒.=바람은 휘휘 불고 역수는 차디차네. 형동 (머리카락이) 드물다. 성기다. ¶白发~=백발이 드문드문하다.

捎[搊] xiāo 칠 소
동동 치다. 두드리다.

猇 xiāo 울부짖을 효
동동 '虓(xiāo)'와 같음.
【猇亭】Xiāotíng 명(地) 효정. [옛 지명으로, 지금의 후베이(湖北)성 이두(宜都)현에 있었음]

*硝 xiāo 초석 초
명(礦) 초석(硝石)·망초(芒硝)·박초(朴硝) 등의 총칭. 동 (박초나 망초에 기장쌀가루를 넣어) 가죽을 무두질하다. ¶~皮子=가죽을 부드럽게

무두질하다.
  ᓂ● 火硝, 硭máng硝, 皮硝
【硝化】xiāohuà 통(化) 초화하다. 질화하다. 니트로화하다.
【硝化甘油】xiāohuà gānyóu 명(化) 니트로글리세린(nitroglycerine).
【硝镪水】xiāoqiāngshuǐ ☞【硝酸】xiāosuān
【硝石】xiāoshí 명(礦) 질산칼륨. 초석. =【钾硝石】jiǎxiāoshí ⇨【火硝】huǒxiāo
【硝酸】xiāosuān 명(化) 질산. 초산. ⇨【硝镪水】xiāoqiāngshuǐ
【硝酸铵】xiāosuān'ǎn 명(化) 질산암모늄.
【硝酸甘油】xiāosuān gānyóu 명(醫) 질산글리세린.
【硝酸钠】xiāosuānnà 명(化) 질산나트륨.
【硝酸纤维素】xiāosuān xiānwéisù 명(化) 니트로셀룰로오스(nitrocellulose). 질화면.
【硝烟】xiāoyān 명 1 초연. 화학 연기. ¶~弥漫=초연이 자욱하다. 2 전쟁. 전화(戰火). ¶~骤起=갑자기 전쟁이 발발하다.
【硝盐】xiāoyán 명 거친 돌소금.
【硝制】xiāozhì 통 (모피·가죽 등을) 무두질하다〔다루다〕.

**销[銷]** xiāo 녹일 소
통 1 (금속을) 녹이다. 용해하다. ¶~金熔铁=금속을 녹이다. 2 제거하다. 없애다. 취소하다. 지우다. 철회하다. 삭제하다. ¶注~=(등기한 것을) 취소하다. 말소하다. 무효로 하다. / 报~=폐기 처분하다. 장부에서 지우다. 3 소비하다. ¶开~=(비용을) 지출하다. 지불하다. / 花~=경비. 비용. 4 판매하다. 팔다. ¶直~=(생산자가 소비자에게) 직접 판매하다. / 畅~=잘 팔리다. 5 핀〔쐐기못·걸이못·은못〕을 끼우다〔꽂다〕. 걸쇠를〔빗장을〕 걸다. ¶把门~好。=문에 걸쇠를 걸다. 명 (두 부품 사이에 끼워 연결하거나 고정시키는) 핀. 쐐기못. 걸이못. 은못. 빗장. 걸쇠. ¶插~=빗장. 걸쇠. 늑售

  ᓂ● 包销, 报销, 插销, 产销, 代销, 抵dǐ销, 吊diào销, 兜dōu销, 返销, 勾销, 购销, 核销, 回销, 缴jiǎo销, 经销, 内销, 倾qīng销, 赊shē销, 试销, 统销, 外销, 行销, 运销, 注销

【销案】xiāo‖àn 통 수사를 중지하다. 수사를 종료하다. 소송을 취하하다〔철회하다〕. ¶这个案子已经~了。=이 사건은 이미 수사가 종료되었다.
【销差】xiāochāi 통 1 임무 완수 보고를 하다. 임무를 마치고 보고하다. ¶办完事还得回去~。=일을 끝마치고 또 돌아가서 보고해야 한다. 2 해임되다. 해고당하다. ¶由于工作懈怠, 他被老板~了。=업무 태만으로 그는 사장에게 해고당하였다.
【销钉】xiāodīng ☞【销子】xiāo·zi
【销号】xiāohào 통 (등록된 사람이나 물자를) 삭제하다. 지우다. 취소하다. 말소하다. ¶中途退学的学生已被~。=도중에 퇴학한 학생은 이미 삭제되었다.
【销毁】xiāohuǐ 통 소각하다. 불태워 없애다. 불살라 버리다. ¶~机密文件=기밀 문서를 소각하다. ↔保存
【销魂】[消魂] xiāohún 통 1 영혼이 육체를 떠나다. 2 (극도의 슬픔·두려움·기쁨으로) 넋이 나가다. 넋을 잃다. 정신이 나가다. 얼이 빠지다. 혼이 나가다. ¶黯然~=슬픔으로 넋을 잃다.
【销货】xiāohuò 통 상품을 팔다. ¶拓宽~渠道=상품의 판로를 넓히다.
【销价】xiāojià 명 (상품의) 판매 가격.
【销假】xiāo‖jià 통 휴가를 마치고 복귀 보고를 하다. ↔请假
【销金】xiāojīn 통 금속을 녹이다. 명 금이나 금실로 만든 장신구. ¶~帐=금실로 장식한 휘장.
【销金窟】xiāojīnkū 명(貶) 고비용 오락 장소.
【销量】xiāoliàng 명 (상품의) 판매량. ¶~剧增=판매량이 크게 증가하다.
【销路】xiāolù 명 (상품의) 판로. ¶打开~=판로를 개척하다.
【销纳】xiāonà ☞【消纳】xiāonà
【销声匿迹】xiāoshēng-nìjì 성 1 소리 없이 종적을 감추다. 2 자취를〔종적을〕 감추다. 모습을 드러내지 않다. 숨어서 나타나지 않다. =【声销迹匿】shēngxiāo-jìnì
【销蚀】xiāoshí ☞【消蚀】xiāoshí
【销势】xiāoshì 명 (상품의) 팔림새. 판매 추세. ¶~看好=상품의 판매 전망이 밝다.
【销售】xiāoshòu 통 팔다. 판매하다. 매출하다. ¶让利~=이윤을 줄여 판매하다. 명 판매. 매출. ¶他在保险公司做~。=그는 보험 회사에서 판매 업무를 담당하고 있다.
【销售额】xiāoshòu'é 명 매출 금액.
【销铄】xiāoshuò 통 1 녹이다. 녹여 없애다. ¶~金石=금석을 녹이다. 2 (오랫동안 병을 앓아) 수척하다. 여위다. 파리하다. ¶肌肤~=몸이 수척하다.
【销歇】xiāoxiē ☞【消歇】xiāoxiē
【销行】xiāoxíng 통 (각지로) 판매하다. 팔(리)다. ¶~各地=각지로 판매하다.
【销赃】xiāo‖zāng 통 1 장물을 폐기하다. ¶~灭迹=장물을 폐기하여 흔적을 없애다. 2 장물을 처분하다〔팔다〕. ¶~途径=장물 처분 경로. / ~人=장물아비.
【销账】xiāo‖zhàng 통 장부에서 지우다〔삭제하다〕.
【销子】xiāo·zi 명 (두 부품 사이에 끼워 연결하거나 고정시키는) 핀. 쐐기못. 걸이못. 은못. 빗장. 걸쇠. =【销钉】xiāodīng

**翛** xiāo 홀가분한 모양 소
형(文) 얽매이지 않다. 자유자재로 하다. 자유롭다. ¶~然而去=자유자재로 가다.
【翛然】xiāorán 형(文) 얽매이지 않는 모양. 자유자재인 모양. ¶~而往=홀연히 떠나가다.
【翛翛】xiāoxiāo 형(文) 깃털이 상한 모양.

**蛸¹** xiāo 낙지 소
명(動) 낙지. ['章鱼(zhāngyú)'라고 통칭함]

**蛸²** xiāo 버마재비의 알 소
☞【螵蛸】piāoxiāo
☞ shāo

*__箫[簫]__ xiāo 퉁소 소
명(音) **1** 팬파이프(Pan's pipes). [길고 짧은 대나무를 길이순으로 늘어놓은 원시적인 악기] **2** 퉁소.

**潇[瀟]** xiāo 강 이름 소
형(문) 물이 맑고 깊은 모양. 명(**Xiāo**)(地) 샤오수이(潇水). [후난(湖南)성에 있는 강 이름]
【潇洒】【瀟灑】**xiāosǎ** 형 자연스럽고 품위가 있다. 멋스럽다. 말쑥하다. 소쇄하다. 스마트하다. 대범하다. 시원스럽다. 자유스럽고 얽매이지 않다. 거리낌이 없다. ¶风度~=풍모가 세련되다. ≒洒脱
【潇湘】**Xiāoxiāng** 명(地) **1** '潇水(샤오수이)'와 '湘水(샹수이)'의 합칭. **2** 샹수이(湘水)의 별칭. **3** 후난(湖南)성의 별칭.
【潇潇】**xiāoxiāo** 형 **1** 비바람이 세찬 모양. ¶风雨~=비바람이 세차게 몰아치다. **2** 이슬비가 내리는 모양. ¶~细雨=가랑비가 부슬부슬 내리다.

**霄** xiāo 하늘 소
명 **1** 구름. ¶云~=구름. **2** 하늘. 천공. ¶九~=하늘의 제일 높은 곳.
○● 重 chóng 霄
【霄汉】**xiāohàn** 명(문) **1** 구름과 은하수. **2** 하늘. ¶气冲~=의기가 하늘을 찌를 듯하다.
【霄壤】**xiāorǎng** 명 **1** 하늘과 땅. **2**(비) 천양지차. 격차가 매우 심함. ¶二人品德之高下, 何啻~。=두 사람의 인품 차이가 어찌 천양지차뿐이 겠는가?
【霄壤之别】**xiāorǎngzhībié** ❹ **1** 하늘과 땅만큼이나 거리가 멀다. **2** 천양지차(天壤之差).

**魈** xiāo 산 요괴 소
☞【山魈】shānxiāo

**蟏[蠨]** xiāo 갈거미 소
【蟏蛸】**xiāoshāo** 명(動) 갈거미. [민간에서는 경사의 징조로 여김] =【喜蛛】**xǐzhū**【蟢子】xǐ·zi

*__嚣[囂]__ xiāo 왁자할 효
동 시끄럽게 떠들다. 소란스럽게 하다. ¶喧~=시끄럽게 떠들다. 형 버릇없이[제멋대로] 굴다. 방자하다. 날뛰다. ¶~张一时=한동안 날뛰다.
☞ Áo
○● 尘 chén 嚣, 烦 fán 嚣

【嚣闹】**xiāonào** 형 시끄럽다. 떠들썩하다. 소란스럽다. 왁자지껄하다. ¶~声终于平息下来。=왁자지껄한 소리가 마침내 멎었다.
【嚣杂】**xiāozá** 형 소란스럽다. 떠들썩하다. 시끌시끌하다. ¶~的集市=떠들썩한 시장
【嚣张】**xiāozhāng** 형 (나쁜 세력·사악한 기운 등이) 날뛰다. 판을 치다. 버릇없이[제멋대로] 굴다. 방자하다. ¶气焰~=위세를 부리다.

**洨** Xiáo 강 이름 효
명(地) 샤오허(洨河). [허베이(河北)성에 있는 강 이름]

**崤** Xiáo 산 이름 효
명(地) 샤오산(崤山). [허난(河南)성에 있는 산 이름]

*__淆[殽]__ xiáo 섞일 효
형 (뒤)섞이다. 섞여 있다. 뒤엉키다. ¶混~=뒤섞이다.
【淆惑】**xiáohuò** 동(문) 혼란시키다. 어지럽히다. 미혹시키다. 현혹시키다. 헷갈리게 하다. ¶~视听=이목을 현혹시키다.
【淆乱】**xiáoluàn** 형 난잡하다. 혼란스럽다. 어지럽다. ¶天下~=천하가 혼란스럽다. 동 어지럽히다. 혼란시키다. ¶~秩序=질서를 어지럽히다.
【淆杂】**xiáozá** 형 (뒤)섞이다. 섞여 있다. 뒤엉키다. ¶人言~, 莫衷一是。=사람들의 말이 서로 엇갈려 일치된 결론을 내릴 수 없다.

*__**小**__ xiǎo 작을 소
형 **1** (부피·면적·나이·수량·규모·역량·정도 등이) 작다. 적다. 약하다. 어리다. 좁다. ¶年龄太~。=나이가 너무 어리다. / 我的房子比你的~。=내 집이 네 집보다 작다. **2** (형제 자매의 순서에서) 맨 끝의. 가장 어린. 막내의. ¶~弟弟=막내남동생. / ~女儿=막내딸. **3** 제. 저의. [자신이 자신과 관계 있는 사람·사물을 겸손하게 일컫는 말] ¶~婿=저의 사위 / ~店=저의 가게. **4** 군. 양. [성이나 이름 앞에 붙여, 자신보다 어린 사람에 대한 친근함을 나타냄] ¶~张=샤오장. / ~丽=샤오리. 부 **1** 잠깐. 잠시 동안. ¶~睡一会儿=잠깐 한숨 자다. / ~坐片刻=잠시 앉다. **2** 조금. 약간. ¶牛刀一试=매우 훌륭한 솜씨를 먼저 작은 일에 발휘해[시험해] 보다. / 有名气=조금 유명하다. **3** 약간 못 되게. [숫자 앞에 쓰여, 그 수보다 약간 적음을 나타냄] ¶他教了~30年的书。=그는 삼십 년이 약간 못 되게 교직 생활을 했다. 동(문) 경시하다. 얕(깔)보다. ¶登泰山而~天下。=태산에 올라 천하를 작게 보다. 명 **1** 나이 어린 사람. 연소자. 어린이. 아이. ¶一家老~=한 집안의 어른과 아이 / 两~无猜=남자 아이와 여자 아이가 허물없이 어울리다. **2** 초등 학교. ¶完~=6년제 초등 학교. / 师大附~=사범 대학교 부속 초등 학교. **3**(경) 첩. ¶讨~=첩을 얻다. / 做~=첩이 되

다. ↔大 老

◐ 矮ǎi小, 初小, 从小, 附小, 高小, 口小, 老小, 渺miǎo小, 藐miǎo小, 妻小, 弱ruò小, 瘦shòu小, 缩suō小, 完小, 微小, 细小, 狭xiá小, 纤xiān小, 宵xiāo小, 些小, 一小儿, 幼小

【小矮人】xiǎo'ǎirén 명 난쟁이.
【小袄】xiǎo'ǎo (~儿) 명 (허리까지 오는) 짧은 솜옷 〔저고리·겹옷〕.
【小巴】xiǎobā 명 소형 시내버스.
【小把戏】xiǎobǎxì 명 1 간단한 마술이나 잡기. ¶我跟大家玩儿个~。=제가 여러분에게 간단한 마술을 보여 드리겠습니다. 2 명 아이. 어린이. ¶这~知道帮妈妈干活儿了。=이 아이는 엄마를 도와 일을 할 수 있다.
【小白菜】xiǎobáicài 명《植》 청경채. 박초이 (bokchoi). =【青菜】qīngcài
【小白脸】xiǎobáiliǎn (~儿) 명 ⟨구⟩ 곱상한 젊은 남자. 미소년(美少年). 기생 오라비. [경멸의 의미를 내포함]
【小百货】xiǎobǎihuò 명 일용 잡화.
【小摆设】xiǎobǎi·she 명 (탁자 등에 놓고 보는) 미술품·장식품 등.
【小班】xiǎobān 명 1 유치원의 유아반. 2 소규모반. 소학급. ¶~教学=소규모반 수업.
【小板凳】xiǎobǎndèng 명 (1인용) 걸상. 앉은뱅이의자.
【小半】xiǎobàn 명 절반 가까이. 근 절반. 거의 절반. ¶一瓶水被他一口气喝得只剩下一~。=물 한 병을 그가 단숨에 들이키는 바람에 절반도 채 안 남았다.
【小宝宝】xiǎobǎo·bao 명 귀염둥이.
【小报】xiǎobào 명 1 소형 신문. 타블로이드 신문. 2 (정기 간행이나 형식을 구비하지 않은) 비정규 신문.
【小报告】xiǎobàogào 명동 밀고. 고자질. ¶打~=고자질을 하다.
【小辈】xiǎobèi (~儿) 명 손아랫사람. 후배. ≒晚辈 ↔长辈
【小本】xiǎoběn 명 1 소자본(小资本). 적은 자본. ¶~生意=소자본 장사. 2 수첩. 작은 노트. 소책자.
【小本经营】xiǎoběn jīngyíng 명 소자본〔소규모〕 장사.
【小本儿】xiǎoběnr 명 수첩. 작은 노트. 작은 책자. =【小本子】xiǎoběn·zi
【小本子】xiǎoběn·zi ☞【小本儿】xiǎoběnr
【小便】xiǎobiàn 동 소변 보다. 오줌 누다. 명 1 소변. 오줌. 2 자지. 3 보지.
【小辫儿】xiǎobiànr 명 1 짧게 땋은 머리〔변발〕. 2 변발.
【小辫子】xiǎobiàn·zi 명 1 짧게 땋은 머리. 변발. 2 비 약점. ¶抓~=약점을 잡다.
【小标题】xiǎobiāotí 명 소제목. 부제(副题). 서브타이틀.
【小别】xiǎobié 동 잠시 동안 이별하다〔떨어지다〕. ¶~数日=잠시 며칠 간 떨어지다.

【小冰川期】xiǎobīngchuānqī ☞【小冰期】xiǎobīngqī
【小冰河期】xiǎobīnghéqī ☞【小冰期】xiǎobīngqī
【小冰期】xiǎobīngqī 명 소빙하 시대. =【小冰川期】xiǎobīngchuānqī【小冰河期】xiǎobīnghéqī
【小病大养】xiǎobìng-dàyǎng 성 1 큰 병도 아닌데 야단스럽게 몸조리를 하다. 2 비 작은 문제로 많은 시간과 정력을 소모하다.
【小补】xiǎobǔ 명 작은 보탬. 조그만 도움. ¶每月利用业余时间搞点别的, 多少有点儿~。=매월 여가 시간을 이용하여 다른 것을 하니, 다소 보탬이 된다. 동 약간 꿰매다. ¶小缝~=살짝 터진 곳을 꿰매다.
【小不点儿】xiǎo·budiǎnr 형비 매우 작다. 아주 조그맣다. ¶~的一只麻雀=조그마한 참새 한 마리. 명비 (어린) 아이. 애. 꼬마. 꼬맹이. ¶这个~, 懂的可真不少。=이 꼬마는 아는 게 정말로 많다.
【小步】xiǎobù 명 반보(半步). 반걸음. ¶~舞曲=미뉴에트(minuet).
【小材大用】xiǎocái-dàyòng 성비 능력이 떨어지는 사람이 오히려 중요한 자리에 임용되다.
【小菜】xiǎocài 명 1 (~儿) 간단한 반찬. 밑반찬. 장아찌. 2 명 간단한 요리〔음식〕. ¶炒几个~儿下酒。=간단한 요리를 몇 개 만들어 술을 마시다. 3 비 (~儿) (손)쉬운 일. 간단한 일. 식은죽먹기. 누워서 떡먹기. ¶他学的是播音, 诗朗诵是~。=그의 전공이 방송이므로 시 낭송쯤은 일도 아니다.
【小菜一碟】xiǎocài-yīdié (~儿) 성비 아주 쉬운 일. 식은죽먹기. 누워서 떡먹기. ¶制作网页对他来说是~!=웹사이트 제작쯤이야 그에게는 식은죽먹기이다.
【小册子】xiǎocè·zi 명 소책자. 팸플릿.
【小差】xiǎochāi 명 1 탈영. 2 근무지 이탈. 3 비 한눈. ¶他上课时老爱开~。=그는 수업 시간에 자주 한눈〔정신〕을 판다. 4 연 하찮은 직무. 보잘것없는 직무. ¶当~=보잘것없는 직무를 맡다.
【小产】xiǎochǎn ☞【流产】liúchǎn
【小肠】xiǎocháng 명《生》 소장. 작은창자.
【小肠串气】xiǎocháng chuànqì ☞【疝气】shànqì
【小抄儿】xiǎochāor 명⟨구⟩ 커닝 페이퍼. ¶打~=커닝 페이퍼를 만들다.
【小潮】xiǎocháo 명 소조. 조금(潮减).
【小炒】xiǎochǎo (~儿) 명 작은 솥에 별도로 조리한 요리.
【小车】xiǎochē (~儿) 명 1 (손으로 미는) 일륜차(一輪車). 바퀴가 한 개 달린 수레. 2 소형 승용차〔자동차〕.
【小城镇】xiǎochéngzhèn 명 (인구가 20만이 안 되는) 소도시. 현 정부 소재지. 진(鎭).
【小乘】xiǎochéng 명《佛》 소승.
【小惩大诫】xiǎochéng-dàjiè 성 작은 잘못을

징계하여 큰 잘못을 저지르지 않게 하다.

【小吃】**xiǎochī** 图 **1** 간단한 음식. 가벼운 식사. 양이 적고 값싼 요리. **2** 간단한 먹을거리. 스낵. 간식. [쭝쯔(粽子)·탕위안(汤圆)·녠가오(年糕)·유빙(油饼)·춘쥐안(春卷) 등의 총칭] ¶地方~=지방색이 나는 먹을거리. **3** (서양 음식의) 전채(前菜). 애피타이저.

【小吃部】**xiǎochībù** 图 간이 식당. 스낵바 (snack bar). 스낵 코너(snack corner). 푸드 코트 (food court).

【小吃店】**xiǎochīdiàn** 图 간이 식당. 스낵바 (snack bar).

【小丑】**xiǎochǒu**(~儿) 图 **1**(剧) 어릿광대. **2**(轉) 익살꾼. 재미있는 사람. 분위기를 잘 띄우는 사람. **3** 소인(小人). 하찮은 인간. ¶跳梁~=함부로 날뛰며 소란피우는 소인배.

【小雏儿】**xiǎochúr**(~儿) 图 **1**(動) 새끼[어린] 새. 병아리. **2**(轉) 햇병아리. 풋내기. 신참. 경험이 적은 사람.

【小除夕】**xiǎochúxī** 图 **1** 섣달 그믐날의 전날 밤. **2** 섣달 그믐날의 전날.

【小处落笔】**xiǎochù-luòbǐ** 〈成〉(喩) 작은 일부터 착수하다. ¶大处着眼, ~. =대국적인 견지에서 구체적인 일부터 손을 대다.

【小春】**xiǎochūn** 图 图 **1** ☞【小阳春】**xiǎoyángchūn 2** ☞【小春作物】**xiǎochūn zuòwù**

【小春作物】**xiǎochūn zuòwù** 图 (음력 10월경에 파종하는) 늦가을 작물. =【小春】**xiǎochūn**.

【小疵】**xiǎocī** 图〈文〉 조그만 결함[문제·착오·결점]. ¶~微瑕=옥에 티.

【小词】**xiǎocí** 图(論) 소명사(小名辭).

【小葱】**xiǎocōng**(~儿)图(植) **1** 세총(细葱). 실파. **2** 어린 파.

【小葱拌豆腐】**xiǎocōng bàn dòu·fu** 〈喩〉 **1** 푸른색 실파를 흰 두부에 버무리다. **2**(轉) 명명백백하다. 분명하다.

【小聪明】**xiǎocōng·ming** 图 图 잔머리. 잔재주. 잔꾀. ¶别的本事没有, 就知道要~. =다른 재주는 없고, 단지 잔꾀만 부릴 줄 안다.

【小打扮儿】**xiǎodǎbànr** 图(敍) 몸에 딱 붙는 짧은 옷. ¶一身~=온몸에 딱 붙는 짧은 옷을 걸치고 있다.

【小打小闹】**xiǎodǎ-xiǎonào** 〈喩〉 소규모로 진행하다. 영세하다. 조물락거리다.

【小大姐】**xiǎodàjiě** 图 아가씨. 젊은 처녀.

【小大人儿】**xiǎodàrénr** 图 어른처럼 말하고 행동하는 어린이.

【小旦】**xiǎodàn** 图(剧) (중국 전통극에서) 젊은 여자 역.

【小刀】**xiǎodāo**(~儿) 图 **1** 조그만 칼[검]. **2** 주머니칼[검]. 휴대용 칼[검].

【小刀会】**xiǎodāohuì** 图 소도회. (청(清)대 민간의 비밀 결사 조직. 주로 동남 연해 및 산둥(山东) 일대에서 활동됨]

【小道】**xiǎodào**(~儿) 图 **1** 작은 길. 오솔길. ¶羊肠~=꼬불꼬불한 오솔길. **2** 보잘것없는 직업 ·기예·학문·기술 등. ¶在封建社会, 戏曲总是~, 难与诗文相媲美. =봉건 사회에서, 중국 전통극은 줄곧 보잘것없는 것에 지나지 않아, 시문과는 필적하기 어려웠다. **3**(喩) 비공식적인 경로[루트]. 부정한 수단[방법]. ¶这是从~儿听来的. =이것은 비공식적인 경로를 통해 들은 것이다.

【小道理】**xiǎodàolǐ** 图(喩) 일리. 소소한[작은] 도리[이치]. 작은[소] 원칙. ¶你讲的话有点~. =네 말은 그런대로 일리가 있다. ↔大道理

【小道儿消息】**xiǎodàor xiāo·xi** 비공식적 경로[루트]로 들은 소식. 얻어들은 소식. 주워들은 소식. ↔大道儿消息

【小的】**xiǎo·de** **1** (어린) 아이. 애. 꼬마. 꼬맹이. ¶家里老的~都需要照顾. =집안의 노인 아이 할 것 없이 모두 보살펴야 한다. **2** 동물의 새끼. **3**(轉) 소인. 저. [옛날, 아역·평민·노복 등이 관리나 주인에게 자신을 일컫던 말] **4**(婉) 첩.

【小弟】**xiǎodì** 图 **1** 동생. 막내동생. =【小弟弟】**xiǎodì·di 2** 자기보다 어린 남자에 대한 친근한 호칭. 아우. 자네. **3** 소제. 소생. 저. [친구나 친한 사람 사이에서 자기를 낮추는 말] ¶~不才, 还得仰仗各位多多抬举. =제가 부족해서 여러분의 많은 보살핌을 부탁드립니다.

【小弟弟】**xiǎodì·di** 图 **1** ☞【小弟】**xiǎodì 2** 꼬마 (친구). [사내아이에 대한 친근한 호칭] ¶~, 今年多大了? =꼬마야, 올해 몇 살이지?

【小店】**xiǎodiàn** 图 **1**(~儿) 작은 가게[상점]. **2**(~儿) 작은 여인숙. **3**(謙) 소점. 폐점(敝店). 저의 가게.

【小电影】**xiǎodiànyǐng** 图 **1** 16밀리(mm)이하 영화. 소형 영화. **2**(轉) 외설[도색] 영화.

【小调】**xiǎodiào** 图 **1**(~儿) (민간의 통속적인) 곡조. 가락. 멜로디. **2**(音) 서양 소조식(단조) (短调). 마이너(minor).

【小东西】**xiǎodōng·xi** 图 **1** (값싸고 작은) 물건. ¶买了些~回去送朋友. =돌아가서 친구들에게 선물할 물건들을 샀다. **2**(口) 꼬맹이. 저 녀석. ¶这~真顽皮. =요 녀석은 정말 개구쟁이이다.

【小动作】**xiǎodòngzuò** 图 **1** 장난(질). 딴 짓. 해찰. 쏠라닥질. ¶他上课的时候老爱做~. =그는 수업할 때마다 딴 짓 하기를 좋아한다. **2** 허튼 수작. 못된 짓. 꿍꿍이짓. 공작. 장난. ¶不要在背后搞~. =배후에서 허튼수작하지 마라.

【小豆】**xiǎodòu** ☞【赤小豆】**chìxiǎodòu**

【小读者】**xiǎodúzhě** 图 어린 독자.

【小肚】**xiǎodǔr** 图 돼지 방광 순대. [돼지 방광에 전분으로 버무린 다진 고기를 넣고 찐 음식]

【小肚鸡肠】**xiǎodù-jīcháng** 〈成〉(喩) 도량이 좁아 사소한 일만 따지고 전체 국면은 생각하지 않다. =【鼠肚鸡肠】**shǔdù-jīcháng** ↔宽宏大量

【小肚子】**xiǎodù·zi** 【小腹】**xiǎofù**

【小队】**xiǎoduì** 图 소대.

【小恩小惠】**xiǎo'ēn-xiǎohuì** 〈成〉 (사람을 꾀기 위해 베푸는) 작은 선심.

【小儿】**xiǎo'ér** 图 **1** 아이. 아동. **2**(謙) 아들놈. 가아(家兒). 제 자식. 우식. 돈아.

【小儿科】xiǎo'érkē 图 1 ☞【儿科】érkē 2 (비) 하찮은 것. 보잘것없는 것. ¶不要把卫生防疫知识宣传当成~。=위생 방역에 대한 지식 홍보를 하찮게 여기지 마라. 3 (비) (손)쉬운 일. 간단한 일. 식은죽먹기. ¶绘制广告画对他来讲简直就是~。=포스터 제작쯤이야 그에게는 그야말로 식은죽먹기이다. 휑 쩨쩨하다. 쫀쫀하다. ¶朋友结婚送五十元礼金, 太~了。=친구 결혼식에 축의금 50위안을 내다니, 너무 쩨쩨하다.

【小儿麻痹症】xiǎo'ér mábìzhèng ☞【脊髓灰质炎】jǐsuǐ huīzhìyán ☞【儿麻】érmá

【小而全】xiǎo'érquán 휑 1 작고 완벽하다. 작지만 알차다. 2 (기업 등이) 규모는 작지만 실속 있다.

【小而言之】xiǎo'éryánzhī 囹 작은 차원에서 말하다.

【小二】xiǎo'èr 图 (찻집·술집·여관 등의) 종업원. =【小二哥】xiǎo'èrgē

【小二哥】xiǎo'èrgē ☞【小二】xiǎo'èr

【小饭桌】xiǎofànzhuō 图 (동사무소나 개인 사업자들이 마련한) 점심 결식 학생을 위한 급식소(식당).

【小贩】xiǎofàn 图 소상인. 영세 상인. 행상인.

【小纺】xiǎofǎng 图(纺) (주로 안감으로 쓰는) 비교적 올이 가는 견직물.

【小费】xiǎofèi 图 팁. =【小账】xiǎozhàng

【小分队】xiǎofēnduì 图 특정 임무를 위해 파견되는 조직. 파견단. 기동대(機動隊). 파견 부대. 소부대. 정예 부대. 정예 팀. 기동반(機動班). [일반적으로 소수이고 기동성이 뛰어남] ¶医疗~=정예 의료진.

【小粉】xiǎofěn 图(化) 전분. 녹말.

【小夫妻】xiǎofūqī 图 젊은 부부.

【小腹】xiǎofù 图(生) 아랫배. 톳 【小肚子】xiǎodù·zi

【小钢炮】xiǎogāngpào 图 1 (軍) 소형 대포. 소형 박격포. 2 (비) (과감하게 의견을 제시하는) 직설적인 사람. 거침없이 말하는 사람. [주로 젊은 사람을 가리킴] ¶他说话又急又冲, 简直就是个~。=그는 말하는 품이 급하고 드세어 그야말로 직사포 같다.

【小哥儿们儿】xiǎogē·menr 图 같은 또래의 젊은이들. =【小哥儿们】xiǎogēr·men

【小哥儿俩】xiǎogērliǎ 图 1 어린(젊은) 두 형제. 2 같은 또래의 젊은 두 남자.

【小哥儿们】xiǎogēr·men ☞【小哥儿们儿】xiǎogē·menr

【小个儿】xiǎogèr ☞【小个子】xiǎogè·zi

【小个子】xiǎogè·zi 图 몸집이 작은 사람. =【小个儿】xiǎogèr

【小工】xiǎogōng(~儿) 图 막노동꾼. 막노동자. 잡역부. 조수.

【小公共】xiǎogōnggòng 图 소형 시내버스.

【小恭】xiǎogōng 图(婉) 소변. 오줌. ¶出~=소변 보다.

【小公主】xiǎogōngzhǔ 图(비) 응석받이로 자란 여자 아이. 집에서 곱게 자란 여자 아이.

【小姑】xiǎogū(~儿) 图 1 작은고모. 2 ☞【小姑子】xiǎogū·zi

【小姑娘】xiǎogū·niang(~儿) 图 여자 아이. 소녀. 꼬마 아가씨.

【小姑子】xiǎogū·zi 图 손아래 시누이. [다른 사람에게 말할 때 쓰임] =【小姑】xiǎogū

【小鼓】xiǎogǔ 图(音) 1 소고. 작은북. 2 사이드 드럼.

【小褂】xiǎoguà(~儿) 图 중국식 적삼.

【小馆儿】xiǎoguǎnr 图 작은 식당. 소 음식점.

【小广播】xiǎoguǎngbō 图 소문. 풍문. 루머. 수다쟁이. 가납사니. ¶她是我们单位有名的~。=그녀는 우리 직장에서 유명한 수다쟁이이다.

【小广告】xiǎoguǎnggào 图 (길거리에서 배포하거나 거리에 붙이는) 불법 광고지. =【野广告】yěguǎnggào

【小鬼】xiǎoguǐ 图 1 지위가 낮은 귀신. 악귀. 도깨비. 저승사자. 2 꼬맹이. 꼬마. 요놈. 요 녀석. [아이를 친밀하게 부르는 말] ¶这~挺聪明的。=요 녀석은 꽤 영리하다.

【小锅饭】xiǎoguōfàn 图 1 따로 작은 솥에 지은 밥. 2 (비) 특별 대우. 특별 배려. ¶老师经常给学习跟不上的同学吃~。=선생님은 늘 학습이 부진한 학생에게 특별히 과외 지도를 해 주신다.

【小过】xiǎoguò 图 작은 과실. 조그만 실수.

【小孩儿】xiǎoháir 图 1 아이. 애. 꼬마. 꼬맹이. 아동. 2 자녀. [주로 미성년인 자녀를 가리킴] =【小孩子】xiǎohái·zi ↔大人

【小孩子】xiǎohái·zi ☞【小孩儿】xiǎoháir

【小孩子家】xiǎohái·zi·jia 图(구) 어린것. 철부지. [경멸의 의미를 내포함]

【小寒】xiǎohán 图 소한. [24절기의 하나로, 양력 1월 5일 전후임]

【小号】xiǎohào 图 1 (~儿) (상품의) 작은 사이즈. ¶他个子小, 穿~正合适。=그는 키가 작기 때문에 작은 사이즈를 입어야 딱 맞는다. 2(谦) 저희 상점. 폐점(弊店). 소점(小店). 3 (音) 트럼펫. 4 (婉) 독거 감방. 독방. ¶关~=독방에 가두다. ↔大号

【小猴子】xiǎohóu·zi 图 1(動) 작은 원숭이. 2 개구쟁이. 장난꾸러기. 말썽꾸러기. [남자 아이에게 쓰임] ¶这些~总喜欢闹事。=이 개구쟁이들은 늘 말썽을 일으킨다.

【小胡桃】xiǎohútáo ☞【山核桃】shānhétáo

【小户】xiǎohù 图 1 식구가 적은 가정. 2 (婉) 가난한 집안.

【小花脸】xiǎohuāliǎn 图(劇) (중국 전통극에서) 어릿광대 역.

【小滑头儿】xiǎohuátóur 图 뺀질뺀질한 아이.

【小话】xiǎohuà(~儿) 图(방) 1 험담. 헐뜯는 말. 욕. ¶她总喜欢在背后说人~。=그녀는 늘 뒤에서 남 헐뜯기를 좋아한다. 2 (남의) 사적인 이야기. ¶她喜欢传~。=그는 남의 프라이버시에 관련된 말을 퍼뜨리기 좋아한다.

【小皇帝】xiǎohuángdì 图(비) 응석받이로 자란 남자 아이.

【小黄鱼】xiǎohuángyú 图(動) 참조기.

【小茴香】xiǎohuíxiāng ☞【茴香】huíxiāng
【小汇报】xiǎohuìbào 명 밀고. 고자질.
【小惠】xiǎohuì 명 작은 은혜. 작은 덕. ¶略施~=작은 은혜를 베풀다.
【小火】xiǎohuǒ 명 약한 불.
【小火轮】xiǎohuǒlún 명 소형 기선(汽船).
【小伙计】xiǎohuǒ·ji 명속 어린〔젊은〕 점원〔머슴〕.
【小伙儿】xiǎohuǒr ☞【小伙子】xiǎohuǒ·zi
【小伙子】xiǎohuǒ·zi 명 젊은이. 청년. 총각. =【小伙儿】xiǎohuǒr
【小鸡】xiǎojī(~儿) 명 병아리.
【小鸡鸡】xiǎojījī ☞【小鸡儿】xiǎojīr
【小鸡儿】xiǎojīr 명 고추. [어린아이의 자지를 해학적으로 부르는 말] =【小鸡鸡】xiǎojījī
【小集(子)】xiǎojí(·zi) 명 소규모의 정기(定期) 시장.
【小集团】xiǎojítuán 명속 패(거리). 도당(徒黨). 파벌. 소그룹.
【小蓟】xiǎojì ☞【刺儿菜】cìrcài
【小家碧玉】xiǎojiā-bìyù 성어비 가난한 집의 고운 딸.
【小家电】xiǎojiādiàn 명속 소형 가용전기(소형 가전 제품).
【小家伙】xiǎojiā·huo(~儿) 명 녀석. 자식. 놈. [미성년자를 친근하게 부르는 호칭]
【小家鼠】xiǎojiāshǔ 명〔動〕 생쥐. =【鼷鼠】xīshǔ
【小家庭】xiǎojiātíng 명 소가정. 핵가족.
【小家子】xiǎojiā·zi 1 출신이 미천한 사람. 가난한 집 출신의 사람. 2 미천한 집안. 가난한〔빈한한〕 집안. ¶他虽然是~出生的, 但很有大气. =그는 비록 가난한 가정에서 태어났지만, 매우 당당하다.
【小家子气】xiǎojiā·ziqi 형 대범하지 못하다. 좀스럽다. 잘다. 군색하다. 옹색하다. =【小家子相】xiǎojiā·zixiàng
【小家子相】xiǎojiā·zixiàng ☞【小家子气】xiǎojiā·ziqi
【小件】xiǎojiàn 명 조그만 짐. 작은 짐. ¶~行李=수화물(手貨物).
【小建】xiǎojiàn 명 (음력의) 작은달. [29일만 있는 달로, '大建(큰달)'과 구별됨] =【小尽】xiǎojìn
【小将】xiǎojiàng 명 1 ® 젊은 장수. 2 비 저돌적인〔도전적인〕 젊은이. 젊은 선구자〔개척자〕.
【小脚】xiǎojiǎo(~儿) 명 전족(纏足).
【小脚女人】xiǎojiǎo nǚrén 명 1 전족한 여자. 2 비 보수적이고 답답한 사람. ¶干工作要勇于开拓, 不能做个~. =일을 할 때는 과감하게 밀어붙여야지, 속좁은 여편네처럼 해서는 안 된다.
【小轿车】xiǎojiàochē 명 1 소형 승용차(자동차). =【小卧车】xiǎowòchē 2 ® 덮개가 있는 마차.
【小教】xiǎojiào 명속 1 소학 교육(초등 교육). 2 ® 소학 교사(초등 학교 교사).
【小节】xiǎojié 명 1 사소한 일. 하찮은 일. 소소한 일. 대수롭지 않은 일. [ '大节(대강·大綱)'와 구별됨] ¶不拘~=사소한 일에 얽매이지 않다. 2 (音) 소절. 마디.
【小结】xiǎojié 명 (한 단계의 일·학업에 대한) 부분적인 결론〔매듭〕. 중간 결산〔평가〕. 간단한 요약. 통 중간 결산을〔평가를〕하다. 요약하다. ¶把刚学过的这个单元~一下. =방금 배운 이 단원을 한번 요약해 보자.
【小姐】xiǎo·jiě 1 ® 아씨. 아가씨. [하인이 주인집의 시집 가지 않은 딸을 부르던 말] 2 아가씨. 젊은 여자. ¶空中~=스튜어디스. 3 나이 든 독신 여자에 대한 존칭. 4 아가씨. [여자 종업원에 대한 호칭]
【小姐儿俩】xiǎojiěrliǎ 명 1 어린〔젊은〕 두 자매. 2 같은 또래의 두 아가씨.
【小解】xiǎojiě 동 (사람이) 소변을 보다.
【小金库】xiǎojīnkù 명 1 빼돌린 공금. 비자금. =【小钱柜】xiǎoqiánguì 2 (가족 구성원의) 꼬불쳐 놓은 돈. 딴 주머니. 비자금. 사전(私錢).
【小襟】xiǎojīn 명 중국 옷의 안섶.
【小尽】xiǎojìn ☞【小建】xiǎojiàn
【小径】xiǎojìng 명문 작은 길. 오솔길.
【小九九】xiǎojiǔjiǔ(~儿) 명 1 ☞【九九歌】jiǔjiǔgē 2 비 속셈. 타산. 계산. ¶你那点~我还不知道? =너의 그 속셈을 내가 모를 줄 아니?
【小舅子】xiǎojiù·zi 명구 손아래 처남. [다른 사람에게 말할 때 쓰임]
【小开】xiǎokāi 명비 1 가겟집 주인 아들. 2 부잣집의 자제.
【小楷】xiǎokǎi 명 1 (손으로 쓴) 작은 해서체(楷書體) 글자. ¶蝇头~=깨알같이 쓴 해서체 글자. 2 (표음 자모의) 소문자 인쇄체.
【小看】xiǎokàn 동 얕보다. 깔보다. 경시하다. 업신여기다. 우습게 여기다. ¶你可别~他. =너는 그를 얕보아서는 안 된다. ≒小瞧 轻视 ↔ 重视 着重
【小康】xiǎokāng 명 1 ® 소강. 《예기·예운(禮記·禮運)》에서 말하는, 유가(儒家)의 가장 이상적인 대동세계(大同世界)보다 약간 떨어지는 수준의 사회》. 2 중류 수준의 가정 형편. 먹고살〔지낼〕 만한 경제 상황. 3 중진국 수준의 사회·경제 상황.
【小康社会】xiǎokāng shèhuì 명 소강 사회. 중류 수준의 사회.
【小考】xiǎokǎo 명 수시 시험. 중간 시험. 월말 고사. [학기 중에 치르는 소규모 또는 임시성 시험을 가리킴]
【小可】xiǎokě 명겸 소생. 불초. 저. [주로 조기 백화문에 보임] ¶~适于多有冒犯, 还请前辈见谅. =소생이 방금 적잖은 무례를 범하였사오니, 어른께서 너그러이 봐주시길 바랍니다. 형 사소하다. 경미하다. 보통이다. ¶此事非同~, 千万不可掉以轻心. =이 일은 보통 일이 아니니, 절대 대수롭게 여기지 마라.
【小客车】xiǎokèchē 명 소형 여객 운수 차량.
【小抠】xiǎokōu(~儿) 명 좀팽이. 구두쇠.
【小口径】xiǎokǒujìng 명 소구경. ¶~步枪=소구경 소총.

【小老婆】xiǎolǎo·po 명 첩. 낮【小婆儿】xiǎopór

【小老头儿】xiǎolǎotóur 명 겉늙은이. 애늙은이. 젊으면서 늙어 보이는 사람.

【小礼拜】xiǎolǐbài 명 ❶ (5일 근무제가 보편화되기 전) 격주로 하룻밤에 못 쉬는 주, 또는 그 주의 일요일. ❷ (2주일에 하룻밤에 못 쉴 때) 쉬지 못하는 일요일.

【小利】xiǎolì 명 극히 적은 이익.

【小里小气】xiǎo·li xiǎoqì 형 ❶ 인색하다. 박하다. 짜다. 쩨쩨하다. ❷낮 마음〔속·도량〕이 좁다. 좀스럽다. 잘다. 좁다. 옹졸하다. 꾀죄죄하다. ❸낮 (행동거지나 옷차림 등이) 부자연스럽다. 어색하다.

【小两】xiǎoliǎng 명 (16량(兩)을 1근(斤)으로 하는 옛 중국식 도량형 제도에서) 1근의 16분의 1.

【小两口】xiǎoliǎngkǒu(~儿) 명 젊은 부부.

【小量】xiǎoliàng 형 소량의. 적은 양의.

【小灵猫】xiǎolíngmāo 명(動) (중국산) 사향고양이. 영 small indian civet

【小令】xiǎolìng 명 ❶ 소령. [사(詞)의 형식 가운데 가장 짧은 것] ❷ 소령. [산곡(散曲)의 일종. 체제가 비교적 짧고, 통상적으로 단일 곡조를 말함]

【小流域】xiǎoliúyù 명 범위가 작은 유역.

【小龙】xiǎolóng 뱀띠.

【小笼包子】xiǎolóng bāo·zi 명 (작은 찜통에 찐) 소가 든 만두.

【小楼】xiǎolóu 명 (층수가 적은) 작은 건물.

【小炉匠】xiǎolújiàng(~儿) 명예 땜장이. =【小炉儿匠】xiǎolúrjiàng

【小炉儿匠】xiǎolúrjiàng ☞ 【小炉匠】xiǎolújiàng

【小路】xiǎolù 명 좁은 길. 오솔길.

【小萝卜】xiǎoluó·bo 명(植) ❶ 순무. ❷ 순무의 뿌리. 순무.

【小锣】xiǎoluó(~儿) 명(音) 소라. 작은 징. =【手锣】shǒuluó

【小买卖】xiǎomǎi·mai 명 작은〔영세〕 장사〔사업〕. 소규모 영업.

【小麦】xiǎomài 명(植) 밀.

【小卖】xiǎomài 명 ❶ (외부로 판매하는) 간단한 음식〔스낵·먹을거리〕. 통 작은〔영세〕 장사를〔사업을〕 하다. 소규모 영업을 하다. ¶提篮~=바구니를 들고 조그마한 장사를 하다.

【小卖部】xiǎomàibù 명 매점. 조그마한 가게. 소형 상점.

【小满】xiǎomǎn 명 소만. [24절기의 하나로, 양력 5월 21일 전후임]

【小猫熊】xiǎomāoxióng 명(動) 새끼 판다. =낮【小熊猫】xiǎoxióngmāo

【小毛】xiǎomáo(~儿) 명 털이 짧은 모피.

【小毛头】xiǎomáo·tou 명낮 젊은이. 청년. 총각. 남자 아이.

【小帽】xiǎomào(~儿) 명옛 과피모. [중국식 모자의 일종. 여섯 조각의 검은 천을 잇대어 만든 것으로, 수박을 반으로 자른 모양처럼 생겼고, 차양이 없으며 정수리에 꼭지가 달려 있음]

【小妹】xiǎomèi 명 ❶ (막내) 누이동생. 여동생. =【小妹妹】xiǎomèi·mei ❷낮 (연인 관계에서) 여자 애인을 부르는 말. ❸낮 (연인 관계에서) 여자의 자칭.

【小妹妹】xiǎomèi·mei 명 ❶ ☞【小妹】xiǎomèi ❷ 여자 아이. 꼬마 아가씨. ¶~, 今年几岁了?=꼬마 아가씨, 올해 몇 살이니?

【小门小户】xiǎomén xiǎohù(~儿) 명 가난한〔빈한한〕 가정. 미천한 집안.

【小米】xiǎomǐ(~儿) 명 좁쌀.

【小米面】xiǎomǐmiàn 명 ❶ 좁쌀가루. ❷낮 (~儿) 기장·콩·흰 옥수수를 혼합하여 만든 가루.

【小秘】xiǎomì ☞【小蜜】xiǎomì

【小蜜】[小秘] xiǎomì 명 (고위급 관리나 기업 사장의) 애인〔정부〕 겸 수행 여비서.

【小名】xiǎomíng(~儿) 명 아명. 어릴 때 부르는 이름. =【乳名】rǔmíng【奶名】nǎimíng

【小名气】xiǎomíng·qi 명 (어떤 범위 내에서) 약간의〔조그마한〕 명성. ¶他在当地有点儿~。=그는 현지에서 약간의 명성이 있다.

【小命儿】xiǎomìngr 명 천한 목숨. 하찮은 목숨. [주로 남을 경시하는 말투로 쓰임]

【小拇哥儿】xiǎo·mǔgēr ☞【小拇指】xiǎo·mǔzhǐ

【小拇指】xiǎo·mǔzhǐ 명 새끼손가락. =낮【小拇哥儿】xiǎo·mǔgēr

【小脑】xiǎonǎo 명(生) 소뇌.

【小妮儿】xiǎonīr 명낮 여자 아이. =【小妮子】xiǎonī·zi

【小妮子】xiǎonī·zi ☞【小妮儿】xiǎonīr

【小鲵】xiǎoní 명(動) 도롱뇽.

【小年】xiǎonián 명 ❶ 음력 12월이 29일인 해. ❷ 음력 12월 23일이나 24일. [옛날, 이 날 부뚜막 신 즉 조왕신에게 제사를 지내는 풍속이 있었음] ❸ 과일이나 대나무가 잘 되지 않는 해. 흉년. ¶受气候影响, 今年是西瓜的~。=기후의 영향을 받아, 올해는 수박 흉년이다.

【小年轻】xiǎoniánqīng 명 (20세 전후의) 젊은이. 청년.

【小年夜】xiǎoniányè 명 ❶ 섣달 그믐날의 전날 밤. ❷ 음력 12월 23일이나 24일.

【小娘们儿】xiǎoniáng·menr 명낮 젊은 년〔여인네·여편네·아낙네〕.

【小娘子】xiǎoniángzǐ 명 젊은 부인〔아낙네〕. [주로 초기 백화문에 보임]

【小鸟依人】xiǎoniǎo-yīrén 성(유) 소녀가 마음 속의 사람을 그리워하는 모양. 소녀〔여자 아이〕가 어른에게 다정히 기대어〔안겨〕 있는 모양.

【小妞儿】xiǎoniūr 명구 여자 아이. =【小妞子】xiǎoniū·zi

【小妞子】xiǎoniū·zi ☞【小妞儿】xiǎoniūr

【小农】xiǎonóng 명 소농. 가족 단위 영세농. ¶~意识=소농 의식.

【小农经济】xiǎonóng jīngjì 명(經) 소농제 농업 경제.

【小女】xiǎonǚ 명겸 딸년. 딸아이.

【小爬虫】xiǎopáchóng 명욕비 주구(走狗).

앞잡이.
【小跑】xiǎopǎo(~儿) 통 가볍게 뛰다. 뛰다 걷다 하다. ¶一路~爬上了山顶。=계속해서 가볍게 뛰어 산의 정상까지 올랐다.
【小朋友】xiǎopéngyǒu 명 1 어린이. 아이. 아동. 꼬마. ¶很多~都喜欢到游乐园去玩儿。=대다수의 어린이들은 모두 놀이동산에 가서 놀기를 좋아한다. 2 꼬마(친구). 아가. [어린아이를 다정스럽게 부르는 말] ¶~,你几岁了？=꼬마야, 너 몇 살이니?
【小便宜】xiǎopián·yi 명 작은 이익〔이득〕. 소리(小利). ¶贪图~=작은 이익을 탐하다.
【小品】xiǎopǐn 명 1〔佛〕불경의 약본(略本). 2【小品文】xiǎopǐnwén 3 단막극. 촌극. 토막극. (비교적 짧은) 드라마. ¶电视~=TV 단막극.
【小品文】xiǎopǐnwén 명 소품문. [산문의 일종. 편폭이 짧고, 자유로운 필치로 주장을 펼치거나 느낌을 간단하게 적은 글] =【小品】xiǎopǐn
【小平头】xiǎopíngtóu 상고머리.
【小婆儿】xiǎopór ☞【小老婆】xiǎolǎo·po
【小铺】xiǎopù(~儿) 명 1 작은 상점. =【小铺子】xiǎopù·zi 2 〈경〉 폐점(弊店). 소점(小店). 저의 상점.
【小铺子】xiǎopù·zi ☞【小铺】xiǎopù
【小气候】xiǎoqìhòu 명 1 소기후. ¶山里的~跟山下差异很大。=산 속의 기후는 산 아래와 차이가 매우 크다. 2 (구체적인 지역·기관·업종 등의) 분위기. 형세. ¶该公司上下精诚团结,~很不错。=이 회사는 위아래로 잘 단결되어 분위기가 매우 좋다.
【小气】xiǎo·qi 형 1 인색하다. 박하다. 짜다. 쩨쩨하다. ¶他为人慷慨,一点都不~。=그는 사람됨이 대범하여, 조금도 인색하지 않다. 2 형 마음〔속·도량〕이 좁다. 좀스럽다. 잘다. 좀되다. 옹졸하다. 꾀죄하다. ¶她很~,稍不注意就把她得罪了。=그녀는 속이 좁아터져서, 조금만 조심하지 않아도 미움을 산다. 3 통 (행동거지나 옷차림 등이) 부자연스럽다. 어색하다. ¶衣着~=옷차림이 어색하다. ≒各啬 ↔大方(dà·fang) 慷慨
【小汽车】xiǎoqìchē 명 소형 승용차〔자동차〕. 작은 차.
【小器】xiǎoqì 명 작은 그릇. ¶盘盂~=접시와 사발 따위의 작은 그릇.
【小器作】xiǎoqìzuō 명 가구〔목기〕제작소〔수리점〕.
【小器】xiǎo·qi 명 1 인색하다. 쩨쩨하다. 2 형 마음〔속·도량〕이 좁다. 좀스럽다. 잘다. 좀되다. 옹졸하다. 꾀죄하다.
【小憩】xiǎoqì 통 〈문〉 잠깐 쉬다. ¶~片刻=잠시 쉬다.
【小前提】xiǎoqiántí 명〔論〕소전제.
【小钱】xiǎoqián(~儿) 명 1 〈역〉 소전. [명청(明清)대에 국가에서 주조한 동전을 가리킴] 2 〈역〉 작은 동전. 3 〈역〉 뇌물로 쓰는 약간의 금품. 4 적은 돈. 약간의 돈. 얼마 안 되는 돈. 푼돈. ¶花~,办大事。=적은 돈을 써서 큰 일을 하다.

【小钱不去,大钱不来】xiǎoqián bù qù, dà qián bù lái〈속〉 적은 돈을 아끼면 큰 돈을 벌 수 없다. 작은 것을 버리지 않고서는 큰 것이 생길 수 없다.
【小钱柜】xiǎoqiánguì ☞【小金库】xiǎojīnkù
【小瞧】xiǎoqiáo 통〈방〉얕보다. 업신여기다. 깔보다. 무시하다. 경시하다. ≒小看 轻视 ↔重视 着重
【小巧】xiǎoqiǎo 형 작고 정교하다. 작고 깜찍하다. ¶这些泥塑~而精致。=이 흙 인형들은 작고 정교하기가 이를 데 없다. ↔笨重
【小巧玲珑】xiǎoqiǎo-línglóng〈성〉 1 (물건이) 작고 정교하다. 작고 깜찍하다. 2 (여자의 체구가) 자그마하고 몸놀림이 재다. 여자 아이〔소녀〕의 체구가 자그마하고 깜찍하다.
【小青年】xiǎoqīngnián(~儿) 명 청년. 새파란 청년. [20세 전후의 젊은이를 가리킴]
【小青瓦】xiǎoqīngwǎ 명 보통의 중국식 기와. [횡단면은 대개 호형(弧形)임] =【蝴蝶瓦】húdiéwǎ
【小秋收】xiǎoqiūshōu 명 작은 추수. 부수적인 가을걷이. [가을걷이 전후로 행해지는 약초 캐기·산나물 캐기·산 과일 따기·이삭줍기 등의 농사 활동을 일컬음]
【小球】xiǎoqiú 명(體) 탁구·배드민턴·테니스 등의 작은 공을 사용하는 구기 종목. [足球(축구)·篮球(농구)·排球(배구) 등의 '大球(큰 공을 사용하는 구기 종목)'와 구별됨]
【小区】xiǎoqū 명 주택 단지. 주택 지구.
【小曲儿】xiǎoqǔr 명 (민간의 통속적인) 곡조. 가락. 멜로디. 민가. 민요. 속곡(俗曲). 속요(俗謠). 속가(俗歌).
【小觑】xiǎoqù 통〈문〉얕보다. 깔보다. 업신여기다. 경시하다. 경멸하다. ¶不可~=얕보아서는 안 된다.
【小圈子】xiǎoquān·zi 명 1 좁은 생활 범위. 좁은 테두리. 좁은 울타리. ¶走出狭窄的~,融入广阔的社会天地。=좁은 울타리에서 벗어나 넓은 사회로 진출하다. 2 (사리를 위해 결성된) 소집단. 작은 조직〔패거리〕. ¶搞~=소집단을 조직하다.
【小全张】xiǎoquánzhāng 명 (우표의) 소형 시트. 미니어처 시트.
【小犬】xiǎoquǎn 명 1 강아지. 2〈경〉〈겸〉 어리석은 자식. 가아(家兒). 우식(愚息). [자기 아들에 대한 겸칭]
【小儿】xiǎor 명통 1 유년. 어린 시절. ¶自~=어린 시절부터. 2 어린 사내아이. ¶大胖~=포동포동한 사내아이.
【小人】xiǎorén 명 1 소인. [지위가 낮은 사람] 2 소인. [남이나 귀한 윗사람에 대한 자기의 겸칭] 3 소인. [인격이 낮고 비열한 사람] ¶卑鄙~=비열한 소인. ↔君子
【小人得志】xiǎorén-dézhì〈성〉소인이 득세하여 자기 본분을 잊고 거만스레 남을 능멸하는 모양. 소인이 뜻을 이루어 득세하다. 소인이 명리를 조금 얻자 오만하게 설치다.

【小人儿】 xiǎorénr 圈방 꼬마. [어린아이에 대한 애칭]
【小人儿书】 xiǎorénrshū 圈 (어린이용) 이야기 그림책〔만화책〕.
【小人物】 xiǎorénwù 圈 (사회적으로) 보잘것없는〔하찮은〕사람. 이름 없는〔변변찮은〕사람. 작은 인물. 하찮은 인물. ↔大人物
【小日子】 xiǎorì·zi 圈 적은 식구의 살림. 핵가족의 일상 생활. 젊은 부부의 결혼 생활. ¶夫妻俩的~过得和美美的. =부부의 결혼 생활은 화목하다.
【小嗓儿】 xiǎosǎngr 圈(劇) 경극(京劇)·곤곡(昆曲) 등에서 여자 역 배우의 목청.
【小僧】 xiǎosēng 圈 1 ⓐ 어린 중. 2 ㉮ 소승. [승려가 자신을 겸손히 일컫는 말]
【小沙弥】 xiǎoshāmí 圈(佛) 어린 승려. 소사미. 젊은 사미. 사미승.
【小山老鸹】 xiǎoshān lǎoguā ☞【寒鸦】hányā
【小商贩】 xiǎoshāngfàn 圈 소상인. 소매상인. 노점상인. 행상인.
【小商品】 xiǎoshāngpǐn 圈 일상 잡화. 일용품. 자질구레한 생활용품.
【小商品经济】 xiǎoshāngpǐn jīngjì 圈(經) 소상품 경제.
【小商品生产】 xiǎoshāngpǐn shēngchǎn ☞【简单商品生产】jiǎndān shāngpǐn shēngchǎn
【小商小贩】 xiǎoshāng xiǎofàn 圈 소상인. 소매상인. 노점상인. 행상인.
【小晌午】 xiǎoshǎng·wu 圈방 정오〔한낮〕에 가까운 시각.
【小舌】 xiǎoshé(~儿) ☞【悬雍垂】 xuán yōngchuí
【小婶】 xiǎoshěn(~儿) 圈 1 막내시동생의 아내. 2 손아래 동서. =【小婶子】xiǎoshěn·zi
【小婶子】 xiǎoshěn·zi ☞【小婶】 xiǎoshěn
【小生】 xiǎoshēng 圈 1(劇) 소생. [중국 전통극의 젊은 남자 배역] 2 소생. 저. [젊은 서생(書生)이 자기를 낮추어 일컫던 말. 주로 조기 백화문에 보임]
【小生产】 xiǎoshēngchǎn 圈(經) 소생산. 소상품 생산.
【小生产者】 xiǎoshēngchǎnzhě 圈 소생산자. 소상품 생산자. 소규모 생산자.
【小生意】 xiǎoshēng·yi 圈 소규모 장사. 소규모 영업.
【小时】 xiǎoshí 圈 시간. [시간 단위]
【小时工】 xiǎoshígōng 圈 시간제 노동. 파트타임 파출부. 아르바이트. =【钟点工】zhōng diǎngōng
【小时候】 xiǎoshí·hou(~儿) 圈 어린 시절. 어렸을 때. 어릴 때. 유년기.
【小食】 xiǎoshí 圈방 1 간단한 먹을거리〔음식〕. 스낵. ¶~店=간이 식당. 2 간식. ¶她很爱吃~. =그녀는 간식 먹는 것을 무척 좋아한다.
【小市】 xiǎoshì(~儿) 圈 소시. 규모가 작은 시장. 중고품이나 잡화 등을 파는 조그마한 시장.
【小市民】 xiǎoshìmín 圈 1 소시민. 2 속물. ¶~习气=속물 근성.
【小事】 xiǎoshì(~儿) 圈 작은 일. 사소한 일. 하찮은 일. 소사. ¶别计较~。=사소한 일로 따지지 마라. ↔大事
【小试锋芒】 xiǎoshì fēngmáng ⓢ 솜씨를〔재간을·재능을〕좀 드러내다.
【小试牛刀】 xiǎoshì niúdāo ☞【牛刀小试】niúdāo xiǎoshì
【小视】 xiǎoshì ⓢ㉮ 얕보다. 깔보다. 업신여기다. 경시하다. 경멸하다. ¶对手实力强大, 不可~。=상대의 실력이 막강해서 깔보면 안 된다.
【小手工业者】 xiǎoshǒugōngyèzhě 圈 소규모 수공업자.
【小手小脚】 xiǎoshǒu-xiǎojiǎo ⓢ 1 손이 작다. 쩨쩨하다. 인색하다. 너그럽지 못하다. 2 (일하는 것이) 소심하다. 시원시원하지 않다. 조심스럽다. 우유부단하다. ↔大手大脚
【小手指】 xiǎoshǒuzhǐ 圈 새끼손가락.
【小叔子】 xiǎoshū·zi 圈㉮ 시동생. [지칭어로 쓰임]
【小暑】 xiǎoshǔ 圈 소서. [24절기의 하나. 양력 7월 6·7·8일 무렵]
【小数】 xiǎoshù 圈(數) 소수.
【小数点】 xiǎoshùdiǎn 圈 소수점.
【小帅哥】 xiǎoshuàigē 圈ⓑ 꽃미남.
【小水电】 xiǎoshuǐdiàn 圈 소형 수력 발전소.
【小水】 xiǎo·shui 圈(醫) 소변. 오줌. ⓢ 배뇨하다.
【小睡】 xiǎoshuì ⓢ 선잠 자다. 잠깐 자다. ¶~片刻=잠시 선잠을 자다.
【小说】 xiǎoshuō(~儿) 圈 소설. ¶长篇~=장편 소설. /历史~=역사 소설.
【小说家】 xiǎoshuōjiā 圈 소설가.
【小厮】 xiǎosī 圈 어린 남자 종. 시동. 머슴애. [주로 조기 백화문에 보임]
【小四轮】 xiǎosìlún 圈ⓑ 소형 트랙터.
【小苏打】 xiǎosūdá 圈(化) '碳酸氢钠(탄산나트륨)'의 속칭.
【小算盘】 xiǎosuàn·pan(~儿) 圈㉮ 타산. 이해타산. 얄팍한 이해타산. ¶打~=이해타산을 하다.
【小摊儿】 xiǎotānr 圈 작은 노점〔난전〕.
【小淘气】 xiǎotáoqì(~儿) 圈 개구쟁이. 장난꾸러기.
【小提琴】 xiǎotíqín 圈(音) 바이올린.
【小提琴手】 xiǎotíqínshǒu 圈(音) 바이올린 연주자.
【小题大作】 xiǎotí-dàzuò ☞【小题大做】xiǎotí-dàzuò
【小题大做】[小题大作] xiǎotí-dàzuò ⓢ 1 작은 제목으로 큰 문장을 만들다. 2 ⓑ㉮ 하찮은 일을 요란스레 처리하다. 사소한 일을 떠들썩하게 굴다. 별것 아닌 것을 큰 일인 것처럼 하다.
【小蹄子】 xiǎotí·zi 圈㉮ 계집년. 죽일 년. 망할 년. [젊은 여자를 욕하는 말]

【小天地】 xiǎotiāndì 몡 독립된 공간. 소천지. 자기만의 작은 세계. 좁은 세계. ¶她很想拥有一个自己的~。=그녀는 자신만의 세계를 매우 갖고 싶어한다.

【小艇】 xiǎotǐng 몡 (날렵한) 작은 배〔보트〕.

【小同乡】 xiǎotóngxiāng 몡 1 현(县)이하 단위의 동향 사람. [ '大同乡(성(省) 단위의 동향 사람)' 과 구별됨] 2 나이 어린 한 고향 사람.

【小童】 xiǎotóng 몡문 어린 사내아이. 소동.

【小偷】 xiǎotōu (~儿) 몡 도둑. 좀도둑.

【小偷小摸】 xiǎotōu-xiǎomō 솅 1 좀도둑질하다. 2 좀도둑.

【小头】 xiǎotóu 몡 1 (긴 막대기 모양의 물건에서) 작은(가는) 쪽. 2 수량(비율)이 적은 쪽. 작은 몫. ¶我拿的只是~, 大头全被他拿了。=내가 가진 것은 단지 적은 부분이고, 많은 부분은 모두 그가 가졌다.

【小头小脸】 xiǎotóu-xiǎoliǎn (~儿) 솅 얼굴과 오관이 좁고 작다. 용모가(얼굴이) 좀스럽다.

【小徒】 xiǎotú 몡 1 소도. [도제·문하생·어린 동료·어린 승려 등을 일컬음] 2 소도. [도제·문하생·어린 동료·어린 승려 등이 자신을 낮추어 일컫는 말]

【小腿】 xiǎotuǐ 몡(生) 아랫다리. 종아리. 하퇴.

【小玩意儿】 xiǎowányìr 몡 1 조그마한 장식품(노리개·장난감). ¶你桌子上的一真可爱。=네 책상 위의 조그마한 노리개가 정말 귀엽다. 2 하찮은 재주. 잡기(雜技). ¶我就靠这点儿~谋生。=나는 이 하찮은 재주로 먹고산다.

【小我】 xiǎowǒ 몡 소아. 개인. ¶牺牲~=소아를 희생하다. ↔大我

【小卧车】 xiǎowòchē ☞ 【小轿车】 xiǎojiàochē

【小巫见大巫】 xiǎowū jiàn dàwū 솅 1 작은 무당이 큰무당을 만나다. 2(비) 임자를 만나다. 너무 벅찬 상대를 만나다.

【小五金】 xiǎowǔjīn 몡 철물. [펜치·드라이버·나사(못) 등의 총칭]

【小溪】 xiǎoxī 몡 시내. 작은 내.

【小媳妇】 xiǎoxí·fu (~儿) 몡문 1 젊은 부인 (아낙네). 2(비) 남이 하자는 대로 하는 사람. 학대를(모욕을) 당하는 사람. 천덕꾸러기.

【小戏】 xiǎoxì (~儿) 몡(劇) (배역이 적고 줄거리가 간단한) 소규모 극(劇).

【小先生】 xiǎoxiān·sheng 몡 1 소선생. [학업성적이 뛰어나 동학을 지도해 주는 학생] 2 한편으로 선생에게 배우면서 한편으로 남을 가르치는 사람.

【小巷】 xiǎoxiàng 몡 골목. 좁은 길. 샛길. 작은 거리. ¶大街~=큰길과 골목. 거리마다.

【小橡树】 xiǎoxiàngshù ☞ 【枹树】 bāoshù

【小小】 xiǎoxiǎo 솅 작다. 적다. 어리다. 사소하다. 떨어지다. 못하다. [부피·면적·나이·수량·규모·역량·정도 등이 일반적인 것보다 떨어지거나 비교 대상만 못함을 나타냄] ¶~年纪就知道这么多, 很不简单。=어린 나이에 이렇게 많은 것을 알고 있다니, 대단하다. / 他与同事之间发生了一点儿~的误会。=그와 동료 사이에 약간의 사소한 오해가 일어났다. ↔大小

【小小不言】 xiǎoxiǎo-bùyán 솅 (일이) 하찮아서 말할 가치도 없다. 사소해서 말할 나위도 없다. 별것 아니다. 언급(제기)할 가치가 없다. ¶这都是~的事, 不值一提。=이는 모두 별것 아닌 일로 언급할 가치가 없다.

【小小巧巧】 xiǎoxiǎo qiǎoqiǎo 솅 작고 정교하다. 작고 깜찍하다.

【小小说】 xiǎoxiǎoshuō ☞ 【微型小说】 wēixíng xiǎoshuō

【小小子】 xiǎoxiǎo·zi (~儿) 몡문 꼬마. 꼬마녀석. [어린 사내아이에 대한 애칭]

【小鞋】 xiǎoxié (~儿) 몡 1 작은 신발. 2(비)(직권을 이용한) 해코지. 물먹이는 것. 못살게 구는 것. 괴롭히는 것. 골탕먹이는 것. 불합리한 제재. ¶和他对着干, 你就不怕他给你~穿? =그와 맞서려 하다니, 그가 해코지하는 것이 두렵지 않니?

【小写】 xiǎoxiě 몡 1 (한자의) 보통 숫자체. [ '大写(갖은자)'인 '壹·贰' 등과 구별됨] 2 (알파벳의) 소문자. ↔大写

【小心】 xiǎo·xīn 동 조심하다. 주의하다. 신중하게 하다. ¶~滑倒=미끄러지지 않도록 조심해라. 미끄럼주의. 솅 조심스럽다. 신중하다. 주의 깊다. 세심하다. ¶凡事~总没坏处。=매사에 조심하면 어쨌든 해로울 점은 없다. ≒当心·留神 ↔大意(dà·yi)

【小心谨慎】 xiǎoxīn-jǐnshèn 솅 (말이나 일처리가) 매우 조심스럽고 신중하다.

【小心眼儿】 xiǎoxīnyǎnr 솅 마음이 좁다. 옹졸하다. ¶一句玩笑话他都记在心里, 未免太~了。=그는 한 마디 우스갯소리조차 마음속에 담아두니, 옹졸하다고 하지 않을 수 없다. 몡 잔꾀. 잔셈. 꿍꿍이(셈). ¶耍~=잔꾀를 부리다.

【小心翼翼】 xiǎoxīn-yìyì 솅 1 엄숙하고 경건하다. 2 조심하고 신중하여 추호도 소홀함이 없다. 매우 조심스럽다. 조심조심하다. ≒谨小慎微

【小行星】 xiǎoxíngxīng 몡(天) 소행성. 소혹성(小惑星).

【小型】 xiǎoxíng 솅 소형의. 소규모의. ¶~服装展示会=소규모 패션쇼. ↔大型

【小型张】 xiǎoxíngzhāng 몡 증정용 소형 시트. 기념 우표 시트. [우표 수집 전용으로 발행하는 우표. 일반 우표보다 크고 네 변에 장식 테두리가 있으며, 소량으로 발행함]

【小性儿】 xiǎoxìngr 몡문 발끈하는 성격. 팩하는 성미. 토라지는 성격. ¶不要使~。=팩팩거리지 마라.

【小兄弟】 xiǎoxiōng·di 몡 1 동생. 아우. [나이가 가장 적거나 비교적 어린 동년배 남자를 일컫는 말. 친근함을 내포함] ¶他比我小得多, 是我的~。=그는 나보다 훨씬 어려서 나의 동생이다. 2 (폭력 집단 등에서) 의리로 뭉친 패거리〔한패〕. 형제. ¶他对~们很照顾。=그는 형제들을 잘 보살핀다.

【小熊猫】 xiǎoxióngmāo ☞ 【小猫熊】 xiǎomāoxióng

【小熊座】 xiǎoxióngzuò 명(天) 작은곰자리. 소웅좌.

【小修】 xiǎoxiū 동 (기계 등을) 소규모로 수리하다. 작게 수리하다. 조금만 손을 보다. ¶机器故障不大，一下就可以了。＝기계 고장이 크지 않아 조금만 수리하면 괜찮다.

【小婿】 xiǎoxù 명 1 자기의 사위를 겸손하게 일컫는 말. 2 (장인·장모에게) 사위가 자신을 겸손하게 일컫는 말.

【小学】 xiǎoxué 명 1 소학교. 초등 학교. 2 옛 소학. [문자(文字)·성운(聲韻)·훈고(訓詁)'를 연구하는 학문]

【小学生】 xiǎoxuéshēng 명 1 소학생. 초등 학생. 2 비 (어떤 방면의) 초학자. [주로 자신을 겸손히 일컫는 데 쓰임] ¶对考古学我了解不多, 还是个~。＝고고학에 대하여 나는 이해가 적어서 아직도 초학자이다.

【小学生】 xiǎoxué·sheng 명 1 어린 학생. 2 비 어린 사내〔남자〕아이.

【小学校】 xiǎoxuéxiào 명 소학교. 초등 학교.

【小雪】 xiǎoxuě 명 1 소설. [24절기의 하나. 양력 11월 22·23일 무렵] 2(氣) 소설. 적은 양의 눈. 적게 내린 눈. [24시간 이내 강설량이 2.5mm 이하인 눈] 3 적게 내리는〔오는〕눈.

【小循环】 xiǎoxúnhuán ☞【肺循环】 fèixúnhuán

【小丫头】 xiǎoyā·tou (~儿) 명비 여자 아이. 계집아이.

【小丫头片子】 xiǎoyā·tou piàn·zi 명 여자 아이. 계집아이. 계집년. [꾸짖거나 경시하는 의미를 내포함] ¶~, 你少管闲事！＝이년아, 쓸데없는 일에 참견하지 마라!

【小阳春】 xiǎoyángchūn 명 음력 10월. 소춘(小春). [음력 10월에 어떤 지역이 봄 날씨 같이 따뜻한 데서 유래함] ＝【小春】 xiǎochūn

【小洋】 xiǎoyáng 명옛 10전·20전짜리 은 은화〔소은화(小銀貨)〕.

【小恙】 xiǎoyàng 명문 소양. 작은〔대수롭지 않은〕병. 잔병. ¶偶有~＝가끔 잔병을 앓다.

【小样】 xiǎoyàng 1(印) 신문 기사 한 토막 혹은 문장 한 편의 교정쇄〔갤리쇄〕. ['大样(신문 전체의 교정쇄)'과 구별됨] 2 명 모형. 견본. ¶~产品＝견본 생산품. 형 (~儿) 옹졸하다. 째째하다. 인색하다. ¶这个人太~儿了。＝이 사람은 너무 째째하다.

【小妖精】 xiǎoyāo·jing 명비 여우〔야시〕같은 년. [요사스러운 젊은 여자를 욕하는 말]

【小咬】 xiǎoyǎo (~儿) 명동 무는 것들. [눈에놀이·파리매 등과 같이 사람과 짐승을 무는 작은 곤충]

【小爷】 xiǎoyé 명옛 1 막내아드님. 2 도련님. 젊은 주인.

【小业主】 xiǎoyèzhǔ 명 소기업주. 소재산가.

【小叶】 xiǎoyè 명 1(植) 소엽. 잔잎. 쪽잎. 2 (~儿) (차나무의) 어린 잎. 3 (~儿) 어린 잎차. 가는 잎차. 상등품 차. [새로 돋아난 어린 잎으로 만든 고급차]

【小叶白蜡树】 xiǎoyè báilàshù 명(植) 소엽물푸레나무.

【小叶儿茶】 xiǎoyèrchá 명 갓 돋아난 어린 잎으로 만든 차.

【小叶杨】 xiǎoyèyáng 명(植) 당버들.

【小夜曲】 xiǎoyèqǔ 명[音] 1 소야곡. 2 세레나데(serenade). ¶莫扎特《D大调哈夫纳~》＝모짜르트의 《D단조 하프너 세레나데》.

【小衣】 xiǎoyī (~儿) 명비 속바지. 팬티. 속곳.

【小衣裳】 xiǎoyī·shang 명 1 속옷. 언더웨어(underwear). 2 어린이 옷.

【小姨】 xiǎoyí (~儿) 명구 1 막내이모. 2 처제.

【小姨子】 xiǎoyí·zi 명구 처제. [지칭되로 쓰임]

【小意思】 xiǎoyì·si 명 1 촌지(寸志). 작은 성의. 변변찮은 선물. [선물을 할 경우에 쓰는 인사말] ¶一点~, 不成敬意。＝변변치 않은 선물이라 송구스럽습니다. 2 언급할 가치도 없는 작은 일. 사소한 것[일]. 별것 아닌 것[일]. ¶花点儿钱是~, 问题是浪费了太多的时间。＝돈을 쓴 것은 아무 일도 아니다, 문제는 너무나 많은 시간을 낭비했다는 것이다.

【小音阶】 xiǎoyīnjiē 명(音) 단음계. ＝【短音阶】 duǎnyīnjiē

【小引】 xiǎoyǐn 명 소인. (간단한) 짧은 머리말. 소서(小序).

【小影】 xiǎoyǐng ☞【小照】 xiǎozhào

【小于】 xiǎoyú 동 (어떤 수보다) 적다〔작다〕. ¶价格波动幅度~5%。＝가격의 변동폭이 5%보다 작다.

【小鱼】 xiǎoyú 명 소어. 잔고기. 작은 물고기.

【小雨】 xiǎoyǔ 명 1(氣) 적은 양의 비. 적게 내린 비. [24시간 이내 강우량이 10mm 이하인 비] 2 소우. 가랑비.

【小月】 xiǎoyuè 명 작은달. 소월. [양력으로 30일, 음력으로 29일인 달]

【小月(子)】 xiǎo·yuè(·zi) ☞【流产】 liúchǎn

【小杂种】 xiǎozázhǒng 명 쌍놈의 새끼. 잡놈. [젊은 사람을 욕하는 말]

【小崽儿】 xiǎozǎir ☞【小崽子】 xiǎozǎi·zi

【小崽子】 xiǎozǎi·zi 명 1 (동물의) 새끼. ＝【小崽儿】 xiǎozǎi 2 쌍놈의 새끼. 잡놈. [젊은 사람을 욕하는 말]

【小灶】 xiǎozào (~儿) 명 1 (구내 식당·단체 식당 등에서) 특식. 최고급의 식사. 특별 식사. ['中灶(중간 수준의 식사)·大灶(보통 식사)'와 구별됨] 2 비 특별 대우. ¶开~＝특별히 신경을 써 주다.

【小站】 xiǎozhàn 명 작은 역(驛). 간이역.

【小账】 xiǎozhàng (~儿) ☞【小费】 xiǎofèi

【小照】 xiǎozhào 명 1 소형 독사진. 2 존 저의 사진. [자신의 독사진을 낮추어 일컫는 말] ＝【小影】 xiǎoyǐng

【小侄】 xiǎozhí 명비 1 (친)조카. 2 아버지의 동년배 친구에게 자기를 낮추어 일컫는 말.

【小指】 xiǎozhǐ 명 새끼손가락〔발가락〕.

【小指头】 xiǎozhǐ·tou 명 새끼손가락.

【小趾】 xiǎozhǐ 명 새끼발가락.

【小诸葛】xiǎozhūgě 명(구) 지모(智謀)가 뛰어난 사람.

【小住】xiǎozhù 동 잠시 체류하다〔머물다〕. ¶在海岛上~了几日。=섬에서 며칠 잠시 체류하였다.

【小注】xiǎozhù(~儿) 명 소주. 할주(割注). [자체가 본문보다 작고, 주로 본문 사이에 두 줄로 잘게 달아 '正文(본문)'과 구별함]

【小传】xiǎozhuàn 명 소전. 약전(略傳). 간략하게 쓴 전기.

【小篆】xiǎozhuàn 명 소전. [한자 자체의 하나. 진(秦)의 이사(李斯) 등이 '大篆(dàzhuàn)'을 간략하게 정리하여 만든 서체로, 진(秦)나라 통일 이후의 표준 자체로 쓰였음] =【秦篆】qínzhuàn

【小酌】xiǎozhuó 통 조촐하게 한잔하다. 간단한 안주로 술을 마시다. ¶月下~=달 아래에서 조촐하게 한잔하다.

【小资产阶级】xiǎozīchǎn jiējí 명 소자산 계급. 소부르주아 계급.

【小子】xiǎozǐ 명(문) 1 어린 사람. ¶后生~=젊은이. 2 손윗사람이 손아랫사람을 부르는 말. ¶~识之!=얘들아, 잘 알아 두어라! 3 저. 소인. 소생. [손아랫사람이 손윗사람 앞에서 자신을 낮추어 부르는 말] ¶~不敏。=제가 불민한〔어리석은〕 탓입니다.

【小子】xiǎo·zi 명 1 아들. ¶我大~已经工作了。=(우리) 큰아들〔장남〕은 이미 직장에 다닌다. 2 남자 아이. 사내아이. ¶生了个胖~。=토실토실한 사내아이를 낳았다. 3 (이)놈. (이)녀석. (이)자식. ¶~,别太张狂了!=이자식아, 너무 날뛰지 마라.

【小字】xiǎozì 명 1 아명. 유명. 어릴 때 이름. 2 정자(正字)로 쓴 작은 글자. 소해(小楷). [파리 머리에서 앵두 같은 크기의 한자 글씨체의 하나]

【小字辈】xiǎozìbèi(~儿) 명 젊은 세대. 젊은 친구들. 젊고 경력이 적은 세대.

【小宗】xiǎozōng 형 소량의. 적은 분량의. 소액의. ¶~买卖=소량 매매. 적은 양의 거래.

【小卒】xiǎozú 명 1 소졸. 졸병. 졸개. 병졸(兵卒). 2 (비) 범인(凡人). 보통 사람. 하찮은 사람. 보잘것없는 사람. ¶无名~=무명소졸. 이름 없는 하찮은 사람.

【小组】xiǎozǔ 명 소조. 그룹. 조. 소그룹. 팀. 서클. 반. 대. 동아리. ¶学习~=학습 동아리.

【小坐】xiǎozuò 동 잠시 앉다. ¶~片刻=잠시 앉다.

**晓[曉]** xiǎo 새벽 효

동 1 알다. 이해하다. ¶知~=알다. / 通~=정통하다. 2 (사람에게) 알게 하다. 알리다. 알려 주다. 일러 주다. 통지하다. ¶揭~=발표하다. 공포(公布)하다. / 以大义 为大义를〔큰 뜻을〕 알려 주다. 명 1 새벽. 동틀 무렵. 9破~=날이 막 밝아 동이 틀 무렵. 동이 트다. / 拂~=날이 밝아 동이 틀 무렵. 새벽녘. 2 (Xiǎo) 성(姓). ≒晨 旦 朝(zhāo) 知 →夜

○● 洞dòng晓, 分晓

【晓畅】xiǎochàng 형 (언어나 글이) 명쾌하고 매끄럽다. 분명하고 유창하다〔막힘이 없다〕. ¶行文~=글이 막힘이 없다. 동 정통하다. 환히 꿰뚫다. 통달하다. ¶~兵法=병법에 정통하다.

【晓得】xiǎo·de 동 알다. 이해하다. ¶他~你要来。=그는 네가 올 거라고 알고 있다.

【晓示】xiǎoshì 동(문) 효유하다. 효시하다. 분명하게 알려 주다. 똑똑히 게시하다. 명시(明示)하다. ¶~众人=대중에게 명시하다.

【晓市】xiǎoshì 명 새벽 시장.

【晓事】xiǎoshì 동 사리를 분별할 줄 알다. 세상 물정을 알다. 사리를 깨닫다. 사리를 똑똑히 알다. 사리에 밝다. ¶~明理=사리에 밝다.

【晓行夜宿】xiǎoxíng-yèsù 성 1 이른 새벽에 길을 떠나 밤이 늦어서야 유숙하다. 2 (비) 여행길이 매우 고생스럽다.

【晓以利害】xiǎoyǐlìhài 성 (상대방에게) 이해관계를 알려 주다.

【晓谕】xiǎoyù 동(문) 효유하다. 효시하다. 명시하다. 분명하게 알려 주다. 똑똑히 게시하다. 알아듣도록 타이르다. [상급이 하급에 대하여 명시할 때 쓰임] ¶~百姓=백성들에게 효유하다〔깨달아 듣도록 타이르다〕.

【晓月】xiǎoyuè 명 새벽달. 효월. 새벽녘까지 남아 있어 빛이 희미해진 달.

【晓之以理】xiǎozhīyǐlǐ 성 이치〔도리〕를 말해 주어 알게 하다. ¶动之以情, ~=정으로 마음을 움직이고 이치로 일러 주다.

**谀[譈]** xiǎo 작을 소

형(문) 작다. ¶~才=작은 재주. 잔재주.

【谀闻】xiǎowén 형(문) 조금〔약간〕 알려지다〔유명하다〕. 약간 명성〔평판〕이 나다.

**筱** xiǎo 조릿대 소

명(형)(문) 조릿대. 가는 대. 형(문) 작다. [주로 인명에 쓰임]

**孝** xiào 효도 효

동 효도하다. 어버이를 잘 봉양하다. ¶尽~=효도를 다하다. / 不~=불효하다. 명 1 옛 상례(喪禮). 거상(居喪). ¶守~=상을 지키다. 상을 입다. 2 상복(喪服). ¶披麻戴~=상복을 입고 상장(喪章)을 달다. 3 (Xiào) 성(姓).

○ 孝 xiào
哮 xiào
酵 jiào

○● 吊diào孝, 挂孝, 热孝, 谢孝, 重孝

【孝道】xiàodào 명 효도. ¶恪守~=효도를 엄격히 지키다.

【孝服】xiàofú 명 1 상복. 2 (의) 상복(喪服)을 입는 기간. 복상 기간. ¶~已满=복상 기간이 끝나다. 탈상하다.

【孝经】Xiàojīng 《효경》. [유가(儒家) 경전(經典) 중의 하나. 진한(秦漢) 시기 공자(孔子)

후대 제자가 지었다고 함]

【孝敬】 xiàojìng 图 1 웃어른을 잘 섬기고 공경하다. 효경하다. 효도하다. ¶~长辈=웃어른에게 효경하다. 2 돈이나 물건을 드려서 효도하고 공경하는 뜻을 나타내다. ¶他买了些营养品~爸妈。=그는 부모님께 드릴 건강식품을 샀다.

【孝廉】 xiàolián 图 1 효렴. [효(孝)는 효성스러움을, 렴(廉)은 청렴함을 가리키는 것으로 봉건시대 관리 선발의 두 개 과목이었음. 후에 효렴과 하나로 합쳐짐] 2 효렴. [효렴과에서 선발된 인재] 3 효렴. [명청(明淸)대의 '举人(거인)'을 칭하는 말]

【孝幔】 xiàomàn 图 관(棺) 앞에 드리우는 휘장.

【孝帽(子)】 xiàomào(·zi) 图 효건(孝巾). 상제(喪制)가 쓰는 두건〔모자〕.

【孝男】 xiàonán 图奥 복상(服喪) 중인 아들.

【孝女】 xiàonǚ 图 1엣 복상(服喪) 중인 딸. 2 효녀. 효성스런 딸.

【孝顺】 xiàoshùn 图 효도하다. 공경하다. 어버이를 잘 봉양하다. ¶~父母=부모에게 효도하다. 图 효성스럽다. ¶他对老母亲非常~。=그는 노모에게 대단히 효성스럽다. ↔忤逆

【孝堂】 xiàotáng 图 영구(靈柩)가 안치되어 있는 방.

【孝悌】 xiàotì 图 부모에게 효도하고 형에게 공손하다. ¶~忠信=부모에게 효도하고 형에게 공손하고 임금에게 충성을 다하고 친구에게 신의를 지키다.

【孝心】 xiàoxīn 图 효심. 효성스러운 마음. ¶尽~=효심을 다하다.

【孝衣】 xiàoyī 图 상복(喪服).

【孝子】 xiàozǐ 图 1 효자. 2 거상(居喪) 중인 아들. 친상(親喪) 중인 상제. ↔逆子

【孝子贤孙】 xiàozǐ-xiánsūn 囪 1 효성스럽고 어진 자손[아들과 손자]. 2图 보수 세력을 계승하고 위호하는 사람. 고지식한 후계자〔제자〕. 뒤떨어진 사람.

## *肖 xiào 닮을 초

图 닮다. 비슷하다. 근사하다. ¶逼~=매우 비슷하다. 흡사하다. / 惟妙惟~=똑같이 닮았다.
☞ Xiāo

O─● 逼 bī 肖, 不肖, 生肖

【肖像】 xiàoxiàng 图 (人的) 사진. 화상.
【肖像画】 xiàoxiànghuà 图(美) 초상화.
【肖像权】 xiàoxiàngquán 图(法) 초상권.

## *校 xiào 학교 교

图 1 학교. ¶军~=사관학교. / 母~=모교. 2 (军) 영관(領官). 〔군인의 계급명〕 ¶上~=대령. / 中~=중령.
☞ jiào

O─● 大校, 党 dǎng 校, 高校, 将 jiàng 校, 军校, 民校, 母校, 上校, 少 shào 校, 学校, 中校

【校办厂】 xiàobànchǎng ☞ 【校办工厂】 xiàobàn gōngchǎng

【校办工厂】 xiàobàn gōngchǎng 图 학교에서 설립한 공장. =【校办厂】 xiàobànchǎng

【校车】 xiàochē 图 1 교내 셔틀 버스. 2 학교 전용 버스. 스쿨 버스.

【校方】 xiàofāng 图 1 학교측. 2 학교 지도자〔경영자〕측. ¶学生家长向~提出一些建设性的意见。=학부형이 학교 지도자〔경영자〕측에 몇 몇 건설적인 의견을 제기하다.

【校风】 xiàofēng 图 교풍.
【校服】 xiàofú 图 교복.
【校歌】 xiàogē 图 교가.
【校工】 xiàogōng 图 사환. 〔학교의 고용인〕
【校官】 xiàoguān 图(军) 영관(領官).
【校规】 xiàoguī 图 학칙. 교칙. 학교의 규칙.

【校花】 xiàohuā 图 학교에서 공인된 제일 아름다운 여학생. 캠퍼스 퀸(campus queen). 〔주로 대학생을 가리킴〕

【校徽】 xiàohuī 图 학교의 휘장〔배지〕.
【校纪】 xiàojì 图 학교의 규율.

【校际】 xiàojì 图 학교와 학교 사이. 학교 간. ¶加强~合作。=학교 간의 협력을 강화하다.

【校刊】 xiàokān 图 학교의 간행물.
【校历】 xiàolì 图 1 학사 일정. 2 학사 일정표.
【校龄】 xiàolíng 图 (교직원의) 정년.
【校门】 xiàomén 图 교문.
【校名】 xiàomíng 图 학교명. 교명.
【校旗】 xiàoqí 图 교기.

【校庆】 xiàoqìng 图 1 개교 기념일. 2 개교 기념일 기념 행사.

【校容】 xiàoróng 图 (건물·시설·위생 등의) 학교의 면모〔환경〕.

【校舍】 xiàoshè 图 교사. 학교의 건물.
【校史】 xiàoshǐ 图 학교의 연혁(사).
【校外】 xiàowài 图 교외. ¶~活动=교외 활동.
【校务】 xiàowù 图 교무. ¶~会议=교무 회의.
【校训】 xiàoxùn 图 교훈.
【校医】 xiàoyī 图 교의. 학교의(學校醫).

【校友】 xiàoyǒu 图 1 교우. 〔학교 전체 구성원이 본교 졸업생이나 본교에 재직했던 사람을 부르는 칭호〕 2 교우. 〔본교 졸업생이나 본교에 재직하였던 사람 간에 부르는 칭호〕

【校友会】 xiàoyǒuhuì 图 교우회.
【校誉】 xiàoyù 图 학교의 명예.

【校园】 xiàoyuán 图 교정(校庭). 캠퍼스. ¶美化~=교정을 미화하다.

【校园文化】 xiàoyuán wénhuà 图 캠퍼스 문화. 교정 문화.

【校长】 xiàozhǎng 图 학교장. 〔초·중·고교의〕 교장. (단과대학의) 학장. (대학의) 총장.

【校址】 xiàozhǐ 图 학교의 소재지〔주소〕.

## *哮 xiào 으르렁거릴 효

图 1 (맹수 등이) 포효하다. 으르렁거리다. 울부짖다. ¶咆~=포효하다. 2 (천식 등으로) 씨근〔씨씩〕거리다. ¶他的~喘又犯了。=그의 천식

이 또 도졌다.
【哮喘】xiàochuǎn 图(医) 천식(喘息). =【气喘】qìchuǎn【喘息】chuǎnxī

**笑[(咲)]** xiào 웃을 소
图 1 웃다. 웃음을 짓다. ¶微~=미소짓다. / 啼~皆非=울지도 웃지도 못하다. 이러지도 저러지도 못하다. 2 비웃다. 조소하다. ¶见~=비웃음을 당하다. / 贻~大方=식자〔세상 사람〕들의 웃음거리가 되다. 图 우스운. 웃기는. ¶说~话=우스갯소리를 하다. / 被当作~料. =웃음거리가 되다. ↔哭 啼

◐◌ 暗笑, 惨cǎn笑, 嘲cháo笑, 嗤chī笑, 逗dòu笑, 发笑, 非笑, 干笑, 憨hān笑, 含笑, 欢笑, 讥jī笑, 奸jiān笑, 苦笑, 狂笑, 冷笑, 卖笑, 赔péi笑, 取笑, 讪shàn笑, 失笑, 耍shuǎ笑, 说笑, 调笑, 玩笑, 嬉xī笑, 招笑儿

【笑柄】xiàobǐng 图 웃음거리. ¶他荒唐的举动被人当作了~. =그의 터무니없는 행동은 사람들의 웃음거리가 되었다. ≒笑谈
【笑场】xiàochǎng 图 배우가 무대에서 실소(失笑)하다. 배우가 공연 도중 실수로〔뜻하지 않게〕웃음을 터뜨리다.
【笑掉大牙】xiàodiào-dàyá 图 1 이가 빠지도록 웃다. 턱이 빠지도록 웃다. 2 비 일이 터무니없이 우습다.
【笑哈哈】xiàohāhā 图 입을 벌리고 크게 웃는 모양. 하하 웃다. 크게 웃다.
【笑呵呵】xiàohēhē (~的) 图 내심 기뻐서 웃음을 터뜨리는 모양. 허허 웃다. ¶他整天~的, 似乎没有任何烦恼. =그는 하루 종일 허허 웃는 것이 아무런 걱정도 없는 듯하다.
【笑嘿嘿】xiàohēihēi 图 헤헤 웃다. 웃는 모양.
【笑话】xiào·hua 图(~儿) 1 우스운 이야기. 우스갯소리. 농담. ¶讲~=우스운 이야기를 하다. 2 웃음거리. 웃음거리가 되는 일. ¶闹~=웃음거리가 되다. 웃음을 자아내다. 图 비웃다. 조소하다. ¶礼数不周, 让人~=예의를 제대로 갖추지 않아 웃음거리가 되다. ≒见笑
【笑剧】xiàojù ☞【闹剧】nàojù
【笑噱】xiàojué 图图 크게 웃다. 웃다.
【笑口常开】xiàokǒu-chángkāi 图 항상 웃느라 입을 다물지 못하다. 늘 웃다. 웃음소리가 끊이지 않고 늘 낙관적이다.
【笑里藏刀】xiàolǐ-cángdāo 图 1 웃음 속에 칼을 품다. 2 비 겉으로는 웃으면서도 속으로는 해칠〔음험한〕생각을 가지다. ≒口蜜腹剑
【笑脸】xiàoliǎn (~儿) 图 웃는 얼굴. 웃음 띤 얼굴. ¶赔~=(화를 달래거나 즐겁게 해 주려고) 웃는 낯으로 대하다. 눈웃음을 치다. ↔愁容
【笑脸相迎】xiàoliǎn-xiāngyíng 图 웃는 얼굴로 맞이하다.
【笑料】xiàoliào 图 웃음거리. ¶他这些无知的言论只能给人增添一而已. =그의 이런 무지한 말은 사람들에게 그저 웃음거리를 더해 주었을 뿐이다.

【笑咧咧】xiàoliēliē (~的) 图 웃을 때 입을 헤벌린 모양. 헤벌쭉하다.
【笑骂】xiàomà 图 1 비웃고 욕하다. 조소하고 매도하다. ¶任你怎么~, 他仍是一副无动于衷的样子. =네가 아무리 비웃고 욕을 해도 그는 여전히 조금도 동요하지 않고 있다. 2 농담으로 욕하다.
【笑貌】xiàomào 图 웃음 띤 얼굴. 웃는 얼굴. 웃는 모습. ¶音容~=웃는 얼굴과 목소리.
【笑眯眯】xiàomīmī (~的) 图 눈을 가늘게 뜨고 미소짓는 모양. 빙그레 웃다. ¶老人总是~的, 看起来很和善. =어르신이 언제나 빙그레 웃으셔서 온화해 보인다.
【笑面虎】xiàomiànhǔ 图句 겉은 온화하지만 속은 음흉한 사람.
【笑纳】xiàonà 图 소납하다. 웃으며 받아 주시기를 바랍니다. [남에게 선물을 보낼 때나 편지에 쓰는 인사말] ¶一点薄礼, 敬请~。=보잘것없는 것이지만, 웃으며 받아 주시기를 바랍니다.
【笑闹】xiàonào 图 웃고 떠들다. 왁자지껄 웃고 떠들다. ¶~不止=끊임없이 웃고 떠들다.
【笑气】xiàoqì 图(化) '氧化亚气(소기·이산화질소)($N_2O$)'의 속칭. [마시면 얼굴 근육에 경련이 일어나 웃는 표정이 되는 기체라는 뜻임]
【笑容】xiàoróng 图 웃는 얼굴〔표정〕. 웃음 띤 얼굴〔표정〕. ¶满脸~=얼굴에 웃음이 가득하다. ≒笑颜 ↔愁容
【笑容可掬】xiàoróng-kějū 图 1 얼굴 가득 웃음을 머금다. (두 손으로 받쳐 들어야 할 정도로) 얼굴이 싱글벙글하다. 만면에 웃음을 띠다. 2 아주 상냥하고 다정한 표정을 짓다.
【笑容满面】xiàoróng-mǎnmiàn 图 온 얼굴에 웃음이 가득하다.
【笑声】xiàoshēng 图 웃음소리.
【笑谈】xiàotán 图 담소하다. 웃으면서 이야기하다. ¶~古今奇闻趣事. =고금의 기이하고 재미있는 이야기를 웃으면서 이야기하다. 图 1 우스운 이야기. 우스갯소리. 농담. 2 웃음거리. ¶传为~=웃음거리로 전해지다. ≒笑柄
【笑头】xiào·tou 图 웃을 만한 것. 우스운 것. ¶这有什么~? =이게 뭐 그리 우습냐?
【笑微微】xiàowēiwēi (~的) 图 미소를 띤 모양. ¶她~地走了过来. =그녀가 미소를 지으면서 걸어왔다.
【笑纹】xiàowén 图 웃을 때 얼굴에 잡히는 주름.
【笑窝】xiàowō ☞【笑窝】xiàowō
【笑窝】[笑涡] xiàowō (~儿) 图 보조개. 볼우물.
【笑嘻嘻】xiàoxīxī (~的) 图 희희거리다. 미소를 띤 모양. ¶他~地和我打招呼. =그는 미소를 지으며 나에게 인사를 했다.
【笑星】xiàoxīng 图 희극 스타. 인기 희극 배우. 스타 코미디언. 코미디 스타.
【笑颜】xiàoyán 图 웃는 얼굴. ¶展露~=웃는 얼굴을 드러내다. ≒笑容 ↔愁容
【笑靥】xiàoyè 图 1 보조개. 볼우물. 2 웃는 얼굴. 웃음 띤 얼굴.
【笑意】xiàoyì 图 웃음기. ¶脸上带着~。=얼

굴에 웃음기를 띠다.
【笑吟吟】 xiàoyínyín (~的) 형 미소짓는 모양. 빙그레 웃는 모양.
【笑盈盈】 xiàoyíngyíng (~的) 형 얼굴 가득 웃음을 흠뻑 머금은 모양. 싱글싱글 웃다.
【笑影】 xiàoyǐng 명 웃는 표정. 웃음기. ¶父亲的脸上掠过一丝~. =부친의 얼굴에 한 줄기 웃음기가 스쳐 지나갔다.
【笑语】 xiàoyǔ 동 담소하다. 웃고 떠들다. 웃으면서 이야기하다. 우스갯소리를 하다. 이야기로 웃음꽃을 피우다. 재미있게 이야기를 나누다. 흥미진진하게 이야기하다. ¶欢声~=즐겁게 이야기하고 웃고 떠들다. 즐겁게 이야기하고 웃는 소리. 우스갯소리를 하며 떠들썩하다.
【笑逐颜开】 xiàozhú-yánkāi 성 (기뻐서) 얼굴에 웃음꽃이 활짝 피다.

## **效**[1] xiào 효과 효

명 효과. 성과. 공용(功用). 효용. 효력. 효능. ¶失~=효력을 잃다. / 卓有成~=탁월한 성과를 거두다.

## **效**[2] [倣] xiào 본받을 효

동 모방하다. 본받다. ¶东~颦=동시(東施)가 서시(西施)의 눈썹 찡그리는 것을 흉내내다. 맥락도 모르고 덩달아 흉내내다. / 上行下~=윗사람이 하는 대로 아랫사람이 따라 하다. 윗사람이 모범을 보이면 아랫사람이 본을 받는다. 윗물이 맑아야 아랫물이 맑다.

## **效**[3] [効] xiào 바칠 효

동 힘을 다하다. 진력하다. (힘이나 목숨을) 바치다. 드리다. 공헌하다. ¶为国~劳=조국을 위해 충성을 다하다. / ~命沙场=전쟁터에서 목숨을 아끼지 않고 싸우다.

○● 报效, 仿fǎng效, 肥效, 工效, 后效, 见效, 疗liáo效, 神效, 生效, 实效, 时效, 收效, 速效, 特效, 投效, 奏zòu效

【效法】 xiàofǎ 동 본받다. 모방하다. 배우다. ¶这种先进的管理制度值得~. =이러한 선진적인 관리 제도는 본받을 만한 가치가 있다.
【效仿】 xiàofǎng 동 흉내내다. 모방하다. 본받다. ¶~他人=타인을 흉내내다.
【效果】 xiàoguǒ 명 1 효과. ¶~明显=효과가 확실하다. 2 (연극·영화에서 음향 또는 자연 현상 등의) 효과. ¶音响~=음향 효과. / 光影~=조명 효과. ≒成效
【效劳】 xiào‖láo 동 (상대방을 위해) 진력하다. 온 힘을 다하다. 힘쓰다. 충성을 다하다. (충실하게) 복무하다. ¶有事尽管吩咐, 我一定~. =일이 있으면 얼마든지 분부하세요, 제가 반드시 온 힘을 다하겠습니다. ≒效力
【效力】 xiào‖lì 동 (상대방을 위해) 진력하다. 온 힘을 다하다. 힘쓰다. 힘을 바치다. 충성을 다하다. (충실하게) 복무하다. ¶为国~=조국을 위해 충성을 다하다. ≒效劳 出力

【效力】 xiàolì 명 효력. 효과. 효능. ¶老师的耐心教育对他产生了~. =그에 대한 선생님의 끈질긴 교육이 효과를 나타내었다. ≒功效
【效率】 xiàolǜ 1 (작업 등의) 능률. ¶提高工作~=작업 능률을 향상시키다. 2 (기계·전기 등의) 효율.
【效命】 xiàomìng 동 사력을 다해 일하다. 죽자고 애쓰다. 목숨을 바치다. 목숨을 아끼지 않고 일하다. ¶~疆场=전쟁터에서 목숨을 아끼지 않고 싸우다.
【效能】 xiàonéng 명 효능. 효과. 효율. ¶充分发挥机器设备的~. =기계 설비의 효율을 최대한으로 높이다.
【效颦】 xiàopín 동 1 효빈. 동시(東施)가 서시(西施)의 눈썹 찡그리는 것을 흉내내다. [옛날, 월(越)나라 미녀 서시(西施)가 속병이 있어 눈썹을 찡그리며 아픔을 참는 모습을 같은 마을의 추녀가 보고 아름답다고 따라 했다고 전해짐. 훗날 사람들이 이 추녀를 '동시(東施)'라 하며 비웃었음] 2 (비) 겉모습만 배워서 더욱 나쁜 결과를 초래하다. 객관적인 조건을 무시하고 무조건 모방하여 더 나쁜 결과에 이르다. 남의 결점을 장점인 줄 알고 덩달아 흉내내서 더욱 나빠지다. 맥락도 모르고 덩달아 흉내내다.
【效死】 xiàosǐ 동 사력을 다하다. 목숨을 돌보지 않고 진력하여 일하다. 목숨 바쳐 일하다.
【效验】 xiàoyàn 명 효험. 효과. 효력. ¶~显著=효험이[효과가] 뛰어나다[현저하다].
【效益】 xiàoyì 명 효과와 수익. 효익. 이익. 이득. 성과. ¶经济~=경제적인 효과와 수익.
【效益工资】 xiàoyì gōngzī 명 성과급. 상여금. 보너스.
【效应】 xiàoyìng 명 1 (物) 효과와 반응. 효응. ¶热~=열효응. 2 효과와 반응. ¶名人~=유명인 효과.
【效应器】 xiàoyìngqì 명 (生) 반응기(反應器). [자극에 따라 적당한 반응을 나타내는 조직이나 기관]
【效用】 xiàoyòng 명 효용. 쓸모. 가치. 효력. 작용. 영향. 효과. 역할. ¶~持久=효력이 오래 지속되다.
【效尤】 xiàoyóu 동 윗 알면서도 잘못된 행위를 [악한 일을] 흉내내다. 나쁜 줄 알면서 따라 하다. ¶以儆~=악한 일을 모방하는 자를 경계하다. 악한 일을 따라 하지 않도록 경계하다.
【效忠】 xiàozhōng 동 충성을 다하다. 충절을 다하다. 전심전력을 다하다. 몸과 마음을 다 바쳐 일하다. ¶~祖国=조국에 충성을 다하다.

## *啸 [嘯] xiào 휘파람 불 소

동 1 (사람이) 휘파람을 불다. 긴 울음소리를 내다. ¶仰天长~=하늘을 향해 긴 휘파람을 불다. 하늘을 보고 장탄식을 하다. 하늘을 향해 길게 울부짖다. 2 (짐승·새 등이) 길게 울부짖다. 길게 포효하다. 소리를 길게 뽑아 울다. ¶鸟~=새가 울다. / 虎~猿啼=호랑이가 포효하고 원숭이가 처량하게 울다. 3 (쐐·윙윙 등과 같이) 자연계에서 길고 맑은 소리를 내다. ¶海~=쏴 하는 파도 소리. / 北风狂~=북풍이 미친 듯이 윙윙거리다. 回 핑. 씽. 쌕. [비행기·총알 등이 날아가는 소리] ¶子弹从耳边呼~而过.=총알이 귓가를 핑 하고 지나갔다.

○● 海啸, 呼啸

【啸傲】 xiào'ào 동운 자유롭게 소요하며 예속을 받지 않다. ¶~风月=자연에서 소요하다.
【啸呼】 xiàohū 동 큰 소리로 외치다. 울부짖다. 큰 소리를 내다.
【啸聚】 xiàojù 동운 (나쁜 놈들이) 무리를 불러모으다(규합하다). ¶~山林=(산적이) 산림으로 패거리를 불러모으다.
【啸鸣】 xiàomíng 동 높고 길게 울다. 큰 소리로 외치다. ¶寒风~=찬바람이 휘이잉 불다. 명 높고 긴 소리. ¶远处传来鸟兽的~。=먼 곳에서 조수의 울음소리가 들려온다.

# 敩[敩] xiào 가르칠 효
동운 가르치다. 이끌다. 가르쳐서 이끌다. 교도(敎導)하다.
☞ xué

# xie

**些** xiē 적을 사
양 1 조금. 약간. 몇. [명사 앞에 쓰여 확정적이지 않은 적은 수량을 나타냄] ¶近来有好~事要做。=요즘 해야 될 일이 꽤 있다. / 一下子来了好~人。=단번에 많은 사람이 왔다. 2 조금. 약간. 얼마쯤. [형용사나 일부 동사 뒤에 쓰여 미량을 나타냄. '一点(약간)'에 해당함] ¶把复杂的问题看简单~。=복잡한 문제를 좀 간단하게 봐라. / 洪水好像退了~。=홍수가 어느 정도 물러간 것 같다.

○● 哪些, 险xiǎn些

【些个】 xiē·ge 양구 좀. 조금. 약간. 얼마쯤. ¶把这~杂物清理一下。=이 잡동사니를 좀 깨끗이 치워라.
【些微】 xiēwēi 형 약간의. 조금의. 소량의. ¶他的话给我~的安慰。=그의 말은 나에게 약간의 위안이 되었다. 부 조금. 약간. ¶夜深了,~有点困倦。=밤이 깊어지자 약간 졸음이 온다.
【些小】 xiēxiǎo 형 1 미세하다. 자잘하다. 사소하다. 작다. 적다. ¶~之事=사소한 일. 2 약간의. 조금의. ¶~感慨=약간의 감회.
【些须】 xiēxū 형 약간의. 조금의. 소량의. 대수롭지 않은. [주로 초기 백화문에 보임]
【些许】 xiēxǔ 형 약간의. 조금의. 소량의. 대수롭지 않은. ¶~盈余=약간의 흑자(잉여 이익).
【些子】 xiē·zi 형운 약간의. 조금의. 소량의. 대수롭지 않은. ¶~小事,何足挂齿。=대수롭지 않은 작은 일이지만 입에 올릴 게 못 된다.

**楔** xiē 박을 설
동 (쐐기나 못 등을) 박다. 박아 넣다. ¶把水泥钉~在墙上。=콘크리트 못을 벽에 박다.

**楔** xiē 쐐기 설
명 (~儿) 1 쐐기. 2 나무못. 대나무못. 동 '揳(xiē)'와 같음.
【楔形文字】 xiēxíng wénzì 명 설형문자. [A, D. 3,000년경 수메르인이 창조한 문자. 약 3,000년간 메소포타미아를 중심으로 고대 오리엔트에서 광범위하게 쓰임. 회화 문자에서 생긴 것으로, 점토 위에 갈대나 금속으로 새김. 문자의 선이 쐐기 모양인 데서 유래한 명칭임) =【钉头字】 dīngtóuzì
【楔子】 xiē·zi 명 1 쐐기. 2 (벽에 물건을 걸기 위해) 박는 나무못. 대나무못. 3 끼어든 사람이나 사물. 새치기. ¶按次序排队,不要夹~。=순서대로 줄을 서야지 새치기하면 안 된다. 4 (劇) 설자. ['杂剧(zájù)'에서 첫 번째의 '折(zhé)' 앞, 또는 두 '折(zhé)' 사이에 넣는 막] 5 설자. [근대 소설에서 본 이야기 앞에 나와, 어떤 사건을 이끌어 내기 위하여 따로 설명하는 절(節)]

**歇** xiē 쉴 헐
동 1 정지하다. 멈추다. 그만두다. ¶关门~业=영업을 정지하다. 2 휴식하다. 쉬다. ¶我们~~脚再走。=우리 좀 쉬었다가 갑시다. 3 자다. ¶太晚了,您先~着吧。=너무 늦었으니 먼저 주무세요. 명 잠깐. 잠시. ¶走了好半~才到家。=한참 동안 걸어서야 겨우 집에 도착했다. ☞休

○● 安歇, 间jiàn歇, 衰shuāi歇, 停tíng歇, 消歇, 销xiāo歇

【歇鞍】 xiē∥ān 동운 1 말안장을 내리고 말을 쉬게 하다. 2 일을 쉬다. 휴업하다. 쉬다. ¶队长说今天~。=팀장이 오늘은 휴업이라고 하였다.
【歇班】 xiē∥bān(~儿) 동 비번이다. ¶他今天~儿,没到厂里来。=그는 오늘 비번이라서 공장에 나오지 않았다.
【歇顶】 xiē∥dǐng ☞ 谢顶 xiè∥dǐng
【歇乏】 xiē∥fá 동 숨을 돌리다. 잠깐 휴식하여 피로를 풀다. ¶走累了,坐下来歇歇乏。=지쳤으니 앉아서 잠깐 쉬어 가자.
【歇伏】 xiē∥fú 동 삼복 기간에 일을 멈추고 쉬다. 복날에 휴무를 하다. ¶炼钢厂的工人~了。=제강소의 노동자들이 삼복 기간에 일을 멈추고 쉰다.
【歇工】 xiē∥gōng 동 1 일을 쉬다. 휴업하다. 쉬다. ¶利用~的几天时间去海边玩儿玩儿。=며칠 쉬는 사이에 해변으로 놀러 가자. 2 (기업이) 폐업하다. 조업을 중지(중단)하다. ¶工程因经费不足已经~半个多月了。=공사는 경비 부족으로 공사를 중단한 지 이미 보름 남짓이나 되었다.

【歇过来】xiē guō·lái 동 피로가 완전히 풀리다. 피곤한 상태에서 정상으로 회복되다. ¶好好地睡了一觉, 可~了。= 하룻밤 푹 잤더니만 피로가 완전히 풀렸다.

【歇后语】xiēhòuyǔ 명(言) 헐후어(歇後語). [숙어(熟語)의 하나로, 앞뒤 두 부분으로 나뉘어져 있음. 앞부분은 수수께끼의 문제 같고, 뒷부분은 본 뜻이거나 본 뜻의 동일한 자음으로 수수께끼의 답안과 같음. 보통 앞부분만 얘기하면 뒷부분은 남이 터득하도록 남겨 둠. 다를 들면, '外甥点灯笼;(照旧〔舅〕)(생질이 등불을 켜다; (여느 때와 같이) ['旧'와 '舅'는 동음임)' 나 '兔子尾巴;(长不了)(토끼의 꼬리는;(길지 않다 = 오래 갈 리가 없다)' 등과 같은 것임]

【歇假】xiē‖jià 동 병가를 내다. 휴가를 내다. ¶他~期间和家人去东南亚玩儿了一趟。= 그는 휴가 기간에 가족과 동남아에 가서 놀고 왔다.

【歇肩】xiē‖jiān 동 1 (어깨의 짐을 내려놓고) 잠시 쉬다. 2(비) 일을 중지하다.

【歇脚】xiē‖jiǎo 동 다리를 멈추고 쉬다. 머무르다. =【歇腿】xiē‖tuǐ ¶找个凉快地方歇歇脚。= 시원한 곳을 찾아 잠시 쉬었다 가자.

【歇凉】xiē‖liáng 동 쉬며 더위를 식히다. ¶坐在树阴下~。= 나무 그늘 아래에 앉아서 더위를 식히다.

【歇气】xiē‖qì 동 멈추어서 좀 쉬다. (빡빡한 근무 중에) 잠시 쉬다. 한숨 돌리다. ¶忙了一上午, 还没歇过气。= 오전 내내 바빠서 잠시도 쉬지 못했다.

【歇憩】xiēqì 동 휴식하다. 잠깐 쉬다. ¶他靠在沙发上~。= 그는 소파에 기대어 쉰다.

【歇晌】xiē‖shǎng 동(구) 점심 후 휴식하다. [주로 낮잠을 가리킴]

【歇手】xiē‖shǒu 동 일손을 멈추다. 잠시 중지하다. (어떤 일을) 두번 다시 하지 않다. ¶忙不过来, 没时间~。= 일이 밀려서 쉴 틈이 없다.

【歇斯底里】xiēsīdǐlǐ 명(의) ☞【癔病】yìbìng 형(의) 히스테릭한.

【歇宿】xiēsù 동 묵다. 숙박하다. ¶今晚就在山上~吧。= 오늘 밤은 산에서 묵자.

【歇腿】xiē‖tuǐ (~儿)☞【歇脚】xiē‖jiǎo

【歇窝】xiē‖wō 동(방) (닭이나 오리가 덥거나 추위서) 알을 낳지 않다. 알 낳기를 중지하다. ¶鸡已经~了。= 닭은 이미 알 낳기를 중지하였다.

【歇息】xiē·xi 동 1 휴식하다. 쉬다. ¶我胃病犯了, 在家~了两天。= 그는 위병이 도져서 집에서 며칠 간 쉬었다. 2 묵다. 숙박하다. 자다. ¶累了, 早点~吧。= 피곤하니 좀 일찍 자자. 피곤할 테니 일찍 자라.

【歇夏】xiē‖xià 동 삼복 기간에 일을 멈추고 쉬다. 삼복 더위에 피서하다.

【歇闲】xiēxián 동(방) 쉬다. 휴식하다. ¶他干了一天都没~。= 그는 하루 종일 일하면서 한 번도 쉬지 않았다.

【歇歇儿】xiē·xier 동(방) 잠깐 쉬다〔휴식하다〕. ¶你太累了, ~吧。= 너 너무 피곤할 테니 잠깐 쉬어라.

【歇心】xiē‖xīn 1 마음을 편안히 갖다. 걱정하지 않다. ¶孩子考上了名牌大学, 你老人家可以~了。= 아이가 명문 대학에 합격하였으니 어르신께서는 마음을 놓으셔도 되겠어요. 2 단념하다. ¶碰了几次壁, 他也不~, 还在四处找工作。= 그는 몇 차례 역경에도 단념하지 않고 여전히 도처에서 일을 찾고 있다.

【歇演】xiē‖yǎn 공연을 쉬다〔정지하다〕.

【歇业】xiē‖yè 동 휴업하다. 영업을 잠시 쉬다. 영업을 정지하다. 문을 닫다. ¶春节期间~三天。= 설날 기간에 3일 휴업한다. ≒停业 休业 关门 ↔开张

【歇夜】xiēyè 동 묵다. 숙박하다. 자자다. ¶在小镇上找了家客栈~。= 작은 읍에서 여관을 찾아 숙박했다.

【歇阴】xiē‖yīn 동(방) (더운 날) 그늘지고 시원한 곳에서 쉬다.

【歇着】xiē·zhe 동(방) 자다. 취침하다. ¶天不早了, 你老该~了。= 시간이 늦었으니 어르신께서도 쉬셔야지요.

【歇枝】xiē‖zhī 동(農) (과일이 많이 열린 해의 다음 해 또는 그 후 몇 해 동안) 과일이 제대로 열리지 않다. 과일이 아예 열리지 않다.

【歇止】xiēzhǐ 그만두다. 그치다. 자다. 멎다. 멈추다. 정지하다. 휴지(休止)하다. ¶永不~= 영원히 멈추지 않다.

## 蝎[(蠍)] xiē 전갈 갈

명(動) 전갈. ¶蛇~心肠=악독한 심보. 악랄한 심성.

【蝎虎(子)】xiēhǔ(·zi) ☞【壁虎】bìhǔ

【蝎子】xiē·zi 명(動) 전갈.

## 叶 xié 화합할 협

동(文) 어울리다. 조화하다. 화합하다. 맞다. ¶~句=압운(押韻).
☞ yè

【叶韵】xiéyùn 동 압운하다. 협운하다. 운(韻)을 조화롭게 하다. ¶找出诗中~的字。= 시에서 압운자(押韻字)를 찾아 내다.

## 协[協] xié 화합할 협

동 1 합하다. 한데 모으다. 회동하다. ¶齐心~力=한마음으로 힘을 모으다. 2 협조하다. 돕다. ¶~商调查=협력하여 조사하다. 형 어울리다. 조화롭다. 맞다. 화합되다. ¶动作~调=동작이 잘 맞는다.

| ❶ | 协 xié |
| | 胁 xié |
| | 勰 xié |
| | 荔 lì |

○● 衣协, 调tiáo协, 妥tuǒ协, 政协

【协办】xiébàn 동 협조〔협력〕하여 처리〔개최〕하다. ¶此次歌手大赛由中央电视台主办, 各地方电视台~。= 이번 가요 경연 대회는 중앙 방송국에서 주최하고 각 지방 방송국에서 협찬하여 개최하였다.

【协查】xiéchá 동 협조〔협력〕하여 조사〔수사〕하다. 공조 수사하다.

【协定】**xiédìng** 동 (공동 준수 조약을) 협정하다. ¶双方~联合研究发新产品。=쌍방은 공동으로 신상품을 연구 개발하기로 협정하였다. 명 협정. ¶贸易~=무역 협정. ≒协议

【协管】**xiéguǎn** 동 협조(협력)하여 관리하다. ¶市场~员=시장 관리 협조인.

【协和】**xiéhé** 동 어울리다. 협조하다. 화합하다. 어울리게 하다. 화합시키다. 협조시키다. ¶~气氛=분위기에 어울리다.

【协会】**xiéhuì** 명 협회.

【协离】**xiélí** 동 합의(협의) 이혼하다.

【协理】**xiélǐ** 동 협력(협조)하여 처리하다(해치우다). ¶总部已派专人前去~新厂筹建事宜。=본부에서는 이미 전문가를 파견하여 신 공장 건설 준비 안건을 협조하여 처리하였다. 명 (규모가 제법 큰 기업의) 부책임자. 부지배인. 부경영자. 부지점장.

【协理员】**xiélǐyuán** ☞【政治协理员】**zhèngzhì xiélǐyuán**

【协力】**xiélì** 동 협력하다. 힘을 합하다. 함께 노력하다. ¶同心~=한 마음으로 협력하다.

【协拿】**xiéná** 동 협력하여 사로잡다.

【协拍】**xiépāi** 동 협력(협조)하여 촬영하다. 촬영에 협조하다.

【协商】**xiéshāng** 동 협상하다. 협의하다. ¶经双方~, 问题已经得到妥善解决。=쌍방의 협의를 거쳐 문제는 이미 적절하게 해결되었다. /政治~会议=정치 협상 회의. ≒协议

【协调】**xiétiáo** 형 어울리다. 조화롭다. ¶~发展=조화롭게 발전하다. 동 어울리게 하다. 조화롭게 하다. ¶~各部门的合作关系=각 부서 간의 협력 관계를 조화롭게 하다.

【协同】**xiétóng** 동 협동하다. 협력하다. ¶~处理有关事宜。=관련 사무를 협동하여 처리하다.

【协议】**xiéyì** 동 협의하다. 합의하다. ¶双方~, 共同出资办学。=공동 출자하여 학교를 설립 운영하기로 쌍방이 합의하였다. 명 협의. 합의. ¶达成~=합의를 보다. ≒协定 协商

---

**协议(xiéyì) / 协定(xiédìng)**

协议(협의·합의하다) : 국가, 정당 혹은 단체 간에 담판이나 협상을 거친 후 얻어진 일치된 결과를 가리킴. ¶对合同的内容要进行详细的讨论, 经过充分协商, 最后达成协议。=계약 내용에 대해 상세한 토론을 하고 충분한 협상을 거친 후에, 끝으로 합의에 도달해야 한다.

协定(협정·협정하다) : 쌍방이 협상을 거쳐 체결한 조항을 가리킴. ¶他的这次访问进行得很顺利, 双方签署了许多合作协定。=그의 이번 방문은 순조롭게 진행되어 쌍방은 많은 계약 협정에 서명했다.

---

【协议书】**xiéyìshū** 명 협의서. 합의서.

【协约】**xiéyuē** 동 (국가 간에) 협약하다. ¶双方就边境争端进行~。=쌍방이 국경 지대의 분쟁에 대하여 협약을 하였다. 명 (국가 간의) 협약. ¶签定~=협약을 체결하다.

【协约国】**xiéyuēguó** 명 1 협약국. 2 (歷) 연합국. [제1차 세계 대전 때 영·불·러 등을 시작으로 미·일·이태리 등 25개 국가로 결성됨]

【协韵】**xiéyùn** ☞【叶韵】**xiéyùn**

【协助】**xiézhù** 동 협조하다. 거들어 주다. 보조하다. 협력하고 원조하다. ¶~主办单位做好各项工作。=주최측과 협조하여 여러 업무를 잘 처리하다. ≒扶助

【协奏】**xiézòu** 동 (音) 협주하다.

【协奏曲】**xiézòuqǔ** 명 (音) 협주곡. ¶钢琴~=피아노 협주곡.

【协作】**xiézuò** 동 (어떤 임무를) 힘을 모아 공동으로 완성하다. 협동하다. 협력하다. 협업(協業)하다. ¶密切~=긴밀하게 협동하다.

---

**邪 [衺]** xié 사악할 사

형 1 바르지(옳지) 않다. 사악하다. 그릇되다. 나쁘다. ¶奸~=간사하다. /歪门~道=올바르지 못한 길. 사도(邪道). 2 (口) 비정상적이다. 정상이 아니다. 이상(이상)하다. ¶那事儿有点儿~门儿。=그 일은 좀 이상하다. 명 1 (귀신이 내린) 재화(災禍). 재앙. ¶避~=액땜. 액막이를 하다. /驱~=(부적 등으로) 악마를 쫓아 내다. 귀신을 쫓다. 2 (醫) 병을 일으키는 원인(요소). ¶寒~=한기. /风~=풍질(風疾)의 병인. 바람기. ↔正

☞ **yé**

○─● 辟bì邪, 奸jiān邪, 驱qū邪

【邪不敌正】**xiébùdízhèng** ☞【邪不胜正】**xiébùshèngzhèng**

【邪不侵正】**xiébùqīnzhèng** 성 바르지 못한 것은 바른 것을 이길 수 없다.

【邪不胜正】**xiébùshèngzhèng** 성 바르지 못한 것은 바른 것을 이길 수 없다. =【邪不敌正】**xiébùdízhèng**

【邪不压正】**xiébùyāzhèng** 성 바르지 못한 것은 바른 것을 이길 수 없다.

【邪财】**xiécái** 명동 횡재. 부당하게 얻은 재물. 더러운 돈(재물).

【邪道】**xiédào** (~儿) 명 사도. 올바르지 않은 길. ≒邪路 ↔正道 正路

【邪点子】**xiédiǎn·zi** 명 나쁜 생각. 올바르지 않은 의견. 정당하지 않은 생각. ¶尽出~=삐딱한 아이디어만 내놓다.

【邪恶】**xié'è** 형 (심보·행위가) 사악하다. ¶~势力=사악한 세력. 명 사악한 사람(세력). ¶铲除~=사악한 세력을 제거하다. ↔正义

【邪乎】**xié·hu** 형 동 1 이상하다. 불가사의하다. 괴상하다. 기이하다. 신비롭다. 알기 어렵다. ¶这事儿越传越~=이 사건은 전해질수록 괴상해진다. 2 대단하다. 정도가 심하다. 혹심하다. ¶这两天冷得~。=요 며칠은 대단히 춥다.

【邪火】**xiéhuǒ** 명 1 (醫) 허열(虛熱). 허화(虛火). ¶~攻心=허열이 심장을 공격하다. 2 (심상치 않은) 노기. 성. 화. ¶好端端的, 你发什么

【邪】~? =잘 있다가 왜 화를 내니?

【邪教】 xiéjiào 명 사교.

【邪劲儿】 xiéjìnr 명 기이한 힘. 괴력. ¶那小子身上有一股~。=그 아이는 몸에 기이한 힘을 지녔다.

【邪路】 xiélù 명 사도. 그릇〔잘못〕된 길. ≒邪道 ↔正路 正道

【邪门儿】 xiéménr 형 (동) 이상〔괴상〕하다. 불가사의하다. 비정상적이다. ¶这门怎么都打不开,真、~了。=이 문이 아무리 해도 열리지 않으니, 정말 이상하다.

【邪门歪道】 xiémén-wāidào ☞【歪门邪道】 wāimén-xiédào

【邪魔】 xiémó 명 요괴. 사마. 악마.

【邪魔外道】 xiémó-wàidào 성 1 (佛) 요괴·악마와 이단의 사설(邪說). 2 (비) 사악한 세력과 터무니없고 유해한 언론. ≒歪门邪道

【邪念】 xiéniàn 명 사념. 그릇된〔사악한〕 생각. ¶心怀~ =사념을 품다. ≒邪心

【邪气】 xiéqì 명 1 옳지 않은 기풍〔태도·풍기〕. ¶歪风~ =좋지 않은 풍조. 2 (醫) 사기. 〔인체에 병을 일으키는 온갖 요인〕 ↔正气

【邪术】 xiéshù 명 1 (신화·전설·동화에서) 요괴들이 쓰는 요사스런 술법. 사술. 2 사술. 그릇된 수단〔수법〕.

【邪说】 xiéshuō 명 사설. 그릇된 설〔주장〕. 터무니없고 유해한 논설이나 이론. ¶歪理~ =생억지와 그릇된 주장. 강변과 사설.

【邪祟】 xiésuì 명 1 악령. 귀신. 2 (비) 좋은 일을 방해하는) 요사스러운 사물이나 세력. ¶驱除~ =요사스러운 세력을 제거하다〔쫓아 내다〕.

【邪心】 xiéxīn 명 사심. 사념. 사악한 마음. ¶顿起~ =갑자기 사념이 일다. ≒邪念

【邪行】 xiéxíng 명 사행. 옳지 못한 행위. 부정한 행위.

【邪行】 xié·xing 형(동)(방) 특별나다. 특수하다. 이상하다. ¶人秋了, 天还这么热, 你说~不~? =입추인데 날씨가 아직 이렇게 더우니, 이상하지 않니?

\*\***胁[脇, 脅]** xié 옆구리 협

명 (生) 옆구리. ¶两~ =양 옆구리. 동 핍박〔강요·위협〕하다. 겁주다. 으르다. ¶威~ =위협하다.

○─○ 诱yòu胁

【胁逼】 xiébī 동 협박하다. 핍박하다. 위험하다.

【胁持】 xiéchí ☞【挟持】 xiéchí

【胁从】 xiécóng 동 협박에 못 이겨 (나쁜 짓을) 따라 하다. ¶~犯罪 =강압에 못 이겨 죄를 저지르다. 명 (마지못해 따르는) 추종자. ¶~和主犯的量刑有很大区别。=추종자와 주모자의 형량은 큰 차이가 있다. ↔主谋

【胁肩谄笑】 xiéjiān-chǎnxiào 성 1 어깨를 움츠리고 아첨하는 웃음을 짓다. 2 (비) 비위를 맞추려고 아양을 떨다. 아첨하고 영합하여 추태를 부리는 모양.

【胁肩累足】 xiéjiān-lěizú 성 1 어깨를 움츠리고 두 발을 포개다. 2 (비) 두려워 움추린 태도. 예의바른 태도.

【胁迫】 xiépò 동 협박하다. 위험하다. 강요하다. ≒强制 ↔要挟

【胁制】 xiézhì ☞【挟制】 xiézhì

\***挟[挾]** xié 낄 협

동 1 (문) (겨드랑이에) 끼다. ¶~伞出门 =우산을 끼고 문을 나서다. 2 (원한 등을) 품다. 3 (세력을 믿고) 남을 으르다. 협박하다. ¶要~ =협박하다.

【挟持】[胁持] xiéchí 동 1 양 옆을 껴서 잡다. 납치하다. 붙잡다. 〔주로 나쁜 사람이 선량한 사람을 붙잡는 것을 가리킴〕 ¶~人质 =인질을 잡다. 2 협박하다. ¶~对方签署不平等条约。=상대를 협박하여 불평등조약을 체결하다.

【挟带】 xiédài 동 감추어 지니다. 몰래 휴대하다. 몸 속에 몰래 숨기다. 함께 지니다. 같이 휴대하다. ¶严禁~通讯工具进入考场。=통신 도구를 몰래 휴대하고 고사장에 들어가는 것을 엄금하다.

【挟恨】 xiéhèn 동 원한을 품다.

【挟山超海】 xiéshān-chāohǎi 성 1 태산을 끼고 북해를 뛰어넘다. 2 (비) 불가능한 일. 할 수 없는 일. =【挟泰山以超北海】 xié Tàishān yǐ chāo Běihǎi

【挟泰山以超北海】 xié Tàishān yǐ chāo Běihǎi ☞【挟山超海】 xiéshān-chāohǎi

【挟天子以令诸侯】 xié tiānzǐ yǐ lìng zhū hóu 성 천자를 끼고 제후들에게 호령하다. 2 (비) 세력가의 명의를 빌어 명령하다.

【挟嫌】 xiéxián 동 원한을 품다. ¶~诬陷 =원한을 품고 모함하다.

【挟嫌报复】 xiéxián-bàofù 성 원한을 품고 보복하다.

【挟制】[胁制] xiézhì 동 (세력 또는 남의 약점을 이용하여) 억누르다. 굴복〔복종〕하게 하다. ¶受~ =남에게 억눌리다.

**偕** xié 함께 해

부 (문) 함께. 같이. 공동으로. ¶相~出游 =함께 여행을 가다.

【偕老】 xiélǎo 동 해로하다. ¶白头~ =백발이 되도록 해로하다.

【偕乐】 xiélè 동(문) 함께 즐기다. ¶与民~ =백성과 함께 즐기다.

【偕同】 xiétóng 동 다른 사람과 (행동을) 함께 하다. 동반하다. 〔주로 부사적으로 쓰여 '동반하여', '…와 함께'의 뜻을 나타냄〕 ¶总理~夫人出访。=총리는 부인을 동반하여 외국 방문을 떠났다.

【偕行】 xiéxíng 동(문) 1 함께〔같이〕 가다. ¶携手~ =손을 잡고 같이 가다. 2 공존하다. 병존하다. 병립하다.

\***斜** xié 비스듬할 사

휑 기울다. 비스듬하다. 비뚤다. ¶歪~=비뚤다. /倾~=경사지다. 圄 기울(이)다. ¶不觉已到了太阳西~、鸟儿归巢的时候了。=모르는 사이에 해가 벌써 서쪽으로 기울고, 새도 둥지로 돌아가는 때가 되었다. ≒歪 ↔ 正直

◦● 打斜, 乜miē斜

【斜边】xiébiān 명(数) (삼각형의) 빗변.
【斜布】xiébù ☞【斜纹布】xiéwénbù
【斜刺里】xiécìlǐ ☞ 옆으로 비스듬한 방면. ¶~突然冲出一辆大卡车。=측면에서 갑자기 큰 트럭 한 대가 돌진해 튀어나오다.
【斜度】xiédù 명 경사도.
【斜对过儿】xiéduìguòr 명튀 대각선 쪽.
【斜对门儿】xiéduìménr 명 대각선 쪽. ¶我家~是家烟酒店。=우리 집 대각선 쪽에 술과 담배를 파는 가게가 있다.
【斜对面】xiéduìmiàn 명 대각선 쪽. ¶~有一个邮局。=대각선 쪽에 우체국이 있다.
【斜风】xiéfēng 명 미풍. ¶~细雨=가볍게 비껴 부는 바람과 세우.
【斜缓】xiéhuǎn 형 비탈이 완만하다. 가파르지 않다. ¶~的山坡=완만한 산비탈.
【斜晖】xiéhuī 명 1 저녁 햇빛. 석조(夕照). 2 사양(斜阳). 석양. 저녁 해.
【斜角】xiéjiǎo 명 1 사각. 모서리. 모퉁이. ¶他站在~处, 似乎在等人。=그가 모퉁이에 서 있는 게 마치 사람을 기다리고 있는 것 같다. 2 (数) 빗각. 사각(斜角).
【斜街】xiéjiē 명 비스듬히 뻗은 거리.
【斜襟】xiéjīn 명 (윗옷의 옷깃을) 비스듬히 튼 스타일.
【斜井】xiéjǐng 명 경사진 굴. 비탈굴. 사갱(斜坑). [경사지게 뚫린 굴]
【斜拉桥】xiélāqiáo 명 현수교(悬垂桥). 조교(弔桥). =【斜张桥】xiézhāngqiáo
【斜楞】xié·leng 동튀 비스듬히 하다. 기울다. ¶~眼=사팔뜨기.
【斜路】xiélù 명 1 비탈길. 사도(斜道). 사로. 2 비 잘못된 길. 잘못된 방법〔수단〕.
【斜率】xiélǜ 명(数) 경사도(倾斜度).
【斜面】xiémiàn 명 1 경사면. 비탈(면). 2 (机) 사면. [경사면을 이용하여 무거운 물건을 위로 옮기는 간단한 기계 장치]
【斜睨】xiémiè 동 흘겨보다. ¶她悄悄地~了他一眼。=그녀는 몰래 그를 한번 흘겨보았다.
【斜睨】xiénì 동 곁눈질하다. 흘겨보다. ¶他两眼~着, 满脸的不屑。=그는 두 눈으로 흘겨보며 하찮다는 듯한 얼굴이다.
【斜坡】xiépō 명 비탈. 경사진 언덕.
【斜射】xiéshè 동 1 (광선이나 물체가) 비스듬히 비치다. ¶阳光从窗外~进来。=햇살이 창밖에서 비스듬히 비쳐 들어오다. 2 옆으로 쏘다. 사사(斜射)하다. 측사(侧射)하다. ¶他被一颗~过来的子弹击中肩部。=그는 옆으로 쏜 총탄에 어깨를 맞았다.
【斜视】xiéshì 명(医) 사시. =【斜眼】xiéyǎn
동 곁눈질하다. 흘겨보다. ¶目不~=곁눈질하지 않다.
【斜视图】xiéshìtú 명 사투시도.
【斜体字】xiétǐzì 명 이탤릭(체). 사체(斜体).
【斜纹】xiéwén 명 1 (纺) 능직(绫织). ¶~面料=능직 옷감. 2 (~儿) ㉠ 능직의 방식으로 짠 천〔직물〕.
【斜纹布】xiéwénbù 명(纺) 능직물(绫织物). =【斜布】xiébù
【斜线】xiéxiàn 명 빗금. 사선.
【斜眼】xiéyǎn 명 1 곁눈질. 2 ☞【斜视】xiéshì 3 (~儿) 사시인 눈. 4 (~儿) 사시인 사람. 사팔뜨기.
【斜阳】xiéyáng 명 사양. 저녁 해.
【斜张桥】xiézhāngqiáo ☞【斜拉桥】xiélāqiáo
【斜照】xiézhào 명튀 저녁 햇빛. 석조(夕照). 비스듬히 비추다. ¶夕阳~=석양이 비스듬히 비추다.

*【谐[諧]】xié 조화될 해

형 1 조화되다. 화합하다. 어울리다. ¶和~=조화되다. 2 재미있다. 익살스럽다. 우스꽝스럽다. ¶亦庄亦~=엄숙하기도 하고 익살스럽기도 하다. 2 튀 (일이) 잘 타협되다〔처리되다〕. ¶事~=일이 잘 타협되다.

◦● 诙huī谐, 调tiáo谐

【谐波】xiébō 명(物) 고조파(高调波). ¶~天线=고조파 안테나.
【谐和】xiéhé 형 어울리다. 조화되다. ¶色调~=색채가 어울리다. ≒和谐
【谐剧】xiéjù 명(艺) 해학극. [곡예와 연극의 중간 형태 예술로, 쓰촨(四川)성에서 유행함. 한 명의 배우가 얘기하고 노래하고 연기하는 코믹쇼]
【谐美】xiéměi 형 조화롭고 아름답다. ¶舞姿~=춤추는 자태가 조화롭고 아름답다.
【谐趣】xiéqù 명 1 재미있고 흥미진진하다. ¶语言~生动。=말이 흥미진진하고 생동감이 있다. 명 해학적인 흥취〔재미·정취〕. ¶~横生=해학적인 흥취가 넘치다.
【谐声】xiéshēng 동(言) (글자의) 독음(读音)이 같거나 비슷하다. 명 ☞【形声】xíngshēng
【谐调】xiétiáo 형 조화되다. 잘 어울리다. 맞다. ¶房间的陈设和整个装修风格非常~。=방안의 배치가 전체 인테리어 풍격과 매우 잘 어울린다. ≒和谐
【谐戏】xiéxì 동튀 익살을 떨다〔부리다〕. 우스갯소리로 웃기다. ¶~之言, 不必当真。=우스개로 하는 소리이니, 진지하게 받아들이지 마세요.
【谐谑】xiéxuè 동튀 (말이나 동작이) 익살맞고 장난기를 띠다. 우스갯소리와 희롱조를 띠다. 해학적이다. ¶~逗趣=해학스럽고 웃기다.
【谐音】xiéyīn 동(言) (글자의) 독음(读音)이 같거나 비슷하다. ¶~字=해성자. 해음자. [독음(读音)이 같거나 비슷한 한자] 명(物) 배음(倍音). 영 harmonics.

【谐音双关】 xiéyīn shuāngguān 명(言) 해성쌍관. [수사법의 하나. '同音(같은 음)·近音(가까운 음)·音似(비슷한 음)' 등의 조건으로 구성된 하나의 어구(語句)가 안팎으로 의미를 가지는 쌍관어(雙關語)를 말함. 예를 들면, 헐후어(歇後語)에서 '外甥点灯笼；照旧[舅](생질이 등불을 켜다；(여느 때와 같이))'에서 '照旧[舅]'가 이에 해당됨]

【谐振】 xiézhèn 명(物) 공명(共鳴). 공진(共振). 마주울림.

## 絜 xié 헤아릴 혈

통 1 (둘레의 길이를) 재다. 측량하다. ¶树高数丈, ~之十围. =나무의 높이가 수십 미터나 되고, 둘레가 열 아름이나 된다. 2 헤아리다. 고려하다. 짐작하다. 가늠하다. ¶度长~大 =길이와 크기를 가늠하다.
☞ 洁(jié)

## 颉[頡] xié 날아오를 힐

통(문) 새가 날아오르다. 명(Xié) 성(姓).
☞ jié

【颉颃】 xiéháng 통(문) 1 (새가) 오르내리며 날다. 오르락내리락 날다. ¶群鸥~ =갈매기들이 오르내리며 날다. 2 막상막하이다. 우열을 가리기 어렵다. 비슷하다. 비등하다. ¶二人才学相~. =두 사람의 재능과 학문은 막상막하이다.

## **携[(攜·携·擕·擕)]
xié 손에 가질 휴

통 1 휴대하다. 지니다. 가지고 다니다. 거느리다. ¶扶老~幼 =노인과 아이들을 거느리다. / ~酒助兴 =술을 가지고 다니며 흥을 돋우다. 2 (손을) 잡아끌다. ¶~手同行 =손을 잡고 같이 가다. ≒带 拉

◦● 提携

【携带】 xiédài 통 1 휴대하다. 지니다. 데리다. ¶~行李 =짐을 휴대하다. 2 (아랫사람을) 키워 주다. 이끌어 주다. 돌보아 주다. ¶承蒙~ =보살핌을 받다. ¶他~家属出国去了. =그는 가족을 데리고 출국하였다.

【携贰】 xié'èr 통(문) 딴마음을 품다. (지도자나 집단과) 한마음이 아니다. ¶士卒~ =병사들이 딴마음을 품다.

【携家带口】 xiéjiā-dàikǒu (성) (전) 가족을 거느리다. ¶~出外游玩. =(전) 가족을 거느리고 여행을 가다.

【携手】 xié‖shǒu 통 1 서로 손을 잡다. 손에 손을 잡다. ¶~并肩 =손을 잡고 함께 행동하다. 2 (비) 서로 협력하다. 합작하다. 함께 일하다. ¶夫妻俩在事业上~共进. =부부는 사업상 서로 협력하며 함께 나아간다.

## 㞦 xié 땅 이름 사

지명에 쓰이는 글자. ¶麦~ =마이셰. [장시(江西)성에 있는 지명]

## 鲑[鮭] xié 어채 해

명 어채(魚菜). [옛날, 어류로 만든 요리의 총칭] ¶~珍 =진귀한 물고기 요리.
☞ guī

## 擷[擷] xié 딸 힐

통 1 따다. 뽑다. 뜯다. 캐다. ¶采~ =따다. 2 '襭(xié)'와 같음.

【擷取】 xiéqǔ 통 따다. 뽑다. 뜯다. 캐다. ¶~野果 =산에서 나는 과일을 따다.

【擷英】 xiéyīng 통(문) 정수(정화·최고)를 고르다 [선택하다·채택하다·취하다]. ¶艺海~ =예술 세계의 정수를 취하다.

## *鞋[(鞵)] xié 신 혜

명 신(발). 구두. ¶旅游~ =(캐주얼 신발·운동화처럼) 가볍고 편한 신발. / 皮~ =구두. / 拖~ =슬리퍼.

◦● 便鞋, 冰bīng鞋, 草鞋, 钉鞋, 胶jiāo鞋, 跑鞋, 破鞋, 球鞋, 上鞋, 套tào鞋, 跳鞋, 小鞋, 绣xiù鞋, 油鞋, 雨鞋, 高跟儿鞋

【鞋拔子】 xiébá·zi 명 구둣주걱.
【鞋帮】 xiébāng(~儿) 명 1 운두. 갑피(甲皮). 신울. [신의 밑창을 뺀 부분] 2 신발의 양쪽 면.
【鞋带】 xiédài(~儿) 명 구두끈. 신발끈. =【鞋带子】 xiédài·zi
【鞋带子】 xiédài·zi ☞【鞋带】 xiédài
【鞋底】 xiédǐ(~儿) 명 구두[신발] 밑바닥. 구두창. =【鞋底儿】 xiédǐ·er
【鞋底子】 xiédǐ·zi ☞【鞋底】 xiédǐ
【鞋垫】 xiédiàn(~儿) 명 구두 안창[깔개].
【鞋粉】 xiéfěn 명 (가루로 된) 구두약.
【鞋跟】 xiégēn(~儿) 명 구두 뒤축. 힐(heel).
【鞋号】 xiéhào 명 신발 치수. 문수.
【鞋匠】 xié·jiang 명 제화공(製靴工).
【鞋脸】 xiéliǎn(~儿) 명 구두의 등. 구두코.
【鞋帽】 xiémào 명 신발과 모자. ¶~店 =신발과 모자 가게.
【鞋面】 xiémiàn(~儿) 명 구두의 등. 구두코.
【鞋刷】 xiéshuā 명 구둣솔.
【鞋袜】 xiéwà 명 구두와 양말. ¶~专柜 =구두와 양말 전문 판매대(코너).
【鞋楦】 xiéxuàn 명(구두) 골.
【鞋样】 xiéyàng(~儿) 명 1 (오려서 만든) 신발의 견본. ¶用纸剪了一个~. =종이로 신발의 견본 하나를 재단하였다. 2 신발 스타일. ¶时新的~ =최신식 구두 스타일.
【鞋油】 xiéyóu 명 구두약.
【鞋子】 xié·zi 명 신발. 구두.

## 勰 xié 뜻 맞을 협

형(문) 조화롭다. 어울리다. [주로 인명에 쓰임]

## 缬[纈] xié 무늬 비단 힐

명(문) 무늬가 있는 비단(견직물).

襭[襭] xié 옷자락 꽂을 힐

동훈 옷자락으로 물건을 싸다.

## **写[寫] xiě 쓸 사**

동 1 글씨를 쓰다. ¶书~=글을 쓰다(적다). / ~毛笔字=붓글씨를 쓰다. 2 묘사하다. ¶抒~=서사하다. / ~实小说=사실 소설. 3 그림을 그리다. ¶静物~生=정물 사생. 4 베껴 쓰다. ¶抄~=베껴 쓰다. / ~卷=베끼다. 옮겨쓰다. 5 (문학 작품을) 짓다. 쓰다. 창작하다. ¶~小说=소설을 쓰다. / ~诗=시를 짓다.

☞ xiè

○- 编biān写, 草写, 抄chāo写, 大写, 复写, 改写, 简写, 连写, 描miáo写, 模mó写, 摹mó写, 默mò写, 拼pīn写, 缮shàn写, 手写, 抒shū写, 书写, 速sù写, 缩suō写, 特写, 誊téng写, 填tián写, 听写, 小写

【写本】xiěběn 명 사본. ['印本(인본·인쇄한 서적)'과 구별됨]

【写法】xiěfǎ 명 1 서법. 글씨 쓰는 법. ¶草书和隶书的~区别很大。=초서와 예서의 서법 차이는 매우 크다. 2 창작 방법. 글 쓰는 방법. 문장 쓰는 법. ¶两篇文章都是写人,但~却完全不同。=두 편의 글이 모두 인물을 묘사하였으나, 창작 방법은 완전히 다르다.

【写稿】xiěgǎo 동 1 초고를 쓰다. 초안을 잡다. 원고를 쓰다. ¶动笔~=원고를 쓰기 시작하다. 2 문장을 쓰다(짓다). ¶给杂志~。=잡지에 기고할 원고를 쓰다.

【写家】xiějiā 명 1 작가. 2 서예가.

【写景】xiějǐng 동 풍경을 묘사하다. ¶作者通过~抒发了强烈的情感。=작가는 풍경의 묘사를 통해 강렬한 서정을 토로하였다.

【写明】xiěmíng 동 분명(명확·정확)하게 쓰다. ¶栏内请~出生日期。=칸 안에 출생 연월일을 정확하게 써 주세요.

【写生】xiěshēng 동 사생하다. ¶野外~=야외에서 사생하다.

【写实】xiěshí 동 있는 그대로를 묘사하다. ¶小说以~的手法揭示了社会底层小人物的生存状况。=소설은 사실적인 수법으로 사회 밑바닥 사람들의 생존 상황을 그려 냈다.

【写实主义】xiěshízhǔyì 명 '现实主义(현실주의·리얼리즘)'의 옛 명칭.

【写意】xiěyì 명 (美) 사의. [중국화의 전통 화법 (畵法) 중의 하나. 정교함을 추구하지 않고 간단한 선이나 묵색(墨色)(또는 채색(彩色))으로 사람의 표정이나 사물의 모양을 묘사하는 것] ¶~画=사의화. ↔工笔

☞ xièyì

【写照】xiězhào 동 인물의 형상을 그리다. ¶他在街上为路人~。=그는 거리에서 행인들의 인물화를 그린다. 명 묘사. 서술. ¶这部小说是当时社会现实的真实~。=이 소설은 당시 사회 현실의 사실적 서술이다.

【写真】xiězhēn 동 초상화를 그리다. 인물을 그리다. 명 1 초상화. 2 나체 사진. 누드 사진. 3 생동적인(사실적인) 묘사. ¶乡村生活~=시골 생활의 생동적인 묘사.

【写真集】xiězhēnjí 명 (개인의) 사진집. 영상집. 화보집.

【写字间】xiězìjiān 명방 1 사무실. 2 서재. 서실(書室).

【写字楼】xiězìlóu 명방 오피스 빌딩. 비즈니스 빌딩. [대부분 현대적 설비를 갖춘 상업용 사무 건물을 가리킴]

【写字台】xiězìtái 명 사무용 테이블.

【写作】xiězuò 동 1 글을 짓다. 저작하다. 2 (문학 작품을) 창작하다.

【写作班子】xiězuò bān·zi 명 (공동 창작을 목적으로 조직된) 문예 창작 작가 단체.

## **血 xiě 피 혈**

명구 '血(xuè, 피)'와 같음. ¶鸡~=계혈. 닭 피. / 吐~=피를 토하다.

☞ xuè

○- 便血, 咯kǎ血

【血肠】xiěcháng 명 선지 순대.

【血豆腐】xiědòu·fu 명 동물의 피로 만든 두부 모양의 식료품. 선지.

【血糊糊】xiěhūhū (~的) 형 피범벅이다. 피투성이이다. [피가 흘러 온 데 다 처발라진 모양] ¶额头碰伤了,满脸~的。=이마를 부딪혀서 온 얼굴이 피투성이이다.

【血淋淋】xiělínlín (~的) 형 1 피가 뚝뚝 떨어지다. 피가 줄줄 흐르다. 선혈이 뚝뚝 떨어지는 모양. ¶~的伤口=피가 줄줄 흐르는 상처. 2 비 참혹하다. ¶~的教训=참혹한 교훈.

【血晕】xiěyùn 명 멍. 어혈. 적혈.

☞ xuèyùn

## **写[寫] xiè 편안할 사**

아래를 참조.

☞ xiě

【写意】xièyì 형방 편안하다. 안락하다. 쾌적하다. ¶他生活得很~。=그는 매우 편안한 생활을 한다.

☞ xiěyì

## **炧[(炮)] xiè 불똥 사**

명훈 양초 꽁다리. 꽁다리 초.

## **泄[(洩)] xiè 샐 설**

동 1 (액체를) 배출하다. 흘려보내다. 빼다. (기체가) 배출되다. 새다. 빠지다. ¶排~=배출하다. / 水~不通=물샐틈이 없다. 2 (울분·욕정 등을) 털어놓다. 쏟아 내다. 발산하다. 풀다. 터놓다. 배설하다. 토로하다. ¶借愤~愤=트집을 잡아 분풀이를 하다. 3 (비밀 등이) 누설되다. 발설하다. 드러나다. 새다. ¶~露机密=기밀이 누설되었다. 4 (자신감 등을) 상실하다. 잃어버리

다. ¶气可鼓而不可~。=사기는 북돋워 주어야 지 떨어뜨려서는 안 된다. ≒漏 露 ↔鼓

○● 发泄, 宣xuān泄

【泄底】**xiè‖dǐ** 동 밑바닥이 드러나다. (비밀·내막·속내 등을) 드러내다. 들추어 내다. 폭로하다. 누설하다.

【泄愤】**xièfèn** 동 울분을 터뜨리다〔발산하다〕. 분풀이를 하다. ¶借故~=핑계를 잡아 분풀이를 하다.

【泄恨】**xièhèn** 동 울분을 터뜨리다〔발산하다〕. 분풀이를 하다.

【泄洪】**xièhóng** 동 (댐 등에서) 큰물을 흘려보내다. 홍수를 막기 위해 방수(放水)하다. ¶开闸~=수문(水門)을 열어 방수하다.

【泄洪道】**xièhóngdào** 명 홍수를 배출하는 배수로.

【泄洪闸】**xièhóngzhá** 명 1 (댐·제방·관개수로 등에서 방수(放水)용으로 사용되는) 배수 수문(水門). 배수 갑문. 2 배수 갑문 설비. 홍수를 배출하는 건축물의 총칭.

【泄劲】**xiè‖jìn**(~儿) 동 낙담하다. 자신감을 잃다. 마음이 해이해지다. 맥이 풀리다〔빠지다〕. 맥을 놓다. 느슨해지다. ¶一旦~, 就会功亏一篑。=일단 자신감을 잃으면 성공을 눈앞에 두고 실패하고 만다. ≒泄气 气馁

【泄漏】**xièlòu** 1 (액체·기체 등이) 새다. ¶煤气~=가스가 새다. 2 (비밀·기밀 등을) 누설되다. 폭로되다. 새나가다. ¶千万别~底细。=절대로 내부 상황이 새나가게 해서는 안 된다. ≒透漏 ↔保密

【泄露】**xièlòu** 동 (비밀·기밀 등을) 누설하다. 폭로하다. ¶~风声=정보를 흘리다. ≒透露 ↔保密

【泄密】**xiè‖mì** 동 비밀이 새다. 비밀을 누설하다. ¶谨防~=비밀 누설에 주의하다.

【泄气】**xiè‖qì** 1 공기가 새다. 바람이 빠지다. ¶车胎~了。=타이어에 바람이 빠지다. 2 분풀이하다. 울분을 터뜨리다. ¶别拿孩子~。=아이한테 분풀이하지 마라. 3 자신감을〔용기를〕 잃다. 기가 죽다. 낙담하다. ¶不要~, 一定要坚持到底。=용기를 잃지 말고 꼭 끝까지 버텨야 한다. 형 한심하다. 형편 없다. ¶这点小事都做不好, 你也太~了！=이러한 작은 일조차 잘 처리하지 못하다니, 너도 참 한심하다. ≒泄劲 气馁

【泄水】**xièshuǐ** 동 방수(放水)하다. 배수(排水)하다. ¶~工程=배수 공사.

【泄水闸】**xièshuǐzhá** 명 수문. 갑문(閘門). 수갑(水閘).

【泄泻】**xièxiè** 명(醫) 설사.

【泄殖腔】**xièzhíqiāng** 명(生) 배설강(排泄腔).

## 泻[瀉] xiè 쏟을 사

동 매우 빠르게 흐르다. 내리퍼붓다. 쏟아지다. ¶倾~=쏟아져 내리다. 퍼붓다. /一~千里=일사천리. 명 설사. ¶止~药=지사제. / 上吐下

~=위로 토하고 아래로 설사하다.

○● 奔bēn泻, 腹泻, 流泻, 倾qīng泻, 水泻, 泽zé泻

【泻肚】**xiè‖dù** ☞【腹泻】**fùxiè**
【泻湖】**xièhú** 명 '潟湖(석호)'의 옛 명칭.
【泻利盐】**xièlìyán** ☞【泻盐】**xièyán**
【泻盐】**xièyán** 명(化) '硫酸镁(황산마그네슘)'의 속칭. =【泻利盐】**xièlìyán**
【泻药】**xièyào** 명(醫) 하제(下劑). 설사약.

## 继[紲, 絏] xiè 묶을 설

명⑤ 새끼. 줄. 밧줄. ¶缧~=누설. 오라. 동⑤ 묶다. 매다. 동이다. ¶~囚=죄수를 포박하다.

## 契 Xiè 사람 이름 설

명 설. 〔상(商)나라의 시조(始祖). 순(舜)임금의 신하였다고 함〕

☞ **qì**

## 卨[卨] xiè 사람 이름 설

인명에 쓰이는 글자. ¶万俟(Mòqí)~=모치세. 〔송(宋)나라 사람의 이름〕

## **卸** xiè 풀 사

동 1 (가축의 몸에서) 고삐와 굴레를 풀다〔벗기다〕. ¶~牲口=(수레에서) 가축의 고삐와 굴레를 풀다. /~下马鞍子=말안장을 풀다. 2 짐을 내리다(부리다). ¶把煤从卡车上~下来。=석탄을 트럭에서 부리다. 3 (몸에 붙은 것이나 달고 있던 것 등을) 떼다. 떼어 내다. 제거하다. 지우다. ¶她正在化妆室~装。=그녀는 지금 분장실에서 화장을 지우고 있다. 4 (부속품을 기계에서) 분해하다. 해체하다. 뜯다. ¶拆~螺丝=나사를 분해하다. 5 해제하다. 제거하다. 없애다. (주로 자신의 책임이나 과오를) 전가하다. 회피하다. 남에게 덮어씌우다. ¶推~责任=책임을 전가하다. ↔装

○● 拆chāi卸, 交卸, 推tuī卸, 脱卸, 装卸

【卸包袱】**xiè bāo·fu** ⑤⑷ 짐을 내려놓다. 자신을 번거롭게 하는 사물이나 사상적 부담을 벗다〔제거하다〕.

【卸车】**xiè‖chē** 1 수레에서 짐을 내리다〔부리다〕. 2 수레에서 가축을 떼다.

【卸除】**xièchú** 동 1 (기계 등을) 분해하다. 해체하다. 뜯다. ¶~主机外壳=(컴퓨터) 본체 케이스를 뜯다. 2 해제하다. 제거하다. 없애다. ¶~职务=직무를 해제하다.

【卸船】**xiè‖chuán** 동 배에서 짐을 내리다〔부리다〕.

【卸担子】**xiè dàn·zi** ⑷ 1 물건〔짐〕을 내려놓다. 2⑷ 사직하다. 사퇴하다. 책임을 벗다.

【卸货】**xiè‖huò** 동 배·차·비행기 등에서 짐을 내리다〔부리다〕. ↔装货

【卸肩】**xièjiān** 동 1 어깨의 짐을 내려놓다〔벗다〕. 2⑷ 책임을 벗다. 3⑷ 사직하다. 사퇴하

다. 사사(辭謝)하다.
【卸磨杀驴】 xièmò-shālú 〈성〉 ❶ 가루를 다 빻고 나면 당나귀를 죽인다. 토끼를 다 잡으면 사냥개를 잡는다. ❷ 〈비〉 목적이 달성되면 일찍이 자기를 위해 애쓴 사람을 버린다. ≒得鱼忘筌 ↔饮水思源
【卸任】 xiè∥rèn 〈동〉 (관리가) 사직하다. 해임되다. ¶提前~=앞당겨 사직하다. ↔上任
【卸载】 xiè∥zài 〈동〉 ❶ 화물을 내리다〔부리다〕. =【卸儎】 xiè∥zài ❷ 〈컴〉 설치한 소프트웨어를 삭제하다.
【卸儎】 xiè∥zài ☞【卸载】 xiè∥zài
【卸责】 xièzé 〈동〉 책임을 미루다〔전가하다·떠넘기다·회피하다〕. ¶推委~ =책임을 미루다.
【卸职】 xièzhí 〈동〉 (관리가) 사직하다. 해임되다.
【卸妆】 xiè∥zhuāng 〈동〉 (부녀자가 몸의) 장신구를 풀다〔벗다〕. ↔化妆 化装
【卸装】 xiè∥zhuāng 〈동〉 배우가 분장한 옷을 벗고 화장을 지우다. ≒下装 ↔化装

## 屑 xiè 가루 설
〈명〉 부스러기. 찌꺼기. ¶纸~=종이 조각. / 木~=나무 부스러기. 톱밥. 〈형〉 자질구레하다. 하찮다. 사소하다. 시시하다. 미세하다. ¶琐~=사소하다. 〈동〉 …할 만한 가치가 있다고 여기다. [항상 '不(bù)'와 이어 씀] ¶不~一顾=거들떠볼 가치도 없다.
【屑屑】 xièxiè 〈형〉 사소하다. 자질구레하다. 미세하다. ¶~小事=자질구레한 일.

## 械 xiè 형틀 계
〈명〉 ❶ 〈문〉 (쇠고랑·차꼬·칼 등의) 형구(刑具). ❷ 기계. 전문적인 용도를 지닌 기구(器具). ¶机~=기계. ❸ 무기. 병기. ¶枪~=총기.
○● 衣械, 器qì械, 枪qiāng械, 药械
【械斗】 xièdòu 〈동〉 (부락이나 집단 상호 간에) 무기(흉기)를 가지고 싸우다.

## 齘[齘] xiè 이 갈 계
〈동〉〈문〉 이를 갈다. 분하게 여기다. 노하다. 〈형〉〈문〉 (이 등이) 서로 꼭 맞지 않다. 어긋나다. 가지런하지 않다.

## 猲 xiè 개 갈
〈명〉〈문〉 주둥이가 짧은 개.
☞ hè

## 亵[褻] xiè 더러울 설
〈동〉〈문〉 예의에 어긋나게 지나치게 친하다. 친압(親狎)하다. ¶~宠=너무 가깝게 총애하다. 〈형〉 ❶ 얕보다. 깔보다. 경시하다. 모멸하다. ¶~狎=업신여기다. ❷ 음란하다. 음탕하다. 추잡하다. ¶猥~=음탕하다. 외설적이다. 색정적이다.
○● 淫yín亵
【亵渎】 xièdú 〈동〉〈문〉 얕보다. 깔보다. 경시하다. 모멸하다. 더럽히다. 모독하다. ¶~神灵=신령을 모독하다.
【亵慢】 xièmàn 〈형〉 경박하다. 무람없다. 버릇없다. 예의 없다. ¶言语~=말에 예의가 없다.
【亵玩】 xièwán 〈동〉 예의에 어긋나게〔버릇없이〕 너무 지나치게 친압하다. 남녀가 서로 희롱하다.
【亵衣】 xièyī 〈명〉〈문〉 속옷. 내의.
【亵语】 xièyǔ 〈명〉〈문〉 음란하고 방탕한 말. 외설적인 말. 음담. 희롱거리는 말. 버릇없는 말.

## 渫 xiè 칠 설
〈동〉〈문〉 ❶ 없애다. 제거하다. ❷ 물긷을 뚫다. (샘·못·도랑 등을) 쳐내다. 〈명〉 (Xiè) 성(姓).

## 谢[謝] xiè 사례할 사
〈동〉 ❶ 〈문〉 사직하다. 사퇴하다. ¶~官归田=사직하고 고향으로 돌아가다. ❷ 고별하다. 떠나다. ¶遽然~世=갑자기 세상을 떠나다. ❸ 거절〔사절〕하다. 사양하다. ¶推~=평계를〔구실을〕 대고 사양하다〔거절하다〕. / 婉~=완곡하게 거절하다. ❹ (꽃·잎 등이) 지다. 떨어지다. 쇠락하다. 시들다. ¶萎~=시들어 떨어지다. / 凋~=시들다. ❺ 잘못을 시인하다. 사과〔사죄〕하다. 미안함을 표시하다. ¶~过=사과하다. 잘못을 빌다. ❻ 감사하다. 사례하다. ¶致~=사의를 표하다. 酬~=사례하다. 〈명〉 (Xiè) 성(姓). ↔开

○● 璧bì谢, 称chēng谢, 酬chóu谢, 辞谢, 答谢, 代谢, 多谢, 感谢, 鸣谢, 申shēn谢, 推谢, 婉wǎn谢, 萎wěi谢, 致谢

【谢表】 xièbiǎo 〈명〉〈문〉 (감)사표. 사장(謝章). [벼슬이 오르거나 하사품을 받았을 때 감사의 뜻으로 임금에게 올리는 글]
【谢病】 xièbìng 〈동〉 병 때문에 사직하다. 병을 평계〔구실〕삼아 사직하다〔거절하다·회피하다·사양하다〕. ¶~隐退=병을 구실로 사직하고 은퇴하다.
【谢步】 xièbù 〈명〉 답례 방문을 하다. 도로 찾아가서 답례를 하다.
【谢忱】 xièchén 〈명〉〈문〉 사의(謝意). 감사의 뜻. ¶略备薄酒, 以表~. =변변찮은 술을 차려서 감사의 뜻을 표하다. ≒谢意
【谢词】〔谢辞〕 xiècí 〈명〉 감사의 말. 사사(謝辭).
【谢辞】 xiècí ☞【谢词】 xiècí
【谢顶】 xiè∥dǐng 〈동〉 (정수리 부분의) 머리카락이 적어지다. (변)대머리가 되어 가다. =【歇顶】 xiē∥dǐng
【谢恩】 xiè∥ēn 〈동〉 은혜에 감사하다. 사은하다.
【谢绝】 xièjué 〈동〉 사절하다. 정중히 거절하다. ¶婉言~=완곡히 사절하다.
【谢客】 xièkè 〈동〉 ❶ (찾아오는) 손님 만나기를 거부하다. 면회를 사절하다. ¶闭门~=문을 닫고 면회를 사절하다. ❷ 손님에게 치사하다〔감사의 말을 하다〕. ¶主人再三相送~. =주인은 멀리 배웅하면서 감사의 뜻을 표시하였다.
【谢礼】 xièlǐ 〈명〉 사례. 감사의 표시로 보낸 예물.
【谢落】 xièluò 〈동〉 (꽃·잎 등이) 시들다. 떨어지다. ¶百花~=온갖 꽃이 시들어 떨어지다.

【谢幕】xiè‖mù 통 공연을 마치고 관중에게 감사를 표하다. 커튼콜(curtain call)에 답례하다. 앙코르에 답하다.
【谢却】xièquè 통 사절하다. 정중히 거절하다. ¶~参观＝참관을 사절하다.
【谢师】xièshī 통 1 옛 사은 봉사하다. [도제(徒弟)・제자・수습생이 학습・실습 기간을 마친 후, 극히 적은 보수로 스승을 위해 일하여 감사를 표시하는 것] ¶~年限＝사은 봉사 연한. 2 스승에게 감사를 〔감사의 선물을〕 드리다. ¶~宴＝사은회.
【谢世】xièshì 통문 죽다. 세상을 하직하다. ≒去世 ↔在世
【谢天谢地】xiètiān-xièdì 성 1 천지신명께 감사하다. 2 오, 하느님 감사합니다. [걱정거리에서 벗어났을 때나 감탄할 때 쓰이며, 다행스러움을 나타냄] 3 휴, 다행이다. 천만다행이다. 깊이 감사하다. 고맙기 그지없다. [생기지 않았으면 하는 상황이 정말 일어나지 않았을 때의 후련한 마음을 나타냄] ¶~, 总算躲过了一劫！＝휴, 다행이다. 마침내 재난을 피하게 되었구나.
【谢帖】xiètiě 명 (남의 선물을 받은 뒤) 감사를 표시하는 회신.
【谢孝】xièxiào 통옛 1 조문객에게 사의를 표하다. 2 탈상 후에 돌아다니며 인사를 하다.
【谢谢】xiè·xie 통 감사합니다. 고맙습니다.
【谢仪】xièyí 명 사례 선물〔금품〕.
【谢意】xièyì 명 사의. 감사의 뜻. ¶深表~＝깊이 사의를 표하다. ≒谢忱
【谢罪】xiè‖zuì 통 사죄하다. ¶登门~＝찾아뵙고 사죄하다.
【谢坐】xièzuò 통 감사합니다. [남이 '请坐(앉으세요)'라고 할 때 회답하는 말]

屧[(屟)] xiè 나막신 섭
명문 목제 슬리퍼. 나막신.

媟 xiè 친압할 설
형문 흉허물없이 지나치게 친하다. 지나치게 친하여 정중하지 않다. 지나칠 정도로 친하다. ¶~狎＝친압하다.

塨 xiè 거름 사
명방 가축의 분뇨로 만든 퇴비. ¶猪~＝돼지똥 퇴비.

*解¹ xiè 이해할 해
통구 이해하다. 알다. ¶他就是~不开这个理。＝그는 이 이치를 이해할 수 없다. 명 1 무술의 품세. 2 무술. ¶施展全身~数。＝지니고 있는 무술을 펼치다. 3 잡기. 여러 가지 기예〔기술〕. 4 곡마 기예. ¶跑马卖~＝곡마를 직업으로 살아가다.

*解² Xiè 땅 이름 해
명 1 (地) 셰츠(解池). [산시(山西)성에 있는 호수 이름] 2 (地) 셰저우(解州). [산시(山西)성에 있는 지명] 3 성(姓).

☞ jiě, jiè
【解数】xièshù 명 1 무술의 품세. 2 수단. 솜씨. 재간. ¶使出浑身~。＝혼신의 솜씨를 부리다.

榭 xiè 정자 사
명 대(臺) 위에 지은 집. ¶歌台舞~＝가무를 공연하는 무대.

楔 xiè 티타나이트 설
【楔石】xièshí 명(礦) 설석. 티탄석(CaTiSiO₅). 티타나이트. ≒ titanite

薤 xiè 염교 해
명(植) 1 염교. 2 염교의 인경(鱗莖)〔비늘줄기〕. [장아찌를 만들기도 하고 약용으로도 씀]

嶰 xiè 산골짜기 해
명문 산골짜기. ¶~壑＝깊은 산골짜기.

獬 xiè 해태 해
【獬豸】xièzhì 명 해치. 해태. [전설 속의 뿔이 하나 달린 신기한 짐승. 시비를 가릴 줄 알아, 사람이 서로 다투는 것을 보면 정의롭지 못한 쪽을 뿔로 떠받는다고 함]

邂 xiè 만날 해
【邂逅】xièhòu 통문 (약속하지 않았는데) 해후하다. 뜻하지 않게 만나다. 우연히 만나다. ¶不期~＝(약속하지 않았는데) 우연히 만나다.

廨 xiè 관아 해
명문 (옛날, 관원이 사무를 보는) 관서. 관아. 관청. ¶官~＝관아.

澥¹ xiè 묽어질 해
통 1 구 묽어지다. ¶稀饭~了。＝죽이 묽어졌다. 2 방 물을 타서 묽게 만들다. ¶把糨糊~一~＝되직한 풀을 묽게 만들다.

澥² xiè 바다 해
지명에 쓰이는 글자. ¶渤~＝발해. ['渤海(발해)'의 옛 명칭]

*懈 xiè 게으를 해
형 해이하다. 느슨하다. 태만하다. 게으르다. ¶松~＝해이하다. / 坚持不~＝꾸준히 하다.

○─● 弛懈, 松懈

【懈场】xiè‖chǎng 통 (배우가) 무대에서 정신을 팔다.
【懈弛】xièchí 형 해이하다. 무르다. 엄하지 않다. 늘어지다. 느슨하다. ¶纪律~＝기율이 해이하다.
【懈怠】xièdài 형 게으르다. 태만하다. ¶他工作积极认真, 从不~。＝그는 일을 의욕적으로 열심히 하며, 지금껏 태만한 적이 없다.
【懈惰】xièduò 형 게으르다. 태만하다. ¶如义

~, 什么时间才能完工? = 이렇게 태만해서야 언제 일을 다 마치겠냐?

【懈劲】 xiè‖jìn 동 해이해지다. 노력을 그치다. 낙담하다. 자신감을 잃다. 힘이 빠지다. 맥이 풀리다. 맥을 놓다. ¶别~, 我们从头再来. = 해이해지지 말고 우리 처음부터 다시 시작하자.

【懈气】 xiè‖qì 동 힘이 빠지다. 맥이 풀리다. ¶鼓足劲头, 不要~. = 맥을 풀지 말고 젖 먹던 힘까지 다해라.

## 燮 [(爕)] xiè 조화할 섭

동문 조화하다. 어울리다. 화합하다. ¶调~ = 조화하다.

【燮理】 xièlǐ 동문 조화롭게 잘 다스리다. 섭리하다. ¶~阴阳 = 음양을 잘 다스리다.

## *蟹 [(蠏)] xiè 게 해

명(动) 게. ¶海~ = 바닷게. / 河~ = 민물게.

○● 海蟹, 河蟹, 螃蟹

【蟹螯】 xiè'áo ☞【蟹钳】 xièqián
【蟹粉】 xièfěn 명 해황[게장·암게의 누런 알]과 게살. ¶~狮子头 = 게살 완자 요리.
【蟹黄】 xièhuáng (~儿) 명 해황. [암게의 등딱지 속에 들어 있는 누런 색의 난소와 소화선]
【蟹夹子】 xièjiā·zi ☞【蟹钳】 xièqián
【蟹獴】 xièměng 명(动) 게잡이 몽구스. [양쯔강(扬子江) 이남이 원산인 포유동물. 배설물에 다량의 게 껍질이 함유되어 있음] 영 carb-eating mongoose
【蟹苗】 xièmiáo 명 게의 치어.
【蟹钳】 xièqián 명 게의 집게발. =【蟹螯】 xiè'áo【蟹夹子】 xièjiā·zi
【蟹青】 xièqīng 형 (게의 껍질과 같은) 녹회색의. 녹색이 도는 회색의.
【蟹肉】 xièròu 명 게살.

## 瀣 xiè 이슬 기운 해

☞【沆瀣】 hàngxiè

## 躞 xiè 걸을 섭

【躞蹀】 xièdié 동문 배회하다. 종종걸음으로 가다. 살금살금 걸어가다. 잔걸음으로 가다.

# xin

## *心 xīn 마음 심

명 1 (生) 심장. 염통. 2 마음. 생각. 속. 사상. 감정. 기분. ¶用~ = 마음을 쓰다. / 一意 = 한마음 한뜻. 3 심지. 마음씨. ¶变~ = 변심하다. / 一片好~ = 좋은 마음. 4 계책. 계략. 의도. ¶工于~计 = 책략[이해타산]에 뛰어나다. / 有口无~ = 입은 거칠지만 악의는 없다. 5 (사물의) 속. 가운데. 중심. 복판. 속 알맹이. ¶河~ = 강 복판. / 工作重~ = 작업 핵심. 6 (天) 심수(心宿). [이십팔수(二十八宿)의 하나]

○● 熬āo心, 版bǎn心, 笔心, 变心, 操心, 成心, 痴chī心, 吃心, 赤chì心, 春心, 粗cū心, 醋cù心, 存心, 担心, 丹dān心, 当心, 灯dēng心, 点心, 动心, 多心, 恶ě心, 贰èr心, 放心, 费心, 分心, 腹心, 负心, 甘心, 攻心, 公心, 挂心, 关心, 归心, 寒心, 好心, 黑心, 狠hěn心, 恒héng心, 横héng心, 红心, 欢心, 灰心, 慧huì心, 会心, 祸huò心, 机心, 鸡心, 夹心, 匠jiàng心, 交心, 焦心, 脚心, 戒心, 尽心, 精心, 经心, 揪jiū心, 居心, 军心, 开心, 可心, 空kòng心, 宽心, 亏kuī心, 离心, 留心, 满心, 眉心, 昧mèi心, 铭míng心, 耐nài心, 泥心, 呕ǒu心, 偏心, 齐心, 潜qián心, 惬qiè心, 倾qīng心, 球心, 屈心, 热心, 忍rěn心, 散心, 砂心, 善心, 伤心, 上心, 烧shāo心, 身心, 省心, 实心, 收心, 手心, 舒shū心, 顺心, 死心, 酸心, 随心, 遂suì心, 贪tān心, 溏táng心, 贴心, 铁心, 童心, 痛tòng心, 外心, 违wéi心, 窝wō心, 无心, 悉xī心, 闲心, 小心, 疑xiē心, 邪xié心, 信心, 型心, 雄xióng心, 虚xū心, 岩心, 焰yàn心, 页心, 一心, 疑yí心, 忧yōu心, 有心, 愿心, 糟zāo心, 贼zéi心, 知心, 衷zhōng心, 轴zhóu心, 专心, 醉zuì心

【心爱】 xīn'ài 형 진심[마음속]으로 사랑하다[아끼다]. 애지중지하다. ¶~之物 = 애지중지하는 물건. / ~之人 = 마음으로 사랑하는 사람.

【心安】 xīn'ān 형 근심 없다. 마음이 편안하다. 마음놓다. ¶事情办妥了, 这下你该~了吧. = 일이 잘 처리되어서 네가 마음이 편안하겠구나.

【心安理得】 xīn'ān-lǐdé 자신이 한 일이 도리에 맞아서 내심 아주 편안해하다. 그럴듯하다고 스스로 좋아하다[만족하다].

【心包】 xīnbāo 명(生) 심막(心膜). 심낭(心囊).

【心比天高, 命比纸薄】 xīn bǐ tiān gāo, mìng bǐ zhǐ báo 속 1 마음은 하늘보다 높지만 팔자는 종잇장보다 얇다. 생각은 좋지만 그것을 실현할 수 이 따르지 않는다. 2 비 품은 뜻은 높고 원대하지만 생명이 유한하여 대망을 실현하기 어렵다. =【心高于天, 命薄于纸】 xīn gāo yú tiān, mìng báo yú zhǐ

【心病】 xīnbìng 명 1 울화병. 심병. 마음의 병. 마음속의 고민[근심]. ¶他似乎有什么~, 整日闷闷不乐的. = 그는 마치 무슨 고민이 있는 듯 온종일 괴로워한다. 2 말 못 할 괴로움. 무거운 부담. 마음속의 비밀. 말할 수 없는 감정. ¶孩子身体不好一直是她的~. = 아이의 건강이 좋지 않은 것이 줄곧 그녀의 말 못 할 괴로움이 되어 버렸다.

【心搏】 xīnbó 명(生) 심장 박동. ¶~频率 = 심장 박동수.

【心不在焉】 xīnbùzàiyān 성 1 마음[생각]이 여기에 있지 않다. 2 비 정신을 딴 데 팔다. 건성으로 하다. ↔漫不经心 ↔聚精会神 专心致志

【心材】 xīncái 명 속재목. 심재. [나무 줄기의 중심부에 있는 단단한 부분]

【心裁】 xīncái 명 (마음속의) 구상. 설계. 고안.

[주로 문학·예술·건축 등에 쓰임] ¶別出~ =독창적이다. 남다르다.

【心肠】 xīncháng 圈 1 마음씨. 마음 씀씀이. ¶~好 =마음씨가 좋다. 2 감정. 마음. ¶铁石~ =목석간장. 냉정하고 무정한 마음. 3 고충. 걱정거리. 시름. ¶倾吐~ =시름을 털어놓다. 4 심정. 마음. 흥미. 기분. 재미. 흥취. ¶工作正忙, 哪有~和人闲聊? =일이 한창 바쁜데, 무슨 기분으로 사람들하고 한담을 하겠니?

【心潮】 xīncháo 파도처럼 일렁이는 마음〔정서·생각〕. ¶~起伏 =마음이 설레이다.

【心潮澎湃】 xīncháo-péngpài 성 마음이 격동하다〔설레다〕.

【心驰神往】 xīnchí-shénwǎng 성 마음이 쏠리다〔끌리다〕. 한없이 동경하다.

【心传】 xīnchuán 圈(佛) 말·글·경전(經典)에 의지하지 않고 마음에서 마음으로 불법(佛法)을 전수하다. [선종(禪宗)에서 불립문자(不立文字)를 가리킴] ¶~面授 =마음으로 전수하고 직접 마주 보고 가르치다. 圈 대대로 전해지는 학설〔비결〕.

【心慈面软】 xīncí-miànruǎn 성 마음씨가 선량〔인자〕하고 성격〔표정〕이 부드럽다.

【心慈手软】 xīncí-shǒuruǎn 성 마음이 어질고 손길이 무르다. (악인·악행 등에 대해) 우유부단하고 모질지 못하다. ↔心狠手辣

【心粗】 xīncū 圈 (마음이) 거칠고 경솔하다. 덤벙거리며 침착하지 못하다. 세심하지 못하다. ¶~胆大 =거칠고 대담하다.

【心存】 xīncún 圈 마음속에 품다. ¶~顾虑 =근심을 품다.

【心胆】 xīndǎn 圈 1 심장과 쓸개. 2(비) 의지와 담력. 심지와 간담. [주로 담력을 가리킴]

【心胆俱裂】 xīndǎn-jùliè 성 1 심장과 쓸개가 모두 찢어지다. 2(비) 질겁하는 모양. 간담이 떨어지다. 혼비백산하다.

【心荡神驰】 xīndàng-shénchí 성 (환희와 흥분으로) 정신이 황홀하여 자제하지 못하다. 마음이 산란하고 안정되지 않아 들뜨고 뒤숭숭하다. 마음이 흔들리다.

【心到神知】 xīndào-shénzhī 성 1 성심으로 공경하면 귀신도 안다. 2(비) 성심성의를 다하면 남들도 알아준다.

【心得】 xīndé 圈 심득. 느낌. 소감. 체득. 터득. [일이나 학습 가운데 체험하거나 깨달은 지식·기술·사상 등을 가리킴] ¶~体会 =체험 소감.

【心底】 xīndǐ 1 마음속. 마음의 깊은 속. ¶他把这些美好的回忆埋藏在~。 =그는 이러한 아름다운 추억을 마음속 깊은 곳에 간직해 두었다. 2(비)(~儿) 마음씨. 속마음. 심보. ¶老太太~可好啦! =할머니는 마음씨가 정말 좋다.

【心地】 xīndì 圈 1 심지. 마음. ¶~善良 =마음씨가 착하다. 2 마음. 심정. 심경. ¶~轻松 =마음이 가볍다. 3 기량. 흉금. 포부. ¶~宽广 =도량이 넓다.

【心电图】 xīndiàntú 圈(醫) 심전도.

【心定】 xīndìng 圈 마음이 안정되다. 마음을 잡

【心动】 xīndòng 圈 1 심장이 뛰다. ¶~过速 =심장 박동이 너무 빠르다. 2 마음을 움직이다. 마음이 흔들리다〔동요되다·끌리다〕. 마음에 변화가 생기다. 마음이 내키다. ¶看到别人炒股赚了钱, 他也~了。 =다른 사람이 주식 투기를 하여 돈을 번 것을 보니, 그도 마음이 흔들렸다.

【心毒】 xīndú 圈 마음씨가 악독하다. 독살스럽다. ¶~之人 =악독한 사람.

【心烦】 xīnfán 圈 (마음이) 번거롭고 답답하다. 착잡하다. 귀찮다. 짜증나다. ¶外面的吵闹声直让人~。 =바깥의 왁자지껄한 소리가 사람을 짜증나게 한다.

【心烦意乱】 xīnfán-yìluàn 성 마음이 초조하고 정신이 산란하다.

【心房】 xīnfáng 圈 1(生) 심방. 2(속)마음. 내심. 가슴. ¶对家人的爱占据了她的整个~。 =식구들에 대한 사랑이 그녀의 온 마음을 차지하고 있다.

【心扉】 xīnfēi 圈 마음의 문. 마음. 내심. 생각. 견해. 사상. ¶敞开~ =마음의 문을 활짝 열다.

【心服】 xīn‖fú 圈 심복하다. 마음(진심)으로 감복〔탄복·복종〕하다. ¶他过人的才智让人~。 =그의 남다른 재능과 지혜는 사람을 탄복하게 한다. ↔口服

【心服口服】 xīnfú-kǒufú 성 마음으로도 감복하고 말로도 탄복하다. 진심으로 신복(信服)하다.

【心浮】 xīn‖fú 圈 마음이 들뜨다. 차분〔침착〕하지 못하다. ¶~气躁 =침착성이 없고 조급하다.

【心腹】 xīnfù 圈 1 심장과 배. 2(비) 급소. 주요한 부분. 내부. ¶~大患 =내부나 중요한 부분에 숨겨져 있는 큰 재난〔화근〕. 마음속의 큰 우환거리. 3(비) 요충. 요해. 중심 지대. ¶~之地 =요충 지대. 4(비) (믿고 맡길 수 있는) 심복. 측근. ¶他的身边有几个~。 =그의 신변에는 심복이 몇 명 있다. 5 속내. 속심. 진심. 속마음. ¶吐露~ =속내를 토로하다. ¶~朋友 =절친한 친구. 2 (가슴에 묻어 놓고) 말하기 어려운. 마음속에 둔. ¶~事 =말하기 곤란한 일.

【心腹话】 xīnfùhuà 圈 속심. 마음속의 말. 속에 있는 말. 진심어린 말. ¶我跟你说的都是~。 =내가 너에게 말한 것은 모두 속에 있는 말이다.

【心腹之患】 xīnfùzhīhuàn 성 내부에 숨어 있는 치명적인 화근〔우환〕. 심복지환. 마음속의 큰 우환거리.

【心甘】 xīngān 圈 1 마음속으로 원하다. 기꺼이 하다. 달가워하다. ¶为了子女的成长, 做父母的再苦再累也~。 =자녀의 성장을 위해서라면 부모로서 아무리 고생스럽고 힘들어도 달갑다. 2 만족해하다. ¶不拿第一他不~。 =일등을 못하면 그는 만족해하질 않는다.

【心甘情愿】 xīngān-qíngyuàn 성 내심 만족해하며 달가워하다. 기꺼이 원하다. =【甘心情愿】 gānxīn-qíngyuàn

【心肝】 xīngān 圈 1(~儿) 심장과 간. 2(비) 가

장 친근한 사람. 가장 사랑하는 사람. [자신의 심장이나 간처럼 애지중지하는 사람에 대한 호칭. 주로 어린 자식을 가리킴] ¶~宝贝=애지중지하는 자식. **3** 양심. 정의감. ¶咱不做没~的事. =우리는 비양심적인 일은 하지 않는다.

【心高】 xīngāo 쥉 (마음에 품은) 포부가 크다. 뜻이 높다. 기상이 높다. ¶~才拙=포부는 크지만 재능이 따르지 못하다.

【心高气傲】 xīngāo-qì'ào 쥉 자기가 남보다 한수 위라고 생각하여 자만심이 넘치다. 자부심이 강하여 지려고 하지 않다. =【心高气盛】 xīngāo-qìshèng

【心高气盛】 xīngāo-qìshèng ☞【心高气傲】 xīngāo-qì'ào

【心高于天, 命薄于纸】 xīn gāo yú tiān, mìng báo yú zhǐ ☞【心比天高, 命比纸薄】 xīn bǐ tiān gāo, mìng bǐ zhǐ báo

【心梗】 xīngěng ☞【心肌梗死】 xīnjī gěngsǐ

【心广体胖】 xīnguǎng-tǐpán 쥉 **1** 마음이 너그러우면 몸도 편안하다. **2** 마음이 편하여 몸이 나다.

【心海】 xīnhǎi 몜㈜ 내심. (속)마음. 속내. ¶童年的记忆常常在~里荡漾。=어린 시절의 기억이 항상 마음속에 맴돈다.

【心寒】 xīnhán 쥉 **1** 마음이 오싹하다〔서늘하다〕. 두려워하다. 무서워하다. ¶胆战~=담이 떨리고 심장이 오싹하다. 간담이 서늘하다. 공포에 벌벌 떨다. **2** 실망하여 마음이 아프다. 몹시 실망하다. ¶儿女不孝让老人~。=자녀가 불효하여 노인을 실망시켰다.

【心黑】 xīnhēi 쥉 **1** 악랄하다. 지독하다. 악독하다. ¶~手狠=마음이 독하고 수단이 악랄하다. **2** 속이 검다. 음흉하다. 욕심이 많다. ¶他太~了, 一点小利都不愿放过。=그는 너무 탐욕스러워서 조그마한 이익도 놓치지 않으려고 한다.

【心狠】 xīnhěn 쥉 잔혹하다. 악랄하다. 잔인하다. 인색하다. 야박하다. 독하다.

【心狠手辣】 xīnhěn-shǒulà 쥉 마음이 독하고 수단이 악랄하다. 사악하고 잔인하다. 부도덕하고 악랄하다. ↔心慈手软

【心花怒放】 xīnhuā-nùfàng 쥉 마음의 꽃이 활짝 피다. 기쁨이 넘치다. 대단히 기쁘다. 기분이 둥둥 뜨다.

【心怀】 xīnhuái 통 마음〔속〕에 품다. [주로 나쁜쪽을 가리킴] ¶~恶意=악의를 품다. 몜 **1** 심회. 심서(心緒). 흉금. 심금. ¶~坦荡=마음가짐이 없다. **2** 감정. 느낌. 바람. 내심. 속마음. 속내. 속뜻. 심중. 의중. ¶正中~=바라던 대로 딱 들어맞다.

【心怀鬼胎】 xīnhuái-guǐtāi 쥉 꿍꿍이를〔나쁜 생각을〕 품다. 꿍꿍이속이 있다.

【心怀叵测】 xīnhuái-pǒcè 쥉 다른 속셈이 있다. 다른 꿍꿍이가 있다. 꿍꿍이속을 알 수 없다. 속셈을 알 수 없다.

【心慌】 xīnhuāng 쥉 당황하다. ¶保持镇定, 不要~。=당황하지 말고 침착하게 해라. 통㈜ 심장이 뛰다〔고동치다〕. 가슴이 두근거리다. 심계항진되다. ¶~气紧=심장이 뛰고 호흡이 가빠지다.

【心慌意乱】 xīnhuāng-yìluàn 쥉 **1** 마음이 어지럽고 안절부절못하다. **2** ㈜ 당황하여 어찌할 바를 모르다.

【心灰意懒】 xīnhuī-yìlǎn 쥉 의기소침하다. 풀이 죽고 기가 꺾이다. 용기를 잃다. 낙담하다. =【心灰意冷】 xīnhuī-yìlěng 늑垂头丧气

【心灰意冷】 xīnhuī-yìlěng ☞【心灰意懒】 xīnhuī-yìlǎn

【心回意转】 xīnhuí-yìzhuǎn ☞【回心转意】 huíxīn-zhuǎnyì

【心魂】 xīnhún 몜 심혼. 정신. 영혼. 마음. 넋. ¶~宁静=마음이 평온하다.

【心魂不定】 xīnhún bùdìng 쥉 마음이 불안정하다. 정신이 혼란스럽다.

【心火】 xīnhuǒ 몜 **1** (醫) 심화. **2** 울화. ¶强压~=울화를 억누르다.

【心机】 xīnjī 몜 궁리. 사고. 꾀. 계략. ¶白费~=헛된 궁리를 하다. 꾸민 계략이 허사로 돌아가다. 늑心思 心计

【心肌】 xīnjī 몜(生) 심근.

【心肌梗塞】 xīnjī gěngsè ☞【心肌梗死】 xīnjī gěngsǐ

【心肌梗死】 xīnjī gěngsǐ 몜(醫) 심근경색. =【心肌梗塞】 xīnjī gěngsè 얩【心梗】 xīngěng

【心肌炎】 xīnjīyán 몜(醫) 심근염(心筋炎).

【心急】 xīnjí 쥉 조급해하다. 조바심하다. 초조해하다. 조급하게 서두르다. 성마르다. ¶事情悬而未决, 难免让人~。=사건이 아직 해결되지 않아 초조할 수밖에 없다.

【心急火燎】 xīnjí-huǒliǎo 쥉 **1** 마음이 불타는 듯 초조하다. **2** 무척 조급하다〔초조하다〕.

【心急如焚】 xīnjí-rúfén 쥉 **1** 마음이 불타는 듯 초조하다. **2** 무척 조급하다〔초조하다〕. =【心急如火】 xīnjí-rúhuǒ

【心急如火】 xīnjí-rúhuǒ ☞【心急如焚】 xīnjí-rúfén

【心计】 xīnjì 몜 심계. 속셈. 심략. 심산(心算). 흉산(胸算). 꾀. 계략. 궁리. ¶颇有~=자못 타산적이다. 아주 타산적이다. 늑心机 心思

【心迹】 xīnjì 몜 속심. 본심. 참뜻. 속내. 의중. ¶表露~=본심을 나타내다.

【心悸】 xīnjì 통 **1**(醫) 심계항진(心悸亢進)하다. 가슴이 두근거리다. **2**㈜ 두려워하다. 무서워하다. 공포를 느끼다. ¶~不安=두렵고 불안하다.

【心尖】 xīnjiān 몜 **1** 내심. 속마음. 마음속. 심중. 의중. ¶你说这话戳到了他~的痛处。=너의 이 말이 그의 마음속 아픈 곳을 찔렀다. **2** (~儿) 몜㈜ 가장 사랑하는〔아끼는〕 사람. 눈에 넣어도 아프지 않을 사람. 귀염둥이. [주로 자녀를 가리킴] =【心尖子】 xīnjiān·zi 小孙子是爷爷的~儿=어린 손자는 할아버지가 가장 사랑하는 귀염둥이이다.

【心尖子】 xīnjiān·zi ☞【心尖】 xīnjiān

【心间】 xīnjiān 몜 마음(속). 심중. ¶父母的叮

咛他一直记在~。=부모님의 당부 말씀을 그는 줄곧 마음속에 새기고 있다.
【心焦】 xīnjiāo 애타다. 초조하다. 속이 타다. ¶问题总有办法解决, 不必~。=어떤 문제든 해결 방법은 있을 테니 너무 초조해할 필요 없다.
【心绞痛】 xīnjiǎotòng 명(醫) 협심증.
【心劲】 xīnjìn(~儿) 명 1 생각. 뜻. 마음. 결심. ¶大家都是一个~, 想把事情做好。=모두들 일을 잘 해내려는 한가지 생각이다. 2 사고력. 꾀. 재치. ¶他既有胆识, 又有~。=그는 담력과 식견도 있고, 재치도 있다. 3 열성. 열의. 의욕. ¶~足=열의가 넘치다.
【心惊胆战】【心惊胆颤】 xīnjīng-dǎnzhàn ☞ 【胆战心惊】 dǎnzhàn-xīnjīng
【心惊胆颤】 xīnjīng-dǎnzhàn ☞ 【心惊胆战】 xīnjīng-dǎnzhàn
【心惊肉跳】 xīnjīng-ròutiào 숙 혼비백산하다. 놀라서 얼이 빠지다. 무서워서 벌벌 떨다.
【心旌】 xīnjīng 명(문) (흔들리는 깃발처럼) 불안한 정신 상태. 불안정한 마음〔심정〕. ¶~摇曳=마음이 몹시 흔들리다.
【心净】 xīnjìng 휑 마음이 홀가분하다〔편안하다〕. ¶随便他怎么干去, 我们不要管, 图个~。=그가 뭘 하든 우리 마음 편하게 가만 내버려 두자.
【心静】 xīnjìng 휑 마음이 평온하다〔차분하다〕. ¶~如水=마음이 마치 호수처럼 평온하다. ↔心乱
【心境】 xīnjìng 명 심경. 의대(意態). 기분. 마음의 상태. ¶~不佳=기분이 안 좋다.
【心坎】 xīnkǎn(~儿) 명 1 명치. ¶~痛=명치가 아프다. 2 마음속. 심중. 마음 깊은 곳. ¶看到他身体康复, 大家都打~里为他高兴。=그의 건강이 회복된 모습을 보자 모두들 마음속으로 기뻐했다.
【心窠】 xīnkē 명치. 심장부. 마음속. ¶一股寒气直透~。=한기가 명치 끝까지 곧장 파고들었다.
【心肯】 xīnkěn 통 마음속으로 승낙하다. ¶她嘴上没说, 实际上已经~了。=그녀는 입으로는 말하지 않았지만, 사실상 마음속으로는 이미 승낙했다.
【心口】 xīnkǒu 명(生) 명치. =【心口窝】 xīnkǒuwō ¶~发紧=명치가 팽팽하게 당기다.
【心口不一】 xīnkǒu-bùyī 숙 말과 생각이 다르다. 겉과 속이 다르다. 표리부동하다. 위선적이다.
【心口如一】 xīnkǒu-rúyī 숙 1 생각과 말이 일치하다. 2 솔직하고 진실하다. ↔口是心非
【心口窝】 xīnkǒuwō ☞ 【心口】 xīnkǒu
【心宽】 xīnkuān 휑 마음이 느긋하다. 태평스럽다. 낙천적이다. 너그럽다. ¶~一点, 别太在意这些小事。=이런 작은 일은 신경을 쓰지 말고 마음을 좀 느긋하게 가져라. ↔心窄
【心宽体胖】 xīnkuān-tǐpàng 숙 마음이 편안하면 몸이 살이 찐다. 마음이 너그러우면 몸도 편안하다.
【心旷神怡】 xīnkuàng-shényí 숙 마음이 후련하고 기분이 유쾌하다.

【心劳】 xīnláo 휑 근심하다. 심려하다. 수심하다. 걱정하다.
【心劳计绌】 xīnláo-jìchù 숙 머리를 짜서 생각했지만 좋은 방법이 떠오르지 않다.
【心劳日拙】 xīnláo-rìzhuō 숙 갖은 잔꾀를 다 부려도 날이 가면 갈수록 더욱 궁지에 빠지다.
【心理】 xīnlǐ 명 1(心) 심리. 2 심적〔정신〕 상태. 심리. ¶逆反~=역반응(적) 심리.
【心理疗法】 xīnlǐ liáofǎ 명(醫) 심리 요법. =【精神疗法】 jīngshén liáofǎ
【心理现象】 xīnlǐ xiànxiàng 명(心) 심리 현상.
【心理学】 xīnlǐxué 명(心) 심리학.
【心理医生】 xīnlǐ yīshēng 명 정신과 의사.
【心理战】 xīnlǐzhàn 명 1 심리전(쟁). [적군이나 상대국 국민에게 심리적인 자극과 압력을 주어 자기 나라의 정치·외교·군사 면에 유리하도록 이끄는 전쟁] 2 심리전. [상대의 투지를 와해하는 선전 활동]
【心理障碍】 xīnlǐ zhàng'ài 명(醫) 심리적 장애. ¶克服~=심리적 장애를 극복하다.
【心理咨询】 xīnlǐ zīxún 명(醫) 심리 상담. 정신 상담.
【心理作用】 xīnlǐ zuòyòng 명(心) 심리(적) 작용. 정신적 작용.
【心力】 xīnlì 명 1 심력. 정신력과 체력. 마음과 힘. 기력. ¶耗尽~=정신력과 체력을 모두 소진하다. 2(醫) 심력. 심근의 수축력. 심장의 기력. ¶~衰竭而死。=심장의 기력이 다하여 죽다.
【心力交瘁】 xīnlì jiāocuì 숙 정신적으로나 육체적으로 모두 지치다. 마음과 몸이 지칠 대로 지치다.
【心力衰竭】 xīnlì shuāijié 명(醫) 심장 쇠약.
【心里】 xīn·li 명 1 가슴속. ¶~一阵阵地疼。=가슴이 간간이 아프다. 2 마음(속). 머릿속. ¶把这些话牢牢记在~。=이 말들을 마음속에 확실히 기억해 두었다.
【心里打鼓】 xīn·li dǎgǔ 숙(비) 가슴이 두근두근하다. 긴장되다. 걱정하다. 염려하다.
【心里话】 xīn·lihuà 명 마음속의 말. 속말. 진담. 참말.
【心里有鬼】 xīn·li-yǒuguǐ ☞ 【心中有鬼】 xīnzhōng-yǒuguǐ
【心里长草】 xīn·li-zhǎngcǎo 숙(비) 마음이 초조하다. 안달하다. 안절부절못하다.
【心连心】 xīnliánxīn 숙 마음과 마음이 이어지다. 마음이 서로 통하다.
【心凉】 xīnliáng 휑 실망하여 마음이 아프다. 마음이 상하다. ¶他的话让人~。=그의 말이 사람의 마음을 아프게 한다.
【心灵】 xīnlíng 명 심령. 정신. 영혼. 마음. ¶纯洁的~=순결한 영혼. 휑 재치 있는. 눈치 빠른. 기민한. 영리한. 총명한. 똑똑한. ¶小家伙~得很, 一点就通。=녀석은 아주 영리해서 조금만 가르쳐 주어도 금방 깨우친다.
【心灵美】 xīnlíngměi 명 고결한 성품. 청렴 결백. [예를 들면, 품격(品格)·정조(情操)의 미 등이 있음]

【心灵手巧】xīnlíng-shǒuqiǎo 영리한데다 손재주도 있다. 2 총명하고 재능이 있다.

【心领】xīnlǐng 图 1 호의만 감사히 받겠습니다. 마음으로만 받겠습니다. [선물 등을 사양할 때 쓰임] ¶你的好意我心~了。= 당신의 호의는 마음으로만 받겠습니다. 2 마음으로 깨닫다[이해하다·파악하다]. ¶他信里的意思我已~。= 그의 편지에 담긴 뜻을 나는 이미 이해하였다.

【心领神会】xīnlíng-shénhuì 1 굳이 말을 하지 않아도 이미 상대방의 의도를[뜻을] 깨닫다[알아차리다]. ¶他们之间很默契, 只要一个眼神就~了。= 그들 사이에는 서로 마음이 통하고 있어서, 눈빛만 보아도 상대방의 의도를 알아챈다. 2 깊이 깨닫다[이해하다·파악하다]. ¶对会议精神一定要做到~, 并认真贯彻落实。= 회의의 목적에 대해 반드시 깊이 있게 파악하고, 성실히 관철하여 실행에 옮겨야 한다. 3 마음으로 깨닫다. ¶诗的美能够~, 却难以用言语表述。= 시의 아름다움을 마음으로 깨달을 수는 있지만, 말로 표현하기는 어렵다.

【心路】xīnlù(~儿) 图 1 생각. 마음. ¶我的~被他一语道破。= 나의 생각이 그의 한 마디로 정곡을 찔렸다. 2 마음 씀씀이. 속셈. 꿍꿍이. 저의. ¶~不正 = 저의가 나쁘다. 3 도량. 아량. ¶~宽广 = 도량이 넓다. 4 기지. 재치. 계략. 책략. 모략. ¶你真有~儿。= 너 정말 재치가 있구나. 5 심리 변화의 과정. 심경의 변화. ¶~历程 = 심리 변화의 과정[역정].

【心律】xīnlǜ 图[医] 심(장)율동. 심(장)박동. ¶~正常 = 심장 박동이 정상이다.

【心律不齐】xīnlǜ bùqí 图[医] 부정맥. = 【心律失常】xīnlǜ shīcháng

【心律失常】xīnlǜ shīcháng ☞【心律不齐】xīnlǜ bùqí

【心率】xīnlǜ 图[医] 심장 박동율. ¶~过快 = 심장 박동이 너무 빠르다.

【心乱】xīnluàn 图 심란하다. 심산(心散)하다. 마음이 어수선하다. ¶我这两天~得很, 什么事也想不明白。= 난 요 며칠 아주 심란해서 아무 것도 생각이 안 난다. ↔心静

【心乱如麻】xīnluàn-rúmá 마음이 삼대가 처럼 어지럽다. 몹시 어지럽다. 마음이 몹시 어수선하다.

【心满意足】xīnmǎn-yìzú 매우 만족해[흡족해]하다. ↔得陇望蜀

【心明眼亮】xīnmíng-yǎnliàng 1 마음으로는 이치를 깨달을 수 있고, 눈으로는 문제를 똑똑히 볼 수 있다. 2 통찰력이 예리하다. 변별력이 뛰어나다.

【心目】xīnmù 1 마음과 눈. 2 마음과 눈의 느낌. 마음. 눈. ¶以娱~ = 마음을 즐겁게 하다. 3 심중. 마음속. 안중. 기억. 인상. ¶在儿女~中, 他是一个慈爱的父亲。= 자녀의 기억속에서 그는 인자한 아버지이다.

【心念】xīnniàn 图 생각. 바람. 염원. 소원. ¶他的话说出了大家的~。= 그의 말은 모두의 염원을 대변했다.

【心平气和】xīnpíng-qìhé 마음이 평온하고 태도가 온화하다. ≒平心静气 ↔气急败坏

【心魄】xīnpò 图 심혼. 심령. 영혼. 정신. 넋. 마음. 혼백. ¶动人~ = 사람의 마음을 감동시키다.

【心气】xīnqì(~儿) 图 1 생각. 마음. ¶他把~全用在工作上了。= 그의 생각은 온통 일에만 매달려 있다. 2 큰 뜻. 대망. 포부. 향상심. 야심. 야망. ¶别看他人不大, ~儿还挺高。= 그 사람 키는 작지만 포부는 제법 크다. 3 심기. 기분. 심정. 심경. ¶~不顺 = 심기가 불편하다. 4 도량. 아량. ¶他~儿宽, 不会把这当回事儿。= 그는 도량이 넓어서 이것을 문제삼지 않을 것이다.

【心窍】xīnqiào 图 심안. 지혜. 이해력. 사고력. [옛날 사람들은 심장에 구멍이 있어서 생각을 할 수 있다고 여겼음] ¶财迷~ = 재물 욕심에 눈이 어두워지다.

【心切】xīnqiè 图 마음이 절실[절박]하다. ¶求胜~ = 이기려는 마음이 절실하다.

【心情】xīnqíng 图 심정. 감정. 마음. 기분. 정서. ¶~激动 = 감정이 북받쳐오르다. ≒情绪

【心曲】xīnqū 图 1 마음속. 내심. ¶乱人~ = 사람의 마음을 어지럽히다. 2 심정. 심사. 걱정[고민]거리. ¶畅谈~ = 걱정거리를 속 시원히 얘기하다.

【心如刀割】xīnrúdāogē 1 심장이 칼로 에이는 듯하다. 2⑪ 극도로 마음이 아프고 고통스럽다. = 【心如刀绞】xīnrúdāojiǎo

【心如刀绞】xīnrúdāojiǎo ☞【心如刀割】xīnrúdāogē

【心如死灰】xīnrúsǐhuī 图 1 마음이 완전히 타버린 재와 같다. 2⑪ 극도로 실망[절망]하다. 완전히 낙담하다. 아무 욕망도 없다.

【心软】xīnruǎn 图 마음이 여리다[약하다]. 정이 많다. ¶她这人~, 看见别人伤心也跟着掉泪。= 그녀는 마음이 여려서, 다른 사람이 상심하는 모습을 보면 따라서 눈물을 흘린다. ↔心硬

【心善】xīnshàn 图 마음씨가 선량하다[착하다]. 자애롭다. 어질다. ¶面慈~ = 얼굴은 자애롭고 마음씨는 착하다.

【心上】xīnshàng 图 마음속. 속마음. 내심.

【心上人】xīnshàngrén 图 마음에 둔 사람. 사랑하는 사람. 애인.

【心身】xīnshēn 图 심신. 정신과 신체. 몸과 마음. ¶~健康 = 심신이 건강하다.

【心神】xīnshén 图 1 마음. 정신. ¶耗尽~ = 정신을 다 쏟다. 2 정신 상태. ¶~不宁 = 정신 상태가 편안하지 않다.

【心神不安】xīnshén-bù'ān ☞【心神不定】xīnshén-bùdìng

【心神不定】xīnshén-bùdìng 마음이 안정되지 않다. 안절부절못하다. = 【心神不安】xīnshén-bù'ān

【心神恍惚】xīnshén-huǎnghū 정신을 집중하지 못하다. 정신이 맑지 않다[흐리멍덩하다]. 정신이 오락가락하다.

【心声】xīnshēng 图 마음속에서 우러나오는 소리. 내면의 목소리. 마음의 소리. 속말. 흉금. ¶

心 xīn

吐露~. =흉금을 토로하다.

**【心盛】** xīnshèng 형 **1** 마음이 간절하다. ¶求学~. =공부하려는 마음이 간절하다. **2** 열망이 강하다. 의욕이 대단하다. ¶年轻~, 很有闯劲. =젊고 의욕이 대단하여 매우 추진력이 있다.

**【心事】** xīn·shì 명 심사. 걱정거리. 고민거리. 시름. [주로 난처한 것을 가리킴] ¶~重重=걱정이 태산이다.

**【心室】** xīnshì 명《生》심실.

**【心术】** xīnshù 명 **1** 심계. 지모. 꾀. 계략. 계책. ¶他很有~. =그는 계략이 뛰어나다. **2** 명 마음 씀씀이. 심보. 저의. 심술. ¶~不正=마음 씀씀이가 바르지 못하다. 잘 대하려는 마음이 들어서서 심술궂게 나가다.

**【心数】** xīnshù 명 꾀. 속셈. 꿍꿍이수작. ¶他年龄虽小, 做事却很有~. =그는 나이는 어리지만 일하는 데 꾀가 많다.

**【心衰】** xīnshuāi 동 심장이 쇠약하다.

**【心顺】** xīnshùn 형 기분이 좋다.

**【心死】** xīnsǐ 동 단념하다. 절망하다. 실망하다. 체념하다. ¶哀莫大于~. =절망보다 더한 슬픔은 없다.

**【心思】** xīn·si 명 **1** 생각. 염두. ¶我猜不透他的~. =난 그가 무슨 생각을 하는지 모르겠다. **2** (어떤 일을 하려는) 심정. 마음. 기분. [주로 부정형으로 쓰임] ¶没~看书. =책을 볼 마음이 없다. **3** 사고력. 기억력. 지력. 애. ¶费尽~=무진 애를 쓰다. ↔[心机 心计]

**【心酸】** xīnsuān 형 마음이 쓰리다. 슬프다. 비통하다. ¶~落泪=마음이 쓰려 눈물이 흐르다.

**【心算】** xīnsuàn 동 암산하다. ¶他~能力很强. =그는 암산 능력이 뛰어나다.

**【心髓】** xīnsuǐ 명 내심. 마음속. 마음 깊은 곳. ¶痛彻~=아픔[슬픔]이 골수에 사무치다. 아픔[슬픔]이 극에 달하다.

**【心碎】** xīnsuì 형 마음이 찢어지다. 마음이 쓰리다. 마음이 대단히 아프다. 비탄에 잠기다. 마음이 어수선하다. ¶孩子痛苦不堪的样子让她~. =아이가 몹시 고통스러워하는 모습에 그녀는 마음이 대단히 아팠다.

**【心态】** xīntài 명 심리 상태. ¶~平和=심리 상태가 평안하다.

**【心疼】** xīnténg 동 **1** 몹시 아끼다[사랑하다·귀여워하다]. ¶老人很~自己的几个孙子=노인은 자신의 손자들을 매우 귀여워한다. **2** 아까워하다. 애석해하다. ¶新手表摔坏了, 真让人~. =새 손목시계를 떨어뜨려 고장이 나서 정말 아깝다.

**【心田】** xīntián 명 **1** 마음속. 속마음. 내심. 심중. ¶老师的关怀温暖了他的~. =선생님의 관심이 그의 마음속을 포근하게 했다. **2** 명 마음 씀씀이. 마음씨. ¶老大爷~好. =영감님은 마음씨가 좋다.

**【心跳】** xīntiào 동 **1** 심장이 뛰다. ¶~过快=심장이 너무 빨리 뛴다. **2** 가슴이 두근거리다. ¶听说自己考了全年级第一, 他就止不住地~. =자신이 전 학년 일등을 했다는 말을 듣고 그는 곧 가슴이 두근거렸다. 명《医》심계항진.

**【心痛】** xīntòng 형 마음이 아프다. 속이 쓰리다. 비통하다. ¶她的不幸遭遇让人~不已. =그녀의 불행한 처지가 사람의 마음을 몹시 아프게 한다. 명《医》협심증.

**【心头】** xīntóu 명 마음속. 마음. ¶无尽愁绪涌上~. =끝없는 근심이 마음속에 밀려온다.

**【心头恨】** xīntóuhèn 명 마음속의 원한. ¶将他千刀万剐也难解我~. =그를 갈기갈기 찢어 죽여도 내 마음속의 원한은 풀리지 않는다.

**【心头肉】** xīntóuròu 명 ㉮ 가장 사랑하는[아끼는] 사람. 눈에 넣어도 아프지 않은 사람. 애지중지하는 사람. 귀염둥이. ¶小孙子是奶奶的~. =어린 손자는 할머니의 마음속에 가장 사랑하는 사람이다.

**【心投意合】** xīntóu-yìhé 성 의기투합하다.

**【心土】** xīntǔ 명《农》심토. 속흙. [겉흙의 아래에 있어 농기구로 갈리지 않는 흙]

**【心窝】** xīnwō (~儿) 명 **1** 심와. 명치. ¶后~ 등에서 심장의 위치에 해당하는 곳. **2** 속마음. 내심. 본심. 진심. ¶他说的都是掏~儿的话. =그가 한 말은 모두 속마음을 꺼내 보이는 말이다. =**【心窝子】** xīnwō·zi

**【心窝子】** xīnwō·zi ☞【心窝】xīnwō

**【心无二用】** xīnwú'èryòng 성 **1** 마음을 동시에 두 군데에 쓰지 않다. **2** 한 가지 일에 전념하다.

**【心细】** xīnxì 형 세심하다. 꼼꼼하다. ¶他很~, 想得非常周到. =그는 아주 세심하여 생각이 빈틈이 없다.

**【心弦】** xīnxián 명 심금. [외부의 자극을 받아 마음에 감동을 일으킬 때 쓰임] ¶动人~. =사람의 심금을 울리다.

**【心羡】** xīnxiàn 동 마음속으로 부러워하다[흠모하다]. ¶~已久=마음속으로 부러워한 지 오래다.

**【心想】** xīnxiǎng 동 **1** 마음속으로 생각하다. ¶他正在~下一步该怎么办. =그는 다음 단계는 어떻게 해야 할지를 마음속으로 생각하고 있다. **2** 바라다. 희망하다. 계획하다. 고려하다. ¶~事成=바라는 일이 이루어지다.

**【心向】** xīnxiàng 동 마음이 향하다. 마음이 쏠리다. 마음이 기울다. 동경하다. ¶他进入省城工作以后, 就~着沿海大城市了. =그는 성도(省都)에서 일하게 된 후, 마음은 연해 대도시를 동경하게 되었다.

**【心向往之】** xīnxiàngwǎngzhī 성 그리워하다. 갈망하다.

**【心心念念】** xīnxīn-niànniàn 성 한결같이 생각하다. 일념으로 바라다. 머릿속에서 떠나지 않는 생각. ¶她~地想当一名舞蹈家. =그녀는 무용가가 될 일념뿐이다.

**【心心相连】** xīnxīn-xiānglián 성 서로 마음이 통하다.

**【心心相印】** xīnxīn-xiāngyìn 성 서로 생각과 감정이 완전히 일치하다. 서로 마음이 통하다.

**【心性】** xīnxìng 명 심성. 타고난 마음씨. 성격. ¶~执拗=성격이 고집스럽다.

【心胸】 xīnxiōng 몡 1 도량. 아량. 흉금. ¶~开阔=도량이 넓다. 2 포부. 큰 뜻. 웅지. 기개. ¶~远大=포부가 원대하다. 3 마음속. 속마음. 마음. 가슴. 심중. 내심. ¶难以抑制~的怒火.=마음속의 분노를 억누르지 못하다. 늑气量

【心宿】 xīnxiù 몡(天) 심수. 심성(心星). [이십팔수(二十八宿)의 하나]

【心秀】 xīnxiù 혱 겉으로 드러나진 않지만 속은 영리하다. ¶她是个~的姑娘.=그녀는 속은 영리한 아가씨이다.

【心虚】 xīnxū 혱 1 (잘못을 저질러) 켕기다. 제 발 저리다. 안절부절못하다. ¶又没做坏事, 干吗要~?=잘못한 것도 없는데 뭘 그렇게 안절부절못하니? 2 자신이 없다. ¶由于准备充分, 他一点也不~.=준비를 충분히 했기에 그는 마음이 든든하였다.

【心许】 xīnxǔ 통 1 묵인하다. 마음속으로 허락하다. ¶父母已~她的婚事=부모님은 이미 그녀의 혼사를 마음속으로 허락하셨다. 2 좋다고 인정하다. 칭찬하다. 찬동하다. 지지하다. 찬미하다. ¶他的博士论文深得导师~.=그의 박사 논문은 지도 교수의 인정을 받았다.

【心绪】 xīnxù 몡 생각. 마음. 기분. 심정. ¶~纷乱=마음이 산란하다.

【心血】 xīnxuè 몡 심혈. ¶耗费~=심혈을 기울이다.

【心血来潮】 xīnxuè-láicháo 솅 문득 어떤 생각이 떠오르다. 불현듯이 생각이 나다. 영감이 떠오르다.

【心眼儿】 xīnyǎnr 몡 1 내심. 마음속. ¶她打里感激他的帮助.=그녀는 그의 도움에 대해 마음속 깊이 감격했다. 2 심지. 마음씨. 속마음. ¶~好=마음씨가 좋다. 3 기지. 총기. 슬기. 판단력. 식견. 눈치. ¶他很有~, 再难办的事情也能处理好.=그는 슬기가 있어 아무리 어려운 일도 잘 처리해 낸다. 4 마음. 도량. 아량. ¶~小=마음이 좁다. 5 의심. 회의. 불신. 조심성. ¶他~多, 总是疑神疑鬼的.=그는 소심해서 항상 이것저것 다 의심한다.

【心痒】 xīnyǎng 혱 (어떤 일이) 하고 싶어 못견 뎌하다〔안달을 하다〕. 손이 근질근질하다. ¶一看人打麻将, 他就~.=사람들이 마작하는 모습을 보고 그는 하고 싶어 손이 근질근질했다.

【心仪】 xīnyí 통〈文〉앙모하다. 흠모하다. ¶~已久=마음속으로 흠모한 지 이미 오래다.

【心疑】 xīnyí 통 마음속으로 의심하다. ¶他反常的举止让人~.=그의 이상한 행동이 사람들의 의심을 받았다.

【心意】 xīnyì 몡 1 생각. 뜻. 마음. ¶他的~大家都明白.=그의 마음은 모두가 다 알고 있다. 2 마음. 성의. 정. 애정. ¶一件小礼物, 聊表~.=조그마한 선물로나마 성의를 표합니다.

【心音】 xīnyīn 몡 1 (生) 심음. 심장이 뛰는 소리. 2 마음의 소리. 마음속에서 우러나오는 소리. 속말.

【心硬】 xīnyìng 혱 무정하다. 냉정하다. ¶他并非~之人, 怎能不为之动容?=그는 결코 무정한 사람이 아닌데, 어찌 그것에 감동하지 않겠는가? ↔心软

【心有灵犀一点通】 xīn yǒu língxī yī diǎn tōng 솅(喩) 1 사랑하는 연인끼리 서로 마음이 통하다. 2 (말없는 가운데) 서로 마음이 통하다. 텔레파시가 통하다.

【心有余而力不足】 xīn yǒuyú ér lì bùzú 솅 마음은 충분히 있지만 힘이 모자라다. 생각은 굴뚝 같지만 몸이 따라 주지 않는다.

【心有余悸】 xīnyǒuyújì 솅 위험했던 일이 지나갔는데도 가슴이 여전히 두근거리며 무섭다. 가슴이 아직도 두근거린다.

【心余力绌】 xīnyú-lìchù 솅 마음은 하고 싶지만 힘이 모자라다. 생각은 굴뚝 같지만 몸이 따라 주지 않는다.

【心猿意马】 xīnyuán-yìmǎ 솅(喩) (원숭이나 말이 날뛰듯) 마음이 한 곳에 집중되지 못하고 들뜨다. 마음이 산란하다. ➡【意马心猿】 yìmǎ xīnyuán

【心愿】 xīnyuàn 몡 심원. 바람. 염원. 원망. 소원. 소망. ¶多年的~终于实现了.=오랜 소망이 마침내 이루어졌다. 늑愿望

【心悦诚服】 xīnyuè-chéngfú 솅 충심으로 기쁘게 탄복[감탄]하다. 내심 깊이 탄복하다.

【心脏】 xīnzàng 몡 1 (生) 심장. 2 (喩) 심장부. 중심부. ¶上海是华东地区的~.=상하이(上海)는 화동(華東) 지역의 심장부이다.

【心脏病】 xīnzàngbìng 몡(醫) 심장병.

【心脏死亡】 xīnzàng sǐwáng 몡(醫) 심장사(心臟死).

【心窄】 xīnzhǎi 혱 마음〔도량〕이 좁다. 옹졸하다. ¶她~, 你要多开导开导她.=그녀는 마음이 좁으니 네가 좀 많이 이끌어 주어라. ↔心宽

【心照】 xīnzhào 통 마음으로 이해하다. 마음이 통하다. ¶彼此~=마음이 서로 통하다.

【心照不宣】 xīnzhào-bùxuān 솅 말을 하지 않아도 서로 마음으로 이해하다. 말을 안 해도 서로 마음이 통하다. 서로 마음으로 이해하다.

【心折】 xīnzhé 혱 마음으로 탄복하다. 진심으로 사모하다. ¶他的所做所为令人~.=그의 일거수일투족이 사람을 진심으로 탄복하게 한다.

【心直口快】 xīnzhí-kǒukuài 솅 거침없이 말하다. 생각하는 바를 숨김없이 말하다. =【心直嘴快】 xīnzhí-zuǐkuài

【心直嘴快】 xīnzhí-zuǐkuài ☞ 【心直口快】 xīnzhí-kǒukuài

【心志】 xīnzhì 몡 1 심지. 의지. 뜻. 결심. ¶~坚定=심지가 굳다. 2 포부. 큰 뜻. ¶~高=포부가 크다.

【心智】 xīnzhì 몡 1 사고력. 지혜. 슬기로움. ¶启迪~=지혜를 깨우치다. 2 마음. 성격. 성품. 품성. 성정. ¶陶冶~=성정을 도야〔수양〕하다.

【心中】 xīnzhōng 몡 심중. 마음속. 내심. ¶~有难言之隐.=그의 마음속에 말 못 할 사정이 있는 게 분명하다.

【心中无数】 xīnzhōng-wúshù 솅 어떤 상황인지 전혀 모른다. 어떻게 해야 할지 자신이 없다.

마음속에 요량이 없다. 뭐가 뭔지 모른다. 파악이 되지 않는다.
【心中有鬼】 **xīnzhōng-yǒuguǐ** 〈成〉〈비〉 마음속에 남에게 알려지면 곤란한 생각이나 비밀이 있다. 마음속에 꿍꿍이가〔속셈이〕 있다. ＝【心里有鬼】 **xīn·li-yǒuguǐ**
【心中有数】 **xīnzhōng-yǒushù** 〈成〉 어떤 상황인지 명백히 알고 있다. 어떻게 해야 할지 알고 있다. 마음의 준비가 되어 있다. 마음속에 요량이 있다. 뭐가 뭔지 다 알고 있다.
【心重】 **xīnzhòng** 〈형〉 생각이 많다. 지나치게 민감하다. 예민하다. ¶他~, 凡事都要再三考虑。 =그는 지나치게 민감해서 무슨 일이든 이것저것 따진다.
【心子】 **xīn·zi** 〈명〉 1 (어떤 물체의) 중심. 심. 속. ¶汤圆~=탕위안(汤圆) 속. 2〈방〉 (식용하는) 동물의 심장.
【心醉】 **xīnzuì** 〈동〉 도취되다. 매혹되다. 심취하다. 반하다. ¶美丽的风景令人~。=아름다운 풍경은 사람을 도취하게 만든다.
【心醉神迷】 **xīnzuì-shénmí** 〈成〉 행복에 푹 빠지다〔도취하다〕.

# 诉[訴] Xīn 성씨 흔
〈명〉 성(姓).

# 芯 xīn 등심초 심
〈명〉 1 등심초〔골풀〕 줄기의 심. 2 등심. 심지. ¶灯~=등심. 3 심. 칩. (기계의 내부 부품) ¶气门~=(타이어의) 공기 주입 밸브. / 机~=(특히 시계 톱니바퀴의) 기계 장치.
☞ **xìn**
【芯片】 **xīnpiàn** 〈電〉 집적회로(IC). 칩(chip). 마이크로칩(microchip). 극미(極微) 박편.
【芯片集】 **xīnpiànjí** ☞ 【芯片组】 **xīnpiànzǔ**
【芯片组】 **xīnpiànzǔ** 〈電〉 칩셋(chip set). ＝【芯片集】 **xīnpiànjí**

# 辛 xīn 매울 신
〈형〉 1 맵다. ¶~辣的食物=매운 음식. 2 괴롭다. 고생스럽다. 힘들다. ¶千~万苦=천신만고. 3 마음이 아프다. 몹시 슬프다. 상심하다. ¶~酸的往事=쓰라렸던 지난날의 추억. 〈명〉 1 신. 천간(天干)의 여덟 번째. 2 (Xīn) 성(姓). ≒辣
⊙ 辛 xīn
  锌 xīn
  新 xīn
  薪 xīn
  莘 shēn
  梓 zǐ
⊙○ 悲bēi辛, 酸suān辛, 细xì辛
【辛迪加】 **xīndíjiā** 〈經〉 신디케이트(syndicate).
【辛二酸】 **xīn'èrsuān** 〈化〉 수베린산. 코르크산. ＝【栓酸】 **shuānsuān**
【辛亥革命】 **Xīnhài Gémìng** 〈歷〉 신해 혁명. [1911년(辛亥年) 10월 10일 우창(武昌)에서 쑨원(孙文)이 영도하여 청(清)나라 봉건 통치를 무너뜨린 자산 계급 민주주의 혁명]
【辛苦】 **xīnkǔ** 〈형〉 1 고생스럽다. 수고롭다. 고되다. ¶他每天早出晚归, 工作很~。=그는 매일

아침 일찍 나가서 저녁 늦게 돌아가니, 일이 매우 고생스럽다. 2 수고하십니다. 수고했습니다. [남에게 일을 부탁하거나, 다른 사람의 도움에 감사할 때 쓰는 인사말] ¶~你再跑一趟。=수고스럽겠지만 다시 한 번 다녀와 주세요. ≒劳累
【辛苦费】 **xīnkǔfèi** 〈명〉 수고비.
【辛辣】 **xīnlà** 〈형〉 1 (맛이나 냄새가) 맵다. ¶~食品=매운 식품. 2〈비〉 (말·문장이) 신랄하다. ¶~的讽刺=신랄한 풍자.
【辛劳】 **xīnláo** 〈형〉 고생스럽다. 고되다. ¶~一生=고된 일생. 한평생 고생하다.
【辛弃疾】 **Xīn Qìjí** 〈명〉〈歷〉 신기질(1140∼1207년). [남송(南宋)의 저명한 호방파 사인(詞人)]
【辛勤】 **xīnqín** 〈형〉 부지런하다. 근면하다. ¶~劳作=부지런히 일하다. ≒勤劳 ↔懒惰
【辛酸】 **xīnsuān** 〈형〉 1 맵고 시다. 2〈비〉 괴롭고 슬프다. 쓰라리다. ¶一提起~的往事她就忍不住落泪。=괴롭고 슬펐던 옛일을 꺼낼 때마다 그녀는 눈물이 흐르는 것을 참을 수 없었다. ≒酸辛 ↔甜蜜
【辛烷】 **xīnwán** 〈명〉〈化〉 옥탄(octane).
【辛辛苦苦】 **xīn·xin kǔkǔ** 〈형〉 매우 고생스럽다. 매우 고생스러운 모양. ¶这些钱都是他~挣来的。=이 돈은 모두 그가 고생해 가며 벌어 온 것이다.

# 忻 xīn 기뻐할 흔
〈형〉 '欣(xīn)'과 같음. 〈명〉 (Xīn) 성(姓).

# 昕 xīn 아침 흔
〈명〉〈문〉 동틀 무렵. 여명. 새벽녘. ¶自~至夕=새벽녘부터 밤까지.

# 欣[訢] xīn 기뻐할 흔
〈형〉 즐겁다. 기쁘다. 유쾌하다. ¶欢~鼓舞=기뻐서 춤을 덩실덩실 추다. / ~逢故旧=옛 친구를 반갑게 만나다.
【欣忭】 **xīnbiàn** 〈형〉〈문〉 기뻐하다. 즐거워하다. ¶不胜~=기쁨을 금할 수 없다.
【欣逢】 **xīnféng** 〈동〉 반갑게 …을〔를〕 만나다. 즐겁게〔기쁘게〕 맞이하다. ¶~佳节=명절을 즐거이 맞이하다.
【欣快】 **xīnkuài** 〈형〉 더없이 행복하다. 기쁘고 유쾌하다. 흔쾌하다. ¶~之情溢于言表。=기쁘고 유쾌한 감정이 말과 표정에 나타나다.
【欣慕】 **xīnmù** 〈동〉 흠모하다. 흠모하다. ¶~已久=흠모한 지 이미 오래 되었습니다.
【欣然】 **xīnrán** 〈형〉〈문〉 기쁨에 찬 (모양). 즐거운 (모양). 기꺼워하는 (모양). ¶阖家~~=온 집안이 즐겁다. 〈부〉 흔연히. 즐겁게. 기쁘게. 기꺼이. 쾌히. 달갑게. 선뜻. ¶~赴约=즐겁게 약속한 장소로 나가다. ↔凄然
【欣赏】 **xīnshǎng** 〈동〉 1 감상하다. ¶~山光水色=아름다운 산수의 풍경을 감상하다. 2 좋아하다. 마음에 들다. ¶我很~他洒脱不羁的个性。=나는 그의 소탈하고 구속받지 않는 개성이 아주 마음에 든다.

【欣慰】xīnwèi 형 기쁘고 안심이 되다. 기쁘고 위안이 되다. ¶儿女的孝顺让他感到很~。=자녀들의 효성에 그는 무척 기쁘고 위안이 되었다. ≒快慰.

【欣悉】xīnxī 동⟨문⟩ 기쁘게 알다〔듣다〕. ¶~体育健儿再创佳绩, 国人无不快慰。=운동 선수들이 또 좋은 성적을 거두었다는 기쁜 소식에 기뻐하지 않는 국민이 없다.

【欣喜】xīnxǐ 형 기쁘다. 즐겁다. 유쾌하다. ¶~万分=대단히 기쁘다.

【欣喜若狂】xīnxǐ-ruòkuáng 성 1 미친 듯 기쁘다. 2 (비) 기뻐서 어쩔 줄 모르다. 기뻐 날뛰다.

【欣羡】xīnxiàn 동⟨문⟩ 부러워하다. ¶~不已=부러워 마지않다. 한없이 부러워하다.

【欣欣】xīnxīn 형 1 기뻐하는 모양. ¶~自得=혼자 (나름대로) 기뻐하는 모양. 2 (초목이) 무성한 모양. ¶木~以向荣。=나무가 무성하게 뻗어 나가다.

【欣欣然】xīnxīnrán 형⟨문⟩ 대단히 기뻐하는 모양. ¶~有喜色。=희색이 만면하다.

【欣欣向荣】xīnxīn-xiàngróng 성 1 (초목이) 무성하다. 무럭무럭 자라다. 2 (비) (사업이) 번창하다. 활기차게 발전하다. 번영하다. ≒蒸蒸日上.

【欣幸】xīnxìng 형 기쁘고 다행스럽다〔행복하다〕. ¶绝处逢生, 实乃~。=죽을 고비에서 다시 살아났으니, 정말로 기쁘고 다행스럽다.

【欣愉】xīnyú 형 기쁘다. 즐겁다. 행복하다. ¶她的脸上浮现出~的笑容。=그녀의 얼굴에 행복한 웃음기가 띠었다.

【欣悦】xīnyuè 형 기쁘다. 즐겁다. 유쾌하다. ¶一脸~的神情。=얼굴 가득 기뻐하는 표정.

## 炘 xīn 활활 타오를 흔

형⟨문⟩ 불꽃이 맹렬하다. 불꽃이 활활 타오르다. 불꽃이 거세게 타오르다.

【炘炘】xīnxīn 형⟨문⟩ 불꽃이 활활 타오르는 모양.

## 莘 Xīn 땅 이름 신

명 (地) 신장(莘庄). [상하이(上海)에 있는 지명]
☞ shēn

## 锌[鋅] xīn 아연 신

명⟨외⟩ (化) 아연(Zn, zinc). [원자 번호 30]

○● 镀dù锌铁, 菱líng锌矿kuàng

【锌白】xīnbái 명 (化) 산화아연. 아연백. 아연화. =【锌华】xīnhuá【锌氧粉】xīnyǎngfěn

【锌版】xīnbǎn 명 (印) 아연판. 징크판.

【锌钡白】xīnbèibái 명 (印) 리토폰(lithopone). =【立德粉】lìdéfěn

【锌粉】xīnfěn 명 (化) 아연 가루. 아연말.

【锌华】xīnhuá ☞【锌白】xīnbái

【锌氧粉】xīnyǎngfěn ☞【锌白】xīnbái

## *新 xīn 새 신

형 1 새롭다. ¶~方法=새로운 방법. / ~技术=새로운 기술. 2 사용하지 않은 새 것이다. ¶~鞋子=새 신. / ~书包=새 책가방. 3 결혼한. 신혼의. ¶~娘子=신부. / ~女婿=새사위. 동 새롭게 하다. 새로워지다. 일신하다. ¶一~耳目=보고 듣는 것이 다 새롭다. 귀와 눈이 번쩍 트이다. / 日~月异=나날이 새로워지다. 새로와 발전이 빠르다. 부 방금. 새로이. 갓. ¶~来的县长=새로 부임한 현장. / ~买的文具=새로 산 문구. 명 1 새사람. 새 것. 새로운 것. ¶喜~厌旧=새로운 것을 좋아하고 옛 것을 싫어하다. / 温故而知~。=옛 것을 배우고 익혀 새로운 것을 알다. 2 (Xīn) (历) 신. [9~13년. 서한(西汉) 말년 왕망(王莽)이 세운 나라 이름] 3 (Xīn)⟨외⟩ (地) 新疆维吾尔自治区(신장 위구르 자치구). 4 (Xīn)⟨외⟩ (地) 新加坡(싱가폴). ¶去~、马、泰旅游。=싱가포르, 말레이시아, 태국으로 여행 가다. 5 (Xīn) 성(姓). ↪旧 老 陈 故

○● 重chóng新, 创chuàng新, 从新, 簇cù新, 鼎dǐng新, 革新, 更gēng新, 见新, 纳nà新, 清新, 时新, 刷shuā新, 维wéi新, 崭zhǎn新, 妆zhuāng新

【新编】xīnbiān 동 새로 편찬하다. 새로 편집하다. ¶~历史教材=신편 역사 교재. 명 신편. [새로운 관점·방법으로 펴냄] ¶~传统剧目=새로 엮은 전통극 프로그램.

【新兵】xīnbīng 명 신병.

【新长征】xīnchángzhēng 명⟨비⟩ 신 장정. 농업·공업·국방·과학·기술의 현대화 운동. [중국이 개혁·개방 이후, 현대화를 실현하기 위해 노력 분투한 역사적 노정] ¶~突击手=신장정 돌격 대원.

【新潮】xīncháo 명 신사조. 새로운 경향〔풍조·추세〕. ¶文艺~=문예의 신사조. 형 (최신) 유행의. 새로 유행하는. ¶~时装=새로 유행하는 패션.

【新陈代谢】xīnchén-dàixiè 성 1 (生) (신진) 대사. 물질 대사. 2 신진 대사. [새로운 사물과 낡은 사물의 투쟁을 통하여 새로운 사물이 낡은 사물을 대체하는 과정]

【新宠】xīnchǒng 명 1 새로 나타난 인기 항목. ¶攀岩运动成为许多年轻人的~。=암벽 등반이 젊은이들에게 새로운 인기 운동이 되었다. 2 새로이 총애받는 사람. [옛날, 주로 첩을 가리킴]

【新仇旧恨】xīnchóu-jiùhèn 성 옛 원한에 새 원한이 겹치다. 쌓이고 쌓인 원한. 피맺힌 원한. =【旧恨新仇】jiùhèn-xīnchóu

【新创】xīnchuàng 동 새로 개발〔발명〕하다. 새로 창조하다. ¶这是他~的独门功夫。=이는 그가 새로 개발한 독보적인 무예이다.

【新春】xīnchūn 명 1 신춘. 이른 봄. 초봄. 2 설. 신년. 새해. 설날 기간. ¶~佳节=설 명절.

【新词】xīncí 명 1 새로 지은 시와 사. 중국 전통극이나 설창 문예의 새 곡조〔곡조〕. 새로운 내용의 문구. 2 신조어. 신어(新语). 3 새 단어〔낱말〕.

【新村】xīncūn 명 새 마을. 새 주택 구역〔단지〕. ¶滨海~=해변의 새 주택 단지.

【新大陆】Xīndàlù 명 (地) '美洲(신대륙·아메리카)'의 별칭.

【新到】xīndào 동 새로 보내 오다. 갓 도착하다. ¶这是~的超薄电视. =이것은 새로 도착한 초슬림형 텔레비전이다.
【新低】xīndī 명 최저치. ¶旅游投诉再创~。 =여행 민원 고발이 다시 최저치를 기록했다.
【新法】xīnfǎ 명 1 새로운 방법. ¶~育苗=새 육묘법. 2 신법.
【新房】xīnfáng 명 1 새 집. ¶翻盖~=집을 개축하다. 2 신방. ¶闹~=(결혼 초야에 친구들이 신방에 찾아가서) 신랑 신부를 놀려 주다.
【新风】xīnfēng 명 새바람. 새로운 바람. 새로운 기풍. ¶社会~=사회의 새바람.
【新妇】xīnfù 명 1 신부. 새색시. 2 방 며느리.
【新高】xīngāo 명 최고치. ¶外汇收入创历史~。=외화 보유고가[수입이] 역사상 최고치를 기록했다.
【新功】xīngōng 명 새로운 공적. ¶立~=새로운 공적을 세우다.
【新姑爷】xīngū·ye 명 새사위. 새신랑.
【新股】xīngǔ 명《经》신주(新株).
【新寡】xīnguǎ 동 최근에 과부가 되다. 명 최근에 과부가 된 여자.
【新官】xīnguān 명 신임 외교관[관리].
【新官上任三把火】xīnguān shàng rèn sān bǎ huǒ 속담 새로 부임한 관리가 세 개의 횃불처럼 기세등등하다. 신임자는 묵은 폐단을 일소하는 데 열심인 법이다.
【新鬼】xīnguǐ 명 새 귀신. 갓 죽은 사람.
【新贵】xīnguì 명방 새로 권세를 얻은 사람. 새로운 권력자. ¶官场~=관계의 새로운 권력자.
【新户】xīnhù 명 1 새로 이사 온 집. 2 신규 개설 호수.
【新华社】Xīnhuáshè 명양 新华通讯社(신화통신사).
【新华书店】Xīnhuá shūdiàn 명 신화서점.
【新欢】xīnhuān 명방 새 애인. ¶另觅~=새로운 애인을 구하다.
【新婚】xīnhūn 동 신혼하다. 막 결혼하다. ¶~之夜=결혼 첫날밤.
【新婚宴尔】xīnhūn-yàn'ěr ☞【新婚燕尔】xīnhūn-yàn'ěr
【新婚燕尔】[新婚宴尔] xīnhūn-yàn'ěr ☞【燕尔新婚】yàn'ěr-xīnhūn
【新货】xīnhuò 명 1 신제품. 새 상품. 2 새로 도착한 상품.
【新记录】xīnjìlù 명 신기록. ¶世界杯游泳~=월드컵 수영 신기록.
【新纪元】xīnjìyuán 명 1 신기원. 2 방 신기원. [획기적인 사실로 말미암아 전개되는 새로운 시대] ¶开创~=신기원을 열다.
【新加坡】Xīnjiāpō 명양《地》싱가포르(Singapore). [수도는 '新加坡(싱가포르: Singapore)'임]
【新建】xīnjiàn 동 1 새로 건설[건립]하다. 새로 짓다. 새로 건설을 시작하다. ¶计划~一座剧院. =극장을 새로 건립할 계획이다. 2 새로 완공하다. ¶~教学大楼已投入使用. =새로 지은 강의동은 이미 사용하기 시작했다.

【新疆维吾尔自治区】Xīnjiāng Wéiwú'ěr Zìzhìqū 명양 신장 위구르 자치구. ['新(Xīn)'으로 약칭하며, 정부 소재지는 우루무치(乌鲁木齐)시임]
【新交】xīnjiāo 동 새로 사귀다. ¶他是我~的好朋友. =그는 내가 새로 사귄 좋은 친구이다. 명 새로 사귄 벗. 새 친구. ¶今天有几位~到访. =오늘 새 친구 몇 명이 찾아왔다.
【新教】Xīnjiào 명《宗》(기독교의) 신교. 개신교. 프로테스탄트. [16세기 이후, 종교 개혁의 결과로 가톨릭에서 갈라져 나온 기독교의 여러 파를 통틀어 이르는 말]
【新近】xīnjìn 명 최근. 요즘. 근래. ¶学校~来了一批留学生. =학교에 최근 한 무리의 유학생들이 왔다.
【新经济】xīnjīngjì 명《经》신경제.
【新旧】xīnjiù 명 신구. 새 것과 헌 것. ¶~思想=신구 사상.
【新旧儿】xīnjiùr 명 (사물의) 낡은 정도[상태]. ¶你买的二手车的~怎么样？=네가 구입한 중고차 상태가 어때?
【新居】xīnjū 명 새 집. 새로 지은 집. 새로 이사한 집. ↔故居 旧居
【新刊】xīnkān 명 신간. 새로 창간[출간]한 간행물.
【新课】xīnkè 명 신설 과목.
【新款】xīnkuǎn 형 새로운 스타일[디자인·모양·양식·모델]의. ¶~照相机=새로운 모델의 사진기. 명 새로운 스타일[디자인·모양·양식·모델]. ¶~上市=새로운 모델이 출시되다.
【新来】xīnlái 동 새로 오다. ¶他是~的教师. =그는 새로 부임한 교사이다.
【新来乍到】xīnlái-zhàdào 속 (다른 곳에서) 갓[방금·막] 오다[도착하다].
【新郎】xīnláng 명 신랑. =【新郎官】xīnlángguān
【新郎官】xīnlángguān ☞【新郎】xīnláng
【新历】xīnlì ☞【阳历】yánglì
【新绿】xīnlǜ 명 신록. ¶大地一片~=대지가 온통 신록으로 덮이다.
【新论】xīnlùn 명 신론. 새로운 이론. ¶美学~=미학 신론.
【新苗】xīnmiáo 명 1 새싹. 새순. 새 묘종. 2 비 새싹. 꿈나무. [새로 발견한, 배양 가능성이 있는 사람이나 사물] ¶体育~=체육 유망주.
【新名词】xīnmíngcí 명 신어(新語). 새 말. 신어구(新語句). 신조어. [주로 일반적인 어휘에 들어가는 각 분야의 전문 용어를 가리키며, 명사에 국한되지는 않음]
【新能源】xīnnéngyuán 명 새로운 에너지 자원. 새로운[대체] 에너지. [예를 들면, 원자력·해양 자원·태양에너지 등이 있음]
【新年】xīnnián 명 신년. 새해.
【新娘(子)】xīnniáng(·zi) 명 신부.
【新派】xīnpài 명 1 새로운 (유)파. 신파. [학술·종교·정당 등의 내부에 새로 형성된 파벌

을 가리킴] **2** (앞서 가는) 새로운 (유)파. 신파. [‘老派(구파)’ 와 구별됨]

【新篇章】**xīnpiānzhāng** [명] **1** (문장의) 새로운 장. **2** [비] (추상적인 의미의) 새로운 장. ¶谱写经济建设~。=경제 건설의 새로운 장을 열다.

【新瓶装旧酒】**xīn píng zhuāng jiù jiǔ** [낱] **1** 새 병에 묵은 술을 담다. **2** [비] 형식은 새롭지만 내용은 구태의연하다.

【新婆罗门教】**xīnpóluóménjiào** ☞【印度教】**Yìndùjiào**

【新奇】**xīnqí** [형] 신기하다. 새롭다. 참신하다. 신선하다. ¶这个想法很~。=이 생각은 매우 참신하다. ≒新鲜 新颖 ↔常见 普通

【新巧】**xīnqiǎo** [형] 참신하고 교묘〔절묘〕하다. ¶设计~=디자인이 참신하고 절묘하다.

【新区】**xīnqū** [명] **1** 신해방구(新解放區). 새로 해방된 지역. **2**《歷》 제3차 중국 혁명 전쟁이 시작된 후 해방된 지역. **3** 새로 개발된 지구. [새로 건설된 주택 지구·상업 지구·기술 개발 지구 등을 가리킴] ¶浦东~=푸둥 신개발 지구.

【新人】**xīnrén** [명] **1** 신입 사원. 신임자. ¶近两年单位进了不少~。=최근 몇 년 동안 회사에 신입 사원들이 많이 들어왔다. **2** 신혼 부부. **3** 새사람. 새댁. 신부. **4** 새 인물. ¶~新事=새로운 사람과 새로운 일. **5** (어떤 방면에 뛰어난) 새로운 인재. 신진. 신인. ¶歌坛~=가요계의 샛별. **6** 새사람. ¶认真改造, 重做~。=열심히 개조하여 새사람으로 거듭나다.

【新人类】**xīnrénlèi** [명] 신세대. [일반적으로 1970년 이후에 출생한 세대를 가리킴]

【新任】**xīnrèn** [형] 신임의. 새로 임명된〔부임한〕. ¶~市长=새로 부임한 시장. [명] 신임. 신임자. 새로 임명된 사람. ¶~还没报到。=신임자가 아직 도착 보고를 하지 않았다.

【新锐】**xīnruì** [형] **1** 참신하고 예리하다. 새롭고 날카롭다. ¶~武器=신예 무기. **2** 신예의. ¶~导演=신예 감독. [명] 신예. ¶文坛~=문단의 신예.

【新生】**xīnshēng** [형] 갓 태어난. 막 나타난. 새로 생긴. ¶~国家=신생 국가. [명] **1** 새 생명. ¶重获~=새 생명을 다시 얻다. **2** 신입생. ¶~注册=신입생 등록.

【新生代】**xīnshēngdài** [명] **1** (**Xīnshēngdài**)《地》 신생대. **2** 신세대. ¶~导演=신세대 감독. **3** 새로 생겨난 사물. ¶这款空调是我们厂的~。=이 에어컨 모델은 우리 공장의 새 제품이다.

【新生儿】**xīnshēng'ér** [명] 신생아. 갓난아이.

【新生力量】**xīnshēng lìliàng** [명] **1** 새로운 세력. ¶~取代腐朽势力是历史的必然。=신진 세력이 부패 세력을 대체하는 것은 역사의 필연이다. **2** 새로운 역량. 신흥 세력. 신진 세력. 젊은 피. ¶扶植~=신흥 세력을 육성하다.

【新生事物】**xīnshēng shìwù** [명] 새로운 사물. 새 것. ¶~层出不穷=새로운 사물이 끊임없이 나타나다.

【新诗】**xīnshī** [명] **1** ☞【白话诗】**báihuàshī** **2** 신시. 새로 창작한〔지은〕 시. ¶他最近发表了三首~。=그는 최근에 새로 지은 시 세 수를 발표했다.

【新石器时代】**Xīnshíqì shídài** [명]《歷》 신석기 시대.

【新式】**xīnshì** [형] **1** 신형의. ¶~装备=신식 장비. **2** 새로운 형식〔스타일〕의. ¶~婚礼=신식 혼례. [명] 신식. 신형. ¶这是~, 那是旧式。=이것은 신식이고 저것은 구식이다. ↔老式

【新事】**xīnshì** [명] 새로운 사물〔일〕. ¶~新办=새로운 일은 새로운 방법으로 처리하다.

【新手】**xīnshǒu** [명] 신참. 초심자. 풋내기. 초보자. 신출내기. ¶~培训=초심자 양성. ≒生手 ↔老手

【新书】**xīnshū** [명] **1** 새 책. **2** 신서. 신간 서적. 새로 나온 책. [주로 초판의 책을 가리킴] ¶~介绍=신간 소개. ↔旧书

【新四军】**Xīnsìjūn** [명][약] 国民革命军陆军新编第四军(국민 혁명군 육군 신편 제사군). [중국 공산당이 이끌던 항일 혁명 무장 군대. 1937년 중일 전쟁이 시작된 후 원래의 남방 홍군(紅軍) 유격대를 주력군으로 구성한 군대]

【新特】**xīntè** [형] 신선하고 특이하다. 색다르다. ¶这种说法早已出现, 并无~之处。=이런 견해는 진작부터 있었기에 별로 신선하고 특이한 점이 없다.

【新体】**xīntǐ** [명] **1** 신체. 새로운 체제〔형식〕. ¶~诗=신체시. **2** 새로운 글자체. ¶~美术字=새로운 도안체.

【新天地】**xīntiāndì** [명][비] 신천지. 신세계. 새로운 환경〔영역·경지〕. 새 장. ¶开创艺术领域的~。=예술 영역의 새로운 세계를 열다.

【新文化运动】**xīnwénhuà yùndòng** [명] 신문화 운동. [5·4 운동 전후의 학술 사상계의 혁신 운동을 가리킴]

【新文学】**xīnwénxué** [명] 신문학. [1919년 5·4 운동 이래로 반제국·반봉건을 주요 내용으로 하는 구어체 문학을 가리킴]

【新闻】**xīnwén** [명] **1** (매스컴의) 뉴스. ¶播报~=뉴스를 보도하다. **2** 새로운 일〔사건〕. 새 소식. 뉴스. ¶这场名人官司成了最近的一大~。=이번 유명 인사의 소송 건은 최근의 일대 뉴스가 되었다.

【新闻发布会】**xīnwén fābùhuì** [명] 기자 회견.

【新闻公报】**xīnwén gōngbào** [명] 신문·방송을 통한 공식 성명. 프레스 코뮈니케(press communique).

【新闻界】**xīnwénjiè** [명] 보도 기관. 언론계. 신문업계.

【新闻记者】**xīnwén jìzhě** [명] 보도 기자. 신문〔취재〕 기자.

【新闻联播】**xīnwén liánbō** [명] 뉴스 연합 보도.

【新闻媒体】**xīnwén méitǐ** [명] 뉴스 매체.

【新闻片儿】**xīnwénpiānr** [명][구] 뉴스 영화. 뉴스 다큐멘터리.

【新闻片】**xīnwénpiàn** [명] 뉴스 영화. 뉴스 다큐멘터리.

【新闻摄影】**xīnwén shèyǐng** [명] 뉴스 영상.

【新闻述评】xīnwén shùpíng 图 뉴스 논평.
【新闻特写】xīnwén tèxiě 图 (신문의) 특별 기사. 특집 기사. 칼럼.
【新闻纸】xīnwénzhǐ 图 1 '新闻(신문)'의 옛 명칭. 2 ☞【报纸】bàozhǐ
【新西兰】Xīnxīlán 图(外)《地》뉴질랜드(New Zealand). [수도는 '惠灵顿(웰링턴 : Wellington)'임]
【新媳妇儿】xīnxí·fur 图(구)(새)신부.
【新禧】xīnxǐ 图 새해의 복〔행복·기쁨〕. ¶恭贺~=근하신년. 새해 복 많이 받으세요.
【新戏】xīnxì 图 1 새 연극. 신극. 2 (내용·형식 등을 혁신한) 개량 중국 전통극.
【新鲜】xīn·xiān 图 1 (야채·과일 등을 갓 따서) 신선하다. 싱싱하다. ¶~草莓=신선한 딸기. 2 (음식물 등이) 신선하다. 싱싱하다. ¶这牛肉很~=이 쇠고기는 매우 신선하다. 3 (꽃이) 시들지 않은. 신선하다. 싱싱하다. ¶~的花朵=신선한 꽃. 4 (색채가) 새롭고 산뜻하다. ¶裙子的颜色很~。=치마의 색깔이 아주 산뜻하다. 5 청신하다. 깨끗하다. 신선하다. ¶~空气=맑고 신선한 공기. 6 새롭다. 참신하다. ¶事物=새로운 사물. 7 보기 드물다. 희한하다. 신기하다. ¶他出差回来给大家讲了不少~事儿。=그는 출장 갔다 돌아와서 사람들에게 신기한 얘기를 많이 들려주었다. ≒新奇 ↔陈旧
【新鲜劲儿】xīnxiānjìnr 图 새 맛. 신선미. 홍미. ¶他干什么事也只有三天的~。=그는 무슨 일을 하든지 3일이 지나면 홍미를 잃는다.
【新鲜血液】xīnxiān xuèyè 图(비) 신입 회원. 젊은 피. ¶学会要吸收~=학회는 신입 회원을 받아들여야 한다.
【新新话语】xīnxīn huàyǔ 图 최신세대 유행어. N세대 유행어.
【新新人类】xīnxīn rénlèi 图 최신세대. N세대. [일반적으로 1980년대에 태어난 젊은이들을 가리키는 말. '新人类(신세대)'에 상대적인 의미로 쓰임]
【新兴】xīnxīng 图 신흥의. 새로 일어난. ¶~产业=신흥 산업.
【新星】xīnxīng 图 1《天》신성. 일시성. 2《天》새로 발견된 별. 3(비) 새로 떠오르는 스타. 신예. 신성. ¶影视~=연예계의 새로운 스타.
【新型】xīnxíng 图 신형의. 신식의. ¶~赛车=신형 경주용 차.
【新修】xīnxiū 图 새로 건설하다〔짓다〕. ¶这是~的电影院。=이것은 새로 지은 영화관이다.
【新秀】xīnxiù 图 신예. 떠오르는 스타. 새로 나타난 우수한 인재. ¶乐坛~=음악계의 신예.
【新学】xīnxué 图(옛) 1 신학(문). [(旧学(구학문)'과 구별됨] 引进~=신학문을 도입하다. 2 신식 학교(학당). [(私塾(사숙)'와 구별됨] 开办~=신식 학교를 설립하다.
【新芽】xīnyá 图 새싹. 새순.
【新雅】xīnyǎ 图 청신(깨끗)하고 우아하다. ¶装帧~=장정이 깨끗하고 우아하다. ≒新雅
【新颜】xīnyán 图 새로운 모습(면모). ¶旧貌换~。=옛 모습을 새 모습으로 바꾸다. 면모를 일신하다.
【新药】xīnyào 图 1 신약. 새로운 약. [새로 제조하여 판매하는 약] 2(옛) 양약(洋藥).
【新医】xīnyī 图 1 새로운 치료법〔의료기술〕. 2(옛) 서양 의학.
【新义】xīnyì 图 새로운 뜻〔의미〕.
【新异】xīnyì 图 신기하고 기이하다. 독특하다. 특이하다. ¶构思~=구상이 독특하다.
【新意】xīnyì 图 새로운 내용〔경지〕. 새로운 뜻. ¶观点陈旧, 缺乏~。=관점이 구태의연하고, 새로운 내용이 부족하다.
【新颖】xīnyǐng 图 새롭다. 신선하다. 참신하다. ¶款式~=디자인이 참신하다. ≒新奇
【新雨】xīnyǔ 图 1 이른 봄비. 2 갓 내린 비. ¶空山~后, 天气晚来秋。=인적 없는 산에 막 비 개니 가을빛 완연하도다. 3(문)(비) 새 친구〔벗〕. ¶旧知~=옛 친구와 새 친구.
【新约】xīnyuē 图《宗》신약 성서.
【新月】xīnyuè 图 1《天》삭월(朔月). =【朔月】shuòyuè 2 초승달. ¶一弯~高挂夜空。=초승달이 밤 하늘에 높이 걸려 있다.
【新月形】xīnyuèxíng 图 초승달 모양. ¶~沙丘=초승달 모양의 모래 언덕.
【新崭崭】xīnzhǎnzhǎn (~的) 图 새롭다. 참신하다. 신선하다. ¶~的课本=참신한 교재.
【新张】xīnzhāng 图 신장 개업하다. ¶恭祝~大吉。=신장 개업을 축하합니다.
【新正】xīnzhēng 图 음력 정월.
【新政】xīnzhèng 图 새로 제정된 정치 강령〔정령〕. ¶实施~=새로운 정강 정책을 실시하다.
【新知】xīnzhī 图 1 새로운 지식. ¶学习~=새로운 지식을 학습하다. 2 새로 사귄 벗〔친구〕. ¶~旧友齐聚一堂。=옛 친구와 새 친구들이 한자리에 모두 모이다.
【新殖民主义】xīnzhímínzhǔyì 图 (2차대전 이후의) 신식민주의.
【新址】xīnzhǐ 图 새로운 주소.
【新中国】xīnzhōngguó 图 신중국. [1949년 10월 1일에 창립된 중화 인민 공화국을 가리킴]
【新著】xīnzhù 图 새로 저작〔창작〕하다. ¶今年他又~一本长篇小说。=올해 그는 또 한 편의 장편 소설을 창작하였다. 图 신저. 새 저작〔저서〕. ¶他的~将于近日出版。=그의 새 저서는 가까운 시일 내로 출판된다.
【新装】xīnzhuāng 图 1 새 단장. 새 옷차림. ¶她一身~, 格外靓丽。=그녀가 새 옷으로 치장하니 유달리 아름다워 보인다. 2 최신 유행 복장. 최고 유행하는 의상. 최신식의 옷. ¶秋季~登场=가을철 유행 의류가 출시되다.
【新姿】xīnzī 图 새로운 자태〔면모·모습·맵시〕. ¶改建后的商业中心呈现出绚丽的~。=리모델링을 한 상업 센터가 화려한 새 모습을 드러냈다.
【新作】xīnzuò 图 신작. 작품. ¶他最近又有~问世。=그는 최근에 또 신작을 발표했다.

歆 xīn 흠향할 흠

[동][문] **1** 흠향하다. 신명이 제사의 예를 누리다. ¶～享＝신명이 제사의 예를 누리다. **2** 부러워하다. ¶他的学术成就令人～羡。＝그의 학술 성과는 사람들의 존경과 부러움을 샀다.

【歆慕】**xīnmù** [동][문] 흠모하다. 부러워하다. 선망(羡望)하다.

【歆羡】**xīnxiàn** [동][문] 흠모하다. 부러워하다. 선망(羡望)하다.

**薪 **xīn** 땔나무 신

[명] **1** 땔나무. 땔감. ¶抱～救火＝포신구화. 장작을 지고 불을 끄다. 잘못된 방법으로 재화(災禍)를 없애려다 도리어 더 악화(惡化)되다. / 釜底抽～＝솥 밑에 타고 있는 장작을 꺼내어 끓어오르는 것을 막다. 문제를 근본적으로 해결하다. **2** 봉급. 급료. 급여. 삯. 임금. 노임. ¶年～＝연금. / 工～阶层＝월급쟁이.

○● 底薪, 干薪, 工薪, 评薪, 月薪

【薪酬】**xīnchóu** [명][문] 봉급. 급료. 급여. 품삯. 임금. 노임.

【薪俸】**xīnfèng** [명] **1** [옛] 급료(옛날, 하급 직원이나 고용원의 소득)와 봉급(옛날, 관리의 소득). **2** 봉급. 급료. 급여. 임금.

【薪桂米珠】**xīnguì-mǐzhū** ☞【米珠薪桂】**mǐzhū-xīnguì**

【薪给】**xīnjǐ** [명] 봉급. 급료. 급여. 품삯. 임금. 노임.

【薪金】**xīnjīn** [명] 봉급. 급료. 급여. 품삯. 임금. 노임.

【薪尽火传】**xīnjìn-huǒchuán** [성] **1** 앞의 땔나무가 다 타면 뒤의 땔나무에 옮겨 붙어 타며 불이 영원히 꺼지지 않다. **2** [비] 스승이 제자에게 학문이나 지식을 전수하여 대대로 전해 내려가다. 모습은 사라져도 정신은 전해진다.

【薪水】**xīn·shui** [명] 봉급. 급료. 급여. 삯. 임금. 노임. ≒工资

【薪炭林】**xīntànlín** [명]《林》 연료림. 땔나무숲.

【薪饷】**xīnxiǎng** [명][옛] (군대·경찰의) 급료. [급여와 피복·양말 등의 규정된 물품]

【薪资】**xīnzī** [명] 봉급. 급료. 급여. 품삯. 임금. 노임.

馨 **xīn** 향기 형

[명][문] **1** 꽃다운 향기. 분방(芬芳). 형향(馨香). **2** 멀리 퍼지는 향기. ¶清～＝맑은 향기.

○● 清馨, 宁níng馨儿

【馨香】**xīnxiāng** [명] **1** 형향. 방향(芳香). 분방(芬芳). 꽃다운 향기. ¶百花绽放, ～四溢。＝온갖 꽃들이 만발하자 향기가 사방에 가득 넘친다. **2** (향의) 향내. ¶寺院里弥漫着浓烈的～。＝절 안에 짙은 향내가 가득하다.

鑫 **xīn** 흥성할 흠

[형][문] 재물이 홍성하다. [주로 상호(商號)나 인명에 쓰임]

镡[鐔] **xín** 날밑 심

[명] **1** 날밑. 검비(劍鼻). 검환(劍環). 칼코등이. **2** 작은 검. **3** (**Xín**) 성(姓).

☞ **Chán, Tán**

伈 **xǐn** 두려워할 심

【伈伈】**xǐnxǐn** [형][문] 두려워하는 모양.

囟 **xìn** 숫구멍 신

[명]《生》 숫구멍. 숨구멍. 뇌천(腦天). 신문(囟門). 정문(頂門).

【囟门】**xìnmén** [명]《生》 숫구멍. 숨구멍. 뇌천(腦天). 신문(囟門). 정문(頂門). [갓난아이의 정수리가 굳지 않아서 숨쉴 때마다 발딱발딱 뛰는 곳] ＝【囟脑门儿】**xìnnǎoménr**

【囟脑门儿】**xìnnǎoménr** ☞【囟门】**xìnmén**

*芯 **xìn** 심지 심

☞ **xīn**

【芯子】**xìn·zi** [명] **1** 심지. ¶爆竹～＝폭죽 심지. **2**《生》 뱀〔도마뱀〕의 혀. ¶蛇～＝뱀의 혀.

**信 **xìn** 믿을 신

[형] **1** [문] 진실하다. 참되다. 확실하다. ¶～史可据＝참된 역사는 근거를 밝힐 수 있다. **2** (사람에게) 진실하다. 참되다. 성실하다. 가식적이지 않다. ¶～守承诺＝약속을 성실히 지키다. [동] **1** 믿다. ¶将～将疑＝반신반의하다. / 偏听偏～＝한쪽 말만 곧이듣다. **2** (종교를) 믿다. ¶～佛＝불교를 믿다. / 基督教～徒＝기독교 신도. [개] …하는〔내키는〕 대로. …에 따라. ¶～步走来＝발길 닿는 대로 걸어오다. / ～口说出＝입에서 나오는 대로 말하다. [명] **1** [문] 신사(信使). 사절(使節). 사자(使者). **2** 신의. 믿음. 신용. ¶失～＝신용을 잃다. / 言而有～＝말에 신용이 있다. **3** (공적인) 기호. 표시. 증표. 증거. 근거. ¶印～＝인신. / 凭～＝신임하다. **4** (～儿) 소식. 기별. ¶口～儿＝전언. 전갈. / 音～全无＝아무런 소식이 없다. **5** 편지. 서신. 서한. ¶写～＝편지를 쓰다. / 推荐～＝추천서. **6** 신관. 심관. ¶～管＝신관. **7**《醫》 비상. ¶红～＝붉은 비상(砒霜). **8** '芯(xìn)'과 같음. **9** (**Xìn**) 성(姓). ≒书 ↔疑 [고어에서는 '伸(shēn)'과 같음]

○● 宠chǒng信, 电信, 笃dǔ信, 复信, 黑信, 谎huǎng信, 回信, 家信, 坚jiān信, 来信, 迷mí信, 平信, 凭píng信, 亲信, 轻信, 确信, 书信, 死信, 听信, 相信, 凶xiōng信, 音信, 引信, 置信, 自信, 明信片

【信笔】**xìnbǐ** [동] 붓 가는 대로 쓰다〔그리다〕. ¶～写下内心的感受。＝마음속 느낌을 붓 가는 대로 써내려 가다.

【信不得】**xìn·bu·de** [동] 믿어서는 안 된다. 믿을 수 없다. ¶这种传闻千万～。＝이런 소문은 절대로 믿으면 안 된다.

【信不过】**xìn·buguò** [동] 믿지 않다. 믿음이 가

# 信 xìn

지 않다. ¶他谁也~，就信自己。=그는 누구도 믿지 않고 자신만 믿는다.

【信步】xìnbù 통 발길 닿는 대로 걷다. 발걸음이 내키는 대로 가다. 한가롭게 거닐다. 정처 없이 거닐다. ¶~而行=발길 가는 대로 걷다.

【信差】xìnchāi 명(옛) 1 파발꾼. 공문서를 전달하기 위해 파견된 사람. 2 우편집배원.

【信从】xìncóng 통 믿고 [신봉하여] 따르다. ¶盲目~=맹목적으로 신봉하여 따르다.

【信贷】xìndài 명(經) 1 신용. 크레디트. [은행의 예금·대출 등 신용 활동의 총칭] 2 은행의 대출. 여신(與信).

【信贷员】xìndàiyuán 명 대출 계원.

【信贷资金】xìndài zījīn 명(經) 신용 대출 자금. 신용 대금.

【信得过】xìn·deguò 통 믿다. 믿을 만하다. ¶他办事牢靠, 我~他。=그는 일처리가 확실하여, 나는 그를 믿는다.

【信而有征】xìn'éryǒuzhēng 성 믿을 만할 뿐 아니라 증거도 있다.

【信访】xìnfǎng 통 대중이 서신이나 방문을 통해 정부 기관 등에 상황을 알리거나 억울함을 호소하다. ¶~工作=서신과 방문을 통해 정부 기관 등에 알리는 일.

【信风】xìnfēng 명(天) 무역풍. 항신풍. =【贸易风】màoyìfēng

【信封】xìnfēng 명 편지봉투.

【信奉】xìnfèng 통 1 신봉하다. 믿다. ¶~神明=천지신명을 신봉하다. 2 믿고 수행하다〔따르다〕. ¶~平等互利的贸易原则。=무역의 호혜 평등 원칙을 믿고 수행하다. ≒信仰

【信服】xìnfú 통 신복하다. 믿고 복종하다〔따르다〕. 납득하다. ¶这种解释难以让人~。=이러한 설명으로는 사람들을 납득시킬 수 없다.

【信鸽】xìngē 명 전서구(傳書鳩).

【信管】xìnguǎn ☞【引信】yǐnxìn

【信函】xìnhán 명 편지. 서신. 서한. ¶私人~=사적인 편지.

【信号】xìnhào 명 1 신호. 사인. [주로 행동을 지휘하거나 목표를 지시할 때 쓰임] 2(電) 신호. [전기 통신에서 정보가 들어 있는 전류·전압·전파 등을 가리킴]

【信号弹】xìnhàodàn 명 신호탄.

【信号灯】xìnhàodēng 명 신호등.

【信号旗】xìnhàoqí 명 신호기. 신호용 깃발.

【信号枪】xìnhàoqiāng 명 신호총.

【信汇】xìnhuì 명(經) 우편환.

【信笺】xìnjiān 명 편지지.

【信件】xìnjiàn 명 우편물.

【信教】xìnjiào 통 종교를 믿다〔신봉하다〕.

【信据】xìnjù 명 확실한〔믿을 만한〕 증거.

【信口】xìnkǒu 부 입에서 나오는 대로. 생각 없이. 되는대로. ¶~胡说=입에서 나오는 대로 함부로 말하다.

【信口雌黄】xìnkǒu-cíhuáng 성(貶) 사실을 무시하고 입에서 나오는 대로 함부로 지껄이다. 시뻘건 거짓말을 하다.

【信口开合】xìnkǒu-kāihé ☞【信口开河】xìnkǒu-kāihé

【信口开河】[信口开合] xìnkǒu-kāihé 성 입에서 나오는 대로 거침없이 지껄이다. 아무 생각 없이 함부로 지껄이다.

【信赖】xìnlài 통 신뢰하다. 신임하다. 믿고 의지하다. ¶他为人诚恳, 值得~。=그는 진실한 사람이어서 신뢰할 만하다. ≒信任

【信马由缰】xìnmǎ-yóujiāng 성 1 고삐를 조이지 않고 말이 가는 대로 내버려 두다. 2(비) 사람이 목적 없이 돌아다니다. 발길 닿는 대로 돌아다니다. 마음대로 하도록 내버려 두다.

【信念】xìnniàn 명 신념. 믿음. ¶队员们抱着必胜的~走上了赛场。=팀원들은 필승의 신념을 안고서 경기장에 들어섰다.

【信女】xìnnǚ 명(佛) 우바이. (청)신녀. 근사녀. ¶善男~=선남선녀.

【信皮儿】xìnpír 명(구) 편지 봉투.

【信瓤儿】xìnrángr 명(방) (편지 봉투에 든) 편지. 편지지. 편지 알맹이.

【信任】xìnrèn 통 신임하다. 신뢰하다. 믿고 맡기다. ¶他做事认真负责, 深得大家~。=그는 열심히 책임감 있게 일을 하여 사람들의 두터운 신임을 얻었다. ≒信赖 相信 ↔猜疑 怀疑

【信任感】xìnrèngǎn 명 (사람·기관·일에 대한) 신뢰감. ¶增强民众对政府的~。=정부에 대한 민중의 신뢰감을 두텁게 하다.

【信任投票】xìnrèn tóupiào 명(政) (의회의 내각에 대한) 신임 투표.

【信赏必罚】xìnshǎng-bìfá 성 1 신상필벌. 공이 있는 자에게는 반드시 상을 주고, 죄가 있는 사람에게는 반드시 벌을 주다. 2 상과 벌을 공정하고 엄중하게 하는 일.

【信石】xìnshí 명(醫) 비상(砒霜). [지금의 장시(江西)성 라오(饶) 일대인 신저우(信州)에서 생산된 데서 붙여진 이름임]

【信实】xìnshí 형 1 진실하다. 참되다. 성실하다. ¶为人~=사람됨이 진실하다. 2 진실하여 믿을 만하다. ¶记载~=기록이 진실하여 믿을 만하다.

【信史】xìnshǐ 명 기록이 진실한 사적〔사서〕.

【信使】xìnshǐ 명 신사. 사절(使節). 사자(使者).

【信士】xìnshì 명 1(佛) 성실한 사람. 신용을 지키는 사람. 2 우바새. (청)신사. 선남(善男).

【信誓旦旦】xìnshì-dàndàn 성 성실하고 진실하게 맹세하다. 맹세가 아주 진지하다. 굳게 맹세하다.

【信手】xìnshǒu 부 손 가는 대로. ¶~涂画了几笔, 便成一幅好字。=손 가는 대로 몇 획 그었는데, 아주 멋진 한 폭의 글씨가 되었다.

【信手拈来】xìnshǒu-niānlái 성 1 아무 생각 없이 잡히는 대로 가져오다. 2(비) 글을 쓸 때, 어휘 선택이나 자료 채택이 아주 순조롭다.

【信守】xìnshǒu 통 성실히〔충실히〕 지키다〔이행하다〕. 준수하다. ¶~诺言=언약을 성실히 지키다.

【信宿】xìnsù 명 (연) 이틀 밤. ¶~可至=이

【信天翁】xìntiānwēng 명(動) 신천옹. 앨버트로스(albatross).
【信天游】xìntiānyóu 신천유. [산시(陕西)성 북부의 민가 곡조의 총칭. 가사는 일반적으로 두 구가 한 단락을 이루는데, 짧은 곡은 한 단락뿐이고, 긴 곡은 수십 단락에 이르기도 함. 같은 곡조로 반복해서 노래하며, 때에 따라 약간의 변화를 주기도 함] =【顺天游】shùntiānyóu.
【信条】xìntiáo 명 신조. ¶处世~=생활 신조.
【信筒】xìntǒng 명 우체통. =【邮筒】yóutǒng.
【信徒】xìntú 명 1 (宗) 신도. 신자. ¶道教~=도교 신도. 2 (어떤 주의·주장·학파 등을) 신봉하는 사람. 신봉자. ¶他自称是柏拉图的~=그는 자칭 플라톤의 신봉자라고 한다.
【信托】xìntuō 통 1 신탁하다. 위탁하다. 믿고 맡기다. ¶他已将此事一律师办理。=그는 이미 이 일을 변호사에게 처리하도록 위탁했다. 2 위탁 업무를 맡다. ¶~贸易=위탁 무역. 3 신탁 경영하다. ¶~公司=신탁 회사.
【信望】xìnwàng 명 신망. ¶颇有~=신망이 무척 두텁다.
【信物】xìnwù 명 1 증거물. 증표. 2 신물. 신표. (信标). ¶定情~=사랑의 신물.
【信息】xìnxī 명 1 음신(音信). 소식. 편지. 기별. ¶几年来一直没有他的任何~。=몇 년간 줄곧 그는 아무런 소식도 없었다. 2 정보. ¶~传输=정보 전송. ≒消息.
【信息安全】xìnxī ānquán 통 1 정보 처리가 안전하다. 2 정보에 안전[보호] 장치를 하다.
【信息爆炸】xìnxī bàozhà 형 정보가 폭발적인 [폭증하는]. ¶这是一个~的时代。=지금은 정보 폭증의 시대를 맞고 있다.
【信息产业】xìnxī chǎnyè 명 정보 산업. [컴퓨터·통신·전자 기술과 관련된 하드웨어·소프트웨어 제작 및 서비스 등을 포함함]
【信息处理】xìnxī chǔlǐ 명 정보 처리.
【信息服务】xìnxī fúwù 명 정보 서비스.
【信息高速公路】xìnxī gāosù gōnglù 명(도) '国家信息基础设施(국가 정보 기초 설비·정보 고속도로)'의 속칭.
【信息革命】xìnxī gémìng 명 정보 혁명.
【信息化】xìnxīhuà 통 국민 경제와 사회 각 영역을 정보화하다. =【国民经济和社会信息化】guómín jīngjì hé shèhuì xìnxīhuà.
【信息技术】xìnxī jìshù 명 정보 기술.
【信息科学】xìnxī kēxué 명 정보 과학.
【信息库】xìnxīkù 명 1 정보 저장 창고. 2 데이터 베이스(data base). 데이터 뱅크(data bank).
【信息量】xìnxīliàng 명 정보량.
【信息论】xìnxīlùn 명 정보 이론.
【信息社会】xìnxī shèhuì 명 정보(화) 사회.
【信息时代】xìnxī shídài 명 정보(화) 시대.
【信息台】xìnxītái 명 전화信息服务台(전화 정보 서비스 기관).
【信息网】xìnxīwǎng 명 정보 네트워크.
【信息战】xìnxīzhàn 명 1 정보 전쟁. [쌍방의 정보 기술·정보 장비 및 기타 수단과 장비를 이용하여 정보 획득권·통제권·사용권을 쟁취하기 위한 전쟁] 2 정보전. [경제·과학 기술·문화·외교 등 각 영역에서 우세한 정보에 대한 쟁탈을 가리킴]
【信息中心】xìnxī zhōngxīn 명 정보 센터.
【信箱】xìnxiāng 명 1 사서함. =【邮政专用信箱】yóuzhèng zhuānyòng xìnxiāng 2 우체통. 우편통. [우체국에 설치된, 편지를 부치는 통] 3 우편함. 편지통. 편지함. [개인의 집 문에 설치하여 우편물을 받는 함]
【信心】xìnxīn 명 자신(감). 확신. 신념. 믿음. ¶~十足=자신감이 넘치다.
【信言】xìnyán 명 진실한[참된] 말. ¶~不美, 美言不信。=진실한 말은 귀에 거슬리나 듣기 좋은 말은 믿음이 없다.
【信仰】xìnyǎng 통 신앙하다. 숭배하다. 믿고 받들다. ¶~自由=신앙을 숭배하다. 신앙의 자유. 명 신앙. ¶坚守~=신앙을 굳게 지키다. ≒信奉.
【信以为真】xìnyǐwéizhēn 성 진실이라고 믿다. 거짓을 진실인 줄 믿다. 가짜를 진짜로 믿다.
【信义】xìnyì 명 신의. 믿음과 의리. ¶不守~=신의를 저버리다.
【信意】xīn‖yì 부 마음대로. 임의로. 제멋대로. 내키는 대로. 하고 싶은 대로. ¶~胡为=제멋대로 행동하다.
【信用】xìnyòng 통§ 신임하여 중용하다. 믿고 채용하다. ¶~贤能=현명하고 유능한 인재를 신임하여 중용하다. 명 1 신용. ¶讲~=신용을 중시하다. 2(经) 신용. 형 신용의. 무담보의. ¶~贷款=신용 대출. ≒信誉.
【信用合作社】xìnyòng hézuòshè 명 신용(협동) 조합. ☞【信用社】xìnyòngshè.
【信用卡】xìnyòngkǎ 명 신용 카드. 크레디트 카드(credit card).
【信用社】xìnyòngshè ☞【信用合作社】xìnyòng hézuòshè.
【信誉】xìnyù 명 1 신용. 명성. 위신. 신망. ¶~卓著=신망이 대단히 좋다. 2 평판. ¶商业~=사업상의 평판. ≒信用.
【信札】xìnzhá 명 편지. 서신. 서한. 서간.
【信纸】xìnzhǐ 명 편지지.
【信众】xìnzhòng 명 교도(教徒). 신도 대중.

*衅[釁] xìn 싸울 흔
명 분쟁. 싸움. 다툼. 시비. ¶启~=싸움을 걸다. ¶寻~=분쟁을 일으키다.
【衅端】xìnduān 명§ 싸움의 발단. 다툼의 실마리. 쟁단(争端). ¶挑起~=도발하다.

焮 xìn 불사를 흔
통 1§ 타다. 연소하다. 불사르다. ¶火炎天=불꽃이 하늘까지 타오르다. 2(방) (피부가 염증으로) 붓다. 부어오르다. ¶腿上碰着的地方已经~了。=다리의 부딪힌 곳이 벌써 부어올랐다.

釁 xìn 싸울 흔

圕문 '衅(xìn)'과 같음.

# xing

**兴[興]** xīng 일 흥

통 **1** 图 일어나다. (몸을) 일으키다. (잠에서) 깨어나다. ¶夙~夜寐=일찍 일어나고 늦게 자다. **2** 일으키다. 발동하다. 동원하다. ¶~兵讨伐=군사를 일으켜 토벌하다. **3** 시작하다. 착수하다. 일으키다. ¶方~未艾=바야흐로 힘차게 발전하고 있다. / 百废待~=방치되거나 지체된 각종 일들이 모두 처리되기를 기다리다. **4** 유행하다. 성행하다. 흥성하다. ¶最近又~这种款式的大衣了。=요즘에는 또 이런 스타일의 외투가 유행한다. **5** 성행시키다. 유행시키다. ¶大~科技创新之风。=과학 기술 창조의 기풍을 크게 성행시키다. **6** 〈방〉 허락하다. 허가하다. 허용하다. [주로 부정형으로 쓰임] ¶说笑归说笑, 不~动手动脚。=농담은 농담으로 끝나야지, 무력을 행사해서는 안 되지. 튄〈방〉 아마. 어쩌면. 십중팔구. 대개. ¶明天~下雨, 也~不下雨。=내일 비가 올지 안 올지 모르겠다. 휑 흥성하다. 흥성하다. 흥분하다. 크게 발전하다. 왕성하다. ¶生意~隆=사업이 번창하다. / ~旺发达=대단히 번창하다. 固 (Xīng) 성(姓). ↔亡 废 衰
☞ xìng

●● 勃bó兴, 振zhèn兴, 中兴

【兴办】xīngbàn 통 창건하다. 창립하다. 창설하다. ¶~工厂=공장을 창립하다.
【兴兵】xīngbīng 통 (전쟁을 위해) 출병(出兵)하다. 군대를 일으키다. 파병하다. ¶~作乱=출병하여 반란을 일으키다.
【兴奋】xīngfèn 휑 (감정을) 불러일으키다. 격동하다. 격분하다. 흥분하다. ¶听说要去郊游, 同学们都很~。=야유회를 간다는 말을 듣고, 학생들은 모두 대단히 흥분했다. 통 (감정·감각 등을) 불러일으키다. 흥분시키다. 자극시키다. ¶用冷水洗洗脸, ~一下头脑。=찬물로 세수 좀 해서 머리를 자극시키다. 固《生》 흥분. ↔平静
【兴奋点】xīngfèndiǎn 闾 1《生》(대뇌피층의) 흥분점. **2** 〈비〉 관심점. ¶电影中的爱情描写一直都是观众的~。=영화에서의 사랑 묘사는 줄곧 관중의 관심점이다.
【兴奋剂】xīngfènjì 固《医》 흥분제.
【兴风作浪】xīngfēng-zuòlàng 〈성〉〈비〉 풍파를 일으키다. 소동을 일으키다. 말썽을 피우다.
【兴复】xīngfù 통 부흥하다. 부흥시키다. 다시 일으키다. ¶~故国=고국을 부흥시키다.
【兴革】xīnggé 통閏 새 것을 일으키고 낡은 것을 없애다.
【兴工】xīnggōng 통 공사를 시작하다. 착공하다. ¶破土~=첫 삽을 떠 공사를 시작하다. 공사를 착공하다.
【兴国】xīngguó 통 국가를 떨쳐 일으키다〔흥하

게 하다〕. ¶科技~=과학 기술로써 국가를 흥성하게 하다.
【兴国安邦】xīngguó-ānbāng 〈성〉 나라를 흥성하게 하고 평안하게 다스리다.
【兴化戏】xīnghuàxì ☞【莆仙戏】púxiānxì
【兴建】xīngjiàn 통 공사를 시작하다. 건설하다. 새로 건축하다. ¶~国际机场=국제 공항을 건설하다. ≒兴修
【兴利除弊】xīnglì-chúbì 〈성〉 이로운 것은 일으키고 해로운 것은 없애다.
【兴隆】xīnglóng 휑 창성하다. 흥성하다. 번창하다. 크게 발전하다. 융성하다. ¶他这两年的买卖是越做越~了。=그는 최근 몇 년 간 장사가 계속 번창했다. ↔萧条
【兴起】xīngqǐ 통 **1** 图 (감동하여) 벌떡 일어서다. ¶闻风~=소문을 듣고 벌떡 일어서다. **2** 흥기하다. 일어나기 시작하다. 발전하기 시작하다. ¶全国各地~一股健身热。=전국 각지에서 헬스 열풍이 일기 시작했다.
【兴荣】xīngróng 휑 흥성하다. 번영하다. 융성하다. ¶百业~=모든 업계가 번영하다. 固 흥성. 융성. 번영. ¶一座座拔地而起的高楼商厦显示出城市的~。=하나 둘 땅 위에 우뚝 솟은 고층 빌딩들이 도시의 번영을 나타낸다.
【兴盛】xīngshèng 휑 흥성하다. 번창하다. 크게 발전하다. ¶事业~=사업이 흥성하다. ↔衰落 凋敝
【兴师】xīngshī 통图 군대를 동원하다〔일으키다〕. 파병하다. 군대를 보내다. ¶奉命~, 千里赴难。=명을 받들어 군대를 이끌고, 위기에 처한 나라를 구하러 먼길을 가다.
【兴师动众】xīngshī-dòngzhòng 〈성〉 **1** 많은 군사를 동원하다. **2** 〈비〉 많은 사람을 동원하여 어떤 일을 하다. 일을 크게 떠벌리다. [주로 별 가치가 없는 일을 가리킴]
【兴师问罪】xīngshī-wènzuì 〈성〉 **1** 군대를 출동시켜 적의 죄행(罪行)을 묻다. **2** 〈비〉 (상대방의 잘못을) 엄하게 질책하다.
【兴衰】xīngshuāi 휑 흥하고 쇠하다. 흥성하고 쇠퇴하다. ¶百年~, 历历在目。=백년의 흥망성쇠가 눈에 선하다.
【兴叹】xīngtàn 통图 탄식하다. 한숨 쉬다. 한탄하다. [어쩔 수 없음을 내포함] ¶望洋~=드넓은 바다를 바라보니 저절로 탄식이 일어나다. 위대한 인물이나 심원한 학문 등을 접하자 자신의 능력이 거기에 미치지 못함을 느껴 탄식하다.
【兴腾】xīngténg 휑 활발하다. 왕성하다. 흥성하다. 창성하다. ¶街市上热热闹闹, 一片~的景象。=거리가 온통 시끌벅적 활발한 모습이다.
【兴替】xīngtì 통图 흥하고 쇠하다. 흥성하고 쇠퇴하다. ¶世事~=세상만사 흥하기도 하고 쇠하기도 한다.
【兴亡】xīngwáng 휑 흥하고 쇠하다. 흥성하고 쇠퇴하다. [쇠퇴한 쪽을 가리키며, 주로 국가에 쓰임] ¶国家~, 匹夫有责。=국가의 흥망은 모두에게 책임이 있다.
【兴旺】xīngwàng 휑 창성하다. 흥성하다. 번창

하다. 왕성하다. ¶事业~=사업이 번창하다. ↔ 萧条
【兴修】 xīngxiū 통 건설하다. 시공하다. 부설하다. ¶~水利=수리 공사를 하다. ≒兴建
【兴许】 xīngxǔ 튀구 아마도 (…일지도 모른다). 어쩌면. 혹시. ¶~这家书店有你要找的书。= 아마도 이 서점에는 네가 찾는 책이 있을 것이다. ≒或许 也许
【兴学】 xīngxué 통 학교를 세우다[창립하다]. ¶集资~=자금을 모아 학교를 세우다.
【兴妖作怪】 xīngyāo-zuòguài 성용 나쁜 사람들이 못된 짓을 하여 말썽을 일으키다.

猩 xīng 성성이 성
명 '猩(xīng)'과 같음.
☞ shēng

**星 xīng 별 성
명 1 별. ¶披~戴月=별빛을 이고 나가 달빛을 지고 들어오다. 새벽부터 밤늦게까지 부지런히 일하다. / 月明~稀=달은 밝고 별은 드문드문하다. 2 (天) 천체. [태양·달·지구를 포함한 우주에 존재하는 모든 물체] ¶行~=행성. / 恒~=항성. 3 별 모양의 것. ¶五角~=오각별. 4 (~儿) 부스러기. 작은 조각. 반짝이는 것. ¶唾沫~儿=침방울. / 一~半点儿=약간. 5 (금속으로 표시한 저울대의) 눈. ¶秤~=저울눈. / 准~=정반성. [저울대의 첫째 눈] 6 뷔 스타. ¶歌~=스타 가수. / 球~=(구기 운동의) 유명 선수. / 救~=구세주. 7 (天) 성수(星宿). [이십팔수(二十八宿)의 하나] 8 (Xīng) 성(姓).

○● 矮ǎi星, 伴bàn星, 变星, 晨chén星, 称chèng星, 福星, 海星, 红星, 昏星, 金星, 救星, 巨星, 魁kuí星, 零星, 流星, 明星, 木星, 三星, 寿shòu星, 双星, 水星, 岁星, 童星, 土星, 新星, 行星, 一星儿, 陨yǔn星, 灾zāi星, 贼zéi星, 镇zhèn星, 值星, 主星

○ 星 xīng
醒 xīng
腥 xīng
猩 xīng
惺 xīng

【星表】 xīngbiǎo 명 (天) 성표. 항성표. 성위표. 항성 목록.
【星卜】 xīngbǔ 명 별점. 점성(占星).
【星辰】 xīngchén 명 별. 성신. ¶~密布=별들이 빽빽하다. ≒星斗
【星虫】 xīngchóng 명 (动) 별벌레(류). 성충(류). =【沙虫】 shāchóng
【星等】 xīngděng 명 (天) 광도 계급.
【星斗】 xīngdǒu 명 별. 성두. ¶满天~=온 하늘이 별들로 가득하다. ≒星辰
【星光】 xīngguāng 명 성광. 별빛. ¶~闪烁= 별빛이 반짝이다.
【星汉】 xīnghàn 명(용) 은하(수). 고하(高河). 성하(星河). 성한(星漢). 우한(牛漢). 운한(雲漢). 은한(銀漢). 은황(銀潢). 천하(天河). 천한(天漢). 천황(天潢). 하한(河漢). ¶~灿烂=은하수가 찬란하다.

【星号】 xīnghào 명 별표. [별 모양의 부호로, '*'로 나타내며, 주로 각주를 달거나 단락을 나눌 때 쓰임]
【星河】 xīnghé 명 은하(수). 고하(高河). 성하(星河). 성한(星漢). 우한(牛漢). 운한(雲漢). 은한(銀漢). 은황(銀潢). 천하(天河). 천한(天漢). 천황(天潢). 하한(河漢). ≒银河
【星火】 xīnghuǒ 명 1 성화. 별똥별[유성]의 빛. 2 비 빠르거나 매우 급박한 상황. ¶急如~=더 없이 다급하다. 3 불똥. ¶~四溅=불똥이 사방으로 튀다.
【星火计划】 xīnghuǒ jìhuà 명 성화 계획. 스파크 프로그램. [1985년, 중국 공산당 중앙과 국무원이 국가 과학 기술 위원회에 위탁하여 초안을 잡은, 지방 경제를 진흥시키기 위한 계획]
【星火燎原】 xīnghuǒ-liáoyuán ☞ 【星星之火, 可以燎原】 xīngxīng zhī huǒ, kěyǐ liáoyuán
【星级】 xīngjí 명 호텔 등급. [국제적으로 한 개에서 다섯 개까지의 별로 호텔의 등급을 나타냄] ¶五~饭店=특1급 호텔. 명 1 높은 수준[등급]의. ¶~服务=수준 높은 서비스. 2 스타급의. ¶~人物=스타급 인물.
【星际】 xīngjì 명 (行) 성간. 별과 별 사이. ¶~空间=성간의 우주 공간.
【星空】 xīngkōng 명 별이 총총한 하늘. ¶~浩瀚=별이 총총한 하늘이 드넓다.
【星罗棋布】 xīngluó-qíbù 성 1 별처럼 늘어서고 바둑알처럼 벌려 있다. 2 비 넓은 공간에 촘촘하게 분포되어 있다. [사방에 넓고 고르게 분포되어 있는 모양]
【星命】 xīngmìng 명 별점. 점성.
【星期】 xīngqī 명 1 칠요(일). 칠치(七值). 주(週). 주일. ¶还有一个~就要开学了。=1주일 후면 개학한다. 2 요일(曜日). ¶~一=월요일. / ~五=금요일. 3 ☞【星期日】 xīngqīrì
【星期日】 xīngqīrì 명 일요일. =【星期天】 xīngqītiān 양 【星期】 xīngqī ¶明天是~, 他打算带孩子去动物园。=내일은 일요일이라, 그는 아이를 동물원에 갈 생각이다.
【星期天】 xīngqītiān ☞【星期日】 xīngqīrì
【星球】 xīngqiú 명(天) 천체. 성체. 별. [태양·달·지구를 포함함]
【星球大战】 xīngqiú dàzhàn 명 (军) 스타 워즈(star wars). 스타 워즈 계획. 미국의 전략 방위 구상(SDI)의 속칭. =【星球大战计划】 xīngqiú dàzhàn jìhuà
【星球大战计划】 xīngqiú dàzhàn jìhuà ☞ 【星球大战】 xīngqiú dàzhàn
【星散】 xīngsàn 통용 1 하늘의 별처럼 흩어지다. 2 비 (원래 같이 있던 사람들이) 산산이[뿔뿔이] 흩어지다. ¶当年的战友如今~全国各地。 =당시의 전우들이 지금은 전국 각지에 뿔뿔이 흩어져 있다.
【星术】 xīngshù ☞【占星术】 zhānxīngshù
【星速】 xīngsù 형용비 유성처럼 빠르다. 신속하다. ¶~赶来=신속하게 달려오다.

【星探】xīngtàn 图 스타 매니지먼트. 연예 스타 발굴 전문업자.

【星体】xīngtǐ 图(天) 천체. 성체. [주로 태양·지구·달 등과 같이 개개의 천체를 가리킴]

【星条旗】xīngtiáoqí 图 성조기.

【星图】xīngtú 图(天) 성도. 성공도(星空圖). 항성도(恒星圖).

【星团】xīngtuán 图(天) 성단. 성군(星群).

【星系】xīngxì ☞【恒星系】héngxīngxì

【星相】xīngxiàng 图 점성과 관상.

【星象】xīngxiàng 图 성상. 별자리의 모양.

【星星】xīngxīng 图団 작으나 분산되어 있는 물건. 부스러기. ¶回来的时候别忘了买盐,家里一~盐也没有了.=돌아올 때 소금 사 오는 거 잊지 마, 집에 소금이 하나도 없어요.

【星星】xīng·xing 图団 별. ¶无数的~在夜空中眨着迷人的眼睛.=무수히 많은 별들이 밤 하늘에서 매혹적인 눈들을 깜박이고 있다.

【星星点点】xīngxīng diǎndiǎn 图 1 넓게 좍 펼쳐진. 성기게 널리. ¶草原上缀满~的野花.=초원에 들꽃들이 좍 수놓아져 있다. 2 소소하다. 사소하다. 자잘하다. 자질구레하다. ¶他创作的素材来源于平日~的积累.=그의 창작 소재는 일상 생활에서 조금씩 쌓아 온 것이다.

【星星之火, 可以燎原】xīngxīng zhī huǒ, kěyǐ liáoyuán 图 1 작디작은 불티가 들판 전체를 태울 수 있다. 2団 지금은 비록 아주 미약한 힘이지만 강한 생명력을 갖고 있어 점차 빠른 속도로 발전할 수 있다. 3団 작은 소동이 커다란 재난이 될 수 있다. =【星火燎原】xīnghuǒ-liáoyuán

【星宿】xīngxiù 图(天) 성수. 별자리. [모두 이십팔수(二十八宿)로 나눔]

【星眼】xīngyǎn 图団 (여자의) 아름다운 눈. 별과 같은 눈. ¶~顾盼=아름다운 눈으로 주위를 둘러보다.

【星夜】xīngyè 图 1 성야. 별밤. 별이 총총한 밤. 2 밤새. 밤 내내. 밤사이. ¶~启程=밤새 떠나다.

【星移斗转】xīngyí-dǒuzhuǎn 图 1 별자리가 이동하고, 북두칠성이 방향을 바꾸다. 2団 계절이 바뀌고 세월이 흐르다. =【星转斗移】xīngzhuǎn-dǒuyí

【星移物换】xīngyí-wùhuàn ☞【物换星移】wùhuàn-xīngyí

【星雨】xīngyǔ 图(天) 성우. 유성우(流星雨).

【星云】xīngyún 图(天) 성운. 성무(星霧). 네불러(nebula).

【星占】xīngzhān 图 성점. 별점. 점성.

【星转斗移】xīngzhuǎn-dǒuyí ☞【星移斗转】xīngyí-dǒuzhuǎn

【星子】xīng·zi 图 1 부스러기. 작은 조각. ¶唾沫~=침방울. 2 별. ¶一天的~=온 하늘에 가득한 별.

【星座】xīngzuò 图(天) 성좌. 별자리.

# 驿[騂] xīng 붉은 말 성

图图 붉은 말〔소〕.

*【猩】xīng 성성이 성

图(動) 성성이. 오랑우탄.

【猩红】xīnghóng 图 성성이가 피같이 붉다. 새빨갛다. 선홍색의. 다홍빛의. ¶她~的外套非常耀眼.=그녀의 선홍색 외투가 대단히 눈부시다.

【猩红热】xīnghóngrè 图(醫) 성홍열.

【猩猩】xīng·xing 图(動) 오랑우탄. 성성이.

【猩猩木】xīng·xingmù ☞【一品红】yīpǐnhóng

【惺】xīng 영리할 성

图图 1 현명하다. 총명하다. 똑똑하다. 영리하다. 2 깨닫다. 각성하다. 깨다. 정신을 차리다.

【惺忪】[惺松] xīngsōng 图 게슴츠레하다. ¶睡眼~=졸음이 와서 눈이 게슴츠레하다.

【惺松】xīngsōng ☞【惺忪】xīngsōng

【惺悟】xīngwù 圖图 깨닫다. 정신을 차리다. 각성하다. 깨다.

【惺惺】xīngxīng 图 1 (団) (정신이) 맑다. 또렷하다. ¶愁绝始~=근심이 끝나자 정신이 맑아지기 시작하다. 2 총명하다. 똑똑하다. 영리하다. ¶此人半是~半是愚.=이 사람은 반은 똑똑한데 반은 어리석다. 3 상냥하다. 사근사근하다. 선하다. 친절하다. ¶假~=짐짓 상냥한 척하다. 图 똑똑한〔현명한·총명한·영리한〕 사람. ¶~相惜=총명한 사람끼리 서로 아끼다.

【惺惺惜惺惺】xīngxīng xī xīngxīng 图 총명한 사람은 총명한 사람을 존중하고 아낀다. 처지가 비슷한 사람끼리 동정하다. 영웅이 영웅을 아끼다. [성격·재능·처지 등이 비슷한 사람들끼리 서로 아끼고 존중하거나 동정함을 가리킴]

【惺惺作态】xīngxīng-zuòtài 图 마음에도 없는 말〔행동〕을 하다. 짐짓 …인 체하다. …을〔를〕 가장하다.

*【腥】xīng 비릴 성

图 1 생육. 날고기. 2 (생선이나 육류 등의) 고기류. ¶不沾荤~=육류를 먹지 않다. 3 비린내. ¶多放些料酒,把鱼去去~.=조리중 술을 많이 넣어서 생선의 비린내를 싹 없앤다. 图 비린내가 나다. ¶~臭扑鼻=비리고 퀴퀴한 냄새가 코를 찌르다.

o-o 鱼腥草

【腥臭】xīngchòu 图 (냄새가) 비리고 퀴퀴하다. ¶死鱼虾散发出一股子~味儿.=죽은 해산물들이 비리고 퀴퀴한 냄새를 풍긴다.

【腥风血雨】xīngfēng-xuèyǔ 图 1 비린내 나는 바람과 피가 섞여 내리는 비. 2団 참혹한 살육의 현장. 참혹한 전쟁터. =【血雨腥风】xuèyǔ-xīngfēng

【腥气】xīng·qi 图 비린내. ¶这鱼的~很重.=이 생선의 비린내가 심하다. 图 비리다. ¶这鱼太~了.=이 생선은 너무 비리다.

【腥臊】xīngsāo 图 (냄새가) 비리고 노리다. ¶

~难闻＝비린내가 역겹다.
【腥膻】xīngshān 形 (냄새가) 비리고 노리다. ¶他吃不惯~的食物。＝그는 노린내가 나는 음식을 잘 못 먹는다.
【腥味儿】xīngwèir 名 1 비린내, 비린 맛. 2 육류. 비린 것. ¶老人吃素，从不沾~。＝노인은 야채만 먹지 육류는 절대 먹지 않는다.

## 箵 xīng 종다래끼 성
☞【笭箵】língxīng

## 刑 xíng 형벌 형
名 1 형. 형벌. ¶徒~＝징역. / 判~＝형을 선고하다. 2 (범인에게) 가하는 각종) 체벌. ¶用~＝고문 도구로 고문하다. / 受~＝고문을 당하다. 3 (Xíng) 성(姓).

刑 xíng
型 xíng
硎 xíng

○● 处chǔ刑, 从刑, 大刑, 动刑, 毒刑, 服刑, 宫刑, 极刑, 减刑, 绞jiǎo刑, 酷kù刑, 量刑, 临刑, 流刑, 免刑, 肉刑, 私刑, 五刑, 行刑, 严刑, 主刑

【刑案】xíng'àn 名 形 刑事案件(형사 사건).
【刑场】xíngchǎng 名 형장. 사형장.
【刑罚】xíngfá 名(法) 형. 형벌.
【刑法】xíngfǎ 名(法) 형법. 형률.
【刑法】xíng·fa 名(책) (불법의) 고문. 체벌. ¶施以~＝체형을 가하다.
【刑房】xíngfáng 名 1 역 형방. [형전(刑典)에 관한 일을 맡아 보던 부서] 2 (불법으로 설치한) 고문실. ¶私设~＝사설 고문실.
【刑警】xíngjǐng ☞【刑事警察】xíngshì jǐngchá
【刑具】xíngjù 名 형구. 형기(刑器). 옥구(獄具). 고문 도구.
【刑律】xínglǜ 名(法) 형법. 형률. ¶触犯~＝형법을 어기다.
【刑满】xíngmǎn 动 형기를 채우다. ¶~释放＝형기를 채워 석방하다.
【刑名】xíngmíng 名 1 (고대의) 법률. ¶~学＝형명학. 2 刑名之学(형명지학). 3 (사형·무기징역·집행유예 등과 같은) 형벌의 명칭. 4 청(清)대에 형사(刑事) 업무를 주관하던 막료. ¶~师爷＝(청대의) 형사 담당 막료.
【刑期】xíngqī 名(法) 형기.
【刑事】xíngshì 名(法) 형사. [ '民事(민사)' 와 구별됨] ¶触犯刑法必须承担~责任。＝형법을 어기면 반드시 형사상의 책임을 져야 한다.
【刑事案件】xíngshì ànjiàn ☞【刑案】xíng'àn
【刑事法庭】xíngshì fǎtíng 名(法) 형사 법정. 约【刑庭】xíngtíng
【刑事犯】xíngshìfàn 名(法) 형사범.
【刑事警察】xíngshì jǐngchá 名(法) 1 형사 경찰. 사법 경찰. 2 형사. 约【刑警】xíngjǐng
【刑事拘留】xíngshì jūliú 名(法) 형사 구류.
【刑事判决】xíngshì pànjué 名(法) 형사 판결.

【刑事诉讼】xíngshì sùsòng 名(法) 형사 소송.
【刑事责任】xíngshì zérèn 名(法) 형사 책임.
【刑庭】xíngtíng ☞【刑事法庭】xíngshì fǎtíng
【刑讯】xíngxùn 动 고문하다. ¶禁止~＝고문을 금지하다.
【刑讯逼供】xíngxùn bīgòng 名 고문에 의한 강제 자백.
【刑杖】xíngzhàng 名(옛) 곤장. 형장.
【刑侦】xíngzhēn 动 수사하다. ¶~人员＝수사 요원.
【刑种】xíngzhǒng 名 형벌의 종류.

## 邢 Xíng 성씨 형
名 성(姓).
【邢台】Xíngtái 名(地) 싱타이. [허베이(河北) 성에 있는 지명]

## 行 xíng 갈 행
动 1 걷다. 가다. ¶飞~＝비행하다. 날아가다. / 寸步难~＝한 발자국도 옮기기가 힘들다. 2 외출하다. 여행하다. ¶澳洲之~＝오스트레일리아로 여행하다. / 不虚此~＝(여행이나 견학 등에서) 풍성한 수확을 거두다. 3 유통하다. 널리 퍼뜨리다. ¶发~＝발행하다. / 风~＝풍미하다. 4 행하다. 실행하다. 처리하다. ¶试~＝시행하다. / 执~＝집행하다. 5 …해도 좋다. …해야 된다. ¶只有这样才~。＝이렇게 해야만 된다. 6 …(활동)을 하다. [단음절 대명사 또는 부사와 쌍음절 동사 사이에 쓰임] ¶自~处理＝스스로 처리하다. / 另~通知＝따로 알리다. 7 약을 복용한 후 약효가 나게 하다. ¶~药＝약효를 내게 하다. 形 1 여행의. 여행에 관련된. ¶收拾~装＝여장을 꾸리다. / ~踪不定＝종적이 묘연하다. 2 유동하는. 임시의. ¶修建~宫＝행궁을 짓다. / ~商坐贾＝행상과 좌고. 도붓장사와 앉은장사. 3 유능하다. 능란하다. 능력 있다. 대단하다. ¶小家伙真~，一口气能背三十个英语单词。＝단숨에 영어 단어 서른 개를 외울 수 있다니, 그 녀석 정말 대단하구나. 昭 곧. 머지않아. ¶~将＝곧 …게 되다. / ~及半岁＝곧 반 년이 되다. 名 1 노정. 여정. 길. ¶千里之~, 始于足下。＝천리 길도 한 걸음부터. 2 행위. 행동. 거동. ¶言~＝말과 행동. / 德~＝덕행. 3 행서(行书). ¶~、草、篆、隶＝행서·초서·전서·예서. 4 고시(古诗)의 한 형식. ¶《琵琶~》＝《비파행》. 5 (Xíng) 성(姓). 논走 ↔止
☞ háng, hàng, héng

○● 颁bān行, 暴行, 并行, 操行, 畅chàng行, 出行, 辞行, 德行, 断行, 仿fǎng行, 放行, 飞行, 风行, 奉行, 躬gōng行, 孤gū行, 航háng行, 横héng行, 后行, 践行, 滑行, 画行, 环huán行, 秽huì行, 纪行, 饯jiàn行, 进行, 开行, 刊kān行, 可行, 苦行, 厉lì行, 力行, 临行, 流行, 履lǚ行, 逆nì行, 爬行, 品行, 平行, 起行, 潜qián行, 强qiáng行, 上行, 蛇shé行, 摄shè行, 盛shèng

行 **xíng** 2185

行, 时行, 实行, 试行, 肆sì行, 送行, 通行, 同行, 推行, 微wēi行, 无行, 五行, 下行, 先行, 现行, 销xiāo行, 邪xié行, 性行, 修行, 巡xún行, 一行, 印行, 游行, 预行, 远行, 运行, 暂zàn行, 自行, 遵zūn行

【行百里者半九十】 **xíngbǎilǐzhě bànjiǔshí** 㑒 **1** 백릿길을 가는 사람은 구십 리를 반으로 잡는다. **2** ㊛ 일은 성공이 가까워 올수록 더욱 어려워진다. [주로 다른 사람에게 맡은 일에 대해 한층 더 분발하고, 유시유종하라고 격려할 때 쓰임]

【行包】 **xíngbāo** 图 **1** 짐. 행장. ¶打点~ = 행장을 꾸리다. **2** 여행(용) 가방. ¶~随身背着. = 여행 가방을 항상 등에 메고 있다.

【行笔】 **xíngbǐ** 动 행필하다. 운필(運筆)하다. 용필(用筆)하다. ¶~疾书 = 매우 빨리 글을 쓰다.

【行波】 **xíngbō** 图(電) 진행파. ¶~放大器 = 진행파 증폭기.

【行不通】 **xíng·butōng** 动 통행할 수 없다. 해낼 수 없다. 해내지 못하다. 실현할 수 없다. 통하지 않다. 불가능하다. ¶想了很多办法都~. = 많은 방법을 생각해 보았지만 모두 실현 불가능하다.

【行不由径】 **xíngbùyóujìng** 㑒 **1** 좁은 길[지름길]로 가지 않다. **2** ㊛ 행동이 떳떳하다. **3** ㊛ 낡은 틀에 매달리다.

【行藏】 **xíngcáng** 动㊛ 관직에 나가거나 사직하고 은거하다. 진퇴하다. ¶用舍~ = 등용되면 나와서 도를 행하고 버림을 받으면 은거하여 도를 닦는 군자의 처세. 图㊛ 행적. 내력. 내막. 내정(內情). ¶识破~ = 내막을 간파하다.

【行草】 **xíngcǎo** 图 행초. [행서와 초서의 중간서체로, '行楷(해행)' 와 구별됨]

【行车】 **xíngchē** 动 운전하다. 운행하다. 차를 몰다. ¶安全~ = 안전 운전하다.
☞ **hángchē**

【行成于思】 **xíngchéngyúsī** 㑒 **1** 성공은 사고[생각]를 많이 함에 있다. [(당)(唐)대 한유(韓愈)의《進學解》에 "行成于思, 毀于隨 (성공은 생각을 많이 하기 때문이며, 실패는 생각없이 일을 하기 때문이다)." 란 말에서 유래함] **2** 성공의 관건은 많이 사고를 하여 방법을 생각해 내는 데에 있다.

【行程】 **xíngchéng** 图 **1** 노정. 여정. 길. ¶~遥远 = 여정이 아득히 멀다. **2** 진행 과정. 진도. 추이. ¶人类历史发展的~ = 인류 역사의 발전 과정. **3** 同【冲程】 **chōngchéng**

【行船】 **xíngchuán** 动 배를 운행하다. 배를 몰다. ¶冰期不能~. = 결빙기에는 배를 운행할 수 없다. 图 항해 중인 선박(배). 떠다니는 배. ¶江面上, ~往来穿梭. = 강 위에 배들이 쉴새 없이 드나든다.

【行刺】 **xíngcì** 动 (흉기로) 암살하다. ¶密谋~ = 암살을 은밀히 모의하다. ↔遇刺

【行道】 **xíngdào** 图 도로. 길. ¶~两旁是高大的梧桐树. = 도로 양쪽에는 커다란 오동나무들이 서 있다. 动 자기의 정치 주장을 펴다. 하늘의 뜻을 널리 펼치다. ¶替天~ = 하늘을 대신해서 정의를 행하다.
☞ **háng·dao**

【行道树】 **xíngdàoshù** 图 가로수. 도로수.

【行得通】 **xíng·detōng** 动 실행할 수 있다. 통할 수 있다. 처리할 수 있다. ¶这个办法一定~. = 이 방법은 반드시 통할 수 있다.

【行动】 **xíngdòng** 动 **1** 움직이다. 걷다. 걸어다니다. ¶~自如 = 움직임이 자유롭다. **2** (어떤 목적을 이루기 위해) 행동하다. 활동하다. 행동을 취하다. ¶为了创建精神文明城市, 全体市民都~了起来. = 정신 문화 도시를 건설하기 위해 모든 시민들이 움직이기 시작했다. 图 행위. 거동. 동작. 행동. ¶密切关注对方的~. = 상대방의 거동을 세심하게 주시하다. ≒行为 举动

【行都】 **xíngdū** 图㊛ 임시 수도.

【行方便】 **xíng fāng·bian** 편의를 봐주다. ¶请你行个方便, 让我进去找个人. = 사람을 찾으려고 하니 들어가도록 편의를 좀 봐주세요.

【行房】 **xíng‖fáng** 动 부부 생활을 하다. 부부 간에 성관계를 하다.

【行宫】 **xínggōng** 图 행궁. 이궁(離宮).

【行好】 **xíng‖hǎo** 动 자선을[은혜를] 베풀다. 불쌍하게 여겨 봐주다. 용서하다. ¶先生行行好, 给点儿钱吧. = 선생님, 불쌍하게 여겨서 돈 몇 푼 베풀어 주세요.

【行洪】 **xínghóng** 动 홍수를 (관리하여) 소통시키다.

【行贿】 **xíng‖huì** 动 뇌물을 주다[먹이다]. ¶~受贿 = 뇌물을 주는 것과 뇌물을 받는 것. ↔受贿

【行贿罪】 **xínghuìzuì** 图(法) 뇌물 공여죄.

【行迹】 **xíngjì** 图 행방. 자취. 행적. 종적. ¶~不定 = 행적이 묘연하다.

【行奸】 **xíngjiān** 动 간음하다. 간통하다.

【行将】 **xíngjiāng** 副㊛ 바야흐로. 머지않아. 미구에. 불원간에. 이제 곧. ¶~消亡 = 머지않아 소멸하다.

【行将就木】 **xíngjiāng-jiùmù** 㑒 오래지 않아 관 속에 들어가게 된다. 죽을 날이 가깝다. ≒日薄西山

【行脚】 **xíngjiǎo** 动 행각하다. 유행(遊行)하다. ¶~僧 = 행각승.

【行劫】 **xíngjié** 动 강탈하다. 약탈하다. 빼앗다. 강도짓을 하다. ¶拦路~ = 길을 막고 강탈하다.

【行进】 **xíngjìn** 动 앞으로 나아가다. 전진하다. ¶部队在密林中~. = 부대가 밀림에서 전진한다. ≒前进

【行经】 **xíngjīng** 动 **1** 통과하다. 지나다. 거쳐가다. ¶轮船从重庆出发, ~武汉到达上海. = 선박이 충칭(重庆)에서 출발하여 우한(武汉)을 거쳐 상하이(上海)에 도착한다. **2** 월경하다. 생리하다. 멘스하다. 달거리하다.

【行径】 **xíngjìng** 图 행위. 행동. 행실. 거동. 짓거리. ¶丑恶~ = 추악한 짓.

【行酒】 **xíngjiǔ** 动 술을 권하다. ¶主人起身~ = 주인이 일어나서 술을 권하다.

【行军】 **xíng‖jūn** 动(軍) 행군하다. ¶急~ =

빠르게 행군하다. 급행군.
【行军虫】 xíngjūnchóng ☞【黏虫】niān chóng
【行军床】 xíngjūnchuáng 몡 야전 (간이) 침대. [주로 행군이나 야전에서 작업할 때 사용하도록 지급함] =【帆布床】 fānbùchuáng
【行楷】 xíngkǎi 몡 해행. [행서와 해서의 중간 서체이며, '行草(행초)'와 구별됨] =【行真】 xíngzhēn
【行乐】 xínglè 통자 행락하다. 놀고 즐기다. 즐겁게 놀다. ¶及时~=제때에 즐기다.
【行礼】 xíng‖lǐ 통 1 경례하다. 절을 하다. ¶行了一个标准的军礼。=정식 거수 경례를 했다. 2 윗 선물을 보내다[하다]. ≒施礼
【行李】 xíng·li 몡 짐. 여행짐. 행장. 수화물(手貨物).
【行李车】 xíng·lichē 몡 1 화물칸. 2 접이식 여행 캐리어. 휴대용 (핸드) 카트
【行李房】 xíng·lifáng 몡 수화물 보관소. 물품 보관소.
【行李卷儿】 xíng·lijuǎnr ☞【铺盖卷儿】 pū·gaijuǎnr
【行猎】 xíngliè 통자 사냥하다. ¶荒原~=황야에서 사냥을 하다.
【行令】 xíng‖lìng 통 1 명령하다. 명령을 내리다. ¶上级已经下个了。=상부에서 이미 서면으로 명령을 하달했다. 2 (술자리에서) 술마시기 놀이를 하다. 벌주놀이를 하다. ¶猜拳~=손가락 알아맞히기로 벌주놀이를 하다.
【行路】 xínglù 통 길을 걷다[가다].
【行旅】 xínglǚ 통자 여행하다. 외지로 가다. 외출하다. ¶~见闻=여행에서 보고 들은 견문. 몡자 여행객. 여행자. 나그네. 길손. ¶过往~=오가는 여행객.
【行囊】 xíngnáng 몡자 (여행용) 행낭. 짐.
【行骗】 xíngpiàn 통 사람을 속이다. 사기하다. ¶冒名~=사칭하여 남을 속이다.
【行聘】 xíngpìn 통약 약혼 예물을 보내다.
【行期】 xíngqī 몡 출발 날짜. ¶~已定=출발 날짜가 이미 정해지다.
【行乞】 xíngqǐ 통 구걸하다. 동냥하다. ¶沿街~=거리를 따라 구걸하다. ≒乞讨
【行气】 xíngqì 통〔醫〕행기하다. 기체(氣滯)를 풀어 주다. 막힌 기(氣)를 풀어 주다. [가슴이 답답하거나 복부 팽창 등의 질병에 적용함]
【行腔】 xíngqiāng 통〔劇〕 (중국 전통극 배우가 글자의 성조와 악보의 선율에 맞추어) 음을 길게 뽑으며 노래하다. ¶~咬字=성조와 곡조에 맞추어 음을 길게 뽑으며 가사를 창하다.
【行抢】 xíng‖qiǎng 통 강탈하다. 약탈하다. 빼앗다. ¶拦路~=길을 막고 강탈하다.
【行窃】 xíng‖qiè 통 도둑질하다. 절도하다. ¶入室~=방에 침입하여 도둑질하다.
【行人】 xíngrén 몡 행인. 길을 가는 사람. ¶~走便道。=행인은 인도로 걷는다.
【行人情】 xíng rénqíng 몡 길·흉사에 인사를 차리다. 인사치레하다.

【行若无事】 xíngruòwúshì 성 1 (긴급한 상황에서도) 아무 일 없는 듯 행동하다. 2 나쁜 사람들이 나쁜 짓을 하는데도 내버려 두고 아무런 반응이 없다.
【行色】 xíngsè 몡 (길을 떠날 때의) 행색[기세·상태·분위기]. ¶以壮~=길 떠나는 사람의 기세를 북돋워 주다.
【行色匆匆】 xíngsè-cōngcōng 성 걸음이 아주 바쁜 모양.
【行善】 xíng‖shàn 통 선행을 하다. 좋은[착한] 일을 하다. 자선을 베풀다. 자비심을 베풀다. ¶~积德=선행을 하고 덕을 쌓다. ←作恶
【行商】 xíngshāng 몡 행상. 도붓장수. 보부상. ['坐商(앉은장사)'와 구별됨] 통 장사하다. 사업하다. ¶~多年, 略有积蓄。=여러 해 동안 사업하여 모아 놓은 돈이 좀 있다.
【行赏】 xíngshǎng 통 상을 주다[내리다]. 상여(賞與)하다. 행상하다. ¶论功~=공로를 따져 상을 주다.
【行省】 xíngshěng 몡약 행성. 행중서성(行中书省). [중국 원(元)나라 때 지방 통치 기관. 현대 중국의 지방 행정 구역인 성(省)의 기원임]
【行尸走肉】 xíngshī-zǒuròu 성 1 살아 있는 송장이요, 걸어다니는 고깃덩어리. 행시주육. 2 윗 아무짝에도 쓸모가 없는 사람. 하는 일 없이 허송 세월을 보내는 사람. 산송장. 무능한 인간. 무능력자. 무기력한 사람.
【行时】 xíngshí 휑 유행이다. 최신식이다. 현대적이다. ¶款式~=스타일이 최신식이다.
【行使】 xíngshǐ 통 (직권·권력 등을) 행사하다. 집행하다. 부리다. ¶~选举权=선거권을 행사하다.
【行驶】 xíngshǐ 통 (차나 배 등이) 통행하다. 운항하다. 달리다. ¶汽车在高速公路上~。=자동차가 고속 도로를 달리고 있다.
【行事】 xíngshì 통 일을 처리하다[보다·치르다]. 실행하다. ¶照章~=규정대로 일을 처리하다. 몡 행위. 행실. 행동. ¶~欠妥=행위가 타당하지 않다.
【行书】 xíngshū 몡 행서. [한자 자체의 하나. 형체와 필세가 초서(草書)와 해서(楷書)의 중간 형태임]
【行署】 xíngshǔ ☞【行政公署】 xíngzhèng gōngshǔ
【行述】 xíngshù ☞【行状】 xíngzhuàng
【行头】 xíng·tou 몡 1〔劇〕(중국 전통극의) 무대 의상과 소도구. 2 옷차림. 복장. 차림새. 꼬락서니. [해학적인 의미를 내포함] ¶你从哪儿弄来的这身~? =너는 어디서 이런 꼬락서니를 하고 왔느냐?
【行为】 xíngwéi 몡 행위. 행동. 행실. 하는 짓. ¶你要对自己的~负责。=너는 자신의 행위에 대해 책임을 져야 한다. ≒行动
【行为美】 xíngwéiměi 몡 행위미. [인간에 내재하고 있는 심령미가 밖으로 드러나는 것으로, 행동거지·자태·생활 방식 등을 포괄함]
【行为能力】 xíngwéi nénglì 몡〔法〕행위 능력.

【行为医学】 xíngwéi yīxué 명(醫) 행동 의학.
【行为主义】 xíngwéizhǔyì 명(心) 행동 주의.
【行文】 xíngwén 동 1 문장〔글〕을 짓다. ¶如何~, 他心中已有大致的构思.=어떻게 글을 지을 것인지, 그의 마음속에는 이미 대체적인 구상이 섰다. 2 (어떤 사람이나 부서에) 공문을 보내다. ¶~各下属单位.=공문을 하급 각 부서에 하달하다. 명 문장. ¶~畅达=문장이 유창하다.
【行销】 xíngxiāo 동 (각지에) 상품을 판매하다. ¶~世界各地=세계 각지에 상품을 판매하다.
【行星】 xíngxīng 명(天) 행성. 유성. 혹성. [태양과 같은 항성(恒星)의 주위를 공전하는 천체]
【行刑】 xíng‖xíng 동(法) 1 형을 집행하다. 2 사형을 집행하다.
【行行好】 xíng·xínghǎo 동 선심을 베풀다. 자선 행위를 하다. [남에게 자선을 베풀도록 부탁하는 말] ¶~, 救救这个可怜的孩子!=선심을 베풀어, 이 불쌍한 아이를 도와 주십시오.
【行凶】 xíng‖xiōng 동 폭행하다. 사람을 때리다〔해치다〕. 살해〔살인〕하다. ¶持枪~=총으로 살해하다.
【行医】 xíng‖yī 동 의사 노릇을 하다. 의료 행위에 종사하다. ¶他家世代~。=그의 집안은 대대로 의사 노릇을 해 왔다.
【行易知难】 xíngyì-zhīnán ☞【知难行易】zhīnán-xíngyì
【行营】 xíngyíng 명(옛) 1 야전 임시 군영〔병영〕. 군대의 임시 주둔지. 2 야전 사령부. 사령관이 있는 군영〔병영〕. 3 (주둔지의) 사령부. ¶南昌~=난창 사령부.
【行辕】 xíngyuán 명(옛) 1 고급 문관이나 무관이 외출시에 임시로 공무를 보거나 거주하던 곳. 임시 군영. 2 군대 주둔지에 설치한 사무 기구.
【行远自迩】 xíngyuǎn-zì'ěr 1 천리 길도 한 걸음부터 시작된다. 2(비) 성공은 작은 데서부터 출발하여 이루어지는 것이다.
【行云流水】 xíngyún-liúshuǐ 성 1 떠다니는 구름 같고 흐르는 물 같다. 2(비) 글이나 가창 등이 자연스럽고 유창하다. 막힘없이 자연스럽다.
【行在】 xíngzài 명(옛) 1 황제가 있는 곳. 2 황제가 순행을 하던 곳. 행재소(行在所). [황제가 나들이할 때 잠시 머물던 곳.=【行在所】xíngzài suǒ
【行在所】 xíngzàisuǒ ☞【行在】 xíngzài
【行诈】 xíngzhà 동 사기하다. 속이다. 사기 협잡하다. ¶四处~=여러 곳에서 사기를 치다.
【行者】 xíngzhě 명 1 행인. 2(佛) 행자.
【行针】 xíngzhēn 1 바늘로 재봉하다. 바느질하다. ¶~走线=바느질하다. 2(醫) 침을 놓다.
【行真】 xíngzhēn ☞【行楷】 xíngkǎi
【行政】 xíngzhèng 명 행정. [국가의 사무를 관리하는 일] ¶~机关=행정 기관. 2 행정. 사무. [기업·단체·기관 등의 내부 사무를 관리하는 일] ¶~人员=사무 담당 직원.
【行政处罚】 xíngzhèng chǔfá 명(法) 행정 처벌. [행정 법규 위반에 대한 행정 제재]
【行政处分】 xíngzhèng chǔfēn 명 행정 처분.

【行政公署】 xíngzhèng gōngshǔ 명(옛) 1 일정 지역을 책임지는 지방 행정 기구. 2 시(市)로 편제되기 전 단계의 지역 행정 기관. 약【行署】xíngshǔ
【行政机关】 xíngzhèng jīguān 명 행정 기관.
【行政拘留】 xíngzhèng jūliú 명(法) 행정 구류. [공안 기관이 치안 관리 조례 위반자에게 집행하는 행정 처벌의 하나]
【行政区】 xíngzhèngqū 명 행정구. [국가 행정 기관이 설치된 각급 지구] ¶市~=시 행정구.
【行政区划】 xíngzhèng qūhuà 명 행정 구획〔구분〕. [국가가 행정 관리를 위해 국토를 구획하는 것]
【行之有效】 xíngzhī-yǒuxiào 성 (방법이나 조치 등을) 실행하여 효과가 있다.
【行政院】 xíngzhèngyuàn 명 행정원. [타이완(台湾)성의 정부 기구]
【行止】 xíngzhǐ 명(문) 1 행방. 종적. 행적. 자취. 소재. ¶~无定=행방이 분명하지 않다. 2 행동거지. 품행. ¶~不检=행동거지를 제멋대로 하다. 행동거지가 신중하지 못하다.
【行舟】 xíngzhōu 동 (배를) 운항하다. ¶逆水~=물을 거슬러 배를 운항하다.
【行装】 xíngzhuāng 명 행장. 여장(旅装). [주로 본거지를 떠날 때 꾸리는 짐을 가리킴] ¶收拾~=행장을 꾸리다.
【行状】 xíngzhuàng 명(문) 행장. [죽은 사람의 세계(世系)·성명·자호(字號)·관향(貫鄉)·관작(官爵)·생몰 연월 및 언행 등을 대략적으로 기술한 문장]=【行述】 xíngshù
【行踪】 xíngzōng 명 행방. 종적. 행적. 자취. 소재. ¶~诡秘=행방이 묘연하다. ≒踪迹
【行走】 xíngzǒu 동 걷다. 길을 가다. 길을 떠나다. 거닐다. ¶扭伤了脚, ~不便.=발을 삐어서 걷기가 불편하다.

## 饧[餳] xíng 엿 당

명(문) 1 엿. ¶~糖=물엿. 동 (사탕이나 밀가루 반죽 등이) 무르게 변하다. 물렁물렁해지다. 흐물흐물해지다. ¶糖放得时间太长了, 都~了.=사탕을 너무 오래 놓아 둬서 모두 물러졌다. 형 (눈을 반쯤 감아) 거슴츠레하다. 흐리멍덩하다. ¶眼睛直发~.=눈이 줄곧 흐리멍덩하다.
☞ táng

## *形 xíng 모양 형

명 1 형체. 실체. ¶无~=형체가 없다. / 有~=형체가 있다. 2 형. 형상. 모양. 모습. ¶圆~=원형. / 原~毕露=정체가 완전히 드러나다. 동 1 나타나다. 드러나다. ¶~诸笔端=붓끝에 나타나다. 문장으로 나타내다. / 喜~于色=기쁨이 얼굴에 나타나다. 2 대조하다. 비교하다. ¶相~之下=비교해 보면. / 相~见绌=비교해 보면 (어느) 한쪽이 부족한 것이 드러난

**xíng** 形

ㄴ像 象 相

◐ 变形, 波形, 雏chú形, 化形, 环huán形, 畸jī形, 矫jiǎo形, 矩jǔ形, 口形, 菱líng形, 情形, 梯tī形, 体形, 条形, 忘形, 显形, 现形, 线形, 象形, 原形, 整形

【形变】 **xíngbiàn** 图(物) 변형되다.
【形成】 **xíngchéng** 图 (어떤 사물이나 기풍·국면 등이) 형성되다. 이루어지다. ¶~三足鼎立的格局. =삼자가 병립하는 구도가 되다. 삼자 대립의 국면이 형성되다.
【形成层】 **xíngchéngcéng** 图(植) 부름켜. 형성층.
【形单影孤】 **xíngdān-yīnggū** ☞【形单影只】 **xíngdān-yǐngzhī**
【形单影只】 **xíngdān-yǐngzhī** 图 홀로 있는 형체와 그림자. 고독하고 동반자가 없다. 동반자 없이 고독한 모양. 아무 의지할 것 없이 외롭고 고독한 모양. =【形单影孤】 **xíngdān-yīnggū**
【形只影单】 **xíngzhī-yǐngdān**
【形而上学】 **xíng'érshàngxué** 图(哲) 1 형이상학. [사물의 본질이나 존재의 근본 원리 등을 사유(思惟)나 직관에 의해 연구하는 학문.《周易·繫辭(주역·계사)》에서 "形而上者谓之道, 形而下者谓之器(형상 이전의 것을 道라고 하고, 형상 이후의 것을 器라고 한다)."라고 한 것처럼, 形이상은 본디 무형의 것이나 추상적인 것을 나타내는 말이었는데, 나중에 경험할 수 있는 것 이외의 대상 즉, 신·영혼·의지·자유 등을 연구하는 철학을 가리키게 됨] 2 형이상학. [철학에서 우주의 근본 원리를 탐구하는 부분] 3 형이상학. 비변증법적 사고. [변증법과 대립적인 세계관과 방법론을 가리킴] =【玄学】 **xuánxué** ↔形而下学
【形格势禁】 **xínggé-shìjìn** 图 형세(환경)의 제약을[방해를] 받다. 구속을 받아 자유롭지 못하다.
【形骸】 **xínghái** 图图 사람의 몸둥이[몸과 뼈]. 육체. 형해. 사람의 형체. ¶放浪~=몸을 둘 곳 없이 방랑하다.
【形秽】 **xínghuì** 图图 용모나 행동거지가 남루하다[초라하다]. 행색이 보잘것없다. [주로 겸어(謙語)로 쓰임] ¶自惭~=행색이 초라해서 부끄러워하다.
【形迹】 **xíngjì** 图 1 거동과 기색. 행동거지. 기미. ¶~可疑=행동거지가 수상하다. 2 흔적. 자취. 형적. ¶不露~=자취를 드러내지 않다. 3 예법. 의례. 규칙. 형식. ¶不拘~=규칙[형식]에 얽매이지 않다.
【形景】 **xíngjǐng**(~儿) 图 정세. 정황. 형편. 사정. 상황. ¶~可怜=사정이 딱하다.
【形貌】 **xíngmào** 图 용모. 생긴 모양. 모습. 형모. ¶~清秀=용모가 맑고 빼어나다.
【形旁】 **xíngpáng** 图(言) 형방. 형부. 의부. 의미부. [육서(六書)의 형성자(形聲字)에서 뜻을 나타내는 부분] =【意符】 **yìfú**
【形容】 **xíngróng** 图图(言) 용모. 생김새. 형상. 모양. 모습. ¶枯槁=용모가 초췌하다. 图 형용하다. 묘사하다. ¶激动的心情难以~。=끓어오르는 심정을 형용하기 어렵다.
【形容词】 **xíngróngcí** 图(言) 형용사.
【形声】 **xíngshēng** 图(言) 형성. 해성(諧聲). [한자 육서(六書)의 하나. 두 글자를 합하여 새 글자를 만드는 방법으로, 한 쪽은 그 글자의 뜻을, 다른 한 쪽은 음을 나타냄. 예를 들면, '防'자에서 'β(阜)'는 뜻을 나타내는 형부(形符)이고, '方'은 소리를 나타내는 성부(聲符)임] =【谐声】 **xiéshēng**
【形声字】 **xíngshēngzì** 图(言) 형성자. [형부(形符)와 성부(聲符)로 이루어진 글자]
【形胜】 **xíngshèng** 图图 지세가 뛰어나다. ¶~之地=지세가 뛰어난 땅.
【形式】 **xíngshì** 图 1 형식. 형태. ¶~各异=형태가 각기 다르다. 2 형식. [내용을 표현하는 방식. '内容(내용)'과 구별됨] ¶本文实现了内容和~完美统一。=본문은 내용과 형식의 완벽한 통일을 이루었다. ㄴ模式
【形式逻辑】 **xíngshì luó·ji** 图(論) 형식 논리. 형식 논리학.
【形式主义】 **xíngshìzhǔyì** 图 1 형식주의. [실질을 등한시하고 형식에 치우친 생각이나 작업 풍조] ¶踏踏实实干工作, 不搞~。=착실하게 일하고 건성[형식적]으로 하지 않다. 2 형식주의. [19세기 말에서 20세기 초에 형성된 내용보다 형식을 더 중시하는 반현실주의적 예술 사조]
【形势】 **xíngshì** 图 1 지세. [주로 군사적인 표현으로 쓰임] ¶~要=지세가 험하다. 2 정세. 형편. 상황. ¶~对我们相当有利。=상황이 우리에게 상당히 유리하다.
【形势逼人】 **xíngshì-bīrén** 图 사회 환경의 변화 발전이 사람에게 상응하는 노력을 요구하다. 형세가 사람을 압박하다. 사람이 대세에 떠밀려 그렇게 하지 않을 수 없게 되다. 상황이 사람에게 이렇게 할 것을 요구하다.
【形似】 **xíngsì** 图 겉모습[모양]이 닮다. 생김새[몸매]가 닮다. ¶不但~, 还有几分神似。=겉모습이 닮았을 뿐 아니라, 본질적인 면도 비슷한 구석이 있다. ↔神似
【形态】 **xíngtài** 图 1 형태. [사물의 형상이나 표현 방식] ¶意识~=의식 형태. 2 형태. [생물 외부의 형상·자태] ¶鸟的~各异。=새의 형태는 제각기 다르다. 3 (言) 형태. [단어의 어형(語形) 변화 형식] ¶古今对照, 词的~发生了一定的变化。=고금을 대조해 보면, 단어의 형태는 규칙적인 변화가 일어났다.
【形态学】 **xíngtàixué** 图 1 (言) 형태론. 어형학. [어법학에서 단어의 형태 변화를 연구하는 분야] =【词法】 **cífǎ** 2 형태학. [생물의 구조나 형태 등을 연구하는 학문]
【形体】 **xíngtǐ** 图 1 신체의 외형. 외관. 신체. 몸매. ¶~优美=외관이 우아하고 아름답다. 2 图 (사물의) 형상과 구조. 형체. ¶文字的~=문자의 형체.
【形同水火】 **xíngtóngshuǐhuǒ** 图图 물과 불의 관계처럼 서로 어울리지[용납하지] 않다.
【形同虚设】 **xíngtóngxūshè** 图 기구나 직위

【形】 xíngxiàng 몡 1 (총체적인) 인상. 이미지. 형상. ¶树立良好的~。=좋은 이미지를 세우다. 2 (인식 활동을 불러일으킬 수 있는) 구체적인 형상. ¶~教学=형상(이미지) 활용 교학. 3 (문학 작품에서 창조된) 형상. 이미지. [통상으로 인물 형상을 위주로 함] ¶~生动=이미지가 살아 있다. 톙 생동적이다. 생생하다. 구체적이다. ¶他的描述很~。=그의 묘사는 매우 생동적이다. 늑生动

【形象大使】 xíngxiàng dàshǐ 몡 (이미지를 향상시키는) 홍보 대사. ¶化妆品公司请了一位电影明星担任~。=화장품 회사가 유명 영화 배우 한 명을 홍보 대사로 위촉했다.

【形象工程】 xíngxiàng gōngchéng 몡 1 이미지를 제고하기 위한 건축 공사. 2 (정치 지도자가 자기 선전을 위해 벌이는) 전시 건축 공사. ≒【面子工程】 miàn·zi gōngchéng

【形象化】 xíngxiànghuà 동 형상화하다. 구체적이고 생동감 있게 묘사하다. ¶~描写=형상화하여〔생동감 있게〕묘사하다.

【形象思维】 xíngxiàng sīwéi 몡 형상 사유. 이미지나 형상을 통한 사유. [‘抽象思维(추상 사유)’와 구별됨] ≒【艺术思维】 yìshù sīwéi

【形象性】 xíngxiàngxìng 몡 형상성. ¶对抽象的 사물에 대해 형상적인 설명을 덧붙이다.

【形销骨立】 xíngxiāo-gǔlì 성 야위어서 뼈가 앙상하다. 말라서 뼈만 앙상하다. 피골이 상접하다. 몸이 매우 마른 모양.

【形形色色】 xíngxíng sèsè (~的) 톙 형형색색의. 가지각색의. 여러 가지 종류의. ¶学会和社会上~的人打交道。=사회의 각양각색의 사람들과 교제하는 것을 터득하다.

【形影】 xíngyǐng 몡 1 형체와 그림자. 형영. ¶~相追=형체와 그림자처럼 서로 뒤따라다니다. 2 몸. 사람. ¶~孤单=외톨이이다.

【形影不离】 xíngyǐng-bùlí 성 1 형체와 그림자는 떨어지지 않는다. 그림자처럼 따라다니다. 2 (비) 대단히 사이가 좋아 늘 붙어 있다. 언제나 같이 있다.

【形影相吊】 xíngyǐng-xiāngdiào 성 1 오직 자신의 형체와 그림자만이 서로 위로하다〔불쌍히 여기다〕. 2 (비) 의지할 데 없고 고독하다. 홀로 외톨이이다.

【形影相随】 xíngyǐng-xiāngsuí 성 1 형체와 그림자 서로 따라다니다. 2 (비) 대단히 사이가 좋다.

【形只影单】 xíngzhī-yǐngdān ☞【形单影只】 xíngdān-yǐngzhī

【形制】 xíngzhì 몡 (사물·건축물의) 형상·구조와 스타일. ¶~奇特=형상(모양)과 구조가 기묘하다.

【形状】 xíngzhuàng 몡 형상. 물체의 외관. 생김새. 겉모습. ¶这个树根的~像一只猴子。= 이 나무 뿌리의 형상은 원숭이를 닮았다.

【形状记忆合金】 xíngzhuàng jìyì héjīn 몡 형상기억합금. [가공된 어떤 물체가 일정한 온도에서 망가지거나 변형되어도 온도를 달리 하면 원래의 형상을 기억하고 되돌아가는 합금] ≒【记忆合金】 jìyì héjīn

## 陉[陘] xíng 지레목 형

몡❶ 지레목. 산잘림. (산)고개. [주로 지명에 쓰임] ¶井~=징싱. [허베이(河北)성에 있는 지명]

## *型 xíng 거푸집 형

몡 1 본. 모형. 주형(鑄型). ¶模~=모형. / 纸~=지형. 종이관. 2 유형. 규격. 모양. 형식. 양식. 모델. 타입. ¶新~=신형. / 体~=체형.

◐● 成型、典型、定型、剂jì型、孔kǒng型、口型、类型、模mó型、体型、微wēi型、原型、造zào型、纸型、中型、重型严刑、主刑

【型钢】 xínggāng 몡 (金) 형강.

【型号】 xínghào 몡 모델. 사이즈. 형. 타입. ¶这两台机器~不一样。=이 두 기기는 모델이 서로 다르다.

【型砂】 xíngshā 몡 (机) 주형사. [주로 이산화규소〔실리카〕와 점토의 혼합물을 가리킴]

## 荥[滎] xíng 물 이름 형

☞ yíng

【荥阳】 Xíngyáng 몡 (地) 싱양. [허난(河南)성에 있는 지명]

## 钘[鉶] xíng 술 그릇 형

몡 1 고대의 목이 긴 주기(酒器). 2 '铏(xíng)'과 같음.

## 硎 xíng 숫돌 형

몡동 숫돌. ¶发~=숫돌을 갈다. 동 숫돌에 갈아서 만들다.

## 铏[鉶] xíng 국솥 형

몡 (정(鼎)과 모양이 비슷하지만 그보다 작은) 제사용 국솥.

## *省 xǐng 살필 성

동 1❶ 관찰하다. 살펴보다. 시찰하다. ¶~视四方=사방을 시찰하다. 2 (웃어른을) 찾아뵙다. 안부를 묻다. ¶归~=귀성하다. 3 (자신의 생각이나 언행을) 반성하다. 성찰하다. 돌이켜보다. ¶内~=내성하다. / 反躬自~=돌이켜 자성하다. 4 깨닫다. 알다. ¶猛~=깊이 깨닫다. / 发人深~=사람들의 깊은 각성을 촉구하다.
☞ shěng

【省察】 xǐngchá 동 성찰하다. 반성하다. 돌이켜보다. ¶~过失=지난 과오를 반성하다.

【省墓】 xǐngmù 동몡 성묘하다.

【省亲】 xǐngqīn 동몡 부모를〔웃어른을〕문안 〔방문〕하다.

【省视】 xǐngshì 동 방문하다. 문안하다. 살펴보

다. 관찰하다. 시찰하다. ¶~百姓疾苦=백성의 고통을 살피다.
【省悟】xǐngwù 동 각성하다. 깨닫다. ¶猛然~=갑자기 깨닫다. ≒醒悟

**醒** xǐng 깰 성
동 1 (취기·마취나 혼미한 상태에서) 깨다. 깨어나다. ¶苏~=의식을 회복하다. 소생하다. 2 잠에서 깨다. ¶大梦初~=오랜 꿈에서 막 깨어나다. 미몽에 사로잡혀 있다가 비로소 정신을 차리다. 3 (잠을 자기 전) 깨어 있다. 잠들지 않고 있다. ¶他现在还~着呢。=그는 지금 아직 깨어 있다. 4 깨닫다. 또렷해지다. ¶觉~=각성하다. / 清~=(머릿속이) 맑고 깨끗하다. 형 뚜렷하다. 분명하다. ¶格外~目=유달리 눈에 뜨이다. ↔睡 醉

○● 缓huǎn醒, 唤huàn醒, 惊醒, 警醒, 觉醒, 清醒, 苏sū醒, 提醒

【醒盹儿】xǐng‖dǔnr 동 선잠을 깨다. 토끼〔노루〕잠에서 깨다. ¶话说得颠三倒四的, 跟没~似的。=말을 횡설수설하는 것이지, 아직 선잠에서 덜 깬 것 같다.

【醒过来】xǐng·guò·lái 동 1 (술이나 마취, 혼미한 상태에서) 깨다. 깨어나다. ¶伤者终于~了。=부상자가 드디어 의식을 회복하였다. 2 잠에서 깨어나다. ¶孩子熟睡了一夜, 现在还没~。=아이가 밤새도록 푹 자고도, 여태 일어나지 않고 있다. 3 깨닫다. 각성하다. 깨닫게 되다. ¶在父母和老师的再三教育下, 他终于~了。=부모와 스승의 (여러 차례에 걸친) 교육을 통해, 그는 마침내 깨닫게 되었다.

【醒豁】xǐnghuò 형 (의사·생각·말 등이) 명백하다. 분명하다. 확연하다. 뚜렷하다. ¶观点表述得很~。=견해 설명이 아주 분명하다.

【醒酒】xǐng‖jiǔ 동 술에서 깨다. ¶~汤=해장국. 해장국.

【醒觉】xǐngjué 동 각성하다. 깨닫다.

【醒来】xǐng·lái 동 잠이 깨다. ¶一觉~, 天已经大亮了。=한잠 자고 깨어나 보니, 날이 이미 밝았다.

【醒木】xǐngmù 명 주의 환기용 나무 토막. [설창 문예의 일종인 '评书(평서)'에서 설화자(說話者)가 탁자를 두들겨 청중의 주의를 끄는 데 사용함]

【醒目】xǐngmù 형 (문자나 그림 등이) 남의 주의를 끌다. 두드러지다. 눈에 뜨이다. ¶街道两旁大幅的广告非常~。=길 양편에 크게 걸린 광고가 눈에 아주 잘 띈다. ≒显眼

【醒脑】xǐng‖nǎo 동 머리를 맑고 깨끗하게〔또렷하게〕하다. ¶喝杯咖啡醒醒脑。=커피를 한잔 마셔 머리를 좀 맑게 하다.

【醒世】xǐngshì 동 세상〔사람〕을 깨우치다. ¶~良言=세상을 깨우치는 바른 말.

【醒睡】xǐngshuì 동 자는 둥 마는 둥 하다. 경계하며 자다. 긴장하여 자다. 잠간 살짝 자다. ¶这几天晚上必须小心, 要~。=요 며칠 밤은 반드시 조심해야 하므로, 자면서도 긴장을 늦추어서는 안 된다.

【醒悟】xǐngwù 동 깨닫다. 각성하다. ¶顿时~=문득 깨닫다. ≒觉醒 省悟 ↔迷惑

【醒眼】xǐngyǎn 형 동 눈에 뜨이다. 시선〔주목〕을 끌다. ¶你今天的穿戴很~。=너의 오늘 옷차림은 매우 눈에 띈다. 동 깨닫다. 생각이 트이다. ¶你怎么不~, 那种人可以惹吗? =너는 어째서 깨닫지 못하느냐, 저런 사람을 감히 건드릴 수 있다고 보니?

**擤** xǐng 코 풀 형
동 코를 풀다. ¶~鼻子=코를 풀다.

**兴[興]** xìng 흥미 흥
명 1 흥. 흥미. 흥취. 취미. ¶雅~=고아한 흥취. / 扫~=흥을 깨뜨리다. 2 흥을 돋움〔일으킴〕. [시경(詩經) 육의(六义) 중의 하나. 시가 표현 수법의 하나] ¶赋, 比, ~=부·비·흥.
☞ xīng

○● 背兴, 乘兴, 高兴, 即兴, 尽兴, 扫兴, 雅yǎ兴, 意兴, 游兴, 余兴

【兴冲冲】xìngchōngchōng (~的) 형 신바람 나다. 기분이 매우 좋다. 기분이 몹시 좋은 모양. 기뻐 날뛰는 모양. ¶他~地跑来告诉大家这个好消息。=그는 신바람나게 뛰어와서 모두에게 이 희소식을 알렸다.

【兴高采烈】xìnggāo-cǎiliè 성 매우 기쁘다. 신바람이 나다. 매우 흥겹다. 기쁨에 넘치다. 기뻐서 의기양양해하다.

【兴会】xìnghuì 명 (어떠한 느낌으로 일어난) 흥취. 흥(미). ¶~所至, 赋诗一首。=흥취가 일어나, 시를 한 수 짓다.

【兴会淋漓】xìnghuì-línlí 성 흥미진진하고 아주 통쾌하다.

【兴趣】xìngqù 명 흥미. 흥취. 취미. ¶他对这个话题很感~。=그는 이 화제에 대해서 매우 흥미를 느낀다. ≒兴味

【兴头】xìng·tóu 명 (흥겨워) 솟는 힘. 강한 흥미. 열정. 패기. ¶他学柔道的~很高。=그는 유도를 배우려는 열정이 아주 크다. 형 동 흥겹다. 기쁘다. 유쾌하다. 즐겁다. 의기양양하다. ¶又唱又跳, 好不~。=노래도 부르고 춤도 추고 정말 흥겹다.

【兴头儿上】xìngtóur·shang 명 한창 흥이 올랐을 때. 흥에 겨울 때. 흥이 절정에 달할 때. 신바람이 날 무렵. ¶大家都在~, 你可千万别扫兴。=모두들 다 흥에 겨워 있는데, 흥을 깨서는 절대로 안 된다.

【兴味】xìngwèi 명 흥(미). 재미. 흥취. ¶~正浓=흥이 한창 달아오르고 있다. ≒兴趣

【兴味盎然】xìngwèi-àngrán 성 흥미가 넘쳐흐르다.

【兴致】xìngzhì 명 흥(미). 재미. 흥취. ¶~高=흥미가 크다.

【兴致勃勃】xìngzhì-bóbó 성 흥미진진하다.

**杏** xìng 살구나무 행
[명]《植》 **1** 살구나무. **2** (~儿) 살구.

0-● 银杏

【杏脯】**xìngfǔ** [명] 살구 정과. 씨를 제거하여 꿀에 절인 살구.
【杏干】**xìnggān**(~儿) [명] 말린 살구.
【杏核】**xìnghé**(~儿) [명] 살구씨.
【杏红】**xìnghóng** [형] 살구빛(杏黃)보다 약간 붉은 색의.
【杏核】**xìng·hu**(~儿) [명][구] 살구씨.
【杏花】**xìnghuā**(~儿) [명]《植》 살구꽃.
【杏花村】**Xìnghuācūn** [명] **1**《地》 행화촌. [안후이(安徽)성 구이츠(贵池)의 서쪽 교외에 있으며 술 산지로 유명함] **2**《地》 행화촌. [산시(山西)성 펀양(汾阳)에 있으며, 펀지우(汾酒)의 생산지임] **3** 살구꽃이 가득 피어 있고, 좋은 술이 나는 마을. [주로 고대의 시(詩)·사(詞)에 쓰임] ¶借问酒家何处有, 牧童遥指~。=술 파는 곳 어디 있나 물었더니, 목동은 저 멀리 살구꽃 핀 마을을 가리키네.
【杏花雨】**xìnghuāyǔ** [명] 행화우. [청명(清明)을 전후하여 살구꽃이 만개할 즈음 내리는 비]
【杏黄】**xìnghuáng** [형] 살구빛의. 붉은 빛이 약간 도는 노란색의.
【杏仁】**xìngrén**(~儿) [명]《植》 **1** 아몬드. 아몬드씨. =【扁桃】**biǎntáo** **2** 살구씨의 속. 행인. [한방 약재로 사용되며 변비나 기침 등에 효능이 있음]
【杏仁茶】**xìngrénchá** [명] 행인차. [살구씨 속을 갈아 쌀가루와 설탕을 넣고 끓여 만든 차]
【杏树】**xìngshù** [명]《植》 살구나무.
【杏眼】**xìngyǎn** [명] 여성의 아름다운 둥글고 큰 눈. ¶~圆睁=아름다운 눈을 동그랗게 뜨다.
【杏子】**xìng·zi** [명][방] 살구.

**幸**[1] xìng 행복 행
[형] 행운이다. 행복하다. ¶不~中的大~。=불행 중 큰 다행이다. [부][문][경] 다행히. 요행으로. 바라건대. ¶~勿推辞=바라건대 사양하지 마십시오. [동] **1** (화를 면하여) 기뻐하다. 즐거워하다. ¶庆~=기뻐하다. **2** 황제가 친히 행차하다. ¶巡~=황제가 순행하다. [명] (Xìng) 성(姓). ↔背

● 幸 xìng
悻 xìng
婞 xìng

**幸**[2][(倖)] xìng 다행 행
[형] 행운이다. 다행〔요행〕이다. ¶~免于难=다행히 재난을 면하다. [동][문] 총애하다. ¶宠~=총애하다.

0-● 薄bó幸, 不幸, 侥jiǎo幸, 天幸, 万幸, 喜幸

【幸臣】**xìngchén** [명][옛][폄] 총신(寵臣). 행신.
【幸存】**xìngcún** [동] 요행히 살아남다. ¶他是这次爆炸事故中唯一的~者。=그는 이번 폭발 사고에서 유일하게 요행히 살아남은 사람이다.
【幸而】**xìng'ér** [부] 다행히. 운 좋게. 요행히. ¶~救援人员及时赶到, 受困者才得以脱险。=다행히 응급 구조원이 제때에 도착해서, 곤경에 처한 사람이 위험에서 벗어날 수 있었다. ≒幸好 幸亏
【幸福】**xìngfú** [형] 행복하다. ¶生活~=생활이 행복하다. [명] 행복. ¶用自己的双手创造~。=자신의 힘으로 행복을 일구어 내다. ↔痛苦 苦难 悲惨
【幸好】**xìnghǎo** [부] 다행히. 운 좋게. 요행으로. ¶~有医生在, 否则要出大问题。=다행히 의사가 있었기에 망정이지, 안 그랬으면 큰일이 날 뻔했다. ≒幸亏 幸而
【幸会】**xìnghuì** [동][경] 만나 뵙게 되어 영광입니다. ¶久仰大名, ~, ~。=고명하신 이름은 벌써부터 듣고 있었는데, 이렇게 만나 뵙게 되어 영광입니다.
【幸进】**xìngjìn** [동][문] 요행으로 관리가 되거나 승진하다.
【幸亏】**xìngkuī** [부] 다행히. 요행으로. 운 좋게. ¶~你提醒, 不然我还真把这么重要的事给忘了。=다행히 네가 깨우쳐 주었기에 망정이지, 아니었으면 나는 정말로 이렇게 중요한 일을 잊어버릴 뻔했다. ≒幸而 幸好
【幸免】**xìngmiǎn** [동] (재난을) 요행으로 모면하다. ¶飞机上的所有人员全部遇难, 无一~。=비행기에 탑승한 전원이 재난을 당했다. / ~于死=요행으로 죽음을 면하다.
【幸巧】**xìngqiǎo** [부] 다행히. 운 좋게. 요행으로. ¶~你还没走, 不然我又白跑一趟。=다행히 네가 아직 가지 않아서 망정이지, 아니었으면 나는 또 헛걸음할 뻔했다.
【幸甚】**xìngshèn** [형][문] **1** 커다란 행운이다. 매우 다행이다. ¶仁人志士以天下兴亡为己任, 国家~, 人民~!=어질고 뜻이 있는 사람이 천하의 흥망을 자신의 소임으로 삼으니, 나라의 다행이요, 백성에게도 큰 다행이로다! **2** 대단히 영광이다. [주로 서신에 쓰임] ¶承蒙先生不吝赐教, ~, ~。=선생님의 아낌없는 가르침을 받아서 대단히 영광입니다.
【幸事】**xìngshì** [명] 기쁜 일. 다행스러운 일. ¶大难不死, 真乃~。=큰 재난에도 죽지 않았으니, 정말로 다행스러운 일이다.
【幸喜】**xìngxǐ** [부] 다행히. 요행으로. 운 좋게. ¶~有好心人捐助, 他才能顺利完成学业。=다행히 마음 좋은 사람이 후원을 해 주어, 그는 비로소 순조롭게 학업을 마칠 수 있었다.
【幸运】**xìngyùn** [형] 운이 좋다. 행운이다. ¶他很~, 刚参加工作就被单位选派到国外深造。=그는 참 운이 좋아서, 입사하자마자 회사에서 선발되어 외국으로 심층 연구차 나가게 되었다. [명] 행운. ¶能得到大师的指点真是我的~。=대가에게 지도를 받을 수 있게 된 것은 정말로 나의 행운이다. ↔倒霉 背运
【幸运儿】**xìngyùn'ér** [명] 행운아. 운 좋은 사람.
【幸灾乐祸】**xìngzāi-lèhuò** [성] 남의 재앙을 보고 기뻐하다. 타인의 불행을 즐기다.

## 性 xìng 성품 성

**명 1** (사람의) 본성. ¶人~=인성. **2** 성정. 성질. 기질. 성격. ¶任~=제멋대로 하는 성격. / 秉~=천성. **3** (물건의) 성질. 특징. ¶个~=개성. / 词~=(문법에서) 각각의 단어가 가지고 있는 성질. **4** 성별. ¶男~=남성. / 雌~=암컷. **5** 성. 생식·성욕과 관련 있는 것. ¶过~生活=성생활을 하다. / ~欲旺盛=성욕이 왕성하다. **6** (言) (명사·대명사·형용사 등의) 성. [인도·유럽어에서 명사·대명사에 특징적인 문법 범주의 하나. 러시아어의 남성명사·여성명사·중성명사로 구분된 개념] **접미** 성. [명사·형용사·동사 뒤에 쓰여, 사물의 성질·성능·범위·방식 등을 나타냄] ¶纪律~=법칙성. / 创造~=창조성. / 特殊~=특수성.

○● 本性, 变性, 禀bǐng性, 磁性, 词性, 脆cuì性, 定性, 惰duò性, 恶性, 耳性, 范fàn性, 赋fù性, 感性, 共性, 惯性, 火性, 急性, 记性, 理性, 两性, 烈性, 灵性, 慢性, 母性, 牛性, 脾pí性, 癖pǐ性, 品性, 气性, 人性, 任性, 生性, 塑性, 兽shòu性, 属shǔ性, 爽shuǎng性, 水性, 习性, 小性儿, 心性, 血性, 延yán性, 阳性, 药性, 野性, 异性, 阴性, 展性, 真性, 直性, 中性

【性爱】xìng'ài 명 성애. 애욕(愛慾).
【性变态】xìngbiàntài 변태 성욕. 성적 도착증(性的倒錯症). [성적(性的) 행동에 있어서의 변태적인 이상 습성] ¶~者=변태 성욕자.
【性别】xìngbié 명 성별. ¶~比=성비.
【性病】xìngbìng 명 (醫) 성병.
【性分】xìngfèn 명 방 성정. 성질. 기질. 성격. ¶他就那个~, 别跟他一样。=그는 바로 저런 성질이니, 그 사람처럼 되지 말게나.
【性感】xìnggǎn 형 섹시하다. 야하다. 성적인 매력이 있다. =【肉感】ròugǎn
【性格】xìnggé 명 **1** 성격. ¶~内向=성격이 내향적이다. **2** 개성. ¶他是一个很有~的人。=그는 매우 개성이 강한 사람이다. ≒性情
【性格演员】xìnggé yǎnyuán 명 개성〔성격〕파 연기자〔배우〕.
【性关系】xìngguānxi 명 성관계. 성교. 섹스.
【性贿赂】xìnghuìlù 동 성접대를 하다. 성적인 향응을 제공하다.
【性激素】xìngjīsù 명 (生) 성호르몬.
【性急】xìngjí 형 성급하다. ↔耐心
【性交】xìngjiāo 동 성교하다. 섹스를 하다. 육교(肉交)하다.
【性教育】xìngjiàoyù 명 (教) 성교육.
【性接触】xìngjiēchù 동 성관계를 가지다. sex를 하다. 육교(肉交)하다.
【性解放】xìngjiěfàng 명 성해방.
【性冷淡】xìnglěngdàn 동 성행위에 대해 무관심하다. 성에 관심이 없다.
【性灵】xìnglíng 명(문) **1** 성령. **2** 정신. 정감(情感). 성정. ¶陶冶~=정신을 수양하다.

【性命】xìngmìng 명 목숨. 생명. ¶保全~=목숨을 보전하다.
【性命交关】xìngmìng-jiāoguān ☞【性命攸关】xìngmìng-yōuguān
【性命攸关】xìngmìng-yōuguān 성 **1** 목숨과 관계되다. 생사존망이 걸리다. **2** (비) 일이 매우 중대하다. =【性命交关】xìngmìng-jiāoguān
【性能】xìngnéng 명 성능. ¶~良好=성능이 양호하다.
【性虐待】xìngnüèdài 명 사디즘(sadism). 가학 성애. 성학대 음란증.
【性气】xìngqì 명 성정. 성격. 성질. 성미. 기질. ¶他们互相了解彼此的~。=그들은 피차의 성격을 서로 잘 안다.
【性器官】xìngqìguān 명 (生) 생식기. 성기.
【性侵犯】xìngqīnfàn 동 (외설·성희롱·강간 등의) 성범죄를 저지르다.
【性情】xìng·qíng 명 **1** 천성과 기질. 타고난 성격. ¶~刚烈=천성이 강직하고 외곬이다. **2** 성정. 성격. 성질. 성미. 기질. ¶~开朗=성격이 명랑하다. **3** 생각. 마음. 감정. ¶陶冶~=마음을 수양하다. ≒性格
【性骚扰】xìngsāorǎo 동 성희롱하다.
【性生活】xìngshēnghuó 명 성생활. [주로 성교를 가리킴]
【性腺】xìngxiàn ☞【生殖腺】shēngzhíxiàn
【性向】xìngxiàng 명 성향. 경향.
【性行】xìngxíng 명 성행. 성격〔성질〕과 행실〔行實〕. ¶~暴躁=성행이 거칠고 급하다.
【性行为】xìngxíngwéi 명 성행위.
【性欲】xìngyù 명 성욕.
【性征】xìngzhēng 명 성징. 남녀의 성을 구분하는 특징.
【性知识】xìngzhī·shi 명 성지식.
【性质】xìngzhì 명 성질. 성분(性分). ¶明知故犯和无意过失是两个~截然不同的问题。=뻔히 알면서 고의로 죄를 저지른 것과 본의 아니게 잘못을 저지른 것은 성질이 완전히 다른 문제이다.
【性状】xìngzhuàng 명 성상. 성질과 형상. ¶~变异=성질과 형상이 다르게 변하다.
【性子】xìng·zi 명 **1** 성정. 성격. 성질. 성미. 기질. ¶~急躁=성정이 조급하다. **2** (술이나 약 등의) 특성. 성질. ¶药酒的~较为平和。=약주의 성질이 그런대로 순하다.

## 姓 xìng 성씨 성

명 성. 성씨. ¶贵~? =성함이 어떻게 되십니까? 존함이 어떻게 되십니까? / 百家~=백가성. 여러 성. 동 …을(를) 성으로 삼다. 성이 …이다. ¶请问先生~什么? =선생님은 무슨 성을 쓰십니까?

○● 百姓, 大姓, 复姓, 汉姓, 客姓, 外姓, 种姓, 老百姓

【姓名】xìngmíng 명 성명. 성과 이름.
【姓名权】xìngmíngquán 명(法) 성명권.
【姓甚名谁】xìngshèn míngshéi 동 성은 무

엇이며, 이름은 무엇이냐? 성명이 무엇인지 묻다.
【姓氏】xìngshì 명 1 성(姓)과 씨(氏). 성씨. [최초에 성(姓)은 모계를, 씨(氏)는 부계를 의미하였음] 2 성(姓).

荇 xìng 마름 행
【荇菜】xìngcài 명 '莕菜(노랑어리연꽃)' 의 옛 명칭.

莕 xìng 노랑어리연꽃 행
【莕菜】xìngcài 명(植) 노랑어리연꽃.

悻 xìng 성낼 행
형(문) 성내다. 분노하다. 원망하다. ¶~~而去 = 화를 내며 가 버리다.
【悻然】xìngrán 형 화내는 모양. 성내고 원망하는 모양. ¶~离去 = 성내며 가 버리다.
【悻悻】xìngxìng 형 화를 내며 씩씩거리는 모양. ¶她气得二话没说, ~地走了。= 그녀는 화가 나서 두말도 하지 않고 씩씩거리며 가 버렸다.

婞 xìng 강직할 행
형(문) 강직하다. 강경하다. 완고하다. ¶性~ = 성품이 강직하다.

# xiong

**凶¹** xiōng 흉할 흉
형 1 불길하다. 불행하다. ¶吉~未卜 = 길흉을 예측할 수 없다. 2 (문) 농사가 잘 안 되다. 작황이 나쁘다. 흉작이다. ¶~年饥岁 = 흉년. ↔吉 善 祥

○ 凶 xiōng
  匈 xiōng
  汹 xiōng
  胸 xiōng

**凶²** [(兇)] xiōng 흉악할 흉
형 1 흉악하다. 포악하다. 잔학하다. ¶穷~极恶 = 극악무도하다. 2 사납다. 혹심하다. 세차다. 지독하다. 지나치다. ¶今年的流感来势很~。= 올해 유행성 독감의 기세가 매섭다. 명 1(문) 악인. 흉악한 놈. ¶元~ = 원흉. / 帮~ = 공범자. 2 살인[살상] 행위. 흉악한 짓. ¶逞~ = 행패를 부리다. 흉악한 짓을 하다. / 行~ = 살인하다.

○→ 帮凶, 逞chěng凶, 吉凶, 元凶, 正凶

【凶案】xiōng'àn 명 살인 사건.
【凶巴巴】xiōngbābā (~的) 형 흉악하다. 험악하고 흉악한 모양. ¶有理讲理, 干吗~的。= 할 말 있으면 말로 해야지, 왜 험악하게 나오느냐?
【凶暴】xiōngbào 형 흉악하고 포악하다. 흉포하다. 포악하다. 험상궂게 굴다. ¶~残忍 = 흉포하고 잔인하다. ≒凶残
【凶残】xiōngcán 형 흉악하고 잔인하다. ¶~成性 = 성격이 흉악하고 잔인하게 되다. ≒凶暴
【凶毒】xiōngdú 형 흉악하고 악독[악랄]하다. ¶手段~。= 수법이 흉악하고 악랄하다.

【凶多吉少】xiōngduō-jíshǎo 성 1 흉한 것이 많고, 길한 것이 적다. 2 (비) 상황이 위태롭고 비관적이다. 절망적이다.
【凶恶】xiōng'è 형 (성격·행위·용모 등이) 흉악하다. ¶~的目光让人不寒而栗。= 흉악한 눈빛이 사람을 몹시 떨리게 [두렵게] 하다. ↔和蔼 和气 和善
【凶犯】xiōngfàn 명 흉악범. 살인범. ¶抓捕~ = 흉악범을 체포하다.
【凶服】xiōngfú 명(문) 상복(丧服).
【凶光】xiōngguāng 명 흉악한 눈빛. ¶眼露~ = 흉악한 눈빛을 드러내다.
【凶悍】xiōnghàn 형 사납고 흉악하다. ¶为人~ = 사람됨이 흉포하다.
【凶耗】xiōnghào 명(문) 부고(讣告). 부음(讣音). 부보(讣报). 상보(丧报). 사망 통지. 흉보. 비보. ¶获悉~, 悲痛不已。= 부고를 접하고, 비통해 마지않다.
【凶狠】xiōnghěn 형 흉악하다. 사납고 거칠다. 악랄하다. ¶~的歹徒 = 흉악한 악당. 2 사납고 힘이 있다. 힘차다. 강력하다. ¶对方主力队员扣杀~。= 상대방 주전의 스매시가 강력하다.
【凶狠狠】xiōnghěnhěn (~的) 형 흉악하고 악랄하다. 흉악하고 악랄한 모양. ¶~的歹徒 = 흉악하고 악랄한 악당.
【凶横】xiōnghèng 형 흉악하고 횡포하다. ¶态度~ = 태도가 흉포하다.
【凶狂】xiōngkuáng 형 흉악하고 난폭하다. ¶~的匪徒必将受到法律的严惩。= 흉포한 악당은 반드시 법의 엄준한 심판을 받게 마련이다.
【凶戾】xiōnglì 형 흉악하고 난폭[포악]하다. ¶蛮横~ = 무지막지하고 포악하다.
【凶蛮】xiōngmán 형 흉악하고 거칠다[무지막지하다]. ¶生性~ = 천성이 난폭하다.
【凶猛】xiōngměng 형 1 흉맹하다. 사납다. ¶~的野兽 = 사나운 들짐승. 2 기세가 맹렬하다. ¶~的洪水 = 맹렬한 기세의 홍수. ≒猛烈
【凶年】xiōngnián 명 흉년.
【凶虐】xiōngnüè 형 흉악하고 잔인[포학]하다. ¶商纣~, 世人共诛之。= 상(商)나라 주왕(纣王)이 흉악하고 잔인하여, 세상 사람들이 함께 그를 징벌하였다.
【凶殴】xiōng'ōu 동 몹시 호되게 때리다. 무자비하게 때리다. 흠씬 두들겨패다. ¶~路人, 激起众怒。= 행인을 무자비하게 때려 대중의 분노를 사다[불러일으키다].
【凶气】xiōngqì 명 흉악한[흉포한] 기세. 흉악한 표정[얼굴]. 살기. ¶满脸~ = 얼굴에 살기가 가득하다.
【凶器】xiōngqì 명 흉기. ¶杀人~ = 살인 흉기.
【凶人】xiōngrén 명 악인. 흉악한 놈. 흉포하고 악독한 놈.
【凶杀】xiōngshā 동 (사람을) 살해하다. 포악하게 죽이다. ¶惨遭~ = 참혹하게 죽임을 당하다.
【凶煞】xiōngshà 명 흉신. 흉악한 귀신.
【凶煞煞】xiōngshàshà (~的) 형 흉악하다. 흉악한 모양. 살기등등한 모양. ¶~的目光 = 흉

한 눈빛.
【凶神】 xiōngshén 图 1 흉신. 흉악한 귀신. 2㈜ 흉악한 놈.
【凶神恶煞】 xiōngshén-èshà 점 1 흉신. 흉악한 귀신. 2㈜ 흉악한 놈.
【凶事】 xiōngshì 图 (죽음·상해·전쟁 등) 불행한 일. 흉사.
【凶手】 xiōngshǒu 图 살인범. 살인자. 흉악범.
【凶死】 xiōngsǐ 图 살해되다. 자살하다.
【凶顽】 xiōngwán 匫 흉악하고 고집스럽다〔완미(頑迷)하다〕. ¶~的匪徒=흉악하고 완고[완미]한 악당. 图 흉악하고 완고[완미]한 사람. ¶暂避~=흉악하고 완고[완미]한 사람을 잠시 피하다.
【凶嫌】 xiōngxián 图 살인 사건 용의자.
【凶险】 xiōngxiǎn 匫 1 음험하다. 흉험하다. ¶~的计谋=음흉한 계략. 2 위태하다. 위독하다. ¶处境~=상황이 위태롭다.
【凶相】 xiōngxiàng 图 흉악한 인상〔용모〕. 흉상. ¶一脸~=흉악한 인상의 얼굴.
【凶相毕露】 xiōngxiàng-bìlù ㋚ 흉악한 몰골이 여지없이 드러나다. 음흉한 정체가 낱낱이 드러나다.
【凶信】 xiōngxìn(~儿) 图 1 불길한 소식. 2 부고. 부음. 사망 통지. ¶得知~, 他一下子呆住了。=부음을 듣자, 그는 곧 넋이 나가 버렸다.
【凶讯】 xiōngxùn 图 흉보. 불길한 소식. [주로 사망이나 큰 재난을 가리킴] ¶~传来, 她泣不成声。=흉보가 전해지자, 그녀는 목메어 울었다.
【凶焰】 xiōngyàn 图 흉악한〔무서운·난폭한〕기세. ¶压制住邪恶势力的~。=사악한 세력의 흉악한 기세를 제압하다.
【凶宅】 xiōngzhái 图 흉가. 불길한 집.
【凶兆】 xiōngzhào 图 흉조. 나쁜〔불길한〕조짐. ¶当地人将流星坠落视为~。=현지인들은 유성이 떨어지는 것을 흉조로 여긴다. ↔吉兆

* **兄** xiōng 맏 형

图 1 형. ¶家~=저의 형. / 长~=맏형. 2 형. [동년배 친척 중에 자기보다 나이가 많은 사람에 대한 호칭] ¶堂~=친사촌형. / 表~=내외종형. 고종형과 외사촌형. 3 (남자들의) 같은 또래에 대한 존칭. ¶仁~=인형. / 难~难弟=난형난제. ↔弟

○● 弟兄, 老兄, 内兄, 仁rén兄, 如兄, 师shī兄, 世兄

【兄弟】 xiōngdì 图 1 형과 아우. 형제. ¶~俩=형제 두 사람. 2 뜻이 맞고 우정이 두터운 사람. 형제. ¶众~同甘共苦。= 여러 지기[형제]가 함께 동고동락하다. 3㈜ 형제와 같이 가깝고 평등한 관계. ¶~省份=자매결연 성(省).
【兄弟】 xiōng·di 图㈠ 1 동생. 아우. ¶他是老大, 下面还有两个~。=그는 맏이이고, 아래로 또 동생이 둘 있다. 2 형씨. 동생. 젊은이. [자기보다 나이가 어린 남자를 부르는 호칭] ¶~, 过来搭把手。=동생, 이리 와서 일손 좀 거들게나.

3㈜㈠ 저. [남자가 자기 동년배나 뭇 사람들 앞에서 자신을 낮추어 부르는 말] ¶~我学艺不精, 还请各位多多指教。=저는 배운 것이 변변치 않으니, 여러분께 많은 가르침을 바라겠습니다.
【兄弟阋墙】 xiōngdì-xìqiáng ㋚ 1 형제간에 서로 다투다. 내부 분쟁을 일으키다. 〔《詩經·小雅·常棣(시경·소아·상체)》의 "兄弟阋于墙(형제가 울타리 안에서 다투다)."에서 나온 말〕 2㈜ 내부 분쟁.
【兄妹】 xiōngmèi 图 오빠와 손아래 누이. 오빠와 여동생. 오누이.
【兄嫂】 xiōngsǎo 图 형수.
【兄台】 xiōngtái 图㈠ 대형(大兄). 귀하.
【兄长】 xiōngzhǎng 图 1 형(님). 2 귀형. [동년배 남자에 대한 존칭] ¶小弟对~仰慕已久。=저는 귀형을 우러르고 존경한 지 이미 오래 되었습니다.

**芎** xiōng 궁궁이 궁
【芎䓖】 xiōngqióng ☞ 【川芎】 chuānxiōng

* **匈** xiōng 흉노 흉

图㈠ '胸(xiōng)'과 같음.
【匈奴】 Xiōngnú 图 흉노족. [중국 고대 민족의 하나. 전국(戰國) 시대에 연(燕)·조(趙)·진(秦)의 북쪽으로 유목 생활을 하다가 후한(後漢) 때 남북으로 분열하였는데, 그 중 남흉노(南匈奴)는 동진(東晉) 시기에 중국 북방에서 전조(前趙)·후조(後趙)·하(夏)·북량(北凉) 등의 나라를 세웠음. '胡(호)'라고도 부름]
【匈牙利】 Xiōngyálì 图㈠㈑ 헝가리(Hungary). 〔수도는 '布达佩斯(부다페스트: Budapest)'임〕

**讻**〔訩〕 xiōng 송사할 흉
图㈠ 논쟁하다. 쟁론하다. 서로 말로 다투다.
匫㈠ 왁자지껄하다. 떠들썩하다.
【讻讻】〔訩訩〕 xiōngxiōng 匫㈠ 떠들썩하다. 왁자지껄하다. 떠들썩하고 혼란한 모양. ¶议论~=의론이 떠들썩하게 분분하다.

* **汹**〔洶〕 xiōng 물살 세찰 흉

匫 물이 용솟음치다. 물이 세차게 일어나다. 흉용하다. ¶波涛~涌=파도가 용솟음치다.
【汹汹】 xiōngxiōng 匫 1 图 기세가 등등하다. 거세다. 맹렬하다. 위풍과 기세가 큰 모양. ¶气势~=기세가 등등하다〔세차다〕. 2 ☞ 【讻讻】 xiōngxiōng 의㈠ 쏴쏴. [파도 치는 소리] ¶波浪~=파도 소리가 쏴쏴하다.
【汹涌】 xiōngyǒng 图 물이 용솟음치다. 물이 세차게 일어나다. 흉용하다. 물이 용솟음치고 출렁이는 모양. ¶浪涛~=파도가 용솟음치다. 파도가 세차다.
【汹涌澎湃】 xiōngyǒng-péngpài ㋚ 1 물결이 세차게 출렁이다. 2㈜ 기세가 막을 수 없이 세차다.

**恟** xiōng 두려워할 흉

동閔 두려워하다. 무서워하다. 놀라다.

**胸[(膺)]** xiōng 가슴 흉
圀 1 가슴. 흉부. ¶抬头挺~=머리를 들고 가슴
을 쭉 펴다. / 袒~露臂=가슴과 팔을 드러내다.
단정치 못한 차림새. 2 마음(속). 내심. 뜻. 도량.
의지. ¶心~开阔=포부가 크다. / 成竹在~=
일을 하기 전에 이미 모든 준비가 되어 있다. 마
음속에 이미 타산이 있다.

○─○ 鸡胸, 脓nóng胸, 劈pī胸, 气胸, 心胸

【胸靶】 xiōngbǎ 圀 (사격 연습용의) 반신상 표
적. 가슴 표적.

【胸部】 xiōngbù 圀 1 가슴. 흉부. 2 젖가슴. 유
방. ¶~丰满=젖가슴이 풍만하다.

【胸次】 xiōngcì 圀 1 포부. 흉금. 도량. 지향.
¶~宽广=도량이 넓다. 2 마음(속). 심정. 기
분. ¶~舒畅=마음이 후련하다.

【胸腹】 xiōngfù 圀蜀 1 가슴과 배. 2 도량(度
量). 포부. 3 중앙의 요해처(要害處). 요충.

【胸骨】 xiōnggǔ 圀(生) 가슴뼈. 흉골.

【胸花】 xiōnghuā (~儿) 圀 꽃 모양 브로치. 코
르사주(corsage). 코사지(corsage). 여성의 가슴
이나 옷에 다는 꽃 장식.

【胸怀】 xiōnghuái 圀 1 포부. 흉금. 도량. 지
향. ¶~远大=포부가 원대하다. 2 마음. 가슴.
심정. 품은 생각. ¶畅叙~=가슴을 털어놓고 이
야기하다. 3 가슴. 흉부. ¶袒露~=가슴을 드러
내다. 區 가슴[마음]에 품다. ¶~祖国=가슴에
조국을 품다. ≒胸襟 襟怀 心胸

【胸怀坦白】 xiōnghuái tǎnbái ☞ 【襟怀坦
白】 jīnhuái tǎnbái

【胸肌】 xiōngjī 圀(生) 흉근. 가슴근육.

【胸襟】 xiōngjīn 圀 1 흉금. 가슴 섶. ¶~上别
着一枚别针.=가슴 섶에 브로치를 달지 마라.
2 기개. 도량. 포부. 지향. ¶~开阔=도량이 넓
다. 3 마음. 가슴. 심정. 품은 생각. 감정. 느낌.
¶荡涤~=마음을 깨끗이 씻어 버리다. ≒胸怀

【胸径】 xiōngjìng 圀(林) 가슴높이 직경. 가슴
높이 지름. 흉고 직경. [지면에서 1.3미터 부분의
나무 지름.]

【胸卡】 xiōngkǎ 圀 가슴에 다는 표찰[명찰]. 네
임 태그(name tag). [성명·부서 명칭·직무 따위가
적힌 표찰.]

【胸坎】 xiōngkǎn (~儿) 圀 마음. 가슴. 도량.
아량. ¶[胸坎子] xiōngkǎn·zi ¶他这人~
儿窄, 容易生气.=그는 소갈머리가 좁아 터져
서 쉽게 화를 낸다.

【胸坎子】 xiōngkǎn·zi ☞ 【胸坎】 xiōngkǎn

【胸口】 xiōngkǒu 圀(生) 명치. 가슴 한가운데.
¶~微微有些疼痛.=명치 부위가 살살 아프다.

【胸廓】 xiōngkuò 圀(生) 흉곽.

【胸联】 xiōnglián 圀 ☞ 【颔联】 hànlián

【胸毛】 xiōngmáo 圀 흉모. 가슴털.

【胸膜】 xiōngmó 圀(生) 늑막. =【肋膜】 lèimó

【胸膜炎】 xiōngmóyán 圀(醫) 늑막염. 흉막
염. =【肋膜炎】 lèimóyán

【胸片】 xiōngpiàn 圀(醫) 흉부 투시 X선 사진.

【胸脯】 xiōngpú (~儿) 圀 가슴. 흉부. =【胸脯
子】 xiōngpú·zi

【胸脯子】 xiōngpú·zi ☞ 【胸脯】 xiōngpú

【胸鳍】 xiōngqí 圀(動) (물고기의) 가슴지느러미.

【胸腔】 xiōngqiāng 圀(生) 흉강.

【胸墙】 xiōngqiáng 圀 1 흉장. [사람의 가슴높
이만한 담] 2 (軍) 흉장. [성곽이나 포대 등에 사
람의 가슴높이만하게 쌓은 담] 3 (工) 갑문의 고
도를 낮추는 벽.

【胸饰】 xiōngshì 圀 가슴 장식(품).

【胸膛】 xiōngtáng 圀 가슴. 흉부. ¶挺起~=
가슴을 쭉 펴다.

【胸透】 xiōngtòu 區(醫) 흉부에 X선을 투시하
다. 흉부 엑스레이를 찍다.

【胸围】 xiōngwéi 圀 1 가슴 둘레. 2 (林) 가슴
높이 둘레. 흉고 둘레. [지면에서 1.3미터 부분의
나무 둘레]

【胸无城府】 xiōngwúchéngfǔ 匑 1 가슴 속에
담을 쌓지 않다. 2匑 솔직하고 시원스럽다. 마음
속에 꿍꿍이가 없다.

【胸无大志】 xiōngwúdàzhì 匑 (가슴 속에) 원
대한 포부가 없다.

【胸无点墨】 xiōngwúdiǎnmò 匑 속에 든 것이
조금도 없다. 일자무식이다. 학문적인 지식이나
교양이 없다. ≒目不识丁 ↔满腹经纶

【胸无宿物】 xiōngwúsùwù 匑 성격이 솔직하
고 시원스럽다.

【胸腺】 xiōngxiàn 圀(生) 가슴샘. 흉선. [림프
기관의 하나]

【胸像】 xiōngxiàng 圀 흉상.

【胸臆】 xiōngyì 圀蜀 품고 있는 생각[말]. 감정.
느낌. 속마음. 내심. ¶直抒~=단도직입적으로
품고 있던 생각을 토로하다.

【胸有成竹】 xiōngyǒuchéngzhú 匑 1 대나무
를 그리기 전에 이미 마음속에는 대나무의 형상이
있다. 2匑 일을 하기 전에 이미 모든 준비가 되
어 있다. =【成竹在胸】 chéngzhúzàixiōng

【胸章】 xiōngzhāng 圀 1 (기념이나 장려하는
의미의) 흉장. 배지. 2 (직업·재직 부서 등을 표
시하는) 패찰.

【胸罩】 xiōngzhào ☞ 【乳罩】 rǔzhào

【胸针】 xiōngzhēn 圀 브로치.

【胸中】 xiōngzhōng 圀 1 마음(속). 심중. 흉
중. 내심. ¶~烦恼, 无处倾诉.=마음속의 근심
거리를 털어놓을 곳이 없다. 2 심정. 품은 생각.
마음. 가슴. ¶~甲兵=마음에 용병의 지략을 품
고 있다.

【胸中无数】 xiōngzhōng-wúshù 匑 (상황을
잘 알지 못하여) 당면한 문제에 자신이 없다. 마
음속에 뾰족한 수가 없다. ↔胸中有数

【胸中有数】 xiōngzhōng-yǒushù 匑 (상황을
비교적 잘 알고 있어) 당면한 문제에 자신이 있
다. 마음속에 확실한 수가 있다. ↔胸中无数

【胸椎】 xiōngzhuī 圀(生) 가슴등뼈. 흉추.

**雄** xióng 수컷 웅

## xióng 雄

형 **1** (生) 수컷의. ¶雌~=자웅. **2** 강력한. 힘 있는. ¶~兵百万=정예 병력 백만. / 善于~辩=웅변을 잘하다. **3** 기백이 있는. 웅대한. ¶ 一展~姿=웅장한 자태를 드러내다. ¶~高大~伟 的古城墙。=높고 큰 웅대한 옛 성벽. 명 강력한 힘이 있는 사람이나 국가. ¶枭~=효웅. 사납고 용맹스러운 인물. / 战国七~=전국칠웅. →雌

○● 雌雄, 奸jiān雄, 去雄, 群雄, 枭xiāo雄, 英雄

【雄辩】**xióngbiàn** 명 웅변. ¶事实胜于~。=사실이 웅변보다 낫다. 형 설득력이 있다. ¶事实~地说明当初的决定是很正确的。=사실이 당초 결정이 아주 정확한 것이었음을 설득력 있게 설명하다.

【雄兵】**xióngbīng** 명 강력한 군대. 정예 병력. 정병(精兵). ¶~压境=정예 병력이 국경까지 밀어닥치다. ≒雄师

【雄才大略】**xióngcái-dàlüè** 성 뛰어난 재능과 원대한 계략. →雕虫小技

【雄大】**xióngdà** 형 (기백이) 웅대하다. ¶气势~=기세가 웅대하다.

【雄风】**xióngfēng** 명 **1** 강한 바람. **2** 비 위풍 〔용맹〕스러운 기세〔태도〕. 위풍. 당당한 풍모. ¶重振~=다시 위풍을 떨치다.

【雄蜂】**xióngfēng** 명(動) 수벌. 웅봉.

【雄关】**xióngguān** 명 웅장하고 험요한 관문. 험준한 요충지. ¶据守~=험준한 요충지를 지키다.

【雄厚】**xiónghòu** 형 (인력·물자 등이) 풍부하다. 충분하다. 충족하다. ¶师资~=교사 자원이 충분하다. →薄弱 微薄

【雄花】**xiónghuā** 명(植) 수꽃. 웅화.

【雄黄】**xiónghuáng** 명(礦) 웅황. 석황(石黄). [천연으로 나는 등황색 비소 화합물로, 염료·화약 등의 재료로 쓰임] =【鸡冠石】**jīguānshí**

【雄黄酒】**xiónghuángjiǔ** 명 웅황주. [단오(端午)에 액막이를 위해 마시거나 몸에 바르던 웅황 가루와 창포 뿌리를 잘게 썰어 넣어 만든 술]

【雄浑】**xiónghún** 형 (기세가) 웅혼하다. 웅장하고 힘차다〔막힘이 없다〕. ¶~的军乐=웅장하고 힘찬 군악.

【雄鸡】**xióngjī** 명(動) 수탉. 웅계.

【雄激素】**xióngjīsù** 명(生) 웅성호르몬. 남성호르몬. =【雄性激素】**xióngxìng jīsù**

【雄健】**xióngjiàn** 형 웅건하다. 씩씩하다. 힘있다. 힘차다. ¶笔力~=필력이 힘차다. ≒矫健

【雄杰】**xióngjié** 명 지혜가 뛰어나다. 재능이 출중하다. ¶一~之才=지혜가 출중한 인재. 형 지혜가 뛰어난 사람. 씩씩하고 호걸스러운 사람. 웅걸. 웅호. ¶一代~=일대의 웅걸.

【雄劲】**xióngjìng** 형 강하고 힘차다. 힘이 세다. 힘차다. ¶气势~=기세가 힘차다.

【雄赳赳】**xióngjiūjiū** (~的) 형 위풍당당하다. 용맹하고 씩씩하다. 웅장한 모양으로. ¶~、气昂昂。=위풍당당하고 기세 드높다.

【雄居】**xióngjū** 동비 웅거하다. 기세 좋게 자리잡거나 절대적인 우세로 어떤 지위를 차지하다. ¶~非洲=아프리카에 웅거하다.

【雄踞】**xióngjù** 동 **1** (…에) 위풍당당하게 앉다. 위풍이 늠름하게 앉다. ¶一块奇石~山巅。=기암 하나가 위풍당당하게 산꼭대기에 자리잡고 있다. **2** 비 웅거하다. 기세 좋게 자리잡거나 절대적인 우세로 어떤 지위를 차지하다. ¶~榜首=기세 좋게 수석 합격을 차지하다.

【雄峻】**xióngjùn** 형 (산이) 웅장하고 험준하다. ¶山势~=산세가 웅장하고 험준하다.

【雄跨】**xióngkuà** 동 (강이나 하천을) 웅장한 기세로 건너다.

【雄丽】**xiónglì** 형 웅장하고〔우람하고〕 아름답다. ¶江山~=강산이 웅장하고 아름답다.

【雄美】**xióngměi** 형 웅장하고〔우람하고〕 아름답다.

【雄奇】**xióngqí** 형 웅대하고 기이하다. 웅위롭고 괴상하다. ¶一座~的古城楼。=웅대하고도 기이한 옛 성루.

【雄起】**xióngqǐ** 동 크게 떨치고 일어서다. 궐기하여〔일어나〕 영웅으로 자처하다. 궐기하다. ¶祝愿中国足球早日~。=중국 축구가 조속히 궐기하기를 축원한다.

【雄强】**xióngqiáng** 형 웅대하고 힘이 있다. 힘차다. 강하다. ¶笔势~=필세가 웅대하고 힘이 있다.

【雄蕊】**xióngruǐ** 명(植) 수술.

【雄师】**xióngshī** 명 정병(精兵). 정예 병력. 강력한 군대. ¶百万~=정병 백만. ≒雄兵

【雄狮】**xióngshī** 명 **1** 수사자. **2** 비 강한 민족 〔국가〕. **3** 비 강력한 힘이 있는 사람.

【雄视】**xióngshì** 동 영웅으로 자처하다. (무력이나 세력으로) 한 지방을 통치하다. 위엄있게 보다. 위풍당당하게 보다. 다 누를 듯한 기세로 주시하다. 웅시하다. ¶~一方=한 지방을 차지하고 영웅으로 자처하다.

【雄肆】**xióngsì** 형 힘차고 호방하다. ¶笔力~=필력이 힘차고 호방하다.

【雄图】**xióngtú** 명 웅대한 계획〔계략〕. 웅도. ¶大展~=웅대한 계획을 크게 펼치다.

【雄威】**xióngwēi** 명 웅위. 강대한 위력. ¶~大振=웅위를 크게 떨치다. 형 웅장하고 위엄 있다. 힘있고 위풍당당하다. ¶~之师=힘있고 위풍당당한 군대.

【雄伟】**xióngwěi** 형 **1** 웅대하고 위세가 넘치다. 웅위하다. ¶~的万里长城。=웅대한 만리장성. **2** 웅장하다. 웅대하다. ¶气势~=기세가 웅장하고 크다.

【雄文】**xióngwén** 명⟨⟩ 넓고 심오하고 웅장한 글〔저작〕. 웅문.

【雄心】**xióngxīn** 명 웅심. 웅지. 웅대한 뜻. 원대한 포부. ¶~未死=원대한 포부가 아직 살아 있다.

【雄心勃勃】**xióngxīn-bóbó** 성 웅대한 포부를 실현하려는 마음이 매우 강렬하다.

【雄心壮志】**xióngxīn-zhuàngzhì** 성 웅대〔원대〕한 포부와 장한 뜻.

【雄性】**xióngxìng** 명(生) **1** 수컷의 성질〔생리

특성〕. 웅성. ¶~动物=웅성 동물. **2** 수컷. 웅성. ↔雌性

【雄性激素】 xióngxìng jīsù ☞【雄激素】 xióngjīsù

【雄蚁】 xióngyǐ 〔명〕〔動〕 수개미.

【雄鹰】 xióngyīng **1** 힘차고 용맹한 매. **2** 굳세고 용감한 사람. 용사(勇士). ¶他是草原上的~。=그는 초원의 용사이다.

【雄峙】 xióngzhì 〔동〕 웅장하게 솟아 있다. ¶江岸奇峰~, 景色壮丽。=강기슭에 기이한 봉우리가 우뚝 솟아 있어, 경치가 웅장하고 아름답다.

【雄主】 xióngzhǔ 뛰어난 재능과 원대한 계략이 있는 군왕. ¶开国~=개국 군왕.

【雄壮】 xióngzhuàng 〔형〕 **1** 우람하고 힘차다. 웅장하다. ¶身材~=몸이 우람하고 힘차다. **2** 웅대하고 장관이다. ¶~的高山=웅장한 고산. **3** (소리가) 크고 힘차다. 웅장하다. ¶~的歌声=크고 힘찬 노랫소리.

【雄姿】 xióngzī 〔명〕 웅장하고 위풍당당한 모습. 웅자. ¶~一如当年。=웅장하고 위풍당당한 모습이 그 때 그대로이다. ≒英姿

【雄姿英发】 xióngzī-yīngfā 〔성〕 똑똑하고 용맹하고 재주가 뛰어나다. 영민하고 용맹스러우며 재기가 넘치는 모양.

\*\*【熊】 xióng 곰 웅

〔명〕 **1**〔動〕곰. **2**(Xióng) 성(姓). 〔형〕〔방〕 변변찮다. 무능하다. 겁이 많고 나약하다. 비겁하다. ¶别装~, 有胆量你就去。=비겁하게 굴지 말고, 배짱이 있으면 네가 가거라. 〔동〕〔방〕 야단치다. 비난하다. 꾸짖다. ¶他又挨~了。=그는 또 야단을 맞았다.

○● 貂diāo熊, 海熊, 黑熊, 马熊, 猫māo熊, 人熊, 棕zōng熊

【熊包】 xióngbāo 〔형〕〔방〕 나약하고 무능하다. 무기력하다. ¶你怎么这么~？=너는 어째 이리나약하고 무능하냐? 〔명〕〔방〕 곰. 나약하고 무능한 사람. 쓸모 없는 인간. 무기력한 인간. 무용지물. 〔해학적인 의미를 내포함〕 ¶这点胆量都没有, 真是个~。=이런 정도의 담력도 없다니, 정말이지 쓸모 없는 인간이구먼.

【熊胆】 xióngdǎn 웅담. 곰쓸개.

【熊狸】 xiónglí 〔명〕〔動〕 빈투롱(binturong). 곰고양이.

【熊猫】 xióngmāo ☞【猫熊】 māoxióng

【熊脾气】 xióngpí·qi 〔명〕〔구〕 나쁜 성깔. 나쁜〔고약한〕 성질.

【熊罴】 xióngpí 〔명〕〔문〕 **1** 곰과 큰곰. 맹수. **2**〔비〕 용맹한 사람〔군대〕. ¶~之师=용맹한 군대.

【熊市】 xióngshì 〔명〕〔經〕(주식 시장의) 베어 마켓(bear market). 하락장. 가격이 하락하거나 하락이 예상되는 장세. ↔牛市

【熊瞎子】 xióngxiā·zi 〔방〕 곰.

【熊熊】 xióngxióng 〔형〕〔월월〕타다. 이글이글거리다. 불꽃이 세찬 모양. ¶~烈火=활활 맹렬하게 타는 불.

【熊样】 xióngyàng (~儿)〔명〕 나약하고〔겁이 많고〕 무능하다. 겁이 많고 무능한 모양. ¶你看他那~儿, 真没出息。=그의 저 나약하고 무능해빠진 꼴을 좀 보거나, 정말이지 싹수라곤 없다니깐.

【熊腰虎背】 xióngyāo-hǔbèi ☞【虎背熊腰】 hǔbèi-xióngyāo

【熊掌】 xióngzhǎng 〔명〕 곰 발바닥. 웅장.

# 诇[詗] xiòng 염탐할 형

〔동〕〔문〕 **1** 정탐〔염탐〕하다. 은밀히 살피다. 몰래 알아보다. 엿보다. 훔쳐보다. ¶~察=염탐하여 살피다. **2** 탐문〔탐방〕하여 구하다. ¶~药=약을 탐문하여 구하다.

# 夐 xiòng 멀 형

〔형〕〔문〕 **1** 멀다. 아득하다. 아득히 멀고 광활하다. 끝없이 넓다. ¶~若千里=천리처럼 멀다. **2** (시간적으로) 까마득하다. 아득하다. ¶~古=까마득한 옛날.

# xiu

\*【休】 xiū 쉴 휴

〔동〕 **1** 쉬다. 휴식하다. 퇴직하다. ¶午~=점심 휴식을 취하다. / 退~=퇴직하다. **2** 정지〔중지〕하다. 멈추다. 그만두다. 완결하다. 매듭짓다. ¶罢~=파업하다. / 争论不~=논쟁을 그치지〔멈추지〕 않다. **3**〔문〕 이혼하다. (친정으로) 쫓아 내다. ¶一纸~书=이혼장. 수세. 〔부〕 …하지 마라. …해서는 안 된다. 〔금지나 말리는 것을 나타내며, '不要(…하지 마라)'에 상당함. 주로 조기 백화문에 보임〕 ¶~得无理。=무리해〔비합리적이어〕서는 안 된다. 〔형〕 즐겁다. 기쁘다. 경사스럽다. ¶与百姓同~。=백성들과 더불어 즐거워하다. ≒止 停 息 ↔戚

○● 罢bà休, 甘gān休, 公休, 轮lún休, 中休

| ○ 休 xiū |
| 貅 xiū |
| 㳝 xiū |
| 鸺 xiū |
| 咻 xiū |
| 庥 xiū |

【休班】 xiūbān 〔동〕 근무를 쉬다. 비번이다. ¶明天我~。=내일 나는 비번이다.

【休兵】 xiūbīng 〔동〕 휴전하다. 잠시 싸움을 그치다. ¶~议和=휴전하고 화해를 모색하다. 강화(講和)하다.

【休耕】 xiūgēng 〔동〕 휴경하다. 경작지를 묵히다. ¶适度~有利于保持土壤的肥力。=적절한 휴경은 토양의 비옥도를 유지하는 데 이롭다.

【休怪】 xiūguài 책망〔원망〕하지 마라. 나무라지 마라. 언짢게〔기분 나쁘게〕 생각하지 마라. ¶你要再这样无礼, ~我不客气。=네가 또 이렇게 무례하게 굴면, 나도 가만 있지 않을 테니 원망하지 마라.

【休会】 xiū‖huì 〔동〕 휴회하다. ¶因故~一天。=사정으로 인해 하루 휴회하다.

【休火山】 xiūhuǒshān ☞【休眠火山】 xiūmián huǒshān

【休假】 xiū‖jià 동 1 쉬다. ¶元旦~一天。=설날 하루 쉬다. 2 휴가를 보내다〔지내다〕. ¶他带着家人去外地~了。=그는 가족을 데리고 외지로 휴가를 갔다.

【休咎】 xiūjiù 명⟨文⟩ 길흉. 복(福)과 화(禍). 상서로운 일과 나쁜 일. ¶占卜~=길흉을 점치다.

【休刊】 xiūkān 동 휴간하다. 간행을 멈추다. ¶由于缺乏经费, 这本杂志已经~了。=경비가 부족해, 이 잡지는 이미 휴간하였다.

【休克】 xiūkè 명⟨醫⟩(醫) 쇼크. 동 쇼크를 일으키다. 쇼크가 일어나다. ¶病人~了。=환자가 쇼크를 일으켰다.

【休猎】 xiūliè 동 (야생 동물을 보호하기 위해 규정된 지역이나 시기에 부분 혹은 전면적으로) 사냥을 금지하다. ¶推行~制度, 保护野生动物。=사냥 금지 제도를 시행하여 야생 동물을 보호하다.

【休眠】 xiūmián 동⟨生⟩ 휴면하다. 동면하다. ¶~状态=휴면 상태.

【休眠火山】 xiūmián huǒshān 명⟨地⟩ 휴화산. [화산 활동을 잠시 멈춘 화산]=【休火山】 xiūhuǒshān

【休戚】 xiūqī 명 1 기쁨과 걱정. 2 화복(禍福). ¶与民共~。=백성과 더불어 동고동락하다.

【休戚相关】 xiūqī-xiāngguān 성 서로 간의 화복〔기쁨과 슬픔〕이 연관되고 이해가 일치하다. 관계가 밀접하여 이해가 일치하다.

【休戚与共】 xiūqī-yǔgòng 성 1 동고동락(同苦同樂)하다. 2 관계가 밀접하여 이해가 일치하다. ≒同甘共苦

【休憩】 xiūqì 동⟨文⟩ 쉬다. 휴식하다. ¶稍事~=잠깐 쉬다. ≒休息

【休市】 xiūshì 동 (교역 시장이 명절이나 휴일 등의 이유로) 휴장하다. 장이 서지 않다.

【休书】 xiūshū 명⟨旧⟩ 수세. 이혼장.

【休说】 xiūshuō 동 말하지 마라. …은〔는〕커녕. …은〔는〕 고사하고. ¶~是他, 谁来也不行。=그는커녕, 그 누가 와도 안 된다.

【休提】 xiūtí 동⟨旧⟩ 말하지〔제기하지〕 마라. 이야기는 꺼내지도 마라. ¶旧事~=옛일은 꺼내지도 마라.

【休息】 xiū·xi 동 휴식〔휴양〕하다. 휴식을 취하다. 쉬다. ¶太累了, ~一会儿。=너무 피로해, 잠깐 쉬자. ≒休憩 ↔劳动

【休息室】 xiū·xishì 명 휴게실.

【休闲】 xiūxián 동 1 한가하게 지내다. 한가롭게 보내다. ¶度假村是人们~的好去处。=레저 타운은 사람들이 한가하게 지내기에 좋은 곳이다. 2 ⟨农⟩ 휴한하다. 휴작하다. 작물 재배를 중지하다. ¶~地=휴한지.

【休闲服】 xiūxiánfú 명 캐주얼 의복.=【休闲装】 xiūxiánzhuāng

【休闲活动】 xiūxián huódòng 명 여가 활동. 레저 활동.

【休闲装】 xiūxiánzhuāng ☞【休闲服】 xiūxiánfú

【休想】 xiūxiǎng 동 망상하지 마라. 생각하지 마라. 단념하라. ¶~推卸责任。=책임을 전가할 생각일랑 하지 마라.

【休学】 xiū‖xué 동 휴학하다. ¶因病~=질병으로 휴학하다. ↔复学

【休养】 xiūyǎng 동 1 휴양하다. 요양하다. ¶刚做了手术, 还需要一一段时间。=이제 막 수술을 하였으니, 아직 일정 기간 요양이 필요하다. 2 (국가나 국민의 경제력을) 발전시키다. 키우다. 기르다. 회복시키다. ¶~国力=국력을 기르다.

【休养生息】 xiūyǎng-shēngxī 성 (전쟁이나 기타 원인으로 인한 대동란 뒤에) 사회를 안정시키고 경제력을 회복시키다. 휴양하면서 인구를 증가시키다. 휴양하여 예기를 기르다. ≒养精蓄锐

【休要】 xiūyào 동 …하지 마라. ¶~啼哭=큰 소리로 울지 마라.

【休业】 xiū‖yè 동 1 휴업〔휴점〕하다. 영업을 잠시 중지하다. ¶~盘点=휴업하고 재고를 조사하다. 2 (학습의) 한 과정을〔단계를〕 끝내다〔마치다〕. ≒停业 歇业 ↔开业

【休渔】 xiūyú 동 (해양 생태의 균형을 유지하고, 어업 자원의 확보를 위해 규정된 수역이나 시기에 부분적으로 혹은 전면적으로) 어획을 금지하다. ¶~期间严禁捕捞。=어획 금지 기간에 어로 작업을 엄격하게 금하다.

【休战】 xiū‖zhàn 동 휴전하다. 정전하다. ¶~议和=휴전하고 강화하다. ≒停战 ↔开战

【休整】 xiūzhěng 동 휴식하며 정돈〔정비〕하다. [주로 군대에 쓰임] ¶部队急需~。=부대는 시급히 재정비를 해야 한다.

【休止】 xiūzhǐ 동 정지〔중지·휴지〕하다. 멈추다. 멈추고 쉬다. ¶永无~=영원히 멈추지 않다. ≒停止

【休止符】 xiūzhǐfú 명⟨音⟩ (악보 중의) 쉼표.

**咻** xiū 떠들 휴
동⟨文⟩ 시끄럽게 떠들다. 마구 지껄이다.

○● 气咻咻

【咻咻】 xiūxiū 의 1 씩씩. 색색. 헐떡헐떡. [헐떡거리는 소리] ¶他~地喘个不停。=그는 씩씩거리며 계속해서 헐떡거렸다. 2 삐악삐악. 꽥꽥. 꽥꽥. [일부 동물의 울음소리] ¶小鸡~地叫着。=병아리가 삐악거리며 운다.

**修**[¹(脩)] xiū 닦을 수
동 1 수식하다. 장식하다. 꾸미다. ¶装~房屋=집을 꾸미다〔내부 장식하다〕. / 不~边幅=외관이나 차림새를 꾸미지 않다. 2 수리하다. 보수하다. 수선하다. 손질하다. ¶维~=수리하다. / 年久失~=오래도록 보수하지 않다. 3 건설하다. 건축하다. 부설하다. 건조(建造)하다. ¶~公路=도로를 건설하다. / 兴~水利=수리 시설을 건설하다. 4 (학문·품행 등을) 수련하다. 배워서 닦다. 수양하다. 학습하다. 연구하다. ¶自~=독학하다. 스스로 수양하다. / 进~=연수하다.

5 수행하다. 도를 닦다. ¶~成正果=수행하여 정과를 얻다. 득도하다. 6 (자르거나 깎아서) 다듬다. 정돈하다. ¶~指甲=손톱을 다듬다. / ~树枝=가지치기를 하다. 7㉠ 글을 쓰다. 편찬하다. 집필하다. ¶编~=편찬하다. ㉡(Xiū) 성(姓).

**修²[(脩)]** xiū 길 수

㉠㉡ 길다. 길쭉하다. 가느다랗다. ¶~长的身材=가느다란 몸매.

◦● 必修, 翻fān修, 返修, 回修, 检修, 培修, 抢qiǎng修, 失修, 岁修, 维修, 兴修, 选修, 整修, 专修

【修补】 xiūbǔ ㉠ 수리하다. 보수하다. 수선하다. 손질하다. ¶~车胎=타이어를 수리하다.
【修长】 xiūcháng ㉠ 가늘고 길다. 가느다랗다. ¶山间翠竹, ~挺拔。=산 속의 푸른 대나무가 미끈하게 뻗어 있다.
【修辞】 xiūcí ㉠(言) 문장(글)을 수식하다(다듬다). ㉡(言) 수사학.
【修辞格】 xiūcígé ㉡(语) (비유·대구 등의) 수사법. 표현법. 수사 방식(격식). =【辞格】cígé
【辞式】císhì
【修辞学】 xiūcíxué ㉡(言) 수사학.
【修道】 xiūdào ㉠ 수도하다. 도를 닦다.
【修道院】 xiūdàoyuàn ㉡(宗) 1 수도원. [천주교와 동방정교의 수도승들이 수행하는 장소] 2 수도원. 수사원. 수녀원. [천주교에서 성직자를 길러 내는 신학교를 가리킴]
【修地球】 xiū dìqiú ㉠ 땅 파먹다. 땅 파먹고 살다. [농사에 종사하는 것을 해학적으로 표현한 말] =【修理地球】 xiūlǐ dìqiú
【修订】 xiūdìng ㉠ (서적 등을) 수정하다. ¶~教材=교재를 수정하다.
【修订版】 xiūdìngbǎn ☞【修订本】 xiūdìngběn
【修订本】 xiūdìngběn ㉡ 수정본. 수정판. =【修订版】 xiūdìngbǎn
【修读】 xiūdú ㉠ 1 연수하다. 2 (스승의 지도 아래) 어떤 전공(과정)을 깊이 연구하다. ¶他用了两年时间~心理学。=그는 2년 동안 스승의 지도 아래 심리학을 깊이 연구했다.
【修短】 xiūduǎn ㉠㉡ 장단. 길이. ¶~适度=길이가 적당하다.
【修复】 xiūfù ㉠ 1 수리하여 복원하다. 수복하다. 원상 복구하다. [주로 건축물에 쓰임] ¶~铁路=철로를 원상 복구하다. 2 (관계를) 개선하여 회복하다. ¶~邦交=국교를 정상화하다. 3 (医) (조직을) 복원하다. 재생하다. ¶~机理=(생체) 조직을 복원하다.
【修改】 xiūgǎi ㉠ 1 (원고를) 고치다. 수정하다. ¶~文稿=원고를 수정하다. 2 수리하다. 수선하다. 고치다. ¶毛衣~后穿起来合身多了。=스웨터를 수선하고 나니 몸에 훨씬 잘 맞는다.
【修盖】 xiūgài ㉠ (집 등을) 건축하다. 짓다. 건조하다. ¶~疗养院=요양원을 짓다.

【修函】 xiū‖hán ㉠㉡ 편지를 쓰다. ¶~告知详情。=편지로 자세한 사정을 알리다.
【修好】 xiū‖hǎo ㉠ 1 다시 사이가 좋아지다. ¶捐弃前嫌, 重新~。=과거의 맺힌 감정을 씻어 버리고, 다시 사이가 좋아지다. 2 (수리하여) 복원하다. 복구하다. ¶他终于把闹钟~了。=그는 마침내 자명종을 다 고쳤다. 3㉡ 선행〔자선〕을 베풀다. ¶~积德=선행을 베풀고, 덕을 쌓다.
【修好】 xiūhǎo ㉠㉡ (국가와 국가·개인과 개인 간에) 우호 관계를 맺다. 친선을 도모하다. ¶两国罢兵~。=두 국가가 전쟁을 멈추고 우호 관계를 맺다.
【修剪】 xiūjiǎn ㉠ 1 (가위로) 다듬다. 손질하다. 전지(剪枝)하다. 가지치기하다. ¶~枝杈=가장귀를 전지하다. 2 편집하다. ¶~电影胶片=영화 필름을 편집하다. ≒修理
【修建】 xiūjiàn ㉠ 건조(建造)하다. 건설하다. 건축하다. 시공하다. 부설하다. ¶~科技博物馆=과학 기술 박물관을 건축하다. →拆除
【修脚】 xiū‖jiǎo ㉠ 발을 손질하다. [발톱을 깎거나 발의 군은살·티눈 등을 제거하면서 발병까지 치료하는 것]
【修旧利废】 xiūjiù-lìfèi ㉢ 낡은 것을 수리하고 폐품을 이용하다.
【修浚】 xiūjùn ㉠ 하천을 수리해서 물의 흐름을 좋게 하다. 준설하다. ¶~河道=강바닥을 파내 물을 잘 흐르게 하다.
【修理】 xiūlǐ ㉠ 1 수리하다. 수선하다. 손질하다. 고치다. ¶~电视机=텔레비전을 수리하다. 2 가위로 다듬다. 전지하다. ¶~果树=과수를 전지하다. ≒维修 修剪
【修理地球】 xiūlǐ dìqiú ☞【修地球】 xiū dìqiú
【修炼】 xiūliàn ㉠ 1 (道) 수련하다. [도교의 '修道(수도)·炼气(기 수련)·炼丹(연단)' 등을 가리킴] 2 수련하다. 단련하다. ¶~功夫=무술 솜씨를 단련하다.
【修路】 xiū‖lù ㉠ 도로를 닦다〔정비하다〕.
【修眉】 xiūméi ㉠ 눈썹을 손질하다. ¶~画目=눈썹을 손질하고 아이라인을 그리다. ㉡ 긴 눈썹. ¶两道~有如柳叶。=양쪽의 긴 눈썹이 마치 버들잎 같다.
【修面】 xiū‖miàn ㉠㉢ 면도하다.
【修明】 xiūmíng ㉠㉡ (정치가) 밝고(맑고) 깨끗하다. 공명하다. ¶政治~, 国势强盛。=정치가 투명하고, 국력이 강성하다.
【修女】 xiūnǚ ㉡(宗) 수녀.
【修配】 xiūpèi ㉠ (고장난 부분을) 수리하고 (결손된 부속을) 끼워 맞추다. 수리하고 조립하다. ¶汽车~厂=자동차 정비 공장.
【修葺】 xiūqì ㉠ (건축물을) 보수하다. 개축하다. ¶~剧院=극장을 개축하다. ≒修缮
【修葺一新】 xiūqì yīxīn ㉢ (건축물이) 개축된 후 새롭게 참신한 면모를 드러내다. 보수하여 면모를 일신하다.
【修桥】 xiūqiáo ㉠ 다리를 놓다.

【修桥补路】xiūqiáo-bǔlù ⓐ ❶ 다리를 놓고 도로를 개수〔보수〕하다. ❷㉰ 대중을 위한 좋은 일을 하다.

【修缮】xiūshàn ⓧ 〈건축물을〉 보수하다. 수리하다. 손질하다. ¶经过~, 古建筑群焕发出绚丽的光彩。= 보수를 마치자 옛 건축물들이 눈부시게 아름다운 광채가 난다. ≒修葺

【修身】xiūshēn ⓧ 수신하다. 수양하다. ¶~齐家 = 수신제가. 먼저 자신을 수양하고 집안을 다스리다.

【修身养性】xiūshēn-yǎngxìng ⓐ 심신을 닦고 교양을 쌓다.

【修史】xiūshǐ ⓧⓖ 사서(史書)를 편찬하다. ¶秉笔~ = 붓을 들어 사서를 편찬하다.

【修士】xiūshì ⓜ⟨宗⟩ 〈천주교와 동방정교의〉 수사. 수도사.

【修饰】xiūshì ⓧ ❶ 꾸미다. 단장하다. 치레하다. 장식하다. ¶店面一~新。= 매장을 새롭게 꾸미다. ❷ 화장하고 모양을 내다. 멋을 부리다. ¶略加~, 人显得精神了许多。= 조금 화장하고 모양을 내니 사람이 훨씬 활기차게 보인다. ❸ 〈문장을〉 손질하다. 윤색하다. 곱게 고치다. ¶~文辞 = 글을 윤색하다.

【修书】xiū∥shū ⓧⓖ ❶ 편지를 쓰다. ¶~一封 = 편지 한 통을 쓰다. ❷ 서적을 편찬하다. ¶潜心~ = 마음을 집중하여 서적을 편찬하다.

【修通】xiūtōng ⓧ 〈도로나 철길이〉 개통되다. 〈전기 회로가〉 수리 후 잘 통하다. ¶高速公路~以后, 行车时间将大大缩短。= 고속 도로가 개통된 이후 운행 시간이 크게 단축되었다.

【修仙】xiū∥xiān ⓧ⟨道⟩ 장생불사(長生不死)를 위해 연단(煉丹)을 먹고 양생(養生)을 하다. 신선이 되는 도를 닦다.

【修宪】xiūxiàn ⓧ 헌법을 고치다.

【修行】xiū·xíng ⓧ ❶ 〈출가하여〉 도를 닦다. 불법(佛法)을 배우다. 수행하다. ❷ 선행을 베풀고 덕을 쌓다.

【修修补补】xiūxiū bǔbǔ ⓧ 손질하다. 보수하다. ¶他只是做了一些~的工作。= 그는 다만 약간의 보수 작업을 하였을 뿐이다.

【修学】xiūxué ⓧ 학문을 배우다. 수학하다. 공부하다. ¶~五载 = 5년을 수학하다.

【修养】xiūyǎng ⓧ⟨宗⟩ 〈도교 신도가〉 수련〔수양〕하다. 교양이나 학식을 쌓다. ⓜ ❶ 수양. 〔艺术~ = 예술 수양. ❷ 교양. ¶他举止得当, 显得很有~。= 그는 행동거지가 온당하여 매우 교양 있어 보인다. ≒涵养

【修业】xiūyè ⓧ 〈학생이〉 학교에서 공부하다. 수업〔수학〕하다. ¶一期满=수학 기간이 만료되다.

【修造】xiūzào ⓧ ❶ 수리하고 짓다. ¶~库房 = 곳간을 수리하고 짓다. ❷ 수리하고 만들다. ¶~车辆 = 차량을 수리하고 만들다.

【修整】xiūzhěng ⓧ 손질하다. 정리하다. 수선하다. 수리하다. 정비하다. 보수하다. 고쳐서 완전하게 하다. ¶星宇残破不堪, 亟待~。= 가옥이 형편없이 망가져서 시급히 보수가 필요하다.

【修正】xiūzhèng ⓧ 수정하다. 바로잡다. ¶~错误 = 잘못을 수정하다.

【修正案】xiūzhèng'àn ⓜ 수정안. 〔원안(原案)의 잘못된 곳을 고친 새로운 방안〕

【修枝】xiū∥zhī ⓧ 전지하다. 가지치기를 하다. 가지를 손질하다. ¶园丁正在给树木~。= 정원사가 나뭇가지들을 손질하고 있다.

【修治】xiūzhì ⓧ ❶ 수리하다. 고치다. 정비하다. 손질하다. 수선하다. 보수하다. ¶~河道 = 수로를 정비하다. ❷⟨醫⟩ 〈한약재 등을〉 가공하다. 정제하다.

【修竹】xiūzhú ⓜ 긴 대. 길게 자란 대. 장죽(長竹). ¶茂林~ = 무성한 숲과 길게 자란 대.

【修筑】xiūzhù ⓧ 건설. 건축. 부설. ¶~铁路 = 철로를 부설하다. ≒建筑

【修撰】xiūzhuàn ⓧ 쓰다. 짓다. 저작(著作)하다. 편찬하다. 집필하다. 펴내다. ¶~碑文 = 비문을 짓다.

【修纂】xiūzuàn ⓧⓖ 편찬하다. 집필하다. 저작하다. ¶~县志 = 현지(縣誌)를 편찬하다.

**庥** xiū 그늘 휴
ⓧⓖ 비호하다. 보호하다.

**脩** xiū 고기포 수
ⓜ ❶ 육포. 말린 고기. 건육. 〔옛날, 처음으로 스승을 뵐 때 올리던 예물〕 ❷ⓧ 스승에게 드리던 예물〔수업료〕. ¶束~ = 속수. 포개어 묶은 육포. 〔입학할 때 내는 수업료〕

【脩金】xiūjīn ⓜⓖ 스승에게 드리던 예물〔수업료〕.

**羞** xiū 부끄러워할 수
ⓗ 수줍다. 부끄럽다. ¶识~ = 부끄러움을 알다. ⓧ ❶ 창피하다. 무안하다. ¶~于见人 = 사람 보기 창피하다. ❷ 부끄러워하다. 부끄러움을 타다. 수줍어하다. ¶害~ = 부끄러워하다. ❸ 부끄럽게 하다. 난처하게 하다. ¶把老底儿揭出来~他。= 오래 된 내막을 끄집어 내어 그를 난처하게 하다. ⓜⓖ '馐(xiū)'와 같음. ≒耻辱

○ 羞 xiū
  馐 xiū

◐❶ 含羞, 娇jiāo羞, 没羞, 怕羞, 识shí羞, 珍羞, 遮zhē羞布

【羞惭】xiūcán ⓗ 부끄럽다. 창피하다. 참괴(慙愧)하다. ¶一脸~。= 부끄러운 기색이 역력하다. ≒羞愧

【羞耻】xiūchǐ ⓗ 수줍다. 부끄럽다. ¶不知~ = 부끄러움을 모르다. ≒耻辱 羞辱 ↔光荣

【羞耻心】xiūchǐxīn ⓜ 수치심. ¶这个人一点儿~也没有。= 이 사람에게는 수치심이란 조금도 없다.

【羞答答】xiūdādā (~的) ⓗ 수줍다. 부끄럽다. 부끄러워〔수줍어〕하는 모양. = 【羞羞答答】xiūxiū dādā ¶小姑娘见了生人一~的, 一直低着头。= 여자 아이는 낯선 사람을 보고는 수줍어하며 내내 고개를 숙이고 있다.

【羞愤】xiūfèn ⓗ 부끄럽고 분하다. ¶~难=

수치와 분노를 참을 수 없다.
【羞花闭月】[羞花蔽月] xiūhuā-bìyuè ☞【闭月羞花】bìyuè-xiūhuā
【羞花蔽月】xiūhuā-bìyuè ☞【羞花闭月】xiūhuā-bìyuè
【羞口】xiūkǒu 동 말하기가 난처하다〔계면쩍다〕. 입을 떼기가 어렵다. ¶他想说, 可又有点儿~。=그는 말하려 하였으나 역시 입을 떼기가 쉽지 않았다.
【羞愧】xiūkuì 형 부끄럽다. 참괴(惭愧)하다. 창피하다. ¶深感~=깊이 부끄러워하다. ≒羞惭 ↔自豪
【羞明】xiūmíng 명〔醫〕 수명. [안력(眼力)이 부실하여 밝은 빛을 잘 보지 못하는 증상]
【羞赧】xiūnǎn 형〔문〕 부끄러워 얼굴을 붉히다. ¶满面~之色。= 얼굴에 부끄러운 빛〔기색〕이 가득하다.
【羞恼】xiūnǎo 형 부끄럽고 분하다. 수치심으로 부아가 나다〔치밀다〕. ¶万分~=대단히 부끄럽고 분하다.
【羞怯】xiūqiè 형 부끄러워서 머뭇거리다. 겸연쩍어 머뭇머뭇하다. ¶~的目光=겸연쩍어 머뭇하는 눈빛.
【羞怯怯】xiūqièqiè (~的) 형 부끄러워서 멈칫멈칫하는 모양. 부끄러워서 머뭇거리는 모양. ¶小姑娘一脸~的神色。=여자 아이 얼굴에 부끄러운 기색이 가득하다.
【羞人】xiū‖rén 동 부끄럽게 생각하다. 창피하게 여기다. ¶羞死人了。=부끄러워 죽겠다.
【羞人】xiūrén 형 부끄럽다〔쪽팔리다〕 하는. 부끄럽다. 쪽팔리다. ¶当众挨批评是一件很~的事。=대중 앞에서 비판당하는 것은 매우 부끄러운 일이다.
【羞人答答】xiūrén dādā (~的) 형 부끄러워하다. 창피해하다. 스스로 부끄러워하는 모양.
【羞辱】xiūrǔ 동 치욕을 주다. 모욕을 주다. ¶遭人~=남에게 모욕을 당하다. 명 치욕. 모욕. ¶受~=남에게 치욕을 당하다. ≒羞耻 耻辱
【羞臊】xiūsào 형 수줍어하다. 부끄러워하다. ¶说出这么难听的话他也不觉得~。=이런 듣기 거북한 말을 해 놓고도 그는 부끄러워하지 않는다. 동 부끄럽게 하다. 난처하게 하다. ¶他总拿这事~我。=그는 늘 이 일을 들추어서 나를 난처하게 만든다.
【羞涩】xiūsè 형 1 부끄럽다. 겸연쩍다. 수줍어서 머뭇머뭇하다. ¶~的表情=겸연쩍은 표정. 2〔문〕 (물자가) 결핍하다. 가난하다. 빈궁하다. ¶囊中~=주머니 사정이 쑥스럽다. 여유가 없다. ↔大方(dà·fang)
【羞恶】xiūwù 동〔문〕 자신이나 타인의 옳지 못함을 부끄러워하고 착하지 못함을 미워하다. ¶~之心=수오지심.
【羞羞答答】xiūxiū dādā (~的) ☞【羞答答】xiūdādā
【羞于】xiūyú 동 …에 대해 수치스러워〔난처해〕하다. ¶~启齿=입을 열기가 난처하다.
【羞与为伍】xiūyǔ-wéiwǔ 성어 (어떤 사람과) 같이 일하는 것을 수치로 여기다. 한 무리가 된 것을 부끄럽게 여기다.

## 鸺[鵂] xiū 부엉이 휴

【鸺鹠】xiūliú 명〔動〕 1 올빼밋과의 총칭. = 【横纹小鸮】héngwén xiǎoxiāo 2 고서에서 부엉이를 가리킴.

## 貅 xiū 비휴 휴
☞【貔貅】píxiū

## 馐[饈] xiū 맛좋은 음식 수
명〔動〕 진미. 맛좋은 음식. ¶珍~=진미.

## 髹 xiū 옻칠할 휴
동〔문〕 (옻)칠을 하다.

## 蟠 xiū 대벌레 수
명〔動〕 대벌레. 죽절충(竹節蟲).

## **朽 xiǔ 썩을 후
동 1 (나무가) 썩다. 부패하다. ¶一截~木=썩은 나무 한 토막. 2 (기타 물질이) 썩다. 부패〔부식〕하다. ¶腐~=썩다. 3 소멸〔소실〕되다. 없어지다. ¶永垂不~=영원히 소멸되지 않다. 형 노쇠하다. 쇠약하다. 쇠퇴하다. ¶老~不堪=형편 없이 노쇠하다.

○-○ 腐fǔ朽, 枯kū朽, 衰shuāi朽

【朽败】xiǔbài 형 썩어서 무너져 가다. 썩어서 퇴락하다. 썩어 부서지다. ¶旧居废置多年, 已十分~。=옛 집이 내버려진 지 오래 되어 거의 썩어서 무너져 내렸다.
【朽腐】xiǔfǔ 형 썩다. 썩어 문드러지다. 부패하다. ¶棺椁~=관〔관곽〕이 썩다.
【朽坏】xiǔhuài 형 썩다. 썩어 문드러지다. 썩어 부서지다〔망가지다〕. ¶古墓中的木器大多已经~。=고분의 목조 그릇은 대부분 이미 썩어 문드러졌다.
【朽烂】xiǔlàn 형 썩다. 썩어 문드러지다. ¶枯木~=고목이 썩어 문드러지다.
【朽迈】xiǔmài 형〔문〕 늙어서 쓸모 없게 되다. 노후하여 소용 없게 되다. ¶~无能=늙어서 쓸모 없고 무능하다.
【朽木】xiǔmù 명 1 썩은 나무. 2〔비〕 쓸모 없는 사람. 전망이 없는 사람. 육성할〔키울〕 수 없는 사람. ¶~死灰=썩은 나무와 사그라진 재. 쓸모 없는 인간. 가망이 전혀 없는 인간.
【朽木不可雕】xiǔmù bùkě diāo 성어 1 썩은 나무는 조각할 수 없다. 2〔비〕 자질이 우둔하거나 타락한 사람은 육성할〔재목이 될〕 수 없다. 3〔비〕 일이 이미 돌이킬 수 없는 지경에 이르다.
【朽木粪墙】xiǔmù-fènqiáng ☞【朽木粪土】xiǔmù-fèntǔ
【朽木粪土】xiǔmù-fèntǔ 성어 1 썩은 나무와 분뇨 및 진흙. 2〔비〕 가르쳐도 소용 없는 인간. 전망이 없는 사람. 육성할 수 없는 사람. 쓸모 없는 물

건. 값없어치 없는 물건. =【朽木粪墙】 **xiǔmù-fènqiáng**

**宿** xiǔ 묵을 숙
양[구] 밤. 박. [밤을 세는 단위] ¶三天两~=2박 3일.
☞ sù, xiǔ

○● 通宿

**潃** xiǔ 뜨물 수
명[문] 쌀뜨물.

**秀** xiù 빼어날 수
통 1 (농작물 등 식물이) 이삭이 나와 꽃이 피다. 이삭이 패다. ¶六月六, 看谷~. =(음력) 6월 6일에는 곡식에 이삭이 패고, 꽃이 피는 것을 볼 수 있다. 형 1[문] 빼어나다. 늘씬하다. …보다 높이[불쑥] 드러나다. ¶木~于林, 风必摧之. =숲에서 (다른 나무보다) 늘씬하게 높이 자란 나무는 바람이 어김없이 부러뜨린다. 걸출한 인재는 늘 사람들의 주요 견제 대상이 되는 법이다. 2 뛰어나다. 출중하다. 우수하다. 걸출하다. ¶优~=우수하다. 3 수려하다. 빼어나게 아름답다. 청순하고 아름답다. ¶俊~=준수하다. / 山清水~=산수가 (맑고) 아름답다. 4 영리하다. 총명하다. 머리회전이 빠르다. ¶内~=(드러나지 않고) 속으로 총명하다. 명 1 우수하고 출중한 인재. 뛰어난 인재. 수재. ¶后起之~=새로 나타난 우수한 인재. 2[외] 쇼. ¶做~=쇼를 하다. / 脱口~=토크 쇼.

○● 闺guī秀, 娟juān秀, 俊jùn秀, 内秀, 韶sháo秀, 挺tǐng秀, 心秀

○ 秀 xiù
锈 xiù
绣 xiù
诱 yòu
透 tòu

【秀拔】 **xiùbá** 형 아름답고 힘차다. 아름답고 늘씬하다. 돋보이게[뛰어나게] 아름답다. ¶身姿~=몸매[자태]가 아름답고 뛰어나게 아름답다.

【秀才】 **xiù·cai** 명 1 ☞【生员】 **shēngyuán** 2 지식인. 학자. 수재. 배운 사람. 선비. ¶大山沟里终于出了个~. =두메 산골에서 마침내 수재가 나왔다.

【秀才人情】 **xiù·cai-rénqíng** 성[구] 보잘것없는 선물. 선비의 성의[선물]. [옛날, 선비들이 주로 시문이나 서화 등을 선물한 데서 유래함]

【秀场】 **xiùchǎng** 명[외] 공연장.

【秀出】 **xiùchū** 형 재능이 걸출하다. 특출나다. ¶~之士=재능이 출중한 인재.

【秀而不实】 **xiù'érbùshí** 성 1 농작물이 그냥 꽃만 피고 열매를 맺지 않다. 2[유] 사람이 비록 재능은 있으나 성과가 없다.

【秀发】 **xiùfà** 명 아름다운 머리카락[두발]. [주로 여자의 머리카락을 가리킴] ¶一头~=아름다운 머리카락.

【秀慧】 **xiùhuì** 형 아름답고[우아하고] 총명하다. 예쁘고 슬기롭다. ¶这女孩儿~乖巧, 很讨人喜欢. =이 여자 아이는 예쁘고 총명하여, 사람들이 매우 좋아한다.

【秀劲】 **xiùjìng** 형 (필세가) 수려하고 힘차다. ¶字体~=자체가 아름답고 힘이 있다.

【秀俊】 **xiùjùn** 형 준수하다. 빼어나다. 수려하다. ¶容貌~=용모가 준수하다.

【秀丽】 **xiùlì** 형 수려하다. 곱다. 어여쁘다. 아름답다. 고상하다. 우아하다. ¶风景~=경치가 수려하다. ≒秀美 秀气 ↔丑陋

【秀美】 **xiùměi** 형 수려하다. 곱다. 어여쁘다. 아름답다. 고상하다. 우아하다. ¶山川~=산천이 수려하다. ≒秀丽 秀气

【秀媚】 **xiùmèi** 형 (자태가) 수려[준수]하고 어여쁘다[곱다·아름답다]. ¶相貌~=용모가 수려하고 곱다.

【秀气】 **xiù·qi** 형 1 수려하다. 어여쁘다. 곱다. 청순하다. 청수하다. ¶长相~=얼굴 생김새가 청수하다. 2 (말씨나 행동이) 고상하다. 우아하다. 기품이 있다. ¶他太~了, 走路都怕踩死蚂蚁. =그는 참으로 고상하여, 길을 갈 때도 개미를 밟아 죽일까봐 근심한다. 3 (사물의 모양과 사용이) 간편하고 정교하다. 정교하고 쓰기에 편하다. ¶这把美工刀真~. =이 칼은 [커터는] 정말 쓰기 편하다. ≒秀丽 秀美 ↔丑陋

【秀巧】 **xiùqiǎo** 형 예쁘고 영리하다. 수려하고 재능 있다. ¶他非常疼爱这个~伶俐的小孙女. =그는 이 예쁘고 영리한 손녀를 무척 귀여워한다.

【秀润】 **xiùrùn** 형 아름답고 윤이 난다. ¶雨后的玫瑰显得格外~. =비 온 뒤의 장미는 유달리 아름답고 반짝반짝 윤이 난다.

【秀色】 **xiùsè** 명 1 아름다운 경치. 수려한 경관. 빼어난 풍경. ¶~如画=그림처럼 아름다운 경치. 2 아름다운[수려한] 용모. 빼어난 자태. ¶丽姿~=아름다운 자태와 수려한 용모.

【秀色可餐】 **xiùsè-kěcān** 성 1 여자의 용모나 자태가 매우 아름답다. 2 경치가 매우 수려하다.

【秀挺】 **xiùtǐng** 형 늘씬하고 아름답다. 뛰어나게 수려하다. 아름답고 힘차다. ¶~的白桦=늘씬한 자작나무.

【秀外惠中】 **xiùwài-huìzhōng** ☞【秀外慧中】 **xiùwài-huìzhōng**

【秀外慧中】 **xiùwài-huìzhōng** 성 외모도 준수하고 자질도 총명하다. 잘생기고 똑똑하다. =【秀外惠中】 **xiùwài-huìzhōng**

【秀雅】 **xiùyǎ** 형 수려하고[빼어나고] 우아[고상]하다. 아름답고 아취[雅趣]가 있다. ¶~的山景令人沉醉. =수려하고 아취가 있는 산의 풍경이 사람을 도취시킨다.

【秀异】 **xiùyì** 형 남달리 훌륭하다. 출중하다. 특출나다. 뛰어나다. ¶才智~=재능과 지혜가 남달리 뛰어나다.

【秀逸】 **xiùyì** 형 아름답고 소탈하다. 수려하고 자연스럽다. ¶诗文~不凡. =시문이 아름답고 자연스러운 것이 훌륭하다.

**岫** xiù 산굴 수
명[문] 1 바위굴. 암혈. 산굴. 동굴. ¶白云出~=

흰구름이 산골짜기를 돌아 나오다. **2** 산. 산봉우리. ¶远~ = 먼 산.

## 臭 xiù 냄새 취
图 냄새. ¶无色无~ = 무색무취. 동윤 '嗅(xiù)'와 같음.
☞ chòu

## 袖 xiù 소매 수
图 (~儿) 소매. ¶衣~ = 옷의 소매. / 长-T恤 = 긴 소매 셔츠. 동 소매 속에 (쑤셔) 넣다. 팔짱을 끼다. ¶他~着手在一旁站着. = 그는 팔짱을 낀 채 옆에서 있다.

○● 拂fú袖, 领袖, 暖袖, 水袖, 套袖, 罩zhào袖

【袖标】xiùbiāo 图 팔띠. 완장.
【袖长】xiùcháng 图 (옷의) 소매 길이.
【袖箍】xiùgū 图 (원통형의) 팔띠. 완장.
【袖管】xiùguǎn 图 **1** 소매. **2** 图 소맷부리.
【袖箭】xiùjiàn 图 수전. [옛날 소매 속에 감추고 남몰래 쏘는 화살]
【袖口】xiùkǒu (~儿) 图 소맷부리.
【袖扣】xiùkòu (~儿) 图 소매 단추. 커프스 단추. = 【袖口纽儿】. xiùkǒuniǔr 【袖钮】xiùniǔ
【袖口纽儿】xiùkǒuniǔr ☞ 【袖扣】xiùkòu
【袖宽】xiùkuān 图 소매 폭. 소매 너비.
【袖钮】xiùniǔ ☞ 【袖扣】xiùkòu (~儿).
【袖手旁观】xiùshǒu-pángguān 성 **1** 수수방관하다. **2** 비 남의 일에 전혀 관여하지 않다. = 【旁观袖手】pángguān-xiùshǒu
【袖套】xiùtào 图 토시. 투수 (套袖).
【袖筒】xiùtǒng (~儿) 图 소매.
【袖头】xiùtóu (~儿) 구 소맷부리.
【袖章】xiùzhāng 图 완장.
【袖珍】xiùzhēn 형 **1** 소매에 간직한. 호주머니에 넣을 수 있는. [옛날, 사람들은 호주머니를 소매 안에 만들었음] **2** 소형의. 포켓형의. 휴대형의. ¶~词典 = 포켓용 사전.
【袖珍本】xiùzhēnběn 图 수진본. 포켓북.
【袖子】xiù·zi 图 소매.

## 绣 [綉, 繡] xiù 수놓을 수
형 오색찬란하다. 화려하다. ¶锦~山河 = 금수강산. 동 수놓다. 자수 (刺繡)하다. ¶刺~ = 자수하다. / 描龙~凤 = 용을 그리고 봉황을 수놓다. 图 자수 (刺繡). 자수품. ¶蜀~ = 쓰찬 (四川)산 자수. / 苏~ = 쑤저우 (苏州)산 자수.

○● 顾绣, 锦jǐn绣, 蜀shǔ绣

【绣墩】xiùdūn 图 자수 덮개를 씌우 도자기로 만든 걸상.
【绣房】xiùfáng 图윤 젊은 여자의 거실.
【绣阁】xiùgé 图윤 젊은 여자의 거실. ¶香闺~ = 젊은 여자의 거실.
【绣工】xiùgōng (~儿) 图 수놓는 일. 자수 일.
【绣花】xiù∥huā (~儿) 통 그림이나 도안을 수놓다. ¶~手帕 = 수놓은 손수건.

【绣花鞋】xiùhuāxié 图 수놓은 신발.
【绣花针】xiùhuāzhēn 图 자수 바늘.
【绣花枕头】xiùhuā zhěn·tou 图 **1** 수놓은 베개. 베갯잇은 수가 놓여져 그럴듯하지만, 베갯속은 형편 없는 베개. **2** 비 겉모습만 번지르르하고 실제로는 재능과 학식이 없는 사람. **3** 비 겉모습만 그럴듯하고 실제로는 질이 떨어지는 물건.
【绣袍】xiùpáo 图 (중국식의) 수놓은 두루마기.
【绣品】xiùpǐn 图 자수품.
【绣球】xiùqiú 图 비단 방울(공).
【绣像】xiùxiàng 图 **1** 수상. [오색실로 수를 놓아 만든 사람 화상] **2** 수상. 섬세하게 그린 인물화나 삽화. [명청 (明清)대부터 장회 소설 (章回小说)의 권두 (卷头)에 그린 인물화나 매 장 (章) 첫머리의 삽화를 가리킴. 그림이 자수와 같이 아주 섬세하다 하여 붙여진 명칭]
【绣鞋】xiùxié 图 여자가 신는 수놓은 신. 꽃신.
【绣制】xiùzhì 图 수놓아 만들다. ¶~香囊 = 수를 놓아 만든 향낭.
【绣字】xiùzì 동 (오색실로) 글자를 수놓다.

## 琇 xiù 옥돌 수
图 옥과 비슷한 돌.

## 宿 xiù 별자리 수
图 (天) 성수. [옛날, 중국에서 28수로 나눈 별자리를 일컫던 말] ¶星~ = 성수.
☞ sù, xiǔ

## 锈 [銹, 鏽] xiù 녹슬 수
图 **1** 녹(绿). ¶铁~ = 쇠녹. / 铜~ = 동록. **2** 녹처럼 생긴 물질. ¶茶~ = 차 때. [다기에 붙어 있는, 황갈색을 띤 차의 앙금] **3** (农) 녹병. 수병. 엽삽병 (叶涩病). ¶灭~ = 녹병을 소멸시키다. 동 녹슬다. ¶防~漆 = 방녹도료. / 镰刀~了. = 낫이 녹슬었다.

○● 茶锈, 水锈, 铁锈

【锈斑】xiùbān 图 (금속의) 녹 얼룩. (식물의) 녹병 반점(얼룩).
【锈病】xiùbìng 图(农) 녹병. 수병 (锈病). [식물의 잎이나 줄기에 녹균이 기생해서 생기는 병. 귤색 또는 갈색의 가루가 덩어리로 생기는 병]
【锈菌】xiùjūn 图(生) 녹균. 녹병균.
【锈蚀】xiùshí 동 (금속에) 녹이 나서 부식되다. ¶铁栏杆~严重. = 철 난간이 녹이 슬어서 부식이 심하다.

## 嗅 xiù 맡을 후
동 냄새를 맡다. ¶~觉迟钝 = 후각이 둔하다.
【嗅觉】xiùjué 图 **1** (生) 후각. ¶~灵敏 = 후각이 예민하다. **2** 비 사물을 판별하는 능력. 판단력. 분별력. 감각. 센스. 눈치. ¶政治~ = 정치적 감각.
【嗅神经】xiùshénjīng 图(生) 후각 신경.

## 溴 xiù 브롬 추

명❷《化》브롬(Br, bromine).
【溴水】**xiùshuǐ** 명《化》브롬수.
【溴酸】**xiùsuān** 명《化》브롬산.

## 褎[褏] **xiù** 소매 수
명 '袖(xiù)'와 같음.

## xu

## 讦[訐] **xū** 클 우
형문 크다. ¶~谟=큰 계획. 동문 과장하다. 허풍을 떨다. 호언하다.

## 圩 **xū** 시장 우
명방 시장. 장. 저자. 장터. [고서에서는 '虛'라고 씀] ¶赶~=장보러 가다.
☞ **wéi**
【圩场】**xūcháng** 명방 시장. 장. 장시. 저자.
【圩期】**xūqī** ☞【圩日】**xūrì**
【圩日】**xūrì** 명방 장날. =【圩期】**xūqī**
【圩市】**xūshì** 명방 시장. 장. 장시. 저자.
【圩镇】**xūzhèn** 명방 (비농업인 위주의) 큰 읍.

## 戌 **xū** 열한째 지지 술
명 술. [십이지(十二支)의 열한 번째]
☞ **·qu**
【戌时】**xūshí** 명문 술시. [저녁 7시~9시까지의 시간]

## *吁 **xū** 탄식할 우
감문 (놀람·의문 등을 나타내어) 허! 아! 아니! ¶~, 何其怪哉!=아! 어찌 그리 괴상하단 말인가! 동 한숨 쉬다. 탄식하다. 한탄하다. ¶长~短叹=길게 한숨 쉬고 짧게 탄식하다.
☞ **yū, yù**
【吁吁】**xūxū** 의 씩씩. 쌕쌕. 싹싹. 후후. [가쁜 숨을 쉬는 소리] ¶气喘~=가쁜 숨을 씩씩거리다〔몰아쉬다〕.

## 盱 **xū** 눈 부릅뜰 우
동문 **1** 눈을 부릅뜨다. ¶~目环伺=눈을 크게 뜨고 몰래 주위를 살피다. **2** 바라보다. 우러러보다. 쳐다보다. 살피다. 관찰하다. ¶睢~=우러러보다.
【盱衡】**xūhéng** 동문 **1** 눈썹을 치켜세우고 눈을 부릅뜨다. ¶~厉色=눈썹을 치켜세우고 눈을 부릅떠서 성난 얼굴을 하다. **2** 관찰 분석하다. 전면적으로 살펴서 가늠하다. ¶~大局=대세를 가늠하다.
【盱眙】**Xūyí** 명《地》쉬이. [장쑤(江苏)성에 있는 지명]

## 𦙶 **xū** 뼈 바르는 소리 획
의문 썩썩. 싹싹. 쓱쓱. 쓰윽쓱 싸악삭. [살과 뼈를 바를 때 나는 소리] ¶奏刀~然=칼 쓰는 소리가 쓱싹거리다.
☞ **huā**

## **须¹[須]** **xū** 마땅히 수
동 **1** 기다리다. ¶卬~我友.=나는 내 친구를 기다린다. **2** 반드시〔마땅히〕…하여야 한다. 모름지기 …해야 한다. …할 필요가 있다. …해야 한다. ¶务~注意=반드시 주의해야 한다. / 必~如此=꼭 이렇게 해야 한다. 명(Xū) 성(姓). ≒需

## **须²[鬚]** **xū** 수염 수
명 **1** 턱수염. **2** 수염. ¶胡~=수염. **3** 《生》(동물의 촉수나 식물의 화수같이) 수염처럼 생긴 것. ¶花~=화수. / 触~=촉수. ≒胡

○❶ 必须, 胡hú须, 鲸jīng须, 卷juǎn须, 无须, 些须, 莫mò须有

【须发】**xūfà** 명 수염과 머리카락. ¶~斑白=수염과 머리카락이 희끗희끗하다.
【须根】**xūgēn** 명《植》**1** 수염뿌리. **2** 잔뿌리.
【须鲸】**xūjīng** 명《动》수염고래.
【须眉】**xūméi** 명 **1** 수염과 눈썹. **2** 남자. ¶巾帼不让~.=여자들이 남자들에게 뒤지려 하지 않다.
【须弥座】**xūmízuò** 명외《佛》**1** 불단. 수미단. 불상의 밑받침. **2** 불탑의 밑받침이나 불전(佛殿)의 기초〔토대〕. [수미(须弥)는 범어로 수메르(Sumeru)라 하며, 인도 고대 신화에 나오는 고산 이름임]
【须生】**xūshēng** ☞【老生】**lǎoshēng**
【须要】**xūyào** 동 반드시 …해야 한다. ¶~耐心=반드시 인내해야 한다.
【须臾】**xūyú** 명문 수유. 잠시. 잠깐. ¶~不离=잠시도 떨어지지 않다.
【须知】**xūzhī** 동 반드시 알아야 한다. ¶~幸福生活来之不易.=행복한 생활은 쉽게 오는 것이 아니라는 것을 반드시 알아야 한다. 명 주의 사항. 숙지 사항. 안내 사항. 규정. 준칙. ¶投稿~=투고(할 때) 숙지 사항.
【须子】**xū·zi** 명《生》동식물에 나는 수염 같이 생긴 것. ¶虾~=새우의 수염. / 玉米~=옥수수의 수염.

## 胥 **xū** 모두 서
부문 모두. 다. 전부. ¶万事~备.=모든 일이 다 준비되다. 명 **1** 문옛 서리. 아전. 하급 벼슬아치. ¶里~=마을 아전〔서리〕. **2** (Xū) 성(姓).

| ❶ 胥 | xū |
|---|---|
| 婿 | xù |
| 糈 | xǔ |
| 醑 | xǔ |

【胥吏】**xūlì** 명문 서리. 아전. 관청의 하급 관리.

## 顼¹[頊] **xū** 사람 이름 욱
☞【颛顼】**Zhuānxū**

## 顼²[頊] **Xū** 성씨 욱
명 성(姓).

**虚** xū 빌 허

[형] **1** 비다. 텅 비다. ¶座无~席=빈 좌석이 없다. **2** 겸허하다. 자만하지 않다. ¶谦~=겸허하다. **3** (체질이) 허약하다. ¶身子~. =몸이 허약하다. **4** 허위의. 거짓의. 실없는. 괜한. ¶一场~惊=한바탕 괜히 놀라다. **5** 겁내다. 위축되다. 자신이〔용기가〕 없다. ¶胆~=담력이 없다. 쓸데없이. ¶弹不~发=탄환이 빗나가는 경우가 없다. [동][문] (자리를) 비우다. **1** ~席以待=자리를 비워 두고 기다리다. [명] **1** 빈 곳. (빈)틈. 약점. ¶乘~而入=빈틈을 타서 들어가다. **2** (정책·사업의 실천을 이끌어 주는) 사상. 이론. 이치. ¶务~=(정치·정책·방침 등의) 이론〔사상〕 학습에 힘쓰다. **3** [天] 허수(虚宿). 허성(虚星). [이십팔수(二十八宿)의 하나] ↔실

○● 乘虚, 空虚, 玄xuán虚, 子虚

○ 虚 xū
  嘘 xū
  墟 xū
  觑 qù
  戏 xì

【虚报】xūbào [동] 거짓〔허위〕 보고하다. [주로 적은 것을 많게 보고하는 것을 가리킴] ¶~产量=생산량을 과장해서 보고하다.

【虚传】xūchuán 거짓으로〔헛되이〕 전해지다. ¶名不~=명불허전. 이름은 헛되이 전하여 지는 것이 아니다. 과연 듣던 대로이다.

【虚词】xūcí [명] **1** [言] 허사. [실질적인 뜻은 없고 단순히 문장의 구성을 돕는 품사로, '介词(개사)·连词(접속사)·助词(조사)' 등이 이에 속함] **2** ☞【虚辞】xūcí ↔实词

【虚辞】[虚词] xūcí [명][문] 허황하고 터무니없는 말. 실속이 없는 말. 빈말. 거짓말. 허사. ¶~滥调=실속이 없는 형식적인 말.

【虚诞】xūdàn [형] 터무니없다. 황당무계하다. ¶~的传闻=터무니없는 소문.

【虚度】xūdù [동] 허송세월을 하다. ¶~时日=세월을 헛되이 보내다.

【虚浮】xūfú [형] 성실〔착실·진지〕하지 못하다. 겉으로 대충대충 하다. ¶作风~=태도가 성실하지 못하다. ☞塌实

【虚构】xūgòu [동] **1** 꾸며 내다. 날조하다. 지어 내다. ¶这些所谓的事实都是~的. =이런 이른바 사실이라고 하는 것은 실은 모두 지어 낸 것이다. **2** 허구. 픽션. ¶小说中既有写实, 又有~. =소설 내용 중에는 사실 묘사도 있지만 허구도 있다. ☞编造 捏造 虚拟

【虚汗】xūhàn [명][醫] 식은땀.

【虚耗】xūhào [동] 허비하다. 낭비하다. 헛되이 소모하다. ¶~能源=에너지를 낭비하다.

【虚话】xūhuà [명] 빈말. 허언. 헛말. 헛소리. 거짓말. ¶我说的句句是实, 没有半句~. =내가 한 말은 모두 사실이고 조금의 거짓도 없다.

【虚怀若谷】xūhuái-ruògǔ 〈성〉 겸허한 마음이 산골짜기만큼 깊다. **2** [문] 대단히 겸허하여 어떠한 의견도 받아들일 수 있다. ↔目中无人

【虚幻】xūhuàn [형] 가공의. 비현실적인. 허황된. ¶未来并不是~的, 而是触手可及的. =미래는 결코 허황한 것이 아니라 손을 내밀면 닿을 수 있는 것이다. ☞空幻 ↔实际

【虚火】xūhuǒ [명][醫] 허열. 허화. ¶~上升=허열이 올라가다.

【虚己】xūjǐ [동] 자신을 낮추다. 마음을 비우다. 허심하다. ¶~以受人. =겸허하게 남을 받아들이다.

【虚己纳物】xūjǐ-nàwù ☞【虚己以听】xūjǐyǐtīng

【虚己以听】xūjǐyǐtīng 〈성〉 겸허하게 남의 의견이나 비판에 귀를 기울이다. =【虚己纳物】xūjǐnàwù

【虚假】xūjiǎ [형] 거짓의. 허위의. 속임수의. 가짜의. 위선의. ¶~广告=허위 광고. ↔真实 真诚 诚实 笃实 真切

【虚假繁荣】xūjiǎ-fánróng 〈성〉 허울만 좋은 경제 번영. 겉만 번지르르한 경제 번영.

【虚价】xūjià [명] 부르는 값. 명목 가격. (흥정할 여지가 있는) 불합리한 가격. 실제보다 비싸게 매긴 값. ¶别说~, 到底多少钱能卖? =터무니없는 값을 부르지 말고, 도대체 얼마면 팔겠소?

【虚骄】xūjiāo [형] 들뜨고 교만하다. 자만〔오만〕하다. ¶~自傲=교만하고 거만〔오만〕하다.

【虚惊】xūjīng [명] 괜한 놀람다. 실없이〔공연히〕 놀라다. ¶一场~=한바탕 괜한 놀람.

【虚空】xūkōng [형] 공허〔허전〕하다. 텅 비다. 횡하다. ¶内心~=(속)마음이 공허하다.

【虚夸】xūkuā [동] (말을) 과장하다. 허풍치다. ¶~之词=과장된 말. ☞浮夸

【虚诳】xūkuáng [형] 거짓으로 속이다. 사기치다. ¶~之言=거짓으로 남을 속이는 말.

【虚痨】xūláo [명][醫] 허로. 노점(痨漸). 폐결핵.

【虚礼】xūlǐ [명] 허례. 허식. ¶不必拘于~. =허례에 얽매일 필요 없다.

【虚名】xūmíng [명] 허명. 빈〔헛된〕 명성. 실제와 부합되지 않은 명성. ¶徒有~=괜히 빈 명성만 있다. ☞浮名

【虚拟】xūnǐ [동] 허구하다. 모의(模拟)하다. ¶~场景=가상 장면. [형] 가설의. 가정의. 가상의. ¶~语气=가정법. ☞虚构

【虚拟咖啡屋】xūnǐ kāfēiwū [명] 사이버 카페.

【虚拟空间】xūnǐ kōngjiān [명] 가상 공간. 사이버 스페이스.

【虚拟图书馆】xūnǐ túshūguǎn ☞【电子图书馆】diànzǐ túshūguǎn

【虚拟网络】xūnǐ wǎngluò [명] 가상 네트워크.

【虚拟现实】xūnǐ xiànshí [명](컴) 가상 현실.

【虚拟银行】xūnǐ yínháng ☞【网络银行】wǎngluò yínháng

【虚胖】xūpàng [형] **1** [醫] 비만하다. **2** 헛살이 찌다.

【虚飘】xūpiāo [형] 일하는 태도가 건실하지 못하거나 깊이가 없다. 침착하지 못하다. ¶作风~=태도가 불성실하다.

【虚飘飘】xūpiāopiāo (~的) [형] **1** 비틀비틀하다. 흔들흔들하다. 들뜨고 동요하는 모양. **2** (몸이) 허약하여 힘이 없다. ¶病刚好, 走起路来还

是~的. =병이 이제 막 나아서 아직 걸을 힘이 없다.

【虚怯】 **xūqiè** 혱 1 내심 겁을 내다. 흠칫흠칫하다. 허겁떨다. ¶内心~=내심 겁내다. 2 허약하고 힘이 없다. 쇠약하다. 기력이 없다. ¶她病刚好, 身体还~得很. =그녀는 이제 막 병이 나아서 몸이 여전히 매우 쇠약하다.

【虚情假意】 **xūqíng-jiǎyì** 숙 허울뿐인〔표면적인·겉치레의〕 호의. ↔真心实意

【虚热】 **xūrè** 혱 1〔醫〕 허열. [몸이 허하여 열이 나는 병리 현상] 2 허울 좋은 번영. ¶~的泡沫经济=겉만 번지르르한 거품 경제.

【虚荣】 **xūróng** 명 허영. 헛된 영화. ¶爱慕~=허영을 좋아하다.

【虚荣心】 **xūróngxīn** 명 허영심.

【虚弱】 **xūruò** 혱 1 (몸이) 허약하다. 쇠약하다. 기력이 없다. ¶身体~=몸이 허약하다. 2 (국력·병력이) 약하다. ¶国力~=국력이 약하다. ↔强壮 结实

【虚设】 **xūshè** 동 (기구·직위 등을) 명목〔형식〕상으로만 설치하다. ¶形同~=유명무실하다.

【虚声】 **xūshēng** 명 1 허성. 약한 소리. 2 허세. ¶~恫吓=허세로 위협하다.

【虚实】 **xūshí** 명 1 허실. 허와 실. 거짓과 진실. 2 상황. 사정. 정황. 형편. ¶打探~=사정을 알아보다.

【虚饰】 **xūshì** 동 말로 거짓되게 꾸미다. ¶~历史=역사를 왜곡하다. 혱 (말이) 겉만 그럴듯하고 실속은 없다. 겉만 번지르르하다. ¶~的文辞=겉만 그럴싸한 문장.

【虚数】 **xūshù** 명 1 허수. [실제 수량을 나타내지 않는 숫자. 예를 들어, '三令五申(여러 번 명령하다)'에서 '三'과 '五' 등과 같은 쉬 2 거짓 수. ¶谎报~=거짓 수를 허위 보고하다. 3〔數〕 허수. ↔实数

【虚岁】 **xūsuì** 명 집에서 세는 나이. [중국의 전통적인 나이 계산법. 태어나면 한 살로 치는 것으로 실제 만 나이보다 한두 살 많을 수 있음]

【虚套(子)】 **xūtào(•zi)** 명 형식적인 의례. 겉치레. 쓸데없는 체면이나 격식.

【虚头】 **xūtóu** 동 거짓말을 하다. 속이다. ¶他是个老实人, 从不爱~. =그는 정직한 사람이라, 이제껏 거짓말이라고는 모르고 지내 왔다. 명동 거짓. 거짓말. ¶他说的没有~. =그의 말에는 거짓이 없다.

【虚土】 **xūtǔ** 명동 (밭갈이한 후의) 부슬부슬한〔부드러운〕흙.

【虚脱】 **xūtuō** 명〔醫〕 허탈. [과다 출혈이나 탈수 등의 원인으로 심장 및 혈액순환이 돌연 쇠약해지는 현상] 동〔醫〕 허탈 현상이 일어나다. ¶由于失血过多, 病人~了. =출혈이 너무 과다하여 환자에게 허탈 현상이 나타났다.

【虚妄】 **xūwàng** 혱 날조된. 허위의. 도리에 어긋나는. ¶~的言论=날조된 언론.

【虚伪】 **xūwěi** 혱 허위의. 거짓의. 속임수의. 가짜의. 모조의. 위선의. ¶待人~=위선적으로 사람을 대하다. ↔坦诚 真诚 诚恳 真切

【虚位以待】 **xūwèiyǐdài** 숙 1 자리를 비워 두고 기다리다. 2(비) 공손한 태도로 귀빈〔현자〕을 기다리다. ↔【虚席以待】 **xūxíyǐdài**

【虚文】 **xūwén** 명 1 형식적인〔유명무실한〕 규정〔법규〕. 공문. 사문. ¶一纸~=휴지와 다름없는 규정. 2 형식적인 예절. ¶~缛节=형식적이고 번잡한 예절.

【虚文浮礼】 **xūwén-fúlǐ** 숙 형식적인 예절. 허례허식.

【虚无】 **xūwú** 혱 1 공허하다. 텅 비어 있다. ¶~的幻象=공허한 환상. 2 허무하다. [도가(道家)에서 '도(道)'를 형용하는 말로, 도(道)는 도처에 존재하나 보이지 않고, 있지만 마치 없는 것 같고, 차 있으나 마치 비어 있는 것 같다고 해서 이렇게 말함] 3 허무적이다. ¶悲观~的思想=비관적이고 허무적인 사상.

【虚无缥缈】 **xūwú-piāomiǎo** 숙 허무맹랑하다. 멀고 실속 없다. 까마득히 허망하다.

【虚无主义】 **xūwúzhǔyì** 명 허무주의. 니힐리즘(nihilism). 유심주의 역사관.

【虚席以待】 **xūxíyǐdài** ☞【虚位以待】 **xūwèiyǐdài**

【虚线】 **xūxiàn** 명 1 점선. 2〔數〕 허근(虚根)을 가진 방정식의 그래프를 표시하는 선.

【虚像】 **xūxiàng** 명(物) 허상.

【虚心】 **xūxīn** 혱 겸손하다. 겸허하다. 자만하지 않다. 허심하다. ¶~请教=겸허하게 가르침을 청하다. ≒谦虚 ↔骄傲 自满

【虚虚假假】 **xū•xu jiǎjiǎ** 혱 허위의. 거짓의. ¶经理很欣赏他不~的诚实劲儿. =사장은 그의 거짓되지 않은 성실성을 좋게 평가한다.

【虚虚实实】 **xū•xu shíshí** 명 허실. 허허실실. 거짓과 진실. ¶一定要摸清对方的~. =반드시 상대의 허실을 분명히 파악하여야 한다.

【虚悬】 **xūxuán** 동 1 결정되지 않다. 결론이 나지 않다. 실현되지 않다. ¶由于资金不足, 建分校的事一直~着. =자금이 부족하여 분교를 짓는 일은 줄곧 실현되지 않고 있다. 2 결원되다. 자리가 비어 있다. ¶局长一职目前还~着. =국장 자리는 지금 여전히 비어 있는 상태이다. 3 공상하다. ¶~的计划不可能付诸实施. =공상적인 계획은 실현에 옮길 수 없다.

【虚言】 **xūyán** 명 빈말. 쓸모 없는 말. 비현실적인 말. ¶他刚才说的没有半句~. =그가 방금 한 말은 하나도 빈말이 아니다.

【虚掩】 **xūyǎn** 동 1 (빗장이나 자물쇠를 채우지 않고) 문만 닫아 두다. ¶房门~=방문을 잠그지 않고 그냥 닫아 두다. 2 (단추는 채우지 않고) 옷자락으로 앞을 가리다. ¶~衣襟=옷자락으로 앞을 가리기만 하다.

【虚应故事】 **xūyìng-gùshì** 숙 전례에 따라 일을 얼렁뚱땅 해서 대충 때우고 넘어가다. 형식적으로 일을 대강대강 해치우다.

【虚有其表】 **xūyǒuqíbiǎo** 숙 유명무실하다. 모양만 멀쩡〔번지르〕하다. 빛 좋은 개살구.

【虚与委蛇】 **xūyǔwēiyí** 숙 겉으로만 추종하다. 겉으로만 공손한 체하다. 짐짓 좋은 체하다.

【虚造】xūzào 동 날조하다. 터무니없이 만들어 내다. ¶~事实=사실을 날조하다.
【虚诈】xūzhà 형 위선적이고 교활하다. 거짓되다. ¶~不实=거짓되고 진실성이 없다.
【虚张声势】xūzhāng-shēngshì 성 허장성세.
【虚症】xūzhèng 명 (醫) 허증. [체질이 허약한 사람에게 나타나는 전신 무력감이나 가슴이 뛰고 숨이 가빠지거나 식은땀이 계속되는 등의 증상]
【虚职】xūzhí 명 명목상의〔유명무실한〕 직위나 직무. ↔实职
【虚掷】xūzhì 동 허비하다. 헛되이 버리다. 허송하다. ¶~年华=세월을 허송하다.
【虚字】xūzì 명〔言〕허자. ↔实字
【虚左】xūzuǒ 동(문) (귀빈을 위해) 상석을 비워 두다. ¶~以待=상석을 비워 두고 귀한 손님을 기다리다.

## 谞[諝] xū 슬기 서

명(문) **1** 재지(才智). 재능과 지혜. 재주. 슬기. **2** 계책. 책략.

## 媭[嬃] xū 누이 수

명(문) 누님. 누나. [옛날, 초(楚)나라 사람들이 누나를 일컫던 말]

## 欻 xū 문득 훌

부(문) 갑자기. 홀연히. 문득. ¶风雨~至=비바람이 갑자기 몰아닥치다.
☞ chuā

## 湑 Xū 강 이름 서

명〔地〕쉬수이(湑水). [산시(陕西)성에 있는 강 이름]
☞ xǔ

## 墟 xū 폐허 허

명 **1** 원시 인류가 거주했던 구릉. **2** 예전에는 사람들이 살았지만 지금은 황폐해진 터. ¶废~=폐허. **3** 촌락. 마을. ¶~落=촌락. **4** '圩(xū)'와 같음.
【墟墓】xūmù 명(문) 황폐한 묘지.

## **需 xū 필요할 수

동 **1** 필요하다. 요구되다. ¶必~=필요하다. / 急~=급히 필요하다. 명 필수품. 수요. ¶军~=군수(軍需). 늑须 ↔供(gōng)
【需求】xūqiú 명 수요. 필요. ¶物质~=물질적 수요.
【需求量】xūqiúliàng 명 수요량. 필요량. ¶市场对节能冰箱的~很大. =시장의 절전형 냉장고에 대한 수요량이 매우 크다.
【需索】xūsuǒ 동 (재물을) 요구하다. ¶无厌=끝도 없이 재물을 요구하다.
【需要】xūyào 동 필요하다. 요구되다. ¶我们一批高素质的专业人才。=우리는 자질이 뛰어난 전문적인 인재들이 필요하다. 명 (사물에 대한) 욕망. 요구. 욕구. ¶满足消费者的~。=소비자의 요구를 만족시키다.
【需用】xūyòng 명 필요한 돈이나 물품. 경비. ¶举办车展的一切~由各汽车制造商支付。=자동차 전람회를 거행하는 데 필요한 모든 경비는 각 자동차 회사가 지불한다.

## 嘘 xū 불 허

동 **1** 감 탄식하다. ¶仰天而~=하늘을 쳐다보며 탄식하다. **2** 천천히 숨을 내쉬다. 입김을 천천히 내불다. ¶~气=천천히 숨을 내쉬다. **3** (증기나 열에) 데다. 데우다. 덥히다. ¶掀笼屉时, 手被热气~着了。=점통을 열 때에 손을 뜨거운 김에 데었다. **4** 감 '우우' 등의 소리를 내어 제지하거나 내쫓다. ¶大家把他从舞台上~了下去。=모두들 '우우' 야유를 보내 그를 무대에서 내려오게 했다. 감(제지함을 나타내어) 쉬. 쉿. ¶~! 说话小声点儿。=쉿! 조용히 말해.
☞ shī

○● 吹嘘

【嘘寒问暖】xūhán-wènnuǎn 성 더우면 더울세라 추우면 추울세라 알뜰히 보살펴 주다. 지극 정성으로 보살펴 주다.
【嘘枯吹生】xūkū-chuīshēng 성 **1** 말로 죽은 것을 살려 내다. **2**비 말재주가〔언변이〕 지극히 뛰어나다.
【嘘唏】xūxī ☞【歔欷】xūxī

## 魆 xū 새까말 훌

☞【黑魆魆】hēixūxū

## 歔 xū 흐느낄 허

【歔欷】【嘘唏】xūxī 동 흐느끼다. 훌쩍거리다. 목메다. ¶~不已=끊임없이 흐느끼다.

## 繻[繻] xū 고운 명주 수

명(문) **1** 채색 비단. **2** (옛날의) 관문(關門) 출입증. [비단으로 만듦]

## *徐 xú 천천히 서

형 느리다. 천천히. 서서히. 느리게. 느릿느릿. ¶清风~来=시원한 바람이 서서히 불어오다. 명 (徐) 성(姓). 늑缓 慢 ↔疾
【徐步】xúbù 동 천천히 걷다. 느긋하게 걷다. 여유롭게 걷다. ¶~而行=천천히 여유롭게 걷다.
【徐缓】xúhuǎn 형 느리다. 느릿하다. 완만하다. 천천하다. 서서하다. ¶水流~=물의 흐름이 완만하다.
【徐娘半老】Xúniáng-bànlǎo 성 **1** 서소패(徐昭佩)처럼 우아하다. 《南史·梁元帝徐妃传》(남사·양원제서비전)에 나오는 양(梁) 원제(元帝)의 후궁인 서(徐)씨가 많은 나이에도 불구하고 다정다감했었다고 함] **2** 우아한 자태를 지닌 중년 부인. 여전히 풍류가 남아 있는 중년 부인. [조롱의 의미를 내포함] =【半老徐娘】bànlǎo-Xúniáng
【徐图】xútú 동(문) 서서히 도모하다. 천천히 꾀하

다. 침착하게 계획을 세우다. ¶~发展=서서히 발전을 도모하다.
【徐行】xúxíng 동문 서행하다. 천천히 여유롭게 걷다.
【徐徐】xúxú 형문 느리다. 천천히. 서서히. 느리게. 느릿느릿. ¶列车~开动了.=열차가 느릿느릿 출발하였다.

**\*\*许[許]** xǔ 허락할 허
동 **1** 허락하다. 허용하다. 허가하다. 승낙하다. ¶特~=특별히 허락하다. / 默~=묵인하다. **2** (주기로) 약속하다. ¶爸爸~给我一本《汉英词典》.=아버지께서 내게 《중영사전》 한 권을 주기로 약속하셨다. **3** (부모가) 딸의 혼인을 허락하다. ¶姑娘早就~人家了.=아가씨는 일찍감치 혼사가 정해졌다. **4** 칭찬하다. ¶嘉~=칭찬하다. / 赞~=칭찬하고 인정하다. 뷔 아마도. 어쩌면. 혹시. ¶你额头这么烫, ~是感冒了.=네 이마가 이렇게 뜨거운 걸 보니, 어쩌면 감기에 걸렸는지 모르겠다. 수문 가량. 정도. 쯤. ¶三十~人=서른 명쯤. / 下午5时~=오후 다섯 시쯤. 대 이처럼. 이렇게. ¶等了~久.=이렇게 오랫동안 기다렸다. 명 **1** 곳. 장소. ¶何~人?=어디 사람? **2** (歷)(Xǔ) 허. [주(周)대의 나라 이름. 지금의 허난(河南)성 쉬창(许昌) 동쪽에 있었음] **3** (Xǔ) 성(姓).

○- 称chēng许, 或许, 几许, 嘉jiā许, 默mò许, 期许, 容许, 如许, 稍shāo许, 些许, 兴许, 也许, 应许, 允yǔn许

【许多】xǔduō 형 매우 많다. 허다하다. ¶庭院里种了~花草.=정원에 매우 많은 화초를 심었다. ≒好多
【许国】xǔguó 동문 나라를 위해 목숨을 바치다. ¶以身~=몸을 나라에 바치다.
【许婚】xǔhūn 동 (주로 여자측의 부모가) 청혼을 받아들이다. 허혼하다.
【许久】xǔjiǔ 명 오랜 시간. 긴 시간. 한참. ¶大家商量了~才定下来.=모두들 한참을 상의하고서야 결정지었다. / ~他没上班了.=그는 오랫동안 출근하지 않았다. ↔片刻
【许可】xǔkě 동 허가하다. 승낙하다. 허락하다. ¶未经~, 不得入内.=허락 없이 안으로 들어가서는 안 된다. ≒容许 允许 ↔不许
【许可证】xǔkězhèng 명 허가증.
【许诺】xǔnuò 동 허락하다. 승낙하다. 허가하다. 응낙하다. ¶他曾~帮我介绍工作.=그는 일찍이 나에게 일자리를 소개해 준다고 승낙했다. 명 승낙한 말. 허락한 말. 약속. ¶信守~=약속을 충실히 지키다.
【许配】xǔpèi 동 (부모가) 딸의 혼인을 허락하다. 혼약(婚約)하다.
【许亲】xǔqīn 동 (주로 여자측의 부모가) 청혼을 받아들이다. 허혼하다.
【许人】xǔrén 동 (여자가) 혼인을 허락하다. 결혼[혼인]을 약속하다. 혼사가 정해지다. ¶他的女儿还不曾~.=그의 딸은 아직 혼사가 정해지지 않았다.
【许身】xǔshēn 동문 몸을 바치다. (여자가) 몸을 허락하다. ¶~报国=몸을 바쳐 나라에 보답하다. 나라를 위해 목숨을 내놓다.
【许是】xǔshì 동 어쩌면(혹시) …일 것이다. 아마 …일지도 모른다. ¶他没来上课, ~病了.=그는 수업하러 오지 않았는데, 아마 병이 났는지도 모른다.
【许愿】xǔ‖yuàn 동 **1** (신불에게) 소원을 빌다. ¶烧香~=향을 피워 소원을 빌다. **2** (사전에 상대에게 이득[보답]을 베풀 것을) 약속하다. 승낙하다. ¶封官~=(자기 편으로 끌어들이기 위해) 사전에 자리[명리]를 주기로 약속하다. ↔还愿
【许字】xǔzì 동문 (주로 여자측의 부모가) 청혼을 받아들이다. 허혼하다.

**诩[詡]** xǔ 장담할 허
동문 큰소리치다. 자랑하다. 허풍떨다. 뽐내다. ¶自~=허풍을 떨다. 자기 자랑을 하다.

**姁** xǔ 즐거울 후
【姁姁】xǔxǔ 형문 안락하다. 편안하다. 온화하다. 정겹다. ¶言语~=말이 온화하다.

**浒[滸]** xǔ 땅 이름 호
아래를 참조.
☞ hǔ
【浒墅关】Xǔshùguān 명 (地) 쉬수관. [장쑤(江苏)성에 있는 지명]
【浒湾】Xǔwān 명 (地) 쉬완. [장시(江西)성에 있는 지명]
☞ Hǔwān

**栩** xǔ 활발한 모양 허
아래를 참조.
【栩栩】xǔxǔ 형 생생하다. 생동감이 있다. ¶~欲活=생생하여 살아 움직일 것 같다.
【栩栩如生】xǔxǔ-rúshēng 성 마치 살아 있는 것같이 생생하다. 생동감이 넘쳐흐르다.

**湑** xǔ 거를 서
동문 (술을) 거르다. 형 **1** 맑다. 깨끗하다. ¶酒~=술이 맑다. **2** 무성하다. ¶枝繁叶~=가지가 번성하고 나뭇잎이 무성하다.
☞ Xū

**盨[盨]** xǔ 그릇 수
명 옛날, 음식물을 담는 놋그릇. [뚜껑이 있고 양쪽으로 손잡이가 달려 있음]

**糈** xǔ 젯메쌀 서
명문 **1** 젯메쌀. **2** 양식. 곡물. 식량.

**醑** xǔ 미주 서
명 **1**문 미주(美酒). 맛이 좋은 술. **2**약 (醫) 酊剂(주정제). ¶樟脑~=장뇌 주정제.
【醑剂】xǔjì 명 (醫) 주정제(酒精劑).

**旭** xù 아침 해 욱
〖형〗 태양이 막 솟아올라 온통 밝은 모습. ¶一轮～日＝막 솟아오르는 밝은 태양. 〖명〗 **1** 방금 솟은 아침 햇살. ¶朝～＝아침 햇살. **2** (Xù) 성(姓).
【旭日】 xùrì 〖명〗 막 솟아오른 밝은 태양. 욱일.
【旭日东升】 xùrì-dōngshēng 〖성〗 **1** 아침 해가 방금 동쪽에서 떠오르다. **2** 〖비〗 생기가 넘치다. 활력이 넘치다. 생기발랄하다.

**芧** xù 상수리 서
〖명〗(植) 상수리(나무). 도토리(나무).
☞ zhù

**序** xù 차례 서
〖명〗 **1** 앞채. 곁채. 사랑채. ¶东～＝(사합원(四合院)의) 동편 곁채. **2** 〖옛〗 고대의 지방 학교. ¶庠～＝고대의 지방 학교. **3** 순서. 차례. ¶秩～＝질서. / 循～渐进＝차례대로 점차적으로 나아가다. **4** 서(序). 서문. 머리말. ¶自～＝자서. **5** 정식 내용이 시작되기 전에 이끌어 주는 역할을 하는 부분. ¶演奏～曲＝서곡을 연주하다. 〖동〗〖문〗 순서를 정하다. ¶～齿就座＝연령순으로 앉다.

O● 词序, 次序, 代序, 花序, 岁序, 循xún序, 叶序, 语序

【序跋】 xùbá 〖명〗 서문(序文)과 발문(跋文).
【序齿】 xùchǐ 〖동〗〖문〗 연령순으로 차례를 정하다. ¶～人席＝연령순으로 입석하다.
【序次】 xùcì 〖명〗 순서. 차례.
【序号】 xùhào 〖명〗 순번. 순위. 시리얼 넘버(serial number).
【序列】 xùliè 〖명〗 **1** 차례대로 늘어선 행렬. 서열. ¶观众排着长长的～等候入场。＝관중들이 긴 행렬을 지어서 입장을 기다린다. **2** 계열. 계통. 시스템. ¶两支部队分属不同的～。＝두 부대는 각기 다른 계통에 속한다.
【序论】 xùlùn 〖명〗 **1** 서론. **2** (논문이나 논저의) 서론. 머리말.
【序目】 xùmù 〖명〗 **1** 목차. 목록(目录). ¶篇章标题＝＝편(篇)과 장(章)의 표제 목차. **2** (책의) 서문과 목록(目录).
【序幕】 xùmù 〖명〗 **1** 〖劇〗 서막. **2** 도입부. 〖서사 위주의 문학 작품에서 본문에 들어가기 전, 작품의 시대 배경·인물의 과거 등에 대한 간략한 소개〗 **3** 〖비〗 (큰 사건의) 발단. 시작. 서막. ¶新的科技革命已经拉开～。＝새로운 과학 기술 혁명이 이미 서막을 열었다. ↔结局 尾声
【序曲】 xùqǔ 〖명〗 **1** 〖音〗 전주곡. 서곡. **2** 〖비〗 (사건이나 행동의) 발단. 시작. 서막. ¶大学时的诗歌习作是他创作生涯的～。＝대학 시절의 시가(诗歌) 습작이 그의 창작 생애의 시작이었다.
【序数】 xùshù 〖명〗 서수.
【序文】【叙文】 xùwén 〖명〗 서문. 서언. 머리말. 전문(前文). ☞序言
【序言】【叙言】 xùyán 〖명〗 서문. 서언. 머리말. 전문(前文). ☞序文

【序战】 xùzhàn ☞【初战】 chūzhàn

**昫** xù 따뜻할 후
〖형〗〖문〗 따뜻하다. 〖주로 사람 이름에 쓰임〗

**叙**[〈敘·敍〉] xù 차례 서
〖명〗〖문〗 순서. 차례. ¶四时不失其～。＝사계절은 그 순서를 어기지 않는다. 〖'序(xù)' 와 같음〗 〖동〗 **1** 순서를 정하다. 차례를 매기다. **2** (등급이나 등위를) 평정(评定)하다. 매기다. ¶～奖～赏(赏)을 정하다. **3** 이야기를 나누다. 말하다. ¶闲言少～。＝쓸데없는 말 그만 해라. **4** 서술하다. 진술하다. ¶平铺直～＝꾸밈이 없이 직설적으로 서술하다.

O● 插chā叙, 倒叙, 记叙, 铺叙, 追叙

【叙别】 xùbié 〖동〗 작별 인사를 나누다. 이별의 말을 나누다. ¶临行～＝떠날 때가 되어 작별 인사를 나누다.
【叙次】 xùcì 〖명〗〖문〗 차례. 순서.
【叙道】 xù·dao 〖동〗(口) (터놓고) 말하다. 이야기하다. (말로) 서술하다. ¶这事说来话长, 得慢慢～。＝이 일은 말하자면 길어지니 천천히 이야기해야 한다.
【叙功】 xùgōng 〖동〗〖문〗 공적(功绩)을 평정(评定)하다. ¶～议赏＝공적을 평정하고 상을 정하다.
【叙话】 xùhuà 〖동〗 이야기를 나누다. 담화하다. ¶围炉～＝난로를 둘러싸고 이야기를 나누다.
【叙家常】 xù jiācháng 〖동〗 일상적인(살아가는) 이야기를 하다. 세상 이야기를 하다. 한담하다.
【叙旧】 xù‖jiù 〖동〗 지나간 이야기를 하다. 옛일을 이야기하다. 회포를 풀다. ¶和昔日同窗聚在一起叙叙旧。＝옛 동창들과 모여 지난 이야기를 나눈다.
【叙利亚】 Xùlìyà 〖명〗〖외〗(地) 시리아(Syria). 〖수도는 '大马士革(다마스쿠스 : Damascus)'임〗
【叙录】 xùlù 〖명〗 (책에 대한) 간략한 소개. 〖다른 판본에 대한 교감 내용과 원류에 대한 논술을 포함함〗
【叙亲】 xù‖qīn 〖동〗 **1** 친척 관계를 논하다. 촌수를 따지다. ¶两人刚认识就叙上亲了。＝두 사람은 인사를 나누자마자 촌수를 따졌다. **2** 친족간에 정답게 이야기를 나누다. ¶他正在和几位叔伯兄弟～。＝그는 몇몇 사촌 형제들과 정답게 이야기를 나누고 있다.
【叙事】 xùshì 〖동〗 서사하다. ¶～与抒情相结合。＝서사와 서정이 결합되다.
【叙事诗】 xùshìshī 〖명〗 서사시.
【叙述】 xùshù 〖동〗 서술하다. 기술하다. ¶书中详细～了这一事件的前后经过。＝책에서 이 일의 전후 경과를 상세하게 서술하였다. ☞陈述 叙说
【叙说】 xùshuō 〖동〗(口로) 서술하다. 구술하다. 이야기하다. ¶～见闻＝보고 들은 것을 이야기하다. ☞陈述 叙述
【叙谈】 xùtán 〖동〗 이야기를 나누다. 담화하다. ¶我一直想找个机会和你～～。＝난 줄곧 기회를

봐서 너와 이야기를 나누고 싶었다.
【叙文】xùwén ☞【序文】xùwén
【叙写】xùxiě 통 서술하다. 묘사하다. 기록하다. 쓰다. ¶~人生感悟=인생의 느낌과 깨달음을 서술하다.
【叙用】xùyòng 통 翻 채용하다. (관료를) 임용하다. ¶~贤良=훌륭한 인재를 임용하다.

洫 xù 봇도랑 혁
몡 도랑. 논밭 사이의 수로. ¶沟~=도랑.

恤[(卹·賉·卹)] xù 동정할 휼
통 1 가엾게 여기다. 불쌍히 여기다. 동정하다. ¶体~=동정하다. 2 구제하다. 부조(扶助)하다. 도와 주다. ¶抚~=무휼하다. 3 翻 고려하다. 걱정하다. 우려하다. ¶不~人言=남의 말을 고려하지 않다.

○-○ 不恤, 周恤

【恤金】xùjīn 몡 위로금. 보상금. 연금. 구휼금.
【恤衫】xùshān 몡 翻 셔츠.

堉 xù 벽 서
몡 고대 건축물의 동쪽과 서쪽의 벽〔담〕. 〔주로 사람 이름에 쓰임〕

*畜 xù 기를 휵
통 (가축을) 기르다. 치다. 축산하다. 축목하다. 방목하다. ¶~养牲畜=가축을 기르다.
☞ chù

○-○ 牧mù畜

【畜产】xùchǎn ☞【畜产品】xùchǎnpǐn
【畜产品】xùchǎnpǐn 몡 축산품. =【畜产】xùchǎn ¶~加工=축산품 가공.
【畜牧】xùmù 통 축산하다. 목축하다. ¶~场=목축장.
【畜牧业】xùmùyè 翻(农) 목축업. 축산업.
【畜养】xùyǎng 통 (동물을) 기르다. 사육하다. 치다. ¶~家禽=가금을 기르다.

壻 xù 사위 서
몡 '婿(xù)'와 같음.

*酗 xù 주정할 후
통 翻 1 술에 푹 빠지다. 술에 절다. 2 주정하다. 취하여 난폭하게 굴다.
【酗酒】xùjiǔ 통 무절제하게 술을 마시다. 주정하다. 취해서 함부로 행동하다. ¶~滋事=주정을 부려 문제를 일으키다.

勖[(勗)] xù 힘쓸 욱
통 翻 격려하다. 고무하다. 노력하게 하다. ¶~助=격려하고 돕다.
【勖励】xùlì 통 翻 격려하다. ¶~后学=후학을 격려하다.
【勖勉】xùmiǎn 통 翻 격려하다. ¶~有加=힘

껏 격려하다.

鱮[鱮] xù 연어 서
몡(动) 연어(鲢鱼). 못고기.

*绪[緒] xù 실마리 서
몡 1 翻 실마리. 단서. 2 (일의) 시초. 발단. ¶就~=실마리〔자리〕잡히다. / 端~=단서. 3 翻 잔여. 나머지. ¶~风=여풍(餘风). 4 翻 (앞사람이 다 이루지 못한) 업적. 위업. 사업. ¶续未竟之~=이루지 못한 위업을 잇다. 5 기분. 정서. 마음. 심정. ¶思~=생각(의 갈피). 정서. / 情~=정서. 기분. 6 (Xù) 성(姓).

○-○ 愁chóu绪, 人绪, 思绪

【绪论】xùlùn 몡 서론. 머리말. 서언.
【绪言】xùyán 몡 서론. 머리말. 서언.

*续[續] xù 이을 속
통 1 이어지다. 계속하다. 지속하다. ¶持~=지속되다. / 继~=계속하다. 2 (원래 사물의 뒤나 아래에) 잇다. ¶狗尾~貂=담비 꼬리가 모자라 개의 꼬리로 잇다. 작품의 마무리가 형편 없다. 3 翻 더하다. 보태다. ¶给客人~点茶水。=손님에게 차를 더 따르다. 몡 (Xù) 성(姓). ↔断 决

○-○ 持chí续, 庚gēng续, 后续, 接续, 绝续, 手续, 延yán续

【续保】xùbǎo 통 보험 기간을 연장하다. 계속해서 보험에 가입하다. 보험 기간을 연장해 주다. ¶~能力=보험 기간을 연장할 수 있는 능력.
【续编】xùbiān 몡 속편. ¶这本书的~即将出版。=이 책의 속편이 곧 출판된다.
【续貂】xùdiāo 통 翻 하찮은 것으로 훌륭한 것의 뒤를 잇다. 〔주로 남의 뒤를 이어 저작하는 경우에 자기 작품을 겸손하게 이르는 말〕¶~之讥=전작을 망쳐 놓았다는 비웃음.
【续订】xùdìng 통 翻 (정기 구매의) 주문 기간을 연장하다. 조약·계약 등을 연장하다. 계약을 갱신〔계속〕하다. ¶~报刊=(간행물의) 구독 기간을 연장하다.
【续稿】xùgǎo 몡 翻 속고.
【续购】xùgòu 통 계속 구매하다. 추가 구매하다. ¶~保险=계속해서 보험에 가입하다.
【续航】xùháng 통 연속 운항하다. 항속(航续)하다. ¶这种新型飞机~时间大大延长。=이 신형 비행기는 항속 시간이 크게 늘어났다.
【续航力】xùhánglì 몡 항속력(航续力).
【续会】xùhuì 통 속개하다. 회의 시간〔기간〕을 연장하다. ¶~半天=회의 시간을 한나절 연장하다. 몡 연속 회의. 연장 회의. 속개 회의. 릴레이 회의. 〔시간을 넘겨 계속하는 회의 또는 중단하거나 마친 후에 다시 개최하는 동일 회의를 가리키는 말〕¶这一议案将在~上讨论。=이 의제는 앞으로 속개 회의에서 토론하게 될 것이다.
【续集】xùjí 몡 속집. 속편(续编).
【续假】xù∥jià 통 휴가를 연장하다. ¶~一周=

휴가를 일주일 연장하다.
【续建】**xùjiàn** 동〔工〕추가로 짓다〔건설하다〕. ¶~铁路=철로를 추가로 건설하다.
【续借】**xùjiè** 동 (기간 만료 후) 계속 빌리다〔임대하다〕. ¶~图书=책을 재대출하다.
【续篇】**xùpiān** 명 속편. ¶论文发表后不久他又写了一篇~. =논문을 발표한 후 얼마 지나지 않아 그는 또 한 편의 속편을 썼다.
【续聘】**xùpìn** 동 (계약 만료 후) 계속 임용〔초빙〕하다. 임용〔초빙〕을 연장하다. ¶聘任期满后视业绩好坏决定是否~. =임용 기간이 만료된 후, 업적의 좋고 나쁨을 보아 계속 임용할지를 결정할 것이다.
【续签】**xùqiān** 동 (계약·협약 등이 만료된 후) 재계약하다. 재조인하다. 재체결하다. 갱신하다. ¶~租房合同=집을 재임대 계약하다.
【续娶】**xùqǔ** 동 상처한 후 다시 장가들다. 재취하다. 후처를 맞다.
【续弦】**xù‖xián** 동 상처한 후 다시 장가들다. 재취하다. 후처를 맞다. [옛날, 부부를 금슬(琴瑟)에 비유하고 아내가 죽는 것을 '断弦(duàn‖xián)'이라고 했던 데서 유래한 말] ¶妻子去世后他没再~. =아내가 죽은 후 그는 다시 장가들지 않았다. 명 (상처한 후 새로 들인) 후처. 후취. 후실. ¶父母不同意女儿做~. =부모는 딸이 후처가 되는 것에 동의하지 않았다.
【续约】**xùyuē** 동 (계약·협약 등이 만료된 후) 기한을 연장하다. 재계약하다. 계속 계약하다. ¶~一年=일년을 연장하다. 명 재계약(서). 재조인. 재체결. ¶~一式两份, 甲, 乙双方各执一份. =재계약서는 똑같이 두 부를 작성하여, 갑·을 양측이 각각 한 부씩 지닌다.

## 溆 **xù** 물가 서

명 1 문 물가. 2 (Xù) 지 쉬수이(溆水). [후난(湖南)성에 있는 강 이름]

## *絮 **xù** 풀솜 서

명 1 옛날, 거친 풀솜. 2 솜 같은 것. ¶柳~=버들강아지. 3 솜. 탄 솜. ¶棉~=솜. 4 이불이나 솜옷에 솜〔풀솜〕을 넣다〔놓다·두다〕. ¶~棉袄=솜옷에 솜을 두다. 형 1 말이 많다. 수다스럽다. ¶她~叨起来就没完. =그녀는 수다를 떨기 시작하면 끝이 없다. 2 동 물리다. 질리다. 싫증나다. 귀찮다. 지겹다. ¶他唠叨的话我都听~了. =그의 시시콜콜한 말은 내가 듣기에 지겨워졌다.

○● 花絮, 吐tǔ絮

【絮叨】**xù·dāo** 끊임없이 주절거리다〔수다떨다·재잘거리다·떠들다·말하다〕. 말을 한참 늘어놓다. 한없이 지껄이다. 계속 씨부렁대다. 귀찮도록 잔소리하다. ¶他整天~个没完. =그는 온종일 끊임없이 수다를 떤다. 형 수다스럽다. 말이 많다. 장황하다. ¶这人可真~. =이 사람은 정말 수다스럽다.
【絮烦】**xù·fan** 형 (말이 많아서) 질리다. 물리

다. 지겹다. 귀찮다. 싫증나다. ¶他翻来覆去就这些话, 听得人都~了. =그는 이 말들을 하고 또 해서 듣기에도 지겹다.
【絮聒】**xùguō** 형 수다스럽다. 말이 많다. 장황하다. ¶老太太~得很, 让人心烦. =노부인은 매우 수다스러워서, 사람으로 하여금 싫증이 나게 한다. 동(于) 성가시게 하다. 귀찮게 하다. 폐를 끼치다. ¶真不好意思, 老是~你. =정말 죄송합니다, 늘 귀찮게 해 드려서.
【絮棉】**xùmián** 명 (상품용으로 가공한 이불이나 옷에 넣는) 솜.
【絮窝】**xù‖wō** (새나 짐승이) 마른 풀이나 깃털로 보금자리를 깔다.
【絮絮】**xùxù** 형 말 등이 끊이지 않는 모습. 끊임없이 주절거리다〔수다떨다·재잘거리다·떠들다·말하다〕. ¶~不休=끊임없이 재잘거리다.
【絮絮叨叨】**xù·xu dāodāo** (~的) 형 말이 많다. 수다스럽다. 장황하다.
【絮语】**xùyǔ** 동 재잘거리다. 수다 떨다. ¶轻声~=낮은 목소리로 재잘거리다. 명 끊임없이 재잘거리는 말. 수다. 잔소리. ¶恋人~=연인들의 속삭임.

## *婿[(壻)] **xù** 사위 서

명 1 남편. ¶夫~=남편. 2 사위. ¶乘龙快~=훌륭한 사위.

○● 女婿, 赘zhuì婿, 子婿

## *蓄 **xù** 쌓을 축

동 1 모아 두다. 축적하다. 쌓아 두다. 저장하다. 저축하다. ¶积~=저축하다. 축적하다. 2 (마음 속에) 담아 두다. 품다. 지니다. ¶~谋已久=음모를 꾸민 지 이미 오래 되었다. 3 (수염이나 머리카락을) 깎지 않고 기르다. ¶~须=수염을 기르다. 늘存

○● 含蓄, 涵hán蓄, 积蓄, 拦lán蓄, 私蓄, 余蓄, 蕴yùn蓄

【蓄藏】**xùcáng** 동 저장하다.
【蓄电池】**xùdiànchí** 명(電) 축전지. ≌【电瓶 **diànpíng**】
【蓄发】**xù‖fà** 동 머리를 기르다. ¶~还俗=(승려가) 머리를 기르고 환속하다.
【蓄洪】**xùhóng** 동 (하천의 넘쳐나는 물을) 유수지(遊水池)에 저장하다.
【蓄积】**xùjī** 동 축적하다. 저장하다. 모아 두다. 쌓아 두다. ¶水塘里~的雨水可用来浇灌农作物. =저수지에 저장해 놓은 빗물로 농작물에 물을 댈 수 있다.
【蓄积量】**xùjīliàng** 명 축적량. 저장량.
【蓄谋】**xùmóu** 동(貶) 일찍감치 모의하다. 은밀히 계략을〔음모를〕꾸미다. ¶~叛乱=일찍감치 반란을 음모하다.
【蓄能】**xùnéng** 동 에너지를 저장하다. ¶~装置=에너지 저장 장치.
【蓄念】**xùniàn** 동 오래 전부터 생각을 품다. 오

래 전부터 생각하다. ¶~已久=생각을 품어 온 지 이미 오래 되었다. 명 오래 전부터 품어 온 생각. 속셈. 심산(心算). ¶心存~=마음속에 속셈을 품다.

【蓄锐】 **xùruì** 동 예기(銳氣)를 축적하다. 예기(銳氣)를 기르다. ¶养精~=(유사시에 대비하여) 힘을 기르고 예기를 축적하다.

【蓄水】 **xùshuǐ** 동 물을 저장하다. 물을 비축하다. ¶~池=저수지. ↔排水

【蓄养】 **xùyǎng** 동 모으고 기르다. 키우다. 기르다. 저장하다. 쌓아 두다. 축적하다. ¶~精力=힘을 기르다.

【蓄意】 **xùyì** 동영 의도적으로 하다. 고의로 하다. ¶~迫害=의도적으로 박해하다. ↔无意

【蓄志】 **xùzhì** 동 (어떤) 뜻을 품다. 마음에 지니다. ¶~报国=국가의 은혜에 보답할 뜻을 품다. 명 품은 뜻. 품어 온 뜻. 숙원(宿願). 숙망(宿望). ¶~高远=품은 뜻이 원대하다.

## 煦 **xù** 따뜻하게 할 후
형문 따뜻하다. ¶和~=따뜻하다. 온화하다.

○● 拂fú煦, 温煦

【煦暖】 **xùnuǎn** 형문 따뜻하다. 따사롭다. 훈훈하다. ¶~的阳光=훈훈한 햇빛.

【煦日】 **xùrì** 명문 따뜻한 태양. ¶~高照=따뜻한 태양이 높은 곳에서 비추다.

【煦煦】 **xùxù** 형문 따뜻하다. 따사롭다. 훈훈하다. ¶春风~=봄바람이 따뜻하다.

## 滀 **xù** 물 모일 축
☞ **chù**

【滀仕】 **Xùshì** 명 (地) 쉬스. [베트남에 있는 지명]

## 蓿 **·xu** 거여목 숙
☞【苜蓿】 **mù·xu**

# xuan

## *轩[軒] **xuān** 수레 헌
형 높다. ¶~敞整洁=높고 넓고 깨끗하다. 명 1 초헌(軺軒). [옛날, 대부(大夫) 이상의 관료가 타던 앞 지붕이 비교적 높고 휘장이 있는 수레] ¶朱~绣轴=화려하게 장식을 한 수레. 2 수레. ¶乘~=수레를 타다. 3 창문이 있는 긴 복도나 작은 집. [옛날에 주로 서재·찻집·식당 등의 이름으로 쓰임] ¶~馆=고풍스러운 건물. / 怡红~=이홍헌. 4 영 창문. 문. ¶开~纳微凉. =창문을 열고 선선한 바람을 맞다. 5 (Xuān) 성 (姓). ↔轾

【轩昂】 **xuān'áng** 형 1 문 높고 크다. ¶~的宫殿=높고 큰 궁전. 2 위풍당당하다. 기개가〔기상이〕드높다. 기품이 서리다. ¶气宇~=기개가 드높다.

【轩敞】 **xuānchǎng** 형 (집이) 크고 탁 트이다.

높고 널찍하다〔훤하다〕. ¶屋宇~=집이 크고 탁 트이다.

【轩朗】 **xuānlǎng** 형문 탁 트이고 시원스럽다. 시원시원하다. ¶~的性格=시원시원한 성격.

【轩亮】 **xuānliàng** 형 넓고 훤하다. ¶~的厅堂=넓고 훤하게 트인 대청(大廳).

【轩然】 **xuānrán** 형 1 즐겁게 웃는 모습. ¶~大笑=환하게 크게 웃다. 2 높이 솟아오르는 모양. 우뚝 솟은 모습. ¶园中阁楼~。=정원 가운데 누각이 우뚝 솟아 있다.

【轩然大波】 **xuānrán-dàbō** 성 1 높이 솟구치는 파도. 큰 파도. 2 비 큰 분쟁. 큰 파문. 큰 풍파.

【轩辕】 **Xuānyuán** 명 1 헌원. [전설상의 임금인 황제(黄帝)의 이름] 2 (天) 레굴루스(regulus). [사자자리에서 가장 밝은 별] 3 복성(複姓).

【轩轾】 **xuānzhì** 명 1 '轩(수레 지붕이 앞이 높고 뒤가 낮은 것)'과 '轾(수레 지붕이 앞이 낮고 뒤가 높은 것)'. 2 비 고저. 우열. 경중. ¶不分~=우열을 가리지 못하다.

## *宣 **xuān** 선포할 선
동 1 선언하다. 선포하다. 공개하다. 내놓고 말하다. 널리 알리다. ¶秘而不~=비밀로 하고 알리지 않다. / ~誓就职=선서하고 취임하다. 2 선소(宣召)하다. 임금이 신하를 불러서 만나다. 3 소통시키다. 물길을 트다. 물꼬를 내다. ¶~泄积水=고인 물을 터 내보내다. 명 1 (Xuān) (地) 안후이(安徽)성 쉬안청(宣城)시. 2 (Xuān) 양 선위(쉬안웨이). [윈난(云南)성에 있는 지명] 3 선지. [서화용의 고급 종이] ¶生~=명반(明矾)을 먹이지 않은 (화)선지. / 玉版~=옥판 선지. 폭이 좁고 두꺼운 고급 서화용 선지] 4 (Xuān) 성(姓).

○ 宣 xuān
喧 xuān
諠 xuān
楦 xuān
渲 xuān
煊 xuān
碹 xuàn
揎 xuān
萱 xuān

【宣笔】 **xuānbǐ** 명 선필. [안후이(安徽)성의 쉬안청(宣城)시·징(泾)현에서 생산되는 정교하고 아름다운 붓]

【宣布】 **xuānbù** 동 선포하다. 공표하다. 선언하다. 발표하다. ¶~比赛结果=경기 결과를 발표하다.

【宣称】 **xuānchēng** 동 표명하다. 밝히다. 표(表)하다. 공언하다. 성명하다. 언명하다. (소리 높여) 주장하다. 공공연하게 말하다. ¶他~自己是无辜的。=그는 자신이 무고하다고 주장한다. 늑声称

【宣传】 **xuānchuán** 동 (대중을 향하여) 선전하다. 홍보하다. ¶~鼓动=선전하고 부추기다. 늑号召

【宣传车】 **xuānchuánchē** 명 선전차. 선전〔홍보〕차량.

【宣传队】 **xuānchuánduì** 명 선전대.

【宣传画】 **xuānchuánhuà** 명 포스터. 선전〔홍보〕화보.

【宣传品】 **xuānchuánpǐn** 명 선전〔홍보〕 인쇄물. 전단. 광고지. 홍보지. 포스터.

【宣读】 **xuāndú** [동] (포고문·공문서·법령·성명서 등을) 대중 앞에서 낭독하다. ¶～判决书＝판결문을 낭독하다.

【宣告】 **xuāngào** [동] 선고하다. 선포하다. 발표하다. 선언하다. ¶动物保护协会～成立。＝동물보호 협회의 설립을 선포하다.

【宣讲】 **xuānjiǎng** [동] 선전하고 설명하다. 강연하다. 설교하다. 전도하다. 설명하다. ¶～教义＝교리를 전하다.

【宣教】 **xuānjiào** [명] 선전과 교육. ¶从事～工作。＝선전 교육 업무에 종사하다.

【宣明】 **xuānmíng** [동] 분명하게 선언〔공포·선포〕하다. 공개적으로 밝히다〔드러내다〕. ¶～观点＝관점을 공개적으로 드러내다.

【宣判】 **xuānpàn** [동]《法》 판결을 선고하다. ¶当庭～＝법정에서 판결을 선고하다.

【宣示】 **xuānshì** [동] 공개적으로 표명하다. 포고하다. 공시하다. 선포하다. 공표하다. 선언하다. 발표하다. ¶发表声明, ～立场。＝성명을 발표하고, 입장을 표명하다.

【宣誓】 **xuān‖shì** [동] 선서하다. ¶举手～＝손을 들어 선서하다.

【宣统】 **Xuāntǒng** [명]《歷》 선통(1909～1911년). [청(清)대의 마지막 황제인 푸이(溥仪, 본명은 '爱新觉罗溥仪' 임) 재위 기간 동안의 연호]

【宣腿】 **xuāntuǐ** [명] 윈난(云南)성 쉬안웨이(宣威)현에서 생산되는 햄.

【宣泄】 **xuānxiè** [동] **1** [문] 새나가다. 누설하다. 누설되다. ¶～机密＝기밀을 누설하다. **2** 물길을 트다. 물을 빼다. 배수하다. ¶要注意及时～洪水。＝신경 써서 제때에 큰물을 빼야 한다. **3** (불만 등을) 털어놓다. 쏟아 내다. 발산하다. 풀다. 터놓다. ¶～内心的苦闷＝마음속 고민을 털어놓다.

【宣言】 **xuānyán** [명] **1** (국가·정당·단체·지도자 등의) 선언(문). **2** (개인의) 선언. 성명.

【宣扬】 **xuānyáng** [동] 선양하다. 널리 알리다. ¶～先进事迹＝선진적 사적을 널리 알리다.

【宣战】 **xuān‖zhàn** [동] **1** 선전 포고하다. **2** 전면적인〔대대적인〕 투쟁〔싸움〕을 벌이다. ¶向不良社会现象～。＝불건전한 사회 현상과 전면적인 투쟁을 전개하다.

【宣召】 **xuānzhāo** [동] (임금이) 선소하다. 신하를 불러서 만나다.

【宣旨】 **xuān‖zhǐ** [동] 조칙을 내리다.

【宣纸】 **xuānzhǐ** [명] 선지. [안후이(安徽)성의 쉬안청(宣城)시 징(泾)현에서 생산되는 서화용 고급 종이. 징(泾)현이 옛날에 선주(宣州)에 속해서 붙여진 이름임]

## 谖[諼] xuān 속일 훤

[동][문] **1** 기만하다. 속이다. ¶诈～之词＝기만하는 말. **2** 잊다. 잊어버리다. ¶永矢勿～＝영원히 잊지 않으리라 맹세하다.

## 揎 xuān 소매 걷을 선

[동] **1** [문] 소매를 걷어붙이다. ¶～拳捋袖＝소매를 걷어붙이고 팔뚝을 드러내다. 싸울 태세를 취하다. **2** [방] 때리다. 치다. ¶狠狠地～了他一拳。＝매섭게 그를 한대 쳤다. **3** [방] 손으로 밀다. ¶使劲儿～开大门。＝힘껏 대문을 손으로 밀어 열다.

0➜ 排揎

## 萱[(萲·蕿·藼·蘐)]

**xuān** 원추리 훤

[명] **1**《植》 원추리. 훤초. **2** [문] 자당. 훤당. ¶椿～＝춘훤. 춘당과 훤당. [남의 부모를 높여 부르는 말]

【萱草】 **xuāncǎo** [명]《植》 원추리. 훤초. 망우초(忘憂草). [옛날 사람들은 원추리가 사람으로 하여금 근심을 잊게 해 준다고 여겼음] ＝【忘忧草】 **wàngyōucǎo**

【萱堂】 **xuāntáng** [명][문] **1** 원추리를 심은 집. [주로 어머니가 거처하는 곳임] **2** [경] 모친. 어머니. **3** [경] 자당. 훤당.

## *喧[(諠)] xuān 떠들썩할 훤

[형] 시끄럽다. 떠들썩하다. 왁자지껄하다. 시끌시끌하다. 요란하다. ¶笑语～哗＝웃음소리가 왁자지껄하다.

【喧宾夺主】 **xuānbīn-duózhǔ** [성] **1** 손님이 주인보다 떠들썩하다. **2** [비] 주객이 전도되다.

【喧哗】 **xuānhuá** [형] 떠들썩하다. 시끌시끌하다. 요란하다. 시끄럽다. ¶车马～＝수레와 말이 시끌시끌하다. [동] 떠들다. 떠들어 대다. 소란을 피우다. ¶午休时间, 请勿～。＝정오 휴식 시간에는 떠들지 마시오. ≒喧嚷 ↔安宁 安静 寂静 肃静 宁静

【喧豗】 **xuānhuī** [동][문] 떠들다. 떠들어 대다. [형][문] 소란하다. 떠들썩하다. 시끌시끌하다. 요란하다. 시끄럽다.

【喧叫】 **xuānjiào** [동] 큰 소리로 외치다. 고함치다. ¶小贩在街旁不停地～。＝소상인이 길가에서 끊임없이 소리치고 있다.

【喧闹】 **xuānnào** [형] 왁자하다. 떠들썩하다. 시끌시끌하다. 요란하다. 시끄럽다. ¶～的街市＝왁자지껄한 시가. [동] 떠들다. 떠들어 대다. 왁자지껄하다. ¶学生们～着拥出教室。＝학생들은 왁자지껄하면서 한꺼번에 우르르 교실을 나갔다. ↔清静 僻静 冷清 静谧 寂静

【喧嚷】 **xuānrǎng** [동] 떠들어 대다. 시끄럽게 굴다. 소란피우다. ¶抗议者在会场外～不止。＝항의자가 회의장 밖에서 멈추지 않고 소란을 피우고 있다. ≒喧哗

【喧扰】 **xuānrǎo** [동] 소란피우다. 시끄럽게 굴다. ¶市声～＝시장의 왁자지껄한 소리가 끊이질 않다.

【喧声】 **xuānshēng** [명] 떠들썩한〔시끌시끌한·요란한·시끄러운〕 소리. 왁자하게 떠드는 소리. 시끌벅적한 소리. ¶～阵阵＝요란한 소리가 이따금씩 들려오다.

【喧腾】 **xuānténg** [동] 시끌시끌하다. 시끌벅적하다. 왁자하다. 요란하다. 들끓다. ¶球赛开始了,

체육장顿时一片~。=축구 시합이 시작되자, 운동장이 일시에 들끓었다.
【喧天】 xuāntiān 刑 (하늘을 진동할 정도로) 시끄럽다. 소란하다. 요란스럽다. ¶锣鼓~=징과 북소리가 요란하다.
【喧阗】 xuāntián 刑(문) 시끌벅적하다. 왁자하다. 요란하다. 시끄럽다. ¶鼓乐~=음악 소리가 시끌벅적하다.
【喧嚣】 xuānxiāo 刑 시끄럽다. 소란스럽다. 왁자지껄하다. ¶~的都市=시끄러운 도시. 동 떠들어 대다. 시끄럽게 굴다. ¶~一时=한동안 떠들어 대다. ↔恬静 清静
【喧笑】 xuānxiào 동 (여러 사람이) 큰 소리로 웃고 떠들다. ¶~打闹=웃고 떠들며 장난치다.
【喧啸】 xuānxiào 동 요란한 (큰) 소리를 내다. 요란하게 울리다. 크게 울부짖다. (바람이) 큰 소리를 내며 불다. ¶海涛~=파도 소리가 요란하게 울부짖다.
【喧喧扬扬】 xuān·xuan yángyáng 刑 시끌벅적한 모양. 떠들썩한 모양. 왁자지껄한 모양. ¶工地上~, 一片忙碌的景象。=공사장이 시끌벅적하며 분망한 모습이다.
【喧杂】 xuānzá 刑 떠들썩하다. 시끄럽다. 시끌벅적하다. 소란하다. 요란하다. 왁자하다. ¶集市上一片~。=시장이 떠들썩하다.
【喧噪】 xuānzào 刑 (귀가 따가울 정도로) 시끄럽다. 시끌벅적하다. 떠들썩하다. 소란하다. 요란하다. 시끌시끌하다. ¶工地上机器轰鸣, ~难忍。=공사장의 기계가 요란하게 울려 참을 수 없을 정도로 시끄럽다. 동 떠들다. 떠들어 대다. 소란을 피우다. 왁자지껄하다. ¶蝉声~=매미 울음소리가 요란하다.

# 瑄 xuān 도리옥 선
명 옛날, 하늘에 제사 지낼 때 사용한 큰 옥(玉).

# 暄 xuān 따뜻할 훤
刑 1 (문) (햇볕이) 따뜻하다. 따스하다. ¶寒~=(사람을 만났을 때 날씨 등을 묻는) 인사말을 하다. 2 (문) 보드랍다. 부드럽다. 폭신폭신하다. 말랑말랑하다. ¶这次蒸的馒头特别~。=이번에 찐 만두는 특별히 말랑말랑하다. / 沙土地~, 不好走。=모래바닥은 푹신푹신해서 걷기 나쁘다. ↔寒
【暄乎】 xuān·hu ☞ 【暄和】 xuān·huo
【暄和】 xuān·huo 刑(문) 따뜻하다. 보드랍다. 폭신폭신하다. 온화하다. ¶【暄乎】 xuān·hu 被套晒得真~。=이불을 햇볕에 쬐었더니 정말 폭신폭신하다.
【暄暖】 xuānnuǎn 刑(문) 따뜻하다. 따스하다. ¶阳光~=햇볕이 따스하다.
【暄腾】 xuān·teng 刑(문) 말랑말랑하다. ¶馒头又大又~。=만터우가 크고도 말랑말랑하다.

# 煖 xuān 따뜻할 훤
刑(문) 따뜻하다. 따스하다.
☞ 暖(nuǎn)

# 煊 xuān 따뜻할 훤
刑 '暄(따뜻하다)'과 같음.
【煊赫】 xuānhè 刑 혁혁하다. 빛나다. 걸출하다. 저명하다. 명성이 대단하다. ¶~一时=한때 명성을 날리다.

# 儇 xuān 총명할 현
刑(문) 1 경박하다. ¶~薄之徒=경박한 무리. 2 총명하고 교활하다. 영리하고 약다. ¶~子=총명하고 교활한 사람.
【儇薄】 xuānbó 刑 경박하다. ¶举止~=행동거지가 경박하다.
【儇佻】 xuāntiāo 刑(문) 경박하다. 방정맞다. 경망스럽다. ¶为人~=사람됨이 경박하다.

# 禤 Xuān 성씨 훤
명 성(姓).

# 谖[諼] xuān 영리할 현
刑(문) 슬기롭다. 지혜롭다.

# 懁 xuān 성급할 환
刑(문) 성급하다. 성질이(성미가) 급하다. ¶~急=조급하다.

# 翾 xuān 가볍게 날 현
동(문) 가볍게 (빨리) 날다.

# *玄 xuán 검을 현
刑 1 검다. ¶~铁=(주철을 제외한) 주석 또는 아연 도금을 하지 않은 철. 2 심오하다. 오묘하다. 심원하다. ¶~机妙算=현묘한 계략. 3 유원하다. 매우 오래다. ¶~古=아주 오랜 옛날. 4 허황하다. 허무맹랑하다. ¶他说的也太~了。=그가 말한 것 또한 매우 허무맹랑하다. 명 (Xuán) 성(姓). 녹黑 乌 黛

○ 玄 xuán
   眩 xuàn
   泫 xuàn
   铉 xuàn
   炫 xuàn
   痃 xuán

【玄奥】 xuán'ào 刑 심오하다. 깊고 오묘하다. ¶~的哲理=심오한 철학적 이치.
【玄而又玄】 xuán'éryòuxuán ☞ 【玄之又玄】 xuánzhīyòuxuán
【玄蛤】 xuángé ☞ 【蛤子】 gé·zi
【玄狐】 xuánhú 명(동) 은호(銀狐). =【银狐】 yínhú
【玄乎】 xuán·hu 刑(구) 허황하다. 괴이하다. 이상야릇하다. 오묘하다. 신비스럽다. 불가사의하다. 알쏭달쏭하다. 종잡을 수 없다. ¶他说得太~了, 让人无法信服。=그의 말은 너무 허황되어 믿을 수가 없다.
【玄黄】 xuánhuáng 명(문) 1 하늘과 땅의 색. ['玄'은 하늘의 색을; '黄'은 땅의 색을 나타냄] 2 하늘과 땅.
【玄机】 xuánjī 명 1 (문) 천의(天意). 천기(天機). ¶~不可捉摸。=하늘의 뜻은 헤아릴 수가 없다. 2 현묘한 계책. ¶不露~=현묘한 계책을 드

러내지 않다. **3** 현기. 도가에서 말하는 현묘한 이치. ¶参透~=현묘한 이치를 깊이 깨닫다.
【玄理】**xuánlǐ** 몡 **1** 현리. 심오한 이치[도리]. 오묘하고 깊은 이치. ¶个中~, 难以悟透。=그 속의 심오한 이치는 확실히 깨닫기 어렵다. **2** (위진(魏晋) 현학(玄学)에서 추앙하는) 현리. 심오한 이치[도리].
【玄门】**xuánmén** 몡 **1** (佛) 현문. 현묘한 법문. **2** 현문. 도교(道教)의 별칭.
【玄秘】**xuánmì** 휑 현묘하다. 신비롭다. 미묘하다. ¶事情不要搞得这么~。=일은 이렇게 미묘하게 해서는 안 된다.
【玄妙】**xuánmiào** 휑 현묘하다. 오묘하다. ¶~莫测=현묘하여 헤아릴 수 없다. 몡 현리. 현묘한 이치[도리]. ¶难解其中~。=그 속의 현묘한 이치를 이해하기 어렵다.
【玄鸟】**xuánniǎo** 몡 **1** 제비. **2** (까마귀나 구관조처럼) 깃털이 검은 새.
【玄青】**xuánqīng** 휑 짙은 흑색의.
【玄色】**xuánsè** 몡 검은색. 흑색.
【玄孙】**xuánsūn** 몡 현손. 고손(高孫).
【玄武】**xuánwǔ** 몡 **1** (道) 현무. [고대 신화 가운데 북방의 신. 거북과 뱀이 합쳐진 형상을 하고 있으며, 후대에 도교에서 신봉함] **2** 거북 또는 거북과 뱀. **3** (天) 현무. [이십팔수(二十八宿) 가운데 북방 7수(七宿), 즉 '두(斗)·우(牛)·여(女)·허(虛)·위(危)·실(室)·벽(壁)'의 합칭. 7수의 배열된 모습이 거북과 흡사함] **4** 북방(北方). 북방에 위치한 사물. ¶~门=현무문. 북문(北門).
【玄武岩】**xuánwǔyán** 몡 (地) 현무암.
【玄想】**xuánxiǎng** 동 (마음대로·끝도 없이) 상상하다. ¶凝神=정신을 모아 한없이 상상하다. 몡 환상. 공상. ¶满脑子~=머릿속 가득찬 환상. 불가해하다. 이해할 수 없다. 신비스럽다. 불가사의하다. 허황되다. 종잡을 수 없다. 알쏭달쏭하다. 아리송하다.
【玄虚】**xuánxū** 휑 심오하다. 오묘하다. 신비스럽다. 불가사의하다. 허황되다. 종잡을 수 없다. ¶他的话~难懂。=그의 말은 신비스러워서 이해하기 어렵다. 몡 종잡을 수 없는[이상야릇한·헷갈리는] 말[일]. 교활한 수단. 잔꾀. ¶故弄~=일부러 헷갈리게 하다.
【玄玄乎乎】**xuán·xuan hūhū** (~的) 휑 허황되다. 알쏭달쏭하다. 아리송하다. 불가사의하다. 난해하다. 종잡을 수 없다.
【玄学】**xuánxué** 몡 **1** 현학. [위진(魏晋) 시대에 노장(老莊) 사상을 위주로 한 철학 사조] **2** ☞【形而上学】**xíng'érshàngxué**
【玄远】**xuányuǎn** 휑 (말·이치 등이) 심원하다. ¶谈旨~, 难以把握。=말의 의미가 심원하여 파악하기가 어렵다.
【玄奘】**Xuánzàng** 몡 (歷) 현장. [중국 당(唐)나라의 중. 허난(河南) 옌스(偃师)에서 인도로 가서 불경을 가져옴]
【玄之又玄】**xuánzhīyòuxuán** 휑 매우 현묘하다. 여 이해하기 어렵다. =【玄而又玄】**xuán'ér yòuxuán**

还[還] **xuán** 돌 선
동문 빙빙 회전하다. 선회(旋回)하다.
☞ **hái**, **huán**

疝¹ **xuán** 현벽 현
몡(醫) 현벽(疝癖). [부녀자의 배꼽 양옆의 정맥관이 활시위처럼 부풀어오르는 병증]

疝² **xuán** 가래톳 현
☞【横疝】**héngxuán**

**悬[懸]** **xuán** 매달 현
동 **1** 걸다. 매달다. 드리우다. ¶明镜高~=(관리가) 사건을 잘 파헤치고, 판결이 공정하다. **2** (공개적으로) 내걸다. 게시하다. ¶~赏缉凶=흉악범을 현상 수배하다. **3** 결말이 나지 않다. 낙착이 안 되다. 끝내지 못하다. 현안으로 남아 있다. ¶历史~案=역사적인 현안. **4** 걱정하다. 근심하다. 마음에 두다. 마음을 못 놓다. ¶心~两处=양쪽을 걱정하다. **5** 근거 없이 상상하다. ¶闭目~想=눈을 감고 상상을 하다. **6** (바닥에 닿지 않게) 들어올리다. 쳐들다. 받치지 않다. ¶~腕直书=현완직필로 (붓) 글씨를 쓰다. 휑 **1** 거리가 멀다. 차이가 크다. ¶天~地隔=서로의 차이가 현저하다. 천양지차. **2** 동 위험하다. 위태롭다. ¶好~, 差点儿翻车。=아주 위험했어, 하마터면 차가 뒤집어질 뻔했으니 말이야.

◐◑ 倒**dào**悬, 虚悬

【悬案】**xuán'àn** 몡 **1** 미해결 사건[사안]. ¶查处大案、~。=큰 사건과 미해결 사건을 조사하여 처리하다. **2** 현안. 미해결 문제. ¶这位诗人的生卒年份至今仍是一个~。=이 시인의 생몰년은 아직까지 현안으로 남아 있다.
【悬臂】**xuánbì** 몡 (机) 지브(jib). 암(arm). 팔. [일부 기계에서 팔처럼 뻗어 나온 부분을 가리킴] ¶吊车~=기중기 지브.
【悬肠挂肚】**xuáncháng-guàdù** ☞【牵肠挂肚】**qiāncháng-guàdù**
【悬揣】**xuánchuǎi** 동 근거 없이 추측하다. 억측하다. 어림짐작하다. ¶不能没有事实根据地~。=사실적인 근거 없이 억측해서는 안 된다.
【悬垂】**xuánchuí** 동 (물체가 허공에) 드리우다. 늘어뜨리다. ¶一根绳子从楼顶~下来。=밧줄 한 가닥이 옥상으로부터 드리워져 있다.
【悬灯结彩】**xuándēng-jiécǎi** ☞【张灯结彩】**zhāngdēng-jiécǎi**
【悬吊】**xuándiào** 동 매달다. 매달리다. ¶缆车~在空中。=케이블카가 공중에 매달려 있다.
【悬而未决】**xuán'érwèijué** 성 현안이 되어 있다. 미해결로 남아 있다. ¶一些历史遗留问题至今~。=일부 역사적으로 내려오는 문제가 아직까지 미해결로 남아 있다.
【悬浮】**xuánfú** 동 **1** (공중에) 뜨다. 떠다니다. 떠돌다. ¶空气中~着许多细小的尘埃。=공기 중에 많은 작은 먼지들이 떠 있다. **2** (化) 현탁

(懸濁)하다. 고체 미립자가 유체 속에서 부유(浮游)하다. ¶~剂=현탁제.

【悬浮液】xuánfúyè ☞【悬浊液】xuánzhuóyè

【悬隔】xuángé 동 1 囗 멀리 떨어져 있다. ¶两地~=두 곳은 멀리 떨어져 있다. 2 차이가 현격하다〔엄청나다〕. ¶贫富~=빈부의 차이가 현격하다.

【悬挂】xuánguà 동 1 걸다. 매달다. ¶红红的石榴~枝头.=새빨간 석류가 가지에 매달려 있다. 2 걱정하다. 근심하다. ¶日夜~=밤낮으로 걱정하다.

【悬棺】xuánguān 명 (장례를 치른 뒤) 절벽의 암석 동굴 안에 안치해 둔 관.

【悬河】xuánhé 명 1 폭포. 급류. 2 囮 거침없는 웅변. ¶口若~=청산유수처럼 이야기하다.

【悬壶】xuánhú 동囗 의사 노릇을 하다. ¶~济世=의술로 세인을 구제하다.

【悬乎】xuán·hu 형囗 확실하지 않다. 위험하다. ¶他晋升处长的事有点~.=그의 처장 진급 건은 확실하지 않다. ↔稳当

【悬空】xuánkōng 동 1 허공에 뜨다. 2 囮 결말이 나지 않다. 낙착이 안 되다. ¶上调工资的事还~着呢.=임금 인상 건은 여태껏 결말이 나지 않고 있다.

【悬梁】xuánliáng 동 1 들보에 매달다. 2 들보에 목을 매달아 자살하다. ¶~自尽=들보에 목을 매 자살하다.

【悬梁刺股】xuánliáng-cìgǔ 성 1 들보에 상투를 매달고, 송곳으로 허벅지를 찔러 잠을 쫓으며 면학(勉學)하다. 2 囮 각고의 노력으로 면학에 힘쓰다.

【悬铃木】xuánlíngmù 명 (植) 플라타너스 (platanus). =【法国梧桐】Fǎguó wútóng

【悬虑】xuánlǜ 동 걱정하다. 근심하다. ¶终日~=종일토록 걱정하다.

【悬拟】xuánnǐ 동 꾸미다. 지어 내다. 만들어 내다. ¶这部电影的大部分情节是~的.=이 영화 대부분의 줄거리는 지어 낸 것이다.

【悬念】xuánniàn 동 걱정하다. 근심하다. 염려하다. ¶父母的身体健康一直让他~.=부모의 건강 문제가 줄곧 그를 걱정스럽게 했다. 명 서스펜스(suspense). [소설·연극·영화 등을 보며 인물의 운명 등에 대해 갖게 되는 기대 심리] ¶设置~=서스펜스를 설정하다.

【悬赏】xuán‖shǎng 동 포상을 걸다. 현상하다. ¶~捉拿=현상 수배하다.

【悬首】xuánshǒu 동囗 효수하다. ¶~示众=효수하여 대중에 보이다.

【悬殊】xuánshū 형 차이가 크다. 큰 차가 있다. 동떨어져 있다. ¶实力~=실력 차가 크다.

【悬索桥】xuánsuǒqiáo 명 ☞【吊桥】diàoqiáo

【悬梯】xuántī 명 매달아 쓰는 줄사다리. 매단 사다리.

【悬停】xuántíng 동 공중에 멈추어 있다. ¶气球~在空中.=기구가 공중에 멈추어 있다.

【悬腕】xuán‖wàn 동 현완직필(懸腕直筆)로 (붓)글씨를 쓰다. ¶~疾书=팔꿈치를 바닥에 대지 않고 글씨를 빨리 쓰다.

【悬望】xuánwàng 동 희망을 걸다. 기대하다. ¶~亲人早日归家.=혈육이 조속히 귀가하기를 기대하다.

【悬系】xuánxì 동 걱정하다. 염려하다. ¶~家人=가족을 걱정하다.

【悬想】xuánxiǎng 동 1 걱정하다. 염려하다. ¶~远方的亲人.=멀리 떨어져 있는 친지를 걱정하다. 2 근거 없이 상상하다. 추측하다. 억측하다. ¶闭门~=문을 걸어 닫고 근거 없는 상상을 하다.

【悬心】xuán‖xīn 동 1 마음을 졸이다. 불안하다. ¶杂技演员的惊险动作真让人~.=곡예 단원의 아슬아슬한 묘기는 정말 사람을 마음 졸이게 만든다. 2 걱정하다. 염려하다. ¶孩子出门在外, 父母难免~.=아이가 밖에 있으면 부모는 마음을 놓을 수가 없다.

【悬心吊胆】xuánxīn-diàodǎn ☞【提心吊胆】tíxīn-diàodǎn

【悬崖】xuányá 명 1 현애. 낭떠러지. 벼랑. 2 囮 위험한 지경. ¶你这样做无疑是把他推向~.=네가 이렇게 하는 것은 그를 위험한 지경으로 밀어넣는 것이 틀림없다.

【悬崖绝壁】xuányá-juébì ☞【悬崖峭壁】xuányá-qiàobì

【悬崖勒马】xuányá-lèmǎ 성 1 낭떠러지에 이르러 말고삐를 잡아채다. 2 囮 위험에 직면해서야 정신을 차리고 돌아서다.

【悬崖峭壁】xuányá-qiàobì 1 깎아지른 듯한 절벽. 2 험준한 산세. =【悬崖绝壁】xuányá-juébì

【悬雍垂】xuányōngchuí 명 목젖. ⇒【小舌】xiǎoshé

【悬浊液】xuánzhuóyè 명(化) 현탁액. =【悬浮液】xuánfúyè

## 旋 xuán 돌 선

동 1 돌다. 회전하다. 선회하다. 돌리다. ¶回~=회전하다. / 盘~=빙빙 돌다. 맴돌다. 2 돌아가다. 돌아오다. ¶凯~=개선하다. / ~归=돌아오다. 부囗 오래지 않아. 아주 빨리. 금방. ¶门票~即售完.=입장표가 금방 매진되었다. 명 1 (~儿) 원. 동그라미. ¶老鹰在空中不停地打~儿.=솔개가 공중에서 쉴새없이 원을 그리며 날고 있다. 2 (~儿) (머리의) 가마. ¶他头上长了双~儿.=그는 머리에 쌍가마가 있다. 3 (Xuán) 성(姓). ☞ xuàn

| 旋 | xuán |
| 漩 | xuán |
| 璇 | xuán |
| 镟 | xuàn |

○● 螺luó旋, 气旋, 斡wò旋, 周旋

【旋覆花】xuánfùhuā ☞【六月菊】liùyuèjú

【旋即】xuánjí 부囗 곧. 금방. 바로. 즉시. ¶~动身=곧 출발하다.

【旋卷】xuánjuǎn 동 회오리치다. 휘몰아치다. 소용돌이치다. 휘돌다. 빙빙 돌다. 휘말다. ¶大风~着沙尘铺天盖地而来.=큰바람이 모래먼지

를 휘말아 올리며 천지를 뒤덮을 듯한 기세로 불어오다.

【旋律】**xuánlǜ** 图 **1** (音) 선율. 멜로디. ¶~优美=선율이 우아하고 아름답다. **2** (喻) 리듬. 율동. ¶都市生活的~=도시 생활의 리듬. 늑曲调

【旋毛虫】**xuánmáochóng** 图(動) 선모충.

【旋钮】**xuánniǔ** 图 **1** (물체의) 회전 손잡이. **2** (電) (전기 기구의) 손잡이.

【旋乾转坤】**xuánqián zhuǎnkūn** ☞ 【旋转乾坤】**xuánzhuǎn qiánkūn**

【旋绕】**xuánrào** 图 회전하다. 빙빙 돌다. 맴돌다. 감돌다. ¶这个念头一直在他的脑海~。=이 생각이 줄곧 그의 머릿속[뇌리]에서 빙빙 맴돌고 있다.

【旋塞】**xuánsāi** 图 (수도·가스관 등의) 콕. 마개. 꼭지. ➡【活栓】**huóshuān**

【旋梯】**xuántī** 图 **1** (體) 회전 사다리. **2** (體) 회전 사다리 운동. **3** 나선식[회전식] 계단.

【旋涡】[漩涡] **xuánwō** 图 **1** (~儿) 소용돌이. **2** (喻) (어떤 사건의) 소용돌이. ¶陷入利益争夺的~。=이익 쟁탈의 소용돌이에 휘말리다.

【旋涡星云】**xuánwō xīngyún** 图(天) 와상 성운(渦狀星雲). 소용돌이 성운.

【旋舞】**xuánwǔ** 图 빙빙 돌며 춤추다. 춤추며 날다. ¶雪花在风中~。=눈꽃이 바람에 춤추며 날다.

【旋翼】**xuányì** 图 (헬리콥터의) 프로펠러. 회전 날개. 회전익(回轉翼).

【旋凿】**xuánzáo** 图 드라이버(driver). 나사돌리개.

【旋踵】**xuánzhǒng** 图(文) **1** 획 돌아설 사이. **2** 눈 깜빡할 사이. 잠깐. ¶~即逝=눈 깜빡할 사이에 사라지다.

【旋转】**xuánzhuǎn** 图 **1** (빙빙) 돌다. 회전하다. 선회하다. 돌리다. ¶地球围绕太阳~一周需要一年。=지구가 태양을 둘러싸고 한 바퀴 도는 데는 일년이 소요된다. **2** (정세를) 변환[전환]시키다. 돌려세우다. 되돌리다. ¶必须要有一乾坤的胆识和气魄。=반드시 정세를 전환시킬 담력과 식견과 기백을 가져야 한다.

【旋转餐厅】**xuánzhuǎn cāntīng** 图 (고층 건물 꼭대기의) 회전 식당.

【旋转乾坤】**xuánzhuǎn-qiánkūn** (成) **1** 하늘과 땅을 돌려놓다. **2** (喻) 정세를 전환[변환]시키다. 대국을[대세를] 바꾸다[되돌리다]. ➡【旋乾转坤】**xuánqián-zhuǎnkūn**

【旋子】**xuán·zi** 图 원. 동그라미. ¶飞机在空中打了几个~。=비행기가 하늘에서 몇 차례 원을 그렸다.
☞ **xuàn·zi**

* **漩** **xuán** 소용돌이 선

图 (~儿) 소용돌이. ¶溪水打着~儿向山下流去。=시냇물이 소용돌이치면서 산 아래로 흘러가다.

○ 泡 **pào** 漩

【漩涡】**xuánwō** ☞【旋涡】**xuánwō**

**璇**[(璿)] **xuán** 아름다운 옥 선

图(문) 아름다운 옥.

【璇玑】**xuánjī** 图(天) **1** 옛날, 북두칠성의 제1성(第一星)에서 제4성(第四星)까지를 가리키던 말. **2** 혼천의(渾天儀). 선기 옥형(玉衡). [옛날, 천체를 관측하던 장치]

\*\***选**[選] **xuǎn** 고를 선

图 **1** 고르다. 선택하다. 뽑다. ¶筛~=선별하다. /挑~=고르다. **2** 선거하다. ¶竞~=경선을 치르다. /候~=입후보하다. 图 **1** 뽑힌 사람이나 물건. ¶人~=선출된 사람. /当~=당선. **2** 선별하여 함께 묶은 작품. ¶诗~=시선. /散文~=산문선. 늑择

○─● 当选, 浮 **fú** 选, 改选, 贿 **huì** 选, 拣 **jiǎn** 选, 竞 **jìng** 选, 粒选, 落选, 民选, 票选, 评选, 人选, 筛 **shāi** 选, 水选, 穗 **suì** 选, 提选, 推选, 鹰 **yīng** 选, 中 **zhòng** 选, 株 **zhū** 选

【选拔】**xuǎnbá** 图 (인재를) 선발하다. ¶~人才=인재를 선발하다.

【选拔赛】**xuǎnbásài** 图(體) 선발 시합. ¶游泳~=수영 선발 시합.

【选报】**xuǎnbào** 图 **1** 선별하여 보고하다. 뽑아서 올리다. ¶各系~优秀篮球队员代表学校参赛。=각 학과에서 선별 보고한 우수한 농구 선수가 학교를 대표해서 시합에 참가한다. **2** 선택하여 지원하다[응시하다]. ¶~医科大学=의대를 선택하여 지원하다.

【选本】**xuǎnběn** 图 선집.

【选编】**xuǎnbiān** 图 선별하여 편찬[편집]하다. ¶这家出版社最近~了一本当代名家散文集。=이 출판사는 최근에 당대(當代) 유명 작가들의 산문을 선별하여 산문집 한 권을 편찬하였다. 图 선집. [주로 서명(書名)에 쓰임] ¶《当代新诗~》=《당대 신시 선집》

【选材】[选才] **xuǎn‖cái** 图 (요구에 적합한) 인재를 뽑다. ¶~应注重综合素质。=인재를 뽑을 때는 마땅히 전체적인 소질을 중시해야 한다.

【选材】**xuǎn‖cái** 图 **1** (요구에 맞는) 재료나 소재를 고르다. ¶文章~得当, 条理清晰。=글의 소재 선정이 적절하고, 조리가 서 있다. **2** ☞ 【选才】**xuǎn‖cái**

【选唱】**xuǎnchàng** 图 (劇) 극의 한[여러] 장면. 컬렉션. 모음집. [중국 전통극·오페라 등에서 한 장(場) 혹은 여러 장(場)을 뽑아 낸 것] ¶京剧《铡美案》~。=경극《찰미안》의 한 장면.

【选唱】**xuǎnchàng** 图 (중국 전통극·설창 문예 등의 작품에서 한 부분이나 토막을) 골라서[선택하여] 노래하다. ¶她~了一段《黄梅戏》。=그녀는 《황매희》의 한 토막을 골라서 노래하였다.

【选单】**xuǎndān** 图(컴) 메뉴. 늑菜单

【选登】**xuǎndēng** 图 선별하여[골라서] 게재하다. ¶~部分读者来信。=일부 독자들의 편지를 골라서 게재하다.

【选点】xuǎndiǎn 动 (일을 추진할) 적절한 지점을 선정하다. ¶~试种新稻种。= 새 볍씨 종자를 시험 파종할 지점을 선정하다.
【选调】xuǎndiào 动 (인원을) 선발하여 이동 배치하다. 인선(人選)하여 전근시키다. ¶他被~到公司总部工作。= 그는 선발되어 회사 본부로 이동 배치되었다.
【选定】xuǎndìng 动 선정하다. ¶婚期已经~。= 결혼 날짜를 벌써 잡았다.
【选读】xuǎndú 动 골라(뽑아서·발췌하여) 읽다. ¶~小说的部分章节。= 소설의 일부 장과 절을 골라서 읽다. 名 선집. [선별하여 편집한 독본으로, 주로 서명(書名)에 쓰임] ¶《中外文学名著~》=《중외 문학 명저 선집》.
【选段】xuǎnduàn 名 (악곡·중국 전통극의) 토막. 단락. ¶豫剧~ = 예극(허난(河南)성의 지방 전통극) 한 토막.
【选发】xuǎnfā 动 선별 발표하다. 선별 등재하다. ¶这期校报~了几篇学生习作。= 이번 회 학보에 학생 습작 몇 편을 선별 등재하였다.
【选购】xuǎngòu 动 골라서 사다. 선택하여 사다. ¶~纪念品 = 기념품을 골라서 사다.
【选集】xuǎnjí 名 선집. [주로 서명(書名)에 쓰임] ¶《唐诗~》=《당시 선집》.
【选辑】xuǎnjí 动 선별하여 집록하다. ¶~民歌 = 민요를 선별 집록하다. 名 선집. 집록. [주로 서명(書名)에 쓰임] ¶《当代流行歌曲~》=《당대 유행가 선집》.
【选介】xuǎnjiè 动 선별 소개하다. ¶新书~ = 새 책을 선별하여 소개하다.
【选举】xuǎnjǔ 动 선거하다. 선출하다. ¶~职工代表 = 직공 대표를 선출하다.
【选举权】xuǎnjǔquán 名 1 (국민의) 선거권. 2 (한 조직 구성원의) 선거권.
【选刊】xuǎnkān 动 선별하여 게재하다(싣다). ¶~优秀摄影作品。= 우수 사진 작품을 선별하여 싣다. 名 발표된 작품을 선별 수록한 정기 간행물. 모음 간행물. ¶《小说~》=《소설 작품 모음 간행물》.
【选课】xuǎn‖kè 动 수강 신청을 하다. 과목을 신청하다.
【选矿】xuǎnkuàng 动《礦》선광하다.
【选留】xuǎnliú 动 선별하여 남겨 두다. ¶学校每年都要~一批优秀毕业生。= 학교는 해마다 한 무리의 우수 졸업생을 선별하여 남겨 두려고 한다.
【选录】xuǎnlù 动 1 선발 채용하다. 전형하다. 선발하다. ¶~公务员 = 공무원을 선발 채용하다. 2 (문장을) 골라서 수록하다. ¶这本书~了六十余篇中外优秀散文。= 이 책은 60여 편의 중국과 외국의 우수 산문을 골라서 수록하였다. 3 골라서 녹음(녹화) 제작하다. ¶这张唱片~的都是经典的电影歌曲。= 이 음반에 수록된 것은 모두 대표적인 영화 노래들이다.
【选美】xuǎnměi 动 미녀를 선발하다.
【选民】xuǎnmín 名 선거 유권자. 선거인.
【选民证】xuǎnmínzhèng 名 유권자 증명서.

【选派】xuǎnpài 动 선발하여 파견하다. 뽑아서 보내다. ¶~技术骨干出国学习。= 기술 핵심 인력을 뽑아서 외국에 연수 보내다.
【选配】xuǎnpèi 动 1 골라서 배치하다. ¶~得力助手 = 유능한 조수를 골라서 배치하다. 2 골라서 배합(조합)하다. ¶色彩~得当。= 색채 조합이 적절하다. 3 우량종을 골라 교배시키다. ¶~良马 = 좋은 말을 골라 교배시키다.
【选票】xuǎnpiào 名 투표(한) 용지.
【选聘】xuǎnpìn 动 선택하여 초빙(임용)하다. ¶~推销员 = 판매원을 선택 초빙하다.
【选情】xuǎnqíng 名 선거 상황. ¶通报~ = 선거 상황을 통보하다.
【选区】xuǎnqū 名 선거구.
【选曲】xuǎnqǔ 名 선곡. ¶《梁祝》~ =《梁祝(양축)》선곡.
【选取】xuǎnqǔ 动 골라 채용하다. 선택하다. 취하다. ¶~不同的表达方式 = 다른 표현 방법을 취하다.
【选任】xuǎnrèn 动 선임하다. ¶~年轻干部 = 젊은 간부를 선임하다.
【选收】xuǎnshōu 动 골라서 수록하다. ¶这本书~了作家的六部中篇小说。= 이 책은 작가의 중편 소설 여섯 편을 골라서 수록하였다.
【选手】xuǎnshǒu 名 선수.
【选送】xuǎnsòng 动 뽑아서 보내다. 선발하여 파견하다. ¶~留学生 = 유학생을 선발하여 파견하다.
【选题】xuǎntí 动 제목을 선정하다. ¶组织专家~。= 전문가를 조직하여 제목을 선정하다. 名 선정된 제목 혹은 과제. ¶策划图书~。= 도서 제목을 기획하다.
【选贤任能】xuǎnxián-rènnéng 成 품성이 좋고 능력이 뛰어난 사람을 선발하여 임용하다.
【选项】xuǎnxiàng 动 항목을 고르다. ¶科学~ = 과학적으로 항목을 고르다. 名 (선택하도록) 제시된 항목. 선지(選支). 보기. 선택한 항목. ¶从四个~中选择一个正确答案。= 네 개의 보기에서 정확한 답 하나를 고르다.
【选型】xuǎnxíng 动 형(型)이나 표준 양식을 고르다. ¶~定型 = 표준 양식을 골라서 형을 정하다.
【选修】xuǎnxiū 动 선택 과목으로 이수하다. 선택해서 학습(수강)하다. ['必修(필수 과목으로 이수하다)'와 구별됨] ¶~西方文论 = 서양 문학 이론을 선택하여 수강하다.
【选修课】xuǎnxiūkè 名 선택 과목. ['必修课(필수 과목)'와 구별됨]
【选样】xuǎnyàng 动 견본(샘플)을 고르다. ¶~参展 = 견본을 골라 전람회에 출품하다. 名 선정된 견본(샘플). ¶送来的~已检验完毕。= 보내온 견본은 이미 검사를 마쳤다.
【选映】xuǎnyìng 动 선택해서 방영하다. ¶~优秀故事片 = 우수 극영화를 방영하다.
【选用】xuǎnyòng 动 (여럿 가운데서) 골라 쓰다. 선용하다. ¶~新型防火材料制作橱柜面板。= 신형 방화 자재를 골라서 찬장 판면을 제작하다.

【选育】**xuǎnyù** 동 골라 기르다. ¶~优良品种 =우량 품종을 골라 기르다.
【选择】**xuǎnzé** 동 고르다. 선택하다. ¶~旅游地点=여행지를 고르다. 명 선택. ¶事实证明他的~是正确的.=사실이 그의 선택이 정확했음을 증명해 준다. ≒挑选
【选择题】**xuǎnzétí** 명 객관식 문제.
【选址】**xuǎnzhǐ** 동 부지[터·장소]를 고르다[선정하다]. ¶~修建游泳馆.=수영장을 세울 터를 고르다. 명 (선정된) 부지. 터. 장소. ¶大家对~都很满意.=모두 선정된 부지에 대해 매우 만족해한다.
【选种】**xuǎn‖zhǒng** 동 선종하다. (동식물의) 우량 품종을[종자를] 고르다. ¶精心~=정성껏 선종하다.
【选中】**xuǎnzhòng** 동 선택하다. 선택되다. 뽑(히)다. 발탁하다. 발탁되다. ¶她被导演~担任这部影片的女主角.=그녀는 감독에게 발탁되어 이 영화의 여주인공을 맡았다.
【选准】**xuǎnzhǔn** 동 잘[정확하게] 고르다[선택하다]. ¶~体育苗子进行专门培养.=체육 유망주를 잘 골라서 전문적으로 양성하다.

# 晅 **xuǎn** 말릴 훤
형 문 밝다. 환하다. 동 문 말리다. 건조시키다. ¶日以~之.=햇볕에 말리다.

# 烜 **xuǎn / xuān** 빛날 훤
형 (기세 등이) 대단하다. 혁혁하다. ¶~赫=세력이 대단하다. 이름이 나다. 명성이 자자하다.

# 癣[癬] **xuǎn** 옴 선
명 (醫) 곰팡이로 생기는 피부병의 총칭. ¶脚~=무좀. / 头~=두부 백선.

○● 白癣, 发fà癣, 黄癣, 脚癣, 手癣, 体癣, 头癣, 顽wán癣.

【癣疥】**xuǎnjiè** 명 (醫) 버짐.
【癣疥之疾】**xuǎnjièzhījí** 성 1 백선·옴과 같은 피부병. 2 비 하찮은[대수롭지 않은·별것 아닌] 결함[문제·과실].

# *券 **xuàn** 아치형 권
명 반달 모양. 아치형. 무지개처럼 둥근 모양. ¶打~=아치형을 만들다.
☞ **quàn**

# 泫 **xuàn** 눈물 흘리는 모양 현
동 문 물방울이 떨어지다. ¶花上露犹~.=꽃잎 위의 이슬방울이 떨어질 듯하다. 동 문 눈물을 흘리는 모양. ¶涕~流而沾巾.=눈물이 주르륵 흘러 스카프를 적시다.
【泫然】**xuànrán** 형 문 (주로 눈물이) 뚝뚝 떨어지는 모양. ¶~泪下=눈물이 뚝뚝 떨어지다.

# 眩 **xuàn** 햇빛 현
명 문 햇빛.

# 炫 **xuàn** 비출 현
동 문 1 (강렬한 빛이) 비추다. 밝게 비치다. 반짝반짝 빛나다. 눈을 부시게 하다. ¶光彩~目=광채가 눈부시다. 2 자랑하다. 뽐내다. 과시하다. ¶自~其能=자신의 능력을 과시하다.
【炫目】[眩目] **xuànmù** 형 눈부시다. ¶~的阳光=눈부신 햇빛.
【炫弄】**xuànnòng** 동 자랑하다. 뽐내다. 과시하다. ¶~文才=글재주를 뽐내다.
【炫示】**xuànshì** 동 자랑하다. 과시하다. 뽐내다. ¶~才华=재능을 과시하다.
【炫耀】**xuànyào** 동 1 밝게 비추다. 눈부시게 빛나다[비치다]. ¶艳阳~=밝은 태양이 눈부시게 빛나다. 2 자랑하다. 뽐내다. 과시하다. ¶这点成就就不值得~.=이 정도 성취는 뽐낼 만한 것이 못 된다. ≒夸耀 显示 卖弄 显耀
【炫玉贾石】**xuànyù-gǔshí** 성 1 사람들에게 옥이라고 선전하고 돌을 팔다. 2 비 의도적으로 속이다. 일부러[작심하고] 기만하다.
【炫鬻】**xuànyù** 동 문 자랑하다. 뽐내다.

# 绚[絢] **xuàn** 현란할 현
형 화려하다. 찬란하다. 눈부시다. ¶~丽多彩=현란하고 다채롭다.
【绚烂】**xuànlàn** 형 1 찬란하다. 눈부시다. 현란하다. ¶~的焰火=눈부신 불꽃. 2 화려하다. ¶文采~=글이 화려하다.
【绚丽】**xuànlì** 형 화려하고 아름답다. 눈부시게 아름답다. 현란하다. 찬란하다. ¶色彩~=색채가 화려하고 아름답다. ≒瑰丽 艳丽
【绚丽多姿】**xuànlì-duōzī** 성 눈부시게 아름답고 자태가 제각각이다. 현란하고 다채롭다. ¶百花齐放, ~.=온갖 꽃이 일제히 피어 눈부시게 아름답고 다채롭다.

# 眩 **xuàn** 아찔할 현
동 문 미혹되다. 현혹되다. 홀리다. ¶~于名利=명리에 현혹되다. 형 (눈이) 어질어질하다. 어지럽다. ¶头晕目~=어지럽다. 어질어질하다.

○● 昏眩.

【眩光】**xuànguāng** 명 눈을 자극하는 빛. 눈을 어질어질하게 하는 빛.
【眩惑】**xuànhuò** 동 현혹되다. 미혹되다. 홀리다. 빠지다. ¶不要被他的谎言所~.=그의 거짓말에 현혹되지 마라.
【眩目】**xuànmù** 형 1 눈이 어지럽다[어질어질하다]. 2 ☞【炫目】**xuànmù**.
【眩晕】**xuànyùn** 동 현기증이 나다. 어지럽다. 어질어질하다. ¶起身的时候突然感到一阵~.=일어설 때 갑자기 한동안 어지러웠다.

# 铉[鉉] **xuàn** 솥귀 현
명 1 옛날, 솥귀의 구멍에 꿰어 솥을 들어올리는 나무 막대. 2 옛날, 솥귀의 구멍에 꿰어 솥을 들어올리는 금속 고리.

## 旋¹ xuàn 돌 선

동 빙빙 돌다. 소용돌이치다. 회전〔선회〕하다. ¶突然刮了一阵~风。=갑자기 한바탕 회오리바람이 불었다. 부구 그 자리에서. 그 즉석에서. 즉시로. 그때 그때. 임시로. ¶~用~买=필요할 때 즉시 사다.

## 旋²〔鏇〕 xuàn 돌려 깎을 선

동 (선반이나 칼로) 빙빙 돌려 깎다. ¶给孩子~个苹果。=아이에게 사과를 깎아 주다. 명 1 술을 데우는 솥. 2 얇은 녹말묵을 만드는 데 쓰이는 도구.
☞ xuán

【旋床】xuànchuáng ☞【车床】chēchuáng
【旋风】xuànfēng 명 선풍. 회오리바람. 형 동작이 재빠르다. 신속하다. ¶~式访问=몰아치기 방문.
【旋…旋…】xuàn…xuàn… ☞【现…现…】xiàn…xiàn…
【旋子】xuàn·zi 명 1 술을 데우는 솥. 2 쟁반 모양의 용구. 〔얇은 녹말묵을 만드는 데 사용됨〕 3 팽이. 4 공중돌기. 〔공중에 떠서 몸을 돌리는 무술 동작의 하나〕
☞ xuán·zi

## 渲 xuàn 바림 선

동 (染) 선염하다. 바림하다.
【渲染】xuànrǎn 동 1 (美) 선염하다. 바림하다. 2 (비) 과장하다. 과장되게 묘사하다. ¶大肆~=크게 과장하다.

## 楦〔楥〕 xuàn 신골 훤

명 골. 〔신발이나 모자를 만들 때 쓰는 나무틀〕 ¶鞋~=신발의 골. 동 1 골을 끼워서 크게 하거나 늘리다. ¶把新鞋~~~再穿。=새 신발을 골에 끼워서 늘린 다음에 신다. 2 (비) (어떤 물건으로 안을) 채우다. 늘리다. ¶把麻袋~满扎好。=마대를 가득 채우고 잘 묶다.
【楦头】xuàn·tou ☞【楦子】xuàn·zi
【楦子】xuàn·zi 명 (모자나 신발의) 골. 형틀. =【楦头】xuàn·tou

## 碹 xuàn 둥글게 싼 벽 선

명 (교량·배수로 따위의) 건축 공사의 호형(弧形) 부분. 동 (벽돌·돌·시멘트 따위로) 호형을 축성(築成)하다. ¶~窑=(기와나 도기를 굽는) 가마를 축성하다.

# xue

## 削 xuē 깎을 삭

동 1 의미는 '削(xiāo)'와 같고, 합성어와 성어에서만 'xuē'로 발음됨. ¶~木为兵=나무를 깎아 무기를 만들다. 백성이 봉기하다. 2 제거하다. 없애다. ¶~职查办=삭탈관직하고 죄를 묻다. 3 감소하다. 줄이다. 깎다. 약화되다. ¶~价处理=가격을 내려 처리하다. 4 빼앗다. 약탈하다. 가로채다. ¶剥~=착취하다.
☞ xiāo

○─○ 笔削, 斧fǔ削, 减削, 删shān削, 瘦shòu削

【削壁】xuēbì 명 (깎아지른 듯한) 절벽. ¶悬崖~=깎아지른 듯한 벼랑.
【削发】xuēfà (출가하기 위해) 삭발하다. ¶~为尼=삭발하고 비구니가 되다.
【削价】xuējià 동 (상품의) 가격을 내리다. 할인하다. ¶~抛售=가격을 내려 덤핑 판매하다.
【削肩】xuējiān 명 처진 어깨.
【削减】xuējiǎn 동 삭감하다. 줄이다. 깎다. ¶~开支=지출을 삭감하다. ↔增派
【削平】xuēpíng 동 1 깎아서 평평하게 하다. ¶~土丘=작은 토산을 깎아서 평평하게 하다. 2 (문) 소멸하다. 평정하다. ¶~叛乱=반란을 평정하다.
【削弱】xuēruò 동 1 약화되다. 약해지다. ¶主力队员的退役使这支球队的实力有所~。=주력 팀원의 은퇴로 이 팀의 전력은 약화되었다. 2 약화시키다. 약하게 하다. ¶~对手的力量=상대의 역량을 약화시키다. ↔增强 加强 壮大
【削瘦】xuēshòu 형 비쩍 마르다. 앙상하다. 말라빠지다. ¶面庞~=얼굴이 비쩍 마르다.
【削铁如泥】xuētiě-rúní (성) 칼·검 등이 예리하기 짝이 없다.
【削职】xuēzhí 동문 관직을 박탈하다. 삭탈관직하다. 면직하다. ¶~为民=삭탈관직되어 평민이 되다.
【削足适履】xuēzú-shìlǚ (성) 1 발을 깎아서 신발에 맞추다. 2 (비) 억지로 가져다 붙이다. 억지로 적용하다. 억지로 끼워 맞추다. =【截趾适履】jiézhǐ-shìlǚ

## 靴〔鞾〕 xuē 신 화

명 장화. 부츠. ¶雨~=우천용 장화. / 长筒~=장화.

○─○ 胶靴

【靴靿】xuēyào(~儿) 명 장화의 몸통.
【靴子】xuē·zi 명 장화. 부츠.

## 薛 Xuē 성씨 설

명 성(姓).

## 穴 xué 구멍 혈

명 1 암동(巖洞). 바위굴. 2 동굴. 구멍. ¶孔~=구멍. / 洞~=동굴. 3 (새나 짐승의) 집. 둥지. 소굴. 우리. 굴. ¶巢~=둥지. / 龙潭虎~=매우 위험한 곳. 4 묘혈(墓穴). ¶土~=구덩이. / 墓~=묘혈. 5 (비) (도둑 등의) 소굴. 아지트. 거점. ¶匪~=강도 소굴. 6 (生) 혈. 경혈(經穴). 혈도. ¶太阳~=태양혈. 7 (Xuē) 성(姓). ≒洞

❶ 点穴, 洞dòng穴, 耳穴, 匪fěi穴, 虎穴, 结穴, 孔穴, 墓mù穴, 寿shòu穴, 腧shù穴

【穴播】xuébō 통(農) 다발 심기를 하다.
【穴道】xuédào ☞【穴位】xuéwèi
【穴洞】xuédòng 명 동굴.
【穴居】xuéjū 통 혈거하다. 동굴에서 살다. ¶~人=동굴에서 사는 사람.
【穴居野处】xuéjū-yěchǔ 성 1 동굴이나 황야에서 살다. 2 원시 생활을 하다.
【穴头】xuétóu (~儿) 명 연예인 브로커. 부당 공연 알선업자. [연예인이 사적으로 자기가 소속된 단체 밖에서 공연할 수 있도록 알선해 주는 사람]
【穴位】xuéwèi 명 1 (醫) 혈. 경혈(經穴). =【穴道】xuédào 2 묘혈(墓穴)의 위치.

茓 xué 삿자리 혈

명 (좁고 긴) 삿자리. 통가리. 장석. 통 삿자리로 (통가리로·장석으로) 쌓아 둔 양식을 둘러치다.
【茓子】[䓍子] xué‧zi 명 (좁고 긴) 삿자리. 통가리. 장석.

峃[嶨] Xué 땅 이름 학

【峃口】Xuékǒu 명(地) 쉐커우. [저장(浙江)성에 있는 지명]

**学[學] xué 배울 학

통 1 배우다. 학습하다. 익히다. ¶~技术=기술을 배우다. / 勤~苦练=열심히 배우고 꾸준히 연습하다. 2 모방하다. 흉내내다. ¶鹦鹉~舌=(남의 말을) 앵무새처럼 되뇌다. 명 1 학교. ¶大~=대학교. / 放~=학교를 파하다. 2 학술. 학설. ¶国~=国学. / 西~=서학. 서양의 학문. 3 학문. 지식. ¶博~多才=박학하고 다재다능하다. / 品~兼优=품행과 학업이 다 훌륭하다. 4 학문의 분야. 학과. ¶文~=문학. / 化~=화학. ↔教(jiāo)

○ 学 xué
  㭘 xué
  觉 jué
  搅 jiǎo

❶ 饱bǎo学, 才学, 辍chuò学, 道学, 冬学, 督dū学, 笃dǔ学, 法学, 放学, 复学, 光学, 国学, 汉学, 后学, 化学, 家学, 讲学, 经学, 就学, 旧学, 绝学, 开学, 科学, 赖lài学, 理学, 力学, 留学, 美学, 蒙méng学, 名学, 农学, 浅学, 求学, 热学, 入学, 社学, 神学, 升shēng学, 失学, 实学, 史学, 视学, 算学, 太学, 逃táo学, 停学, 同学, 退学, 西学, 向学, 新学, 兴学, 休学, 玄xuán学, 医学, 义学, 游yóu学, 哲zhé学, 转zhuǎn学, 自学

【学报】xuébào 명 학보.
【学步】xuébù 통 1 남의 뒤를 따라 걷다. 2 (비) 모방하다. 흉내내다. ¶初学画画, 还处在~阶段. =처음 그림을 배우는 것이라, 아직은 모방 단계에 있다. 3 (아이가) 걷는 연습을 하다. 걸음마를 배우다. 걸음발타다. ¶孩子刚刚~. =아이가 이제 막 걸음마를 떼기 시작했다.
【学步邯郸】xuébù-Hándān ☞【邯郸学步】

## Hándān-xuébù

【学部】xuébù 명 1 학부. [중국 과학원(中國科學院)과 중국 공정원(中國工程院)에 설립한 최고(最高)의 학술 자문 기구. 일정 수의 원사(院士)로 구성됨] 2 학부. [청말(淸末)에 전국의 교육 사무를 통할하던 기관]
【学潮】xuécháo 명 학생 운동. 학교 시위.
【学成】xuéchéng 통 학업을〔공부를〕 마치다. ¶~归国=학업을 마치고 귀국하다.
【学而不厌】xué'érbúyàn 성 1 배움에 싫증내지 않다. 2 부지런히 공부하다.
【学而时习之】xué ér shí xí zhī 성 배우고 때로 그것을 익히다. 배운 것을 실제에 써먹다.
【学而优则仕】xué ér yōu zé shì 성 지식과 재주를 모두 익혔으면 응당 벼슬에 나아가야 한다.
【学阀】xuéfá 명 학벌. 학계의 파벌.
【学非所用】xuéfēisuǒyòng 성 배운 지식과 기술이 종사하고 있는 직업과 맞지 않다.
【学费】xuéfèi 명 1 수업료. 2 학비. 학자금. 3 (비) (어떤 경험을 얻기 위하여 지불하는) 대가. 학비. 수업료. ¶年轻人经验不足, 交点~也很正常. =젊은이는 경험이 부족하므로 조금의 수업료를 내는 것도 매우 정상적인 일이다.
【学分】xuéfēn 명 학점.
【学分制】xuéfēnzhì 명(教) 학점제.
【学风】xuéfēng 명 1 학교나 학술계의 기풍. 학풍. 교풍(校風). ¶~严谨=학풍이 엄격하다. 2 학습 분위기. ¶要养成好的~. =좋은 학습 분위기를 조성해야 한다.
【学府】xuéfǔ 명 전당(殿堂). 학교. [고등 교육 기관의 미칭] ¶高等~=고등 교육의 전당.
【学富五车】xuéfù-wǔchē 성 1 읽은 책이 수많은 수레를 가득 채울 수 있다. 2 (비) 책을 많이 읽어 학식이 풍부하다.
【学工】xuégōng 통 공학을 배우다. 공과를 전공하다. ¶你儿子学理还是~? =당신 아들은 이학 전공입니까, 아니면 공학 전공입니까? 명 공학도.
【学馆】xuéguǎn 명 옛날, 학교를 가리키던 말.
【学棍】xuégùn 명 악덕 교사〔교육 관리·교육 종사자〕. 교육계의 비리 인사.
【学海】xuéhǎi 명(비) 학해. (바다같이 넓고 무궁한) 학문〔배움〕의 세계. ¶~无涯苦作舟. =학문의 세계는 끝이 없으므로 애써 정진해야 된다.
【学好】xué‖hǎo 통 남의 좋은 행위와 품성을 배우다. (남의) 좋은 것을 배우다. ¶这孩子不~, 一身的毛病. =이 아이는 좋은 것은 배우지 않고, 온통 결점투성이이다.
【学号】xuéhào 명 학번. 번호.
【学会】xuéhuì 통 습득하다. 배워서 알다. ¶我最近~了开车. =그는 최근에 운전을 배웠다. 명 학회. 학술상의 단체. ¶电影评论~=영화 평론 학회.
【学籍】xuéjí 명 1 학생 명단. 2 학적. ¶开除~=제적하다.
【学监】xuéjiān 명(옛) 옛날, 학감. =【监学】jiānxué

【学界】xuéjiè 명 학계. 교육계. ¶他在~很有影响力. =그는 학계에 큰 영향력이 있다.
【学究】xuéjiū 명 1 학구. [당(唐)대 과거 제도에서 '学究一经(한 가지 경서만 연구하는 것)'이라는 과목이 있어 이에 응시한 사람을 가리킴] 2 학자. 3 고리타분한[진부한] 학자. ¶老~=시대에 뒤떨어진 고리타분한 학자.
【学科】xuékē 명 1 학문의 분야[영역]. 학과. ¶地理~=지리학. 2 (敎) 교과목. 과목. 학과목. 3 (軍)(體) 이론 과목. [ '术科(실기 과목)'와 구별됨]
【学理】xuélǐ 동 이학(理科)을 공부하다. 이과를 전공하다. ¶你哥哥学文还是~? =네 형은 문과니, 이과니? 명 학리. 학문상의 이치. 과학상의 원리. ¶~深奧=학리가 심오하다.
【学力】xuélì 명 학력. 학문의 실력. ¶~深厚=(학문의) 실력이 탄탄하다.
【学历】xuélì 명 학력. 수학(修學)한 이력. ¶研究生~=대학원 학력.
【学联】xuélián 명약 학생연합회(학생 연합회).
【学龄】xuélíng 명 학령. 취학 연령. [대개 만 6·7세 때를 가리킴] ¶~儿童=취학 연령 아동.
【学路】xuélù 명 1 배움의 길. 학문의 방법. 넓게 ~=배움의 길을 널리 열어 주다. 2 학문의 영역. 연구 범위. ¶~宽广=학문의 영역이 매우 넓다.
【学名】xuémíng 명 1 학교에 입학할 때 쓰는 정식 이름. ['小名(아명)'과 구별됨] 2 학명. 학문상의 명칭. ¶土豆的~叫马铃薯. =감자의 학명은 '马铃薯(마링수)'이다.
【学年】xuénián 명 학년.
【学派】xuépài 명 학파. ¶~之争=학파 간의 쟁론[논쟁].
【学期】xuéqī 명 학기.
【学前班】xuéqiánbān 명(敎) 예비 초등 학생반. 취학 전 아동반.
【学前教育】xuéqián jiàoyù ☞【幼儿教育】yòu'ér jiàoyù
【学前期】xuéqiánqī 명 취학 전 시기. [3세부터 초등 학교 입학 전까지의 기간]
【学区】xuéqū 명 학군. 학구.
【学人】xuérén 명윤 학자. ¶知名~=저명한 학자.
【学舌】xué‖shé 동 1 남의 말을 흉내내다[모방하다]. 입내를 내다. ¶孩子刚开始~. =아이가 이제 막 말을 흉내내기 시작했다. 2 (주견 없이) 남의 말만 따라 하다. ¶要有自己的见解, 不要跟人~. =자신의 견해를 가져야지, 남의 말만 따라 해서는 안 된다. 3 말이 헤프다. 입이 가볍다. 이말 저말 잘 옮기다. 잘 일러바치다. ¶她这人好~, 到处乱传话. =그녀는 정말 입이 가벼워서, 가는 곳마다 아무렇게나 말을 잘 퍼뜨린다.
【学社】xuéshè 명 (学习) 동아리. 동호회. ¶话剧~=연극 동아리.
【学生】xué·sheng 명 1 학생. 2 제자. 학도. ¶他是我的~. =그는 나의 제자이다. 3 윤 사내아이.

【学生会】xuéshēnghuì 명 학생회.
【学生腔】xué·shēngqiāng 명 학생 말투. ¶一口~=완전한 학생 말투.
【学生运动】xuéshēng yùndòng 명 1 (시국 등에 관하여 일으키는) 학생 운동. 2 (애국 운동의 일환으로 일으키는) 학생 운동. 약【学运】xuéyùn
【学生证】xué·shēngzhèng 명 학생증.
【学生装】xué·shēngzhuāng 명 학생복.
【学时】xuéshí 명(敎) 교시. (수업) 시수. [한 단위의 수업 시간] ≒课时
【学识】xuéshí 명 학식. ¶~渊博=학식이 깊고 넓다. ≒学问
【学士】xuéshì 명 1 윤 학자. 학문을 연구하는 사람. ¶文人~=문인 학사. 2 학사. ¶法学~=법학 학사.
【学塾】xuéshú 명 사숙(私塾). 서당.
【学术】xuéshù 명 학술. ¶~交流=학술 교류.
【学术报告】xuéshù-bàogào 명 학술 보고. ¶听~=학술 보고를 듣다.
【学术性】xuéshùxìng 명 학술성. ¶他的这本专著~非常强. =그의 이 전문 저서는 학술성이 매우 강하다.
【学说】xuéshuō 명 학설. ¶道家~=도가 학설. / 马列主义~=마르크스·레닌주의 학설.
【学堂】xuétáng 명 1 '学校(학교)'의 옛 명칭. 학당. ¶京师大~=경사 대학당. 2 윤 학교. ¶孩子去~了. =아이는 학교에 갔다.
【学童】xuétóng 명 학동.
【学徒】xué‖tú 동 도제(徒弟)가[수습생이·수습공이] 되다. ¶他十多岁时在染坊~. =그는 열 몇 살 때 염색집에서 견습공 노릇을 했다.
【学徒】xuétú 명 도제(徒弟). 제자. 수습생. 수습공. 견습생.
【学徒工】xuétúgōng 명 수습공. 견습공. =【徒工】túgōng
【学位】xuéwèi 명 (학사·석사·박사 등의) 학위. ¶~证书=학위 증서.
【学问】xué·wen 명 1 학식. 지식. ¶有~=학식이 있다. 2 학문. ¶别小瞧种花种草, 这里面的~深着呢. =원예를 우습게 보지 마라, 이래 봬도 깊이 있는 학문이다. ≒学识
【学无常师】xuéwúchángshī 성 1 배움에는 정해진 스승이 없다. 2 누구든 지식이 있으면 그 사람에게서 배워야 한다.
【学无止境】xuéwúzhǐjìng 성 학문에는 끝이 없다.
【学习】xuéxí 동 1 학습하다. 공부하다. 배우다. ¶~服装设计=의상 디자인을 공부하다. 2 본받다. 모방하다. ¶~别人的为人=다른 사람의 됨됨이를 본받다.
【学习班】xuéxíbān 명 학습반. ¶电脑~=컴퓨터 학습반.
【学习机】xuéxíjī 명 학습기. [초·중·고생을 위한 소형 컴퓨터. 컴퓨터 기초 지식과 기타 학과목 학습에 쓰임. 사양이 떨어져 지금은 잘 사용하지 않음]

【学戏】 xuéxì 동 연극을 배우다.
【学系】 xuéxì 명 《教》 (대학의) 학과.
【学衔】 xuéxián 명 (교수 요원·연구원의) 직위. 직함.
【学校】 xuéxiào 명 학교.
【学兄】 xuéxiōng 명 ⟨경⟩ 1 학형. 선배. [자신보다 나이가 많거나 학년이 높은 사람에 대한 존칭] 2 일반 학우에 대한 존칭.
【学养】 xuéyǎng 명 〈문〉 학문과 수양. ¶~有素=학문과 수양이 갖춰져 있다.
【学业】 xuéyè 명 1 학식. 학문. ¶~有成=학문이 완성되다. 2 학업. ¶~荒疏=학업을 소홀히 하다.
【学以致用】 xuéyǐzhìyòng 성 배운 것을 실제로 활용하다.
【学艺】 xuéyì 동 기예를 배우다. [주로 무술·중국 전통극·곡예 등의 공연 예술과 수공예 등을 가리킴] ¶拜师~=스승으로 모시고 기예를 배우다.
【学友】 xuéyǒu 명 학우. 학교 친구. 동창. ¶同窗~=동창.
【学有所长】 xuéyǒusuǒcháng ☞【学有专长】 xuéyǒuzhuāncháng
【学有专长】 xuéyǒuzhuāncháng 성 (어떤 방면의) 전문 지식이나 기능을 갖추다. =【学有所长】 xuéyǒusuǒcháng
【学员】 xuéyuán 명 수강생. 강습생. 청강생. ¶外语培训班~=외국어 양성반 수강생.
【学院】 xuéyuàn 명 《教》 1 대학. 2 단과 대학.
【学运】 xuéyùn ☞【学生运动】 xuéshēng yùndòng
【学杂费】 xuézáfèi 명 학비와 잡비.
【学长】 xuézhǎng 명 1 〈경〉 선배. [자신보다 나이가 많거나 학년이 높은 사람에 대한 존칭] 2 〈경〉 일반 학우에 대한 존칭. 3 〈옛〉 (대학의) 학(과)장. ¶文科~=문과 대학 학장.
【学者】 xuézhě 명 학자. ¶访问~=방문 학자.
【学者散文】 xuézhě sǎnwén 명 교양 산문. [저명 학자가 쓴 교양을 갖춘 산문]
【学制】 xuézhì 명 1 학제. 학교 교육 제도. 2 학제. 규정된 학습 연한. ¶~四年=4년제.
【学子】 xuézǐ 명 〈문〉 학생. ¶莘莘~=많은 학생.

## 敩[斅] xué 배울 학

동 '学(xué)'와 같음.
☞ xiào

## 踅 xué 돌 설

동 1 왔다 갔다 하다. 서성거리다. ¶他背着手在院子里~来~去.=그는 뒷짐을 진 채 정원 안에서 서성이고 있다. 2 선회하다. 빙빙 돌다. ¶狂风乱~=회오리바람이 미친 듯이 불다. 3 (중도에서) 되돌아오다. 되돌아가다. ¶~身进屋=몸을 돌려서 집으로 들어가다.
【踅摸】 xué·mo 동 ⟨방⟩ 찾다. 구하다. ¶他想到邮票市场~一套邮票.=그는 우표 시장에 가서 우표 세트 하나를 구하려고 한다.
【踅子】 xué·zi ☞【茓子】 xué·zi

## 噱 xué 크게 웃을 갹

동 ⟨방⟩ 웃다. ¶发~=웃음을 터뜨리다.
☞ jué
【噱头】 xuétóu 명 ⟨방⟩ 1 익살. 우스개. ¶相声表演有很多~.=만담 공연에는 아주 많은 익살이 있다. 2 술수. 꼼수. 속임수. ¶摆~=술수를 부리다. 형 ⟨방⟩ 익살스럽다. 우습다. ¶刚才的小品~极了.=방금의 단막극은 정말 웃겼다.

## **雪 xuě 눈 설

동 (치욕·원한·울분 등을) 씻다. 풀다. ¶洗~=치욕을 씻다. / 报仇~恨=복수를 하여 원한을 풀다. 명 1 눈. ¶滑~=스키(를 타다). / 积~=쌓인 눈. 2 색이나 빛이 눈과 같은 것. ¶~白的墙壁=눈처럼 하얀 벽. / ~亮的灯光=눈부신 등불. 3 (Xuě) 성(姓).

○● 初雪, 滑雪, 瑞ruì雪, 申shēn雪, 洗雪, 小雪

【雪白】 xuěbái 형 눈처럼 희다. 새하얗다. 설백하다. ¶~的棉花=눈처럼 새하얀 솜. ↔漆黑
【雪豹】 xuěbào 명 《动》 눈표범. 설표. 회색 표범. ⓔ snow leopard
【雪暴】 xuěbào 명 《气》 눈보라. 폭풍설.
【雪崩】 xuěbēng 명 눈사태.
【雪碧】 xuěbì 명 스프라이트. [사이다와 맛이 비슷한 탄산 음료]
【雪藏】 xuěcáng 동 1 ⟨방⟩ 냉장하다. 차게 하다. 시원하게 하다. ¶~汽水=시원한 사이다. 2 ⟨비⟩ 방치하다. 내버려 두다. 그냥 두다. ¶这部地下电影被~多年.=이 자석 영화는 방치된 지 여러 해가 되었다. 3 ⟨비⟩ 감추다. 숨기다. 남겨 두다. 간직하다. ¶这是他~十年的拿手绝技, 现在终于派上了用场.=이것이 그가 십 년 동안 감춰 왔던 절기인데, 이제 마침내 쓰일 데가 생겼다.
【雪车】 xuěchē 명 (개·말 등이 끄는) 눈썰매.
【雪耻】 xuěchǐ 동 설욕하다. 치욕을 씻다. ¶报仇~=복수하여 설욕하다.
【雪地】 xuědì 명 눈으로 덮인 지면. 눈판.
【雪雕】 xuědiāo 명 《艺》 1 눈조각. 2 눈조각품.
【雪堆】 xuěduī 명 (쌓인) 눈더미.
【雪峰】 xuěfēng 명 설봉. 눈으로 덮인 봉우리.
【雪糕】 xuěgāo 명 1 쉐가오. [아이스크림과 유사한 빙과의 일종] 2 ⟨방⟩ 아이스크림.
【雪柜】 xuěguì 명 ⟨방⟩ 1 냉장고. 2 (점포·업소용) 냉장고. 냉장 쇼케이스. 아이스크림 냉동고.
【雪恨】 xuěhèn 동 원한을 풀다〔씻다〕. ¶报仇~=복수하여 원한을 풀다.
【雪花】 xuěhuā 명 (흩날리는) 눈송이. 설화. 눈꽃. ¶~纷飞=눈송이가 어지럽게 흩날리다.
【雪花膏】 xuěhuāgāo 명 배니싱〔콜드〕 크림 (vanishing cream).
【雪花梨】 xuěhuālí ☞【雪梨】 xuělí
【雪茄】 xuějiā 명⟨외⟩ 시가(cigar). 여송연(呂宋煙). 엽궐련. =【卷烟】 juǎnyān
【雪窖冰天】 xuějiào-bīngtiān 성 눈이 퍼붓고 날씨가 몹시 춥다. =【冰天雪窖】 bīngtiān-

【雪景】 xuějǐng 图 설경. 눈이 내리는 경치. ¶拍摄~ = 설경을 찍다.
【雪梨】 xuělí 图(植) 배의 일종. [학명은 'Pyrus nivalis' 임] =【雪花梨】 xuěhuālí
【雪里红】[雪里蕻] xuělǐhóng 图(植) 갓. 图【春不老】 chūnbùlǎo
【雪里蕻】 xuělǐhóng ☞【雪里红】 xuělǐhóng
【雪里送炭】 xuělǐ-sòngtàn ☞【雪中送炭】 xuězhōng-sòngtàn
【雪莲】 xuělián 图(植) 각시서덜취. =【雪莲花】 xuěliánhuā
【雪莲花】 xuěliánhuā ☞【雪莲】 xuělián
【雪亮】 xuěliàng 图 1 (눈처럼) 밝다. 환하다. 빛나다. 반짝이다. 눈부시다. ¶日光灯把房间照得~. = 형광등이 방을 눈부시게 비춘다. 2 (비) 분명히 [확실하게·똑똑히] 알다 [이해하다]. ¶他看起来糊涂, 心里却一得很. = 그는 겉으로는 흐리멍덩해 보이지만, 속으로는 분명하게 알고 있다.
【雪量】 xuěliàng 图(气) 적설량. ¶~计 = 적설계. 적설량 측정 장치.
【雪柳】 xuěliǔ 图 1 (植) 조팝나무. =【过街柳】 guòjiēliǔ [稻柳] dàoliǔ 2 ⊗ 가늘고 긴 흰 종이를 매단 막대. [영전에 바치거나 출관할 때 곡(哭)하는 사람이 지니는 장례용품의 하나]
【雪罗汉】 xuěluóhàn 图 눈사람.
【雪盲】 xuěmáng 图(醫) 설맹.
【雪泥】 xuění 图⊗ 설니. 눈이 녹아 뒤범벅이 된 진 땅.
【雪泥鸿爪】 xuění-hóngzhǎo ⊗ 1 눈 위의 기러기 자국. 2 (비) 지난 일의 흔적〔자취〕.
【雪片】 xuěpiàn 图 눈송이. 눈꽃.
【雪橇】 xuěqiāo 图 (개·말 등이 끄는) 눈썰매. =【冰橇】 bīngqiāo
【雪青】 xuěqīng 图 연자주색의.
【雪球】 xuěqiú 图 눈뭉치. 눈덩어리.
【雪人】 xuěrén(~儿) 图 눈사람.
【雪山】 xuěshān 图 설산. 만년설이 덮인 산.
【雪上加霜】 xuěshàng-jiāshuāng ⊗ 1 설상 가상. 눈 위에 서리가 내리다. 2 (비) 설상가상이다. 엎친 데 덮친 격이다.
【雪糁】 xuěshēn(~儿) 图⊛ 싸라기눈. =【雪糁子】 xuěshēn·zi
【雪糁子】 xuěshēn·zi ☞【雪糁】 xuěshēn
【雪水】 xuěshuǐ 图 설수. 눈이 녹은 물.
【雪松】 xuěsōng 图(植) 히말라야삼목.
【雪天】 xuětiān 图 눈 내리는 날(씨).
【雪线】 xuěxiàn 图 설선. 항설선. [높은 산에서 사철 눈이 녹지 않는 부분과 녹는 부분의 경계선]
【雪压】 xuěyā 图 쌓인 눈이 내리누르는 압력.
【雪野】 xuěyě 图 설야. 눈이 뒤덮인 광야. ¶茫茫~ = 아득하게 망망한 설야.
【雪夜】 xuěyè 图 설야. 눈이 내리는 밤.
【雪冤】 xuěyuān 图 억울함을 씻다.
【雪原】 xuěyuán 图 설원. 눈에 뒤덮인 들판. ¶林海~ = 삼림과 설원.
【雪灾】 xuězāi 图 설해(雪害). 눈 피해.

【雪杖】 xuězhàng 图(體) 스톡(stock). 스키 스틱(ski stick).
【雪中送炭】 xuězhōng-sòngtàn ⊗ 1 눈 오는 날 숯을 보내 따뜻하게 해 주다. 2 (비) 다른 사람이 급할 때 도움을 주다. =【雪里送炭】 xuělǐ-sòngtàn ↔落井下石 乘人之危
【雪子】 xuě·zi(~儿) 图⊛ 싸라기눈.

# 鳕[鱈] xuě 대구 설
图(動) 대구.
【鳕鲸】 xuějīng 图(動) 정어리고래. 멸치고래.
【鳕鱼】 xuěyú 图(動) 대구. =【大头鱼】 dàtóuyú

## 血 xuè 피 혈
图 1 (生) 피. 혈액. ¶贫~ = 빈혈. / 狗~喷头 = 지독하게 욕을 퍼붓다. 2 (비) 혈성. 혈기. ¶~性男儿 = 혈기가 넘치는 사내. 3 (醫) 월경. ¶经~ = 월경. 图 혈연의. 혈연 관계가 있는. ¶三代~亲 = 피가 섞인 삼대.
☞ xiě

○→ 碧bì血, 补血, 充chōng血, 喋dié血, 放血, 膏gāo血, 骨血, 经血, 流血, 呕ǒu血, 贫pín血, 潜qián血, 热血, 失血, 输shū血, 鲜血, 心血, 淤yū血, 郁yù血

【血癌】 xuè'ái ☞【白血病】 báixuèbìng
【血案】 xuè'àn 图 살인 사건. 유혈(流血) 사건. ¶侦破~ = 살인 사건을 수사하여 해결하다.
【血本】 xuèběn 图 (장사의) 밑천. 본전. ¶~无归 = 본전을 날리다.
【血崩】 xuèbēng 图(醫) 혈붕. [월경 기간이 아닌데도 대량의 출혈이 있는 증상] =【崩症】 bēngzhèng
【血便】 xuèbiàn 图(醫) 혈변.
【血沉】 xuèchén 图⊛(醫) 血液红细胞沉降率 (혈침·적혈구 침강 반응 속도).
【血仇】 xuèchóu 图 피맺힌 원수. ¶~必报 = 피맺힌 원수는 반드시 갚는다.
【血防】 xuèfáng 图⊛(醫) 血吸虫病防治(주혈 흡충병 예방).
【血粉】 xuèfěn 图 혈분. 혈비(血肥). [사료나 비료로 쓸 수 있음]
【血管】 xuèguǎn 图(生) 혈관.
【血管瘤】 xuèguǎnliú 图(醫) 혈관 종양.
【血光之灾】 xuèguāngzhīzāi (미신에서 말하는) 살해될 재액〔화(祸)〕. 피를 보는 액.
【血海】 xuèhǎi 图⊕ 피바다. ¶侵略者的屠杀使整个村庄成为一片~. = 침략자의 살육으로 온 마을이 피바다가 되었다.
【血海深仇】 xuèhǎi-shēnchóu ⊗ 1 수많은 사람이 살해되어 피바다를 이룬 것과 같은 원한. 2 피맺힌 원한.
【血汗】 xuèhàn 图 1 피와 땀. 2 힘든 노동과 노동의 성과. 피땀. ¶~钱 = 피땀 흘려 번 돈.
【血痕】 xuèhén 图 혈흔. 핏자국. [주로 피부 위에 난 것을 가리킴] ¶手臂上有几道~. = 팔뚝에 피맺힌 자국이 몇 줄 있다.

핏자국이 몇 가닥 있다.

【血红】 **xuèhóng** 혱 핏빛의. 새빨간. ¶~的残阳=새빨간 석양.

【血红蛋白】 **xuèhóngdànbái** 몡(生) 혈색소. 헤모글로빈. =【血色素】**xuèsèsù**

【血红素】 **xuèhóngsù** 몡(生) 헴(heme). [헤모글로빈의 색소 성분]

【血花】 **xuèhuā** 몡 흩뿌리는 피. ¶~四溅=피가 사방으로 튀다.

【血迹】 **xuèjì** 몡 핏자국. 혈흔. ¶~斑斑=핏자국으로 얼룩지다. ≒血渍

【血祭】 **xuèjì** 통 혈제를 지내다. [희생물을 죽여 그 피로 신에게 제사지내는 것을 가리킴]

【血痂】 **xuèjiā** 몡 피딱지.

【血浆】 **xuèjiāng** 몡(生) 혈장.

【血竭】 **xuèjié** 몡(醫) 혈갈. 기린갈. 기린혈. =【麒麟竭】**qílínjié**

【血口】 **xuèkǒu** 몡 피가 낭자한 입. 피가 뚝뚝 떨어지는 입. ¶张开~=피가 낭자한 입을 벌리다.

【血口喷人】 **xuèkǒu-pēnrén** 성에 악독한 말로 남을 중상 모략하다. ≒含血喷人

【血库】 **xuèkù** 몡(醫) 혈액 은행.

【血块】 **xuèkuài** 몡 혈병. 피떡.

【血亏】 **xuèkuī** 몡(醫) 혈허. 빈혈증. =【血虚】**xuèxū**

【血泪】 **xuèlèi** 몡 1 피눈물. 2에 비참한 처지. ¶~史=피눈물나는 역사.

【血量】 **xuèliàng** 몡 혈량. [생체 순환 계통 중 피의 전체 용량]

【血淋淋】 **xuèlínlín**(~的) 혱 피가 뚝뚝 떨어지는 모양. 피가 낭자한 모양. 피가 질퍽하다. ¶~的伤口=피가 뚝뚝 떨어지는 상처.

【血流】 **xuèliú** 몡 혈류. ¶~受阻=혈류에 장애가 생기다.

【血流成河】 **xuèliú-chénghé** 성에 1 피가 흘러 강을 이루다. 2에 살육된 사람이 매우 많다.

【血流漂杵】 **xuèliú-piāochǔ** 성에 (전쟁터에서)피가 강을 이루어 나무공이가 떠내려갈 정도이다. 사상자가 많다.

【血流如注】 **xuèliú-rúzhù** 성에 피가 물기둥처럼 콸콸 쏟아지다. 피가 줄줄 흐르다.

【血路】 **xuèlù** 몡 혈로. 피로써 개척한 길. 많은 희생을 내고 연 길.

【血脉】 **xuèmài** 몡 1(醫) 혈맥. 맥. ¶~流通=혈맥의 흐름이 원활하다. 2 혈통. ¶~相通=통이 같다. 3에 친자녀. 혈육. 자손. ¶这个儿子是他们家唯一的~。=이 아들은 그들 집안의 유일한 자손이다.

【血尿】 **xuèniào** 몡(醫) 혈뇨.

【血泡】 **xuèpào** 몡 1 피망울. 혈포(血疱). 혈두(血豆). ¶脚底磨出了~。=발바닥이 마찰로 피망울이 생겨났다. 2 피거품. ¶洗肉的水盆里漂着一层~。=고기를 씻은 대야에 피거품이 한 겹 떠 있다.

【血盆】 **xuèpén** 몡윤 1 옛날 제사 지낼 때 피를 담던 대야. 2에 (맹수 등의) 시뻘겋게 딱 벌린 입. 시뻘건 입.

【血盆大口】 **xuèpén-dàkǒu** 성에 1 피가 뚝뚝 떨어지는 대야처럼 큰 입. 2에 (맹수 등의) 시뻘겋게 딱 벌린 입.

【血泊】 **xuèpō** 몡 질퍽하게 흘린 피. 피바다. ¶倒在~之中。=질퍽한 피바다 속에 쓰러졌다.

【血气】 **xuèqì** 몡 1 혈기. 정력. ¶~已衰。=정력이 이미 쇠하다. 2 혈성. 혈기. 기개. 협기. ¶有~的青年=혈기 있는 청년. ≒血性

【血气方刚】 **xuèqì-fānggāng** 성에 혈기가 넘치다. 정력이 왕성하다.

【血亲】 **xuèqīn** 몡 육친(肉親). ¶直系~=직계 육친.

【血青素】 **xuèqīngsù** 몡(化) 혈청소. 헤모시아닌(hemocyanin).

【血清】 **xuèqīng** 몡(生) 혈청.

【血球】 **xuèqiú** ☞【血细胞】**xuèxìbāo**

【血染】 **xuèrǎn** 통 1 피로 물들이다. 2에 피로써 지키다. 전화(戰火) 속에 이루다. ¶~的风采=전쟁의 불길 속에 이룬 늠름한 모습.

【血肉】 **xuèròu** 몡 1 피와 살. ¶~模糊=피범벅이 되다. 2에 특별히 친밀한 관계. 아주 밀접한 사이. ¶~相连=관계가 밀접해서 뗄래야 뗄 수가 없다.

【血肉横飞】 **xuàròu-héngfēi** 성에 1 피와 살이 사방으로 흩어지다. 2에 참혹하게 살육되다.

【血肉相连】 **xuèròu-xiānglián** 성에 1 혈연 관계가 있다. 2에 관계가 밀접해서 뗄래야 뗄 수가 없다.

【血色】 **xuèsè** 몡 1 핏빛. 붉은색. ¶~黄昏=핏빛 황혼. 2 혈색. 핏기. ¶脸上渐渐有了~。=얼굴에 점점 혈색이 돌아왔다.

【血色素】 **xuèsèsù** ☞【血红蛋白】**xuèhóngdànbái**

【血书】 **xuèshū** 몡 혈서.

【血栓】 **xuèshuān** 몡(醫) 혈전.

【血水】 **xuèshuǐ** 몡 1 흘러나온 묽은 피. ¶伤口渗出的~染红了绷带。=상처에서 배어 나온 묽은 피가 붕대를 붉게 물들였다. 2 피가 섞인 물. ¶屠宰场的地上到处都是~。=도살장의 바닥에 온통 피와 물로 뒤범벅되어 있다.

【血丝】 **xuèsī**(~儿) 몡 1 실 모양의 피. ¶咳出的痰里有~。=기침으로 나온 가래에 실 모양의 피가 있다. 2 핏발. ¶眼里布满~。=눈에 핏발이 가득 섰다.

【血糖】 **xuètáng** 몡(醫) 혈당.

【血统】 **xuètǒng** 몡 혈통. 핏줄. ≒血缘

【血统工人】 **xuètǒng gōngrén** 몡 노동자 가정 출신의 노동자. [주로 산업 노동자를 가리킴]

【血统论】 **xuètǒnglùn** 몡 혈통론. [혈통 관계에 근거하여 사람을 평가하는 잘못된 이론. 계급적 입장·정치적 행동·사상과 품성 등이 모두 출신 가정에서 결정된다고 여김]

【血污】 **xuèwū** 몡 핏자국. 피얼룩. ¶洗净手上的~。=손의 핏자국을 깨끗이 씻다.

【血吸虫】 **xuèxīchóng** 몡(動) 주혈흡충.

【血吸虫病】 **xuèxīchóngbìng** 몡(醫) 1 주혈흡충병. 2 인체 주혈흡충병. 용【罗汉病】**luó** hànbìng

【血洗】xuèxǐ 동 1 피로 씻다. 피로 물들이다. 2비 (많은 사람을) 잔혹하게 도살하다. 살육[학살]하다.

【血细胞】xuèxìbāo 명(生) 혈구. 피톨. 혈액 세포. =【血球】xuèqiú

【血象】xuèxiàng 명(醫) 혈액상. 혈액 소견.

【血小板】xuèxiǎobǎn 명(生) 혈소판. 피티.

【血腥】xuèxīng 피비린내. ¶闻到了一股~。=피비린내가 코를 찔렀다. 혱 피비린내 나는. ¶~镇压=피비린내 나는 진압. 잔혹한 진압.

【血型】xuèxíng 명(生) 혈액형.

【血性】xuèxìng 명 혈성. 혈기. 기개. 협기. ¶~男儿=혈기가 넘치는 사내. ≒血气

【血胸】xuèxiōng 명(醫) 혈흉. [흉강(胸腔) 내에 피가 괴어 있는 상태]

【血虚】xuèxū ☞【血亏】xuèkuī

【血循环】xuèxúnhuán 혈액 순환.

【血压】xuèyā 명(生) 혈압.

【血压计】xuèyājì 명(醫) 혈압계.

【血样】xuèyàng (~儿) 명 혈액 샘플. 혈액 검사를 위하여 뽑은 피.

【血液】xuèyè 명 1(生) 혈액. 피. 2비 주요 성분. 힘. ¶新员工的加入为我们公司增添了新鲜~。=새 직원이 들어와서 우리 회사에 신선한 힘을 더 보탰다.

【血衣】xuèyī 명 피묻은 옷.

【血印】xuèyìn (~儿) 명 혈흔. 핏자국. 피하 출혈 자국. ¶脸上被划出一道~。=얼굴에 핏자국이 한 줄 그어졌다.

【血友病】xuèyǒubìng 명(醫) 혈우병.

【血雨腥风】xuèyǔ-xīngfēng ☞【腥风血雨】xīngfēng-xuèyǔ

【血郁】xuèyù 명(醫) 울혈(鬱血). 혈울. [주위의 압박으로 인한 정맥의 협착과 혈관 내에서 혈액이 굳어지는 혈전증에 의한 폐쇄로, 사지에 힘이 없고 대소변에 피가 섞여 나오는 증상을 가리킴]

【血缘】xuèyuán 명 혈연. 혈통. ¶~关系=혈연 관계. ≒血统

【血晕】xuèyùn 명(醫) 혈훈. [중의학에서 출산 후 과출혈(過出血)로 인한 현기증과 기절 증상을 가리킴]
☞ xiěyùn

【血债】xuèzhài 명 피맺힌 원수. 피값. 무고하게 인명을 살해한 죄과. ¶~血还=피값은 피로 갚는다. 피로 피를 씻다.

【血债累累】xuèzhài-lěilěi 솅 무고한 인명을 수없이 죽이다.

【血战】xuèzhàn 명 혈전. 격전. 결사전(決死戰). ¶展开~=혈전을 벌이다. 동 혈전을 벌이다. 결사전을 벌이다. 목숨을 걸고 싸우다. ¶~到底=죽기를 각오하고 끝까지 싸우다. 죽을 때까지 격전을 벌이다.

【血证】xuèzhèng 명 살인 증거. [피해자의 혈흔이 있는 옷 등]

【血脂】xuèzhī 명(生) 혈액 지질. [혈액 속에 내포된 중성 지방·콜레스테롤·인지질·유리 지방산 등을 가리킴]

등을 가리킴]

【血肿】xuèzhǒng 명(醫) 혈종. [내출혈로 인해 혈액이 한곳으로 모여 흑처럼 된 것]

【血渍】xuèzì 명 혈흔. 핏자국. ¶衣服上有点血~。=옷에 혈흔이 조금 있다. ≒血迹

# 谑[謔]

谑[謔] xuè 웃길 학

동문 희롱하다. 농담하다. 웃기다. 익살부리다. ¶戏~=우스갯소리하다. 해학적인 말로 농담하다. 익살부리다.

【谑而不虐】xuèérbùnüè 솅 농담[조롱]을 해도 사람을 난감[난처]하게 하지는 않는다. 농담을 해도 도를 넘지 않는다.

# xun

勋[勛] Xūn 종족 이름 훈
☞ hūn

【勋粥】Xūnyù ☞【獯鬻】Xūnyù

*勋[勛, 勳] xūn 공훈 훈

명 1 공훈. 공적. 공로. 위업. ¶奇~=뛰어난 공적(공훈). / 功~=공훈. 공적. 2 공로자. 유공자. ¶开国元~=개국[건국] 공신. 3 훈장. ¶授~=훈장을 수여하다.

○● 功勋, 殊shū勋, 元勋

【勋臣】xūnchén 훈신. 공신(功臣).

【勋绩】xūnjì 명 공적. 훈적. 공훈. ¶屡建~=여러 번 공적을 세우다. ≒勋劳 功勋

【勋爵】xūnjué 명 1 경(卿). [영국 귀족의 명예 칭호의 하나. 국왕이 수여하며 세습할 수 있음] 2 영국 귀족에 대한 존칭. 3 훈작. 봉건 시대에 조정이 공신에게 주는 작위.

【勋劳】xūnláo 명 공로. 공적. 훈로. 훈공. ¶~卓著=뛰어난 공로. ≒功勋 勋绩

【勋业】xūnyè 명 훈업. 위업. 훈공. 공적. ¶建立~=위업을 세우다.

【勋章】xūnzhāng 명 훈장.

# 埙[塤, 壎]

埙[塤, 壎] xūn 질나팔 훈

명(音) 훈. 질나팔. [고대에 질로 구워서 만든 취주악기(吹奏樂器)의 하나. 모양이 달걀과 비슷하며 다섯 개 혹은 여섯 개의 지공(指空)이 있음]

*熏¹[(薰·燻)] xūn 향기 쏘일 훈

동 1 (식품을) 훈제하다. ¶一只~鸡=훈제 닭고기 한 마리. 2 (연기·기체 등으로) 그을리다. 그을게 하다. 향기를 쐬다. 냄새를 배게[스며들게] 하다. ¶烟~火燎=연기로 그을리고 불로 태우다.

*熏²[(薰)] xūn 훈훈한 모양 훈

동 물들다. 영향을 받다. ¶利欲~心=이욕은 마음을 흐리게 한다. 욕심에 눈이 멀다. 혱문 훈훈하다.

하다. 따뜻하다. 온화하다. ¶~风 =훈훈한 바람이 솔솔 불다.
☞ **xùn**

【熏肠】**xūncháng** 명 훈제 순대.
【熏蛋】**xūndàn** 명 훈제 달걀.
【熏风】**xūnfēng** 명 (동)남풍. 훈풍. 온화한 바람. 봄바람. ¶~拂面=훈풍이 얼굴을 스치다.
【熏锅】**xūnguō** 명 훈제용 냄비〔솥〕.
【熏鸡】**xūnjī** 명 훈제 닭고기.
【熏笼】**xūnlóng** 명 향로에 씌우는 덮개.
【熏炉】**xūnlú** 명 (옛날, 향을 피우거나 불을 쬐는) 향로. 화로.
【熏沐】**xūnmù** 통 분향하고 목욕하다. [점을 치기 전에 신에게 경건함을 나타내는 뜻을 지님]
【熏染】**xūnrǎn** 통 (좋지 않은 것에) 물들다. 영향을 받다. ¶在别人的~下, 他养成了一些不好的习惯. =다른 사람의 영향으로 그는 일부 좋지 않은 습관이 몸에 배었다.
【熏肉】**xūnròu** 명 훈제 고기. [주로 돼지고기나 쇠고기로 만든 것을 말함]
【熏陶】**xūntáo** 통 훈도하다. 훈도를 받다. (점차) 영향을 끼치다〔주다·미치다·받다〕. [주로 좋은 의미로 쓰임] ¶受父母~, 他从小就喜爱文学. =부모의 영향을 받아 그는 어렸을 때부터 문학을 좋아했다. 명 영향. 훈도. 교화 계발. [주로 좋은 의미로 쓰임] ¶艺术~=예술의 영향.
【熏天】**xūntiān** 형 (냄새 등이) 진동하다. 하늘을 뒤덮다. 코를 찌르다. ¶臭气~=악취가 하늘을 뒤덮다. 나쁜 냄새가 진동하다.
【熏鱼】**xūnyú** 명 훈제 생선.
【熏蒸】**xūnzhēng** 통 1 찌는 듯이 덥다. ¶暑气~=찌는 듯이 무덥다. 2 (醫) 훈증하다. 훈증 요법을 하다. [약초의 더운 김을〔연기를〕 몸에 쐬는 치료 방법]
【熏制】**xūnzhì** 통 훈제(燻製)하다. ¶~腊肠=소금에 절여 말린 샹창(香肠, 중국식 소시지)을 훈제하다.

**窨** **xūn** 향기 쏘일 음

통 (차 잎에) 향기를 쐬다. 향기를 스며들게〔배게〕 하다. [재스민 등의 꽃을 찻잎과 함께 밀폐시켜 찻잎에 꽃 향기가 배게 하는 것을 말함]
☞ **yìn**

**薰** **xūn** 향풀 훈

명粤 1 고서에 나오는 향초. 2 화초의 향기.
【薰莸不同器】 **xūn yóu bù tóng qì** 粤 1 향초(香草)와 악취(恶臭)가 나는 풀은 한곳에 둘 수 없다. 2 (비) 선한 사람과 나쁜 사람은 한곳에 있을 수 없다. 군자와 소인은 공존할 수 없다. =【薰莸异器】
【薰莸异器】 **xūnyóu-yìqì** ☞ 【薰莸不同器】 **xūn yóu bù tóng qì**

**獯** **Xūn** 종족 이름 훈

【獯鬻】〔荤粥〕**Xūnyù** 명 훈육. [고대, 중국 북방

○ 熏 xūn
勋 xūn
埙 xūn
獯 xūn
醺 xūn
薰 xūn
曛 xūn

민족의 하나. 주(周)나라 때는 험윤(獫狁)이라 했고, 전국(戰國) 시대 이후엔 흉노(匈奴)라 부름]

**纁[纁]** **xūn** 분홍빛 훈
형 분홍빛의. 연한 붉은 색의.

**曛** **xūn** 석양빛 훈
명粤 1 저녁〔황혼〕 무렵. ¶~晓=저녁과 새벽. 2 석양빛. 땅거미. ¶暮~=저녁 땅거미. 저녁 석양빛. 형 어둡다. 어슴푸레하다. 어둑어둑하다. 어스레하다. 어둑하다. ¶天地~黑=사방이 어둑어둑하다.

**醺** **xūn** 취할 훈
형 (술에) 취하다. ¶醉~~=얼근〔거나〕하게 술에 취하다.
【醺然】**xūnrán** 형 술에 취한 모양. 얼큰하다. 얼근하다. 거나하다. 알큰하다. 알근하다. 알딸딸하다. ¶~大醉=곤드레만드레 취하다. 만취하다.

**旬** **xún** 열흘 순

명 1 순. 열흘 간. [한 달을 10일 간격으로 상순(上旬)·중순(中旬)·하순(下旬)으로 나눔] ¶兼~=20일 간. / 二月下~=2월 하순. 2 순. 10년. [주로 노인의 나이를 가리킬 때 쓰임] ¶年过七~=연세가 일흔이 넘었다. / 八~老人=여든 살의 노인.
○● 初旬, 末旬, 上旬, 下旬, 中旬

【旬报】**xúnbào** 명 순보. [10일 간격으로 발행하는 신문]
【旬刊】**xúnkān** 명 순간. [10일 간격으로 발행하는 간행물]
【旬日】**xúnrì** 명粤 10일. 열흘 (간). ¶~即可返回. =열흘이면 곧 돌아올 수 있다.

**寻[尋, 尋]** **xún** 찾을 심

양 심. [고대의 길이 단위로, 1심(尋)은 8척(尺)임] 통 탐구하다. 찾다. 탐색해서 찾다. ¶~搜~=도처에 찾아다니다. / 找~=찾다. 명 (Xún) 성(姓).
○● 搜sōu寻, 英寻, 找寻, 追寻

【寻查】**xúnchá** 통 조사하다. 찾다. ¶~遗失的档案=잃어버린 파일을 찾다.
【寻常】**xúncháng** 형 평범하다. 보통이다. 일반적이다. 예사롭다. 심상하다. [옛날, 8척(尺)을 1심(尋), 그것의 배를 상(常)이라고 했는데, 모두 매우 일반적인 길이라는 데서 평범한 것을 가리킴] ¶~之事=평범한 일. 예사로운 일. ≒평상 일반 ↔특수
【寻的】**xúndì** 통 (軍) (목표물을) 찾다. 추적하

○ 峋 xún
殉 xùn
询 xún
恂 xún
洵 xún
郇 xún

岣 xún
荀 xún
徇 xùn
笋 sǔn
绚 xuàn

다. 추미(追尾)하다. 추적하여 명중시키다. ¶自动~导弹=자동 추적 미사일.
**【寻短见】xún duǎnjiàn** ⊕ 자살하다. 스스로 목숨을 끊다. 자진(自盡)하다.
**【寻访】xúnfǎng** 圄 방문하다. 탐방하다. ¶~知情者.=사정〔상황〕을 아는 사람을 탐방하다.
**【寻根】xúngēn** 圄 **1** 뿌리를 캐다. 근원을 밝히다. ¶~溯源=사물의 근본〔근원〕을 찾다. 일의 발생 원인을 찾다. **2** (혈통으로) 뿌리를 찾다. ¶~祭祖=혈통을 찾아 조상의 제사를 지내다.
**【寻根究底】xúngēn-jiūdǐ** 圄 뿌리를 찾아 가며 캐다. 원인을 끝까지 따지다. 꼬치꼬치 캐〔묻〕다. =【寻根问底】xúngēn-wèndǐ ↔浅尝辄止·不求甚解
**【寻根问底】xúngēn-wèndǐ** ☞【寻根究底】xúngēn-jiūdǐ
**【寻行数墨】xúnháng-shǔmò** 〈성비〉 글귀에만 매달리고 이치는 탐구하지 않다. 자구(字句)에만 구애되어 이치를 깊이 연구하지 못하다. 글을 읽을 줄만 알지, 그 의미는 모르다.
**【寻呼】xúnhū** 圄 (호출기 교환국을 통해) 호출하다.
**【寻呼机】xúnhūjī** 圀 무선 호출기. 비퍼(beeper). 삐삐. ⑫【呼机】hūjī
**【寻呼台】xúnhūtái** 圀 호출기 교환국. 무선 호출기 업체. ⑫【呼台】hūtái
**【寻呼小姐】xúnhū xiǎojiě** 圀 (호출기 교환국의) 여성 교환원.
**【寻花问柳】xúnhuā-wènliǔ** 〈성〉 **1** 경치를 감상하다. 구경하다. 유람하다. **2**⑴ 기생집에 출입하다. 화류계를 드나들다.
**【寻欢】xúnhuān** 圄 **1** (성적) 쾌락을 좇다. 환락을 추구하다. **2** 이성(異性)을 좇다〔추구하다〕. ¶~买醉=이성을 좇고 술에 젖다.
**【寻欢作乐】xúnhuān-zuòlè** 〈성〉 향락만을 추구하다. 놀 생각만 하다. 쾌락을 좇아 즐기다.
**【寻获】xúnhuò** 圄 수색하여 잡아 내다. ¶~珍贵历史资料=진귀한 역사 자료를 찾아 내다.
**【寻机】xúnjī** 圄 기회를 노리다〔찾다·보다〕. ¶~报复=보복할 기회를 노리다.
**【寻见】xúnjiàn** 圄 찾아 내다. ¶一直没有~他说的那本书.=그가 말한 그 책을 줄곧 찾아 내지 못했다.
**【寻究】xúnjiū** 圄 추적 조사하다. 규명하다. 추구(追究)하다. 추궁하다. ¶~本源=근원을 규명하다.
**【寻开心】xún kāixīn** 圄⑴ **1** 즐거움을 찾다. ¶说些笑话~.=우스갯소리를 하여 즐거움을 찾다. **2** 농담하다. 놀리다. 장난하다. ¶别拿我~。=나를 (가지고) 놀리지 마세요.
**【寻门路】xún mén·lu** ⊕ (문제를 해결할 수 있는) 방도를〔길을〕 찾다. 방법을 강구하다. 실마리〔단서〕를 찾다. 연고를 찾다. 연줄을 구하다. ¶下岗人员, 自~。=실직자들이 스스로 방법을 강구하다.
**【寻觅】xúnmì** 圄 찾다. ¶~知音=지기(知己)

를 찾다. ≒寻找
**【寻摸】xún·mo** 圄⑴ 찾다. 모색하다. 탐구하다. 캐다. 강구(講究)하다. (방법을 써서) 구하다. 얻다. 손에 넣다. ¶帮我~几张音乐会的门票.=음악회 입장권 몇 장을 나 대신 구해 줘라.
**【寻亲】xúnqīn** 圄 가족〔친척〕을 찾다. ¶他曾多次回故乡~.=그는 일찍이 여러 번 고향으로 돌아가서 친척을 찾은 적이 있다.
**【寻求】xúnqiú** 圄 찾다. 모색하다. 탐구하다. 캐다. ¶~真理=진리를 탐구하다.  ≒谋求
**【寻人】xúnrén** 圄 **1** 사람을 찾다. 심인(尋人)하다. ¶四处~, 没见一个人影.=사방에 사람을 찾아보아도 그림자조차 보이지 않는다. **2** 실종자를 찾다. ¶~启事=사람 찾기 광고. 구인 광고.
**【寻声】xúnshēng** 圄 소리를 추적하다. 소리나는 곳을 찾다. ¶~来到小溪边, 孩子们果然在那儿戏水.=소리를 따라 개울가에 오니, 아니나다를까 아이들이 그 곳에서 물장난하고 있었다.
**【寻事】xúnshì** 圄 일부러 시비를 걸다. 생떼를 부리다. 트집을 잡다. 행패를 부리다. 싸움을 걸다. ¶~挑衅=트집을 잡아 도발〔도전〕하다.
**【寻事生非】xúnshì-shēngfēi** 〈성〉 일부러 시비를 걸다. 생떼를 부리다. 트집을 잡다. 행패를 부리다. 싸움을 걸다. 시빗거리를 찾다.
**【寻死】xún‖sǐ** 圄 **1** 자살을 기도하다. 자살하다. ¶动了~的念头.=자살을 기도할 생각이 일다. **2** 죽으려고 작정〔환장〕하다. [주로 어리석은 행동을 질책할 때 쓰임] ¶明知危险你还去, 这不是~吗!=위험한 줄 뻔히 알면서도 가려고 하니, 죽으려고 작정한 것이 아니냐!
**【寻死觅活】xúnsǐ-mìhuó** 〈성〉 죽느니 사느니 하며 소란을 피우다. 사네 못사네 하면서 야단법석을 떨다.
**【寻思】xún·si** 圄 깊이〔곰곰이〕 생각하다. 여러 모로 궁리하다. ¶~良久=오랫동안 곰곰이 생각하다.
**【寻索】xúnsuǒ** 圄 **1** 찾다. ¶~伟人的踪迹.=위대한 사람의 발자취를 찾다. **2** 강구하다. 탐색하다. 탐구하다. ¶~解决方案.=해결 방안을 강구하다.
**【寻味】xúnwèi** 圄 뜻을 음미하다. 뜻을 깊이 새겨보다. 뜻을 깨닫다. ¶耐人~=깊이 음미할 만하다. 깊이 새겨볼 만하다.
**【寻问】xúnwèn** 圄 탐문하다. 찾아서 묻다. ¶~详情=자세한 사정을 탐문하다.
**【寻隙】xúnxì** 圄 **1** 틈을 노리다〔파고들다〕. 기회를 엿보다. **2**⑴ 생트집잡다. 시비를 걸다. ¶~生事=트집을 잡아 말썽을 일으키다.
**【寻衅】xúnxìn** 圄 트집을 잡아 말썽을 일으키다〔싸움을 걸다·도발하다·분쟁을 일으키다〕. ¶~闹事=생트집을 잡아 소동을 부리다.
**【寻幽】xúnyōu** 圄 **1** 명승지를 찾다. ¶~览胜=명승지를 찾아가 구경하다. **2** 심오한 도리〔이치〕를 탐구하다. ¶学海~=학문의 세계에서 심오한 도리를 탐구하다.
**【寻幽访胜】xúnyōu-fǎngshèng** 〈성〉 그윽하고 아름다운 명승지를 찾아가다.

【寻章摘句】**xúnzhāng-zhāijù** [성] **1** 책을 읽을 때 멋진 구절만 찾아서 뽑아 적고 깊이 있게 연구하지 않다. **2** [비] 문장이 진부하다. 글에 독창성이 없다.
【寻找】**xúnzhǎo** [동] 찾다. 구하다. ¶～工作＝일거리를 찾다. 직업을 구하다. ≒找寻 寻觅
【寻踪】**xúnzōng** [동] 종적을〔자취를〕 찾다. ¶～访古＝발자취를 찾아 고적(古蹟)을 탐방하다.

# 纠[紃] **xún** 끈 순
[명][문] 끈.

# **巡[(廵)] **xún** 돌 순
[동] 순찰하다. 순시하다. 돌아보다. 돌며 살피다. ¶出～＝순시(巡視) 나가다. / ～回演出＝순회공연. [양] 순배. 바퀴. 번. [술잔이 모든 좌석을 한 바퀴 도는 것을 세는 단위. '遍(biàn)' 에 상당함] ¶酒过三～, 菜过五味。＝술은 세 순배(巡杯)를 돌고 요리는 다섯 가지가 나온다. ≒遍

O● 出巡, 逡qūn巡, 梭suō巡

【巡边员】**xúnbiānyuán** [명]《體》(일부 구기 종목의) 선심(線審).
【巡捕】**xúnbǔ** [동] 순찰하여 잡다. ¶～逃犯＝탈주범을 체포하다. [명] **1** 순보. [청(清)대에 총독(總督)·순무(巡撫)·장군(將軍) 등을 수행하던 관리] **2** [옛] 조계(租界)의 순경〔경찰〕.
【巡捕房】**xúnbǔfáng** [명][옛] 조계(租界)의 경찰서. ＝【捕房】**bǔfáng**
【巡查】**xúnchá** [동] 순찰하다. 순시하다. ¶夜间～＝야간에 순찰하다.
【巡察】**xúnchá** [동] 순시 탐방하다. 시찰하다. ¶～各地＝각 지역을 순시 탐방하다.
【巡防】**xúnfáng** [동] **1** 순찰 경계〔경비〕하다. ¶加强～＝순찰 경계를 강화하다. **2** 변경〔국경〕 수비를 순시하다. ¶～边陲＝국경〔변경〕 지대를 순시하다.
【巡风】**xúnfēng** [동] **1** 고대 제왕이 천하를 돌아다니면서 백성들의 사정을 살피다. **2** 망을 보다. ¶～瞭哨＝망을 보며 보초를 서다.
【巡抚】**xúnfǔ** [명] **1** 순무. [명(明)대에 조정에서 지방에 파견하여 민정·군정을 순시하던 대신] **2** 순무. [청(清)대의 지방 행정 장관]
【巡航】**xúnháng** [동] 순항하다. 순찰 비행하다. 순찰 항해하다. ¶～船只＝순찰 선박.
【巡航导弹】**xúnháng dǎodàn** [명]《軍》 순항 미사일. [영] *cruising missile*
【巡回】**xúnhuí** [동] (일정한 노선이나 범위에 따라) 순회하다. ¶～展览＝순회 전람회.
【巡回大使】**xúnhuí dàshǐ** [명] 순회 대사.
【巡检】**xúnjiǎn** [동] 순시 검사하다. ¶定期～＝정기적으로 순시 검사하다.
【巡警】**xúnjǐng** [명] **1** [옛] 순경. **2** (지금의 순찰 및 치안을 담당하는) 경찰.
【巡礼】**xúnlǐ** [동] **1** (성지를) 순례하다. **2** 돌아다니며 구경하다. 순시하며 관광하다. 순행하며 유람하다. ¶市场～＝시장을 돌아다니며 구경하다〔보다〕.
【巡逻】**xúnluó** [동] 순찰하다. 순시하다. ¶海上～＝해상 순찰.
【巡逻哨】**xúnluóshào** [명] (순찰과 경계 임무를 맡은) 순찰병. 경비병. 순찰 경관. 보초(병).
【巡逻艇】**xúnluótǐng** [명] 순시선.
【巡哨】**xúnshào** [동] 정찰하다. 순찰하다. ¶轮流～＝교대로 정찰을 하다.
【巡视】**xúnshì** [동] **1** (지도자가) 순시〔순찰〕하다. ¶司令员～了各个营区。＝사령관이 각 주둔지를 순시했다. **2** (눈으로) 사방을 살피다. 사방을 돌아보다. ¶～考场＝시험장을 두루 살피다.
【巡天】**xúntiān** [동] 하늘을 유람하다. 하늘을 떠돌며 구경하다. 우주를 유람하다. ¶～遨游＝우주를 유람하다.
【巡行】**xúnxíng** [동] 순행하다. 순시 탐방하다. 시찰하다. (여러 곳으로) 돌아다니다. ¶～全国各地＝전국 각지를 순행하다.
【巡幸】**xúnxìng** [동][문] 임금이 순행하다. ¶～江南＝강남 지역을 순행하다.
【巡演】**xúnyǎn** [동] 순회 공연하다. ¶舞蹈团赴各大城市～。＝무용단이 각 대도시를 순회 공연하다.
【巡洋舰】**xúnyángjiàn** [명]《軍》 순양함.
【巡夜】**xúnyè** [동] 야간 순찰하다. 야경을 돌다. ¶安排专人～。＝전담자를 배치해서 야간 순찰하다.
【巡医】**xúnyī** [동] 순회 진료하다. ¶专家医疗队在各地～。＝전문 의료진이 각지에서 순회 진료하다.
【巡弋】**xúnyì** [동] (군함이) 해상 순시하다. ¶～海疆＝해역을 순시하다.
【巡游】**xúnyóu** [동] **1** 유람하다. 순유하다. ¶～大江南北。＝중국의 이곳 저곳을 유람하다. **2** 순시하다. 순행하다. ¶昼夜～＝밤낮으로 순시하다.
【巡展】**xúnzhǎn** [동] 순회 전람하다. ¶这批名画将到全国各地～。＝이 명화들을 전국 각지에서 순회 전람할 예정이다.
【巡诊】**xúnzhěn** [동] 순회 진료하다. ¶下乡～＝시골에 내려가 순회 진료하다.

# 郇 **Xún** 나라 이름 순
[명] **1**《歷》 순. [주(周)대의 나라 이름. 지금의 산시(山西)성 린이(临猗)현 서쪽 일대에 있었음] **2** 성(姓).
☞ **Huán**

# **询[詢] **xún** 물을 순
[동] 묻다. 문의〔질문〕하다. 의견을 묻다. ¶咨～＝의견을 묻다. 자문을 구하다. / 查～＝조회하다. ≒问 诘 讯 ↔答

O● 探tàn询, 征zhēng询

【询查】**xúnchá** [동] 문의〔조회〕하다. ¶多方～＝다방면으로 문의하다.
【询问】**xúnwèn** [동] 알아보다. 물어 보다. 의견

을 구하다. ¶详细~事情的经过. =사건의 경과를 상세히 물어 보다.

**邽[郇]** xún 나라 이름 심
고대의 나라 또는 이름에 쓰이는 글자. ¶斟~ = 짐심. [고대의 나라 이름. 지금의 산둥(山东)성 웨이팡(潍坊)현 서남쪽에 있었음]

**荀** Xún 성씨 순
명(姓).
【荀子】 Xúnzǐ 명(歷) 순자(A.D. 313~238년). [전국 시대의 유명한 사상가]

**荨[蕁]** xún 심마 심
아래를 참조.
☞ qián
【荨麻疹】 xúnmázhěn 명(医) 심마진. 두드러기. =【风疹块】 fēngzhěnkuài ☞【鬼风疙瘩】 guǐfēng gē·da

**哼[噚]** xún / yīngxún 패덤 심
양 '英寻(패덤, fathom)'의 옛 표기법.

**崤** xún 산 우뚝 높을 순
☞【嶙崤】 línxún

**洵** xún 진실로 순
부(文) 진실로. 참으로. 확실히. ¶~非偶然. =정말 우연이 아니다.
【洵阳】 Xúnyáng 명(地) 쉰양. [산시(陕西)성에 있는 지명. 지금은 '旬阳(xúnyáng)'이라고 씀]

**浔¹[潯]** xún 물가 심
명 1 문 물가. ¶江~ =강가. 2 (Xún) (地) 江西(장시)성 '九江(주장)'의 별칭.

**浔²[潯]** xún / hǎixún 해심 심
양 '海寻(hǎixún)'의 옛 표기법.
浔阳 Xúnyáng 명(地) 1 쉰양. [옛날, 강 이름. 장시(江西)성 주장(九江)시 북단을 경유하는 창장(长江) 줄기를 가리킴] 2 江西(장시)성 '九江(주장)'의 별칭.

**恂** xún 정성 순
형(文) 1 성실하다. 공손하다. ¶~谨有加 =더욱 더 공손〔성실〕하다. 2 두려워하다. 무서워하다. 겁내다. ¶~然 =무서워하는 모양.
【恂谨】 xúnjǐn 형(文) 공손하고 근신하다.
【恂恂】 xúnxún 형(文) 1 공손하다. 겸손하다. 근신하다. ¶进退~ =몸가짐이 공손하다. 2 두려워하다. 무서워하다. 염려하다. 걱정하다. ¶~而起 =두려워하며 일어서다.

**珣** xún 옥 이름 순
명(문) 옥(玉) 이름.
【珣玗琪】 xúnyúqí 명(文) 고서에 나오는 아름다운 옥.

**珺[璕]** xún 옥돌 심
명(文) 아름다운 돌의 일종.

**栒** xún 섬개야광나무 순
명(植) 섬개야광나무.
【栒邑】 Xúnyì 명(地) 쉰이. [산시(陕西)에 있는 지명. 지금은 '旬邑(xúnyì)'이라고 씀]
【栒子】 xún·zi 명(植) 섬개야광나무. [장미과의 낙엽 관목으로 5~6월에 흰색 꽃이 가지 끝에 피고, 열매는 붉은색임. 학명은 'Cotoneaster wilsonii'임] =【栒子木】 xún·zǐmù
【栒子木】 xún·zǐmù ☞【栒子】 xún·zǐ

**循** xún 좇을 순
동 (규칙·순서·인습·관례 등을) 따르다. 좇다. 준수하다. ¶遵~ =따르다. /因~守旧 =습관을 따르고 구습〔옛 것〕을 지키다.
【循规蹈矩】 xúnguī-dǎojǔ 성 1 규율을 준수하다. 규칙대로 하다. 규율을 지키다. 2 기존의 규칙〔규범·방법〕을 고수하며 융통성이 없다.
【循环】 xúnhuán 동 순환하다. ¶血液~ =혈액순환.
【循环论证】 xúnhuán lùnzhèng 명(論) 순환논증. 순환 논법. 순환론.
【循环赛】 xúnhuánsài 명(体) 리그전. ¶篮球~ =농구 리그전.
【循环往复】 xúnhuán-wǎngfù 성 쉬지 않고 되풀이하다〔돌다〕. 끊임없이 반복하다.
【循环系统】 xúnhuán xìtǒng 명(生) 순환계통. 순환계.
【循环小数】 xúnhuán xiǎoshù 명(数) 순환소수. 무한〔혼〕 순환 소수.
【循理】 xúnlǐ 동(문) 도리〔이치〕를 따르다. ¶~守分 =도리에 따라 분수를 지키다. 본분과 이치를 따르다.
【循例】 xúnlì 동(文) 전례〔관례〕를 따르다. ¶~发放奖金 =관례에 따라 상금을 지급하다.
【循名责实】 xúnmíng-zéshí 성 이름〔명성〕이 실제와 상응하는지 살펴보다. 사실과 부합되는지 확인하다.
【循声】 xúnshēng 동 소리를 좇다〔따르다〕. ¶~而来 =소리를 따라 오다.
【循序】 xúnxù 동 순서를 좇다. 차례를 따르다. ¶~而入 =차례대로 들어오다.
【循序渐进】 xúnxù-jiànjìn 성 순차적으로 진행하다〔나아가다〕. 점차적으로 제고〔발전·심화〕시키다.
【循循善诱】 xúnxún-shànyòu 성 차근차근〔순차적으로〕 잘 일깨우다〔계발하다〕.

**鲟[鱘]** xún 철갑상어 심
명(動) 철갑상어.
【鲟鱼】 xúnyú 명(動) 철갑상어.

**训[訓]** xùn 가르칠 훈
동 1 가르치다. 훈계하다. 타이르다. ¶教~ =훈

계하다. / ~人=가르치다. **2** (자구〔字句〕의 의미를) 해석하다. ¶~诂学=훈고학. **3** 훈련하다. ¶集~=합숙〔합동〕 훈련하다. / 培~=훈련·양성하다. 图 **1** 교도나 훈계하는 말. 교훈. 훈화. 훈유(訓諭). ¶古~=옛 사람의 교훈. 고훈. / 校~=교훈. **2** 준칙. 모범. 표준. ¶不足为~=교훈이나 본보기로 삼을 가치가 없다.

○● 古训, 集训, 军训, 轮训, 培péi训, 校训, 整zhěng训

【训斥】 xùnchì 통 꾸짖다. 질책하다. 견책하다. 힐책하다. 나무라다. ¶他被上司~了一顿。=그는 상사에게 한차례 꾸지람을 들었다.

【训词】 xùncí 圀 훈화. 훈시.

【训导】 xùndǎo 통 훈도〔교도〕하다. 가르쳐 이끌다. 가르쳐 깨우쳐 주다. ¶~有方=교도하는 데 일가견이 있다.

【训迪】 xùndí 통문 가르쳐 깨우쳐 주다. 계도〔지도·교화〕하다. ¶~之言=깨우쳐 주는 말.

【训读】 xùndú 통 훈독하다. [신라의 향가나 일본어처럼 한자의 뜻을 새겨 읽는 것을 가리킴]

【训诂】 xùngǔ 통 고서의 자구〔字句〕를 해석하다. ¶~学=훈고학.

【训话】 xùn‖huà 통 훈화하다. 훈시하다. ¶校长~=교장 선생님이 훈시하다.

【训海】 xùnhuì 통문 교도하다. 가르치다. 지도하다. 계도하다. ¶聆听先生~、晚辈受益匪浅。=선생님의 가르침을 경청하고 후배는 적지 않은 도움을 받았습니다.

【训教】 xùnjiào 통 가르치다. 설교하다. 교훈을 주다. ¶深得明师~。=훌륭한 스승님의 가르침을 매우 많이 받았다.

【训戒】 xùnjiè ☞ 【训诫】 xùnjiè

【训诫】 【训戒】 xùnjiè 통 **1** 훈계하다. 타이르다. ¶~属下=부하를 훈계하다. **2** 〈法〉 (가벼운 벌에 대해) 훈계하다.

【训练】 xùnliàn 통 훈련하다. 훈련시키다. ¶~学生的口头表达能力。=학생의 발표〔표현〕 능력을 훈련시키다.

【训练有素】 xùnliàn-yǒusù 성 (평소에) 훈련이 잘 되어 있다.

【训令】 xùnlìng 圀옛 훈령.

【训蒙】 xùnméng 통문 어린이를 가르치다.

【训勉】 xùnmiǎn 통 가르치고 격려하다. ¶恩师对我多有~。=스승님은 나를 많이 가르치고 격려해 주셨다.

【训示】 xùnshì 통 훈시하다. 지시하다. [주로 상급자가 하급자에게, 연장자가 연하자에게 사용함] ¶请首长~=우두머리의 지시를 청하다.

【训释】 xùnshì 통 해석하다. 풀이하다. 주석(주해)하다. ¶~字义=글자의 뜻을 풀이하다.

【训条】 xùntiáo 圀 훈시적인 조문. 준칙. ¶处世~=처세 준칙.

【训诱】 xùnyòu 통문 가르쳐 이끌다. 타일러 계도하다. ¶为人师者要善于~。=선생님으로서 잘 가르쳐 이끌어야 한다.

【训育】 xùnyù 통문 훈육하다. 가르쳐 기르다.

가르치며 잘 돌보아 기르다. ¶~子女=자녀를 훈육하다. 圀옛 훈육. [옛날 학교에서의 도덕 교육]

【训谕】【训喻】 xùnyù 통문 교도하다. 가르치다. 지도하다. 계도하다. 깨우치다. ¶~晚辈=후배를 교도하다.

【训喻】 xùnyù ☞ 【训谕】 xùnyù

【训责】 xùnzé 통 훈계하고 질책하다. ¶厉声~=엄한 소리로 훈계하고 질책하다.

## 讯〔訊〕 xùn 물을 신

图 **1** 묻다. 문의하다. 알아보다. ¶问~=묻다. / ~之四方=사방에 문의하다. 여러 곳에 알아보다. **2** 〈法〉 심문〔심문·취조〕하다. ¶传~=소환하여 심문하다. / 审~=심문하다. 圀 편지. 소식. ¶电~=전신. / 通~=통신. ≒问 诘 询 ↔答

○● 传chuán讯, 电讯, 简讯, 零讯, 死讯, 提讯, 问讯, 喜讯, 刑讯

【讯号】 xùnhào 圀 **1** 전신 부호. **2** 신호(信號).

【讯实】 xùnshí 통 심문을 통해 확인하다. 취조를 통해 확증하다.

【讯问】 xùnwèn 통 **1** 묻다. 알아보다. ¶~事由=사유〔일의 경과〕를 묻다. **2** 〈法〉 심문〔취조〕하다. ¶~嫌犯=피의자〔혐의자〕를 취조하다. ≒问讯 审讯 ↔回答

【讯息】 xùnxī 圀 정보. 소식.

## 汛 xùn 물뿌릴 신

圀 강물이 계절에 따라 정기적으로 급격히 불어나는 현상. 계절성 홍수. ¶春~=봄 홍수. / 防~=계절성 홍수를 예방하다.

○● 潮cháo汛, 春汛, 防汛, 凌líng汛, 秋汛, 桃táo汛, 鱼汛, 渔汛

【汛期】 xùnqī 圀 강물이 정기적으로 불어나는 시기. 홍수 계절〔시기〕. 증수기(增水期). 큰물이 지는 때. ¶在~到来之前做好防汛工作。=큰물이 지는 때가 되기 전에 홍수 방지 작업을 미리 잘 해 두어야 한다.

【汛情】 xùnqíng 圀 홍수 때 하천의 수위 변화 상황. ¶~通报=하천 수위 변화 상황 통지문.

## 迅 xùn 빠를 신

형 빠르다. 신속하다. ¶~若流矢=쏜살처럼 빠르다.

○● 奋迅

○ 迅 xùn
讯 xùn
汛 xùn

【迅步】 xùnbù 부문 속보로. 빠른 걸음으로. ¶~追赶=빠른 걸음으로 따라잡다〔뒤〕쫓아가다〕.

【迅即】 xùnjí 부문 즉시. 곧. 즉석에서. ¶接到通知后~出发。=통지문을 받고 나서 즉시 출발한다.

【迅急】 xùnjí 형 신속하다. 급속하다. 재빠르다. 날래다. ¶情况~有变。=상황이 아주 빠르게 변하다.

【迅疾】xùnjí 형 쏜살같다. 날쌔다. 나는 듯이 빠르다. 신속하다. ¶动作~=동작이 쏜살같다.
【迅捷】xùnjié 형 신속하고 민첩하다. 재빠르다. 날래다. ¶反应~=반응이 신속하다. ↔迟缓
【迅雷不及掩耳】xùn léi bù jí yǎn ěr 성 1 (번개가 지나간 후) 귀를 막을 틈도 없이 천둥 소리가 울리다. 2 (비) (행동이나 사건 발생이) 너무 빨라서 미처 손쓸 틈이 없다.
【迅猛】xùnměng 형 갑작스럽고 [빠르고] 맹렬하다. 날쌔고 사납다. 신속하고 세차다. 급격하다. ¶来势~=기세가 맹렬하다.
【迅跑】xùnpǎo 1 빨리 달리다. 2 (비) 신속하고 맹렬하게 전진[발전]하다. ¶长虹电子集团正朝着世界知名企业的目标~。=창홍 전자 그룹은 세계적인 유명 기업이라는 목표를 향해서 맹렬히 전진하고 있다.
【迅速】xùnsù 형 신속하다. 재빠르다. 날래다. ¶~作出决定=신속하게 결정을 내리다. ≒快速 飞速 ↔缓慢 迟缓

## 驯[馴] xùn 길들일 순

형 온순하다. 얌전하다. 양순하다. 고분고분하다. ¶温~=온순하다. 고분고분하다. 동 길들이다. 순종케 하다. 고분고분하게 만들다. 말을 듣게 하다. ¶~马=말을 길들이다.
【驯服】xùnfú 형 순종하다. 온순하다. 고분고분하다. ¶~的绵羊=온순한 면양. 동 길들이다. 순종케 하다. 고분고분하게 만들다. 말을 듣게 하다. ¶~烈马=사나운 말을 길들이다.
【驯化】xùnhuà 동 1 (동물을) 길들이다. 2 (야생 식물을) 재배 가능하게 하다.
【驯良】xùnliáng 형 얌전하다. 온순하다. ¶性情~=성격이 얌전하다.
【驯鹿】xùnlù 명 1 (動) 순록. ⇨【四不像】sìbùxiàng 2 길들인 사슴.
【驯善】xùnshàn 형 온순하다. 얌전하다. ¶~的羔羊=온순한 어린 양.
【驯兽】xùnshòu 동 (짐승이나 야생 동물을) 길들이다. 조련하다. ¶~员=조련사. 명 조련된 짐승. 길들인 짐승.
【驯熟】xùnshú 형 1 온순하다. 고분고분하다. 순종하다. ¶~的小猫=온순한 고양이. 2 숙련되어 있다. 능숙하다. 익숙하다. 능란하다. ¶技艺~=기술이 능숙하다.
【驯顺】xùnshùn 형 온순하다. 유순하다. 사람을 잘 따르다. 고분고분하다. 말을 잘 듣다. 길들여지다. ¶在他的调教下, 老虎变得非常~=그의 조련을 거쳐 호랑이는 상당히 온순하게 길들여졌다.
【驯养】xùnyǎng 동 (야생 동물을) 기르며 길들이다. 길들여 기르다. 길들이다. ¶~狮子=사자를 기르며 길들이다.

## 徇[狥] xùn 따를 순

동 1 따르다. 좇다. 굴종하다. 치우치다. ¶不~私情=사사로운 정에 얽매이지[치우치지] 않다. 2 (문) 대중에게 알리다[공고하다·발표하다]. ¶以~三军=삼군[전군]에게 알리다.
【徇情】xùnqíng 동 인정에 얽매이다[사로잡히다]. 사사로운 정에 치우치다. ¶~枉法=사사로운 정에 얽매여 법을 어기다.
【徇私】xùnsī 동 사리사욕에 눈이 멀어[사로잡혀] 불법 행위를 하다. ¶~受贿=사욕(私欲)에 치우쳐서 뇌물을 받다. ↔秉公
【徇私舞弊】xùnsī-wǔbì 성 사리사욕(私利私慾)에 눈이 멀어 불법 행위를[나쁜 짓을] 하다.

## 逊[遜] xùn 사양할 손

동문 1 (왕위를) 양위[퇴위]하다. ¶~国=나라를 내주다. 2 못하다. 뒤(떨어)지다. 차이가 나다. ¶稍~一筹=조금 뒤떨어지다. 형 겸허[겸손]하다. 공손하다. ¶出言不~=말투가 불손하다. ↔胜
【逊色】xùnsè 형 못하다. 뒤(떨어)지다. 차이가 나다. ¶相形之下, 大为~=서로 비교해 보니 크게 뒤떨어지다. 명 손색. ¶毫无~=전혀[조금도] 손색이 없다.
【逊位】xùnwèi 동문 (왕위를) 양위[퇴위]하다. 물려주다.

## 殉 xùn 따라 죽을 순

동 1 순장하다. ¶~葬制度=순장 제도. 2 (이상이나 신념을 위해) 목숨을 희생하다. 몸[목숨]을 바치다. ¶以身~职=순직하다.
【殉道】xùn‖dào 동 순도하다. 도의를[신앙을·신념을] 위해 몸을 바치다. ¶~者=순도자.
【殉国】xùn‖guó 동 순국하다. ¶以身~=순국하다.
【殉教】xùn‖jiào 동 순교하다. ¶舍身~=순교하다.
【殉节】xùn‖jié 동 1 (충절을 위해) 순절하다. 2 옛 죽은 남편을 따라 죽다. 순절하다. 3 옛 여자가 정절을 지키기 위해 죽다. 순절하다.
【殉难】xùn‖nàn 동 (국가나 정의를 위해) 난을 당해 죽다. 난리 때문에 목숨을 희생하다. ¶为国~=국난에 순사하다(殉死)하다.
【殉情】xùn‖qíng 동 이루지 못한 사랑을 위해 자살하다. ¶一对恋人双双~。=한 쌍의 연인이 못다 한 사랑을 위해 함께 자살하다.
【殉葬】xùnzàng 동 1 순장하다. 2 (비) 이미 몰락한 구시대적인 사상·제도·사물과 함께 기꺼이 멸망하려 하다. 기꺼이 퇴물이 되려 하다.
【殉葬品】xùnzàngpǐn 명 1 옛 부장품. ¶这些器物是古墓中的~。=이런 기물들은 옛 무덤의 부장품이다. 2 (비) 깨닫지 못하고 구시대적인 사상·제도·사물과 함께 멸망하려는 사람. 퇴물. 부장품. ¶甘当~=기꺼이 퇴물이 되려 하다. [주로 부정적인 뜻으로 쓰임]
【殉职】xùn‖zhí 동 순직하다. ¶不幸~=불행히도 순직하다.

## 浚[濬] Xùn 고을 이름 준

명 (地) 쉰. [허난(河南)성에 있는 지명]
☞ jùn

巽 xùn 손괘 손
圐 손(巽)괘. [팔괘의 하나. 괘형(卦形)은 '☴' 이며, 바람을 상징함]

*熏 xùn 질식할 훈
圄囿 (가스 등에) 중독되다. 질식하다. ¶他让煤气~着了.=그는 가스에 중독되어 질식했다.

☞ xūn

蕈 xùn 버섯 심
圐(植) 버섯.

噀 xùn 물 뿜을 손
圄囿 (입 속에 머금고 있는 액체를) 뿜다. 뱉어 내다. ¶~酒=술을 뱉다.

# Y

## yɑ

**丫**[(椏¹·枒¹)] yā 가장귀 아

㊀ **1** 가장귀. ¶树~=가장귀. **2** (물건의) 갈라진 부분. 아귀. ¶脚~=발가락. **3** ㊗ 여자 아이. 계집아이. 소녀. ¶小~=계집아이.

【丫杈】yāchà ㊀ 가장귀. ¶小家伙爬上树, 骑在~上玩儿. =녀석이 나무에 올라가 가장귀에 걸터앉아서 논다. ㊁ 가장귀진. 갈라진. ¶他们坐在河边那棵丫杈权的大柳树下乘凉. =그들은 강가의 그 가지가 무성한 버드나무 아래에 앉아서 더위를 식힌다.

【丫环】yā·huan ☞ 【丫鬟】yā·huan

【丫鬟】〔丫环〕yā·huan ㊀ 계집종. 시녀. 하녀.

【丫髻】yājì ㊀ 가장귀지게 빗어 두 쪽으로 올린 머리.

【丫角】yājiǎo ㊀ 가장귀지게 빗어 두 쪽으로 뿔처럼 땋아 올린 머리.

【丫头】yā·tou ㊀ **1** 계집아이. 여자 아이. ¶这~长得可真俊. =이 여자 아이는 정말 예쁘게 생겼다. **2** 계집종. 여자 하인. 시녀. ¶贴身~=여자 몸종. 시녀.

【丫枝】yāzhī ㊀ 가장귀. 가지. ¶秋深了, 树光秃秃的, 只剩下~. =가을이 깊어지자, 나무는 벌거벗은 채 가지만 남았다.

**\*\*压**[壓] yā 누를 압

㊁ **1** (주로 위에서 아래로) 압력을 가하다. (내리)누르다. ¶挤~=(좌우·상하로부터) 내리누르다. / 用镇纸把宣纸~住. =문진(文鎭)으로 (화)선지를 내리누르다. **2** 안정(평정)시키다. 가라앉히다. 억제하다. 참다. ¶强~怒火=노기(怒氣)를 억지로 눌러 참다. **3** 억압하다. 억누르다. ¶欺~=(권세를 믿고) 남을 억압하다. / 镇~=진압하다. **4** 압도하다. 능가하다. 앞서다. 우세하다. ¶技~群芳=재주나 기술, 혹은 미모 등이 여러 다른 사람보다 뛰어나다. **5** 바싹 접근하다. 임박하다. 박두하다. 다가오다. 닥쳐오다. ¶大兵~境=대군이 국경선까지 바싹 접근하다. **6** 내버려 두다. 방치해 두다. 묵히다. 사장하다. 보류해 두다. ¶积~资金=자금을 사장하다. ㊂ 도박에서 돈을 걸다. ㊃ **1** 압력. ¶水~=수압. / 减~=압력을 줄이다. **2** 전압. 기압. 혈압. ¶高~=고압. / 变~器=변압기. ↠抬

☞ **yà**

○● 按压, 冲chòng压, 低压, 电压, 锻压, 高压, 光压, 模mó压, 偏压, 欺qī压, 气压, 强qiáng压, 弹tán压, 血压, 眼压, 黑压压

【压宝】yā‖bǎo ☞ 【押宝】yā‖bǎo

【压编】yābiān ㊁ 편제를 축소하다.

【压不住】yā·buzhù ㊁ 제어할 수 없다. 안정(평정)시킬 수 없다. 가라앉힐 수 없다. 억누를 수 없다. 억제할 수 없다. 진압할 수 없다. ¶~火=화를 이기지 못하다. ↔压得住

【压不住台】yā·buzhù tái ㊁ (사람들의 신망을 얻지 못하여) 국면을〔상황을〕컨트롤〔통제〕하지 못하다. 무대를〔좌중을·관중을〕휘어잡지 못하다. =【压不住阵】yā·buzhù zhèn

【压不住阵】yā·buzhù zhèn ☞ 【压不住台】yā·buzhù tái

【压仓】yā‖cāng ㊁ (물건을) 창고에 묵히다〔방치하다〕.

【压产】yāchǎn ㊁ 생산(량)을 줄이다. ¶库房积压的商品, 要继续~. =창고에 묵혀 두고 있는 상품은 지속적으로 생산을 줄여 나가야 한다.

【压场】yā‖chǎng ㊁ **1** 연극이나 프로그램의 끝 부분을 장식하다. ¶~戏=마지막을 장식하는 프로그램이나 장면. 압권(프로). **2** 국면〔상황〕을 컨트롤〔통제〕하다. ¶他讲话结结巴巴的, 压不住场. =그는 말을 더듬더듬거리며 상황을 제대로 컨트롤하지 못한다.

【压车】yā‖chē ㊁ **1** (도로가 막히거나 제때 짐을 부리지 못하여) 차량 통행이 막히다〔지연되다〕. **2** ☞ 【押车】yā‖chē

【压秤】yāchèng ㊀ (부피가 비슷한 물체와 비교해서) 무게가 나가다. 무겁다. ¶棉花不~. =면화는 무게가 나가지는 않는다. ㊁ 저울로 달 때 무게를 고의로 낮추어 말하다. ¶严禁收购时压价、~。=수매할 때 값이나 무게를 깎거나 낮추는 것을 엄금한다.

【压船】yā‖chuán ㊁ (여러 원인으로) 배가 (부두에서) 제때에 떠나지 못하다.

【压担子】yādàn·zi ㊁ **1** 짐을 무겁게 하다. 어깨를 무겁게 하다. **2** ㊗ 책임을 가중시키다〔늘리다〕. ¶要再给公司经理压点儿担子。=지점장에게 책임을 좀 더 맡겨야 한다.

【压倒】yā‖dǎo ㊁ 압도하다. 능가하다. 우세하다. 앞서다. ¶我们不会被困难所~。=우리는 어려움에 압도당하지 않을 것이다.

【压倒多数】yādǎo duōshù ㊗ 압도적인 다수. 전체의 3분의 2 이상. ¶他以~的票数当选.

그는 압도적인 표수로 당선되었다.
【压倒一切】 yādǎo yīqiè ⊗ 모든 것에 우선하다. 처리할 일 가운데 첫 번째 위치를 점하다. ¶抗洪救灾是当前~的任务。=홍수를 막고 이재민을 구하는 것이 현재에 있어서 무엇보다 가장 우선(시)되는 임무이다.
【压得住】 yā·dezhù 통 제어할 수 있다. 안정〔평정〕시킬 수 있다. 가라앉힐 수 있다. 억누를 수 있다. 억제할 수 있다. 진압할 수 있다. ¶~场=상황을 제어할 수 있다. ↔压不住
【压低】 yādī 통 낮추다. 내리다. 줄이다. 억제하다. ¶~声音=목소리를 낮추다. ↔抬高
【压底】 yādǐ (~儿) 통 1 (다른 물건을) 밑〔바닥〕에 깔다. 2 요기하다. 허기를 달래다. 3 ⑪ 기초를 다지다.
【压顶】 yādǐng 통 1 벽돌·기와·시멘트 등으로 지붕을 덮다. 2 머리를 내리누르다. [주로 비유로 쓰임] ¶泰山~志不移。=아무리 큰 압력에도 뜻을 굽히지 않다.
【压锭】 yā‖dìng 통 (방직공장에서) 방추의 수를 줄여서 생산 규모를 줄이다. ¶纱厂~减员后, 经济效益显著提高。=방직공장이 방추의 수를 줄이고 감원한 후에 경제적인 효과가 두드러지게 높아졌다.
【压队】〔押队〕 yā‖duì 통 대열의 맨 뒤를 따르면서 호위하거나 감독하다.
【压伏】 yā‖fú ☞【压服】 yā‖fú
【压服】〔压伏〕 yā‖fú 통 강압으로 복종시키다. 힘으로 굴복시키다. 강제로 따르게 하다. ¶要以理服人, 不可~。=사리를 밝혀 가며 설득해야지 강압으로 복종시켜서는 안 된다. ≒制服
【压港】 yā‖gǎng 통 (화물을 제때에 운반해 내지 못하여) 항구에 묵히다〔방치하다〕.
【压杠子】 yāgàng·zi 통 오금에 나무 막대를 끼워 놓고 다리를 짓누르다. [혹형의 한 방식]
【压货】 yāhuò 통 (제때에 출하하지 못하여 정거장·부두·공항 등에) 화물을 묵히다〔방치하다〕. 화물이 쌓여 있다. 체화(滯貨)되다.
【压级】 yā‖jí 통 등급을 낮추다〔내리다〕. ¶严禁在生猪收购过程中随意提级。=돼지의 수매 과정 중에 멋대로 등급을 올리거나 낮추는 것을 엄격히 금지한다.
【压价】 yā‖jià 통 가격을 낮추다〔내리다〕. ¶~出售=가격을 낮추어 팔다. ↔抬价
【压惊】 yājīng 통 (술이나 음식 등으로) 놀란 사람을 위로하다〔진정시키다〕.
【压境】 yājìng 통 군대가 국경까지 쳐들어오다〔바싹 접근하다〕. ¶大军~=대군이 국경까지 쳐들어오다.
【压卷】 yājuàn 몡 압권. 가장 나은 작품. ¶~之作=최고의 작품. 압권.
【压库】 yā‖kù 통 1 (화물을) 창고에 묵히다〔방치하다〕. ¶产品~现象严重。=상품이 (팔리지 않아) 창고에 재고로 묵는 현상이 심각하다. 2 재고를 줄이다. ¶限产~=생산량을 제한하여 재고를 줄이다.
【压垮】 yā‖kuǎ 통 1 눌러서 무너지다〔붕괴되〕다〕. 2 ⑪ (사람의 몸이나 정신이) 과중한 부담으로 지탱하지 못하다. ¶他的身体硬是被繁重的工作~了。=그의 몸은 결국 과중한 업무로 인하여 망가졌다.
【压力】 yālì 몡 1 (物) 압력. ¶大气~=대기 압력. 기압. 2 ⑪ (주로 정신적·심리적인) 스트레스. 압력. ¶社会~=사회적 압력. 3 과중한 부담. ¶工作~=업무 부담.
【压力表】 yālìbiǎo 몡 (機) 압력계. =【压力计】 yālìjì 【压强计】 yāqiángjì
【压力锅】 yālìguō ☞【高压锅】 gāoyāguō
【压力计】 yālìjì ☞【压强计】 yāqiángjì
【压路机】 yālùjī 몡 (機) 로드 롤러(road roller). 롤러(roller).
【压迫】 yāpò 통 1 억압하다. ¶反抗~=억압에 반항하다. 2 압박하다. ¶~感=압박감. ≒欺压 ↔反抗
【压气】 yā‖qì (~儿) 통 분노를 억누르다. 화를 가라앉히다〔진정시키다〕. ¶大家劝了好久, 他才压下气去。=모두가 한참을 달래고서야 그는 비로소 화를 진정시켰다.
【压气机】 yāqìjī ☞【压缩机】 yāsuōjī
【压强】 yāqiáng 몡 (物) 단위 면적당 받는 압력.
【压强计】 yāqiángjì ☞【压力表】 yālìbiǎo
【压青】 yāqīng 통 (農) 풀을 땅에 묻어 퇴비를 만들다.
【压舌板】 yāshébǎn 몡 (醫) 압설자(壓舌子). 설압자(舌壓子).
【压岁钱】 yāsuìqián 몡 세뱃돈.
【压缩】 yāsuō 통 1 압축하다. ¶~点火=압축 점화하다. 2 줄이다. 축소하다. ¶~机构=기구를 축소하다. /~篇幅=편폭을 줄이다. ↔扩充 膨胀
【压缩饼干】 yāsuō bǐnggān 몡 (휴대와 보존이 편한) 압축 비스킷.
【压缩机】 yāsuōjī 몡 (機) 공기 압축기. 에어 컴프레서(air compressor). =【压气机】 yāqìjī
【压缩空气】 yāsuō kōngqì 몡 압축 공기.
【压台】 yā‖tái 통 1 연극이나 프로그램의 끝 부분을 장식하다. 2 상황을 〔국면〕을 장악하다.
【压台戏】 yātáixì 몡 중국 전통극에서 공연 목록 가운데 가장 마지막을 장식하는 상연물.
【压题】 yātí 몡 (신문 잡지 등에서 독자의 주의를 끌기 위하여) 글의 주제가 구현된 그림이나 사진을 표제 위에 덮어 찍다. [경우에 따라 표제 옆에 놓기도 함]
【压条】 yātiáo 통 (農)(林) 휘묻이를 하다. =【压枝】 yāzhī
【压痛】 yātòng 몡 (醫) 압통(壓痛).
【压腿】 yā‖tuǐ (한쪽 다리를 난간 등에 얹어 놓고 앞가슴을 최대한 다리에 붙이면서 아래로 내리누르다. 다리 스트레칭을 하다.
【压蔓】 yā‖wàn (~儿) 통 (덩굴이 일정한 방향으로 뻗어 나가고 막뿌리가 자라 영양을 흡수할 수 있도록 덩굴 작물의) 덩굴을 일정한 간격으로 묻다.
【压尾】 yāwěi 통 맨 뒤에서 걷다. 맨 뒤에 오다.

후미를 맡다. 후미에 서다. ¶爬山过程中, 带队老师一直在最后~。=등산하는 동안 인솔 교사는 줄곧 맨 뒤에서 걸었다.

【压误】**yāwù** 통 미루고〔쌓아 두고〕지체하다〔질질 끌다〕. ¶群众来信要及时处理, 不要~。=대중들이 보내 온 편지는 제때에 처리해야지 미루고 지체해서는 안 된다.

【压线】**yāxiàn** 통(體) (육상 경기에서) 가슴을 내밀어 결승 테이프를 끊다.

【压线球】**yāxiànqiú** 명(體) 라인 볼(line ball).

【压延】**yāyán** 통(金) 압연(壓延)하다. ¶~机=압연기.

【压抑】**yāyì** 통 억누르다. 억제하다. 억압하다. ¶我们不该~员工。=우리들은 직원들을 억눌러서는 안 된다. 혱 답답하다. 부자연스럽다. 어색하다. 딱딱하다. ¶谈判的气氛很~。=담판의 분위기가 매우 딱딱하다. ↔发泄

【压韵】**yā‖yùn** 【押韵】**yā‖yùn**

【压载】**yāzài** 명 바닥짐. 밸러스트(ballast). ¶~舱=밸러스트 탱크(ballast tank).

【压榨】**yāzhà** 통 1 압착하다. 눌러서 짜내다〔짜다〕. ¶~甘蔗=사탕수수를 압착하다. 2(喩) (잔혹하게) 착취〔수탈〕하다. ¶封建地主残酷地~农民。=봉건 지주가 잔혹하게 농민을 착취하다.

【压阵】**yāzhèn** 통 1 정예 장병이 전투 진용을 튼튼〔단단〕하게 하다. 2(喩) (유력한 인물이나 강력한 힘으로) 상황을 장악하거나 사기를 높이다. 상황을 컨트롤하다〔진정시키다·가라앉히다·안정시키다〕. ¶上晚自习时, 班主任一直在教室~。=저녁 자습 시간에 담임선생님께서 줄곧 교실에서 감독을 하신다. 3 대열의 맨 뒤를 따르면서 호위하거나 감독하다.

【压枝】**yāzhī** ☞【压条】**yātiáo**

【压制】**yāzhì** 통 1 억제하다. 제지하다. 억누르다. 억압하다. ¶要多听群众的批评意见, 而不该~他们。=대중의 비판 의견에 귀를 많이 기울여야 지 그들을 억눌러서는 안 된다. 2(機) 눌러서 만들다. 압착하여 만들다. ¶~纤维板=압축하여 만든 섬유판.

【压轴戏】**yāzhòuxì** 명 1 중국 전통극에서 '大轴戏(마지막 프로그램)'의 바로 앞 프로그램. 2 공연에서 (가장 재미있는) 마지막 프로그램. 압권(프로그램). 3(喩) 사람의 주목을 끄는, 맨 마지막에 출현하는 사건. 훌륭하거나〔뛰어나거나〕사람들의 주목을 끄는 결말〔마무리·최종 단계〕. 압권적인 내용. ¶教育改革的~还没有登场呢。=교육 개혁의 결정적인 방안은 아직 나오지 않았다.

【压轴子】**yāzhòu·zi** 통 중국 전통극에서 '大轴子(마지막 프로그램)'의 바로 앞에 배치하는 것. 명 중국 전통극 공연에 있어서 끝에서 두 번째 프로그램.

**呀** yā 감탄사 아 ⊠ (놀람을 나타내어) 아! 야! ¶~, 我的手机忘在饭店里了。=아! 내 휴대폰을 호텔에 (두고) 잊고 왔구나. 의 끼익. 삐거덕. [물체가 마찰할 때의 소리] ¶~的一声, 大门被推开了。=끼익 하고

대문이 열렸다.
☞ ·ya

⊙ 哎呀, 哎呀

**押** yā 찍을 압

통 1(書) 화압(畵押)하다. 서명하다. ¶~缝=간인(間印)을 찍다. 2 저당하다. 저당잡히다. ¶抵~贷款=담보 대출하다. 3 구류하다. 구속하다. 잡아 가두다. ¶拘~人犯=범인을 구류하다. 4 (사람이나 재물을) 호송하다. ¶~运粮草=양초〔군량과 마초〕를 호송하다. 5 압운하다. ¶~韵合辙=압운하여 운율을 맞추다. 6 (도박에서) …에 돈을 걸다. 명 1 서명. 수결(手決). 화압(畵押). ¶花~=화압(花押). 2 (Yā) 성(姓).

⊙ 典押, 关押, 管押, 羁jī押, 扣kòu押, 收押, 退押, 在押

【押宝】【压宝】**yā‖bǎo** 1 야바위 노름을 하다. 2(喩) 운에 맡기다. ¶必须努力复习, 不能~在猜题上。=열심히 복습하여야지, 시험 문제를 예측하는 데 운을 걸어서는 안 된다.

【押车】【压车】**yā‖chē** 통 차량을 호송하다.

【押当】**yā‖dàng** 통 (옷 등을) 저당잡히다.

【押当】**yādàng** 명 (작은) 전당포.

【押队】**yā‖duì** ☞【压队】**yā‖duì**

【押缝】**yāfèng** 통 간인(間印)을 찍다.

【押护】**yāhù** 통 호송하다. ¶随车~=차량을 호송하다.

【押解】**yājiè** 통 1 (범인을) 압송〔호송〕하다. ¶~进京=범인을 압송하여 상경하다. 2 (화물을) 호송하다. ¶~货物=화물을 호송하다. ≒押运

【押金】**yājīn** 명 1 보증금. 담보금. ¶请交住宿~300元。=숙박 보증금 300위안을 내세요. 2 선금. ¶住院~=입원 선금.

【押禁】**yājìn** 통 구금하다. 수감하다. ¶~嫌犯=용의자를 수감하다.

【押款】**yā‖kuǎn** 통 1 담보 대출하다. 2 현금을 호송하다. ¶银行一员=은행의 현금 호송원.

【押款】**yākuǎn** 명 (담보를 통한) 대출금. 대부금. 2 선금. 보증금.

【押送】**yāsòng** 통 1 (물품을) 호송하다. ¶~军需物品=군수 물품을 호송하다. 2 (범인을) 압송하다. ¶~犯人=범인을 압송하다. ≒押解

【押题】**yā‖tí** 통 시험에 출제될 문제를 예상하여 집중적으로 준비하다. 예상 문제를 뽑다.

【押头】**yā·tou** 명 담보물. 전당품.

【押尾】**yāwěi** 통 문서〔계약서〕의 끝에 날인〔서명〕하다.

【押运】**yāyùn** 통 운송을 호송하다. ¶~军粮=군량의 운송을 호송하다.

【押韵】【压韵】**yā‖yùn** 통 압운하다.

【押账】**yāzhàng** 통 저당잡히다.

【押租】**yāzū** 명(方) 재물을 담보로 가옥이나 토지를 빌리다. 명(方) 가옥이나 토지의 임대 보증금.

**垭** [埡] yā 좁은 골짜기 아

【垭】 두 산 사이의 낮고 좁은 지대. [주로 지명에 쓰임] ¶马头~ =마터우야. [후베이(湖北)성에 있는 지명]
【垭口】 yākǒu 몡閉 산의 입구.

**鸦 [鴉, 鵶] yā 갈가마귀 아
몡(動) 까마귀.

○● 渡dù鸦, 寒鸦, 老鸦, 涂tú鸦, 乌wū鸦

【鸦默雀静】 yāmò-quèjìng ⑳ 1 까마귀와 참새 소리마저도 없다. 2㉠ 매우 고요하다. 쥐 죽은 듯이 조용하다.
【鸦片】[雅片] yāpiàn 몡 1 아편. =【阿芙蓉】āfúróng 【鸦片烟】yāpiànyān ㉧【大烟】dàyān 2㉠ 아편과 같은 작용을 하는 사물. ¶要防止精神~的侵袭. =정신적인 아편의 침투를 막아야 한다.
【鸦片烟】yāpiànyān ☞【鸦片】yāpiàn
【鸦片战争】Yāpiàn Zhànzhēng 閃(歷) 아편전쟁(1840~1842년). [아편 문제를 둘러싸고 청(清)나라와 영국 사이에 일어난 전쟁. 1842년에 청(清)나라가 패하여 난징(南京) 조약을 맺음으로써 종결됨]
【鸦雀无声】 yāquè-wúshēng ⑳ 1 까마귀와 참새 소리마저도 없다. 2㉠ 매우 고요하다. 쥐 죽은 듯이 조용하다. ≒万籁俱寂 ↔人声鼎沸

**哑 [啞] yā 옹알이 소리 아
㉢ 옹알옹알. 깍깍. 까악까악. [아기의 옹알이·까마귀 울음소리로, 주로 중첩하여 씀] ¶几只乌鸦在树梢上~~地叫着. =까마귀 몇 마리가 나뭇가지 끝에서 깍깍 하고 울고 있다. ㉮「呀(yā)」와 같음.
☞ yǎ
【哑哑】 yāyā ㉢ 옹알옹알. 깍깍. 까악까악. [아기의 옹알이·까마귀 울음소리] ¶~学语 =아기가 옹알옹알 말을 배우다.

**鸭 [鴨] yā 오리 압
명(動) (집)오리.

○● 板鸭, 家鸭, 填tián鸭, 野鸭

【鸭步鹅行】 yābù-éxíng ☞【鹅行鸭步】éxíng-yābù
【鸭蛋】 yādàn 몡 1 오리알. 2 0점. 영점. 빵점. [아라비아 숫자 '0'의 모양이 오리알과 비슷한 것에 빗대어 시험 점수가 0점임을 해학적으로 나타낸 말] ¶他这次物理考试, 吃了个大~. =그는 이번 물리 시험에서 멋지게 빵점을 받았다.
【鸭蛋脸】 yādànliǎn(~儿) 몡 (여자의 매끈하고 포동포동한) 계란형 얼굴.
【鸭蛋青】 yādànqīng 휑 (오리알 빛깔과 같은) 담청색. 엷은 푸른색.
【鸭蛋圆】 yādànyuán(~儿) 휑 (오리알 같은) 타원형의.
【鸭黄】 yāhuáng 몡 (부화한 지 얼마 안 된) 새끼오리.

【鸭绿江】 Yālùjiāng 몡(地) 압록강.
【鸭苗】 yāmiáo 몡 막 부화한 새끼오리.
【鸭农】 yānóng 몡 오리 사육농.
【鸭蹼】 yāpǔ 몡 오리 물갈퀴.
【鸭儿梨】 yārlí 몡(植) (오리와 비슷하게 생긴) 배의 한 품종. [주로 허베이(河北)성에서 생산됨]
【鸭绒】 yāróng 몡 (가공한) 오리털. ¶~被 =오리털 이불.
【鸭舌帽】 yāshémào 몡 챙이 있는 모자.
【鸭行鹅步】 yāxíng-ébù ☞【鹅行鸭步】éxíng-yābù
【鸭掌】 yāzhǎng 몡 오리발. 오리 물갈퀴.
【鸭肫】 yāzhūn 몡 오리의 모래주머니[위].
【鸭子儿】 yāzǐr 몡閉 오리알.
【鸭子】 yā·zi 몡㉠ 1 오리. 2 남창(男娼).
【鸭嘴笔】 yāzuǐbǐ 몡 가막부리. 오구(烏口). 강필(鋼筆).
【鸭嘴镐】 yāzuǐgǎo ☞【十字镐】shízìgǎo
【鸭嘴兽】 yāzuǐshòu 몡(動) 오리너구리.

雅 yǎ 아편 아
☞ yǎ
【雅片】 yāpiàn ☞【鸦片】yāpiàn

**牙 yá 어금니 아
몡 1 이. ¶刷~ =이를 닦다. /镶~ =이를 해 넣다. 2 상아(象牙). ¶~章 =상아 도장. /~梳 =상아빗. 3 모양이 이와 같이 생긴 물건. ¶檐~ =처마(의 이빨처럼 튀어 나온 장식물). 4㉠ 중매인(仲買人). 중개인. 거간꾼. 5 (Yá) 성(姓). ≒齿

| ○ 牙yá | 讶yà |
|---|---|
| 呀yā | 蚜yá |
| 芽yá | 岈yá |
| 雅yǎ | 伢yá |
| 鸦yā | 迓yà |

○● 板牙, 槽cáo牙, 虫chóng牙, 大牙, 倒牙, 佛fó牙, 虎牙, 换牙, 獠liáo牙, 磨mó牙, 奶牙, 犬quǎn牙, 镶xiāng牙, 象牙, 咬牙, 月牙, 爪zhǎo牙, 智牙

【牙白】 yábái 휑 상아처럼 희다. 새하얗다. ¶~的帷幔 =새하얀 휘장.
【牙碜】 yá·chen 휑 1 (음식물에 모래가 섞여서) 이에 모래가 씹히다. ¶饭里有沙子, 吃起来~. =밥에 모래가 있어서, 먹으면 모래가 씹힌다. 2㉠ (말이 저속하여) 귀에 거슬리다. 듣기 거북하다. 민망하다. 상스럽다. 역겹다. ¶一个女孩家, 说出这样的话来, 不怕~? =여자 아이가 이런 말을 하다니, 민망하지도 않나?
【牙齿】 yáchǐ 몡 이. 치아.
【牙床】 yáchuáng 몡 1 ☞【齿龈】chǐyín 2 상아 장식이 있는 침대. 3 장식이 정교하고 아름다운 침대.
【牙床子】 yáchuáng·zi ☞【齿龈】chǐyín
【牙雕】 yádiāo 몡 1 상아 조각 기예. 2 상아 조각품.
【牙粉】 yáfěn 몡 치분(齒粉). 치마분(齒磨粉). 가루 치약.
【牙缝】 yáfèng 몡 1 잇새. [이와 이의 사이] 2 윗

니와 아랫니 사이.
【牙缸】**yágāng** [명] 양치질용 컵.
【牙膏】**yágāo** [명] 치약.
【牙根】**yágēn** [명]《生》치은. 잇몸.
【牙垢】**yágòu** [명] 이똥. 치석(齒石). [방]【牙花】**yáhuā**
【牙关】**yáguān** [명]《生》아관. ¶咬紧~=이를 악물다.
【牙冠】**yáguān** [명] 치관.
【牙行】**yáháng** [명][옛] 중매업(자). 중개업(자). 거간.
【牙花(子)】**yáhuā(·zi)** [명][방] **1** ☞【齿龈】**chǐyín** **2** ☞【牙垢】**yágòu** **3** 이나 잇새에 낀 음식물 찌꺼기.
【牙慧】**yáhuì** [명][문] **1** 언외의 이치. 말 속의 뜻. **2** 남이 한 말. 남의 관점〔견해〕. ¶拾人~=남이 한 말을 그대로〔모방하여〕 사용하다.
【牙祭】**yájì** [명][비] 고기 요리가 있는 풍성한 식사. 특식. ¶打~=목구멍의 때를 벗기다. 원 없이 먹다.
【牙具】**yájù** [명] 양치 도구.
【牙科】**yákē** [명]《醫》치과.
【牙口】**yá·kou** [명] **1** (이빨의 숫자로 헤아리는) 가축의 나이. **2** (~儿) 성인 치아의 씹는 힘. ¶老人虽然上了年纪, 但~还好。=노인은 비록 연세가 드셨지만, 씹는 힘은 그런대로 괜찮다.
【牙侩】**yákuài** [명][문][옛] 중개인. 중매인. 거간꾼.
【牙轮】**yálún** ☞【齿轮】**chǐlún**
【牙牌】**yápái** [명] 골패(骨牌).
【牙婆】**yápó** [명][옛] 인신매매(人身賣買)를 업(業)으로 하던 여자.
【牙签】**yáqiān**(~儿) [명] 이쑤시개.
【牙色】**yásè** [형] 상아색의. 담황색의.
【牙石】**yáshí** [명] **1** 치석. 이똥. **2** ☞【缘石】**yuánshí**
【牙刷】**yáshuā**(~儿) [명] 칫솔. =【牙刷子】**yáshuā·zi**
【牙刷子】**yáshuā·zi** ☞【牙刷】**yáshuā**
【牙髓】**yásuǐ** [명]《生》치수(齒髓).
【牙疼】**yáténg** [명] 치통. 이앓이. [형] 이가 너무 아프다. ¶我~得吃不下饭。=이가 너무 아파서 밥을 못 먹겠다.
【牙痛】**yátòng** [명] 치통.
【牙线】**yáxiàn** [명] **1** 치실. [영] dental floss **2** 옷에 넣은 장식선.
【牙牙】**yáyá** [의][문] 옹알옹알. 〔아기가 말 배우는 소리〕
【牙牙学语】**yáyá xuéyǔ** [성] 아기가 옹알옹알하며 말을 배우다.
【牙医】**yáyī** [명] 치과 의사.
【牙龈】**yáyín** ☞【齿龈】**chǐyín**
【牙龈炎】*yáyínyán* [명]《醫》치은염(齒齦炎). 잇몸 염증.
【牙印】**yáyìn**(~儿) [명][구] 잇자국. =【牙印子】**yáyìn·zi**
【牙印子】**yáyìn·zi** ☞【牙印】**yáyìn**
【牙釉质】**yáyòuzhì** [명] 치아의 법랑질(琺瑯質)〔에나멜질(enamel質)〕.
【牙獐】**yázhāng** ☞【獐子】**zhāng·zi**
【牙质】**yázhì** [명]《生》치아의 상아질. =【象牙质】**xiàngyázhì** [형] 상아로 만든. 상아제(象牙製)의. ¶~饰物=상아로 만든 장식물.
【牙周】**yázhōu** [명]《生》치주(齒周). ¶~萎缩=치주 위축.
【牙周病】**yázhōubìng** [명]《醫》치주 질환. 치주병(齒周病).
【牙周炎】**yázhōuyán** [명]《醫》치주염(齒周炎).
【牙子】**yá·zi** [명] **1** 가구류 등의 기물 주변의 조각 장식. 물체의 돌출한 부분. ¶马路~= 도로 턱. **2** [옛] 중개인. 중매인(仲買人). 거간꾼.

## 伢 yá 아이 아
[명][방] 어린이. 아이. ¶~子=어린이. 아이.

## ** 芽 yá 싹 아
[명] (~儿) **1** (나무나 풀의) 눈. 싹. ¶嫩~=새싹. / 黄豆~儿=콩나물. **2** 모양이나 성질이 눈·싹과 같은 것. ¶肉~=(치료된 뒤에 상처에서 나오는) 새살.

> ○● 侧cè芽, 抽芽, 出芽, 催cuī芽, 顶芽, 豆芽, 根芽, 麦芽, 萌méng芽, 胚pēi芽, 腋yè芽, 滋zī芽

【芽茶】**yáchá** [명] 갓 나온 차나무의 어린〔연한〕 잎〔싹〕.
【芽豆】**yádòu** [명] 물에 담가 싹이 조금 나온 잠두(蠶豆). 〔음식 재료로 쓰임〕
【芽接】**yájiē** [동]《植》눈접하다. 아접하다. 〔접붙이기 방법의 하나〕
【芽体】**yátǐ** [명]《生》(어린)싹. (작은)눈. (어린)움. 아체(芽體).
【芽眼】**yáyǎn** [명]《植》구경(球莖)의 싹이 나는 부분. (감자 등의) 눈.
【芽子】**yá·zi** [명] 싹. 눈. 움.

## 岈 yá 땅 이름 하
☞【嵖岈】**Cháyá**

## 玡 yá 땅 이름 아
☞【琅玡】**Lángyá**

## * 蚜 yá 진딧물 아
[명]《動》진딧물. ¶棉~=목화진딧물.

> ○● 菜蚜, 麦蚜, 棉mián蚜, 烟蚜

【蚜虫】**yáchóng** [명]《動》진딧물. [낮]【腻虫】**nìchóng** [방]【蜜虫】**mìchóng**

## ** 崖 yá / ái 벼랑 애
[명] **1** 절벽. 낭떠러지. 벼랑. ¶山~=절벽. / 悬~勒马=낭떠러지에 이르러 말고삐를 잡아채다. 위험에 직면해서야 정신을 차리고 돌아서다. **2** [문] 사물의 가장자리〔끝〕. ¶知其~略=대략의 내용을 알다.

○● 摩mó崖, 云崖

【崖岸】yá'àn 图 1 높고 가파른 벼랑〔절벽·낭떠러지·제방〕. ¶海浪不停地拍打着~。=파도가 쉬지 않고 벼랑을 때리고 있다. 图❶ 1 태도가 엄숙하고 단정하다. 2 오만하다. 성격이 모가 나서 남과 어울리지 못하다.
【崖壁】yábì 图 절벽. 낭떠러지. 벼랑.
【崖壁画】yábìhuà ☞【岩画】yánhuà
【崖谷】yágǔ 图 (낭떠러지 사이의) 깊은 계곡〔골짜기〕.
【崖壑】yáhè 图 (낭떠러지 사이의) 깊은 계곡〔골짜기〕.
【崖画】yáhuà ☞【岩画】yánhuà
【崖刻】yákè 图 절벽에 새긴 문자.
【崖略】yálüè 图❶ 대략(大略). 개략(概略). ¶言其~=대략을 이야기하다.
【崖头】yátóu 图 절벽의 꼭대기 부분이나 밖으로 튀어나온 암석.
【崖墓】yámù 图《歷》애묘(崖墓). [절벽에 굴을 파서 만든 무덤]
【崖葬】yázàng 图 애장. [중국 고대 일부 한족·소수 민족들의 장례 방식. 관을 절벽 중턱에 있는 동굴이나 절벽에 박은 말뚝 위에 둠]

*涯 yá 물가 애

图 1 ☞ 물가. 강가. 바닷가. ¶津~=물가. 2 가장자리. 끝. 한계. 극한. 경계. ¶生~=생애. / 天~海角=하늘가와 바다 끝. 아득히 먼 곳. 서로 멀리 떨어져 있다.

○● 生涯, 天涯

【涯际】yájì 图 가장자리. 끝. 한계. 극한. 경계. ¶茫无~的宇宙=아득하여 끝이 없는 우주.

睚 yá 눈초리 애

图☞ 눈초리. 눈꼬리.
【睚眦】yázì 图☞ 눈을 부릅뜨고 노려보다. 화난 눈으로 흘겨보다〔째려보다〕. ¶人共~=사람들이 모두 눈을 부릅뜨고 노려보다. 图☞ 하찮은 원한〔원망〕. ¶~之怨=하찮은〔사소한〕원한.
【睚眦必报】yázì-bìbào 图 1 하찮은 원한이라도 반드시 갚다. 2 ㉯ 속이 좁다. 도량이 좁다. 아량이 없다. ≒斤斤计较 ↔宽宏大量

*衙 yá 관청 아

图 1 ㉰ 관아. 관청. ¶县~=현의 관아. 2 (Yá) 성(姓).
【衙门】yá·men 图㉰ 아문. 관아. 관공서.
【衙内】yánèi 图 1 금위〔당(唐)대의 궁성(宮城)을 지키던 병사〕 2 관료의 자제. 귀족의 자제. [당(唐)대에는 금위(禁衛)를 일컫는 말이었으나, 오(五)대 및 송(宋)초기에 대신의 자제를 금위(禁衛)에 많이 썼기 때문에 나중에는 관료의 자제를 뜻하게 되었음]
【衙役】yá·yi 图 아역. [옛날, 관아에서 부리던 하인을 일컫는 말]

疋 yǎ 바를 아

'雅(yǎ)'와 같음.
☞ 匹(pǐ)

*哑 [啞] yǎ 벙어리 아

图 1 말을 하지 못하다. ¶装聋作~=귀머거리인 척 벙어리인 척하다. 2 말을 하지 않는. 소리가 없는. ¶猜~谜=수수께끼를 맞히다. 3 목이 쉰. ¶~嗓子=쉰 목. 4 (포탄·총탄 등이) 불발의. ¶~火=불발. 图㉯ 허허. [웃음소리] ¶笑声~~=허허 웃으며 말하다.
☞ yā

【哑巴】yǎ·ba 图 벙어리. 图 말하기 거북하거나 하기 싫어서 한 마디도 하지 않다. ¶你们都~啦, 赶紧说话呀!=너희들 모두 벙어리가 되었냐, 빨리 말해라!
【哑巴吃黄连, 有苦说不出】yǎ·ba chī huánglián, yǒu kǔ shuōbùchū ㉰ 1 벙어리가 황련을 먹고, 맛이 쓰지만 말을 하지 못하다. 2 ㉯ 고충이 있지만 말하지 못하다. 벙어리 냉가슴 앓듯 하다.
【哑巴亏】yǎ·bakuī 图 남에게 말 못 할 손해. ¶吃~=남으로부터 말 못 할 손해를 입다.
【哑场】yǎ‖chǎng 图 1 공연 도중 갑자기 모든 소리가 끊기다. 2 (회의 등에서) 아무도 발언하지 않거나 발언을 중단하다. 조용해지다. 침묵이 흐르다. ¶经理一问最近的销售额为什么下降, 大家顿时哑了场。=사장이 최근의 판매액이 왜 떨어졌는지 묻자마자, 모두들 갑자기 입을 다물었다.
【哑弹】yǎdàn 图 불발탄.
【哑火】yǎ‖huǒ 图 1 (폭약·폭탄·탄알 등이) 불발하다. 2 ㉯ 말을 해야 할 때 말을 하지 않다. 침묵을 지키다. ¶让你们提意见, 怎么都~了?=너희한테 의견을 말하라는데, 어찌 모두 아무 말을 하지 않나?
【哑酒】yǎjiǔ(~儿) 图 조용히 마시는 술. [술자리의 흥을 돋우기 위한 벌주놀이인 '划拳(huá‖quán)'이나 '酒令(jiǔlìng)' 없이 조용히 마시는 것을 말함] ¶别老喝~儿, 来, 我们猜一个。=그냥 묵묵히 술만 마시지 말고, 자, 우리 '划拳(벌주놀이)' 한번 하자.
【哑剧】yǎjù 图《劇》무언극. 팬터마임(pantomime).
【哑口】yǎkǒu 图 입을 다물다. 말을 멈추다. 조용해지다. 아무 소리도 내지 않다. ¶他最后给我说得~了。=내가 몰아붙이자 결국 그는 찍소리도 못 하게 되었다.
【哑口无言】yǎkǒu-wúyán 图 1 벙어리처럼 말을 못 하다. 입을 다물다. 2 (질문·반박 등에) 말문이 막히다.
【哑铃】yǎlíng 图《體》아령.
【哑谜】yǎmí 图 1 수수께끼. 2 ㉯ 짐작하기 어려운 말〔문제〕. 알 수 없는 말〔문제〕. 수수께끼 같은 말〔문제〕. ¶你别跟我打~, 有什么话明说。=돌려서 말하지 말고 할 말이 있으면 분명하게

말해라.
【哑默】yǎmò 동 침묵하다. ¶～不语＝침묵하고 말을 하지 않다.
【哑默悄声】yǎmò qiāoshēng 형방 1 소리 없이 조용하다. 쥐 죽은 듯이 조용하다. ¶屋子里～的, 没有一点儿动静. ＝집 안은 쥐 죽은 듯이 조용하여, 아무런 동정도 없다. 2 낮은 목소리로 말하다. ¶他把我拉到僻静处, ～地讲了这个消息. ＝그는 나를 조용한 곳으로 데리고 가서, 나지막하게 이 소식을 말했다.
【哑炮】yǎpào ☞【瞎炮】xiāpào
【哑然】yǎrán 형문 1 고요하다. 조용하다. ¶～无声＝조용하여 아무 소리도 없다. 2 아연하다. 놀라서 아무 말도 하지 못하다. 아무 소리도 내지 못하다. ¶～失惊＝아연실색하다. 3 웃음소리를 형용함. ¶听到此处, 他～失笑. ＝여기까지 듣고, 그는 허허 웃음을 터뜨렸다.
【哑然失笑】yǎrán-shīxiào 성 자신도 모르게 허허 웃음을 터뜨리다.
【哑嗓】yǎsǎng 명 쉰 목소리. 허스키한 목소리. 동 목이 쉬다. ¶那次感冒后, 他就～了. ＝그 때 감기 후로, 그는 목이 쉬었다.
【哑涩】yǎsè 형 목이 쉬다〔잠기다〕.
【哑笑】yǎxiào 동 소리 없이 웃다. ¶不禁～＝실소를 금치 못하다.
【哑语】yǎyǔ 명 수화(手話). 지화(指話). ¶打～＝수화를 하다.
【哑子】yǎ·zi 명방 벙어리.

# 痖[瘂] yǎ 벙어리 아
형 哑(yǎ)와 같음.

# **雅 yǎ 바를 아
형 1 문 정통적이다. 올바르다. 정확하다. 규범적이다. 모범적이다. ¶～音＝바른 소리. 2 고상하다. 우아하다. ¶文～＝(언행이나 태도가) 품위 있다. 우아하다. 3 아름답다. ¶穿着庄重～致. ＝옷차림새가 점잖고 아름답다. 4 문경 상대방의 언행을 높여 부를 때 앞에 붙이는 말. ¶～鉴＝받아 보세요. 읽어 보세요. 부문 1 매우. 아주. 대단히. 지극히. ¶～以为美＝매우 아름답다고 여기다. 2 평소에. 항상. 줄곧. 여태까지. ¶～善鼓琴＝평소에 거문고를 잘 타다. 명 1 문 친분. 교제. 사귐. ¶一面之～＝한 번 본 사이. 2 아(雅). [서주(西周) 시대 조정(朝廷)의 음악. 대다수 시경(詩經)에 수록되어 있으며, 시가의 성질에 따라 '대아(大雅)'와 '소아(小雅)'로 나뉨] 3 (Yǎ) 성(姓). ↔俗
☞ yā

○● 博雅, 大雅, 淡雅, 典雅, 风雅, 古雅, 清雅, 儒rú雅, 素雅, 闲雅, 娴xián雅, 秀雅, 幽yōu雅

【雅爱】yǎ'ài 동 대단히 좋아하다. 매우 애호하다. ¶～丹青＝그림을 대단히 애호하다. 명경 보살핌. ¶承蒙～＝보살핌을 받다.
【雅淡】yǎdàn 형 아담하다. 우아하다. 단아하다. ¶～的色调＝우아한 색조.

【雅飞士】yǎfēishì 명외 (1980년대 서양의 도시에서 나타난) 근로 의욕이 없고 (TV·컴퓨터 등의) 화면에 집착하는, 진취성이 결여된 청년층 낙오자. 〔영어 'yuffies'의 음역〕
【雅观】yǎguān 형 (행동거지·옷차림·배치 등이) 우아하다. 고상하다. 보기 좋다. [주로 부정형으로 쓰임] ¶女孩儿穿裙子又腿坐很不～. ＝여자 아이가 치마를 입고 다리를 꼬고 앉으면 정말 보기 흉하다.
【雅号】yǎhào 명 1 아호(雅號). ¶不知可否问您的～? ＝당신의 호를 여쭈어도 되는지요? 2 별명. [해학적인 의미를 내포함] ¶他还有一个 '活词典'的～. ＝그는 또 '걸어다니는 사전'이란 별명을 가지고 있다.
【雅教】yǎjiào 명경 교시. 가르침. [상대의 가르침을 일컫는 말] ¶聆听～＝가르침을 정중히 경청하다.
【雅洁】yǎjié 형 고결하다. 고상하고 깨끗하다〔깔끔하다〕. ¶客厅布置得非常～. ＝응접실이 아주 고상하고 깔끔하게 꾸며졌다.
【雅静】yǎjìng 형 1 (분위기·색·언행 등이) 고요하다. 아늑하다. 그윽하다. 고즈넉하다. ¶～的寺院＝고요하고 그윽한 사원. 2 우아하고 얌전하다. ¶～的姑娘＝우아하고 얌전한 아가씨.
【雅丽】yǎlì 형 우아하고 아름답다. 고아하고 수려하다. ¶～的装束＝우아하고 아름다운 옷차림〔몸차림〕.
【雅量】yǎliàng 명 1 아량. 포용력. 도량. ¶此人很有～, 容易相处. ＝이 사람은 매우 아량이 넓어서 어울리기 쉽다. 2 큰 주량. ¶老兄～, 多喝几杯. ＝형씨는 주량이 세니, 몇 잔 더 드세요.
【雅鲁藏布江】Yǎlǔzàngbùjiāng 명지 야루짱부장. 〔티베트에 있는 강 이름. 히말라야 산맥의 북쪽 산록에서 발원하여 인도로 흘러들어감〕
【雅皮士】yǎpíshì 명 1 여피족(yuppies). 〔1980년대 미국에 나타난, 고품격의 생활을 추구하는 성공한 젊은이들〕 2 여피족(yuppies). 〔서양에서 고학력으로 전문직에 종사하며, 포부를 지니고 성공과 물질 향락을 추구하는 사람〕
【雅气】yǎqì 형 고아하다. 속되지 않다. 촌스럽지 않다. 품격이 있다. ¶这幅字很～. ＝이 서예 작품은 매우 품격이 있다. 명 아기. 고상한 기질〔기품〕. ¶一身～＝온몸에서 풍기는 고상한 기품.
【雅趣】yǎqù 명 아취. 우아하고 고상한 정취. ¶～盎然＝아취가 넘쳐흐르다.
【雅人】yǎrén 명 1 아인. 고상〔고아〕한 사람. 2 경 풍격을 갖추고 스스로 고상하다고 여기는 선비나 문인. ¶～韵事＝풍격 있는 선비의 풍류.
【雅人深致】yǎrén-shēnzhì 성 고상한 사람의 깊은 생각과 우아한 정취. 인품이 고상하고 정취가 심원하다.
【雅士】yǎshì 명 아사. 고아한 선비. ¶文人～＝문인과 (고아한) 선비.
【雅思】yǎsī 명경 IELTS. 아이엘츠. 〔국제 공인 영어 시험의 하나. 중국에서는 1990년 4월부터 시행됨〕
【雅俗共赏】yǎsú-gòngshǎng 성 고상한 사람

이나 속인이나 다 같이 감상할 수 있다. (문예 작품이 훌륭하면서도 통속적이어서) 각 계층의 사람들이 누구나 다 감상할 수 있다.

【雅玩】yǎwán 명 완상(감상)하는 고상한 물건. ¶案头~=책상머리에 놓고 완상하는 물건. 동 고상하게 감상하고 즐기세요. [자신의 글이나 그림을 증정할 때 쓰는 인사말] ¶信手涂鸦, 请~。=되는대로 그려 보았는데, 잘 감상하시길 바랍니다.

【雅兴】yǎxìng 명 고아한 흥취. 고상한 취미. ¶他酷爱书画, ~不浅。=그는 서화를 아주 좋아하는데, 취미가 아주 고상하다.

【雅驯】yǎxùn 형(문) (글이) 우아(전아)하다. 고상하다. 품격이 있다.

【雅言】yǎyán 명 1 아언. 표준말. 2 고아한 언사. 고상한 말. ¶文人墨客会聚, ~声声入耳。=시인 묵객이 한데 모이니, 고아한 언사들이 귀에 들려온다. 3 좋은 건의〔말〕. ¶察纳~=좋은 말은 살펴 받아들이다.

【雅意】yǎyì 명 1 () 아의. 고상한 마음〔뜻〕. 좋은 마음. ¶有负~=고상한 뜻을 저버리다. 2 () 고견. ¶恭闻~=고견을 정중히 듣다.

【雅誉】yǎyù 명 고아한 명예. 좋은 명성. ¶~远播=좋은 명성이 멀리 퍼지다.

【雅乐】yǎyuè 명 아악(雅樂).

【雅贼】yǎzéi 명 표절 문인. [해학적인 의미를 내포함]

【雅正】yǎzhèng 형(문) 아정하다. 올바르다. 모범적이다. 규범적이다. ¶文辞~=문사가 아정하다. 동② 질정을 바랍니다. 가르침을 바랍니다. [자신의 시문이나 서화 등을 남에게 증정하며 가르침을 청할 때 쓰는 말] ¶拙作浅陋, 请张老师~。=저의 작품이 보잘것없습니다, 장 선생님의 질정을 바랍니다.

【雅致】yǎ·zhì 형 (의복·기물·건물 등이) 품위가 있다. 고상하다. 우아하다. 격조가 높다. ¶他的书房布置得很~。=그의 서재가 격조 있게 꾸며져 있다. ↔俗气

【雅座】yǎzuò 명 (찻집이나 음식점 등에) 정취 있게 꾸며 놓은 작은 방. 별실.

**【轧【軋】yà 삐걱거릴 알**
동 1 (롤러 등으로) 밀다. 다지다. 깔아뭉개다. ¶~路=길을 다지다. 2 배제하다. 배척하다. 밀어 제치다. ¶倾~=서로 배척하다. 의 달달. 덜컹덜컹. 삐걱삐걱. 윙윙. [기계가 돌아가는 소리] ¶缆车~~~地响着。=물레가 윙윙윙 소리를 낸다. 명 (Yà) 성(姓). ☞ gá, zhá

【轧场】yà ‖ cháng 동 1 굴대〔롤러〕 등으로 탈곡장이나 마당을 고르다. 2 굴레로 탈곡하다.

【轧道车】yàdàochē 명 (축전지나 디젤엔진으로 움직이는) 철로 순찰·보선 차량.

【轧道机】yàdàojī 명(동) 로드 롤러(road roller). 롤러(roller).

【轧光】yàguāng 동(紡) (직물의) 윤〔광택〕을 내다. ¶~机=광택기. 캘린더(calender).

【轧花】yàhuā 동(紡) 솜을 타다. 씨아질하다. 조면(繰綿)하다. ¶~车间=조면 작업장.

【轧花机】yàhuājī 명(機) 조면기(繰綿機). =【轧棉机】yàmiánjī

【轧马路】yàmǎlù ☞【压马路】yàmǎlù

【轧棉机】yàmiánjī ☞【轧花机】yàhuājī

【轧轧】yàyà 의 달달. 덜컹덜컹. 삐걱삐걱. 윙윙. [기계가 돌아가는 소리] ¶机声~=기계 소리가 윙윙거리다.

**亚【亞】yà 버금 아**
형 1 다음 가다. 뒤떨어지다. ¶你的学识不~于他。=너의 학식은 그에게 뒤지지 않는다. 2 제2의. 다음 가는. 버금 가는. ¶~文学=아류 문학. 3 (化) 원자가(原子價)가 낮은. ¶硫酸~铁=황산제1철(FeS₂). 명 (Yà)(地) 아시아. ¶东南~=동남아.

→ 亚 yà
  哑 yā
  垭 yà
  桠 yā
  娅 yà
  痖 yǎ
  氩 yà
  恶 è
  亞 hú

【亚当】Yàdāng 명(외) 아담(Adam). [구약 성경에 나오는, 인류의 시조]

【亚非】Yà Fēi 명(약)(地) 아시아와 아프리카. ¶~国家=아시아와 아프리카 국가.

【亚非拉】Yà Fēi Lā 명(약)(地) 아시아·아프리카·라틴 아메리카의 합칭. ¶~各国=아시아·아프리카·라틴아메리카의 각국.

【亚行】Yàháng ☞【亚洲开发银行】Yàzhōu Kāifā Yínháng

【亚急性】yàjíxìng 형(醫) (병증의 정도가 급성과 만성의 중간인) 아급성. ¶~中毒=아급성 중독.

【亚健康】yàjiànkāng 명 건강한 상태와 질병의 중간 상태. 병은 없지만 몸이 좋지 않은 상태. =【第三状态】dì sān zhuàngtài

【亚军】yàjūn 명 (운동 경기에서의) 제2위. 준우승(자).

【亚麻】yàmá 명 1 (植) 아마. 2 (紡) 아마포. ¶~布=아마포.

【亚马孙河】Yàmǎsūnhé 명(외)(地) 아마존 강 (Amazon江).

【亚美尼亚】Yàměiníyà 명(외)(地) 아르메니아 (Armenia). [수도는 '埃里温(예레반: Erevan)'임]

【亚热带】yàrèdài 명(地) 아열대. =【副热带】fùrèdài

【亚声速】yàshēngsù 명(物) 아음속.

【亚太】Yà Tài 명(地) 아시아와 태평양. 아태. ¶~地区=아시아태평양〔아태〕 지역.

【亚太经合组织】Yà Tài Jīnghé Zǔzhī 명(약) 亚太经济合作组织(아시아태평양 경제 협력 조직).

【亚裔】yàyì 명 아시아 혈통의 사람. 아시아인의 후예.

【亚于】yàyú 동 …에 버금 가다. …만 못하다. [주로 부정형으로 쓰임] ¶就研究能力来说, 你并不~他。=연구 능력으로 말하자면, 너는 그보다 결코 못하지 않다.

【亚运村】yàyùncūn 명 아시안 게임 선수촌.

【亚运会】Yàyùnhuì ☞【亚洲运动会】Yà

yà 亚压讶迓挜砑娅欤氩揠猰呀 咽恹殷胭

zhōu Yùndònghuì
【亚种】yàzhǒng 명(生) 아종. [종(種)을 다시 세분한 생물 분류 단위의 하나]
【亚洲】Yàzhōu 명(地) 아시아주.
【亚洲开发银行】Yàzhōu Kāifā Yínháng 명 아시아 개발 은행. 약【亚行】Yàháng
【亚洲四小龙】Yàzhōu sìxiǎolóng 명 아시아의 네 마리 작은 용. [아시아에서 경제가 발달한 한국·싱가폴·타이완·홍콩을 가리킴]
【亚洲运动会】Yàzhōu Yùndònghuì 명 아시안 게임. 약【亚运会】Yàyùnhuì

**压[壓]** yà 누를 압
아래를 참조.
☞ yā
【压板】yàbǎn 명(방) 시소(seesaw).
【压根儿】yàgēnr 부(구) 본래. 원래. 전혀. 근본적으로. 완전히. [주로 부정형으로 쓰임] ¶我~就没说过那样的话. =나는 전혀 그런 말을 한 적이 없다.
【压马路】[轧马路] yàmǎlù 거리를 어슬렁슬렁 돌아다니다. 연인끼리 거리를 돌아다니다. 거리를 산책하다. [해학적인 의미를 내포함] ¶小两口经常一起~, 逛公园. =젊은 부부는 자주 함께 거리를 산책하고 공원을 거닌다.

**讶[訝]** yà 의아해할 아
동(문) 놀라다. 놀랍고도 이상하다. 의아해하다. 이상하다. ¶惊~=놀라고 의아해하다.
【讶然】yàrán 형 매우 놀라다. 깜짝 놀라다. ¶~失色=깜짝 놀라 얼굴이 새파랗게 질리다.
【讶异】yàyì 놀라다. 의아해하다. 이상하게 여기다. ¶面露~之色. =얼굴에 의아해하는 기색을 띠다.

**迓** yà 마중할 아
동(문) 맞이하다. 영접하다. ¶迎~=영접하다.

**挜[掗]** yà 억지로 줄 아
동(방) 억지로 남에게 물건을 떠넘기다〔팔다·떠맡기다〕.

**砑** yà 갈 아
동 (돌로 만든 도구로 누르거나 문질러서 가죽·천·종이 등을) 윤〔광택〕을 내다. 매끌매끌하게 하다. ¶~皮子=돌로 문질러 가죽에 광을 내다.
【砑光】yàguāng 동 (제지·방직업에서 돌로 만든 도구로 누르거나 문질러서 종이·천 등을) 윤〔광택〕을 내다. ¶~机=광택기. 캘린더(calender).

**娅[婭]** yà 동서 아
명(문) (남자) 동서(同壻). ¶姻~=사돈. 인척.

**欤[欤]** Yà 성씨 아
명 성(姓).

**氩[氬]** yà 아르곤 아

명(外)(化) 아르곤(Ar, argon). [원자 번호 18]

**揠** yà 뽑을 알
동 뽑다. ¶培养人才要循序渐进, 不能~苗助长. =인재를 기르는 것은 차례대로 한 걸음 한 걸음 나아가야지, 너무 급히 서둘러서는 안 된다.
【揠苗助长】yàmiáo-zhùzhǎng 성 1 알묘조장.《맹자·공손추상(孟子·公孫丑上)》편에서, 전국(戰國) 시대 송(宋)나라에 어떤 사람이 벼이삭이 너무 더디게 자란다고 조금씩 손으로 이삭을 뽑아서 빨리 자라게 하였다는 고사에서 유래함 2 비 일을 급하게 이루려고 하다가 도리어 일을 그르치다. =拔苗助长 bámiáo-zhùzhǎng

**猰** yà 알유 알
【猰貐】yàyǔ 명 알유. [고대 전설 중의 식인 야수]

***呀** ·ya 어조사 아
조 어조사 '啊(·a)'가 앞 음절의 모음(a·e·i·o·u)의 영향을 받아 변화된 음을 표기하기 위한 글자. ¶你快点儿去~! =너 빨리 가라. / 你要好好学习~! =넌 열심히 공부해야 한다.
☞ yā

# yan

***咽** yān 목구멍 인
명(生) 인두(咽頭).
☞ yàn, yè
【咽喉】yānhóu 명 1 목구멍. 인후. 인두(咽頭)와 후두(喉頭). ¶~发炎=목구멍에 염증이 생기다. 2 비 (전략상) 요로(要路). 요충지. ¶~要道=요로.
【咽喉炎】yānhóuyán 명(醫) 인후염.
【咽头】yāntóu 명(生) 인두.
【咽炎】yānyán 명(醫) 인두염(咽頭炎). 인두 카타르.

**恹[懨, 壓]** yān 나른할 염
【恹恹】yānyān 형(문) 병으로 쇠약하고 지쳐 활기가 없는 모양. ¶~欲睡=원기가 없고 졸리다.

***殷** yān 검붉은 색 안
형 검붉은 색의. ¶血迹~红=혈흔이 검붉다.
☞ yīn, yǐn
【殷红】yānhóng 형 검붉은 색의. 암홍색의. 짙은 홍색의. ¶~的杜鹃花=진달래는 검붉다.

**胭[(臙)]** yān 연지 연
명 연지. ¶~粉=연지와 분.
【胭红】yānhóng 형 연지빛의. 붉은빛의. 연지처럼 붉은. ¶~的百合花=연지빛의 백합화.
【胭脂】yān·zhi 명 연지.
【胭脂红】yān·zhihóng 형 연지빛의. 연지처럼 붉은. 붉은빛의. 명 연지의 안료(顔料). 카민

(carmine). 양홍(洋紅). 코치닐(cochineal).
**【胭脂花】yān·zhihuā** ☞ **【草茉莉】cǎomò·li**
**【胭脂鱼】yān·zhiyú** 명(動) 엥추이. [학명은 'Myxocyprinus asiaticus'임] 图 **【黄排】huángpái**

## 烟¹[(煙)] yān 연기 연

图 1 연기. ¶炊~袅袅=밥 짓는 연기가 모락모락 피어오르다. 2 (안개·먼지·수증기 등) 연기처럼 생긴 것. ¶~雾缭绕=안개가 피어오르다. 3 그을음. 검댕. ¶松~=소나무 검댕. 4 담배. ¶香~=담배. ¶吸~=담배를 피우다. 5 아편. ¶大~=아편. 6 (Yān) 성(姓). 图 연기가 눈을 자극하다[맵게 하다·쓰리게 하다]. ¶眼睛~得睁不开.=눈이 매워 뜰 수 없다.

## 烟²[(煙·菸)] yān 연초 연

图 연초(煙草). ¶烤~=건조된 초.
☞ **yīn**

○◦ 板烟, 鼻烟, 炊chuī烟, 大烟, 烽fēng烟, 风烟, 卷juǎn烟, 人烟, 晒shài烟, 水烟, 夕烟, 硝xiāo烟, 油烟, 云烟, 纸烟

**【烟霭】yān'ǎi** 명(문) 운무. 안개와 구름. ¶~朦胧=운무가 자욱하여 몽롱하다.
**【烟包儿】yānbāor** 图 담배쌈지.
**【烟标】yānbiāo** 图 담뱃갑 겉표지[상표]. ¶集~=담뱃갑 겉표지를 수집하다.
**【烟波】yānbō** 图 연파. 안개가 자욱하게 낀 수면. ¶日暮乡关何处是, ~江上使人愁.=날은 저무는데 고향은 어디에 있는가, 안개 자욱한 강 위에서 수심에 잠기네.
**【烟波浩渺】yānbō-hàomiǎo** 안개가 자욱하게 낀 수면이 가없이 펼쳐지다.
**【烟草】yāncǎo** 图 1 (植) 연초(煙草). 2 담뱃잎. ¶~专卖=담뱃잎 전매.
**【烟尘】yānchén** 图 1 연기와 먼지. ¶~弥漫=연기와 먼지가 자욱하다. 2 ⑼① 봉화(烽火)와 전장에서 일어나는 먼지. ② 전쟁. ¶宇内太平, 无~之惊.=천하가 태평하고, 전쟁의 두려움이 없다. 3 图 사람이 북적대는 곳.
**【烟囱】yāncōng** 图 굴뚝. 연통.
**【烟袋】yāndài** 图 1 담뱃대. [ '旱烟袋(잎)[살]담뱃대)'와 '水烟袋(물담뱃대)' 두 종류가 있음] 2 ☞ **【旱烟袋】hànyāndài**
**【烟袋锅】yāndàiguō**(~儿) 图 담배통. 대통. = **【烟袋锅子】yāndàiguō·zi【烟锅】yānguō**
**【烟袋锅子】yāndàiguō·zi** ☞ **【烟袋锅】yāndàiguō**
**【烟灯】yāndēng** 图 연등. 아편을 할 때 아편에 불을 붙이는 작은 등.
**【烟蒂】yāndì** ☞ **【烟头】yāntóu**
**【烟斗】yāndǒu** 图 1 담뱃대. 2 아편 담뱃대의 대통.
**【烟斗丝】yāndǒusī** 图 살담배. 각초. = **【斗烟丝】dǒuyānsī**

**【烟贩】yānfàn** 图 1 ⑼ 아편 판매상. 2 담배 판매상.
**【烟缸】yāngāng**(~儿) ☞ **【烟灰缸】yānhuīgāng**
**【烟膏】yāngāo** 图 생아편[날아편]을 달여 만든 고약[연고].
**【烟馆】yānguǎn** 图⑼ 아편 흡연장. 아편방. [옛날, 시설을 갖추어 아편 피우던 장소]
**【烟鬼】yānguǐ** 图 1 ⑼ 아편쟁이. 아편 중독자. 2 골초.
**【烟锅】yānguō** ☞ **【烟袋锅】yāndàiguō**
**【烟海】yānhǎi** 图 1 안개 자욱한 큰 바다. ¶浩如~=안개 속의 망망대해처럼 넓고 끝이 없다. 2 ⑼ 너무 많아 파악하기 힘든 사물. ¶如堕~=오리무중에 빠진 듯하다. 갈피를 잡을 수 없다.
**【烟荷包】yānhébāo** 图 담배쌈지.
**【烟盒】yānhé** 图 담뱃갑.
**【烟花】yānhuā** 图 1 (문) 안개 속의 꽃. 2 (문) 봄날의 아름다운 경치. ¶~三月=춘삼월. 3 ⑼ 기녀. 예기(藝妓). ¶~女子=기녀. 4 ☞ **【烟火】yān·huo**
**【烟灰】yānhuī** 图 1 담뱃재. 2 검댕.
**【烟灰缸】yānhuīgāng**(~儿) 图 재떨이. = **【烟缸】yāngāng**
**【烟火】yānhuǒ** 图 1 연기와 불. ¶严禁~=화기 엄금. 2 ① 난롯불과 밥 짓는 연기. ② 익힌 음식. 화식(火食). ¶不食人间~.=속세의 음식을 먹지 않다. 3 图① 봉화와 봉화 연기. ② 전쟁. 4 ① 조상에게 지내는 제사. ② 후손. 후대. 자손. ¶断了~=후손이 끊기다.
**【烟火】yān·huo** 图 불꽃놀이. = **【焰火】yànhuǒ 【烟花】yānhuā**
**【烟火食】yānhuǒshí** 图 익힌 음식.
**【烟碱】yānjiǎn** 图(化) 니코틴(nicotine).
**【烟晶】yānjīng** 图(礦) 연수정(煙水晶).
**【烟酒】yānjiǔ** 图 담배와 술. ¶~不沾=술과 담배를 입에 대지 않다.
**【烟具】yānjù** 图 1 ⑼ 아편 도구. 2 흡연 도구.
**【烟卷儿】yānjuǎnr** ☞ **【香烟】xiāngyān**
**【烟岚】yānlán** 图(문) 남기. 계곡에서 무럭무럭 올라오는 운무.
**【烟煤】yānméi** 图 역청탄. 유연탄.
**【烟民】yānmín** 图 1 ⑼ 아편쟁이. 아편 중독자. 2 흡연자.
**【烟幕】yānmù** 图 1 (軍) 연막. 2 (農) 논둑 태우는 연기. 쥐불 연기. [농가에서 서리나 해충의 피해를 막기 위해 건초 등을 태울 때 나는 짙은 연기] 3 ⑼ 연막 전술. ¶他们的这些说法不过是遮人耳目的~罢了.=그들의 이러한 논조는 사람들의 이목을 가리는 연막 전술에 불과하다.
**【烟幕弹】yānmùdàn** 图 1 (軍) 연막탄. = **【发烟弹】fāyāndàn** 2 ⑼ 연막 전술. 연막 작전. ¶政治~=정치적인 연막 전술.
**【烟农】yānnóng** 图 담배 경작 농가.
**【烟泡儿】yānpàor** 图 (구워서 둥글게 만든) 아편환.
**【烟癖】yānpǐ** 图 아편 중독증. 아편을 애호하는

습관.
【烟屁股】yānpì·gu ☞【烟头】yāntóu
【烟气】yānqì 명 1 연기. 2 담배 연기. ¶打开
 窗, 透透~。=창문을 열고, 담배 연기가 나가도
 록 환기하다. 3 문 운무(雲霧). 연무(煙霧). 안
 개. ¶~蒙蒙=운무가 자욱하다.
【烟枪】yānqiāng 명 아편 피우는 도구로 주로 대나무로 만들며, 아래에는 대통이 달려 있음]
【烟容】yānróng 명 아편쟁이의 (초췌한) 얼굴.
【烟色】yānsè 명 (건조된 연초와 같은) 짙은 갈색. 암황색.
【烟丝】yānsī 명 살담배. 썬 담배. 각연초(刻煙草). [담뱃잎을 가늘게 썬 것]
【烟酸】yānsuān 명《化》니코틴산(nicotine酸).
【烟筒】yān·tong 명 굴뚝. 연통.
【烟头】yāntóu(~儿) 명 담배 꽁초. =【烟蒂】yāndì ▷【烟屁股】yānpì·gu
【烟土】yāntǔ 명 생아편. 날아편.
【烟雾】yānwù 명 연기·안개·구름·수증기·스모그(smog) 등. ¶~弥漫=안개[연기]가 자욱하다.
【烟霞】yānxiá 명 1 연하. 안개와 노을. ¶~缥缈=안개와 노을이 가물가물하다. 2 명 산수(山水). 산수 풍경. ¶以~自适。=산수 풍경 속에서 홀로 유유자적하다.
【烟霞癖】yānxiápǐ 명 문 1 산수를 즐기며 놀기 좋아하는 버릇. 2 아편을 즐겨 피우는 버릇.
【烟消云散】yānxiāo-yúnsàn 1 안개와 구름이 사라져 날이 개다. 2 비 (사물·걱정·원망·분노 등이) 깨끗이 사라지다[없어지다]. =【云消雾散】yúnxiāo-wùsàn
【烟硝】yānxiāo 명 초연. 화학 연기.
【烟熏火燎】yānxūn-huǒliǎo ⓢ 연기로 그을리고 불로 태우다.
【烟焰】yānyàn 명 연기와 불꽃. ¶~涨天=연기와 불꽃이 온 하늘에 퍼지다.
【烟叶】yānyè 명 담뱃잎.
【烟瘾】yānyǐn 명 담배[니코틴] 중독. 담배인. [옛날에는, 주로 아편 중독을 가리켰음]
【烟雨】yānyǔ 명 안개비. ¶~迷蒙=안개비가 희뿌옇다.
【烟云】yānyún 명 1 연기 같은 운무(雲霧). ¶~笼罩着原野。=연기 같은 운무가 들판을 뒤덮고 있다. 2 운무(雲霧) 같은 연기. ¶高高的烟囱腾起黑色的~。=높다란 굴뚝에 검은색 연기가 구름처럼 피어오르다.
【烟瘴】yānzhàng 명 장기(瘴氣). 장독(瘴毒).
【烟柱】yānzhù 명 (위로 치솟는) 연기 기둥.
【烟子】yān·zi 명 검댕. 그을음.
【烟嘴儿】yānzuǐr 명 1 (궐련용) 파이프(pipe). 2 (담뱃대의) 물부리.

**焉** yān 어찌 언
대 문 1 여기. 이곳. [사람·사물·처소 등을 가리키며, '之(zhī)'나 '于是(yúshì)'에 상당함] ¶心不在~=마음이 딴 곳에 있다. 2 어디에. 어떻게. 어찌. 누가. [의문을 나타냄]. ¶哪里(nǎ·li)·怎么(zěn·me)'에 상당하며 주로 반문에 쓰임] ¶不入虎穴, ~得虎子？=호랑이굴에 들어가지 않고 어찌 호랑이가 새끼를 얻을 수 있겠는가? 甲 문 이에. 그래서. 이리하여. 그리하여. 비로소. 이제야. ¶必知乱之所自起, ~治之。=난이 일어나는 원인을 알아야만 비로소 그것을 다스릴 수 있다. 조 문장 끝에 쓰여 어기 등을 강조함. ¶夫子言之, 於吾心有戚戚~。=선생께서 말씀하시니 내 마음에 감동이 옵니다.

**崦** yān 산 이름 엄
【崦嵫】Yānzī 명 1 (地) 옌쯔. [간쑤(甘肃)성에 있는 산 이름] 2 옛 해가 지는 곳. ¶日薄~=해가 지려 하다.

**阉 [閹]** yān 내시 엄
통 거세하다. 불까다. ¶~马=불깐 말. /~羊=불깐 양. 명 문 1 거세당한 사람. 2 환관. 내시. ¶~党=환관의 도당.
【阉割】yāngē 통 1 거세하다. 불까다. 2 비 (고의로 타인의 글 혹은 이론의 중요 내용을) 삭제하다. 빼 버리다. ¶这样一删, 文章的精髓便被~掉了。=이렇게 삭제하니, 글의 주요 내용이 그만 빠져 버렸다.
【阉宦】yānhuàn 명 엄관. 환관. 내시.
【阉鸡】yān‖jī 통 수탉을 불까다.
【阉鸡】yānjī 명 불깐 닭. [불까지 않은 닭보다 크고 연하여 특별히 식용으로 공급됨]
【阉人】yānrén 명 1 거세된 남자. 2 환관. 내시.
【阉寺】yānsì 명 문 환관. 내시.
【阉刑】yānxíng 명 옛날, 거세(去勢)하는 형벌. 궁형(宫刑).
【阉猪】yān‖zhū 통 돼지를 불까다.
【阉猪】yānzhū 명 불깐 돼지. [불까지 않은 돼지보다 성장이 빠르고 고기가 연하여 특별히 식용으로 공급됨]

**阏 [閼]** yān 선우 왕비 연
☞ è
【阏氏】yānzhī 명 한(漢)대 흉노(匈奴) 왕비의 호칭.

**淹** yān 잠길 엄
통 1 (물에) 잠기다. 빠지다. 침수하다. 담그다. ¶墙根都~在水里了。=담 밑은 모두 물에 잠겼다. 2 (큰물이) 넘치다. 범람하다. (큰물에) 잠기다. 수몰되다. 침몰되다. 침수되다. ¶不少村子遭水~了。=많은 마을이 홍수 때문에 수몰되었다. 3 (피부가 땀·눈물 등에 젖어) 따갑다. 쓰리다. 짓무르다. 가렵다. 근질거리다. ¶胳肢窝被汗~得发痒。=겨드랑이가 땀에 젖어 가렵다. 형 문 1 시간이 오래 되다. 장시간 경과하다. ¶~滞=오래 머무르다. 2 깊고 넓다. ¶~通=정통하다.
【淹博】yānbó 형 문 (학식 등이) 깊고 넓다. 두텁고 광범위하다. 풍부하다. ¶学识~=학식이 고 넓다.

【淹灌】yānguàn 몡(農) 수반 관개(水盤灌漑). 옝 basin irrigation
【淹浸】yānjìn 통 (큰물에) 잠기다. 수몰되다. 침몰되다. 침수되다. ¶洪水~了大片的农田. =홍수로 넓은 농지가 수몰되었다.
【淹留】yānliú 통围 오래(장기간) 머물다. ¶~他乡=타향에 오랜 기간 머물다.
【淹埋】yānmái 통 (진흙·모래흙에) 뒤덮이다. 매몰되다. 묻히다. ¶不少良田被泥石流~了. =많은 논밭이 토사에 매몰되었다.
【淹灭】yānmiè 통 1 (큰물에) 잠기다. 수몰되다. 침몰되다. 2 (비) (소리 등이) 파묻히다.
【淹没】yānmò 통 1 (큰물에) 잠기다. 수몰되다. 침몰되다. ¶洪水~了村庄和良田. =홍수에 마을과 논밭이 수몰되었다. 2 (비) (소리 등이) 파묻히다. ¶他们交谈的声音很快被喧闹的市声~了. =그들이 이야기를 나누는 소리는 금방 왁자지껄한 소리에 파묻혀 버렸다. ≒吞没
【淹死】yānsǐ 통 익사하다. 물에 빠져 죽다.

*腌 [(醃)] yān 절일 엄
통 (음식물을 소금·설탕 등에) 절이다. 담그다. ¶~鸡蛋=달걀을 절이다. / ~白菜=배추를 절이다.
☞ ā
【腌菜】yān∥cài 통 채소(야채)를 절이다.
【腌菜】yāncài 몡 야채 절임. 절인 채소.
【腌货】yānhuò 몡 (육류·채소 등을 소금·간장·된장 등에) 절인 음식.
【腌肉】yān∥ròu 통 고기를 소금에 절이다.
【腌肉】yānròu 몡 소금에 절인 고기.
【腌鱼】yān∥yú 통 생선을 소금에 절이다.
【腌鱼】yānyú 몡 소금에 절인 생선.
【腌制】yānzhì 통 (음식물을 소금·설탕·간장·술 등에) 절이다. ¶~咸菜=장아찌.
【腌渍】yānzì 통 (음식물을 소금·설탕 등에) 절이다. 담그다. ¶~泡菜=김치를 담그다.

湮 yān 잠길 연
통围 1 침몰하다. 가라앉다. 매몰되다. 매몰되다. 묻다. 묻히다. 묻어 버리다. 감추다. 가리다. ¶~没无闻=파묻혀져 알려지지 않다. 2 (모래흙이 침적하여) 막히다. ¶河道久~=수로가 오랫동안 (침적물로) 막히다.
☞ yīn
【湮灭】yānmiè 통 인멸하다. 없애다. 멸망하다. 매몰되어 없어지다.
【湮没】yānmò 통 매몰되다. 매몰하다. 묻다. 묻히다. 묻어 버리다. 감추다. 가리다. ¶许多古籍久已~. =많은 고서적들이 이미 오래 전에 묻혀졌다.

渰 yān 잠길 연
통围 1 (큰물에) 잠기다. 수몰〔침몰〕되다. 2 (비) (소리 등이) 파묻히다.

鄢 Yān 성씨 언

몡 성(姓).
【鄢陵】Yānlíng 몡(地) 옌링. [허난(河南)성에 있는 지명]

嫣 yān 아리따울 언
혱 1 (여자의 용모가) 아리땁다. 아름답다. ¶体态~然=몸매가 아름답다. 2 색깔이 산뜻하고 아름답다. 화려하다. ¶姹紫~红=(여러 가지 아름다운 꽃들이) 화려하고 아름답다.
【嫣红】yānhóng 혱围 새빨갛다. 고운 빨간빛의. ¶的桃花=새빨간 복숭아꽃.
【嫣然】yānrán 혱围 아름답고 교태 있는 모양. ¶~含笑=아름답게 미소짓다.
【嫣然一笑】yānrán-yīxiào 솅 (여자가) 우아하게 생긋 웃다.

*燕 Yān 연나라 연
몡 1(歷) 연. [주(周)대의 나라 이름. 전국칠웅(戰國七雄)의 하나로, 지금의 허베이(河北)성 북부와 랴오닝(辽宁)성 서남부에 있었음] 2 (地) 허베이(河北)성의 별칭. 3 (地) 허베이(河北)성 북부를 가리킴. 4 성(姓).
☞ yàn
【燕山】Yānshān 몡(地) 옌산. [허베이(河北)·베이징(北京)·톈진(天津)의 북부에 있음]

**延 yán 끌 연
통 1 연장하다. 늘이다. ¶绵~=길게 이어져 있다. 2 (기한·시간을) 뒤로 미루다. 늦추다. 연기하다. 끌다. 지연시키다. 완화하다. 느슨하게 하다. ¶~时日=시일을 끌다. 3 围 부르다. 청하다. 초청하다. 끌어들이다. ¶~医=의사를 부르다. 몡 (Yán) 성(姓).

| ❶ | 延 yán |
| | 蜒 yán |
| | 筵 yán |
| | 涎 xián |
| | 诞 dàn |

❶ 拉延, 蔓延, 迁qiān延, 推延, 外延, 压延, 周延

【延挨】yán'ái 통 (시간을) 끌다. 지연하다. 지연시키다. 연기하다. 늦추다. 연장하다. (뒤로) 미루다. ¶这事要尽快解决, 不能再~了. =이 일은 최대한 빨리 해결해야지 더 이상 미루어서는 안 된다.
【延爆】yánbào 통 폭발을 지연하다. 지연[시한] 폭발하다. ¶~装置=시한 폭발 장치.
【延长】yáncháng 통 (주로 거리·시간 등을) 연장하다. 늘이다. ¶~会议时间=회의 시간을 연장하다. ↔缩短
【延长线】yánchángxiàn 몡 연장선. ¶火车南站在人民南路的南~顶端. =남부 기차역은 런민난루의 남쪽 연장선 끝 부분에 있다.
【延迟】yánchí 통 뒤로 미루다. 끌다. 늦추다. 연기하다. 지연시키다. 완화하다. ¶本店开张时间往后~一周. =본점의 개장 시간을 1주일 뒤로 연기하다. ↔提早
【延宕】yándàng 통围 (시간을) 끌다. 지연하다. 연기하다. 늦추다. 연장하다. ¶~时日=시

**yán** 延闫芫严

【延搁】**yángē** 동 (시일을) 지연하다. 지체하다. 끌다. ¶这病不能~, 要及时就医。=이 병은 지체하지 말고, 제때에 치료해야 한다.

【延后】**yánhòu** 동 뒤로 미루다. 늦추다. 연기하다. 지연시키다. ¶~动身=출발을 뒤로 미루다.

【延缓】**yánhuǎn** 동 늦추다. 뒤로 미루다. 연기하다. 지연시키다. ¶~工程进度=공사의 진도를 늦추다. ↔加快

【延会】**yánhuì** 동 회의를 연기하다.

【延接】**yánjiē** 동 (손님을) 접대(접견)하다. ¶~贵客=귀빈을 접대하다.

【延颈举踵】**yánjǐng-jǔzhǒng** ☞【延颈企踵】**yánjǐng-qǐzhǒng**

【延颈企踵】**yánjǐng-qǐzhǒng** 성 **1** 목을 길게 빼고 발돋움하다. **2** 비 목이 빠지게 기다리다. 학수고대하다. 간절히 바라다. =【延颈举踵】**yánjǐng-jǔzhǒng**

【延揽】**yánlǎn** 동 (자기편으로) 끌어들이다. 스카우트하다. 초빙하다. 초청하다. 모집하다. ¶~人才=인재를 모집하다.

【延袤】**yánmào** 동 계속하다. 연장하다. 연속하다. 끊임이 않다. ¶~千里=천리를 잇다.

【延绵】**yánmián** 동 길게 이어져 있다. 끊임이 없다. ¶~不绝=끊임없이 이어져 있다.

【延纳】**yánnà** 동 접대하다. 접견하다. 받아들이다. ¶~贤才=재덕(才德)을 겸비한 인재를 받아들이다.

【延脑】**yánnǎo** ☞【延髓】**yánsuǐ**

【延年益寿】**yánnián-yìshòu** 성 (사람이) 장수하다. 수명을 늘이다. 연년익수하다.

【延聘】**yánpìn** 동 **1** 초빙하다. 초청하다. 모시다. 모셔 오다. ¶~广告设计人员=광고 설계 인원을 초빙하다. **2** 임용 기간을 연장하다. ¶他到了退休年龄后, 又被单位~了两年。=그가 퇴직 연령이 된 후에도 회사에서는 임용 기간을 2년 연장했다.

【延期】**yán**‖**qī** 동 **1** (기간을) 연장하다. 늘이다. ¶应广大市民要求, 灯会~一周结束。=많은 시민들의 요구에 따라 연등회를 1주일 연장하여 끝내기로 했다. **2** (원래 정한 기간을) 뒤로 미루다. 늦추다. 연기하다.. 지연시키다. 끌다. ¶~交货=납품을 지연하다. ≒脱期 展期

【延请】**yánqǐng** 동 (임시로) 초빙하다. 초청하다. ¶~家庭教师=임시로 가정 교사를 청하다.

【延烧】**yánshāo** 동 (불길이) 퍼지다. 번지다. 전해지다. 만연하다. ¶森林大火仍在~。=삼림에 큰불이 여전히 번지고 있다.

【延伸】**yánshēn** 동 펴다. 늘이다. 확장하다. 뻗다. 뻗어 나가다. 신장하다. ¶这条公路一直~到那个边疆小镇。=이 도로는 그 변방의 소도시까지 쭉 뻗어 있다. ≒延展

【延时】**yánshí** 동 시간을 연장하다. 지연하다. ¶比赛~十分钟。=경기가 10분 연장되다. ↔提早

【延寿】**yánshòu** 동 수명을 연장하다. 늘이다. 장수하다. ¶祛病~=병을 물리치고 수명을 연장하다.

【延髓】**yánsuǐ** 명 (生) 연수. 숨골. =【延脑】**yánnǎo**【末脑】**mònǎo**

【延误】**yánwù** 동 (일을) 지체하다. (시기를) 놓치다. ¶~工期=공사 기간을 지체하다. ≒耽误 耽搁

【延性】**yánxìng** 명 (物) 연성(延性).

【延续】**yánxù** 동 계속하다. 지속하다. 연장하다. ¶~不断=끊임없이 계속되다. ≒持续 连续 继续 ↔停止

【延展】**yánzhǎn** 동 펴다. 늘이다. 확장하다. 뻗다. 뻗어 나가다. 신장하다. ¶高速公路一直~到海边。=고속도로가 해변까지 쭉 뻗어 있다. ≒延伸

# 闫[閆] **Yán** 성씨 염

명 성(姓).

# 芫 **yán** 고수 원
☞ **yuán**

【芫荽】**yán·suī** 명 (植) 고수(풀). 향채(香菜). 코리앤더(coriander). =【胡荽】**hú·suī** 방 【香菜】**xiāngcài**

# *严[嚴] **yán** 엄할 엄

| | |
|---|---|
| ◐ 严 | yán |
| 岩 | yán |
| 俨 | yǎn |
| 酽 | yàn |

형 **1** (겉모습이) 위엄 있다. 장중하다. (태도가) 진지하다. 진실하다. 성실하다. ¶威~=위엄 있다. /庄~=장엄하다. **2** (일하는 게) 엄하다. 엄격하다. ¶~守规定=규정을 엄수하다. /张老师对学生要求很~。=장 선생님은 학생에 대한 요구가 엄격하다. **3** 대단하다. 굉장하다. 심하다. 심각하다. 모질다. 지독하다. 극렬하다. 정도가 매우 높다. ¶~刑拷打=모진 고문을 하다. /事态~重=사태가 심각하다. **4** 빈틈없다. 치밀하다. 굳다. 긴밀하다. ¶把门窗关~。=문과 창을 꼭 닫다. 명 **1** 아버지. 부친. ¶家~=저희 아버지. **2** (**Yán**) 성(姓). ↔慈 宽 松

◐ 解严, 戒严, 森严, 威wēi严, 尊zūn严

【严办】**yánbàn** 동 엄중히 처리하다. 엄벌에 처하다. ¶~首犯=주범을 엄벌에 처하다.

【严查】**yánchá** 동 **1** 엄중히 취조하다(처리하다). ¶~大案要案=중대한 사건을 엄중히 취조하다. **2** 엄격히 검사하다(점검하다). ¶~进口货物=수입 화물을 엄격하게 검사하다. **3** 세세하게(엄밀히) 찾다(조사하다·살피다). 물샐틈없이 수색하다. ¶~细找=물샐틈없이 수색하다.

【严惩】**yánchéng** 동 엄중히 처벌하다. 엄벌에 처하다. ¶依法~=법에 따라 엄중히 처벌하다. ↔宽

【严惩不贷】**yánchéng-bùdài** 성 가차없이 엄벌에 처하다. ≒网开一面

【严饬】**yánchì** 동 **1** 엄하게 타이르다(명령하다). ¶~部下=부하에게 엄명하다. 형 동 신중하고 엄밀하다. ¶治家~=신중하고 엄밀하게 집안일을 다스리다.

【严处】yánchǔ 동 엄숙하게〔진지하게〕처리하다. 엄단하다.

【严词】【严辞】yáncí 명 엄한 말. 심한 말. 과격한 말. ¶~驳斥=과격한 말로 반박하다.

【严辞】yáncí ☞【严词】yáncí

【严慈】yáncí 명(야) 嚴父慈母(엄부자모·부모). 형 엄하면서도 자애롭다. ¶父母小时候~的管教对他后来的成长大有助益. =어린 시절 부모님의 엄하면서도 자애로운 가르침이 그의 훗날 성장에 큰 도움이 되었다.

【严打】yándǎ 동 엄중히 단속하다. 준엄한 타격을 가하다. ¶~行业违法行为. =업계의 위법 행위를 엄중히 단속하다. 명(야) 严厉打击刑事犯罪活动(형사 범죄 행위에 대한 엄중한 단속). ¶持续开展~斗争. =형사 범죄 행위에 대한 단속을 엄격하고 지속적으로 전개하다.

【严冬】yándōng 명 엄동. 몹시 추운 겨울. ↔酷暑 炎暑

【严防】yánfáng 동 엄중히 막다〔방비하다〕. ¶~盗窃=절도 행위를 엄중히 방비하다.

【严父】yánfù 명 아버지. 부친. [통상 부친은 엄하고 모친은 자애롭다고 생각하기에 이같이 부름] ¶~慈母=엄부자모. 부모.

【严格】yángé 형 엄격하다. 엄하다. ¶公司作息制度很~. =회사의 근무 제도가 아주 엄하다. 동 엄격히 하다. 엄하게 하다. ¶~考试纪律=시험 기강을 엄하게 하다.

【严固】yángù 형 엄밀하고 견고하다. ¶防守~=방어가 엄밀하고 견고하다.

【严寒】yánhán 형 추위가 심하다. 아주 춥다. ¶~地带=아주 추운 지대. ↔酷热 炎热

【严加】yánjiā 동 (관리·교육 등을) 더욱 엄하게〔엄격하게·매섭게〕하다. ¶~限制=더욱 엄격하게 제한하다.

【严教】yánjiào 동 엄하게 교육하다. 엄하게 가르치다. ¶~子女=자녀를 엄하게 교육시키다.

【严紧】yán·jǐn 형 1 빈틈없다. 치밀하다. 긴밀하다. 밀접하다. ¶箱子封得很~. =상자는 빈틈없이 봉해 있다. 2 엄하다. 엄하다. 호되다. 매섭다. ¶管教~=(부모의) 가르침이 매우 엄하다. 엄격하고 단속하고 가르치다.

【严谨】yánjǐn 형 1 엄격하다. 신중하다. ¶治学~=학문 연구 태도가 신중하다. 2 엄밀하다. 빈틈없다. 치밀하다. ¶措辞~=어휘 사용이 치밀하다.

【严禁】yánjìn 동 엄금하다. 엄격하게 금지하다. ¶~赌博=도박을 엄금하다.

【严峻】yánjùn 형 1 엄숙하다. 위엄이 있다. 준엄하다. ¶神色~=표정이 엄숙하다. 2 중대하다. 심각하다. 모질다. 가혹하다. ¶形势~=형세가 심각하다. ≒险峻

【严控】yánkòng 동 엄격하게 통제하다〔감독하다·감시하다〕. ¶~基建规模=기초 시설 건설 규모를 엄격하게 통제하다.

【严酷】yánkù 형 1 준엄하다. 엄격하다. 매섭다. 뼈아프다. 대단하다. 호되다. ¶~的考验=준엄한 시련. 2 잔혹하다. 혹독하다. 가혹하다. 대단

히 모질다. 무자비하다. ¶~无情=모질고 매정하다.

【严冷】yánlěng 형 1 추위가 심하다. ¶~的天气=대단히 추운 날씨. 2 냉정하다. 매정하다. 인정머리 없다. 차갑다. 쌀쌀맞다. ¶~的态度=냉정한 태도.

【严厉】yánlì 형 호되다. 매섭다. 단호하다. 준엄하다. ¶~批评=호된 비평.

【严令】yánlìng 동 엄명을 내리다. 엄하게 명령하다. ¶~禁止=금지하도록 엄명을 내리다. 명 엄명. 엄한 명령. ¶上面下了了~, 节日期间机关单位不准收受礼品、礼金. =명절 기간에는 기관 부처에서는 선물·축의금을 받아서는 안 된다고 위에서 이미 엄명이 내려왔다.

【严密】yánmì 형 1 빈틈없다. 치밀하다. 긴밀하다. ¶~牢固=빈틈없고 견고하다. 2 엄밀하다. 주도면밀하다. 세밀하다. 빈틈없다. ¶~防范=주도면밀하게 방비하다. 동 엄밀하게 하다. 빈틈없이 하다. 치밀하게 하다. ¶~规章制度=규정을 엄밀하게 하다. ↔疏松

【严明】yánmíng 형 1 엄격하고 명확하다. ¶纪律~=규율이 엄격하고 명확하다. 2 엄하고 공정하다. ¶奖惩~=상벌이 엄격하고 공정하다. 동 엄격하고 공정하게 하다. ¶~组织纪律=조직의 규율을 엄격하고 공정하게 하다.

【严命】yánmìng 동(문) 엄명하다. ¶~彻查=철저히 조사할 것을 엄명하다. 명(문) 아버지의 뜻. ¶谨遵~=아버지의 뜻을 받들다.

【严声】yánshēng 형 목소리가 준엄하다〔엄숙하다·호되다·매섭다〕. ¶~斥责=준엄한 목소리로 꾸짖다.

【严师】yánshī 명 엄격한 스승. 엄사. ¶~净友=엄한 스승과 잘못을 솔직하게 충고해 주는 친구.

【严实】yán·shi 형(구) 1 빈틈없다. 치밀하다. 굳다. 긴밀하다. 엄밀하다. ¶门要关~. =문을 꼭 닫아야 한다. 2 (잘 숨겨져 있어) 찾기 어렵다. ¶不用的钱, 他一向藏得~. =쓰지 않는 돈은 그는 항상 잘 숨겨 놓는다.

【严守】yánshǒu 동 1 (약속·약정 등을) 엄수하다. 엄격히 준수하다. ¶~约定=약속을 엄수하다. 2 (비밀 등을) 철저히 지키다. ¶~秘密=비밀을 철저히 지키다. 3 빈틈없이〔굳게〕지키다〔수비하다·방어하다·감시하다〕. ¶~边关=변경의 관문을 굳게 지키다.

【严霜】yánshuāng 명 엄상. 된서리. ¶~遍地=도처에 된서리가 내리다.

【严丝合缝】yánsī-héfèng 성 1 사이가 촘촘하여 조금도 빈틈〔허점〕이 없다. 2(비) 다른 사람에게 발붙일 틈을 주지 않다. 이용할 만한 허점을 보여 주지 않다.

【严肃】yánsù 형 1 (표정·기분 등이) 엄숙하다. 근엄하다. ¶表情~=표정이 엄숙하다. 2 (품행·태도 등이) 엄격하다〔진실하다·성실하다〕. ¶~处理=엄격하고 진지하게 처리하다. 동 진지하게〔성실하게·착실하게〕바로잡다〔정돈하다〕. 엄숙하게 하다. 근엄하게 하다. ¶~法

紀=법률과 기율을 엄숙하게 바로잡다. ↔幽默
活泼 滑稽
【严肃音乐】yánsù yīnyuè 图(音) 고전〔클래식(classic)〕음악.
【严细】yánxì 图 엄밀하고 세밀하다. 치밀하다. 주도면밀하다. 빈틈없다. ¶他办事向来～认真。=그는 언제나 업무를 빈틈없이 착실하게 처리한다.
【严刑】yánxíng 图 엄형. 혹독한 고문〔체벌·형벌〕. ¶～逼供=혹독한 고문으로 자백을 강요하다.
【严刑峻法】yánxíng-jùnfǎ 图四 엄격하고 가혹한 형벌과 법령.
【严讯】yánxùn 图 혹독하게 심문하다.
【严·密】yán·yan mìmì (～的) 图 1 빈틈없다. 치밀하다. 긴밀하다. 2 엄밀하다. 주도면밀하다. 세밀하다. 빈틈없다.
【严严实实】yán·yan shíshí (～的) 图 1 빈틈없다. 치밀하다. 굳다. 긴밀하다. 엄밀하다. 2 (잘 숨겨져 있어) 찾기 어렵다.
【严以律己】yányǐlùjǐ 자신에겐 엄격하게 요구하다. ¶～, 宽以待人。=자신에게는 엄격하게 요구하고, 다른 사람에게는 너그럽게 대하다.
【严于律己】yányúlùjǐ 图 자신을 아주 엄격하게 다스리다.
【严阵以待】yánzhènyǐdài 图 진지를 확고히 정비하고 적을 기다리다.
【严整】yánzhěng 图 1 (주로 대열·행렬이) 엄격하고 정연하다. 질서 있다. ¶军容～=군대의 위용이 엄숙하고 정연하다. 2 빈틈없고〔치밀하고·엄밀하고〕조리 있다. ¶这部小说的结构非常～。=이 소설의 짜임새가 대단히 치밀하고 조리 있다. ↔散乱
【严正】yánzhèng 图 엄정하다. 공명정대하다. 정정당당하다. ¶～声明=엄정하게 선언하다.
【严重】yánzhòng 图 (정세·추세·정황 등이) 위급하다. 심각하다. (영향이) 엄중하다. 막대하다. 중대하다. (정도가) 매우 심하다. 대단하다. ¶形势～=형세가 위급하다. /破坏～=훼손이 심각하다. ↔轻微
【严妆】yánzhuāng 图[文] (여자가) 단정하게 꾸미다. 잘 차려입고 진하게 화장하다.
【严装】yánzhuāng 图 단정하게 차려입다. 정장하다. 완전무장하다. ¶～待发=완전무장을 갖추고 출동 대기하다.

**言** yán 말할 언
图 말하다. 이야기하다. ¶畅所欲～=하고 싶은 말을 마음껏 하다. /不苟～笑=함부로 말하거나 웃지 않다. 图 1 말. 언어. 이야기. ¶语～=언어. /忠～逆耳=충언은 귀에 거슬린다. 2 한 자의 한 글자. ¶七～诗=칠언시. /万～书=만자(字)로 된 책. 3 (중국어의) 한 마디 말. ¶一～为定=말 한 마디로 정하다. /千～万语=수많은 말. 4 (Yán) 성(姓). 누说 讲

○● 弁biàn言, 谗chán言, 昌chāng言, 常cháng言, 倡chàng言, 重chóng言, 出言, 传言, 导言, 断言, 发言, 方言, 胡言, 谎huǎng言, 讳huì言, 进言, 开言, 狂言, 立言, 例言, 流言, 留言, 美言, 诺nuò言, 片言, 声言, 失言, 食言, 誓shì言, 婉wǎn言, 妄wàng言, 文言, 戏言, 叙xù言, 序言, 宜言, 伴yáng言, 扬言, 妖yāo言, 谣yáo言, 遗yí言, 引言, 语言, 寓yù言, 预言, 怨言, 约言, 赠zèng言, 箴zhēn言, 诤zhèng言, 直言, 忠zhōng言, 赘zhuì言, 一言堂

【言必信, 行必果】yán bì xìn, xíng bì guǒ 图 1 말은 신용이 있어야 하고, 행동은 결과가 있어야 한다. 2 [비] 한 말은 반드시 지켜야 하며, 실제적인 행동을 취해야 한다.
【言必有中】yánbìyǒuzhòng 图 말을 하면 반드시 이치에 들어맞는다. ↔胡言乱语 言不及义
【言不二价】yánbù'èrjià 图 에누리 없음. 정찰판매. =【言无二价】yánwú'èrjià
【言不及义】yánbùjíyì 图 말이 이치에 닿지 않다. 쓸데없는 소리만 하다. 허튼소리뿐이다. ≒胡言乱语 ↔言必有中 一针见血 一语破的
【言不尽意】yánbùjìnyì 图 1 마음의 뜻을 말로 다 표현할 수가 없다. 2 하고 싶은 말이 아직 남았다. [주로 편지의 끝에 쓰임]
【言不由衷】yánbùyóuzhōng 图 1 말이 진심에서 우러나오지 않다. 마음에 없는 소리를 하다. 2 말하는 것과 생각하는 것이 다르다. 겉과 속이 다르다. 표리부동하다. ↔言为心声
【言差语错】yánchā-yǔcuò 图 잘못 말하다. 말 실수하다. ¶谁也免不了有时会～。=어떤 사람이라도 때때로 말실수하게 마련이다.
【言出法随】yánchū-fǎsuí 图 명령이나 법령이 공포되자마자 바로 엄격하게 집행하다.
【言传】yánchuán 图 말로 전하다. 표현하다. ¶只可意会, 不可～。=마음으로 터득할 수 있을 뿐 말로 전할 수가 없다.
【言传身教】yánchuán-shēnjiào 图 1 말로도 전수하고 또 행동으로 시범〔모범〕을 보이다. 2 자신의 언행으로 남을 가르치고 영향을 주다. 말과 행동으로 가르치다. ≒以身作则
【言词】yáncí ☞【言辞】yáncí
【言辞】[言词]yáncí 图 (말이나 문장에 사용하는) 언사. 말. 단어와 어구. 어휘. 글자. ¶～过激=언사가 과격하다. 图 말을 하다. ¶他极善～。=그는 대단히 말을 잘 한다.
【言定】yándìng 图 (그렇게 하기로) 구두로 결정하다. 약속하다. ¶～租金=임대료를 구두로 정하다.
【言多必失】yánduō-bìshī ☞【言多语失】yánduō-yǔshī
【言多语失】yánduō-yǔshī 图 말이 많으면 실수하게 마련이다. =【言多必失】yánduō-bìshī
【言而无信】yán'érwúxìn 图 말에 신용이 없다. ≒自食其果 ↔言而有信 一诺千金
【言而有信】yán'éryǒuxìn 图 ↔言而无信 自食其言
【言归于好】yánguīyúhǎo 图 서로 다시 사이가 좋아지다. 서로 화해하다. ≒破镜重圆

## 言 yán

【言归正传】yánguīzhèngzhuàn ⑤ 이야기가 본론으로 들어가다. 본론을 이야기하다. ['平话(평화)'·옛 소설의 상투어]

【言过其实】yánguòqíshí ⑤ 말이 과장되어 사실과 부합하지 않다. 사실보다 과장해서 말하다. 늑夸大其词 →恰如其分

【言和】yánhé 동 화해하다. 강화(講和)하다. ¶握手~=악수하고 화해하다. 늑讲和

【言欢】yánhuān 동⑤ 즐겁게 이야기하다. 담소하다. ¶杯酒~=술잔을 기울이며 즐겁게 담소하다.

【言简意赅】yánjiǎn-yìgāi ⑤ 말은 간결하나 뜻은 모두 들어 있다. 늑要言不烦 ↔长篇大论

【言教】yánjiào 동 말로 가르치다. ¶~不如身教。=말로 가르치는 것보다 몸으로 모범을 보이는 것이 낫다. →身教

【言近旨远】yánjìn-zhǐyuǎn ⑤ 말은 평이하지만 뜻은 심원하다.

【言路】yánlù 명 언로. (정부·상급자에게) 말을 올릴 수 있는 길. 진언(進言)할 수 있는 길. [정부·상급자의 입장에서 하는 말] ¶广开~=언로를 널리 열다.

【言论】yánlùn 명 언론. 의견. [주로 정치적·공적인 일에 대한 의견을 가리킴] ¶~自由=언론 자유.

【言情】yánqíng 형 (남녀 간의) 애정의. 낭만의. 로맨틱한. ¶~小说=연애 소설. 동 감정을 토로하다. 정서를 표출하다. ¶诗~。=시로 감정을 표출하다.

【言情片儿】yánqíngpiānr 명〔口〕 로맨스(romance) 영화. 애정 드라마.

【言情片】yánqíngpiàn 명〔映〕 로맨스(romance) 영화. 애정 드라마.

【言人人殊】yánrénrénshū ⑤ 1 모든 사람의 말이 다 다르다. 2 (같은 일·인물에 대해) 이해·평가가 사람마다 다르다. 서로 의견이 다르다.

【言三语四】yánsān-yǔsì ⑤ 의견이 분분하다. 이러쿵저러쿵 말하다.

【言声儿】yán ‖ shēngr 동〔口〕 말하다. 목소리를 내다. ¶有什么事儿要我帮忙，你~。=내가 도울 일이 있으면 말해.

【言说】yánshuō 동 말하다. 이야기하다. 설명하다. ¶难以~=말로 설명하기 힘들다.

【言谈】yántán 동 서로 이야기하다. 말하다. ¶~说笑=이야기로 웃음꽃을 피우다. 명 말의 내용과 태도. 언사. 말투. 말씨. ¶~得体=언사가 격에 맞다.

【言听计从】yántīng-jìcóng ⑤ 1 어떤 사람의 말이나 계책을 모두 듣고 받아들이다. 2 어떤 사람을 대단히 신뢰[신임]하다. 늑百依百顺

【言外之意】yánwàizhīyì ⑤ 언외의 뜻. 숨은 뜻. 말에 직접 나타나 있지 않은 딴 뜻. 암시하는 말. 늑弦外之音

【言为心声】yánwéixīnshēng ⑤ 말은 마음의 소리이다. 말은 생각을 나타낸다. ↔言不由衷

【言无不尽】yánwúbùjìn ⑤ 남김없이 할 말을 모두 말해 버리다. [주로 '知无不言(아는 바를 모두 말하다)' 과 함께 쓰임]

【言无二价】yánwú·èrjià ☞【言不二价】yánbù·èrjià

【言笑】yánxiào 동⑤ 담소하다. 웃으면서 이야기하다. ¶不苟~=함부로 말하거나 웃지 않다.

【言行】yánxíng 명 언행. 말과 행동. ¶~一致=언행일치. 말과 행동이 서로 일치하다.

【言行不一】yánxíng-bùyī ⑤ 말과 행동이 서로 다르다. 언행이 일치하지 않다.

【言行录】yánxínglù 명 언행록. 명사의 명언 명구와 선행을 기록한 책.

【言犹在耳】yányóuzài'ěr ⑤ 1 말소리가 아직 귓가에 쟁쟁하다. 2 다른 사람의 말을 여전히 똑똑하게 기억하고 있다. 3 다른 사람이 말한 지 얼마 되지 않다.

【言语】yányǔ 명 말. 언어. 말투. ¶~行动=말과 행동.

【言语】yán·yu 동⑤ 말하다. 소리치다. 부르다. 대답하다. 알리다. ¶问了她半天，她也不~。=한참을 물어 봤지만, 그녀 역시 대답하지 않는다.

【言喻】yányù 동⑤ 말로 설명하다. [주로 부정형으로 쓰임] ¶不可~=말로 설명할 수 없다.

【言责】yánzé 명 1 (신하가 군주에게) 진언(進言)하는 책임. 2 자기가 한 말에 대한 책임. ¶~自负=자기가 한 말에 대해 자신이 책임지다.

【言者无罪】yánzhě-wúzuì ☞【言者无罪，闻者足戒】yánzhě wú zuì，wénzhě zú jiè

【言者无罪，闻者足戒】yánzhě wú zuì，wénzhě zú jiè ⑤ 선의로 제시한 의견이라면 하지 않더라도 죄가 없고, 듣는 사람 또한 상대가 말한 잘못이나 결점이 없다 하더라도 그 말로 경계를 삼을 수 있다. =【言者无罪】yánzhě-wúzuì

【言者谆谆，闻者藐藐】yánzhě zhūnzhūn，wénzhě miǎomiǎo ⑤ 말하는 사람은 진심으로 진지하게 말하는데, 듣는 사람은 조금도 귀를 기울이지 않다.

【言之不预】yánzhī-bùyù ⑤ 미리 설명하거나 경고하지 않다. 예고하지 않다. ¶违者严惩，勿谓~也。=위반한 자는 엄벌할 것이니, 미리 경고하지 않았다고 말하지 마라.

【言之成理】yánzhī-chénglǐ ⑤ 말이 이치에 맞다. 말에 일리가 있다. [주로 '持之有故(주장에 일정한 근거가 있다)' 와 함께 쓰임]

【言之无物】yánzhī-wúwù ⑤ 말[글]에 실질적인 내용이 없다. 늑不着边际 ↔言之有物

【言之有据】yánzhī-yǒujù ⑤ 말[글]에 근거가 있다.

【言之有理】yánzhī-yǒulǐ ⑤ 말이 이치에 맞다. 말에 일리가 있다.

【言之有物】yánzhī-yǒuwù ⑤ 말[글]에 구체적인 내용이 있다. 내용이 충실하다. ↔言之无物

【言之凿凿】yánzhī-záozáo ⑤ 말에 근거가 있고 진실하며 믿을 만하다.

【言志】yánzhì 동⑤ 포부나 의지를 표현하다〔말하〕. ¶~抒情=포부와 감정을 토로하다.

【言中】yánzhòng ⑤ (나중에 발생한 일이) 미

리 예언한 것과 일치하다. 말대로 되다. [주로 부정적인 면을 가리킴] ¶结果不幸被~。=결국 불행하게도 말대로 되어 버렸다.

【言重】**yánzhòng** 통 (비평·칭찬의) 말이 지나치다. ¶我刚才说的话可能~了, 但确是一番好意。=내가 방금 한 말이 지나친 면이 있을 거야, 하지만 정말 선의로 하는 말이야.

【言狀】**yánzhuàng** 통 말로 묘사〔형용·표현〕하다. [주로 부정형으로 쓰임] ¶无可~=말로 형용할 수 없다.

## 阽 yán 위태로울 염
통 '阽(diàn)'의 또 다른 발음.

## 妍 yán 예쁠 연
형 아름답다. 예쁘다. 곱다. 어여쁘다. ¶百花争~=온갖 꽃들이 만발하여 아름다움을 다투다. ↔媸

【妍蚩】**yánchī** ☞【妍媸】**yánchī**
【妍媸】[妍蚩] **yánchī** 명 미와 추. 아름다움과 추함. ¶不辨~=아름다움과 추함을 구분하지 못하다.
【妍丽】**yánlì** 형 문 아름답다. 예쁘다. 곱다. 어여쁘다. ¶~可爱=예쁘고 귀엽다.
【妍雅】**yányǎ** 형 문 아름답고 우아하다. ¶穿戴~=차림새가 아름답고 우아하다.

## 岩[(巖·巌·岑)] yán 바위 암

명 **1** 바위가 돌출하여 이루어진 산봉우리. 바위로 이루어진 벼랑. ¶山~=바위 산봉우리. **2** 암석. 바위. ¶花岗~=화강암. **3** 암동. 바위굴. 석굴(石窟). 암굴(巖窟). 암혈(巖穴). [주로 동굴 이름에 쓰임] ¶芦笛~=루디엔. [광시(广西)성에 있는 석굴 이름] **4** (Yán) 성(姓).

0● 板岩, 浮岩, 片岩, 熔 **róng** 岩, 沙岩, 页岩, 油页岩

【岩岸】**yán'àn** 명 (地) 바위 해안.
【岩壁】**yánbì** 명 암벽. ¶~耸立=암벽이 우뚝 솟아 있다.
【岩层】**yáncéng** 명 (地) 암층. ¶~隆起=암층 융기.
【岩洞】**yándòng** 명 암동. 바위굴. 석굴(石窟). 석동(石洞). 암혈(巖穴).
【岩画】**yánhuà** 명 암벽화. =【崖画】**yáhuà**
【崖壁画】**yábìhuà**
【岩浆】**yánjiāng** 명 암장. 마그마(magma).
【岩浆岩】**yánjiāngyán** 명 화성암(火成巖).
【岩绵】**yánmián** 명 암면. 암석 섬유.
【岩漠】**yánmò** 명 (地) 황량한 (바위) 사막.
【岩溶】**yánróng** 명 (地) 카르스트(karst).
【岩石】**yánshí** 명 암석. 바위.
【岩心】**yánxīn** 명 (地) (지구의) 중심핵. [시추기를 이용하여 지층에서 채취한 원통형의 암석 표본] ⓔ core
【岩盐】**yányán** 명 암염. 돌소금. 석염(石鹽). =【矿盐】**kuàngyán**【石盐】**shíyán**

【岩羊】**yányáng** 명 (動) 히말라야 들양. [학명은 'Pseudois nayaur'임]
【岩样】**yányàng** 명 (地) 암석 표본.

## 炎 yán 불꽃 염

형 (날씨가) 무덥다. 뜨겁다. ¶~夏时节=무더운 여름철. 명 **1** 문 화염. 불꽃. 너울거리는 불길. **2** 염증. ¶发~=염증이 생기다. / 肺~=폐렴. **3** 비 권세. 권력. ¶趋~附势=권력자에게 빌붙어 아부하다. **4** (Yán) 염제(炎帝). ↔凉

| 炎 yán | 氮 dàn |
|---|---|
| 琰 yǎn | 谈 tán |
| 焱 yàn | 痰 tán |
| 剡 yǎn | 毯 tán |
| 淡 dàn | 郯 tán |
| 啖 dàn | 锬 tán |

0● 肠 **cháng** 炎, 肺 **fèi** 炎, 肝炎, 口炎, 脑炎, 肾 **shèn** 炎, 胃 **wèi** 炎, 结膜炎

【炎帝】**Yándì** 명 **1** 염제. [전설에서 상고 시대(上古時代) 강(姜)씨 부족 수장] **2** (중국 옛날 전설에서) 염제(炎帝) 신농씨(神農氏).
【炎黄】**Yán Huáng** 명 **1** (중국 옛날 전설에서) 염제(炎帝) 신농씨(神農氏)와 황제(黃帝) 헌원씨(軒轅氏). **2** 중화 민족의 선조. ¶两岸四地共祭~。=중국·타이완·홍콩 및 마카오 모두 중화 민족의 선조에게 제를 올린다.
【炎黄子孙】**Yán Huáng zǐsūn** 명 중화 민족의 후손〔후대·자손〕.
【炎凉】**yánliáng** 형 (비) 더운 것과 서늘한 것. 상대의 처지에 따라 돈과 세력이 있으면 빌붙고, 그렇지 않으면 냉담해지다. ¶世态~=염량세태. 돈과 세력이 있으면 빌붙고, 그렇지 않으면 냉담해지다. 세태가 야박하다.
【炎热】**yánrè** 형 (날씨가) 무덥다. 찌는 듯하다. ¶~的夏季=무더운 여름. ≒酷热 ↔严寒
【炎日】**yánrì** 명 뜨거운 태양. ¶~当空=뜨거운 태양이 하늘에 걸려 있다.
【炎暑】**yánshǔ** 명 **1** 염서. 무더운 여름날. ¶时值~=바야흐로 때는 무더운 여름철이다. **2** 찌는 듯한 더위. ¶~难当=찌는 듯한 더위에 견디기 힘들다. ≒酷暑 ↔严冬
【炎天】**yántiān** 명 염천. 몹시 더운 날(씨). ¶~烈日=태양이 작열하는 무더운 날씨.
【炎夏】**yánxià** 명 염하. 무더운 여름. ¶~盛暑=바야흐로 여름의 찌는 듯한 더위.
【炎炎】**yányán** 형 **1** (태양이) 몹시 뜨겁다. 염염하다. 이글거리다. ¶赤日~=뙤약볕이 뜨겁다. **2** (불길이) 매우 뜨겁다. 이글이글 타오르다. ¶~大火=이글이글 타오르는 큰불.
【炎阳】**yányáng** 명 염양. 불볕.
【炎症】**yánzhèng** 명 (醫) 염. 염증.

## 沿 yán 따를 연

통 **1** 문 물길 따라 내려가다. **2** (이전의 방법·규칙·양식 등을) 따르다. 좇다. 잇다. ¶相~成习=전해 내려와 습관이 되다. **3** 테를〔가선을〕 두르다. ¶~鞋口=신 어귀에 테를 두르다. 개 (물·길·물체의 가장자리 등을) 따라〔끼고〕. [뒤에

【沿】 ~(·zhe)를 붙일 수 있음〕¶~街都是商店.＝길을 따라 모두 상점이다. / ~着河边散步.＝강변을 따라 산책하다. 图（~儿）가장자리. 가. 〔주로 명사 뒤에서 쓰임〕¶沟~＝도랑의 가. / 炕~儿＝온돌 가장자리.

【沿岸】 yán'àn 图 연안. 강·하천·호수·바닷가 등을 끼고 있는 좁고 긴 지대. ¶太湖~＝타이후 연안. / 黃河~＝황허 연안.

【沿边】 yánbiān 图 변경의. 국경선의. 변경〔변방〕과 인접한. ¶~贸易＝국경 무역.

【沿边儿】 yán∥biānr 图 가선을〔테두리를〕 두르다. 레이스(lace)를 대다.

【沿波讨源】 yánbō-tǎoyuán 图 1 물길을 따라 수원지를 찾다. 2(비) 글을 쓸 때 부차적인 것에서부터 시작해서 주요한 것을 쓰고 마지막에 주제를 밝히다. 3(비) 진상을 끝까지 밝히다. 진상을 꼬치꼬치 추궁하다.

【沿革】 yángé 图 연혁. 사물의 발전과 변혁의 과정. ¶历史~＝역사 연혁.

【沿海】 yánhǎi 图 연해. 바닷가 근처 지방. ¶~国家＝연해 국가. ↔内地

【沿江】 yánjiāng 图 강가(주로 창장(长江)을 가리킴) 인근 지대. 강기슭. 图 강에 연하다. 강을 끼다. ¶~拉纤＝강기슭에서 밧줄로 배를 끌다.

【沿街】 yánjiē 图 거리를 따라가다. 图 叫卖＝거리를 다니며 (물건을) 사라고 외치다. 图 길가. 도로변. 거리 주변. 연도(沿道). ¶~都是服装店.＝길 주변이 모두 옷가게이다.

【沿例】 yánlì 图 관례(慣例)를 따르다. ¶~办理＝관례에 따라 처리하다.

【沿路】 yánlù 图 길을 따라. ¶~寻找＝길을 따라 찾다. 图 길가. 연도(沿道). 도로변. ¶~都是高高的白杨.＝길가에 전부 높다란 버드나무가 있다. ≒沿途

【沿条儿】 yántiáor 图 바이어스 테이프(bias tape). 변두리(가장자리) 장식. 테두리를 두르는 데 쓰는 가늘고 긴 비단 천.

【沿途】 yántú 图 길을 따라. ¶~走访＝길을 따라 (한 집 한 집) 방문하다. 图 길가. 연도(沿道). ¶~风景迷人.＝길가의 풍경이 매혹적이다. ≒沿路

【沿袭】 yánxí 图 답습하다. 전례를 좇다. 따르다. ¶~成说＝통설에 따르다. ≒承袭

【沿线】 yánxiàn 图 연선. 선로〔도로·항로〕를 따라 있는 땅. ¶铁路~城市＝철로 연선 도시.

【沿用】 yányòng 图 (과거의 방법·제도·법령 등을) 계속하여 사용하다〔따르다〕. ¶~旧制＝구제도를 계속하여 사용하다.

【沿着】 yán·zhe 囮 (일정한 노선을) 따라서〔끼고〕. ¶你~这条路一直往前走就到了.＝너는 이 길을 따라서 계속 앞으로 걸어가면 도착한다.

## **研** yán 갈 연

图 1 곱게 갈다. ¶~碎＝빻다. / ~成粉末＝분말로 곱게 갈다. 2 연구하다. 탐구하다. ¶钻~＝깊이 연구하다. / 科~＝과학 연구
☞ yàn

○● 科研, 教研室

【研读】 yándú 图 책을 읽으며 깊이 연구하다. ¶~名著＝명저를 읽으며 연구하다.

【研发】 yánfā 图 연구 개발하다. ¶~新药＝신약을 연구 개발하다.

【研究】 yánjiū 图 1 (사물의 본질·규율 등을) 연구하다. 탐구하다. ¶学术~＝학술 연구. 2 고려하다. 생각하다. 논의하다. 협의 검토하다. 토의하다. 의견을 교환하다. ¶下次会议~技术改造问题.＝다음 회의에서 기술 개량 문제를 논의한다. ≒钻研

【研究生】 yánjiūshēng 图 대학원생. 연구생.

【研究生院】 yánjiūshēngyuàn 图 대학원. 〔주로 중국에서 쓰임〕

【研究室】 yánjiūshì 图 연구실. ¶教学~＝교육 연구실.

【研究所】 yánjiūsuǒ 图 1 연구소. ¶文学~＝문학 연구소. 2 대학원. 〔주로 대만에서 쓰임〕

【研究员】 yánjiūyuán 图 1 연구원. 2 수석 연구원. 〔연구 기구의 교수급 중 최고 직책으로, 그 아래로 '副研究员(선임 연구원)·助理研究员(보조 연구원)·实习研究员(견습 연구원)'이 있음〕

【研究院】 yánjiūyuàn 图 연구원. 〔규모가 일반적으로 연구소보다 큼〕

【研磨】 yánmó 图 1 곱게 갈다. ¶把药片~成粉末.＝알약을 분말로 곱게 갈다. 2 연마하다. 갈아서 표면을 반질반질하게 하다. ¶~玉器＝옥기(玉器)를 연마하다.

【研墨】 yánmò 图 먹을 갈다.

【研拟】 yánnǐ 图 연구하여 입안하다〔초안을 세우다〕. ¶~有关规章制度＝관련 규정을 연구하여 입안하다.

【研判】 yánpàn 图 연구하여 판단하다〔판정하다·결정하다·정하다·심사하다〕. ¶~股市行情＝주식 시장의 시세를 연구하여 판단하다.

【研评】 yánpíng 图 연구 비평〔심사〕하다. ¶~经典影片＝명화를 연구하여 비평하다.

【研求】 yánqiú 图 탐구하다. 탐색하다. ¶~沙尘暴成因＝황사 현상의 발생 원인을 탐구하다.

【研商】 yánshāng 图 연구 토의〔교섭〕하다.

【研讨】 yántǎo 图 연구 토론하다. 깊이 검토하다. 탐구하다. ¶名老专家正在~手术方案.＝유명한 전문가들이 수술 방안을 연구 토론하고 있다.

【研讨会】 yántǎohuì 图 연구 토론회. 심포지엄(symposium).

【研习】 yánxí 图 연구하고 배우다. 공부하다. ¶~书画＝서화를 연구하고 배우다.

【研修】 yánxiū 图 연수하다. ¶~班＝연수반.

【研造】 yánzào 图 연구 제작〔제조〕하다.

【研制】 yánzhì 图 연구 제작〔제조〕하다. ¶~机器人＝로봇을 연구 제작하다.

## **盐**〔鹽〕 yán 소금 염

图 1 소금. 식염. ¶海~＝바닷소금. / 粗~＝굵은소금. 2（化）염. 3 (Yán) 성(姓).

## yán 盐 铅 阎 蜒 筵 䂺 颜

⊙● 池chí盐, 大盐, 海盐, 椒jiāo盐, 井盐, 矿kuàng盐, 络luò盐, 硝xiāo盐, 小盐, 泻xiè盐, 岩盐, 原盐, 正盐

【盐巴】yánbā 图(방) 소금. 식염.
【盐场】yánchǎng 图 1 제염소. 2 염전. 소금밭. 염밭.
【盐层】yáncéng 图 소금층.
【盐池】yánchí 图 염지. 염밭못. 염정(鹽井).
【盐分】yánfèn 图 염분. 염도.
【盐工】yángōng 图 제염소의 노동자.
【盐罐】yánguàn 图 소금 단지.
【盐湖】yánhú 图(地) 함수호(鹹水湖). 함호(鹹湖). 염호(鹽湖). 짠물 호수.
【盐花】yánhuā(~儿) 图 1 극소량의 가는 소금. ¶汤里放点儿~就可以了。=국에 고운 소금을 조금만 넣으면 된다. 2(방) 소금쩍. 소금버캐.
【盐碱地】yánjiǎndì 图 알칼리성 토지.
【盐碱滩】yánjiǎntān 图 알칼리성 사주(沙洲).
【盐碱土】yánjiǎntǔ 图 염분이 많은 땅. 알칼리성 토양. [각종 염화·알칼리화 토양의 총칭]
【盐井】yánjǐng 图 염정. 소금을 얻기 위해 판 우물.
【盐矿】yánkuàng 图 소금 광산.
【盐类】yánlèi 图 1 염류. 염. [각종 소금의 총칭] 2(化) 염류. [산기와 염기성기 화합물을 통틀어 이르는 말]
【盐卤】yánlǔ 图 간수. 고염(苦鹽). 노수(鹵水). =【卤水】lǔshuǐ
【盐民】yánmín 图(职) 제염업자. 제염공.
【盐汽水】yánqìshuǐ 图 염분이 들어 있는 탄산수(사이다). [주로 고온에서 일하는 사람들이 음용함]
【盐丘】yánqiū 图(地) 암염돔(巖鹽dome).
【盐泉】yánquán 图 염천.
【盐商】yánshāng 图(职) 소금 장수.
【盐霜】yánshuāng 图 소금쩍. 소금버캐.
【盐水】yánshuǐ 图 염수. 소금물. ¶用~消毒。=소금물로 소독하다.
【盐水鸭】yánshuǐyā 图 통째로 소금에 절인 오리고기.
【盐酸】yánsuān 图(化) 염산. =【氢氯酸】qīnglǜsuān
【盐滩】yántān 图 염전. 소금밭.
【盐田】yántián 图 염전. 소금밭.
【盐土】yántǔ 图(農) 염화 토양(鹽化土壤). 염토. [소금기가 많은 땅]
【盐坨子】yántuó·zi 图 (노천에 쌓아 놓은) 소금 무더기.
【盐枭】yánxiāo 图(貶) 무장한 소금 밀매업자.
【盐业】yányè 图 (제)염업.
【盐沼】yánzhǎo 图 염소(鹽沼). 함수(鹹水)성 소택(沼澤).
【盐渍化】yánzìhuà 图 염분이 토양 속에 축적되다.
【盐渍土】yánzìtǔ 图(農) 염기성(알칼리성) 토양. 염성토.

## 铅[鉛] yán 땅 이름 연
☞ qiān
【铅山】Yánshān 图(地) 옌산. [장시(江西)성에 있는 지명]

## 阎[閻] yán 이문 염
图 1(문) 여문(閻門). 이문(里門). 동네 어귀에 세운문. 2(문) 골목. 3(Yán) 성(姓).
【阎罗】Yánluó 图(佛) 염라(대왕). 염왕(閻王). 염라왕(閻羅王). 야마(夜摩). 염마(閻魔). ['阎魔罗阇(閻) yamarāja'의 준말] =【阎罗王】Yánluówáng【阎王】Yán·wang【阎王爷】Yánwángyé 2(비) 흉악무도한 사람. ¶十万旌旗斩~。=수많은 혁명 기치를 올려 흉악무도한 반동분자를 처단하다.
【阎罗王】Yánluówáng ☞【阎罗】Yánluó
【阎王】Yán·wang 图 1 ☞【阎罗】Yánluó 2(비) 잔학무도한 사람. 포악한 사람. ¶活~=잔학무도한 사람.
【阎王殿】yán·wangdiàn 图 1(佛) 염왕전. 2(비) 악당이 점거하고 있는 곳.
【阎王爷】Yánwángyé ☞【阎罗】Yánluó
【阎王债】yán·wangzhài ☞【阎王账】yán·wangzhàng
【阎王账】yán·wangzhàng 图 고리대(금). 고리채. =【阎王债】yán·wangzhài

## 蜒 yán 그리마 연
☞【海蜒】hǎiyán【蚰蜒】yóuyán
【蜒蚰】yányóu ☞【蛞蝓】kuòyú

## 筵 yán 대자리 연
图 1 대자리. 2 술자리. 주연(酒宴). 연회. ¶婚~=결혼식 피로연. / 寿~=수연.
【筵席】yánxí 图 1 연회 때 배열된 자리. 2 술자리. 주석(酒席). ¶天下没有不散的~。=세상에 파하지 않는 술자리란 없다.
【筵宴】yányàn 图(문) 술자리. 연회.

## 䂺 yán 연마할 연
동(문) '研(yán)'과 같음.

## 颜[顏] yán 얼굴 안
图 1 얼굴. 용모. 안면. ¶鹤发童~=학발동안. 머리는 하얗게 세었으나 얼굴은 아이와 같다. 2 체면. 면목. 안면. ¶无~见人=사람들을 볼 면목이 없다. 3 표정. 안색. ¶喜笑~开=희색이 만면하다. 4 색. 색채. 색깔. ¶五~六色=형형색색. 5(Yán) 성(姓).

⊙● 汗颜, 红颜, 厚颜, 开颜, 根nǎn颜, 破颜, 强qiǎng颜, 笑颜

【颜厚】yánhòu 图 철면피. 뻔뻔스런 인간. 파렴치한.
【颜料】yánliào 图 안료. 물감. 색소.
【颜面】yánmiàn 图 1 안면. 얼굴. ¶~神经

안면 신경. **2** 체면. 면목. ¶顾全~=체면을 중시하다.

【颜容】 **yánróng** 圄 용모. 모습. ¶~枯槁=모습이 초췌하다.

【颜色】 **yánsè** 圄 **1** 색. 색깔. ¶红~的棉袄=빨간색 솜저고리. **2** 안료. 염료. 물감. ¶买一袋黄~。=황색 염료 한 포대를 사다. **3** 圄 안색. 용모. 모습. ¶~憔悴=안색이 초췌하다. **4** (다른 사람에게 내보이는) 무서운 얼굴빛〔행동〕. ¶不给他一点儿~看看可能不行。=그에게 본때를 보여 주지 않으면 안 될 거야.

【颜色】 **yán·shai** 圄 안료. 염료. 물감. ¶给画上~。=그림에 물감을 칠하다.

【颜体】 **yántǐ** 圄 안체. 안진경체. [당나라 안진경(顏眞卿)의 서체]

*檐[簷] **yán** 처마 첨
圄 (~儿) **1** 처마. ¶屋~=처마. /~下=처마 밑. **2** 차양. 챙. 선반. [처마처럼 앞으로 나온 부분] ¶帽~儿=모자챙.

【檐沟】 **yángōu** 圄 물받이. 粵【水落】 **shuǐluò**

【檐口】 **yánkǒu** 圄 처마 끝.

【檐溜】 **yánliù** 圄 낙숫물.

【檐漏】 **yánlòu** 圄 낙숫물받이.

【檐头】 **yántóu** 圄 처마기슭.

【檐牙】 **yányá** 圄 처마의 서까래가 앞으로 뻗어 나와 형성된, 이빨처럼 생긴 돌출 부분.

【檐子】 **yán·zi** 처마.

*奄 **yǎn** 가릴 엄
圄 덮다. 싸다. 씌우다. ¶~有四方=사방을 덮어싸다. 粵 갑자기. 별안간. 돌연(히). ¶~忽=돌연히 죽다. [고어에서 '阉(yān)'과 같음]

| ○ 奄 yǎn | 崦 yān |
|---|---|
| 掩 yǎn | 俺 ǎn |
| 淹 yān | 庵 ān |
| 阉 yān | 鹌 ān |
| 罨 yǎn | 埯 ǎn |

【奄忽】 **yǎnhū** 粵 순식간에. 별안간. 갑자기. 돌연히. 홀연히. ¶~灭没=갑자기 사라지다.

【奄然】 **yǎnrán** 粵 뜻밖에. 예상 외로. 갑자기. 돌연히. ¶~而至=갑자기 나타나다.

【奄奄】 **yǎnyǎn** 숨이 아주 미약한 모양. ¶气息~=호흡이 아주 약하다. 숨이 곧 멎을 것 같다.

【奄奄一息】 **yǎnyǎn yīxī** 쏘 **1** 마지막 숨을 모으다. **2** 사경에 이르다.

兖 **Yǎn** 땅 이름 연
圄〔地〕옌저우(兖州). [산둥(山东)성에 있는 현 이름]

俨[儼] **yǎn** 의젓할 엄
圄 장엄하다. 엄숙하다. 정중하다. 근엄하다. ¶望之~然=근엄하게 바라보다. 粵 마치〔꼭·흡사〕…같다. ¶这孩子说起话来, ~然一个小大人。=이 아이는 말하는 품이 마치 애어른 같다.

【俨然】 **yǎnrán** 粵 **1** 엄연하다. 엄숙하다. 위엄 있다. 장엄하다. 근엄하다. 장중하다. ¶~危坐=위엄 있게 정좌하다. **2** 가지런한 모양. ¶屋舍~=건물들이 가지런하다. 粵 흡사 …인 듯하다〔것 같다〕. 마치 …와〔과〕 같다. ¶老人精神头很足, 走起路来~是一个小伙子。=노인이 원기 왕성하여 걷는 품이 마치 젊은이 같다.

【俨如】 **yǎnrú** 粵 마치 …와〔과〕 같다. …처럼 닮다. ¶两人看起来~亲姐妹。=두 사람은 보기에 친자매처럼 닮았다. ⇨俨若

【俨若】 **yǎnruò** 粵 마치 …와〔과〕 같다. …처럼 닮다. ¶这些蜡像~活人。=이 밀랍 인물상들은 마치 살아 있는 사람 같다. ⇨俨如

*衍 **yǎn** 물 넘칠 연
圄 **1** 물이 넘치다. ¶~溢贻患=물이 넘쳐 화를 입다. **2** 생장 번식하다. ¶繁~=널리 퍼지다. **3** (베끼거나 판각할 때) 군더더기가 더 생기다. ¶~三字=연자(衍字)가 세 자이다. **4** 널리 보급하다. 범위를 넓히다. 발전시키다. 전개하다. ¶推~=전개하다. 圄 **1** 낮고 평탄한 땅〔토지〕. ¶广~沃野=넓고 기름진 평야. **2** 늪. 늪지. 소택(沼澤).

○→ 蕃fán衍, 繁fán衍, 平衍

【衍变】 **yǎnbiàn** ☞【演变】 **yǎnbiàn**

【衍化】 **yǎnhuà** 粵 발전 변화하다. ¶病情正在向好的方面~。=병세가 호전되고 있다.

【衍射】 **yǎnshè** 圄〔物〕회절(回折)하다. =【绕射】 **ràoshè**

【衍生】 **yǎnshēng** 粵 **1** 서서히 전개시키다. **2**〔化〕(화합물을) 유도하다. **3** 파생하다. ¶这个词是从拉丁文~出来的。=이 단어는 라틴어에서 파생된 것이다.

【衍生物】 **yǎnshēngwù** 圄〔化〕유도체(誘導体).

【衍文】 **yǎnwén** 圄 연문.

弇 **yǎn** 덮을 엄
圄 덮다. 가리다. 가리어 덮다. ¶~目=눈을 가리다.

【弇陋】 **yǎnlòu** 粵 견식이 천박하고 고루하다.

剡 **yǎn** 깎을 염
圄 깎다. ¶~木为楫=나무를 깎아서 노를 만들다. 粵 예리하다. 날카롭다. ¶~棘=날카로운 가시.
☞ **shàn**

*掩 **yǎn** 가릴 엄
圄 **1** 가리다. 숨기다. ¶遮~=덮어 가리다. / 瑕不~瑜=결점이 장점을 가릴 수 없다. **2** 닫다. 덮다. ¶~卷沉思=책을 덮고 생각에 잠기다. **3** 粵 (문·창문 등을 닫을 때 손·물건 따위가 사이에) 끼다. 물리다. ¶手让门~了一下。=손이 문에 살짝 끼었다. **4** 粵 허술한 틈을 타(상대방을 습격하거나 사로잡다). ¶~捕=허술한 틈을 타 사로잡다.

【掩鼻】yǎnbí 동 코를 막다. 코를 감싸쥐다. [더러운 물건이나 추악한 행위에 대해 매우 혐오감을 가리킴] ¶~而过=코를 막고 지나가다.

【掩闭】yǎnbì 동 닫다. 잠그다. ¶门窗~着, 可能人不在家. =문이 닫혀 있는 것이 아마도 사람이 집에 없는가 보다.

【掩蔽】yǎnbì 동 엄폐하다. [주로 군사적 방면에 쓰임] ¶一物~=엄폐물. 명 엄폐물. 엄폐 장소. ¶前边的青纱帐中可以~。=앞에 있는 빽빽하게 자란 옥수수밭을 엄폐물로 쓸 수가 있다.

【掩蔽部】yǎnbìbù 명(军) 엄폐부. [적의 포탄 공격을 방어하기 위하여 주로 지하에 구축해 놓은 설비]

【掩藏】yǎncáng 동 숨기다. 감추다. ¶把内心的苦楚~起来。=마음속의 고초를 숨기다.

【掩耳盗铃】yǎn'ěr-dàolíng 성 1 귀를 막고 방울을 훔치다. 2 비 자신이 자신을 속이다. 눈 가리고 아웅하다. ≒自欺欺人

【掩盖】yǎngài 동 1 위에서 덮어 씌우다. 복개하다. ¶~工事=복개 공사. 2 덮어 가리다. 감추다. 숨기다. ¶~缺点=결점을 감추다. ≒掩饰 ↔暴露 揭穿 揭露

【掩护】yǎnhù 동 1 몰래 보호하다. ¶打~=몰래 보호하다. 2 엄호하다. ¶~撤退=엄호하여 철수하다. 철수하는 것을 엄호하다. 명 엄폐물. 엄폐 방법. 엄폐 수단. ¶以甘蔗林作~。=사탕수수밭을 엄폐물로 삼다.

【掩口】yǎnkǒu 동 손으로 입을 가리다(막다). ¶~而笑=입을 가리고 웃다.

【掩埋】yǎnmái 동 묻다. 매장하다. (진흙 따위로) 덮다. ¶~尸骨=시체를 매장하다.

【掩面】yǎnmiàn 동 손으로 얼굴을 가리다. ¶~而泣=손으로 얼굴을 가리고 울다.

【掩泣】yǎnqì 동⟨문⟩ 얼굴을 가리고 울다. ¶~不已=얼굴을 가리고 줄곧 울다.

【掩人耳目】yǎnrén'ěrmù 성 1 세상 사람들의 이목〔귀와 눈〕을 가리다. 2 비 거짓으로 남을 속이다. 남을 기만하다.

【掩杀】yǎnshā 동⟨문⟩ 불시에 습격하다. 기습하다. 갑자기 들이치다.

【掩食】yǎnshí 명⟨天⟩ (어떤 천체가 다른 천체를) 엄폐하는 현상.

【掩饰】yǎnshì 동 (결점·실수 따위를) 덮어 숨기다. 감추다. ¶一真相=진상을 감추다. ≒掩盖 粉饰 ↔拆穿 揭露 揭穿

【掩体】yǎntǐ 명(军) 벙커(bunker). 엄폐호. 포상(炮床). ¶机枪~=기관총 포상(砲床).

【掩星】yǎnxīng 명⟨天⟩ 엄폐(掩蔽). 성식(星蝕). [항성이 또 다른 항성에 의해 가려지는 과정]

【掩眼法】yǎnyǎnfǎ ☞【障眼法】zhàngyǎnfǎ

【掩隐】yǎnyǐn 동 가리다. 은폐하다.

【掩映】yǎnyìng 동 두 사물이 서로 어울려 돋보이다. ¶湖光山色相互~。=호숫빛과 산색이 서로 어울려 돋보이다.

**郾** yǎn 땅 이름 언

【郾城】Yǎnchéng 명(地) 옌청. [허난(河南)성에 있는 지명]

**厣[厴]** yǎn 게 배딱지 엄
명 1 게의 배딱지. 2 (조개 등의) 숨문 뚜껑.

**眼** yǎn 눈 안
명 1 ⟨生⟩ 눈. ¶浓眉大~=짙은 눈썹에 큰 눈. 2 (一) 구멍. 눈. ¶针~儿=바늘구멍. 3 관찰력. 안목. 식견. ¶慧~识英雄。=혜안은 영웅을 알아본다. 4 사물의 가장 중요한 부분. 요점. 관건. ¶节骨~儿=결정적인 시기. 관건. 5 (剧) (중국 전통극·전통 음악에서의) 박자. 리듬. [매 소절 가운데에서 가장 강한 박자를 판(板)이라고 하고, 나머지 박자는 안(眼)이라고 함] ¶一板三~=일판삼안. [4박자 리듬에서 1박자는 세게 치고, 나머지 3박자는 약하게 침] 6 (바둑에서의) 집. 양 개. [우물·샘물·동굴 따위를 세는 데 쓰임] ¶一~井=우물 하나. / 两~窑洞=동굴 두 개. ≒目

○● 碍ài眼, 白眼, 板眼, 榜bǎng眼, 背眼, 虫chóng眼, 刺眼, 单眼, 瞪dèng眼, 电眼, 斗眼, 对眼, 放眼, 飞眼, 复眼, 过眼, 害眼, 红眼, 花眼, 慧huì眼, 火眼, 鸡眼, 开眼, 泪眼, 冷眼, 龙眼, 满眼, 卯mǎo眼, 眉眼, 炮pào眼, 气眼, 枪眼, 青眼, 惹rě眼, 肉眼, 入眼, 沙眼, 砂眼, 傻shǎ眼, 手眼, 顺眼, 榫sǔn眼, 挑tiāo眼, 偷眼, 显眼, 现眼, 斜xié眼, 心眼儿, 醒眼, 芽眼, 贼zéi眼, 扎zhā眼, 眨zhǎ眼, 招眼, 针眼, 转zhuǎn眼, 着zhuó眼, 字眼, 走眼, 醉zuì眼

【眼巴巴】yǎnbābā (~的) 형 1 눈이 빠지게 기다리는 모양. 간절히 기다리는 모양. ¶老两口~地盼着离家多年的儿子早点回来。=노부부는 집 떠난 지 수년이 된 아들이 빨리 돌아오기를 간절히 기다리고 있다. 2 어쩔 수 없이 멍하니 바라보는 모양. 애가 타도 속수무책인 모양. ¶他~地看着匪徒把自己的包抢走。=그는 강도가 자기의 가방을 뺏어 가는 것을 눈을 뻔히 뜨고 멍하니 지켜보고만 있다.

【眼白】yǎnbái (~儿) 명⟨방⟩ (눈알의) 흰자위.

【眼病】yǎnbìng 명(医) 눈병. 안병. 안질.

【眼波】yǎnbō 명 안파. 눈의 물결. 애교스럽게 깜박이는 눈길. [주로 여자에게 쓰임] ¶~流转=눈짓을 치다.

【眼不见为净】yǎn bù jiàn wéi jìng 속 1 눈으로 보지 않은 것은 매우 깨끗한 법이다. 2 비 눈으로 보지 않으면 걱정하지 않는다. 안 보는 것이 마음 편하다.

【眼不见, 心不烦】yǎn bù jiàn, xīn bù fán 속 눈에 보이지 않으면 번뇌가 없다.

【眼岔】yǎnchà 동⟨방⟩ 잘못 보다. 착각하다. ¶原来前边那位不是我高中同学, 我~了。=알고 보니 앞에 있는 저분은 고등 학교 동창이 아니었는데, 내가 잘못 보았어.

【眼馋】yǎnchán 동 보니 탐이 나다. 눈독들이다. ¶他很~那几盘新出的歌碟。=그는 몇 장의

새로 나온 CD에 탐을 낸다.
【眼眵】 yǎnchī 몡 눈곱. ⟹【眼屎】 yǎnshǐ
【眼虫】 yǎnchóng 몡(動) 연두벌레. 유글레나 (euglena). =【眼虫藻】 yǎnchóngzǎo
【眼虫藻】 yǎnchóngzǎo ☞【眼虫】 yǎnchóng
【眼大肚皮小】 yǎn dà dùpí xiǎo ⟹ 1 보기에는 많이 먹을 것 같았는데, 실제로 얼마 먹지 못하다. 2 비 하고 싶은 일은 많으나 능력이 모자라 해낼 수가 없다. =【眼大肚子小】 yǎn dà dù·zi xiǎo
【眼大肚子小】 yǎn dà dù·zi xiǎo ☞【眼大肚皮小】 yǎn dà dùpí xiǎo
【眼袋】 yǎndài 몡 아래 눈두덩. 아이 백(eye bag).
【眼底】 yǎndǐ 몡 1 (生) 안저. 2 안중. 눈 속. 눈 앞. ¶登高远眺, 满山景色, 尽收~。 = 높은 곳에 올라 먼 곳을 바라보니, 온 산의 경치가 모두 눈 속에 들어온다.
【眼底下】 yǎndǐ·xia 몡 1 눈 앞. 눈 밑〔아래〕. ¶他眼睛近视看厉害, ~的东西有时也看不清。 = 그는 근시가 아주 심해서 눈 앞에 있는 물건도 어떤 때는 잘 보이지 않는다. 2 목하. 바로 지금. 당장. ¶他~正忙着考研究生。 = 그는 목하 대학원 시험으로 바쁘다. =【眼皮底下】 yǎnpí dǐ·xia【眼皮子底下】 yǎnpí·zi dǐ·xia
【眼点】 yǎndiǎn 몡(生) 안점. [원생동물이나 하등 무척추동물에 있는 점 모양의 빛 감각 기관]
【眼毒】 yǎndú 혱 눈썰미가 예리하다〔날카롭다〕. ¶他~, 好几年前见过一面的人他还能认得。 = 그는 눈썰미가 있어 수년 전에 한 번 본 사람도 알아본다.
【眼风】 yǎnfēng 몡 눈짓. 윙크. ¶她向我丢了个~。 = 그녀가 나에게 윙크를 보냈다. 그녀가 나에게 눈짓을 주었다.
【眼锋】 yǎnfēng 몡 매서운 눈빛. 날카로운 눈빛. ¶他的~有点儿吓人。 = 그의 매서운 눈빛이 좀 무섭다.
【眼福】 yǎnfú 몡 눈복. 눈요기. [진기하거나 아름다운 사물을 눈요기할 기회를 가질 수 있는 복] ¶大饱~ = 눈요기를 실컷 하다.
【眼干燥症】 yǎngānzàozhèng ☞【干眼症】 gānyǎnzhèng
【眼高】 yǎngāo 혱 눈이 높다. 안목이 높다. ¶贵人~ = 귀인은 안목이 높다.
【眼高手低】 yǎngāo-shǒudī ⟹ 스스로 바라는 수준은 높지만 실제 능력은 부족하다. 눈은 높고 솜씨는 서툴다. ≒志大才疏
【眼格】 yǎngé 몡(書) 시야. 시각. 식견. 견문.
【眼观六路, 耳听八方】 yǎn guān liùlù, ěr tīng bāfāng ⟹ 1 눈은 상·하·전·후·좌·우의 여섯 곳을 바라볼 수 있고, 귀는 동·서·남·북·동남·동북·서남·서북 등 팔방의 소리를 들을 수 있다. 2 비 소식이 빠르고 매우 기민하다.
【眼光】 yǎnguāng 몡 1 시선. 눈길. ¶大家都把~集中到经理的脸上。 = 모두들 시선을 사장의 얼굴로 집중시켰다. 2 선견지명. 통찰력. 안목. 식견. ¶~短浅 = 안목이 좁다. 3 관점. 견해.

¶不能用老~看人。 = 항상 똑같은 관점으로 사람을 보아서는 안 된다.
【眼黑】 yǎnhēi 몡(書) 눈동자. 동공. 검은자위. 흑정(黑睛).
【眼红】 yǎnhóng 통 샘이 나다. 질투심이 나다. ¶看到早年的同学买房的买房, 买车的买车, 他有点儿~。 = 왕년의 동창들이 집 살 사람은 집을 사고, 차 살 사람은 차를 산 것을 보고, 그는 좀 질투심이 났다. 혱 눈에 핏발이 서다. 격분하다. ¶仇人相见, 分外~。 = 원수끼리 서로 만나면 유달리 격분한다.
【眼花】 yǎnhuā 혱 눈이 침침하다. 눈앞이 아물아물하다. ¶头晕~ = 머리가 어지럽고 눈이 침침하다.
【眼花缭乱】 yǎnhuā-liáoluàn ⟹ 눈이 어지럽다. 눈이 부시다. 눈을 현혹시키다. ≒目不暇接 ↔一目了然
【眼犄角儿】 yǎnjījiǎor 몡(方) 안각(眼角). 눈초리와 눈구석의 총칭.
【眼疾】 yǎnjí 몡(醫) 눈병. 안질.
【眼疾手快】 yǎnjí-shǒukuài ☞【手疾眼快】 shǒují-yǎnkuài
【眼尖】 yǎnjiān 혱 눈이 예리하다. 시각이 날카롭다. 눈치가 빠르다. ¶他~得很, 那么多人里面, 一眼就把你认出来了。 = 그는 눈이 아주 예리하여 그렇게 많은 사람들 중에서 한눈에 너를 알아보았다.
【眼睑】 yǎnjiǎn 몡(生) 눈꺼풀. ⟹【眼皮】 yǎnpí
【眼见】 yǎnjiàn 통 눈으로 직접 보다. ¶耳听为虚, ~为实。 = 귀로 들은 것은 참이 아니고, 눈으로 본 것만이 확실하다. 귀로 듣는 것보다 직접 눈으로 보는 것을 믿는다. 囝 곧. 즉시. 이제. ¶~就要秋收了。 = 이제 곧 추수가 시작된다. ≒眼看
【眼见得】 yǎnjiàn·de 囝 1 혱 분명하게. 명백하게. 뚜렷하게. 확연하게. 확실히. ¶他的病情~加重, 真急人。 = 그의 병세가 확연하게 심해지니 정말 속이 탄다. 2 곧. 즉시. 바로. ¶~大楼就要盖好了。 = 곧 빌딩이 다 지어져 간다.
【眼角】 yǎnjiǎo (~儿) 몡 안각(眼角). 눈초리와 눈구석의 총칭. ['外眦(눈초리)'를 '小眼角(xiǎoyǎnjiǎo)', '内眦(눈구석)'를 '大眼角(dàyǎnjiǎo)'라 부름]
【眼睫毛】 yǎnjiémáo 몡 속눈썹.
【眼界】 yǎnjiè 몡 1 시계. 시야. 2 안목. 식견. 견식. ¶大开~ = 안목을 크게 넓히다.
【眼镜】 yǎnjìng (~儿) 몡 안경.
【眼镜蛇】 yǎnjìngshé 몡(動) 코브라.
【眼睛】 yǎn·jing 몡 눈.
【眼睛向上】 yǎn·jing xiàngshàng ⟹(貶) 오로지 상사나 고위층만을 중시하고 부하나 민중은 무시하다. ↔眼睛向下
【眼睛向下】 yǎn·jing xiàngxià ⟹(貶) 민중 속에 들어가서 민중들을 의지하고 민중들과 하나가 되다. ↔眼睛向上
【眼看】 yǎnkàn 통 1 보고 있다. [막 일어나고

있는 상황을 가리킴]¶~着他跑进人群,一闪就不见了。=그가 사람들 속으로 뛰어들더니 눈 깜짝할 사이에 자취를 감추는 것을 뻔히 보고만 있다. **2** (여의치 않은 일이 발생하거나 발전하는 것을) 그저 지켜보다. 보고만 있다. 좌시(坐視)하다. 방관하다. ¶哪能~着她走上邪路不管呢?=어찌 그녀가 나쁜 길로 빠지는 것을 바라만 볼 수 있겠습니까? 🔜 곧. 즉각. 바로. 즉시. ¶~要天黑了,我们快回家吧。=곧 날이 어두워지니, 우리 빨리 집으로 돌아가자. ≒眼见。

【眼科】 **yǎnkē** 圐(醫)안과.
【眼库】 **yǎnkù** 圐 눈은행. 안구은행. 각막은행. 아이 뱅크(eye bank).
【眼快】 **yǎnkuài** 冏 눈이 예리하다. 시각이 날카롭다. 눈치가 빠르다. 눈썰미가 있다.
【眼眶(子)】 **yǎnkuàng**(·zi) 圐 **1** 눈구멍. 안와(眼窝). ¶~深陷=눈이 쑥 들어가다. **2** 눈두덩. ¶~发青=눈두덩이 시퍼렇게 멍들다.
【眼泪】 **yǎnlèi** ☞【泪液】 **lèiyè**
【眼离】 **yǎnlí** 图 (시각의 일시적인 착각으로) 환각이 생기다. 착각을 일으키다. ¶是我一时~认错了人。=내가 잠시 착각해서 사람을 잘못 보았다.
【眼里】 **yǎnlǐ** 圐 **1** 눈 속. 안중. **2** 마음(속). ¶这点儿困难,我根本就没放在~。=이런 정도의 어려움은 나는 전혀 안중에 두지 않을 것이다.
【眼力】 **yǎnlì** 圐 **1** 시력. ¶~减弱=시력이 감퇴하다. **2** 안식(眼識). 안목. 관찰력. 감별력. ¶他~不错,找了个贤内助。=그가 어진 아내를 얻은 것을 보니, 안목이 괜찮구먼.
【眼力见儿】 **yǎnlìjiànr** 圐 눈치. 눈썰미. 재치. ¶这孩子真有~,看见我要擦车,赶紧端盆水过来了。=이 아이는 정말 눈치가 있어서, 내가 차를 닦으려고 하자 재빨리 대야에 물을 떠가지고 오더라니까.
【眼帘】 **yǎnlián** 圐 눈. 안계(眼界). 시계(視界). [주로 문학 작품에 많이 쓰임] ¶映入~=시계에 들어왔다.
【眼眉】 **yǎnméi** 圐 눈썹.
【眼面前】 **yǎnmiànqián**(~儿) 圐 눈앞. 목전. 안전(眼前). ¶他~的事很多,忙得不可开交。=그는 눈앞에 일이 많이 쌓여 눈코 뜰 새 없이 바쁘다. 冏 보통의. 흔한. 자주 보는. ¶他没上过学,只认识一些~的字。=그는 학교에 다니지 않아 자주 쓰는 몇 글자만 알 뿐이다.
【眼明手快】 **yǎnmíng-shǒukuài** 圐 **1** 시력이 좋고 동작이 민첩하다. 눈치 빠르고 손놀림이 재다. **2** 반응이 빠르다.
【眼目】 **yǎnmù** 圐 **1** 눈. ¶中午的阳光眩人~=정오의 햇볕이 사람 눈을 부시게 한다. **2** 밀정. 간첩. 세작(細作). 스파이(spy). ¶安插~=밀정을 박아 놓다.
【眼目下】 **yǎnmù·xia** 圐冏 지금. 목하. ¶而今~,不得不低头。=지금과 같은 상황에서 고개를 숙이지 않을 수 없다.
【眼泡】 **yǎnpāo**(~儿) 圐 눈두덩. 위 눈꺼풀. ¶~儿都哭肿了。=울어서 눈이 다 부었다.

【眼皮】 **yǎnpí**(~儿) ☞【眼睑】 **yǎnjiǎn**
【眼皮底下】 **yǎnpí dǐ·xia** ☞【眼底下】 **yǎndǐ·xia**
【眼皮子】 **yǎnpí·zi** 圐 **1** 눈꺼풀. ¶我困得~都睁不开了。=나는 너무 졸려서 눈꺼풀도 제대로 뜨지 못할 지경이다. **2** 시야. 식견. 견식. 안목. ¶人家~高,看不上这份要出体力的工作。=그 사람은 눈이 높아서, 이런 힘 쓰는 일은 마음에 들지도 않을 것이다.
【眼皮子底下】 **yǎnpí·zi dǐ·xia** ☞【眼底下】 **yǎndǐ·xia**
【眼皮子高】 **yǎnpí·zi gāo** 冏 눈이 높다. 요구가 까다롭다. 견식이 넓다. ¶她~,不想和我这个拉三轮的搞对象。=그녀는 눈이 높아서 나처럼 삼륜차를 모는 사람은 사귀려 하지 않는다.
【眼皮子浅】 **yǎnpí·zi qiǎn** 冏 눈이 낮다. 생각이 얕다. 견식이 천박하다. ¶她看见别人的东西好就眼馋,真是~。=그녀는 다른 사람의 물건이 좋은 것을 보면 탐을 내니, 정말로 식견이 천박하다.
【眼前】 **yǎnqián** 圐 **1** (공간적인) 눈 앞. 가까운 곳. 부근. 근처. ¶远在千里,近在~。=멀리로는 천리에 있고 가깝게는 바로 눈 앞에 있다. **2** (시간적인) 눈앞. 현재. 목전. ¶~利益要服从长远利益。=눈앞의 이익보다 항구적인 이익을 우선시해야 한다. ≒目前 眼下。
【眼前欢】 **yǎnqiánhuān** 圐 눈앞의 일시적인 쾌락. ¶不能只图~,要多考虑考虑后果。=눈 앞의 일시적인 환락만을 추구하려고 하지 말고 닥쳐올 결과를 잘 헤아려야 한다.
【眼前亏】 **yǎnqiánkuī** 圐 눈앞의 손실. 곧 받아야 할 불이익. ¶好汉不吃~。=대장부는 어떠한 희생을 치르더라도 눈앞의 굴욕은 당하지 않는다.
【眼浅】 **yǎnqiǎn** 冏 근시안적이다. 선견지명이 없다. 견식이〔시야가〕 좁다. ¶~不识金镶玉。=견식이 좁으면 금을 상감한 옥을 알아보지 못한다.
【眼球】 **yǎnqiú** 圐 **1** (生)안구. 눈알. 冏 【眼珠子】 **yǎnzhū·zi** **2** 주의(력). ¶街头富有创意的大幅广告吸引了众多过往行人的~。=길거리에 창의성이 넘치는 대형 광고가 행인들의 주의를 끈다.
【眼圈】 **yǎnquān**(~儿) 圐 눈가. 눈언저리.
【眼热】 **yǎnrè** 图 흠모하다. 부러워하다. ¶看看朋友用着手提电脑,他甭提多~了。=친구가 노트북 컴퓨터를 사용하고 있는 것을 보고 그가 얼마나 부러워할는지는 말할 필요가 없다.
【眼色】 **yǎnsè** 圐 **1** 윙크. 눈짓. ¶他给他递了个~。=그가 나에게 윙크를 보냈다. **2** 눈치. ¶他是个没~的糊涂蛋=그는 눈치가 없는 멍청이이다.
【眼梢】 **yǎnshāo** 圐 눈초리. ¶她的~已出现了鱼尾纹。=그녀의 눈초리에 이미 잔주름이 생겼다.
【眼神】 **yǎnshén** 圐 **1** 눈의 표정. 눈매. 눈빛. ¶渴望的~=갈망하는 눈빛. **2**(~儿) 圐 시력.

¶年纪大了, ~儿越来越不好了。 = 나이가 드니 시력이 갈수록 나빠진다.

【眼神】yǎn·shen(~儿) 명[불] 눈짓. 암시. 윙크. ¶到时候看我的~行事。= 그 때 가서 내 눈짓을 보고 행동해라.

【眼生】yǎnshēng 형 눈에 익지 않다. 낯설다. ¶不知那位是谁, 看着有点儿~。= 저분이 누구인지 낯이 좀 설다. ↔眼熟

【眼屎】yǎnshǐ ☞【眼眵】yǎnchī

【眼熟】yǎnshú 형 낯익다. 눈에 익다. ¶那个人我~, 一定在什么地方见过。= 그 사람 낯이 익은데, 분명히 어디에선가 만난 적이 있어. ↔眼生

【眼跳】yǎntiào 동 눈꺼풀이 경련을 일으키다. 눈꺼풀이 뛰다[떨리다]. [주로 눈이 피로하여 나타나지만, 미신을 믿는 사람들은 어떤 조짐이라고 여김] ¶心惊~ = 마음이 놀라고 눈꺼풀이 경련을 일으키다.

【眼窝】yǎnwō(~儿) 명 안와. 안학. 눈구멍. =【眼窝子】yǎnwō·zi

【眼窝子】yǎnwō·zi ☞【眼窝】yǎnwō

【眼下】yǎnxià 명 현재. 지금. 목하. ¶~公司的流动资金有点儿紧张。= 현재 회사의 유동 자금이 조금 빠듯하다. ≒眼前 目前

【眼线】yǎnxiàn 명 1 내탐자. 밀정. 스파이 (spy). ¶安插~ = 밀정을 배치하다. 2 아이 라인 (eye line). ¶描~ = 아이 라인을 그리다.

【眼压】yǎnyā 명[생] 안압.

【眼炎】yǎnyán 명(醫) 안염. 결막염.

【眼药】yǎnyào 명(醫) 안약.

【眼影】yǎnyǐng 명 아이 새도(eye shadow). ¶~粉 = 아이 새도(eye shadow).

【眼晕】yǎnyùn 동 눈이 어질어질하다. 현기증이 나다. ¶他一~, 差点儿摔倒。= 그는 눈이 어질어질하여 하마터면 넘어질 뻔하였다.

【眼罩】yǎnzhào(~儿) 명 1 눈가리개. 안대. 2 (예) 풍안(風眼). 풍안경. 3 (동물용의) 눈가리개. 4 손차양. ¶她打起~向山下望。= 그녀는 손차양을 하고 산 아래를 바라본다.

【眼睁睁】yǎnzhēngzhēng(~的) 형 눈을 뻔히 뜨고 무기력하게 쳐다보는 모양. 멍하니 눈을 뜨고 바라보는 모양. ¶我不能~地看着她堕落。= 나는 눈을 뻔히 뜨고 그녀가 타락하는 모습을 바라보고 있을 수가 없다.

【眼中钉】yǎnzhōngdīng 명[비] 눈엣가시. 안중정. 가장 싫어하는 사람 또는 사물. ¶~, 肉中刺。= 눈엣가시.

【眼中无人】yǎnzhōng-wúrén 성 안중무인. 안하무인. 방자하고 교만하여 다른 사람을 업신여기다.

【眼珠】yǎnzhū 명[구] 안구. 눈알.

【眼珠儿】yǎnzhūr ☞【眼珠子】yǎnzhū·zi

【眼珠子】yǎnzhū·zi 1 ☞【眼球】yǎn qiú 2 (비) 가장 아끼는 사람 또는 사물. =【眼珠儿】yǎnzhūr

【眼拙】yǎnzhuō 형 눈이 무디다[우둔하다]. 몰라보다. [상대방을 알아보지 못했을 때 쓰는 상투적인 표현임] ¶冒昧得很, 我~, 请问您是哪位？ = 외람되게 제가 눈이 우둔합니다만, 댁은 누구시죠？

**偃** yǎn 자빠질 언

동[문] 1 뒤로 자빠지다. ¶前合后~ = 앞으로 엎어지고 뒤로 자빠지다. 2 넘어뜨리다. 자빠뜨리다. ¶~兵息甲 = 병기를 놓고 갑옷을 풀다. 전쟁을 그치다. 3 그만두다. 그치다. 중지하다. ¶~息武备 = 군비를 중지하다. ≒仰 ↔仆(pū)

【偃旗息鼓】yǎnqí-xīgǔ 성 1 군기(軍旗)를 내리고 북소리를 멈추다. 2 (작전상) 군대의 행동을 은폐하고 비밀리에 작전을 수행하다. 3 정전하다. 휴전하다. 4 [비] (논쟁·일 등을) 그치다[그만두다]. ↔大动干戈 大张旗鼓 摇旗呐喊

【偃卧】yǎnwò 동[문] 드러눕다. 앙와(仰臥)하다. ¶和衣~ = 옷을 입고 드러눕다.

【偃武修文】yǎnwǔ-xiūwén 성 군사 활동을 멈추고 문치(文治)와 교화(教化)에 힘쓰다.

【偃仰】yǎnyǎng 동[문] 부침(浮沈)하다. 진퇴(進退)하다. ¶与世~ = 세상과 더불어 부침(浮沈)하다.

【偃月】yǎnyuè 명 1 언월. 반달. 2 반달처럼 생긴 물체의 모양. ¶~刀 = 언월도.

**琰** yǎn 뾰족한 홀 염

명 옥돌. 위가 뾰족한 홀.

**棪** yǎn 재염나무 염

명(植) 속기(棪其). 재염(梓棪). [고서(古書)에 나오는, 열매가 능금과 비슷한 나무. 주로 인명에 쓰임]

**晻** yǎn 음침할 암

형[문] 어둠침침하다.

☞ àn

**扅** yǎn 빗장 염

【扅扂】yǎnyí 명[문] 염이. 빗장.

**罨** yǎn 그물 엄

명 (새나 물고기를 위에서 씌워 잡는) 그물. 동 덮어 씌우다. ¶热~ = 열로 쬐다.

**\*演** yǎn 널리 펼 연

동 1 널리 펴다. 전개하다. 점진적으로 변화하다. ¶生物~化 = 생물이 진화하다. 2 (어떤 이치에 근거하여) 부연하다. 추론하다. 연역하다. ¶推~ = 연역하다. 3 (어떤 격식에 따라) 행하다. 연습하다. 훈련하다. 연산하다. ¶操~ = 훈련하다. 4 상연(上演)하다. 연기하다. ¶~话剧 = 연극을 상연하다.

○● 搬bān演, 扮bàn演, 操cāo演, 重chóng演, 串chuàn演, 导dǎo演, 公演, 合演, 会演, 讲演, 开演, 排pái演, 上演, 义演, 预yù演, 主演

【演变】[衍变] yǎnbiàn 동 변화 발전하다. 변천하다. [주로 경과가 오래 된 것을 가리킴] ¶自然

**yǎn** 演缜魇螈巚黡齞厌

界의 一切事物在不断地~。=자연계의 모든 사물은 끊임없이 변천하고 있다.

【演兵场】yǎnbīngchǎng 图 연병장.

【演播】yǎnbō 图 (라디오·텔레비전 등의 수단을 통하여) 연출 방송하다. ¶~室=스튜디오 (studio).

【演唱】yǎnchàng 图 (노래·가극〔오페라〕·중국 전통극 따위를) 상연하다. 노래를 부르다. ¶~京剧=경극을 상연하다.

【演唱会】yǎnchànghuì 图 음악회. 콘서트 (concert). ¶通俗歌曲~=대중 가요 콘서트.

【演出】yǎnchū 图 공연하다. 상연하다. ¶~黄梅戏选段=황매희(黄梅戏) 중의 한 대목을 뽑아서 연기하다. 图 공연. 상연. ¶她下周有三场~。=그녀는 다음 주에 세 차례의 공연이 있다.

【演化】yǎnhuà 图 발전 변화하다. 진화하다. [주로 자연계의 변화를 가리킴] ¶天体~=천체 변화. / ~论=진화론.

【演技】yǎnjì 图 연기. ¶~高明=연기가 뛰어나다〔훌륭하다〕.

【演讲】yǎnjiǎng 图 연설하다. 웅변하다. 강연하다. ¶~比赛=웅변 대회. 图 강연. 연설. 웅변. ¶公开发表~=공개 강연을 하다.

【演进】yǎnjìn 图 진화 발전하다. 진보하다. 진전하다. ¶语言也是不断~的。=언어 역시 끊임없이 진보하는 것이다.

【演剧】yǎn∥jù 图 극을 상연하다.

【演练】yǎnliàn 图 연습하다. 훈련하다. ¶~场=연습장. 훈련장.

【演期】yǎnqī 图 공연〔상연〕 일자. ¶大家要抓紧排练, ~就快到了。=모두 서둘러서 리허설을 하세요, 상연 일자가 다 되었습니다.

【演示】yǎnshì 图 (모형·실험·도표 따위로) 실연(实演)해 보이다. 시범을 보이다. ¶~实验=실험을 실연(实演)해 보이다.

【演双簧】yǎn shuānghuáng ☞【唱双簧】 chàng shuānghuáng

【演说】yǎnshuō 图 연설하다. ¶~词=연설문. 图 연설. ¶生动深刻的~=생동감 있고 인상 깊은 연설.

【演算】yǎnsuàn 图 연산하다. 운산(运算)하다. ¶~几何题=기하 문제를 연산하다.

【演武】yǎnwǔ 图 연무하다. 무예를 연마하다. ¶~厅=연무 도장.

【演习】yǎnxí 图 훈련하다. 연습하다. [주로 군사 방면에 쓰임] ¶海上搜救~=해상 구조 훈련. / 实弹~=실탄 훈련.

【演戏】yǎn∥xì 图 1 (연극·중국 전통극 혹은 영화·텔레비전 드라마 따위를) 상연하다. 공연하다. 연기를 하다. ¶登台~=무대에 올라 공연하다. 2 (喩) 연기하다. 남을 속이다. ¶别~了, 你的老底我早就看透了。=연기하지 마, 너의 속셈을 (나는) 진작 꿰뚫어 보았어.

【演义】yǎnyì 图 연의하다. 내용을 부연하여 설명하다. ¶这出戏是根据《三国演义》的一个情节~而成的。=이 극은 《삼국연의》의 한 부분에 근거하여 내용을 덧붙여 만든 것이다. 图 (论) 연

의 소설. 장회체(章回体)의 장편 소설.

【演艺】yǎnyì 图 (가무·연극·영화·TV 드라마·설창 문예 따위를) 상연하다. 공연하다. ¶上台~=무대에 올라 공연하다. 图 1 연기 예술. 극예술. ¶~人员=연기자. 2 연기. ¶精湛的~=훌륭한 연기.

【演艺界】yǎnyìjiè 图 연예계.

【演艺圈】yǎnyìquān 图 연예계.

【演绎】yǎnyì 图 1 벌여 놓다. 전개하다. 널리 펴다. 발휘하다. ¶作家把听来的那个小故事~成了一部中篇。=작가는 들었던 짧은 이야기를 늘여서 중편을 썼다. 2 명료하게 하다. 밝히다. 천명하다. 설명하다. 나타내다. ¶~不同的艺术风格=서로 다른 예술 풍격을 나타내다. 图(论) 연역(법). ↔归纳

【演绎法】yǎnyìfǎ 图(论) 연역법. =【演绎推理】yǎnyì tuīlǐ

【演绎推理】yǎnyì tuīlǐ ☞【演绎法】yǎnyìfǎ

【演员】yǎnyuán 图 배우. 연기자. ¶专业~=전문 배우.

【演职员】yǎnzhíyuán 图 (예술 단체의) 연기자와 직원. 스탭.

【演奏】yǎnzòu 图 연주하다. ¶~圆舞曲=왈츠를 연주하다.

【演奏家】yǎnzòujiā 图 연주가. ¶小提琴~=바이올린 연주가.

## 缜[縝] yǎn 늘일 연
图 늘이다. 연장하다.

## 魇[魘] yǎn 가위눌릴 염
图 1 가위눌리다. 꿈결에 놀라다. ¶梦~=가위눌리다. 2 图 잠꼬대를 하다.

## 螈 yǎn 매미 언
图(动) 고서(古书)에 나오는 매미 종류의 곤충.

【螈蜓】yǎntíng 图(动) 도마뱀붙이. 벽호. 수궁. 갈호(蝎虎). =【守宫】shǒugōng

## 巚[巘] yǎn 산봉우리 헌
图 험준한 산봉우리. 낭떠러지. 벼랑. 절벽. ¶绝~=절벽.

## 黡[黶] yǎn 검은 사마귀 염
图(动) 검은 사마귀. 흑자(黑子).

## 齞 yǎn 시루 언
图 (고대의) 시루.

## 鼹[鼴] yǎn 두더지 언
图(动) 두더지.

【鼹鼠】yǎnshǔ 图(动) 두더지. 언서. [두더짓과 포유동물의 총칭]

## **厌[厭] yàn 싫어할 염
图 1 마음에 차다. 만족하다. 흡족해하다. ¶贪得无~=욕심이 끝이 없다. 2 싫어하다. 미워하

다. 증오하다. ¶喜新~旧=새로운 것을 좋아하고 옛 것을 싫어하다. 彻 물리다. 싫증나다. ¶百问不~=아무리 물어도 싫증내지 않다. ↔好(hào)

○ 厌 yàn
  愿 yān
  餍 yàn
  压 yā

【厌烦】 yànfán 통 싫증나다. 물리다. 신물나다. 넌더리나다. 짜증나다. ¶她近来对什么事都~。=그녀는 요즘 모든 일에 싫증을 낸다.

【厌恨】 yànhèn 통 증오하다. 미워하다.

【厌倦】 yànjuàn 통 권태를 느끼다. 싫증나다. ¶他对官场上的那一套早就~了。=그는 관료 사회의 그런 행태에 진작 권태를 느꼈다.

【厌腻】 yànnì 통 싫증나다. 물리다. 신물나다. ¶她一吃肥肉。=그녀는 기름진 고기를 먹는 것이 넌더리가 난다.

【厌弃】 yànqì 통 싫어서 회피하다. 싫어서 상대하지 않다. ¶遭人~=남에게 버림받다.

【厌食】 yànshí 통 식욕이 없다(부진하다). 음식을 먹고 싶지 않다. ¶~症=거식증.

【厌世】 yànshì 통 염세하다. 세상을 비관하다. ¶悲观~=세상을 싫어하여 비관하다.

【厌恶】 yànwù 통 염오하다. 혐오하다. 몹시 싫어하다. ¶我很~那些当面一套背地一套的人。=나는 겉 다르고 속 다른 사람을 몹시 혐오한다. 与讨厌 ↔喜爱 喜欢 爱好

【厌学】 yànxué 통 학업에 싫증을 느끼다. 공부를 싫어하다. ¶~情绪=학업에 싫증을 느끼는 감정.

【厌战】 yànzhàn 통 전쟁을 혐오하다. ¶~反战=전쟁을 혐오하고 반대하다.

# 赝[赝] yàn 땅 이름 엄

【赝口】 Yànkǒu 명(地) 옌커우. [저장(浙江)성에 있는 지명]

# 研 yàn 벼루 연

명 '砚(yàn)'과 같음.
☞ yán

# *砚[硯] yàn 벼루 연

명 1 벼루. ¶端~=단계연(端溪砚). 2 예 동학. 학우. 동창. ¶同~=동학. / ~兄=학형. 3 (Yàn) 성(姓).

【砚池】 yànchí 명 1 연지. 벼루못. 연해(砚海). 2 벼루.

【砚盒】 yànhé 명 벼루상자. ¶红木~=마호가니 벼루상자.

【砚石】 yànshí 명 1 연석. 벼룻돌. 2 벼루.

【砚台】 yàn·tai 명 벼루.

# 咽[嚥] yàn 삼킬 연

통 1 (음식물 따위를) 삼키다. 목구멍으로 넘기다. ¶细嚼慢~=오래오래 잘 씹고 천천히 삼키다. 2 (예) (말이나 분노를) 삼키다. ¶话刚到嘴边，又~了回去。=말이 입에까지 나왔지만 다시 삼켜 버렸다.

☞ yān, yè

【咽气】 yàn‖qì 통 숨을 거두다. 죽다. ¶老爷子昨天晚上就~了。=어르신께서 어제 저녁에 숨을 거두셨다.

# 彦 yàn 선비 언

명(文) 현사(贤士). 언사(彦士). 재능과 덕망이 뛰어난 선비. ¶俊~=언준. 훌륭한 사람.

○ 彦 yàn
  谚 yàn
  颜 yán

【彦士】 yànshì 명 현사(贤士). 언사(彦士). 재능과 덕망이 뛰어난 선비. ¶国之良臣, 时之~。=나라의 어진 신하요, 시대의 언사이다.

# **艳[豔, 豓·豔] yàn 아름다울 염

형 1 (색채가) 곱다. 산뜻하다. 아름답다. ¶鲜~=선명하고 아름답다. / 百花争~=온갖 꽃이 아름다움을 다툰다. 2 남녀의 애정에 관한. ¶淫词~曲=음란한 사(词)와 사랑의 노래. 통(文) 부러워하다. 선망하다. ¶~羡不已=부러워 마지않다. ↔素

○ 哀āi艳, 浮fú艳, 浓nóng艳, 鲜艳, 妖yāo艳, 冶yě艳, 红艳艳

【艳服】 yànfú 명 산뜻한(화려한) 옷. ¶盛装~=화려하게 치장한 옷차림.

【艳福】 yànfú 명 염복. 여복(女福). ¶~不浅=염복이 많다.

【艳歌】 yàngē 명(예) 염가. 염곡. 연가(恋歌). 사랑의 노래.

【艳红】 yànhóng 형 선홍색의. 진홍색의. ¶~的枫叶=진홍색의 단풍잎.

【艳丽】 yànlì 형 1 염려하다. 아름답고 곱다. ¶~夺目=아름다워 눈이 부시다. 2 문사(文辞)가 화려하다. ¶文辞~=문사가 화려하다. 与绚丽 ↔朴素

【艳绿】 yànlǜ 형 새파랗다. 선녹색의. ¶~的草地=새파란 잔디.

【艳美】 yànměi 형 예쁘다. 아름답다. ¶~的花朵=아름다운 꽃봉오리.

【艳情】 yànqíng 명 염정. 연정(恋情). ¶~小说=염정 소설.

【艳色】 yànsè 명 아름다운 자태. ¶~动人=요염한 자태가 사람의 마음을 사로잡다.

【艳诗】 yànshī 명 연애시. 염정시.

【艳史】 yànshǐ 명 사랑 이야기. 러브스토리. 연애 사건. 로맨스(romance).

【艳事】 yànshì 명 염사. [남녀 간의 정사(情事)나 연애에 관한 일] ¶风流~=로맨스.

【艳闻】 yànwén 명 (남녀 간의) 염문. ¶~秘史=연애 비사. 로맨스.

【艳羡】 yànxiàn 통 몹시 흠모하다. 대단히 부러워하다. ¶不胜~=흠모해 마지않다.

【艳阳】 yànyáng 명 1 밝은 태양. ¶春日~=봄날의 밝은 태양. 2 맑고 아름다운 풍광. [주로 봄날을 가리킴] ¶~桃李节=봄날의 화창한 계절.

【艳阳天】 yànyángtiān 명 화창한 봄날. 양춘

【艳冶】yànyě 형⟨문⟩ 요염하다. ¶穿戴~=옷차림이 요염하다.
【艳妆】yànzhuāng 명 농염한 화장.
【艳装】yànzhuāng 명 화려한 복장〔화장〕. ¶~女郞=화려한 복장의 여인.

## 晏 yàn 늦을 안

형⟨문⟩ 1 늦다. ¶~起=늦게 일어나다. 2 평온하다. 안일하다. 한가하다. 편안하다. 느긋하다. ¶海内~如=나라 안이 편안하다. 명 (Yàn) 성 (姓).
【晏驾】yànjià 통 안가하다. 붕어(崩御)하다.

## *唁 yàn 조문할 언

통 조문하다. 조상하다. 문상(問喪)하다. ¶吊~=조문하다.
【唁电】yàndiàn 명 조전(弔電).
【唁函】yànhán 명 조문 편지.

## **宴¹[(醼·讌)] yàn 잔치 연

통 (손님을) 대접하다. 잔치를 벌이다. 주연을 베풀다. ¶大~宾客=많은 손님을 초대하여 주연을 베풀다. ¶赴~=연회. 술자리. 주석(酒席). ¶赴~=연회에 가다. / 国~=국빈 연회.

## **宴²[(醼)] yàn 편안할 연

형⟨문⟩ 안일하다. 안락하다. 편안하다. ¶~乐=안락하다.
【宴安】yàn'ān 형⟨문⟩ 안일하다. 안락하다.
【宴安鸩毒】yàn'ān zhèndú 성 향락만을 일삼는 것은 독주로 자살하는 것과 같다.
【宴尔】yàn'ěr ☞【燕尔】yàn'ěr
【宴尔新婚】yàn'ěr-xīnhūn ☞【燕尔新婚】yàn'ěr-xīnhūn
【宴会】yànhuì 명 연회. 파티. ¶生日~=생일 파티.
【宴会厅】yànhuìtīng 명 연회 홀. 연회장.
【宴客】yànkè 통 손님을 초대하여 잔치를 베풀다. ¶盛情~=손님을 초대하여 성대하게 잔치를 베풀다.
【宴请】yànqǐng 통 주연을 베풀어 후하게 대접하다. ¶~贵宾=주연을 베풀고 귀빈을 초대하여 환대하다.
【宴席】yànxí 명 연회석. 주연석(酒宴席). ¶代办~=연회석을 대행하다.
【宴饮】yànyǐn 통⟨문⟩ 주연을 벌여 맘껏 즐기다. ¶~无度=주연을 벌여 흥청망청 먹고 마시며 놀다.

## *验[驗, 騐] yàn 실험할 험

통 1 검증하다. 검사하다. ¶~证数据=수치를 검증하다. 2 조사하다. 검사하다. ¶测~=테스트하다. / 查~=검사하여 확인하다. 3 영험하다. 효과를 입증하다. ¶应~=효과를 보다. / 灵~=영검〔영험〕하다. 명 (예상한) 효과. 효력. 효험. ¶效~=효과. ≒试

0-● 案验, 参cān验, 测cè验, 查验, 点验, 化验, 检jiǎn验, 经验, 实验, 试验, 体验, 先验, 证

【验查】yànchá 통 검증하다. 검사하다. ¶~无误=잘못이 없는지 검사하다.
【验钞机】yànchāojī 명 위조 지폐 감별기.
【验秤】yàn‖chèng 통 1 상품 판매자의 도량형기의 정확도를 검증하다. 2 중량이 표시된 상품의 무게를 검사 대조하다.
【验方】yànfāng 명⟨醫⟩ 임상 효과가 검증된 처방전.
【验放】yànfàng 통 규정 검사를 거친 뒤 통과시키다. ¶要努力提高海关~速度。=세관의 통관 검사 속도를 높여야 한다.
【验关】yàn‖guān 통 입국자의 패스포트와 휴대품 등을 검사하다. 통관 검사를 하다.
【验光】yàn‖guāng 통 검안(檢眼)하다. 시력을 측정하다. ¶~配镜=시력을 측정하여 안경을 맞추다.
【验核】yànhé 통 검사 대조하다. 조사하다. 점검하다. ¶~账目=회계를 대조 검토하다.
【验货】yàn‖huò 통 화물을 검사하다.
【验看】yànkàn 통 검사하다. 조사하다. 점검하다. ¶~指纹=지문을 검사하다.
【验明】yànmíng 통 조사〔검사〕하여 밝히다. ¶~死因=사인을 밝히다.
【验明正身】yànmíng-zhèngshēn ⟨법⟩ 사형수 본인임을 증명하다.
【验票】yàn‖piào 통 표를 검사하다. 검표하다. 어음〔수표〕을 검사하다.
【验讫】yànqì 통 검사를 필하다〔마치다〕. ¶~章=검사필 도장.
【验枪】yàn‖qiāng 통 총기를 검사하다.
【验伤】yàn‖shāng 통 상처를 검사하여 확인하다.
【验墒】yànshāng 통⟨농⟩ 토양의 습도를 검사〔측정〕하다.
【验尸】yàn‖shī 통⟨법⟩ 검시(檢屍)하다. ¶~报告=검시 보고서.
【验收】yànshōu 통 검수(檢收)하다. 검사하여 받다. ¶~货物=화물을 검수하다.
【验算】yànsuàn 통⟨수⟩ (역산·기타 계산법 따위로) 검산하다. ¶~公式=검산 공식.
【验血】yàn‖xiě 통 혈액 검사를 하다.
【验照】yànzhào 통 운전 면허증·영업 허가증·여권·화물 통과 면장·통행증 따위를 검사하다.
【验证】yànzhèng 통 1 검증하다. ¶这一定理已经得到~。=이 정리(定理)는 이미 검증을 받았다. 2 (면허증·허가증 등의) 증명서를 대조 확인하다. ¶年终~=연말 허가증 대조 확인.
【验资】yànzī 통 자금 혹은 자산을 조사 확인하다. ¶~机构=자금 조사 기구.

## 谚[諺] yàn 속담 언

명 속담. 속어. 이언(俚諺). ¶民~=민간 속담. / 古~=옛 속담.
【谚语】yànyǔ 명 속담. 속어. 이언(俚諺).

**堰** yàn 방죽 언
- 명 댐(dam). 방죽. 제방. ¶都江~=도강언. [쓰촨(四川)성 청두(成都)에 있는 고대 수리 시설] ≒堤坝
- 【堰塞湖】 yànsāihú 명 언색호. 폐색호(閉塞湖). 언지호(堰止湖).

**雁[(鴈)]** yàn 기러기 안
- 명(動) 기러기.
- ○● 大雁, 鸿hóng雁, 头雁
- 【雁过拔毛】 yànguò-bámáo 성 1 날아가는 기러기의 털을 뽑다. 2(비) 매우 탐욕스러운 사람은 이익을 도모할 기회를 그냥 보낼 리가 없다.
- 【雁过留声, 人过留名】 yànguò liúshēng, rénguò liúmíng 속 기러기는 날아가면 울음소리를 남기고, 사람은 죽으면 좋은 명성을 남긴다. 호랑이는 죽어서 가죽을 남기고, 사람은 죽어서 이름을 남긴다.
- 【雁行】 yànháng 명(문) 1 안항. 기러기의 행렬. 2 (비)남의 형제를 높여 부르는 말. ¶~失行=형제들 중 동생이 먼저 죽다.
- 【雁阵】 yànzhèn 명 안진.

**唁** yàn 상스러울 언
- 형 (성질이) 거칠다. 우악스럽다. 통(윤) '喭(yàn)과 같음.

**焰[(燄)]** yàn 불꽃 염
- 명 1 화염. 불꽃. ¶火~=화염. 2(비) 위풍. 기세. ¶气~=기염. / 凶~=흉악한 기세.
- ○● 敌焰, 光焰, 内焰, 势焰, 外焰, 凶xiōng焰
- 【焰火】 yànhuǒ ☞【烟火】 yān·huo
- 【焰心】 yànxīn 명 염심. 불꽃심.

**焱** yàn 불꽃 염
- 명 화염. 불꽃. [주로 인명에 쓰임]

**滟[灧]** yàn 물 넘실거릴 염
- ☞【潋滟】 liànyàn
- 【滟滪堆】 Yànyù Duī 명 옌위두이. 염여퇴. [창장(长江) 취탕샤(瞿塘峡) 입구에 있던 거석(巨石). 1958년 수로를 정비하면서 폭파하였음]

**堨** yàn 방죽 언
- 명 1 '堰(yàn)'과 같음. 2(방) 산과 산 사이의 지역[땅].

**酽[釅]** yàn 진할 엄
- 형 (액체가) 진하다. ¶把墨磨~一点儿. =먹을 좀 진하게 갈아라.
- 【酽茶】 yànchá 명 진한 차.

**餍[饜]** yàn 포식할 염
- 통(문) 1 배부르게 먹다. 포식하다. ¶食~=배부르게 먹다. 2 마음에 차다. 만족하다. 흡족하다. ¶其求无~=그 구함에 만족함이 없다.
- 【餍足】 yànzú 통(윤) 만족하다. 흡족하다. [주로 사욕을 가리킴]

**鴳[鷃]** yàn 세가락메추라기 안
- 【鴳雀】 yànquè 명(動) (고서(古書)에 나오는) 안작. 세가락메추라기.

**熖[爓]** yàn 불꽃 염
- 명 '焰(yàn)과 같음.

**谳[讞]** yàn 평의할 언
- 통(윤) 죄를 평의(評議)하다. 심판하다. ¶定~=죄를 평의하여 판결하다.

**燕[(鷰)]** yàn 제비 연
- 명 1(動) 제비. 2 '宴(yàn)'과 같음.
- ☞ Yān
- ○● 海燕, 家燕, 土燕
- 【燕巢幕上】 yàncháo-mù·shang 성 1 제비가 휘장 위에 둥우리를 짓다. 2(비) 매우 위험한 지경에 처하다.
- 【燕尔】[宴尔] yàn'ěr 형(문) 화목하고 즐거운 모양. [《시경·패풍·곡풍(詩經·邶風·谷風)》편에서 "宴尔新昏"이라고 한 데서 유래함] 명 신혼. ¶~之乐=신혼의 즐거움.
- 【燕尔新婚】[宴尔新婚] yàn'ěr-xīnhūn 성 깨가 쏟아지는 신혼 생활. [주로 신혼부부에 대한 찬사로 쓰임] =【新婚燕尔】 xīnhūn-yàn'ěr
- 【燕颔虎颈】 yànhàn-hǔjǐng 성(비) 위풍당당하고 건장한 용모.
- 【燕好】 yànhǎo 형(문) 1 가족이 화목하다. 2 남녀가 서로 사랑하다. ¶夫妇~=부부가 서로 사랑하다.
- 【燕侣】 yànlǚ 명(윤) (화목한) 부부. ¶~莺俦=화목한〔행복한〕 부부.
- 【燕麦】 yànmài 명(植) 1 귀리. 연맥. 광맥(穬麥). 이맥. 작맥(雀麥). 2 귀리의 열매.
- 【燕麦片】 yànmàipiàn 명 오트밀(oatmeal). 빻은 귀리.
- 【燕雀】 yànquè 명 1(動) 되새. =【花鸡】 huājī 【花雀】 huāquè 2 ① 제비와 참새. ② 작은 새. ③(비) 평범한 (범상한) 무리. 일반 사람들. ¶~安知鸿鹄之志哉!=연작이 어찌 홍곡의 뜻을 알겠는가? 범상한 무리들이 어찌 영웅호걸의 원대한 뜻을 알겠는가!
- 【燕雀处堂】 yànquè-chǔtáng 성 1 제비와 참새가 집의 본채에 둥우리를 짓고 안전한 줄 알고, 집에 불이 난 것도 모르다. [《공총자·논세(孔叢子·論勢)》에 나오는 말] 2(비) 안거하여 경계심을 잃고, 편안함이 닥쳐와도 모르다. 위험에 처하여도 전혀 알아차리지 못하다.
- 【燕尾服】 yànwěifú 명 연미복.
- 【燕窝】 yànwō 명 제비집. [바다제비가 해조류를 침으로 다져서 만든 둥지로, 중국 요리의 고급 재

료임]

【燕鱼】yànyú ☞【鲅鱼】bàyú
【燕语莺声】yànyǔ-yīngshēng (성) **1** 제비 저귀는 소리와 꾀꼬리의 울음소리. **2** (비) 부드럽고 아름다운 젊은 여자의 말하고 웃는 소리. = 【莺声燕语】yīngshēng-yànyǔ
【燕子】yàn·zi ☞【家燕】jiāyàn

## 赝[贋, 贗] yàn 가짜 안

(형) (물건이) 가짜의. 위조의. ¶~真难辨=진위를 구분하기 어렵다.
【赝本】yànběn (명) 위조한 (유명한 사람의) 서화 [비첩]. 가짜 서화[비첩].
【赝币】yànbì (명)(문) 위조 화폐. [주로 동전을 가리킴]
【赝鼎】yàndǐng (명) **1** 위조한 정(鼎). **2** 위조품. 가짜 (물건).
【赝品】yànpǐn (명) 위조품. 가짜 (물건). [주로 가짜 서화(書畵)나 문물을 가리킴] ↔真品

## 谳[讞] yàn 모여 이야기할 연

(동)(문) 모여 이야기를 나누다.

## 嬿 yàn 아름다울 연

(형)(문) 아름답다.

# yang

## 央 yāng 가운데 앙

(명) 한가운데. 한복판. 중앙. 중심. ¶中~=중앙. (동) **1**(문) 완료하다. 끝나다. 다하다. 마치다. ¶夜未~。=날이 아직 밝지 않았다. **2** 부탁하다. 청구하다. 간청하다. ¶~人介绍=소개해 달라고 부탁하다.
【央告】yāng·gao (동) 간청하다. 간절히 요구하다. ¶百般~=백방으로 간청하다.
【央行】yāngháng (명) **1** ☞【中央银行】zhōngyāng yínháng **2** 中国人民银行(중국 인민 은행).
【央求】yāngqiú (동) 간청하다. 간절히 요구하다. 요청하다. 바라다. 부탁하다. ¶再三~=거듭 간청하다.
【央视】yāngshì (명)(약) 中央电视台(중앙 텔레비전 방송국).
【央托】yāngtuō (동) 간절히 부탁하다. 간청하다. ¶~朋友帮忙=친구의 도움을 간청하다.
【央中】yāngzhōng (동) 중개를 의뢰하다(요청하다). [옛날 문서 용어]

## 泱 yāng 성한 모양 앙

【泱泱】yāngyāng (형)(문) **1** 수면이 넓은 모양. ¶湖水~=호수가 끝없이 넓다. **2** 기세가 대단하다. ¶~大国=강대한 세력의 대국.

○ 央 yāng
  秧 yāng
  殃 yāng
  鞅 yāng
  鸯 yāng
  泱 yāng
  怏 yàng
  映 yìng
  英 yīng
  瑛 yīng
  盎 àng

## 殃 yāng 재앙 앙

(명) 화. 재난. 재앙. 재화. 앙화. ¶遭~=재난을 당하다. / 灾~=재앙. (동) 해치다. 해를 끼치다. ¶祸国~民=나라를 그르치고 백성에게 해를 끼치다.
【殃及】yāngjí (동) 화가 미치다. ¶~无辜=무고한 사람에게까지 화가 미치다.
【殃及池鱼】yāngjí-chíyú ☞【城门失火, 殃及池鱼】chéngmén shīhuǒ, yāngjí chíyú

## 鸯[鴦] yāng 원앙 앙

☞【鸳鸯】yuānyāng

## 秧 yāng 모 앙

(명) **1**(~儿) (식물의) 새싹. 모. 모종. 유묘(幼苗). ¶白菜~儿=배추 모종. / 茄子~儿=가지 모종. **2** 볏모. 벼의 모종. ¶插~=모를 심다. **3** (일부 식물의 모종으로 쓰이는) 줄기. 대. ¶白薯~=고구마 줄기(모종). / 西瓜要拉~了。=(수확기 후) 수박의 줄기를 거두어야 한다. **4** (일부 가축의) 갓 난 새끼. ¶猪~=돼지 새끼. **5**(Yāng) 성(姓). (동) 재배하다. 기르다. 가꾸다. 키우다. ¶~几盆花=화분 몇 개를 가꾸다. / ~了一窝猪=한 우리의 돼지를 기르다.

○● 串chuàn秧儿, 拉秧, 挠náo秧

【秧歌】yāng·ge (명) 앙가. [주로 북방 농촌에 유행하는 한족(漢族)의 민간 가무의 하나. 노래하고 춤을 추며 징과 북으로 반주함]
【秧歌剧】yāng·gejù (명) 앙가극. ['앙가(秧歌)'가 발전하여, 간단한 줄거리가 가미되어 이루어진 가무극. 내용은 주로 농촌 생활과 관련된 것으로, 공연 도구가 간단하여 들이나 길에서도 공연할 수 있음]
【秧龄】yānglíng (명) 볏모가 못자리에서 자라는 시간.
【秧苗】yāngmiáo (명) **1** (농작물의) 새싹. 모종. 유묘(幼苗). **2** 볏모. 벼의 모종.
【秧田】yāngtián (명) 못자리. 모판. 묘판(苗板).
【秧子】yāng·zi (명) **1** (식물의) 새싹. 모. 모종. 유묘(幼苗). ¶树~=묘목. **2** (일부 식물의 모종으로 쓰이는) 줄기. 대. ¶瓜~=(박·오이 등) 박과 식물의 줄기(모종). **3** (일부 가축의) 갓 난 새끼. ¶鱼~=치어(稚鱼). 유어(幼魚). **4** 볏모. 벼의 모종. **5**(접미) ~벼를 기르는 사. 어떤 종류의 사람. 어떤 타입의 사람. ¶病~=약골.

## 鞅 yāng 가슴걸이 앙

(명) **1** 가슴걸이. [옛날, 수레를 끌도록 소나 말의 목에 거는 가죽끈] **2**(Yāng) 성(姓).
☞ yàng

## 扬¹[揚, 颺·敭] yáng 드날릴 양

(동) **1** 높이 들다. 위로 올리다. 휘두르다. ¶分道~镳=각각 길을 달리 하여 말을 달리다. **2** 휘날리다. 흩날리다. 날리다. 나부끼게 하다. ¶尘土

飞~=먼지가 날리다. **3** 키질하다. 까부르다. ¶晒干~净=바싹 말려 깨끗이 키질하다. **4** 칭송하다. 칭찬하다. (일·명성 등이) 전파되다. 전하여 퍼지다. 퍼져 나가다. ¶表~=칭찬하다. / 赞~=찬양하다. 웹 용모가 예쁘다[아름답다]. ¶其貌不~=용모가 못생기다. ↔抑

**扬²[揚] Yáng 땅 이름 양**
명 **1** (地) 장쑤(江苏)성 양저우(扬州). ¶淮~=양저우(扬州). **2** 성(姓).

○● 昂áng扬, 褒bāo扬, 不扬, 阐chǎn扬, 传chuán扬, 导扬, 发扬, 激扬, 落扬, 声扬, 颂sòng扬, 显扬, 抑yì扬, 悠扬, 张扬

【扬鞭】**yángbiān** 통 채찍을 휘두르다. ¶~策马=채찍을 들어 말을 채찍질하다.
【扬波】**yángbō** 통 파도가 높이 오르다. 파도가 (높이) 일다[치다]. ¶江海~=강과 바다에 파도가 높이 일다.
【扬长】**yángcháng** 튄 거들먹거리며. 거드름을 피우며. 으스대며. 거만하게. ¶~离去=거들먹거리며 떠나가다. 통 장점[우수한 점]을 드높이다[발양하다]. ¶既要~, 也要避短. =장점을 발양하고, 단점을 피해야 한다.
【扬长避短】**yángcháng-bìduǎn** 성 장점[우수한 점]을 발양하고 단점[결점]을 피하다.
【扬长补短】**yángcháng-bǔduǎn** 성 장점[우수한 점]을 발양하고 단점[결점]을 보완하다.
【扬长而去】**yángcháng'érqù** 성 거들먹거리며[거드름을 피우며·거만하게·으스대며·활갯짓하며·아무렇지도 않은 듯이] 떠나가다.
【扬场】**yáng‖cháng** 통 (기계·넉가래 등으로 곡물을) 풍구질하다. 넉가래질하다.
【扬尘】**yángchén** 통 먼지를 일으키다. 먼지가 날리다[일다]. ¶~天气=먼지가 날리는 날씨. 명 날리는 먼지. ¶治理~污染=비산 먼지의 오염을 해결하다.
【扬程】**yángchéng** 명 양정. [펌프로 물을 퍼올리는 높이. 미터(meter) 단위로 계산함]
【扬帆】**yáng‖fān** 통 (출범하기 위해) 돛을 올리다. ¶~远航=돛을 올려 먼 항해를 떠나다.
【扬幡招魂】**yángfān-zhāohún** 성 **1** 조기(吊旗)를 올려 죽은 자의 영혼을 부르다. [흰 조기(吊旗)를 올리면 죽은 자의 영혼을 불러 올 수 있다고 생각하였음] **2** (비) 이미 소멸된 제도나 사물을 되살아나게 하다. 망령을 되살아나게 하다.
【扬风】**yángfēng** 통 **1** 바람이 불다. ¶~飘雪=바람이 불고 눈발이 날리다. **2** (방) 소식[소문]을 퍼뜨리다. ¶外面一说你要出国. =항간에 네가 출국할 거라는 소문이 나돈다.
【扬花】**yánghuā** 통 (农) (밀·벼·수수 등 농작물이 꽃이 필 무렵) 꽃가루가 흩날리다.
【扬剧】**yángjù** 명 (剧) 양극. [중국 전통극의 하나. 근대 양저우(扬州)에서 형성되어, 장쑤(江苏)성·상하이(上海) 및 안후이(安徽)성의 일부 지역에서 유행함]
【扬历】**yánglì** 통문 (전통·미풍양속 등을) 선양

하여 발전시키다. 드높이다. 더욱이 발전시키다. 발양하다. 발양〔발전·진전〕시키다. ¶铺张~=과대 포장하다.
【扬眉吐气】**yángméi-tǔqì** 성 **1** 미간을 펴고 원망을 털어놓다. **2** (비) 억압에서 벗어나 마음이 홀가분한 모습. 기를 펴다. 활개를 치다.
【扬名】**yáng‖míng** 통 명성을 떨치다. 이름을 날리다. ¶~于世=세상에 이름을 날리다.
【扬名四海】**yángmíng-sìhǎi** 성 세상〔천하〕에 이름을 날리다.
【扬旗】**yángqí** (특정한 의미를 표시하기 위해) 깃발을 휘두르다〔흔들다〕. ¶前面有人~, 示意我们绕道行驶. =앞에서 어떤 사람이 깃발을 흔들면서, 우리들에게 우회하여 운전하라고 신호를 보낸다. 명 (철로 신호기의) 완목(腕木).
【扬弃】**yángqì** 통 **1** (哲) 지양(止扬)하다. 양기하다. **2** 포기하다. 버리다. ¶~旧俗=구습을 버리다.
【扬气】**yáng·qi** 형방 거들먹거리다. 거만하다. 오만하다. 건방지다. ¶自打他有了几个钱以后, 就一起来了. =그는 돈이 좀 생긴 다음부터 거들먹거리 시작했다.
【扬琴】【洋琴】**yángqín** 명 (音) 양금. 둘시머.
【扬清激浊】**yángqīng-jīzhuó** ☞【激浊扬清 jīzhuó-yángqīng】
【扬榷】**yángquè** 통(송) 약술(略述)하다. 개괄하여 논술하다. ¶~古今=고금의 일을 개괄하여 논술하다.
【扬善除恶】**yángshàn-chú'è** 성 어진 품행을 널리 알리고, 악행은 제거하다.
【扬升】**yángshēng** 통 (가격·시세 등이) 빠르게 오르다〔상승하다〕. ¶油价近日大幅~. =유가가 요즘 대폭적으로 상승하다.
【扬声】**yángshēng** 통 **1** 소리를 높이다. ¶~争吵=소리를 높여 다투다. **2** 소문을 내다. 남에게 누설하다. ¶这事千万不能~. =이 일은 절대로 소문내면 안 된다. **3** 이름을 날리다. 명성을 떨치다. ¶天下~=세상에 이름을 날리다.
【扬声器】**yángshēngqì** 명 확성기. 스피커. 고성기.
【扬手】**yángshǒu** 통 손을 흔들다〔내젓다〕. 손을 높이 들다. ¶~告别=손을 흔들어 작별 인사를 하다.
【扬水】**yángshuǐ** 통 (양수기로) 물을 퍼올리다. 양수하다. ¶~浇地=물을 퍼올려 관개하다.
【扬水工程】**yángshuǐ gōngchéng** ☞【提水工程 tíshuǐ gōngchéng】
【扬水站】**yángshuǐzhàn** 명 양수장.
【扬汤止沸】**yángtāng-zhǐfèi** 성 **1** 끓는 물을 퍼냈다 다시 부어 끓는 것을 막으려 하다. **2** (비) 겉으로 보이는 것만 고치고, 근본적인 문제는 해결하지 않다. ↔釜底抽薪
【扬威】**yángwēi** 통 뽐내다. 위세를 부리다. ¶耀武~=무력을 과시하며 위세를 부리다. 거들먹거리다.
【扬言】**yángyán** 통명 (어떤 행동을 하겠다고) 떠벌리다. 큰소리치다. ¶~报复=보복하겠다고

큰소리치다.
【扬扬】yángyáng [형] 1 매우 득의양양하거나 즐거운 모양. 자신만만하다. 의기양양하다. 매우 즐겁다〔기쁘다〕. =【洋洋】yángyáng ¶喜气~=기쁨이 넘치다. 2 바람에 나뒹구는 모양. 바람에 이리저리 뒹굴다〔흩날리다〕. ¶纷纷~=어지럽게 날리다.
【扬扬得意】[洋洋得意] yángyáng-déyì ☞【得意扬扬】déyì-yángyáng
【扬扬自得】[洋洋自得] yángyáng-zìdé [성] 자기 스스로 매우 만족해하다. 득의양양하다.
【扬州】Yángzhōu [명]《地》양저우. [장쑤(江苏)성에 있는 도시 이름]
【扬子鳄】yángzǐ'è [명]《動》양자강 악어. [양쯔장(扬子江)에서 서식하여 붙여진 명칭]
【扬子江】Yángzǐjiāng [명]《地》1 (장쑤(江苏)성의 장두(江都)에서 전장(镇江)현 구간의) 창장(长江). 양쯔장. 양자강. 2 창장(长江). 양쯔장. 양자강.

**＊＊羊** yáng 양 양
[명] 1《動》양. 2 (Yáng) 성(姓). [고어에서 '祥(xiáng)'과 같음]

○◐ 地羊, 羔gāo羊, 湖羊, 黄羊, 羯jié羊, 羚líng羊, 绵羊, 奶羊, 盘pán羊, 石羊, 滩tān羊, 头羊, 岩羊, 替罪羊

○ 羊 yáng, 养 yǎng, 洋 yáng, 痒 yǎng, 氧 yǎng, 漾 yàng, 样 yàng, 佯 yáng, 恙 yàng, 徉 yáng, 蛘 yáng, 烊 yáng, 姜 jiāng, 羌 qiāng, 蜣 qiāng, 祥 xiáng, 详 xiáng, 庠 xiáng, 翔 xiáng

【羊草】yángcǎo [명]《植》양초. [다년생 화본과 목초(牧草). 주로 지린(吉林)성·네이멍구(内蒙古) 등지에서 수확되고, 추위·알칼리 토양·가뭄 등에 강함. 학명은 '*Aneurolepidium chinense*' 임] =【碱草】jiǎncǎo
【羊肠】yángcháng [명] 1 양장. 양의 창자. 2 [비] (양의 창자처럼) 가늘고 길게 꼬불꼬불 구부러진 것. ¶~鸟道=꼬불꼬불 구부러진 험준한 산길.
【羊肠线】yángchángxiàn [명]《醫》(양의 창자로 만든) 장선(腸線). 거트(gut). [주로 외과 수술에서 봉합용으로, 또는 배드민턴 라켓의 줄을 만드는 데 쓰임]
【羊肠小道】yángcháng xiǎo dào [명] 꼬불꼬불한 오솔길. [주로 산길을 가리킴] ↔康庄大道
【羊城】Yángchéng [명]《地》양청. 광저우(广州)의 별칭. [전설에, 옛날 다섯 명의 신선이 오색 양을 타고 검은 기장 이삭 여섯 개를 들고 이곳에 왔다고 하여 유래된 명칭] =【五羊城】Wǔyángchéng
【羊肚儿手巾】yángdǔr shǒu·jin [명][방] 흰색 수건〔타월〕.
【羊羔】yánggāo [명] 1 어린〔새끼〕양. 2 양고. [옛날, 펀저우(汾州, 지금의 산시(山西)성)에서 생산되던 명주(名酒)]
【羊羹】yánggēng [명] 1 양갱. [국물이 조금 남도록 푹 삶은 양고기를 다시 냉동시킨 후 수정체 형태로 응고시켜 만든 제품] 2 단팥묵. 양갱. [팥앙금·우무·설탕 등을 넣고 끓여서 굳힌 과자]
【羊倌】yángguān(~儿) [명] 양치기.
【羊毫】yángháo [명] 1 양털. 양모. 2 부드러운 양털로 만든 붓.
【羊角】yángjiǎo [명] 1 양뿔. 2 [문] (양뿔처럼 감아 올라가는) 회오리바람. 3 (Yángjiǎo) 성(姓).
【羊角风】yángjiǎofēng ☞【癫痫】diānxián
【羊圈】yángjuàn [명] 양우리. 양사(羊舍).
【羊毛】yángmáo [명] 양털. 양모.
【羊毛出在羊身上】yángmáo chūzài yáng shēn·shang [속][비] 어떤 사람에게 사용된 재물은 실제 그 사람 자신에게서 나온 것이다. 근본을 따지고 보면 결국 자기 몸에서 나온 것이다.
【羊毛衫】yángmáoshān [명] 양모〔울(wool)〕 셔츠.
【羊毛毯】yángmáotǎn [명] 양털담요. (양털)모포〔융단〕.
【羊膜】yángmó [명]《生》양막. 모래집.
【羊奶】yángnǎi [명] 양젖.
【羊排】yángpái [명] (요리된) 양의 갈비 고기. 양갈비.
【羊皮】yángpí [명] 양가죽. 양피. ¶~手套=양가죽 장갑.
【羊皮筏】yángpífá [명] 통 양가죽 뗏목. [봉합하여 공기를 주입시킨 양가죽을 뗏목 형태로 묶은 수상 교통 수단으로, 얕은 급류를 건너는 데 적합함]
【羊皮纸】yángpízhǐ [명] 1 양피지. 파치먼트(parchment). 2 황산지(黃酸紙). 유산지(硫酸紙). 파치먼트 페이퍼(parchment paper). [물과 기름에 잘 젖지 않아 주로 포장용으로 쓰임]
【羊栖菜】yángqīcài ☞【发菜】fàcài
【羊群】yángqún [명] 양 떼. ¶~里头出骆驼。=양 떼 속의 낙타. 군계일학(群鷄一鶴).
【羊绒】yángróng [명] 캐시미어(cashmere). [섬유가 곱고 부드러워 상급의 방직 원료임]
【羊绒衫】yángróngshān [명] 캐시미어 스웨터.
【羊肉】yángròu [명] 양고기. ¶涮~=양고기 샤브샤브.
【羊肉串】yángròuchuàn [명] 양고기 꼬치. [위구르족 풍미의 간단한 음식. 양고기를 썰어 철사나 대나무 꼬챙이에 끼워 숯불에 굽거나 기름에 튀겨, 여러 가지 양념을 뿌려 먹는 요리]
【羊水】yángshuǐ [명]《生》양수. 모래집물. 포의수. =【胞浆水】bāojiāngshuǐ
【羊桃】yángtáo ☞【杨桃】yángtáo
【羊头】yángtóu [명] 양의 머리. 양두. ¶挂~, 卖狗肉。=양두구육(羊頭狗肉). 양의 머리를 걸어 놓고 개고기를 팔다. 속과 겉이 판이하다.
【羊腿】yángtuǐ [명] 양의 넓적다리 고기.
【羊痫风】yángxiánfēng ☞【癫痫】diānxián
【羊眼】yángyǎn [명] 1 양의 눈. 2 고리못. 배목.
【羊杂】yángzá [명] 양의 내장.

【羊脂】yángzhī 몡 **1** 양의 기름. **2** 새하얗게 빛이 나는 것. ¶~白玉=(새하얗게 빛나는) 백옥.

【羊质虎皮】yángzhì hǔpí 囫 **1** 본질은 양이지만 호랑이 가죽을 걸치고 있다. **2** 閉 겉보기에는 위엄이 있으나 실상은 나약하고 무능하다.

**阳[陽]** yáng 햇빛 양

囮 **1** 햇빛. 일광. 태양. 해. ¶朝~=태양을 향하다. / 夕~如血=석양이 붉게 물들다. **2** 양지. **3** 산의 남쪽. 강의 북쪽. 衡~=형산(衡山)의 남쪽. / 洛~=뤄허(洛河)의 북쪽. **4** (哲) 양. [중국 고대 철학에서 우주에서 모든 사물을 통괄하는 두 가지 대립되는 것의 하나. '음(陰)'에 상대되는 말] 阴~二气=음과 양의 두 기운. **5** 살아 있는 사람과 인간 세상〔현세(現世)〕에 관련된 것. ¶还~=양계로 되돌아오다. 죽었다가 되살아나다. **6** 남성의 생식기. ¶壮~=양기를 북돋우다. **7** (物) 양. 플러스. [양전기를 띠는 것] ¶~电荷=양전하. **8** (Yáng) 성(姓). 휑 **1** 바깥에 노출되어 있다. 분명히 보이다. 표면적이다. ¶清理~沟=개수로를 치다. **2** 튀어나와 있다. 불거져 나와 있다. 불쑥 솟아 나와 있다. 돌출되어 있다. ¶~文印章=양각 도장. ↔阴

○● 残cán阳, 重Chóng阳, 端阳, 还huán阳, 骄jiāo阳, 太阳, 夕阳, 斜xié阳, 艳阳, 朝阳, 遮zhē阳

| 阳 | yáng |
| 扬 | yáng |
| 杨 | yáng |
| 疡 | yáng |
| 炀 | yáng |
| 场 | chǎng |
| 肠 | cháng |
| 畅 | chàng |
| 伤 | shāng |
| 觞 | shāng |
| 殇 | shāng |
| 荡 | dàng |
| 砀 | dàng |
| 汤 | tāng |

【阳春】yángchūn 몡 봄. 봄날. 따뜻한 봄. ¶~三月=3월의 따뜻한 봄날.

【阳春白雪】yángchūn-báixuě 囫 **1** 양춘백설. [전국(戰國) 시대 초(楚)나라의 고상하고 공연 난이도가 높은 가곡(歌曲)으로, 가락에 맞출 수 있는 사람이 아주 적었음] **2** 閉 고상하고 통속적이지 않은 문예 작품. ↔下里巴人

【阳春面】yángchūnmiàn 몡(閉) 양춘. 소면(素面). 〔상하이(上海) 일대에서는 국물만 있고 다른 재료를 넣지 않은 국수를 가리킴〕

【阳地植物】yángdì zhíwù ☞【阳性植物】yángxìng zhíwù

【阳电】yángdiàn ☞【正电】zhèngdiàn

【阳电荷】yángdiànhé ☞【正电荷】zhèngdiànhé

【阳奉阴违】yángfèng-yīnwéi 囫 겉으로는 복종하나, 속으로는 따르지 않다. 면종복배(面從腹背)하다.

【阳刚】yánggāng 휑 **1** (체력·기백·태도 등이) 강건하다. 강건하고 씩씩하다. 남성적이다. ¶~之美=강건미, 남성미. **2** (문예 작품의 풍격이) 강건하고 힘차다. 웅장하고 아름답다. ¶整幅书法充满~之气=서예 작품 전체에 강건하고 힘찬 기운이 충만하다. ↔阴柔

【阳沟】yánggōu 몡 개수로(開水路). 개거(明

渠). 명거(明渠). ↔阴沟

【阳关】Yángguān 몡(地) 양관. [옛날, 관문의 이름. 위먼관(玉门关)의 이남으로, 지금의 간쑤(甘肃)성 둔황(敦煌) 서남쪽에 있음]

【阳关大道】yángguān dàdào ☞【阳关道】yángguāndào

【阳关道】yángguāndào 몡 **1** 옛날, 양관(陽關)을 통하여 서역에 이르는 큰길. **2** 노면이 넓고 통행하기 편리한 큰길. **3** 閉 앞날이 밝은 길. =【阳关大道】yángguān dàdào ↔独木桥

【阳光】yángguāng 몡 양광. 햇볕. 태양의 빛〔광선〕. ¶金色的~=금색의 햇빛. 휑 공개적인. 군중의 감독 아래 진행되는. ¶~政务=공개적인 정무(政務).

【阳光操作】yángguāng cāozuò 囗 (어떤 일을) 공개적으로 공평하게 합법적으로 (처리)하다. ↔暗箱操作

【阳光工程】yángguāng gōngchéng 몡 **1** 태양열 에너지 개발·보급·이용 공사. **2** (예산·결산·입찰 공고·입찰 등 모든 과정이) 공개적으로 진행되는 건설 공사.

【阳光浴】yángguāngyù 몡 일광욕.

【阳极】yángjí 몡(电) **1** (건전지나 축전지의) 양극. 정극. 플러스극. ['+'로 나타냄] =【正极】zhèngjí **2** (전자관의) 양극.

【阳间】yángjiān 몡 인간 세상. 이 세상. 현세(現世). ≒阳世 ↔阴间

【阳具】yángjù 몡 음경. 양물.

【阳狂】yángkuáng ☞【佯狂】yángkuáng

【阳离子】yánglízǐ 몡 양이온. =【正离子】zhènglízǐ

【阳历】yánglì 몡 **1** 양력. 태양력. =【太阳历】tàiyánglì 【新历】xīnlì **2** ☞【公历】gōnglì

【阳历年】yánglìnián 몡 **1** 양력의 1년. [1년을 12개월로 나누고, 큰 달은 31일, 작은 달은 30일, 2월 평달은 28일, 윤달은 29일, 평년 365일, 윤년 366일임] **2** 양력 1월의 첫째 날. 신정. 양력 설.

【阳面】yángmiàn(~儿) 몡 **1** 양지쪽. 남향쪽. **2** 남향방.

【阳谋】yángmóu 몡 겉으로 쉽게 드러나 보이는 계책. 공개적인 계획. ↔阴谋

【阳平】yángpíng 몡(言) 양평. [중국 표준어 성조의 제2성]

【阳坡】yángpō 몡 양지바른(남향의) 언덕.

【阳畦】yángqí 몡(農) 양지 모판. 햇빛이 충족하고 방한 설비가 되어 있는 못자리.

【阳伞】yángsǎn 몡 양산. ≒【旱伞】hànsǎn

【阳伞效应】yángsǎn xiàoyìng 몡 우산 효과.

【阳世】yángshì 몡 인간 세상. 이 세상. 현세(現世). ≒阳间

【阳寿】yángshòu 몡 (사람이 인간 세상에서 살 수 있는) 수명(壽命).

【阳燧】yángsuì 몡 양수. [옛날, 햇빛을 이용하여 불을 일으키던 거울 같은 동제(銅製) 기구]

【阳台】yángtái 몡 발코니. 베란다.

【阳痿】yángwěi 몡(醫) 발기부전. 음위(陰痿).

성불능. 임포텐스(impotence).
【阳文】yángwén 명 양각(陽刻)〔돌을새김·부조(浮彫)〕글자나 무늬. ↔阴文
【阳物】yángwù 명 음경. 양물.
【阳线】yángxiàn 명(經) 양선. 양봉. [증권 시장에서 종가가 시작가보다 높은 그래프] ↔阴线
【阳性】yángxìng 명 1(言) (문법상의) 남성. [어떤 언어에서 명사·대명사·형용사의 종류를 표시하는 문법적 범주. 어떤 언어는 여성·남성두 종류로, 어떤 언어는 중성·중성·남성 세 종류로 나눔] 2(醫) 양성 (반응). ['+'로 표시됨] ↔阴性
【阳性植物】yángxìng zhíwù 명(植) 양지식물. 양광식물. 양생식물. 양성식물. 양식물. =【喜光植物】xǐguāng zhíwù【阳地植物】yángdì zhíwù
【阳虚】yángxū 명(醫) 양허. [양기가 허약하여 으스스 춥고 떨리고 맥박이 약하고 무력한 증세가 있음]
【阳韵】yángyùn 명(言) 양성운. [고대 중국어에서 운미(韻尾)가 'm·n·ng'인 운모]
【阳宅】yángzhái 명 양택. 주택. 사람이 사는 집. ['阴宅(음택·묘지)'와 구별됨]

玚[瑒] yáng 옥그릇 양
명윤 옛날, 제사용 옥(玉)그릇.
☞ chàng

**杨[楊] yáng 백양나무 양
명 1(植) 백양나무. 사시나무. 포플러(poplar). 미루나무. 2(Yáng) 성(姓).
○• 白杨, 赤chì杨, 椴duàn杨, 胡杨, 黄杨, 青杨, 水杨, 响杨, 垂chuí杨柳liǔ, 水杨酸, 大叶杨, 小叶杨.
【杨辉三角】Yáng Huī sānjiǎo 명(數) 산술 삼각형. 양휘(楊輝) 삼각형. [이항식의 n차 방정식의 계수가 배열된 삼각형 수표. 중국 남송(南宋)의 수학자 양휘(楊輝)의《상해구장산법(詳解九章算法)》에 처음 보이므로 이와 같이 일컬음. 양휘(楊輝)의 책에서 북송(北宋)의 수학자 가헌(賈憲)이 이미 이 수표를 사용하여 고차거듭제곱을 전개하였다고 함] =【贾宪三角】Jiǎ Xiàn sānjiǎo
【杨柳】yángliǔ 명 1 백양나무와 버드나무의 합칭. 2 버드나무.
【杨梅】yángméi 명 1(植) 소귀나무. 양매. 산도(山桃). 속나무. 2(植) 소귀나무〔양매·산도·속나무〕의 열매. 3 ☞【梅毒】méidú 4 ☞【草梅】cǎoméi
【杨梅疮】yángméichuāng ☞【梅毒】méidú
【杨木】yángmù 명 백양나무 목재.
【杨树】yángshù 명(植) 백양나무. 사시나무. 포플러(poplar). 미루나무.
【杨桃】[羊桃] yángtáo 명(植) 1 카람볼라(carambola) 나무. 2 카람볼라. [새콤하고 단맛이 나는 별 모양의 열대성 과일] =【五敛子】wǔliǎnzǐ 3 ☞【猕猴桃】míhóutáo

旸[暘] yáng 해돋이 양
동 해가 뜨다〔돋다〕. 명 맑음. 맑은 날씨. 맑은 하늘.
【旸谷】yánggǔ 명 양곡. [고서(古書)에 나오는 해가 뜨는 곳]

炀[煬] yáng 쇠 녹일 양
동 (열을 가하여 금속 등을) 녹이다. 용해〔융해〕하다. 용해〔융해〕시키다. 형 불길이 세다. 화력이 왕성하다.
☞ yàng

钖[鍚] yáng 당노 양
명윤 당노. [말의 이마 장식물]

佯 yáng 가장할 양
동 가장하다. (짐짓) …인(한) 체하다. 거짓으로 꾸미다. ¶~死=죽은 체하다.
【佯败】yángbài 동 (싸움에서) 패한〔진〕체〔척〕하다.
【佯嗔】yángchēn 동 성(화)내는 체하다. ¶~薄怒=약간 화내는 체하다.
【佯称】yángchēng 동 거짓으로 일컫다. 속여 말하다. 사칭하다. ¶~身体不适=몸이 불편하다고 속여 말하다.
【佯动】yángdòng 명(軍) (적을 속이기 위하여) 거짓 행동을 하다. 양동 작전을 펴다.
【佯攻】yánggōng 동(軍) 양동 작전을 펴다. 허장성세(虛張聲勢)하며 거짓 공격을 하다.
【佯狂】[阳狂] yángkuáng 동윤 미친〔실성한〕 체하다. 미치광이인 척하다.
【佯言】yángyán 동윤 거짓말하다. ¶~有病=병이 났다고 거짓말하다.
【佯装】yángzhuāng 동 가장하다. (짐짓) …인〔한〕 체하다. 거짓으로 꾸미다. ¶~惊诧=놀라며 의아해하는 척하다. ≒假装
【佯作】yángzuò 동 가장하다. (짐짓) …인〔한〕 체하다. 거짓으로 꾸미다. ¶~不知=모르는 체하다.

疡[瘍] yáng 종기 양
명윤(醫) (피부) 궤양. 부스럼. 헌데. 종기. 창병(瘡病). 동 (피부나 점막이) 헐다. 헐어서 곪다. 짓무르다. 썩다. ¶溃~=궤양.

垟 yáng 논밭 양
명왕 전지. 전답. 논밭. 경작지. [주로 지명에 쓰임] ¶翁~=옹양. [저장(浙江)성에 있는 지명]

徉 yáng 노닐 양
☞【徜徉】chángyáng

*洋 yáng 바다 양
형 광대하다. 넓다. 성대하다. 방대하다. 풍부하다. 가득하다. ¶喜气~~=기쁨이 넘치다. 명 1(地) 큰바다. 대양(大洋). ¶海~=해양. / 大

西~=대서양. **2** 외국(의). 외국에서 온 것. ¶留~=유학하다. / ~设备=외국 설비. **3** 근대〔현대·서구〕적인 것. 〔'土(재래식)'와 구별됨〕¶土~结合=재래식과 현대식을 결합하다. **4**〈방〉옛날의 은화. ¶银~=은화. / 罚~两百元=은화 200위안의 벌금을 물리다. ↔土

○● 北洋, 东洋, 毫háo洋, 留洋, 南洋, 外洋, 汪wāng洋, 西洋, 现洋, 银洋, 鹰yīng洋, 远洋, 懒lǎn洋洋, 喜洋洋

【洋白菜】yángbáicài ☞【结球甘蓝】jiéqiú gānlán
【洋布】yángbù 〈명〉〈외〉양목. 서양목. 〔기계로 짠 평직물. 애초에 서방에서 들어왔기 때문에 유래한 명칭〕
【洋财】yángcái 〈명〉**1** 외국인과 거래하여 벌어들인 재물. ¶公司要进军国际市场, 发~。=그 회사는 국제 시장으로 진출하여 외화를 벌어들이려 한다. **2** 횡재. 노다지. ¶他买彩票中了头奖, 大发~。=그는 복권을 사서 1등에 당첨되어 크게 횡재했다.
【洋菜】yángcài ☞【琼脂】qióngzhī
【洋插队】yángchāduì 〈동〉 (젊은이가) 외국에 유학 가다. 외국에 가서 일하다.
【洋场】yángchǎng 〈명〉〈폄〉 외국인 거주자가 많은 도시. 외국 조계지(租界地). 〔주로 상하이(上海)를 가리킴〕¶十里~=상하이(上海) 조계 지역의 번화가.
【洋车】yángchē ☞【人力车】rénlìchē
【洋瓷】yángcí 〈명〉 법랑. 에나멜. 에나멜 칠.
【洋葱】yángcōng 〈명〉〈植〉 **1** 양파. 옥총(玉葱). **2** 양파의 비늘줄기. ¶〖葱头 cōngtóu
【洋倒】yángdǎo ☞【洋倒爷】yángdǎoyé
【洋倒爷】yángdǎoyé 〈명〉 외국인 투기꾼〔전매꾼〕. 외국인 보따리장수. =【洋倒】yángdǎo
【洋缎】yángduàn 〈명〉 인조 공단. 양단.
【洋房】yángfáng 〈명〉 양옥(집). 양관(洋馆).
【洋粉】yángfěn ☞【琼脂】qióngzhī
【洋服】yángfú 〈명〉〈외〉 양복.
【洋镐】yánggǎo ☞【鹤嘴镐】hèzuǐgǎo
【洋鼓】yánggǔ ☞【铜鼓】tónggǔ
【洋鬼子】yángguǐ·zi 〈명〉〈외〉 양코배기. 양코. 〔외국 침략자에 대하여 조롱하여 이르는 말〕
【洋行】yángháng 〈명〉〈외〉 **1** 양행. **2** 외국인 상사(商社).
【洋红】yánghóng 〈명〉 양홍. 카민(carmine). 〈형〉 양홍색의. 카민색의.
【洋化】yánghuà 〈동〉 (사상·의식·생활 습관 등이) 서구화하다. ¶留学回来, 她的穿着打扮已经~了。=유학하고 돌아온 후 그녀의 옷차림은 이미 서구화되었다.
【洋槐】yánghuái ☞【刺槐】cìhuái
【洋灰】yánghuī ☞【水泥】shuǐní
【洋火】yánghuǒ 〈명〉〈구〉 '火柴(성냥)'의 옛 명칭.
【洋货】yánghuò 〈명〉 양화. 양물화(洋物货). 외(국)제. 외국산. 수입품(輸入品).
【洋姜】yángjiāng ☞【菊芋】júyù

【洋泾浜】yángjīngbāng 〈명〉 **1** (Yángjīng bāng)〈地〉 양징방. 〔옛날, 중국 상하이(上海) 조계(租界) 내에 있던 강 이름과 지명〕 **2** ☞【洋泾浜语】Yángjīngbāngyǔ
【洋泾浜语】Yángjīngbāngyǔ 〈명〉 **1** 상하이식 영어. 피진 잉글리쉬(Pidgin English). 〔옛날, 중국 상하이(上海) 조계지인 양징방(洋泾浜)에서 유행한, 중국어가 섞인 순수하지 못한 영어〕 〈외〉【洋泾浜】Yángjīngbāng **2**〈言〉 혼합어.
【洋井】yángjǐng 〈명〉 '管井(관정)'의 옛 명칭. 〔둥글게 판 우물, 또는 둘레가 대롱 모양으로 된 우물〕
【洋框框】yángkuàng·kuang 〈명〉 외국적인 관례〔관습·틀·방식〕. 외국식. 외국풍. ¶打破~的束缚=외국식〔서양식〕 관습의 속박(제약)을 깨뜨리다.
【洋葵】yángkuí ☞【天竺葵】tiānzhúkuí
【洋里洋气】yáng·liyángqì 〈~的〉〈형〉〈폄〉 외국티가 나다. 외국물이 들다. 서양풍이다. 서양물이 들다. ¶别看他打扮得~的, 脑子里却保守得很。=그의 차림새는 서양풍이지만 사고 방식은 오히려 무척 보수적이야. ↔土里土气
【洋流】yángliú 〈명〉〈海〉 해류. =【海流】hǎiliú
【洋楼】yánglóu 〈명〉 서양식 다층 건물.
【洋码子】yángmǎ·zi 〈명〉 아라비아 숫자.
【洋奴】yángnú 〈명〉 외국인의 종 노릇 하는 사람. 외국인의 주구. 외국 추종〔숭배〕주의자.
【洋盘】yángpán 〈명〉 촌놈. 시골뜨기. 도시의 일반적인 사정과 유행에 대하여 잘 모르는 사람.
【洋气】yáng·qi 〈형〉 유행이다. 최신식이다. 첨단이다. 현대적이다. ¶你今天穿得真~。=너 오늘 정말 세련되게 입었구나. 〈명〉 서양식. 서양풍. ¶这个住宅小区~十足。=이 주택 단지는 서양식 냄새가 물씬 풍긴다. ↔土气
【洋钱】yángqián 〈명〉〈구〉 (옛날의) 은화.
【洋腔洋调】yángqiāng-yángdiào 〈성〉 외국식 말투. 외국어가 섞인 말투.
【洋琴】yángqín ☞【扬琴】yángqín
【洋人】yángrén 〈명〉 서양인. 〔주로 유럽인이나 미국인을 가리킴〕
【洋嗓子】yángsǎng·zi 〈명〉 서양식 발성법으로 내는 목소리.
【洋纱】yángshā 〈명〉〈외〉 **1** (수공으로 꼰 실에 대하여) 기계로 꼰 무명실. **2** 가는 무명실로 짠 얇은 무지 천.
【洋式】yángshì 〈형〉 서양식의. 서양풍의. ¶~楼房=서양식의 다층 건물.
【洋水仙】yángshuǐxiān ☞【风信子】fēngxìn·zi
【洋铁】yángtiě 〈명〉 양철. 〔'镀锡铁(생철)' 또는 '镀锌铁(함석)'의 옛 명칭〕
【洋娃娃】yángwá·wa 〈명〉 외국 인형. 서양 인형. 〔서양 아이의 모습을 한 인형〕
【洋为中用】yángwéi-zhōngyòng 〈성〉 서양의 우수한 문물을 도입하여〔받아들여〕 중국의 발전에 이용하다.
【洋味儿】yángwèir 〈명〉 서양 냄새. 서양티. 서구

풍. ¶这幅画~很浓。=이 그림은 서양 냄새가 물씬 풍긴다.
【洋文】yángwén 명 (서)양글. 외국어. [주로 영어나 유럽의 언어를 가리킴]
【洋务】yángwù 명 1 (청말(清末) 때의) 외국 사무. 외국식 사무. ¶办~=외국 사무를 처리하다. 2 (홍콩 등지의) 외국인을 대상으로 하는 서비스업.
【洋务运动】Yángwù Yùndòng 명 양무운동. [1860년대부터 1890년대까지 청나라에서 일어난 근대화 운동. 양무파 관료인 증국번(曾國藩)·이홍장(李鴻章)·좌종당(左宗棠) 등이 주동하여 서방의 신기술을 도입, 군사·과학·통신 따위의 개혁을 꾀하였음]
【洋相】yángxiàng 명 웃음거리가 될 만한 행동이나 모양. ¶出~=웃음거리가 되다.
【洋绣球】yángxiùqiú ☞【天竺葵】tiānzhúkuí
【洋洋】yángyáng 형 1 풍족하다. 풍부하다. 많다. 방대하다. ¶~万言=매우 방대한〔긴〕 글〔말〕. 2 ☞【扬扬】yángyáng
【洋洋大观】yángyáng-dàguān 성 다양하고 풍부하다. 장려하다. 훌륭하다. 멋지다. 장관이다. 방대하다.
【洋洋得意】yángyáng-déyì ☞【扬扬得意】yángyáng-déyì
【洋洋洒洒】yángyáng-sǎsǎ 성 1 말이 유창하다. 글을 거침없이 써 내려가다. 2 규모〔기세〕가 대단하다.
【洋洋自得】yángyáng-zìdé ☞【扬扬自得】yángyáng-zìdé
【洋溢】yángyì 동 (감정·기분 등이) 양일하다. 충만하다. 넘쳐흐르다. ¶热情~=열정이 충만하다.
【洋油】yángyóu 명 1 옛 등유. [처음에 외국에서 들여와서 붙여진 명칭] 2 (석유·등유 등) 수입 기름.
【洋芋】yángyù ☞【马铃薯】mǎlíngshǔ
【洋装】yángzhuāng 명 1 옛 양장. 양복. 2 (책의) 양장. ¶~书=양장본.
【洋紫苏】yángzǐsū ☞【五色草】wǔsècǎo
【洋罪】yángzuì 명 (서양의 풍속 습관·생활 방식 등을 흉내내다가 당하는) 봉변. 불편함. ¶受~=서양식을 흉내내다가 봉변을 당하다. 불편을 자초하다.

# 烊
**yáng** 쇠 녹일 양
동(방) (금속 따위를) 녹이다. 용해시키다. (얼음 등이) 녹다. 용해되다. ¶~铜=구리를 녹이다.
☞ yàng

# 蛘
**yáng** 바구미 양
명(방) (~儿) 바구미. 강미. 쌀벌레.
【蛘子】yáng·zi 명(방) 바구미. 강미. 쌀벌레.

# **仰
**yǎng** 우러를 앙
동 1 고개를 들다. 머리를 젖히다〔젖히다〕. ¶前~后合=몸을 앞뒤로 흔들다. [주로 크게 웃을 때를 가리킴] / ~天长叹=하늘을 우러러보며 길게 탄식하다. 2 경모(敬慕)하다. 흠모하다. 탄복하다. 우러러보다. 존경하고 우러러보다. / 久~大名=고명하신 이름을 경모(敬慕)해 온 지 오래입니다. 3 의지하다. 의뢰하다. …의 힘을 빌리다. ¶解愁~酒浆。=술로 근심을 달래다. 4 옛 공문 용어로, 상급 기관에 보내는 공문에 쓰일 때는 공경을 나타내고, 하급 기관에 보내는 공문에 쓰일 때는 명령을 나타냄. ¶~即遵照=즉시 명령대로 따르기 바람. 명(Yǎng) (姓). ↔俯

○● 倒仰儿, 俯fǔ仰, 景仰, 钦qīn仰, 瞻zhān仰, 宗zōng仰

【仰八叉】yǎng·bachā 명 1 큰 대자로 드러누운 모양. 2 뒤로 벌렁 나자빠진 자세. ¶~不小心摔了个~。=실수로 뒤로 벌렁 나자빠지다.
【仰八脚儿】yǎng·bajiǎor
【仰八脚儿】yǎng·bajiǎor ☞【仰八叉】yǎng·bachā
【仰鼻猴】yǎngbíhóu ☞【金丝猴】jīnsīhóu
【仰脖】yǎngbó 동 (목이 보이도록) 고개를 쳐들다〔젖히다〕. ¶他一~, 一杯酒就下肚了。=그가 고개를 한 번 젖히자 술 한 잔이 바로 넘어갔다.
【仰承】yǎngchéng 동 1 경 의지하다. 기대다. 삼가 받들다. [주로 아랫사람이 윗사람에 대해 사용함] ¶那件事全~您的帮忙, 不胜感激。=그 일은 모두 당신의 도움을 입은 덕분이라 감격해 마지않습니다. 2 영합하다. 아첨하다. 알랑거리다. 아부하다. 비위를 맞추다. ¶为人要有志气, 不要~他人鼻息。=사람이 기개가 있어야지, 남의 비위나 맞추려 해서는 안 된다. 3 경 (상대방의 의사를) 우러러 받들다. ¶~意旨=(상대방의) 뜻을 삼가 받들다.
【仰浮】yǎngfú 동 (물에) 누워서 둥둥 뜨다. ¶他~在水面上休息。=그는 수면 위에 누워서 쉬고 있다.
【仰给】yǎngjǐ 동 다른 사람에게 의지하다〔의존하다〕. ¶~于人=다른 사람에게 의지하다.
【仰角】yǎngjiǎo 명(数) 앙각. 올려본각.
【仰靠】yǎngkào 동 1 (어떤 사물에) 얼굴을 위로 하고 기대다. ¶他~在椅背上睡着了。=그는 의자 등받이에 기대어 잠이 들었다. 2 의지하다. 기대다. 의뢰하다. 의존하다. ¶自己能做的就不要~别人。=자기 스스로 할 수 있는 일은 다른 사람에게 의지하지 마세요.
【仰赖】yǎnglài 동 의지하다. 기대다. 의뢰하다. 의존하다. ¶~扶持=부축에 의지하다.
【仰面】yǎngmiàn 동 얼굴을 위로 향하다. 고개를 뒤로 젖히다. ¶~朝天=큰 대자로 드러눕다.
【仰慕】yǎngmù 동 앙모하다. 경모하다. ¶~已久=앙모한 지 오래다. 倾慕 企慕 钦仰
【仰攀】yǎngpān 동(문) 1 위로 기어오르다〔타고 오르다〕. ¶~而上=위로 기어오르다. 2 지위가 높은 사람과 교제하거나 인척 관계를 맺다. ¶~权贵=권세 있고 지위 높은 사람과 친교를 맺다.

【仰人鼻息】yǎngrénbíxī 〈成〉 1 다른 사람의 호흡에 의지하여 살아가다. 2 〈비〉 남에게 의지하여 살아가다. 늘 남이 시키는 대로 하다. ↔独立自主
【仰韶文化】Yǎngsháo wénhuà 〈명〉〈歷〉 양사오 문화. 앙소 문화. [중국 황허(黃河) 유역의 신석기 문화로, 허난(河南)성 멘츠(渑池) 양사오(仰韶)에서 처음 발견하여 붙여진 명칭. 유물 중에 채색 도기가 특색임] =【彩陶文化】Cǎitáo wénhuà
【仰射】yǎngshè 〈동〉 앙사하다. 높은 곳을 향해 쏘다.
【仰摄】yǎngshè 〈동〉 앙각으로 촬영하다.
【仰视】yǎngshì 〈동〉 올려다보다. 쳐다보다. 우러러보다. ¶~璀璨的星群=반짝반짝 빛나는 별들을 올려다보다. ↔俯视
【仰首】yǎngshǒu 〈동〉 머리〔고개〕를 들다.
【仰叹】yǎngtàn 〈동〉 고개를 젖히고 탄식하다.
【仰躺】yǎngtǎng 〈동〉 반듯이 (드러)눕다.
【仰天】yǎngtiān 〈동〉 앙천하다. 하늘을 우러러보다. ¶~大笑=앙천대소하다. 하늘을 쳐다보며 크게 웃다.
【仰头】yǎng‖tóu 〈동〉 머리〔고개〕를 들다. ¶~望星空.=고개를 들어 별이 총총한 하늘을 바라보다.
【仰望】yǎngwàng 〈동〉 1 머리〔고개〕를 들어 멀리 바라보다. ¶~天空=고개를 들고 하늘을 바라보다. 2〈문〉 앙망하다. 삼가 바라다. 자기의 요구나 희망이 실현되기를 우러러 바라다. ¶万众~=만민이 삼가 바라다. ≒仰视 ↔俯视
【仰卧】yǎngwò 〈동〉 반듯이 (드러)눕다. ¶~病榻=병상에 반듯이 드러눕다.
【仰卧起坐】yǎngwò qǐzuò 〈명〉〈體〉 윗몸일으키기.
【仰屋窃叹】yǎngwū-qiètàn ☞【仰屋兴叹】yǎngwū-xīngtàn
【仰屋兴叹】yǎngwū-xīngtàn 〈成〉 천장만 쳐다보며 탄식하다. 아무런 대책이 없다. =【仰屋窃叹】yǎngwū-qiètàn
【仰泳】yǎngyǒng 〈명〉〈體〉 배영(背泳). 등헤엄. 〈동〉〈體〉 배영(背泳)하다.
【仰仗】yǎngzhàng 〈동〉 의지하다. 기대다. 의뢰하다. 의존하다. ¶此事还要~大家的帮忙.=이 일은 여러분들의 도움이 필요합니다.

## *养[養] yǎng 기를 양

〈동〉 1 (동물을) 기르다. 키우다. 치다. 사육하다. ¶~牛=소를 기르다. / ~猪=돼지를 기르다. 2 부양하다. 기르다. 기르다. ¶抱~=양자〔양녀〕로 입양해 기르다. / 抚~=부양하다. 3 (아이를) 낳다. 출산하다. ¶她~了个胖小子.=그녀는 통통한 남자 아기를 낳았다. 4 휴양하다. 양생하다. 요양하다. ¶休~=휴양하다. / 疗~=요양하다. 5 (도교 신도가) 수련〔수양〕하다. 교양이나 학식을 쌓다. ¶学~有素=학문과 교양이 갖추어져 있다. 6 배양하다. 양성하다. 육성하다. 기르다. ¶~成良好的生活习惯.=양호한 생활 습관을 기르다. 7 (농작물이나 화초를) 배식하다. 재배하다. 기르다. 가꾸다. ¶~花=꽃을 가꾸다. 8 유지하다. 보호하다. 관리하다. ¶交纳~路费=도로 유지비를 납부하다. 9 돕다. 지지하다. 보살피다. 지탱하다. 후원〔원조〕하다. ¶以副~农=부업으로 농업을 육성시키다. 10 (수염이나 머리를) 기르다. ¶他的胡子越~越长(cháng)了.=그의 수염이 갈수록 길어진다. 〈형〉 입양한. 친자식이 아닌. 직접적인 혈연 관계가 아닌. ¶~父和~母都健在.=양부와 양모가 모두 건재하시다. 〈명〉 (Yǎng) 성(姓). ≒育

○● 抱养, 哺bǔ养, 补养, 放养, 奉养, 扶养, 抚fǔ养, 供gōng养, 涵hán养, 护养, 豢huàn养, 给jǐ养, 寄养, 将养, 娇jiāo养, 教养, 静养, 疗liáo养, 领养, 培péi养, 弃qì养, 生养, 收养, 饲sì养, 素养, 喂wèi养, 休养, 修养, 畜xù养, 蓄xù养, 学养, 驯xùn养, 颐yí养, 营养, 滋zī养, 童养媳xí

【养兵】yǎng‖bīng 〈동〉 양병하다. 군사를 양성하다. 군사를 키우다. ¶~自守=군사를 양성하여 스스로 지키다.
【养兵千日, 用兵一时】yǎngbīng qiānrì, yòngbīng yīshí 〈成〉〈비〉 평상시 장기간에 걸쳐 군대를 기르는 것은 긴급한 때 쓰기 위함이다.
【养病】yǎng‖bìng 〈동〉 양병하다. 요양하다. ¶在家~=집에서 양병(養病)하다.
【养成】yǎngchéng 〈동〉 습관이 되다. 길러지다. ¶他的这种坏习惯从小就~了.=그의 이런 나쁜 습관은 어려서부터 길러진 것이다.
【养成教育】yǎngchéng jiàoyù 〈명〉〈教〉 1 양성 교육. 2 교양 교육. 소양 교육.
【养地】yǎng‖dì 〈동〉〈農〉 (시비·윤작·휴경 등의 방법으로) 토지를 걸게 (비옥하게) 하다.
【养儿防老】yǎng'ér-fánglǎo 〈成〉 아들을 양육하는 것은 자신의 노년에 대비하기 위해서이다.
【养分】yǎngfèn 〈명〉 (영)양분. 자양분. ¶土壤~=토양의 자양분.
【养蜂】yǎngfēng 〈동〉 양봉하다. 꿀벌을 치다. ¶~场=양봉장.
【养父】yǎngfù 〈명〉 양부. 양아버지.
【养汉】yǎnghàn 〈동〉 (여자가) 정부(情夫)를 두다. 서방질하다.
【养虎遗患】yǎnghǔ-yíhuàn 〈成〉〈비〉 적〔나쁜 사람〕을 방임하여〔살려 두어〕 후환을 남기다. ≒放虎归山 ↔斩草除根
【养护】yǎnghù 〈동〉 1 정비하다. 보수하다. ¶~公路=도로를 보수하다. 2 휴양하다. 양생하다. 요양하다. 조리하다. ¶他的病还要~一段时间才能好清.=그의 병은 아직 한동안 조리해야 다 낫는다.
【养活】yǎng·huo 〈동〉〈구〉 1 부양하다. 양육하다. 먹여 살리다. ¶一家老小全靠他一个人~.=온 가족이 그가 벌어 먹여 살린다. 2 (가축을) 기르다. 키우다. 치다. 사육하다. ¶~十多头猪.=돼지 십여 마리를 사육한다. 3〈방〉 출산하다. 아이를 낳다. ¶她刚~了一个乖女儿.=그녀는 방금 귀여운 딸을 출산했다.

【养家】 yǎng∥jiā 동 가족을 부양하다. ¶挣钱～=돈을 벌어 가족을 부양하다.
【养家糊口】 yǎngjiā-húkǒu 성 집안 식구를 가까스로 부양하다.
【养精蓄锐】 yǎngjīng-xùruì 성 (유사시에 대비하여) 정기를 기르고 예기(銳氣)를 축적하다. ≒休养生息 ↔劳民伤财
【养老】 yǎng∥lǎo 동 1 노인을 봉양하다〔모시다〕. ¶～送终=어른을 돌아가실 때까지 봉양하고 장례를 잘 치르다. 2 노년에 안락하게 지내다. ¶居家～=집에서 여생을 안락하게 지내다.
【养老保险】 yǎnglǎo bǎoxiǎn 양로 보험. 실버 보험.
【养老金】 yǎnglǎojīn 명 양로 연금. 양로금.
【养老院】 yǎnglǎoyuàn 명 양로원. 경로당. =【敬老院】 jìnglǎoyuàn【福利院】 fúlìyuàn
【养廉】 yǎnglián 동文 청렴결백한 품격을 배양하다〔기르다〕. ¶俭以～=청렴결백한 품격을 배양하여 검소하게 지내다.
【养料】 yǎngliào 명 자양분. (영)양분. ¶给牲口加点儿～。=가축에게 자양분을 좀 더 주다. / 艺术家要从生活中汲取～。=예술가는 일상 생활에서 자양분을 섭취한다.
【养路】 yǎng∥lù 동 도로와 철도를 보수하다〔정비하다·유지하다·수리하다〕. ¶～段=도로〔철로〕 보수팀〔보수 구간〕.
【养路费】 yǎnglùfèi 명 도로 보수·유지비. 도로 통행료.
【养路工】 yǎnglùgōng 명 도로〔철로〕 보선공.
【养母】 yǎngmǔ 명 양모. 양어머니.
【养目镜】 yǎngmùjìng 명 양목경. 보안경. [안경알이 주로 짙은 색임]
【养女】 yǎngnǚ 명 양녀. 수양딸.
【养气】 yǎngqì 동文 1 좋은 품덕과 기품을 기르다. 수양하다. ¶正心～=마음을 바로잡고 수양하다. 2 (도가에서) 마음을 가라앉히고 수련하다. ¶炼丹～=단전호흡으로 기를 수련하다.
【养人】 yǎngrén 형 (인체에) 몸에 이로운. 건강에 좋은. 영양 가치가 있는. ¶这里的水土很～。=이곳의 자연 환경은 사람의 몸에 이롭다.
【养伤】 yǎng∥shāng 동 상처를 치료하고 휴양하여 건강을 회복시키다. 요양하다.
【养神】 yǎng∥shén 동 마음을 가라앉혀 정신을 회복하다. 심신을 편안히 하여 피로를 풀다. 정신〔기분·마음〕을 편하게 하다. ¶闭目～=눈을 감고 마음을 가라앉혀 정신을 회복하다.
【养生】 yǎngshēng 동 1 양생하다. 보양(保養)하다. ¶～学=양생학. 2 (동물을) 키우다. 사육하다. 치다. ¶她喜欢猫狗全养。=그녀는 동물 기르기를 좋아하여 고양이든 개든 모두 기른다.
【养息】 yǎngxī 동 양생하다. 요양하다. 조리하다. ¶你的病刚好, 还要多～。=너의 병이 이제 막 좋아졌으니, 좀 조리해야 한다.
【养心】 yǎngxīn 동 정신 수양을 하다. 마음을 닦다. ¶～安神=정신 수양을 하고 마음을 안정시키다.

【养性】 yǎngxìng 동 품성을 수양하다〔쌓다·기르다〕. ¶修身～=몸을 닦고 품성을 기르다.
【养畜】 yǎngxù 동 (동물을) 기르다. 사육하다. 먹이다. ¶～猪羊=돼지와 양을 사육하다.
【养颜】 yǎngyán 동 얼굴을 보호하다〔관리하다·가꾸다〕. ¶护肤～=피부를 보호하고 얼굴을 가꾸어 주다.
【养眼】 yǎngyǎn 동 눈을 보양하다. ¶你要多吃些～蔬菜。=너는 눈을 보양하는 야채를 좀 많이 먹어야 한다. 형 (사람이나 사물이) 눈을 즐겁게〔편하게〕 하는. ¶杭州环境好, 美女多, ～。=항저우(杭州)는 환경도 좋고 미녀도 많아 눈을 즐겁게 한다.
【养痈成患】 yǎngyōng-chénghuàn 성 1 종기를 조기에 치료하지 않고 내버려 두어 후환이 되다. 2<sub>喩</sub> 나쁜 사람의 나쁜 짓에 대해 너그럽게 관용을 베풀어 화근을 남기다. =【养痈遗患】 yǎngyōng-yíhuàn ↔斩草除根
【养痈遗患】 yǎngyōng-yíhuàn ☞【养痈成患】 yǎngyōng-chénghuàn
【养鱼池】 yǎngyúchí 명 양어장. =【鱼池】 yúchí
【养育】 yǎngyù 동 기르다. 양육하다. 기르고 교육시키다. ¶～之恩=길러 준 은혜.
【养殖】 yǎngzhí 동 양식하다. [주로 수산물을 가리킴] ¶～海带=다시마를 양식하다.
【养殖场】 yǎngzhíchǎng 명 양식장. ¶珍珠～=진주 양식장.
【养殖业】 yǎngzhíyè 명 양식업. ¶要大力发展～。=힘써 양식업을 발전시켜야 한다.
【养子】 yǎngzǐ 명 양자. 양아들.
【养尊处优】 yǎngzūn-chǔyōu 성貶 높은 지위에 있으면서 부유한 생활을 누리다. 사치스럽고 안일하게 지내다. ↔披星戴月 栉风沐雨

**氧** yǎng 산소 양
명화(化) 산소(O, oxygen). [원자 번호 8]
○● 臭chòu氧, 脱氧, 灰锰měng氧

【氧吧】 yǎngbā 명 산소 카페. [산소 흡입 설비가 있는 바(bar)]
【氧割】 yǎnggē 동(機) 산소 아세틸렌으로 금속을 절단하다.
【氧化】 yǎnghuà 동(化) 1 산화하다. [어떤 물질이 산소와 결합하는 것을 가리킴] 2 산화하다. [어떤 물질이 화학 반응 중 전자를 잃거나 전자가 이탈하는 것을 가리킴]
【氧化硅胶】 yǎnghuà guījiāo ☞【硅胶】 guījiāo
【氧化剂】 yǎnghuàjì 명(化) 산화제.
【氧化铝】 yǎnghuàlǚ 명(化) 산화알루미늄. 알루미나.
【氧化镁】 yǎnghuàměi 명(化) 산화마그네슘. 마그네시아(magnesia). 同【苦土】 kǔtǔ
【氧化物】 yǎnghuàwù 명(化) 산화물.
【氧化焰】 yǎnghuàyàn ☞【外焰】 wàiyàn
【氧气】 yǎngqì 명(化) 산소.

【氧气瓶】yǎngqìpíng 명 산소통. 산소 봄베(bomb).
【氧炔吹管】yǎngquē chuīguǎn 명(機) 산소 아세틸렌 용접기.

**痒[癢]** yǎng 가려울 양
형 1 가렵다. 간지럽다. ¶挠~=가려운 곳을 긁다. / 不~不~=아프지도 가렵지도 않다. 2 ~하고 싶어 못 견디다. 좀이 쑤시다. 근질근질하다. ¶一时技~=솜씨를[재능을] 뽐내고 싶어서 몸이 근질거리다.
○- 刺痒, 痛tòng痒

【痒痒】yǎng·yang 형(口) 가렵다. …하고 싶어 못 견디다. 좀이 쑤시다. 근질근질하다.

**炀[煬]** yàng 태울 양
동(문) (불에) 굽다[말리다]. 태우다. 불태우다. 불사르다. 불살라[태워] 버리다.
☞ yáng

**怏** yàng 불만스러울 양
형(문) 만족스럽지 않은 모양. 즐겁지 않은 모양. ¶心中~然=마음이 언짢다.
【怏然】yàngrán 형(문) 1 거만한 모양. 우쭐대는 모양. 뽐내는 모양. ¶~自足=잘난 체하다. 2 즐겁지 않은 모양. 우울하다. 울적하다. ¶~不悦=기분이 울적하다. 앙앙불락하다.
【怏怏】yàngyàng 형 불만족스럽거나 즐겁지 않은 모양. ¶~不得志=뜻을 이루지 못해 만족스럽지 못하다. 좌절[실패]로 기분이 언짢다.
【怏怏不乐】yàngyàng-bùlè 성 불만에 가득 차 울적하다. 앙앙불락하다. 만족스럽지 않아 우울하다.

**样[樣]** yàng 모양 양
명(~儿) 1 모양. 모습. 꼴. 형상. ¶模~=모양. / 花~=양식. 2 본보기. 모범. 견본. 샘플(sample). 모델(model). 표본. 격식. ¶取~=표본을 추출하다. / 榜~=모범. 3 (사람의) 모양. 모습. 태도. 표정. 형상. ¶装模作~=허세를 부리다. / 一模一~=완전히 같다. 똑같다. 4 (사물의) 추세. 정세. 형세. 상황. 동향. 상태. ¶看~儿, 这场球我们队能赢。=상황을 보아하니 이 시합은 우리 팀이 이길 수 있겠다. 5 견본쇄(見本刷). 교정쇄(校正刷). ¶校~=교정쇄(校正刷). / 清~=교료지. 영(~儿) 종류. 형태. ¶四~儿菜=네 종류의 요리. / 多种多~=각양각색.

○- 别样, 抽chōu样, 打样, 大样, 得样儿, 红样, 花样, 校jiào样, 两样, 毛样, 哪样, 那样, 清样, 取样, 时样, 式样, 是样儿, 同样, 象样, 小样, 一样, 异yì样, 怎样, 照样, 这样, 字样, 走样, 怎么样

【样板】yàngbǎn 명 1 판자 모양의 견본. 2 게이지(gauge). 계측기. 3(中) 모범. 본보기. 귀감. ¶学~=본보기로 삼다. 본받다.

【样板戏】yàngbǎnxì 명 革命样板戏(혁명모범극). [문화 대혁명 기간 중 모범극으로 지정된 8개 현대극. 즉, 경극《지취위호산(智取威虎山)》·《해항(海港)》·《홍등기(紅燈記)》·《사가빈(沙家濱)》·《기습백호단(奇襲白虎團)》·《용강송(龍江頌)》과 발레극《홍색낭자군(紅色娘子軍)》·《백모녀(白毛女)》를 가리킴]
【样本】yàngběn 명 1 견본. 샘플(sample). 2 카탈로그(catalogue).
【样带】yàngdài 명 1 심사용 녹음테이프[비디오테이프·영화 필름]. 2 ☞【样条】yàngtiáo
【样稿】yànggǎo 명 견본용 원고. [의견 청취와 심사에 쓰임]
【样机】yàngjī 명 1 (비행기의) 원형. 2 견본용 기계. 기계 샘플(sample).
【样件】yàngjiàn 명 부속품 견본.
【样款】yàngkuǎn 명 샘플(sample). 스타일(style). 양식. 격식. 디자인.
【样片儿】yàngpiānr 명(口) 심사용 영화 필름.
【样片】yàngpiàn 명 심사용 영화[텔레비전] 필름. 진단용 엑스레이 필름.
【样品】yàngpǐn 명 샘플. 견본(품). ¶~展览会=견본 전시회.
【样式】yàngshì 명 형식. 양식. 모양. 형. 스타일(style). 디자인(design). ¶新潮~=새로운 유행의 스타일. 신식 스타일.
【样书】yàngshū 명 견본 도서.
【样条】yàngtiáo 명 (식물 군락 조사를 진행하는) 띠 모양의 작업 구역. 방형구(方形區). =【样带】yàngdài
【样线】yàngxiàn 명 폭이 아주 좁은 방형구(方形區).
【样样】yàngyàng 대 여러 가지. 형형색색. 각양각색. 갖가지. 모든 것. ¶她做的菜~都好吃。=그녀가 만든 요리는 하나같이 모두 맛있다.
【样张】yàngzhāng 명 1 견본쇄(見本刷). 교정쇄(校正刷). 2 옷 모양을 그려 넣은 큰 종이.
【样子】yàng·zi 명 1 모양. 모습. 꼴. 형태. ¶这件大衣的~很好看。=이 외투의 모양은 아주 보기 좋다. 2 (사람의) 모양. 모습. 태도. 표정. 안색. ¶高兴的~=즐거운 모습. 3 (사물의) 상황. 동향. 상태. ¶过去的穷山沟已经变~了。=옛날의 가난하던 산골 동네는 이미 모습이 변했다. 4 견본. 표본. 모범. 본보기. 샘플(sample). 모델(model). 격식. ¶鞋~=신발 견본. 5 추세. 정세. 형세. [주로 '看(kàn)·照(zhào)' 등과 함께 쓰임] ¶看~, 今天要下雨。=보아하니, 오늘 비가 오겠다. ≒模样
【样子货】yàng·zihuò 명 1 견본(品). 샘플. ¶那些都是~, 不卖。=이것들은 모두 견본이라 팔지 않는다. 2 보기는 좋으나 쓸모가 없는 물건. ¶这种~, 中看不中用。=이런 그럴싸한 물건은 보기에만 좋고 쓸모가 없다.

**恙** yàng 질병 양
명(문) 질병. 병. 탈. ¶安然无~=평안하고 병이 없다.

**烊** yàng 문 닫을 양
 ☞ 【打烊】 dǎyàng
 ☞ yáng

**鞅** yàng 뱃대끈 앙
 ☞ 【牛鞅】 niúyàng
 ☞ yāng

**漾** yàng 출렁거릴 양
 동 1 (물결이) 출렁이다. 넘실거리다. ¶荡～ = (물결이) 출렁이다. 2 넘치다. 넘쳐흐르다. ¶浴盆里的水～出来了。= 욕조의 물이 넘쳐 흘러내렸다. 명술 작은 호수. 연못.
 【漾奶】 yàng‖nǎi 동 (아기가 젖을 너무 많이 먹거나 자세가 좋지 않아) 젖을 토하다.

# yao

**幺** yāo 작을 요
 형 1 가늘다. 작다. ¶～小 = 작다. 어리다. 2 ㈀ 막내의. 항렬이 제일 낮은. ¶～叔 = 막내삼촌. /～妹 = 막내여동생. ㈁ 1 (예) 주사위나 골패의 한 점. ¶呼～喝六 = 원하는 숫자를 질러 대며 도박을 하다. 2 숫자 1 대신 쓰이는 글자. ¶～～四查号台 = 114 안내 전화. 3 (Yāo) 성(姓).
 【幺麽】 yāomó 형 1 아주 작다. 미세하다. 힘이 없고 하찮다. 쓸모 없다. 2 명 소인배. ¶跳梁～ = 함부로 설치는 소인배.
 【幺麽小丑】 yāomó xiǎochǒu 명술 형편없이 나쁜 놈. 하찮은 소인배.

**夭**¹ [**殀**] yāo 일찍 죽을 요
 동 요절하다. 단명하다. 젊어서 죽다. ¶～寿 = 장수와 요절. 수명의 길고 짧음.

→ 夭 yāo  跃 yuè
  妖 yāo  沃 wò
  笑 xiào

**夭**² yāo 왕성할 요
 형술 (초목이) 무성하다. ¶繁杏～桃 = 무성한 은행나무와 우거진 복숭아나무.
 【夭矫】 yāojiǎo 형술 구불구불하고 기세 있는 모양. ¶～婆娑的古柏 = 구불구불하고 기세 있게 어우러진 오래 된 측백나무.
 【夭逝】 yāoshì 동술 요절하다. 단명하다. 젊어서 죽다.
 【夭桃秾李】 yāotáo-nónglǐ 성 1 아름다운 복사꽃과 오얏꽃. 꽃이 무성하다. 2 비 젊고 아름답다. 3 비 젊고 아리따운 여인. 어여쁜 신부. [남의 결혼을 축하하는 말]
 【夭亡】 yāowáng 동술 젊어서 죽다. 요절하다. 단명하다.
 【夭折】 yāozhé 동 1 단명하다. 요절하다. 젊어서〔어려서〕 죽다. 2 비 (일이) 중도에서 실패하다. 폐지되다. ¶由于条件缺乏, 实验中途～了。= 조건이 열악하여 실험이 중도에 실패했다.

**吆** yāo 크게 부를 요
 동 큰 소리로 외치다. 크게 소리치다. ¶～牲口 = 소리를 질러 가축을 몰다.
 【吆喝】 yāo·he 동술 1 큰 소리로 외치다. 소리치며 팔다. 물건을 사라고 외치다. ¶货郎担着担子, 一边走一边～。= 행상이 짐을 지고 다니면서 소리치며 물건을 판다. 2 (가축을) 소리지르며 몰다. ¶他～着把羊赶进了圈。= 그는 고함지르며 양을 우리 속으로 몰아넣었다. 3 부르다. 부르짖다. 외치다. 고함치다. ¶去～大家来开会。= 가서 모두에게 회의에 참가하러 오라고 불러라. 4 준엄하게〔호되게〕 꾸짖다. 꾸짖어 책망하다. ¶父亲厉声～着贪玩儿的儿子。= 부친이 노는 데 정신 팔린 아들을 호되게 꾸짖었다. 명 고함 소리. 외침 소리. ¶远处传来几声～。= 멀리서 몇 마디 고함 소리가 들려온다.
 【吆呼】 yāo·hu 동 고함치다. 큰 소리로 외치다. 부르짖다. 부르다. ¶我出去看看, 妈妈在下面～我呢。= 엄마가 아래에서 나를 부르고 있으니, 내가 잠시 나가 볼게.
 【吆唤】 yāohuàn 동 고함치다. 큰 소리로 외치다. 부르짖다. 부르다. ¶去～几个人来帮忙。= 가서 몇 사람 와서 도와 달라고 불러라. 명 고함 소리. 외침 소리. ¶山上传来一声清脆的～。= 산 위에서 낭랑한 외침 소리가 들려오다.
 【吆五喝六】 yāowǔ-hèliù 성 1 (주사위를 던질 때) 5야, 6이야 하면서 떠들어 대다. 2 비 시끄럽게 떠들다. 이러쿵저러쿵 떠들어 대다. 3 비 대단한 기세로 남을 억누르다. 허세를 부려 기선을 잡으려고 하다.

**约** [**約**] yāo 헤아릴 약
 동술 저울로 무게를 달다. ¶～一～这块肉有多重。= 이 고기의 무게가 얼마나 되는지 달아 보세요. ≒称
 ☞ yuē

**妖** yāo 아리따울 요
 명 요괴. ¶蛇～ = 뱀 형상의 요괴. 형 1 요사하다. ¶施展～术 = 요사한 술수를 부리다. 2 ㈀ (여자·꽃 등의 자태가) 요염하다. 요사하고 아름답다. 매혹적이다. 매우 아리땁다. ¶须晴日, 看红装素裹, 分外～娆。= 눈 온 뒤 날이 맑아 붉은 태양이 새하얀 대지를 비추니, 유난히 아름답고 매혹적이다. 3 망측하다. 지나치게 요염하다. [주로 여성을 가리킴] ¶别打扮得那么～艳。= 그렇게 망측하게 화장하지 마라.
 【妖道】 yāodào 명 요술을 부리는 사악한 도사.
 【妖法】 yāofǎ 명 요술. 요사한 술수. 마법.
 【妖风】 yāofēng 명 1 요괴가 일으키는 바람. 2 비 사악한 기풍〔조류〕. ¶～邪气 = 요사하고 사악한 기풍.
 【妖怪】 yāo·guài 명 요괴.
 【妖精】 yāo·jing 명 1 요괴. 요정. 2 비 요사스러운 여자. 요부. 음탕한 여자. 요망한〔여우 같은〕 년.

【妖里妖气】yāo·liyāoqi 형 요사스럽다. 요염하다. 요기가 풍기다.
【妖媚】yāomèi 형 요염하고 품행이 바르지 않다. (주로 여성을 가리킴) ¶~的舞女=요염한 무녀〔댄서〕.
【妖魔】yāomó 명 요괴. 요마.
【妖魔鬼怪】yāomó guǐguài ③ 1 요괴와 악마. 2 비 가지각색의 사악한 세력. 악당들.
【妖孽】yāoniè 명문 1 괴이하고 불길한 사물. 재앙. 요사스러운 마귀. 요괴. 2 비 나쁜 짓을 하는 놈.
【妖婆】yāopó 명 요사스러운〔사악한〕여자. 요녀(妖女). ¶老~=마귀할멈. 늙은 요녀.
【妖气】yāoqì 명 1 요사한 분위기. 요사한 기운. ③ 요사스럽다. 요염하다. 요기가 풍기다. ¶她今天打扮得太~了。=그녀는 오늘 너무 요사스럽게 치장을 했다.
【妖娆】yāoráo 형문 요염하다. 매혹적이다. 매우 아리땁다. ¶~多姿=요염하고 다채롭다. 자태가 매혹적이고 다채롭다.
【妖人】yāorén 명 요망스럽고 간악한 사람.
【妖声怪气】yāoshēng-guàiqì ③ 말이나 행동이 요사스러운 모양. ⇒【妖声怪气】yāoshēng-yāoqi
【妖声妖气】yāoshēng-yāoqi ☞【妖声怪气】yāoshēng-guàiqì
【妖术】yāoshù 명 1 (신화·전설·동화 속의) 요술. 2 사람을 홀리는 사악한 술수. ¶~惑众=사악한 술수로 대중을 홀리다.
【妖物】yāowù 명 요괴. 요물.
【妖雾】yāowù 명 요괴가 일으키는 안개.
【妖言】yāoyán 명 요언. 요사스러운 말. ¶散布~=요사스러운 말을 유포하다.
【妖言惑众】yāoyán-huòzhòng ③ 황당무계한 말로 대중을 홀리다. 요사스러운 말로 대중을 미혹하다.
【妖艳】yāoyàn 형 요염하다. 요사하고 아름답다. ¶~女子=요염한 여자. ↔淡雅
【妖冶】yāoyě 형 요사스럽고 아름답다. 요야하다. ¶打扮~=치장이 요사스럽고 아름답다.

**要** yāo 요구할 요

동 1 요구하다. (청)구하다. ¶严格~求=엄격하게 요구하다. 2 강요하다. 강제하다. 위협하다. 억지로 시키다. ¶~挟政府=정부를 압박하다. 3 邀(yāo)와 같음. 명 (Yāo) 성(姓). 〔고어에서 '腰(yāo)'와 같음〕
☞ yào
【要功】yāogōng ☞【邀功】yāogōng
【要击】yāojī ☞【邀击】yāojī
【要买】yāomǎi ☞【邀买】yāomǎi
【要求】yāoqiú 동 요구하다. 요망하다. ¶~肇事者赔礼道歉=사고를 낸 쪽에 사죄를 요구하다. 명 요망. 요구. ¶正当~=정당한 요구. ≒请求
【要挟】yāoxié 동 강요하다. 협박하다. 등치다. 압박하다. ¶以死相~=죽음으로 협박하다.

≒胁迫

哟[唷] yāo/yōu 감탄사 약
갑 ⑦ 呦(yōu)와 같음.
☞ ·yao

垚 yāo 땅 이름 요
지명에 쓰이는 글자. ¶寨子~=자이쯔야오. [산시(山西)성에 있는 지명]

喓 yāo 벌레 소리 요
【喓喓】yāoyāo 의문 벌레의 울음소리.

*腰 yāo 허리 요
명 1 허리. ¶细~=가는허리. / 弯~=허리를 굽히다. 2 ⑦ (식품으로서 소·돼지·양 등의) 신장(腎臟). ¶猪~子=돼지의 신장. 3 치마·바지 등의 허리 부분. ¶裤~=바지허리. 4 허리에 차는 주머니. 호주머니. ¶~里的钱不多了，得省着点儿花。=호주머니에 돈이 많지 않으니, 좀 절약해서 써야만 한다. 5 사물의 중간 부분. ¶半山~=산허리. 6 중간 부분이 협소하여 허리같이 생긴 지세. ¶土~=지협(地峡). 7 (Yāo) 성(姓).

○-● 抱腰，撑chēng腰，搭dā腰，当腰，哈hā腰，裤腰，懒lǎn腰，猫腰，毛腰，伸腰，折zhé腰

【腰板儿】yāobǎnr 1 ⑦ 사람의 허리와 등. (자세를 가리킴) ¶挺直~=자세를 똑바로 펴라. 2 체격. 몸. ¶老人都八十了，可~儿还硬朗。=노인은 이미 여든이 되었는데도 체격이 건장하다〔정정하다〕. 3 힘. 책임감. 용기. ¶把~挺起来，战胜目前的困难。=힘을 내어 목전의 곤경을 이겨 내자.
【腰板脖硬】yāobǎn-bóyìng ③ 1 허리나 목이 굳어져서 쉽게 굽혀지지 않다. 2 비 무뚝뚝하다. 퉁명스럽다. 오만하다.
【腰包】yāobāo 명 1 허리춤에 차는 돈주머니. 2 돈주머니. 지갑. ¶掏~=돈을 내다.
【腰部】yāobù 명 허리. 요부. ¶~受伤=허리를 다치다.
【腰缠万贯】yāochán-wànguàn ③ 1 허리춤에 많은 돈을 꿰어 차고 있다. 2 비 대단히 부유하다. ↔囊空如洗 一贫如洗
【腰带】yāodài 명 요대. 허리띠. ¶束紧~=허리띠를 졸라매다.
【腰袋】yāodài 명 허리춤에 찬 작은 주머니.
【腰刀】yāodāo 명 옛날, 허리에 차는 칼.
【腰杆儿】yāogǎnr ☞【腰杆子】yāogǎn·zi
【腰杆子】yāogǎn·zi 명 1 허리. 요부(腰部). ¶挺起~=허리를 똑바로 펴다. 2 비 뒷배경. 후원자. 뒷받침. 뒷심. ¶~硬=뒷배경이 든든하다. ⇒【腰杆儿】yāogǎnr
【腰鼓】yāogǔ 명 1 (音) 허리에 차고 양쪽을 두드리는, 원통형으로 생긴 작은 북. 2 (藝) '腰鼓(yāogǔ)'를 치며 추는 민간 무용의 일종.
【腰果】yāoguǒ 명 (植) 1 캐슈(cashew). 2 캐슈(cashew)의 열매. 캐슈너트(cashew nut).

【腰花】**yāohuā**(～儿) 명 (돼지나 양의) 콩팥 요리. [돼지나 양의 콩팥에 물고기 비늘 모양으로 칼집을 내고 잘게 썬 것] ¶火爆～＝훠바오야오화. [돼지 콩팥을 칼집을 내고 잘게 썰어 콩된장과 마늘·생강가루·피망·파 그리고 약간의 소금을 넣고 뜨거운 불에 신속하게 볶은 요리]
【腰肌劳损】**yāojī láosǔn** 명(醫) 요근(腰筋) 손상.
【腰牌】**yāopái** 명 **1** (버스나 전차 등의 측면에 붙여) 경유지와 목적지를 적은 패. **2** (옛) 요패. 허리에 차던 출입 증명서.
【腰身】**yāo·shēn** 명 **1** 허리. ¶活动活动～＝허리를 좀 움직여라. **2** (신체의) 허리 품 [둘레]. ¶～细＝허리가 가늘다. **3** 몸매. ¶窈窕的～＝날씬한 허리. **4** (의복의) 허리 품 [둘레]. ¶这条裤子的～太小了。＝이 바지는 허리 품이 너무 좁다.
【腰酸背痛】**yāosuān-bèitòng**(成) **1** 허리가 시큰거리고 다리가 아프다. **2**(비) 몹시 지치다.
【腰痛】**yāotòng** 명(醫) 요통.
【腰腿】**yāotuǐ** 명 허리와 다리. ¶他虽然年纪大了, 可～还灵便。＝비록 그는 나이는 많지만 다리와 허리의 움직임이 기민하다.
【腰围】**yāowéi** 명 **1** 허리 품 [둘레]. 웨이스트 (waist). ¶我的～是二尺六。＝나의 허리 품은 두 자 여섯 치이다. **2** (옷의) 허리 둘레. ¶裙子的～是二尺二。＝치마의 허리 둘레는 두 자 두 치이다. **3** 허리에 두르는 띠. 요대(腰带). ¶她产后好长时间都束着～。＝그녀는 출산 후 오랫동안 요대를 차고 있었다.
【腰眼】**yāoyǎn**(～儿) 명 **1** 등허리. [허리 뒤쪽, 요추(腰椎)의 양쪽 부위] **2**(비) 급소. 관건. 중요한 곳. ¶抓住问题的～, 才能最终解决问题。＝문제의 급소를 잡아야만 비로소 문제를 궁극적으로 해결할 수 있다.
【腰斩】**yāozhǎn** 통 **1** 요참하다. 허리를 자르다. [옛날, 허리를 자르는 형벌의 하나] **2**(비) 둘로 잘라 내다. 두 동강을 내다. ¶由于资金问题, 工程进行了一半就被～了。＝자금 문제로 인해서 공사는 반쯤 진행되다가 두 동강 나 버렸다.
【腰肢】**yāozhī** 명 **1** 허리 부분. 요부. ¶～纤细＝허리가 가늘다. **2** 몸매. ¶～婀娜＝몸매가 유연하고 아름답다.
【腰椎】**yāozhuī** 명(生) 요추.
【腰子】**yāo·zi** 명(구) 콩팥.

**邀** yāo 맞을 요
통 **1**(문) 맞다. 영접하다. ¶～于郊＝교외에서 영접하다. **2**(문) (얻기를) 바라다. 희구하다. 도모하다. 꾀하다. 추구하다. 얻다. 취하다. ¶～官＝관직을 도모하다. **3** 초청하다. 초대하다. ¶特～嘉宾＝귀빈을 특별 초청하다. **4** 가로막다. 가로채다. 차단하다. 저지하다. ¶～截＝가로채다.
【邀宠】**yāochǒng** 통 환심을 사려고 애쓰다. 아첨하다. ¶贪功～＝공을 탐하고 환심을 사려고 애쓰다.
【邀功】[要功] **yāogōng** 통 **1** 공을 추구하다 [바라다]. ¶胜不～, 败不避罪。＝이겨도 공을 바라지 않고, 져도 죄를 회피하지 않다. **2** 남의 공적을 가로채다. ¶～请赏＝남의 공적을 가로채서 상을 바라다.
【邀击】[要击] **yāojī** 통 요격하다. ¶引兵～＝군사를 이끌고 적을 요격하다.
【邀集】**yāojí** 통 사람들을 불러모으다. ¶～朋友去郊外爬山。＝친구들을 불러모아 교외로 가서 등산을 하다.
【邀买】[要买] **yāomǎi** 통 남의 뜻에 영합하다. 매수하다. 회유하다. 포섭하다. ¶～人心＝남의 환심을 사다.
【邀请】**yāoqǐng** 통 초청하다. 초대하다. ¶～专家来学校作报告。＝전문가를 학교에 초청해서 보고를 하게 하다. ≒邀约
【邀请赛】**yāoqǐngsài**(體) 초청 시합. 초청 경기. ¶乒乓球～＝탁구 초청 경기.
【邀请信】**yāoqǐngxìn** 명 초청장.
【邀赏】**yāoshǎng** 통 상을 내리기를 청하다. ¶报功～＝공로를 보고하고 상을 청하다.
【邀约】**yāoyuē** 통 초대하다. ¶～亲友＝친구와 친척들을 초대하다. ≒邀请 约请

**爻** yáo 효 효
명 효. [역(易)의 괘(卦)를 이룬 가로획. '—'는 양효(陽爻)이고, '--'는 음효(陰爻)임]

**尧**[堯] **Yáo** 요임금 요
명 **1** 당요(唐尧). 요임금. [전설상의 고대 제왕의 이름] **2** 성(姓).
【尧舜】**Yáo-Shùn** 명 **1** 요임금과 순임금. **2** 성인(聖人). =[舜尧] **Shùn-Yáo** ¶人皆可以为～。＝사람은 모두 성인이 될 수 있다.
【尧天舜日】**Yáotiān-Shùnrì**(成) **1** 요임금과 순임금 제위 시기. **2**(비) 태평성대(太平盛代). =[舜日尧年] **Shùnrì-Yáonián**

**侥**[僥] yáo 난장이 요
☞ 【僬侥】**jiāoyáo**
☞ **jiǎo**

**肴**[(餚)] yáo 반찬 효
명 생선·육류 등의 요리. ¶佳～＝맛있는 안주. /荤～＝(식사나 안주용의) 요리. 음식.
【肴馔】**yáozhuàn** 명 (연회의) 풍성한 음식. ¶珍馐～＝진귀한 음식과 풍성한 음식.

**垚** yáo 사람 이름 요
형(문) 산세가 준엄하다 [가파르다. 높다]. [주로 인명에 쓰임]

**轺**[軺] yáo 수레 초
명(문) 가볍고 작은 마차.
【轺车】**yáochē** 명 옛날, 가볍고 작은 마차.

**峣**[嶢] yáo 높을 요
형(문) (산이) 높고 험준하다.

【峣峣】 **yáoyáo** 〖형〗〖문〗 **1** (산이) 높고 험준한 모양. **2** 〖비〗 (사람이) 도도하고 강직하다. ¶~者易缺. =도도하고 강직하면 다치기 쉽다.

*姚 **Yáo** 성씨 요
  〖명〗 성(姓).

珧¹ **yáo** 자개 요
  〖명〗 대합조개 껍데기. [옛날, 칼이나 활 등의 기물에 장식용으로 쓰였음]

珧² **yáo** 조개 요
  ☞【江珧】 **jiāngyáo**

陶 **yáo** 사람 이름 요
  인명에 쓰이는 글자. ¶皋~=고요. [순임금의 신하]
  ☞ **táo**

铫[銚] **yáo** 괭이 요
  〖명〗 **1** 〖문〗 옛날, 괭이. ¶~耨=괭이. **2** (**Yáo**) 성(姓).
  ☞ **diào**, **tiáo**

*窑[(窰·窯)] **yáo** 가마 요
  〖명〗 **1** (기와와 도기를 굽는) 가마. 요. ¶砖~=벽돌 가마. / 出~=가마에서 꺼내다. **2** (옛날, 유명 가마에서 생산한) 도(자)기. ¶宣~=선요. [명(明)대 선덕(宣德) 연간에 장시(江西)성 경덕진(景德鎭) 가마에서 생산한 자기] **3** 탄갱(炭坑). ¶煤~=탄갱. **4** (사람이 사는) 동굴. **5** 〖방〗 기원(妓院). 기루(妓樓). 유곽(遊廓). 청루. ¶逛~子=기원에 드나들다.

【窑变】 **yáobiàn** 〖명〗 요변. [도자기를 구울 때 불꽃의 성질이나 잿물의 상태 때문에 가마 속에서 변화가 생겨 도자기에 예기치 않은 색깔과 상태를 나타내거나 모양이 변형되는 일, 또는 그런 도자기]

【窑顶】 **yáodǐng** 〖명〗 가마〔동굴집·토굴집〕의 천정. 요정(부).

【窑洞】 **yáodòng** 〖명〗 동굴집. 토굴집. 혈거(穴居). 굴집.

【窑姐儿】 **yáojiěr** 〖명〗〖방〗 기녀. 기생. 창기.

【窑坑】 **yáokēng** 〖명〗 도기를 구울 흙을 파내서 생긴 구덩이.

【窑子】 **yáo·zi** 〖명〗 기원(妓院). 기루(妓樓). 유곽(遊廓).

*谣[謠] **yáo** 노래 요
  〖명〗 **1** 노래. 가요. ¶童~=동요. / 民~=민요. **2** 뜬소문. 풍문. 풍설. 낭설. ¶造~=헛소문을 퍼뜨리다. / 辟(pì)~=헛소문을 논박하다. 헛소문을 밝혀 내다.
  ○● 风谣, 歌谣

【谣传】 **yáochuán** 〖동〗 헛소문〔뜬소문〕을 전하다〔내다〕. 풍설을 퍼뜨리다. 풍설로 전해지다. ¶外面~他被撤职了. =외부에 그가 파면당했다는 헛소문이 퍼져 있다. 〖명〗 풍문. 풍설. 루머(rumor). 뜬소문. ¶纯属~=전부 뜬소문이다.

【谣言】 **yáoyán** 〖명〗 유언비어. 풍설. 헛소문. 뜬소문. 요언. ¶~四起=뜬소문이 도처에 무성하다. 여기저기서 헛소문이 나다.

【谣谚】 **yáoyàn** 〖명〗 '歌谣(가요)'와 '谚语(속담)'의 합칭.

【谣诼】 **yáozhuó** 〖명〗〖문〗 중상. 비방. 헛소문.

*摇 **yáo** 흔들 요
  〖동〗 흔들다. 흔들어 움직이다. ¶~铃=요령을 흔들다. / ~了~手=잠시 손을 흔들다.

| ○ 摇 yáo | 鳐 yáo |
|---|---|
| 谣 yáo | 鹞 yào |
| 遥 yáo | 徭 yáo |
| 瑶 yáo | |

○● 动摇, 扶fú摇, 飘piāo摇, 招摇

【摇把】 **yáobà** 〖명〗〖機〗 핸들(handle). 조종간. 크랭크. 〖영〗 cranking bar

【摇摆】 **yáobǎi** 〖동〗 **1** 흔들거리다. 흔들흔들하다. ¶柳枝迎风~. =버들가지가 바람에 흔들거리다. **2** (입장·관점 등이) 동요되다. 동요하다. 흔들리다. 확고하지 못하다. ¶在原则问题上决不能~. =원칙적인 문제에 대해서는 결코 동요되어서는 안 된다.

【摇摆不定】 **yáobǎi-bùdìng** 〖성〗 **1** (물체가) 끊임없이 흔들거리다. **2** (입장·관점 등이) 확고하지 못하고 흔들리다. 동요되다.

【摇摆舞】 **yáobǎiwǔ** 〖명〗〖藝〗 로큰롤(rock'n'roll).

【摇笔杆儿】 **yáo bǐgǎnr** 〖비〗 붓대를 놀리다. 문서를 작성하다. 창작 활동에 종사하다. ≒【摇笔杆子】 **yáo bǐgǎn·zi** ¶他~很在行. =그는 글을 쓰는 데 매우 능하다.

【摇笔杆子】 **yáo bǐgǎn·zi** ☞【摇笔杆儿】 **yáo bǐgǎnr**

【摇柄】 **yáobǐng** 〖명〗 **1** 조종간의 손잡이 부분. **2** 핸들(handle). 조종간. 크랭크. 〖영〗 cranking bar

【摇车】 **yáochē** 〖명〗 **1** (~儿) 요람(搖籃). **2** 물레.

【摇船】 **yáo‖chuán** 〖동〗 (노로) 배를 젓다.

【摇唇鼓舌】 **yáochún-gǔshé** 〖성〗〖비〗 **1** 말솜씨를 자랑하며 유세나 선동을 하다. 궤변을 지껄이다. 혀를 놀려 사람을 혹하게 하다. **2** 말솜씨를 자랑하다. ≒搬弄是非

【摇荡】 **yáodàng** 〖동〗 흔들거리며 움직이다. 흔들리다. ¶春风习习, 荷叶在水面上微微~. =봄바람이 솔솔 불어오니 연잎이 물 위에서 살랑거린다. ≒摇曳

【摇动】 **yáo‖dòng** 〖동〗 흔들어 움직이게 하다. ¶~木桩~不了. =이 말뚝은 흔들어도 움직이지 않는다.

【摇动】 **yáodòng** 〖동〗 **1** 흔들다. ¶他不停地~彩旗. =그는 끊임없이 채색 깃발을 흔들고 있다. **2** (입장·관점 등이) 동요되다. 동요하다. 흔들리다. 움직이다. 확고하지 못하다. ¶人心~=사람들의 마음이 동요되다.

【摇鹅毛扇】yáo émáoshàn [성] 1 거위 깃털로 만든 부채를 흔들다. [옛 소설이나 중국 전통극에 나오는 모사(謀士)들은 주로 거위 깃털로 만든 부채를 들고 있는 데서 유래함] 2 [비] 다른 사람 곁이나 막후에서 계책을 내다. =【摇羽毛扇】yáo yǔmáoshàn
【摇滚】yáogǔn [동] 흔들고 구르다. [명] ☞【摇滚乐】yáogǔnyuè
【摇滚乐】yáogǔnyuè [명]〈音〉로큰롤. [약]【摇滚】yáogǔn
【摇撼】yáo·hàn [동] 1 (나무·기둥·물건 등을) 흔들다. ¶狂风~着光秃秃的树木。=광풍이 벌거숭이 나무를 흔들고 있다. 2 [비] (사상·관점 등이) 동요하다. 동요되다. 흔들리다. ¶名利也难以使他的意志~。=명리도 그의 의지를 흔들기 어렵다.
【摇晃】yáo·huàng [동] 흔들리다. 흔들흔들하다. 흔들어 움직이다. 흔들다. ¶轮船在大海中~着前行。=기선이 큰 바다에서 흔들흔들하며 앞으로 나아간다. ≒晃动 晃荡 晃悠
【摇惑】yáohuò [동] 1 흔들다. 흔들리다. 현혹되다. ¶人心~=인심이 현혹되다. 2 혼란시키다. 현혹시키다. (생각을) 흔들리게 하여 미혹시키다. ¶~视听=눈과 귀를 현혹시키다.
【摇篮】yáolán [명] 1 요람. 2 [비] 산실(產室). 인재 양성의 장소. (문화·운동 등의) 발상지. ¶这里是东方文化的~。=이곳은 동방 문화의 발상지이다.
【摇篮曲】yáolánqǔ [명] 1 자장가. 2〈音〉자장가의 특색을 지닌 기악〔성악〕용 소곡. [영] berceuse
【摇耧】yáo‖lóu [동]〈農〉파종기(播種機)의 손잡이를 흔들어 씨가 골고루 뿌려지게 하다.
【摇橹】yáo‖lǔ [동] 노를 젓다.
【摇蜜】yáo‖mì [동] (원심 분리기로) 꿀을 뜨다.
【摇旗呐喊】yáoqí-nàhǎn [성] 1 옛날, 전장에서 뒤에서 기를 흔들고 함성을 질러 앞에서 싸우는 사람들의 사기를 돋우어 주다. 2 [비] 사기를 돋우어 주다. 가세하다. 응원하다. [주로 나쁜 뜻으로 쓰임] ↔偃旗息鼓
【摇钱树】yáoqiánshù [명] 1 신화에서 흔들면 돈이 떨어진다는 나무. 2 [비] 돈줄. 돈이 되는 사람이나 물건.
【摇身一变】yáoshēn-yībiàn [성] 1 (신괴 소설에서 사람이나 귀신이) 몸을 흔들어 순간적으로 모습을 바꾸다. 2 [비] 나쁜 사람이 순식간에 모습·신분·태도 등을 바꾸어 본모습을 숨기다. 3 [비] 사람의 태도·말·행동 등이 갑자기 변하다.
【摇手】yáo‖shǒu [동] 손사래를 치다. 손을 가로젓다. 손을 홰홰 젓다. [거부·부정·작별의 의미를 나타냄]
【摇手】yáoshǒu [명]〈機〉(바퀴 등을 손으로 돌리는) 손잡이.
【摇头】yáo‖tóu [동] 고개를 가로젓다. [부정·거부·반대 등의 의미를 나타냄] ¶~不算点头算。=고개를 가로젓는 것은 인정하지 않는 것이고, 고개를 끄덕이는 것은 인정하는 것이다.
【摇头摆尾】yáotóu-bǎiwěi [성] 1 (개·고양이 가) 머리와 꼬리를 흔들다. 2 [비] 득의양양하다. 경망스럽게 기뻐하다. ≒摇头晃脑 ↔正襟危坐
【摇头晃脑】yáotóu-huàngnǎo [성] 1 머리를 흔들다. 2 (책을 읽을 때) 스스로 만족하다. 의기양양하다. ≒摇头摆尾 ↔正襟危坐
【摇头丸】yáotóuwán [명] 엑스터시(ecstasy). XTC. MDMA. 도리도리.
【摇尾乞怜】yáowěi-qǐlián [성] 1 개가 꼬리를 흔들며 주인에게 아첨하다. 2 [비] 남에게 아첨하여 환심을 사다. ≒卑躬曲膝 ↔趾高气扬 妄自尊大
【摇摇】yáoyáo [형] 1 건들건들하다. 흔들흔들하다. ¶衰草~=시든 풀이 흔들흔들하다. 2 정신이 흐리멍덩하고 희미하다. ¶心旌~=마음이 몹시 흔들리다.
【摇摇摆摆】yáoyáo bǎibǎi(~的) [형] 1 건들건들하다. 휘청휘청하다. 흔들흔들하다. ¶他几杯酒下肚, 走路便~的了。=그는 술 몇 잔이 들어가자 걸음걸이가 휘청휘청하였다. 2 (입장·관점 등이) 동요되다. 확고하지 못하다. 흔들리다. ¶处理问题要有决断力, 不能~的。=문제를 처리하는 데는 결단력이 있어야 하며 동요되어서는 안 된다.
【摇摇晃晃】yáoyáo huànghuàng(~的) [형] 건들건들하다. 비틀비틀하다. 휘청휘청하다. 흔들흔들하다. ¶一阵冷风吹得烛火~的。=한차례 찬바람이 불어 촛불을 흔들거리게 하다.
【摇摇欲坠】yáoyáo-yùzhuì [성] 1 흔들흔들 곧 떨어질〔무너질〕것 같은 모양. 2 [비] 정세가 아주 위급하거나 지위가 든든하지 못하다. ≒危如累卵 风雨飘摇 ↔安如磐石 稳如泰山
【摇曳】yáoyè [동][문] 흔들리다. 흔들흔들하며 늘어지다. 하늘거리다. ¶垂柳~=수양버들이 흔들흔들거리다. ≒摇荡
【摇椅】yáoyǐ [명] 흔들의자.
【摇羽毛扇】yáo yǔmáoshàn ☞【摇鹅毛扇】yáo émáoshàn

## 徭 yáo 부역 요

[명][문] 노역. 부역. 요역. ¶轻~薄赋=가벼운 노역과 적은 세금.
【徭役】yáoyì [명] 노역. 부역. 요역.

## **遥 yáo 멀 요

[형] 1 (거리가) 멀다. 아득하다. 요원하다. ¶路~知马力。=길이 멀어야 말의 힘을 알 수 있다. 2 (시간이) 오래다. ¶~~华胄=유구한 한족(漢族)〔중화 민족의 후손〕. ≒远

○● 逍xiāo遥

【遥测】yáocè [동] 원격 계측하다. 원격 측정하다.
【遥感】yáogǎn [명]〈電〉원격 탐지. ¶~技术=원격 탐지 기술.
【遥寄】yáojì [동] 1 멀리 부치다〔보내다〕. ¶发个贺喜电报, 把祝福~给远方新婚的朋友。=결혼 축하 전보를 쳐서 축복의 마음을 멀리 있는 신혼(생활) 중인 친구에게 보내다. 2 멀리 기탁하다. ¶这首诗~了漂泊异域的诗人浓浓的思乡之情。

=이 시는 이국에 떠도는 시인의 짙은 향수를 싣고 있다.

【遥控】**yáokòng** 동 **1** (기계 등을) 원격 조종하다. **2** (사람을) 원격 조종하다. ¶被人~=다른 사람에게 원격 조종을 당하다.

【遥望】**yáowàng** 동 멀리 바라보다. ¶~故乡=멀리 고향을 바라보다.

【遥相呼应】**yáoxiāng hūyìng** ④ 멀리 떨어져서 서로 호응하다. 멀리서 서로 뜻이 통하다.

【遥想】**yáoxiǎng** 동 **1** (먼 옛날을) 회상하다. 추억하다. ¶~往昔=옛날을 회상하다. **2** (미래를) 상상하다. ¶~未来=미래를 상상하다.

【遥遥】**yáoyáo** 형 **1** (거리가) 아득히 멀다. 요원하다. 까마득하다. ¶路途~=길이 아득히 멀다. **2** (시간이) 아득히 멀다. ¶归期~=돌아갈 날이 아득히 멀다.

【遥遥领先】**yáoyáo-lǐngxiān** ④ 큰 점수로 리드하다. 점수 차가 많이 벌어지다. 한참이나 앞서다.

【遥遥无期】**yáoyáo-wúqī** ④ 기약도 없이 아득하다.

【遥远】**yáoyuǎn** 형 (시간이나 거리가) 요원하다. 아득히 멀다. 까마득하다. ¶~的地方=아득히 먼 곳. / ~的古代=아득히 먼 고대.

【遥指】**yáozhǐ** 동 먼 곳을 가리키다. ¶~圆圆的月亮=멀리 둥그런 달을 가리키다.

【遥祝】**yáozhù** 동 먼 곳에서 축하하다. 멀리서 축복하다. ¶~老家的亲人新春愉快。=멀리서 고향에 있는 친지들에게 즐거운 설 명절이 되기를 축복하다.

**猺** **yáo** 짐승 이름 요
☞【黄猺】**huángyáo**【青猺】**qīngyáo**

**瑶** **yáo** 아름다운 옥 요
명 **1** 튄 아름다운 옥〔구슬〕. ¶琼~=아름다운 구슬. **2** (Yáo) 명 瑶族(요족). 형 튄 아름다운. 진귀한. ¶~浆=좋은 술. 미주(美酒).

【瑶池】**yáochí** 명 신선이 있는 곳. 선경(仙境). [신화 중에 서왕모(西王母)가 살던 곳] ¶~仙境=신선이 사는 곳. 선경.

【瑶函】**yáohán** 명 귀한(貴翰). 혜서(惠書). [남의 편지에 대한 경칭]

【瑶琴】**yáoqín** 명 옥으로 장식한 금(琴).

【瑶族】**Yáozú** 명 요족. [중국 소수 민족의 하나로, 광시(广西)·후난(湖南)·윈난(云南)·광둥(广东) 등지와 구이저우(贵州)에 분포함]

**飖[颻]** **yáo** 바람 따라 흔들릴 요
☞【飘飖】**piāoyáo**

**繇** **yáo** 부역 요
명 튄 **1** '徭(yáo)' 와 같음. **2** '谣(yáo)' 와 같음.
☞ **yóu, zhòu**

**鳐[鰩]** **yáo** 가오리 요
명《動》가오리.

**杳** **yǎo** 아득할 묘
형 튄 묘연하다. 까마득하게 멀다. 막연하다. ¶~无踪迹=종적이 묘연하다.

【杳眇】**yǎomiǎo** ☞【杳渺】**yǎomiǎo**

【杳渺】[杳眇] **yǎomiǎo** 형 튄 멀리 떨어져 아득하다. 아득히 깊다〔멀다〕. ¶~的天际=아득히 먼 하늘가.

【杳然】**yǎorán** 형 튄 (행방·소식이) 묘연하다. 잠잠하다. 전혀 없다. 감감하다. 고요하다. 적막하다. 매우 조용하다. ¶音信~=소식이 묘연하다〔감감하다〕. 종무소식이다.

【杳如黄鹤】**yǎorúhuánghè** ④ **1** 황학과 같이 가 버린 뒤에 종적이 묘연하다. **2** (비) (사람·사물이) 한번 가 버린 뒤 행방이 묘연하다. ≒泥牛入海

【杳无人烟】**yǎowúrényān** ④ **1** 인가가 없다. 인가가 보이지 않는다. **2** 광활하고 황량하다.

【杳无音信】**yǎowúyīnxìn** ④ 소식이 감감하다. 종무소식이다.

**\*\*咬[齩, 齩]** **yǎo** 깨물 교
동 **1** 물다. 깨물다. 베물다. 떼어 먹다. ¶他~了一口馒头就放下了。=그는 만터우를 한 입 베물고는 놓았다. **2** 펜치로 꽉 집다. 톱니바퀴나 나사 등이 서로 맞물다. ¶螺丝和螺母~得太紧了, 拧不下来。=나사와 너트가 꽉 물려 있어 돌릴 수가 없다. **3** (개가) 짖다. ¶鸡鸣狗~=닭이 울고 개가 짖다. **4** (모기가) 물다. ¶腿上被蚊子~了一个包。=모기에게 물려 다리에 자국이 하나 생겼다. **5** 무고하다. 죄를 씌우다. ¶乱~好人=함부로 착한 사람에게 죄를 씌우다. **6** 단정하다. 단언하다. 잘라 말하다. ¶一口~定=한 마디로 잘라 말하다. 단언하다. **7** (경기·군사상의) 바짝 뒤쫓(아가)다. 추격하다. 따라잡다. 강요하다. 압박하다. ¶前半场比赛, 两队比分一直~得很紧。=전반전 경기에서 두 팀의 점수는 줄곧 바짝 따라붙었다. **8** (글자를) 또박또박 읽다. 정확히〔똑똑히〕 발음하다. ¶一个~字不准=발음이 정확하지 못하다. **9** 문구에 매달리다. 문구에 얽매이다. 자구(字句)의 의미를 파고들며 따지다. 자구(字句)를 천착하다. ¶要注重领会文章的精神实质, 而不要~文嚼字。=글의 정신과 내용을 중점적으로 파악해야지, 문구에 매달려서는 안 된다. **10** 동 (페인트 등이 묻어) 피부가 부어올라 따끔하다. 자극하다. 염증을 일으키다. 부식하다. 의복이 상하다. ¶手被漆~得疼。=손에 페인트가 묻어 매우 아프다.

【咬定】**yǎodìng** 동 잘라 말하다. 단정하다. 단언하다. ¶目击证人~他是肇事者。=현장을 목격한 증인이 그가 사고낸 사람이라고 단언했다.

【咬耳朵】**yǎo'ěr·duo** ⊕ 귓속말하다. 귀엣말하다. 귀에 대고 속삭이다. ¶有什么事敞开说, 不要~。=무슨 일이 있으면 터놓고 말해, 귀에 대고 속삭이지 말고.

【咬合】**yǎohé** 동 꽉 물다. 맞물리다. ¶齿轮~得太紧, 转不动。=톱니바퀴가 꽉 맞물려서 돌릴 수가 없다.

【咬架】**yǎojià** 동 (짐승이) 서로 물고 할퀴다. 싸움하다. ¶两条狗在为一块骨头~。=개 두 마리가 뼈다귀 한 개를 차지하려고 싸움을 한다.
【咬紧牙关】**yǎojǐn yáguān** 요 이를 악물다.
【咬群】**yǎoqún** 동 1 가축들이 서로 다투다. 2 비 주위 사람과 분쟁을 일으키다. 항상 동료를 헐뜯다. 집안 분쟁을 일으키다.
【咬舌根子】**yǎo shégēn·zi** 낮이 뒤에서 남의 흉을 보다. (부추겨서) 분란을 일으키다. 갈등을 조장하다. 시비를 조장하다. 싸움을 붙이다. 이간질하다. ¶她总爱在背后咬别人的舌根子。=그녀는 항상 뒤에서 남의 말 하기를 좋아한다.
【咬舌儿】**yǎoshér** 동 혀짤배기소리로 발음하다. 혀짧은소리로 말하다. 혀가 잘 돌아가지 않다. ¶他说话有点儿~。=그는 말할 때 약간 혀짤배기소리를 한다. 명 혀짤배기. 혀가 잘 돌지 않는 사람. ¶你要注意听, 他是个~。=주의해서 들어야 해요, 그 사람은 혀짤배기예요. 【咬舌子】**yǎoshé·zi**
【咬舌子】**yǎoshé·zi** ☞【咬舌儿】**yǎoshér**
【咬文嚼字】**yǎowén-jiáozì** 성 1 진지하게 자구(字句)의 의미와 잘잘못을 파고들어 따지다. 2 비 지나치게 문구에 얽매이다. 자구에 매달리다. ≒字斟句酌 ↔一挥而就 一气呵成
【咬牙】**yǎo‖yá** 1 이를 악물다. 이를 악물고 참다. ¶~忍痛=이를 악물고 고통을 참다. 2 이를 갈다.
【咬牙切齿】**yǎoyá-qièchǐ** 성 1 윗니와 아랫니를 꽉 다물다. 2 비 격분하여 이를 부득부득 갈다. 몹시 화를 내다.
【咬住】**yǎozhù** 동 1 꽉 물다. 물고 놓지 않다. ¶狗扑上来, ~他的裤管不放。=개가 갑자기 달려와서 그의 바짓가랑이를 꽉 물고 놓지 않는다. 2 비 단단히 주시하다〔지켜보다·감시하다〕. 바짝 뒤쫓다. 바짝 붙어다니다. ¶~他, 别让他跑了。=도망가지 못하게, 그를 단단히 주시해요.
【咬字】**yǎozì**(~儿) 동 1 글자를 읽다. 발음하다. ¶~清楚=발음이 정확하다. 2 중국 전통극이나 설창 문예에서 정확하게 또는 전통적인 음으로 글을 읽거나 가사를 창하다. ¶她~清晰, 唱腔圆润。=그녀는 발음이 분명하고 노래 곡조가 부드럽다.
【咬字眼儿】**yǎo zìyǎnr** 동 (다른 사람의) 말꼬리를 잡다. 말꼬리를 물고늘어지다.
【咬嘴】**yǎozuǐ** 형구 (발음하기 어려워) 혀가 잘 돌아가지 않다. 혀가 말리다. ¶这首诗读起来有点儿~。=이 시는 읽으려고 하면 혀가 잘 돌아가지 않는다.

\* 舀 **yǎo** 퍼낼 요
동 (국자·바가지로) 푸다. 떠내다. 건져 내다. ¶~水=물을 푸다.
【舀儿】**yǎor** ☞【舀子】**yǎo·zi**
【舀子】**yǎo·zi** 명 국자. 바가지. =【舀儿】**yǎor**

窅 **yǎo** 움펑눈 요
형문 1 눈이 푹 들어가다. ¶双目微~=두 눈이 약간 들어가다. 2 심원하다. 깊다. ¶下临绝壑, ~不可测。=계곡을 내려다보니 헤아릴 수 없이 깊다.

窈 **yǎo** 심원할 요
형문 1 심원하다. 심오하다. ¶~而深, 廓其有容。=심원하고 깊어서 그 넓이가 다 받아들일 수 있다. 2 어둡다. 어두컴컴하다. ¶~冥=깊숙하고 컴컴하다.
【窈窕】**yǎotiǎo** 형문 1 (여자가) 얌전하고 곱다. 정숙하다. (단장이나 자태가) 아름답다. ¶身材~=몸매가 아름답다. 2 (궁궐·산골짜기 등이) 깊숙하고 그윽하다. 유심(幽深)하다. ¶云雾~=운무가 그윽하다.
【窈窕淑女】**yǎotiǎo shūnǚ** 요조숙녀. ¶~, 君子好逑。=요조숙녀는 군자의 좋은 배필이로다.

疟[瘧] **yào** 학질 학
☞ **nüè**
【疟子】**yào·zi** 명동 학질. 말라리아. 〔의미는 '疟(nüè)'와 같으나 '疟子'에 한하여 'yào'로 읽음〕¶发~=학질을 앓다. 학질에 걸리다.

药[藥] **yào** 약 약
명 1 약. 약물. ¶中~=한약. / 服~=약을 복용하다. 2 (일정한 작용을 하는) 화학 약품. ¶炸~=화약. 폭약. / 麻~=마약. 동 1 문 약으로 치료하다. ¶不可救~=(아무리 해도) 고칠 수가 없다. 구제불능이다. 2 약으로 죽이다. 독살하다. ¶~老鼠=약을 놓아 쥐를 잡다.

○● 白药, 补药, 草药, 成药, 打药, 弹dàn药, 毒药, 方药, 膏gāo药, 国药, 花药, 酒药, 良药, 凉药, 麻药, 蒙méng药, 妙药, 末药, 没mò药, 农药, 配药, 热药, 人药, 山药, 芍sháo药, 生药, 试药, 汤药, 投药, 丸wán药, 乌药, 西药, 下药, 泻xiè药, 医药, 中药, 抓zhuā药, 坐药, 红药水, 抗kàng药性, 紫zǐ药水, 蒙汗药

【药补】**yàobǔ** 동 약으로 보신하다. ¶~不如食补。=약보(藥補)보다 식보(食補)가 낫다.
【药材】**yàocái** 명 1 (중의학의) 약재. 약종. 2 (중의학의) 제약. 제제.
【药草】**yàocǎo** 명 약초.
【药叉】**yàochā** ☞【夜叉】**yè·chā**
【药茶】**yàochá** 명 약차.
【药厂】**yàochǎng** 명 제약 공장.
【药单】**yàodān** 명 처방전.
【药到病除】**yàodào-bìngchú** 성 1 약을 먹으면 병은 곧 낫는다. 약을 먹자 병이 곧 나았다. 의술이 뛰어나다. 약효가 빠르다. 2 비 방법이 정확하면 문제를 해결할 수 있다.
【药典】**yàodiǎn** 명(醫) 약전. 약국방(藥局方).
【药店】**yàodiàn** 명 약국. 약방.
【药饵】**yào'ěr** 명 독약을 바른 미끼.
【药方】**yàofāng**(~儿) 명 1 (醫) 처방. 약방문. 약화제(藥和劑). 2 비 처방전.

【药房】yàofáng 圐 1 약방. 약국. 2 (병원·진료소 내의) 약국.
【药费】yàofèi 圐 약값.
【药粉】yàofěn 圐 가루약.
【药膏】yàogāo 圐(醫) 연고. 고약.
【药工】yàogōng 圐 약품을 만드는 사람.
【药罐子】yàoguàn·zi 圐 1 약탕기. 약탕관. 2 자주 병이 나서 약을 먹는 사람. [해학적인 의미를 내포함]
【药害】yàohài 圐 (농약의) 약해(藥害).
【药衡】yàohéng 圐 약용 온스. [영미(英美)의 조제 도량법으로, '常衡(금·은·약품 이외의 무게를 재는 상용 중량 단위)·金衡(금·은 등 보석의 무게를 재는 단위)'과 구별됨]
【药剂】yàojì 圐(醫) 약제.
【药剂师】yàojìshī 圐 약사. =【药师】yàoshī
【药检】yàojiǎn 图 1 (국가 기관이) 약품의 품질에 대하여 화학 검사를 하다. ¶~不合格的药物要全部销毁. =불합격한 약물을 전부 폐기해야 한다. 2 (운동 선수에게) 약물 검사를 하다. 도핑 테스트(doping test)를 하다. ¶~不过关的运动员要取消比赛成绩. =약물 검사를 통과하지 못한 선수들은 경기 성적을 취소해야 한다.
【药劲儿】yàojìnr 圐 약효.
【药酒】yàojiǔ 圐 약주.
【药具】yàojù 圐 1 약품과 기구. 2 피임용 약품과 기구.
【药理】yàolǐ 圐(醫) 약리.
【药力】yàolì 圐 약효. 약기운. ¶~大=약효가 크다.
【药料】yàoliào 圐 약재. 제약. 제제.
【药棉】yàomián 圐 약솜. 탈지면.
【药面】yàomiàn(~儿) 圐 가루약.
【药捻儿】yàoniǎnr 圐 1 도화선. 심지. 2 ☞【药捻子】yàoniǎn·zi
【药捻子】yàoniǎn·zi 圐(醫) 심(心). [외과에서 상처에 박아 넣는, 약을 바른 가제]=【药捻儿】yàoniǎnr
【药农】yàonóng 圐 약초 경작을 주업으로 하는 농민.
【药片】yàopiàn(~儿) 圐(醫) (작은 조각 모양의) 알약. 정제(錠劑).
【药品】yàopǐn 圐 약품.
【药瓶】yàopíng(~儿) 圐 약병.
【药铺】yàopù 圐 한약방.
【药球】yàoqiú 圐 1 구형(球形)의 약물. 2 메디신 볼(medicine ball).
【药膳】yàoshàn 圐 한방 약재를 섞은 자양 식품. [율무죽이나 삼계탕 따위]
【药师】yàoshī ☞【药剂师】yàojìshī
【药石】yàoshí 圐 1 약석. 약과 침. ¶病在肌肤，~可(뿐)충고. 권고. ¶~之语=충고의 말. 충언.
【药石罔效】yàoshí-wǎngxiào 囫 1 약과 침이 이미 효과가 없다. 2 병이 심해서 이미 고칠 수가 없다. 병이 심각해 손쓸 도리가 없다.
【药石之言】yàoshízhīyán 囫(书) 충고. 충언.
타이르는 말.
【药水】yàoshuǐ(~儿) 圐 (액체 상태의) 물약. ¶眼~=물안약.
【药筒】yàotǒng 圐(軍) 탄피. 탄통. =【弹壳】dànké
【药丸】yàowán(~儿) 圐(醫) 알약. =【药丸子】yàowán·zi
【药丸子】yàowán·zi ☞【药丸】yàowán
【药王】Yàowáng 圐 1 약의 신(神). 신농씨(神農氏). 2 편작(扁鹊). 3 손사막(孫思邈). 4 약왕보살(藥王菩薩).
【药味】yàowèi 圐 1(醫) (중의학의) 약제의 총칭. ¶~全=약제를 다 갖추다. 2(~儿) 약의 맛 [냄새]. 약의 성질. ¶~甘=약이 달다.
【药物】yàowù 圐 약물. 약품.
【药物学】yàowùxué 圐 약리학. 약물학.
【药箱】yàoxiāng 圐 1 약상자. 2 왕진 가방. [왕진할 때 의사가 가지고 다니는, 간단한 약과 의료기기를 담은 작은 상자]
【药效】yàoxiào 圐 약효. ¶~明显=약효가 분명하다.
【药械】yàoxiè 圐 (분무기 등) 약을 뿌리는 기계.
【药性】yàoxìng 圐 약물의 성질. 약성. ¶~平和=약의 성질이 부드럽다.
【药性气】yào·xìng·qi 圐 약 냄새.
【药学】yàoxué 圐(醫) 약물학. 약리학.
【药言】yàoyán 圐(문어) 충고. 권고. 약이 되는 말. 약석지언(藥石之言). ¶金石~=귀한 충고.
【药液】yàoyè 圐 물약.
【药引(子)】yàoyǐn(·zi) 圐(醫) 주약에 배합하여 약효를 조절·증강하는 보조약.
【药用】yàoyòng 圐 약용. ¶收集蝉蜕以供~. =매미 허물을 수집하여 약용으로 쓰다.
【药用植物】yàoyòng zhíwù 圐 약용 식물.
【药浴】yàoyù 图 약욕하다.
【药皂】yàozào 圐 약용 비누.
【药渣(子)】yàozhā(·zi) 圐 약을 달인 뒤의 찌꺼기.
【药针】yàozhēn 圐 주사기.
【药枕】yàozhěn 圐 약재를 넣은 베개.
【药疹】yàozhěn 圐(醫) 약진.

**要 yào 바랄 요
图 1 희망하다. 바라다. 원하다. 필요하다. ¶若~人不知，除非己莫为. =남이 모르게 하려면 아예 일을 저지르지 마라. 2 얻기 [가지기]를 희망하다. 가지다. 소유하다. ¶这盘歌碟我还~呢. =이 앨범은 나도 갖고 싶어요. 3 (받아 내려고) 독촉하다. (애써서) 받아 [얻어] 내다. ¶外出~账=밖에 나가 외상값을 독촉하다. 4 필요로 하다. 걸리다. 들다. ¶打的到学校只~十分钟. =택시를 타고 학교에 가는 데 단지 십 분밖에 안 걸린다. 5 부탁하다. 요구하다. 청구하다. ¶她~我陪她去逛街. =그녀가 나에게 쇼핑가는 데 함께 가자고 부탁했다. 6 마땅히 … 해야만 한다. …해야 한다. ¶发言~言简意赅.

◐ 要 yào
　 腰 yāo
　 崾 yǎo

**yào** 要

=발언은 간략하지만 뜻은 모두 들어 있어야 한다. **7** …할 것이다. …하려 하고 있다. ¶他明天~去香港。=그는 내일 홍콩에 갈 것이다. **8** …하고야 말 것이다. …하겠다. …할 것이다. [염원이나 굳은 의지를 나타냄] ¶一定~让农民富裕起来。=반드시 농민들을 부유하게 만들고야 말 것이다. **9** 비교하는 문장에 쓰여 강조의 뜻을 나타냄. ¶昨天~比今天冷。=어제는 오늘보다 추웠다. [형] 중요하다. 귀중하다. 가장 요긴하다. ¶紧~=긴요하다. / 主~=중요하다. ¶要件. 중요한 내용. ¶纪~=요록. / 提~=제요. 요점을 제시하다. [접] **1** 만약. 만일. …하면. ['如果(rúguǒ)'에 상당함] ¶明天~下雨, 我们就不去爬山了。=내일 만약 비가 오면, 우리는 등산하러 가지 않는다. **2** …하든가, 혹은 …하든가. …하든지, 아니면 …하다. ['要么(yào·me)…, 要么(yào·me)…'의 상당함] ¶~就去看电影, ~就去打保龄球, 快决定吧。=영화를 보러 가든지, 아니면 볼링을 치러 가든지, 빨리 결정해요.

☞ yào

○ **必要, 冲 chōng 要, 次要, 撮 cuō 要, 大要, 扼è要, 概 gài 要, 机要, 记要, 简要, 将要, 诀 jué 要, 切要, 首要, 枢 shū 要, 显要, 险 xiǎn 要, 需要, 须要, 只要, 重要**

【要隘】**yào'ài** [명] 요새. 요해. 요충지. ¶扼守~=요새를 지키다.

【要案】**yào'àn** [명] 중대한 안건. 중요한 사건. ¶尽快查处大案~。=크고 중요한 안건을 되도록 빨리 조사 처리하다.

【要不】**yàobù** [접] **1** 그렇지 않으면. 안 그러면. ¶我们快出发吧, ~就赶不上头班车了。=우리 빨리 출발하자, 그렇지 않으면 첫차를 탈 수가 없다. **2** …하거나, 아니면 …하거나. …하든지, 혹은 …하든지. [두 가지 중에서 하나를 선택함을 나타냄] ¶晚饭后, 他~去散步, ~去下棋。=저녁밥을 먹은 후에 그는 산보를 가든지 아니면 장기를 둔다. =【要不然】**yào·burán**

【要不得】**yào·bu·de** [통] …해서는 안 돼. 안 된다. ¶你这种做法~。=이런 방법을 쓰면 안 된다.

【要不了】**yào·buliǎo** [통] (시간·물품 등이) 필요 없다. 걸리지 않는다. ¶开车到火车站~半小时。=차를 타면 기차역까지는 삼십 분이 채 안 걸린다.

【要不然】**yào·burán** ☞ 【要不】**yàobù**

【要不是】**yào·bushì** [접] …이[가] 아니라면(아니었다면). ¶那件事~你帮忙, 结果不会这么好。=그 일은 네가 도와 주지 않았더라면 결과가 이렇게 좋지 못했을 거야.

【要冲】**yàochōng** [명] 요충(지). ¶交通~=교통 요충지.

【要道】**yàodào** [명] **1** 요도. [중요한 길] ¶京沪铁路是连接上海和北京的交通~。=징후(京沪)선 철도는 상하이와 베이징을 연결하는 교통 요도이다. **2** 요도. [중요한 교의(教义)] ¶此乃治学之~。=이것이 학문을 연구하는 요도이다.

【要得】**yào·de** [통][방] 좋다. 괜찮다. 됐다. 훌륭하다. ¶你的点子~, 就按你说的办。=너의 아이디어가 좋으니 네 말대로 하자.

【要地】**yàodì** [명] **1** 요지. ¶军事~=군사 요지. **2** [문] 요직. ¶身处~=요직에 있다.

【要点】**yàodiǎn** [명] **1** 요점. 요부(要部). ¶列举~=요점을 열거하다. **2** 거점. 근거지. ¶战略~=전략 거점. 늘重点 要领

【要端】**yàoduān** [명][문] 요점. 주요 내용. 주요 사항. ¶举其~=그 요점을 들다〔제시하다〕.

【要短儿】**yào‖duǎnr** [통] 단점을 들추어 내다. 약점을 잡다.

【要犯】**yàofàn** [명] 주된〔중요한〕 범인. 주범.

【要饭】**yào‖fàn** [통] 구걸하다. 동냥하다. ¶逃荒~=기근으로 돌아다니며 구걸하여 살아가다.

【要害】**yàohài** [명] **1** 요해(처). 급소. ¶一脚踢中~=단번에 급소를 차다. **2** [비] 핵심 (부위). 급소. ¶~部门=핵심 부서. **3** [비] 군사 요지. 요충. ¶守住~=요충지를 지키다.

【要好】**yàohǎo** [형][구] **1** 친하다. 사이가 좋다. 친밀하다. ¶他是我非常~的朋友。=그는 나와 아주 친한 친구이다. **2** 향상심이 강하다. 더 잘하고자 하다. 열성적이다. ¶他学习很~, 从来不迟到旷课。=그는 공부에 아주 열성적이어서, 이제껏 지각하고 결석한 적이 한 번도 없었다.

【要好看】**yào hǎokàn** (~儿) [구] 망신시키다. 웃음거리로 만들다. ¶要我这破锣嗓子当众唱歌, 简直是要我的好看儿。=이 음치더러 많은 사람들 앞에서 노래를 부르라고 하는 것은 그야말로 나를 망신시키려는 거야.

【要谎】**yàohuǎng** [통] 바가지씌우다. 터무니없이 비싼 값을 부르다.

【要价】**yào‖jià** [통] **1** (~儿) 값을 부르다. ¶漫天~=엄청나게 비싼 값을 부르다. **2** [비] (담판 시) 조건을 제시하다. ¶我们~不能太高, 否则谈判不会有结果。=우리가 조건을 너무 높게 제시하면 안 됩니다, 그렇지 않으면 담판이 성과를 얻지 못할 겁니다.

【要价还价】**yàojià huánjià** ☞ 【讨价还价】**tǎojià huánjià**

【要件】**yàojiàn** [명] **1** 요건. **2** (범죄 행위의) 요건. ¶他的行为已构成抢劫罪的~。=그의 행위는 이미 강도죄의 요건을 갖추었다. **3** 중요한 문건〔서류〕. ¶~要归档。=중요 문건은 분류 보존하여야 한다. **4** 중요 물건〔부품〕. ¶处理器是电子计算机系统的基本构成~。=중앙처리장치(CPU)는 컴퓨터 시스템의 기본을 구성하는 중요 부품이다.

【要津】**yàojīn** [명] **1** 중요 나루터. **2** [비] 요로(要路). 요지(要地). ¶地处~=지리적으로 요지에 위치하다. **3** [문][비] 요직. ¶位居~=요직에 있다.

【要紧】**yàojǐn** [형] **1** 중요하다. 긴요하다. ¶这事儿于~, 不能耽误。=이 일은 아주 중요하니 지체해서는 안 돼. **2** 심하다. 심각하다. 엄중하다. ¶只有点儿感冒, 不~。=감기가 조금 들었을 뿐이니, 괜찮아. **3** [구] 급하게 (어떤 일을 하다). ¶我~去看电影, 就没有和他多说。=나는 급히

영화를 보러 가야 했기 때문에 그와 많은 이야기를 하지 못했다.

【要诀】**yàojué** 囤 요결. 요해. 중요한 방법. ¶武功~=무공 요결.

【要览】**yàolǎn** 囤 요람. 개관. [주로 서명(書名)에 쓰임] ¶《全国风景名胜~》=《전국 풍경 명승 요람》.

【要脸】**yàoliǎn** 통(주) 체면을 중히 여기다. 수치를 생각하다. [항상 부정형으로 쓰임] ¶死不~=뻔뻔스럽기 짝이 없다.

【要领】**yàolǐng** 囤 **1** 요점. 중점. 중요한 내용. ¶不得~=요령을 체득하지 못하다. **2** (체육·군사 등에서) 요령. 조작 요령. ≒要点 重点

【要路】**yàolù** 囤 **1** 요로. 중요한 길목. ¶必经~=꼭 거쳐야 하는 중요한 길목. **2** (비) 요직. 중요한 지위. ¶当权~=권력을 잡고 있는 지위.

【要略】**yàolüè** 囤 요략. 요약. [주로 서명(書名)으로 쓰임] ¶《修辞~》=《수사 요약》.

【要么】[要末] **yào·me** 젭 **1** …하든지, 아니면 …하든지. [두 가지 혹은 몇 가지 상황 중에서 선택을 하는 것을 가리킴] ¶~今天去, ~明天去, 反正要去. =오늘 가든지, 아니면 내일 가든지, 어쨌든 가야 한다. **2** …하다면. 그렇지 않다면. ¶我说得不太清楚, ~你和律师直接谈. =내가 말한 것이 그리 명확하지 않다면, 네가 직접 변호사와 상의해라.

【要末】**yào·me** ☞【要么】**yào·me**

【要面子】**yàomiàn·zi** 통 체면을 중시하다. ¶死~活受罪. =체면을 위해 고통을 감수하다.

【要命】**yào‖mìng** 통 **1** 목숨을 앗아가다. 죽을 지경에 이르다. ¶那场车祸, 差点儿要了他的命. =그 교통 사고가 하마터면 그의 목숨을 앗아갈 뻔하였다. **2** 죽을 지경이다. 귀찮아 죽겠다. [불평의 의미를 내포함] ¶他打起电话来就没完, 真~!=그는 전화를 한번 걸었다 하면 끝이 없으니, 정말 죽을 지경이다. 團 엄청. 아주. 몹시. [정도가 아주 극심함을 나타냄] ¶疼得~=아파서 죽을 지경이다. 몹시 아프다.

【要目】**yàomù** 囤 요목. 주요 항목. [주로 출판물을 가리킴] ¶下期~预告=다음 호의 주요 항목 예고.

【要强】**yàoqiáng** 휑 승부욕이 강하다. ¶他事事~, 不甘人后. =그는 매사에 승부욕이 강하여 남에게 뒤지는 것을 싫어한다.

【要人】**yàorén** 囤 요인. [주로 중요한 자리에 있는 사람을 가리킴] ¶政界~=정계 요인.

【要塞】**yàosài** 囤(軍) 요새. 전략적 요충지. ¶边疆~=변경 요새.

【要事】**yàoshì** 囤 중요한 일. 중요한 사건[문제]. ¶有~相商. =중요한 일이 있어 상의하다.

【要是】**yào·shi** 접(주) 만약. 만약 …이라면(하면). ¶~你有兴趣的话, 我们可以一起去旅游. =만약 네가 의향이 있다면, 우리 함께 여행을 가자.

【要死】**yàosǐ** 團 대단히. 지독하게. 몹시. 굉장히. [정도가 절정에 달했음을 나타냄] ¶热得~=

지독하게 덥다. 더워서 죽을 지경이다.

【要死不活】**yàosǐ-bùhuó** ☞【半死不活】**bànsǐ-bùhuó**

【要死要活】**yàosǐ-yàohuó** 囵 결사적으로. 죽기살기로. [정도가 심각하며 과장됨을 과장법으로 나타냄] ¶她~地哭着要离婚. =그녀는 죽기살기로 울면서 이혼하자고 한다.

【要素】**yàosù** 囤 요소. ¶形、音、义是构成汉字的基本~. =형·음·의는 한자를 구성하는 기본 요소이다.

【要图】**yàotú** 囤(문) 요도. 중요한 계책. ¶此乃发展教育之~. =이것이 교육을 발전시키는 중요한 계책이다.

【要闻】**yàowén** 囤 중요한 뉴스. 신문 제1면에 실 만한 뉴스. ¶国内~=국내외의 중요 뉴스.

【要务】**yàowù** 囤 요무. 중요한 임무. 요긴한 일. ¶~在身=중요한 임무를 띠고 있다.

【要项】**yàoxiàng** 囤 요항. 중요한 사항.

【要言】**yàoyán** 囤 요점을 간추려 정확하게 하는 말. ¶家教~=가정 교육 요언.

【要言不烦】**yàoyán-bùfán** 囵 말이나 문장이 간단명료하다. ≒言简意赅 ↔长篇大论

【要样儿】**yào‖yàngr** 통 최고가 되려고 노력하다. 형식이나 외관을 중시하다. ¶这孩子很好强, 做什么都要个样儿. =이 아이는 승부 근성이 있어서, 뭘 하던지 최고가 되려고 한다.

【要义】**yàoyì** 囤 요의. 중요한 내용. 중요한 이치. ¶人生~=인생의 중요한 이치.

【要员】**yàoyuán** 囤 요원. 고위직 관리. ¶政府~=정부 요원.

【要账】**yào‖zhàng** 통 외상을 청구하다. 빚을 갚으라고 하다.

【要职】**yàozhí** 囤 요직. ¶出任~=요직에 앉다. 요직을 담당하다.

【要旨】**yàozhǐ** 囤 요지. ¶文章~=글의 요지. ≒主旨

【要著】**yàozhù** 囤 중요한 저작. ¶逻辑学~=논리학 중요 저작.

【要子】**yào·zi** 囤(주) **1** 매끼. ¶打~=매끼를 틀다. **2** 포장용 끈. ¶铁~=쇠줄.

## 钥[鑰] yào 열쇠 약

囤 열쇠.
☞ yuè

【钥匙】**yào·shi** 囤 열쇠. ¶一把~开一把锁. =하나의 열쇠로 하나의 자물쇠를 연다.

## 袎 yào 버선목 요

囤(문) '靿(yào)'와 같다.

## 靿 yào 가죽신 요

囤 (~儿) (장화·양말 등의) 목. ¶高~儿皮靴=가죽 장화.

## 鹞[鷂] yào 새매 요

囤(動) **1** 매의 총칭. **2** (주) 새매.

【鹞鹰】**yàoyīng** ☞【雀鹰】**quèyīng**

【鹞子】yào·zi 1 ☞【雀鹰】quèyīng 2 몡 연(鳶).
【鹞子翻身】yào·zi fānshēn 몡 공중제비. 텀블링.

## 藥 Yào 성씨 약
몡 성(姓).

## 曜 yào 빛날 요
몡동 1 햇빛. 일광. 광휘. ¶日出有~=해가 뜨니 빛이 나다. 2 태양과 달·별을 가리킴. ¶七~=칠요(일). 일주일. 동 비추다. 빛나다. ¶明月~夜=밝은 달이 밤을 밝히다.

## **耀[(燿)] yào 빛날 요
동 1 밝게 빛나다. 밝게 비치다. ¶闪~=빛이 밝게 빛나다. 2 자랑하다. 과시하다. 뽐내다. ¶炫~=자랑하다. 과시하다. 혱 영광스럽다. ¶荣~=영광스럽다. 몡 1 광망. 빛살. 광선. ¶光~=찬란한 빛. 광휘. 2 (Yào) 성(姓).

○● 光耀, 显耀, 炫xuàn耀

【耀斑】yàobān 몡〔天〕백반(白斑).
【耀目】yàomù 혱 눈부시다.
【耀武扬威】yàowǔ-yángwēi 성 1 무용을 뽐내고 위엄을 과시하다. 2 거만하고 횡포하게 굴다. 제멋대로 굴다. 세도를 부리다. 거들먹거리다. [아주 오만한 태도를 형용함] 늑飞扬跋扈 ↔平易近人
【耀眼】yàoyǎn 혱 (광선이나 색채가 강렬하여) 눈부시다. ¶光芒~=빛살이 눈부시다.

## 哟[唷] ·yao 어조사 약
조 1 구의 끝에 쓰여 명령의 어감을 나타냄. 大家加紧干~!=여러분 서둘러 일합시다! 2 가사 중의 츤자(襯字). ¶呼儿嗨~=에헤야.
☞ yāo

# ye

## 耶 yē 음역자 야
음역 글자. '耶稣(예수)·耶路撒冷(예루살렘)' 등의 음역에 쓰임.
☞ yé

【耶和华】Yēhéhuá 몡외〔宗〕1 여호와. 2 (기독교의) 하나님.
【耶路撒冷】Yēlùsālěng 몡외〔地〕예루살렘.
【耶稣】Yēsū 몡〔宗〕예수. 동 Jesus
【耶稣教】Yēsūjiào 몡〔宗〕예수교. 기독교.

## 倻 yē 나라 이름 야
☞【伽倻琴】jiāyēqín

## *掖 yē 감출 액
동 1 집어 넣다. 쑤셔 넣다. ¶把手帕~在兜里=손수건을 호주머니에 쑤셔 넣다. 2 숨기다. 감추다. ¶小鬼儿, 你把钥匙~起来了吧?=꼬맹아, 네가 열쇠를 감추었지?
☞ yè

## 椰 yē 야자나무 야
몡〔植〕야자(나무).

○● 枣zǎo椰, 油椰子

【椰雕】yēdiāo 몡 1 야자열매 조각 예술. 2 야자열매 조각품.
【椰干】yēgān 몡 코프라(copra).
【椰林】yēlín 몡 야자림. 야자숲.
【椰蓉】yēróng 몡 야자열매의 배젖을 으깬 것. [월병(月饼)이나 사탕 등을 만드는 재료로 쓰임] ¶~月饼=야자열매의 배젖으로 만든 소를 넣은 웨빙.
【椰肉】yēròu 몡 야자열매 배젖.
【椰树】yēshù 몡〔植〕야자(나무). =【椰子树】yē·zishù
【椰油】yēyóu ☞【椰子油】yē·ziyóu
【椰枣】yēzǎo ☞【海枣】hǎizǎo
【椰汁】yēzhī 몡 야자즙. =【椰子汁】yē·zizhī
【椰子】yē·zi 몡〔植〕1 야자나무. 2 야자.
【椰子树】yē·zishù ☞【椰树】yēshù
【椰子油】yē·ziyóu 몡 야자유. =【椰油】yēyóu
【椰子汁】yē·zizhī ☞【椰汁】yēzhī

## 暍 yē 더위먹을 갈
동 더위를 먹다.

## 噎 yē 목멜 열
동 1 목이 메다. ¶因~废食=목이 메어 식음을 전폐하다. 2 (고통·감격 또는 센 바람 때문에) 숨이 막히다. ¶风太大了, ~人得很. =바람이 너무 세서 숨이 턱턱 막힌다. 3 방 호통을 쳐서 상대방의 말을 가로막다. 말을 몰아붙여 상대방의 말문이 막히게 하다. ¶她说话也太~人了. =그녀는 남의 말을 너무 몰아붙인다.

## **邪¹ yé 어조사 야
조 구의 끝에 쓰여 의문이나 반문의 어감을 나타내며, '吗(·ma)·呢(·ne)'에 상당함. ¶赵王岂以一璧之故欺秦~? =조나라 왕이 어찌 그까짓 보석(璧) 하나 때문에 진나라를 속이겠습니까?

## **邪² yé 보검 이름 야
☞【莫邪】mòyé
☞ xié

## **爷[爺] yé 할아버지 야
몡 1 아버지. 부친. ¶不闻~娘唤女声. =아버지와 어머니가 딸을 부르는 소리를 듣지 못하다. 2 아버지뻘 혹은 늙은이에 대한 존칭. ¶老

大～＝어르신. / 三～＝셋째 할아버지. **3** [방] 아버지. 부친. ¶～儿俩长得一模一样。＝아버지와 아들이 쏙 빼닮았다. **4** [방] 할아버지. 조부. 할아버지뻘의 남성 친척 혹은 어른에 대한 호칭. ¶姥～＝외할아버지. 외조부. / 舅～＝할머니의 오빠나 남동생. **5** [옛] 주인 혹은 지체 높은 사람에 대한 호칭. ¶老～＝어르신. 주인마님. / 王～＝왕씨 어른. **6** 신령이나 부처에 대한 호칭. ¶阎王～＝염라대왕. / 佛～＝부처님. [대] 나. [스스로 오만한 의미가 포함됨] ¶此处不留～, 自有留～处。＝이곳에서 나를 받아 주지 않더라도 당연히 나를 받아 줄 곳이 있지.

○● 佛fó爷, 姑爷, 师爷, 王爷, 老大爷

【爷们儿】**yé·menr** [명][방] **1** 결혼한 성인 남자. [단수로도 쓸 수 있음] ¶大老～＝사나이. **2** 남편을 가리킴. ¶她～刚从外地回来。＝그녀의 남편이 막 외지에서 돌아왔다. **3** 우리. [남자들끼리 친근하게 호칭하는 말] ¶～的事, ～做主。＝우리들 일은 우리들이 책임져야지〔결정해야지〕. **4** ☞【爷儿们】**yér·men**

【爷娘】**yéniáng** [명][문] 아버지와 어머니의 합칭. ¶～妻子走相送。＝아버지와 어머니, 아내와 자식이 전송하였다.

【爷儿】**yér** [명][구] 남성 연장자와 연하자의 합칭. [예를 들면 할아버지와 손녀·손자, 혹은 아버지와 조카·질녀를 가리킴. 뒤에 수량사가 쓰임] ¶～俩＝할아버지와 손자〔손녀〕 두 사람.

【爷儿们】**yér·men** [명][구] 남성 연장자와 남성 연하자의 합칭. ＝【爷们儿】**yé·menr** ¶～的事儿, 娘儿们别管。＝남자들의 일에 대해 아낙네들은 상관하지 마시오.

【爷爷】**yé·ye** [명] **1** [구] 할아버지. 조부. ¶～已去世多年了。＝할아버지는 돌아가신 지가 이미 오래 되었다. **2** 할아버지뻘 되거나 비슷한 나이의 남자를 부르는 호칭. ¶张～＝장씨 할아버지.

# 耶 yé 어조사 야

[조][문] 구의 끝에 쓰여 의문이나 반문의 어감을 나타내며, '吗(·ma)·呢(·ne)' 에 상당함. ¶是～, 非～? ＝맞습니까, 맞지 않습니까? [고어에서 '爷(아버지)' 와 같음]
☞ **yē**

# 揶 yé 조롱할 야

【揶揄】**yéyú** [동][문] 야유하다. 조롱하다. ¶受人～＝다른 사람의 조롱을 받다.

# 铘[鎁] yé 보검 이름 야

☞【镆铘】**mòyé**

# **也 yě 어조사 야

[조][문] **1** 구의 끝에 쓰여 긍정·판단·설명의 어감을 나타냄. ¶子子孙孙, 无穷匮～。＝자자손손 부족하지 않다. / 孔子, 鲁人～。＝공자는 노나라 사람이다. **2** 구의 끝에 쓰여 의문 혹은 반문의 어감을 나타냄. ¶此乃何许人～? ＝이 사람은 어디 사람인가? / 是可忍也, 孰不可忍～? ＝이것을 참을 수 있다면 무엇을 못 참겠는가? 도저히 참을 수가 없다. **3** 구의 끝에 쓰여 감탄 혹은 명령의 어감을 나타냄. ¶何其多～! ＝어찌 그렇게 많은가? **4** 구의 중간에 쓰여 잠시 멈춤의 어감을 나타냄. ¶大道之行～, 天下为公。＝대도가 행해지면, 천하가 공평해지느니라. [부] **1** …도. [하나만 쓰여 같음을 나타냄] ¶明天我～要去开会。＝내일 나도 회의에 참가하여야 한다. **2** 중복 사용하여 두 가지 사건 혹은 여러 가지 사건에 서로 같은 점이 있음을 나타냄. [앞뒤 구에 각각 쓰일 수도 있고, 뒤 구에 하나만 쓰일 수도 있음] ¶去～可以, 不去～可以。＝가도 되고, 안 가도 된다. **3** 중복 사용하여 두 사건의 병렬 혹은 대치를 강조함. ¶他～会拉二胡, ～会弹琵琶。＝그는 이호(二胡)를 연주할 줄도 알고, 비파를 연주할 줄도 안다. **4** 전제나 가설이 어떠하든 결과는 모두 똑같음을 나타냄. [주로 앞 구의 '虽然(suīrán)·即使(jíshǐ)' 와 호응함] ¶虽然困难很大, 我们～要按时完成任务。＝비록 어려움은 많지만 우리는 그래도 기한에 맞춰 임무를 완수해야 한다. **5** 강조를 나타냄. [주로 앞 구의 '连(lián)' 과 호응함] ¶连小孩儿和老人～高兴得跳起舞来。＝어린아이와 노인조차도 기뻐서 덩실덩실 춤을 추기 시작했다. **6** 완곡한 어감을 나타냄. ¶到最后, 我～只好答应。＝마지막에 가서는 나도 어쩔 수 없이 승낙하였다.

【也罢】**yěbà** [조] **1** 좋아. 알았어. 그만이다. 어쩔 수 없다. …하는 것도 괜찮다. [일반적으로 구의 끝에 쓰여 체념을 나타내며, '算了(suàn·le)·也就算了(yějiùsuàn·le)·也好(yěhǎo)' 의 의미를 가짐] ¶他不去～, 不要勉强他了。＝그가 가지 않는다면 어쩔 수 없지 뭐, 강요는 하지 마. **2** …든 …든. …든지 …든지. [두 개 혹은 여러 개가 이어서 쓰여 어떤 상황이든지 간에 모두 똑같은 결과가 있음을 나타냄] ¶他同意～, 不同意～, 事情总是要做的。＝그가 동의하든 동의하지 않든, 일은 어쨌든 해야 된다.

【也好】**yěhǎo** [조] **1** …하는 편이 좋다. …해도 나쁘지 않다. …하는 것도 괜찮다〔좋다〕. [구의 처음 혹은 끝에 쓰여 동의 혹은 찬성을 나타냄] ¶你讲一讲～, 免得大家在下面瞎猜测。＝사람들이 밑에서 함부로 추측하지 않도록 네가 이야기를 하는 게 좋아. **2** …든 …든. …(하더라)도 …(하더라)도. [두 개 혹은 여러 개를 연이어 사용하여 어떤 상황이 조건이 아님을 나타냄] ¶拿奖牌～, 不拿奖牌～, 都得努力训练。＝메달을 따든지 못 따든지, 훈련은 열심히 해야 한다. [부] (동사 앞에 쓰여) …하기 좋다〔편리하다〕. ¶这种事要早点儿说, 我～有充分的准备时间。＝이런 일은 일찌감치 말해 주어야, 내가 충분한 준비 시간을 가질 수 있지.

【也就是说】**yějiùshìshuō** [성] 바꾸어〔다시〕 말하자면 …라는 의미이다. …은〔는〕 곧 …이다. [앞뒤 두 구를 연결시키는데, 뒤 구의 의미는 앞 구와 비슷하지만 어구가 다르거나, 앞 구에서 추론해 낸 것임을 나타냄] ¶'不经一事, 不长一

智', ~, 实践会使人聪明起来。= '한 가지 일을 겪으면 한 가지 지혜가 생긴다.' 는 말은 곧, 실천은 사람으로 하여금 총명하게 한다는 의미이다.

【也门】**Yěmén** 명(地) 예멘(Yemen). [수도는 '萨那(사나 : Sanaa)' 임]

【也是】**yěshì** 조 구의 중간에 쓰이며, 뒤에 늘 '的(·de)' 와 함께 쓰여 책망이나 원망의 어감을 조금 나타냄. ¶你~的, 说生气就生气。= 너도 그렇지, 걸핏하면 화를 내니.

【也许】**yěxǔ** 부 어쩌면. 아마도. [추측이나 짐작을 하여 단정하지 못함을 나타냄] ¶我的解释~不太准确。= 나의 해석이 정확하지 않을지도 몰라. ≒或许 兴许

## 冶 **yě** 야금할 야

동 (금속을) 정련하다. 제련하다. 야금하다. ¶~炼技术 = 제련 기술. 형(낮은) (여자가) 요염하게 [매혹적으로] 치장하다. ¶妖~ = 요염하다. 명 (**Yě**) 성(姓).

○● 电冶, 陶**táo**冶

【冶金】**yějīn** 동 야금하다. 금속을 제련하다. ¶~工业 = 금속 공업.

【冶炼】**yěliàn** 동 제련하다. 용해하다.

【冶容】**yěróng** 형(문) (여자가) 요염하게 치장하다. 명(문) 요염하게 아름다운 용모.

【冶铁】**yětiě** 동 철광석을 제련하다.

【冶艳】**yěyàn** 형(문) 몹시 요염하다. ¶打扮~ = 몹시 요염하게 치장하다.

【冶游】**yěyóu** 동 1 남녀가 봄이나 휴일에 야외로 놀러 가다. 2 매춘하다. 오입하다.

【冶铸】**yězhù** 동 금속을 제련하여 기물을 주조하다. 제련 주조하다.

## 野 [(埜)] **yě** 들 야

명 1 들. 야외. 교외. ¶原~ = 벌판. / 旷~ = 광야. 2 민간. 재야. ¶下~ = (대통령·총리 등이) 관직을 하야하다. / 朝~ = 조야. 조정과 재야. 3 범위. 한계. 경계. ¶分~ = 분야. / 视~ = 시야. 형 1 거칠다. 야만적이다. 무례하다. 버릇없다. ¶撒~ = 무례하게 행동하다. / 粗~ = 거칠다. (행동이) 천하고 상스럽다. 2 억제되지 않는. 제어되지 않는. 제멋대로 하는. 규율이 없는. ¶一个暑假, 他心都玩~了。= 여름 방학 동안 그는 마음이 탁 풀렸다. 3 정식이 아닌. 비합법적인. ¶我~汉子 = 서방질을 하다. 4 야생의. 사육이 아닌. ¶一头~猪 = 멧돼지 한 마리. / ~菊花 = 들국화. 5 주인이 없는 (가축). ¶一条~狗 = 들개 한 마리. ↔朝(cháo) 家

○● 草野, 朝**cháo**野, 粗**cū**野, 村野, 荒**huāng**野, 平野, 四野, 田野, 原野

【野菜】**yěcài** 명 산나물. 멧나물.

【野餐】**yěcān** 동 야외에서 식사를 하다. 명 야외에서 먹는 식사.

【野蚕】**yěcán** 명(动) 1 야잠. [야생 누에의 통칭] 2 산누에. 섶누에. 산잠(山蠶).

【野草】**yěcǎo** 명 야초. 들풀. 야생초.

【野炊】**yěchuī** 동 야외에서 불을 피워 밥을 짓다. 야외에서 취사하다.

【野地】**yědì** 명 들판. 황무지. 황야. ¶荒郊~ = 황야.

【野调无腔】**yědiào-wúqiāng** 성 1 시골 야곡은 일정한 가락이 없다. 2 (비) (언행이) 거칠고 무례하다. 조야(粗野)하다.

【野鸽】**yěgē** ☞【原鸽】**yuángē**

【野狗】**yěgǒu** 명 들개. 버림받은 개. 주인이 없는 개.

【野广告】**yěguǎnggào** ☞【小广告】**xiǎoguǎnggào**

【野果】**yěguǒ** (~儿) 명 야생 과실. =【野果子】**yěguǒ·zi**

【野果子】**yěguǒ·zi** ☞【野果】**yěguǒ**

【野汉子】**yěhàn·zi** 명(구) 정부(情夫). 내연의 남자.

【野合】**yěhé** 동 1 야합하다. 2 (남녀가) 사통하다. 간통하다.

【野花】**yěhuā** 명 1 야생화. 들꽃. 야화. ¶~遍地 = 들꽃이 도처에 피어 있다. 2 (비) 야화. 정부(情婦). ¶~上床, 家败人亡。= 야화(정부)가 침대에 오르면 집과 가족을 다 잃는다.

【野火】**yěhuǒ** 명 야화. 들불. ¶~烧不尽, 春风吹又生。= 들불이 다 태우지 못하니, 봄바람이 불면 또 다시 돋아나네.

【野鸡】**yějī** 명 1 (动) 꿩. 2 (옛) 호객 행위를 하는 창녀. 거리의 창녀. 형(비) 비정규적인. ¶~大学 = 비정규[무허가] 대학.

【野景】**yějǐng** 명 교외(야외)의 경치.

【野菊】**yějú** 명(植) 1 들국(화). 산국(화). 야국. 2 들국화. =【野菊花】**yějúhuā**

【野菊花】**yějúhuā** ☞【野菊】**yějú**

【野驴】**yělǘ** 명(动) 야생 나귀.

【野马】**yěmǎ** 명 야생마.

【野蛮】**yěmán** 형 1 야만적이다. 미개하다. ¶~时代 = 미개 시대. 2 잔악하다. 흉포하다. 야만스럽다. 미개하다. ¶~行为 = 야만적인 행위. ↔文明 文雅

【野猫】**yěmāo** 명 1 도둑고양이. 도적고양이. 2 ☞【野兔】**yětù**

【野牛】**yěniú** 명(动) 들소.

【野蔷薇】**yěqiángwēi** ☞【蔷薇】**qiángwēi**

【野禽】**yěqín** 명 야금. 들새.

【野趣】**yěqù** 명 야외〔전원〕의 정취. ¶山乡~ = 산촌 전원의 정취.

【野人】**yěrén** 명 1 야인. 시골 사람. 2 야인. 평민. 3 야인. 미개인. 4 야인. 교양이 없고 예절을 모르는 사람.

【野参】**yěshēn** 명(植) 산삼.

【野生】**yěshēng** 형 야생의. ¶~植物 = 야생 물. / ~动物 = 야생 동물.

【野食】**yěshí** (~儿) 명 1 들짐승의 먹이. 2 (낮은) 부수입. ¶打~ = 부수입을 벌다.

【野史】**yěshǐ** 명(옛) 야사. ¶稗官~ = 패관 야사. ↔正史

【野兽】yěshòu 圀 야수.
【野兔】yětù 圀(動) 산토끼. 粵【野猫】yěmāo
【野外】yěwài 圀 야외. 교외. ¶~勘探=야외 탐사.
【野外工作】yěwài gōngzuò 圀 현지〔실지〕 조사.
【野外作业】yěwài zuòyè 圖 야외 작업〔활동〕을 하다.
【野味】yěwèi 圀 1 야생 동물 요리. 2 야생 동물 고기.
【野物】yěwù 圀 야생 동물.
【野心】yěxīn 圀 야심. ¶狼子~=이리새끼의 야심. 탐욕스러운 야심.
【野心勃勃】yěxīn-bóbó 圝 야심만만하다.
【野心家】yěxīnjiā 圀 야심가.
【野心狼】yěxīnláng 圀(卑) 탐욕스런 인간. 사악한 야심가.
【野性】yěxìng 圀 야성. ¶~难驯=야성은 길들이기 어렵다.
【野鸭】yěyā 圀(動) 야생 오리. 들오리. 청둥오리. =【绿头鸭】lùtóuyā
【野宴】yěyàn 圀 풍성한 야외 식사.
【野营】yěyíng 圖 야영 (활동을) 하다. ¶~训练=야영 훈련.
【野游】yěyóu 圖 야외로 놀러 가다. 야유회 가다. 들놀이 하다.
【野战】yězhàn 圀(軍) 야전. ¶~部队=야전 부대.
【野战军】yězhànjūn 圀(軍) 1 야전군. 2 야전군. [국공내전(國共内戰)시의 중국 인민 해방군 최고 전략 군단]
【野战医院】yězhàn yīyuàn 圀 야전 병원.
【野雉】yězhì 圀 1(動) 꿩. 2(卑) 기녀.
【野种】yězhǒng 圀 사생아. 애비 없는 자식. [욕하는 말]
【野猪】yězhū 圀(動) 멧돼지. 산돼지.

**业[業] yè 직업 업

圖圓 (어떤 직업에) 종사하다. ¶~商=상업에 종사하다. 圓 이미. 벌써. ¶已竣工=이미 준공을 하였다. 圀 1 학업. ¶受~=수업을 하다. / 毕~=졸업을 하다. 2 직업. ¶就~=취직을 하다. / 安居乐~=안정된 생활을 누리며 즐겁게 일하다. 3 …업. ¶商~=상업. / 百~兴旺=모든 업종이 흥성하다. 4 사업. ¶创~=창업하다. / 千秋基~=천추의 기업(基業). 5 재산. 산업. ¶产~=산업. / 家~=가산(家產). 6(佛) 업. 카르마. [미래에 선악의 결과를 가져오는 원인이 되고자 하는, 몸과 입과 뜻으로 짓는 선악의 소행] ¶恶~=악업. / ~缘=업연. 7 (Yè) 성(姓).

○● 产chǎn业, 大业, 副业, 行háng业, 基业, 开业, 课业, 矿kuàng业, 林业, 牧mù业, 企qǐ业, 商业, 生业, 实业, 事业, 守业, 受业, 停业, 同业, 伟业, 无业, 歇xiē业, 休业, 学业, 勋xūn业, 营业, 渔业, 职业, 专zhuān业, 作业

【业大】yèdà 圀(約) 업여 대학(여가 대학).
【业海】yèhǎi 圀(佛) 업해.
【业绩】yèjì 圀 업적. ¶辉煌的~=눈부신 업적.
【业界】yèjiè 圀 1 업계. ¶导演协会是~人士自发组成的群众性组织.=감독 협회는 업계 인사들이 자발적으로 조직한 대중적 조직이다. 2(約) 기업계. 3 기업계 중의 각 업종 혹은 모종〔특정〕의 업종.
【业经】yèjīng 圖 이미. [주로 공문에 쓰임] ¶~核实=이미 조사 확인함.
【业精于勤】yèjīngyúqín 圝 학문의 조예는 근면함에 있다. ¶~, 荒于嬉.=학문은 근면함으로 조예가 깊어지고 게으름으로 뒤떨어진다.
【业内】yènèi 圀 업계 내. 업무 범위 내. ¶~同仁=동종업자.
【业师】yèshī 圀 은사. 스승. 사부.
【业态】yètài 圀 업무 경영 방식〔상태〕. ¶新兴~=신흥 경영 방식.
【业外】yèwài 圀 업계 밖〔외〕. 업무 범위 외. ¶~人士=외부〔업계 밖〕인사.
【业务】yèwù 圀 업무. ¶~素质=업무 자질. / ~人员=업무 인원.
【业已】yèyǐ 圖 이미. [주로 공문에 쓰임] ¶各项准备工作~就绪.=각 항목의 준비 작업은 이미 완료되었다.
【业余】yèyú 圀 업무 외. 여가. ¶~爱好=여가 취미. 圝 비전문의. 아마추어의. ¶~作家=아마추어 작가. ➡专业
【业余教育】yèyú jiàoyù 圀(教) 여가 교육. 성인 교육.
【业障】yèzhàng 圀 1(佛) 업장. 2(俗) 못난〔나쁜〕자식. [어른이 자제가 불초함을 엄하게 꾸짖는 말] ¶你这个~！=너, 이 나쁜 자식아!
【业者】yèzhě 圀 업자.
【业主】yèzhǔ 圀 업주.

**叶¹[葉] yè 잎 엽

圀 1 (~儿)(植) 잎(사귀). 2 엽. 시대. 시기. ¶唐朝末~=당조 말엽. 3 잎과 같이 생긴 것. ¶百~窗=블라인드(blind). / 肺~=폐엽. 4 (Yè) 성(姓).

**叶²[葉] yè 페이지 엽

圀 '页(yè)'와 같음.
☞ xié

○● 百叶, 茶叶, 顶叶, 肺fèi叶, 复叶, 合叶, 红叶, 菱lóu叶, 胚pēi叶, 托tuō叶, 小叶, 烟叶, 枝叶, 子叶

【叶斑病】yèbānbìng 圀(農) 점무늬병. 반점병. 아롱병.
【叶柄】yèbǐng 圀(植) 엽병. 잎꼭지. 잎자루.
【叶蜂】yèfēng 圀(動) 잎벌. =【锯蜂】jùfēng
【叶公好龙】Yègōng-hàolóng 圝 1 섭공호룡호. [섭공(葉公)이 용을 아주 좋아하자 천룡(天龍)이 그의 성의를 가상히 여겨 그의 거처로 강림하자 섭공이 놀라서 도망쳤다는 고사에서 유래함] 2

(刊) 어떤 사물에 대해 겉으로는 좋아하는 듯하나 실제로는 두려워하다.

【叶红素】 **yèhóngsù** 圀(生)(化) 카로틴(carotin). ⇨【胡萝卜素】 **húluó·bosù**

【叶黄素】 **yèhuángsù** 圀(植) 엽황소. 잎노랑이. 크산토필.

【叶绿素】 **yèlǜsù** 圀(植) 엽록소. 잎파랑이. 클로로필(chlorophyll).

【叶绿体】 **yèlǜtǐ** 圀(植) 엽록체. 잎파랑치.

【叶轮】 **yèlún** 圀(機) 날개바퀴.

【叶落归根】 **yèluò-guīgēn** ⇨ **1** 잎이 떨어져 뿌리로 돌아가다. **2** (刊) 사물에는 모두 귀결되기 마련인 곳이 있다. **3** (刊) 이국 타향에 있는 사람은 결국에는 고향〔故國〕으로 돌아간다. =【落叶归根】 **luòyè-guīgēn**

【叶落知秋】 **yèluò-zhīqiū** ☞【一叶知秋】 **yīyè-zhīqiū**

【叶脉】 **yèmài** 圀(植) 엽맥. 잎맥.

【叶面】 **yèmiàn** 圀 엽면. [잎의 햇빛을 받는 면]

【叶片】 **yèpiàn** 圀 **1** (植) 엽편. 잎몸. **2** (機) 날개바퀴의 날개.

【叶鞘】 **yèqiào** 圀(植) 엽초. 잎집.

【叶肉】 **yèròu** 圀(植) 엽육. 잎몸.

【叶酸】 **yèsuān** 圀(生)(化) 엽산. 폴산(folic酸).

【叶序】 **yèxù** 圀(植) 엽서. 잎차례.

【叶芽】 **yèyá** 圀(植) 엽아. 잎눈.

【叶腋】 **yèyè** 圀(植) 잎겨드랑이.

【叶枝】 **yèzhī** 圀(植) **1** 도장지(徒長枝). 헛가지. **2** 면화그루의 면화가 열리지 않는 가지.

【叶子】 **yè·zi** 圀 **1** (植) 잎. **2** (가공을 한) 찻잎. **3** (방) 차나무의 잎.

【叶子烟】 **yè·ziyān** 圀 잎담배. 엽초(葉草). 엽연초(葉煙草).

\*【页〔頁〕】 **yè** 페이지 엽

圀 (책의) 쪽. 면. ¶插~=(페이지를) 끼워 넣다. / 活~=루스 리프(loose leaf)식의 낱장. **1** (양) 장. [한쪽 면만 인쇄한 책의 한 장] **2** 면. 쪽. 페이지. [양면을 인쇄한 책의 한 쪽] ¶第32~=제32쪽. **3** (印) 간행물 중의 한 장. ¶一~纸=종이 한 장.

○● 插页, 扉fēi页, 画页, 篇页, 书页

【页边】 **yèbiān** 圀 쪽(페이지) 여백.

【页理】 **yèlǐ** 圀(地) 혈암 중의 얇은 성층.

【页码】 **yèmǎ**(~儿) 圀 쪽 번호. 페이지 번호.

【页面】 **yèmiàn** 圀 **1** 페이지(쪽) 레이아웃 상황. ¶~设计=페이지 레이아웃. **2** (컴) 웹페이지. **3** (컴) 모니터에 나타난 화면.

【页心】 **yèxīn** ☞【版口】 **bǎnkǒu**

【页岩】 **yèyán** 圀(地) 혈암.

【曳】 **yè** 끌 예

통 끌다. 끌어당기다. ¶摇~=흔들리다. / 弃甲~兵=갑옷을 내팽개치고 무기를 질질 끌며 도주하다.

【曳光弹】 **yèguāngdàn** 圀(軍) 예광탄.

【曳引】 **yèyǐn** 통 끌다. 끌어당기다. 예인하다. ¶木船由一艘汽艇~着前进. =모터보트가 나무배를 예인하여 나아간다.

【邺〔鄴〕】 **Yè** 땅 이름 업

圀 **1** (地) 예. [옛 지명. 지금의 허베이(河北)성 린장(临漳)현 일대에 있었음] **2** 성(姓).

\*【夜〔亱〕】 **yè** 밤 야

圀 **1** 밤. ¶三天两~=2박3일. / 晓行~宿=이른 새벽에 길을 떠나 밤이 늦어서야 유숙하다. 여정이 고되다. **2** 당일 20시부터 익일 8시까지. **3** (Yè) 성(姓). 圀 날이 어두워지다. ¶天要~了. =날이 어두워지려고 한다. ↔日 昼 晓

○● 熬áo夜, 白夜, 半夜, 查夜, 彻chè夜, 除夜, 隔gé夜, 过夜, 连夜, 漏lòu夜, 年夜, 起夜, 前夜, 清夜, 日夜, 入夜, 上夜, 深夜, 守夜, 通夜, 午夜, 消夜, 星夜, 巡xún夜, 元夜, 月夜, 昼zhòu夜, 子夜, 开夜车, 小夜曲qǔ

○ 夜 yè
液 yè
掖 yè
腋 yè

【夜班】 **yèbān** 圀 야근. 야간반. ¶~车=야간 버스. ↔日班

【夜半】 **yèbàn** 圀 한밤중. 자정 전후.

【夜不闭户】 **yèbùbìhù** ⇨ **1** 밤에도 대문을 닫지 않는다. **2** (刊) 사회가 안정되고 치안이 양호하다. ≒路不拾遗

【夜不成寐】 **yèbùchéngmèi** ⇨ 밤에 잠을 이루지 못하다.

【夜餐】 **yècān** 圀 야참. 밤참.

【夜叉】 **yè·chā** 圀 **1** (佛) 야차. 두억시니. **2** (刊) 용모가 추하고 흉악한 사람. =【药叉】 **yàochā** **母**~=성질이 사나운 여자. ≒yaksa

【夜长梦多】 **yècháng-mèngduō** ⇨ **1** 밤이 길면 꿈이 많다. **2** (刊) 일을 오래 끌면 문제가 생기게 마련이다.

【夜场】 **yèchǎng** ☞【晚场】 **wǎnchǎng**

【夜车】 **yèchē** 圀 **1** 야간 열차. **2** (刊) 심야에 하는 작업〔공부〕. ¶开~=밤샘 공부를〔작업을〕하다. ≒晚车

【夜大】 **yèdà** ☞【夜大学】 **yèdàxué**

【夜大学】 **yèdàxué** 圀(教) 야간 대학. 圈【夜大】 **yèdà**

【夜饭】 **yèfàn** 圀(방) 저녁식사. 만찬.

【夜工】 **yègōng** 圀 밤일. 야간 작업. ¶打~=야간 작업을 하다.

【夜光杯】 **yèguāngbēi** 圀 야광배.

【夜光表】 **yèguāngbiǎo** 圀 야광 시계.

【夜光虫】 **yèguāngchóng** 圀(動) 야광충.

【夜航】 **yèháng** 통 (비행기·배가) 야간 운행하다. 야간 비행〔항행〕하다.

【夜合花】 **yèhéhuā** ☞【合欢】 **héhuān**

【夜壶】 **yèhú** 圀 야호. 요강. [주로 옛날 것을 가리킴]

【夜话】 **yèhuà** 圀 야화. [주로 표제나 서명(書名)에 쓰임] ¶《燕山~》=《연산야화》. 통 밤에 담

화를 하다. 밤에 이야기를 나누다. ¶围炉~=밤에 화롯가에 둘러앉아 이야기를 나누다.

【夜间】yè·jiān 몡 야간. ¶~飞行=야간 비행.

【夜禁】yèjìn 몡 야간 통행 금지. ¶解除~=야간 통금이 해제되다.

【夜景】yèjǐng 몡 야경. ¶欣赏~=야경을 감상하다.

【夜空】yèkōng 몡 밤 하늘.

【夜来】yèlái 몡(雅) 1 어제. ¶~八月十五日.=어제는 8월 15일이었다. 2 어젯밤. ¶~城外一尺雪.=어젯밤에 교외에 눈이 한 자나 쌓였다.

【夜来】yè·lai 몡 어제. ¶她~就回上海了.=그녀는 어제 상하이로 돌아왔다.

【夜来香】yèláixiāng 몡 1 (植) 야래향. [밤에 향기가 더욱 진함] =【夜香花】yèxiānghuā 2 ☞【晚香玉】wǎnxiāngyù

【夜阑】yèlán 형(書) 밤이 깊다. 야심하다. ¶~卧听风吹雨,铁马冰河入梦来. =깊은 밤에 자리에 누워 비바람 소리 듣나니, 전마(戰馬)를 타고 빙하를 뛰어넘는 꿈을 꾸네.

【夜阑人静】yèlán rénjìng 솅 깊고 조용한 밤. 밤이 깊어지자 인적이 드물어 아주 고요하다.

【夜郞】Yèláng 몡 야랑. [옛날 나라 이름. 지금의 구이저우(贵州) 서쪽에 있었음]

【夜郞自大】Yèláng-zìdà 솅 1 야랑자대. [《사기·서남이열전(史记·西南夷列傳)》에서, 야랑은 한(漢)대와 동시대에 서남쪽에 있던 소국들 사이에 있으면서 여타 소국보다는 조금 큰 나라였는데, 그 국왕은 국토가 아주 넓다고 자만하여 한나라 사신에게 '한나라와 야랑 중 어느 나라가 더 큽니까?' 라고 물었다는 고사에서 유래함] 2 (벤) 견문이 좁아서 자만하여 우쭐대다. 편협하여 거만하다. 지나치게 잘난 척하다. 견문이 매우 좁다. ≒妄自尊大 坐井观天

【夜里】yè·li 몡(口) 밤. 밤중.

【夜盲】yèmáng ☞【夜盲症】yèmángzhèng

【夜盲症】yèmángzhèng 몡(醫) 야맹증. 밤소경병. =【夜盲】yèmáng 몡 【雀盲眼】qiǎo·mangyǎn

【夜猫子】yèmāo·zi 몡 1 ☞【猫头鹰】māotóuyīng 2 (벤) 올빼미. 밤샘하는 사람. 밤늦도록 자지 않는 사람.

【夜猫子进宅】yèmāo·zi jìnzhái 솅 1 올빼미가 집으로 날아들다. [올빼미가 집으로 날아들면 불길한 일이 일어난다고 여김] 2 (벤) 그〔어떤〕 사람이 오면 틀림없이 좋은 일이 없다.

【夜明珠】yèmíngzhū 몡 야명주.

【夜幕】yèmù 몡(벤) 밤의 장막. 땅거미. ¶~沉沉=어둠이 깊다.

【夜尿症】yèniàozhèng 몡(醫) 야뇨증.

【夜勤】yèqín 몡 야근. 야간 근무. ¶出~=야근을 나가다.

【夜曲】yèqǔ 몡(音) 1 (소)야곡. 세레나데. 2 야상곡. 녹턴(nocturne).

【夜儿个】yèr·ge 몡(方) 어제.

【夜色】yèsè 몡 밤경치. 야경. ¶~朦胧=밤경치가 흐릿하다.

【夜深】yèshēn 형 야심하다. 밤이 깊다. ¶~知雪重, 时闻折竹声.=밤이 깊어지자 눈이 무거운 걸 알리는지, 대나무 가지 부러지는 소리가 간간이 들려오네.

【夜深人静】yèshēn-rénjìng 솅 밤이 깊어지자 인적이 드물어 아주 고요하다.

【夜生活】yèshēnghuó 몡 야간 사교 활동. 밤의 유흥.

【夜市】yèshì 몡 1 야시. 야시장. ¶逛~=야시장을 구경하다. 2 야간 영업. ¶~交易=야시장 거래. ↔早市

【夜视】yèshì 몡 야시. 야간 관측. ¶~设备=야간 관측 설비.

【夜视仪】yèshìyí 몡(軍) 야시 계기. 야시 장비.

【夜谈】yètán 통 밤에 담화하다. ¶促膝~=한밤에 무릎을 맞대고 이야기를 나누다.

【夜啼】yètí 통 어린아이가 밤에 큰 소리로 울다.

【夜晚】yèwǎn 몡 밤. 야간. ↔早晨 早上

【夜袭】yèxí 통(軍) 야습하다. ¶~顽敌=완강한 적을 야습하다.

【夜香花】yèxiānghuā ☞【夜来香】yèláixiāng

【夜消】yèxiāo ☞【夜宵】yèxiāo

【夜宵】[夜消]yèxiāo(~儿) 몡 밤참. ↔早点

【夜校】yèxiào 몡 야학. 야간 학교. =【夜学】yèxué

【夜行】yèxíng 통 야행하다. 밤에 다니다. ¶独自~=홀로 밤에 다니다.

【夜行军】yèxíngjūn 통 야간 행군하다.

【夜学】yèxué ☞【夜校】yèxiào

【夜眼】yèyǎn 몡(웃) 밤에도 사물이 보이는 눈.

【夜夜】yèyè 튀 야야. 매야(每夜). 밤마다. ¶~笙歌=밤마다 생황 반주에 노래 부르다. 밤마다 술과 노래로 즐기다.

【夜以继日】yèyǐjìrì 솅 1 밤낮으로 계속 이어지다. 2 밤낮으로 고생하며 일하다. =【日以继夜】rìyǐjìyè ≒废寝忘食 马不停蹄

【夜莺】yèyīng 몡 1 (動) 밤꾀꼬리. 나이팅게일. 2 문학 작품 속에서 종종 울음소리가 맑고 고운 새를 가리킴.

【夜鹰】yèyīng 몡(動) 쏙독새.

【夜游】yèyóu 통 1 야간 유람하다. 야유(夜遊)하다. ¶~海滩=밤에 해변을 거닐다. 2 몽유하다. ¶~症患者=몽유병자.

【夜游神】yèyóushén 몡 1 밤에 순유(巡遊)하는 신. 2 밤에 활동하기 좋아하는 사람. 올빼미.

【夜游症】yèyóuzhèng 몡(醫) 몽유증. 몽유병.

【夜战】yèzhàn 통 1 야간 전투를 하다. 2 야간 작업을 하다. ¶挑灯~=등을 켜고 야간 작업을 하다. 몡 야전. 야간 전투. ¶~正酣=야간 전투가 한창 무르익다.

【夜总会】yèzǒnghuì 몡 나이트클럽.

【夜作】yèzuò 몡 야간 작업. 밤일. ¶打~=야간 작업을 하다.

*【咽】yè 목멜 열
통 목메어 울다. 오열하다. ¶呜~=오열하다. /

哽～= 목메어 울다.
☞ yān, yàn

○● 悲咽, 哽gěng咽, 呜wū咽, 幽yōu咽

## 晔[曄] yè 빛날 엽
[형][문] 흥성하다. 생기가 가득하다. [명][문] 빛.

## 烨[燁, 爗] yè 빛날 엽
[명] 불빛. 햇빛. [형][문] 밝다. 찬란하다. ¶文采～然 = 무늬가 찬연하다.

## *掖 yè 부축할 액
1 팔을 부축하다. 부액(扶腋)하다. 2 돕다. 장려하다. 발탁하다. ¶奖～= 장려하다. / 提～= 발탁하다. [명] **(Yè)**[地] 예(掖)현. [산둥(山东)성에 있는 지명으로, 지금은 라이저우(莱州)로 개명하였음]
☞ yē

## *液 yè 액체 액
[명] 1 액체. ¶血～= 혈액. / 唾～= 타액. 2 **(Yè)** 성(姓).

○● 肠cháng液, 汗液, 浆jiāng液, 津jīn液, 精液, 泪液, 滤lǜ液, 黏nián液, 输shū液, 体液, 唾tuò液, 胃液, 胰yí液

【液氮】 **yèdàn** [명](化) 액체 질소.
【液果】 **yèguǒ** [명](植) 액과. 장과(浆果).
【液化】 **yèhuà** [동] 1 (物) 액화하다. ¶～石油气 = 액화 석유 가스(LPG). 2 (醫) 액화하다. 진물나다. ↔汽化
【液化气】 **yèhuàqì** [명] 1 액화 가스. 2 액화 석유 가스. LPG.
【液晶】 **yèjīng** [명](物) 액정. 액상(液状) 결정.
【液晶显示】 **yèjīng xiǎnshì** [명] 액정 화면 표시(LCD). ¶～电视机 = 액정 텔레비전(LCD TV).
【液冷】 **yèlěng** [동](機) 액체 냉각하다. ¶～设备 = 액체 냉각 설비.
【液力】 **yèlì** [명](機) 수력. 수압. 유압. ¶传动 = 유압 전동.
【液泡】 **yèpào** [명](生) 액포.
【液态】 **yètài** [명](物) 액태. 액상(液状). ¶～金属 = 액상 금속.
【液体】 **yètǐ** [명](物) 액체. ¶～燃料 = 액체 연료.
【液相】 **yèxiàng** [명] 액상.
【液压】 **yèyā** [명](機) 액체 압력. ¶～控制 = 액체 압력 제어. / 用液体来压力을 전달하다. ¶～起重机 = 액체 압력 기중기.
【液压机】 **yèyājī** [명] 액체 압력 기계의 총칭. [수압기·유압기 등이 있음]
【液状石蜡】 **yèzhuàng shílà** ☞ 【石蜡油】 **shílàyóu**

## *谒[謁] yè 알현할 알
[동][문] 알현하다. 찾아뵙다. ¶拜～= 배알하다.
[명] **(Yè)** 성(姓).

【谒见】 **yèjiàn** [동] 알현하다.

## *腋 yè 겨드랑이 액
[명] 1 (生) 겨드랑이. 2 (植) 기타 생물체의 겨드랑이와 유사한 부분. ¶叶～= 잎겨드랑이. 3 여우 겨드랑이 털가죽. ¶集～成裘 = 여우 겨드랑이 털가죽을 모아 가죽옷을 만들다.

○● 叶腋, 肘zhǒu腋

【腋臭】 **yèchòu** [명] 액취. 암내.
【腋毛】 **yèmáo** [명](生) 액모.
【腋生】 **yèshēng** [명](植) 액생. 액출(腋出). ¶～穗状花序 = 액생 수상 꽃차례.
【腋窝】 **yèwō** [명](生) 액와. 겨드랑이. ⇨【胳肢窝】 **gā·zhiwō**
【腋下】 **yèxià** [명] 액하. ¶～腺 = 액하선.
【腋芽】 **yèyá** ☞ 【侧芽】 **cèyá**

## 馌[饁] yè 들밥 엽
[동] 들밥을 가져가다.

## 靥[靨] yè 보조개 엽
[명][문] 보조개. ¶笑～= 보조개.

# yi

## *一 yī 하나 일
[수] 1 하나. 일. ¶～本书 = 책 한 권. / 孤身～人 = 아무도 없이 혼자이다. 2 첫째. 첫 번째. 제일. ¶～更天 = 일경. / ～等功 = 일등 공훈. [형] 1 같다. 하나이다. 동일하다. ¶万众～心 = 만민이 한마음이다. / 千篇～律 = 천편일률. 2 온전. 모든. 온통. ¶济济～堂 = 온 방에 빼곡히 들어차다. 인재들이 한자리에 모이다. / ～天的星斗 = 온 하늘의 별. 3 한결같이. 온통. ¶清～色的红砖小楼 = 온통 홍색 벽돌로 지은 작은 집. [대] 1 매. 각. ¶～日三餐 = 하루 세 끼. / ～人一本 = 매 사람마다 한 권. 2 어떤. 어느. 또. ¶～天凌晨 = 어느 날 새벽. 3 또 다른. 또 하나의. ¶土豆～名马铃薯. = 감자의 또 다른 이름은 마령서이다. [부] 1 [문] 마침내. 결국. ¶为害之甚, ～至于此! = 폐해의 심각함이 이 지경에 이르렀다. 2 일단 …하면. ¶～失足而成千古恨。= 일단 실족을 하면 천고의 한이 된다. 한번 잘못을 저지르면 평생 한이 된다. 3 갑자기 어떤 동작을 행하거나 갑자기 어떤 상황이 발생함을 나타냄. ¶大手～挥 = 손을 갑자기 크게 휘두르다. / 脑袋～晕 = 머리가 갑자기 어지럽다. 4 앞 동작 혹은 상황이 나타나자마자 곧이어 또 다른 동작 혹은 상황이 일어남을 나타냄. ['就(jiù)·便(biàn)' 등 부사와 호응함] ¶～听就懂 = 듣자마자 알아듣다. / ～学就会 = 배우자마자 할 줄 알다. 5 동작이 한 번이거나 잠시, 또는 시험적임을 나타냄. ② 중첩된 동사(주로 단음절) 사이에 쓰임. ¶听～听 = 좀 들어 보다. / 歇～歇 = 좀 쉬다. ② 동사 뒤,

사 앞에 쓰임. ¶看~眼=흘끗 보다. / 尝~下=한번 맛보다. 조⑤ '何(hé)' 등의 단어 앞에 쓰여 어감을 강조함. ¶~何苦也。=구태여 이럴 게 뭐 있는가. 음(音) 중국 전통 음계 부호로, 음계 중의 1급을 나타냄. [숫자보의 '7' 에 해당함]

|주의| '一'는 단독으로 쓰이거나 구 또는 단어 끝에서 제1성으로 발음하지만, 제4성 앞에서는 제2성으로, 기타 성조 앞에서는 제4성으로 발음하므로 본 사전에서는 편의상 제1성으로 표기하였음

◐● 不一, 纯chún一, 单一, 第一, 封一, 划huà一, 混一, 平一, 十一, 同一, 统tǒng一, 万一, 惟wéi一, 五一, 逐zhú一, 专zhuān一

【一把好手】 yībǎ hǎoshǒu ☞【一把手】yībǎshǒu
【一把手】 yībǎshǒu 명 1 (어떤 방면에) 재능이 있는 사람. 능력이 있는 사람. =【一把好手】yībǎ hǎoshǒu ¶要说裁剪做衣服, 她可是~。 =재단하고 의복을 제작하는 데는 그녀가 대단한 실력이 있지. 2 한 사람. 일원. ¶我们合伙开公司, 你也算~怎么样？=우리가 공동으로 회사를 설립하려고 하는데, 너도 한 몫 하는 것이 어떠냐？ 3 ☞【第一把手】dìyībǎshǒu
【一把死拿】 yībǎsǐná(~儿) 속 고집불통이다. 완고하다. 꽉 막혔다. 융통성〔유연성〕이 없다. ¶他是个~的人, 谁的意见也听不进去。=그는 고집불통인 사람이라, 누구의 의견도 받아들이지 않는다.
【一把钥匙开一把锁】 yī bǎ yào·shi kāi yī bǎ suǒ 1 하나의 열쇠로 하나의 자물쇠만을 열다. 2 비 조건에 따라 각각 다른 방법으로 문제를 해결하다.
【一把抓】 yībǎzhuā 동 1 (모든 일을) 직접 처리하다. 혼자 도맡아 하다. 독점하다. 한 손에 휘어잡다. ¶要调动大家的积极性, 不能~。=모든 사람의 적극성을 불러일으켜야지, 혼자 모든 일을 처리하는 안 된다. 2 일의 경중을 가리지 않고 한꺼번에 처리하다. 크고 작은 일을 함께 처리하다. ¶做事要有条理, 不能眉毛胡子~。=일을 조리 있게 해야지, 모든 일을 한꺼번에 처리해서는 안 된다.
【一百八十度大转弯】 yībǎi bāshí dù dà zhuǎnwān 속비 (입장·태도 등을) 완전히 바꾸다. 180도로 돌변하다.
【一百一】 yībǎiyī 속속 나무랄〔흠잡을〕 데가 없다. 완벽하다. 아주. 대단히. ¶他是~的好老师。=그는 나무랄 데 없이 좋은 선생님이다.
【一败如水】 yībài-rúshuǐ 성 완전히 패배하다. 여지없이 참패하다.
【一败涂地】 yībài-túdì 성 1 싸움에 한 번 패하여 간과 뇌가 땅바닥에 으깨어지다. 2 비 철저하게 실패하고 돌이킬 수가 없다. 여지없이 참패하다. 철저하게 궤멸당하다. ≒落花流水
【一班人】 yībānrén 명 1 한 패〔무리〕의 사람. 2 지도층의 구성원〔인사〕. ¶公司领导~=회사

지도층의 인사.
【一般】 yībān 형 1 같다. 엇비슷하다. ¶两个箱子~重。=두 상자는 무게가 엇비슷하다. 2 보통이다. 일반적이다. 평범하다. ¶质量~=품질이 보통이다. 3 한 가지이다. 일종의. ¶别有~滋味在心头。=마음 한 구석에 또 다른 느낌이 있다. ≒通常 普通 平常 寻常 ↔出色 出众 独特 特殊 卓越 个别
【一般化】 yībānhuà 형 보통이다. 평범하다. ¶他在片中的表演很~。=영화 속의 그의 연기는 평범하다. 동 일반화하다. 일반화시키다. 막연하다. ¶对干部的要求要更严, 而不能~。=간부에 대한 요구는 더욱 엄격하게 해야지, 일반화되어서는 안 된다.
【一般见识】 yībān-jiàn·shi 성 같은 정도로 생각을 하다. 똑같이 상대하다. 같게 굴다. 같은 기분이 되다. ¶不要跟孩子~。=어린애처럼 굴지 마라.
【一般来说】 yībānláishuō 부 일반적으로 (말하면). ¶~, 他晚上会在家。=일반적으로 그는 저녁에 집에 있을 것이다.
【一斑】 yībān 명 1 표범의 무늬 한 조각. 2 (비) (사물의) 한 부분. 일부분. ¶管中窥豹, 可见~。=대롱 속으로 표범을 보면 표범의 한 부분밖에 볼 수 없다. 사물의 일부분만 보고 전체는 보지 못하다.
【一板市场】 yībǎn shìchǎng ☞【主板市场】zhǔbǎn shìchǎng
【一板一眼】 yībǎn-yīyǎn 성 1 (중국 전통극의 음악에서) 2박자. ['단피고(작은북 같은 타악기)'를 칠 때, 두 박자 중 앞 박자는 가볍게 치는데 이를 '眼(yǎn)'이라 하고, 뒤 박자는 세게 치며 이를 '板(bǎn)'이라 함] 2 비 (말과 일처리가) 조리 있고 착실하다. 3 비 일처리가 경직되고 융통성이 없다.
【一半】 yībàn(~儿) 수 반. 절반. 2분의 1. ¶班里有~学生参加了运动会。=반의 학생 절반이 운동회에 참가했다.
【一……半……】 yī······bàn······ 동의어 또는 비슷한 말 앞에 쓰여 분량이 많지 않거나 시간이 오래지 않음을 나타냄. ¶~言~语=짧은 한 마디. / ~男~女=남자 한 명, 여자 한 명.
【一半天】 yībàntiān 명구 하루나 이틀. 이틀. ¶这活儿~就能干完。=이 일은 하루 이틀 만에 다 해낼 수 있다.
【一包在内】 yībāozàinèi 성 모두 들어 있다. 전부 포함되어 있다. ¶货款, 运费, ~, 共两万元。=물건값과 운임 모두 포함해서 전부 2만 위 안이다.
【一辈子】 yībèi·zi 명구 한평생. 일생. ¶他可是做了~的好事。=그는 정말이지 한평생 좋은 일〔자선 사업〕을 했어요. 부구 이제껏. 지금껏. ¶~没听说过这种事。=이제껏 이런 일을 들어 본 적이 없다.
【一本万利】 yīběn-wànlì 성 1 적은 자본으로 큰 이익을 얻다. 2 비 적은 노력으로 큰 효과를 거두다.

# yī 一

【一本正经】yīběn-zhèngjīng ㉱ 태도가 단정하다. 진지하다. 엄숙하다. 정색하다. [때로 해학적인 의미를 내포함] ≒道貌岸然 ↔嬉皮笑脸·油腔滑调

【一蹦一跳】yībèng-yītiào ㉱ 기뻐서 깡충깡충 뛰다.

【一鼻孔出气】yī bíkǒng chūqì ㉱㉭㉰ 한통속이다. 주장하는 바나 태도가 같다. =【一个鼻孔出气】yī·ge bíkǒng chūqì

【一笔带过】yībǐ-dàiguò ㉱ 어떤 일을 간단히 언급만 하고 지나가다.

【一笔勾销】yībǐ-gōuxiāo ㉱ 1 붓으로 그어 지우다. 2㉰ 일소하다. 청산하다. 무효로 하다. 취소하다.

【一笔抹杀】[一笔抹煞] yībǐ-mǒshā ㉱ 1 붓으로 단번에 지우다. 2㉰ (우수한 면이나 성과를) 단번에 말살하다. 한 마디로 (전부) 부정하다.

【一笔抹煞】yībǐ-mǒshā ☞【一笔抹杀】yībǐ-mǒshā

【一臂之力】yībìzhīlì ㉱ 조그마한 힘. 보잘것없는 힘. ¶助~=조그마한 힘이나마 보태다.

【一碧】yībì ㉯ 온통 새파란 색. ¶~万顷=만경창파(萬頃蒼波).

【一边】yībiān(~儿) ㉯ 1 한쪽. 한 편. 한 면. 玻璃的~儿有点儿脏。=유리의 한 면이 좀 더럽다. 2 (일과 관련된) 한 편. ¶我们要站在正义的~儿。=우리는 정의의 편에 서야 한다. 3 옆. 곁. 다른 곳. ¶书桌的~儿放着书架。=책상 옆에 책꽂이가 놓여 있다. ㉵ 한편으로 …하면서 또 한편으로 …하다. …하면서 …하다. [두 가지 동작이 동시에 진행됨을 나타내며, 앞 문장의 '一边(yībiān)'은 생략할 수 있음] ¶她们~跳舞, ~唱歌。=그녀들은 한편으로 춤을 추면서 또 한편으로 노래를 부른다. / 他慢慢地走着, ~儿哼着小曲。=그는 천천히 걸어가면서 노랫가락을 흥얼거리고 있다. ㉱㉰ 같다. ¶天下乌鸦~黑。=천하의 까마귀는 모두 똑같이 검다.

【一边倒】yībiāndǎo ㉭ 1 (입장·태도·관점 등이) 한쪽으로 기울다. 일방적이다. 편파적이다. 편향적이다. ¶处理问题要公平、公正, 不能~。=문제를 처리할 때 공평하고 공정해야지, 편파적으로 해서는 안 된다. 2 (한쪽이) 일방적으로 우세하다. ¶这场球赛打成了~的局面。=이번 경기는 일방적으로 우세한 경기였다.

【一表非凡】yībiǎo-fēifán ㉱ 의용이 출중하다.

【一表人才】yībiǎo-réncái ㉱ 훌륭한 인물. ↔其貌不扬

【一并】yībìng ㉵ 같이. 합해서. 모두. 전부. ¶~处理=같이 처리하다. ≒一起

【一病不起】yībìng-bùqǐ ㉱ 병으로 죽다.

【一波三折】yībō-sānzhé ㉱ 1 예서의 가로획을 쓸 때 필세가 구불거리는 것이 다채롭다. 2㉰ 작품의 내용이 우여곡절이 많다. 3㉰ (일의 전개가) 파란만장하다. 우여곡절이 많다. 순조롭지 않다. ↔一帆风顺

【一波未平, 一波又起】yī bō wèi píng, yī bō yòu qǐ ㉱㉰ 일이 완전히 해결되지 않았는데, 또 다른 일이 발생하다. 일이 숨 돌릴 새 없이 일어나다. 풍파가〔어려운 사건이〕 꼬리를 물고 일어나다.

【一⋯不⋯】yī⋯bù⋯ ㉳ 1 …하면 …하지 않다. [두 개의 동사 앞에 각각 쓰여 행동이나 상태가 일단 발생하면 변하지 않는 것을 나타냄] ¶~去~返=한 번 가서 돌아오지 않다. / ~定~易=고정 불변하다. 2 …도 …하지 않다. [명사와 동사 앞에 각각 쓰여 강조 혹은 과장을 나타냄] ¶~字~漏=한 자도 빠뜨리지 않다. / ~言~发=한 마디도 하지 않다.

【一不做, 二不休】yī bù zuò, èr bù xiū ㉱ 일단 시작한 일은 철저하게 하다. 손을 댄 바에는 끝까지 하다. 끝장을 보다.

【一步】yībù ㉯ 1 한 걸음. 일보. ¶~跨出门去。=한 걸음에 문을 뛰어나가다. 2 한 단계. 한 과정. ¶~占先, 步步占先。=한 단계 앞서면 매 단계마다 앞서게 된다.

【一步错, 步步错】yībù cuò, bùbù cuò ㉭ 한 번 잘못 디디면 계속 잘못 디딘다. 첫발을 잘못 디뎌 계속 잘못하다.

【一步到位】yībù-dàowèi ㉱ 1 단번에 일을 끝내다. 2 단번에 목표에 도달하다.

【一步登天】yībù-dēngtiān ㉱ 1 한 걸음에 하늘까지 오르다. 2㉰ 단번에 최고의 경지〔정도〕에 이르다. 3㉰ 벼락출세하다. ≒平步青云 ↔一落千丈

【一步裙】yībùqún ㉯㉭ 폭이 좁은 양장 치마.

【一步一个脚印儿】yībù yīgè jiǎoyìnr ㉭ 1 한 걸음에 발자국 하나. 2㉰ (일을) 하나하나 착실하게 해 나가다. (일처리가) 빈틈없고 꼼꼼하다. ¶不管做什么事, 都要~, 不能草率从事。=무슨 일을 하든지 모두 착실하게 하나하나 해 나가야지, 건성으로 해서는 안 된다.

【一侧】yīcè ㉯ 한쪽. 한편. 옆. ¶学校的~是家小商店。=학교 한편에 작은 상점이 있다.

【一差二错】yīchā-èrcuò ㉱ 의외의 실수나 사고. 예상하지 못했던 나쁜 결과. ¶出门要注意安全, 千万不能有~。=외출시에는 안전에 주의해야 해, 절대 의외의 실수나 사고가 있어서는 안 돼.

【一刹那】yīchànà ㉯ 찰나. 눈 깜짝할 사이. 일순간. 순식간. ¶在汽车即将跌入山谷的~, 他跳出了车窗。=자동차가 계곡으로 떨어지려는 찰나에 그는 차창 밖으로 뛰쳐 나왔다.

【一╴】yīchàn ㉳ 1 그저. 줄곧. 덮어놓고. 오로지. 언제나. [주로 조기 백화문에 보임] ¶别~喝酒, 要想想具体的办法。=그저 술만 마시지 말고 구체적인 방법을 강구해라. 2㉭ 완전히. 모두. 깡그리. ¶~都是新楼房。=모두 새 건물들이다.

【一长两短】yīcháng-liǎngduǎn ☞【三长两短】sāncháng-liǎngduǎn

【一场春梦】yīcháng-chūnmèng ㉱㉰ 일장춘몽. 인간 세상의 덧없음.

【一场空】yīchángkōng ㉭ 희망이나 노력이 허사가 되다. 수포로 돌아가다.

【一倡百和】【一唱百和】yīchàng-bǎihè ㊌ 1 한 사람이 먼저 노래를 시작하면 백 사람이 따라 부르다. 2 ㊐ 한 사람의 호소에 많은 사람이 호응하다. 동조하는 사람이 많다. ≒一呼百应
【一倡百和】yīchàng-bǎihè ☞【一倡百和】yīchàng-bǎihè
【一唱一和】yīchàng-yīhè ㊌ 1 한 사람이 선창을 하면 다른 사람이 따라 부르다. 2 옛날, 시로써 서로 화답하다. 3 ㊙㊐ 서로 죽이 맞다. 맞장구치다.
【一朝天子一朝臣】yī cháo tiānzǐ yī cháo chén ㊚ 1 천자가 바뀌면 신하도 모두 바뀐다. 2 ㊐ 윗사람이 바뀌면 아랫사람도 바뀐다.
【一尘不染】yīchén-bùrǎn ㊌ 1〖佛〗색(色)·성(聲)·향(香)·미(味)·촉(觸)·법(法)을 육진(六塵)이라 하는데, 수행자들이 여기에 물들지 않은 것을 가리킴. 2 ㊐ 청렴결백하거나 인품이 고상하여 티끌만큼도 세상의 물욕에 물들어 있지 않다. 3 (환경·물체 등이) 매우 청결하다. 깨끗하다.
【一成】yīchéng ㊅ 1할. 10%. 10분의 1. ¶今年产量比去年增加了~。=금년 생산량은 작년에 비해 10%가 증가했다.
【一成不变】yīchéng-bùbiàn ㊌ 1 법이 한번 정해지면 고칠 수 없다. 2 고정불변하다. 변함이 없다. 3 옛 것을 고수하여 잘 고치려 하지 않다. 옛 법에 얽매어 변통할 줄 모르다. ↔瞬息万变 日新月异 千变万化 因地制宜
【一程子】yīchéng·zi ㊅㊐ 한때. 한동안. ¶他这~忙得很。=그는 그 동안 상당히 바빴다.
【一筹】yīchóu ㊅ 1 산가지 하나. 2 하나의 계책. ¶略胜~=약간 우세하다.
【一筹莫展】yīchóu-mòzhǎn ㊌ 1 속수무책이다. 어쩔 도리가 하나도 없다. 2 한 가지 방법도 생각해 내지 못하다. ≒束手无策
【一触即发】yīchù-jífā ㊌ 1 화살이 시위에 있어 손만 대면 발사되다. 2 ㊐ 일촉즉발. (사태가) 손만 대면 터질 듯한 몹시 위험한 상태에 놓여 있다. ≒剑拔弩张
【一触即溃】yīchù-jíkuì ㊌ 1 손만 대면 곧 무너져 내리다. 2 맥없이 패하다.
【一传十, 十传百】yī chuán shí, shí chuán bǎi ㊚ 1 질병이 상당히 빨리 퍼지다. 2 (소식 등이) 무척 빨리 퍼져 나가다.
【一锤定音】yīchuí-dìngyīn ☞【一锤定音】yīchuí-dìngyīn
【一锤定音】【一锤定音】yīchuí-dìngyīn ㊌ 1 징을 만드는 사람 중에 가장 숙련된 자가 마지막으로 징의 음색을 결정하다. 2 ㊐ 어떤 일에 대한 의견이 분분해도 결론은 권위자에 의해 내려진다.
【一锤子买卖】yī chuí·zi mǎi·mai ㊚ 1 후일은 생각하지 않고 이번 장사만 신경을 쓰다. 2 ㊐ 일을 하는데 원대한 계획도 없고 결과도 고려하지 않다. 일을 하는데 위험을 고려하지 않고 자기 행동에 성패를 걸다.
【一次能源】yīcì néngyuán ㊅ 일차 에너지. [자연에서 채취한 물질 그대로를 근원으로 한 에너지]

【一次性】yīcìxìng ㊋ 일회용인. ¶~碗筷=일회용 그릇과 젓가락.
【一从】yīcóng ㊌ …부터. ¶~别后, 音信全无。=이별한 후부터 소식이 전무하다.
【一蹴而就】yīcù'érjiù ㊌ 1 단번에 성공하다. 2 일이 쉬워 단번에 이루다.
【一寸光阴一寸金】yī cùn guāngyīn yī cùn jīn ㊚㊐ 시간은 금이다.
【一搭】yīdā ㊏㊌ 같이. 함께. ¶他们经常凑在~喝酒。=그들은 자주 함께 모여 술을 마신다. ㊋ 1 한 무리. ¶不一会又来了~人。=얼마 되지 않아 한 무리의 사람들이 또 왔다. 2 한 벌. 한 뭉치. 한 묶음. ¶你带了那么~钱可要小心。=너 그렇게 한 뭉치 돈을 지니고 있으니, 제발 조심해야 해.
【一搭两用儿】yīdā liǎngyòngr ㊌ 하나를 두 가지로 쓰다. 겸용하다. ¶这支笔既可以写字, 也可以当裁纸刀, ~。=이 연필은 글자도 쓸 수 있고 종이를 자를 수도 있어, 하나를 두 가지 용도로 쓴다.
【一大半】yīdàbàn ㊋ 과반. 태반. ¶~的同学去参观了植物园。=과반수의 급우들이 식물원을 참관하러 갔다.
【一大早】yīdàzǎo (~儿) ㊋㊅ 이른 새벽. ¶他~就去工地了。=그는 이른 새벽에 공사장으로 갔다.
【一代】yīdài ㊋ 1 한 세대. 2 동일 연배의 사람. ¶老~=늙은 세대. 3 한 왕조의 연대. ¶有清~=청대. 청나라. 청 왕조. 4 한 시대. 한때. 한 시기. ¶~楷模=한 시대의 본보기.
【一带】yīdài ㊋ 일대. ¶这~是鱼米之乡。=이 일대는 풍요롭고 살기 좋은 곳이다.
【一旦】yīdàn ㊋ 하루 아침. 잠시. 잠간. 삽시간. ¶海啸使这个风光旖旎的海滨城市毁于~。=해일은 경치가 아름다운 해변 도시를 삽시간에 파괴하였다. ㊋ 1 어느 날 갑자기. [이미 일어난 갑작스런 상황을 나타냄] ¶大学同窗四年, ~分别, 怎能不想念呢? =대학 4년간 함께 공부했던 친구와 어느 날 갑자기 헤어졌으니, 어떻게 그립지 않겠는가? 2 일단 〔만약〕…한다면. [아직 일어나지 않은 가정의 상황을 나타냄] ¶~出事, 后悔莫及。=일단 사고가 나면 후회해도 소용이 없다.
【一刀两断】yīdāo-liǎngduàn ㊌ 1 한칼에 두 동강이를 내다. 2 ㊐ 단호하게 관계를 끊다. ↔藕断丝连
【一刀齐】yīdāoqí ☞【一刀切】yīdāoqiē
【一刀切】yīdāoqiē ㊅ 1 한 종류의 칼로 자르다. 2 ㊐ 일률적〔획일적〕으로 하다. (실제의 상황을 살피지 않고) 고정된 방법과 잣대로 처리하다. ¶具体问题要具体处理, 不能~。=구체적인 문제는 구체적으로 처리해야지, 획일적으로 처리해서는 안 된다. ↔【一刀齐】yīdāoqí
【一道】yīdào (~儿) ㊌ 같이. 함께. ¶他们总~去上班。=그들은 줄곧 함께 출근한다.
【一得】yīdé ㊋ 조그마한 수확〔소감·느낌〕. 이따금 떠오르는 좋은 생각. ¶愚者千虑, 必有~。=

어리석은 사람도 많이 생각하면, 그 가운데 반드시 좋은 생각이 있다.

【一得之功】**yīdézhīgōng** 閔 조그마한 성과〔업적·공로〕.

【一得之见】**yīdézhījiàn** 閔囿 우견(愚見). 좁은 소견.

【一得之愚】**yīdézhīyú** 閔囿 우견(愚見).

【一等】**yīděng** 閔 일등. 맨 윗 등급. 첫째 등급. 으뜸. ¶~奖=일등상. /~品=일등품.

【一等一】**yīděngyī** 閔閔 **1** 일등 중의 일등. **2** 囿 제일 좋다. 최상이다. 아주 뛰어나다. ¶他的学问可是~的.=그의 학문은 최상등이다.

【一点就透】**yīdiǎnjiùtòu** 閔囿 반응이 빨라 금방 알아차리다.

【一点论】**yīdiǎnlùn** 閔 사람을 단점과 장점 중의 어느 한쪽으로만 보려는 사고 방식. 주관적이고 단편적인 사고 방식.

【一点儿】**yīdiǎnr** 閔 **1** 조금. [불확정적인 수량] ¶随便买~水果什么的就行了.=되는대로 과일 등을 조금 사면 돼요. **2** 아주 작은 수. 극소의 양. ¶只带那么~钱可能不行.=그렇게 적은 돈을 가지고는 아마 안 될 거야. **3** 약간. [경미한 정도를 나타내며, 구어에서는 자주 '一(yī)'를 생략함] ¶屋里有~热.=방안이 약간 덥다. **4** 조금도. 전혀. 완전히. 전부. [부정형으로 쓰임] ¶他~也不会日语.=그는 전혀 일어를 할 줄 모른다.

---

一点儿(yīdiǎnr) / 有点儿(yǒudiǎnr)
약간, 조금

동사+(一)点儿+(명사) / 형용사+(一)点儿 : 부정양사. 동사의 목적어로, 명사성 어휘와 결합하여 수량이 적은 것을 나타내거나 형용사 뒤에 쓰여 정도가 미미함을 나타냄. ¶我想买点儿东西.=나는 물건을 좀 사고 싶다. / 他比我大一点儿.=그는 나보다 나이가 좀 많다.

有点儿+형용사 / 동사 : 부사·동사나 형용사 앞에 쓰여 대부분 만족스럽지 못하거나 마음에 여의치 않은 상황을 나타냄. ¶这次考试有点儿难.=이번 시험은 좀 어렵다. / 我觉得有点儿累.=난 좀 피곤하다.

▶ 그 외, '一点儿'은 '一点儿+也/都+没/不+동사성 어구 / 형용사성 어구' 형식에 쓰여 강조를 나타냄. ¶我一点儿也不饿.=난 전혀 배고프지 않아.

---

【一点一滴】**yīdiǎn-yīdī** 閔 약간. 조금. 극소수의 양. ¶节约要从~的小事做起.=절약은 아주 작은 일에서부터 해야 한다.

【一丁点儿】**yīdīngdiǎnr** 閔囿 아주 조금. 극소수. ['一点儿'보다 어감이 강함]

【一定】**yīdìng** 閔 **1** 상당한. 꽤. 어느 정도의. ¶公司的经营有~的改观.=회사의 경영은 어느 정도 개선되었다. **2** 특정적. 특정한. ¶在~意义上, 这件事的意义~.=특정한 의미에서 이 일은 유익하다. **3** 규칙이다. 규정되어 있다. 일정하다. 통례이다. ¶他每天的作息时间是~的.=그의 매일의 작업과 휴식 시간은 규칙적이다. **4** 고정불

변의. 필연적인. ¶学位的高低与水平的高低没有~的关系.=학력의 높고 낮음과 수준의 높고 낮음에 필연적인 관계는 없다. 閏 반드시. 필히. 꼭. ¶~要加倍努力学习.=반드시 더욱더〔갑절로〕 열심히 공부하겠다. ≒必然 必定 定然

【一定之规】**yīdìngzhīguī** 閔 **1** 일정한 규칙 〔규율〕. **2** 囿 이미 작정한 생각.

【一动】**yīdòng** 동 (생각·감정 등을) 건드리다. 자극받다. ¶心里~, 又想起不久前发生的一件事.=마음이 자극을 받아 얼마 전에 일어난 일 하나가 또 생각났다. 閏 걸핏하면. 툭하면. 쩍하면. 자주. 〔'动辄(걸핏하면)·往往(종종)'에 상당함〕 ¶她~就生气.=그녀는 걸핏하면 화를 낸다.

【一动不动】**yīdòng-bùdòng** 囿 꼼짝하지 않다. 까딱하지 않다. 미동도 하지 않다. 전혀 움직이지 않다. ¶他坐在那儿, ~.=그는 그곳에 앉아 미동도 하지 않는다.

【一肚子】**yīdù·zi** 閔 **1** 온 뱃속. ¶喝了一啤酒.=맥주를 배부르게 마셨다. **2** 囿 머릿속에 가득 찬 것. [주로 추상적인 것을 가리킴] ¶这家伙~坏水.=이 녀석은 머릿속에 온통 나쁜 생각뿐이다.

【一度】**yīdù** 閔 한 번. 한 차례. 일 회. ¶四年~的奥运会=4년에 한 번인 올림픽 대회. 閏 한때. 한동안. ¶他~想下海经商.=그는 한때 사업에 뛰어들려고 생각했었다.

【一端】**yīduān** 閔 **1** (물건의) 한쪽. 한 끝. ¶柱子的~=기둥의 한쪽. **2** (일의) 한 방면. 한쪽. ¶各执~=각기 한쪽을 고집하다.

【一多半】**yīduōbàn**(~儿) 閔 대부분. 대다수. ¶小说已读了~.=소설을 이미 대부분 읽었다.

【一⋯⋯而⋯⋯】**yī⋯ér⋯** 해서 (곧장) ⋯하다. ⋯하면 (단번에) ⋯하다. [각각 두 개의 동사 앞에 쓰여 앞 동작의 결과가 금방 나타남을 표시함] ¶~怒~去=화가 나서 곧장 가 버리다. / ~望~知=한번 척 보면 안다.

【一而再】**yī ér zài** 閏 재차. 재삼. 연속적으로. 거듭해서. ¶临走前, 妈妈~地嘱咐我路上小心.=떠나기 전에 엄마는 재삼 나에게 길조심하라고 당부했다.

【一而再, 再而三】**yī ér zài, zài ér sān** 囿 몇 번이고 되풀이하여. 재삼재사.

【一二】**yī'èr** 囿 한두 개. 약간. 조금. ¶略知~=조금 알다. 조금밖에 모른다.

【一⋯⋯二⋯⋯】**yī⋯èr⋯** 閏 ⋯하고 ⋯하다. 매우 ⋯하다. [2음절 형용사의 각 형태소 앞에 쓰여 강조를 나타냄] ¶~老~实=매우 성실하다.

【一二·九运动】**Yī'èr Jiǔ Yùndòng** 閔 (歷) 12·9 학생 운동. [1935년 12월 9일 북경의 학생들이 중국 공산당의 지도 아래 거행한 항일 및 국민당 정부 반대 시위 운동]

【一发】**yīfā** 閏 **1** 점점. 더욱더. ¶~不可收拾.=점점 더 수습할 수가 없다. **2** 함께. 한꺼번에. ¶工资和奖金~给付.=임금과 상여금을 한꺼번에 지급하다.

【一发千钧】**yīfā-qiānjūn** ☞ 【千钧一发】 **qiānjūn-yīfà**

【一帆风顺】**yīfān-fēngshùn** [성] **1** 순풍에 돛을 올리다. **2**[비] 일이 순조롭게 진행되다. ≒无往不利 ↔一波三折

【一番】**yīfān** [양] **1** 한바탕. 한차례. 한번. ¶大家要好好讨论～。=모두 한번 잘 토론해 봐야 한다. **2** 한 종류. ¶这里另有～情趣。=여기에 또 별다른 정취가 있다. **3** 한 배. ¶明年公司的年产量要翻～。=내년에 회사의 연 생산량을 두 배로 늘려야 한다.

【一反常态】**yīfǎn-chángtài** [성] 평소의 태도와 판이하다. 평상시와 완전히 다르다. 태도를 완전히 달리하다. ↔一如既往

【一方】**yīfāng** [명] **1** 한 지역. 일대 지역. ¶～水土养～人。=한 지역의 풍토는 그 지역의 사람을 기른다. **2** 한 방면. 일면. ¶处理事情可以以～为主, 兼顾其他。=일을 처리하는데, 한 방면에 주력하면서 다른 것을 아울러 고려해 볼 만하다. **3** 한 편. 한쪽. ¶所谓伊人, 在水～。=그리운 사람이 저 쪽 물가에 있네.

【一方面】**yīfāngmiàn** [명] 일면. 한 방면. 한 면. ¶这只是问题的～。=이것은 단지 문제의 한 면일 뿐이다. [접] 한편으로 …하면서 …하다. ¶我们要～增加生产, ～厉行节约。=우리들은 한편으로 생산량을 늘리고 또 한편으로 철저하게 절약해야 한다.

【一分钱一分货】**yī fēn qián yī fēn huò** [낮] **1** 한 푼으로는 한 푼 어치의 물건밖에 살 수 없다. **2**[비] 싼 게 비지떡이다.

【一分为二】**yīfēnwéi'èr** [성] **1**《哲》하나가 분열하여 둘로 되다. [사물의 운동·발전에서 대립면의 분열은 불가피하다는 이론] **2** (사람·사물 등을) 두 가지 측면에서 관찰하고 생각하다.

【一风吹】**yīfēngchuī** [낮][비] **1** 다 없애 버리다. 전부 청산하다. 모두 취소하다. 한번에 날려 보내다. ¶以前欠的债不能都～啊。=이전에 진 빚을 전부 청산할 수 없다. **2** (사회 풍조에 휩쓸려) 일률적으로 다루다. 획일적으로 취급하다. [주로 좋지 않은 것을 가리킴] ¶用人要看真才实学, 我们不能～, 只看文凭。=사람을 쓸 때는 진정한 실력과 재주를 봐야지, 사회 풍조에 휩쓸려 획일적으로 졸업장만을 봐서는 안 된다.

【一佛出世, 二佛涅槃】**yī fó chū shì, èr fó niè pán** [성] 죽다가 살아나다. 모진 고초를 당하다. =【一佛出世, 二佛升天】**yī fó chū shì, èr fó shēngtiān**

【一佛出世, 二佛升天】**yī fó chū shì, èr fó shēng tiān** ☞【一佛出世, 二佛涅槃】**yī fó chū shì, èr fó niè pán**

【一夫当关, 万夫莫开】**yī fū dāng guān, wàn fū mò kāi** [성] **1** 한 사람이 관문을 지키면 만 명이라도 공략할 수 없다. **2**[비] 지세가 아주 험준하다.

【一夫多妻制】**yīfū duōqīzhì** [명] 일부다처제.

【一夫一妻制】**yīfū yīqīzhì** [명] 일부일처제.

【一改故辙】**yīgǎi-gùzhé** [성][비] 낡은 방법을 철저히 고치다.

【一概】**yīgài** [부] (예외 없이) 전부. 모조리. 일률적으로. [ '全(quán)·都(dōu)' 에 상당함] ¶～拒绝=전부 거절하다. ≒一律

【一概而论】**yīgài'érlùn** [성] (동일한 표준이나 원칙으로) 일률적으로 논하다. 처리하다. 동일시하다.

【一干】**yīgān** [형] (어떤 사건과 관계가 있는) 일련의. 한 무리의. ¶～人犯=범인 일당.

【一干二净】**yīgān-èrjìng** [성] 깨끗이. 모조리. 깡그리.

【一竿子到底】**yī gān·zi dào dǐ** [낮][비] **1** (일을) 한번에 완성하다. **2** 조직의 말단에까지 관철시키다. =【一竿子插到底】**yī gān·zi chā dào dǐ**

【一竿子插到底】**yī gān·zi chā dào dǐ** ☞【一竿子到底】**yī gān·zi dào dǐ**

【一个巴掌拍不响】**yī·ge bā·zhang pāi bùxiǎng** [속][비] 고장난명(孤掌難鳴). 손뼉도 마주쳐야 소리가 난다.

【一个鼻孔出气】**yī·ge bíkǒng chūqì** ☞【一鼻孔出气】**yī bíkǒng chūqì**

【一个劲儿】**yī·gejìnr** [부] 끊임없이. 시종일관. 줄곧. 한결같이. ¶雨～地下。=비가 끊임없이 내리다.

【一个萝卜一个坑儿】**yī·ge luó·bo yī·ge kēngr** [속][비] 사람마다 각자 자기 위치가 있고 맡은 바 책임이 있다. 자기 위치를 지키다. 제 구실〔몫〕을 하다.

【一个心眼儿】**yī·ge xīnyǎnr** [낮] **1** 일심으로. 전심전력으로. ¶他～地扑在科研上。=그는 전심전력으로 과학 연구에 몰두하고 있다. **2** 고지식하다. 융통성이 없다. ¶你这个人就是～, 为什么要傻等呢? =너는 사람이 이렇게 고지식해, 왜 바보처럼 기다리니? **3** 한마음이다. 생각〔의견〕이 같다. ¶她和她爱人是～。=그녀와 남편은 한마음이다.

【一根筋】**yīgēnjīn** [낮][비] 고지식하다. 융통성이 없다. ¶这个人是～, 认定了的事一定要干到底。=이 사람은 고지식해서 한번 확신한 일은 반드시 끝까지 하려 한다.

【一共】**yīgòng** [부] 모두. 전부. 합계. ¶我们班～有50人。=우리 반에는 모두 50명이 있다.

【一骨碌】**yīgū·lu** [의][구] 후닥닥. 벌떡. ¶小家伙～就从地板上爬了起来。=녀석은 후닥닥 바닥에서 기기 시작했다.

【一股劲儿】**yīgǔjìnr** [명] 같은 힘. 하나의 힘. ¶大家合成～, 就一定能克服难关。=모두가 하나같이 뭉치면 반드시 난관을 극복할 수 있다. [부][구] 쉬지 않고. 단숨에. 한달음에. ¶他～地干到深夜。=그는 쉬지 않고 심야까지 일했다.

【一古脑儿】**yīgǔnǎor** ☞【一股脑儿】**yīgǔnǎor**

【一股脑儿】[一古脑儿] **yīgǔnǎor** [부][방] 모두. 몽땅. 전부. 통틀어. ¶她～地把心中的不快全说了出来。=그녀는 마음속의 불쾌함을 몽땅 털어놓았다.

【一鼓作气】**yīgǔ-zuòqì** [성] **1** 옛날, 전장에서 첫 번째 북 소리에 사기를 진작시키다. **2**[비] 단숨에〔단번에〕 해치우다. 처음의 기세로 끝장내다.

【一官半职】 yīguān-bànzhí 대수롭지 않은 관직. 말단 벼슬아치. ¶他混了这么多年也没捞个~。=그는 이토록 여러 해를 보냈지만 조그마한 관직 하나도 건지지 못했다.

【一贯】 yīguàn (사상·태도·정책 등이) 한결같다. 일관되다. 변함없다. ¶与人为善是他~的行事原则。=남을 선하게 대하는 것은 그의 일관된 일처리 원칙이다. ≒一向 ↔偶尔

【一贯性】 yīguànxìng (사상·태도·정책 등의) 일관성. ¶校纪校规要保持~,不能随意更改。=학교의 기율과 규칙은 일관성을 유지해야지 함부로 고쳐서는 안 된다.

【一贯制】 yīguànzhì 일관제. ¶小学六年~。=초등 학교 6년 일관제.

【一棍子打死】 yī gùn·zi dǎsǐ 한두 가지 잘못으로 모든 것을 부정하다.

【一锅端】 yīguōduān 1 전부 소멸하다〔해결하다〕. 철저하게 제거하다. ¶这些制假窝点,被司法部门~了。=이런 위조품 제조처들은 사법기관에 의해 철저하게 소탕되었다. 2 몽땅〔모조리·전부〕토로하다〔밝히다〕. ¶他~,把所有的想法都说了出来。=그는 자기의 생각을 남김없이 다 말했다.

【一锅烩】 yīguōhuì ☞【一锅煮】 yīguōzhǔ
【一锅粥】 yīguōzhōu 엉망(진창). 뒤죽박죽. 개판. 아주 혼란한 국면. ¶整个会议室乱成了~。=전 회의실이 엉망이 되었다.

【一锅煮】 yīguōzhǔ 여러 가지 성격이 다른 일을 한꺼번에 처리하다. 한데 묶어 처리하다. =【一锅烩】 yīguōhuì 【一勺烩】 yīsháohuì ¶这些问题要区别处理,不能~。=이런 문제들은 구별해서 처리해야지, 한데 묶어 처리해서는 안 된다.

【一国两制】 yīguó liǎngzhì 一个国家,两种制度(하나의 나라에 두 가지 정치 제도). [1978년 제11회 삼중전회(三中全會) 후에 제기된 것으로, 대륙에서는 사회주의 제도를 시행하고 홍콩과 마카오는 특별행정구를 설치하여 자본주의 제도를 시행하자는 중국 국가 통일 기본 정책].

【一国三公】 yīguó-sāngōng 1 한 나라에 세 임금. 2 구구한 의견.

【一号】 yīhào 변소. 화장실. ¶上~=변소에 가다.

【一黑早儿】 yīhēizǎor 새벽녘. 날샐녘. ¶他~就赶集去了。=그는 새벽녘에 시장에 갔다.

【一哄而起】 yīhòng'érqǐ 와아 소리를 지르며 움직이다. 아무 생각 없이 갑자기 떼거리로 행동하다.

【一哄而散】 yīhòng'érsàn 1 와아 소리를 지르면서 뿔뿔이 흩어지다. 2 (일하다가) 갑자기 중지하고 흩어지다.

【一哄而上】 yīhòng'érshàng 와아 소리를 지르며 움직이다. 아무 생각 없이 갑자기 떼거리로 행동하다.

【一呼百诺】 yīhū-bǎinuò 1 한 사람이 부르는데 백 사람이 대답하다. 2 권세가 높고 부하나 하인이 많다.

【一呼百应】 yīhū-bǎiyìng 1 한 사람이 외치는 소리에 많은 사람이 이에 동조(호응)하다. 2 명망이 높고 호소력이 크다. ≒一倡百和

【一忽儿】 yīhūr 잠시. 잠깐 (동안).

【一晃】 yīhuǎng (~儿) 어른거리다. 얼씬하다. 눈 앞을 휙 스쳐 가다. ¶他在人群中~就不见了。=그는 인파 가운데서 어른거리더니 사라져 버렸다.

【一晃】 yīhuàng 어느덧. 어느새. 순식간에. 눈 깜짝할 사이에. ¶三个年头,~就过去了。=삼 년이 순식간에 지나가 버렸다.

【一挥而就】 yīhuī'érjiù 1 붓을 대기만 하면 훌륭한 글이 나오다. 단번에 훌륭한 글을 써 내다. 2 글씨·문장·그림 등이 대단히 숙련되고 창작 구성이 빠르다. ↔咬文嚼字

【一回生,二回熟】 yī huí shēng, èr huí shú (사람·일 등이) 처음에는 낯설어도 두 번째는 곧 친숙하게 되다. 사람에는 서툴러도 두 번째는 익숙해진다. 어떤 일이든 횟수가 거듭될수록 익숙해지기 마련이다.

【一回事】 yīhuíshì 1 (전적으로) 같은 일. 동일한 것. ¶你们俩说的是~。=너희 둘이 말하는 것은 동일한 것이다. 2 별개의 일(것). 서로 다른 일(것). [이어 쓸 때는 서로 다른 두 가지 일임을 강조함] ¶说是~,做又是~。=말하는 것과 (실천)하는 것은 별개이다. 3 중요한 일. ¶你决不能把这不当~。=너는 결코 이 일을 중요한 일로 여기지 않으면 안 된다.

【一会儿】 yīhuìr 1 짧은 시간. 잠깐 동안. 잠시. ¶休息~=잠시 쉬다. 2 짧은 시간 내. 곧. 잠깐 사이. ¶飞机~就起飞了。=비행기가 곧 이륙한다. 3 ~하다가 ~하다. [두 개의 동사(형용사) 앞에 쓰여 짧은 시간 내에 서로 상반되는 두 가지 상황이 교차함을 나타냄] ¶这段时间天气真怪,~热~冷。=요즘 날씨가 참 이상하게 더웠다 추웠다 한다.

【一伙儿】 yīhuǒr 한패. 한 무리. ¶这些人都是~的。=이 사람들은 모두 한패이다.

【一级】 yījí 1 등급. 단위. ¶市~=시(市) 등급. 시 단위. 2 일등급. ¶~产品=일등급 상품.

【一级市场】 yījí shìchǎng 증권이나 분양 주택을 처음으로 발행하거나 판매하는 시장. ['二级市场(중고 시장)'과 구별됨]

【一己】 yījǐ 자기. 자신. 자기 한 몸. ¶~之见=사사로운 견해.

【一技之长】 yījìzhīcháng 장기. 뛰어난 재주. 한 가지 기술(재주).

【一家】 yījiā 1 한 집. 한 집안. 일가. ¶亲如~=한 집안처럼 친하다. 2 한 조. 한편. 한 팀. ¶我们几个人打扑克,你俩~,我俩~。=우리 몇 사람이 카드놀이 하자, 너희 둘이 한편하고 우리 둘이 한편 하자. 3 한 사람(씩). 각각. 각자. 모든 사람. ¶~发两张餐券。=한 사람에 두 장의 식권을 발급한다. 4 하나의 문파. 하나의 학파. ¶自成~=스스로 하나의 학파를 이루다.

【一家人】 yījiārén 1 한 집안 식구. 가족. 2 허물없는 사이. 아주 친한 관계. 동료. 한

패. ¶亲不亲, ~。= 친하든 친하지 않든 한 가족이다.

【一家人不说两家话】 yījiārén bù shuō liǎngjiāhuà 〈속〉〈비〉 한 집안 식구처럼 말하다. 스스럼없이 대하다.

【一家一户】 yījiā-yīhù 〈성〉 한 집 한 집(씩). ¶她每天早晨要~地送牛奶。= 그녀는 매일 아침 한 집 한 집 우유를 배달해야 한다.

【一家之言】 yījiāzhīyán 〈명〉 1 일가언. 독창적인 의견. 한 분야의 권위 있는 이론〔저술〕. 2 한 학파〔개인〕의 이론〔관점〕.

【一家子】 yījiā·zi 〈명〉 1 한 집. 한 가정. 한 집안. ¶这~早就搬到上海去了。= 이 집은 진작에 상해로 이사 갔다. 2 온 가족. 일가족. 한 집안 식구 모두. ¶他们~都不吸烟。= 그의 가족들은 모두 담배를 피지 않는다.

【一价元素】 yījià yuánsù 〈명〉〈化〉 일가원소. [원자가가 1인 원소]

【一见倾心】 yījiàn-qīngxīn 〈성〉 첫눈에〔한눈에〕 반하다. 첫눈에 마음이 끌리다.

【一见如故】 yījiàn-rúgù 〈성〉 1 첫 대면에서 옛 친구처럼 친해지다. 옛 친구를 만난 것과 같다. 2 서로 의기투합하다.

【一见钟情】 yījiàn-zhōngqíng 〈성〉 첫눈에〔한 눈에〕 반하다.

【一箭双雕】 yījiàn-shuāngdiāo 〈성〉 1 한 개의 화살로 두 마리 독수리를 맞추다. 2 〈비〉 일석이조. 일거양득. ≒一石两鸟·一举两得

【一角】 yījiǎo 〈명〉 1 일각. 한쪽. 한 귀퉁이. 한 부분. 한 구석. ¶院子的~放着几个泡菜坛子。= 정원의 한 귀퉁이에 몇 개의 김칫독이 놓여 있다. 2 1각. 10전. ['一块' 의 10분의 1에 상당함] ¶~钱=1각.

【一介】 yījiè 〈명〉 (서생·필부·무사 등의) 한 사람. 일개. [스스로를 낮추거나 경멸의 의미를 내포함] ¶~书生=일개 서생. /~武夫=일개 무사〔무부〕.

【一经】】 yījīng 〈명〉 일단〔한번〕 …하면. …하자마자. [다음 구절의 '就(jiù)' 나 '便(biàn)과 호응함] ¶问题~解决, 大家的积极性自然会提高。= 문제를 일단 해결하면 모든 사람들의 적극적인 참여가 자연히 높아질 것이다.

【一径】 yījìng 〈부〉 1 똑바로. 곧장. ¶他在成都下飞机以后, ~奔德阳去了。= 그는 비행기로 청두(成都)에서 내린 후 곧장 더양(德阳)으로 갔다. 2 〈비〉 줄곧. 끊임없이. 계속해서. 내내. ¶她~在哭。= 그녀는 계속해서 울고 있다.

【一…就…】 yī…jiù… 〈부〉 전후의 두 가지 일·상황이 곧바로 이어짐을 나타냄. ① …하자마자. …하다. [주어가 같은 경우] ¶~吃~吐=먹자마자 토하다. /~学~会=배우자마자 할 수 있다. ②…하기만 하면 …하다. [주어가 다른 경우] ¶~说~成=말만 하면 된다. /~请~到=요청만 하면 온다.

【一举】 yījǔ 〈명〉 한 번의 행동. 한 차례의 동작. ¶成败在此~。= 성패는 이 한 번의 행동에 달려 있다. 〈부〉 일거에. 단번에. ¶~歼灭来犯之敌。=

일거에 침입한 적을 섬멸하다.

【一举成名】 yījǔ-chéngmíng 〈성〉 1 과거에서 진사에 합격하여 천하에 이름을 알리다. 2 일거에 성공하여 명성을 얻다.

【一举两得】 yījǔ-liǎngdé 〈성〉 일거양득. 일석이조. ≒一箭双雕

【一举一动】 yījǔ-yīdòng 〈성〉 일거수일투족. 모든 행동〔거동〕. ¶从一个人的~中就能看出他的素质和修养。= 한 사람의 일거수일투족 가운데 그의 자질과 수양을 알아볼 수 있다.

【一决雌雄】 yījué-cíxióng ☞ 【决一雌雄】 juéyī-cíxióng

【一蹶不振】 yījué-bùzhèn 〈성〉 1 한 번 넘어져 다시 일어나지 못하다. 2 〈비〉 한 번 좌절하고는 다시 분발하지 못하다. ↔东山再起

【一卡通】 yīkǎtōng 〈명〉 은행·학교·기관 등에서 IC 카드를 사용하여 각종 업무를 처리할 수 있는 시스템.

【一棵树上吊死】 yīkē shù·shang diàosǐ 〈속〉〈비〉 고지식하게 일을 처리하다. 융통성 없이 매달리다. ¶要多想办法, 不能~。= 많은 방법을 강구해야지, 고지식하게 매달려서는 안 된다.

【一刻】 yīkè 〈명〉 1 15분. ¶现在是十点~。= 지금 10시 15분이다. 2 잠시. 잠깐. 짧은 시간. ¶大家要抓紧时间, ~也不能浪费。= 모두들 서둘러서 해요, 잠시라도 낭비해서는 안 돼요.

【一刻千金】 yīkè-qiānjīn 〈성〉 1 짧은 시간도 천금과 같이 귀하다. 2 시간은 금이다.

【一客不烦二家】 yī kè bù fán èr jiā ☞ 【一客不烦二主】 yī kè bù fán èr zhǔ

【一客不烦二主】 yī kè bù fán èr zhǔ 〈속〉 1 한 손님이 두 주인에게 신세지지 않다. 2 〈비〉 이왕 일을 맡은 이상 다른 사람을 귀찮게 하지 말고 한 사람이 끝까지 해야 해요. 한 사람이면 충분하다. = 【一客不烦二家】 yī kè bù fán èr jiā

【一空】 yīkōng 〈형〉 아무것도 없다. 텅 비다. 전무하다. ¶销售~=완전히 다 팔다.

【一孔之见】 yīkǒngzhījiàn 〈성〉 1 조그마한 구멍을 통해 본 것. 2 〈비〉 (주로 겸손의 말로) 단편적이고 좁은 소견〔식견〕.

【一口】 yīkǒu 〈명〉 (음식물이 가득 찬) 한입. ¶吃不成个胖子。= 로마는 하루 아침에 이루어지지 않았다. 〈형〉 (말의 억양·발음 등이) 순수하다. 완전하다. ¶他能说~标准的普通话。= 그는 완벽한 표준말을 구사할 수 있다. 〈부〉 일언지하에. 한 마디로. 딱 잘라서. 두말 없이. ¶~拒绝=일언지하에 거절하다.

【一口吃个胖子】 yīkǒu chī·ge pàng·zi 〈속〉 1 첫술에 뚱보가 되다. 2 〈비〉 첫술에 배부르랴. 단번에 성공하려고 하다.

【一口气】 yīkǒuqì(~儿) 〈명〉 한 숨. 한 호흡. ¶只要还有~, 我就要创作下去。= 내가 숨이 붙어 있는 한 계속 창작을 하겠다. 〈부〉 단숨에. 단번에. 한 번에. ¶他~喝了一瓶矿泉水。= 그는 단숨에 생수 한 병을 마셔서 버렸다.

【一口咬定】 yīkǒu-yǎodìng 〈성〉 1 한 입에 꽉 물고 늘어지다. 2 〈비〉 한 마디로 잘라 말하다. 단

언하다.
【一块儿】 yīkuàir 명 동일한 장소. 한 곳. 같은 곳. ¶他们俩曾在~读中学。=그 두 사람은 일찍이 같은 중학교를 다닌 적이 있다. 부 함께. 같이. ¶我们~去春游。=우리들은 함께 봄 소풍을 간다.
【一块石头落地】 yī kuài shí·tou luò dì 숙 1 돌 하나가 땅에 떨어지다. 2 비 (걱정거리가 해결되어) 한숨을 돌리다.
【一来二去】 yīlái-èrqù 성 계속 접촉[왕래]하는 가운데. (시간이 흐르면서) 차츰차츰. 이럭저럭 하는 가운데. ¶俩人是同事，~便产生了好感。=둘은 동료라서 이럭저럭하면서 호감이 생겼다.
【一览】 yīlǎn 명 일람. 편람. [주로 서명(書名)으로 쓰임] ¶《四川山水名胜~》=《쓰촨(四川) 자연 풍경 및 명승 일람》.
【一览表】 yīlǎnbiǎo 명 일람표. ¶课程设置~=개설 강좌 일람표.
【一览无遗】 yīlǎn-wúyí ☞【一览无余】 yīlǎn-wúyú
【一览无余】 yīlǎn-wúyú 성 1 빠뜨리는 것 없이 다 보다. 2 시야가 광활하다. 한눈에 들어오다. 3 (사물이) 간단하다. =【一览无遗】 yīlǎn-wúyí ≒一目了然 ↔管中窥豹
【一揽子】 yīlǎn·zi 형 일괄의. 전부의. ¶~建议=일괄 건의.
【一劳永逸】 yīláo-yǒngyì 성 1 한 번 고생으로 영원히(오랫동안) 편안해지다. 2 한 번 고생으로 훗날의 번거로움을 없애다.
【一垒】 yīlěi 명(體) (야구나 소프트볼의) 일루.
【一力】 yīlì 부 온 힘으로. 전력으로. ¶~相助=전력으로 돕다.
【一例】 yīlì 명 하나의 예. 일례. ¶仅举~=단지 하나의 예를 들다. 부 일률적으로. 동등하게. ¶~对待=일률적으로 대하다.
【一连】 yīlián 부 (비슷한 동작·상황이) 연이어. 계속해서. 잇따라. 연거푸. ¶~下了三天雪。=연이어 사흘 동안 눈이 내렸다.
【一连串】 yīliánchuàn 형 일련의. 계속되는. 이어지는. ¶~的难题=일련의 난제.
【一连气儿】 yīliánqìr 부(방) 연거푸. 연이어. 계속해서. 잇따라. ¶~地喝了五瓶啤酒。=그는 연거푸 맥주 다섯 병을 마셨다.
【一了百了】 yīliǎo-bǎiliǎo 성 1 관건이 되는 한 가지 일이 해결되면 다른 일은 따라서 해결된다. 2 비 죽으면 모든 일이 끝이다.
【一鳞半爪】 yīlín-bànzhǎo 성 1 (구름 사이에 드러난) 용의 비늘 한 조각과 발톱 반 쪽. 2 비 산만하고 단편적인 사물의 편린. =【东鳞西爪】 dōnglín-xīzhǎo
【一流】 yīliú 형 같은 부류의. 한 부류의. ¶这两人是~货色，都吝啬得很。=이 두 사람은 한 부류로서 모두 너무 인색하다. 명 일류. ¶~演员=일류 연기자.
【一溜风】 yīliùfēng 부 쏜살같이. 바람처럼 빠르게. ¶小家伙~地跑开了。=녀석은 쏜살같이 달려갔다.

【一溜儿】 yīliùr 명(구) 1 한 줄. 일렬. ¶~崭新的两层小楼=한 줄로 연이어진 참신한 이층 건물. 2 일대. 부근. 근처. ¶他开的书店就在这~。=그가 개업한 서점은 바로 이 부근에 있다. 부 신속하게. 재빨리. 쏜살같이. ¶他~小跑进了教室。=그는 재빨리 종종걸음으로 교실로 뛰어들어갔다.
【一溜歪斜】 yīliù wāixié 형(방) (걸음걸이가) 비틀거리다. 뒤뚱거리다.
【一溜烟】 yīliùyān (~儿) 부 신속하게. 재빨리. 쏜살같이. ¶汽车~地远去了。=자동차가 쏜살같이 멀리 가 버렸다.
【一路】 yīlù 명 도중. 노중(路中). 여정. ¶同学们~上有说有笑，高兴极了。=급우들은 도중에 얘기하고 웃으면서 무척 즐거워했다. 형 같은 부류(의). 한 종류(의). 동류(의). ¶~人=같은 부류의 사람. 부 1 함께. 같이. ['来(lái)·去(qù)·走(zǒu)' 등의 동사와 함께 쓰임] ¶她是和我们~来。=그녀는 우리와 함께 왔다. 2 줄곧. 늘. ¶房价~上升。=집값이 줄곧 오르다.
【一路货】 yīlùhuò 명 1 한 종류의 물품. 동종의 화물. 2(폄)(비) 같은 부류의 사람. 한 부류의 사람. ¶这些人都是~，吃喝嫖赌什么都干。=이 사람들은 모두 한 부류의 사람인데, 먹고 마시고 기생질하고 도박하는 등 안 하는 짓이 없다. =【一路货色】 yīlù huòsè
【一路货色】 yīlù huòsè ☞【一路货】 yīlùhuò
【一路平安】 yīlù-píng'ān 성 (먼길을 떠나는 사람에게) 가시는 길에 평안하시길 빕니다.
【一路顺风】 yīlù-shùnfēng 성 1 가시는 길이 순조롭기를 바랍니다. 2 비 하시는 일이 모두 순조롭기를 바랍니다. 하시는 일이 모두 순조롭다.
【一律】 yīlǜ 형 일률적이다. 한결같다. ¶千篇~=천편일률이다. 부 일률적으로. 예외 없이. 모두. 깡그리. 전부. ¶~平等=모두 평등하다. ≒一概
【一落千丈】 yīluò-qiānzhàng 성 1 거문고 소리가 고음에서 갑자기 저음으로 떨어지다. 2 비 (명예·지위·처지·시세·정서 등이) 급격하게 떨어지다. 폭락하다. ↔一步登天
【一麻黑】 yīmáhēi ☞【一抹黑】 yīmǒhēi
【一马当先】 yīmǎ-dāngxiān 성 1 전투시 말을 몰아 제일 앞으로 나아가다. 2 비 맨 앞에서 지도적인 역할을 하다. 앞장서다.
【一马平川】 yīmǎ-píngchuān 성 1 말이 마음껏 달릴 수 있는 드넓은 평지. 2 광활한 평원. 넓디넓은 평야.
【一码事】 yīmǎshì 명 (전적으로) 같은 일. 동일한 것. 마찬가지.
【一脉相承】 yīmài-xiāngchéng 성 1 대대로 전해지다[이어지다]. 2 한 계통으로 이어져 내려오다. 일맥상통하다. [사상·문화·학술 등의 계승 관계를 가리킴] =【一脉相传】 yīmài-xiāngchuán 【一脉相通】 yīmài-xiāngtōng
【一脉相传】 yīmài-xiāngchuán ☞【一脉相承】 yīmài-xiāngchéng
【一脉相通】 yīmài-xiāngtōng ☞【一脉相承】

**yīmài-xiāngchéng**
【一毛不拔】**yīmáo-bùbá** ㉿ **1** 남을 위해 털 한 가닥도 안 뽑는다. **2** ㉿ 인색하기 그지없다. 지나치게 인색하다. ≒斤斤计较 ↔慷慨解囊
【一门式】**yīménshì** ☞【一站式】**yīzhànshì**
【一门心思】**yīmén-xīn‧sī** ㉿ 전심전력을 기울이다. 정력을 집중하다. 몰두하다. ¶他~搞科研. =그는 전심전력으로 과학 연구를 한다.
【一米线】**yīmǐxiàn** ㊔ (은행·비행장·매표소 등의) 창구 앞 1m 거리에 그어진 줄.
【一面】**yīmiàn** ㊔ **1** (~儿) (물체의) 한 면. ¶这块玻璃~光滑~粗糙. =이 유리는 한 면은 매끄럽고 한 면은 거칠거칠하다. **2** 한 방면. 한 부분. 한 측면. ¶独当~=혼자 한 방면을 담당하다. 🄲 한편으로 …하면서 한편으로 …하다. …하면서 또 한편으로 …하다. [두 가지 혹은 두 가지 이상의 동작을 동시에 진행함을 나타냄] ① 단독으로 쓰일 경우. ¶她看着书, ~磕着瓜子~. =그녀는 책을 보면서 한편으로 과쯔(瓜子)를 까먹고 있다. ② 이어 쓸 경우. ¶他~听讲, ~记笔记. =그는 한편으로 강의를 들으면서 한편으로 필기를 하고 있다. 🄳㊔ 한 번 만나다. 일면하다. ¶未尝~=한 번도 만난 적이 없다.
【一面儿官司】**yīmiànr guān‧si** ㊔ 한쪽으로 기우는 송사. 일방적인 송사. 상대가 되지 않는 소송.
【一面儿理】**yīmiànrlǐ** ㊔ 일방적인 이유. 한쪽의 이유. 단편적인 이치.
【一面之词】[一面之辞] **yīmiànzhīcí** ㉿ **1** 한 면의 말. 단면적인 말. **2** 한쪽 편 주장. 어느 한쪽의 말. 편파적인 주장.
【一面之辞】**yīmiànzhīcí** ☞【一面之词】**yīmiànzhīcí**
【一面之交】**yīmiànzhījiāo** ㉿ **1** 한 번 만난 적이 있는 사이. 한 번 인사를 나눈 정도의 교분. 약간의 안면이 있는 관계. **2** 잘 알지 못하다. 겨우 안면만 있다. 만남이 깊지 않다. =【一面之雅】**yīmiànzhīyǎ**
【一面之雅】**yīmiànzhīyǎ** ☞【一面之交】**yīmiànzhījiāo**
【一鸣惊人】**yīmíng-jīngrén** ㉿ **1** 한번 울면 사람을 놀라게 한다. **2** ㉿ 평소에 조용히 있지만 한번 시작하면 놀랄 만한 성과를 거두다. 뜻밖에 사람을 놀라게 하다.
【一瞑不视】**yīmíng-bùshì** ㉿ **1** 한번 눈감고 아무것도 보지 못하다. **2** 죽다. 사망하다. **3** 현실을 도피하다.
【一命】**yīmìng** ㊔ 한 (사람의) 목숨. 하나의 생명. ¶救人~, 胜造七级浮屠. =한 생명 구하는 것은 7층 불탑 쌓는 것보다 낫다.
【一命归天】**yīmìng-guītiān** ☞【一命归西】**yīmìng-guīxī**
【一命归西】**yīmìng-guīxī** ㉿ 죽다. 사망하다. =【一命归天】**yīmìng-guītiān**【一命归阴】**yīmìng-guīyīn**
【一命归阴】**yīmìng-guīyīn** ☞【一命归西】**yīmìng-guīxī**

【一命呜呼】**yīmìng-wūhū** ㉿ 일순간 황천길로 가다. [해학적인 의미를 내포함]
【一抹黑】**yīmǒhēi** ㉿ **1** 온통 깜깜하다. 칠흑같이 어둡다. **2** ㉿ 전혀 모르다. 아무것도 모르다. 아는 것이 아무것도 없다. ¶我刚来, 对当地的情况~。=저는 온 지가 얼마 되지 않아 현지의 상황에 대해선 전혀 모릅니다. =【一麻黑】**yī máhēi**
【一模活脱】**yīmú-huótuō** ㉿ 한 틀에서 나온 듯이 닮다. 꼭 닮다. 모양이 완전히 같다. 생김새가 정말 똑같다.
【一模一样】**yīmú-yīyàng** ㉿ 같은 모양 같은 모습이다. 모양이나 〔생김새가〕 완전히 같다 〔닮았다〕.
【一木难支】**yīmù-nánzhī** ㉿ **1** 막대기 하나로는 지탱하기 어렵다. **2** ㉿ (큰 임무·기울어진 형세 등을) 혼자서는 감당할 수가 없다.
【一目了然】**yīmù-liǎorán** ㉿ 일목요연하다. 한눈에 환히 알다〔보다〕. ≒一览无余 ↔目不暇接 眼花缭乱
【一目十行】**yīmù-shíháng** ㉿ **1** 한눈에 열 줄씩 읽다. **2** ㉿ 책 읽는 속도가 아주 빠르다. ≒十行俱下
【一幕】**yīmù** ㊔ **1** (연극의) 막. **2** (생활 중의) 한 장면. ¶在韩国的几年生活是我人生中最难忘的~。=한국에서 보낸 몇 년 간의 생활은 나의 인생에서 가장 잊기 어려운 한 장면이다.
【一年】**yīnán** ㊔ 한 해. 1년. ¶~一度=일년에 한 번.
【一年半载】**yīnián-bànzǎi** ㉿ **1** 한 해나 반년. 한 해쯤. **2** 그리 길지도 짧지도 않은 시간.
【一年到头】**yīnián-dàotóu** (~儿) ㉿ 일년 내내. 일 년 동안 줄곧.
【一年生】**yīniánshēng** ㊋(植) 일년생인. ¶~植物=일년생 식물.
【一年四季】**yīnián-sìjì** ㉿ 한 해. 일년 내내. 일년 사계절. 사시사철.
【一年之计在于春】**yī nián zhī jì zàiyú chūn** ㊂ 일년의 계획은 봄에 있다. 한 해 농사는 봄에 달렸다. ¶~, 一日之计在于晨. =한 해의 계획은 봄에 있고, 하루의 계획은 아침에 있다.
【一念之差】**yīniànzhīchā** ㉿ (한순간) 생각나의 잘못으로. [주로 심각한 결과를 초래함을 나타냄]
【一鸟入林, 百鸟压声】**yī niǎo rù lín, bǎi niǎo yā shēng** ㊂ **1** 새 한 마리가 숲에 들어가자 못 새들이 소리를 죽이다. **2** ㉿ 한 사람의 기세가 못 사람을 압도하다. =【一鸟入林, 百鸟压音】**yī niǎo rù lín, bǎi niǎo yā yīn**
【一鸟入林, 百鸟压音】**yī niǎo rù lín, bǎi niǎo yā yīn** ☞【一鸟入林, 百鸟压声】**yī niǎo rù lín, bǎi niǎo yā shēng**
【一诺千金】**yīnuò-qiānjīn** ㉿ **1** 하나의 승낙을 얻는 것은 천금을 얻는 것보다 낫다. **2** 한번 승낙한 말은 천금과도 같다. 약속한 말은 틀림없이 지킨다. ↔言而无信
【一拍即合】**yīpāi-jíhé** ㉿ **1** 한 박자에 들어맞다. **2** ㉿ (쌍방의 의견 등이) 단번에 일치하다.

【一派】 yīpài 📗 일파. 일가. 한 집단. ¶拉~、打~。=한 파를 끌어들여 다른 한 파를 공격하다. 📘 전부. 모두. 온통. 완연한. [주로 경치·날씨·소리·언행 등을 묘사함] ¶~胡言=온통 쓸데없는 소리뿐이다.
【一盘棋】 yīpánqí 📗 1 장기 한 판. 2📘 전반적 국면. 전체 국면. 전면(全面). ¶~观点=전면적인 관점.
【一盘散沙】 yīpán-sǎnshā 📘 1 온 쟁반에 흩어져 있는 모래. 2📘 분산되어 있는 힘. 오합지중. 단결하지 않고 흩어져 있는 상태.
【一盘死棋】 yīpán-sǐqí 📘📘 희망이 없는 상황이나 국면.
【一旁】 yīpáng 📗 옆. 곁. 측면. 부근. 근처. ¶丢在~=옆에 던져 두다.
【一炮打响】 yīpào-dǎxiǎng 📘📘 단번에〔한번에〕 성공하다.
【一偏】 yīpiān 📗📘 한쪽 면. 한 방면. 일부분. ¶一物乃万物~。=하나의 물건은 만물의 일부분이기도 하다. 📘📘 편파적인. 편향적인. ¶~之论=편파적인 주장.
【一片】 yīpiàn 📗 (평평하고 얇은 물체의) 한 장. ¶~落叶=낙엽 한 잎. 📗 전체. 전부. ¶浑然~=혼연히 하나이다. 혼연일체.
【一片冰心】 yīpiàn-bīngxīn 📘📘 1 한 조각 얼음 같은 마음. 2📘 명리에 담담하고 순수한 마음.
【一瞥】 yīpiē 📗 한번 흘긋 보다. ¶他不经意地往机场~。=그는 무의식적으로 비행장 쪽으로 한번 흘긋 보았다. 📗 1📘 아주 짧은 시간. 눈 깜짝할 사이. 순식간. 잠깐 사이. ¶就在那~之间, 他就发现了其中的秘密。=바로 그렇게 짧은 순간에 그는 그 가운데의 비밀을 알아차렸다. 2 일별. 간단한 개관. [주로 문장의 표제어나 서명(書名)으로 쓰임] ¶《长城~》=《만리장성 일별》.
【一贫如洗】 yīpín-rúxǐ 📘 씻은 듯이 가난하다. 가난하기 그지없다. ↔腰缠万贯
【一品】 yīpǐn 📗 제일품. [옛날, 벼슬의 첫째 품계] ¶当朝~=현 조정의 일품. 📘📘 일종. 한 종류. ¶梅花=매화 한 종류.
【一品红】 yīpǐnhóng 📘〔植〕 포인세티아(poinsettia). =【圣诞花】 shèngdànhuā 【猩猩木】 xīng·xingmù
【一瓶醋不响, 半瓶醋晃荡】 yī píng cù bù xiǎng, bàn píng cù huàng·dang 📘 1 꽉 찬 식초병은 흔들어도 소리가 나지 않지만, 반쯤 찬 식초병은 흔들면 소리가 난다. 2📘 빈 수레가 더 요란하다.
【一抔黄土】 yīpóu huángtǔ 📗 1 한 줌의 황토. 한 줌의 흙. 2📘 무덤. 분묘. 3📘 극히 미세하고 천박한 물건. 얼마 안 되는 것.
【一暴十寒】 yīpù-shíhán 📘 1 하루 햇볕을 쪼이고 열흘 동안 차게 하다.《〔맹자·고자상(孟子·告子上)〕》에"虽有天下易生之物也, 一日暴之, 十日寒之, 未有能生者也(세상에 비록 쉽게 싹이 트는 것이라도, 하루 햇볕을 쪼이고 열흘을 차게 한다면 싹이 틀 수가 없다)."라는 문장에서 유래함] 2📘 (일·학습에) 항심(恒心)이 없다. 한결같은 마음이 없다. 하다 말다 하다. =【一曝十寒】 yīpù-shíhán ↔持之以恒
【一曝十寒】 yīpù·shíhán ☞【一暴十寒】 yīpù-shíhán

【一齐】 yīqí 📘 일제히. 동시에. 다 같이. 함께. ¶~动手=모두 함께 시작하다.
【一起】 yīqǐ 📗 한 곳. 한데. 같은 곳. ¶住在~=같은 곳에 살다. 📘 1 같이. 더불어. 함께. ¶他们俩~共事了三年。=그 두 사람은 3년 동안 함께 일했다. 2 전부. 모두. 합해서. 한꺼번에. ¶这几本书~多少钱? =이 책들은 전부 얼마입니까? ≒一并
【一起一伏】 yīqǐ-yīfú 📘 1 오르락내리락하다. 2 불안정하다. 변화하다. 변동되다.
【一起一落】 yīqǐ-yīluò 📘 1 오르락내리락하다. 2 불안정하다. 변화하다. 변동되다.
【一气】 yīqì 📗📘 1 한패. 한통속. ¶串通~=한 통속으로 결탁하다. 2 잠시. 한동안. 한바탕. [주로 나쁜 의미로 쓰임] ¶胡说~=한바탕 쓸데없는 소리를 하다. 📘 (~儿) 단숨에. 한숨에. 단번에. ¶~跑了十多里路。=그는 단숨에 10여 리를 달렸다.
【一气呵成】 yīqì-hēchéng 📘 1 단숨에 일을 해치우다. 2 글이 거침없고 수미가 일관되다. ↔咬文嚼字
【一千零一夜】 Yīqiān Líng Yī Yè 📗 아라비안나이트. 천일야화. =【天方夜谭】 Tiānfāng Yètán
【一钱不值】 yīqián-bùzhí 📘 1 한 푼의 가치가 없다. 2 아무런 가치가 없다. 보잘것없다. =【不值一钱】 bùzhí-yīqián 【一文不值】 yīwén-bùzhí
【一窍不通】 yīqiào-bùtōng 📘 1 (일곱 개 구멍 중) 한 개의 구멍도 뚫리지 않다. 2 아무것도 모르다. 아는 게 하나도 없다.
【一切】 yīqiè 📘 1 일체. 전부. 모든. ¶要采取~措施进行抢救。=모든 조치를 취하여 긴급히 구조해야 한다. 2 일정한 범위 내의 모든 사물. ¶这里的~都令人欣慰。=이곳의 모든 것이 사람으로 하여금 기쁨과 위안을 느끼게 한다.
【一切向钱看】 yīqiè xiàng qián kàn 📘 모든 것을 금전으로 따지다〔평가하다〕. 무슨 일을 하든지 모두 금전을 목적으로 하다.
【一清二白】 yīqīng-èrbái 📘 아주 깨끗하여 오점이 없다. 결백하다.
【一清二楚】 yīqīng-èrchǔ 📘 아주 명확〔명백·분명·뚜렷〕하다.
【一清早】 yīqīngzǎo (~儿) 📗 이른 아침. 꼭두새벽.
【一穷二白】 yīqióng-èrbái 📘 1 가난하여 아무것도 없다. 2 기초가 약하고 기반이 얕다. [주로 농공업이 발달하지 않았고, 문화·과학 기술 수준이 낮음을 뜻함]
【一丘之貉】 yīqiūzhīhé 📘 1 한 언덕에 사는 담비. 2📘📘 한통속이다. 동류이다.
【一去不复返】 yī qù bù fù fǎn 📘 1 한번 가면 다시 돌아오지 않다. 2 사물이 한번 지나가면 다

시는 나타나지 않음을 형용함.

【一犬吠形, 百犬吠声】yī quǎn fèi xíng, bǎi quǎn fèi shēng 🈺 **1** 한 마리 개가 사람 그림자를 보고 짖으면 모든 개가 따라 짖는다. **2** 🈖 남이 말하는 대로 맹목적으로 따르다. =【一犬吠影, 百犬吠声】yī quǎn fèi yǐng, bǎi quǎn fèi shēng

【一犬吠影, 百犬吠声】yī quǎn fèi yǐng, bǎi quǎn fèi shēng ☞【一犬吠形, 百犬吠声】yī quǎn fèi xíng, bǎi quǎn fèi shēng

【一人】yīrén 🈔 한 사람. ¶~飞升, 仙及鸡犬. =한 사람이 선경(仙境)에 오르면 닭과 개도 신선이 된다. 한 사람이 높은 벼슬에 오르면 그 주변 사람들도 권세를 얻는다.

【一人不敌二人智】yī rén bùdí èr rén zhì 🈺 한 사람의 지혜는 두 사람의 지혜를 당하지 못한다. 한 사람의 지혜는 두 사람의 상응함만 못하다.

【一人得道, 鸡犬飞升】yī rén dédào, jī quǎn fēishēng ☞【一人得道, 鸡犬升天】yī rén dédào, jī quǎn shēngtiān

【一人得道, 鸡犬升天】yī rén dédào, jī quǎn shēngtiān 🈺 **1** (전설에서) 한(漢)나라의 회남왕(淮南王) 유안(劉安)이 수련을 통해 신선이 되었는데, 그 집의 닭과 개도 단약(丹藥)을 먹고 승천하였다고 함. **2** 🈖 한 사람이 권세를 잡으면 그 주변 사람들도 덕을 본다. =【一人得道, 鸡犬飞升】yī rén dédào, jī quǎn fēishēng

【一人之下, 万人之上】yī rén zhī xià, wàn rén zhī shàng 🈺 **1** 일인지하 만인지상. [황태자 혹은 승상의 지위가 대단함을 가리킴] **2** 권세(지위)가 아주 높다.

【一人做事一人当】yī rén zuòshì yī rén dāng 🈺 자신이 한 일은 자신이 책임진다.

【一任】yīrèn 🈐🈩 일임하다. 모두 다 맡기다. …하도록 내버려 두다. 방임하다. ¶~其处理. =그가 처리하도록 일임하다. 🈔 한 임기. ¶为官~, 廉洁一生. =한번 관리가 되면 평생 청렴결백하여야 한다.

【一仍旧贯】yīréng-jiùguàn 🈺 일체 옛 관례를 따르다.

【一日】yīrì 🈔 일일. 하루. 어느 날. ¶~叫娘, 终身是母. =한번 어머니라고 부르면 평생 어머니이다.

【一日千里】yīrì-qiānlǐ 🈺 하루에 천리를 가다. 진전 속도가 아주 빠르다. ≒日新月异

【一日三秋】yīrì-sānqiū 🈺 **1** 하루를 못 보았는데도 삼 년이 지난 것 같다. **2** 🈖 사람에 대한 그리움이 절실하다.

【一日为师, 终身为父】yī rì wéi shī, zhōng shēn wéi fù 🈺 하루를 모신 스승이라도 평생 아버지와 같이 존경하여 모셔야 한다.

【一日游】yīrìyóu 🈔 일일 유람[관광]. 일일 코스의 관광.

【一日之雅】yīrìzhīyǎ 🈺 **1** 하루의 교분. **2** 별로 깊지 않은 교분.

【一日之长】yīrìzhīcháng 🈺 남보다 조금 낫다.

【一如】yīrú 🈐 (어떤 상황과) 완전히 같다. 똑같다. ¶~所闻=들은 바와 똑같다.

【一如既往】yīrú-jìwǎng 🈺 지난날과 다름없다. ↔一反常态

【一扫而光】yīsǎo'érguāng 🈺 일소하다. 깨끗이 쓸어 버리다. =【一扫而空】yīsǎo'érkōng

【一扫而空】yīsǎo'érkōng ☞【一扫而光】yīsǎo'érguāng

【一色】yīsè 🈔 일색. 한 가지의 빛깔. ¶海天~=바다와 하늘이 한 가지 빛깔이다. 🈺 획일적인. 일률적인. 다른 색[종류·양식]이 섞이지 않음. ¶~的小洋楼=획일적인 작은 양옥.

【一霎】yīshà 🈔 삽시간. 순식간. 잠깐 동안. ¶~时=삽시간.

【一闪念】yīshǎnniàn 🈐 (뇌리에) 갑자기 한 생각이 떠오르다. ¶脑子里~, 他说的与先前说的不一样. =그가 한 말이 이전에 한 말과 다르다는 생각이 갑자기 떠올랐다. 🈔 갑자기 뇌리에 스치는 생각. ¶没想到他的一竟成就了这么一番事业. =그의 뇌리를 스치는 한 가지 생각이 이런 사업을 이룰 줄은 생각지도 못했다.

【一上一下】yīshàng yīxià 🈺 **1** 오르락내리락하다. **2** (정서·감정 등이) 불안정하다.

【一勺烩】yīsháohuì ☞【一锅煮】yīguōzhǔ

【一身】yīshēn 🈔 **1** 일신. 한 사람. 혼자. ¶孑然=홀로 힘으로. **2** 온몸. 전신. ¶~本领=가지고 있는 기량. 🈓 (~儿) (의복) 한 벌. ¶~西服=양복 한 벌.

【一身两役】yīshēn-liǎngyì 🈺 한 사람이 동시에 두 가지 일을 맡다.

【一身是胆】yīshēn-shìdǎn ☞【浑身是胆】húnshēn-shìdǎn

【一神教】yīshénjiào 🈔(宗) 일신교. ['多神教 (다신교)'와 구별됨]

【一审】yīshěn ☞【第一审】dìyīshěn

【一生】yīshēng 🈔 **1** 일생. 평생. ¶~坎坷=일생이 기구하다. **2** 일생. 평생. [살아가는 과정 중의 일정 기간을 가리킴. 과장의 의미가 포함됨] ¶他把~都奉献给了教育事业. =그는 평생을 교육 사업에 바쳤다.

【一生一世】yīshēng-yīshì 🈺 일생일세. 일생일대(一生一代). 한평생.

【一声不响】yīshēng-bùxiǎng 🈺 아무 소리도 내지 않다.

【一失足成千古恨】yī shīzú chéng qiāngǔ hèn 🈺 **1** 한 번 발을 잘못 내디디면 천고의 한이 된다. **2** 🈖 한 번 잘못으로 평생 한이 된다.

【一石二鸟】yīshí-èrniǎo 🈺 **1** 일석이조. 하나의 돌로 두 마리의 새를 잡다. **2** 🈖 한 가지 일로 두 가지 목적을 달성하다. ≒一箭双雕

【一时】yīshí 🈔 **1** 한 시기. 한때. ¶风行~=한 시기를 유행하다. **2** 잠시. 짧은 시간. ¶虽然他~想不通, 但慢慢会明白的. =비록 그가 일시적으로 이해를 못했지만 서서히 알게 될 것이다. 🈓 **1** 어쩌다가. 우연하게. 우발적으로. 갑자기. ¶我~记不起他的名字. =나는 갑자기 그의 이름을 기억해 내지 못했다. **2** 때로는 …하고 때로는 …하다. …하다가도 …하다. [중복 사용하여 '时

而(shíer)' 의 의미를 가지며, 상황이 교차 출현함을 나타냄」. ¶她的情绪波动大，~好~坏。＝그녀의 감정은 기복이 커서 때로는 좋다가 때로는 나빠진다.

【一时半会】 yīshí-bànhuì(~儿) ㊋ 잠시. 잠깐. [아주 짧은 시간을 가리킴]

【一时半刻】 yīshí-bànkè ㊋ 잠시. 잠깐. [아주 짧은 시간을 가리킴]

【一时间】 yīshíjiān ㊊ 일순간. 갑자기. ¶~天气突变＝갑자기 날씨가 돌변하였다.

【一时一刻】 yīshí yīkè ㊊ 1 잠시. 매순간. ¶~也不得闲。＝잠시도 틈이 나지 않는다. 2 잠깐. 금방. 단시간에. ¶~忙不完。＝금방 일을 끝낼 겨를이 없다.

【一世】 yīshì ㊊ 1 일생. 한평생. ¶人生~＝한평생. 2 한 시대. ¶~英雄＝한 시대의 영웅.

【一事】 yīshì ㊊ 1 같은 일. 2 ㊋ (조직 혹은 업무상) 일체. 하나. 같은 것. ¶这两家公司实际上是~。＝이 두 회사는 실제로는 한 회사이다. 3 한 가지 일. ¶一时~＝단속적인 일. 일회성의 일.

【一事无成】 yīshì-wúchéng ㊋ 1 한 가지 일도 이루지 못하다. 2 (사업상에 있어서) 아무런 성취도 없다.

【一视同仁】 yīshì-tóngrén ㊋ 일시동인. 누구나 차별 없이 대하다. ≒等量齐观 ↔厚此薄彼

【一是一，二是二】 yī shì yī, èr shì èr ㊁ 하나면 하나이고 둘이면 둘이다. 곧이곧대로 말하다. 솔직하다.

【一手】 yīshǒu ㊊ 1 한 손. 한편. [중복하여 쓰여, 동시에 두 가지 일을 함을 나타냄] ¶~抓生产，~抓技改。＝한편으론 생산을 하고 한편으론 기술 개량을 한다. 2 (~儿) 가지고 있는 기능[기술·재능]. ¶一留＝중요한 비법을 남겨 두다. 3 (~儿) 계교. 책략. 속임수. ¶我早就知道他会有这~。＝나는 진작 그에게 이런 계교가 있다는 것을 알았다. 4 온 손. ¶弄了~泥巴。＝온 손에 진흙을 묻혔다. ㊁ 단독으로. 독자적으로. ¶~经办＝독자적으로 경영하다.

【一手包办】 yīshǒu-bāobàn ㊋ 혼자서 도맡아 하다. 독차지하다.

【一手一足】 yīshǒu-yīzú ㊋ 한 사람의 힘. 미약한 힘.

【一手遮天】 yīshǒu-zhētiān ㊋ 세력을 믿고 전횡하며 윗사람을 속이고 아랫사람을 업신여기다. 혼자 권력을 쥐고 마음대로 하다.

【一水儿】 yīshuǐr ㊋㊐ 똑같다. 유형이 일률적이다. 한결같다. ¶~的仿古家具＝한결같은 모조 고가구.

【一顺儿】 yīshùnr ㊋㊀ 방향이나 순서가 일치한. ¶靠墙~摆着条长沙发＝벽에 기대어 한 줄로 늘어선 천 소파.

【一瞬】 yīshùn ㊊ 1 일순(간). 2 순식간. ¶~即逝＝순식간에 사라지다. ＝【一瞬间】 yīshùnjiān

【一瞬间】 yīshùnjiān ☞【一瞬】 yīshùn

【一说】 yīshuō ㊊ 일설. ¶聊备~＝일설로 참고삼아 이야기하다.

【一丝】 yīsī ㊋ 한 오라기. 한 가닥. 조금. ¶~笑意＝한 가닥의 웃음기.

【一丝不苟】 yīsī-bùgǒu ㊋ (일을 함에 있어서) 조금도 소홀히 하지 않다. 조금도 빈틈이 없다. ↔敷衍塞责

【一丝不挂】 yīsī-bùguà ㊋ 한 오라기도 걸치지 않다. 적나라하다.

【一丝一毫】 yīsī-yīháo ㊋ 털끝만큼. 추호. 아주 조금.

【一死儿】 yīsǐr ㊁㊋ 죽어도. 기어이. 한사코. 아주 고집스럽게. ¶要她唱个歌，她~不肯。＝그녀에게 노래를 시키려 하니, 그녀는 한사코 하지 않으려고 한다.

【一似】 yīsì ㊌㊁ 마치 …같다. …와[과] 같다. ¶光阴~流水。＝세월은 유수와 같다.

【一塌糊涂】 yītāhútú ㊋ 엉망진창이다. 뒤죽박죽이다. ≒乱七八糟 ↔井井有条

【一胎率】 yītāilǜ ㊋ 아이를 가진 세대 중에서 한 자녀만 가진 세대의 비율.

【一潭死水】 yītán-sǐshuǐ ㊋ 1 저수지에 고여 흐르지 않는 물. 2 ㊐ 침체 국면.

【一体】 yītǐ ㊊ 1 일체. 한 덩어리. ¶融为~＝일체가 되다. 2 전체. [주로 공문에 쓰임] ¶~遵照＝전체가 따름.

【一体化】 yītǐhuà ㊌ 일체화하다. ¶欧洲~＝유럽이 일체화하다.

【一天】 yītiān ㊊ 1 온 하늘. ¶~星斗＝온 하늘의 별. 2 하루. ¶本店~二十小时营业。＝본 가게는 하루에 20시간 영업을 한다. 3 하루 중의 낮. ¶~一夜＝하루의 낮과 밤. 4 어느 하루. 언젠가. ¶你总有~会明白的。＝너는 언젠가는 알 것이다. 5 ㊁ 종일. ¶他~都在忙。＝그는 종일 바쁘다.

【一天到晚】 yītiān-dàowǎn ㊋ 온종일. 하루 종일.

【一条道儿跑到黑】 yī tiáo dàor pǎo dào hēi ☞【一条道儿走到黑】 yī tiáo dàor zǒu dào hēi

【一条道儿走到黑】 yī tiáo dàor zǒu dào hēi ㊁ 외곬으로 관철하다. 완고하게 한길로 가다. ＝【一条道儿跑到黑】 yī tiáo dàor pǎo dào hēi

【一条街】 yītiáojiē ㊊ 1 (주로 한 업종만 죽 들어선) 거리. ¶电脑~＝컴퓨터 거리. 2 어떤 항목의 사회 활동이 돋보이는 거리. ¶精神文明~＝정신 문명의 거리.

【一条龙】 yītiáolóng ㊋㊊ 1 길게 늘어선 행렬. ¶堵在路上的车子排成了~。＝길에 막힌 차들이 길게 늘어섰다. 2 작업의 연속된 공정. 연속된 순서. ¶产、运、销~。＝생산·운송·판매가 연속하여 진행되다.

【一条藤儿】 yītiáoténgr ㊋㊊㊁ 한패. 한통속.

【一条线儿拴俩蚂蚱】 yī tiáo xiànr shuān liǎ mà·zha ☞【一条线儿拴两个蚂蚱】 yī tiáo xiànr shuān liǎng·ge mà·zha

【一条线儿拴两个蚂蚱】 yī tiáo xiànr shuān liǎng·ge mà·zha ㊁ 1 한 가닥의 줄로 두

마리의 메뚜기를 묶다. **2**㉯ 서로 관계를 끊으려고 해도 끊을 수 없다. [좋지 않은 인연을 나타냄] =【一条线儿拴俩蚂蚱】**yī tiáo xiànr shuān liǎ mà·zha**

【一条心】**yītiáoxīn** ㉰ 한마음이 되다. 생각이 일치하다. ¶公司上下~。=회사의 모든 직원들이 한마음 한뜻이다.

【一通百通】**yītōng-bǎitōng** ㉑ 한 가지에 정통하면 백 가지를 알게 된다.

【一同】**yītóng** ㉻ 함께. 같이. ¶~工作=함께 일하다.

【一统】**yītǒng** ㉠ (국가 등을) 통일하다. ¶江山~=국토가 하나로 통일되다.

【一统天下】**yītǒng-tiānxià** ㉑ **1** 통일된 국가. **2** ㉯ 자기가 주관하는 지역이나 부서를 자기의 독립된 왕국으로 여기는 것을 가리킴.

【一通】**yītòng**(~儿) ㉻ 한바탕. 한동안. ¶乱骂~=한바탕 욕을 하다.

【一头】**yītóu** ㉻ **1** 온 머리. 머리 전체. ¶~白发=온 머리가 백발이다. **2**(~儿) 한쪽 끝. ¶你抬~, 我抬~。=네가 한쪽을 들고 내가 한쪽을 들자. **3**(~儿) 한 쪽. ¶她呀, 娘家、婆家两头跑, 顾了这一头顾不了那一~。=그녀는 말이야, 친정과 시집 두 곳을 왔다 갔다 해야 하는데, 이 쪽을 돌보자니 저 쪽을 돌볼 수가 없어. **4** 머리 하나의 높이. ¶哥哥比弟弟高出一~。=형은 동생보다 머리 하나만큼 더 크다. ㉻ **1** 곧장. 곧바로. ¶他什么话也不说, ~钻进车里走了。=그는 아무 말도 하지 않고 곧장 차 안으로 들어가 떠나갔다. **2** 곤두박이로. ¶他一倒在床上, 呼呼大睡。=그는 침대 위에 몸을 던지자마자 쿨쿨 잠이 들었다. **3** 한편으로는. [동시에 행하는 여러 가지 일을 나타냄] ¶他们~走, ~说笑。=그들은 걸어가면서 이야기꽃을 피웠다. **4** 갑자기. 돌연히. ¶她~闯进经理办公室, 大哭起来。=그녀는 갑자기 사장실로 들어가서는 울음을 터뜨렸다. **5** 온 심신으로 몰입하는 모양을 나타냄. ¶~埋进故纸堆。=머리를 헌 책더미 속에 쑤셔 박다. 책더미 속에 박혀 열심히 연구하다. **6** ㉯ 함께. ¶他们几个是~去的。=그들 몇 사람은 함께 갔다.

【一头儿沉】**yītóurchén** ㉻㉯ **1** 한쪽으로만 서랍이 있는 책상. **2** 구조가 비대칭인 책상. ㉠㉯㉯ 편파적이다. 편들다. ¶处理事要公平公道, 不能~。=일을 처리할 때는 공평해야지 편파적이어서는 안 된다.

【一头儿热】**yītóurrè** ㉰㉯ **1** 한쪽만 적극적이다. **2** 짝사랑.

【一头雾水】**yītóu-wùshuǐ** ㉰㉯ 도무지 영문을 모르다. 갈피를 잡을 수 없다. 얼떨떨하다. =【满头雾水】**mǎntóu-wùshuǐ**

【一吐为快】**yītǔ-wéikuài** ㉰ 하고 싶은 말을 뱉어 내니 통쾌하다.

【一团和气】**yītuán-héqì** ㉰ **1** 태도가 상냥하다. **2** 허물없이 화목하게 지내다.

【一团火】**yītuánhuǒ** ㉰㉯ 열정적으로 대하다.

【一团乱麻】**yītuán-luànmá** ㉰㉯ 헝클어져 있는 삼과 같다. 일이 엉망으로 뒤엉키다. 몹시 혼란스럽다.

【一团漆黑】**yītuán-qīhēi** ☞【漆黑一团】**qīhēi-yītuán**

【一团糟】**yītuánzāo** ㉰ 몹시 혼란하여 엉망이되다. 뒤죽박죽이 되다.

【一退六二五】**yī tuì liù èr wǔ** ㉯ 주산 구결법의 하나. [1을 16으로 나누면 0.0625가 됨] ㉠㉯ 책임을 회피〔전가〕하다. 완전히 손을 털다. ¶你不能~, 就撒手不管了。=네가 책임을 회피하면 안 돼, 그건 손을 떼는 일이야.

【一碗水端平】**yī wǎn shuǐ duānpíng** ㉤㉯(일처리가) 공평하다. 공정하다. 치우치지 않다.

【一汪水儿】**yīwāngshuǐr** ㉰ **1** (과실이) 수분이 많다. 과즙이 많다. ¶~的蜜桃=과즙이 많은 수밀도. **2**㉯ 예쁘다. ¶她长得简直就是~。=그녀는 정말 예뻐다.

【一网打尽】**yīwǎng-dǎjìn** ㉰ **1** 일망타진. 한번 그물을 쳐서 고기를 다 잡다. **2**㉯ 어떤 무리를 한꺼번에 모조리 다 잡다.

【一往情深】**yīwǎng-qíngshēn** ㉰ **1** 열렬히 사랑하다. 애정이 깊다. **2** 그리워하다. 동경하다. 갈망하다.

【一往无前】**yīwǎng-wúqián** ㉰ 용감하게 나아가다. 용왕매진(勇往邁進)하다. ≒势不可挡 ↔畏缩不前

【一望无边】**yīwàng-wúbiān** ☞【一望无际】**yīwàng-wújì**

【一望无际】**yīwàng-wújì** ㉰ **1** 일망무제. 아득히 넓어서 끝이 없다. **2** 대단히 광활하다. =【一望无边】**yīwàng-wúbiān** ≒无边无际

【一味】**yīwèi** ㉻ 단순히. 무턱대고. 맹목적으로. 완고하게. ¶遇事要多动脑筋, 不能~蛮干。=일에 닥쳐서는 머리를 써야지, 무턱대고 억지로 해서는 안 된다.

【一文不名】**yīwén-bùmíng** ㉰ **1** 한 푼도 없다. 무일푼이다. **2** 몹시 가난하다.

【一文不值】**yīwén-bùzhí** ☞【一钱不值】**yīqián-bùzhí**

【一问三不知】**yī wèn sān bù zhī** ㉤ 절대로 모른 체하다. 시치미를 뚝 떼다.

【一窝蜂】**yīwōfēng** ㉰ 벌집을 쑤신 것 같다. 몹시 소란하다. ¶抢购的顾客~地拥向货摊。=물건을 사려는 사람들이 벌 떼같이 노점을 향하여 몰려들었다.

【一无】**yīwú** ㉠ 아무것도 없다. 전연〔전혀〕없다. ¶~所求=바라는 바가 전연 없다.

【一无是处】**yīwú-shìchù** ㉰ 하나도 옳은 게 없다. 취할 만한 것이 하나도 없다. 장점이라고는 하나도 없다. ↔尽善尽美 十全十美

【一无所长】**yīwú-suǒcháng** ㉰ 일무소장. 좋은 점이라고 할 만한 것이 하나도 없다.

【一无所得】**yīwú-suǒdé** ㉰ 일무소득. 하나도 얻을 만한 게 없다.

【一无所获】**yīwú-suǒhuò** ㉰ 아무런 수확도 없다.

【一无所见】**yīwú-suǒjiàn** ㉰ **1** 본 게 아무것도 없다. **2**㉯ 아무런 견해가〔의견이〕없다.

【一无所有】 yīwú-suǒyǒu ⓗ 1 가진 게 아무것도 없다. 2 아주 가난〔빈곤〕하다. ↔应有尽有

【一无所知】 yīwú-suǒzhī ⓗ 아는 게 아무것도 없다. 아무것도 모른다.

【一五一十】 yīwǔ-yīshí ⓗ 1 5의 배수를 빠짐없이 세어 나가다. 2 ⓗ 하나도 빠짐없이. 처음부터 끝까지. 낱낱이. ≒原原本本

【一物降一物】 yī wù xiáng yī wù ⓒ 1 하나가 다른 하나를 제압하다. 2 ⓗ 뛰는 놈 위에 나는 놈 있다.

【一误再误】 yīwù-zàiwù ⓗ 1 재삼 잘못을 저지르다. 끊임없이 실수를 하다. 2 줄곧 지체하다.

【一息尚存】 yīxī-shàngcún ⓗ 1 숨이 아직 붙어 있다. 2 아직 목숨이 붙어 있다. [뒤에 늘 '坚持到底(끝까지 버티다)·尽心竭力(몸과 마음을 다하다)' 등의 의미를 나타내는 어구가 따라옴] ¶~, 决不懈怠. =목숨이 붙어 있는 한 절대 태만하지 않을 것이다.

【一席话】 yīxíhuà ⓜ 한 말씀. 일장 연설. [주로 좋은 말을 가리킴] ¶听君~, 胜读十年书. =당신의 말씀을 들으니 10년 동안 공부한 것보다 낫습니다.

【一席之地】 yīxízhīdì ⓗ 1 한 자리〔좌석〕. 2 ⓗ 조그마한 장소〔지위〕.

【一系列】 yīxìliè ⓗ 일련의. 연속의. ¶~的计划=일련의 계획.

【一下】 yīxià(~儿) ⓑ 단시간에. 갑자기. ¶这么复杂的问题, 不可能~儿就解决. =이렇게 복잡한 문제는 갑자기 해결할 수 없다. ⓐ 동사 뒤에 쓰여 '시험삼아 해 보다' 또는 '좀 …하다'의 뜻을 나타냄. ¶吃~儿=좀 먹다. / 商量~=좀 의논하다. ☞【一下子】

【一下子】 yīxià·zi ☞【一下】 yīxià

【一显身手】 yīxiǎn-shēnshǒu ⓗ 기량을 내보이다. 재능을 펼치다.

【一线】 yīxiàn ⓜ 1〔军〕일선. 최전선. 최전방. 2 ⓗ 일선. 기층. 하부 조직. ¶深入~调查研究. =일선에 뛰어들어 조사 연구하다. ⓗ 한 줄기의. 한 가닥의. 일루의. ¶~阳光=한 줄기의 햇빛. / ~生机=한 가닥의 삶의 희망.

【一相情愿】〔一厢情愿〕 yīxiāng-qíngyuàn ⓗ 일방적인 소망. ↔两相情愿

【一厢情愿】 yīxiāng-qíngyuàn ☞【一相情愿】 yīxiāng-qíngyuàn

【一向】 yīxiàng ⓗ 최근. 근래. ¶他~去北京出差了. =얼마 전에 베이징으로 출장 갔었다. ⓑ 1 줄곧. 내내. 종래. [과거부터 지금까지를 나타냄] ¶~节约=줄곧 절약하다. 2 그동안. [지난번 만났을 때부터 지금까지] ¶你~可好? =너 그 동안 잘 지냈었니? ≒向来一贯

【一小儿】 yīxiǎor ⓑⓗ 어릴 때부터. ¶他~就喜欢音乐. =그는 어릴 때부터 음악을 좋아했다.

【一撮】 yīxiǎocuō ⓗ 1 한 움큼. 한 줌. 2 ⓗ 아주 적은 수. 극소수. ¶~地痞流氓=몇 안 되는 지방 건달〔불량배〕.

【一笑千金】 yīxiào-qiānjīn ⓗ 미인의 웃음은 천금의 값어치가 있다. =【千金一笑】 qiānjīn-

【一笑置之】 yīxiào-zhìzhī ⓗ 1 일소에 부치다. 웃어넘기다. 2 상대할 가치가 없다고 여기다. ≒付之一笑

【一些】 yīxiē ⓗ 1 (~儿) 약간. 조금. 얼마간. 몇. ¶有~人就是想不通, 真让人着急. =일부 사람이 이해하지 못해 정말 사람을 조바심나게 한다. 2 수량이 확실하지 않은 사물에 쓰임. ¶他经常帮人干一体力活儿. =그는 자주 남을 도와 육체 노동을 한다. 3 여러 번〔가지〕. 몇 번〔가지〕. [한 가지 종류 이상 혹은 한 번 이상의 사물에 쓰임] ¶他高中时发表过~诗歌. =그는 고등학교 때 시가를 몇 번 발표한 적이 있다. 4 일부 형용사·동사 혹은 동사구 뒤에 쓰여 약간의 의미를 나타냄. ¶他的病好~了. =그의 병이 좀 좋아졌다. / 你可要小心~. =당신 조금 조심해야 돼요.

【一泻千里】 yīxiè-qiānlǐ ⓗ 1 일사천리. 2 ⓗ 문장의 기세가 유창하거나 어떤 일이 거침없이 빨리 진행됨을 이르는 말.

【一蟹不如一蟹】 yī xiè bùrú yī xiè ⓗ 1 한 마리의 방게가 다른 한 마리의 방게보다 못하다. 2 ⓗ 날로 나빠지다. 갈수록 못하다.

【一心】 yīxīn ⓗ 한마음이다. ¶万众~=대중이 한마음이다. ⓗ 일심. 한마음. 전심. ¶~为民=전심으로 백성을 위하다.

【一心不能二用】 yī xīn bù néng èr yòng ⓒ 하나의 마음으로 두 가지 일을 해서는 안 된다. 전념해야 한다.

【一心为公】 yīxīn-wèigōng ⓗ 전심전력으로 대중〔민중〕을 위해 생각하다.

【一心一德】 yīxīn-yīdé ⓗ 사상과 행동이 완전히 일치하다. 한마음 한뜻이 되다. ≒同心同德

【一心一意】 yīxīn-yīyì ⓗ 한마음 한뜻으로. 오로지 일념으로. 전심전력으로. ≒全心全意

【一新】 yīxīn ⓗ 일신하다. 새로워지다. ¶装修~=실내 장식을 하여 새로운 모습이 되다.

【一星半点】 yīxīng-bàndiǎn (~儿) ⓗ 아주 작은 것을 형용함.

【一星儿】 yīxīngr ⓗⓑ 아주 작은 것을 형용함. ¶裤子上沾了~油污. =바지에 조그만 기름때가 묻었다.

【一行】 yīxíng ⓜ 1 일행. 동행. ¶访问团~六人昨日抵达. =방문단 일행 여섯 명은 어제 도착했다. 2 하나의 행동. ¶他非常注意自己的一言一~. =그는 자기의 말 하나 행동 하나에 아주 주의한다.

【一宿】 yīxiǔ ⓜ 하룻밤. ¶暂住~=잠시 하룻밤을 묵다.

【一言】 yīyán ⓜ 일언. 한 마디의 말. ¶~兴邦, ~丧邦. =말 한 마디로 나라를 일으킬 수도 망칠 수도 있다.

【一言半语】 yīyán-bànyǔ ⓗ 일언반구. 아주 짧은 말.

【一言不发】 yīyán-bùfā ⓗ 한 마디도 하지 않다.

【一言既出, 驷马难追】 yī yán jì chū, sìmǎ nán zhuī ⓗ 1 말이 입 밖으로 나가면 사두마

차로도 되돌릴 수가 없다. **2**㉥ 한 번 내뱉은 말은 되돌릴 수가 없다. **3**㉥ 한 말은 꼭 지키지, 절대 번복하지 않는다.

【一言九鼎】 **yīyán-jiǔdǐng** ㉵ **1** 말 한 마디가 구정(九鼎)만큼 무겁다. 일언이 중천금이다. [구정(九鼎)은 중국 하(夏)나라 우왕(禹王) 때 전국의 아홉 주(州)에서 거두어들인 금으로 만들었다는 솥을 가리키는데, 구주(九州)를 상징하며 주(周)나라 때까지 대대로 천자에게 전해진 보물이었다고 함] **2**㉥ 어떤 사람의 말이 결정적인 역할을 하다. ↔人微言轻

【一言难尽】 **yīyán-nánjìn** ㉵ **1** 한 마디로 이루 다 말할 수 없다. **2** 일이 아주 복잡하다.

【一言堂】 **yīyántáng** ㉲ **1** 옛 가게에 '一言堂(일언당)'이라고 쓴 편액을 걸어 놓고, 가격이 공평하고 절대 두 가지 가격이 아님을 나타냄. **2**㉥ 대중의 의견을 무시하는 지도자의 독단적인 태도. ↔群言堂

【一言为定】 **yīyán-wéidìng** ㉵ 번복함이 없이 한 마디로 약속하다.

【一言一行】 **yīyán-yīxíng** ㉵ 일언일행. 하나의 말과 행동.

【一言以蔽之】 **yī yán yǐ bì zhī** ㉵ 일언이폐지. 한 마디로 그 전체의 뜻을 다 말하다.

【一眼】 **yīyǎn** ㉣ **1** 한 개. 하나. [우물이나 샘 등을 세는 단위] ¶~清泉=맑은 샘 하나. **2** 한 번 (보다). ¶看了~=한 번 보았다.

【一氧化氮】 **yīyǎnghuàdàn** ㉰(化) 일산화질소.
【一氯化碘】 **yīlǜhuàdiǎn** ㉰(化) 일염화요드.
【一氧化碳】 **yīyǎnghuàtàn** ㉰(化) 일산화탄소.
【一氧化物】 **yīyǎnghuàwù** ㉰(化) 일산화물.

【一样】 **yīyàng** ㉴ 같다. 동일하다. 한 가지이다. ¶他俩的个头~高。=그 두 사람은 키가 똑같다. ㉚ 동사 혹은 명사성 어휘 뒤에 쓰여 비유나 설명하는 상황이 같음을 나타내며, '似的(…와 같이)'에 상당함. ¶汽车飞~地远去了。=자동차가 나는 듯이 멀어져 갔다. ↔不同

【一咬牙】 **yīyǎoyá** ㉲㉥ 이를 악물다. 모질게 마음먹고 결정을 내리다. ¶~把房子买了下来。=이를 악물고 집을 샀다.

【一叶蔽目】 **yīyè-bìmù** ㉵ **1** 나뭇잎 하나가 눈을 가리다. **2**㉥ 부분적인 현상에 미혹되어 전체〔근본적인 문제〕를 보지 못하다. =【一叶障目】 **yīyè zhàngmù**

【一叶障目】 **yīyè-zhàngmù** ☞【一叶蔽目】 **yīyè-bìmù**

【一叶知秋】 **yīyè-zhīqiū** ㉵ **1** 떨어지는 낙엽을 보고 가을이 다가옴을 알다. **2**㉥ 사소한 변화를 보고 장래의 발전되어 가는 추세를 통찰하다. =【叶落知秋】 **yèluò-zhīqiū**

【一一】 **yīyī** ㉰ 하나하나. 일일이. ¶你要把问题~讲清楚。=네가 문제를 하나하나 분명하게 이야기해라.

【一……一……】 **yī…yī…** ㉲ **1** 두 개의 동류(同類) 명사 앞에 각각 쓰여 동작이 연속적임을 나타냄. ¶~瘸~点=절뚝거리다. / ~惊~乍=당황하며 호들갑을 떨다. **2** 상반된 동사 앞에 각각 쓰여 움

직임이 조화를 이루거나 교대로 행해짐을 나타냄. ¶~来~往=하나는 오고 하나는 가다. / ~问~答=한 사람은 묻고 한 사람은 답하다. **3** 두 개의 동류(同類) 명사 앞에 각각 쓰여 전부 혹은 수량이 아주 적음을 나타냄. ¶~天~夜=하루 종일. / ~草~木=모든 초목. **4** 서로 다른 종류의 명사 앞에 각각 쓰여 대비·상관 등의 관계를 나타냄. ¶~文~武=문식과 무략. / ~本~利=원금과 이자. **5** 상반된 방위사나 형용사 앞에 각각 쓰여 상반된 방위나 상황을 나타냄. ¶~左~右=하나는 왼쪽, 하나는 오른쪽. / ~明~暗=한쪽은 밝고 한쪽은 어둡다.

【一衣带水】 **yīyīdàishuǐ** ㉵ **1** 허리띠만큼 좁은 강물. **2** 수면이 아주 좁다. **3** 강 하나 사이에 있어서 왕래가 편리함을 형용함.

【一意】 **yīyì** ㉰ 일의. 온 마음. 진심. 전심전력. ¶他确实想~帮助你。=그는 정말 진심으로 너를 돕고자 한다.

【一意孤行】 **yīyì-gūxíng** ㉵ 남의 충고를 듣지 않고 자기 고집대로 하다. ≒自以为是 执迷不悟 固执己见

【一饮而尽】 **yīyǐn'érjìn** ㉵ (술이나 물을) 단숨에 마셔 버리다.

【一应】 **yīyīng** ㉶ 모든. 일체의. ¶~开支都要登记在册。=모든 지출은 장부에 기록하여야 한다.

【一应俱全】 **yīyīng-jùquán** ㉵ 있어야 할 것은 다 갖추어져 있다.

【一拥而上】 **yīyōng'érshàng** ㉵ **1** (많은 사람들이) 한꺼번에 떼지어 몰려오다. **2**㉥ (많은 항목이나 일이) 한시에 잇달아 착수하다.

【一隅】 **yīyú** ㉰㉥ 한 모퉁이. ¶偏安~=한쪽 구석에 할거함을 만족해하다. **2** 한 방면으로 치우친. ¶~之见=한쪽으로 치우친 견해. 편견.

【一隅三反】 **yīyú-sānfǎn** ☞【举一反三】 **jǔyī-fǎnsān**

【一语道破】 **yīyǔ-dàopò** ㉵ 한 마디로 정곡을 찌르다. 한 마디로 진상을 밝히다.

【一语破的】 **yīyǔ-pòdì** ㉵ 한 마디로 급소를 찌르다. ≒一针见血 ↔言不及义

【一语双关】 **yīyǔ-shuāngguān** ㉵ 한 마디 말에 표면적인 의미와 숨어 있는 의미 두 가지가 있다.

【一元化】 **yīyuánhuà** ㉱ 일원화하다. ¶领导体制~=지도 체제 일원화. ㉴ 집중된. 통일된. ¶~领导=통일된 영도. ↔多元化

【一元论】 **yīyuánlùn** ㉰(哲) 일원론. ↔多元论

【一月】 **yīyuè** ㉰ 1월. 정월(正月).

【一再】 **yīzài** ㉶ 수차. 거듭. 반복해서. ¶~声明=거듭 성명을 내다.

【一……再……】 **yī…zài…** ㉶ 계속하여. 줄곧. 반복하여. [동일한 동사 앞에 각각 놓여 이 동작이 여러 번 중복됨을 나타냄] ¶~误~误=반복하여 잘못하다. / ~拖~拖=계속 미루다.

【一早】 **yīzǎo** (~儿) ㉰ 새벽. 해뜰 무렵. 아침 일찍. ¶他~就去湖边散步。=그는 새벽에 이미 호숫가로 산보하러 나갔다. **2**㉲ 예전부터. 옛날부터. 진작부터. ¶他的这个坏习惯是~就有的。=그의 이런 나쁜 습관은 예전부터 있었던

것이다.

【一则】yīzé 명 한 마디. 한 항목. ¶~成语故事=고사성어 한 마디. 접 첫째로는. [몇 가지를 병렬할 때 쓰임] ¶这项政策, ~利国, 二则利民. =이 정책은 첫째 국가를 이롭게 하고, 둘째 국민을 이롭게 한다.

【一眨眼】yīzhǎyǎn 명 눈 깜짝할 사이. 일순간. =【一眨巴眼】 yīzhǎ·bayǎn ¶他刚才还在这儿, ~就不见了. =그는 방금 여기 있었는데, 눈 깜짝할 사이에 사라졌다.

【一眨巴眼】yīzhǎ·bayǎn ☞ 【一眨眼】yī zhǎyǎn

【一战】Yī Zhàn ☞【第一次世界大战】Dì Yī Cì Shìjiè Dàzhàn

【一站式】yīzhànshì 형 각종 수속을 한 자리에서 한 번에 처리할 수 있는 (업무 방식). =【一门式】yīménshì ¶~办公=원스톱 서비스.

【一张一弛】yīzhāng-yīchí 성 1 어떤 때는 활시위를 팽팽하게 하고 어떤 때는 느슨하게 하다. 2(비) 나라를 다스릴 때 느슨함과 엄격함을 병행하다. 3(비) 일이나 생활을 바쁘고 한가함이 적당히 어울리게 하다. 늑劳逸结合

【一长制】yīzhǎngzhì 명 대표 1인 관리 체제.

【一着不慎, 满盘皆输】yī zhāo bù shèn, mǎn pán jiē shū 성 1 한 수의 패착으로 바둑을 지다. 2(비) 결정적인 문제를 잘못 처리하여 전체가 실패하게 되다.

【一朝】yīzhāo 부 어느 날. 하루 아침. ¶~权在手, 便把令来行. =하루 아침에 권력을 잡게 되자 명령을 해댄다.

【一朝被蛇咬, 十年怕井绳】yīzhāo bèi shé yǎo, shí nián pà jǐngshéng 속(비) 뱀에게 물린 적이 있는 사람은 두레박줄을 보고도 놀란다. 자라 보고 놀란 가슴 솥뚜껑 보고 놀란다. 한 번 좌절을 겪은 사람은 장시간 마음이 조마조마하다.

【一朝一夕】yīzhāo-yīxī 성 1 하루의 아침 혹은 하루의 저녁. 2 아주 짧은 시간. ↔长年累月 长此以往 千秋万代

【一者】yīzhě 접 하나는, 한 가지는. ¶~, 身体不舒服; ~, 天太晚, 所以我们明天去吧. =한 가지는 몸이 불편하고, 한 가지는 날이 너무 저물었으니, 우리 내일 갑시다.

【一针见血】yīzhēn-jiànxiě 성(비) 한 마디로 정곡을 찌르다. 늑一语破的 ↔言不及义

【一针一线】yīzhēn-yīxiàn 성 아주 보잘것없는 재물.

【一枕黄粱】yīzhěn huángliáng ☞【黄粱梦】huángliángmèng

【一阵】yīzhèn (~儿) 명 한바탕. =【一阵子】yīzhèn·zi ¶雨下了~就停了. =비가 한바탕 내리더니 그쳤다.

【一阵子】yīzhèn·zi ☞【一阵】yīzhèn

【一阵风】yīzhènfēng 부 1 일진풍. 바람같이. 신속히. 재빨리. ¶他~似的跑向终点. =그는 바람같이 종점을 향해 달려갔다. 2 일시. 단기간. ¶做学问, 不能~. =학문을 하려

면 끈기가 없으면 안 된다.

【一整套】yīzhěngtào 명 완정한 세트. 시스템. 일련. ¶~完善的训练方法=시스템이 완벽한 훈련 방법.

【一怔】yīzhèng 동 멍해지다. 어리둥절해하다. ¶我心中~, 顿时不知如何是好. =내 생각이 멍해지니, 갑자기 어떻게 해야 좋을지 모르겠다.

【一知半解】yīzhī-bànjiě 성 많이 알지 못하다. 아는 게 별로 없다.

【一直】yīzhí 부 1 곧장. 곧바로. 줄곧. ¶~向前走, 很快就到了. =곧장 앞으로 가면 금방 도달한다. 2 계속. 줄곧. [동작 혹은 상태가 지속됨을 나타냄] ¶大雪~下了两天两夜. =큰눈이 이틀 밤낮으로 줄곧 내렸다. 3 관련되는 범위를 나타냄. ¶从最高一级台阶~到最低一级全摆满了鲜花. =가장 높은 계단에서부터 가장 낮은 계단까지 모두 생화로 진열되어 있다.

【一纸空文】yīzhǐ-kōngwén 성 지상 공문. 공수표. 휴지화된 문서.

【一致】yīzhì 형 일치하다. ¶意见~=의견이 일치하다. 부 함께. 같이. ¶~赞同=함께 찬동하다. ↔分歧

【一掷千金】yīzhì-qiānjīn 성 1 도박에서 한 번에 천금을 걸다. 2 돈을 물 쓰듯 하다. 낭비가 심하다.

【一专多能】yīzhuān-duōnéng 성 전문 기술이 있으면서 아울러 여러 가지 능력을 겸비하고 있다.

【一转眼】yīzhuǎnyǎn 명 눈 깜짝할 사이. 어느덧. 금세. ¶~我们就要高中毕业了. =어느덧 우리가 고등 학교를 졸업하게 되었다.

【一准】yīzhǔn 부 반드시. 틀림없이. ¶他~能赶上火车. =그는 틀림없이 기차를 탈 수 있을 것이다.

【一字】yīzì (~儿) 명 1 한 글자. 한 자. ¶~一顿地说=띄엄띄엄 말하다. 2 한 일(一)자. 일자. ¶~排着十多辆汽车. =10여 대의 자동차가 일자로 서 있다.

【一字不苟】yīzì-bùgǒu 성 1 한 글자도 소홀히 다루지 않다. 2 빈틈이 없는 창작 태도를 형용함.

【一字长蛇阵】yīzì chángshézhèn 명 1 (고대 군대의) 일자형 횡진(横阵). 2 장사진.

【一字千金】yīzì-qiānjīn 성 1 일자천금. 글자 하나의 값이 천금의 가치가 있다. [중국 진(秦)나라 재상 여불위(吕不韦)가《여씨춘추》를 지어 함양(咸阳)의 성문에 놓아 두고, 내용 가운데 한 자라도 첨삭(添削)하는 사람이 있다면 천금을 주겠다고 한 고사에서 유래함] 2(비) 글씨나 문장이 아주 훌륭하다.

【一字一板】yīzì-yībǎn 성 말 한 마디 한 마디가 또록또록하다〔분명하다〕.

【一字一珠】yīzì-yīzhū 성 1 노래할 때 한 마디 한 마디가 구슬과 같다. 2 노래가 구슬처럼 아름답고 부드럽다.

【一总】yīzǒng 부 1 (~儿) 총계. 합계. 도합. ¶这些货~八百三十元. =이 물건들은 모두 830위안이다. 2 전부. ¶剩下的工作让他们~干完

吧。=남은 일은 그들더러 마저 하라고 해.

**\*伊** yī 저 이
[조][문] 주어 혹은 술어 앞에 쓰여 구의 어감 혹은 감정을 강화한다. ¶新年~始=신년부터. [대] **1** [문] 명사 앞에 쓰여 지시 작용을 하며, '这(个)(이것)·那(个)(저것)'에 상당함. ¶~年暮春=이 해 늦봄. **2** 그. 그녀. [삼인칭으로 쓰이며, '他(그)·她(그녀)'에 상당함. 조기 백화문에서는 여성만을 가리키기도 함] [명] (Yī) 성(姓).

【伊甸园】 Yīdiànyuán [명][외](宗) **1** 에덴동산. **2** 낙원.

【伊拉克】 Yīlākè [명][외](地) 이라크(Iraq). [수도는 '巴格达(바그다드: Baghdad)' 임]

【伊拉克蜜枣】 Yīlākè mìzǎo ☞【海枣】 hǎizǎo

【伊朗】 Yīlǎng [명][외](地) 이란(Iran). [수도는 '德黑兰(테헤란: Teheran)' 임]

【伊犁】 Yīlí [명](地) 이리. [중국 신장(新疆) 위구르 지역의 한 지명]

【伊妹儿】 Yīmèir [명][외] 이메일(E-mail).

【伊人】 yīrén [명][문] 저 사람. 그녀. [주로 여성을 가리킴] ¶所谓~, 在水一方.=내 님은 강 저편에 있네.

【伊始】 yīshǐ [동][문] 시작하다. ¶下车~=차에서 내리기 시작하다.

【伊斯兰教】 Yīsīlánjiào [명][외] 이슬람교. 회교. @ Islām

【伊斯兰教历】 Yīsīlánjiàolì [명][외] 이슬람교력. 회교력(回教历).

【伊索】 Yīsuǒ [명][외] 이솝(Aesop). ¶《~寓言》=《이솝우화》

【伊于胡底】 yīyú-húdǐ [성] 어디까지 갈 것인가. [종지 못한 현상에 대한 탄식을 나타냄]

**\*\*衣** yī 옷 의
[명] **1** 의복. 옷. ¶风~=윈드 재킷. / 节~缩食=의복과 음식을 절약하다. **2** 옷과 같이 물체를 싸고 있는 것. ¶糖~=당의. **3** (태아를 싸고 있는) 태반. 태(아)막. ¶胎~=태의. **4** (Yī) 성(姓).
☞ yì

○- 胞bāo衣, 便衣, 布衣, 肠cháng衣, 衬chèn衣, 成衣, 单衣, 地衣, 冬衣, 法衣, 风衣, 更gēng衣, 估gù衣, 寒衣, 号衣, 宽衣, 绵衣, 冥míng衣, 炮pào衣, 皮衣, 青衣, 绒róng衣, 寿shòu衣, 睡衣, 胎tāi衣, 外衣, 戏衣, 下衣, 线衣, 小衣, 孝xiào衣, 血衣, 雨衣, 浴衣, 罩zhào衣, 穿衣镜, 连衣裙qún

○ 衣 yī
依 yī
铱 yī
裔 yì

【衣摆】 yībǎi [명] (중국 전통 옷의) 앞자락의 폭.

【衣包】 yībāo [명] 제사를 지낼 때 죽은 자에게 태워 주는, 지의(紙衣)와 지전(紙錢)을 싸고 있는 [넣어 두는] 봉지.

【衣胞】 yī·bāo ☞【胞衣】 bāoyī

【衣被】 yībèi [명] 의복과 이부자리. ¶洗涤~=옷과 이부자리를 빨다. [동][문][비] 보호하다. 감싸 주다. ¶~苍生=백성을 보호하다.

【衣钵】 yībō [명] **1**(佛) 의발. **2**(비) 의발. [스승으로부터 전하는 교법(教法)이나 불교의 깊은 뜻] ¶~相传=의발을 전하다.

【衣不蔽体】 yībùbìtǐ [성] **1** 옷이 몹시 해어져 몸을 가리지 못하다. **2**(비) 몹시 가난하다. 찢어지게 가난하다.

【衣不解带】 yībùjiědài [성] **1** (잠을 잘 때) 옷을 벗지 않고 자다. **2** 몹시 바쁨을 형용함.

【衣橱】 yīchú [명] 옷장. 장롱.

【衣带】 yīdài [명] **1** 요대. 허리띠. **2** 복장. 옷차림. ¶~渐宽终不悔, 为伊销得人憔悴.=그대 때문에 옷이 헐렁해질 만큼 초췌해져도 끝내 후회하지 않으리.

【衣袋】 yīdài ☞【衣兜】 yīdōu

【衣兜】 yīdōu(~儿) [명] 호주머니. 포켓. =【衣袋】 yīdài

【衣服】 yī·fu [명] 옷. 의복. 늑衣裳

【衣钩】 yīgōu [명] (벽에 붙어 있는) 옷걸이.

【衣冠】 yīguān [명] **1** 의관. 웃옷과 갓. 옷과 모자. **2** 옷차림. ¶~整齐=옷차림이 단정하다. [동] 옷을 입고 모자를 쓰다. ¶~败类=의관을 갖춘 인간쓰레기.

【衣冠楚楚】 yīguān-chǔchǔ [성] 옷차림이 단정하고 아름답다.

【衣冠禽兽】 yīguān-qínshòu [성] **1** 의관을 갖춘 짐승. 사람 탈을 쓴 짐승. **2**(비) 인간쓰레기. 파렴치한.

【衣冠冢】 yīguānmù ☞【衣冠冢】 yīguānzhǒng

【衣冠冢】 yīguānzhǒng [명] 의관묘. 죽은 자의 의복과 갓 등을 매장한 무덤. =【衣冠墓】 yīguānmù

【衣柜】 yīguì [명] 옷장. 장롱.

【衣架】 yījià [명] **1**(~儿) 옷걸이. 옷장. **2** 체형. 체격. 몸매. ¶他的~好, 穿这件风衣很精神。=그는 체격이 좋아서 이 바바리코드를 입으니 매우 근사해 보인다. =【衣架子】 yījià·zi

【衣架子】 yījià·zi ☞【衣架】 yījià

【衣架饭囊】 yījià-fànnáng [성] **1** 옷걸이와 밥을 넣는 주머니. **2**(비) 식충이. 밥통. 입고 먹는 것밖에 모르는 쓸모 없는 인간.

【衣角】 yījiǎo [명] 옷 앞자락 끝의 모가 난 부분.

【衣襟】 yījīn [명] 옷자락.

【衣锦还乡】 yījǐn-huánxiāng [성] **1** 금의환향하다. **2** 출세하여 고향에 돌아가다[돌아오다]. =【衣锦荣归】 yījǐn-róngguī

【衣锦荣归】 yījǐn-róngguī ☞【衣锦还乡】 yījǐn-huánxiāng

【衣扣】 yīkòu [명] 단추.

【衣裤】 yīkù [명] 상위와 하의. 저고리와 바지.

【衣料】 yīliào(~儿) [명] 옷감.

【衣领】 yīlǐng [명] 옷깃. 칼라.

【衣帽间】 yīmàojiān [명] (공공 장소의) 옷과 모자 보관소.

【衣裙】 yīqún [명] 치마. 치마와 저고리.

【衣衫】 yīshān [명] **1** 홑옷. 속곳. **2** 의복. ¶~褴

褛 = 의복이 남루하다.
【衣裳】yī·shang 명⟨구⟩ 의상. 의복. ≒衣服
【衣食】yīshí 명 1 의식. 의복과 음식. 2 기본적인 생활 수단. ¶~不周 = 생활 수단이 변변치 못하다.
【衣食父母】yīshí-fùmǔ 〈숙〉 1 의식을 제공하는 사람. 2⟨비⟩ 목숨을 연명하게 해 주는 사물.
【衣食无虞】yīshí-wúyú 〈숙〉 1 의식 걱정이 없다. 2 기본적인 생활이 보장되다.
【衣食住行】yī-shí-zhù-xíng 〈숙〉 1 의식주행. 의복·식사·주거·생활. 2 인간의 기본적인 생활 요소.
【衣饰】yīshì 명 의복의 장신구.
【衣刷(子)】yīshuā(·zi) 명 옷솔.
【衣物】yīwù 명 의복과 기타 일용품.
【衣箱】yīxiāng 명 옷상자. 트렁크.
【衣袖】yīxiù 명 소매.
【衣鱼】yīyú 명⟨動⟩ 좀. 반대좀. =【蠹鱼】dùyú【纸鱼】zhǐyú
【衣装】yīzhuāng 명 1 옷 보따리. 2 의복과 보따리.
【衣着】yīzhuó 명 복장. 옷차림. [옷·모자·신발·양말 등 몸에 쓰이는 물건을 가리킴] ¶~朴素 = 복장이 수수[소박]하다.

## 医 [醫] yī 치료할 의

명 1 의사. ¶牙~ = 치과 의사. / 庸~ = 돌팔이 의사. 2 질병을 예방하고 치료하는 과학 혹은 그 행위. ¶学~ = 의학을 배우다. / 中西~结合 = 중국과 서양 의학의 접합. 동 치료하다. ¶头痛~头, 脚痛~脚. = 머리가 아프면 머리를 치료하고, 다리가 아프면 다리를 치료한다. 근본적인 대책 없이 미봉책으로 문제를 해결하려 한다.

○● 法医, 国医, 就医, 军医, 儒rú医, 神医, 世医, 兽shòu医, 太医, 西医, 新医, 牙医, 庸yōng医, 中医

【医案】yī'àn 명 (중의학에서 전통적인) 병부(病簿). 의안. 진료 카드. [주로 서명(書名)에 쓰임] ¶《古代名医~》=《고대 명의 의안》.
【医大】yīdà 명⟨약⟩ 医科大学(의과 대학).
【医道】yīdào 명 의술. [주로 중의학의 기술을 가리킴] ¶~高明 = 의술이 뛰어나다.
【医德】yīdé 명 의료인이 갖추어야 할 도덕·윤리. ¶~修养 = 의료인이 갖추어야 할 도덕 수양.
【医方】yīfāng 명 (의사의) 처방.
【医风】yīfēng 명 의료 기풍. ¶~纯正 = 의료 기풍이 순수하고 올바르다.
【医官】yīguān 명 1 의관. 2 의사의 존칭.
【医护】yīhù 명 의료와 간호. ¶~人员 = 의료와 간호 업무에 종사하는 사람.
【医家】yījiā 명 의생. 의원. 한의사. [주로 중의학의 의료인을 가리킴] ¶此乃~祖传秘方. = 이것은 바로 의생의 조상 대대로 내려온는 비방이다.
【医科】yīkē 명 의과. ¶~学校 = 의과 대학.
【医理】yīlǐ 명 의학 이론(원리). ¶精通~ = 의학 이론에 정통하다.

【医疗】yīliáo 명 의료. ¶~机构 = 의료 기관[기구]. / ~保障 = 의료 보장.
【医疗保险】yīliáo bǎoxiǎn 명 의료 보험.
【医疗队】yīliáoduì 명 (임시로 조직되어 외부로 나가 의료 행위를 하는) 의료 팀.
【医疗事故】yīliáo shìgù 명 의료 사고.
【医疗站】yīliáozhàn 명 진료 기지. [길거리나 사람이 모이는 시골에 설치한 의료 기구]
【医生】yīshēng 명 의생. 의사. 의원. [의학 지식을 갖추고 질병 예방과 치료를 직업으로 하는 사람의 총칭]
【医师】yīshī 명 의사. [고등 의학 교육을 받거나 이와 동등한 자격을 갖춘 사람으로서, 풍부한 임상 경험을 갖추어 국가 위생 기관의 심사를 통과한, 주요 의료 책임을 맡는 의료인]
【医士】yīshì 명 의사. [중등 의학 교육을 받거나 이와 동등한 자격을 갖춘 사람으로서, 일정한 임상 경험을 갖추어 국가 위생 기관의 심사를 통과한, 일정한 의료 책임을 맡는 의료인]
【医书】yīshū 명 의서. 의학 서적.
【医术】yīshù 명 의술. 의료 기술. ¶~精湛 = 의술이 정밀하고 뛰어나다.
【医坛】yītán 명 의학계. 의료계.
【医托儿】yītuōr 명 의료 브로커.
【医卫】yīwèi 명 의료 위생.
【医务】yīwù 명 의무. 의료 업무. ¶~部门 = 의무 부서.
【医务人员】yīwù rényuán 명 의무 요원.
【医务室】yīwùshì 명 의무실.
【医学】yīxué 명 의학.
【医药】yīyào 명 1 의료와 약품. 의약. ¶~费 = 의약비. 2 약품. ¶~公司 = 제약 회사.
【医院】yīyuàn 명 병원.
【医治】yīzhì 동 1 치료하다. ¶~无效 = 치료 효과가 없다. 2⟨비⟩ (전쟁·재해 등으로 초래된 파손 등을) 복구하다. ¶~战争的创伤 = 전쟁의 상처를 복구하다.
【医嘱】yīzhǔ 명 의사의 지시.

## 依 yī 의지할 의

동 1 기대다. 들러붙다. ¶~壁而眠 = 벽에 기대어 잠이 들다. 2 의존하다. 의지하다. ¶唇齿相~ = 입술과 이처럼 서로 의지하는 밀접한 관계이다. 3 동의하다. 승낙하다. ¶百~百顺 = 무조건 따르다. 개 …에 따라. …에 근거[의거]하여. ¶~计而行 = 계획에 따라 진행하다. / ~法严惩 = 법에 따라 엄격히 처벌하다. 명 (Yī) 성(姓).

○● 归依, 皈guī依, 凭píng依, 偎wēi依, 相依

【依傍】yībàng 동 1 의존하다. 의지하다. 기대다. ¶无可~ = 의지하면 안 된다. 2 참조하다. 모방하다. [주로 예술이나 학술 방면을 가리킴] ¶~之作 = 모방 작품.
【依草附木】yīcǎo-fùmù 〈숙〉 1 남의 권세를 등에 업고 온갖 나쁜 짓을 저지르다. 2⟨비⟩ 남에게 몸을 의탁하여 자주적이지 못하다. 남에게 빌붙어 있다.

【依此类推】yīcǐ-lèituī ⓧ 이러한 방식으로 유추하다. =【以此类推】yǐcǐ-lèituī
【依次】yīcì 🔲 순서에 따라. 차례대로. ¶~购买=순서대로 구매하다. ≒挨次
【依从】yīcóng 🔲 따르다. 순종하다. ¶实难~=따르기 정말 곤란하다.
【依存】yīcún 🔲 의존하다. ¶相互~=서로 의존하다.
【依法】yīfǎ 🔲 1 법에 의거하다〔따르다〕. ¶~办案=법에 따라 집행하다. 2 어떤 방법을 따르다. 일정한 유형을 따르다. ¶~炮制=(일정한) 방법에 따라 조제하다.
【依附】yīfù 🔲 1 부착하다. 달라붙다. ¶葡萄藤~木架生长.=포도덩굴은 시렁에 붙어서 생장한다. 2 빌붙다. 의탁하다. 종속되다. ¶~权势=권세에 빌붙다. ≒依赖
【依归】yīguī 🔲 의탁하다. 의지하다. ¶无所~=의탁할 데가 없다. 🔲 출발점과 귀착점. ¶以人民的利益为~.=인민의 이익을 출발점과 귀착점으로 삼다.
【依旧】yījiù 🔲 (상황이) 여전하다. 의구하다. ¶风物~=풍물이 의구하다. 🔲 여전히. [상황이 원래와 같음을 나타냄] ¶他~是老样子.=그는 여전히 옛 모습 그대로이다. ≒依然 照旧
【依据】yījù 🔲 의거하다. 근거하다. ¶你得出这样的结论是~什么呢?=네가 이러한 결론을 얻은 것은 무엇에 의거한 것이냐? 🔲 근거. ¶他的话没有~.=그의 말은 근거가 없다. ≒根据
【依靠】yīkào 🔲 의존하다. 의지하다. 기대다. ¶~技术上的优势,这家公司很快扭亏为盈.=기술상의 우위를 얻고 이 회사는 아주 빨리 적자에서 흑자로 돌아섰다. 🔲 지지자. 후원자. 지지대. 받침대. [의지(의존)할 수 있는 사람 또는 사물] ¶父母是年幼子女的~.=부모는 어린 자녀의 후원자이다.
【依赖】yīlài 🔲 1 의지하다. 기대다. ¶不~他人.=다른 사람에게 의지하지 않다. 2 의존하다. 불가분의 관계이다. ¶两者既互相制约又互相~.=둘은 서로 제약하기도 하고, 서로 의존하기도 한다. ≒依附
【依恋】yīliàn 🔲 미련으로〔서운하여〕 발길이 떨어지지 않다. 이별하기 아쉬워하다. 연연하다. 그리워하다. ¶~故土=고향을 그리워하다.
【依凭】yīpíng 🔲 의지하다. 기대다. 빌붙다. 의거하다. 근거로 삼다. ¶漂泊海外,无所~.=해외를 떠돌며 의지할 곳이 없다. 🔲 증거. 근거. 증명. ¶他的推断没有~.=그의 추론에는 근거가 없다. ≒依靠
【依然】yīrán 🔲 여전하다. 의연하다. 전과 같다. 그대로이다. 한결같다. ¶风景~=풍경이 예전 그대로이다. 🔲 여전히. ¶合同~有效.=계약은 여전히 효력이 있다. ≒依旧 仍旧
【依然故我】yīrán-gùwǒ ⓧ 1 여전히 옛 모습 그대로이다. 여전히 제멋대로이다. 그 모양 그 꼴이다. 2 구태의연하다. 생각·지위 등이 그대로이다.
【依然如故】yīrán-rúgù ⓧ 예전과 같다. 역시 예전 그대로이다. 여전하다.
【依山傍水】yīshān-bàngshuǐ ⓧ 산을 의지하고 물 가까이에 있다.
【依顺】yīshùn 🔲 듣다. 따르다. 복종하다. 순종하다. 순순히 따르다. 고분고분하다. ¶经不住她的软缠硬磨,只好~了她.=그녀가 끈질기게 조르는 바람에, 하는 수 없이 그녀의 말에 따랐다.
【依随】yīsuí 🔲 듣다. 따르다. 복종하다. 순종하다. 고분고분하다.
【依托】yītuō 🔲 1 의지하다. 기대다. 빌붙다. 의거하다. 근거로 삼다. ¶~权贵=권세와 지위가 높은 사람에게 의지하다. 2 (어떤 명의를) 빌다. 빌리다. 차용하다. 구실〔핑계〕로 삼다. ¶~古人=옛 사람의 이름을 빌리다. 🔲 의지할 곳〔사람〕. 바탕. 근거. 지주. ¶以环境资源为~,积极发展旅游业.=환경 자원을 바탕으로 관광 사업을 적극적으로 발전시키다. ≒依靠
【依偎】yīwēi 🔲 (다정히) 기대다. 꼭 기대다. ¶小女孩紧紧~在妈妈的怀里.=어린 딸이 엄마의 품에 꼭 기대다. ≒偎依
【依违】yīwéi 🔲ⓧ 단호하지 못하다. 망설이다. 과단성이 없다. 주저하다. 확고한 주견이 없다. ¶~不决=망설이다.
【依违两可】yīwéi-liǎngkě ⓧ 1 찬성과 반대 다 괜찮다. 2 (어떤 일에 대해) 이래도 좋고 저래도 좋다. 가타부타 말이 없다. 확고한 주견이 없다. 정견이 없이 우유부단하다.
【依稀】yīxī ⓗ 모호하다. 희미하다. 어렴풋하다. 어슴푸레하다. 아련하다. ¶~可见=어슴푸레 보이다.
【依循】yīxún 🔲 좇다. 따르다. ¶~旧制=옛 제도를 따르다.
【依样葫芦】yīyàng-hú·lu ⓧ 1 조롱박의 모양대로 조롱박을 그리다. 2ⓗ 아무런 창의성 없이 단순히 모방만 하다. 그대로 모방하다〔본뜨다〕. =【依样画葫芦】yīyàng huà hú·lu
【依样画葫芦】yīyàng huà hú·lu ☞【依样葫芦】yīyàng-hú·lu
【依依】yīyī 🔲 1ⓧ 바람에 가볍고 부드럽게 한들거리는 모양. ¶杨柳~=수양버들이 한들거리다. 2 아쉬워하는 모양. 섭섭해하는 모양. ¶~之感=섭섭한 감정.
【依依不舍】yīyī-bùshě ⓧ 차마 떠나지 못하다. 헤어지기 서운해하다.
【依依惜别】yīyī-xībié ⓧ 아쉬워하며 이별하다.
【依约】yīyuē 🔲 약속대로 하다. ¶~付款=약속대로 대금을 지불하다. ⓗⓧ 어렴풋하다. 아련하다. 모호하다. 분명하지 않다. ¶远处的灯光~可见.=먼 곳의 불빛이 어렴풋이 보인다.
【依允】yīyǔn 🔲 (남의 말을) 듣다. 따르다. 복종하다. 순종하다. 동의하다. 찬성하다. 승인하다. 허락하다. ¶他最后还是~了女儿的婚事.=그는 결국 딸의 결혼을 허락했다.
【依仗】yīzhàng 🔲 (세력에) 의지하다. 의존하다. 믿다. ¶~人多势众=사람이 많고 세력이 큰 것을 믿다.
【依照】yīzhào 🔲 …에 비추다. …을〔를〕 좇다.

…을〔를〕 따르다. …에 의하다. ¶收费标准要严格~有关规定.＝요금 기준은 관련 규정을 엄격히 따라야 한다. 〔개〕 …에 의해. …에 따라. ¶~国家有关政策办理＝국가 관련 정책에 따라 처리하다. ≒按照 遵照 遵循

**祎**[禕] yī 아름다울 의
〔형〕〔문〕 좋다. 훌륭하다. 아름답다. 행복하다. [주로 인명에 쓰임]

**咿**[(吚)] yī 소리 이
아래를 참조.
【咿唔】 yīwú 〔의〕 이오. [글을 읽는 소리] ¶书声~＝이오이오 글 읽는 소리가 난다.
【咿呀】 yīyā 〔의〕 1 옹알옹알. [아이가 말을 배우는 소리] ¶~学语＝옹알옹알거리며 말을 배우다. 2 딩딩. 잉잉. 삐걱삐걱. [거문고·노 젓는 소리 등] ¶桨声~＝노가 삐걱삐걱거리다.

**洢** Yī 물 이름 이
〔명〕〔地〕 1 이수이(洢水). [후난(湖南)성에 있는 강 이름] 2 이허(洢河). [지금의 허난(河南)성에 있는 옛날 강 이름]

**栘** yī 나무 이름 의
☞【移栘】yíyī

**铱**[銥] yī 이리듐 의
〔명〕〔化〕 이리듐(Ir, iridium). [원자 번호 77]
【铱金笔】 yījīnbǐ 〔명〕 이리듐과 백금의 합금 촉 만년필.

**猗** yī 감탄의 소리 의
〔조〕 감탄의 어기를 나타냄. ['啊(ā)'에 상당함] ¶河水清且涟~＝강물이 맑고 잔잔하구나. 〔갑〕 아! 와! [주로 다른 감탄사와 같이 쓰여 찬탄을 나타내며, '啊(ā)'에 상당함] ¶~欤休哉. ＝아! 기쁘구나. 〔명〕(Yī) 성(姓).

***揖** yī 읍할 읍
〔동〕〔문〕 읍(揖)하다. [인사하는 예(禮)의 하나. 두 손을 맞잡아 얼굴 앞으로 들어올리고 허리를 앞으로 공손히 구부렸다가 몸을 펴면서 손을 내림] ¶打躬作~＝읍(揖)하다.
【揖别】 yībié 〔동〕〔문〕 읍하고 헤어지다.
【揖让】 yīràng 〔동〕〔문〕 (옛날 주인과 손님이 상견하는 예절로) 읍하고 사양하다.

**壹** yī 하나 일
〔수〕 '一(yī)'의 갖은자.

***椅** yī 의나무 의
〔명〕〔植〕 이나무〔의나무〕의 별칭.
☞ yǐ

**猗** yī 감탄의 소리 의
〔갑〕(찬탄을 나타내어) 아! 야! 와!

☞ qī

**嫛** yī 갓난아이 예
【嫛婗】 yīní 〔명〕〔문〕 갓난아이. 영아(嬰兒). 젖먹이.

**漪** yī 잔물결 의
〔명〕〔문〕 파문. 물결. 잔물결. 수문(水文). ¶清~＝맑은 물결.
【漪澜】 yīlán 〔명〕〔문〕 물결. 파도. 수파(水波). 파랑. ¶~不兴＝물결이 일지 않다.
【漪涟】 yīlián 〔명〕〔문〕 잔잔한 물결. 작은 파문.

**鹥**[鷖] yī 갈매기 예
〔명〕〔문〕 갈매기.

**噫** yī 탄식 소리 희
〔갑〕 1 아아! [비탄과 슬픔을 나타냄. '唉(āi)'에 상당함] ¶~, 天丧予, 天丧予!＝아, 하늘이 나를 버렸구나, 하늘이 나를 버렸어! 2 (놀람을 나타내어) 어! ¶~, 你今天怎么来了?＝어, 너 오늘 어떻게 왔니?
【噫嘻】 yīxī 〔갑〕〔문〕 (비통이나 탄식을 나타내어) 아아! ¶~, 悲哉!＝아아, 슬프도다!

**繄** yī 오직 예
〔조〕〔문〕 다만. 오직. [주로 문두에 쓰이고 실질적인 의미는 없음. 때로 '惟(wéi)'에 상당함] ¶尔有母遗(wèi), ~我独无!＝너는 아직 어머니께서 살아 계시는데, 오직 나만 안 계시는구나! 〔동〕〔문〕 …이다. ¶民不易物, 惟德~物. ＝사람들이 애써 제물을 바꿀 필요가 없다, 신은 오직 덕이 있는 자의 제물만을 흠향한다.

**黟** Yī 땅 이름 이
〔명〕〔地〕 이(黟)현. [안후이(安徽)성에 있는 현 이름]

**匜** yí 주전자 이
〔명〕 옛날, 표주박 모양의 물이나 술을 담는 그릇.

***仪**[儀] yí 의식 의
〔명〕 1 법도와 준칙. ¶~则＝의칙. 2 예절. 의식. ¶司~＝(의식의) 사회자. 주례. 3 선물. 예물. ¶贺~＝축하 예물. 4 (사람의) 용모. 자태. 기품(氣品). 풍채. ¶威~＝위의. 엄숙한 용모와 장중한 태도. 5 측정〔계측〕기. 의기(儀器). [과학 기술 분야에서 실험·검측·제도·계량 등에 쓰이는 각종 정밀 기구 혹은 장치] ¶地动~＝지진계. 6 (Yí) 성(姓).

◆○ 奠diàn仪, 菲fěi仪, 浑hún仪, 简仪, 礼仪, 土仪, 心仪, 殡bìn仪馆, 摄谱shèpǔ仪, 水准仪

【仪表】 yíbiǎo 〔명〕 1 (사람의) 용모. 자태. 기품(氣品). 풍채. ¶~不凡＝풍채가 범상하지 않다. 2 (각종 온도·혈압·전압·전기량 등을 측정하는) 측정 기계. 계기. 계량기. 미터(meter)기. ≒仪态
【仪表堂堂】 yíbiǎo-tángtáng 〔성〕 사람의 외모

가 단정하고, 행동거지가 대범하다. 풍채가 위풍당당하다.
【仪礼】yílǐ 몡 예의. 예절. ¶不拘~=예의에 얽매이지 않다.
【仪器】yíqì 몡 측정[계측]기. [과학 기술 분야에서 실험·검측·제도·계량 등에 쓰이는 각종 정밀 기구 혹은 장치]
【仪容】yíróng 몡 의용. 사람의 용모. ¶~俊秀=용모가 준수하다.
【仪式】yíshì 몡 의식. ¶奠基~=정초식(定礎式)
【仪态】yítài 몡 (사람의) 용모와 자태. 의용. 의표(仪表). 몸차림. 몸가짐. 태도. ¶~整肃=용모와 자태가 단정하고 엄숙하다. 늑仪表
【仪态万方】yítài-wànfāng 솅 용모와 자태가 각양각색이다.
【仪仗】yízhàng 몡 1 의장. [옛날, 제왕·관리들이 행차할 때 위엄을 보이기 위해 호위 및 시종들이 들고 있는 무기·깃발 등] 2 (국가 경축 행사나 외국 사절에 대한 환영·환송시 의전 행사의) 장대가 들고 있는 무기 등. 3 (시가 행진의 앞에서 들고 있는) 채색 깃발·표어·플래카드·모형 등.
【仪仗队】yízhàngduì 몡 1 의장대. [통상 육해공군으로 조직되어 있으며, 군악대가 딸려 있기도 함] 2 (시가 행진의 앞에서) 채색 깃발·표어·플래카드·모형 등을 들고 이를 호위하는 대열.

**圯** yí 흙다리 이
몡⟨文⟩ 다리. 교량.

*夷 yí 동이족 이
동 1 (건축물을) 부수어[무너뜨려] 평지로[평탄하게] 만들다. ¶烧~弹=소이탄. 2 없애다. 사라지게 하다. 소멸시키다. 제거하다. 멸하다. ¶~戮=몰살시키다. 혱⟨文⟩ 평안하다. 평온하다. 무사하다. ¶化险为~=위험한 고비를 넘기다. 몡 1 이. [옛날, 중국이 동쪽 민족을 부르던 말] ¶东~=동이. 2 오랑캐. [옛날, 중원 이외의 각 민족을 부르던 말] ¶四~=사이. 사방의 오랑캐. 3 ⟨옛⟩ 외국. 외국인. 이민족. ¶华~杂处=한족과 이민족이 한곳에 섞여 살다. 4 (Yí) 성(姓).
【夷狄】yídí 몡 1 이적. [옛날, 중국의 동쪽 민족과 북쪽 민족에 대한 합칭] 2 소수 민족.
【夷灭】yímiè 동⟨文⟩ 몰살하다. (죽여) 없애다. 소멸시키다. 제거하다. 멸하다. ¶~九族=구족을 멸하다.
【夷平】yípíng 동 (건축물을) 부수어 평지로 만들다. 폐허로 만들다.
【夷为平地】yíwéipíngdì 솅 (건축물 등을) 부수어 평지로 만들다.
【夷族】yízú 몡 종족(宗族)을 몰살시키다[멸하다]. [옛날, 일종의 잔혹한 형벌]

**貤[貤]** yí 옮길 이
동⟨文⟩ 이동하다. 옮기다.

☞ yì

**沂** Yí 물 이름 기
몡⟨地⟩ 1 이허(沂河). [산둥(山东)성에서 발원하여 장쑤(江苏)성으로 흘러드는 강 이름] 2 이산(沂山). [산둥(山东)성에 있는 산 이름]

**诒[詒, 訑·詑]** yí 뽐낼 이
【诒诒】yíyí 혱⟨文⟩ 자만하여 만족하는 모양.

**诒[詒]** yí 줄 이
동 '贻(yí)'와 같음.
☞ dài

**迤** yí 굽이질 이
☞【逶迤】wēiyí
☞ yǐ

**饴[飴]** yí 엿 이
몡 1 엿. ¶高粱~=수수엿. 2 소프트 캔디(soft candy). 캐러멜(caramel). 젤리(jelly). ¶甘之如~=(힘든 일을) 엿처럼 달게 여기다. 고되고 힘든 일을 기꺼이 견디다.
【饴糖】yítáng 몡 엿. 말토제. 맥아당.

**怡** yí 기쁠 이
혱⟨文⟩ 기쁘다. 즐겁다. 유쾌하다. ¶心旷神~=마음이 후련하고 기분이 유쾌하다.
【怡和】yíhé 혱⟨文⟩ 상냥하다. 부드럽다. 사근사근하다. ¶神情~=표정이 부드럽다.
【怡乐】yílè 혱 즐겁다. 행복하다. 유쾌하다.
【怡情悦性】yíqíng-yuèxìng 솅 마음이 후련하고 상쾌하다. 마음이 편안하고 유쾌하다.
【怡然】yírán 혱 즐거워하는 모양. 기뻐하는 모양. ¶~自乐=기뻐서 즐거워하다.
【怡然自得】yírán-zìdé 솅 기뻐하며 만족하는 모양. 즐거워하고 만족해하다.
【怡神】yíshén 동⟨文⟩ 정신을 유쾌하게 하다. ¶~养性=유쾌한 마음을 기르다.
【怡悦】yíyuè 혱 기쁘다. 즐겁다. 유쾌하다. ¶心情~=마음이 기쁘다.

*宜 yí 마땅할 의
혱 적당[적합·적절]하다. 알맞다. ¶适~=적합하다. / 老幼皆~=노인과 아이들 모두에게 알맞다. 동 1 …에 적합하다. 부합하다. 알맞다. 적절하다. 어울리다. ¶风景~人=풍경이 마음에 들다. 2 마땅히[당연히·응당] ……해야 한다. ~하는 것이) 마땅하다. 당연하다. [주로 부정형으로 쓰임] ¶事不~迟=일을 늦춰서는 안 된다. 부⟨文⟩ 당연히. 물론. 어쩐지. 과연. 그러기에. 정말. 그도 그럴 것이. ¶~其无往而不利. =당연히 어디를 가든 가는 곳마다 승리한다. 몡 (Yí) 성(姓).

○● 便biàn宜, 得宜, 合宜, 机宜, 便pián宜, 权quán宜, 失宜, 时宜, 事宜

【宜林】yílín 동 조림(造林)에 알맞다〔적합하다〕. ¶~还林＝조림하기에 알맞으면 산림으로 환원시키다.
【宜人】yírén 동 (사람의) 마음에 들다. 요구에 적합하다. 사람에게 좋은 느낌을 주다. ¶气候~＝기후가 알맞다.
【宜于】yíyú 동 …에 적합하다. 부합하다. 알맞다. 적절하다. 어울리다. ¶此地~避暑度假. ＝이곳은 피서 휴가를 보내기에 알맞다.

**荑** yí 벨 이
동문 (잡초를) 베다. 제거하다. 없애다. ¶芟~＝(잡초를) 제거하다.
☞ tí

**栮** yí 나무 이름 이
명《植》고서(古書)에서 백양나무와 같은 나무의 일종을 가리킴.
☞ duò

**咦** yí 놀라는 소리 이
감 (놀람과 이상함을 나타내어) 어! ¶~, 你怎么没去上班呀? ＝어, 너 왜 출근 안 했니?

**贻[貽]** yí 줄 이
동문 1 드리다. 선물하다. 선사하다. 증정하다. ¶馈~＝선물하다. 2 남기다. 전하다. ¶~害社会＝사회에 해를 끼치다.
【贻贝】yíbèi 명《動》홍합. 마합류.
【贻害】yíhài 동 후환을 남기다. ¶~将来＝장차 후환을 남기다.
【贻害无穷】yíhài-wúqióng 성 1 남겨진 후환이 끝이 없다. 2 막심한 해독을 남기다. 심각한 결과를 초래하다. ＝【贻患无穷】yíhuàn-wúqióng
【贻患】yíhuàn 동 후환을 남기다. ¶~后代＝후대에 후환을 남기다.
【贻患无穷】yíhuàn-wúqióng ☞【贻害无穷】yíhài-wúqióng
【贻人口实】yírén-kǒushí 성 (남에게) 구실을 주다. 말꼬리를 잡히다. 약점을 잡히다.
【贻误】yíwù 동 1 (나쁜 결과를 가져올) 잘못을 남기다. ¶~青春＝청춘에 오점을 남기다. 2 (시간을 지체하다가) 일을 그르치다. 시기를 놓치다. ¶~农时＝농사 시기를 놓치다.
【贻笑大方】yíxiào-dàfāng 성 전문가의 웃음거리가 되다. ＝【见笑大方】jiànxiào-dàfāng
【贻训】yíxùn 명문 (앞서 간 사람들이) 후세에 남긴 격언.

**姨** yí 이모 이
명 1 처의 자매. ¶小~子＝처제. 2 이모. ¶二~＝둘째 이모. 3 아주머니. ¶王~＝왕씨 아주머니.
○● 阿姨, 两姨, 娘姨

【姨表】yíbiǎo 명 이종사촌. ['姑表(고종사촌)'과 구별됨] ¶~亲＝이종사촌.
【姨夫】yí·fu 명 이모부.
【姨父】yí·fu 명 이모부.
【姨家】yíjiā 명 이모집. 이모댁.
【姨姐】yíjiě 명 처형.
【姨姥姥】yílǎo·lao 명 이모할머니.
【姨妈】yímā 명 결혼한 이모.
【姨母】yímǔ 명 결혼한 이모.
【姨奶奶】yínǎi·nai 명 1 이모할머니. 조모의 자매. 2 첩(妾).
【姨娘】yíniáng 명 1 옛 서모(庶母). 작은어머니. [옛날, 자녀들이 아버지의 첩을 부르던 말] 2 결혼한 이모.
【姨婆】yípó 명 외조모의 자매.
【姨儿】yír 명방 결혼하지 않은 이모. ¶二~＝둘째 이모.
【姨太太】yítài·tai 명 첩(妾).
【姨姨】yíyí 명방 결혼한 이모.
【姨丈】yízhàng 명 이모부.

**酏** yí 엘릭시르 이
명 엘릭시르(elixir). [알코올 함량이 일반적으로 25%를 넘지 않음]

**栘** yí 산앵두나무 이
【栘椋】yíyī 명《植》이의나무. [장미과의 어린 가지에 황백색 솜털이 촘촘히 나 있고, 잎은 피침형 또는 난형 피침형임. 가장자리에 톱니가 있고, 뒷면에 황백색 융털이 촘촘히 나 있음. 이른 봄 개화하며 꽃은 흰색임. 열매는 이과(梨果) 난형(卵形)이고, 풍습성 관절염 등에 약용함] 라 docynia delavayi

**眙** yí 땅 이름 이
☞【盱眙】Xūyí
☞ chì

***胰** yí 이자 이
명《生》이자(胰子). 이장(胰臟). 췌장(膵臟).
【胰岛素】yídǎosù 명《生》인슐린(insulin).
【胰腺】yíxiàn 명《生》이자. 이장(胰臟). 췌장(膵臟).
【胰液】yíyè 명《生》이자액. 췌장액.
【胰脏】yízàng 명《生》이자. 이장(胰臟). 췌장(膵臟).
【胰子】yí·zi 명 1 (돼지·양 등의) 이자(胰子). 이장(胰臟). 췌장(膵臟). 2 ☞【肥皂】féizào

**宧** yí 방구석 이
명문 방의 동북쪽 모퉁이.

**扅** yí 빗장 이
☞【扊扅】yǎnyí

**蛇** yí 굽을 이
☞【委蛇】wēiyí
☞ shé

# 移痍遗 yí

**移**[(逺)] yí 옮길 이

[동] **1** 이동하다. 옮기다. 움직이다. ¶迁~=이전하다. / 寸步难~=한 발자국도 움직일 수가 없다. **2** 변경하다. 고치다. 바꾸다. 달리 하다. ¶潜~默化=한 사람의 사상이나 성격 등이 어떤 영향을 받아 부지불식간에 변화가 생기다. / 贫贱不能~。=빈천해도 뜻을 바꿀 수 없다.

[명] (Yí) 성(姓).

○● 挪nuó移, 漂移, 推移, 位移, 游移

【移调】 yídiào ☞ 【转调】 zhuǎndiào
【移动】 yídòng [동] 옮기다. 움직이다. (위치를) 변경하다〔바꾸다〕. ¶~脚步=발걸음을 옮기다.
【移动靶】 yídòngbǎ [명] 이동 과녁.
【移动电话】 yídòng diànhuà [명] **1** 이동 통신 시스템. (휴대전화·카폰 등) 이동 통신 단말기.
【移动通信】 yídòng tōngxìn [명] **1** 이동 통신. **2** 이동 통신 서비스.
【移防】 yífáng [동] (軍) (군대가 명령에 따라) 방어 진지를 옮기다. 경비 구역을 바꾸다.
【移风易俗】 yífēng-yìsú [성] 낡은 풍속·습관을 고치다.
【移行】 yíháng [동] **1** (원고나 간행물에서) 줄바꿈을 하다. **2** (표음 문자 또는 《한어병음방안(汉语拼音方案)》으로 쓰거나 조판할 때, 어떤 단어가 윗줄 끝에 다 들어가지 않아, 정해진 규칙에 따라 일부 자모를 나누어) 다음 줄의 앞에 배열하다.
【移花接木】 yíhuā-jiēmù [성] **1** 꽃이 핀 나뭇가지를 다른 품종의 꽃나무에 접목하다. **2** (비) 몰래 교묘한 수단을 부려 사람이나 사물을 바꿔치기하여 다른 사람을 속이다. ≒偷天换日
【移交】 yíjiāo [동] **1** (사람이나 사물을) 넘겨주다. 인도하다. ¶你的档案已~该校组织部。=너의 서류는 이미 이 학교의 조직부로 넘겼다. **2** (이직 전에 자신의 업무를 후임에게) 인계하다. ¶~工作=업무를 인계하다.
【移解】 yíjiè [동] 범인을 (다른 곳으로) 이송하다.
【移居】 yíjū [동] 이사하다. 거처를 옮기다. ¶~上海=상하이(上海)로 거처를 옮기다.
【移苗】 yímiáo [동] **1** 싹을 옮겨 심다. **2** 모판에서 농경지로 옮겨 심다.
【移民】 yí‖mín [동] 이민하다. ¶~海外=해외로 이민하다.
【移民】 yímín [명] 이민. 이민한 사람. ¶~点=이주지. 정착지.
【移情】 yíqíng [동] **1** (사람의) 정취를〔심정을〕 변화시키다. ¶一部好的电影也可以~养性。=한 편의 좋은 영화도 정취를 변화시키고 교양을 쌓게 할 수 있다. **2** (문예 창작 활동에서 창작자가 주관적인 감정을 객관적인 대상에) 기탁하다. 감정 이입(感情移入)을 하다. **3** (감상할 때 감상하는 사람이 주관적인 감정을 객관적인 사물에) 기탁하다. 감정 이입(感情移入)을 하다. **4** 애정이 변하다. 사랑의 대상이 바뀌다. ¶~別恋=애정이 변하다.
【移让】 yíràng [동] (권리를) 넘겨주다. 양도하다.

¶~权利=권리를 양도하다.
【移入】 yírù [동] 이입하다. 옮겨 넣다. ¶将机器设备~室内。=기계설비를 실내로 옮겨 놓다.
【移山倒海】 yíshān-dǎohǎi [성] **1** 산을 옮기고 바다를 뒤집다. **2** 인류가 자연을 개척하는 거대한 힘과 위대한 기백을 형용함. ≒排山倒海
【移师】 yíshī [동] 부대를 (다른 곳으로) 이동하다. ¶~南下=부대를 남쪽으로 이동시키다.
【移送】 yísòng [동] (일을 처리하도록 관련 부문으로) 이송하다. ¶下级法院将案件~给上级法院。=하급 법원이 사안〔사건〕을 상급 법원으로 이송하다.
【移天换日】 yítiān-huànrì ☞ 【移天易日】 yítiān-yìrì
【移天易日】 yítiān-yìrì [성] (비) **1** 음모와 술수로 정권을 가로채거나 바꾸다. **2** 수단을 부려 중대한 사건의 진상을 덮어버림으로써 세상 사람들을 속이다. ≒移天换日 yítiān-huànrì
【移位】 yíwèi [동] 위치를 바꾸다. 자리를 옮기다. 이동하다. ¶关节~=관절이 어긋나다.
【移译】 yíyì [동] 번역하다. 통역하다.
【移易】 yíyì [동][서] (원래의 것을 다른 것으로) 바꾸다. 옮기다. 대신하다. 변경하다. ¶一字不可~。=한 글자도 바꾸면 안 된다.
【移用】 yíyòng [동] 유용(流用)하다. 융통하다. ¶救灾款项，不可~。=이재민 구호 비용을 유용하면 안 된다.
【移栽】 yízāi [동] (주로 새싹을) 옮겨 심다. ¶~秧苗=모를 옮겨 심다.
【移植】 yízhí [동] **1** (새싹이나 나무를) 옮겨 심다. 이식하다. **2** (醫) 이식(移植)하다. ¶角膜~=각막을 이식하다. **3** (비) (다른 곳의 경험·성과 등을) 도입하다. ¶将试验成果~到其他地区。=실험 성과를 다른 지역에 도입하다.
【移樽就教】 yízūn-jiùjiào [성] **1** 술잔을 들고 다른 자리로 옮겨 같이 마시며 가르침을 청하다. **2** (비) 적극적으로 가르침을 청하다.

**痍** yí 상처 이

[명][서] 상처. 외상(外伤). ¶满目疮~=온통 상처투성이이다.

**遗**[遺] yí 남길 유

[동] **1** 잃다. 분실하다. ¶~失钥匙=열쇠를 잃어버리다. **2** 빠뜨리다. 빼먹다. 누락하다. 빠지다. 탈루하다. 유루(遗漏)하다. ¶童年的生活，实难~忘。=유년 시절의 생활을 정말 잊을 수 없다. **3** 남기다. ¶不~余力=있는 힘을 다하다. **4** (변이나 정액을) 자기도 모르게 배설하다. 누다. 싸다. ¶梦~=몽정(梦精)하다. [명] **1** 유실물. 분실물. ¶路不拾~=길에 물건이 떨어져 있어도 줍지 않다. **2** 누락된 것〔물건〕. ¶补~=빠진 내용을 보충하다. [서] 죽은 사람이 남긴. ¶继承~产=유산을 물려받다. ☞ **wèi**

○● 子jié遗, 拾遗

【遗案】yí'àn 图 남겨 놓은 사건.
【遗笔】yíbǐ 图 유필.
【遗产】yíchǎn 图 1 (죽은 사람이 남겨 놓은 동산·부동산·채권 등의) 유산. 2 (역사적으로 대대로 남겨진 물질 또는 정신적인) 유산. ¶文化~=문화 유산.
【遗产税】yíchǎnshuì 图 상속세.
【遗臭万年】yíchòu-wànnián 囫 죽은 후 악명이 영원히 후세에 대대로 전해져서 사람들의 욕지거리를 얻어먹다. 영원히 남의 손가락질을 받다. ↔流芳百世 永垂不朽
【遗传】yíchuán 图(生) 유전하다. ¶隔代~=격세유전하다.
【遗传工程】yíchuán gōngchéng 图 1 유전자 조작. 2 ☞ 基因工程 jīyīn gōngchéng
【遗传学】yíchuánxué 图 유전학.
【遗存】yícún 图 남기다. ¶这是古代~下来的壁画。=이것은 고대에서부터 전해 내려오는 벽화이다. 图 유물. ¶古代文化~=고대 문화 유물.
【遗毒】yídú 图 유독. 대대로 전해 내려온 해로운 사상·풍조 등. ¶封建~=봉건 제도에서 전해 내려온 폐해.
【遗风】yífēng 图 유풍. 유속. 유습. ¶~余韵=예로부터 전해 내려오는 풍습.
【遗腹子】yífùzǐ 图 유복자.
【遗稿】yígǎo 图 유고.
【遗孤】yígū 图 고아(孤兒). ¶养育~=고아를 기르다.
【遗骨】yígǔ 图 유골. ¶烈士~=열사의 유골.
【遗骸】yíhái 图 유해. 유체(遺體). 시체. 유골. 해골. 백골. 시신(屍身). ¶生物~=생물의 유해. ≒遗体
【遗害】yíhài 图 화근을 남기다. ¶~后人=후세 사람들에게 화근을 남기다.
【遗憾】yíhàn 图 유한(遺恨). 여한(餘恨). ¶那件事成了他终生的~。=그 일은 그의 평생의 한이 되었다. 图 1 유감이다. 여감(餘憾)이다. 섭섭하다. ¶~的是，我昨天没能来看你的演出。=내가 어제 너의 공연을 보러 올 수 없었던 것이 유감이다. 2 유감이다. [외교상의 말투로, 불만·항의 혹은 사과의 뜻을 나타냄] ¶谈判未能达成一致意见，我们深表~。=담판에서 의견 일치를 보지 못한 데 대해 우리들은 깊은 유감의 뜻을 표한다. ≒遗恨
【遗痕】yíhén 图 유흔. 남은 상처(혼적). ¶~犹存=상처가 아직 남아 있다.
【遗恨】yíhèn 图 유한이다. 여한이다. ¶~终天=평생 여한으로 남다. 图 유한. 여한(餘恨). ¶千古~=천추(千秋)의 한. ≒遗憾
【遗患】yíhuàn 图 화근[후환]을 남기다. ¶~无穷=남겨진 후환이 같이 없다.
【遗祸】yíhuò 图 화근[후환]을 남기다.
【遗迹】yíjì 图 유적. ¶古代文明的~=고대 문명의 유적.
【遗教】yíjiào 图 유교. 유명(遺命). 유법(遺法). ¶先师~=돌아가신 스승의 유교.
【遗精】yí‖jīng 图 1 (生) (꿈 속에서) 유정(누정(漏精))하다. 몽정하다. 2 (醫) (밤에 병적으로) 유정[누정(漏精)]하다. 몽정하다.
【遗老】yílǎo 图 1 전제(前帝)·전조(前朝)의 유신(遺臣). ¶前清~=(신해혁명 이전의) 청(淸)나라 유신. 2 图 세상사에 경험이 많은 노인.
【遗烈】yíliè 图 유열. 후세에 길이 남는 공적. 선인의 공로. ¶仰其~=선인의 공로를 우러르다.
【遗留】yíliú 图 남겨 놓다. 남기다. 남아 있다. ¶历史~问题=역사적으로 남아 있는 문제.
【遗漏】yílòu 图 유루하다. 빠뜨리다. 누락하다. 빠지다. ¶花名册上把他的名字~了。=명부(名簿)에 그의 이름을 빠뜨렸다. 图 유루. 누락. 빠뜨린[누락된] 것. ¶绝无~=절대로 누락된 것이 없다. ≒脱漏
【遗落】yíluò 图 1 잃다. 잃어버리다. 분실[상실·유실]하다. 없어지다. 사라지다. ¶手机~在出租车上了。=휴대 전화기를 택시에서 잃어버렸다. 2 유루하다. 빠뜨리다. 누락하다. 빠지다. ¶报告中~了两个重要数据。=보고서에 두 가지 중요한 데이터가 누락되었다.
【遗民】yímín 图 1 유민. (조대가 바뀌었으나 여전히 과거의 왕조를 잊지 않고 새로운 왕조에 귀순하려 하지 않는 사람) 2 유민. 여민(餘民). [망하여 없어진 나라의 백성 혹은 큰 재난이나 동란에도 다행히 살아남은 백성]
【遗命】yímìng 图 유언.
【遗墨】yímò 图 유묵. 죽은 사람이 남긴 글·서화(書畫)·서찰 등.
【遗尿】yí‖niào 图 1 (生) (세 살 전에 자기도 모르게) 오줌을 누다[싸다·지리다]. 2 (醫) (세 살 이후에 주로 밤에 자기도 모르게) 오줌을 누다[싸다·지리다].
【遗篇】yípiān 图 선인이 남긴 시문(詩文).
【遗弃】yíqì 图 1 내버리다. 포기하다. ¶~不用=사용하지 않고 내버리다. 2 (부양이나 봉양해야 할 책임이 있는 가족을) 유기하다. ¶~女婴=여자 아기를 유기하다.
【遗缺】yíquē 图 (이직이나 사망으로 생긴) 결원. 빈 자리.
【遗容】yíróng 图 1 사후의 용모. 죽은 뒤의 모습. ¶瞻仰~=사후의 용모를 참배하다. 2 유상(遺像). 유영(遺影). 여상(餘像). 잔상(殘像). 생전에 찍은 사진이나 초상. ¶灵堂上挂着先生的~。=빈소에 선생님의 유영이 걸려 있다.
【遗撒】yísǎ 图 흘려 버리다. 흩어져 없어지다. ¶要避免垃圾在运输过程中~渗漏。=쓰레기가 운송 과정에서 누출되는 것을 방지해야 한다.
【遗少】yíshào 图 (조대가 바뀐 뒤에도 여전히) 전조(前朝)에 충성을 지키는 젊은이. ¶遗老~=전조(前朝)에 충성을 지키는 신하와 젊은이.
【遗失】yíshī 图 유실하다. 분실하다. 잃어버리다. ¶~钱包=지갑을 분실하다.
【遗矢】yíshǐ 图 대변을 보다.
【遗世】yíshì 图 속세를 벗어나다. 은거하다. ¶~脱俗=속세를 떠나다.
【遗世独立】yíshì-dúlì 囫 사회를 벗어나 혼자 살다. 고고한 생활을 하다.

【遺事】yíshì 몡 전해 내려오는 사적(事迹). ¶前朝~=전조(前朝)에서부터 전해 내려오는 사적.
【遺書】yíshū 몡 1 유서. ¶自杀者留下一封~.=자살한 사람이 유서를 한 통 남기다. 2 유고집. 저자의 사후에 간행된 저서. [주로 서명(書名)에 쓰임] ¶《船山~》=《선산유서》. 3 몡 일서(逸書). 산실된 책. ¶广求~=산실된 책을 널리〔두루〕 찾다〔구하다〕.
【遺属】yíshǔ 몡 유족(遺族). 유가족.
【遺孀】yíshuāng 몡 미망인. 과부.
【遺体】yítǐ 몡 1 유해. 유체(遺體). 유골. 시신(屍身). [주로 공경의 뜻을 내포함] ¶~告別仪式=영결식. 2 사체. 동식물 사후의 잔여 물질. ≒遺骸
【遺忘】yíwàng 통 (마땅히 해야 할 일을) 잊어버리다. 소홀히 하다. ¶被~的角落=잊혀진 외진 곳. ≒忘记
【遺忘症】yíwàngzhèng 몡(醫) 건망증. 기억상실증.
【遺聞】yíwén 몡 (옛날부터) 전해 오는 이야기. 전해지는 말. ¶~铁事=예전부터 전해 오는 일화(逸話).
【遺物】yíwù 몡 유물. 유품. ¶整理死者~=죽은 사람의 유품을 정리하다.
【遺像】yíxiàng 몡 유상. 유영(遺影). 여상(餘像). 잔상(殘像). 생전에 찍은 사진이나 초상.
【遺緒】yíxù 몡 유서. 유업(遺業). ¶文化~=문화 유업.
【遺訓】yíxùn 몡 유훈. 유계(遺計). ¶~可秉=유훈을 계승할 만하다.
【遺言】yíyán 몡 유언. ¶临终~=죽음에 이르러 유언을 하다.
【遺业】yíyè 몡 1 유업. 유서(遺緖). ¶光大~=유업을 더욱 발전시키다〔빛나게 하다〕. 2 (전해 내려오는) 사업. 가업(家業). ¶继承~=가업을 계승하다.
【遺影】yíyǐng 몡 유상. 유영(遺影). 여상(餘像). 잔상(殘像). 생전에 찍은 사진이나 초상.
【遺愿】yíyuàn 몡 생전에 다하지 못한 뜻〔염원·바람〕.
【遺贈】yízèng 통 유증하다.
【遺詔】yízhào 몡 (군주가 죽기 전에 남긴) 조서(詔書). 유조.
【遺照】yízhào 몡 생전에 찍은 사진.
【遺址】yízhǐ 몡 유지. 유적(遺跡). 옛 터. ¶古城~=고도(古都)의 유적.
【遺志】yízhì 몡 유지. ¶继承先辈的~=선인의 유지를 이어받다.
【遺珠】yízhū 몡 1 유주. 2 (비) 세상에 미처 알려지지 않은 훌륭한 인물이나 가치가 있는 시문·서화 등.
【遺嘱】yízhǔ 몡몡통 유언(하다).
【遺嘱繼承】yízhǔ jìchéng 몡 유언 상속. ['法定继承(법정 상속)'과 구별됨]
【遺著】yízhù 몡 1 유저. 유편(遺編). 2 미발표 유저〔遺編〕. ≒遺作
【遺踪】yízōng 몡 남긴 종적〔흔적·발자취〕. ¶寻访先贤的~=선현의 남긴 발자취를 탐방하다.
【遺族】yízú 몡 1 유족. 유가족. 2 (옛) 지체가 높은 집안의 후손〔후대·자손〕.
【遺作】yízuò 몡 1 유작. 2 미발표 유작. ≒遺著

# 頤[頤] yí 턱 이

통용 보양하다. 휴양하다. 양생하다. 기르다. ¶~神保年=정신을 수양하여 건강을 지키다. 몡용 뺨. 볼. ¶解~=웃다.
【頤和園】Yíhéyuán 몡(地) 이허위안. [베이징(北京)에 있는 유명한 황실 정원의 하나. 원래 청(清)대 제왕의 행궁(行宮)이자 화원이었으며, 지금은 유명한 유람지임]
【頤养】yíyǎng 통용 보양하다. 휴양하다. 양생하다. 기르다. ¶~精神=정신을 수양하다.
【頤养天年】yíyǎng-tiānnián 성 몸과 마음을 보양하여 수명을 연장하다.
【頤指气使】yízhǐ-qìshǐ 성 1 말없이 얼굴 표정으로 사람을 부리다. 2 권세 있는 사람이 대단히 거만하고 독단적인 모습. =目指气使 mùzhǐ-qìshǐ ≒颐趾高气扬 ↔低声下气

# 椸 yí 횃대 이

몡용 옷걸이.

# **疑 yí 의심할 의

통 1 의심하다. 믿지 않다. 확신하지 못하다. ¶迟~=망설이다. / 将信将~=믿기도 하고 의심하기도 하다. 반신반의하다. 2 수상〔의심〕적게 여기다. 수상〔의심〕적어하다. 의심을 두다〔품다〕. ¶猜~=근거 없이 의심하다. / 行迹可~=거동이 수상하다〔수상쩍다〕. 형 1 의심스러운. 의심쩍은. 해결할 수 없는. ¶满腹~云=마음에 의심이 가득하다. 2 의심하게 만드는. 의심쩍게 하는. 현혹〔미혹〕시키는. ¶布下~阵=적을 현혹시키는 포진을 하다. 몡 난제. 의심스럽고 해결하기 어려운 문제. ¶释~=의혹을 풀다. / 质~=질의하다. ↔信

○● 猜cāi疑, 迟chí疑, 犯疑, 狐疑, 怀huái疑, 惊疑, 可疑, 起疑, 祛qū疑, 生疑, 无疑, 析xī疑, 嫌xián疑, 献xiàn疑, 犹yóu疑, 置疑, 质疑

【疑案】yí'àn 몡 1 의안. 미스터리 사안. ¶那件~最终告破.=그 미스터리 사안은 마침내 진상이 밝혀졌다. 2 현안(懸案). ¶千古~=천고의 현안.
【疑兵】yíbīng 몡 의병. 적을 속이기 위하여 가짜로 만들어 배치한 군대.
【疑点】yídiǎn 몡 의문점. 의심 가는 곳. ¶解开~=의문점이 풀리다.
【疑窦】yídòu 몡용 의혹. 의심스러운 점. ¶~丛生=의혹이 잇따라 생기다.
【疑犯】yífàn 몡 용의자. 혐의자. 피의자.
【疑惑】yíhuò 통 1 의심하다. 의심을 품다. 회의하다. 곤혹스럽게 만들다. 당혹하게 만들다. ¶~不解=의혹이 풀리지 않다. 몡 의혹. 의심. ¶心生~=마음속으로 의심이 일다. ≒怀疑

【疑忌】yíjì 동 의심하며 시샘〔시기·질투〕하다. ¶无端~=공연히 의심하며 시샘하다. 명 시의심. 시기하고 의심하는 마음. ¶心怀~=시기하고 의심하는 마음을 품다.

【疑惧】yíjù 동 의구하다. 의구심을 가지다. ¶无所~=의구할 바 없다. 명 의구. 의구심. ¶面露~=얼굴에 의구심을 드러내다.

【疑虑】yílǜ 동 의려하다. 의심하여 염려하다. ¶~不安=의심이 가고 염려되어 불안하다. 명 의려. 의심. 염려. 걱정. 근심. ¶打消~=근심을 지우다.

【疑谜】yímí 명 이해가 가지 않거나 풀리지 않는 일〔문제〕. 수수께끼. 미스터리. ¶那个案子至今还是一团~.=그 사안은 지금까지도 여전히 풀리지 않은 수수께끼로 남아 있다.

【疑难】yínán 형 해결이 곤란하다. 의문을 풀기 어렵다. ¶~案件=의문이 풀리지 않는 사건. 명 난제. ¶解决~=난제를 해결하다.

【疑难杂症】yínán zázhèng 명 1 진단하기 어렵거나 치료하기 어려운 질병. 2 비 (작업 도중 부닥치는) 갖가지 해결하기 어려운 문제.

【疑念】yíniàn 명 의심스러운 생각.

【疑神疑鬼】yíshén-yíguǐ 성 함부로 이것저것 의심하다. 의심이 심하다. ↔深信不疑

【疑似】yísì 동 그런 것 같기도 하고 아닌 것 같기도 하다. 긴가민가하다. 애매모호하다. ¶~之词=애매모호한 말.

【疑团】yítuán 명 의심〔의문〕덩어리. ¶~难解=의문덩어리가 풀리지 않다.

【疑问】yíwèn 명 의문. 의혹 (의혹). ¶毫无~=조금도 의문이 없다.

【疑问句】yíwènjù 명(言) 의문문.

【疑心】yíxīn 명 의심. 의혹 (의혹). 의아 (의아). 의구 (의구). ¶顿起~=갑자기 의심이 일다. 동 의심하다. 의심을 품다. 회의하다. ¶他~自己看错了.=그는 자기 눈을 의심했다. 늑怀疑

【疑心病】yíxīnbìng 명 의심증. 의심병. [풍자적인 의미를 내포함]

【疑心生暗鬼】yíxīn shēng ànguǐ 성 마음에 의심하는 바가 있으면 여러 가지 무서운 망상이 생긴다. 의심하기 시작하면 모든 것이 의심스럽고 무서워진다.

【疑凶】yíxiōng 명 용의자. 피의자. ¶搜捕~=용의자를 수색하여 체포하다.

【疑义】yíyì 명 1 이해가 가지 않는 이치〔의미·뜻〕. ¶奇文共欣赏, ~相与析.=기묘한 문장을 함께 감상하며 이해가 가지 않는 이치를 함께 풀다. 2 의심스러운〔의심 가는〕점〔곳·부분〕. ¶毫无~=조금도 의심스러운 점이 없다.

【疑狱】yíyù 명(文) 의옥. (죄상(罪状)이 뚜렷하지 않고 증거가 부족하여) 당장 죄의 유무를 판명하기 어려운 범죄 사건. ¶善断~=의옥을 잘 판단하다.

【疑云】yíyún 명 의심〔의심〕. 의혹 (의혹). 의아 (의아). ¶~消除~=의심이 걷히다.

【疑阵】yízhèn 명 상대방을 현혹시키기 위한 포진. 가짜 진지. ¶巧布~=교묘한 속임수 포진을 치다.

을 하다.

疑 yí 산 이름 의
지명에 쓰이는 글자. ¶九~=주이(九嶷). [후난(湖南)성에 있는 산 이름]

簃 yí 누각 곁채 이
명(文) 누각 곁채. 누각 옆의 작은 집. [주로 서재(书斋)의 이름으로 쓰임]

彝 yí 제기 이
명 1 옛날, 술을 담던 그릇. 2 옛날, 제기(祭器). ¶鼎~=정(鼎)과 이(彝). 3 (文) 통념. 일반적인 도리. 당연한 이치. 관례. 평소 규정. 상규(常规). 관습. 범례. ¶~准=범례 기준. 4 (Yí) 이족(彝族).

【彝器】yíqì 명 옛날, 청동으로 만든 제기(祭器)의 총칭.

【彝剧】yíjù 명(剧) 이극. [중국 전통극으로, 이족의 가무(歌舞) 예술을 기초로 발전하여 이루어졌으며, 윈난(云南)성 추슝(楚雄) 이족 자치주(彝族自治州)에서 유행함]

【彝文】Yíwén 명 이족(彝族)의 문자. [이족의 음절 문자로 약 8,000〜10,000자가 있음]

【彝族】Yízú 명 이족. [중국 소수 민족의 하나로, 주로 쓰촨(四川)·윈난(云南)·구이저우(贵州)·광시(广西) 일대에 분포함]

觺 yí 뿔 뾰족할 의
【觺觺】yíyí 형(文) 짐승의 뿔이 날카로운 모양.

**乙 yǐ 둘째 천간 을

명 1 을. [천간(天干)의 둘째] 2 두 번째. [순서나 등급이 두 번째임을 나타냄] ¶~等品=이등품. 3 (音) 중국 전통 음악의 음계 부호의 하나. [음계(音阶)에서 일급임을 나타내며, 약보(略谱)의 '7'에 해당함] 4 (옛) '을(乙)'자 (모양)의 부호. [옛날, 책을 읽을 때나 글자를 쓸 때(단락이 끝났는데 공란이 없을 때, 'ㄴ' 아래는 다른 단락임을 표시함. 또는 문장이 뒤바뀌었다든지 빠뜨리는 등의 잘못이 있을 때, 곡선으로 묶어 두거나 보충해 넣는 글자를 묶어 넣음. 또는 읽을 때 쉬는 곳을 표시함) 자주 쓰이던 표기 부호 'ㄴ'의 모양이 을(乙)와 비슷하여 붙여진 명칭임] 5 (Yǐ) 성(姓).

○ 乙 yǐ
亿 yì
艺 yì
忆 yì
钇 yǐ

○● 勾gōu乙, 涂tú乙.

【乙胺】yǐ'àn 명(化) 에틸아민(ethyl amine).

【乙苯】yǐběn 명(化) 에틸벤젠(ethyl benzene).

【乙部】yǐbù ☞ 史部 shǐbù.

【乙醇】yǐchún 명(化) 에탄올(ethanol). 에틸 알코올(ethyl alcohol). 알코올(alcohol). 주정(酒精). ☞(酒精) jiǔjīng.

【乙方】yǐfāng 명 을방. [둘이나 둘 이상 기관이나 개인이 계약이나 협의시에 어느 한편을 갑방(甲方)이라 하고 다른 한편을 을방(乙方)이라고 하

함. 일반적으로 담당하는 측을 을방이라고 함]

【乙肝】yǐgān 몡(醫) B형 간염.

【乙醚】yǐmí 몡(化) 에테르(ether). 에틸에테르(ethyl ether).

【乙脑】yǐnǎo 몡〈약〉(醫) 유행성 B형 뇌염.

【乙炔】yǐquē 몡(化) 아세틸렌(acetylene). ⇨【电石气】diànshíqì

【乙酸】yǐsuān 몡(化) 초산(CH₃COOH). ⇨【醋酸】cùsuān

【乙烷】yǐwán 몡(化) 에탄(ethane).

【乙烯】yǐxī 몡(化) 에틸렌(ethylene). 에텐(ethene). =【成油气】chéngyóuqì

【乙酰】yǐxiān 몡(化) 아세틸(acetyl).

【乙种粒子】yǐzhǒng lìzi 몡(物) 베타 입자(beta粒子). =【贝塔粒子】bèitǎ lìzǐ

【乙种射线】yǐzhǒng shèxiàn 몡(物) 베타선(beta線). =【贝塔射线】bèitǎ shèxiàn

\*\* 【已】 yǐ 이미 이

동 그치다. 끝나다. 멎다. 멈추다. 정지하다. 중지하다. ¶赞叹不~=찬탄해 마지않다. / 难以自~=자제하기 어렵다. 튀 1 이미. 벌써. ¶木~成舟=이미 돌이킬 수 없다. / 事~至此=일이 이미 이런 상태로 이르다. 2 지나치게. 몹시. 너무. ¶不为~甚=지나치지 않고 적당하다. 3 튀 나중에. 이후에. 뒤에. 다음에. ¶~忽不见=조금 뒤 갑자기 보이지 않다. [고어에서 '以(yǐ)'와 같음] ↔未

⚬ 而已, 久已, 业已, 早已

【已而】yǐ'ér 젭튀 이윽고. 머지않아. 곧. 그 후. 뒤이어. ¶突然乌云密布, ~大雨倾盆. =갑자기 먹구름이 뒤덮더니 뒤이어 큰비가 퍼붓듯이 내렸다. 동튀 어쩔 수 없다. 할 수 없다. 그만두다. 그냥 넘기다. 따지지 않다. 됐다. 더 이상 왈가왈부하지 않다. ¶~! 今之从政者殆而! =말지어다! 오늘날 정사를 좇는 것은 위태할 것이니!

【已故】yǐgù 동 이미 세상을 떠나다. 이미 서거하다. ¶~物理学家爱因斯坦=이미 세상을 떠난 물리학자 아인슈타인.

【已婚】yǐhūn 동 이미 결혼했다. 기혼이다.

【已极】yǐjí 튀 극단(적)으로. 극도로. ¶丑恶~=극도로 추악하다.

【已经】yǐ·jing 튀 이미. 벌써. ¶飞机~起飞了. =비행기가 이미 이륙했다. 늑已然

【已决犯】yǐjuéfàn 몡(法) 기결수(旣決囚). 수형자.

【已然】yǐrán 동 이미 이러하다. 이미 그렇게 되다. ¶自古~=옛날부터 이미 그러했다. 튀 이미. 벌써. ¶事态~如此, 还是另想别的办法吧. =사태가 이미 이렇게 되었으니, 그래도 다른 방법을 생각해 보자. 늑已经 ↔未然

【已甚】yǐshèn 톙 (정도가) 지나쳐다. 너무 심하다. 과분하다. 과장되다. ¶不为~=지나치지 않고 적당하다.

【已往】yǐwǎng 몡 이왕. 과거. 이전. 종전. ¶~的事, 就不要再提了. =과거의 일은 더 이상 언급하지 마라. 늑从前

【已知】yǐzhī 동 이미 알다. ¶~领域=이미 알고 있는 분야.

【已知数】yǐzhīshù 몡(數) 1 기지수(旣知數). 2 뻔한 일. 이미 결과를 알고 있는 일. ¶别卖关子了, 你说的这个案子的结果就是~啦. =뜸들이지 마, 네가 말하는 이 사건의 결과는 뻔하니까.

\*\* 【以¹[(㠯)】yǐ 써 이

개 1 …(으)로(써). …을[를] 가지고. …을[를] 근거로. ¶晓之~理, 动之~情. =이치로 일러주고, 정으로 마음을 움직이다. 2 …에게 …을[를] 주다. [‘给予(주다)' 형태의 의미가 있는 동사·목적어 구조에 쓰여, 주는 대상을 끌어들임] ¶观众报之~热烈的掌声. =관중들이 열렬한 박수로 이에 보답하다. 3 …에 의해. …에 따라. …에 근거하여. ¶~姓氏笔画顺序从小到大列. =성씨의 획수(劃數) 순서에 따라, 작은 것에서 큰 것으로 배열하다. 4 … 때문에. …까닭에. …로 인하여. ¶不~人废言. =사람을 보아 그 사람의 말[의견]을 무시하지 않다. 5 至…=…에. ¶先生~1936年卒于北平. =선생님께서는 1936년 베이핑(北平)에서 돌아가셨다. 젭 1 …하여. …함으로써. …하기 위하여. [두 개의 동사 성질의 사조(詞組)나 구를 연결하여 후자가 전자의 목적임을 나타냄] ¶~广视听=널리 보고 듣기 위하여. 2 튀 …(하)고(도). ¶城高~厚, 地广~深. =성이 높고 두터우며, 땅이 넓고 길다.

\*\* 【以²[(㠯·㠯)】yǐ 에서 이

개 단음절 방위사·처소사 앞에 쓰여 시간·공간·수량의 한계를 나타냄. ¶一周~后=일주일 이후. / 长城~北=만리장성 이북.

⚬ 得以, 何以, 可以, 所以, 足以, 所以然

【以暴易暴】yǐbào-yìbào 성 1 난폭한 세력으로 난폭한 세력을 대체하다. 2 통치자가 바뀌었으나, 포학한 통치는 여전히 그대로이다. 3 하나의 환난을 없애기 위해 다른 환난을 불러들이다. 4 폭력으로써 폭력에 대응하다.

【以备】yǐbèi 동 …로써[하여] …에[을·를] 방비[대비]하다. ¶~不虞=뜻밖의 일에 대비하다.

【以备万一】yǐbèi wànyī 성 만일에 대비하다.

【以便】yǐbiàn 젭 …(하기에 편리)하도록. …하기 위하여. [구를 연결할 때 뒷구의 처음에 쓰여, 앞 구에서 말한 조건이 뒷구에서 말하는 목적을 쉽게 실현하도록 함을 나타냄] ¶你要把材料准备好, ~发言. =너는 발표하기 편리하도록 자료를 잘 준비해야 한다.

【以不变应万变】yǐ bùbiàn yìng wànbiàn 성 현재 상태를 유지하고 내부의 진영을 공고히 하는 책략으로, 앞으로 닥쳐올 변화를 냉정하게 관찰하고 대응할 방법을 결정하다.

【以诚相待】yǐchéng-xiāngdài 성 진심으로 다른 사람을 대하다.

**yǐ** 以

【以此类推】yǐcǐ-lèituī ☞【依此类推】yīcǐ-lèituī

【以次】yǐcì 圄 이하. 아래. 다음. ¶~问题，需重新讨论. =아래 문제는 다시 토론할 필요가 있다. 圄 순서대로. 순서에 의하여. 차례로. ¶~就座 =순서대로 자리에 앉다.

【以次充好】yǐcì-chōnghǎo 나쁜 물건을 좋은 물건으로 속이다.

【以德报德】yǐdé-bàodé 은덕으로 다른 사람이 자기에게 베푼 은덕을 갚다.

【以德报怨】yǐdé-bàoyuàn 은덕으로 다른 사람의 원한을 갚다. 원수에게 은덕을 베풀다. ↔以怨报德 恩将仇报

【以毒攻毒】yǐdú-gōngdú 1 독약으로 독창(毒疮) 등의 질병을 치료하다. 독으로 독을 다스리다. 2 서로 첨예하게 맞설 때, 상대방보다 더 심한 수단으로 상대방을 제압하다. 3 다른 악인으로 악인을 물리치다.

【以讹传讹】yǐ'é-chuán'é 안 그래도 잘못된 소문이 또 잘못 전해져서, 번질수록 더욱 잘못되다. 헛소문이 꼬리를 물고 번져 가다.

【以耳代目】yǐ'ěr-dàimù 1 귀로 눈을 대신하다. 2 들은 소문을 직접 본 사실로 여기다. 3 직접 상황을 확인하지 않고, 다른 사람의 말만 믿다.

【以防万一】yǐfáng-wànyī 발생 가능성이 대단히 희박한 의외의 상황에 대비하다. 만일에 대비하기 위하여.

【以工代赈】yǐgōng-dàizhèn 이재민을 (수리 사업·도로 건설 등) 국가의 공사에 참여시켜 보수를 지급함으로써 재난을 이겨 내도록 돕다. 일을 주어서 구제하다. 공사를 벌여 실업자를 구제하다.

【以功补过】yǐgōng-bǔguò 공을 세워 지난 잘못을 벌충하다.

【以攻为守】yǐgōng-wéishǒu 공격을 최선의 수비로 삼다.

【以古非今】yǐgǔ-fēijīn 옛일을 인용하여 현재의 일을 비난하고 공격하다.

【以寡敌众】yǐguǎ-dízhòng 소수로 다수에 맞서다. 작은 세력으로 큰 세력과 맞서다.

【以观后效】yǐguān-hòuxiào 범법자나 잘못을 저지른 사람을 관대하게 처리하여, 앞으로 개전(改悛)의 모습이 있는가 없는가를 관찰하다.

【以管窥天】yǐguǎn-kuītiān 1 대나무 대롱으로 하늘을 보다. 2 안목이 좁고, 견식이 짧고 얕다. ≒以蠡测海

【以后】yǐhòu 圄 이후. 금후. ¶三年~ =3년 이후. / 从今~ =오늘 이후로. 지금부터.

【以还】yǐhuán 圄圄 이래. 동안. ¶隋唐~，方兴科举. =수당(隋唐) 이래로, 바야흐로 과거가 흥하다.

【以及】yǐjí 젭 및. 그리고. 아울러. [병렬 관계의 사조(詞組)나 구를 연결하여 연합 관계임을 표시하며, 뒤에는 때때로 비교적 다음으로 중요한 부분임] ¶他的简历上写了学历、学位、专业、特长~身体状况. =그는 이력서에 학력·학위·전공

·특기 그리고 신체 사항을 적었다.

【以己度人】yǐjǐ-duórén 자기의 생각으로 남을 추측하다. 주관적인 판단으로 남의 마음을 헤아리다.

【以假乱真】yǐjiǎ-luànzhēn 가짜를 진짜인 것처럼 속여, 사람들이 진위를 구별하기 힘들게 하다. 속임수를 써서 진상을 은폐하다.

【以降】yǐjiàng 圄圄 이후. 금후. ¶自今~ =지금 이후로.

【以近】yǐjìn 圄 (철도·고속 도로·항공 등 교통로에서 어떤 곳보다) 가까운 곳[정류장]. ¶本次列车郑州~的车票已经卖完了. =이번 열차의 정저우(郑州)보다 가까운 정류장의 차표는 이미 매진되었다. ↔以远

【以儆效尤】yǐjǐng-xiàoyóu 어떤 나쁜 사람들이나 나쁜 일에 대해 엄하게 조치를 함으로써 이와 같은 나쁜 짓을 하려는 사람에게 경고하다. 일벌백계하다.

【以来】yǐlái 圄 이래. 동안. ¶入冬~ =겨울이 된 이래.

【以蠡测海】yǐlí-cèhǎi 1 표주박으로 바닷물을 되다. 2 안목이 좁고, 견식이 짧고 얕다. ≒以管窥天

【以礼相待】yǐlǐ-xiāngdài 마땅한 예의로써 대하다. 예의를 갖추어 대하다.

【以理服人】yǐlǐ-fúrén 이치에 맞게 남을 설복하다. 사리를 밝혀 가며 설득하다.

【以利累形】yǐlì-lèixíng 이익을 추구하기 위해 몸을 돌보지 않다.

【以邻为壑】yǐlín-wéihè 1 이웃 나라를 넘치는 홍수의 배수지로 삼다. [《맹자·고자하(孟子·告子下)》에 나오는 "禹以四海为壑，今吾子以邻国为壑(우는 사해를 골짜기로 삼았는데, 지금 당신은 이웃 나라를 골짜기로 삼고 있다)."에서 유래함] 2 화를 남에게 전가시키다. 어려움이나 문제를 다른 사람에게 미루다. ↔相濡以沫

【以卵击石】yǐluǎn-jīshí ☞【以卵投石】yǐluǎn-tóushí

【以卵投石】yǐluǎn-tóushí 1 계란으로 바위를 치다. 2 자신의 능력을 정확하게 헤아리지 못하면 실패하게 마련이다. =【以卵击石】yǐluǎn-jīshí ≒螳臂当车

【以貌取人】yǐmào-qǔrén 용모로 사람의 품성·능력을 평가하다. 용모로 사람을 고르다. 외모로 상대방을 대할 태도를 결정하다. ↔量才录用

【以免】yǐmiǎn 젭 …하지 않도록. …않기 위해서. ¶早点儿起床，以免上学迟到. =학교에 늦지 않도록 좀 일찍 일어나요. ≒免得

【以沫相濡】yǐmò-xiāngrú ☞【相濡以沫】xiāngrú-yǐmò

【以内】yǐnèi 圄 이내. [주로 시간·수량·장소·범위 등을 가리킴] ¶年度~ =금년 이내. / 500元~ =500위안 이내. ↔以外

【以偏概全】yǐpiān-gàiquán 1 부분으로 전체를 판단하다. 2 한 가지 측면을 가지고 전체를 개괄하다.

【以期】yǐqī 젭 …을[를] 목적으로 하여. …하기

위해서. …하도록. ¶反复核对, ～准确无误。＝정확하고 착오가 없도록 반복해서 맞춰 봐요.
【以其昏昏, 使人昭昭】**yǐqí hūnhūn, shǐrén zhāozhāo** [성] 자신도 잘 이해하지 못하면서 다른 사람을 가르치거나 지휘하다.
【以其人之道, 还治其人之身】**yǐ qí rén zhī dào, huán zhì qí rén zhī shēn** [성] **1** 그 사람의 방식으로 그 사람을 다스리다. **2** [비] 그 사람이 주장하는 도리로 그 사람을 대응하다. 악한 사람이 썼던 그 방법으로 징계하다.
【以前】**yǐqián** [명] 이전. 전. ¶唐代～＝당대 이전. / 毕业～＝졸업 이전.
【以强凌弱】**yǐqiáng-língruò** [성] 자신의 강한 세력을 믿고 약자를 깔보다. 권세를 믿고 남을 업신여기다.
【以勤补拙】**yǐqín-bǔzhuō** [성] 부지런함으로 우둔함을 보충하다. 부지런함으로 부족한 재능을 보완하다.
【以求】**yǐqiú** [동] 갈망하다. 간절히 바라다. 갈구하다. ¶梦寐～＝자나깨나 갈망하다.
【以求一逞】**yǐqiú-yīchěng** [성] 그릇된 야망〔목적〕을 달성하려고 하다.
【以屈求伸】**yǐqū-qiúshēn** [성] **1** 앞을 향해 펴기 위해 몸을 움츠리다. **2** [비] 일시적으로 굽힘으로써 미래의 발전을 도모하다. 더 많은 이득을 얻기 위해 사소한 것을 양보하다. 전진을 위해 잠시 뒤로 물러서다.
【以权谋私】**yǐquán-móusī** [성] 권리를 이용해서 사리사욕을 채우다.
【以人废言】**yǐrén-fèiyán** [성] **1** 말을 잘 한다 해서 사람을 발탁하지 않고, 사람이 나쁘다 해서 그가 말한 옳은 말까지 부정하지는 않는다. [《논어·위령공(論語·衛靈公)》에 나오는 "君子不以言举人, 不以人废言(군자는 말로써 사람을 쓰지 않고 사람의 품행으로 그 사람의 말을 무시하지 않는다)。"에서 유래함] **2** 사람의 지위가 낮거나 결점이 있다 하여 그 사람의 말까지 들으려 하지 않다. ＝【因人废言】**yīnrén-fèiyán**
【以人为鉴】**yǐrén-wéijiàn** [성] **1** 다른 사람을 거울로 삼다. **2** 다른 사람의 성패와 잘잘못을 본보기로 삼아 자신을 경계하다. ＝【以人为镜】**yǐrén-wéijìng**
【以人为镜】**yǐrén-wéijìng** ☞【以人为鉴】**yǐrén-wéijiàn**
【以柔克刚】**yǐróu-kègāng** [성] **1** 부드러움으로 강함〔단단함〕을 이기다. **2** [비] 유연한 방법으로 강한 적을 이기다.
【以色列】**Yǐsèliè** [명][외]《地》이스라엘(Israel). [수도는 '耶路撒冷(예루살렘 : Jerusalem)' 임]
【以色列教】**Yǐsèlièjiào** ☞【犹太教】**Yóutàijiào**
【以上】**yǐshàng** [명] **1** 이상. ¶70岁～的老人＝70세 이상의 노인. / 副教授～人员＝부교수 이상의 사람. **2** 이상(의 말한 것). 상기〔상술〕한 것. ¶～是我个人的看法, 不妥之处请批评。＝이상의 것은 저 개인의 관점이니, 타당하지 않은 점이 있으면 비평해 주시길 바랍니다. ↔以下
【以身试法】**yǐshēn-shìfǎ** [성] **1** 몸소 법의 위력을 시험해 보다. **2** 법을 잘 알면서 고의로 법을 어기다.
【以身报国】**yǐshēn-bàoguó** ☞【以身许国】**yǐshēn-xǔguó**
【以身许国】**yǐshēn-xǔguó** [성] **1** 몸을 국가에 바치다. **2** 생명의 위험을 무릅쓰고 충심으로 국가에 보답하다. 목숨을 바쳐 국가에 충성하다. ＝【以身报国】**yǐshēn-bàoguó**
【以身殉职】**yǐshēn-xùnzhí** [성] 목숨을 바쳐 맡은 바 직분을 충실히 하다. 순직하다. ↔玩忽职守 临阵脱逃
【以身作则】**yǐshēn-zuòzé** [성] 솔선수범하다. 몸소 모범을 보이다. ≒言传身教
【以升量石】**yǐshēng-liángdàn** [성] **1** 조그마한 되로 섬곡식을 되다. **2** [비] 비천한 이해로써 심오한 도리를 짐작하다. 소인의 능력으로 군자의 뜻을 헤아리다. 좁은 식견으로 큰 인물을 평가하다.
【以势压人】**yǐshì-yārén** [성] 권세로 사람을 억압하다. 세력으로 남을 내리누르다.
【以售其奸】**yǐshòu-qíjiān** [성] 간계(奸計)를 팔아먹다.
【以汤沃雪】**yǐtāng-wòxuě** [성] **1** 뜨거운 물을 눈 위에 붓다. **2** [비] 누워서 떡먹기이다. 식은죽먹기이다. (일이) 매우 수월하다.
【以汤止沸】**yǐtāng-zhǐfèi** [성] **1** 끓는 물로 끓는 물을 다스리다. **2** [비] 방법이 잘못되어 아무런 도움이 되지 않고 도리어 역효과를 가져오다.
【以退为进】**yǐtuì-wéijìn** [성] **1** 겸양은 덕행의 발전적인 모습이다. **2** 일시적으로 굽힘으로써 미래의 발전을 도모하다. 더 많은 이득을 얻기 위해 사소한 것을 양보하다. 전진을 위해 물러서다.
【以外】**yǐwài** [명] 이외. 이상. 밖. [주로 수량·시간·장소·범위 등을 가리킴] ¶一米～＝1미터 이외. / 院墙～＝정원 담장 밖. ↔以内
【以往】**yǐwǎng** [명] 이전. 과거. 이왕. 기왕. ¶～这里是个渔村, 现在却是个大城市了。＝과거에 이곳은 어촌이었는데, 지금은 대도시가 되었다.
【以为】**yǐwéi** [동] 여기다. 생각하다. 간주하다. 알다. 인정하다. [현대 한어에서 주로 '…라고 여겼는데 아니다' 라는 부정적인 어기를 내포함] ¶不～然＝대수롭지 않게 여기다. ≒认为

**以为(yǐwéi) / 认为(rènwéi)**
**여기다, 생각하다**

동사로, 사람이나 일에 대해 생각을 말하거나 판단할 경우 양자는 호환이 가능함. ¶我们以为〔认为〕保护环境是非常重要的。＝우리들은 환경 보호가 아주 중요하다고 생각한다. / 你不会以为〔认为〕我在骗你呢? ＝내가 너를 속이고 있다고 생각하지는 않지?

以为 : 잘못되거나 사실에 부합되지 않는 생각이나 판단을 나타냄. ¶我吓了一跳, 以为他又有什么事。＝난 그가 또 무슨 일이 있는 줄 알고 깜짝 놀랐어.

认为 : 중대한 사물이나 일반 사물에 대해 어떤 주장을 하는 것을 나타냄. ¶有人认为这个研究有

> 一定的局限性。=어떤 사람은 이 연구가 어느 정도 한계성이 있다고 생각한다.

【以文会友】**yǐwén-huìyǒu** [성] 글로써 친구를 사귀다.

【以下】**yǐxià** [명] **1** 이하. [주로 수량·위치·등급 등을 가리킴] ¶5岁~的幼儿=5세 이하의 유아. / 十层~的楼房=10층 이하의 건물. **2** 그 다음(의 말). 아래의 말[문장]. ¶~是获奖的名单=다음은 수상자 명단이다. ↔以上

【以销定产】**yǐxiāo-dìngchǎn** [성] 상품 판매 현황을 근거로 생산량을 결정하다.

【以小见大】**yǐxiǎo-jiàndà** [성] **1** 작은 것을 통하여 큰 것을 보다. 현상으로 본질을 보다. **2** 어릴 때의 행동을 보면 성장 후의 능력을 짐작할 수 있다.

【以小人之心, 度君子之腹】**yǐ xiǎorén zhī xīn, duó jūnzǐ zhī fù** [성] **1** 소인의 마음으로 군자의 생각을 헤아리다. **2** 저속한 마음으로 고상한 사람의 생각을 추측하다.

【以牙还牙】**yǐyá-huányá** ☞【以眼还眼, 以牙还牙】**yǐyǎn huányǎn, yǐyá huányá**

【以眼还眼, 以牙还牙】**yǐyǎn huányǎn, yǐyá huányá** [성] **1** 눈에는 눈, 이에는 이. 상대와 동일한 수단으로 반격하다. **2** 서로 첨예하게 대립하여 조금도 물러섬이 없다. =【以牙还牙】**yǐyá-huányá**

【以一当十】**yǐyī-dāngshí** [성] **1** 한 사람이 열 사람을 상대하다. 일당십. **2** 적은 수의 병력으로 많은 적을 상대하여 용감하게 선전하다.

【以一儆百】**yǐyī-jǐngbǎi** [성] 한 사람을 벌하여 백 사람을 경계하다. 일벌백계하다.

【以一知万】**yǐyī-zhīwàn** [성] **1** 한 가지 일로 여러 가지 일을 유추할 수 있다. **2** 도리를 깨치면 각종 구체적인 상황과 사물을 규명할 수 있다.

【以夷伐夷】**yǐyí-fáyí** [성] **1** 오랑캐의 힘을 빌어 오랑캐를 제압하다. **2** [비] 한 나라의 힘을 빌어 다른 나라를 제압하다. 적 내부의 모순과 충돌을 이용하여 그들의 힘을 약화시키다. =【以夷攻夷】**yǐyí-gōngyí**【以夷制夷】**yǐyí-zhìyí**

【以夷攻夷】**yǐyí-gōngyí** ☞【以夷伐夷】**yǐyí-fáyí**

【以夷制夷】**yǐyí-zhìyí** ☞【以夷伐夷】**yǐyí-fáyí**

【以逸待劳】**yǐyì-dàiláo** [성] 쉬면서 힘을 비축했다가 피로한 적군을 맞아 싸우다.

【以远】**yǐyuǎn** [명] (철도·도로·항공상의 어느 역이나 정거장 혹은 비행장에서) 먼 곳. ¶北京到广州的特快只售郑州~的车票。=베이징발 광저우행 특급 열차는 정저우보다 먼 곳의 차표만 판다. ↔以近

【以怨报德】**yǐyuàn-bàodé** [성] 은혜를 원수로 갚다. 원한으로 은혜를 갚다. ≒恩将仇报 ↔以德报怨

【以正视听】**yǐzhèng-shìtīng** [성] (허상·거짓말을 폭로하여) 사람들의 인식을 바르게 하다. 사실에 대한 정확한 이해를 심어 주다.

【以直报怨】**yǐzhí-bàoyuàn** [성] 공정한 태도로 원수를 대하다. 정의로 원한을 갚다.

【以至】**yǐzhì** [접] **1** …까지. …에 이르기까지. ¶通过技术改造, 我们的生产效率将能提高几倍~十几倍。=기술 개선을 통해서 우리들의 생산 효과를 몇 배에서 수십 배까지 향상시킬 수 있다. **2** …로 하여. …때문에. …하느라고 …하다. …에 이르다. [복합문의 뒷문장 머리에 쓰여 앞 문장에서 서술한 동작이나 상황의 결과를 나타냄] ¶他专心写作, ~妻子敲了很长时间的门他也没听到。=그는 글 쓰는 데 전념하느라 아내가 한참 동안 문을 두드렸지만 듣지 못했다. =【以至于】**yǐzhìyú**

> 以至(**yǐzhì**) / 以致(**yǐzhì**)
> …로 하여, …때문에
>
> 둘 다 모두 접속사로, 뒷문장의 앞에 쓰여 앞에 나온 원인에서 야기된 어떤 결과를 나타냄.
>
> 以至 : 연결된 결과는 좋은 것일 수도 있고 안 좋은 것일 수도 있음. ¶这篇文章我已经念得很熟了, 以至有些地方我都能背出来。=이 글은 이미 익숙할 정도로 읽어서 어떤 부분은 외울 수 있다. / 他清醒之极, 以至完全无法人睡。=그는 정신이 너무 말똥말똥해서 전혀 잠을 이루지 못했다.
>
> 以致 : 연결된 결과는 왕왕 안 좋은 것임. ¶学生考试时, 心情过于紧张, 以致答题出现许多错误。=학생들이 시험 볼 때 지나치게 긴장하기 때문에 오답이 많이 나온다.
>
> ▶ 이 외에, '以至'는 '범위 · 수량 · 정도' 등이 확대되거나 심화됨을 나타내기도 함. ¶特别是遇上紧急大事, 有时两三天以至四五天不睡觉, 连续工作着。=특히 긴급하고 중대한 일에 부닥치면 어떤 때는 2, 3일에서 4, 5일 간 잠을 자지 않고 계속해서 일한다.

【以至于】**yǐzhìyú** ☞【以至】**yǐzhì**

【以致】**yǐzhì** [접] …이[가] 되다. …을[를] 가져오다[초래하다]. …에 이르다. [주로 나쁜 결과나 원치 않는 일에 쓰임]=【以致于】**yǐzhìyú** ¶他不听大家的劝告, ~落到今天这步田地。=모든 사람들의 충고를 듣지 않아서, 오늘날 그는 이 지경에 이르렀다.

【以致于】**yǐzhìyú** ☞【以致】**yǐzhì**

【以珠弹雀】**yǐzhū-tánquè** ☞【明珠弹雀】**míngzhū-tánquè**

【以资】**yǐzī** [동] …을[를] …의 수단으로 삼다. ¶~借鉴=본보기로 삼다.

【以资鼓励】**yǐzī-gǔlì** [성] 격려의 수단으로 삼다.

【以子之矛, 攻子之盾】**yǐ zǐ zhī máo, gōng zǐ zhī dùn** [성] **1** 당신의 창으로 당신의 방패를 찔러 보아라. **2** [비] 상대방의 관점·방법·언론 등으로 상대방을 반박하다. 상대방을 자기 모순에 빠뜨리다.

## 钇[釔] yǐ 이트륨 을

명외(化) 이트륨(Y, Yttrium). [원자 번호 39]

## 苡 yǐ 율무 이
명(植) 율무.
【苡米】yǐmǐ ☞【薏米】yìmǐ
【苡仁】yǐrén ☞【薏米】yìmǐ

## **尾 yǐ 말총 미
명(주) (~儿) 1 말총. ¶马~罗=말총으로 만든 쳇불. 2 귀뚜라미 등의 미각(尾角). ¶三~儿=미각이 셋 달린 암귀뚜라미.
☞ wěi

## 矣 yǐ 어조사 의
조(문) 1 진술의 어기를 나타냄. ['了(·le)'에 상당함] ¶悔之晚~。=후회해도 늦었다. 2 감탄의 어기를 나타냄. ¶甚~, 汝之不惠！=심하도다, 너의 어리석음이!

## 苢 yǐ 질경이 이
☞【苤苢】fúyǐ

## 迤 yǐ 비스듬할 이
동 (지세가) 비스듬히 길게 뻗어 나가다. ¶长江自此~向东北。=창장은 여기서부터 동북으로 비스듬히 길게 뻗어 나간다. 개 …쪽으로. ['往(wǎng)·向(xiàng)'에 상당함] ¶天安门~东是劳动人民文化宫。=천안문은 동쪽은 노동 인민 문화궁이다.
☞ yí
【迤逦】yǐlǐ 형(문) 1 구불구불 이어진 모양. ¶群山~=뭇 산들이 구불구불 연이어 있다. 2 완만하게〔느릿느릿〕행진하는 모양. ¶~而行=완만하게 나아가다.

## 蚁[蟻] yǐ 개미 의
명 1 (動) 개미. ¶蝼~=땅강아지와 개미. 2 (Yǐ) 성(姓).

◦● 白蚁, 蚕cán蚁, 蝼lóu蚁, 蚂mǎ蚁

【蚁蚕】yǐcán ☞【蚕蚁】cányǐ
【蚁垤】yǐdié 명 개밋둑. 개미탑. 의질(蟻垤). 의총(蟻冢).
【蚁封】yǐfēng 명 개밋둑. 개미탑. 의질(蟻垤). 의총(蟻冢).
【蚁负粒米, 象负千斤】yǐ fù lì mǐ, xiàng fù qiān jīn 속 1 개미는 쌀 한 알을 지고 코끼리는 천 근을 진다. 2 (비) 나름대로의 능력에 따라 힘을 다하다.
【蚁聚】yǐjù 동(문)(비) 개미 떼처럼 집결하다〔뭉치다〕. ¶~为盗=개미 떼처럼 모여 도적이 되다.
【蚁命】yǐmìng 명(문)(비) 개미 목숨. 개미 같은 목숨. 미천한 목숨.
【蚁醛】yǐquán ☞【甲醛】jiǎquán

## 舣[艤] yǐ 배 댈 의
동(문) 배를 강가에 대다. 정박하다. ¶~舟登岸=강가에 배를 대고 뭍에 오르다.

## *倚 yǐ 의지할 의
동 1 (몸을) 기대다. ¶~栏远眺=난간에 기대어 멀리 바라보다. 2 (권세·권력 등에) 의지하다. 빌붙다. ¶~势欺人=권력에 빌붙어 사람을 업신여기다. 형(문) 기울어지다. 치우치다. 편향되다. ¶不偏不~=어느 한쪽으로도 치우치지 않다. 명 (Yǐ) 성(姓).
【倚傍】yǐbàng 동 기대다. 의지하다. 바싹 다가서다.
【倚靠】yǐkào 동 1 (몸을) 기대다. ¶她~在门边向远处看。=그녀는 문가에 기대어 먼 곳을 바라본다. 2 달려 있다. 의탁하다. 의지하다. 믿다. 등에 업다. ¶以后的事还要~你们多帮忙。=이다음의 일도 또 여러분의 많은 도움을 빌어야 한다. 명 의지할 사람(물건). ¶丈夫是妻子的~。=남편은 아내가 의지하는 사람이다.
【倚赖】yǐlài 동 믿다. 의지하다. 의뢰하다. 기대다. 힘입다. ≒依赖
【倚老卖老】yǐlǎo-màilǎo 성 늙은 티를 내며 거만하게 행세하다. 나이를 내세워 뻣뻣하게 굴다. 처신은 못 따라가면서 나이 대접만 받으려 들다.
【倚马可待】yǐmǎ-kědài ☞【倚马千言】yǐmǎ-qiānyán
【倚马千言】yǐmǎ-qiānyán 성 1 전장에 나가는 말에 잠깐 기대고서도 훌륭한 글을 써내다. 2 글재주가 뛰어나서 단번에 훌륭한 글을 써내다. ≒【倚马可待】yǐmǎ-kědài
【倚门】yǐmén 동 문에 기대다. ¶~卖笑=문에 기대어 웃음을 팔다.
【倚势】yǐshì 동 세력에 의지하다. 권세를 등에 업다. ¶~压人=권세를 등에 업고 사람을 억압하다.
【倚仗】yǐzhàng 동 (어떤 힘이나 유리한 조건에) 의지하다. 기대다. ¶~权势=권세에 기대다.
【倚重】yǐzhòng 동 믿고 신뢰하다. 두텁게 신임하다. ¶~贤能=현명하고 재능 있는 사람을 두텁게 신임하다.

## 扆 yǐ 병풍 의
명 1 옛날, 문이나 창에 치던 병풍. 2 (Yǐ) 성(姓).

## *椅 yǐ 의자 의
명 의자. ¶躺~=등을 대고 누울 수 있는 긴 의자. / 藤~=(등나무 등의) 덩굴로 만든 의자.
☞ yī

◦● 电椅, 交椅, 轮lún椅, 圈quān椅, 躺tǎng椅, 摇yáo椅, 转zhuàn椅

【椅背】yǐbèi 의자 등받이.
【椅凳】yǐdèng 명 의자와 걸상.
【椅垫】yǐdiàn 명 의자에 까는 방석.
【椅披】yǐpī 명 의자 등받이에 걸치는 천.
【椅套】yǐtào 명 의자 커버〔덮개〕.

## 2320 yǐ 椅颐蛾旖踦齮乂弋亿义

**【椅子】yǐ·zi** 圀 의자.

## 颐[頤] yǐ 편안할 이
형용 조용하다. 고요하다. 안정하다. [옛날, 주로 인명에 쓰임]

## 蛾 yǐ 개미 의
명 '蚁(yǐ)'와 같음.
☞ é

## 旖 yǐ 아름다운 모양 의
**【旖旎】yǐnǐ** 형용 부드럽고 아름다운 모양. ¶风光~=경치가 온화하고 아름답다.

## 踦 yǐ 기대설 의
동 버티다. 지탱하다. 기대다.

## 齮[齮] yǐ 깨물 의
동 깨물다. 물어뜯다. 갉아먹다.
**【齮龁】yǐhé** 동 1 물어뜯다. 갉아먹다. 2 시기하다. 서로 배척하다. 알력이 생기다.

## 乂 yì 다스릴 예
동 다스리다. 안정시키다. ¶保国~民=국가를 보위하고 백성을 다스리다. 형 안정하다. 평안하다. ¶~安=안정되어 평온하다.

## 弋 yì 주살 익
동 주살로 새를 쏘다. 명 1 주살. 2 (Yì) 성(姓).
**【弋获】yìhuò** 동 1 (주살로) 쏘아 잡다. 2 (도적 등을) 체포하다.
**【弋腔】yìqiāng** ☞ **【弋阳腔】yìyángqiāng**
**【弋阳腔】yìyángqiāng** 명(劇) 익양강(弋陽腔). [장시(江西)성 이양(弋阳)에서 생겨나 널리 유행하는 전통극 곡조의 하나로, 한 사람이 독창하고 여러 사람이 보조를 맞추며, 현악기를 쓰지 않고 타악기로 반주하는 것이 특징임]=【弋腔】yìqiāng

## 亿[億] yì 억 억
주 1 억. 2 (고대의) 10만.
**【亿万】yìwàn** 주 억만. 셀 수 없을 만큼 많은 수. ¶~富翁=억만장자.
**【亿万斯年】yìwàn-sīnián** 성 억만사년. 억만 겁. 한없이 긴 세월.

## **义[義]** yì 옳을 의
명 1 의. 정의. 올바른 도리. 정의에 합당한 행동. 의로운 일. ¶正~=정의. / 大~灭亲=정의를 위해서는 부모 형제라도 봐주지 않는다. 2 뜻. 의미. ¶~词=단어의 뜻. / 望文生~=글자만 보고 대강 뜻을 짐작하다. 3㉠ 의로 맺은 친족 관계. 의리의 관계. ¶忠~=충성과 절의. 4 의리. 정의(情誼). 우의. ¶无情无~=정도 의리도 없다.

○ 义 yì
　仅 yí
　蚁 yǐ
　议 yì
　舣 yǐ

5(Yì) 성(姓). 형 1 정의에 합당한. 의로운. 올바른. ¶共襄~举=의거(義擧)를 같이 돕다. / 救灾~演=이재민 구호를 위해 자선 공연하다. 2 의로 맺은. ¶~结~兄弟=의형제. 결의형제. / ~妹=의자매. 3 (인체에 있어서) 인공적인. 해 넣은. 본래 것이 아닌. ¶安装~肢=의지(義肢)를〔의수·의족을〕 장착하다〔달다〕.

○ 贬biǎn义, 本义, 广义, 含义, 涵hán义, 进义, 教义, 结义, 就义, 名义, 歧qí义, 仁义, 释shì义, 首义, 狭xiá义, 信义, 演义, 要义, 疑yí义, 意义, 音义, 正义, 主义, 转zhuǎn义

**【义兵】yìbīng** 명 의병. 의용병.
**【义不容辞】yìbùróngcí** 성 1 도의상 거절하지 못하다. 의리상 거절할 수 없다. 2 비 (의로운 일에) 기꺼이〔적극적으로·발벗고〕 나서다. 앞장서다 当仁不让
**【义仓】yìcāng** 명 옛 의창. [흉년에 대비해서 곡식을 모아 두던 지방의 식량 창고]
**【义齿】yìchǐ** ☞ 【假牙】jiǎyá
**【义地】yìdì** 명 옛 1 빈민을 위한 공동 묘지. 2 개인 또는 단체가 출자해 만든 묘지.
**【义弟】yìdì** 명 의제. 의리로 맺은 아우.
**【义愤】yìfèn** 명 의분. ¶激起~=의분을 불러일으키다.
**【义愤填膺】yìfèn-tiányīng** 성 1 의분이 가슴에 가득 차다. 2 몹시 분노하다. 분노에 치를 떨다. 노기충천하다
**【义父】yìfù** 명 의부. 양아버지.
**【义工】yìgōng** 명 1 자원 봉사 활동. ¶做~=자원 봉사 활동을 하다. 2 자원 봉사자. ¶他当~已有两年了。=그가 자원 봉사자가 된 지 벌써 2년이나 되었다.
**【义和团】Yìhétuán** 명 의화단. [청(淸)말 제국주의 침략에 반대하여 북방의 농민이 주축이 되어 조직한 단체]
**【义举】yìjǔ** 명 1 의거. 2 자신의 재물을 내어 의로운 일을 하는 행위.
**【义捐】yìjuān** 동 기부하다. 의연하다. 출연하다. 희사하다. ¶为支援灾区, 社会各界慷慨~。=이재 지역을 지원하기 위해서 사회 각계 인사들이 서슴없이 기금을 내다. 명 기부금. 성금. 의연금. 의연품. 기부 물품. 희사금. 희사품. ¶所有~都已发送灾区。=모든 기부 물품과 성금은 이미 모두 재난 지역에 보냈다.
**【义军】yìjūn** 명 의군. 의용군.
**【义理】yìlǐ** 명 언론이나 문장의 내용과 이치. ¶剖析~=언론이나 문장의 내용과〔요지와〕 이치를 분석하다.
**【义例】yìlì** 명 저작의 요지와 체재.
**【义卖】yìmài** 동 자선 바자회를 열다.
**【义母】yìmǔ** 명 의모. 양어머니.
**【义女】yìnǚ** 명 양녀. 수양딸.
**【义拍】yìpāi** 동 자선 경매를 하다.
**【义旗】yìqí** 명 의기. 의병의 군기〔기치〕.
**【义气】yì·qi** 명 의기. 의리. 의협심. ¶讲~=의리를 중시하다. 형 의리가 있다. 의기가 가득하다.

의협심이 있는. ¶此人够~, 可交. =이 사람은 의리가 강해서 사귈 만하다.
【义赛】 yìsài 동 자선 시합을 하다.
【义师】 yìshī 명 의로운 군대. 의군. 의용군. 의병. 의려(義旅).
【义士】 yìshì 명원 의사. 의인. 의로운 사람. ¶仁人~=어질고 의로운 사람.
【义疏】 yìshū 명 경전의 주석본.
【义塾】 yìshú 명 의숙. 공익을 위하여 의연금으로 설립한 교육 기관. ≒义学
【义无反顾】【义无返顾】 yìwúfǎngù 성 정의를 위해 뒤돌아보지 않고 용감하게 나아가다. 조금도 주저하지 않고 정의를 위해 나아가다. ≒破釜沉舟 勇往直前 ↔瞻前顾后
【义无返顾】 yìwúfǎngù ☞【义无反顾】 yìwúfǎngù
【义务】 yìwù 1 의무. ¶公民的基本权利和~=국민의 기본 권리와 의무. 2 도의상의 의무〔책임〕. 도의적인 책임. ¶大家都有~帮助弱势人群.=모든 사람은 소외 계층을 도와야 할 도의적인 책임이 있다. 형 무보수의. 봉사의. ¶~演出=무료 공연. ↔权利
【义务兵】 yìwùbīng 명 의무병. [징병 제도에 따라 복무하는 병사로, '雇佣兵(용병)'과 구별됨]
【义务兵役制】 yìwù bīngyìzhì 명 징병제. 의무 병역제.
【义务教育】 yìwù jiàoyù 명(教) 의무 교육.
【义务劳动】 yìwù láodòng 명 무보수 노동. 의무(적으로 하는) 노동.
【义侠】 yìxiá 명 의협심이 강한 사람.
【义项】 yìxiàng 명 의항. [사전〔자전〕에서 동일한 어휘를 의미에 따라 배열한 항목]
【义形于色】 yìxíngyúsè 성 의분에 찬 기색이 얼굴에 드러나다. 정의롭고 엄숙한 기색이 얼굴에 나타나다.
【义兄】 yìxiōng 명 의형. 의로 맺은 형.
【义学】 yìxué 명(教) 의학. 의숙. 공익을 위하여 의연금으로 설립한 교육 기관. ≒义塾
【义演】 yìyǎn 동 자선 공연하다.
【义勇】 yìyǒng 형 정의로운 일을 위해 용감하게 싸우는. ¶~之气=정의를 위해 용감히 나서는 기개.
【义勇军】 yìyǒngjūn 명 1 의용군. 2 중국 항일 시기에 인민 군중이 자발적으로 조직한 항일 무장 부대.
【义战】 yìzhàn 명 의전. 정의를 위한 전쟁.
【义诊】 yìzhěn 동 1 자선 치료하다. 2 (환자를 위해) 무보수로 진찰하다.
【义正词严】【义正辞严】 yìzhèng-cíyán 성 이치가 정당하고 말이나 글이 날카롭고 엄숙하다. ≒理直气壮 ↔理屈词穷
【义正辞严】 yìzhèng-cíyán ☞【义正词严】 yìzhèng-cíyán
【义肢】 yìzhī 명 의수와 의족. ≒假肢
【义冢】 yìzhǒng 명 (옛날의) 의총. [연고가 없는 사람을 위하여 다른 사람이 세워 준 무덤]
【义子】 yìzǐ 명 수양아들. 양자.

\*艺[藝] yì 예술 예

명 1 기술. 기예. 기능. ¶技~=기예. / 多才多~=다재다능하다. 2 예술. 예능. ¶曲~=설창 문예. / 文~演出=문예 공연. 3 준칙. 한도. ¶贪贿无~=재물욕에 한도가 없다. 4 (Yì) 성(姓).

○● 技艺, 绝艺, 卖艺, 农艺, 球艺, 无艺, 武wǔ艺, 舞艺, 游艺, 作艺

【艺不压身】 yìbùyāshēn 성 재주가 짐이 되는 법은 없다. 재주는 배워 두면 도움이 된다.
【艺高人胆大】 yì gāo rén dǎn dà 속 재간이 있으면 대담해진다.
【艺妓】 yìjì 명원 예기. 일본 기생. 춤추고 노래하는 기생.
【艺林】 yìlín 명 1 문예 도서를 모아 둔 곳. 2 문학 예술계. 예원(藝苑). ¶享誉~=예술계에 이름을 떨치다.
【艺龄】 yìlíng 명 예술인이 예술 활동에 종사한 햇수.
【艺名】 yìmíng 명 예명.
【艺人】 yìrén 명 1 연예인. 2 수공예 직공.
【艺术】 yìshù 명 1 예술. ¶~评论=예술 평론. 2 비 기술. 기능. 기교. ¶领导~=지도 기술. 형 예술적이다. 미적(美的)이다. ¶這幅广告画挺~. =이 광고 그림은 매우 예술적이다.
【艺术家】 yìshùjiā 명 예술가.
【艺术片儿】 yìshùpiānr 명(구) 예술 영화.
【艺术片】 yìshùpiàn 명(映) 1 예술 영화. 2 극영화.
【艺术品】 yìshùpǐn 명 예술품. [일반적으로 조형 예술 작품을 가리킴]
【艺术体操】 yìshù tǐcāo 명(體) 리듬 체조. =【韵律体操】 yùnlǜ tǐcāo ☞【韵律】 yùnlǜcāo
【艺术性】 yìshùxìng 명 예술성. ¶思想性和~统一=사상성과 예술성의 통일.
【艺术照】 yìshùzhào 명 예술 사진.
【艺坛】 yìtán 명 예술계. ¶~奇葩=예술계의 걸작〔진기한 작품〕.
【艺徒】 yìtú 명(旧) 견습공. 도제(徒弟).
【艺文】 yìwén 명 1 예술과 문학. 2 저작. 저서. 도서. ¶《~类聚》=《예문유취》.
【艺文志】 yìwénzhì 명 1 예문지. [중국의 기전체 사서(史書), 지방지(地方誌)에 기재된 도서 목록 4 지방지(地方誌)에 수록된 시문(詩文)]
【艺校】 yìxiào 명원 예술학교(예술 학교).
【艺苑】 yìyuàn 명 1 예원. 예림. 문학 예술이 함께 모인 곳. 2 문학 예술계. 문예계. ¶~菁华=문예계의 정화.

刈 yì 벨 예

동 (풀이나 곡식 등을) 베다. 뿌리뽑다. 깨끗이 제거하다. ¶~麦=보리를〔밀을〕 베다.
【刈草】 yìcǎo 동원 풀을 베다.
【刈除】 yìchú 동원 잘라 내다. 베어 버리다. 제거하다. 없애다.

## 忆[憶] yì 생각할 억

동 **1** 회상하다. 그리워하다. 생각하다. ¶追~＝추억하다. **2** 기억하다. ¶记~＝기억하다.

【忆苦思甜】yìkǔ-sītián 성 고생스런 지난날을 회상하고 지금의 행복을 소중하게 생각하다. 행복할수록 쓰라린 과거를 잊지 않다.

【忆念】yìniàn 동 회상하다. 추억하다. 회고하다. 그리워하다. 보고 싶어하다.

【忆述】yìshù 동 회상하여 서술하다. ¶~往事＝지난 일을 회상하여 서술하다.

【忆想】yìxiǎng 동 회상하다. 추억하다. ¶~往昔＝옛날을 회상하다.

## 艾 yì 다스릴 예

동 **1** 다스리다. 고치다. ¶自怨自~＝자신의 허물을 뉘우치고 고치다. **2** '刈(yì)'와 같음.
형 문 안정되다. 안정시키다. ¶~安＝안정되어 평온하다.
☞ ài

## 仡 yì 용맹스러울 흘

☞ gē

【仡仡】yìyì 형 문 **1** 씩씩하고 용감하다. ¶~勇夫＝씩씩하고 용감한 사나이. **2** 높고 크다. ¶崇墉~＝성곽이 높고 크다.

## 议[議] yì 의논할 의

동 **1** 의논하다. 토의하다. ¶商~＝상의하다. / 从长计~＝천천히 신중하게 상의하다. **2** 논평하다. 비평하다. ¶评~＝논평하다. / 无可非~＝나무랄 바가 없다. 명 **1** 의견. 주장. ¶提~＝제의하다. / 异~＝이의. **2** 회의. ¶上~院＝상원.

○● 倡chàng议, 成议, 刍chú议, 动议, 非议, 复议, 附议, 和议, 计议, 决议, 抗kàng议, 拟nǐ议, 评议, 清议, 商议, 提议, 物议, 协xié议, 争议, 訾zǐ议

【议案】yì'àn 명 의안. 안건.
【议程】yìchéng 명 의사 일정(議事日程).
【议定】yìdìng 동 의정하다. 토의하여 결정하다. ¶~合同条款＝계약 조항을 토의 결정하다.
【议定书】yìdìngshū 명 **1** 의정서. **2** 회의에서 의정한 사항을 기록한 문서.
【议而不决】yì'érbùjué 성 **1** 의논만 하고 결론을 짓지 않다. 토론만 하고 아무런 결정을 내지 않다. **2** 일을 질질 끌다. 일처리가 더디다.
【议购】yìgòu 동 **1** 국가가 수매하다. **2** 교역 쌍방이 가격을 결정하여 구매하다.
【议和】yìhé 동 강화하다. 평화 담판하다.
【议会】yìhuì 명 **1** 일부 국가의 최고 권력 기구. **2** 입법부. 의회. ＝【国会】guóhuì【议院】yìyuàn
【议会制】yìhuìzhì ☞【代议制】dàiyìzhì
【议价】yì‖jià 동 가격을 협상(흥정)하다. ¶双方最终~成交.＝쌍방이 결국에는 가격을 협상하고 거래가 성사되다.

【议价】yìjià 명 **1** 협정 가격. 협상(된) 가격. ¶按~结账.＝협정 가격에 따라 계산하다. **2** 옛 비싼 값. 고가. ¶~商品＝고가의 상품.
【议价粮】yìjiàliáng 명 상 (매매 쌍방이 결정한) 고가의 식량.
【议决】yìjué 동 (회의에서) 의결하다.
【议论】yìlùn 동 의논하다. 논의하다. ¶~不休＝의논이 그치지 않다. 명 의견. ¶乱发~＝함부로 의견을 내놓다. ≒讨论
【议论纷纷】yìlùn-fēnfēn 성 의견이 분분하다. 왈가왈부하다. ≒聚讼纷纭 满城风雨 佛佛扬扬
【议论文】yìlùnwén 명 논설문. ＝【论说文】lùnshuōwén
【议事】yìshì 동 공무를 논의하다〔상의하다〕. ¶~规则＝의사 규칙.
【议事日程】yìshì rìchéng 명 **1** 일의 일정. **2** 의사 일정.
【议售】yìshòu 동 협상 판매하다.
【议题】yìtí 명 의제.
【议席】yìxí 명 의석.
【议销】yìxiāo 동 협상 판매하다.
【议员】yìyuán 명 의원. ¶国会~＝국회의원.
【议院】yìyuàn ☞【议会】yìhuì
【议长】yìzhǎng 명 의장.
【议政】yìzhèng 동 정무를 상의〔토의·논의〕하다. 정무에 의견을 내거나 건의하다. ¶参政~＝정치에 참여하여 정무를 논의하다.

## 屹 yì 산 우뚝할 흘

형 산세가 높이 우뚝 솟다. ¶巍然~立＝우뚝 솟다.

【屹立】yìlì 동 **1** (산봉우리처럼) 견고하게 우뚝 솟아 있다. **2** 미 꿋꿋하게 서 있다. 확고부동하다. 흔들리지 않다. ¶祖国,~在世界的东方.＝조국은 세계의 동쪽에 꿋꿋하게 서 있다. ≒矗立
【屹然】yìrán 형 우뚝 솟아 있는 모양. ¶~不动＝우뚝 솟아 움직이지 않다.

## 亦 yì 역시 역

부 문 …도 역시. 또. 또한. ['也(yě)'에 상당함] ¶人云~云＝남이 말하는 대로 따라 말하다. 명 (Yì) 성(姓).

➡ 亦 yì
　 弈 yì
　 奕 yì
　 迹 jì

【亦步亦趋】yìbù-yìqū 성 **1** 남이 걸으면 걷고, 남이 뛰면 뛰다. **2** 미 주관 없이 다른 사람이 하는 대로 따라 하다. 맹목적으로 남을 따르다. 남의 장단에 춤을 추다. ≒人云亦云 ↔独立自主
【亦即】yìjí 접 즉. 바로. 곧. 다시 말하자면. ¶番茄~西红柿.＝'番茄(fānqié, 토마토)'가 바로 '西红柿(xīhóngshì, 토마토)'이다.
【亦然】yìrán 동 문 역시 그렇다. 마찬가지이다. ¶反之~＝반대로 해도 역시 그렇다.
【亦庄亦谐】yìzhuāng-yìxié 성 장중하면서 풍취가 있다.

## 衣 yī 옷 입을 의

동 문 **1** (옷을) 입다. ¶~布衣＝포의를 입다. 평민이 되다. **2** (옷을) 입히다. ¶解衣~我=옷을 벗어 나에게 입히다.

☞ yī

**异[(異)] yì** 다를 이

圄 **1** 헤어지다. 달리하다. ¶离~=이혼하다. **2** 이상히 여기다. 의아해하다. 기이하게 생각하다. ¶诧~=의아해하다. **3** 같지 않다. ¶同床~梦=동상이몽. /客居~乡=타향살이하다. **2** 특별하다. 뛰어나다. 신기하다. ¶奇花~草=진귀한 화초. ≒怪 ↔同

○● 变异, 差chā异, 诧chà异, 怪异, 诡guǐ异, 骇hài异, 睽kuí异, 立异, 歧qí异, 奇异, 神异, 特异, 新异, 颖yǐng异, 优yōu异, 尤yóu异, 珍异, 卓异

○ 异 yì
  翼 yì

【异邦】**yìbāng** 圀 외국. 타국. 이역. 이방. ¶流落~=외국을 유랑하다.

【异才】**yìcái** 圀 **1** 특별한 재능. 뛰어난 재주. ¶身怀~=특별한 재능을 지니고 있다. **2** 뛰어난 인재. ¶歌坛~=가요계의 뛰어난 인재.

【异彩】**yìcǎi** **1** 이채. 특별한 광채. **2** 凷 색다른[이색적인] 것. 비범한 행동. ¶~纷呈=이색적인 것이 연이어 나타나다.

【异常】**yìcháng** 혱 심상치 않다. 예사롭지 않다. 정상이 아니다. 보통이 아니다. ¶神情~=표정이 심상치 않다. 凨 특히. 대단히. 몹시. ¶~高兴=대단히 즐겁다. ↔正常

【异议】**yìyì** 이의(異議). 이견(異見). 반대 의견.

【异丁烯橡胶】**yìdīngxī xiànɡjiāo** ☞【丁基橡胶】 **dīngjī xiànɡjiāo**

【异地】**yìdì** 圀 외지. 타향. ¶~重逢=타향에서 다시 만나다. ≒异乡 ↔本地 故地

【异动】**yìdòng** 圀 **1** 비정상적인 행동. 이상한 행동[움직임]. ¶军队~=군대의 이상한 움직임. **2** 갑작스런 변동. ¶人事~=갑작스런 인사 변동.

【异读】**yìdú** 圀(言) 의미는 같지만 습관적으로 두 가지 혹은 두 가지 이상으로 읽는 독음.

【异端】**yìduān** 圀 이단. ¶~教义=이단의 교리(교의).

【异端邪说】**yìduān-xiéshuō** 凷 이단 사설. 정통 사상과 대립한 사상과 그릇된[유해한] 학설[이론·주장].

【异国】**yìguó** 圀 외국. 타국. ¶~情调=이국적 분위기.

【异乎】**yìhū** 圄 …와(과) 다르다. ¶他的言行~从前.=그의 언행은 이전과 다르다.

【异乎寻常】**yìhū-xúncháng** 凷 보통 때와 다르다. 심상치 않다.

【异花传粉】**yìhuā-chuánfěn** 圀(植) 타화(他花) 수분. 딴꽃 가루받이.

【异化】**yìhuà** 圀 **1**(哲) 이화하다. 소외되다. **2**(言) 이화하다. **3** 이화하다. ↔同化

【异化作用】**yìhuà zuòyòng** 圀(生) 이화 작용.

【异己】**yìjǐ** 圀 (같은 단체 내에서) 반대파이다. 반체제이다. 주류와 입장[관점]을 달리하다. 주류와 이해 관계가 충돌하다. ¶~力量=반대 역량. 圀 이(색)분자. 반대파. 반대 세력. ¶排除~=반대파를 배제[제거]하다.

【异教】**yìjiào** 圀 **1** 이교. **2** 이단의 종교. 사교(邪教). ¶~徒=이교도.

【异军突起】**yìjūn-tūqǐ** 凷 **1** 다른 부대가 갑자기 일어나다. **2**凷 새로운 세력이 갑자기 출현하다.

【异口同声】**yìkǒu-tóngshēng** 凷 **1** 이구동성. 모든 사람이 똑같이 말하다. **2** 여러 사람들의 이론[의견]이 완전히 일치하다. 한결같다. ≒众口一词 ↔众说纷纭

【异类】**yìlèi** 圀 **1** 이류. 다른 종류. **2** 인간 이외의 식물·짐승·귀신. ¶视为~=사람으로 보지 않다. **3**凨 이족. 다른 종족. 다른 겨레.

【异曲同工】**yìqǔ-tónggōng** 凷 **1** 곡이 달라도 교묘한 솜씨는 똑같다. **2**凷 서로 다른 사람의 말이나 글이 똑같이 뛰어나다. **3**凷 방법은 다르지만 똑같은 효과를 내다. =【同工异曲】**tónggōng-yìqǔ** ≒殊途同归

【异趣】**yìqù** 圀 **1** 특별한 맛. 이색적인 맛[재미]. 독특한 정취. ¶这幅山水画极富~=이 산수화는 특별한 정취를 듬뿍 자아낸다. **2** 다른 포부[의향·취향]. ¶各怀~=서로 다른 취향을 가지고 있다.

【异人】**yìrén** 圀 **1** 이인. 뛰어난 사람. 비범한 사람. ¶旷世~=세상에 견줄 자가 없는 비범한 사람. **2** (통속 소설 속의) 술법에 뛰어난 기인. ¶拜~为师.=기인을 스승으로 모시다.

【异日】**yìrì** 圀 **1** 이일. 장래. 후일. 다른 날. ¶留待~再议.=후일에 다시 의논하다. **2** 이미 지나간 날. 지난날. 이전. 왕일. ¶谈笑一如~.=이전과 같이 담소하다.

【异说】**yìshuō** 圀 **1** 이설. ¶百家~=백가의 이설. **2** 괴상한 학설. 이단의 의견. 비정통적인 언론. 이단의 사설(邪說).

【异体】**yìtǐ** 圀 **1** ~同源=이체지만 근원은 같다. **2** (자형이 서로 다른) 이체. ¶整理~字=이체자를 정리하다.

【异体字】**yìtǐzì** 圀(言) 이체자.

【异同】**yìtóng** 圀 **1** 서로 다른 점과 같은 점. ¶辨析~=서로의 차이를 변별하고 분석하다. **2**凨 이의(異議). 혱凨 일치하지 않다. 서로 다르다. ¶陟罚臧否, 不宜~=관직을 올리는 것, 벌하는 것, 칭찬하는 것, 질책하는 것에 있어서는 안 된다.

【异味】**yìwèi** 圀 **1** 진기한 맛. 별미. ¶品尝~=별미를 맛보다. **2** 독특한[기이한] 냄새. 특이한[이상한] 향기. ¶一股~=한 줄기 독특한 냄새.

【异文】**yìwén** 圀 이문. [동일 서적이지만 판본이나 기록의 차이로 서로 다른 자구]

【异闻】**yìwén** 圀 이문. 희귀한 소식. 기문. 기이한 일.

【异物】**yìwù** 圀 **1**凨 기이한 물건. **2**凨 죽은 사람. 귀신. ¶化为~=죽다. 귀신이 되다. **3**(醫) (신체에 남아 있는) 이물질.

【异乡】yìxiāng 명 타향. 외지. 객지. ¶漂泊~=타향에서 떠돌다. ↔故乡

【异香】yìxiāng 명 기이한 냄새. 특이한 향기. ¶~扑鼻=기이한 냄새가 코를 찌르다.

【异想天开】yìxiǎng-tiānkāi 성 기상천외하다. 뜬구름 잡는 생각만 하다. 허황된 생각을 하다. ≒想入非非

【异心】yìxīn 명 다른 마음. (반)역심. 이심. 두마음. ¶存有~=역심을 품다.

【异形词】yìxíngcí 명〔言〕자음과 자의가 같지만 낱말을 구성하는 글자의 형태가 다른 단어. 이형사. [예를 들면 '宏扬'과 '弘扬', '笔画'과 '笔划' 등이 있음]

【异型】yìxíng 형 이형의. 다른 형태의. ¶~砖=다른 형태의 벽돌.

【异性】yìxìng 명 1 이성. 성별이 다른 사람〔생물〕. ¶~朋友=이성 친구. 2 다른 성질(의 물건). ¶~相吸=다른 성질은 서로 끌어당긴다. ↔同性

【异姓】yìxìng 명 이성. 타성(他姓). 다른 성씨. ¶~兄妹=아버지가 다른 오누이.

【异言】yìyán 명 이의. 이견(異見). 반대 의견. 다른 말. ¶决无~=절대 이의가 없다.

【异样】yìyàng 형 이상하다. 색다르다. 특별하다. ¶~的眼光=이상한 눈빛. 명 차이. 다른 점. ¶他和几年前没有什么~。=그는 몇 년 전과 특별히 다른 점이 없다. ↔同样

【异义】yìyì 명 서로 다른 의미. 다른 뜻. ¶它们是两个词, 同形~。=그것들은 두 단어인데, 자형은 같고 의미는 서로 다르다.

【异议】yìyì 명 이의. 이견(異見). 반대 의견. ¶毫无~=조금도 이견이 없다. / 提出~=이견을 제기하다.

【异于】yìyú 동 …와〔과〕다르다. ¶他的想法~常人。=그의 생각은 보통 사람과 다르다.

【异域】yìyù 명 1 타향. 외지. 객지. 이역. ¶~他乡=객지 타향. 2 외국. 이국. ¶~风情=이국의 풍토와 인정.

【异族】yìzú 명 이족. 다른 민족. 외족. ¶~通婚=외족과 통혼하다.

\*抑 yì 누를 억
동 누르다. 억압하다. ¶压~=억압하다. / ~恶扬善=악을 누르고 선을 칭송하다. 악한 것을 억누르고 선한 것을 앙양하다. 접 혹은. 그렇지 않으면. [이어진 단문에서 선택 관계를 나타내며 '还是(hái·shi)'에 상당함] ¶请问黄帝者, 人邪, ~非人邪? =묻건대, 황제는 사람인가, (혹은) 사람이 아닌가? 2 그러나. 다만. 단지. [이어진 단문에서 전환 관계를 나타내며 '可是(kěshì)·但是(dànshì)·然而(ránér)'에 상당함] ¶多则多矣, ~君似鼠。=(전공이) 많기도 많구나, 그러나 그대는 쥐와 같구나. 3 게다가. 뿐만 아니라. 또한. [而且(érqiě)'에 상당함] ¶非惟天时, ~亦人谋也。=(조조가 이길 수 있었던 것은) 하늘이 만들어 준 이점뿐만 아니라 인간의 노력이었다. ≒按 ↔扬

○● 贬biǎn抑, 遏è抑, 勒lè抑, 压抑

【抑遏】yì·è 동 억제하다. 멈추다. 억누르다. ¶不可~=억제할 수가 없다.

【抑或】yìhuò 접 혹은. 그렇지 않으면. [선택 관계를 나타내며, '还是(hái·shi)·或者(huòzhě)'에 상당함] ¶赞成~反对, 我们总得表明个态度。=찬성이든지 혹은 반대이든지, 어쨌든 우리는 태도를 밝혀야 한다.

【抑强扶弱】yìqiáng-fúruò ☞【扶弱抑强】fúruò-yìqiáng

【抑扬】yìyáng 형 (소리 등이) 고저가 있는. 기복이 있는. 억양이 있는.

【抑扬顿挫】yìyáng dùncuò 성 1 소리의 고저·기복·휴지·곡절. 2 소리나 말이 높낮이와 곡절이 조화롭고 음률미가 있고 다채롭다.

【抑郁】yìyù 형 (불만을 호소할 수 없어) 우울하다. 울적하다. 번민스럽다. ¶~寡欢=기분이 우울하여 즐겁지 않다.

【抑郁症】yìyùzhèng 명〔醫〕우울증.

【抑止】yìzhǐ 동 억제하다. ¶~不住内心的喜悦。=마음속의 기쁨을 억제할 수가 없다.

【抑制】yìzhì 동 1〔生〕반응을 억제하다〔억압하다〕. 2 (감정을) 억제하다. 억누르다. ¶~住自己的怒火=자신의 분노를 억누르다. ≒按捺

杙 yì 말뚝 익
명〔文〕작은 말뚝.

呓[藝] yì 잠꼬대 예
동 잠꼬대하다. ¶梦~=잠꼬대하다.

【呓语】yìyǔ 명 1 잠꼬대. 2 喻 헛소리. 허튼소리. 실없는〔황당무계한〕소리. ¶白日~=대낮에 잠꼬대 같은 소리.

\*邑 yì 고을 읍
명〔文〕1 읍. 도시. ¶城~=성읍. 2 현(縣). ¶~令=현령.

○ 邑 yì
悒 yì
挹 yì

迤[迆] yì 거듭할 이
동 겹치다. 중복되다. 중첩되다. 더하다. ¶~封=차례대로 논공행상하다.
☞ yí

佚 yì 숨을 일
동〔文〕1 은둔하다. 은거하다. 은일하다. ¶~民=은거자. 2 산일(散逸)하다. 산실(散失)되다. 흩어져 없어지다. 실전(失傳)되다. 잃다. ¶亡~=산실되다. 형〔文〕방종하다. 방탕하다. ¶游~=방탕하여 마음대로 놀다.

【佚名】yìmíng 동 실명(失名)하다. 이름이 실전되다. ¶~诗=실명의 시.

【佚失】yìshī 동 (시문 등이) 산실되다. 흩어져 없어지다.

【佚诗】[轶诗][逸诗] yìshī 명 일시. 산실된〔실전된〕시.

【佚事】yìshì ☞【逸事】yìshì

【佚文】[轶文][逸文] **yìwén** [명] 산실된〔실전된〕 작품. ¶搜集～＝산실된 작품을 수집하다.
【佚闻】**yìwén** ☞【逸闻】**yìwén**

**役 yì 부릴 역**
[동] (가축·사람을) 부리다. 일을 시키다. ¶奴～＝노예로 부리다. [명] **1** 병역. ¶退～＝퇴역. / 服～＝복무하다. **2** 강제 노역. ¶徭～＝부역. / 劳～＝노역. **3** [옛] 잡역부. 사환. 심부름꾼. 노무자. 하인. 고용인. 허드레꾼. ¶杂～＝잡역부. / 衙～＝관아의 심부름꾼. **4** [문] 사건. 일. ¶国有大～＝나라에 대사가 있다. **5** 전쟁. 전투. ¶战～＝전투.

0● 兵役, 差chāi役, 服役, 赋fù役, 工役, 缓役, 拘jū役, 免役, 使役, 退役, 徭yáo役

【役畜】**yìchù** ☞【力畜】**lìchù**
【役龄】**yìlíng** [명] **1** 병역 적령. **2** 병역에 복무한 연수〔연령〕.
【役使】**yìshǐ** [동] **1** 가축을 부려먹다. 사람에게 일을 시키다. ¶～骡马＝노새와 말을 부려먹다. **2** 사람을 부려먹다. 일을 시키다. ¶～奴婢＝노비를 부리다.
【役用】**yìyòng** [동] 부리다. 일을 시키다.

**译[譯] yì 통역할 역**
[동] 번역하다. 통역하다. ¶笔～＝서면 번역. / 古文今～＝고문을 현대어로 번역하다.

0● 笔译, 编译, 重chóng译, 翻译, 今译, 通译, 移译, 音译

⊙ 译 yì / 绎 yì / 怿 yì / 驿 yì / 峄 yì / 铎 duó / 择 zé / 泽 zé

【译本】**yìběn** [명] 번역본. 번역서. 역본. ¶《红楼梦》有多种外文～。＝《홍루몽》은 여러 종류의 외국어 번역본이 있다.
【译笔】**yìbǐ** [명] 번역문의 질과 풍격. 번역문의 필치. ¶～生硬＝번역문이 자연스럽지 못하다.
【译电】**yìdiàn** [동] 전보용 암호를 문자로 고쳐 쓰다. [명] 전보용 암호로 고쳐 쓴 문자.
【译稿】**yìgǎo** [명] 번역 원고. ¶审校～＝번역 원고를 심사·교정하다.
【译介】**yìjiè** [동] 번역해서 소개하다. ¶～外国名著＝외국의 명작을 번역해서 소개하다.
【译码】**yìmǎ** [동] 해독하다. ¶～机＝해독기. [명] 복호 알고리즘. 코드. 부호. ¶计算机～＝컴퓨터 복호 알고리즘.
【译名】**yìmíng** [명] 번역명.
【译配】**yìpèi** [동] (수입 영화 등을) 자국어로 새로 녹음하다. 더빙하다.
【译释】**yìshì** [동] 번역하고 주를 달다.
【译述】**yìshù** [동] 역술하다. 번역하여 기술하다. ¶这段歌词的大意～如下。＝이 단락의 가사의 대의를 번역하면 아래와 같다.
【译文】**yìwén** [명] 번역문.
【译意风】**yìyìfēng** [명] (회의장·극장 등의) 동시통역용 이어폰.
【译音】**yìyīn** [명][동] 음역(하다).
【译员】**yìyuán** [명] 통역원.
【译载】**yìzǎi** [동] (작품을) 번역하여 (출판물에) 싣다.
【译者】**yìzhě** [명] 역자. 번역자. 번역한 사람.
【译制】**yìzhì** [동] 더빙하다. 번역하여 제작하다.
【译制片儿】**yìzhìpiānr** [명][구] 더빙한〔번역 제작한〕 영화〔드라마〕.
【译制片】**yìzhìpiàn** [명]《映》 더빙한〔번역 제작한〕 영화〔드라마〕.
【译注】**yìzhù** [동] 번역하고 주해하다. ¶～古籍＝고서를 번역하고 주해하다.
【译著】**yìzhù** [동] 번역하고 저술하다. ¶他每天都～到深夜。＝그는 매일 늦은 밤까지 번역하고 저술한다. [명] **1** 번역〔저술〕 작품. **2** 번역 저서. ¶～繁多＝번역 저서가 아주 많다.
【译作】**yìzuò** [명] 번역 작품. ¶他～颇丰。＝그는 번역 작품이 상당히 방대하다.

**易 yì 바꿀 역**
[동] **1** 바꾸다. 고치다. 대체하다. ¶变～＝바꾸다. / 改弦～辙＝방법을〔태도를·생각을〕 바꾸다. **2** 교환하다. 교역하다. 맞바꾸다. ¶交～＝교역하다. / 以物～物＝물물 교환하다. **3** [문] 경시하다. 얕보다. ¶国无小，不可～也。＝나라가 크던 작던 간에 잘 싸우는 자가 있게 마련이니, 얕보아서는 안 된다. [형] **1** 쉽다. 용이하다. 간편하다. ¶轻～＝쉽다. 간단하다. / 简便～行＝간편하여 실행하기 쉽다. **2** (성질이나 태도가) 온화하다. 순하다. 부드럽다. 까다롭지 않다. ¶平～近人＝온화하여 가까이하기 쉽다. [명] **1** [약]《周易(주역)》. **2** (**Yì**) 성(姓). ≒换 ↔难

0● 辟bì易, 变易, 和易, 平易, 浅易, 轻易, 容易, 移易

【易爆】**yìbào** [형] 폭발하기 쉽다. ¶～物＝폭발성 물품.
【易爆物】**yìbàowù** [명] 폭발성 물질.
【易地】**yìdì** [동] 장소를〔입장을·지위를〕 바꾸다. ¶～任职＝장소를 바꾸어 직무를 맡다.
【易货】**yìhuò** [동] 물물 교환하다. ¶～贸易＝구상 무역. 물물 교환 무역.
【易经】**Yìjīng** [명] **1** ☞【周易】**Zhōuyì** **2** 주역(周易)의 경문.
【易拉罐】**yìlāguàn** [명] **1** (깡통 맥주처럼) 고리로 잡아당겨 따는 캔〔깡통〕. 원터치 캔. **2** 원터치 캔에 든 음료.
【易燃】**yìrán** [형] 타기 쉬운. 인화성이 있는. ¶～品＝인화성 물품.
【易燃物】**yìránwù** [명] 인화성 물질. 인화물.
【易熔合金】**yìrónghéjīn** [명]《金》 이융 합금(易融合金).
【易如反掌】**yìrúfǎnzhǎng** [성] **1** 손바닥을 뒤집는 것처럼 쉽다. **2** 일을 처리하기가 매우 쉽다. 식은죽먹기이다. ≒轻而易举
【易手】**yìshǒu** [동] (정권·재산 등의) 소유자가 바

뛰다. ¶江山~=강산〔정권〕이 넘어가다.

【易位】**yìwèi** 통 위치를 바꾸다. 각도를〔관점을〕 바꾸다. ¶~思考=처지를 바꾸어 생각하다.

【易于】**yìyú** 통 쉽게 …할 수 있다. …하기 쉽다. ¶~出错=실수하기 쉽다.

【易篑】**yìzé** 통〈文〉**1** 침대의 돗자리를 바꾸다. **2** 임종하려 하다. ¶~之际=임종할 즈음.

【易帜】**yìzhì** 통 **1** 기치를 바꾸다. **2** 영도자가 경질〔교체〕되다. 정권이나 군대 등에 변화가 생기다. ¶~更张=지도자를 경질하고 제도를 개혁하다.

## 峄 [嶧] **Yì** 산 이름 역
명 (地) 이산. [산둥(山東)성에 있는 산 이름]

## 佾 **yì** 춤 일
명 고대 악무(樂舞)의 행렬. [일행(一行)이 여덟 사람인 것을 일일(一佾)이라 함] ¶八~=팔일.

## 泆 **yì** 넘칠 일
형〈文〉방종〔방탕〕하다. 통 '溢(yì)'와 같음.

## 怿 [懌] **yì** 기쁠 역
형〈文〉기쁘다. 즐겁다. 유쾌하다.

## 诣 [詣] **yì** 찾아뵐 예
통〈文〉(손윗사람을) 찾아뵙다. …가서 배알하다. 방문하다. …로〔에〕 가다. ¶~前请教=찾아 뵙고 지도를 받다. 명 (학문·기예 등이) 도달한 깊은〔높은〕 경지. 조예. ¶苦心孤~=심혈을 기울여서 연구하여 훌륭한 경지에 이르다.

## 驿 [驛] **yì** 역참 역
명 역참(驛站). [현재 주로 지명에 쓰임] ¶龙泉~=룽취안이. [쓰촨(四川)성에 있는 지명] / 桥头~=차오터우. [후난(湖南)성에 있는 지명]

【驿道】**yìdào** 명 옛날, 역로(驛路).

【驿馆】**yìguǎn** 명 역관.

【驿舍】**yìshè** 명 역관.

【驿站】**yìzhàn** 명 옛날, 역참(驛站).

## *绎 [繹] **yì** 실 풀어 낼 역
통 **1**〈文〉실을 뽑다. **2**〈文〉실마리〔단서·두서〕를 찾아 내다. ¶演~=연역하다. **3** 연속되어 끊이지 않다. ¶络~不绝=왕래가 빈번하여 끊이지 않다.

## 枻 **yì** 노 예
명 (位) **1** 뱃전. 선연(船緣). **2** (배를 젓는) 노. 상앗대.

## 轶 [軼] **yì** 앞지를 일
통 **1** 앞지르다. 추월하다. **2**〈文〉뛰어나다. 능가하다. ¶~群=출중하다. **3** 산실되다. 흩어져 없어지다. 실전하다. ¶~书=일서(逸書). 실전 (失傳)된 책.

【轶诗】**yìshī** ☞【佚诗】**yìshī**

【轶事】**yìshì** ☞【逸事】**yìshì**

【轶文】**yìwén** ☞【佚文】**yìwén**

【轶闻】**yìwén** ☞【逸闻】**yìwén**

## 昳 **yì** 뛰어날 일
☞ **dié**

【昳丽】**yìlì** 형〈文〉용모가 아름답다.

## 食 **yì** 사람 이름 이
인명에 쓰이는 글자. ¶郦~其(Lì Yìjī)=역이기. [한(漢)나라 때의 사람 이름]
☞ **shí, sì**

## 狌 **yì** 너구리 새끼 예
☞【林狌】**línyì**

## 弈 **yì** 바둑 혁
명〈文〉바둑. ¶博~=쌍륙과 바둑. 통〈文〉바둑을 두다. ¶对~=대국하다.

【弈林】**yìlín** 명 바둑계. ¶~高手=바둑계의 고수〔명수〕.

## *奕 **yì** 클 혁
형〈文〉성대하다. 크다. 명 (Yì) 성(姓).

【奕奕】**yìyì** 형〈文〉**1** 높고 험준한 모양. 매우 높다. ¶~梁山=높고 험준한 양산. **2** 생생하다. 활기차다. [정신이 왕성한 모양] ¶神采~=원기 왕성하다. **3** 근심스런〔걱정하는〕 모양. ¶忧心~=대단히 걱정하다.

## **疫 **yì** 전염병 역
명 유행성 전염병〔역병·돌림병〕의 총칭. ¶检~=검역하다. / 瘟~=온역. 급성 전염병.

○● 畜**chù**疫, 媾**gòu**疫, 检疫, 免疫, 瘟**wēn**疫

【疫病】**yìbìng** 명 역병. 유행성 전염병. 돌림병. ¶预防~=유행성 전염병을 예방하다.

【疫疠】**yìlì** 명 역려. 역병. 유행성 열병.

【疫苗】**yìmiáo** 명 (醫) 백신.

【疫情】**yìqíng** 명 전염병 발생과 유행 상황. ¶~调查=전염병 상황 조사.

【疫区】**yìqū** 명 전염병 유행 지역.

## 致 [斁] **yì** 싫어할 역
통〈文〉싫어하다. 물리다. 싫증나다.
☞ **dù**

## 羿 **Yì** 사람 이름 예
명 **1** 예. [하(夏)대 유궁국(有窮國)의 군주로, 활을 잘 쏘았다고 함] **2** 성(姓).

## 挹 **yì** 뜰 읍
통〈文〉푸다. 뜨다. 퍼내다. ¶~水于河=강에서 물을 푸다.

【挹彼注兹】**yìbǐ-zhùzī** 성 **1** 저곳에서 퍼 와서 이곳에다 붓다. **2** (비) 남는 것으로 부족한 것을 메우다.

【挹取】yìqǔ 통훈 푸다. 뜨다. 퍼내다.
【挹注】yìzhù 통훈비 여유 있는 곳에서 떼어 내어 부족한 곳을 보충하다.

## 唈 yì 슬퍼할 읍
형 '悒(yì)'와 같음.

## *益 yì 더할 익
형 1통 부유하다. ¶饶~=풍족하다. 2 유익하다. 이롭다. ¶啄木鸟是~鸟。=딱따구리는 익조이다. 통 늘어나다. 더하다. 높아지다. 증가하다. 신장하다. ¶损~=손익. / 增~=이익이 증가하다. 부 더욱. 더. 한층 더. ¶相得~彰=서로 협력하고 보완하면 각자의 능력[장점]을 더욱 잘 나타낼 수 있다. / 精~求精=훌륭한 것을 더 훌륭하게 하려 하다. 더 잘하려고 애쓰다. / 多多~善=많을수록 더욱 좋다. 명 1 이득. 이익. 도움. ¶效~=효과와 이익. / 开卷有~=책을 펼치면 이로움이 있다. 독서는 유익하다. 2 (Yì) 성(姓). ↔害

○ 益 yì
溢 yì
镒 yì
嗌 yì
缢 yì
隘 ài
谥 shì

●❂ 裨bì益，补益，得益，公益，教益，进益，实益，收shōu益，损sǔn益，无益，效xiào益，有益，增益

【益虫】yìchóng 명 익충. ↔害虫
【益处】yì·chu 명 좋은[이로운] 점. 장점. 유리한 조건[요소]. ¶这样做丝毫没有~。=이렇게 하는 것은 조금도 이로운 점이 없다. ↔害处
【益发】yìfā 부 더욱. 더. 한층 더. 훨씬. ¶人伏以后, 天气~热了。=삼복(三伏)에 들어선 이후 날씨가 한층 더 더워졌다.
【益母草】yìmǔcǎo 명(植) 익모초. =【茺蔚】chōngwèi
【益鸟】yìniǎo 명 익조. ↔害鸟
【益寿】yìshòu 통 수명을 늘이다[연장하다]. 오래오래 살다. 장수하다. ¶延年~=연년익수하다. 장수하다.
【益兽】yìshòu 명 이로운 짐승.
【益友】yìyǒu 명 익우. 유익한 친구. ¶良师~=좋은 스승과 유익한 친구. 녹량友
【益智】yìzhì 통 지혜를 늘리다. 지능을 계발하다. ¶~玩具=지능 계발 완구.

## 浥 yì 젖을 읍
통훈 젖다. 적시다. 축이다. ¶渭城朝雨~轻尘。=위성의 아침 봄비가 가벼운 먼지를 적시다.

## 悒 yì 근심할 읍
형훈 우울하고 불안하다. 근심하다. ¶忧~=우울하다.
【悒闷】yìmèn 형훈 울민하다. 마음이 답답하고 괴롭다.
【悒悒】yìyì 형훈 우울[침울]한 모양. 근심하는 모양. ¶~不乐=근심에 싸이다. 침울해지다.
【悒郁】yìyù 형훈 고민[번뇌]하다. 우울하다.

## *谊[誼] yì 우의 의
명 우의. 우정. 정의. 정. ¶情~=정의. / 友~=우의.
●❂ 厚谊，交谊，情谊，乡谊

## 埸 yì 밭두둑 역
명훈 1 밭[논]두둑. 논밭의 경계. 2 변경. 국경. 변방. ¶疆~=강역. 변경. 국경.

## 勚[勩] yì 수고로울 예
형 1통 수고롭다. 고생스럽고 고되다. ¶劳~=고생스럽다. 2 (기물의 모서리나 끝이) 닳아 없어지다. 무디어지다. ¶螺丝扣~了。=나사산이 닳았다.

## *逸 yì 달아날 일
통 1 빨리 뛰다. 분주히 싸다니다. 달아나다. 도주하다. ¶逃~=도망가다. 2통 은둔하다. 은거하다. ¶隐~=은일하다. 3 산실(散失)하다. 실전하다. 흩어져 없어지다. ¶~书=일서. 4 뛰어나다. 빼어나다. 대단히 훌륭하다. ¶超~=초일[초탈]하다. 형 한적하다. 한가하고 편안하다. 안락하다. ¶安~=안일하다. / 劳~结合=일과 휴식을 적절하게 하다. ↔劳
【逸才】yìcái 명 1 걸출한 재능. ¶~出众=재능이 출중하다. 2 일재. 영재. ¶旷世~=당대에는 견줄 자가 없는 영재.
【逸乐】yìlè 통 일락(逸樂)하다. 일예(逸豫)하다. 멋대로 편안히 즐기며 놀다. 쾌락을 즐기며 멋대로 놀다.
【逸民】yìmín 명 1 일민. 은거자. (세상을 등지고 벼슬을 하지 않으려는 사람) 2 일민. (이전 왕조가 무너진 후 새 왕조에서 벼슬을 원하지 않는 사람)
【逸趣】yìqù 명 소탈하고 꾸밈없는 정취. 세속을 초월한 흥취. ¶~横生=세속을 초월한 정취가 새록새록 생겨나다.
【逸群】yìqún 통 일군하다. 출중하다. 뛰어나다.
【逸散】yìsàn 통 (기체·액체 등이) 증발하다. 날아가다. 없어지다.
【逸诗】yìshī ☞【佚诗】yìshī
【逸史】yìshǐ 명 일사. (정사(正史)에 빠진 사실을 기록한 역사)
【逸事】[轶事] yìshì 명 일사. (기록에서 빠지거나 알려지지 않아 세상에 드러나지 않은 사실) ¶奇闻~=기문일사. 기이한 소문과 세상에 알려지지 않은 사적.
【逸文】yìwén ☞【佚文】yìwén
【逸闻】[佚闻][轶闻] yìwén 명 일문. 일화. ¶~趣事=일문취사. 세상에 알려지지 않은 소문과 재미있는 사적.
【逸豫】yìyù 통훈 일예하다. 일락(逸樂)하다. 멋대로 편안히 즐기며 놀다. 쾌락을 즐기며 멋대로 놀다. ¶骄贵失度, ~无厌。=교만함과 존귀함이 도가 지나쳐 멋대로 쾌락을 즐기며 놀다.

## 翊 yì 도울 익
- **명** 날개. **동** 보좌하다. 돕다. ¶~戴 = 보좌하여 받들다.
- 【翊赞】yìzàn **동** 보좌하다. 보조(輔助)하다. 거들어 주다. 도와 주다.

## 翌 yì 다음 날 익
- **형** (오늘·금년의) 다음 날〔해〕의. 이듬해의. 이튿날의. ¶~晨 = 이튿날 아침.
- 【翌年】yìnián **명** 익년. 다음 해. 이듬해.
- 【翌日】yìrì **명** 익일. 다음 날. 이튿날.

## 暎 yì 해 반짝 비칠 역
- **형** (해가 구름 사이에서) 반짝 비치다.

## 嗌 yì 목구멍 익
- **명** 목구멍. 인후. ¶~不容粒 = 밥알이 목구멍으로 넘어가지 않다.
- ☞ ài

## 鷖[鷖] yì 새 이름 역
- **명** '鹥(yī)'와 같음.
- 【鷖鷖】yìyì **의** **의** 꽥꽥. 꽥꽥. [거위의 울음소리]

## *肄 yì 익힐 이
- **동** 배우다. 학습하다. 익히다. ¶~习 = 배우다.
- 【肄业】yìyè **동** 1 학교에서 배우다. 재학하다. 2 이수하다. 수료하다. ¶大学~ = 대학 수료.

## 裔 yì 후손 예
- **명** 1 **명** 옷단. 2 **명** 후손. 후예. ¶后~ = 후예. 3 **명** 가장자리. 끝. 변방. 변경. ¶四~ = 사방의 변경. 4 (Yì) 성(姓).

## *意 yì 뜻 의
- **동** 추측하다. 예상하다. ¶出其不~ = 예기치 못하다. **명** 1 염원. 원망. 생각. 의사. ¶任~ = 임의로. 마음대로. / 情投~合 = 서로 의기투합하다. 2 의미. 뜻. 견해. 의견. ¶示~ = 의사를 나타내다. / 言简~赅 = 말은 간략하나 뜻은 모두 들어 있다. 3 기운. 기. ¶醉~ = 취기. / 春~ = 봄기운. 4 **명** (地) 의대리(이탈리아). ¶中~合资 = 중국과 이탈리아의 합자. 5 (Yì) 성(姓).

○● 鄙bǐ意, 笔意, 诚chéng意, 春意, 措cuò意, 大意, 得意, 敌意, 恶è意, 公意, 故意, 厚意, 会意, 假jiǎ意, 介意, 经意, 酒意, 决意, 可意, 刻意, 快意, 乐意, 立意, 留意, 美意, 命意, 起意, 歉qiàn意, 惬qiè意, 情意, 如意, 锐ruì意, 善意, 深意, 生意, 盛shèng意, 实意, 诗意, 失意, 示意, 适shì意, 授意, 肆sì意, 随意, 遂suì意, 特意, 天意, 玩意, 无意, 写意, 谢意, 心意, 蓄xù意, 雅yǎ意, 用意, 有意, 雨意, 寓yù意, 原意, 愿意, 在意, 执zhí意, 旨zhǐ意, 致zhì意, 主意, 属zhǔ意, 着zhuó意, 恣zì意, 醉zuì意

- 【意表】yìbiǎo **명** 의표. 의외. 뜻밖. 생각 밖. 예상 밖. ¶出人~ = 뜻밖이다.
- 【意大利】Yìdàlì **명** (地) 이탈리아(Italia). [수도는 '罗马(로마 : Roma)'임]
- 【意符】yìfú ☞ 【形旁】xíngpáng
- 【意会】yìhuì **동** 마음으로 깨닫다 (이해하다). ¶只可~, 不可言传. = 마음으로 느껴야지, 말로써 전할 수는 없다. 스스로 체득해서 느껴지는 것이지, 말로 전해지는 것이 아니다.
- 【意见】yì·jiàn **명** 1 견해. 의견. ¶征求~ = 널리 의견을 구하다. 2 이의(異議). 이론(異論). 불만. 반대. ¶大家对你的~很大. = 다들 너에게 불만이 대단히 많다.
- 【意见簿】yì·jiànbù **명** 의견부. [의견을 구하기 위하여 준비해 놓은 책자]
- 【意见箱】yì·jiànxiāng **명** 건의함.
- 【意匠】yìjiàng **명** (작문·회화 등의) 정교한 구상〔착상·고안〕. ¶~独运 = 구상이 기발하고 독특하다.
- 【意境】yìjìng **명** (문학·예술 작품에 표현된) 예술적 경지〔정취·분위기·무드〕. ¶这首诗营造了清新高远的~. = 이 시는 신선하고 심원한 예술적 분위기를 표현하였다.
- 【意料】yìliào **동** 예상하다. 예측하다. 추측하다. 짐작하다. …라고 생각하다. ¶这事儿弄成现在这个局面是当初没有~到的. = 이 일이 지금처럼 이렇게 될 줄은 당초에 예상하지 못했던 것이다. **명** 예상. 예측. 추측. 짐작. ¶出乎~ = 예상을 벗어나다.
- 【意马心猿】yìmǎ-xīnyuán ☞ 【心猿意马】xīnyuán-yìmǎ
- 【意念】yìniàn **명** 생각. 견해. ¶主观~ = 주관적인 생각.
- 【意气】yìqì **명** 1 의기. 포부와 성격. ¶~不合 = 마음이 서로 맞지 않다. 2 의기. 의지와 기개. ¶~昂然 = 의기가 드높다. 3 (치우친) 감정. ¶有话好好说, 别闹~. = 할 말이 있으면 좋게 말로 해야지, 감정을 내세우면 안 돼.
- 【意气风发】yìqì-fēngfā (成) 원기 왕성하고 기개가 늠름하다.
- 【意气相投】yìqì-xiāngtóu (成) 의기투합하다.
- 【意气扬扬】yìqì-yángyáng (成) 의기양양하다.
- 【意气用事】yìqì-yòngshì (成) 감정적으로 일을 처리하다.
- 【意趣】yìqù **명** 의취. 의지와 취향. ¶~盎然 = 의취가 넘쳐나다.
- 【意识】yì·shí **명** 1 (객관적 물질 세계에 대한 반영으로서) 의식. ¶~存在决定~. = 존재는 의식을 결정한다. 2 (문제에 대한 인식이나 중시하는 정도로서) 의식. ¶环保~ = 환경 보호 의식. 3 (스스로 갖게 된 목적 지향으로서) 의식. ¶有~ = 의식이 있다. **동** 느끼다. 깨닫다. 의식하다. [항상 '到(dào)'와 함께 쓰임] ¶他已经~到那件事

○ 意 yì
亿 yì
忆 yì
臆 yì
癔 yì
噫 yì
薏 yì
镱 yì

做错了。＝그는 이미 그 일을 잘못 처리했다는 것을 깨달았다. ≒精神 ↔物质
【意识流】**yì·shíliú** [명] 의식의 흐름.
【意识形态】**yì·shí xíngtài** [명]〈哲〉 이데올로기. 관념 형태. ＝【观念形态】**guānniàn xíngtài** [독] Ideologie
【意思】**yì·si** [명] **1** 의미. 뜻. ¶你千万别误会了我的～。＝당신은 제발 나의 뜻을 오해하지 마세요. **2** 의의. 의미. ¶进行这种无谓的争论, 没有一点儿～。＝이러한 무의미한 논쟁을 하는 것은 조금도 의미가 없다. **3** 생각. 의견. 견해. ¶上面说的只是我个人的～。＝앞에서 말한 것은 다만 내 개인의 생각일 뿐이다. **4** 흥미. 재미. 흥취. ¶这部电影很有～。＝이 영화는 아주 재미가 있다. **5** (선물이 나타내는) 성의. ¶这只是我的一点儿～, 请笑纳。＝이것은 다만 나의 조그마한 성의이니, 흔쾌히 받아 주십시오. **6** 기색. 기미. 조짐. 동향. 징조. ¶天有点儿转晴的～了。＝날씨가 좀 맑아지려는 기미가 있다. **7** 정분. 정. 호의. 애정. ¶相处久了, 他们俩就有那么点儿～了。＝오래 같이 지내더니 두 사람 사이에는 정분이 싹텄다. [동] 조그만 성의를 나타내다〔표시하다〕. ¶前段时间大伙儿帮了我好多忙, 今天请大家吃饭, ～。＝앞전에 모두들 많은 도움을 주셨으니, 조그마한 성의 표시로 오늘 여러분을 식사에 초청하고자 합니다.

> 意思(yì · si) / 意义(yìyì) 의미, 의의
> 意思 : 언어 문자의 의미나 사람의 생각, 의견, 바람을 가리킴. ¶我不懂它的意思, 可是我都会背了。＝나는 그것의 의미를 모르지만 다 외울 수 있다. / 我早看出对小王的意思了。＝나는 일찌감치 샤오왕의 생각을 알아차렸다. / 凭自己的意思干点自己想干的事。＝자기의 뜻에 따라 자기가 하고 싶은 일을 해라.
> 意义 : 언어나 문자 혹은 기타 부호가 표시하는 내용을 말하거나 가치, 작용을 가리킴. ¶这是一件十分有意义的事情。＝이것은 아주 의미가 있는 일이다. / 小学生识字是在以前所掌握词的声音和意义的基础上实现的。＝초등 학생은 예전에 파악한 어휘의 소리와 의미의 기초 위에서 글자를 깨우치게 된다.

【意态】**yìtài** [명] 태도. 몸가짐. 표정. ¶～自若＝태도가 태연자약하다.
【意图】**yìtú** [명] 의도. 기도. 타산. ¶主观～＝주관적인 의도. ≒企图 打算
【意外】**yìwài** [형] 의외의. 뜻밖의. 뜻하지 않은. ¶～事件＝의외의 사건. [명] 의외의 사고. 뜻하지 않은 사고. ¶千万不能发生～。＝제발 의외의 사고가 생기지 말아야 할 텐데.
【意味】**yìwèi** [명] **1** 의미. 함축. 내포. 암시. ¶你的话很有～。＝너의 말은 아주 의미가 있다. **2** 정취. 운치. 맛. 정조. ¶这幅画富有诗的～。＝이 그림은 시적인 정취가 풍부하다. **3** 기색. 조짐. 동향. 징조. ¶他丝毫没有放弃的～。＝그는 조금도 포기하려는 기색이 없다.
【意味深长】**yìwèi-shēncháng** [성] 의미심장하다. 뜻하는 바가 매우 깊다.
【意味着】**yìwèi·zhe** [동] 의미하다. 뜻하다. 나타내다. ¶小树发芽, ～着春天来了。＝어린 나무에 싹이 나는 것은 봄이 왔다는 것을 의미한다.
【意下】**yìxià** [명] 생각. 의견. ¶关于这件事, 你～如何? ＝이 일에 대해 너는 어떻게 생각하느냐?
【意想】**yìxiǎng** [동] 예상하다. 예측하다. 생각하다. 전망하다. ¶她的首场演唱会获得了～不到的成功。＝그녀의 첫 공연이 예상치 못한 성공을 거두었다.
【意向】**yìxiàng** [명] 의향. 의도. 의사. ¶投资～＝투자 의향.
【意向书】**yìxiàngshū** [명] 의향서.
【意象】**yìxiàng** [명] **1** 인상. ¶在我的～中, 他是个很讲意气的人。＝나의 인상 중, 그는 아주 의리를 중시하는 사람이다. **2** (비유적인 표현에 사용하는) 형상. 이미지. ¶这句歌词的～非常新颖。＝이 가사의 이미지가 아주 새롭다.
【意兴】**yìxìng** [명] 흥취. 흥미. ¶～正浓＝흥취가 막 무르익다.
【意义】**yìyì** [명] **1** 의의. 의미. 뜻. ¶这个词的～很抽象。＝이 단어의 의미는 아주 추상적이다. **2** 의의. 작용. 가치. ¶这部影片具有重大的历史～。＝이 영화는 아주 중대한 역사적 의의를 지니고 있다.
【意译】**yìyì** [동] **1** 의역하다. [‘直译(직역)’과 구별됨] **2** 의역하다. [‘音译(음역)’과 구별됨]
【意欲】**yìyù** [동] …할 작정이다. …하려고 생각하다. ¶他～何为? ＝그는 무엇을 하려는 건가?
【意愿】**yìyuàn** [명] 바람. 염원. 소원. 소망. 의향. ¶这是作家生前的～。＝이것은 작가 생전의 염원이다.
【意蕴】**yìyùn** [명] 함의. 내포. 함축. ¶～深邃＝함의가 심오하다.
【意在笔先】**yìzàibǐxiān** [성] **1** 글을 쓰기 전에 구상을 하다. **2** (서예나 회화·작문 등에서) 비교적 완벽하게 구상을 하고 난 다음 붓을 대다.
【意在言外】**yìzàiyánwài** [성] **1** 나타내고자 하는 의미가 말 밖에 있다. **2** [비] 직설적으로 말하지 않고 함축적으로 말하다. ↔开门见山
【意旨】**yìzhǐ** [명] **1** (지위가 높은 사람 혹은 단체의) 바람. 취지. 의향. 요구. ¶秉承恩师的～＝은사의 바람을 받들다. **2** (문장·저작의) 중심 사상. ¶这篇文章的～很深刻。＝이 글의 중심 사상은 매우 깊이가 있다.
【意志】**yìzhì** [명] 의지. 의기. ¶～坚强＝의지가 굳세다.
【意中人】**yìzhōngrén** [명] 의중(지)인. 마음속으로 그리워하는 사람. 마음속으로 지목한 사람.

## *溢 yì 넘칠 일

[동] **1** 넘치다. ¶河水四～＝강물이 사방으로 넘치다. **2** 표출하다. 발산하다. 퍼지다. ¶热情洋～＝열정이 넘쳐나다. [형][문] 과도하다. 과분하다. 지나치다. ¶～誉＝과분한 칭찬. [고어에서 ‘镒

(yì)'와 같음]

○● 充chōng溢, 漫溢, 飘piāo溢

【溢出】yìchū 통 (액체가) 넘치다. ¶江水~堤坝. =강물이 제방을 넘치다.
【溢洪道】yìhóngdào 명 여수로.
【溢价】yìjià 통 (經) (증권의) 액면을 초과하다. ¶~处置资产=액면 초과액으로 자산을 처분하다. 명 (經) (증권의) 액면 초과액. 주식 할증가. ¶以~出售=액면 초과액으로 매각하다.
【溢美】yìměi 통(문) 과분하게 칭찬하다. ¶~之词=과분한 칭찬.
【溢于言表】yìyúyánbiǎo 성 (생각이나 감정이) 말이나 표정 속에 드러나다.

## 缢[縊] yì 목맬 액
통(문) 목매다. ¶自~=목을 매어 자살하다.
【缢蛏】yìchēng 명(動) 가리맛조개. 맛살조개. ⇨【蛏子】chēng·zi

## 蓺 yì 심을 예
통(문) (나무를) 심다. 종식하다. ¶树~五谷=오곡을 재배하다.

## 蜴 yì 도마뱀 척
☞【蜥蜴】xīyì

## 鮨[鮨] yì 능성어 예
명(動) 농어과(科) 능성어속의 총칭.

## 廙 yì 공경할 이
형(문) 공경하다. [주로 인명에 쓰임]

## 瘗[瘞] yì 묻을 예
통(문) (시체나 부장품을) 묻다. 매장하다. ¶~埋=매장하다.

## 溰 yì 물 이름 이
지명에 쓰이는 글자. ¶清~河=칭이허. [허난(河南)성에 있는 잉허(颍河)의 지류임]

## 嫕 yì 상냥할 예
형(문) 상냥하다. 귀엽다. ¶婉~=유순하고 상냥하다.

## 鷊[鷊] yì 칠면조 역
명 1 통(문) 칠면조. 2 '鹢(yì)'와 같음.

## 镒[鎰] yì 무게의 단위 일
양 일. 20량(兩). [일설에는 24량이라고도 함] ¶黄金百~=황금 100일.

## 饐[饐] yì 쉴 의
통(문) (음식이) 쉬다. 상하다. 부패하다.

## 毅 yì 굳셀 의
형 굳세다. 강하다. 의연하다. ¶刚~=강의하다. 의지가 굳세고 강직하여 굽힘이 없다. / 坚~=의연하다. 명 (yì) 성(姓).

○● 沉chén毅, 坚jiān毅

【毅力】yìlì 명 굳센 의지. 완강한 의지. ¶~惊人=완강한 의지가 놀랍다.
【毅然】yìrán 부 의연히. 결연히. ¶他~辞去经理职务. =그는 의연히 부장 직책에서 물러났다.
【毅然决然】yìrán-juérán 성 1 의연하다. 결연하다. 단호하다. 2 의지가 굳세고 일처리가 과단성이 있다. ↔优柔寡断 犹豫不决
【毅勇】yìyǒng 형 굳세고 용감하다. ¶~刚强=용감하고 굳세다.

## 鹢[鷁] yì 새 이름 익
명(문) 백로와 비슷한 큰 새. [고서(古书)에서 높이 날 수 있는 물새를 가리킴]

## 熠 yì 빛날 습
형(문) 밝게 빛나다. 선명하다.
【熠耀】yìyào 명(문) 반딧불. 형(문) 눈부시다. 번쩍번쩍 빛나다. ¶~闪光=번쩍이는 섬광.
【熠熠】yìyì 형(문) 번쩍번쩍하다. ¶~生辉=번쩍번쩍 빛나다.

## 薏 yì 율무 억
아래를 참조.
【薏米】yìmǐ 명(植) 율무쌀. 의이인(薏苡仁). =【薏仁米】yìrénmǐ【薏苡仁】yìyǐrén【苡米】yǐmǐ【苡仁】yǐrén
【薏仁米】yìrénmǐ ☞【薏米】yìmǐ
【薏苡】yìyǐ 명(植) 율무. 의이.
【薏苡仁】yìyǐrén ☞【薏米】yìmǐ

## 殪 yì 죽을 에
통(문) 1 죽다. 2 죽이다.

## 殨 yì 음침할 예
형(문) 날씨가 음침하다. 날씨가 우중충하다.

## 螠 yì 의충 의
명(動) 개불. 의충(螠蟲).

## 劓 yì 코 벨 의
통 코를 베다. 명 의형(劓刑). [고대 중국에서 행하던 오형(五刑) 가운데 하나. 죄인의 코를 베던 형벌]

## 燚 yì 불 모양 일
형(문) 불길이 맹렬하다. [주로 인명에 쓰임]

## 翳[翳] yì 가릴 예
통(문) 덮다. 가리다. ¶林木荫~=(나뭇잎이 무성하여) 가려지다. 명 1 (문) 가리는 작용을 하는 것. ¶云~=운예. 햇빛을 가린 구름의 그늘. 2 눈 각막에 생겨 시야를 가리는 백반증(白斑症). ¶白~=각막 반흔.

臆 yì 가슴 억
명 1 가슴. ¶胸~=가슴. 된 주관적으로. ¶无端~造=공연히 억측으로 지어 내다. 형 주관적인. ¶纯属~见=완전히 주관적인 견해에 속한다.
【臆测】yìcè 동 억측하다. 주관적으로 추측하다. ¶不可妄加~。=함부로 억측해서는 안 된다. 명 억측. ¶此乃个人~,不足为据。=이것은 개인의 억측이므로 근거로 삼을 수 없다.
【臆断】yìduàn 동 억측하다. 추정하다. ¶主观~=주관적인 추측. 명 억단. 억판(臆判). ¶不能轻信~。=억단을 가볍게 믿어서는 안 된다.
【臆度】yìduó 동⇒ 억탁하다. 억측하다. 근거 없이 짐작하다. ¶闻见~,不足为训。=보고 들은 것과 억측한 것은 준칙으로 삼을 수가 없다.
【臆见】yìjiàn 명 억견. 주관적인 견해.
【臆说】yìshuō 동 억설하다. ¶凭空~=터무니없는 억설을 퍼뜨리다. 명 억설. ¶不可听信~。=억설을 곧이들어서는 안 된다.
【臆想】yìxiǎng 동 억상[억견]하다. 주관적으로 추측하다. ¶决不能~历史事实。=역사적인 사실을 절대 주관적으로 상상해서는 안 된다. 명 억측. 억상. 억견. ¶~是靠不住的。=억측은 믿을 수 없는 것이다.
【臆造】yìzào 동 주관적인 상상으로 지어 내다. ¶书中的不少情节都是~的,缺乏生活基础。=책 속의 적지 않은 줄거리는 실제 생활을 기반으로 한 것은 적고 대부분 주관적인 상상으로 지어낸 것이다.

癔 yì 잠꼬대 예
동형 '呓(yì)'와 같음.

翼 yì 날개 익
명 1 날개. 깃. 2 날개. 익. [날개와 같이 생긴 것. 양 옆에 붙은 것] ¶机~=비행기 날개. 3 익. 측. 날개. [진지의 양측] ¶两~阵地=양측 진지. 4 익. [같은 정치 단체의 파별] ¶工党左~=(영국) 노동당 좌파. 5 (天) 익수(翼宿). [이십팔수(二十八宿)의 하나] 6 (Yì) 성(姓). 동형 돕다. 보좌하다. ¶扶~=보조하고 돕다. 형⇒ '翌(yì)'와 같음.

○● 鼻翼, 比翼, 侧cè翼, 卵luǎn翼, 右翼, 羽翼

【翼侧】yìcè ☞ [侧翼] cèyì
【翼翅】yìchì 명 날개. 깃.
【翼护】yìhù 동 1 날개로 감싸다〔보호하다〕. 2 몸으로 엄호하다.
【翼翼】yìyì 형⇒ 1 진지하고 조심하는 모양. ¶小心~=조심조심하다. 2 번성하다. 아주 많다. ¶草花~=풀꽃들이 번성하다. 3 질서 정연하다. ¶商邑~=상(商)나라의 도읍이 깨끗하고 질서 정연하다.

薏[薏] yì 갈풀 억
명 (植) 갈풀.
【薏草】yìcǎo 명 (植) 갈풀.

镱[鐿] yì 이테르븀 의
명 (化) 이테르븀. 이테르븀(Yb, ytterbium). [원자 번호 70]

癔 yì 심화병 억
【癔病】yìbìng 명 (醫) 히스테리. =【歇斯底里】xiēsīdǐlǐ

懿 yì 아름다울 의
형⇒ (덕행 등이) 아름답다. 훌륭하다. ¶嘉言~行=본받을 만한 좋은 말과 아름다운 행동. 명 (Yì) 성(姓).
【懿德】yìdé 명⇒ 의덕. 미덕. 뛰어난 덕행. ¶~嘉行=뛰어난 덕행과 착하고 갸륵한 행실.
【懿亲】yìqīn 명⇒ 1 의친. 지친(至親). 정의가 두터운 친척. 2 황실의 종친.
【懿旨】yìzhǐ 명⇒ 의지. 황태후나 황후의 명령.

# yīn

**因[(囙)]** yīn 원인 인
동 1 의지하다. 위로 오르다. ¶为高必~丘陵。=높아지려면 반드시 구릉으로 올라가야 한다. 2 답습하다. ¶陈陈相~=옛 것을 그대로 답습하다. 개 1 …에 의해. …에 따라. …대로. …에 근거하여. [동작이나 행위의 근거를 이끌어 내며, '按照(ànzhào)·根据(gēnjù)'에 상당함] ¶~流溯源=물의 흐름을 따라서 근원을 찾아 내다. 2 동작이나 행위의 원인을 이끌어 냄. ¶~故改期=사정이 있어서 날짜를 바꾸다. 접 …때문에. …로 인하여. …한 까닭으로. [인과 관계를 나타냄] ¶~风雪过大,高速公路暂时封闭。=눈바람이 너무 세어 고속 도로가 일시 봉쇄되었다. 명 1 연유. 원인. 이유. 까닭. ¶内~=내적 요인. / 前~后果=원인과 결과. 자초지종. 2 (Yīn) 성(姓). ↔果

○● 病因, 成因, 达因, 基jī因, 起因, 诱yòu因, 原因

○ 因 yīn
　茵 yīn
　姻 yīn
　铟 yīn
　洇 yīn
　恩 ēn
　烟 yān
　咽 yān
　胭 yān

【因材施教】yīncái-shījiào 성 피교육자의 수준에 따라 그에 맞는 교육을 하다.
【因此】yīncǐ 접 이로 인하여. 그래서. 이 때문에. ¶他最近太忙,~不能亲自来看你。=그는 최근에 너무 바빠서, 너를 보러 직접 오지 못했다. ≒故此 故而
【因地制宜】yīndì-zhìyí 성 각 지역의 구체적인 실정에 맞게 적절한 대책을 세우다. ↔一成不变
【因而】yīn'ér 접 그러므로. 그런 까닭에. 따라서. ¶我是无私的,~也就无畏。=나는 사심이 없으므로 두렵지 않다. ≒故此 故而
【因果】yīnguǒ 명 1 (佛) 인과. ¶~报应=인과

응보. **2** 원인과 결과. 인과. ¶互为~=서로 인과 관계를 이루다.

【因祸得福】 yīnhuò-défú ⓢ **1** 재난 때문에 도리어 복을 얻다. **2** 화가 복이 되다. [어떤 원인으로 인하여 나쁜 일이 좋은 일로 변함을 가리킴]

【因利乘便】 yīnlì-chéngbiàn ⓢ 유리한 형세를 타다.

【因陋就简】 yīnlòu-jiùjiǎn ⓢ **1** (개선하려 하지 않고) 초라한 그대로 살아가다. **2** 보잘것없는 것으로 절약하여 일을 처리하다.

【因明】 yīnmíng 몡 인명. [고대 인도에서 일어난 논리학으로, 사물의 참과 거짓·옳고 그름을 살피고 논증하는 학문]

【因难见巧】 yīnnán-jiànqiǎo ⓢ 난이도가 높기 때문에 기예의 출중함이 더욱 돋보이다.

【因人成事】 yīnrén-chéngshì ⓢ 남의 힘을 빌어 일을 처리하다.

【因人而异】 yīnrén'éryì ⓢ 사람에 따라 달리 대책(방법)을 세우다.

【因人废言】 yīnrén-fèiyán ☞【以人废言】yǐrén-fèiyán

【因人设事】 yīnrén-shèshì ⓢ 능력에 따라 그에 맞는 일을 시키다.

【因人事废】 yīnrén-shìfèi ⓢ 사람을 잘못 써서 일을 그르치다.

【因人制宜】 yīnrén-zhìyí ⓢ 사람에 따라 그에 맞게 적당한 안배를 하다.

【因时制宜】 yīnshí-zhìyí ⓢ 시기에 맞게 적당한 방법을 취하다. 때에 맞게 조치하다.

【因式】 yīnshì 몡(數) 인수(因數). 인자(因子).

【因事制宜】 yīnshì-zhìyí ⓢ 일에 따라 적당한 조치를 취하다.

【因势利导】 yīnshì-lìdǎo ⓢ 사물의 발전 추세에 따라 유리한 방향으로 이끌다. ≒顺水推舟

【因数】 yīnshù ☞【约数】 yuēshù

【因素】 yīnsù 몡 **1** (구성) 요소. 성분. ¶积极~=적극적 요소. **2** (사물이 발전하는) 원인. 요인. 조건. 요소. ¶技术改造是提高生产效率的重要~。=기술 개선은 생산 효율을 높이는 중요한 요인이다.

【因特网】 yīntèwǎng 몡외 인터넷(Internet).

【因为】 yīn·wèi 개 …때문에. …로 인하여. [원인을 나타내는 사람 또는 사물을 이끌어 냄] ¶他~高考落榜而意志消沉。=그는 대입 시험에 떨어졌기 때문에 의기소침해졌다. 접 왜냐하면. [일반적으로 앞 단구에 쓰이며, 늘 '所以(suǒyǐ)'와 호응하여 쓰임. 앞뒤 단구의 주어가 동일할 때에는 뒤 단구에 쓰일 수도 있음] ¶~路上堵车, 所以开会迟到了。=도로에 차가 막혀서 회의에 늦었다. / 他神情沮丧, ~刚挨了经理的批评。=그의 표정이 풀이 죽어 있다. 왜냐하면 방금 사장의 꾸중을 들었기 때문이다. ↔所以

【因袭】 yīnxí 통 (과거의 제도·법령·방법 등을) 답습하다. 인습하다. ¶~陈规=낡은 관습을 인습하다.

【因小见大】 yīnxiǎo-jiàndà ⓢ 작은 일을 통하여 큰 문제를 꿰뚫어 보다.

【因小失大】 yīnxiǎo-shīdà ⓢ **1** 작은 이익을 탐하다가 큰 것을 잃다. **2** 작은 일에 힘을 쓰다 큰 일을 그르치다.

【因循】 yīnxún 통 **1** 답습하다. 구습을 따르다. 옛 것을 지키다. ¶~旧制=옛 제도를 따르다. **2** 지연하다. 지체하다. 미루다. ¶~误事=지체하여 일을 그르치다.

【因循守旧】 yīnxún-shǒujiù ⓢ 낡은 방법을 답습하다.

【因噎废食】 yīnyē-fèishí ⓢ **1** 음식을 먹다가 목이 멘다고 다시는 그 음식을 먹으려 하지 않다. **2** 우연한 좌절을 겪고 또 다시 실패할까 봐 해야 할 일을 하지 않다. 사소한 문제로 인해 중요한 일을 그만두다.

【因应】 yīnyìng 통 **1** 순응하다. 적응하다. ¶~潮流=조류에 순응하다. **2** 대응하다. 대처하다. ¶~挑战=도전에 대응하다.

【因由】 yīnyóu (~儿) 몡 이유. 까닭. 연고. 사유(事由). ¶查问~=사유를 밝히다.

【因缘】 yīnyuán 몡 **1**(佛) 인연. **2** 연분. 기연. ¶我们能成为知己, 那是前世结下的~。=우리가 지기가 될 수 있었던 것은 전생에 맺어진 인연 때문이다.

【因之】 yīnzhī 접문 이로 인하여. 그래서. 이 때문에. ¶~成事=이로 인하여 일이 이루어졌다.

【因子】 yīnzǐ 몡(數) **1** 약수(約數). **2** 인수(因數).

\*\*阴[陰, 陰] yīn 흐릴 음

톙 **1**(氣) 흐림. ¶多云转~=구름이 많다가 차차 흐림. **2** 흐리다. 음하다. ¶天又~了。=날씨가 또 흐려졌다. **3** 숨겨진. 감추어진. 은밀한. ¶阳奉~违=겉으로는 받들고 속으로는 거스르다. 공공연하게는 동의하지만 암암리에는 반대하다. **4** 음험하다. 음흉하다. ¶这个人~得很。=이 사람은 아주 음흉하다. **5** 오목한. 움푹한. ¶~文印章=음문 인장. 몡 **1** 그늘. 응달. 음지. ¶背~儿=음지. / 林~道=가로수가 우거진 길. **2** 배면. 뒷면. ¶碑~=비석의 뒷면. **3** 산의 북면. ¶华~=화산(華山)의 북면. [화산(華山)의 북면에 있음] **4** 강의 남면. ¶江~=장인(江阴)현. [창장(长江)의 남면에 있음] **5** 생식기. ¶外~=외음. **6** 음부. 여성 생식기. ¶~道炎=질염. **7**(哲) 음(陰). ['양(陽)'과 구별됨] ¶~阳二气=음양이기. **8** 태음. 달. ¶~历年=구정. **9** 저승. ¶魂归~曹=혼이 저승으로 돌아가다. **10**(物) 음전기를 띤 것. ¶~电子=음전자. **11**(Yīn) 성. ↔晴 阳

⊙ 寸阴, 分阴, 光阴, 会阴, 绿阴, 树阴, 太阴, 林阴道

【阴暗】 yīn'àn 톙 **1** 어둡다. 음침하다. 어두컴컴하다. ¶地下室又~又潮湿。=지하실이 어둡고 습하다. **2**(비) 침울하다. 우울하다. ¶~的表情=침울한 표정. **3** 음산하다. 음흉하다. ¶~心理=엉큼한 심리. ≒阴沉 ↔晴朗 明朗

【阴暗面】 yīn'ànmiàn 몡비 (사회의) 어두운

면. 소극적인 면. 낙후된 면. 불건전한 면.
【阴部】yīnbù 명 음부. 전음(前陰).
【阴惨】yīncǎn 형 1 음침하다. 음산하다. ¶~的古寺=음침한 옛 절. 2 우울하다. 침울하다. ¶~的脸色=침울한 안색.
【阴惨惨】yīncǎncǎn(~的) 형 음침하다. 음산하다.
【阴曹】yīncáo ☞【阴间】yīnjiān
【阴曹地府】yīncáo dìfǔ ☞【阴间】yīnjiān
【阴差阳错】yīnchā-yángcuò ☞【阴错阳差】yīncuò-yángchā
【阴沉】yīnchén 형 1 어둡다. 음침하다. 어두컴컴하다. ¶暮色~=황혼빛이 음침하다. 2 (비) (표정이) 침울하다. 음침하다. ¶脸色~=얼굴색이 침울하다. 통 침울한 표정을 짓다. ¶他~着脸一言不发。=그는 침울한 표정을 짓고 한 마디도 하지 않는다. ≒阴暗.
【阴沉沉】yīnchénchén(~的) 형 어둡다. 음침하다. 어두컴컴하다.
【阴错阳差】yīncuò-yángchā 성 1 음과 양을 혼동하다. 2 (비) 여러 가지 원인으로 인하여 일이 잘못되다. =【阴差阳错】yīnchā-yángcuò
【阴丹士林】yīndānshìlín 명 1 (化) 인단트렌. (영) Indanthren 2 인단트렌 블루로 염색한 천.
【阴道】yīndào 명(生) 질.
【阴德】yīndé 명 음덕. 남에게 알려지지 않은 덕행. ¶积~=음덕을 쌓다.
【阴地植物】yīndì zhíwù ☞【阴生植物】yīnshēng zhíwù
【阴蒂】yīndì 명(生) 음핵. 공알. 클리토리스.
【阴电】yīndiàn ☞【负电】fùdiàn
【阴毒】yīndú 명 음험하고 악독하다. ¶~的手段=음독한 수단.
【阴风】yīnfēng 명 1 음풍. 삭풍(朔風). ¶~怒号=음풍이 노호(怒號)하다. 2 (비) 사악한 풍조. ¶煽~,点鬼火。=사악한 풍조를 선동하고 부추기다. 분쟁을 선동하다.
【阴干】yīngān 통 그늘에서 말리다.
【阴功】yīngōng 명 음덕. 숨은 덕행.
【阴沟】yīngōu 명 암거. 복개된 하수구〔배수구〕. ↔阳沟
【阴沟里翻船】yīngōu·li fānchuán (낮)(비) 부주의로 의외의 실패를〔좌절을〕 맛보다.
【阴狠】yīnhěn 형 음험하고 악독하다. 음흉하다. ¶~毒辣=음흉하고 악랄하다.
【阴户】yīnhù ☞【阴门】yīnmén
【阴晦】yīnhuì 형 (날씨·안색 등이) 어둡다. 음침하다. ¶天色~=날씨가 음침하다.
【阴魂】yīnhún 명 1 망령. 죽은 자의 영혼〔넋〕. 2 (비) 나쁜 사람이나 나쁜 일의 해독〔영향〕.
【阴魂不散】yīnhún-bùsàn 성(비) 나쁜 사람이나 나쁜 일의 악영향이 사라지지 않고 남아 있다.
【阴极】yīnjí 명(电) 1 음(전)극. 마이너스극. =【负极】fùjí 2 음극. [전자관에서 전자를 방출하는 전극]
【阴极射线】yīnjí shèxiàn 명(物) 음극선.
【阴间】yīnjiān 명 저승. 음부(陰府). 명조(冥曹). =【阴曹】yīncáo【阴曹地府】yīncáo dìfǔ【阴司】yīnsī ↔阳间
【阴茎】yīnjīng 명(生) 음경.
【阴冷】yīnlěng 형 1 음랭하다. 음습하고 한랭하다. 그늘지고 차다. ¶~的天气=음랭한 날씨. 2 (안색·환경 등이) 침울하다. 우울하다. 쌀쌀하다. ¶~的表情=침울한 표정. ↔晴和
【阴离子】yīnlízǐ ☞【负离子】fùlízǐ
【阴历】yīnlì 명 1 (태)음력. =【太阴历】tàiyīnlì 2 ☞【农历】nónglì
【阴凉】yīnliáng 형 그늘져 서늘하다. ¶我们到~的地方休息一会儿。=우리 서늘한 곳에서 잠깐 쉽시다. 명 (~儿) 그늘져 서늘한 곳. ¶树大~儿大。=나무가 크면 그늘도 크다.
【阴霾】yīnmái 명 1 연무. 2 (비) 열악한 환경. ¶~密布=사회에 먹구름이 짙게 드리우다.
【阴毛】yīnmáo 명 음모. 거웃.
【阴门】yīnmén 명 음문. 음호(陰戶). 비추. =【阴户】yīnhù
【阴面】yīnmiàn (~儿) 명 1 이면. 배면. 뒷면. [주로 건축물 등의 햇볕이 내리쬐지 않는 부분을 가리킴] ¶山的~常年积雪。=산의 배면에는 일년 내내 눈이 쌓여 있다. 2 뒷방. ¶我喜欢住~,夏天凉快。=여름에 서늘하기 때문에 나는 뒷방에서 지내기를 좋아한다.
【阴谋】yīnmóu 통 음모하다. 음모를 꾸미다. ¶~政变=정변을 음모하다. 명 음모. ¶揭穿~=음모를 들추어 내다. ↔阳谋
【阴谋诡计】yīnmóu-guǐjì 성 음모와 위계. 교활한 책략.
【阴谋家】yīnmóujiā 명 음모자.
【阴囊】yīnnáng 명(生) 음낭.
【阴蟨】yīnnì 명(醫) 음부 소양증. =【阴蚀】yīnshí【阴痒】yīnyǎng
【阴平】yīnpíng 명(言) 음평. [현대 중국어 성조의 제1성임]
【阴坡】yīnpō 명 햇볕이 들지 않는 산비탈.
【阴凄】yīnqī 형 1 음침하다. ¶~的牢房=음침한 감방. 2 (소리가) 처절하다. ¶远处传来狼~的嚎叫声。=멀리서 이리가 처절하게 울부짖는 소리가 들려온다.
【阴燃】yīnrán 통 (불길 없이) 연기만 피운 채 타다. 불길 없이 타다.
【阴柔】yīnróu 형 (성격이) 유순하다. (풍격이) 부드럽고 섬세하다. ¶~之美=섬세한 아름다움. ↔阳刚
【阴森】yīnsēn 형 (안색·분위기·환경 등이) 음산하다. 소름끼치다. 으스스하다. 오싹하다. ¶~的山洞=음산한 동굴.
【阴森森】yīnsēnsēn(~的) 형 (안색·분위기·환경 등이) 음산하다. 소름끼치다. 으스스하다. 오싹하다.
【阴山】Yīnshān 명(地) 인산. [화북(華北) 평원에 이어져 있는 산 이름]
【阴山背后】Yīnshān bèihòu 명⑦ 외지고 쓸쓸한 지역. 궁벽한 곳.
【阴生植物】yīnshēng zhíwù 명(植) 음생 식

물. 음지 식물. =【阴地植物】**yīndì zhíwù**
【阴盛阳衰】**yīnshèng-yángshuāi** [성] **1** 음기가 성하고 양기가 쇠하다. 음양이 전도되다. **2** 기력이 쇠약하다. **3** [비] 여자의 기가 남자를 누르다.
【阴虱】**yīnshī** [명]《動》 사면발이.
【阴湿】**yīnshī** [형] 음습하다. ¶～的地牢=음습한 지하 감옥.
【阴蚀】**yīnshí** ☞【阴蜃】**yīnnì**
【阴事】**yīnshì** [명][문] 음사. 비밀한 일.
【阴寿】**yīnshòu** [명] **1** 저승에서의 나이. **2** 죽은 자의 생일. [주로 60세·70세 등 정수의 해에 기념함]
【阴司】**yīnsī** ☞【阴间】**yīnjiān**
【阴私】**yīnsī** [명] 음사. 개인의 은밀한 비밀.
【阴损】**yīnsǔn** [동] 암암리에 해치다. ¶当面装笑脸, 背后～人。=앞에서는 웃는 얼굴을 하고 뒤에서는 해코지하다. [형] (말이) 쌀쌀맞고 매몰차다. (수단이) 음험하고 악독하다. ¶你这招儿也太～了。=너의 이 수단이 지나치게 음험하고 악독하구나.
【阴天】**yīntiān** [명] 흐린 날씨. 흐린 하늘.
【阴文】**yīnwén** [명] 음문. ↔阳文
【阴险】**yīnxiǎn** [형] 음험하다. 음흉하다. ¶～毒辣=음험하고 악랄하다.
【阴线】**yīnxiàn** [명]《經》 음선. ↔阳线
【阴笑】**yīnxiào** [동] 음흉하게 웃다.
【阴性】**yīnxìng** [명] **1**《醫》 음성 (반응). 네거티브. ¶乙肝化验结果呈～。=B형 간염 화학 검사 결과 음성 반응이 나타났다. **2**《言》 (문법 범주에서의) 여성. ↔阳性
【阴性植物】**yīnxìng zhíwù** [명]《植》 음지 식물.
【阴虚】**yīnxū** [명]《醫》 음허.
【阴阳】**yīnyáng** [명] **1**《哲》 음양. 음과 양. **2** 음양학. [옛날, 천체의 운행 규율을 연구하는 학문] **3** 음양. [별점·점복·양택 또는 음택 등을 보는 방술] **4** 음양가. 음양사(陰陽師).
【阴阳怪气】**yīnyáng-guàiqì**(～的) [성] 태도가 애매하고 언행이 괴상하다. 괴상야릇하다.
【阴阳家】**yīnyángjiā** [명] **1** (**Yīnyángjiā**) 음양가. **2** 음양가. 음양사(陰陽師).
【阴阳历】**yīnyánglì** [명] 음양력.
【阴阳人】**yīnyángrén** [명] **1** 남녀추니. 어지자지. 반음양. **2** 음양가. 음양사(陰陽師).
【阴阳生】**yīnyángshēng** [명][옛] **1** 음양가. 음양사(陰陽師). **2** 지관(地官). 풍수쟁이. =【阴阳先生】**yīnyáng xiān·sheng**
【阴阳水】**yīnyángshuǐ** [명]《醫》 음양수.
【阴阳先生】**yīnyáng xiān·sheng** ☞【阴阳生】**yīnyángshēng**
【阴痒】**yīyǎng** ☞【阴蜃】**yīnnì**
【阴翳】**yīnyì** [명] **1** 나무 그늘. 수음(樹蔭). **2** 그림자. *[유쾌하지 못하거나 순조롭지 못한 일]* ¶他心头突然掠过一缕不祥的～。=그의 마음속에 갑자기 불길한 그림자가 스쳐 지나갔다. [형] ☞【荫翳】**yīnyì**
【阴影】**yīnyǐng**(～儿) [명] **1** 음영. 그림자. ¶做了肺部透视之后, 发现有～。=폐부 투시 후 음영이 발견되었다. **2** [비] 그림자. [유쾌하지 못하거나 순조롭지 못한 일] ¶她再次被失恋的～所笼罩。=그녀는 다시금 실연의 그림자에 휩싸였다.
【阴雨】**yīnyǔ** [명] 음우. 장마. ¶～绵绵=장마가 계속되다.
【阴郁】**yīnyù** [형] **1** (날씨가) 음울하다. ¶天色～=하늘빛이 음울하다. **2** 기분이 우울하다. 울적하다. ¶表情～=표정이 우울하다.
【阴云】**yīnyún** [명] **1** 음운. 검은 구름. ¶～密布=음운이 짙게 끼다. **2** [비] 무거운 분위기. 명랑하지 못한 기분. ¶满脸～=온 얼굴에 어두운 그림자가 드리워져 있다.
【阴韵】**yīnyùn** [명]《言》 음성운.
【阴宅】**yīnzhái** [명] 음택.
【阴鸷】**yīnzhì** [형][문] 음험하고 흉악하다. ¶～毒辣=음험하고 악랄하다.
【阴骘】**yīnzhì** [동][문] 몰래 덕을 베풀다. 몰래 편안하게 하다. [명][문] 음즐. 음덕. ¶积～=음덕을 쌓다.

## *茵 **yīn** 자리 인

[명] 깔개. 융단. 요. ¶绿草如～=푸른 풀이 융단과 같다.
【茵陈】**yīnchén** ☞【茵陈蒿】**yīnchénhāo**
【茵陈蒿】**yīnchénhāo** [명]《植》 인진(쑥). 사철쑥. =【茵陈】**yīnchén**
【茵茵】**yīnyīn** [형] 푸른 풀이 빽빽한 모양. ¶绿草～=푸른 풀이 빽빽하다.

## 荫[蔭] **yīn** 그늘 음

[명] 나무 그늘. 수음. ¶绿树成～=푸른 나무가 그늘을 이루다. ≒蔽
☞ **yìn**
【荫翳】[阴翳] **yīnyì** [형][문] 가지와 잎이 무성하다. ¶桃李～=복숭아나무와 자두나무가 무성하다.

## *音 **yīn** 소리 음

[명] **1** 소리. 음악. ¶播～=방송하다. / 乐～=악음. 고른음. **2** 어음(語音). 음절. ¶方～=방언의 발음. / 单～词=단음절사. **3** 정보. 소식. ¶回～=답신이 오다. / 佳～=좋은 소식. **4** (**Yīn**) 성(姓). [동] (독음을) 읽다. ¶'朴'字作姓时～'瓢'。='朴' 자가 성으로 쓰일 때는 '瓢(piáo)' 라고 읽는다. ≒声

⭘ 音 yīn
喑 yīn
窨 xūn
韵 yùn
暗 àn
揞 ǎn
黯 àn

0● 半音, 伴音, 鼻音, 边音, 播bō音, 擦音, 颤chàn音, 唇chún音, 纯chún音, 带音, 读音, 发音, 泛fàn音, 方音, 福音, 辅fǔ音, 复音, 隔gé音, 古音, 观音, 灌guàn音, 国音, 话音, 回音, 基音, 尖jiān音, 介音, 今音, 录音, 母音, 陪péi音, 配音, 拼pīn音, 清音, 全音, 嗓sǎng音, 塞sè音, 声音, 失音, 收音, 土音, 团音, 五音, 乡音, 响音, 谐xié音, 心音, 译yì音, 余音, 语音, 玉音, 元音, 正音, 知音, 直音, 重音, 注音, 浊zhuó音, 子音

【音变】yīnbiàn 图(言) 어음의 변화. 음운 변화.
【音标】yīnbiāo 图(言) 음성 기호. [어음을 표기하는 부호] ¶国际~=국제 음성 기호(IPA).
【音波】yīnbō 图 음파.
【音波浴】yīnbōyù ☞【超声波浴】chāoshēng bōyù
【音叉】yīnchā 图(物) 음차. 소리굽쇠.
【音长】yīncháng 图(物) 소리의 길이〔장단〕.
【音程】yīnchéng 图(音) 음정.
【音带】yīndài 图 자기 테이프. 카세트 테이프.
【音调】yīndiào 图 1 음조. 2(音) 음조. [음의 높낮이 혹은 악곡의 선율] ≒声调
【音读】yīndú 图 (글자의) 읽는 법. 독음(讀音).
【音符】yīnfú 图(音) 음부. 음표(音標).
【音高】yīngāo 图(物) 음고. 음의 높낮이.
【音耗】yīnhào 图 음모. 음신(音信). 소식. 기별. ¶查无~=소식이 감감하다.
【音画】yīnhuà 图 1 음악과 화면. 2 영상 작품. ¶~同步=동시 음악과 화면.
【音阶】yīnjiē 图(音) 음계.
【音节】yīnjié 图(言) 음절. =【音缀】yīnzhuì
【音节文字】yīnjié wénzì 图(言) 음절 문자.
【音控】yīnkòng 图 소리로 제어하다.
【音控喷泉】yīnkòng pēnquán ☞【音乐喷泉】yīnyuè pēnquán
【音量】yīnliàng ☞【响度】xiǎngdù
【音律】yīnlǜ 图 1(音) 음률. =【乐律】yuèlǜ 2(言) 운율.
【音名】yīnmíng 图(音) 1 (중국 고대의) 음계의 명칭. [황종(黃鐘)·대려(大呂) 등 12음계 이름] 2 (서양 음악의) 음계 이름. 음 이름. 음명.
【音频】yīnpín 图(物) 가청 주파수(可聽周波數). 가청 주파.
【音品】yīnpǐn ☞【音色】yīnsè
【音强】yīnqiáng 图(物) 음력(音力). 음세(音势). 소리의 강도. =【音势】yīnshì
【音区】yīnqū 图(音) (악기·음성의) 전체 음역〔성역(聲域)〕. (보통 고음·중음·저음으로 나뉘는) 음역의 구간.
【音儿】yīnr 图㈜ 1 말소리. 목소리. 음성. ¶她气得连话~都变了。=그녀는 목소리조차 변할 정도로 화가 났다. 2 말의 속뜻〔숨은 뜻〕. 함축된〔내포된·암시하는〕 의미. 언외(言外)의 의미. ¶听话听~。=숨은 말뜻을 알아듣다.
【音容】yīnróng 图 음용. 음성과 용모. ¶~风采=말소리와 아름다운 용모〔자태〕.
【音容宛在】yīnróng-wǎnzài 匎 1 목소리와 모습이 선하다. 2 꼭 살아 있는 듯하다. [주로 죽은 사람에 대한 그리움을 나타냄]
【音容笑貌】yīnróng-xiàomào 匎 웃는 얼굴과 목소리. 웃는 모습과 목소리.
【音色】yīnsè 图 음색. =【音品】yīnpǐn【音质】yīnzhì
【音诗】yīnshī 图(音) 음시. [시적 이미지를 일으키는 음악 작품으로, 교향시(交響詩)는 이 형식이 발전한 것임]
【音势】yīnshì ☞【音强】yīnqiáng

【音素】yīnsù 图(言) 음소. [음운의 가장 작은 단위로 자음과 모음으로 나뉨]
【音素文字】yīnsù wénzì 图(言) 음소 문자.
【音速】yīnsù ☞【声速】shēngsù
【音位】yīnwèi 图(言) 음위. [언어 중의 변별 기능을 가진 가장 작은 음운 단위] ㉦ phoneme
【音问】yīnwèn 图 음문. 음신. 소식. ¶~断绝=소식이 끊기다〔단절되다〕.
【音息】yīnxī 图 소식. 기별. 메시지. 통신. ¶渺无~=소식이 감감하다.
【音系】yīnxì 图(言) 1 음운 체계〔구조·계통〕. 2 음위 체계〔구조·계통〕.
【音箱】yīnxiāng 图 스피커.
【音响】yīnxiǎng 图 1 음향. [주로 음향 효과를 가리킴] ¶~效果=음향 효과. 2 음향 기기. [녹음기·전축·라디오·확성기 등의 총칭] ¶组合~=조립된 음향 기기.
【音像】yīnxiàng 图 녹음과 녹화. 녹음과 녹화 설비. ¶~出版社=음반과 영상물 출판사.
【音像市场】yīnxiàng shìchǎng 图 음반과 영상 시장.
【音像制品】yīnxiàng zhìpǐn 图 음반과 영상물. 음향·영상 제품.
【音协】yīnxié 图㈜ 音乐家协会(음악가 협회).
【音信】yīnxìn 图 음신. 편지. 소식. 기별. ¶查无~=감감무소식이다. ≒音讯
【音序】yīnxù 图 (자모의) 발음순〔독음순〕. ¶~检字法=발음순 글자 색인법.
【音讯】yīnxùn 图㈜ 음신. 편지. 소식. 기별. ¶互通~=서로 소식을 전하다〔주고받다〕. ≒音信 消息
【音义】yīnyì 图 1 글자의 독음과 의미. 2㈜ 문자의 독음과 의미에 관한 주해. [주로 서명(書名)으로 쓰임] ¶《毛诗~》=《모시주해》.
【音译】yīnyì 图 음역하다. ['意译(의역하다)'과 구별됨] ¶~词=음역 단어.
【音域】yīnyù 图(音) 성역(聲域). 음역(音域). 음넓이.
【音乐】yīnyuè 图 음악.
【音乐茶座】yīnyuè cházuò 图 음악 다방.
【音乐电视】yīnyuè diànshì 图 뮤직 티브이. =【音乐TV】yīnyuè TV ㉦ MTV
【音乐会】yīnyuèhuì 图 음악회.
【音乐门铃】yīnyuè ménlíng 图 음악 초인종. 멜로디 초인종.
【音乐喷泉】yīnyuè pēnquán 图 음악 분수. =【音控喷泉】yīnkòng pēnquán
【音乐片儿】yīnyuèpiānr 图㈜ 1 뮤지컬 영화. 2 음악성이 풍부한 영화.
【音乐片】yīnyuèpiàn 图(映) 1 뮤지컬 영화. 2 음악성이 풍부한 영화.
【音乐TV】yīnyuè TV ☞【音乐电视】yīnyuè diànshì
【音乐厅】yīnyuètīng 图 음악당. 콘서트 홀 (concert hall).
【音韵】yīnyùn 图 1 음률. ¶~悠扬=음률이 은은하다. 2(言) 음운. 성운(聲韻). ¶~学专著=

음운학 전문 저서.
【音韵学】yīnyùnxué 몡〈言〉음운학. 성운학. ≒【声韵学】shēngyùnxué
【音障】yīnzhàng 몡〈物〉음속 장벽.
【音值】yīnzhí 몡〈言〉음가(音價).
【音质】yīnzhì 몡 1 ☞【音色】yīnsè 2 음질.
【音缀】yīnzhuì ☞【音节】yīnjié
【音准】yīnzhǔn 몡〈音〉음의 정확도.
【音组】yīnzǔ 몡〈音〉옥타브.

## 洇 yīn 스밀 인

동 번지다. 배다. 스미다. 물들이다. ¶雨水把墙~湿了. =빗물이 스며들어 담이 축축해졌다.

## 姻[(婣)] yīn 혼인 인

몡 1 결혼. 혼인. ¶联~=(혼인을 통해) 인척 관계를 맺다. 2 인척(姻戚). ¶~兄=인척 중에 형 뻘 되는 사람. [자형·매부·처남·시숙 등을 가리킴]
【姻伯】yīnbó 몡 형제의 장인. 자매의 시아버지.
【姻弟】yīndì 몡 형제나 자매의 배우자의 동생.
【姻亲】yīnqīn 몡 인척.
【姻亚】yīnyà ☞【姻娅】yīnyà
【姻娅】[姻亚] yīnyà 몡囲 1 사돈과 (남자) 동서. 2 인척(姻戚).
【姻缘】yīnyuán 몡 부부의 인연. 혼인의 연분. ¶千里~一线牵. =천리 먼길 떨어져 있어도 혼인의 연분은 이어진다. 아무리 멀리 떨어져 있어도 끝내는 함께 부부의 인연을 맺다.

## 绹[絪] yīn 인온 인

【绹缊】yīnyūn ☞【氤氲】yīnyūn

## 骃[駰] yīn 오총이 인

몡 오총마(烏驄馬). 오총이. [옛날, 흰털이 섞인 검은 말을 가리킴]

## 氤 yīn 자욱할 인

【氤氲】[絪缊][烟煴] yīnyūn 阌囲 (구름·안개·연기 등이) 자욱하다. ¶云烟~=구름과 연기가 자욱하다. ≒烟

## 殷¹[(慇)] yīn 성대할 은

阌 1 囲 성대하다. ¶~盛=성대하다. 2 (의·정성·마음·정의(情誼) 등이) 깊다. 두텁다. 돈독하다. ¶期望甚~=기대가 매우 크다.

## 殷² yīn 풍성할 은

阌 1 풍성하다. 풍족하다. 풍부하다. 부유하다. ¶家道~实=집안 살림이 풍족하다. 2 정성스럽다. 성심성의를 다하다. (공손하고) 극진하다. 친절하고 세심하다. 따스하고 빈틈없다. ¶招待甚~=대접이 매우 극진하다. 몡〈历〉(Yīn) 은왕조. [B.C.1,300년 상(商)대 반경(盤庚)이 은에 천도한 후 국명을 은(殷)이라 하였음] 2〈姓〉성(姓).
☞ yān, yǐn
【殷富】yīnfù 阌 유복(裕福)하다. 부유하다. 풍

부하다. ¶家资~=가산이 풍부하다.
【殷鉴】yīnjiàn 몡囲 1 은나라의 본보기. [《시경·대아·탕(詩經·大雅·蕩)》에 나오는 "殷鉴不远, 在夏后之世(은나라의 본보기는 멀리 있는 게 아니라 하(夏)나라 걸왕(桀王)의 일이다)."라는 문장에서 유래함] 2 囲 (경계로 삼을 만한) 옛 사람의 실패의 교훈. 쓰라린 교훈. ¶可资~=경계로 삼을 만하다.
【殷鉴不远】yīnjiàn-bùyuǎn 囵 1 은이 경계로 삼은 것은 멀리 있는 일이 아니었다. 은(殷)나라 자손들의 하(夏)나라의 멸망을 거울로 삼아야 한다. 2 본보기로 삼아 경계해야 할 일은 결코 멀리 있는 것이 아니다. 앞사람의 실패의 교훈이 바로 눈앞에 펼쳐져 있어서, 그것을 경계로 삼아야 한다.
【殷切】yīnqiè 阌 마음에서 우러나오는. 간절하다. 진지하고 절실하다. ¶~的关怀=마음에서 우러나오는 관심[배려].
【殷勤】yīnqín 阌 은근하다. 정성스럽다. 따스하고 빈틈없다. 성심성의를 다하다. ¶~待客=성심성의를 다해 손님을 대접하다. 몡 간곡하고 세심한 마음[정성]. [좋은 의미를 내포함] ¶献~=온갖 정성을 다하다. 지나치게 온갖 정열을 바치다. [폄의를 내포함] ↔怠慢
【殷商】Yīnshāng 몡〈历〉은 왕조.
【殷实】yīnshí 阌 (생활·살림이) 부유하다. 유복하다. 유족하다. ¶~人家=부유한 가정.
【殷墟】Yīnxū 몡〈历〉은허. [중국 허난(河南)성 안양(安陽)현에 있는 은(殷)대 후기 도읍 유적지]
【殷殷】yīnyīn 阌囲 1 돈독하다. 두텁다. ¶~父子情=돈독한 부자의 정. 2 간곡하다. 간절하다. ¶~嘱咐=간곡히 당부하다. 3 근심하다. 걱정하다. 괴로워하다. 슬퍼하다. ¶忧心~=근심이 가득하다. 걱정에 싸이다.
【殷殷勤勤】yīn·yin qínqín (~的) 阌 돈독하다. 두텁다. 간절하다. 간곡하다. 근심하다. 걱정하다. 괴로워하다. 슬퍼하다.
【殷忧】yīnyōu 몡 은우. 깊은 근심[시름]. ¶内怀~=마음속에 깊은 근심이 있다.

## 烟 yīn 인온 인

☞ yān
【烟煴】yīnyūn ☞【氤氲】yīnyūn

## 铟[銦] yīn 인듐 인

몡〈化〉인듐(In, indium). [원자 번호 49]

## 堙[(陻)] yīn 막을 인

동囲 1 (틀어)막다. 막히다. 봉쇄하다. ¶以土石~洪水. =흙과 돌로 홍수를 막다. 2 매몰하다. 매몰되다. 문(어 버리)다. 묻히다. ¶~没=매몰하다. 몡囲 토산(土山).
【堙灭】yīnmiè 동囲 인멸하다. 인멸되다. 소멸하다. 소멸되다. ¶愚贱俱~, 尊贵谁独闻. =어리석음과 비천함이 모두 사라지면, 누가 존귀함을 알아 주리오.

## 喑[(瘖)] yīn 벙어리 음

暗 闉 湮 愔 歅 瀎 禋 圻 吟 垠 狺 誾 崟 银 **yín**

동및 침묵하다. 말을 않다. ¶万马齐~=일만 마리의 말이 일제히 침묵하다. 형및 말을 못 하다. 소리가 나오지 않다. 목이 쉬다. ¶~聋跛盲=벙어리·농아·절름발이·맹인.
【暗哑】**yīnyǎ** 형 목이 쉬다. 목소리가 잠기다. ¶嗓子~低沉。=목소리가 쉬고 가라앉다.

## 闉[闉] **yīn** 성곽문 인
동및 막다. 메우다. 명및 1 옹성(甕城)의 문. 2 옹성(甕城). 3 성(城). 4 (Yīn) 성(姓).

## 湮 **yīn** 잠길 인
동 '洇(yīn)'과 같음.
☞ yān

## 愔 **yīn** 조용할 음
【愔愔】**yīnyīn** 형및 1 조용하다. 고요하다. 잠잠하다. 2 화락(和樂)하다. 화기애애하다. 상냥하다. 환하다. 사근사근하다.

## 歅 **yīn** 사람 이름 인
인명에 쓰이는 글자. ¶九方~=구방인. [춘추시대 사람]

## 瀎 **yīn** 강 이름 은
【瀎溜】**Yīnliù** 명(地) 인류. [톈진(天津)에 있는 지명]

## 禋 **yīn** 제사 인
명 옛날, 연기를 올려 하늘에 지내는 제사의 하나. 동 제사(祭祀)를 지내다. 제를 올리다.

## 圻 **yín** 땅끝 은
명및 '垠(yín)'과 같음.
☞ qí

## *吟[(唫)] **yín** 읊을 음
동 1 (시문을) 읊다. 음영(吟詠)하다. ¶浅~低唱=낮은 소리로 읊고 노래하다. 2 🔊 신음하다. 탄식하다. ¶男呻女~=남녀가 신음하다. 3 🔊 (짐승 등이) 울다. 울부짖다. 소리지르다. ¶虎啸龙~=호랑이가 포효하고 용이 울부짖다. 명 중국 고대 시가체(詩歌體)의 하나. ¶《白头~》=《백두음》.
☞ 唫(jìn)

○● 沉chén吟, 歌吟, 呻shēn吟

【吟唱】**yínchàng** 동 (시가 등을) 노래하다〔읊다〕. ¶轻声~=작고 낮은 소리로 노래하다.
【吟哦】**yín'é** 동 읊다. 음영하다. 음아하다. ¶~古诗=고시를 읊다.
【吟风弄月】**yínfēng-nòngyuè** 성 1 음풍농월. 자연 경물에 대하여 시를 짓고 즐겁게 놀다. 2 시문 등의 내용이 공허하고 현실과 동떨어지다. =【吟风咏月】**yínfēng-yǒngyuè**
【吟风咏月】**yínfēng-yǒngyuè** ☞ 【吟风弄月】**yínfēng-nòngyuè**

【吟诗】**yínshī** 동 1 음시하다. 시를 읊다. 2 시를 짓다. ¶~一首=시 한 수를 짓다.
【吟诵】**yínsòng** 동 음송하다. 읊다. ¶~诗词=시와 사를 읊다.
【吟味】**yínwèi** 동 1 음미하다. ¶仔细~=자세하게 음미하다. 2 맛을 보다. 맛보다. ¶~香茗=향기로운 차를 맛보다.
【吟咏】**yínyǒng** 동 (시문 등을) 음영하다〔읊다〕. ¶~唐诗=당시를 읊다.

## 垠 **yín** 땅끝 은
명및 한계. 끝. ¶一望无~=끝없이 아득하고 멀다.

## 狺 **yín** 개 짖는 소리 은
【狺狺】**yínyín** 의및 멍멍. 컹컹. [개가 짖는 소리] ¶~狂吠=개가 미친 듯이 컹컹 짖어 대다.

## 誾[誾] **yín** 공손할 은
【誾誾】**yínyín** 형및 공손하며 훌륭한 태도로 의논(토론)하는 모양.

## 崟[崟] **yín** 험준할 음
☞ 【嵚崟】**qīnyín**

## **银[銀] **yín** 은 은
명 1 (化) 은(Ag, argumentum). [원자 번호 47] 2 은화 또는 화폐와 관계 있는 것. ¶包~=옛날, 극장주가 극단이나 배우에게 주는 출연료./~票=남송(南宋) 이후 은행에서 발행한 은태환 지폐. 3 (Yín) 성(姓). 형 은색의. 은빛의. ¶火树~花=등불·불꽃놀이 등이 휘황찬란하다.
【银白】**yínbái** 형 은백색의. ¶~的月光洒满大地。=은백색의 달빛이 대지에 가득 비치다.
【银杯】**yínbēi** 명 은배. 은잔. 은 트로피.
【银本位】**yínběnwèi** 명(經) 은본위제.
【银币】**yínbì** 명 은화.
【银箔】**yínbó** 명 은박.
【银鲳】**yínchāng** ☞ 【鲳鱼】**chāngyú**
【银川】**Yínchuān** 명(地) 인촨. 닝샤(宁夏) 회족(回族) 자치구의 정부 소재지.
【银弹】**yíndàn** 명(비) (유혹·부패·뇌물·매수 등을 위해 쓰는) 돈. ¶~外交=달러 외교.
【银锭】**yíndìng** 명 1 (~儿) 말굽은. [명청(明清)대에 통화로 사용했음] 2 【银元宝】**yínyuánbǎo** 2 제사 때 사용하는, 은박지로 만든 가짜 '元宝(중국 역대 왕조 화폐의 일종)'.
【银耳】**yín'ěr** 명(植) 흰목이(버섯). =【白木耳】**báimù'ěr**
【银发】**yínfà** 명 흰 머리. 은발. ¶满头~=백발 머리.
【银粉】**yínfěn** 명 1 은가루. 2 알루미늄 분말.
【银根】**yíngēn** 명 (금융 시장의) 자금 공급 상황. ¶紧~=금융 긴축(金融緊縮). 금융 경색. 영 tight money
【银桂】**yínguì** 명(植) 박달목서.
【银汉】**yínhàn** 명 은하(수). ¶~横空=은하

수가 하늘에 가로놓여 있다.
【银行】 **yínháng** 圄 은행.
【银行卡】 **yínhángkǎ** 圄 현금 카드.
【银号】 **yínhào** 圄㊈ 규모가 비교적 큰 '钱庄(개인 경영의 금융 기관)'.
【银河】 **yínhé** 圄(天) 은하. ⇨【天河】 **tiānhé** 늑星河
【银河系】 **yínhéxì** 圄(天) 은하계.
【银红】 **yínhóng** 阍 은홍색의. 연분홍빛의. ¶~色的衬衫=은홍색의 셔츠.
【银狐】 **yínhú** ☞【玄狐】 **xuánhú**
【银环蛇】 **yínhuánshé** 圄(動) 우산뱀. [코브라과의 독사로, 학명은 'Bungarus multicinctus' 임]
【银晃晃】 **yínhuānghuāng** (~的) 阍 은백색의. 은빛 찬란한. 새하얗다. 번뜩번뜩하다. ¶~的硬币=은빛 찬란한 동전.
【银灰】 **yínhuī** 阍 은회색의.
【银辉】 **yínhuī** 圄 은백색의 빛. ¶机翼在太阳的照耀下闪着~。=비행기 날개가 햇볕에 은백색으로 번쩍인다.
【银婚】 **yínhūn** 圄 은혼. 결혼 25주년. ㊈ silver wedding
【银价】 **yínjià** 圄 은의 값〔시세〕. ¶~不稳=은의 시세가 불안정하다.
【银奖】 **yínjiǎng** 圄 은상. 은으로 만든 트로피〔상품·포상〕. [주로 체육 경기 혹은 기타 시합에서 2등에게 수여함]=【银质奖】 **yínzhìjiǎng**
【银匠】 **yínjiàng** 圄 은세공 기술자.
【银卡】 **yínkǎ** 圄 실버 카드.
【银矿】 **yínkuàng** 圄(礦) 1 은광석(銀礦石). 2 은광(銀礦).
【银两】 **yínliǎng** 圄 옛날, 화폐로 사용한 은. [일반적으로 '两(liǎng)' 을 단위로 하였음]
【银亮】 **yínliàng** 阍 반짝거리다. 은빛 찬란하다. ¶~的头饰=은빛 찬란한 머리 장식품.
【银铃】 **yínlíng** 圄 1 은방울. 2㊈ 맑은〔낭랑한〕(목)소리. 은쟁반에 옥 구르는 소리. ¶~般的笑声=은쟁반에 옥 구르는 듯한 웃음소리.
【银楼】 **yínlóu** 圄 금은방(金銀房).
【银柳】 **yínliǔ** ☞【沙枣】 **shāzǎo**
【银幕】 **yínmù** 圄 은막.
【银牌】 **yínpái** 圄 은메달. 은패.
【银屏】 **yínpíng** 圄 1 텔레비전 스크린. 2 텔레비전 프로그램. ¶~采风=텔레비전 프로그램 요목. 향토 프로그램.
【银器】 **yínqì** 圄 은제품. 은기.
【银钱】 **yínqián** 圄 1 은화. 2 돈. 금전.
【银色】 **yínsè** 圄 은색의. 은빛의. ¶~的月光=은색의 달빛.
【银色浪潮】 **yínsè làngcháo** 圄 인구 노령화 현상.
【银色人才】 **yínsè réncái** 圄 노년 인재. [이미 은퇴하였지만 신체 건강한 고급 과학 기술 혹은 기타 방면의 인재]
【银杉】 **yínshān** 圄(植) 은삼나무. [학명은 'Cathaya argyrophylla' 임]
【银闪闪】 **yínshǎnshǎn** (~的) 阍 은빛 찬란한. 눈부시게 반짝이는. ¶整个雪野在太阳下~地泛着光亮。=모든 눈 덮인 대지가 태양 아래 반짝반짝 빛을 내고 있다.
【银饰】 **yínshì** 圄 은 장식품. 은 장신구.
【银丝】 **yínsī** 圄 1 (가는) 은실. 2 은백색 선 모양의 물건. ¶满头~=온 머리가 은발이다.
【银团】 **yíntuán** 圄㊈ 은행단. 은행 조합.
【银团贷款】 **yíntuán dàikuǎn** 圄 1 신디케이트 론(syndicate loan). 2 은행단이 대출한 자금.
【银屑病】 **yínxièbìng** ☞【牛皮癣】 **niúpíxuǎn**
【银杏】 **yínxìng** 圄(植) 1 은행나무. 2 은행나무 열매. =【白果】 **báiguǒ**
【银须】 **yínxū** 圄 흰 수염에 대한 미칭. ¶一缕~=흰 수염 한 가닥.
【银燕】 **yínyàn** 圄㊈ 비행기. ¶~在蓝天上翱翔。=비행기가 푸른 하늘을 날고 있다.
【银洋】 **yínyáng** ☞【银圆】 **yínyuán**
【银样镴枪头】 **yínyàng là qiāngtóu** ㊈ 1 은빛 나는 납으로 된 창 끝. 2㊈ 겉으로 보기에는 그럴듯하지만, 실제로는 쓸모가 없다. 빛 좋은 개살구.
【银鹰】 **yínyīng** 圄㊈ 비행기. [주로 전투기를 가리킴] ¶~直插天空。=전투기가 하늘 높이 치솟는다.
【银鱼】 **yínyú** 圄(動) 뱅어. [학명은 'Salangichthys microdon' 임] ⇨【面鱼】 **miànyú**
【银元】 **yínyuán** ☞【银圆】 **yínyuán**
【银元宝】 **yínyuánbǎo** ☞【银锭】 **yíndìng**
【银圆】【银元】 **yínyuán** 圄㊈ 옛날, 유통되던 은화. ⇨【银洋】 **yínyáng**【大洋】 **dàyáng**
【银针】 **yínzhēn** 圄(醫) 은침.
【银质】 **yínzhì** 阍 은으로 만든. 은이 함유된. ¶~奖章=은으로 만든 휘장(徽章)〔포장(襃章)·메달〕.
【银质奖】 **yínzhìjiǎng** ☞【银奖】 **yínjiǎng**
【银朱】 **yínzhū** 圄(化) 진사(辰砂). 주사(朱沙).
【银装】 **yínzhuāng** 圄 1 은백색의 옷차림. 2㊈ 대지를 덮은 눈. ¶大地披~。=대지가 눈으로 덮여 있다.
【银子】 **yín·zi** 圄 1 ⇨ 은. 2㊈ 화폐로 쓰던 은 혹은 은화. ¶白花花的~=새하얀 은화.

# 淫¹ [(婬)] yín 방종할 음

阍 1 과도하다. 지나치다. ¶滥施~刑=지나친 형벌을 함부로 시행하다. 2 방종하다. 무절제하다. ¶骄奢~逸=교만하고 사치스러우며 방탕하다. 사치스럽고 방탕하다.

# 淫² [(婬·婬)] yín 음탕할 음

阍 음탕하다. 음란하다. 외설적이다. ¶奸~=간음하다.

◐ 荒淫, 卖淫, 手淫

【淫词】【淫辞】 **yíncí** 圄 1㊈ 공허하고 과장된 말. ¶~滥调=지루하게 긴 이야기. 2 음란한〔음탕한〕말. ¶~浪语=음탕한〔외설적인〕말.
【淫辞】 **yíncí** ☞【淫词】 **yíncí**

【淫荡】yíndàng 형 음탕하다. 음란하다. ¶~下流=음탕하고 저질이다.
【淫风】yínfēng 명 음탕한 풍속. 음풍. 음란한 기풍.
【淫妇】yínfù 명 음탕한 여인. 음부. 음녀(淫女). 화냥년.
【淫棍】yíngùn 명 색마(色魔).
【淫画】yínhuà 명 음화. 춘화(春畵).
【淫秽】yínhuì 형 음란하다. 음탕하다. 외설적이다. ¶~小说=음란 소설.
【淫秽出版物】yínhuì chūbǎnwù 명 음란 출판물.
【淫秽录像】yínhuì lùxiàng 명 음란 비디오. 포르노 비디오.
【淫秽物品】yínhuì wùpǐn 명 음란물.
【淫乱】yínluàn 형 음란하다. 음탕하다. ¶纵欲~=무절제하고 음탕하다.
【淫靡】yínmǐ 형 1 음탕하고 저질의. 음란하고 퇴폐적인. ¶~的曲调=음란하고 퇴폐적인 곡조. 2 사치스럽다. ¶~之风不可长。=사치스러운 풍조를 길러서는 안 된다.
【淫巧】yínqiǎo 형 기상천외하지만 쓸모없는 것. ¶毋作~=기상천외하지만 쓸모없는 짓이라면 하지 마라.
【淫书】yínshū 명 음서. 음란 서적. 외설적인 서적.
【淫威】yínwēi 명 함부로 쓰는 세도(권력). 폭위(暴威). ¶滥施~=세도를 마구 부리다.
【淫猥】yínwěi 형 음탕하고 저질이다. 음란하고 상스럽다. ¶~的语言=음란한 언어.
【淫邪】yínxié 형 음란하고 사악하다. 음란하고 부도덕하다. 외설적이다. ¶~的念头=음란하고 부도덕한 생각.
【淫亵】yínxiè 형 음탕하고 외설적이다. 음란하고 저속하다. 외설적이다. ¶~的言行=음란하고 저속한 언행.
【淫心】yínxīn 명 음욕. 음심. 정욕(情慾). 성욕. 음란한 생각. ¶~荡漾=음욕이 꿈틀대다.
【淫雨】【霪雨】yínyǔ 명 장마. 궂은비. ¶~霏霏=장마가 줄기차게 내리다.
【淫欲】yínyù 명 색욕(色慾). 성욕. 음탕한 욕망. ¶饱暖思~。=의식이 풍족하면 음탕한 욕망이 생긴다.

**寅** yín 셋째 지지 인
명 인. 12지(支)의 세 번째.
【寅吃卯粮】yínchī-mǎoliáng 속 1 인년(寅年)에 묘년(卯年)의 식량을 먹다. 2 비 이듬해 식량을 앞당겨 먹다. 돈을 미리 앞당겨 쓰다. 가불하다. =[寅支卯粮] yínzhī-mǎoliáng
【寅时】yínshí 명 인시. [새벽 3시부터 5시까지의 시간]
【寅支卯粮】yínzhī-mǎoliáng ☞【寅吃卯粮】yínchī-mǎoliáng

**龂¹**[齗] yín 잇몸 은
명동 '龈(yín)'과 같음.

**龂²**[齗] yín 말다툼하는 모양 은
【龂龂】yínyín 형동 언쟁(言爭)하는 모양.

**鄞** Yín 땅 이름 은
명(地) 인. [저장(浙江)성에 있는 현(縣) 이름]

**龈**[齦] yín 잇몸 은
명 잇몸.

**夤** yín 경외할 인
형동 깊다. ¶~夜出击=심야에 출격하다. 동 1 (권세 있는 사람에게) 빌붙다. 달라붙다. 매달리다. 아첨하다. ¶~缘攀附=빌붙다. 2 경외(敬畏)하다. ¶~畏=경외하다.
【夤夜】yínyè 명동 심야. 야밤. 깊은 밤. ¶~造访=심야 방문.
【夤缘】yínyuán 동문 1 휘감아 오르다. 2 비 연줄을 만들다. 윗사람에게 아부하다. ¶~而上=(권세에) 빌붙어 출세하다. 연줄을 타서 윗사람에게 아부하여 출세하다.

**蟫** yín 반대좀 음
명동(動) 좀벌레. 반대좀.

**嚚** yín 어리석을 은
형동 1 우둔하고 완고하다. 무식하고 고집이 세다. ¶~顽=우둔하고 완고하다. 2 간사하다. 교활하다. ¶~滑=간사하고 교활하다.

**霪** yín 장마 음
【霪雨】yínyǔ ☞【淫雨】yínyǔ

**尹** yín 벼슬아치 윤
명 1 옛날, 관직 이름. [일반적으로 한 지역의 수장(首長)] ¶令~=영윤. [춘추 시대 초(楚)나라의 집정관] / 府~=부윤. 2 (Yǐn) 성(姓).

**引** yǐn 당길 인
동 1 문 활을 당기다. ¶~弓=활을 당기다. 2 (잡아)늘이다. 길게 빼다. ¶~领东望=목을 빼들고 서쪽을 바라보다. 3 잡아당기다. 끌다. 견제하다. 4 일으키다. 이끌어 내다. 꾀어 내다. 나타나게 하다. ¶抛砖~玉=벽돌을 던져 구슬을 끌어들이다. 5 야기하다. 자아내다. 초래하다. ¶~人发笑=사람들의 웃음을 자아내다. 6 추천하다. 천거하다. ¶推~=추천하다. 7 (증거로) 인용하다. ¶旁征博~=다방면으로 광범위하여 자료[증거]를 수집하고 인용하다. 8 이끌다. 인도하다. 안내하다. ¶在前~路=앞에서 길을 안내하다. / 索~=색인. 9 들다. 가지다. ¶~刀自刎=칼을 들어 자결하다. 10 퇴각하다. 물러나다. 그만두다. 피하다. 회피하다. ¶辞官~退=사직하고 물러나다. 양 길이 단위. [10장(丈)이 1인(引)이고, 15인(引)이 1리(里)임] 명옛

○ 引 yǐn
  蚓 yǐn
  吲 yǐn
  矧 shěn

**yǐn** 引

(옛날, 상여를 끌 때 쓰던) 흰 상여(喪輿)줄. ¶发~=발인하다. 출상(出喪)하다. ≒惹

○● 称chēng引, 逗dòu引, 勾gōu引, 汲jí引, 荐jiàn引, 牵qiān引, 索suǒ引, 吸引, 小引, 援yuán引, 摘zhāi引, 招引, 征zhēng引, 指引

【引爆】 yǐnbào 통 폭발을 일으키다. 기폭제가 되다. 야기하다. ¶~炸弹=폭탄을 폭발시키다.

【引爆药】 yǐnbàoyào 명 기폭약. 기폭제. =【起爆药】qǐbàoyào

【引柴】 yǐnchái 명 불쏘시개. =【引火柴】yǐnhuǒchái

【引产】 yǐnchǎn 통 (약물·침술 등의 방법으로) 분만을 촉진시키다.

【引出】 yǐnchū 끌어 내다. 나타나게 하다. 초래하다. 야기하다. ¶好的东西不一定就~好的结果. =좋은 것이 꼭 좋은 것을 이끌어 내는 것은 아니다.

【引导】 yǐndǎo 통 1 인도하다. 인솔하다. 이끌다. ¶由厂长~, 代表团参观了生产车间. =공장장의 인솔로 대표단은 생산 작업 현장을 참관했다. 2 안내하다. 지도하다. 유도하다. 교도하다. ¶在老师的~下, 他终于完成了实验. =선생님의 지도하에 그는 마침내 [끝내] 실험을 완성하였다. →跟随

【引道】 yǐndào 통 길을 안내하다.

【引得】 yǐndé 명① 1 ☞【索引】suǒyǐn 2 글자〔단어〕검색 서적. 색인 사전. ¶《老子~》=《노자 색인 사전》. 영 index

【引动】 yǐndòng 통 끌어당기다. 감회를 자아내다. 일으키다. 유발하다. 야기하다. 건드리다. ¶故地重游, 一草一木都~了她的心事. =전에 살던 곳을 다시 돌아보니, 풀 한 포기 나무 한 그루가 모두 그녀의 감회를 자아냈다.

【引逗】 yǐndòu 통 구슬리다. 꾀다. 유인하다. 유혹하다. ¶他最爱~小孩. =그는 애들을 구슬리기를 아주 좋아한다.

【引渡】 yǐndù 통 1 물을 건너도록 인도하다. ¶~过江=강을 건너도록 인도하다. 2 지도하다. 인도하다. 안내하다. 이끌다. ¶~迷津=잘못된 방향을 바로 인도해 주다. 3 (法) (범인을) 인도하다. ¶~条约=범인 인도 조약.

【引而不发】 yǐn'érbùfā 1 활을 당기기만 하고 쏘지는 않다. 2 (喩) 만전의 준비를 해서 기회를 기다리다. 3 (喩) 스스로 이치를 깨닫도록 잘 가르치고 인도하다. ≒枕戈待旦

【引发】 yǐnfā 통 일으키다. 야기하다. 자아내다. ¶~争吵=논쟁을 일으키다.

【引港】 yǐngǎng ☞【领港】lǐnggǎng

【引吭高歌】 yǐnháng-gāogē 성 목청껏 노래 부르다. 목청을 돋구어 노래 부르다.

【引航】 yǐnháng 통 인항하다. 도선하다. =【引水】 yǐnshuǐ

【引航员】 yǐnhángyuán 명 인항원. 도선사. =【引水员】 yǐnshuǐyuán

【引号】 yǐnhào 명 (言) 인용 부호. 따옴표.

【引河】 yǐnhé 명 1 용수로(用水路). 2 방수로 (放水路).

【引魂幡】 yǐnhúnfān ☞【幡儿】 fānr

【引火】 yǐn‖huǒ 1 (연료에) 불을 붙이다. 인화하다. ¶引个火=불을 붙이다. 2 타고 있는 것으로 연료에 불을 붙이다. ¶用木柴~. =장작으로 불을 붙이다.

【引火柴】 yǐnhuǒchái ☞【引柴】 yǐnchái

【引火烧身】 yǐnhuǒ-shāoshēn ☞【惹火烧身】 rěhuǒ-shāoshēn

【引火线】 yǐnhuǒxiàn 명 도화선. 인화선.

【引见】 yǐnjiàn 통 (제삼자가 데려가서) 인사시키다. 소개하다. ¶我很想拜访这位作家, 不知可否~? =저는 이 작가분을 꼭 찾아뵙고 싶은데, 소개해 주실 수 있으신지요?

【引荐】 yǐnjiàn 통 추천하다. 천거하다. ¶~扶持=추천하고 보살피다. ≒推荐

【引酵】 yǐnjiào ☞【酵子】 jiào·zi

【引介】 yǐnjiè 통 추천하고 소개하다. ¶~国外的先进技术=외국의 선진 기술을 도입하고 소개하다.

【引进】 yǐnjìn 통 1 (인원·자금·기술·설비 등을 외국〔외지〕에서) 도입하다. 끌어들이다. ¶~科技人才=과학 기술 인재를 끌어들이다. 2 추천하다. ¶这样的人才, 请你以后多~. =이런 인재는 다음에도 많이 추천해 주세요. / 我想向研究所~一位新人. =나는 연구소에 새로운 인원 한 명을 소개하고 싶다.

【引经据典】 yǐnjīng-jùdiǎn 성 (연설하거나 문장을 쓸 때) 경전 중의 어구나 고사를 인용하다.

【引颈】 yǐnjǐng 통 목을 내밀다. 목을 길게 빼다. ¶~受戮=목을 내밀고 형을 받다.

【引咎】 yǐnjiù 통 인구하다. 인책하다. 스스로 잘못을 인정하다. 스스로 잘못의 책임을 지다. ¶~自责=잘못을 스스로 인정하고 자책하다.

【引咎辞职】 yǐnjiù-cízhí 인책 사직하다.

【引据】 yǐnjù 통 인용하여 근거로 삼다. 증거를 대다. 인증하다. ¶~经典著作=경전을 인용하여 근거로 삼다.

【引狼入室】 yǐnláng-rùshì 성 1 늑대를 제 집에 끌어들이다. 2 (喩) 적이나 도적을 집 안에 불러들이다. 화를 자초하다.

【引力】 yǐnlì ☞【万有引力】 wànyǒu yǐnlì ↔斥力

【引例】 yǐn‖lì 통 예를 들다. 인용하다.

【引例】 yǐnlì 명 인용문. 인용구. 인용어. 인용한 예〔보기〕.

【引领】 yǐnlǐng 통 1 인도하다. 이끌다. 인솔하다. ¶老乡~着我们向深山挺进. =마을 사람들이 우리를 데리고 깊은 산으로 들어갔다. 2 고개를 내밀다. 목을 빼다. ¶~远望=고개를 내밀고 멀리 바라보다.

【引领而望】 yǐnlǐng'érwàng 성 1 목을 내밀고 살펴보다. 2 목을 길게 빼고 기다리다. 학수고대하다. 대망(待望)하다.

【引流】 yǐnliú 명 1 물길을 내다. ¶~灌溉=물길을 내어 관개하다. 2 (醫) 배농(排膿)하다. 고름을 빼내다.

【引路】yǐn‖lù 통 길을 안내하다〔인도하다〕. ¶请你在前面~。=당신이 앞에서 길을 안내해 주세요.
【引路人】yǐnlùrén 명 1 (길) 안내자. 2 (비) 인도자. 지도자. 이끌어 지도하는 사람. 방향을 인도하는 사람 혹은 단체.
【引论】yǐnlùn ☞【导论】dǎolùn
【引起】yǐnqǐ 통 (주의를) 끌다. 야기하다. 불러일으키다. (사건 등을) 일으키다. ¶~反感=반감을 불러일으키다.
【引桥】yǐnqiáo 명 (다리와 길을 잇는 부분인) 진입교(進入橋).
【引擎】yǐnqíng 명(機) 1 엔진(engine). 2 내연 기관. 증기 기관. 스팀 엔진(steam engine).
【引燃】yǐnrán 통 불을 붙여 태우다. 불을 붙이다. ¶~煤球=알탄에 불을 붙이다.
【引人入胜】yǐnrén-rùshèng 성 1 사람을 황홀한 경지로 이끌다. 2 빼어난 글이 사람을 매료시키다. 아름다운 경치가 사람을 황홀케 하다.
【引人瞩目】yǐnrén-zhǔmù ☞【引人注目】yǐnrén-zhùmù
【引人注目】yǐnrén-zhùmù 성 1 사람들의 주목〔이목〕을 끌다. 2 사람이나 사물이 특별해서 흡인력이 있다. =【引人瞩目】yǐnrén-zhǔmù
【引入】yǐnrù 통 1 끌어들이다. 꾀어들이다. 끌어넣다. 인입하다. ¶~歧途=나쁜 길로 끌어들이다. 2 도입하다. ¶~竞争机制=경쟁 체제를 도입하다.
【引商刻羽】yǐnshāng-kèyǔ 성 수준 높고 조예가 깊은 음악 연주.
【引蛇出洞】yǐnshé-chūdòng 성 1 뱀을 굴에서 나오게 유인하다. 2 (비) 적(나쁜 사람)을 유인하여 폭로케 하다.
【引申】yǐnshēn 통 1 인신하다. 본의(本義)로부터 새로운 뜻이 파생되다. 본의를 확대한다. 전의(轉義)하다. 2 (言) (글자・단어에서) 새로운 뜻이 파생되다.
【引申义】yǐnshēnyì 명(言) 인신의. 파생의. 전의(轉義).
【引述】yǐnshù 통 인용하여 서술하다〔말하다〕. ¶请允许我~一些典故作为立论的前提。=약간의 고사를 이론의 전제로 인용하여 말할 수 있도록 허락해 주세요.
【引水】yǐnshuǐ 통 1 물을 끌어대다. 인수하다. ¶~渠=물을 끌어대는 수로. 2 ☞【引航】yǐnháng
【引水员】yǐnshuǐyuán ☞【引航员】yǐnhángyuán
【引题】yǐntí ☞【眉题】méití
【引体向上】yǐntǐ xiàngshàng 명(體) 턱걸이 (운동).
【引退】yǐntuì 통 관직에서 물러나다. 사직하다. ¶~回乡=사직하고 고향으로 돌아가다.
【引为鉴戒】yǐnwéijiànjiè 성 거울〔본보기・경계〕로 삼다. =【引以为戒】yǐnyǐwéijiè
【引文】yǐnwén 명 인용문. 인용어. =【引语】yǐnyǔ

【引线】yǐnxiàn 통 1 (바늘귀에) 실을 꿰다. ¶穿针~=중개 역할을 하다. 2 중간에서 주선해 주다. 서로 연결해 주다. 연계해 주다. 중개 역할을 하다. ¶为两家公司搭桥~。=두 회사를 위해 중간에서 주선하고 다리를 놓다. 명 1 매개자. 중매인. 주선자. 촉매. 매개물. 2 신관. 3 (비) 바늘.
【引向】yǐnxiàng 통 …로 이끌다〔인도하다〕. ¶~正道=바른길로 이끌다.
【引信】yǐnxìn 명 신관. =【信管】xìnguǎn
【引言】yǐnyán 명 머리말. 서언. 서문.
【引以为鉴】yǐnyǐwéijiàn 성 거울〔본보기〕로 삼다.
【引以为戒】yǐnyǐwéijiè ☞【引为鉴戒】yǐnwéijiànjiè
【引以为荣】yǐnyǐwéiróng 성 (어떤 성적이나 우수한 점을) 영광으로 생각하다. 뿌듯하게 여기다.
【引用】yǐnyòng 통 1 인용하다. ¶~古诗=고시를 인용하다. 2 임용하다. 추천하다. ¶~外籍教师=외국 국적의 교사를 임용하다.
【引诱】yǐnyòu 통 1 나쁜 방향으로 이끌다. 잘못된 쪽으로 유인하다. ¶~他人上当=남을 함정에 빠지도록 유인하다. 2 유인하다. 유혹하다. 꾀다. ¶~猎物进入伏击圈。=사냥감을 매복한 곳으로 유인하다. 명 유혹. 유인. ¶他最终没有经得住金钱和美色的~。=그는 결국에는 돈과 여색의 유혹을 이겨 내지 못했다. ≒诱惑
【引语】yǐnyǔ ☞【引文】yǐnwén
【引玉之砖】yǐnyùzhīzhuān 성 1 옥을 끌어내기 위한 벽돌. 2 (비)(겸) 성숙되지 않은 의견이나 다른 사람의 고견을 끌어 내다. 남의 훌륭한 의견을 듣기 위해 먼저 자기의 미숙한 의견을 내놓다. [주로 자신의 의견이나 작품을 겸손하게 표현할 때 씀]
【引证】yǐnzhèng 통 인증하다. 예를 들어 증명하다. ¶~古代典籍=고대 전적으로 증명하다.
【引致】yǐnzhì 통 불러일으키다. 야기하다. 초래하다. ¶经济过热将有可能~通货膨胀。=경제 과열 현상은 장차 통화 팽창을 초래할 가능성이 있다.
【引智】yǐnzhì 통 인재를 끌어들이다. ¶既要引资, 更要~。=자금도 끌어들여야 하지만 인재도 더욱 더 끌어들여야 한다.
【引种】yǐnzhǒng 통 자기 지역의 조건에 적합한 다른 지역의 (동식물) 우량 품종을 가져다 번식시키다.
【引种】yǐnzhòng 통(農) (외지의 우량종을) 이식하다.
【引锥刺股】yǐnzhuī-cìgǔ 성 1 송곳으로 허벅지를 찔러 잠을 물리치다. 2 (비) 학문에 정진하다.
【引资】yǐnzī 통 자금을 끌어넣다〔도입하다〕. ¶~办厂=자금을 도입해서 공장을 세우다.
【引自】yǐnzì 통 …에서 인용하다. ¶这句话~《战国策・燕策》。= 이 구절은 《전국책・연책》에서 인용한 것이다.
【引子】yǐn·zi 명 1 장회 소설(章回小說) 앞머리

에 쓰여 본문을 이끌어 내는 부분. **2**〈音〉남곡(南曲)·북곡(北曲)에서 첫 번째 곡. **3**〈音〉서주(序奏). 전주(前奏). 도입부. **4**〈劇〉중국 전통극에서 첫 등장 인물의 첫 대사[노래]. **5**〈비〉서문. 서론. 머리말. 앞서 하는 말. ¶我的发言只是个~, 希望大家畅所欲言. =저의 발언은 단지 서 두 하는 말에 불과하니, 모두들 하고 싶은 이야기를 마음껏 하기를 바랍니다. **6** 부양. 보조역.

【引足救经】**yǐnzú-jiùjīng**〈成〉**1** 발을 잡아당겨 목맨 사람을 구하다. **2**〈비〉사람을 구하려다가 오히려 해를 주다. 행위와 목적이 상반되다.

【引座】**yǐnzuò** 통 (고객이나 관중을) 자리로 안내하다〔모시다〕. 명 =【引座员】**yǐnzuòyuán**

【引座员】**yǐnzuòyuán** 명 (극장 등의) 안내 요원. =【引座】**yǐnzuò**

## 哾 yǐn 인돌 인

【哚哚】**yǐnduǒ** 명〈化〉인돌(indole).

## **饮**[飲, 歓] yǐn 마실 음

통 **1** 마시다. ¶搞好~食卫生. =음식 위생을 잘 관리하다. **2** 술을 마시다. 음주하다. ¶宴~ =주연을 벌여 술을 마시다. / 痛~ =통음하다. 마음껏 술을 마시다. **3** 마음에 품다. 참고 삼키다. ¶~恨自杀 =한을 품고 자살하다. 명 **1** 음료. 마실 것. ¶热~ =따뜻한 음료. **2** 차례 복용하는 탕약. ¶香苏~ =석잠풀 탕약. **3**〈醫〉묽은 가래.
☞ **yìn**

○● 畅chàng饮, 豪háo饮, 热饮

【饮冰茹蘗】**yǐnbīng-rúbò**〈成〉**1** 얼음을 먹고 황벽나무 껍질을 먹다. **2**〈비〉처지나 형편이 어렵고 고통스럽다. 마음이 우울하다.

【饮弹】**yǐndàn** 통 몸에 탄환을 맞다. ¶~身亡 =탄환에 맞아 죽다.

【饮恨】**yǐnhèn** 통(원)한을 품다. ¶~终生 =평생 한을 품다.

【饮灰洗胃】**yǐnhuī-xǐwèi**〈成〉**1** 재를 마시고 위를 씻어 내다. **2**〈비〉과거를 깨끗이 청산하고 새 출발을 하다. 철저하게 과오를 뉘우치고 새사람이 되다.

【饮酒】**yǐnjiǔ** 통 술을 마시다. 음주하다. ¶~作乐 =술 마시고 즐기다.

【饮料】**yǐnliào** 명 음료.

【饮片】**yǐnpiàn** 명〈醫〉한약. [주로 달인 약을 가리킴]

【饮品】**yǐnpǐn** 명 음료.

【饮泣】**yǐnqì** 통 흐느껴 울다. 눈물을 삼키다. 음읍하다. ¶暗自~ =남몰래 흐느껴 울다.

【饮食】**yǐnshí** 통 음식을 먹고 마시다. ¶~起居 =일상 생활. 명 음식. ¶自备~ =음식을 스스로 준비하다.

【饮食疗法】**yǐnshí liáofǎ** 식이 요법. 음식 요법.

【饮食男女】**yǐnshí-nánnǚ**〈成〉식욕과 성욕을 가진 평범한 일상인.

【饮食业】**yǐnshíyè** 명 요식업(料食業). 음식업.

【饮水】**yǐnshuǐ** 통 물을 마시다. ¶~不忘掘井人. =물을 마시면서 우물 판 사람의 고마움을 잊지 않다. 은혜를 잊지 않다. 명 ☞【饮用水】**yǐnyòngshuǐ**

【饮水思源】**yǐnshuǐ-sīyuán**〈成〉**1** 물 마실 때 그 근원을 생각하다. **2**〈비〉사람이 행복할 때 그 행복의 근본을 잊지 않다. ↔过河拆桥 得鱼忘筌

【饮宴】**yǐnyàn** 통 연회〔술잔치·술자리〕를 벌이다. 주연을 베풀다. 명 연회. 주연. 술자리. 술잔치.

【饮用】**yǐnyòng** 통 마시다. ¶~啤酒 =맥주를 마시다.

【饮用水】**yǐnyòngshuǐ** 명 식수. 먹는 물. 음용수. =【饮水】**yǐnshuǐ**

【饮誉】**yǐnyù** 통 호평을 받다. 찬사를〔명성을〕얻다. ¶~文坛 =문단의 호평을 받다.

【饮鸩止渴】**yǐnzhèn zhǐkě**〈成〉**1** 목이 말라 급한 김에 독이 든 술을 마셔 갈증을 풀다. **2**〈비〉뒷일〔후환〕은 생각하지 않고 눈앞의 어려움을 면하기 위해 임시방편을 쓰다. 해가 되는 임시방편으로 눈앞의 어려움을 해결하다.

【饮子】**yǐn·zi** 명〈醫〉시간에 구애받지 않고 수시로 먹을 수 있게 만든 탕약. 차게 마시기에 적합한 탕약.

## *蚓 yǐn 지렁이 인

명〈動〉지렁이.

【蚓蜥】**yǐnxī** 명〈動〉지렁이도마뱀.

## 殷 yǐn 천둥 소리 은

의 우르릉. [천둥치는 소리] ¶~其雷 =우르릉 천둥 소리가 나다.
☞ **yān**, **yīn**

## 隐[隱] yǐn 숨을 은

통 **1** 숨다. ¶忽~忽现 =없어졌다 나타났다 하다. **2** 숨기다. 가리다. 감추다. 은폐하다. ¶~情不报 =속사정을 숨기고 보고하지 않다. 형 **1** 은밀한. 비밀스러운. 밝힐 수 없는. 알려져서는 안 될. ¶不留~患 =후환을 남기지 않다. **2** 희미하다. 어슴푸레하다. 분명하지 않은. ¶~晦曲折 =복잡하게 얽혀 있고 뜻이 명확하지 않다 명 **1** 비밀스러운〔숨겨 둔〕일〔사정〕. ¶难言之~ =말하지 못할 사정. 마음속 깊은 곳에 숨겨 둔, 말 못할 일. **2**(**Yǐn**) 성(姓). ↔现 显

○● 恻cè隐, 退隐

【隐蔽】**yǐnbì** 통 은폐하다. 가리다. ¶~在树丛里 =나무숲 속에 은폐하다. 형 은폐된. 가려진. 겉으로 드러나지 않은. ¶手段~ =수단이 겉으로 드러나지 않다. ↔暴露

【隐蔽所】**yǐnbìsuǒ** 명 은폐(진)지.

【隐避】**yǐnbì** 통 은피하다. 숨어서 피하다. ¶~乡下 =시골에 숨어 피하다.

【隐藏】**yǐncáng** 통 숨기다. 감추다. 비밀로 하다. 숨다. ¶~证据 =증거를 숨기다. ≒潜藏

暴露 显露 显示
【隐遁】yǐndùn 동 1 은둔하다. 은거하다. 속세를 피해 숨어 살다. ¶~山野 = 산야에 은둔하다. 2 은신하다. 숨다. ¶老鼠~在洞穴里。= 쥐가 구멍 속에 숨어 있다.
【隐恶扬善】yǐn'è-yángshàn 성 남의 나쁜 점은 감싸 주고 좋은 점만을 치켜세우다.
【隐伏】yǐnfú 잠복하다. 은복하다. ¶~躲藏 = 드러나지 않게 숨다.
【隐睾】yǐngāo 명(醫) 고환 정체(睾丸停滞). ¶~症 = 고환 정체증.
【隐含】yǐnhán 동 은연중 내포하다. 어떤 의미를 함축하다. ¶~杀机 = 살기(살의)를 띠다.
【隐花植物】yǐnhuā zhíwù 명(植) 은화식물. 민꽃식물. [ '显花植物(종자식물)' 와 구별됨] = 无花植物】wúhuā zhíwù
【隐患】yǐnhuàn 명 잠복해 있는 병[禍]·위험]. 겉에 드러나지 않은 폐해[재난·재앙]. ¶安全~ = 안전 방면의 잠복해 있는 위험.
【隐讳】yǐnhuì 동 은휘하다. 꺼리어 숨기고 감추다. 꺼리는 바가 있어 숨기고 말하지 않다. ¶毫不~ = 조금도 꺼리거나 숨김이 없다. ↔坦率
【隐晦】yǐnhuì 형 의미가 명확하지 않다[불분명하다]. ¶这首诗~难懂。= 이 시는 의미가 명확하지 않아 이해하기 어렵다. ↔明显
【隐疾】yǐnjí 명 남에게 말 못할 병.
【隐居】yǐnjū 동영 은거하다. 은둔하다. ¶~乡野 = 시골에 은거하다.
【隐君子】yǐnjūnzǐ 명 1 은군자. 숨어 사는 군자. 2 ☞【瘾君子】yǐnjūnzǐ
【隐括】yǐnkuò 동문 1 (원래의 문장·저작을) 고쳐 쓰다. 개작하다. =【檃栝】yǐnkuò 2 개괄하다. 요약하다. 총괄하다. 귀납하다. 간추리다.
【隐瞒】yǐnmán 동 (진상을) 숨기다. 속이다. ¶~实情 = 실제 사정을 숨기다. ↔揭露
【隐秘】yǐnmì 형 은밀하다. 비밀스럽다. ¶这个山洞比较~。= 이 산굴은 비교적 은밀하다. 명 비밀스러운 일. 은밀한 일. 비밀. ¶窥测~ = 비밀을 정탐하다. ↔明显
【隐没】yǐnmò 동 은몰하다. (시야에서 점차) 사라지다. 없어지다. 숨어 버리다. ¶太阳渐渐~在厚厚的云层里。= 태양이 점차 두꺼운 구름층 속으로 사라지다.
【隐匿】yǐnnì 동문 은닉하다. 감추다. 몸을 숨기다. ¶~踪迹 = 종적을 감추다.
【隐僻】yǐnpì 형 1 외지다. 궁벽하다. 구석지다. ¶~之地 = 외진 곳. 2 (글자나 문구가) 생소하고 괴벽하다. ¶用典~ = 전고(典故)를 사용한 것이 생소하고 괴벽하다.
【隐情】yǐnqíng 명 속사정. 말 못할 사실[원인]. ¶倾诉~ = 속사정을 털어놓다.
【隐然】yǐnrán 형 어렴풋하다. 희미하다. 어슴푸레하다. ¶~可闻 = 어렴풋하게 들리다.
【隐忍】yǐnrěn 동 은인하다. 꾹 참다. 참고 삼키다. ¶~不言 = 꾹 참고 말하지 않다.
【隐射】yǐnshè 동 빗대어[넌지시] 말하다. 암시하다.

【隐身】yǐnshēn 동 은신하다. 피신하다. 몸을 숨기다. 자취를 감추다. ¶~荒山 = 황폐한 산 속에 숨다.
【隐身草】yǐnshēncǎo (~儿) 명(中) 방패(막이).
【隐身飞机】yǐnshēn fēijī ☞【隐形飞机】yǐnxíng fēijī
【隐身技术】yǐnshēn jìshù ☞【隐形技术】yǐnxíng jìshù
【隐士】yǐnshì 명 은사. 은(둔)자.
【隐事】yǐnshì 명 감춘 일. 숨긴 일.
【隐饰】yǐnshì 동 은폐하다. 가리다. 감추다. ¶所述全是实情,毫无~。= 서술한 것은 모두 사실이며 조금도 숨기지 않았다.
【隐私】yǐnsī 명 사적인 비밀. 개인의 사생활[사적인 일]. 프라이버시.
【隐私权】yǐnsīquán 명(法) 프라이버시의 권리. 개인의 사생활[사적인 일]을 남에게 간섭받지 않을 권리.
【隐痛】yǐntòng 명 1 남에게 말 못할 괴로움. 마음속의 말 못할 고통. ¶中年丧偶的~时时折磨着她。= 중년에 배우자를 잃은 말 못할 고통이 시시각각으로 그녀를 괴롭히고 있다. 2 은근하게 느껴지는 통증. ¶膝盖时有~。= 무릎에 때때로 은근한 통증이 있다.
【隐退】yǐntuì 동 1 은몰하다. 점차 자취를 감추다. 사라지다. ¶那些事早从他的记忆中~了。= 그 일들은 진작에 그의 기억 속에서 차차 사라졌다. 2 은퇴하다. 관직을 버리고 은거하다. ¶称病~ = 병을 칭하고 은거하다.
【隐微】yǐnwēi 형 1 은밀하고 미묘하다. ¶他们之间的关系非常~。= 그들 사이의 관계는 아주 미묘하다. 2 드러나지 않다. ¶~的痛苦 = 드러나지 않는 고통.
【隐显墨水】yǐnxiǎn mòshuǐ 명 은현 잉크.
【隐现】yǐnxiàn 동 숨었다 나타났다 하다. 보였다 안 보였다 하다. ¶远处似有灯光~。= 먼 곳에 등불이 보였다 안 보였다 하는 것 같다.
【隐形】yǐnxíng 형 모습을 감추다. 자태를 숨기다. 투명하다. ¶~战斗机 = 은형 전투기. 스텔스(stealth) 전투기.
【隐形飞机】yǐnxíng fēijī 명 은형 비행기. 스텔스(stealth) 항공기. =【隐身飞机】yǐnshēn fēijī
【隐形技术】yǐnxíng jìshù 명 스텔스(stealth) 기술. =【隐身技术】yǐnshēnjìshù
【隐形人】yǐnxíngrén 명 투명 인간.
【隐形收入】yǐnxíng shōurù 명 (정상적인 임금 이외에 자금·상품·고료·보조금 등의) 음성적 수입.
【隐形眼镜】yǐnxíng yǎnjìng ☞【角膜接触镜】jiǎomó jiēchùjìng
【隐性】yǐnxìng 형 음성의. 열성(劣性)의. 잠성(潜性)의. 잠재적인. ¶~负担 = 잠재적인 부담. ↔显性
【隐性杀手】yǐnxìng shāshǒu 명(비) 치명적으로 유해한 요소. 잠재적 살인자.
【隐性失业】yǐnxìng shīyè 명 잠재적 실업.

**yǐn** 隐 靷 讔 檃 瘾 螾 繗 印

【隐姓埋名】**yǐnxìng-máimíng** ⓢ 이름〔본명〕을 숨기다. ↔抛头露面

【隐血】**yǐnxuè** ⓝ(醫) 잠혈. 잠출혈. =【潜血】**qiánxuè**

【隐逸】**yǐnyì** ⓥⓕ 은일하다. 세상을 피하여 은거하다. ¶~乡野=시골에 은거하다. ⓝⓕ 은일. 은거자. ¶山林~=산 속에 은거하는 사람.

【隐隐】**yǐnyǐn** ⓐ 은은하다. 어슴푸레하다. 흐릿하다. 보일락말락하다. ¶~作痛=살살 아프다.

【隐隐约约】**yǐn·yin yuēyuē**(~的) ⓐ 희미하다. 흐릿하다. 어렴풋하다.

【隐忧】**yǐnyōu** ⓝ 1 은우. 남모르는 근심. ¶心怀~=마음속에 남모르는 근심이 있다. 2 잠복해 있는 병. 겉으로 드러나지 않는 폐해. ¶消除~=잠복해 있는 폐해를 제거하다.

【隐语】**yǐnyǔ** ⓝ 1 넌지시 비치는 말. 수수께끼. [사물을 바로 말하지 않고 은연중에 그 뜻을 내비치는 말을 가리킴. 지금의 '谜语(수수께끼)'와 비슷함] 2 은어. 암어. 변설. 곁말.

【隐喻】**yǐnyù** ⓝ(言) 은유. =【暗喻】**ànyù**

【隐约】**yǐnyuē** ⓐ 희미하다. 흐릿하다. 어렴풋하다. ¶远处的村庄~可见.=저 멀리 있는 마을이 어렴풋하게 보인다. ↔清楚 清晰

【隐约其词】**yǐnyuē-qící** ⓢ 말을 얼버무리다. 말끝을 흐리다.

【隐衷】**yǐnzhōng** ⓝ 말 못할 고충.

# 靷 **yǐn** 가슴걸이 인
ⓝⓕ (소나 말의) 가슴걸이.

# 讔[讔] **yǐn** 수수께끼 은
ⓝⓕ 은어. 곁말. 수수께끼.

# 檃[檃, 櫽] **yǐn** 도지개 은
【檃栝】**yǐnkuò** ⓝⓕ 도지개. ⓥ ☞【隐括】**yǐnkuò**

# *瘾[癮] **yǐn** 중독 은
ⓝ 1 인. 중독. ¶吸毒成~=마약 중독이 되다. 2 벽(狂). 벽(癖). 마니아(mania). ¶球~=구기 운동 마니아.

【瘾君子】[癮君子] **yǐnjūnzǐ** ⓝ 마약 중독자.

【瘾头】**yǐntóu**(~儿) ⓝ 중독 (의 정도). 벽(癖). ¶他喝酒的~真不小.=그는 주벽이 심하다.

# 螾 **yǐn** 지렁이 인
ⓝ '蚓(yǐn)'과 같음.

# 繗[繗] **yǐn** 꿰맬 은
ⓥⓕ 시치다. ¶~被子=이불을 시치다.

# **印 yìn** 도장 인
ⓝ 1 (정부 기관의) 관인. ¶掌~=관인을 관리하다. 2 도장. 인장. ¶钢~=철인. 3 (~儿) 혼적. ¶脚~儿=발자국. 4 (Yìn) 성(姓). ⓥ 1 혼적을 남기다. (머리에) 새기다. ¶童年的往事已深深地~在我心里.=옛날의 이미 나의 기억 속에 깊숙이 새겨져 있다. 2 복사하다. 인쇄하다. 찍다. (사진을) 인화하다. ¶复~=복사하다. /~名片=명함을 인쇄하다. 3 부합하다. 일치하다. 합치되다. ¶心心相~=서로 생각과 감정이 완전히 일치하다.

O● 重chóng印, 抽印, 打印, 叠dié印, 翻印, 付印, 火印, 胶印, 刊kān印, 摹mó印, 铅qiān印, 石印, 手印, 水印, 缩suō印, 套印, 洗印, 血印, 影印, 油印, 掌印, 指印

【印把子】**yìnbà·zi** ⓝ 1 관인의 손잡이. 2 정권. ¶掌握~=정권을 장악하다.

【印本】**yìnběn** ⓝ 인쇄본. 복사본. ['抄本(필사본)'과 구별됨]

【印鼻】**yìnbí** ☞【印纽】**yìnniǔ**

【印次】**yìncì** ⓝ(印) 인쇄 횟수. [제1판 제1쇄부터 연속적으로 계산함]

【印第安人】**Yìndì`ānrén** ⓝⓕ (아메리칸) 인디언.

【印度】**Yìndù** ⓝⓕ(地) 인도(India). [수도는 '新德里(뉴델리 : New Delhi)' 임]

【印度河】**Yìndùhé** ⓝ(地) 인더스 강.

【印度教】**Yìndùjiào** ⓝ(宗) 인도교. 힌두교. =【新婆罗门教】**Xīnpóluóménjiào**

【印度尼西亚】**Yìndùníxīyà** ⓝⓕ(地) 인도네시아(Indonesia). [수도는 '雅加达(자카르타 : Jakarta)' 임]

【印度橡皮树】**Yìndù xiàngpíshù** ☞【橡皮树】**xiàngpíshù**

【印度洋】**Yìndùyáng** ⓝ(地) 인도양.

【印发】**yìnfā** ⓥ 인쇄 발행〔배포〕하다. ¶~通知=통지서를 인쇄 배포하다.

【印盒】**yìnhé** ⓝ 도장함. 인주함.

【印痕】**yìnhén** ⓝ 인흔. 흔적. 자취.

【印花】**yìn‖huā**(~儿) ⓥ(纺) 날염하다. ¶筛网~=스크린 날염하다.

【印花】**yìnhuā**(~儿) ⓝ(纺) 날염된. ¶~儿布=날염한 천. ⓝ 수입 인지. =【印花税票】**yìnhuā shuìpiào**

【印花税】**yìnhuāshuì** ⓝ 인지세.

【印花税票】**yìnhuā shuìpiào** ☞【印花】**yìnhuā**

【印记】**yìnjì** ⓝ 1 도장. 인장. 2 날인 혼적. 3 혼적. 표지. 표시. 표. ¶他的小说带有鲜明的时代~.=그의 소설은 선명한 시대의 혼적을 띠고 있다. ⓥ 생생하게 기억하다〔새기다〕. 아로새기다. ¶一件件童年的趣事至今仍深深地~在脑海里.=어릴 적 재미있었던 갖가지 일들이 지금까지도 여전히 생생하게 머릿속에 새겨져 있다.

【印迹】**yìnjì** ⓝ 혼적. 자국. 자취. 인혼.

【印件】**yìnjiàn** ⓝ (복)사본. ['原件(원본)'과 구별됨]

【印鉴】**yìnjiàn** ⓝ 인감.

【印刻】**yìnkè** ⓥⓕ 각인되다. 새겨지다. ¶恩师的音容笑貌一直~在我的记忆里.=은사님의 목소리와 웃는 모습이 줄곧 나의 기억 속에 각인되어 있다.

【印泥】yìnní [명] 도장밥. 인주.
【印纽】[印钮] yìnniǔ [명] 인뉴. 인장 손잡이. [인장에 거북이·호랑이·사자 등의 형상을 조각한 부분] =【印鼻】yìnbí
【印钮】yìnniǔ ☞【印纽】yìnniǔ
【印欧语系】Yìn Ōu Yǔxì [명]《言》인도유럽어계.
【印谱】yìnpǔ [명] 인보.
【印染】yìnrǎn [동]《紡》날염과 염색을 하다.
【印色】yìn·shai [명] 도장밥. 인주.
【印绶】yìnshòu [명][옛] 인수. 인끈.
【印数】yìnshù [명] 인쇄 부수.
【印刷】yìnshuā [동] 인쇄하다.
【印刷机】yìnshuājī [명]《機》인쇄기. ¶滚筒～=원압(圓壓) 인쇄기.
【印刷媒介】yìnshuā méijiè ☞【纸媒】zhǐméi
【印刷品】yìnshuāpǐn [명] 인쇄물.
【印刷术】yìnshuāshù [명] 인쇄술.
【印刷体】yìnshuātǐ [명] 인쇄체. [‘手写体(필기체)’와 구별됨]
【印台】yìntái [명] 스탬프 패드. =【打印台】dǎyìntái ¶把～拿来, 盖个章。=도장을 찍게 스탬프 패드를 가지고 오너라.
【印堂】yìntáng [명] 인당.
【印铁】yìntiě [동]《印》(양철 혹은 알루미늄판에) 도안이나 문자를 인쇄하다.
【印玺】yìnxǐ [명] 인새. 옥새. [진(秦) 이후로 황제의 관인을 가리킴]
【印相纸】[印像纸] yìnxiàngzhǐ [명] 인화지.
【印象】yìnxiàng [명] 인상. ¶～很深=인상이 아주 깊다.
【印像纸】yìnxiàngzhǐ ☞【印相纸】yìnxiàngzhǐ
【印信】yìnxìn [명] 1 (원래는 공·사적인) 도장. 2 (지금은) 관인(의 총칭).
【印行】yìnxíng [동] 인행하다. 간행(刊行)하다. ¶～杂志=잡지를 간행하다.
【印油】yìnyóu [명] 스탬프 잉크.
【印有】yìnyǒu [동] (문자나 도안 등이) 찍혀 있다. 인쇄되어 있다. ¶T恤后面～‘北京大学’四个字。=티셔츠 뒷면에 ‘베이징 대학’이라는 글자가 인쇄되어 있다.
【印张】yìnzhāng [명]《印》1 매엽지. 시트지(sheet紙). 2 인쇄 용지를 세는 단위. [‘1印张’은 2절지 단면 인쇄 용지임]
【印章】yìnzhāng [명] 1 도장. 인장. 2 도장 자국. ¶～模糊=도장 자국이 모호하다.
【印证】yìnzhèng [동] 검증하다. 실증하다. 증명하다. ¶这些材料需要再次～。=이 자료들은 재차 검증하여야 한다. [명] 실증. ¶寻找～=실증을 찾다.
【印制】yìnzhì [동] 인쇄 제작하다. ¶～名片=명함을 인쇄 제작하다.
【印子】yìn·zi [명] 1 흔적. 자국. 자취. ¶鞋～=신발 자국. 2 월숫돈. 월수전.
【印子钱】yìn·ziqián [명][옛] 월숫돈. 월수전. [분기별로 돈을 갚을 때마다 고리대금업자가 통장에 도장을 찍었기 때문에 이렇게 불렀음]

**饮[飲, 歙] yìn 물 먹일 음
[동] 가축에게 물을 먹이다. ¶去把牲口～一下。=가서 가축에게 물을 먹여라.
☞ yǐn
【饮场】yìnchǎng [동][옛] (배우가) 연출 중에 물을 마셔 목을 축이다.
【饮马】yìnmǎ [동] 말에게 물을 먹이다.
【饮牲口】yìnshēng·kou [동] 가축에게 물을 먹이다.

## 茚 yìn 인덴 인
[명][외]《化》인덴(indene).

## 荫[1][蔭, 廕] yìn 그늘 음
[동] 1 [문] (나무가 햇빛을) 가리다. ¶～覆=덮어 가리다. 2 (봉건 시대 때) 자손이 선조의 공로로 봉상(封賞) 또는 비호를 받다. ¶封妻～子=공신의 처가 봉증(封贈)을 받고 공신의 자손이 관작(官爵)을 얻다. 관료들의 영예. ≒庇

## 荫[2][蔭] yìn 음습할 음
[형][구] 음습하다. ¶地下室～得很, 不适宜住人。=지하실은 아주 음습하여 사람이 살기에는 부적합하다.
☞ yīn

0-● 庇bì荫, 歇xiē荫

【荫庇】yìnbì [동] 1 그늘지다. 2 [비] 자손들이 조상의 음비〔비호〕를 받다.
【荫蔽】yìnbì [동] 1 (가지와 잎이) 가리다. ¶小屋～在丛林中。=작은 집이 수풀 속에 가리워 있다. 2 [비] 은폐하다. 숨기다. ¶在青纱帐里～起来。=무성한 수수밭 속에 숨다.
【荫凉】yìnliáng [형] 음량하다. 서늘하다. ¶这屋子夏天住～。=이 집은 여름에 서늘하다.
【荫翳】yìnyì [동][문] (가지와 잎이) 가리다. 우거지다. ¶树木～的湖边。=나무가 우거진 호숫가.

## 胤 yìn 이을 윤
[명][문] 후대. 후사(後嗣). 자손.

## 垽 yìn 앙금 은
[명][문] 침전물. 앙금. 침전물의 흔적.

## 鲫[鮣] yìn 빨판상어 인
[명]《動》빨판상어.

## 窨 yìn 움 음
[명] 지하실. 움. 토굴. ¶地～子=(반)지하 가옥.
☞ xūn
【窨井】yìnjǐng [명] 맨홀(manhole).

## 慭[慭] yìn 원하건대 은
[동][문] 1 원하다. …이기를 바라다. ¶～使君安。=그대가 편안하기를 바랍니다. 2 손상을 입다. 손실을 입다. ¶两军之士皆未～也。=양군의 사

병이 모두 손상을 입지 않았다.
【憖憖】**yìnyìn** 혱⟨書⟩ 조심하는 모양. 삼가는 모양. ¶~然莫相知。=조심히 다가가서 살펴보았으나 무엇인지 알지 못하다.

# ying

**时** **yīngcùn / cùn** 인치 촌
양 인치(inch). ['英寸(yīngcùn)'의 옛 명칭]

**呎** **yīngchǐ / chǐ** 피트 척
양 피트(feet). ['英尺(yīngchǐ)'의 옛 명칭]

**应[應]** **yīng** 응할 응
동 **1** 마땅히〔응당〕…해야 한다. …하는 것이 마땅하다. ¶为人~谦虚谨慎。=사람은 마땅히 겸허하고 신중해야 한다. **2** 대답하다. 응답하다. ¶敲了半天门, 没人~。=한참 동안 문을 두드렸지만 아무도 응답하는 사람이 없었다. **3** 응하다. 승낙하다. ¶你请他办的事他~下了。=네가 (그에게) 부탁한 일은 그가 승낙했다. 명 (Yīng) 성(姓).
☞ **yìng**

| ⇨ | 应 yīng |
| | 鹰 yīng |
| | 膺 yīng |

○─● 理应, 一应

【应当】**yīngdāng** 동 마땅히〔응당〕…해야 한다. …하는 것이 마땅하다.

【应得】**yīngdé** 동 마땅히〔응당〕얻어야 한다. 받아야 마땅하다. ¶这是大家~的报酬。=이것은 여러분들이 마땅히 받아야 할 보수이다.

【应分】**yīngfèn** 동 응분의. 분수에 맞는. 본분으로서 당연한〔당연히 해야 할〕. ¶给顾客介绍商品是我们售货员~的事。=고객에게 상품을 소개하는 것은 우리 판매원들이 당연히 해야 할 일이다.

【应该】**yīnggāi** 동 **1** 마땅히 …해야 한다. …하는 것이 마땅하다. ¶学技术~认认真真。=기술을 배우려면 성실해야 한다. **2** 반드시〔마땅히〕…해야 한다. ¶这项工程~能够提前竣工。=이 공사는 반드시 조기에 준공할 수 있을 것이다.

【应届】**yīngjiè** 형 당년의. 당해 연도의. [졸업생에 한하여 쓰임] ¶~毕业生=당년의 졸업생.

【应名儿】**yīng‖míng**r 동 명의만 빌려 주다. 이름〔허명〕만 걸다. ¶我只是应个名儿, 没有实权。=나는 다만 이름만 걸었을 뿐 실권이 없다.

【应名儿】**yīngmíng**r 명 명목. 명의. ¶他俩~是同学, 但没有什么交情。=그 두 사람은 명목상 급우이지만 아무 교분도 없다.

【应声】**yīng‖shēng**(~儿) 동 대답하다. 응답하다. 대꾸하다. ¶问了他半天, 他也不~。=그에게 한참 동안 물었지만 대꾸가 없다.
☞ **yìngshēng**

【应收】**yīngshōu** 동 당연히 받아야 할. ¶~货款=당연히 받아야 할 물품 대금.

【应许】**yīngxǔ** 동 **1** (…하기로) 승낙하다. ¶他只要~, 就一定会帮你办。=그가 승낙했다면 반드시 도와 줄 것이다. **2** 허락하다. ¶经理已~我休假三天。=사장님은 이미 나에게 3일간 휴가를 허락하였다. ≒应允 答应 允诺

【应有尽有】**yīngyǒu-jìnyǒu** 온갖 것이 다 있다. 없는 것이 없다. 모두 갖추어져 있다. ↔一无所有

【应允】**yīngyǔn** 동 **1** (…하기로) 승낙하다. **2** 허락하다. ≒应许 答应 允诺

**英** **yīng** 꽃부리 영
명 **1**⟨書⟩ 꽃. ¶落~缤纷=낙화가 흩날리다. **2** 재능이 출중한 사람. ¶精~=엘리트. 정예롭고 뛰어나다. **3** (Yīng) 영국. ¶~美等国=영국과 미국 등의 나라. **4** (Yīng) 성(姓). 형 재능이 출중한. ¶~明果断=영명하고 과단성이 있다.

【英镑】**yīngbàng** 양 (영국의) 파운드.

【英才】**yīngcái** 명 **1** 영재. ¶一辈出=영재가 속출하다. **2** 뛰어난 재능과 지혜. ¶~盖世=재능과 지혜가 세상에서 최고이다.

【英尺】**yīngchǐ** 양 피트(feet). [옛날에는 '呎(yīngchǐ)'로 썼음]

【英寸】**yīngcùn** 양 인치(inch). [옛날에는 '时(yīngcùn)'으로 썼음]

【英吨】**yīngdūn** 양 영국톤. 그로스톤(gross ton). 롱톤. [1영국톤은 2,240파운드로 약 1016.04kg에 해당함]

【英发】**yīngfā** 형⟨書⟩ 영발하다. 발랄하다. 재기가 두드러지게 드러나다. ¶豪姿~=웅자(雄姿)와 재기가 드러나다. 호방하고 재기가 발랄하다.

【英国】**Yīngguó** 명⟨⟩⟨地⟩ 영국(England). [수도는 '伦敦(런던 : London)'임]

【英豪】**yīngháo** 명 영웅호걸. ¶古今~=고금의 영웅호걸. ≒英杰 英雄 豪杰

【英华】**yīnghuá** 명⟨書⟩ **1** (초목 등의) 가장 중요하고 가장 좋은 부분. 정화. **2**⟨喩⟩ 뛰어난 재능. ¶~发外=뛰어난 재능이 밖으로 드러나다.

【英魂】**yīnghún** ☞ 【英灵】**yīnglíng**

【英杰】**yīngjié** 명 영걸. 영웅호걸. ≒英豪 英雄 豪杰

【英俊】**yīngjùn** 형 **1** 재능이 출중하다. ¶~有为=재능이 출중하고 능력이 있다. **2** 영준하다. 영리하고 준수하다. 말쑥하다. 잘생기다. 핸섬하다. ¶~少年=잘생긴 소년.

【英里】**yīnglǐ** 양 마일(mile). [1마일은 약 1.6km에 해당함]

【英联邦】**Yīngliánbāng** 명⟨政⟩ 영연방. 영국 연방.

【英两】**yīngliǎng** 양 온스(ounce). [옛날에는 '唡(yīngliǎng)'으로 썼음]

【英烈】**yīngliè** 형 용맹하고 강직하다. ¶~之气=불굴의 기세. 명 영렬. 용감히 희생된 열사. ¶民族~=민족 영렬.

【英灵】**yīnglíng** 명 영령. =【英魂】**yīnghún**
¶告慰~=영령을 위로하다.

【英名】**yīngmíng** 명 영명. 영웅의 이름〔명성〕.

¶~远扬 = 영웅의 명성이 멀리 드날리다.
【英明】yīngmíng 형 영명하다. ¶~的决策 = 영명한 결책.
【英模】yīngmó 명 영웅과 모범 노동자. ¶~事迹 = 영웅과 모범 노동자의 사적.
【英亩】yīngmǔ 양 에이커(acre). [1에이커는 4,046.86㎡이며, 기호는 ac임. 옛날에는 '噉(yīngmǔ)'로 썼음]
【英年】yīngnián 명 한창나이. 청장년 시기. ¶~早逝 = 한창나이에 죽다.
【英气】yīngqì 명 용맹한 기개. 호방한 기개. ¶~逼人 = 용맹한 기개가 넘치다.
【英石】yīngshí 명 영석. [중국 광둥(广东)성 잉더(英德)현에서 나는 돌. 주로 정원석 또는 분경(盆景)을 만드는 재료로 쓰임]
【英特纳雄耐尔】Yīngtènàixióngnà'ěr 명양 1 인터내셔널(International). [본래는 '国际(국제)'의 뜻이며, '国际工人协会(국제노동자협회)', 즉 '第一国际(제일차 인터내셔널)'의 약칭임] 2《国际歌(인터내셔널의 노래)》에서 특히 국제 공산주의의 이상을 가리킴. 泥 Internationale.
【英文】yīngwén 명 1 영문. 2 영어.
【英武】yīngwǔ 형 영민하고 용맹스럽다. ¶~过人 = 대단히 영민하고 용맹스럽다.
【英雄】yīngxióng 명 1 영웅. ¶民族~ = 민족영웅. 2 영웅. [무예가 뛰어나고 몹시 용맹한 사람] ¶~好汉 = 영웅호걸. 형 영웅적인. ¶~气概 = 영웅적인 기개. ≒英杰·英豪·豪杰 ↔败类
【英雄出少年】yīngxióng chū shàonián 속 재능이 출중한 사람은 어릴 때부터 뛰어나다.
【英雄气短】yīngxióng-qìduǎn 속 재주가 있는 자가 좌절당하거나 애정에 빠져 웅지를〔진취심을〕 상실하다. [주로 '儿女情长(érnǚ-qíng cháng)'과 연이어서 쓰임]
【英雄所见略同】yīngxióng suǒjiàn lüètóng 속 걸출한 인물들〔영웅들〕의 견해는 대체로 비슷하다. [주로 서로 간의 의견이 일치함을 찬미할 때 쓰며, 때로는 조롱의 의미를 내포함]
【英雄无用武之地】yīngxióng wú yòngwǔ zhī dì 속 재능이 있는 자가 그 재능을 발휘할 기회를 얻지 못하다.
【英雄主义】yīngxióngzhǔyì 명 영웅주의.
【英寻】yīngxún 양 패덤의 옛 명칭. [야드파운드법에 의한 물의 깊이 단위. '1英큼(길)'은 6피트에 해당함]
【英勇】yīngyǒng 형 용맹하다. 매우 용감하다. ¶~善战 = 매우 용감하고 싸움을 잘 한다.
【英语】yīngyǔ 명 영어.
【英制】yīngzhì 명 야드파운드법. 영국 고유의 도량형 단위제(單位系).
【英姿】yīngzī 명 영자. 늠름한 자태. 용맹한 모습. ¶~勃发 = 위풍당당하다. ≒雄姿
【英姿飒爽】yīngzī-sàshuǎng 성 늠름하고 씩씩하다.

## 哣[哣] yīngxún / xún 패덤 심
양 '英쿰(패덤, pathem)'의 옛 명칭.

## 莺[鶯,鸎] yīng 꾀꼬리 앵
명 (動) 1 휘파람새. 2 꾀꼬리.
⊙-⊙ 黄莺, 柳liǔ莺, 夜莺
【莺歌燕舞】yīnggē-yànwǔ 성 1 꾀꼬리가 노래 부르고 제비가 춤추다. 2 기쁨이 가득하다. 3 비 번창하는 형세. 태평성세.
【莺声燕语】yīngshēng-yànyǔ ☞【燕语莺声】yànyǔ-yīngshēng

## 唡[啢] yīngliǎng / liǎng 온스 량
양 '盎司(온스, ounce)'의 옛 명칭.

## 哩 yīnglǐ / lǐ 마일 리
양 '英里(마일, mile)'의 옛 명칭.
☞ lǐ · li

## 罃[罃] yīng 양병 앵
명운 '罌(yīng)'과 같음.

## *婴[嬰] yīng 갓난아이 영
동 (병에) 걸리다. 닿다. 접촉하다. 둘러싸다. 에워싸다. 얽히게 하다. 얽매다. (불행이나 손해를) 입다. 받다. ¶~疾 = 병에 걸리다. 명 영아. 젖먹이. 갓난아기. ¶男~ = 남자 영아.

◉ 婴 yīng
  樱 yīng
  缨 yīng
  鹦 yīng
  瘿 yīng
  嘤 yīng
  撄 yīng

【婴儿】yīng'ér 명 영아. 젖먹이. 갓난아이.
【婴孩】yīnghái 명 영아. 젖먹이. 갓난아기.
【婴幼儿】yīngyòu'ér 명 영아와 유아.

## 媖 yīng 여자의 미칭 영
명운 부녀자의 미칭.

## 瑛 yīng 옥빛 영
명운 1 석영. 2 옥의 광채.

## 噉 yīngmǔ / mǔ 에이커 무
양 에이커(acre). ['英亩(yīngmǔ)'의 옛 명칭]

## 锳[鍈] yīng 방울 소리 영
의 딸랑딸랑. [방울 소리]

## 撄[攖] yīng 어지럽힐 영
동운 1 범하다. 거스르다. ¶~怒 = 노하게 하다. 2 어지럽히다. 혼란시키다. ¶不以人物利害相~。 = 사람이나 사물·이익·손해에 의해 흔들리지 않는다.

## 夔[夔] yīng 까마귀머루 영
【夔奧】yīngyù 명 (植) 영욱. 까마귀머루.

## 嘤[嚶] yīng 새 소리 앵
의운 짹짹. [새가 지저귀는 소리]

**yīng** 嘤 罂 缨 瑛 樱 霙 鹦 膺 鹰 迎

【嘤鸣求友】yīngmíng-qiúyǒu 〈성〉 **1** 새가 지저귀며 짝을 부르다. **2** (비) 뜻이 맞는 친구를 찾다.

【嘤嘤】yīngyīng 〈의은〉 **1** 짹짹. 재잘재잘. ¶鸟鸣~=새가 짹짹거리다. **2** 흑흑. [낮은 소리로 우는 소리] ¶~悲泣=흑흑거리며 슬피 울다.

**罂[罌, 甖]** yīng 양병 앵
〈명〉 양병. 입이 작고 배가 부른 큰 질그릇. ¶瓦~=질항아리.
【罂粟】yīngsù 〈명〉〈문〉 양귀비.

*【缨[纓]** yīng 갓끈 영
〈명〉 **1** 갓끈. ¶~索=갓끈. **2** 〈문〉 띠. 끈. 줄. 새끼. ¶长~=긴 끈. **3** (~儿) 술. ¶红~枪=붉은 술이 달린 창. **4** (~儿) (술 모양의) 채소 잎. ¶萝卜~儿=(늘어뜨려진) 무잎.
【缨络】yīngluò 〈명〉 (장식으로 다는) 술.
【缨帽】yīngmào 〈명〉 (청조(清朝)의 관리가 쓰던) 모자 위에 붉은 술이 달린 관모(官帽).
【缨穗】yīngsuì 〈명〉 (의복이나 기물의) 술.
【缨子】yīng·zi 〈명〉 **1** (의복이나 모자 혹은 기물에 장식으로 달린) 술. **2** 술 모양의 것. ¶芥菜~=갓잎.

**瑛[瓔]** yīng 옥돌 영
〈명〉〈문〉 옥돌. 옥과 비슷한 아름다운 돌.
【瑛珞】yīngluò 〈명〉 영락. 구슬 목걸이. [주로 목걸이 장식으로 쓰임]

*【樱[櫻]** yīng 앵두나무 앵
〈명〉〈植〉 **1** 앵두나무. **2** 벚나무. 벚꽃. 앵화.
【樱花】yīnghuā 〈명〉〈植〉 **1** 벚나무. **2** 벚꽃. 앵화.
【樱桃】yīng·táo 〈명〉〈植〉 **1** 앵두나무. **2** 앵두.

**霙** yīng 눈꽃 영
〈명〉〈문〉 눈송이. 설화(雪花).

*【鹦[鸚]** yīng 앵무새 앵
아래를 참조.
【鹦哥】yīnggē ☞【鹦鹉】yīngwǔ
【鹦哥绿】yīnggēlǜ 〈형〉 짙은 연두색의. ¶~的裙子=짙은 연두색의 치마.
【鹦鹉】yīngwǔ 〈명〉〈動〉 앵가. 앵무(새). ⑫【鹦哥】yīnggē
【鹦鹉螺】yīngwǔluó 〈명〉〈動〉 앵무조개.
【鹦鹉学舌】yīngwǔ-xuéshé 〈성〉 **1** 앵무새가 말을 흉내내다. **2** (비) 자기의 주관이 없이 앵무새처럼 남을 따라 하다.

**膺** yīng 가슴 응
〈명〉 가슴. ¶义愤填~=의분이 가슴에 충만하다. 〈동〉 **1** 맡다. 담당하다. 받다. ¶当~重任=중임을 맡다. **2** 토벌하다. 공격하다. 치다. ¶~惩叛逆=반역자를 토벌하다.
【膺惩】yīngchéng 〈동〉〈문〉 응징하다. 토벌하다. 공격하다. 치다. ¶~国贼=매국노를 응징하다.
【膺赏】yīngshǎng 〈동〉〈문〉 포상을 받다.

【膺选】yīngxuǎn 〈동〉〈문〉 당선되다. 선발되다.

**鹰[鷹]** yīng 매 응
〈명〉〈動〉 매.
○● 苍cāng鹰, 老鹰, 雀què鹰, 鹞yào鹰, 夜鹰, 鱼鹰

【鹰鼻鹞眼】yīngbí-yàoyǎn 〈성〉 흉악하고 간사한 인상.
【鹰钩鼻子】yīnggōu bí·zi 〈명〉 매부리코.
【鹰派】yīngpài 〈명〉〈政〉 매파. 보수 강경파. ['鸽派(비둘기파)'와 구별됨]
【鹰犬】yīngquǎn 〈명〉 **1** 사냥매와 사냥개. **2** 앞잡이. 주구.
【鹰隼】yīngsǔn 〈명〉〈문〉 **1** 매와 새매. **2** (비) 흉악한 사람. 용맹한 사람.
【鹰视狼步】yīngshì-lángbù 〈성〉 **1** 매처럼 노려보고 이리처럼 걷다. **2** (비) 호시탐탐 노리다. [탐욕스러운 모양]
【鹰洋】yīngyáng 〈명〉 멕시코 은화. [정면에 돌출한 매의 도안이 있으며, 예전에 중국에서 유통된 적이 있음]
【鹰爪】yīngzhǎo 〈명〉 **1** 〈植〉 상록 덩굴 관목. [학명은 'Artabotrys hexapetalus' 임] =【鹰爪花】yīngzhǎohuā **2** 매의 발톱.
【鹰爪花】yīngzhǎohuā ☞【鹰爪】yīngzhǎo
【鹰爪毛儿】yīngzhǎomáor 〈명〉 털이 짧은 양가죽. [털이 매 발톱 모양과 닮아서 유래된 명칭]

**迎** yíng 맞이할 영
〈동〉 맞이하다. 영접하다. ¶欢~=환영하다. / 喜~嘉宾=반가운 손님을 기쁘게 맞이하다. 〈개〉 …을[를] 향하여. …쪽으로. ¶~面走来=맞은편에서 걸어오다. ↔避
【迎宾】yíngbīn 〈동〉 귀빈을 영접하다. 손님을 맞이하다. ¶~曲=환영곡.
【迎宾馆】yíngbīnguǎn 〈명〉 영빈관.
【迎春】yíngchūn 〈명〉〈植〉 개나리. 영춘화. =【迎春花】yíngchūnhuā
【迎春花】yíngchūnhuā ☞【迎春】yíngchūn
【迎风】yíng‖fēng 〈동〉 **1** 바람을 맞받다(안다). ¶~流泪=바람을 쏘이면 눈물을 흘린다. **2** 바람을 타다. 바람을 따르다. ¶~飘扬=바람에 펄럭이다. ↔顺风
【迎合】yínghé 〈동〉 영합하다. 비위를 맞추다. ¶~低级趣味=저속한 취향에 영합하다. ≒投合
【迎候】yínghòu 〈동〉 마중 나가 기다리다. 마중하다. 출영(出迎)하다. ¶到机场~贵宾=공항에 가서 귀빈을 마중하다.
【迎击】yíngjī 〈동〉 영격하다. 요격(邀擊)하다. 응전(應戰)하다. ¶奋勇~=용감하게 영격하다.
【迎接】yíngjiē 〈동〉 **1** 영접하다. 마중하다. **2** 맞이하다. ¶~新年=새해를 맞이하다.
【迎来送往】yínglái-sòngwǎng ☞【送往迎来】sòngwǎng-yínglái
【迎面】yíng‖miàn (~儿) 〈동〉 얼굴을 향하다. 정면을 향하다. ¶一股荷花的清香~扑来. =

꽃의 맑은 향기가 얼굴을 향하여 풍겨 오다.
【迎面】yíngmiàn(~儿) [명] 맞은편. 정면. ¶ ~有一座雕花牌楼。= 맞은편에 꽃을 조각한 패루〔장식용 아치〕가 하나 있다.
【迎亲】yíng‖qīn [동] (결혼식 때 신랑이 신부집으로 가서) 신부를 맞이하다.
【迎娶】yíngqǔ [동] 아내를 맞아 결혼하다.
【迎刃而解】yíngrèn'érjiě [성] 1 대나무를 가를 때 윗부분만 가르면 아래는 칼날 따라 쉽게 갈라진다. 2 [비] 핵심적인 문제만 해결하면 다른 것들은 잇따라 풀린다. 순리적으로 문제가 해결되다. ↔治丝益棼
【迎送】yíngsòng [동] 1 영송〔송영(送迎)〕하다. 맞아들이고 보내다. 2 접대하다. 응접하다.
【迎头】yíng‖tóu(~儿) [동] 얼굴〔정면〕을 향하다. ¶ ~一棒 = 정면으로 일격을 가하다.
【迎头赶上】yíngtóu-gǎnshàng [성] 선두를 향하여 따라잡다. 최고를 향하여 따라잡다.
【迎头痛击】yíngtóu-tòngjī [성] 정면에서 통렬하게 공격하다.
【迎新】yíngxīn [동] 1 새해를 맞이하다. ¶ 辞旧~ = 묵은해를 보내고 새해를 맞이하다. 2 새로 온 사람을 맞이하다. 신입생을 맞이하다. ¶ ~晚会 = 신입생〔신입 사원〕 환영회.
【迎迓】yíngyà [동][문] 영접하다. 마중하다. 맞이하다. ¶ 大驾光临，有失~。= 왕림하시는데 영접을 못 했습니다.
【迎战】yíngzhàn [동] 1 영전하다. 오는 적을 맞아 나가 싸우다. 맞받아 싸우다. ¶ 出城~ = 성 밖으로 나가 영전하다. 2 [비] 맞이하여 겨루다. ¶ 在下面的比赛中，我队将~南美足球劲旅。= 다음 시합에서 우리 팀은 남미의 축구 강팀과 겨룬다.

## 茔[塋] yíng 무덤 영

[명][문] 무덤. 묘. ¶ 坟~ = 무덤.
【茔地】yíngdì [명][문] 묘지.

## 荥[滎] yíng 땅 이름 영

☞ xíng
【荥经】Yíngjīng [명]《地》 잉징. [쓰촨(四川)성에 있는 지명]

## *荧[熒] yíng 빛날 형

[형][문] 1 빛이 희미한 모양. ¶ 青灯~然 = 등잔불이 희미하다. 2 현혹시키다. 미혹시키다. 어리둥절하게 하다. 당황하게 하다. ¶ ~惑人心 = 사람의 마음을 현혹시키다.
【荧光】yíngguāng [명]《物》 형광.
【荧光灯】yíngguāngdēng [명] 형광등. =【日光灯】rìguāngdēng
【荧光粉】yíngguāngfěn [명] 형광 분말.
【荧光屏】yíngguāngpíng [명] 형광판. 형광막.
【荧惑】yínghuò [동][문] 현혹시키다. 미혹시키다. 어리둥절하게 하다. 당황하게 하다. ¶ ~人心 = 사람의 마음을 미혹시키다. [명]《天》 화성.
【荧幕】yíngmù [명] 1 형광판. 형광막. 2 텔레비전 스크린. 모니터. 3 텔레비전 프로그램.
【荧屏】yíngpíng [명] 1 형광판. 형광막. 2 텔레비전 스크린. 모니터. 3 텔레비전 프로그램.
【荧荧】yíngyíng [형] (별빛이나 등불이) 희미하게 반짝이는 모양. 가물거리는 모양. ¶ 一灯~ = 등불 하나가 가물거리다.

## **盈 yíng 가득 찰 영

[동] 1 가득 차다. 충만하다. 충족하다. ¶ 宾客~门 = 손님들이 문전성시를 이루다. / 物资充~ = 물자가 충족하다. 2 초과하다. 남다. ¶ 小有~余 = 조금 남음이 있다. [형] 풍만하다. ¶ 体态丰~ = 몸매가 풍만하다. [명] (Yíng) 성(姓). ↔亏
【盈眶】yíngkuàng [동] 눈물이 글썽거리다. ¶ 热泪~ = 뜨거운 눈물이 글썽거리다.
【盈亏】yíngkuī [동] 달이 차고 기울다. ¶ 月有~ = 달은 차고 기운다. [명] 이득과 손해. ¶ 自负~ = 이득이든 손해든 스스로 책임져야 한다.
【盈利】[赢利] yínglì [동] 이윤을 얻다. 이익을 보다. 돈을 벌다. ¶ ~颇丰 = 이익이 꽤 많다. [명] 이윤. 이익. ¶ 今年的~和去年持平。= 금년의 이윤은 작년과 비슷하다. ↔亏本
【盈满】yíngmǎn [동] 1 충만하다. 가득하다. ¶ 老人的双眼~泪水。= 노인의 두 눈에 눈물이 가득하다. 2 (권리나 죄악 등이) 극에 달하다. ¶ 罪孽~ = 죄업이 극에 달하다.
【盈门】yíngmén [동] 문전성시를 이루다. ¶ 车马~ = 빈객이 문전성시를 이루다.
【盈千累万】yíngqiān-lěiwàn [성] 지극히 많다. 무수히 많다. 수천 수만에 달하다.
【盈溢】yíngyì [동] 넘쳐나다. 풍족하다. 가득하다. ¶ 仓库~ = 창고가 그득하다.
【盈盈】yíngyíng [형] 1 아주 맑다. 투명하다. ¶ 湖水~ = 호수가 아주 맑다. 2 자태가 아름다운 모양. ¶ ~顾盼 = 매혹적인 자태로 바라보다. 3 동작이 날렵한 모양. ¶ ~起舞 = 사뿐사뿐 춤을 추다. 4 감정을 한껏 드러내는 모양. ¶ 喜气~ = 희색이 만면하다.
【盈余】[赢余] yíngyú [동] 남다. 이윤을 남기다. ¶ 公司年终~三百万。= 회사의 연말 이익은 삼백만(위안)이다. [명] 잉여. ¶ 略有~ = 얼마간 잉여가 있다. ↔亏损

## *莹[瑩] yíng 밝을 영

[형] 빛나고 투명하다. ¶ 晶~ = 반짝반짝 빛나다. [명] 옥과 같이 아름다운 돌.
【莹白】yíngbái [형] 투명하고 맑다. 빛나고 희다. ¶ ~的月光 = 투명하고 맑은 달빛.
【莹澈】yíngchè [형] 빛나고 투명하다. 맑고 반짝반짝하다. ¶ ~的露珠 = 맑고 반짝이는 이슬방울.
【莹莹】yíngyíng [형] 반짝이다. ¶ ~的泪光 = 반짝이는 눈물.

## *萤[螢] yíng 개똥벌레 형

[명]《動》 개똥벌레. 반딧불이. [ '萤火虫' 이라고 통칭함]
【萤光】yíngguāng [명] 1 반딧불. 2 [비] 희미한 빛. ¶ ~点点 = 희미한 불빛이 드문드문하다. 3

인광(燐光). ¶~闪烁=인광이 깜박거리다.

【萤火】yínghuǒ 1 반딧불. 2 ㉑ 희미한 불빛. ¶一盏~, 忽明忽暗=희미한 등잔불이 깜박거린다. 3 개똥벌레. ¶秋夜~飞=가을밤에 개똥벌레가 날다.

【萤火虫】yínghuǒchóng 명(動) 개똥벌레. 반딧불이.

【萤石】yíngshí 명(礦) 형석. =【氟石】fúshí

**【营[營]】yíng 경영할 영
동 1 ㉑ 주위에 담을 쌓고 거주하다. 2 짓다. 만들다. 건조하다. ¶~建房舍=집을 짓다. 3 경영하다. 관리하다. ¶私~企业=사영 기업. 4 꾀하다. 강구하다. 모색하다. ¶紧急~救=긴급하게 구조하다. 명 1 (고대의) 군영 주위의 담장. 2 군영. 병영. 진영. ¶安~扎寨=군대가 진을 치고 주둔하다. 3 캠프. 야영지. ¶夏令~=여름 캠프. 4 (軍) 대대. 5 (Yíng) 성(姓).

【营办】yíngbàn 동 맡아 처리하다. 관리하다. ¶~婚礼=혼례를 맡아 거행하다.

【营部】yíngbù 명(軍) 1 대대 본부. 2 군영의 본부.

【营巢】yíngcháo 동 (새가) 둥지를 짓다. 명 둥지. 보금자리.

【营地】yíngdì 명 1 (軍) 주둔지. 숙영지. 2 캠프. 야영지. 노영지(露營地). ¶登山队二号~=등반대 2호 야영지.

【营房】yíngfáng 명(軍) 병영. 병사(兵舍).

【营工】yínggōng 동 노동을 하다. 일을 하다. 품을 팔다. ¶~度日=품을 팔며 살아가다.

【营火】yínghuǒ 명 캠프파이어. 야영지에서 피우는 모닥불. ¶~晚会=캠프파이어.

【营火会】yínghuǒhuì 명 캠프파이어.

【营建】yíngjiàn 동 세우다. 건설하다. 건축하다. 건조하다. ¶~办公楼=사무실을 건설하다.

【营救】yíngjiù 동 대책을 세워 구원하다. 구제하다. 원조하다. 구조하다. ¶~灾民=이재민을 구제하다.

【营垒】yínglěi 명 1 (軍) 군영과 보루. ¶构筑~=군영과 보루를 구축하다. 2 진영. ¶~最容易从内部攻破.=군영과 보루는 내부에서 가장 쉽게 무너뜨릴 수 있다.

【营利】yínglì 동 이윤을 추구하다. 이익을 도모하다. 영리를 꾀하다.

【营林】yínglín 동 영림하다. 산림을 경영하다.

【营盘】yíngpán 명㉑ 군영. ¶铁打的~流水的兵.=아무리 견고한 군영이라도 탈영하는 병사는 있게 마련이다.

【营求】yíngqiú 동 1 꾀하다. 도모하다. 모색하다. ¶~私利=개인의 이익을 추구하다. 2 찾다. ¶多方~=다방면으로 찾다.

【营区】yíngqū 명(軍) 병영 및 그 주변 지역.

【营舍】yíngshè 명 군영.

【营生】yíngshēng 동 생계를 꾸려 가다. 살 궁리를 하다. 살 길을 찾다. ¶以卖艺~。=기예를 팔아 생계를 꾸려 가다.

【营生】yíng·sheng (~儿) 명㉑ 직업. 생계. ¶正经~=올곧게 생계를 꾸려 가다.

【营收】yíngshōu 명 영업 수입. ¶与去年同期相比, 本季度~略有下降.=작년 동기 대비 본 분기는 영업 수입이 좀 줄었다.

【营私】yíngsī 동 개인적인 이익을 도모하다. 사리를 꾀하다. ¶结党~=작당〔결탁〕하여 사리사욕을 꾀하다.

【营私舞弊】yíngsī-wǔbì ㉑ 사리사욕을 꾀하려고 부정을 저지르다.

【营销】yíngxiāo 동 (상품을) 판매하다. 판촉하다. 마케팅하다. ¶~人员=영업 사원.

【营养】yíngyǎng 명 영양. ¶~不良=영양 실조. 동 영양을 보충〔섭취〕하다. ¶你大病初愈, 要好好~身体。=너는 큰 병이 막 나은 터라 영양 보충을 잘 해야 한다.

【营养餐】yíngyǎngcān 명 영양 식단.

【营养价值】yíngyǎng jiàzhí 영양가.

【营养链】yíngyǎngliàn ☞【食物链】shíwùliàn

【营养品】yíngyǎngpǐn 명 영양 (보조) 식품.

【营养素】yíngyǎngsù 명 영양소.

【营养元素】yíngyǎng yuánsù 명 필수 원소.

【营业】yíngyè 동 영업하다. ¶本店全天24小时~。=본 가게는 하루 24시간 영업한다.

【营业额】yíngyè'é 명 거래액. 총 매상고.

【营业税】yíngyèshuì 명 영업세.

【营业员】yíngyèyuán 명 점원·판매원·구매원 등을 총칭함.

【营运】yíngyùn 동 1 (열차·트럭·배 등을) 영업 운행하다. ¶将有五十辆新型客车投入~。=50대의 신형 여객 버스가 영업 운행에 들어갈 것이다. 2 경영하다. [일반적으로 상업을 가리키며, 주로 조기 백화문에 보임]

【营葬】yíngzàng 명 장례 업무를 치르다.

【营造】yíngzào 동 1 경영하다. 만들다. 짓다. 건설하다. 조성하다. ¶~科技园区=과학 기술 단지를 조성하다. 2 (계획을 세워) 조립하다. ¶~防护林=방호림을 조림하다. 3 세우다. 수립하다. 건립하다. ¶~文明和谐的社区环境=문명적이고 조화로운 지역 환경을 수립하다.

【营寨】yíngzhài 명㉑ 병영. ¶把守~=병영을 지키다.

【营长】yíngzhǎng 명(軍) 대대장.

【营帐】yíngzhàng 명 1 숙영 막사. 2 군영. 3 야영 천막. 텐트. 캠프.

**【萦[縈]】yíng 얽힐 영
동㉑ 엉키게 하다. 얽히게 하다. 얽어 감다. 휘감다. 에워싸다. ¶琐事~身=자질구레한 일들로 정신이 없다.

【萦怀】yínghuái 동 (일이) 머리에 맴돌다. 마음에 걸리다. 마음에 남아 있다. ¶梦寐~=자나깨나 잊지 못하다. 꿈 속에서까지 맴돌다.

【萦回】yínghuí 동 감돌다. 맴돌다. 빙빙 돌다. 영회하다. ¶溪水~=계곡물이 굽이굽이 돌아 흐르다. ≒萦绕

**yǐng** 2351

【萦绕】yíngrào 〔동〕 감돌다. 맴돌다. 빙빙 돌다. 영회하다. ¶云雾~=운무가 감돌다. ≒萦回
【萦系】yíngxì 〔동〕〔문〕 걱정하다. 근심하다. ¶朝夕~=아침 저녁으로 걱정하다.
【萦纡】yíngyū 〔동〕 꼬불꼬불〔꾸불꾸불〕 돌다. 영회하다. 감돌다. 맴돌다. 빙빙 돌다. ¶泉石~=산의 돌과 물이 구불구불 이어지다.

## 滢[濚] yíng 물 돌아 나갈 영
〔형〕〔문〕 물이 소용돌이치는 모양. [주로 지명에 쓰임] ¶~湾镇=잉완전. [후난(湖南)성 창사(长沙)에 있는 지명]

## 鎣[鎣] yíng 땅 이름 영
지명에 쓰이는 글자. ¶华~山=화잉산. 화영산. [쓰촨(四川)성과 충칭(重庆)시 접경 지역에 있는 산 이름]

## 楹 yíng 기둥 영
〔명〕 1 대청의 앞에 세워 둔 둥글고 큰 기둥. 2 기둥. 〔양〕〔문〕 채. ¶园内有小舍三~。=정원 안에 작은 집 세 채가 있다.
【楹联】yínglián 〔명〕 1 (대청 앞 기둥에 써 붙인) 주련(柱聯). 2 대련(對聯).

## 滢[瀅] yíng 맑을 형
〔형〕〔문〕 맑고 투명하다. ¶汀~=물이 맑다.

## **蝇[蠅]** yíng 파리 승
〔명〕〔동〕 파리. ['苍蝇'이라 통칭함]
【蝇虎】yínghǔ 〔명〕〔동〕 깡충거미. 승호.
【蝇拍】yíngpāi (~儿)〔명〕 파리채. =【苍蝇拍】cāng·yingpāi
【蝇头】yíngtóu 〔형〕〔비〕 아주 작다. 사소하다. 미세하다. ¶~小字=아주 작은 글씨.
【蝇头小利】yíngtóu-xiǎolì 〔성어〕 극히 적은 이익. 보잘것없는 이익.
【蝇营狗苟】yíngyíng-gǒugǒu 〔성〕 1 파리처럼 더러운 곳에 진득거리고 개처럼 구차하게 살아가다. 2 (비) 수단과 방법을 가리지 않고 권세에 빌붙어 명리를 탐하다. =【狗苟蝇营】gǒugǒu-yíngyíng
【蝇子】yíng·zi 〔명〕〔구〕 파리.

## 潆[瀠] yíng 물 돌아 흐를 영
〔형〕〔문〕 물이 소용돌이치는 모양. ¶山泉~绕=산중의 샘물이 맴돌아 흐르다.
【潆洄】yínghuí 〔문〕 물이 소용돌이치다. ¶小河~=시냇물이 소용돌이치다.
【潆绕】yíngrào 〔동〕 물이 굽이굽이 맴돌다. 물이 굽이치다. ¶溪水~=계곡물이 굽이쳐 흐르다.

## 嬴 Yíng 성씨 영
〔명〕 성(姓).

## *赢[贏] yíng 이익 남을 영
〔동〕 1 이익을 얻다. 이윤을 남기다. ¶有亏有~= 손해도 보고 이득도 보다. 2 (도박이나 시합에서) 승리하여 (무엇을) 획득하다. ¶输不大=따고 잃음이 크지 않다. 3 이기다. 승리하다. ¶这场球我们队准~。=이번 시합에서 우리 팀이 반드시 이긴다. ≒胜 ↔输
【赢得】yíngdé 〔동〕 얻다. 획득하다. 쟁취하다. ¶~支持=지지를 얻다. ≒搏得
【赢家】yíng·jiā 〔명〕 (도박이나 경기에서) 딴 사람. 승리자.
【赢利】yínglì ☞【盈利】yínglì
【赢面】yíngmiàn 〔명〕 (경기 혹은 경쟁에서) 승리할 가능성. 승산. 이길 확률. [주로 예측할 때 씀] ¶下面的比赛中, 乙队~较大。=다음 경기에서 을팀이 이길 확률이 높다.
【赢余】yíngyú ☞【盈余】yíngyú

## 瀛 yíng 바다 영
〔명〕〔문〕 1 대해. 대양. ¶东~=(중국의) 동해. 2 (Yíng) 성(姓).
【瀛海】yínghǎi 〔명〕〔문〕 대해. 대영(大瀛).
【瀛寰】yínghuán 〔명〕〔문〕 전세계.

## 籯[(籯)] yíng 광주리 영
〔명〕〔문〕 1 광주리 따위의 용기. 2 젓가락통.

## 郢 Yǐng 땅 이름 영
〔명〕(地) 영. [춘추 시대 초(楚)나라의 도성〔수도〕. 지금의 후베이(湖北)성 장링(江陵) 서북방에 있었음]
【郢书燕说】yǐngshū-yānshuō 〔성어〕 이치에 부합하지 않는 것을 억지로 끌어다 붙여 도리에 맞는 것처럼 말하다. 말을 억지로 끌어다 붙여 교묘하게 이치에 꿰맞추다. 견강부회하다.

## *颍¹[潁] Yǐng 강 이름 영
〔명〕(地) 잉허. [허난(河南)성에서 발원하여 안후이(安徽)성으로 흘러들어가는 화이허(淮河)의 지류]

## *颖²[穎, 頴] yǐng 이삭 영
〔명〕 1 고대에는 이삭의 끝을 가리켰음. 2 곡물의 까끄라기가 있는 껍질. ¶~果=영과. 이삭열매. 3 가는 물체의 뾰족한 끝. ¶短~羊毫=짧고 뾰족한 양호(필). 〔형〕 1 총명하다. 재능이 출중하다. ¶聪~=총명하다. 2 남다르다. 새롭다. ¶新~=새롭다.
【颖果】yǐngguǒ 〔명〕(植) 영과.
【颖慧】yǐnghuì 〔형〕〔문〕 총명하다. 영리하다. [주로 소년에게 씀]
【颖悟】yǐngwù 〔형〕〔문〕 총명하고 이해력이 뛰어나다. 영리하다. [주로 소년에게 씀]
【颖异】yǐngyì 〔형〕〔문〕 1 남다르다. 기발하다. 참신하다. ¶构思~=구상이 참신하다. 2 유난히 영리하다〔총명하다〕. ¶少而~=어려서부터 유난히 총명하다.

## *影 yǐng 그림자 영

[명] **1** (~儿) 그림자. ¶阴~=음영. 그늘. / 形~不离=형체와 그림자가 떨어지지 않다. 그림자처럼 따라다니다. **2** (~儿) (거울이나 수면에 비치는) 영상. 그림자. ¶水中倒~=물 속에 (거꾸로) 비친 그림자. **3** (~儿) 흐릿한 이미지〔자취·흔적·인상〕. ¶他把那事早忘得没~儿了。=그는 그 일을 진작 흔적도 없이 깡그리 잊었다. **4** 사진. 형상. ¶近~=근영. / 画~图形=형상을 그리다. **5** 피영희. 그림자극. ¶滦州~=롼저우 그림자극. **6** 영화. ¶~视艺术=영상 예술. [동] **1** 베끼다. ¶仿~=습자지의 글씨본을 따라 쓰다. **2** 복사하다. 영인하다. ¶~宋本=송판본을 영인하다. **3** 감추다. 숨다. ¶~在树后=나무 뒤에 숨다.

○● 半影, 背影, 本影, 电影, 定影, 后影, 幻huàn影, 剪影, 龛kān影, 泡pào影, 摄shè影, 射影, 身影, 书影, 缩suō影, 投影, 显xiǎn影, 笑影, 阴yīn影, 造影, 真影, 踪zōng影

【影壁】**yǐngbì** [명] **1** (대문 안 혹은 중문 내에 안뜰이 훤히 보이지 않도록 막아 세운) 가림벽. 가림담벽. **2** ☞【照壁】**zhàobì** **3** 부조(浮彫)를 한 벽.
【影城】**yǐngchéng** [명] **1** 영화 세트장. **2** 대형 종합 극장.
【影帝】**yǐngdì** [명] 영화 황제. [최우수 남우주연상을 받았거나 최고로 공인된 남자 배우를 찬양하는 칭호]
【影碟】**yǐngdié** [명][방] VCD. 비디오 시디.
【影碟机】**yǐngdiéjī** [명][방] VCD 플레이어.
【影格儿】**yǐnggér** [명] 밑에 받쳐 놓고 글씨를 연습하는 붓글씨본.
【影后】**yǐnghòu** [명] 영화 황후. [최우수 여우주연상을 받았거나 최고로 공인된 여자 배우를 찬양하는 칭호]
【影集】**yǐngjí** [명] 사진첩.
【影界】**yǐngjiè** [명] 영화계. =【影圈】**yǐngquān**
【影剧】**yǐngjù** [명] 영화와 연극.
【影剧界】**yǐngjùjiè** [명] 영화계와 연극계. =【影剧圈】**yǐngjùquān**
【影剧圈】**yǐngjùquān** ☞【影剧界】**yǐngjùjiè**
【影剧院】**yǐngjùyuàn** [명] 극장. [영화를 방영하고 연극을 공연하는 장소]
【影楼】**yǐnglóu** [명] (인물·예술 사진을 촬영하는) 사진관.
【影迷】**yǐngmí** [명] 영화광. 영화팬.
【影片儿】**yǐngpiānr** [명][구] 영화 필름.
【影片】**yǐngpiàn** [명] **1** 영화 필름. **2** 영화. ¶战争~=전쟁 영화.
【影评】**yǐngpíng** [명] 영화 평론.
【影圈】**yǐngquān** ☞【影界】**yǐngjiè**
【影人】**yǐngrén** [명] 영화인. 영화계 인사.
【影射】**yǐngshè** [동] 빗대어 말하다. 겨냥하다. 넌지시 암시하다. 둘러서 말하다. ¶他的这篇文章显然是有~对象的。=그의 이 글은 분명히 겨냥하는 대상이 있다. ≒暗射
【影视】**yǐngshì** [명] 영화와 텔레비전. ¶~评论=영화와 텔레비전 평론.
【影视界】**yǐngshìjiè** [명] 영화계와 텔레비전 분야. =【影视圈】**yǐngshìquān**
【影视明星】**yǐngshì míngxīng** [명] (영화계와 텔레비전 분야의) 스타. 유명 배우〔연기자〕.
【影视圈】**yǐngshìquān** ☞【影视界】**yǐngshìjiè**
【影视文化】**yǐngshì wénhuà** [명] 영화와 텔레비전 문화.
【影坛】**yǐngtán** [명] 영화계. ¶~大腕=영화계의 실력자. 거물급 배우.
【影戏】**yǐngxì** [명] **1** ☞【皮影戏】**píyǐngxì** **2**[방] 영화.
【影响】**yǐngxiǎng** [동] 영향을 주다〔끼치다〕. ¶~情绪=정서에 영향을 주다. [명] 영향. ¶产生重大的~=중대한 영향을 미치다. [형] 근거가 없는. 전해 들은. 뜬소문의. ¶模糊~之谈=모호하고 근거 없는 말.
【影响力】**yǐngxiǎnglì** [명] 영향력.
【影像】**yǐngxiàng** [명] **1** 화상. 초상. ¶墙上挂着祖父的~。=벽에 할아버지의 초상이 걸려 있다. **2** 형상. 모습. 모양. 인상. ¶她的~时常在我的脑海里浮现。=그녀의 모습이 항상 내 머릿속에 떠오른다. **3** 영상. ¶这部电影的~很美。=이 영화의 영상은 아주 아름답다.
【影像光盘】**yǐngxiàng guāngpán** ☞【数字视盘】**shùzì shìpán**
【影协】**yǐngxié** [명][약] **1** 영화가 협회. **2** 촬영가 협회.
【影写】**yǐngxiě** [동] 원본에 종이를 대고 그려 옮기다.
【影星】**yǐngxīng** [명] 영화 배우〔스타〕. ¶大牌~=거물급 영화 배우.
【影业】**yǐngyè** [명] 영화 사업. ¶~公司=영화 제작사.
【影印】**yǐngyìn** [동](印) 영인하다. 사진 오프셋(offset)으로 인쇄하다. 복사하다.
【影印本】**yǐngyìnběn** [명] 영인본. 복사본.
【影印件】**yǐngyìnjiàn** [명] 영인본. 복사본.
【影影绰绰】**yǐngyǐng chuòchuò**(~的) [형] 희미한 모양. 모호한 모양. 어렴풋한 모양. 어슴푸레한 모양. 막연한 모양. 보일 듯 말 듯한 모양. ¶前面~地有几个人影儿。=앞에 희미하게 몇 사람의 모습이 보인다.
【影院】**yǐngyuàn** [명] 극장. 영화관.
【影展】**yǐngzhǎn** [명] **1** 영화 콩쿠르. 영화 축전. 영화제. **2** 사진 전람회.
【影子】**yǐng·zi** [명] **1** (물체가 빛을 받아 생기는) 그림자. ¶树~=나무 그림자. **2** (거울이나 수면에 비치는) 모습. ¶人在哈哈镜中的~很夸张。=요술 거울 속의 사람의 모습은 상당히 과장스럽다. **3** 희미한 형상〔모습·인상〕. ¶关于她, 我一点儿~也没有了。=그녀에 관해서 나는 아무런 인상도 없다.
【影子内阁】**yǐng·zi nèigé** [명] 섀도 캐비닛(shadow cabinet). 그림자 내각. =【预备内阁】**yùbèi nèigé**【在野内阁】**zàiyě nèigé**

【影踪】yǐngzōng 图 행방. 흔적. 자취.

## 瘿[癭] yīng 혹 영
图 1〔醫〕목덜미에 생기는 혹. 2 (나무) 충영〔蟲瘿〕. 벌레혹. ¶虫~=충영〔蟲瘿〕.

## **应[應] yìng 응할 응
图 1 대답하다. 응답하다. ¶响~=호응하다. /答~=대답하다. 2 응하다. 허락하다. 받아들이다. ¶有求必~=요구하면 반드시 들어주다. 3 맞추다. 따르다. 부합하다. 일치하다. 조화하다. 화합하다. 적응하다. 순응하다. ¶~景话=분위기를 맞추려는 말에 부합하다. 4 응대하다. 대응하다. 대항하다. ¶随机~变=임기응변하다. 5 (예언·예감이) 영험하다. 들어맞다. 적중하다. ¶~验不爽=틀림없이 들어맞다.

☞ yīng

○● 报应, 策cè应, 承chéng应, 酬chóu应, 反应, 感应, 供应, 接应, 救应, 内应, 适shì应, 相应, 响应, 效xiào应, 照应, 支应

【应变】yìngbiàn 图 응변하다. ¶~能力=임기응변 능력. 图〔物〕변형. 스트레인(strain).
【应承】yìngchéng 图 승낙하다. 허락하다. 받아들이다. ¶他很爽快地~下来了. = 그는 두말 없이 승낙했다. ≒答应 允诺
【应城】Yìngchéng 图〔地〕잉청. [후베이(湖北)성에 있는 지명]
【应酬】yìng·chou 图 응대하다. 접대하다. 교제하다. 사교하다. ¶接待~=접대하고 응대하다. 图 응대. 교제. 사교. 접대. ¶最近的~很多. = 최근에 접대가 아주 많다.
【应从】yìngcóng 图 승낙하고 따르다. ¶他到最后还是~了大家的想法. = 그는 결국 모든 사람들의 생각에 따랐다.
【应答】yìngdá 图 대답하다. 응답하다. ¶~自如=대답이 거침없다.
【应敌】yìngdí 图 대적하다. 대항하다. 적과 맞서다. ¶仓促~=황급히 대적하다.
【应对】yìngduì 图 응답하다. 대답하다. 대응하다. 대처하다. ¶难于~=응답하기가 어렵다.
【应对如流】yìngduì-rúliú 図 질문에 대한 대답이 물처럼 신속하고 유창하다. 물 흐르듯 거침없이 대답하다.
【应付】yìng·fu 图 1 (일·사람에) 대응하다. 대처하다. ¶这事很难~. = 이 일은 대처하기가 아주 어렵다. 2 아쉬운 대로 하다. 아쉬운 대로 참고 견디다. 그럭저럭 때우다. ¶勉强~=그럭저럭 겨우 때우다. 3 대강대강 하다. 얼버무리다. 어물쩍하다. 적당히 하다. ¶~搪塞=대강 얼버무리다.
【应付裕如】yìngfù-yúrú ☞【应付自如】yìngfù-zìrú
【应付自如】yìngfù-zìrú 図 거뜬히 상대하다. 일하는 게 매우 침착하고 자유자재롭다. = 【应付裕如】yìngfù-yúrú →进退维谷 应接不暇
【应和】yìnghè 图 (소리·행동에) 대답하다.

응답하다. 화답(和答)하다. 호응하다. 맞장구를 치다. ¶齐声~=일제히 응답하다.
【应急】yìng‖jí 图 긴급 상황에 대처하다. 임시변통하다. 응급 조치하다. 절박한 필요에 대응하다. ¶~措施=응급 조치.
【应季】yìngjì 图 계절에 맞는. 제철에 맞는. ¶~服装=계절에 맞는 복장. ≒应景 应时
【应接】yìngjiē 图 1 접대하다. 응접하다. 맞이하다. 대하다. ¶热情~=친절하게 접대하다. 2 처리하다. ¶从容~=침착하게 처리하다. 3 서로 호응하다. ¶首尾~=앞뒤가 서로 호응하다.
【应接不暇】yìngjiē-bùxiá 図 1 좋은 경치가 많아 눈이 부실 지경이다. 2 사람이나 일이 많고 번잡해서 미처 다 처리하지 못하다. 바빠서 눈코 뜰 새 없다. ≒目不暇接 应付自如
【应节】yìngjié 图 1 계절에 맞다. 제철에 맞다. 2 (노래가) 박자에 맞다. ¶婉转~=구성지고 박자에 맞다.
【应景】yìng‖jǐng (~儿) 图 상황에 맞추기 위해 억지로 하다. 분위기를 맞추기 위해 무리하다. 図 제격이다. 격에 어울리다. ¶~文字=격에 맞는 문자〔문장〕.
【应景】yìngjǐng (~儿) 図 제철에 맞는. ¶~果品=제철에 맞는 과일. ≒应季 应时
【应举】yìngjǔ 图 1 과거에 응하다. 2 (명청(明清)대의) 향시(鄕試)에 응하다.
【应考】yìngkǎo 图 응시하다. 시험에 참가하다. 수험하다. ¶积极~=적극적으로 응시하다. ≒应试 →招考
【应力】yìnglì 图〔物〕응력. 변형력.
【应卯】yìng‖mǎo 图 1〔옛〕인원 점호에 대답하다. [옛날, 관청에서 매일 묘시(卯時)에 점호를 한 데서 유래함] 2〔比〕얼굴만 내밀다. ¶他只是来应个卯. = 그는 얼굴만 내밀러 왔을 뿐이다.
【应门】yìng‖mén 图〔書〕문을 지키다. 문의 개폐를 관리하다. (방문객에게) 문을 열어 주다. ¶内无~五尺之童. = 집 안에 문을 열어 주는 어린애도 없다.
【应募】yìngmù 图 응모하다. 모집에 응하다. ¶~从我=모집에 응해 종군하다.
【应诺】yìngnuò 图 응낙하다. 승낙하다. 허락하다. 요구를 들어주다. ¶连连~=계속해서 응낙하다. ≒允诺
【应拍】yìngpāi 图 (물품을 경매할 때) 경매인(競買人)이 경매 가격을 받아들이다. ¶举牌~=팻말을 들어서 경매 가격을 받아들이다.
【应聘】yìngpìn 图 초빙에 응하다. 지원하다. ¶~前往=초빙에 응해 가다. →招聘
【应声】yìngshēng 图 소리와 동시에 일어나다〔벌어지다〕. ¶~倒地=소리와 함께 땅에 넘어지다.
☞ yīngshēng
【应声虫】yìngshēngchóng 图〔貶〕추종자. 줏대 없는 인간.
【应时】yìngshí 図 1 때에 맞는. 제철의. 유행에 어울리는. ¶~蔬菜=제철 채소. 2〔書〕제때의. 규정 시간에 맞는. ¶他这几天没吃过~饭. =

그는 요 며칠 제대로 밤을 못 먹었다. ▶당장. 즉시. 곧. ¶~出发=당장 출발하다. ↳应季 应景

【应市】**yìngshì** 동 (시장의 수요에 응하여 상품을) 매출하다. 출시하다. ¶公司的新款车即将~。=회사의 새 디자인의 차는 곧 출시할 것이다.

【应试】**yìngshì** 동 시험에 참가하다〔응하다〕. 응시하다. ¶准备~=응시 준비를 하다. 형 시험에 대응한. 시험에 초점을 맞춘. 시험 위주의. ¶~教学=시험에 대응한 수업. ↳应考 ↔招考

【应试教育】**yìngshì jiàoyù** 명 시험에 초점을 맞춘 교육. 시험 문제 위주의 수업.

【应手】**yìngshǒu** 형 (매우 익숙해서) 마음먹은 대로 되다. 일이 손에 잡히다. 사용하기에 편리하다. 쓰기 좋다. ¶得心~=자유자재로 하다. 마음먹은 대로 되다. 순조롭게 진행되다.

【应诉】**yìngsù** 동〈法〉응소하다.

【应县】**Yìngxiàn** 고유〈地〉잉셴. [산시(山西)성에 있는 지명]

【应选】**yìngxuǎn** 동 입후보하다. ¶主动~=주동적으로 입후보하다.

【应验】**yìngyàn** 동 (예언·예감 등이) 들어맞다. 영험하다. 적중하다. ¶老人的预言竟然~了。=노인의 예언이 뜻밖에도 들어맞았다.

【应邀】**yìngyāo** 동 초청〔초대〕에 응하다. 초청을 받아들이다. ¶~赴会=초청에 응해 연회에 참석하다.

【应用】**yìngyòng** 동 응용하다. 운용하다. 이용하다. 적용하다. ¶~技术=기술을 응용하다. 형 실용 가치가 있는. ¶~软件=응용 소프트웨어.

【应用程序】**yìngyòng chéngxù** 명〈컴〉응용 프로그램.

【应用科学】**yìngyòng kēxué** 명 응용 과학.

【应用软件】**yìngyòng ruǎnjiàn** 명〈컴〉응용 소프트웨어.

【应用题】**yìngyòngtí** 명 응용 문제.

【应用卫星】**yìngyòng wèixīng** 명 응용 인공위성. [인공위성·기상위성·통신위성·정찰위성 등을 가리킴]

【应用文】**yìngyòngwén** 명 응용문. 실용문.

【应援】**yìngyuán** 동〈軍〉(군대가) 지원해 주다. 구조를 돕다. 지원에 호응하다.

【应运】**yìngyùn** 동 1 천명을 따르다. 2 시기〔형세〕에 순응하다. ¶~乘期=형세에 순응해서 시기를 엿보다.

【应运而生】**yìngyùn'érshēng** 성 1 천명에 따라 생겨나다. 2 시대의 요구에 의해서 나오다. 객관적인 형세에 따라 나타나다.

【应战】**yìngzhàn** 동 1 응전하다. ¶出兵~=출병하여 응전하다. 2 도전에 응하다. 도전을 받아들이다. ¶~书=응전서. ↔挑战

【应招】**yìngzhāo** 동 응모하다. 지원하다.

【应召】**yìngzhào** 동 1 부름에 응하다. 소견〔召見〕에 응하다. ¶~晋见总理。=소견〔召見〕에 해 총리를 만나 뵙다. 2 호소에 응하다. ¶~回国=호소에 응하여 귀국하다.

【应召女郎】**yìngzhào nǚláng** 명 기생. 매춘부. 콜걸(call girl).

【应诊】**yìngzhěn** 동 1 응진하다. 진찰 의뢰를 승낙하다. 택진(宅診)하다. ¶专家~=전문가가 응진하다. 2 진료〔治療〕를 받다. ¶不少病人前来~。=적지 않은 환자가 와서 진료를 받다.

【应征】**yìngzhēng** 동 1 징집에 응하다. ¶~参军=징집에 응해 군에 가다. 2 응모하다. ¶~稿件=응모 원고.

【应制】**yìngzhì** 동 황제의 명령을 받들어 시문을 짓다. ¶~诗=응제시.

## 映〔暎〕**yìng** 비출 영

동 1 비치다. 비추다. 반사하다. 반영하다. 물들이다. ¶晚霞~红了大半个天空。=저녁 노을이 대부분의 하늘을 붉게 물들였다. 2 빛나다. 두드러지다. ¶相~成趣=(대비되는 것끼리) 서로 어울려 아름다운 운치를 더하다. 3 영화를 방영하다. ¶首~式=개봉 행사. 첫 방영 행사.

0-● 衬chèn映, 辉huī映, 晖huī映, 上映

【映衬】**yìngchèn** 동 빛나게 하다. 〔돋보이게〕 하다. 서로 잘 어울리다. 서로 비추다. ¶蓝天绿水, 互相~。=파란 하늘과 푸른 물이 서로 비치다. 명〈言〉대비법. [수사학 방법의 하나로, 서로 다른 두 가지를 병렬하여 대비를 선명하게 함]

【映带】**yìngdài** 동 문 경치가 서로 어울리다. 서로 비추다. ¶湖光山色, ~左右。=호수빛과 산색이 서로 잘 어울리다.

【映山红】**yìngshānhóng** ☞ 【杜鹃】**dùjuān**

【映射】**yìngshè** 동 1 비치다. ¶傍晚的阳光~在湖面上。=저녁 무렵의 햇살이 호수 위에 비치다. 2 반사하다. 반영(反映)하다. ¶这部电视剧~出半个多世纪的历史沿革。=이 텔레비전 드라마는 반세기 전의 역사적 변화 과정을 반영하고 있다.

【映托】**yìngtuō** 동 서로 비추어 돋보이게 하다. 부각시키다. 돋보이게 하다. 받쳐 주다. 부상시키다. 두드러지게 하다. ¶碧绿的草地把几丛菊花~得格外鲜艳。=짙푸른 초원이 몇 무더기 국화를 더욱 산뜻하고 아름답게 하다.

【映现】**yìngxiàn** 동 (모양이) 비치다. 나타나다. 떠오르다. ¶那一幕惊心动魄的情景又~在脑际。=몹시 공포에 떨게 하던 그 장면이 또 머릿속에 떠오른다.

【映照】**yìngzhào** 동 조영하다. 비추다. ¶夕阳~着海滩。=석양이 바닷가를 비추고 있다.

## 硬 **yìng** 굳을 경

형 1 단단하다. 딱딱하다. 경화되다. 견고하다. 굳다. ¶质地坚~=재질이 견고하다. 2 (의지·태도 등이) 완강하다. 억세다. 강경하다. 굳다. 굽힐 줄 모르다. 강직하다. ¶态度强~=태도가 강경하다. 3 능력〔재능〕이 뛰어나다. 훌륭하다. 유능하다. 실력이 있다. 질이 좋다. 대가답다. 능란하다. ¶功夫过~=솜씨〔재주〕가 훌륭하다. 4 민첩하지 못하다. 원활하지 못하다. 뻣뻣하다. 경직되다. 융통성이 없다. ¶头脑僵~=두뇌가 경직되다. **5** 변경할 수 없는. ¶~性规定＝변경할 수 없는 규정. **토 1** 한사코. 억지로. 굳이. ¶生搬～套＝(실제 상황은 고려하지 않고) 남의 경험이나 방법 등을 억지로 틀에 맞추다. **2** 고집스럽게. 완강하게. ¶他～不承认他说过那话. ＝그는 고집스럽게 자신이 그런 말을 한 적이 있다는 것을 인정하지 않다. →软

◐● 过硬, 僵jiāng硬, 生硬, 死硬, 心硬, 嘴硬

【硬巴巴】 yìngbābā (~的) 형 강하고 딱딱하다. 뻣뻣하다. ¶~的冷馒头＝(식어서) 딱딱해진 만터우.

【硬邦邦】 yìngbāngbāng (~的) 형 **1** 뻣뻣하다. 어색하다. 서툴다. 자연스럽지 못하다. 부자연스럽다. 생경하다. ¶他的舞蹈动作~的, 很难看. ＝그의 춤동작은 뻣뻣해서 보기 어렵다. **2** (말이) 강경하다. 딱딱하다. 완강하다. ¶他的话～的, 没有商量的余地. ＝그의 말이 너무 강경해서 의논의 여지가 없다.

【硬棒】 yìng·bang 형판 단단하다. 견고하다. 건강하다. 튼튼하다. ¶他爷爷已经八十多岁了, 可身子骨儿还挺～. ＝그의 할아버지는 이미 여든이 넘었는데도 몸이 여전히 튼튼하시다.

【硬包装】 yìngbāozhuāng 통 (양철·판자·유리병 등의) 단단한 재료로 포장하다. [`软包装(연질 재료로 포장하다)'과 구별됨] 명 포장하는 데 사용되는 비교적 단단한 재료. 경질 재료 포장. [`软包装(연질 포장 재료)'과 구별됨]

【硬充】 yìngchōng 통 경필. 펜. (만년필·연필·볼펜 등 끝이 단단한 것을 가리킴) ¶一字帖＝경필 서첩.

【硬笔书法】 yìngbǐ shūfǎ 명 경필 서예.

【硬币】 yìngbì 명 경화. 동전. 금속 화폐.

【硬撑】 yìngchēng 통 억지로 참고 버티다. 무리하게〔가까스로〕지탱하다. ¶病了就要去看医生, 不能～. ＝아프면 의사한테 진찰을 받아야지, 억지로 참고 버텨서는 안 된다.

【硬充】 yìngchōng 통 (능력도 없이) 억지로 가장하다. 꾸며 대다. ¶~内行＝전문가인 양 억지로 가장하다.

【硬磁盘】 yìngcípán 명 (컴) 하드디스크(hard disk). 약【硬盘】 yìngpán

【硬顶】 yìngdǐng 통 **1** 강경하게 대들다〔말대꾸하다·되받아치다·반박하다·대항하다〕. ¶有意见要好好商量, 对长辈不能～. ＝의견이 있으면 잘 의논해야지, 윗사람에게 대들어서는 안 된다. **2** 완강하게 버티다〔지탱하다〕. ¶他病得这么厉害, 还要～着工作. ＝그는 이토록 병이 심한데도 완강하게 버티며 일하려고 한다.

【硬度】 yìngdù 명(物) **1** 경도. 굳기. **2** 물 속에 칼슘염과 마그네슘염이 함유되어 있는 정도.

【硬腭】 yìng·è 명(生) 경구개(硬口蓋).

【硬干】 yìnggàn 통 억지로 강행하다. 마구잡이로 하다. ¶做这事儿要讲技巧, 不能～. ＝이 일을 하는 데는 교묘한 방법으로 해야지, 마구잡이로 해서는 안 된다.

【硬弓】 yìnggōng 명 강궁(强弓).

【硬工夫】 yìnggōng·fu ☞【硬功】 yìng-gōng·fu

【硬功】 yìnggōng 명 **1** 외공. [무술 중, 신체의 한 부분에 갑자기 위력을 발휘할 수 있는 무공] **2** 숙달된 기술. 능숙한 솜씨.

【硬功夫】〔硬工夫〕 yìnggōng·fu 명 숙달된 기술. 능숙한 솜씨. ¶苦练～＝숙달된 기술을 열심히 연마하다.

【硬骨头】 yìnggǔ·tou 명 量 **1** 경골한(硬骨漢). 불굴의 의지를 지닌 사람. 의지가 강한〔굳센〕사람. 기개 있는 사람. ¶这些小伙子都是～＝이 젊은이들은 모두 경골한(硬骨漢)이다. **2** 막중한 임무. 어렵고 힘든 임무. ¶啃～＝매우 어렵고 힘든 임무를 수행하다. →软骨头

【硬广告】 yìngguǎnggào 명 직접 광고. 일차 광고. [`软广告(간접 광고)' 와 구별됨]

【硬汉(子)】 yìnghàn(·zi) 명 경골한(硬骨漢). 불굴의 의지를 지닌 남자. 백절불굴의 사나이. 꿋꿋한 사나이.

【硬化】 yìnghuà 통 **1** 경화하다. 굳어지다. ¶动脉～＝동맥 경화. **2**(비) (사상·태도 등이) 경색되다. 경직되다. 굳어지다. 정체되다. ¶思想～＝사상이 경직되다. →软化

【硬话】 yìnghuà 명 강경한 말. 심한 말. 딱딱한 말. 완고한 말. 몰인정한 말. ¶不行就是不行, 别说～. ＝안 되면 안 되는 거지, 심한 말 하지 마세요.

【硬环境】 yìnghuánjìng 명 기반 시설 환경. [교통·도로·항만·용수·발전 시설 등 기반 시설 환경을 가리키며, `软环境(물질적인 조건 이외의 정책·법규·관리·서비스)' 과 구별됨]

【硬货】 yìnghuò 명 **1** 경화(硬貨). 금속으로 만든 화폐. 동전. **2** ☞【硬货币】 yìnghuòbì

【硬货币】 yìnghuòbì 명 경화. [언제든지 금이나 다른 화폐로 바꿀 수 있는 화폐] ＝【硬货】 yìnghuò 영 hard currency

【硬技术】 yìngjìshù 명 상품·설비·장치 등 가공 제조 기술.

【硬件】 yìngjiàn 명 **1**(컴) 하드웨어(hardware). [컴퓨터를 구성하는 기계 장치의 몸체를 가리키며 `软件(소프트웨어)' 과 구별됨]＝【硬设备】 yìngshèbèi **2**(비) (생산·연구·학습·경영 등의) 기계 설비 및 장비. [`软件(구성원의 자질·관리 수준·서비스의 질)' 과 구별됨] ¶这家宾馆的~不错, 但服务这个软件还要再上层楼. ＝이 호텔은 시설은 좋은데 서비스의 질은 아직 더 높여야 한다.

【硬结】 yìngjié 명 경화종(硬化腫). ¶皮肤组织坏死, 周围形成～. ＝피부 조직이 썩어 버려 주위에 경화종이 형성되었다. 통 딱딱하게 되다. 굳어 엉기다. 딱딱한 망울이 생기다. 경결하다. ¶过量施用化肥, 已导致土壤～. ＝화학 비료를 과도하게 사용하여 토양이 이미 딱딱하게 되고 말았다.

【硬撅撅】 yìngjuējuē (~的) 형 量 **1** 뻣뻣하고 거칠다. 딱딱하다. [혐오의 의미를 내포함] ¶牛仔裤浆得～的, 穿着不舒服. ＝청바지를 뻣뻣하게 풀을 먹여서, 입기에 불편하다. **2** 부드럽지 못

하다. 딱딱하다. 섬세하지 못하다. ¶你说话~的, 让别人怎么接受。=너 말하는 것이 그렇게 딱딱하니, 다른 사람이 어떻게 견딜 수 있겠니.

【硬拷贝】yìngkǎobèi 몡 하드 카피(hard copy).

【硬科学】yìngkēxué 몡 1 물질·설비·기술의 지식 체계를 연구하는 과학. 영 hard science 2 자연 과학(自然科學).

【硬朗】yìng·lang 톙 1 정정하다. 건강하다. ¶你爸爸的身子骨还~吗? =당신 아버님 몸은 여전히 정정하십니까? 2 (말·태도 등이) 강경하다. 억세다. ¶他刚才的发言虽然简短, 但很~。=방금 전 그의 발언은 짧고 간단하지만 강경하다.

【硬铝】yìnglǚ 몡(化) 두랄루민(duralumin). [알루미늄 합금의 일종] =【强铝】qiánglǚ

【硬煤】yìngméi ☞【无烟煤】wúyānméi

【硬锰矿】yìngměngkuàng 몡(礦) 경망간광.

【硬面】yìngmiàn(~儿) 몡 된 밀가루 반죽. 발효된 밀가루에 간멘(干面)을 섞어 반죽한 것. ¶~馒头=딱딱한 만터우.

【硬木】yìngmù 몡 재질이 세밀하고 견고한 목재. ↔软木

【硬盘】yìngpán ☞【硬磁盘】yìngcípán

【硬盘驱动器】yìngpán qūdòngqì 몡(컴) 하드 드라이버(hard driver).

【硬碰硬】yìngpèngyìng 몡 1 딱딱한 물건과 딱딱한 물건이 부딪치다. 2 비 강경한 태도로 강경한 태도에 대항하다. 눈에는 눈으로 이에는 이로 대항하다. 맞짱 뜨다. 3 비 변통의 여지가 없다. 돌이킬 수가 없다.

【硬皮病】yìngpíbìng 몡(醫) 공피증(鞏皮症). 경피증.

【硬片】yìngpiàn ☞【干板】gānbǎn

【硬拼】yìngpīn 통 강경하게 맞서다. 무리하게 [억지로] 대들다. 우격다짐으로 부딪치다. ¶要多想法子, 不能~。=방법을 많이 강구해야지, 무리하게 맞서서는 안 된다.

【硬气】yìng·qi 톙 1 당당하다. 떳떳하다. 부끄러움이 없다. ¶自己挣的钱, 用着~。=자신이 번 돈은 쓰기에 당당하다. 2 기개가 있다. 의지가 강하다. ¶为人~=사람됨이 기개가 있다.

【硬铅】yìngqiān 몡(礦) 경연.

【硬驱】yìngqū 몡(컴) 하드디스크 드라이브(하드 드라이버).

【硬任务】yìngrènwù 몡 (융통성의 여지가 없는) 절대적인 임무.

【硬伤】yìngshāng 몡 1 (사람·기물이) 외부 작용으로 입은 상처나 파손. 2 비 작품 중의 상식적이고 뚜렷한 착오.

【硬设备】yìngshèbèi ☞【硬件】yìngjiàn

【硬生生】yìngshēngshēng (~的) 톙 1 (언행이) 뻣뻣하다. 강경하다. 고집스럽다. ¶他~地拒绝了。=그는 강경하게 거절했다.

【硬是】yìngshì 부 1 기어이. 기어코. 한사코. 막무가내로. 고집스럽게. ¶不管你怎么劝, 她~不停地哭。=당신이 아무리 달래도 그녀는 울음을 한사코 그치지 않는다. 2 뜻밖에도. 놀랍게도. 의외로. [ '竟然(jìngrán)·愣是(lèngshì)'에 해당

함] ¶他一用劲儿, ~把一麻袋米扛了起来。=그가 힘을 한번 쓰자 놀랍게도 쌀 한 마대를 어깨에 짊어졌다. 3 비 사실상. 참으로. 정말. ¶这种人~交不得。=이런 종류의 사람은 정말 사귀어서는 안 된다.

【硬实】yìng·shi 톙비 1 (몸이) 정정하다. 건장하다. 단단하다. ¶他虽然上了年纪, 可胳膊腿~着呢。=그는 비록 나이를 먹었지만 팔다리는 정정하다. 2 (재질이) 튼튼하다. 단단하다. ¶找根~点儿的棍来当拐杖。=좀 단단한 막대기를 찾아 지팡이로 쓰세요.

【硬手】yìngshǒu 몡 명인. 명수. 재주꾼. 능수.

【硬水】yìngshuǐ 몡(化) 경수. 센물. [ '软水(단물)' 와 구별됨]

【硬说】yìngshuō 통 억지말을 하다. 우기다. ¶明明咳嗽不止, 他却~自己没病。=분명히 기침이 멈추지 않는데도 그는 오히려 자신은 병이 없다고 우긴다.

【硬挺】yìngtǐng 통 가까스로 버티다. 견디어 나가다. 억지로 지탱하다. 완강하게 견디다. ¶有病要早治, 不要~。=병이 있으면 조기에 치료해야지, 억지로 버텨서는 안 된다.

【硬通货】yìngtōnghuò 몡 경화. 언제든지 금이나 다른 화폐로 바꿀 수 있는 화폐.

【硬卧】yìngwò 몡 (열차 등의) 일반 침대석.

【硬武器】yìngwǔqì 몡(軍) (적을 살상하거나 군사 목적물을 파괴하는) 총·대포·폭탄·미사일 등의 무기.

【硬席】yìngxí 몡 (기차 등의) 보통석. 일반석. ↔软席

【硬性】yìngxìng 톙 고정불변의. 융통성이(고칠 수·변경할 수) 없는. 경직된. 완고한. 엄격한. ¶~指标=엄격한 지표.

【硬要】yìngyào 부 기어코[한사코·고집스럽게] …하려고 하다. ¶不让他做, 他~做。=못하게 했더니 그는 기어코 하려고 한다.

【硬硬朗朗】yìngyìng lǎnglǎng (~的) 톙 (몸이) 정정하다. 건강하다. 건장하다. ¶你老人家身子骨儿~的, 活个十年八年没问题。=어르신은 몸이 정정해서 오래 사시는 데 문제가 없어요.

【硬仗】yìngzhàng 몡 1(軍) 격전. 사투. 처절한 싸움. ¶打~=사투를 벌이다. 2 비 어렵고 힘든 임무. 막중한 임무. ¶抗洪救灾可是一场~。=홍수를 이겨 내고 이재민을 구제하는 것은 어렵고도 힘든 임무이다.

【硬着头皮】yìng·zhe tóupí 통 무리하게 일하다. 무리하다. 할 수 없이. 염치 불구하고. 낯가죽 두껍게. 뻔뻔스럽게. 눈 딱 감고. 체면 가리지 않고. ¶他只好~干下去。=그는 눈 딱 감고 계속해 나갈 수밖에 없다.

【硬着心肠】yìng·zhe xīncháng 통 마음 독하게 먹고. 모질게 마음먹고. 단단히 결심하고. 냉혹하게. 악랄하게. ¶她~离家出走了。=그녀는 모질게 마음먹고 가출하였다.

【硬挣】yìng·zheng 톙비 1 강인하다. 강력하다. 튼튼하다. ¶他的工作搭档很~。=그의 업무 파트너는 아주 강인하다. 2 딱딱하고 질기다.

¶找张～的纸来包书皮。=딱딱하고 질긴 종이를 가져와서 책가위를 입혀라.
【硬纸板】**yìngzhǐbǎn** 图 판지(板紙).
【硬指标】**yìngzhǐbiāo** 图 철칙. 꼭 완성해야 할 목표. 〔'软指标(소프트 타깃)' 와 구별됨〕
【硬着陆】**yìngzhuólù** 动 1 (우주선 등이) 경착륙(硬着陸)하다. 2 ⑪ (중대한 문제를) 무리하게 해결하다. ↔软着陆
【硬做】**yìngzuò** 动 무리하게〔억지로〕하다.
【硬座】**yìngzuò** 图 (기차의) 일반석. 보통석.

# 媵 yìng 보낼 잉

动⑦ 시집 갈 때 함께 보내다〔데리고 가다·따라 가다〕. ¶以～秦穆姬 =진목희가 시집 갈 때 함께 보내다. 图⑦ 1 시집 갈 때 데리고 가던 하인이나 몸종. ¶～婢 =시집 갈 때 따라가는 몸종. 2 첩. ¶娇妻美～ =귀여운 아내와 아름다운 첩.

# yo

## ＊＊育 yō 영차 소리 육
☞【杭育】**hángyō**
☞ **yù**

## 唷 yō 소리낼 육
☞【哼唷】**hēngyō**

# yong

## ＊＊佣[傭] yōng 고용할 용
动 고용하다. 고용되다. ¶雇～ =고용하다. 图 고용인. 고용자. ¶女～ =여자 일꾼. 하녀.
☞ **yòng**
【佣妇】**yōngfù** 图 여복. 하녀. 식모.
【佣工】**yōnggōng** 图 고용인. 고용 노동자.
【佣人】**yōngrén** 图 고용인. 머슴. 하인.

## ＊＊拥[擁] yōng 안을 옹
动 1 껴안다. 끌어안다. 포옹하다. ¶～抱吻 =껮안고 입맞추다. 2 둘러싸다. 에워싸다. ¶簇～ =떼지어 둘러싸다. 3 한데 모이다. 붐비다. 북적대다. 한꺼번에 밀려들다. 밀어닥치다. ¶蜂～而上 =벌 떼처럼 몰려들다. 4 옹호하다. 지지하다. ¶万民～护 =만백성이 옹호하다. 5 ⑦ 가지다. 지니다. 보유하다. ¶～兵百万 =백만의 군사를 보유하다.

○● 簇cù拥, 蜂拥

【拥抱】**yōngbào** 动 포옹하다. 껴안다.
【拥簇】**yōngcù** 动 떼지어 둘러싸다. 에워싸다.
【拥戴】**yōngdài** 动 추대하다. 떠받들어 모시다. ¶为人民所～。 =인민에게 추대받다. ≒爱戴
【拥堵】**yōngdǔ** 动 (사람이나 차량 등이 한데 몰

려) 길이 막히다. 꽉 차다. ¶道路～。=도로가 막히다.
【拥护】**yōnghù** 动 (당파·지도자·정책·노선 등을) 옹호하다. 지지하다.
【拥挤】**yōngjǐ** 动 (사람이나 교통 도구 등이) 한데 모이다. 한곳으로 밀리다. 밀치락달치락하다. ¶请排好队, 不要～。 =한곳으로 몰려 서로 밀치지 말고 줄서세요. 图 붐비다. 혼잡하다. 빽빽하게 차다. 꽉 차다. ¶周末商场里人多～。 =주말에 상가에 사람들이 많아서 혼잡하다.
【拥聚】**yōngjù** 动 떼지어 둘러싸다〔모이다〕. ¶院子里～了不少人。 =정원에 적지 않은 사람들이 떼지어 몰렸다.
【拥军】**yōngjūn** 动 군대를 옹호하다.
【拥军优属】**yōngjūn-yōushǔ** 圈 군대를 옹호하고 혁명 군인 가족을 우대하다.
【拥立】**yōnglì** 动 옹립하다.
【拥塞】**yōngsè** 动 길이 막히다. 꽉 차다.
【拥吻】**yōngwěn** 动 껴안고 입을 맞추다.
【拥拥挤挤】**yōng·yong jǐjǐ** 圈 한데 모이다. 한곳으로 밀리다. 밀치락달치락하다.
【拥有】**yōngyǒu** 动 보유하다. 소유하다. 가지다. 지니다. ¶～辽阔的国土 =광활한 국토를 보유하다.
【拥政爱民】**yōngzhèng-àimín** 圈 군대는 정부를 옹호하고 인민을 사랑한다.

## 痈[癰] yōng 악창 옹
图(醫) 옹. 악성 종기. 독창. 악창. 〔주로 목이나 등에 생김〕
【痈疽】**yōngjū** 图 1 독창(毒瘡). 2 ⑪ 재난. 재해. 재앙.

## 邕 Yōng 강 이름 옹
图(地) 1 용강(邕江). [광시(广西)성에 있는 강 이름〕 2 광시(广西)성 난닝(南宁)의 별칭.
【邕剧】**Yōngjù** 图(劇) 옹극. 〔광시(广西)성 융장(邕江) 유역의 월방언(粤方言)을 사용하는 지역에서 유행하는 광시(广西) 지방 전통극의 일종〕

## ＊＊庸 yōng 쓸 용
动⑦ 쓰다. 필요로 하다. 〔주로 부정형으로 쓰임〕 ¶毋～置疑 =의심할 필요가 없다. 副⑦ 어찌. 어떻게. 〔반문의 어기를 내포하며 '岂(qǐ)·难道(nándào)' 에 상당함〕 ¶～可弃乎？ =어찌 버릴 수 있으랴? 图 1 평범하다. 보통이다. 일상적이다. ¶～言～行 =평범한 말과 행동. 2 하찮다. 변변치 못하다. 용렬(庸劣)하다. ¶～医误人 =돌팔이 의사가 사람 잡는다. 图 (**Yōng**) 성(姓).

| ❶ 庸 | yōng |
| 慵 | yōng |
| 墉 | yōng |
| 鳙 | yōng |
| 镛 | yōng |

○● 凡fán庸, 付庸, 昏庸, 平庸, 中庸

【庸才】**yōngcái** 图⑦ 용재. 범재(凡才). ↔干才
【庸夫】**yōngfū** 图 범인(凡人). 평범한 사람. ¶～俗子 =평범한 사람.

【庸碌】 **yōnglù** 평범하고 포부가 없다. 범속(凡俗)하다. ¶~无能=범속하고 무능하다.

【庸人】 **yōngrén** 범인(凡人). 평범한 사람. 용인.

【庸人自扰】 **yōngrén-zìrǎo** 어리석은 자는 스스로 문제를 야기시킨다. 스스로 긁어 부스럼 만든다. 스스로 귀찮은〔시끄러운〕일을 사서 만든다. 늑杞人忧天

【庸俗】 **yōngsú** 범속하다. 비속하다. 저속하다. 졸렬하고 속되다. ¶~的格调=졸렬하고 저속한 격조. ↔高尚 高雅 清新

【庸俗不堪】 **yōngsú-bùkān** 저속하고 졸렬하기 그지없다.

【庸医】 **yōngyī** 돌팔이 의사. 의술이 형편없는 의사.

【庸庸碌碌】 **yōng·yong lùlù** (~的) 평범하고 포부가 없다. 범속하다.

【庸中佼佼】 **yōngzhōng-jiǎojiǎo** 평범한 사람 중의 비범한 사람. 군계일학(群鷄一鶴).

## 喁 **yōng** 새 소리 옹

【喁喁】 **yōngyōng** 새 우는 소리.

## 鄘 **yōng** 나라 이름 용

(歷) 용나라. [주(周)대의 제후국의 하나. 지금의 허난(河南)성 신샹(新乡) 서북쪽에 있었음]

## 雍[(雝)] **yōng** 온화할 옹

잘 어울리다. 조화롭다. 화락(和樂)하다. 화목하다. 온화하다. ¶~和=화락하다. (Yōng) 성(姓).

【雍睦】[雍穆] **yōngmù** 화목하다. 평화롭다. ¶家门~=집안이 화목하다.

【雍穆】 **yōngmù** ☞ 【雍睦】 **yōngmù**

【雍容】 **yōngróng** 온화하고 점잖다. 의젓하고 화락하다. 조화롭고 기품 있다. ¶仪态~=태도가 온화하고 점잖다.

【雍容华贵】 **yōngróng huáguì** 온화하고 점잖으며 귀한 티가 나다.

【雍正】 **Yōngzhèng** (歷) 옹정(1723~1735년). [청(清)대 세종(世宗)의 연호]

## 澭 **Yōng** 강 이름 옹

(地) 1 융수이. [산둥(山东)성에 있는 옛 강 이름] 2 융수이. [장시(江西)성에 있는 강 이름].

## 墉 **yōng** 성벽 용

1 높은 벽. 2 성벽. ¶崇~=높은 성벽.

## 慵 **yōng** 게으를 용

피곤하다. 고단하다. 게으르다. ¶~困=피곤하다.

【慵惰】 **yōngduò** 게으르다. 나태하다.

【慵懒】 **yōnglǎn** 게으르다. 나태하다.

## 镛[鏞] **yōng** 큰 종 용

큰 종. [고대 악기로, 음악을 연주할 때 박자를 나타내는 큰 종]

## 壅 **yōng** 막힐 옹

1 막히다. 가리다. ¶~蔽=막히다. 가려지다. 2 쌓여 있다. 쌓이다. 퇴적되다. 쌓아올리다. 퇴적하다. ¶~积=퇴적하다. 3 (식물의 뿌리 부분에) 북을 돋우거나 비료를 주다. ¶~肥=북을 돋우고 비료를 주다.

【壅塞】 **yōngsè** 막히다. 통하지 않다. ¶~河道=강물의 물길이 막히다.

【壅水】 **yōngshuǐ** 물길이 막혀 수위가 올라가는 현상.

【壅土】 **yōngtǔ** (식물의 뿌리나 밑줄기 부분에) 북을 돋우다. 배토(培土)하다. 북주기하다. 1 퇴적된 진흙. 2 경작할 때 작물의 그루터기나 흙덩이가 엉켜서 배수나 자양분의 흡수 등을 방해하는 현상.

## 臃 **yōng** 부을 옹

붓다. 부어오르다. 부풀다. 팽창하다.

【臃肿】 **yōngzhǒng** 1 (살이 찌거나 옷을 많이 입어서) 너무 크다. 매우 뚱뚱하다. 비대하다. 비둔하다. ¶体态~=몸매가 매우 뚱뚱하다. 2 (조직이나 기구가) 지나치게 방대하다. ¶机构~=기구가 지나치게 방대하다.

## 鳙[鱅] **yōng** 대두어 용

(動) 흑연. 대두어. 화연(花鲢). [학명은 'Aristichthys nobilis' 임]

【鳙鱼】 **yōngyú** (動) 흑연. 대두어(大頭魚). 화연. =[花鲢] **huālián** ↘【胖头鱼】 **pàngtóuyú**

## 饔 **yōng** 아침밥 옹

1 익힌 음식. 2 익은 고기. 3 아침밥. 조반. ¶朝~夕餐=아침밥과 저녁밥.

【饔飧不继】 **yōngsūn-bùjì** 1 끼니를 잇지 못하다. 2 몹시 가난하다.

## 喁 **yóng** 입 뻐끔거릴 옹

물고기가 입을 물 위에 내밀고 뻐끔거리는 모양.
☞ **yú**

【喁喁】 **yóngyóng** 뭇사람이 우러러 따르는 모양. 열렬히 갈망하는 모양. ¶~期盼=열렬히 갈망하다.
☞ **yúyú**

## 颙[顒] **yóng** 공경할 옹

크다. 앙모하다. 흠모하다. 간절히 바라다. 앙망하다. ¶~望=간절히 바라다.

## **永 yǒng** 영원할 영

길다. 오래다. ¶~恒的主题=영원한 주제. 영원히. 언제까지나. 늘. ['永远'에 상당함] ¶~志不忘=영원히 잊지 않다.

○ 永 **yǒng**
泳 **yǒng**
咏 **yǒng**

(**Yǒng**) 성(姓).

【永葆】**yǒngbǎo** 통 영원히 간직하다. ¶~青春=청춘을 영원히 간직하다.

【永别】**yǒngbié** 통 영별하다. 영결하다. 사별하다. [주로 사람이 죽음을 가리킴] ≒诀别 永诀

【永垂不朽】**yǒngchuí-bùxiǔ** 성 (지난날의 명성·업적·정신 등이) 오래 전해져 사라지지 않다. 천추에 길이 빛나다. [흔히 사자에 대한 애도를 나타내는 데 사용됨] ↔遗臭万年

【永磁】**yǒngcí** 형 (物) 영구 자성(永久磁性)의. ¶~材料=영구 자성 재료.

【永存】**yǒngcún** 통 영구히 존재하다. 길이 남다. ¶英名~=영웅적인 명성이 길이 남다.

【永恒】**yǒnghéng** 형 영원히 변하지 않다. 영구하다. 항구하다. ¶~的爱情=영원히 변함없는 사랑. ↔短暂

【永久】**yǒngjiǔ** 형 영구한. 영원한. ¶~的和平=영원한 평화. ≒恒久

【永诀】**yǒngjué** 통〔文〕 영별하다. 영결하다. ¶谁成想,那次分手竟成~。=그 때의 이별이 영원한 이별이 될지 누가 알았으리. ≒永别 诀别

【永乐】**Yǒnglè** 명(歷) 영락(1403~1424년). [명(明)대 성조(成祖)의 연호]

【永眠】**yǒngmián** 통 영원히 잠들다. 영면하다. 사망하다. ¶~地下=지하에 영원히 잠들다.

【永生】**yǒngshēng** 통 1 (佛) 영생불멸하다. 2 육체는 죽어도 정신은 사라지지 않는다. 영원히 살아 있다. [주로 죽은 자에 대해 애도하는 말로 쓰임] ¶烈火中~=뜨거운 불처럼 영원히 마음 속에 살아 있다. 명 일생. 평생. ¶~不忘=일생 동안 잊지 않다.

【永生永世】**yǒngshēng-yǒngshì** 성 영원하다.

【永世】**yǒngshì** 부 영원히. ¶~牢记=영원히 깊이 새기다. 명 일생. 한평생. ¶~难忘=한평생 잊을 수 없다.

【永世长存】**yǒngshì-chángcún** 성 길이길이 살아 계시다.

【永逝】**yǒngshì** 통 1 영원히 사라지다. ¶~的童年=영원히 사라져 버린 어린 시절. 2 영면하다. 사망하다. 서거하다. ¶恩师~,长夜哀泣。=스승님이 서거하여 긴 밤을 슬피 울다.

【永无】**yǒngwú** 통 영원히 없다. ¶~宁日=영원히 편안한 날이 없다.

【永续】**yǒngxù** 통 영원히 이어지다〔계속되다〕. ¶~不断=영원히 이어져 끊임이 없다.

【永逸】**yǒngyì** 통〔文〕오래도록 편안함을 얻다. 평생 편안하다. ¶一劳~=한번 고생으로 평생 편안해지다.

【永永无穷】**yǒngyǒng-wúqióng** 성 영원히 끝이 없다.

【永远】**yǒngyuǎn** 부 영원히. 길이길이. 언제까지나. 언제나. 항상. ¶~铭记=영원히 (마음속에) 아로새기다. / ~忠于自己的祖国。=영원토록 조국에 충성하다.

【永志不忘】**yǒngzhì-bùwàng** 성 언제나 마음에 새겨 두고 잊지 않다. 항상 기억하고 있다. 영원히 잊지 않다.

【永驻】**yǒngzhù** 통 영원히 머물다. 영원히 사라지지 않다. ¶青春~=젊음이 영원히 머물다.

# 甬 Yǒng 강 이름 용
명(地) 1 용강. [저장(浙江)성에 있는 강 이름. 닝보(宁波)로 흘러들어 감] 2 닝보(宁波)의 별칭.

【甬道】**yǒngdào** 명 1 정원·공원·주택 지구 등 장소에 벽돌이 깔려 있는 통로. =【甬路】

| ◐ 甬 yǒng | 恿 yǒng |
|---|---|
| 涌 yǒng | 通 tōng |
| 蛹 yǒng | 痛 tòng |
| 勇 yǒng | 桶 tǒng |
| 踊 yǒng | 捅 tǒng |
| 俑 yǒng | 诵 sòng |

**yǒnglù** 2 복도.

【甬路】**yǒnglù** ☞【甬道】**yǒngdào**

# *咏[(詠)] yǒng 읊을 영
통 1 노래하다. 낭송하다. 낭독하다. 읊다. 영창하다. ¶歌~=노래하다. / 吟~=읊다. 2 시의 형식으로 묘사하다〔표현하다·이야기하다〕. ¶~梅=매화를 시로 읊다. / ~史=역사를 시로 표현하다.

【咏唱】**yǒngchàng** 통 낭송하다. 노래하다. ¶~新时代=새 시대를 노래하다.

【咏怀】**yǒnghuái** 통 마음에 간직하고 있던 생각을 시가(詩歌)로 읊다. ¶~诗=회포를 읊은 시.

【咏史诗】**yǒngshǐshī** 명 역사를 제재로 하여 개인의 회포를 토로한 시.

【咏叹】**yǒngtàn** 통 영탄하다. 읊다. 노래하다. ¶反复~=반복해서 읊다.

【咏叹调】**yǒngtàndiào** 명(音) 아리아. 영탄곡(詠嘆曲).

【咏赞】**yǒngzàn** 통 노래로써 찬미하다. 찬송하다. ¶值得~=찬송할 가치가 있다.

# *泳 yǒng 헤엄칠 영
통 수영하다. 헤엄치다. ¶仰~=배영. / 冬~=겨울 수영.

◐ 侧 cè泳, 电泳, 爬泳, 潜 qián 泳, 海豚泳

【泳程】**yǒngchéng** 명 수영 거리.

【泳池】**yǒngchí** 명 수영장. 풀장.

【泳道】**yǒngdào** 명(體) (수영 경기장의) 레인.

【泳技】**yǒngjì** 명(體) 수영 기술.

【泳镜】**yǒngjìng** 명 물안경. 수경(水鏡).

【泳裤】**yǒngkù** 명(體) 수영복 하의.

【泳帽】**yǒngmào** 명 수영모.

【泳坛】**yǒngtán** 명 수영계. ¶~老将=수영계의 노장.

【泳星】**yǒngxīng** 명 유명 수영 선수. 수영 스타.

【泳衣】**yǒngyī** 명 수영복.

【泳装】**yǒngzhuāng** 명 수영복. [주로 여성용을 가리킴]

【泳装秀】**yǒngzhuāngxiù** 명 수영복 테스트〔심사〕. [주로 미인 선발 대회나 모델 선발 대회에서 진행함]

# 俑 勇 埇 涌 恿 蛹 踊 鰫 用

## 俑 yǒng 인형 용
옛날, 순장(殉葬)할 때 사용된 흙이나 나무로 만든 인형. ¶陶~=도자기로 만든 인형. / 兵马~=병마용. [병사나 말 모양의 인형]

## *勇 yǒng 용감할 용
용감하다. 과감하다. 용기가 있다. ¶奋~=용기를 내다. / 英~=용감하다. 1 의용병(義勇兵). 청(清)대 전쟁시 임시로 모집한 군인) ¶散兵游~=뿔뿔이 흩어져 지휘권에서 벗어난 사병. **2** (Yǒng) 성(姓). ↔怯

神勇, 骁xiāo勇, 义勇, 英勇, 游勇, 忠zhōng勇

【勇夫】yǒngfū 용감한 사람. 용사. [주로 힘만 있는 사람을 가리킴] ¶一个~=일개 무부.
【勇敢】yǒnggǎn 용감하다. ¶~机智=용감하고 슬기롭다. ↔胆怯 懦弱
【勇冠三军】yǒngguànsānjūn **1** 용맹함이 삼군의 으뜸이다. **2** 대단히 용감(용맹)하다.
【勇悍】yǒnghàn 용맹스럽다. 용감하고 강하다. ¶~好斗=용맹스럽고 호전적이다.
【勇将】yǒngjiàng 용감한 장수. 용장.
【勇决】yǒngjué 용감하고 결단력이 있다. 용맹스럽고 과감하다. ¶~之士=용감하고 결단력 있는 사람.
【勇力】yǒnglì 용기와 힘. 용력. ¶~过人=용기와 힘이 남보다 뛰어나다.
【勇猛】yǒngměng 용맹스럽다. ¶~善战=용맹스럽고 싸움을 잘하다.
【勇气】yǒngqì 용기. ¶鼓足~=용기를 북돋우다.
【勇士】yǒngshì 용사. ↔懦夫
【勇往直前】yǒngwǎng-zhíqián 용감하게 앞으로 나아가다. ≒义无返顾 ↔瞻前顾后 裹足不前
【勇武】yǒngwǔ 용맹스럽고 위세가 있다. ¶~超群=남보다 용맹스럽고 위세가 있다.
【勇于】yǒngyú 용감하게[과감하게·뱃심 좋게·겁내지 않고]…하다. ¶~进取=용감하게 적극적으로 나아가다.
【勇壮】yǒngzhuàng 용감하고 굳세다. ¶~的行为=용감하고 굳센 행동.

## 埇¹ yǒng 길 돋울 용
길에 흙을 북돋우다.

## 埇² yǒng 땅 이름 용
지명에 쓰이는 글자. ¶石~=스웅. [광시(广西)성에 있는 지명]

## **涌[(湧)] yǒng 샘솟을 용
**1** 물이 솟아나다. **2** (액체·기체가) 위로 솟아오르다. ¶风起云~=바람이 일고 구름이 피어오르다. / 泪如泉~=눈물이 샘처럼 솟아나다. **3** 솟아나다. 일어나다. 내뿜다. 나오다. 내밀다. ¶雨过天晴, 一轮明月从云层中~出。=비가 그치고 날씨가 개이자 밝은 달이 구름 사이에서 나왔다. 1 큰 파도. ¶一个接一个的大~翻滚着。=커다란 파도가 끊임없이 밀려온다. **2** (Yǒng) 성(姓).
☞ chōng

【涌潮】yǒngcháo 해일(이 일다). =【怒潮】nùcháo【暴涨潮】bàozhǎngcháo
【涌动】yǒngdòng **1** 밖으로 세차게 흐르다. 위로 용솟음치다. ¶春潮~=봄날의 조수가 솟음치다. **2** (사람·사물이 파도처럼) 넘쳐흐르다. 넘쳐흐르다. 쏟아져 나오다. ¶激情~=격정이 넘쳐흐르다.
【涌进】yǒngjìn **1** 물이 대량으로 유입되다. **2** (비) (사람·사물이) 많이 밀려들다. 갑자기 한꺼번에 쏠리다. 앞으로 전진하다. ¶人们从四面八方~了会场。=사람들이 사방팔방에서 한꺼번에 회의장으로 밀려들었다.
【涌浪】yǒnglàng 세찬 파도. 노도(怒濤).
【涌流】yǒngliú 끊임없이 솟아나다. ¶河水~=강물이 끊임없이 솟아 나오다.
【涌泉】yǒngquán **1** 용솟는 샘물. **2** (醫) 용천혈(湧泉穴). [족심(足心) 부근의 경혈(經穴)] ¶~穴=용천혈.
【涌现】yǒngxiàn 한꺼번에 나타나다〈생겨나다·배출되다〉. ¶好人好事不断~。=좋은 사람의 좋은 행적이 끊임없이 생겨나다.
【涌溢】yǒngyì (액체가) 넘쳐흐르다. ¶泉水~=샘물이 넘쳐나다.

## 恿[(慂·惥)] yǒng 종용할 용
☞【怂恿】sǒngyǒng

## 蛹 yǒng 번데기 용
(動) 번데기. ¶蚕~=누에 번데기.

## *踊[踴] yǒng 뛰어오를 용
뛰다. 뛰어오르다. ¶跛者不~。=절름발이는 뛰지 않는다. ≒跳
【踊跃】yǒngyuè 펄쩍 뛰어오르다. 껑충껑충 뛰다. ¶~欢呼=껑충껑충 뛰면서 환성을 지르다. 열렬하다. 활기차다. 앞을 다투다. 적극적이다. ¶~捐款=앞다투어 돈을 기부하다. ≒积极

## 鰫[鰫] yǒng 양태 용
(動) 양태.

## *用 yòng 쓸 용
**1** 쓰다. 사용하다. 고용하다. 임용하다. ¶公~=공용. / 大材小~=큰 인물을 하찮은 일에 쓰다. **2** (…하는 것이) 필요하다. [주로 부정형으로 쓰임] ¶不~麻烦他, 我自己能够完成。=그 사람 귀찮게 할 필요 없어요, 나 혼자 완성할 수 있어요. **3** (文) 들다. 마시다. ¶请~点心。=과자 좀 드시지요. 1 쓸모. 용도. 효용. 효율. 효과. 기

○ 用 yòng
拥 yōng
佣 yōng
痈 yōng

능. ¶功~=기능. /物尽其~=모든 물자의 효용을 극대화하다. **2** 비용. 경비. ¶零~钱=용돈. /家~=가정의 생활비. **3** (**Yòng**) 성(姓). 개 **1** …로써. ¶~收割机收割麦子.=수확기로 밀을 수확하다. **2** 〈문〉 그러므로. 때문에. 그래서. [ '因此(yīncǐ)' 에 상당함] ¶~特函达.=이에 편지로 알립니다.

o● 备用, 采用, 拆chāi用, 代用, 盗dào用, 得用, 调用, 顶用, 动用, 费用, 服用, 公用, 功用, 管用, 惯用, 合用, 急用, 借用, 军用, 滥làn用, 利用, 连用, 录用, 民用, 耐nài用, 挪nuó用, 启qǐ用, 起用, 任用, 日用, 施shī用, 实用, 食用, 使用, 试用, 适shì用, 受用, 套用, 通用, 袭xí用, 习用, 享xiǎng用, 效xiào用, 信用, 引用, 应用, 御yù用, 援yuán用, 运用, 征zhēng用, 中用, 重用, 专zhuān用, 擢zhuó用, 自用, 租zū用, 作用

【用兵】**yòng‖bīng** 동 군대〔군사〕를 부리다〔지휘하다〕. 군사를 쓰다. ¶~如神=용병술이 귀신 같다.
【用不得】**yòng·bu·de** 동 사용하면 안 된다. 사용할 수 없다. ¶电脑坏了, ~. =컴퓨터가 고장나서 사용할 수가 없다.
【用不惯】**yòng·buguàn** 동 쓰기에 익숙하지 못하다. ¶我~毛笔.=나는 붓을 사용하는 데 익숙하지 못하다.
【用不尽】**yòng·bujìn** 동 다 쓸 수 없다. 써도 다 쓰지 못하다. ¶这个国家的石油再用几百年也~. =이 나라의 석유는 몇백 년을 더 써도 다 쓰지 못한다.
【用不了】**yòng·buliǎo** 동 **1** (많아서) 다 쓸 수 없다. 들지 않다. ¶买点儿日用品, ~多少钱. =일용품을 사는 데 얼마 들지 않는다. **2** 사용할 수 없다. 못 쓰다. ¶我暂时还~计算机. =나는 당분간 컴퓨터를 사용할 수가 없다.
【用不上】**yòng·bushàng** 동 쓸 데가 없다. 못 쓰다. ¶这颗螺丝太小, ~. =이 나사는 너무 작아서 쓸 데가 없다.
【用不着】**yòng·buzháo** 동 **1** 쓸모〔쓸 데〕가 없다. ¶这些茶具现在还~. =이 다구(茶具)들은 현재 아직 쓸모가 없다. **2** 필요치 않다. ¶我们是老同学, ~客气. =우리들은 오랜 동창이니, 예의를 차릴 필요 없어요.
【用材林】**yòngcáilín** 명 (林) 용재림.
【用餐】**yòng‖cān** 동〈경〉 식사를 하다. 밥을 먹다. ¶请大家到餐厅~. =모두들 식당에 가서 식사를 합시다.
【用茶】**yòngchá** 동〈경〉 차를 마시다. ¶请~. =차를 좀 드세요.
【用场】**yòngchǎng** 명 용도. (사)용처. 쓸 데. ¶有~=쓸모가 있다. 늑用处 用途
【用处】**yòng·chu** 명 용도. 용처. 쓸모. ¶大有~=크게 쓸모가 있다. 늑用场 用途
【用词】**yòngcí** 동 단어를 사용하다. ¶~不当=단어 사용이 적절치 못하다.
【用得了】**yòng·deliǎo** 동 **1** 다 사용할 수 있

用 **yòng** 2361

다. ¶你带这么多笔~吗? =네가 가진 이렇게 많은 펜을 다 사용할 수 있겠니? **2** 사용할 수 있다. ¶写一篇作文~一个星期吗? =글 한 편 짓는 데 일주일이나 걸리겠어?
【用得着】**yòng·dezháo** 동 **1** 쓸모 있다. 유용하다. ¶这本参考书我还~. =이 참고서는 아직 쓸모가 있다. **2** 필요하다. [주로 의문문에 쓰임] ¶这么近的路, ~开车吗? =이렇게 가까운 거리에 차를 몰 필요가 있겠어요?
【用典】**yòngdiǎn** 동 전고(典故)를 인용하다〔들다〕. ¶~贴切=전고 인용이 아주 적절하다.
【用度】**yòngdù** 명 비용. 경비. 지출. ¶吃穿~=식비와 의복비. 먹고 입는 데 쓰는 경비.
【用法】**yòngfǎ** 명 용법. 사용 방법. ¶~指南=사용법 안내서〔지침서〕.
【用饭】**yòng‖fàn** 동〈경〉 식사를 하다. ¶请~。=진지 드십시오.
【用房】**yòngfáng** 동 집을 필요로 하다. 집을 구하다. ¶他要从外地搬回来, 急着~. =그는 외지에서 다시 이사 오려고 급하게 집을 구하고 있다. 명 주택. 집. ¶居民~=주민이 사용하는 가옥. 주민 주택.
【用非所长】**yòngfēisuǒcháng** 성 하는 일이 특기에 맞지 않다. 하는 일이 자신의 장기가 아니다. 특기에 맞지 않게 일을 시키다.
【用非所学】**yòngfēisuǒxué** 성 **1** 배운 바와 하는 일이 맞지 않다. 전공에 맞지 않는 일을 하다. **2** 인재를 적당하게 운용하지 못하다.
【用费】**yòngfèi** 명 비용. ¶水电~=수도세와 전기세.
【用工】**yònggōng** 동 노동력을 사용하다. 품을 들이다. ¶~制度=노동력 사용 제도.
【用工夫】**yòng gōng·fu** 동 시간과 노력을 들이다. 수련을 쌓다. 힘을 기울여 연마하다. ¶他对书法很~. =그는 서예에 온갖 힘과 정성을 기울인다.
【用功】**yòng‖gōng** 동 노력하다. 열심히 공부하다. 힘써 배우다. ¶刻苦~=어려움을 참고 견디며 열심히 공부하다.
【用功】**yònggōng** 형 공부에 힘쓰는. 열심이다. ¶他学习一直很~. =그는 줄곧 공부에 힘쓴다.
【用光】**yòngguāng** 명 (촬영에서) 조명 기술〔방법〕.
【用户】**yònghù** 명 사용자. 가입자. 아이디(ID). ¶手机~=휴대전화 사용자.
【用户电报】**yònghù diànbào** 명 텔렉스(telex).
【用户界面】**yònghù jièmiàn** 명 (컴) 사용자 인터페이스. 유저 인터페이스(User interface). =【人机界面】**rénjī jièmiàn** 명【界面】**jièmiàn**
【用户名】**yònghùmíng** 명 사용자 이름.
【用计】**yòngjì** 동 계략(모략)을 쓰다. ¶~引他上钩. =계략을 써서 그가 속임수에 빠지게 유인하다.
【用劲】**yòng‖jìn** 동 힘을 내다〔들이다·쓰다〕. ¶~往外拉. =힘껏 밖으로 당기다.
【用具】**yòngjù** 명 도구. 용구. ¶办公~=사무

## yòng 用佣优

실 집기.

【用来】**yònglái** 동 …함으로(써) …을〔를〕 하다. …에 쓰다〔사용하다〕. ¶写篇散文, ~寄托自己的哀思。= 산문을 써서 자신의 애도하는 마음을 담다.

【用力】**yòng**∥**lì** 동 힘을 내다〔들이다·쓰다〕. ¶~不当=힘을 알맞게 못 쓰다.

【用量】**yòngliàng** 명 (사)용량. 수량. ¶药物~=약물 용량.

【用料】**yòngliào** 명 (공업·농업 생산에 사용되는) 원자재〔재료〕. ¶备齐~=재료를 다 갖추다.

【用命】**yòngmìng** 동윗 명령에 복종하다〔따르다〕. 사력을 다하다. 전심전력으로 애쓰다. 목숨을 바치다. 목숨을 아끼지 않고 일하다. ¶将士~=장병들이 사력을 다하다.

【用脑】**yòngnǎo** 동 머리를 쓰다〔굴리다〕. 골똘히 생각하다. 깊이 사고〔연구·고려〕하다. 정신 노동을 하다. ¶~过度=지나치게 머리를 쓰다.

【用品】**yòngpǐn** 명 용품. ¶床上~=침대용품.

【用钱】**yòng**∥**qián** 동 돈을 쓰다.

【用情】**yòngqíng** 동 마음을 쓰다. 정을 쏟다. ¶~不专=정을 한 곳에만 주지 않다. 여러 사람에게 정을 주다.

【用人】**yòng**∥**rén** 1 인재를 임용하다. 사람을 쓰다. ¶~之道=인재를 임용하는 방법. 2 일손이 필요하다. ¶眼下正是~的时候。= 바로 지금 일손이 필요한 때이다.

【用人】**yòng·ren** 명윗 종. 하인. ¶男~=남자 하인. 늑仆人.

【用人不疑, 疑人不用】**yòngrén bùyí, yírén bùyòng** 송 일단 임용을 하였으면 의심하지 말고, 의심스럽다면 쓰지를 말라.

【用膳】**yòngshàn** 동 진지를 들다. 식사하다. 밥을 먹다.

【用舍行藏】**yòngshě-xíngcáng** 송 임용이 되면 나아가서 취임을 하고, 임용이 되지 않으면 은거를 하는 것이 유가의 처세 태도이다. =【用行舍藏】**yòngxíng-shěcáng**

【用事】**yòngshì** 동 1 권력을 장악하다. 집권하다. ¶奸党~=간사한 무리들이 권력을 장악하다. 2 윗 (시문에) 전고(典故)를 쓰다. ¶~贴切=전고가 적절하다. 3 (감정적으로) 일을 처리하다. ¶感情~=감정적으로 일을 처리하다.

【用途】**yòngtú** 명 용도. ¶~广泛=용도가 광범하다. 늑用处 用场.

【用武】**yòngwǔ** 동 1 무력을 사용하다. 2 윗 재능을 펼치다〔발휘하다〕. ¶英雄无~之地。= 영웅이 재능을 발휘할 여지가 없다.

【用项】**yòngxiàng** 명 지출 항목. 지출. ¶压缩~=지출 항목을 줄이다.

【用心】**yòng**∥**xīn** 동 애쓰다. 주의를 기울이다. 심혈을 기울이다. ¶~钻研=심혈을 기울여 탐구하다.

【用心】**yòngxīn** 명 열심이다. 정신을 집중하다. 부지런하다. ¶她学习一点儿也不~。= 그녀는 공부에 조금도 집중하지 않는다. 명 속셈. 저의. 의도. 목적. ¶别有~=따로 속셈이 있다. 늑居心 用意.

【用心良苦】**yòngxīn-liángkǔ** 송 매우 고심하다〔애쓰다〕.

【用刑】**yòng**∥**xíng** 동 형구(形具)로 형벌을 가하다. 고문하다.

【用行舍藏】**yòngxíng-shěcáng** ☞【用舍行藏】**yòngshě-xíngcáng**

【用药】**yòng**∥**yào** 동 약(品)을 쓰다. ¶对症~=중상에 따라 약(品)을 쓰다.

【用以】**yòngyǐ** 동 …을〔를〕 사용하여 …에 쓰다. ¶举出这几个例子, ~说明了调研组所提出的改革方案是可行的。= 이 몇 개의 예를 들어서, 조사 연구팀이 제기한 개혁 방안이 실행 가능하다는 것을 설명하였다.

【用意】**yòngyì** 명 의도. 저의. 속셈. 목적. ¶他~何在? =그의 의도가 어디에 있느냐? 늑用心.

【用印】**yòng**∥**yìn** 동윗 인장을 찍다. [점잖고 엄숙한 표현임]

【用于】**yòngyú** 동 …에 쓰다. ¶这个词多~口语。= 이 단어는 주로 구어에 쓰인다.

【用语】**yòngyǔ** 동 단어를 활용하다. 어휘를 골라 쓰다. ¶精当~=어휘 활용이 적절하다. 명 용어. 용어 선택. ¶你发言时要慎重选择~。= 당신이 발언할 때는 용어 선택에 신중해 주세요. 2 (전문) 용어. ¶法律~=법률 용어. / 商业~=상업 용어.

【用之不竭】**yòngzhī-bùjié** 송 아무리 써도 다 쓸 수 없다. 아주 풍부하다.

【用作】**yòngzuò** 동 …(으)로 삼다. …(으)로 쓰이다. ¶名词通常~主语和宾语。= 명사는 일반적으로 주어와 목적어로 쓰인다.

【用做】**yòngzuò** 동 …(으)로 …에 쓰이다. …로써 …을〔를〕 만들다. ¶树皮可以~造纸的原料。= 나무 껍질은 종이를 만드는 원료로 쓰인다.

## 佣 yòng 品삯 용

명 중개 수수료. 구전. 커미션.
☞ **yōng**

【佣金】**yòngjīn** 명 중개 수수료. 구전. 커미션.

【佣钱】**yòngqián** ☞【佣金】**yòngjīn**

# you

## 优[優] yōu 우수할 우

형 1 윗 풍부하다. 충분하다. 넉넉하다. 충족하다. ¶养尊处~=남의 시중을 받고 풍족한 환경 속에서 생활하다. 2 좋다. 우수하다. ¶品学兼~=품행과 학업이 모두 뛰어나다. 동 후대하다. 우대하다. ¶拥军~属=군대를 옹호하고 혁명 군인 가족을 우대하다. 명 1 (옛날의) 광대. 배우. 2 배우. 연기자. ¶名~=명배우. 3 **(Yōu)** 성(姓). ↔劣

【优待】**yōudài** 동 우대하다. 특별 대우하다. ¶~俘虏=포로를 특별 대우하다. 명 우대. 특별 대우. ¶受到~=우대를 받다. 늑优遇 ↔虐待

【优等】yōuděng 몡 우등. 우량 등급. 1등급. ¶~木材=우량 등급 목재. ↔劣等

【优点】yōudiǎn 몡 장점. ¶发扬~，克服缺点。=장점을 발휘하고 결점을 극복하다. ≒长处 ↔缺点 弱点

【优抚】yōufǔ 통 (군인·열사의 가족이나 상이 군인 등에 대해) 우대하여 돌보다. 우대하여 무휼하다.

【优抚金】yōufǔjīn 몡 (국가 유공자의 유가족·상이 군인 등에게 지급하는) 우대 위로금. 무휼금. 위문금.

【优厚】yōuhòu 톙 (보수나 대우 등이) 좋다. 후하다. ¶报酬~=보수가 후하다.

【优弧】yōuhú 몡〔數〕우호. ↔劣弧

【优化】yōuhuà 동 최적화하다. 가장 능률적으로 조절〔활용〕하다. ¶~环境=환경을 최적화하다. / ~产业结构=산업 구조를 가장 능률적으로 조절하다.

【优化组合】yōuhuà-zǔhé 성 (부서 설치·인원 배치 등을) 가장 능률적인 방안으로 짜다.

【优惠】yōuhuì 톙 특혜의. 우대의. ¶价格~=가격 특혜.

【优惠待遇】yōuhuì dàiyù 몡〔經〕(국제 통상 관계의) 최혜국 대우.

【优价】yōujià 몡 1 우대 가격. ¶库存商品, ~处理。=재고 상품을 우대 가격으로 처리하다. 2 좋은 값. ¶优质~=좋은 품질에 좋은 가격.

【优良】yōuliáng 톙 (품질·성적·기풍·전통 등이) 아주 좋다. 우량하다. ¶品质~=품질이 아주 좋다. ≒优秀 ↔低劣 残次

【优劣】yōuliè 몡 나음과 못함. 우열. ¶~不分=우열을 구분하지 않다.

【优伶】yōulíng 몡〚옛〛전통극 배우.

【优美】yōuměi 톙 우미하다. 우아하고 아름답다. ¶舞姿~=춤추는 자태가 우아하다. / 景色~=풍경이 아름답다.

【优孟衣冠】Yōumèng-yīguān 성 1 우맹(優孟)이 죽은 손숙오(孫叔敖)의 옷을 입다. 2〈비〉다른 사람을 모방하다. 3〈비〉연극 무대에 오르다.

【优缺点】yōuquēdiǎn 몡 장점과 결점.

【优人】yōurén 몡〚옛〛전통극 배우.

【优容】yōuróng 동 관대하게 대하다. 관용을 베풀다.

【优柔】yōuróu 톙 1〚문〛침착하다. 차분하다. ¶神态~=표정이 침착하다. 2〚문〛상냥하다. 부드럽다. ¶性情~=성품이 부드럽다. 3 우유부단하다. 결단력이 없다. ¶性格~=성격이 우유부단하다.

【优柔寡断】yōuróu-guǎduàn 성 우유부단하다. 결단력이 없다. ≒犹豫不决 筑室道谋 ↔毅然决然 当机立断

【优生】yōushēng 동 (가장 좋은 과학적인 방법으로) 자질이 좋게 낳다. 우량아로 낳다.

【优生学】yōushēngxué 몡〔生〕우생학.

【优生优育】yōushēng yōuyù 동 (가장 좋은 과학적인 방법으로) 우량하게 낳고 건강하게 기르다.

【优胜】yōushèng 동 우승하다. 톙 우월하다. 우수하다. 뛰어나다. 발군의. ¶他是这次比赛的~奖获得者。=그는 이번 경기에서 우승상 수상자이다.

【优胜劣败】yōushèng-lièbài ☞【优胜劣汰】yōushèng-lièdài

【优胜劣汰】yōushèng-lièdài 성 우승열패하다. 나은 자는 이기고 못한 자는 패하다. 강한 자는 번성하고 약한 자는 쇠멸하다. =【优胜劣败】yōushèng-lièbài

【优势】yōushì 몡 우세. ¶扩大~=우세를 밀고 나가다. ↔劣势

【优死】yōusǐ 동 존엄사(尊嚴死)하다.

【优渥】yōuwò 톙〚문〛(보수나 대우 등이) 좋다. 후하다.

【优先】yōuxiān 동 우선하다. ¶~权=우선권. / ~考虑=우선적으로 고려하다.

【优先股】yōuxiāngǔ 몡〔經〕우선주.

【优秀】yōuxiù 톙 (품행이나 학업·성적 등이) 아주 우수하다. 우수하다. ¶~的文学作品=우수한 문학 작품. ≒优良 优异

【优选】yōuxuǎn 동 우수한 것을 선별하다. 가장 좋은 것을 선택하다. ¶~麦种=우수한 밀〔보리〕종자를 선별하다.

【优选法】yōuxuǎnfǎ 몡 최적화.

【优雅】yōuyǎ 톙 1 우아하다. ¶举止~=거동이 우아하다. 2 고상하다. 고아하다. ¶这首歌~动听。=이 노래는 고아하여 듣기 좋다.

【优异】yōuyì 톙 특히 우수하다. 특출하다. ¶在这次考试中, 他取得了~的成绩。=이번 시험에서 그는 특별히 우수한 성적을 거두었다. ≒优秀 ↔平庸

【优游】yōuyóu 톙〚문〛유유하다. 여유 있다. ¶~卒岁=유유하게 생을 마치다. 동〚문〛한가하게 보내다. 유유자적하다. ¶~林下=나무 아래에서 한가하게 보내다.

【优于】yōuyú 동 …보다 우수하다. …보다 낫다. ¶新款汽车~老款。=신형 자동차는 구형보다 우수하다.

【优育】yōuyù 동 잘 기르다. 우수하게 키우다.

【优遇】yōuyù 동〚문〛우대하다. ¶特别~=특별히 우대하다. ≒优待

【优裕】yōuyù 톙 부유하다. 풍족하다. 넉넉하다. ¶生活~=생활이 풍족하다.

【优越】yōuyuè 톙 우월하다. 우량하다. 우수하다. ¶条件~=조건이 우월하다.

【优越感】yōuyuègǎn 몡 우월감. ¶他这个人具有较强的~。=그 사람은 비교적 강한 우월감을 가지고 있다.

【优越性】yōuyuèxìng 몡 우월성. ¶在地理条件上, 平原比山区具有明显的~。=지리적인 조건에서 보자면, 평원은 산지보다 뚜렷한 우월성을 가지고 있다.

【优哉游哉】yōuzāi-yóuzāi 성 유유자적하다. 한가롭게 지내다. ↔疲于奔命

【优质】yōuzhì 톙 질이 우수하다. 양질의. ¶~材料=양질의 재료. ↔劣质

【优质服务】yōuzhì fúwù 명 양질의 서비스.
【优种】yōuzhǒng 명 우량종.

## 攸 yōu 바 유
조⟨문⟩ 동사 앞에 쓰여 명사성 구를 이루며, '所'에 해당함. ¶生死~关=생사가 달려있다.

## **忧[憂] yōu 근심할 우
형 우울하다. 걱정스럽다. ¶内心~郁=내심 우울하다. 동 근심하다. 걱정하다. 우려하다. ¶杞人~天=기(杞)나라 사람이 하늘이 무너질까 걱정하다. 앞일에 대해 쓸데없는 걱정을 하다. 명 **1** 근심. 걱정. ¶无~无虑=근심 걱정이 없다. **2**⟨문⟩ 부모의 상(喪). ¶丁~=부모상을 당하다. **3** (Yōu) 성(姓). ↔乐 喜

○● 担忧, 丁忧, 分忧, 殷yīn忧, 隐yǐn忧, 幽忧

【忧愁】yōuchóu 형 슬프다. 우울하다. 근심스럽다. 걱정스럽다. ¶面容~=표정이 우울하다. ↔喜悦 喜欢 欢乐
【忧烦】yōufán 형 근심스럽다. 걱정스럽다. 번민하다. 우울하고 짜증스럽다. ¶心中~=마음이 답답하고 짜증스럽다.
【忧愤】yōufèn 형 울분하다. 답답하고 분하다. ¶~成疾=울분이 병이 되다.
【忧国忧民】yōuguó-yōumín 성 국가와 백성의 운명을 걱정하다.
【忧患】yōuhuàn 명 우환. 우려와 환난. ¶~意识=우환[위기] 의식.
【忧惶】yōuhuáng 형 걱정스럽고 두렵다. ¶神色~=걱정스럽고 두려운 기색이다.
【忧急】yōují 형 걱정스럽고 초조하다. ¶~终日=온종일 걱정스럽고 초조하다.
【忧煎】yōujiān 동 속이 타서 안절부절못하다. 근심 걱정으로 애를 태우다. ¶内心~=내심 애를 태우다.
【忧惧】yōujù 형 걱정하고 두려워하다. ¶~万分=몹시 걱정하고 두려워하다.
【忧恐】yōukǒng 형 걱정하고 두렵다. ¶~万状=걱정스럽고 두렵기 그지없다.
【忧苦】yōukǔ 형 근심하고 고뇌하다. 근심으로 괴로워하다. ¶~不է=근심하고 괴로워하기 그지없다.
【忧劳】yōuláo 동 근심하고 고생하다. ¶~而死=근심하고 고생하다 죽다.
【忧虑】yōulǜ 동 우려하다. 걱정하다. ¶水资源环境的恶化令人~。=수자원 환경의 악화는 우려할 만하다.
【忧闷】yōumèn 형 의기소침하다. 풀이 죽다. 침울하다. ¶终日~=종일 의기소침하다.
【忧念】yōuniàn 동 염려하다. 걱정하다. ¶~家事=집안일을 걱정하다.
【忧戚】yōuqī 형⟨문⟩ 근심으로 비통해하다. 고뇌에 잠기다.
【忧容】yōuróng 명 근심하는 표정. 수심 낀 얼굴. ¶面带~=안면에 근심스러운 기색을 띠고 있다.
【忧色】yōusè 명 근심하는 표정. ↔喜色

【忧伤】yōushāng 형 근심으로 비통해하다. 고뇌에 잠기다. ¶神色~=비통해하는 기색이다. ↔愉快
【忧思】yōusī 동 우려하다. 걱정하다. 염려하다. ¶日夜~=밤낮으로 걱정하다. 명 우수의 기분. 우수의 정. ¶落叶飘飘, 让人感到一种莫名的~。=낙엽이 흩날리니 야릇한 우수가 깃든다.
【忧心】yōuxīn 명 걱정[근심]하는 마음. ¶~悄悄=근심이 가득하다. 동 걱정하다. 근심하다. ¶令人~=걱정스럽다.
【忧心忡忡】yōuxīn-chōngchōng 성 근심 걱정에 시달리다. 몹시 침울하다. 깊은 수심에 잠겨 있다.
【忧心如焚】yōuxīn-rúfén 성 근심 걱정으로 애가 타다.
【忧悒】yōuyì 형 근심스럽고 불안하다. ¶长吁短叹, 终日~。=한숨을 쉬며 온종일 근심에 싸여 있다.
【忧郁】yōuyù 형 우울하다. 침울하다. ¶神情~=침울한 기색이다. ↔高兴 快乐
【忧郁症】yōuyùzhèng 명⟨醫⟩ 우울증.

## 呦 yōu 놀라는 소리 유
감 **1** 어. 아. [놀람을 나타냄] ¶~, 怎么停水了?=어, 왜 물이 안 나오지? **2** 어. 아. [갑자기 발견했거나 생각났음을 나타냄] ¶~, 我忘了带钱包了!=어, 지갑을 안 가지고 왔네!
☞ •you
【呦呦】yōuyōu 의⟨문⟩ 우우. [사슴의 울음소리]

## *哟 yōu 감탄의 소리 약
감 '哟(yāo)'의 다른 음.
☞ •yao

## 幽 yōu 그윽할 유
형 **1** 어둡다. ¶~暗的角落=어두컴컴한 구석. **2** 깊다. 깊고 멀다. 심원하다. ¶高山~谷=심산유곡. 높은 산 속의 으슥한 골짜기. **3** 은밀한. 비밀의. 숨은. ¶~居乡野=시골에 은거하다. **4** (마음속에) 감추어진. ¶深闺~怨=여인의 한. **5** 조용하다. ¶~静的小巷=조용한 골목. 동 (감옥에) 가두다. 유폐하다. 구금하다. ¶~禁多年=여러 해 유폐하다. 명 **1** 저승. 지옥. ¶烈妇~魂=열부[열녀]의 유혼. **2** (Yōu) ⟨地⟩ 유주(幽州). [옛 지명. 지금의 허베이(河北)성 북부와 랴오닝(辽宁)성 남부에 있었음] **3** (Yōu) 성(姓). ↔明
【幽暗】yōu'àn 형 어둡다. 어슴푸레하다. 어두컴컴하다. ¶~的山谷=어슴푸레한 산골짜기.
【幽闭】yōubì 동 **1** 유폐하다. **2** 집안에 가두다. 방안에 틀어박히다. **3** 고대의 혹형(酷刑)의 하나로, 부녀자의 난소를 제거하여 생식 기능을 없애는 형벌.
【幽沉】yōuchén 형⟨문⟩ (소리가) 나지막하다. ¶~之声=나지막한 소리. 동⟨문⟩ 퇴직하여 은거하다. 관직에서 물러나 은거하다. ¶~谢世事。=은거하여 세상사와 단절하다.

【幽愤】yōufèn 명 가슴 깊이 쌓인 분노. ¶一腔~=가슴 속에 가득 찬 분노.
【幽谷】yōugǔ 명 유곡. 으슥한〔깊은〕산골짜기. ¶密林~=밀림의 깊은 산골짜기.
【幽篁】yōuhuáng 명 깊고 고요한 대나무 숲. ¶独坐~里, 弹琴复长啸。=깊고 고요한 대나무 숲 속에 홀로 앉아, 거문고를 타다가 또 긴 휘파람을 부네.
【幽会】yōuhuì 통 (남녀가) 밀회하다. ¶定期~=정기적으로 밀회하다.
【幽魂】yōuhún 명 유혼. 영혼. 유령. ≒幽灵.
【幽寂】yōujì 형 유적하다. 깊고 적막하다. ¶~的古寺=유적한 고찰.
【幽禁】yōujìn 통 연금하다. 유폐하다.
【幽景】yōujǐng 명 그윽한 정경〔경치〕. ¶~迷人=매혹적인 그윽한 정경.
【幽径】yōujìng 명 한적한 오솔길.
【幽静】yōujìng 형 한적하다. 그윽하고 고요하다. ¶~的环境=그윽하고 고요한 환경.
【幽居】yōujū 통 은거하다. 은둔하다. ¶~之士=은거지사. 명 고요한 거처. ¶跻险筑披云卧石门。=험한 곳에 올라 고요한 거처 지어 놓고, 구름을 헤치며 석문산에 눕네.
【幽蓝】yōulán 형 쪽빛의. 짙은 남색의. ¶~的夜空=남색의 밤 하늘.
【幽丽】yōulì 형 조용〔고요〕하고 아름답다. ¶景色~=고요하고 아름다운 경치.
【幽灵】yōulíng 명 유령. ¶他整天像一似地游来荡去, 不知干些什么。=그는 종일 유령처럼 왔다 갔다 하면서 무얼 하는지 모르겠다. ≒幽魂.
【幽美】yōuměi 형 조용〔고요〕하고 아름답다. ¶~的庭院=조용하고 아름다운 정원.
【幽门】yōumén 명 (生) 유문. 날문. 하완.
【幽眇】yōumiǎo 형 정미(精微)하다. 정밀하고 자세하다. 정교하다. ¶义趣~=이치와 취지가 정미하다.
【幽明】yōumíng 명 유명. 저승과 이승. ¶~永隔=유명을 영원히 달리하다.
【幽冥】yōumíng 형 깊숙하고 어둡다. 캄캄하다. 명 유명(幽冥). 저승. 지부(地府).
【幽默】yōumò 형 유머(humor)러스한. ¶~故事=유머. ≒风趣 ↔严肃
【幽默感】yōumògǎn 명 유머감(각). ¶这篇童话极富~。=이 동화는 유머 감각이 아주 풍부하다.
【幽僻】yōupì 형 한적하고 외지다. ¶~的山村=한적하고 외진 산촌.
【幽期】yōuqī 명 밀회. ¶私订~=몰래 밀회를 약속하다.
【幽情】yōuqíng 명 1 깊디깊은 정감. ¶发思古之~=지난 일을 곰곰이 생각하게 하는 깊디깊은 정. 2 깊이 간직한 정감. ¶尽诉~=깊이 간직한 정감을 모조리 털어놓다.
【幽囚】yōuqiú 통 유수하다. 가두다. 감금하다. 유폐하다.
【幽趣】yōuqù 명 그윽한 정취. 고요하고 고상한 취미. ¶~横生=그윽한 정취가 한껏 일다.

【幽人】yōurén 명 유인. 은사. 은둔자.
【幽深】yōushēn 형 (산수·수풀·궁실 등이) 깊숙하고 그윽하다. 유심하다. 유수(幽邃)하다. ¶~的竹林=깊숙하고 그윽한 대나무 숲.
【幽思】yōusī 통 숙고하다. 곰곰이 생각하다. 심사(深思)하다. ¶静默~=조용히 곰곰이 생각하다. 명 감추어 둔 감정. ¶抒发心中的~。=마음 속의 감정을 털어놓다.
【幽邃】yōusuì 형 (산수·수풀·궁실 등이) 깊숙하고 그윽하다. 유수하다. 유심하다. ¶山林~=산림이 깊숙하고 그윽하다.
【幽宛】yōuwǎn ☞【幽婉】yōuwǎn
【幽婉】〔幽宛〕yōuwǎn 형 (문학 작품·소리·어조 등이) 함의가 깊고 기품이 있다. 아취(雅趣)가 있다. ¶歌声~=노랫소리가 그윽하다.
【幽微】yōuwēi 형 1 (소리·냄새 등이) 미약하다. 진하지 않다. 은은하다. ¶花香~=꽃향기가 은은하다. 2 통 심오하고 정미하다. ¶涵义~=함의가 심오하고 자세하다.
【幽闲】yōuxián 형 1 ☞【幽娴】yōuxián 2 ☞【悠闲】yōuxián
【幽娴】〔幽闲〕yōuxián 형 (여자가) 얌전하다. 정숙하다. 차분하다. 우아하다. ¶~端庄=얌전하고 기품이 있다.
【幽香】yōuxiāng 명 은은한 향기. ¶~扑鼻=은은한 향기가 코를 찌르다.
【幽夐】yōuxiòng 형통 심원하다. 깊고 멀다.
【幽雅】yōuyǎ 형 그윽하고 품위가 있다. 우아하고 고요하고 아취가 있다. ¶古朴~=질박하고 아취가 있다.
【幽咽】yōuyè 형통 1 졸졸 소리내어 흐르는. ¶~泉水=졸졸 흐르는 샘물. 2 흐느껴 우는. 울먹이는. 훌쩍훌쩍 우는. ¶~泣声=흐느끼는 울음소리.
【幽隐】yōuyǐn 명 1 감추어져 드러나지 않는 미세한 곳. 은밀한 곳. 으슥한 곳. ¶洞察~=숨겨져 있는 의미를 꿰뚫어 보다. 2 은사(隐士). ¶寻访~=은사(隐士)를 탐방하다.
【幽忧】yōuyōu 통 비탄에 잠기다. 고뇌하다.
【幽幽】yōuyōu 형 1 통 유유하다. 깊고 그윽하다〔멀다〕. ¶~南山=깊고 그윽한 남산. 2 (소리·광선 등이) 희미하다. 가냘프다. 어렴풋하다. 약하다. 엷다. 실낱같다. ¶哭声~=울음소리가 가냘프다.
【幽幽咽咽】yōu·you yèyè (~的) 형 흐느껴 울다. 울먹이다.
【幽远】yōuyuǎn 형 심원하다. 아득하고 고요하다. ¶~的意境=심원한 경지. /~的夜空=아득하고 고요한 밤 하늘.
【幽怨】yōuyuàn 명 가슴 속에 응어리져 있는 한. [주로 여인의 감정을 가리킴] ¶满腔~=가슴에 가득한 한.
【幽韵】yōuyùn 명 그윽한 정취.

**悠** yōu 오래 될 유
통 흔들리다. 흔들거리다. ¶来回晃~=흔들흔들하다. 오락가락하다. 형 1 멀다. 오래다. ¶~

长的岁月＝오랜 세월. **2** 유유하다. 한적하다. 자유롭다. ¶~闲的生活＝한적한 생활.

○● 颤chàn悠, 忽hū悠, 晃huàng悠, 飘piāo悠, 转zhuàn悠

【悠长】**yōucháng** 유장하다. 길고 오래다. 길다. 오래다. ¶岁月~＝세월이 길고 오래다.

【悠荡】**yōudàng** (공중에 매달려) 흔들거리다. 흔들흔들하다. 오락가락하다. ¶秋千在空中不停地~着.＝그네가 공중에서 끊임없이 오락가락하고 있다.

【悠忽】**yōuhū** 빈둥빈둥하다. 한가롭고 나태한 모양.

【悠缓】**yōuhuǎn** 유유하고 완만하다. 길고 느리다. ¶钟声~＝종 소리가 유유하게 울려 퍼지다.

【悠久】**yōujiǔ** 유구하다. 장구하다. 아득히 오래다. ¶~的历史＝유구한 역사. ≒久远

【悠谬】[悠缪] **yōumiù** 황당무계하다. 터무니없다.

【悠谬】**yōumiù** ☞【悠缪】**yōumiù**

【悠然】**yōurán** 유연하다. [여유롭고 편안한 모양] ¶~神往＝넋을 잃은 듯이 마음이 끌리다.

【悠然自得】**yōurán-zìdé** 조용하고 한가롭다. 유유자적하며 유연자적하다. [조용하고 여유로운 모양]

【悠闲】[幽闲] **yōuxián** 한가하다. 여유롭다. 유유하다. ¶~自在＝여유 있고 한가하다. ↔繁忙 忙碌

【悠徐】**yōuxú** 유유하고[여유 있고] 완만하다. 길고 느리다.

【悠扬】**yōuyáng** (가락 등이) 높아졌다 낮아졌다 하며 조화롭다. ¶~的笛声＝선율이 높아졌다 낮아졌다 하는 조화로운 저[피리] 소리. ≒悦耳

【悠悠】**yōuyōu** **1** 길다. 장구하다. 아득히 멀다. 요원하다. ¶~山川＝장구한 산천. **2** 느긋하다. 유유하다. 여유 있다. ¶~自得＝유유자적하다. **3** 다수의. 무수한. 셀 수 없이 많은. ¶~万事＝무수한 일. **4** 터무니없다. 황당무계하다. ¶~之论＝터무니없는 말.

【悠悠荡荡】**yōuyōu dàngdàng** 정처 없이 떠돌다. 나부끼다. [이리저리 흔들거리는 모양] ¶一片枯叶~地飘落下来.＝낙엽이 나부끼며 떨어진다.

【悠悠忽忽】**yōuyōu hūhū** **1** 정신이 어리둥절한 모양. 황홀경에 빠진 모양. **2** 산만하고 축 늘어진 모양. 빈둥거리는 모양.

【悠悠闲闲】**yōuyōu xiánxián** 여유 있고 한가하다. 유유하고 편안하다.

【悠悠扬扬】**yōuyōu yángyáng** (가락이나 곡조 등이) 높아졌다 낮아졌다 하며 조화롭다. 은은하다.

【悠游】**yōuyóu** 유유히[한가롭게] 움직이다. ¶两只鸳鸯在碧波中~.＝원앙 두 마리가 푸른 물결 위에서 유유히 노닌다. 여유 있고 한가하고. 유유하고 편안하다. ¶从容＝여유 있고 한가하다.

가하다.

【悠远】**yōuyuǎn 1** (거리가) 멀다. ¶道路~＝길이 아주 멀다. **2** (시간이) 멀고 오래다. ¶~的年代＝먼 옛날.

【悠着】**yōu·zhe** 천천히 하다. 쉬엄쉬엄 하다. 서두르지 않다. 덤비지 않다. ¶干活的时候~点, 别干得太猛了.＝일을 할 때 좀 천천히 해, 너무 서두르지 말고.

**麀** yōu 암사슴 우

암사슴.

**鄾** Yōu 나라 이름 우

**1** [歷] 우국(鄾國). [주(周)대의 나라 이름. 지금의 후베이(湖北)성 샹판(襄樊) 북쪽에 있었음] **2** 성(姓).

**耰** yōu 씨 덮을 우

곰방메. 곰방메로 파종한 후 흙을 덮다. ¶~而不辍＝파종 후 흙을 덮는 일을 쉬지 않고 계속 하다.

**\*\*尤** yóu 더욱 우

두드러지다. 현저하다. 특별나다. 특출하다. ¶无耻之~＝몹시 뻔뻔스럽다. 원망하다. 탓하다. 비난하다. 나무라다. …의 탓으로 돌리다. ¶怨天~人＝하늘을 원망하고 남을 탓하다. 유달리. 더욱. 한층. ¶林壑~美＝숲과 골짜기가 한층 아름답다. / ~爱写诗＝유달리 시 쓰기를 좋아하다. **1** 과실. 허물. ¶以儆效~＝악한 일을 따라 하지 않도록 경계하다. **2** (Yóu) 성(姓).

○ 尤 yóu
忧 yōu
优 yōu
犹 yóu
疣 yóu
鱿 yóu
扰 rǎo

【尤其】**yóuqí** 더욱이. 특히. ¶她爱看电影, ~爱看科幻电影.＝그녀는 영화를 좋아하는데, 특히 공상 과학 영화를 좋아한다.

【尤甚】**yóushèn** 더욱 심하다. ¶愈近震中的, 损失~.＝진원지에 가까운 곳일수록 손실이 더욱 심하다.

【尤为】**yóuwéi** 특히. 각별히. 유달리. 유별나게. [다른 것과 비교하여 그것보다도 훨씬 정도가 높고 우수함을 나타냄] ¶~突出＝유달리 두드러지다.

【尤物】**yóuwù 1** 우물. 특히 출중한 인물〔사물〕. **2** 우물. 뛰어난 미녀. ¶人间~＝인간 세상의 우물.

【尤异】**yóuyì** 특히 뛰어나다. 경이롭다. ¶政绩~＝정치 공적이 뛰어나다.

**\*\*由** yóu 경유할 유

**1** 경과하다. 경유하다. 지나다. ¶言不~衷＝말이 진심에서 우러나오지 않다. **2** 따르다. ¶率~旧章＝선왕의 법을 따르다. **3** 순종하다. 복종하다. …에 맡기다. ¶不~分说＝변명하거나 반박할 여지를 주지 않다. [개] **1** …(으)로부터. …에서. …을 통하여. [동작이 경과하는 노선이

由邮 yóu

장소를 이끌어 냄] ¶~南门进入会场.=남문을 통하여 회의장으로 들어간다. **2** …에서(부터). [동작의 기점이나 변화의 출처를 이끌어 냄] ¶~东到西=동쪽에서 서쪽까지. /~蛹变成蛾=번데기에서 나방으로 변하다. **3** …이[가]. …에서, …(으)로부터. [동작의 주체를 이끌어 냄] ¶此事=董事会研究决定.=이 일은 이사회에서 연구하여 결정한다. **4** …(으)로부터. …에 의해. [근거의 대상을 이끌어 냄] ¶~此可知=이것으로부터 알 수 있다. **5** …로 인하여. …로 말미암아. …를 통하여. [사물이 발생하는 원인 혹은 방식을 이끌어 냄. '由于(…로 인하여)·通过(…를 통하여)'와 상당함] ¶咎~自取=자기가 뿌린 씨앗은 자기가 거두다. 몡 **1** 유래. 원인. 까닭. 이유. ¶根~=연유. /理~=이유. **2** (**Yóu**) 성(姓). ≒自

○● 案由, 根由, 经由, 来由, 无由, 因由, 原由, 缘yuán由, 摘zhāi由, 自由

【由表及里】 yóubiǎo-jílǐ 성 표면적인 현상에서부터 사물의 본질까지 인식하다.

【由不得】 yóu·bu·de 동 따를 수 없다. …대로 되지 않다. ¶这事可~你了.=이 일은 네 생각대로는 되지 않는다. 튀 …하지 못할 수 없다. 저절로. …할 수밖에 없다. …하지 않을 수 없다. ¶~号啕大哭起来.=저도 모르게 큰 소리로 울음을 터뜨렸다.

【由此】 yóucǐ 튀 **1** 이로부터. 이 곳으로부터. 여기에서. [동작의 기점을 나타냄] ¶~一直向南走, 大约十分钟就到了.=이 곳으로부터 곧장 남쪽으로 가면 대략 10분쯤이면 도착할 것이다. **2** 이에 근거하여. 이에 따라. ¶~观之=이에 근거하여 살피다.

【由此及彼】 yóucǐ-jíbǐ 성 **1** 여기서부터 저기까지. **2** 이 곳에서 저 곳까지 미치다. [사물을 인식·분석함에 있어서 고립적으로 행할 수가 없고, 한 방면에서부터 다른 부분으로 상호 관계를 전면적으로 고찰해야 함을 가리킴]

【由此看来】 yóucǐ-kànlái 숙 이것으로 판단하여 보면. 이로부터 보면.

【由此可见】 yóucǐ-kějiàn 숙 이로부터 (…를) 알 수 있다. 이로부터 (…의) 결론을 낼 수 있다.

【由打】 yóudǎ 개 동 **1** …에서부터. …(으)로부터. ¶~乡下来=시골에서 오다. **2** …을 경유하여〔지나〕. ¶泉水~这向南, 一直流到山脚.=샘물은 이 곳을 지나 남쪽으로 줄곧 산 아래까지 흘러간다.

【由得】 yóu·de 동 자유에 맡기다. 마음대로 하게 하다. 허락하다. ¶大家辛辛苦苦挣来的钱, 就~你这么挥霍吗?=모두가 고생해서 번 돈인데, 네 마음대로 이렇게 함부로 써도 되느냐?

【由近及远】 yóujìn-jíyuǎn 성 **1** 가까운 곳에서

○ 由 yóu
油 yóu
邮 yóu
铀 yóu
釉 yóu
蚰 yóu
鱿 yóu
轴 zhóu
宙 zhòu
胄 zhòu
妯 zhóu
抽 chōu
神 xiù
岫 xiù
笛 dí
迪 dí
庙 miào

부터 먼 곳까지. **2** 유 사물의 영향이 점차 확장되어 가다. **3** 유 사상 의식이 점차 깊어지고, 사상 경지가 점차 트이다.

【由来】 yóulái 몡 **1** 유래. 원인. 출처. ¶事情的~=일의 유래. **2** 원래부터. 애초부터. [처음부터 지금까지의 시간] ¶~不是池中物.=애초부터 남의 밑에 있는 것에 만족하는 사람이 아니다.

【由来已久】 yóulái-yǐjiǔ 성 유래가 이미 오래되다. 유래가 깊다.

【由浅入深】 yóuqiǎn-rùshēn 성 인식이 얕은 곳에서부터 심오한 뜻으로 들어가다. 표면적 현상에서부터 사물의 본질로 들어가다.

【由头】 yóu·tou(~儿) 몡 구실. 핑계. ¶找个~让他请客.=구실을 찾아 그에게 한턱 내라고 하자.

【由性】 yóuxìng(~儿) 통 제 마음대로. 제멋대로. ¶这孩子真要不得, 一到放假就~儿玩.=이 애는 정말 너무 심해, 휴일만 되면 제멋대로 놀아.

【由于】 yóuyú 개 … 때문에. …(으)로 인하여. [동작 행위의 원인이나 이유를 이끌어 냄] ¶~健康原因, 他提前退休了.=건강으로 인해서 그는 앞당겨 퇴임하였다. 접 …때문에. …(으)로 인하여. [복문에서 원인을 나타냄] ¶~不懈地努力, 他最终取得了成功.=끊임없이 노력하였기 때문에 그는 마침내 성공을 거두었다.

【由衷】 yóuzhōng 형 충심(衷心)의. 마음속에서 우러나오는. ¶~的喜悦=마음속에서 우러나오는 희열.

**邮 [郵]** yóu 우편 우

통 (우편으로) 부치다. 보내다. ¶~封信=편지 한 통을 부치다. 몡 **1** 우편 업무. ¶通~=우편이 오고 가다. **2** 우표. ¶集~=우표 수집. **3** (**Yóu**) 성(姓).

○● 付邮, 集邮, 军邮, 乡邮

【邮包】 yóubāo(~儿) 몡 소포.
【邮编】 yóubiān ☞【邮政编码】 yóuzhèng biānmǎ
【邮差】 yóuchāi 몡 우체부. [우편 집배원의 옛 명칭]
【邮车】 yóuchē 몡 우편 배달차.
【邮程】 yóuchéng 몡 우편 배달 경로.
【邮船】 yóuchuán 몡 우선. 우편선. =【邮轮】 yóulún
【邮戳】 yóuchuō(~儿) 몡 (우표나 엽서에 찍는) 소인(消印). 날짜 도장.
【邮袋】 yóudài 몡 우편낭.
【邮递】 yóudì 동 (소포나 편지 등을) 우송하다.
【邮递员】 yóudìyuán ☞【投递员】 tóudìyuán
【邮电】 yóudiàn 몡 체신. 우편과 전신. ¶~业务=체신 업무.
【邮电局】 yóudiànjú 몡 체신국. 우편 전신국. [우편과 전신 업무를 하는 기구]
【邮发】 yóufā 동 우편 간행물을 발행하다. ¶~

代号=우편 간행물 일련 번호.
【邮费】yóufèi ☞【邮资】yóuzī
【邮购】yóugòu 통 통신 구매하다.
【邮花】yóuhuā 명통 우표.
【邮汇】yóuhuì 통 우편환〔전신환〕으로 (바꾸어) 송금하다.
【邮集】yóují 명 우표첩.
【邮寄】yóujì 통 우송하다.
【邮件】yóujiàn 명 우편물.
【邮局】yóujú 명 우체국.
【邮路】yóulù 명 우편 배달 루트. ¶不通~=우편 배달 루트가 통하지 않다.
【邮轮】yóulún ☞【邮船】yóuchuán
【邮票】yóupiào 명 우표.
【邮品】yóupǐn 명 우표 수집품. [우표·엽서·초인 (初印) 봉투 등의 총칭]
【邮市】yóushì 명 1 우표 수집품 교역 시장. 2 우표 수집품 시세. ¶~上涨=우표 (수집품) 시세가 오르다.
【邮售】yóushòu 명 통신 판매.
【邮送】yóusòng 통 우송하다. ¶~信件=우편물을 우송하다.
【邮亭】yóutíng 명 간이 우편 취급소.
【邮筒】yóutǒng ☞【信筒】xìntǒng
【邮务】yóuwù 명 우편 사무. 체신 사무.
【邮箱】yóuxiāng 명 1 우체통. 2 우편함.
【邮展】yóuzhǎn 명 우표 전시회. ¶国际~=국제 우표 전시회.
【邮政】yóuzhèng 명 우정. 우편에 관한 행정.
【邮政编码】yóuzhèng biānmǎ 명 우편 번호. 약【邮编】yóubiān
【邮政储蓄】yóuzhèng chǔxù 명 우편 저축.
【邮政局】yóuzhèngjú 명 우체국.
【邮政特快专递】yóuzhèng tèkuài zhuāndì ☞【特快专递】tèkuài zhuāndì
【邮政专用信箱】yóuzhèng zhuānyòng xìn xiāng ☞【信箱】xìnxiāng
【邮资】yóuzī 명 우편료. =【邮费】yóufèi

**犹[猶]** yóu 마치 유
통문 마치 …와〔과〕 같다. ¶过~不及=지나침이 미치지 못함과 같다. 부문 아직. 여전히. ¶言~在耳=말이 아직 귀에 맴돈다.
【犹大】Yóudà 명고 1 ① 가롯 유다(kerioth judah). ② 배신자. 매반자. 2 유다(Judah). [십이 사도의 한 사람. 다대오라고도 불리웠으며,《유다서》의 저자로 알려졌음]
【犹然】yóurán 부 여전히. 아직도. ¶那事虽过去多年, 但他~记得很清楚. =그 일은 비록 지나간 지 여러 해 되었지만, 그는 여전히 똑똑하게 기억하고 있다.
【犹如】yóurú 통 마치 …와〔과〕 같다. ¶山川秀丽, ~仙境. =산천이 수려함이 마치 선경과 같다.
【犹太教】Yóutàijiào 명고〈宗〉 유대교. 유태교. =【以色列教】Yǐsèlièjiào
【犹太人】Yóutàirén 명고 유태인. 이스라엘인.
【犹疑】yóu·yí 형 머뭇거리다. 주저하다. 망설이

다. ≒犹豫 ↔坚定
【犹犹豫豫】yóu·you yùyù 형 머뭇머뭇하다. 주저주저하다. 망설이다.
【犹豫】yóuyù 형 머뭇거리다. 주저하다. 망설이다. ¶毫不~=조금도 주저하지 않다. ≒犹疑 ↔坚定 果断
【犹豫不决】yóuyù·bùjué 성 결단을 내리지 못하고 망설이다. 머뭇거리다. ≒优柔寡断 ↔毅然决然 当机立断
【犹之乎】yóuzhīhū 통문 마치 …와〔과〕 같다. 흡사 …이다. ¶人离不开土地, ~鱼离不开水. =사람이 땅을 떠날 수 없는 것은 마치 물고기가 물을 떠날 수 없는 것과 같다.
【犹自】yóuzì 부 여전히. 아직도. ¶想起那日情景, ~让人感慨万千. =그 날의 정경을 떠올리면 아직도 감개무량하다.

**油** yóu 기름 유
명 1 기름. 지방. ¶猪~=돼지기름. / 豆~=콩기름. 2 기름. 오일. ¶机~=엔진 오일. / 汽~=휘발유. 가솔린. 3(Yóu) 성(姓). 통 1 (페인트 등을) 칠하다. ¶~门窗=문을 칠하다. 2 기름이 묻다. 기름으로 더러워지다. ¶裤子被~了一大块. =바지에 큼직하게 기름이 묻었다. 형 능글맞다. 교활하다. ¶这人很~. =이 사람은 아주 능글맞다.

○→ 按ān油, 柏bǎi油, 板油, 菜油, 茶油, 柴chái油, 打油, 大油, 灯油, 豆油, 甘油, 蚝háo油, 荤hūn油, 火油, 机油, 加油, 酱jiàng油, 焦油, 揩kāi油, 糠kāng油, 炼liàn油, 麻油, 煤油, 贫pín油, 汽油, 清油, 轻油, 生油, 石油, 食油, 酥sū油, 素油, 桐tóng油, 头油, 香油, 鞋油, 洋油, 椰yē油, 印油, 原油, 脂zhī油, 重油

【油泵】yóubèng 명〈機〉오일 펌프.
【油笔】yóubǐ ☞【圆珠笔】yuánzhūbǐ
【油饼】yóubǐng 명 1 깻묵. =【油枯】yóukū
【枯饼】kūbǐng 2 (~儿) 유병. 기름떡. [주로 아침 식사로 먹음]
【油驳】yóubó 명 오일 바지선.
【油布】yóubù 명 유포. 방수포. [동유(桐油)를 칠한 방수포]
【油彩】yóucǎi 명 도란(Dohran). [주로 배우들이 무대 화장용으로 쓰는, 기름기 있는 분의 하나]
【油菜】yóucài 명〈植〉1 유채. 평지. 운대(蔓薹). =【芸薹】yúntái 2 청경채. 박초이(bokchoi).
【油菜子】[油菜籽]yóucàizǐ 명 유채씨.
【油菜籽】yóucàizǐ ☞【油菜子】yóucàizǐ
【油层】yóucéng 명〈地〉유층.
【油茶】yóuchá 명〈植〉동백나무의 일종. [학명은 'Camellia oleifera Abel' 임] 2 유차. [〖油茶面儿(미숫가루)〗을 뜨거운 물에 풀어서 만든 식품]
【油茶面儿】yóuchámiànr 명 미숫가루. [밀가루에 쇠기름이나 소의 골수·참기름 등을 섞어서 볶고, 설탕과 참깨 등을 넣어 만든 식품. 뜨거운 물에 풀어서 걸쭉하게 하여 먹음]

油 yóu

【油船】 yóuchuán ☞【油轮】 yóulún
【油灯】 yóudēng 〔명〕 유등. 기름불. 등잔불. 호롱불. [식물 기름으로 켜는 등]
【油底子】 yóudǐ·zi 〔명〕 기름 찌꺼기. 〔통〕【油脚】 yóujiǎo
【油豆腐】 yóudòu·fu 〔명〕 유부. 튀긴 두부.
【油坊】 yóufáng 〔명〕 기름집.
【油橄榄】 yóugǎnlǎn 〔명〕(植) 1 올리브(olive). 2 올리브 열매. =【齐墩果】 qídūnguǒ 〔동〕【橄榄】 gǎnlǎn【洋橄榄】 yánggǎnlǎn
【油膏】 yóugāo 〔명〕 연고.
【油垢】 yóugòu 〔명〕 기름때. ¶清洗~ = 기름때를 씻다.
【油管】 yóuguǎn 〔명〕 송유관. 파이프라인.
【油罐】 yóuguàn 〔명〕 오일 탱크(oil tank). 유조(油槽) 탱크. ¶~车 = 오일 탱크차. 유조차.
【油罐子】 yóuguàn·zi 〔명〕 기름독.
【油光】 yóuguāng 〔형〕 번지르르하다. 반들반들하다. 윤이 나다. ¶~锃亮 = 번지르르하다.
【油光光】 yóuguāngguāng (~的) 〔형〕 반질반질〔번들번들〕한 모양. 반짝반짝하는 모양. ¶他的头发总是梳得~的。= 그의 머리는 언제나 반질반질하게 빗어져 있다.
【油光水滑】 yóuguāng-shuǐhuá 〔성〕 번지르르하다. 반짝반짝하다.
【油光纸】 yóuguāngzhǐ ☞【有光纸】 yǒu guāngzhǐ
【油鬼】 yóuguǐ ☞【油炸鬼】 yóuzháguǐ
【油锅】 yóuguō 〔명〕 (끓고 있는) 기름솥. ¶上刀山, 下~, 在所不惜 = 칼 산에 뛰어오르고 끓는 기름솥에 뛰어드는 것을 마다하지 않다. (목적 달성을 위해) 물불을 가리지 않다.
【油耗】 yóuhào 〔명〕 (차량·기계 등의) 오일 소모량. ¶降低~ = 오일 소모량을 낮추다.
【油耗子】 yóuhào·zi 〔명〕 휘발유·경유 등을 암거래하여 폭리를 취하는 모리배.
【油黑】 yóuhēi 〔형〕 거머번지르하다. 까마반드르하다. ¶~的头发 = 까마반드르한 머리카락.
【油乎乎】 yóuhūhū (~的) 〔형〕 번지르르하다. ¶~的煎饼 = 기름이 번지르르한 전병.
【油葫芦】 yóu·hulú 〔명〕(動) 왕귀뚜라미.
【油花】 yóuhuā (~儿) 〔명〕 국물에 뜨는 기름.
【油花花】 yóuhuāhuā (~的) 〔형〕 국에 기름이 둥둥 뜬 모양. ¶一碗~的肉丝汤 = 기름이 둥둥 뜬 고깃국 한 사발.
【油滑】 yóuhuá 〔형〕 교활하다. 능글맞다. 빤질거리다. ¶说话~ = 말하는 것이 능글맞다. ≒圆滑
【油画】 yóuhuà 〔명〕(美) 유화.
【油灰】 yóuhuī 〔명〕(建) 퍼티(putty).
【油鸡】 yóujī 〔명〕(動) 코친(cochin).
【油迹】 yóujì 〔명〕 (옷에 묻은) 기름 자국〔얼룩〕.
【油煎火燎】 yóujiān huǒliǎo 〔성〕 1 기름에 지지고 불에 데다. 2 〔비〕 몹시 아프다. 몹시 초조해하다〔애태우다·안달하다〕.
【油脚】 yóujiǎo ☞【油底子】 yóudǐ·zi
【油匠】 yóujiàng ☞【油漆匠】 yóuqījiàng
【油井】 yóujǐng 〔명〕 유정. 석유갱.

【油锯】 yóujù 〔명〕(林) 엔진톱. 휴대용 동력 사슬톱. [주로 벌목을 하는 데 쓰임]
【油枯】 yóukū ☞【油饼】 yóubǐng
【油库】 yóukù 〔명〕 유고. 유류 창고.
【油矿】 yóukuàng 〔명〕 1 석유 광상(鑛床). 2 유전. 유전 개발 회사.
【油老虎】 yóulǎohǔ 〔명〕〔비〕 석유를 대량으로 소모하는 공구 또는 회사.
【油亮】 yóuliàng 〔형〕 반짝반짝하다. 반질반질하다. 반지르르하다. ¶他总是把皮鞋擦得~的。= 그는 항상 구두를 반질반질하게 닦는다.
【油亮亮】 yóuliàngliàng (~的) 〔형〕 반지르르한 모양. 반질반질한 모양. ¶两根~的大辫子 = 까마반지르르한 땋은 머리 두 가닥.
【油料】 yóuliào 〔명〕 1 (콩·유채씨·참깨 등과 같이) 기름을 함유한 열매. 2 연료용 유류. ¶工业~=공업 연료용 유류.
【油料作物】 yóuliào zuòwù 〔명〕(農) 기름 작물. 유료 작물. 유지(油脂) 작물.
【油篓】 yóulǒu 〔명〕〔양〕 기름 광주리. [싸리나무나 대쪽으로 엮고 안쪽에 종이를 바르고 돼지기름이나 동유(桐油)를 칠한 기름을 담는 용기]
【油炉】 yóulú 〔명〕 기름 버너. 석유 버너. 코클(cockle) 버너.
【油绿】 yóulǜ 〔형〕 번지르르한 짙은 녹색의. ¶~的麦苗 = 번지르르하게 짙은 녹색의 보리싹.
【油轮】 yóulún 〔명〕 유조선. 오일 탱커(oil tanker). =【油船】 yóuchuán
【油麦】 yóumài ☞【莜麦】 yóumài
【油毛】 yóumáo ☞【原毛】 yuánmáo
【油毛毡】 yóumáozhān ☞【油毡】 yóuzhān
【油门】 yóumén (~儿) 〔명〕(機) 가속 장치. 가속 페달. 액셀러레이터(accelerator).
【油苗】 yóumiáo 〔명〕(地) 유사(油砂)의 노두(露頭). [유전 지대의 오일이 지표에 스며나온 곳]
【油墨】 yóumò 〔명〕 인쇄 잉크.
【油母页岩】 yóumǔ yèyán 〔명〕(礦) 유모혈암. 유혈암. 함유 셰일(含油shale). =【油页岩】 yóu yèyán
【油泥】 yóuní 〔명〕 기름 찌꺼기. ¶机器上满是~, 该擦擦了。= 기계에 온통 기름투성이이니 좀 닦아야 되겠다.
【油腻】 yóunì 〔형〕 기름지다. 기름기가 많다. 느끼하다. ¶这道菜有点儿~。= 이 요리는 좀 느끼하다. 〔명〕 1 기름진 식품. ¶忌吃~ = 기름진 식품을 금기하다. 2 기름 때. ¶满手~ = 손에 온통 기름투성이이다. ↔清淡
【油皮】 yóupí (~儿) 〔명〕〔명〕 1 살갗. ¶腿上擦破点儿~。= 다리에 살갗이 좀 벗어졌다. 2 콩국〔두유〕에 뜨는 단백질막.
【油票】 yóupiào 〔명〕 1 (휘발유·경유 등을 살 수 있는) 기름 쿠폰. 2〔예〕 식용유 배급표〔쿠폰〕.
【油瓶】 yóupíng 〔명〕 1 기름병. 2〔비〕 덤받이. [여자가 전남편에게서 배거나 낳아서 데리고 들어온 자식] ¶拖~ = 덤받이.
【油漆】 yóuqī 〔명〕 1 페인트. 2 도료. 〔동〕 (페인트 등을) 칠하다. ¶桌子~—新。= 탁자를 새로 칠

하였다.
【油漆匠】yóuqījiàng 图 도장공(塗裝工). 칠장이. = 【油匠】yóujiàng
【油气】yóuqì ☞ 【油田伴生气】yóutián bànshēngqì
【油气井】yóuqìjǐng 图 석유 가스정.
【油气田】yóuqìtián 图 석유 가스전.
【油气显示】yóuqì xiǎnshì 图 석유 및 천연 가스의 노두(露頭).
【油腔滑调】yóuqiāng-huádiào 图 말이 경박하고 능글맞다. ↔一本正经
【油区】yóuqū 图 산유지(역).
【油裙】yóu·qun 图 앞치마. 행주치마.
【油然】yóurán 图 구름이 뭉게뭉게 피어오르는 모양. ¶~作云=구름이 뭉게뭉게 피어나다. 图 저절로. 자연히. ¶~而生钦佩之心.=존경하는 마음이 저절로 생겨나다. ≒自然 ↔漠然
【油润】yóurùn 图 광택이 나다. 번질번질하다. ¶烟叶=담뱃잎이 윤기가 나다.
【油色】yóusè 图 유화구(油畵具). 유화용 안료.
【油砂】yóushā 图(礦) 유사. 오일 샌드.
【油杉】yóushān 图(植) 유삼. [소나무와 삼나무속의 상록 교목] = 【杜松】dùsōng
【油石】yóushí 图 기름숫돌.
【油饰】yóushì 图 페인트[니스]를 칠하다. ¶~栏杆=난간에 페인트를 칠하다.
【油刷】yóushuā 图 기름을[페인트]를 칠하다. ¶~门窗=문[창문]에 페인트를 칠하다.
【油水】yóu·shui 图 1 음식에 들어 있는 기름기[지방 성분]. 2 명 의외의 수입. 부당한 이득. ¶捞~=부당한 이득을 챙기다.
【油松】yóusōng 图(植) 만주흑송. 만주곰솔. = 【短叶松】duǎnyèsōng
【油酥】yóusū 图 밀가루에 식용유를 넣고 지져서) 기름지고 바삭바삭한. ¶~烧饼=기름지고 바삭바삭한 샤오빙.
【油桃】yóutáo 图(植) 승도(복숭아). 민복숭아. 유도.
【油田】yóutián 图 유전.
【油田伴生气】yóutián bànshēngqì 图 천연 오일 가스. = 【油田气】yóutiánqì 【油气】yóuqì
【油田气】yóutiánqì ☞ 【油田伴生气】yóutián bànshēngqì
【油条】yóutiáo 图 1 유탸오. 유조. [밀가루 반죽을 발효시켜 길이 30센티 정도의 길쭉한 모양으로 만들어 기름에 튀긴 푸석푸석한 식품. 주로 아침 식사로 먹음] 2 능구렁이. 음흉하고 능청스러운 사람. ¶老~=능구렁이.
【油桐】yóutóng 图(植) 유동. 기름오동. 동유수. [열매로 기름을 짜는 오동나무]
【油桶】yóutǒng 图 기름 드럼통.
【油头粉面】yóutóu-fěnmiàn 图 화장이 진하고 자르르하게. 번지르르하게 치장하다. [주로 남자를 가리킴]
【油头滑脑】yóutóu-huánǎo 图 (말이나 일하는 폼이) 경망스럽다. 빤질빤질하다.
【油汪汪】yóuwāngwāng (~的) 图 1 기름기가 많은 모양. ¶鸡汤~的, 真馋人.=닭국이 기름진 것이 정말 먹음직스럽구나. 2 반들반들하다. 반지르르하다. ¶~的麦苗儿=반지르르한 보리[밀].
【油污】yóuwū 图 기름때. 기름 얼룩. ¶一身~=온몸에 기름투성이이다.
【油箱】yóuxiāng 图 1 오일 탱크. 2 (비행기·자동차 등의) 연료 탱크.
【油香】yóu·xiang 图 유샹. [중국 회교도의 식품의 한 가지. 약간의 소금을 넣고 따뜻한 물로 밀가루를 반죽하여 떡 모양으로 만들어 다시 참기름으로 튀김]
【油香鱼】yóuxiāngyú ☞ 【香鱼】xiāngyú
【油鞋】yóuxié 图 유혜. 진신.
【油星】yóuxīng (~儿) 图 기름 방울. = 【油星子】yóuxīng·zi
【油星子】yóuxīng·zi ☞ 【油星】yóuxīng
【油性】yóuxìng 图 유성. 지성(脂性). ¶~皮肤=지성 피부.
【油压】yóuyā 图 유압.
【油压机】yóuyājī 图 유압기.
【油烟(子)】yóuyān(·zi) 图 유연.
【油盐酱醋】yóu-yán-jiàng-cù 图 1 (요리에 쓰는) 조미료. 2 (비) 보충 내용.
【油页岩】yóuyèyán ☞ 【油母页岩】yóumǔyèyán
【油印】yóuyìn 图(印) 유인. 등사.
【油印机】yóuyìnjī 图 등사기. 등사판.
【油油】yóuyóu 图图 1 (초목 등이) 기름진 모양. ¶禾黍~=벼와 기장이 기름진 모양. 2 물결이 흐르는 모양. ¶江水~=강물이 유유히 흘러가다. 3 얌전한 모양. ¶禁不住~然高兴起来.=참을 수 없이 기쁘다.
【油渣】yóuzhā 图 (기름을 짜내고 남은) 비계 찌꺼기.
【油炸】yóuzhá 图 (끓는) 기름에 튀기다. 식용유로 튀기다. ¶~豆腐=유부.
【油炸鬼】yóuzháguǐ 图 (밀가루 반죽을 발효시켜 엿가락이나 도넛 모양으로 튀긴 푸석푸석한 식품. 图) = 【油鬼】yóuguǐ
【油毡】yóuzhān 图(建) 루핑(roofing). 펠트(felt)지. [섬유 제품에 아스팔트 가공을 한 방수지] = 【油毛毡】yóumáozhān
【油脂】yóuzhī 图 유지. 지방(脂肪).
【油脂麻花】yóu·zhīmáhuā (~的) 图图 (물건 등이) 기름으로 얼룩진 모양. ¶围裙~的, 该洗洗了.=앞치마가 기름으로 얼룩졌으니, 씻어야 한다.
【油纸】yóuzhǐ 图 유지. 기름종이.
【油质】yóuzhì 图 유성의. 유성 물질의. ¶~颜料=유성 안료.
【油渍渍】yóuzīzī (~的) 图(구) (옷가지·손 등이) 기름으로 얼룩진 모양.
【油渍】yóuzì 图 기름 얼룩(때). ¶裤子上全是~.=바지에 온통 기름때투성이이다.
【油渍渍】yóuzìzī (~的) 图 (옷가지·손 등이) 기름으로 얼룩진 모양. ¶修了半天机器, 弄得双手

~的。=한참 동안 기계를 수리하였더니, 양손이 기름투성이다.

【油子】yóu·zi 〔명〕 1 (더럽고 끈적끈적한) 진. [주로 검은색임] ¶烟袋~=댓진. 2㊦ 빤질빤질한 사람. 세상 물정에 밝고 교활한 사람. ¶老~=빤질빤질한 놈.

【油棕】yóuzōng 〔명〕〔植〕 기름야자.

【油嘴】yóuzuǐ 〔명〕 1 싼 입. 잘 놀리는 입. ¶他天生长了一张~。=그는 천성적으로 입이 싸다. 2 입이 싼 사람. 3 노즐(nozzle).

【油嘴滑舌】yóuzuǐ-huáshé(~的) 〔성〕 말이 경망스럽고 번지르르하다. 말만 잘하고 실속이 없다. 말만 번지르르하다. 입만 살다.

## 柚 yóu 티크 유
☞ yòu

【柚木】yóumù 〔명〕〔植〕 티크(teak).

## 疣 yóu 사마귀 우
〔명〕〔醫〕 사마귀.

## 斿 yóu 깃발의 술 유
〔명〕 깃발에 장식으로 달려 있는 술. 〔동〕㊦ '游(yóu)'와 같음.

## 莜 yóu 귀리 유
【莜麦】[油麦] yóumài 〔명〕〔植〕 1 귀리. 2 귀리의 낟알.

## 莸[蕕] yóu 누린내풀 유
〔명〕 1 (고서에 나오는) 악취가 나는 풀. 2㊗ 악인. 나쁜 사람. ¶薰~不同器。=선한 사람(군자)과 나쁜 사람(소인)이 한 곳에 있을 수 없다. 3〔植〕 층꽃풀.

## 铀[鈾] yóu 우라늄 유
〔명〕㊦〔化〕 우라늄(U, uranium). [원자 번호 92]

【铀后元素】yóuhòu yuánsù 〔명〕〔化〕 초우라늄 원소.

## 蚰¹ yóu 그리마 유
【蚰蜒】yóu·yán 〔명〕〔動〕 그리마. [지네보다 약간 작으며 회백색을 띰]

## 蚰² yóu 가새풀 유
☞【蜒蚰】yányóu

【蚰蜒草】yóuyáncǎo ☞【蓍草】shīcǎo

## 鱿[魷] yóu 오징어 우
【鱿鱼】yóuyú ☞【枪乌贼】qiāngwūzéi

## 游¹[(遊)] yóu 노닐 유
〔동〕 1 이리저리 다니다. 떠돌다. 유람하다. 한가롭게 거닐다. ¶旅~=여행하다. / 周~天下=천하를 주유하다. 2 놀다. 즐기다. ¶做~戏=놀이를 하다. / ~艺活动=오락 활동. 3 옮겨다니다. 이동하다. 자유롭게 움직이다. 유동하다. ¶

~移不定=이리저리 자유롭게 이동하다. 4㊦ 사귀다. 내왕하다. 교제하다. 교유하다. ¶交~甚广=교제가 아주 넓다.

## 游² yóu 헤엄칠 유
〔동〕 헤엄치다. 유영하다. ¶下河~泳=강에 뛰어들어 헤엄치다. 〔명〕 1 강의 한 부분. ¶中~=중류. / 下~=하류. 2 (Yóu) 성(姓).

> 遨áo游、畅chàng游、出游、浮游、宦huàn游、回游、郊游、倦juàn游、浪游、旅游、漫游、飘piāo游、神游、卧游、巡xún游、冶yě游、优游、云游

【游伴】yóubàn 〔명〕 놀이친구. 소꿉동무. (여행의) 길동무.

【游标】yóubiāo 〔명〕〔機〕 유표. 커서(cursor).

【游标卡尺】yóubiāo kǎchǐ 〔명〕〔機〕 버니어 캘리퍼스(vernier callipers). ㊟【卡尺】kǎchǐ

【游程】yóuchéng 〔명〕 1 수영의 거리. ¶这场比赛的~是800米。=이번 시합의 수영 거리는 800 미터이다. 2 유람(여행)의 노정(路程). ¶~500里=여정 500리. 3 유람의 일정. 여행의 스케줄. ¶请旅行社发一份~安排表过来。=여행사에 여행 일정표 한 부를 보내 달라고 하세요.

【游船】yóuchuán 〔명〕 유람선.

【游串】yóuchuàn 〔동〕 한가로이 노닐다. 빈둥거리며 돌아다니다. 자유롭게 유람하다. ¶四处~=여기저기 돌아다니다.

【游春】yóuchūn 〔동〕 봄놀이 가다. 봄 경치를 유람하다.

【游词】[游辞] yóucí 〔명〕㊦ 1 뜬소문. 낭설. 풍설. 2 농담.

【游辞】yóucí ☞【游词】yóucí

【游荡】yóudàng 〔동〕 1 파도나 바람에 이리저리 흔들리다. ¶小船在河边随波~。=작은 배가 강가에서 바람에 따라 이리저리 흔들린다. 2 하릴없이 한가로이 빈둥거리다. ¶到处~=이리저리 빈둥거리다. 3 한가로이 노닐다. 빈둥거리며 돌아다니다. 자유롭게 유람하다. ¶他一个人在湖边~。=그 혼자 호숫가에서 한가롭게 노닐고 있다. 4 생활이 안정되지 않아 이리저리 방랑하다. ¶他在社会上~七、八年, 到现在还没成家。=그는 사회에서 방랑한 지 7, 8년이나 되었고, 아직까지 결혼을 하지 않았다.

【游动】yóudòng 〔동〕 유동하다. 이리저리 옮겨다니다. ¶白云在天空飘飞, 牛羊在草原上~。=하늘에는 흰구름이 두둥실 떠다니고, 초원에서는 소와 양들이 이리저리 옮겨 다닌다. 〔형〕 위치가 유동적인. ¶~靶=유동 표적.

【游动哨】yóudòngshào 〔명〕 순찰병. 이동 초병. 유동 보초.

【游惰】yóuduò 〔동〕 빈둥빈둥 놀다. 게으름을 피우며 놀다. ¶~习气=나태한 습성.

【游方】yóufāng 〔동〕 1 남녀가 서로 노래·대화·선물 등을 주고받으면서 서로 사귀다. [묘족(苗族) 젊은 남녀의 사교 방식으로, 명절이나 농한기에 이루어짐] 2 행각하다. 여기저기 돌아다니다.

¶~僧人 =행각승.
【游舫】**yóufǎng** 图 유람선.
【游逛】**yóuguàng** 图 돌아다니며 놀다. 한가히 거닐며 구경하다. ¶外出~ =밖에 나가 한가로이 돌아다니다.
【游击】**yóujī** 图 유격전을 하다. 게릴라전을 하다. ¶~队员 =유격대원. 图 유격전. ¶打~ =유격전을 벌이다.
【游击队】**yóujīduì** 图(軍) 유격대.
【游击区】**yóujīqū** 图 유격 지구.
【游击战】**yóujīzhàn** 图(軍) 유격전.
【游记】**yóujì** 图 여행기. 기행문.
【游街】**yóu‖jiē** 图 **1** 범죄자·적대자를 거리에 끌고 다니면서 조리돌리다. **2** 영웅 등을 거리에서 퍼레이드하며 표창해 주다. ¶披红~ =붉은 비단으로 치장하고 거리를 퍼레이드하다.
【游客】**yóukè** 图 여행객. 관광객. [주로 외국·외지에서 온 사람을 가리킴] ≒游人
【游览】**yóulǎn** 图 (풍경·명승 등을) 유람하다. ¶~峨眉山 =어메이산을 유람하다.
【游览区】**yóulǎnqū** 图 유람 지구.
【游廊】**yóuláng** 图 긴 복도. 회랑(回廊).
【游乐】**yóulè** 图 행락하다. 놀며 즐기다. ¶尽情~ =마음껏 놀며 즐기다.
【游乐场】**yóulèchǎng** ☞【游乐园】**yóulèyuán**
【游乐园】**yóulèyuán** 图 유락 공원. 유원지. =【游乐场】**yóulèchǎng**
【游离】**yóulí** 图 **1** (化) 유리하다. **2** (비) 유리되다. 동떨어지다. ¶~状态 =유리 상태.
【游离电子】**yóulí diànzǐ** ☞【自由电子】**zìyóu diànzǐ**
【游离态】**yóulítài** 图(化) 유리 상태.
【游历】**yóulì** 图 유력하다. 여러 곳을 돌아다니다. ¶~江南 =강남을 유력하다.
【游猎】**yóuliè** 图 사냥 다니다. 유렵하다.
【游侣】**yóulǚ** 图 여행 동반자. (여행의) 길동무.
【游轮】**yóulún** 图 유람선.
【游民】**yóumín** 图 부랑자. 유민. ¶无业~ =부랑자.
【游牧】**yóumù** 图 유목하다. ¶~民族 =유목 민족.
【游骑】**yóuqí** 图(옛) 순찰 기병. 기동 기병.
【游气】**yóuqì** 图 **1**(구) 떠다니는 엷은 구름. **2** 미약한 숨결. ¶病人只剩下一丝~了. =환자는 단지 실낱같은 미약한 숨결만이 남아 있을 뿐이다.
【游憩】**yóuqì** 图 놀이와 휴식을 취하다.
【游禽】**yóuqín** 图(動) 유금(류).
【游人】**yóurén** 图 유람객. 관광객. 여행객. ¶~如织 =유람객이 빼곡하다. ≒游客
【游刃有余】**yóurèn-yǒuyú** 图 **1** 백정이 소를 잡는데, 칼놀림이 경지에 달하여 칼날이 소의 뼈 사이에서 자유롭게 이동하며 전혀 막힘이 없다. **2**(비) 힘들이지 않고 여유 있게 일을 처리하다. 솜씨 있게 일을 처리하다. 자유자재로 운용하다. 식은죽먹기이다. ≒运用自如
【游僧】**yóusēng** 图 행각승.

【游山玩水】**yóushān-wánshuǐ** 图 자연에 노닐다. 산수간에 놀며 즐기다. 산수 풍경을 감상하다.
【游赏】**yóushǎng** 图 유람하며 감상하다. 명소·고적 등을 다니며 감상하다. ¶漫步~ =천천히 유람하며 감상하다.
【游手好闲】**yóushǒu-hàoxián** 图 하는 일 없이 빈둥거리다. 빈둥거리며 게으름만 부리다. 일하지 않고 놀고 먹다. ≒不务正业
【游水】**yóu‖shuǐ** 图 수영하다. 헤엄치다.
【游说】**yóushuì** 图 **1** 전국 시대(戰國時代)에 각처로 돌아다니며 통치자에게 말재간으로 자기의 의견·정치 주장 등을 유세하다. **2** 자기의 의견·주장을 펼치다. 유세하다. ¶四处~ =사방에 유세하다.
【游丝】**yóusī** 图 **1** (공중에 떠돌거나 풀 같은 데 걸려 있는) 섬세한 거미줄. ¶细若~ =섬세하기가 거미줄 같다. **2**(機) 유사(游絲).
【游隼】**yóusǔn** 图(動) 매.
【游艇】**yóutǐng** 图 유람선.
【游玩】**yóuwán** 图 **1** 놀다. 뛰놀다. 즐기다. 휴식하다. ¶孩子们在院子里~. =아이들이 정원에서 뛰놀고 있다. **2** 유람하며 즐기다. 돌아다니며 감상하다. ¶他们去动物园~去了. =그들은 동물원에 놀러 갔다.
【游息】**yóuxī** 图 **1** 놀며 휴식하다. ¶这片竹林是难得的~之所. =이 대나무 숲은 보기 힘든 휴식처이다. **2** (새·물고기 등의 동물이) 돌아다니며 휴식하다. ¶这里的自然环境很适合鸟类~. =이 곳의 자연 환경은 조류가 서식하기에 아주 적합하다.
【游嬉】**yóuxī** 图 놀다. 장난치다. ¶游人在沙滩上纵情~. =관광객이 모래밭에서 마음껏 놀고 있다.
【游戏】**yóuxì** 图 놀다. 장난치다. ¶几个小朋友在草地上~. =몇 명의 어린아이들이 풀밭에서 장난치고 있다. 图 **1** (수수께끼놀이·숨바꼭질 등의) 놀이. 레크리에이션. **2** 게임. ¶智力~ =지력(을 높이는) 게임.
【游戏规则】**yóuxì guīzé** 图 **1** 놀이 규칙. **2**(비) (일상 생활 속의 여러 가지) 원칙. 상례. 법규. ¶及时行乐是他的~. =시기 적절하게 즐기는 것이 그의 생활 원칙이다.
【游戏机】**yóuxìjī** ☞【电子游戏机】**diànzǐ yóuxìjī**
【游戏卡】**yóuxìkǎ** 图 (게임기에 사용하는) 게임 카드.
【游戏人生】**yóuxì-rénshēng** 图 인생을 놀이 삼아 살다.
【游侠】**yóuxiá** 图 유협. 협객.
【游乡】**yóuxiāng** 图 **1** (죄인이나 적대자를) 마을에 끌고 다니면서 조리돌리다. **2** 시골을 구석구석 돌며 장사하다. ¶~货郎 =행상꾼.
【游心】**yóuxīn** 图(문) (항상 어떤 방면에) 마음을 두다. 유의하다. 전념하다. 몰두하다. 신경을 쓰다. ¶~于绘画艺术 =회화 예술에 전념하다.
【游行】**yóuxíng** 图 **1** (거리에서) 퍼레이드하다.

행진하다. 시위하다. 데모하다. 시위 행진하다. ¶~示威=(거리에서) 시위하다. **2** 정처 없이 떠돌아다니다. 만유(漫游)하다. ¶~四方=사방을 정처 없이 돌아다니다.

【游兴】**yóuxìng** 몡 유흥. 놀이의 흥취. 행락 기분. 놀아 보고자 하는 들뜬 기분. ¶~大发=흥이 일다.

【游幸】**yóuxìng** 통 (왕·왕후·왕비 등이) 놀러 나가다. 여행 가다. ¶贵妃~=귀비가 놀러 나가다.

【游学】**yóuxué** 통옛 유학(遊學)하다. 유학(留學)하다. ¶~海外=해외 유학하다.

【游医】**yóuyī** 몡 떠돌이 의사.

【游移】**yóuyí** 통 **1** 옮겨 다니다. 왔다 갔다 하다. ¶浮云在蓝天上~。=구름이 푸른 하늘에 이리저리 떠다니다. **2** 우물쭈물하다. 망설이다. 주저하다. 동요하다. 머뭇거리다. 갈피를 잡지 못하다. ¶不容~=망설일 필요가 없다.

【游弋】**yóuyì** 통 **1** 군함이 순찰〔순항〕하다. **2** 물속에서 유동하다. 노닐다. ¶几只鸭子在河边~。=몇 마리의 오리가 강가에서 노닐고 있다.

【游艺】**yóuyì** 몡 연예. 유희. 오락. 레크리에이션. ¶~场=연예장.

【游艺会】**yóuyìhuì** 몡 연예회. (오락성) 문예회. 학예회.

【游艺机】**yóuyìjī** ☞【电子游艺机】**diànzǐ yóuyìjī**

【游泳】**yóuyǒng** 통 수영하다. 헤엄치다. ¶~馆=수영장. 몡(體) 수영. ¶~锦标赛=수영 선수권 대회.

【游泳池】**yóuyǒngchí** 몡 (인공) 수영장. 풀(pool).

【游泳裤】**yóuyǒngkù** 몡 수영 팬티.

【游泳衣】**yóuyǒngyī** 몡 **1** 수영복. **2** (여성의) 수영복.

【游勇】**yóuyǒng** 몡 뿔뿔이 흩어진 병사. ¶散兵~=도망쳐서 뿔뿔이 흩어진 병사.

【游鱼】**yóuyú** 몡 헤엄치는 물고기.

【游园】**yóuyuán** 통 정원(공원)에서 놀다. ¶~晚会=가든 이브닝 파티.

【游园会】**yóuyuánhuì** 몡 원유회(園遊會). 야외 파티. 가든 파티.

【游转】**yóuzhuàn** 통 빈둥거리며 돌아다니다. 한가로이 노닐다. 어슬렁거리다. ¶晚饭后他总要到广场上一~圈。=저녁 식사 후 그는 언제나 광장에 가서 한 바퀴 돌곤 한다.

【游资】**yóuzī** 몡 **1** 핫머니(hot money). =【热钱】**rèqián 2** 유자. 유휴 자본.

【游子】**yóuzǐ** 몡옛 유자. 나그네. 방랑자. ¶海外~=재외 국민. 해외 체류자.

【游子】**yóu·zi** ☞【鰡子】**yóu·zi**

【游踪】**yóuzōng** 몡 유람의 발자취. 유력(遊歷)의 종적.

【游走】**yóuzǒu** 통(醫) 장기나 통증이 이리저리 움직이다. 병의 통증이 이리저리 옮기다. 장기의 위치가 고정되지 않고 비정상적인 위치로 움직이다. ¶~脾=유주비.

楢 **yóu** 졸참나무 유
몡(植) 고서(古書)에 나오는 목질이 연한 나무.

輶[輶] **yóu** 가벼운 수레 유
몡 고대의, 가볍고 간편한 수레. 톙옛 가볍다.

鮋[鮋] **yóu** 피라미 유
몡(動) 양볼락과 어류의 총칭.

猷 **yóu** 꾀할 유
몡옛 계획. 계략. ¶鸿~=홍유. 큰 계획.

蝣 **yóu** 하루살이 유
☞【蜉蝣】**fúyóu**

蝤 **yóu** 꽃게 추
☞ **qiú**

【蝤蛑】**yóumóu** 몡(動) 꽃게. 통【梭子蟹】**suō·zixiè**

繇 **yóu** 말미암을 유
개옛 '由(yóu)'와 같음.
☞ **yáo, zhòu**

鼬 **yóu** 후림새 유
【鼬子】[游子] **yóu·zi** ☞【吔子】**é·zi**

\*\*友 **yǒu** 벗 우
몡 벗. 친구. 친우. ¶亲~=친우. / 良师益~=좋은 스승과 유익한 친구. 통 **1** 친근하다. 사이가 좋다. ¶~善相处=서로 사이좋게 지내다. / 团结~好=단합되고 사이가 좋다. **2** 의좋다. 우호적이다. ¶出访~邦=출국하여 우방을 방문하다. ↔敌

○-● 工友, 故友, 良友, 卖友, 盟méng友, 密友, 幕mù友, 难nàn友, 票友, 契qì友, 亲友, 畏wèi友, 校友, 净zhèng友, 执zhí友, 挚zhì友

【友爱】**yǒu'ài** 톙 우애롭다. 우호적이고 친하다. ¶团结~=서로 뭉치고 우애롭다.

【友伴】**yǒubàn** 몡 친구. 벗. ¶亲密~=친밀한 벗.

【友邦】**yǒubāng** 몡 우방. 우호국. ¶支援~=우방을 지원하다. ≒友国

【友道】**yǒudào** 몡 벗을 사귀는 도덕 규범. 교제에 필요한 규칙과 도덕.

【友国】**yǒuguó** 몡 우방. 우호국. ≒友邦 ↔敌国

【友好】**yǒuhǎo** 톙 우호적이다. ¶和平~=평화적이고 우호적이다. 몡 절친한 친구. 좋은 벗. ¶生前~=생전의 절친한 벗. ↔敌对

【友军】**yǒujūn** 몡 우군.

【友邻】**yǒulín** 몡 (우호적인) 이웃. 톙 우호적이고 가깝다. ¶~单位=우호적이고 가까운 기관.

【友情】**yǒuqíng** 몡 우정. ¶加深~=우정을 더욱 돈독히 하다.

【友人】**yǒurén** 몡 벗. 우인. 친구. ¶国际~=

외국 친구. ≒朋友 ↔敌人
【友善】yǒushàn 〔형〕〔문〕 사이가 좋다. 우호적이다. 다정하다. 의좋다. ¶素相~=평소 서로 사이가 좋다.
【友谊】yǒuyì 〔명〕 우의. 우정. ¶为~干杯。=우정을 위하여 건배합시다. ↔仇恨
【友谊赛】yǒuyìsài 〔명〕〔體〕 친선 경기〔시합〕.

\*有 yǒu 있을 유

〔동〕 **1** 있다. [존재를 나타냄] ¶桌子上~一本词典。=책상 위에 사전 한 권이 있다. **2** 가지고 있다. 소유하다. [소유를 나타냄] ¶~胆识=담력과 식견이 있다. / 他~一套三居室的房子。=그는 방 세 개가 딸린 집 한 채를 가지고 있다. **3** 많이 있다. …되다. [어떤 물건이 많거나 시간이 오래 경과됨을 나타냄] ¶他是我们同学中最~钱的。=그는 우리 학우 중 가장 돈이 많다. / 这树可~年头了。=이 나무는 수령이 꽤 된다. **4** 생기다. 나타나다. [발생·출현을 나타냄] ¶他~病住院了。=그는 병이 나서 입원하였다. **5** …만큼 되다. …만하다. [계량이나 비교를 나타냄] ¶这头猪足~两百斤重。=이 돼지는 200근은 충분히 나간다. / 她已经~妈妈高了。=그녀는 이미 엄마만큼 키가 컸다. **6** 네. 예. [대답하는 말로, 그 곳에 있음을 나타냄] ¶李伟！~！=리웨이! 네! **7** 어느. 모(某). 웬. [명시되지 않은 사람·날짜·사물 등을 나타내며, '某(mǒu)'와 비슷함] ¶~天早上我遇见了他。=어느 날 아침 나는 그와 마주쳤다. **8** 어떤. [사람·때·장소 앞에 쓰여 일부분을 나타냄] ¶~人想去, ~人不想去。=어떤 사람은 가고 싶어하고, 또 어떤 사람은 가고 싶어하지 않는다. / 他~时候也写散文。=그는 어떤 때는 산문도 쓴다. / 这种冰箱, ~商场有, ~商场没有。=이러한 냉장고는 어떤 쇼핑센터에는 있고 또 어떤 쇼핑센터에는 없다. 존 일부 단어 앞에 쓰여 존경·겸양을 나타내는 나타내어 쓰는 말로. ¶~劳大驾=오시느라 수고하셨습니다. 접두 〔문〕 어떤 조대(朝代)나 민족 이름 앞에 쓰임. ¶~宋一代=송대(代). 〔명〕 **(Yǒu)** 성(姓). ↔无 没
☞ yòu

○─ 有 yǒu
　　 侑 yòu
　　 囿 yòu
　　 铕 yǒu
　　 侑 yòu
　　 郁 yù
　　 贿 huì
　　 随 suí

○─ 富有, 赋fù有, 固有, 国有, 领lǐng有, 私有, 所有, 惟wéi有, 乌wū有, 稀xī有, 享xiǎng有, 拥yōng有, 占有, 只有, 莫须有

【有碍】yǒu'ài 〔동〕 지장이 있다. 방해되다. 장애가 되다. ¶~观瞻=모양이 눈에 거슬리다.
【有案可查】yǒu'àn-kěchá ☞【有案可稽】yǒu'àn-kějī
【有案可稽】yǒu'àn-kějī **1** 증거로 삼을 만한 기록이 있다. 증빙 서류가 보유하는 있다. 지난날의 기록에서 그 증거를 찾아 볼 수 있다. **2** 사실 근거가 확실하여 증빙할 수 있다. =【有案可查】yǒu'àn-kěchá
【有板有眼】yǒubǎn-yǒuyǎn 〔성〕 **1** 전통 곡조나 음악이 박자에 잘 맞다. 노래에 리듬감이 있다. **2** (일처리·언행 등이) 근거 있고 조리〔질서〕정연하다. 빈틈이 없다.
【有备无患】yǒubèi-wúhuàn 〔성〕 유비무환이다. 사전에 준비하면 재난을 피할 수 있다. ↔措手不及
【有悖于】yǒubèiyú 〔동〕 (어떤 방면과) 서로 위배되거나 부딪치다. 서로 모순되다. ¶他的做法~常理。=그의 방법은 상식적인 도리에 위배된다.
【有奔头】yǒu bèn·tou (~儿) 〔명〕 유망하다. 희망이 있다. 전도가 있다. ¶孩子大了就~了。=아이가 자라면 형편이 나아질 것이다.
【有鼻子有眼儿】yǒubí·zi yǒuyǎnr 〔성〕 서술 묘사가 실감나다. 표현이 생동감 넘치다. 표현이 박진하다. ¶他说得~, 好像真有其事似的。=그는 정말 있었던 일처럼 실감나게 말한다.
【有变】yǒubiàn 변화가 나타나다〔생기다〕. ¶情况~=상황이 변하다.
【有别】yǒubié 〔동〕 구분〔분별〕이 있다. 서로 다르다. ¶亲疏~=친소에 구분이 있다.
【有病】yǒubìng 〔동〕 **1** 병을 앓다. 병이 나다. 병에 걸리다. 질환이 있다. **2** 비정상적이다. [풍자나 해학적인 의미를 내포함] ¶一不高兴就乱吼人, 你是不是~？=기분이 조금 나쁘기만 하면 마구 소리를 질러 대니, 너 미쳤냐？
【有差】yǒuchā 〔형〕〔문〕 차이가 있다. 구별이 있다. 서로 다르다. ¶赏罚~=상벌에 차이가 있다.
【有产阶级】yǒuchǎn jiējí 〔명〕〔政〕 유산 계급.
【有偿】yǒucháng 〔형〕 유상의. 비용을 받는. ¶~转让=유상 양도. ↔无偿
【有偿新闻】yǒucháng xīnwén 〔명〕 대가성 보도〔기사〕.
【有成】yǒuchéng 〔동〕〔문〕 성취가 있다. 성공하다. 완성하다. 가능성이 있다. ¶学业~=학업을 완성하다. ↔无成
【有仇】yǒuchóu 〔동〕 원한이 쌓이다. 원한을 맺다〔가지다〕. 적의를 가지다. ¶~必报=원한은 반드시 갚아야 한다.
【有待】yǒudài 〔동〕 기다리다. 기대하다. 기다려야 한다. …이〔가〕 기대되다. …할 필요가 있다. …이〔가〕 요구되다. ¶这些问题都~解决。=이 문제들은 모두 해결되어야 한다.
【有道】yǒudào 〔형〕〔문〕 **1** 덕행이 있다. 학덕이 있다. 도리가 있다. ¶君子爱财, 取之~。=군자도 재물을 좋아하지만, 도리를 지켜 그것을 얻는다. **2** 천하가 태평하다. 〔명〕 ¶天下~=천하가 태평하다. 〔명〕〔문〕 덕행·학덕이 있는 사람. ¶伐无道, 无德让有德。=덕행이 있는 사람이 무도한 자를 치고, 덕이 없는 사람은 덕이 있는 사람에게 양보하다.
【有得】yǒudé 〔동〕 얻은 바가 있다. 터득한 바가 있다. 마음에 깨달은 바가 있다. ¶~有失=얻는 것도 있고 잃는 것도 있다. / 读书~=독서로 마음에 깨달은 바가 있다.
【有的】yǒu·de 〔명〕 어떤 것. 어떤 사람. [전체 중의 일부분을 나타내며, 주로 연용함] ¶大家坐在草地上, ~下棋, ~打扑克。=모두가 잔디밭에

앉아서, 어떤 사람은 장기를 두고 어떤 사람은 카드놀이를 한다.

**【有的是】** yǒu·deshì ⓥ 얼마든지 있다. 아주 많이 있다. 숱하게 있다. [매우 많음을 강조하는 표현] ¶不用着急, 时间~。=서두를 필요 없어, 시간은 얼마든지 있으니까.

**【有底】** yǒu‖dǐ ⓥ 속사정〔내막〕을 알다. 마음속으로 자신이 있다. 속이 든든하다. ¶心中~=마음속으로 자신이 있다.

**【有的放矢】** yǒudì fàngshǐ ⓢ **1** 과녁을 보고 화살을 쏘다. **2**ⓗ 목표를 정하고 일을 하다. 목표가 명확하다. 말·업무의 목표가 정곡을 찌르다. 늑对症下药 ↔无的放矢

**【有点】** yǒudiǎn(~儿) ⓥ 조금 있다. 소량이다. ¶不要紧, 兜里还~儿钱。=걱정하지 마라. 호주머니에 아직도 돈이 좀 있으니까. ⓗ 조금. 약간. 다소나마. [주로 불만을 나타내는 데 쓰이며, '稍微(shāowēi)'에 상당함] ¶今天的风~大。=오늘 바람은 좀 세다.

**【有法】** yǒufǎ ⓥ 법률〔법령〕이 있다. ¶~必依, 执法必严, 违法必究。=법은 반드시 지켜야 하고, 법의 집행은 반드시 엄격해야 하며, 법을 어기면 반드시 조사해야 한다.

**【有方】** yǒufāng ⓔ (방법이) 적당하다. 알맞다. 적절하다. 요령 있다. 방법이 있다. ¶教学~=가르침에 요령이 있다.

**【有份】** yǒufèn(~儿) ⓥ (권리·의무 등에) 일정 지분이 있다. 몫이 있다. ¶奖金要拉开差距, 不能人人~儿。=상금은 차이가 있어야지, 모든 사람에게 한 몫씩 돌아가게 해서는 안 된다.

**【有福同享, 有难同当】** yǒu fú tóng xiǎng, yǒu nàn tóng dāng ⓥ 동고동락하다. 행복은 함께 누리고 고통은 같이 분담하다.

**【有感】** yǒugǎn ⓥ 감수하는 바가 있다. 느끼는 바가 있다. ¶~于此=이에 느끼는 바가 있다.

**【有根】** yǒu‖gēn ⓥ 속사정〔내막〕을 알다. 마음속으로 자신이 있다. 속이 든든하다. ⓔ 기초(근거)가 있다. 확실하다. ¶他说得~有据, 大家也就信了。=그의 말에 근거가 있으니, 모두 믿고 말았다.

**【有功】** yǒugōng ⓥ 공적이 있다. ¶~之臣=공신.

**【有骨头】** yǒu gǔ·tou ⓥ **1**ⓗ 기개가 있다. 기골이 있다. 지조가 있다. 근성이 있다. 줏대가 있다. ¶穷也要穷得~=가난해도 나름대로 기개가 있어야 한다. **2**ⓑ (말 속에) 가시가 있다. 뼈가 있다. ¶他话里~。=그의 말 속에 가시가 있다.

**【有关】** yǒuguān ⓥ 관계가 있다. 관련이 있다. 연관되다. ¶这是本~教育问题的书。=이것은 교육 문제와 관련 있는 책이다. ⓔ 관계가 있는. 관련 있는. ¶~机构=관련 기구. ↔无关

**【有光纸】** yǒuguāngzhǐ ⓝ 유광지. ≒【油光纸】yóuguāngzhǐ

**【有轨电车】** yǒuguǐ diànchē ⓝ 노면 전차. 궤도차.

**【有鬼】** yǒuguǐ ⓥ **1** 귀신이이〔도깨비가〕 있다. 이상한 데가 있다. 별난 데가 있다. **2**ⓗ 꿍꿍이속

이 있다. 다른 속셈이 있다. ¶心里~=마음속에 꿍꿍이가 있다.

**【有过之无不及】** yǒu guò zhī wú bùjí ⓢ 지나치면 지나쳤지 못 미치지는 않다. 더하면 더했지 못하지는 않다. [주로 부정적인 방면에 쓰임]

**【有害】** yǒu‖hài ⓥ 유해하다. 해롭다. ¶吸烟对身体~。=흡연은 몸에 해롭다. ↔有益 有利

**【有行无市】** yǒuháng-wúshì ⓢ 통화 팽창시에 상품값이 올라 교역이 이루어지지 않다.

**【有恒】** yǒuhéng ⓔ 인내성이 있다. 꾸준히 하다. 끈기 있다. 영속성이 있다. 지구력이 있다. 오래 계속하다. ¶学贵~。=배움에서 중요한 것은 꾸준히 계속하는 것이다.

**【有话即长, 无话即短】** yǒu huà jí cháng, wú huà jí duǎn ⓢ 할 말이 있으면 길게 하고, 말할 필요가 없으면 생략하고 지나가다.

**【有会儿】** yǒuhuìr ☞【有会子】yǒuhuì·zi

**【有会子】** yǒuhuì·zi ⓥ 시간이 꽤 (오래) 되었다. 시간이 많이 흘렀다. ≒【有会儿】yǒuhuìr ¶他下班~啦!=그는 퇴근한 지 꽤 오래 되었다.

**【有机】** yǒujī ⓔ **1**《化》유기물의. 유기(체)의. **2**《化》유기 화합물의. 탄소를 함유한. ¶~酸=유기산. **3** 유기적인. ¶~联系=유기적 연계.

**【有机玻璃】** yǒujī bō·li ⓝ 유기 유리.

**【有机肥】** yǒujīféi ☞【有机肥料】yǒujī féiliào

**【有机肥料】** yǒujī féiliào ⓝ 유기 비료. ≒【有机肥】yǒujīféi

**【有机合成】** yǒujī héchéng ⓝ 유기 합성.

**【有机化合物】** yǒujī huàhéwù ⓝ《化》유기 화합물. ≒【有机物】yǒujīwù ↔无机化合物

**【有机化学】** yǒujī huàxué ⓝ《化》유기 화학.

**【有机界】** yǒujījiè ⓝ 유기계.

**【有机可乘】** yǒujī kěchéng ⓢ 탈 만한 기회가 생기다. 좋은 기회다. 비집고 들어갈 틈이 있다. =【有隙可乘】yǒuxì kěchéng ↔无隙可乘

**【有机农业】** yǒujī nóngyè ⓝ《农》유기 농업.

**【有机染料】** yǒujī rǎnliào ⓝ《化》유기 염료.

**【有机食品】** yǒujī shípǐn ⓝ 유기 식품.

**【有机酸】** yǒujīsuān ⓝ《化》유기산. ≒【羧酸】suōsuān

**【有机体】** yǒujītǐ ☞【机体】jītǐ

**【有机物】** yǒujīwù ☞【有机化合物】yǒujī huàhéwù ↔无机物

**【有机质】** yǒujīzhì ⓝ《化》**1** (동식물 체내의) 유기 물질. **2** (토양 중의) 유기질.

**【有己无人】** yǒujǐ-wúrén ⓢ 자기 생각만 하고 남을 고려하지 않다. 자기만 있고 남이 있는 줄 모르다. 오직 자기 생각만 하고 남의 사정은 조금도 돌보지 않다. 제 것밖에 모르다.

**【有加无已】** yǒujiā-wúyǐ ⓢ **1** 오로지 더해 갈 뿐 그침이 없다. **2** 끊임없이 증가하다. 갈수록 더욱 악화되다. 그칠 줄을 모르고 더욱 도가 심해지다.

**【有价】** yǒujià ⓔ 유가의. 고정적인 가치의. ¶~票据=유가 어음. ↔无价

**【有价证券】** yǒujià zhèngquàn ⓝ《经》유가

증권.
【有鉴于此】yǒujiànyúcǐ 〈숙〉 이 점을 고려〔감안〕하다. [흔히 삽입어로 쓰여 조치를 취할 필요가 있음을 이끌어 냄] ¶~, 我们才做出了这样的决定。=이 점을 고려하여, 우리들은 비로소 이러한 결정을 내리게 되었다.
【有奖】yǒujiǎng 〈동〉 상금이 있다. 상품을 주다. ¶赢得前三名的~。=3등까지는 상금이 있다. 〈형〉 상금이 있는. 상품을 주는. ¶~储蓄=상금〔상품〕이 있는 저축.
【有奖销售】yǒujiǎng xiāoshòu 〈명〉 경품(景品) 판매.
【有教无类】yǒujiào-wúlèi 〈성〉 누구에게나 차별 없이 교육을 실시하다.
【有节】yǒujié 〈형〉 1 절도가 있다. 절제함이 있다. 규칙적이다. ¶有理~=조리 있고 절도가 있다. 2 절조가 있다. ¶刚正~=강직하고 절조가 있다.
【有劲】yǒu‖jìn 〈형〉 1 (~儿) 힘이 있다. 기운이 넘치다. ¶他很~儿, 扛一袋米不成问题。=그는 아주 힘이 세서 쌀 한 포대쯤 짊어지는 것은 일도 아니다. 2 흥미 있다. 재미있다. ¶大家越说越~。=모두들 말할수록 흥이 난다.
【有旧】yǒujiù 〈동〉〈문〉 오랜 사귐〔교분〕이 있다. 오래 된 친분이 있다. ¶家母与令慈~。=우리 어머니와 자당(慈堂)께서는 오랜 교분이 있으시다.
【有救】yǒu‖jiù 〈동〉 구제〔만회·보완〕할 수 있다. 치료될 수 있다. ¶别着急, 这事还~。=너무 서두르지 마라, 이 일은 아직 만회할 수 있다.
【有据】yǒujù 〈동〉 근거〔증거〕가 있다. ¶~可查=조사할 근거가 있다.
【有空】yǒukòngr 〈동〉〈구〉 틈〔짬〕이 있다. ¶~的时候, 来我家坐坐。=짬이 날 때 우리 집에 좀 놀러 오세요.
【有口皆碑】yǒukǒu-jiēbēi 〈성〉 1 모든 입이 다 공덕의 글이 새겨진 비석이다. 2 〈비〉 칭송이 자자하다. ↔怨声载道
【有口难辩】yǒukǒu-nánbiàn ☞【有口难分】yǒukǒu-nánfēn
【有口难分】yǒukǒu-nánfēn 〈성〉 1 입이 있어도 변명하기 어렵다. 2 억울해도 변명할 길이 없다. =【有口难辩】yǒukǒu-nánbiàn
【有口难言】yǒukǒu-nányán 〈성〉 1 입은 있으나 말하기 어렵다. 2 차마 입에 담을 수 없다. 말하기 거북하다. 감히 말하지 못하다. 이루 형언할 수 없다.
【有口无心】yǒukǒu-wúxīn 〈성〉 1 성격이 솔직하고 말이 직선적이다. 2 입은 거칠지만 악의는 없다. =【有嘴无心】yǒuzuǐ-wúxīn
【有苦难言】yǒukǔ-nányán 〈성〉 마음속에 고충이 있으나 말하기 어렵거나 이루 형언할 수 없다.
【有愧】yǒukuì 〈동〉 부끄러운 데가 있다. 마음에 가책을 느끼다. ¶内心~=마음속에 가책을 느끼다. ↔无愧
【有来有往】yǒulái-yǒuwǎng 〈성〉 서로 간에 평등하게 왕래하다. 공평한 거래를 하다. 오는 것이 있으면 가는 것이 있다.

【有赖】yǒulài 〈동〉 …에 달려 있다. …에 의존하다. [주로 '于(yú)' 와 같이 쓰임] ¶能否取得比赛的胜利, ~于临场水平的发挥。=승리를 할 수 있는지 없는지는, 경기에 임해서 제 실력을 발휘하느냐에 달려 있다.
【有劳】yǒuláo 〈동〉 수고스럽겠습니다만. 수고를 끼치다. [남에게 부탁하거나 감사를 표시할 때 쓰는 상투어] ¶~你帮我寄封信。=수고스럽지만, 이 편지를 좀 부쳐 주십시오.
【有了·le】yǒu·le 1 있다. 찾아 냈다. 얻다. ¶~本事, 不怕没处用。=능력이 있으면, 쓸일 데가 없을까 봐 걱정하지 않는다. 2 임신하다. 회임하다. ¶她结婚半年就~。=그녀는 결혼 반 년 후에 임신하였다.
【有棱有角】yǒuléng-yǒujiǎo 〈성〉 1 (물체에) 모가 나 있다. 2 〈비〉 자기의 의견을 견지하고 개성이 뚜렷하다.
【有礼】yǒulǐ 〈동〉 예를 올리다. 인사하다. 경례하다. [주로 조기 백화문에 보임] ¶奴家这厢~了。=소녀 인사를 드리옵나이다. 〈형〉 예의가 바르다. 예절이 밝다. ¶彬彬~=점잖고 예절이 바르다. ↔无礼
【有理】yǒulǐ 〈동〉 이유가 있다. 도리〔이치〕에 맞다. ¶~走遍天下, 无理寸步难行。=도리에 맞으면 세상을 다 돌아다닐 수 있고, 이치에 맞지 않으면 한 걸음도 못 나간다. ↔无理
【有理式】yǒulǐshì 〈명〉〈數〉 유리식.
【有理数】yǒulǐshù 〈명〉〈數〉 유리수.
【有力】yǒulì 〈형〉 힘이 있다. 힘이 세다. ¶他的发言简短~。=그의 발언은 간략하면서도 힘이 있다. ↔无力
【有利】yǒulì 〈형〉 유리〔유익〕하다. 이롭다. 좋은 점이 있다. ¶~条件=유리한 조건. ↔有害
【有利可图】yǒulì-kětú 〈성〉 취할 이익이 있다. 중간에서 이익을 꾀할 수 있다.
【有脸】yǒuliǎn 〈동〉 체면〔면목〕이 서다. 위신이 서다. 얼굴이 빛나다. 영광이다. ¶孩子考上了重点大学, 父母也~。=자식이 일류 대학에 입학하니, 부모도 위신이 선다.
【有两下子】yǒu liǎngxià·zi 〈숙〉 꽤 솜씨가〔재간이〕있다. 실력이 보통이 아니다. ¶可别小瞧了他, 他做菜~。=그를 우습게 보지 마라, 그의 음식 솜씨는 보통이 아니다.
【有零】yǒulíng 〈동〉 나머지가 있다. (…에) 우수리가 붙다. …남짓하다. [정수 뒤에 쓰임] ¶一万~=1만 남짓하다.
【有令不行, 有禁不止】yǒulìng bùxíng, yǒu jìn bùzhǐ 〈성〉 명령을 내리면 집행하지 않고, 금지령이 떨어지면 오히려 (금지한 일을) 멈추지 않고 하다.
【有眉目】yǒu méimù 〈숙〉〈비〉 (중요한 일의) 실마리를 잡다. 윤곽〔가닥〕이 잡히다. 가능성〔전망〕이 있다. ¶老张, 集资建房的事~。=장 형, 자금을 모아 건축하는 일이 가능성이 보인다네.
【有门儿】yǒu‖ménr 〈동〉〈구〉 1 방법이 있다. 가망이 있다. 장래성〔희망〕이 있다. ¶听说你出国的事~了。=너의 출국 건은 가망이 있다고 들었

다. **2** 급소[포인트]를 알다. 요점을 알다. 비결을 알다. 요령을 터득하다. ¶经师傅反复点拨, 他干活才有了点门儿。=스승의 반복된 지도를 받고서야 그는 비로소 요령을 터득하였다.
【有苗头】yǒu miáo·tou 어떤 조짐이 나타나다. 징조[전조]가 생기다. ¶今天的事故实际上早就~了。=오늘 사고는 실제로는 이미 오래 전에 조짐이 있었다.
【有名】yǒumíng 휑 유명하다. 명성이 높다. 이름이 널리 알려지다. ¶赫赫~=명성이 대단하다. ↔无名
【有名无实】yǒumíng-wúshí 솅 유명무실하다. 이름만 있을 뿐 알맹이가 없다. 헛된 명성만 있고 실제 내용은 없다. ↔名不虚传 名副其实
【有名有姓】yǒumíng-yǒuxìng 솅 사물이 근거가 있어 조사하여 고찰할 수 있다.
【有目共睹】yǒumù-gòngdǔ 솅 **1** 누구나 다 볼 수 있다. 눈만 달려 있으면 다 볼 수 있다. **2** 일의 전후 사정이 명백하다. 논쟁할 여지 없이 확실하다. =【有目共见】yǒumù-gòngjiàn ≒ 众目睽睽
【有目共见】yǒumù-gòngjiàn ☞【有目共睹】yǒumù-gòngdǔ
【有目共赏】yǒumù-gòngshǎng 솅 보는 사람마다 특히 칭찬하다.
【有奶便是娘】yǒu nǎi biànshì niáng 솅 **1** 젖을 주는 사람이 어머니이다. **2**(비) 의리를 저버리고 이익을 주는 사람이면 누구에게나 들러붙다.
【有你不多, 没你不少】yǒu nǐ bù duō, méi nǐ bù shǎo 솅 (사람·사물이) 있건 없건 지장이 없다. 있어도 좋고 없어도 좋다.
【有你的】yǒunǐ·de (비) **1** 역시 너다. 잘했다. [상대방의 능력이나 생각을 칭찬하는 말] ¶兄弟, 那事做得漂亮, 真~!=여보게, 그 일을 그렇게 멋지게 처리하다니, 역시 자네구먼! **2** 두고 보자. 기다려 봐라. [주로 상대방을 위협하는 말로, 후환을 경고할 때 쓰임] ¶~, 咱们走着瞧!=그래, (우리) 어디 한번 두고 보자!
【有年】yǒunián 통문 (이미) 여러 해가 되다. ¶习武~=무술을 닦은 지 벌써 여러 해가 되다.
【有盼】yǒu ‖ pàn(~儿) 통비 희망[가망]이 있다. =【有盼头】yǒupàn·tou ¶年终奖~了。=연말 상여금이 기대된다.
【有盼头】yǒupàn·tou ☞【有盼】yǒu‖pàn
【有凭有据】yǒupíng-yǒujù 솅 **1** 분명한 근거가 있다. 증거가 충분하다. **2** (사물에 정확성이 있어) 허튼소리가 아니다. 빈말이 아니다.
【有谱】yǒu ‖ pǔr 통비 (어떤 일에) 사전 준비를 하다. 어떻게 해야 할지 알고 있다. 마음속에 속셈[요량]이 있다. 어떤 상황인지 명백히 알고 있다. ¶别担心, 我已经~了。=염려하지 마라, 나는 이미 속셈이 있으니까.
【有期】yǒuqī 통 기한이 있다. 기대되다. 기약하다. ¶后会~=뒤에 만날 것을 기약합니다!
【有期徒刑】yǒuqī túxíng 명(法) 유기 징역.
【有其父, 必有其子】yǒu qí fù, bì yǒu qí zǐ 솅 **1** 그 아버지에 그 아들이다. **2** 아들의 행동이

지는 반드시 그 아버지를 닮는 법이다.
【有气】yǒuqì 통 **1** 화내다. 노기를 띠다. ¶我一见他就~。=나는 그를 보기만 하면 화가 난다. **2**(~儿) 숨(결)이 붙어 있다. 살아 있다. ¶快点抢救, 他还~儿。=빨리 응급처치 해라, 그는 아직 숨이 붙어 있다.
【有气无力】yǒuqì-wúlì 솅 **1** 숨결뿐이고 힘이 없다. 숨만 들이킬 뿐 기력이 없다. 숨만 겨우 붙어 있다. **2** 원기[활기]가 없다. 풀이 죽다. 맥이 풀리다. 의기소침하다. 기운이 없다. ≒无精打采
【有钱】yǒuqián 휑 돈이 많다[있다]. 부유하다. ¶~有势=돈도 많고 권력도 있다.
【有钱能使鬼推磨】yǒuqián néng shǐ guǐ tuīmò 솅(비) 돈이 있으면 귀신에게 맷돌질을 시킬 수도 있다. 돈만 있으면 귀신도 부릴 수 있다.
【有情】yǒuqíng 통 우정이 있다. 애정이 있다. 연모의 정이 있다. ¶~有义=인정도 있고 의리도 있다.
【有情人】yǒuqíngrén 명 연인. ¶~终成眷属。=연인이 마침내 가정을 이루다.
【有顷】yǒuqǐng 명문 잠시 (후에). 잠깐. 이윽고. ¶~即逝=잠시 후에 바로 죽다.
【有请】yǒuqǐng 통 어서 들어오십시오. 만나 뵙기를 바랍니다. 부르십니다. [주인이 손님을 맞이할 때 쓰는 인사말] ¶~张教授=어서 들어오십시오, 장 교수님.
【有求必应】yǒuqiú-bìyìng 솅 요구만 하면 반드시 들어 주다. 요구대로 다 들어 주다.
【有趣】yǒuqù(~儿) 휑 재미있다. 흥미가 있다. 흥미를 끌다. ¶他说话很~。=그는 아주 재미있게 말한다. ↔乏味 无聊
【有权】yǒuquán 통 실권을 장악하다. 권력을 지니다. ¶~有势=권세를 지니다.
【有染】yǒurǎn 통 **1** (좋지 않은 일에) 연루되다. 말려들다. ¶听说他与那起贪污丑闻~。=듣자하니, 그는 그 부정부패 스캔들에 연루되었다 한다. **2** 남녀 간에 부정한 관계를 가지다. ¶二人虽过从甚密, 却不曾~。=두 사람은 아주 밀접하게 교제하였지만, 부정한 관계를 맺은 적이 없다.
【有扰】yǒurǎo 통 실례[폐]가 많습니다. 폐를 끼쳤습니다. [손님이 주인에게 대접을 받고 나서 감사를 나타내는 인사말] ¶今日多蒙款待, ~了。=오늘 후한 대접을 받았습니다, 폐를 많이 끼쳤습니다.
【有人】yǒurén 통 **1** 사람이 있다. ¶屋里~。=집안에 사람이 있다. **2** 인재[조수]가 있다. 틀림없는[견실한] 사람이 있다. ¶这个忙找他, 他手底下~。=이 일은 그에게 부탁하라, 그의 부하 중에 인재가 있을 것이다. **3** 배후 세력이 있다. 후원자가 있다. 믿는 구석이 있다. ¶这个人不能得罪, 他背后~。=이 사람한테 밉게 보여서는 안 된다, 그는 배후 세력이 있다. **4** 어떤 사람. 누군가. ¶~性子急, ~性子慢。=어떤 사람은 성격이 급하고, 어떤 사람은 성격이 느리다.
【有人家儿】yǒu rénjiār (비) 여자가 이미 약혼을 하였거나 확실한 연애 상대가 생기다.

# yǒu

**【有日】 yǒurì** 동⟨문⟩ **1** 시간이〔날짜가〕 오래 되다. ¶二人~不见了。=두 사람은 한참 동안 보지 못했다. **2** 날짜를 확정하다〔정하다〕. 날짜가 정해지다. (언젠가는) 그 날이 있다〔오다〕. ¶相会~=만날 날이 있을 것이다.

**【有日子】 yǒu rì·zi** 동 **1** 시간이〔날짜가〕 오래 되다. ¶你儿子出国有~了=당신 아들이 출국한 지 꽤 오래 되었군요. **2** 날짜를 확정하다〔정하다〕. 날짜가 정해지다. ¶你俩的喜事~了吧?=너희 두 사람의 결혼 날짜가 잡혔지?

**【有如】 yǒurú** 동 마치 …와〔과〕 같다. …와〔과〕 비슷하다. …와〔과〕 흡사하다. ¶她们俩好得~亲姐妹。=그 두 사람은 마치 친자매처럼 사이가 좋다.

**【有若】 yǒuruò** 동⟨문⟩ 마치 …와〔과〕 같다. …와〔과〕비슷하다. …와〔과〕 흡사하다.

**【有色】 yǒusè** 형 유색의. 어떤 색깔이 있는. [보통 흰색을 포함하지 않음] ¶~玻璃=색유리.

**【有色金属】 yǒusè jīnshǔ** 명⟨化⟩ 비철 금속.

**【有色人种】 yǒusè rénzhǒng** 명 유색 인종. 유색인.

**【有色眼镜】 yǒusè yǎnjìng** 명⟨비⟩ 편견. 선입견. ¶不能戴着~看人。=색안경을 끼고 사람을 보아서는 안 된다.

**【有伤】 yǒushāng** 동 …을〔를〕 손상시키다. …을〔를〕 상하게 하다. …에 손상이 가다. ¶~体面=체면에 손상이 가다.

**【有伤风化】 yǒushāng-fēnghuà** 성 풍속 교화에 손상이 가다.

**【有商量儿】 yǒu shāngliàngr** 동 상의〔만회〕할 여지가 있다. ¶我们与该公司的合作还~。=우리와 이 회사 간의 협력은 아직 상의할 여지가 있다.

**【有身子】 yǒushēn·zi** ⟨婉⟩ 임신하다.

**【有神】 yǒushén** 형 **1** 생기가 있다. 원기가 있다. ¶他的眼睛大而~=그의 눈은 크고 생기가 있다. **2** 신기가 있다. 신통하다. 기묘하다. 귀신 같다. ¶下笔如~。=붓놀림이 신묘하다.

**【有神论】 yǒushénlùn** 명⟨哲⟩ 유신론. ¶~者=유신론자. ↔无神论

**【有生】 yǒushēng** 동 생명이 있다. 생명을 갖다. 세상에 살아 있다. ¶~必有死。=삶이 있으면 반드시 죽음이 있다.

**【有生力量】 yǒushēng lìliàng** 명 **1** (군대의) 인마. 군인과 마필(馬匹). **2** 전투력을 갖춘 부대〔군대〕. **3**⟨비⟩ 유능한 후계자. ¶你们这些新来的年轻人是我们公司的~。=이번에 새로 온 여러분들은 우리 회사의 유능한 후계자입니다.

**【有生以来】 yǒushēng-yǐlái** 성 태어난 후 (지금까지). 난생 (이래로). ¶这是我~干得最漂亮的一件事。=이것은 내가 태어난 이래 가장 멋있게 해낸 일이다.

**【有生之年】 yǒushēngzhīnián** 성 세상에 아직 살아 있는 동안. 여생.

**【有声读物】 yǒushēng dúwù** 명 (테이프·CD·MP3 등으로 된) 오디오 북. 유성 도서.

**【有声片儿】 yǒushēngpiānr** 명⟨구⟩ 발성 영화. 토키 (필름). 사운드 필름. 영 talking picture

**【有声片】 yǒushēngpiàn** 명⟨映⟩ 발성 영화. 토키 (필름). 사운드 필름. 영 talking picture

**【有声有色】 yǒushēng-yǒusè** 성 (연기·말·문장·동작 등이) 매우 생생하다. 생동감이 넘치다. 대단히 실감나다. 생동하고 다채롭다. ≒绘声绘色

**【有时】 yǒushí** 부 경우에 따라서(는). 때로(는). 어떤 때. 이따금. 간혹. ¶这两天有点儿反常, ~冷, ~热。=요 며칠 좀 이상하다, 때로는 춥고 때로는 더우니 말이다.

**【有识】 yǒushí** 동 유식하다. 식견〔견식·지식〕이 있다. 견해가 높다. ¶有胆~=배짱도 있고 식견도 높다.

**【有识之士】 yǒushízhīshì** 명 식견이 탁월한 사람. 유식한 사람.

**【有史以来】 yǒushǐ-yǐlái** 성 유사 이래로. 역사가 생긴 뒤로.

**【有始无终】 yǒushǐ-wúzhōng** 성 시작은 있고 끝이 없다. 시작만 하고 끝까지 밀고 나가지 못하다. 처음에는 왕성하나 끝이 부진하다. 시작만 하고 끝을 맺지 못하다. ↔有始有终 善始善终

**【有始有终】 yǒushǐ-yǒuzhōng** 성 시작도 있고 끝도 있다. 시작하여 끝까지 밀고 나가다. 시종 일관하다. 유종의 미를 거두다. ≒善始善终 ↔有始无终

**【有恃无恐】 yǒushì-wúkǒng** 성 믿는 데가 있어 두려움을 모르다. 의지할 곳이 있어 우려〔염려〕하지 않다.

**【有事】 yǒushì** 동 **1** 일이 있다. 용무가 있다. 사무에 바쁘다. ¶我周末~, 不能陪你进城了。=나는 주말에 용무가 있어서 너를 데리고 시내에 들어갈 수 없다. **2** 직업이 있다. 일자리가 생기다. ¶别替他担心了, 他已经~做了。=그를 걱정하지 마라, 그는 이미 일자리가 생겼으니까. **3** (의외의) 일이 일어나다. 사고가 나다. 변고가 생기다. ¶你放心吧, 他已经不小了, 不会~的。=안심해라, 그는 이미 어린애가 아니니 별일 없을 것이다. **4** 근심거리가 있다. 고충이 있다. ¶他一个人喝闷酒, 心里一定~。=그 혼자서 울홧술을 마시고 있는 걸 보니, 틀림없이 무슨 고충이 있는 것 같다.

**【有数】 yǒu‖shù** (~儿) 동 (나름대로) 속셈이 있다. 성산(成算)이 있다. 사정을 꿰뚫고 있다. ¶心里~=속셈이 있다. ↔无数

**【有数】 yǒushù** 형 수가 많지 않다. 얼마 되지 않다. 몇 안 되다. ¶大家再加把劲儿吧, 工期只剩下~的几天了。=그도 힘을 내자, 공사 기일이 단지 며칠밖에 남지 않았다. ↔无数

**【有说有笑】 yǒushuō-yǒuxiào** 성 이야기로 웃음꽃을 피우다. 말하기도 하고 웃기도 하다. 웃음꽃을 피우며 즐겁게 이야기하다.

**【有司】 yǒusī** 명⟨문⟩ 관리. 벼슬아치.

**【有素】 yǒusù** 형 소양을 갖추고 있다. ¶训练~=잘 훈련되어 있다.

**【有损】 yǒusǔn** 동 (사람·사물에 대해) 손해를 입히거나 손상을 가져오다. [주로 뒤에 '于(yú)'가 함께 쓰임] ¶~名誉的事不干。=명예에 손상

하는 일은 하지 않는다.

【有所】yǒusuǒ 〖동〗 다소 …하다. 어느 정도 …하다. 좀 …하다. [뒤에 주로 쌍음절 동사를 동반함] ¶~提高=어느 정도 향상되다. / ~不同=다소 다른 점이 있다.

【有蹄类】yǒutílèi 〖명〗(動) 유제류.

【有天没日】yǒutiān-méirì ☞【有天无日】yǒutiān-wúrì

【有天无日】yǒutiān-wúrì 〖성〗(비) 1 (말·행동이) 방자하다. 터무니없다. 이치에 닿지 않다. 2 (사회가) 무법천지〔암흑천지〕이다. =【有天没日】yǒutiān-méirì

【有条不紊】yǒutiáo-bùwěn 〖성〗 (말·행동이) 조리 있고 질서 정연하다. 일사불란하고 이치에 들어맞다. ≒井井有条 ↔杂乱无章 颠三倒四

【有条有理】yǒutiáo-yǒulǐ 〖성〗 조리 정연하다. 순서가 명확하고 맥락이 분명하다.

【有头无尾】yǒutóu-wúwěi 〖성〗 1 시작은 있고 끝이 없다. 처음에는 왕성하나 끝이 부진하다. 시작만 하고 끝을 맺지 못하다. 2 일을 끝까지 해내지 못하거나 사물이 온전치 못하다.

【有头有脸】yǒutóu-yǒuliǎn(~儿) 〖성〗(비) 명예와 위신이 있다. 명망이 있다. 안면이 넓다. 잘 알려져 있다.

【有头有脑】yǒutóu-yǒunǎo 〖성〗 (말이나 일처리가) 조리가 있다. 똑똑하다. 사리가 분명하다.

【有头有尾】yǒutóu-yǒuwěi 〖성〗 1 (일이) 시작도 있고 끝도 있다. 2 일을 끝까지 완수해 내거나 사물이 온전하여 흠이 없다.

【有望】yǒuwàng 〖동〗 유망하다. 가능성이 있다. 희망적이다. ¶成功~=성공할 가능성이 있다. ↔无望

【有为】yǒuwéi 〖형〗 장래성이 있다. (전도) 유망하다. ¶年轻~=젊고 유망〔유능〕하다. ↔无为

【有味】yǒuwèi(~儿) 〖형〗 1 (식품이나 요리가) 맛있다. 맛이 좋다. ¶这鱼汤真~儿。=이 어탕은 정말로 맛이 좋다. 2 재미있다. 흥미 있다. ¶这部电视剧挺~的。=이 TV 드라마는 정말 재미있다. 3 냄새가 나다. 구리다. 악취가 풍기다. ¶打开窗户敞敞, 都~儿了。=냄새가 진동하니, 창문을 활짝 열어라.

【有闻必录】yǒuwén-bìlù 〖성〗 들은 것은 반드시 기록하다〔적어 두다〕.

【有无】yǒuwú 〖동〗 있는가, 없는가? ¶~必要=필요가 있는가, 없는가? 〖명〗 (사물의) 유무. ¶互通~=유무상통(有無相通)하다. 있는 것과 없는 것을 서로 융통하다.

【有…无…】yǒu…wú… 〖동〗 1 …만 있고 …은〔는〕 없다. ¶~利~弊=이익만 있고 폐단은 없다. 2 …은〔는〕 있고 …은〔는〕 없다. …했거나 …하지는 않는다. …할수록 …해진다. ¶~去~回=가는 것만 있고 돌아오는 것은 없다. 3 …이〔가〕 있으면 …이〔가〕 없다. ¶~备~虞=사전에 준비가 있으면 걱정이 없다. 4 있는 것 같기도 하고 없는 것 같기도 하다. ¶~心~心=마음이 있는 것 같기도 하고 없는 것 같기도 하다.

【有喜】yǒu‖xǐ 〖동〗 임신하다. 회임하다.

【有戏】yǒu‖xì 〖동〗 1 (생활에서) 극적인 해프닝이 일어나다. ¶那事儿越闹越~了。=그 일은 갈수록 가관이다. 2〖방〗 희망이 있다. ¶出国留学的事儿~了。 =유학 가는 일이 희망적이다.

【有戏】yǒuxì 〖형〗 1 (연극·영화 등) 문예 작품의 희극성이 뛰어나다. ¶诸葛亮三气周瑜一场真~。=제갈량이 주유를 세 번 화나게 만든 장면은 정말로 희극성이 뛰어나다. 2 배우의 연기가 뛰어나서 보면 볼수록 맛이 난다. ¶他俩在台上的一举手一投足都~。=무대에서 그 두 사람의 모든 연기는 모두 정말 맛깔스럽다.

【有隙】yǒuxì 〖동〗 1 틈이〔허점이〕 생기다. 틈새가 있다. ¶~可乘=뚫고 들어갈 틈이 있다. 2 (의견이 맞지 않아) 적대시하다. 사이가 나빠지다. 의가 벌어지다. ¶他二人~。=그 두 사람은 서로 적대시한다.

【有隙可乘】yǒuxì-kěchéng 〖성〗 뚫고 들어갈 틈이 있다. 틈탈 기회가 생기다. 기회를 포착할 틈이 있다.

【有闲】yǒuxián 〖형〗 (생활이 풍족하여) 한가하다. 유한하다. (시간과 돈이) 여유가 있다. ¶~阶层=유한 계층.

【有限】yǒuxiàn 〖형〗 1 유한하다. 한계가 있다. ¶条件~=조건이 유한하다. 2 수량이 적다. 정도가 비교적 낮다. 수준이 떨어지다. ¶水平~=수준이 떨어지다. ↔无限 无穷

【有限公司】yǒuxiàn gōngsī ☞【有限责任公司】yǒuxiàn zérèn gōngsī

【有限小数】yǒuxiàn xiǎoshù 〖명〗(數) 유한소수.

【有限责任】yǒuxiàn zérèn 〖명〗(經) 유한 책임.

【有限责任公司】yǒuxiàn zérèn gōngsī 〖명〗 유한책임회사. 〖약〗【有限公司】yǒuxiàn gōngsī

【有线】yǒuxiàn 〖형〗 유선의. ¶~传真=유선 전송 사진.

【有线电报】yǒuxiàn diànbào 〖명〗 유선 전보.

【有线电话】yǒuxiàn diànhuà 〖명〗 유선 전화.

【有线电视】yǒuxiàn diànshì 〖명〗 유선 텔레비전. =【电缆电视】diànlǎn diànshì

【有线广播】yǒuxiàn guǎngbō 〖명〗 유선 방송.

【有线通信】yǒuxiàn tōngxìn 〖명〗 유선 통신.

【有效】yǒuxiào 〖형〗 유용하다. 유효하다. 효과가 있다. 효력이 있다. ¶~措施=효과적인 조치. / ~成分=유효 성분. ↔无效

【有效期】yǒuxiàoqī 〖명〗 1 (조약·계약 등의) 유효 기간. ¶出版合同的~为5年。=출판 계약의 유효 기간이 5년이다. 2 (화학 제품·의약품 등의) 유효 기간. ¶药已过了~, 不能吃了。=약의 유효 기간이 지났으니 먹으면 안 된다.

【有效射程】yǒuxiào shèchéng 〖명〗(軍) 유효사거리. 유효 사정.

【有效数字】yǒuxiào shùzì 〖명〗(數) 유효 숫자.

【有些】yǒuxiē 〖대〗 조금 있다. ¶篮子里还~水果。=바구니에 과일이 조금 남아 있다. 〖대〗 일부. 어떤 것〔사람〕. ¶游客当中, ~是韩国人, ~是新加坡人。=여행객 중에 일부는 한국 사람이고, 일부는 싱가포르 사람이다. 〖부〗 좀. 조금. 약간.

**yǒu 有**

[정도가 약함을 나타내며, '略微(lüèwēi)'에 상당함] ¶我的腿~疼。=내 다리가 조금 아프다.

【有心】**yǒuxīn** 동 …할 마음〔생각〕이 있다. ¶言者无意, 听者~。=말하는 사람은 무심코 하지만 듣는 사람은 마음에 둔다. 고의로. 일부러. ¶我看你是~这样做的。=내가 보기에 너는 고의로 이렇게 한 거야. ↔无心

【有心人】**yǒuxīnrén** 명 1 세심한〔사려 깊은〕사람. ¶他是个~, 平时很注意观察周围的事, 所以进步很快。=그는 세심한 사람이어서, 평소에 주변 일들을 주의 깊게 관찰하기에, 진보가 빠르다. 2 뜻 있는 사람. 포부가 큰 사람. 굳은 결심이 있는 사람. ¶世上无难事, 只怕~。=뜻 있는 사람은 세상에 어려울 것이 없다.

【有形】**yǒuxíng** 형 유형의. ¶~资产=유형 자산. ↔无形

【有形贸易】**yǒuxíng màoyì** 명〔經〕유형 무역.

【有形损耗】**yǒuxíng sǔnhào** 명〔經〕유형적 손실. ['无形损耗(무형적 손실)'와 구별됨] =【物质损耗】**wùzhì sǔnhào**

【有幸】**yǒuxìng** 형 운이 좋은. 행운의. 다행의. ¶三生~=지극히 운이 좋다.

【有性生殖】**yǒuxìng shēngzhí** 명〔生〕유성 생식. 유성 번식. =【兩性生殖】**liǎngxìng shēngzhí**

【有性杂交】**yǒuxìng zájiāo** 명〔生〕유성 교잡.

【有序】**yǒuxù** 형 차례〔순서〕가 있다. 질서 정연하다. 일정한 규칙과 질서가 있다. ¶矿产资源开发必须~。=광물 자원 개발은 반드시 순서대로 해야 한다. ↔无序

【有旋流】**yǒuxuánliú** ☞【涡流】**wōliú**

【有血有肉】**yǒuxuè-yǒuròu** 성〔문예 작품 따위의〕이미지가 생동적이고 내용이 충실하며 구체적이다.

【有言在先】**yǒuyán-zàixiān** 성 미리 말을 명확하게 하여 두다. 사전에 언명하다. 사전에 주의시키다.

【有眼不识泰山】**yǒu yǎn bù shí Tàishān** 성 1 눈이 있어도 태산을 알아보지 못하다. 2 비 견식이 부족해 신분·지위·능력 등이 대단한 사람을 알아보지 못하다. 어른을 몰라보다.

【有眼无珠】**yǒuyǎn-wúzhū** 성 1 눈이 있으나 눈동자가 없다. 2 비 견식이 짧아 분별력이 없다. 눈 뜬 장님이다.

【有氧运动】**yǒuyǎng yùndòng** 명〔體〕유산소 운동. ['无氧运动(무산소 운동)'과 구별됨]

【有一搭没一搭】**yǒu yīdā méi yīdā** 속 1 닥치는 대로. 이것저것. 아무 거나. 아무 생각 없이. 무심코. ¶他们坐在院子里~地闲扯。=그들은 정원에 앉아서 닥치는 대로 잡담을 한다. 2 있어도 되고 없어도 되다. 그다지 중요하지 않다. 대수롭지 않다. ¶这几段话~的, 还是删了好。=이 몇 구절은 그다지 중요하지 않으니, 역시 빼 버리는 게 나을 것 같다.

【有一得一】**yǒuyī-déyī** 성 더하지도 덜하지도 않고, 있는 그대로. 빠짐없이.

【有一分热, 发一分光】**yǒu yī fēn rè, fā yī fēn guāng** 속비 있는 힘껏 전력을 다하다.

【有一手】**yǒu yīshǒu** 동 1 일가견이 있다. 수완〔능력〕이 있다. =【有一套】**yǒuyītào** ¶搞汽车维修, 他~。=자동차 수리에 그는 일가견이 있다. 2 (남녀 관계가) 그렇고 그런 사이이다. ¶他们俩之间肯定~。=그 두 사람은 분명히 그런 사이이다.

【有一套】**yǒu yītào** ☞【有一手】**yǒuyīshǒu**

【有益】**yǒuyì** 동 유익하다. 도움이 되다. ¶开卷~。=책을 읽는 것은 유익하다. ↔有害

【有意】**yǒuyì** 동 1 …할 마음〔뜻〕이 있다. 하고 싶다. ¶我~帮忙, 可又帮不上。=난 도와주고 싶지만 도움이 되지 못한다. 2 (남녀 사이의) 사랑하는 마음이 있다. ¶女有情, 男~, 挺好的一对。=그 두 사람은 서로 사랑하는 정말 멋진 한 쌍이다. 부 일부러. 고의로. ¶你这是~找茬儿。=이것은 네가 고의로 트집을 잡으려는 것이다. ↔无意

【有意识】**yǒuyì·shí** 형 의식적이다. 계획적이다. ¶他近来在~地改正自己的缺点。=그는 요즘 의식적으로 자신의 결점을 고치는 중이다. ↔无意识

【有意思】**yǒuyì·si** 형 1 의미 있다. 의의가 있다. 뜻깊다. ¶抽时间到郊外走一走是很~的事。=시간을 내어 교외로 나가는 것은 아주 의의 있는 일이다. 2 의미심장하다. 깊은 뜻이 있다. ¶这篇寓言颇~。=이 우화는 상당히 깊은 뜻을 가지고 있다. 3 재미있다. 흥미 있다. ¶今天的歌舞晚会很~。=오늘의 가무 파티는 아주 재미있다. 동 마음이 있다. 호감이 있다. ¶你没看出来, 那个女孩对你很~。=너 눈치채지 못했구나, 그 여자가 너에게 마음이 있는 것을.

【有意无意】**yǒuyì-wúyì** 성 의식적이건 무의식적이건. 고의든 고의가 아니든. 무심코. 아무 생각 없이. 자기도 모르게.

【有勇无谋】**yǒuyǒng-wúmóu** 성 1 용기는 있으나 지모(智謀)가 없다. 2 비 힘만 세고 꾀가 없다.

【有用】**yǒuyòng** 동 쓸모가 있다. 유용하다. ¶把这些材料留着, 说不定以后还~。=이 재료들을 남겨 두자, 나중에 또 쓸모가 있을지 모르니까.

【有…有…】**yǒu…yǒu…** 동 1 …도 있고 …도 있다. ¶~利~弊=이로운 점도 있고, 해로운 점도 있다. / ~生~死=태어남도 있고, 죽음도 있다. 2 뜻이 같거나 비슷한 명사나 동사 혹은 쌍음절 명사나 동사의 두 형태소 앞에 쓰여 강조를 나타냄. ¶~头~绪=조리정연하다. / ~偏~向=편향되다.

【有余】**yǒuyú** 동 1 여유가 있다. 남음이 있다. ¶绰绰~=충분하고도 남다. 2 남짓하다. ¶年高80~。=나이가 여든 남짓하다.

【有缘】**yǒuyuán** 동 인연이 있다. ¶~千里来相会, 无缘对面不相逢。=인연이 있으면 아무리 멀리 떨어져 있어도 만날 수 있지만, 인연이 없으면 얼굴을 마주하고서도 만나지 못한다. ↔无缘

【有孕】**yǒuyùn** 동 임신하다. ¶~在身=임신 중이다.

【有则改之】yǒu zé gǎi zhī ☞【有则改之, 无则加勉】yǒu zé gǎi zhī, wú zé jiā miǎn
【有则改之, 无则加勉】yǒu zé gǎi zhī, wú zé jiā miǎn (성) (다른 사람이 지적해 준 자신의 결점이나 잘못에 대해) 있으면 고치고, 없으면 그런 잘못을 범하지 않도록 더욱 힘쓰다. =【有则改之】yǒu zé gǎi zhī
【有增无减】yǒuzēng-wújiǎn (성) 늘어날 뿐 줄어들지 않다. 증가 일로에 있다.
【有增无已】yǒuzēng-wúyǐ (성) 늘어날 뿐 수그러들지 않다. 증가 일로에 있다.
【有章可循】yǒuzhāng-kěxún (성) 집행할 규정이 있다. 일을 추진할 근거가 있다.
【有朝一日】yǒuzhāo-yīrì (성) 언젠가는. 어느 날엔가는.
【有辙】yǒuzhé (동) 1 바퀴 자국이 있어 이를 따라 나아갈 수 있다. 2 (비) 길(방법)이 있다. ¶他经验丰富, 应该~。=그는 경험이 풍부하니, 분명 방법이 있을 것이다. ↔没辙
【有着】yǒu·zhe (동) 있다. 존재하다. 가지고 있다. ¶公司的事业~广阔的前景。=회사의 사업은 장래가 밝다.
【有枝添叶】yǒuzhī tiānyè(~儿)☞【添枝加叶】tiānzhī jiāyè
【有志不在年高】yǒuzhì bù zài niángāo (성) 1 나이가 많아야 의지가 있는 것은 아니다. 2 사람의 평가는 의지에 달린 것이지, 나이와는 상관없다.
【有志者事竟成】yǒuzhìzhě shì jìng chéng (성) 하고자 하는 의지만 있으면 일은 반드시 성취된다. 하려고만 들면 못 해낼 일이 없다. 뜻이 있는 곳에 길이 있다.
【有志之士】yǒuzhìzhīshì (명) 유지지사. 어떤 일에 뜻이 있고 관심이 있는 사람.
【有致】yǒuzhì (동) 정취(운치)가 있다. 매력이 있다. ¶错落~=부조화의 매력이 있다.
【有种】yǒuzhǒng (형) 용기가 있다. 기개가 있다. 담력이 있다. ¶~的就站出来明说。=용기 있는 사람은 앞으로 나와서 사실대로 말해라.
【有助于】yǒuzhùyú (동) …에 도움이 되다. ¶这种应急措施, ~问题的解决。=이런 응급조치는 문제의 해결에 도움이 된다.
【有准儿】yǒuzhǔnr (동) 자신이 있다. 확신이 서다. 보장하다. ¶心里~=마음속으로 확신이 서다. 내심 자신이 있다.
【有滋有味】yǒuzī-yǒuwèi(~儿)(성) 1 (음식이) 매우 맛있다. 맛이 좋다. ¶你真有两下子, 这菜炒得~儿的。=너 정말 솜씨가 대단해, 이 요리를 아주 맛있게 요리했구나. 2 흥미(재미)가 있다. 흥미진진하다. ¶这部小说她看得~儿的。=그녀는 이 소설을 아주 재미나게 읽었다.
【有嘴无心】yǒuzuǐ-wúxīn ☞【有口无心】yǒukǒu-wúxīn
【有罪】yǒuzuì (동) 1 (法) 죄가 있다. 유죄이다. ¶~当惩=죄가 있으면 마땅히 처벌해야 한다. 2 (겸) 미안합니다. 죄송합니다. 송구스럽습니다. ¶~, ~, 实在担当不起。=죄송합니다, 정말 몸

둘 바를 모르겠습니다.

## 酉 yǒu 열 번째 지지 유

(명) 1 유. [지지(地支)의 열 번째]
2 (Yǒu) 성(姓).
【酉时】yǒushí (명) 유시. [오후 5시에서 7시까지의 시각]

○ 酉 yǒu
　 猷 yóu
　 酒 jiǔ

## 卣 yǒu 술통 유

(명) 술병. [옛날, 제사를 지낼 때 술을 담는, 주둥이는 작고 배가 큰 청동 용기]

## 羑 yǒu 땅 이름 유

【羑里】Yǒulǐ (명)(地) 유리. [지금의 허난(河南)성 탕인(汤阴)현 북쪽에 있는 옛 지명]

## 莠 yǒu 강아지풀 유

(명)(植) 강아지풀. ['狗尾草'라고 속칭함] (형)(문) 나쁘다. ¶良~不齐=좋은 사람(것)과 나쁜 사람(것)이 뒤섞여 있다. ↔良

## 铕[銪] yǒu 유로퓸 유

(명)(化) 유로퓸(Eu, europium). [원자 번호 63]

## 槱 yǒu 땔감 쌓을 유

(동)(문) 불을 피우기 위하여 땔감을 쌓다.

## 牖 yǒu 창 유

(명)(문) 창(문). ¶户~=창문.

## 黝 yǒu 검푸를 유

(형) 거무스레하다. 거무스름하다. 검다. ¶~青=검푸르다.
【黝暗】yǒu'àn ☞【黝黯】yǒu'àn
【黝黯】[黝暗] yǒu'àn (형) 어두컴컴하다. 캄캄하다. ¶~的墙角=어두컴컴한 담 모퉁이.
【黝黑】yǒuhēi (형) 검다. 까맣다. 거무스레하다. 거무잡잡하다. ¶~的皮肤=가무잡잡한 피부.
【黝黝】yǒuyǒu (형)(문) 어둡다. 어두컴컴하다. 어슴푸레하다. ¶夜空~而茫茫。=밤 하늘이 어슴푸레하고 아득하다.

## ﹡﹡又 yòu 또 우

(부) 1 또. 다시. 거듭. [어떤 동작이나 상황이 중복되거나 계속됨을 나타냄] ¶读了~读=읽고 또 읽다. / 今天~下了一天的雨。=오늘 또 하루 종일 비가 내렸다. 2 한편. 또한. 더하여. 동시에. [몇 가지 상황이나 성질이 동시에 존재함을 나타냄] ¶~吐~泻=토하기도 하고 설사도 하다. / 他是教授, ~是作家。=그는 교수이면서 또한 작가이기도 하다. 3 그 위에. 또한. 더하여. [의미가 더한층 더해져 감을 나타냄] ¶路平, 车子~快, 我们很快就到了目的地。=길이 평평하고 차도 빨라서, 우리는 아주 빨리 목적지에 도착했다. 4 …해야 할지 아니면 …해야 할지. …하기도 하나 …하기도 하다. [모순되는 두 가지 일을 나타내며, 주로 중첩하여 사용함] ¶他~想去, ~

不想去, 一时不知怎么好。=그는 가고 싶기도 하고, 또 가기 싫기도 하여, 한동안 어쩌면 좋을지를 몰라 했다. **5** 또. [다른 추가·보충할 점이 있음을 나타냄] ¶教书之外, 他~在杂志社当了个顾问。=학생을 가르치는 것 외에 그는 또 잡지사에서 고문을 맡고 있다. **6** …와[과]. [정수 외에 우수리수를 나타냄] ¶三~二分之一=3과 2분의 1. **7** …하였으나 또. 그러나. 그렇지만. 그런데. [약한 역접으로, '可是(kěshì)'에 상당함] ¶她有一肚子的话, 一急~说不出来。=그녀는 하고 싶은 말이 아주 많았지만, 조급하다 보니 말이 나오지 않았다. **8** …도 (또한). [부정형이나 반어문에 쓰여 어기를 강조함] ¶他~不是什么怪物, 你怕什么? =그가 무슨 괴물도 아닌데, 너 뭘 무서워하니?

---

又(yòu) / 再(zài) 또, 다시

又 : 이미 일어났던 상황이 다시 발생하는 것, 이것은 규칙적인 반복일 수도 있고 관례적으로 발생하는 것일 수도 있음. 조동사와 함께 쓰일 경우 조동사 앞에 쓰임. ¶昨天他来了, 今天早上他又来了。=어제 그가 왔었는데, 오늘 아침에 또 왔다. / 没问题, 可以爬山了。= 걱정 없어, 다시 등산할 수 있게 됐어. - 예전에 등산한 적이 있고 다시 등산을 할 수 있게 됨.

再 : 어떤 상황이 중복 발생할 때, 이 상황은 왕왕 아직 발생하지 않는 상태이며 주관적인 바람이나 열망과 요구를 표현함. 조동사와 함께 쓰일 경우 조동사 뒤, 동사 앞에 쓰임. ¶我们以后再说吧。=우리 다음에 다시 얘기하자. / 那个地方不错, 他想再去一次。=그 곳이 괜찮아서 그는 다시 한 번 더 가고 싶어 한다.

---

又(yòu) / 也(yě)
…하기도 하고 …하기도 하고

▶ '也…也…'와 '又…又…' 형식을 사용하여 두 종류의 동작이나 상황이 동시에 존재함을 나타냄. ¶屋里又热又闷。=방안이 덥고 답답하다.

▶ 주어가 같을 경우 주로 '又…又…'로 연결하는데, 이때 동사나 형용사를 연결시킬 수 있음. 주어가 다를 경우 '也…也…'를 사용하고 동사를 연결시킴. 단, 같은 형용사를 연결하여 사용할 수도 있음. ¶大家又唱又跳, 高兴得一夜也没有睡觉。=모두들 노래를 하기도 하고 춤을 추기도 하며 기뻐서 밤새 자지 않았다. / 儿子也睡了, 妻子也睡了。=아들도 잠들었고, 부인도 잠들었다. / 屋里也热, 外边也热。=방안도 덥고, 밖도 더워.

---

【又称】**yòuchēng** 통 또 …(이)라고도 일컫다. 달리 …(이)라고도 부르다. ¶土豆~马铃薯。=감자를 마링쿠아라고도 부른다.

【又红又专】**yòuhóng-yòuzhuān** 성 열성 공산당원이면서 전문가이기도 하다. 사상적으로 건전하고 기술적으로도 우수하다.

【又及】**yòují** 통 추신(追伸)하다. 추기(追記)하다. [주로 편지를 다 쓰고 나서 서명을 한 후에 더 보충해서 적을 내용을 앞이나 끝에 씀]

【又惊又喜】**yòujīng-yòuxǐ** 성 놀랍기도 하고 기쁘기도 하다.

【又名】**yòumíng** 명 다른 이름. ¶西红柿是番茄的~。='西红柿(시홍스)'는 토마토의 다른 이름이다. 통 …(이)라고도 하다. 또 …(이)라고 부르다. ¶《红楼梦》~《石头记》。=《홍루몽》은《석두기》라고도 한다.

【又音】**yòuyīn** 〈言〉우음. 다른 음. [한자는 원칙상 한 글자에 하나의 음이지만, 특수한 경우 제2·제3의 음이 있을 수 있는데, 다른 음이 동의(同義)인 경우 제2음을 '우음(又音)'이라고 함]

---

**右** **yòu** 오른쪽 우

○ 右 yòu
佑 yòu
祐 yòu

통 **1** 문 숭상하다. 높이 평가하다. 중시하다. ¶~文=문(文)을 중시하다. **2** '佑(yòu)'와 같음. 형 (정치·사상에 있어) 보수적이다. 우익이다. ¶~翼组织=우익 조직. 명 **1** 우측. 오른쪽. ¶向~转=오른쪽으로 돌다. / 靠~行驶=우측 통행하다. **2** 서쪽. [남쪽을 향했을 때를 기준으로 한 말] ¶山~=타이항산(太行山) 서쪽. **3** 문 (위치나 등급이) 높다. 뛰어나다. 우수하다. [옛날 사람들은 주로 오른쪽을 존귀하게 여겼음] ¶无出其~。=그보다 나은 것이 없다. **4 (Yòu)** 성(姓). ↔左

○→ 左右, 座右铭

【右边】**yòu·bian** (~儿) 명 오른쪽. 우측(右侧). ¶邮局在学校的~。=우체국은 학교 우측에 있다. ≒右面 ↔左边 左面

【右边锋】**yòubiānfēng** ☞【右锋】**yòufēng**

【右侧】**yòucè** 명 오른쪽. 우측.

【右锋】**yòufēng** 명 (體) (농구의) 라이트 포워드(right forward). (축구의) 라이트 윙(right wing). 오른쪽 공격수. =【右前锋】**yòuqiánfēng**【右边锋】**yòubiānfēng**

【右后卫】**yòuhòuwèi** 명 (體) (축구의) 라이트 백(right back). 최후방 오른쪽 수비수.

【右面】**yòumiàn** 명 오른쪽. 우측(右侧). ≒右边 ↔左面 左边

【右派】**yòupài** 명 **1** 우파. 우익의 당파. 보수파. **2** 우익 인사. 우익 인사. 보수파. ↔左派

【右前锋】**yòuqiánfēng** ☞【右锋】**yòufēng**

【右前卫】**yòuqiánwèi** 명 (體) (축구의) 라이트 하프 백(right half back). [보통 라이트 하프(right half)라고 함] 오른쪽 중간 수비수.

【右倾】**yòuqīng** 형 우경의. 보수적인. ¶~思想=우경 사상. ↔左倾

【右手】**yòushǒu** 명 **1** 오른손. **2** ☞【右首】**yòushǒu** ↔左手

【右首】[右手] **yòushǒu** 명 오른쪽. 우측. [주로 좌석을 가리킴] ¶小家伙坐在我的~, 嗑着瓜子。=녀석이 내 오른쪽에 앉아 호박씨를 까 먹고 있다. ↔左首

【右外场手】**yòuwàichǎngshǒu** 명 (體) (야구

·소프트볼의) 우익수.
【右行】 yòuxíng 통 1 오른쪽으로 가다. ¶出大门一十多米, 你就能看到那个书店了。= 정문을 나서서 오른쪽으로 10여 미터 가면, 너는 그 서점을 볼 수 있을 것이다. 2 우측 통행을 하다. ¶车辆~=차량이 우측 통행하다.
【右翼】 yòuyì 명 1 (軍) 우익. 우군(右軍). 2 (정당·단체의) 우익. 우파. ¶~势力=우익 세력. ↔左翼

## 幼 yòu 어릴 유

형 1 (나이가) 어리다. ¶年一无知=나이가 어려서 아무것도 모르다. 2 어린. 갓 자란. 갓 태어난. ¶小麦的~芽=밀의 어린 싹. 명 아동. 어린이. ¶妇~=부녀자와 어린이. /扶老携~=노인을 부축하고 어린이를 이끌다. ↔老 장(zhǎng).

⇨ 幼 yòu
蚴 yòu
呦 yōu
窈 yǎo
坳 ào

【幼虫】 yòuchóng 명(動) 1 (완전 변태하는 곤충의) 유생. 2 (기생충의) 유충. 3 (알에서 부화한 곤충의) 유충. 애벌레.
【幼雏】 yòuchú 명 (갓 알에서 부화한 조류의) 병아리. 갓 깐 새.
【幼畜】 yòuchù 명 유축. 어린 가축.
【幼儿】 yòu'ér 명 유아. [주로 취학 전의 아동]
【幼儿读物】 yòu'ér dúwù 명 아동 도서.
【幼儿教育】 yòu'ér jiàoyù 명(敎) 유아 교육. =【学前教育】 xuéqián jiàoyù 명【幼教】 yòujiào
【幼儿园】 yòu'éryuán 명 유치원. 유아원.
【幼功】 yòugōng 명 (서커스·곡예(曲藝) 등의 연기자들이) 어렸을 때부터 익힌 기예.
【幼教】 yòujiào ☞【幼儿教育】 yòu'ér jiàoyù
【幼林】 yòulín 명 유령림(幼齡林). 어린숲.
【幼苗】 yòumiáo 명 1 유묘. 어린 모종. 새싹. 2 (비) 새싹. [아동 혹은 새로운 사물] ¶祖国的未来要靠你们这些~来建设。=조국의 미래는 너희 같은 새싹들이 건설해야 한다.
【幼年】 yòunián 명 유년. 어린 나이〔시절·때〕. ↔成年
【幼女】 yòunǚ 명 1 어린 여자 아이. 2 막내딸.
【幼弱】 yòuruò 형 유약하다. 어리고 연약하다. ¶~的儿童=유약한 아동.
【幼师】 yòushī 명(약) 幼儿师范学校(유아 사범학교)
【幼时】 yòushí 명 어린 시절. 유아 시절. ¶~的伙伴而今也各奔东西了。=어린 시절의 친구들은 이제는 제각기 흩어졌다.
【幼树】 yòushù 명 유수. 어린 나무.
【幼体】 yòutǐ 명 유생.
【幼童】 yòutóng 명 어린이. 유아.
【幼小】 yòuxiǎo 형 유소하다. 어리다. ¶~的年纪=유소한 어린 나이.
【幼芽】 yòuyá (~儿) 명 유아. 어린 싹. 새싹. ¶春天来了, 桃树已长出了~。=봄이 되니 복숭아나무에 벌써 새싹이 돋아났다.
【幼鱼】 yòuyú 명 유어. 어린 물고기.

【幼稚】 yòuzhì 형 1 유치하다. 어리다. ¶孩子~, 还不明白这些大道理。=아이가 어려서 아직 이런 큰 도리를 이해하지 못한다. 2 유치하다. 수준이 낮다. 미숙하다. ¶~可笑=우스울 만큼 유치하다. ↔成熟 老成
【幼稚病】 yòuzhìbìng 명 1 (醫) 소아병. 영 infantile disorder 2 소아병. [주로 정치에서 상황을 고려하지 않고 극단적인 언행만 일삼는 미성숙한 태도를 가리킴]
【幼稚园】 yòuzhìyuán 명 '幼儿园(유아원)'의 옛 명칭.
【幼株】 yòuzhū 명 어린 그루〔포기〕. [종자식물을 가리킴]
【幼子】 yòuzǐ 명 막내아들. 어린 아들. ¶弱妻~=연약한 아내와 어린 아들.

## 有 yòu 또 유

분 '又(yòu)'와 같음. [정수 외에 나머지를 나타냄] ¶三十~五年=35년.
☞ yǒu

## 佑 yòu 도울 우

통 돕다. 지키다. 비호하다. 보호하다. ¶庇~=비호하다.

○─● 保bǎo佑, 庇bì佑

【佑护】 yòuhù 통 보우하다. 보호하다. 가호(加護)하다. 비호하다. ¶上天~=하늘이 보우하다.
【佑助】 yòuzhù 통 돕다. 거들다. 돌보다. 보조하다. 보좌(輔佐)하다. ¶~幼主=어린 군주를 보좌하다.

## 侑 yòu 권할 유

통 (먹거나 마시기를) 권하다. ¶~食=음식을 권하다.
【侑觞】 yòushāng 통(문) 술을 권하다.

## 狖 yòu 검은 원숭이 유

명(動) 고서(古書)에 나오는 원숭이의 일종.

## 柚 yòu 유자나무 유

명(植) 1 유자나무. 2 유자. ['文旦'이라고도 부름]
☞ yóu
【柚子】 yòu·zi 명(방)(植) 유자.

## 囿 yòu 동산 유

명(문) 우리. ¶园~=동물원과 식물원. 통(문) 국한되다. 한정되다. 제한되다. 융통성이 없다. 구애되다. 얽매이다. 변통할 줄 모르다. ¶~于一隅=한 방면으로 치우쳐 얽매이다.
【囿于】 yòuyú 통 …에 국한되다. …에 한정되다. …에 제한되다. …에 구애되다. …에 얽매이다. ¶~成见=선입견에 얽매이다.

## 宥 yòu 용서할 유

통(문) 용서하다. 관용하다. 관대히 봐주다. ¶宽

## 祐 yòu 도울 우

[동] 1 [문] 신령이 보우하다. 축복을 베풀다. ¶天~=하늘이 보우하다. 2 '佑(yòu)'와 같음.

## *诱 [誘] yòu 꾈 유

[동] 1 이끌다. 유도하다. 권유하다. ¶循循善~=차근차근 잘 일깨우다. 2 꾀다. 유인하다. ¶威逼利~=협박하기도 하고 이익을 내세워 회유하기도 하다. 3 (어떤 사건이나 결과를) 일으키다. 야기하다. 초래하다. 가져오다. ¶~发肠炎=장염(腸炎)을 유발하다.

○● 利诱, 劝quàn诱, 煽shān诱

【诱逼】yòubī [동] 끌어들이고 핍박하다. ¶~犯罪=범죄를 저지르도록 끌어들이고 핍박하다.
【诱变】yòubiàn [생] (인공적으로) 유전자의 돌연 변이를 유도하다. 염색체 변이를 유도하다.
【诱捕】yòubǔ [동] 유인하여 잡다〔체포하다〕. ¶~害虫=해충을 유인하여 잡다.
【诱导】yòudǎo [동] 1 가르치다. 지도하다. 교도하다. 이끌다. 안내하다. 유도하다. ¶要学会~学生学习的方法。=학생들이 학습하도록 지도하는 방법을 배워야 한다. 2 [생] 유도하다. 3 ☞【感应】gǎnyìng
【诱敌】yòudí [동] 적을 유인하다. ¶~深入=적을 깊숙이 유인하다.
【诱饵】yòu'ěr [명] 1 (동물을 잡기 위한) 미끼. 2 [비] (사람을 꾀어 내기 위한) 미끼. ≒钓饵
【诱发】yòufā [동] 1 유발하다. 일으키다. ¶爸爸的一封信~了我无尽的乡愁。=아빠의 편지 한 통이 나에게 끝없는 향수를 불러일으켰다. 2 (주로 질병을) 일으키다. 유발하다. ¶感冒能~肺炎。=감기는 폐렴을 유발할 수 있다.
【诱供】yòugòng [동] (부당한 수단으로) 유도 신문하여 자백하게 하다.
【诱拐】yòuguǎi [동] 유괴하다. ¶~儿童=어린이를 유괴하다.
【诱惑】yòuhuò [동] 1 꾀다. 유혹하다. ¶~哄骗=꾀어서 속이다. 2 끌어들이다. 매료〔매혹〕시키다. ¶九寨沟的景色太具有~力了。=지우자이거우(九寨沟)의 경치는 대단한 매력을 지니고 있다.
【诱奸】yòujiān [동] 유혹하여 농락하다.
【诱骗】yòupiàn [동] 유인하여 속이다.
【诱迫】yòupò [동] 꾀어 협박하다.
【诱取】yòuqǔ [동] 유인하여 잡다. ¶~猎物=사냥감을 유인하여 잡다.
【诱劝】yòuquàn [동] 타일러 유도하다〔이끌다〕. 권유하다.
【诱人】yòurén [형] 매력적이다. ¶美景~=아름다운 경치가 매력적이다.
【诱杀】yòushā [동] 유인하여 죽이다. ¶~老鼠=쥐를 유인하여 죽이다.
【诱使】yòushǐ [동] 꾀어서 …을〔를〕 시키다. …을〔를〕 하도록 꾀다. ¶~上当=함정에 빠뜨리다.

덫에 걸리게 하다.
【诱降】yòuxiáng [동] 권항하다. 투항하도록 권하다.
【诱胁】yòuxié [동] 유혹하고 협박하다.
【诱掖】yòuyè [동] 이끌어 육성하다. 잘 자라도록 이끌다. ¶~后学=후학을 이끌어 육성하다.
【诱因】yòuyīn [명] 유인. ¶长期熬夜是这种病的~。=장기간 밤새우는 것이 이런 병을 일으키는 유인이다.
【诱引】yòuyǐn [동] 유인하다. 유혹하다.
【诱致】yòuzhì [동] (나쁜 결과를) 일으키다. 초래하다. 빚어 내다.

## 蚴 yòu 꿈틀거릴 유

[명] [동] (촌충·주혈 흡충·선충 등의) 유충. ¶毛~=섬모 유충(纖毛幼蟲).

## 釉 yòu 유약 유

[명] 유약.
【釉料】yòuliào [명] 유료. 유약.
【釉面砖】yòumiànzhuān [명] 타일.
【釉陶】yòutáo [명] 유약을 바른 도자기.
【釉窑】yòuyáo [명] 유약 굽는 가마.
【釉质】yòuzhì [생] (치아의) 법랑질(琺瑯質). 사기질(沙器質). 에나멜(enamel)질. =【珐琅质】fàlángzhì
【釉子】yòu·zi [명] 유약.

## 鼬 yòu 족제비 유

[명] [동] 족제비.
【鼬獾】yòuhuān [명] [동] 중국 흰 족제비. 오소리. ⇒ Chinese ferret badger

## 呦 ·you 감탄 소리 유

[조] '哟(·yao)'와 같음.
☞ yō

# yu

## 迂 yū 굽을 우

[형] 1 굽다. 구불구불하다. 꼬불꼬불하다. 구부러지다. ¶~道访问=길을 둘러서 방문하다. 2 (견해나 행위가) 케케묵다. 고루하다. 진부하다. 융통성〔탄력성〕이 없다. 고지식하다. 판에 박은 듯하다. 틀에 박히다. ¶这家伙~得很。=이 녀석은 정말 고리타분하다.
【迂诞】yūdàn [형] (말이나 행동이) 황당무계하다. 사리에 맞지 않다. ¶~浮华=사리에 맞지 않고 겉만 화려하다.
【迂夫子】yūfūzǐ [명] 사고 방식이 고루한 선비〔학자〕. 세상 물정에 어두운 학자.
【迂腐】yūfǔ [형] (견해나 행위가) 진부하다. 케케묵다. 낡아빠지다. 고지식하다. 세상 물정에 어둡다. ¶~的言论=진부한 의견이다. ↔开通
【迂缓】yūhuǎn [형] 둔하다. 느리다. 더디다. 굼

뜨다. 완만하다. ¶动作~=동작이 느리다.

【迂回】yūhuí 廖 에돌다. 우회하다. ¶~的小路=우회하는 작은 길. 동(军) (적의 측면이나 후방을 공격하기 위해) 우회하다. ¶~战术=우회 전술.

【迂回曲折】yūhuí-qūzhé 성 길이 꼬불꼬불하다. 우여곡절을 겪다.

【迂见】yūjiàn 명 1 어리석은 생각. 현실성이 없는 의견. 2 진부한 의견.

【迂阔】yūkuò 형 (언행이나 의견이 고루하여) 현실에 맞지 않다. 세상 물정에 어둡다. ¶~之论=현실에 맞지 않은 이론〔논리〕.

【迂论】yūlùn 명 낡고 진부한 의견. 실정에 부합되지 않는 의견.

【迂曲】yūqū 형 구불구불〔꼬불꼬불〕하다. ¶~的山路=구불구불한 산길.

【迂儒】yūrú 명 융통성이 없고 고집스러우며 세상 물정에 어두운 학자. 고루한 선비.

【迂远】yūyuǎn 형통 현실에 맞지 않다. 세상 물정에 어둡다. ¶~之见=현실에 맞지 않는 견해.

【迂执】yūzhí 형 진부하고 고집불통이다. ¶生性~=천성이 진부하고 고집이 세다.

【迂拙】yūzhuō 형통 융통성 없고 어리석다. ¶~之举=융통성 없고 어리석은 행동.

## 吁 yū 소리칠 우

감 우어. 우아. 워. [소나 말을 멈추게 하거나 가만히 있으라는 뜻으로 달래는 소리]

☞ xū, yù

## 纡[紆] yū 묶을 우

동형 매다. 묶다. ¶~金佩紫=자색 인수에 금으로 된 인장을 차다. [고위 관직임을 상징함] 형 구불구불하다. ¶紫~=감돌다.

【纡回】yūhuí 형통 에돌다. 우회하다.

【纡徐】yūxú 형통 느리다. 더디다. 굼뜨다.

## 於 Yū 성씨 어

명 성(姓).

☞ wū, yú(于), Yú

## 淤[(瘀)] yū 진흙 어

명 1 흙탕. 감탕. 물 바닥에 침적된 진흙. ¶河~=강바닥에 쌓인 진흙. 2 어혈. 적혈(积血). 축혈. 혈어(血瘀). ¶腿上出现了一块~斑。=다리에 어혈이 생겼다. 동 1 진흙이 물 바닥에 쌓이다. 침적되다. ¶~地=진흙땅. 2 형 (액체가) 끓어 넘치다. ¶火小点儿, 稀饭快~了。=불을 줄여라, 죽이 끓어 넘치겠다. 형 (혈액이) 응고되어 막히다. ¶活血化~=어혈을 제거하여 혈맥의 소통을 원활하게 하다.

【淤斑】【瘀斑】yūbān 명(医) 반상 출혈(斑状出血). 혈반(血斑).

【淤灌】yūguàn 동(农) (토양을 개선하고 토지를 비옥하게 하기 위해) 흙탕물을 논밭에 대다. 감탕물로 관개하다.

【淤积】yūjī 동 1 침적하다. 퇴적하다. 응결되다.

엉겨 뭉치다. ¶河床因泥沙~而增高。=하상〔하천 바닥〕이 침적토가 퇴적하여 점점 높아지다. 2 (근심 등이) 마음에 쌓이다. ¶苦闷~在心头。=고민이 마음에 쌓이다.

【淤埋】yūmái 동 토사가 쌓여 묻다〔덮다〕. ¶洪水过后, 河泥~了不少农田。=홍수가 지나간 뒤 하천의 진흙이 많은 농토를 덮어 버렸다.

【淤泥】yūní 명 어니. 진흙. ¶荷花出~而不染。=연꽃은 진흙에서 나오지만 (더러움에) 물들지 않는다.

【淤浅】yūqiǎn 동 물길이 (토사의 침적으로) 얕아지다. ¶河道逐年~。=수로가 토사의 침적으로 해마다 얕아지다.

【淤塞】yūsè 동 (수로가) 침적된 진흙으로 막히다. ¶水道~=수로가 침적된 진흙으로 막히다.

【淤血】yūxuè 동(医) 울혈〔어혈〕이 지다. 명(医) 울혈. ☞【静脉性充血】jìngmàixìng chōngxuè

【淤滞】yūzhì 동 (수로가) 토사의 침적으로 막히다. ¶疏通~的河道。=토사로 막힌 물길을 소통시키다. 동(医) 울체하다. ¶血液~=혈액이 울체되다.

【淤阻】yūzǔ 동 (하천이) 진흙이나 모래로 막히다. ¶航道~, 水流不畅。=항로가 진흙으로 막혀서 물살이 원활하지 못하다.

## 瘀 yū 어혈 어

명(医) 어혈. 적혈(积血). 축혈. 혈어(血瘀). 형(医) (기혈이) 응체하다. 뭉치고 막히다. ¶闭经致~=폐경으로 (기혈이) 응체되다.

【瘀斑】☞【淤斑】yūbān

【瘀血】yūxuè 동(医) 어혈. 적혈(积血). 축혈. 혈어(血瘀).

## 于¹[(於)] yú 어조사 어

개 1 …에. …에서. [처소나 범위 또는 시간을 이끌어 내며, '在(zài)'에 상당함] ¶喜形~色=기쁨이 얼굴에 나타나다. / 他生~1970年。=그는 1970년에 태어났다. 2 …에. …에게. [대상을 이끌어 내며, '向(xiàng)'에 상당함] ¶求救~人=남에게 구원을 청하다. 3 …에. …에 대해. [대상을 이끌어 내며, '对(duì)·对于(duìyú)'에 상당함] ¶无济~事=일에 아무런 도움이 되지 않다. / 无愧~时代。=시대에 부끄럽지 않다. 4 …에. …에게. [대상을 이끌어 내며, '给(gěi)'에 상당함] ¶嫁祸~人=잘못을 남에게 전가시키다. 5 …보다. [비교의 대상을 이끌어 냄] ¶重~泰山=태산보다 무겁다. / 苛政猛~虎。=가혹한 정치는 호랑이보다 사납다. 6 …에서. …(에서)부터. [출처나 기점을 이끌어 내며, '从(cóng)·自(zì)'에 상당함] ¶青出~蓝=푸른색 쪽에서 나오다. / 他毕业~清华大学。=그는 청화 대학을 졸업했다. 7 …에게 (…되다). [행위의 주동자를 이끌어 냄] ¶受制~人=다른 사람에게 제지당하다. 8 …에. …로. [방향이나 목표를

○ 于 yú
宇 yǔ
迂 yū
芋 yù
盂 yú
纡 yū
竽 yú

이끌어 냄] ¶气候趋～温暖。＝기후가 따뜻해져 가다. / 献身～教育事业。＝교육 사업에 몸을 바치다. **9** …에. …하기에. [분야나 원인·목적을 이끌어 냄] ¶勇～承担责任。＝용감하게 책임을 지다. / 乐～助人＝기꺼이 남을 돕다. [접미] **1** …에. [동사 뒤에 쓰임] ¶属～＝…에 속하다. / 至～＝…에 이르다. **2** …(하기)에. [형용사 뒤에 쓰임] ¶便～了解＝이해하기 편하다. / 难～实施＝실행하기 어렵다.

**于² **Yú** 성씨 우

[명] 성(姓).

☞ 於(**wū, Yū, Yú**)

> O● 濒bīn于, 长于, 处chǔ于, 等于, 甘于, 关于, 归于, 过于, 基于, 急于, 鉴jiàn于, 见于, 居于, 乐lè于, 利于, 忙于, 期于, 善于, 属shǔ于, 位于, 陷xiàn于, 易于, 由于, 寓yù于, 在于, 至zhì于, 忠于, 终zhōng于

【于今】**yújīn** [명] 지금. 오늘날. 현재. ¶故乡～已发生了翻天覆地的变化。＝고향에는 지금 천지개벽할 큰 변화가 생겼다. [부] 지금까지. 현재까지. ¶离开家乡, ～已17年了。＝고향을 떠나 온 지 이미 17년이 되었다.

【于今为烈】**yújīn-wéiliè** [성] 지금에 와서 더욱 심해지다. [앞부분의 '古已有之(옛날에도 있었다)'와 짝을 이루어 사용함]

【于思】**yúsāi** [형][문] 수염이 더부룩하다. 수염이 텁수룩하다. [주로 중첩하여 사용함]

【于事无补】**yúshì-wúbǔ** [성] 일에 아무런 도움이 안 되다.

【于是】**yúshì** [접] 그래서. 이리하여. 그리하여. 이에. 이 때문에. [뒤쪽 단문에 쓰여 앞뒤를 이어 주는 관계를 나타냄] ＝【于是乎】**yúshìhū** ¶全家人都到齐了, ～开始吃年夜饭。＝집안 사람들이 다 모이자, 그제서야 제야(除夜)음식을 먹기 시작했다.

【于是乎】**yúshìhū** ☞【于是】**yúshì**

【于心不忍】**yúxīn-bùrěn** [성] 차마 …하지 못하다.

与[與] **yú** 어조사 여

[조][문] '欤(yú)'와 같음.

☞ **yǔ, yù**

予 **yú** 나 여

[대][문] 나. ¶～求＝내가 구하다.

☞ **yǔ**

| | |
|---|---|
| O 予 yú | 苎 zhù |
| 预 yù | 抒 shū |
| 妤 yú | 舒 shū |
| 序 xù | 纾 shū |
| 杼 zhù | |

【予取予求】**yúqǔ-yúqiú** [성] **1** (재물을) 나에게서 취하고 나에게서 구해 가다. **2** 제 마음대로 취하다.

邘 **Yú** 나라 이름 우

[명]《歷》 우. [주(周)대의 나라 이름. 지금의 허난(河南)성 친양(沁阳) 서북쪽에 있었음]

伃 **yú** 여자 벼슬 여

☞【倢伃】**jiéyú**

玗 **yú** 옥돌 우

[명][문] 옥같이 아름다운 돌.

玙[璵] **yú** 옥 여

[명][문] 아름다운 옥.

【玙璠】**yúfán** ☞【璠玙】**fányú**

欤[歟] **yú** 어조사 여

[조][문] **1** 의문조사이며, '呢(·ne)' 또는 '吗(·ma)'에 상당함. ¶是谁之过～? ＝이것은 누구의 잘못인가? **2** 감탄을 나타내며, '啊(·a)'에 상당함. ¶论者之言, 一似管窥虎～! ＝화자의 주장은 실로 관의 구멍을 통해 호랑이를 보는 것과 같도다!

**余¹ **yú** 나 여

[대][문] 나. [화자가 자신을 칭할 때 쓰이며, '我(wǒ)'에 상당함] ¶～幼好书, 家贫难致。＝나는 어렸을 때 책을 좋아했으나, 집안이 가난하여 책을 갖기가 어려웠다.

| | |
|---|---|
| O 余 yú | 除 chú |
| 馀 yú | 涂 tú |
| 狳 yú | 途 tú |
| 叙 xù | 酴 tú |
| 徐 xú | 斜 xié |
| 溆 xù | |

[명] (**Yú**) 성(姓).

**余²[餘] **yú** 남을 여

[동] 남다. 남기다. 남아 있다. ¶除去成本, 尚～5万元。＝원가를 빼고도 아직 5만 위안이 남는다. [형] 나머지의. 잔여의. 여분의. ¶收购～粮＝여분의 식량을 구입하다. [명] **1** (어떤 일이나 상황) 이외〔이후〕의 시간. ¶课～＝수업 이외의 시간. / 工作之～＝일 이외의 시간. **2** 잉여 부분. ¶年年有～＝해마다 남음이 있다. [수] …여. [정수(整數) 외의 나머지를 가리키며, '多(duō)'에 상당함] ¶两千～元＝2,000여 위안. / 四十～岁＝40여 세. ≒富

☞ **yú**(馀)

> O● 编余, 残cán余, 词余, 多余, 富余, 公余, 结余, 节余, 净余, 课余, 宽余, 其余, 剩余, 诗余, 唾tuò余, 无余, 赢yíng余, 盈yíng余, 有余

【余波】**yúbō** [명] **1** 하천의 하류. **2** [비] 여파. ¶～未平＝여파가 아직 가라앉지 않다.

【余存】**yúcún** [동] 남아 있다. ¶取出两万, 还～一万元。＝2만 위안을 찾고도 아직 1만 위안이 남아 있다. [명] 잔여(殘餘). 잔고(殘高). 나머지. 잉여. ¶略有～＝잔고가 조금 있다.

【余党】**yúdǎng** [명] 남은 무리. 잔당(殘黨).

【余地】**yúdì** [명] **1** 여지. 남은 땅. ¶房间太小, 摆张床后, 连转身的～也没有了。＝방이 너무 작아서, 침대를 놓고 나니 몸 돌릴 여지도 없다. **2** (말·행동·일·계획 등을 할 때 융통할 수 있도록 남겨두는) 여지. ¶不留～＝여지를 남기지 않다.

【余毒】**yúdú** [명] **1** 여독. 후독(後毒). ¶伤口的～尚未完全清除。＝상처의 여독이 아직 완전히

제거되지 않았다. **2** 여독. 여열. [뒤에까지 남아 있는 해로운 요소]. ¶封建~=봉건의 여독.

【余额】**yú'é** 图 **1** 결원(缺员). 공석(空席). 빈자리. ¶依据招聘计划, 还有三个~。=채용 계획에 의하면 아직도 3명의 결원이 있다. **2** (장부상의) 잔고〔잔금〕. ¶账上的~不多。=장부에 잔고가 많지 않다.

【余风】**yúfēng** 图 유풍(遗风). 유속(遗俗). ¶~未改=유풍(遗风)이 아직 고쳐지지 않았다.

【余辜】**yúgū** 图 씻을 수 없는 죄〔죄과〕. ¶死有~=죽어도 그 죄를 씻을 수 없다.

【余光】**yúguāng** 图 **1** 잔조(残照). 낙조(落照). 여휘(余晖). 석양빛. ¶山顶上还闪耀着夕阳的几缕~。=산꼭대기에 아직도 석양의 잔조(残照)가 밝게 빛나고 있다. **2** 곁눈질. ¶~一扫, 他便看出了现场的情况。=곁눈질로 한번 훑어보고는, 그는 현장의 상황을 바로 알아챘다.

【余痕】**yúhén** 图 남아 있는 흔적.

【余晖】[余辉]**yúhuī** 图 잔조(残照). 낙조(落照). 여휘. 석양빛. ¶晚霞的~染红了大半个天空。=저녁놀의 잔조(残照)가 대부분의 하늘을 붉게 물들였다.

【余辉】**yúhuī** ☞【余晖】**yúhuī**

【余悸】**yújì** 图 아직 남아 있는 공포. ¶心有~=마음속에 아직도 공포가 남아 있다.

【余角】**yújiǎo** 图(数) 여각.

【余烬】**yújìn** 图 **1** 여신. 깜부기불. 잔불. 타고 남은 재〔불기운〕. ¶清除篝火的~=모닥불의 재를 깨끗이 치우다. **2** (비) (전쟁이나 그 밖의 재난 뒤에 남은) 잔해(残骸). ¶劫后~=재난 뒤의 잔해(残骸).

【余款】**yúkuǎn** 图 잔금. 잔고.

【余力】**yúlì** 图 여력. 남은 힘. ¶不遗~=여력을 남기지 않다. 있는 힘을 다하다.

【余利】**yúlì** 图 이익. 이득. 이윤. ¶~颇丰=이윤이 대단히 많다.

【余沥】**yúlì** 图 **1** 남은 술. **2** (비) 배당받은 작은 이익. ¶分沾~=조그마한 이익을 나눠 갖다.

【余粮】**yúliáng** 图 여유 식량. ¶卖~=여유 식량을 팔다.

【余留】**yúliú** 图 잔존하다. 남아 있다. ¶屋里~了很大的烟味。=집 안에 지독한 연기 냄새가 남아 있다.

【余年】**yúnián** 图 만년(晚年). 노년(老年). 늘그막. ¶~可数=남은 여생이 많지 않다. ≒余生 晚年

【余孽】**yúniè** 图 잔당(残党). 여당(余党). 잔도. 잔여 세력. ¶残渣~=잔존하는 나쁜 무리.

【余怒】**yúnù** 图 채 가시지 않은 노기(怒气). ¶~未息=노기가 채 가시지 않다.

【余钱】**yúqián** 图 남은 돈. 여분의 돈.

【余缺】**yúquē** 图 **1** 여유와 결핍. 과부족(过不足). ¶调剂~=과부족을 조절하다. **2** (편제 내의) 결원. 공석. 빈자리. ¶招考之后, 销售部还有两个~。=모집 시험을 치른 후에 판매부에는 아직 결원이 두 명 있다.

【余热】**yúrè** 图 **1** 여열. ¶~采暖=여열로 난방

을 하다. **2** (비) (노인의) 남은 정력〔역할〕. ¶发挥~=남은 정력을 발휘하다.

【余色】**yúsè** ☞【补色】**bǔsè**

【余生】**yúshēng** 图 **1** 여생. 여년(余年). ¶安度~=여생을 편안히 보내다. **2** (재난에서) 요행히 살아남은 목숨. ¶虎口~=구사일생으로 겨우 살아나다. ≒余年 晚年

【余剩】**yúshèng** 图 남은 돈. 여분의 돈.

【余数】**yúshù** 图(数) 나머지.

【余外】**yúwài** 图(비) 그 외. 그 밖. 기타. ¶当时屋里只有我们二人, ~无人。=당시 방 안에는 단지 우리 두 사람뿐 다른 사람은 없었다.

【余威】**yúwēi** 图 남아 있는 위력. ¶~尚在=예전의 위력이 아직도 남아 있다.

【余味】**yúwèi** 图 **1** 여미. 뒷맛. 후미(后味). ¶饭菜清香可口, ~无穷。=음식이 향긋하고 입에 맞으며, 뒷맛이 무궁무진하다〔그지없다〕. **2** 여운. 뒷맛. ¶旋律优美, ~不尽。=선율이 아름답고 여운이 끝이 없다.

【余暇】**yúxiá** 图 여가. 겨를. 틈. =【余闲】**yúxián** ¶近来工作极为繁忙, 并无~去看电影。=요즘 일이 몹시 바빠서 영화를 보러 갈 겨를이 없다.

【余下】**yúxià** 图 남기다. 남다. ¶手上~的钱不多了。=수중에 남은 돈이 많지 않다.

【余闲】**yúxián** ☞【余暇】**yúxiá**

【余弦】**yúxián** 图(数) 여현. 코사인(cosine).

【余兴】**yúxìng** 图 **1** 여흥. 남아 있는 흥취(兴趣). ¶~未了=여흥이 채 가시지 않다. **2** (회의나 연회가 끝난 뒤의) 여흥. ¶节目是余兴 프로그램.

【余蓄】**yúxù** 图 여축. 남아서 모아 둔 물건〔돈〕. ¶她把~都捐给了慈善机构。=그녀는 모아 둔 돈을 모두 자선 단체에 헌납했다.

【余音】**yúyīn** 图 여음. 여운(余韵). 여향(余响). ¶~袅袅, 不绝如缕。=여음이 실가닥처럼 길게 이어지다.

【余音绕梁】**yúyīn-ràoliáng** 图 **1** 음악이 그친 후에도 여음이 여전히 귓전에 맴도는 듯하다. **2** 노랫소리나 음악 소리가 매우 아름다워 잊을 수 없다. **3** (비) 시문(诗文)이 사람의 심금을 울리고, 여운이 무궁무진하다〔그지없다〕.

【余勇可贾】**yúyǒng-kěgǔ** 图 아직도 여력이 있다. 아직도 혈기왕성하다.

【余裕】**yúyù** 图 (주로 시간·재물 등이) 충분하다. 여유가 있다. ¶~的精力=넘치는 정력. 图 (시간적·물질적인) 여유. ¶家中尚有~。=집안에 아직 여유가 있다.

【余韵】**yúyùn** 图 여운. 정취. ¶饶有~=여운이 넘치다.

【余震】**yúzhèn** 图(地) 여진.

# 妤 yú 여자 벼슬 여

☞【婕妤】**jiéyú**

# 盂 yú 바리 우

图 (~儿) (액체를 담는) 주둥이가 큰 그릇〔주

발). 바리. ¶痰~=가래통.
【盂兰盆会】 yúlánpénhuì 圆㉰(佛) 우란분. 우란분회. 우란분공. 우란분재. [음력 칠월 보름, 불교도들이 선조의 망령을 제도(濟度)하기 위하여 여는 불사(佛事). 목련존자가 아귀도에 떨어진 어머니를 구하기 위해 석가모니의 가르침을 받아 여러 수행승에게 올린 공양에서 비롯함] ㉲ ullambana

# 臾 yú 잠깐 유
☞ 【须臾】 xūyú

○ 臾 yú    黄 yú
  谀 yú    瘐 yú
  庾 yú

# 鱼[魚] yú 물고기 어
圆 1(動) 물고기. 2 어류처럼 물에서 생활하는 동물. ¶鲸~=고래. /鳄~=악어. 3 모양이 물고기같이 생긴 물건. ¶木~=목어. 4 (Yú) 성(姓).

○ 鱼 yú
  渔 yú

○━ 鲍bào鱼, 草鱼, 带鱼, 蠹dù鱼, 飞鱼, 狗鱼, 黄鱼, 甲鱼, 金鱼, 鲸鱼, 镜鱼, 快鱼, 猫鱼, 墨鱼, 木鱼, 平鱼, 旗鱼, 青鱼, 人鱼, 鲨鱼, 梭suō鱼, 团鱼, 乌鱼, 燕鱼, 衣鱼, 银鱼, 鱿鱼, 元鱼, 章鱼, 龙晴鱼, 墨斗鱼, 娃娃wáwá鱼

【鱼白】 yúbái 圆 1 어백. 이리. 물고기의 정액덩어리. 2 청백색. 물고기의 배 색깔. [주로 여명 때의 빛을 가리킴] 3 ⑤ 부레.
【鱼鳔】 yúbiào 圆 부레. ⑤ 【鱼泡】 yúpào
【鱼舱】 yúcāng 圆 어창. 생어창.
【鱼叉】 yúchā ☞ 【渔叉】 yúchā
【鱼池】 yúchí ☞ 【养鱼池】 yǎngyúchí
【鱼翅】 yúchì 圆 상어 지느러미. = 【翅子】 chì·zi
【鱼虫】 yúchóng 圆⑤ 물벼룩과에 속하는 절지동물의 속칭.
【鱼唇】 yúchún 圆 상어 입술. [상어 입술을 가공하여 만든 음식]
【鱼刺】 yúcì 圆 생선가시. 물고기의 잔뼈.
【鱼打挺儿】 yúdǎtǐngr 圆 (두 손을 땅에 짚고 잉어가 뛰어오르듯) 벌떡 일어나다. ¶他一个~,从地上爬了起来。=그는 벌떡 일어나 바닥을 기기 시작하였다.
【鱼大水小】 yúdà-shuǐxiǎo ㉰ 1 생산보다 소비가 크다. 2 기구가 비대해서 능률이 낮다.
【鱼道】 yúdào 圆 어도. 어제(魚梯).
【鱼肚】 yúdǔ 圆 아이징글라스(isinglass). 조기 등의 부레로 만든 식품.
【鱼肚白】 yúdùbái 圆 희뿌연 색. 물고기 배와 같은 희끄무레한 색깔. [주로 여명 때의 빛을 가리킴] ¶东边的海平面上泛起了~。=동쪽의 수평선에서 희뿌연 빛이 밝아 온다.
【鱼饵】 yú'ěr 圆 미끼. 낚싯밥. 조이(釣餌).
【鱼贩(子)】 yúfàn(·zi) 圆 물고기를 파는 소상인〔노점 상인·행상인〕.
【鱼粉】 yúfěn 圆 어분. 고깃가루. 생선가루. 피시 밀(fish meal).
【鱼干】 yúgān 圆 어포. 말린 물고기.

【鱼肝油】 yúgānyóu 圆(醫) 간유. 어간유. 어유(魚油).
【鱼竿】 yúgān ☞ 【渔竿】 yúgān
【鱼缸】 yúgāng 圆 어항.
【鱼钩】 yúgōu ☞ 【渔钩】 yúgōu
【鱼狗】 yúgǒu 圆(動) 물총새.
【鱼鼓】 yúgǔ ☞ 【渔鼓】 yúgǔ
【鱼鼓道情】 yúgǔ dàoqíng ☞ 【渔鼓道情】 yúgǔ dàoqíng
【鱼贯】 yúguàn 圆 (헤엄치는 물고기처럼) 쭉 이어. 줄줄이 늘어서서. ¶~入场=줄지어 입장하다.
【鱼贯而进】 yúguàn'érjìn ☞ 【鱼贯而入】 yúguàn'érrù
【鱼贯而入】 yúguàn'érrù ㉰㉯ 순서대로 줄지어 들어가다. = 【鱼贯而进】 yúguàn'érjìn
【鱼花】 yúhuā 圆(양식용) 치어(稚魚).
【鱼货】 yúhuò 圆 어획.
【鱼际】 yújì 圆 손등이나 발등에서 피부색이 짙은 부분과 연한 부분의 경계 부분.
【鱼酱】 yújiàng 圆 젓갈.
【鱼胶】 yújiāo 圆 1 어교. 부레풀. 2 ⑤ ① (물고기의) 부레. ② 조기의 부레.
【鱼具】 yújù ☞ 【渔具】 yújù
【鱼雷】 yúléi 圆(軍) 어뢰.
【鱼雷快艇】 yúléi kuàitǐng ☞ 【鱼雷艇】 yúléitǐng
【鱼雷艇】 yúléitǐng 圆(軍) 어뢰정. = 【鱼雷快艇】 yúléi kuàitǐng
【鱼类】 yúlèi 圆(動) 어류.
【鱼鳞】 yúlín 圆 어린. (물고기의) 비늘.
【鱼鳞坑】 yúlínkēng 圆 물을 모아 두거나 나무를 심기 위하여 산비탈에 엇갈리게 고기 비늘 모양으로 촘촘히 판 구덩이.
【鱼鳞松】 yúlínsōng 圆(植) 가문비나무.
【鱼龙】 yúlóng 圆(歷) 어룡. 익티오사우루스(Ichthyosaurus).
【鱼龙混杂】 yúlóng-hùnzá ㉰ 1 물고기와 용이 한데 섞여 있다. 2 ㉯ 각양각색의 사람들이 섞여 있어, 좋은 사람과 나쁜 사람을 구분하기 힘들다. 구성이 복잡하다. ≒泥沙俱下 ↔泾渭分明
【鱼龙曼衍】 yúlóng-mànyǎn ㉰ 1 어룡과 만연. [어룡(魚龍)과 만연(曼衍)은 옛날 서커스 기예의 이름임] 2 각종 공연이 뒤얽혀 무대에 오르다. 3 ㉯ 사물이 혼란하다. 변화가 많다.
【鱼笼(子)】 yúlóng(·zi) 圆 어전(魚筌). 통발.
【鱼篓】 yúlǒu 圆 어람(魚籃). [물고기를 담는 바구니]
【鱼露】 yúlù 圆 생선으로 만든 소스.
【鱼卵】 yúluǎn ☞ 【鱼子】 yúzǐ
【鱼米之乡】 yúmǐzhīxiāng ㉰ 1 물고기와 쌀이 많이 생산되는 고장. 2 토지가 비옥하고 자원이 풍부한 지역. ↔不毛之地
【鱼苗】 yúmiáo 圆 (양식용) 치어(稚魚).
【鱼目混珠】 yúmù-hùnzhū ㉰ 1 물고기의 눈알을 진주에 섞어 넣다. 2 ㉯ 가짜를 진짜로 속이다. ≒滥竽充数

【鱼泡】yúpào ☞【鱼鳔】yúbiào
【鱼皮】yúpí 囲 1 물고기의 가죽. 2 상어 가죽을 말린 식품.
【鱼片儿】yúpiànr 囲 1 얇게 썬 생선 조각. ¶熘~=생선 조각을 볶다. 2 어포. ¶烤~=어포를 굽다.
【鱼漂】yúpiāo ☞【渔漂】yúpiāo
【鱼情】[渔情] yúqíng 囲 물고기의 회유(回遊) 정황〔상황〕.
【鱼儿】yúr 囲(口) 물고기의 속칭. ¶~离不开水.=물고기는 물을 떠날 수 없다.
【鱼肉】yúròu 囲 1 어육. 생선의 살. ¶~丸子=어묵. 2 생선과 육류. ¶鸡鸭~~=닭·오리·생선·고기로 만든 요리. 動 1 생선과 고기처럼 유린당하다. 2(比) 마음대로 마구 짓밟다. 폭력으로 유린하다. ¶~乡民=마을 사람들을 마구 짓밟다.
【鱼肉松】yúròusōng ☞【鱼松】yúsōng
【鱼食】yúshí 囲 1 고기밥. 2 미끼. 낚싯밥. 조이(釣餌).
【鱼水】yúshuǐ 囲(比) 어수. 물고기와 물처럼 밀접하고 친밀한 관계. ¶~情深=물고기와 물처럼 친밀하고 정이 깊다.
【鱼水情】yúshuǐqíng 囲(比) 물고기가 물을 떠날 수 없는 것처럼 떨어질 수 없는 친밀한 우정. ¶军民~~=군·민이 매우 친밀하다.
【鱼死网破】yúsǐ-wǎngpò (成)(比) 물고기도 죽고 어망도 터지다. 싸우는 쌍방 모두 손해가 막심하다. 싸우는 쌍방이 함께 죽다.
【鱼松】yúsōng 囲 위쑹. [생선을 가공하여 분말 또는 풀솜 모양으로 만든 식품]=【鱼肉松】yúròusōng
【鱼汤】yútāng 囲 어탕.
【鱼塘】yútáng 囲 양어장.
【鱼丸(子)】yúwán(·zi) 囲 어단(魚團). 둥근 어묵.
【鱼网】yúwǎng ☞【渔网】yúwǎng
【鱼尾纹】yúwěiwén 囲 눈주름.
【鱼鲜】yúxiān 囲 수산물.
【鱼线】yúxiàn ☞【渔线】yúxiàn
【鱼腥草】yúxīngcǎo ☞【蕺菜】jícài
【鱼汛】[渔汛] yúxùn 囲 어기(漁期). 어획기.
【鱼雁】yúyàn 囲(喩) 서신. 편지. [전설에서 옛날 사람들이 물고기의 배와 기러기의 발을 이용하여 서신을 전달하였다는 데서 유래함]
【鱼秧(子)】yúyāng(·zi) 囲 유어(幼魚).
【鱼鹰】yúyīng 囲(動) 1 물수리의 통칭. 2 ☞【鸬鹚】lúcí
【鱼油】yúyóu 囲 물고기 기름. 어유.
【鱼游釜中】yúyóufǔzhōng (成) 1 물고기가 가마솥 안에서 노닐다. 2(比) 위험이 닥치다. 절박한 위험에 빠지다. 절망적인 상태에 빠지다.
【鱼跃】yúyuè 動 물고기가 뛰어오르다. ¶~龙门=잉어가 룽먼을 뛰어오르다. 動 물고기가 도약하는 것 같은 동작. 피시 다이브(fish dive). ¶~救球=다이빙하여 공을 살리다.
【鱼种】yúzhǒng 囲 치어.

【鱼子】yúzǐ 囲 물고기알. 어란(魚卵). =【鱼卵】yúluǎn
【鱼子兰】yúzǐlán ☞【米仔兰】mǐzǐlán

於 Yú 땅 이름 어
지명에 쓰이는 글자. ¶~陵=위링. [산둥(山东)성에 있는 옛 지명] / ~潜=위첸. [저장(浙江)성에 있는 옛날 현 이름]
☞ wū, Yū, yú(于)

禺[1] yú 긴꼬리원숭이 우
囲(動) 고서(古書)에서 나오는 원숭이의 일종.

禺[2] yú 땅 이름 우
☞【番禺】Pānyú

| ❶ 禺 yú | 寓 yù |
|---|---|
| 遇 yù | 偶 ǒu |
| 愚 yú | 耦 ǒu |
| 隅 yú | |

竽 yú 피리 우
囲 옛날, 리드 관악기의 하나. [생황과 비슷하지만 약간 큼] ¶滥~充数=많은 사람들이 모여 피리를 부는 데 끼어 들어 머릿수만 채우다. 겨우 자리만 지키다.

舁 yú 마주 들 여
動(文) 1 같이 들다. 여럿이 맞들다. 함께 운반하다. 메다. 2 싣다. 적재하다.

俞 yú 대답 소리 유
嘆(文) 예. 응. 그래. [허가나 승낙을 나타냄] 囲(Yú) 성(姓).
☞ shù

| ❶ 俞 yú | 觎 yú |
|---|---|
| 愈 yù | 瑜 yú |
| 逾 yú | 谕 yù |
| 喻 yù | 蝓 yú |
| 偷 yú | 输 shū |
| 榆 yú | 偷 tōu |

【俞允】yúyǔn 動(文) 윤허〔허가·승낙·허락〕하다. ¶~与否, 尚在两可.=승낙 여부는 아직 반반이다.

旟[旟] yú 깃발 여
囲 옛날, 송골매를 그려 넣은 군기.

貐 yú 아르마딜로 여
☞【犰貐】qiúyú

馀[1][餘] yú 남을 여
'余(yú)'와 같음.

馀[2][餘] Yú 성씨 여
囲 성(姓).

谀[諛] yú 아첨할 유
動(文) 아첨〔아부〕하다. 알랑거리다. ¶阿~奉承=아첨하다.
【谀词】yúcí ☞【谀辞】yúcí
【谀辞】[谀词] yúcí 囲 아첨〔아부〕하는 말.
【谀言】yúyán 囲 아첨〔아부〕하는 말.

*娱[娱] yú 즐길 오

【형】즐겁다. 유쾌하다. ¶欢~=즐기다. 통 즐겁게 하다. 즐기다. ¶自~自乐=스스로 즐기다.
【娱记】yújì 명 연예 (전문) 기자.
【娱老】yúlǎo 통만 만년(晚年)을 즐겁게 보내다. ¶聊优游以~. = 유유자적하며 만년을 즐겁게 보내다.
【娱乐】yúlè 통 오락하다. 즐겁게 소일하다. 쉬는 시간을 즐겁게 보내다. ¶~场所=오락 장소. 명 오락. ¶文化~=문화 오락.
【娱乐场】yúlèchǎng 명 (마작·차(茶) 등을 즐길 수 있는) 오락장. 위락장.
【娱乐城】yúlèchéng 명 (마작·차(茶) 등을 즐길 수 있는) 규모가 큰 오락장[위락장].
【娱乐片儿】yúlèpiānr 명구 오락 영화. TV 오락물.
【娱乐片】yúlèpiàn 명(映) 오락 영화. TV 오락물.
【娱乐圈】yúlèquān 명 연예계.
【娱悦】yúyuè 통 즐겁게 하다. 기쁘게 하다. ¶~身心=몸과 마음을 즐겁게 하다.

# 萸 yú 수유 유
☞【茱萸】zhūyú

○● 山茱zhū萸, 吴wú茱萸

# 雩 yú 기우제 우
명 옛날, 기우제. ¶~祭=기우제.

# 渔[漁] yú 고기 잡을 어
통 1 물고기를 잡다. ¶竭泽而~=못이나 호수의 물을 퍼내어 물고기를 잡다. 2 부당하게 이익을 취하다. 잇속을 채우다. ¶侵~=침탈하다. 명 (Yú) 성(姓).
【渔霸】yúbà 명 (악질 선주 등) 악덕 어업자.
【渔叉】[鱼叉] yúchā 명 작살.
【渔产】yúchǎn 명 수산물. ¶~丰富=수산물이 풍부하다.
【渔场】yúchǎng 명 어장.
【渔船】yúchuán 명 어선.
【渔村】yúcūn 명 어촌.
【渔夫】yúfū 명옛 어부.
【渔父】yúfù 명문 늙은 어부.
【渔妇】yúfù 명 어촌 부녀자. 어부의 아내.
【渔竿】[鱼竿] yúgān (~儿) 명 낚싯대.
【渔港】yúgǎng 명 어항.
【渔歌】yúgē 명 뱃노래. 어부의 노래. 어가. ¶~互答=뱃노래로 서로 화답하다.
【渔工】yúgōng 명 어로공(漁撈工).
【渔钩】[鱼钩] yúgōu 명 낚싯바늘.
【渔鼓】[鱼鼓] yúgǔ 명(音) 1 어고. [타악기의 하나. 설창 문예의 하나인 '道情'의 주요 반주 악기임. 죽통(竹筒)의 한쪽에 얇은 가죽을 씌워 만듦] 2 ☞【道】dàoqíng
【渔鼓道情】[鱼鼓道情] yúgǔ dàoqíng ☞【道情】dàoqíng
【渔户】yúhù 명 어가. 어호(漁户).

【渔火】yúhuǒ 명 어화. 고기잡이하는 배에 켜는 등불이나 횃불. ¶~点点=고기잡이배의 등불이 드문드문하다.
【渔货】[鱼货] yúhuò 명 수산물.
【渔家】yújiā 명 어가. 어호(漁户). ¶~小伙=젊은 어부.
【渔具】[鱼具] yújù 명 어구.
【渔捞】yúlāo 명 어로.
【渔利】yúlì 통 부당한 수단으로 이익을 얻다. 어부지리를 꾀하다. ¶从中~=중간에서 부당한 이익을 취하다. 어부지리를 얻다. 명 부당한 수단으로 얻은 이익. 어부지리. ¶坐收~=앉아서 어부지리를 얻다. 늑牟利
【渔猎】yúliè 통 1 물고기를 잡고 사냥을 하다. ¶以~为生=물고기를 잡고 사냥을 하는 것을 생업으로 하다. 2문 수탈하다. 착취하다. 약탈하다. 강탈하다. 갈취하다. ¶~百姓=백성을 수탈하다. 3문 여색을 밝히다. 엽색(獵色)하다. 여색을 탐하다. ¶~女色=여색을 탐하다.
【渔轮】yúlún 명 어로용 기선.
【渔民】yúmín 명 어민.
【渔女】yúnǚ 명 해녀.
【渔漂】[鱼漂] yúpiāo (~儿) 명 낚시찌.
【渔婆】yúpó 명 1 어부의 아내. 2 늙은 해녀.
【渔情】yúqíng ☞【鱼情】yúqíng
【渔区】yúqū 명 어구. 어업을 주로 하는 지역.
【渔人】yúrén 명 어민.
【渔人之利】yúrénzhīlì 성어 어부지리. 쌍방이 이해 관계로 서로 싸우는 사이에 엉뚱한 사람이 애쓰지 않고 얻은[가로챈] 이익.
【渔色】yúsè 통문 엽색(獵色)하다. 여색을 탐하다. ¶~之徒=엽색꾼.
【渔网】[鱼网] yúwǎng 명 어망.
【渔翁】yúwēng 명 늙은 어부. 어옹.
【渔线】[鱼线] yúxiàn 명 낚싯줄.
【渔汛】yúxùn ☞【鱼汛】yúxùn
【渔阳掺】yúyángcàn 명(音) 어양참. [옛날, 고곡(鼓曲)의 하나]
【渔业】yúyè 명 어업.
【渔政】yúzhèng 명 1 어업 행정. 2 어업 행정 요원.
【渔舟】yúzhōu 명문 어선. 고깃배. ¶~唱晚=황혼녘에 고깃배가 노래를 부르며 돌아오다.

# *隅 yú 모퉁이 우
명 1문 옆. 곁. 가. 근처. ¶海~=바닷가. 2 모퉁이. 구석. 코너. ¶——之地=조그마한 땅덩어리. / 负~顽抗=험준한 지형에 의지하여 완강하게 저항하다.

# 揄¹ yú 끌 유
통문 휘두르다. 꺼내다. 제기하다. 제의하다. ¶~刀削人=칼을 가져다 사람의 코를 베다.

# 揄² yú 야유할 유
☞【揶揄】yéyú
【揄策】yúcè 통문 계책[계략]을 꾸미다. 꾀를 생

揄 喁 喻 嵎 崳 畬 逾 腴 渝 愉 騟 瑜 榆 虞 **yú**

각해 내다. 일을 꾸미다.
【揄扬】yúyáng 동운 선양하다. 찬양하다.

**喁** yú 맞장구 소리 우
의운 맞아. 그래. 그렇지. 옳지. 좋지. [맞장구치는 소리]
☞ yóng
【喁喁】yúyú 동운 남이 말하는 대로 따라 말하다. 부화뇌동하다. 의운 속삭이는 소리. ¶~私语 = 소곤소곤 이야기하다. 속삭이다.

**喻¹** yú 즐거울 유
형운 '愉(yú)'와 같음.

**喻²** yú 땅 이름 유
지명에 쓰이는 글자. ¶新~=신위. [장시(江西)성에 있는 지명. 지금은 '新余'라고 씀]
☞ yù

**嵎** yú 산모퉁이 우
명운 1 산모퉁이. 산굽이. 2 '隅(yú)'와 같음.

**崳** yú 산 이름 유
지명에 쓰이는 글자. ¶昆~=쿤위. [산둥(山东)성에 있는 산 이름]

**畬** yú 새 밭 여
명운 개간한 지 2년이 되는 농지. [일설에는 개간한 지 1년 된 숙전(熟田)이라고도 함]
☞ shē

***逾¹**[(踰)] yú 넘을 유
동 넘다. 초과하다. 지나(가)다. 상회하다. ¶~额 = 규정액을 초과하다. / 年~花甲 = 나이가 환갑을 넘다.

***逾²** yú 더욱 유
부운 더욱. 더. 훨씬. 한층 더. 가일층. 더군다나. ¶~甚 = 한층 더 심해지다.
【逾常】yúcháng 동 보통을 넘다. 상궤(常軌)를 넘다. ¶欣喜~ = 아주 즐거워하다.
【逾分】yúfèn 동 분수를 넘다. (본분에) 지나치다. 과분하다. ¶他的要求实在~。 = 그의 요구는 실로 분에 넘친다.
【逾期】yú‖qī 동 (원래 정한) 기한[기일]을 넘기다. 기한[기일]이 지나다. ¶~作废 = 기한이 넘으면 사용하지 못한다. ≒过期
【逾墙钻穴】yúqiáng-zuānxué ☞【钻穴逾墙】zuānxué-yúqiáng
【逾限】yú‖xiàn 동 (원래 정한) 기한[기일]을 넘기다. 기한[기일]이 지나다.
【逾越】yúyuè 동 뛰어넘다. 초과하다. 초월하다. 넘다. 넘어서다. ¶难以~ = 뛰어넘기 어렵다.

**腴** yú 살질 유
형 1 풍만하다. 살지다. 뚱뚱하다. ¶丰~ = 풍만하다. 2 비옥하다. ¶膏~之地 = 기름지고 비옥

한 땅.
【腴润】yúrùn 형운 1 풍만[포동포동]하고 반지르르하다. ¶肌肤~ = 피부가 포동포동하고 반지르르하다. 2 비옥하다. ¶田土~ = 농토가 비옥하다.

**渝** yú 변할 유
동 (태도·감정 등이) 변하다. 바뀌다. 달라지다. ¶矢志不~ = 초지일관하다. 두마음이 없다. 명 (Yú) '重庆(충칭)'의 별칭. ¶成~高速公路 = 청두간 고속도로. [청두(成都)와 충칭(重庆)간 고속 도로]

***愉** yú 즐거울 유
형 기쁘다. 즐겁다. 유쾌하다. ¶欢~ = 유쾌하고 즐겁다.
【愉快】yúkuài 형 기쁘다. 유쾌하다. 즐겁다. 기분이 상쾌하다. ¶~的心情 = 즐거운 마음. ≒高兴 欢乐 喜悦 ↔优伤 不快 烦闷
【愉乐】yúlè 형 유쾌하고 즐겁다. ¶合家~ = 온 가족이 유쾌하고 즐겁다.
【愉悦】yúyuè 형 기쁘다. 즐겁다. 유쾌하다. ¶心情~ = 심정이 유쾌하다. 동 기쁘게 하다. 즐겁게 하다. ¶~身心 = 몸과 마음을 즐겁게 하다.

**騟[騟]** yú 구렁말 유
명운 자줏빛 말.

**瑜** yú 아름다운 옥 유
명운 1 옥의 광채. 2 비 장점. 우수한 점. 뛰어난 점. 훌륭한 점. 좋은 점. ¶瑕~互见 = 장단점이 다 있다. 3 아름다운 옥. ¶碧~ = 아름다운 옥. ↔瑕
【瑜伽】[瑜珈] yújiā 명외 요가. 영 Yoga
【瑜珈】yújiā ☞【瑜伽】yújiā

***榆** yú 느릅나무 유
명(植) 느릅나무.
【榆荚】yújiá 명(植) 느릅나무 열매. =【榆钱】yúqián
【榆木脑袋】yúmù nǎo·dai 명(구)비 1 나쁜 머리. 아이큐가 낮은 머리. 돌대가리. ¶他天生了个~。 = 그는 타고난 돌대가리이다. 2 멍청이. 얼간이. 바보. ¶你这个~, 这么简单的事都学不会。 = 야 멍청이야, 이렇게 간단한 일도 배우지 못하느냐.
【榆钱】yúqián(~儿) ☞【榆荚】yújiá
【榆树】yúshù 명(植) 느릅나무.
【榆叶梅】yúyèméi 명(植) 풀또기.

**虞** yú 헤아릴 우
동운 1 예상하다. 추측하다. 헤아리다. 짐작하다. ¶不~之誉 = 예상치 못한 명예. 2 우려하다. 걱정하다. 근심하다. ¶高枕无~ = 베개를 높이고 걱정 없이 잘 자다. 마음이 편안하고 근심 걱정이 없다. 3 사기치다. 기만하다. 속이다. ¶尔~我诈 = 서로 속이다. 명 (Yú) 1 (歷) 우. [전설

**yú** 虞 愚 艅 覦 歈 輿 窬

상의 상고 시대 조대 이름. 순(舜)임금이 건국하였다고 함] **2** [歷] 우. [주대(周代) 제후국의 이름. 지금의 산시(山西)성에 위치하였음] **3** (姓) 성(姓).
【虞美人】**yúměirén** [명] **1** 우미인. [원래 칠현금(七絃琴)의 곡명임] **2** 우미인. [사패(詞牌)·곡패(曲牌)의 이름] **3** (植) 개양귀비. 우미인초. **4** (Yúměirén) 우미인. [초(楚)나라 항우(項羽)의 애첩이었던 우희(虞姬)의 미칭]

## 愚 yú 어리석을 우

[형] **1** 어리석다. 우둔하다. 멍청하다. 미련하다. 바보 같다. ¶大智若~=큰 지혜를 지닌 사람은 뛰어난 재능과 지혜를 드러내지 않아 언뜻 보기에는 어리석어 보인다. **2** [대] 저. 제. [자기와 관련된 칭호에 사용되는 겸양어] ¶~弟=저. 제. **3** [동] 바보 취급하다. 우롱하다. 기만하다. 속이다. ¶为人所~=우롱당하다. ≒笨 ↔智
【愚笨】**yúbèn** [형] 우둔하다. 어리석다. 둔하다. 굼뜨다. 미련하다. ¶生性~=천생이 미련하다. ↔乖巧 乖觉
【愚不可及】**yúbùkějí** (성) **1** [녕무자(甯武子)의] 어수룩함은 따라갈 수 없다. [《논어·공야장(論語·公冶長)》에 나오는 말] **2** [비] 어리석음이 극에 달하다. 매우 어리석다. 어리석기 짝이 없다. 대단히 바보스럽다.
【愚痴】**yúchī** [형] 우둔하고 미련하다.
【愚蠢】**yúchǔn** [형] 어리석다. 우둔하다. 멍청하다. 미련하다. 바보 같다. ¶~无知=어리석고 무지하다. ↔聪明 聪慧 聪颖
【愚钝】**yúdùn** [형] 우둔하다. 미련하다. 굼뜨다. ¶资质~=자질이 우둔하다.
【愚公移山】**Yúgōng-yíshān** (성) **1** 우공(寓公)이 산을 옮기다. [《열자·탕문(列子·湯問)》에 나오는 말] **2** [비] (일을 함에) 위험과 곤란을 두려워하지 않고 강인한 끈기로 밀고 나가다. ≒精卫填海
【愚见】**yújiàn** [명][겸] 우견. 졸견. 저의 견해[소견]. ¶~所及仅此。=저의 견해는 겨우 이 정도입니다.
【愚陋】**yúlòu** [형] 우매하고 비루(鄙陋)하다. ¶~之见=우매하고 비루한 견해.
【愚鲁】**yúlǔ** [형] 우둔하다. 미련하다. 굼뜨다. ¶~不灵=우둔하다.
【愚昧】**yúmèi** [형] 우매하다. 어리석고 사리에 어둡다. ¶~落后=우매하고 뒤떨어지다. ↔智慧 文明
【愚昧无知】**yúmèi-wúzhī** (성) 무지몽매하다.
【愚氓】**yúméng** [명] 우민. 우맹. 어리석은 사람.
【愚蒙】**yúméng** [형] 무지몽매하다. ¶~之至=너무나 무지몽매하다.
【愚民】**yúmín** [명] 우매한[어리석은] 백성[민중]. 우민. [옛날, 통치자가 백성을 멸시하여 이르는 말] [동] 백성을 우민화하다. ¶~手段=우민화 수법.
【愚民政策】**yúmín zhèngcè** [명] 우민 정책.
【愚弄】**yúnòng** [동] 우롱하다. 바보 취급하다. ¶~人民=국민을 우롱하다.
【愚懦】**yúnuò** [형] 우매하고 겁이 많다. ¶~无能=우매하고 겁이 많고 무능하다.
【愚人】**yúrén** [명] 우인. 어리석은 사람. 멍청이. 바보. 무지몽매한 사람.
【愚人节】**yúrénjié** [명] 만우절.
【愚顽】**yúwán** [형] 우매하고 완고하다. ¶~不化=우둔하고 완고하여 융통성이 없다. [명] 우매하고 완고한 사람. ¶化导~=우매하고 완고한 사람을 계도하다.
【愚妄】**yúwàng** [형] 우매하고 오만 방자하다. ¶~之论=어리석고 교만한 의론.
【愚兄】**yúxiōng** [명] **1** 우형. [형이 동생에 대하여 자기를 이르는 말] **2** 우형. 어리석은 형. [자기보다 나이가 적은 친구에게 자기를 이르는 말]
【愚者千虑, 必有一得】**yúzhě qiān lǜ, bì yǒu yī dé** (성)(비) 어리석은 사람이라 하더라도 생각을 거듭하면 좋은 수를 생각해 낼 수 있다. [주로 자기의 소견이 미약함을 나타내는 겸양어로 쓰임] ↔智者千虑, 必有一失
【愚直】**yúzhí** [형][문] 우직하다. 지나치게 고지식하다.
【愚忠】**yúzhōng** [명] 시비를 따지지 않는 맹목적인 충성.
【愚拙】**yúzhuō** [형] 어리석고 우둔[멍청]하다. ¶~之人=어리석고 멍청한 사람.

## 艅 yú 여황 여

【艅艎】**yúhuáng** [명] 여황. [옛날, 목선의 이름]

## 覦[覦] yú 얻기 바랄 유

☞【觊觎】**jìyú**

## 歈 yú 노래 유

[명] 노래. [형][동] '愉(yú)'와 같음.

## 輿[輿] yú 수레 여

[명][문] **1** 짐칸. **2** 수레. ¶舍~登舟=수레를 버리고 배에 오르다. **3** 가마. ¶彩~=꽃가마. **4** [비] 땅. 강역. 국가의 영토. ¶收复~地=영토를 수복하다. [형] 매우 많다. 뭇 사람의. 많은 사람의. ¶~论哗然=여론이 분분하다.

○● 堪kān舆, 权quán舆

【舆地】**yúdì** [명][문] **1** 땅. 강토. 영토. **2** 지도. [주로 강역도를 가리킴]
【舆论】**yúlùn** [명] 여론. ¶社会~=사회 여론.
【舆论界】**yúlùnjiè** [명] (사회 여론을 전파하는) 대중 매체의 총칭.
【舆情】**yúqíng** [명] 대중의 바람[소원]. ¶了解~=대중의 바람을 이해하다.
【舆人】**yúrén** [명][문] **1** 수레를 만드는 사람. **2** 여러 사람. 뭇 사람. 군중. ¶~之论=뭇 사람의 론. 여론.
【舆图】**yútú** [명][문] **1** 지도. [주로 강역도를 가리킴] **2** 강토. 영토. ¶~辽阔=영토가 드넓다.

## 窬 yú 담 넘을 유

동 운 담을 뛰어[타고] 넘다. ¶穿~=담을 넘다.

## 褕 yú 첨유 유
☞【襜褕】chānyú

## 蝓 yú 민달팽이 유
☞【蛞蝓】kuòyú

## 髃 yú 어깨뼈의 앞쪽 우
명 (醫) (중의학에서) 어깨의 앞부분.

## 与[與] yǔ 줄 여
동 1 주다. 베풀다. ¶~人方便=남을 편하게 해 주다. 2 칭찬하다. 찬동하다. 지지하다. 찬조하다. ¶朝过夕改，君子~之。=아침의 허물을 저녁에 고치면 군자는 그를 찬양한다. 3 문 내왕[왕래]하다. 교제하다. 친밀하게 사귀다. 어울리다. ¶相~甚厚=사귐이 대단히 두텁다. 4 문 기다리다. ¶岁不我~。=세월은 사람을 기다려 주지 않는다. 개 …와[과]. …함께. [동작이나 행위와 관련 있는 대상을 이끌어들임. '跟(gēn)·同(tóng)'에 상당함] ¶~日月同輝=일월과 함께 빛나다. 영원히 빛나다. 접 1 …와[과]. [성질이 같은 단어나 구조가 비슷한 구를 연결하여 병렬 관계를 나타냄. '和(hé)'에 상당함] ¶老師~学生=선생과 학생. / 伟大~渺小=위대함과 미미함. 2 …거나. 또는. [성질이 같은 단어나 구조가 비슷한 구를 연결하여 선택 관계를 나타냄. '或(huò)'에 상당함] ¶去~不去，你自己决定。=가든지 말든지, 네 스스로 결정하라. 명 (Yǔ) 성(姓). →受
☞ yú, yù

○ 与 yǔ
輿 yú
譽 yù
嶼 yǔ
舉 jǔ

○● 付与，施shī与

【与此同时】yǔcǐ-tóngshí 숙 이와 동시에. 아울러. [주로 병렬 관계의 두 구나 단문을 연결하는 데 쓰임] ¶要提高产量，~，要注意产品的质量。=생산량을 높여야 하는 동시에 생산품의 품질에 유의해야 한다.

【与此相反】yǔcǐ-xiāngfǎn 숙 이와 반대로. [주로 뜻이 상대되는 두 구나 단문을 연결하는 데 쓰임] ¶不少人遇到挫折便一蹶不振，~，他却重整旗鼓，再创佳绩。=많은 사람들이 한번 좌절하면 다시 일어나지 못하는 것과는 반대로 그는 재기하여 다시 훌륭한 업적을 이룩했다.

【与夺】yǔduó [予夺] yǔduó
【与共】yǔgòng 동 함께하다. 같이 있다. ¶休戚~=동고동락하다.

【与虎谋皮】yǔhǔ-móupí 숙 1 호랑이와 가죽 벗기는 것에 대하여 의논하다. 2 비 근본적인 이해 관계가 상충되어 협상이 이루어질 수 없다.

【与虎添翼】yǔhǔ-tiānyì ☞【为虎添翼】wèihǔ-tiānyì

【与君一夕话，胜读十年书】yǔjūn yīxīhuà, shèng dú shíniánshū 숙 그대와 하루 저녁 담화하여 나눈 것이 십 년 동안 공부한 것보다 낫다. 상대방과 한 차례 대화를 나눈 것이 자기에게 큰 교훈과 이익이 되다.

【与民更始】yǔmín-gēngshǐ 숙 민중과 함께 낡은 것을 없애고 새로운 것을 세우다. 백성과 함께 새 정치를 펴다.

【与民同乐】yǔmín-tónglè 숙 백성들과 함께 즐기다.

【与其】yǔqí 접 …하기보다는. …하느니 (차라리). [단문을 연결하여 비교한 뒤에 취사를 결정함을 나타냄. '与其'는 포기하는 경우에 사용하고, 선택하는 경우에는 주로 '不如(bùrú)·宁(nìngkě)' 등을 사용하여 호응함] ¶~多而杂，不如少而精。=많으면서 자질구레한 것보다는 적으나마 실속이 있는 것이 낫다.

【与人方便，自己方便】yǔrén fāngbiàn, zìjǐ fāngbiàn 숙 1 남에게 편리를 보아주면 그것이 자기에게도 되돌아온다. 2 비 남에게 관대하게 대우하면 끝내 그 사람의 보답을 받는다. 인정을 베풀면 되돌아온다.

【与人为善】yǔrén-wéishàn 숙 1 남과 함께 좋은 일을 하다. 2 선의로 남을 돕다. 남에게 좋은 일을 하다.

【与日俱增】yǔrì-jùzēng 숙 1 날이 갈수록 많아[더해]지다. 날로 늘어나다[커지다]. 2 성장 [신장] 상황이 계속되다. ≒日积月累 ↔每况愈下

【与时俱进】yǔshí-jùjìn 숙 1 시대와 같이 전진하다. 2 진취적인 정신으로 시대의 보조를 따라가다.

【与世长辞】yǔshì-chángcí 숙 1 영원히 인간 세상과 고별하다. 2 세상을 뜨다. 별세하다.

【与世长存】yǔshì-chángcún 숙 1 세상과 함께 영원히 존재하다. 2 위대한 공적이나 불후의 사물이 대대손손 영원히 기억되다.

【与世隔绝】yǔshì-géjué 숙 세상 사람과 왕래를 하지 않다. 세상과 담을 쌓고 살다. 세상과 동떨어지다.

【与世无争】yǔshì-wúzhēng 숙 1 세인이나 세사와 싸우지 않다. 2 초탈하고 활달하다. 욕심이 없다.

【与众不同】yǔzhòng-bùtóng 숙 뭇 사람과 다르다. 남다르다. 남보다 뛰어나다.

## 予 yǔ 줄 여
동 주다. …하여 주다. ¶授~=수여하다. / 免~处分=처분을 면해 주다. ↔夺 受
☞ yú

○● 赐cì予，赋fù予，给jǐ予，寄予，准予

【予夺】[与夺] yǔduó 동 운 1 주거나 빼앗다. 여탈하다. ¶生杀~=살리고 죽이거나 주거나 빼앗다. 생살여탈. 2 결재하다. 결정하다. ¶褒贬~=좋고 나쁨을 결정하다.

【予人口实】yǔrén-kǒushí 숙 남에게 구실을 주다. 남에게 약점을 잡히다.

【予以】yǔyǐ 동 …을[를] 주다. ¶~照顾=보살펴 주다. / ~限制=제한하다.

**屿[嶼]** yǔ 작은 섬 서
〖명〗작은 섬. ¶岛~=도서.

**伛[傴]** yǔ 구부릴 구
〖형〗〖문〗 등이 굽은. ¶~人=곱사등이. 〖동〗〖문〗 허리를 굽히다〔구부리다〕. 〖공경을 나타냄〕 ¶~下腰=허리를 구부리다.
〖伛偻〕 **yǔlǚ** 〖동〗〖문〗 허리를 굽히다〔구부리다〕¶~而行=허리를 구부리고 가다.

**宇** yǔ 집 우
〖1〗〖문〗 처마. **2** 집. ¶屋~=집. /琼楼玉~=호화로운 집. **3** 모든 공간. 세계. ¶寰~=온 누리. 전세계. **4**〖地〗우(宇). [지층 연대 단위의 첫 번째 단계로, 지질 연대 단위인 '宙(zhòu)'에 상당함] 〖太古~=시생대. **5** 풍채. 의표. 의용. 풍모. 풍격. 〖神~=기색과 풍채. /气~轩昂=풍당당하다. 기품이 서리다. **6**(Yǔ) 성(姓).

○● 杜宇, 庙宇, 气宇, 神宇, 天宇, 玉宇

〖宇航〕 **yǔháng** 〖명〗**1**〖약〗宇宙航行(우주 항행〔비행〕). **2** 우주 항행〔비행〕과 관련된 것. ¶~站=우주 정거장.
〖宇航服〕 **yǔhángfú** 〖명〗우주복. =〖太空服〕**tàikōngfú** 〖宇宙服〕**yǔzhòufú**
〖宇航器〕 **yǔhángqì** ☞〖宇宙飞船〕**yǔzhòu fēichuán**
〖宇航员〕 **yǔhángyuán** 〖명〗우주 비행사.
〖宇内〕 **yǔnèi** 〖명〗〖문〗 천하. 온 세상. 전세계. ¶独步~=천하제일이다.
〖宇文〕 **Yǔwén** 복성(複姓).
〖宇宙〕 **yǔzhòu** **1**〖天〗우주. [모든 천체(天體)를 포함하는 무한 공간] **2**〖哲〗우주. 세계. [모든 존재의 총체]
〖宇宙尘〕 **yǔzhòuchén** 〖명〗〖天〗우주진.
〖宇宙飞船〕 **yǔzhòu fēichuán** 〖명〗우주선. =〖宇航器〕**yǔhángqì**
〖宇宙服〕 **yǔzhòufú** ☞〖宇航服〕**yǔhángfú**
〖宇宙观〕 **yǔzhòuguān** ☞〖世界观〕**shìjièguān**
〖宇宙火箭〕 **yǔzhòu huǒjiàn** 〖명〗우주 로켓.
〖宇宙空间〕 **yǔzhòu kōngjiān** 〖명〗〖天〗우주 공간. =〖外层空间〕**wàicéng kōngjiān**
〖宇宙射线〕 **yǔzhòu shèxiàn** 〖명〗〖物〗우주선(宇宙線). =〖宇宙线〕
〖宇宙速度〕 **yǔzhòu sùdù** 〖명〗〖物〗우주 속도.
〖宇宙线〕 **yǔzhòuxiàn** ☞〖宇宙射线〕**yǔzhòu shèxiàn**

**羽** yǔ 깃 우
〖명〗**1** 깃털. ¶~绒制品=다운(down) 제품. **2**(조류나 곤충의) 날개. ¶振~=날개를 치다. **3**〖音〗우. [옛날, 오음(五音)인 궁(宫)·상(商)·각(角)·치(徵)·우(羽)의 하나. 약보(略譜)의 6에 상당함] **4**(Yǔ) 성(姓). 〖양〗마리. [조류를 세는 단위] ¶一~信鸽=전서구(傳書鳩) 한 마리.

○● 党羽, 脱羽, 板羽球

〖羽缎〕 **yǔduàn** 〖명〗〖纺〗새틴(satin). =〖羽毛缎〕 **yǔmáoduàn**
〖羽冠〕 **yǔguān** 〖명〗관모(冠毛). 도가머리.
〖羽化〕 **yǔhuà** 〖동〗**1** 우화등선(羽化登仙)하다. 하늘로 올라가 신선이 되다. **2**〖道〗도사가 사망하다. **3** (곤충이) 우화하다.
〖羽客〕 **yǔkè** 〖명〗도사. 우객. 우인(羽人). ¶蓬莱~=봉래산 도사.
〖羽林〕 **yǔlín** 〖명〗우림. [옛날, 황제의 금위군] ¶~军=우림군.
〖羽毛〕 **yǔmáo** 〖명〗**1** 깃털. 새의 깃과 짐승의 털. **2**〖비〗사람의 명예(名譽). ¶爱惜~=명예를 소중하게 여기다.
〖羽毛缎〕 **yǔmáoduàn** ☞〖羽缎〕 **yǔduàn**
〖羽毛丰满〕 **yǔmáo-fēngmǎn** 〖성〗**1** 깃털이 다나다. **2**〖비〗힘이 축적되어 크게 한번 벌일 수 있다. 자격을 제대로 갖추다. 훌륭하게 성장하다. 세력 기반이 다져지다.
〖羽毛球〕 **yǔmáoqiú** 〖명〗〖체〗**1** 배드민턴. **2** 셔틀콕(shuttlecock). =〖羽球〕 **yǔqiú**
〖羽毛扇〕 **yǔmáoshàn** 〖명〗우선(羽扇). 새의 깃으로 만든 부채.
〖羽毛未丰〕 **yǔmáo-wèifēng** 〖성〗**1** 깃털이 아직 충분하지 나지 않다. **2**〖비〗나이가 적고 학식과 경험이 적다. 경험이 적고 자격이 아직 갖추어지지 않다. 머리에 피도 안 마르다. **3**〖비〗강대하지 못하다.
〖羽球〕 **yǔqiú** ☞〖羽毛球〕 **yǔmáoqiú**
〖羽绒〕 **yǔróng** 〖명〗**1** 조류의 배와 등에 난 솜털. **2** (가공한) 오리〔거위〕털. 다운(down). ¶~被=다운 이불.
〖羽绒服〕 **yǔróngfú** 〖명〗다운 재킷(down jacket). 오리〔거위〕털 재킷.
〖羽纱〕 **yǔshā** 〖명〗〖纺〗면(棉) 또는 모(毛)나 비단 등을 혼합하여 짠 얇은 방직품. [주로 옷의 안감으로 쓰임]
〖羽扇〕 **yǔshàn** 〖명〗우선(羽扇). 새의 깃으로 만든 부채.
〖羽扇纶巾〕 **yǔshàn-guānjīn** 〖성〗**1** 손에 우선(羽扇)을 들고, 머리에 청색 실을 넣은 두건을 쓰다. **2** 옛날, 참모의 풍모가 말쑥하고 기품이 있으며 태연자약하다.
〖羽坛〕 **yǔtán** 〖명〗배드민턴계. ¶~老将=배드민턴계의 베테랑.
〖羽翼〕 **yǔyì** 〖명〗**1** (조류의) 날개. 우익. **2**〖비〗보좌하는 사람〔역량〕. 보조자. ¶~未成=아직 자기 세력을 형성하지 못하다.
〖羽族〕 **yǔzú** 〖명〗조류.

**雨** yǔ 비 우
〖명〗비. ¶暴~=폭우. /倾盆大~=퍼붓듯이 내리는 큰비.
☞ yù

○● 饱雨, 暴雨, 风雨, 谷雨, 旧雨, 苦雨, 雷雨,

梅雨, 霉méi雨, 透雨, 喜雨, 小雨, 烟雨, 阴雨, 淫雨, 云雨, 阵雨, 中雨, 阻zǔ雨, 黄梅雨

【雨布】**yǔbù** 〈名〉 방수포.
【雨层云】**yǔcéngyún** 〈名〉〈气〉 난층운(亂層雲). 비구름. =【雨云】**yǔyún**
【雨搭】**yǔdā** 〈名〉 **1** 문이나 창문에 친 차양. **2** 처마에서 뻗어 나온 차양.
【雨带】**yǔdài** 〈名〉〈气〉 강우대(降雨帶).
【雨滴】**yǔdī** 〈名〉 빗방울.
【雨点】**yǔdiǎn**(~儿) 〈名〉 빗방울. ¶雷声大, ~小. =천둥은 크지만 빗방울은 작다. 계획만 요란하고 실제 실천하는 바가 없다. 말만 잘하고 실천에는 약하다.
【雨刮器】**yǔguāqì** 와이퍼(wiper). =【雨刷】**yǔshuā**
【雨过地皮湿】**yǔ guò dìpí shī** 〈熟〉(비) 일을 대강 대강 무성의하게 하다. 건성으로 해치우다.
【雨过天青】**yǔguò-tiānqīng** 〈成〉 **1** 비가 멎고 날이 개다. **2** (색깔이) 비 온 뒤 막 갠 것처럼 푸르다. **3** 〈비〉 상황이 호전되다.
【雨过天晴】**yǔguò-tiānqíng** 〈成〉〈비〉 상황이 호전되다.
【雨后春笋】**yǔhòu-chūnsǔn** 〈成〉 **1** 봄비 뒤에 빨리 자라는 죽순. 우후죽순. **2** 〈비〉 새로운 사물이 한때에 많이 생겨나다.
【雨后送伞】**yǔhòu-sòngsǎn** 〈成〉〈비〉 일이 다 끝난 뒤 도움을 주다.
【雨花石】**yǔhuāshí** 〈名〉 우화석. [아름다운 무늬가 있는 매끄러운 조약돌. 난징(南京) 위화타이(雨花台)에서 생산되어 유래한 명칭]
【雨季】**yǔjì** 〈名〉 우계. 우기(雨期). ↔旱季
【雨夹雪】**yǔjiāxuě** 〈名〉〈气〉 진눈깨비.
【雨脚】**yǔjiǎo** 〈名〉 빗발. 우각. ¶~如麻=빗발이 세차다.
【雨景】**yǔjǐng** 〈名〉 비가 올 때의 경치. 비 내리는 풍경. 우경. ¶观赏~=우경을 관상하다.
【雨具】**yǔjù** 〈名〉 우비(雨備). 우구.
【雨涝】**yǔlào** 〈名〉 수해. 수재.
【雨帘(子)】**yǔlián(·zi)** 〈名〉 가랑비 발을 드리운 듯이 내리는 풍경.
【雨量】**yǔliàng** 〈名〉 **1** 우량. 비의 양. ¶~充沛=우량이 충분하다. **2**〈气〉 강우량.
【雨林】**yǔlín** 〈名〉〈地〉 우림. ¶亚热带~=아열대 우림.
【雨淋】**yǔlín** 〈动〉 비에 젖다. ¶日晒~=햇볕에 그을리고 비에 젖다.
【雨露】**yǔlù** 〈名〉 **1** 우로. 비이슬. 비와 이슬. ¶阳光~=햇빛과 비이슬. **2**〈비〉 은혜. 은택(恩澤). ¶~之恩=비이슬이 대지를 적시는 것과 같은 은혜.
【雨帽】**yǔmào** 〈名〉 방수 모자. 레인 캡(rain cap). 레인 해트(rain hat).
【雨幕】**yǔmù** 〈名〉 비의 장막.
【雨棚】**yǔpéng** 〈名〉〈建〉 차양.
【雨披】**yǔpī** 〈名〉 판초.
【雨前】**yǔqián** 〈名〉 **1** 우전. 비가 내리기 전. ¶~虹, 落不停. =비가 오기 전에 무지개가 뜨더니, 비가 끊임없이 내린다. **2** 우전차. [24절기 중 하나인 곡우(穀雨) 이전에 딴 어린 찻잎으로 만든 차를 가리킴]
【雨情】**yǔqíng** 〈名〉 (어떤 지역의) 강우 상황.
【雨区】**yǔqū** 〈名〉 강우 지역.
【雨日】**yǔrì** 〈名〉 우천.
【雨伞】**yǔsǎn** 〈名〉 우산.
【雨声】**yǔshēng** 〈名〉 우성. 빗소리.
【雨势】**yǔshì** 〈名〉 우세. 비의 기세. ¶~渐弱=비의 기세가 점점 약해지다.
【雨刷】**yǔshuā** ☞【雨刮器】**yǔguāqì**
【雨水】**yǔshuǐ** 〈名〉 **1** 우수. 빗물. ¶~充足=빗물이 충족하다. **2** 우수. [24절기 중 하나]
【雨水管】**yǔshuǐguǎn** ☞【水落管】**shuǐluòguǎn**
【雨水口】**yǔshuǐkǒu** 〈名〉 하수구.
【雨丝】**yǔsī** 〈名〉 가랑비. 보슬비. 세우(細雨). ¶~风片=가랑비와 미풍.
【雨凇】**yǔsōng** 〈名〉 우빙(雨氷). 비얼음. =【冰挂】**bīngguà**
【雨天】**yǔtiān** 〈名〉 우천. 비가 오는 날씨.
【雨雾】**yǔwù** 〈名〉 무우(霧雨). 는개. ¶~茫茫=무우가 자욱하다.
【雨鞋】**yǔxié** 〈名〉 우화(雨靴). 장화.
【雨星儿】**yǔxīngr** 〈名〉 극히 미세한 빗방울.
【雨靴】**yǔxuē** 〈名〉 우화(雨靴). 장화.
【雨雪】**yǔxuě** 〈名〉 **1** 우설. 눈비. 비와 눈. ¶~霏霏=눈비가 부슬부슬 내리다. **2**〈气〉 진눈깨비. ¶~天气=진눈깨비가 내리는 날씨.
【雨燕】**yǔyàn** 〈名〉〈动〉 칼새.
【雨衣】**yǔyī** 〈名〉 우의. 비옷.
【雨意】**yǔyì** 〈名〉 우의. 우기(雨氣). 비가 오려는 징조. ¶~很浓=비가 쏟아질 것 같다.
【雨云】**yǔyún** ☞【雨层云】**yǔcéngyún**
【雨珠】**yǔzhū**(~儿) 〈名〉 빗방울.

## 俣 [俁] **yǔ** 몸집 클 우

【俣俣】**yǔyǔ** 〈形〉〈文〉 몸집이 크다〔거대하다〕. ¶硕人~=체격이 크고 장대하구나.

## 禹 **Yǔ** 성씨 우

〈名〉 **1**〈历〉 우. [하(夏)나라의 개국(開國) 군주] **2** 성(姓).

【禹域】**yǔyù** 〈名〉 중국의 강역(疆域).

## **语 [語] yǔ** 말 어

〈动〉 말하다. ¶低~=낮은 소리로 말하다. / 不可同日而~. =동시에 논할 수 없다. 〈名〉 **1** 말. ¶话~=말. / 只言片~=한 마디의 말. 단편적인 말. **2** 말. 언어. ¶外~=외국어. / 现代汉~=현대 중국어. **3** 말을 대신하는 동작이나 신호. ¶旗~=수기 신호. / 哑~=수화. **4**〈书〉 속어. 속담. 성어. 고서에서 나오는 말. ¶~云: "精诚所至, 金石为开." = 옛말에 "정성이 지극하면 어떠한 어려움도 극복할 수 있다"라고 하였다. **5** 단어. 구. ¶引~=인용하는 말. / 一~道破=단한 마디로 설파하다. **6**㈜ (새나 짐승들의) 지저귐. ¶鸟~花香=새가 지저귀고 꽃이 향기를 풍기다.
☞ yù

○● 按语, 暗语, 标语, 表语, 宾bīn语, 补bǔ语, 词语, 灯语, 定语, 短语, 断语, 耳语, 飞语, 告语, 国语, 豪语, 华语, 话语, 结语, 考语, 诳kuáng语, 俚lǐ语, 略语, 谜mí语, 母语, 日语, 批语, 评语, 熟shú语, 术语, 私语, 俗语, 套语, 妄wàng语, 谓wèi语, 笑语, 絮xù语, 言语, 谚yàn语, 呓yì语, 隐语, 用语, 韵yùn语, 赞语, 诈zhà语, 主语, 壮语

【语病】**yǔbìng** 몡 어폐(語弊).
【语不惊人死不休】**yǔ bù jīngrén sǐ bù xiū** ㈜ **1** (시를 짓거나 문장을 쓸 때) 절묘한 문구가 떠오를 때까지 포기하지 않다. **2** (문장을 지을 때) 어휘 선택에 노력을 기울이다.
【语词】**yǔcí** 몡(言) 어구.
【语次】**yǔcì** 몡 **1**㈜ 말하던 차〔김〕. 말하는 도중. **2** 말의 조리. ¶~凌乱=말의 조리가 흐트러지다.
【语调】**yǔdiào** 몡 **1**(言) 억양. 어조. =[句调] **jùdiào 2** 어조. 목소리. ¶~深沉=목소리가 굵직하고 낮다.
【语段】**yǔduàn** 몡(言) 문단. =[句群] **jùqún**
【语法】**yǔfǎ** 몡(言) **1** 어법. 말법. **2** 어법. [어법에 대한 연구를 가리킴] ¶~理论=어법 이론.
【语法学】**yǔfǎxué** 몡(言) 어법학. 문법학.
【语锋】**yǔfēng** 몡 말머리. 화제. ¶~一转=말머리를 돌리다.
【语感】**yǔgǎn** 몡 어감.
【语汇】**yǔhuì** 몡(言) 어휘. ¶汉语是一极其丰富的一门语言。=중국어는 어휘가 아주 풍부한 언어이다.
【语境】**yǔjìng** 몡(言) **1** 언어 환경. ¶这个词的意思必须结合~才能理解透彻。=이 단어의 의미는 반드시 언어 환경과 결부되어야만 비로소 확실히 이해할 수 있다. **2** 언어 환경. 언어의 상황. [외부 언어 교제의 사회적 환경·장소·시간·대상·화제 등을 가리킴] ¶特定的~需要特定的语言表达方式。=특정한 언어 환경에서는 특정한 언어 표현 방식이 필요하다.
【语句】**yǔjù** 구절. 문구. 글귀. ¶这篇文章~通顺, 层次分明。=이 글은 문구가 매끄럽고 논리 전개가 분명하다.
【语库】**yǔkù** ☞【语料库】**yǔliàokù**
【语料】**yǔliào** 몡 언어 자료.
【语料库】**yǔliàokù** 몡 **1** 언어 데이터 베이스. **2** 언어 자료 보관소. =【语库】**yǔkù**
【语流】**yǔliú** 몡 말의 흐름. 끊임없이 나오는 말. ¶流畅的~=유창한 말.
【语录】**yǔlù** 몡 어록. ¶《论语》汇编了孔子及其弟子的~。=논어는 공자와 그 제자의 어록을 집성한 것이다.
【语气】**yǔqì** 몡 **1** 어투. 말투. 어세(語勢). ¶~强硬=말투가 강경하다. **2**(言) 어기. [진술·의

문·명령·감탄 등 4가지 어기가 있음]
【语气词】**yǔqìcí** ☞【语助词】**yǔzhùcí**
【语气助词】**yǔqì zhùcí** ☞【语助词】**yǔzhùcí**
【语塞】**yǔsè** 통 말문이 막히다. ¶顿时~=갑자기 말문이 막히다.
【语声】**yǔshēng** 몡 말소리. ¶~未断泪自流。=말이 미처 끝나기도 전에 눈물이 흐른다.
【语失】**yǔshī** 통 실언하다. 말실수하다. ¶言多~=말이 많으면 말실수가 있다.
【语素】**yǔsù** 몡 어소. 형태소.
【语速】**yǔsù** 몡 **1** 말의 속도. ¶~较快=말이 비교적 빠르다. **2** 말의 속도. [단위 시간 내에 내보내는 음절의 수] ¶~每秒250字。=말의 속도가 매초에 250자이다.
【语态】**yǔtài** 몡(言) 태(態). [동사에 관여하는 동작의 방향성에 관한 문법 형태. 능동태·피동태 따위가 있음]
【语体】**yǔtǐ** 몡(言) 체(體). [글을 서술·표현하는 방식이나 체재. 구어체와 문어체가 있음]
【语体文】**yǔtǐwén** ☞【白话文】**báihuàwén**
【语文】**yǔwén** 몡 **1** 언어와 문자. 말과 글. 국어. ¶~水平=국어의 수준. **2** 언어와 문학. ¶大学~=대학 국어.
【语无伦次】**yǔwúlúncì** ㈜ 말에 조리가 없다. 말이 뒤죽박죽이다. ≒颠三倒四 ↔头头是道
【语系】**yǔxì** 몡(言) 어족. ¶印欧~=인도 유럽 어족.
【语序】**yǔxù** 몡(言) 어순.
【语焉不详】**yǔyānbùxiáng** ㈜ 말은 꺼내어 내었으나 상세하게 말하지 않다.
【语言】**yǔyán** 몡 **1**(言) 언어. [구어와 문어가 있음] **2** 말. 언어. ¶~简练=말이 간결하다. **3** (특정 영역의 정보와 데이터 교류를 나타내는, 소리가 없는) 언어. [컴퓨터 프로그램 언어·수학·어·무용 언어 등이 있음] **4** 생각. 관점. ¶两人没有共同~。=두 사람은 말이 통하지 않는다.
【语言美】**yǔyánměi** 몡 언어미. 언어 표현의 아름다움.
【语言学】**yǔyánxué** 몡(言) 언어학.
【语言障碍】**yǔyán zhàng'ài** 몡 언어 장애.
【语义】**yǔyì** 몡(言) 어의. 단어의 뜻. 말의 뜻.
【语义学】**yǔyìxué** (言) 어의론. 의미론. 의의학(意義學).
【语意】**yǔyì** 몡 말[문장]의 의미. 말뜻. ¶~不明=말의 의미가 불분명하다.
【语音】**yǔyīn** 몡 **1**(言) 어음. 말의 소리. **2** 말소리. 억양. 말씨. 一听他的~, 就知道他不是北方人。=그의 말씨를 들어 보니 그가 북방 사람이 아니라는 것을 금방 알 수 있다.
【语音信箱】**yǔyīn xìnxiāng** 몡 **1** 음성 메일. **2** 음성 사서함.
【语音学】**yǔyīnxué** 몡(言) 음성학.
【语用】**yǔyòng** 몡 언어의 사용.
【语用学】**yǔyòngxué** 몡(言) 화용론(話用論).
【语源】**yǔyuán** 몡(言) 어원.
【语源学】**yǔyuánxué** 몡(言) 어원학.
【语支】**yǔzhī** 몡(言) 어군(語群). [‘语族(어파)’의

보다 하위 개념임】
【语种】yǔzhǒng 명(言) 어종.
【语重心长】yǔzhòng-xīncháng 성 말이 간곡하고 의미심장하다. 말이 간절하고 무게가 있으며 뜻이 심원하다.
【语助词】yǔzhùcí 명(言) 어조사. =【语气词】yǔqìcí【语气助词】yǔqì zhùcí
【语族】yǔzú 명(言) 어파(語派). ['语系(어족)'보다 하위 개념임]

圄 yǔ 감옥 어
☞【囹圄】língyǔ

敔 yǔ 악기 이름 어
명(音) 어. [중국 고대 궁중에서 쓰던 타악기의 하나. 음악을 그치게 할 때에 씀]

圉 yǔ 마구간 어
동문 말을 사육하다. ¶~人=어인. 말을 사육하는 사람. 명문 말을 사육하는 곳. ¶圈(juàn)~=마구간.

偊 yǔ 혼자 걸을 우
형문 홀로 걷다. 명 (Yǔ) 성(姓).
【偊偊】yǔyǔ 형문 홀로 외롭게 걸어가는 모양. ¶~独行=외롭게 홀로 길을 가다.

鄅 Yǔ 나라 이름 우
명(歷) 우. [주(周)대의 나라 이름. 지금의 산동(山东)성 린이(临沂)현에 있었음]

庾 yǔ 곳집 유
명 1문 노천의 미곡 창고. ¶仓~=창유. [예전에, 지붕이 없는 미곡 창고를 이르던 말] 2 (Yǔ) 성(姓).

铻[鋙] yǔ 어긋날 어
☞【鉏铻】jǔyǔ
☞ wú

䝞[䝞] yǔ 설유 유
☞【猰䝞】yàyǔ

瑀 yǔ 옥돌 우
명문 옥돌.

瘐 yǔ 옥사할 유
동문 감옥에서 병사하다. 옥사하다. [죄인이 옥중에서 고문이나 기한(飢寒)·질병 등으로 죽는 것을 가리킴] ¶~死狱中=감옥에서 옥사하다.
【瘐毙】yǔbì 동문 1 죄인이 감옥에서 굶주림과 추위로 죽다. 2 옥사하다.
【瘐死】yǔsǐ 동문 1 죄인이 감옥에서 굶주림과 추위로 죽다. 2 옥사하다.

齬[齬] yǔ 어긋날 어
☞【龃齬】jǔyǔ

瘀 yǔ 조악할 유
형문 1 (품질이) 조악하다. 나쁘다. 거칠다. ¶~陋=조악하다. 2 부패하다. 타락하다. ¶~败不堪=형편 없이 쇠미해지다.
【瘀败】yǔbài 동문 부패하다. 타락하다.
【瘀惰】yǔduò 형문 나태하다. 게으르다.
【瘀劣】yǔliè 형문 조잡하다. 저급하다. 조악하다. 열악하다. ¶器具~=기구가 조잡하다.

**与[與] yù 참여할 여
동 참가하다. 참여하다. ¶参~=참가하다.
☞ yú, yǔ

ㅇ● 参与, 干与

【与会】yùhuì 동 회의에 참가하다. ¶~代表=회의 참가 대표.
【与闻】[預聞] yùwén 동 (어떤 일에) 참여하여 그 내막을 알다. ¶~其事=그 일에 참여하여 내막을 알다.

**玉 yù 옥 옥
명 1 (礦) 옥. ¶美~=아름다운 옥. 2 문존 상대방의 신체·행동 혹은 상대방과 관련 있는 사물의 존칭에 쓰임. ¶~笔=옥필. [남의 필적이나 시문을 높여 이르는 말] 3 (Yù) 성(姓). 형 옥처럼 투명하고 깨끗하고 아름답다. ¶~颜=옥안. 잘생긴 얼굴.

ㅇ● 碧bì玉, 刚玉, 黄玉, 金玉, 软玉, 硬玉, 汉白玉, 晚香玉

【玉帛】yùbó 명 1 옥기와 견직물. 2 재부(財富). 3 국가 간의 우호 관계. [고대에는 국가의 외교관계에서 주로 옥기와 견직물을 선물로 주고받았음] ¶化干戈为~。=적대 관계에서 우호 관계로 전환시키다. ↔干戈
【玉不琢, 不成器】yù bù zhuó, bù chéng qì 성 1 아무리 아름다운 옥도 다듬지 않으면 그릇이 되지 않는다. 2 비 사람이 가르치지 않고 배우지 않으면 필요한 인재가 될 수 없다.
【玉蟾】yùchán 명 1 옥섬. [달 속에 있는 두꺼비] 2 옥섬. ['달'을 달리 이르는 말]
【玉成】yùchéng 동문경 잘 성사되다. [상대방에게 어떤 일을 잘 성사시킬 수 있도록 도와 달라고 부탁할 때 쓰임] ¶望~此事。=이 일을 잘 성사시켜 주시기를 부탁드립니다.
【玉带】yùdài 명 옥대. 옥띠.
【玉帝】Yùdì ☞【玉皇大帝】Yùhuáng Dàdì
【玉雕】yùdiāo 명(藝) 1 옥공예. [옥 가공 기술] 2 옥공예. [옥을 가공한 공예품]
【玉圭】yùguī 명 옥규.
【玉皇大帝】Yùhuáng Dàdì 명(道) 옥황상제. =【玉帝】Yùdì
【玉茭(子)】yùjiāo(·zi) ☞【玉米】yùmǐ
【玉洁】yùjié 형 옥처럼 깨끗하다〔순결하다〕. ¶~的月亮=옥처럼 깨끗한 달.
【玉洁冰清】yùjié-bīngqīng 성비 고상하고 순

결하다. =【冰清玉洁】bīngqīng-yùjié
【玉兰】yùlán 阁(植) 1 목련나무. 2 목련꽃.
【玉兰片】yùlánpiàn 얇게 썰어 말린 연한 죽순. [모양·색깔·향이 백목련과 비슷하여 붙여진 이름]
【玉立】yùlì 阁(自) 1 (서 있는 자태가) 우아하다. 늘씬하다. ¶亭亭~=서 있는 자태가 우아하다. 2 (절조나 지조가) 곧다. 굳다. 고결하다. ¶抗节~=지조가 굳다.
【玉麦】yùmài ☞【玉米】yùmǐ
【玉米】yùmǐ 阁(植) 옥수수. 강냉이. =【玉蜀黍】yùshǔshǔ ◕【包谷】bāogǔ【包米】bāomǐ【棒子】bàng·zi【玉茭(子)】yùjiāo(·zi)【玉麦】yùmài【老玉米】lǎoyùmǐ【珍珠米】zhēnzhūmǐ【稻头】bàngtóu
【玉米花儿】yùmǐhuār 阁 팝콘.
【玉米面】yùmǐmiàn 阁 옥수수 가루.
【玉米螟】yùmǐmíng 阁(动) 조명충나방. ◕【玉米钻心虫】yùmǐ zuānxīnchóng
【玉米油】yùmǐyóu 阁 옥수수 식용유.
【玉米钻心虫】yùmǐ zuānxīnchóng ☞【玉米螟】yùmǐmíng
【玉女】yùnǚ 阁 옥녀. 선녀. 미녀. ¶金童~=금동 옥녀.
【玉盘】yùpán 阁 1 옥쟁반. 2(喩) 달.
【玉佩】yùpèi 阁 옥패.
【玉器】yùqì 阁 옥기. 옥그릇. [주로 공예품임]
【玉人】yùrén 阁 1(喩) 옥인. 옥장인. 2 옥인. [옥으로 만든 인형] 3(喩) 미녀.
【玉容】yùróng 阁(喩) 옥용. 옥같이 고운 용모. 미인의 얼굴. [주로 여성을 가리킴] ¶~花貌=옥같이 곱고 꽃같이 예쁜 얼굴.
【玉润】yùrùn 阁 옥처럼 매끈하다. ¶~珠圆=옥처럼 매끈하고 구슬처럼 둥글다. 노랫소리가 구성지고 아름답다.
【玉搔头】yùsāotóu ☞【玉簪】yùzān
【玉色】yù·shai 阁(喩) 담청색.
【玉石】yùshí 阁 1 옥석. 옥과 돌. 2(喩) 옥석. 좋은 것과 나쁜 것. ¶~难辨=옥석을 가리기〔구분하기〕 어렵다.
【玉石】yù·shí 阁(矿) 옥. 옥돌. ¶~雕像=옥 조각상.
【玉石俱焚】yùshí-jùfén (成) 1 옥과 돌이 함께 불에 훼손되다. 2(喩) 좋은 것과 나쁜 것이 함께 훼손되다〔희생되다〕. ≒同归于尽
【玉手】yùshǒu 阁 옥수. [여성의 아름답고 고운 손] ¶纤纤~=섬섬옥수.
【玉蜀黍】yùshǔshǔ ☞【玉米】yùmǐ
【玉碎】yùsuì 阁 1 옥쇄하다. 옥처럼 아름답게 부서지다. 2(喩) 명예나 충절을 위하여 깨끗이 죽다. [항상 '瓦全(wǎquán)'과 대구(对句)가 되어 함께 쓰임] ¶宁为~, 不为瓦全. =절개를 지키다 죽을지언정 비굴하게 목숨을 보전하지 않겠다. ↔瓦全
【玉体】yùtǐ 阁 1(喩) 옥체. [상대방의 몸에 대한 존칭] ¶闻知~欠安, 特来来探望. =옥체가 편치 않다는 소식을 듣고 병문안을 왔습니다. 2 여

인의 보드랍고 아름다운 몸. ¶~横陈=살결이 희고 고운 여인이 누워 있다.
【玉兔】yùtù 阁 1 옥토(끼). 흰토끼. 2 (전설에서, 월궁(月宫)에 사는) 옥토끼. 3 달. ¶~东升=달이 동쪽에서 떠오르다.
【玉玺】yùxǐ 阁 옥새.
【玉液】yùyè 阁(喩) 옥액. 미주(美酒). ¶~金波=미주.
【玉液琼浆】yùyè-qióngjiāng ☞【琼浆玉液】qióngjiāng-yùyè
【玉音】yùyīn 阁 옥음. [상대방의 서신·회답 등에 대한 존칭. 주로 편지에 쓰임] ¶敬候~=답신을 삼가 기다립니다.
【玉宇】yùyǔ 阁 1 하늘. ¶~澄清=하늘이 맑다. 2 우주. ¶茫茫~=망망한 우주. 3 옥우. [전설에서, 옥황상제나 신선이 사는 곳] ¶~仙境=옥우 선경. 4 화려한〔아름다운〕 궁전. ¶琼楼~=장엄하고 화려한 궁전.
【玉簪】yùzān 阁 1 옥잠. 옥비녀. =【玉搔头】yùsāotóu 2(植) 옥잠화.
【玉照】yùzhào 阁(敬) 옥조. (그대의·당신의) 사진. [주로 여성의 사진을 가리킴]
【玉镯】yùzhuó 阁 옥팔찌.

# 驭[馭] yù 마차 몰 어
(动) 1 (마차를) 몰다〔부리다〕. ¶驾~=마차를 몰다. 2(喩) 통제하다. 지배하다. 부리다. 다스리다. ¶~下无方=부하를 제대로 거느리지 못하다.
【驭手】【御手】yùshǒu 阁 어자(御者·驭者). 마차를 부리는 사람.

# *芋 yù 토란 우
阁(植) 1 토란. 2 토란과 유사한 덩이줄기를 가리킴. ¶山~=고구마.
◉ 姜jiāng芋, 菊jú芋, 魔mó芋, 竹芋
【芋艿】yùnǎi 阁(植) 1 토란. 2 토란 뿌리. ◕【芋头】yù·tou
【芋头】yù·tou 阁(植) 1 ☞【芋艿】yùnǎi 2 ☞【甘薯】gānshǔ

# 吁[籲] yù 부를 유
(动) (어떤 요구를 위해) 외치다. …을〔를〕 청하다. 요구하다. 부탁하다. 호소하다. ¶呼~=(동정이나 지지를) 호소하다.
☞ xū, yū
【吁请】yùqǐng 阁 요청하다. 간청하다. 청원하다. ¶~采取有效措施预防艾滋病的传播。=에이즈의 확산을 방지하기 위하여 필요한 조치를 취하여 주기를 청원합니다.
【吁求】yùqiú 阁 간절히 호소하다. 소리쳐 간구하다.(恳求)하다. ¶~社会各界救助失学儿童。=사회 각계에 배움의 기회를 잃은 아동들을 도와 달라고 간절히 호소하다.

# 聿 yù 이에 율
(助)(书) 이에. [구의 처음이나 술어 앞에 쓰여 말을

이어 주는 구실을 함. ¶岁~其暮=한 해가 저물 어 가네.

## 谷 yù 욕혼 욕
☞【吐谷浑】Tǔyùhún
☞ gǔ

## 饫[飫] yù 배부를 어
형 배부르다. ¶~饱=배가 부르다.

## 妪[嫗] yù 할미 구
명 노파(老婆). 노구(老嫗). 할머니. ¶老~=노구. 할머니.

## 雨 yù 비 내릴 우
동 (비나 눈이) 내리다. ¶密云不~=짙은 구름이 잔뜩 끼었지만 비는 오지 않다.
☞ yǔ

## 郁¹ yù 향기로울 욱
형 향기가 짙다〔진하다·강렬하다〕. ¶馥~=향기가 짙다. 명 (Yù) 성(姓).

## 郁²[鬱·鬱·欝] yù 울창할 울
형 무성하다. 번성하다. 울창하다. 우거지다. ¶苍~=(초목이) 울창하다. 동 답답하다. 울적하다. 우울하다. 침울하다. ¶抑~=우울하다.

○● 悲郁, 苍cāng郁, 沉chén郁, 葱cōng郁, 浓郁, 抑yì郁, 阴郁

【郁闭】yùbì 동 (빽빽한 나무 등이) 뒤덮다. 가리다. ¶林冠~=수풀이 하늘을 뒤덮다.
【郁葱】yùcōng 형 1 (초목이) 무성하다. ¶~的树林=무성한 나무숲. 2 운 기세가 왕성함을 형용함. ¶佳气~=행운이 가득하다.
【郁愤】yùfèn 울분. ¶满腔~=울분이 가득 차다.
【郁馥】yùfù 형 운 향기가 짙다.
【郁积】yùjī 동 (감정이) 울적하다. 사무치다. 마음에 서리다. 가슴에 맺히다. 마음에 쌓이다.
【郁结】yùjié 동 (감정이) 울적하다. 사무치다. 마음에 서리다. 가슴에 맺히다. 가슴에 엉키다. ¶愤怒~于心。=분노가 가슴에 사무치다.
【郁金香】yùjīnxiāng 명〔植〕울금향. 튤립(tulip).
【郁烈】yùliè 형 (향기가) 짙다. 진하다. 농후하다. 강렬하다. ¶香气~=향기가 짙다.
【郁闷】yùmèn 형 울민(鬱悶)하다. 답답하고 괴롭다. 우울하다. 침울하다. 울적하다. ¶心情~=기분이 답답하고 괴롭다. ≒烦闷 苦闷 愁闷
↔欢畅 高兴
【郁怒】yùnù 명 울분.
【郁气】yùqì 명 울기. 답답하고 우울한 기분. ¶心存~=마음이 답답하고 울적하다.
【郁然】yùrán 1 우울한 모양. 답답하고 괴로운 모양. ¶~不得志。=좌절하여 의기소침하다. 2 운 (초목이) 무성한〔우거진〕모양. ¶竹林

~=대숲이 무성하다.
【郁热】yùrè 형 (날씨가) 무덥다. 후텁지근하다. ¶天气~难耐。=날씨가 후텁지근하여 견디기 어렵다.
【郁血】yùxuè 동〔醫〕혈액이 정맥 안에 몰리다.
【郁抑】yùyì 형 갑갑하다. 우울하다. 침울하다. 울적하다. 의기소침하다.
【郁悒】yùyì 형 낙담〔낙심〕하다. 풀이 죽다. 수심에 차다. 의기소침하다. ¶心境~=수심에 차다.
【郁郁】yùyù 형 운 1 문체의 문학적인 품격(品格)이 뛰어난 모양. ¶文采~=문학적인 재능이 뛰어나다. 2 초목이 무성하다. 울울창창하다. 青青河畔草, ~园中柳。=강가에 풀이 푸릇푸릇하고 뜰에는 버드나무가 무성하다. 3 향기〔연기〕가 짙다. ¶~芳香=짙은 방향〔향기〕. / ~黄昏=안개 자욱한 해질녘. 4 우울하다. 언짢다. 침울하다. [마음이 답답함을 형용함] ¶~不得志。=좌절로 침울하다.
【郁郁苍苍】yùyù cāngcāng ☞【郁郁葱葱】yùyù cōngcōng
【郁郁葱葱】yùyù cōngcōng 울울창창하다. [초목이 울울창창하고 짙푸른 모양] ☞【郁郁苍苍】yùyù cāngcāng
【郁郁寡欢】yùyù-guǎhuān 형 기분이 답답하고 즐겁지 않다. 몹시 울적하다.

## 育 yù 기를 육
동 1 아이를 낳다. 출산하다. ¶生儿~女=자녀를 낳다. 2 기르다. 양육하다. 배양하다. ¶封山~林=산을 봉쇄하고 조림 사업을 하다. 3 (인재를) 배양하다. 교육하다. ¶教书~人=글을 가르치고 인재를 배양하다. 명 1 교육. ¶智~=지육. 지능형 교육. / 德~=덕육. 도덕 교육. 2 (Yù) 성(姓). ≒养
☞ yō

○● 保育, 哺bǔ育, 发育, 繁fán育, 肥育, 抚fǔ育, 教育, 绝育, 培péi育, 生育, 饲sì育, 选育, 训xùn育, 养育, 孕yùn育

【育才】yùcái 동 인재를 배양하다〔양성하다. 기르다〕. ¶~工作=인재를 양성하는 일.
【育草】yùcǎo 동 (목장이나 초원의 풀을) 기르다. ¶封滩~=갯벌을 막아 목초를 기르다.
【育雏】yùchú 동 병아리〔새새끼〕를 기르다〔사육하다〕.
【育儿】yù'ér 동 1 (사람이) 아이를 기르다〔양육하다〕. 2 (동물이) 새끼를 키우다.
【育儿袋】yù'érdài 명 1〔動〕육아낭. 새끼주머니. 2 (아이를 키우는 주머니처럼 생긴) 포대기.
【育肥】yùféi ☞【肥育】féiyù
【育林】yùlín 동 숲을 조림하다. ¶封山~=산을 봉쇄하고 조림하다.
【育龄】yùlíng 명 가임 연령. ¶~妇女=가임 연령의 여성.
【育苗】yù‖miáo 동〔農〕모종을 기르다〔재배하다〕. ¶科学~=과학적으로 육묘하다.

【育秧】yù‖yāng 동(農) 벼 모종을 기르다〔재배하다〕. ¶新法~=새로운 방법으로 벼 모종을 재배하다.
【育养】yùyǎng 동 1 부양하다. 양육하다. 기르다. ¶~成人=성인이 되도록 부양하다. 2 기르다. 사육하다. 양식하다. ¶~鱼虾=물고기와 새우〔어류〕를 양식하다.
【育婴堂】yùyīngtáng 명(옛) 고아원. 육아원. [버려진 아이들을 맡아 기르는 곳]
【育种】yù‖zhǒng 동(農) 육종하다.
【育珠】yùzhū 동 진주를 양식하다. ¶人工~=(인공으로) 진주를 양식하다.

昱 yù 빛날 욱
[형](文) 밝다. 환하다. ¶~耀=환하게 빛나다.
[동](文) 비추다. ¶日以~乎昼, 月以~乎夜. =해는 낮을 밝히고 달은 밤을 밝힌다.

**狱[獄] yù 감옥 옥
[명] 1 소송 사건. ¶冤~=억울한 재판 판결. 2 감옥. 교도소. ¶入~=교도소에 들어가다. / 出~=출감하다. 출옥하다.

⊙─● 地狱, 监jiān狱, 劫jié狱, 越狱

【狱警】yùjǐng 명 교도관.
【狱吏】yùlì 명(옛) 옥리.
【狱室】yùshì 명 감방. 옥방.
【狱医】yùyī 명 교도소 의사.
【狱卒】yùzú 명(옛) 옥졸.

语[語] yù 알릴 어
[동](文) 알리다. 전하다. 말하다. ¶不以~人=다른 사람에게 알리지 않다.
☞ yǔ

彧 yù 문채 욱
[형](文) (글이나 말 등이) 빛나다. 찬란하다. 아름답다. ¶~~其文=글이 빼어나다.

峪 yù 골짜기 욕
[명] 산골짜기. [주로 지명으로 쓰임] ¶嘉~关=자위관. [간쑤(甘肃)성에 있음]

钰[鈺] yù 보배 옥
[명](文) 보배.

鴥[鴥] yù 빨리 날 율
[형](文) 새가 빨리 날다.

**浴 yù 목욕할 욕
[동] 목욕하다. ¶沐~=목욕하다. / 日光~=일광욕. [명] (Yù) 성(姓).
【浴场】yùchǎng 명 (노천) 욕장. ¶海滨~=해수욕장.
【浴池】yùchí 명 1 욕조. 목욕통. 2 목욕탕. [주로 목욕탕 이름으로 쓰임]
【浴缸】yùgāng 명 욕조. 목욕통. [신식 욕조를 가리킴]
【浴巾】yùjīn 명 목욕 수건.
【浴具】yùjù 명 목욕 도구.
【浴疗】yùliáo 명 목욕 요법. [몸을 물에 담그는 방법으로 병을 치료를 하는 요법]
【浴盆】yùpén 명 목욕통. [신식의 대형 욕조는 포함하지 않음]
【浴室】yùshì 명 1 욕실. 2 목욕탕.
【浴血】yùxuè 형 피투성이가 되다. [전투가 격렬하여 피바다에 빠지어 꼴과 같음을 형용함] ¶~沙场=피비린내 나는 전장. 전쟁터에서 목숨 걸고 싸우다.
【浴血奋战】yùxuè-fènzhàn (成) 1 피투성이가 되어 분전하다. 2 처절하게 싸우다. [처참한 전투에서 용감하게 싸움을 형용함]
【浴液】yùyè 명 바디 클렌저. 바디 워시.
【浴衣】yùyī 명 목욕 가운.
【浴罩】yùzhào 명 욕조 커튼. 샤워 커튼.

**预[預] yù 미리 예
[형] 사전의. ¶吉祥的~兆=길상의 전조. [부] 미리. 사전에. ¶难以~料=예측하기 힘들다. / ~定机票=비행기표를 예약하다. [동] 참여하다. 관여하다. 가담하다. 개입하다. ¶干~=간여하다. 개입하다. [명] (Yù) 성(姓).

⊙─● 参预, 干预

【预案】yù'àn 명 대비책. 대응책.
【预报】yùbào 동 미리 알리다. 예보하다. ¶火山活动情况=화산 활동을 예보하다. 명 예보. ¶天气~=일기 예보.
【预备】yùbèi 동 …할 준비하다. 채비를 갖추다. …하려고 하다. …할 작정〔계획〕이다. ¶~动身=출발할 채비를 갖추다. ≒准备
【预备党员】yùbèi dǎngyuán 명 예비 당원.
【预备队】yùbèiduì 명(軍) 예비대. 예비 부대.
【预备内阁】yùbèi nèigé ☞【影子内阁】yǐng·zi nèigé
【预备期】yùbèiqī 명 예비기. [정당의 비정식 당원이 정식 당원이 되기 위한 과도기]
【预备役】yùbèiyì 명(軍) 보충역. =【后备役】hòubèiyì
【预卜】yùbǔ 동 예단하다. ¶后果难以~. =뒤의 결과는 예단하기 어렵다.
【预测】yùcè 동 예측하다. ¶市场~=시장을 예측하다. 예측. 예상. ¶这是对比赛结果的~。=이것은 경기 결과에 대한 예측이다. ≒预料
【预产期】yùchǎnqī 명(醫) 출산 예정일.
【预储】yùchǔ 동 미리 비축〔적립〕하다. ¶~科研基金=과학 연구 기금을 미리 적립하다.
【预订】yùdìng 동 1 예매하다. ¶~机票=비행기표를 예매하다. 2 예약하다. ¶~酒店=호텔을 예약하다.
【预定】yùdìng 동 예정하다. 미리 약속하다. ¶~交货时间=물품 인도 기일을 예정하다.
【预断】yùduàn 동 예단하다. ¶局势的发展还难以~。=형세는 아직 예단하기 힘들다. 명 예

단。¶事实证明他的~不正确。=그의 예단이 옳지 않다는 것을 사실로써 증명한다.

【预防】yùfáng 동 예방하다. 미리 방비하다. ¶~措施=예방 조치.

【预防针】yùfángzhēn 명 (醫) 예방 주사.

【预防注射】yùfáng zhùshè 명 (醫) 예방 주사. 예방 접종.

【预分】yùfēn 동 1 가분배하다. 2 (의견을 구하기 위하여) 시험적으로 분배하다.

【预付】yùfù 동 선불하다. 미리 지불하다. ¶~房租=방세를 미리 지불하다.

【预付款】yùfùkuǎn 명 선불금.

【预感】yùgǎn 동 예감하다. ¶~不妙=예감이 좋지 않다. 명 예감. ¶心中突然生出一种不祥的~。=마음속에 갑자기 불길한 예감이 들다.

【预告】yùgào 동 예고하다. 미리 통고하다. ¶~节目=프로그램을 예고하다. 명 예고. ¶新片~=새 영화 예고.

【预购】yùgòu 동 예매하다. ¶~火车票=기차표를 예매하다.

【预估】yùgū 동 짐작하다. 추산하다. ¶~产量=생산량을 추산하다.

【预后】yùhòu 명 (醫) 예후. ¶~良好=예후가 좋다.

【预会】yùhuì ☞【与会】yùhuì

【预计】yùjì 동 예측하다. 추산하다. ¶~工程可以提前完工。=공사 기일을 앞당겨 완공할 수 있을 것으로 예측하다.

【预检】yùjiǎn 동 미리 검사하다. ¶质量~=품질 예비 검사.

【预见】yùjiàn 동 예견하다. ¶这件事的结果是可以~的。=이 일의 결과는 예견할 수 있는 것이다. 명 예견. ¶他对此早有~。=그는 이것에 대해 진작 예견하였다.

【预交】yùjiāo 동 예납(豫納)하다. 전납(前納)하다. 선납(先納)하다. 미리 납부[지불]하다. 미리 내다. ¶~话费=전화비를 예납하다.

【预警】yùjǐng 동 미리 경계하다. 조기 경보하다. ¶~雷达=조기 경보 레이더.

【预警飞机】yùjǐng fēijī ☞【预警机】yùjǐngjī

【预警机】yùjǐngjī 명 (軍) 조기 경보기. =【预警飞机】yùjǐng fēijī【预警指挥机】yùjǐng zhǐhuījī

【预警指挥机】yùjǐng zhǐhuījī ☞【预警机】yùjǐngjī

【预决算】yùjuésuàn 명 예산과 결산.

【预考】yùkǎo 명 예비 고사. [모의 고사나 예선의 기능을 가짐]

【预科】yùkē 명 (敎) 예과. [대학교에서 정식 입학생을 뽑기 위해 설립한 기구. 주로 대학 교내에 부설함] ¶~生=예과생.

【预料】yùliào 동 예상하다. 예측하다. 전망하다. ¶未来的事实在很难~。=미래의 일은 지금 예측하기 어렵다. 명 예상. 예측. ¶出乎~=예상을 벗어나다. ≒料想 预测 预想

【预留】yùliú 동 미리 남겨 두다. ¶~稻种=볍씨를 남겨 둔 볍씨.

【预埋件】yùmáijiàn 명 철골.

【预谋】yùmóu 동 (나쁜 일을 꾸미기 위하여) 사전 모의하다. 예모하다. ¶~报复=보복하려고 모의하다. 명 사전 모의. 예모. ¶早有~=진작 사전 모의가 있었다.

【预期】yùqī 동 예기하다. 미리 기대하다. ¶已达到了~目的。=이미 소기(所期)의 목적을 달성하였다.

【预热】yùrè 동 예열하다. ¶~五分钟=5분 동안 예열하다.

【预热器】yùrèqì 명 (機) 예열기(豫熱器).

【预赛】yùsài 명 (體) 예선 경기.

【预设】yùshè 동 예설하다. 미리 설치하다. ¶~装置=미리 설치한 장치.

【预审】yùshěn 명 (法) 1 예심. 2 예심. [조사 단계에서 혐의자에게 행하는 취조]

【预示】yùshì 동 예시하다. 예시되다. ¶乌云翻滚, 狂风大作, ~暴风雨即将来临。=먹구름이 몰려오고 광풍이 몰아치는 것은 폭풍우가 곧 닥친다는 것을 예시한다.

【预收】yùshōu 동 미리〔사전에〕받다. ¶~住院费=입원비를 미리 받다.

【预售】yùshòu 동 1 예매(豫賣)하다. 선매(先賣)하다. 미리〔사전에〕판매하다. ¶~电影票=극장〔영화〕표를 예매하다. 2 전매(前賣)하다. 예약 판매하다. ¶~楼盘=건물을 전매하다.

【预算】yùsuàn 동 예산하다. ¶~投资成本=투자 자본금 예산을 짜다. 명 예산. ¶国家明年的军费~即将出台。=국가의 내년 군비 예산이 곧 발표된다.

【预算外】yùsuànwài 형 예산 외의. ¶~资金=예산 외의 자금.

【预闻】yùwén ☞【与闻】yùwén

【预习】yùxí 동 예습하다. ¶~功课=수업을 예습하다. ↔复习

【预先】yùxiān 부 사전에. 미리. ¶~安排=사전에 안배하다.

【预想】yùxiǎng 동 예상하다. ¶~未来=미래를 예상하다. 명 예상. ¶事情比你的~更复杂。=사정은 네가 예상〔생각〕한 것보다 더욱 복잡하다. ≒料想 预料

【预行】yùxíng 동 예행하다. 미리 시행〔실시〕하다. ¶~调研=조사 연구를 미리 실시하다.

【预选】yùxuǎn 명 (體) 예선하다. 본선〔결선〕에 나갈 선수를 뽑다. ¶~赛=예선전. 예선 경기. 명 (體) 예선. ¶进行~=예선을 치르다.

【预言】yùyán 동 예언하다. ¶他曾~, 知识经济即将来临。=그는 지식 경제가 곧 도래할 것이라고 예언하였다. 명 예언. ¶他的~已被实践所证实。=그의 예언은 이미 실천으로 실증되었다.

【预言家】yùyánjiā 명 예언가.

【预研】yùyán 동 1 미리 연구하다. 2 (응용 연구를 하기 전의) 기초 연구를 하다. ¶该公司已经形成开发一代、~一代的产品创新模式。=이 회사는 이미 신제품을 개발함과 동시에 다음 제품의 기초 연구를 진행하는 제품 개발 방식을 갖추었다.

【预演】**yùyǎn** 동 리허설하다. 예행 연습하다. 시연(試演)하다. 명 **1** (정식 공연 전의) 시연. 시사(회). 예행 연습. **2** 団 대규모 작전을 전개하기 전의 시험적인 작전.

【预约】**yùyuē** 예약하다. ¶电话~=전화로 예약하다.

【预展】**yùzhǎn** 동 (전람회 등의) 시험 전시. ¶~两天=이틀 간 시험 전시하다.

【预兆】**yùzhào** 동 조짐을〔징조를·전조를〕 보이다. ¶瑞雪~丰收年。=서설은 풍년의 조짐이다. 명 전조. 조짐. 징조. ¶这些都是火山爆发的~。=이러한 것들은 모두 화산 폭발의 전조이다. ≒先兆.

【预征】**yùzhēng** 동 미리〔사전에〕 징수하다. ¶~税款=세금을 미리 징수하다.

【预支】**yùzhī** 동 미리 지불하다. 가불하다. ¶~稿酬=고료를 미리 지불하다.

【预知】**yùzhī** 미리〔사전에〕 알다. 예견하다. ¶天气的变化是能够~的。=날씨의 변화는 예견할 수 있는 것이다.

【预制】**yùzhì** 동 미리〔사전에〕 만들다〔제조하다〕. (건물의 부재(部材)나 부분을) 미리 만들다. ¶~装配式房屋=조립식 주택.

【预制板】**yùzhìbǎn** 명 프리캐스트판.

【预制构件】**yùzhì gòujiàn** 프리캐스트 유니트(precast unit). 설계에 따라 미리 만들어 놓은 철강·목재·콘크리트 부재(部材). =【预制件】**yùzhìjiàn**

【预制件】**yùzhìjiàn** ☞【预制构件】**yùzhì gòujiàn**

【预置】**yùzhì** 동 미리〔사전에〕 설치〔배치〕하다. ¶~多个安全通道=여러 개의 비상 통로를 사전에 설치하다.

【预祝】**yùzhù** 동 예축하다. 미리 축하〔축원〕하다. ¶~工程提前竣工！=공사가 조기 준공되기를 미리 축원합니다!

**域** yù 지역 역
명 **1** 일정한 경계 안의 지역. 강역. 영토의 구역. ¶海~=해역. / 区~=구역. **2** 모종의 범위. ¶视~=시야. / 境~=경역. 경계 안의 지역.

○● 地域, 海域, 疆jiāng域, 境域, 绝jué域, 流域, 水域, 外域, 西域, 音域

【域名】**yùmíng** 명 도메인 네임(DN, domain name).

【域外】**yùwài** 명団 역외. 국외. ¶~飞鸿=멀리 국외에서 온 소식.

【域中】**yùzhōng** 명団 역중. 역내. 국내. ¶誉满~=명성이 국내에 가득하다.

**堉** yù 기름진 땅 육
명団 비옥한 땅. 기름진 땅.

**菀** yù 무성할 울
형団 무성하다.
☞ **wǎn**

**欲**¹ yù 하고자 할 욕
**1** …을〔를〕 하고자 하다. 원하다. 희망하다. 바라다. ¶畅所~言=하고 싶은 말을 마음껏 하다. **2** 문 …을〔를〕 해야 한다. ¶胆~大而心~细。=대담하고도 세심해야 한다. 튀 바야흐로 〔곧〕…하려 하다. ¶震耳~聋=귀청이 떨어져 나갈 듯하다.

**欲**²〔**慾**〕 yù 욕심 욕
명 욕망. ¶私~=사욕. / 清心寡~=마음을 청정하게 하고 욕심을 없애다.

○● 禁欲, 情欲, 肉欲, 嗜shì欲, 兽shòu欲, 私欲, 物欲, 纵zòng欲

【欲罢不能】**yùbà-bùnéng** 성 그만두려고 해도 그만둘 수 없다.

【欲盖弥彰】**yùgài-mízhāng** 성 진상을 감추려 하다가 도리어 더욱 드러나다. 덮으려고 할수록 더욱 드러나다.

【欲壑】**yùhè** 명 욕망의 골짜기. 끝없는 욕심. ¶他的~是难以填满的。=그의 욕망의 골짜기는 가득 채우기가 어렵다. 그의 끝없는 욕심은 채워지기가 어렵다.

【欲壑难填】**yùhè-nántián** 성 **1** 욕망의 골짜기는 가득 채우기가 어렵다. **2** 욕심이 끝이 없어 채우기가 어렵다. [탐욕이 너무 커서 만족시키기 어려움을 형용함]

【欲火】**yùhuǒ** 명 욕화. 정욕. 음욕의 열정. 욕정의 불길. [주로 성욕을 가리킴] ¶~中烧=욕정에 불타다.

【欲加之罪, 何患无辞】**yù jiā zhī zuì, hé huàn wú cí** 성 **1** 죄를 뒤집어씌우려고 한다면 어찌 핑계가 없음을 걱정하랴. **2** 마음만 먹으면 그 구실을 만들 수 있다. 코에 걸면 코걸이 귀에 걸면 귀걸이.

【欲念】**yùniàn** 명 욕망. ≒欲望.

【欲擒故纵】**yùqín-gùzòng** 성 **1** 더 큰 것을 잡기 위해 일부러 놓아주다. **2** 団 더욱 제압하기 위해 일부러 느슨하게 하다. ↔打草惊蛇.

【欲求】**yùqiú** 동 욕구하다. 바라다. 얻으려고 하다. ¶~生快活, 须下死功夫。=살아서 유쾌하게 살고자 한다면 반드시 대단한 노력을 하여야 한다. 명 욕구. 욕망. ¶没有止境的~=끝이 없는 욕구.

【欲取姑与】**yùqǔ-gūyǔ** 성 얻고자 한다면 반드시 먼저 베풀어야 한다. 큰 것을 얻기 위해 먼저 미끼를 주다.

【欲速则不达】**yù sù zé bù dá** 성 일을 너무 서두르면 도리어 목적을 달성하지 못한다. 일을 빨리 하려고 하면 도리어 이루지 못한다.

【欲望】**yùwàng** 명 욕망. ¶强烈的求知~=강렬한 지식욕〔지식 탐구 욕망〕. ≒欲念.

【欲言又止】**yùyán-yòuzhǐ** 성 말하려다 멈추다. ↔畅所欲言.

**阈**〔**閾**〕 yù 문지방 역

阈 **1** 문지방. ¶门~=문지방. **2** 한계. 범위. 역. ¶听~=청역(聽域).

## 淯 Yù 강 이름 육
(地) 위허(淯河). [허난(河南)성에서 발원하여 후베이(湖北)성으로 유입되는 강 이름. 지금은 '바이허(白河)'라고 함]
【淯溪】**Yùxī** (地) 위시. [후베이(湖北)성에 있는 지명]

## 谕[諭] yù 알릴 유
알리다. 하달하다. [위에서 아래로 알리는 것을 가리킴] ¶劝~=권유하다. **1** 상급 기관이 하급 기관에게 내리는 공문 또는 지시. ¶手~=(상급 기관이나 상사·웃어른의) 친필 지시〔편지〕. 친히 내린 명령. **2** 황제의 조령(詔令). ¶圣~=황제의 조령. **3**(Yù) 성(姓). [고어에서 '喻(yù)'와 같음]
【谕告】**yùgào** 유고하다. 훈계하다. [윗사람이 아랫사람에게 하는 훈계] ¶再三~=재삼 훈계하다.
【谕令】**yùlìng** 명령. [위에서 아래로 내리는 명령]
【谕示】**yùshì** 지시. 명령. [위에서 아래로 내리는 지시나 명령]
【谕旨】**yùzhǐ** 유지. 황제의 명령〔지시〕.

## *尉 yù 성씨 울
아래를 참조.
☞ **wèi**
【尉迟】**Yùchí** 복성(複姓).
【尉犁】**Yùlí** (地) 위리. [신장(新疆) 자치구에 있는 지명]

## 棫 yù 두릅나무 역
(植) (고서(古書)에 나오는) 두릅나무. [일설에는 떡갈나무라고도 함]

## **遇 yù 만날 우
**1** 만나다. 얻다. 겪다. 당하다. ¶遭~=조우하다. / 不期而~=우연히 만나다. **2** 대우하다. 접대하다. ¶优~=후대하다. / 礼~=예우하다. **1** 기회. ¶机~=기회. / 随~而安=어떤 환경에도 잘 적응하고 만족하다. **2**(Yù) 성(姓). ≒逢

○● 景遇, 境遇, 冷遇, 礼遇, 奇遇, 巧遇, 外遇, 遭zāo遇, 知遇, 值遇

【遇刺】**yùcì** 암살당하다. ¶不幸~=불행히 암살당하다. ↔行刺
【遇到】**yù‖dào** 만나다. 마주치다. 부딪치다. 부닥치다. 맞닥뜨리다. 봉착하다. ¶~难题=난제에 부닥치다.
【遇害】**yù‖hài** 살해당하다. ¶~身亡=살해당하여 죽다.
【遇合】**yùhé** **1** 서로 만나 의기투합하다. ¶两人~已久.=두 사람이 가까이 사귄 지 오래 되었다. **2** 만나다. 마주치다. 부딪치다. 부닥치다. 맞닥뜨리다. ¶中途~=도중에 만나다.
【遇见】**yù·jiàn** 우연히 만나다. 마주치다. 조우하다. ¶我昨天在电影院~了老同学.=나는 어제 영화관에서 옛 급우를 만났다.
【遇救】**yù‖jiù** 구원을 받다. 구조되다. ¶~脱险=구조되어 위기에서 벗어나다.
【遇难】**yù‖nàn** **1** 사고로〔재난으로〕죽다. 박해를 받아 죽다. ¶失事飞机上的人员全部~.=사고 비행기에 있던 사람들은 모두 사망하였다. **2** 조난을 당하다. 재난을 당하다. ¶~的矿工最终得救了.=조난을 당한 광부는 마침내 구출되었다.
【遇难成祥】**yùnàn-chéngxiáng** 전화위복이 되다. 불행이 복으로 바뀌다.
【遇人不淑】**yùrén-bùshū** **1** 못난〔못쓸〕남자에게 시집 가다. **2** 나쁜 사람을 만나다.
【遇事】**yùshì** 일이 생기다. 뜻밖〔의외〕의 사고를 당하다. ¶~不惊=의외의 사고를 당하고도 당황하지 않다.
【遇事生风】**yùshì-shēngfēng** 기회를 틈타 풍파를〔소동을〕일으키다.
【遇险】**yù‖xiǎn** 위험에 부닥치다. ¶~镇定=위험에 부닥쳐서도 침착하다.

## 喻 yù 비유할 유
**1** 설명하다. 일깨우다. ¶不可理~=이치로는 이해시킬 수가 없다. **2** 알다. 이해하다. ¶家~户晓=집집마다 다 알다. **3** 비유하다. ¶比~=비유하다. (Yù) 성(姓).
☞ **yú**

○● 讽fěng喻, 譬pì喻

【喻世】**yùshì** 세상 사람에게 훈계하다.
【喻体】**yùtǐ** (言) 비유 대상.
【喻义】**yùyì** 비유의 뜻〔의미〕.

## **御¹ yù 부릴 어
**1**(말이나 수레를) 몰다. 부리다. ¶驾~=(말이나 수레를) 몰다. **2** 다스리다. 지배하다. 통치하다. ¶~众以宽=너그럽게 사람을 다스리다. **1** 황제와〔임금과〕관련 있는 것. ¶~前=어전. 임금의 앞. / 告~状=어전에 고발하다. **2**(Yù) 성(姓).

## **御²[禦] yù 막을 어
막다. 저지하다. 저항하다. 맞서다. ¶抗~=맞서 막다. / 防~=방어하다.

○● 抵御, 驾jià御, 抗kàng御

【御笔】**yùbǐ** 어필. 임금이〔황제가〕쓴 글씨〔그림〕.
【御赐】**yùcì** 황제가〔임금이〕하사한. ¶~锦袍=황제가 하사한 금포.
【御道】**yùdào** 어로. 거둥길.
【御敌】**yùdí** 적을 막다. ¶~于国门之外.=도성의 성문 밖에서 적을 막다.

【御寒】yùhán 图 어한[방한]하다. 추위를 막다. ¶~设备=방한 설비.
【御花园】yùhuāyuán 图 어화원. 황제가 노니는 화원.
【御驾】yùjià 1 어가. 황제가[임금이] 타는 수레. 2 황제. ¶~亲征=황제가 친히 정벌에 나가다.
【御览】yùlǎn 图 어람하다. 임금이 보다. ¶恭呈~=어람하시도록 삼가 올리다.
【御林军】yùlínjūn 图 1 금군(禁军). 2 (비) 황제의 심복. 친위병.
【御手】yùshǒu ☞【驭手】yùshǒu
【御侮】yùwǔ 图 외침을 막다. 침략에 항거하다. ¶奋起~=분기하여 외침을 막다.
【御医】yùyī ☞【太医】tàiyī
【御用】yùyòng 图 1 어용의. 황제가[임금이] 쓰는. ¶~印章=황제의 인장. 2 어용의. [자신의 이익을 위하여 권력자나 권력 기관에 영합하는 것을 가리킴] ¶~学者=어용 학자.
【御用文人】yùyòng wénrén 图 어용 문인.
【御苑】yùyuàn ☞【御苑】yùyuàn
【御苑】yùyuàn 图 어원. 금원(禁苑). =【御园】yùyuán
【御制】yùzhì 图 어제의. 황제가 창작(반포)한. ¶~诗=어제시. 임금이 지은 시.

# 鸲[鴝] yù 구관조 욕
☞【鸲鹆】qúyù

*【寓[(厪)] yù 거주할 우
图 1 기거하다. 거주하다. ¶寄~=기거하다. 2 (염원·감정 등을 사물에) 기탁하다. 맡기다. 담다. 내포하다. 함축하다. 나타내다. 깃들다. ¶~教于乐=즐거운 방식으로 가르치다. 寓 거처. 숙소. ¶公~=공동 주택. 아파트. /私~=개인 주택.
【寓邸】yùdǐ 图 관저. 공관.
【寓公】yùgōng 图 1 (고대의) 우공. 기공(寄公). [영지(領地)를 잃고 남의 나라에 몸을 의탁하고 있는 귀족] 2 타향에 망명하는 군벌 관료나 세도가.
【寓居】yùjū 图 우거하다. 교거(僑居)하다. [남의 집이나 타향에서 임시로 몸을 붙여 사는 것을 가리킴] ¶~国外=국외에서 교거[거주]하다.
【寓目】yùmù 图图 훑어보다. 점검하다. ¶请君~=점검해 보시기를 바랍니다.
【寓舍】yùshè 图 기거하는 집.
【寓所】yùsuǒ 图 기거하는 곳. 거처. 주소.
【寓言】yùyán 图 우언. 우화(寓話).
【寓意】yùyì 图 언외의[함축된] 의미. ¶~深远=함의가 심원하다. 늦含义
【寓于】yùyú 图 …에 포함되어 있다. …에 깃들어 있다. ¶深邃的哲理~通俗易懂的故事之中。=심오한 철학의 이치가 통속적이고 이해하기 쉬운 이야기 속에 깃들어 있다.

**【裕 yù 넉넉할 유

图 풍부하다. 풍족하다. 넉넉하다. ¶充~=풍족하다. /富~=부유하다. 图图 넉넉[풍족]하게 하다. ¶富国~民=나라와 백성을 부유하게 하다. 图(Yù) 성(姓). 늦富
○● 丰裕, 优yōu裕
【裕固族】Yùgùzú 图 유고족. [중국 소수 민족의 하나로, 간쑤(甘肃)성에 분포함]
【裕如】yùrú 图 1 여유 있다. 느긋하다. 조금도 힘들지 않다. 쉽다. ¶措置~=일처리가 아주 능숙하다. 2 (삶이) 여유롭다. 풍족하다. [생활이 부유하고 풍족함을 형용함] ¶生活~=삶이 여유롭다.

# 粥¹ yù 낳아 키울 육
图图 1 (아이를) 낳다. 낳아 키우다. 2 '鬻(yù)'와 같음.

# 粥² yù 훈육 육
☞【荤粥】xūnyù
☞ zhōu

# 鬻 yù 꽃구름 율
图图 상서로운 꽃구름. 채운(彩雲). 서운(瑞雲).

# 蓣[蕷] yù 참마 여
☞【薯蓣】shǔyù

# 罭 yù 그물 역
图图 촘촘한 그물.

*【愈¹ yù 뛰어넘을 유
图 뛰어넘다. 추월하다. 능가하다. …보다 낫다. ¶彼~于此。=저것이 이것보다 낫다. 图 …하면 …할수록 …하다. [중첩하여 정도가 점점 발전해 감을 나타내며, '越(yuè)… 越(yuè)…'에 상당함] ¶~多~好=많으면 많을수록 좋다. 图(Yù) 성(姓).

*【愈²[(瘉·癒)] yù 병 나을 유
图 (병이) 낫다. ¶病~=병이 낫다.
【愈发】yùfā 图 한층 더. 더욱. ¶她出落得~漂亮了。=그녀는 성장할수록 한층 더 예뻐진다.
【愈合】yùhé 图(醫) (상처가) 아물다. ¶伤口~要一周的时间。=상처가 아물려면 일주일이 걸린다.
【愈加】yùjiā 图 더욱. 한층 더. [주로 문어체에 쓰임] ¶雪下得~大了。=눈이 더욱 많이 내린다. /病情~严重。=병세가 더욱 심해지다.
【愈演愈烈】yùyǎn-yùliè 图 점점 더 심해지다. [사태나 상황이 더욱 심해져 감을 가리킴]
【愈益】yùyì 图 더욱. 한층 더. ¶环保问题~受到各界关注。=환경 보호 문제는 더욱 각계의 관심을 받는다.

# 煜 yù 빛날 욱
图图 비추다. 비쳐서 빛나다.

【煜煜】yùyù 혱 밝게 빛나다. 반짝이다. [밝은 모양] ¶火光~=불빛이 밝게 빛나다.

## 滪[澦] yù 물 이름 여
☞【滟滪堆】Yànyùduī

## *誉[譽] yù 칭찬할 예
동 칭찬하다. 찬양하다. ¶赞~=칭찬하다. / 过~=과찬하다. 명 1 명성. 명예. ¶名~=명예. 2 고명. 명망. ¶~满全球=전세계에 명망이 높다. ↔毁

○● 称誉, 驰chí誉, 过guò誉, 名誉, 声誉, 盛shèng誉, 信誉, 赞zàn誉

【誉为】yùwéi 동 …(이)라고 칭송되다. …(이)라고 불리다. ¶李白被~诗仙。=이백은 시선이라고 불린다.

## *蔚 Yù 땅 이름 울
명 1 (地) 위(蔚)현. [허베이(河北)성에 있는 지명] 2 성(姓).
☞ wèi

## 蜮 yù 물여우 역
명문 역. 물귀신. [물 속에서 몰래 사람을 해친다는 전설상의 괴물] ¶鬼~=귀역. 물귀신.

## 毓 yù 기를 육
동문 기르다. 양육하다. ¶钟灵~秀=자연의 영기를 모아 우수한 인재를 기르다. [주로 인명에 쓰임] 명 (Yù) 성(姓).

## 隩 yù 굽이 오
명문 강굽이.
☞ ào

## 薁 yù 머루 욱
☞【蘡薁】yīngyù

## 潏 yù 물 솟을 휼
혱문 물이 솟는 모양. 명 (Yù) (地) 위허(潏河). [산시(陕西)성에 있는 강 이름]

## 熨 yù 알맞을 울
☞ yùn

【熨帖】yùtiē 혱 1 (글자나 어휘 사용이) 적절하다. 알맞다. ¶比喻~=비유가 적절하다. 2 평온하다. 홀가분하다. 후련하다. ¶听了他的一席话, 心里~极了。=그의 말을 들으니 마음이 아주 홀가분해졌다. 3 방 (일이) 마무리되다. 완전히 처리되다. ¶把手续办~了再回去。=수속을 마무리지은 후 돌아가다. 4 편안하다. 가뿐하다. 개운하다. ¶按摩了一下, 身上~得很。=안마를 좀 받았더니 몸이 아주 가뿐하다.

## 遹 yù 따를 휼
동문 준수하다. 따르다.

## *豫 yù 미리 예
동 편안하다. 안락하다. 안일하다. ¶逸~亡身=안락하게 생을 마치다. 혱 1 (문) 즐겁다. 기쁘다. ¶面有不~之色。=얼굴에 불쾌한 빛을 띠고 있다. 2 '预(yù)'와 같음. 명 (Yù) 1 (地) 위. [허난(河南)성의 별칭] 2 성(姓).
【豫剧】yùjù 명 (剧) 예극. [나무 타악기를 치고 판호(板胡)를 주요 반주 악기로 쓰는 중국 지방 전통극. 주로 허난(河南)성과 산시(陕西)성·산시(山西)성의 일부 지역에서 유행함] =【河南梆子】Hénán bāng·zi

## 燠 yù 따뜻할 욱
혱문 '煜(yù)'와 같음.

## 燠 yù 따뜻할 욱
혱문 덥다. 뜨겁다. 따뜻하다. ¶~暑=덥다.
【燠热】yùrè 혱문 무덥다. 후텁지근하다. ¶天气~=날씨가 후텁지근하다.

## 燏 yù 불빛 율
명문 불빛.

## 鹬[鷸] yù 도요새 휼
명 (动) 도요새.
【鹬蚌相争, 渔人得利】yùbàng xiāngzhēng, yúrén délì 성 1 도요새와 조개가 서로 싸우다 둘 다 어부에게 잡히다. 2 (비) 쌍방이 다투는 사이에 제삼자가 힘들이지 않고 이득을 챙기다. 어부지리를 얻다. =【鹬蚌相争, 渔翁得利】yùbàng xiāngzhēng, yúwēng délì
【鹬蚌相争, 渔翁得利】yùbàng xiāngzhēng, yúwēng délì ☞【鹬蚌相争, 渔人得利】yùbàng xiāngzhēng, yúrén délì
【鹬鸵】yùtuó ☞【无翼鸟】wúyìniǎo

## 鬻 yù 팔 육
동문 팔다. ¶卖官~爵=매관육작. 매관매직.

# yuan

## 鸢[鳶] yuān 솔개 연
명 (动) 솔개. ['老鹰(lǎoyīng)'으로 통칭함]
【鸢尾】yuānwěi 명 (植) 자주붓꽃.

## 帑 yuān 행주 원
☞【幡帑】fányuān

## 眢 yuān 소경 완
혱문 1 눈알이 말라 움푹하다. 실명하다. ¶目~血裂=눈알이 움폭 들어가고 피가 흐르다. 2 (물이) 마르다. ¶~井=물이 마른 우물.

## *鸳[鴛] yuān 원앙 원

【鸳】(動) 원앙(새). ¶双~戏水=한 쌍의 원앙이 물놀이를 하다.

【鸳鸯】yuān·yāng 图 1 (動) 원앙(새). 2 부부. [주로 문학 작품에서 쓰임] ¶苦命~=팔자가 사나운 부부. (형) (원앙새처럼) 짝을 이룬 (사람 또는 사물). ¶~剑=원앙검. 한 쌍의 검.

【鸳鸯房】yuān·yāngfáng ☞ 【鸳鸯楼】yuān·yānglóu

【鸳鸯楼】yuān·yānglóu 图 원앙루. [젊은 신혼부부들에게 제공한 아파트] = 【鸳鸯房】yuān·yāngfáng

【鸳鸯名片】yuān·yāng míngpiàn 图 원앙 명함. 부부 명함.

【鸳鸯座】yuān·yāngzuò (~儿) 图 원앙 [연인] 좌석.

## **冤** [(冤·寃)] yuān 원통할 원

§ 1 부당한 대우를 하다〔받다〕. 억울함을 당하다. 누명을 쓰다〔쓰우다〕. ¶~枉好人=착한 사람에게 누명을 씌우다. / ~得昭雪=억울한 누명을 벗다. 2 (방) 속이다. ¶你别~我!=너 속이지 마! (형) 헛되다. 수지가 안 맞다. 들인 것에 비해 실효가 작다. 억울하다. ¶白干一天, 真~!=하루 종일 헛고생했으니 정말 억울하다! § 1 억울한 사건. 누명을 뒤집어쓴 사건. ¶伸~=억울함을 호소하다. / 含~负屈=억울한 누명을 뒤집어쓰다. 2 원한. ¶结~=원한을 맺다.

○→沉chén冤, 申shēn冤, 衔xián冤, 雪冤

【冤案】yuān'àn 图 오판이나 무함으로 억울함을 당한 사건. ¶平反~=잘못 판정된 사건을 바로잡다.

【冤仇】yuānchóu 图 원한. ¶结下~=원한을 맺다.

【冤大头】yuāndàtóu 图 봉. 얼간이. 속기 쉬운 사람. [풍자의 의미가 내포됨]

【冤魂】yuānhún 图 원혼. ¶~不散=원혼이 사라지지 않다.

【冤家】yuānjia 1 원수. 적. ¶生死~=지독한 앙숙. 2 애인에 대한 애칭. [주로 중국 전통극이나 민가에 보임] 3 애증 관계에 있는 연인〔애인〕. 숙명적인 연인. ↔朋友

【冤家对头】yuānjiā-duì·tou (숙) 앙숙. 숙적.

【冤家路窄】yuānjiā-lùzhǎi (숙) 1 원수는 외나무다리에서 만난다. 2 (비) 갈등은 피하려고 해도 피할 수 없다. ≒狭路相逢

【冤家相报】yuānjiā-xiāngbào ☞ 【冤冤相报】yuānyuān-xiāngbào

【冤家宜解不宜结】yuānjiā yíjiě bùyìjié (숙) 원한은 풀어야지 맺어서는 안 된다. 원수져서 좋을 것 없다. [주로 권유할 때 쓰임]

【冤假错案】yuān-jiǎ-cuò'àn 图 '冤案(억울한 사건)·假案(허위로 조작한 사건)·错案(오심 사건)'의 합칭. ¶必须予以纠正。=억울한 사건·허위로 조작한 사건·오심 사건 등이 반드시 바로잡아야 한다.

【冤结】yuānjié § (문) 원한이 맺히다. ¶心~而

内伤。=가슴에 원한이 맺혀서 속이 상하다. 图 1 (문) 누명. 억울한 죄. ¶民多~, 州郡不理。=누명을 뒤집어쓴 백성이 많으나 주군에서는 거들떠보지도 않다. 2 누명을 쓴 사람. ¶狱多~=감옥에 누명을 쓴 사람이 많다. 3 원한. ¶~难解=원한은 풀기 어렵다.

【冤苦】yuānkǔ 图 억울한 죄로 겪는 고통. ¶饱尝~=억울한 고통을 한껏 당하다. § 누명을 씌워 고통을 주다. ¶别~人!=누명을 씌워 고통을 주지 마세요.

【冤孽】yuānniè 图 1 (佛) 업보. 업과. 2 (구) 사랑하는 사람에 대한 애칭. [주로 중국 전통극이나 민가에 보임] 3 (구) 애증(愛憎) 관계의 연인.

【冤气】yuānqì 图 분. 원한. ¶满肚子~=온통 분으로 가득 차다.

【冤钱】yuānqián ☞ 【冤枉钱】yuān·wangqián

【冤情】yuānqíng 图 억울한 사정. ¶~大白=억울함이 밝혀지다.

【冤屈】yuānqū 图 1 억울함. 2 불공평한〔부당한〕 대우. 입지 않아도 될 손해. ¶别让新来的职员受~。=신입 사원에게 부당한 대우를 받게 하지 마세요. § 억울한 누명을 씌우다.

【冤死】yuānsǐ § 원한을 품고 죽다. ¶~鬼=원한을 품고 죽은 귀신.

【冤头】yuāntóu 图 원수. 적.

【冤枉】yuān·wang § 억울한 누명을 씌우다. ¶别~好人。=죄가 없는 사람에게 누명을 씌우지 마세요. 图 누명. ¶替有~的人伸冤。=누명을 뒤집어쓴 사람을 위해 억울함을 호소하다. (형) 1 억울하다. 대우가 불공평하다. ¶他被撤职很~。=그가 파면당한 것은 매우 억울하다. 2 불필요하다. 헛되다. 가치가 없다. ¶这钱花得真~。=이 돈은 정말 헛되이 썼다.

【冤枉路】yuān·wanglù 图 헛걸음. 긴 노정. ¶走~=헛걸음을 하다.

【冤枉气】yuān·wangqì 图 부당한 대우를 받아 내는 화. 이유 없이 내는 화. ¶生~=이유 없이 화를 내다.

【冤枉钱】yuān·wangqián 图 헛돈. 헛되게 쓰는 돈. =【冤钱】yuānqián ¶花~=헛돈을 쓰다.

【冤有头, 债有主】yuān yǒu tóu, zhài yǒu zhǔ (숙) 1 복수를 하려면 원수를 찾아야 하고, 빚을 받으려면 빚쟁이를 찾아야 한다. 2 (비) 문제가 생기면 당사자가 책임을 져야 한다.

【冤狱】yuānyù 图 억울하게 재판받은 사건. ¶百年~=백년 동안 해결되지 않은 억울한 재판 사건.

【冤冤相报】yuānyuān-xiāngbào (숙) 원수는 원수를 낳는다. 보복은 보복을 낳는다. =【冤家相报】yuānjiā-xiāngbào

## **渊**[淵] yuān 못 연

图 1 깊은 못. 깊은 물웅덩이. ¶深~=심연. / 积水成~=물이 모여 못이 되다. 2 (Yuān) 성(姓). (형) 깊다. ¶知识~博=지식이 깊고 넓다.

〔박학다식하다〕.
【渊博】yuānbó 혱 (학식이) 박식하다. 박학다식하다. ¶学识~=학식이 박학다식하다. 늑广博 赅博↔浅薄 鄙陋
【渊海】yuānhǎi 몡 심연(深淵)과 대해(大海). 혱(비) 내용이 깊고 넓다. ¶笔墨~=글의 내용이 깊고도 넓다.
【渊深】yuānshēn 혱 (학문·책략 등이) 심후하다. 매우 깊다. ¶学问~=학문이 매우 깊다.
【渊薮】yuānsǒu 몡(비) 연수. 여러 사물이나 사람이 모이는 곳. [〈渊(yuān)〉은 물고기가 모이는 곳을, 〈薮(sǒu)〉는 새와 짐승이 모이는 곳을 가리킴〕 ¶盗贼的~=도적의 소굴.
【渊源】yuānyuán 몡 1 연원. 수원. 2(비) 사물의 근원(본원). 뿌리. ¶有家学~。=가전 학문의 뿌리가 깊다.

## 渁 Yuān 물 이름 완
몡(地) 위안스(渁市). [후베이(湖北)성에 있는 지명]
☞ wò

## 胬 yuān 뼈마디 시큰거릴 연
혱(문) 1 (몸이) 시큰시큰 쑤시고 아프다. 2 우울〔울적〕하다.

## 蜎 yuān 장구벌레 연
몡(문) 장구벌레.
【蜎蜎】yuānyuān 혱(문) 곤충이 기어가는 모양.

## 鹓[鵷] yuān 원추새 원
【鹓雏】yuānchú 몡 원추새. [전설 속의 봉황의 일종]

## 箢 yuān 대그릇 완
아래를 참조.
【箢篼】yuāndōu 몡(방) 대광주리.
【箢箕】yuānjī 몡(방) 대광주리.

## \*\*元 yuán 으뜸 원
몡 1 (문) 사람의 머리. ¶勇士不忘丧其~。=용사는 머리가 떨어지는 것을 겁내지 않는다. 2 요소. 원소. ¶二~论=이원론. 3 편성〔구성〕 단위. 구성 요소. 성분. ¶单~=단원. 혱 1 우두머리의. 제일의. 으뜸의. ¶开国~勋=개국 공신. / 三朝~老=세 왕조나 세 황제를 섬긴 원로 중신(重臣). 2 시작의. 처음의. 첫째의. ¶~始=원시. / 纪~=기원. 3 주요한. 기본의. 기본〔근본〕적인. ¶大伤~气=원기를 크게 잃다. / 化学~素=화학 원소. 양 위안. [중국 본위 화폐 단위. 10편이 1자오이고, 10자오가 1위안임] 몡 1 원형의 금속 화폐. ¶银~=(1위안짜리 둥근) 은화. 은전. 2 (Yuán) (歷) 원(元)나라. [1206년 몽고족 징기스칸이 건국하여 1271년 그의 손자

| ❶ 元 | yuán |
|---|---|
| 远 | yuán |
| 园 | yuán |
| 沅 | yuán |
| 芫 | yuán |
| 完 | wán |
| 玩 | wán |
| 顽 | wán |

쿠빌라이에 이르러 원(元)으로 국호(國號)를 정함. 1279년 남송(南宋)을 멸망시키고 연경(燕京, 지금의 베이징)에 도읍을 정함. 1368년 주원장(朱元璋)에 의해 멸망함〕 3 (Yuán) 성(姓).

○● 改元, 公元, 美元, 日元, 铜元

【元宝】yuánbǎo 몡 원보. [옛날, 중국 화폐의 하나. 다섯 냥·열 냥짜리 금원보와 쉰 냥짜리 은원보가 있음]
【元宝枫】yuánbǎofēng ☞【柜柳】jǔliǔ
【元宝树】yuánbǎoshù ☞【柜柳】jǔliǔ
【元旦】yuándàn 몡 1 설날. 원단. 정월 초하루. 2 양력 1월 1일.
【元恶】yuán'è 몡(문) 주범. 주모자. 범죄의 우두머리〔두목〕. 원흉.
【元件】yuánjiàn 몡 (동류의 장비끼리 교환하여 쓸 수 있는 기기·계측기 등의) 소자. 구성 요소. 주요 부품.
【元老】yuánlǎo 몡 1 (정계의) 원로. 2 (각계의) 원로.
【元麦】yuánmài ☞【青稞】qīngkē
【元煤】yuánméi ☞【原煤】yuánméi
【元谋人】Yuánmóurén ☞【元谋猿人】Yuánmóu yuánrén
【元谋猿人】Yuánmóu yuánrén 몡(歷) 원모 원인. 위안머우 원인(猿人). [중국 원인(猿人)의 하나. 1965년 윈난(云南)성 위안머우(元谋)에서 발견된, 약 170만 년 전 원인(猿人)의 화석] =【元谋人】Yuánmóurén
【元年】yuánnián 몡 1 원년. [임금이 즉위한 해나 연호(年號)를 바꾼 첫해] ¶贞观~=정관 원년. 2 원년. [연대를 계산하는 첫해] ¶公元~=서기 원년. 3 원년. [정체(政體)나 정부 조직이 바뀐 첫해] ¶周代共和~=주나라 공화 원년.
【元配】yuánpèi ☞【原配】yuánpèi
【元气】yuánqì 몡 1 (哲) 원기. [천지만물을 창조하고 구성하는 원시 물질을 가리킴] ¶天地成于~。=천지는 원기에서 만들어진다. 2 원기. 정기. [사람이나 국가 또는 기구의 생명력을 가리킴] ¶恢复~=정기를 회복하다.
【元器件】yuánqìjiàn 몡 '元件(소자)'와 '器件(부품)'의 합칭.
【元曲】yuánqǔ 몡(劇) 1 원대 잡극(雜劇)과 산곡(散曲)의 총칭. 2 잡극(雜劇).
【元日】yuánrì 몡 설날. 원단. 정월 초하루. [옛날에는 음력 정월 초하루를 가리켰음]
【元戎】yuánróng 몡(문) 총사령관. 주장(主將). 군사의 우두머리.
【元首】yuánshǒu 몡 1(문) 군주. 임금. 2 국가 원수.
【元帅】yuánshuài 몡 1 (옛날 전군을 통솔하던) 원수. 주장(主將). 총사령관. 2 (軍) 원수. [군대에서 가장 높은 계급] 3 원수. [계급이 원수인 장군]
【元素】yuánsù 몡 1 요소. 2 (數) 원소. 3 ☞【化学元素】huàxué yuánsù
【元素符号】yuánsù fúhào 몡(化) 원소 기호.

**yuán** 元芫园员沅垣爰袁原

【元素周期表】yuánsù zhōuqībiǎo 명(化) 원소 주기율표.

【元宵】yuánxiāo 명 1 음력 정월 보름날 밤. 원소. =【元夜】yuányè ¶闹~=정월 대보름을 쇠다. 2 위안샤오. [정월 대보름에 먹는, 찹쌀가루로 만든 소가 들어 있는 새알심 모양의 떡]

【元宵节】Yuánxiāojié 명 원소절. 정월 대보름. 음력 정월 보름의 명절. =【灯节】Dēngjié【上元节】Shàngyuánjié

【元凶】yuánxiōng 명 원흉. 수괴. 주모자. 장본인. ¶~首恶=원흉. ↔帮凶

【元勋】yuánxūn 명 탁월한 공훈을 세운 사람. 원훈. 공신. ¶创业~=창업 공신.

【元夜】yuányè ☞【元宵】yuánxiāo

【元音】yuányīn 명(言) 모음. =【母音】mǔyīn ↔辅音

【元鱼】yuányú ☞【鼋鱼】yuányú

【元元】yuányuán 명(書) 백성. 평민. 형(書) 선량하다. ¶~之民=선량한 백성.

【元元本本】yuányuán běnběn ☞【原原本本】yuányuán běnběn

【元月】yuányuè 명 1 음력 정월. 2 양력 1월.

## 芫 yuán 팥꽃나무 원
☞ yán

【芫花】yuánhuā 명(植) 팥꽃나무.

## **园[園]** yuán 동산 원
명 1 (~儿) (채소·과수·꽃·나무 등을 재배하는) 밭. ¶果~=과수원. / 花~儿=꽃밭. 2 유람하고 오락하는 장소. ¶公~=공원. / 植物~=식물원.

○● 菜园, 故园, 家园, 酱园, 乐园, 梨lí园, 陵líng园, 田园, 庭园, 校园, 庄zhuāng园

【园地】yuándì 명 1 밭. 채소·화훼·과수 등을 재배하는 경작지의 총칭. 2(转) 활동 무대〔분야·영역〕. ¶艺术~=예술 영역. 3 (신문·잡지의) 특별란〔칼럼〕의 명칭. ¶学术~=학술 마당.

【园丁】yuándīng 명 1 정원사. 원정. 2(转) 교육자. [주로 초등 학교 교육자를 가리킴] ¶辛勤的~=근면한 교육자.

【园林】yuánlín 명 원림. 정원. ¶~设计=원림 설계.

【园陵】yuánlíng 명 능원(陵園). 원릉. 원림이 있는 왕실 무덤.

【园圃】yuánpǔ 명 원포.

【园区】yuánqū 명 단지. 지역. 구역. 지구. ¶工业~=공업 단지.

【园容】yuánróng 명 1 공원·화원·식물원 등의 면모. 2 유치원·공업 단지의 면모.

【园田】yuántián 명 채소밭. ¶~管理=채소밭 관리.

【园艺】yuányì 명 원예. ¶~博览会=원예 박람회. /~学=원예학.

【园艺师】yuányìshī 명 원예사.

【园囿】yuányòu 명(書) 원유. 식물원. 동물원.

【园子】yuán·zi 명 1 원포(園圃). 2(方) 극장.

## **员[員]** yuán 사람 원
명 1 어떤 직업에 종사하는 사람. 어떤 직무를 담당하는 사람. ¶职~=직원. / 官~=관원. 2 단체나 조직의 구성원. ¶党~=당원. / 队~=대원. 3 둘레. ¶幅~=폭과 둘레. 양 명. 사람. 인. [주로 무장을 세는 단위] ¶一~猛将=맹장 한 명.
☞ yún, Yùn

○● 兵员, 病员, 裁员, 超chāo员, 成员, 船chuán员, 大员, 定员, 动员, 访员, 幅fú员, 复员, 阁gé员, 官员, 海员, 减员, 满员, 人员, 冗rǒng员, 伤员, 社员, 属shǔ员, 驼tuó员, 委员, 要员, 译员, 职员, 专zhuān员

○ 员 yuán
圆 yuán
陨 yǔn
郧 yún
殒 yǔn
勋 xūn
埙 xūn
损 sǔn

【员额】yuán'é 명 정원(定员). ¶裁减~=정원을 줄이다.

【员工】yuángōng 명 직원과 공원. 종업원. ¶教职~=교직원.

【员司】yuánsī 명(旧) (관청의) 중하급 관리.

【员外】yuánwài 명 1(旧) 员外郎(원외랑). [고대 관직명] 2(转) 관리를 지낸 지주〔부호〕. [주로 조기 백화문에 보임]

## 沅 Yuán 강 이름 원
명(地) 위안장(沅江). [구이저우(贵州)성에서 발원하여 후난(湖南)성으로 흘러들어가는 강 이름]

## 垣 yuán 담 원
명 1(文) 낮은 담. 2(文) 담. ¶残~断壁=허물어진 담벽. 3(文) 도시. 성시. ¶省~=성도(省都). 성 정부 소재지. 4 (Yuán) 성(姓). ≒堞 墙 壁

【垣墙】yuánqiáng 명 담.

## 爰 yuán 이에 원
접(書) 그래서. 이리하여. 그리하여. [순접 관계를 나타내며 '于是(yúshì)'에 상당함] ¶~书其事以告。=이리하여 그 사실을 글로 써서 고하노라. 대(書) 어디. 어느 곳. ¶~其适归?=그는 어디로 돌아갔는가?

○ 爰 yuán
援 yuán
媛 yuán
瑗 yuàn
谖 xuān
暖 nuǎn
缓 huǎn
锾 huán

## 袁 Yuán 성씨 원
명 성(姓).

【袁大头】yuándàtóu ☞【袁头】yuántóu

【袁头】yuántóu 명 중화민국(中華民國) 초년에 발행된, 위안스카이(袁世凯)의 두상이 새겨진 1위안짜리 은화. =【袁大头】yuándàtóu

## **原** yuán 원래 원
형 1 최초의. 시초의. 처음의. ¶~生植物=단

○ 原 yuán
远 yuǎn
猿 yuán
辕 yuán

세포 식물. **2** 본래의. 원래의. 고치지 않은. ¶~作者=원작자. / ~地休息=제자리에서 쉬다. **3** 가공하지 않은. ¶~稿退回=원고를 반송하다. / ~料加工=원료 가공. 튄 본래. 원래. ¶~定计划=원래 정한 계획. / ~有人数=원래 인원수. 동 **1** 관용하다. 너그럽게 받아들이다〔용서하다〕. 양해하다. ¶情有可~=사정이 너그럽게 용서할 만하다. **2** 囝 (사물의 근원을) 탐구하다. 추구하다. 찾다. 규명하다. ¶~本穷末=근본을 캐고 끝까지 밝히다. ¶~ 사물의 근본이나 발단〔시작〕. ¶本~=본원. / 追根究~=근원을 끝까지 밝히다. **2** 본래 모양. ¶还~=환원하다. / 复~=복원하다. **3** 평원. 벌판. 들판. ¶草~=초원. / 平~=평원. **4** '塬(yuán)'과 같음. **5 (Yuán)** 성(姓). 늑委

○● 本原, 病原, 草原, 复原, 还huán原, 抗kàng原, 燎liáo原, 莽mǎng原, 酶méi原, 平原, 苔tái原, 糖原, 雪原, 中原

○ 原 yuán
  愿 yuàn
  源 yuán
  螈 yuán

【原案】**yuán'àn** 囝 원본. 원안. 본안(本案). ¶~存档=원본 파일을 보관하다.

【原班人马】**yuánbān rénmǎ** 囝 원래 구성원. 원래 멤버. ¶这部影片的续集没有~出演。=이 영화의 속편은 원래 멤버들이 출연한다.

【原版】**yuánbǎn** 囝 **1** (서적의) 원판. ¶~书=원판 책. **2** (음악·영상물의) 원판. 정판. [ '盗版(해적판)·复制版(복제판)'과 구별됨] ¶~录像带=정판 비디오 테이프. **3** (번역되지 않은) 원작. ¶英文~小说=영문 원작 소설. **4** 오리지널 사운드 필름. ¶这是加了字幕的~片。=이것은 자막을 넣은 오리지널 사운드 필름이다.

【原本】**yuánběn** 囝 **1** 저본. 원본. [ '传抄本(초본)'과 구별됨] **2** 초판본. [ '重刻本(재판)'과 구별됨] **3** (번역서의) 원서. 텍스트. 튄 **1** 원래. 본래. 당초. 처음. ¶他~是学理的, 后来改了文。=그는 원래 이과였지만 뒤에 문과로 바꾸었다. **2** 애당초. 애초에. ¶她~就不该一个人去。=그녀는 애당초에 혼자 가지 말았어야 했다. 늑原来本来

【原材料】**yuáncáiliào** 囝 원료와 재료. 원재료. 원자재.

【原产地】**yuánchǎndì** 囝 원산지. 본고장.

【原唱】**yuánchàng** 동 신곡을 처음으로 노래하다. 신곡을 처음으로 CD나 테이프로 제작하다. 튄 원곡 가수.

【原虫】**yuánchóng** ☞【病原虫】**bìngyuánchóng**

【原初】**yuánchū** 튄 최초에. 원래. 처음. 이전. 본래. ¶他~不是这样的脾气。=그는 원래는 이런 성격이 아니었다.

【原处】**yuánchù** 囝 본래의 장소. 제자리. ¶把杯子放回~。=컵을 제자리에 가져다 놓다.

【原创】**yuánchuàng** 동 창시하다. 처음으로 만들다. ¶~歌曲=창작(가)곡.

【原地】**yuándì** 囝 제자리. 본래(원래)의 자리〔위치〕. ¶~待命=제자리에서 명령을 기다리다.

【原地踏步】**yuándì tàbù** 答답보하다. 제자리걸음을 하다.

【原电池】**yuándiànchí** 囝(电) 일차 전지.

【原定】**yuándìng** 동 원래 정하다. 원래 규정하다. ¶~目标=원래 정한 목표.

【原动机】**yuándòngjī** 囝(机) 원동기.

【原动力】**yuándònglì** 囝 원동력.

【原发性】**yuánfāxìng** 囝 일차성. 원발성. ¶~高血压=일차성 고혈압.

【原防】**yuánfáng** 囝 원주둔지. ¶撤回~=원주둔지에서 철수하다.

【原封】**yuánfēng**(~儿) 囿 **1** 원래 봉한. 개봉하지 않은. 미개봉된. ¶~包装=미개봉 제품. **2** 그대로. 원래 모양대로의. ¶~退回=원형 그대로 돌려보내다.

【原封不动】**yuánfēng bùdòng** 答 손도 대지 않다.

【原稿】**yuángǎo** 囝 **1** (작자가 쓴 후 남이 수정하지 않은) 원고. **2** (편집·인쇄하기 위한) 원고.

【原告】**yuángào** 囝(法) 원고. =【原告人】**yuángàorén**

【原告人】**yuángàorén** ☞【原告】**yuángào**

【原鸽】**yuángē** 囝(动) 원종 (야생) 비둘기. ≒【野鸽】**yěgē**

【原故】**yuángù** ☞【缘故】**yuángù**

【原话】**yuánhuà** 囝 본래 말. ¶他的~就是这么说的。=이것은 바로 그가 한 말이다.

【原鸡】**yuánjī** 囝(动) 적색 야계(赤色野鸡).

【原籍】**yuánjí** 囝 원적. 본적. ¶~安徽, 久居成都。=본적은 안후이(安徽)이며 청두(成都)에 오래 살았다. ≒祖籍 ↔客籍 寄籍

【原价】**yuánjià** 囝 원가. [ '现价(현재 가격)'와 구별됨]

【原件】**yuánjiàn** 囝 **1** (문서의) 원본. [ '印件(사본)'과 구별됨] ¶把~复印三份。=원본을 세 부 복사하다. **2** 원래 물건. 진품. ¶这些展品都是根据~复制的。=이 진열품들은 모두 진품을 복제한 것이다. **3** 개봉하지 않은 물품. 손대지 않은 물건. 원품. ¶送货地址不详, ~退回。=배달 주소가 분명치 않아 그대로 돌려보내다.

【原矿】**yuánkuàng** 囝(矿) 원광. =【原矿石】**yuánkuàngshí**

【原矿石】**yuánkuàngshí** ☞【原矿】**yuánkuàng**

【原来】**yuánlái** 囿 고유의. 원래의. 본래의. ¶几年未回, 故乡已不是~的样子了。=몇 년 돌아가지 않았더니, 고향은 이미 본래의 모습이 아니었다. 튄 **1** 이전에. 당초. 처음에. 원래. 본래. ¶他~也学过医, 但现在改行了。=그는 애초에 의학을 공부하였지만, 지금은 직업을 바꾸었다. **2** 알고 보니. ¶这些~是假花呀, 我还当是真的呢! =이것들이 알고 보니 조화였군, 나는 진짜인 줄 알았다니까! ≒本来 原本

【原来如此】**yuánlái-rúcǐ** 答 알고 보니 그렇다. 과연 그렇다.

【原理】**yuánlǐ** 囝 원리. ¶化学~=화학 원리.

【原粮】 yuánliáng 겉곡식. 피곡(皮穀).
【原谅】 yuánliàng 통 양해하다. 이해하다. 용서하다. ¶请多多~! =많은 양해 바랍니다.
【原料】 yuánliào 명 원료. 감.
【原路】 yuánlù 원래의 길. 왔던 길. ¶~返回 =왔던 길로 되돌아가다.
【原麻】 yuánmá 명(紡) (방직품의) 원료가 되는 마 섬유. 원마.
【原毛】 yuánmáo 명 원모. =【油毛】 yóumáo
【原貌】 yuánmào 명 원래의 면모〔모습〕. 원형. ¶保持~ =원형을 유지하다.
【原煤】[元煤] yuánméi 명 원탄.
【原蜜】 yuánmì 명 가공하지 않은 꿀. 천연꿀.
【原棉】 yuánmián 명(紡) 원면.
【原名】 yuánmíng 명 원명. 본명. ¶周树人是鲁迅的~。 =저우수런은 루쉰의 본명이다.
【原木】 yuánmù 명(林) 원목.
【原判】 yuánpàn 명(法) 원심.
【原配】[元配] yuánpèi 명 첫째 아내. 본처. ¶~去世后, 他又续了弦。 =본처가 죽은 뒤에 그는 또 후처를 맞이하였다. 형 첫 번째 결혼한. ¶~夫妻 =원래 배우자.
【原坯】 yuánpī 명 (성형하여 아직 굽지 않은) 소태(素胎).
【原人】 yuánrén 명 원인(猿人).
【原任】 yuánrèn 통 원래 맡다〔담임하다〕. ¶他~公司办公室主任, 现任副经理。 =그는 회사 사무실 주임을 맡았었는데, 지금은 부사장을 맡고 있다. 명 전관(前官). 전임(前任). 원임. ¶~刚退休。 =전임이 막 은퇴하였다.
【原色】 yuánsè 명 원색. =【基色】 jīsè
【原审】 yuánshěn 명(法) 원심. 일심.
【原生】 yuánshēng 형 원생의. 최초로 생성된. 가장 원시의. ¶~态 =최초의 상태.
【原生动物】 yuánshēng dòngwù 명(動) 원생동물. 단세포 동물.
【原生矿物】 yuánshēng kuàngwù 명(礦) 초생 광물[初生鑛物]. 원생 광물.
【原生林】 yuánshēnglín 명(林) 원시림. 원생림. =【原始林】 yuánshǐlín 【原始森林】 yuánshǐ sēnlín
【原生质】 yuánshēngzhì 명(生) 원형질.
【原声带】 yuánshēngdài 명 오리지널 사운드 테이프. 마스터 테이프.
【原始】 yuánshǐ 형 1 원시의. ¶~森林 =원시 삼림. / ~部落 =원시 부락. 2 원래의. 오리지널의. 시초의. ¶~记录 =일차 기록. / ~数据 =일차 데이터.
【原始公社】 yuánshǐ gōngshè 명(經) 원시 공동체. 원시 공산체. 원시 공동 사회.
【原始股】 yuánshǐgǔ 명(經) 비상장 주식.
【原始积累】 yuánshǐ jīlěi 명 1 (經) 원시(적) 축적. 본원적 축적. 2 경영자의 자금〔자산〕의 원시적 축적.
【原始林】 yuánshǐlín ☞【原生林】 yuánshēnglín

【原始群】 yuánshǐqún 명(歷) 원시군(집). [씨족 사회 단계 이전의 인간 집단]
【原始森林】 yuánshǐ sēnlín ☞【原生林】 yuánshēnglín
【原始社会】 yuánshǐ shèhuì 명 원시 사회.
【原诉】 yuánsù 명(法) 원고가 제기한 소송.
【原索动物】 yuánsuǒ dòngwù 명 원색동물.
【原汤】 yuántāng 명 (음식물을 삶은 후 남은) 원래 국물.
【原田】 yuántián 명⑤ 고원의 경작지.
【原为】 yuánwéi 통 원래 …이다. ¶他~校长, 现离休在家。 =그는 원래 교장이었으나, 지금은 정년 퇴직하여 집에 있다.
【原委】 yuánwěi 명 (일의) 경위. 본말. 시말. 자초지종. ¶事情的~终于弄清了。 =일의 자초지종이 결국 밝혀졌다.
【原位】 yuánwèi 명 원위치. 제자리. 본래의 좌석〔자리〕.
【原文】 yuánwén 명 1 (인용하거나 의거한) 원문. ¶引用~要注明出处。 =원문을 인용하면 출처를 밝혀야 한다. 2 (번역할 때 근거한) 원문. ¶译文要忠实于~的意思。 =번역문은 원문의 뜻에 충실해야 한다.
【原物】 yuánwù 명 원래 물건. 원래의 것. 원물. ¶~归还 =원물을 되돌려주다.
【原先】 yuánxiān 명 종전. 이전. 최초. 본래. ¶按~的思路做。 =본래의 생각대로 하다.
【原线圈】 yuánxiànquān 명 일차 코일. =【初级线圈】 chūjí xiànquān
【原薪】 yuánxīn 명 원래의 봉급〔급료〕.
【原形】 yuánxíng 명⑤ 원형. 원래〔본래〕 모습. 제 모습. 본색. 정체. ¶现~ =정체를 드러내다.
【原形毕露】 yuánxíng bìlù ⑤ 본래 모습이 완전히 드러나다. 진상이 폭로되다. 본색이〔정체가〕여실히 드러나다.
【原型】 yuánxíng 명 1 원형. 원래 유형〔모형〕. 2 (문학 작품의) 실제 모델.
【原盐】 yuányán 명 원염. 본염(本鹽).
【原样】 yuányàng (~儿) 명 원래 모양〔모습〕. 원형. ¶恢复~ =원래 모습을 되찾다.
【原野】 yuányě 명 원야. 벌판. 야원(野原). 들. ¶肥沃的~ =비옥한 벌판.
【原液】 yuányè 명 원액. ¶染色~ =염색 원액.
【原意】 yuányì 명 원의. 본의. 본뜻. 원뜻. 본심. ¶有违~ =본의에 어긋나다. ≒本意
【原因】 yuányīn 명 원인. ¶解释~ =원인을 해석하다. ↔结果
【原由】 yuányóu ☞【缘由】 yuányóu
【原油】 yuányóu 명(礦) 원유.
【原有】 yuányǒu 명 원래 있는. 고유의. ¶公司的~资产不多, 后来发展壮大了。 =회사의 원래 자산은 많지 않았는데 후에 규모가 커졌다.
【原宥】 yuányòu 통⑤ 양해하다. 용서하다. ¶敬希~。 =양해하여 주시길 바랍니다.
【原原本本】[源源本本][元元本本] yuányuánběnběn ⑤ 있는 그대로. 처음부터 끝까지. 낱낱이. 사실대로. ¶他把事情的经过~地讲了一

遍. =그는 일의 경과를 있는 그대로 이야기하였다. ≒一五一十 ↔添油加醋

【原则】 yuánzé 图 원칙. ¶基本~=기본 원칙. /~问题=원칙적인 문제. 團 원칙적으로. ¶~赞成=원칙적으로 찬성하다.

【原则上】 yuánzé·shang 團 원칙상. ¶~同意=원칙상 동의하다.

【原则性】 yuánzéxìng 图 1 원칙성. 원칙을 엄수하는 품성. ¶缺乏~=원칙성이 부족하다. 2 원칙적. 총체적. 전체적. ¶两国就边界勘定问题达成了~的协议. =두 나라의 국경을 측량하여 확정하는 문제는 원칙적인 협의에 도달하였다.

【原汁】 yuánzhī 图 원탕. 원래 국물. ¶~原味=원래 국물의 맛.

【原值】 yuánzhí 图 본래의 가치. 원래 가치. ¶机器设备的~有所损耗. =기계 설비의 원래 가치가 다소 손실되다.

【原职】 yuánzhí 图 원래[본래]의 직무. 이전의 직무. ¶官复~=복직되다.

【原址】 yuánzhǐ 图 원래의 주소. 전[원] 주소.

【原纸】 yuánzhǐ 图 (가공의 재료가 되는) 원지.

【原种】 yuánzhǒng 图 원종. ¶~肉鸡=원종 육계.

【原主】 yuánzhǔ (~儿) 图 (물품 등의) 주인. 원주. 원래[이전] 소유주. ¶物归~=물건이 주인에게 돌아가다.

【原注】 yuánzhù 图 원주. 원래[최초]의 주석. ¶译文注释全部按~直译. =번역문의 주석은 전부 원래 주석을 직역한 것이다.

【原著】 yuánzhù 图 1 원저. 원작. ¶把译本和~对照, 可以发现不少翻译中的问题. =번역본과 원작을 대조하면 번역 중의 문제를 적잖게 발견할 수 있다. 2 원작자. 원저자. ¶电影《秋菊打官司》~陈源斌, 改编刘恒. =영화《秋菊打官司(귀주 이야기)》의 원작자는 천위안빈이고, 각색한 사람은 류형이다.

【原装】 yuánzhuāng 图 1 오리지널 포장의. 원 포장의. ¶~五粮液=오리지널 포장 우량예. 2 원산지 완제품의. 오리지널 조립의. 원산지 생산의. ¶~汽车=원산지 완제 자동차.

【原状】 yuánzhuàng 图 원상. 원래 상태. 원래 모습. ¶保留~=원래의 상태를 보존하다.

【原子】 yuánzǐ 图 (化) 원자.

【原子尘】 yuánzǐchén 图 방사진(放射塵). 낙진. 방사능진.

【原子弹】 yuánzǐdàn 图 (军) 원자(폭)탄.

【原子反应堆】 yuánzǐ fǎnyìngduī 图 원자로 (原子炉). =【原子核反应堆】 yuánzǐhé fǎnyìngduī 【核反应堆】 héfǎnyìngduī ☞【反应堆】 fǎnyìngduī

【原子核】 yuánzǐhé 图 (物) 원자핵.

【原子核反应堆】 yuánzǐhé fǎnyìngduī ☞【原子反应堆】 yuánzǐ fǎnyìngduī

【原子价】 yuánzǐjià ☞【化合价】 huàhéjià

【原子量】 yuánzǐliàng 图 (化) 원자량.

【原子能】 yuánzǐnéng 图 원자력. =【核能】 héneng

【原子炮】 yuánzǐpào 图 원자포.

【原子团】 yuánzǐtuán 图 (化) 원자단.

【原子武器】 yuánzǐ wǔqì ☞【核武器】 héwǔqì

【原子序数】 yuánzǐ xùshù 图 (化) 원자 번호.

【原子质量单位】 yuánzǐ zhìliàng dānwèi 图 원자 질량 단위.

【原子钟】 yuánzǐzhōng 图 원자 시계.

【原罪】 yuánzuì 图 (宗) 원죄.

【原作】 yuánzuò 图 1 시문(詩文) 창화(唱和)시 최초의 작품. 2 (예술 작품의) 최초의 원작. 원저. ¶~还不完善, 还需要进一步的加工. =원작이 완벽하지 않아서 아직 좀 더 손을 보아야 한다.

## 圆 [圓] yuán 둥글 원

图 1 둥글다. ¶~领衬衫=라운드 셔츠. 2 형상이 공 같은. ¶滴溜~=동그랗다. 3 완비되어 있다. 모두 갖다. 완전하다. 주도면밀하다. 빈틈없다. 완벽하다. 앞뒤가 맞다. ¶注意, 话可要说~了. =말의 앞뒤가 맞도록 신경을 써라. 4 (노랫소리가) 구성지다. 우렁차다. 완곡하다. ¶字正腔~=(가수의) 발음이 똑똑하고 목소리가 구성지다. 图 원만[완전]하게 하다. 합리화하다. 둘러맞추다. 용의주도하게 하다. ¶自~其说=자기의 말을 합리화하다. 图 원안. (중국의 본위 화폐 단위. '元(yuán)'으로도 씀] ¶ 1 (数) 원 주(원주). ¶半~=반원. 2 둥근 모양의 금속 화폐. ['元(yuán)'으로도 씀] ¶铜~=통위안. [청말(清末)부터 항일 전쟁 이전까지 통용되던, 동으로 만든 보조 화폐] 3 (Yuán) 성(姓). ↔方

○● 半圆, 包圆儿, 长cháng圆, 重chóng圆, 方圆, 复圆, 桂guì圆, 浑hún圆, 溜liū圆, 汤圆, 团圆, 椭tuǒ圆, 大团圆, 鸭yā蛋圆

【圆白菜】 yuánbáicài ☞【结球甘蓝】 jiéqiú gānlán

【圆场】 yuán‖chǎng 图 (교착 상태나 분규를 중간에서) 조정[중재]하다. 화해시키다. 원만하게 수습하다. ¶这事儿多亏你出来~, 不然左右不好收拾. =이 일은 네가 중재하여 망정이지, 그렇지 않았다면 수습하기 어려웠을 것이다.

【圆场】 yuánchǎng 图 (剧) (무대 공간 전환을 나타내기 위해) 중국 전통극에서 무대를 빙 도는 것. ¶跑~=(중국 전통극에서) 무대를 빙 돌다.

【圆成】 yuánchéng 图 (남을 도와 일을) 이루게 해 주다. 성사시키다. 완성시키다. 달성케 하다. ¶~好事=좋은 일을 성사시켜 주다.

【圆唇元音】 yuánchún yuányīn 图 (言) 원순 모음. [발음할 때에 입술을 둥글게 오므려 내는 모음. 즉 o·u·ü 등을 가리킴]

【圆雕】 yuándiāo 图 (艺) (사면에서 감상할 수 있는) 입체 조각.

【圆顶】 yuándǐng 图 돔(dome). ¶~教堂=돔형 교회당.

【圆嘟嘟】 yuándūdū 图 둥글다. 동글동글하다. 포동포동하다. 토실토실하다. =【圆敦敦】 yuándūndūn ¶~的脸=동글동글한 얼굴.

【圆敦敦】yuándūndūn ☞【圆嘟嘟】yuándūdū
【圆房】yuán‖fáng 〔动〕〔옛〕민며느리가 약혼자와 정식으로 부부가 되다.
【圆坟】yuán‖fén 〔动〕옛날, 매장 후 사흘째 날에 무덤에 배토하다.
【圆钢】yuángāng 〔名〕〔金〕환강(丸鋼).
【圆鼓鼓】yuángǔgǔ(~的)〔形〕〔구〕둥글고 튀어나온 모양. ¶~的啤酒肚=둥글게 튀어나온 뚱뚱한 배.
【圆光】yuánguāng 〔名〕〔옛〕원광. [점술가들이 미신을 이용하여 사람을 속이던 방법. 먼저 주문을 외워 어린이에게 거울이나 백지를 보이고 거기에 나타난 형상을 들여다보게 하여, 그것으로써 잃어버린 물건을 찾거나 길흉화복을 예측할 수 있다고 터무니없는 소리를 하는 것]
【圆规】yuánguī 〔名〕컴퍼스.
【圆滚滚】yuángǔngǔn(~的)〔形〕〔구〕매우 둥근 모양. 포동포동〔둥글둥글·통통〕한 모양. ¶~的脸蛋儿=둥글둥글하고 얼굴.
【圆号】yuánhào 〔名〕〔音〕호른. 프렌치 호른. =【法国号】fǎguóhào
【圆乎乎】yuánhūhū(~的)〔形〕〔구〕둥글둥글하다. 둥그스름하다. ¶~的大西瓜=둥글둥글한 큰 수박.
【圆弧】yuánhú 〔名〕〔數〕원호.
【圆滑】yuánhuá 〔形〕교활하다. 약삭빠르다. ¶这个人不可深交, 太~。=이 사람은 깊이 사귀어서는 안 돼, 아주 교활하거든. ≒油滑 ↔死板
【圆滑线】yuánhuáxiàn 〔名〕〔音〕연결선. 슬러(slur).
【圆谎】yuán‖huǎng 〔动〕거짓말을 합리화하다. 거짓말을 이리저리 둘러대다. ¶他越想~, 越漏洞百出。=그는 거짓말을 둘러맞추려고 할수록 앞뒤가 맞아떨어지지 않았다.
【圆浑】yuánhún 〔形〕1 (소리가) 부드럽고 중후하다. ¶~的唱腔=부드럽고 중후한 노랫소리. 2 (형체가) 풍만하다. ¶~的腰身=풍만한 허리통. 3 (시문이) 정취가 깊고 꾸민 흔적이 없다.
【圆寂】yuánjì 〔名〕〔佛〕원적. 귀적(歸寂).
【圆锯】yuánjù 〔名〕둥근톱.
【圆括号】yuánkuòhào 〔名〕〔言〕소괄호(小括弧). [묶음표의 하나. 문장 부호 '( )']
【圆领衫】yuánlǐngshān 〔名〕라운드 셔츠.
【圆溜溜】yuánliūliū(~的)〔形〕〔구〕매우〔아주〕둥글다. ¶~的大眼睛=둥글둥글한 큰 눈.
【圆笼】yuánlóng 〔名〕(식당에서 음식을 담아 두거나 배달하는 데 사용하는) 둥글고 손잡이가 있는 큰 바구니.
【圆颅方趾】yuánlú-fāngzhǐ 〔成〕1 둥근 얼굴에 네모난 발. 2〔비〕인류.
【圆满】yuánmǎn 〔形〕원만하다. 완벽하다. 훌륭하다. 충분하다. ¶会议~结束。=회의가 원만하게 끝났다. ≒完满 圆全
【圆梦】yuán‖mèng 〔动〕1 해몽하다. 2 이상〔꿈〕을 실현하다. ¶~奥运=올림픽의 꿈을 실현하다.

【圆明园】Yuánmíngyuán 〔名〕위안밍위안. [청(清)나라 강희(康熙) 연간(1709년)에 건설한 이궁(離宮). 1860년 영·불 연합군에 의해 불에 타 없어짐]
【圆盘耙】yuánpánbà 〔名〕〔農〕원반형 써레.
【圆穹电影】yuánqióng diànyǐng ☞【球幕电影】qiúmù diànyǐng
【圆圈】yuánquān(~儿)〔名〕동그라미.
【圆全】yuán·quan 〔形〕〔구〕원만하다. 완벽하다. 훌륭하다. 충분하다. 주도면밀하다. 빈틈없다. 완전하다. ¶这事他办得很~。=그는 이 일을 원만하게 처리하였다. ≒圆满
【圆润】yuánrùn 〔形〕1 (표면이) 매끄럽다. 반들반들하다. ¶~的鹅卵石=반들반들한 자갈. 2 (소리가) 풍부하고 달콤하다. ¶~的歌喉=풍부하고 달콤한 목소리. 3 (기법이) 원숙하고 매끄럽다. ¶~的笔法=원숙하고 매끄러운 필법.
【圆实】yuán·shi 〔形〕풍만하고 튼실하다. 둥글고 옹골지다. ¶麦粒儿挺~。=보리알이 둥글고 옹골지다.
【圆熟】yuánshú 〔形〕1 (기예가) 원숙하다. 능숙하다. 숙련되어 있다. ¶技艺~=기예가 원숙하다. 2 노련하다. 노숙하다. ¶他待人处事非常~。=그는 사람을 대접하고 일을 처리하는 데 매우 노련하다.
【圆台】yuántái 〔名〕〔數〕원불대. 원추대(圆錐臺). =【圆锥台】yuánzhuītái
【圆通】yuántōng 〔形〕(일에) 융통성이 있다.
【圆筒】yuántǒng 〔名〕속이 빈 원통 모양의 물건. ¶塑料~=플라스틱 원통.
【圆舞曲】yuánwǔqǔ 〔名〕〔音〕왈츠. 원무곡.
【圆心】yuánxīn 〔名〕〔數〕원심. 원의 중심.
【圆心角】yuánxīnjiǎo 〔名〕〔數〕중심각. =【中心角】zhōngxīnjiǎo
【圆形】yuánxíng 〔名〕1 원형. ¶~桌面=원형 판. 2 공이나 반구 모양. ¶~剧场=원형 극장.
【圆形动物】yuánxíng dòngwù ☞【线形动物】xiànxíng dòngwù
【圆圆满满】yuán·yuan mǎnmǎn 〔形〕원만하다. 완벽하다. 훌륭하다. 충분하다.
【圆凿方枘】yuánzáo fāngruì ☞【方枘圆凿】fāngruì yuánzáo
【圆周】yuánzhōu 〔名〕〔數〕원주.
【圆周角】yuánzhōujiǎo 〔名〕〔數〕원주각.
【圆周率】yuánzhōulǜ 〔名〕〔數〕원주율.
【圆珠笔】yuánzhūbǐ 〔名〕볼펜. =【油笔】yóubǐ
【圆柱】yuánzhù 〔名〕〔數〕원기둥. 원주. =【圆柱体】yuánzhùtǐ
【圆柱体】yuánzhùtǐ ☞【圆柱】yuánzhù
【圆锥】yuánzhuī 〔名〕〔數〕원뿔. 원추. =【圆锥体】yuánzhuītǐ
【圆锥台】yuánzhuītái ☞【圆台】yuántái
【圆锥体】yuánzhuītǐ ☞【圆锥】yuánzhuī
【圆桌】yuánzhuō 〔名〕원탁.
【圆桌会议】yuánzhuō huìyì 〔名〕원탁 회의.
【圆桌面】yuánzhuōmiàn(~儿)〔名〕(사각 탁자 위에 놓아 원탁처럼 쓸 수 있는) 원형판.

**圆鼋援湲媛缘塬猿源** yuán

【圆子】yuán·zi 图(생) 1 위안쯔. [찹쌀가루로 만든 소가 들어 있는 식품] 2 완자.

**鼋[鼋]** yuán 자라 원
图(动) (큰) 자라.
【鼋鱼】[元鱼] yuányú 图(口)(动) 1 자라. 2 큰 자라.

\*\***援** yuán 도울 원
图 1 당기다. 끌다. 쥐다. ¶攀~=타고〔기어〕오르다. 연줄을 잡아 높은 지위에 오르다. 2 인용하다. 인증하다. 전례대로 하다. ¶有例可~=인증할 전례가 있다. 3 돕다. 구조하다. 원조하다. ¶声~=성원하다. / 增~=원조를 늘리다.

○● 奥ào援, 驰chí援, 后援, 回援, 接援, 救jiù援, 乞qǐ援, 请援, 求qiú援, 声援, 受援, 外援, 应援, 阻zǔ援

【援兵】yuánbīng 图 원병. 원군.
【援建】yuánjiàn 图 건설을 원조〔지원〕하다. ¶~工程=건설을 원조하는 프로젝트.
【援救】yuánjiù 图 구원하다. ¶~落水者=물에 빠진 자를 구원하다.
【援军】yuánjūn 图 원군. 원병.
【援款】yuánkuǎn 图 원조금. 지원금.
【援例】yuán‖lì 图 선례〔전례〕나 관례를 인용하다. ¶~判决=선례에 따라 판결하다.
【援手】yuánshǒu 图(文) 1 구원의 손길을 뻗다. 2 구조하다. 도와 주다. ¶由于各方, 不少失学儿童又重回校园. = 각계의 도움으로 많은 배움의 기회를 잃어버린 아동들이 학교로 되돌아오고 있다. 图 구원의 손길. 원조. ¶社会各界纷纷向灾区伸出~. = 사회 각계에서 잇달아 재해 지역에 구원의 손길을 보내고 있다.
【援外】yuánwài 图 대외 원조하다. ¶~物资=대외 원조 물자.
【援引】yuányǐn 图 1 인용하다. ¶~经典=경전을 인용하다. 2 추천하다. 발탁하다. ¶~贤才=현명하고 유능한 인재를 추천하다.
【援用】yuányòng 图 1 인용하다. 원용하다. ¶~成例=관례를 인용하다. 2 추천하여 임용하다. ¶~故旧=오랜 친구를 추천하여 임용하다.
【援藏】yuánzàng 图 시짱(西藏)을 원조하다. ¶~人员=시짱 원조 요원.
【援助】yuánzhù 图 지원하다. 원조하다. 도와 주다. ¶~灾区=재난 지역을 원조하다. 图 조. 지원. ¶技术上的~=기술적인 지원. ≒帮助 辅助

**湲** yuán 물 흐를 원
☞【潺湲】chányuán

**媛** yuán 아름다울 원
☞【婵媛】chányuán
☞ yuán

\*\***缘[緣]** yuán 가장자리 연

图 …을〔를〕따르다. ¶~溪而行=시내를 따라서 가다.〔介〕…때문에. …을〔를〕위하여. [원인이나 목적을 나타내며, '因为(…때문에)·为了(…를 위하여)'에 상당함] ¶~何出此下策?=왜 이런 졸책을 냈는가? 图 1 원인. 이유. 까닭. ¶无~无故=아무런 이유도 없다. 2 연분. 인연. ¶姻~=혼인의 연분. / 不解之~=떼어 놓을 수 없는 인연. 3 인연. 인과 연. ¶化~=(승려나 도사가) 탁발하다. 4 가. 가장자리. 변. ¶边~=가. 가장자리.

○● 化缘, 机缘, 结缘, 绝缘, 攀pān缘, 投缘, 血缘, 因缘, 夤yín缘, 周缘

【缘簿】yuánbù 图 (승려나 도사가 사람들에게) 보시를 청하는 기부장〔기부 책자〕.
【缘法】yuánfǎ 图 연분. 인연.
【缘分】yuánfèn 图 1 연분. 2 인연. 연. ¶她跟演艺界就是有~.=그는 연예계와 정말로 인연이 있다.
【缘故】[原故] yuángù 图 연고. 원인. 이유. ¶不知什么~, 他昨天没来开会. = 무슨 연고인지 그는 어제 회의에 오지 않았다. ≒根由
【缘何】yuánhé 剧 왜. 어째서. 무엇 때문에. ¶~避门不出?=왜 두문불출하는가?
【缘木求鱼】yuánmù qiúyú 图 1 연목구어. 나무에 올라 물고기를 구하다. 2 (비) 방향이나 방법이 틀려서 목적을 달성할 수 없다. ≒刻舟求剑
【缘起】yuánqǐ 图 1 (일의) 연기. 원인. 기인. 2 발기문. 취지서. 취지문.
【缘悭一面】yuánqiān-yīmiàn 图 한 번 만날 수 있는 인연도 없다. 연분이 없다. 만날 수 있는 인연이 전혀 없다.
【缘情体物】yuánqíng-tǐwù 图 감정을 토로하고 사물을 자세히 진술하다.
【缘石】yuánshí 图 연석. =【牙石】yáshí
【缘饰】yuánshì 图 옷의 가장자리 장식. 테두리 장식. 레이스. 图 문식하다. 꾸미다. 겉치레하다. ¶文贵自然, 何须~? = 글은 자연스러운 것이 최고인데, 구태여 꾸며 댈 필요 있겠는가?
【缘由】[原由] yuányóu 图 원인. 연유. 유래. 이유. ¶说明~=연유를 설명하다. ≒根由 原因

**塬** yuán 높은 평지 원
图(地) 중국 서북부 황토 유역의 탁상(卓狀) 고원(高原).

\***猿[猨·蝯]** yuán 원숭이 원
图(动) 유인원(類人猿).

○● 人猿, 长臂猿, 类人猿

【猿猴】yuánhóu 图 유인원과 원숭이의 합칭.
【猿人】yuánrén 图(歷) 원인.

\***源** yuán 근원 원
图 1 물의 근원. 수원(水源). 발원지(發源地). ['流(liú)'와 구별됨] ¶发~=발원. / 饮水思~=근본을 잊지 않다. 2 근원. 기원. 출처. ¶资

**yuán** 源嫄轅橼螈圜羱远

~=자원. / 推本溯~=근본을 캐고 근원을 따지다. **3** (컴) 소스. ¶~代码指令=소스 코드 명령. **4** (Yuán) 성(姓).

◐● 本源, 波源, 财源, 导dǎo源, 电源, 富源, 根源, 光源, 来源, 蜜源, 能源, 起源, 泉quán源, 热源, 水源, 溯sù源, 渊yuān源, 震源

【源程序】**yuánchéngxù** 명(컴) 소스 프로그램.
【源代码】**yuándàimǎ** 명 소스 코드.
【源流】**yuánliú** 명 **1** 원류. 수원(水源)과 수류(水流). 물의 근원과 흐름. **2** 비 사물의 기원과 발전. ¶追溯~=(사물의) 기원과 발전을 거슬러 올라가다.
【源目录】**yuánmùlù** 명(컴) 소스 디렉토리 (source directory).
【源泉】**yuánquán** 명 **1** 원천. **2** 비 사물 발생의 본원〔근원·근본〕. 원천. ¶知识是力量的~.=지식은 힘의 원천이다.
【源头】**yuántóu** 명 **1** 수원(水源). 물의 근원. 발원지. 원천. **2** 비 사물의 처음〔시작〕 부분. ¶民歌是文学创作的一个~.=민가는 문학 창작의 시초이다.
【源于】**yuányú** 동 …에서 발원하다. …에서 근원하다. ¶这种风俗~宋代.=이런 풍속은 송(宋)대에서 시작된 것이다.
【源语言】**yuányǔyán** 명(컴) 소스 언어.
【源源】**yuányuán** 형 **1** 물이 발원지에서 끊임없이 흘러가다. **2** 연이어 끊어지지 않다. ¶~不绝=끊임없이 계속되다.
【源源本本】**yuányuán-běnběn** ☞【原原本本】**yuányuán-běnběn**
【源源不断】**yuányuán-bùduàn** 성 연이어 끊어지지 않다. 연속되다.
【源源而来】**yuányuán'érlái** 성 끊임없이 오다. 꼬리를 물고 오다.
【源远流长】**yuányuǎn-liúcháng** 성 **1** 수원이 매우 멀고 흐름이 매우 길다. **2** 비 역사가 유구하다. 아득히 멀고 오래다. ¶中华文明~.=중화문명은 역사가 유구하다.

**嫄 yuán** 사람 이름 원
인명에 쓰이는 글자. ¶姜~=강원. [전설에서 주(周)나라 선조인 후직(后稷)의 어머니]

*轅[轅] **yuán** 끌채 원
명 **1** 옛날, 군영(軍營)의 문. 군문(軍門). 관청의 바깥문. 원문(轅門). **2** 관청. 관서. ¶行~=출정시의 임시 군영. **3** 끌채. ¶驾~=끌채를 메워 수레를 끌게 하다. **4** (Yuán) 성(姓).
【轅骡】**yuánluó** 명 끌채를 메운 노새.
【轅马】**yuánmǎ** 명 끌채를 메운 말.
【轅门】**yuánmén** 명 **1** 원문. [옛날, 끌채를 교차하여 만든 군영의 문] **2** 군영의 문. 군문. 관청〔관서〕의 바깥문.

**橼[櫞] yuán** 구연 연
☞【枸橼】**jǔyuán**

**螈 yuán** 영원 원
☞【蝾螈】**róngyuán**

**圜 yuán** 둥글 원
'圆(yuán)'과 같음.
☞ **huán**

**羱 yuán** 들양 완
명(動) 아이벡스 염소. 야생 산양. ⑨ Capra ibex
【羱羊】**yuányáng** ☞【北山羊】**běishānyáng**

**远[遠] yuǎn** 멀 원
형 **1** (공간적·시간적으로) 멀다. ¶遥~=요원하다. / 久~=오래 되다. **2** (사이가) 멀다. 소원하다. ¶疏~=소원하다. / ~房亲戚=먼 친척. **3** (차이가) 크다. 많다. 심하다. 처지다. ¶论酒量, 我比他差得~.=주량으로 따지면, 나는 그에게 크게 처진다. 동 멀리하다. 가까이하지 않다. ¶敬而~之=존경하되 가까이하지 않다. 명 (Yuǎn) 성(姓). ≒遥 ↔近

◐● 边远, 长远, 辽liáo远, 偏piān远, 绕rào远儿, 深远, 疏shū远, 跳远, 遥yáo远, 以远, 永远, 悠yōu远

【远避】**yuǎnbì** 동 멀리 피하다. ¶~他乡=멀리 타향으로 피하다.
【远播】**yuǎnbō** 동 멀리 전파하다〔퍼지다〕. ¶声名~=명성이 멀리까지 퍼지다.
【远程】**yuǎnchéng** 형 장거리의. 원거리의. 먼 거리의. ¶~导弹=장거리 미사일. ↔近程
【远程登录】**yuǎnchéng dēnglù** 명(컴) 원격 로그인. 텔넷(telnet). ¶~程序=원격 로그인 프로그램. 텔넷 프로그램.
【远程教育】**yuǎnchéng jiàoyù** 명(敎) 원격 교육. =【远距离教育】**yuǎnjùlí jiàoyù**
【远处】**yuǎnchù** 명 먼 곳. 먼 데. ¶向~看=먼 곳을 보다.
【远大】**yuǎndà** 형 원대하다. ¶抱负~=포부가 원대하다.
【远道】**yuǎndào** 명 먼 길. ¶~而来=먼 곳에서 오다. ↔近道
【远地点】**yuǎndìdiǎn** 명(天) 원지점. [달이나 인공 위성이 지구에서 가장 멀리 떨어지는 점] ↔近地点
【远点】**yuǎndiǎn** 명(物) 원점. [물체를 선명하게 볼 수 있는 가장 먼 점]
【远东】**yuǎndōng** 명(地) 극동(極東). 원동.
【远渡】**yuǎndù** 동 넓은 물을 건너다. ¶~太平洋=멀리 태평양을 건너가다.
【远渡重洋】**yuǎndù-chóngyáng** 성 **1** 멀리 넓은 대양을 건너다. **2** 길이 아득히 멀다. =【远涉重洋】**yuǎnshè-chóngyáng**
【远方】**yuǎnfāng** 명 먼 곳. 먼 데. 원방. ¶有朋自~来, 不亦乐乎?=벗이 먼 곳에서 찾아오면 또한 즐겁지 아니한가?

【远房】yuǎnfáng 형 먼 친척의. 먼 일가의. ¶~姐妹=먼 친척 자매.
【远非】yuǎnfēi 동 절대 …이〔가〕 아니다. ¶~如此=전혀 이렇지 아니하다.
【远隔】yuǎngé 동 (양쪽이) 서로 멀리 떨어지다. ¶~千山万水=수없이 많은 산과 내를 사이에 두고 서로 멀리 떨어져 있다.
【远隔重洋】yuǎngé-chóngyáng 성 1 (양쪽이) 바다를 사이에 두고 멀리 떨어지다. 2 서로 떨어진 거리가 아득히 멀다.
【远古】yuǎngǔ 명 아득한〔먼〕 옛날. 상고(上古). 원고. ¶~文明=상고 문명.
【远光灯】yuǎnguāngdēng 명 (자동차의) 상향 전조등.
【远海】yuǎnhǎi 명 원해. 먼바다.
【远航】yuǎnháng 명 원항. 원양 항해. ¶出海~=원양 항해를 나가다.
【远嫁】yuǎnjià 동 먼 곳으로 시집 가다. ¶~他乡=멀리 타향으로 시집 가다.
【远见】yuǎnjiàn 명 예견. 통찰력. 선견지명. 멀리 내다보는 식견. ¶政治~=정치적 통찰력.
【远见卓识】yuǎnjiàn-zhuóshí 성 멀리 내다보는 탁월한 식견. 통찰력과 탁견.
【远交近攻】yuǎnjiāo-jìngōng 성 1 원교근공. 먼 나라와 친교를 맺고 가까운 나라를 공격하다. 2 처세의 수단.
【远郊】yuǎnjiāo 명 원교. =【远郊区】yuǎnjiāoqū ¶ 去~踏青=원교로 나가 답청〔봄놀이〕하다.
【远郊区】yuǎnjiāoqū ☞【远郊】yuǎnjiāo
【远近】yuǎnjìn 1 거리. 멀고 가까움. ¶这两条路一样。=이 두 길은 거리가 같다. 2 원근. 먼 곳과 가까운 곳. ¶~驰名=원근에 이름이 나다. 3 (사이가) 멀고 가까움. ¶亲戚还有~之分。=친척도 멀고 가까운 구별이 있다.
【远景】yuǎnjǐng 명 1 원경. 멀리 보이는 경치. ¶眺望~=먼 곳의 경치를 바라보다. 2 미래의 모습. 미래상. 청사진. ¶~目标=미래상의 목표. ↔近景
【远距离教育】yuǎnjùlí jiàoyù ☞【远程教育】yuǎnchéng jiàoyù
【远客】yuǎnkè 명 원객. 먼 데서 온 손님.
【远来的和尚会念经】yuǎnlái·de hé·shang huì niànjīng 속 1 먼 곳에서 온 스님이 염불을 잘 한다. 2 (비) 본지〔본 부서〕의 인재는 중시하지 않고, 외지〔외부 부서〕의 인재를 더 신임하다.
【远离】yuǎnlí 동 멀리 떠나다. ¶~故土=고국을 멀리 떠나다. ↔挨近
【远路】yuǎnlù 명 1 먼 노정. 먼 길. ¶~而来=먼 곳에서 오다. 2 원지. 먼 곳. ¶~客商=원지의 행상〔바이어〕.
【远虑】yuǎnlǜ 명 원려. 먼 고려. ¶深谋~=주도면밀하게 계획하고 멀리 생각하다.
【远略】yuǎnlüè 명 원대한 계략〔모략〕. ¶极有~=아주 원대한 계략을 가지고 있다.
【远门】yuǎnmén 형 먼 일가〔친척〕인. ¶~表亲=먼 내외종 친척. 명 먼 곳. ¶出~=먼 곳으로 길을 떠나다.
【远谋】yuǎnmóu 명 원모. 원대한 계책. ¶~深算=주도면밀하게 계획하고 멀리 생각하다.
【远南】Yuǎnnán 명 (地) 원동〔극동〕 및 남태평양 지역. ¶~残疾人运动会=원동 및 남태평양 지역 장애자 체육 대회.
【远期】yuǎnqī 명 후일의 날짜. 선물(先物). ¶~外汇=선물환.
【远亲】yuǎnqīn 명 1 원친. 먼 친척. 2 먼 곳에 사는 친척. ¶~不如近邻。=멀리 사는 친척 보다 가까이 사는 이웃이 낫다. ↔近亲
【远日点】yuǎnrìdiǎn 명 (天) 원일점.
【远涉】yuǎnshè 동 넓은 지역을 건너가다.
【远涉重洋】yuǎnshè-chóngyáng ☞【远渡重洋】yuǎndù-chóngyáng
【远视】yuǎnshì 명 (醫) 원시(안). =【远视眼】yuǎnshìyǎn 형 (안목이) 원시안적인. 멀리 내다보는. 선견지명이 있는. ¶个人保持平和~的生活态度很重要。=사람이 평온하고 원시안적인 생활 태도를 가지는 것은 중요하다. ↔近视
【远视眼】yuǎnshìyǎn ☞【远视】yuǎnshì
【远水不解近渴】yuǎnshuǐ bùjiě jìnkě ☞【远水解不了近渴】yuǎnshuǐ jiěbùliǎo jìnkě
【远水不救近火】yuǎnshuǐ bùjiù jìnhuǒ ☞【远水救不了近火】yuǎnshuǐ jiùbùliǎo jìnhuǒ
【远水解不了近渴】yuǎnshuǐ jiěbùliǎo jìnkě 성 1 멀리 있는 샘물로는 당장 목마른 사람의 갈증을 풀 수 없다. 2 (비) 완만하고 시간이 드는 방법으로는 긴박한 문제를 해결할 수 없다. =【远水不解近渴】yuǎnshuǐ bùjiě jìnkě
【远水救不了近火】yuǎnshuǐ jiùbùliǎo jìnhuǒ 성 1 멀리 있는 물로는 가까이 난 불을 끌 수 없다. 2 (비) 완만한 처방으로는 급박한 사태를 조치할 수 없다. =【远水不救近火】yuǎnshuǐ bùjiù jìnhuǒ
【远天】yuǎntiān 명 먼 하늘. ¶仰望~=고개를 들어 먼 하늘을 우러러보다.
【远眺】yuǎntiào 동 (높은 곳에서) 멀리 바라보다. 조망하다. ¶放眼~=시야가 닿는 데까지 멀리 바라보다.
【远图】yuǎntú 명 원대한 계획. ¶胸有~=가슴 속에 원대한 계획을 품고 있다.
【远途】yuǎntú 형 (길이) 먼. 장거리의. ¶~货运=화물을 장거리 운송하다.
【远望】yuǎnwàng 동 멀리 바라보다. ¶登高~=높은 곳에 올라 멀리 바라보다.
【远销】yuǎnxiāo 동 먼 곳으로 판매하다. ¶~海外=멀리 해외로 판매하다.
【远行】yuǎnxíng 동 원행하다. 먼 길을 가다. ¶独自~=홀로 먼 길을 가다.
【远扬】yuǎnyáng 동 먼 곳으로 전파되다〔전해지다〕. 널리 퍼지다. ¶声威~=명성과 위엄이 먼 곳으로 전해지다.
【远洋】yuǎnyáng 명 원양. ¶~航行=원양 항해〔항행〕.

【远因】yuǎnyīn 명 원인(遠因). 간접적인 원인. ↔近因

【远游】yuǎnyóu 통 먼 곳을 유람하다. 멀리 소풍을 가다. ¶~异域=멀리 이역〔외국〕으로 유람 가다.

【远缘】yuǎnyuán 명 원연. (동·식물의) 먼 혈통. ¶~杂种=먼 혈통의 잡종.

【远缘杂交】yuǎnyuán zájiāo 명 원연 교잡〔교배〕.

【远远】yuǎnyuǎn 부 (~儿) 1 멀리. ¶~望去=멀리 바라보다. 2 크게. 몹시. 상당히. 대단히. 대량으로. 대폭. [정도가 아주 높거나 수량이 아주 많음을 강조함. '大(dàdà)'에 상당함] ¶~落后=몹시 낙후하다.

【远近远近】yuǎn·yuan jìnjìn 명 먼 곳과 가까운 곳. ¶抬头望去, ~都是绿油油的麦苗。=고개를 들어 바라보니 먼 곳이나 가까운 곳이 온통 짙푸른 보리밭이다.

【远在天边, 近在眼前】yuǎn zài tiānbiān, jìn zài yǎnqián 속 겉보기는 아주 멀어 보이지만 실제로는 손 닿는 데 있다.

【远征】yuǎnzhēng 통 원정하다. ¶出师~=원정을 나가다.

【远征军】yuǎnzhēngjūn 명〔軍〕원정군.

【远支】yuǎnzhī 명 (씨족의) 먼 일파.

【远志】yuǎnzhì 명 1 원지. 원대한 뜻. 큰 뜻. ¶胸怀~=큰 뜻을 품다. 2〔植〕원지. 영신초. 애기풀.

【远走高飞】yuǎnzǒu-gāofēi 성 1 먼 곳으로 달려가고 높은 곳을 향하여 날다. 2 먼 곳으로 달아나다. 멀리 사라지다. 줄행랑을 치다. [주로 멀리 도망감을 나타냄]

【远足】yuǎnzú 통 원족 가다. 소풍 가다. ¶~郊外=교외로 소풍 가다.

【远祖】yuǎnzǔ 명 원조. (고조 이전의) 먼 조상.

# 苑 yuàn 동산 원

명 1 통 동산. 후원. 초목을 심는 동산과 금수를 기르는 곳. [주로 제왕이나 귀족의 화원을 가리킴] ¶御~=어원. 금원(禁苑). 2〔문예의〕 집결지. ¶文~=문원. 3 (Yuàn) 성(姓).

◦◦ 禁苑

【苑囿】yuànyòu 명통 원유. 초목을 심는 동산과 금수를 기르는 곳.

## **怨 yuàn 원망할 원

통 1 원망하다. 증오하다. 미워하다. 분개하다. ¶积~=쌓이고 쌓인 원한. / 天怒人~=천인공노(天人共怒)하다. 2 책망하다. 나무라다. 비난하다. ¶任劳任~=불평 없이 열심히 일만 하다. ↔恩 德

◦◦ 哀āi怨, 仇chóu怨, 埋mán怨, 媒méi怨, 民怨, 宿怨, 嫌xián怨, 幽怨

【怨不得】yuàn·bu·de 통 탓할 수 없다. 원망할 수 없다. ¶你是自找的, ~别人。=너 스스로 자초한 것이니, 남을 탓할 수 없다. 부 어쩐지. 과연. 그러기에. ¶~他来晚了, 原来车坏在半路上了。=어쩐지 그가 늦게 온다 했더니, 알고 보니 오는 도중에 차가 고장이 났구나.

【怨不着】yuàn·bu·zháo 통 탓할 수 없다. 원망할 수 없다.

【怨仇】yuànchóu 명 원구. 원수. 원한. ¶结下~=원수를 맺다.

【怨得着】yuàn·dezháo 통 원망할 수 있다. [주로 반어법으로 쓰임] ¶你自己不认真搞砸了, ~我吗? =너 스스로 소홀히 해서 망쳐 놓고, 나를 원망할 수 있는가?

【怨敌】yuàndí 명 원수. 적.

【怨毒】yuàndú 명통 원독. 원한. ¶~太深=원한이 아주 심하다.

【怨怼】yuànduì 명통 원대. 원한.

【怨愤】yuànfèn 형 분개하다. 분노하다. ¶~之极=분노가 극에 달하다. 명 분노. 분개. ¶~难平=분노가 쉽게 가라앉지 않다.

【怨府】yuànfǔ 명 원부. 뭇 사람의 원한의 대상이 되는 단체〔기관〕.

【怨怪】yuànguài 통 원망하다. 나무라다. ¶这事儿只能~自己考虑不周。=이 일은 자신의 생각이 모자랐음을 나무라야 한다.

【怨恨】yuànhèn 통 미워하다. 증오하다. 혐오하다. ¶~战争=전쟁을 증오하다. 명 증오심. 적개심. 혐오. 반감. ¶满腔~=마음속이 증오로 가득 차 있다. ≒恼恨

【怨悔】yuànhuǐ 통 원망하고 후회하다. ¶不要~, 要奋起直追。=원망하고 후회하지 말고 떨쳐 일어나 달려나가라.

【怨苦】yuànkǔ 형 원망스럽고 고통스럽다. ¶四海骚动, 行路~。=온 세상이 난리가 나서 살아가기가 원망스럽고 고통스럽다. 명 원한으로 인한 고통. ¶倾诉~=원한으로 인한 고통을 토로하다.

【怨詈】yuànlì 통 원망하고 욕하다.

【怨懑】yuànmèn 통 원망으로 인하여 분노하다. ¶~之情, 溢于言表。=원망으로 분노한 감정이 말과 표정에 나타나다.

【怨怒】yuànnù 통 원망하고 분노하다.

【怨女】yuànnǚ 명통 노처녀.

【怨偶】yuàn'ǒu 명 1 화목하지 못한 부부. 2 대립하는 쌍방. 라이벌. ¶政坛~=정치계의 라이벌.

【怨气】yuànqì 명 불평. 불만. 원망. 분노. ¶~冲天=분노가 하늘을 찌르다.

【怨声载道】yuànshēng-zàidào 성 1 원성이 거리에 가득하다. 2 도처에 원성이 자자하다. ↔有口皆碑

【怨天尤人】yuàntiān-yóurén 성 1 하늘을 원망하고 남을 탓하다. 2 매사에 남을 탓하다.

【怨望】yuànwàng 통 원망하다.

【怨言】yuànyán 명 원언. 원망하는 말. 불평. ¶从无~=전혀 불평이 없다. ≒牢骚

【怨艾】yuànyì 통 원망하다. ¶深自~=깊이 원망하다.

【怨尤】yuànyóu 〔動〕〔文〕 원망하고 탓하다. ¶无所~=원망하고 탓하는 바가 없다. 〔名〕〔文〕 증오심. 적개심. 혐오. 반감. ¶心怀~=반감을 품다.

**院** yuàn 집 원
〔名〕 **1** (~儿) 원. 집. [주위에 담을 두른 저택] ¶四合~=사합원. / 深宅大~=여러 채의 건물과 큰 정원이 있는 대저택. **2** (~儿) 안뜰. 안마당. 구내. ¶庭~=정원. / 把衣服晾在~里. =안마당에 옷을 널다. **3** 공공 기관 또는 공공 장소의 이름. ¶电影~=영화관. / 法~=법원. **4** 병원. ¶住~=입원하다. **5** 학교. ¶大专~校=대학교와 전문 대학. **6** 사원. ¶修道~=수도원. **7** (Yuàn) 성(姓).

○● 病院, 产院, 出院, 当院儿, 贡gòng院, 画院, 妓jì院, 跨kuà院儿, 入院, 试院, 书院, 寺sì院, 庭院, 戏院, 议yì院, 影院, 杂院儿, 宅zhái院, 住院

【院坝】yuànbà 〔名〕〔方〕 뜰. 정원.
【院本】yuànběn 〔名〕 **1** 원본. [금원(金元)대에 행원에서 쓰는 연출용 각본] **2** 원본. [명원(明清)대에는 잡극(雜劇)이나 전기(傳奇)를 두루 가리킴]
【院画】yuànhuà ☞【院体画】yuàntǐhuà
【院落】yuànluò 〔名〕 뜰. 정원.
【院墙】yuànqiáng 〔名〕 담. 담장.
【院士】yuànshì 〔名〕 원사. 학술원(아카데미) 회원. [과학 발전에 크게 이바지한 학자들에게 해당 학계에서 주는 높은 명예 칭호]
【院体画】yuàntǐhuà 〔名〕 원체화. [중국 궁중의 화원(畫院)에서 발달한 독특한 양식의 그림. 주로 화조와 산수·종교적인 내용을 제재로 삼았음] 〔略〕【院画】yuànhuà
【院校】yuànxiào 〔名〕 단과 대학·대학교의 합칭. ¶高等~=단과 대학과 종합 대학.
【院长】yuànzhǎng 〔名〕 원장.
【院子】yuàn·zi 〔名〕〔口〕 **1** 집. 원. [주위를 담으로 둘러친 저택] **2** 뜰. 정원.

**垸** yuàn 제방 완
〔名〕〔方〕 **1** 후난(湖南)성과 후베이(湖北)성 등지에서 강변이나 호소(湖沼) 지대에 물이 넘치지 못하도록 집이나 논밭을 둘러싸고 있는, 제방처럼 지은 건조물. **2** 후난(湖南)성과 후베이(湖北)성 등지에서 제방 내에 있는 논밭. ¶堤~=제방.
☞ huán
【垸田】yuàntián 〔名〕〔方〕 후난(湖南)성과 후베이(湖北)성 등지에서 호숫가에 토사가 퇴적된 곳에 둑을 쌓아 만든 밭.
【垸子】yuàn·zi 〔名〕〔方〕 **1** 후난(湖南)성과 후베이(湖北)성 등지에서 강변이나 호소(湖沼) 지대에 물이 넘치지 못하도록 집이나 논밭을 둘러싸고 있는, 제방처럼 지은 건조물. **2** 후난(湖南)성과 후베이(湖北)성 등지에서 제방 내에 있는 논밭.

**衏** yuàn 남 즐겁게 할 원
☞【衏衏】hángyuàn

**掾** yuàn 하급 관리 연
〔名〕 고대 속관(属官)의 총칭. ¶~属=속관.

**媛** yuàn 미녀 원
〔名〕〔文〕 미녀. ¶名~=이름난 미녀.
☞ yuán

**瑗** yuàn 구멍 큰 옥 원
〔名〕〔文〕 고대의, 구멍이 크고 변이 좁은 벽(璧).

**愿**¹ yuàn 성실할 원
〔形〕〔文〕 솔직하고 신중하다. ¶谨~=신중하고 성실하다.

**愿**²[願] yuàn 원할 원
〔名〕 **1** 염원. 소망. 바람. ¶志~=포부. / 事与~违=일이 바라는 대로 되지 않다. **2** 서원. 맹세. ¶还~=(소원이 이루어진 후에) 신에게 발원할 때 한 약속을 지키다. / 许~=(신에게) 서원하다. 소망을 빌다. 〔動〕 **1** 기꺼이 …하다. 원하다. ¶自~=자원하다. / 心甘情~=진정으로 바라다. 기꺼이 원하다. **2** 바라다. 희망하다. ¶祝~=축원하다. / ~闻其详=상세한 내용을 듣기를 바라다.

○● 称chèn愿, 初愿, 甘愿, 宏hóng愿, 弘hóng愿, 宁nìng愿, 请愿, 誓shì愿, 宿愿, 夙sù愿, 遂suì愿, 乡愿, 遗yí愿, 意愿, 祝zhù愿, 自愿

【愿望】yuànwàng 〔名〕 희망. 소망. 바람. 소원. ¶良好的~=좋은 희망. ≒心愿
【愿心】yuànxīn 〔名〕 **1** (신불에게 빌 때 약속하는) 서원(誓願). ¶许下~=서원을 하다. 소망을 빌다. **2** 바람. 소원. 소망. ¶他早就有了成就一番事业的~. =그는 일찍이 큰 사업을 이루려는 소원이 있었다.
【愿意】yuàn·yì 〔動〕 **1** 동의하다. 달가워하다. ¶两家公司都~合作. =두 회사 모두 합작하는 데 동의했다. **2** (무엇을 하기를) 바라다. 희망하다. ¶大家都~你来做客. =모두들 네가 방문해 주기를 바란다.

# yue

**曰** yuē 말할 왈
〔動〕〔文〕 **1** 말하다. ¶子~: "学而时习之, 不亦说乎". =공자가 "배우고 때때로 익히면 또한 기쁘지 아니한가."라고 말하였다. **2** …(이)라고 부르다. ¶美其名~=듣기 좋은 이름으로 …(이)라고 부르다. 듣기 좋은 이름을 붙이다.

**约**[約] yuē 약속할 약
〔動〕 **1** 제한하다. 한정하다. 제약하다. 규제하다. ¶制~=제약하다. **2** 약속하다. 조약하다. 약정하다. ¶~定=협정하다. 계약하다. ¶预~=예약하다. /

不~而同=약속이나 한 듯 일치하다. **3** 초청하다. 초대하다. 부르다. ¶特~嘉宾=특별히 초대한 귀빈. **4** (數) 약분하다. ¶公~数=공약수. 形 **1** 간결하다. ¶简~=간략하다. **2** 검약하다. 절약하다. ¶俭~=검약하다. 副 대개. 대략. 大~=대략. /~半小时=대략 반 시간 정도. 名 **1** 약속. 약정. 조약. 계약. ¶失~=약속을 어기다. /条~=조약. **2** (Yuē) 성(姓).

☞ yāo

○● 背约, 草约, 成约, 绰chuò约, 缔dì约, 负约, 稿gǎo约, 规约, 合约, 婚约, 集约, 简约, 俭jiǎn约, 解约, 履lǚ约, 盟méng约, 破约, 契qì约, 誓shì约, 爽shuǎng约, 条约, 婉wǎn约, 相约, 邀yāo约, 隐yǐn约, 预yù约, 租zū约.

【约旦】**Yuēdàn** 名外(地) 요르단(Jordan). [수도는 '安曼(암만 : Amman)'임]

【约定】**yuēdìng** 动 약정하여 정하다. 약속하다. ¶提前~=앞당겨 약속하다.

【约定俗成】**yuēdìng-súchéng** 成 사물의 명칭이나 관습은 장기간 사회적인 실천 속에서 인정(형성)된다. 일반 대중에 의해 인정되다.

【约法】**yuēfǎ** 动(文) 법령(규정)으로 규제하다. ¶制礼~于四方.=세상에 예로써 제약하고 법령으로 규제하다. 名(法) 잠정 헌법. ¶《中华民国临时~》=《중화민국 임시 잠정 헌법》.

【约法三章】**yuēfǎ-sānzhāng** 成 **1** 한나라 군사가 진의 수도 함양을 점령하자 한나라 국왕 유방이 원로들과 세 가지 법령을 제정하다. **2** 비 공동으로 토의 결정한, 반드시 지켜야 할 몇 가지 간단한 규정.

【约分】**yuē‖fēn** 动(數) 약분하다.

【约稿】**yuēgǎo** 动 원고를 청탁하다. ¶~信=원고 청탁 서신. 名 청탁 원고. ¶~已经寄出.=청탁 원고는 이미 송부하였다.

【约合】**yuēhé** 动 대략 …에〔과〕 맞먹다. 대략 …에 상당하다. ¶8元人民币~1美元.=런민비(人民币) 8위안은 약 미화 1달러에 상당한다.

【约会】**yuē·huì** 动 만날 약속하다. ¶他~去了.=그는 약속에 나갔다. 名(~儿) 약속. ¶我明天晚上有~, 来不了.=나는 내일 저녁에 약속이 있어 나갈 수가 없다.

【约集】**yuējí** 动 불러모으다. 소집하다. ¶~老同学聚一聚.=동창생들을 불러모으다.

【约计】**yuējì** 动 대략 계산하다. 개산(概算)하다. ¶他的藏书~5千册.=그의 장서는 대략 5천 권쯤 된다.

【约见】**yuējiàn** 动 회견을 약정하다. 만날 약속을 하다. 약속해서 만나다. [주로 외교상에 쓰임] ¶~韩国大使=한국 대사와 만날 약속을 하다.

【约略】**yuēlüè** 副 **1** 대개. 대략. 좀. 약간. ¶~估计, 参加者近千人.=대략 참가자가 천 명쯤 되는 것으로 짐작된다. **2** 어렴풋이. 희미하게. ¶~听到远处的鞭炮声.=먼 곳의 폭죽 소리가 어렴풋이 들린다.

【约莫】〔约摸〕**yuē·mo** 动 어림짐작하다. 개산(概算)하다. 대충(대략). ¶这袋米我~着也有20公斤.=이 쌀포대는 내가 어림짐작해도 20킬로그램쯤 된다. 副 대략. 대충. ['大约(dàyuē)'에 상당함] ¶~过了一刻钟, 他便急匆匆赶来了.=대략 15분 정도 지났을 때 그가 허둥지둥 달려왔다.

【约摸】**yuē·mo** ☞【约莫】**yuē·mo**

【约期】**yuēqī** 动 날짜를 정하다. 기일을 약정하다. ¶~相见=날짜를 정하여 만나다. 名 약속〔약정〕한 날짜. ¶~将至=약속한 날짜가 곧 다가오다.

【约请】**yuēqǐng** 动 초청하다. 초대하다. ¶~知名诗人来作报告.=유명 시인을 초청하여 강연을 하다. ≒邀请

【约束】**yuēshù** 动 단속하다. 규제하다. 속박하다. 구속하다. ¶对子女要严加~.=자녀에 대하여 엄격하게 단속하여야 한다. ≒束缚

【约束力】**yuēshùlì** 名 구속력. ¶口头协议没有~.=구두 약속은 구속력이 없다.

【约数】**yuēshù** 名 **1** (數) 약수. =【因数】**yīnshù** **2** (~儿) 대략의 숫자. ¶这只是个~, 准确的数字得统计结果出来了才知道.=이것은 대략의 숫자이며, 정확한 숫자는 통계 결과가 나와야 알 수 있다.

【约谈】**yuētán** 动 상담을 예약하다. ¶~合作事宜.=협력에 관한 일에 대하여 상담하기로 예약하다.

【约同】**yuētóng** 动 함께 하기로 요청하다. 같이 하기로 약속하다. ¶~去欧洲旅游.=유럽 여행을 같이 가기로 약속하다.

【约言】**yuēyán** 名 약언. 약속한 말. ¶信守~=약속한 말을 굳게 지키다.

**彟** yuē 법도 확
动(文) 척도. 법도.

**彠[彟]** yuē 척도 확
名(文) 척도. 动 무게를 달다.

**哕[噦]** yuě 토할 얼
动 게우다. 구토하다. ¶干~=헛구역질하다. 叹 왝. ¶他~的一声, 吐了.=그가 왝 하며 토하였다.

☞ huì

**月** yuè 달 월
名 **1** 달. ¶赏~=달구경하다. /花好~圆=꽃은 활짝 피고 달은 둥글다. 행복하고 원만하다. **2** 달. 월. [1년은 12개월로 나뉨] ¶腊~=납월. 선달. /小~=작은달. **3** (Yuè) 성(姓). 形 **1** 달처럼 둥근 것. ¶~饼=월병 한 상자. **2** 매달의. 매월의. ¶他~5千元.=그는 매달 5천 위안을 받는다.

【月白】**yuèbái** 名形 옅은 남색(의). 담청색(의). 푸른빛을 띤 흰색(의). ¶~衬衫=담청색 셔츠.

【月白风清】**yuèbái-fēngqīng** 成 **1** 달빛이 희고 미풍이 온화하다. **2** 평온하고 아름다운 밤. [고요하고 아름다운 야경을 형용함]

## 月 yuè

❶❷ 包月, 残cán月, 出月, 淡月, 当月, 冬月, 风月, 腊là月, 临月, 满月, 弥mí月, 蜜月, 年月, 品月, 平月, 日月, 闰月, 朔shuò月, 岁月, 跳月, 望月, 旺wàng月, 小月, 新月, 元月, 匝zā月, 斋zhāi月, 正zhēng月, 足月

【月半】 yuèbàn 명 월반. [한 달의 반인 15일]
【月报】 yuèbào 명 1 월보. 월간. ¶《数学〜》=《수학 월보》. 2 월보. 월례 보고. [다달이 하는 보고나 보도] ¶〜表=월례 보고표.
【月饼】 yuè·bing 명 위에빙. [중국에서 중추절에 먹는, 소를 넣어 만든 음식. 온 가족이 한자리에 모인다는 의미를 나타냄]
【月产】 yuèchǎn 명 월산. 월간 생산량. =【月产量】 yuèchǎnliàng ¶我厂〜25, 000辆汽车。=우리 공장에서는 월간 25,000대의 자동차를 생산한다.
【月产量】 yuèchǎnliàng ☞ 【月产】 yuèchǎn
【月尘】 yuèchén 명(天) 달 표면의 암석 분진.
【月城】 yuèchéng ☞ 【瓮城】 wèngchéng
【月初】 yuèchū 명 월초. ↔月底
【月底】 yuèdǐ 명 월말. ↔月初
【月洞门】 yuèdòngmén 명 (정원 담에 뚫은) 원형 문.
【月度】 yuèdù 명 월간. ¶〜产量=월간 생산량.
【月房】 yuèfáng 명(방) 산모의 침실.
【月份】 yuèfèn(〜儿) 명 월. 달. [어느 한 달을 가리킴] ¶现在是5〜。=지금은 5월(달)이다.
【月份牌】 yuèfènpái(〜儿) 명(구) 1 일분패. [한 달에 한 장씩 떼어 내게 된 달력] 2 달력. 일력. 월력.
【月工】 yuègōng 명 달품 노동자.
【月宫】 yuègōng 명 1 월궁(전). 2 달. =【广寒宫】 guǎnghángōng
【月光】 yuèguāng 명 달빛.
【月桂】 yuèguì 명(植) 월계(수). =【月桂树】 yuèguìshù
【月桂树】 yuèguìshù ☞ 【月桂】 yuèguì
【月海】 yuèhǎi 명(天) 달의 바다. 달 표면의 대분지.
【月黑天】 yuèhēitiān 명 달빛이 없는 어두운 밤. =【月黑夜】 yuèhēiyè
【月黑夜】 yuèhēiyè ☞ 【月黑天】 yuèhēitiān
【月华】 yuèhuá 명 1 월화. 달빛. ¶〜如水=달빛이 물과 같다. 2 (天) 달무리.
【月季】 yuèjì 명(植) 1 월계화. 2 월계화의 꽃. =【月季花】 yuèjìhuā【月月红】 yuèyuèhóng
【月季花】 yuèjìhuā ☞ 【月季】 yuèjì
【月经】 yuèjīng 명(生) 1 월경. 달거리. 생리. 멘스(menses). 2 월경. [월경시 나오는 피]
【月经不调】 yuèjīng bù tiáo 명(醫) 월경 불순. 월경병.
【月均】 yuèjūn 명 월평균. ¶〜用水量=월평균 용수량.
【月刊】 yuèkān 명 월간.
【月考】 yuèkǎo 명 월례 고사.

【月蓝】 yuèlán 형 옅은 하늘색의. ¶〜的上衣=옅은 하늘색 상의.
【月老】 yuèlǎo(〜儿) ☞ 【月下老人】 yuèxià lǎorén
【月历】 yuèlì 명 월력. 달력.
【月利】 yuèlì 명 월리. 달변.
【月例】 yuèlì 명 1 ☞ 【月钱】 yuè·qian 2 월례 행사. [은어로 월경을 가리킴]
【月亮】 yuè·liang ☞ 【月球】 yuèqiú
【月亮门】 yuè·liangmén 명 (정원 담의) 원형 문. =【月门】 yuèmén
【月令】 yuèlìng 명 월령. 음력 어느 달의 기후와 물후(物候).
【月轮】 yuèlún 명 둥근 달.
【月满则亏, 水满则溢】 yuè mǎn zé kuī, shuǐ mǎn zé yì 성 1 달은 차면 기울고, (그릇의) 물은 차면 넘친다. 2 (비) 사물이 극도로 흥성하면 쇠퇴하기 마련이다.
【月门】 yuèmén ☞ 【月亮门】 yuè·liangmén
【月面图】 yuèmiàntú 명 월면도.
【月杪】 yuèmiǎo 명(문) 월말.
【月末】 yuèmò 명 월말.
【月偏食】 yuèpiānshí 명 부분 월식.
【月票】 yuèpiào 명 월 정기권(月定期券).
【月钱】 yuè·qian 명(구) (가족이나 도제·하인에게 주는) 한 달 용돈. =【月例】 yuèlì
【月琴】 yuèqín 명(音) 월금.
【月球】 yuèqiú 명(天) 월구. 달. 또【月亮】 yuè·liang 문 【太阴】 tàiyīn
【月球仪】 yuèqiúyí 명(天) 월구의. 달의 모형.
【月全食】 yuèquánshí 명(天) 개기 월식.
【月人】 yuèrù 명 월수입. ¶〜颇丰=월수입이 꽤 많다.
【月色】 yuèsè 명 달빛. 월색. ¶〜溶溶=달빛이 휘영청 밝다.
【月蚀】 yuèshí ☞ 【月食】 yuèshí
【月食】[月蚀] yuèshí 명(天) 월식.
【月台】 yuètái 명 1 달을 감상하기 위하여 쌓은 대(臺). 2 정전(正殿) 또는 정방(正房)의 앞쪽에 불룩 솟아 있는 대(臺). 3 ☞ 【站台】 zhàntái
【月台票】 yuètáipiào ☞ 【站台票】 zhàntáipiào
【月头儿】 yuètóur 명 1 월초. ['月尾(월말)'과 구별됨] 2 매달의 지불 기일. [주로 한 달씩 돈을 지불할 때 쓰임] ¶到〜了, 这交房贷了。=지불 기일이 되었으니 주택 융자금을 납부해야 한다.
【月望】 yuèwàng 명 보름. 음력 15일.
【月尾】 yuèwěi 명 월말. ['月头儿(월초)'와 구별됨]
【月息】 yuèxī 명 월리. 달변.
【月下老儿】 yuèxià lǎor ☞ 【月下老人】 yuèxià lǎorén
【月下老人】 yuèxià lǎorén 명 1 월하노인. [부부의 인연을 맺어 준다는 신선] 2 매파. 중매인. =【月下老儿】 yuèxià lǎor 【月老】 yuèlǎo

**yuè** 月乐刖軏玥玥岳栎钥说钺

【月下香】yuèxiàxiāng ☞【晚香玉】wǎnxiāngyù
【月相】yuèxiàng 명(天) 월상. 달의 위상.
【月薪】yuèxīn 월급. 월봉.
【月牙】[月芽] yuèyá (~儿) 명 초승달.
【月芽】yuèyá ☞【月牙】yuèyá
【月岩】yuèyán 명(天) 달의 암석.
【月夜】yuèyè 명 월야. 달밤.
【月月红】yuèyuèhóng ☞【月季】yuèjì
【月晕】yuèyùn 명(天) 달무리. ⓓ【风圈】fēngquān
【月震】yuèzhèn 명(天) 월진. 달 표면에서 일어나는 진동.
【月氏】Yuèzhī 명(歷) 월지. [고대, 서역에 있던 나라 이름]
【月中】yuèzhōng 명 월중. [한 달의 15일 전후]
【月终】yuèzhōng 명 월말.
【月子】yuè·zi 명 1 산후 한 달. 산욕기. ¶坐~=산후 몸조리를 하다. 2 출산 시기. ¶她的~是年底。=그녀의 출산 시기는 연말이다.
【月子病】yuè·zibìng ☞【产褥热】chǎnrùrè

**乐[樂]** yuè 음악 악
명 1 음악. ¶管弦~=관현악. / 奏~=음악을 연주하다. 2 (Yuè) 성(姓).
☞ lè

◯❶ 哀āi乐, 国乐, 军jūn乐, 民乐, 配乐, 器qì乐, 西乐, 音乐, 作乐

【乐池】yuèchí 명 악단석. 오케스트라 박스 (orchestra box).
【乐段】yuèduàn 명(音) 악절.
【乐队】yuèduì 명 악대.
【乐府】yuèfǔ 명 1 악부. [음악을 관장하는 관청] 2 악부(시). [한시 형식의 하나]
【乐感】yuègǎn 명 음감. ¶他的~不强。=그의 음감은 좋지 못하다.
【乐歌】yuègē 명(音) 1 반주가 있는 노래. 2 음악과 노래.
【乐工】yuègōng 명 악공. 악사(樂士). [악기로 음악을 연주하는 사람]
【乐户】yuèhù 명 1(歷) 악호. [고대 중국에서 나라에 속하여 가무(歌舞)에 종사하던 사람. 죄인의 부녀로 인원을 충당하였으며, 그 역할은 우리 나라의 관기(官妓)와 같음] 2⇨ 기방(妓房).
【乐句】yuèjù 명(音) 악구.
【乐理】yuèlǐ 명(音) 악리. 음악의 기초 이론.
【乐律】yuèlǜ ☞【音律】yīnlǜ
【乐迷】yuèmí 명 음악 애호가. 뮤직광. 음악 마니아.
【乐谱】yuèpǔ 명(音) 악보.
【乐器】yuèqì 명 악기.
【乐曲】yuèqǔ 명 악곡. [음악 작품의 총칭]
【乐师】yuèshī 명 악사(樂士). [악기로 음악을 연주하는 사람]
【乐手】yuèshǒu 명 악수. 악사(樂士). [악기로 음악을 연주하는 사람]

【乐坛】yuètán 명 악단. 음악계. ¶~新秀=음악계의 신예.
【乐团】yuètuán 명 악단. ¶交响~=교향악단.
【乐舞】yuèwǔ 명 악무. 반주가 있는 무용.
【乐音】yuèyīn 명(物) 악음. 고른음. ↔噪音
【乐章】yuèzhāng 명(音) 악장.

**刖** yuè 발꿈치 벨 월
명 월형(刖刑). 월각(刖脚). [고대의 발꿈치를 베는 형벌]

**軏[軏]** yuè 끌채 끝 비녀장 월
명 수레의 끌채 끝에 멍에를 메는 비녀장.

**玥** yuè 끊을 월
동 1 동요하다. 흔들리다. 2 절단하다. 끊다.

**玥** yuè 신기한 구슬 월
명 전설 속의 신기한 구슬.

***岳[(嶽)$^{1/2}$]** yuè 큰 산 악
명 1 고대에 중국의 5대 명산을 가리킴. ¶黄山归来不看~。=황산에서 돌아오니 볼 만한 산이 없다. 2 큰 산. 높은 산. ¶山~=산악. 3 아내의 부모 혹은 숙부나 백부에 대한 호칭. ¶令~=당신의 장인. / 叔~=처삼촌. 4 (Yuè) 성(姓).

◯❶ 山岳, 五岳

【岳飞】Yuè Fēi 명(歷) 악비. [남송 때 금(金)에 항거한 명장]
【岳父】yuèfù 명 장인. 악장(岳丈). =【岳丈】yuèzhàng
【岳父母】yuèfùmǔ 명 장인 장모.
【岳家】yuèjiā 명 처가.
【岳庙】yuèmiào 명 1 오악(五嶽)에 제사 지내는 사당. 동악묘(東嶽廟). 2 악비(岳飞)의 사당.
【岳母】yuèmǔ 명 장모. =【丈母】zhàngmǔ【丈母娘】zhàngmǔniáng
【岳丈】yuèzhàng ☞【岳父】yuèfù

**栎[櫟]** yuè 땅 이름 약
☞ lì

【栎阳】Yuèyáng 명(地) 약양. [지금의 산시(陕西)성 린퉁(临潼)에 있었음]

***钥[鑰]** yuè 자물쇠 약
명 1 자물쇠. 2 열쇠. ¶锁~=관건. 전략적 요충지.
☞ yào

**说[說]** yuè 기쁠 열
형(文) '悦(yuè)'와 같음.
☞ shuì, shuō

**钺[鉞]** yuè 큰 도끼 월
명 월. [큰 도끼 모양의 고대 병기]

## 阅[閱] yuè 검열할 열

**동** **1** 조사하다. 검열하다. 시찰하다. ¶检~=검열하다. **2** (책을) 보다. 읽다. 훑어보다. ¶翻~=훑어보다. / 评~=읽고 평가하다. **3** 겪다. 지나다. ¶~尽沧桑=파란만장한 인생을 겪다.

○● 参阅, 查阅, 传chuán阅, 定阅, 阅fá阅, 检jiǎn阅, 校jiào阅, 批阅, 披pī阅, 评阅, 圈quān阅, 赏阅, 审shěn阅, 赠zèng阅

【阅报栏】yuèbàolán **명** 신문 게시판. =【报栏】bàolán

【阅兵】yuè‖bīng **동** 열병하다. ¶~典礼=사열식.

【阅兵式】yuèbīngshì **명** 열병식.

【阅操】yuècāo (군대의) 훈련을 검열하다.

【阅读】yuèdú **동** 열독하다. (책이나 신문을) 보다. ¶~报纸=신문을 보다.

【阅卷】yuè‖juàn **동** 답안지를 채점하다. ¶高考~=대입 고사 답안지를 채점하다.

【阅览】yuèlǎn **동** (서적이나 잡지를) 열람하다. (훑어)보다. ¶~杂志=잡지를 열람하다.

【阅览室】yuèlǎnshì **명** 열람실.

【阅历】yuèlì **동** 경험하다. 체험하다. 겪다. ¶他年纪不大, 但~了不少的事情。=그는 나이가 많지는 않지만 적지 않은 일들을 겪었다. **명** 경험. 체험. ¶~深=경험이 많다. ≒经历

【阅世】yuèshì **동명** 세상을 경험하다. ¶~尚浅=세상 경험이 아직 부족하다.

## 悦 yuè 기쁠 열

**형** 즐겁다. 기쁘다. ¶欢~=즐겁다. / 和颜~色=환하고 웃음 띤 얼굴. **동** 기쁘게 하다. 즐겁게 하다. ¶取~于人=남의 환심을 사다. **명** (Yuè) 성(姓).

○● 和悦, 愉yú悦

【悦耳】yuè'ěr **형** 듣기 좋다. ¶笛声婉转~。=피리 소리가 구성지고 감미롭다. ≒悠扬 ↔刺耳

【悦服】yuèfú **동** 진심으로 탄복하다. ¶人心~=사람들이 진심으로 탄복하다.

【悦目】yuèmù **형** 보기 좋다. 아름답다. ¶赏心~=눈과 마음을 즐겁게 하다.

【悦意】yuèyì **동명** 만족해하다. 기뻐하다. ¶不知怎的, 她今天老大不~。=어찌 된 일인지, 그녀는 오늘 몹시 기분이 안 좋다.

## 跃[躍] yuè 뛰어오를 약

**동** 뛰다. 뛰어오르다. 도약하다. ¶飞~=비약하다. / 龙腾虎~=용이 날아오르고, 호랑이가 뛰어오른다. 기세가 용맹스럽고 활력이 넘치다. ≒蹦 跳 踊

○● 欢跃, 活跃, 雀què跃, 跳跃, 踊yǒng跃

【跃层式住宅】yuècéngshì zhùzhái **명**(建) (건물 안에서 위층과 왕래할 수 있는 계단으로 이어져 있는) 이층식 주택. 이층집.

【跃动】yuèdòng **동** 약동하다. ¶萤火~, 忽明忽暗。=개똥벌레가 날고 반딧불이 깜박인다.

【跃进】yuèjìn **동** 1 뛰어나가다. ¶演习的战士们在丛林中急速地向前~。=훈련하는 전사들이 밀림에서 빠르게 앞으로 약진한다. **2**(비) 아주 빠르게 전진하다. 비약적으로 발전하다. ¶经济建设全面~。=경제 건설이 전면적으로 매우 빠르게 전진한다.

【跃居】yuèjū **동** (석차 등이) 일약 …이〔가〕 되다. 단번에 …을〔를〕 차지하다. …로 도약하다. ¶~全国第一=일약 전국 1등이 되다.

【跃马】yuèmǎ **동** 말에 박차를 가하다. ¶~扬鞭=채찍을 들어 말에 박차를 가하다.

【跃然】yuèrán **형** 생생하게 나타나다. 뚜렷이 드러나다. [뚜렷〔생생〕하고 생동적인 모양] ¶~而出=생생하게 나타나다.

【跃然纸上】yuèrán-zhǐshàng (성) **1** 종이 위에 생생하게 나타나다. **2**(비) 생동감 있게 묘사되다. 생생하게 표현되다. [서술이〔묘사가〕 생동감 있음을 형용함] ≒活灵活现

【跃升】yuèshēng **동** 1 떠오르다. **2** (석차나 지위·가격 등이) 뛰어오르다. 일약 상승하다. ¶去年排球联赛的第八名今年~至第二名。=배구 리그전에서 작년의 8위가 올해 일약 2위로 뛰어올랐다.

【跃跃】yuèyuè **형**(문) 급박하여 마음이 들뜬 모양. ¶~欲动=꿈틀꿈틀하다.

【跃跃欲试】yuèyuè-yùshì (성) 간절히 해 보고 싶다. 해 보고 싶어 안달이다. 하고 싶어 몸이 근질근질하다. [간절히 시도해 보고 싶음을 형용함]

【跃增】yuèzēng **동** 비약적으로 성장〔증가〕하다. 일약 뛰어오르다. ¶公司的年利润由五千万元~到九千万元。=회사의 연 이윤이 5천만 원에서 일약 9천만 원으로 비약적으로 증가하였다.

## 越 yuè 뛰어넘을 월

**동** **1** 넘다. 뛰어넘다. ¶跨~=뛰어넘다. / 翻山~岭=산과 고개를 넘다. **2** 지나다. 건너다. ¶穿~=통과하다. / ~冬服装=월동용 옷. **3** (범위를) 넘다. 벗어나다. (정상적인 절차를) 벗어나다. 건너뛰다. ¶~级上诉=단계를 건너뛰어 상소하다. **4** 높아지다. ¶声音清~=소리가 맑고 가락이 높다. **5**(문) 빼앗다. 약탈하다. ¶杀人~货=살인하고 물건을 빼앗다. 강도 살인하다. **형** (일반적인 것보다) 낫다. ¶优~=우월하다. **부** **1** …(하)면 …(할)수록 …하다. [중첩하여 '越越…'의 형식을 취하며, 상황에 따라 정도가 점점 가중됨을 나타냄] ¶来的人~多~好。=오는 사람들이 많으면 많을수록 좋다. **2** 점점 …하다. [중첩하여 '越来越…'의 형식을 취하며, 시간이 지남에 따라 정도가 점점 가중됨을 나타냄] ¶天气~来~冷了。=날씨가 점점 추워진다. **명** (Yuè) **1**(历) 월. [중국 춘추 시대에 저장(浙江)성 동부 지방에 있던 나라 이름] **2**(地) 저장(浙江)성 동부 지방. **3** 성(姓).

【越次】yuècì **동명** 정상적인 절차를 뛰어넘다. 파격을 하다. ¶~而进=정상적인 절차를 뛰어

○● 超chāo越、翻越、跨kuà越、侵qīn越、腾téng越、优yōu越、逾yú越、陨yǔn越、卓zhuō越

【越冬】yuèdōng 통 월동하다. 겨울을 나다. [주로 병균·식물·곤충·어류 등에 쓰임] ¶~小麦=밀이 월동하다.

【越冬作物】yuèdōng zuòwù 명 월동 작물. =【过冬作物】guòdōng zuòwù

【越发】yuèfā 부 1 더. 더욱더. 한층. ¶小伙子长得~帅气了。=녀석은 더욱더 멋있어졌다. 2 '越(yuè)' 또는 '越是(yuèshì)'와 서로 호응하여 '越…越…'와 같은 용법으로 쓰임. ¶越着急, 就~容易出问题。=조급하면 할수록 더욱 쉽게 문제가 생긴다.

【越分】yuèfèn 통 본분을〔분수를〕넘다. 주제넘다. 지나치다. 건방지다. ¶讲话要谦和一些, 不要~。=말은 건방지게 하지 말고 좀 겸손하게 해야 한다.

【越瓜】yuèguā ☞【菜瓜】càiguā

【越轨】yuè‖guǐ 통 1 궤도를 벗어나다. 탈선하다. 2 (비) (언어나 행위가) 상궤를 벗어나다. ¶~行为=상궤를 벗어나는 행위. 탈선 행위.

【越过】yuè‖guò 통 1 (장애물이나 경계를) 넘다. 뛰어넘다. 지나가다. 가로지르다. 극복하다. ¶~高山=높은 산을 넘다. 2 (일정 범위를) 넘다. 초월하다. ¶你这样做, 已经~了职权范围。=네가 이렇게 하는 것은 이미 직권을 넘어선 것이다.

【越级】yuè‖jí 일반적인 단계를 거치지 않고 직속 상급 기관을 건너뛰어 직접 최고 기관으로 들어가다. 등급〔계급〕을 건너뛰다. ¶~上告=단계를 뛰어넘어 상고하다.

【越加】yuèjiā 부 더욱(더). 한층. ¶立秋以后, 天气~凉快了。=입추 이후에는 날씨가 한층 서늘해졌다.

【越界】yuèjiè 통 경계〔한계〕를 넘어가다〔벗어나다〕. 국경을 넘어가다. ¶~经营=규정을 벗어나서 경영하다.

【越境】yuè‖jìng 통 불법으로 변경을 넘다. 월경하다.

【越剧】yuèjù 명 (劇) 월극. [중국 저장(浙江)성 성(嵊)현 지방에서 나온 민속곡과 그 음악. 기본 표현 수단은 노래이며, 필요한 대목에서는 대사도 씀. 저장(浙江)·상하이(上海)·쑤난(苏南) 등지에서 유행함]

【越礼】yuèlǐ 통 예의에 벗어나다. 규범을 지키지 않다. ¶~行动=예의에 벗어나는 행동을 하다.

【越南】Yuènán 명④ (地) 베트남(Vietnam). [수도는 '河内(하노이 : Hanoi)'임]

【越权】yuè‖quán 통 월권이다. 권한을 벗어나다. ¶~处理=자기의 권한을 벗어나서 (일을) 처리하다.

【越是】yuèshì 부 …하면 할수록. [상황이 진전됨에 따라 정도가 심해짐을 나타냄. 항상 '越(yuè)·越发(yuèfā)'와 함께 쓰임] ¶~紧张, 就越容易出错。=긴장하면 할수록 더욱 잘 틀린다.

【越位】yuèwèi 통 자기의 직위〔지위〕를 넘어서다. ¶僭权~=권력을 남용하고 자기의 지위를 넘어서다. 명 (體) 오프사이드.

【越席】yuèxí 통 자리에서 일어나다. 자리를 뜨다. ¶~而起=자리에서 일어나다.

【越野】yuèyě 통 산야를 횡단하다. ¶~赛车=오프로드 레이싱.

【越野车】yuèyěchē 명 지프(jeep). RUV 차량. 레저용 차량.

【越野滑雪】yuèyě huáxuě 명 (體) 노르딕 스키(nordic ski). =【北欧滑雪】běi'ōu huáxuě

【越野赛】yuèyěsài 명 (體) (자전거·오토바이·자동차 등의) 크로스컨트리 레이스.

【越野赛跑】yuèyě sàipǎo 명 (體) 단교(斷郊) 경주. 크로스컨트리(cross-country).

【越狱】yuè‖yù 통 (수감자가) 탈옥하다. ¶~在逃=탈옥하여 도주하다.

【越障】yuèzhàng 통 장애물을 넘다.

【越职】yuè‖zhí 직권의 범위를 벗어나다. ¶不要做~越权的事。=직권의 범위를 벗어나고 권한을 넘는 일은 하지 말아야 한다.

【越俎代庖】yuèzǔ-dàipáo 성 1 제사를 담당하는 사람이 음식 만드는 일을 하다. 2 (비) 주제넘게 자신의 직분(職分)을 넘어 남의 일을 대신하다. 주제넘은 참견을 하다. ↔自力更生

粤 Yuè 땅 이름 월
명 1 (地) 광둥(广东)성과 광시(广西)성. ¶两~=광둥(广东)성과 광시(广西)성. 2 (地) 광둥(广东)성의 별칭. 3 성(姓).

【粤菜】yuècài 명 광둥(广东) 요리.

【粤方言】yuèfāngyán 명 (言) 월 방언. [한어(漢語)의 7대 방언 중의 하나] =【粤语】yuèyǔ ⓢ【广东话】guǎngdōnghuà

【粤剧】yuèjù 명 (劇) 월극. [곡조는 피황(皮黄)·방자(梆子)·곤강(崑腔)·익양강(弋陽腔) 등에서 발전하였으며, 광저우(广州) 방언으로 노래하며, 주로 광둥(广东)·광시(广西)·홍콩·마카오 등지에서 유행함]

【粤绣】yuèxiù ☞【广绣】guǎngxiù

【粤语】yuèyǔ ☞【粤方言】yuèfāngyán

篗 yuè 얼레 확
명⑧ '籆(yuè)'와 같음.

鸑[鷟] yuè 악착 악
【鸑鷟】yuèzhuó 명 (動) 고서(古書)에 나오는 물새의 일종.

樾 yuè 나무 그늘 월
명⑧ 나무 그늘. ¶和风人~=산들바람이 그늘로 불어오다.

龠 yuè 피리 약
명 (音) 약. [대나무 관을 엮어 만든 중국 고대 악기. 후대의 배소(排簫)와 비슷함] 양 약. [고대의 용량 단위. 반 홉에 해당함]

黦 yuè 검누를 울
   [형] 누른빛을 띤 검은색(의). 황흑색(의).

瀹 yuè 데칠 약
   [동] 1 삶다. 데치다. 끓이다. ¶~茗=차를 끓이다. 2 (막힌 도랑을) 치다. 준설하다. ¶疏~=(물길을) 쳐서 소통되게 하다.

爚 yuè 불빛 약
   [명] 불빛. 화광(火光). [동] 불로 데우다. 끓는 물로 삶다.

籰 yuè 얼레 확
   [명] 얼레.

## yun

晕[暈] yūn 어질어질할 훈
   [형] 어지럽다. 어질어질하다. ¶头~=머리가 어지럽다. [동] 기절하다. 까무러치다. ¶他一生气, 突然~了过去。=그는 화가 치밀어 오르자 갑자기 기절하였다.
   ☞ yùn

【晕倒】yūndǎo [동] 기절하여 쓰러지다. 졸도하다. ¶~在地=기절하여 땅에 쓰러지다.

【晕乎】[晕忽] yūn·hu [형] 1 어질어질하다. 어지럽다. ¶几杯酒下肚, 他已经有点儿~了。=술 몇 잔을 마시자 그는 벌써 좀 어질어질하였다. 2 흐리멍덩하다. 멍하다. ¶头脑~得很, 根本想不明白。=머리가 매우 멍하여 전혀 뭐가 뭔지 모르겠다.

【晕乎乎】yūnhūhū (~的) [형] 1 어질어질하다. 어지럽다. 2 흐리멍덩하다. 멍하다.

【晕厥】yūnjué ☞ 【昏厥】hūnjué

【晕头晕脑】yūntóu-yūnnǎo [성] 머리가 명하다〔어지럽다·혼란스럽다〕.

【晕头转向】yūntóu-zhuànxiàng [성] 1 머리가 어지러워 방향을 분간 못하다. 2 [비] 갈팡질팡하다.

【晕眩】yūnxuàn [동] 현기증이 나다. 어지럽다. 어질어질하다.

【晕晕乎乎】yūn·yun hūhū (~的) [형] 1 어질어질하다. 어지럽다. 2 흐리멍덩하다. 멍하다.

【晕晕忽忽】yūn·yun hūhū ☞ 【晕晕乎乎】yūn·yun hūhū

缊[縕] yūn 기운 성할 온
   ☞ 【纲缊】yīnyūn
   ☞ yùn

氲 yūn 기운 성할 온
   ☞ 【氤氲】yīnyūn

煴 yūn 약한 불 온 [형] 약한 불. 불꽃이 없는 불.
   ☞ yùn

赟[贇] yūn 예쁠 윤
   [형] 아름답다. 훌륭하다. 멋지다.

**云¹** yún 말할 운
   [동] 말하다. ¶不知所~=말한 바를 이해하지 못하다. [조] [운] 구의 머리·중간·말미에 쓰여 실제의 의미가 없는 어조사. ¶岁~暮矣。=한 해가 저물어 가는구나. [명] (Yún) 성(姓).

| ⊙ 云 yún |
| 运 yùn |
| 耘 yún |
| 酝 yùn |
| 芸 yún |
| 纭 yún |

**云²** [雲] yún 구름 운
   [명] 1 구름. ¶彩~=채운. 고운 구름. / 翻~覆雨=손바닥을 위로 하면 구름이 되고 손바닥을 아래로 뒤집으면 비가 되다. 형세를 마음대로 좌우지하다. 2 (Yún) [약] [지] 윈난(云南)성. ¶~·贵·川三地=윈난(云南)성·구이저우(贵州)성·쓰촨(四川)성 등 세 곳.

   ◐ 低云, 风云, 浮云, 高云, 积云, 凌líng, 青云, 彤tóng云, 乌云, 星云, 战云, 中云

【云霭】yún'ǎi [명] 운무(雲霧). 운기(雲氣). 낮게 드리운 구름. ¶~聚集=구름이 모이다.

【云板】[云版] yúnbǎn [명][구] 운판. 구름판.

【云版】yúnbǎn ☞ 【云板】yúnbǎn

【云豹】yúnbào [명][동] 운표. 구름표범. =【猫豹】māobào 【荷叶豹】héyèbào 【龟纹豹】guīwénbào

【云表】yúnbiǎo [명] 운표. 구름 밖[위]. ¶高人~=구름 밖으로 치솟다.

【云鬓】yúnbìn [명] 운빈. 귀밑머리. [여자의 귀밑으로 드리워진 탐스러운 머리털]

【云彩】yún·cai [명] 구름. 꽃구름. ¶~遮住了太阳。=구름이 해를 가렸다.

【云层】yúncéng [명] 운층. 구름층. ¶飞机在~上面翱翔。=비행기가 구름층 위를 날고 있다.

【云带】yúndài [기] (큰 범위의 좁고 긴 완전한) 구름대. 구름띠.

【云滴】yúndī [명][기] 구름 속의 작은 물방울.

【云豆】yúndòu ☞ 【芸豆】yúndòu

【云端】yúnduān [명] 구름 끝. 구름 가. 구름 속. ¶高人~=높이 구름 속으로 들어가다.

【云朵】yúnduǒ [명] 구름송이. 구름덩이. 구름장.

【云贵】Yún Guì [명][지] 윈난(云南)성과 구이저우(贵州)성.

【云贵高原】Yún Guì gāoyuán [명][지] 윈구이고원. [중국의 윈난(云南)성 동부에서 구이저우(贵州)성·광시(广西) 자치구 서북부에 있는 해발 1,000~2,000m의 대고원]

【云海】yúnhǎi [명] 운해. 구름바다. ¶~茫茫=끝없는 운해.

【云汉】yúnhàn [명][운] 1 은하수. 은한. ¶相期邀~。=아득한 은하에서 다시 만나기를 기약하다. 2 높은 하늘. ¶豪气冲~。=호방한 기개가 하늘

# yún 云

을 찌르다.

【云集】**yúnjí** 통 (많은 사람들이) 구름같이 모여들다. 운집하다. ¶2008年奥运会之际，世界各国的运动员将~北京. = 2008년 올림픽 때에 세계 각국의 운동 선수들이 북경에 운집할 것이다.

【云集响应】**yúnjí-xiǎngyìng** 성 많은 사람이 각지에서 몰려와 호응하다.

【云际】**yúnjì** 명 구름 속(가·끝·위). ¶摩天大楼直插~. = 고층 빌딩이 구름 속으로 높이 치솟다.

【云锦】**yúnjǐn** 명 1 (비단 같이 아름답고 고운) 아침 노을과 구름. 아침 노을이 비낀 비단 같은 구름. ¶漫天~, 绚烂夺目. = 온 하늘에 아침 노을에 비낀 비단 같은 구름이 눈부시게 빛나다. 2 (纺) 색채가 아름답고 구름무늬를 수놓은 중국의 고급 비단.

【云谲波诡】**yúnjué-bōguǐ** 성 1 구름과 파도처럼 변화무쌍하다. 2 건물의 자태·색채 등이 갖가지로 다양하다. 3 사태를 예측하기 어렵다. 사태가 변화무쌍하다. =【波诡云谲】**bōguǐ-yúnjué**

【云开日出】**yúnkāi-rìchū** 성 1 구름이 걷히고 해가 나다. 2 (비) 어둠이 걷히고 광명을 맞다. 불행이 사라지고 행운이 도래하다.

【云量】**yúnliàng** 명 (氣) 운량. 구름의 양.

【云锣】**yúnluó** 명 (音) 운라. 구운라. [원나라 이후에 생긴 중국 타악기의 일종으로, 작은 접시 모양의 징 열 개를 나무틀에 매달고 나무망치로 쳐서 소리를 냄]

【云母】**yúnmǔ** 명 (礦) 운모.

【云南】**Yúnnán** 명 (地) 윈난(云南)성. 운남성. ['滇(Diān)·云(Yún)'라 약칭하며, 성도는 쿤밍(昆明)임]

【云泥】**yúnní** 명 1 구름과 진흙. 2 (비) 현격한 차이. 천양지차. ¶判若~ = 천양지차이다.

【云泥之别】**yúnnízhībié** 성 1 하늘 위의 구름과 땅의 진흙처럼 엄청난 차이가 있다. 2 (비) 천양지차(天壤之差)이다. 서로의 차이가 현저하다.

【云霓】**yúnní** 명 (운) 구름과 무지개. ¶民望之, 若大旱之望~. = 백성의 바람이 마치 오랜 가뭄에 비 오기를 기다리는 것 같다.

【云片糕】**yúnpiàngāo** 명 쌀가루에 설탕과 호두, 참깨 등을 넣고 만든 길고 얇은 떡.

【云起龙襄】**yúnqǐ-lóngxiāng** ☞【云起龙骧】**yúnqǐ-lóngxiāng**

【云起龙骧】[云起龙襄] **yúnqǐ-lóngxiāng** 성 1 구름이 일고 용이 날아오르다. 2 (비) 영웅 호걸이 시운을 타고 일어나다.

【云气】**yúnqì** 명 운기. 안개. 운무. 엷게 흐르는 구름. ¶~升腾 = 운무가 피어오르다.

【云雀】**yúnquè** 명 (動) 종달새. 종다리.

【云扰】**yúnrǎo** 형 (문) 세상이 소란하다. 천하가 어지럽다. ¶四方~ = 사방이 소란하다.

【云散】**yúnsàn** 통 1 구름이 흩어지다. 2 (비) (사람들이) 구름처럼 흩어지다. 각지로 흩어지다. 뿔뿔이 흩어져 사라지다. ¶亲朋~ = 친지와 친구들이 뿔뿔이 흩어지다. 3 (사물이) 사방으로 흩어져 사라지다. ¶烟消~ = 연기와 구름처럼

흩어져 사라지다. 흔적 없이 사라지다.

【云散风流】**yúnsàn-fēngliú** ☞【风流云散】**fēngliú-yúnsàn**

【云山雾罩】**yúnshān-wùzhào** 성 1 산이 운무에 덮여 본래의 모습을 잘 볼 수가 없다. 산에 구름이 자욱하게 끼다. 2 (비) 말이 공허하고 주제와 완전히 동떨어져 있어 곤혹스럽게 하다. 아리송한 말을 지껄여 사람을 오리무중에 빠트리다.

【云杉】**yúnshān** 명 (植) 가문비나무.

【云梯】**yúntī** 명 1 성(城)을 공격하거나 불을 끄는 데 사용하던 긴 사다리. 2 높은 산 위의 돌계단이나 험한 벼랑 같은 곳에 낸 길.

【云天】**yúntiān** 명 높은 하늘. ¶高耸~ = 하늘 위로 높이 솟다.

【云头】**yúntóu** 명 1 구름장. 구름덩이. ¶看这~的样子, 今晚要下大雨. = 이 구름장을 보니 오늘 밤에 비가 많이 올 것 같다. 2 (~儿) 구름무늬. ¶~鞋 = 구름무늬 신발.

【云图】**yúntú** 명 (氣) 구름 사진.

【云团】**yúntuán** 명 (氣) 구름덩어리.

【云腿】**yúntuǐ** 명 윈난(云南)성 쉬안웨이(宣威) 일대에서 생산하는 (중국식) 햄.

【云屯】**yúntún** 통 (문) (사람·말 등이) 운집하다. 구름같이 모여들다. ¶万骑~ = 일만 필의 말이 구름같이 모여들다.

【云雾】**yúnwù** 명 1 구름과 안개. 운무. 안개. ¶~弥漫 = 구름과 안개가 자욱하다. 2 (비) 가리거나 막는 물건. ¶拨开~见青天. = 어두운 세상을 헤치고 밝은 세상을 만나다. 3 (비) 우수에 찬 안색. 수심 가득한 얼굴. ¶一脸~ = 얼굴에 근심이 가득하다.

【云系】**yúnxì** 명 (氣) (동일한 기상 상태에 따라 연속적으로 나타나는 각종 구름이 이루어진) 구름 체계. 영 cloud system

【云霞】**yúnxiá** 명 꽃구름. 채운. 구름과 노을. ¶~满天 = 꽃구름이 하늘에 가득하다.

【云消雾散】**yúnxiāo-wùsàn** ☞【烟消云散】**yānxiāo-yúnsàn**

【云霄】**yúnxiāo** 명 높은 하늘. 하늘 끝. ¶锣鼓声响彻~. = 징과 북 소리가 하늘 끝까지 울려 퍼지다.

【云心月性】**yúnxīn-yuèxìng** 성 1 구름 같은 마음과 달 같은 성품. 2 욕심이 없고 담백한 마음.

【云兴霞蔚】**yúnxīng-xiáwèi** ☞【云蒸霞蔚】**yúnzhēng-xiáwèi**

【云行雨施】**yúnxíng-yǔshī** 성 1 구름이 펼쳐져 제때에 단비가 내리다. 2 널리 은혜를 베풀다. [주로 옛날 제왕의 덕을 찬미할 때 쓰임]

【云崖】**yúnyá** 명 구름 속에〔위로〕우뚝 솟은 단애(断崖).

【云烟】**yúnyān** 명 1 구름과 연기. ¶~缭绕 = 운무가 피어오르다. 2 (비) 순식간에 사라지는 사물. ¶往事如~. = 지난 일이 마치 연기 같다. 3 윈난(云南)성에서 건조된 연초 혹은 윈난(云南)성에서 생산하는 담배.

【云烟过眼】**yúnyān-guòyǎn** ☞【过眼云烟】**guòyǎn-yúnyān**

【云翳】yúnyì 몡 1 암운(暗雲). 먹구름. 먹장구름. ¶~密布=먹구름이 잔뜩 끼다. 2(醫) 안구 각막병의 후유증으로 남은 상처 흔티.
【云涌】yúnyǒng 图 1 먹구름이 밀려들다. ¶风起~=바람이 일고 먹구름이 밀려들다. 2(비) (사람이나 사물이) 많이 나타나다. 끊임없이 출현하다. 일의 진행이 신속하다. ¶才思~=기발한 구상이 마구 떠오르다.
【云游】yúnyóu 图 주유(周遊)하다. (구름처럼) 돌아다니다. 방랑하다. [주로 승려나 도인 등 출가인에게 쓰임] ¶~名山大川=명산 대천을 두루 돌아다니다.
【云雨】yúnyǔ 몡 구름과 비. ¶山出~, 以润天下. =산이 구름과 비를 만들어 천하를 윤택하게 하다. 图 1 구름이 되고 비가 되다. [전국 시대 초(楚)나라 송옥(宋玉)의 《고당부(高唐賦)》에서, "초회왕(楚懷王)이 고당(高唐)에 간 적이 있는데, 하루는 꿈 속에서 무녀와 만났다. 그 무녀가 떠날 때 자신은 아침에는 구름이 되고 저녁에는 비가 된다."고 했다는 고사에서 유래함] 2(비) (남녀 간에) 성행위를 하다. [주로 옛 소설에 많이 보임]
【云云】yúnyún 때 운운. 이러이러하다. 여차여차. [문구나 말을 인용할 때 마무리를 짓거나 생략함을 나타냄] ¶他在信中写了外出旅游, 颇有收获~=그는 편지에 외지 여행을 적었는데, 수확이 꽤 많았다고 운운했다.
【云遮雾障】yúnzhē-wùzhàng 〈成〉 구름과 안개가 자욱하여 잘 보이지 않다.
【云蒸霞蔚】yúnzhēng-xiáwèi 〈成〉 1 구름이 피어오르고 노을이 끼다. 2 경치가 화려하고 다채롭다. =【云兴霞蔚】yúnxīng-xiáwèi

**匀** yún 균등할 균
혱 균등하다. 고르다. ¶墙面乳胶漆要涂~. =담벼락에 라텍스 페인트(latex paint)를 고르게 칠해야 한다. 图 1 균등하게 하다. 고르게 하다. 고르게 나누다〔가르다〕. ¶把这两堆黄瓜再一~. =이 두 무더기의 오이를 다시 균등하게 나누세요. 2 일부를 나누어 주다. 융통해 주다. 변통해 주다. ¶你如果不急需的话, ~出一份给别人. =당신이 만약 급히 필요하지 않으면, 일부를 다른 사람에게 변통해 주세요.

○● 均匀, 调匀, 亭停tíng匀

【匀称】yún·chèn 혱 균형이 잡히다. 고르다. ¶文章有条有理, 结构~=글이 조리가 있고 체제가 균형이 잡히다. /~身材=균형 잡힌 몸매. ≒均匀
【匀兑】yún·duì 图 융통하다. 일부를 나누어 주다. ¶这笔钱是从朋友那里~来的. =이 돈은 친구한테서 융통해 온 것이다.
【匀乎】yún·hu ☞【匀和】yún·huo
【匀和】yún·huo (~儿) 혱 1 균등하다. 균형이 잡히다. ¶把糨糊调~一点儿. =풀을 고르게 좀 섞어요. 图〈口〉고루 섞다. 균등히 하다. 고르게 하다. ¶这些梨子有大有小, 得~再分. =이 배들은 크고 작은 것이 있으니 고루 섞어서 다시 나누어야 한다. =【匀乎】yún·hu
【匀净】yún·jing 혱〈口〉고르다. 균일하다. ¶这颜色涂得真~. =이 색은 참 고르게 칠했다.
【匀脸】yún‖liǎn 얼굴의 분을 고르게 문지르다. ¶画眉~=눈썹을 그리고 얼굴의 분을 고르게 문지르다.
【匀溜】yún·liu (~儿) 혱〈口〉고르다. 알맞다. ¶这幅字写得真~儿. =이 족자의 글자는 참 고르게 썼다.
【匀实】yún·shi 혱〈口〉고르다. ¶这麦苗出得真~. =이 보리〔밀〕싹은 고르게 났다.
【匀速】yúnsù 몡〈物〉등속의. ¶~直线运动=등속 직선 운동
【匀速运动】yúnsù yùndòng 몡〈物〉등속 운동. =【等速运动】děngsù yùndòng
【匀调】yún·tiao 혱 고르다. ¶今年的雨水很~. =올해의 비는 아주 고르다. 올해는 비가 고르게 내린다.
【匀停】yún·ting 혱 (분량이) 적당하다. 알맞다. 조화되다. 잘 어울리다. ¶吃东西要~. =음식을 먹을 때는 분량이 적당해야 한다.
【匀妥】yúntuǒ 혱 고르고 알맞다. 균등하고 적당하다. ¶年终分配要~. =연말 분배는 균등해야 한다.
【匀细】yúnxì 혱 고르고 가늘다. ¶一嘴~洁白的牙齿=고르고 가는 하얀 치아.
【匀圆】yúnyuán 혱 정연하고 둥글다. 완전히 둥글다. 고루 다 둥글다. ¶一颗颗~的珍珠=알알이 고르게 둥근 진주
【匀整】yún·zhěng 혱 균정하다. 고르고 정연하다. ¶笔法~=필법이 고르고 정연하다.

**芸¹** yún 운향 운
몡 1〈植〉운향(芸香). 2 (Yún) 성(姓).

**芸²[蕓]** yún 평지 운
몡〈植〉1 유채(油菜). 평지. 2 강낭콩.
【芸豆】[云豆] yúndòu ☞【菜豆】càidòu
【芸薹】yúntái ☞【油菜】yóucài
【芸香】yúnxiāng 몡〈植〉루(rue). 운향.
【芸芸】yúnyún 혱 많은 모양. 무성한 모양. ¶万物~=만물이 무성하다.
【芸芸众生】yúnyún-zhòngshēng 〈成〉 1〈佛〉무릇 살아 있는 모든 것. 모든 생령(生靈). 중생(衆生). 2 일반 서민.

**员[員]** yún 사람 이름 원
인명에 쓰이는 글자. ¶伍~=오원. [춘추 시대의 오자서(伍子胥)]
☞ yuán, Yùn

**沄¹** yún 소용돌이칠 운
【沄沄】yúnyún 혱 물결이 세차게 소용돌이치는 모양.

**沄²[澐]** yún 큰 파도 운
몡〈書〉(강 가운데의) 큰 파도.

## 妘 Yún 성씨 운
명 성(姓).

## 纭[紜] yún 어지러울 운
형 잡다하다. 난잡하다. 번잡하다. ¶纷~=분분하다. 많고 어지럽다.
【纭纭】 yúnyún 형 번잡하다. 잡다하다. ¶纷纷~=분분하다. 많고 어지럽다.

## 昀 yún 햇빛 윤
명(문) 햇빛. 일광.

## 畇 yún 밭 일굴 균
【畇畇】 yúnyún 형 농지가 잘 정돈된 모양.

## 郧[鄖] Yún 땅 이름 운
명 1 (地) 원. [후베이(湖北)성에 있는 현 이름] 2 성(姓).

## *耘 yún 김맬 운
동 김매다. 잡초를 제거하다. ¶耕~=논밭을 갈고 김을 매다.
【耘锄】 yúnchú 명(农) 호미. 괭이.
【耘稻】 yúndào 동 논의 김을 매다.
【耘耥】 yúntāng 동 (분얼기에) 논의 김을 매다.
【耘田】 yúntián 동 김을 매다. 제초하다.

## 涢[溳] Yún 강 이름 운
명(地) 원수이(溳水). [후베이(湖北)성에 있는 강 이름]

## 筠 yún 대나무 균
명(문) 1 대나무의 푸른 껍질. 2 대나무.
☞ jūn

## 篔[篔] yún 큰 대나무 운
【篔筜】 yúndāng 명(문) 물가에 자라는, 마디가 길고 키가 큰 대나무.

## 䰟 yún 금 윤
명(문) 금.

## **允 yǔn 승낙할 윤
동 윤허하다. 허가하다. 승낙하다. ¶应~=응낙하다. 형 공평하다. 타당하다. 적당하다. 적절하다. ¶平~=공평하고 타당하다.
【允承】 yǔnchéng 동 승낙하다. ¶他~了那件事儿。=그는 그 일을 승낙했다.
【允从】 yǔncóng 동 승낙하다. 따르다. ¶当面~=면전에서 승낙하다.
【允当】 yǔndàng 형 적당하다. 정당하다. 타당하다. 마땅하다. ¶赏罚~=상벌이 적당하다.
【允诺】 yǔnnuò 동 승낙하다. 윤허하다. 허가하다. ¶慨然~=흔쾌히 승낙하다. ≒答应 应允 应许 承诺 应诺 应承
【允许】 yǔnxǔ 동 동의하다. 허가하다. 응낙하다.

다. 허락하다. ¶想在这儿多玩儿几天,可时间不~。=여기서 며칠 더 놀고 싶지만 시간이 허락하지 않네요. ≒容许
【允准】 yǔnzhǔn 동(문) 윤허하다. 허가하다. ¶你的请求被~。=너의 부탁은 윤허되었다.

## 狁 yǔn 험윤 윤
☞【猃狁】 Xiǎnyǔn

## *陨[隕] yǔn 떨어질 운
동 (고공에서) 떨어지다. 추락하다. ¶~于深渊=깊은 못에 떨어지다. ≒坠 堕 落
【陨落】 yǔnluò 동 (운석 또는 비행 물체가) 고공에서 떨어지다. 추락하다. ¶流星~=유성이 떨어지다.
【陨灭】 yǔnmiè 동 1 고공에서 떨어져 괴멸하다. 2 ☞【殒灭】 yǔnmiè
【陨石】 yǔnshí 명(天) 운석.
【陨石雨】 yǔnshíyǔ 명(天) 유성비.
【陨铁】 yǔntiě 명(天) 운철. 철질 운석.
【陨星】 yǔnxīng 명(天) 운석.
【陨星坑】 yǔnxīngkēng 명(地) 운석공(陨石孔). 운석 구덩이.

## 殒[殞] yǔn 죽을 운
동(문) 죽다. 운명하다. ¶~命沙场=전쟁터에서 죽다.
【殒灭】[陨灭] yǔnmiè 동 죽다. 운명하다. ¶这位才华横溢的艺术家~了。=재능이 훨훨 넘치던 이 예술가는 운명하였다.
【殒命】 yǔnmìng 동(문) 운명하다. 죽다. 명이 다하다. ¶~疆场=전쟁터에서 죽다. / 不幸~于车轮之下。=불행히도 차에 깔려 죽다.
【殒没】[殒殁] yǔnmò 동(문) 사망하다. 운명하다. 죽다.
【殒殁】 yǔnmò ☞【殒没】 yǔnmò
【殒身】 yǔnshēn 동(문) 사망하다. 죽다. 목숨을 잃다.

## **孕 yùn 아이 밸 잉
동 1 임신하다. 잉태하다. ¶避~=피임하다. 2 품다. 포함하다. 내포하다. ¶包~=포함하다. 명 태아. ¶怀~=임신하다.

◐● 包孕, 怀huái孕, 身孕, 受孕

【孕畜】 yùnchù 새끼 밴 가축.
【孕妇】 yùnfù 명 임신부. 임부(妊妇).
【孕期】 yùnqī 명(医) 임신 기간.
【孕穗】 yùnsuì 동(农) 배동하다. 이삭을 배다.
【孕吐】 yùntù 명(医) 입덧.
【孕育】 yùnyù 동 1 낳아 기르다. 생육하다. 2 (喩) 배양하다. 배태하다. 내포하다. ¶兴盛中往往~着危机。=흥성한 가운데 왕왕 새로운 위기를 내포한다.

## 贠[貟] Yùn 성씨 운
명 성(姓).

**運[運] yùn 돌 운**

[동] **1** 돌다. 이동하다. 운행하다. 운동하다. ¶火车飞速地～行着。=기차가 쾌속으로 운행하고 있다. **2** 운송하다. 운반하다. 수송하다. ¶空～=공수하다. 공중 수송하다. / 货～=화물 운송. **3** 사용하다. 쓰다. 운용하다. 적용하다. 활용하다. 움직이다. 휘두르다. ¶～笔疾书=분연히 붓을 휘둘러 거침없이 글을 쓰다. [명] **1** 운. 운세. 운명. ¶好～=행운. / 命～=운명. **2** (**Yùn**) 성(姓).

0-● 搬运, 背运, 驳bó运, 财运, 漕cáo运, 倒运, 调运, 厄è运, 贩fàn运, 海运, 航háng运, 河运, 红运, 货运, 集运, 联运, 陆lù运, 民运, 命运, 盘运, 启运, 起运, 气运, 时运, 托运, 押yā运, 应运, 转zhuǎn运, 装运

【运笔】**yùnbǐ** [동] 운필하다. 붓으로 쓰다〔그리다〕. 붓을 휘두르다. ¶～如飞=나는 듯이 붓을 휘두르다.

【运兵】**yùnbīng** [동]《軍》 병력을 수송하다. ¶装甲～车=병력 수송 장갑차.

【运程】**yùnchéng** [명] 수송〔운송〕 거리. ¶～约一千公里。=수송 거리는 약 1,000km이다.

【运筹】**yùnchóu** [동] **1** 산가지로 계산하다. **2** [비] 책략〔전략〕을 세우다. 계략을 꾸미다. 방책을 짜다. ¶～有方=책략 수립에 일가견이 있다.

【运筹帷幄】**yùnchóu-wéiwò** [성] **1** 장막 안에서 책략〔전략〕을 수립하다. **2** 후방에서 전략 전술을 세우다. **3** 계획〔기획〕하다. 전략을 짜다. 지휘하다.

【运筹学】**yùnchóuxué** [명]《數》 오퍼레이션 리서치(operations research). 오아르(O.R.).

【运单】**yùndān** [명] 송장(送狀). 운송장.

【运道】**yùn·dao** [명][방] 운수. 운세. ¶他最近可交上好～了。=그는 최근에 운이 트였다.

【运抵】**yùndǐ** [동] (화물을 어떤 장소에) 운송하다. ¶货物已经发出, 估计三日后～成都。=화물은 이미 발송하여 3일 후에 청두에 운송될 것 같다.

【运动】**yùndòng** [명] **1**《物》 (물체의) 운동. **2**《哲》 운동. **3**《體》 운동. 스포츠. ¶体操～=체조 경기. **4** (정치·문화·생산 등의) 운동. [조직적이고 목적성이 있는 대규모 군중 활동] ¶政治～=정치 운동. ↔静止

【运动】**yùn·dong** [동] (어떤 목적을 달성하기 위해) 활동하다〔운동하다·움직이다〕. ¶暗中～=암암리에 활동하다.

【运动场】**yùndòngchǎng** [명] 운동장.

【运动服】**yùndòngfú** [명] 운동복. =【运动衣】**yùndòngyī**

【运动负荷】**yùndòng fùhè** ☞【运动量】**yùndòngliàng**

【运动会】**yùndònghuì** [명]《體》 (종합) 운동회. 체육 대회.

【运动健将】**yùndòng jiànjiàng** [명]《體》 **1** 우수한 운동 선수. 뛰어난 선수. **2** 국가가 규정한 조건에 맞는 뛰어난 운동 선수에게 주는 최고의 칭호. 스포츠 영웅.

【运动量】**yùndòngliàng** [명]《體》 운동량. =【运动负荷】**yùndòng fùhè**

【运动衫】**yùndòngshān** [명] **1** 스포츠 셔츠. 운동 셔츠. **2** 스포츠 셔츠 스타일의 셔츠.

【运动神经】**yùndòng shénjīng** [명]《生》 운동 신경. =【传出神经】**chuánchū shénjīng**【植物神经】**zhíwù shénjīng**

【运动袜】**yùndòngwà** [명] **1** 스포츠 양말. **2** 스포츠 양말 스타일의 양말.

【运动鞋】**yùndòngxié** [명] **1** 운동화. **2** 운동화 스타일의 신발.

【运动学】**yùndòngxué** [명]《物》 스포츠 과학. 운동학.

【运动衣】**yùndòngyī** ☞【运动服】**yùndòngfú**

【运动员】**yùndòngyuán** [명]《體》 **1** 경기 참가자. **2** 운동 선수.

【运动战】**yùndòngzhàn** [명]《軍》 기동전(機動戰).

【运费】**yùnfèi** [명] 운송비. 수송비. 운임.

【运河】**yùnhé** [명] 운하. ¶苏伊士～=수에즈 운하. / 京杭大～=경항 대운하.

【运货】**yùnhuò** [동] 화물을 운송〔수송·운반〕하다. ¶～列车=화물 수송 열차.

【运脚】**yùnjiǎo** [명][방] 운임. 운송비. 수송비.

【运价】**yùnjià** [명] 운임. 운송비. 수송비.

【运斤成风】**yùnjīn-chéngfēng** [성] **1** 바람의 힘에 의지해서 도끼를 사용하다. [《장자·서무귀(莊子·徐無鬼)》에서, 초(楚)나라 사람이 코에 석회를 바르고 석(石)이란 장인(匠人)에게 도끼로 벗겨내 보라고 하니, 석(石)이 바람의 힘에 의지해서 석회를 벗겨 냈다는 고사에서 유래함] **2** [비] 기예가 신기에 가깝다. 기술·기능이 최고 절정에 이르다.

【运力】**yùnlì** [명] 운송 능력. 수송력. 적재량. ¶增加～=수송 능력을 늘이다.

【运量】**yùnliàng** [명] 수송량. =【运输量】**yùnshūliàng**

【运命】**yùnmìng** [명] 운명.

【运能】**yùnnéng** ☞【运输能力】**yùnshū nénglì**

【运气】**yùn‖qì** [동] 운기하다. 기를 모으다. ¶他运了运气, 猛地把杠铃举了起来。=그는 잠시 기를 모아 번쩍 바벨을 들어올렸다.

【运气】**yùn·qi** [명] 운(運). 운수. 운세. 운명. ¶～不好=운이 나쁘다. [형] 운이 좋다. 행운이다. ¶还算～, 中了个二等奖。=그런대로 운이 좋은 편인지 2등에 당첨되었다.

【运球】**yùnqiú** [동]《體》 (구기에서) 드리블하다. ¶～技术=드리블 기술.

【运输】**yùnshū** [동] 운수하다. 운송하다. 수송하다. ¶长途～=장거리 운송.

【运输带】**yùnshūdài** ☞【输送带】**shūsòngdài**

【运输机】**yùnshūjī** [명] 수송기.

【运输舰】**yùnshūjiàn** 몡(軍) 수송선.
【运输量】**yùnshūliàng** ☞【运量】**yùnliàng**
【运输能力】**yùnshū nénglì** 몡 수송 능력. 㑳
【运能】**yùnnéng**
【运输线】**yùnshūxiàn** 몡 수송선(輸送線).
【运数】**yùnshù** 몡 운수. 운명. 운(運)
【运思】**yùnsī** 동 구상하다. 사색하다. [주로 시문 창작에 쓰임] ¶~精巧=구상이 정교하다.
【运送】**yùnsòng** 동 운송하다. 수송하다. ¶~石油=석유를 수송하다.
【运算】**yùnsuàn** 동(數) 연산하다. 운산하다.
【运土机】**yùntǔjī** 몡 토사(土砂) 운반기.
【运销】**yùnxiāo** 동 운송 판매하다. ¶~海外=해외로 운송 판매하다.
【运行】**yùnxíng** 동 (차·열차·배·별 등이) 운행하다. ¶人造卫星在轨道上正常~。=인공 위성이 궤도상에서 정상적으로 운행하다.
【运营】**yùnyíng** 동 1 (차·배 등을) 운영하다. 2 (비) (기구 등을) 운영하다. ¶公司从今天开始正式~。=회사는 금년부터 정식으로 운영한다.
【运用】**yùnyòng** 동 운용하다. 활용하다. 응용하다. ¶有效~=효과적으로 운용하다.
【运用自如】**yùnyòng-zìrú** 성어 자유자재로 운용하다. ≒得心应手 游刃有余
【运油船】**yùnyóuchuán** 몡 유조선.
【运载】**yùnzài** 동 실어나르다. 탑재 운반하다. ¶~货物=화물을 실어나르다.
【运载工具】**yùnzài gōngjù** 몡 운반 도구. 운송 도구.
【运载火箭】**yùnzài huǒjiàn** 몡 탑재 로켓(rocket).
【运转】**yùnzhuǎn** 동 1 회전하다. 돌다. 운행하다. ¶月球围绕着地球~。=달은 지구 주위를 돈다. 2 (기계를) 운전하다. (기계가) 돌아가다. ¶机器~正常。=기계 운행이 정상적이다. 3 (비) (기구·조직 등이) 운영되다. 돌아가다. ¶新成立的分公司明天开始~。=새로 설립한 자회사는 내일 운행을 시작한다.
【运作】**yùnzuò** 동 (기구·조직 등이) 활동하다. 운행하다. ¶~方式=활동 방식.

## 员[員] Yùn 성씨 운
몡 성(姓).
☞ **yuán**, **yún**

## 郓[鄆] Yùn 땅 이름 운
몡 1 운청(郓城). [산동(山东)성에 있는 지명] 2 성(姓).

## 恽[惲] Yùn 성씨 운
몡 성(姓).

## 晕[暈] yùn 무리 훈
몡 1 무리. 태양이나 달의 둘레에 생기는 둥근 테. ¶月~=달무리. 2 빛과 색깔의 주변에 모호해지는 부분. ¶红~=(상처 주위의) 불그스름한 부분. / 灯~=등 주위의 불그스름한 부분. 동 현기증이 나다. 어찔하다. 아찔하다. 어지럽다. ¶眼~=눈이 아찔하다.
☞ **yūn**

○● 屯晕, 红晕, 日晕, 山晕, 眩xuàn晕, 血晕, 月晕

【晕场】**yùn‖chǎng** 동 고시장(考試場)[무대]에서 너무 긴장하여 머리가 어지럽다[현기증이 나다·얼다·얼떨떨하다]. ≒晕堂
【晕车】**yùn‖chē** 동 차멀미하다.
【晕池】**yùn‖chí** 동 목욕 중에 온도·습도가 너무 높거나 체력이 약한 이유 등으로 혼절하다[현기증이 나다·아찔하다]. =【晕堂】**yùn‖táng**
【晕船】**yùn‖chuán** 동 배멀미하다.
【晕房】**yùnfáng** 동 (고층집에 살아) 현기증을 느끼다. 아찔하다.
【晕高儿】**yùn‖gāor** 동(비) 높은 데 오르면 아찔해지다. =【恐高】**kǒnggāo**
【晕机】**yùnjī** 동 비행기멀미를 하다.
【晕堂】**yùn‖táng** 동 1 【晕池】**yùn‖chí** 2 ㉠ (수험생이) 너무 긴장해서 현기증을 느끼다. 3 ㉠ 학생이 수업 시간에 교사의 강의를 전혀 알아듣지 못하다. ≒晕场
【晕血】**yùnxuè** 동 피를 보고 현기증을 느끼다.
【晕针】**yùnzhēn** 동 침을 맞으면서 잠시 실신하다[현기증을 느끼다].

## 酝[醞] yùn 빛을 온
동㉠ 술을 빚다. 술을 담그다. 양조하다. ¶~造=양조하다. 몡㉠ 술. ¶佳~=미주(美酒).
【酝酿】**yùnniàng** 동 1 술을 빚다. 술을 발효시키다. 2 (비) 사전에 미리 준비하다 [마련하다·조성하다·토의하다]. (생각 등을) 가다듬다. ¶问题的解决方法正在~当中。=문제 해결 방법을 마련하고 있는 중이다. 3 기르다. 쌓아 가다. 성숙되어 가다. 양성(醖成)하다. ¶~感情=정을 쌓아 가다.

## 愠 yùn 화낼 온
동㉠ 화내다. 원망하다. 노하다. 성내다. ¶微~=약간 화를 내다.
【愠恼】**yùnnǎo** 동 노하다. 화내다.
【愠怒】**yùnnù** 동 노하다. 성을 내다. 화내다. ¶一脸~的神色=온 얼굴에 노한 빛이 역력한 표정. 잔뜩 화난 표정.
【愠容】**yùnróng** 몡 화난 기색. 노한 기색.
【愠色】**yùnsè** 몡㉠ 노한 기색. 성난 표정. ¶面带~=얼굴에 노한 빛을 띠다.

## 缊[縕] yùn 묵은솜 온
몡㉠ 1 부스러기 삼. 삼부데기. 2 햇솜과 묵은솜이 섞인 솜. ¶~袍=묵은솜이나 삼지스러기를 넣어 만든 옷.
☞ **yūn**

## 韫[韞] yùn 포함할 온
동㉠ 내포하다. 포함하다. ¶~椟而藏=함에 넣

어 보관하다.

**韵[(韻)]** yùn 소리 운

1 ① 조화롭고 듣기 좋은 소리. 아름다운 음성. ¶松声竹~=소나무와 대나무를 스치는 바람 소리. 2 운모(韻母). ¶双声叠~=쌍성 첩운. 3 (시문의) 압운(押韻). ¶诗~=시의 운. 4 정취. 풍도. 운치. ¶风~=아름답고 우아한 자태. 5 (Yùn) 성(姓).

○● 步韵, 词韵, 次韵, 丰韵, 气韵, 神韵, 诗韵, 压yā韵, 阳韵, 阴韵, 余韵

【韵白】 yùnbái 명(劇) 1 중국 전통극에서 높낮이와 곡절이 조화롭고 음률미(音律美)와 리듬감이 강한 대사. 2 경극에서 전통적인 독법으로 읽는 대사. [어떤 글자는 베이징(北京) 독음과 약간 다르며, '京白(경극의 북경어 대사)'와 구별됨]
【韵调】 yùndiào 명 1 음조. 곡조(曲調). ¶~悠扬=음조가 은은하다. 2 격조. ¶~高雅=격조가 고아하다.
【韵度】 yùndù 명 품격. 풍모. 기품(氣品). ¶~非凡=품격이 비범하다.
【韵脚】 yùnjiǎo 명 운각. [운문(韻文)의 끝 부분에 압운(押韻)하는 자]
【韵律】 yùnlǜ 명 1 운율. ¶古体诗对~要求很严。=고체시는 운율에 대한 요구가 매우 엄격하다. 2 리듬. 운행 혹은 운동의 규율. ¶做~操=에어로빅 체조를 하다.
【韵律操】 yùnlǜcāo ☞【艺术体操】 yìshù tǐcāo
【韵律体操】 yùnlǜ tǐcāo ☞【艺术体操】 yìshù tǐcāo
【韵母】 yùnmǔ 명(言) 운모. [중국어 음절에서 성모(聲母)와 성조(聲調)를 제외한 부분. 예를 들면 'lè·dào·luàn' 음절의 운모는 각각 'e·ao·uan' 임]
【韵目】 yùnmù 명 운목. [운서(韻書)에서 말하는 동운(同韻)의 글자 중에 대표적인 한 자로 명명한 운의 목록. 예를 들면 상평성(上平聲)은 동(東)·동(冬)·강(江)·지(支) 등의 운목이 있음]
【韵事】 yùnshì 명 1 고상하면서 멋이 있는 일. ¶~雅举=고상한 일과 품위 있는 행동. 2 남녀 간의 정사(情事)나 연애에 관한 일. ¶风流~=스캔들(scandal).
【韵书】 yùnshū 명 운서. [운자(韻字)를 참조할 수 있도록 운에 따라 배열된 자전(字典)으로, 《廣韻(광운)》·《集韻(집운)》 등이 있음]
【韵头】 yùntóu 명(言) 개음(介音). 개모(介母). [중국 음운학에서 주요 모음(主要母音) 앞에 있는 'i·u·ü'의 음]
【韵尾】 yùnwěi 명(言) 운미. [중국 음운학에서 운모(韻母)의 끝 부분의 음. 예를 들면 운모(韻母) 'ai·ou·ong'의 'i·u·ng'을 가리킴]

【韵味】 yùnwèi 명 1 우아한 맛. 풍아한 맛. 은근한 맛. 함축된〔내재된〕 의미. ¶她的京剧唱腔~十足。=그녀의 경극 곡조는 우아한 맛이 넘쳐난다. 2 정취. 운치. 아취(雅趣). ¶他的小说体现出强烈的乡土~=그의 소설은 강렬한 향토적인 정취를 표현해 냈다.
【韵文】 yùnwén 명 1 운문. 압운(押韻)한 문학 장르. ['散文(산문)'과 구별됨] 2 운을 사용하여 지은 작품. [예를 들면 시(詩)·사(詞)·곡(曲)·부(賦) 등을 가리키며, '散文(산문)'과 구별됨]
【韵语】 yùnyǔ 명 압운(押韻)한 어구. [시(詩)·사(詞)·부(賦) 등을 가리킴]
【韵致】 yùnzhì 명 운치. 풍치. ¶~淡雅=운치가 담백하고 고아하다.

**煴** yùn 다림질할 온

동(문) '熨(yùn)'과 같음.
☞ yūn

**蕴[蘊]** yùn 간직할 온

동(문) 품다. 내포하다. 포함하다. 함유하다. ¶少~才略, 壮而有成。=어렸을 때 재략을 품어, 장성하여 뜻을 이루다. 명(문) 심오한 내용. 의미가 깊은 사상〔말〕. 심원한 문제〔이론〕. 깊은 속. ¶底~=상세한 내용〔경위〕. 내부 상황〔사정〕.
【蕴藏】 yùncáng 동 잠재되다. 매장되다. 묻히다. 간직하다. ¶海底~着丰富的石油资源。=바닷속에는 풍부한 석유 자원이 매장되어 있다.
【蕴含】 yùnhán ☞【蕴涵】 yùnhán
【蕴涵】 yùnhán 동 1 포함하다. 내포하다. 함유하다. 품다. 서리다. 담겨 있다. 들어있다. 지니고 있다. =【蕴含】 yùnhán ¶这本书~着深邃的哲理。=이 책은 심오한 철학적 이치를 내포하고 있다. 명(論) 내포. 함의. [전후 두 명제의 조건 관계를 가리킴] 늑包含
【蕴藉】 yùnjiè 형 (언어·문자·표정에) 함축성이 있다. 함축적이다. ¶诗意~=시의(詩意)가 함축적이다.
【蕴蓄】 yùnxù 동 온축하다. 내부에 축적하다. 잠재하고 있다. 지니고 있다. ¶它们是新事物, ~着强大的发展潜力。=그것들은 새로운 사물인데, 강한 발전적 잠재력을 지니고 있다.
【蕴意】 yùnyì 명 함축된 의미. 내포된 의미. 함의(含意). ¶~深刻=내포한 의미가 심오하다.

**熨** yùn 다림질할 울

동 다리다. 다림질하다. ¶~衣服=옷을 다리다.
☞ yù
【熨斗】 yùndǒu 명 다리미. 인두. ¶电~=전기 다리미.
【熨烫】 yùntàng 동 (옷을) 다리다. ¶~衬衫=셔츠를 다리다.

# Z

## zɑ

**扎[(紮·紥)]** zā 묶을 찰
동 묶다. 매다. 동이다. ¶包~=싸매다. /~辫子=머리를 땋다. 양(방) 묶음. 다발. 꾸러미. 단. 속. ¶一~毛线=털실 한 다발.
☞ zhā, zhá

○● 包扎, 结扎, 捆kǔn扎

【扎彩】zācǎi 동 (경축 행사나 결혼식 등에) 오색 천이나 리본을 매어 장식하다.
【扎裹】zāguǒ 동 단단히 묶다. 꽁꽁 동여매다. 잡아매다. 한데 묶다. ¶羊倌头上~着白毛巾.=양치기 머리에 흰 수건이 단단히 묶여 있다.
【扎染】zārǎn 명 (紡) 홀치기 염색. [중국 남방 일부 소수 민족의 전통적인 날염(捺染) 방법으로, 보통 하얀 무명천에 염색할 도안 부분을 무늬에 따라 묶어 염색액에 담가 색을 입힘]

**匝[(帀)]** zā 두를 잡
양(동) 바퀴. ¶绕树三~=나무를 세 바퀴 돌다.
형 빽빽하다. 꽉 차다. 가득하다. 두루 퍼지다. ¶落花~地=떨어진 꽃이 온 땅에 가득하다.
동 둘러싸다. 에워싸다. …의 둘레를 돌다. 감돌다. ¶清渠~庭堂.=맑은 시냇물이 뜰과 대청을 감돌아 흐르다.
【匝道】zādào 명 1 입체 교차로. 인터체인지. 환상(環狀) 도로. 순환 도로. 2 입체 교차로나 고가 도로 등의 진입로. 램프(ramp). 경사로.
【匝地】zādì 형 온 땅에 가득하다. 사방에 두루 퍼지어 있다. ¶浓荫~=도처에 짙은 그늘이다.
【匝月】zāyuè 형(동) 만 1개월. ¶时已~=이미 만 1개월이 지났다.

**咂** zā 빨 잡
동 1 빨다. 빨아먹다. 빨아 마시다. ¶~奶嘴儿=(우유병의) 젖꼭지를 빨다. 2 (조금씩) 맛보다. 음미하다. ¶对他刚才的话, 你~出什么滋味来了吗?=방금 그의 말에 대해 너 무슨 속뜻이라도 알아차렸니?
【咂摸】zā·mo 동(방) (맛·의미 등을) 음미하다. ¶~~这酒的味道.=너 이 술맛 좀 음미해 봐라.
【咂舌】zā∥shé 동 (칭찬·부러움·놀라움 등으로) 혀를 내두르다. (곤란·안타까움 등으로) 혀를

차다.
【咂嘴】zā∥zuǐ(~儿) 동 (칭찬·부러움·놀라움 등으로) 혀를 내두르다. 와와 하고 소리내다. (곤란·안타까움 등으로) 혀를 차다. ¶他不时地点头~儿, 对台上的表演称羡不已.=그는 수시로 고개를 끄덕이고 혀를 내두르며, 무대 위의 공연에 대해 칭찬하며 부러워해 마지않는다.
【咂嘴弄舌】zāzuǐ·nòngshé 성 1 (음식을) 게걸스럽게 먹는 모양. 욕심 많고 탐욕스러운 모양. 2 입으로 계속 중얼거리는 모양.

**拶** zā 핍박할 찰
동(문) 핍박하다. 바싹 죄어서 몹시 괴롭게 굴다. ¶逼~=핍박하다.
☞ zǎn

**臜[臢]** zā 더러울 참
☞ 腌臜 ā·zā

**\*\*杂[雜, 襍]** zá 섞일 잡
형 1 잡다하다. 가지각색이다. 복잡하다. 자질구레하다. 잡되다. 잡스럽다. ¶复~=복잡하다. /人多嘴~=사람이 많으면 쓸데없는 말도 많다. 2 (정식 항목) 이외의. 기타의. 비정규적인. ¶学~费=학비와 그 외의 잡비. /~牌货=무명 상표 제품. 동 섞(이)다. 뒤섞(이)다. ¶夹~=뒤섞다. /鱼龙混~=좋은 사람[것]과 나쁜 사람[것]이 함께 뒤섞여 있다. ≒驳 ↔纯

○● 驳bó杂, 嘈cáo杂, 搀chān杂, 丛cóng杂, 错杂, 打杂儿, 烦杂, 繁杂, 混杂, 鸡杂, 间jiàn杂, 苛kē杂, 拉杂, 乱杂, 冗rǒng杂, 芜wú杂, 闲杂

【杂拌儿】zábànr 명 1 갖가지 사탕[설탕에 잰 과일·건과 등]을 섞어 놓은 제품. [설날 때 제사용이나 손님 접대용으로 씀] ¶~糖=사탕 종합 세트. 2 비 잡동사니. 뒤범벅. 잡탕. 잡록. 잡문집. [이것저것 긁어모아서 된 것이나 여러 가지를 종합한 것을 가리킴] ¶这本书是个大~, 有散文、短篇小说, 还有诗歌.=이 책은 커다란 잡문집이라 산문과 단편 소설이 있고 그리고 시도 있다.
【杂病】zábìng 명 내과의 각종 질병.
【杂草】zácǎo 명 잡초. ¶~丛生=잡초가 무성하다.
【杂陈】záchén 동 뒤섞여 있다[진열되다·나타나다]. ¶新旧~=새 것과 헌 것이 뒤섞여 있다.

【杂处】záchǔ 통 (각기 다른 곳에서 온 사람들이 한데) 뒤섞여 와 살다. 잡거(雜居)하다. ¶五方~ = 각처에서 온 사람들이 복잡하게 섞여 살다.

【杂凑】zácòu 통 (서로 다른 사람이나 사물을) 억지로 한데 긁어모으다. 억지로 끼워 맞추다.

【杂肥】záféi 명(農) 잡비료. 잡비. [각종 유기 물질이 있는 비료]

【杂费】záfèi 명 1 잡비. ¶各项~还未算在其中. = 각종 잡비는 아직 계산에 넣지 않았다. 2 (학교의) 잡비. 잡부금(雜賦金).

【杂感】zágǎn 명 1 잡감. 만감. 여러 가지 느낌[생각]. 잡다한 감상. ¶旅途~ = 여행 도중의 여러 가지 느낌. 2 잡기(雜記). 여러 감상을 적은 글. ¶一篇~ = 한 편의 잡기[잡록].

【杂工】zágōng 명 허드렛군. 잡역부.

【杂烩】záhuì 명 1 잡채. 각종 요리를 뒤섞어 만든 음식. 2 (비) 여러 가지를 모아 만든 것. 잡동사니. ¶这篇文章简直就是东拼西凑的大~. = 이 글은 그야말로 여기저기서 모아 억지로 끼워 맞춘 잡동사니이다.

【杂活】záhuó(~儿) 명 허드렛일. 잡일. 잡역.

【杂货】záhuò 명 잡화. 잡화품.

【杂货店】záhuòdiàn ☞【杂货铺】záhuòpù

【杂货铺】záhuòpù 명 잡화점. =【杂货店】záhuòdiàn

【杂和菜】zá·huocài 명 갖가지 남은 음식을 모아 만든 음식.

【杂和面儿】zá·huomiànr 명 1 옥수수에 소량의 콩을 갈아 만든 면. 2 여러 종류의 곡식을 갈아 만든 면.

【杂记】zájì 명 1 잡기. 잡록. [견문이나 자질구레한 일을 기록한 자잘한 필기] 2 잡기. [문체의 하나로, 제재가 다양하고, 경치를 묘사하거나 서사·서정·사건 기록을 위주로 함]

【杂技】zájì 명 잡기. 곡예. 서커스. (접시돌리기·체조·마술·자전거 곡예·입내 등) 각종 기예 공연의 총칭.

【杂家】zájiā 명 1 잡가. [전국(戰國) 말기에서 서한(西漢) 초기 유가(儒家)·묵가(墨家)·명가(名家)·법가(法家) 등 각 파의 학설을 종합한 학파로, 대표작으로는《呂氏春秋》(여씨춘추)·《淮南子》(회남자)》 등이 있음] 2 잡학박사. 다방면의 지식을 가진 사람. ↔专家

【杂件】zájiàn 명 잡화. 갖가지 잡다한 물건의 총칭.

【杂交】zájiāo 통(生) (품종이나 속이 다른 생물끼리) 교잡하다. 교배하다.

【杂居】zájū 통 (다른 지방이나 다른 민족·다른 국가의 사람이리) 잡거하다. 뒤섞여 살다.

【杂剧】zájù 명 1 잡극. [송(宋)대 익살과 해학을 특징으로 한 일종의 공연 형식] 2 잡극. [원(元)대 대도(大都)에서 성행하던 중국 전통극의 형식으로, 한 편이 4절(折)로 되어 있고, 도입부와 절(折) 사이에 설자(서막이나 막간극에 상당함)가 있는 경우도 있음. 음악은 북곡(北曲)을 사용하였고, 곡사(曲詞)의 중간에 대사가 끼어 있음. 명청(明清)대에도 잡극이 있었으나 절수가 일정치 않음]

【杂粮】záliáng 명 (쌀·밀 이외의) 잡곡. ¶五谷~ = 각종 양식(糧食).

【杂乱】záluàn 형 난잡하다. 어수선하다. 뒤죽박죽이다. ¶楼道里传来一阵~的脚步声. = 복도에서 어수선한 발자국 소리가 전해 온다. ↔整齐

【杂乱无章】záluàn-wúzhāng 성 난잡하고 무질서하다. 어수선하다. 뒤죽박죽이다. ≒乱七八糟 颠三倒四 ↔井井有条 有条不紊

【杂毛】zámáo 명 잡모. 잡털. 여러 가지가 뒤섞인 털. 여러 색이 뒤섞인 털. ¶这种毛料是用~纺的. = 이런 모직물은 잡모로 짠 것이다. / ~羊 = 잡털이 난 양(羊).

【杂面】zámiàn 명 녹두·팥 등을 함께 갈아 만든 가루.

【杂木】zámù 명(林) 잡목.

【杂念】zániàn 명 잡념. ¶私心~ = 사심과 잡념.

【杂牌】zápái(~儿) 형 1 무명 상표의. ¶~烟 = 무명 상표의 담배. 2 비정규적인. 직계가 아닌. 방계의. ¶~部队 = 비정규군. 오합지졸. ↔正牌

【杂牌军】zápáijūn 명 비정규군. 오합지졸. 잡군(雜軍).

【杂品】zápǐn 명(經) (여러 가지 일용) 잡품. 잡화. ¶~柜 = 장식장. 캐비닛(cabinet).

【杂七杂八】záqī-zábā 성 난잡하다. 잡다하다. 어수선하다. 뒤죽박죽이다.

【杂然】zárán 부(문) (많은 사람이나 사물이) 잇달아. 쉴새없이. 계속해서. 몇 번이고. 분분하게. ¶~相许 = 잇달아 찬성하다.

【杂糅】záróu 통 (서로 다른 사물이 마구) 뒤섞이다. ¶中西~ = 중국 것과 서양 것이 뒤섞이다.

【杂色】zásè 명 잡색. 여러 가지 색이 뒤섞인 색. ↔正色

【杂食】záshí 통(生) 잡식하다. ¶~动物 = 잡식 동물. 명(문) 간식. 주전부리.

【杂食性】záshíxìng 명(生) 잡식성. ¶~昆虫 = 잡식성 곤충.

【杂史】záshǐ 명 잡사. [정사(正史) 외의 역사서. 어떤 한 가지 사건의 전모나 한 시기의 견문을 기록한 것으로 내용에 얽매이지 않으며, 주로 전고(典故)의 성질을 띰]

【杂事】záshì(~儿) 명 잡사. 잡일. 잡다한 일. 자질구레한 일. ¶~繁多 = 잡다한 일이 아주 많다.

【杂书】záshū 명 1 잡서. [과거(科舉)와 직접적인 관련이 없는 책] 2 본인의 학습[일]에 직접적인 관련이 없는 책.

【杂耍】záshuǎ(~儿) 명 잡기[서커스(circus)]·설창 문예 등의 총칭.

【杂税】záshuì 명 1 잡세. 잡종세. 2 잡세. [법으로 정하지 않은 세금] ¶苛捐~ = 가렴잡세(苛斂雜稅).

【杂说】záshuō 명 1 (문) 정통이 아닌 학설. 잡학. 2 (문) 잡문. [계통을 세우지 못한 각종 논문] 3 잡설. 각양각색의 이론. ¶~散评 = 각양각색의 이론과 비평.

【杂碎】zá·sui 명 삶아서 잘게 썬 소나 양 등의 내장. ¶牛~ = 삶아서 잘게 썬 소의 내장.

## zá

**【杂沓】[杂遝] zátà** 형 소리가 난잡하다. 소란스럽다. 요란하다. ¶远处传来~的马蹄声。= 멀리서 요란한 말발굽 소리가 들려온다.

**【杂遝】zátà** ☞ **【杂沓】zátà**

**【杂谈】zátán** 명 잡담. 쓸데없이 지껄이는 말. 형식을 갖추지 않고 하는 말. [주로 제목으로 쓰임] ¶曲艺~=설창 문예에 관한 잡담.

**【杂文】záwén** 명 잡문.

**【杂务】záwù** 명 잡무. 허드렛일. ¶日常~= 일상적인 잡무.

**【杂物】záwù** 명 잡물. 자질구레한 〔잡다한〕 물건.

**【杂项】záxiàng** 명 기타 항목. ¶~开支=기타 항목의 지출.

**【杂役】záyì** 명용 1 잡역. 잡일. 허드렛일. ¶干~=잡일을 하다. 2 잡부. 잡역부. ¶他是一个~。= 그는 잡역부이다.

**【杂音】záyīn** 명 1 〔醫〕 (사람·동물의 기관이 정상이 아닐 때 들리는) 잡음. ¶肺部~=허파의 잡음. 2 잡음. 잡소리. ¶这台收音机的~太大，请给换一下。= 이 라디오는 잡음이 너무 크니, 바꿔 주세요.

**【杂用】záyòng** 명 (일상의) 자질구레한 씀씀이. 잡용. 지출 이 달의 ~이 많고, 工资没剩下多少。= 이번 달의 자질구레한 씀씀이가 많아서, 월급이 얼마 안 남았다.

**【杂院儿】záyuànr** 명 여러 가구가 모여 사는 뜰. =**【大杂院儿】dàzáyuànr**

**【杂症】zázhèng** 명 〔醫〕 (중의학에서) 내과의 각종 질병. ¶疑难~=치료가 어려운 내과의 각종 질병.

**【杂志】zázhì** 명 1 잡지. ¶医学~=의학 잡지. 2 잡기〔雜記〕. [주로 서명〔書名〕에 쓰임] ¶读史~=독서 잡기.

**【杂质】zázhì** 명 불순물. 이물.

**【杂种】zázhǒng** 명 1 〔生〕 잡종. ¶~狗=잡종 개. 2 잡종. 개새끼. 잡놈. [사람을 욕하는 말]

**【杂种优势】zázhǒng yōushì** 명 〔生〕 잡종 강세〔雜種強勢〕. 헤테로시스(heterosis).

**【杂字】zázì** 명 (어린이가 글을 암송하는 데 편리하게) 상용자로 사물의 이름을 한데 모아 둔 것. [주로 서명〔書名〕에 쓰임] ¶《四言~》=《사언잡자》.

## 咱[(喒·喒·偺·偺)]
**zá** 나 찰

대 나. 저. [주로 조기 백화문에 보임]

☞ **zán**, **·zan**

**【咱家】zájiā** 대 나. 저. 본인. [주로 조기 백화문에 보임]

☞ **zánjiā**

## *砸
**zá** 내리칠 잡

동 1 (무거운 것으로) 눌러 으스러뜨리다. 내리치다. 박다. 찧다. 다지다. ¶椅子倒了~了脚。=의자가 넘어져서 발을 찧었다. /~地基=지반을 다지다. 2 때려〔두드려〕 부수다. 깨뜨리다. 못쓰게 만들다. ¶盘子~了。=접시를 깨뜨리다. 3 동 실패하다. 망치다. 틀어지다. ¶唉, 这次期末考试考~了。=아휴, 이번 기말 고사는 망쳤다.

**【砸饭碗】zá fànwǎn** 동 실직하다. 밥벌이를 잃다.

**【砸锅】zá‖guō** 동 일을 그르치다〔망치다〕. ¶这件事又被他办~了。=이 일은 또 그 사람 때문에 그르쳤다.

**【砸锅卖铁】záguō-màitiě** 성 자기가 가지고 있는 모든 재물을 다 내놓다. 어떤 일을 하기 위해 가지고 있는 모든 것을 바치다. 살림살이를 다 팔아서라도 …하다.

**【砸毁】záhuǐ** 동 때려〔두드려〕 부수다. 깨뜨리다. 못쓰게 만들다. ¶桌面上的玻璃被~了。=책상 위의 유리가 부서졌다.

**【砸烂】zálàn** 동 잘게 부수다〔빻다〕. 짓이기다. 깨뜨리다. ¶小家伙又把碗~了。=꼬마 녀석이 또 그릇을 깨뜨렸다.

**【砸明火】zá mínghuǒ** 동 공공연히 강탈하다〔약탈하다·빼앗다〕.

**【砸牌子】zá pái·zi** 동 1 간판을 깨뜨리다〔때려부수다〕. 2 상표〔브랜드〕의 명예를 실추시키다. ¶决不能让劣质产品销往社会, 这样只会~。= 절대로 저질 상품을 사회에 팔게 해서는 안 된다, 그러면 브랜드(brand)의 명예만 실추될 뿐이다.

**【砸碎】zásuì** 동 때려〔두드려〕 부수다. 깨뜨리다. 산산조각을 내다. ¶小心别把杯子~了。=잔을 깨뜨리지 않도록 조심해.

## 咋
**zǎ** 어찌 사

대 용 어째서. 어떻게. 왜. ¶这事儿~办? =이 일을 어떻게 하지?

☞ **zé**, **zhā**

**【咋样】zǎyàng** 대 용 어때. 어떠한가. 어찌. 어떻게. ¶到底~好呢? =도대체 어떻게 해야 좋지?

## zai

## 灾[(災·烖·菑)]
**zāi** 재앙 재

명 1 재해. ¶火~=화재. / 虫~=충해. 2 불행. 화〔禍〕. 피해. ¶没病没~=무사하다.

○● 飞灾, 洪灾, 蝗huáng灾, 火灾, 涝lào灾, 闹灾, 水灾, 天灾, 赈zhèn灾

**【灾变】zāibiàn** 명 재난과 변고〔變故〕. 재해와 사변〔事變〕.

**【灾害】zāihài** 명 (자연이나 인위적인) 재해. 화. 재난. 환난. ¶自然~=자연 재해. 천재〔天災〕.

**【灾害性天气】zāihàixìng tiānqì** 명〔氣〕 재해성 기상 현상.

**【灾患】zāihuàn** 명 재해. 재난.

**【灾荒】zāihuāng** 명 흉작. 흉년. 기근. ¶闹~=흉년이 들다.

**【灾祸】zāihuò** 명 (자연이나 인위적인) 재해.

화. 재난. 환난. ¶人为~=인위적인 재해. 인재 (人灾).

【灾梨祸枣】zāilí-huòzǎo 〈成〉 1 대추나무와 배나무가 화를 입다. [옛날 책을 찍을 때 주로 대추나무와 배나무를 활자판의 재료로 썼음] 2 〈喩〉 가치 없는 책을 너무 많이 찍어 내다. =【祸枣灾梨】huòzǎo-zāilí.

【灾民】zāimín 〈名〉 이재민. ¶救济~=이재민을 구제하다.

【灾难】zāinàn 〈名〉 재난. 재해. 화. 환난. ¶沉船~=선박 침몰 사고.

【灾年】zāinián 〈名〉 흉년. 재년. 황년.

【灾歉】zāiqiàn 〈形〉 자연 재해로 흉년이 들다. ¶~年份=흉년.

【灾情】zāiqíng 〈名〉 재해 상황. 피해 상황. ¶~严重=재해 상황이 심각하다.

【灾区】zāiqū 〈名〉 재해 지역. ¶奔赴~=재해 지역으로 달려가다.

【灾星】zāixīng 〈名〉 1 액운. 악운. [옛날 사람들은 천문으로 사람의 일에 관련시켰는데, 사람이 일으키는 재난과 어떤 별자리의 출현을 연관시켜 재난을 일으키는 별자리를 부르는 말임] 2 〈喩〉 액운을 불러 오는 사람〔사물〕. 화근(祸根). ↔福星

【灾殃】zāiyāng 〈名〉 재앙. 재난. 화. 환난. ¶遭殃~=화를 입다.

【灾异】zāiyì 〈名〉 재이. 자연 재해와 특이한 자연 현상.

**甾** zāi 스테로이드 재
〈名〉(化) 스테로이드(steroid).
【甾族化合物】zāizú huàhéwù ☞【类固醇】lèigùchún

**哉** zāi 어조사 재
〈助〉〈书〉 1 …하구나! …하도다. [감탄의 어기를 나타냄] ¶呜呼哀~! =아! 슬프구나! 2 …한가? [의문사와 같이 쓰여 의문이나 반문을 나타냄] ¶何足道~? =어찌 말할 만한 가치가 있겠는가?

**栽** zāi 심을 재
〈动〉 1 심다. 재배하다. ¶~桑养蚕=뽕나무를 심고 누에를 치다. 2 꽂아 넣다. 끼워 넣다. 박다. ¶~刷子=솔에 털을 꽂아 넣다. 3 억지로 뒤집어씌우다. ¶他被无端~上了罪名. =그는 공연히 죄를 뒤집어썼다. 4 넘어지다. 쓰러지다. 곤두박질하다. ¶不小心~了一跤. =실수로 넘어졌다. 5 좌절당하다. 패하다. 상처를 입다. ¶他不久前~了. =그는 얼마 전에 좌절을 당했다. 〈名〉 모. 모종. ¶杏~=살구나무 모종.

○● 轮lún栽, 诬wū栽, 移栽, 倒栽葱

【栽插】zāichā 〈动〉 옮겨 심다. (모종 등을) 심다.

【栽倒】zāidǎo 〈动〉 걸려 넘어지다. 구르다. 자빠지다. 엎어지다. ¶~在地=땅에 넘어지다.

【栽跟头】zāi gēn·tou 〈动〉 1 넘어지다. 쓰러지다. 자빠지다. 엎어지다. 곤두박질하다. 2 〈喩〉 좌절하다. 실패하다. 망신을 당하다. 체면을 구기다. ¶你这样一意孤行, 很快就要~。=너 이렇게 고집대로 하다간 곧 실패하게 된다.

【栽花】zāi‖huā 〈动〉 꽃을 심다〔재배하다〕.

【栽跤】zāi‖jiāo 〈动〉 1 넘어지다. 쓰러지다. 자빠지다. 엎어지다. 곤두박질치다. 2 〈喩〉 좌절하다. 실패하다. 망신을 당하다. 체면을 구기다.

【栽斤斗】zāi jīn·dou ☞【栽筋斗】zāi jīn·dou

【栽筋斗】[栽斤斗] zāi jīn·dou 〈动〉〈方〉 1 넘어지다. 쓰러지다. 자빠지다. 엎어지다. 곤두박질치다. 2 〈喩〉 좌절하다. 실패하다. 망신을 당하다. 체면을 구기다.

【栽培】zāipéi 〈动〉 1 심어 가꾸다. 배양하다. 재배하다. ¶~果树=과수를 재배하다. 2 〈喩〉 인재를 기르다〔양성하다〕. ¶~科技人才=과학 기술 인재를 양성하다. 3 〈旧〉 (관료 사회에서) 발탁하다. 등용하다. 돌보다. ¶多谢领导~! =지도자의 보살핌에 감사합니다!

【栽绒】zāiróng 〈名〉〈纺〉 터프트 직물. [겉면에 털이 돋게 짠 직물] 〈名〉 tufted fabrics ¶~袖口=터프팅 제조 방식의 소매.

【栽诬】zāiwū 〈动〉 (훔친 물건을 가져다 놓고) 죄를 뒤집어씌우다〔모함하다〕. ¶~无辜=무고한 사람에게 죄를 뒤집어씌우다.

【栽秧】zāi‖yāng 〈动〉 모내기하다.

【栽赃】zāi‖zāng 〈动〉 1 (죄를 뒤집어씌우기 위해) 몰래 장물이나 금지품을 가져다 놓다. ¶蓄意~=의도적으로 (죄를 뒤집어씌우기 위해) 몰래 장물이나 금지품을 가져다 놓다. 2 죄를 뒤집어씌우다. 모함하다. ¶~陷害=죄를 뒤집어씌우고 모함하다.

【栽植】zāizhí 〈动〉 (모종을) 심다. 재배하다. ¶~水稻=모를 심다.

【栽种】zāizhòng 〈动〉 심다. 재배하다. ¶~花木=꽃나무를 심다.

【栽子】zāi·zi 〈名〉 모종. 모. ¶桃~=복숭아나무 묘목.

**仔** zǎi 새끼 자
〈名〉〈方〉 '崽(zǎi)'와 같음.
☞ zī, zǐ

**载[載]** zǎi 해 재
〈名〉 해. 년(年). ¶三年五~=3년이나 5년간. 수년(数年). / 千~难逢=천재일우. 〈动〉 기재하다. 기록하다. 게재하다. 싣다. ¶转~=전재하다. 옮겨 싣다. / ~人史册=사서(史书)에 기재하다.
☞ zài

○● 附载 连载

**宰** zǎi 재상 재
〈动〉 1 주관하다. 주재(主宰)하다. ¶主~=주재하다. 2 (가축·가금 등을) 도살하다. 죽이다. 잡다. ¶杀猪~羊=돼지와 양을 도살하다. 3 〈喩〉 바가지씌우다. 폭리를 취하다. ¶挨~=바가지쓰다. 〈名〉 1 옛날 관직 이름. ¶县~=현의 장관.

**2** (Zǎi) 성(姓). ≒杀 戮 屠
**【宰割】zǎigē** 통 **1** 도살하고 자르다. 분할하다. 잘라 내다. **2**(비) 유린하다. 짓밟다. 착취하다. ¶任人~=아무에게나 유린당하다.
**【宰客】zǎikè** 통 바가지씌우다. 폭리를 취하다.
**【宰人】zǎi‖rén** 통 바가지씌우다. 폭리를 취하다.
**【宰杀】zǎishā** 통 (가축·가금 등을) 도살하다. 죽이다. 잡다. ¶~牛羊=소와 양을 도살하다.
**【宰牲节】Zǎishēngjié** ☞【古尔邦节】Gǔ'ěrbāngjié
**【宰相】zǎixiàng** 명 재상.
**【宰制】zǎizhì** 통 통제하다. 관제하다. 다스리다. ¶~万民=온 백성을 다스리다.

**崽** zǎi 새끼 재
명방 **1** 아들. ¶他的~正在读大学。=그의 아들은 지금 대학에 다니고 있다. **2** (~儿) (동물의) 새끼. 어린 동물. ¶猪~儿=돼지 새끼 **3** 어떤 특징을 지닌 녀석. 어떤 직업에 종사하는 젊은이. [주로 남자를 가리킴] ¶打工~=아르바이트생. 아르바이트하는 녀석.
**【崽子】zǎi·zi** 명 (동물의) 새끼. 자식. [주로 사람을 욕하는 말로 쓰임] ¶兔~=토끼새끼. 쌍놈의 새끼.

**\*\*再[再·再]** zài 다시 재
㊀ 두 번. 두 번째. ¶一而~, ~而三. =재삼재사(再三再四). 통문 다시 나타나다. 계속되다. ¶青春不~=청춘은 다시 오지 않는다. 부 **1** 재차. 또. [같은 동작·행위의 중복이나 계속을 나타내며, 주로 아직 실현되지 않거나 지속성 동작·행위를 가리킴] ¶学习, 学习, ~学习. =공부하고, 공부하고, 또 공부하다. **2** 다시. [동작이 일정한 기간 후에 장차 나타날 것을 가리킴] ¶这个问题下次~讨论. =이 문제를 다음에 다시 토론하자. **3** …하고 나서. …한 뒤[후]에. [동작이 장차 다른 동작이 끝난 후에 나타남을 가리킴] ¶我们看完电影~去吃饭. =우리 영화를 보고 나서 밥 먹으러 가자. **4** 계속 …한다면. [만약 계속 이런 식으로 간다면 어찌 될 것임을 나타냄] ¶我们~不出发, 就可能误机了. =우리 더 지체하면 비행기를 놓칠 것이다. **5** 그 위에. 더. 아무리. [형용사 앞에 쓰여 정도가 더 심함을 나타내며, 대체로 '更(gèng)', '更加(gèngjiā)'에 상당함] ¶问题~多也要逐一解决。=문제가 아무리 많아도 하나씩 해결해야 한다. **6** 별도로. 더. 그리고. [보충됨을 나타내며, '另外(lìngwài)', '又(yòu)' 에 상당함] ¶炒两个菜, ~来一瓶啤酒. =볶음 요리 두 접시와 맥주 한 병 더 주세요. ≒复
**【再版】zàibǎn** 통 **1** (서적과 간행물을) 재판하다. ¶修订~=수정하여 재판하다. **2** 다시 인쇄하다. ¶这本书~五千册. =이 책은 5천 권을 다시 인쇄한다.
**【再保险】zàibǎoxiǎn** 명통 재보험(하다). =【分保】fēnbǎo
**【再不】zài·bu** 접구 **1** 그렇지 않으면. 안 그러면. ¶~, 你去找老李帮帮忙。=그렇지 않으면,

네가 이씨를 찾아가서 도와 달라고 해. **2** …하거나, 혹은 …하거나. …하든지, 혹은 …하든지. [두 가지 중에서 하나를 선택함을 나타냄]
**【再不然】zàibùrán** 접 그렇지 않으면. 안 그러면. [선택을 나타내는 복문에 쓰여 마지막으로 선택할 수 있는 항목을 이끌어 내며, '不然', '要不然'에 상당함] ¶或者去公园, 或者去动物园, ~就去爬山。=공원에 가든지, 동물원에 가든지, 그렇지 않으면 등산 가자.
**【再次】zàicì** 부 재차. 거듭. 두 번째. 다시 한 번. ¶~相见=다시 한 번 만나다.
**【再度】zàidù** 부 재차. 거듭. 두 번째. 다시 한 번. ¶~获奖=다시 한 번 상을 타다.
**【再犯】zàifàn** 통 **1** 다시 침범하다. ¶外敌~=외적이 다시 침범하다. **2** (병이) 재발하다. 도지다. ¶他的脚气没有~。=그의 무좀은 재발하지 않았다. **3** 재범하다. 다시 잘못을〔범죄를〕저지르다. ¶知错就改, ~=잘못을 알았으면 바로 고쳐야지, 다시 잘못을 저지르지 말아라.
**【再分配】zàifēnpèi** 통 **1** (사물을) 재분배하다. ¶利润~=이윤을 재분배하다. **2** 두 번째로 일자리를 배치하다. (일자리를) 다시 배치하다. ¶他被退回学校, ~到了上海。=그는 학교로 되돌아와서 다시 상하이(上海)로 배치됐다.
**【再会】zàihuì** 통 (인사말로) 또 뵙겠습니다. 안녕히 계십시오〔가십시오〕. 안녕. ≒再见
**【再婚】zàihūn** 통 (이혼이나 배우자의 죽음 후에) 재혼하다.
**【再嫁】zàijià** 통 재가하다.
**【再见】zàijiàn** 통 (인사말로) 또 뵙겠습니다. 안녕히 계십시오〔가십시오〕. 안녕. ≒再会
**【再醮】zàijiào** 통 (과부가) 재가하다.
**【再接再厉】zàijiē-zàilì** 성 **1** 수탉이 서로 싸울 때, 쪼기 전에 항상 부리를 다듬다. **2**(비) 더욱 더 힘쓰다. 한층 더 분발하다. =【再接再砺】zàijiē-zàilì
**【再接再砺】zàijiē-zàilì** ☞【再接再厉】zàijiē-zàilì
**【再就业】zàijiùyè** 통 재취업하다.
**【再利用】zàilìyòng** 통 재활용하다.
**【再起】zàiqǐ** 통 재기하다. ¶东山~=세력을 잃었다가 다시 재기하다. 권토중래(捲土重來)하다.
**【再娶】zàiqǔ** 통 (남자가) 재혼하다.
**【再认识】zàirèn·shi** 통 재인식하다.
**【再三】zàisān** 부 재삼. 두세 번. 몇 번씩. 거듭. 여러 번. ¶~叮嘱=거듭〔재삼〕 신신당부하다.
**【再三再四】zàisān-zàisì** 성 재삼재사. 몇 번씩. 거듭. 여러 번.
**【再审】zàishěn** 통 **1** 재심사하다. 재검열하다. 재심의하다. ¶书稿要发送有关部门~。=원고를 관련 기관으로 보내서 재심사해야 한다. **2**(法) 재심하다.
**【再生】zàishēng** 통 **1** 되살아나다. 부활하다. ¶就是华佗~, 他的病也没有救了。=화타가 되살아난다 해도 그의 병을 고칠 수 없다. **2**(生) 재생하다. 소생하다. 다시 자라다. ¶组织~=조직이 재생되다. **3** (어떤 폐품을 가공하여) 재생

시키다. ¶~塑料=재생 플라스틱. 늑复活.

【再生布】zàishēngbù 圐(紡) 재생포.

【再生产】zàishēngchǎn 통(經) 재생산하다.

【再生父母】zàishēng-fùmǔ 阁 자신에게 커다란 은혜를 준 사람. [주로 생명의 은인을 가리킴] =【重生父母】chóngshēng-fùmǔ

【再生水】zàishēngshuǐ ☞【中水】zhōng shuǐ

【再生资源】zàishēng zīyuán ☞【可更新资源】kěgēngxīn zīyuán

【再世】zàishì 圐 내세. 후세. 다음 세상. ¶~图报大恩. =내세에 은혜에 보답하려 하다. 통문 되살아나다. 부활하다. ¶关公~=관공(關公)이 부활하다.

【再衰三竭】zàishuāi-sānjié 阁 사기가 떨어져 다시 일어날 수 없다.

【再说】zàishuō 통 1 다시 한 번 말하다. ¶我听得不太清楚, 请您~一遍。=내가 잘 못 들었는데, 다시 한 번 말해 주세요. 2 다음에 다시 생각하다. 나중에 다시 처리하다. ¶这件事不着急, 过段时间~。=이 일은 급하지 않으니, 좀 있다가 다시 처리하자. 접 게다가. 더구나. 하물며. 그리고. [단문을 연결하여 한층 더한 이유를 추가함을 나타내며, '况且(kuàngqiě)'에 상당함] ¶太晚了, 就不去找他了, ~他也不一定在家。=너무 늦어서 그를 찾아가지 않겠어요, 게다가 그가 꼭 집에 있는 것도 아니잖아요.

【再现】zàixiàn 통 (지난 사물을) 재현하다. 다시 나타나다[출현하다]. ¶这部影片~了当代农村生活的真实情境。=이 영화는 당시의 농촌 생활의 참모습을 재현했다.

【再议】zàiyì 통 다시[따로] 상의하다[토론하다]. ¶剩下的问题, 留待下次例会~。=남은 문제들은 다음 정기 모임에 다시 토론하자.

【再有】zàiyǒu 통 다시 더하다. 더 있다. ¶~十万, 就够买一套别墅了。=10만(위안)이 더 있으면 별장 한 채를 살 돈이 된다. 접 또. 더. 게다가. 그리고. [보충할 내용을 이끌며, '另有(lìngyǒu)', '还有(háiyǒu)'에 상당함] ¶~, 从长期目标看, 这个方案也比较可行。=그리고 장기적인 목표로 보면, 이 방안도 비교적 쓸 만하다.

【再造】zàizào 통 1 재건하다. ¶~家园=집안을 재건하다. 2 다시 이 세상에 태어나다. 새 생명을 주다. [주로 커다란 은혜에 감격함을 나타내는 데 쓰임] ¶恩同~=생명의 은인. 은혜가 한없이 크다.

【再则】zàizé 접 또한. 그리고. 다음으로. 두 번째로. [단문을 연결하여 두 번째 이유를 추가함을 나타냄] ¶我今天忙得很, ~事情也不急, 我们改日再谈吧。=나는 오늘 아주 바쁘고, 또한 일도 급한 게 아니니, 우리 다음에 다시 얘기합시다.

【再者】zàizhě 접 또한. 다음으로. 두 번째로. [단문을 연결하여 두 번째 이유를 추가함을 나타냄]

【再植】zàizhí 통(生) 이식하다. 잇다. ¶断肢~=절단된 사지(四肢)를 잇다.

**在** zài 있을 재

통 1 존재하다. 생존하다. ¶大有人~=그와 같은 사람은 많이 있다. / 无所不~=어디에나 다 있다. 2 (사람이나 사물이) …에 있다. ¶他~办公室里。=그는 사무실에 있다. 3 (어떤 직위에) 몸담고 있다. 머물러 있다. 남아 있다. ¶不~其位, 不谋其政。=그 지위에 있지 않으면 그 일을 도모하지 않는다. 4 (어떤 단체에) 참여하다. 속하다. ¶~组织=조직에 속하다. 5 …에 있다. …에 달려 있다. ¶贵~坚持=꾸준하게 지속하는 것이 중요하다. 凰 1 마침 …하고 있다. 막 …하고 있는 중이다. ¶列车~快速地奔驰。=열차가 빠른 속도로 질주하고 있다. 2 ['所'와 함께 쓰여 강조를 나타냄. 아래에 주로 '不(bù)'를 이어 씀] ¶赴汤蹈火, ~所不辞。=어떠한 위험이라도 감수하겠다. 翀 …에(서). …에 있어서. [동작·행위와 상관 있는 시간·장소·범위·조건 등을 이끎] ¶那起事故发生~去年夏天。=그 사고는 작년 여름에 일어났다. 圐 (Zài) 성(姓).

◐─● 好在, 何在, 内在, 潜qián在, 实在, 所在, 外在, 现在, 行在, 自在

【在案】zài'àn 통 (조사할 수 있도록) 문건에 기록되어 있다. ¶记录~=기록되어 있다.

【在编】zàibiān 통 재적(在籍)하다. ¶~人员=재적 인원

【在册】zàicè 통 등록하다. 명부에 있다. ¶记录~=명부에 기록되어 있다.

【在场】zàichǎng 통 그 자리에 있다. 현장에 있다. ¶~目击证人=현장 목격자.

【在朝】zàicháo 통 조정의 관직에 있다. ¶~为官=관리로 조정에 있다. ↔在野

【在党】zàidǎng 통 1 어떤 당파에 속하다. 당원으로 속해 있다. 2 중국 공산당에 속해 있다. 중국 공산당 당원으로 있다.

【在读】zàidú 통 (학교·연구 기관에서) 공부하고 있다. 재학(在學)하고 있다. ¶~硕士生=석사과정 재학생.

【在岗】zàigǎng 통 재직(在職)하다. 직장에서 일하고 있다. 고용되어 있다. ¶~职工=재직하고 있는 직공.

【在官】zàiguān 통 관직에 있다. ¶~言官=어떤 직위에 있으면 그 직위에 관계된 이야기만 하다. 자신이 처한 범위 내에서만 이야기하다.

【在行】zàiháng 혱 (어떤 분야에) 정통하다. 능통하다. ¶他修理手机非常~。=그는 휴대 전화 수리에 대단히 능통하다.

【在乎】zài·hu 통 1 …에 있다. [사물의 본질이 있는 곳을 가리키며, '就是(jiùshì)'에 상당함] …에 달려 있다. [사물의 관건이 되는 것을 가리키며, '决定于(juédìngyú)'에 상당함] ¶诗之好坏, 不~辞藻华丽, 而~题旨美意境。=시의 좋고 나쁨은 문체가 화려한 데 있지 않고, 주제의 취지와 정취에 있다. 2 (유쾌하지 않은 일을) 마음속에 두다. 신경 쓰다. 개의하다. [주로 부정어 뒤에 쓰임] ¶毫不~=전혀 개의치 않다.

【在即】zàijí 통 (어떤 상황이) 임박하다. 다가오다. ¶开学~=개학이 임박하다.

## zài 在

**【在家】 zàijiā** 동 **1** 집에 있다. ¶他今天没上班, ~休息。=그는 오늘 출근하지 않고, 집에서 쉰다. **2** 직장〔회사〕에 있다. ¶~的公司领导全部参加了这次会议。=직장에 있는 회사 간부들은 모두 이번 회의에 참가했다. **3**《佛》속세에서 생활하다. 속세를 떠나지 않다. ¶~人=속세 사람。 ↔出家

**【在建】 zàijiàn** 동 건설 중이다. ¶~项目=건설 중인 항목.

**【在教】 zàijiào** 동 **1** 신앙을 가지고 있다. 종교를 믿고 있다. **2** 이슬람교를 믿다.

**【在劫难逃】 zàijié-nántáo** 성 **1**《佛》팔자에 있는 재난은 피할 수 없다. **2** 어떤 불행한 일은 반드시 일어나며 피할 수 없다. 재앙을 피할 수 없다.

**【在理】 zàilǐ** 형 이치〔도리〕에 맞다. 일리 있다. ¶他的话句句~。=그의 말은 구구절절 이치에 맞다. ↔无理

**【在目】 zàimù** 동 눈 앞에 있다. 시선에 들어오다. ¶历历~=지나간 일들이 눈에 선하다〔역력하다〕.

**【在内】 zàinèi** 동 안에 포함하다. 내포하다. ¶利息~共四万八千元。=이자를 포함하여 모두 4만 8천 위안이다.

**【在聘】 zàipìn** 동 임용〔초빙〕 기간 내에 있다. ¶~职工=임용되어 있는 직공.

**【在谱】 zàipǔ** (~儿) 동 (말이) 사실에 부합하다. (공인하는) 준칙에 부합하다. 일리가 있다. ¶你说的很~。=네 말이 사실에 아주 부합한다.

**【在任】 zàirèn** 동 재임하다. ¶为官~=관리로서 재임하다.

**【在世】 zàishì** 동 (사람이) 세상에 살다. 살아 있다. ¶~之日=살아 있는 동안. ↔去世 谢世

**【在手】 zàishǒu** 동 수중에 있다. 손안에 있다. ¶宝剑~=보검이 수중에 있다.

**【在数】 zàishù** 동 **1** (미신에서) 액운(厄运)에 들어 있다. 운명이 이미 정해져 있다. 운수 소관이다. ¶~难逃=운명이 이미 정해져 있어 피하기 어렵다. **2** 어떤 범위 내에 들어 있다. ¶今天的来宾中, 老张不~。=오늘의 손님 중에 장씨는 들어 있지 않다.

**【在所不辞】 zàisuǒbùcí** 성 결코 사양하지〔마다하지〕 않다. ↔推三阻四

**【在所不计】 zàisuǒbùjì** 성 결코 문제삼지 않다. 결코 마음에 두지 않다.

**【在所不惜】 zàisuǒbùxī** 성 조금도 아까워하지 않다.

**【在所难免】 zàisuǒnánmiǎn** 성 피할 수 없다. 불가피하다.

**【在逃】 zàitáo** 동《法》(범인이나 용의자가) 도주 중이다. ¶主犯~=주범(主犯)이 도주 중이다. ↔在押

**【在逃犯】 zàitáofàn** 명《法》도주범. 탈주범.

**【在天之灵】 zàitiānzhīlíng** 성 **1** (미신에서) 사람이 죽은 후 천당에 오른 영혼을 가리킴. **2** 영혼. [죽은 사람과 그 혼을 공경하여 부르는 말]

**【在途】 zàitú** 동 운반 중이다. 운송 도중에 있다. ¶~商品=운송 중인 상품.

**【在外】 zàiwài** 동 **1** (집을 떠나) 밖에 있다. 외출 중이다. ¶出差~=외지로 출장 중이다. **2** (사람이나 사물을) 내포〔포함〕하지 않다. ¶每月付酬2,000元, 奖金~。=매달 보수로 2,000위안을 주며, 보너스는 포함되어 있지 않다.

**【在望】 zàiwàng** 동 **1** (먼 곳에 있는 사물이) 시야에 들어오다. 보이다. ¶遥遥~=아득히 보이다. **2** (바라는 일이) 눈앞에 다가오다. ¶成功~=성공이 눈앞에 다가오다.

**【在位】 zàiwèi** 동 **1** (군주의 자리에) 재위하다. **2** (높은 직위에) 재직하다. [주로 지도자급 위치에 있음을 가리킴]

**【在握】 zàiwò** 동 **1** (손에) 쥐고 있다. 틀어쥐고 있다. ¶财政大权~=재정 대권을 쥐고 있다. **2** 자신 있다. 확신이 있다. ¶胜利~=이길 자신 있다.

**【在下】 zàixià** 명⟨겸⟩ 저. 소인. 소생. [주로 조기 백화문과 중국 전통극에 보임] ¶~甘拜下风。=소인, 진심으로 승복합니다.

**【在先】 zàixiān** 명 사전. 이전. 종전. 옛날. ¶我对他的情况~并不了解。=나는 그의 상황에 대해 사전에 조금도 알지 못했다. 동 (어떤 일이 일어나기) 전에 …하다. 앞서〔미리〕 …해 두다. ¶有言~=앞서 언급하다.

**【在线】 zàixiàn** 동 **1** 생산 라인에 있다. ¶加工~=가공 생산 라인에 있다. **2** (과학 기술에 있어) 어떤 시스템의 통제를 받고 있다. ¶~监测=모니터링(monitoring)하다. **3**《컴》인터넷에 연결되어 있다. 온라인(online) 상태이다. ¶~交谈=인터넷에서 채팅하다.

**【在校】 zài‖xiào** 동 (공부하러) 학교에 있다. 재학 중이다. 학교를 다니다. ¶~读书=학교에서 공부하다.

**【在心】 zài‖xīn** 동 마음에 두다. ¶怀恨~=마음에 한을 품다.

**【在学】 zàixué** 동 공부하고 있다. 재학(在學)하고 있다. ¶~人员=재학생.

**【在押】 zàiyā** 동《法》(범인을) 감금 중이다. 구류 중이다. ¶~期间=구류 기간. ↔在逃

**【在野】 zàiyě** 동 **1** 조정의 관직을 맡고 있지 않다. **2** 재야에 있다. 정치권 밖으로 물러나 있다. ¶~内阁=섀도 캐비닛(shadow cabinet). 그림자 내각. ↔在朝

**【在野党】 zàiyědǎng** 명 야당.

**【在野内阁】 zàiyě nèigé** ☞【影子内阁】yǐng·zi nèigé

**【在业】 zàiyè** 동 취업 상태에 있다. ¶~人口=취업 인구.

**【在意】 zài‖yì** 동 마음에 두다. ¶毫不~=전혀 개의치 않다.

**【在于】 zàiyú** 동 **1** …에 있다. [사물의 본질이 있는 곳을 가리키며, '就是(jiùshì)'에 상당함] ¶失败~轻敌。=실패는 적을 얕잡아 본 데 있다. **2** …에 달려 있다. [사물의 관건이 되는 것을 가리키며, '决定于(juédìngyú)'에 상당함] ¶生命~运动。=생명은 운동에 달려 있다.

在 载 儎 篸 糌 簪 咱 **zán** 2437

【在在】 zàizài 명 도처. 곳곳. 각 방면. 이르는 곳. 가는 곳. ¶～皆是=어디에나 있다.
【在职】 zàizhí 명 재직하다. ¶～进修=재직 중 연수하다.
【在制品】 zàizhìpǐn 제작 중인 물건. 미완성품.
【在座】 zàizuò 동 1 자리에 앉아 있다. 2 출석하다. 참석하다. 재석하다. 자리에 있다. ¶这次会议, 有关专家学者都～。=이번 회의는 관련 전문가들이 모두 참석했다.

## 载[載] zài 실을 재

동 1 싣다. 적재하다. ¶车～斗量=매우 많이 진기하지 않다. 2 (길에) 가득하다. 충만하다. 넘치다. ¶怨声～道=원망의 소리가 길에 가득하다. 조동 …하면서, …하다. [중첩하여 '载(zài)…载(zài)…'의 격식을 만들어, 두 동작이 돌아가며 진행되거나 동시에 진행됨을 나타내며 '一边(yībiān)…一边(yībiān)…'에 상당함] ¶～笑～言=웃으며 말하다. 명 (Zài) 성(姓).
☞ zǎi

○● 超载, 承chéng载, 负载, 过载, 运载, 转zhuǎn载, 装载

【载波】 zàibō 명(物) 반송파(搬送波).
【载畜】 zàichù 동 방목할 수 있다. [목장이나 초원의 방목 능력을 말함] ¶这个草场可～十万头。=이 초원은 10만 마리를 방목할 수 있다.
【载畜量】 zàichùliàng 명 (목초지의) 동물 부양 능력. 방목 부담량. [목장이나 초원의 단위 면적당 하루에 방목할 수 있는 가축의 마릿수] =
【载牧量】 zàimùliàng
【载歌载舞】 zàigē-zàiwǔ 성 1 노래하며 춤추다. 2 마음껏 즐기다.
【载荷】 zàihè ☞【负荷】 fùhè
【载货】 zài‖huò 동 화물을 적재하다〔싣다〕. ¶～量=화물 적재량.
【载客】 zài‖kè 동 승객을 태우다. 여객을 수송하다. ¶～列车=승객 수송 열차.
【载牧量】 zàimùliàng ☞【载畜量】 zàichùliàng
【载频】 zàipín 명(电) 반송파(搬送波)의 주파수.
【载人】 zài‖rén 동 사람을 태우다. ¶～宇宙飞船=유인 우주선.
【载体】 zàitǐ 명 1 캐리어(carrier). 담체(擔體). [에너지를 전송할 수 있는 물질 혹은 다른 물질을 운반하는 물질] 촉매제(觸媒劑). 운반체. 2 저장 장치. [지식이나 데이터를 수용하는 물질 형태. 보편적으로 일반 물질을 수용할 수 있는 물체] ¶信息～=정보 저장 장치.
【载途】 zàitú 명 (운송 도구의) 수송 노정(路程). 운송 거리와 시간. ¶提高运力, 缩短～=운송 능력을 높여 수송 시간을 단축하다. 동 거리에 넘치다. ¶风雪～=눈보라가 거리에 휘몰아치다.
【载誉】 zàiyù 동 영예를 지니다. ¶～归来=영예를 지니고 돌아오다.
【载运】 zàiyùn 동 실어나르다. 운반하다. ¶～旅客=승객을 실어나르다.
【载重】 zàizhòng 동 (교통 도구에) 적재하다. ¶～汽车=트럭.
【载重量】 zàizhòngliàng 명 (운송 도구의) 적재량.
【载舟覆舟】 zàizhōu-fùzhōu 성 1 물은 배를 띄울 수 있지만, 배를 전복시킬 수도 있다. 2 비 민중은 군주를 떠받들어 모실 수도 있지만 몰아낼 수도 있다. 민심을 얻는 것은 무엇보다 중요하다.

## 儎[儎] zài 짐 재

명 (수송 도구에 실은) 짐. 화물. ¶卸～=짐을 부리다. 동 싣다. 적재하다. 받아들이다. 견디어 내다. 감당하다. 감내하다. 이겨 내다. ¶～负=부담하다. 양 배의 적재 화물을 배의 수로 세는 단위. [배 한 척의 적재 화물을 '一儎'라고 함]

## **zɑn**

## 篸[篸] zān 비녀 잠

명용 '簪(zān)'과 같음.

## 糌 zān 참파 찬

【糌粑】 zān·ba 명[日] 참파(rtsam-pa). [볶은 쌀보리를 갈아 만든 면으로, 소·양의 젖에서 얻어 낸 유지방 차와 곁들여 먹는 티베트족의 주식]

## 簪[(簪)] zān 비녀 잠

명 (～儿) 비녀. ¶玉～=옥비녀. 동 머리에 꽂다. ¶～戴=머리에 꽂다.
【簪花】 zānhuā 동 꽃을 머리에 꽂다. ¶～挂彩=꽃을 머리에 꽂고, 오색 비단을 드리우다.
【簪缨】 zānyīng 명 1 옛날 관리의 관에 꽂는 장신구. 2 높은 벼슬. 고관대작. ¶～世家=높은 벼슬을 가진 명문대가.
【簪子】 zān·zi 명 비녀.

## 咱[(喒·咋·偺·俨)]

zán 우리 찰

대 1 우리(들). ¶～班在校篮球比赛中获得了冠军。=우리 반은 학교 농구 경기에서 우승을 했다. 2 나. 저. ¶～和他交情不深。=나는 그와 친분이 두텁지 않다. ≒俺
☞ zá·, ·zan

【咱家】 zánjiā 명[口] 1 내 집. ¶～住在市中心。=내 집은 시내 중심에 있다. 2 우리 집. ¶农技扶贫团今天要来～。=농업 기술 빈곤 구제 단체가 오늘 우리 집에 온다.
☞ zájiā

【咱们】 zán·men 대 1 우리(들). [자기 쪽 '我(wǒ)'·'我们(wǒ·men)과 상대방 '你(nǐ)'·'你们(nǐ·men)'을 모두 포함함] ¶～都是龙的传人。=우리는 모두 용의 후손이다. 2 나 또는 너. ¶～有啥说啥, 肚里不打鼓。=나는 있는 대로 말

하기 때문에 가슴 떨릴 게 없다.

## 拶 zǎn 누를 찰

동 **1** 문 (꽉 눌러) 죄다. ¶排~=밀어 누르다. **2** (옛날, 형벌의 하나로) 형틀을 손가락 사이에 끼우다. 명 옛날, 손가락에 끼우는 형틀.
☞ zā

【拶指】**zǎnzhǐ** 동옛 손가락 사이에 형틀을 끼워 조이다.

【拶子】**zǎn·zi** 명 옛날, 손가락 사이에 끼우는 형틀.

## 昝 zǎn 성씨 잠

대 나. 저. [조기 백화문에 쓰임] 명 (**Zǎn**) 성(姓).

## 喒 zǎn 입에 물 잡

동문 **1** 입에 물다. 머금다. **2** 물다. 쏘다.

## *攒[攢] zǎn 모을 찬

동 쌓다. 모으다. 저축하다. 비축하다. 저장하다. 축적하다. ¶积~=조금씩 모으다. / ~钱=돈을 저축하다.
☞ **cuán**

## 趱[趲] zǎn 급히 갈 찬

동 **1** 서두르다. 급히 가다. [주로 조기 백화문에 쓰임] ¶~路=서둘러 가다. **2** 독촉하다. 다그치다. 재촉하다. ¶~马向前=말을 다그쳐 앞으로 나아가다.

## *暂[暫, 蹔] zàn 잠깐 잠

형 (시간이) 짧다. ¶短~=(시간이) 짧다. 부 잠시. 잠깐. 임시로. ¶用一时=잠시 임시로 사용하다. ↔久

【暂定】**zàndìng** 동 임시로 정하다. 잠정하다. ¶公司招聘考试日期~下周三.=회사 채용 시험 날짜를 다음주 수요일로 잠정하였다.

【暂短】**zànduǎn** 형 (시간이) 짧다.

【暂缓】**zànhuǎn** 동 잠시 늦추다[뒤로 미루다·연기하다·지연시키다]. ¶~实施=잠시 늦추어 실시하다.

【暂记】**zànjì** 동 잠깐 동안[임시로] 기록하다. ¶~账=가계정(假計定).

【暂且】**zànqiě** 부 잠시. 잠깐. 당분간. ¶~如此=당분간은 이러하다.

【暂缺】**zànquē** 동 잠시[잠깐] 비우다. ¶特等奖~.=특등상은 잠시 비워 두다.

【暂时】**zànshí** 명 잠깐. 잠시. 일시. ¶~停业=잠시 휴업하다. ≒暂时 ↔长期 长久

【暂停】**zàntíng** 동 **1** 잠시 중지하다[멈추다]. 일시 정지하다. ¶~施工=잠시 공사를 중지하다. **2** (體) 타임아웃(timeout)을 하다. 특정 구기 종목 경기에서 정해진 규칙에 따라 경기를 잠시 중지하다. ¶对方教练请求~.=상대편 감독이 타임을 요청하다. ≒停顿

【暂星】**zànxīng** 명 (옛날, 중국에서) 신성(新星). 일시성.

【暂行】**zànxíng** 동 (조례·규칙 등을) 임시로[잠정적으로·일시적으로] 시행하다. ¶~条例=임시 시행 조례.

【暂用】**zànyòng** 동 임시로 사용하다.

【暂住】**zànzhù** 동 임시로[당분간] 거주하다. 일시 체재(滯在)하다. ¶~朋友家=친구 집에 당분간 묵다.

【暂住人口】**zànzhù rénkǒu** 명 임시 거주 인구.

【暂住证】**zànzhùzhèng** 명 임시 거주증.

## 錾[鏨] zàn 끌 참

명 (금속이나 돌을 조각하는) 끌. ¶钢~=강철 끌. 동 (끌로 금속이나 돌에) 새기다. 조각하다. ¶~花=꽃무늬를 조각하다.

【錾刀】**zàndāo** 명 금·은 세공용 조각도.

【錾子】**zàn·zi** 명 (금속이나 돌을 조각하는) 끌. ¶石~=돌을 조각하는 끌.

## *赞¹[賛, 贊] zàn 도울 찬

동 **1** 돕다. 찬조하다. 보좌하다. 보필하다. 거들어 주다. 협조하다. 협력하다. ¶参~=참사관. 찬조하다. **2** (옛날, 각종 의식을 거행할 때) 의식의 절차를 낭독하고 진행을 맡아 보다. ¶~唱=의식의 절차를 낭독하고 진행을 맡아 보다.

| 赞 | zàn |
| 瓒 | zàn |
| 瓉 | zàn |
| 钻 | zuān |
| 蹭 | zuān |
| 缵 | zuǎn |

## **赞²[賛, 贊·讚] zàn 칭찬할 찬

동 **1** 칭송하다. 칭찬하다. 찬양하다. 찬미하다. ¶称~=칭찬하다. / 夸~=과찬하다. 명 **1** 옛 찬. [인물이나 사물을 찬양하는 내용을 담은 옛날 문체의 일종] ¶像~=초상화의 제찬(題贊). **2** (**Zàn**) 성(姓).

○ 参**cān**赞, 称**chēng**赞, 夸**kuā**赞, 盛**shèng**赞, 咏**yǒng**赞

【赞比亚】**Zànbǐyà** 명외(地) 잠비아(Zambia). [수도는 '卢萨卡(루사카 : Lusaka)'임]

【赞不绝口】**zànbùjuékǒu** 성 칭찬하여 마지않다. 칭찬이 자자하다.

【赞成】**zànchéng** 동 **1** 문 성공하도록 도와 주다. 도와서 성공시키다. ¶~其行=그 일이 성공하도록 도와 주다. **2** (다른 사람의 주장이나 행위에) 찬성하다. 찬동하다. 동의하다. ¶我不~他的提议.=나는 그의 제의에 찬성하지 않는다. ≒赞同 同意 ↔反对 反驳

【赞成票】**zànchéngpiào** 명 찬성표. 찬표(贊票). ¶投~=찬성표를 던지다.

【赞词】[赞辞] **zàncí** 명 찬사. 칭찬하는 말. ¶不置~=찬사를 그치지 않다.

【赞辞】**zàncí** ☞ [赞词] **zàncí**

【赞服】**zànfú** 동 칭찬하며 탄복하다. 찬탄하다. ¶心中~=마음속으로 찬탄하다.

【赞歌】**zàngē** 명 찬가. ¶英雄~=영웅 찬가. ≒颂歌

【赞礼】**zànlǐ** 동옛 (옛날, 관혼상제의 의식을 거

【赞美】zànměi 동 찬미하다. 찬양하다. 칭송하다. ¶~塞外的雪景=만리장성 이북 지역의 설경을 찬미하다. ≒赞颂
【赞美歌】zànměigē ☞【赞美诗】zànměishī
【赞美诗】zànměishī 명(宗) 찬송가. 찬미하다. =【赞美歌】zànměigē
【赞慕】zànmù 동 높이 평가하며 부러워하다. ¶无比~=더없이 높이 평가하며 부러워하다.
【赞佩】zànpèi 동 칭찬하며 탄복하다. 찬탄하다. ¶无限~=한없이 찬탄하다.
【赞赏】zànshǎng 동 찬상하다. 칭찬하며 높이 평가하다. ¶击节~=손으로 무릎을 치면서 찬상하다.
【赞颂】zànsòng 동 찬송하다. 찬양하다. 칭송하다. ¶~伟大的祖国=위대한 조국을 찬송하다. ≒赞美 ↔批判 奚落
【赞叹】zàntàn 동 찬탄하다. 감탄하며 찬미하다. ¶~不已=찬탄해 마지않다.
【赞同】zàntóng 동 (다른 사람의 주장이나 행위에 대해) 찬성하다. 찬동하다. 동의하다. ¶~认可=찬성하며 승낙하다. ≒赞成 同意 ↔反驳 反对 批驳
【赞羡】zànxiàn 동 찬상하며 부러워하다. ¶极为~=대단히 찬상하며 부러워하다.
【赞许】zànxǔ 동 칭찬하며 허락하다. ¶他露出一脸~的微笑。=그는 칭찬하는 미소를 내보였다.
【赞扬】zànyáng 동 찬양하다. 칭찬하다. ¶他取得的成绩受到了大家的高度~。=그가 얻은 성적이 모두의 높은 칭찬을 받았다. ↔批评 讽刺
【赞语】zànyǔ 명 찬사. 칭찬(찬양)하는 말.
【赞誉】zànyù 동 칭찬하다. 찬양하다. ¶交口~=입에서 입으로 칭찬하다.
【赞助】zànzhù 동 찬조하다. 지지하다. 협찬하다. [요즘은 주로 경제적인 도움을 가리킴] ¶~学校=학교에 찬조하다. ≒资助
【赞助商】zànzhùshāng 명 협찬 기업. 협찬사.

## 酂[酇] Zàn 땅 이름 찬
명 (地) 짠. [지금의 후베이(湖北)성 라오허커우(老河口)시 서북쪽에 있는 옛 현 이름]
☞ Cuó

## 灒[灒] zàn 물 튈 찬
동 〈방〉 (액체가) 튀다. ¶~了一身泥水。=온몸에 흙탕물이 튀었다.

## 瓒[瓚] zàn 국자 찬
명 (옛날, 제사 때 술을 뜨는 데 쓰는) 옥으로 만든 국자.

## 咱[喒·喒·偺·偺] ·zan 나 찰

(지금·이때)'·'那咱(그때)'·'多咱(언제)'에 쓰이며, '早晚(zǎowǎn)'의 합음(合音)임. ¶你多~来的?=너 언제 온 거니?
☞ zá, zán

# zang

## 赃[贓] zāng 장물 장
명 장물(贓物). 장품(贓品). 뇌물. ¶追~=장물을 찾다. / 贪~枉法=뇌물을 받아먹고 법을 어기다. 형 횡령한. 뇌물로 받은. 장물의. 부정한. ¶追缴~款=뇌물로 받은 돈을 추징하다.
【赃官】zāngguān 명 부정 관리. 탐관오리(贪官污吏). ¶惩治~=탐관오리를 징벌하다. ↔清官
【赃款】zāngkuǎn 명 부정한 돈. 뇌물로 받은 돈. 훔친 돈.
【赃物】zāngwù 명 부정한(훔친·뇌물로 받은) 재물. 장물. ¶没收~=부정한 수단으로 모은 재물을 몰수하다.
【赃证】zāngzhèng 명 (도둑질·횡령 등의) 범죄 사실을 증명할 증거.

## 脏[髒] zāng 더러울 장
형 더럽다. 불결하다. 지저분하다. ¶~东西=더러운 것. / ~衣服=때묻은 옷. ↔洁 净
☞ zàng

⊙ 分脏, 坐脏

【脏病】zāngbìng 명 성병(性病).
【脏话】zānghuà 명 추잡한(상스러운) 말. 욕. ¶满口~=입만 열면 온통 욕지거리뿐이다.
【脏活儿】zānghuór 명 더러운 일. [작업 환경이 열악하거나 비위생적인 육체 노동]
【脏乱】zāngluàn 형 더럽고 지저분하다(너저분하다). ¶~不堪=형편 없이 더럽고 지저분하다.
【脏乱差】zāng luàn chà 형 더럽고 혼란스럽고 지저분하다(너저분하다). ¶加强治理周边~的环境=주변에 더럽고 혼란스럽고 지저분한 환경에 대한 관리를 강화하다.
【脏钱】zāngqián 명〈구〉불법적으로 혹은 부도덕하게 번 돈. 부정한 돈. 더러운 돈.
【脏水】zāngshuǐ 명 더러운 물. 탁한 물. 오염된 물. 하수(下水). 구정물. 오물.
【脏土】zāngtǔ 명 1 먼지. 때. 오물. 더러운 흙. 2 쓰레기.
【脏污】zāngwū 형 더럽다. 불결하다. ¶不堪=몹시 더럽다. 명 때. 얼룩. 더러운 자국(것). 오물. ¶清洗~=때를 씻어 내다.
【脏症】zāngzhèng 명 성병(性病).
【脏字】zāngzì (~儿) 명 저속한 말. 욕지거리. 비천한 말. ¶他这个人缺乏教养, 一说话就带~儿。=그는 교양이 없어 입만 열었다 하면 욕지거리가 나온다.

## 牂 zāng 암양 장

## zāng

명⟨동⟩ 암양. 양의 암컷.
【牂牁】**Zāngkē** 명(地) 짱커. [옛 지명으로, 구이저우(贵州)성에 있었음]
【牂牂】**zāngzāng** 형⟨문⟩ (초목이) 무성한 모양. 무성하다. 우거지다. ¶其叶～ =그 잎이 무성하다.

## 臧 zāng 착할 장

형⟨문⟩ 착하다. 선하다. 좋다. 옳다. ¶谋国不～ =국사를 계획하는 방법이 옳지 않다. 동⟨문⟩ 칭찬하다. 찬미하다. 찬양하다. ¶～否功过 =공과를 평가하다. 명(Zāng) 성(姓). [고어에서 '藏(cáng)'과 같음]↔否(pǐ)
【臧否】**zāngpǐ** 명⟨문⟩(可否). ¶考察名实, 区别～. =이름과 실제를 고찰하여 좋고 나쁨을 구별하다. 동⟨문⟩ 좋고 나쁨을 비판하다[평가하다·따지다·가리다]. ¶～是非 =옳고 그름을 가리다.
【臧否人物】**zāngpǐ-rénwù** 숙 인물을 평가[비평]하다.

## 驵[駔] zǎng 준마 장

명⟨문⟩ 준마(骏马). 양마(良马).
【驵侩】**zǎngkuài** 명⟨문⟩ **1** 말 매매(买卖) 거간꾼. **2** 거간꾼. 중개인. 중개상. 브로커.

## *脏[臟] zàng 내장 장

명 **1**(醫) 중의학에서 심장(心脏)·간장(肝脏)·비장(脾脏)·폐장(肺脏)·신장(肾脏)을 가리킴. ¶五～六腑 =오장 육부. **2**(生) 내장. ¶肾～ =신장. / 肝～ =간장.
☞ **zāng**

○● 膵脏, 肺 fèi 脏, 肝脏, 内脏, 脾 pí 脏

【脏腑】**zàngfǔ** 명(醫) 오장육부. [중의학에서 인체 내장의 총칭]
【脏器】**zàngqì** 명(醫) 장기. 내장의 여러 기관.

## 奘 zàng 몸집 클 장

형 **1**⟨문⟩ 장대하다. 건장하다. [주로 인명에 쓰임] ¶玄～ =현장. [당(唐)대의 고승(高僧)] **2**⟨문⟩ (말과 행동 등이) 거칠고 딱딱하다. 퉁명스럽다. ¶他说话一贯～得很. =그는 말하는 게 언제나 퉁명스럽기 그지없다.
☞ **zhuǎng**

## 葬[[塟·塟]] zàng 장사 지낼 장

동 **1** (시체를) 매장하다. 묻다. ¶安～ =안장하다. / 丧～ =장례. **2** 장사 지내다. ¶火～ =화장하다. / 海～ =바다에 수장하다.

○● 殡 bìn 葬, 从 cóng 葬, 国葬, 海葬, 墓 mù 葬, 陪 péi 葬, 丧 sāng 葬, 水葬, 随葬, 天葬, 土葬, 殉 xùn 葬

【葬礼】**zànglǐ** 명 장례(식). 장의(葬儀). ¶从俭～ =장례를 검소하게 하다.
【葬埋】**zàngmái** 동 (시체를) 묻다. 매장하다.
【葬身】**zàngshēn** 동 **1** 매장되다. 묻히다. ¶死无～之地. =죽어도 몸이 묻힐 곳이 없다. **2** 죽다. 사망하다. ¶～虎口 =호랑이에게 물려 죽다. **3**(비) (사물이) 파괴되다. 멸망하다. 소멸하다. 괴멸되다. 섬멸되다. 파멸되다. 사라지다. ¶被击落的敌机～海底. =격추된 적기는 바다 밑으로 사라졌다.
【葬送】**zàngsòng** 동 (목숨·희망·미래 등을) 잃다. 내버리다. 상실하다. 망치다. 매장하다. 못쓰게 하다. 파멸시키다. ¶就这样, 他白白地～了生命. =바로 이렇게 그는 헛되이 목숨을 잃고 말았다.
【葬仪】**zàngyí** 명 장례(식). 장의(葬儀).

## *藏 zàng 저장할 장

명 **1** 창고. 저장소. ¶宝～ =보물 창고. **2**(佛) 불교 경전의 총칭. ¶大～经 =대장경. **3**(道) 도교 경전의 총칭. ¶道～ =도교 경전. **4**(Zàng) 시짱(西藏). 티베트(Tibet). ¶青～高原 =칭짱(青藏) 고원. **5**(Zàng) 장족(藏族). 티베트(Tibet)족. ¶～俗 =티베트족의 풍습. [고어에서 '脏(zàng)'과 같음]
☞ **cáng**

【藏红花】**zànghónghuā** 명(植) **1** (티베트(Tibet)에서 나는) 사프란(saffron). [부인병 치료에 쓰임] **2** 사프란(saffron) 꽃.
【藏蓝】**zànglán** 형 붉은[자주]빛을 띤 남색의. ¶～色的上衣 =붉은빛을 띤 남색 상의.
【藏历】**Zànglì** 명 티베트의 전통 역법(曆法).
【藏青】**zàngqīng** 형 짙은 남색의. ¶～色的西服 =짙은 남색 양복.
【藏青果】**zàngqīngguǒ** 명【诃子】**hēzǐ**
【藏文】**Zàngwén** 명 **1** 티베트(Tibet) 문자. **2** 티베트(Tibet) 어.
【藏戏】**zàngxì** 명(劇) 티베트(Tibet)족의 전통극. [북과 바라로 반주를 하고 등장 인물은 대부분 가면을 쓰며, 시짱(西藏)과 기타 장족(藏族) 지역에서 유행함]
【藏香】**zàngxiāng** 명 시짱(西藏)에서 나는 선향(线香).
【藏学】**zàngxué** 명 시짱(西藏)의 역사·문화·정치·경제 등을 연구하는 학문.
【藏药】**zàngyào** 명(醫) 티베트(Tibet) 의학을 중심으로 고대 인도·페르시아·중의학의 약학 이론을 융합해서 해발 4,000m의 티베트(Tibet) 지역의 약초를 원료로 하여 만든 약제.
【藏医】**zàngyī** 명 **1**(醫) 장족(藏族)의 전통 의학. **2** 장의(藏醫). [장족(藏族) 의학과 방법으로 병을 고치는 의사]
【藏语】**Zàngyǔ** 명 티베트(Tibet) 어.
【藏族】**Zàngzú** 명 장족. [중국 소수 민족의 하나로 주로 시짱(西藏)·칭하이(青海)·간쑤(甘肃)·쓰촨(四川)·윈난(云南) 지역에 분포함]

## zao

## *遭 zāo 만날 조

[동] **1** (불행이나 불리한 일을) 당하다. 겪다. 만나다. 입다. 부닥치다. ¶惨~毒手=참혹하게 악랄한 계략에 걸려들다. 참혹한 죽음을 당하다. / ~报应=업보를 받다. **2**[문] 빙빙 돌며 가다. 끼고 돌다. [양](~儿) **1** 바퀴. 둘레. ¶用绳多绕几~。=끈으로 몇 바퀴 더 감아요. **2** 번. 회. 차. ¶一~生, 两~熟。=처음에는 서툴러도 두 번째는 익숙해진다. 처음에는 낯설어도 두 번째는 친해진다.

【遭到】**zāodào** [동] (불행이나 불리한 일을) 당하다. 겪다. 만나다. 입다. 부닥치다. ¶~舆论的谴责=여론의 질책을 받다. ≒遭受

【遭逢】**zāoféng** [동] 조우(遭遇)하다. 우연히 만나다. 당하다. ¶~不幸=불행한 일을 당하다. ≒遭遇 遭际

【遭际】**zāojì** [동][문] 조우(遭遇)하다. 우연히 만나다. 처하다. ¶~艰危=위험에 처하다. [명][문] 경우. 처지. ¶人生~=인생의 불행한 처지. ≒遭遇 遭逢

【遭家不造】**zāojiābùcào** [성] **1** 주(周)나라 성왕(成王)이 부친의 장례에서 무왕(武王)이 붕어(崩御)하여 가업을 이루지 못함을 슬퍼하던 말. **2** 집안에 불행한 일을 당하다. [주로 부모가 죽는 것을 가리킴]

【遭劫】**zāo‖jié** [동] 재난을 당하다. 악운을 만나다.

【遭难】**zāo‖nàn** [동] **1** 난처하게 되다. 재난을 당하다. 문제에 부닥치다. ¶一方~, 八方支援。=한 곳에서 재난을 당하니 팔방에서 도와 준다. **2** 죽다. ¶他在那次海难中不幸~。=그는 그 바다 조난 사고 때 불행히 죽고 말았다.

【遭事】**zāo‖shì** [동][방] 재난을 당하다〔입다·겪다〕.

【遭受】**zāoshòu** [동] (불행 또는 손해를) 입다. 당하다. 만나다. 부닥치다. ¶~重创=엄청난 타격을 입다. ≒遭到

【遭瘟】**zāo‖wēn** [동][방] **1** 역병에 걸리다. **2** 불행을 당하다. 재수 없다. [주로 저주할 때 쓰이는 말] ¶一动真格的, 贪官就要~了。=실제대로 행하면 탐관오리는 불행을 당할 것이다.

【遭殃】**zāo‖yāng** [동] 재난을 입다. 불행〔재앙〕을 당하다.

【遭遇】**zāoyù** [동] 조우하다. (적 또는 불행·불리한 일을) 만나다. 부닥치다. 맞닥뜨리다. 당하다. ¶~水灾=수재를 당하다. [명] 처지. 경우. 경험. 운명. [주로 불행한 일을 가리킴] ¶悲惨的~=비참한 처지. ≒遭际 遭逢

【遭遇战】**zāoyùzhàn** [명]《軍》 조우전.

【遭灾】**zāo‖zāi** [동] 재해를 입다〔당하다〕. [주로 천재지변을 가리킴] ¶连年~=해마다 자연 재해를 당하다.

【遭罪】**zāo‖zuì** [동] 고생하다. 애를 먹다. 혼나다. 고통을 받다. 죄를〔벌을〕 받다. ↔享福

## **糟[1] zāo 지게미 조

[명] (술)지게미. ¶酒~=술지게미. [동] 술이나 지게미로 음식을 절이다. ¶~鱼=술이나 술지게미로 절인 생선. / ~鸡=술이나 술지게미로 절인 닭. [형] **1** 약하다. 부실하다. 허약하다. 썩다. 썩어 문드러지다. ¶这棵死树的根部都~了。=이 죽은 나무의 뿌리 부분은 모두 썩어 문드러졌다. **2** (일 또는 상황이) 나쁘다. 좋지 않다. 잘못되다. 망치다. 그르치다. ¶你又把这件事儿搞~了。=너 또 이 일을 망쳐 놓았구나. ↔好

## **糟[2] [(蹧)] zāo 망칠 조

[동] 파괴하다. 손상하다. 못 쓰게 하다. 망가뜨리다. ¶要节约, 不能随便~蹋东西。=절약해야지, 함부로 물건을 못 쓰게 하면 안 돼요.

○● 酒糟, 醪láo糟, 稀xī糟, 乱糟糟

【糟蛋】**zāodàn** [명] **1** 술 또는 술지게미로 절인 계란이나 오리알. **2**[방][비] 병신 같은 놈. 쓸모 없는 놈. 쓰레기 같은 놈. 겁쟁이.

【糟坊】**zāofáng** ☞【糟行】**zāoháng**

【糟糕】**zāogāo** [형] 못 쓰게 되다. 엉망이 되다. 망치다. ¶真~, 钥匙又忘到办公室里去了。=야단났군, 열쇠를 또 사무실에 놓고 왔네.

【糟行】**zāoháng** [명] 양조장. =【糟坊】**zāofáng**

【糟毁】**zāohuǐ** [동] 부수다. 파괴하다. 다치다. 손상하다. 상하게 하다. 망가뜨리다. ¶肆意~=함부로 부수다.

【糟践】**zāo·jian** [동] **1** 낭비하다. 못 쓰게 하다. 상하게 하다. 손상하다. ¶~粮食的行为是可耻的。=양식을 낭비하는 것은 부끄러운 일이다. **2** 능욕하다. 모욕하다. 헐뜯다. 비방하다. ¶他这是存心~人!=그의 이런 행동은 고의로 사람을 모욕하는 것이다! ≒糟蹋

【糟糠】**zāokāng** [명] **1** 지게미와 쌀겨. **2**[비] 쓸모 없는 것. 가치 없는 것. 헌신짝. ¶弃若~=헌신짝처럼 버리다.

【糟糠之妻】**zāokāngzhīqī** [명][비] 조강지처.

【糟烂】**zāolàn** [형] 썩다. 썩어문드러지다. 부패하다. ¶这根木头已经~不堪了。=이 목재는 이미 심하게 썩었다.

【糟粕】**zāopò** [명] **1** 술지게미. 비지. **2**[비] 쓸모없는 것. 가치가 없는 것. 찌꺼기. ¶去其~, 取其精华。=찌꺼기는 버리고 알맹이를 취하다. ↔精华

【糟踏】**zāo·tà** ☞【糟蹋】**zāo·tà**

【糟蹋】[糟踏] **zāo·tà** [동] **1** 낭비하다. 못 쓰게 하다. 손상하다. 망치다. 파괴하다. ¶不要~粮食。=양식을 낭비하지 마라. **2** 모욕하다. 짓밟다. ¶你这话可真有些~人。=너의 이 말은 정말 모욕적이다. **3** 유린하다. 능욕하다. ¶这个花季少女不幸被歹徒~了。=이 꽃다운 소녀는 불행하게 강도에게 유린당했다. ≒糟践 ↔爱惜

【糟透】**zāotòu** [형] 엉망진창이다. 난처하게 되다. [뒤에 주로 '了(·le)'가 함께 쓰임] ¶现在的局面~了。=현재의 국면은 엉망진창이다.

【糟心】**zāoxīn** [형] 속상하다. 짜증나다. 기분을 잡치다. ¶这事儿太让人~了。=이 일은 사람을 매우 속상하게 만든다.

【糟鸭】zāoyā 图 술이나 술지게미로 절인 오리.

* 凿[鑿] záo 뚫을 착
  图 1 끌. 정. ¶扁~=평날 끌. 2❶ 끌이나 정으로 판 구멍[홈]. 장붓구멍. ¶方枘圆~=네모난 장부와 둥근 장붓구멍이 서로 맞지 않다. 图 1 (끌이나 정으로) 구멍[홈]을 파다[뚫다·내다]. ¶~冰=얼음을 뚫다. 2 파헤치다. 파다. 캐다. ¶开~运河=운하를 파다. 图 뚜렷하다. 확실하다. 명확하다. 진실이다. ¶证据确~=증거가 확실하다.

  ○● 穿chuān凿, 开凿

【凿壁偷光】záobì-tōuguāng ☞【穿壁引光】chuānbì-yǐnguāng
【凿井】záo‖jǐng 图 우물을 파다. 착정하다.
【凿空】záokōng 图 견강부회하다. 억지로 둘러맞추다. ¶~之论=견강부회한 이론. ↔凿凿
【凿枘】záoruì 图 1 ① 장붓구멍과 장부. ② (의견·마음·성격 등이) 서로 잘 맞는 관계. 2 ① 둥근 장붓구멍과 네모난 장부. ② (의견·성격 등이) 서로 잘 맞지 않는 관계. =【枘凿】ruìzáo
【凿岩机】záoyánjī 图(机) 착암기. =【风钻】fēngzuàn
【凿眼】záo‖yǎn 图 (끌로) 구멍을 파다. ¶~放炮=(돌에) 구멍을 파서 화약을 터뜨리다.
【凿凿】záozáo 图 확실하다. 명확하다. 진실하다. ¶言之~=말하는 것이 매우 확실하다. ↔凿空
【凿子】záo·zi 图 끌. 정.

** 早 zǎo 아침 조
  图 아침. ¶清~=이른 아침. / 起~贪黑=아침 일찍 일어나고 저녁 늦게 잠을 자다. 图 1 (때가) 이르다. 빠르다. ¶他副教授比我评得~。=그는 나보다 일찍 부교수에 임명되었다. 2 조기의. 초기의. 시간적으로 앞서. ¶十九世纪~期=19세기 초기. 3 안녕하십니까? [아침 인사말] ¶您~！=안녕하십니까? 图 이미. 벌써. 진작에. 일찍이. 일찌감치. 오래 전에. ¶他~就上班去了。=그는 진작에 출근했다. ≒晨 ↔晚 迟

  ○● 趁chèn早, 迟chí早, 及早, 绝早, 明早, 清早, 提早, 一早, 一清早

【早安】zǎo'ān 图 밤새 안녕하셨습니까? 안녕히 주무셨습니까? 잘 잤니? [아침 인사말] ¶张老师, ~！=장 선생님, 안녕히 주무셨습니까?
【早班】zǎobān 图 아침[오전] 근무반. 아침 당번. 아침 교대. ↔晚班
【早半响儿】zǎobànshǎngr ☞【早半天儿】zǎobàntiānr
【早半天儿】zǎobàntiānr 图图 오전 내내. 아침 내내. =【早半响儿】zǎobànshǎngr
【早搏】zǎobó 图(医) 기외 수축. [정상적인 간격보다 빨리 일어나는 심장의 수축]
【早餐】zǎocān 图 아침밥. 조반. ≒早饭 ↔晚餐

【早操】zǎocāo 图 아침 체조.
【早茶】zǎochá 图 아침 차. ¶粤式~=광동(广东)식 아침 차.
【早产】zǎochǎn 图(医) 조산하다.
【早产儿】zǎochǎn'ér 图 조산아.
【早场】zǎochǎng 图 (연극·영화 등의) 조조 공연. 오전 공연. ↔晚场
【早朝】zǎocháo 图 (옛날, 군왕의) 조회(朝會). [모든 벼슬아치가 함께 정전에 모여 임금에게 문안드리고 정사를 아뢰던 일]
【早潮】zǎocháo 图 (강과 바다의) 아침 조수.
【早车】zǎochē 图 아침 차[열차·버스]. ↔晚车
【早晨】zǎo·chen 图 1 (이른) 아침. 새벽. 오전. 2 (气) 오전 5시에서 8시까지의 시간. ≒早上 ↔晚上 夜晚
【早出暮归】zǎochū-mùguī ☞【早出晚归】zǎochū-wǎnguī
【早出晚归】zǎochū-wǎnguī 图 1 아침 일찍 나가서 밤늦게 돌아오다. 2 (비) 하루 종일 밖에서 부지런히 일하다. =【早出暮归】zǎochū-mùguī
【早春】zǎochūn 图 이른 봄. 초봄. ¶~时节=이른 봄날. ↔暮春
【早稻】zǎodào 图(农) 올벼. 조도(早稻). 조양(早穰). 조종(早種). [제철보다 일찍 여무는 벼]
【早点】zǎodiǎn 图 (간단한) 아침 식사. 图 (~儿) 좀 일찍. ¶~动工=좀 일찍 공사를 시작하다. ↔夜宵
【早饭】zǎofàn 图 아침밥. 조반. ≒早餐 ↔晚饭
【早花】zǎohuā 图(农) 성장기가 비교적 짧고 성숙기가 비교적 이른 꽃.
【早慧】zǎohuì 图 (성격·지식 등이 나이에 비해) 발달이 빠르다. 어려서부터 매우 총명하다. ¶~神童=어린 천재. 신동(神童).
【早婚】zǎohūn 图 조혼하다. 이른 나이에 결혼하다. ↔晚婚
【早看东南, 晚看西北】zǎo kàn dōngnán, wǎn kàn xīběi ❀ 아침에는 동남쪽의 하늘을, 저녁에는 서북쪽의 하늘을 보며 날씨의 변화를 예측하다.
【早课】zǎokè 图(佛) (승려가) 아침 기도를 올리다. ¶上~=아침 기도를 올리다.
【早恋】zǎoliàn 图 이른[어린] 나이에 연애하다.
【早年】zǎonián 图 1 여러 해 전. 이전. 오래 전. 왕년. 옛날. ¶~这儿连一所小学也没有。=여러 해 전에 여기에는 초등 학교 하나도 없었다. 2 젊은 시절. 젊었을 때. ¶~他曾到美国留学。=젊었을 때 그는 미국에 유학 갔었다. ≒早岁 ↔晚年
【早期】zǎoqī 图 조기. 초기. 이른 시기. ¶~著作=초기 저작. ↔晚期
【早期白话】zǎoqī báihuà 图 조기 백화. [당송(唐宋) 시대부터 5·4운동 전까지의 백화]
【早起】zǎoqǐ 图 일찍 일어나다. ¶早睡~=일찍 자고 일찍 일어나다.
【早起】zǎo·qi 图图 (이른) 아침. 새벽.
【早前】zǎoqián 图图 이전. 옛날. ¶他~是一个木匠。=그는 이전에 목공이었다.

【早秋】zǎoqiū 명 초가을. 이른 가을.
【早日】zǎorì 명 이전. 예전. 조기. 조속한 시일 [시간]. ¶山城慢慢失去了一古朴的风采。=산성(山城)은 서서히 예전의 에스럽고 소박한 자태를 잃어버렸다. 튁 일찍이. 신속하게. 빨리. 곧. ¶祝你~实现自己的理想。=당신이 빨리 자신의 이상을 실현하기를 바랍니다.
【早上】zǎo·shang 명 아침. ≒早晨↔晚上 夜晚
【早市】zǎoshì 명 1 아침〔새벽〕장. 아침 시장. ¶赶~=아침 장에 가다. 2 (거래소에서의) 오전 중 거래. 전장(前場). ¶今天一共有五千元的营业额。=오늘 오전 거래액은 모두 5,000위안이다. ↔夜市
【早逝】zǎoshì 통 일찍 죽다. 요절하다. ¶英年~=젊은 나이에 요절하다.
【早熟】zǎoshú 형 1 (農) 조생(早生)하다. 일찍 여물다〔익다〕. ['晚熟(만숙하다)'와 구별됨] ¶~作物=조생 작물(早生作物). 2 (生) (신체나 지력 등이 나이에 비해) 조숙하다. ¶现在的孩子大多~。=요즘 아이들은 대다수가 조숙하다.
【早衰】zǎoshuāi 통 (醫) 일찍 노쇠(老衰)하다. 일찍 쇠약하고 늙다. 조로(早老)하다.
【早霜】zǎoshuāng 명 조상(早霜). 이른 서리. 철보다 일찍 내리는 서리.
【早睡】zǎoshuì 통 일찍 자다. ¶~精力旺, 早起精神爽。=일찍 자면 정력이 왕성하고, 일찍 일어나면 정신이 맑다.
【早死】zǎosǐ 통 일찍 죽다. ¶父母~=부모가 일찍 죽다.
【早岁】zǎosuì 명 1 여러 해 전. 이전. 오래 전. 왕년. 2 젊은 시절. 젊었을 때. ≒早年
【早退】zǎotuì 통 조퇴하다. 중도에 나가다. ¶无故~=이유 없이 조퇴하다.
【早晚】zǎowǎn 명 1 아침과 저녁. ¶他~都跑步锻炼。=그는 아침과 저녁에 달리기로 몸을 단련한다. 2㋮ 시간. 무렵. 때. ¶这~, 他们也该到了。=이때쯤 그들도 도착했을 것이다. 3㋯ 언젠가는. 언제. 다음에. [미래의 어느 시점을 가리킴] ¶你~进山来, 可要到我们那儿玩玩。=언제 당신이 산에 들어오면 우리한테 놀러 와야 요. 튁 결국에는. 조만간. ¶人~都是要死的。=사람은 결국에는 다 죽는다.
【早先】zǎoxiān 명 이전. 옛날. ¶他~住在乡下。=그는 이전에 시골에 살았다.
【早泄】zǎoxiè 통 (醫) 조루(早漏)하다.
【早已】zǎoyǐ 튁 훨씬 전에. 이미. 벌써부터. 진작에. ¶货~发出。=화물은 진작에 발송됐다. 명 이전. 옛날. ¶~我是教书的。=이전에 난 교사였다.
【早育】zǎoyù 통 (나이에 비해) 지나치게 일찍 출산하다.
【早早儿】zǎozǎor 튁 일찌감치. 일찍부터. 빨리. 일찍. ¶他们~就出发了。=그들은 일찌감치 출발했다.
【早造】zǎozào 명 (농작물의) 조생종(早生種).
【早知】zǎozhī 통 진작에 알다. 일찍 알다. ¶~会这样, 当初就不该开始。=이렇게 될 줄 알았다면 애초에 시작하지 않았을 텐데.
【早知今日, 悔不当初】zǎo zhī jīnrì, huǐ bù dāngchū 성 일찍이 오늘과 같은 일이 있을 줄 알았다면 애당초 그렇게 하지 않았을 텐데. 지금의 일을 생각해 보면 당초의 잘못이 후회된다.
【早自习】zǎozìxí 통 아침 수업 전에 자율 학습을 하다.

\*\***枣[棗]** zǎo 대추나무 조
명 1 (植) 대추나무. 2 (~儿) (植) 대추. 3 (Zǎo) 성(姓).
○● 海枣, 黑枣, 蜜枣, 沙枣, 酸枣, 椰yē枣

【枣茶】zǎochá 명 대추차.
【枣脯】zǎofǔ 명 설탕에 절인 마른 대추.
【枣核】zǎohé 명 대추씨.
【枣红】zǎohóng 형 대추색의. ¶~棉袄=대추색 솜저고리.
【枣核儿】zǎohúr ㋭ 대추씨.
【枣木】zǎomù 명 대추나무 목재.
【枣泥】zǎoní 명 대추소. [대추를 삶아서 껍질과 씨를 제거하고 진득진득하게 짓이겨서 떡을 만들 때 소로 쓰는 것] ¶~月饼=대추소를 넣은 월병.
【枣树】zǎoshù 명 (植) 대추나무.
【枣椰】zǎoyē ☞【海枣】hǎizǎo
【枣子】zǎo·zi 명㋱ 대추.

**蚤** zǎo 벼룩 조
명 (動) 벼룩. [고어에서 '早(zǎo)'와 같음]

**澡** zǎo 씻을 조
통 (몸을) 씻다. ¶洗~=목욕하다. /搓~=때를 밀다.

【澡盆】zǎopén 명 목욕통. 욕조.
【澡堂】[澡塘] zǎotáng 명 (영업 목적의) 대중목욕탕. =【澡堂子】zǎotáng·zi
【澡堂子】zǎotáng·zi ☞【澡堂】zǎotáng
【澡塘】zǎotáng 명 1 대중목욕탕의 욕조. 2 ☞【澡堂】zǎotáng

○ 澡 zǎo
  操 cāo
  燥 zào
  璪 zǎo
  藻 zǎo
  躁 zào
  缲 sāo

**璪** zǎo 면류관 장식 조
명 수초 무늬 모양의 옥 장식품. [옛날, 면류관 앞에 늘어뜨리는 옥을 가리킴]

**藻** zǎo 말 조
명 1 (植) 옛날, 물 속의 조류를 가리킴. 2 (植) 조류식물(藻類植物). 말. 해조(海藻) 3 (植) 수초(水草)의 총칭. 4 아름다운 색채[색깔·빛깔·무늬·문양]. ¶~舟=아름다운 문양의 배. 5 화려한 문체[수식]. 아름다운 문사(文辭). ¶词~=화려한 문사.

○● 硅guī藻, 褐hè藻, 黑藻, 红藻, 蓝藻, 狸lí藻, 绿藻, 品藻, 团藻

【藻花】zǎohuā ☞【水华】shuǐhuá

【藻井】**zǎojǐng** 명(건) 아름다운 문양과 조각·그림으로 장식한 중국 전통 건축물의 천정.
【藻类植物】**zǎolèi zhíwù** 명(植) 조류식물.
【藻丽】**zǎolì** 형(문사·문장·색채 등이) 화려하다. 아름답다.
【藻饰】**zǎoshì** 동화려한 문구로 수식하다. ¶文风朴实, 不尚~. = 글의 풍격이 질박하고 화려한 수식을 추구하지 않다.

**皂¹[(皁)] zào** 하인 조
형검은색의. 검다. ¶~靴 = 검은색 헝겊신. / 青红~白 = 일의 옳고 그름. 명옛 차역(差役). 하인. 노복. [주로 검은색 옷을 입어 이와 같이 칭함] ¶~隶 = 옛날, 하급 관노(官奴). 노복(奴僕). ↔白

**皂² zào** 비누 조
명 1 (植) 쥐엄나무. 2 비누. ¶香~ = 세숫비누.
○● 肥皂

【皂白】**zàobái** 형 1 검은색과 흰색의. 2 (비)옳고 그름. 좋고 나쁨. ¶不分~ = 좋고 나쁨을 가리지 않다.
【皂化】**zàohuà** 동(化) 1 비누화하다. 감화(鹼化)하다. [유지나 밀랍으로부터 비누를 만들어 내는 것] 2 에스테르화(ester化) 역반응을 가리킴. [에스테르(ester)가 알칼리의 작용으로 가수분해를 일으켜 카르복시산(carboxylic acid)과 알코올(alcohol)을 생성하는 것을 가리킴] 영 saponification
【皂荚】**zàojiá** 명(植) 1 쥐엄나무. 2 쥐엄나무의 협과(荚果). = 【皂角】**zàojiǎo**
【皂角】**zàojiǎo** ☞ 【皂荚】**zàojiá**
【皂片】**zàopiàn** 명얇은 비누조각.

**灶[竈] zào** 부엌 조
명 1 부뚜막. ¶炉~ = 부뚜막과 솥. / 电磁~ = 전기밥솥. 2 부엌. 주방. 식당. ¶下~ = 부엌에 들어가 밥을 짓다. 3 조신(竈神). 조왕(竈王). 조왕신(竈王神). 부뚜막 신(神). [부엌에 있으면서 집안의 길흉을 주관하는 신] ¶送~ = 조왕신(竈王神)에게 제사를 지내고 하늘로 올려보내다.
○● 病灶, 大灶, 倒灶, 电灶, 祭jì灶, 炉lú灶, 小灶, 掌zhǎng灶, 中灶

【灶房】**zàofáng** ☞ 【灶屋】**zàowū**
【灶火】**zào·huo** 명동 1 부뚜막. 2 부엌. 주방. 식당.
【灶间】**zàojiān** 명(방) 부엌. 주방.
【灶具】**zàojù** 명취사도구. [부뚜막·아궁이·솥 등을 가리킴]
【灶君】**Zàojūn** ☞ 【灶神】**Zàoshén**
【灶神】**Zàoshén** 명(옛) 조신(竈神). 조왕(竈王). 조왕신(竈王神). 부뚜막 신(神). = 【灶君】**Zàojūn** 【灶王爷】**Zàowángyé**
【灶台】**zàotái** 명 1 부뚜막 가[언저리]. 2 부뚜막. = 【锅台】**guōtái**
【灶膛】**zàotáng** 명 아궁이.
【灶头】**zào·tou** 명(방) 부뚜막.
【灶突】**zàotū** 명(방) 부뚜막에 달린 굴뚝.
【灶王爷】**Zàowángyé** ☞ 【灶神】**Zàoshén**
【灶屋】**zàowū** 명부엌. 주방. 식당. = 【灶房】**zàofáng**

**垗 zào** 산간의 평지 조
명(방) 산간(山間)의 평지. (산과 산 사이의) 안부(鞍部). [산의 능선이 말안장 모양으로 움푹 들어간 부분]

**唣[(唕)] zào** 지저귈 조
☞ 【啰唣】**luózào**

**造 zào** 만들 조
동 1 가다. (…에) 도달하다. 이르다. ¶登峰~极 = 정상에 도달하다. 2 (학문·기예 등이) 어떤 정도[경지]에 성취하다. 이룩하다. ¶出国深~ = 외국에 나가 더욱 깊이 연구하다. 3 배양하다. 양성하다. 기르다. ¶可~之才 = 양성할 만한 인재. 4 만들다. 제작하다. ¶建~ = 건조하다. / 创~ = 창조하다. 5 날조하다. 조작하다. 가짜로 꾸미다. 허구로 꾸미다. ¶编~谎言 = 거짓말로 날조하다. 양(구) 농작물의 수확 횟수. ¶一年三~ = 삼모작. 양(구) 농작물의 수확. ¶晚~ = 만기 수확.
○● 编biān造, 抄chāo造, 打造, 缔dì造, 锻造, 仿fǎng造, 改造, 构gòu造, 假jiǎ造, 酿niàng造, 人造, 生造, 塑造, 伪wěi造, 修造, 虚造, 臆yì造, 营造, 再造, 制造, 铸zhù造

【造爱】**zào'ài** 동성교하다.
【造币】**zàobì** 동화폐를 만들다. 조폐하다. ¶~厂 = 조폐창.
【造册】**zàocè** 동서류를 만들다. 책자를 만들다. ¶登记~ = 기재하여 책자로 만들다.
【造成】**zàochéng** 동형성하다. 조성하다. 만들다. 창조하다. (좋지 않은 결과를) 초래하다. 야기하다. 발생시키다. ¶~失误 = 실수를 초래하다.
【造船】**zàochuán** 동선박을 건조하다. 조선하다. 배를 만들다. ¶~厂 = 조선소.
【造次】**zàocì** 형(문) 1 급작스럽다. 황망하다. 촉망하다. ¶~之间 = 황망한 가운데. 창졸간에. 2 경솔하다. 덤벙대다. 거칠고 차분하지 못하다. ¶不可~ = 경솔하게 해서는 안 된다.
【造反】**zào ‖ fǎn** 동반란을 일으키다. 반역하다. 모반하다.
【造访】**zàofǎng** 동(문) 방문하다. 찾아뵙다. ¶登门~ = 댁으로 찾아뵙다.
【造福】**zàofú** 동행복하게 하다. 행복을 가져오다. ¶~后代 = 후세를 행복하게 하다.
【造化】**zàohuà** 명(문) 1 조화. 대자연의 이치. 2 대자연. ¶~的力量是无穷的. = 대자연의 힘은 무궁하다. 동창조하다. 화육(化育)하다. ¶这是自然界~使然. = 이것은 대자연의 이치가 그렇게 만든 것이다.

【造化】zào·huà 명 운. 행운. 운명. 복. ¶他的~好, 这不, 又得了个大奖。=그는 운이 참 좋네, 이것 봐, 또 일등상을 받았어.
【造话】zàohuà 명(방) 거짓말.
【造假】zào‖jiǎ 1 거짓으로 꾸미다. 2 가짜 상품을 만들다. ¶捣毁~窝点。=가짜 상품의 은닉처를 파괴하다.
【造价】zàojià 명 (건축물·철도·도로 등의) 건설비. (자동차·선박·기계 등의) 제조 비용. ¶降低~=건설비를 내리다.
【造就】zàojiù 동 육성해 내다. 양성해 내다. 만들어 내다. ¶~人才=인재를 양성해 내다. 명 조예. 성취. 성과. ¶颇有~=성취한 바가 꽤 크다. ≒培养
【造句】zào‖jù 동 글을 짓다. 문장을 만들다. 작문하다. ¶选词~=단어를 골라 글을 짓다.
【造林】zào‖lín 동 조림하다. ¶植树~=나무를 심어 조림하다.
【造孽】zào‖niè 동(佛) 나쁜 짓을 하다. 벌받을 짓을 하다. 죄를 짓다. ¶多行善, 少~。=선을 많이 행하고 나쁜 짓을 적게 하라. 형 불쌍하다. 가련하다. ¶这孩子没爹没娘, 真~!=이 애는 아빠 엄마가 없으니, 참 불쌍해! =【作孽】zuò‖niè
【造山运动】zàoshān yùndòng 명(地) 조산운동
【造市】zàoshì 동 (어떤 수단이나 방법으로 생산품 혹은 기업을 위해) 시장 분위기를 유리하게 만들다〔조성하다〕。¶举办商品交易会, 为新产品~。=상품 박람회를 열어서 신상품을 널리 알리다.
【造势】zàoshì 동 (선전·광고를 통해) 기세를 올리다〔올리다〕。¶两党竞相推出广告, 为总统竞选~。=두 당은 총통 경선을 위한 기세를 올리기 위해 다투어 광고를 내놓았다.
【造田】zàotián 동 밭을〔농지를〕 만들다〔일구다〕. ¶围海~=바다를 메워 밭을 만들다.
【造物】zàowù 명 조물주.
【造物主】zàowùzhǔ 명(宗) (기독교의) 하나님. 조물주.
【造像】zàoxiàng 명 조상(彫像). 조각상. ¶~生动=조각상이 생동감이 넘치다.
【造血】zàoxiě 동 1(生) 조혈하다. 피를 만들다. ¶~器官=조혈 기관. 2 (조직이나 기구가) 자체적으로 활력을 찾다. 자체적으로 경제 능력을 증강시키다. ¶大力进行技术改造, 增强企业的~功能。=기술 개선을 대대적으로 진행하여 기업의 자생 능력을 강화하다.
【造形】zàoxíng 동 ☞【造型】zàoxíng 명 ☞【造型】zàoxíng
【造型】zàoxíng 동 1 (사람이나 물체의 이미지를) 조형하다. 형상화하다. 묘사하다. =【造形】zàoxíng 2(機) 주형(鑄型)〔거푸집〕을 만들다. 명 (만들어 낸 물체의) 이미지. 형상. 조형. =【造形】zàoxíng ¶~独特=이미지가 독특
【造型艺术】zàoxíng yìshù 명(藝) 조형 예술. 공간 예술. 시각 예술. 미술. =【美术】měishù

【空间艺术】kōngjiān yìshù【视觉艺术】shìjué yìshù
【造谣】zào‖yáo 동 소문을 지어 내다. 헛소문을 내다. 유언비어를 날조하다〔퍼뜨리다〕。¶~生事=유언비어를 퍼뜨려 사건을 일으키다. ↔辟谣
【造谣惑众】zàoyáo-huòzhòng 성 유언비어를 퍼뜨려 대중을 미혹시키다.
【造谣中伤】zàoyáo-zhòngshāng 성 헛소문을 내어 다른 사람을 중상 모략하다.
【造诣】zàoyì 명 (학술·예술 등 방면의) 조예. 성취. ¶学术~=학술적인 조예.
【造影】zàoyǐng 동(醫) 방사선〔엑스레이(X-ray)〕사진으로 나타내다. ¶钡餐~=바륨(barium) 죽으로 엑스레이 사진을 찍다.
【造纸】zàozhǐ 동 종이를 만들다. ¶~厂=제지 공장.
【造字】zào‖zì 동 1 문자를 창조하다. 문자를 만들다. ¶仓颉~=창힐이 문자를 만들다. 2 활자(活字)를 주조하다. 3 (컴퓨터에 없는) 글자를 만들다.
【造作】zàozuò 동 만들다. 제조하다. ¶~教学模型=교육의 모델을 만들다.
【造作】zào·zuò 형 조작하다. 고의로 꾸며 내다. 부자연스럽게 행동하다. ¶矫揉~=어색하게 꾸며 대다.

## 慥 zào 독실할 조
【慥慥】zàozào 형(방) 언행이 독실한 모양.

## 噪[1] zào 지저귈 조
동 문 (새나 벌레가) 울다. 지저귀다. 우짖다. ¶蝉~=매미가 울다. / 鹊~=까치가 울다. 형 (소리가) 시끄럽다. 귀에 거슬리다. ¶消除~音=소음을 없애다.

## 噪[2] [(譟)] zào 떠들썩할 조
동 1 큰 소리로 떠들다. 야단법석을 떨다. 떠들썩하다. 시끄럽게 굴다. ¶鼓~=시끄럽게 굴다. 2(书) (명성이) 널리 자자하다〔알려지다〕. ¶声名大~=명성이 자자하다.
【噪嚷】zàorǎng 동 시끄럽게 큰 소리로 떠들다. 왁자지껄하다. ¶安静, 别~! = 시끄럽게 떠들지 말고 조용히 하세요!
【噪声】zàoshēng 명 1(物) 비악음(非樂音). 불협화음. ¶机器~=귀에 거슬리는 기계 소리. 2 소음. 잡음. ¶~干扰=소음 방해. =【噪音】zàoyīn
【噪声污染】zàoshēng wūrǎn 명 소음 공해. =【噪音污染】zàoyīn wūrǎn
【噪音】zàoyīn 명 ☞【噪声】zàoshēng ↔乐音
【噪音污染】zàoyīn wūrǎn ☞【噪声污染】zàoshēng wūrǎn

## 簉 zào 부관 추
형 문 부(副)의. 부속의. ¶~室=첩(妾). 소실(小室).

## 燥 zào 마를 조

[형] 마르다. 건조하다. ¶口干舌~=입이 마르고 열이 오르다. [명]《醫》조(燥). [중의학에서 말하는 육음(六淫), 즉 풍(風)·한(寒)·서(暑)·습(濕)·조(燥)·열(熱)의 하나로, 질병을 유발하는 주요 요소] ¶~邪=건조한 기운. [중의학에서 질병 원인 중의 하나] ≒干(gān)

○● 炽chì燥, 干燥, 高燥, 枯kū燥

【燥裂】zàoliè [동] 말라 갈라지다. 건조해서 터지다. ¶皮肤~=피부가 건조해서 갈라지다.

【燥热】zàorè [형] (날씨가) 바싹 마르고 덥다. 덥고 건조하다.

## 躁 zào 성급할 조

[형] 성급하다. 조급하다. 충동적이다. ¶急~=조급하다. / 戒骄戒~=교만함과 성급함을 경계하다.

○● 浮躁, 焦躁, 毛躁

【躁动】zàodòng [동] 1 조급하게 돌아다니다. 안절부절못하다. ¶~不安=안절부절 어쩔 줄 모르다. 2 끊임없이 움직이다(꼼지락거리다·꿈틀거리다). ¶胎儿~=태아가 꼼지락거리다.
【躁汗】zàohàn [명] 진땀. ¶一身~=온몸의 진땀
【躁急】zàojí [형] 조급하다. 초조하다.
【躁进】zàojìn [동][문] 조급하고 승부욕이 강하다. ¶生性~=천성이 승부욕이 강하다.
【躁狂】zàokuáng [명]《醫》조병(躁病). ¶~症=조병(躁病).

## ze

## 则[則] zé 법칙 칙

[명] 1 규칙. 규정. 제도. ¶法~=법칙. / 总~=총칙. 2 규범. 모범. 본보기. ¶以身作~=몸소 모범을 보이다. [양] 조항. 문제. 편. 토막. [조목으로 나누어진 것이나 단락을 이루는 문장의 수를 표시하는 데 쓰임. '条(tiáo)'에 상당함] ¶新闻一~=뉴스 한 토막. / 两~笑话=우스운 이야기 두 토막. [접][문] 1 …하자 …하다. [두 가지 일이 시간적으로 이어져 진행됨을 나타냄] ¶寒往~暑来, 暑往~寒来. =추위가 가자 더위가 몰려오고, 더위가 지나가니 추위가 몰려온다. 2 …하면 …하다. [인과 관계나 조건을 나타냄] ¶兼听~明=여러 방면의 의견을 들으면 시비를 잘 구별할 수 있다. / 欲速~不达. =일을 너무 급히 서두르면 도리어 이루지 못하다. 3 오히려. 그러나. [대비·역접을 나타냄] ¶其事~易为, 其理~难明. =그 일은 하기는 쉽지만 그 이치는 오히려 밝히기 어렵다. 4 …(하기)는 …(한)데. [같은 단어 사이에 쓰여 양보를 나타냄] ¶这包好

| ⊕ | 则 | zé |
|---|---|---|
| | 崱 | zè |
| | 萴 | zè |
| | 侧 | cè |
| | 厕 | cè |
| | 侧 | cè |
| | 测 | cè |

~好, 就是太贵了. =이 가방은 좋기는 좋은데 너무 비싸다. [부][문] 바로(곧)…이다. [판단구에 쓰여 긍정을 나타냄. '就(是)'에 상당함] ¶此~余之过也. =이것은 바로 나의 잘못이다. [조][문] 째. [일, 이, 삼 등의 뒤에 쓰여 원인이나 이유를 나타냄] ¶他有此失误, 一~年幼, 二~过于冲动. =그가 이런 실수를 하는 것은, 첫째는 나이가 어리고, 둘째는 너무 충동적이기 때문이다.

○● 否则, 附则, 规则, 或则, 简则, 然则, 实则, 税shuì则, 四则, 虽则, 通则, 原则

【则个】zégè [조] …뿐이다. …하면 그만이다. [문장 끝에 쓰여 완곡함·당부·의논의 어기를 나타냄] ¶不知道, 问问~. =모르면 물어 보면 그만이다.
【则声】zéshēng [동] 소리를 내다. [주로 조기 백화문에 보임] ¶怎么问, 他也不~. =아무리 물어도 그는 아무 소리도 내지 않았다. ≒做声

## 责[責] zé 꾸짖을 책

[동] 1 요구하다. 책임지우다. ¶求全~备=완벽을 요구하다. 2 나무라다. 비난하다. 책망하다. 꾸짖다. ¶谴~=비난하다. 3 질문하다. 힐문하다. 책문하다. 따지다. ¶再三~问=재삼 따지다. 4[옛] 벌로 때리다. 벌주다. ¶杖~=때리며 꾸짖다. 형장으로 문책하다. [명] 책임. 책무. ¶负~=책임지다. / 专~=전적으로 책임지다. [어에서 '债(zhài)' 와 같음] ≒斥

○● 贬biǎn责, 叱chì责, 呵hē责, 苛kē责, 努责, 谴qiǎn责, 权责, 塞sè责, 文责, 卸xiè责, 言责, 指责, 专责, 罪责

【责备】zébèi [동] 책하다. 탓하다. 책망하다. 꾸짖다. ¶求全~=완벽을 요구하다. ≒责怪
【责编】zébiān ☞【责任编辑】zérèn biānjí
【责成】zéchéng [동] (사람·기관이) 책임지고 완성하다(처리하다). ¶~办理=책임지고 완성하다.
【责打】zédǎ [동] 꾸짖고 때리다. ¶不要~孩子. =애를 꾸짖고 때리지 마라.
【责罚】zéfá [동] 처벌하다. 책벌하다. 징벌하다. ¶严加~=엄격하게 처벌하다.
【责怪】zéguài [동] 책하다. 나무라다. 책망하다. 탓하다. ¶这事儿是你自己的过错, 不能~别人. =이 일은 너 자신이 잘못한 것이니, 다른 사람 탓할 수 없다. ≒责备
【责令】zélìng [동] 책임을 지우다. 책임을 지도록 하다. 책임지고 하도록 명령하다. 명령을 내리다. ¶~限期完成. =기한 내에 완성하도록 명령을 내리다.
【责骂】zémà [동] 책망하며 욕하다. 호되게 욕하다. 꾸짖다.
【责难】zénàn [동] 힐책하다. 따져 책망하다(비난하다·나무라다). ¶备受~=온갖 비난을 다 받다.
【责权利】zé-quán-lì [명] 책임·권리·이익.
【责任】zérèn [명] 1 책임. ¶不负~=책임을 지지 않다. 2 마땅히 책임져야 할 과실. 책임 소재. ¶追究~=책임을 추궁하다. ↔权力

【责任编辑】 **zérèn biānjí** [명] (출판사·출판 부문 등의) 편집 담당자. [약]【责编】 **zébiān**
【责任感】 **zérèngǎn** [명] 책임감. =【责任心】 **zérènxīn**
【责任人】 **zérènrén** [명] 책임자.
【责任事故】 **zérèn shìgù** [명] 책임감 부족으로 생긴 업무상 과실 사고. 업무 태만 사고.
【责任田】 **zérèntián** [명] 계약에 따라 농민 개인이 책임지고 경작하는 전지(田地).
【责任心】 **zérènxīn** ☞【责任感】 **zérèngǎn**
【责任制】 **zérènzhì** [명] 책임제.
【责任状】 **zérènzhuàng** [명] **1** 책임지고 완수하겠다는 서약서. **2** 책임지고 완성하겠다는 구두 승낙.
【责问】 **zéwèn** [동] 힐책하다. 힐문하다. 책문하다. 문책하다. ¶大声～=큰 소리로 책문하다.
【责无旁贷】 **zéwúpángdài** [성] 자기가 져야 할 책임은 남에게 전가할 수 없다. 책임을 회피해서는 안 된다. 미룰 수 없는 책임이다. ≒责有攸归
【责有攸归】 **zéyǒuyōuguī** [성] 각자가 져야 할 책임이 있다. ≒责无旁贷
【责怨】 **zéyuàn** [동] 책망하며 원망하다. 탓하며 원망하다.

## **择[擇] zé 선택할 택

[동] 선택하다. 고르다. 가리다. ¶选～=선택하다. / 饥不～食=배고플 때는 찬밥 더운밥 가릴 여유가 없다. ≒选
☞ **zhái**

O● 别择, 采择, 抉jué择

【择肥而噬】 **zéféi'érshì** [성] **1** 살진 것을 골라 먹다. **2** [비] 자기에게 유리한 것을 골라 하다. **3** [비] 부유한 사람을 골라 사기 공갈을 쳐서 갈취하다.
【择吉】 **zéjí** [동] 길일(吉日)을 택하다. 길한 날을 고르다. [주로 결혼·시공·개업 등에 쓰임] ¶～完婚=길일을 택해 결혼식을 하다. / ～开业=길일을 택하여 개업하다.
【择交】 **zéjiāo** [동] 친구를 가리다. 좋은 벗을 골라 사귀다. ¶～而友=벗을 골라 사귀다.
【择偶】 **zé'ǒu** [동] 배필〔짝〕을 고르다. 배우자를 택하다. ¶～标准=배우자를 선택하는 표준.
【择期】 **zéqī** [동] 기일을 택하다. 날을 잡다. ¶～开工=날을 잡아 시공하다.
【择取】 **zéqǔ** [동] 선택하다. ¶我们从大量的来稿中～三篇刊发, 以飨读者。=우리들은 대량의 투고 중에서 세 편을 골라 게재(揭载)하여 독자들의 요구에 부응하기로 한다.
【择善而从】 **zéshàn'ércóng** [성] **1** 좋은 것을 택하여 그대로 따르다. **2** 다른 사람의 장점을 보고 배우다. **3** 정확한 의견을 받아들여 실행하다.
【择业】 **zéyè** [동] 직업을 선택하다〔고르다〕. ¶自主～=자유로이 직업을 선택하다.
【择优】 **zéyōu** [동] 우수한 것을 선택하다. ¶～录用=우수한 자를 선택하여 채용하다.
【择友】 **zéyǒu** [동] 가려 사귀다. ¶交朋～=친구를 사귐에 가려서 사귀다.

## 咋 zé 깨물 색

[동][문] (깨)물다. ¶～舌不语=혀를 물고 말을 하지 않다.
☞ **zǎ**, **zhā**

【咋舌】 **zéshé** [동][문] **1** 혀를 물고 있다. **2** (놀라거나 두려워서) 말문이 막히다. 혀가 굳어지다. 혀를 내두르다. 말을 못하다. ¶令人～=사람들로 하여금 말문이 막히게 하다.

## 迮 zé 좁을 책

[형][문] 좁다. ¶～狭=매우 좁다. [명] (Zé) 성(姓).

## **泽[澤] zé 못 택

[명] **1** 못. 늪. 호수. ¶湖～=호수. / 竭～而渔=못의 물을 다 퍼내고 고기를 잡다. **2** 은혜. 혜택. ¶恩～=은혜. / ～被天下=천하에 혜택을 주다. **3** 윤기. 광택. 윤. 빛. ¶色～=빛깔과 광택. / 光～=광택. [형] 습하다. 축축하다. ¶润～=윤택하다. 기름지고 촉촉하다. 윤습하다.

O● 草泽, 芳fāng泽, 袍páo泽, 手泽, 水泽, 涂tú泽, 香泽

【泽国】 **zéguó** [명][문] **1** 호수·늪이 많은 지방. 물의 고장. 수향(水鄉). ¶水乡～=호수와 늪이 많은 지역. **2** 홍수〔수해〕 피해지. 침수 지역. 물바다. ¶洪水泛滥, 此地沦为～。=홍수가 범람하면 이곳은 물바다가 된다.
【泽及枯骨】 **zéjíkūgǔ** [성] **1** 은혜가 죽은 사람에게까지 미치다. **2** 은덕이 무량하다.
【泽兰】 **zélán** [명]《植》 등골나무.
【泽润】 **zérùn** [형] 윤택하다. 윤기나다.

## 啧[嘖] zé 말다툼할 책

[형][문] 많은 사람이 말하거나 논쟁하는 모양. 떠들썩하다. 야단법석이다. ¶～然而不类。=떠들썩하지만 체계적이지 못하다. [의] 쯧쯧. 와와. [혀를 차거나 입을 벌리는 소리] ¶～～称赞=입을 벌리고 칭찬하다.
【啧有烦言】 **zéyǒu-fányán** [성] 여러 사람이 입을 모아 비난하다. 비난하는 소리가 그칠 줄 모르다.
【啧啧】 **zézé** [의] **1** [문] 짹짹. 찍찍. [새 울음소리] ¶雀声～=참새가 짹짹거리며 운다. **2** 쯧쯧. 와와. [혀를 차거나 입을 벌리는 소리로, 칭찬이나 혐오를 나타냄] ¶人言～=사람들의 말소리가 시끄럽게 나다.
【啧啧称羡】 **zézé-chēngxiàn** [성] 혀를 내밀며 감탄〔경탄〕하다.

## 啫 zé 외칠 책

☞【嚄啫】 **huòzé**

## 帻[幘] zé 두건 책

[명] 고대 두건의 하나.

## 笮 Zé 성씨 책

[명] 성(姓).

☞ zuó

**舴** zé 작은 배 책
【舴艋】zéměng 명문 작은 배. 거룻배.

**箦[簀]** zé 대자리 책
명문 1 (대나무나 나무로 만든) 깔개. 2 대자리. 돗자리.

**赜[賾]** zé 그윽할 색
형문 오묘하다. 심오하다. ¶探~索隐=깊고 묘한 것을 찾다.

**齰[齰, 齚]** zé 깨물 색
동문 (깨)물다. 씹다.

**仄** zè 기울 측
형문 1 기울다. 경사지다. ¶日~而归=해가 기울면 돌아오다. 2 좁다. 비좁다. ¶逼~=비좁다. 3 (마음이) 불안하다. ¶歉~=송구스럽다. 미안하다. 명(言) 측성(仄声). ¶平~=평측. ↔平
【仄声】zèshēng 명(言) 측성. [고대 중국어의 사성(四声) 중의 상(上)·거(去)·입(入)성의 총칭]. ↔平声
【仄韵】zèyùn 명(言) 측운. 측성의 운자(韵字). ¶~诗=측운시. [측운자(仄韻字)로 지은 시]

**昃** zè 해 기울 측
동문 태양이 기울다. 해가 서쪽으로 기울다. ¶日中则~=해가 중천에 있으면 기울기 마련이다.

**侧[側]** zè 측성 측
명(言) '仄(측성)'와 같음.
☞ cè, zhāi

# zei

**\*\*贼[賊]** zéi 도둑 적
동문 (몸을) 해치다. 상하게 하다. 손상시키다. 다치게 하다. 상처를 주다. ¶戕~=해치다. 손상을 입히다. 명 1 적. 반역자. 악인. [주로 국가와 백성에게 해를 끼치는 사람을 가리킴] ¶卖国~=매국노. / 独夫民~=독재자와 매국노. 2 도둑. 도적. ¶窃~=도적. / 做~心虚=도둑이 제발 저리다. 명 1 사악하다. 나쁘다. 부정하다. 올바르지 않다. ¶~相=도둑놈 상판. 2문 교활하다. 약다. ¶这个人~得要死,你要小心点儿. =이 사람은 너무 교활하니, 너 조심해야 된다. 부문 매우. 아주. 몹시. 유난히. [주로 불만스럽거나 비정상적인 상황에 쓰임] ¶~亮=유난히 반들반들하다. / ~热=몹시 춥다. ≒盗
○● 盗贼, 飞贼, 工贼, 惯贼, 国贼, 马贼, 蟊máo贼, 木贼, 窃qiè贼, 乌贼

【贼船】zéichuán 명 1 도둑배. 해적선. 2문 악당. 범죄 조직. 건달패거리. ¶上~=나쁜 무리에 끼어들다. 범죄 조직에 가입하다.
【贼胆】zéidǎn 명 도적질하거나 나쁜 짓을 할 담력〔용기·배짱〕. [주로 담력이 큰 것을 가리킴] ¶有贼心无~. =그럴 마음은 있으나 행동에 옮길 용기는 없다.
【贼风】zéifēng 명 1 문바람. 문풍. 2(医) 중의학에서 각종 질병의 원인.
【贼喊捉贼】zéihǎnzhuōzéi 성 1 도둑이 도둑 잡으라고 고함치다. 2비 자신의 죄상을 감추려고 남의 이목을 다른 데로 돌리다. 적반하장(贼反荷杖)이다. ≒倒打一耙
【贼横】zéihèng 형비 무지막지하다. 막무가내이다. ¶要~=무지막지하게 굴다.
【贼话儿】zéihuàr 명 엿du는 말. 몰래 들은 말.
【贼寇】zéikòu 명 1 강도. 도적. 2 침략자. 외적 (外贼). 외구(外寇). 외적(外敌).
【贼溜溜】zéiliūliū (~的) 형 두리번거리며 수상한 모양. 눈빛이 불안하고 수상쩍다. ¶~的眼睛=불안하고 수상쩍은 눈빛.
【贼眉鼠眼】zéiméi-shǔyǎn 성 도둑놈 상판. 흉상(凶相). 행동이 괴이쩍고 당당하지 못하다. ¶你看那个人~, 要多加小心. =저 도둑놈 상판을 봐라, 더욱 조심해야 겠어. ≒獐头鼠目
【贼去关门】zéiqù-guānmén ☞【贼走关门】zéizǒu-guānmén
【贼人】zéirén 명 1 도둑. 강도. 2 나쁜 놈. 악한 (恶汉).
【贼人胆虚】zéirén-dǎnxū 성 도둑 제 발 저리다. 나쁜 짓을 한 자가 들킬까 불안해하다.
【贼首】zéishǒu 명 도둑의 우두머리. 괴수.
【贼死】zéisǐ 형비 죽을 지경이다. 참기 어렵다. 견디기 어렵다. ¶累得~=피곤해〔힘들어〕 죽을 지경이다.
【贼头贼脑】zéitóu-zéinǎo 성 거동이 음흉하다. 두리번거리며 행동이 수상하다.
【贼秃】zéitū 명 중놈. 까까중. [승려를 욕하는 말]
【贼娃子】zéiwá·zi 명비 좀도둑.
【贼窝】zéiwō 명 도둑의 소굴〔은거지〕.
【贼心】zéixīn 명 사악한 마음〔생각〕. 흉계. ¶顿起~=갑자기 사악한 마음이 생기다.
【贼心不死】zéixīn-bùsǐ 성비 도둑놈 심보는 버리지 못하다.
【贼星】zéixīng ☞【流星】liúxīng
【贼眼】zéiyǎn 명 의심 많은 눈초리. 음흉한 눈길. 교활한 눈빛. 도둑같이 번득이는 눈매.
【贼赃】zéizāng 명 장물(赃物). ¶追缴~=장물을 추징하다.
【贼子】zéizǐ 명문 (국가와 백성을 해치는) 나쁜 무리. 악한. 적자(贼子). ¶乱臣~=난신적자. 나라를 어지럽히는 불충한 무리.
【贼走关门】zéizǒu-guānmén 성비 도둑이 훔쳐 간 뒤에 문을 잠그다. 소 잃고 외양간 고친다. =【贼去关门】zéiqù-guānmén ≒亡羊补牢

**鲗[鰂]** zéi 오징어 즉
☞【乌鲗】wūzéi

# zen

**怎** zěn 어찌 즘
[대] 왜. 어째서. 어떻게. 어찌하여. ¶你~能说话不算话呢？=너 어떻게 자기가 말한 대로 하지 않을 수가 있니？

【怎地】zěn·di ☞【怎的】zěn·di

【怎的】[怎地] zěn·di [대](방) 왜. 어째서. 어떻게 하다. ¶我也不能把他~。=나도 그를 어떻게 할 수가 없어.

【怎么】zěn·me [대] **1** 어떻게. 어째서. 왜. [방식·원인·성질·사정 등을 물음] ¶他~没来开会？=그는 어째서 회의에 참석하러 오지 않는 거지？/这到底是一回事？=도대체 어떻게 된 일이야？ **2** 어찌…하랴. 어떻게…하겠니. [반문이나 감탄을 나타냄] ¶你这么干~能失败呢？=네가 이렇게 일하는데, 어찌 실패할 수가 있겠니？ **3** 어떻게 된 거야. [술어로 쓰여 상황을 물음] ¶你~啦？感冒了吗？=왜 그래？ 감기 걸렸어？ **4** 뭐라고？ 어쨌다고？ [문장 앞에 쓰여 놀람을 나타냄] ¶~，他又没去上班。=뭐라고？ 그가 또 출근 안 했단 말이지. **5** 어떻게. [설명할 수 없는 사람이나 사물을 나타냄] ¶这些英语单词一读、一写，这小家伙都知道。=이 영어 단어들을 어떻게 읽고 어떻게 쓰는지, 이 녀석은 다 안다. **6** …하는 대로 …하다. [임의의 모든 것을 나타냄] ¶这事该~办就~办。=이 일을 어떻게 해야 한다면, 그렇게 하라. **7** 그다지. 별로. [주로 부정문에 쓰여 일정한 정도를 나타냄] ¶对他这个人，我不~了解。=그 사람에 대해서 나는 그다지 잘 이해하지 못하네.

【怎么得了】zěn·me déliǎo (하) 어찌할 것인가. 어떻게 하나. 큰일이구나. ¶这孩子你现在不管管，以后可~？=이 애를 지금 당신이 단속하지 않으면 앞으로 어떻게 되겠어？

【怎么样】zěn·meyàng [대] **1** ☞【怎样】zěnyàng **2** 별로[그리] …않다. [주로 부정형과 반문형으로 쓰여 완곡한 어기를 나타냄] ¶她刚才唱得不~。=방금 그녀는 별로 잘 부르지 못했다.

【怎么着】zěn·me·zhe [대] **1** 어떻게 합니까？ 어떻게 할 것인가？ [동작·행위·상황을 물음] ¶你周末都~？出去玩吗？=주말에 어떻게 지냅니까？ 놀러 나갑니까？ **2** 어떻게 하다. [임의의 모든 것을 나타냄] ¶你愿意~就~，与我无关。=나하고는 상관이 없으니까, 당신이 하고 싶은 대로 해요.

【怎奈】zěnnài (동) 어찌하랴. [주로 조기 백화문에 보임] ¶我虽想帮助，~鞭长莫及。=내가 비록 도와 주고 싶지만, 멀리 있어 어쩔 수가 없구나.

【怎生】zěnshēng [대] 어째서. 어떻게. 왜. [주로 조기 백화문에 보임] ¶你们是~遇见的？=당신들은 어떻게 만났어요？

【怎样】zěnyàng [대] **1** 어떠하냐. 어때. 어떻게. 어떤. [성질·방식·상황을 물음] ¶你的毕业论文写得~了？=당신의 졸업 논문은 어떻게 잘 되어 가고 있니？ **2** 어떻게. 아무리. [임의의 모든 것을 나타냄] ¶他们爱~玩儿就~玩儿吧。=그들이 놀고 싶은 대로 놀라고 해요. **3** 어떻다. [설명할 수 없는 사람이나 사물을 나타냄] ¶那部电影~，好，引得班里的同学都想去看。=그녀가 그 영화가 어떻게 어떻게 좋다고 말해서, 반 학생들이 모두 보러 가고 싶어졌다. **4** 어떠하다. [술어·빈어·보어로 쓰여 상황을 물음] ¶你父母身体~？=당신 부모님 건강은 어떻습니까？ 你大学毕业以后打算~？=당신은 대학 졸업 후에 어떻게 계획하고 있습니까？ ☞【怎么样】zěn·meyàng

**谮[譖]** zèn 헐뜯을 참
(동)(문) 헐뜯다. 험담하다. 뒤에서 흉보다. 비방하다. 중상 모략하다. ¶~言=남을 헐뜯는 말.

# zeng

**曾** zēng 성씨 증
(형) (친족 관계의) 증. [자기와 두 세 대를 사이에 둔 항렬] ¶那位老爷爷是他的~祖辈了。=저 할아버지는 그의 증조할아버지뻘 된다. (명)(Zēng) 성(姓). [고어에서 '增(zēng)'과 같음] ☞ céng

| ○ | 曾 | zēng |
|---|---|---|
| | 憎 | zēng |
| | 增 | zēng |
| | 甑 | zèng |
| | 赠 | zèng |
| | 缯 | zēng |
| | 罾 | zēng |
| | 缯 | zēng |
| | 层 | céng |
| | 僧 | sēng |

【曾巩】Zēng Gǒng (명)(历) 증공 (1019～1083년). [북송(北宋)대의 문학가이며 당송 팔대가(唐宋八大家)의 한 사람]

【曾参杀人】Zēng Shēn-shārén (성) **1** 증삼살인. **2** (비) 소문은 무섭다.

【曾孙】zēngsūn ☞【重孙(子)】chóngsūn(·zi)

【曾孙女】zēngsūn·nǚ(~儿) ☞【重孙女】chóngsūn·nǚ

【曾祖】zēngzǔ ☞【曾祖父】zēngzǔfù

【曾祖父】zēngzǔfù (명) 증조부. 증조할아버지. =【曾祖】zēngzǔ

【曾祖母】zēngzǔmǔ (명) 증조모. 증조할머니.

**增** zēng 보탤 증
(동) 늘다. 보태다. 첨가하다. 증가하다. 많아지다. ¶~兵=병력을 늘이다./与日俱~=날이 갈수록 증가하다. (명)(Zēng) 성(姓). ↔减

○→ 递dì增, 激增

【增白】zēngbái (동) (직물·종이·피부 등을) 표백하다. 미백하다. 희게 만들다.

【增白剂】zēngbáijì (명) 증백제.

【增编】zēngbiān (동) **1** 편제를 늘리다[확충하다]. ¶~一个导弹旅=일개 미사일 여단을 확충하다. **2** 일련 번호를 늘리다. ¶~车牌号=차 번

호의 자릿수를 늘리다. **3** 추가하다. 보유(補遺)하다. 늘리다. ¶~本=부록.

【增拨】 **zēngbō** 동 추가 지급하다. ¶~教育经费=교육 경비를 추가 지급하다.

【增补】 **zēngbǔ** 동 증보하다. 보충하다. ¶~名额=정원을 보충하다.

【增产】 **zēng‖chǎn** 동 증산하다. 생산을 늘리다. ¶~粮食=식량을 증산하다. ↔减产

【增大】 **zēngdà** 동 증대하다. 확대하다. 늘리다. ¶~投资=투자를 증대하다.

【增调】 **zēngdiào** 동 보급(補給)하다. 추가 지급하다. 추가로 지원하다. ¶~救灾物资=구호 물자를 보급하다.

【增订】 **zēngdìng** 동 **1** (책을) 수정 증보하다. 증정하다. ¶~本=증정본. **2** 추가 주문하다. ¶店里~的100本《现代汉语词典》已经到货。=서점에 추가로 주문한 100권의 《현대한어사전》이 이미 도착하였다.

【增多】 **zēngduō** 동 많아지다. 증가하다. 증가시키다. 늘리다. ¶私人轿车不断~。=개인 승용차가 끊임없이 증가하다. ≒增加 ↔减少

【增防】 **zēngfáng** 동 수비를 강화하다. 수비군을 늘리다.

【增幅】 **zēngfú** 명 증가폭. ¶今年的汽车产量~很大。=올해 자동차 생산량이 큰 폭으로 증가하였다.

【增高】 **zēnggāo** 동 **1** 높아지다. 늘어나다. 오르다. ¶小家伙的个头儿一年比一年~了。=꼬맹이의 키가 해가 갈수록 커진다. **2** (위치·수준·질·수량 등을) 제고하다. 향상시키다. 높이다. 끌어올리다. ¶气温逐年~。=기온이 해마다 올라간다.

【增光】 **zēng‖guāng** 동 **1** 한층 영예〔명예〕를 더하다. 명예를 더욱 빛내다. 면목을 세우다. ¶为母校~=모교의 영예를 떨치다. **2** 빛을〔광채를〕 더하다. 빛내다. ↔抹黑

【增广】 **zēngguǎng** 동 (범위를) 더 넓히다. (내용을) 덧붙이다. ¶~见识=견식을 더 넓히다.

【增辉】 **zēnghuī** 동 빛을〔광채를〕 더하다. 빛내다. ¶~生色=한층 더 빛을 발하다.

【增加】 **zēngjiā** 동 증가하다. 더하다. 늘리다. ¶~收益=수익을 증가시키다. ≒增多 ↔减少

---

**增加**(zēngjiā) / **增长**(zēngzhǎng)
증가하다, 늘어나다

增加 : 증가하는 대상은 사람과 사물이 모두 가능함. 원래의 기초 위에서 수량이 많이 변함을 나타냄. ¶现在可以告诉朋友们, 我们的信心增加了。=이제 친구들에게 말할 수 있어, 우리들의 자신감이 늘어났다. / 目前, 全世界资源、能源消耗量又增加1倍。=현재 전세계의 자원과 에너지 소비량은 1배 증가했다.

增长 : 대상은 추상적 사물도 가능하나 사람에게는 사용하지 않음. ¶随着年龄的增长, 儿童所使用的词类也在发生变化。=연령의 증가에 따라 아동이 사용하는 어휘 역시 변화한다. / 这

---

几年职员的工资收入比过去增长了许多。=요 몇 년 사이에 직원들의 월급은 과거보다 많이 늘었다.

【增加值】 **zēngjiāzhí** 명 증가치.

【增减】 **zēngjiǎn** 동 증감하다. 변동하다. 오르내리다. ¶这本教材的内容今年又有所~。=이 교재의 내용은 금년에 또 변동되었다.

【增建】 **zēngjiàn** 동 증축하다. ¶~教学楼=강의동을 증축하다.

【增进】 **zēngjìn** 동 증진하다. 증진시키다. ¶~了解=이해를 증진시키다. ↔减退

【增刊】 **zēngkān** 명 (신문·잡지의) 증간. ¶元旦~=신정 증간.

【增量】 **zēngliàng** 동 증량하다. 양을 늘리다. ¶~施肥=증량하여 시비하다. 명 증분. 증량. ¶~达30%=증량이 30%에 이르다.

【增派】 **zēngpài** 동 추가로 파견하다. 증파하다. ¶~医疗救护队=의료 구급 팀을 증파하다.

【增强】 **zēngqiáng** 동 증강하다. 강화하다. 높이다. ¶~信心=자신감을 높이다. ≒加强 强化 ↔减弱 削弱

【增容】 **zēngróng** 동 용량을 늘리다.

【增色】 **zēngsè** 동 빛을〔광채를〕 더하다. 빛내다. ¶小朋友们精彩的表演使晚会大为~。=어린이들의 멋진 공연이 저녁 공연을 한층 더 빛내었다. ↔减色

【增删】 **zēngshān** 동 (글자나 내용을) 첨삭하다. ¶本书再版时略有~。=이 책은 재판할 때 약간의 첨삭을 했다.

【增设】 **zēngshè** 동 증설하다. 늘리다. ¶~连锁店=체인점을 증설하다.

【增生】 **zēngshēng**(生) 증식하다. =【增殖】 **zēngzhí** ¶骨质~=골 증식. 골극.

【增收】 **zēngshōu** 동 **1** 증수하다. 수확〔수입〕이 늘다. ¶增产~=생산량을 높이고 수확을 늘리다. **2** 추가로 거두어들이다. 증수하다. ¶~物业管理费=건물 관리비를 증수하다.

【增收节支】 **zēngshōu-jiézhī** 성 수입을 늘리고 지출을 줄이다.

【增速】 **zēngsù** 동 속도를 높이다. 증속하다. ¶~平稳=안정적으로 속도가 빨라지다.

【增塑剂】 **zēngsùjì** 명(化) 가소제(可塑劑).

【增损】 **zēngsǔn** 동(문) 증손하다. 증감하다. 〔주로 문자에 대한 것을 가리킴〕 ¶那篇文章收入本书时略有~。=그 글은 본서에 수록하면서 약간 증감되었다.

【增添】 **zēngtiān** 동 더하다. 늘리다. 보태다. 첨가하다. ¶~办公设备=사무기기를 늘리다. ↔削减

【增温】 **zēngwēn** 동 온도를 높이다. 온도가 높아지다.

【增效】 **zēngxiào** 동 효력〔효율·효능〕을 높이다. 효과를 높이다. 효과가 높아지다. ¶减员~=인원을 줄여 효율을 높이다.

【增修】 **zēngxiū** 동 **1** 증설하다. 증건하다. 증축

하다. ¶~厂房=공장을 증축하다. **2** 증수하다. ¶这是~后的版本。=이것은 증수한 판본이다. **3** 추가로 수강하다. ¶~韩国语=한국어를 추가로 수강하다.

【增选】**zēngxuǎn** 통 **1** 추가로 선정하다. 더 뽑다. ¶因篇幅有限，每位作者只能~两首诗作。=편폭에 한계가 있어, 매 작가는 시 두 수밖에 추가로 선정할 수 없다. **2** 추가로 선출하다. ¶今天要~两名理事。=오늘 두 명의 이사를 추가로 선출한다.

【增压】**zēngyā** 통 압력을 올리다. 압력을 증가시키다. 과급(過給)하다. 여압(與壓)하다.

【增益】**zēngyì** 통 **1** 이익을 증가시키다〔불리다. 늘리다〕. ¶~减损=이익을 늘리고 손해를 감소시키다. 명 (電) **1** 이득. 게인(gain). **2** (전압이나 전류의) 배수 증폭.

【增印】**zēngyìn** 통 증쇄하다. 인쇄 부수를 늘리다.

【增盈】**zēngyíng** 통 이윤〔이익〕을 늘리다. ¶~创收=이윤을 늘려 수익을 창출하다.

【增援】**zēngyuán** 통 (인원·설비 등을) 중원하다. 추가 지원하다. ¶紧急~=긴급 중원하다.

【增长】**zēngzhǎng** 통 증가하다. 늘어나다. 제고하다. 향상시키다. 높아지다. 신장하다. 끌어올리다. ¶~才能=재능을 향상시키다.

【增长率】**zēngzhǎnglǜ** 명 증가율. 증가율. ¶近年的人口~有所下降。=최근의 인구 증가율은 다소 하락하였다.

【增涨】**zēngzhǎng** 통 (수위·물가 등이) 오르다. ¶这段时间股值有较快~。=요즘 주가가 다소 빠른 속도로 오른다.

【增支】**zēngzhī** 통 지출을 늘리다.

【增值】**zēngzhí** 통 (經) 등귀하다. 값이〔가치가〕 오르다. ¶这块地皮又~了。=이 땅값이 또 올랐다.

【增值税】**zēngzhíshuì** 명 (經) 부가가치세.

【增殖】**zēngzhí** 통 **1** 증식하다. 번식하다. 불어나다. 늘어나다. ¶~率=증식율. **2** ☞ 【增生】 zēngshēng.

【增至】**zēngzhì** 통 …까지 늘어나다〔증가하다〕. ¶这本书的销量已~30万册。=이 책의 판매량이 이미 30만 권으로 늘어났다.

【增资】**zēngzī** 통 증자하다. 자본을 늘리다.

## 憎 **zēng** 미워할 증

통 미워하다. 혐오하다. 증오하다. 싫어하다. ¶爱~分明=좋고 싫음이 분명하다. ≒恨 恶(wù). ↔爱

○● 嫌xián憎

【憎称】**zēngchēng** 명 증오를 나타내는 호칭. ↔爱称

【憎恨】**zēnghèn** 통 증오하다. 혐오하다. 미워하다. ¶~仇敌=원수를 증오하다. ↔热爱

【憎恶】**zēngwù** 통 혐오하다. 증오하다. 싫어하다. ¶令人~=증오심을 불러일으키다. ↔喜欢 热爱

## 缯[繒] **zēng** 비단 증

명[운] 견직물의 총칭.
☞ **zèng**

## 罾 **zēng** 반두 증

명 반두.

## 矰 **zēng** 주살 증

명 주살. 증작(繒繳). [옛날, 사람이 새를 쏠 때 사용하던, 오늬에 줄을 맨 화살]

## 综[綜] **zēng** 잉아 종

명[운] (紡) 잉아. 잉앗실. 종사(綜絲).
☞ **zōng**

## 锃[鋥] **zèng** 반짝거릴 정

형[구] (기물이 갈아지거나 닦여서) 반짝반짝하다. 번지르르하다. 번들번들하다. ¶皮鞋擦得~亮。=구두를 번쩍번쩍 광이 나게 닦다.

【锃光】**zèngguāng** 형 (기물이 갈아지거나 닦여서) 반짝반짝 빛나다. 반질반질 광이 나다.

【锃光瓦亮】**zèngguāng wǎliàng** 형 (기물 등이) 반짝반짝 빛나다. 반짝반짝 윤이 나다.

【锃亮】**zèngliàng** 형 (기물 등이) 반짝반짝 빛나다. 반질반질 광이 나다. ¶玻璃窗擦得~。=유리창을 반짝반짝 빛이 나게 닦았다.

## 缯[繒] **zèng** 묶을 증

통[방] 묶다. 동이다. 동여매다. ¶用绳子把竹竿~起来。=끈으로 대나무 장대를 동여매다.
☞ **zēng**

## **赠[贈]** **zèng** 줄 증

통 주다. 선사하다. ¶捐~=기부하다. ↔受

○● 捐juān赠, 馈kuì赠, 转zhuǎn赠, 追赠

【赠别】**zèngbié** 통 증별하다. ¶~诗=증별시.

【赠答】**zèngdá** 통 (시문을) 증답하다. 주고받다.

【赠给】**zènggěi** 통 주다. 증여하다.

【赠款】**zèng**∥**kuǎn** 돈을 기부하다. 헌금하다. 성금을 내다. ¶给孤儿院~。=고아원에 돈을 기부하다.

【赠款】**zèngkuǎn** 명 기부금. 헌금. 성금.

【赠礼】**zènglǐ** 명 선물. 예물. 축의금.

【赠品】**zèngpǐn** 명 선물. 증정품. 경품.

【赠券】**zèngquàn** 명 초대권. 선물권.

【赠书】**zèng**∥**shū** 통 책을 선물〔증정〕하다. ¶给山区小学~。=산간 초등 학교에 책을 증정하다.

【赠书】**zèngshū** 명 증정본(贈呈本). ¶~已经寄出。=증정본을 이미 부쳤다.

【赠送】**zèngsòng** 통 선사하다. 주다. ¶~礼物=선물을 주다.

【赠物】**zèng**∥**wù** 통 (물자나 물품을) 주다. 선물하다. 증정하다. 기부하다. ¶为希望小学~。=희망공정(希望工程) 초등 학교에 품물을 증정

하다.
【赠物】zèngwù 몡 선물. 증정품. ¶已经收到。=선물을 이미 받았다.
【赠言】zèngyán 몡 남에게 주는 짧은 격려의 말. ¶临别~=이별에 즈음하여 격려의 말을 주다.
【赠与】zèngyǔ ☞【赠予】zèngyǔ
【赠予】[赠与] zèngyǔ 통 증여하다. ¶~税=증여세.
【赠阅】zèngyuè 통 (출판사나 작자가) 간행물을 증정하다. ¶~报纸=무료 증정 신문.

## 甑 zèng 시루 증

몡 1 (고대의) 증(甑). 2 시루. ¶饭~=밥시루. 3 (化) 증류기. 증류관. 증류 장치. ¶曲颈~=레토르트(retort).

【甑尘釜鱼】zèngchén-fǔyú 성 1 시루에 먼지가 가득하고 가마솥은 좀이 슬다. 쌀독에 거미줄 치다. 2 몡 빈곤한 집에 끼니가 끊긴 지 오래 되다.
【甑子】zèng·zi 몡 시루.

# zha

## 扎¹ zhā 찌를 찰

통 1 (뾰족한 물건으로) 찌르다. ¶我的手被针~破了。=나의 손이 바늘에 찔렸다. 2 몡 파고들다. 뛰어들다. 뚫고 들어가다. 비집고 들어가다. 쑤셔 넣다. ¶他扑通一声就~到水里去了。=그는 풍덩 하고 물 속으로 뛰어들었다. 몡⑨ 자르(jar). (아가리가 넓은) 병. 단지. ¶一杯鲜~=생맥주 한 잔.

## 扎² [(紮·紥)] zhā 주둔할 찰

통 주둔하다. ¶安营~寨=군대가 진을 치고 주둔하다.
☞ zā, zhá

◐─◑ 屯 tún 扎, 驻 zhù 扎

【扎堆】zhā‖duī (~儿) 통 (사람이) 한곳에 모이다. ¶~儿闲聊=한데 모여 한담하다.
【扎耳朵】zhā ěr·duo 형구 (소리나 말이) 귀에 따갑다[거슬리다]. ¶他刚才的话有点儿~。=그가 방금 한 말이 귀에 좀 거슬린다.
【扎根】zhā‖gēn 통 1 (식물의) 뿌리를 내리다. 2 몡 (어떤 장소나 사람들 사이에) 깊이 파고들다. ¶~基层=기층으로 깊이 파고들다. 3 몡 (어떤 사상을) 깊게 뿌리내리다. 정착시키다. ¶让服务意识在我们每个人的头脑里~。=봉사 의식이 우리 모든 사람들의 머릿속에 깊게 뿌리 내리게 하다. ≒植根.
【扎花】zhā‖huā (~儿) 통⑨ 수를 놓다. 자수하다. ¶~儿布鞋=헝겊신에 수를 놓다.
【扎猛子】zhā měng·zi 통⑨ 다이빙하다.
【扎啤】zhāpí 몡⑨ 생맥주. ['扎(zhā)'는 'jar(항아리·단지)'의 음역, '啤(pí)'는 'beer(맥주)'의 음역임]

【扎煞】zhā·sha ☞【挓挲】zhā·sha
【扎实】zhā·shi 형 1 견실하다. 견고하다. 튼튼하다. 확고하다. ¶基础理论~。=기초 이론이 튼튼하다. 2 착실하다. 견실하다. 성실하다. 충실하다. ¶他工作很~。=그는 일을 착실하게 하다. ≒踏实.
【扎手】zhā‖shǒu 통 1 손에 찔리다. 손을 찌르다. ¶野蒺藜有刺, 注意~。=남가새에는 가시가 있으니, 손에 찔리지 않도록 주의하여야 한다. 형⑨ 처리하기 어렵다. 다루기 어렵다. 손대기 곤란하다. ¶那事儿太~了。=그 일은 정말로 처리하기 어렵다.
【扎眼】zhāyǎn 형 1 눈이 부시다. 눈이 따갑다. 눈을 찌르다. ¶这灯光太~了。=이 불빛은 너무 눈이 부시다. 2 몡 유별나게 시선을 끌다. 눈에 거슬리다. ¶她今天的穿戴实在~。=그녀의 오늘 차림새는 너무 눈에 거슬린다.
【扎营】zhā‖yíng 통 (군대나 야외 작업자가) 주둔하다. 야영하다.
【扎扎实实】zhā·zha shíshí (~的) 형 1 견실하다. 견고하다. 튼튼하다. 확고하다. 2 착실하다. 견실하다. 성실하다. 충실하다.
【扎针】zhā‖zhēn 통 (醫) 침을 놓다. 침술로 치료를 하다.

## 吒 zhā 사람 이름 타

신화 속의 인명에 쓰임. ¶哪~=나타. [《封神演义》의 등장 인물] / 金~=금타. [《封神演义》의 등장 인물]
☞ zhà(咤)

## 咋 zhā 고함칠 책

아래를 참조.
☞ zǎ, zé

【咋呼】[咋唬] zhā·hu 통⑨ 1 떠들다. 고함치다. 소리지르다. 큰 소리로 외치다. ¶安静点儿, 别~。=떠들지 말고 좀 조용히 해. 2 과시하다. 뽐내다. 자랑해 보이다. 허풍떨다. ¶别光~, 有本事就使出来。=허풍만 떨지 말고, 능력 있으면 한번 발휘해 봐.
【咋唬】zhā·hu ☞【咋呼】zhā·hu
【咋咋呼呼】zhā·zhahūhū 형⑨ 와자지껄하다. 호들갑을 떨다. [큰 소리로 떠드는 모양] ¶悄悄地做, 不要到外面~的。=조용히 몰래 해, 사방으로 떠들고 다니지 말고.

## 挓 zhā 벌릴 차

【挓挲】[扎煞] zhā·sha 통⑨ (손을) 펴다. 벌리다. (나뭇가지가) 뻗다. (머리카락이) 곤두서다. 쭈뼛해지다.

## 查¹ [(查)] zhā 떼목 사

'楂(zhā)'와 같음.

## 查² [(查)] Zhā 성씨 사

몡 성(姓).
☞ chá

## 参 Zhā 땅 이름 차

**명**(地) **1** 자허(参河). [후베이(湖北)성에 있는 강 이름] **2** 자후(参湖). [후베이(湖北)성에 있는 호수 이름] **3** 자산(参山). [후베이(湖北)성에 있는 산 이름]
☞ zhà

## 哳 zhā 재잘거릴 찰
☞ 【嘲哳】 zhāozhā

## 挓 zhā 집을 사
**동 1** 걷어쥐다. [주로 조기 백화문에 보임] **2**(위)(손가락으로) 집다. ¶~一点儿盐=소금을 조금 집다. **3**(위) 손가락을 펴다〔벌리다〕. ¶~开五指=다섯 손가락을 펴다.

## *喳 zhā 대답 소리 사
(갑)(위) 예. [옛날, 노복이 주인에게 대답하는 소리] (을) 짹짹. 깍깍. [새 우는 소리] ¶喳喳~~=지지배배.
☞ chā

## **渣 zhā 찌꺼기 사
**명**(~儿) **1** 찌꺼기. 침전물. 앙금. 잔류물. ¶油~=기름 찌꺼기. / 残~余孽=잔당. [소멸되지 않고 잔존하는 나쁜 무리] **2** 부스러기. 찌꺼기. 가루. ¶馒头~儿=만터우 부스러기.

○● 沉chén渣, 豆渣, 废fèi渣, 嘎gā渣儿, 钢渣, 炉lú渣, 麻渣, 煤渣, 蔗zhè渣, 酒渣鼻

【渣油】 zhāyóu **명** 아스팔트유(asphalt油). 잔유(殘油).
【渣滓】 zhāzǐ **명 1** 찌꺼기. 앙금. **2**(위) 인간 말짜[말종]. 인간쓰레기. ¶社会~=사회의 인간쓰레기. ↔精华
【渣子】 zhā·zi **명** 부스러기. 찌꺼기. ¶面包~=빵 부스러기.

## 楂 zhā 산사나무 사
☞ 【山楂】 shānzhā
☞ chá

## 劄 zhā 찌를 차
**동** '扎(zhā)'과 같음.

## 齇[(皻)] zhā 주부코 차
**명** 코의 붉은 반점. ¶酒~鼻=주부코.

## **扎 zhā 버틸 찰
☞ zā, zhā

○● 马扎, 挣zhēng扎

【扎挣】 zhá·zheng **동**(방) 억지로 견디다〔버티다〕. (육체의 고통을 무릅쓰고) 무리를 하다. 발버둥치다. 안간힘을 쓰다. ¶老人~着走了几步。=노인은 안간힘을 쓰며 몇 걸음 걸었다.

## 札[(劄)³/⁴ · 劄]³/⁴] zhá 서찰 찰
**명 1** 목간(木簡). [글씨를 쓰는 조그마한 나무 조각] ¶笔~=붓과 목간. **2** 편지. 서신. 서간. ¶信~=서찰. 편지. / 手~=수찰. 친서. **3** 옛날, 공문서의 일종. ¶奏~=상주문(上奏文). **4** 필기. ¶~记本=독서 노트.
【札记】 zhájì **명** 찰기. 차기(箚記). [독서하면서 얻은 느낌이나 요점을 기록한 글]
【札子】 zhá·zi 옛날, 공문서의 일종. [주로 상주문(上奏文)에 쓰임]

## 轧[軋] zhá 압연할 알
**동** 압연(壓延)하다. ¶冷~=냉각 압연.
☞ gá, yà

【轧钢】 zhá‖gāng **동** 강철을 압연하다.
【轧辊】 zhágǔn **명**(機) 압연 롤러.
【轧机】 zhájī **명**(機) 압연기.
【轧制】 zházhì **동** 압연(壓延)하다.

## 闸[閘, 牐] zhá 수문 갑
**명 1** 수문(水門). ¶船~=선박의 항행(航行)용 수문. **2**(위) 브레이크. 제동기. ¶踩~=브레이크를 밟다. **3**(위) (대형 전력용) 스위치. 개폐기(開閉器). ¶拉~限电=스위치를 내려 전력 공급을 제한하다. **동** (수문이나 다른 물건으로) 물을 막다. ¶~住水流=물길을 막다.

○● 船闸, 电闸, 风闸, 涵hán闸, 倒轮闸

【闸刀】 zhádāo **명**(電) 나이프 스위치(knife switch).
【闸阀】 zháfá **명** 제동 밸브.
【闸盒】 zháhé(~儿) **명**(電) 안전 개폐기〔차단기〕. 두꺼비집. 퓨즈 상자.
【闸口】 zhákǒu **명** 수문구(水門口).
【闸门】 zhámén **명** 갑문. 수문.
【闸皮】 zhápí **명** 브레이크 고무.
【闸瓦】 zháwǎ **명**(機) 제동자. 브레이크 슈. 제륜자(制輪子).

## *炸 zhá 튀길 작
**동 1** (기름에) 튀기다. ¶~鱼=생선을 튀기다. / ~麻花=마화를 튀기다. **2**(위) 데치다. ¶把菠菜~一下。=시금치를 살짝 데치다.
☞ zhà

【炸糕】 zhágāo **명** 자가오. 튀긴 찹쌀떡.
【炸酱】 zhájiàng **명동** 자장(을 볶다).
【炸酱面】 zhájiàngmiàn **명** 자장면.

## 铡[鍘] zhá 작두 찰
**명** 작두. ¶龙头~=용머리 작두. **동** 작두로 썰다. 작두질하다. ¶~草=풀을 썰다.
【铡刀】 zhádāo **명** 작두.

## 喋 zhá 쪼아 먹는 모습 잡
☞ 【嗻喋】 shàzhá
☞ dié

## 拃[(搩)] zhǎ 뼘 찰

동 뼘. 뼘으로 재다. ¶大约~一下看多长。= 대략 얼마나 긴지 뼘어 보다. 양 뼘. ¶这张桌子有五~宽。=이 책상은 넓이가 다섯 뼘이다.

## 苲 zhǎ 붕어마름 작

【苲草】zhǎcǎo 명(植) 붕어마름 종류의 수초〔물풀〕.

## **眨 zhǎ 눈 깜박일 잡

동 (눈을) 깜박거리다. 깜짝이다. ¶一~眼的工夫, 小狗就跑不见了。=눈 깜박할 사이에 강아지가 사라졌다.

【眨巴】zhǎ·ba 동(방) (눈을) 깜박거리다. 깜짝이다. ¶小家伙不停地~眼。=꼬마는 쉴새없이 눈을 깜박인다.

【眨眼】zhǎ‖yǎn 동 1 눈을 깜박거리다〔깜짝이다〕. ¶她多次向我~示意。=그녀는 여러 번 내게 눈짓을 보냈다. 2 눈을 깜짝이다. [아주 짧은 시간을 비유함] ¶一~即逝=눈 깜짝할 사이에 지나가 버리다.

## 砟 zhǎ 덩어리 작

명 (~儿) (석탄·돌 등의) 작은 덩어리. ¶煤~=괴탄. / 炉灰~儿=화로의 덩어리 석탄재.
☞ zuò

◐● 大砟, 煤砟子

【砟子】zhǎ·zi 명 (석탄·돌 등의) 작은 덩어리. ¶道~=길에 까는 자갈.

## 䀹[䀹] zhǎ 눈 깜박일 잡

동 '眨(zhǎ)'와 같음.

## 鲊[鮓] zhǎ 절인 생선 자

명 1 소금에 절인 생선. 2 쌀가루·밀가루 등에 소금 및 기타 재료를 넣고 버무린 음식. ¶茄子~=가지로 만든 자(鲊).

【鲊肉】zhǎròu ☞ 【米粉肉】mǐfěnròu

## 鮺¹[鮺] zhǎ 절인 생선 자

명 '鲊(zhǎ)'와 같음.

## 鮺²[鮺] zhǎ 땅 이름 자

'苲(zhǎ)'와 같음. [주로 지명에 쓰임] ¶~草滩=자차오탄. [쓰촨(四川)성에 있는 지명]

## *乍 zhà 잠깐 사

부 1 갑자기. 홀연. 별안간. 돌연. 문득. 어느덧. ¶~冷~热=추웠다 더웠다 하다. 2 갓. 지금 막. 방금. 처음. ¶初来~到=처음 오다. 동 (머리카락이) 곤두서다. ¶一害怕, 头发都~起来了。=무서워서 머리카락이 다 곤두서기 시작했다. 명 (Zhà) 성(姓).

【乍翅】zhà‖chì (~儿) 동 1 날개를 펼치다. 2(방) 제멋대로 굴다. 날뛰다. ¶你还是悠着点儿, 别以为就可以~儿了。=너 좀 진정해, 제멋대로 굴어도 된다고 생각하지 말고.

【乍得】Zhàdé 명(地) 차드 (Chad). [수도는 '恩贾梅纳(엔자메나: N'Djamena)'임]

【乍猛的】zhàměng·de 부(방) 갑자기. 난데없이. 느닷없이. 불쑥. 돌연히. ¶他~问我, 我倒被他问住了。=그가 난데없이 내게 물어 보는 바람에 나는 오히려 말문이 막혔다.

【乍暖还寒】zhànuǎn-huánhán 성 늦겨울 초봄 날씨가 갑자기 따뜻해졌다가 다시 추워지다. 추위가 완전히 가시지 않다.

【乍然】zhàrán 부 갑자기. 홀연. 별안간. 돌연. 문득. 어느덧. ¶山风~而起。=산바람이 갑자기 불기 시작하다.

❶ 乍 zhà
诈 zhà
咋 zhā
砟 zhà
栅 zhà
炸 zhà
窄 zhǎi
作 zuò
昨 zuó
怍 zuò
祚 zuò
胙 zuò
阼 zuò
怎 zěn
酢 cù

## 诈[詐] zhà 속일 사

동 1 속이다. 기만하다. 사기하다. 협잡하다. ¶狡~=교활하다. / 兵不厌~=전쟁에서는 속임수도 마다하지 않는다. 2 사칭하다. 가장하다. 속여서 …하다. …인 체하다. ¶~死=죽은 체하다. 3 (거짓말로 꾀어) 진심을 털어놓게 하다. 떠보다. ¶我就爱拿话~人, 你可别上他的当=그는 말로 떠보길 좋아하니, 너 절대 속지 말아라. ≒欺

◐● 讹é诈, 诡guǐ诈, 奸jiān诈, 狡jiǎo诈, 敲qiāo诈, 权诈, 险诈

【诈唬】zhà·hu 동 허세부려 속이다. 공갈 협박하다. ¶你要多动脑子, 别被他~住了。=머리를 잘 써야지, 그의 허세에 넘어가서는 안 돼.

【诈冒】zhàmào 동 (어떤 사람을) 사칭하다. ¶~钱财=사칭하여 금품을 사취하다.

【诈骗】zhàpiàn 동 속이다. 갈취하다. 편취하다. 사취하다. 협잡하다. ¶~他人财物。=다른 사람의 재물을 사취하다.

【诈骗罪】zhàpiànzuì 명(法) 사기죄.

【诈取】zhàqǔ 동 사취하다. 속여 빼앗다. 갈취하다. ¶~钱物=금품을 사취하다.

【诈尸】zhà‖shī 동 1 시체가 갑자기 움직이다. [완전히 죽지 않은 국부적인 신경 경련에 의해 일어남] 2(방) 느닷없이 지랄발광하다. 갑자기 미친 듯한 행동을 하다. [욕하는 말] ¶你~呀, 没看见大家都在午休吗? =너 무슨 지랄이야, 모두 점심 휴식하고 있는 게 안 보여?

【诈术】zhàshù 명 사기술. 기만책. 속임수.

【诈降】zhàxiáng 동 항복하는 체하다. 거짓 항복하다. 위장 투항하다.

【诈语】zhà·yǔ 명 거짓말.

## 栅 Zhà 땅 이름 작

명(地) 자수이(栅水). [산시(陕西)성에 있는 지명]
☞ zuò

**栅** [(柵)] zhà 울짱 책
명 (대나무·나무·쇠막대 등으로 만든) 울짱. 울타리. 난간. 가로장. ¶木~=나무 울타리. / ~门=사립문.
☞ shān

【栅栏】zhà·lan (~儿) 명 (대나무·나무·쇠막대 등으로 만든) 울짱. 울타리. 난간. 가로장. ¶铁~=철제 난간.

【栅子】zhà·zi 명방 (대나무·갈대 등으로 만든) 울짱. 울타리. [주로 가금을 가두는 데 쓰임]

**奓** zhà 펼칠 차
동방 펼치다. 펴다. 벌리다.
☞ Zhā

【奓着胆子】zhà·zhe dǎn·zi 동방 간신히〔억지로〕 용기를 내다. ¶他~向山洞深处走去.=그는 용기를 내어 산굴 깊은 곳으로 걸어갔다.

**咤** [(吒)] zhà 질타할 타
☞【叱咤】chìzhà
☞ zhā(吒)

**炸** zhà 터질 작
동 1 (물체가) 터지다. 파열하다. 폭발하다. ¶爆~=폭발하다. 2 폭파하다. 폭격하다. ¶狂轰滥~=무차별 폭격하다. 3㋠ (분노가) 폭발하다. (화를) 터뜨리다. ¶他话没听完, 就~了.=그는 말을 다 듣지도 않고 화를 터뜨렸다. 4㋠ (놀라서) 달아나다〔흩어지다〕. 법석을 떨다. ¶不知怎么搞的, 蜜蜂突然一窝了.=어찌 된 일인지, 벌떼가 갑자기 흩어져 버렸다.
☞ zhá

○● 轰hōng炸

【炸弹】zhàdàn 명(军) 폭탄. [통상적으로 비행기로 투척함]

【炸掉】zhàdiào 동 폭파하다. 폭파해 버리다. ¶~敌人的碉堡=적군의 토치카를 폭파하다.

【炸锅】zhà‖guō 동방 (많은 사람들이) 갑자기 흥분하다. 갑자기 이성을 잃다. (대중의 정서가) 갑자기 폭발하다. ¶听说比赛失败了, 球迷们便~了.=시합에 졌다는 소식을 듣고, 축구 팬들이 갑자기 흥분하였다.

【炸毁】zhàhuǐ 동 폭파해 없애다. ¶桥梁被~了.=교량이 폭파되었다.

【炸雷】zhàléi 명방 (하늘이 깨질 듯이 울리는) 우레〔천둥〕.

【炸裂】zhàliè 동 1 폭발하여 갈라지다. 작렬하다. ¶山体被~了.=산이 폭파되었다. 2 파열하다. 터지다. 갈라지다. 갈라터지다. ¶水太热了, 还没倒满, 玻璃杯就~了.=물이 너무 뜨거워 가득 채우기도 전에 유리잔이 갈라졌다.

【炸群】zhà‖qún (소·양·노새·말 등이 놀라) 무리가 뿔뿔이 흩어지다.

【炸市】zhà‖shì 동 시장 사람들이 놀라 뿔뿔이 달아나다. 법석을 떨다.

【炸窝】zhà‖wō 동 1 (벌 떼나 새 떼가 놀라) 보금자리에서 사방으로 날아 흩어지다. 2㋨ (많은 사람들이) 놀라서 야단법석이다. 우왕좌왕하다.

【炸响】zhàxiǎng 형방 (소리 등이) 쟁쟁하고 우렁차다. ¶鞭子甩得~.=채찍을 휘둘러 쩡쩡 소리를 내다.

【炸药】zhàyào 명 폭약.

【炸药包】zhàyàobāo 명 폭약 포대.

【炸营】zhà‖yíng 동㋨ (사람들이) 야단법석이다. 아수라장이 되다. ¶顿时, 全村都炸了营.=갑자기 온 마을이 아수라장이 되었다.

**痄** zhà 병 중할 자
【痄腮】zhà·sai 명㋬〔医〕 '流行性腮腺炎(유행성 이하선염〔耳下腺炎〕)'의 통칭. 항아리 손님.

**蚱** zhà 메뚜기 책
아래를 참조.

【蚱蝉】zhàchán 명〔动〕 말매미.㋬【知了】zhīliǎo

【蚱蜢】zhàměng 명〔动〕 메뚜기.

**蛇** zhà 해파리 차
명방〔动〕 해파리.

**溠** Zhà 물 이름 사
【溠水】Zhàshuǐ 명〔地〕 자수이. [후베이(湖北)성에 있는 강 이름]

**榨**[1] zhà 기름틀 자
명 압착기. 누름틀. 압자기. ¶油~=유자기. 기름틀.

**榨**[2] [(搾)] zhà 짤 착
동 (즙을) 짜다. ¶~甘蔗=사탕수수를 짜다.

【榨菜】zhàcài 명 1〔植〕 갓. 2〔植〕 갓. [잎을 가리킴] 3 자차이. (갓에 고추·향료 등을 넣어 만든 장아찌)

【榨季】zhàjì 명 (사탕수수나 감채 등 설탕 원료를 수확하여) 당즙을 짜는 계절.

【榨取】zhàqǔ 동 1 짜내다. ¶~橙汁=오렌지 즙을 짜내다. 2㋨ 착취하다. 수탈하다. ¶~民脂民膏=백성의 고혈(膏血)을 짜내다.

【榨油】zhàyóu 동 기름을 짜다. ¶~机=착유기.

【榨汁机】zhàzhījī 명 착즙기.

**磋** zhà 땅 이름 차
지명에 쓰이는 글자. ¶大水~=다수이자. [간쑤(甘肃)성에 있는 지명]

**蜡** zhà 납제 사
명 옛날, 연말에 여러 신들의 가호에 보답하기 위해 올리던 제사.
☞ là

**霅** Zhà 번개칠 잡
명〔地〕 자시(霅溪). [저장(浙江)성에 있는 강 이

름. 지금은 둥오시(东苕溪)라고 부름].

**酢** zhà 주자 자
- 몡囹 (술)주자(酒榨). 주조(酒槽). 동囵 술을 짜다.

**馇[餷]** ·zha 음식 이름 사
- ☞ 【饹馇】gē·zha
- ☞ chā

## zhɑi

**侧[側]** zhāi 기울 측
- 동囹 기울다. 기울어지다. 삐뚤어지다. 경사지다. ¶他~着肩膀一瘸一拐地走着. =그는 어깨를 기울이고 절뚝거리며 걷고 있다.
- ☞ cè, zè

【侧棱】zhāi·leng 동囵 구부리다. 기울이다. 숙이다. ¶他~着身子躺在沙发上. =그는 몸을 구부리고 소파에 누워 있다.

【侧歪】zhāi·wai 동囹 기울다. ¶车~在路边的沟里. =차가 길가의 도랑에 비스듬히 처박혀 있다.

**斋[齋, 亝]** zhāi 재계할 재
- 동 **1** 재계하다. ¶~禁=부정한 일을 금지하다. **2** (승려·도사에게) 시주하다. ¶~僧=승려에게 시주하다. 몡 **1** 집. 주택. 가옥. 건물. [주로 서재·상점·학교 기숙사 등의 이름에 쓰임] ¶~书=서재. ¶荣宝~=베이징(北京)의 유명한 서화 골동품 가게 이름] **2** (佛)(道) (불교·도교도들이 먹는) 소밥. 소식(素食). 소반(素飯). 절밥. ¶吃~=소밥을 먹다. **3** (宗) (이슬람교의) 라마단(Ramadan). ¶开~=라마단이 해제되다.

○● 把斋, 长斋, 持chí斋, 封斋, 开斋, 施shī斋

【斋饭】zhāifàn 몡 **1** 승려가 탁발하여 얻은 밥. **2** (절의) 잿밥. 소밥. 소식(素食). 소반(素飯).

【斋公】zhāigōng 몡 **1** 절에서 향촉을 주관하는 사람. **2** 채식주의자. 정진 결재하는 사람.

【斋果】zhāiguǒ 몡 (과일류의) 제물(祭物). 봉헌물.

【斋会】zhāihuì 몡 (佛) 재회(齋會).

【斋醮】zhāijiào 동 (승려나 도사가 재단을 마련하고) 재를 올리다. 기도하다.

【斋戒】zhāijiè 동 **1** 재계하다. **2** (宗) 사움. 이슬람교에서 라마단(Ramadan) 기간 동안 금식하다. [이슬람력의 9월 한 달 동안 일출부터 일몰 전까지는 음식과 방사를 금지함] ≒封斋

【斋期】zhāiqī 몡 재기. 재계하는 기간. ¶~一个月. =재기 1개월.

【斋舍】zhāishè 몡 **1** 서재. **2** 학사(學舍). ¶幽静=학사가 조용하다.

【斋坛】zhāitán 몡 **1** 재단. [옛날, 제왕이 하늘과 땅에 제사를 지내는 곳] **2** 재단. [승려·도사가 독경하며 제사를 지내는 곳]

【斋堂】zhāitáng 몡 (절의 승려가 독경하는) 전당(殿堂).

【斋月】zhāiyuè 몡 (宗) 라마단(Ramadan). [이슬람교에서, 단식과 재계(齋戒)를 하는 달. 이슬람력의 아홉 번째 달임]

**\*摘** zhāi 딸 적
- 동 **1** (식물의 꽃·열매·잎을) 따다. 꺾다. 뜯다. (쓰거나 걸려 있는 물건을) 벗다. 벗기다. 떼다. ¶采~=따다. / ¶眼镜=안경을 벗다. **2** 선택하다. 발췌하다. 뽑아 내다. 가려 뽑다. ¶章~句=멋진 구절만 찾아서 뽑아 적고 깊이 있게 연구하지 않다. **3**⑦ 급하게 돈을 빌리다. ¶东~西借=여기저기서 돈을 빌리다. **4** 질책하다. 탓하다. 꾸짖다. ¶指~=지적하다.

○● 采摘, 文摘, 抉jué摘, 指摘

【摘报】zhāibào 동 발췌하여〔간추려〕보고하다. ¶~上级=상부에 간추려 보고하다. 몡 간추린 보고서. ¶阅览~=간추린 보고서를 열람하다.

【摘编】zhāibiān 동 발췌 편집하다. ¶将文件~成册. =문건을 발췌하여 책으로 만들다. 몡 발췌 편집한 자료. ¶言论~=언론 발췌 편집 자료.

【摘抄】zhāichāo 동 적록하다. 요점을 간추리다. ¶~文章要点=글의 요점을 적록하다. 몡 적록한 글. 발췌문. ¶中外名言~=중국과 외국의 명언을 발췌한 글.

【摘除】zhāichú 동 (醫) (유기체의 해로움이나 불필요한 부분을) 떼어 내다. 적출하다. 잘라서 제거하다. ¶~肿瘤=종양을 떼어 내다.

【摘登】zhāidēng 동 (신문 잡지에) 요점을 추려서 싣다. ¶~作家、评论家发言. =작가·평론가의 의견을 간추려서 싣다.

【摘发】zhāifā 동 요점을 간추려 발표하다. ¶本刊将~该书的部分章节. =본 잡지는 이 책의 일부 장절의 요점을 추려서 발표할 것이다.

【摘桂】zhāiguì 동 월계관을 따내다. 우승하다.

【摘记】zhāijì 동 **1** 적기하다. 요점만을 기록하다. ¶~文章要点=글의 요점만을 기록하다. **2** 적록하다. 발췌하다. ¶~部分段落=부분 단락을 발췌하다. 몡 적록한 글. 발췌문. ¶读报~=신문 발췌문.

【摘借】zhāijiè 동 급하게 돈을 빌리다. ¶四处~=여기저기 급하게 돈을 빌리다.

【摘录】zhāilù 동 적록하다. 발췌하다. ¶他很快就把文件的最后几个段落~了下来. =그는 재빨리 문장 끝 부분의 몇 단락을 발췌하였다. 몡 적록한 글. 발췌문. ¶资料~=자료 발췌문.

【摘帽子】zhāi mào·zi 동囵 죄명[오명]을 벗다.

【摘牌】zhāi pái 동 **1** 간판을 내리다. ¶违规，那家夜总会已被~了. =규정 위반으로 그 나이트클럽은 이미 영업이 취소되었다. **2** (體) 메달을 획득하다〔따다〕. ¶他在这次比赛中多次~夺金. =그는 이번 대

회에서 여러 차례 금메달을 획득했다. **3**(體) (구단에서 운동 선수를) 영입하다. **4**(經) (증권이) 거래 정지되다.

【摘取】**zhāiqǔ** 동 **1** (꽃·열매·잎 등을) 따다. 뜯다. 채취하다. ¶~薔薇=장미를 따다. **2** 골라 채용하다. 선택하다. 취하다. ¶他~小说的部分章节改编成了电影。=그는 소설의 일부 장절을 뽑아 재편집하여 영화를 만들었다. **3** 쟁취하다. 따내다. ¶~奥运会桂冠=올림픽 월계관을 쟁취하다.

【摘桃子】**zhāi táo·zi** 동(비) 남의 성과〔승리〕를 가로채다.

【摘心】**zhāixīn** 동 **1**(農) 순지르다. 순을 따다. 적심하다. **2** 심장을 떼어 내다. ¶杀猪宰羊，~摘肺。=돼지와 양을 잡아 심장과 폐를 떼어 내다.

【摘要】**zhāiyào** 동 적요하다. 요점만 따서 적다. ¶~刊发=요점만 따서 게재하다. 명 적요. 개요. ¶内容~=내용 적요. 늑概要

【摘译】**zhāiyì** 동 초역(抄譯)하다. 발췌 번역하다. ¶~外报部分内容=외국 신문의 일부 내용을 발췌 번역하다. 명 발췌 번역문. ¶外电~=외신 발췌 번역문.

【摘引】**zhāiyǐn** 동 발췌 인용하다. ¶这句话~自《论语》。=이 말은 《論語(논어)》에서 발췌 인용했다.

【摘由】**zhāi‖yóu** 동 (보기에 편하도록) 공문서의 주요 내용을 발췌 요약하다. [공문서의 주요 내용을 '事由(shìyóu)'라고 하기 때문임]

## 宅 **zhái** 집 택

명 댁. 집. 주택. 가옥. 거처. ¶深~大院=큰 뜰이 있는 저택. 대저택.

○● 窟kū宅，内宅，凶xiōng宅

【宅邸】**zháidǐ** 명 저택. 저사(邸舍). [주로 비교적 큰 것을 가리킴]

【宅地】**zháidì** 명 택지. 대지.

【宅第】**zháidì** 명(문) 저택. 저사(邸舍). 저제(邸第). 제관(第館). [주로 비교적 큰 것을 가리킴]

【宅基】**zháijī** 명 택지.

【宅基地】**zháijīdì** 명 부지. 대지.

【宅门】**zháimén** 명 **1** 저택의 대문. **2** (~儿) 저택에 사는 가족. ¶大~=대가족.

【宅舍】**zháishè** 명(문) 주택.

【宅院】**zháiyuàn** 명 **1** 정원이 딸린 주택. **2** 주택.

【宅子】**zhái·zi** 명 주택. ¶他另外还有一处~。=그는 또 한 채의 주택을 가지고 있다.

## 择[擇] **zhái** 고를 택

동(구) '择(zé)'와 같음. ¶~韭菜=부추를 다듬다.
☞ **zé**

【择不开】**zhái·bukāi** 동 **1** 가려 낼 수 없다. 풀어 낼 수 없다. ¶毛线乱了，怎么也~。=털실이 뒤엉켜서 아무래도 풀 수가 없다. **2** (시간·몸 등을) 빼낼 수가 없다. 벗어날 수 없다. ¶他这两天一点儿空儿也~。=그는 요 며칠 잠시도 틈을 낼 수 없다.

【择菜】**zhái‖cài** 동 채소를 다듬다.

【择席】**zháixí** 동 잠자리를 가리다. 잠자리가 바뀌면 잠을 못 자거나 편치 못하다.

## 翟 **Zhái** 성씨 적

명 성(姓).
☞ **dí**

## 窄 **zhǎi** 좁을 착

형 **1** 협소하다. (폭이) 좁다. ¶狭~=비좁다. **2** (마음이) 좁다. 옹졸하다. (도량이) 작다. ¶心眼儿~=마음이 옹졸하다. **3**(구) 궁하다. 곤궁하다. 가난하다. ¶别看现在好了，过去他家的日子过得挺~。=지금은 사정이 좋아졌지만, 지난 시절 그의 집은 째어지게 가난했다. 늑狭 ↔宽广

○● 宽窄，心窄

【窄巴】**zhǎi·ba** 형(구) **1** 대단히 좁다. ¶这间屋子太~了，只能放张床。=이 방은 너무 좁아서 침대 하나 겨우 놓을 수 있다. **2** 궁하다. 곤궁하다. ¶他最近手头有点儿~。=그는 요즘 주머니 사정이 좀 궁하다.

【窄带】**zhǎidài** 명 협대역망. 내로 밴드(narrow band). ↔宽带

【窄幅】**zhǎifú** 명 (직물의) 협폭(狭幅). ¶~红绸=소폭의 붉은 명주. ↔宽幅

【窄轨】**zhǎiguǐ** 명 협궤(狭軌).

【窄狭】**zhǎixiá** 형 비좁다. 협소하다.

【窄小】**zhǎixiǎo** 형 협소하다. (폭이) 좁다. ¶~的阁楼=협소한 다락방.

【窄韵】**zhǎiyùn** 명 험운(險韻). 난운(難韻). [시운(詩韻)에서 운목(韻目)의 글자 수가 적은 운]

## 觍 **zhǎi** 흠집 재

명동 (~儿) (그릇·의복·과일의) 흠. 흠집. ¶盘子上有点~儿。=쟁반에 흠집이 좀 있다.

## 债[債] **zhài** 빚 채

명 **1** 빚. 부채. ¶讨~=빚을 독촉하다. / 欠~=빚지다. **2**(비) 대가. ¶血~=피값.

○● 背bèi债，躲duǒ债，放债，负债，国债，举债，内债，外债

【债户】**zhàihù** 명 채무자. ↔债主

【债家】**zhàijiā** 명 채권자. 채금자.

【债款】**zhàikuǎn** 명 대출금. 차관. 빌린 돈. ¶偿还~=대출금을 상환하다.

【债利】**zhàilì** 명 대출 이자.

【债权】**zhàiquán** 명(法) 채권. ↔债务

【债权国】**zhàiquánguó** 명 채권국. ↔债务国

【债权人】**zhàiquánrén** 명(法) 채권자. ↔债务人

【债券】**zhàiquàn** 명(經) **1** 채권. [공채나 국채] **2** 채권. [회사채나 사채권]

【债券市场】**zhàiquàn shìchǎng** 명 채권 시장.

【债台高筑】**zhàitái-gāozhù** 성 **1** 빚쟁이를 피해 숨은 탑. **2**(비) 빚이 산더미 같다. 빚이 너무 많

## zhài

아 갚을 능력이 없다.

【债务】 zhàiwù 명 1 채무. 2 부채. ¶清理~ = 부채를 말끔히 정리하다. ↔债权

【债务国】 zhàiwùguó 명 채무국. ↔债权国

【债务人】 zhàiwùrén 명 (法) 채무자. ↔债权人

【债主】 zhàizhǔ 명 채권자. 채급자. ↔债户

## 砦 Zhài 울타리 채
명 성(姓).

## 祭 Zhài 성씨 채
명 성(姓).
☞ jì

## 寨[砦] zhài 울타리 채
명 1 방책. 돌로 쌓은 방어용 울타리. ¶鹿~ = 녹채. 2 옛 군영(軍營). 병영(兵營). ¶营~ = 병영. 3 옛 산채. ¶山~ = 산채. 4 사방으로 울타리를 둘러친 마을. 촌락. ¶村~ = 촌락.

○● 边寨, 鹿lù寨, 山寨

【寨主】 zhàizhǔ 명 1 산적 두목. 2 촌장. 촌갑(村甲).

【寨子】 zhài·zi 명 1 방책. (방어용으로) 빙 둘러친 울타리. 2 사방으로 울타리를 둘러친 마을. 촌락.

## 瘵 zhài 앓을 채
명옛 병. [주로 폐결핵·폐병을 가리킴] ¶病~ = 폐결핵.

## 襻 zhài 꿰매 달 채
동방 (옷에) 꿰매어 달다. ¶~花边 = 레이스를 달다.

# zhan

## 占 zhān 점칠 점
동 1 (고대의) 귀갑(龜甲)이나 시초(蓍草)로 길흉을 점치다. 2 점치다. ¶~卦问卜 = 점을 치다. 명 (Zhān) 성(姓).
☞ zhàn

○ 占 zhān
  站 zhàn
  战 zhàn
  沾 zhān
  点 diǎn
  店 diàn
  垫 diàn
  阽 diàn
  玷 diàn
  帖 tiē
  粘 nián

【占卜】 zhānbǔ 동 (길흉화복(吉凶禍福)을 점치다. [옛날에는 귀갑(龜甲)·시초(蓍草) 등으로, 후세에는 동전·골패(骨牌) 등을 사용하여 점을 침]

【占卦】 zhān‖guà 동 패(卦)를 던져 점치다. 팔괘로 점을 치다.

【占课】 zhān‖kè 동 동전을 던져 길흉을 점치다.

【占梦】 zhān‖mèng 동 해몽하다.

【占星】 zhānxīng 동 별점을 보다.

【占星术】 zhānxīngshù 명 점성술. =【星术】 xīngshù

## 沾[霑] zhān 젖을 점
동 1 젖다. 적시다. 축축해지다. (액체가) 스며들다. ¶泪流-襟 = 눈물이 옷자락을 적시다. 2 묻다. 묻히다. ¶要注意, 伤口不能~水. = 상처에 물이 묻지 않도록 주의해야 한다. 3 닿다. 접촉하다. 관계하다. ¶烟酒不~ = 술·담배를 입에 대지 않다. 4 (어떤 관계로 인해 혜택을) 입다. 나누다. 누리다. ¶利益均~ = 이익을 골고루 나누다. 5 방 좋다. 괜찮다. ¶不~ = 좋지 않다.

【沾边】 zhān‖biān (~儿) 동 1 가까이 다가가다. 곁에 가다. 가볍게 접촉하다. 좀 관련되다〔관계하다〕. ¶这种事, 我从来不~儿. = 이런 일이라면 나는 곁에도 가지 않는다. 2 사실에 가깝다. ¶你说的有点儿~儿. = 네 말이 어느 정도 사실에 가깝다.

【沾光】 zhān‖guāng 동 덕을 보다.

【沾花惹草】 zhānhuā-rěcǎo ☞【拈花惹草】 niānhuā-rěcǎo

【沾亲】 zhān‖qīn 동 친척 관계가 있다. [주로 관계가 비교적 먼 친척을 가리킴] ¶我和她沾点儿亲. = 나와 그녀는 먼 친척의 관계이다.

【沾亲带故】 zhānqīn-dàigù 성 친척이나 친구로서의 관계가 조금이라도 있다.

【沾染】 zhānrǎn 동 1 감염되다. 오염되다. ¶小心别让伤口~了细菌. = 상처가 세균에 감염되지 않도록 조심해라. 2 물들다. ¶~恶习 = 나쁜 습관에 물들다.

【沾惹】 zhānrě 동 불러일으키다. 야기하다. 유발하다. 초래하다. ¶你这样做容易~是非. = 너 이런 식으로 하면 시비를 불러일으키기 쉽다.

【沾手】 zhān‖shǒu 동 1 손을 대다. 손으로 만지다. ¶雪花一~, 很快就化成了水. = 눈꽃은 손을 대기만 하면 금새 물로 변한다. 2 (비) 개입하다. 관여하다. 참견하다. ¶那事儿千万不能~. = 그 일은 절대로 관여해서는 안 된다.

【沾污】 zhānwū 동 1 더럽히다. ¶墨水把裤子~了. = 먹물에 바지를 더럽혔다. 2 (비) (명예·명성을) 더럽히다. 손상시키다. 먹칠하다. ¶注意, 别~了自己的名声. = 자기의 명성을 더럽히지 않도록 주의해라.

【沾沾自喜】 zhānzhān-zìxǐ 성 득의양양해하며 스스로 즐거워하다. 우쭐거리며 뽐내다. ↔灰心丧气, 垂头丧气

## 毡[氈, 氊] zhān 모전 전
명 1 모전(毛氈). 펠트(felt). 융단. ¶如坐针~ = 바늘방석에 앉은 듯하다. 2 융단과 같은 물건. ¶油~ = 아스팔트 펠트(asphalt felt).

【毡包】 zhānbāo 명 유르트(yurt). 파오.

【毡房】 zhānfáng 명 유르트(yurt). 파오.

【毡笠】 zhānlì 명 전모. 모전으로 만든 모자.

【毡帽】 zhānmào 명 전모. 모전으로 만든 모자.

【毡条】 zhāntiáo 명(방) 모전(毛氈). 펠트 깔개. [침상 위에 깔거나 깔개로 씀]

【毡靴】 zhānxuē 명 모전(毛氈) 신발. 모전(毛氈) 방한화.

【毡帐】**zhānzhàng** 명 유르트(yurt). 파오.
【毡子】**zhān·zi** 명 모전(毛氈). 펠트(felt). 융단.

# 栴 zhān 단향목 전

【栴檀】**zhāntán** ☞【檀香】**tánxiāng**

# 旃 zhān 하라 전

대문 …할지어다. …하라. [‘之(zhī)’ 와 ‘焉(yān)’ 의 합음자로, 사람이나 사물에 대한 지시 대명사로 쓰이며 아울러 어기를 나타냄] ¶勉~! =힘쓸지어다! 명문 ‘毡(zhān)’ 과 같음.
【旃檀】**zhāntán** ☞【檀香】**tánxiāng**

# ** 粘 zhān 들어붙을 점

동 **1** 눌어붙다. 들어붙다. ¶米饭~锅了。=밥이 솥에 눌어붙었다. **2** (풀 따위로) 붙이다. ¶~信封=편지 봉투를 붙이다.
☞ **nián**
【粘胶】**zhānjiāo** 명 접착제.
【粘连】**zhānlián** 동 **1** 붙이다. **2**《醫》유착(癒着)하다. ¶肠~=장 유착. **3** 비 결부되다. 연관되다. 관련되다. ¶他跟这事儿没~。=그는 이번 일과 연관이 없다.
【粘贴】**zhāntiē** 동 **1** (풀 따위로) 붙이다. 바르다. ¶~宣传画=선전 포스터(poster)를 붙이다. **2**《컴》(파일의 일부나 전체를 복사하여 다른 파일로) 붙여 넣다.

# 詹 Zhān 성씨 첨

명 성(姓).

# 谵[譫] zhān 헛소리 섬

동문 (병으로 정신이 혼미해져) 헛소리하다. ¶~言=헛소리.
【谵妄】**zhānwàng** 명《醫》섬망.
【谵语】**zhānyǔ** 동문 (병으로 정신이 혼미해져) 헛소리하다. 명문 섬어. 헛소리. 앓는 사람이 정신을 잃고 중얼거리는 소리.

# 馇[饘, 飦] zhān 죽 전

명문 된 죽.

# 遄 zhān 머뭇거릴 전

☞【迍遭】**zhūnzhān**

# * 瞻 zhān 볼 첨

동 내다보다. 바라다보다. 우러러보다. 쳐다보다. ¶高~远瞩=높은 곳에 서서 멀리 보다. 앞일을 멀리 내다보다. 명 (**Zhān**) 성(姓).
【瞻拜】**zhānbài** 동 첨배하다. 우러러 절하다. ¶~孔庙=공자묘를 첨배하다.
【瞻顾】**zhāngù** 동문 **1** 이리저리 살피다. 이모저모를 고려하다. 앞뒤를 따지다. ¶徘徊~=왔다 갔다 하며 이리저리 살피다. **2** 보살피다. 돌보다. 간호하다. 뒷바라지하다. ¶多承~=당신의 보살핌을 많이 받았습니다.
【瞻礼】**zhānlǐ** 동문 (신이나 부처에게) 참배하다. 명《宗》**1** (천주교에서 말하는) 축일(祝日). 축제일. 성일(聖日). **2** (천주교에서 말하는) 요일. [일요일을 ‘主日(주일)’ 이라고 하고, 나머지를 차례로 ‘瞻礼二(월요일)’ 부터 ‘瞻礼七(토요일)’ 까지로 부름]
【瞻念】**zhānniàn** 동 전망하다. (앞을) 생각하다. 숙고하다. ¶~未来=미래를 생각하다.
【瞻前顾后】**zhānqián-gùhòu** 성 **1** 앞뒤를 살피다. 앞뒤를 따지다. **2** 신중히 생각하다. 심사숙고하다. **3** 지나치게 조심하여 결단을 못 내리다. 우유부단하다. ≒畏首畏尾 ↔义无反顾 勇往直前
【瞻望】**zhānwàng** 동 **1** 첨망하다. 우러러보다. ¶~夜空=밤 하늘을 쳐다보다. **2** 앞날을 내다보다. 전망하다. ¶~前途=장래를 생각하다. ≒展望
【瞻仰】**zhānyǎng** 동 **1** 첨앙하다. 우러러보다. **2** 참배하다. ¶~烈士纪念碑=열사 기념비를 참배하다.

# 鹯[鸇] zhān 새매 전

명《動》고서에 나오는 새매와 비슷한 맹금의 일종.

# 鳣[鱣] zhān 철갑상어 전

명문《動》철갑상어. 황어(鰉魚).

# ** 斩[斬] zhǎn 벨 참

동 **1** 베다. 자르다. 찍다. ¶披荆~棘=가시나무를 헤치고 가시를 자르다. 가시덤불을 헤치고 나아가다. **2** 방비 공갈하다. 갈취하다. 사취하다. ¶这家伙到处~人。=그 녀석은 온 동네에 공갈치고 다닌다.
【斩仓】**zhǎncāng** 동《經》(주식이나 국채 등 증권을) 매입가보다 낮은 가격에 팔다.
【斩草除根】**zhǎncǎo-chúgēn** 성 **1** 풀을 베고 뿌리를 뽑다. **2** 비 화근을 철저히 없애 버리다. =【剪草除根】**jiǎncǎo-chúgēn** ↔养痈成患 养虎遗患 放虎归山
【斩除】**zhǎnchú** 동 깨끗이 제거하다. 뿌리째 뽑다. 근절하다. ¶~祸根=화근을 뿌리째 뽑다.
【斩钉截铁】**zhǎndīng-jiétiě** 성비 맺고 끊다. 언행이 단호하다. 과단성이 있다. ≒当机立断 ↔拖泥带水
【斩断】**zhǎnduàn** 동 잘라 내다. 절단하다. 제거하다. ¶~黑手=검은손을 제거하다.
【斩获】**zhǎnhuò** 동 **1** (적을) 죽이다. 사로잡다. **2** 거두어들이다. 수확하다. 획득하다. 얻다. **3** (시합에서 상〔좋은 성적〕을) 획득하다. 거두다. ¶在今天的奥运比赛中，中国队共~五枚金牌。=올림픽 경기에서 중국 팀은 오늘 모두 5개의 금메달을 획득하였다. 명 **1** 수확. [경기에서 메달이나 득점 등의 수확] ¶下午的比赛，我们队无有~。=오후의 시합에서 우리 팀은 수확이 없었다. **2** 수확. [싸워서 얻은 수확] ¶打击盗版又有新~。=해적판을 소탕하는 일에 새로운 수확이 있었다.
【斩尽杀绝】**zhǎnjìn-shājué** 성 깡그리 죽이다. 몰살시키다.

【斩决】zhǎnjué 동 참형에 처하다. 참수하다.
【斩立决】zhǎnlìjué 동 (사형 선고 후) 즉각 참수하다.
【斩齐】zhǎnqí ☞【崭齐】zhǎnqí
【斩首】zhǎnshǒu 동 참수하다. 목을 베다. ¶~示众=참수하여 대중들에게 보이다.
【斩刑】zhǎnxíng 명 참형. 참수형. ¶处以~=참수형에 처하다.

## 飐[颭] zhǎn 살랑거릴 점
동(문) 바람에 흔들리다.

## 盏¹[盞, 琖·醆] zhǎn 잔 잔
명 잔. ¶酒~=술잔. / 把~=잔을 들다.

## 盏²[盞] zhǎn 잔 잔
명 잔 모양의 용기. ¶灯~=등잔.

## 盏³[盞, 醆] zhǎn 잔 잔
양 개. [등을 세는 양사] ¶一~灯=등 하나.

## 展 zhǎn 펼 전
동 1 펴다. 벌리다. 넓히다. ¶伸~=펼치다. / 愁眉不~=찌푸린 눈살을 펴지 못하다. 2 넓히다. 확대하다. ¶拓~=개척하다. / 扩~=넓히다. 확장하다. 3 (기한을) 늦추다. 미루다. ¶行期一再~缓。=출발 날짜를 거듭 미루다. 4 전시하다. 전람하다. ¶摄影~=사진전. 5 펼치다. 나타내다. 발휘하다. ¶一筹莫~=써 볼 만한 계책이 하나도 없다. 속수무책이다. 명 1 전시회. 전람회. ¶画~=화전. 그림 전람회. 2 (Zhǎn) 성(姓).

○ 展 zhǎn
辗 zhǎn
碾 niǎn

○● 发展, 进展, 宽展, 扩kuò展, 平展, 铺展, 施shī展, 招展, 延yán展性

【展播】zhǎnbō 동 (텔레비전 특정 프로그램을) 집중적으로 방영하다. ¶经典影片~=명화를 집중적으로 방영하다.
【展翅】zhǎnchì 동 날개를 펼치다. ¶~飞翔=날개를 펼치고 날다.
【展翅高飞】zhǎnchì-gāofēi 성 1 날개를 펼치고 높이 날다. 2(비) 높은 곳을 향하여 날다. 원대한 앞길을 향하여 달리다.
【展出】zhǎnchū 동 전시하다. 진열하다. ¶展览会上~了各种手工艺品。=전시회에는 각종 공예품이 전시되었다.
【展地】zhǎndì 명 전시장. 전람회장.
【展馆】zhǎnguǎn ☞【展览馆】zhǎnlǎnguǎn
【展柜】zhǎnguì 명 전시대. 진열대.
【展缓】zhǎnhuǎn 동 (날짜를) 미루다. (기한을) 늦추다. 연기하다. ¶限期有所~。=기한이 좀 늦추어졌다.
【展会】zhǎnhuì 명 전람회. 전시회. 판촉 행사.
【展开】zhǎn‖kāi 동 1 펴다. 펼치다. ¶~画卷=두루마리 그림을 펴다. 2 (활동을) 전개하다. 벌이다. ¶~激烈辩论=격렬한 논쟁을 벌이다.

【展宽】zhǎnkuān 동 (도로나 하상 등을) 넓히다. ¶~街道=길을 넓히다.
【展览】zhǎnlǎn 동 전람하다. ¶书画~=서화를 전람하다. 명 전람회. 전시품. ¶参加~=전람회에 참가하다.
【展览馆】zhǎnlǎnguǎn 명 전람관. 전시관. 유【展馆】zhǎnguǎn
【展览会】zhǎnlǎnhuì 명 전람회.
【展览品】zhǎnlǎnpǐn 명 전시품. 유【展品】zhǎnpǐn
【展览室】zhǎnlǎnshì 명 전람실. 유【展室】zhǎnshì
【展露】zhǎnlù 동 나타내다. 드러내다. 내보이다. ¶~才能=재능을 드러내다.
【展卖】zhǎnmài 동 전시 판매하다.
【展卖会】zhǎnmàihuì 명 판촉회. 전시 판매회.
【展眉】zhǎnméi 동(문) 눈살을 펴다. 미간을 펴다.
【展品】zhǎnpǐn ☞【展览品】zhǎnlǎnpǐn
【展评】zhǎnpíng 동 전시하여 비교 평가하다. ¶~书法作品=서예 작품을 전시 평가하다.
【展评会】zhǎnpínghuì 명 전시 평가회. [전시 중 관중들에게 전시품을 평가하게 하는 활동]
【展期】zhǎnqī 동 연장하다. ¶为答谢广大爱好者, 展览会~三天闭幕。=많은 애호가들에게 보답하기 위하여 전람회는 3일 연장하여 폐막한다. 명 전람 기간. ¶~两周=전람 기간은 2주일이다. 유延期
【展区】zhǎnqū 명 전시 구역. ¶电脑~=컴퓨터 전시 구역.
【展示】zhǎnshì 동 드러내다. 나타내다. 전시하다. ¶~真相=진상을 드러내다. 유展现
【展示会】zhǎnshìhuì 명 전시회.
【展事】zhǎnshì 명 전시 활동.
【展室】zhǎnshì ☞【展览室】zhǎnlǎnshì
【展售】zhǎnshòu 동 전시 판매하다.
【展台】zhǎntái 명 전시대. 진열대.
【展厅】zhǎntīng 명 전시홀. 전람홀.
【展望】zhǎnwàng 동 1 먼 곳을 보다. 멀리 바라보다. ¶登高~=높은 곳에 올라 멀리 바라보다. 2 전망하다. 앞을 내다보다. ¶~未来=미래를 전망하다. 명 전망. 비전. ¶新世纪~=신세기의 전망. 유瞻望 ↔回顾
【展位】zhǎnwèi 명 부스. ¶展览馆供设三百余个~。=전람회장에는 총 3백여 개의 부스가 설치되었다.
【展现】zhǎnxiàn 동 드러내다. 나타내다. ¶~才华=재능을 드러내다. 유展示
【展限】zhǎnxiàn 동 기한을 연장하다. ¶~三日=기한을 3일 연장하다.
【展销】zhǎnxiāo 동 전시 판매하다. ¶春季女装~=봄 여성복을 전시 판매하다.
【展销会】zhǎnxiāohuì 명 전시 판매회.
【展性】zhǎnxìng 명(물) 전성. 가단성(可鍛性).
【展延】zhǎnyán 동 늘이다. 펼치다. 벌려서 얇게 펴다.
【展眼】zhǎnyǎn 동 1 눈을 크게 뜨다. ¶~远望=눈을 크게 뜨고 멀리 바라보다. 2 눈을 깜짝

거리다. [시간이 짧음을 가리킴] ¶~之间=눈 깜짝할 사이.

【展眼舒眉】 zhǎnyǎn-shūméi 1 눈을 크게 뜨고 미간을 활짝 펴다. 2 마음이 편안하다. 아주 행복하다.

【展演】 zhǎnyǎn 선전을 위하여 공연하다. ¶~京剧优秀剧目=경극의 우수한 프로그램을 전시 공연하다.

【展业】 zhǎnyè 업무를 전개하다. [특히 보험 회사의 영업 사원이 보험 업무를 전개하는 것을 말함] ¶他们充分地运用了直销、营销、代办三种~手段。=그들은 직접 판매와 판촉 활동과 업무 대행 등 3가지 업무 전개 수단을 충분히 활용하였다.

【展映】 zhǎnyìng (광고 효과를 위하여) 집중 상영하다. ¶战争影片~=전쟁 영화를 집중 상영하다.

【展转】 zhǎnzhuǎn ☞【辗转】 zhǎnzhuǎn

**崭[嶄, 嶃]** zhǎn 높을 참

1 높이 치솟다. 돌출하다. ¶~岩=뾰족이 솟은 암석. 2 훌륭하다. 멋지다. 뛰어나다. ¶滋味真~。=맛이 정말 훌륭하다. 정도가 심함을 나타내며, '很(hěn)'·'特别(tèbié)'에 상당함. ¶~新的办公设备=참신한 사무 설비.

【崭露头角】 zhǎnlù-tóujiǎo 두각을 나타내다. [주로 청년을 가리킴]

【崭齐】[斩齐] zhǎnqí 깔끔하다. 단정하다. 가지런하다. ¶桌上放着一叠~的钞票。=탁자 위에 빳빳한 새 지폐 한 다발이 놓여 있다.

【崭然】 zhǎnrán 우뚝하다. 눈에 띄다. 두드러지다. 유난하다. 현저하다. ¶新建的高楼~耸立。=새로 지은 빌딩이 우뚝 솟아 있다.

【崭新】 zhǎnxīn 참신하다. 아주 새롭다. ¶~的西服=(완전한) 새 양복. ↔陈旧

**搌** zhǎn 닦을 전

(부드럽고 마른 것으로) 물기를 빨아들이다. 닦아 내다. 묻혀 내다. ¶拿毛巾把桌面上的水~一~。=수건으로 탁자 위의 물기를 닦아 내다.

【搌布】 zhǎn·bù 행주. 걸레.

**䁕[瞷]** zhǎn 눈 깜빡일 참

눈을 깜빡이다.

**辗[輾]** zhǎn 뒤척일 전

아래를 참조.
☞ niǎn

【辗转】[展转] zhǎnzhuǎn 1 (몸을) 뒤척이다. 엎치락뒤치락하다. ¶~不眠=몸을 뒤척이며 잠을 이루지 못하다. 2 전전하다. 여러 손(곳)을 거치다. ¶~流传=여러 손을 거쳐 전해지다. / ~各地=각지를 전전하다.

【辗转反侧】 zhǎnzhuǎn-fǎncè 전전반측. 엎치락뒤치락하다. ≒翻来覆去

**黵** zhǎn 더러워질 점

더럽히다. 때 묻히다. 꺼메지다. ¶黑布禁(jīn)~。=검은 천은 때가 잘 타지 않는다.

## 占[佔] zhàn 차지할 점

1 (토지나 장소를) 차지하다. 점령[거기]하다. ¶强~=강점하다. / 鹊巢鸠~=산비둘기가 까치집을 차지하다. 2 점용하다. 차지하다. 보유하다. ¶新校园~地三千多亩。=새 교정이 점용한 면적은 3천여 무(亩)이다. 3 (어떤 위치에) 처하다. 놓이다. (어떤 상황에) 속하다. ¶~多数=다수를 차지하다. / 独~鳌头=홀로 일등을 차지하다.
☞ zhān

⊙● 独占, 进占, 抢qiǎng占, 侵占, 圈占, 袭xí占

【占地】 zhàndì 토지를 점용하다. ¶新厂房~20多亩。=새 공장 부지는 점용 면적이 20여 무(亩)이다.

【占居】 zhànjū (어떤 위치에) 처하다. 놓이다. ¶~劣势=열세에 놓이다.

【占据】 zhànjù 점령하다. 점유하다. ¶~战略要地=전략적 요지를 점거하다. ≒占领 占有

【占理】 zhànlǐ 이치에 맞다. 일리가 있다. ¶他刚才的话~。=그가 방금 한 말은 일리가 있다.

【占领】 zhànlǐng 1 (토지나 진지를) 점령하다. ¶~前沿阵地=전방 진지를 점령하다. 2 점유하다. 점거하다. 차지하다. ¶~市场=시장을 점유하다. ≒占据

【占领军】 zhànlǐngjūn 점령군.

【占便宜】 zhàn pián·yi 1 부당한 이득을 차지하다. 2 유리한 조건을 가지다. 우세를 차지하다. 유리하다. ¶他个子高, 打篮球~。=그는 키가 커서 농구를 하면 유리하다.

【占山为王】 zhànshān-wéiwáng 1 산을 점거하여 왕 노릇을 하다. 2 한 분야를 독점하여 위세를 부리다.

【占上风】 zhàn shàngfēng 1 상승세를 타다. 우위를 점하다. …보다 우세하다. ¶反方在辩论中渐~。=변론에서 반대측이 점점 상승세를 타기 시작하다.

【占先】 zhàn‖xiān 우위를 점하다. 앞서다. ¶他们队在比赛中一路~, 最终夺得冠军。=그들 팀은 시합에서 일방적인 우위를 점하면서 최종적으로 우승을 차지하였다.

【占线】 zhàn‖xiàn (전화 선로가) 통화 중이다. 사용 중이다.

【占压】 zhànyā (자금이나 물자를) 점용하여 묶어 두다. 적체하다. ¶新产品销路不畅, 资金~严重。=신상품 판로가 시원치 않아 자금 적체가 심하다.

【占用】 zhànyòng 점용하다. 유용하다. ¶不能~公款。=공금을 유용해서는 안 된다.

【占有】 zhànyǒu 1 점유하다. ¶~市场=시장을 점유하다. 2 (어떤 유리한 위치를) 차지하다. ¶鲁迅在中国现代文学中~重要位置。=루쉰은 중국 현대 문학에서 중요한 위치를 차지하다. 3 장악하다. 차지하다. 소유하다. 소지하다.

¶~第一手材料＝일차 자료를 소유하다. ≒占据

【占着茅坑不拉屎】zhàn·zhe máokēng bù lāshǐ 〈숙〉〈비〉 일을 감당할 능력도 없으면서 자리를 차지하고 있다. 일도 하지 않으면서 자리를 차지하고 있다.

【占住】zhànzhù 〖동〗 불법으로 점유〔점주〕하다. ¶~公房＝공공 주택을 불법으로 점유하다.

## 绽[綻] zhàn 기울 탄
〖동〗〖문〗 깁다. 기움질하다.

## *栈[棧] zhàn 우리 잔
〖명〗 **1** 〖문〗 (가축의) 우리. 울타리. ¶牛~＝외양간. / 马~＝마구간. **2** 잔도. **3** 객잔. [지방 상인들의 화물을 쌓아 놓거나 숙박하는 곳] ¶粮~＝곡물 창고. / 客~＝객잔. 객점. **4** (Zhàn) 성(姓).

○→ 行háng栈, 恋liàn栈, 粮栈

【栈道】zhàndào 〖명〗 잔도. ¶明修~,暗渡陈仓。＝겉으로는 잔도를 수리하는 척하면서 몰래 진창(陳倉)을 건너다. 눈가림수를 쓰다.

【栈房】zhànfáng 〖명〗 **1** 창고. **2** 〖방〗 객점. 여점. 객줏집.

【栈桥】zhànqiáo 〖명〗 잔교.

## *战[戰] zhàn 싸울 전
〖동〗 **1** 싸우다. 전쟁하다. ¶百~百胜＝백전백승하다. 싸울 때마다 이기다. / 死疆场＝전장에서 전사하다. **2** 겨루다. 싸우다. ¶勇~洪魔＝홍수와 용감하게 싸우다. **3** 떨다. 전율하다. ¶寒~＝진저리. / 胆~心惊＝간담이 서늘하다. 〖명〗 **1** 전투. 전쟁. ¶海~＝해전. /停~＝정전. 전투 정지. **2** 〖비〗 싸움. 겨룸. 시합. 경쟁. ¶商~＝상전. 상업상의 경쟁. **3** (Zhàn) 성(姓).

○→ 鏖áo战, 笔战, 参战, 初战, 奋战, 观战, 海战, 酣hān战, 会战, 混战, 激战, 交战, 决战, 开战, 空战, 苦战, 力战, 论战, 拇mǔ战, 耐nài战, 内战, 求战, 热战, 善shàn战, 舌战, 实战, 水战, 死战, 停战, 统战, 巷xiàng战, 休战, 序xù战, 宣战, 血战, 厌yàn战, 野战, 义战, 迎战, 征zhēng战, 助战, 转zhuǎn战, 作战

【战败】zhànbài 〖동〗 **1** 전패하다. 패전하다. 싸움에서 지다. ¶~国＝패전국. **2** (적을) 패배시키다. 쳐부수다. 이기다. ¶~对手＝적을 패배시키다. ↔战胜

【战报】zhànbào 〖명〗 **1** 전보. 전황 보도. **2** (대규모 건설이나 체육 경기의) 전보. 상황 보도.

【战备】zhànbèi 〖명〗 전비. 전시 대비. ¶~状态＝전시 대비 태세.

【战表】zhànbiǎo 〖명〗 도전장. 선전 포고서. [주로 옛 소설·희곡 등에 쓰임] ¶下~＝도전장을 던지다.

【战场】zhànchǎng 〖명〗 **1** 전장. 전쟁터. ¶古~＝옛 전장. **2** 〖비〗 (작업이 긴박하거나 분투 노력하고 있는) 현장. ¶抗洪~＝수해 복구 작업 현장. ≒疆场 沙场

【战车】zhànchē 〖명〗 **1** 작전 차량. **2** 전차. 탱크.

【战船】zhànchuán 〖명〗 전함. 군함.

【战刀】zhàndāo ☞【马刀】mǎdāo

【战地】zhàndì 〖명〗 **1** 전지. 전쟁터. ¶~记者＝종군 기자. **2** 〖비〗 전장. 전투장. ¶各路参赛队伍已云集~。＝각지의 참가 팀이 이미 전투장에 운집했다.

【战抖】[颤抖] zhàndǒu 〖동〗 벌벌 떨다. ¶浑身~＝온몸을 벌벌 떨다. ≒战栗

【战斗】zhàndòu 〖명〗 **1** 전투. ¶~异常激烈。＝전투가 몹시 격렬하다. **2** 〖비〗 전투. 투쟁. [무엇을 쟁취하거나 발전시키기 위한 격렬한 활동] ¶这是一场没有硝烟的~。＝이것은 포연이 나지 않는 전투이다. / 他一出院,就投入到经济战线的~中去了。＝그는 퇴원하자마자 곧바로 경제 전선의 전투 속으로 뛰어들었다. 〖동〗 **1** 전투하다. 교전하다. ¶我军与友军并肩~。＝아군과 우군이 어깨를 나란히 하여 교전하다. **2** 〖비〗 전투하다. [무엇을 쟁취하거나 발전시키기 위한 격렬한 활동] ¶生命不息,~不止。＝생명이 끊어지지 않는 한 전투를 끝내지 않는다.

【战斗机】zhàndòujī ☞【歼击机】jiānjījī

【战斗舰】zhàndòujiàn 〖명〗〈軍〉전투함(정).

【战斗力】zhàndòulì 〖명〗 **1** 전투력. ¶要增强军队的~。＝군대의 전투력을 증강시켜야 한다. **2** 〖비〗 전투력. 투쟁력. 작업 능력. [단체나 개인의 작업 능력] ¶我们这个科研小组的~很强。＝우리의 이 과학 연구팀의 연구 능력은 아주 강하다.

【战斗员】zhàndòuyuán 〖명〗 전투원. 전사.

【战端】zhànduān 〖명〗 전단. 병단(兵端). [전쟁을 벌이게 된 실마리 또는 전쟁의 시작] ¶挑起~＝전쟁의 실마리를 일으키다.

【战法】zhànfǎ 〖명〗 전법.

【战犯】zhànfàn 〖명〗 전범. ¶严惩~＝전범을 엄벌에 처하다.

【战俘】zhànfú 〖명〗 전쟁 포로. 전로(戰虜). ¶交换~＝포로를 교환하다.

【战歌】zhàngē 〖명〗 군가.

【战功】zhànɡōnɡ 〖명〗 전공. ¶赫赫~＝혁혁한 전공.

【战鼓】zhànɡǔ 〖명〗 **1** 전고. [옛날, 전투할 때에 치던 북] ¶~齐鸣＝전고가 일제히 울리다. **2** 〖비〗 전고. 호소. ¶播起向科学进军的~＝과학을 향하여 진군할 전고를 치다. 과학을 향하여 진군하자고 호소하다.

【战国】Zhànɡuó 〖명〗〈歷〉전국. [B.C.475년~B.C.221년까지 존재했던 중국 역사상의 한 시대]

【战果】zhànɡuǒ 〖명〗 **1** 전과. ¶乘胜追击,扩大~。＝승기를 타고 추격하여 전과를 더욱 늘리다. **2** 〖비〗 전과. [업무 중 거둔 성적] ¶~辉煌＝전과가 눈부시다.

【战壕】zhànháo 〖명〗〈軍〉참호.

【战后】zhànhòu 〖명〗 전후. ¶~休整＝전후 정비하다.

【战火】zhànhuǒ 〖명〗 전화. 전쟁. ¶重燃~＝전화가 다시 불붙다.

【战火纷飞】zhànhuǒ-fēnfēi 〈숙〉 전쟁의 불꽃이

## 战站 zhàn

흩날리다. 전쟁이 격렬하다.

**【战祸】zhànhuò** 图 전화. 병화. ¶~频仍=전화가 빈번하다.

**【战机】zhànjī** 图 **1** 전기. ¶捕捉~=전기를 잡다. **2** 전기. [전쟁의 기밀(机密)] ¶泄露~=전기를 누설하다. **3**(军) 전투기. ¶~呼啸=전투기 소리가 쌕쌕 울리다.

**【战绩】zhànjì** 图 **1** 전적. **2**(中) 전적. [시합의 성적] ¶多年来, 中国乒乓球队~辉煌。=여러 해 동안 중국 탁구 팀은 전적이 눈부시다.

**【战舰】zhànjiàn** 图(军) 전함. [작전용 함정의 총칭]

**【战将】zhànjiàng** 图 전쟁에 능숙한 고급 장교. 유능한 장군.

**【战兢兢】zhànjīngjīng** (~的) 图 **1** 전전긍긍하다. **2** 조심조심하다.

**【战局】zhànjú** 图 **1** 전국. 전세. [전쟁이 진행되고 있는 판국] ¶~突变=전국이 갑자기 바뀌다. **2**(中) 전국. 전세. [운동 경기 중 쌍방의 판국] ¶双方教练都在密切关注着~。=양 팀 감독은 모두 전세를 아주 세심히 주시하고 있다.

**【战具】zhànjù** 图 전구. [전쟁에서 쓰는 도구] ¶~精良=전구가 우수하다.

**【战况】zhànkuàng** 图 전황.

**【战力】zhànlì** 图 전력. ¶提高~=전투력을 높이다.

**【战利品】zhànlìpǐn** 图 전리품.

**【战例】zhànlì** 图 전쟁[전투]의 구체적인 실례. ¶分析~=전쟁의 실례를 분석하다.

**【战栗】[颤栗] zhànlì** 图 전율하다. 벌벌 떨다. ≒战抖

**【战列舰】zhànlièjiàn** 图(军) 전열함(戰列艦). [지금의 전함에 해당]

**【战乱】zhànluàn** 图 전란. ¶逃避~=전란을 피하다. 피난하다.

**【战略】zhànlüè** 图 **1**(军) 전략. [전술의 상위 개념임] **2**(中) 전략. [정치, 경제 따위의 사회적 활동을 하는 데 있어서의 책략] ¶~伙伴关系=전략적인 동반자 관계. 图(军) 전략적인. ¶~部署=전략적 배치.

**【战略物资】zhànlüè wùzī** 图(军) 전략 물자.

**【战马】zhànmǎ** 图 전마.

**【战幕】zhànmù** 图(中) 전막. ¶奥运会即将拉开~。=올림픽 대회가 곧 전쟁의 서막을 연다.

**【战袍】zhànpáo** 图 전포. [고대, 장수가 입던 긴 웃옷]

**【战评】zhànpíng** 图 (전투나 운동 경기 등의) 전투 평의(評議).

**【战旗】zhànqí** 图 전기. ¶~猎猎=전기가 펄럭이다.

**【战前】zhànqián** 图 전전. ¶~动员=전전 동원.

**【战勤】zhànqín** 图 (민간인의) 전시 복무.

**【战区】zhànqū** 图(军) 전구. 작전 구역.

**【战胜】zhànshèng** 图 **1** 전승하다. 승리하다. 싸워 이기다. **2**(中) 극복하다. 이겨 내다. ¶~自然灾害=자연 재해를 극복하다. ≒克服 ↔战败

**【战时】zhànshí** 图 전시. ¶~政策=전시 정책.

**【战史】zhànshǐ** 图 전사. 전쟁의 역사.

**【战士】zhànshì** 图 **1**(军) 전사. **2** 전사. [제일선에 나서 힘껏 일하는 일꾼] ¶白衣~=백의의 전사. 간호사.

**【战事】zhànshì** 图 **1** 전사. [전쟁에 관한 일] **2** 전쟁. ¶~频繁=전쟁이 빈번하다.

**【战书】zhànshū** 图 선전 포고서. 도전장.

**【战术】zhànshù** 图 **1**(军) 전술. ¶游击~=유격 전술. **2**(中) 전술. [일정한 목적을 달성하기 위한 수단이나 방법] ¶战略上藐视困难, ~上重视困难。=전략상으로는 곤란을 무시하고, 전술상으로는 곤란을 중시한다. 图 **1**(军) 전술의. ¶~导弹=전술 유도탄[미사일]. **2**(中) 전술적인. [일정한 목적을 달성하기 위한 수단이나 방법을 가리킴] ¶这次会议主要是进行防汛防洪的~部署。=이번 회의의 주목적은 장마철 홍수 예방과 홍수 복구의 전술적 배치를 하기 위한 것이다.

**【战死】zhànsǐ** 图 전사하다. ¶~沙场=전쟁터에서 전사하다.

**【战天斗地】zhàntiān-dòudì** 图 대자연과 싸우다.

**【战无不胜】zhànwúbùshèng** 图 **1** 싸움에서 못 이긴 것이 없다. 싸우면 반드시 이기다. 백전백승이다. **2** 전투 능력이 아주 강하다. 작업 효율이 아주 높다. ≒攻无不克

**【战线】zhànxiàn** 图 **1**(军) 전선. **2**(中) 전선. [어떤 작업 영역] ¶经济~=경제 전선. ≒阵线

**【战役】zhànyì** 图(军) 전역.

**【战鹰】zhànyīng** 图 싸움 독수리. [아군 전투기에 대한 미칭]

**【战友】zhànyǒu** 图 전우.

**【战云】zhànyún** 图(中) 전운. ¶~密布=전운이 감돌다.

**【战战兢兢】zhànzhàn-jīngjīng** 图 **1** 전전긍긍하다. **2** 아주 조심하다. ≒诚惶诚恐

**【战争】zhànzhēng** 图 전쟁. ¶正义~=정의로운 전쟁. ↔和平

**【战争贩子】zhànzhēng fàn·zi** 图 전쟁 상인. 전쟁 도발자.

**\*\*站 zhàn** 설 참

图 **1** 서다. 바로 서다. ¶~立不稳=똑바로 서지 못하다. **2** 멈추다. 정지하다. 서다. ¶不怕慢, 只怕~。=느린 것은 괜찮으나, 서 있을까 염려된다. 图 **1** (고대의) 역참. **2** 정류장. 정류소. 역. ¶汽车~=버스 정류장. / 起点~=기점. 시발역. **3** 어떤 업무를 위해 설치된 작업 장소. ¶加油~=주유소. / 粮~=양곡 보급소. ↔跪

O● 车站, 前站, 驿yì站

**【站不稳】zhàn·buwěn** 图 똑바로 서 있지 못하다. ¶他病得太厉害, 站都~。=그는 병이 심하여 서 있는 것조차 힘들다.

**【站不住】zhàn·buzhù** 图 **1** 서 있지 못하다. 일어설 수가 없다. **2** 멈출 수가 없다. ¶车子制动器坏了, ~。=차의 브레이크가 고장나서 멈출

수가 없다. **3** (곳에) 발을 붙이다. 자리를 잡다. (지위가) 확고하지 않다. 버틸 수 없다. ¶他刚到这里, 还~。=그는 이곳에 막 와서 아직 자리를 잡지 못했다. **4** (이유나 관점 등이) 옳지 않다. 타당하지 않다. 이치에 맞지 않다. 설득력이 없다. 성립되지 않는다. ¶你对他的指责~。=그에 대한 너의 질책은 옳지 않다. **5** (주로) (안료나 페인트 등이) 벗겨지다. ¶墙面太滑, 抹的油漆~。=벽면이 너무 매끈하여 칠한 페인트가 벗겨지다.

【站不住脚】zhàn·buzhùjiǎo (동) **1** 똑바로 서 있지 못하다. **2** 멈출 수가 없다. ¶他跑得太快, 一下子~。=그는 너무 빨리 달려서 바로 멈출 수가 없다. **3** (어느 곳에) 머물 수 없다. ¶他这两天忙得~。=그는 요 며칠 쉴새없이 바쁘다. **4** (어떤 곳에) 발을 붙이다. 자리를 잡다. (지위가) 확고하지 않다. 버틸 수 없다. ¶公司新开张, 在圈子里还~。=회사가 새로 개업하여 업계에서 아직 발을 붙이지 못했다. **5** (이유나 관점 등이) 옳지 않다. 타당하지 않다. 이치에 맞지 않다. 설득력이 없다. 성립되지 않는다. ¶你文章的论点是~的。=당신 글의 논점은 설득력이 없다.

【站得高, 看得远】zhàn·de gāo, kàn·de yuǎn (숙) ¶ 높은 곳에서면 멀리 보인다. **2** (비) 식견이 넓다.

【站队】zhàn‖duì (동) 줄지어 서다. 한 줄로 늘어서다. ¶~集合。=줄지어 집합하다.

【站岗】zhàn‖gǎng (동) **1** (순찰·교통 정리·질서 유지 등의) 임무를 수행하다. 보초를 서다. ¶我们这些即将退休的老干部们, 仍然表示要站好最后一班岗。=곧 퇴임할 노간부들은 여전히 마지막 근무를 충실히 수행해야 한다고 표명한다.

【站柜台】zhàn guìtái (동) **1** 판매대에 서다. 점포에서 일하다. **2** 점원(판매원) 일을 하다. ¶姐妹俩都是~的。=자매는 모두 점원 일을 본다.

【站立】zhànlì (동) 서다. 서 있다. 일어서다. ¶~服务=서서 업무를 보다.

【站牌】zhànpái (명) 정류소 표지판.

【站票】zhànpiào (명) (기차나 극장 등의) 입석권.

【站哨】zhàn‖shào (동) **1** (순찰·교통 정리·질서 유지 등의) 임무를 수행하다. 보초를 서다. **2** 직무를 수행하다. 근무를 하다.

【站台】zhàntái (명) 플랫폼(platform). =【月台】yuètái

【站台票】zhàntáipiào (명) (역의) 입장권. =【月台票】yuètáipiào

【站稳】zhàn‖wěn (동) **1** 똑바로 서다. 멈추어 서다. ¶他还没~, 车就开了。=그는 아직 똑바로 서지도 않았는데, 차가 출발하였다. **2** (차량 등이) 멈추어 서다. 완전히 정지하다. ¶等车~了再下。=차가 완전히 멈추어 서거든 내려라. **3** (비) (입장이나 관점 등을) 꿋꿋이 (굳건히) 세우다. 확고히 하다. ¶~立场=입장을 확고히 하다. ≒站住

【站相】zhànxiàng (명) 서 있는 자태. ¶坐有坐相, 站有~。=앉으면 앉은 자태가 있고, 서면 서 있는 자태가 있다.

【站长】zhànzhǎng (명) 역장. 소장. ['车站(역)' ·'农技站(농업 기술 센터)' ·'林业站(임업 지도소)' 등 '站' 자가 들어가는 기구의 행정 책임자]

【站着说话不腰疼】zhàn·zhe shuōhuà bù yāoténg (속)(비) 남의 입장은 생각하지 않고 쓸데없는 말만 하다. 남의 말을 하기는 쉽다.

【站住】zhàn‖zhù (동) **1** 똑바로 서다. ¶~了, 别摔倒了。=넘어지지 않게 똑바로 서라. **2** (사람·차량 등이) 멈추다. 멈추어 서다. ¶快赶路, 别~。=멈추지 말고 서둘러 가자. **3** 발붙이다. 터전을 잡다. ¶他最终在上海~了。=그는 결국 상하이에 발을 붙였다. **4** (이유나 관점 등이) 옳다. 타당하다. 이치에 맞다. 설득력 있다. 성립된다. ¶他的论点能~。=그의 논점은 성립된다. **5** (주로) (안료·페인트 등이) 붙어 있다. 부착되다. ¶墙面不太滑, 抹的灰站得住。=벽면이 그리 매끄럽지 않아 석회가 잘 발린다. ≒站稳

【站住脚】zhàn‖·zhùjiǎo (동) **1** 멈추다. 멈추어 서다. 정지하다. ¶大家都~望远处看。=모두들 멈추어 서서 먼 곳을 보세요. **2** 그 자리에 머무르다. 멈추다. 쉬다. ¶终于忙完了, 总算可以~了。=마침내 바쁜 일이 끝났으니, 쉬어도 되겠다. **3** 발붙이다. 터전을 잡다. ¶只要在这一行~, 以后的事就好办了。=이 업계에 발붙일 수만 있다면 앞으로의 일은 편하다. **4** (이유·관점 등이) 옳다. 타당하다. 이치에 맞다. 설득력 있다. 성립하다. ¶他的理由能~。=그의 이유는 타당하다.

\*绽[綻] zhàn 옷 터질 탄

(동) 터지다. 째지다. 벌어지다. ¶~开=(꿰맨 자리가) 터지다. / 皮开肉~=피부가 찢기고 살이 터지다.

【绽放】zhànfàng (동) (꽃이) 피다. 터지다. ¶桃花~=복숭아꽃이 활짝 피다.

【绽开】zhànkāi (동) **1** 찢어지다. 갈라지다. 터지다. ¶胶鞋~了一个口子。=고무신이 구멍이 났다. **2** (꽃이) 피다. ¶花蕾~了。=꽃망울이 터지다.

【绽裂】zhànliè (동) 터지다. 째지다. 벌어지다. ¶棉桃~=목화다래가 터지다.

【绽露】zhànlù (동) 드러나다. 나타나다. ¶脸上~出甜蜜的笑容。=얼굴에 달콤한 미소를 드러내다.

湛 zhàn 깊을 잠

(형) **1** (학식이나 기술 등이) 깊다. 높다. ¶技术精~=기술이 정교하다. / 精~的学术著作=상세하고 심오한 학술 저작. **2** 맑다. ¶湖水清~=호수가 맑고 투명하다. **3** (Zhàn) 성(姓).

【湛蓝】zhànlán (형) 짙푸르다. 짙은 남색의. [주로 하늘이나 바다 등을 형용함] ¶~的天空=짙푸른 하늘.

【湛绿】zhànlǜ (형) 짙은 녹색의. 심록색의. ¶~的草坪=짙푸른 초원.

【湛清】zhànqīng (형) 맑다. ¶溪水~见底。=계곡물이 맑아서 바닥이 보이다.

**颤[顫]** zhàn 떨 전
동 떨다.
☞ chàn
【颤抖】 zhàndǒu ☞【战抖】 zhàndǒu
【颤栗】 zhànlì ☞【战栗】 zhànlì

*蘸 zhàn 담글 잠
동 찍다. 묻히다. ¶~糖=설탕을 묻히다. / 大葱~酱=대파를 장에 찍어 먹다.
【蘸火】 zhàn‖huǒ ☞【淬火】 cuì‖huǒ
【蘸水钢笔】 zhànshuǐ gāngbǐ ☞【钢笔】 gāngbǐ

# zhang

**饪[餦]** zhāng 엿 장
【饪餭】 zhānghuáng 명 1 엿. 2 유밀과. 밀과(蜜菓). 유과(油菓).

**张[張]** zhāng 넓힐 장
동 1 활시위를 당기다. ¶剑拔弩~=칼을 뽑고 활시위를 당기다. 형세가 매우 긴박하다. 2 열다. 펼치다. ¶~开翅膀=날개를 펼치다. / ~网捕鱼=그물을 치고 고기를 잡다. 3 확대하다. 넓히다. ¶扩~=확장하다. / 虚~声势=허장성세하다. 4 진열하다. 배치하다. 늘어놓다. ¶大~筵席=주연을 크게 베풀다. 5 (상업 등이) 영업하다. ¶新~=새로 개업하다. / 关~=폐업하다. 6 보다. 바라보다. ¶东~西望=두리번거리다. 형 1 팽팽하다. 긴장하다. ¶一~一弛=당겼다 놓았다 하다. 2 방종하다. 오만하다. 방자하다. 제멋대로 굴다. ¶嚣~=오만하다. 양 1 개. [활을 세는 단위] ¶两~弓=활 두 개. 2 입·얼굴 등을 세는 단위. ¶两~嘴=입 두 개. / ~脸=얼굴 하나. 3 장. [종이나 가죽 등을 세는 단위] ¶一~纸=종이 한 장. / 三~羊皮=양피 세 장. 4 책상이나 탁자 등을 세는 단위. ¶一~床=침대 하나. / 两~桌子=탁자 두 개. 명 1 (天) 장수(張宿). [이십팔수(二十八宿)의 하나] 2 (Zhāng) 성(姓). ↔弛 闭 合 弇

○-| 重chóng张, 分张, 更gēng张, 乖guāi张, 慌张, 紧张, 夸kuā张, 廓kuò张, 扩kuò张, 皮张, 铺张, 千张, 伸shēn张, 声张, 舒张, 嚣xiāo张, 样张, 印张, 纸张, 主张

【张榜】 zhāng‖bǎng 동 공문(명단)을 게시하다(고시하다·붙이다). ¶~公布=공문을 게시하여 공고하다.

【张本】 zhāngběn 동 1 사전 공작하다. 복선을 깔다. 他现在为下一步的行动~。=그는 다음 단계의 행동을 위해 사전 공작하고 있다. 2 (미리 다음 말을 위해) 복선을 깔다. ¶这里的细节描写是为后文的叙事~。=이곳의 세부 묘사는 다음 서술을 위해 복선을 깐 것이다. 명 1 사전 공

작. 복선. ¶关于这件事,不知道你做了一些什么~？=이 일에 관해서 당신이 어떤 사전 공작을 하였는지 모르겠군요? 2 복선. 암시. ¶这些都是后文的~。=이것들은 모두 뒷 글의 복선이다.

【张弛】 zhāngchí 명 1 (활시위의) 장이. 이장. 긴장과 이완. 2 비 사물의 진퇴, 상승과 하강, 흥성과 쇠망 등을 가리킴. ¶~相间=긴장과 이완이 적당히 어우러지다.

【张大】 zhāngdà 동 1 크게 벌리다. ¶~嘴=입을 크게 벌리다. 2 문 과시하다. 과장하다. 크게 떠벌리다. ¶~其事=그 일을 확대하다.

【张胆】 zhāngdǎn 동 담을 키우다. 용기를 내다. ¶明目~=명목장담하다. 조금도 망설이지 않다.

【张灯结彩】 zhāngdēng-jiécǎi 성 1 등롱을 달고 비단띠를 매다. 2 경사스러운 날의 정경을 형용함. =【悬灯结彩】 xuándēng-jiécǎi

【张弓】 zhānggōng 동 활을 당기다. ¶~射箭=활을 당겨 화살을 쏘다.

【张挂】 zhāngguà 동 펴다. 펼치다. (서화·휘장 등을) 걸다. ¶~地图=지도를 펼쳐 걸다.

【张冠李戴】 Zhāngguān-Lǐdài 성 1 장씨의 갓을 이씨가 쓰다. 2 비 대상을 잘못 찾다. 사실을 잘못 알다. 갑을 을로 잘못 알다.

【张皇】 zhānghuáng 형 놀라다. 당황하다. 허둥대다. ¶神色~=표정이 겁먹은 듯하다. ↔镇定

【张皇失措】 zhānghuáng-shīcuò 성 당황해서 어찌할 바를 모르다.

【张家长，李家短】 Zhāngjiā cháng, Lǐjiā duǎn 속 잡담하다. 한담하다. 수다떨다.

【张家界】 Zhāngjiājiè 명 (地) 1 장자제. [중국의 유명한 산림 공원] 2 장자제시(市). [후난(湖南)성에 있는 도시]

【张开】 zhāng‖kāi 동 벌리다. 펼치다. ¶~双臂=양팔을 벌리다.

【张口】 zhāng‖kǒu 동 1 입을 열다(벌리다). ¶他这人没什么教养, ~就是粗话。=저 사람은 교양이 없어서 입만 열면 쌍소리를 한다. 2 입을 열다. [남에게 부탁하는 것을 가리킴] ¶向他~, 我确实很难为情。=그에게 입을 열려니 참으로 난처하다.

【张口结舌】 zhāngkǒu-jiéshé 성 말문이 막히다. 입을 벌리고 말을 못하다. =【张嘴结舌】 zhāngzuǐ-jiéshé ↔口若悬河 反唇相讥

【张狂】 zhāngkuáng 형 건방지다. 거만하다. 오만하다. 날뛰다. 뻔뻔스럽다. ¶举止~=거동이 거만하다.

【张力】 zhānglì 명 (物) 장력.

【张罗】 zhāng·luo 동 1 처리하다. 돌보다. 보살피다. 정리 정돈하다. 챙기다. ¶~家务=집안 일을 하다. 2 기획하다. 준비하다. 처리하다. ¶他们俩正一着办工厂的事。=그 두 사람은 공장을 세우는 일을 기획하고 있다. 3 접대하다. 대접하다. 시중들다. ¶今天来的客人很多, 服务员有点儿~不过来了。=오늘 오신 손님이 너무 많아 종업원이 다 시중들 수가 없다.

【张目】zhāngmù 動 1 눈을 크게 뜨다. ¶~四顾＝눈을 크게 뜨고 사방을 둘러보다. 2 남의 기세를 조장하다〔북돋우다〕. 부추기다. ¶决不能为坏人坏事~. ＝절대 나쁜 사람, 나쁜 짓을 부추겨서는 안 된다.

【张三李四】Zhāngsān-Lǐsì 成 장삼이사. 누구든지. 아무라도. [신분이 특별하지 않은 평범한 사람들을 가리킴] ¶不管~, 法律面前一律平等. ＝누구를 막론하고 법률 앞에서는 일체 평등하다.

【张贴】zhāngtiē 動 (공고·광고·표어 등을) 게시〔고시〕하다. 내붙이다. ¶~布告＝포고문을 게시하다.

【张王李赵】Zhāng-Wáng-Lǐ-Zhào 成 장씨·왕씨·이씨·조씨. [중국에서 가장 흔한 성씨로서, 늘 만날 수 있는 일반 사람을 가리킴]

【张望】zhāngwàng 動 1 (구멍이나 틈으로) 엿보다. 들여다보다. ¶探头~＝고개를 내밀고 들여다보다. 2 두리번거리다. 주위를 둘러보다. 먼 곳을 보다. ¶四处~＝사방을 두리번거리다. ≒观望

【张牙舞爪】zhāngyá-wǔzhǎo 成 1 어금니를 드러내고 발톱을 휘두르다. 2 비 몹시 난폭한 행동을 하다. 흉포하게 날뛰다.

【张扬】zhāngyáng 動 (비밀이나 알릴 필요가 없는 일을) 떠벌리다. 퍼뜨리다. 소문을 내다. ¶到处~＝곳곳에 소문을 내다.

【张嘴】zhāng·zuǐ 動 1 입을 벌리다. ¶~, 我看看你的喉咙发炎了没有. ＝당신의 목구멍에 염증이 생겼는지 살필 수 있도록 입을 벌리세요. 2 입을 열어 (말하다). ¶今天不知谁惹了他, 他~就没好腔. ＝오늘 누가 그의 심기를 건드렸는지, 그는 입을 열기만 하면 좋은 말이 나오지 않는다. 3 입을 내다. [남에게 부탁하는 것을 가리킴] ¶想向你借钱, 但又不好意思~. ＝너에게 돈을 빌리고 싶지만 미안해서 입을 못 열겠다.

【张嘴结舌】zhāngzuǐ-jiéshé ☞【张口结舌】zhāngkǒu-jiéshé

*章 zhāng 문장 장

名 1 법규. 장정. 규정. ¶规~＝규칙. / 党~＝당헌. 2 (악곡이나 시문의) 장. 단락. ¶乐~＝악장. / 断~取义＝단장취의. 남이 쓴 문장이나 시의 한 부분을 그 문장이나 시가 가진 전체적인 뜻을 고려하지 않고 멋대로 인용하는 일. 3 조목. 조항. ¶约法三~＝약법삼장. 세 조항의 간단한 법. 구두로 한 약속. 4 조리. 질서. ¶杂乱无~＝무질서하고 계통이 없다. 5 휘장. ¶徽~＝휘장. / 领~＝금장(襟章). 6 도장. ¶私~＝개인 도장. / 印~＝인장. / 签名盖~＝서명〔사인〕하고 날인하다〔도장 찍다〕. 7 장. [중국에서, 천자(天子)에게 바치던 한문 문체의 하나] ¶奏~＝주장. 상소문. 8 (Zhāng) 성(姓).

○~ 报章, 辞章, 词章, 典章, 公章, 奖jiǎng章, 篇章, 诗章, 图章, 文章, 宪xiàn章, 像xiàng章, 袖xiù章, 勋xūn章, 豫yù章, 证章, 奏zòu章

| 章 zhāng |
| 樟 zhāng |
| 彰 zhāng |
| 漳 zhāng |
| 瘴 zhàng |
| 障 zhàng |
| 嫜 zhāng |
| 幛 zhàng |
| 鄣 Zhāng |
| 璋 zhāng |
| 蟑 zhāng |
| 獐 zhāng |
| 蟑 zhāng |

【章草】zhāngcǎo 名 장초. [한자 서체 중 초서의 한 가지]

【章程】zhāngchéng 名 1 당헌. 2 장정. 규정.

【章程】zhāng·cheng 名 方 방법. 방도. ¶到现在心里还没有一个~. ＝지금까지도 마음속에 방법이 생각나지 않는다.

【章法】zhāngfǎ 名 1 장법. (문장에 관한) 조직 구조. (서화나 전각의) 구도. 2 比 (일처리의) 규칙. 절차. ¶他办事总是很有~. ＝그는 일처리하는 게 늘 체계적이다.

【章回体】zhānghuítǐ 名 장회체. [장편 소설 체제의 하나. 전편을 여러 회로 나누어 서술하며, 매 회마다 제목이 붙어 있음]

【章回小说】zhānghuí xiǎoshuō 名 장회(회)장) 소설. [내용이 긴 이야기를 여러 회로 나누어 서술한 소설. 《수호전》·《삼국지연의》·《서유기》 따위가 있음]

【章节】zhāngjié 名 장절. 장과 절.

【章句】zhāngjù 名 1 장구. 장과 구. 2 장구학. 장구학. [글을 장과 구로 나누어 분석하는 방식으로 고서를 풀이한 저작. 중국 한(漢)나라의 훈고학을 이르는 말] ¶~之学＝장구지학.

【章鱼】zhāngyú 名 動 문어. 낙지. ≒【八脚鱼】bājiǎoyú

【章则】zhāngzé 名 규약. 규칙. ¶遵守~＝규칙을 준수하다.

【章子】zhāng·zi 도장. ¶盖~＝도장을 찍다.

鄣 Zhāng 나라 이름 장

名 歷 장. [주(周)대의 나라 이름. 지금의 산동(山东)성 동평(东平)현 동쪽에 있었음]

獐[(麞)] zhāng 노루 장

名 動 노루.

【獐头鼠目】zhāngtóu-shǔmù 成 1 머리는 노루와 같고 눈은 쥐와 같다. 2 比 무시무시한 얼굴에 교활한 눈. 용모가 추악하고 마음씨가 교활하다. ≒贼眉鼠眼 ↔眉清目秀

【獐子】zhāng·zi 名 動 노루. 고라니. ＝【牙獐】yázhāng

*彰 zhāng 뚜렷할 창

形 뚜렷하다. 현저하다. 두드러지다. 명백하다. 분명하다. ¶昭~＝뚜렷하다. / 相得益~＝서로 협력하고 보완하면 각자의 능력을 더욱 두드러지게 할 수 있다. 動 표창하다. ¶表~＝표창하다. 名 (Zhāng) 성(姓).

【彰明较著】zhāngmíng-jiàozhù 成 매우 명백하다. 아주 뚜렷하다. ＝【彰明昭著】zhāngmíng-zhāozhù ≒昭而易见 ↔模棱两可

【彰明昭著】zhāngmíng-zhāozhù ☞【彰明较著】zhāngmíng-jiàozhù

【彰善瘅恶】**zhāngshàn-dàn'è** [성] 선량함을 표창하고 사악함을 꾸짖다.
【彰显】**zhāngxiǎn** [동] 충분히 나타내다〔표현하다〕. 잘 드러내다. ¶这部电影生动地～了民族精神。＝이 영화는 민족 정신을 생동감 있게 나타내었다. [형] 뚜렷하다. 확연히 드러나다. 현저하다. ¶名声～＝명성이 현저히 드러나다.
【彰彰】**zhāngzhāng** [형] 뚜렷하다. 선명하다. ¶～在目＝눈에 선명하다.

**漳** **Zhāng** 강 이름 **장**
[명]《地》 **1** 장허(漳河). [산시(山西)성에서 발원하여 허베이(河北)성으로 유입되는 강 이름] **2** 장장(漳江). [푸젠(福建)성에 있는 강 이름] **3** 장저우(漳州). [푸젠(福建)성에 있는 지명]

**嫜** **zhāng** 시아버지 **장**
[명][문] 시아버지. ¶姑～＝시부모.

**璋** **zhāng** 반쪽 홀 **장**
[명] 장. [고대의, 규(圭)의 반쪽처럼 생긴 옥기]

***樟** **zhāng** 녹나무 **장**
[명]《植》 녹나무. 장목(樟木). 장수(樟樹).
【樟蚕】**zhāngcán** [명] 녹나무산누에나방의 애벌레. 천잠. 풍잠.
【樟木】**zhāngmù** [명] 녹나무 목재.
【樟脑】**zhāngnǎo** [명]《化》 장뇌. ＝【潮脑】**cháonǎo**
【樟脑丸】**zhāngnǎowán** [명][방] 나프탈렌.
【樟树】**zhāngshù** [명]《植》 장목. 녹나무. ＝【香樟】**xiāngzhāng**

**蟑** **zhāng** 바퀴벌레 **장**
아래를 참조.
【蟑螂】**zhāngláng** [명]《動》 바퀴벌레. ＝【蜚蠊】**fěilián**
【蟑螂花】**zhāngláng huā** ☞【石蒜】**shísuàn**

****长[長]** **zhǎng** 자랄 **장**
[동] **1** 자라다. ¶小伙子～得真结实。＝녀석이 아주 건실하게 자란다. **2** 나다. 생기다. ¶～疮＝종기가 나다. / ～锈＝녹이 슬다. **3** 증강하다. 증진하다. 성장하다. [추상적인 사물에 쓰임] ¶滋～＝성장하다. / 吃一堑, ～一智。＝실패를 한 번 하면 지혜가 한 번 증진된다. [형] **1** 나이가 많다. ¶年～＝나이가 많다. **2** 항렬이 높다. ¶他比我～一辈。＝그는 나보다 한 항렬이 높다. **3** 순서가 첫째이다. 맏이이다. ¶～幼有序＝장유유서. 어른과 어린이 사이에는 엄격한 차례가 있다. [명] **1** 나이가 많은 사람. 맏이. ¶兄～＝어른. **2** 서열이 높은 사람. ¶师～＝사장. 스승과 나이 많은 어른. **3** (조직 집단의) 장(長). 우두머리. 책임자. ¶县～＝현(縣)장. / 校～＝교장. / 列车～＝열차의 차장. **4** (**Zhǎng**) 성(姓). ↔消 幼 少(shào)
☞ **cháng**

○● 成长, 痴chī长, 船chuán长, 次长, 疯fēng长, 官长, 家长, 见长, 酋qíu长, 生长, 徒tú长, 消长, 兄长, 学长, 增长, 助长, 茁zhuó长, 滋zī长, 总长, 族长, 尊zūn长, 尊长国, 司务长

【长辈】**zhǎngbèi** [명] 집안 어른. 손윗사람. 연장자. ↔晚辈 小辈
【长膘】**zhǎng‖biāo** [동] (동물이) 살찌다.
【长大】**zhǎngdà** [동] (생물체가) 성장하다. 자라다. 크다. ¶～成人＝자라서 성인이 되다.
【长房】**zhǎngfáng** [명] 종가(宗家). 큰집.
【长个儿】**zhǎnggèr** [동] 키가 크다〔자라다〕. ¶几年不见, 小家伙～了。＝몇 년 보지 못했더니, 꼬마 녀석이 키가 훌쩍 컸다.
【长官】**zhǎngguān** [명][옛] **1** 상관. 상사. 상부. 지휘관. [정부나 군대의 직위가 높은 관리] **2** 관리에 대한 존칭.
【长官意志】**zhǎngguān yìzhì** [명][폄] 상관 개인의 주장〔의도〕. ¶按～办事＝상부의 주관적인 지시에 따라 일을 처리하다.
【长机】**zhǎngjī** [명]《軍》 선도기. ＝【主机】**zhǔjī**
【长见识】**zhǎng jiàn·shi** [동] 견식이 늘다. ¶到国外看了看, 真～。＝국외로 나가 보면 정말 견식이 는다.
【长进】**zhǎngjìn** [동] (학문·수양·능력 등이) 진보하다. 증진되다. 향상되다. ¶功夫大有～。＝기예가 아주 많이 향상되었다.
【长劲儿】**zhǎng‖jìnr** [동] 힘〔기운〕이 세어지다. ¶小家伙～了。＝꼬마 녀석이 기운이 세어졌다.
【长老】**zhǎnglǎo** [명] **1** [문] 연장자. **2**《佛》 장로. [주지나 노승에 대한 존칭] **3**《宗》 장로. [선교 및 교회의 운영에 참여하는 성직(聖職)의 한 계급]
【长脸】**zhǎng‖liǎn** [동] 체면을 세우다. ¶你这块奥运金牌确实为我们队～了。＝너의 이 올림픽 금메달은 확실히 우리 팀의 체면을 세웠다.
【长毛】**zhǎng‖máo** [동][방] 곰팡이가 슬다. ¶馒头都搁～了。＝만터우에 곰팡이가 났다.
【长霉】**zhǎng‖méi** [동] 곰팡이가 슬다. ¶豆腐馊了, ～了。＝두부가 쉬어서 곰팡이가 슬었다.
【长门】**zhǎngmén** [명] 종가(宗家). 큰집.
【长男】**zhǎngnán** [명] 장남.
【长年】**zhǎngnián** [명][방] 선주. 배의 주인.
☞ **chángnián**
【长女】**zhǎngnǚ** [명] 장녀.
【长胖】**zhǎngpàng** [동] (사람이) 살찌다. 뚱뚱해지다.
【长亲】**zhǎngqīn** [명] 항렬이 높은 친척.
【长肉】**zhǎng‖ròu** [동] (생물체가) 살찌다.
【长嫂】**zhǎngsǎo** [명] 맏〔큰〕형수. 맏아주머니.
【长上】**zhǎngshàng** [명] **1** 집안 어른. 손윗사람. 연장자. **2** 상사. 상관.
【长势】**zhǎngshì** [명] (식물이) 생장하는 기세. ¶～喜人＝커 가는 것이 흡족하다.
【长孙】**zhǎngsūn** [명] **1** 장손. 맏손자. [장자의 장자] **2** 종손. [항렬이 가장 높은 손자] **3**

(**Zhǎngsūn**) 복성(複姓).
【长他人志气，灭自己威风】**zhǎng tārén zhìqì, miè zìjǐ wēifēng** 적의 위풍과 기세를 조장하고 자기 편의 사기를 떨어뜨리다.
【长尾巴】**zhǎng wěi·ba** 귀빠진 날이다. [어린이들이 생일을 지냄을 말함]
【长相】**zhǎngxiàng** (~儿) 생김새. 용모. ¶看人不能光看~, 要看心灵. =사람을 볼 때는 그저 용모만 보아서는 안 되고 마음을 보아야 한다.
【长兄】**zhǎngxiōng** 장형. 큰형.
【长者】**zhǎngzhě** 1 연장자. 2 장자. [덕망이 뛰어나고 경험이 많아 세상일에 익숙한 어른]
【长子】**zhǎngzǐ** 1 장자. 맏[큰]아들. 2 (**Zhǎngzǐ**)〈地〉장쯔. [산시(山西)성에 있는 지명]

**仉 Zhǎng** 성씨 장
명 성(姓).

***涨[漲] zhǎng** 불을 창
동 (수위나 물가 등이) 오르다. ¶水~船高=물이 불어나면 배도 높아진다. / 股市看~=증시가 상승세를 보이다. ↔跌 落 退
☞ zhàng

○ - 飞涨, 高涨, 上涨, 升**shēng**涨

【涨潮】**zhǎng‖cháo** 동 밀물이 들어오다. ↔退潮 落潮
【涨跌】**zhǎngdiē** 동 (물가 등이) 오르내리다. 등락하다.
【涨风】**zhǎngfēng** 명 (가격 등의) 등세(騰勢). 오름세. 상승세. ¶~强劲=오름세가 세차다.
【涨幅】**zhǎngfú** 명 (가격 등의) 상승폭. ¶~过高=상승폭이 너무 크다.
【涨价】**zhǎng‖jià** 동 물가가 오르다. 가격을 인상하다. ¶汽油又~了。=휘발유가 또 인상되었다. ↔跌价
【涨价风】**zhǎngjiàfēng** 명 다투어 물가를 인상하는 추세. ¶坚决刹住~. =물가 인상 추세를 단호히 막아야 한다.
【涨落】**zhǎngluò** 동 (수위나 물가 등이) 등락하다. 오르내리다. 요동치다.
【涨钱】**zhǎng‖qián** 1 가격이 오르다. 2 임금을 올리다. ¶听说下个月我们要~。=다음 달에 우리 임금이 오른다고 들었다.
【涨势】**zhǎngshì** 명 오름세. 상승세. ¶河水平稳，~=불어나던 강물이 안정되었다.
【涨水】**zhǎng‖shuǐ** 동 수위가 상승하다. 물이 붇다.
【涨停板】**zhǎngtíngbǎn** 동〈經〉상한가를 치다. ↔跌停板

***掌 zhǎng** 손바닥 장
명 1 손바닥. 2 鼓~=손뼉을 치다. / 摩拳擦~=주먹을 문지르고 손을 비비다. 한바탕 하려고 단단히 벼르다. 2 발바닥. ¶脚~=발바닥. / 鸭~=오리 물갈퀴. 3 (~儿) (구두의) 밑창. 신

창. ¶鞋~儿=신발 밑창. / 打~儿=신발 밑창을 받다. 4 편자. ¶马~=말편자. / 钉~=편자를 박다. 5 (**Zhǎng**) 성(姓). 1 손바닥으로 때리다. ¶你再胡骂，我~你的嘴。=네가 다시 함부로 욕을 하면, 내가 너의 주둥이를[뺨을] 때리겠다. 2 손으로 들다. 들고 있다. ¶~旗=기를 들고 있다. 3 관장하다. 관리하다. 주관하다. ¶~有财政大权=재정권을 관장하다. 4 동 신발 밑창을 수선하다. ¶~鞋=신발 밑창을 수선하다. 5 동 (기름·소금 등을) 치다. 넣다. ¶~点儿香油=참기름을 조금 넣다. 개동 …을[를]. ¶~门关上。=문을 닫다.

○ - 巴掌, 抚fǔ掌, 马掌, 魔mó掌, 皮掌儿, 手掌, 职掌, 执zhí掌, 抵掌, 鹅é掌风, 仙人掌

【掌案儿的】**zhǎng'ànr·de** 명 옛 푸줏간에서 고기를 써는 일을 맡아 하는 사람.
【掌班】**zhǎngbān** 명 옛 극단이나 기생집을 관장하는 사람.
【掌鞭】**zhǎng‖biān** 명동 마부. 마소를 부리는 사람.
【掌厨】**zhǎng‖chú** 동 요리를 주관하다.
【掌灯】**zhǎng‖dēng** 동 1 등불을 들다. ¶~细瞧=등불을 들어 자세히 보다. 2 등불을 켜다. ¶~时分=등불을 켤 무렵.
【掌舵】**zhǎng‖duò** 동 1 배의 키를 잡다. 2 비 일의 방향을 잡다. ¶这家公司缺少一个有能力的~人。=이 회사는 유능한 키잡이가 필요하다.
【掌舵】**zhǎngduò** 명 조타수. 키잡이.
【掌骨】**zhǎnggǔ** 명〈生〉장골. 손바닥뼈.
【掌故】**zhǎnggù** 명 장고. 일화. 비화. ¶艺坛~=예술계의 일화.
【掌管】**zhǎngguǎn** 동 맡아서 관리하다. 담당하다. 운영하다. ¶~行政事务=행정 사무를 담당하다.
【掌柜(的)】**zhǎngguì(·de)** 명 옛 가게 주인. 2 남편. 3 옛 소작농이 지주를 호칭하는 말.
【掌锅】**zhǎng‖guō** 동 요리를 주관하다. ¶他是我们饭店~的。=그는 우리 호텔의 요리를 주관하는 사람이다.
【掌控】**zhǎngkòng** 동 조종하다. 지배하다. 주무르다. 틀어쥐다. ¶~实权=실권을 틀어쥐다.
【掌门(人)】**zhǎngmén(rén)** 명 1 장문인. 2 종교계나 학계의 지도자.
【掌权】**zhǎng‖quán** 동 권력을 쥐다〔장악하다·행사하다〕. 집권하다. 지배하다. 통제하다.
【掌扇】**zhǎng‖shàn** 동 1 부채질하다. 2 비 뺨을 때리다.
【掌扇】**zhǎngshàn** 명 옛날에, 의장(儀仗)용으로 쓰던 자루가 긴 부채. =【障扇】**zhàngshàn**
【掌上电脑】**zhǎngshàng diànnǎo** ☞【个人数字助理】**gèrén shùzì zhùlǐ**
【掌上机】**zhǎngshàngjī** (휴대용) 소형 전자 게임기. =【手掌机】**shǒuzhǎngjī**【手掌游戏机】**shǒuzhǎng yóuxìjī**
【掌上明珠】**zhǎngshàng-míngzhū** 성비 1 애지중지하는 아이. 지극히 사랑하는 아이. 금지

옥엽. **2** 보배. 매우 아끼는 물건. =【掌上珠】
**zhǎngshàngzhū**【掌中珠】**zhǎng zhōng zhū**

【掌上珠】**zhǎngshàngzhū** ☞【掌上明珠】**zhǎngshàng-míngzhū**

【掌勺儿】**zhǎng ‖ sháor** 통 (호텔·식당에서) 요리를 맡아 하다〔주관하다〕. 주방일을 맡아 하다.

【掌勺儿的】**zhǎngsháor·de** 명 (호텔·식당의) 주방장. 요리사.

【掌声】**zhǎngshēng** 명 박수 소리. ¶~如雷=우레와 같은 박수 소리.

【掌握】**zhǎngwò** 통 **1** 숙달하다. 정통하다. 파악하다. 정복하다. ¶~规律=규율에 정통하다. **2**(U) 주재하다. 주도하다. 결정하다. ¶~自己的命运=자신의 운명을 주재하다. **3** 장악하다. 통제하다. 지배하다. ¶~政权=정권을 장악하다. **4** 진행하다. 주관하다. ¶~会议=회의를 진행하다. ≒控制.

【掌心】**zhǎngxīn** 명 **1** 손바닥(의 한가운데). 장심. **2**(U) 수중. 손아귀. 지배. 통제. ¶他本事再大, 也难逃我的~. =그의 재주가 아무리 뛰어나도 나의 손아귀를 벗어나기 힘들다.

【掌印】**zhǎng ‖ yìn** 통 **1** 도장을 관리하다. **2**(U) 결정권을 갖고 있다. (업무를) 주재〔주관〕하다. (정권을) 장악하다. ¶他是我们公司~的, 说了算. =그는 우리 회사의 업무의 결정권을 갖고 있는 사람이라, 그의 말에 의해 결정된다.

【掌灶】**zhǎng ‖ zào** 통 (호텔·식당·연회에서) 요리를 맡아 하다〔주관하다〕. 주방장 일을 맡아 하다.

【掌灶】**zhǎngzào** 명 주방장. =【掌灶儿的】**zhǎngzàor·de**

【掌灶儿的】**zhǎngzàor·de** ☞【掌灶】**zhǎngzào**

【掌中珠】**zhǎngzhōngzhū** ☞【掌上明珠】**zhǎngshàng míngzhū**

【掌珠】**zhǎng** 명(U) **1** 애지중지하는 아이. 지극히 사랑하는 아이. **2** 보배. 매우 아끼는 물건.

【掌子】〔礃子〕**zhǎng·zi** 명 **1**(礦) (채광이나 터널 공사의) 막장. 채탄 현장. 채굴 현장. =【掌子面】**zhǎng·zimiàn 2** (구두 등의) 바닥. 밑창. ¶鞋~=신발창. 신창

【掌子面】〔礃子面〕**zhǎng·zimiàn** ☞【掌子】**zhǎng·zi**

【掌嘴】**zhǎng ‖ zuǐ** 통 뺨을 때리다. 따귀를 때리다.

## 礃 **zhǎng** 막장 장

아래를 참조.

【礃子】**zhǎng·zi** ☞【掌子】**zhǎng·zi**

【礃子面】**zhǎng·zimiàn** ☞【掌子面】**zhǎng·zimiàn**

## **丈** zhàng 길이 단위 장

양 **1** 장(丈). [길이의 단위. 1장(丈)은 10척(尺)이며, 3.33미터임] **2** 장(丈). [토지의 1장은 사람의 키 정도의 길이를 가리킴] 통 (토지를) 측

掌礃丈仗 **zhàng** 2469

○ 丈 zhàng
   仗 zhàng
   杖 zhàng

량하다. ¶清~=정밀하게 측량하다. 명 가족·친척의 남편. ¶姐~=자형. / 姨~=이모부. **2** 손윗사람이나 노인 남자에 대한 존칭. ¶老~=영감. 남편. / 岳~=장인.

○ 方丈, 市丈, 万丈, 姨yí丈, 岳yuè丈

【丈地】**zhàngdì** 통 토지를 측량하다.

【丈二和尚, 摸不着头脑】**zhàng èr hé·shang, mō·bu zháo tóunǎo** (俗) **1** 1장 2척(一丈二尺)의 중 머리는 만져 볼 수가 없다. **2**(U) 도저히 영문〔내막〕을 알 수 없다. 상황을 모르다.

【丈夫】**zhàngfū** 명 성인 남자. 대장부. 사나이. ¶男子汉大~, 能屈能伸. =사내 대장부는 실의했을 때 잘 참고, 득의했을 때 자신의 포부를 펼친다.

【丈夫】**zhàng·fu** 명 남편. ↔妻子.

【丈量】**zhàngliáng** 통 길이나 면적을 측량하다. ¶~土地=땅을 측량하다.

【丈母】**zhàngmǔ** ☞【岳母】**yuèmǔ**

【丈母娘】**zhàngmǔniáng** ☞【岳母】**yuèmǔ**

【丈人】**zhàngrén** 명 옛날, 노인 남자에 대한 존칭.

【丈人】**zhàng·ren** 명 장인.

## **仗** zhàng 무기 장

명 **1** 병기(兵器). 무기. ¶仪~=의장. **2** 전투. 전쟁. 싸움. ¶硬~=격전(激戰). / 败~=패전. 통 **1** (병기·무기를) 잡다. 들다. ¶持刀~剑=칼과 검을 잡다. **2** 의지하다. 의존하다. 기대다. 믿다. 등에 업다. ¶仰~=의지하다. / 狗~人势=개가 주인의 힘을 믿고 남을 위협하다. 세력을 믿고 설치다.

○ 败仗, 对仗, 开仗, 炮pào仗, 凭píng仗, 死仗, 仰仗, 依仗, 倚yǐ仗, 硬仗

【仗胆】**zhàng ‖ dǎn** (~儿) 통 마음을 굳게 먹게 하다. 마음을 든든하게 하다. 용기를 내다. 담을 크게 하다. 기력을 북돋우다.

【仗马寒蝉】**zhàngmǎ-hánchán** (成) **1** 황궁(皇宫) 밖의 의장용 말과 늦가을의 매미. **2**(U) 자기 몸에 화가 미치는 것이 두려워 말을 하지 않는 사람. **3**(U) 무서워 찍소리 못 하다. 감히 말을 못 하다. =【寒蝉仗马】**hánchán-zhàngmǎ**

【仗势】**zhàng ‖ shì** 통 []〔세력〕에 의지하다 〔믿다·기대다·등에 업다〕. ¶特权~=권세〔세력〕에 기대어 나쁜 짓을 저지르다.

【仗势欺人】**zhàngshì-qīrén** (成) 세력을 믿고 남을 괴롭히다.

【仗恃】**zhàngshì** 통(書) 의지하다. 의존하다. 믿다. 기대다. 등에 업다. ¶~权势=권세에 기대다.

【仗义】**zhàngyì** 통(書) 정의를 좇아 행동하다. 정의를 받들다. ¶行侠~=의협심을 발휘하여 의로운 일을 하다. 형 의리를 중시하다. 의리가 있다. ¶你这样做, 未免太不~了吧. =너 이런 행동은 너무 의리가 없는 거 아니니?

【仗义疏财】**zhàngyì-shūcái** [성] **1** 의를 중하게 여기고 재물을 가볍게 보다. **2** 의로운 일을 위해 자신의 재물을 기꺼이 내놓다. ≒慷慨解囊
【仗义执言】**zhàngyì-zhíyán** [성] 정의를 위해 공정한 말을 하다.

*杖 **zhàng** 지팡이 장
[명] **1** 지팡이. ¶手～＝단장. / 扶～而行＝지팡이를 짚고 가다. **2** 막대기. ¶禅～＝선장(禪杖). 죽비(竹篦). / 擀面～＝밀방망이.

○● 拐guǎi杖, 虎杖, 犁lí杖, 手杖

【杖刑】**zhàngxíng** [명] 곤장형. 장형.
【杖子】**zhàng·zi** [명] 울타리. 담. [장벽을 뜻하며, 주로 지명에 쓰임] ¶大～＝다장쯔. [허베이(河北)성에 있는 지명]

**帐[帳] **zhàng** 장막 장
[명] **1** 막. 천막. 장막. 휘장. ¶蚊～＝모기장. / 营～＝군영의 막사. **2** '账(zhàng)'과 같음.
【帐幔】**zhàngmàn** [명] 막. 휘장. 장막.
【帐幕】**zhàngmù** [명] 장막. 천막. 텐트. 군영의 막사.
【帐篷】**zhàng·peng** [명] 장막. 천막. 텐트.
【帐子】**zhàng·zi** [명] (침대 또는 방 안에 치는) 휘장. 모기장.

**账[賬] **zhàng** 장부 장
[명] **1** 회계. 화물의 출납 기재. ¶查～＝회계를 검사하다. / 转～＝대체(對替)하다. 이체하다. **2** 장부. 금전 출납부. ¶一本～＝장부 한 권. **3** 빚. 부채. 채무. ¶赊～＝외상으로 팔다. / 还～＝빚을 갚다.

○● 报账, 拆chāi账, 冲账, 出账, 呆dāi账, 倒账, 抵dǐ账, 付账, 挂账, 过账, 后账, 虎账, 花账, 会账, 混账, 交账, 开账, 拉账, 赖lài账, 烂làn账, 买账, 盘账, 赔péi账, 清账, 认账, 人账, 上账, 升shēng账, 算suàn账, 细账, 销xiāo账, 押yā账, 折zhé账, 转zhuǎn账, 总账

【账本】**zhàngběn**(～儿) [명] 장부. 금전 출납부. ≒账簿
【账簿】**zhàngbù** [명] 장부. 금전 출납부. ≒账本
【账册】**zhàngcè** [명] 장부(책).
【账单】**zhàngdān** [명] 계산서. 명세서.
【账房】**zhàngfáng**(～儿) [명] **1** [옛] 기업이나 지주 집안에서 회계를 맡아 보던 곳. 회계실. **2** 회계원. 경리.
【账号】**zhànghào** [명] (은행 등의) 계좌 번호.
【账户】**zhànghù** [명] **1** 계정 과목(計定科目). 수입 지출의 명세. **2** (계정) 계좌.
【账款】**zhàngkuǎn** [명] 장부상의 자금〔금액〕. ¶交付～＝금액을 지불하다.
【账面】**zhàngmiàn**(～儿) [명] 장부상의 기재 내용. ¶～与库存之间有出人。＝장부상의 기재 내용과 재고가 맞지 않는다.
【账目】**zhàngmù** [명] 장부상의 항목. 계정 과목(計定科目). 장부상의 계산.
【账头】**zhàngtóu**(～儿) [명][구] **1** 장부상의 항목. 계정 과목(計定科目). 장부상의 계산. ¶～清楚＝장부 계산이 분명하다. **2** 외상 (대금). 부채. 빚. ¶收清～＝외상 대금을 다 거두어들이다.
【账务】**zhàngwù** [명] 회계 업무. ¶～公开＝회계 업무를 공개하다.

**胀[脹] **zhàng** 부풀 창
[동] **1** 늘어나다. 부풀다. 팽창하다. ¶热～冷缩＝뜨거워지면 팽창하고 차가워지면 수축하다. **2** 더부룩하다. ¶肚子～＝배가 더부룩하다. **3** 붓다. 부풀다. ¶肿～＝붓다. ↔缩

○● 鼓胀, 膨péng胀

【胀肚】**zhàngdù** [동] 배가 더부룩하다.
【胀库】**zhàngkù** [동] 창고의 용량을 초과하다. 재고량이 넘쳐나다. 창고가 꽉 차다. ¶禽蛋～了。＝달걀과 오리알의 재고량이 넘쳐나다.
【胀痛】**zhàngtòng** [동] (몸의 한 부분이) 당겨〔팽창해서〕 아프다. 창만(脹滿) 통증을 느끼다.
【胀闸】**zhàngzhá** [명] 자전거의 확장식 제동 장치. 댐퍼 브레이크(damper brake). 허브 브레이크(hub brake).

**涨[漲] **zhàng** 불을 창
[동] **1** (고체가) 수분을 흡수하여 부풀다. 붇다. 팽창하다. ¶黄豆泡～了。＝콩이 물에 불었다. **2** 가득 차다. 자욱하다. ¶烟尘～天＝연기와 먼지가 하늘에 가득 차다. **3** 머리나 얼굴이 충혈되다. 상기되다. ¶头昏脑～＝머리가 띵하고 어질어질하다. **4** (원래의 액수나 예상을) 초과하다. 넘다. 더 나오다. ¶上个月他钱花～了。＝지난 달에 그는 돈을 초과하여 썼다.
☞ **zhǎng**

**障 **zhàng** 가로막을 장
[동] 막다. 차단하다. 방해하다. 가리다. 은폐하다. ¶一叶～目＝부분적인 현상에 미혹되어 전체〔근본적인 문제〕를 보지 못하다. [명] 막이. 칸막이. 병풍. 장애물. ¶路～＝바리케이드(barricade). / 屏～＝병풍.

○● 板障, 保障, 风障, 故障, 花障, 魔mó障, 内障, 孽niè障, 热障, 业障, 音障

【障碍】**zhàng'ài** [명] 장애물. 방해물. ¶扫除～＝장애물을 제거하다. [동] 방해하다. 막다. 장애하다. 저해하다. ¶～车辆的通行＝차량의 통행을 방해하다. ≒阻碍 故障
【障碍赛跑】**zhàng'ài sàipǎo** [명]《體》 장애물 경주. 장애물달리기.
【障碍物】**zhàng'àiwù** [명] **1** 장애물. **2**《軍》(적의 행동을 방해하는) 장애 시설. 장애물.
【障蔽】**zhàngbì** [동] 가리다. 막다. 은폐하다. 장폐하다. ¶～耳目＝이목을 가리다.
【障扇】**zhàngshàn** ☞【掌扇】**zhǎngshàn**
【障眼法】**zhàngyǎnfǎ** [명] 눈가림수. 속임수.

=【遮眼法】zhēyǎnfǎ【掩眼法】yǎnyǎnfǎ
【障子】zhàng·zi 명 울바자. 바자. 울타리. ¶篱笆~=울타리.

## 嶂 zhàng 산봉우리 장

명(문) 병풍처럼 깎아지른 듯한 산봉우리. ¶层峦叠~=첩첩이 우뚝 솟은 산봉우리.

## 幛 zhàng 포백 장

명 축하 또는 애도의 글을 써 붙인 포백(布帛). ¶寿~=(포목·비단 따위로 만든) 생일 축사를 붙인 휘장. / 挽~=만장(挽幛).
【幛子】zhàng·zi 명 축하 또는 애도의 글을 써 붙인 포백(布帛). [경조사(慶弔事) 때 바치는 물건에 쓰임]

## 瘴 zhàng 장기 장

명 장기(瘴氣). 장독(瘴毒). ¶~雨蛮烟=장기를 머금은 비와 연기.
【瘴疠】zhànglì 명(医) 장려. [주로 아열대의 습지대에서 발생하는 악성 말라리아 등의 전염병]
【瘴气】zhàngqì 명(문) 장기(瘴氣). 장독(瘴毒). [중국 남부·서남부 지대의 축축하고 더운 땅에서 생기는 독한 기운으로, 옛날에 장려의 원인으로 여겨 왔음]

## zhao

## 钊[釗] zhāo 격려할 소

동(문) 격려하다. 권고하다. [주로 인명에 쓰임]
명 (Zhāo) 성(姓).

## **招 zhāo 부를 초

동 1 손짓하다. 손짓해서 오게 하다. 손을 흔들다. ¶~之即来, 挥之即去. =부르면 오고 가라면 가다. 2 (좋지 않은 것을) 끌어들이다. 불러들이다. 초래하다. 달라붙다. ¶~蝇子=파리를 끌어들이다. 3 (사람이나 사물에게 애증의 반응을) 불러일으키다. 초래하다. 자아내다. 야기하다. ¶小家伙真~人喜欢. =녀석이 정말 귀엽군. 4 (어떤 전달 수단으로) 오게 하다. 부르다. 모집하다. 초빙하다. ¶~聘考试=모집 시험. / 失物~领处=분실물 보관소. 5 (언어·행동으로 남을) 건드리다. 집적거리다. 놀리다. ¶人家正在生气呢, 别去~她. =그 사람 지금 화나 있으니 건드리지 마라. 6 자백하다. 시인하다. ¶不打自~=스스로 자백하다(승인하다). 7 ⑤ 전염시키다. 감염시키다. ¶你要多小心, 那病~人. =그 병은 전염이 되니, 너 많이 조심해야 해. 명 1 옛 (주막이나 식당 혹은 상점 문 앞에) 사람의 주의를 끌기 위한 깃발이나 표지. ¶酒~=술집 광고〔표지〕. 2 (~儿) 무술의 동작. 형(型). 틀. ¶~一式=한 동작 한 자세. 3 (~儿) ⑥ 수. 술수. 수단. 방법. 계책. ¶高~=고수. / 耍花~=꾀를 부리다. 4 (Zhāo) 성(姓). ≒惹

● 高招, 花招, 绝招儿

【招安】zhāo'ān 통(옛) (무마하여) 복종시키다. 투항하게 하다. 귀순시키다.
【招办】zhāobàn 명(약) 招生办公室(신입생 모집 사무실). 省~=성 신입생 모집 사무실.
【招标】zhāo∥biāo 통 입찰 공고하다. 청부 입찰자를 모집하다. ¶公开~=공개 입찰 공고하다. ↔投标
【招兵】zhāo∥bīng 통 병사를 모집하다.
【招兵买马】zhāobīng-mǎimǎ 성 1 사병을 모집하고 말을 구입하다. 2 ⑤ 인재를 끌어들이고 힘을 확충하다. 전쟁 준비를 하다.
【招财进宝】zhāocái-jìnbǎo 성 재운을 불러오다.
【招待】zhāodài 통 (손님이나 고객에게) 접대하다. 환대하다. 봉사하다. 대접하다. ¶殷勤~=정성을 다해 접대하다. 명 (음식점·서비스업종의) 접대원. 종업원. ¶男~=남자 종업원. ≒款待
【招待会】zhāodàihuì 명 초대회. 환영회. 리셉션(reception). ¶记者~=기자 회견.
【招待券】zhāodàiquàn 명 초대권. ¶电影~=영화 초대권.
【招待所】zhāodàisuǒ 명 (관공서·공장 등의) 숙박 시설〔접대소〕.
【招风】zhāofēng 통 1 바람을 불러오다. ¶树大~=가지 많은 나무에 바람 잘 날 없다. 2 ⑤ 남의 주목을 끌어 문제를〔말썽을〕 일으키다. ¶~惹事=남의 시기를 받아 말썽을 일으키다.
【招风耳】zhāofēng'ěr 명(⑥) 크고 밖으로 튀어 나온 귀.
【招风揽火】zhāofēng-lǎnhuǒ ☞【招风惹草】
【招风惹草】zhāofēng-rěcǎo 통⑥ 일을 저질러 물의를 빚다. 문제를 일으켜 화를 부르다. =【招风惹雨】
【招风惹雨】zhāofēng-rěyǔ【招风揽火】zhāofēng-lǎnhuǒ
【招风惹雨】zhāofēng-rěyǔ ☞【招风惹草】zhāofēng-rěcǎo
【招抚】zhāofǔ 통 (무마하여) 복종시키다. 투항하게 하다. 귀순시키다.
【招工】zhāo∥gōng 통 일꾼〔직공〕을 모집하다. ¶~广告=일꾼 모집 광고.
【招供】zhāo∥gòng 통 자백하다. 시인하다. ¶从实~=사실대로 자백하다.
【招股】zhāo∥gǔ 통 주식을 모집하다. ¶~章程=주식 모집 규정.
【招雇】zhāogù 통 모집 채용하다. ¶~工人=일꾼을 모집 채용하다.
【招呼】zhāo·hu 통 1 (손짓하여) 부르다. ¶街对面有人打手势~你. =길 맞은편에서 어떤 사람이 손짓으로 너를 부른다. 2 (말·행동으로) 인사하다. 안부를 묻다. ¶他没—声就走了. =그는 인사 한 마디도 없이 가 버렸다. 3 접대하다. 시중을 들다. ¶服务员都忙着~客人. =종업원들은 모두 손님들 시중들기에 바쁘다. 4 분부하다. 통지하다. 알리다. 지시하다. ¶请~大家来

개회. =모두에게 회의에 참석하라고 알리세요.
**5** 돌보다. 보살피다. 배려하다. ¶他请假在家~
生病的母亲。=그는 휴가를 내어 집에서 병든
모친을 돌본다. **6**〈書〉 조심하다. 주의하다. ¶你
刚学会开车, 路上要多~着。=너 운전을 배운
지 얼마 되지 않았으니, 길에서 많이 주의해야 해.

【招唤】zhāohuàn 〈動〉 부르다. 외치다. 고함치
다. 소리를 지르다. ¶去~孩子们回家吃饭。=
아이들더러 밥 먹으러 집에 오라고 불러요.

【招魂】zhāo‖hún 〈動〉 **1** 초혼하다. 죽은〔중병
에 걸린〕 사람의 혼을 불러오다. **2**〈喩〉 멸망한 것
을 부활시키다. ¶为封建迷信~=봉건적 미신을
부활시키다.

【招祸】zhāo‖huò 〈動〉 **1** 화를 부르다. 재난을
초래하다. **2** 좋지 않는 일을 초래하다[야기하
다]. ¶她生就一张~的嘴。=그녀는 천성적으로
로 남의 기분을 상하게 하는 말을 한다. 그녀가
천성적으로 하는 말이 남에게 미움을 산다.

【招集】zhāojí 〈動〉 소집하다. 집합시키다. ¶~大
家来商量商量。=모두를 소집해서 의논이나 해
보자.

【招架】zhāojià 〈動〉 막아 지탱하다. 당해 내다. 막
아 내다. 상대하다. ¶难以~=당해 내기 어렵다.

【招考】zhāokǎo 〈動〉 시험을 쳐서 모집하다. ¶
~研究生=대학원생을 시험으로 모집하다. ↔应
考应试

【招徕】zhāolái 〈動〉 (손님을) 불러모으다. 불러들
이다. 끌다. 끌어들이다. 유치하다. ¶~顾客=
고객을 끌어들이다. ≒招揽

【招揽】zhāolǎn 〈動〉 끌어모으다. 끌다. ¶~生
意=손님을 끌어들여 장사를 하다. ≒招徕

【招领】zhāolǐng 〈動〉 잃어버린 물건을 찾아가도
록 공고하다. ¶~启事=분실물 습득 공고. ↔
认领

【招骂】zhāo‖mà 〈動〉 남에게 욕먹을 짓을 하다.
욕을 먹다. ¶~的事别干。=욕먹을 짓을 하지
마라.

【招募】zhāomù 〈動〉 (사람을) 모집하다. ¶~临
时工=임시[계약] 직공을 모집하다.

【招纳】zhāonà 〈動〉 모집하다. 받아들이다. 불러
들이다. ¶~贤士=현자를 불러들이다.

【招女婿】zhāo nǚ·xu 〈動〉 데릴사위를 맞아들
이다.

【招牌】zhāo·pai 〈名〉 **1** 간판. **2**〈喩〉〈貶〉 명의. 칭
호. 이름. ¶打着婚姻介绍所的~骗人。= 결혼
소개소의 명의를 내걸고 사기를 치다.

【招盘】zhāopán 〈動〉 상점의 집기·상품·부동산
·동산 등을 통째로 양도하여 경영을 계속하다.

【招聘】zhāopìn 〈動〉 (공모의 방식으로) 모집하
다. 초빙하다. 초청하다. ¶~广告=모집 광고.
↔应聘

【招亲】zhāo‖qīn 〈動〉 **1** 데릴사위를 맞아들이다
〔삼다〕. **2** 데릴사위가 되다.

【招请】zhāoqǐng 〈動〉 초빙하다. 초청하다. ¶~
技术员=기술 인원을 초청하다.

【招权纳贿】zhāoquán-nàhuì 〈成〉 권모술수로
부려 뇌물을 받다.

【招惹】zhāo·rě 〈動〉 **1** (좋지 않은 일을) 일으키
다. 야기하다. 자초하다. ¶~麻烦=말썽을 자초
하다. **2**〈方〉 (상대를) 건드리다. 성가시게 하다.
집적거리다. 집적대다. 놀리다. ¶这个人脾气暴
得很, 不能~。=이 사람은 성질이 아주 난폭하
니 건드려서는 안 돼요.

【招认】zhāorèn 〈動〉 죄를 인정하다. ≒供认

【招商】zhāo‖shāng 〈動〉 (광고·전람회 등 방식
으로) 기업(상인)을 끌어모으다. 기업의 투자를
유치하다. ¶~会=투자 유치 리셉션.

【招商引资】zhāoshāng-yǐnzī 〈成〉 (광고·전람
회 등 방식으로) 외부 기업의 투자를 유치하다.

【招生】zhāo‖shēng 〈動〉 신입생을 모집하다.
¶~简章=신입생 모집 요강.

【招式】【招势】zhāoshì 〈名〉 (무술·무용 등의) 형
(型). 기본틀. 동작. 자세. 품세.

【招势】zhāoshì ☞【招式】zhāoshì

【招事】zhāo‖shì 말썽을(화를) 자초하다
(일으키다). ¶出门在外, 要多小心, 别~。=외
지에[외국에] 나가서는 많이 조심하고 말썽 일으
키지 마라.

【招收】zhāoshōu 〈動〉 (학생·일꾼 등을) 모집하
다. 받아들이다.

【招手】zhāo‖shǒu 〈動〉 손짓하다. 손짓하여 부르
다. 손을 흔들다. ¶~示意=손짓으로 표시하다.

【招数】【着数】zhāoshù 〈名〉 **1** (무술의) 동작. 품
세. ¶他接连使出几个独创的~。=그는 연달아
몇 가지 독창적인 동작을 해 보였다. **2**〈喩〉 수단.
방법. 계책. 책략. ¶他在经营管理方面很有~。
=그는 경영 관리 방면에 수완이 좋다.

【招贴】zhāotiē 〈名〉 (벽 등에 붙여진) 광고. 포스
터(poster). 벽보.

【招贴画】zhāotiēhuà 〈名〉 포스터(poster). 선전
용 그림.

【招贤】zhāoxián 〈動〉 현인을 초빙하다. ¶~纳
士=현인을 초빙하고 인재를 받아들이다.

【招降】zhāo‖xiáng 〈動〉 투항[투항]을 권유하
다. ≒纳降

【招降纳叛】zhāoxiáng-nàpàn 〈成〉 **1** 투항자나
적의 배신자를 받아들이다. **2**〈喩〉 나쁜 사람들을
끌어모으다.

【招笑儿】zhāoxiàor 〈動〉〈方〉 사람을 웃기다. 웃음
을 자아내다. ¶这故事很~。=이 이야기는 아
주 웃긴다.

【招眼】zhāoyǎn 〈形〉 튀다. 이목을 끌다. 남의 주
의를 끌다. ¶你今天的穿戴很~。=너 오늘 차
림이 아주 눈에 띈다.

【招摇】zhāoyáo 〈動〉 드러내 놓고 자랑하다. 과
시하다. 뽐내다. ¶他为人一贯低调, 从不~。=
그는 언제나 조용한 편이어서 절대 떠벌리지 않
는다.

【招摇过市】zhāoyáo-guòshì 〈成〉 남의 눈을 끌
도록 과시하며 거리를 지나가다. 많은 사람들 앞
에서 뽐내다.

【招摇撞骗】zhāoyáo-zhuàngpiàn 〈成〉 남의
명의를 사칭하여 과시하며 공공연히 사기를 치
다. 허장성세로 협잡질하다. 남의 눈을 끌어 속임

수를 쓰다.
【招引】zhāoyǐn 〖동〗(어떤 수단을 써서) 끌어당기다. 유혹하다. 꾀다. 꾀어 내다. 호리다. 부르다. ¶油菜花的香味~来了许多的蝴蝶. =유채꽃 향기는 많은 나비들을 끌어들였다. ↔驱逐
【招怨】zhāo‖yuàn 〖동〗남의 원한을 사다. ¶~树敌=남의 원한을 사서 적을 만들다.
【招灾】zhāo‖zāi 〖동〗재난을 초래하다.
【招灾惹祸】zhāozāi-rěhuò 〖성〗재난을 초래하고 말썽을 일으키다. 화를 자초하고 일을 저지르다. ≒惹是生非
【招展】zhāozhǎn 〖동〗1 펄럭이다. 나부끼다. 흔들거리며 움직이다. ¶花枝~=활짝 핀 꽃가지가 바람에 흔들거리다. 아름답게 치장하다. 2 (기업에게) 전시회를 열도록 초청하다. 전시회에 참가하도록 끌어들이다. 초청 전시를 하다. ¶工作正在紧锣密鼓地进行. =초청 전시회 업무는 긴박하게 진행하고 있는 중이다.
【招致】zhāozhì 〖동〗1 (인재를) 불러모으다. ¶~人才=인재를 불러모으다. 2 (나쁜 결과를) 초래하다. 야기하다 불러일으키다. ¶~灭亡=멸망을 초래하다.
【招赘】zhāozhuì 〖동〗데릴사위를 맞아들이다.
【招子】zhāo·zi 〖명〗1 (벽 등에 붙여진) 광고. 포스터. 벽보. 2 간판 또는 상점의 이름을 쓴 깃발이나 손님을 부르는 표지. 3 방법. 책략. 수단.
【招租】zhāozū 〖동〗(집 등을) 세놓다.

*昭 zhāo 밝을 소
〖형〗명백하다. 환하다. 현저하다. 분명하다. ¶罪恶~彰=죄상이 아주 뚜렷하다. 〖동〗〖문〗표명하다. 뚜렷하게 나타내 보이다. 분명하게 표현하다. ¶~以信守=충실히 준수할 것을 표명하다.
【昭然】zhāorán 〖형〗매우 분명하다. 확연하다. ¶天理~=천지 자연의 이치는 매우 분명하다.
【昭然若揭】zhāorán-ruòjiē 〖성〗1 해와 달을 들고 길을 걷는 것과 같이 분명하다. 2 진상이 낱낱이 드러나다. 백일하에 드러나다.
【昭示】zhāoshì 〖동〗명시하다. 공시하다. 선포하다. 분명하게 드러내 보이다. ¶~后人=후대 사람에게 분명하게 드러내 보이다.
【昭雪】zhāoxuě 〖동〗(억울함·누명 등을) 깨끗이 씻다〔벗다〕. 설욕하다. ¶平反~=억울함을 깨끗이 씻겨 주고 명예를 회복시키다.
【昭彰】zhāozhāng 〖형〗분명하다. 뚜렷하다. ¶天理~=자연의 이치는 뚜렷하다.
【昭昭】zhāozhāo 〖형〗〖문〗1 환하다. 밝다. ¶日月~=해와 달이 밝게 빛나다. 2 이해하다. ¶以其昏昏, 使人~. =자신도 잘 이해하지 못하면서, 다른 사람을 가르치거나 지휘하다.
【昭著】zhāozhù 〖형〗현저하다. 뚜렷하다. ¶罪行~=죄상이 뚜렷하다.

嘲 zhāo 시끄러울 조
☞ zhōu
【嘲哳】〔啁哳〕zhāozhā 〖형〗(소리가) 번잡스럽고 자잘하다. ¶语言~=말이 (뒤엉켜) 번잡

자잘하다.

**着 zhāo 더할 착
〖동〗〖방〗1 넣다. 첨가하다. 치다. ¶汤里少~点儿盐. =탕에 소금 좀 적게 넣어요. 2 그렇지. 그래. 맞아. 옳아. 좋아. [대답에 쓰이며 동의를 나타냄] ¶~哇, 你的想法真妙!=그래, 네 생각이 참 신통하구나! 〖명〗(~儿)1 (바둑·장기의) 수. ¶~法=(바둑·장기의) 행마법(行馬法). / 高~儿=묘수. 2 '招(무술 동작·계책)'와 같음.
☞ zháo, ·zhe, zhuó

○● 失着, 阴着

【着数】zhāoshù 〖명〗1 (바둑·장기의) 행마법. ¶他下象棋算~能算到五步. =그는 장기를 둘 때 다섯 수까지 내다볼 수 있다. 2 ☞【招数】zhāoshù

**朝 zhāo 아침 조
〖명〗1 (이른) 아침. ¶一~一夕=하루의 아침 혹은 하루의 저녁. 2 날. ¶有~一日=언젠가는. ≒晓 ↔夕 暮
☞ cháo

○● 花朝, 三朝

【朝不保夕】zhāobùbǎoxī 〖성〗1 아침에 장담한 것을 저녁에 장담할 수 없다. 아침은 그런대로 지났으나 저녁은 어떻게 될지 모른다. 2 〖비〗상황이 급박하다. ≒危在旦夕
【朝不谋夕】zhāobùmóuxī 〖성〗1 아침에 저녁 일을 걱정할 여유가 없다. 2 〖비〗상황이 위급하여 예측할 수가 없다.
【朝发夕至】zhāofā-xīzhì 〖성〗1 아침에 떠나 저녁이면 닿을 수 있다. 하룻길이다. 2 〖비〗거리가 가깝다. 교통이 편리하다.
【朝歌夜弦】zhāogē-yèxián 〖성〗1 아침부터 저녁까지 음악이 끊이지 않다. 하루 종일 음악에 빠져 있다. 2 〖비〗즐겁게 노래하고 춤추는 모습을 형용.
【朝晖】zhāohuī 〖명〗아침 햇살.
【朝令夕改】zhāolìng-xīgǎi 〖성〗1 조령석개. 아침에 공포한 법령이 저녁에 바뀌다. 2 〖비〗정령이나 주장을 마음대로 바꾸어 갈피를 잡지 못하게 하다. 변동이 너무 잦다.
【朝露】zhāolù 〖명〗1 아침 이슬. ¶~暮霭=아침 이슬과 저녁 안개. 2 짧은 목숨. 덧없는 것. ¶危于~=(목숨이) 아침 이슬처럼 위태하다.
【朝暮】zhāomù 〖명〗〖문〗1 아침과 저녁. 조석(朝夕). ¶日有~, 夜有晨昏. =낮에는 아침과 저녁이 있고, 밤에는 새벽과 초저녁이 있다. 2 〖비〗아주 짧은 시간. 경각(頃刻). ¶命在~=생명이 경각에 달려 있다.
【朝气】zhāoqì 〖명〗1 아침의 신선한 공기. 2 〖비〗생기. 패기. 진취적 기상. ¶富有~=생기가 넘치다. ↔暮气
【朝气蓬勃】zhāoqì-péngbó 〖성〗생기가 넘쳐흐르다. 생기발랄하다. 씩씩하다. ≒生气勃勃 ↔老

气横秋

【朝乾夕惕】zhāoqián-xītī ③ 아침부터 저녁까지 부지런히 힘써 일하다. 하루 종일 근면 성실하게 일하다.

【朝秦暮楚】zhāoqín-mùchǔ ③ 1 아침에는 진(秦)나라를 섬기고 저녁에는 초(楚)나라를 섬기다. 2 ㉑ 줏대 없이 이쪽 저쪽에 빌붙다. 이랬다저랬다하다. 변덕스럽다. ≒朝三暮四 ↔始终不渝

【朝日】zhāorì ㉑ 아침 해. 아침의 태양.

【朝三暮四】zhāosān-mùsì ③ 1 조삼모사. [《장자·제물론(莊子·齊物論)》에서, 원숭이에게 먹이를 아침에 세 개, 저녁에 네 개씩 주겠다는 말에는 원숭이들이 적다고 화를 내더니, 아침에 네 개, 저녁에 세 개씩 주겠다는 말에는 좋아하였다는 고사에서 유래함] 2 ㉑ 간사한 꾀로 남을 속여 희롱하다. 똑똑한 사람은 간사한 꾀를 잘 써도, 어리석은 사람은 상황을 잘 분별하지 못하다. 3 ㉑ 변덕스러워 갈피를 잡을 수가 없다. 변덕이 심하여 믿을 수가 없다. ≒朝秦暮楚 翻云覆雨 ↔始终不渝

【朝生暮死】zhāoshēng-mùsǐ ③ 1 아침에 태어나 저녁에 죽다. 2 ㉑ 생명이 아주 짧다.

【朝思暮想】zhāosī-mùxiǎng ③ 1 아침 저녁으로 그리워하다. 그리워하다. 2 ㉑ 사무치게 그리워하다. 간절하게 그리워하다.

【朝夕】zhāoxī ㉑ 1 아침부터 저녁까지. 늘. 매일. 날마다. 늘. ¶~相伴=언제나 함께 지내다. 2 ㉑ 짧은 시간. ¶~不保=아침 저녁을 장담할 수 없다.

【朝夕相处】zhāoxī-xiāngchǔ ㉑ 늘 함께 지내다. 사이가 좋다. 관계가 친밀하다. ➡【日夕相处】rìxī-xiāngchǔ

【朝霞】zhāoxiá ㉑ 아침 놀. ↔晚霞

【朝阳】zhāoyáng ㉑ 1 떠오르는 해. 아침 해. 2 ㉑ 전도유망(前途有望)한 [신흥의] 사물. ¶~产业=유망 산업. ↔夕阳
☞ cháoyáng

【朝阳工业】zhāoyáng gōngyè ㉑ 신흥 공업. 발전 가능성이 많은 공업.

【朝朝暮暮】zhāozhāo-mùmù ㉑ 아침부터 저녁까지. 하루 종일. 시시각각. 늘. 언제나.

# 嘲 zhāo 지저귈 조
☞ cháo

【嘲哳】zhāozhā ☞【啁哳】zhāozhā

## **着** zhāo 붙을 착
⑤ 1 ⑦ 부착하다. 달라붙다. 2 닿다. 접촉하다. ¶上不~天, 下不~地.=하늘에도 땅에도 닿아 있지 않다. 중간에 떠 있다. 3 (어떤 침입을) 받다. 당하다. 입다. (어떤 상태에) 들다. 느끼다. ¶他昨天~了凉, 感冒了.=그는 어제 한기가 들어 감기 걸렸다. 4 동사 뒤에 쓰여 결과가 있거나 목적을 달성했음을 나타냄. ¶猜~了=알아 맞히다. / 找不~=찾을 수가 없다. 5 불이 붙다. ¶这些干草一点就~.=이 마른 풀들은 불

만 붙었다 하면 바로 붙는다. 6 (등이) 켜지다. ¶天一黑, 街上的灯都~了.=날이 어두워지자 거리의 등이 모두 켜졌다. 7 ㉑ 잠들다. ¶他一倒在床上就~了.=그는 침대에 눕자마자 잠이 들었다. ↔灭
☞ zhāo, ·zhe, zhuó

○● 跟着, 归着, 接着, 紧jīn着, 可着, 来着, 为wèi着, 向着, 悠着, 有着, 怎么着, 这么着

【着边】zháo‖biān ⑤ 접근하여 있다. 가깝다. 상관[관련]이 있다. ¶他说的跟这件事一点都不~.=그가 하는 말은 이 일과 전혀 상관이 없다.

【着道儿】zháo‖dàor ⑤ 계략에 빠지다. 올가미에 걸려들다. ¶没想到一不小心却着了他的道儿.=잠깐의 부주의로 그의 계략에 빠져들 줄 몰랐다.

【着风】zháofēng ⑤ 찬바람을 쐬다. ¶天气热无常, 出门小心别~.=날씨가 더웠다 추웠다 하니 외출시에 찬바람 맞지 않도록 주의해라.

【着慌】zháo‖huāng ⑤ 조급해하다. 안달하다. 안타까워하다. 초조해하다. 마음을 졸이다. 당황하다. 허둥대다. 갈팡질팡하다. ¶不知怎么搞的, 心里直~.=어찌 된 일인지 마음이 자꾸 초조해진다. ↔镇定

【着火】zháo‖huǒ ⑤ 불나다. 불붙다. ↔失火

【着火点】zháohuǒdiǎn ☞【燃点】rándiǎn

【着急】zháo‖jí ⑤ 조급해하다. 안달하다. 안타까워하다. 초조해하다. 마음을 졸이다. ¶别~, 问题会解决的.=조급해하지 마, 문제는 해결될 거야.

【着凉】zháo‖liáng ⑤ 감기에 걸리다. ¶睡觉时多盖些衣服, 小心别~.=잠잘 때 옷을 좀 많이 덮고, 감기 걸리지 않도록 조심하세요.

【着忙】zháo‖máng ⑤ 1 허둥대다. 급해서 부산떨다. ¶包裹行李准备好, 免得临出发时~.=출발시에 허둥대지 않도록 보따리 짐을 미리 준비해 두어라. 2 초조해하다. 마음을 졸이다. 당황하다. ¶一听母亲生病了, 她心里非常~.=모친이 아프다는 말을 듣자마자, 그녀는 마음이 무척 초조해졌다.

【着迷】zháo‖mí ⑤ 몰두하다. 사로잡히다. 정신이 팔리다. 빠져들다. 매혹되다. 반하다. ¶他小时侯就对绘画着了迷.=그는 어릴 때부터 그림에 빠져들었다. ≒入迷

【着魔】zháo‖mó ⑤ 귀신에게 홀리다.

【着恼】zháonǎo ⑤ 화를 내다. 성을 내다. 노하다. ¶他软的欺硬的怕, 让人好不~.=약한 자를 괴롭히고 강한 자를 두려워하는 그의 행동은 정말 사람을 화나게 만든다.

【着三不着两】zháo sān bù zháo liǎng ㉑ (말·행동 등이) 치밀하지 못하다. (일처리가) 분별이 없고 타당하지 않다. 야무지지 못하다. 칠칠치 못하다.

## **爪** zhǎo 손톱 조
㉑ 1 (짐승의) 발톱. ¶龟的趾端有~.=거북의 발끝에는 발톱이 있다. 2 (짐승의) 발. ¶张牙舞

~=어금니를 드러내고 발을 휘두르다. 흉악한 몰골을 드러내고 으르렁거리다.

☞ zhuǎ

○● 脚爪, 鳞lín爪, 魔mó爪

【爪牙】zhǎoyá 〔명〕 1 (짐승의) 발톱과 이빨. 2 〔비〕 (나쁜 사람의) 앞잡이. 수하. 부하.

## 找 zhǎo 찾을 조

〔동〕 1 찾다. 구하다. 물색하다. ¶~女朋友=여자 친구를 찾다. / ~材料=재료를 구하다. 2 거슬러 주다. 초과하는 부분을 돌려주다. ¶~你三十元, 请收好。=30위안을 거슬러 드리니, 잘 받으세요. 3 보충하다. 채워 넣다. ¶差额三天后~齐。=차액은 3일 후에 모두 보충한다. ≒寻

【找病】zhǎo‖bìng 〔동〕 1 사서 고생하다. 부질없는 고생을 하다. 2 〔비〕 스스로 문제를 자초하다. 스스로 걱정거리를 만들다. ¶这事与你无关, 你非要干不是没病~吗？=이 일은 너와 상관이 없는데 굳이 하려고 하다니, 스스로 걱정거리를 만드는 거 아니니？

【找补】zhǎo·bu 〔동〕〔구〕 보충하다. 채우다. ¶你如果钱不够, 我可以~点儿。=만약 네가 돈이 모자라면, 내가 좀 채워 줄 수 있어. ≒找齐

【找茬儿】[找碴儿] zhǎo‖chár 〔동〕 고의로 남의 흠을 찾다. 트집을 잡다. 결점을 찾아 내다. ¶~报复=트집을 잡아 보복하다. ≒找事

【找碴儿】zhǎo‖chár ☞【找茬儿】zhǎo‖chár

【找岔子】zhǎo chà·zi 〔동〕 (고의로 남의) 트집을 잡다. 흠을 찾다. 결점을 찾아 내다. =【找缝子】zhǎo fèng·zi ¶你这是故意~。=당신이 이렇게 하는 것은 고의로 트집을 잡는 것이오.

【找刺儿】zhǎo‖cìr 〔동〕 트집을 잡다. 흠집을 찾다. 결점을 찾아 내다.

【找对象】zhǎo duìxiàng 〔동〕〔구〕 배우자를 물색하다. ¶先把事业干好, 然后~。=먼저 사업을 잘 해 놓은 다음에 배우자를 물색해라.

【找缝子】zhǎo fèng·zi ☞【找岔子】zhǎo chà·zi

【找机会】zhǎo jīhuì 〔동〕〔구〕 (적당한) 기회를 엿보다. ¶我托你的事, 请你~跟局长说说。=내가 부탁한 일, 기회를 봐서 국장님께 말 좀 해 주세요.

【找零】zhǎolíng(~儿) 〔동〕 거스름돈을 주다. 돈을 거슬러 주다.

【找麻烦】zhǎo má·fan 〔동〕 (자신이나 타인에게) 골칫거리를 만들다. 귀찮게 하다. 폐를 끼치다. 성가시게 하다.

【找米下锅】zhǎomǐxiàguō 〔동〕〔비〕 자구책(自救策)을 (강)구하다.

【找平】zhǎo‖píng 〔동〕 (벽돌을 쌓거나 대패질을 할 때) 표면을 고르게 하다. 평평하게 만들다.

【找齐】zhǎoqí 〔동〕 1 높이나 길이를 고르게 하다. 가지런히 하다. ¶把冬青的篱笆剪平~。=감탕나무 울타리를 평평하게 잘라 가지런히 만들다. 2 보충하다. 보완하다. 채우다. ¶货款

先预付80%, 余款收到货后~。=물건값은 우선 80%를 선불로 내고, 나머지 금액은 물건을 받은 다음 채워 내세요. ≒找补

【找钱】zhǎo‖qián 〔동〕 돈을 거슬러 주다. 거스름돈을 주다.

【找窍门】zhǎo qiàomén(~儿) 〔동〕 비법을 찾다. 급소를 찾다. 요령을 찾다. (문제를 해결할) 묘안을 찾다.

【找事】zhǎo‖shì(~儿) 〔동〕 1 직업을 구하다. 일을 찾다. ¶他刚下岗, 正到处~做。=그는 막 휴직을 해서 여기저기서 일을 찾아 하고 있다. 2 트집을 잡다. 일부러 문제를 일으키다. ¶你这样干, 纯粹是没事~。=당신이 이렇게 하는 것은 순전히 고의로 생트집을 잡는 것이다. ≒找茬儿

【找赎】zhǎoshú 〔동〕〔방〕 거스름돈을 주다. 돈을 거슬러 주다. ¶自备小钞, 恕不~。=각자 잔돈을 준비하세요, 거스름돈을 주지 않는 점 양해해 주세요.

【找死】zhǎosǐ 〔동〕 스스로 죽음을 자초하다. 죽는 길을 택하다. 죽고 싶어 환장하다. [욕하는 말]

【找台阶儿】zhǎo táijiēr 〔동〕 물러날 계기를 찾다. 빠져 나갈 길을 찾다. 모면할 구실을 찾다. 기회를 찾다. ¶我们还是尽快~下台。=우리 가능한 빨리 기회를 잡아 물러나는 게 좋겠다.

【找头】zhǎo·tou 〔동〕〔구〕 거스름돈.

【找寻】zhǎoxún 〔동〕 찾다.

【找辙】zhǎo‖zhé 〔동〕〔방〕 1 방법〔수단〕을 강구하다. 방법을 대다. 살 길을 찾다. 활로를 개척하다. ¶经理正~解决原材料短缺问题呢。=사장님은 방법을 강구해서 원자재 부족 문제를 해결하고 있는 중이다. 2 핑곗거리를 찾다. 구실을 찾다. ¶我有急事儿, 于是~提前走了。=난 급한 일이 있어서 핑곗거리를 찾아 좀 일찍 나갔다.

【找主】zhǎo‖zhǔr(~儿) 〔동〕 1 결혼 상대를 찾다. 배우자를 물색하다. ¶你岁数不小了, 该~儿了。=너 나이가 적지 않은데, 이제 결혼 상대를 물색해야겠다. 2 맡아서 기를 사람. 살 사람. ¶这只狗我不养了, 得想办法给它找个主儿。=이 개 나 기르지 않을래, 맡아서 기를 사람을 찾아야겠어.

## 沼 zhǎo 늪 소

〔명〕 소. 늪. ¶池~=늪. ≒池

【沼气】zhǎoqì 〔명〕〔화〕 메탄 가스(methane gas).

【沼虾】zhǎoxiā ☞【青虾】qīngxiā

【沼泽】zhǎozé 〔명〕 소택. 소택지. =【沼泽地】zhǎozédì

【沼泽地】zhǎozédì ☞【沼泽】zhǎozé

## 召 zhào 부를 소

〔동〕 부르다. 불러모으다. 소집하다. ¶号~=호소하다. 〔명〕 1 〔불〕 절. 사원. [주로 지명에 쓰임] ¶罗布~=뤄부자오. [네이밍구(内蒙古)에 있는 지명] 2 (Zhào) 성(姓).

☞ Shào

○● 感召, 号召, 征zhēng召

【召唤】zhàohuàn 동 부르다. [주로 비유로 쓰임] ¶故乡在~. =고향이 부르고 있다.

【召回】zhàohuí 동 소환(召還)하다. 불러들이다. ¶~驻外大使. =외국 주재 대사를 소환하다.

【召集】zhàojí 동 소집하다. 불러모으다. ¶~全校职工开会. =전교의 직원들을 소집하여 회의를 열다. ↔疏散

【召集人】zhàojírén 명 소집인.

【召见】zhàojiàn 동 1 윗사람이 아랫사람을 불러서 만나다. 소견하다. 2 외무부가 자국에 주재하는 각국 사절을 소견하다.

【召开】zhàokāi 동 (회의를) 열다. 개최하다. 소집하다. ¶~庆祝大会=경축 대회를 열다.

【召之即来】zhàozhī-jílái ☞【召之即来, 挥之即去】zhàozhī jílái, huīzhī jíqù

【召之即来, 挥之即去】zhàozhī jílái, huīzhī jíqù 숙 1 부르면 오고 가라면 가다. 2 언제든지 지시에 따르다. =【召之即来】zhàozhī-jílái.

**兆** zhào 조짐 조
명 1 징조. 전조. 조짐. 징후. ¶预~=조짐을 보이다. / 不祥之~=상서롭지 않은 징조. 불길한 징조. 2 (Zhào) 성(姓). 미리 알리다. 예시하다. 징조를 보이다. ¶瑞雪丰年. =서설은 풍년의 조짐이다. 수 1 백만. 메가(mega). 2 조(兆). 양 지극히 많다. ¶~民=만백성.

○● 吉jí兆, 先兆, 凶xiōng兆, 预兆, 朕zhèn兆

【兆吨】zhàodūn 양 메가톤(MT, megaton).

【兆赫】zhàohè 양 (電) 메가헤르츠(megahertz). MHz. [주파수의 단위. 1메가헤르츠는 1초에 100만 사이클의 주파수를 가짐]

【兆欧】zhào'ōu 양 메그옴(MΩ, megohm).

【兆头】zhào·tou 명 징후. 전조. ¶好~=좋은 징조.

【兆瓦】zhàowǎ 양 메가와트(megawatt).

【兆周】zhàozhōu 양 (電) 메가사이클(megacycle).

**诏[詔]** zhào 알릴 조
동 경 고지하다. 알리다. 가르쳐 지도하다. 훈계하다. 타이르다. ¶~告=황제가 알리다. 명 천자의 명령. 조서. ¶密~=비밀 조서(詔書). 밀지(密旨).

【诏令】zhàolìng 동 황제가 명령을 발포하다. ¶~天下=천하에 명령을 발포하다. 명 조령. 천자의 명령.

【诏书】zhàoshū 명 조서. 천자가 발포한 서면 명령.

○ 召 zhào
招 zhāo
昭 zhāo
诏 zhào
照 zhào
绍 shào
韶 sháo
貂 diāo
超 chāo

**赵[趙]** Zhào 나라 이름 조
명 1 (歷) 조나라. [주(周)대의 나라 이름. 지금의 산시(山西) 북부와 중부·허베이(河北) 서부와 남부 지역에 있었음] 2 (옛 시문에서) 지금의 허베이(河北)성 남부. 3 성(姓).

【赵公帅】Zhàogōng Yuánshuài 명 조공명(趙公明). 조공원수. [전설에서 재산을 관할한다는 신]

【赵体】Zhàotǐ 명 원(元)대 조맹부의 글씨체.

**笊** zhào 조리 조
【笊篱】zhào·li 명 조리.

**棹[(櫂·棹)]** zhào 노 도
명 운 1 (배의) 노. ¶橹~=노. 2 배. ¶归~=돌아오(가)는 배.

**旐** zhào 기 조
명 거북과 뱀이 그려져 있는 고대의 기(旗)의 일종.

**照[(炤)]** zhào 비출 조
동 1 비추다. 비치다. 빛나다. ¶阳光普~=햇빛이 두루 비추다. 2 (거울·호수면 등에) 비추다. 비치다. ¶~镜子=거울을 보다. / 湖水清得能~见人影儿. =호수가 사람의 그림자가 비쳐질 정도로 맑다. 3 알리다. 통지하다. ¶有什么事儿, 请关~一声. =무슨 일이 있으면 알려 주세요. 4 이해하다. 알다. ¶心~不宣=말을 하지 않아도 서로 마음으로 이해하다. 5 대조하다. 조사하다. 점검하다. ¶比~=비교 대조하다. / 查~=내용대로 처리하다. 6 돌보다. 보살피다. 간호하다. 관리하다. 맡아 보다. ¶~料病人=환자를 돌보다. 7 (사진·영화를) 찍다. ¶~了一张全家福. =가족 사진을 한 장 찍었다. 명 1 햇빛. 햇살. 일광. ¶残~=저녁 햇빛. 2 사진. ¶近~=근영. 최근에 찍은 사진. / 小~=인물 사진. 3 (주관 기관에서 발행하는) 면허증. 자격증. 감찰(鑑札). ¶拿到驾~=운전 면허증을 따다. / 护~=여권. 동 대로. 따라. ¶实难~办=그대로 처리하기 정말 어렵다. / ~抄无误=착오 없이 그대로 베끼다. 개 1 …에 의거해서. …에 근거해서. ¶~章纳税=규정에 근거해서 세금을 내다. 2 …으로(을·를) 향하여. ¶~既定方向前进. =정해진 방향으로 전진하다.

○● 按照, 比照, 残cán照, 查照, 存cún照, 反照, 返照, 仿照, 关照, 光照, 剧照, 落照, 拍pāi照, 凭píng照, 普照, 日照, 夕照, 戏照, 写照, 护照, 依照, 遵yí照, 映yìng照, 执zhí照, 烛zhú照, 遵zūn照

【照搬】zhàobān 동 (기존의 방법·경험 등을) 답습하다. 모방하다. 옮겨 놓다. 그대로 따르다. 기계적으로 베끼다. 맹목적으로 따르다. ¶不能~别人的经验. =남의 경험을 맹목적으로 답습해서는 안 된다.

【照办】zhào‖bàn 동 (규정·지시·부탁대로) 그

○ 兆 zhào
旐 zhào
晁 cháo
眺 tiào
挑 tiāo
窕 tiǎo
袦 yiāo
姚 yáo
烑 yáo
逃 táo
桃 táo

대로 처리하다. ¶~不误=착오 없이 그대로 처리하다.

【照本宣科】zhàoběn-xuānkē ⓪ 1 책에 쓰인 대로 읽다. 내용을 제대로 이해하지 않고 쓰여 있는 대로 곧이곧대로 읽다. 2(비) 융통성 없이 틀에 박힌 대로 하다. 본질을 체득하지 못하다.

【照壁】zhàobì 囘 문병(門屏). [옛날, 밖에서 대문 안이 들여다보이지 않도록 대문을 가린 벽] = 【照墙】zhàoqiáng【照壁墙】zhàobìqiáng【影壁】yǐngbì

【照壁墙】zhàobìqiáng ☞【照壁】zhàobì

【照补】zhàobǔ 동 원래의 액수대로 보충하다. 규정대로 채우다. ¶扣发的奖金~。=지불하지 않았던 임금을 원래대로 보충해 주다.

【照常】zhàocháng 동 평소대로 하다. 평소와 같다. ¶~营业=평소대로 영업하다.

【照抄】zhàochāo 동 1 원본대로 베끼다〔인용하다·모사(模寫)하다〕. ¶原文~=원본을 그대로 베끼다. 2 그대로 답습하다. 맹목적으로 따르다. ¶外国的经验的只能借鉴, 不能~。=외국의 경험은 단지 참고만 할 수 있지 맹목적으로 따라서는 안 된다.

【照此】zhàocǐ 동 이에 따르다〔비추다〕. 이대로 하다. ¶~类推=이렇게 유추하다.

【照登】zhàodēng 동 (수정 없이) 그대로 등재하다. ¶来稿~=투고를 원문 그대로 싣다.

【照度】zhàodù ☞【光照度】guāngzhàodù

【照发】zhàofā 동 1 (공문서 등을) 지시한〔신청한〕 대로 발송〔발표〕하다. [주로 공문서에서 지시나 하달의 용도로 쓰임] ¶此件~=이 문건을 원래대로 발송하다. 2 원래대로 지급하다. ¶加班费~=초과 근무 수당을 원래대로 지급한다.

【照拂】zhàofú 동 돌보아 주다. 배려하다. 관심을 기울이다. ¶精心~=정성으로 돌보다.

【照付】zhàofù 동 액면대로 지불하다. 그대로 지불하다. ¶如数~=액면대로 지불하다.

【照改】zhàogǎi 동 의견〔관례〕에 따라 고치다. ¶文章已按主编的意见~。=글은 이미 편집장의 의견에 따라 고쳤다.

【照顾】zhào·gù 동 1 고려하다. 생각하다. 주의하다. ¶~全局=전체적인 면을 고려하다. 2 특별히 관심을 갖다. 우대하다. 염려하다. 마음〔정신〕을 쓰다. ¶~伤员=부상자에게 깊은 관심을 갖다. 3 보살피다. 돌보다. 간호하다. ¶~孩子=아이를 보살피다. 4 (상점·서비스업종에) 손님이 물건을 사러 오다. 이용하다. ¶请多~。=많이 찾아 주십시오. ≒照看 照应 照料 看顾 关照

【照管】zhàoguǎn 동 돌보다. 관리하다. ¶~仓库=창고를 관리하다.

【照葫芦画瓢】zhào hú·lu huà piáo ⓪ 1 조롱박을 모방하여 표주박을 그리다. 조롱박의 모양 그대로 조롱박을 그리다. 2(비) 아무런 창의성이 없이 단순히 모방하다. 그대로 모방하다 〔본뜨다〕.

【照护】zhàohù 동 (부상자·환자 등을) 돌보다. 보살펴 주다. ¶~危重病人=위중한 환자를 돌

【照会】zhàohuì 명동 각서(를 보내다).

【照价】zhàojià 동 가격대로 하다. ¶~赔偿=가격대로 배상하다.

【照讲】zhàojiǎng 동(비) 일반적으로 말하다. 상식에 의거해서 말하다. ¶~, 他现在应该在家。=일반적으로 말하면, 그는 지금 마땅히 집에 있을 것이다.

【照镜子】zhào jìng·zi 동 1 거울에 비추다. 거울을 보다. ¶漂亮的女孩特别喜欢~。=예쁜 여자는 거울을 보는 것을 특히 좋아한다. 2(비) 앞선 사람과 비교해서 자신의 부족한 점을 찾다. 뛰어난 사람을 거울로 삼다. ¶我们每个人都要~, 找出自己的差距。=우리 모두는 우수한 사람을 거울로 삼아 자신의 부족한 점을 찾아 내야 한다.

【照旧】zhàojiù 동 예전대로 따르다〔하다〕. 종전대로 하다. ¶作息制度~。=작업과 휴식 시간은 예전 그대로이다. 늑依旧

【照看】zhàokàn 동 돌보아 주다. 보살피다. 조심하다. 지켜보다. ¶~行李包裹=짐보따리를 지키다. 늑照顾 照应 照料 看顾

【照理】zhàolǐ 부 이치에 따라. 이치대로 하여. ¶~讲, 他现在应该下班了。=이치대로라면, 그는 지금 퇴근했을 것이다. 동(비) 돌보다. 처리하다. ¶~家务=가사일을 처리하다.

【照例】zhàolì 부 관례에 따라. 예전대로 하여. ¶~办理=관례에 따라 처리하다.

【照亮】zhàoliàng 동 밝게 비치다. 밝혀 주다. 빛을 내다. [주로 비유로 쓰임] ¶他像一根蜡烛, 燃烧了自己, ~了别人。=그는 촛불과 같이 자신을 불태워 다른 사람을 밝게 비추었다.

【照料】zhàoliào 동 돌보다. 보살피다. 뒷바라지하다. ¶~病人=환자를 돌보다. 늑照顾 照看 看顾 照应

【照临】zhàolín 동 (햇빛·달빛·별빛이) 비추다. 비치다. ¶月光~大地。=달빛이 대지를 비추다.

【照领】zhàolǐng 동 전액을 영수하다. 수효대로 받다. ¶他虽然请了病假, 但工资~不误。=그는 병가를 냈지만 임금은 오차 없이 전액을 영수한다.

【照猫画虎】zhàomāo-huàhǔ ⓪ 1 고양이를 본떠 호랑이를 그리다. 2(비) 독창성 없이 비슷하게 대충 모양만 모방하다.

【照面儿】zhào‖miànr 동 1 얼굴을 내밀다〔나타내다·비치다〕. [주로 부정형으로 쓰임] ¶他始终没有~。=그는 시종일관 얼굴을 내밀지 않았다. 2 만나다. ¶我和他几天都没~了。=난 그와 며칠이나 만나지 못했다.

【照面儿】zhàomiànr 명 짧은 만남. ¶我今天和他打了个~。=나는 오늘 그와 간단한 인사를 건넸다.

【照明】zhàomíng 동 조명하다. 비추다. ¶~设备=조명 설비.

【照明弹】zhàomíngdàn 명(军) 조명탄.

【照明灯】zhàomíngdēng 명 조명등.

【照排】zhàopái 동(印) 사진 식자하다. ¶激光~=레이저 사진 식자.

【照排机】zhàopáijī 명 사진 식자기.
【照片儿】zhàopiānr 명(구) 사진.
【照片】zhàopiàn 명 사진.
【照墙】zhàoqiáng ☞【照壁】zhàobì
【照射】zhàoshè 동 비치다. 비추다. 쪼이다. ¶阳光~着无垠的草原。=햇빛이 끝없이 넓은 초원을 비추고 있다. ≒照耀
【照实】zhàoshí 부 사실대로. 실제대로. ¶~汇报=사실대로 보고하다.
【照数】zhàoshù 부 숫자대로. 수량에 맞게. ¶~给付=숫자대로 지급하다.
【照说】zhàoshuō 부 정상대로라면. 이치대로라면. 도리상. 일반적으로. ¶~, 这个问题难不住他。=정상대로라면, 이 문제는 그에게 어렵지 안 된다.
【照相】[照像] zhào‖xiàng 동 사진을 찍다. 촬영하다.
【照相版】zhàoxiàngbǎn 명 (인쇄의) 사진판.
【照相簿】zhàoxiàngbù 명 앨범. 사진첩.
【照相馆】zhàoxiàngguǎn 명 사진관.
【照相机】zhàoxiàngjī 명 사진기. 카메라. =【摄影机】shèyǐngjī
【照相纸】zhàoxiàngzhǐ 명 인화지의 총칭.
【照像】zhàoxiàng ☞【照相】zhàoxiàng
【照眼】zhàoyǎn 형 눈이 부시다. ¶家具油漆得~。=가구는 눈부시게 페인트가 칠해져 있다.
【照样】zhào‖yàng 동 어떤 모양대로 하다. 그대로 하다. ¶你只管~做就是了。=너는 그대로 하기만 하면 돼.
【照样】zhàoyàng (~儿) 부 여전히. 변함없이. ¶~进行=변함없이 진행하다.
【照妖镜】zhàoyāojìng 명 1 마귀에게 비추어 정체를 나타내게 한다는 요술 거울. 2 (비) 나쁜 사람을 식별할 수 있는 근거나 방법.
【照耀】zhàoyào 동 밝게 비추다. 환하게 비추다. 눈부시게 비치다. ¶阳光~着深蓝色的大海。=햇빛이 짙푸른 바다를 눈부시게 비추고 있다. ≒照射
【照应】zhàoyìng 동 협력하다. 호응하다. 호흡을 맞추다. ¶前后~=앞뒤에서 호응하다.
【照应】zhào·ying 동 보살피다. 돌보다. ¶大家一起去, 互相好~一下。=모두 함께 가면 서로 돌보기가 쉽다. ≒照顾 照料 照看 看顾
【照映】zhàoyìng 동 환히 비추다. ¶炉火把他的脸~得通红。=화롯불이 그의 얼굴을 발갛게 비춘다.
【照章】zhàozhāng 동 규정〔규칙〕대로 하다. ¶~办事=규정대로 처리하다. 규정대로 일을 하다.
【照直】zhàozhí 부 1 똑바로. ¶~走=똑바로 가다. 2 단도직입적으로. 솔직하게. 정직하게. ¶~说=단도직입적으로 말하다.
【照准】zhàozhǔn 동 1 겨누다. 조준하다. 겨냥하다. 목표로 하다. ¶~肚子就是一拳。=배를 겨냥하여 주먹 한방 갈기다. 2 (하급 기관이) 원하는 대로 허가하다. ¶~执行=원하는 대로 집행을 허가하다.

\*\*罩 zhào 덮개 조
명 1 가리. [통발 비슷하게 대로 엮어 만든 고기 잡는 기구] ¶渔~=고기 잡는 가리. 2 양계용 작은 우리. ¶鸡~=닭우리. 3 (~儿) 가리 모양의 물건. ¶灯~儿=(전)등갓. 4 (~儿) 덮개. 씌우개. 가리개. 커버. ¶被~儿=이불 커버. 5 (~儿) 밖에 걸치는 옷. 외투. ¶袍~儿= '袍子(páo·zi)'의 겉에 입는 긴 옷. 동 1 (가리로) 고기를 잡다. ¶用罩子~鱼。=가리로 고기를 잡다. 2 덮다. 씌우다. 가리다. 걸치다. ¶西服外面~了一件风衣。=양복 겉에 외투를 걸쳤다.

○● 面罩, 奶罩, 乳罩, 纱shā罩, 外罩

【罩布】zhàobù 명 커버. 덮개.
【罩褂儿】zhàoguàr ☞【罩衣】zhàoyī
【罩袍】zhàopáo 명 '袍子(páo·zi)'의 겉에 입는 긴 옷.
【罩棚】zhàopéng 명 비나 해를 가리기 위해 대나무나 갈대로 문 앞이나 정원에다 지은 차양(遮陽)이나 막.
【罩裙】zhàoqún 명 오버스커트(overskirt).
【罩衫】zhàoshān 명(동) 솜옷 위에 걸치는 덧옷.
【罩袖】zhàoxiù 명(동) 토시. 팔뚝에 끼는 방한(防寒) 제구.
【罩衣】zhàoyī 명 솜옷 위에 걸치는 덧옷. =【罩褂儿】zhàoguàr
【罩子】zhào·zi 명 1 가리 모양의 물건. ¶玻璃~=(전시용) 가리 모양의 유리막. 2 덮개. 씌우개. 가리개. 커버. ¶把~盖上。=덮개를 덮다.

鮡[鮡] zhào 조어 조
명(動) 조어. [조과(鮡科, Sisoridae) 물고기의 총칭]

肇 zhào 시작할 조
동 1(문) 시작하다. 개시하다. ¶~开帝业=제업(帝業)을 열다. 2 야기하다. 일으키다. 발생시키다. 저지르다. ¶~乱=난을 일으키다. 명 (Zhào) 성(姓).
【肇端】zhàoduān 동(문) 개시하다. 시작하다. ¶~于甚微, 却祸患无穷。=시작은 아주 작지만 재앙은 끝이 없다. ≒肇始
【肇祸】zhàohuò 동 일을 저지르다. 화를 가져오다. 사고를 치다. ¶~原因=사고 원인.
【肇始】zhàoshǐ 동(문) 시작하다. 개시하다. 발단이 되다. ¶此事~于去年。=이 일은 작년에 시작하였다. ≒肇端
【肇事】zhàoshì 동 사고를 내다. 말썽을 일으키다. 일을 저지르다. ¶严惩~者=사고를 낸 사람을 엄벌하다. ≒闹事

# zhe

\*\*折 zhē 뒤집을 절

[동][구] **1** 뒤집다. 구르다. 회전하다. ¶把箱子~得乱七八糟的。=상자를 뒤집어 엉망이 되었다. **2** 비우다. 쏟다. 엎지르다. ¶把这两个剩菜~到一个盘子里。=먹다 남은 이 요리 두 개를 한 접시에 쏟으세요.
☞ **shé**, **zhé**

【折跟头】**zhēgēn·tou** [동][구] 곤두박질치다.

【折箩】**zhēluó** [명][방] 연회 석상의 남은 음식을 모아 만든 요리.

【折腾】**zhē·teng** [동][구] **1** 잠자리에서 몸을 이리저리 뒤척이다. 엎치락뒤치락하다. ¶他在床上~了好半天才睡着。=그는 침대에서 한참 뒤척이고 나서야 잠이 들었다. **2** 반복하다. 되풀이하다. 만지작거리다. 손을 대다. ¶录音机硬是被他~坏的。=녹음기는 실상 그가 만지작거려서 고장난 것이다. **3** (육체적·정신적으로) 고통스럽게 하다. 구박하다. 학대하다. 괴롭히다. 들볶다. ¶关节炎可把她~苦了。=관절염이 그녀를 고생시킨다.

# 蜇 zhē 쏠 철

[동] **1** (어떤 곤충이) 독침으로 사람이나 동물을 쏘다. ¶不小心被马蜂~了一下。=조심하지 않아서 말벌에게 한방 쏘였다. **2** 쓰리다. 약한 통증을 느끼다. ¶洋葱~得人直流眼泪。=양파 때문에 눈이 쓰리고 눈물이 줄줄 난다.
☞ **zhé**

# 嗻 zhē 말 많을 차

☞【咋嗻】**chēzhē**
☞ **zhè**

# ** 遮 zhē 막을 차

[동] **1** 막다. 차단하다. 저지하다. 방해하다. 제지하다. ¶横~竖拦=모든 길을 다 막다〔차단하다〕. **2** 가리다. 덮다. ¶乌云~住了太阳。=먹구름이 태양을 가리다. **3** 덮어 감추다〔숨기다〕. 속이다. ¶一手~天=세력을 믿고 전횡하며 윗사람을 속이고 아랫사람을 업신여기다.

【遮蔽】**zhēbì** [동] 가리다. 덮다. ¶~风雨=비바람을 피하다. ≒遮掩

【遮藏】**zhēcáng** [동] (덮어) 가리다. 감추다. 숨기다. 은폐하다.

【遮丑】**zhē‖chǒu** [동] 수치를 감추다. 떳떳치 못한 것을 가리다. 허점을 감추다. ¶他的那些漂亮话是为自己~的。=그의 허울 좋은 말은 자기의 수치를 감추기 위한 것이다.

【遮挡】**zhēdǎng** [동] 막다. 차단하다. 가리다. ¶带把伞, ~阳光。=양산으로 햇빛을 가리다. [명] 차단물. 은폐물. 방해물. ¶放眼望去, 整个原野没有任何~。=멀리 바라보니 온 들판에 시야를 가로막는 것이라고는 없다.

【遮断】**zhēduàn** [동] (시야가) 막혀〔가려〕 보이지 않다. ¶草原被横亘的大山~了。=초원은 가로로 누워 있는 큰 산에 가려 보이지 않는다.

【遮盖】**zhēgài** [동] **1** 덮다. 가리다. 씌우다. ¶落叶把林中的小路~住了。=낙엽이 숲 사이의 오솔길을 덮어 버렸다. **2** 은폐하다. 속이다. 숨기다. 감추다. ¶~缺点=결점을 감추다.

【遮光】**zhē‖guāng** [동] 빛을 가리우다〔막다〕. ¶~挡雨=빛과 비를 막다.

【遮护】**zhēhù** [동] 막고 보호하다. ¶按个雨棚~窗台。=차양을 달아 창문턱에 비가 들이치는 것을 막고 보호하다.

【遮拦】**zhēlán** [동] 막다. 차단하다. 저지하다. 방해하다. 제지하다. ¶防风林可以~风沙。=방풍림은 바람과 모래를 막을 수 있다. [명] 차단물. 은폐물. 방해물. ¶四周全无~。=사방에 차단물이라곤 없다.

【遮瞒】**zhēmán** [명] 은폐하다. 감추다. 속이다. 숨기다. ¶缺点就是缺点, 无须~。=결점이 있어도 그만이지 감출 필요는 없다.

【遮目鱼】**zhēmùyú** ☞【虱目鱼】**shīmùyú**

【遮人耳目】**zhērén'ěrmù** [성] **1** 남의 눈과 귀를 가리다. **2** [비] 진상을 가리다. =【遮人眼目】**zhērényǎnmù**

【遮人眼目】**zhērényǎnmù** ☞【遮人耳目】**zhērén'ěrmù**

【遮三掩四】**zhēsān-yǎnsì** [성] 이리저리 감추다.

【遮天蔽日】**zhētiān-bìrì** [성] 하늘과 태양을 가리다.

【遮天盖地】**zhētiān-gàidì** [성] 기세가 맹렬하고 드높다. 온 하늘을 뒤덮다.

【遮羞】**zhē‖xiū** [동] **1** 신체의 치부를 감추다. **2** [비] 잘못이나 수치를 감추다. ¶~解嘲=잘못을 감추고 남의 비웃음을 면하려 변명하다.

【遮羞布】**zhēxiūbù** [명] **1** 허리에 둘러 치부〔음부〕를 가리는 천. **2** [비] 수치를 가리는 말이나 행동.

【遮掩】**zhēyǎn** [동] **1** 가리다. 막다. ¶云彩把月亮~住了。=구름이 달을 가렸다. **2** 숨기다. 속이다. ¶~过失=잘못을 숨기다. ≒遮蔽

【遮眼法】**zhēyǎnfǎ** ☞【障眼法】**zhàngyǎnfǎ**

【遮阳】**zhēyáng** [동] 햇빛을 가리다. ¶这种蓝玻璃可以~。=이런 푸른 유리는 햇빛을 차단할 수 있다. [명] 차양.

【遮阳镜】**zhēyángjìng** [명] 선글라스.

【遮阳帽】**zhēyángmào** [명] 차양 모자.

【遮阳篷】**zhēyángpéng** [명] 차일(遮日). 천포(天布).

【遮阳伞】**zhēyángsǎn** [명] 양산. 파라솔.

【遮阴】[遮荫] **zhēyīn** [동] 그늘지게 하다. ¶院子里多种几棵树, 可以~。=정원에 나무를 좀 많이 심게 되면 그늘을 만들 수 있다.

【遮荫】**zhēyīn** ☞【遮阴】**zhēyīn**

【遮遮盖盖】**zhē·zhe gàigài** [동] **1** 덮다. 가리다. 씌우다. **2** 이리저리 은폐하다. 속이다. 숨기다. 감추다.

【遮遮掩掩】**zhē·zhe yǎnyǎn** [동] **1** 가리다. 막다. **2** 이리저리 숨기다. 속이다.

# 螫 zhē 쏠 석

[동][구] '螫(shì)'와 의미가 같음. ¶不小心让蜜蜂~了一下。=조심하지 않아 꿀벌에게 한방 쏘이고 말았다.

☞ shì

## 折¹ zhé 꺾을 절

동 **1** 꺾다. 끊다. 자르다. 부러뜨리다. ¶骨~=골절. **2** 요절하다. 어려서 죽다. ¶夭~=요절하다. **3** 좌절하다. 굽히다. 굴하다. ¶百~不挠=백절불굴이다. **4** 손해 보다. 손실을 입다. 타격을 입다. 소모하여 줄다. ¶损兵~将=다수의 인적 손실을 입다. **5** 깎다. 할인하다. 에누리하다. ¶不~不扣=조금도 에누리 없다. **6** 심복하다. 감복하다. 탄복하다. ¶心~=탄복하다. **7** 되돌아오다. 방향을 바꾸다. ¶转~=전환하다. / 刚走出大门, 他又~回来了.=그는 막 대문을 나서자마자 되돌아왔다. **8** 바꿔치다. 대체하다. 교환하다. 보상하다. ¶将功~罪=공로로 죄를 상쇄하다. **9** 환산하다. ¶1美元~合8块多人民币.=1달러를 환산하면 8위안 정도에 상당한다. 형 굽다. 구불구불하다. ¶曲~=굽다. 양 **1** 할인. 에누리. ¶打七~=30% 할인. **2**(言) 꺾음. [한자 필획의 하나. 'ㄱ' 등이 있음] **3**(Zhé) 성(姓). 양(劇) 절. [원대(元代) 잡극(雜劇) 극본 중의 한 단락. 현대 희곡의 1장 또는 1막에 상당함]

○ 折 zhé
浙 zhè
哲 zhé
晢 zhé
逝 shì
誓 shì

## 折²[(摺)] zhé 접을 접

동 접다. 개다. 개키다. ¶把信~起来封好.=편지를 접어서 봉하다. 명 (~儿) 접본. 접어 개는 식으로 만든 책. (접게 되어 있는) 통장. ¶存~儿=예금 통장.

☞ shé, zhē

○— 波折, 摧cuī折, 挫cuò折, 对折, 磨折, 夭yāo折, 周折, 转折点

【折半】zhébàn 동 반감하다. 절반으로 깎다. ¶库房存货~出售.=재고품을 반값으로 팔다.

【折边】zhébiān 동 (직물이나 금속판 등의) 가장자리를 감치다〔꺾어 접다〕. ¶~机=폴딩 머신.

【折变】zhébiàn 동 (실물이나 유가 증권을) 팔아 현금으로 바꾸다. ¶~房产=부동산을 팔아서 현금으로 바꾸다.

【折尺】zhéchǐ 명 접자.

【折冲】zhéchōng 동〈문〉 **1** 적군의 병거를 격퇴하다. **2** 적을 물리치고 승리를 거두다. 전승하다. ¶~御侮=적군의 침략을 물리치고 승리하다.

【折冲樽俎】zhéchōng-zūnzǔ 성 **1** 무력을 사용하지 않고 연회석상에서 적군에 승리하다. **2** 외교 담판으로 적을 이기다.

【折刀】zhédāo 명 접칼. 접도. 잭나이프.

【折叠】zhédié 동 개다. 접다. 개키다. ¶~被褥=이불과 요를 개다.

【折叠床】zhédiéchuáng 명 접침상(摺寝牀). 접이용 침상.

【折叠伞】zhédiésǎn 명 접는 우산.

【折叠式】zhédiéshì 형 접이식. ¶~自行车=접이식 자전거.

【折叠椅】zhédiéyǐ 명 의자.

【折断】zhéduàn 동 꺾다. 끊다. 부러뜨리다. ¶没注意把铅笔~了.=조심하지 않아 연필을 부러뜨리고 말았다.

【折兑】zhéduì 동 (금은의 순도·중량에 따라) 태환(兌換)하다.

【折返】zhéfǎn 동 되돌아오다. ¶半路~=중도에 되돌아오다.

【折服】zhéfú 동 **1** 내심 복종하다. 신복(信服)하다. 탄복하다. ¶他的聪明才智令人~.=그의 총명함은 사람을 탄복하게 한다. **2** 설복하다. 설득하다. 납득시키다. 굴복시키다. ¶~对手=상대방을 납득시키다.

【折福】zhé‖fú 동 (과분하게 누려서) 복이 줄어들다. 복이 없어지다. 복이 나가다.

【折干】zhé‖gān (~儿) 동 예물을 주는 대신 돈으로 대체하다. ¶送那么大的东西又麻烦又显眼, 不如~儿方便.=그렇게 큰 물건을 보내면 성가시고 눈에 띄니, 돈으로 주는 것이 더 편하다.

【折槁振落】zhégǎo-zhènluò 성 **1** 마른가지를 부러뜨리고 마른잎을 떨어뜨리다. **2**(비) 너무 쉬워서 조금도 힘들지 않다.

【折光】zhéguāng 동(物) 광선이 굴절하다. ¶~度=디옵터(diopter). **1**(物) 굴절광. **2**(비) 반영. 투영. ¶这部长篇小说是时代的~.=이 장편 소설은 시대의 반영이다.

【折桂】zhéguì 동 **1** 계수나무 가지를 꺾다.《진서·극선전(晉書·郤詵傳)》에서 극선(郤詵)이 자신의 과거 급제를 겸허하게 계수나무숲의 한 가지와 곤산(崑山)의 한 조각 옥에 비유한 데서 유래함] **2** 과거에 급제하다. **3**(비) 시험에서 우수한 성적을 획득하다. ¶在全国物理大赛中, 他一举~.=전국 물리 대회에서 그는 대번에 우수한 성적을 획득하였다.

【折合】zhéhé 동 **1** 환산하다. ¶把韩币~成美元.=한국돈을 달러로 환산하다. **2** 맞먹다. 상당하다. ¶1公斤~2市斤.=1킬로그램은 2근에 상당한다.

【折痕】zhéhén 명 접은 흔적〔자국〕. ¶纸上有明显的~.=종이에 뚜렷한 접은 자국이 있다.

【折回】zhéhuí 동 중도에 되돌아오다. ¶中途~=중도에 되돌아오다.

【折戟沉沙】zhéjǐ-chénshā 성 **1** 부러진 창이 모래에 묻히다. **2**(비) 크게 실패〔패배〕하다.

【折价】zhé‖jià 동 **1** 실물을 돈으로 환산하다. ¶~赔偿=돈으로 환산하여 배상하다. **2** 상품을 할인하여 팔다. ¶积压商品~处理.=재고품을 할인하여 팔다.

【折节】zhéjié 동〈문〉 **1** (신분을 낮추어) 아랫사람에게 굽실거리다〔굽히다〕. ¶~下士=아랫사람에게 굽실거리다. **2** 자제하여 처음 태도를 바꾸다. 초지를 바꾸다. ¶~为俭=절제하여 검약하게 되다.

【折旧】zhéjiù 동(經) (고정 자산) 감가상각하다. ¶~费=감가상각비.

【折旧率】zhéjiùlǜ 명(經) 감가상각률.

【折扣】zhé·kòu 명 **1** 할인. 에누리. ¶按标价出售, 不打~.=정찰 판매하고 할인하지 않다.

**2** ㈀ (정책·규정·요구 등을) 실행하지 않거나 소홀히 하는 행위. ¶执行上级命令决不打~。=상급 기관[상사]의 명령을 집행하는 데 결코 소홀하지 않다.
【折磨】**zhé·mó** 툉 (육체적 정신적으로) 고통스럽게 하다. 괴롭히다. 못살게 굴다. 학대하다. 고통을 주다. ¶这种慢性病太~人了。=이런 만성병은 사람을 매우 괴롭힌다.
【折辱】**zhérǔ** 툉 굴욕을 주다. 욕보이다. 망신을 주다. ¶他们这是故意~人。=그들이 이렇게 하는 것은 고의로 사람을 망신시키는 것이다.
【折杀】**zhéshā** 툉 황송〔면구〕스럽게 하다. [상대방의 분에 넘치는 예절이나 선물 등을 감당하기 어려움을 나타냄. 주로 상대방의 행동을 완곡하게 저지할 때 사용함] ¶你这样做真是~我了。=이렇게 하는 것은 정말 저를 황송하게 하는 것입니다.
【折伞】**zhésǎn** 뎽 접는 우산.
【折扇】**zhéshàn**(~儿) 뎽 쥘부채. 접선(摺扇).
【折射】**zhéshè** 툉 **1**〔物〕(빛이나 음파 등이) 굴절하다. **2** ㈀ 사물의 면모를 반영하다. ¶这部电影~出半个世纪的历史风貌。=이 영화는 반세기 역사의 이모저모를 반영하고 있다.
【折实】**zhéshí** **1** 실질적인 가격으로 할인하다. **2** 실물 가격으로 환산하다.
【折寿】**zhé‖shòu** 툉 (과분하게 누려서) 목숨이 줄다. 수(壽)가 줄어들다. 감수하다.
【折寿】**zhé·shou** 툉㈀ (과분한 존경이나 우대 등을) 감당해 내지 못하다. 감내하지 못하다.
【折算】**zhésuàn** 툉 환산하다. ¶这些美元~成人民币合5,000元。=이 달러로 환산하면 런민비 5,000위안이다.
【折损】**zhésǔn** 툉 **1** 접혀서 손상〔파손〕되다. ¶这种纸容易~。=이런 종이는 접혀서 손상되기 쉽다. **2** 손실하다. 손해 보다. 손상시키다. 해치다. ¶这种劣质产品只会~公司形象。=이런 저질품은 회사 이미지에 손상을 줄 뿐이다.
【折头】**zhé·tou** 뎽㈀ 할인. 에누리. ¶打~=할인하다.
【折线】**zhéxiàn** 뎽〔数〕꺾은선.
【折腰】**zhéyāo** 툉㈀ **1** 허리를 굽히다. 굽혀 절하다. ¶~致敬=허리를 굽혀 경의를 표하다. **2** ㈀ 신분을 낮추어 남에게 복종하다. 머리를 숙이다. ¶不为五斗米~。=다섯 말의 쌀을 위해 머리를 굽히지 않다. **3** 존경하여 우러러보다. 경앙하다. 경모하다. 흠모하다. 매료되다. 탄복하다. 무너지다. 쓰러지다. ¶江山如此多娇, 引无数英雄竞~。=강산이 이리도 아름다우니, 무수한 영웅들의 혀를 내두르게 하는구나.
【折页】**zhéyè** **1** 전지를 일정한 절지로 접다. **2** 책장을 접다. ¶阅览图书时不准~。=도서를 열람할 때 책장을 접으면 안 된다. **1** 접이식 선전물〔전단지〕. **2** 〔宣传册〕=접이식 선전물. **2** (제본에서) 접은 페이지.
【折椅】**zhéyǐ** 뎽 접의자.
【折账】**zhé‖zhàng** 툉 노동력이나 물품으로 빚을 갚다.

【折纸】**zhézhǐ** 툉 종이접기를 하다.
【折中】[折衷] **zhézhōng** 툉 절충하다. ¶把两种计划~一下。=두 계획을 절충해 보시오. 뎽 공평의. 절충의. 형평의. ¶~的办法=절충적 방법.
【折中主义】[折衷主义] **zhézhōngzhǔyì** 뎽 절충주의.
【折衷】**zhézhōng** ☞【折中】**zhézhōng**
【折衷主义】**zhézhōngzhǔyì** ☞【折中主义】**zhézhōngzhǔyì**
【折皱】**zhézhòu** 뎽 주름. 주름살. 구김살. ¶满额~=온 이마에 주름이 가득하다.
【折转】**zhézhuǎn** 툉 방향을 돌리다〔바꾸다〕. 돌아서다. 전향하다. ¶他~身子往回走。=그는 몸을 돌려 되돌아가다.
【折子】**zhé·zi** 뎽 **1** ㈀ 접본. 첩책. **2** ㈂ 예금통장. **3** ☞【奏折】**zòuzhé**
【折子戏】**zhé·zixì** 뎽㈀〔劇〕중국 전통극 전체 중에서 내용이 상대적으로 완전하고 연기가 멋들어진 한 막이나 한 단락. ['本戏(중국 전통극 가운데 연속 공연하는 장편극)'와 구별됨]
【折罪】**zhézuì** 툉 속죄하다. 죄(과)를 갚다. 과오를 보상하다. ¶不知他所立的功能否~。=그가 세운 공이 죄과를 갚을 수 있을지 모르겠다.

## 哲[喆] zhé 총명할 철

匉 현명(총명)하다. 지혜가 뛰어나다. ¶明~=명철하다. 뎽 **1** 철인. 총명한〔지혜로운〕 사람. 어질고 사리에 밝은 사람. ¶先~=선철. **2** 철학. ¶文、史、~=문학·사학·철학.
【哲理】**zhélǐ** 뎽 철리. ¶~诗=철리시.
【哲人】**zhérén** 뎽㈁ 철인. 지혜가 뛰어난 사람.
【哲思】**zhésī** 뎽 철학적 사고. ¶这篇杂文富有~。=이 잡문은 철학적 사고가 풍부하다.
【哲学】**zhéxué** 뎽(哲) 철학.
【哲言】**zhéyán** 뎽㈀ 철언. [오묘한 철리가 담긴 말]

## 晢 zhé 밝을 절

匉㈛ 밝다. 총명하다. 빛나다. 반짝거리다. ¶明星~~=밝은 별이 반짝거리다.

## 辄[輒, 輙] zhé 바로 첩

튀㈛ **1** 곧. 바로. 즉시. ¶浅尝~止=조금 해 보고는 바로 그만두다. **2** 늘. 줄곧. 항상. 언제나. ¶动~得咎=하는 일마다 비난을 받다.

## 蛰[蟄] zhé 숨을 칩

툉 **1** (동물이) 겨울잠을 자다. 동면하다. ¶惊~=경칩. **2** ㈀ 칩복(蟄伏)하다. 칩거하다. ¶久~乡间=오랫동안 시골에 칩거하다.
【蛰伏】**zhéfú** 툉 **1** (동물이) 겨울잠을 자다. 동면하다. **2** ㈀ 칩복(蟄伏)하다. 칩거하다.
【蛰居】**zhéjū** 툉 칩거하다. ¶~乡里=향리에 칩거하다.

## 慑[懾] zhé 두려워할 섭

툉㈛ 두려워하다. 무서워하다. ¶~服=두려워서 순종하다.

**蜇** zhé 해파리 철
명(動) 해파리. ¶~皮=해파리(피).
☞ zhē

**箬** zhé 대자리 제
【箬子】zhé·zi 명(방) 굵은 대자리.

**谪[謫, 讁]** zhé 귀양갈 적
동(문) **1** 견책하다. 책망하다. 탓하다. 꾸짖다. ¶众口交~=모든 사람이 다 꾸짖다. **2** 관리가 좌천되다. 귀양가다. ¶贬~=폄적되다. **3** 신선이 처벌을 받아 인간 세계로 쫓겨 내려오다. 적선(謫仙)당하다. ¶~降人间=인간 세상으로 쫓겨 내려오다. ≒贬.
【谪居】zhéjū 동(문) 귀양살이를 하다. 적거하다.

**摺** zhé 접을 접
동 '折(zhé, 접다)'와 같음. 명 '折(zhé, 접본)'와 같음.

**磔** zhé 찢을 책
동(문) **1** 사지를 찢다. [옛날, 혹형의 하나] **2** 열다. 벌리다. 명(문) 파임. '㇏'. [한자 필획의 하나. '捺(nà)'와 같음]

\***辙[轍]** zhé 바퀴 자국 철
명(~儿) **1** 수레바퀴 자국. ¶车~=수레가 지나간 자국. ¶重蹈覆~=전철을 다시 밟다. **2** 진로. 노선. ¶顺~儿=노선을 따르다. 순행하다. / 戗(qiāng) ~儿=역행하다. 노선을 거스르다. **3** 잡곡(雜曲)·중국 전통극·가사(歌詞) 등의 압운한 운(韻). ¶押韵合~=압운한 운이 어울리다. **4**(방) 방법. 방도. 비결. 요령. ¶你再不帮我, 我真的没~了。=나를 다시 도와 주지 않는다면, 나는 정말 방법이 없다.

○● 车辙, 改辙, 轨guǐ辙, 离辙, 跑辙

【辙口】zhékǒu 명 잡곡(雜曲)·중국 전통극·가사(歌詞) 등의 압운한 운(韻). ¶这段词儿必须换~, 否则不好唱。=이 부분의 가사는 반드시 운을 바꾸어야지, 그렇지 않으면 부르기 쉽지 않다.

【辙乱旗靡】zhéluàn-qímǐ (성) **1** 수레바퀴 자국이 어지럽고 깃발이 넘어지다. **2** 군대가 궤멸할 때의 모습.

\*\***者** zhě 것 자
대 **1** 자. 것. [동사·형용사나 동사구·형용사구 뒤에 쓰여 그러한 속성을 가지고 있거나 동작을 하는 사람·사물을 나타냄] ¶作~=작자. / 强~=강자. / 合格~=합격자. **2** 자. [ '工作'나 '主义' 뒤에 쓰여 어떤 일에 종사하거나 어떤 주의를 신봉하거나 어떤 경향이 심한 사람을 나타냄] ¶电视工作~=TV 종사자. / 形式主义~=형식주의자. **3** 조 자. [어떤 수사나 방위사 뒤에 쓰여 윗 문장에서 언급한 사물을 가리킴] ¶后~=후자. / 二~必居其一。=필경 둘 중 하나이다.

**4** '这(이, 이것)'와 의미가 같다. [주로 조기 백화문에 보임] ¶~番=~回=이번. 금번. 조 **1** ⋯란. ⋯라는 것은. ⋯라는 자는. [주어 뒤에 쓰여 잠시 멈추는 어기를 나타냄] ¶北山愚公~, 年且九十。=북산의 우공이라는 자는 나이가 90세이다. **2** 문말에 쓰여 희망이나 명령의 어기를 나타냄. [주로 조기 백화문에 보임] ¶路上小心在意~!=도중에 조심하시오!

○● 笔者, 编者, 患huàn者, 或者, 记者, 使者, 侍shì者, 行者, 学者, 长zhǎng者, 著zhù者

**锗[鍺]** zhě 게르마늄 타
명(外)(化) 게르마늄(Ge, germanium). [원자 번호 32]

**赭** zhě 적갈색 자
형 적(紅)갈색의. ¶~黄色=황토색.
【赭黄】zhěhuáng 형 황토색의.
【赭石】zhěshí 명(礦) 황토. 오커(ocher). [중국에서 옛날에 사용한 황갈색 광물 염료의 하나. 화학 성분은 산화철임]
【赭石色】zhěshísè 명 (오커와 같은) 황갈색.
【赭衣】zhěyī 명 **1** 자의. [옛날, 죄수가 입던 적갈색 옷] **2** 죄수.

**褶** zhě 주름 습
명(~儿) **1** (옷의) 주름. ¶百~裙=주름치마. **2** (옷·포목·종이 위의) 구김살. ¶裤子上被压得尽是~。=바지가 눌려서 온통 구김살투성이이다. **3** 주름살. ¶满脸~儿=얼굴이 온통 주름살투성이이다.
【褶皱】zhězhòu 명 **1** 주름(살). ¶脸上一点儿~也没有。=얼굴에 주름살이 하나도 없다. **2** (地) 습곡(褶曲).
【褶皱山】zhězhòushān 명(地) 습곡산(褶曲山).
【褶子】zhě·zi 명 **1** (옷의) 주름. ¶裙~儿=치마의 주름. **2** (옷·포목·종이 위의) 구김살. ¶把衬衫上的~熨平。=셔츠의 구김살을 다림질하다. **3** 주름살. ¶一脸~=얼굴이 온통 주름살이다.

\***这[這]** zhè 이 저
대 **1** 이. [가까이 있는 사람이나 사물을 가리킴] ① 이. [명사나 수량사 앞에 쓰임] ¶~孩子=이 아이. / ~一回=이번. ② 이렇게. 그렇게. [동사·형용사 앞에 쓰여 과장을 나타냄] ¶瞧你~喝呀, 不喝醉就没有个完。=이렇게 마셔대니, 취하지 않으면 끝을 안 보겠구나. / 你~忙, 我们不忙也跟着忙起来了。=당신이 이렇게 바쁘니, 안 바쁜 우리도 덩달아 바빠지잖아. **2** 이것. 이 사람. [가까이 있는 사람이나 사물을 대신함. 단독으로 쓰임] ¶~是李记者。=이 사람은 이 기자(記者)이다. / 你买~做什么?=이것을 사서 무엇을 하려고 하는가? **3** 이것. [불특정한 사람이나 사물을 가리킴. '那(저것)'와 호응하여 쓰임] 他问~问那, 问个没完。=그는 이것저것 끊임없이 이 묻는다. **4** 이 때. 이제. 지금. ['这时候(이때)'를 대체하여 어기를 강조하는 작용을 함] ¶我~就走。=나는 이제 간다. ↔那

☞ zhèi

【这般】zhèbān 대 이런. 이러한. 이와 같은. ¶如此~=이러이러하다. ↔那边

【这边】zhè·bian 대 이곳. 여기. 이쪽. ¶小家伙, 到~儿来。=녀석아, 이리 오렴.

【这辈子】zhèbèi·zi 명 당대. 금세. 현생. 금생. 이 한평생. 이 한세상. ¶~还长, 我们应看远一些。=현생이 아직 많이 남았으니, 우리는 좀 더 멀리 보아야 한다.

【这程子】zhèchéng·zi 대방 요즘. 근래. ¶听说~你到外地出差了? =당신 요즘 외지로 출장 갔었다고 들었는데?

【这次】zhècì 대 이번. 금번. ¶~比那次要好多了。=이번은 저번보다 더 좋아질 것이다.

【这等】zhèděng 대 이런. 이와 같은. 이렇게. 이런 종류. ¶天下哪有好事? =세상에 어디 이렇게 좋은 일이 있을까?

【这番】zhèfān 대 이번. 금번. ¶谢谢你的~好意。=이번의 호의에 감사드립니다.

【这个】zhè·ge 1 이. 이것. ¶~孩子真聪明。=이 아이는 정말 총명하다. /~箱子真沉。=이 상자는 정말 무겁다. **2** 여기. 이곳. [불특정한 사람이나 사물을 나타냄. '那个(저것)'과 호응하여 쓰임] ¶~十元, 那个五十, 钱很快就凑齐了。=여기 10위안, 저기 50위안, 돈이 금방 모아졌다. **3** 이. 이것. [사물을 대신함] ¶~是新型节能灯。=이것은 신형 절전등이다. /他知道~事。=그는 이 일을 알고 있다. **4** 이렇게. 그렇게. [동사·형용사 앞에 쓰여 정도가 심하거나 과장의 의미를 나타냄] ¶听说得了奖, 他~高兴啊!=상을 받았다는 말을 듣고 그는 기쁘기 그지없었다. ↔那个

【这号】zhèhào 대 이런. 이와 같은. 이렇게. 이런 종류. ¶~人不能结交。=이런 사람과는 사귈 수 없다.

【这回】zhèhuí 대 이번. 금번.

【这会儿】zhèhuìr 대 **1** 이 때. 현재. 지금. ¶大家~都在工地上呢。=다들 지금 시간에는 현장에 있죠. **2** (과거나 미래의) 이 때. 이맘때. 지금. ¶明天~你就到广州了。=내일 이맘때 너는 광저우에 도착할 것이다. =【这会子】zhèhuì·zi

【这会子】zhèhuì·zi ☞【这会儿】zhèhuìr

【这里】zhèlǐ 대 이곳. 여기. ¶~是学生食堂。=이곳은 학생 식당이다. ↔那里

【这么】[这末] zhè·me 대 이런. 이러한. 이렇게. 이와 같은. ¶这种事儿, ~大的孩子做不出来。=이런 일은 요만한 아이가 해낼 수 없다.

【这么点儿】zhè·mediǎnr 대 **1** 요만큼. 요만한 것. 얼마 안 되는 것. [비교적 적은 수를 나타냄] ¶~钱太少了。=이 정도의 돈은 너무 적다. **2** 이렇게 작은. [비교적 작은 개체를 가리켜 나타냄. 명사를 수식할 경우 대개 '的'를 동반함] ¶~的孩子画画真好。=이렇게 작은 아이의 그림은 참으로 훌륭하구나. **3** 요만큼. 요만

한 것. 얼마 안 되는 것. [비교적 수량이 적은 사물을 대신함] ¶你这么大的个子就吃~啊? =덩치가 이렇게 큰데 요것밖에 안 먹느냐?

【这么些】zhè·mexiē 대 **1** 이만큼. 이 정도의. 이렇게 많은 것. [가까이 있는 사람이나 사물이 많거나 적음을 가리킴. 주로 많은 것을 강조함] ¶~钱, 够我们用一辈子的了。=이만큼의 돈이면 우리가 평생 쓰기에 충분하다. **2** 이만큼. 이 정도의. 이렇게 많은 것. [가까이 있는 사람이나 사물을 대신하여 많거나 적은 것을 가리킴. 주로 많은 것을 강조함] ¶~菜, 哪吃得了啊? =이렇게 많은 요리를 어떻게 다 먹을 수 있느냐?

【这么样】zhè·meyàng 대 ☞【这样】zhèyàng

【这么一来】zhè·me yīlái 접 **1** 이런 이유로. 이렇다면. 이런 사정으로. [독립 성분으로 쓰임] ¶本想马上动身, ~, 就等等再走了。=본래 곧 출발하려고 하였는데, 이렇게 된 바에, 좀 기다렸다 가자. **2** 이렇게 하다. [술어로 쓰임] ¶他~, 我就不好去调解了。=그가 이렇게 나온다면 나는 조정하기가 어렵다. =【这样一来】zhèyàng yīlái

【这么看】zhè·me·zhe 대 이렇게 하면. 이와 같이. 이렇게. 그래서. 이리하여. 그러면. 이렇다면. [어떤 동작이나 상황을 대신함] ¶你看, ~好不好? =이렇게 하면 어떻겠나?

【这末】zhè·me 대【这么】zhè·me

【这儿】zhèr 대 **1** 여기. 이곳. ¶我就坐~。=나는 여기 앉을게. **2** 지금. 이제. 이 때. [오로지 '打(dǎ)'·'从(cóng)'·'由(yóu)' 뒤에만 쓰임] ¶打~起, 我要戒烟了。=이제부터 나는 담배를 끊겠다.

【这山望着那山高】zhè shān wàng·zhe nà shān gāo 속 자기가 처한 환경에 불만을 품고 다른 곳이 더 좋다고 여기다. 남의 떡이 더 커 보인다.

【这趟】zhètàng 대 이번. 금번. ¶我~来主要是认认门儿。=내가 요번에 온 주요 목적은 안면을 터 보려는 것이다.

【这天】zhètiān 명 **1** 이 날. 오늘. 그 날. ¶就是~, 他再次去了学校。=바로 그 날 그는 다시 학교에 갔다. **2** (그) 이(런) 날씨. ¶~儿不好将就, 一会儿冷一会儿热。=이런 추웠다 더웠다 하는 날씨는 참기 힘들다.

【这下子】zhèxià·zi 대 이번. 금번. ¶~可尴尬了。=이번은 정말 난처하다.

【这些】zhèxiē 대 **1** 이런 것들. 이러한. 이들. 이만한. [비교적 가까이 있는 둘 이상의 사물을 가리킴] ¶~人都是我们公司的。=이 사람들은 모두 우리 회사 사람이다. /水果都是你买的? =이 과일은 모두 네가 산 것이냐? **2** 이런 것들. 이들. 이러한. [비교적 가까이 있는 둘 이상의 사람이나 사물을 대신함] ¶~就是我的观点。=이러한 것이 나의 관점이다. =【这些个】zhèxiē·ge ↔那些

【这些个】zhèxiē·ge ☞【这些】zhèxiē

【这样】zhèyàng (~儿) 대 **1** 이렇다. 이와 같다. 이렇게. 이래서. [성질·상태·정도·방식 등을 가리

## zhè

킴]. ¶~干是要吃大亏的. =이렇게 하면 큰 손해를 볼 것이다. **2** 이렇다. 이와 같다. 이렇게. 이래서. [어떤 동작이나 상황을 대신함] ¶事情弄成~, 你我要负主要责任. =일이 이렇게 되어버리면, 너와 내가 주요 책임을 져야 한다. =【这么样】
【这样】zhè·meyàng↔那样
【这样那样】zhèyàng-nàyàng 데 이런저런. 이러저러한. ¶在工作中遇到~的问题是正常的. =일하는 도중에 이런저런 문제에 부닥치는 것은 정상적이다.
【这样一来】zhèyàng yīlái ☞【这么一来】zhè·me yīlái
【这一带】zhèyīdài 명 이 일대. 이 부근. 근처. ¶~没有姓张的. =이 일대에는 장씨 성을 가진 사람이 없다.
【这一下】zhèyīxià 데 이번. 금번.
【这一阵】zhèyīzhèn 데 요즘. 근래. =【这一阵子】zhèyīzhèn·zi【这阵子】zhèzhèn·zi ¶~工作太忙了. =요즘 일이 너무 바쁘다.
【这一阵子】zhèyīzhèn·zi ☞【这一阵】zhèyīzhèn
【这早晚】zhèzǎowǎn(~儿) 데 **1** 지금. 이제. 이 때. ¶他~儿正在上班呢. =그는 지금 업무중에 있다. **2** 이렇게 늦게. 이제야. ¶你怎么~儿才回来? =어째서 이렇게 늦게 돌아오느냐?
【这阵子】zhèzhèn·zi ☞【这一阵】zhèyīzhèn

## 柘 zhè 산뽕나무 자

명 **1** (植) 산뽕나무. **2** (Zhè) 성(姓).

## *浙[(淛)] Zhè 강 이름 절

명 (地) **1** 첸탕장(钱塘江)의 옛 명칭. **2** ② 浙江(저장)성. ¶江~地区=장쑤(江苏)성과 저장(浙江)성 지역.
【浙大】Zhè Dà ☞【浙江大学】Zhèjiāng Dàxué
【浙江】Zhèjiāng (地) 저장성. 절강성. ['浙(Zhè)'로 약칭되며, 성도는 항저우(杭州)임]
【浙江大学】Zhèjiāng Dàxué 명 저장(浙江)대학. [항저우(杭州)에 있는 종합 대학] ② 【浙大】Zhè Dà

## 蔗 zhè 사탕수수 자

명 (植) 사탕수수.
【蔗农】zhènóng 명 사탕수수 농사를 짓는 농민.
【蔗糖】zhètáng 명 **1** (化) 자당. 사카로스. **2** 사탕수수 즙을 끓여 만든 설탕.
【蔗田】zhètián 명 사탕수수밭.
【蔗渣】zhèzhā 명 사탕수수즙을 짜고 남은 찌끼.

## 嗻 zhè 대답 소리 차

의 예. [옛날, 하인이 주인이나 손님에게 응답하는 소리]
☞ zhē

## 鹧[鷓] zhè 자고 자

【鹧鸪】zhègū 명(动) 자고.

## 鹿 zhè 쥐며느리 자

【鹿虫】zhèchóng ☞【地鳖】dìbiē

## 著 ·zhe 어조사 착

'着(·zhe)'의 본자. [지금은 일반적으로 '着'로 씀]
☞ zhù, zhuó

## **着 ·zhe 어조사 착

조 **1** …하고 있다. …하고 있는 중이다. [동사 뒤에 쓰여 동작이 진행되고 있음을 나타냄] ¶他们谈~呢. =그들은 얘기를 하고 있는 중이다. / 屋外正下~大雪. =집 밖에는 바야흐로 큰눈이 내리고 있다. **2** …하면서. …한 채로. [동사 사이에 쓰여 연동식을 만들어, 두 동작이 동시에 또는 연이어 진행됨을 나타내거나, 둘 사이에 방식・수단・목적 관계가 있음을 나타냄] ¶坐~说. =앉아서 이야기하다. / 西瓜留~明天吃. =수박을 남겨 놓았다가 내일 먹자. **3** …해 있다. …한 채로 있다. [일부 동사나 형용사 뒤에 쓰여 어떤 상태의 지속을 나타냄] ¶快吃吧, 饭菜还热~呢. =빨리 먹어라, 음식이 아직 따뜻하다. **4** 일부 동사나 형용사 뒤에 쓰여 명령이나 부탁의 어기를 나타냄] ¶你听~! =잘 들어라! / 大家都休息了, 手脚轻~点儿. =다들 쉬고 있으니 손발 좀 조용히 놀려라. **5** 개사나 대명사 뒤에 쓰여 뒤의 동사를 수식함. ¶沿~河边走. =강변을 따라 걷다. / 这么~干行不通. =이렇게 하는 것은 통하지 않는다.
☞ zhāo, zháo, zhuó
【着哩】·zhe·li 조 형용사나 형용사성 어휘 뒤에 쓰여, 어떤 성질이나 상태를 강조함을 나타내며, 약간 과장된 의미를 띰.
【着呢】·zhe·ne 조 형용사나 형용사성 어휘 뒤에 쓰여, 어떤 성질이나 상태를 강조함을 나타내며, 약간 과장된 의미를 띰. ¶那地方漂亮~. =그곳은 매우 아름답다.

## zhei

## 这[這] zhèi 이 저

데 '这(zhè)'와 의미가 같음.
☞ zhè

## zhen

## **贞[貞] zhēn 곧을 정

동운 점치다. 형 **1** (자기의 신앙과 원칙에) 충정(忠贞)하다. 마음이 굳다. 지조가 굳다. ¶忠~不渝=변함 없이 충성과 지조를 다하다. / 坚~不屈=지조가 굳고

| 贞 | zhēn |
| 侦 | zhēn |
| 祯 | zhēn |
| 帧 | zhèng |

굽히지 않다. **2** (여자의) 정조의. 정절의. ¶~
妇＝정조가 있는 여자.

○＝ 女贞, 童tóng贞

【贞操】zhēncāo 圀 정조. 정절. 절조. ¶坚守
~＝정조를 굳게 지키다. 圀 정조의. 정절의. 절
조의. ≒贞节
【贞观】Zhēnguàn 圀(歷) 정관(627~649년).
[당 태종(唐太宗) 이세민(李世民)의 연호]
【贞节】zhēnjié 圀 정절. 절조. 정조. ¶保持
~＝정절을 지키다. 圀 정절의. 절조의. 정조의.
¶~烈女＝정조가 굳은 열녀. ≒贞操
【贞洁】zhēnjié 圀 (여자가) 정결하다
【贞静】zhēnjìng 圀圀 (여자가) 정결하고 얌전
하다.
【贞烈】zhēnliè 圀圀 (여자가) 정렬하다. 정조가
굳고 절개가 굳다. ¶~女子＝정렬한 여자.
【贞女】zhēnnǚ 圀 정조가 있는 여자. 절개가 굳
은 여자. 수절하는 여자.

**针[針, 鍼]** zhēn 바늘 침

圀 **1** (~儿) 바늘. ¶绣花~＝자수 바늘. / 穿~
引线＝중개 역할을 하다. **2** 바늘 모양의 물건.
¶分~＝분침. / 指南~＝지남침. **3**(醫) 침. **4**
(醫) 침술. ¶~灸疗法＝침구 요법. **5**(醫) 주
사바늘. ¶~头要清洗干净.＝주사바늘은 깨끗
하게 씻어야 한다. **6**(醫) 주사약. ¶打~＝주사
를 놓다. 昣 **1** 바늘. 코. [바늘땀・바늘코 등을 세
는 단위] ¶缝两~＝두 바늘 꿰매다. **2** 대. [주사
의 횟수를 세는 단위] ¶打一~＝(주사를) 한 대
놓다.

○＝ 表针, 别针, 唱针, 穿针, 磁cí针, 刺针, 顶
针, 耳针, 方针, 钩gōu针, 金针, 南针, 时针,
扎zhā针, 指针, 撞zhuàng针

【针鼻儿】zhēnbír 圀 바늘귀.
【针砭】zhēnbiān 悡 **1** 옛날에 돌침으로 찔러
치료하다. **2**圀 잘못을 발견하고 지적하여 시정
하다. 훈계하다. 경고하다. 심하게 비평하다. ¶
~时弊＝당시 사회의 폐단을 지적하고 시정하다.
【针插】zhēnchā 圀 바늘겨레.
【针插不进, 水泼不进】zhēn chā·bujìn, shuǐ
pō·bujìn 圀圀 **1** 들어갈 틈이 없이 매우 배타
적이다. **2** 자기 견해를 견지하여 다른 의견이 들
어갈 틈이 없다.
【针刺】zhēncì 悡(醫) 침을 놓다.
【针刺麻醉】zhēncì mázuì 圀(醫) 침술 마취.
昣【针麻】zhēnmá
【针对】zhēnduì 悡 겨누다. 조준하다. 초점을
맞추다. ¶他的发言显然是~我的.＝그의 발언
은 확연하게 나를 겨냥한 것이다.
【针对性】zhēnduìxìng 圀 정곡(핵심)을 찌르
는 성질. 겨냥하는 바. ¶这篇杂文的主题具有强
烈的~.＝이 잡문의 주제는 확연하게 가리키는
바의 ~. 
【针法】zhēnfǎ 圀(醫) 침술.
【针锋相对】zhēnfēng-xiāngduì 悡 **1** 바늘

끝과 바늘 끝이 마주하다. **2**圀 (쌍방의 의견 등
이) 날카롭게 맞서다. 첨예하게 대립하다. 팽팽하
게 맞서다. ↔逆来顺受
【针工】zhēngōng 圀 바느질.
【针箍】zhēngū (~儿) 圀圀 골무.
【针管】zhēnguǎn 圀(醫) 주사기 몸통. ＝【针
筒】zhēntǒng
【针剂】zhēnjì 圀(醫) 주사약. ＝【针药】
zhēnyào
【针尖儿对麦芒儿】zhēnjiānr duì màimángr
圀圀 첨예하게 대립하여 서로 양보하지 않다. 날
카로운 사람끼리 맞서다. 팽팽하게 맞서다.
【针脚】zhēn·jiao 圀 **1** 바느질 자리. **2** (바늘)
땀. ¶~细密＝바늘땀이 촘촘하다.
【针灸】zhēnjiǔ 圀(醫) 침구.
【针孔】zhēnkǒng 圀 **1** 바늘귀. **2** 바늘구멍.
【针麻】zhēnmá ☞【针刺麻醉】zhēncì mázuì
【针码】zhēnmǎ (~儿) 圀 (바늘)땀. ¶裤子上
的~又密又匀.＝바지의 바늘땀이 촘촘하고 고
르다.
【针筒】zhēntǒng ☞【针管】zhēnguǎn
【针头】zhēntóu 圀 **1** 바늘 끝. **2** 바늘. **3**(醫)
주사 바늘. 주사침.
【针头线脑】zhēntóu-xiànnǎo (~儿) 圀 **1** 바
늘・실 등의 바느질 도구. **2**圀 자질구레하고 사
소한 물건.
【针线】zhēnxiàn 圀 **1** 바늘과 실. ¶~盒＝반
짇고리. **2** 바느질. ¶做~＝바느질을 하다.
【针线包】zhēnxiànbāo 圀 휴대용 반짇고리.
【针线活儿】zhēnxiànhuór 圀 바느질.
【针眼】zhēnyǎn 圀 **1** 바늘귀. **2** (~儿) 침맞은
자리. 바늘로 찌른 자리.
【针眼】zhēn·yan ☞【麦粒肿】màilìzhǒng
【针药】zhēnyào ☞【针剂】zhēnjì
【针叶林】zhēnyèlín 圀(林) 침엽수림.
【针叶树】zhēnyèshù 圀(植) 침엽수.
【针织】zhēnzhī 悡 (옷・장갑 등을) 바늘이나 편
직기로 짜다.
【针织品】zhēnzhīpǐn 圀 편직품.
【针黹】zhēnzhǐ 圀圀 바느질.

**侦[偵, 遉]** zhēn 정탐할 정

悡 몰래 조사(탐색)하다. 몰래 살피다. 탐정하
다. ¶立案~查＝입안하여 조사하다.
【侦办】zhēnbàn 悡 (사건을) 조사하여 처리(해
결)하다.
【侦查】zhēnchá 悡(法) (경찰・검찰에서) 법에
따라 조사(수사)하다. ¶~案情＝사건의 내용과
경위를 조사하다.
【侦察】zhēnchá 悡(軍) 정찰하다. ¶~飞行＝
정찰 비행.
【侦察兵】zhēnchábīng 圀(軍) 정찰병.
【侦察机】zhēnchájī 圀(軍) 정찰기.
【侦察卫星】zhēnchá wèixīng 圀(軍) 정찰 위
성. 스파이 위성.
【侦察员】zhēncháyuán 圀(軍) 정찰대원.
【侦刺】zhēncì 悡 정탐하다. ¶~情报＝정보를

【侦获】**zhēnhuò** 동 조사하여 적발〔해결〕하다. ¶~大批毒品 = 대량의 마약을 조사하여 적발하다.

【侦缉】**zhēnjī** 동 조사하여 체포하다. ¶~逃犯 = 도주범을 조사하여 체포하다.

【侦结】**zhēnjié** 동 수사를 종결하고 결론적인 의견을 제출하다. ¶检察院~后决定向法院提起公诉。 = 검찰이 수사를 종결지은 뒤 법원에 기소하기로 하다.

【侦控】**zhēnkòng** 동 감시 통제. ¶~对象 = 감시 통제 대상.

【侦破】**zhēnpò** 동 수사하여 해결하다. ¶~疑案 = 의안을 수사하여 해결하다.

【侦探】**zhēntàn** 동 정탐하다. ¶~案情 = 사건의 내용이나 경위를 정탐하다. 명 탐정. 밀정. 스파이. 간첩. ¶私人~ = 사립 탐정.

【侦探片儿】**zhēntànpiānr** 명口 탐정 영화.

【侦探片】**zhēntànpiàn** 명(映) 탐정 영화.

【侦探小说】**zhēntàn xiǎoshuō** 명 탐정 소설.

【侦听】**zhēntīng** 동 상대방의 활동을 정탐하고 몰래 도청하다.

【侦讯】**zhēnxùn** 동 조사하고 심문하다. ¶~嫌犯 = 혐의자를 조사하고 심문하다.

## 珍 [(珎)] **zhēn** 보배 진

형 **1** 보배. 보물. ¶奇~异宝 = 진귀한 보배. **2** 귀중한 물건. ¶如数家~ = 손바닥을 보듯 환히 꿰뚫고 있다. **3** 가장 맛좋은 음식. 진귀한 음식. ¶山~海味 = 산해진미. 형 귀중하다. 진귀하다. 희귀하다. ¶此乃茶中~品。 = 이것은 차 가운데 진귀한 품이다. 동 중시하다. 귀중히 여기다. 보배처럼 여기다. ¶敝帚自~ = 자기의 것을 몽당비도 소중히 여긴다.

○ 珍 **zhēn**
  疹 **zhěn**
  诊 **zhěn**
  轸 **zhěn**
  胗 **zhēn**

○─ 袖xiù珍, 聚jù珍版

【珍爱】**zhēn'ài** 동 아끼고 사랑하다. 귀중하게 여기다. ¶~生命 = 생명을 귀중하게 여기다. ≒爱惜

【珍宝】**zhēnbǎo** 명 **1** 진보. 진귀한 보물[宝贝]. ¶稀世~ = 세상에 보기 드문 보물. **2** 가치가 높은 물건. ¶视若~ = 보물처럼 여기다. ↔敝屣

【珍本】**zhēnběn** 명 진서(珍書). 진본.

【珍藏】**zhēncáng** 동 진장하다. 귀중하게 여겨 잘 간직하다. 소중히 간직하다. ¶他~着不少古字画。 = 그는 많은 옛날 서화를 진장하고 있다. 명 진장품. 진귀한 소장품. ¶馆中~颇丰。 = 진귀한 소장품이 매우 풍부하다.

【珍贵】**zhēnguì** 형 진귀하다. 귀중하다. ¶~物品 = 귀중품. / ~资料 = 진귀한 자료. 동 아끼고 사랑하다. 귀중하게 여기다. 중시하다. ¶张大千的画, 向来为人所~。 = 장다첸의 그림은 줄곧 사람들이 진귀하게 여겨 왔다. ≒宝贵 ↔平凡 普通

【珍品】**zhēnpǐn** 명 진품. 진귀한 물건. ¶书画~ = 서화 진품.

【珍奇】**zhēnqí** 형 진기하다. ¶~花木 = 진귀한 꽃과 나무.

【珍禽】**zhēnqín** 명 진기한 새. 진금.

【珍禽奇兽】**zhēnqín-qíshòu** 성 진기한 조수(鸟獸). = 【珍禽异兽】**zhēnqín-yìshòu**

【珍禽异兽】**zhēnqín-yìshòu** ☞【珍禽奇兽】**zhēnqín-qíshòu**

【珍摄】**zhēnshè** 동(敬) (몸을) 소중히 돌보다. ¶年事已高, 望珍~。 = 연세가 높으시니 스스로 몸을 잘 돌보시길 바랍니다.

【珍视】**zhēnshì** 동 소중하게 여기다. 귀중하게 여기다. ¶~人才 = 인재를 소중하게 여기다.

【珍玩】**zhēnwán** 명 진기한 노리개[완상물].

【珍闻】**zhēnwén** 명 진기한 소문〔이야기〕. 진문. ¶中外~ = 중국과 외국의 재미있는 이야기.

【珍惜】**zhēnxī** 동 진귀하게 여겨 아끼다. 귀중〔소중〕히 여기다. ¶~名誉 = 명예를 소중히 여기다. ≒珍爱 爱惜 ↔浪费

【珍稀】**zhēnxī** 형 진귀하고 드물다. ¶~动物 = 희귀 동물.

【珍羞】**zhēnxiū** ☞【珍馐】**zhēnxiū**

【珍馐】[珍羞] **zhēnxiū** 명(文) 진수. 진귀한 식품〔음식〕. 가장 맛좋은 음식. ¶~美味 = 진미(珍味).

【珍异】**zhēnyì** 형 진기하다. ¶~花草 = 진기한 화초. 명 진기한 물건. ¶搜集~ = 진기한 물건을 수집하다.

【珍重】**zhēnzhòng** 동 **1** 아끼고 중시하다. 소중히 하다. ¶~友情 = 우정을 중시하다. **2** (몸을) 진중하다. 보중하다. 건강에 유의하다. 몸조심하다. ¶后会有期, 请多~! = 나중에 또 뵙시다, 부디 건강에 유의하십시오. ≒保重

【珍珠】[真珠] **zhēnzhū** 명 진주. ¶~项链 = 진주목걸이.

【珍珠贝】**zhēnzhūbèi** 명(动) 진주조개.

【珍珠米】**zhēnzhūmǐ** 명[方] **1** 진주미. [중국 동북 지역에서 생산되는 진주를 닮은 쌀] **2** ☞【玉米】**yùmǐ**

【珍珠霜】**zhēnzhūshuāng** 명 진주크림. 펄크림(pearl cream).

【珍珠岩】**zhēnzhūyán** 명(地) 진주암.

## 帧 [幀] **zhēn** 화폭 정

명 **1** 화폭. **2** 装~ = 장정하다. 양 폭. [서화를 세는 단위. '幅(fú)'에 상당함] ¶一~油画 = 유화 한 폭.

## 胗 **zhēn** 모이주머니 준

명 (~儿) 조류의 위(胃). ¶鸭~儿 = 오리의 위.

## 浈 [湞] **Zhēn** 물 이름 정

명(地) 전수이(湞水). [광둥(广东)성에 있는 강 이름]

## ** 真 **zhēn** 참 진

형 **1** 사실이다. 진짜이다. 정확하다. 진실이다. 참되다. ¶千~万确 = 틀림없다. / 假戏~做 = 가짜 일을 진짜 일처럼 하다. **2** 분명하다. 명백하다. 똑똑하다. 뚜렷(또렷)하다. ¶取下眼镜看不

~。=안경을 벗으니 또렷하게 보이지 않는다. 閔 확실히, 진정으로. 참으로. 진실로. 실재로. ¶那儿的风景~美. =그곳의 풍경은 참으로 아름답다. 몡 1 사람의 초상. 사물의 형상. ¶写~=초상화를 그리다. /传~=팩스(fax). 2 진. 진서(眞書). [해서(楷書)의 별칭] ¶~草隶篆=해서·초서·예서·전서. 3 튄 본성. 본원. 본질. ¶返朴归~=애초의 순박함과 본성으로 돌아가다. 4 (Zhēn) 성(姓). ↔假 伪

○● 逼bí真, 传chuán真, 纯chún真, 当真, 顶真, 果真, 较真, 乱真, 女真, 清真, 认真, 失真, 率shuài真, 天真, 写真

○ 真 zhēn
  镇 zhèn
  缜 zhěn
  积 zhēn
  慎 shèn
  填 tián
  颠 diān
  滇 diān

【真北】zhēnběi 몡(地) 진북.
【真才实学】zhēncái-shíxué 젭 진정한 재능과 건실한 학문. ↔口耳之学
【真唱】zhēnchàng 동 진짜로 소리내어 노래 부르다. ↔假唱
【真诚】zhēnchéng 휑 진실하다. 성실하다. ¶~待人=진실하게 대하다. ≒真切 诚挚 ↔虚假
【真传】zhēnchuán 몡 명사(名師)에게서 기예·학문의 정수를 전수받은 것. ¶深得恩师的~. =은사의 진수를 깊이 전수받다.
【真纯】zhēnchún 휑 순전하다.
【真刀真枪】zhēndāo-zhēnqiāng 젭 1 진짜 칼과 진짜 총. 진짜 무기. 2 튄 진실하게 일을 처리하다.
【真谛】zhēndì 몡 진체. 진리. 정확한 도리. 참뜻. 진수. 정수. 본질. ¶人生~=인생의 참뜻.
【真分数】zhēnfēnshù 몡(數) 진분수.
【真格的】zhēngé·de 몡(方) 정말. 진짜. 진정. 진실. 실재. ¶说~, 你到底同意不同意? =도대체 동의를 하는 건지 그렇지 않은 건지 진실을 말해라.
【真个】zhēngè 튄 정말로. 진정으로. 참으로. 진실로. 실재로. ¶这个城市~变样了. =이 도시는 정말 많이 변하였다.
【真果】zhēnguǒ 몡(植) 진과.
【真话】zhēnhuà 몡 참말. 진실한 말. ¶说~, 办实事. =진실한 말을 하고, 실제적인 일을 하다.
【真幌】zhēnhuǎng 몡 진짜. 진품. ↔假货
【真迹】zhēnjì 몡 진적. 서예가·화가가 손수 쓰거나 그린 작품.
【真假】zhēnjiǎ 휑 (사물의) 진짜와 가짜. 진위(眞偽). ¶~难辨=진위를 가리기 어렵다.
【真金不怕火炼】zhēnjīn bù pà huǒ liàn 솅휑 1 의지가 굳거나 정직한 사람은 그 어떤 시련도 극복할 수 있다. 2 정말 우수한 물건은 시험을 견딜 수 있다.
【真菌】zhēnjūn 몡 진균류.
【真空】zhēnkōng 몡 1 (物) 진공. 2 (物) 진공인 공간. 3 비 사회와 격리된 환경. 아무도 없는 공간. ¶人不是生活在~里。=사람은 격리되어 사는 것이 아니다.

【真空泵】zhēnkōngbèng 몡 진공 펌프. =【抽气机】chōuqìjī
【真空管】zhēnkōngguǎn 몡 1 ☞【电子管】diànzǐguǎn 2 공기가 없거나 매우 적은 관(管).
【真理】zhēnlǐ 몡 진리. ¶追求~=진리를 추구하다.
【真面目】zhēnmiànmù 몡 진면목. 참모습. 진상. 본색. ¶不识庐山~, 只缘身在此山中. =루산의 진면목을 알 수 없는 까닭은 단지 이 몸이 이 산 속에 있기 때문이네.
【真名实姓】zhēnmíng-shíxìng 젭 진짜 성명 (이름). 본성 본명.
【真皮】zhēnpí 몡 1 (生) 진피. 2 진짜 가죽.
【真品】zhēnpǐn 몡 진품. 진짜 상품. ¶这古董是~. =이 골동품은 진품이다. ↔赝品
【真凭实据】zhēnpíng-shíjù 젭 확실한 증거. 확증.
【真枪实弹】zhēnqiāng shídàn 몡 1 진짜 총과 진짜 탄알. 2 진짜 살상 무기. 3 비 확실한 논거. 격렬한 충돌[전투].
【真切】zhēnqiè 휑 1 뚜렷[또렷]하다. 분명하다. 명료하다. 선명하다. 똑똑하다. 핍진하다. ¶他的话, 我听得很~. =그의 말을 나는 분명하게 들었다. 2 성실하다. 진지하다. 진실하다. 참되다. ¶情谊~=우정이 참되다. ≒真诚 ↔模糊 虚伪 虚假
【真情】zhēnqíng 몡 1 진정. ¶~实感=진실한 감정. 2 진상. 실상. 실정. 실태. ¶隐瞒~=실상을 숨기다.
【真确】zhēnquè 휑 1 확실하다. 정확하다. 진실하다. ¶这条消息绝对~可靠. =이 소식은 정말 확실하다. 2 뚜렷[또렷]하다. 분명하다. 명료하다. 선명하다. 똑똑하다. 핍진하다. ¶那件事已记不~了. =그 일은 이미 또렷하게 기억나지 않는다.
【真人】zhēnrén 몡 1 (道) 진인. ¶南华~=남화진인. [장자(莊子)를 일컬음] 2 실재 인물. ¶这部电影是根据一个~的故事改编的. =이 영화는 실재 인물의 이야기를 각색한 것이다. 3 진실하고 미더운 사람. ¶~面前不说假话. =진실하고 미더운 사람 앞에서 거짓말을 하지 않다.
【真人不露相】zhēnrén bù lòu xiàng 솅 1 득도한 사람은 자기의 진면목을 드러내지 않는다. 2 학문·재주가 높은 사람은 자기를 쉽게 드러내거나 과시하지 않는다.
【真人真事】zhēnrén zhēnshì 몡 실재 인물과 사실.
【真如】zhēnrú 몡(佛) 진여. 영원불변의 진리.
【真善美】zhēn-shàn-měi 몡 진실하고 선량하고 아름다운 것. 진선미. ¶揭露假恶丑, 讴歌~. =거짓되고 악하고 추한 것은 폭로하고, 진실하고 선량하고 아름다운 것은 입을 모아 칭송하고 노래하다.
【真实】zhēnshí 휑 진실하다. ¶诗中抒发的是诗人~的感情. =시 가운데 토로한 것은 시인의 진실한 감정이다. ↔虚假

【真实性】zhēnshíxìng 图 진실성. ¶这种传言缺乏~。=이런 소문은 진실성이 부족하다.
【真释】zhēnshì 참되고 정확한 해석. 올바른 해석.
【真是】zhēn·shi 團 정말. 사실로. 실로. [강조를 나타냄] ¶峨眉山的景致~美极了。=어메이산의 경치는 정말 아름답다. ㉡ (불만을 나타내어) 정말. 참. ¶你怎么跟父母顶嘴，~！=어떻게 부모에게 말대꾸하고 그러니, 참!
【真书】zhēnshū ☞【楷书】kǎishū
【真数】zhēnshù 图（數）대수（對數）.
【真率】zhēnshuài 图 진솔하다. 진실하고 솔직하다. ¶性情~=성정이 진솔하다. ↔做作
【真丝】zhēnsī 图 견사. 진사. 잠사. 생사. 실크. ¶~被面=견사 이불 겉감.
【真髓】zhēnsuǐ 图 진수. 정수. 본질.
【真伪】zhēnwěi 图 진위. 진짜와 가짜. ¶分辨~=진위를 가리다.
【真伪莫辨】zhēnwěi-mòbiàn 图 진위를 가릴 수 없다.
【真相】zhēnxiàng 图 진상. 실상. ¶了解~=진상을 알아보다. ↔假象
【真相大白】zhēnxiàng-dàbái 图 진상이 완전히 밝혀지다. 진상이 환히 드러나다.
【真心】zhēnxīn 图 진심. ¶~相待=진심으로 대하다. ≒诚心·诚意 ↔假意
【真心诚意】zhēnxīn-chéngyì ☞【真心实意】zhēnxīn-shíyì
【真心话】zhēnxīnhuà 图 참말. 진실한 말. ¶我刚才说的都是~。=내가 방금 한 말은 모두 참말이다.
【真心实意】zhēnxīn-shíyì 图 진심. 성심성의. =【真心诚意】zhēnxīn-chéngyì ↔虚情假意
【真性】zhēnxìng 图團 천성. 본성. ㉡ 진성의. ¶~近视=진성 근시.
【真凶】zhēnxiōng 图 진범. ¶查找~=진범을 찾다.
【真言】zhēnyán 图 1 진담. 참된 말. ¶酒后吐~。=취중진담. 술 취한 뒤에 진담을 한다. 2 진언. ¶八字~=8자진언.
【真意】zhēnyì 图 진의. 본뜻. ¶这不是他的~。=이것은 그의 진의가 아니다.
【真影】zhēnyǐng 图 진영. 영정（影幀）.
【真赃实犯】zhēnzāng-shífàn 범죄의 확실한 물증.
【真章儿】zhēnzhāngr 图團 진실한 행동. 확실한 방법. 참모습. ¶公司这次一定要拿出~来解决问题。=회사는 이번에 반드시 확실한 방법으로 문제를 해결해야 한다.
【真真假假】zhēn·zhen jiǎjiǎ 图 참과 거짓이 〔진짜와 가짜가〕 뒤섞여 있다. ¶他的话~，让人摸不透。=그의 말에는 참과 거짓이 뒤섞여 있어 진실을 알 수가 없다.
【真真切切】zhēn·zhen qièqiè 图 1 뚜렷하다. 분명하다. 명료하다. 똑똑하다. 2 성실하다. 진지하다. 참되다.
【真正】zhēnzhèng 图 진정한. 참된. 순수한.

진짜의. 명실상부한. ¶这是~的五粮液。=이것은 진짜 우량예이다. 團 정말로. 진짜로. 확실히. 참으로. 실로. [행위나 상황에 대한 긍정으로, '确实(확실히)'에 상당함] ¶这种空调的效果~好。=이 에어컨의 효과는 정말 좋다.
【真知】zhēnzhī 图 진지. 참된 지식. ¶实践出~。=실천에서 참된 지식이 나온다.
【真知灼见】zhēnzhī-zhuójiàn 图 정확한 인식과 투철한 견해.
【真值】zhēnzhí 图（物）진리치. 진리값.
【真挚】zhēnzhì 图 성실한. 참된. 진실의. 마음에서 우러나는. ¶~的友情=참된 우정.
【真珠】zhēnzhū ☞【珍珠】zhēnzhū
【真主】zhēnzhǔ 图（宗）(이슬람교의) 알라（Allah）.

## 桢[楨] zhēn 받침대 정

图 1 담을 쌓을 때 담의 두 끝에 세우는 기둥. 2 지주. 받침대. 버팀목.
【桢干】zhēngàn 图團 1 정간. 담을 쌓을 때 담의 두 끝에 세우는 나무와 양쪽에 있는 기둥. 2 지주. 받침대. 버팀목. 3（比）인재. 핵심 인물. ¶社稷之~，国家之良辅。=사직의 지주요, 국가의 양보이다.

## 砧[礎] zhēn 다듬잇돌 침

图 다듬잇돌. 침석. 모루. 도마. [자르고, 두드리고, 부술 때 밑에 받치는 도구] ¶石~=침석.
【砧板】zhēnbǎn 图 도마.
【砧木】zhēnmù 图 접본. 대목（臺木）. 밑그루.
【砧石】zhēnshí 图 다듬잇돌. 침석.
【砧子】zhēn·zi 图 다듬잇돌. 침석. 모루. 도마. [자르고, 두드리고, 부술 때 밑에 받치는 도구]

## 祯[禎] zhēn 길조 정

图團 길조. ¶~祥=길하고 상서롭다.

## 蓁 zhēn 무성할 진

【蓁蓁】zhēnzhēn 图團 1 초목이 무성한 모양. ¶桃之夭夭, 其叶~。=복숭아가 싱싱하고 그 잎이 무성하네. 2 가시나무가 빽빽이〔더부룩하게〕난 모양. ¶荆棘~=가시덤불이 더부룩하다.

## *斟 zhēn 술 따를 짐

图 1 (술 등을) 따르다. ¶自~自饮=자작하다. 2 퇴고하다. (자구를) 윤문하다. 다듬다. ¶字~句酌=자구를 퇴고하다.
【斟酒】zhēn‖jiǔ 图 술을 따르다.
【斟满】zhēnmǎn 图 (술 따위를) 가득 따르다.
【斟酌】zhēnzhuó 图 헤아리다. 짐작하다. 고려하다. 심사숙고하다. ¶反复~=심사숙고하다. /此事情~办理。=이 일은 심사숙고해서 처리하기 바랍니다. ≒掂量

## 榛 zhēn 다듬잇돌 침

图 '砧(zhēn)'과 같음.
☞ shēn

甄嵘獉溱榛禛箴臻鱵诊枕 zhěn

**甄** zhēn 가려 낼 견
- 동 (우열이나 진위를) 감별하다. 고찰하다. ¶~录 = 심사하여 채용하다. 명 (Zhēn) 성(姓)
- 【甄拔】 zhēnbá 동 고르다. 선발하다. ¶~人才 = 인재를 선발하다.
- 【甄别】 zhēnbié 동 1 (진위나 우열을) 가리다. 식별하다. 선별하다. 견별하다. ¶~史料 = 사료를 선별하다. 2 (능력이나 품질을) 평가하다. 사정하다. ¶~干部 = 간부를 사정하다.
- 【甄审】 zhēnshěn 동 심사하여 구별하다. 적격 심사를 하다. 심사하여 가려 내다. 선발하다.
- 【甄选】 zhēnxuǎn 동 동 심사하여 선발하다. 선출하다. ¶~贤能 = 어질고 재능이 있는 사람을 선출하다.

**嵘** Zhēn 땅 이름 진
- 【嵘屿】 Zhēnyǔ 명 (地) 전위. [푸젠(福建)성에 있는 지명]

**獉** zhēn 덤불 진
- 【獉狉】[獉狉] zhēnpī 형 문 밀림이 우거지고 야생 동물이 출몰하는. 미개한. 원시 야만적인. = 【狉獉】 pīzhēn ¶~之地 = 원시림.

**溱** Zhēn 강 이름 진
- 명 (地) 전(溱). [지금의 허난(河南)성에 있는 고대의 강 이름]
- ☞ qín

**榛** zhēn 개암나무 진
- 명 1 (植) 개암나무. 2 (植) 개암. 3 문 무성하게 난 가시덤불. ¶斫~莽 = 무성하게 난 초목을 베어 내다. 형 문 초목이 우거진 모양. ¶草木~~ = 초목이 우거지다.
- 【榛莽】 zhēnmǎng 명 문 무성한 초목.
- 【榛狉】 zhēnpī ☞ 【獉狉】 zhēnpī
- 【榛树】 zhēnshù 명 (植) 개암나무. ⇨ 【榛子】 zhēn·zi
- 【榛榛】 zhēnzhēn 형 문 초목이 우거진 모양.
- 【榛子】 zhēn·zi 명 (植) 1 개암. 2 ☞ 【榛树】 zhēnshù

**禛** zhēn 복받을 진
- 동 문 정성을 다하여 신으로부터 복을 받다. 형 문 상서롭다. 길하다. [주로 인명에 쓰임]

**箴** zhēn 타이를 잠
- 동 문 훈계하다. 타이르다. ¶~诫 = 잠계하다. 깨우쳐 훈계하다. 명 문 잠. [훈계하는 뜻을 적은 글의 형식]
- 【箴言】 zhēnyán 명 문 잠언. ¶警世~ = 세상사람들을 깨우치기 위한 잠언.

**臻** zhēn 이를 진
- 동 문 1 (아름다운 경지에) 이르다. ¶渐~佳境 = 점점 아름다운 경지에 이르다. 2 오다. 도착하다. ¶百福并~ = 온갖 복이 함께 오다.
- 【臻于】 zhēnyú 동 문 (아름다운 경지에) 이르다. ¶~完美 = 완전무결하게되다.

**鱵[鱵]** zhēn 공미리 침
- 동 (動) 공미리. 침어.

**诊[診]** zhěn 진찰할 진
- 동 진찰하다. 병을 살피다. ¶门~ = 외래진찰(하다). / 专家会~ = 전문의가 대진(对诊)하다.
  - ◐ 初诊, 复诊, 候诊, 急诊, 确诊, 施shī诊, 听诊, 巡xún诊, 应诊
- 【诊病】 zhěnbìng 동 (醫) 병을 진찰하다. ¶给他~的是张医生。= 그를 진찰한 사람은 장 의사이다.
- 【诊察】 zhěnchá 동 (醫) 진찰하다. ≒诊视
- 【诊断】 zhěnduàn 동 1 (醫) 진단하다. ¶临床~ = 임상 진단. 2 (컴) 진단하다.
- 【诊断书】 zhěnduànshū 명 (醫) 진단서.
- 【诊费】 zhěnfèi 명 진료비.
- 【诊例】 zhěnlì 명 (醫) 임상 사례. 병상. 용태. 환자. ¶典型~ = 전형적인 사례.
- 【诊疗】 zhěnliáo 동 (醫) 진료하다. ¶~器械 = 진료 기기. ≒诊治
- 【诊疗费】 zhěnliáofèi 명 진료비.
- 【诊疗室】 zhěnliáoshì 명 (醫) 진찰실.
- 【诊疗所】 zhěnliáosuǒ 명 진료소. 의원.
- 【诊脉】 zhěn‖mài 동 (醫) 진맥하다. 맥을 짚다. =【按脉】àn‖mài【号脉】hào‖mài【切脉】qiè‖mài
- 【诊视】 zhěnshì 동 (醫) 진찰하다. ≒诊察
- 【诊室】 zhěnshì 명 (醫) 진찰실. ¶外科~ = 외과 진찰실.
- 【诊所】 zhěnsuǒ 명 1 의원. 2 진료소.
- 【诊治】 zhěnzhì 동 (醫) 진료하다. ¶这病需尽早~。= 이 병은 하루빨리 진료하여야 한다. ≒诊疗

**枕** zhěn 베개 침
- 명 베개. ¶瓷~ = 자침. / 高~无忧 = 베개를 높이 베고 걱정 없이 자다. 동 1 (베개를) 베다. ¶他~着凉枕睡觉。= 그는 여름 베개를 베고 잤다. 2 깔다. 받치다. ¶铺设~木 = 침목을 부설하다.
  - ◐ 高枕, 轨guǐ枕, 靠kào枕, 落lào枕
- 【枕边风】 zhěnbiānfēng 명 베갯머리 송사. 베갯밑 공사. =【枕头风】zhěn·tóufēng【枕旁风】zhěnpángfēng
- 【枕戈待旦】 zhěngē-dàidàn 성 1 무기를 베고 날이 밝기를 기다리다. 2 비 경계를 게을리하지 않고 전투 태세를 갖추다. ≒引而不发
- 【枕骨】 zhěngǔ 명 (生) 침골.
- 【枕藉】 zhěnjiè 명 (많은 사람들이) 한곳에 뒤섞여 누워 있다〔엎어져 있다〕.
- 【枕巾】 zhěnjīn 명 베개 수건.
- 【枕流漱石】 zhěnliú-shùshí ☞ 【枕石漱流】

**枕** zhěn 枕 진
【枕木】 zhěnmù 침목. =【道木】dàomù
【枕旁风】 zhěnpángfēng ☞【枕边风】 zhěn biānfēng
【枕石漱流】 zhěnshí-shùliú ① 1 돌로 베개삼고 냇물로 양치질하다. 2 (비) 산 속에 은거하다. =【枕流漱石】 zhěnliú-shùshí
【枕套】 zhěntào (명) 베갯잇. =【枕头套】zhěn·toutào
【枕头】 zhěn·tou (명) 베개.
【枕头风】 zhěn·toufēng ☞【枕边风】 zhěn biānfēng
【枕头套】 zhěn·toutào ☞【枕套】 zhěntào
【枕头席】 zhěn·touxí(~儿) ☞【枕席】zhěnxí
【枕头箱】 zhěn·touxiāng (명) 패물이나 계약서 등의 귀중품을 넣어 두는 작은 상자. [주로 침실에 둠]
【枕头心】[枕头芯] zhěn·touxīn(~儿) ☞【枕心】zhěnxīn
【枕头芯】 zhěn·touxīn(~儿) ☞【枕头心】zhěn·touxīn
【枕席】 zhěnxí (명) 1 (~儿) (주로 여름에) 베개 위에 펴는 자리. =【枕头席】 zhěn·touxí 2 (문) ① 침석. 베개와 자리. ② 잠자리. ¶~难安=잠자리가 불편하다.
【枕心】[枕芯] zhěnxīn(~儿) (명) 베갯속. =【枕头心】 zhěn·touxīn
【枕芯】 zhěnxīn ☞【枕心】zhěnxīn

**纾**[紾] zhěn 비틀 진
(동)(문) 비틀다. 돌리다.

**轸**[軫] zhěn 수레뒤턱나무 진
(명) 1 (문) 수레뒤턱나무. [고대의, 수레 하부의 사방으로 가로지르는 횡목] 2 (문) 수레. 3 (天) 진수(轸宿). [이십팔수(二十八宿)의 하나] (형) 슬퍼하다. 비통하다. ¶~悼=진도하다. 임금이 슬퍼하여 애도하다.
【轸念】 zhěnniàn (동)(문) 비통한 마음으로 그리워하다. 몹시 그리워하다. ¶尤甚~=각별히 그리워하다.

**畛** zhěn 두렁 진
(명) 1 두렁. 2 경계. ¶~界=경계.
【畛域】 zhěnyù (명)(문) 경계. ¶不分~=구분하지 않다.

**疹** zhěn 발진 진
(명)(醫) 발진. 뾰루지.
　◐ 麻疹, 疱pào疹, 皮疹, 丘qiū疹, 瘟wēn疹, 药疹, 风疹块
【疹子】 zhěn·zi ☞【麻疹】 mázhěn

**袗** zhěn 홑옷 진
(명) 홑옷. (형) 화려하다. ¶~衣=화려한 옷.

**缜**[縝, 稹] zhěn 촘촘할 진
(형) 빽빽하다. 촘촘하다. 꼼꼼하다. ¶文思~密=작품의 구상이 아주 치밀하다.
【缜密】 zhěnmì (형) 엄밀하다. 세밀하다. 치밀하다. [주로 사상을 가리킴] ¶~的研究=치밀한 연구. ↔粗疏

**稹** zhěn 조밀할 진
(형)(문) 조밀하다. 세밀하다. 촘촘하다. 빽빽하다.

**鬒**[鬒] zhěn 터럭 많을 진
(형)(문) 머리숱이 많고 검다. ¶~发如云=머리숱이 많고 검다.

**圳** zhèn 도랑 천
(명)(방) 밭도랑. [주로 지명에 쓰임] ¶深~=선전. [광둥(广东)성에 있는 지명]

**\*\*阵[陣]** zhèn 줄 진
(명) 1 진. [고대의 대열의 조합 방식] ¶八卦~=팔괘진. 2 진지. 진영. 병진(兵阵). [군사들의 대오(队伍)를 배치한 것] ¶冲锋陷~=대열의 맨 앞에 서다. 3 전선. 전장. 싸움터. ¶披挂上~=무장을 하고 싸움에 임하다. (양) (~儿) 한동안. 일정한 시간. ¶那一~儿=그 시절. (양) 바탕. 차례. ¶一~狂风=일진광풍. / 一~疼痛=한 차례의 동통.

　◐ 败阵, 敌阵, 叫阵, 怯qiè阵, 陷xiàn阵, 疑yí阵

【阵地】 zhèndì (명) 1 (軍) 진지. 2 (비) 일선. ¶教育~=교육 일선.
【阵地战】 zhèndìzhàn (명)(軍) 진지전.
【阵发性】 zhènfāxìng (명)(醫) 발작성. ¶~关节痛=발작성 관절통.
【阵法】 zhènfǎ (명) 진법.
【阵风】 zhènfēng (명)(氣) 진풍.
【阵脚】 zhènjiǎo (명) 1 진두. 대열의 전열. 진지의 최전방. ¶压住~=진두를 확보하다. 2 (비) 전열. 정상적 위치. 본래의 위치. 집단 내부의 질서. ¶千万不能乱了~。=절대 내부의 질서가 흐트러져서는 안 된다.
【阵容】 zhènróng (명) 1 진용. ¶~齐整=진용이 고르다. 2 (비) 진용. 라인업. ¶这部电影的演出~非常强大。=이 영화의 출연 진용이 아주 강대하다.
【阵式】 zhènshì (명) 대형(队形). 포메이션(formation). ¶在这场足球比赛中, 我们队摆出了三五二~。=이 축구 경기에서 우리 팀은 3·5·2 포메이션을 펼쳤다.
【阵势】 zhèn·shì (명) 1 진세. 전투 대형. ¶演习~=전투 대형을 훈련하다. 2 광경. 정경. 장면. 상황. ¶这人山人海的~, 他是第一次看到。=이런 인산인해의 광경을 그는 처음 본다.
【阵痛】 zhèntòng (명) 1 (醫) 진통. 2 (비) 진통. 일시적인 혼란. [새로운 사물이 태어날 때의 일시

적인 곤란】 ¶对旧体制的改革, 难免会有~。=구체제에 대한 개혁에는 일시적인 혼란은 따르기 마련이다.
【阵亡】 zhènwáng 통 진망하다. 전몰하다. ¶~将士=전몰 장병.
【阵线】 zhènxiàn 명 1 전선. 2비 전선. 연합. 제휴. ¶反法西斯联合~=반파시스트 전선. 늑战线
【阵营】 zhènyíng 명 1 진영. 2비 진영. 동지. 그룹. [정치적 사회적 경제적으로 구분된 서로 대립되는 세력의 어느 한쪽] ¶革命~=혁명 진영.
【阵雨】 zhènyǔ 명 〈气〉 소나기.
【阵子】 zhèn·zi 양 일정 기간. ¶我們等了好一~他才来。=우리가 한참 기다려서야 그가 왔다.

## 纼[紖] zhèn 고삐 진

명문 1 소의 고삐. 2 고삐.

## 鸩¹[鴆] zhèn 짐새 짐

명(動) 짐새. [전설상의 독조(毒鳥). 그 깃으로 담근 술을 마시면 죽는다고 함]

## 鸩²[鴆, 酖] zhèn 독주 짐

명 짐독. 독주. ¶饮~止渴=짐독을 마시고 갈증을 멈추다. 통문 독살하다.
【鸩毒】 zhèndú 명 1 짐독. 2 독주. 3宴安~=안일을 추구하는 것은 짐독을 마시는 것과 같다. 통문 독살하다. 모해하다. ¶多所~=여러 곳에서 독살하다.
【鸩酒】 zhènjiǔ 명 짐주.

## **振 zhèn 진동할 진

통 1 흔들다. 진동시키다. ¶~翅高飞=날개를 치며 높이 날다. 2 떨쳐일어나다. 분발하다. ¶一蹶不~=넘어져서 다시 일어나지 못하다. 한번 좌절을 당한 후 다시 분발하지 못하다. /士气大~=사기가 크게 북돋우어지다. 3(物) 진동하다. ¶共~=공진(共鳴)하다.

○● 不振, 共振, 谐xié振

【振拔】 zhènbá 통문 (곤경으로부터) 벗어나다. 발을 빼다. ¶不自~=스스로 곤경에서 빠져 나오지 못하다.
【振臂】 zhènbì 통 팔을 들어올리다. 팔을 흔들다. [감정이 격앙하였음을 나타냄] ¶~一呼, 应者云集。=팔을 들어 크게 외치자 따르는 자가 운집하다.
【振荡】 zhèndàng 통 1 ☞【振动】 zhèndòng 2(电) 고주파로 교류시키다. 발진하다.
【振动】 zhèndòng 통(物) 진동하다. =【振荡】 zhèndáng
【振发】 zhènfā 통 1 떨쳐일으키다. 진작하다. 가다듬다. ¶精神时~起来。=정신이 갑자기 분발되다. 2 진흥하다. 떨쳐일으키다. 흥성하게 하다. ¶~家业=가업을 일으키다.
【振奋】 zhènfèn 통 분기하다. 분발하다. 진작하다. ¶群情~=대중의 감정이 분기하다. 통 용기

를 북돋우다. 고무〔격려〕하다. 진작시키다. ¶~精神=정신을 진작시키다. ↔萎靡 气馁
【振幅】 zhènfú 명(物) 진폭.
【振聋发聩】 zhènlóng-fākuì 성 1 귀머거리도 들릴 정도로 크게 말하다. 2비 (말 또는 글로) 어리석은 사람을 일깨우다. 얼빠진 사람을 자각시키다. 미개한 사람을 계몽하다. =【发聋振聩】 fālóng-zhènkuì
【振刷】 zhènshuā 통문 진작하다. 분발하다. ¶~精神=정신을 진작하다.
【振兴】 zhènxīng 통 진흥시키다. ¶~农业=농업을 진흥시키다.
【振振有词】【振振有辞】 zhènzhèn-yǒucí 성 (자신의 행위를 정당화하기 위해) 장황하게 말을 늘어놓다. 그럴듯하게 말하다. ↔理屈辞穷
【振振有辞】 zhènzhèn-yǒucí ☞【振振有词】 zhènzhèn-yǒucí
【振作】 zhènzuò 형 정신을 차리다. ¶他今天的情绪很不~。=그는 오늘 기분이 아주 가라앉았다. 통 진작시키다. 활기를 찾다. 분기〔분발〕하다. ¶~精神=기운을 내다. 늑抖擞

## 朕 zhèn 나 짐

대 1 짐. [진(秦) 이전에는 화자의 자칭으로 쓰였음. '我(나)'·'我的(나의)'에 상당함】 ¶~皇考曰伯庸。=나의 덕망이 높은 선친은 백용이라 한다. 2 황제의 자칭. [진시황부터 황제의 자칭으로 씀] 명문 징조.
【朕兆】 zhènzhào 명문 징후. 징조. 조짐.

## 赈[賑] zhèn 구휼할 진

통 (가난한 사람을) 돕다. 구제〔구휼〕하다. ¶开仓~饥=곡물 창고를 열어 빈민을 구제하다.
【赈济】 zhènjì 통 진제하다. 진휼(賑恤)하다. 흉년을 당하여 가난한 백성을 구제하다. ¶~灾民=이재민을 구제하다.
【赈捐】 zhènjuān 명 이재민 구제 의연금.
【赈款】 zhènkuǎn 명 진휼금(賑恤金). 구호금. 구제 기금.
【赈务】 zhènwù 명 이재민 구제 업무.
【赈恤】 zhènxù 통문 진휼하다. 구제하다.
【赈灾】 zhènzāi 통 이재민을 구제하다. ¶拨款~=돈을 내서 이재민을 구제하다.

## 揕 zhèn 찌를 침

통문 (도검 따위로) 찌르다.

## 瑱 zhèn 귀고리 옥 전

명 귀고리에 단 옥.

## **震 zhèn 천둥 진

명 1 천둥. 우레. 2(地) 지진. ¶抗~救灾=지진 피해 복구. 3 팔괘의 하나. 상형은 '☳'로, 우레를 상징함] 통 1 진동하다. 진동시키다. ¶地~=지진. /威~四海=온 천하에 위엄이 진동하다. 2 크게 놀라다. 몹시 흥분하다. ¶大为~惊=크게 놀라다.

◐● 爆bào震, 防震, 海震, 抗kàng震, 余震

【震波】zhènbō ☞【地震波】dìzhènbō
【震颤】zhènchàn 동 1 떨다. 떨리다. ¶浑身~=온몸을 떨다. 2 진동시키다. 흔들다. ¶喷发的火山~着大地. =분출하는 화산이 대지를 진동시킨다.
【震旦】Zhèndàn 명 진단. [고대 인도인들의 중국에 대한 호칭]
【震旦纪】Zhèndànjì 명(地) 진단계. [선캄브리아기 후기에 생성된 지층. 이 시기에 조류(藻類)와 하등 동물이 나타남]
【震荡】zhèndàng 동 진동하다. 동요하다. 요동치다. ¶经济~=경제가 요동치다.
【震动】zhèndòng 동 1 진동하다. ¶地面突然~了起来. =지면이 갑자기 진동하기 시작했다. 2 (중대한 일이나 소식이) 반향을 불러일으키다. 충격[쇼크]을 주다. 울려 퍼지다. 뒤흔들다. ¶这可是一件~全国的大事. =이것은 전국을 뒤흔들 아주 큰 사건이다. ≒震撼
【震耳】zhèn'ěr 동 (거대한 소리가) 귀를 진동하다. 쩌렁쩌렁 울리다. ¶雷声~=천둥 소리가 쩌렁쩌렁 울리다.
【震耳欲聋】zhèn'ěryùlóng 성 귓청이 터질 것 같이 소리가 크다. 고막까지 울리다. ↔万籁俱寂
【震感】zhèngǎn 명(地) 지진의 감도.
【震古烁今】[震古铄今] zhèngǔ-shuòjīn 성 1 옛 사람을 놀라게 하고 당대를 빛내다. 2(비) 세상을 떠들썩하게 하다. 업적이 탁월하다.
【震古铄今】zhèngǔ-shuòjīn ☞【震古烁今】zhèngǔ-shuòjīn
【震骇】zhènhài 형 몹시 놀라게 하다. 간담을 서늘케 하다. ¶令人~=사람을 몹시 놀라게 하다.
【震撼】zhènhàn 동 진동시키다. 뒤흔들다. 흥분[감동]시키다. ¶~人心=마음을 감동시키다. 흥분시키다. ≒震动
【震撼天地】zhènhàn-tiāndì ☞【震天动地】zhèntiān-dòngdì
【震级】zhènjí ☞【地震震级】dìzhèn zhènjí
【震惊】zhènjīng 형 깜짝 놀라게 하다. 경악게 하다. ¶极为~=몹시 놀라다. 동 놀라게 하다. ¶~海内外=국내외를 놀라게 하다.
【震恐】zhènkǒng 동 겁먹다. 질겁하다. 대경실색하다. ¶盗匪因之~. =이로 인하여 도적이 질겁하였다.
【震例】zhènlì 명 지진의 사례.
【震栗】zhènlì 동 전율하다. 두려워 떨다.
【震怒】zhènnù 동 진노하다. ¶大为~=크게 진노하다.
【震情】zhènqíng 명 지진으로 인한 재해 상황. ¶~严重=지진 피해가 심각하다.
【震区】zhènqū 명 진역. 지진 발생 지역.
【震慑】zhènshè 동 진섭하다. 두려워 떨게 하다. 겁먹게 하다. ¶~力量=겁먹게 하는 힘.
【震烁】zhènshuò 동(문) (사업이나 공적 등이) 진동시키며 찬란한 빛을 발하다. ¶~千古=천고에 빛나다.

【震悚】zhènsǒng 동(문) 두려워 떨다. 소름끼치게 하다.
【震天动地】zhèntiān-dòngdì 성 1 진천동지. 천지를 뒤흔들다. 2 위력이나 기세를 천하에 떨치다. =【震天撼地】zhèntiān-hàndì【震撼天地】zhènhàn-tiāndì
【震天撼地】zhèntiān-hàndì ☞【震天动地】zhèntiān-dòngdì
【震响】zhènxiǎng 동 진향하다. 울리다. ¶锣鼓~=징과 북을 울리다. 명 귀청이 떨어질 듯한 큰 소리. ¶一声~, 惊醒了熟睡的人们. =귀청이 떨어질 듯한 큰 소리가 깊이 잠든 사람을 깨어나게 하였다.
【震音】zhènyīn 명(音) 진음(震音). 트레몰로 (tremolo).
【震源】zhènyuán 명(地) 진원.
【震灾】zhènzāi 명 진재. 지진 재해.
【震中】zhènzhōng 명(地) 진앙.

**镇[鎮]** zhèn 진압할 진
동 1 누르다. ¶一方~纸=문진 한 개. 2 누르다. 진정시키다. 가라앉히다. 안정시키다. ¶他几句简单的话就把在场的给~住了. =그는 간단한 몇 마디로 그 자리에 있는 사람들을 진정시켰다. 3 제압하다. 제재하다. ¶武力~压=무력으로 진압하다. 4 무력으로 지키다. 무력으로 질서를 유지하다. ¶坐~边关=변방의 요새를 주둔하며 지키다. 5 (얼음이나 냉수로) 차게 하다. 얼리다. ¶冰~啤酒=차게 한 맥주. 형 1 안정되다. 평온하다. 냉정하다. 침착하다. 태연하다. ¶内心~定=내심 태연하다. 2 꼬박. 만(滿). 온내내. [부분이 아닌 전체의 시간을 가리킴. 주로 조기 백화문에 보임] ¶~日闲逛=종일 하릴없이 돌아다니다. 부 늘. 항상. 언제나. [주로 조기 백화문에 보임] ¶十年~相随. =10년을 늘 따라다니다. 명 1 (군대의) 주둔지. 수비 지역. ¶军事重~=군사 요충지. 2 장이 서는 읍. 읍내. 농촌의 비농업(非農業) 인구 거주 지역. ¶他去~上卖菜去了. =그는 읍내에 채소를 팔러 나갔다. 3 진. [현 관할에 속하는 행정 단위] ¶城~=도시와 읍. / 乡~企业=향진 기업. 농촌 기업. 4 (Zhèn) 성(姓).

◐● 城镇, 村镇, 藩fān镇, 集镇, 市镇, 乡镇

【镇尺】zhènchǐ 명 문진(文镇). 서진(書镇).
【镇定】zhèndìng 형 침착하다. 냉정하다. 차분하다. 태연하다. ¶神色~=표정이 차분하다. 동 진정시키다. (흥분을) 가라앉히다. (감정을) 누그러뜨리다. ¶~情绪=감정을 가라앉히다. ≒镇静 冷静 沉着 ↔惊慌 慌乱 慌张 着慌 张皇
【镇定自若】zhèndìng-zìruò 성 더할 나위 없이 차분하고 침착하다.
【镇伏】zhènfú ☞【镇服】zhènfú
【镇服】zhènfú 동 굴복시키다. 무릎을 꿇게 하다. 협박하여 항복하게 하다. =【镇伏】zhènfú ¶他一声大吼, 把酗酒闹事的几个人~住了. =그는 고함을 질러 술 취해서 난동부리는 몇 사람

【镇唬】zhèn·hu 통㉠ 겁주다. 으르다. 위협하다. ¶你想~我, 没门儿!＝네가 날 겁주려고? 어림없지.

【镇痉】zhènjìng 통(醫) 진경하다. 경련을 가라앉히다.

【镇静】zhènjìng 형 냉정하다. 침착하다. 차분하다. 태연하다. ¶~自如＝태연자약하다. 통 진정하다. 마음을 가라앉히다. ¶~些, 别慌张. ＝당황하지 말고 진정해. 늑镇定 冷静 沉着 ↔慌张

【镇静剂】zhènjìngjì 명(醫) 진정제.

【镇流器】zhènliúqì 명(電) 안정기.

【镇日】zhènrì 명 진(종)일. (온)종일. [주로 조기 백화문에 보임] ¶~游荡＝온종일 한가하게 돌아다닌다.

【镇慑】zhènshè 통 위세로써 굴복[복종]하게 하다. ¶~人心＝사람들을 두려움에 떨게 하다.

【镇守】zhènshǒu 통 진수하다. (군사 요지에) 군대를 주둔시켜 지키다. ¶~要津＝중요한 길목을 군대를 주둔시켜 지키다.

【镇痛】zhèntòng 통 진통하다. 통증을 가라앉혀 멎게 하다. ¶~效果＝진통 효과.

【镇痛剂】zhèntòngjì 명(醫) 진통제.

【镇物】zhènwù 명 액막이를 하는 물건. 귀신을 쫓는 물건.

【镇星】zhènxīng 명(天) 진성. [중국 고대에 토성(土星)을 가리킴]

【镇压】zhènyā 통 1 진압하다. 평정하다. [주로 정치에 쓰임] ¶~叛乱＝반란을 진압하다. 2 (정권 전복을 기도한 자를) 처형하다. 3 (農) (파종 후나 식수를 한 뒤 주위의 흙을) 다지다. 밟다. ↔掀起

【镇宅】zhènzhái 명(俗) 집을 지을 때 액막이를 하기 위해 집 모퉁이에 묻어 둔 물건.

【镇长】zhènzhǎng 명 진장. [우리 나라의 면장에 해당함]

【镇纸】zhènzhǐ 명 문진(文鎭). 서진(書鎭).

【镇住】zhènzhù 통 (위세나 사리에 맞는 말로) 복종시키다. 제압하다. 누르다. ¶经理几句话就把他~了. ＝사장은 몇 마디 말로 그를 제압하였다.

【镇子】zhèn·zi 명㉠ 장이 서는 읍.

## zheng

丁 zhēng 소리의 형용 정
☞ dīng

【丁丁】zhēngzhēng 의성(音) 쩡쩡. 딩딩. [나무를 베거나, 바둑을 두거나, 거문고를 타는 소리] ¶伐木~＝벌목 소리가 쩡쩡거리다.

**正** zhēng 정월 정
명 정월. ¶新~＝신정.
☞ zhèng

【正旦】zhēngdàn 명㉠ 정단. 원단(元旦). 음력 정월 초하루.
☞ zhèngdàn

【正月】zhēngyuè 명 정월.

**争** zhēng 다툴 쟁

통 1 쟁탈하다. 다투다. ¶~冠军＝우승을 다투다. / 分秒必~＝분초를 다투다. 일분 일초도 소홀히 하지 않다. 2 겨루다. 싸우다. ¶战~＝전쟁하다. / 明争暗斗＝음으로 양으로 다투다. 3 논쟁하다. 말다툼하다. ¶论~＝논쟁하다. / ~个不休＝언쟁이 그치지 않다. 4(方) 모자라다. 부족하다. 차이나다. ¶还~八十元不到一千. ＝80위안이 부족한 1천 위안이다. 튁 어찌. [주로 시·사·곡에 보임] ¶~知＝어찌 알겠는가? ↔让

| ☞ 争 zhēng |
|---|
| 筝 zhēng |
| 净 zhèng |
| 铮 zhēng |
| 狰 zhēng |
| 琤 chēng |
| 净 jìng |
| 静 jìng |

○● 斗dòu争, 纷争, 竞jìng争, 论争, 内争, 战争

【争霸】zhēngbà 통 패권을 다투다〔쟁탈하다〕. ¶~天下＝천하의 패권을 다투다.

【争辩】zhēngbiàn 통 쟁변하다. 쟁론하다. 논쟁하다. 변론하다. ¶无可~＝논쟁의 여지가 없다. 늑辩论

【争长竞短】zhēngcháng-jìngduǎn ☞【争长论短】zhēngcháng-lùnduǎn

【争长论短】zhēngcháng-lùnduǎn 성 작은 쟁점으로 논쟁하다. 사소한 일로 옥신각신하다. ＝【争长竞短】zhēngcháng-jìngduǎn

【争吵】zhēngchǎo 통 말다툼하다. 큰 소리로 언쟁하다. ¶~不休＝언쟁이 그치지 않다.

【争持】zhēngchí 통 팽팽하게 맞서다. 서로 양보하지 않다. 서로 지지 않으려고 하다. ¶双方~不下. ＝쌍방이 서로 팽팽하게 맞서며 양보하지 않다.

【争宠】zhēngchǒng 통 총애를 받으려고 다투다. ¶竞相~＝서로 다투어 총애를 받으려고 하다.

【争创】zhēngchuàng 통 (성적이나 업적을) 이룩하려고 노력하다. ¶~文明城市＝문명 도시를 이룩하려고 노력하다.

【争斗】zhēngdòu 통 1 싸우다. 다투다. 2 대항하다. 투쟁하다. 쟁투하다. ¶两队激烈~, 最终难分胜负. ＝두 팀은 격렬하게 대항하였으나 결국 승부를 가르지 못했다.

【争端】zhēngduān 명 쟁단. 분쟁의 실마리. ¶国际~＝국제적 쟁단.

【争夺】zhēngduó 통 쟁탈하다. 다투다. ¶~权力＝권력을 쟁탈하다. ↔谦让

【争夺战】zhēngduózhàn 명 1(軍) 쟁탈전. 2 시합. ¶市场~＝시장 쟁탈전.

【争分夺秒】zhēngfēn-duómiǎo 성 분초를 다투다. 일분 일초도 소홀히 하지 않다. 늑只争朝夕

【争风吃醋】zhēngfēng-chīcù 성 질투로 다투다. 시새움으로 티격태격하다. [주로 남녀 관계에 쓰임]

【争锋】zhēngfēng 동 교전하다. 우승을 다투다. ¶两军~=양군이 교전하다.

【争购】zhēnggòu 동 다투어 구매하다. ¶~科技股=과학 기술주를 다투어 사다.

【争光】zhēng∥guāng 동 영예를 빛내다. 영예를 다투다. ¶为国~=국가를 위해 영예를 다투다. ↔抹黑

【争衡】zhēnghéng 동문 기량을 겨루다. 승패를 다투다. ¶楚汉~=초나라와 한나라가 승패를 겨루다.

【争斤论两】zhēngjīn-lùnliǎng 성 세세하게 따지다. 까다롭게 굴다. 실랑이하다.

【争竟】zhēng·jing 동방 세세하게 따지다. 승강이하다. 논쟁하다. 다투다. ¶这么点儿小事, 有啥~的.=이런 사소한 일로 다툴 게 뭐가 있소?

【争脸】zhēng∥liǎn 동 체면[면목]을 세우다. =【争面子】zhēng miàn·zi ¶你儿子考上了重点大学, 可真是为你~了.=당신 아들이 일류 대학에 합격하였으니, 정말 당신 체면을 세워 주었구려.

【争论】zhēnglùn 동 변론하다. 쟁론하다. 쟁하다. 논쟁하다. ¶~是非=시비를 쟁론하다. ≒争议 辩论

【争面子】zhēng miàn·zi ☞【争脸】zhēng∥liǎn

【争名夺利】zhēngmíng-duólì 성 명리를 다투다.

【争鸣】zhēngmíng 동 1 (새가) 다투어 지저귀다. ¶百鸟~=온갖 새들이 다투어 지저귀다. 2 비 자기의 학설이나 주장을 자유롭게 발표하여, 논쟁하고 토론하다. ¶百家~=백가쟁명.

【争闹】zhēngnào 동 말다툼하다.

【争能】zhēngnéng 동 재능 또는 기량을 겨루다. ¶逞强~=능력을 과시하고 기량을 다투다.

【争奇斗艳】zhēngqí-dòuyàn 성 각종 꽃들이 저마다 아름다움을 뽐내다.

【争气】zhēng∥qì 동 1 잘 하려고 애쓰다. 지지 않으려고 애쓰다. 분발하다. ¶这孩子打上小学就~, 没让父母操心.=이 아이는 어려서부터 학교 다니면서 분발하여 부모에게 걱정을 끼치지 않았다. 2 명예를[체면을] 세우다. ¶为国人~=국민을 위해 명예를 세우다.

【争强】zhēngqiáng 동 강자가 되려고 애쓰다. 남을 이기려고 애쓰다. ¶~斗狠=남을 이기려고 악착같이 경쟁하다.

【争强好胜】zhēngqiáng-hàoshèng 성 항상 남을 이기려고 하다. 승부욕이 강하다.

【争抢】zhēngqiǎng 동 앞을 다투어 빼앗다. 쟁탈하다. ¶~食物=음식물을 앞을 다투어 빼앗다.

【争球】zhēngqiú 명체 점프 볼.

【争取】zhēngqǔ 동 1 쟁취하다. 얻어 내다. 따내다. ¶~荣誉=영예를 쟁취하다. 2 실현하기 위해 노력하다. …하려고 힘쓰다. ¶~提前竣工.=조기 준공하려고 힘쓰다.

【争权夺利】zhēngquán-duólì 성 권력과 이익을 위해 다투다.

【争上游】zhēng shàngyóu 동 다투어 우수한 성적을 따내려고 노력하다. 서로 앞을 다투다.

【争胜】zhēngshèng 동 (경쟁에서) 이기려고 노력하다. 승리를 다투다. ¶好(hào)强~=남을 이기려고 하다.

【争头】zhēng·tou 명구 쟁취할 만한 가치가 있는 것. ¶这事没有什么~.=이 일은 별로 쟁취할 만한 가치가 없다.

【争讼】zhēngsòng 동 소송을 일으키다.

【争先】zhēngxiān 동 앞을 다투다. ¶人人~=모두들 앞을 다투다.

【争先恐后】zhēngxiān-kǒnghòu 성 뒤질세라 앞을 다투다.

【争闲气】zhēng xiánqì 동 사소한 일로 승강이하다. 사소한 일로 말다툼하다. ¶为这点小事儿~, 不值得.=이런 조그만 일로 승강이하는 것은 쓸데없다.

【争相】zhēngxiāng 부 서로 다투어. ¶~举手提问=서로 다투어 손을 들고 질문을 하다.

【争雄】zhēngxióng 동 패권을 다투다. 패자가 되려고 노력하다. ¶赛场~=경기장에서 패권을 다투다.

【争艳】zhēngyàn 동 다투어 아름다움을 뽐내다. ¶百花~=온갖 꽃들이 다투어 아름다움을 뽐내다.

【争议】zhēngyì 동 쟁의하다. 논의하다. 쟁론하다. 논쟁하다. ¶他是无可~的第一名.=그는 논의의 여지가 없는 일등이다. 명 이견. 다른 의견. ¶大家如果有~, 可以举手发言。=여러분들께서 만약 이견이 있다면 손을 들고 발언하세요. ≒争论

【争战】zhēngzhàn 동 전쟁하다. 싸우다. ¶两国长期~.=두 나라는 장기간 싸우고 있다.

【争争吵吵】zhēng·zheng chǎochǎo 동 말다툼하다. 큰 소리로 언쟁하다.

【争执】zhēngzhí 동 서로 자기의 의견을 고집하다. …와 논쟁하다. ¶双方各持己见, ~不下.=쌍방이 각자 자기의 의견을 고집하며 팽팽히 맞서다.

【争嘴】zhēng∥zuǐ 동방 1 말다툼하다. 논쟁하다. ¶小两口又~了.=젊은 부부는 또 말다툼한다. 2 먹을 것을 다투다. 남의 음식을 빼앗다. ¶这两个小猪最爱~.=이 새끼돼지 두 마리가 가장 먹을 것을 다툰다.

## 征[1] zhēng 정벌할 정

동 1 먼길을 가다. 장도(長途)에 오르다. [주로 군대의 출병을 가리킴] ¶长~=장정. 2 정벌하러 가다. 토벌하러 출병하다. ¶出~=출정하다.

## 征[2] [徵] zhēng 부를 징

동 1 소집하다. 징집하다. [주로 정부가 공민에 대해 실시하는 것을 가리킴] ¶应~=소집에 응하다. 2 (정부가) 징수하다. 거두다. ¶横~暴敛=과도한 세금을 마구 징수하다. 3 구하다. 모집하다. ¶~文比赛=문학 작품 공모 대회. 서 1 통 증명하다. 검증하다. ¶信而有~=믿을 만한 증거가 있다. 2 현상. 흔적. 자취. ¶象~=상

징. / 特~＝특징. ↳伐 讨
☞ zhǐ (徵)

○● 病征, 从征, 缓huǎn征, 开征, 亲征, 秋征, 远征

【征兵】 zhēng‖bīng 〔动〕 징병하다.
【征尘】 zhēngchén 〔名〕 **1** 행군시에 뒤집어쓴 먼지. **2** 여독. ¶杯酒洗~。＝술로써 여독을 씻다.
【征程】 zhēngchéng 〔名〕 정도. ↳征途
【征地】 zhēng‖dì 〔动〕 (국가가 법에 따라) 토지를 징발하다.
【征调】 zhēngdiào 〔动〕 징발하다. 징용하다. ¶~救灾粮款＝이재민 구호 물자를 징발하다.
【征订】 zhēngdìng 〔动〕 예약 구독을 모집하다. ¶~单＝예약 구독 리스트.
【征发】 zhēngfā 〔动〕〔旧〕 징발하다.
【征伐】 zhēngfá 〔动〕 정벌하다. 토벌하다. ¶~叛军＝반군을 정벌하다. ↳征讨
【征帆】 zhēngfān 〔动〕 정범. 멀리 가는 배. ¶~远航＝정범이 원양 항해하다.
【征夫】 zhēngfū 〔名〕〔旧〕 **1** 정부. 전쟁터로 나가는 군사. ¶将军白发~泪。＝장군은 백발이 되고, 전쟁에 나가는 병사는 눈물을 흘린다. **2** 정부. 먼길을 가는 남자. ¶~行而未息。＝먼길을 가는 남자는 쉬지 않고 간다.
【征服】 zhēngfú 〔动〕 **1** 정복하다. 굴복시키다. ¶~敌人＝적을 정복하다. **2**〔旧〕 정복하다. 극복하다. ¶~大自然＝대자연을 정복하다. **3** 마음을 사로잡다. 매혹[매료]시키다. ¶他动情的演唱~了听众。＝그는 감동적인 노래를 불러 청중들을 매료시켰다. ↔屈服
【征稿】 zhēnggǎo 〔动〕 투고(기고)를 모집하다. ¶~启事＝투고 모집 공고.
【征购】 zhēnggòu 〔动〕 (토지나 제품을) 매상하다. 수매하다.
【征购粮】 zhēnggòuliáng 〔名〕 식량을 매상하다.
【征管】 zhēngguǎn 〔动〕 **1** (원래 개인 소유의 광산이나 건물을) 징발하여 관리하다. ¶抗战时期部队一度~了私人码头。＝항일 전쟁 시기에 부대가 한때 개인 부두를 징발하여 관리하였다. **2** (세수나 공출미 등을) 징수하여 관리하다. ¶加强税收~工作＝세수 징수 관리를 강화하다.
【征候】 zhēnghòu 〔名〕 징후. ¶事先未发现一丝~。＝사전에 조그마한 징후도 발견하지 못하였다. ↳征兆
【征婚】 zhēng‖hūn 〔动〕 (매체를 통하여) 공개 구혼하다.
【征集】 zhēngjí 〔动〕 **1** (자료나 문물을) 구하다. 모집하다. 징집하다. ¶~历史文物＝역사 문물을 징집하다. **2** 모집하다. ¶~奥运会服务人员＝올림픽 대회 도우미를 모집하다.
【征剿】 zhēngjiǎo 〔动〕 토벌하여 섬멸하다. ¶~残匪＝비적 잔당을 토벌하여 섬멸하다.
【征粮】 zhēng‖liáng 〔动〕 (국가가) 식량을 징수하다.
【征募】 zhēngmù 〔动〕 (사병을) 모집. 징모하다.

【征聘】 zhēngpìn 〔动〕 공개적으로 초빙하다. ¶~会计师＝회계사를 공개 초빙하다.
【征求】 zhēngqiú 〔动〕 (서면이나 구두로) 탐방하여 구하다(묻다). ¶~意见＝의견을 구하다. ↳征询
【征人】 zhēngrén 〔名〕〔旧〕 정인. 정부(征夫). 출정하는 사람. 먼길을 가는 남자.
【征实】 zhēngshí 〔动〕 현물〔실물〕로 징수하다. [토지세를 현물로 징수하는 것을 가리킴]
【征收】 zhēngshōu 〔动〕 (공출미나 세금을) 징수하다. ¶~个人所得税＝개인 소득세를 징수하다. ↔缴纳
【征税】 zhēngshuì 〔动〕 징세하다. 세금을 징수하다.
【征讨】 zhēngtǎo 〔动〕 징벌하다. 토벌하다. ↳征伐 讨伐
【征途】 zhēngtú 〔名〕 **1** 정도. 멀리 가는 길. 여행길. **2** 정도. 정벌하러 가는 길. 출정의 길. **3**〔比〕 (목표를 실현하기 위한 장기간 노력이 필요한) 역정. ¶实现现代化的~＝현대화를 실현하는 역정. ↳征程
【征文】 zhēngwén 〔动〕 시문 원고를 공모하다. 〔名〕 공모한 글.
【征象】 zhēngxiàng 〔名〕 징후. ↳征候
【征询】 zhēngxún 〔动〕 (의견을) 구하다. ↳征求
【征引】 zhēngyǐn 〔动〕 인용하다. 인증하다. ¶~翔实＝인용이 상세하고 정확하다.
【征用】 zhēngyòng 〔动〕 징용하다. 징발하다.
【征战】 zhēngzhàn 〔动〕 싸움터로 나가다. 출정하다. 원정을 나가다.
【征召】 zhēngzhào 〔动〕 **1** 징집하다. 소집하다. **2**〔旧〕 관직에 임명하다. 불러서 임용하다.
【征兆】 zhēngzhào 〔名〕 징조. 징후. 조짐. ¶不祥的~＝불길한 징조. ↳先兆

*怔 zhēng 두려워할 정
아래를 참조.
☞ zhèng

【怔忡】 zhēngchōng 〔动〕〔医〕 가슴이 울렁거리고 불안하다. [중의학에서 심계항진을 가리킴]
【怔营】 zhēngyíng 〔动〕 몹시 불안해하다. 공포에 떨다.
【怔忪】 zhēngzhōng 〔动〕 겁에 질리다. 두려워하다. ¶~不安＝두렵고 불안하다.

*挣 zhēng 몸부림칠 쟁
☞ zhèng

【挣扎】 zhēngzhá 〔动〕 발버둥치다. 몸부림치다. 발악하다. ¶垂死~＝최후까지 발버둥을 치다. 사력을 다하다. 마지막 발악을 하다.

峥 zhēng 험준할 쟁
아래를 참조.

【峥嵘】 zhēngróng 〔形〕 **1** 산세가 험준하고 우뚝하다. ¶怪石~＝괴석이 높고 우뚝하다. **2** (재주나 품격 등이) 뛰어나다. 걸출하다. 비범하다. ¶头角~＝재능이 두드러지다.

**【峥嵘岁月】** zhēngróng-suìyuè 숙 다사한 세월. 파란만장한 세월. 잊혀지지 않는 세월.

**狰** zhēng 사나울 쟁
**【狰狞】** zhēngníng 형 (용모가) 흉악하다.

**钲[鉦]** zhēng 징 정
명(音) 징. [고대의 타악기의 하나. 종보다 작고 자루가 있으며, 주로 행군시 쓰임]

**症[癥]** zhēng 적취 징
⇒ zhèng
**【症结】** zhēngjié 명 1(醫) 적취(積聚). 적기(積氣). 응어리. 2(比) (일의) 문제점. 응어리. 난점. 매듭. 해결하기 힘든 결정적인 원인. ¶只有弄清问题的~所在，才能对症下药。= 문제의 결정적인 원인이 어디에 있는가를 똑똑히 알아야 정확한 처방을 할 수 있다.

**烝** zhēng 많을 증
형용 많다.

**睁** zhēng 눈 크게 뜰 정
동 (눈을) 크게 뜨다. ¶~大双眼=두 눈을 크게 뜨다. ↔闭
**【睁眼瞎(子)】** zhēngyǎnxiā(·zi) 명비 눈 뜬 장님. 당달봉사. 청맹과니. 까막눈이. 문맹.
**【睁一眼，闭一眼】** zhēng yī yǎn, bì yī yǎn ☞ **【睁只眼，闭只眼】** zhēng zhī yǎn, bì zhī yǎn
**【睁一只眼，闭一只眼】** zhēng yī zhī yǎn, bì yī zhī yǎn ☞ **【睁只眼，闭只眼】** zhēng zhī yǎn, bì zhī yǎn
**【睁着眼睛说瞎话】** zhēng·zhe yǎn·jing shuō xiāhuà 숙 눈 뜨고 허튼소리하다. 뻔뻔스러운 거짓말을 하다. 새빨간 거짓말을 하다.
**【睁只眼，闭只眼】** zhēng zhī yǎn, bì zhī yǎn 숙비 보고도 못 본 체하다. 눈감아 주다. =**【睁一只眼，闭一只眼】** zhēng yī zhī yǎn, bì yī zhī yǎn **【睁一眼，闭一眼】** zhēng yī yǎn, bì yī yǎn

**铮[錚]** zhēng 쇳소리 쟁
아래를 참조.
☞ zhèng
**【铮鏦】** zhēngcōng 의용 쟁그랑. 댕그랑. [쇠붙이가 부딪는 소리] ¶~作响=쟁그랑거리다.
**【铮铮】** zhēngzhēng 의용 쟁그랑. 댕그랑. 철거덕. [쇠붙이 등이 부딪는 소리] ¶~悦耳=쟁쟁 맑게 울리다. 형용 쟁쟁하다. ¶~铁汉=쟁쟁한 사나이이다.

**筝**¹ zhēng 쟁 쟁
명(音) 쟁.

**筝**² zhēng 풍경 쟁

☞ **【风筝】** fēngzhēng

**蒸** zhēng 찔 증
동 1 증발하다. 김이 오르다. ¶云~霞蔚=구름이 뭉게뭉게 피어오르고 노을이 짙게 비끼다. 2 찌다. ¶~馒头=만두우를 찌다.

○● 骨蒸, 清蒸, 熏xūn蒸, 粉肉蒸, 水蒸气

**【蒸饼】** zhēngbǐng 명 증병. 증편.
**【蒸发】** zhēngfā 동 1(物) 증발하다. 2(比) 증발하다. 종적이 없이 사라진다. ¶这家伙一夜之间突然~了。= 이 녀석이 하룻밤 사이에 갑자기 증발하였다.
**【蒸锅】** zhēngguō 명 찜솥. 찜통. 시루.
**【蒸饺】** zhēngjiǎo (~儿) 명 찐만두.
**【蒸馏】** zhēngliú 동(物) 증류하다.
**【蒸馏水】** zhēngliúshuǐ 명 증류수.
**【蒸笼】** zhēnglóng 명 찜통. [대나무나 나무로 만듦]
**【蒸馍】** zhēng ‖ mó 동비 만두우를 찌다.
**【蒸馍】** zhēngmó 명비 찐 만두우.
**【蒸气】** zhēngqì 명(物) 증기.
**【蒸气田】** zhēngqìtián 명(地) 지열전(地熱田). =**【热气田】** rèqìtián
**【蒸汽】** zhēngqì ☞ **【水蒸气】** shuǐzhēngqì
**【蒸汽锤】** zhēngqìchuí 명(機) 증기 망치. 스팀 해머(steam hammer). =**【汽锤】** qìchuí
**【蒸汽机】** zhēngqìjī 명(機) 증기 기관. 스팀 엔진. =**【汽机】** qìjī
**【蒸汽浴】** zhēngqìyù 명 사우나(sauna).
**【蒸沙成饭】** zhēngshā-chéngfàn 숙 1 모래를 쪄서 밥을 짓다. 2(比) 불가능한 일. 실현 가능성이 없는 일. =**【蒸沙作饭】** zhēngshā-zuòfàn
**【蒸沙作饭】** zhēngshā-zuòfàn ☞ **【蒸沙成饭】** zhēngshā-chéngfàn
**【蒸食】** zhēng·shi 명 (만두우·찐빵 등) 쪄서 먹는 밀가루 음식의 총칭.
**【蒸腾】** zhēngténg 동 김이 오르다. ¶水气~=물이 증발하다. 기화하다.
**【蒸蒸】** zhēngzhēng 형용 1 무럭무럭. [열기가 올라가는 모양] 2 번영하고 진보하는 모양.
**【蒸蒸日上】** zhēngzhēng-rìshàng 숙 날로 번영[번창]하다. 빠르게 진보하다. ≒欣欣向荣 ↔每况愈下 江河日下 日暮途穷

**鬇** zhēng 머리털 흐트러질 쟁
**【鬇鬡】** zhēngníng 형용 머리가 더부룩한 모양.

**鲭[鯖]** zhēng 오후청 청
명 오후청(五侯鲭). [생선과 고기를 함께 조리한 요리]
☞ qīng

**拯** zhēng 건질 증
동 구조하다. 구제하다. ¶~民于水火之中。= 도탄에 빠진 백성을 구제하다.
**【拯救】** zhěngjiù 동 구조하다. 구출하다. 구해

수술.
【整式】zhěngshì 图(數) 정식.
【整饰】zhěngshì 图 정돈하여 꾸미다. 수리하고 장식하다. 새롭게 꾸미다. 단장하다. ¶店面~一新. =가게를 새롭게 단장하였다.
【整数】zhěngshù 图 1 정수. 2 (數) 정수.
【整肃】zhěngsù 图(巨) 숙정하다. 정돈하다. 강화하다. ¶~校纪=학교의 기율을 강화하다. 图 장엄하다. 엄숙하다. ¶军容~=군대의 위용이 장엄하다.
【整套】zhěngtào 图 완전한 한 벌. 계통을 이룬 한 세트. ¶~施工计划=풀 세트 시공 계획.
【整体】zhěngtǐ 图 1 (한 집단의) 전부. 전체. 총체. ¶~利益=전체 이익. 2 일체. ¶铸模是不可分割的~. =주물 모형은 나눌 수 없는 일체형이다. ≒总体 ↔局部 个体 部分
【整天】zhěngtiān 图 (온)종일. 진(종)일. 꼬박 하루. 하루 종일. ¶忙了~, 活儿也算干完了. =꼬박 하루가 걸려서야 간신히 일을 끝냈다. 图 종일. 한참동안. [지속되는 시간이 오램을 나타냄] ¶~忙碌=종일 바쁘다.
【整托】zhěngtuō 图 전탁(全託)하다. 온종일 맡기다.
【整形】zhěng∥xíng 图(醫) 정형하다.
【整休】zhěngxiū 图 정비를 위하여 휴식하다. ¶部队需要~一段时间. =부대는 한동안 휴식 시간이 필요하다.
【整修】zhěngxiū 图 보수하다. 정비하다. 재건하다. 수복하다. 원상태로 회복시키다. ¶~防洪大堤=홍수 방지 제방을 수복하다.
【整宿】zhěngxiǔ 图(子) 온밤. 밤사이. 철야. ¶他一~都没睡着. =그는 온밤 내내 잠을 못 잤다.
【整训】zhěngxùn 图 강화 훈련하다. 재정비 교육하다. ¶~干部=간부를 재정비 교육하다.
【整夜】zhěngyè 图 온밤. 밤사이. 철야. ¶~未眠=밤새도록 잠을 이루지 못하다.
【整月】zhěngyuè 图 꼬박 한 달. ¶整年~=일년 내내.
【整张】zhěngzhāng 图 온장. 전지. ¶~报纸=전지 신문.
【整整】zhěngzhěng 图 온전히. 꼬박. ¶这部小说他~写了两年. =이 소설은 그가 꼬박 이 년을 썼다.
【整整齐齐】zhěng·zheng qíqí 图 1 정연하다. 단정하다. 깔끔하다. 2 고르다. 가지런하다. 평균적이다. 나란하다. 3 완전히 갖추어지다. 완비되다. 4 (외형이) 규칙적이다. 한결같다. 동일하다. 가지런하다.
【整枝】zhěng∥zhī 图 정지하다. 가지치기하다.
【整治】zhěngzhì 图 1 회복시키다. 양호하게 하다. 복원하다. 다스리다. ¶~污染河流=오염된 강물을 복원하다. 2 혼내 주다. 본때를 보여 주다. ¶他如果再胡来, 我就~~他. =그는 만약 다시 함부로 굴면 반드시 본때를 보여 주어야 한다. 3 (…의 일을) 하다. 가꾸다. ¶~庄稼=농작물을 가꾸다.
【整装】zhěngzhuāng 图 행장을〔장비를〕 꾸리다. 채비를 갖추다. ¶~待命=행장을 꾸리고 대기하다. ≒束装
【整装待发】zhěngzhuāng-dàifā 图 행장을 꾸리고 출발을 기다리다.

**正** zhèng 바를 정
图 1 바르다. ¶~北=정북(방). / ~前方=정전방. 2 위치가 중간인. ¶~院儿=집 중앙의 뜰. 3 표준적인. 표준에 부합하는. ¶字迹端~=필적이 단정하다. 4 정직하다. 정당하다. ¶公~=공정하다. / 义~词严=이치가 정당하고 말이 날카롭고 엄숙하다. 5 (빛깔이나 맛이) 순수하다. 순정하다. ¶这味儿很~. =이 맛은 순정하다. / 颜色不~. =빛깔이 순수하지 못하다. 6 주된. 주체가 되는. ¶~校长=교장. 7 정면의. 앞면의. ¶这种纸~反两面都不浸墨水. =이런 종이는 앞뒷면이 모두 먹물이 잘 스며들지 않는다. 8 (시간이) 정각이다. ¶现在是早晨8点~. =지금은 오전 8시 정각이다. 9 (數) 0보다 큰. 정(正)의. 플러스의. ¶~整数=양의 정수. 10 (數) 도형의 각 변의 길이와 내각의 크기가 같은. ¶~三角形=정삼각형. 11 (物) 양(陽)의. ¶~电子=양전자. 图 1 바르게 하다. 바로잡다. 고치다. ¶把帽子~一下. =모자를 고쳐 쓰다. 2 생각이나 행위를 단정하게 하다〔바르게 하다〕. ¶~人先~己. =남을 고치기 전에 먼저 자신을 고쳐야 한다. 3 (잘못을) 바르게 하다. 바로잡다. 시정하다. 고치다. 图 以~视听=보고 듣는 것을 바르게 하다. 图 1 마침. 한창. 바야흐로. [동작이 진행 중이거나 상태가 지속 중에 있음을 나타냄] ¶她~生气呢. =그녀는 화를 내고 있다. 2 딱. 꼭. 마침. [꼭 알맞음을 나타냄] ¶~合我意. =딱 내 마음에 들다. 3 긍정을 강조함. ¶这~是我要找的那盘影碟. =이 것은 바로 내가 찾는 그 VCD이다. 图 (Zhèng) 성(姓). ↔偏 侧 歪 反 负 副 倒 背 邪 斜 误
☞ zhēng

◐● 板正, 辨biàn正, 辩biàn正, 补正, 呈chéng正, 纯chún正, 订dìng正, 端正, 反正, 改正, 刚正, 更正, 矫jiǎo正, 校jiào正, 教正, 纠jiū正, 就正, 勘kān正, 匡kuāng正, 立正, 廉lián正, 平正, 务正, 修正, 雅yǎ正, 严正, 真正, 指正, 周正, 转zhuǎn正

| 正 zhèng |
| 征 zhēng |
| 症 zhēng |
| 证 zhèng |
| 政 zhèng |
| 整 zhěng |

【正版】zhèngbǎn 图 정품. 정식 판본. ¶~书=정식 판본 서적.
【正本】zhèngběn 图 1 (부본(副本)이 있는) 정본. 2 (문서의) 원본. 정본. 图 근본적으로 바로잡다. ↔副本
【正本清源】zhèngběn-qīngyuán 图 근본에 서부터 고치다. 근본적으로 바로잡다.
【正比】zhèngbǐ 图 1 정비례. ¶经济收入与劳动付出往往成~. =경제적 수입과 노동력은 왕왕 정비례한다. 2 (數) 정비. ↔反比
【正比例】zhèngbǐlì 图(數) 정비례. ↔反比例

내다. ¶~危重病人=위급한 환자를 구조하다. ㅋ挽救

**整** zhěng 정돈할 정

**[形]** **1** 정돈되다. 정연하다. 단정하다. 반듯하다. ¶严~=엄정하다. / 字迹工~=필적이 반듯하다. **2** 완정하다. 온전하다. 완벽하다. ¶完~=완정하다. / ~套仪器=완전한 세트의 기구. **3** 정수의. 나머지가 없는. ¶早上7点~=아침 7시 정각. / 一共1,000元~。=모두 딱 1천 위안이다. **[动]** **1** 정돈하다. 정리하다. 정돈하다. ¶重~旗鼓=진용을 재정비하다. **2** 수리하다. 수선하다. 고치다. ¶~修一新=완전히 새롭게 수리하다. **3** (子) 벌주다. 고통을 받게 하다. ¶挨~=괴롭힘을 당하다. **4** (方) 하다. 만들다. ¶小心, 别把尺子~断了。=자를 부러뜨리지 않도록 조심해. **[名]** (~儿)(子) 정수. ¶有零儿有~儿=끝수도 있고 정수도 있다. ↔零 半 缺

○- 打整, 工整, 平整, 齐qí整, 调整, 完整, 休整, 修整, 严yán整, 匀yún整

【整版】zhěngbǎn **[名]** 전면. ¶公司最近在报纸上打了个~广告。=회사는 최근 신문지상에 전면 광고를 게재했다.

【整备】zhěngbèi **[动]** 정비하다. ¶~兵力=병력을 정비하다.

【整编】zhěngbiān **[动]** (부대나 조직을) 재편성하다. 정리 개편하다.

【整补】zhěngbǔ **[动]** (군대를) 정리 보충하다.

【整饬】zhěngchì **[动]** 정돈하다. ¶~军纪=군기를 정돈하다. **[形]** 단정하다. 깔끔하다. 정연하다. ¶服饰~=복장이 단정하다. ㅋ整顿 整齐

【整除】zhěngchú **[动]**(數) 나누어 떨어지다.

【整党】zhěngdǎng **[动]** 당(의 조직·기율·사상·기풍)을 정비하다(강화하다).

【整地】zhěng‖dì **[动]**(農) 정지하다. 땅을 고르다.

【整点】zhěngdiǎn **[动]** 정리 점검하다. ¶~库存货物=재고 물품을 정리하다. **[名]** 정각. ¶~新闻=정각 뉴스.

【整队】zhěng‖duì **[动]** 대오를 정렬하다. ¶~操练=대오를 정렬하여 훈련을 하다.

【整顿】zhěngdùn **[动]** 정비하다. 바로잡다. 통합하다. 재건하다. 숙정(肅正)하다. [주로 조직이나 기율·기풍 등을 정화하는 것을 가리킴] ¶~市场秩序=시장 질서를 바로잡다. ㅋ整饬

【整风】zhěng‖fēng **[动]** 기풍을 바로잡다. (사상이나 업무의) 기풍을 바로잡다. ¶~运动=정풍 운동.

【整复】zhěngfù **[动]** 정복하다. 본래대로 되돌리다. ¶面颊~技术=볼 정형 복원 기술.

【整改】zhěnggǎi **[动]** 정리 개혁하다. ¶~方案=정리 개혁 방안.

【整个】zhěnggè(~儿) **[名]** 온. 완정한 것. 모든 것. ¶~国家=온 나라. **[副]** 완전히. 충분히. 족히. ¶他~儿被搞糊涂了。=그는 완전히 얼떨떨해졌다.

【整固】zhěnggù **[动]** 안정적이고 공고하게 조정하다. ¶大盘进入~阶段。=주식 시세가 안정적인 단계로 들어섰다.

【整合】zhěnghé **[动]** 재통합시키다. 통합 조정하다. ¶努力~本科课程, 进一步提高教学效果。=학부 과정을 잘 통합하여 수업 효과를 한층 높이다.

【整纪】zhěngjì **[动]** 기율을 강화하다. 기강을 바로잡다.

【整觉】zhěngjiào **[名]** 통잠. [방해받지 않고 계속 자는 것을 뜻함] ¶他忙得这几天没睡一个~。=그는 바빠서 요 며칠 동안 통잠을 자 본 적이 없다.

【整洁】zhěngjié **[形]** 단정하고 깨끗하다. 말쑥하다. 말끔하다. ¶穿戴~=차림새가 말쑥하다.

【整旧如新】zhěngjiù-rúxīn **[成]** 낡은 것을 새 것처럼 고치다.

【整军经武】zhěngjūn-jīngwǔ **[成]** 군비와 무장을 정비하고 강화하다.

【整块】zhěngkuài **[名]** 온. 통. 옹근 덩이. 일체. ¶~木工板=통째로 된 목공판.

【整垮】zhěng‖kuǎ **[动]** 무너뜨리다. 쓰러뜨리다. ¶你这样长期劳累, 会把身体~的。=네가 이렇게 장기간 과로하다가는 쓰러질 것이다.

【整理】zhěnglǐ **[动]** 정리하다. ¶~档案=서류를 정리하다.

【整料】zhěngliào **[名]** (정해진 일에서 절단이나 결손이 없는) 완전한 재료. ↔零头

【整流】zhěngliú **[动]**(電) 정류하다.

【整流器】zhěngliúqì **[名]**(電) 정류기.

【整年】zhěngnián **[名]** 정년. 온 한 해. 꼬박 일 년. ¶他出国已经有一~了。=그는 출국한 지 이미 꼬박 일년이 되었다.

【整年累月】zhěngnián-lěiyuè ☞【成年累月】chéngnián-lěiyuè

【整齐】zhěngqí **[形]** **1** 정연하다. 단정하다. 깔끔하다. ¶着装~=복장이 단정하다. **2** 고르다. 가지런하다. 평균적이다. 나란하다. ¶整个体操队的成绩很~。=체조 팀 전체의 성적이 고르다. **3** 완전히 갖추어지다. 완비되다. ¶人数到得很~。=모든 인원이 다 도착하였다. **4** (외형이) 규칙적이다. 한결같다. 동일하다. 가지런하다. ¶每幢楼房盖得都很~。=다층 건물 하나 하나 지은 것이 모두 한결같다. **[动]** 가지런히 하다. 규칙적으로 하다. 동일하게 하다. ¶~步调=보조를 맞추다. ㅋ整饬 ↔杂乱 凌乱 零乱

【整千整万】zhěngqiān-zhěngwàn **[数]** **1** (수량이) 몇천 몇만이 되다. **2** (中) 수가 아주 많다. ¶广场上聚集着~的青年学生。=광장에 수많은 젊은 학생들이 모여 있다.

【整钱】zhěngqián **[名]** 정수의 돈.

【整儿】zhěngr **[名]**(中) (우수리가 없는) 정수. ¶凑个~=정수를 채우다.

【整人】zhěng‖rén **[动]** 남을 골리다[괴롭히다·혼내 주다].

【整日】zhěngrì **[名]** (온)종일. 진(종)일.

【整容】zhěng‖róng **1** 용모를 가다듬다[단장하다]. **2**(醫) 얼굴을 성형하다.

【整容术】zhěngróngshù **[名]**(醫) 얼굴 성형

【正编】zhèngbiān 명 정편. [책의 기본적이고 주된 부분]
【正步】zhèngbù 명(軍) 정보. 바른걸음.
【正餐】zhèngcān 명 정찬. [주로 오찬과 만찬을 가리킴]
【正册】zhèngcè 명역 1 (청대의) 양민의 호구를 기록한 명부. 2 정책. 저명한 인물을 등재한 명부. ¶金陵十二钗~=금릉12녀 명부. ↔另册
【正茬】zhèngchá 명(農) (윤작 중의) 주된 농작물. ¶~麦=주된 작물인 밀.
【正产】zhèngchǎn 동 정산하다. 정상적으로 해산하다.
【正常】zhèngcháng 형 정상적인. ¶气候~=기후가 정상이다. / 关系~=관계가 정상이다. ↔反常 异常
【正常化】zhèngchánghuà 동 정상화하다. ¶两国关系逐渐~。=양국 관계가 점차 정상화되다.
【正出】zhèngchū 명역 정출. 적출. ['庶出(서출)'과 구별됨]
【正词法】zhèngcífǎ 명(言) 정사법. 단어를 바르게 쓰는 법. ¶《汉语拼音~》=《한어병음 정사법》
【正大】zhèngdà 형 (언행이) 정대하다. 바르고 당당하다. 사심이 없다. ¶~的理由=정대한 이유.
【正大光明】zhèngdà-guāngmíng ☞【光明正大】guāngmíng-zhèngdà
【正旦】zhèngdàn 명(劇)역 정단. ['青衣(중국 전통극에서의 여자 배역)'의 옛 이름]
☞ zhēngdàn
【正当】zhèngdāng 동 마침 …한 시기이다. ¶时下~农忙之际。=지금은 바야흐로 농사일이 바쁜 때이다. 粵 곧[막] …에 있다. ¶~他准备出门的时候, 她来了。=그가 막 집을 나서려고 하던 참에 그녀가 왔다.
【正当年】zhèngdāngnián 형 한창나이이다. 사업을 창업할 적당한 나이이다. ¶你刚满30岁, ~。=너는 이제 만 서른이 되었으니 사업을 창업할 적당한 나이이다.
【正当时】zhèngdāngshí (어떤 일을 할) 적당한 때[시기]. ¶现在插秧点豆, ~。=지금은 모를 심고 콩을 심을 적기이다.
【正当中】zhèngdāngzhōng ☞【正中】zhèngzhōng
【正当】zhèngdàng 형 1 정당하다. ¶~要求=정당한 요구. 2 (인품이) 단정하다. 바르고 곧다. ¶行事~=일처리가 바르고 곧다. ↔无理
【正当防卫】zhèngdàng fángwèi 명(法) 정당 방위.
【正道】zhèngdào 명 1 정도. 바른길. ¶走~=정도를 걷다. 2 정도. 정당한 도리. 바른 이치. ¶人间~=세상의 정도. ↔邪道
【正点】zhèngdiǎn 명 (교통상의) 정시. 규정된 시각. ¶~到达=정시에 도착하다. 형역 (여자가) 예쁘다. ¶这姐很~。=이 아가씨가 예쁘다. ↔晚点
【正电】zhèngdiàn 명(電) 정전기. 양전(기).
=【阳电】yángdiàn
【正电荷】zhèngdiànhé 명(物) 양전하(陽電荷).
【正殿】zhèngdiàn 명 정전.
【正多边形】zhèngduōbiānxíng 명(數) 정다변형.
【正儿八经】zhèng'ér bājīng ☞【正经八百】zhèngjīng bābǎi
【正法】zhèngfǎ 동 정법하다. 사형을 집행하다. ¶就地~=즉석에서 처형하다.
【正反】zhèngfǎn 명 정반. 정과 반. 긍정과 부정. ¶要总结~两方面的经验。=긍정적인 면과 부정적인 면의 경험을 총결하여야 한다.
【正反应】zhèngfǎnyìng 명(化) 정반응.
【正犯】zhèngfàn 명(法) 정범. 원범(原犯). 주범(主犯).
【正方】zhèngfāng 명 1 정방. ¶~桌子=정방 탁자. 2 (변론에서) 찬성측. ↔反方
【正方体】zhèngfāngtǐ ☞【立方体】lìfāngtǐ
【正方形】zhèngfāngxíng 명(數) 정방형.
【正房】zhèngfáng 명 1 정방. 몸채. [사합원(四合院)에서 정면에 있는 몸채] =【上房】shàngfáng 2 명 본처. 정실. ↔厢房
【正负】zhèngfù 명 1 플러스 마이너스. ¶~误差不到0.3毫米。=플러스 마이너스 오차가 0.3 밀리미터도 안 된다. 2 (物) 양전자와 음전자. ¶~电子对撞机=(음)전자 양전자 충돌 장치.
【正副】zhèngfù 형 정과 부의. ¶~主任=정·부주임.
【正该】zhènggāi 동 바로 …해야 한다. 마땅히 …해야 한다. ¶~如此办理。=마땅히 이렇게 처리해야 한다.
【正告】zhènggào 동 정중하게 알리다. 엄중하게 경고하다. ¶~读者=독자에게 정중하게 알리다. ≒警告
【正割】zhènggē 명(數) 정할(正割). 시컨트(secant). 세크(sec).
【正宫】zhènggōng 명 1 정궁. 2 황후.
【正骨】zhènggǔ 동(醫) 정골(整骨)하다. 접골하다. ¶~术=접골술.
【正规】zhèngguī 형 정규의. 표준의. ¶~军队=정규 부대.
【正规化】zhèngguīhuà 동 정규화하다. ¶~训练=정규화 훈련.
【正规军】zhèngguījūn 명(軍) 정규군.
【正轨】zhèngguǐ 명 정상 궤도. 정도. ¶产品销售逐渐走上~。=상품 판매가 점차 정상 궤도에 오르다.
【正果】zhèngguǒ 명(佛) 정과. 성과(聖果). [수행하여 득도함을 가리킴] ¶终成~=마침내 정과를 이루다.
【正好】zhènghǎo 형 딱맞다. 꼭 맞다. ¶裤子的长短~。=바지의 길이가 꼭 맞다. 粵 마침. ¶你来~可以帮忙。=네가 일을 거들 수 있게 마침 잘 왔다.
【正号】zhènghào(~儿) 명(數) 정호. 양호. 플러스(+). ↔负号
【正话】zhènghuà 명 1 진담. 진지한 말. ¶多

说~, 少开玩笑。=농담을 적게 하고 진지한 말을 많이 하라. **2** 올바른 말. 본래의 의미. 진의. ¶~反说=하고 싶은 말을 반대로 하다. 마음에 없는 말을 하다.

【正极】 **zhèngjí** ☞【阳极】 **yángjí**

【正教】 **Zhèngjiào** 명《宗》정교(회). =【东正教】 **Dōngzhèngjiào**

【正襟危坐】 **zhèngjīn-wēizuò** ① **1** 옷깃을 여미고 단정하게 앉다. **2** 엄숙하고 경건한 태도를 취하다. ↔摇头摆尾 摇头晃脑

【正经】 **zhèngjīng** 명㉣ 정경. 13경. ¶~史=13경과 24사.

【正经】 **zhèng·jing** 형 **1** 정직하다. 곧다. 단정하다. 점잖다. ¶~人=정직한 사람. **2** 정당하다. ¶~事儿=정당한 일. **3** 정식의. 표준의. ¶~商品=정식 상품. **4** 엄숙하고 진지하다. ¶~话=진지한 말. **5**㉣ 확실히. 참으로. 정말. ¶西瓜长得~不错呢!=수박이 정말 잘 컸구나!

【正经八百】【正经八摆】 **zhèngjīng bābǎi** 형㉣ **1** 엄숙하고 진지하다. ¶他照相的样子总是~的。=그는 사진을 찍을 때는 늘 엄숙한 모습이다. **2** 정식의. 표준적인. 진정한. ¶这些都是~的香港货。=이것들은 모두 정식의 홍콩 물품이다. =【正儿八经】 **zhèng'ér bājīng**

【正经八摆】 **zhèngjīng bābǎi** ☞【正经八百】 **zhèngjīng bābǎi**

【正剧】 **zhèngjù** 명《剧》정극. 정통 연극.

【正楷】 **zhèngkǎi** ☞【楷书】 **kǎishū**

【正课】 **zhèngkè** 명 정규 과목〔수업·과정〕. ['副课'(부규정 과목)'과 구별됨]

【正离子】 **zhènglízǐ** ☞【阳离子】 **yánglízǐ**

【正理】 **zhènglǐ** 명 정리. 올바른 도리. ¶这才是待人处事的~。=이것이 바로 사람을 대하는 올바른 도리이다.

【正梁】 **zhèngliáng** ☞【脊檩】 **jǐlǐn**

【正路】 **zhènglù** 명 정도. 바른길. ¶年轻人要走~, 不能走歪路。=젊은 사람은 정도를 걸어야지 비뚤어진 길을 가서는 안 된다.

【正论】 **zhènglùn** 명 정론. ¶堂堂~=당당한 정론.

【正门】 **zhèngmén** 명 정문. 본문. ↔后门

【正面】 **zhèngmiàn** 명 **1** 정면. ¶一寸~照=1인치의 정면 탈모 사진. **2** 정면. ['侧面'(측면)'과 구별됨] ¶大楼的~有一座雕像。=큰길 정면에 조각상이 하나 있다. **3** 정면. 앞면. 겉면. ['背面'(뒷면)'과 구별됨] ¶皮革的~比较光滑。=피혁의 앞면은 비교적 매끄럽다. **4** 좋은 면. 긍정적인. 적극적인 면. ¶~影响=긍정적인 영향. **5** 표면. [일이나 문제점이 직접 드러나는 면] ¶对这个问题, 既要看~, 也要看反面。=이 문제에 대해서는 표면도 보아야 하지만 이면도 보아야 한다. 부 정면으로. ¶~发问=정면으로 질의하다. ↔反面 侧面 背面 负面 背面

【正面教育】 **zhèngmiàn jiàoyù** 명 적극적인 교육.

【正面人物】 **zhèngmiàn rénwù** 명 **1** 정의의 인물. 이상적인 인물. **2** 긍정과 칭찬을 받는 인물. ↔反面人物

【正面图】 **zhèngmiàntú** ☞【主视图】 **zhǔshìtú**

【正名】 **zhèngmíng** 동 이름을 바르게 하다. 명분을 바로잡다. 명실상부하게 하다.

【正牌】 **zhèngpái** (~儿) 명 정규 브랜드. 규격 상표. 정품. ¶~货=정품. ↔杂牌

【正派】 **zhèngpài** 형 (품행이나 태도가) 단정하다. 올바르다. ¶作风~=태도가 올바르다. ≒正经

【正片儿】 **zhèngpiānr** 명㉠ **1** (영화 상영시의) 본편. 본 영화. [뉴스나 문화 영화 따위를 제외한 본 영화를 가리킴] **2** 양화. **3** ☞【拷贝】 **kǎobèi**

【正片】 **zhèngpiàn** 명 **1**《映》(영화 상영시의) 본편. 본 영화. [뉴스나 문화 영화 따위를 제외한 본 영화를 가리킴] **2** 양화. **3** ☞【拷贝】 **kǎobèi**

【正品】 **zhèngpǐn** 명 정품. 합격품. ↔次品 副品

【正品率】 **zhèngpǐnlǜ** 명 정품율. [합격품이 제품 중에서 차지하는 비율]

【正气】 **zhèngqì** 명 **1** 정기. 지극히 크고 바르고 공명한 천지의 원기(元氣). ¶凛然~=기풍이 늠름하고 당당하다. **2** 공명정대한 태도. 바른 기풍. ¶弘扬~=바른 기풍을 널리 알리다. **3**《醫》정기. 생명의 원기(元氣). ↔邪气

【正桥】 **zhèngqiáo** 명 정교. 주교량. [대형 교량에서 물을 가로지르는 주요 부분]

【正巧】 **zhèngqiǎo** 부 마침. 공교롭게도. ¶刚准备给他打电话, ~他来了。=막 그에게 전화하려던 참에 공교롭게도 그가 왔다.

【正切】 **zhèngqiē** 명《數》탄젠트(tangent). ['tg(角)'로 표시함]

【正取】 **zhèngqǔ** 동 정식으로 뽑다〔채용하다〕. 정식으로 합격시키다. ['备取(후보로 합격시키다)'와 구별됨] ¶这所大学今年~了9,000名新生。=이 대학은 올해 9,000명의 신입생을 정식으로 뽑았다.

【正确】 **zhèngquè** 형 정확하다. 올바르다. ¶~的答案=정확한 답안. / ~的态度=올바른 태도. ↔错误

【正人君子】 **zhèngrén-jūnzǐ** ⓢ **1** 정인군자. **2** 정인군자. [위선자를 풍자하는 말]

【正日(子)】 **zhèngrì(·zi)** 명 의식을 정식으로 거행하는 날. ¶今天是他们俩结婚的~。=오늘은 그 두 사람이 정식으로 결혼하는 날이다.

【正如】 **zhèngrú** 동 …와 꼭 같다. ¶~俗话所说。=속담에서 하는 말과 꼭 같다.

【正色】 **zhèngsè** 명㉣ 정색. 순수한 빛깔. [곧 순수한 청·황·적·백·흑의 다섯 가지 빛깔을 이름] 동 정색을 하다. ¶~直言=정색을 하고 바른말을 하다. ↔杂色

【正色厉言】 **zhèngsè-lìyán** ☞【正言厉色】 **zhèngyán-lìsè**

【正身】 **zhèngshēn** 명 (장)본인. 당사자. ¶验明~=본인인지 확인하다.

【正史】 **zhèngshǐ** 명 정사. ↔野史 别史

【正式】 **zhèngshì** 형 정식의. 공식의. 정규의. ¶~访问=정식 방문. / ~比赛=정식 경기. ↔候补

【正事】zhèngshì 명 본연의 일[업무]. 정규[정식]의 일. ¶他整天在外闲逛, 不干~. =그는 본연의 일은 하지 않고 종일 밖에서 빈둥거리기만 한다. ↔闲事
【正视】zhèngshì 통 1 정시하다. 똑바로 보다. ¶~前方=앞을 정시하다. 2 정확히 보다. 직시하다. ¶~缺点=결점을 직시하다. ↔斜视 无视
【正视图】zhèngshìtú ☞【主视图】zhǔshìtú
【正是】zhèngshì 통 바로 …이다. 마침 …이다. ¶你来的~时候。=너 때마침 잘 왔다.
【正室】zhèngshì 명 1 옛 정실. 본처. 2 문 적장자.
【正手】zhèngshǒu 명 (體) 오른손. 바른손. ¶~握拍=오른손으로 라켓을 잡다.
【正书】zhèngshū 명 정서.
【正数】zhèngshù 명 (數) 정수. ↔负数
【正税】zhèngshuì 명 정세. ['附加税(부가세)'와 구별됨]
【正堂】zhèngtáng 명 1 정당. 본당. 본채. 2 옛 동헌. [관가의 집무를 보는 대청] 3 옛 부(府)·현(縣) 등의 지방 장관(長官).
【正题】zhèngtí 명 1 (말이나 글의) 주제. 중심 내용. ¶引入~=주제를 이끌어 내다. 2 주제. 주된 제목. ¶~字号要比副题大. =주제의 글자 크기는 부제보다 커야 한다. ↔反题
【正体】zhèngtǐ 명 1 정체. 정자체. [한자의 규범 자형] 2 정체. 인쇄체. [알파벳이나 한어병음의 인쇄체] 3 해서.
【正厅】zhèngtīng 명 1 중앙의 대청. 2 (극장에서) 무대 정면 관람석.
【正统】zhèngtǒng 명 1 정통. [왕조의 적장(嫡長)의 혈통] 2 정통. [당파·학파 등의 계보] 3 (Zhèngtǒng) (歷) 정통(1436~1449년). [명 나라 영종(英宗)의 연호] 형 정통의. ¶~思想=정통 사상.
【正头香主】zhèngtóu xiāngzhǔ 명 1 호주 (户主). 2 웃 직계 친족.
【正投影】zhèngtóuyǐng 명 정투영. 정사영.
【正途】zhèngtú 명 정도. 바른길.
【正文】zhèngwén 명 정문. 본문.
【正屋】zhèngwū 명 정방. 본채. 몸채. [사합원 (四合院)에서 정면에 있는 몸채]
【正午】zhèngwǔ 명 정오.
【正误】zhèngwù 명 정오. 정확한 것과 잘못된 것. 바른 것과 그릇된 것. ¶不辨~=옳은 것과 그릇된 것을 구별 못하다. 통 (문자의) 오류를 바로잡다. ¶书后附有~表. =책의 뒷부분에 정오표를 첨부하다.
【正误表】zhèngwùbiǎo 명 정오표. =【勘误表】kānwùbiǎo
【正弦】zhèngxián 명(數) 사인(sin).
【正项】zhèngxiàng 명 정식 항목. 정규 항목.
【正薪】zhèngxīn 명옛 본봉. 기본 임금.
【正形】zhèngxíng (~儿) 명(守) 올바른 태도. 착실한 모습. ¶这么大的人了, 还是没有一点儿~儿. =이렇게 다 큰 사람이 아직도 어른다운 데가 없다니.

【正凶】zhèngxiōng 명(法) (살인사건의) 주범.
【正选】zhèngxuǎn 형 (운동 선수 등의) 주전의. ¶~队员=주전 멤버. 명 주전. ¶他是队中的~. =그는 팀의 주전이다.
【正言厉色】zhèngyán-lìsè 생 말을 엄정하게 하고 표정을 엄숙하게 짓다. 정색해서 엄숙하게 말하다. =【正色厉言】zhèngsè-lìyán
【正颜厉色】zhèngyán-lìsè 생 정색을 하다. 엄숙한 태도를 나타내다.
【正眼】zhèngyǎn 형 눈을 똑바로 하여 (보다). 정시(正视)하여. ¶~相看=정시하여 보다.
【正业】zhèngyè 명 정업. 정당한 직업. 본업. 직업 본분의 일. ¶不务~=본업에 전념하지 않다.
【正义】zhèngyì 명 정의. ¶伸张~=정의를 펼치다. 형 정의로운. ¶~事业=정의로운 사업. 통 정의하다. [경사(經史)를 주해함에 있어서 정확한 뜻을 밝히는 것을 가리킴. 주로 서명에 쓰임] ¶《史记~》=《사기 정의》. ↔邪恶
【正义感】zhèngyìgǎn 명 정의감. ¶他非常有~. =그는 정의감이 대단하다.
【正音】zhèng‖yīn 통(言) 발음을 교정하다.
【正音】zhèngyīn 명(言) 정음. 바른 음. 제소리.
【正用】zhèngyòng 명 정당한[올바른] 용도. ¶省点钱作~. =돈을 절약하여 올바른 용도에 사용해라.
【正在】zhèngzài 부 지금[한창] …하고 있다. [동작이나 행위가 진행 중임을 타나냄] ¶新机场~修建中. =새 비행장은 한창 짓고 있는 중이다.
【正正当当】zhèng·zheng dāngdāng 형 정당당하다.
【正正规规】zhèng·zheng guīguī 형 정규의. 표준의.
【正正经经】zhèng·zheng jīngjīng 형 1 정직하다. 곧다. 단정하다. 점잖다. 2 정당하다. 3 정식의. 표준의. 4 엄숙하고 진지하다. 5 문 확실히. 참으로. 정말.
【正正直直】zhèng·zheng zhízhí 형 정직하다.
【正直】zhèngzhí 형 정직하다. ¶~无私=정직하여 사심이 없다.
【正值】zhèngzhí 통 마침 …한 시기이다. 마침 …인 때를 맞이하다. ¶~初春时节。=마침 시절이 초봄이구나.
【正职】zhèngzhí 명 1 정직. ['副职(보좌직)'와 구별됨] 2 본업. ¶我的~是教书, 写作只是副业。=나의 본업은 글을 가르치는 것이고, 쓰는 것은 부업일 뿐이다. ↔兼职
【正中】zhèngzhōng 명 정중. 한가운데. 정중앙. =【正当中】zhèngdāngzhōng
【正中下怀】zhèngzhòng-xiàhuái 생 바로 자기가 생각하는 바와 꼭 들어맞다. 자기 마음에 꼭 들다. ≒如愿以偿 ↔大失所望
【正传】zhèngzhuàn 명 1 본론. 본문. ¶言归~=말을 다시 본론으로 돌리다. 2 정전. 바르게 전하여 오는 전기(傳記).
【正字】zhèng‖zì 통(言) 글씨를 교정하다.
【正字】zhèngzì 명 1(言) 정자. 2 해서.

【正字法】 zhèngzìfǎ 명(言) 정자법. 정서법. 철자법.

【正宗】 zhèngzōng 명 1 (佛) 정종. 2 정통(파). ¶鹰派~=매파의 정통파. 형 정통의. 진정한. ¶~川菜=정통의 쓰촨(四川) 요리.

【正座】 zhèngzuò(~儿) 명 1 영 정좌. [남향의 좌석] 2 [극장 등의] 무대 정면의 좌석. 3 정식 좌석. [버스 등에 있는 정식 좌석] ¶这种中巴车有18个~, 5个偏座. = 이 중형 버스는 18개의 좌석과 5개의 임시 좌석이 있다.

\*\***证 [證]** zhèng 증명할 증

동 증명하다. ¶论~=논증하다. 명 1 증거. ¶物~=물증. / 铁~如山=반박할 수 없는 결정적인 증거. 2 증. 증서. 증명서. ¶身份~=신분증. / 毕业~=졸업 증서.

○● 保证, 辨biàn证, 辩biàn证, 查证, 党证, 对证, 反证, 公证, 见证, 考证, 例证, 明证, 旁证, 凭píng证, 签qiān证, 求证, 人证, 认证, 实证, 铁证, 物证, 显证, 验yàn证, 引证, 印证, 罪zuì证, 左证, 佐证

【证词】 zhèngcí 명 증언.

【证婚】 zhènghūn 동 (결혼식에 입회하여) 결혼을 증명하다. ¶系主任为他们俩~. = 학과장이 그 둘을 위해 결혼을 증명하다.

【证婚人】 zhènghūnrén 명 결혼 증인. 혼인의 증인. 주례.

【证见】 zhèngjiàn 명 증거. 증명서. ¶这封信收好, 以后好作个~. = 나중에 증거로 쓸 수 있도록 이 편지를 잘 보관하세요.

【证件】 zhèngjiàn 명 (학생증·신분증 등의) 증명서. 증거 서류.

【证交所】 zhèngjiāosuǒ ☞ 【证券交易所】 zhèngquàn jiāoyìsuǒ

【证据】 zhèngjù 명 증거. ¶~确凿=증거가 확실하다.

【证明】 zhèngmíng 동 증명하다. ¶事实~他的意见是正确的. = 그의 의견이 옳았다는 것을 사실로 증명하였다. 명 증서. 증명서. ¶开~=증명서를 작성하다.

【证明人】 zhèngmíngrén 명 증명할 수 있는 사람. 증인.

【证明书】 zhèngmíngshū 명 증명서.

【证明信】 zhèngmíngxìn 명 증명 서신. 소개장. [직원의 신분을 증명하기 위하여 부서에서 작성하는 서신]

【证券】 zhèngquàn 명(經) (유가)증권. ¶~投资=증권 투자.

【证券公司】 zhèngquàn gōngsī 명 증권 회사. 증권사.

【证券交易所】 zhèngquàn jiāoyìsuǒ 명 거래소. 약【证交所】 zhèngjiāosuǒ

【证券商】 zhèngquànshāng ☞ 【券商】 quànshāng

【证券市场】 zhèngquàn shìchǎng 명 증권 시장.

【证人】 zhèng·ren 명 1 증인. [어떤 사실을 증명하는 사람] 2 (法) 증인.

【证实】 zhèngshí 동 실증하다. 사실을 증명하다. ¶他的预言很快就被~了. = 그의 예언은 아주 빨리 실증되었다. ↳核实

【证书】 zhèngshū 명 증서. 증명서. ¶结婚~=결혼 증서.

【证物】 zhèngwù 명(法) 증거물.

【证言】 zhèngyán 명(法) 증언.

【证验】 zhèngyàn 동 증험하다. 실증하다. 테스트 후 입증하다. ¶实习可以~书本知识. = 실습은 교과서의 지식을 실증할 수 있다. 명 증험. 증. ¶这事已有~. = 이 일은 이미 실증되었다.

【证章】 zhèngzhāng 명 (신분을 나타내는) 배지. 휘장.

【证照】 zhèngzhào 명 1 '证件(증명서)'와 '执照(허가증)'의 합칭. ¶查验~=면허증을 검사하다. 2 증명사진.

\*\***郑 [鄭]** Zhèng 나라 이름 정

명 1 (歷) 정. [주(周)대의 나라 이름. 지금의 허난(河南)성 신정(新郑) 일대에 있었음] 2 성(姓).

【郑重】 zhèngzhòng 형 정중하다. 점잖고 엄숙하다. ¶~声明=정중하게 성명하다. ↔草率

【郑重其事】 zhèngzhòng-qíshì 성 (말이나 하는 태도가) 아주 정중하다(점잖고 엄숙하다). ↔掉以轻心

【郑州】 Zhèngzhōu 명(地) 정저우. [허난(河南)성의 성도임]

**怔** zhèng 멍할 정

동 멍하다. 멍청하다. 얼이 빠지다. 넋을 잃다 [놓다]. ¶他站在那里~了半天. = 그는 거기에서서 한참 동안 넋을 잃고 서 있다.

☞ zhēng

【怔怔】 zhèngzhèng 형동 멍하다. 멍청하다. 얼이 빠지다. 넋을 잃다[놓다]. [얼이 빠진 모양]. 멍청한 모양] ¶他站在那儿, ~地望着远方. = 그는 그곳에 서서 멍하니 먼 곳을 바라보고 있다.

**诤 [諍]** zhèng 간할 쟁

동문 간쟁(諫諍)하다. 간언(諫言)하다. 솔직하게 충고하다. ¶谏~=간쟁하다.

【诤臣】 zhèngchén 명문 1 쟁신. 간신(諫臣). 2 간관(諫官).

【诤谏】 zhèngjiàn 동문 쟁간하다. 간언하다. [주로 임금이나 웃어른에게 씀]

【诤言】 zhèngyán 명문 간언. 솔직한 충고.

【诤友】 zhèngyǒu 명문 쟁우.

\*\***政** zhèng 정치 정

명 1 정치. ¶~务公开=정무 공개. 2 정권. ¶当~=집권하다. 3 정부 기관의 행정 업무. ¶邮~=우정. 우편 행정. / 市~=시정. 4 가정이나 단체 생활 중의 사무. ¶家~=가정. 집안을 다스리는 일. / 校~=학교 사무. 5 (Zhèng) 성(姓).

政 zhèng

○● 暴政, 参政, 朝cháo政, 当政, 德政, 地政, 法政, 建政, 军政, 苛kē政, 民政, 内政, 虐nüè政, 亲政, 仁政, 摄shè政, 施shī政, 时政, 市政, 听政, 宪xiàn政, 行政, 执zhí政

【政变】 zhèngbiàn 명 정변. 쿠데타. ¶军事~=군사 정변.
【政策】 zhèngcè 명 정책. ¶落实~=정책을 실현하다.
【政出多门】 zhèngchūduōmén 성 1 많은 부서에서 서로 다른 정책을 내다. 2 지휘가 통일적으로 이루어지지 않다. 통일된 권력이 없다.
【政党】 zhèngdǎng 명 정당.
【政敌】 zhèngdí 명 정적.
【政法】 zhèngfǎ 명 정법. ['政治(정치)'와 '法律(법률)'의 합칭] ¶~机关=정법 기관.
【政风】 zhèngfēng 명 정부 기관(공무원)의 정신 상태 또는 작업 태도.
【政府】 zhèngfǔ 명 정부.
【政府采购】 zhèngfǔ cǎigòu 명 정부 조달.
【政府军】 zhèngfǔjūn 명 정부군.
【政府首脑】 zhèngfǔ shǒunǎo 명 정부 수뇌.
【政改】 zhènggǎi ☞【政治体制改革】 zhèngzhì tǐzhì gǎigé
【政纲】 zhènggāng ☞【政治纲领】 zhèngzhì gānglǐng
【政工】 zhènggōng 명 정치 공작. ¶~人员=정치 공작 요원.
【政纪】 zhèngjì 명 공무원의 기율.
【政绩】 zhèngjì 명 정적. 정치에서의 업적. ¶~平平=정치 업적이 평범하다.
【政见】 zhèngjiàn 명 정견. ¶~不合=정견이 일치하지 않다.
【政教】 zhèngjiào 명 1 ⓒ 사상정치교육(사상 정치 교육). 2 '政治(정치)'와 '宗教(종교)'의 합칭. ¶~分离=정교 분리.
【政教合一】 zhèngjiào héyī 명 (정) 정교 일치.
【政界】 zhèngjiè 명 정계. ¶~要人=정계 요인. ≒政坛
【政经】 zhèngjīng 명 정경. ['政治(정치)'와 '经济(경제)'의 합칭] ¶~建设=정경 건설.
【政局】 zhèngjú 명 정국. ¶~稳定=정국이 안정되다.
【政客】 zhèngkè 명 정객.
【政令】 zhènglìng 명 정령. 정부 법령.
【政论】 zhènglùn 명 정론. ¶~文章=정론 문장. 정치 평론.
【政论文】 zhènglùnwén 명 정론문. 정치 평론.
【政派】 zhèngpài 명 정파. ¶~林立=정파가 즐비하다.
【政企】 zhèngqǐ 명 '政府(정부)'와 '企业(기업)'의 합칭. ¶~不分=정부와 기업을 구분하지 않다.
【政企分开】 zhèngqǐ fēnkāi 통 행정과 기업을 분리하다.
【政情】 zhèngqíng 명 정정. 정치 정세. ¶观察~=정정을 관찰하다.

【政区】 zhèngqū 명 행정 구역.
【政权】 zhèngquán 명 1 정권. ¶掌握~=정권을 장악하다. 2 행정 기관. ¶建立各级~=각급 행정 기관을 수립하다.
【政权机关】 zhèngquán jīguān ☞【国家机关】 guójiā jīguān
【政审】 zhèngshěn 통 정치적 신분과 정치 경력을 심사하다. ¶~合格=정치 심사에 통과하다.
【政事】 zhèngshì 명 정사. 정무(政务).
【政坛】 zhèngtán 명 정계. ¶退出~=정계를 떠나다. ≒政界
【政体】 zhèngtǐ 명 정체. [국가 정권의 구성 형식] =【政治制度】 zhèngzhì zhìdù
【政通人和】 zhèngtōng-réhé 성 1 정치가 잘 이루어져 국민들이 단결하다. 2 국태민안(國泰民安)하다.
【政委】 zhèngwěi ☞【政治委员】 zhèngzhì wěiyuán
【政务】 zhèngwù 명 1 정무. 2 국가의 관리 업무.
【政务院】 zhèngwùyuàn 명 1 정무원. [일부 국가의 최고 행정 집행 기관] 2 (歷) 중국 건국 초기(1949년~1954년)의 최고 행정 기관. [나중에 '国务院(국무원)'으로 개칭함]
【政协】 zhèngxié ☞【政治协商会议】 zhèngzhì xiéshāng huìyì
【政要】 zhèngyào 명 정계 요인.
【政争】 zhèngzhēng 명 정쟁. 정치 투쟁.
【政治】 zhèngzhì 명 정치.
【政治避难】 zhèngzhì bìnàn 명 정치적 망명.
【政治电影】 zhèngzhì diànyǐng 명 (映) 정치 영화.
【政治犯】 zhèngzhìfàn 명 정치범.
【政治纲领】 zhèngzhì gānglǐng 명 정치 강령. 정강. ☞【政纲】 zhènggāng
【政治家】 zhèngzhìjiā 명 정치가.
【政治教导员】 zhèngzhì jiàodǎoyuán 명 (軍) (중국 인민 해방군 대대급 단위의) 정치 교도원. 정치 지도원. [중국 인민 해방군 중대나 대대급 단위에 설치된 정치 사상 지도를 하는 정치 공작 요원] ⓒ【教导员】 jiàodǎoyuán
【政治经济学】 zhèngzhì jīngjìxué 명 정치경제학. ⓒ【经济学】 jīngjìxué
【政治局】 zhèngzhìjú 명 1 정치국. 2 중국 공산당 중앙 위원회 정치국.
【政治路线】 zhèngzhì lùxiàn 명 정치 노선.
【政治面目】 zhèngzhì miànmù 명 정치적 성향. 정치적 배경. [개인의 정치적인 입장·정치적 관점·소속 당파와 사회 단체·정치와 연관된 각종 사회적인 관계를 가리킴]
【政治权利】 zhèngzhì quánlì 명 정치적 권리. 국정 참여권.
【政治体制】 zhèngzhì tǐzhì 명 정치 체제.
【政治体制改革】 zhèngzhì tǐzhì gǎigé 명 정치 체제 개혁. ⓒ【政改】 zhènggǎi
【政治委员】 zhèngzhì wěiyuán 명 정치 위원. ⓒ【政委】 zhèngwěi
【政治协理员】 zhèngzhì xiélǐyuán 명 (軍) 정

치 협력 요원. [중국 인민 해방군 상급 정치 기관에서 연대급 이상에 파견하여 당 조직과 수장을 위해 정치 사상 공작을 도와 주는 간부] ⇔【协理员】xiélǐyuán

【政治协商会议】zhèngzhì xiéshāng huìyì 명 정치 협상 회의. [중국 인민 민주 통일 전선의 조직으로, 전국적인 조직을 '中国人民政治协商会议(중국 인민 정치 협상 회의)' 라고 하고 각 지방에도 지방의 '政治协商会议(정치 협상 회의)' 가 있음] ⇔【政协】zhèngxié

【政治学】zhèngzhìxué 명 정치학.

【政治指导员】zhèngzhì zhǐdǎoyuán 명【军】중국 인민 해방군 중대(中隊)의 정치 공작원. [중대장과 함께 중대의 수장이 됨] ⇔【指导员】zhǐdǎoyuán

【政治制度】zhèngzhì zhìdù ☞【政体】zhèngtǐ

**挣** zhèng 발버둥칠 쟁
동 1 몸부림치며 속박에서 벗어나다. ¶~开绳索=속박에서 몸부림쳐 벗어나다. 2 (돈이나 재산 등을) 노력하여 얻다〔벌다〕. ¶~吃~穿=스스로 노력하여 먹고 입다.
☞ zhēng

【挣揣】zhèngchuài 동文 애를〔기를〕쓰다. 발버둥치다.

【挣断】zhèngduàn 동 힘껏 끊다. 애써 끊다. ¶~锁链=있는 힘을 다하여 쇠사슬을 끊다.

【挣饭吃】zhèngfànchī 동口 생활비를 벌다. 생계를 꾸려 나가다.

【挣命】zhèngmìng 동 살려고 발버둥치다.

【挣钱】zhèng‖qián 동 돈을 벌다. ¶~养家=돈을 벌어 가족을 먹여 살리다.

【挣脱】zhèngtuō 동 애써 벗어나다. 있는 힘을 다하여 벗어나다. ¶~枷锁=있는 힘을 다하여 족쇄를 벗어나다.

**挣[諍]** zhèng 발버둥칠 쟁

【挣闼】zhèngchuài 동文 발버둥치다. 몸부림치다. 애쓰다.

**症** zhèng 증세 증
명 병. 질병. 증세. ¶绝~=불치의 병. / 对~下药=증세에 따라 처방하다.
☞ zhēng

○● 崩bēng症, 病症, 对症, 寒症, 结症, 绝症, 热症, 死症, 顽wán症, 险xiǎn症, 虚症, 炎yán症

【症候】zhèng·hòu 명 1 증후. 증상. 2 병. 질병. ¶他得的到底是什么~?=그가 도대체 무슨 병에 걸린 거야? ≒症状

【症候群】zhènghòuqún 명【医】증후군. ≒【综合症】zōnghézhèng

【症状】zhèngzhuàng 명 증상. 증후. ≒症候

**铮[錚]** zhèng 빛날 쟁

형文 (기물의 표면이) 눈부시다. 반짝이다. 반들반들하다. ¶玻璃窗擦得~亮. =유리창을 반들반들하게 닦다.
☞ zhēng

# zhi

**之** zhī 어조사 지
동 가다. ¶君将何~?=그대는 어디로 가려는가? 대 1 이. 그. 이것. 그것. [명사 앞에 쓰여 지시 대명사로 쓰임] ¶~子于钓. =이 사람이 낚시하러 가다. 2 그. 그것. [사람이나 사물을 대신하며, 빈어(賓語)로만 쓰임] ¶敬而远~=공경하나 그것을 멀리하다. / 操~过急=너무 성급하게 그것을 처리하다. 3 실제적인 작용을 하지 않는 지시 대명사. [주로 접미사로 쓰임] ¶久而久~=오랜 시일이 지나다. 조文 1 …의. …한. …은(는). [관형어와 중심어 사이에 쓰여 종속 관계를 나타냄] ¶赤子~心=적자지심. 갓난아기의 마음. 2 …의. …한. …은(는). [관형어와 중심어 사이에 쓰여 일반적인 수식 관계를 나타냄] ¶无价~宝=무가지보. 값을 매길 수 없을 만큼 귀한 보배. 3 …이〔가〕. [주술적인 구의 주어와 술어 사이에 쓰여 수식적 관계로 변환시킴] ¶速度~快=속도가 빠르다. 4 뒤의 단음절 형태소와 결합하여 명사성 기능의 단어를 이룸. ¶三天~前=삼 일 이전. /农忙~际=농사가 바쁜 때. 농번기 때.

○● 反之, 总之, 犹yóu之乎

【之后】zhīhòu 명 1 …뒤. …후. …다음. [어떤 시간 혹은 처소 뒷면의 시간 혹은 공간을 가리킴] ¶两天~=이틀 뒤. / 正房~=본채의 뒤편. 2 그 후. 그 다음. [구의 처음에 놓여 윗문장에 서술한 상황 이후임을 가리킴] ¶~, 他们便提出了具体的施工方案. =그리고 난 다음 그들은 곧 구체적인 시공 방안을 제시하였다. ↔之前

【之乎者也】zhī-hū-zhě-yě 성 1 '之' · '乎' · '者' · '也' 는 모두 상용 문언 허사이다. 2 지식인인 체 하는 말. 고문체 투성이.

【之极】zhījí 명 (어떤 상황의) 최고 수준〔정도〕. [항상 이음절 형용사 뒤에 쓰임] ¶讨厌~=몹시 밉살스럽다.

【之际】zhījì 명 (일이 발생한) 때. 즈음. ¶临别~=헤어질 때.

【之间】zhījiān 명 1 (…의) 사이. 지간. [두 개의 시간이나 지점·수량이 정한 범위 이내를 가리킴] ¶夏秋~=여름과 가을 사이. / 京津~=베이징(北京)과 톈진(天津) 사이. 2 이음절 동사나 부사 뒤에 쓰여 짧은 시간을 나타냄. ¶转眼~=눈 깜짝할 사이. / 突然~=갑자기.

【之类】zhīlèi 명 1 등. 따위. [어떤 유의 사물을 가리킴] ¶鸡毛蒜皮~的小事=자질구레한 일. 2 …와 같은 사람들. …부류의 사람들. 그를 대표로 하는 사람들. ¶见利忘义~=눈앞의 이익을

보면 의리를 잊는 그런 사람들.
【之流】zhīliú 〖명〗〖經〗…와 같은 사람들. …부류의 사람들. 그를 대표로 하는 사람들. ¶逢迎拍马～=알랑거리고 아부하는 사람들. / 希特勒～=히틀러 같은 사람.
【之内】zhīnèi 〖명〗…의 안〔내〕. ¶学校～=학교 안. / 一周～=일 주일 내. ↔之外
【之前】zhīqián 〖명〗…이전. …의 앞〔전〕. ¶三个月～=삼 개월 이전. / 大门～=대문 안. ↔之后
【之上】zhīshàng 〖명〗…의 위. 이상. ¶楼顶～=옥상 위. / 零度～=영도 이상. ↔之下
【之首】zhīshǒu 〖명〗 머리. 우두머리. [어떤 범위 중의 첫째] ¶万恶～=모든 악의 우두머리.
【之所以】zhīsuǒyǐ 〖접〗…의 이유. …한 까닭. ¶他～能取得优异的成绩, 是与他平时的刻苦努力分不开的.=그가 우수한 성적을 거둔 까닭은 그가 평소에 각고의 노력을 한 것과 무관하지 않은 것이다.
【之外】zhīwài 〖명〗…의 외〔밖〕. ¶三米～=3미터 밖. / 基本工资～还有奖金.=기본 임금 외에 보너스도 있다. ↔之内
【之下】zhīxià 〖명〗…의 아래. ¶光天化日～=백주 대낮에. ↔之上
【之先】zhīxiān 〖명〗…의 전(앞). ¶你没来～, 他已经下班了.=네가 오기 전에 그는 이미 퇴근하였다.
【之一】zhīyī 〖명〗…중의 하나. ¶他是当代著名作家～.=그는 당대 저명한 작가 중의 한 사람이다.
【之于】zhīyú 〖개〗…에 관해서. …에 대하여. ¶～中国, 达尔文进化论的引入是较早的.=중국에 대해서 말하자면, 다윈 진화론의 도입은 비교적 빠른 편이다.
【之至】zhīzhì 〖명〗〖문〗 (어떤 상황의) 최고 수준〔정도〕. [항상 이음절 형용사 뒤에 쓰임] ¶光荣～=대단히 영광스럽다.
【之中】zhīzhōng 〖명〗 1 …속에. …의 가운데에. …의 사이에. [어떤 범위나 집단 속에 있음을 가리킴] ¶群众～=군중 속. / 暑假～=여름 방학 동안. 2 …하는 사이. [어떤 행위의 과정 중에 있음] ¶话剧演出～=연극이 공연 중이다.
【之字路】zhīzìlù 〖명〗 갈지자 길. 구불구불한 길.

**支** zhī 지탱할 지

〖동〗 1 나누다. 분리하다. ¶～解=토막내다. 해체하다. 2 쫓아 내다. 내보내다. ¶他一使眼色, 把旁边的人～开了.=그는 눈짓으로 옆에 있는 사람을 가게 했다. 3 지불〔수령〕하다. ¶借～=가불하다. / 开～=지출하다. 4 받치다. 세우다. 조립하다. ¶把帐篷一起来.=텐트를 치다. 5 지지하다. 지탱하다. 〖명〗 1 자루. 개피. [막대 모양의 물건을 세는 단위] ¶～铅笔=연필 한 자루. 2 일단〔一團〕. 일대〔一隊〕. 팀. [대오 등을 세는 단위] ¶一～流行乐队=팝 밴드 한 팀. 3 곡. [노래나 악곡을 세는 단위] ¶两～歌=노래 두 곡. 4〖紡〗번수〔番手〕. 데니아. [실의 굵기를 세는 단위. 공통식은 실 1kg의 길이가 1km일 때에 1번수라 하고, 'N'으로 나타냄] 5〖電〗촉. 촉광. [빛의 세기를 나타내는 단위. '光'과 함께 쓰임] ¶60～光的灯泡=60촉광의 전구. 〖명〗 1 갈래. 가지. 분지(分枝). 지맥. 지류. 지선. 지도(支道). [전체에서 갈라져 나간 부분] ¶～流=지지(地支). ¶干～=간지. 3 (Zhī) 성(姓). ↔收

支 zhī
枝 zhī
肢 zhī
技 jì
妓 jì
岐 qí
翅 chì

〇● 长支, 超chāo支, 分支, 借支, 开支, 旁支, 枪支, 收支, 透tòu支

【支边】zhī∥biān 〖동〗 변경 지방 건설을 지원하다.
【支部】zhībù 〖명〗 지부. [특히 중국 공산당의 기층 조직을 가리킴]
【支部书记】zhībù shū·ji 〖명〗 1 지부 서기. [당파나 단체의 지부 책임자] 2 지부 서기. [특히 중국 공산당 혹은 공산주의 청년단 지부의 주요 책임자] 〖통〗【支书】zhīshū
【支部委员】zhībù wěiyuán 지부 위원. 〖통〗【支委】zhīwěi
【支差】zhīchāi 〖동〗〖방〗 강제 노역을 하다.
【支撑】zhī·chēng 〖동〗 1 버티다. 받치다. 지탱하다. ¶这面墙全靠这道梁～.=이 벽은 전부 이 들보에 기대어 지탱한다. 2 견디다. 지탱하다. ¶全家就靠他一个人～.=온 가족은 그 한 사람에 의지해 지탱한다. ≒支持
【支承】zhīchéng 〖동〗 지탱하다. 받치다. 지지력. ¶～力=지지력.
【支持】zhīchí 〖동〗 1 견디다. 지탱하다. ¶我饿得快有点～不住了.=나는 배고파서 곧 쓰러질 것 같다. 2 지지하다. ¶只要是有益的, 我们都～.=유익한 것이라면 우리는 모두 지지한다. ≒支撑 ↔反对
【支出】zhīchū 〖동〗 지출하다. ¶我们已经～了 1/3的广告费.=우리는 이미 광고비의 1/3을 지출하였다. 〖명〗 지출. ¶本月的～比上个月有所提高.=당월의 지출은 전월보다 좀 많아졌다. ≒动支 ↔收入
【支绌】zhīchù 〖형〗 (자금이) 부족하다. 충분치 못하다. ¶启动经费较为～.=운용 경비가 좀 부족하다.
【支单】zhīdān 〖명〗 증표. 전표〔錢票〕.
【支点】zhīdiǎn 〖명〗 1〖物〗 지점. 받침점. 지레목. 2〖비〗 거점. [사물의 중심 혹은 관건] ¶理论～=이론적 거점.
【支店】zhīdiàn 〖명〗 지점.
【支队】zhīduì 〖명〗〖軍〗 1 지대. 파견대. [군대의 사(師)나 단(團)에 해당하는 1급 조직] ¶独立～=독립 파견대. 2 지대. [작전 중 임시로 구성된 부대] ¶先遣～=지대를 먼저 파견하다.
【支付】zhīfù 〖동〗 지불하다. 내다. ¶～保险费=

보험료를 지불하다. ↔收取
【支行】zhīháng 명 (은행의) 출장소.
【支护】zhīhù 동 버팀목을 받치다. 받쳐 보호하다. ¶新栽的树都用几根木棒~着.=새로 심은 나무는 모두 막대기로 받쳐 놓았다.
【支架】zhījià 명 받침대. 선반. 가대. 스탠드. 동 1 받치다. 버티다. 지지하다. 세우다. ¶~房梁=대들보를 받치다. 2 막아 내다. 당해 내다. ¶寡不敌众, 难以~.=중과부적으로 당해 내기 어렵다.
【支教】zhījiào 동 교육을 지원하다. ¶去西藏~的老师们已经出发了.=시짱으로 교육 지원하러 가는 선생님은 이미 출발하였다.
【支解】zhījiě ☞【肢解】zhījiě
【支借】zhījiè 동 가불하다.
【支局】zhījú 명 지국.
【支开】zhīkāi 동 따돌리다. ¶他借故~了身边的孩子.=그는 구실을 대어 옆에 있는 아이를 따돌렸다.
【支棱】zhī·leng 동⟨方⟩ 곤추세우다. ¶小狗~着尾巴摇个不停.=작은 개는 꼬리를 곤추세우고 줄곧 흔들어 댄다.
【支离】zhīlí 형 1 이리저리 흩어지다. 산산조각이 나다. 부서지다. ¶这里已经被他们破坏得~破碎了.=이곳은 이미 그들에 의해 산산조각이 났다. 2 (말이나 문장이) 장황하고 난잡하다. 조리가 없다. ¶~错乱, 不成文理.=글이 장황하고 난잡하여 조리가 없다.
【支离破碎】zhīlí-pòsuì 〈성〉 지리멸렬하다. 산산조각이 나다. ≒四分五裂 ↔浑然一体
【支领】zhīlǐng 동 (돈이나 물품을) 수령하다. ¶~差旅费=출장비를 수령하다.
【支流】zhīliú 명 1 (地) 지류. 2 (喩) 비본질적인 것. 부차적인 것. ¶看问题, 要注意区分主流和~.=문제를 볼 때는 본질적인 것과 비본질적인 것을 잘 구분하여야 한다. ↔干流 主流
【支路】zhīlù 명 1 지로. 지선. 2 (電) 분기(분기) 회로. 갈래 회로. ¶~开关=분기 회로 스위치.
【支炉儿】zhīlúr 명 바닥에 작은 구멍이 여러 개 나 있는 토기로 된 '烙饼(라오빙)'을 굽는 기구. [화로 위에 올려놓고 사용함]
【支脉】zhīmài 명 지맥. ¶燕山是太行山的~.=옌산(燕山)은 타이항산(太行山)의 지맥이다.
【支那】Zhīnà 명 지나. [고대 인도인·페르시아인·희랍인 등이 중국을 부르던 이름] 外 Cina
【支农】zhīnóng 동 농업을 지원하다. ¶~物资=농업 지원 물자.
【支派】zhīpài 명 지파. 분파.
【支派】zhī·pài 동⟨方⟩ 파견하다. (남을) 시키다. 부리다. ¶自己能干的就自己干, 别老是~人.=자기가 할 수 있는 일은 자기가 하여야지, 늘 남을 시키지 마라.
【支配】zhīpèi 동 1 안배하다. 분배하다. 배치하다. ¶合理~时间.=시간을 알맞게 안배하다. 2 지배하다. 통제하다. 지휘하다. ¶人的行动受大脑~.=사람의 행동은 대뇌의 통제를 받는다. ≒安排

【支票】zhīpiào 명 수표.
【支气管】zhīqìguǎn 명⟨生⟩ 기관지.
【支气管炎】zhīqìguǎnyán 명⟨醫⟩ 기관지염.
【支前】zhīqián 동 전방을 지원하다. ¶~慰问团=전방 지원 위문단.
【支渠】zhīqú 명 지선 수로. ['干渠(간선 수로)'와 '斗渠(작은 수로)'를 연결하는 수로]
【支取】zhīqǔ 동 (돈을) 찾다. 받다. 수취하다. 수령하다. ¶~存款=예금을 찾다.
【支使】zhī·shǐ 동⟨貶⟩ 일을 시키다. 심부름 보내다. (사람을) 부리다. ¶他这个人总是喜欢~人.=그 사람은 늘 남한테 시키기를 좋아한다.
【支书】zhīshū ☞【支部书记】zhībù shū·ji
【支数】zhīshù 명⟨紡⟩ 번수.
【支委】zhīwěi ☞【支部委员】zhībù wěiyuán
【支委会】zhīwěihuì 명⟨略⟩ 支部委员会(지부 위원회).
【支吾】zhī·wú 동 얼버무리다. 어물어물하다. 발뺌하다. 둘러대다. 어물어물 넘기다. ¶~搪塞=얼버무려 어물어물 넘기다.
【支吾其词】zhī·wú-qící 〈성〉 말을 얼버무리다.
【支线】zhīxiàn 명 지선. ¶铁路~=철도 지선. ↔干线 干道
【支应】zhīyìng 동 1 공급하다. 대다. ¶~钱粮=돈과 식량을 공급하다. 2 응대하다. 접대하다. 처리하다. 대처하다. ¶~差事=심부름을 하다. 3 지키다. 대기하다. 돌보다. ¶~门户=문을 지키다.
【支援】zhīyuán 동 지원하다. ¶~地震灾区=지진 재해 지역을 지원하다.
【支招儿】[支着儿] zhī‖zhāor 동⟨方⟩ 남을 위해 묘안을 내다. 아이디어를 내주다.
【支着儿】zhī‖zhāor 1 훈수하다. 훈수를 두다. 2 ☞【支招儿】zhī‖zhāor
【支支吾吾】zhī·zhi wúwú 동 얼버무리다. 어물어물하다. 발뺌하다. 둘러대다. 어물어물 넘기다.
【支柱】zhīzhù 명 1 지주. 받침대. 버팀목. 기둥. 2⟨喩⟩ 지주. 기둥. 중견. [정신적·사상적으로 의지할 수 있는 근거나 힘] ¶精神~=정신적 지주.
【支柱产业】zhīzhù chǎnyè 중견 산업〔업체〕. =【支柱行业】zhīzhù hángyè
【支柱行业】zhīzhù hángyè ☞【支柱产业】zhīzhù chǎnyè
【支子】zhī·zi 명 1 받침대. 스탠드. ¶车~=자전거 스탠드. 2 (발이 있는) 석쇠. 적철.
【支嘴】zhī‖zuǐ (~儿) 동 조언하다. 훈수하다. 말참견하다. ¶有能耐自己干, 别老在旁边瞎~儿.=옆에서 함부로 말참견하지 말고, 능력이 있으면 자기가 직접 해.
【支座】zhīzuò 명 지지물. 대(臺).

氏 zhī 閱지지
☞【阏氏】yānzhī【月氏】Yuèzhī
☞ shī

**只[隻]** zhī 마리 척

只 卮 汁 芝 吱 枝 zhī

量 단수의. 단 하나의. 아주 적은. 홑의. ¶片纸
~字=짤막한 글. 2 1 마리. [주로 날짐승이나
길짐승을 세는 단위] ¶一~鹅=거위 한 마리. /
一~羊=양 한 마리. 2 쪽. 짝. [쌍으로 이루어진
것 중 하나를 세는 단위] ¶一~手=한쪽 손. /
一~袜子=양말 한 짝. 3 척. [배를 세는 단위] ¶
两~小船=작은 배 두 척. 4 개. [일부 기물을 세
는 단위] ¶一~手表=손목시계 하나. / 两~箱
子=상자 한 개.
☞ zhǐ

【只身】zhīshēn 图 단신. 홀몸. ¶~在外=외지
에서 홀몸으로 살다.

【只言片语】zhīyán-piànyǔ 图 일언반구. 한두
마디의 말. 단편적인 말. ¶只听见~。=단지 단
편적인 말만 들었을 뿐이다. ↔长篇大论

【只字不提】zhīzì-bùtí 图 단 한 마디도 언급하
지 않다. 말을 꺼내지도 않는다. 입 밖에 내지도
않는다. 근본적으로 언급하지 않다.

## 卮[(巵)] zhī 술잔 치

图 치. 고대의 술잔. ¶漏~=밑이 새는 술잔.

## 汁 zhī 즙 즙

(~儿) 图 즙. ¶西瓜~=수박즙. / 墨~儿=먹물.

○● 豆汁, 果汁, 脑nǎo汁

【汁水】zhī·shuǐ 图图 즙(액). ¶这种桃子肉厚
~多。=이 복숭아는 육질이 두텁고 즙이 많다.

【汁液】zhīyè 图 즙액.

## 芝 zhī 영지 지

图 1(植) (고서에서 말하는) 영지. 靈芝. 2(植)
(고서에서 말하는) 백지(白芷). 구릿대 뿌리. 3
①(植) (고서에서 말하는) 지초. ②图 고상하거
나 아름다운 덕행이나 환경. ¶~兰之室=고상
한 방.

【芝兰】zhīlán 图图 1 지초와 난초. 2图 고상한
덕행. 고귀한 우정. 아름다운 환경. 높고 맑은 재
질. ¶~之交=지란지교.

【芝兰玉树】zhīlán-yùshù 图图 재주가 뛰어난
사람. 교양이 있는 자제.

【芝麻】[脂麻] zhī·ma 图(植) 1 참깨. 2 백지마
(白芝麻). 참깨(의 씨).

【芝麻官】zhī·maguān 图 직위가 낮은 관직.
말단 관리. [해학적인 말] ¶七品~=7품 말단
관리.

【芝麻酱】zhī·majiàng 图 깨장. [참깨를 갈아
서 걸쭉하게 만든 장] =【麻酱】májiàng

【芝麻开花节节高】zhī·ma kāihuā jiéjié
gāo 图图 상황이 날로 좋아지다. ¶现在的日子
是~, 越过越好了。=지금의 생활이 나날이 좋
아지고 있다.

【芝麻糖】zhī·matáng 图 즈마탕(芝麻糖). 깨
엿. [깨를 엿에 버무려 만든 식품] =【麻糖】
mátáng

【芝麻油】zhī·mayóu 图 참기름. =【香油】
xiāngyóu【麻油】máyóu

*【吱】zhī 삐걱 소리 지

回 끼익. 삐걱. 쨱쨱. [물체가 마찰하는 소리 또는
새나 벌레의 울음소리] ¶汽车~的一声停住了。
=자동차가 끼익 하는 소리와 함께 멈추었다.
☞ zī

【吱扭】zhīniū 回 끼익. 삐걱. [물체가 마찰하면
서 나는 소리] ¶~一声, 窗户被打开了。=삐걱
소리가 나면서 창문이 열렸다.

【吱吱喳喳】zhīzhī chāchā 回 재잘재잘. ¶几
个女孩子在草地上~地说个不停。=여자 아이
몇 명이 잔디밭에서 쉴새없이 재잘거린다.

【吱吱嘎嘎】zhīzhī gāgā 回 삐걱삐걱. ¶大车
~地在泥地上走着。=달구지가 진흙길을 삐걱
거리며 가고 있다.

*【枝】zhī 가지 지

图 (~儿) 가지. ¶树~=나뭇가지. / 本固~
荣=뿌리가 깊고 튼튼하여야 가지와 잎이 무성
해진다. 图 1 송이. ¶一~玫瑰=장미 한 송이.
2 '支(자루)'와 같음. ¶一~步枪=보총〔소총〕
한 자루.

○● 侧cè枝, 插chā枝, 疯fēng枝, 果枝, 荔lì枝,
蘖niè枝, 骈pián枝, 歇xiē枝, 压枝, 叶枝, 整枝

【枝杈】zhīchà 图 잔가지. 가장귀. ≒枝丫

【枝繁叶茂】zhīfán-yèmào 图 1 가지와 잎이
무성하다. 2(비) 가정이나 단체가 번창하다.

【枝干】zhīgàn 图 가지와 줄기. ¶~粗壮=가지
와 줄기가 굵고 건실하다.

【枝节】zhījié 图 1 가지와 마디. 곁가지. 2(비)
뜻하지 않은 분규. 곁가지 문제. 곁으로 생긴 어
려움〔난관〕. ¶横生~=뜻밖에 지엽적인 문제가
생기다. 3(비) 지엽적인 일. 부차적인 일. ¶~问
题=지엽적인 문제.

【枝接】zhījiē 图(林) 가지를 접붙이다. 접지(接
枝)하다. ¶苹果树可以进行~。=사과나무는 가
지접붙이기를 할 수 있다.

【枝解】zhījiě ☞【肢解】zhījiě

【枝蔓】zhīmàn 图 1 가지와 덩굴. 2(비) 주제와
관련이 없는 말〔구절〕. ¶删除~=불필요한 문
장을 삭제하다. 图 번잡하다. 잡다하다. ¶叙述
~=서술이 번잡하다.

【枝条】zhītiáo 图 (나뭇)가지.

【枝头】zhītóu 图 가지 끝. 나뭇가지 위. ¶红杏
~春意闹。=살구나무 가지 위에 봄이 찾아드네.

【枝梧】zhīwú ☞【枝梧】zhīwú

【枝梧】[枝捂] zhīwú 图 얼버무리다. 우물거리
다. 말끝을 흐리다. 어물어물하다. 모호한 말을
쓰다. 발뺌하다. 둘러대다.

【枝丫】[枝桠] zhīyā 图 잔가지. 가장귀. ≒枝杈

【枝桠】zhīyā ☞【枝丫】zhīyā

【枝叶】zhīyè 图 1 지엽. 가지와 잎. 2(비) 지엽적
인 문제. 부차적인 문제. ¶抓~, 更要抓根本。
=지엽적인 문제를 붙잡고 있는 것보다 근본적인
문제를 파악하여야 한다. 3(비) 지엽. 본질적이거
나 중요하지 아니하고 부차적인 부분. ¶这篇文

章中的~太多。=이 글에는 지엽적인 내용들이 너무 많다.

【枝枝节节】zhīzhī jiéjié 형 1 가지와 마디. 2 (비) 중요치 않은 일. 부차적인 일. ¶抓主要矛盾, 放开~。=주 갈등에 중점을 두고 부차적인 문제는 놓아 두다.

【枝子】zhī·zi 명 가지.

## 知 zhī 알 지

동 1 알다. 이해하다. ¶熟~=숙지하다. / 众所周~=모든 사람들이 다 알다. 2 알리다. 알게 하다. 이해하게 하다. ¶通~=통지하다. / 告~=알리다. 3 문 주관하다. 주재하다. ¶七品~县=7품 지현. 명 1 지식. ¶求~=지식을 탐구하다. / 真~灼见=정확한 인식과 투철한 견해. 2 문 지기. ¶新~=새로운 지기. 🔜晓 [고어에서 '智(지혜)'와 같음]

| 知 | zhī |
| 智 | zhì |
| 蜘 | zhī |
| 痴 | chī |

⊙ 感知, 故知, 画知, 获huò知, 明知, 亲知, 情知, 熟shú知, 无知, 先知, 相知, 须知, 真知, 殊不知

【知宾】zhībīn ☞【知客】zhīkè

【知耻】zhīchǐ 동 부끄러움을 알다. 염치를 알다. ¶恬不~=뻔뻔스럽게 수치를 모르다.

【知单】zhīdān 명(옛) 초대장. 초청 통지서. [윗부분에 초청받은 사람들의 명단이 쓰여 있으며, 전담자가 차례대로 찾아가서 통지함]

【知道】zhī·dào 동 알다. 이해하다. ¶明天开会的事儿他已经~了。=내일 회의가 있다는 것을 그는 이미 알고 있다. 🔜晓知 知悉

【知底】zhī‖dǐ 동 내막〔진상〕을 알다. 속내를 알다. ¶合同的事儿他~。=계약 건에 대해 그는 내막을 알고 있다.

【知恩不报】zhī'ēn-bùbào 성 은혜를 입은 것을 알고도 보답하지 않다.

【知法犯法】zhīfǎ-fànfǎ 성 법을 알면서 고의로 법을 어기다.

【知府】zhīfǔ 명〔历〕지부. [명청(明清)대의 부(府)의 일급 행정 수장]

【知根知底】zhīgēn-zhīdǐ 성 내막〔진상〕을 알다. 속내를 알다.

【知过必改】zhīguò-bìgǎi 성 잘못을 깨달으면 반드시 고쳐야 한다.

【知会】zhī·hui 동(구) 구두로 알리다. ¶你~他一下, 明天老同学聚会。=내일 동창 모임이 있다고 네가 그에게 알려라.

【知几】[知机] zhījī 동(문) 낌새〔기미〕를 알아채다. ¶~观变=일의 낌새를 알고 사건의 변화를 살피다.

【知机】zhījī ☞【知几】zhījī

【知己】zhījǐ 동 자기를 알다〔이해하다〕. ¶士为~者死。=선비는 자기를 알아주는 사람을 위해 죽는다. 명 지기. ¶人生得一~足矣!=인생에서 지기 한 명만 얻어도 족하다! 🔜知心 相知

【知己知彼】zhījǐ-zhībǐ 성 1 지피지기. ["知彼知己, 百战不殆(적을 알고 나를 알면 백 번 싸워

도 위태롭지 않다)."라는 구절에서 유래함] 2 자기의 기량을 정확히 평가하고 또 상대방도 충분히 파악하여야 한다.

【知交】zhījiāo 명 지기. 절친한 친구.

【知近】zhījìn 형 서로 친근한. 절친한. ¶~亲友=절친한 친구.

【知觉】zhījué 명 1 지각. 감각. ¶恢复~=감각이 회복되다. 2〔心〕지각.

【知客】zhīkè 명 1 옛 지객. [경조사 때 주인을 대신하여 손님을 접대하는 사람] 동 2【知宾】zhībīn 2【知客僧】zhīkèsēng

【知客僧】zhīkèsēng 명〔佛〕지객. [절에서 오고 가는 손님을 접대하고 안내하는 스님] =【知客】zhīkè

【知冷知热】zhīlěng-zhīrè 성 1 상대방을 소상히 알다. 2 아주 자상하게 돌보아 주다. 따뜻하게 잘 보살펴 주다.

【知了】zhīliǎo ☞【蚱蝉】zhàchán

【知名】zhīmíng 형 잘 알려진. 저명한. 지명한. [주로 사람에게 쓰임] ¶~作家=저명 작가. 🔜著名

【知名度】zhīmíngdù 명 지명도. ¶他的~非常高。=그의 지명도는 아주 높다.

【知命】zhīmìng 동 1 천명을 알다. 타고난 운명을 알다. 2 운명에 따르다〔순응하다〕. ¶乐观~=낙관적이고 운명에 따르다. 명(문) 지명(지년). [쉰 살의 나이를 가리킴] ¶~之年=지명지년. 쉰 살의 나이.

【知难而进】zhīnán'érjìn 성 곤란함을 알면서도 굽히지 않고 나아가다. ↔知难而退

【知难而退】zhīnán'értuì 성 1 형세가 불리함을 알고 물러서다. 2 어려움을 두려워하여 꽁무니를 빼다. ↔知难而进

【知难行易】zhīnán-xíngyì 성 일을 하기는 쉽지만 그 속의 이치를 알기는 어렵다. =【行易知难】xíngyì-zhīnán

【知其然而不知其所以然】zhī qí rán ér bù zhī qí suǒyǐ rán 성 그러하다는 것은 알지만 왜 그러한가는 알지 못하다.

【知其一, 不知其二】zhī qí yī, bù zhī qí èr 성 1 하나만 알고 둘은 모르다. 2 사물에 대한 이해가 단편적이다. 부분적으로만 알다.

【知青】zhīqīng ☞【知识青年】zhī·shi qīngnián

【知情】zhī‖qíng 동 (호의에) 고마워하다. 감격해하다. ¶你这样帮助他, 他会很~的。=네가 이렇게 그를 도와 준다면 그는 감격해할 것이다.

【知情】zhīqíng 동 (사건의) 내막〔속사정〕을 알다. 상황을 알다. [주로 범죄 사건에 쓰임] ¶~不报=내막을 알고도 신고하지 않다.

【知情达理】zhīqíng-dálǐ 성 사리를 알다.

【知情权】zhīqíngquán 명〔法〕알 권리.

【知情人】zhīqíngrén 명 (사건의) 내막을 알고 있는 사람. [주로 범죄 사건을 가리킴]

【知趣】zhīqù 동 눈치가 있다. 재치〔센스〕가 있다. ¶别人不喜欢听就别说, 要~。=남이 듣기 싫어하면 말하지 말고 눈치껏 하세요. 🔜识相 识趣

【知人论世】 **zhīrén-lùnshì** [성] **1** 인물을 평가하려면 그 시대적 배경을 연구하여야 한다. **2** 인물을 평가하고 세상사를 논하다.
【知人善任】 **zhīrén-shànrèn** [성] 사람의 능력을 잘 파악하여 적재적소에 잘 임용하다.
【知人之明】 **zhīrénzhīmíng** [성] 사람의 인품과 재능을 알아보는 안목.
【知人知面不知心】 **zhī rén zhī miàn bù zhī xīn** [속] 사람의 겉모습은 알아보기 쉬우나 속마음을 알기는 어렵다. 열 길 물 속은 알아도 한 길 사람 속은 모른다.
【知识】 **zhī·shi** [명] 지식. ¶～渊博＝지식이 해박하다. [형] 지식의. 지적인. ¶～阶层＝지식 계급. 지식층. 인텔리.
【知识爆炸】 **zhī·shi-bàozhà** [성][비] 지식〔정보〕 폭발.
【知识产权】 **zhī·shi chǎnquán** [명]《法》 지적 소유권(知的所有權).
【知识产业】 **zhī·shi chǎnyè** [명] 지식 산업. ＝【智力产业】 **zhìlì chǎnyè**
【知识分子】 **zhī·shi fènzǐ** [명] 지식인. 인텔리.
【知识界】 **zhī·shijiè** [명] 인텔리. 지식층.
【知识经济】 **zhī·shi jīngjì** [명]《經》 지식 경제.
【知识密集型产业】 **zhī·shi mìjíxíng chǎnyè** [명] 지식 집약형 산업.
【知识面】 **zhī·shimiàn** [명] 지식 폭.
【知识青年】 **zhī·shi qīngnián** [명] **1** 지식 청년. [초등 교육이나 중등 교육을 받은 과학적 지식을 갖춘 청년을 가리킴] **2**《歷》 지식 청년. [1960～70년대 농촌 대열에 합류한 도시 지식 청년을 가리킴] [약]【知青】 **zhīqīng**
【知事】 **zhīshì** [동] 사리를 알다. 세상물정을 알다. ¶～明理＝사리에 밝다. [명]《歷》 지사. [중화민국 초의 현의 수장] ＝【县知事】 **xiànzhīshì**
【知书达理】 **zhīshū-dálǐ** [성] 교양이 있고 양식을 갖추다. 교양이 있고 사리에 밝다. ＝【知书识理】 **zhīshū-shílǐ**
【知书识理】 **zhīshū-shílǐ** ☞【知书达理】 **zhīshū-dálǐ**
【知疼着热】 **zhīténg-zháorè** [성] 상대방을 잘 배려해 주다. 상대방에게 극진하게 보살피고 매사에 관심을 갖다. [주로 부부 사이에 쓰임]
【知无不言】 **zhīwúbùyán** [성] 알고 있는 바는 모두 다 말하다. 자기의 의견을 모조리 밝히다.
【知悉】 **zhīxī** [동][문] 알다. ¶～内情＝내정〔내막〕을 알다. ≒知道 知晓
【知县】 **zhīxiàn** [명]《歷》 지현. [명청(明清)대의 현의 일급 행정 수장]
【知晓】 **zhīxiǎo** [동] 알다. 이해하다. ¶无人～＝아무도 아는 사람이 없다. ≒知道 知悉
【知心】 **zhīxīn** [형] 서로를 잘 아는. 흉금을 터놓는. 허물없는. 절친한. ¶～朋友＝허물없는 친구. ≒知己 相知
【知心话】 **zhīxīnhuà** [명] 흉금을 털어놓는 말. 터놓고 하는 말.
【知雄守雌】 **zhīxióng-shǒucí** [성][비] 자기의 기량을 감추고 속세를 벗어나다. 남과 다투지 않다.
【知音】 **zhīyīn** [동][문] 음악의 곡조를 알다. 음률에 정통하다. ¶不～者不可与言乐(yuè)。＝음악을 모르는 자와는 함께 음악을 논하지 마라. [명][비] 지음. 지기. 서로 마음이 통하는 친한 벗. [《열자·탕문편(列子·湯問篇)》에서 거문고의 명인인 백아가 자기의 소리를 잘 이해해 준 종자기가 죽자 자신의 거문고 소리를 아는 자가 없다고 하여 거문고 줄을 끊었다는 데서 유래함] ¶～难求＝지음〔지기〕을 만나기 어렵다.
【知友】 **zhīyǒu** [명] 지우. 지기. 서로 마음이 통하는 친한 벗.
【知遇】 **zhīyù** [동] 재능을 알아보고 중용하다. 남이 자신의 인격이나 재능을 알고 잘 대우하다. ¶～之恩＝지우의 은혜.
【知照】 **zhīzhào** [동] **1** [문] 알다. [옛날 공문 용어] ¶仰各～＝각자 알아 두기를 바람. **2** 알리다. 통지하다. ¶请你～有关人员，下午开会。＝오후에 회의가 있다고 당신이 관계자에게 알리세요.
【知州】 **zhīzhōu** [명]《歷》 지주. [명청(明清)대의 주(州)의 일급 행정 수장]
【知足】 **zhīzú** [동] (이미 가진 것에 대하여) 만족스럽게 여기다. 지족하다. ¶～常乐＝만족하기에 늘 행복하다.
【知足不辱】 **zhīzú-bùrǔ** [성] 만족할 줄 알면 모욕을 당하지 않는다. [주로 탐심하지 마라고 권할 때 씀]

## **肢 zhī 팔다리 지

[명] **1** 사지. [두 팔과 두 다리의 총칭] ¶上～＝상지. 팔. **2** 길짐승의 네 발·조류의 두 날개와 두 발. ¶四～＝사지. **3** 인체의 허리 부분을 가리킴. ¶腰～＝허리.

○● 后肢, 截jié肢, 前肢, 义肢

【肢解】【支解】【枝解】 **zhījiě** [동] **1** 지해하다. [예전에, 중국에서 행하였던 가혹한 형벌의 하나. 사람의 팔과 다리를 각각 찢어 내는 형벌] **2** [비] 갈기갈기 찢어지다. 해체되다. 분해되다.
【肢势】 **zhīshì** [명] 지세. (가축이 서 있는) 다리의 자세.
【肢体】 **zhītǐ** [명] **1** 사지. **2** 지체. 사지와 몸통.

## 泜 Zhī 강 이름 지

[명]《地》 즈허(泜河). [허베이(河北)성에 있는 강 이름]

## **织[織] zhī 짤 직

[동] **1**《紡》 (직물을) 짜다. ¶纺～＝방직하다. / 丝～品＝견직물. **2** (털옷을) 짜다. 뜨개질하다. ¶编～＝편직. / ～毛衣＝털옷을 뜨다. **3** 교차하다. 엇바꾸다. ¶感愧交～＝감사한 마음과 송구스런 마음이 교차하다.

○● 编织, 促cù织, 纺fǎng织, 交织, 罗luó织, 组织

【织补】 **zhībǔ** [동] 짜깁다.
【织布】 **zhī‖bù** [동]《紡》 베를 짜다. ¶纺纱～＝

실을 잣고 베를 짜다.
【织布机】zhībùjī 圀(紡) 베틀. 직기.
【织花】zhīhuā 圀(紡) 문직(紋織).
【织机】zhījī 圀 직기.
【织锦】zhījǐn 圀(紡) 1 채색 무늬 단자[비단]. 2 수단(繡緞).
【织锦缎】zhījǐnduàn 圀 수단(繡緞).
【织女】zhīnǚ 圀 1 ㉠ 직녀. 직부(織婦). 베 짜는 여자. 2 (天) 직녀성. 3 직녀. [견우 직녀 설화에 나오는 여자 주인공]
【织女星】zhīnǚxīng 圀(天) 직녀성.
【织品】zhīpǐn 圀 직물. 방직물
【织染】zhīrǎn 圀 염직(染織)하다.
【织物】zhīwù 圀 직물.
【织造】zhīzào 圀(紡) 직조하다. (기계로 베를) 짜다.
【织针】zhīzhēn 圀 뜨개(질)바늘.

## 栀[(梔)] zhī 치자나무 치
【栀子】zhī·zi 圀(植) 1 치자나무. 2 치자.

## 胝 zhī 굳은살 지
☞【胼胝】piánzhī

## 祗 zhī 공경할 지
圐 존중하다. 공경하다. 삼가다. ¶~敬=공경하다.

## **脂 zhī 기름 지
圀 1 (生) 지방. 유지. ¶油~=유지. / 松~=송지. 송진. 2 ① 지방질 함유 화장품. ② 연지. ¶涂~抹粉=연지 찍고 분 바르다. 화장하다.

○● 矿kuàng脂, 磷lín脂, 凝níng脂, 琼qióng脂, 软脂, 树脂, 脱脂, 硬脂, 油脂

【脂肪】zhīfáng 圀(生)(化) 지방.
【脂肪肝】zhīfánggān 圀(醫) 지방간.
【脂肪瘤】zhīfángliú 圀(醫) 지류(脂瘤). 기름혹.
【脂肪酸】zhīfángsuān 圀(生)(化) 지방산.
【脂粉】zhīfěn 圀 1 지분. 연지와 백분. ¶不施~=지분을 바르지 않다. 화장하지 않다. 2 여인. ¶~态=여인의 자태.
【脂粉气】zhīfěnqì 圀(貶) 여인티. 여성다움. 여성적. 나약한 자태. ¶他的诗~太浓.=그의 시는 너무 여성적이다.
【脂膏】zhīgāo 圀 1 지고. 지방. 2 ㉮ 노동자들의 피땀으로 이룩한 부[재물]. ¶搜刮百姓的~=백성들의 피땀으로 이룩한 재물을 착취하다.
【脂麻】zhī·ma ☞【芝麻】zhī·ma
【脂溢性皮炎】zhīyìxìng píyán 圀(醫) 지루성 피부염.
【脂油】zhīyóu 圀㉮ 엽상 지방. 돼지기름. ¶香~=얼굴 화장 크림. 발삼.

## 跖 zhī 굳은살 지
☞【胼跖】piánzhī

## 稙 zhī 일찍 심은 벼 직
圐 (농작물을) 일찍 심은. 조파한. 조생의. 올된. 조숙한. ¶~谷子=올조. / 白玉米~=흰옥수수가 조숙하다.

## 榰 zhī 주춧돌 지
圀㉮ 주추. [기둥 밑에 괴는 나무나 돌] ¶~础=주추. 圐㉮ 버티다. 받치다. 지탱하다. ¶~柱=받치다.

## *蜘 zhī 거미 지
아래를 참조.
【蜘蛛】zhīzhū 圀(動) 거미. ㉴【蛛蛛】zhū zhū
【蜘蛛网】zhīzhūwǎng 圀 주망(蛛網). 거미집. 거미줄.
【蜘蛛痣】zhīzhūzhì 圀 거미양 모반[혈관종].

## *执[執] zhí 잡을 집
圐 1 잡다. 쥐다. 들다. ¶披坚~锐=갑옷을 입고 무기를 들다. 2 주관하다. 관리하다. ¶~掌大权=대권을 장악하다. 3 집행하다. (어떤 일에) 종사하다. ¶~勤民警=근무 중의 인민 경찰. 4 고집하다. 견지하다. ¶各~一词=각자 자기의 주장을 견지하다. 5 圐 붙잡다. 체포하다. ¶战败被~=전쟁에 져서 체포되다. 圀 1 증(명)서. 영수증. ¶回~=수령증. 2 圐 친교. 절친한 친구. ¶父~=아버지의 친구. 3 (Zhí) 성(姓). 乘秉

○● 存cún执, 父执, 固执, 拘jū执, 争执

○ 执 zhí
 挚 zhì
 贽 zhì
 蛰 zhé

【执拗】zhí'ào 고집스럽고 오만하다. ¶态度~=태도가 고집스럽고 오만하다.
【执棒】zhíbàng 圐 1 지휘봉을 잡다. 2 (교향악 등에서) 지휘를 맡다.
【执笔】zhíbǐ 圐 1 붓을 잡다. 2 글을 쓰다. 집필하다. 3 (공동 집필에서) 기초하다. 초안을 잡다.
【执鞭】zhíbiān 圐 1 남을 위해 말을 몰다. 남을 추종하여 헌신적으로 봉사하다. ¶~附镫=(누구를) 헌신적으로 추종하다. 2 교편을 잡다.
【执导】zhídǎo 圐 연출[감독]하다. ¶张艺谋曾~《英雄》.=장이모우는《영웅》을 감독하였다.
【执法】zhífǎ 圐 1 법을 집행하다. ¶~必严, 违法必究.=법은 반드시 엄격하게 집행하여야 하며, 법 위반시 반드시 (추궁하여) 처벌하여야 한다. 2 (體) (운동 경기의) 심판을 보다. ¶这场比赛由国际著名裁判~.=이 시합은 저명한 국제 심판이 심판을 본다.
【执法不阿】zhífǎ-bù'ē ㉠ 1 법 집행은 편파적이지 않아야 한다. 2 법을 집행하는 자는 공평무사하여야 한다.
【执法犯法】zhífǎ fànfǎ 圐 법을 집행하는 기관[사람]이 법범[범법] 행위를 하다.
【执法如山】zhífǎ-rúshān ㉠ 굳고 엄격하게 법을 집행하다.

【执绋】zhífú 동 1 상여를 메다. 2 출상하다.

【执教】zhíjiào 동 1 교편을 잡다. ¶~于清华大学 =청화대학에서 교편을 잡다. 2 감독을 맡다. ¶在山东队~ =산둥 팀에서 감독을 맡다.

【执两用中】zhíliǎng-yòngzhōng 성 양 끝을 잡고 중용이 되게 하다. 상황에 따라 적절한 방법을 취하다.

【执迷不悟】zhímí-bùwù 성 잘못에서 깨어날 줄 모르다. 자기의 잘못된 길을 계속 가다. 깨닫지 못하다. ≒一意孤行 ↔弃暗投明

【执泥】zhíní 동 고집하다. 고수하다. 얽매이다. ¶不可~于成规. =기존의 관례에 얽매여서는 안 된다.

【执牛耳】zhí niú'ěr 명 1 고대 제후들이 맹약을 맺기 위하여 소의 귀를 잘라 주판 위에 올려놓고 회맹을 주재하는 사람이 회맹에 참여하는 사람들에게 피를 입에 칠하도록 함. 2 맹주. 동 맹주의 지위에 오르다. 주도권을 잡다.

【执拗】zhíniù 형 완고하다. 집요하다. 고집스럽다. ¶性情~ =성격이 고집스럽다. ≒固执

【执勤】zhí‖qín 동 (군인이나 경찰이) 근무 중이다. 당번이다. 임무 수행 중이다. ¶~人员 =임무를 수행하고 있는 사람.

【执事】zhíshì 명문 집사. [주인 가까이 있으면서 일을 맡아 보는 사람] 2 경 집사. [상대방에 대한 경칭] ¶敢以烦~ =어찌 감히 집사께 폐를 끼치겠습니까.

【执事】zhí·shi 명속 집사. [옛날, 관원이 행차하거나 민간에서 결혼이나 상을 치를 때 사용하는 깃발이나 위패 등의 의장]

【执刑】zhíxíng 동 형벌을 집행하다.

【执行】zhíxíng 동 1 집행하다. 수행하다. 실행하다. 실시하다. ¶~任务 =임무를 집행하다. 2 (컴) (프로그램 명령 등을) 실행하다. ¶~程序 =루틴을 실행하다. ≒施行

【执行主席】zhíxíng zhǔxí 명 수석 의장. 집행 위원장. [대회를 개최할 때 의장단에서 추천하여 돌아가면서 회의를 진행하는 사람]

【执业】zhíyè 동 (변호사·의사·회계사 등의) 업무를 수행하다. ¶~律师 =개업 변호사.

【执意】zhíyì 동 집의하다. 고집 부리다. 자신의 의견을 굳게 가지다. ¶~不从 =따르지 않겠다고 완강하게 고집하다.

【执友】zhíyǒu 명 집우. 뜻을 같이하는 벗.

【执掌】zhízhǎng 동 관리하다. 지배하다. 장악하다. ¶~大权 =대권을 장악하다.

【执照】zhízhào 명 면허증. 인가증. 허가증. ¶驾驶~ =운전 면허증. / 营业~ =영업 허가증.

【执政】zhí‖zhèng 동 집권하다. 정권을 잡다. ¶上台~ =집권하다.

【执政党】zhízhèngdǎng 명 집권당. 여당.

【执中】zhízhōng 동문 중용을 지키다. ¶~之说 =중용설. 중도설.

【执著】zhízhuó 형 1 (佛) 집착하다. 2 고집스럽다. 융통성이 없다. ¶~死板 =고집스럽고 융통성이 없다. 3 집착이 끈기 있다. 끝까지 추구하다. 끈덕지다. ¶他对雕刻非常~. =그는 조각에 대해 아주 집착한다. ≒固执

【执着】zhízhuó ☞【执著】zhízhuó

**直[直]** zhí 곧을 직

형 1 곧다. ¶笔~ =똑바르다. / 把绳子拉~. =줄을 팽팽히 당겨라. 2 수직의. 똑바로 선. 곧추선. ¶~上~下 =곧추서다. 3 공정하다. 합리적이다. ¶耿~ =강직하다. / 理~气壮 =당당하다. 4 솔직하다. 거리낌없다. 호쾌하다. ¶心~口快 =솔직하게 있는 대로 말하다. 5 위에서 아래로. 앞에서 뒤로. 세로의. ¶文字~行排列. =글자를 세로로 배열하다. 6 뻣뻣하다. 굳다. 꼿꼿하다. ¶两眼发~. =두 눈이 넋을 잃고 멍하니 바라보다. 동 똑바로 펴다. 곧게 펴다. ¶我累得腰都~不起来了. =나는 허리를 곧게 펼 수 없을 정도로 지쳤다. 부 1 곧바로. 곧장. ¶这条高速公路~通北京. =이 고속 도로는 곧장 베이징으로 통한다. 2 직접. ¶本次列车~达上海. =이번 열차는 상하이 직통이다. 3 줄곧. 내내. 끊임없이. ¶他冷得~发抖. =그는 추워서 줄곧 떨고 있다. 4 그야말로. 완전히. 정말로. 참으로. ¶热得~像掉进蒸笼里一样. =그야말로 점통에 들어간 것처럼 덥다. 명 1 (한자 필획의) 세로획. 2 (Zhí) 성(姓). ↔曲 横 斜 弯

○● 垂直, 刚直, 耿gěng直, 梗gěng直, 憨hān直, 横héng直, 简直, 僵jiāng直, 径jìng直, 廉直, 朴pǔ直, 铅直, 强qiáng直, 曲qū直, 率shuài直, 爽直, 一直, 嘴直

○ 直 zhí
　 稙 zhī
　 植 zhí
　 殖 zhí
　 埴 zhí
　 值 zhí
　 置 zhì

【直白】zhíbái 동 곧바로 말하다. 솔직하게 말하다. ¶他~道: "我的事, 我自己做主." ="내 일은 내가 알아서 한다."라고 그는 솔직하게 말했다. 형 (말이) 솔직 담백하다. ¶说话~ =말이 솔직 담백하다.

【直奔】zhíbèn 동 곧장 달려가다. ¶他一出门就~机场而去. =그는 문을 나서자마자 곧장 비행장으로 달려갔다.

【直逼】zhíbī 동 곧장 다가오다. 곧바로 돌진하다. ¶对方前锋~我方球门. =상대의 공격수가 우리 골문을 향해 곧장 돌진한다.

【直笔】zhíbǐ 동 직필하다. 사실대로 적다〔기록하다〕. ¶~不讳 =숨김없이 사실대로 기록하다.

【直拨】zhíbō 동 1 직접 이체하다. ¶这笔钱将~学校. =이 돈을 학교로 직접 이체할 것이다. 2 직접 다이얼을 돌리다. ¶~电话 =직통 전화.

【直播】zhíbō 동 1 (農) 직파하다. 직접 파종하다. [옮겨심기를 하지 않고 직접 씨를 뿌리는 것] 2 생중계하다. 직접 중계하다. ¶现场~ =현장 생중계.

【直肠】zhícháng 명(生) 직장.

【直肠癌】zhícháng'ái 명(醫) 직장암.

【直肠子】zhícháng·zi 명속 솔직한 사람. ¶他是个~, 肚里从不存话. =그는 솔직한 사람이라 가슴 속에 말을 넣어 두지 않는다.

【直诚】zhíchéng 형 솔직하고 성실하다. ¶他

是个~人，从不说假话。=그는 솔직하고 성실한 사람이라 절대 거짓말을 하지 않는다.
【直尺】zhíchǐ 图 직선자. 곧은자.
【直冲冲】zhíchōngchōng (~的) 图 곧바로. 솔직하게. 터놓고. ¶他~地闯进门来。=그는 곧바로 쳐들어왔다.
【直达】zhídá 图 곧바로 도달하다. 직통하다. 직행하다. ¶这次列车从北京~成都。=이번 열차는 베이징에서 청두로 직행한다. ≒直到 ↔中转
【直达快车】zhídá kuàichē 图 직통 급행 열차. 图【直快】zhíkuài
【直打直】zhídǎzhí 图(守) 1 곧장. 곧바로. ¶小家伙~地跑回了家。=녀석은 곧장 집으로 돌아갔다. 2 단도직입적으로. 터놓고. 노골적으로. ¶你有话就~地说。=네가 할 말이 있으면 단도직입적으로 말해라.
【直待】zhídài 图 줄곧[내내] 기다리다. ¶~同事们都下班了，他才离开办公室。=동료들이 모두 퇴근할 때까지 기다렸다가, 그는 비로소 사무실을 나섰다.
【直捣】zhídǎo 图 곧바로[직접] 공격하다. ¶~黄龙=황룡을[적의 요충지를] 곧바로 공격하다.
【直到】zhídào 图 1 줄곧 …까지. ¶~今天我还把他当成我的朋友。=오늘까지 나는 여전히 그를 나의 친구로 생각했다. 2 곧바로 도달하다. 직통하다. 직행하다. ≒直达
【直道而行】zhídào'érxíng 图 공명정대하게 행사하다. 전혀 사심 없이 처리하다.
【直瞪瞪】zhídèngdèng (~的) 图 멍하니 (바라보다). 물끄러미 (보다). 빤히 (보다). 뚫어지게 (보다). ¶她两眼~地望着远方，陷入了无尽的沉思。=그녀는 두 눈을 물끄러미 뜨고 먼 곳을 바라보며 끝없는 사색에 잠겨들었다.
【直盯盯】zhídīngdīng (~的) 图 눈을 뚫어지게 (보다). 응시하다. 눈을 한 곳에 고정시키다. ¶她~地望着街对面的那个男子。=그녀는 길 건너에 있는 그 남자를 뚫어지게 바라보고 있다.
【直裰】zhíduō 图 직철. [중이 입는 옷의 하나]
【直飞】zhífēi 图 (…로) 곧장 날아가다. 직항하다. ¶本次航班~上海。=본 운항편은 상하이로 직항한다.
【直感】zhígǎn 图 직감. ¶凭~我就知道这事儿成不了。=이 일이 성공하지 못한다는 것을 나는 직감으로 알았다.
【直根】zhígēn 图(植) 직근. 곧은 뿌리.
【直贡呢】zhígòngní 图(紡) 베니션(Venetian).
【直勾勾】zhígōugōu (~的) 图 멍하니 (바라보다). 물끄러미 (보다). 빤히 (보다). 뚫어지게 (보다). ¶他两眼~地盯着照片，一句话也不说。=그는 사진을 물끄러미 바라보고는 한 마디 말도 하지 않았다.
【直挂】zhíguà 图 직접 연결[연계]하다. ¶产销~=생산과 판매가 직접 연계되다.
【直观】zhíguān 图 직관. 감각 기관으로 직접 느끼는. ¶~教学=직관 교육. 图(哲) 직관.
【直航】zhíháng 图 (배나 비행기 등이) 직항하다. ¶~客轮=직항 여객선.

【直话】zhíhuà 图 직언. 곧은말. 바른말. 솔직한 말. 직설적인 말. ¶说~常容易得罪人。=바른 말을 하는 사람은 늘 미움을 사기 쉽다.
【直话直说】zhíhuà-zhíshuō 图 터놓고 말하다. 기탄없이 말하다.
【直谏】zhíjiàn 图 직간하다. ¶忠言~=충언으로 직간하다.
【直僵僵】zhíjiāngjiāng (~的) 图 뻣뻣하다. 굳다. ¶他~地躺在床上，一动不动。=그는 침대 위에 뻣뻣하게 누워서 꼼짝도 하지 않는다.
【直角】zhíjiǎo 图(数) 직각.
【直接】zhíjiē 图 직접적인. ¶~指挥=직접 지휘하다. ↔间接
【直接经验】zhíjiē jīngyàn 图 직접 경험. ↔间接经验
【直接贸易】zhíjiē màoyì 图(经) 직접 무역. ↔间接贸易
【直接税】zhíjiēshuì 图 직접세. ↔间接税
【直接推理】zhíjiē tuīlǐ 图(论) 직접 추리.
【直接选举】zhíjiē xuǎnjǔ 图 직접 선거. 图【直选】zhíxuǎn ↔间接选举
【直捷】zhíjié ☞【直截】zhíjié
【直截】[直捷] zhíjié 图 단호하게. 딱 잘라. 명쾌하게. ¶~拒绝=단호하게 거절하다.
【直截了当】zhíjié-liǎodàng 图 직설적으로. 정면으로. 드러내 놓고. 딱 잘라. 노골적으로. 분명하고 단호하게. 단도직입적으로. [말이나 일을 빙 돌려 하지 않고 명쾌하고 시원시원하게 함을 형용함] ≒开门见山 ↔转弯抹角
【直井】zhíjǐng ☞【竖井】shùjǐng
【直径】zhíjìng 图(数) 직경.
【直撅撅】zhíjuējuē (~的) 图图 1 꼿꼿하다. 뻣뻣(뻣뻣)하다. ¶~的胡子=곧게 뻗친 수염. 2 어색하다. 경직되다. 딱딱하다. [태도가 딱딱하고 어색함을 형용함] ¶他想也没想就~地说了出来。=그는 생각도 해 보지 않고 어색하게 말을 꺼냈다.
【直觉】zhíjué 图(心) 직각. 직감. ¶凭~我就知道他是个非常聪明的人。=그가 아주 총명한 사람이라는 것을 나는 직감으로 알아차렸다.
【直快】zhíkuài ☞【直达快车】zhídá kuàichē
【直来直去】zhílái-zhíqù 图 1 곧바로 갔다 곧바로 돌아오다. ¶这次回老家是~，两三天就回来。=이번에 고향에 곧바로 갔다 곧바로 돌아오므로, 2, 3일이면 돌아올 수 있다. 2(喩) 직설적으로. 노골적으로. 드러내 놓고. 정면으로. ¶他就这脾气，说话总是~的。=그는 말을 늘 직설적으로 하는 성격이다.
【直冷式】zhílěngshì 图 직냉식. ¶~空调=직냉식 에어컨.
【直愣愣】zhílēnglēng (~的) 图(守) 한 곳만 멍하니 바라보는 모양. 뚫어지게 바라보는 모양.
【直楞楞】zhílènglèng (~的) 图 한 곳만 멍하니 바라보는 모양. 뚫어지게 바라보는 모양. ¶他两眼~地望着窗外。=그는 멍하니 창 밖을 바라보고 있다.
【直立】zhílì 图 곧게 서다. 똑바로 서다. 우뚝 서

다. 직립하다. ¶路边~着一根根电线杆。= 길 옆에 전봇대가 줄줄이 곧게 서 있다. ≒挺立 ↔倒立

【直立茎】zhílìjīng 명(植) 직립경. 곧은줄기.
【直立人】zhílìrén 명(歷) 직립원인. 호모 에렉투스.
【直隶梆子】zhílì bāng·zi ☞【河北梆子】Héběi bāng·zi
【直溜溜】zhí liūliū (~的) 형 죽 뻗은. 곧은. ¶~的柏油马路 = 죽 뻗은 아스팔트길.
【直溜】zhí·liu (~儿) 형 곧다. 똑바르다. 꼿꼿하다. ¶这棵白杨长得真~儿。= 이 백양나무는 정말 곧게 자랐다.
【直流电】zhíliúdiàn 명(電) 직류 전류.
【直露】zhílù 솔직하고 직설적이다. ¶他是一个感情~的人。= 그는 감정이 솔직한 사람이다. ≒浅露
【直落】zhíluò 동 (운동 경기에서) 연승하다. ¶~三局 = 3연승하다.
【直眉瞪眼】zhíméi-dèngyǎn 성 1 눈썹을 치켜세우고 눈을 부라리다. 2(口) 화를 내거나 멍하니 있는 모양.
【直面】zhímiàn 동 직면하다. 직시하다. ¶敢于~惨淡的人生。= 참담한 인생을 용감하게 직시하다.
【直拍】zhípāi 명(體) 펜 홀더 그립. ¶~型选手 = 펜 홀더 그립형 선수. ↔横拍
【直朴】zhípǔ 형 꾸밈이 없고 솔직하다.
【直情径行】zhíqíng-jìngxíng 성 감정 내키는 대로 행동하다.
【直射】zhíshè 동 1 (목표를 조준하여) 바로 쏘다. 직사하다. ¶~距离 = 직사거리. 2 (광선 등이) 바로 비추다. 곧바로 내리쬐다. ¶酷烈的阳光~着龟裂的田野。= 몹시 뜨거운 햇빛이 갈라진 논밭을 곧바로 내리쬐고 있다.
【直升机】zhíshēngjī 명 헬리콥터. 헬기.
【直视】zhíshì 동 1 직시하다. 앞을 똑바로 보다. ¶~前方 = 전방을 직시하다. 2 직시하다. ¶~人生 = 인생을 직시하다.
【直书】zhíshū 동(書) 직서하다. 직필하다. 있는 그대로 쓰다. ¶秉笔~ = 붓을 들어 있는 사실 그대로 쓰다.
【直抒】zhíshū 동 마음 터놓고 토로하다. 거리낌 없이 토로하다. 솔직하게 드러내다. ¶~胸臆 = 가슴에 품고 있는 생각을 툭 터놓고 토로하다.
【直抒己见】zhíshū-jǐjiàn 성 자기의 견해를[의견을] 솔직하게 표현하다.
【直属】zhíshǔ 동 직속하다. 직속되다. ¶复旦大学~教育部。= 복단대학은 교육부에 직속되어 있다. 형 직속의. ¶~市~机关 = 시 직속 기관.
【直率】zhíshuài 형 솔직하다. 거리낌 없다. 시원시원하다. ¶生性~ = 천성이 거리낌 없다. ≒直爽 爽快 率直 ↔委婉
【直爽】zhíshuǎng 형 솔직하다. 거리낌 없다. 시원시원하다. [마음씨가 거리낌이 없고 생각이나 언행에 조금도 숨김이 없는 것을 가리킴] ¶为人~ = 사람이 시원시원하다. ≒直率

【直说】zhíshuō 동 직설하다. 솔직히 말하다. ¶别绕弯子, 有话~。= 말 돌리지 말고 할 말 있으면 솔직히 말해.
【直挺挺】zhítǐngtǐng (~的) 형 꼿꼿한 모양. 뻣뻣한 모양. ¶他~地站在门边, 一言不发。= 그는 뻣뻣이 문 옆에 서 아무 마디도 하지 않고 있다.
【直通】zhítōng 동 직통하다. ¶~车 = 직행차.
【直通通】zhítōngtōng (~的) 형 (말하는 것이) 솔직하다. 직선적이다. ¶他说话总是那么~的, 倒也让人放心。= 그는 말을 늘 직설적으로 하니, 오히려 마음이 놓인다.
【直筒子】zhítǒng·zi 명(口) 직선적인 성격. 생각이 단순한 사람. ¶别介意, 他生来就是个~。= 그는 천성이 직선적인 사람이니, 개의치 마라.
【直系】zhíxì 명 1 직계. ¶~后代 = 직계 후손. 2(歷) 직계. [직례(지금의 허베이(河北)성) 출신 군벌인 풍국장·조곤·오패부를 우두머리로 하는 북양군벌(北洋军阀)의 일파] ¶~军阀 = 직계 군벌. ↔旁系
【直系亲属】zhíxì qīnshǔ 명 직계 친족. ↔旁系亲属
【直辖】zhíxiá 동 직할하다. 직접 관할하다. ¶~机构 = 직할 기구.
【直辖市】zhíxiáshì 명(地) 직할시.
【直线】zhíxiàn 명(數) 직선. 곧은선. 직선의. 가파른. ¶产量~上升。= 생산량이 급증하다. ↔曲线
【直销】zhíxiāo 동(經) 직접 판매하다. 직판하다. ¶~店 = 직판점.
【直心眼儿】zhíxīnyǎnr 형 마음씨가 직선적이다. 솔직하다. ¶这个人就是那么~。= 이 사람은 바로 그렇게 솔직해. 명 솔직한 사람. 직선적인 사람. ¶~, 有一句说一句。= 그는 솔직한 사람이라 까놓고 말한다.
【直性】zhíxìng (~儿) 형 솔직한 성격의. =【直性子】zhíxìng·zi ¶他是个~儿人。= 그는 솔직한 성격의 사람이다.
【直性子】zhíxìng·zi 형 ☞【直性】zhíxìng 명 솔직한 사람. ¶我是个~, 有啥说啥。= 나는 성격이 직선적이라 탁 터놓고 있는 대로 말한다.
【直选】zhíxuǎn ☞【直接选举】zhíjiē xuǎnjǔ
【直言】zhíyán 동 직언하다. 솔직히 말하다. ¶~相劝 = 직언으로 권고하다. ↔婉言
【直言不讳】zhíyán-bùhuì 성 거리낌 없이 솔직하게 말하다. 기탄없이 말하다. ≒畅所欲言 ↔旁敲侧击 指桑骂槐
【直言贾祸】zhíyán-gǔhuò 성 바른말을 하여 화를 초래하다. 솔직하게 말해 화를 자초하다.
【直译】zhíyì 동 직역하다. ['意译(의역하다)'와 구별됨]
【直音】zhíyīn 명(言) 직음. [동음의 쉬운 글자로 다른 글자의 음을 표기하는 중국 전통 표음 방식. 예를 들면, '盅, 音古'는 '盅'자는 '古'자와 동음임을 나타내는 방식]
【直溜溜】zhí·zhi liūliū (~的) 형 곧다. 똑바르다. 꼿꼿하다.
【直至】zhízhì 동 쭉 …에 이르다. [주로 시간을

가리킴. ¶~今日他才彻底醒悟过来。= 오늘에 이르러서야 그는 비로소 철저하게 깨달았다. ⇨ 直到

## **侄[(姪·妷)]** zhí 조카 질
[명] (~儿) **1** 조카. ¶他是我亲~儿。= 그는 내 친조카이다. **2** 동년배 친척의 아들. ¶内~= 처조카, 내질. **3** 친구의 아들. ¶世~= 대대로 왕래한 집 친구의 아들.

【侄妇】zhífù [명][방] 질부. 조카며느리.
【侄女】zhí·nǚ (~儿) **1** 질녀. 조카딸. **2** 동년배 친척의 딸. ¶世~= 대대로 왕래한 집 친구의 딸.
【侄女婿】zhínǚ·xu 질서(姪婿). 조카사위.
【侄孙】zhísūn 질손. 종손(從孫).
【侄孙女】zhísūn·nǚ (~儿) [명] 종손녀(從孫女).
【侄媳妇】zhíxí·fu [명] 조카며느리.
【侄子】zhí·zi [명] 조카.

## **值** zhí 값 치
[동] **1** [수] 같다. 상당하다. 엇비슷하다. 대등하다. **2** (시간상으로) …때(시기)이다. 때를 맞이하다. …에 즈음하다. ¶眼下正~秋收时节。= 지금 한창 추수 때이다. **3** 당번[직]을 맡다. 당번이 되다. 당직하다. ¶~夜班= 야간 당직을 서다. 숙직하다. **4** (물건이) …할 가치(값)에 상당하다. …의 값어치가 나가다(있다). 가격이 …된다. ¶~价连城= 물건이 특별히 귀중하다(가치가 있다). / 这块表最少~5,000元。= 이 시계는 최소한 5,000위안의 값어치는 나간다. [형] …할 가치[의미]가 있다. …할 만하다. ¶不~一提= 언급할 만한 가치도 없다. [개] 때에. [바로 그 시간이나 그 장소를 가리키며, '当(dāng)', '在(zài)'에 상당함] ¶此中秋月圆之际, 谨献全家团圆。= 이번 추석 보름달이 둥글 때에 모든 가족이 함께 모여 단란하게 지내기를 삼가 기원합니다. [명] **1** 가치. 가격. 값. ¶贬~= 가치가 하락하다. / 币~= 화폐 가치. **2** 수치(數值). ¶比~= 비율. **3** 치. 값. [양의 표시나 수학 공식의 연산 결과] ¶函数~= 함수값.

○→ 贬biǎn值, 产值, 当值, 调值, 价值, 净jìng值, 轮lún值, 升shēng值, 适shì值, 数值, 音值, 增值

【值班】zhí‖bān [동] 당번이 되다. 당직을 맡다. 당번을 서다. ¶~人员= 당직자.
【值班室】zhíbānshì **1** 경비실. **2** 숙직실. 당직실.
【值乘】zhíchéng [동] (차·배·비행기에서) 당직 근무(승무)하다.
【值当】zhídàng [형][방] …할 만한 가치가 있다. …할 만하다. ¶为这点儿小事生气, 不~。= 이렇게 사소한 일로 화낼 필요까지는 없다.
【值得】zhí‖dé [동] **1** 값에 상응하다. 값이 맞다. …할 만하다. …할 만한 가치가 있다. ¶这东西将来有用, 花钱又不多, ~买。= 이 물건은 장래에 쓸모가 있고 돈도 많이 안 드니, 살 만하다. **2** (일) 의미가 있다. 필요성이 있다. ¶这项成果~推广。= 이 성과는 널리 알릴 필요가 있다. ↔ 不值得
【值钱】zhíqián [형] 값어치가 있다(나가다). 값지다. ¶这件古董很~。= 이 골동품은 아주 값이 나간다.
【值勤】zhí‖qín [동] (치안·부대·교통 등 요원이) 당직하다. 당번을 서다. 당직 근무하다. ¶~人员= 당직자.
【值日】zhírì [동] 당직을 서다. 당직하다. ¶轮流~= 돌아가며 당직을 서다.
【值日生】zhírìshēng [명] 당번. 당직자.
【值守】zhíshǒu [동] 당직을 서다. ¶咨询热线有专人24小时~。= 안내 전화는 24시간 전담자가 당직을 서고 있다.
【值宿】zhísù [동] 숙직을 서다. 숙직하다. ¶轮班~= 교대로 숙직을 서다.
【值星】zhíxīng [동] 주번을 맡다. 일 주일 간 당직을 맡다. ¶~排长= 주번 소대장. [명] 주번(사관). ¶通知各连一星期五下午在营部开会, 各中队的主番(?) 사관에게 금요일 오후 본부에서 회의를 연다고 연락해라.
【值夜】zhí‖yè [동] 숙직을 서다. 숙직하다. ¶今晚该你们两个~。= 오늘 밤은 너희 두 사람이 숙직설 차례이다.
【值遇】zhíyù [동][문] 조우하다. 우연히 당하다(만나다). ¶~不幸= 불행을 당하다.
【值周】zhízhōu [동] (간부가) 주번을 서다(맡다).

## **埴** zhí 찰흙 식
[명][문] 점토.

## **职[職]** zhí 직업 직
[명] **1** 직무. ¶撤~= 해직하다. / 本~= 본직. 자기의 직책. **2** 직업. 일자리. ¶求~= 구직하다. / 谋~= 일자리를 구하다. **3** 직위. ¶要~= 요직. / 在~= 재직하다. **4** [겸] 소관(小官). 소직(小職). [옛날 공문 용어로, 상급 관리에 대한 하급자의 낮춤말] ¶卑~= 소관. **5** 직책. ¶失~= 직무 유기. / 尽心尽~= 마음을 다하여 직무를 행하다. [동] 관장(管掌)하다. ¶~掌生杀大权= 생여탈권(生與奪權)을 관장하다. [개] …때문에. …로 인하여. ¶~是之故= 이 때문이다.

○→ 罢bà职, 本职, 称chèn职, 到职, 渎dú职, 副职, 复职, 革职, 供职, 官职, 旷kuàng职, 免职, 去职, 任职, 失职, 实职, 述shù职, 天职, 退职, 文职, 闲职, 殉xùn职, 要职, 在职, 正职, 专zhuān职

【职别】zhíbié [명] 직종. 직무별. 직무상의 구별. ¶他的~为项目经理。= 그의 직종은 프로젝트 관리 전문가(PMP)이다.
【职称】zhíchēng [명] 직명. 직무상의 칭호. ¶高级~= 고급 직명.
【职大】zhídà [명] **1** ☞【职工大学】zhígōng dàxué **2** ☞【职业大学】zhíyè dàxué
【职代会】zhídàihuì ☞【职工代表大会】zhígōng dàibiǎo dàhuì

【职分】**zhífèn** [명] **1** 직분. 직책. ¶恪守～＝직분을 철저히 지키다. **2** 관직. 직위.
【职高】**zhígāo** ☞【职业高中】**zhíyè gāozhōng**
【职工】**zhígōng** [명] **1** 직원과 공원. 종업원. **2** [옛] 직공. 노동자. ¶～运动＝노동 운동.
【职工大学】**zhígōng dàxué** [명]《教》직공의 지식·기능을 배양하고 향상시키기 위해 지방 정부가 설립한 전문 대학급의 비정규 대학. [약]【职大】**zhídà**
【职工代表大会】**zhígōng dàibiǎo dàhuì** [명] 노동자 대표 회의. [약]【职代会】**zhídàihuì**
【职官】**zhíguān** [명][옛] 직관. 각급 관리의 총칭.
【职级】**zhíjí** [명] 직급. 직무상의 등급. ¶晋升～＝직급이 올라가다. 승진하다.
【职介所】**zhíjièsuǒ** ☞【职业介绍所】**zhíyè jièshàosuǒ**
【职教】**zhíjiào** ☞【职业教育】**zhíyè jiàoyù**
【职能】**zhínéng** [명] 직능. 직책과 기능. 직업이나 직무에 따른 고유한 기능이나 역할. ¶～部门＝직능 부문.
【职能机构】**zhínéng jīgòu** [명] 직능 부문. 유관 부문.
【职权】**zhíquán** [명] 직권. ¶行使～＝직권을 행사하다.
【职权范围】**zhíquán fànwéi** [명] 직권을 행할 수 있는 범위. 권한 범위. ¶此事不在你的～。＝이 일은 너의 권한 밖이다.
【职守】**zhíshǒu** [명] 직책. 직무. 직분. ¶忠于～＝직분에 충실하다.
【职司】**zhísī** [동][문] 관장하다. 담당하다. ¶～外事＝외사를 관장하다.
【职位】**zhíwèi** [명] 직위. ¶他最终登上了总经理的～。＝그는 결국에는 사장의 직위에 올랐다.
【职务】**zhíwù** [명] 직무. ¶解除～＝해직하다.
【职务犯罪】**zhíwù fànzuì** [명]《法》직무상 범죄. 직무 범죄.
【职务工资】**zhíwù gōngzī** [명] **1** 직책과 직급에 따른 임금 표준. **2** 직책 수당.
【职衔】**zhíxián** [명] **1** 직위와 계급. **2** [문] 관직명. 관리의 직함.
【职校】**zhíxiào** [명][약] **1** 职工学校(직공 학교). **2** 职业技术学校(직업 기술 학교).
【职业】**zhíyè** [명] 직업. ¶自谋～＝스스로 직업을 구하다. [형] 직업적인. 본업으로 하는. 전문(가)적인. 전문(직)의. 프로의. ¶～演员＝직업 연기자.
【职业病】**zhíyèbìng** [명] **1**《醫》직업병. [어떤 특정 직업에 종사함으로써 근로 조건이 원인이 되어 일어나는 질환] **2** [비] 직업병. [특정 직업으로 인해 몸에 밴 태도나 행위]
【职业大学】**zhíyè dàxué** [명]《教》현지의 필요에 따라 전문 대학 차원의 인재를 양성하기 위해 지방 정부가 설립한 대학. [약]【职大】**zhídà**
【职业道德】**zhíyè dàodé** [명] 직업 도덕. [일정한 직업에 종사하는 사람이 사업과 노동 과정에서 마땅히 준수하여야 할 직업 행위의 규범]
【职业高中】**zhíyè gāozhōng** [명] 실업계 고등학교. 직업 기술 교육 고등 학교. ＝【职业中学】**zhíyè zhōngxué** [약]【职高】**zhígāo**
【职业化】**zhíyèhuà** [동] 전문화하다. 직업화하다. ¶法官～建设需要进一步加强。＝법관의 전문화는 한층 더 보강할 필요가 있다.
【职业教育】**zhíyè jiàoyù** [명]《教》직업 교육. [약]【职教】**zhíjiào**
【职业介绍所】**zhíyè jièshàosuǒ** [명] 직업 소개소. [약]【职介所】**zhíjièsuǒ**
【职业培训】**zhíyè péixùn** [명] 직업 훈련.
【职业学校】**zhíyè xuéxiào** [명] 직업 학교. [중학 졸업자를 받아들이는 직업 교육 기관]
【职业中学】**zhíyè zhōngxué** ☞【职业高中】**zhíyè gāozhōng**
【职业装】**zhíyèzhuāng** [명] 직업 제복. 근무복.
【职员】**zhíyuán** [명] 직원. 사무원.
【职责】**zhízé** [명] **1** 직책. ¶～范围＝직책 범위. **2** 본분의 책임. 마땅히 져야 할 책임. ¶教育下一代是我们的神圣～。＝다음 세대를 교육하는 것은 우리들의 신성한 책임이다.
【职掌】**zhízhǎng** [동] 관장하다. 담당하다. ¶～政务＝정무를 관장하다.

## 絷[縶] zhí 맬 집

[동][문] **1** 말의 다리를 묶다. **2** 매다. 묶다. ¶～足＝발을 묶다. **3** 가두다. 구금하다. ¶幽～＝연금하다. [명][문] 말고삐.

## ** 植 zhí 심을 식

[동] **1** 심다. 재배하다. ¶移～＝옮겨 심다. / 种～＝심다. **2** 양성하다. 배양하다. 수립하다. 세우다. ¶扶～＝육성시키다. / 培～＝배양하다. 양성하다. **3**《醫》이식하다. ¶断指再～＝끊어진 손가락을 이식하다. [명] **1** 식물. ¶保护～被＝보호 식생(植生). **2** (**Zhí**) 성(姓).

🔑 定植, 扶fú植, 密植, 栽zāi植

【植保】**zhíbǎo** ☞【植物保护】**zhíwù bǎohù**
【植被】**zhíbèi** [명] 식생(植生). [어떤 일정한 장소에서 모여 사는 특유한 식물의 집단] ¶自然～＝자연 식생.
【植党营私】**zhídǎng-yíngsī** [성] 도당을 만들어 사리를 꾀하다.
【植根】**zhígēn** [동] 뿌리를 박다〔내리다〕. ≒扎根
【植棉】**zhí‖mián** [동] 목화를 재배하다. ¶～能手＝목화 재배의 명수.
【植苗】**zhí‖miáo** [동] 묘목을 심다.
【植皮】**zhí‖pí** [동]《醫》피부를 이식하다. ¶～刀＝피부 이식 수술용 칼.
【植皮术】**zhípíshù** [명]《醫》식피술. 피부 이식 기술〔수술〕.
【植树】**zhí‖shù** [동] 나무를 심다. 식수하다. ¶～造林＝나무를 심어 조림하다.
【植树节】**zhíshùjié** [명] 식목일. [중국은 3월 12일임]
【植物】**zhíwù** [명]《生》식물.

【植物保护】zhíwù bǎohù 명 식물 보호. ⊙
【植保】zhíbǎo
【植物界】zhíwùjiè 명 식물계.
【植物群落】zhíwù qúnluò 명(植) 식물 군락.
【植物人】zhíwùrén 명 식물인간.
【植物神经】zhíwù shénjīng ☞【运动神经】yùndòng shénjīng
【植物纤维】zhíwù xiānwéi 명 식물 섬유.
【植物性神经】zhíwùxìng shénjīng 명(生) 식물성 신경. 자율 신경. =【自主神经】zìzhǔ shénjīng【内脏神经】nèizàng shénjīng
【植物学】zhíwùxué 명 식물학.
【植物油】zhíwùyóu 명 식물유.
【植物园】zhíwùyuán 명 식물원.
【植株】zhízhū 명(農) (뿌리·줄기·잎을 갖춘 성장한) 식물체.

**殖** zhí 번식할 식
동 번식하다. 생장하다. 증식하다. ¶养~ =양식하다. / 生~ =생식하다. 낳아 기르다.
☞ ·shi
⊙ 垦kěn殖, 生殖, 学殖, 养殖, 腐fǔ殖质
【殖民】zhímín 동 1 식민하다. 2 식민 통치하다.
【殖民地】zhímíndì 명 식민지.
【殖民主义】zhímínzhǔyì 명 식민주의.

**跖[(蹠)]** zhí 밟을 척
명문 1 발가락과 잇닿은 발등 부분. 2 발바닥. ¶鸡~ =닭 발바닥. 동문 밟다. ¶~地 =땅을 밟다.
【跖骨】zhígǔ 명(生) 척골. 부전골(跗前骨).

**摭** zhí 주울 척
동문 줍다. 수집하다. 모으다. ¶~人余唾 =남이 한 말을 하다.
【摭拾】zhíshí 동문 줍다. [주로 기존의 사례나 어구를 습용하는 것을 가리킴] ¶~故事 =고사를 모으다.

**踯[躑]** zhí 배회할 척
【踯躅】[躑躅] zhízhú 동문 배회하다. 왔다 갔다 하다. ¶~歧路 =갈림길에서 배회하다.

**蹢** zhí 머뭇거릴 척
☞ dí
【蹢躅】zhízhú ☞【踯躅】zhízhú

**止** zhǐ 멈출 지
동 1 정지하다. 멈추다. 그만두다. ¶终~ =중지하다. / 学无~境 =학문에는 끝이 없다. 2 저지하다. 멈추게 하다. 정지시키다. 억제하다. 금지하다. ¶禁~ =금지하다. / 制~ =제지하다. 3 마감하다. (…까지) 끝나다. 그치다. ¶报名时间到本月底~. =신청 기간은 이번 달 말까지이다. 4 단지. 다만. ['仅仅(jǐnjīn)'·'只(zhǐ)'에 상당함] ¶~此一家, 别无分店. =이 가게에만 있고 다른 곳엔 없다. ≒休 停 终 ↔起 始

⊙ 底止, 遏止, 防止, 废fèi止, 观止, 截jié止, 禁止, 静止, 举止, 栖qī止, 动止, 容止, 停止, 为wéi止, 限xiàn止, 行止, 休止, 抑yì止, 中止, 阻zǔ止

◆ 止 zhǐ 址 zhǐ 祉 zhǐ 趾 zhǐ

【止暴禁非】zhǐbào-jìnfēi 성 1 흉악하고 잔인한 행위를 평정하고 불합리한 일을 금지하다. 여러 가지 나쁜 일을 제지하다. 2 흉악한 사람을 감화시켜 재난을 방지하다.
【止步】zhǐ‖bù 동 걸음을 멈추다. 통행을 금지하다. ¶游人~ =관람객은 들어가지 마시오.
【止跌】zhǐdiē 동 가격 하락이 멈추다. [주로 상품 가격·주식 가격·환율 등에 쓰임] ¶股市已经~回升. =주식 시장은 이미 하락을 멈추고 반등하였다.
【止动】zhǐdòng 동 정지하다. 제동하다. ¶~装置 =제동 장치.
【止兑】zhǐduì 동(經) (은행 등에서) 태환(兌換)을 정지하다. 어음 할인을 정지하다. ¶~命令 =태환 정지 명령.
【止付】zhǐfù 동(經) (은행 등에서) 지불 정지하다. ¶~通知书 =지불 정지 통지서.
【止戈为武】zhǐgē-wéiwǔ 성 1 '止(zhǐ)'와 '戈(gē)'가 합쳐 '武' 자가 되다. 2 난을 평정하고 전쟁을 종식시키는 것이 바로 진정한 무(武)이다.
【止境】zhǐjìng 명 멈추는 곳. 끝. 한도. 궁극적인 경지. ¶学无~ =학문에는 끝이 없다. ≒尽头
【止咳】zhǐké 동(醫) 기침을 멎게 하다. ¶镇痛~ =통증과 기침을 멎게 하다.
【止渴】zhǐ‖kě 동 해갈하다. 갈증을 풀다. ¶望梅~ =매실을 생각하며 갈증을 풀다.
【止水】zhǐshuǐ 명 괸 물. 흐르지 않는 물. ¶心如~ =마음이 고인 물처럼 차분하다.
【止痛】zhǐ‖tòng 동 통증(아픔)을 멎게 하다. ¶~药 =진통제.
【止息】zhǐxī 동 정지하다. 그치다. 멈추다. ¶永不~ =영원히 멈추지 않다.
【止泻】zhǐ‖xiè 동(醫) 설사를 멎게 하다. ¶~药 =지사제.
【止血】zhǐ‖xuè 동(醫) 지혈하다. ¶~棉 =지혈면.
【止血钳】zhǐxuèqián 명(醫) 지혈감자.

**只[袛, 衹·秖]** zhǐ 다만 지
부 단지. 다만. 오직. 겨우. 한갓. ['仅仅(jǐnjīn)'에 상당함] ¶我~去了一次. =나는 단지 한 번만 갔었다. 동 오직(단지·겨우) …밖에 없다. 오직 …이다. ¶~此一次, 下不为例. =오직 이번 한 번 뿐이야, 다음 번엔 안 돼.
☞ zhī, qí(衹)
⊙ 不只, 仅只
【只不过】zhǐ·buguò 부 다만 …에 불과하다.

단지 …에 지나지 않다. 단지 …일 뿐이다. ¶没什么, ~擦破点儿皮儿。=괜찮아, 단지 살갗이 조금 벗겨졌을 뿐이야.

【只当】**zhǐdàng** 통 **1** (당분간) …라 간주하다. ¶这事儿不能说, ~没看见。=이 일은 말해서는 안 되니, 못 본 걸로 하자. **2** …라고 여기다. [주로 반대의 의미를 내포함] ¶下这么大的雨, 我~你不来了呢。=이렇게 비가 많이 내려서, 난 네가 안 올 줄 알았어.

【只得】**zhǐdé** 부 부득이. 부득불. 할 수 없이. 어쩔 수 없이. …할 수밖에 없다. ¶她一直不停地哭, 我~好言相劝。=그녀가 계속 끊임없이 울어서, 난 할 수 없이 좋은 말로 달랬다.

【只读】**zhǐdú** 명 (컴) 읽기 전용. ¶~存储器=시디롬(CD-ROM).

【只顾】**zhǐgù** 통 오직 …만 생각하다. 오로지 …에 정신이 팔리다. ¶~眼前不行, 还要顾到将来。=장래도 생각해야지, 오직 눈앞만 생각해서는 안 된다. 부 오로지. 그저. ¶他~看书, 别人说了什么他一句也没听见。=그는 오로지 책만 보느라 남이 뭐라고 했는지 한 마디도 듣지 못했다. ≒只管

【只管】**zhǐguǎn** 부 **1** 얼마든지. 마음대로. 주저하지 않고. ¶有话~说, 不要有顾忌。=할 말이 있으면 얼마든지 해, 걱정하지 말고. **2** 오로지 …만 돌보다. 다만 …만 고려하다. ¶他~干活儿, 一言不发。=그는 오직 일만 하고 한 마디도 하지 않는다. ≒只顾

【只好】**zhǐhǎo** 부 부득이. 부득불. 할 수 없이. 어쩔 수 없이. …할 수밖에 없다. ¶没时间做饭, ~去饭店吃了。=밥을 할 시간이 없으니, 음식점에 가서 먹을 수밖에 없다.

【只见】**zhǐjiàn** 통 다만(오직) …만 보다. ¶这儿年的房价~涨, 不见跌。=요 몇 년 부동산 가격이 오르는 것만 보았지 내리는 것을 보지 못했다.

【只见树木, 不见森林】**zhǐ jiàn shùmù, bù jiàn sēnlín** 속 **1** 나무만 보고 숲은 보지 못하다. **2** 부분만 보고 전체를 보지 못하다.

【只可意会, 不可言传】**zhǐ kě yìhuì, bù kě yánchuán** 속 스스로 체득해서 느껴지는 것이지 말로 전할 수가 없다. 마음으로 터득하는 것이지 말로 설명할 수가 없다.

【只可智取, 不可力敌】**zhǐ kě zhìqǔ, bù kě lìdí** 속 **1** 힘이 상대보다 약할 때는 지혜로 승리를 도모해야지, 무리하게 덤벼서는 안 된다. **2** 힘으로 이기려 해서는 안 되고 머리를 써서 이겨야 한다.

【只能】**zhǐnéng** 통 …할 수밖에 없다. 다만(단지·겨우) …할 수 있을 뿐이다. ¶此事~如此。=이 일은 다만 이렇게 할 수밖에 없다.

【只怕】**zhǐpà** 부 다만 …만이 두렵다. 오직 …만을 우려(걱정)하다. ¶无心人说话, ~有心人来听。=무심 뜻 없이 하는 소리인데, 듣는 사람이 제멋대로 들을까 걱정된다.

【只是】**zhǐshì** 부 **1** 단지. 다만. 오직. 오로지. [≒仅仅是(jǐnjǐnshì)'에 상당함] ¶夕阳无限好, ~近黄昏。=석양은 한없이 아름답지만 다만 황혼에 가까울 뿐이다. **2** 단호하고 확정적이거나 강조를 나타냄. [주로 부정형으로 쓰이며 '就是(jiùshì)'에 상당함] ¶随你怎么问, 他~默默干活儿。=네가 어떻게 묻건 간에 그는 묵묵히 일만 한다. 접 그런데. 그러나. ['不过(buguò)'에 상당함] ¶这条裙子式样不错, ~贵了点儿。=이 치마는 디자인은 좋은데, 좀 비싸다.

【只图】**zhǐtú** 통 오직 …만을 꾀하다(하려 하다). ¶不能~一时快活, 不顾后果。=한때의 즐거움만을 탐하고 뒷일을 고려하지 않아서는 안 된다.

【只限于】**zhǐxiànyú** 통 단지 …에 한하다. ¶这件事~你我知道, 千万不能说出去。=이 일은 너와 나만 아는 것이니, 절대 발설해서는 안 된다.

【只消】**zhǐxiāo** 통 단지 …만 필요하다. ¶~几句话, 就能把问题说清楚。=단지 몇 마디 말로 문제를 정확하게 설명할 수 있다. ≒只要

【只许】**zhǐxǔ** 통 …만 허락하다. ¶这些字画~看不许摸。=이 서화들은 보기만 해야지 만져서는 안 된다.

【只许州官放火, 不许百姓点灯】**zhǐxǔ zhōu guān fànghuǒ, bùxǔ bǎixìng diǎndēng** 속 **1** 관리는 방화도 할 수 있지만, 백성에게는 등불을 켜는 것조차 허락되지 않다. **2** (비) 통치자나 권력자는 제멋대로 전횡을 부리지만, 백성들에게는 티끌만한 자유(권리)도 주지 않다. **3** (비) 나쁜 짓을 일삼는 사람이 다른 사람이 정당한 권리를 누리는 것을 허락하지 않다.

【只要】**zhǐyào** 접 …하기만 하면. [충분 조건을 나타내며 흔히 '就(jiù)'·'便(biàn)' 등과 호응함] ¶~努力, 就能把工作做好。=노력하기만 하면 일을 잘 해낼 수 있다. ≒只消

---

只要(zhǐyào) / 只有(zhǐyǒu)

只要…, 就…(…하기만 하면 곧 …하다) : 어떤 조건이라도 있으면 됨. ¶只要我知道, 我就一定告诉你。=내가 알기만 한다면 너에게 꼭 알려 줄게.

只有…, 才…(…해야지 비로소 …하다) : 유일한 조건을 제시함. ¶只有你去叫他, 他才会来。=네가 가서 그를 불러야만 그가 온다.

---

【只要功夫深, 铁杵磨成针】**zhǐyào gōng·fu shēn, tiěchǔ mómchéng zhēn** 속 **1** 공을 들여 열심히 노력하면 절굿공이도 갈아서 바늘을 만들 수 있다. **2** (비) 사람이 의지가 있고 시간을 들이기만 하면 반드시 일을 성공할 수 있다. 지성이면 감천이다.

【只因】**zhǐyīn** 접 오직 …때문에. 단지 …로 인하여. ¶~一时疏忽, 酿成大错。=한때의 소홀로 큰 잘못을 야기하다.

【只有】**zhǐyǒu** 통 …만 있다. …밖에 없다. ¶我手上~500块钱。=내 수중에 500위안밖에 없다. 접 …해야만 …이다. [필요 조건을 나타내며 흔히 '才(cái)'·'方(fāng)' 등과 호응함] ¶~这样, 才能避免重复劳动。=이렇게 해야만 노동의 중복을 피할 수 있다.

【只争朝夕】zhǐzhēng-zhāoxī 〈成〉 촌각(寸刻)을 다투다. 촌음(寸陰)을 아끼다. 분초를 다투다. ≒争分夺秒

【只知其一，不知其二】zhǐ zhī qí yī, bù zhī qí èr 〈成〉 1 하나는 알고 둘은 모르다. 2 상황 파악이 전면적이지 못하거나 단편적이다.

## 旨 zhǐ 뜻 지

〈형〉〈문〉 맛있다. 맛이 좋다. ¶甘～=맛이 좋다. 〈명〉 1 뜻. 의의. ¶主～=주지. /宗～=종지. 2 의도. 취지. 목적하는 바. [주로 마땅히 준수해야 하는 것을 가리킴] ¶意～=취지. 3 제왕의 명령. ¶遵～=제왕의 명령을 받들다. /圣～=제왕의 명령.

○● 旨 zhǐ 指 zhǐ 脂 zhǐ 稽 jī 诣 yì

○● 大旨，法旨，宏hóng旨，弘hóng旨，要旨，意旨，谕yù旨

【旨令】zhǐlìng 〈명〉 명령. 지령. ¶谨遵～=삼가 명령을 따르다.

【旨趣】zhǐqù 〈명〉〈문〉 종지. 취지. 목적. 의도. ¶～高远=취지가 높고 원대하다.

【旨要】[指要] zhǐyào 〈명〉 요지. 요의. 중요한 뜻. ¶这段话已经点明了本文的～。=이 단락의 말은 이미 본문의 요지를 밝혔다.

【旨意】zhǐyì 〈명〉 취지. 의도. 뜻. 의미. ¶遵照主人的～行事。=주인의 의도에 따라 일을 처리하다.

【旨在】zhǐzài 〈동〉 …에 목적이 있다. …를 목적으로 하다. ¶发展经济，～提高人民的生活水平。=경제 발전은 인민의 생활 수준을 향상시키는 데 그 목적이 있다.

## 址 [(阯)] zhǐ 터 지

〈명〉 (건축물의) 위치. 지점. 소재지. ¶住～=주소. /厂～=공장 위치.

○● 旧址，新址，原址

## 抵 zhǐ 손뼉칠 지

〈동〉 손으로 치다. 두드리다.

【抵掌】zhǐzhǎng 〈동〉〈문〉 손뼉을 치다. 박수를 치다. [즐거움을 나타냄] ¶～而谈=손뼉을 치면서 유쾌하게 말하다.

## 芷 zhǐ 백지 지

☞【白芷】báizhǐ

## 沚 zhǐ 모래톱 지

〈명〉〈문〉 모래톱. 사주(沙洲). ¶洲～=모래톱.

## 纸 [紙，帋] zhǐ 종이 지

〈명〉 1 종이. ¶信～=편지지. /报～=신문. 2 지전(纸錢). ¶烧～=지전을 태우다. 〈양〉 장. 매. 통. [편지·문서의 장수를 세는 단위] ¶一～公文=공문서 한 장. /一～禁令=금령 한 장.

○● 报纸，蚕cán纸，草纸，仿纸，钢纸，稿gǎo纸，火纸，剪纸，蜡là纸，滤lǜ纸，绵纸，皮纸，契qì纸，砂纸，烧shāo纸，试纸，手纸，图纸，土纸，锡xī纸，信纸，宣纸，油纸，折zhé纸，镇zhèn纸，竹纸，状纸，字纸

【纸板】zhǐbǎn 〈명〉 판지.

【纸版】zhǐbǎn 〈명〉 지형(紙型).

【纸币】zhǐbì 〈명〉 지폐. 종이돈. =【钞票】chāopiào

【纸厂】zhǐchǎng 〈명〉 제지 공장.

【纸袋(子)】zhǐdài(·zi) 〈명〉 종이 봉지. 종이 쇼핑백.

【纸坊】zhǐfáng ☞【槽坊】cáofáng

【纸花】zhǐhuā(～儿) 〈명〉 종이꽃. 종이로 만든 조화. ¶五颜六色的～把会场装点得极为美丽。= 각양각색의 종이꽃들이 회의장을 아주 아름답게 장식하고 있다.

【纸婚】zhǐhūn 〈명〉 1 서류상의 결혼. 2 (서양 풍속에서의) 결혼 1주년. 지혼식.

【纸浆】zhǐjiāng 〈명〉 펄프(pulp).

【纸巾】zhǐjīn 〈명〉 냅킨(napkin). 티슈(tissue).

【纸老虎】zhǐlǎohǔ 〈명〉 1 종이호랑이. 2 〈비〉 겉보기에 강한 듯하지만 실제로 힘이 없는 사람[집단] 또는 사물.

【纸里包不住火】zhǐ·li bāo·buzhù huǒ 〈成〉 1 종이로 불을 쌀 수 없다. 2 〈비〉 진상은 숨길 수 없어 결국에는 드러나고 만다.

【纸马】zhǐmǎ 〈명〉 1 (～儿) 신상(神像)이 그려져 있는 종이. 2 〈방〉 (제사 때 태우는) 종이로 만든 말〔인형·차〕.

【纸媒】zhǐméi 〈명〉 1 인쇄 매체. =【印刷媒介】yìnshuā méijiè 2 ☞【纸煤】zhǐméi

【纸煤】[纸媒] zhǐméi(～儿) 〈명〉 불을 붙일 때 쓰는 종이.

【纸面】zhǐmiàn 〈명〉 지면. ¶～细腻光滑。=지면이 섬세하고 매끄럽다.

【纸捻】zhǐniǎn(～儿) 〈명〉 지승. 지노. 빔지. 연지. [옛날, 종이를 비벼 꼬아서 만든 끈으로 주로 책을 묶거나 심지로 씀]

【纸牌】zhǐpái 〈명〉 1 카드(card). 2 트럼프(trump). 포커(poker).

【纸片】zhǐpiàn(～儿) 〈명〉 종이 조각.

【纸票(子)】zhǐpiào(·zi) 〈명〉 지폐(紙幣).

【纸钱】zhǐqián 〈명〉 1 (제사 때 죽은 사람·귀신에게 태우는) 동전 모양의 지전(紙錢). 2 (제사 때 죽은 사람에게 태우는) 돈 무늬가 그려진 큰 종이.

【纸人】zhǐrén(～儿) 〈명〉〈방〉 (옛날 제사 때 태우는) 종이 인형. ¶～纸马=종이 인형과 종이로 만든 말.

【纸伞】zhǐsǎn 〈명〉〈옛〉 (유지로 만든) 종이 우산.

【纸上谈兵】zhǐshàng-tánbīng 〈成〉 1 지면상으로 군사 전략을 논하다. 2 〈비〉 탁상공론. 실현 가능성이 없는 헛된 이론〔사물〕. ≒坐而论道

【纸绳】zhǐshéng(～儿) 〈명〉 지승. 지노. 빔지. 연지. 종이 노끈.

【纸条】zhǐtiáo(~儿) 〈名〉 종이 쪽지. 메모(용)지. [주로 간단한 내용을 기록하는 데 쓰임]
【纸头】zhǐtóu 〈名〉〈方〉 종이.
【纸箱】zhǐxiāng 〈名〉 종이 상자.
【纸型】zhǐxíng 〈名〉(印) 지형.
【纸烟】zhǐyān ☞【香烟】xiāngyān
【纸样】zhǐyàng 〈名〉 형지(型紙).
【纸鹞】zhǐyào 〈名〉〈方〉 연(鳶).
【纸鱼】zhǐyú ☞【衣鱼】yīyú
【纸鸢】zhǐyuān 〈名〉〈文〉 연(鳶).
【纸张】zhǐzhāng 〈名〉 종이. 종이장.
【纸醉金迷】zhǐzuì-jīnmí 〈成〉 호화롭고 사치스런 생활에 빠져 버리다. 사람을 사로잡는 호화롭고 사치스러운 생활 환경. =【金迷纸醉】jīnmí zhǐzuì ≒灯红酒绿 花天酒地

## 祉 zhǐ 복 지
〈名〉〈文〉 복. 행복. ¶福~=복지.

## **指 zhǐ 손가락 지
〈名〉 손가락. ¶大拇~=엄지손가락. / 屈~可数=손가락으로 헤아릴 정도이다. 〈动〉 1 (손가락이나 뾰족한 물건 끝으로) 가리키다. 지시하다. ¶手~北方=손가락으로 북쪽을 가리키다. 2 겨냥하다. 초점을 맞추다. 은밀히 이르다. 암시하다. ¶暗~=은밀히 가리키다. 3 설명하다. 명확하게 지적하다(밝히다). ¶~名批评=이름을 대고 비평하다. 4 비평하다. 힐책하다. 질책하다. 지탄하다. 손가락질하다. 비난하다. ¶千夫所~=많은 사람들의 손가락질을 받다. 5 (머리털 등이) 곤두서다. 치솟다. ¶令人发(fà)~=사람으로 하여금 머리털이 곤두서게 하다. 화나게 하다. 6 의거하다. 기대하다. 믿다. ¶你别光~儿子过日子。=아들에게만 의지해서 생활하지 마세요. 〈量〉 손가락 굵기. [손가락 하나의 굵기를 '一指'라 하여 깊이·넓이 등을 계산할 때 쓰임] ¶他留了个两~宽的纸条就一声不响地走了。=그는 손가락 두 개 너비의 종이 쪽지를 남기고 한 마디 말도 없이 가 버렸다.

O-● 大指, 发fà指, 将jiàng指, 戒指, 六指儿, 屈qū指, 染rǎn指, 手指, 弹指, 小指, 中指

【指北针】zhǐběizhēn 〈名〉 지남침. 자침(磁針).
【指标】zhǐbiāo 〈名〉 1 지표. 수치. ¶数量~=수량 지표. 2 목표. ¶达到~=목표를 도달하다.
【指拨】zhǐ·bō 〈动〉 1 지적해 주다. 일깨워 주다. 이끌어 주다. 이끌다. 지도하다. ¶我是刚来的, 还请大家多~。=저는 이제 온 지 얼마 되지 않으니 여러분이 많이 지도해 주시길 바랍니다. 2 지시하다. 지휘하다. 통제하다. 관리하다. ¶第一小组归大队长~。=제1조는 대대장의 지휘를 받는다.
【指不定】zhǐ·budìng 〈动〉〈方〉 반드시 …한 것은 아니다. 분명히 말할 수 없다. 단정할 수가 없다. ¶别等他了, 他~去不去呢。=그 사람 기다리지 마세요, 갈지 안 갈지 모르는데.
【指不胜屈】zhǐbùshèngqū 〈成〉 1 손가락으로

헤아릴 수가 없다. 2 너무 많아 이루 다 헤아릴 수가 없다.
【指陈】zhǐchén 〈动〉 설명하다. 지적하여 진술하다. ¶~利弊=이익과 폐단을 진술하다.
【指称】zhǐchēng 〈动〉 1 (어떤 명칭으로) 부르다. ¶他们之间用哥们来相互~。=그들은 서로 간에 '哥们(형제들)'이라고 부른다. 2 지적해서 말하다. ¶他们在起诉书中~该公司违约。=그들은 기소장에 그 회사를 지명해서 계약을 위반했다고 말했다.
【指斥】zhǐchì 〈动〉 질책하다. 지적하다. 지탄하다. ¶严厉~=엄하게 질책하다.
【指出】zhǐchū 〈动〉 밝히다. 지적하다. 가리키다. ¶他明确~二者之间的细微差别。=그는 양자 간의 미세한 차이를 명확하게 밝혔다.
【指代】zhǐdài 〈动〉 대신 지칭하다. 다른 말로 가리키다. ¶~不明=대신 지칭하는 것이 분명하지 않다.
【指导】zhǐdǎo 〈动〉 지도하다. 이끌어 주다. ¶他是我的论文~老师。=그는 나의 논문 지도 교수이다.
【指导性计划】zhǐdǎoxìng jìhuà 〈名〉 지도적 계획. [국가가 제정한 각 기업의 경영 방침과 경제 활동에 대한 지도적 역할을 지닌 거시 계획]
【指导员】zhǐdǎoyuán 〈名〉 1 지도원. 2 ☞【政治指导员】zhèngzhì zhǐdǎoyuán
【指点】zhǐdiǎn 〈动〉 1 지시하다. 가리키다. 가리켜 알려 주다. ¶他~着星星, 给我讲起牛郎、织女的故事。=그는 별을 가리키며 나에게 견우와 직녀 이야기를 하기 시작했다. 2 지적해 주다. 일깨워 주다. 이끌어 주다. 바로잡아 주다. 지도하다. ¶~迷津=잘못된 방향을 바로잡아 주다. 3 논(평)하다. 평론하다. 논의하다. 심의하다. 토론하다. 토의하다. 비평하다. ¶~江山=정권의 잘못을 논하다. 4 (옆·뒤에서) 결점을 찾다. 나쁜 말을 하다. 비난하다. 손가락질하다. 흠집을 잡다. ¶此事恐遭人~。=이 일은 누가 뒤에서 나쁜 말을 할까 걱정된다.
【指定】zhǐdìng 〈动〉 (사전에 사람·시간·장소 등을) 지정하다. 확정하다. ¶大家在~地点集合。=모두 지정된 지점에 집합하다.
【指东画西】zhǐdōng-huàxī ☞【指东说西】zhǐdōng-shuōxī
【指东话西】zhǐdōng-huàxī ☞【指东说西】zhǐdōng-shuōxī
【指东说西】zhǐdōng-shuōxī 〈成〉〈贬〉 고의로 주제를 벗어나 엉뚱한 이야기만 하다. 무관한 이야기만 하고 본제에 관해서는 언급하지 않다. =【指东话西】zhǐdōng-huàxī【指东画西】zhǐdōng-huàxī
【指法】zhǐfǎ 〈名〉 1 운지법(運指法). ¶她打字时~非常熟练。=그녀는 타자를 칠 때 운지법이 상당히 능숙하다. 2 (중국 전통극·춤·연주 때의) 손(가락)놀림. 손가락의 미묘한 동작. ¶钢琴演奏家的~极为娴熟。=피아노 연주자의 손가락 놀림은 상당히 능란하다.
【指腹为婚】zhǐfù-wéihūn 〈成〉 옛날, 부모가 태

내 아이의 혼사를 미리 정하다. =【指腹为亲】 zhǐfù-wéiqīn

【指腹为亲】 zhǐfù-wéiqīn ☞ 【指腹为婚】 zhǐfù-wéihūn

【指供】 zhǐgòng 동(法) 1 자백하다. 불다. 진술하다. 2 (증인이) 범인을 지목하고 진술하다.

【指骨】 zhǐgǔ 명(生) 지골. 손가락뼈.

【指顾】 zhǐgù 동(문) 1 손으로 가리켜 보이다. 2 (시간이) 아주 짧다. ¶~之间=잠깐 사이.

【指归】 zhǐguī 명(문) 주지. 중심 사상. 취지. 의향. ¶这篇小说显然不以叙述故事为~。=이 소설은 분명히 이야기를 서술하려는 취지는 아닌 것 같다.

【指画】 zhǐhuà 동 손가락으로 가리키다. ¶经师一~, 我顿时明白了。=선생님이 손가락으로 가리키자마자 나는 문득 깨달았다. 명(美) 지두화(指頭畵) 화법. 지두화(指頭畵). [붓 대신 손끝 혹은 손톱에 먹물을 묻혀 그리는 그림]

【指环】 zhǐhuán 명 반지.

【指挥】 zhǐhuī 동 1 지휘하다. ¶~进攻=공격을 지휘하다. ¶~演奏=연주를 지휘하다. 명 1 지휘자. ¶抗洪总~=수해 대책 총지휘자. 2 (音) 지휘자. ¶乐队~=악대 지휘자.

【指挥棒】 zhǐhuībàng 명 1 지휘봉. 2 (비) 지도적 역할과 영향력을 지닌 사물. [주로 폄하하는 말로 쓰임] ¶我们不可能整天围着他的~转。=우리들은 하루 종일 그의 지휘봉에 따라 움직일 수는 없다.

【指挥部】 zhǐhuībù 명 1 (军) 지휘부. 사령부. ¶前线~=최전선 지휘부. 2 (중요한 공사나 임무를 완성하기 위해 설립된) 임시 지휘부. 현장 지휘부. ¶抗洪~=홍수 대책 지휘부.

【指挥刀】 zhǐhuīdāo 명(军) 지휘도.

【指挥官】 zhǐhuīguān 명(军) 지휘관.

【指挥家】 zhǐhuījiā 명 1 (军) (뛰어난 업적을 거둔) 지휘자. ¶军事~=군사 지휘자. 2 (音) (지휘 방면으로 조예가 깊은) 지휘자. ¶音乐~=음악 지휘자.

【指挥若定】 zhǐhuī-ruòdìng 성 1 이미 승리를 확신한 듯이 자신감 있게 전쟁을 지휘하다. 2 조금도 흐트러짐 없이 지휘를 아주 잘하여 승리를 이끌어 내다.

【指挥所】 zhǐhuīsuǒ 명 1 (军) 지휘소. 2 (중요한 공사나 임무를 위해 임시로 설립한) 지휘소. ¶防震~=지진 대책 지휘소.

【指挥员】 zhǐhuīyuán 명 1 (军) 지휘관. 2 (중요 공사나 임무의) 지휘자.

【指鸡骂狗】 zhǐjī-màgǒu ☞ 【指桑骂槐】 zhǐsāng-màhuái

【指甲】 zhǐ·jia 명 손〔발〕톱.

【指甲刀】 zhǐ·jiadāo 명 손톱깎이.

【指甲盖儿】 zhǐ·jiagàir 명(구) 1 조갑(爪甲). 지갑(指甲). 2 손〔발〕톱.

【指甲花】 zhǐ·jiahuā ☞ 【凤仙花】 fèngxiānhuā

【指甲心儿】 zhǐ·jiaxīnr 명(구) 손톱과 살이 닿는 부분. 손톱눈.

【指甲油】 zhǐ·jiayóu 명 매니큐어(manicure).

【指尖】 zhǐjiān 명 손가락 끝.

【指教】 zhǐjiào 동 1 지도하다. 가르치다. ¶经过老师的耐心~, 他进步多了。=선생님의 끈기 있는 지도로 그는 많이 진보했다. 2 가르침을 주다. 지도 편달 바라다. 비평이나 의견을 내다. [자신의 작품이나 의견에 대한 비평을 남에게 청할 때 쓰임] ¶请多~。=많은 가르침을 바랍니다.

【指节】 zhǐjié 명 손마디. 손가락 마디.

【指靠】 zhǐkào 동 의지하다. 기대다. 의존하다. 의거하다. 믿다. ¶这事儿就全~你了。=이 일은 너만 믿는다.

【指控】 zhǐkòng 동 죄상을 열거하여 고발하다. ¶他被~犯有贪污罪。=그는 횡령죄로 고발당했다.

【指令】 zhǐlìng 동 지시하다. 명령하다. ¶上级~我部原地待命。=상부에서 우리 부대는 제자리에 서서 명령을 기다리라고 하였다. 명 1 상급 기관의 명령〔지시〕. ¶目前还没有接到~。=현재까지 아직 명령을 받지 않았다. 2 (옛) 지령. [상급 기관이 하급 기관에 하달하는 지시 공문] 3 (컴) 명령. ¶~格式=명령 격식.

【指令系统】 zhǐlìng xìtǒng 명(컴) 명령 시스템.

【指令性计划】 zhǐlìngxìng jìhuà 명 지령적 계획. [국가가 제정한 법률적 성질을 지닌 계획으로 반드시 준수하고 실천해야 하는 계획]

【指鹿为马】 zhǐlùwéimǎ 성 1 사슴을 가리켜 말이라고 하다. 2 (비) 고의로 흑백을 전도하다.

【指路明灯】 zhǐlù-míngdēng 명 1 길을 밝혀 주는 등. 2 (비) 올바르고 정확한 방향으로 이끄는 사람 혹은 사물.

【指路牌】 zhǐlùpái 명 이정표. 도표. 교통 표지.

【指名】 zhǐmíng(~儿) 동 지명하다. ¶经理~让办公室主任具体负责。=사장은 사무실 주임을 지명해서 구체적으로 책임을 지라고 했다.

【指名道姓】 zhǐmíng-dàoxìng 성 이름을 똑똑히 대다. 지명하다. =【提名道姓】 tímíng-dàoxìng

【指明】 zhǐmíng 동 분명하게 지시하다. 명확히 지적하다. 뚜렷이 가리켜 주다. ¶~事故发生的原因=사고 발생 원인을 명확하게 지적하다.

【指南】 zhǐnán 명 1 지남침. 나침반. 2 (비) 지침. 지침서. 입문서. [때로 책 이름으로 쓰임] ¶购物~=구매 안내. /《物理复习~》=《물리 복습 지침서》.

【指南车】 zhǐnánchē 명 지남차. [중국 고대에 수레 위에 신선의 목상을 얹고 자침을 응용하여 그 손의 손가락이 늘 남쪽을 가리키게 만든 수레]

【指南针】 zhǐnánzhēn 명 1 지남침. 나침반. 2 (비) 지침.

【指派】 zhǐpài 동 파견하다. 지명해서 파견하다. ¶受人~=다른 사람에 의해 파견되다.

【指认】 zhǐrèn 동 가리키며 확인하다. 지목하다. ¶证人很快就~出凶手。=증인은 금방 흉악범을 지목했다.

【指日】 zhǐrì 동 머지않은 날. 요 며칠. ¶~告

磬＝머지않아 밑창이 드러날 것이다.
【指日可待】zhǐrì-kědài [성] 머지않아 실현되다. 실현될 날이 머지않다.
【指桑骂槐】zhǐsāng-màhuái [성][비] 이 사람을 가리키며 실제로는 저 사람을 욕하다. 빗대어 욕하다. 빈정대다. ＝【指鸡骂狗】zhǐjī-màgǒu ↔直言不讳
【指山卖磨】zhǐshān-màimò [성] 1 돌산을 가리키며 맷돌을 팔려고 하다. 2 [비] 일이 아직 가닥도 잡히지 않았는데 지나치게 일찍 말하거나 허락하다. 시기 상조이다.
【指使】zhǐshǐ [동][폄] 사주하다. 교사하다. 조종하다. ¶一定要查出幕后～者。＝반드시 배후에서 사주한 사람을 조사해 내야 한다.
【指示】zhǐshì [동] 1 가리키다. ¶～方位＝방향을 가리키다. 2 지시하다. 명령을 내리다. ¶县里～, 一定要做好退耕还林工作。＝현에서 경작지를 삼림으로 환원하는 작업을 반드시 잘 하라고 지시하다. [명] (구두상·서면상의) 지시. 명령. ¶上级及时给出了明确的～。＝상부에서 제때에 명확한 지시를 내렸다.
【指示代词】zhǐshì dàicí [명]《言》 지시대명사.
【指示灯】zhǐshìdēng [명] 지시등. 표시등. 조명등. 파일럿 램프(pilot lamp). ¶交通～＝교통 지시등.
【指示剂】zhǐshìjì [명]《化》 지시약. 인디케이터(indicator).
【指示器】zhǐshìqì [명]《機》 (각종 계기의) 표시기. 지시기. 인디케이터(indicator). ＝【示功器】shìgōngqì
【指事】zhǐshì [명]《言》 지사. [상징적인 부호로 자의를 나타내는 조자 방법(造字方法)의 하나로, 예를 들면 '刃(rèn)'은 '刀(dāo)' 위에 한 점을 더해 칼날을 나타냄]
【指手划脚】zhǐshǒu-huàjiǎo ☞【指手画脚】zhǐshǒu-huàjiǎo
【指手画脚】[指手划脚] zhǐshǒu-huàjiǎo [성] 1 손짓 몸짓하면서 말하다. 2 삿대질하며 방자하게 말하다. 3 무책임하게 함부로 이러쿵저러쿵하다. 함부로 이래라저래라하고 시키다.
【指书】zhǐshū [동] 손가락 끝에 먹을 묻혀서 글자를 쓰다. [명] 손가락 끝에 먹을 묻혀 쓴 서예 작품.
【指数】zhǐshù [명] 1《數》 지수. 2 (통계학의) 지수. ¶物价～＝물가 지수.
【指天画地】zhǐtiān-huàdì [성] 1 손으로 하늘과 땅을 가리키다. 2 [비] 기탄없이 함부로 행동하다. 삿대질하며 방자하게 지껄이다.
【指天誓日】zhǐtiān-shìrì [성] 1 하늘을 두고 맹세하다. 천지신명께 맹세하다. 2 의지가 굳고 지극하다.
【指头】zhǐ·tou [명][구] 1 손가락. ¶手～＝손가락. / 一个～遮不住脸。＝손가락 하나로 얼굴을 가릴 수 없다. 2 발가락. ¶脚～＝발가락.
【指头肚儿】zhǐ·toudùr [명][방] 손가락 첫 마디의 도톰한 부분.
【指望】zhǐ·wàng [동] 기대하다. 바라다. 소망하다. 간절히 바라다. ¶谁家的父母不～子女有出息。＝어느 집 부모가 자식이 장래가 촉망하기를 바라지 않겠는가. [명] (～儿) 기대. 가망(성). 희망. ¶这病已经没有～了。＝이 병은 이미 가망이 없다.
【指纹】zhǐwén [명] 1 지문. 2 지문 흔적〔자국〕. ¶门把手上留有窃贼的～。＝문의 손잡이에 도둑의 지문이 남아 있다. ≒指印
【指向】zhǐxiàng [동] 지향하다. 향하다. 가리키다. ¶～天空＝하늘을 향하다. [명] 가리키는 방향. ¶路标的～是正南。＝이정표가 가리키는 방향은 정남이다.
【指要】zhǐyào ☞【旨要】zhǐyào
【指引】zhǐyǐn [동] 지도하다. 인도하다. 안내하다. 이끌다. ¶在老人～下, 他们顺利地通过了那片森林。＝노인의 안내하에 그들은 순조롭게 그 산림 지대를 통과했다.
【指印】zhǐyìn(～儿) [명] 1 지문 흔적〔자국〕. 2 지장(指章). 손도장. ≒指纹
【指责】zhǐzé [동] 지적하다. 질책하다. 책망하다. 비난하다. 나무라다. ¶妄加～＝함부로 비난하다. ≒指摘 谴责
【指摘】zhǐzhāi [동] 지적하고 비판하다. 결점을 찾아 비평하다. ¶无可～＝나무랄 데가 없다. ≒指责
【指战员】zhǐzhànyuán [명]《軍》 지휘관과 전투원의 합칭.
【指仗】zhǐzhàng [동][방] 의지하다. 의존하다. 기대다. ¶如今的农民已不完全～地里的收成了。＝요즘의 농민은 이미 들의 수확에 전적으로 의존하지는 않는다.
【指针】zhǐzhēn [명] 1 (시계의) 바늘. 2 (계기의) 바늘. 3 [비] 지침. 안내. 지도.
【指正】zhǐzhèng [동] 1 잘못을 지적하여 바로잡다. 시정하다. 2 가르침을 주다. 지도 편달 바라다. 비평이나 의견을 내다. [자신의 작품이나 의견에 대한 비평을 남에게 청할 때 쓰임] ¶敬请～。＝가르침을 바랍니다.
【指证】zhǐzhèng [동] 증거를 밝히다〔대다〕. (범인을) 지목하고 증인을 서다. ¶目击证人出庭～凶犯。＝목격자가 법원에 나와 흉악범을 지목하고 증인으로 나서다.
【指指戳戳】zhǐ·zhi chuōchuō [동] 뒤에서 수군거리다. 몰래 논의하다. ¶几个人在路边～地说着什么。＝몇 사람이 길가에서 뭔가를 수군거리고 있다.
【指指点点】zhǐ·zhi diǎndiǎn [동] (옆·뒤에서) 결점을 찾다. 나쁜 말을 하다. 비난하다. 손가락질하다. 흠집을 잡다.

# 枳 zhǐ 탱자나무 지

[명]《植》 탱자나무.
【枳机草】zhǐjīcǎo ☞【芨芨草】jījīcǎo
【枳椇】zhǐjǔ ☞【拐枣】guǎizǎo
【枳壳】zhǐqiào [명]《植》 익은 구연(枸橼)이나 탱자 등을 말린 것.
【枳实】zhǐshí [명]《植》 덜 익은 구연(枸橼)이나 탱자.

**轵[軹]** zhǐ 굴대 머리 지
명문 (수레의) 굴대 끝.

**咫** zhǐ 척 지
양 척. [고대 길이 단위로 여덟 치가 한 척임]
【咫尺】zhǐchǐ 명문 비 지척. 아주 가까운 거리.
¶近在~=아주 가까이에 있다. ↔天涯
【咫尺天涯】zhǐchǐ-tiānyá 성 1 매우 가까이에 있으면서도 하늘 끝에 있는 것 같다. 2 가까이에 있으면서도 만나 보기 어렵다. 지척이 천리다.

**趾** zhǐ 발가락 지
명 1 발. ¶举~=발을 들다. 2 발가락. ¶脚~=발가락.
【趾高气扬】zhǐgāo-qìyáng 성 1 길을 걸을 때 발을 높이 들어 득의 양양하다. 2 의기양양하다. 득의양양하다. 우쭐거리다. 잘난 체하다. ≒趾指气使 ↔低声下气 摇尾乞怜
【趾骨】zhǐgǔ (生) 지골. 발가락뼈.
【趾甲】zhǐjiǎ 명 발톱.

**黹** zhǐ 바느질할 치
동문 바느질하다. 자수를 놓다. 수놓다. ¶针~=바느질.

**酯** zhǐ 에스테르 지
명 (化) 에스테르(ester).
【酯化】zhǐhuà 명 (化) 에스테르화.

**徵** zhǐ 음계 이름 치
명(音) 치. [옛날의 오음(五音) 즉, 궁(宫)·상(商)·각(角)·치(徵)·우(羽)의 하나로, 솔(sol)에 상당함]
☞ zhēng(征)

**至** zhì 이를 지
동 1 이르다. 도착하다. ¶自始至终=처음부터 끝까지. 시종일관. / 接踵而~=잇달아 오다. 2 …까지 미치다. …에 이르다[도달하다]. …의 정도에 이르다. …할 지경이다. ¶甚~=심지어. 형 최고 절정의. 최고조의. 더없는. 가장 좋은. 최고의. ¶如获~宝=더없이 귀한 보배를 얻은 것 같다. 부 지극히. 대단히. 제일. 가장. 최고로. ['极'·'最'에 상당함] ¶光荣之~=대단히 영광스럽다. / 你这件衣服~少要一千元. =너 이 옷은 적어도 1,000위안은 할거야. 명 극점. 최고도. 최고조. 절정. ¶冬~=동지. / 夏~=하지.

○ 至 zhì
致 zhì
桎 zhì
窒 zhì
痣 zhì
室 shì

○- 冬至, 及至, 截jié至, 竟至, 乃nǎi至, 四至, 夏至, 以至, 直至, 周至

【至爱】zhì'ài 형문 가장 좋아하는. 가장 사랑하는. ¶~亲朋=가장 사랑하는 친지와 친구.
【至宝】zhìbǎo 명 지보. 지극히 귀중한 보물. 가장 진귀한 보배. ¶如获~=더없이 귀한 보물을 얻은 것과 같다.
【至诚】zhìchéng 형 지성이다. 정성이 지극하다. ¶~待人=지성으로 사람을 대하다. 명 지성. 지극한 정성. ¶一片~=지성. 진심.
【至诚】zhì·cheng 형 진실하다. 성실하다. ¶~之人=진실한 사람.
【至迟】zhìchí 부 늦어도. ¶~不超过明天. =늦어도 내일은 안 넘긴다.
【至此】zhìcǐ 동 1 여기에 이르다. 여기까지 …하다. ¶会议~结束. =회의는 여기서 마친다. 2 이 때에 이르다. ¶~他才明白了事情的真相. =그는 이제야 비로소 일의 진상을 알았다. 3 이 지경에 이르다. ¶事已~, 我也无能为力. =일이 이 지경에 이르렀으니, 나도 어떻게 힘을 써 볼 수가 없다.
【至当】zhìdàng 형문 지당하다. 가장 적당[타당]하다. ¶如此办理, 殊为~. =이렇게 처리하면 가장 적당하다.
【至多】zhìduō 부 많아야. 기껏해야. ¶他~去一个星期. =그는 길어야 일 주일 동안 떠난다. ↔至少
【至高无上】zhìgāo-wúshàng 성 (지위가) 최고로 높다. 더할 수 없이 높다. 지고 지상이다. ≒登峰造极
【至关紧要】zhìguān-jǐnyào 성 지극히 중요하다.
【至好】zhìhǎo 명 절친한 친구. 가장 친한 친구.
【至极】zhìjí 부 지극히. 극도로. ¶残暴~=지극히 잔학하다.
【至交】zhìjiāo 명 가장 친한 친구. ¶~好友=가장 친한 친구.
【至今】zhìjīn 부 지금까지. 여태껏. 오늘까지. ¶此人~下落不明. =이 사람은 지금까지 행방불명이다.
【至理】zhìlǐ 명 지극[지당]한 도리[이치]. 진리. ¶人生~=인생의 지당한 도리.
【至理名言】zhìlǐ-míngyán 성 지당한 이치와 명언.
【至盼】zhìpàn 동 간절히 바라다. ¶~你战胜病魔, 早日康复. =병마와 싸워 이겨 하루빨리 쾌차하시길 간절히 바랍니다.
【至品】zhìpǐn 명 최고의 사물[작품].
【至亲】zhìqīn 명 지친. 육친. ¶骨肉~=골육지친.
【至亲好友】zhìqīn-hǎoyǒu 성 골육과 가장 친한 친구.
【至情】zhìqíng 명 지정. 진심에서 우러나오는 참된 감정. ¶~的表白=참된 감정의 표출.
【至日】zhìrì 명문 지일. 동짓날이나 하짓날.
【至善至美】zhìshàn-zhìměi 성 가장 훌륭하고 아름답다. 완전무결하다. 완벽하다.
【至上】zhìshàng 형 (지위나 권력 등이) 높다. 최고이다. ¶人民利益~=국민의 이익이 제일이다. / 顾客~=고객이 제일이다.
【至少】zhìshǎo 부 적어도. 최소한. ¶从这儿到火车站, 坐出租车~要半个小时. =여기서부터

기차역까지는 택시를 타고 적어도 반 시간 정도가 걸린다. ↔至多

【至深】zhìshēn 형 매우 깊다. ¶感人～=매우 깊이 감동시키다.

【至圣】zhìshèng 형 지성의. 가장 신성한. ¶～至明=가장 신성하고 가장 현명하다. 명 지성. 지덕(智德)이 가장 높은 사람. ¶～先师=지덕이 가장 높은 선생. [공자(孔子)를 가리킴]

【至死】zhìsǐ 통 죽음에 이르다. ¶～不屈=죽어도 굽히지 않다.

【至死不变】zhìsǐ-bùbiàn 성 죽어도 변하지 않다. 도무지 변화가 없다.

【至死不悟】zhìsǐ-bùwù 성 죽음에 이르러서도 깨닫지 못하다.

【至言】zhìyán 명 문 1 지언. 이치가 깊은 말. 2 참말. 정말. 실화(實話).

【至友】zhìyǒu 명 가장 친한 친구. ≒至交 契友

【至于】zhìyú 통 …의 정도에 이르다. …한 결과에 이르다. [주로 부정형이나 반문에 쓰임] ¶他不～不来开会吧？=그가 회의에 안 오기야 하겠는가? 개 …으로 말하면, …에 관해서는. ¶～个别人的意见, 可以忽略不计。=개개인의 의견에 관해서는 그냥 넘어가도 괜찮다.

【至嘱】zhìzhǔ 명 문 매우 간곡한 당부. [주로 편지에 많이 쓰임] ¶是为～=이를 간곡히 당부드립니다.

【至尊】zhìzūn 형 지극히 존귀하다. ¶～无上=더없이 존귀하다. 명 1 지존. 가장 존귀한 사람이나 사물. ¶顾客是商家～。=고객은 왕이다. 2 황제. 천자.

## 志¹ zhì 뜻 지

명 1 뜻. 소망. 의지. 목표. ¶意～=의지. / 踌躇满～=매우 득의양양해하다. 2 (Zhì) 성(姓). 통 문 무게를 달다. 길이를 재다. 양을 재다. ¶用碗～一～=그릇으로 양을 재다.

## 志²[誌] zhì 기록할 지

통 문 1 기억하다. ¶永～不忘=영원히 기억하여 잊지 않다. 2 기록하다. 기재하다. ¶杂志=잡지. 명 1 (문장에 의한) 기록. ¶县～=현지. 현(縣)의 역사를 기록한 책. / 碑～=비지. 비문. 2 표기. 기호. 표지. ¶标～=표지.

○● 碑bēi志, 斗志, 日志, 神志, 矢志, 同志, 县xiàn志, 心志, 蓄xù志, 遗yí志, 意志, 远志, 职志, 壮志

【志哀】zhì'āi 통 애도의 뜻을 표하다. ¶下半旗～=반기를 게양하고 애도의 뜻을 표하다.

【志大才疏】zhìdà-cáishū 성 포부가 크지만 재능이 따라 주지 않다. ≒眼高手低

【志得意满】zhìdé-yìmǎn 성 뜻대로 되어 만족해하다. 뜻을 이루어 득의양양하다.

【志怪小说】zhìguài xiǎoshuō 명 지괴 소설.

【志留纪】Zhìliújì 명 (地) 실루리아기(Silurian).

【志留系】Zhìliúxì 명 (地) 실루리아계(Silurian).

【志气】zhì·qì 명 패기. 기개. 향상심. 진취성.

기. 포부. ¶人小～大。=사람은 작지만 포부가 크다.

【志趣】zhìqù 명 지향(志向). 지취. 흥취(興趣). ¶～相投=지향이 서로 맞다.

【志士】zhìshì 명 지사. ¶～惜日短。=지사는 세월이 짧음을 애석해한다.

【志士仁人】zhìshì-rénrén ☞【仁人志士】rénrén-zhìshì

【志书】zhìshū 명 지지(地誌). [특정 지역의 상황을 전문적으로 기록한 사서(史書)]

【志同道合】zhìtóng-dàohé 성 서로 뜻이 같고 생각이 일치하다. ↔人各有志

【志向】zhì·xiàng 명 지향. 포부. 장래 희망. ¶～远大=포부가 원대하다. ≒抱负

【志愿】zhìyuàn 명 희망. 바람. 지원. ¶他的～是做一名大学教师。=그의 희망은 교수가 되는 것이다. 통 자원하다. 지원하다. 희망하다. ¶～参军=자원하여 입대하다.

【志愿兵】zhìyuànbīng 명 1 지원병. 2 연장 복무 지원병.

【志愿兵制】zhìyuànbīngzhì 명 지원병 제도.

【志愿军】zhìyuànjūn 명 지원군. [다른 나라 전쟁에 자원 참가한 군대]

【志愿书】zhìyuànshū 명 지원서.

【志愿者】zhìyuànzhě 명 지원자.

【志在四方】zhìzàisìfāng 성 1 포부가 천하에 있다. 2 원대한 포부와 이상을 품다.

## 豸 zhì 발 없는 벌레 치

명 문 (지렁이류처럼) 발이 없는 벌레. ¶虫～=벌레.

## 忮 zhì 미워할 기

통 문 질투하다. 시기하다. 미워하다. ¶～刻=시기하여 모질게 굴다.

## 识[識] zhì 기억할 지

통 문 1 기억하다. ¶默而～之=묵지(默識)하다. 2 기술하다. ¶附～=부기(附記)하다. 명 기호. 표지(標識). ¶款～=관지.
☞ shí

## 庢¹ zhì 물굽이 질

명 문 물굽이.

## 庢² zhì 땅 이름 질

☞【盩庢】Zhōuzhì

## 郅 zhì 성할 질

부 문 매우. 가장. 극히. ¶～隆=매우 성하다. 명 (Zhì) 성(姓).

## 帜[幟] zhì 기 치

명 1 깃발. 기. ¶旗～=기치. 2 문 표지(標識). ¶标～=표지. ≒旗

## 帙[袠·袭] zhì 책갑 질

【制】[製] zhì 만들 제

동 1 마르다. 재단하다. 절단하다. ¶裁~=재단하다. 2 만들다. 제조하다. ¶如法炮~=규정대로 제조하다.

【制】² zhì 제정할 제

동 1 입안하다. 제정하다. 규정하다. ¶因地宜=지역에 따라 알맞게 제정하다. 2 통제하다. 제어하다. 제지하다 제한하다. 제약하다. ¶管~=통제하다. / 先发~人=선수를 쳐서 주도권을 잡다. 명 1 제도. 준칙. ¶体~=체제. / 法~=법제. 2 문 작품. 문장. ¶鸿篇巨~=대작.

币bì制, 编制, 采制, 创chuàng制, 抵dǐ制, 帝制, 遏è制, 法制, 仿制, 复制, 改制, 管制, 绘huì制, 机制, 监jiān制, 建制, 节制, 精制, 旧制, 克kè制, 拉制, 米制, 炮páo制, 配制, 牵qiān制, 钳qián制, 强制, 摄shè制, 市制, 试制, 守制, 受制, 税shuì制, 特制, 体制, 调制, 统制, 辖xiá制, 限制, 挟xié制, 形制, 学制, 熏xūn制, 研yán制, 应制, 宰zǎi制, 专zhuān制, 自制

【制版】zhì‖bǎn 동 (印) 제판하다.
【制备】zhìbèi 동 (化) 화학적 방법으로 제조하여 얻다. ¶~试剂=시약을 제조하여 얻다.
【制币】zhìbì 동 화폐를 만들다. 조폐하다. ¶~厂=조폐창.
【制表】zhì‖biǎo 동 표를 만들다〔작성하다〕.
【制裁】zhìcái 동 제재하다. ¶经济~=경제 제재.
【制成品】zhìchéngpǐn 완제품.
【制导】zhìdǎo 동 (비행체의 운행을) 제어하고 유도하다. ¶遥控~=원격으로 제어하고 유도하다.
【制订】zhìdìng 동 창제하다. 제정하다. 입안하다. ¶~油气开发计划=천연 가스 개발 계획을 입안하다.
【制定】zhìdìng 동 (방침·정책·법률·제도 등을) 제정하다. 작성하다. 확정하다. ¶~协会章程=협회의 장정을 제정하다.

制定(zhìdìng) / 制订(zhìdìng)

制定(제정하다) : 법규, 정책, 결의, 규제, 제도 등을 제정하는 것으로, 완성된 것을 말한다. ¶为了打入市场呢, 我们制定一个原则, 目前以出租为主, 等到小康, 再考虑销售. =시장에 진입하기 위해 우리는 하나의 원칙을 정했는데, 일단은 임대를 하다가 상황이 좋아지면 매도를 고려하는 것이다.

制订(세우다) : 방안, 계획, 방법, 조건, 계약 등을 협상하여 초안을 세우는 것을 말하고, 그 과정이 포함되어 있음. ¶一切都要从这个实际出发, 根据这个实际来制订规划. =모든 것은 이 실제적인 상황에서 출발하고 이 실제적인 상황에 근거하여 계획을 세워야 한다.

【制动】zhìdòng 동 제동하다. 브레이크를 걸다. ¶~开关=브레이크 스위치.
【制动器】zhìdòngqì 명 제동기. 브레이크.
【制度】zhìdù 명 1 규칙. 규정. ¶规章~=규정. 2 제도. ¶资本主义~=자본주의 제도.
【制伏】zhì‖fú ☞【制服】zhì‖fú
【制服】[制伏] zhì‖fú 동 제압하다. 굴복시키다. 정복하다. ¶~凶手=살인범을 제압하다. ≒压服
【制服】zhìfú 명 제복.
【制服呢】zhìfúní (紡) 재질이 두껍고 올이 굵은 모직 옷감. [양면에 보풀이 있고 주로 추동복 등에 사용됨]
【制高点】zhìgāodiǎn 명 (軍) 감제(瞰制) 고지.
【制革】zhìgé 동 제혁하다. 가죽을 만들다.
【制海权】zhìhǎiquán 명 (軍) 제해권.
【制衡】zhìhéng 동 상호 제약하여 균형을 이루게 하다. ¶权力~=권력을 제약하여 균형을 이루게 하다.
【制黄】zhìhuáng 동 음란물을 만들다. ¶~贩黄=음란물을 제작하고 판매하다.
【制剂】zhìjì 명 (醫) 제제.
【制假】zhìjiǎ 동 위조품을 만들다. ¶~贩假=위조품을 만들고 판매하다.
【制件】zhìjiàn ☞【作件】zuòjiàn
【制空权】zhìkōngquán 명 (軍) 제공권.
【制冷】zhìlěng 동 냉각〔냉동〕하다. 냉각〔냉동〕시키다. ¶~机=냉동기.
【制片】zhìpiàn 동 (映) 영화나 드라마를 제작하다. ¶~厂=영화 제작소.
【制片人】zhìpiànrén 명 (映) 영화〔드라마〕 제작자. 프로듀서.
【制品】zhìpǐn 명 제품. ¶音响~=음향 영상 제품. / 塑料~=플라스틱 제품.
【制钱】zhìqián 명 제전. [명청(明清)대 정부에서 주조한 동전]
【制热】zhìrè 동 온도를 올리다. ¶这种空调既可以制冷, 也可以~. =이런 에어컨은 냉방이 되면서 난방도 된다.
【制胜】zhìshèng 동 승리하다. 이기다. ¶出奇~=상대가 예상치 못한 방법으로 승리하다.
【制式】zhìshì 명 제식. ¶~服装=제식 복장.
【制式教练】zhìshì jiàoliàn 명 (軍) 제식 훈련.
【制售】zhìshòu 동 제조 판매하다. ¶严禁~假冒伪劣商品. =가짜 및 저급 상품의 제조와 판매를 엄금하다.
【制台】zhìtái 명 ② 제대. [명청(明清)대 총독(總督)에 대한 경칭]
【制糖】zhìtáng 동 제당하다. ¶~厂=제당 공장.
【制图】zhì‖tú 동 1 제도하다. 2 지도를 제작하다. ≒绘图
【制宪】zhìxiàn 동 제헌하다. 헌법을 제정하다. ¶~会议=제헌회의.
【制盐】zhìyán 동 제염하다. 소금을 만들다. ¶~工业=제염 공업.
【制音器】zhìyīnqì 명 (音) 제음기. 댐퍼(damper).
【制约】zhìyuē 동 제약하다. ¶互相~=상호 제약.

【制造】zhìzào 통 1 제조하다. 만들다. ¶~业=제조업. 2 喻 (나쁜 상황이나 분위기를) 조성하다. 만들다. 조장하다. ¶~矛盾=갈등을 조장하다.
【制造商】zhìzàoshāng 명 제조업체.
【制止】zhìzhǐ 통 제지〔저지〕하다. ¶~赌博行为=도박 행위를 제지하다. ≒阻止
【制种】zhìzhǒng 통 우량 종자를 연구·제조하다.
【制作】zhìzuò 통 1 제작〔제조〕하다. 만들다. ¶精心~=공들여 만들다. 2 창작〔저작〕하다. ¶~电视剧=드라마를 창작하다.

**质[質]** zhì 성질 질
통 1 图 저당하다. 저당잡히다. ¶典~=저당잡히다. 2 图 질문하다. 알아보다. 물어 보다. 문책하다. ¶对~=대질하다. 형 소박하다. 질박하다. 꾸밈이 없다. 순박하다. ¶~朴无华=질박하고 화려하지 않다. 명 1 图 저당잡힌 사람이나 물건. 저당물. ¶人~=인질. 2 물질. ¶物~=물질. 3 성질. 본질. ¶素~=소질. / 变~=변질. 4 (생산품이나 일의) 질. 품질. ¶优~服务=우수한 품질의 서비스. / 保~保量=질과 양을 보증하다.

○● 白质, 本质, 单质, 地质, 对质, 灰质, 活质, 角质, 介质, 卤lǔ质, 媒méi质, 皮质, 品质, 朴质, 气质, 壳qiào质, 人质, 溶质, 素质, 体质, 物质, 性质, 牙质, 音质, 优质, 釉yòu质, 杂质, 资质

【质变】zhìbiàn 명 (哲) 질적 변화. ↔量变
【质地】zhìdì 명 1 재질. 재료의 품질〔속성〕. (피륙의) 바탕. ¶精美~=바탕이 섬세하고 아름답다. 2 인품. 자질. ¶~纯良=인품이 선량하다.
【质点】zhìdiǎn 명 (物) 질점.
【质对】zhìduì 통 대질〔대중〕하다. ¶~公庭=법정에서 대질하다. ≒对质
【质感】zhǐgǎn 명 1 (물체의) 질감. ¶钢铁有着坚硬, 粗重的~。=강철은 딱딱하고 무거운 질감이 있다. 2 (예술품의) 실감. 박진감. 생동감. ¶电影的画面具有强烈的立体感和~。=영화의 화면에 입체감과 생동감이 넘치다.
【质检】zhìjiǎn 통 품질 검사를 하다. ¶~人员=품질 검사 요원.
【质量】zhìliàng 명 1 (생산품이나 일의) 질. 품질. ¶教学~=수업의 질. / 产品~=생산품의 품질. 2 (物) 질량.
【质料】zhìliào 명 재료. 원료. ¶~上乘=재료가 최상이다.
【质朴】zhìpǔ 형 질박하다. 소박하다. 박실하다. ¶~感情=~=마음이 소박하다. ↔浮华
【质数】zhìshù 명 (數) 소수(素数). =【素数】sùshù
【质素】zhìsù 명 1 소질. 소양. 2 원소. 성분. 요소. ¶影片蕴涵丰富审美~。=영화는 풍부한 심미 요소를 내포하고 있다. 3 질소. 4 본색. 소박하다. ¶她穿着一身~的校服。=그는 수수한 교복을 입고 있다.

【质问】zhìwèn 통 캐묻다. 추궁하다. ¶你没有权利~我。=당신은 나를 추궁할 권리가 없다.
【质心】zhìxīn 명 (物) 질량 중심.
【质询】zhìxún 통 1 질의하다. 문의하다. 2 (국가 권력 기관의 대표가 정부 부서 및 공무원에게) 질의하다. 문의하다.
【质疑】zhìyí 통 질의하다. ¶当场~=그 자리에서 질의하다.
【质疑问难】zhìyí-wènnán 성 질의 토론하다. 의문을 제시하여 해답을 구하다.
【质因数】zhìyīnshù 명 (數) 소인수(素因数). =【素因数】sùyīnshù
【质优】zhìyōu 형 품질이 우수하다. ¶~价廉=품질은 우수하고 가격은 저렴하다.
【质证】zhìzhèng 통 (法) 대질하다.
【质直】zhìzhí 형 꾸밈이 없고 정직하다. 질직하다. ¶为人~=사람됨이 꾸밈이 없고 정직하다.
【质子】zhìzǐ 명 1 (物) 양자. 프로톤(proton). 양성자. 2 图 질자. 볼모. [주로 제후나 왕의 아들이 볼모가 됨]

**炙** zhì 구울 적
통 1 굽다. ¶焦~=애타다. 2 강한 햇볕이 쪼이다. ¶烈日~人=뜨거운 태양이 내리쪼이다. 3 喻 훈도를 받다. 영향을 받다. 가르침을 받다. ¶亲~=직접 가르침을 받다. 4 (醫) 자법(炙法)으로 제제〔포제〕하다. ¶蜜~=꿀을 넣어 볶은 약재. 명 구운 고기. ¶残羹冷~=먹다 남은 국과 식은 고기.

○● 焦炙, 亲炙

【炙烤】zhìkǎo 통 1 굽다. ¶~野味=야생 동물 구이. 2 강한 햇볕이 쪼이다. ¶烈日~着干裂的大地。=뜨거운 태양이 바짝 마른 대지를 강하게 내리쬐고 있다.
【炙热】zhìrè 형 1 타는 듯이 뜨겁다〔덥다〕. 매우 뜨겁다. ¶~的阳光=뙤약볕. 2 감정이 열렬하다〔뜨겁다〕. ¶~的爱国之情=열렬한 애국심.
【炙手可热】zhìshǒu-kěrè 성 1 손을 델 만큼 뜨겁다. 따끈따끈하다. 2 喻 권세가 대단하다.

**治** zhì 다스릴 치
통 1 다스리다. 관리하다. 손질하다. 정비하다. 처리하다. ¶自~=자치하다. / 整~运河=운하를 정비하다. 2 처벌하다. 징벌하다. 처단하다. ¶惩~=징벌하다. / 处~=처벌하다. 3 치료하다. ¶医~=치료하다. / 不~之症=불치병. 4 (해충을) 박멸하다. 방제(防除)하다. ¶~蚜虫=진딧물을 박멸하다. 5 (학문을) 연구하다. ¶~专~古代汉语=고대 한어를 전공하다. 형 사회가 안정되다. 태평하다. 잘 다스려지다. ¶天下大~=천하가 태평하다. 명 1 옛 지방 정부 소재지. 지방 관청. ¶县~=현청(縣廳) 소재지. / 省~=성(省) 정부 소재지. 2 (Zhì) 성(姓). ↔乱

○● 惩chéng治, 法治, 防治, 根治, 洁jié治, 救

zhì 治栉栉

治，吏lì治，省治，调治，统治，文治，医治，诊zhěn治，整治，政治，政治犯

【治安】 zhì'ān 图 치안. ¶社会~状况良好. ＝사회 치안 상황이 양호하다.

【治保】 zhìbǎo 동 (사회 질서를) 편안하게 다스리고 지키다. ¶~工作＝치안과 안보 업무.

【治本】 zhìběn 동 근본적으로 다스리다[관리하다·해결하다]. 치본하다. 근본을 치료하다. ¶治理黄河，要治标，更要~. ＝황허를 정비하는 데는 응급 조치도 해야 하지만 근본적인 치수가 더욱 중요하다. ↔治标

【治标】 zhìbiāo 동 일시적으로 해결하다. 임시로 응급 처리하다. 나타난 현상만 바로잡다. ¶只~不治本，便很难解决问题. ＝임시로 응급 처리만 하고 근본을 해결하지 않으면, 문제를 해결하기 어렵다. ↔治本

【治病】 zhìbìng 동 질병을 치료하다. 병을 고치다.

【治病救人】 zhìbìng-jiùrén 성에 사람의 결점과 잘못을 지적하여 고치도록 하다. ≒救死扶伤

【治产】 zhìchǎn 동 자산을 관리 경영하다.

【治厂】 zhìchǎng 동 공장을 관리 경영하다. ¶~有方＝공장을 관리하는 데 능숙하다.

【治虫】 zhìchóng 동 해충을 박멸하다. 해충을 방제하다. ¶~保苗＝해충을 방제하여 새싹을 보호하다.

【治服】 zhìfú 동 다스리다. 제압하다. 굴복시키다. ¶~流沙＝유사를 다스리다.

【治国】 zhìguó 동 나라를 다스리다. 치국하다. ¶~安邦＝나라를 잘 다스려 안정시키다.

【治国安民】 zhìguó-ānmín 성 나라를 잘 다스려 백성을 편안하게 하다. 치국안민.

【治好】 zhìhǎo 동 치유되다. 다 낫다. ¶他的病~了吗？＝그의 병은 다 나았나요?

【治河】 zhìhé 동 치수하다. ¶~工程＝치수 공정.

【治淮】 zhìhuái 동 화이허(淮河)를 다스리다(치수하다).

【治黄】 zhìhuáng 동 황허(黄河)를 다스리다(치수하다).

【治蝗】 zhìhuáng 동 황충(蝗蟲)을 박멸하다. 메뚜기 재해를 다스리다.

【治家】 zhìjiā 동 집안을 다스리다. 치가하다. ¶~从俭＝집안 살림을 검소하게 하다.

【治理】 zhìlǐ 동 1 통치하다. 다스리다. 관리하다. ¶~国家＝국가를 다스리다. 2 정비하다. 수리하다. 치수하다. 손질하다. 고치다. ¶~沙漠＝사막을 정비하다.

【治理整顿】 zhìlǐ-zhěngdùn 성 경제 환경을 정비하고 경제 질서를 시정하다(바로잡다).

【治疗】 zhìliáo 동 치료하다. ¶~方法＝치료 방법.

【治乱】 zhìluàn 동에 치란하다. 혼란한 상황을 다스리다. ¶~存亡之秋＝존망에 처한 정국을 다스리다.

【治贫】 zhìpín 동 빈곤을 없애다[퇴치하다]. 가난을 구제하다.

【治穷】 zhìqióng 동 빈곤을 없애다[퇴치하다]. 가난을 구제하다. ¶先~, 后致富. ＝먼저 빈곤을 퇴치하고 후에 부를 쌓다.

【治人】 zhìrén 동에 남(사람)을 다스리다. ¶劳心者~, 劳力者治于人. ＝마음을 쓰는 자는 남을 다스리고, 힘을 쓰는 자는 남에게 다스림을 받는다.

【治丧】 zhìsāng 동 장례를 치르다. ¶~小组＝장례 위원회.

【治沙】 zhìshā 동 사막을 다스리다.

【治山】 zhìshān 동 치산하다. 헐벗은 산을 다스리다. ¶~治水＝치산 치수하다.

【治世】 zhìshì 명 치세. 태평성세. ¶生逢~＝태평성세를 만나다. ↔乱世

【治水】 zhì‖shuǐ 동 치수하다. 물을 다스리다. ¶大禹~＝우임금이 치수하다.

【治丝益棼】 zhìsī-yìfén 성 1 명주실을 풀려다가 더욱 엉키게 하다. 2 에 문제를 해결하는 요령이 없어서 오히려 더욱 복잡하게 만들다. ↔迎刃而解

【治所】 zhìsuǒ 명에 지방 관청.

【治外法权】 zhìwài fǎquán 명(法) 치외법권.

【治污】 zhìwū 동 환경 오염을 다스리다.

【治下】 zhìxià 동에 1 통치[관리] 하에 있다. 통치[관리] 아래에 있다. 지배하에 있다. ¶暴君~, 民不聊生. ＝폭군 치하에서 백성이 도탄에 빠지다. 2 백성을 통치하다. ¶~严酷＝가혹하게 통치하다.

【治校】 zhìxiào 동 학교를 관리하다. ¶~有方＝학교를 능숙하게 관리하다.

【治学】 zhìxué 동 학문을 하다. ¶~严谨＝학문을 엄밀하게 하다.

【治印】 zhì‖yìn 동 인장을 조각하다. 도장을 파다. ¶~艺术＝전각 예술.

【治愚】 zhìyú 동 우매함을 없애다. ¶治穷必先~. ＝빈곤을 퇴치하려면 우선 우매함을 없애야 한다.

【治愈】 zhìyù 동 치유하다. 완치하다. ¶~率＝완치율.

【治装】 zhìzhuāng 동에 행장을 차리다. 치장하다. 여장(旅裝)을 갖추다. ¶~远行＝행장을 차리고 먼길을 가다.

【治罪】 zhì‖zuì 동 치죄하다. 죄를 다스리다. 응분의 처벌을 하다. ¶依法~＝법에 따라 치죄하다.

# 栉[栉] zhì 기울 질

동에 꿰매다. 깁다. ¶缝~＝꿰매다.

# 栉[櫛] zhì 빗 즐

명에 빗. ¶木~＝나무빗. 동 빗다. 빗질하다. ¶~发＝머리를 빗다.

【栉比】 zhìbǐ 동에 즐비하다. ¶甘露滋液, 嘉禾~＝단비가 내려 벼가 무럭무럭 잘 자라다.

【栉比鳞次】 zhìbǐ-líncì ☞【鳞次栉比】líncì-zhìbǐ

【栉次鳞比】 zhìcì-línbǐ ☞【鳞次栉比】líncì-zhìbǐ

## zhì

**【栉风沐雨】** zhìfēng-mùyǔ 〈成〉 1 바람으로 빗질하며 비로 머리를 감다. 2〈makes〉 분주하게 돌아다니며 갖은 고생을 다하다. =【沐雨栉风】 mùyǔ-zhīfēng ≒风餐露宿 ↔养尊处优

**峙** zhì 우뚝 솟을 치
〈動〉〈文〉 우뚝 솟다. ¶对~=대치하다.
☞ shì

**【峙立】** zhìlì 〈動〉 우뚝 (치)솟다. ¶电视塔高高地~着。=TV 송신탑이 높게 우뚝 솟아 있다.

**庤** zhì 쌓을 치
〈動〉〈文〉 비축하다. 저장하여 두다.

**陟** zhì 오를 척
〈動〉〈文〉 1 오르다. ¶~山=산에 오르다. 2 승진하다. ¶黜~=관직의 강등과 승진.

**赘[贄]** zhì 폐백 지
〈名〉 폐백. 처음으로 윗사람을 뵐 때 올리는 예물. ¶~礼=윗사람을 찾아뵐 때 드리는 예물.

**【赘见】** zhìjiàn 〈動〉〈文〉 지현하다. 예물을 지니고 찾아뵙다.

**【赘敬】** zhìjìng 〈名〉〈옛〉 스승을 찾아뵐 때 드리는 예물.

**挚[摯]** zhì 진지할 지
〈形〉〈文〉 진지하다. 진실하다. 착실하다. 성실하다. ¶真~=진지하다. 〈名〉(Zhì) 성(姓).

**【挚爱】** zhì'ài 〈動〉 진실하고 깊이 사랑하다. ¶诗中洋溢着对故乡的~之情。=시 속에 고향에 대한 진심어린 애정이 넘쳐나고 있다. 〈名〉 진지한 애정〔사랑〕. 애착심. ¶他心中始终怀着对教育事业的一片~。=그의 마음속은 늘 교육에 대한 애착심으로 가득 차 있다.

**【挚诚】** zhìchéng 〈形〉 진지하고 성실하다. ¶情感~=감정이 진지하고 성실하다.

**【挚切】** zhìqiè 〈形〉〈文〉 말이 진지하고 간절하다. ¶言语~=말이 진지하고 간절하다.

**【挚情】** zhìqíng 〈名〉 진지한 감정. ¶一腔~=가슴 가득한 진지한 감정.

**【挚热】** zhìrè 〈形〉 진지하고 열렬하다. ¶~的情感=진지하고 열렬한 정.

**【挚友】** zhìyǒu 〈名〉 진실한 벗. 막역한 친구. ¶良朋~=훌륭한 벗과 친한 친구. ≒契友

**桎** zhì 차꼬 질
〈名〉〈文〉 차꼬. 족쇄.

**【桎梏】** zhìgù 〈名〉 1 차꼬와 수갑. 2〈makes〉 질곡. 사람의 손발을 묶거나 사물의 발전을 속박하는 것. ¶打碎封建礼教的~=봉건주의의 질곡을 깨부수다. ≒枷锁

**轾[輊]** zhì 숙은 수레 지
☞【轩轾】xuānzhì

**致**¹ zhì 보낼 치

〈動〉 1 주다. 보내다. ¶~电道贺=전보를 쳐서 축하하다. 2 (감정 등을) 표시하다. 나타내다. ¶招手~意=손을 흔들어 경의를 표하다. 3 실현하다. 이룩하다. ¶勤劳~富=부지런히 노력하여 부자가 되다. 4 초래하다. …에 이르다. …의 결과를 가져오다. ¶导~=초래하다. 5 (정력을) 다하다. (의지를) 집중하다. ¶专心~志=전심전력으로 몰두하다. 〈名〉 흥취. 정취. ¶情~=정취. / 错落有~=부조화의 운치가 있다.

**致**² **[緻]** zhì 촘촘할 치
〈形〉 정밀하다. 주밀하다. 세밀하다. ¶精~=정밀하다. / 细~=세밀하다.

○● 笔致, 标致, 不致, 大致, 导致, 风致, 格致, 获致, 罗luó致, 密致, 情致, 雅yǎ致, 一致, 引致, 诱yòu致

**【致哀】** zhì'āi 〈動〉 애도의 뜻을 표하다. ¶鞠躬~=허리를 굽혀 애도의 뜻을 표하다.

**【致癌】** zhì'ái 〈動〉〈醫〉 암을 유발하다. ¶这种物质具有~性。=이 종류의 식물은 발암성을 가지고 있다.

**【致癌物质】** zhì'ái wùzhì 〈名〉〈醫〉 발암 물질.

**【致病】** zhìbìng 〈動〉 병을 일으키다. ¶过度饮酒容易~。=과도한 음주는 병을 일으키기 쉽다.

**【致病菌】** zhìbìngjūn ☞【病菌】bìngjūn

**【致残】** zhìcán 〈動〉 불구가 되다. ¶他在一次交通事故中~。=그는 한 번의 교통 사고로 불구가 되었다.

**【致辞】** zhì∥cí ☞【致辞】zhì∥cí

**【致辞】[致词]** zhì∥cí 〈動〉 (의식이나 집회에서) 인사말을 하다. 축사를 하다. 연설을 하다. ¶新年~=신년 인사말.

**【致电】** zhì∥diàn 〈動〉 전보를 치다. ¶~慰问=전보를 쳐서 위문하다.

**【致富】** zhìfù 〈動〉 치부하다. 부유해지다. 부자가 되다. ¶发家~=부를 축적하여 집안을 일으키다. 부자가 되다.

**【致函】** zhìhán 〈動〉 편지를 보내다. ¶~会务组, 咨询有关情况。=회무 담당 팀에 편지를 써서 관련 상황을 묻다.

**【致贺】** zhìhè 〈動〉 치하하다. 축하의 뜻을 표시하다. ¶登门~=방문하여 축하의 뜻을 표시하다.

**【致敬】** zhìjìng 〈動〉 (남에게) 경례를 보내다. 경의를 표하다. ¶~电=경의를 표하는 전보.

**【致力】** zhìlì 〈動〉 힘쓰다. 진력하다. ¶~于文学创作=문학 창작에 진력하다.

**【致密】** zhìmì 〈形〉 치밀하다. 조밀하다. 세밀하다. 촘촘하다. ¶质地~=재질이 조밀하다.

**【致命】** zhìmìng 〈動〉 1 치명적이다. 죽을 지경에 이르다. ¶一枪~=치명적인 총 한 방. 2〈makes〉 치명적이다. 결정적이다. ¶~的弱点=치명적인 약점.

**【致命伤】** zhìmìngshāng 〈名〉 1 치명상. 2〈makes〉 치명상. 중대한 결함. ¶引证不实是这篇论文的~。=인증이 부실한 것이 이 논문의 치명상이다.

**【致歉】** zhìqiàn 〈動〉 사죄〔사과〕의 뜻을 표(시)하

다. 유감의 뜻을 나타내다. ¶他一再向对方~. =그는 수차 상대방에게 사죄의 뜻을 표시했다.
【致使】zhìshǐ 통 …를 초래하다. …를 야기하다. …를 가져오다. …의 원인이 되다. ¶没有及时就医,~病情恶化. =제때에 치료를 하지 않아 병세를 악화시켰다. ≒导致
【致死】zhìsǐ 통 치사하다. 죽음에 이르다. 죽게 하다. ¶因煤气中毒~. =연탄 가스의 중독으로 죽었다.
【致谢】zhìxiè 통 감사의 뜻을 나타내다. 사의(謝意)를 표하다. ¶再三~. =재삼 감사의 뜻을 나타내다.
【致以】zhìyǐ 통 (상대방에게) …를 나타내다〔보내다〕. ¶~崇高的敬意. =숭고한 경의를 보내다.
【致意】zhìyì 통 (남에게 관심·인사·안부 등의) 호의를 보내다〔나타내다〕. ¶挥手~. =손을 흔들어 인사하다.
【致用】zhìyòng 통 (지식이나 기능을) 실천에 응용하다. ¶学以~. =배운 것을 실천에 응용하다.

**秩 zhì 질서 질
명문 1 차례. 순서. ¶~序井然 =질서 정연하다. 2 녹봉. 봉록. ¶厚~ =두터운 녹봉. 3 품계. 품질(品秩). ¶加官进~ =품계가 오르다. 십년. [노인들의 나이에 씀] ¶七~大庆 =칠순 생신.
【秩序】zhìxù 명 질서. ¶社会~ =사회 질서.

---
秩序(zhìxù) / 次序(cìxù)
질서, 차례, 순서

秩序 : 사람이나 사물이 규정에 따라 질서정연한 것을 가리킴. ¶在公共场所起哄闹事,造成公共场所秩序的严重混乱. =공공 장소에서 소란을 피우는 것은 공공 장소의 질서에 심각한 혼란을 초래한다.
次序 : 어떤 사물의 공간이나 시간상의 앞뒤 배열 순서를 말함. ¶假如要做的事很多,那就排出次序,依次来干. =만약 해야 할 일이 많으면 순서를 정하여 차례대로 처리한다. / 天体运行有一定的次序. =천체의 운행은 일정한 순서를 가지고 있다.
---

**狾[猘] zhì 미친개 제
형문 (개가) 미치다. 명문 미친개.

**鸷[鷙] zhì 맹금 지
명문 (매·수리 등의) 맹금. 형문 사납다. 흉포하다. ¶~而无敌 =흉포하여 적이 없다. 매우 사납다.
【鸷虫】zhìchóng 명 맹금과 맹수.
【鸷悍】zhìhàn 형 흉포하고 사납다.
【鸷鸟】zhìniǎo 명 (매·수리 등과 같은) 맹금.

**掷[擲] zhì 던질 척
통 던지다. 내던지다. ¶弃~ =내던지다. / 一

千金 =일척천금. 돈을 한꺼번에 많이 쓰다. 돈을 물 쓰듯 하다. ≒抛
【掷标枪】zhì biāoqiāng 명(體) 투창(投槍). 창던지기.
【掷弹筒】zhìdàntǒng 명(軍) 척탄통.
【掷地有声】zhìdì-yǒushēng 성 1 땅에 던지니 소리가 울려 퍼진다. 2 비 시문이나 말이 설득력 있다.
【掷还】zhìhuán 통경 (주인에게) 돌려주다. ¶拙作如不蒙采用,请早日~. =졸작이 만약 채용이 되지 않았다면 빠른 시일 안에 돌려주세요.
【掷界外球】zhì jièwàiqiú 명(體) 드로우인 (throw-in).
【掷铅球】zhì qiānqiú ☞ 【掷铁球】zhì tiě qiú
【掷铁饼】zhì tiěbǐng 명(體) 원반던지기. 투원반(投圓盤).
【掷铁枪】zhì tiěqiāng 명(體) 투창던지기. 투창(投槍).
【掷铁球】zhì tiěqiú 명(體) 포환던지기. 투포환(投炮丸). =【掷铅球】zhì qiānqiú【推铅球】tuī qiānqiú

**梽 zhì 땅 이름 지
【梽木山】Zhìmùshān 명(地) 즈무산. [후난(湖南)성에 있는 지명]

**畤 zhì 제터 치
명문 제터. [천지신령과 고대 제왕에게 제사 지내는 곳]

**铚[銍] zhì 낫 질
명문 짧은 낫. 통문 낫으로 베다. ¶~艾(yì) = (곡식을) 베다. 수확하다.

**痔 zhì 치질 치
명문(醫) 치질. ¶外~ =수치질. 외치.
【痔疮】zhìchuāng 명방(醫) 치질의 총칭.
【痔漏】zhìlòu ☞ 【肛瘘】gānglòu

*窒 zhì 막을 질
통 막다. ¶~碍难行 =막혀서 나아가기 힘들다.
【窒碍】zhì'ài 통문 장애가 있다. 막히다. ¶~不通 =막혀서 통하지 않다.
【窒闷】zhìmèn 형 답답하다. 갑갑하다. 통풍이 잘 안 되다. ¶空气~ =공기가 답답하다.
【窒塞】zhìsè 통 막히다.
【窒息】zhìxī 1 (醫) 질식하다. ¶~而死 =질식해서 죽다. 2 비 질식시키다. 사물로 하여금 발전을 멈추게 하다. ¶~民主 =민주를 질식시키다.

**蛭 zhì 거머리 질
명문(動) 거머리. ¶水~ =거머리.

**智 zhì 슬기 지
형 총명하다. 지혜롭다. 슬기롭다. ¶机~ =기지

가 있다. / 明~=현명하다. 명 1 지력. 지혜. 슬기. ¶才~=재지. / 斗~=지혜를 겨루다. 2 (Zhì) 성(姓). ↔愚

○→ 才智, 故智, 机智, 急智, 理智, 民智, 神智

【智残】 zhìcán 형 정신 지체인. ¶~人=정신 지체 장애자.
【智齿】 zhìchǐ 명(生) 지치. 사랑니. =【智牙】 zhìyá
【智多星】 zhìduōxīng 명 1 지다성.《수호전(水滸傳)》에 나오는 군사 오용(吳用)의 별명. 2 지혜가 뛰어나고 계략이 많은 사람.
【智慧】 zhìhuì 명 지혜. ↔愚昧
【智力】 zhìlì 명 지력. 지능. ¶~测验=지능 검사〔테스트〕.
【智力产业】 zhìlì chǎnyè ☞【知识产业】 zhī·shi chǎnyè
【智力犯罪】 zhìlì fànzuì ☞【智能犯罪】 zhìnéng fànzuì
【智力开发】 zhìlì kāifā 명 지능 개발.
【智力商数】 zhìlì shāngshù 명 지능 지수(IQ). ⇔【智商】 zhìshāng
【智力投资】 zhìlì tóuzī 통 지력 개발을 위해 투자하다. 교육에 투자하다. 명 지력 투자. 교육 투자. ¶这笔~是值得的. =이 교육 투자는 가치 있는 것이다.
【智利】 Zhìlì 명(地) 칠레(Chile). [수도는 '圣地亚哥(산티아고: Santiago)'임]
【智力年龄】 zhìlì niánlíng 명 지능 연령. 정신 연령.
【智龄】 zhìlíng 명 智力年龄(지능 연령).
【智略】 zhìlüè 명 지략. ¶~过人=지략이 뛰어나다.
【智谋】 zhìmóu 명 지모. 슬기로운 꾀. 지혜와 계략. ¶此人颇有~. =이 사람은 자못 지모가 있다.
【智囊】 zhìnáng 명(비) 1 지낭. 지혜가 많은 사람. 2 브레인 (트러스트). 모사. ¶~班子=싱크 탱크(think tank).
【智囊团】 zhìnángtuán 명 브레인 (트러스트). 싱크 탱크(think tank). 고문단. =【思想库】 sīxiǎngkù
【智能】 zhìnéng 명 지능. ¶培养~=지능을 배양하다. 형 지능이 있는. 지능을 갖춘. ¶~机器人=지능 로봇.
【智能材料】 zhìnéng cáiliào 명 지능 재료.
【智能犯罪】 zhìnéng fànzuì 명 지능 범죄. =【智力犯罪】 zhìlì fànzuì
【智能化】 zhìnénghuà 통 지능화하다. ¶~计算机=지능화 컴퓨터.
【智能卡】 zhìnéngkǎ 명 스마트 카드. (마이크로 집적회로가 장착된) 플라스틱 은행 카드. =【集成电路卡】 jíchéng diànlùkǎ
【智能数据库】 zhìnéng shùjùkù 명(컴) 지능형 데이터 베이스(IDB).
【智能网】 zhìnéngwǎng 명(컴) 지능망(IN).
【智能武器】 zhìnéng wǔqì 명(军) 지능 무기.

【智能型】 zhìnéngxíng 명 지능형. ¶~居住小区=지능형 주택 단지.
【智取】 zhìqǔ 통 지략으로 획득하다. 전략을 써서 획득하다. ¶不宜硬攻, 只宜~. =전략으로 획득해야지, 힘으로 공격해서는 안 된다.
【智人】 zhìrén 호모 사피엔스(Homo sapiens).
【智商】 zhìshāng ☞【智力商数】 zhìlì shāngshù
【智术】 zhìshù 명 권모술수.
【智牙】 zhìyá ☞【智齿】 zhìchǐ
【智勇双全】 zhìyǒng-shuāngquán 성 지략과 용기를 겸비하다. ≒能文能武
【智育】 zhìyù 명(教) 지육. [지력의 개발 및 지식의 습득과 적용을 목적으로 하는 교육] 2 지육. [문화 과학에 관한 지식의 교육]
【智圆行方】 zhìyuán-xíngfāng 성 지모가 뛰어나고 행실이 올곧다.
【智障】 zhìzhàng 명(의) 智力障碍(정신 박약).
【智者】 zhìzhě 명 지자. ¶~不惑, 仁者不忧, 勇者不惧. =지자는 미혹되지 않고, 인자는 근심하지 않으며, 용자는 겁내지 않는다.
【智者千虑, 必有一失】 zhìzhě qiān lǜ, bì yǒu yī shī 성 아무리 총명한 사람도 천 번의 생각 중에 한 번쯤은 반드시 실수를 한다. 똑똑한 사람의 생각도 틀릴 때가 있다. 원숭이도 나무에서 떨어질 때가 있다. ↔愚者千虑, 必有一得

痣 zhì 사마귀 지
명(醫) 모반(母斑). 사마귀. 점. ¶黑~=검은 모반.
【痣疣】 zhìyóu 명 1 사마귀. 2(비) 군더더기.

*滞[滯] zhì 막힐 체
통 멈추다. 정류하다. 정체하다. 지체하다. ¶停~不前=답보하다. 형 1 막히다. 유통되지 않다. ¶淤~=막히다. 2 굼뜨다. 둔하다. 무디다. ¶板~=융통성이 없다.

○→ 板滞, 沉chén滞, 迟chí滞, 呆dāi滞, 凝níng滞, 停滞, 淤yū滞

【滞碍】 zhì'ài 통(문) 방해하다. 막다. 가로막다. 장애하다. 저해하다. ¶~难行=장애가 있어서 나아가기 힘들다. ≒阻碍
【滞背】 zhìbèi 통 (상품이) 적체되다. 판매가 부진하다. ¶~货=체화. ≒滞销
【滞尘】 zhìchén 통 먼지를 저지하다〔막다〕. ¶防沙林具有~作用. =방사림은 먼지를 막는 작용이 있다.
【滞迟】 zhìchí 통 연기하다. 늦추다. 끌다. 지연하다. 미루다. ¶这次战斗~了敌人的进攻. =이번 전투는 적군의 진공을 지연시켰다.
【滞呆】 zhìdāi 형 활기가 없다. 생기가 없다. ¶眼神~=눈빛이 흐리멍덩하다.
【滞钝】 zhìdùn 형 둔하다. 굼뜨다. 무디다. ¶脑筋~=머리가 둔하다.
【滞港】 zhìgǎng 통 (선박이) 항구에 정박하여 머물다.

【滞洪】zhìhóng 동 홍수를 저지하다.
【滞洪区】zhìhóngqū 명 유수지(遊水池).
【滞后】zhìhòu 동 정체하다. 낙후하다. 뒤에 처지다. ¶城市交通的~状况已有所改观。= 도시 교통의 낙후된 상황은 이미 어느 정도 개선되었다.
【滞缓】zhìhuǎn 형 느리다. 더디다. 부진하다. ¶汽车销售的一局面已经成为过去。= 자동차 판매 부진 상황은 이미 다 지나갔다.
【滞空】zhìkōng 동 체공하다. 공중에서 머물다. ¶这种新型战斗机的~时间很长。= 이런 신형 전투기의 체공 시간은 매우 길다.
【滞留】zhìliú 동 …에 머물다[체류하다]. ¶~他乡 = 타향에 체류하다.
【滞纳金】zhìnàjīn 명 체납금.
【滞塞】zhìsè 동 막히다. ¶思路~ = 생각이 막히다.
【滞涩】zhìsè 형 어색하다. 서투르다. 희미하다. ¶街上传来~的吆喝声。= 거리에서 희미한 고함 소리가 들려온다.
【滞销】zhìxiāo 동 (상품의) 판매가 부진하다. 적체(積滞)되다. ¶~商品 = 적체 상품. ≒滞背 ↔畅销
【滞胀】zhìzhàng 명(經) 스태그플레이션 (stagflation).

## 䇯 [騭] zhì 안정시킬 즐
동 안배하다. 배치하다. 배분하다. 결정하다. ¶评~ = 평정하다.

## 彘 zhì 돼지 체
명(文) 돼지. ¶母~ = 암돼지.

## *置[(寘)³] zhì 놓을 치
동 1 설립하다. 건립하다. 세우다. 설치하다. 배치하다. 구축하다. ¶设~ = 설치하다. / 配~ = 배치하다. 2 사다. 구입하다. 마련하다. 장만하다. ¶购~ = 구입하다. / 添~ = 좀 더 사들이다. 3 놓다. 두다. ¶安~ = 안치하다. / 漠然~之 = 무관심하게 내버려 두다.

> ○● 不置, 布置, 处chǔ置, 措cuò置, 倒置, 放置, 废fèi置, 搁gē置, 购gòu置, 归置, 留置, 配置, 弃qì置, 闲置

【置办】zhìbàn 동 구입하다. 사다. 마련하다. ¶~年货 = 설맞이 물건을 구입하다. ≒购置
【置备】zhìbèi 동 (설비나 용구를) 구입하다. 사다. 조달하다. 마련하다. 장만하다. ¶~办公用品 = 사무용품을 구입하다. ≒购置
【置辩】zhìbiàn 동 쟁변하다. 쟁론하다. 논쟁하다. 변론하다. 해명하다. [주로 부정형으로 쓰임] ¶不容~ = 논란의 여지가 없다.
【置产】zhì∥chǎn 동 부동산을 사다. ¶买房~ = 부동산을 사다.
【置放】zhìfàng 동 놓다. 두다.
【置换】zhìhuàn 동(化) 치환하다. 1 바꾸다. 교체하다. 교환하다. ¶互相~ = 서로 바꾸다. 2(體) 구입하다.

【置喙】zhìhuì 동 말참견하다. [주로 부정형으로 쓰임] ¶无可~ = 말참견할 만한 것이 없다.
【置买】zhìmǎi 동 구입하다. 구매하다. 사다. ¶~家具 = 가구를 사다.
【置评】zhìpíng 동 평론하다. [주로 부정형으로 쓰임] ¶不予~ = 평론하지 않다.
【置若罔闻】zhìruòwǎngwén (성) 1 못 들은 체하다. 들은 체 만 체하다. 2 일체 관심을 두지 않고 거들떠보지 않다. ↔刻骨铭心
【置身】zhìshēn 동 자신을 …에 두다. ¶~其间 = 관련되다.
【置身事外】zhìshēn-shìwài (성) 1 자신을 일 밖에 두다. 2 (벌어지는 일에) 전혀 관심을 두지 않다. 참견하지 않다.
【置信】zhìxìn 동 믿다. [주로 부정형으로 쓰임] ¶难以~ = 믿기 어렵다.
【置业】zhìyè 동 부동산을 사다.
【置疑】zhìyí 동 회의하다. 의심하다. [주로 부정형으로 쓰임] ¶毋庸~ = 의심할 필요가 없다.
【置于】zhìyú 동(书) …에 두다(놓다). ¶把此事~重要的地位。= 이 일을 중요시하다.
【置于死地】zhìyú-sǐdì (성) 남을 사지에 몰아넣다.
【置之不顾】zhìzhī-bùgù (성) 내버려 두고 돌보지 않다. 본체만체하다.
【置之不理】zhìzhī-bùlǐ (성) 내버려 두고 거들떠보지 않다.
【置之度外】zhìzhī-dùwài (성) (생사·이해 등을) 도외시하다.
【置之脑后】zhìzhī-nǎohòu (성) 까맣게 잊어버리다. ≒【置诸脑后】zhìzhū-nǎohòu
【置之死地而后快】zhì zhī sǐdì ér hòu kuài (성) 1 남을 사지에 몰아 넣어야 마음이 후련해지다. 2 마음이 매우 악독하여 인정 사정 봐주지 않다.
【置之死地而后生】zhì zhī sǐdì ér hòu shēng (성) (자신을) 사지에 몰아넣어야만 비로소 승리할 수 있다.
【置诸高阁】zhìzhū-gāogé (성) 1 높은 시렁에 내버려 두다. 2(喻) 한쪽에 버려 두고 거들떠보지 〔처리하지〕 않다.
【置诸脑后】zhìzhū-nǎohòu ☞【置之脑后】zhìzhī-nǎohòu

## 锧 [鑕] zhì 모루 질
명(文) 1 도마. 2 옛날, 형구(刑具)의 하나. [허리를 자를 때 밑에 대는 받침대] ¶斧~ = 사람을 베는 형구와 사람을 벨 때 올려놓는 대.

## 雉 zhì 꿩 치
명(動) 꿩. 雪 치. [옛날, 성벽의 면적을 세는 단위. 길이 3장(丈), 높이 1장(丈)이 '一雉'임] 단.
【雉堞】zhìdié 명 성가퀴. 치첩. 성첩(城堞).
【雉鸡】zhìjī 명(動) 꿩.

## *稚[(穉·稺)] zhì 어릴 치

稚 滍 寘 瘈 踬 膣 觯 擿 蟄 中 zhōng 2531

【稚】 어리다. 여리다. 앳되다. 유치하다. ¶幼~=유치하다. 【名】아이. 아동. 어린이. ¶童~=어린이.
【稚虫】 zhìchóng 【名】(動) 유충(幼蟲).
【雉鸠】 zhìjiū 【名】(動) 염주비둘기. 산비둘기.
【稚龄】 zhìlíng 【名】어린 연령[나이]. ¶~儿童=어린 연령의 아동.
【稚嫩】 zhìnèn 【形】 1 여리다. 앳되다. 야들야들하다. ¶~的心灵=여린 마음. 2 유치하다. 미숙하다. 치졸하다. ¶这些诗作虽然~, 却充满真情. =이런 시는 유치하기는 하지만 진실한 감정이 충만하다. ↔老练
【稚气】 zhìqì 【名】치기. 애티. ¶~十足=치기가 넘쳐흐르다.
【稚弱】 zhìruò 【形】어리고 연약하다. 여리다. ¶~的身体=여린 몸.
【稚鱼】 zhìyú ☞【子鱼】zǐyú
【稚子】 zhìzǐ 【名】치자. 어린아이.

**滍** Zhì 강 이름 치
【名】(地) 즈수이. [옛날 강 이름. 지금 허난(河南)성 루산(鲁山)의 사허(沙河)임]
【滍阳】 Zhìyáng 【名】(地) 즈양. [허난(河南)성에 있는 지명]

**寘** zhì 막힐 치
【動】【文】 1 정체하다. 방해하다. 지장이 되다. 2 '踬(zhì)'와 같음.

**瘈** zhì 미칠 계
【形】【文】미치다. ¶~狗=미친개.
☞ chì

**踬** [躓] zhì 넘어질 지
【動】 1 걸려 넘어지다. 실족하다. ¶颠~=걸려 넘어지다. 2 【비】좌절하다. 실패하다. ¶屡试屡~=여러 번 시도했으나 번번이 실패하다.

**膣** zhì 음문 질
【名】 '阴道(질)'의 옛 명칭.

**觯** [觶] zhì 잔 치
【名】치. [옛날, 주기(酒器)의 하나]

**擿** zhì 던질 척
【動】【文】 '掷(zhì)'와 같음.
☞ tī

**蟄** zhì 누질 질
☞【蝼蟄】lóuzhì
☞ dié

## zhong

**中** zhōng 가운데 중
【形】 1 어느 한쪽으로 치우치지 않다. 불편부당(不偏不黨)하다. ¶适~=알맞다. 2 【방】좋다. 괜찮다. 됐다. ¶这方法不~. =이 방법은 좋지 않다. 【動】적당하다. 알맞다. 적당하다. ¶这种东西~看不~用. =이런 물건은 보기에는 좋지만 쓸모가 없다. 【名】 1 한가운데. 중심. 중앙. 복판. ¶居~=한가운데에 위치하다. / 华~=화중. 2 안. 내부. 속. ¶心~=마음속. / 家~=집안. 3 (위치의) 중간. ¶~途退学=중도에 퇴학하다. / 已屆~年=이미 중년이 됐다. 4 (성질·등급의) 중간. 중급. ¶~等身材=보통 체격. / 上~学=중등학교에 다니다. 5 내심. 마음. ¶外强~干=겉은 강해 보이나 속은 약하다. 6 중개인. 중매인. ¶作~=중개인 노릇을 하다. 7 …의 중에. …과정에. …의 가운데에. [동사나 동사구 뒤에 쓰여 동작이 지속 상태임을 나타냄. 동사 앞에 주로 '在(zài)'가 있음] ¶正在试验~=테스트 중에 있다. 8 (Zhōng) 중국. ¶古今~外=동서고금. 9 (Zhōng) 성(姓). ↔外边
☞ zhòng

○● 暗中, 便中, 不中, 尺中, 初中, 当中, 附中, 高中, 个中, 穀gòu中, 关中, 华中, 集中, 就中, 居中, 空中, 郎中, 内中, 其中, 热中, 人中, 日中, 适shì中, 心中, 央中, 月中, 折中, 震中, 正中

⊙ 中 zhōng
仲 zhòng
种 zhǒng
忠 zhōng
肿 zhǒng
衷 zhōng
钟 zhōng
冲 chōng

【中巴】 zhōngbā 【名】【약】중형 버스.
【中班】 zhōngbān 【名】 1 (유치원의) 중급반. 가운데 반. 2 (3교대제에서) 중간 교대 작업반.
【中办】 zhōngbàn 【名】中国共产党中央委员会办公厅(중국 공산당 중앙 위원회 사무처).
【中饱】 zhōngbǎo 【動】(사기쳐서) 중간에서 착복[착취]하다. ¶贪污~=횡령[착복]하다.
【中饱私囊】 zhōngbǎo-sīnáng 【성】중간에서 사복을 채우다.
【中保】 zhōngbǎo 【名】중개인과 보증인. ¶担当~=중개인과 보증인을 맡다.
【中表】 zhōngbiǎo 【名】(친척 관계로서의) 내종·외종·이종의 합칭.
【中波】 zhōngbō 【名】(電) 중파. [파장이 100~1,000미터이고, 주파수는 300~3,000kHz임]
【中部】 zhōngbù 【名】 1 중부. ¶非洲~=아프리카 중부. 2 중간 부위[부분]. ¶列车~=열차의 중간 부분.
【中不溜儿】 zhōng·buliūr 【形】【방】중등의. 중간의. =【中溜儿】 zhōngliūr ¶~的成绩=중간 정도의 성적. / ~的个头=중키.
【中材】 zhōngcái 【名】중재. 중간 정도의 재능. 중간 정도의 재능을 지닌 인재.
【中餐】 zhōngcān 【名】 1 중국 음식. 중국 요리. 2 오찬. 점심. ↔西餐
【中草药】 zhōngcǎoyào 【名】(醫) 중의학에서 사용하는 각종 약제. 한약재.
【中策】 zhōngcè 【名】중책. 중간 정도의 계책. 보통의 꾀.

【中层】zhōngcéng 혱 (기구·조직·계층 등의) 중층인. 중간층인. ¶~管理=중층 관리. 몡 (氣)중간층. 중간권. [성층권과 열권의 중간]
【中层干部】zhōngcéng gànbù 몡 중급 간부.
【中产阶级】zhōngchǎn jiējí 몡 1 중산 계급. 2 중국의 자산 계급. 3 (현대 서양의) 중산층.
【中长跑】zhōngchángpǎo 몡(體)중거리 경주.
【中长期】zhōngchángqī 몡 중장기.
【中长纤维】zhōngcháng xiānwéi 몡(紡)준장섬유(準長纖維).
【中常】zhōngcháng 혱 보통이다. 중간 정도이다. 평범하다. 일반적이다. ¶~年景=평년 작황.
【中场】zhōngchǎng 몡(體)(경기장의) 미드필드. 필드(field)의 중앙부.
【中成药】zhōngchéngyào 몡(醫)(한약재로 만든)제약(製藥). 제제(製劑).
【中程】zhōngchéng 몡 중거리. ¶~弹道导弹=중거리 탄도 미사일.
【中垂线】zhōngchuíxiàn 몡(數)수직 이등분선.
【中辍】zhōngchuò 동 중지하다. 중도에서 그만두다. ¶试验因故~。=시험이 사고로 중지되다.
【中词】zhōngcí ☞【中项】zhōngxiàng
【中大】Zhōng Dà ☞【中山大学】Zhōngshān Dàxué
【中档】zhōngdàng 혱 (품질·가격 등이) 중급의. 중등의. ¶~货=중급의 물건. 중등품.
【中道】zhōngdào 몡 (宗) 1 중도. 도중. ¶~而废=중도에 그만두다. 2 중용(中庸)의 도.
【中稻】zhōngdào 몡 올벼도 늦벼도 아닌 벼.
【中等】zhōngděng 혱 1 (품질·정도·규모 등이) 중급의. 중등의. ¶~货=중등품. / ~程度=중급 정도. 2 (신체의 크기가) 중간 정도의. ¶~个儿=중키.
【中等教育】zhōngděng jiàoyù 몡(教)중등 교육. 약【中教】zhōngjiào
【中等专业学校】zhōngděng zhuānyè xuéxiào 몡(教)(중국의) 중등 전문 학교. 약【中专】zhōngzhuān
【中低档】zhōngdīdàng 혱 중·저급의. ['中档(중급의)'과 '低档(하급의)'의 합침]
【中点】zhōngdiǎn 몡 1 중국식의 간식. 2 (數)중점.
【中东】Zhōngdōng 몡(地)중동.
【中短波】zhōngduǎnbō 몡(電)중·단파.
【中断】zhōngduàn 동 중단하다. 중단되다. 끊다. 끊기다. ¶交通~=교통이 끊기다. / 会谈~=회담이 중단되다. ≒中止 ↔继续 持续
【中队】zhōngduì 몡 1 소대와 대대 사이의 편제. ¶少先队~=소년 선봉 중대. 2 (軍)중대. ¶武警~=무장 경찰 중대.
【中耳】zhōng'ěr 몡(生)중이.
【中耳炎】zhōng'ěryán 몡(醫)중이염.
【中幡】zhōng·fān 몡 깃발이 달린 깃대를 자유자재로 놀리는 곡예의 일종.
【中饭】zhōngfàn 몡 점심(밥).
【中方】zhōngfāng 몡 중국측. ¶~谈判代表=중국측 협상 대표.
【中非】Zhōngfēi 몡(地) 1 중앙아프리카. 2 양 中非共和国(중앙 아프리카 공화국).
【中分】zhōngfēn 동 1 가운데를 나누다. 반으로 나누다. 2 앞가르마를 타다. 몡 앞가르마.
【中锋】zhōngfēng 몡 1 (藝) (서예의) 중봉. [붓끝이 바로 서서 한 편으로 기울지 않는 필법] 2 (體) 중앙 공격수. 센터(center). 센터 포워드(center forward).
【中缝】zhōngfèng 몡 1 옷의 등 중간 부위의 솔기. 2 (목판의) 판심(版心). 3 신문의 면과 면 사이의 좁고 긴 여백 부분.
【中伏】zhōngfú 몡 1 중복. 2 중복에서 말복 전날까지의 기간. =【二伏】èrfú
【中服】zhōngfú 몡 중국의 구식 복장.
【中高档】zhōnggāodàng 혱 중·고급의. [中档(중급의)과 高档(고급의)의 합침] ¶~电器=중고급 가전 제품.
【中耕】zhōnggēng 동(農)사이갈이하다.
【中共】Zhōng Gòng 몡 양 中国共产党(중국 공산당).
【中共中央】Zhōng Gòng Zhōngyāng 몡 양 中国共产党中央委员会(중국 공산당 중앙 위원회).
【中古】zhōnggǔ 몡(歷) 1 중고. [중국 역사의 위진남북조(魏晉南北朝) 시대에서 당(唐)대까지를 가리킴] 2 봉건 시대.
【中观】zhōngguān 몡 거시(巨視)와 미시(微視)의 중간. =【常观】chángguān
【中国】Zhōngguó 몡(地) 1 수도. 경사(京師). [옛날의 수도를 가리키는 말] 2 중원. [옛날 한족(漢族)이 살던 황허(黃河) 중하류 지역] 3 옛날, 화하 민족(華夏民族)이 세운 정권이 통할하던 국토. 4 양 中华人民共和国(중화 인민 공화국).
【中国工农红军】Zhōngguó Gōng Nóng Hóngjūn 몡 중국 공농 홍군. 홍군. [중국의 제2차 국공(國共) 내전 당시 중국 공산당이 이끌던 군대] 약【红军】Hóngjūn
【中国工商银行】Zhōngguó Gōngshāng Yínháng 몡 중국 공상 은행. 약【工行】Gōngháng
【中国画】zhōngguóhuà 몡(美)중국화. 중국 고유의 전통 회화. 동양화.
【中国话】zhōngguóhuà 몡 1 중국인이 사용하는 말. 2 한족(漢族)이 사용하는 말. 한어(漢語).
【中国科学院】Zhōngguó Kēxuéyuàn 몡 중국 과학원. 약【中科院】Zhōngkēyuàn
【中国结】zhōngguójié 몡 중국 매듭. [하나의 긴 실을 여러 가지 방식으로 교차하여 만든 중국 전통 민간 공예품으로, 주로 장식품으로 사용됨]
【中国林蛙】Zhōngguó línwā ☞【哈什蟆】hà·shimǎ
【中国人民大学】Zhōngguó Rénmín Dàxué 몡 중국 인민 대학. 약【人大】Rén Dà
【中国人民解放军】Zhōngguó Rénmín Jiěfàngjūn 몡 중국 인민 해방군. 약【解放军】Jiěfàngjūn
【中国人民银行】Zhōngguó Rénmín Yín

háng 몡 중국 인민 은행.

【中国社会科学院】Zhōngguó Shèhuì Kē xuéyuàn 중국 사회 과학원.

【中国通】Zhōngguótōng 몡 중국통. 중국 전문가. 중국에 정통한 사람.

【中国同盟会】Zhōngguó Tóngménghuì 몡 중국 혁명 동맹회. [1905년 손중산(孙中山)이 일본 도쿄에서 설립한 중국 자산 계급 혁명 정당으로, 1912년 중국 국민당으로 개조되었음] ↔【同盟会】Tóngménghuì

【中国文联】Zhōngguó Wénlián 몡ⓐ 중국 문학 예술계 연합회(중국 문학 예술계 연합회).

【中国象棋】Zhōngguó xiàngqí ☞【象棋】xiàngqí

【中国银行】Zhōngguó Yínháng 몡 중국 은행.

【中国字】Zhōngguózì 몡 1 중국 문자. 2 한자(漢字).

【中果皮】zhōngguǒpí 몡(植) 중과피.

【中和】zhōnghé 톙ⓤ 온건하다. ¶~之人＝온건한 사람. 동 1 중화하다. ¶酸碱~＝산과 알칼리가 중화하다. / 正电和负电~＝양전기와 음전기가 중화하다. 2 섞다. 종합하다. 절충하다. ¶你一下几方面的意见, 提出个总意见。＝몇몇 방면의 의견을 절충해서 전체 의견을 내시오.

【中华】Zhōnghuá 몡 1 중국 고대 황허(黄河) 유역을 지칭하던 말. 2 중국. ¶振兴~＝중국을 부흥시키다.

【中华民族】Zhōnghuá Mínzú 몡 중화 민족. 중국 민족.

【中华水蛇】Zhōnghuá shuǐshé ☞【水蛇】shuǐshé

【中华新米虾】Zhōnghuá xīnmǐxiā ☞【草虾】cǎoxiā

【中华鲟】zhōnghuáxún 몡(動) 중화철갑상어.

【中级】zhōngjí 톙 중급의. 중등의. ¶~职称＝중급 직함(職銜).

【中技】zhōngjì 몡ⓐ 중등기술학교(중등 기술 학교).

【中纪委】Zhōngjìwěi 몡ⓐ 중국공산당 중앙기율검사위원회(중국 공산당 중앙 기율 검사 위원회). [중국 공산당 중앙 위원회 산하에 있는, 기강 확립 및 규율 준수 등을 감찰하는 기관]

【中继线】zhōngjìxiàn 몡 1 (전화국 상호간을 연결해 주는) 중계선. 2 (전화를 연결해 주는) 중계선.

【中继站】zhōngjìzhàn 몡 1 (수송상의) 중계소. 2 (무선 전신 등의) 중계소.

【中坚】zhōngjiān 몡 1 옛날 군대의 가장 강한 부분. 2 중견. ¶社会~＝사회의 중견. 톙 중요 역할을 하는. 중견의. ¶~分子＝중견 인물.

【中间】zhōngjiān 몡 1 중간. ¶从学校坐公共汽车去车站, 要换一次车。＝학교에서 버스를 타고 기차역에 가려면 중간에서 차를 한 번 갈아타야 한다. 2 중앙. 중심. 한가운데. ¶屋子~摆了一张八仙桌。＝방 한가운데 큰 사각의 상이 놓여 있다. 3 안. 속. 사이. 가운데. ¶为了演好那个角色, 她一直在工人~体验生活。＝그 역을

을 잘 연기하기 위해서 그녀는 줄곧 노동자 사이에서 생활 체험을 하고 있다. ≒当中

【中间派】zhōngjiānpài 몡 중간파. 중도파. 회색파.

【中间频率】zhōngjiān pínlǜ (電) 중간 주파수. ⓐ【中频】zhōngpín

【中间人】zhōngjiānrén 몡 중개인. 중재인. 중개자. ＝【中人】zhōngrén

【中间商】zhōngjiānshāng 몡 중개상. 중개업소. 중개상.

【中间儿】zhōngjiānr ⓤ 1 중간. 2 중앙. 중심. 한가운데. 3 안. 속. 사이. 가운데.

【中将】zhōngjiàng 몡(軍) 중장.

【中焦】zhōngjiāo 몡(醫) 중초.

【中觉】zhōngjiào 몡 낮잠. 오수(午睡).

【中教】zhōngjiào 몡 1 ☞【中等教育】zhōngděng jiàoyù 2 中学教师(중학교사).

【中介】zhōngjiè 동 중개하다. 매개하다. ¶~作用＝중개 역할. 몡 매개. ¶他们主要以网站作~进行联系。＝그들은 주로 인터넷 사이트를 매개로 연락을 한다.

【中介机构】zhōngjiè jīgòu ☞【中介组织】zhōngjiè zǔzhī

【中介组织】zhōngjiè zǔzhī 중개상. 중개 기구. 중개 회사. 중개 업체. ＝市场中介组织 shìchǎng zhōngjiè zǔzhī 【中介机构】zhōngjiè jīgòu

【中景】zhōngjǐng 몡(映) 미디엄 쇼트(medium shot). [7분신(分身) 촬영으로 무릎 위를 찍는 인물 촬영 기법]

【中局】zhōngjú 몡 (바둑이나 장기의) 중반.

【中距离】zhōngjùlí 몡 중거리. ¶~赛跑＝중거리달리기.

【中楷】zhōngkǎi 몡 대해(大楷)와 소해(小楷)의 중간 크기의 해서체(楷書體) 한자.

【中看】zhōngkàn 톙ⓤ 보기 좋다. ¶这种东西~不中用。＝이런 물건은 보기는 좋지만 쓸모가 없다.

【中考】zhōngkǎo 몡 고등 학교 및 고등 학교 수준의 전문 학교의 신입생 입학 시험.

【中科院】Zhōngkēyuàn ☞【中国科学院】Zhōngguó Kēxuéyuàn

【中空】zhōngkōng 몡 중공(中空). 중천(中天). [지면에서부터 1,000~7,000m의 하늘] ¶~爆炸＝중천에서 폭발하다. 톙 속이 빈. 중간이 빈. ¶~玻璃＝가운데가 빈 유리.

【中馈】zhōngkuì 몡ⓤ 1 부엌일. ¶主~＝부엌일을 주관하다. 2 아내. 처. ¶~犹虚＝아직 아내가 없다.

【中栏】zhōnglán 몡(體) 400m 허들(hurdle).

【中老年】zhōnglǎonián 몡 '中年(중년)'과 '老年(노년)'의 합칭. 중노년.

【中立】zhōnglì 동 중립하다. 중립을〔중도를〕지키다. ¶~主义＝중립주의. 몡 중립. 중도. ¶严守~＝중립을 엄격히 지키다.

【中立国】zhōnglìguó 몡 1 중립국. 2 영세 중

립국.
【中量级】 zhōngliàngjí 명(體) 미들급.
【中溜儿】 zhōngliūr ☞【中不溜儿】 zhōng·buliūr
【中流】 zhōngliú 명 1 물살이 가장 센 곳. 격류(激流)가 흐르는 곳. ¶到~击水, 浪遏飞舟。=물살이 가장 센 곳에서 수영하며 일으킨 물결이 나는 듯이 나아가는 배를 가로막았노라. 2 (강·내의) 중류. ¶长江~=창장 중류. 3 중류. 중등. 중급. 중간 정도. ¶~水平=중급 수준.
【中流砥住】 zhōngliú-Dǐzhù 성 1 황허(黄河) 격류의 가운데 우뚝 서 있는 지주산(砥柱山). 2 비 역경에 굴하지 않는 튼튼한 기둥〔인물〕.
【中流击楫】 zhōngliú-jījí 성 1 강 복판에서 노를 두드리다. [당(唐)대 방현령(房玄齡) 등의 《진서·조적전(晋書·祖逖傳)》에서, 동진(東晋)의 조적(祖逖)이 중원을 수복하기 위해서 북벌하러 강을 건널 때, 노를 치면서 수복하지 못하면 돌아오지 않겠다는 맹세를 한 데서 유래함〕 2 비 잃은 영토를 되찾고자 굳게 결심하다.
【中路】 zhōnglù 명 1 도 도중. 중도. ¶~而返=중도에 돌아가다. 2 중간의 길. 중간 지대〔지역〕. 중부. ¶~军=중간 지역의 군대. 형 (~儿) 품질·수준이 중급의. 중등의. 보통의. ¶~货=중등품.
【中路梆子】 zhōnglù bāng·zi ☞【晋剧】 jìnjù
【中略】 zhōnglüè 명동 중략(하다).
【中落】 zhōngluò 동 중도에 몰락〔쇠퇴〕하다. ¶家道~=가운이 중도에 쇠퇴하다. ↔中兴
【中美洲】 Zhōngměizhōu 명(地) 중앙아메리카. 중미.
【中拇指】 zhōng·muzhǐ 명 가운뎃손가락. 중지(中指).
【中南海】 Zhōngnánhǎi 명 중난하이. [베이징(北京) 시청취(西城区)의 호수와 그 주변 지역으로, 중화 인민 공화국 성립 후 중국 공산당 중앙과 국무원 소재지]
【中脑】 zhōngnǎo 명(生) 중뇌.
【中年】 zhōngnián 명 중년. ¶人到~=사람이 중년이 되다.
【中农】 zhōngnóng 명 1 중농. [중국 토지 개혁 전의 경제적 지위가 빈농(貧農)과 부농(富農) 사이인 농민] 2 상중농(上中農)과 하중농(下中農) 사이의 농민.
【中欧】 Zhōng'ōu 명(地) 중부 유럽. 중유럽.
【中盘】 zhōngpán 명 (바둑·장기 등의) 중반. ¶~告负=중반에 지다.
【中跑】 zhōngpǎo 명(體) 중거리 경주.
【中篇小说】 zhōngpiān xiǎoshuō 명 중편 소설.
【中频】 zhōngpín 명 1 (電) 중파. [무선 주파수가 300~3,000kHz 내의 주파수] 2 ☞【中间频率】 zhōngjiān pínlǜ
【中铺】 zhōngpù 명 (삼층·다층 침대의) 중간 침대.
【中期】 zhōngqī 명 중기. 중간. 중반. ¶20世 90年代~=20세기 90년대 중반. 1990년대 중반. 형 중기의. 중간 기간의. ¶~方案=중기 방안.
【中气】 zhōngqì 명 1(天) 중기. 2(醫) 중초(中焦)와 비위(脾胃) 사이의 기. [음식물을 소화흡수시키는 기능의 총칭] 3(劇) (중국 전통극의) 폐활량. 호흡량. ¶~十足=폐활량이 충분하다.
【中青年】 zhōngqīngnián 명 청장년. ['中年(중년)'과 '青年(청년)'의 합칭]
【中秋】 zhōngqiū 명 1 가을의 두 번째 달. 음력 8월. 2 (Zhōngqiū) ☞【中秋节】 Zhōngqiūjié
【中秋节】 Zhōngqiūjié 명 한가위. 추석. =【中秋】 Zhōngqiū
【中人】 zhōngrén 명 1 ☞【中间人】 zhōngjiānrén 2 본 (신체·용모·지혜 등이) 중등인 인물. 보통 사람. ¶不及~=보통 사람에 못 미치다.
【中山大学】 Zhōngshān Dàxué 명 중산대학. 약【中大】 Zhōng Dà
【中山服】 zhōngshānfú ☞【中山装】 zhōngshānzhuāng
【中山狼】 zhōngshānláng 명 1 중산랑. [명(明)대 마중석(馬中錫)의 《동전집·중산랑전(東田集·中山狼傳)》에서, 전국 시대에 조간자(趙簡子)가 중산에서 늑대한 마리를 쏘았는데, 늑대가 도망가는 도중에 동곽(東郭)이 구해 주자 오히려 동곽(東郭)을 잡아먹으려고 했다는 고사에서 유래함] 2 비 배은망덕한 사람. 은혜를 원수로 갚는 사람.
【中山装】 zhōngshānzhuāng 명 중산복. 인민복. [쑨중산(孙中山)이 제창·제작했다 하여 붙여진 명칭]=【中山服】 zhōngshānfú
【中上层】 zhōngshàngcéng 명 1(气) 중간권과 열권. 2 (기구·조직·계층의) 중상층. ¶~收入者=중상층 수입자.
【中生代】 Zhōngshēngdài 명(地) 중생대.
【中师】 zhōngshī 명약 中等师范学校(중등 사범 학교).
【中石器时代】 Zhōngshíqì Shídài 명(歷) 중석기 시대.
【中士】 zhōngshì 명(军) 중사.
【中世纪】 zhōngshìjì 명(歷) 중세(기). 영 Middle Ages
【中式】 zhōngshì 형 중국풍의. 중국식의. ¶~服装=중국풍의 복장. ↔西式 ☞ zhòng‖shì
【中试】 zhōngshì 명 정식 생산에 돌입하기 전의 시험. ¶~鉴定=정식 생산 전의 시험과 감정.
【中枢】 zhōngshū 명 중추. 중심. ¶交通~=교통 중심. / 神经~=신경 중추.
【中枢神经】 zhōngshū shénjīng 명(生) 중추 신경.
【中水】 zhōngshuǐ 명 중수. [생활 하수·공업 폐수·빗물 등을 간단한 정수 처리 후 다시 사용하는 물로 관개·수세식 화장실·냉각수·세차·도로 청소 등에 쓰임]=【再生水】 zàishēngshuǐ
【中水期】 zhōngshuǐqī ☞【平水期】 píngshuǐqī

【中堂】zhōngtáng 圕 1 본채의 한가운데 방. 전당(殿堂)의 중앙. [주로 응접실로 쓰임] 2 거실의 정면 중앙에 거는 폭이 넓고 긴 족자.

【中堂】zhōng·tɑng 圕 1 중당. [명청(明淸)대 이전의 재상의 별칭] 2 명칭(明淸) 양대의 내각 대학사(內閣大學士)의 별칭.

【中提琴】zhōngtíqín (音) 비올라(viola).

【中天】zhōngtiān 圕 중천. 하늘의 한복판. ¶如日~=매우 발전[흥성]하여 전성기이다.

【中听】zhōngtīng 圕 (말이) 듣기 좋다. 귀에 거슬리지 않다. ¶他的话句句~, 句句在理. =그의 말은 구구절절 듣기 좋고 일리가 있다.

【中通外直】zhōngtōng-wàizhí (喩) 1 연줄기는 구멍이 있어 공기가 통하고 자세는 곧다. 2 (뱀) 착한 사람은 마음씨가 밝고 태도가 단정하다.

【中途】zhōngtú 圕 중도. 도중. ¶~返回=중도에 돌아가다. / ~辍学=중도에서 학교를 그만두다. ≒半路.

【中外】zhōngwài 圕 중국과 외국. ¶~学者=중국과 외국 학자.

【中外比】zhōngwàibǐ ☞【黄金分割】huángjīn fēngē

【中晚期】zhōngwǎnqī 圕 '中期(중기)'와 '晚期(말기)'의 합칭.

【中卫】zhōngwèi 圕 (體) (축구·핸드볼 등 구기 종목의) 센터 하프(center half).

【中尉】zhōngwèi 圕 (軍) 중위.

【中文】Zhōngwén 圕 1 중국의 언어와 문자. 2 한족(漢族)의 언어와 문자. 한어(漢語)와 한자(漢字).

【中文信息处理】zhōngwén xìnxī chǔlǐ 圕 (컴) 1 중국어 정보 처리. 2 중국어 정보 처리학.

【中午】zhōngwǔ 圕 정오. 낮 12시 전후.

【中西】zhōngxī 圕 중국과 서양. ¶学贯~=동·서양의 학문에 통달하다.

【中西合璧】zhōngxī-hébì (喩) 중국과 서양의 장점을 융합하다.

【中下游】zhōngxiàyóu 圕 1 중하류. 중류(中流)와 하류(下流). ¶黃河~=황허 중하류. 2 (喩) (수준이나 지위 등에서) 중하위. 중하급. ¶我们公司不能仅仅停留在~, 要努力向上游进发. =우리 회사는 단지 중하위 수준에 머물러서는 안 되고, 열심히 위를 향해 전진해야 한다.

【中夏】zhōngxià 圕 1 중하. [옛날 중국을 가리키는 말] 2 중하(仲夏). 한여름.

【中线】zhōngxiàn 圕 중앙선. 중심선. 하프 라인(half line). 센터 라인(center line). 2 (數) 중선. [삼각형의 각 꼭지점에서 대변의 중점에 똑바로 그은 선분]

【中项】zhōngxiàng 圕 (論) 매개사(媒介辭). 중명사(中名辭). [논리학에서 대·소전제 중에 모두 나타나지만 결론에 나타나지 않는 관념] ¶ 【中词】zhōngcí 圕 middle term

【中小型】zhōngxiǎoxíng 圕 중소형의. ¶~私营企业=중소형 사기업.

【中校】zhōngxiào 圕 (軍) 중령.

【中心】zhōngxīn 圕 1 한가운데. 중심. 복판.

¶佛塔坐落在寺院的~。=불탑은 사원의 한가운데 위치해 있다. 2 중심. 핵심. 사물의 주요 부분. ¶~工作=핵심 업무. 3 중심지. 중요 지역. ¶文化~=문화 중심지. / 经济~=경제 중심지. 4 센터(center). ¶研究~=연구 센터. 5 (喩) 심중. 마음(속). 내심. ¶~悦服=마음속에 진심으로 탄복하다. ≒核心. ↔边缘

【中心角】zhōngxīnjiǎo ☞【圆心角】yuánxīnjiǎo

【中心思想】zhōngxīn sīxiǎng 圕 중심 사상. 주제. 요지. 골자.

【中心语】zhōngxīnyǔ 圕 (言) 중심어. 피수식어.

【中新社】Zhōngxīnshè 圕(약) 中国新闻社(중국신문사).

【中兴】zhōngxīng 圄 중흥하다. ¶家道~=가운이 중흥하다. ↔中落

【中型】zhōngxíng 圕 중형의. ¶~汽车=중형 자동차.

【中性】zhōngxìng 圕 1 (言) 중성. [일부 언어에서 명사·대명사·형용사를 음성·양성·중성으로 구분함] ¶~词=중성사. 2 (言) 중성. [의미상 좋고 나쁨의 의미를 갖지 않는 성질] ¶~解释=중성적으로 해석하다. 3 (化) 중성. [산성도 알칼리도 아닌 성질] ¶~化合物=중성 화합물.

【中休】zhōngxiū 圕 중간 휴식.

【中修】zhōngxiū 圄 (機) 중등 정도의 수리를 하다.

【中宣部】Zhōngxuānbù 圕(약) 中国共产党中央宣传部(중국 공산당 중앙 선전부).

【中学】zhōngxué 圕 1 중등학교. 중·고등학교. 2 (喩) 중국 전통 학술. 한학(漢學). [ '西学(서양 학문)' 와 구별됨]

【中学生】zhōngxuéshēng 圕 중학생. 중고등학생.

【中雪】zhōngxuě 圕 1 적설량이 중급 정도의 눈. 2 (氣) 24시간 내 적설량이 2.5mm~5.0mm인 눈.

【中旬】zhōngxún 圕 중순.

【中亚】Zhōngyà 圕(地) 중앙아시아.

【中央】zhōngyāng 圕 1 중앙. ¶广场~有一座雕像。=광장 중앙에 조각상이 하나 있다. 2 정부[정치 조직]의 최고 기관. ¶~政府=중앙정부. ↔地方

【中央处理机】zhōngyāng chǔlǐjī 圕(컴) 중앙 처리 장치. CPU. =【中央处理器】zhōngyāng chǔlǐqì

【中央处理器】zhōngyāng chǔlǐqì ☞【中央处理机】zhōngyāng chǔlǐjī

【中央集权】zhōngyāng jíquán 圕 중앙 집권. ¶秦始皇建立了中国历史上第一个~的国家。=진시황은 중국 역사상 최초의 중앙 집권 국가를 세웠다.

【中央军委】Zhōngyāng Jūnwěi 圕(약) 1 中华人民共和国中央军事委员会(중화 인민 공화국 중앙 군사 위원회). 2 中国共产党中央军事委员会(중국 공산당 중앙 군사 위원회).

【中央空调】zhōngyāng kōngtiáo 〈명〉 중앙 집중식 냉·온방 시설. 중앙 냉·온방 장치.

【中央商务区】zhōngyāng shāngwùqū 〈명〉 상무 신도심 개발구. 〈영〉 CBD(central business district)

【中央税】zhōngyāngshuì 〈명〉 국세. ['地方税(지방세)'와 구별됨] = 【国家税】guójiāshuì

【中央台】zhōngyāngtái 〈명〉〈약〉 1 中央电视台(중앙 텔레비전 방송국). 2 中央人民广播电台(중앙 인민 라디오 방송국).

【中央银行】zhōngyāng yínháng 〈명〉 중앙은행. 〈약〉【央行】yāngháng

【中药】zhōngyào 〈명〉〈의〉 중국 의약. 한약. 한방약. ↔西药

【中药材】zhōngyàocái 〈명〉〈의〉 한약재.

【中药店】zhōngyàodiàn 〈명〉 한약방. =【中药房】zhōngyàofáng

【中药房】zhōngyàofáng 〈명〉 1 ☞【中药店】zhōngyàodiàn 2 (병원의) 한약을 제공하는 부서.

【中药铺】zhōngyàopù 〈명〉〈약〉 한약방.

【中叶】zhōngyè 〈명〉 중기(中期). 중엽. ¶唐代~=당나라 중기. / 19世纪~=19세기 중엽.

【中医】zhōngyī 〈명〉 1〈의〉 중국 전통 의학. 2 한의사. [중국 전통 의학으로 병을 치료하는 의사] ↔西医

【中医学】zhōngyīxué 〈명〉〈의〉 중국 전통 의학. 중의학. [중국 전통 의학의 이론과 방법 및 임상 경험을 연구하는 학문]

【中医药】zhōngyīyào 〈명〉〈의〉 '中医(중국 전통 의학)'와 '中药(중국 의약)'의 합칭.

【中医院】zhōngyīyuàn 〈명〉 한(방)의원. [중국 전통 의학과 약재를 운용하여 병을 치료하는 병원]

【中音】zhōngyīn 〈명〉〈음〉 중음. ¶女~=메조소프라노(mezzo-soprano).

【中音号】zhōngyīnhào 〈명〉〈음〉 알토호른(althorn).

【中庸】zhōngyōng 〈명〉 1 중용. ¶~之道=중용의 도. 2《중용》. [원래는 《예기》의 한 편으로, 송(宋)대에 《논어》·《맹자》·《대학》과 함께 《사서(四书)》로 불렸음] 〈형〉 평범하다. ¶~之才=평범한 인재.

【中用】zhōngyòng 〈통〉 유용하다. 쓸모 있다. [주로 부정형으로 쓰임] ¶人老了,不~了。=늙으면 쓸모가 없다.

【中游】zhōngyóu 〈명〉 1 (강의) 중류. ['上游(상류)'·'下游(하류)'와 구별됨] ¶长江~=창장 중류. 2 〈비〉 (지위·수준 등의) 중간 정도. 평범한 수준. ¶甘居~=중간 정도에 만족하다.

【中雨】zhōngyǔ 〈명〉 1 강우량이 중급인 비. 2《기》 24시간 내에 강우량이 10~25mm인 비.

【中元节】Zhōngyuánjié 〈명〉 중원. 백중날. [음력 7월 15일로, 옷을 태워 죽은 친지를 제사하는 풍속이 있음]

【中原】Zhōngyuán 〈명〉〈지〉 중원. [황허(黄河)의 중류·하류 지역을 가리키는 말로, 허난(河南)성 대부분과 산둥(山东)성 서부 및 허베이(河北)성 남부 지역을 포함함]

【中原逐鹿】zhōngyuán-zhúlù 〈성〉〈비〉 군웅(群雄)이 사방에서 일어나 천하를 다투다. =【逐鹿中原】zhúlù-zhōngyuán

【中岳】Zhōngyuè 〈명〉〈지〉 쑹산(嵩山)의 다른 이름. [오악(五岳)의 하나로 허난(河南)성에 있는 산 이름]

【中云】zhōngyún 〈명〉〈기〉 중층운(中层云).

【中允】zhōngyǔn 〈형〉〈문〉 공정하다. 공평하다. ¶貌似~=겉으로는 공정한 듯하다.

【中灶】zhōngzào 〈명〉 (구내 식당 등 단체 식사에서) 중간 수준의 식사. ['大灶(보통 식사)'·'小灶(최고급 식사)'와 구별됨]

【中正】zhōngzhèng 〈형〉〈문〉 치우치지 않고 올바르다. 정직하고 공정하다. ¶为人~=사람됨이 정직하고 공정하다.

【中直机关】zhōngzhí jīguān 〈명〉 中共中央直属机关(중국 공산당 중앙 직속 기관). [중국 공산당 중앙 판공청(中共中央办公厅)·중국 공산당 중앙 선전부(中共中央宣传部)·중국 공산당 중앙 조직부(中共中央组织部)·중국 공산당 중앙 통전부(中共中央统战部)·중국 공산당 중앙 대외 연락부(中共中央对外联络部)·중앙 당교(中央党校) 등의 기관이 포함됨]

【中止】zhōngzhǐ 〈통〉 중지하다. 중단하다. ¶~上诉=상소를 중단하다. ≒中断 ↔继续 持续

【中指】zhōngzhǐ 〈명〉 중지. 가운뎃손가락.

【中州】Zhōngzhōu 〈명〉 1 중주. [허난(河南)의 옛 이름으로, 구주(九州)의 중간에 있다 하여 붙은 이름] 2 중원 지역.

【中专】zhōngzhuān ☞【中等专业学校】zhōngděng zhuānyè xuéxiào

【中转】zhōngzhuǎn 〈통〉 1 도중에 갈아타다. 환승(换乘)하다. ¶~旅客=환승객. 2 중간에 남의 손을 거치다. ¶减少~环节, 降低销售成本。=중간 단계를 줄여 판매 원가를 내리다. ↔直达

【中转站】zhōngzhuǎnzhàn 〈명〉 갈아타는 역.

【中装】zhōngzhuāng 〈명〉 중국 전통 복장. ['中山装(중산복)'·'西装(양복)' 등과 구별됨]

【中缀】zhōngzhuì 〈명〉〈언〉 접요사.

【中子】zhōngzǐ 〈명〉〈물〉 중성자.

【中子弹】zhōngzǐdàn 〈명〉〈군〉 중성자탄.

【中子态】zhōngzǐtài 〈명〉〈물〉 중성자 상태.

【中子星】zhōngzǐxīng 〈명〉〈천〉 중성자성.

【中组部】Zhōngzǔbù 〈명〉〈약〉 中国共产党中央组织部(중국 공산당 중앙 조직부).

## 忪 zhōng 질겁할 종

〈형〉〈문〉 두려워하다. 질겁하다. 놀라 무서워하다. ¶怔~=겁을 먹다. 두려워하다.
☞ sōng

## **忠 zhōng 충성 충

〈형〉 충성스럽다. 몸과 마음을 다하다. 있는 힘과 성의를 다하다. 대단히 정성껏 노력하여 일을 하다. ¶效~=충성을 다하다. / ~于祖国=조국에 충성하다. 〈명〉(Zhōng) 성(姓). ↔奸

【忠臣】zhōngchén 图 1 충신. ¶~良将=충신과 훌륭한 장수. 2 충복. 충신. 충직한 관리. [국가에 충성을 다하는 관리] ¶他们是航天事业的~。=그들은 우주 항공 사업의 충복이다. ↔奸臣

【忠诚】zhōngchéng 휑 (국가·인민·사업·친구 등에) 충성하다. 충실하다. 성실하다. 최선을 다하다. 성심성의를 다하다. ¶~老实=충성스럽고 정직하다. ≒虔诚

【忠告】zhōnggào 충고하다. ¶再三~=여러 번 충고하다. 图 충고. ¶提出~=충고를 주다.

【忠肝义胆】zhōnggān-yìdǎn 图 일편단심으로 충성하고 의리가 있다.

【忠骨】zhōnggǔ 图 충신과 열사의 유골. ¶青山处处埋~。=청산의 도처에 충신과 열사의 유골이 묻혀 있다.

【忠厚】zhōnghòu 휑 충직하고 온후하다. 충후(忠厚)하다. ¶~待人=남에게 충직하고 온후하다. ≒敦厚 ↔奸诈

【忠魂】zhōnghún 图 충혼. ¶祭奠~=충혼을 추모(추도)하다.

【忠良】zhōngliáng 휑 충성스럽고 선량하다. ¶~之士=충성스럽고 선량한 선비. 图 충신. 충복. 충성스럽고 선량한 사람. ¶残害~=충신을 해치다.

【忠烈】zhōngliè 휑 충렬하다. 충성스럽고 절개가 굳다. ¶~之臣=충렬한 신하. 图 충성을 다하고 희생한 사람. 정의를 위해 장렬하게 희생한 사람. ¶满门~=온 집안에 정의를 위해 장렬하게 희생한 사람이 가득하다.

【忠实】zhōngshí 휑 1 충실하다. 충직하고 성실하다. ¶~的朋友=충직한 친구. 2 진실하다. 참되다. ¶~的写照=사실적인〔진실한〕 묘사. ≒诚实 老实 ↔狡猾

【忠恕】zhōngshù 图⟨文⟩ (남을) 진실하고 너그럽게 대하다. [유가(儒家) 윤리 사상의 하나임] ¶~宽容=남을 진실하고 너그럽게 대하며 관용하다.

【忠顺】zhōngshùn 휑 충순하다. 충직하고 양순하다. 무조건 순종하다. [주로 폄하로 쓰임] ¶~的走狗=말 잘 듣는 앞잡이.

【忠孝】zhōngxiào 图 충성하고 효도하다. ¶~两全=충과 효를 다 갖추다.

【忠心】zhōngxīn 图 충심. 충성심. ¶赤胆~=일편단심이다.

【忠心耿耿】zhōngxīn-gěnggěng 图 충성심에 불타다. 지극히 충성스럽다.

【忠信】zhōngxìn 图 충후하고 정직하다. ¶~乐易=충후하고 정직하며 마음이 즐겁고 편안하다.

【忠言】zhōngyán 图 충언. 충고하는 말. ¶~相谏=충언으로 간하다.

【忠言逆耳】zhōngyán-nì'ěr 图 충언은 귀에 거슬린다.

【忠义】zhōngyì 휑 충성과 의리. ¶~节烈=충성스럽고 의리가 있고 절개가 있으며 지조가 있다. 图⟨文⟩ 충신(忠臣)과 의사(義士). ¶表彰~=충신과 의사를 표창하다.

【忠勇】zhōngyǒng 휑 충성스럽고 용감하다.

¶~之士=충성스럽고 용감한 사람.

【忠于】zhōngyú 통 …에 충성을 다하다. …에 충실하다. ¶~人民=인민에 충성을 다하다.

【忠于职守】zhōngyú-zhíshǒu 图 직책(본분)에 충실하다. 본분을 다하다. ¶玩忽职守

【忠贞】zhōngzhēn 휑 충정하다. 충성스럽고 절개가 있다. ¶~不屈=충절을 다하여 굽히지 않다.

【忠贞不贰】zhōngzhēn-bù'èr 图 한마음 한뜻으로 충절을 다하다.

【忠贞不渝】zhōngzhēn-bùyú 图 변함없이 충성과 지조를 다하다. 절개를 굽히지 않다.

【忠直】zhōngzhí 충직하다. ¶性情~=성품이 충직하다.

**终[終]** zhōng 마칠 종

통 1 끝나다. 마치다. ¶剧~=연극이 끝나다. / 以~天年=자연적 수명을 다 하다. 2 (사람이) 죽다. ¶临~=임종하다. / 寿~正寝=(과거에) 천수(天壽)를 다하고 집에서 죽다. 图 처음부터 끝까지. ¶~日无所事事。=온종일 아무런 할 일이 없다. 图 결국. 끝내. 마침내. [주로 단음절사와 이어 씀] ¶送君千里，~有一别。=님을 천리까지 배웅해도 결국에는 이별하기 마련이다. 图 1 끝. 결말. ¶始~如一=시종일관하다. / 自始至~=처음부터 끝까지. 2 (Zhōng) 성(姓). ≒止 ↔始 初

○● 临终, 始终, 送终, 月终

【终场】zhōngchǎng 통 1 (연극·경기가) 끝나다. ¶~前一分钟，甲队将比分扳平。=경기가 끝나기 1분 전 갑팀은 점수를 동점으로 만들었다. 2 ⟨旧⟩ (과거 과거(科擧)의) 마지막 시험을 마치다. ¶他认真考试，直至~。=그는 마지막 시험을 마칠 때까지 열심히 시험을 치렀다. ↔开场

【终点】zhōngdiǎn 图 1 종착점. 종점. 종착지. ¶这趟列车的~是成都。=이 열차의 종점은 청두이다. 2 (體) 결승점. 골인점. ¶他奋力冲向~。=그는 있는 힘을 다해 결승점을 향해 달려갔다. ≒尽头 ↔起点

【终点站】zhōngdiǎnzhàn 图 1 (일정의) 종착지. 종착점. 종점. 2 종착역.

【终端】zhōngduān 图 (컴) 단말. 단자. 포트(port).

【终端机】zhōngduānjī 图 (컴) 단말기. 단말장치. 터미널(terminal).

【终而复始】zhōng'érfùshǐ ☞ 【周而复始】zhōu'érfùshǐ

【终伏】zhōngfú ☞ 【末伏】mòfú

【终古】zhōnggǔ 휑⟨文⟩ 영원하다. 영구하다. ¶至理名言，~常新。=격언은 영원히 항상 새롭다.

【终归】zhōngguī 图 결국에는. 마침내. 어쨌든. 아무도. ¶他~是个孩子，别介意。=그 애는 어쨌든 어린아이이니까, 개의치 마라. ≒终究

【终极】zhōngjí 图 최종. 최후. 마지막. ¶~目的=최종 목적.

【终将】zhōngjiāng 图 결국에는(끝내는) …일

것이다. ¶他们~逃脱不了法律的严惩. =그들은 결국에는 법의 응징을 벗어나지 못할 것이다.

【终结】zhōngjié 动 끝내다. 끝나다. 종결하다. 완결하다. ¶麻烦的事情还未~. =성가신 일이 아직 끝나지 않았다.

【终究】zhōngjiū 副 결국. 필경. 어쨌든. ¶那里~是你的故乡, 你应该多回去看看. =그곳은 어쨌든 너의 고향이니, 자주 가 보아야 한다. ≒终归

【终久】zhōngjiǔ 副 결국. 필경. ¶骗局~会被揭穿. =속임수는 결국에는 들통난다.

【终局】zhōngjú 名 종국. 마지막. 결말. ¶现在无法预计~的结果. =지금은 마지막 결과를 예측할 수가 없다.

【终老】zhōnglǎo 动书 여생을 보내다〔지내다·마치다〕. 늙어 죽다. ¶~山林 =산 속에서 여생을 보내다.

【终了】zhōngliǎo 动 종료하다. 끝나다. 마치다. ¶学期~ = 학기가 끝나다.

【终南捷径】Zhōngnán-jiéjìng 성 1 관리가 되는 첩경.《신당서·노장용전(新唐书·卢藏用传)》에, 당(唐)대 노장용(卢藏用)이 종남산(终南山)에 은거하여 큰 명성을 얻어 높은 관리가 되었는데, 그의 친구 사마승정(司马承祯)이 말하길, 종남산(终南山)에 은거하는 것은 관리가 되는 첩경이라고 한 고사에서 유래함 2 비 성공에 이르는 지름길.

【终南山】Zhōngnánshān 名 (地) 중난산. 종남산. [산시(陕西)성 시안(西安)에 있는 산 이름]

【终年】zhōngnián 名 1 일년간. 일년 내내. 한 년 사시절. ¶~忙碌 =일년 내내 바쁘다. 2 향년. ¶老人~85岁. =노인은 향년 85세이다. ≒常年

【终篇】zhōngpiān 动书 글을 전부 완성하다. 작품 전체를 완성하다.

【终日】zhōngrì 名 종일. 온종일. 하루 종일. ¶~萎靡不振. =온종일 활기가 없다.

【终身】zhōngshēn 名 1 일생. 평생. 종신. ¶~监禁 =종신형. 2 (여자의) 혼인 대사. ¶私订~ =혼자 사사로이 혼인 대사를 정하다. ≒终生 毕生

【终身大事】zhōngshēn dàshì 혼인 대사. 인생의 대사. [주로 남녀 간의 결혼을 가리킴]

【终身教育】zhōngshēn jiàoyù 名(教) 평생 교육.

【终身制】zhōngshēnzhì 종신(직)제.

【终审】zhōngshěn 动 1 (法) (최)종심을 하다. 2 (작품·글 등의) 최종 심사하다. ¶~定稿 = 최종 심사를 거친 원고.

【终生】zhōngshēng 名 일생. 평생. 한평생. ¶~难忘 =평생을 잊지 못하다. ≒终身 毕生

【终霜】zhōngshuāng 名(气) 마감서리. [입춘 후 마지막으로 내리는 서리]

【终岁】zhōngsuì 名书 일년간. 일 년 내내. ¶~劳作 =일년 내내 일하다.

【终天】zhōngtiān 名 1 온종일. 하루 종일. ¶~愁闷 =온종일 침울하다. 2 书 평생. 일

생. ¶抱憾~ =일생 동안 유감스럽게 생각하다. 평생 한이다.

【终席】zhōngxí 动 폐회하다. 모임이〔연회가〕 끝나다. 모임이 끝날 때까지 있다. ¶他尚未~就提前走了. =그는 연회가 끝나지도 않았는데 일찍 가 버렸다.

【终宵】zhōngxiāo ☞【终夜】zhōngyè

【终夜】zhōngyè 名 하룻밤 동안. 밤새. 온밤. =【终宵】zhōngxiāo ¶~写作 =밤새 글을 쓰다.

【终于】zhōngyú 副 마침내. 결국. 끝내. ¶他~完成了那部长篇小说. =그는 마침내 그 장편 소설을 완성하였다.

【终止】zhōngzhǐ 动 마치다. 정지하다. 중지하다. 끝내다. ¶~行动 =행동을 중지하다.

棕 zhōng 종려나무 종
아래를 참조.

【棕树】zhōngshù 名(植) 구골(枸骨)나무.

【棕叶】zhōngyè 名(植) 구골나무 잎.

*盅 zhōng 술잔 충
名 (~儿) 손잡이가 없는 작은 잔. ¶酒~儿 =술잔.

【盅子】zhōng·zi 名口 작은 잔.

**钟[鐘] zhōng 종 종
动 (감정 등을) 기울이다. 쏟다. 집중하다. 모으다. ¶~爱有加 =더욱이 총애하다. 名 1 (音) 종. [고대 타악기로, 가운데가 비어 있고 주로 구리나 쇠로 만들었음] ¶编~ =편종. 2 종. ¶洪~ =큰 종. ¶警~ =경종. 3 괘종 (挂钟). 탁상시계. ¶闹~ =자명종. / 石英~ =수정시계. 4 시각. 시간. ¶早晨6点~ =아침 6시. / 3秒~ =3초 간. 5 고대의 술잔. 6 '盅(zhōng)'과 같음. 7 (Zhōng) 성(姓).

摆bǎi钟, 电钟, 挂钟, 洪hóng钟, 金钟儿, 警jǐng钟, 空钟, 龙钟, 闹nào钟, 丧sāng钟, 时钟, 台钟, 座钟

【钟爱】zhōng'ài 动 총애하다. 특별히 사랑하다. ¶奶奶可~小孙子了. =할머니는 어린 손자를 특별히 총애한다.

【钟摆】zhōngbǎi 名 시계추.

【钟表】zhōngbiǎo 名 시계.

【钟点】zhōngdiǎn (~儿) 名 1 시각. 정해진 시간. ¶到~了, 马上行动. =시간이 됐다, 즉시 행동하자. 2 시간 (동안). [한 시간을 가리킴] ¶我们足足等了他一个~. =우리들은 족히 한 시간이나 그를 기다렸다.

【钟点工】zhōngdiǎngōng ☞【小时工】xiǎoshígōng

【钟鼎】zhōngdǐng 名 1 옛날, 연주용 솥과 요리용 솥. 2 옛날의 청동기(青铜器).

【钟鼎文】zhōngdǐngwén ☞【金文】jīnwén

【钟鼓楼】zhōnggǔlóu 名 종루. 종당(鐘堂).

【钟馗】Zhōngkuí 名 1 종규. [전설상 귀신을 잡

【钟离】 **Zhōnglí** 圀 복성(複姓).
【钟灵毓秀】 **zhōnglíng-yùxiù** 谚 1 천지의 정기가 서린 곳에서 우수한 인재가 나온다. 2 비 좋은 환경에서 우수한 인물이 나온다.
【钟楼】 **zhōnglóu** 圀 1 종루. 종당(鐘堂). 2 시계탑.
【钟鸣鼎食】 **zhōngmíng-dǐngshí** 谚 1 종을 쳐서 식구를 모아 솥을 늘어놓고 식사를 하다. 2 비 사치스런 생활을 영위하다. 부귀영화를 누리다.
【钟鸣漏尽】 **zhōnmíng-lòujìn** 谚 1 새벽종은 이미 울렸고 밤도 이미 다했다. 2 비 여생이 얼마 남지 않다.
【钟情】 **zhōngqíng** 图 반하다. 애정을 기울이다. 사랑에 빠지다. 一见~=첫눈에 반하다.
【钟乳石】 **zhōngrǔshí** 圀(地) 종유석. =【石钟乳】 **shízhōngrǔ**
【钟声】 **zhōngshēng** 圀 종 소리. 시계 소리. ¶~嘹亮=종 소리가 낭랑하다.
【钟头】 **zhōngtóu** 圀口 시간. ¶他们已经干了两个~了。=그들은 이미 두 시간을 일했다.

**舯** **zhōng** 배 가운데 중
圀书 선체의 중간 부분.

*衷 **zhōng** 속마음 충
圀 기울지 않게. ¶折~=절충하다. 圀 1 내심. 속마음. ¶苦~=고충. / 无动于~=마음에 전혀 와 닿지 않다. 2 (Zhōng) 성(姓).

○● 初衷, 苦衷, 热衷, 隐yǐn衷

【衷肠】 **zhōngcháng** 圀书 진심에서 우러난 말. 솔직한 말. ¶倾诉~=진심을 토로하다.
【衷情】 **zhōngqíng** 圀 충정. ¶一片~=변함없는 충정.
【衷曲】 **zhōngqū** 圀书 충곡. 심곡. 속마음. [여러 가지로 생각하는 마음의 깊은 속. 흔히 간절하고 애틋한 마음을 가리킴] ¶倾吐~=충곡(마음)을 털어놓다.
【衷心】 **zhōngxīn** 圀 충심. ¶~的祝贺=충심으로 축하하다.

**衷** **zhōng** 여치 종
【螽斯】 **zhōngsī** 圀(動) 여치.

**\*肿[腫]** **zhǒng** 부을 종
图 붓다. 부어오르다. ¶红~=발갛게 부어오르다.
【肿大】 **zhǒngdà** 图 붓다. 부어오르다. ¶淋巴结~=림프선이 부어오르다.
【肿块】 **zhǒngkuài** 圀 종양.
【肿瘤】 **zhǒngliú** 圀(醫) 종양. =【瘤子】 **liú·zi**
【肿胀】 **zhǒngzhàng** 图 붓다. 부어오르다.

**\*种[種]** **zhǒng** 씨앗 종

圀 1 종자. 열매. 씨(앗). ¶播~=파종하다. / 稻~=볍씨. 2 (~儿) 씨. [새로운 동물을 낳아 번식시키는 근원이 되는 것] ¶配~=교배하다. / 传~=번식하다. 대를 잇다. 3 인종. ¶白~=백인종. / 亡国灭~=나라와 민족이 멸망하다. 4 씨. [사물이 이어져 갈 수 있는 근원] ¶火~=불씨. / 谬~流传=그릇된 견해가 퍼져 나가다. 5 비 담력. 용기. 패기. 배짱. ¶有~的站出来。=배짱이 있는 놈은 나와 봐. 6 종. 종류. 갈래. ¶剧~=연극의 종류. / 军~=군종. 7 종. ¶猫是哺乳动物猫科猫属的一~。=고양이는 포유동물 고양이과 고양이속의 일종이다. 8 (Zhǒng) 성(姓). 囵 종류. 부류. 가지. ¶两~杂志=잡지 두 종류. / 几~意见=몇 가지의 의견.

☞ **Chóng, zhòng**

【种差】 **zhǒngchā** 圀(論) 종차.
【种畜】 **zhǒngchù** 圀 종축. 씨가축. 씨짐승.
【种蛋】 **zhǒngdàn** 圀 종란. 씨알.
【种肥】 **zhǒngféi** 圀(農) 종비. [농작물의 싹을 빨리 돋게 하거나 초기 생장을 촉진하기 위하여 씨의 둘레에 주는 거름]
【种根】 **zhǒnggēn** 圀(植) 종근.
【种间杂交】 **zhǒngjiān zájiāo** 圀 종간 교잡. 이종 교배.
【种类】 **zhǒnglèi** 圀 종류. ¶~齐全=모든 종류가 다 갖추어져 있다. ≒品种 品类.
【种麻】 **zhǒngmá** ☞【苴麻】 **jūmá**
【种马】 **zhǒngmǎ** 圀 종마. 씨말.
【种苗】 **zhǒngmiáo** 圀(植) 종묘.
【种皮】 **zhǒngpí** 圀(植) 종피. 씨껍질.
【种禽】 **zhǒngqín** 圀 종금.
【种群】 **zhǒngqún** 圀 종군. 개체군.
【种仁】 **zhǒngrén** 圀(植) 종인(種仁). 종자의 인(仁).
【种属】 **zhǒngshǔ** 圀 종속.
【种条】 **zhǒngtiáo** 圀 꺾꽂이 가지.
【种鱼】 **zhǒngyú** ☞【亲鱼】 **qīnyú**
【种姓】 **zhǒngxìng** 圀 종성. 사성(四姓). 카스트.
【种姓制度】 **zhǒngxìng zhìdù** 圀 카스트 제도.
【种种】 **zhǒngzhǒng** 圀 1 각종. 갖가지. 여러 가지. ¶~问题=갖가지 문제. / ~麻烦=갖가지 괴로움. 2 갖가지 사물. ¶凡此~, 不一而足。=무릇 이러한 갖가지 사물은 하나뿐이 아니다.
【种子】 **zhǒng·zi** 1(植) 종자. 열매. 씨(앗). ¶玉米~=옥수수 종자. 2 비 어떤 방면에 특별한 인물. ¶多情的~=정이 많은 사람. 3 비 씨앗. [앞으로 커질 수 있는 근원을 비유적으로 이르는 말] ¶革命的~=혁명의 씨앗. 4 (體) 시드(seed). ¶一号~=1번 시드.
【种子地】 **zhǒng·zidì** 圀(農) 씨받이 밭. 채종전(菜種田).
【种子队】 **zhǒng·ziduì** 圀(體) 시드 팀.
【种子选手】 **zhǒng·zi xuǎnshǒu** 圀(體) 시드 선수.
【种族】 **zhǒngzú** 圀 종족. 인종.
【种族歧视】 **zhǒngzú qíshì** 圀 인종 차별.

【种族主义】zhǒngzúzhǔyì 몡 인종주의.

# 冢[(塚)] zhǒng 무덤 총
몡 총. 큰 무덤. ¶荒~=황폐해진 무덤. / 衣冠~=의관총.
【冢中枯骨】zhǒngzhōng-kūgǔ 솅 1 무덤 속의 해골. 2 (비) 쓸모 없고 무능한 인간.

# 踵 zhǒng 발꿈치 종
몡(문) 발뒤꿈치. ¶接~而至=연이어 일어나다. 통(문) 1 뒤따르다. 계승하다. ¶~步=힐스텝. 2 이르다. 몸소(친히) 가다. ¶~门道谢=친히 집을 방문하여 고마움을 전하다.
【踵步】zhǒngbù 통(문) 남의 발걸음을 따라가다. 2 (비) 모방하다. 본받다.
【踵决肘见】zhǒngjué-zhǒuxiàn 솅 1 신발이 떨어져 뒤꿈치가 드러나고 옷이 해져 팔꿈치가 드러나다. 2 형편없이 가난하여 의복이 남루함을 형용함.
【踵事增华】zhǒngshì-zēnghuá 솅 사업을 이어받아 더욱 발전시키다.
【踵武】zhǒngwǔ 통(문) 1 남의 발걸음을 따라가다. 2 (비) 모방하다. 본받다. ¶~前贤=선현을 본받다.
【踵趾相接】zhǒngzhǐ-xiāngjiē 솅 사람들이 끊이지 않다.
【踵至】zhǒngzhì 통 잇따르다. 잇달아 일어나다. 연이어 벌어지다.

# **中 zhòng 맞출 중
통 1 맞추다. 들어맞다. 딱 맞다. 부합하다. ¶看~=마음에 들다. / 百发百~=백발백중. 2 받다. 입다. 당하다. ¶~毒身亡=중독으로 사망하다.
☞zhōng
【中暗箭】zhòng ànjiàn 통(비) 암암리에 상해를 입다. 중상모략을 당하다. 뒤통수를 맞다.
【中标】zhòng‖biāo 통 (입찰자가) 낙찰되다.
【中彩】zhòng‖cǎi 통 복권에 당첨되다. ¶他买福利彩票~了。=그가 산 복지 복권이 당첨되었다.
【中弹】zhòng‖dàn 통 총(포탄)에 맞다. ¶~受伤=총에 맞아 부상을 당하다.
【中的】zhòngdì 통 1 과녁에(을) 명중하다. 표적을 맞히다. ¶一枪~=단 한 방에 과녁을 명중하다. 2 (비) (말이) 핵심을 찌르다. ¶一语~=한 마디로 핵심을 찌르다.
【中毒】zhòng‖dú 통 1 (醫) 중독되다. ¶食物~=식중독. 2 (비) 중독되다. 해를 입다. 물들다. [어떤 사상이나 사물에 젖어 버려 정상적으로 사물을 판단할 수 없는 상태를 가리킴] ¶他看了不少黄片, ~太深。=그는 적지 않은 음란 비디오를 보아서 매우 깊이 물들었다.
【中风】zhòng‖fēng 통(醫) 중풍에 걸리다. =【卒中】cùzhòng
【中风】zhòngfēng 명(醫) 중풍. =【卒中】cùzhòng
【中计】zhòng‖jì 통 계략에 빠지다. ¶险些

~=하마터면 계략에 빠질 뻔하였다.
【中奖】zhòng‖jiǎng 통 (복권 따위에) 당첨되다.
【中举】zhòng‖jǔ 통 (향시에) 급제하다. ¶范进~=보기 좋게 향시에 급제하다.
【中肯】zhòngkěn 솅(비) (말이) 딱 들어맞다. 적확하다. 정곡을 찌르다. ¶他的批评极为~。=그의 비평은 정곡을 찔렀다.
【中魔】zhòng‖mó 통 1 귀신에 홀리다. 마가 끼다. 귀신들리다. 2 (비) 푹 빠지다. ¶他像~似的, 一天到晚上网聊天。=그는 귀신에 홀린 듯 온종일 채팅을 한다.
【中签】zhòng‖qiān 통 추첨〔제비뽑기〕에 당첨되다.
【中伤】zhòngshāng 통 중상하다. ¶恶意~=악의에 찬 중상.
【中式】zhòng‖shì 통 과거에 합격하다.
☞zhōngshì
【中暑】zhòng‖shǔ 통(醫) 더위먹다. 중서에 걸리다. 옝【发痧】fā‖shā ¶天热得很, 小心别~。=날이 몹시 더우니 더위먹지 않도록 조심해라.
【中暑】zhòngshǔ 명(醫) 중서. 중알(中暍).
【中邪】zhòng‖xié 통 귀신에 홀리다. 마가 끼다. 귀신들리다.
【中选】zhòng‖xuǎn 통 당선되다. 뽑히다. ¶他~为省人大代表。=그는 성(省) 인민 대표 대회(人民代表大會) 대표에 당선되었다. ≒入选
【中意】zhòng‖yì 통 만족하다. 마음에 들다. ¶她对你给她买的那件衣服很~。=그녀는 네가 사 준 옷을 아주 마음에 들어한다. ≒满意合意

# *仲 zhòng 둘째 중
솅 중간에 위치한. ¶国际~裁=국제 중재. 명 1(문) 형제 중 둘째. ¶伯~叔季=백중숙계. 2 한 계절의 두 번째 달. ¶~秋时节=중추의 계절. 3 (Zhòng) 성(姓).

○─● 杜dù仲, 昆kūn仲

【仲裁】zhòngcái 통 중재하다. 조정하다. ¶海事~=해사 중재.
【仲裁人】zhòngcáirén 명 중재인. 중재자.
【仲春】zhòngchūn 명 중춘. [음력 2월을 달리 이르는 말]
【仲冬】zhòngdōng 명 중동. [음력 11월을 달리 이르는 말]
【仲家】Zhòngjiā 명 중자(仲家). [부이(布依)족과 윈난(云南)성의 일부 좡(壮)족의 옛 명칭]
【仲秋】zhòngqiū 명 중추. [음력 8월을 달리 이르는 말]
【仲夏】zhòngxià 명 중하. [음력 5월을 달리 이르는 말]

# **众[衆, 眾] zhòng 무리 중
명 많은 사람. ¶观~=관중. / 才华出~=재능이 출중하다. 솅 많다. ¶人多势~=사람이 많아

세력이 크다. / 普救~生=중생을 널리 구제하다. ↔寡

○● 出众,当众,公众,观众,会众,民众,示众

【众多】 zhòngduō 휑 아주 많다. [주로 사람이 많은 것을 형용함] ¶游人~=여행객이 아주 많다. ↔稀少

【众寡悬殊】 zhòngguǎ-xuánshū 쌍방의 수적 차이가 현저하다. 수적 열세이다. ≒寡不敌众 ↔势均力敌

【众好必察】 zhònghǎo-bìchá 모두가 좋아한다고 다 좋은 것은 아니므로, 반드시 조사해서 확인하여야 알 수 있다.

【众口难调】 zhòngkǒu-nántiáo 1 많은 사람들의 구미를 다 맞추기가 어렵다. 2 모든 사람들을 다 만족시키기가 어렵다.

【众口铄金】 zhòngkǒu-shuòjīn 1 군중이 한 목소리를 내면 쇠도 녹인다. 2 여론의 힘은 대단하다. 3 많은 사람들이 중구난방 떠들면 옳고 그름이 헷갈린다.

【众口一词】 zhòngkǒu-yīcí 여러 사람들의 의견이 일치하다. 많은 사람들이 한 목소리를 내다. 이구동성이다. ≒异口同声 ↔众说纷纭

【众目睽睽】 zhòngmù-kuíkuí 많은 사람들이 눈을 크게 뜨고 보고 있다. 많은 사람들이 주시하고 있다. 사람들이 두 눈 뻔히 뜨고 보고 있다. =【万目睽睽】 wànmù-kuíkuí

【众目昭彰】 zhòngmù-zhāozhāng 많은 사람들이 똑똑히 보고 있다.

【众怒】 zhòngnù 군중의 분노. ¶~难平=군중의 분노는 가라앉히기 힘들다.

【众怒难犯】 zhòngnù-nánfàn 군중의 분노를 불러일으켜서는 안 된다.

【众叛亲离】 zhòngpàn-qīnlí 1 군중은 반대하고 가까운 사람은 떠나다. 주변에 모든 사람들이 다 떠나다. 2 인심을 얻지 못하고 고립에 직면하다. ≒舟中敌国 ↔众望所归

【众擎易举】 zhòngqíng-yìjǔ 1 여러 사람이 힘을 합치면 물건이 쉽게 들린다. 2 여러 사람이 힘을 합치면 쉽게 성공할 수 있다. 백짓장도 맞들면 낫다. ≒众志成城 ↔独木难支

【众人】 zhòngrén 중인. 여러 사람. 뭇 사람. ¶~一心,黄土成金。=뭇 사람이 한마음으로 힘을 합치면 황토를 금으로 만들 수 있다.

【众人拾柴火焰高】 zhòngrén shí chái huǒ yàn gāo 사람이 많으면 역량이 커진다.

【众生】 zhòngshēng (佛) 1 중생. 2 중생. 사람과 동물. 3 중생. ¶芸芸~=수많은 사람. 뭇 중생.

【众生相】 zhòngshēngxiàng 중생상. ¶都市~=도시의 중생상.

【众矢之的】 zhòngshǐzhīdì 1 뭇 화살의 표적. 2 뭇 사람의 공격[비난] 대상. ¶~过街老鼠

【众数】 zhòngshù 몡 모드(mode). 최빈값. 최빈수(最頻數). [최대의 도수를 가지는 변량의 수치임] ¶~指数=모드 지수

【众说】 zhòngshuō 몡 중설. 여러 사람의 의견. ¶~不一=의견이 분분하다.

【众说纷纭】 zhòngshuō-fēnyún 여러 사람들의 의론이 분분하다. ↔众口一词 异口同声

【众所周知】 zhòngsuǒzhōuzhī 모든 사람이 다 알고 있다.

【众望】 zhòngwàng 몡 중망. 여망(輿望). 여러 사람들의 기대. ¶不孚~=뭇 사람들의 기대를 저버리지 않다.

【众望所归】 zhòngwàng-suǒguī 1 뭇 사람이 기대하는 바이다. 2 뭇 사람이 존경하고 우러러보다. 신망이 높다. 3 대중의 뜻에 부합하다. ↔众叛亲离

【众星捧月】 zhòngxīng-pěngyuè 1 뭇 별들이 달을 에워싸다. 2 뭇 사람들이 한 사람을 추대하다〔떠받들다〕. =【众星托月】 zhòngxīng-tuōyuè

【众星托月】 zhòngxīng-tuōyuè ☞【众星捧月】 zhòngxīng-pěngyuè

【众议员】 zhòngyìyuán 몡 중의원 의원. 하원 의원.

【众议院】 zhòngyìyuàn 몡 1 (일본의) 중의원. (미국의) 하원. 2 (일원제 국가의) 의회.

【众志成城】 zhòngzhì-chéngchéng 1 많은 사람이 일치단결하면 견고한 성을 이룬다. 2 모든 사람이 일치단결하면 대단한 역량을 발휘한다. 단결이 힘이다. ≒众擎易举

【众醉独醒】 zhòngzuì-dúxǐng 뭇 사람이 취해 있는 가운데 홀로 깨어 있다.

**种[種]** zhòng 심을 종

통 심다. 뿌리다. 파종하다. ¶点~=점파하다. / ~麦子=밀을 파종하다. ↔收

☞ Chóng, zhǒng

○● 播种,复种,耕gēng种,伙种,家种,间jiàn种,接种,连种,轮lún种,芒máng种,抢qiǎng种,套种,夏种,引种,栽zāi种

【种菜】 zhòng‖cài 통 채소를 심다.

【种仇】 zhòng‖chóu 통 원한을 맺다.

【种地】 zhòng‖dì 통 1 밭을 갈고 파종하다. 2 농사를 짓다. ¶与其这样,还不如回家~。=이럴 바에야 고향으로 돌아가서 농사짓는 것만 못하다.

【种痘】 zhòng‖dòu 통 (醫) 종두하다. 우두를 놓다. =【种牛痘】 zhòng niúdòu ☞【种花】 huā

【种瓜得瓜,种豆得豆】 zhòng guā dé guā, zhòng dòu dé dòu 콩 심은 데 콩 나고 팥 심은 데 팥 난다.

【种花】 zhòng‖huā 통 1 (~儿) 화훼를〔꽃을〕 재배하다. 2 (~儿) ☞【种痘】 zhòng‖dòu 3 면화를 심다.

【种牛痘】 zhòng niúdòu ☞【种痘】 zhòng‖dòu

【种树】 zhòng‖shù 통 나무를 심다.

【种田】 zhòng‖tián 통 1 밭을 갈고 파종하다.

2 농사를 짓다.
【种植】zhòngzhí 통 종식하다. 재배하다. 씨를 뿌리고 묘목을 심다. ¶~花草=화초를 재배하다.
【种植园】zhòngzhíyuán 명 농원. 재배지. 대농장. [대규모 열대 작물을 재배하는 농장. 주로 한 가지 경제 작물을 재배함]

## 重 zhòng 무거울 중

형 1 무겁다. 비중이 크다. ¶笨~=육중하다. / 轻~缓急=경중완급. 2 중요하다. ¶军事~镇=군사 요지. / 任~道远=책임이 무겁고 갈 길은 멀다. 3 (정도가) 심하다. 크다. 중하다. 심각하다. ¶身负~伤=몸이 중상을 입다. / 礼轻情意~=선물은 작지만 마음만은 지극하다. 4 장중하다. 신중하다. ¶郑~=정중하다. / 老成持~=노련하고 신중하다. 명 중량. 무게. ¶失~=무게 중심을 잃다. / 举~=역도. 통 중요하게 여기다. 중시하다. ¶器~=신임하다. / 敬~=존경하다. ↳沉 ↔轻

○ 重 zhòng
  冲 chōng
  钟 zhōng
  种 zhǒng
  肿 zhǒng
  瘇 zhǒng
  董 dǒng
  动 dòng

☞ chóng

○- 保重, 笨bèn重, 比重, 并重, 惨cǎn重, 侧cè重, 超chāo重, 沉chén重, 承chéng重, 吃重, 持重, 粗cū重, 繁fán重, 负重, 贵重, 过重, 荷重, 加重, 借重, 净重, 隆lóng重, 毛重, 浓重, 偏重, 轻重, 深重, 慎shèn重, 失重, 手重, 体重, 推重, 危重, 稳wěn重, 言重, 严yán重, 倚yǐ重, 载zài重, 珍重, 郑zhèng重, 注重, 庄重, 着zhuó重

【重案】zhòng'àn 명 중대 사건. 중대 사안. ¶~组=중대 사건 담당 조.
【重办】zhòngbàn 통 (죄인을) 엄히 다스리다. 엄벌하다.
【重磅】zhòngbàng 형 중량의. ¶~炸弹=중량 폭탄.
【重臂】zhòngbì 명 (物) 阻力臂(저항팔)의 옛 명칭.
【重兵】zhòngbīng 명 막강한 군대. ¶~防守=막강한 군대가 수비하다.
【重病】zhòngbìng 명 중병. ¶~在身=중병을 앓다.
【重彩】zhòngcǎi 명 선명한〔농후한〕 색채. ¶浓墨~=짙은 먹물과 선명한 색채.
【重臣】zhòngchén 명 1 권신. 2 중신.
【重惩】zhòngchéng 통 엄벌하다. 중벌에 처하다. ¶~凶手=살인범을 엄벌하다.
【重酬】zhòngchóu 통 후하게 보수를 주다. ¶对为公司做出重大贡献的人要~。=회사에 커다란 공헌이 있는 사람에게는 후한 보수를 주어야 한다. 명 후한 보수〔사례〕. ¶报以~=후한 사례를 하다.
【重处】zhòngchǔ 통 엄하게 처벌하다. 중벌에 처하다.
【重创】zhòngchuāng 통 심한 타격을 주다. 중상을 입히다. ¶~敌军=적군에게 심한 타격을 입히다.
【重挫】zhòngcuò 통 심하게 좌절시키다. 심하게 손상시키다. ¶你这样做, 将会~大家的积极性。=네가 이렇게 하면 모두의 적극성을 좌절시킨다.
【重大】zhòngdà 형 중대하다. 무게고 크다. ¶责任~=책임이 중대하다. / ~事故=중대한 사고.
【重担】zhòngdàn 명 1 무거운 짐. 2 (喩) 중대한 책임. 중책. 중임. ¶勇挑~=용감히 중책을 지다. ↳重任
【重地】zhòngdì 명 중지. 매우 중요한 땅. 요충지. ¶军事~=군사 요충지.
【重典】zhòngdiǎn 명 1 중전. 엄격한 제도나 법률. ¶乱世用~。=난세에는 엄격한 법률을 적용해야 한다. 2 중전. 중요한 전적. ¶宪法乃法之~。=헌법은 곧 법의 중요 전적이다.
【重点】zhòngdiǎn 명 1 중점. ¶工作~=작업의 중점. 2 (物) 중점. 阻力点(저항점)의 옛 명칭. [지렛대를 써서 물체를 움직일 때 무게가 지렛대에 직접 미치는 점] 형 (동류 사물 중에서) 중요한. 주요한. ¶~大学=핵심 대학. 튀 중점적으로. ¶~培养=중점적으로 배양하다. ↳要点 要项
【重读】zhòngdú 명 (言) 강세. 액센트. ☞ chóngdú
【重罚】zhòngfá 통 가중 처벌하다. ¶屡教不改, 理当~。=몇 번을 타일러도 고치지 않으니, 당연히 가중 처벌하여야 한다.
【重犯】zhòngfàn 명 (法) 중범. 중죄범.
【重负】zhòngfù 명 무거운 짐〔부담〕. ¶如释~=무거운 짐을 벗어버린 듯하다.
【重工业】zhònggōngyè 명 중공업. ↔轻工业
【重荷】zhònghè 명 중하. 무거운 짐〔부담〕.
【重话】zhònghuà 명 심한 말. 자극적인 말. 거센 말. 신랄한 말. 큰소리. ¶他性格温和, 对人从不说~。=그는 성격이 부드러워 남에게 절대 심한 말을 하지 않는다.
【重活】zhònghuó(~儿) 명 힘든 일. 중노동. ¶他干活儿从来都是拣~儿干, 从不偷奸要滑。=그는 일을 하면 언제나 힘든 일을 골라 하지 절대 잔꾀를 부리지 않는다.
【重机枪】zhòngjīqiāng ☞ 【重机关枪】 zhòngjīguānqiāng
【重机关枪】zhòngjīguānqiāng 명 (军) 중기관총. 중기(重機). ≡【重机枪】zhòngjīqiāng
【重价】zhòngjià 명 중가. 비싼 값. ¶~征求=비싼 값으로 모집하다.
【重剑】zhòngjiàn 명 (體) 1 에페. [펜싱 종목 중의 하나] 2 에페. [에페 경기에 쓰이는 칼]
【重奖】zhòngjiǎng 명 중상(重賞). 거액의 보너스나 귀중한 상품. ¶授予~=중상을 수여하다. 통 중상을 수여하다. 거금의 보너스를 주다. ¶~奥运冠军。=올림픽 금메달리스트에게 중상을 수여하다.
【重金】zhòngjīn 명 거금. 큰돈. 고가. ¶~聘请=고가로 초빙하다.

# 重 zhòng

【重金属】 zhòngjīnshǔ 〈名〉〈化〉 중금속.

【重晶石】 zhòngjīngshí 〈名〉〈礦〉 중정석.

【重力】 zhònglì 〈名〉〈物〉 1 ☞【地心引力】 dìxīn yǐnlì 2 중력.

【重利】 zhònglì 〈동〉〈문〉 물질적 이익을 중시하다. ¶~轻义=재물을 중히 여기고 의리를 가벼이 여기다. 〈名〉 1 고리. 고금리. 고변(高邊). ¶~盘剥=고리로 착취하다. 2 중리. 매우 큰 이윤. ¶牟取~=매우 큰 이윤을 추구하다.

【重量】 zhòngliàng 〈名〉〈物〉 1 중량. [지구 위의 물체에 작용하는 중력의 크기. 단위는 뉴턴 (newton)] 2 중량. 무게.

【重量级】 zhòngliàngjí 〈名〉〈體〉 헤비급. 중량급.

【重名】 zhòngmíng 〈名〉 높은 명성. ¶有负~=높은 명성을 저버리다.

【重男轻女】 zhòngnán-qīngnǚ 〈성〉 남자를 중시하고 여자를 경시하다. 남존여비.

【重判】 zhòngpàn 〈동〉 무겁게 판결을 내리다. ¶依法~=법에 의거하여 무겁게 판결을 내리다.

【重炮】 zhòngpào 〈名〉〈軍〉 중포.

【重器】 zhòngqì 〈名〉〈문〉 1 중기. 중보(重寶). 귀중한 기구. [종정(鐘鼎) 등 보물을 가리킴. 국가 정권의 상징임] 2 〈비〉 중기. 걸출한 인재. 중요한 인물. ¶士者, 国之~。=사(士)란 국가의 중요한 인물이다.

【重迁】 zhòngqiān 〈동〉〈문〉 가벼이 이사하지 않다. 이주하기 싫어하다. ¶安土~=고향에 안주하여 가벼이 이주하지 않다.

【重氢】 zhòngqīng 〈名〉〈物〉 중수소. 듀테륨 (dueterium). ['氘(dāo)'는 '重氢(중수소)'의 옛 명칭]

【重任】 zhòngrèn 〈名〉 중임. 대임(大任). ¶肩负~=중임을 맡다. ≒重担

【重伤】 zhòngshāng 〈名〉 중상. ¶身负~=중상을 당하다.

【重赏】 zhòngshǎng 〈동〉 중상하다. 포상을 내리다. 상을 후하게 주다. ¶~三军=삼군에게 포상을 내리다. 〈名〉 큰 포상. ¶~之下, 必有勇夫。=큰 포상 아래 반드시 용감한 사나이가 있다.

【重身子】 zhòngshēn·zi 〈속〉 1 몸이 무겁다. [임신한 것을 가리킴] 2 임신한 여자.

【重视】 zhòngshì 〈동〉 중시하다. 중요시하다. ¶~教育=교육을 중시하다. ≒器重 ↔轻视 鄙视 蔑视 藐视 小看 小瞧 鄙夷

【重水】 zhòngshuǐ 〈名〉〈化〉 중수. ↔轻水

【重碳酸铵】 zhòngtànsuān'ān 〈名〉〈化〉 중탄산암모늄($NH_4HCO_3$).

【重听】 zhòngtīng 〈형〉 귀가 먹다. ¶老人眼花了, 耳朵也~了。=노인은 눈이 침침하고 귀가 먹었다.

【重头】 zhòngtóu 〈名〉 1 (물체의) 무거운 쪽. ¶你抬重头, 我抬~。=네가 무거운 쪽을 들고 나는 가벼운 쪽을 들었다. 2 중요한 부분. ¶《现代汉语词典》是中文工具书的~。=《현대한어사전 (現代漢語詞典)》은 중국어 참고 도서 중 중요한 책이다. 〈형〉〈비〉 가장 무게가 있거나 중요한. ¶~产品=중요 제품. / ~文章=중요 문장.

【重头戏】 zhòngtóuxì 〈名〉 1 노래와 동작이 많아 힘든 가극. 2 〈비〉 일이나 활동 중에서 가장 중요하고 가장 힘든 부분. ¶产品营销是生产企业的~。=제품 판촉은 생산업체의 가장 중요한 일이다.

【重托】 zhòngtuō 〈名〉 중대한 위탁[부탁]. ¶不负~=중대한 위탁을 저버리지 않다.

【重望】 zhòngwàng 〈名〉 1 중망. 두터운 명성과 인망. ¶深孚~=몹시 두터운 명성과 인망을 받다. 2 간절한 바람[희망]. ¶寄以~=간절히 바라다.

【重武器】 zhòngwǔqì 〈名〉〈軍〉 중무기.

【重孝】 zhòngxiào 〈名〉 참최(斬衰). [고대의 5가지 상복 중 가장 중한 상복. 예를 들면 자녀가 아버지상을 당하거나 아버지가 없는 손자가 할아버지상을 당했을 때 입는 상복]

【重谢】 zhòngxiè 〈동〉 중한 예로써 사례하다. ¶理当~=당연히 중한 예로써 사례를 하여야 한다.

【重心】 zhòngxīn 〈名〉 1 〈物〉 중심. 무게 중심. 2 〈數〉 무게 중심. 3 〈비〉 (일의) 중점. 핵심. ¶工作~=일의 핵심.

【重刑】 zhòngxíng 〈名〉 중형. ¶施以~=중형을 가하다.

【重型】 zhòngxíng 〈형〉 (기계·무기 등이) 중형인. ¶~卡车=중형 트럭. / ~轰炸机=중형 폭격기.

【重压】 zhòngyā 〈名〉 중압. ¶面对生活的~, 他变得更为坚强。=삶의 중압에 직면하여 그는 더욱 굳세졌다.

【重要】 zhòngyào 〈형〉 중요하다. ¶~新闻=중요한 뉴스. / ~任务=중요한 임무.

【重义】 zhòngyì 〈동〉 도의를 중히 여기다. 의리를 중시하다. ¶~轻利=의리를 중시하고 재물을 가벼이 여기다.

【重音】 zhòngyīn 〈名〉 1 〈言〉 악센트(accent). 2 〈音〉 강음. 악센트.

【重用】 zhòngyòng 〈동〉 중용하다. ¶他深得领导~。=그는 지도자의 중용을 받았다.

【重油】 zhòngyóu 〈名〉 1 중유. 2 나프타(naphtha). ↔轻油

【重于泰山】 zhòngyú-Tàishān 〈성〉 1 태산보다 무겁다. 2 〈비〉 가치가 있다. 의의가 크다.

【重元素】 zhòngyuánsù 〈名〉〈化〉 중원소.

【重灾】 zhòngzāi 〈名〉 심각한 자연 재해. ¶~户=심각한 재해를 입은 가구.

【重灾区】 zhòngzāiqū 〈名〉 1 자연 재해를 심하게 입은 지역. 2 〈비〉 심한 타격이나 파괴를 당한 지역 또는 부서. ¶他们企业是这次股市跌的~。=그들은 이번 주식 폭락 때 심각한 피해를 입은 회사이다.

【重载】 zhòngzài 〈형〉 적재량이 큰. ¶~货轮=적재량이 큰 화물선. 〈名〉 대용량의 화물차〔선박〕. ¶轻载让~。=작은 차〔배〕가 큰 차〔배〕에게 양보하다.

【重责】 zhòngzé 〈名〉 중책. 중대한 책임. ¶身负~=중책을 맡다. 〈동〉 1 책임을 중시하다. ¶~轻利=책임을 중시하고 이익을 가벼이 여기다. 2

중책하다. 엄하게 책망하다. ¶~渎职者=독직한 사람을 엄하게 책망하다.

【重镇】 zhòngzhèn (명) 1 (军) 요지. 중요한 곳 [도시]. ¶军事~=군사 요지. 2 요지. 중요한 도시. ¶经济~=경제 요지.

【重浊】 zhòngzhuó (형) 1 (목소리가) 낮고 탁하다. ¶~的声调=낮고 탁한 목소리. 2 중탁하다. 무겁고 탁하다. 흐리고 탁하다. ¶乌云密布, 空气十分~。=먹구름이 자욱하여 공기가 흐리고 탁하다.

【重资】 zhòngzī (명) 거자(巨资). 거액의 자금. ¶~兴建=거액의 자금으로 건설하다.

【重子】 zhòngzǐ (명)(化) 바리온(baryon). 중입자.

【重罪】 zhòngzuì (명)(法) 중죄. ¶判以~=중죄로 판결하다. ↔轻罪

**蚛** zhòng 벌레 물 중
(동)(문) 벌레가 물다.

**種** zhòng 심을 종
(동)(문) '种(zhòng)'과 같음.

# zhou

**舟** zhōu 배 주
(명)(문) 배. ¶风雨同~=폭풍우 속에 한 배를 타다. ≒船

○─ 飞舟, 龙舟

【舟车】 zhōuchē (명)(문) 1 배와 차의 합칭. 2 여행. ¶~劳顿=여행에 지치다.

【舟楫】 zhōují (명)(문) 1 배와 노. 2 배. 선박. ¶~往来=배가 왕래하다.

【舟桥】 zhōuqiáo (명) 주교. 배다리.

【舟中敌国】 zhōuzhōng-díguó (성) 1 한 배에 탄 사람들이 모두 적으로 변하다. 2 (비) 군중이 반대하고 친근한 사람들이 떠나다. 인심을 얻지 못하고 고립된 처지에 직면하다. ≒众叛亲离

【舟子】 zhōu·zi (명)(문) 뱃사공.

**州** zhōu 고을 주
(명) 1 (历) 주. [고대 행정 구역의 명칭] 2 자치주. [중국 소수 민족 지역의 자치 행정 구역. 자치구(自治区)와 자치현(自治县)의 중간 크기임]

**诌** [謅] zhōu 함부로 지껄일 추
(동) (말을) 꾸며 내다. 날조하다. ¶胡~=함부로 날조하다.

**侜** zhōu 속일 주
(동)(문) 속이다. 기만하다.

【侜张】[诪张] zhōuzhāng (동)(문) 속이다. 기만하다. ¶~为幻=현혹하다. 날조하다. 꾸며 내다. ¶~为幻=현혹시키다.

**周**¹[(週)] zhōu 돌 주
(동) 돌다. 순환하다. ¶外~土垣=밖에는 토담이 둘러쳐져 있다. (형) 전반적인. 보편적인. ¶众所~知=모두가 다 아는 바와 같이. 2 완비하다. 완벽하다. 빈틈없다. ¶招待不~=접대가 변변치 못하다. (명) 1 원. ¶围成一~=둘러서 원을 이루다. 2 주변. 주위. 둘레. ¶圆一~=원주. 3 주. 주일. ¶下~=다음 주. / 历时三~=3주가 걸리다. (양) 1 바퀴. ¶绕操场一~=운동장을 한 바퀴를 돌다. 2 (양)(电) 주파(周波).

**周²** zhōu 도울 주
(동) 구제하다. 원조하다. 돕다. ¶~济孤儿寡母。=과부와 그녀의 자녀를 구제하다. (명) (Zhōu) 1 (历) 주. [무왕인 희발(姬发)이 은(殷)을 멸망시키고 건립한, 약 B.C.1046~B.C.256년까지 중국을 지배했던 왕조] 2 (历) 북주(北周). 3 (历) 후주(后周). 4 (历) 주. [측천무후(则天武后)가 스스로 황제라 칭하고 국호를 주(690~705년)로 고침] 5 성(姓).

【周报】 zhōubào (명) 주보. 주간 신문. ¶《文摘~》=《문적주보》

【周边】 zhōubiān (명) 주변. 주위. ¶~国家=주변 국가.

【周遍】 zhōubiàn (형) 모든 범위의. 온 면의. 보편적인. ¶~性=보편성.

【周波】 zhōubō (명)(电) 주파. (양)(电) 헤르츠(hertz).

【周长】 zhōucháng (명)(数) 둘레[주변](의 길이).

【周到】 zhōu·dào (형) 세심하다. 치밀하다. 꼼꼼하다. 빈틈없다. ¶考虑~=생각이 치밀하다. ≒周全

【周恩来】 Zhōu Ēnlái (명)(历) 저우언라이. 주은래(1898~1976). [중화 인민 공화국의 정치가. 국공합작에 힘썼으며, 중화 인민 공화국 건국 후 국무원 총리를 지냈으며, 저명한 혁명가·군사가·정치가·외교가임]

【周而复始】 zhōu'érfùshǐ (성) 1 한 바퀴 돈 다음 다시 시작하다. 2 (비) 끊임없이 순환하다. =【终而复始】 zhōng'érfùshǐ

【周忌】 zhōujì (명) 1주기. ¶下周二是他父亲的~。=다음 주 화요일은 그의 아버지 1주기이다.

【周济】[賙济] zhōujì (동) 구제하다. 도와 주다. 지원하다. ¶~穷人=가난한 사람을 구제하다. ≒接济

【周角】 zhōujiǎo (명)(数) 주각.

【周刊】 zhōukān (명) 1 주간. [한 주일에 한 번씩 간행하는 간행물] 2 주간. [일간 신문의 일 주일에 한 번 발행하는 부록]

【周口店】 Zhōukǒudiàn (명)(地) 저우커우뎬. [베이징 근교에 있으며 북경원인 출토로 유명한 지명]

【周密】 zhōumì (형) 주밀하다. 주도면밀하다. 치밀하다. 꼼꼼하다. 빈틈없다. ¶~的安排=주도면밀한 안배. ↔粗疏

【周末】 zhōumò (명) 주말.

【周年】 zhōunián (명) 주년. ¶建校100~大庆=건학 100주년 경축.

【周期】zhōuqī 명 **1** 주기. ¶月球自转~=달의 자전 주기. **2** 주기. [같은 현상이나 특징이 한 번 나타나고부터 다음 번 되풀이되기까지의 기간]¶资金周转~=자금 회전 주기. **3** (化) 주기. [원소를 원자 번호의 차례로 배열하였을 때, 비슷한 성질의 원소가 일정한 간격을 두고 되풀이하여 나타나는 일]

【周期表】zhōuqībiǎo 명(化)(원소) 주기율표. 주기표.

【周期性】zhōuqīxìng 명 주기성(週期性). ¶~波动=주기성 파동.

【周全】zhōuquán 형 주도면밀하다. 빈틈없다. 완전하다. ¶计划~=계획이 주도면밀하다. 통 거들다. 돕다. 원조하다. ¶他常~身边需要帮助的人. =그는 늘 주변에 도움이 필요한 사람을 돕는다. ≒全面 周到

【周身】zhōushēn 명 전신. 온몸. ¶~是汗=온몸이 땀투성이이다.

【周岁】zhōusuì 양 만 한 살. ¶小家伙快3~了. =녀석이 곧 만 세 살이 된다.

【周天】zhōutiān 명(운) 온 하늘. ¶风雪满~. =풍설이 온 하늘에 가득하다.

【周围】zhōuwéi 명 주위. 주변. ¶环顾~=주위를 둘러보다. ≒四周

【周围神经】zhōuwéi shénjīng 명(生) 말초신경. 끝신경.

【周息】zhōuxī 명 연리.

【周详】zhōuxiáng 형 전면적이고 상세하다. 면밀하다. 상세하다. 자세하다. ¶计划~=계획이 상세하다.

【周新】zhōuxīn 명 주급.

【周恤】zhōuxù 통(문) 주휼(賙恤)하다. 주궁휼빈(賙窮恤貧)하다.

【周旋】zhōuxuán 통 **1** 빙빙 돌다. 맴돌다. 선회하다. ¶鹰在蓝天~. =매가 푸른 하늘에서 빙빙 돈다. **2** 응대하다. 접대하다. 교제하다. 사교하다. ¶虚于~=진실하게 응대하지 않다. **3** 교전하다. 공방전을 벌이다. 싸우다. ¶我们一定要同敌人~到底. =우리는 반드시 적과 끝까지 싸워야 한다.

【周延】zhōuyán 명(論) 주연.

【周易】Zhōuyì 명《주역》. =《易经》 Yìjīng

【周游】zhōuyóu 통 주유하다. 두루 돌아다니다. ¶~世界=세계 각지를 여행하다.

【周缘】zhōuyuán 명 주위. 주변. ¶荷塘的~栽满冬青. =연못 주변에 감탕나무를 빽빽이 심었다.

【周遭】zhōuzāo 명 주위. 주변.

【周章】zhōuzhāng 형(문) 당황하다. 겁에 질리다. ¶~失措=당황하여 어쩔 줄 모르다. 명(문) 노력. 수고. 고생. 고심. ¶煞费~=엄청 고심하다.

【周折】zhōuzhé 명 곡절. ¶颇费~=자못 곡절을 겪다.

【周正】zhōu·zhèng 형(방) 반듯하다. 단정하다. 균형잡히다. ¶她长得很~. =그녀는 반듯하게 생겼다.

【周知】zhōuzhī 통 주지하다. 두루 알다. 모두

알다. ¶一体~=모두가 주지하다.

【周至】zhōuzhì 형 (일처리나 생각이) 주도면밀하다. 꼼꼼하다. 치밀하다. ¶殷勤~=생각이 깊고 세심하다. 명 (Zhōuzhì) (地) 저우즈. [산시(陕西)성에 있는 지명]

【周周到到】zhōu·zhou dàodào (~的) 형 주도면밀하다. 꼼꼼하다. 세심하다.

【周转】zhōuzhuǎn 통 **1** (經) (자금을) 회전시키다. ¶加快资金~速度. =자금의 회전 속도를 높이다. **2** 돌리다. 융통하다. 변통하다. ¶手上的钱有点儿~不开. =수중의 돈이 잘 돌아가지가 않는다.

【周转房】zhōuzhuǎnfáng 명 (집이 철거되거나 재건축을 하는 동안 제공되는) 임시 주택.

【周转金】zhōuzhuǎnjīn 명(經) 회전〔운전〕자금. ¶留出一部分现金, 作为~. =일부분의 현금을 남겨 회전 자금으로 삼다.

【周转期】zhōuzhuǎnqī 명(經) 회수 기간.

**\*\*洲** zhōu 모래톱 주

명 **1** 주. 모래톱. [흙·모래가 물 속에 퇴적되어 물 위로 드러난 땅] ¶沙~=사주. / 珠江三角~=주장 삼각주. **2** (地) 주. [지구상의 대륙을 나눈 명칭]

○● 绿洲, 满洲, 沙shā洲, 五洲

【洲际】zhōujì 명 대륙간. 대륙과 대륙 사이. ¶~交往=대륙간 왕래하다.

【洲际导弹】zhōujì dǎodàn 명(軍) 대륙간 유도탄〔미사일〕. 대륙간 탄도 유도탄.

诗[謅] zhōu 저주할 주

통(문) **1** 저주하다. **2** '㑇(zhōu)'와 같음.

【诗张】zhōuzhāng ☞ 【㑇张】zhōuzhāng

辀[輈] zhōu 끌채 주

명(문) **1** (수레의) 끌채. **2** 수레.

㧑 zhōu 들칠 조

통(방) 부축하다. 한쪽을 밀어 올리거나 들치다. ¶小家伙一使劲儿就把桌子~翻了. =녀석이 힘을 한번 주자 탁자가 뒤집어졌다.

啁 zhōu 새 우는 소리 조

☞ zhāo

【啁啾】zhōujiū 의(문) 짹짹. [새가 우는 소리] ¶乳雀~. =어린 참새가 짹짹 운다.

鸼[鵃] zhōu 멧비둘기 주

☞ 【鹘鸼】gǔzhōu

𩾃 zhōu 닭 부르는 소리 주

의 구구. [닭을 부르는 소리]

赒[賙] zhōu 구제할 주

통 '周(구제하다·원조하다)'와 같음.

【赒济】zhōujì ☞ 【周济】zhōujì

## **粥 zhōu 죽 죽
⟨명⟩ 죽. ¶稀~=묽은 죽. / 小米~=좁쌀죽.
☞ yù
【粥少僧多】zhōushǎo-sēngduō ☞【僧多粥少】sēngduō-zhōushǎo
【粥样硬化】zhōuyàng yìnghuà ☞【动脉粥样硬化】dòngmài zhōuyàng yìnghuà

## 盩 zhōu 산굽이 주
⟨명⟩⟨문⟩ 산굽이.
【盩厔】Zhōuzhì ⟨명⟩⟨地⟩ 저우즈. [산시(陕西)성에 있는 지명. 지금은 저우즈(周至)로 씀]

## 妯 zhóu 동서 축
【妯娌】zhóu·li ⟨명⟩ 동서. ¶~之间=동서지간.

## *轴[軸] zhóu 굴대 축
⟨명⟩ 1 축. 굴대. ¶前~=앞굴대. / 轮~=윤축. 2 축. 샤프트. [회전 운동이나 직선 왕복 운동으로 동력을 전달하는 둥근 막대 모양의 기계 부품] ¶转~=회전축. / 曲~=크랭크축. 3 (~儿) 축. [위로 감아 올리거나 물건을 감는 둥근 막대 모양의 용구] ¶画~=족자축. / 线~儿=선축. 라인 샤프트. 4 ⟨数⟩ 축. [대칭 도형의 기준이 되는 선] ¶中~线=중축선. 5 축. 토리. [감긴 실이나 두루마리를 세는 단위] ¶两~棉线=무명실 두 토리. / 一~仕女图=사녀도 한 축.
☞ zhòu

○→ 超轴, 磁cí轴, 地轴, 挂轴, 花轴, 画轴, 立轴, 轮lún轴, 胚pēi轴, 穗suì轴, 天轴, 线轴, 主轴, 转zhuàn轴

【轴衬】zhóuchèn ☞【轴瓦】zhóuwǎ
【轴承】zhóuchéng ⟨명⟩⟨机⟩ 베어링(bearing).
【轴对称】zhóuduìchèn ⟨명⟩⟨数⟩ 선대칭.
【轴套】zhóutào ⟨명⟩⟨机⟩ 액슬 슬리브(axle sleeve).
【轴瓦】zhóuwǎ ⟨명⟩⟨机⟩ 액슬 부쉬(axle bush). =【轴衬】zhóuchèn
【轴线】zhóuxiàn ⟨명⟩ 1 실패의 실. 2 ⟨机⟩ 축선. 3 ⟨数⟩ 중심선.
【轴心】zhóuxīn ⟨명⟩ 1 ⟨机⟩ 축심. 2 추축(樞軸). [사물의 핵심 또는 중심] ¶柏林-罗马-东京~=베를린·로마·동경의 추축이다.
【轴心国】zhóuxīnguó ⟨명⟩ 추축국.
【轴子】zhóu·zi ⟨명⟩ 1 권축. 2 ⟨音⟩ (현악기의 줄을 조이는) 줄감개.

## 肘 zhǒu 팔꿈치 주
⟨명⟩ 1 팔꿈치. ¶掣~=팔꿈치를 잡아당기다. 2 (~儿) (식품으로서의) 돼지 뒷다리 허벅지고기.
【肘关节】zhǒuguānjié ⟨명⟩⟨生⟩ 팔꿈치 관절. ¶~脱臼=팔꿈치 관절이 탈구하다.
【肘窝】zhǒuwō ⟨명⟩ 팔오금.
【肘腋】zhǒuyè ⟨명⟩⟨문⟩ 1 팔꿈치와 겨드랑이.

2 ⟨喩⟩ 아주 가까운 곳. ¶变生~=아주 가까운 곳에서 변화가 생기다.
【肘腋之患】zhǒuyèzhīhuàn ⟨성⟩⟨喩⟩ 신변이나 아주 가까운 곳에 생긴 환난.
【肘子】zhǒu·zi ⟨명⟩ 1 (~儿) ⟨구⟩ 팔꿈치. 2 (식품으로서의) 돼지 허벅지고기.

## 帚[(箒)] zhǒu 비 추
⟨명⟩ 비. 빗자루. ¶扫~=빗자루. / 敝~自珍=자신의 몽당빗자루를 보배처럼 여기다.

## 纣[紂] zhòu 껑거리끈 주
⟨명⟩ 1 ⟨문⟩ (말의) 껑거리끈. 밀치끈. 2 (Zhòu) 주(왕). [상(商)나라의 마지막 임금] ¶助~为虐=폭군 주왕을 부추겨 나쁜 짓을 일삼다.
【纣棍】zhòugùn (~儿) ⟨명⟩ 껑거리막대. 밀치.

## 伷[偢] zhòu 영리할 추
⟨형⟩ 잘생기다. 예쁘다. 영리하다. 기민하다. [주로 조기 백화문에 보임]

## *咒[(呪)] zhòu 빌 주
⟨동⟩ 1 ⟨문⟩ 기도하다. 2 저주하다. ¶诅~=저주하다. 3 ~念=주문을 외다.

○→ 赌dǔ咒, 紧箍gū咒

【咒骂】zhòumà ⟨동⟩ 저주하며 욕설을 퍼붓다. 악담을 하다.
【咒语】zhòuyǔ ⟨명⟩ 주문.

## 怞[惆] zhòu 고집셀 추
⟨형⟩⟨방⟩ 고집스럽다. ¶~脾气=고집스러운 성질.

## *宙 zhòu 우주 주
⟨명⟩ 1 (과거·현재·미래의 무한한) 시간. ¶宇~=우주. 2 ⟨地⟩ 이언(eon). 누대(累代). [지질 시대를 구분하는 단위. 대(代)보다 큰 단위임] ¶太古~=태고 누대.

## 绉[縐] zhòu 주름질 추
⟨명⟩⟨纺⟩ 크레이프(crape).
【绉布】zhòubù ⟨명⟩⟨纺⟩ 면 크레이프.
【绉纱】zhòushā ⟨명⟩ 견 크레이프.

## 荮[葤] zhòu 꾸러미 주
⟨동⟩⟨방⟩ 짚으로 싸다. ⟨양⟩ 죽. [사발·접시 등을 새로 한 묶음으로 묶어 놓은 것을 가리킴] ¶一~碗=사발 한 죽.

## *轴[軸] zhòu 마지막 막 축
⟨명⟩⟨剧⟩ 희곡 공연에서 가장 마지막에 상연하는 막. ¶大~子=희곡 공연에서 가장 마지막에 상연하는 막.
☞ zhóu

## 胄 zhòu 투구 주
⟨명⟩ 1 고대 제왕이나 귀족의 후손. ¶贵~=귀족

咮 zhòu 부리 주

囗(튄) (새의) 부리.

**昼[晝]** zhòu 낮 주

囗 **1** 낮. ¶白~=대낮. **2**(氣) 낮. [기상학상 당일 8시부터 20시까지를 가리킴] ↔夜

【昼夜】 zhòuyè 囗 낮과 밤. ¶~兼程=밤낮으로 길을 재촉하다.

酎 zhòu 진한 술 주

囗(튄) 여러 번 빚은 순주(醇酒).

【酎金】 zhòujīn 囗(튄) 주금. [천자가 햇곡식으로 빚은 순주(醇酒)를 종묘에 제를 올릴 때 제후가 그 순주를 마시고 천자에게 바치는 금]

**皱[皺]** zhòu 주름 추

囗 **1** 주름(살). ¶满脸~纹=얼굴에 온통 주름살투성이이다. **2** 주름(살). 구김(살). ¶褶~=주름살. 튄 찡그리다. 찌그리다. 찌푸리다. ¶眉头一~,计上心来。=눈살을 찌푸리자 계략이 떠오르다.

○─ 打皱, 褶zhě皱

【皱巴巴】 zhòubābā(~的) 휑(돈) 쭈글쭈글하다. 주름투성이이다. ¶裤子被压得~的。=바지가 눌려서 쭈글쭈글해졌다.

【皱襞】 zhòubì 囗(튄) 추벽. 주름.

【皱痕】 zhòuhén 囗 주름(살). 잔주름. 구김(살). ¶~未平=주름이 펴지지 않다.

【皱眉】 zhòuméi 튄 눈살을 찌푸리다. 얼굴을 찡그리다. ¶~蹙额=눈살을 잔뜩 찌푸리다.

【皱胃】 zhòuwèi 囗(生)(반추동물의) 제4위. 추위. 주름위.

【皱纹】 zhòuwén(~儿) 囗 주름(살).

【皱折】 zhòuzhé 囗 깊은〔굵은〕 주름. ¶眼角有一道很深的~。=눈가에 깊은 주름이 한 줄 패어 있다. 튄 깊은〔굵은〕 주름이 생기다. ¶衬衫~成这样子,该送洗衣店了。=셔츠가 이렇게 주름이 졌으니 세탁소에 맡겨야겠다.

【皱褶】 zhòuzhě 囗 주름(살).

【皱皱巴巴】 zhòu·zhou bābā(~的) 휑(돈) 쭈글쭈글하다. 주름투성이이다.

甃 zhòu 우물벽 추

囗(튄) 우물 벽. 튄(튄) (우물 벽 등을) 벽돌로 쌓다. ¶~井=벽돌로 벽을 쌓은 우물.

㑇 zhòu 걱정할 추

☞【㒗㑇】 chánzhòu

繇 zhòu 점사 주

囗 점사. ¶~辞=점사.

☞ yáo, yóu

**骤[驟]** zhòu 말 달릴 취

튄 (말이) 달리다. ¶驰~=전속력으로 달리다. 질주하다. 휑 아주 빠르다. ¶急~=다급하다. 튄 갑자기. 돌연히. 홀연히. ¶脸色~变=안색이 갑자기 변하다. ≒陡

○─ 步骤, 急骤

【骤变】 zhòubiàn 튄 급변하다. ¶天气~=날씨가 급변하다.

【骤减】 zhòujiǎn 튄 급감하다. ¶产量~=생산량이 급감하다.

【骤降】 zhòujiàng 튄 갑자기 내리다. ¶暴雨~=폭우가 갑자기 내리다.

【骤起】 zhòuqǐ 튄 갑자기 일어나다. ¶狂风~=광풍이 갑자기 일어나다.

【骤然】 zhòurán 튄 돌연히. 홀연히. 갑자기. ¶~响起雷鸣般的掌声。=갑자기 우레와 같은 박수 소리가 울리다. ≒突然 忽然 猛然

【骤雨】 zhòuyǔ 囗 취우. 소나기. ¶暴风~=폭풍을 동반한 소나기.

【骤增】 zhòuzēng 튄 급증하다. ¶产值~=생산고가 급증하다.

籀 zhòu 주문문 주

囗 주문(籀文). 대전(大篆). ¶篆~=전주. 주문(籀文). 튄(튄) 책을 읽다. 낭독하다. ¶讽~=낭송하다.

【籀书】 zhòushū ☞【籀文】 zhòuwén

【籀文】 zhòuwén 囗 주문(籀文). 대전(大篆). =【籀书】 zhòushū

碡 ·zhou 녹독 독

☞【碌碡】 liù·zhou

# zhu

**朱**[1] zhū 붉을 주

囗 붉다. ¶~唇粉面=붉은 입술에 흰 얼굴. 예쁜 용모. 囗 (Zhū) 성(姓). ≒赤 ↔黑

| ○ 朱 zhū | |
| 洙 zhū |
| 茱 zhū |
| 珠 zhū |
| 蛛 zhū |
| 诛 zhū |
| 殊 shū |

**朱**[2]**[硃]** zhū 주사 주

囗(化) 주사(朱砂).

【朱笔】 zhūbǐ 囗 주필.

【朱唇】 zhūchún 囗 붉은 입술. [주로 여자의 입술을 가리킴] ¶~微启=붉은 입술이 살짝 벌어지다.

【朱唇皓齿】 zhūchún-hàochǐ 휑 **1** 붉은 입술에 하얀 치아. **2** 예쁘다. 아름답다. [여자의 아름다운 용모를 형용함]

【朱红】 zhūhóng 휑 주홍색의. 빨간색의. ¶~的印章=주홍색의 인장.

【朱鹮】 zhūhuán 囗(動) 따오기.

【朱蕉】 zhūjiāo ☞【铁树】 tiěshù

【朱槿】 zhūjǐn 囗(植) 불상화(佛桑花). =【扶桑】 fúsāng

【朱卷】zhūjuàn 圀 주권. 주필로 베껴 쓴 답안. [청대의 향시·회시의 답안을 공정을 기하기 위해 누가 작성한 답안인지 알아보지 못하도록 심사 위원이 심사하기 전에 주필로 베껴 쓴 것을 가리킴]

【朱门】zhūmén 圀 1 주문. 붉은 문. 2 지위가 높은 벼슬아치의 집. 호족. ¶~酒肉臭．=돈 많은 호족의 집안에서 술과 고기가 썩어가다.

【朱墨】zhūmò 圀 1 주묵. 붉은색과 검은색. ¶~套印=주묵[붉은색과 검은색]의 채색 인쇄. 2 주묵. [주사(朱砂)로 만든 먹]

【朱鸟】zhūniǎo 圀 1〔天〕주작. [이십팔수 가운데 남쪽을 지키는 일곱 별을 통틀어 이르는 말. 정(井), 귀(鬼), 유(柳), 성(星), 장(張), 익(翼), 진(軫)임] 2〔道〕주작. [도교에서 신봉하는 남쪽 방위를 지키는 신] =【朱雀】zhūquè

【朱批】zhūpī 圀 1 주필로 쓴 평어(評語). 2 황제의 결재.

【朱漆】zhūqī 圀 주칠. ¶~家具=주칠 가구.

【朱雀】zhūquè 圀 1〔動〕적원자. ¶긴꼬리홍양지니. [참새목 되새과의 총칭] =【红麻料儿】hóngmáliàor 2 ☞【朱鸟】zhūniǎo

【朱砂】zhūshā 圀〔化〕주사. =【丹砂】dānshā【辰砂】chénshā

【朱文】zhūwén 圀 주문. [인장의 돌출된 문자. 인장을 종이에 찍었을 때 붉은색으로 나타나기 때문에 붙여진 명칭임] ↔白文

【朱竹】zhūzhú ☞【铁树】tiěshù

# 邾 Zhū 나라 이름 주

圀 1〔歷〕주. [주(周)대 추국(邾國)의 본래 이름. 지금의 산둥(山東)성 저우(邹)현에 있었음] 2 성 (姓).

# 侏 zhū 키 작을 주

圀 작다. 왜소하다.

【侏罗纪】Zhūluójì 圀〔地〕쥐라기(Jura紀).

【侏罗系】Zhūluóxì 圀〔地〕쥐라계(Jura系).

【侏儒】zhūrú 圀 주유. 난쟁이. ↔巨人

# 诛[誅] zhū 벨 주

통 1 비난하다. 처벌하다. 징벌하다. ¶口~笔伐=말과 글로 남의 죄상을 폭로하다. 2 (죄인을) 처형하다. 사형을 집행하다. ¶罪不容~=죄는 처형을 당해도 모자랄 지경이다.

【诛锄异己】zhūchú-yìjǐ 정적을 제거하다.

【诛戮】zhūlù 圀 주륙하다. 살육하다. ¶残遭~=무참히 살해당하다.

【诛灭】zhūmiè 통 주멸하다. 죽이다. 절멸시키다. ¶~盗贼=도적을 절멸시키다.

【诛求】zhūqiú 통 주구하다. 강탈하다. 수탈하다. 착취하다. ¶~无厌=끊임없이 지나치게 착취하다.

【诛求无已】zhūqiú-wúyǐ 끊임없이 착취를 일삼다.

【诛杀】zhūshā 통 주살하다. 살해하다. ¶~忠良=충신을 주살하다.

【诛心之论】zhūxīnzhīlùn 실제 행동이야

어떻든 그 악한 속마음을[동기를] 비판하는 의론(議論). 남의 속마음을 폭로하는 날카로운 비판.

# 茱 zhū 수유 수

【茱萸】zhūyú 圀〔植〕쉬나무. 수유나무. [산수유나무·오수유·식수유나무 등을 포괄함]

# 洙 Zhū 강 이름 수

圀〔地〕주수이(洙水). [산둥(山東)성에 있는 강 이름]

# **珠 zhū 구슬 주

圀 1 진주. ¶夜明~=야명주. / 鱼目混~=물고기의 눈알을 진주에 섞어 넣다. 속여 팔다. 2 (~儿) 구슬과 같이 둥근 것. ¶水~儿=물방울. / 眼~儿=눈알.

◐● 串chuàn珠, 屯珠, 顶珠, 钢gāng珠, 滚gǔn珠, 连珠, 露珠, 明珠, 念珠, 胚pēi珠, 数珠, 珍zhēn珠, 圆珠笔

【珠蚌】zhūbàng 圀〔動〕진주조개. 진주패.

【珠宝】zhūbǎo 圀 진주와 보석. 보석류. ¶~店=보석상.

【珠翠】zhūcuì 圀 진주와 비취. ¶满头~=머리에 온갖 진주와 비취로 장식하다.

【珠峰】Zhūfēng ☞【珠穆朗玛峰】Zhūmùlǎngmǎfēng

【珠冠】zhūguān 圀 보석으로 장식된 모자.

【珠光宝气】zhūguāng-bǎoqì 1 진주와 보석이 눈부시게 빛나다. 2 장신구나 장식이 부티가 나게 화려하다.

【珠花】zhūhuā 圀 진주로 만든 꽃 모양의 머리 장식.

【珠玑】zhūjī 圀 1 진주. [진주가 둥근 것을 주(珠)라고 하고 둥글지 않은 것을 기(玑)라고 함] ¶万粒~=만 개의 진주. 2〔비〕시[사]의 빼어난 구절. 주옥 같은 글귀. ¶满腹~=머리에 참신한 아이디어가 가득하다.

【珠江】Zhūjiāng 圀〔地〕주장(珠江). [시장(西江)·베이장(北江)·둥장(東江)이 모여서 이루어진 강. 윈난(雲南)성 동부에서 발원하여 구이저우(貴州)·광시(廣西)를 거쳐 광둥(廣東)성 광저우(廣州)에서 남해로 흘러 들어감]

【珠江三角洲】Zhūjiāng Sānjiǎozhōu 圀〔地〕주장(珠江)삼각주. [시장(西江)과 베이장(北江)에서 공통으로 충적되어 이루어진 대삼각주와 둥장(東江)이 충적되어 이루어진 소삼각주를 총칭함]

【珠兰】zhūlán 圀 1〔植〕다란(茶蘭). ['金粟兰(다란)'의 별칭] 2 다란(茶蘭)의 꽃을 훈제하여 만든 차.

【珠泪】zhūlèi 圀 눈물방울. ¶~滚滚=눈물방울이 뚝뚝 흐르다.

【珠帘】zhūlián 圀 주렴.

【珠联璧合】zhūlián-bìhé 1 태양과 달이 아름다운 옥이 합친 듯하고, 다섯 행성은 진주를 꿰어 놓은 듯하다. 2 우수한 인재[사물]들이 결

합하여 더욱 빛이 나다. 완벽한 한 쌍. ≒相得益彰
【珠母贝】zhūmǔbèi 團(動) 진주조개.
【珠穆朗玛峰】Zhūmùlǎngmǎfēng 團(田)(地) 초모룽마(chomo lungma)봉. [에베레스트산의 티베트어 음역으로 "세계의 성모"라는 뜻임] 粤
【珠峰】Zhūfēng
【珠算】zhūsuàn 團(數) 수판셈. 주산.
【珠圆玉润】zhūyuán-yùrùn 劆 1 진주와 같이 둥글고 옥과 같이 매끄럽다. 2 (비) 우아한 노랫소리. 세련되고 유창한 문장.
【珠轴承】zhūzhóuchéng ☞【滚珠轴承】gǔnzhū zhóuchéng
【珠子】zhū·zi 團 1 (口) 진주. 2 구슬. [구슬과 같이 둥근 물건] ¶汗～=땀방울. /琉璃～=유리구슬.

## 株 zhū 그루 주

團 1 그루터기. ¶守～待兔=수주대토. 그루터기를 지키며 토끼가 와서 부딪혀 죽기를 기다린다. 2 포기. 그루. ¶幼～=어린 포기. 양 그루. ¶两～树=나무 두 그루.

○● 病株, 劣lie株, 母株, 幼株, 植株

【株距】zhūjù 團(農) 그루 사이. 포기 간격.
【株连】zhūlián 團 연좌(연루)되다. ¶～九族=구족을 연좌시키다. ≒连累
【株式会社】zhūshì huìshè 團 주식회사. [한국이나 일본에서 '股份有限公司(주식회사)'를 가리키는 말]
【株守】zhūshǒu 團(문) 1 그루터기 옆에서 기다리다. 2 (비) 주수하다. 융통성이 없이 구습을 고수하다. [융통성이 없이 어리석게 단단히 지키기만 함을 이르는 말] ¶因循～, 不思变通.=구습을 고수하고 변통할 생각을 않다.
【株型】zhūxíng 團(農) 포기(그루)의 유형.
【株选】zhūxuǎn 團(農) 우량 품종의 조건에 부합하는 그루를 선택하여 묘목으로 택하는 방법.

## 诸[諸] zhū 모두 제

(대) 1 모든. 전부. 여러. 많은. 각개의. 각각의. 하나하나. ¶～事如意=모든 일이 뜻대로 되다. /华南～省=화남의 각 성. 2 (문) 그것을 …에 …하다. [대명사 '之'와 개사(介词) '於'의 합음(合音)] ¶付～实践=(그것을) 실천에 옮기다. 3 그것을 …하였는가? [대명사 '之'와 어조사 '乎'의 합음(合音)] ¶子闻～?=그대는 그것을 들었는가? 양 (Zhū) 복성(複姓).
【诸般】zhūbān 圈 제반. 각종. ¶～方法=각종 방법.
【诸多】zhūduō 圈 많은. [추상적인 사물에 쓰임] ¶～好处=많은 이점. /～烦恼=많은 번뇌.
【诸葛】Zhūgě 團 복성(複姓).
【诸葛亮】Zhūgě Liàng 團 1 (歷) 제갈량(181~234). [삼국 시대 촉(蜀)나라의 정치가·군사 전략가로 자(字)는 공명(孔明)임] 2 (비) 지혜가 뛰어나고 계략이 풍부한 사람.
【诸公】zhūgōng (대) 제공. 제위. ¶袞袞～=무

위도식하는 고관들.
【诸宫调】zhūgōngdiào 團 제궁조. [송(宋)·금(金)·원(元)대에 성행했던 설창 문학의 한 종류]
【诸侯】zhūhóu 團 1 제후. 2 (비) 군정을 장악한 지방관.
【诸君】zhūjūn (대)(경) 제군.
【诸亲好友】zhūqīn-hǎoyǒu (성) 여러 친지.
【诸如】zhūrú 團 예컨대[예를 들면·이를테면] …이다. [여러 개의 예를 들 때 쓰임] ¶各种球类活动, ～篮球、网球、羽毛球等等, 他都很喜欢.=각종 구기 운동, 예를 들면 농구나 테니스·배드민턴 등등을 그는 모두 좋아한다.
【诸如此类】zhūrú-cǐlèi (성) 이와 같은 종류의 각종 사물.
【诸色】zhūsè 圈(문) 각종의. 각양각색의. 온갖 종류의. ¶～人等=온갖 종류의 사람들.
【诸事】zhūshì (대) 모든 일. 만사. ¶～顺利=만사가 순조롭다.
【诸位】zhūwèi (대) 제위. 여러분. ¶～小姐=아가씨 여러분.
【诸子】zhūzǐ 團(문) 제자. [중국 선진(先秦) 시대 각 학파의 대표 인물들. 공자(孔子)·노자(老子)·장자(莊子)·묵자(墨子)·한비자(韓非子) 등이 있음]
【诸子百家】zhūzǐ-bǎijiā (성) 제자백가. [선진(先秦) 시대의 각종 학술 사상 유파의 총칭]

## 铢[銖] zhū 무게 단위 수

양 1 수. [무게의 단위. '两(냥)'의 24분의 1임] ¶锱～=아주 적은 양의 돈. 하찮은 일. 2 바트(baht). [타이의 화폐 단위. 1바트는 1사탕(satang)의 100배이며 기호는 B]
【铢积寸累】zhūjī-cùnlěi (성) 1 일 수(銖) 일 촌(寸)씩 축적하다. 2 조금씩 조금씩 축적하다. =【积铢累寸】jīzhū-lěicùn
【铢两悉称】zhūliǎng-xīchèn (성) 1 무게가 서로 같다. 2 쌍방의 실력이 비슷하다. 피차 일반이다. ≒半斤八两 不相上下 ↔判若云泥

## 猪[(豬)] zhū 돼지 저

團(動) 돼지.

○● 海猪, 豪猪, 箭猪, 江猪, 毛猪, 生猪, 野猪

【猪八戒】Zhūbājiè 團 1 저팔계. [《서유기(西游记)》속의 인물] 2 (비) 추남. 욕심쟁이. 먹보. 호색한.
【猪草】zhūcǎo 團 돼지꼴. 돼지풀.
【猪场】zhūchǎng 團 돼지 사육장.
【猪肚儿】zhūdǔr 團 (식용으로서의) 돼지의 위(밥통).
【猪肝】zhūgān (～儿) 團 (요리로 쓰는) 저간. 돼지의 간. ¶炒～=돼지의 간을 볶다.
【猪革】zhūgé 團 돼지가죽.
【猪狗】zhūgǒu 團(비) 개돼지. [주로 욕으로 쓰임] ¶～不如=개돼지만도 못하다.
【猪倌】zhūguān (～儿) 團 돼지를 사육하는 사람. 양돈가.

【猪獾】 zhūhuān 圖(動) 오소리. =【沙獾】 shāhuān 粵【獾猪】 huānzhū
【猪圈】 zhūjuàn 圖 돼지우리. 돈사.
【猪栏】 zhūlán 圖 돼지우리. 돈사. ¶打扫~. =돼지우리를 청소하다.
【猪笼草】 zhūlóngcǎo 圖(植) 네펜데스(nepenthes). [보르네오나 수마트라 같은 열대 지방에서 사는 식충식물의 일종]
【猪猡】 zhūluó 圖(方) 1 (일부 방언에서) 돼지. 2(비) 돼지. [몹시 미련하거나 탐욕스러운 사람을 비유적으로 이르는 말. 주로 욕으로 쓰임]
【猪苗】 zhūmiáo 圖 새끼돼지.
【猪脑袋】 zhūnǎo·dai 닭대가리. [기억력이 좋지 못하고 어리석은 사람을 놀림조로 이르는 말. 주로 욕으로 쓰임]
【猪排】 zhūpái 圖 (식품으로의) 돼지갈비.
【猪婆龙】 zhūpólóng 【鼍龙】 tuólóng
【猪肉】 zhūròu 圖 돼지고기.
【猪舍】 zhūshè 圖 돼지우리. 돈사.
【猪食】 zhūshí 圖 돼지먹이. ¶~槽=돼지 구유 〔먹이통〕.
【猪蹄】 zhūtí (~儿) 圖 돼지족발.
【猪娃】 zhūwá 圖(方) 새끼돼지.
【猪瘟】 zhūwēn 圖 돼지 콜레라. 돈 콜레라.
【猪油】 zhūyóu 圖 돼지기름. 라드(lard).
【猪仔】 zhūzǎi 1 ☞【猪崽】 zhūzǎi 2 ⊕ 속아서 외국으로 팔려 간 막노동자.
【猪崽】[猪仔] zhūzǎi(~儿) 圖(方) 새끼돼지.
【猪鬃】 zhūzōng 圖 돼지 뒷목에 난 털. [돼지 목에 난 길고 거친 털로, 솔의 재료로 쓰임]

## 蛛 zhū 거미 주
圖(動) 거미.
【蛛丝】 zhūsī 圖 주사. 거미줄.
【蛛丝马迹】 zhūsī-mǎjì (성) 1 거미줄과 말 발자국. 2(비) 실마리. 단서.
【蛛网】 zhūwǎng 圖 (지)주망. 거미집. 거미줄.
【蛛网尘埃】 zhūwǎng-chén·āi (성)(비) 낡고 부패하고 더러운 것.
【蛛蛛】 zhūzhu ☞【蜘蛛】 zhīzhū

## 橥[櫫] zhū 종가시나무 저
圖(植) 종가시나무.

## 潴 zhū 웅덩이 저
圖(動) 물이 고이다. ¶停~=정체하다. 圖(動) 웅덩이.
【潴留】 zhūliú 圖(動)(醫) 정체하다. ¶尿~=요정체.

## 橛 zhū 말뚝 저
圖(動) 1 (소나 말을 매는) 말뚝. 2 (경계를 표시하는) 말뚝.

## 术 zhú 삽주 출
圖(植) 삽주.
☞ shù

## 竹 zhú 대 죽
圖 1(植) 대나무. 2(音) 죽. 대나무로 만든 관악기. ¶管弦丝~=관악기와 현악기. 3 (Zhú) 성(姓).

斑bān竹, 爆竹, 淡竹, 腐竹, 空竹, 苦竹, 毛竹, 箬ruò竹, 石竹, 丝竹, 天竹, 文竹, 紫zǐ竹, 夹jiā竹桃, 凤凰fènghuáng竹, 湘妃xiāngfēi竹

【竹板】 zhúbǎn 圖(音) 죽판. [ '數來寶(수래보)' 나 '快板書(쾌판서)'를 부를 때 박자를 맞추는 데 쓰는, 대나무로 만든 장방형의 중국 리듬악기]
【竹板书】 zhúbǎnshū 圖(藝) 죽판서. [설창자가 한 손에는 '呱嗒板(고답판)' 을, 다른 한 손에는 '節子板(절자판)' 을 들고 박자를 맞추는 설창문예의 일종]
【竹编】 zhúbiān 圖 1 죽(세)공예품. 2 죽(세)공.
【竹帛】 zhúbó 圖(文) 1 죽간(竹簡)과 비단. [고대에 글씨를 쓰는 데 쓰임] ¶著之~=죽간과 비단에 저술하다. 2(비) 전적. 책. ¶功垂~=공적이 전사에 길이 빛나다.
【竹布】 zhúbù 圖(紡) 1 죽포. 2 무명. [옅은 남색이나 백색의 결이 조밀하고 촉감이 뻣뻣한 면포. 주로 여름옷감으로 쓰임]
【竹材】 zhúcái 圖 죽재. 대나무 재료.
【竹床】 zhúchuáng 圖 대나무 침대.
【竹刀】 zhúdāo 圖 죽도.
【竹雕】 zhúdiāo 圖 1 대나무 조각 공예. 2 대나무 조각 공예품.
【竹钉】 zhúdīng 圖 죽정. 대못.
【竹筏】 zhúfá 圖 죽벌. 대나무 뗏목.
【竹竿】 zhúgān (~儿) 圖 죽간. 대나무 장대.
【竹杠】 zhúgàng 圖 대나무 멜대.
【竹篙】 zhúgāo 圖 죽고. 대나무 상앗대.
【竹管】 zhúguǎn (~儿) 圖 죽관. 대나무 관.
【竹黄】[竹簧] zhúhuáng 圖 대나무 내피(속대)를 붙이고 조각하여 만든 공예품. =【翻黄】 fānhuáng
【竹簧】 zhúhuáng ☞【竹黄】 zhúhuáng
【竹鸡】 zhújī 圖(動) 자고새.
【竹简】 zhújiǎn 圖 죽간.
【竹节】 zhújié 圖 죽절. 대의 마디.
【竹节虫】 zhújiéchóng 圖(動) 1 대벌레. 죽절충(竹節蟲). 2 게처럼 생긴 절지동물의 하나. [몸은 가는 막대형이고, 가슴에 일곱 쌍의 다리가 있는데, 두 번째 쌍이 유달리 큼. 해조류에 붙어 생활함]
【竹刻】 zhúkè 圖 1 대나무 조각 공예. 2 대나무 조각 공예품.
【竹篮】 zhúlán 圖 대바구니.
【竹蓝打水】 zhúlán-dǎshuǐ ☞【竹蓝打水一场空】 zhúlán dǎshuǐ yīchǎngkōng
【竹蓝打水一场空】 zhúlán dǎshuǐ yīchǎngkōng (성) 1 대바구니로 물을 푸다. 2(비) 헛수고를 하다. =【竹蓝打水】 zhúlán-dǎshuǐ
【竹帘】 zhúlián 圖 죽렴. 대나무발.

【竹林】**zhúlín** [명] 죽림. 대숲.
【竹笼】**zhúlóng** [명] 대나무로 만든 새장.
【竹楼】**zhúlóu** [명] 죽루. [태족(傣族) 등이 거주하는 대나무로 지은 집. 아래층은 기둥으로 이루어져 있고 사람은 위층에 거주함]
【竹篓】**zhúlǒu** [명] 대바구니.
【竹马】**zhúmǎ**(~儿) [명] **1** 죽마. 대말. **2** 죽마. 대나무로 엮은 말. [민간 가무에 쓰이는 도구. 대오리를 말 모양으로 엮은 다음 겉을 채색 천 또는 종이로 바른 것으로, 공연자의 허리에 참]
【竹篾】**zhúmiè**(~儿) [명] 대오리.
【竹排】**zhúpái** [명] 대나무 뗏목. [수로로 운반하기 위하여 가지런히 엮어 놓은 죽재(竹材)]
【竹器】**zhúqì** [명] 죽기. 대그릇.
【竹签】**zhúqiān**(~儿) [명] **1** (점괘를 뽑거나 도박할 때 쓰는) 죽첨. **2** 대꼬챙이. 대나무 이쑤시개.
【竹笋】**zhúsǔn** [명] 죽순.
【竹榻】**zhútà** [명] 대나무 침대.
【竹筒】**zhútǒng** [명] 죽통. 대통.
【竹筒倒豆子】**zhútǒng dào dòu·zi** [속] **1** 대통에서 콩을 쏟아 내다. **2** [비] 사실을 숨김없이 털어놓다.
【竹头木屑】**zhútóu-mùxiè** [성] **1** 대나무와 나무의 부스러기. **2** [비] 이용 가치가 있는 폐품.
【竹席】**zhúxí** [명] 죽석. 대자리.
【竹叶】**zhúyè** [명] 대나무 잎.
【竹叶青】**zhúyèqīng** [명] **1** 죽엽청. [당귀·사인(砂仁)·치자 등을 '汾酒(분주)'에 담아 제조한 황록색을 띤 술] **2** 죽엽청. [담황색을 띠는 '绍兴酒(소흥주)'의 일종] **3**《動》청죽사(青竹蛇).
【竹纸】**zhúzhǐ** [명] 죽지. 죽엽지.
【竹子】**zhú·zi** [명][낮]《植》대나무.

## 竺¹ zhú 천축 축

☞【天竺】**tiānzhú**

## 竺² Zhú 성씨 축

[명] 성(姓).

## ** 逐 zhú 쫓을 축

[동] **1** 쫓다. 뒤쫓다. 추격하다. 추구하다. 따르다. ¶追~=추격하다. / 随波~流=줏대없이 시류를 따르다. **2** 쫓아 내다. 몰아 내다. ¶驱~=구축하다. 몰아서 쫓아 내다. / ~出门外=문 밖으로 쫓아 내다. [개] 하나씩. 차례로. ¶~个核对=차례로 대조하다. / ~步推广=점진적으로 보급하다.

0● 斥chì逐, 放逐, 角jué逐, 驱qū逐, 驱逐机, 驱逐舰jiàn

【逐步】**zhúbù** [부] 한 걸음 한 걸음. 점차. ¶~发展=점차 발전하다.
【逐臭】**zhúchòu** [동][문][비] 일반 사람이 먹지 않는 냄새나는 음식을 추구하다. 일반인과 기호가 다르다. ¶~之夫=세속인과 다른 성향의 사람.
【逐次】**zhúcì** [부] 점차. 차례로. 순서대로. ¶~清理=차례로 깨끗이 정리하다.
【逐个】**zhúgè** [부] 하나하나. 하나씩. ¶~检验=하나하나 검증하다. ≒逐一
【逐户】**zhúhù** [부] 한 집 한 집. 한 가구 한 가구. ¶~排查=한 집 한 집 차례로 조사하다.
【逐级】**zhújí** [부] (위에서부터 아래로 혹은 아래에서부터 위로) 한 단계 한 단계. ¶~传达=한 단계 한 단계 전달하다.
【逐件】**zhújiàn** [부] 한 건 한 건. 한 부 한 부. ¶~检查=한 건 한 건 조사하다.
【逐渐】**zhújiàn** [부] 점점. 점차. ¶天气~热起来了。=날씨가 점차 더워진다.
【逐句】**zhújù** [부] 한 구 한 구. 한 절 한 절. ¶~讲解=한 구 한 구 풀이해 주다.
【逐客令】**zhúkèlìng** [명] **1** 축객령. [진시황이 반포한 객경(客卿)을 축출하라는 명령] **2** 손님을 내쫓는 말.
【逐鹿】**zhúlù** [동][문] **1** 사슴을 뒤쫓다. **2** [비] 천하를 쟁탈하다. ¶群雄~=군웅이 천하를 쟁탈하다. **3** [비] (기업이 시장을) 쟁탈하다. (운동 경기에서 우승을) 쟁탈하다. ¶~商场=시장을 쟁탈하다. / 球场~=구장에서 우승을 다투다.
【逐鹿中原】**zhúlù-zhōngyuán** ☞【中原逐鹿】**zhōngyuán-zhúlù**
【逐年】**zhúnián** [부] 한 해 한 해. 해마다. ¶生活水平~提高。=생활 수준이 한 해 한 해 높아지다.
【逐日】**zhúrì** [부] 날마다. 날로. 하루하루. ¶病情~好转。=병세가 날로 좋아지다.
【逐条】**zhútiáo** [부] 축조적으로. 한 조목 한 조목. 한 항목 한 항목. ¶~修订=한 조항 한 조항 수정하다.
【逐项】**zhúxiàn** [부] 축항적으로. 한 항목 한 항목. 한 조항 한 조항. ¶~落实=한 항목 한 항목 해결하다.
【逐一】**zhúyī** [부] 일일이. 하나하나. ¶~讲解=일일이 풀이하다. ≒逐个
【逐月】**zhúyuè** [부] 한 달 한 달. ¶~统计=한 달 한 달 통계하다.
【逐字逐句】**zhúzì-zhújù** [성] 한 글자 한 구씩 차례대로. ¶~地校对书稿。=원고를 한 자 한 자 교정하다.

## ** 烛[燭] zhú 초 촉

[명] 촉. 초. 양초. ¶灯~=등촉. / 风~残年=꺼져 가는 촛불처럼 얼마 남지 않은 여생. [동][문] 비추다. 밝게 하다. ¶火光~天=불빛이 하늘을 비추다. [양] 촉(광).

0● 蜡là烛, 香烛

【烛光】**zhúguāng** [명] 촉광. 촛불의 빛. [양]《物》촉(광). [1촉광은 법정 단위의 약 1칸델라에 해당함]
【烛花】**zhúhuā** [명] **1** 등화. [등잔불이나 촛불의 심지 끝이 타서 맺힌 불똥] **2** 촉화. 촛불의 불꽃.
【烛火】**zhúhuǒ** [명] **1** 촉화. 촛불. **2** 등화. 등불. ¶~点点=등불이 드문드문하다.
【烛泪】**zhúlèi** [명] 촉루(燭淚). 납루(蠟淚). 촛농.

【烛临】zhúlín 〔动〕〔书〕 밝게 비추다. 광림하다. 찾아오다. ¶日月星辰～下土. =일월성신이 온 세상을 밝게 비추다.
【烛台】zhútái 〔명〕 촛대. 촛대.
【烛心】[烛芯] zhúxīn 〔명〕 촉심. 심지.
【烛芯】zhúxīn ☞【烛心】zhúxīn
【烛照】zhúzhào 〔동〕〔서〕 밝게 비추다. ¶阳光～大地. =햇빛이 대지를 밝게 비추다.
【烛照数计】zhúzhào-shùjì 〔성〕 1 등불로 비추어 보고 주판으로 셈하다. 2〔비〕 일을 명확히 처리하여 그릇됨이 없다.

## 舳 zhú 고물 축
〔명〕〔서〕 선미(船尾). 고물. 배의 뒷부분. ¶～舻相继=배가 꼬리에 꼬리를 물다.
【舳舻】zhúlú〔명〕〔서〕 축로. [배의 이물과 고물을 아울러 이르는 말] ¶～千里=배가 천리나 줄지어 있다. 거대한 함대.

## 瘃 zhú 동창 촉
〔명〕〔서〕 동창(凍瘃). ¶冻～=동창.

## 斸[劚] zhú 괭이 촉
〔명〕〔서〕 호미류의 농기구. 〔동〕〔서〕 찍다. 깎다.

## 蠋 zhú 나비애벌레 촉
〔명〕(動) 나비애벌레.

## 躅 zhú 서성거릴 촉
☞【蹢躅】zhízhú

## 主 zhǔ 주인 주
〔동〕 1 주관하다. 주재하다. ¶持会议=회의를 주재하다. /～管机关=주무 기관. 2 주장하다. 결정하다. ¶力～变革=변혁을 힘껏 주장하다. /婚姻自～=혼인 자주. 혼인을 스스로 결정하다. 3 예시하다. 나타내다. 알리다. ¶早霞～雨, 晚霞～晴. =아침 노을은 비가 올 것을 알리고, 저녁 노을은 맑음을 알린다.
〔형〕 1 자신의. 자신에게서 나온. ¶～观意识=주관적 의식. /积极～动=적극적이고 주동적이다. 2 가장 기본적인. 가장 중요한. ¶～力队员=핵심 멤버. /～要角色=주요 배역. 〔명〕 1 주(主). 지배(권)자. ¶君～=군주. /业～=업주. 2〔경〕(노예의) 소유주. 소유(권)자. ¶奴隶～=노예주. /雇～=고용주. 3 주인. ¶东道～=손님을 초대한 주인. 주최측. /喧宾夺～=주객이 전도되다. /宾～频频举杯. =손님과 주인이 자주 술잔을 들다. 4 주견. 견해. ¶六神无～=당황하여 어찌할 바를 모르다. 5 당사자. ¶买～=매수. 구매자. /失～=분실자. 물건을 잃어버린 사람. 6〔宗〕주. [기독교에서는 예수를, 이슬람교에서는 알라를 가리키는 호칭임] 7 주. [죽은 사람의 위패] ¶神～=신주. 8 (Zhǔ) 성(姓). ↔奴仆宾客次副从

○ 主 zhǔ
拄 zhǔ
住 zhù
注 zhù
柱 zhù
驻 zhù
柱 zhù

○● 霸bà主, 本主儿, 财主, 公主, 顾gù主, 户主, 火主, 寄主, 教主, 君jūn主, 苦主, 盟méng主, 民主, 牧mù主, 神主, 施shī主, 事主, 宿主, 窝wō主, 业主, 原主, 债zhài主, 真主, 自主, 故主

【主板市场】zhǔbǎn shìchǎng〔명〕(經) 1 (증권의) 거래소 시장. [ '二板市场(장외 시장)'과 구별됨] 2 메인 보드(main board) 시장. =【一板市场】yībǎn shìchǎng
【主办】zhǔbàn〔동〕 주최하다. ¶～单位=주최자.
【主笔】zhǔbǐ〔명〕 1 주필. 주간. 2 주필. 편집장.
【主币】zhǔbì〔명〕(經) 본위 화폐. ↔辅币
【主编】zhǔbiān〔동〕 편집을 주관하다. ¶他～过多部大型丛书. =그는 대형 총서 편집을 여러 편 주관하였다. 〔명〕 편집장. ¶他是这家报纸的～. =그는 이 신문의 편집장이다.
【主辩】zhǔbiàn〔명〕 주변론자.
【主宾】zhǔbīn〔명〕 주빈. [손님 가운데서 주가 되는 손님] ¶～席=주빈석.
【主裁】zhǔcái〔명〕 ☞【主裁判员】zhǔcái pànyuán 〔동〕 주심을 보다. ¶他～过多次国际足球赛事. =그는 국제 축구 대회의 주심을 여러 번 본 적이 있다.
【主裁判员】zhǔcáipànyuán〔명〕(體) 주심. 양 【主裁】zhǔcái
【主槽】zhǔcáo〔명〕 주수로.
【主产】zhǔchǎn〔동〕 주로 생산하다. ¶这里是小麦的～区. =이곳은 밀의 주산지이다. 〔명〕 주생산품. ¶公司的～已经在市场上占稳了脚跟. =회사의 주생산품은 이미 시장에 안정적으로 발을 굳혔다.
【主场】zhǔchǎng〔명〕(體) 홈 그라운드. ↔客场
【主唱】zhǔchàng〔동〕 주요 가수 역할을 하다. 리더 싱어가 되다. ¶今晚的演唱会由她～. =오늘 밤의 콘서트는 그녀가 주가 되어 노래한다. 〔명〕 주가수. 리더 싱어. ¶她是今晚演唱会的～. =그녀는 오늘 밤 콘서트의 주가수이다.
【主持】zhǔchí〔동〕 1 주관하다. 주재하다. 사회 (MC)를 보다. ¶～晚会=이브닝 파티 사회를 보다. 2 주장하다. 지지하다. 옹호하다. ¶～正义=정의를 지지하다.
【主持人】zhǔchírén〔명〕 사회자. 진행자. MC. ¶节目～=프로그램 진행자.
【主厨】zhǔchú〔동〕 요리를 주관하다. ¶请名师～. =명요리사를 초청하여 요리를 주관하다. 〔명〕 주방장. ¶他是本店的～. =그는 본 식당의 주방장이다.
【主创】zhǔchuàng〔동〕 1 작품 창작의 주임무를 맡다. ¶领衔～=창작을 주도하다. 2 창작을 주관하다. ¶这家电视台最近～制作了一部四十集的电视连续剧. =이 TV 방송국은 최근 40회의 TV 연속극 제작을 주관하였다. 3 창조에 힘을 쏟다. ¶他锐意革新的～思想得到了公司上下的认可. =단호히 혁신하는 그의 창조 정신은 회사의 상하로부터 인정받았다. 〔명〕 주요 창작 멤버. ¶本片的～全部已确定. =본 영화의 주제작자

【主创人员】zhǔchuàng rényuán 명 주제작자. 주요 창작 멤버. [영화나 연속극 등의 극작가·감독·주연 배우 등]

【主词】zhǔcí 명(論) 주사. [논리학에서 판단의 대상을 가리킴. '물은 액체이다.'라는 명제에서 '물'은 주사임] =【主项】zhǔxiàng

【主次】zhǔcì 명 주된 것과 부차적인 것. ¶~不分=주와 부를 구분하지 않다.

【主从】zhǔcóng 명 주종. 주된 것과 종속적인 것. ¶~关系=주종 관계.

【主打】zhǔdǎ 통 주로 공략하다. ¶公司今年~海外市场。=회사는 올해에는 해외 시장을 주로 공략한다. 형 (문예 작품이나 상품 등의) 주시장 개척의. ¶~商品=주시장 개척 상품. / 节目=주프로그램.

【主打歌】zhǔdǎgē 명 타이틀곡.

【主刀】zhǔdāo 통 수술을 주도하다. ¶请国内知名外科专家~。=국내의 저명한 외과 의사를 초청하여 수술을 주도하다. 명 수술의(手術醫). ¶他是这次手术的~。=그는 이번 수술의 수의이다.

【主导】zhǔdǎo 형 주도의. ¶~作用=주도적 작용. 명 주도. 통 工业是国民经济的~。=공업은 국민 경제의 주도(산업)이다.

【主调】zhǔdiào 명(音) 주조(音). 밑가락.

【主动】zhǔdòng 형 1 자발적인. 자각적인. 능동적인. ¶他学习很~。=그는 학습에 아주 자발적이다. 2 주동적인. ¶我们要努力变被动为~。=우리는 수동적인 것을 주동적인 것으로 바꾸도록 노력해야 한다. ↔自动 ↔被动

【主动脉】zhǔdòngmài 명(生) 대동맥. 큰동맥. =【大动脉】dàdòngmài

【主动脉弓】zhǔdòngmàigōng 명(生) 대동맥궁. =【动脉弓】dòngmàigōng

【主动权】zhǔdòngquán 명 주동권. ¶客队逐渐掌握了比赛的~。=원정 팀은 시합의 주동권을 점차 장악하였다.

【主动性】zhǔdòngxìng 명 적극성. ¶要调动全体员工的~和创造性。=전 직원의 적극성과 창조성을 불러일으키도록 노력해야 한다.

【主队】zhǔduì 명(體) 홈 팀. ↔客队

【主伐】zhǔfá 명(林) 주벌하다.

【主罚】zhǔfá 통(體) 벌칙을 실행하는 임무를 맡다. ¶6号准备~点球。=6번 선수가 페널티킥을 차다.

【主犯】zhǔfàn 명(法) 주범. ↔从犯

【主峰】zhǔfēng 명 주봉.

【主父】Zhǔfù 명 복성(複姓).

【主妇】zhǔfù 명 주부. ¶家庭~=가정 주부.

【主干】zhǔgàn 명 1(植) (식물의) 줄기. [뿌리 위와 원가지 아랫부분을 가리킴] 2(转) 주체. 중견. 근간. ¶他们是我校教师的~。=그들은 우리 학교 교사들의 중견이다.

【主干道】zhǔgàndào 명 간선 도로. ¶人民南路是成都市中心的~。=런민(人民)남로는 청두(成都)시 중심의 간선 도로이다.

【主干网】zhǔgànwǎng ☞【骨干网】gǔgànwǎng

【主干线】zhǔgànxiàn 명 주간선. ¶京广线是中国南北铁路运输的~。=경광선은 중국 남북 철도 운수의 주간선 철도이다.

【主稿】zhǔgǎo 통 기초하다. 초안을 잡다. ¶~人=기초자. 명 초안 작성자. 기초자. ¶他是本文的~。=그는 본 원고의 기초자이다.

【主歌】zhǔgē 명(音) 주가사. ['副歌(후렴)'과 구별됨]

【主根】zhǔgēn 명 1(植) 주근. 제뿌리. 2(數) 주요근.

【主公】zhǔgōng 명(옛) 주공. 주군. [신하가 군주에게, 종이 주인에게 쓰는 호칭]

【主攻】zhǔgōng 통 1(军) 주공하다. 주공격하다. ¶~部队=주공격 부대. 2(비) 주력하다. ¶他在单位~新产品开发。=그는 회사에서 신상품 개발에 주력하고 있다. 명 1(军) 주공격. ['助攻(보조 공격)'과 구별됨] ¶三连担任~。=3중대가 주공격을 담당한다. 2 주공격수.

【主攻手】zhǔgōngshǒu 명(體) 주공격수. 스파이커. 스트라이커.

【主顾】zhǔgù 명 단골 고객. ¶他是我们店的老~。=그는 우리 가게의 단골손님이다.

【主观】zhǔguān 명 주관. ¶~愿望=주관적인 욕구. 형 주관적인. ¶他的看法有点儿~。=그의 견해는 약간 주관적이다. ↔客观

【主观能动性】zhǔguān néngdòngxìng 명(哲) 주체적 능동성.

【主观世界】zhǔguān shìjiè 명(哲) 주관적(관념적) 세계.

【主观唯心主义】zhǔguān wéixīnzhǔyì 명 주관적 관념론.

【主观主义】zhǔguānzhǔyì 명 주관주의.

【主管】zhǔguǎn 통 주관하다. 주무하다. ¶~单位=주관 부서. 명 주관자. 팀장. ¶业务~=업무 주관자.

【主航道】zhǔhángdào 명 주항로.

【主婚】zhǔhūn 통 혼사를 주재하다. ¶~人=주례.

【主机】zhǔjī 명 1(机) 주엔진. 2(컴) 본체. 메인 프레임. 호스트 컴퓨터. 3 ☞【长机】zhǎngjī

【主祭】zhǔjì 통 제사를 주관하다. ¶~人=제사를 주재하는 사람.

【主见】zhǔjiàn 명 주견. ¶他素来很有~。=그는 원래 주견을 가지고 있다.

【主讲】zhǔjiǎng 통 강연을〔강의를〕 맡다〔담당하다〕. ¶~教师=강연 교사. 명 강사(講士). 연사(演士). ¶这位~是一位博士生导师。=이 연사는 박사 지도 교수이다.

【主将】zhǔjiàng 명 1(军) 주장. 사령관. 2(비) 주력. 메인 멤버. ¶他是这一攻关课题的~。=그는 이 중요 연구 과제의 주력이다.

【主焦煤】zhǔjiāoméi ☞【焦煤】jiāoméi

【主教】zhǔjiào 명(宗) 주교.

【主教练】zhǔjiàoliàn 명(體) 감독.

【主句】zhǔjù 명〈言〉주절. ['从句(종속절)'과 구별됨]
【主角】zhǔjué(~儿)명 1 주연. 주연 (배우). 주인공. ¶最佳女~=최우수 여주인공. 2 비 주인공. 주요 인물. ¶这一施工项目由他唱~。=이 시공 프로젝트에서 그가 주인공 역할을 한다. ↔配角
【主考】zhǔkǎo 통 시험을 주관하다. ¶~教师=시험을 주관하는 교사. 명 주임 시험관. ¶他是这次考试的~。=그는 이번 시험의 주임 시험관이다.
【主客】zhǔkè 명 1 주객. 주인과 손님. 2 주요 손님.
【主客观】zhǔkèguān 명 주관과 객관.
【主课】zhǔkè 명 주요 과목.
【主理】zhǔlǐ 통 요리를 주관하다. ¶聘请名厨~。=명요리사를 초빙하여 요리를 주관하다.
【主力】zhǔlì 명 주력. ¶~队员=주력 대원.
【主力舰】zhǔlìjiàn 명〈軍〉주력함.
【主力军】zhǔlìjūn 명 1〈軍〉주력군. 2 주력군. [중심이 되는 힘, 또는 그런 세력] ¶中青年教师是我校本科教育的~。=청장년 교사는 우리 학교 학부 교육의 주력군이다.
【主粮】zhǔliáng 명 주식량.
【主梁】zhǔliáng 명〈建〉대들보.
【主流】zhǔliú 명 1 ⇒ 【干流】gànliú 2 비 주류. ¶历史的~=역사의 주류. ↔支流
【主楼】zhǔlóu 명 본관.
【主麻】zhǔmá 명〈宗〉주마(Djumah). [이슬람교에서 매주 금요일 정오 이후에 행해지는 예배. 이슬람교에서는 금요일을 예배일로 정하고 '主麻日(주마일)'이라고 부르며, 습관적으로 1주일을 '1主麻(주마)'라고 칭함]
【主谋】zhǔmóu 통 (나쁜 일을) 주장하여 일을 꾸미다. ¶这次事件是他~的。=이번 사건은 그가 주장하여 일을 꾸민 것이다. 명 주모자. ¶一定要查出~。=반드시 주모자를 찾아 내야 한다. ↔胁从
【主脑】zhǔnǎo 명 1 핵심 부분. ¶发动机是汽车的~。=엔진은 자동차의 핵심 부분이다. 2 수뇌. 주뇌. ¶~人物=수뇌 인물.
【主仆】zhǔpú 명 주복. 주인과 노복. ¶~二人=주복 두 사람.
【主桥】zhǔqiáo 명 주교량.
【主渠道】zhǔqúdào 명 1 간선 수로. 2 비 주요 경로. ¶新华书店是图书销售的~。=신화서점은 도서 판매의 주요 경로이다.
【主权】zhǔquán 명 주권.
【主权国】zhǔquánguó 명 주권국.
【主儿】zhǔr 명 1 어떤 유형의 사람을 가리킴. ¶他是说话算数的~。=그는 한 말은 꼭 지키는 사람이다. 2 시집. ¶她年纪不小了, 该找个~了。=그녀는 나이가 적지 않으니, 시집 갈 때가 됐다. 3 주인. ¶店~=점주. 가게 주인.
【主人】zhǔ·rén 명 1 주인. ¶~热情款待了我们。=주인이 우리를 친절하게 후대하였다. 2 주인. [권력이나 재물의 소유자] ¶房子的~=집 주

인. 3 비 주인. 고용주. [타인을 고용하는 사람] ¶少(shào)~=젊은 주인. 주인의 아들. ↔客人 仆人 仆役
【主人公】zhǔréngōng 명 주인공.
【主人翁】zhǔrénwēng 명 1 주인. ¶~精神=주인 정신. 2 주인공.
【主任】zhǔrèn 명 장. 주임. ¶办公室~=행정실 주임. / 居委会~=주민 위원회 주임.
【主任医师】zhǔrèn yīshī 명 수석 의사.
【主上】zhǔshàng 명 주상. [임금을 달리 이르는 말]
【主哨】zhǔshào 통〈體〉주심을 맡다. ¶这场比赛由他~。=이 경기는 그가 주심을 맡는다. 명〈體〉주심. ¶他是这场球赛的~。=그는 이 구기 경기의 주심이다.
【主食】zhǔshí 명 주식. ↔副食
【主使】zhǔshǐ 통 부추기다. 선동하다. 교사(教唆)하다. 남을 꼬드기다. ¶他是受人~的。=그는 남의 교사를 받은 자이다.
【主事】zhǔ‖shì(~儿)통 일을 담당하다. 업무를 주재하다. ¶当家~=주인이 되어 업무를 주재하다.
【主视图】zhǔshìtú 명〈機〉정면도. =【正视图】zhèngshìtú【正面图】zhèngmiàntú
【主帅】zhǔshuài 명 1〈軍〉총사령관. 2 비 총책임자. ¶他担任了这一科研课题的~。=그는 이 프로젝트의 총책임자를 맡았다.
【主诉】zhǔsù 통 환자가 증상을 호소하다.
【主题】zhǔtí 명 1 (문학 작품의) 주제. 2 (문장·연설 등의) 주제. 주지(主旨).
【主题词】zhǔtící 명 주제어.
【主题歌】zhǔtígē 명〈音〉주제가.
【主体】zhǔtǐ 명 1 주체. 사물의 주요 부분. ¶~建筑=주건물. 2〈哲〉주체. ¶~意识=주체 의식. 3〈法〉주체. ↔客体
【主体税】zhǔtǐshuì 명 주세(主税).
【主位】zhǔwèi 명 1 상석. 2〈言〉주제(topic).
【主谓】zhǔwèi 명〈言〉주어와 술어. ¶~词组=주술구.
【主谓句】zhǔwèijù 명〈言〉주술문.
【主文】zhǔwén 명 1 주문. 주문장. 2〈法〉판결 주문.
【主席】zhǔxí 명 1 (회의를 주재하는) 의장. ¶大会~=대회의장. 2 주석. 위원장. ¶国家~=국가 주석.
【主席台】zhǔxítái 명 주석단(主席壇). 의장용 단상.
【主席团】zhǔxítuán 명 의장단.
【主线】zhǔxiàn 명 1 주선. 기본선. [사업을 조직하고 집행할 때 기본적으로 끌고 나가야 할 된 측면] 2 주선. [문예 작품의 이야기 줄거리 전개에서 주도적 역할을 하는 기본 사건]
【主项】zhǔxiàng ☞ 【主词】zhǔcí
【主销】zhǔxiāo 통 주로 판매하다. ¶这是该公司的~车型。=이 차종은 이 회사의 주 판매 모델이다.
【主心骨】zhǔxīngǔ(~儿)명 1 믿을 만한 사람

이나 사물. 기둥. ¶爸爸是我们全家的~. =아버지는 우리 집의 기둥이다. **2** 주견. 줏대. ¶她虽然年轻, 可很有~. =그녀는 나이는 어리지만 주견이 매우 뚜렷하다.

【主星】zhǔxīng 圐 주성.

【主刑】zhǔxíng 圐(法) 주형. ['从刑(부가형)'과 구별됨]

【主凶】zhǔxiōng 圐 원흉.

【主修】zhǔxiū 圄 전공하다. ¶他在大学~英语. =그는 대학에서 영어를 전공한다.

【主旋律】zhǔxuánlǜ 圐 **1**(音) 주선율. **2**(비) 기조(基調). ¶这是时代的~. =이것은 시대적 기조이다.

【主演】zhǔyǎn 圄 주연하다. ¶他~过多部电视剧. =그는 몇 편의 드라마에 주연으로 출연하였다. 圐 주인공. 주역. ¶在这部电影中, 她担任~. =이 영화에서 그녀는 주역을 맡았다.

【主要】zhǔyào 阌 주요한. 주된. ¶~原因=주요 원인. 凰 주로. 대부분. ¶这件事~由你来做. =이 일은 주로 당신이 해야 한다. ↔次要

【主业】zhǔyè 圐 주업. ¶他的~是教书. =그의 주업은 글을 가르치는 것이다.

【主页】zhǔyè 圐(컴) 홈페이지.

【主义】zhǔyì 圐 **1** 주의. ¶人道~=인도주의. / 浪漫~=낭만주의. **2** 주의. [일정한 사회 제도 혹은 정치 경제 체계] ¶资本~=자본주의. / 封建~=봉건주의. **3** 주의. [어떤 방면의 관점이나 기풍] ¶个人~=개인주의. / 官僚~=관료주의.

【主意】zhǔ·yi 圐 **1** 의견. 견해. 생각. 결심. ¶他一着急就没个了. =그는 조급증이 나기 시작하면 아무 방법이 없어진다. **2** 방법. 생각. 아이디어. ¶这是个好~. =이것은 좋은 생각이다.

【主因】zhǔyīn 圐 주인. 주원인. ¶车型老旧是销售下滑的~. =차량 모델이 낡은 것이 판매가 하락하는 주원인이다.

【主营】zhǔyíng 圄 주로 경영하다. ¶该公司~电脑耗材. =이 회사는 컴퓨터 소모품을 주로 경영한다.

【主语】zhǔyǔ 圐(言) 주어.

【主宰】zhǔzǎi 圄 주재하다. 통치하다. 지배하다. ¶~世界=세계를 지배하다. 圐 주재자. ¶人是万物的~. =사람은 만물의 주재자이다.

【主责】zhǔzé 圐 주요 책임. ¶他在这件事上应该负~. =그는 이 일에 있어서 응당 주요 책임을 져야 한다.

【主战】zhǔzhàn 圄 전쟁하기를 주장하다. ¶~派=주전파. 阌(軍) 주전의. ¶~部队=주전 부대.

【主战场】zhǔzhànchǎng 圐(軍) 주전장. 주된 싸움터.

【主张】zhǔzhāng 圄 주장하다. ¶~公开招标=그는 공개 입찰을 주장하는 것을 주장하다. 圐 주장. 견해. 의견. ¶这是我们的一贯~. =이것은 우리의 일관된 주장이다.

【主政】zhǔzhèng 圄 정무를 주관하다. ¶~一方=주정무를 주관하는 한쪽.

【主枝】zhǔzhī 圐(植) 주지. 원가지.

【主旨】zhǔzhǐ 圐 주지. 요지. 중심 사상. 대의. 취지. 요점. 종지(宗旨). ¶本文的~很深刻. =본문의 중심 사상은 매우 깊이가 있다. ≒要旨

【主治】zhǔzhì 圄 (의사나 약품으로) 전문적으로[주로] 치료하다. ¶这种药~真菌引起的皮肤病. =이런 약은 진균으로 인한 피부병을 전문적으로 치료한다.

【主治医师】zhǔzhì yīshī 圐 주치의. 담당 의사.

【主轴】zhǔzhóu 圐(機) 주축. 스핀들(spindle).

【主子】zhǔ·zi 圐 **1**(옛) 주인. 나으리. 상전. 두목. **2**(비) 교사자(教唆者). 막후 조종자. ¶他总是看~的脸色行事. =그는 항상 주인의 눈치를 보아 일을 처리한다. ↔奴才

# 讠[訁] zhǔ 슬기 저

圐 지혜. 슬기.

# 拄 zhǔ 짚을 주

圄 (지팡이로) 몸을 지탱하다. 짚다. ¶老人~着拐杖慢慢地走着. =노인은 지팡이를 짚고 천천히 걸어가고 있다.

# 渚 zhǔ 모래섬 저

圐(文) 하천 가운데 있는 작은 섬. 사주(沙洲). 모래섬. ¶江~=강의 모래섬.

# *煮[(煑)] zhǔ 삶을 자

圄 삶다. 끓이다. 익히다. ¶~鸡蛋=계란을 삶다. / ~饺子=만두를 삶다. ≒炖 熬(áo)

【煮豆燃萁】zhǔdòu-ránqí 阌 **1** 콩깍지를 태워 콩을 삶다. [중국 삼국 시대 조식(曹植)의 칠보시(七步詩)에서 나온 말] **2**(비) 골육상잔(骨肉相殘). ≒同室操戈

【煮沸】zhǔfèi 圄 펄펄〔부글부글〕 끓이다. ¶不要喝生水, 要喝~过的水. =물을 그냥 마시지 말고 끓인 물을 마셔야 한다.

【煮鹤焚琴】zhǔhè-fénqín 阌 **1** 학을 삶아 먹고 거문고를 땔감으로 쓰다. **2**(비) 좋은 것을 망쳐 버리다. 흥을 깨다. 분위기를 망치다. 풍취(風趣)가 없다. =【焚琴煮鹤】fénqín-zhǔhè

# *属[屬] zhǔ 주목할 촉

圄(文) **1** 잇다. 연결하다. 연속하다. 연접하다. 접하다. ¶前后相~=앞뒤가 서로 연결되어 있다. **2** (시나 문장을) 짓다. 쓰다. ¶~文=글을 짓다. **3** (생각·주의를) 집중하다. 전념하다. 한데 모으다. ¶~思=생각을 집중하다. [고어에서 '嘱(zhǔ)'와 같음]

☞ shǔ

【属目】zhǔmù 圄圐 주목하다. 주시하다. ¶甚贵宠, 为天下所~. =지나치게 귀애를 받아 세상 사람들의 주목을 받다.

【属望】zhǔwàng 圄 기대하다. 바라다. 희망을 걸다. 마음을 두다. ¶不负诸位~之至意. =여러분의 기대를 저버리지 않다.

【属意】zhǔyì 圄 (어떤 사람·사물에) 전념하다. 집중하다. ¶他近些年~影视剧本创作. =그는

최근 몇 년 간 영화와 텔레비전의 극본 창작에 전념하다.

【属垣有耳】zhǔyuán-yǒuěr (成) **1** 벽에 귀가 붙어 있다. **2** (비) 엿듣는 사람이 있다. 낮말은 새가 듣고 밤말은 쥐가 듣는다.

# 褚 zhǔ 솜옷 저

(동)(문) 옷에 솜을 넣다. (명)(문) **1** 풀솜. **2** 솜옷. **3** 호주머니.
☞ **Chǔ**

# **嘱[囑]** zhǔ 부탁할 촉

(동) **1** 분부하다. 당부하다. 경고를 주다. 훈계하다. ¶叮~=신신당부하다. **2** 위탁하다. 부탁하다. 의뢰하다. ¶以事相~=일을 부탁하다. (명) 분부. 당부. 훈계. 지시. ¶医~=의사의 지시.

【嘱附】zhǔ·fù (동) 분부하다. 당부하다. 알아듣게 말하다. ¶一再~=거듭 분부하다. (명) 분부. 당부. ¶他始终把母亲的~记在心中.=그는 줄곧 모친의 당부를 마음속에 새기고 있다. ≒叮嘱

【嘱告】zhǔgào (동)(문) 분부하다. 명령하다. 훈계하다. ¶再三~=거듭 분부하다.

【嘱托】zhǔtuō (동) (다른 사람에게 일을) 부탁하다. 의뢰하다. ¶邻居~我帮她照看花草.=이웃이 나에게 대신 화초를 돌봐 달라고 부탁했다. (명) 당부. 부탁. ¶决不辜负家乡父老的~.=고향 노인들의 부탁을 결코 저버리지 않다. ≒托付

# 麈 zhǔ 큰사슴 주

(명) **1** (動) 고서에 나오는 사슴류의 동물. ¶~尾=주(麈)의 꼬리. **2** 먼지떨이. ¶~柄=먼지떨이 자루.

【麈尾】zhǔwěi (명) 주(麈)의 꼬리털로 만든 먼지떨이.

# 瞩[矚] zhǔ 주시할 촉

(동) 주목하다. 주시하다. ¶高瞻远~=높이 바라보고 멀리 내다보다.

【瞩目】zhǔmù (동)(문) 눈여겨보다. 주목하다. 주시하다. ¶万众~=만민이 주시하다.

【瞩望】zhǔwàng (동)(문) **1** 바라다. 기대하다. ¶~已久=바란 지가 이미 오래 되었다. **2** 주시하다. 주목하다. ¶举世~=세계가 주시하다. (명)(문) 기대. 희망. 바람. ¶不辜负人民的~.=인민의 기대를 저버리지 않다.

# 伫[佇·竚] zhù 오래 서 있을 저

(동)(문) 오랫동안 서 있다. ¶~听=오랫동안 서서 듣다.

【伫候】zhùhòu (동)(문) **1** 서서 기다리다. **2** 기다리다. ¶~佳音=좋은 소식이 있기를 기다리겠습니다.

【伫结】zhùjié (동)(문) (그리움이) 맺히다. 응어리지다. ¶但求一见, 以泻~之情.=마음속의 회포를 풀기 위해 꼭 한 번 만나기를 바라다.

【伫立】zhùlì (동)(문) 오랫동안 서 있다. ¶凝神~=정신을 가다듬고 긴 시간 서 있다.

# 苎[苧] zhù 모시 저

☞ **níng**(苧)
【苎麻】zhùmá (명)(植) **1** 모시. **2** 모시풀.

# 芧 zhù 모시 저

(명)(문) '苎(zhù)'와 같음.
☞ **xù**

# **助** zhù 도울 조

(동) 돕다. 협조하다. ¶援~=원조하다. / 爱莫能~=돕고 싶지만 힘이 모자라다.

> 帮助, 臂bì助, 补助, 扶fú助, 辅fǔ助, 借助, 救助, 捐juān助, 内助, 求助, 谈助, 援yuán助, 赞助, 资助

【助编】zhùbiān ☞【助理编辑】zhùlǐ biānjí
【助残】zhùcán (동) 장애자를 돕다. ¶~扶弱=장애자와 노약자를 돕다.
【助残日】zhùcánrì (명) 장애자의 날. [매년 5월 셋째주 일요일]
【助产】zhùchǎn (동) 분만을 돕다. 조산하다.
【助产士】zhùchǎnshì (명)(醫) 조산원. 산파.
【助词】zhùcí (명)(言) 조사. [구조 조사·동태 조사·어기 조사 세 종류가 있음]
【助动词】zhùdòngcí (명)(言) 조동사. 능원 동사. =【能愿动词】néngyuàn dòngcí
【助飞器】zhùfēiqì ☞【助推火箭】zhùtuī huǒjiàn
【助工】zhùgōng ☞【助理工程师】zhùlǐ gōngchéngshī
【助攻】zhùgōng (동) **1** (軍) 조공하다. 주력군의 진공을 돕다. ['主攻(주공하다)'과 구별됨] **2** (體) (일부 구기 종목에서) 조공하다. 공격을 돕다. 어시스트(assist)하다. ['主攻(주공하다)'과 구별됨]
【助剂】zhùjì (명)(化) (염색 따위의) 보조제(補助劑). 보제(補劑).
【助教】zhùjiào (명) (대학의) 조교.
【助桀为虐】zhùJié-wéinüè (成) **1** 걸왕(桀王)을 도와 잔악한 일을 하다. **2** (비) 나쁜 사람을 도와 나쁜 일을 하다. ≒为虎作伥
【助理】zhùlǐ (동) 보조하다. 보좌하다. ¶~人员=보조원. 조수. (명) 보좌인. 보좌관. 비서. [주로 직함으로 쓰임] ¶校长~=교장 보좌인.
【助理编辑】zhùlǐ biānjí (명) 보조 편집원. 보조 편집자. (약)【助编】zhùbiān
【助理工程师】zhùlǐ gōngchéngshī (명) 보조 기사.
【助力】zhùlì (동) 조력하다. 도와 주다. 힘을 보태다(쓰다). ¶他对促进两校的合作~不少.=그는 두 학교의 협력을 촉진하는 데 많은 힘을 보탰다. (명) 조력. 도와 주는 힘. ¶别人的批评和别人的鼓励一样, 都是一种~.=타인의 비평은 격려와 마찬가지로 모두 일종의 도와 주는 힘이다.
【助力车】zhùlìchē (명) 소형 모터가 달린 자전거.
【助跑】zhùpǎo (명)(體) (멀리뛰기·높이뛰기·도

마·창던지기·투포환 등의 경기에서) 도움닫기하다. 조주(助走)하다.
【助燃】 zhùrán 동(化) 불을 잘 붙게 하다. 연소를 돕다. ¶~제=조연제.
【助人为乐】 zhùrén-wéilè 성 남을 돕는 것을 기쁘게 생각하다. 남을 돕는 것을 즐거움으로 여기다.
【助手】 zhùshǒu 명 조수. ¶得力~=유능한 조수. ≒副手 下手
【助听器】 zhùtīngqì 보청기.
【助推火箭】 zhùtuī huǒjiàn 명 (로켓이나 우주 왕복선의 가속 작용을 하는) 보조 추진 장치. 부스터(booster). =【助推器】 zhùtuīqì【助飞器】 zhùfēiqì
【助推器】 zhùtuīqì ☞【助推火箭】 zhùtuī huǒjiàn
【助威】 zhù‖wēi 동 응원하다. 성원하다. 기세를 북돋우다. ¶为主队呐喊~。=홈 팀에게 함성을 지르며 응원하다.
【助我张目】 zhùwǒ-zhāngmù 성 1 나를 응원하다. 2 남의 찬성을 얻어 의기가 더욱더 왕성해지다.
【助兴】 zhù‖xìng 동 분위기를 돋우다〔살리다·띄우다〕. 흥취를 돋우다. ¶你唱段京剧给大家~。=네가 경극 한 단락을 불러 모든 사람의 흥을 돋우어라.
【助学】 zhùxué 동 공부하는 사람을 도와 주다. 교육 사업을 일으키는 데 돕다. ¶~贷款=학자금 융자.
【助学金】 zhùxuéjīn 명 (정부가 가난한 학생에게 주는) 학자금.
【助研】 zhùyán 명약 조리연구원(보조 연구원).
【助益】 zhùyì 동 도움이 되다. 도와 주다. 돕다. [주로 '有所(yǒusuǒ)'와 이어 씀] ¶这一措施对提高教学质量有所~。=이 조치는 교육의 질을 향상시키는 데 어느 정도 도움이 된다. 명 도움. 이익. 이로움. ¶你的这种做法对解决问题毫无~。=너의 이런 방식은 문제를 해결하는 데 전혀 도움이 되지 않는다.
【助战】 zhù‖zhàn 동 1(軍) 전투를 돕다. 작전에 협력하다. 2 응원하다. 성원하다. 기세를 북돋우다.
【助长】 zhùzhǎng 동 1 빨리 자라게 하다. 성장에 도움을 주다. ¶拔苗~=일을 급하게 이루려고 하다가 도리어 일을 그르치다. 2 (나쁜 경향이나 현상이) 조장하다. 키우다. ¶这样做很容易~歪风邪气。=이렇게 하면 좋지 않은 풍조를 조장하기 쉽다.
【助阵】 zhù‖zhèn 동 응원하다. 성원하다. 기세를 북돋우다.
【助纣为虐】 zhùZhòu-wéinüè 성 1 주왕(紂王)을 도와 잔악한 일을 하다. 2(轉) 나쁜 사람을 도와 나쁜 일을 하다.

**住** zhù 살 주
동 1(문) (사람이) 멈추다. 멈추어 서다. 머물다. 체류하다. 2 숙박하다. 묵다. 유숙하다. 정착하다. 다. 살다. 거주하다. ¶已经安排客人在宾馆~下了。=손님들을 여관에 숙박하도록 이미 안배하였다. =손님들을 여관에 숙박하도록 이미 안배하였다. 3 멎다. 그치다. 정지하다. ¶雨~天晴=비가 그치고 날이 맑다. 4 동사 뒤에 쓰여 보어로 사용됨. ① 멈춤이나 정지(靜止)를 나타냄. ¶他一下子被问~了。=그는 갑자기 질문에 말문이 막혀 버렸다. / 她当时就呆~了。=그녀는 당시에 멍해졌다. ② 견고함이나 안정됨을 나타냄. ¶记~=기억하고 있다. / 抓不~=붙잡을 수가 없다. ③ '得(·de)'나 '不(·bu)'와 함께 쓰여 능력이 충분한지 부족한지를 나타냄. ¶禁不~=견뎌 낼 수 없다. / 支持得~=지탱할 수 있다.
명 (Zhù) 성(姓).

○● 打住, 居住, 站住

【住持】 zhùchí 동 주지 일을 맡다. 명 (불사나 도교 사원의) 주지.
【住处】 zhù·chù 거처.
【住地】 zhùdì 거주지.
【住店】 zhùdiàn 동 여관에 묵다〔투숙하다〕.
【住读】 zhùdú 동 (학생이 학교 기숙사에) 기숙하다. ['走读(통학하다)'와 구별됨] ¶~生=기숙생.
【住房】 zhùfáng 명 주택.
【住户】 zhùhù 명 주민. 거주자. 세대. 가구. 가정. ¶新老~=새로 이사 온 주민과 기존의 주민.
【住家】 zhùjiā 동 살다. 거주하다. ¶他在城郊~。=그는 시외에 살고 있다. 명 (~儿) 주민. 거주자. 세대. 가구. 가정. ¶这些~儿都老实本分。=이 주민들은 모두 본분을 잘 지키고 착실하다.
【住居】 zhùjū 동 거주하다.
【住口】 zhù‖kǒu 동 말을 그만두다. 입을 다물다. 입 닥치다. ¶他~不说了。=그는 입을 다물고 말을 하지 않았다.
【住民】 zhùmín 명 (거)주민.
【住声】 zhùshēng 동 울음을 그치다. 소리를 죽이다. ¶小家伙不~地哭闹着。=어린 녀석이 시끄럽게 울어 대고 보챈다.
【住手】 zhù‖shǒu 동 손〔일〕을 멈추다. 손을 쉬다. 일을 그만두다. ¶他直到把事情做完才~。=그는 곧장 일을 다 끝낸 다음에야 비로소 손을 멈추었다. ≒罢手
【住宿】 zhùsù 동 묵다. 유숙하다. 숙박하다. ¶安排~=숙박을 안배하다.
【住所】 zhùsuǒ 명 거주지. 사는 곳. [주로 가구를 가리킴] ¶固定~=고정 거주지.
【住校】 zhù‖xiào 동 학교의 기숙사에 살다. 기숙하다. ¶~生=기숙생.
【住院】 zhù‖yuàn 동 (환자가) 입원하다.
【住院部】 zhùyuànbù 명 (醫) 입원 접수처.
【住宅】 zhùzhái 명 주택. [주로 규모가 비교적 큰 것을 가리킴] ¶居民~楼=주민 주택 건물.
【住宅区】 zhùzháiqū 명 주택가. 주택 단지. 주거 지역.
【住址】 zhùzhǐ 명 주소. ¶详细~=상세한 주소.
【住嘴】 zhù‖zuǐ 동 1 말을 그만두다. 입을 다물다. 입 닥치다. 2 씹는 것을 멈추다. ¶他已经~

불 먹了다.=그는 이미 씹는 것을 멈추고 먹지 않는다.

## 纻[紵] zhù 모시 저
**명**❶ 모시. 저포(紵布). ¶~衣=모시옷.

## 杼 zhù 베틀북 저
**명 1** ❶ (베틀의) 북. ¶不闻机~声。=베 짜는 소리가 들리지 않는다. **2** (베틀의) 바디.
【杼轴】zhùzhóu **명**❶ **1** (베틀의) 바디집. **2** ❶ 문장의 짜임새〔구상〕. ¶此文别出~。=이 글은 짜임새가 독창적이다.

## \*贮[貯] zhù 저장할 저
**동** 저장하다. 모아 두다. 저축하다. ¶~粮=양식을 저장하다. ≒储
【贮备】zhùbèi **동** 저축하다. 저장하다. ¶~粮食=양식을 저장하다. **명** 저장 물품. ¶~不足=저장 물품이 부족하다.
【贮藏】zhùcáng **동 1** 저장하다. ¶~室=저장실. 창고. **2** 매장하다. 매장되다. 묻히다. 간직하다. ¶地下~着丰富的矿产。=지하에 풍부한 광산 자원이 매장되어 있다. ≒储藏
【贮存】zhùcún **동** 저축해 두다. 저장하다. ¶~谷物=곡물을 저장하다. ≒储存
【贮量】zhùliàng **명** 저장량. 매장량.
【贮运】zhùyùn **동** 저장하고 운송하다. ¶~越冬蔬菜=월동 채소를 저장하고 운송하다.

## \*\*注¹ zhù 부을 주
**동 1** 주입하다. 쏟다. 붓다. ¶灌~=부어 넣다. / 暴雨如~=폭우가 억수로 쏟아지다. **2** (정신이나 시선 등을) 한 곳에 집중하다〔모으다〕. ¶关~=관심을 가지다. / 全神贯~=온 정신을 집중하다. 전념하다. **명** (도박에) 거는 돈. 판돈. ¶下~=(판돈을) 걸다. / 孤~一掷=남은 밑천을 다 걸고 최후의 승부를 하다. **양**❶ (거래 회수를 세는) 번. 건. 차례. (돈의) 다발. 꾸러미. 뭉치. ¶一~买卖=한 차례의 매매. / 两~交易=두 번의 거래.

## \*\*注²[註] zhù 주석 주
**동 1** 주를 달다. 주석하다. 주해하다. ¶校~=수정을 하며 주를 달다. / 批~=결재하며 주를 달다. **2** 기재하다. 기록하다. 등재하다. ¶登记~册=등재하고 등록하다. **명** 주해. 주석. ¶脚~=각주. / 附~=부주.

○● 备注, 赌dǔ注, 关注, 灌guàn注, 集注, 笺jiān注, 浇jiāo注, 眷juàn注, 评注, 签qiān注, 倾qīng注, 诠quán注, 小注, 专zhuān注

【注册】zhù‖cè **동** (주관 기관·학교 등에) 등록하다. 등기하다. ¶~商标=상표를 등록하다.
【注定】zhùdìng **동** 운명으로 정해져 있다. ¶命中~=운명에 정해져 있다.
【注脚】zhùjiǎo **명 1** 주해. 주석. 주. **2** 설명. 해석. ¶你的这些话恰恰给他的所作所为作了很好

的~。=너의 이런 말들은 마침맞게 그의 행동거지에 대해 아주 좋은 설명이 되었다. ≒注释
【注解】zhùjiě **동** 주석하다. 주해하다. **명 1** 상세한 주석. ¶~详细=주석이 상세하다. **2** 주해. 주석. 주. ¶文末附有~。=글 뒤에 주석이 첨부되어 있다. ≒注脚
【注明】zhùmíng **동** 주를 달아 밝히다. 상세히 주를 달다. ¶~引文出处。=인용문의 출처를 주를 달아 밝히다.
【注目】zhùmù **동** 주목하다. 주시하다. ¶引~=사람의 주목을 끌다.
【注目礼】zhùmùlǐ **명** 주목의 예(禮).
【注入】zhùrù **동 1** 주입하다. 부어 넣다. 유입하다. 흘러들어가다. ¶长江~黄海。=장강은 황해로 흘러들어간다. **2** 투자하다. 투입하다. ¶~巨额资金=거액의 자금을 투자하다.
【注射】zhùshè **동**(医) 주사하다.
【注射剂】zhùshèjì **명**(医) 주사제. 주사약.
【注射器】zhùshèqì **명** 주사기.
【注射液】zhùshèyè **명**(医) 주사액.
【注视】zhùshì **동 1** 주목하다. ¶~目标=목표를 주목하다. **2** (면밀하게) 주시하다. 주의 깊게 살피다. 깊은 관심을 갖다. ¶~事态的发展。=사태의 발전을 면밀하게 주시하다. ≒凝视
【注释】zhùshì **동** 주해하다. 주석하다. **명** 주해. 주.
【注疏】zhùshū **명**❶ 주소. 주와 소. 〔고서의 문자를 주(注) 혹은 전(傳)이라 하고 그것을 해석한 글을 소(疏)라 하는데, 합쳐서 주소(注疏)라 함〕 ¶《十三经~》=《13경주소》.
【注水】zhùshuǐ **동 1** 물을 주입하다. ¶~泵站=양수 펌프장. **2** 불필요한 내용〔말〕을 첨가하다.
【注塑】zhùsù **동** 사출 성형하다.
【注文】zhùwén **명** 주해〔주석〕한 글.
【注销】zhùxiāo **동** (등기한 것을) 취소하다. 말소하다. 무효로 하다. ¶~账目=장부를 말소하다.
【注意】zhù‖yì **동** 주의하다. 조심하다. ¶~观察=주의해서 관찰하다. / ~安全=안전에 주의하다. ≒留心
【注意力】zhùyìlì **명** 주의력. ¶集中~=주의력을 집중하다.
【注音】zhù‖yīn **동**(言) (부호나 문자 등으로) 발음을 표시하다.
【注音符号】zhùyīn fúhào ☞【注音字母】zhùyīn zìmǔ
【注音字母】zhùyīn zìmǔ **명**(言) 주음자모. 주음부호. ☞【注音符号】zhùyīn fúhào
【注重】zhùzhòng **동** 중시하다. 중점을 두다. ¶~基础知识和基本技能的培养。=기초 지식과 기본 기능의 배양에 중점을 두다.

## \*\*驻[駐] zhù 머무를 주
**동 1**❶ 멈추다. 정지하다. ¶~足观看=걸음을 멈추고 살피다. **2** (군대나 근무 인원이 어떤 장소에) 머무르다. 체류하다. 주둔하다. (어떤 장소에 어떤 기관을) 설치하다. ¶~外使馆=외국 주재

대사관. / ~京办事处=북경 사무소.

○● 进驻, 留驻

**【驻跸】zhùbì** 동경 주필하다. 임금이 행차하는 도중에 잠시 머무르거나 숙박하다.

**【驻地】zhùdì** 명 **1** 주둔지. ¶地质勘探队~=지질 탐사대 주둔지. **2** (지방 행정 기관의) 소재지. ¶市政府~=시청 소재지.

**【驻防】zhù‖fáng** 동 주둔하여 지키다. 방비하기 위해 주둔하다. ¶~边关=변경의 관문에 주둔하여 지키다. ≒驻守

**【驻节】zhùjié** 동 **1** 의 고급 관리가 외지에 머물러 있으면서 공무를 처리하다. **2** 한 나라의 외교관이 외국에 머물러 공무를 처리하다.

**【驻节公使】zhùjié gōngshǐ** 명 변리 공사(辨理公使).

**【驻军】zhùjūn** 동 군대를 주둔시키다. 군대가 주둔하다. ¶~澳门=마카오(Macao)에 군대를 주둔시키다. 명 주둔군. ¶香港~=홍콩 주둔군.

**【驻留】zhùliú** 동 체류하다. 머물다. ¶长期~=장기적으로 체류하다.

**【驻守】zhùshǒu** 동 주둔하여 지키다. ¶~边疆=변방을 지키다. ≒驻防

**【驻外】zhùwài** 형 외국에 주재하는. 외국 주재의. ¶~使节=외국 주재 사절.

**【驻颜】zhùyán** 동 젊은 얼굴을 유지하다. 얼굴이 늙지 않다. 젊음을 유지하다. ¶~有术=젊음을 유지하는 데 비결이 있다.

**【驻在国】zhùzàiguó** 명 주재국. 체재국.

**【驻扎】zhùzhā** 동 (부대나 근무 인원이 어떤 곳에) 주둔하다. 주재하다. ↔开拔

**【驻足】zhùzú** 동 걸음을 멈추다. ¶~聆听=걸음을 멈추고 경청하다.

## 柱 zhù 기둥 주

명 **1** 기둥. ¶支~=지주. / 偷梁换~=대들보를 훔쳐 내어 기둥으로 바꾸어 넣다. 바꿔치기를 하여 속이다. **2** 기둥처럼 생긴 물건. ¶水~=물기둥 / 中流砥~=버팀목이 되어 주는 튼튼한 인물. 중견 인물.

○● 冰柱, 火柱, 脊jǐ柱, 矿柱, 沙柱, 石柱, 烟柱

**【柱顶】zhùdǐng** 명(建) 주두(柱枓). 대접받침. 기둥머리.

**【柱廊】zhùláng** 명 주랑. 콜로네이드(colonnade).

**【柱面】zhùmiàn** 명〔數〕주면. 기둥면.

**【柱石】zhùshí** 명 **1** 기둥과 주춧돌. **2** 비 동량. 기둥. 중견 인물. [나라의 중임을 떠맡은 사람. 국가・사회의 중심 세력. 가장 중요한 자리에 있어 나 역할을 하는 사람] ¶国家的~=국가의 동량 (栋梁).

**【柱头】zhùtóu** 명 **1** 기둥머리. **2** 〔植〕주두. 암술머리. **3** 〈方〉기둥.

**【柱子】zhù·zi** 명 기둥.

## 炷 zhù 심지 주

명동 등심. 심지. ¶灯~=등심. 동 (향을) 태우다. 피우다. 양 개. [타고 있는 향을 세는 단위] ¶一~香=타고 있는 향 하나.

## *祝 zhù 빌 축

동 **1** (귀신・신에게) 빌다. 축원하다. ¶焚香~祷=향을 피우고 축복을 빌다. **2** 기원하다. 축복하다. 축하하다. ¶~你成功=당신이 성공하기를 기원합니다. **3** 의 끊다. 자르다. 절단하다. ¶~发为僧=삭발하고 중이 되다. 명 (Zhù) 성(姓).

○● 祷祝, 庙祝

**【祝词】[祝辞] zhùcí** 명 **1** 제문(祭文). 축문(祝文). **2** 축사. ¶新婚~=결혼 축사.

**【祝辞】zhùcí** ☞【祝词】zhùcí

**【祝祷】zhùdǎo** 동 축복을 빌다. 기원하다. ¶~上天=하늘에 축복을 빌다.

**【祝福】zhùfú** 동 **1** 신에게 복을 빌다. **2** 축복하다. 기원하다. 축원하다. ¶衷心~你事业有成。=당신의 사업이 성공하기를 충심으로 축복합니다. 명 **1** 섣달 그믐날 천지에 제사 지내며 복을 빌던 옛 풍습. **2** 축복. 축하. ¶请接受我的真诚的~。=저의 진심어린 축복을 받아 주세요. ↔诅咒

**【祝告】zhùgào** 동 빌다. 기도하다. 축복을 빌다. 기원하다.

**【祝贺】zhùhè** 동 축하하다. 경하하다. ¶~新春佳节=설날을 축하하다.

**【祝捷】zhùjié** 동 승리를 경축〔축하〕하다. 축첩하다. ¶~电报=승리 축하 전보.

**【祝酒】zhù‖jiǔ** 동 축배를 들다. 축배를 제의하다. 잔을 들어 축하하다. ¶举杯~=잔을 들어 축하하다.

**【祝酒词】zhùjiǔcí** 명 축배사.

**【祝酒歌】zhùjiǔgē** 명 축배의 노래.

**【祝寿】zhùshòu** 동 생신을 축하하다. [주로 노인에게 쓰임]

**【祝颂】zhùsòng** 동 축복하다. 축원하다. ¶新年到了, 街坊邻居们都互相~。=새해가 되어 이웃 사람들은 모두 서로 축복을 한다.

**【祝愿】zhùyuàn** 동 축원하다. 기원하다. ¶~你家庭幸福, 事事顺心。=가정이 행복하고 사업이 순조롭기를 기원합니다. 명 축원. 축복. 기원. ¶献给您最好的~。=당신에게 최고의 축복을 드립니다.

## 砫 zhù 땅 이름 주

지명에 쓰이는 글자. ¶石~=스주. [충칭(重庆)에 있는 지명으로, 지금은 '石柱'라고 씀]

## 疰 zhù 주하증 주

명동〔醫〕주하증(疰夏症). 하위증(夏痿症).

**【疰夏】zhùxià** 명 **1**〔醫〕주하증(疰夏症). 하위증(夏痿症). 더위먹음. **2** ☞【苦夏】kǔxià

## *著 zhù 뚜렷할 저

형 현저하다. 뚜렷하다. 분명하다. 저명하다. ¶显~=현저하다. / 彰明较~=아주 뚜렷하다. 동 1 드러나다. 나타내다. ¶颇~成效=효과를 뚜렷이 나타내다. 2 저술하다. 저술하다. 글을 짓다. ¶编~=편저하다. 명 1 작품. 저서. 저작. 저술. ¶新~=새로운 저서. / 译~=번역서. 2 토착민. 원주민. ¶土~=토착민. ↔微

☞ •zhe, zhuó

○● 较著, 巨著, 论著, 土著, 显xiǎn著, 原著, 专zhuān著, 撰zhuàn著

【著称】zhùchēng 동 유명하다. 저명하다. 이름나다. ¶黄山以风景秀丽而~。=황산은 아름다운 풍경으로 이름나 있다.

【著录】zhùlù 동 1 기재하다. 기록하다. ¶~勋臣=공신을 기록하다. 2 (목록에) 등재하다. 싣다. 올리다. ¶《社科新书目》及时~了新出版的社科类新书。=《사회과학 신서 목록》은 신속하게 새로 출판된 사회과학 방면의 새 책들을 실었다.

【著名】zhùmíng 형 저명하다. 유명하다. ¶~作家=저명 작가. ≒知名 ↔无名

【著书立说】zhùshū-lìshuō 성 1 문장으로 이론을 내세우다. 저서를 편찬하여 학설을 세우다. 2 저작 활동.

【著述】zhùshù 동 저술하다. 저작하다. 글을 짓다. ¶埋头~=저술에 몰두하다. 명 저술. 저작. ¶他的~颇丰。=그의 저술은 매우 풍부하다.

【著文】zhùwén 동 저술하다. 저작하다. 글을 쓰다〔짓〕.

【著译】zhùyì 동 저술하고 번역하다. ¶~工作=저술과 번역 업무. 명 저술과 번역서. ¶~颇丰=저작과 번역서가 매우 많다.

【著者】zhùzhě 명 저자. 작가.

【著作】zhùzuò 동 저작하다. ¶潜心~=저작에 몰두하다. 명 저서. 저작. 작품. ¶学术~=학술 저서.

【著作等身】zhùzuò-děngshēn 성 1 저서가 작가의 키 높이만큼 많다. 2 저서가 아주 많다.

【著作权】zhùzuòquán 명(法) 저작권.

【著作人】zhùzuòrén 명 저자. 편자.

## *蛀 zhù 좀 주

명(动) 좀. 동 좀먹다. 좀이 쏠다. ¶虫~鼠咬=좀이 쏠고 쥐가 갉다. ≒蠹

【蛀齿】zhùchǐ ☞【龋齿】qǔchǐ

【蛀虫】zhùchóng 1 (动) 좀. 2 비 사물[조직]을 눈에 띄지 않게 조금씩 해치는 사람이나 물건. ¶国家的~=국가를 해치는 좀 같은 사람.

【蛀木虫】zhùmùchóng 명(动) 나무좀.

【蛀蚀】zhùshí 동 1 (좀이) 쏠다. 좀먹다. 2 비 타락시키다. 부식하다. 부패시키다. 썩히다. 손해를 입히다. 해치다. ¶色情影碟~了他的灵魂。=포르노 CD는 그의 영혼을 타락시켰다.

【蛀心虫】zhùxīnchóng 명(动) 마디충. =【钻心虫】zuānxīnchóng

【蛀牙】zhùyá ☞【龋齿】qǔchǐ

## *铸[鑄] zhù 주조할 주

동(金) 주조(鑄造)하다. ¶浇~=주조하다.

○● 电铸, 鼓铸, 浇jiāo铸, 熔铸, 陶táo铸

【铸币】zhùbì 동 화폐를 주조하다. 명 금속 화폐. 주조 화폐. 동전.

【铸成】zhùchéng 동 저지르다. 야기하다. 빚어내다. 초래하다. ¶~大错=중대한 잘못을 저지르다.

【铸错】zhùcuò 동 성 중대한 실수를 저지르다.

【铸锭】zhùdìng 명(金) 잉곳(ingot). 주괴(鑄塊).

【铸钢】zhùgāng 명(金) 주강.

【铸工】zhùgōng 명(金) 1 주물 작업. =【翻砂】fānshā 2 주물공. 주조공.

【铸焊】zhùhàn 동 주형(鑄型) 용접하다. [주로 철도 레일 용접에 사용됨]

【铸件】zhùjiàn 명(金) 주조물. 주물.

【铸就】zhùjiù 동 1 주조하다. ¶这是生铁~的, 很结实。=무쇠로 주조한 것이라 아주 튼튼하다. 2 비 (신체나 의지 등이) 장기간의 단련이나 시련을 통해 만들어지다〔형성되다·길러지다·배양되다·이루어지다〕. ¶艰苦的劳动~了他坚强的意志。=어렵고 힘든 노동이 그의 강인한 의지를 만들어 냈다.

【铸模】zhùmú 명(机) 사형(砂型). 모래 주형.

【铸铁】zhùtiě 명 1 주철. 선철. 무쇠. =【铣铁】xiǎntiě 2 ☞【生铁】shēngtiě

【铸型】zhùxíng 명 주형.

【铸造】zhùzào 동 주조하다. ¶~车间=주조 공장. 주조 작업장.

【铸字】zhù∥zì 동(印) 주자하다.

## *筑¹ zhù 악기 이름 축

명 1 (音) 축. [옛날, 거문고 비슷한 13현의 현악기] 2 (Zhù) (地) 구이양(贵阳)의 별칭.

## *筑²[築] zhù 건축할 축

동 건설하다. 건축하다. 건조하다. 세우다. 짓다. ¶建~=건축하다. / 修~=건설하다.

○● 建筑, 浇jiāo筑, 修筑

【筑坝】zhùbà 동 댐(제방)을 쌓다. ¶拦河~=강물을 막아 댐을 쌓다.

【筑巢引凤】zhùcháo-yǐnfèng 성 1 둥지를 만들어 봉황새를 끌어들이다. 2 비 투자 환경을 완벽하게 해 놓고 외부 투자와 인재를 끌어들이다.

【筑堤】zhù∥dī 동 제방을 쌓다. ¶~修坝=제방을 쌓고 댐을 건설하다.

【筑路】zhù∥lù 동 도로를 건설하다. ¶~机械=도로 부설 기계.

【筑室道谋】zhùshì-dàomóu 성 1 집을 짓는 데 길가는 사람과 상의하다. 2 주견이 없이 맹목적으로 남의 의견을 받아들이다가 아무것도 이루지 못하다. 사공이 많으면 배가 산으로 간다. 이론이 많아서 일이 진척되지 않다. ≒优柔寡断 ↔当机立断

翥 zhù 날아오를 저
통문 (새가) 날아오르다. ¶龙翔凤~=용이 비상하고 봉황이 날아오르다.

箸[(筯)] zhù 젓가락 저
명문 젓가락. ¶下~=젓가락을 대다. 젓가락질하다.

## zhua

*抓 zhuā 움켜쥘 조
통 1 (손가락·발톱으로) 꽉 쥐다. ¶~了一把米=쌀 한 줌을 쥐었다. 2 할퀴다. 긁다. ¶手被猫~伤了.=고양이한테 손을 할퀴었다. 3 (시간·기회 등을) 포착하다. 꽉 잡다. 장악하다. 붙잡다. ¶~紧时间=서두르다. 4 (어떤 일에) 특별히 주의하다〔강조하다〕. 중점을 두다. 매진하다. 틀어쥐다. 중점적으로 관리하다. ¶一心~产品质量.=전심전력으로 상품의 품질 관리를 틀어쥐다. 5 (인기·주의·마음을) 끌다. 사로잡다. 장악하다. ¶电影一开始就~住了观众.=영화는 시작하자마자 관중을 사로잡았다. 6 붙잡다. 체포하다. ¶~小偷=도둑을 잡다. 7 다루어 하다. 열심히 하다. 서슴지 않다. ¶干工作要有条理, 不能乱~一通.=일을 하는데 조리가 있어야지, 무턱대고 이것저것 손을 대서는 안 된다. ↔放

【抓把柄】 zhuā bǎbǐng 통(비) (협박하기 위해) 남의 약점을 포착하다. 꼬투리를 잡다. ¶注意, 别被他抓了把柄.=그 사람한테 약점 잡히지 않도록 주의하세요.

【抓辫子】 zhuā biàn·zi ☞ 【揪辫子】 jiū biàn·zi

【抓膘】 zhuā ‖ biāo 통 (가능한 방법을 동원하여 가축을) 살찌우다.

【抓兵】 zhuābīng 통옛 강제로 군인을 징발하다. 일반인을 잡아 강제로 군인으로 만들다.

【抓捕】 zhuābǔ 통 (죄인을) 체포하다. 붙잡다. ¶~凶犯=흉악범을 체포하다.

【抓茬儿】 zhuā ‖ chár 통(비) 고의로 남의 잘못〔흠·트집·구실·결점〕을 잡다〔찾다〕.

【抓差】 zhuā ‖ chāi 통 1 옛 인부를 뽑다. 사역을 징발하다. 2 임시로 파견하여 업무 밖의 일을 시키다. 심부름을 시키다.

【抓大放小】 zhuādà-fàngxiǎo 성 대기업체를 중점적으로 잘 관리하고 소기업은 느슨하게 하여 융통성 있게 경영하도록 하다. 큰 범죄에 초점을 맞추고 작은 죄는 풀어 주다.

【抓典型】 zhuā diǎnxíng 통 전형적인 모델을 만들어 전체 업무를 이끌어나가다.

【抓点】 zhuā ‖ diǎn 통 몇 곳을 중점으로 관리하다. ¶~带面=선택된 지역에서 경험을 도출하여 전체 지역의 업무를 이끌어나가다.

【抓丁】 zhuādīng 통 (강제로) 장정을 징발하다.

【抓斗】 zhuādǒu 명(機) 그랩(grap).

【抓赌】 zhuādǔ 통 도박꾼을 잡다. 도박장을 급습하다. 도박을 단속하다.

【抓耳挠腮】 zhuā'ěr-náosāi 성 1 귀를 긁다가 턱을 쓰다듬다가 하다. 2 (비) 초조하거나 난처하여 어쩔지 못하다. 안절부절못하다. 3 (비) 기뻐 어쩔 줄 모르다.

【抓饭】 zhuāfàn 명 위구르족이 즐겨 먹는 양고기를 섞은 육반(肉饭).

【抓哏】 zhuā ‖ gén 통 (만담 연기자·중국 전통극의 어릿광대가) 우스갯소리를 하여 관중〔청중〕을 웃기다.

【抓工夫】 zhuā gōng·fu 통 틈〔시간〕을 내다. 짬을 내다. 여가를 내다〔마련하다〕. ¶他正~复习考试.=그는 틈을 내어 시험 공부를 하고 있는 중이다.

【抓获】 zhuāhuò 통 붙잡다. 체포하다. ¶~逃犯=탈주범을 붙잡다. ≒拿获

【抓髻】 zhuā·ji ☞ 【髽髻】 zhuā·ji

【抓紧】 zhuā ‖ jǐn 통 1 꽉 쥐다. 단단히 잡다. 놓치지 않다. 틀어쥐다. 힘을 들이다. ¶~时机=기회를 포착하다. 2 서둘러 하다. 급히 하다. ¶~复习=서둘러 복습하다. ≒加紧 ↔放松 松懈

【抓阄儿】 zhuā ‖ jiūr 통 제비 뽑다. =【拈阄儿】 niān ‖ jiūr

【抓鬏】 zhuā·jiu ☞ 【髽鬏】 zhuā·jiu

【抓举】 zhuājǔ 명(體) (역도 경기의) 인상.

【抓空儿】 zhuā ‖ kòngr 통 틈〔짬·시간〕을 내다〔이용하다〕. 여가 시간을 이용하다. =【抓空子】 zhuā kòng·zi ¶这事儿要~研究研究.=이 일은 틈을 내어 한번 연구해 보자.

【抓空子】 zhuā kòng·zi ☞ 【抓空儿】 zhuā ‖ kòngr

【抓挠】 zhuā·nao 통(비) 1 긁다. ¶你哪儿痒, 我给你~~.=어디가 가렵니, 내가 긁어 줄게. 2 서둘러〔바삐〕 하다. 만들다. ¶这么多乱七八糟的事儿, 他一个人恐怕~不过来.=이렇게 잡다하게 많은 일을 그 사람 혼자서는 아마 제때 해낼 수 없을 것이다. 3 마구 주물러 대다. 함부로 만져 엉망진창이 되다. ¶屋里被小家伙~得乱七八糟.=방안이 어린 녀석에 의해 엉망진창으로 되어 버렸다. 4 싸우다. 다투다. ¶两个人吵着吵着就~起来了.=두 사람은 말다툼하다가 싸움이 붙었다. 5 (돈을) 벌다. 얻다. 취득하다. 손에 넣다. ¶他这两年靠养鱼~了不少钱.=그는 최근 2년 동안 물고기를 키워 적지 않은 돈을 벌었다. 명 (~儿) 1 쓸 수 있는 것. 믿을 수 있는 것〔사람〕. 의지할 수 있는 사람. 근거가 되는 것. ¶他来当经理, 我们大家可就有~了.=그가 사장이 되면, 우리 모두는 의지할 사람이 생기게 된다. 2 대책. 방도. 방법. ¶干什么事都要做好准备, 免得到时候没~.=문제가 생겼을 때 속수무책이 되지 않도록, 무슨 일을 하든지 항상 준비를 잘 해야 한다.

【抓牛鼻子】 zhuā niúbí·zi 통(비) 문제의 핵심〔관건〕을 틀어쥐다〔장악·파악〕하다. 문제를 해

결하려면 문제의 핵심·관건부터 손을 대야 한다. ¶你一定要~, 从而带动整个工作的的开展。= 당신은 반드시 문제의 핵심을 틀어줌으로써 전체 업무를 이끌어야 한다.

【抓拍】 zhuāpāi 통 기회를 포착해서 순간 장면을 찍다. 스냅 사진을 찍다.

【抓破脸】 zhuāpòliǎn ⟨속⟩ 감정이 폭발하다. 불화가 표면화하다. 얼굴을 붉히다. 정면 충돌하다. 사이가 틀어져 다투다. 반목하여 정분·체면을 살펴지 않다. =【撕破脸】 sīpòliǎn ¶为这么点小事, 好朋友~不值得。= 이런 사소한 일 때문에 친한 친구끼리 얼굴을 붉힌다는 것은 바람직한 일이 못 된다.

【抓取】 zhuāqǔ 통 잡아 빼앗다. 걷어쥐다.

【抓权】 zhuā‖quán 통 권력을 잡다〔장악하다〕. ¶他这个人野心不小, 一进公司就拼命~。= 그 사람은 야심이 대단해서, 회사에 입사하자마자 온 힘을 다해 권력을 잡았다.

【抓人】 zhuā‖rén 통 사람을 붙잡다.

【抓瞎】 zhuā‖xiā 통⟨口⟩ (사전 준비가 없어서) 허둥지둥하다. 갈팡질팡하다. 놀라 어쩔 줄 모르다. 쩔쩔매다. 이리 뛰고 저리 뛰다. ¶不疏通河道, 雨季一到非~不可。= 강을 소통시키지 않으면, 우기 때 쩔쩔맬 수밖에 없다.

【抓痒】 zhuā‖yǎng 통 가려운 곳을 긁다. =【抓痒痒】 zhuā yǎng·yang ☞【抓痒】 zhuā‖yǎng

【抓痒痒】 zhuā yǎng·yang ☞【抓痒】 zhuā‖yǎng

【抓药】 zhuā‖yào 통 1 (한약방에서 고객의 약 방문에 근거하여) 약을 짓다. 2 (병원의 약국에서 환자에게) 한약을 지어 주다〔팔다〕. 3 (약방문을 갖고 한의원에 가서) 약을 사다.

【抓周】 zhuā‖zhōu (~儿) 명 돌잡이.

【抓壮丁】 zhuā zhuàngdīng 통⟨옛⟩ (관가에서 강제로) 장정을 징발하다.

【抓总儿】 zhuāzǒngr 통⟨口⟩ 전체 업무를 책임지다. 업무 전반을 책임지다.

挝[撾] zhuā 침 과
통 1 ⟨문⟩ 두드리다. 치다. 때리다. ¶~鼓=북을 두드리다. 2 '抓(zhuā)'와 같음. (주로 조기 백화문에 보임)
☞ wō

树[樹, 簻] zhuā 채찍 과
명⟨문⟩ (말)채찍.

髽 zhuā 북상투 좌
아래를 참조.

【髽髻】【髽鬏】 zhuā·ji 명 쪽머리. (옛쪽 귀 위로 틀어 올린 소녀의 머리) ¶~夫妻=본남편과 본아내. 결발부부.

【髽鬏】【抓鬏】 zhuā·jiu 명 쪽머리.

爪 zhuǎ 발톱 조
명⟨口⟩ (~儿) 1 (새나 짐승의) 발(톱). ¶猪~儿=돼지다리. 2 (기물의) 다리. 발. ¶三~锅=세 발솥.
☞ zhǎo

【爪尖儿】 zhuǎjiānr 명 족발.

【爪儿】 zhuǎr 명 1 (작은 새나) 짐승의 발(톱). ¶猫~=고양이 발. 2 (기물의) 다리. 발. ¶这种沙锅有仨~儿。= 이런 질그릇은 발이 세 개 달려 있다.

【爪哇】 zhuǎwā 명⟨컴⟩ 자바(Java).

【爪子】 zhuǎ·zi 명 짐승의 발(톱). ¶鹰~=독수리 발톱. / 狗~=개 발톱.

# zhuai

拽 zhuāi 내던질 예
통⟨방⟩ 힘껏 던지다. 내던지다. 뿌리다. 팽개치다. ¶把球~出了界。= 공을 힘껏 던져 라인(line) 밖으로 나갔다. 형⟨방⟩ (병으로 인해) 팔놀림이 자유롭지 못하다. 팔이 불편하다. 팔을 잘 쓰지 못하다. ¶他的胳膊摔~了。= 그는 넘어져서 팔을 잘 쓰지 못한다.
☞ zhuài

转[轉] zhuǎi 유식한 체 문자 쓸 전
통⟨구⟩ (유식한 체하며) 말끝마다 문자 쓰다. ¶臭~=꼴사납게 문자 쓰다.
☞ zhuǎn, zhuàn

【转文】 zhuǎi‖wén 통⟨구⟩ (유식한 체하며) 말끝마다 문자를 쓰다. 입에 문자를 달고 살다. ¶他说话老爱~。= 그는 말을 할 때 늘 유식한 체 문자를 쓰는 것을 좋아한다.

跩 zhuǎi 뒤뚱거릴 세
통⟨방⟩ 뒤뚱뒤뚱 걷다. 어기적거리다. ¶他一~一~地走了过来。= 그는 뒤뚱뒤뚱거리며 걸어왔다.

拽 zhuài 끌 예
통 잡아당기다〔끌다〕. 세차게 끌다. ¶生拉硬~=억지로 잡아당기다. / 九头牛也~不动。= 아홉 마리 소로도 끌어 움직이지 못한다.
☞ zhuāi

专¹[專, 耑] zhuān 오로지 전
형 1 전념하다. 몰두하다. 집중하다. ¶用心不~=마음을 집중하지 않다. / ~款~用=특별한 비용을 전용하다. 2 전문적이다. ¶~多能=전문 기술이 있으면서 아울러 여러 가지 능력을 겸비하고 있다. 통 독차지하다. 전횡하다. 독점하다. ¶申请~利=특허를 신청하다. / 烟草~卖=담배 전매. 부 오로지. 유독. 특별히. ¶她~爱唱歌。= 그녀는 오로지 노래 부르는 것을 좋아한다. 명 전과학교(전문학교). ¶大~=대학과 전문대학. / 师~=사범전문대학. ↔博

| ⊙ | 专 zhuān |
|---|---|
| | 砖 zhuān |
| | 转 zhuǎn |
| | 传 chuán |
| | 团 tuán |
| | 抟 tuán |

**

**专²[專] Zhuān 성씨 전**
[명] 성(姓).
【专案】**zhuān'àn** [명] 전문 안건(사건). 특별 안건. ¶～组＝특별 안건 심사팀.
【专版】**zhuānbǎn** [명] 특집면. 특별면. ¶奥运会～＝올림픽 특집면.
【专才】**zhuāncái** [명] 전문 인력(인재). 전문가. ↔通才
【专差】**zhuānchāi** [명] **1** 특파원. 특사. 특수 임무로 파견된 전임자. ¶他是市政府的～。＝그는 시 정부가 파견한 특파원이다. **2** 전문적인(특별한) 업무(임무). ¶出～＝특별한 임무로 출장가다.
【专长】**zhuāncháng** [명] 특기. 특수 기능. 전문 기술(지식). ¶学有～＝(어떤 방면의) 전문 지식이나 기능을 갖추다. ≒特长
【专场】**zhuānchǎng** [명] **1** (특정 대상을 위해 개방된) 특별 공연. ¶儿童～＝아동을 위한 특별 공연. **2** 특별 공연. ¶曲艺～＝설창 문예 특별 공연.
【专车】**zhuānchē** [명] **1** (특수 임무나 사람을 위해 운행하는) 특별(열)차. 특별 차량. ¶访问团的～已经抵达本市。＝방문단의 특별 열차는 이미 본 도시에 도착하였다. **2** (기관이나 개인의) 전용차. ¶省长～＝성장 전용차.
【专诚】**zhuānchéng** [부] 지극 정성으로. 정성을 다해. 특별히. ¶～拜望＝지극 정성으로 찾아뵙다. ≒特地 专门
【专程】**zhuānchéng** [부] 특별히. (전적으로 어떤 목적을 위해) 일부러 …에 가다. ¶～求教＝특별히 가르침을 구하러 가다.
【专宠】**zhuānchǒng** [동] 총애를 독점하다. 사랑을 독차지하다. 총애를 한몸에 받다. ¶她深得经理～。＝그녀가 사장의 두터운 총애를 독차지하다.
【专电】**zhuāndiàn** [명] (특파원이 보내는) 특별 송고. 특별 송신. 특별 전문. ¶本报记者纽约～＝본 신문사 기자가 뉴욕에서 보낸 특별 송고.
【专断】**zhuānduàn** [동] (공동으로 의논해야 할 일을) 독단적으로 결정(처리)하다. ¶～独行＝독단적으로 결정하고 제멋대로 행동하다.
【专房】**zhuānfáng** [동][문] 처첩이 총애를 한몸에 받다.
【专访】**zhuānfǎng** [동] (어떤 사람(일)에 대해) 특별 인터뷰(탐방·취재)하다. ¶～当事人＝당사자를 특별 인터뷰(interview)하다. [명] 특집 탐방 보도. 탐방 프로그램. ¶人物～＝인물 탐방 특집 보도.
【专稿】**zhuāngǎo** [명] 특정 주제에 관한 원고. ¶残奥会～＝장애자 올림픽 전문 원고.
【专攻】**zhuāngōng** [동] 전공하다. ¶～化学＝화학을 전공하다.
【专管】**zhuānguǎn** [동] (어떤 일을) 전적으로 책임지다(관리하다). 전관하다. ¶他～后勤保障工作。＝그는 물자 조달 관리 업무를 전관하고 있다.
【专柜】**zhuānguì** [명] 전문 판매대. ¶箱包～＝트렁크(trunk)와 가방 전문 판매대.
【专函】**zhuānhán** [명] 특별 서한.
【专号】**zhuānhào** [명] 특집호. ¶韩国研究～＝한국 연구 특집호.
【专横】**zhuānhèng** [형] 독단적이다. 제멋대로이다. 전횡적이다. ¶～霸道＝독단적이고 포악하다.
【专横跋扈】**zhuānhèng-báhù** [성] 전횡을 일삼고 방자하게 제멋대로 날뛰다.
【专机】**zhuānjī** [명] **1** 특별기. ¶代表团乘～回国。＝대표단은 특별기를 타고 귀국한다. **2** 전용기. ¶总统～＝대통령 전용기.
【专集】**zhuānjí** [명] **1** 개인 전집. 개인집. ¶他大学毕业后就出了一本～。＝그는 대학 졸업 후에 곧 개인 전집 한 권을 냈다. **2** 특집(特輯). ¶《美国文学～》＝《미국 문학 특집》.
【专辑】**zhuānjí** [명] **1** 전집(全集). ¶外国抒情诗歌～＝외국 서정시 전집. **2** 개인 앨범.
【专家】**zhuānjiā** [명] 전문가. ¶法律～＝법률 전문가. ↔杂家
【专家门诊】**zhuānjiā ménzhěn** [명]《醫》 특진.
【专刊】**zhuānkān** [명] **1** (신문·잡지·학술지의) 특집호(특별란). **2** 단행본 연구 총서. ¶文艺理论研究～＝문예 이론 연구 총서.
【专科】**zhuānkē** [명] **1** 전문 과목(분야). ¶～门诊＝전문 분야 진찰. **2** [약] 专科学校(전문학교). ¶大学～毕业＝전문대학을 졸업하다.
【专科生】**zhuānkēshēng** [명] 전문대학생. 전문학교 학생.
【专科学校】**zhuānkē xuéxiào** [명]《教》 전문대학. 전문학교.
【专控】**zhuānkòng** [동] (상품의 구매·판매 등을) 전문적으로 통제(관리·통제)하다. ¶～商品＝전문적으로 통제를 받는 상품.
【专款】**zhuānkuǎn** [명] 지정된 항목에만 쓰는 특수 비용. ¶救灾～＝구호 특별 비용.
【专栏】**zhuānlán** [명] (신문·잡지의) 특별란. 전문란. ¶体育～＝체육 특별란.
【专力】**zhuānlì** [동] 전력을 다하다. 온 힘을 기울이다. ¶他～于中国现代文学的研究。＝그는 중국현대 문학 연구에 전력을 다한다.
【专利】**zhuānlì** [명] **1** 특허. **2** 특허권.
【专利权】**zhuānlìquán** [명]《法》 특허권.
【专列】**zhuānliè** [명] 전용 열차. ¶总统～＝대통령 전용 열차.
【专论】**zhuānlùn** [명] (특정 문제에 관한) 전문적으로 논한 글. ¶《诗经》～＝《시경》을 전문적으로 논한 글.
【专卖】**zhuānmài** [동] 전매하다. 독점 판매하다. ¶～权＝전매권.
【专卖店】**zhuānmàidiàn** [명] 전문 매장.
【专美】**zhuānměi** [동][문] 명성을 독차지하다. 혼자서 미명을 누리다. ¶年轻的京剧演员钻研表演技艺, 不让上代艺人～于前。＝젊은 경극 배우는 연기 기교에 심혈을 기울여 전대의 예술가들이 명성을 독차지하지 못하도록 했다.
【专门】**zhuānmén** [형] 전문적이다. ¶～人才＝

전문가. 전문 인재. 序 **1** 전문적으로. 오로지. ¶ ~研究文字学=전문적으로 문자학을 연구하다. **2** 특별히. 일부러. [ '特地(tèdì)' 에 상당함] ¶他是~来看你的。=그는 특별히 너를 보러 왔다. **3** 유난히. 유독. [주로 폄의(贬义)를 내포함] ¶他~爱打小报告。=그는 유난히 고자질하는 것을 좋아한다. ≒专诚 特属

【专名】**zhuānmíng** 名 (인명·지명 등의) 고유 명칭.

【专名号】**zhuānmínghào** 名 고유 명칭 부호. [중국식 문장 부호의 하나로, 고유 명사 아래에 밑줄을 그어 다른 어휘와 구별하는 방법]

【专区】**zhuānqū** 名 중화 인민 공화국의 행정 구역의 한 단위. [성과 현의 중간에 해당함]

【专权】**zhuānquán** 动 대권을 혼자 장악하다. 권력을 독점하다. ¶~误国=권력을 독점하여 나라를 망치다.

【专人】**zhuānrén** 名 **1** 전담자. 전임자. 특파원. ¶~负责=전담자가 책임지다. **2** 특별히 파견된 사람. ¶派~处理=특별히 사람을 파견하여 처리하다.

【专任】**zhuānrèn** 动 전임하다. 전문적으로 담당하다. [ '兼任(겸임하다)' 과 구별됨] ¶~教员=전임 교사.

【专擅】**zhuānshàn** 动书 **1** 대권을 독식하다. 권력을 혼자 장악하다. ¶独裁~=대권을 혼자 장악해서 독재를 행하다. **2** 제멋대로 하다. 독단적으로 행동하다. ¶特权~=권세를 믿고 제멋대로 하다.

【专史】**zhuānshǐ** 名 각종 전문 학과의 역사.

【专使】**zhuānshǐ** 名 특사. 특명 사절.

【专书】**zhuānshū** 名 전문 저서. 전문 저작.

【专署】**zhuānshǔ** 名 【专员公署】 **zhuānyuán gōngshǔ** 의 준말.

【专题】**zhuāntí** 名 전제. 특정한 제목. 전문적인 테마. ¶~座谈=주제 토론. / ~演讲=주제 연설.

【专题片儿】**zhuāntípiānr** 名儿 특집 프로그램. [전문적 테마를 다루는 텔레비전 프로그램]

【专题片】**zhuāntípiàn** 名 특집 프로그램.

【专文】**zhuānwén** 名 특정한 문제에 관한 논문. ¶~论述=특별 논술.

【专席】**zhuānxí** 名 전용석. ¶老年~=노인 전용석.

【专线】**zhuānxiàn** 名 **1** (어떤 부문의) 내부 전용 철도. **2** (중요 기관·상관의) 전용 전화선.

【专项】**zhuānxiàng** 名 전문적으로 설립한 항목. ¶~资金=전문적으로 설립한 자금.

【专心】**zhuānxīn** 形 전심전력하다. 전념하다. 몰두하다. 열중하다. ¶~一意=한마음 한뜻이다.

【专心致志】**zhuānxīn-zhìzhì** 成 온 마음을 다 기울이다. 열심이다. 전심전력으로 몰두하다. ≒聚精会神 ↔心不在焉 漫不经心

【专修】**zhuānxiū** 动 전문적으로 수리하다. ¶~电视机=텔레비전을 전문으로 수리하다. **2** (어떤 과목을) 전수하다. 전문으로 닦다. 전공하다. ¶~英语=영어를 전수하다.

【专修班】**zhuānxiūbān** ☞ 【专修科】 **zhuānxiūkē**

【专修科】**zhuānxiūkē** 名(教) (대학에 부설된) 단기 연수반. =【专修班】 **zhuānxiūbān**

【专业】**zhuānyè** 名 **1**(教) 전공. ¶汉语言文学~=중어중문학 전공. / 数学~=수학 전공. **2** 전문. [특정 분야를 가리킴] ¶~工人=전문 노동자. 形 전문의. ¶~作家=전문 작가. ↔业余

【专业对口】**zhuānyè duìkǒu** 动 전공이 일치하다.

【专业队】**zhuānyèduì** 名 전문팀. ¶建筑~=건축 전문팀.

【专业户】**zhuānyèhù** 名 전문 농가. ¶养猪~=양돈 전문 농가.

【专业化】**zhuānyèhuà** 动 전문화하다. ¶~程度=전문화 정도.

【专业课】**zhuānyèkè** 名(教) 전공 과목. [ '基础课(기초 과목)' 과 구별됨]

【专页】**zhuānyè** 名 전문란. 특별란. [신문이나 잡지에 특정 내용을 싣는 면] ¶法律知识~=법률 지식 전문란.

【专一】**zhuānyī** 形 전일하다. 한결같다. ¶感情~=감정이 한결같다.

【专营】**zhuānyíng** 动 전문적으로 경영하다. ¶~体育用品=스포츠용품을 전문으로 경영하다.

【专用】**zhuānyòng** 动 전용하다. ¶~电脑=전용 컴퓨터.

【专有】**zhuānyǒu** 形 고유의. 혼자만 가지고 있는. ¶~名词=고유명사.

【专有技术】**zhuānyǒu jìshù** 名 노하우(knowhow). =【技术诀窍】 **jìshù juéqiào** 【技术秘密】 **jìshù mìmì**

【专员】**zhuānyuán** 名 **1** '전구(專區：나중에 '지구(地區)' 로 바뀜)' 의 행정 책임자. **2** 전문 요원. [어떤 부문의 업무를 책임지는 요원]

【专员公署】**zhuānyuán gōngshǔ** 名 성(省)·자치구(自治區)에서 필요에 따라 설치한 파출 기구. 同 【专署】 **zhuānshǔ**

【专责】**zhuānzé** 名 전적인 책임. ¶你要对此事负~=네가 이 일에 대해 전적인 책임을 져야 한다.

【专政】**zhuānzhèng** 名 독재 정치. ¶~机关=독재 정치 기관.

【专职】**zhuānzhí** 名 전임. ¶~人员=전임 요원. ↔兼职

【专指】**zhuānzhǐ** 动 전적으로 가리키다. ¶这里所说的城市~省会城市。=여기에서 말한 도시는 성(省) 정부 소재지 도시를 가리킨다.

【专治】**zhuānzhì** 动 전문으로 치료하다. ¶~皮肤病=피부병을 전문으로 치료하다.

【专制】**zhuānzhì** 动 전제 정치하다. ¶君主~=군주 전제 정치. 形 전제적인. 독단적인. ¶~作风=전제적인 기풍. ↔民主

【专制主义】**zhuānzhìzhǔyì** 名 전제주의.

【专注】**zhuānzhù** 动 집중하다. 전념하다. ¶神情~=정신을 집중하다.

【专著】**zhuānzhù** 名 전문 저작. 논문. ¶出版

~=전문 저작을 출판하다.
【专座】zhuānzuò 몡 전용 좌석. ¶老幼病残孕~=노약자 전용 좌석.

# 肫[膞] zhuān 모래주머니 전
몡몡 조류의 위〔모래주머니〕. ¶鸡~=닭의 모래주머니. 닭똥집.

# 砖[磚, 甎·塼] zhuān 벽돌 전
몡 **1** 벽돌. ¶青~=푸른 벽돌. / 地~=보도 블록(步道block). **2** 벽돌 모양으로 생긴 것. ¶金~=골드 바. / 茶~=벽돌차.

○● 冰bīng砖, 瓷cí砖, 缸gāng砖, 硅guī砖, 火砖, 镁měi砖

【砖茶】zhuānchá 몡 전차. 벽돌차. [차를 틀에 박아 건조한 벽돌 모양의 차] =【茶砖】cházhuān

【砖厂】zhuānchǎng 몡 벽돌 공장. 벽돌막(幕). ¶~工人=벽돌공.

【砖雕】zhuāndiāo 몡(艺) **1** 벽돌 조각 예술. [벽돌 위에 조각한 예술] **2** 벽돌 조각품.

【砖块】zhuānkuài 몡 벽돌.

【砖墁地】zhuānmàndì 몡 벽돌 바닥〔마루〕.

【砖模】zhuānmú 몡 벽돌틀.

【砖坯】zhuānpī 몡 아직 굽지 않은 벽돌.

【砖墙】zhuānqiáng 몡 벽돌담.

【砖石】zhuānshí 몡 벽돌과 석조. ¶~结构=벽돌·석조 구조.

【砖头】zhuāntóu 몡 **1** 벽돌. ¶搬起~砸自己的脚。=벽돌을 들어 제 발등을 찍다. **2** 벽돌 조각. ¶~瓦块=벽돌·기와 조각.

【砖瓦】zhuānwǎ 몡 벽돌과 기와. ¶~厂=벽돌·기와 공장.

【砖窑】zhuānyáo 몡 **1** 벽돌 가마. **2** 벽돌로 쌓은 아치형 동굴집.

# 颛[顓] zhuān 어리석을 전
몡몡 어리석다. 우매하다. ¶~庸=어리석다. 둉몡 '专(독차지하다·전횡하다)' 와 같음.

【颛蒙】zhuānméng 톙몡 어리석다. 우매하다. ¶~不化=우매하여 계몽되지 않다.

【颛孙】Zhuānsūn 몡 복성(複姓).

【颛顼】Zhuānxū 몡 전욱. [전설 속에 나오는 중국 고대 제왕]

【颛臾】Zhuānyú 몡(历) 전유. [춘추 시대의 나라 이름. 지금의 산둥(山东)성 페이(费)현 일대에 있었음]

# 转[轉] zhuǎn 바꿀 전
둉 **1** (방향·위치·형세·상황 등이) 돌다. 바뀌다. ¶向右~=우향우. 우로 돌아. / 天气好~=날씨가 좋아지다. **2** 전하다. ¶请把这封电报~给他。=이 전보를 그에게 전해 주세요.

☞ zhuǎi, zhuàn

○● 暗转, 承chéng转, 倒dào转, 掉转, 回转, 流转, 逆nì转, 扭niǔ转, 偏转, 宛wǎn转, 婉wǎn转, 旋xuán转, 辗zhǎn转, 中转, 周转

【转氨酶】zhuǎn'ānméi 몡(化) 트랜스아미나제. 아미노기(基) 전이(转移) 효소.

【转败为胜】zhuǎnbài-wéishèng ☞【反败为胜】fǎnbài-wéishèng

【转包】zhuǎnbāo 둉 하도급을〔하청부를〕주다. ¶~工程=하도급 공사.

【转背】zhuǎnbèi 둉몡 뒤로 돌아서다. 몸을 돌리다. ¶他一声不吭, ~就走了。=그는 말도 없이 돌아서 가 버렸다.

【转变】zhuǎnbiàn 둉 전변하다. 바꾸다. 바뀌다. ¶~态度=태도를 바꾸다. / ~观念=관념을 바꾸다.

【转播】zhuǎnbō 둉 중계 방송하다.

【转播台】zhuǎnbōtái 몡 중계국. 중계소.

【转产】zhuǎn‖chǎn 둉 생산 품목을 바꾸다〔전환하다〕. ¶公司适应市场需求, 及时~, 取得了较好的效果。=회사는 시장의 수요에 부응하기 위하여 제때에 생산 품목을 전환하여 비교적 좋은 효과를 거두었다.

【转场】zhuǎnchǎng 둉 (드라마·영화·희곡 등에서) 예술이나 기술로써 장면을 전환하다.

【转抄】zhuǎnchāo 둉 간접 초록(抄录)하다. 베낀 것을 또 베끼다. ¶互相~=서로 베끼다.

【转车】zhuǎn‖chē 둉 차를 갈아타다. ¶我要在下一站~。=나는 다음 정거장에서 차를 갈아타야 한다.

【转乘】zhuǎnchéng 둉 환승하다. 갈아타다.

【转储】zhuǎnchǔ 몡(컴) (메모리) 덤프. [컴퓨터에 기억시킨 정보가 인쇄된 리스트] 둉 덤프하다. ¶信息~=정보를 덤프(dump)하다.

【转船】zhuǎnchuán 둉 **1** 배를 환승하다〔갈아타다〕. **2** 배로 갈아타다.

【转存】zhuǎncún 둉 다른 은행에 예금하다. 방식을 바꾸어 예금하다. ¶把活期存款~为定期。=보통 예금을 정기 예금으로 바꾸다.

【转达】zhuǎndá 둉 전하다. 전달하다. ¶~问候=안부를 전하다.

【转道】zhuǎndào 둉 길을 거쳐 지나다. 경유하다. ¶从上海~澳门飞往台北。=상하이에서 마카오를 경유하여 타이베이로 날아가다.

【转递】zhuǎndì 둉 전달하다. ¶~信函=편지를 전달하다.

【转调】zhuǎndiào 둉(音) 전조하다. 조바꿈하다. =【变调】biàndiào【移调】yídiào

【转动】zhuǎndòng 둉 **1** (신체나 신체의 일부의 방향을) 돌다. 틀다. 움직이다. ¶~身子=몸을 틀다. **2** 돌리다. 회전시키다. ¶~车把=핸들을 돌리다.
☞ zhuàndòng

【转而】zhuǎn'ér 뷔 방향을 바꾸어. 오히려. 도리어. ¶原来赞成的~表示反对。=원래 찬성했던 사람이 도리어 반대를 표시했다.

【转发】zhuǎnfā 둉 **1** 전재(转载)하다. ¶今天

的《光明日报》~了新华社的两篇通讯。=오늘 자《광밍르바오(光明日报)》는 신화사(新華社)의 기사 두 편을 전재하였다. **2** (무선 통신 신호를) 중계 전송하다. (전파를) 발신하다. ¶~通信卫星电视信号│=통신 위성으로부터 받은 텔레비전 신호를 발신하다. **3** 중계 발송하다. ¶我已经把收到的电子邮件~给你了。=내가 받은 이메일을 이미 너에게 다시 발송하였다. **4** 전달하다. 발송하다. [상급 기관의 문서를 하급 기관에 발송함] ¶上级的文件已经~下去了。=상급 기관의 문서를 이미 내려보냈다.

【转干】**zhuǎn‖gàn** 동 노동자 편제에서 간부 편제로 전환하다.

【转岗】**zhuǎn‖gǎng** 동 근무 부서를 옮기다. ¶对部分工人进行~技术培训。=일부 노동자에 대해 기술 훈련을 위해 근무 부서 이동을 실시하다.

【转告】**zhuǎngào** 동 전언하다. (말을) 전(달)하다. ¶他托我~你一件事。=그가 너에게 한가지 일을 전하라고 나에게 부탁했다.

【转关系】**zhuǎn guān·xì** 동 관계를 옮기다. [인사 이동을 할 때, 당과 혹은 단체의 조직적 관계를 새 근무지로 전이하는 것을 가리킴]

【转轨】**zhuǎn‖guǐ** 동 **1** (기차 등이) 궤도를 바꾸다. **2**(비) 체제를 바꾸다. ¶由劳动密集型向技术密集型~│=노동 집약형에서 기술 집약형으로 체제를 전환하다.

【转行】**zhuǎn‖háng** 동 **1** 직업을 바꾸다. **2** (글을 쓰거나 타자를 칠 때) 행(줄)을 바꾸다.

【转户】**zhuǎnhù** 동 주소지를 옮기다.

【转化】**zhuǎnhuà** 동 **1**(哲) 전화하다. 바꾸다. 전화하다. 전환하다. ¶要努力把坏事~为好事。=나쁜 일이 좋은 일로 바뀌도록 노력하여야 한다.

【转圜】**zhuǎnhuán** 동 **1**(문) 되돌리다. 회복하다. 만회하다. ¶此事恐怕是难以~了。=이 일은 아마도 되돌리기가 어려울 것이다. **2** 조정하다. 중재하다. 알선하다. 화해시키다. ¶从中~=중재하다.

【转换】**zhuǎnhuàn** 동 전환하다. 바꾸다. 돌리다. ¶~话题=화제를 바꾸다. /~频道=채널을 돌리다.

【转会】**zhuǎn‖huì** 동(體) (프로 선수가) 소속 팀을 옮기다.

【转机】**zhuǎn‖jī** 동 비행기를 갈아타다. ¶我们要在香港~。=우리는 홍콩에서 비행기를 갈아타야 한다.

【转机】**zhuǎnjī** 명 전기. 호전의 조짐. ¶他的病情有了~。=그의 병세가 호전의 조짐이 있다.

【转基因】**zhuǎnjīyīn** 형 이식 유전자.

【转嫁】**zhuǎnjià** 동 **1** 재가하다. **2** 전가하다. 떠넘기다. ¶~经济危机=경제 위기를 전가하다.

【转交】**zhuǎnjiāo** 동 전달하다. 전해 주다. ¶这是他让我~给你的信。=이 편지는 그가 너에게 전해 주라고 한 것이다.

【转角】**zhuǎnjiǎo**(~儿) 명 모퉁이.

【转借】**zhuǎnjiè** 동 **1** 전차하다. 빌린 것을 다시 빌리다(빌려 주다). **2** (자기의 신분증 등을) 남에게 빌려 주다. ¶驾驶执照不得~。=운전면허증을 남에게 빌려 주어서는 안 된다.

【转科】**zhuǎn‖kē** 동 **1** 전과하다. (환자가) 진료 과목을 옮기다. **2** 전과하다. 학과를 옮기다.

【转口】**zhuǎnkǒu** 동 **1**(經) (상품을) 한 항구를 경유하여 다른 항구로 운송하다. 한 국가를 거쳐서 다른 국가로 운송하다. ¶~税=통과세. **2** 말을 바꾸다. 말을 뒤집다. ¶一看母亲不高兴, 她马上~说别的事了。=어머니가 언짢아 하는 것을 보고는 그녀는 곧바로 다른 화제를 꺼냈다.

【转口港】**zhuǎnkǒugǎng** 명 중계 (무역)항.

【转口贸易】**zhuǎnkǒu màoyì** 명(經) 중계 무역. 중간 무역. 통과 무역.

【转脸】**zhuǎnliǎn**(~儿) 동 **1** 얼굴을 돌리다. ¶她~看了我一眼。=그녀는 나를 흘끔 돌아보았다. **2** 시간이 아주 짧다. ¶一~, 小狗就跑不见了。=눈 깜짝할 사이에 강아지가 사라졌다.

【转捩点】**zhuǎnlièdiǎn** ☞【转折点】**zhuǎn zhédiǎn**

【转录】**zhuǎnlù** 동 (녹음·녹화한 것을) 복사하다. 카피하다.

【转卖】**zhuǎnmài** 동 전매하다. 되팔다. ¶倒手~=되팔다.

【转年】**zhuǎn‖nián** 동 해가 바뀌다. 다음 해가 되다.

【转年】**zhuǎnnián** 명(방) **1** 내년. ¶这个问题先放一放, ~再说吧。=이 문제는 우선 놓아 두고, 내년에 다시 의논합시다. **2** 어느 해의 다음 해. [주로 과거의 시기를 말할 때 쓰임] ¶他的伤~夏天才好转。=그의 상처는 그 다음 해 여름에나 좋아졌다.

【转念】**zhuǎnniàn** 동 다시 생각하다. 생각을 바꾸다. ¶他刚要出门, 可~一想, 还是不去为好。=그가 막 문을 나서려다가 다시 생각해 보니, 역시 안 가는 게 좋겠다고 생각됐다.

【转暖】**zhuǎnnuǎn** 동 따뜻해지다.

【转蓬】**zhuǎnpéng** 동(문) **1** 민망초가 바람 부는 대로 흩날리다. **2**(비) (일정한 곳이 없이) 떠돌아다니다. ¶命如~=정처 없이 떠돌아다니는 신세.

【转晴】**zhuǎnqíng** 동 **1** 날이 개다. 흐린 날씨에서 맑아지다. **2**(비) 안색이 밝아지다.

【转让】**zhuǎnràng** 동 (재물이나 권리를) 양도하다. 넘겨주다. ¶技术~=기술 양도.

【转入】**zhuǎnrù** 동 …(으)로 바뀌다〔넘어가다·전이되다〕. ¶~正常=정상으로 바뀌다.

【转身】**zhuǎnshēn**(~儿) 동 **1** 몸을 돌리다. 방향을 바꾸다. ¶他~走出门去。=그는 몸을 돌려 문을 나섰다. **2** 시간이 아주 짧다. ¶刚答应的事, 一~又变了。=방금 승낙한 일을 갑자기 또 바꾸었다. ≒反身.

【转生】**zhuǎnshēng** 동(佛) 전생(환생)하다. 다시 태어나다. =【转世】**zhuǎnshì**

【转世】**zhuǎnshì** 동 ☞【转生】**zhuǎn shēng** 명(佛) (티베트 불교의) 달라이라마가 원적한 후 사원에서 점이나 강신 등의 의식을 통하여 달라

이라마의 원적과 동시에 태어난 영아를 찾아 그 중 한 명을 달라이라마의 환생으로 보아 그를 달라이라마의 계승자로 정하는 제도.

【转手】zhuǎn‖shǒu 통 손을 거치다. 전매하다. 되팔다. ¶~倒卖=되팔다.

【转述】zhuǎnshù 통 (남의 말을) 전달하다. ¶我只是~了他的意思。=나는 다만 그의 의견을 전달하였을 뿐이다.

【转瞬】zhuǎnshùn 명 1 눈알을 굴리는 찰라. 2 눈 깜짝할 사이. ¶~即逝=눈 깜짝할 사이에 지나가다.

【转送】zhuǎnsòng 통 1 전송하다. 전달하다. 전해 주다. 2 받은 선물을 다시 남에게 선물하다.

【转体】zhuǎntǐ 통(體) 돌다. 비틀다. ¶向前~三周半=앞으로 세 바퀴 반을 돌다.

【转托】zhuǎntuō 통 부탁 받은 일을 다시 남에게 부탁하다.

【转弯】zhuǎn‖wān (~儿) 통 1 모퉁이를 돌다. ¶这儿离公交车站近得很, ——儿就到了。=여기에서 버스 정류장까지는 아주 가까워 모퉁이를 돌면 바로 도착한다. 2(甲) 말을 돌리다. 에두르다. ¶别——儿, 有话就照直说。=에두르지 말고 할 말이 있으면 사실대로 말해라. 3(甲) 생각을 바꾸다〔고치다〕. ¶对这件事, 他一时还难以转过弯儿来。=이 일에 대해 그는 당분간 생각을 바꿀 수가 없다.

【转弯抹角】zhuǎnwān-mòjiǎo (~儿) 성 1 구불구불한 길을 따라 걷다. 2 길이 구불구불하다. ¶这条巷子~的, 很容易使人迷路。=이 골목은 길이 구불구불하여 길을 잃기 쉽다. 3(甲) 빙둘러서 말하다. 에두르다. ¶他是个爽快人, 说话从不~儿。=그는 화통한 사람이라 절대 말을 둘러서 하지 않는다. ↔直截了当

【转弯子】zhuǎn wān·zi 통(甲) 관점을 바꾸다. 사고 방식을 바꾸다. ¶时代不同了, 你的脑筋也要转转弯子了。=시대가 바뀌었으니, 너의 생각도 바뀌어야 한다.
☞ zhuǎn wān·zi

【转危为安】zhuǎnwēiwéi'ān 성 위험한 상태를 벗어나 안전하게 되다. 위험한 고비를 넘기다. 늑化险为夷

【转文】zhuǎn‖wén 통 '转文(zhuǎi‖wén)'의 다른 음.

【转徙】zhuǎnxǐ 통(문) 전전하다. ¶~流离=전전하며 떠돌아다니다.

【转系】zhuǎnxì 통 전과(轉科)하다.

【转向】zhuǎnxiàng 통 1 방향을 바꾸다. ¶大风刮了一阵就~了。=큰바람이 한동안 불더니 방향을 바꾸었다. 2(甲) 입장을 바꾸다. ¶他的立场不坚定, 很容易~。=그의 입장이 확고하지 못하여 바뀌기 쉽다. 3 …(으)로 향하다. ¶他把脸~我, 想听听我的意见。=그는 얼굴을 나에게 향하고 나의 의견을 듣고자 한다.
☞ zhuàn‖xiàng

【转型】zhuǎnxíng 통 1 사회 경제 구조·문화 형태·가치관 등을 전환하다. ¶经济体制~=경제 체제를 전환하다. 2 상품의 모델 혹은 구조를 바꾸다. ¶公司正在酝酿对这种产品进行~。=회사는 이 상품에 대해 모델을 바꾸고 있는 중이다.

【转型期】zhuǎnxíngqī 명 1 사회 경제 구조·문화 형태·가치관 등이 새롭게 전환되는 시기. 2 상품의 모델 혹은 구조를 바꾸는 시기.

【转学】zhuǎn‖xué 통 전학하다.

【转眼】zhuǎnyǎn 통 눈알을 굴리다. 눈 깜짝하다. ¶~之间=눈 깜짝할 사이.

【转业】zhuǎn‖yè 통 1 전업하다. 업종을 바꾸다. 2 중국 인민 해방군 간부가 지방으로 일자리를 옮기다. 전역하다. ¶~军人=전역한 군인.

【转移】zhuǎnyí 통 1 (방향이나 위치를) 전이하다. 옮기다. 이동시키다. ¶~重点=초점을 옮기다. 2 바꾸다. 변경하다. ¶兴趣~=흥미를 바꾸다.

【转义】zhuǎnyì 명(言) 전의. ↔本义

【转译】zhuǎnyì 통 중역(重譯)하다. ¶这部小说是根据俄文本~的。=이 소설은 러시아어 역본을 중역한 것이다.

【转阴】zhuǎnyīn 통 1 맑은 날씨가 흐려지다. 2(甲) 낯빛이 흐려지다.

【转引】zhuǎnyǐn 통 2차 자료에서 인용하다. 재인용하다.

【转院】zhuǎn‖yuàn 통 (환자가) 병원을 옮기다.

【转运】zhuǎn‖yùn 통 운수가 트이다.

【转运】zhuǎnyùn 통 운반되어 온 화물을 다시 다른 곳으로 운송하다. ¶~防汛物资=운송되어 온 홍수 예방 물자를 다른 곳으로 운송하다.

【转运站】zhuǎnyùnzhàn 명 중계 수송 기지.

【转韵】zhuǎnyùn 통 전운하다. 환운(換韻)하다.

【转载】zhuǎnzǎi 통 전재하다. 옮겨 싣다.

【转载】zhuǎnzài 통 (화물이나 여객을 다른 교통 수단으로) 옮겨 싣다〔타다〕.

【转赠】zhuǎnzèng 통 받은 선물을 다시 남에게 선물하다.

【转战】zhuǎnzhàn 통 전전하다. 이리저리 옮겨다니며 싸우다. ¶~南北=남북을 옮겨다니며 싸우다.

【转账】zhuǎn‖zhàng 통 대체 (계정)하다. 계좌 이체하다. ¶~支票=대체 수표.

【转折】zhuǎnzhé 통 1 (사물의 발전 추세의) 방향이 바뀌다. 전환하다. ¶那是他一生中的重大~。=그것은 그의 일생에서의 중대한 전환이다. 2 전환하다. ¶~关系的复句=전환 관계의 복문.

【转折点】zhuǎnzhédiǎn 명 전환점. =【转捩点】zhuǎnlièdiǎn ¶中华人民共和国的成立, 是中国现代史上的一个~。=중화 인민 공화국의 수립은 중국 현대사에 있어서의 하나의 전환점이다.

【转诊】zhuǎnzhěn 통 병원을 옮겨 진료하다.

【转正】zhuǎn‖zhèng 통 1 정식 사원(회원)으로 되다. ¶试用期三个月, 试用合格后~。=시용〔수습〕 기간은 3개월이고, 시용〔수습〕 합격 후 정식 사원이 되다. 2 부(副)에서 정(正)으로 승진되다. ¶听说那个副县长最近被提拔~了。

＝그 부현장이 최근에 현장으로 승진하였다고 들었다.

【转制】**zhuǎnzhì** 동 체제를〔시스템을〕전환하다. ¶一些事业性单位要逐渐向企业化～。＝몇몇 사업성의 기관은 점차 기업화로 전환하려고 한다.

【转注】**zhuǎnzhù** 명〔言〕전주. 〔육서(六書)의 하나〕

【转租】**zhuǎnzū** 동 전대하다. 전차(轉借)하다.

## 传〔傳〕 **zhuàn** 전기 전

명 **1** 전. 경서의 주해. 〔경서에 대한 학자들의 전통적인 주해(註解)〕¶经～＝경전. 경서와 그 해설서. / 《尚书大～》＝《상서대전》. **2** 전기. ¶自～＝자전. / 外～＝외전. **3** 전. 〔한문 문체의 하나. 주로 표제나 서명으로 씀〕¶《水浒～》＝《수호전》.
☞ **chuán**

○● 评传, 小传, 纪传体

【传记】**zhuànjì** 명 전기. 〔한 사람의 일생 동안의 행적을 적은 기록〕¶名人～＝명인 전기.

【传记片儿】**zhuànjìpiānr** 명〔口〕전기 영화〔드라마〕.

【传记片】**zhuànjìpiàn** 명〔映〕전기 영화〔드라마〕.

【传记文学】**zhuànjì wénxué** 명 전기 문학.

【传略】**zhuànlüè** 명 약전(略傳). 소전(小傳).

## 沌 **Zhuàn** 강 이름 전

명〔地〕좐허(沌河). 〔후베이(湖北)성에 있는 강 이름〕
☞ **dùn**

【沌口】**Zhuànkǒu** 명〔地〕좐커우. 〔후베이(湖北)성에 있는 지명〕

## 转〔轉〕 **zhuàn** 돌 전

동 **1** 돌다. 회전하다. ¶旋～＝선회하다. / 月亮绕着地球～。＝달이 지구 주위를 돌다. **2** 한가하게 돌아다니다. ¶他们带着孩子到公园～去了。＝그들은 아이를 데리고 공원에 산책하러 갔다. 양 동 바퀴.
☞ **zhuǎi, zhuǎn**

○● 打转, 电转, 公转, 空转, 轮 **lún**转, 运转, 自转

【转笔刀】**zhuànbǐdāo** 명 (돌려서 깎는) 연필깎이.

【转动】**zhuàndòng** 동 **1** (한 점이나 축을 중심으로) 돌다. 회전하다. ¶车轮～＝차바퀴가 돌다. **2** 돌리다. ¶～钥匙＝열쇠를 돌리다.
☞ **zhuǎndòng**

【转筋】**zhuàn‖jīn** 동〔口〕〔醫〕경련하다. 경련이 일어나다. 쥐가 나다. ¶小腿肚子～。＝종아리에 쥐가 나다.

【转铃】**zhuànlíng** (～儿) 명 (누르면 뚜껑이 돌면서 부딪혀 소리가 나는) 자전거 벨.

【转炉】**zhuànlú** 명〔金〕전로. 회전로.

【转轮手枪】**zhuànlún shǒuqiāng** 명 리볼버 (revolver) 권총.

【转门】**zhuànmén** 명 회전문.

【转磨】**zhuànmò** (～儿) 동〔方〕**1** 연자매를 따라 돌다. **2**〔口〕다급해서 뱅뱅 돌다. 어찌할 바를 모르다. ¶他急得在那儿直～儿。＝그는 급한 나머지 그곳에서 줄곧 뱅뱅 맴돌고 있다.

【转盘】**zhuànpán** 명 **1** (전축 등의) 회전판. 턴테이블. **2** 전차대(轉車臺). **3** 로터리. **4** 접시돌리기. 버나.

【转圈】**zhuàn‖quān** (～儿) 동 원을 그리며 돌다. 맴돌다. ¶她转着圈儿地喊。＝그녀가 맴돌면서 소리지른다.

【转日莲】**zhuànrìlián** ☞【向日葵】**xiàngrìkuí**

【转速】**zhuànsù** 명 회전 속도. ¶～计＝회전속도계.

【转台】**zhuàntái** 명 **1** 회전 무대. **2** 회전 탁자.

【转梯】**zhuàntī** 명 나선형 계단.

【转弯子】**zhuàn wān·zi** 동〔口〕에두르다. ¶他说话太爱～。＝그는 말을 너무 돌려서 한다.
☞ **zhuǎn wān·zi**

【转向】**zhuàn‖xiàng** 동 방향을 잃다. 어쩔줄 바를 모르다. ¶晕头～＝머리가 혼란하여 뭐가 뭔지 모르겠다.
☞ **zhuǎnxiàng**

【转椅】**zhuànyǐ** 명 **1** 회전 의자. **2** 회전 목마.

【转悠】〔转游〕**zhuàn·you** 동〔口〕**1** 돌다. 굴리다. ¶小家伙聪明，眼珠子直～。＝녀석이 총명하게 줄곧 눈알을 굴린다. **2** 한가롭게 거닐다. ¶我们去公园里～～。＝우리는 공원에 가서 한가로이 거닐었다.

【转游】**zhuàn·you** ☞【转悠】**zhuàn·you**

【转轴】**zhuànzhóu** 명 **1** 회전축. **2** (～儿) 동〔口〕분명한 생각. 판단력. 식견. 주견. ¶别看他话不多, 可心里有根～儿。＝그가 말수는 적지만 마음속에는 분명한 생각을 가지고 있다.

【转子】**zhuànzǐ** 명〔機〕회전자. 〔'定子(고정자)'와 구별됨〕

## 啭〔囀〕 **zhuàn** 지저귈 전

동〔文〕(새가) 지저귀다. ¶啼～＝(새가) 지저귀다.

## 瑑 **zhuàn** 새길 전

명〔文〕옥기 위의 부조〔돋을새김〕.

## 赚〔賺〕 **zhuàn** 돈 벌 잠

동 **1** (장사로) 돈을 벌다. 이윤을 남기다. ¶他最近做的这笔生意～了不少。＝그는 최근에 거래한 장사로 적지 않게 벌었다. **2**〔方〕(돈을) 벌다. ¶他们够辛苦的, 干一天才～30块。＝그들은 무척 고생한다. 하루를 일해야 고작 30위안밖에 못 벌다니. **3** 这买卖没～儿。＝이 거래는 이윤이 없다. ↔赔
☞ **zuàn**

【赚钱】**zhuàn‖qián** 동 이윤을 남기다. 보수

를 받다. 돈을 벌다. ¶不~的生意没人做。=이
윤이 남지 않는 장사는 아무도 하지 않는다.
【赚取】zhuànqǔ 동 (이윤을) 획득하다. 벌다.
¶~外快=부수입을 벌다.
【赚头】zhuàn·tou 명 이윤. ¶小本生意，没
什么~。=저자본의 장사는 별로 이윤이 없다.

*撰[譔] zhuàn 지을 찬
동 글을 쓰다. 저술하다. 저작하다. ¶编~=편
찬하다.
【撰稿】zhuàngǎo 동 원고를 쓰다. 기고(寄稿)
하다. ¶~人=기고자.
【撰述】zhuànshù 동 찬술하다. 저술하다. 글을
쓰다. ¶发奋~=분발하여 저술하다. 명 저작.
¶~甚多=저작이 아주 많다.
【撰文】zhuànwén 동 문장을 쓰다.
【撰写】zhuànxiě 동 (문장을) 쓰다. 짓다. 저술
하다. ¶~毕业论文=졸업 논문을 쓰다.
【撰著】zhuànzhù 동 (글을) 쓰다. 짓다. 저술하
다. ¶鲁迅~了《中国小说史略》一书。=루쉰은
《중국 소설사략》을 저술하였다.

篆 zhuàn 전서 전
명 1 전서. ¶小~=소전. / 真草隶~=해서·초
서·예서·전서. 2 동 인장. 관인(官印). ¶接~
=(후임 관리가) 관인을 넘겨받다. 3 경 이름. ¶台
~=존함. 동 경 전서(篆書)로 글씨를 쓰다. ¶~
额=전액. [전자체(篆字體)로 쓴 현판이나 비갈
(碑碣)의 제액(題額)]
【篆刻】zhuànkè 명동 전각(하다).
【篆刻家】zhuànkèjiā 명 전각가.
【篆书】zhuànshū 동 전서. =【篆字】zhuàn
zì【篆体】zhuàntǐ
【篆体】zhuàntǐ ☞【篆书】zhuànshū
【篆字】zhuànzì ☞【篆书】zhuànshū

馔[饌，籑] zhuàn 반찬 찬
명 경 찬. 반찬. ¶酒~=술안주.

## zhuang

*壮[壯] Zhuāng 성씨 장
명 성(姓).
☞ zhuàng

*妆[妝，粧] zhuāng 단장할 장
동 단장하다. 화장하다. ¶化~=화장하다. / 梳
~台=화장대. 명 1 (여자의) 장신구. (연기자
의) 분장. ¶红~=여성들의 치장. / 上~=화장
하다. 2 (신부의) 혼수(품). ¶送~=혼수를 보
내다. / 嫁~=혼수(품).
○● 红妆，化妆，嫁jià妆
【妆扮】zhuāngbàn 동 정장(正裝)하다. 성장
(盛裝)하다. 치장하다. ¶她~起来真漂亮。=그

녀는 치장하면 아주 예쁘다. 명 옷차림새. ¶学
生~=학생 옷차림새.
【妆点】zhuāngdiǎn 동 꾸미다. 장식하다. 치
장하다. ¶稍加~=좀 꾸미다.
【妆奁】zhuānglián 명 1 화장 도구 상자. 2
(신부의) 혼수(품).
【妆饰】zhuāngshì 동 꾸미다. 치장하다. 화장
하다. ¶精心~=정성을 들여 꾸미다. 명 옷차
림새. ¶~淡雅=옷차림새가 수수하면서도 고상
하다.
【妆梳】zhuāngshū 동 머리를 빗고 얼굴을 화
장하다. 꾸미다.
【妆束】zhuāngshù 동 꾸미다. 치장하다. 화장
하다. 명 옷차림새.
【妆台】zhuāngtái 명 화장대.
【妆匣】zhuāngxiá 명 화장 도구 상자.
【妆新】zhuāngxīn 명동 신혼 때 사용할 의복
·이불·배게 등. 동 신혼 때 사용할 의복·이불·베
개 등을 신방에 준비해 놓다.

**庄[莊] zhuāng 장엄할 장
형 엄숙하다. 장엄하다. ¶端~
=단정하고 장엄하다. / 亦~亦
谐=엄숙하면서도 유머가 있다.
명 1 (~儿) 촌락. 마을. ¶农
~=농장. / 李家~=이씨 집성
촌. 2 장원. (봉건 시대의 황실
·귀족·지주 등이 점유하고 있는 넓은 토지) ¶皇
~=황실의 장원. / 避暑山~=피서 산장. 3 옛
장. 규모가 크거나 도매업을 하는 가게. ¶饭
~=식당. / 布~=포목점. 4 (도박이나 카드놀
이의) 선. [패를 돌리는 사람] ¶轮流坐~=돌아
가면서 선을 잡다. 5 (Zhuāng) 성(姓).

◐● 村庄，锅guō庄，票庄，田庄，秋庄稼，剔tī庄
货
◆ 庄 zhuāng
桩 zhuāng
脏 zàng
脏 zāng

【庄户】zhuānghù 명 농가. ¶~人家=농가.
【庄户人】zhuānghùrén 명 농민. 농부.
【庄家】zhuāng·jia 명 1 (도박이나 카드놀이
의) 선. 2 (주식에서의) 큰손.
【庄稼】zhuāng·jia 명 (농)작물. [주로 식량 작
물을 가리킴]
【庄稼地】zhuāng·jiadì 명 농(경)지. 농토.
【庄稼汉】zhuāng·jiahàn 명 농사짓는 젊은
남자.
【庄稼活儿】zhuāng·jiahuór 명 농사.
【庄稼人】zhuāng·jiarén 명 농민. 농부.
【庄客】zhuāngkè 명동 1 소작농과 고농. 2 회
사나 상점·공장 등에서 상품 구매나 판촉을 위
해 외지에 임시로 머물거나 상주하는 사람.
【庄田】zhuāngtián 명 1 장전. [봉건 시대에
황실·관료·사원 등에서 고농(雇農)이 경작하거
나 소작농에게 임대한 토지] 2 농지. 농토.
【庄头】zhuāngtóu 명 (봉건 시대의) 지주의 전
장(田莊) 관리인.
【庄严】zhuāngyán 형 장엄하다. 장중하고 엄
숙하다. ¶~宏伟=장엄하고 웅장하다.

【庄园】**zhuāngyuán** [명] **1** 장원. [궁정 귀족 관료의 사유지] **2** (일부 국가의) 대농원.

【庄园主】**zhuāngyuánzhǔ** [명] 장원주.

【庄员】**zhuāngyuán** [명] 장원의 고용원.

【庄院】**zhuāngyuàn** [명] (관료나 지주의) 정원이 딸린 농촌 저택.

【庄重】**zhuāngzhòng** [형] 장중하다. 위엄이 있다. ¶举止～＝태도가 위엄이 있다. ↔轻浮 轻佻 轻薄

【庄子】**Zhuāngzǐ** [명] **1** 장자(B.C.369～B.C. 286년). [본명은 장주(莊周), 송(宋)의 몽(蒙) 지역 사람으로, 전국 시대의 사상가이며 도가의 대표적 인물 중의 한 사람임] **2**《장자》. [장주(莊周)가 쓴 도가의 대표적 저작]

【庄子】**zhuāng·zi** [명] **1** 마을. 촌락. **2** 농지. 농토.

## *桩[樁] zhuāng 말뚝 장

[명] 말뚝. ¶桥～＝교각. / 打～＝말뚝을 박다. [양] 가지. 건(件). [‘件(가지)’ 에 상당함] ¶一～奇事＝기이한 사건 한 가지.

【桩子】**zhuāng·zi** [명] 말뚝. 파일.

## **装[裝] zhuāng 꾸밀 장

[동] **1** (연기자가) 분장하다. **2** 꾸미다. 단장하다. 화장하다. ¶化～＝화장하다. / ～修门面＝가게 외관을 인테리어하다. **3** 가장하다. 분장하다. ¶她在小品里～一个老大爷。＝그녀는 단막극에서 할아버지로 분장하였다. **4** …인 체하다. ¶不懂～懂＝모르면서 아는 체하다. **5** (책을) 제본하다. 장정하다. 철하다. (글씨나 그림으로) 장식하다. ¶简～本＝간이 제본. / 线～书＝선장본(線裝本). **6** 싣다. 꾸리다. 포장하다. 적재하다. ¶把货～上车。＝화물을 차에 싣다. **7** (기계·기자재 등을) 설치하다. 조립하다. 장착하다. ¶组～＝조립하다. / ～电脑＝컴퓨터를 조립하다. **8** 담다. 포장하다. ¶散～＝낱포장. / 瓶～酱油＝병에 담은 간장. [명] **1** 포장. 행낭. 행장. ¶行～＝행장. / 轻～简从＝지위가 비교적 높은 사람이 가볍게 행차하다. **2** 의복. 복장. ¶童～＝아동복. / 夏～＝하복. **3** 분장. ¶卸～＝분장을 지우다. ↔拆 卸

> 0-● 扮bàn装, 包装, 便装, 春装, 吊diào装, 冬装, 短装, 服装, 改装, 古装, 红装, 化装, 假jiǎ装, 简装, 精装, 军装, 毛装, 平装, 旗装, 乔qiáo装, 轻装, 戎róng装, 散装, 盛装, 束装, 听装, 伪装, 武装, 西装, 戏装, 夏装, 线装, 行装, 洋装, 治装, 中装

【装扮】**zhuāngbàn** [동] **1** 꾸미다. 장식하다. 수놓다. ¶彩旗和鲜花把广场～得格外漂亮。＝채색 깃발과 생화가 광장을 유달리 아름답게 수놓다. **2** 화장하다. 분장하다. ¶她在戏中～成老太婆。＝그녀는 드라마 속에서 노파로 분장하였다. **3** 가장하다. 변장하다. ¶他们～成夫妻暗中侦察。＝그들은 부부로 변장하여 몰래 정탐하였다. [명] 옷차림새. ¶瞧你这身～, 土不土, 洋不洋的。＝너 옷차림새가 어딘가 어설프다.

【装备】**zhuāngbèi** [동] (무기나 기계를) 탑재하다. 장착하다. 장치하다. ¶这艘军舰～了巡航导弹。＝이 군함은 순항 미사일을 장착하였다. [명] 장비. ¶现代化的～＝현대화된 장비.

【装裱】**zhuāngbiǎo** [동] 장황(裝潢)하다. 표구하다.

【装病】**zhuāngbìng** [동] 꾀병을 부리다. ¶～偷懒＝꾀병을 부려 게으름을 피우다.

【装车】**zhuāng‖chē** [동] 차에 적재하다.

【装船】**zhuāng‖chuán** [동] 선박에 적재하다.

【装点】**zhuāngdiǎn** [동] 꾸미다. 장식하다. ¶～门面＝실내 장식을 하다. ≒点缀

【装订】**zhuāngdìng** [동] 제본하다. 장정하다. ¶～成册＝제본하여 책을 만들다.

【装疯卖傻】**zhuāngfēng-màishǎ** [성] 일부러 미친 척하다. 멍청한 척하다.

【装裹】**zhuāng·guo** [명][동] 수의(를 입히다).

【装糊涂】**zhuāng hú·tu** [동] 모르는 척하다. 멍청한 체하다.

【装潢】**zhuānghuáng** [동] **1** 황벽나무 즙으로 염색한 종이를 서화의 뒷면에 바르다. **2** (물건이나 집을) 장식하다. 꾸미다. ¶～新房＝새 집을 장식하다. [명] 장식. ¶精美的～＝정교하고 아름다운 장식.

【装潢门面】**zhuānghuáng-ménmiàn** [성][비] 외관을 장식하다.

【装货】**zhuāng‖huò** [동] 화물을 적재하다〔싣다〕. ↔卸货

【装甲】**zhuāngjiǎ** [형] 강철판을 덧씌운. ¶～飞机＝장갑 비행기. [명] 장갑.

【装甲兵】**zhuāngjiǎbīng** [명]《軍》**1** 장갑 부대. 기갑 부대. **2** 기갑병. ＝【坦克兵】**tǎnkèbīng**

【装甲车】**zhuāngjiǎchē** [명]《軍》장갑차. ＝【铁甲车】**tiějiǎchē**

【装甲舰】**zhuāngjiǎjiàn** [명]《軍》장갑함. ＝【铁甲舰】**tiějiǎjiàn**

【装假】**zhuāng‖jiǎ** [동] …인 체하다. 가장하다. 시치미를 떼다. ¶她～, 并不是真哭。＝그녀는 우는 체하는 거지 진짜 우는 건 아니다.

【装具】**zhuāngjù** [명]《軍》장(신)구.

【装殓】**zhuāngliàn** [동] 염을 하여 입관하다.

【装聋作哑】**zhuānglóng-zuòyǎ** [성] **1** 귀머거리인 척 벙어리인 척하다. **2** [비] 고의로 모르는 체하다.

【装门面】**zhuāng mén·miàn** [동] **1** 점포의 외관을 장식하다. **2** [비] 겉치레를 하다. 겉치장하다.

【装模作样】**zhuāngmú-zuòyàng** [성] 허세를 부리다. 티를 내다. 거드름을 피우다.

【装配】**zhuāngpèi** [동]《機》조립하다. 설비하다. ¶～车间＝작업장을 설비하다. ↔拆卸

【装配工】**zhuāngpèigōng** [명] 조립공.

【装配图】**zhuāngpèitú** [명] 조립도.

【装配线】**zhuāngpèixiàn** [명] 조립 라인.

【装腔作势】**zhuāngqiāng-zuòshì** [성] 거드름을 피우다. 재다. 폼을 잡다. ＝【拿腔作势】**náqiāng-zuòshì**

【装穷】zhuāngqióng 动 가난한 척하다. ¶~叫苦=가난한 척하고 우는 소리를 하다.
【装傻】zhuāngshǎ 动 멍청한 척하다.
【装傻充愣】zhuāngshǎ-chōnglèng 成 멍청한 척하다. 짐짓 모르는 체하다.
【装设】zhuāngshè 动 가설하다. 설치하다. ¶~天线=안테나를 설치하다.
【装神弄鬼】zhuāngshén-nòngguǐ 成 1 (사람들을 현혹시키기 위하여) 신들린 척하다. 2 비 고의로 미혹시키다. 눈속임을 하다.
【装饰】zhuāngshì 动 장식하다. ¶~图案=도안을 장식하다. 名 (장식품). ¶墙上的~跟周围的环境很协调.=벽면의 장식품이 주위 환경과 잘 어울린다.
【装饰布】zhuāngshìbù 名 장식용 천.
【装饰品】zhuāngshìpǐn 名 1 장식품. 장식물. ¶书房里只有书, 没有什么~.=서재에는 책만 있고 아무 장식도 없다. 2 비 장식물. [형식만이 모하고 실효성을 따지지 않는 사람] ¶我们不能把意见簿当~.=우리는 의견 책자를 장식물로 취급해서는 안 된다.
【装束】zhuāngshù 动 1 俗 행장[여행가방]을 꾸리다. ¶~停当=행장을 다 꾸리다. 2 장식하다. 꾸미다. ¶~入时=차림새가 유행에 타다. 名 옷차림새. ¶朴素的~=소박한 옷차림새.
【装睡】zhuāngshuì 动 자는 척하다.
【装死】zhuāngsǐ 动 죽은 척하다. ¶倒地~=땅에 엎드려 죽은 척하다.
【装蒜】zhuāng‖suàn 动口 짐짓 시치미를 떼다. 알면서도 모르는 체하다. ¶大家都知道是你干的, 你就别~了!=모두들 다 네가 저질렀다는 것을 아는데, 시치미떼지 마라.
【装孙子】zhuāng sūn·zi 动口 1 겁 많고 무능한 척하다. 가련한 척하다. ¶他刚才吼得最厉害, 怎么现在~了?=그는 방금 가장 심하게 소리치더니, 어째 지금은 겁먹은 척하지? 2 시치미를 떼다.
【装填】zhuāngtián 动 적재하다. 채워 넣다. 재다. ¶~炮弹=포탄을 재다.
【装箱】zhuāng‖xiāng (~儿) 动 상자에 담다.
【装相】zhuāng‖xiàng (~儿) 动 …한 척하다. 짐짓 꾸미다. [남의 우대와 동정을 받기 위해 하는 꾸밈]
【装卸】zhuāngxiè 动 1 싣고 부리다. 하역하다. ¶~工人=하역부. 2 조립하고 해체하다. ¶他会~自行车.=그는 자전거를 조립 해체할 줄 안다.
【装熊】zhuāng‖xióng 动口 약한 척하다. ¶他一遇到事, 肯定~。=그는 일이 생기면 어김없이 약한 척한다.
【装修】zhuāngxiū 动 1 (가옥을) 장식하고 꾸미다. ¶~铺面=점포를 꾸미다. 2 설치하고 수리해 주다. ¶买空调, 商场免费上门~。=에어컨을 사면 업주가 무료로 방문 설치하여 준다. 名 내장 설비. [도장(涂装)·창문·수도·전기 등 설비를 가리킴] ¶五年前的~现在看来还挺不错.=5년 전의 내장 설비가 지금도 아직 깨끗하구나.

【装佯】zhuāngyáng 动 짐짓 모른 체하다. ¶他~, 其实他心里明白得很.=그는 짐짓 모른 체 하지만, 사실 마음속으로 똑똑히 알고 있다.
【装样子】zhuāng yàng·zi 허세를 부리다. 잘난 체하다.
【装药】zhuāngyào 动 1 (军) 탄약을 재다. 장전하다. 2 약품을 담다.
【装运】zhuāngyùn 动 적재하여 운송하다. 실어나르다. ¶~煤炭=석탄을 실어나르다.
【装载】zhuāngzài 动 (짐이나 사람을) 싣다. ¶~量=적재량.
【装帧】zhuāngzhēn 名 장정. ¶~精美=장정이 정교하고 화려하다.
【装置】zhuāngzhì 动 설치하다. 장치하다. ¶~暖气=스팀 장치를 설치하다. 名 장치. 시설. ¶遥控~=리모콘 장치.
【装作】zhuāngzuò 动 …한 체하다. ¶~不懂=모르는 체하다.

# 奘 zhuǎng 굵을 장
形口 굵다. 건장하다. ¶身高腰~=키가 크고 허리가 굵다.
☞ zàng

# **壮[壯] zhuàng 힘셀 장
形 1 힘이 세다. 건장하다. ¶健~=건장하다. / 身强力~=신체 건장하고 힘이 세다. 2 웅장하다. 기세가 당당하다. ¶悲~=비장하다. / 豪言~语=호언장담하다. 动 키우다. 웅장하게 하다. 돋구다. ¶~声势=기세를 돋구다. / ~军威=군대의 위세를 돋구다. 量(医) 장. [직접 뜸을 뜰 때 뜸봉의 수를 세는 단위] 名 (Zhuàng) 장(壮)족. [원래는 '僮(zhuàng)'으로 썼음] ↔弱
☞ Zhuāng

○→ 悲壮, 粗cū壮, 肥壮, 复壮, 豪壮, 精壮, 强壮, 少shào壮, 雄xióng壮, 茁zhuó壮.

【壮大】zhuàngdà 动 1 강대해지다. 커지다. ¶技术力量日益~.=기술력이 날로 강대해지다. 2 강대하게 하다. ¶~队伍=부대를 강대하게 하다. 形 강건하다. 튼튼하다. ¶手脚~=손발이 튼튼하다. 당당하다. ↔削弱 细小
【壮胆】zhuàng‖dǎn 动 담을 키우다. 대담해지다. 용기를 내다. ¶他那样说, 只是为自己~.=그가 그렇게 말하는 것은 스스로 대담해지려는 것뿐이다.
【壮丁】zhuàngdīng 名旧 장정. ¶抓~=장정을 징발하다.
【壮歌】zhuànggē 名 장족의 노래.
【壮工】zhuànggōng 名 막일꾼. 공사판 노동자. 육체 노동자.
【壮观】zhuàngguān 名 장관. ¶饱览万里长城的~.=만리장성의 장관을 한껏 구경하다. 形 경관이 훌륭하고 장대하다. 장관이다. ¶峨眉山的云海景象格外~.=어메이산(峨眉山)의 운해(雲海)가 유달리 장관이다.
【壮汉】zhuànghàn 名 건장한 청년.

【壮怀】zhuànghuái 명⟨문⟩ 원대한 포부. 높은 이상. ¶~激烈=원대한 포부로 격앙되다.
【壮健】zhuàngjiàn 형 건장하다.
【壮锦】zhuàngjǐn 명 장족(壮族)의 부녀자가 손으로 짠 비단.
【壮举】zhuàngjǔ 명 장거. ¶空前~=공전의 장거.
【壮阔】zhuàngkuò 형 1 웅장하고 넓다. 광활하다. ¶波澜~=파란만장하다. 2 웅대하다. 크다. 굉장하다. ¶规模~=규모가 웅대하다.
【壮劳力】zhuàngláolì 명 건장한 노동자. [주로 육체 노동자를 가리킴]
【壮丽】zhuànglì 형 장려하다. 웅장하고 아름답다. ¶~的山河=장려한 산하. / ~的诗篇=장려한 시편.
【壮烈】zhuàngliè 형 장렬하다. ¶~牺牲=장렬하게 희생하다.
【壮美】zhuàngměi 형 장려하다. 웅장하고 아름답다.
【壮门面】zhuàng mén·miàn 동 (장면이) 빛나게 하다. 폼 나게 하다. 위신을 더하다. ¶开业庆典,他请了几个当红演员来给自己~。=개업식에 그는 인기 배우 몇 명을 초청하여 자기의 위신을 세웠다.
【壮苗】zhuàngmiáo 명 튼튼한 모. 실한 모. 동 모를 튼튼하게 하다. ¶施肥~=비료를 주어 모를 튼튼하게 하다.
【壮年】zhuàngnián 명 장년. ¶正当~=바야흐로 장년일 시절이다.
【壮士】zhuàngshì 명 장사. 용사. ¶风萧萧兮易水寒, ~一去兮不复还。=바람은 소슬하고 역수는 차갑구나, 장사 한 번 떠나면 다시는 돌아오지 못하리.
【壮士断腕】zhuàngshì-duànwàn ☞【壮士解腕】
【壮士解腕】zhuàngshì-jiěwàn 성 1 독사에게 물리면 용감한 사람은 손목을 자른다. 2⟨비⟩ 작은 것을 희생하고 전체를 보전시키다. 대국(大局)에서 주저 없이 결단을 내리다. =【壮士断腕】zhuàngshì-duànwàn
【壮实】zhuàng·shi 형 튼튼하다. 건장하다. 튼실하다. ↔[瘦弱]¶身体~=신체가 건장하다.
【壮文】Zhuàngwén 명 장문. [장족의 문자]
【壮戏】zhuàngxì 명(剧) 장희. [중국 전통극의 하나. 광시(广西)성 장족 자치구(壮族自治區)와 윈난(云南)성 장족 집단 거주지에서 유행함]
【壮心】zhuàngxīn 명 장심. 장지(壮志). 큰 뜻. ¶烈士暮年, ~不已。=열사는 늙어서도 큰 뜻을 버리지 않는다.
【壮行】zhuàngxíng 동 성대한 의식으로 전송하다.
【壮阳】zhuàngyáng 동(醫) 1 양기를 북돋우다. 2 남자의 정력을 강하게 하다.
【壮语】Zhuàngyǔ 명 장어. [장족(壮族)의 언어]
【壮志】zhuàngzhì 명 장지. 장심(壮心). 큰 뜻. 원대한 뜻〔포부〕. ¶雄心~=웅대한 뜻.
【壮志凌云】zhuàngzhì-língyún 성 1 원대

한 포부가 하늘을 찌르다. 2⟨비⟩ 포부가 크고 원대하다.
【壮志未酬】zhuàngzhì-wèichóu 성 원대한 포부가 아직 실현되지 않다.
【壮壮实实】zhuàngzhuàng shíshí(~的) 형 튼튼하다. 건장하다. 튼실하다.
【壮族】Zhuàngzú 명 장족. [중국 소수 민족의 하나로 주로 광시(广西)·윈난(云南)과 광둥(广东) 등지에 분포함]
【壮族土戏】Zhuàngzú tǔxì ☞【土戏】tǔxì

**状〔狀〕**zhuàng 형태 상
명 1 형태. 모습. 외모. 형상. ¶形~=형상. / 奇形怪~=괴상망측한 모양. 2 상황. 형편. 정황. 형세. 상태. ¶症~=병세. / 安于现~=현 상태에 만족하다. 3 사건이나 사적을 진술하거나 기록한 글. ¶行~=행장. 4 고소장. ¶告~=고소장. 5 포장(褒奖)이나 위임(委任) 등의 증서. ¶奖~=상장. / 军令~=군령장. 동〔형언〕하다. 묘사〔기술〕하다. ¶莫~=사물의 형상을 그려 내다. / 不可名~=말로 형용할 수 없다.

○● 保状, 供gòng状, 墓mó状, 情状, 万状, 现状, 形状, 性状, 症zhèng状

【状况】zhuàngkuàng 명 상황. 형편. 상태. ¶社会~=사회 상황. / 健康~=건강 상태. 늑情况
【状貌】zhuàngmào 명 용모. 모습. 형태. 생김새. ¶~丑陋=용모가 추하다.
【状态】zhuàngtài 명 상태. ¶昏迷~=혼미 상태. / 固体~=고체 상태.
【状物】zhuàngwù 동 사물을 묘사하다〔그려 내다〕. ¶写景~=경치와 사물을 묘사하다.
【状语】zhuàngyǔ 명⟨언⟩ 부사어.
【状元】zhuàng·yuán 명 1 (과거에서의) 장원. 2⟨비⟩ (어떤 업종의) 일인자. 권위자. 최고수. ¶三百六十行, 行行出~。=갖가지 직업마다 모두 전문가가 있다.
【状纸】zhuàngzhǐ 명 1 법원 소정의 소장 용지. 2 소송장. 소송 서류.
【状子】zhuàng·zi 명 소장(訴狀). ¶写~=소장을 쓰다.

**僮** zhuàng 종족 이름 장
명 장족(壮族)의 '壮'을 옛날엔 '僮'이라 표기했음.
☞ tóng

**撞** zhuàng 부딪칠 당
동 1 (두 물체가 세게) 부딪치다. ¶~钟=종을 치다. / 两人~了个满怀。=두 사람이 정면으로 부딪쳤다. 2 돌진하다. 뛰어들다. ¶横冲直~=좌충우돌하며 돌진하다. 이리저리 부딪치다. 3 우연히 만나다. 서로 맞닥뜨리다. 뜻밖에 마주치다. ¶他老躲着我, 今天却被我~上了。=그는 늘 나를 피해 왔는데, 오늘 우연히 나와 마주쳤

다. **4** (자신이 없는 일을) 부딪쳐 보다. 운명에 내맡기고 행동하다. ¶~运气=운에 맡기고 부딪쳐 보다.

○● 冲撞, 顶撞, 莽mǎng撞

【撞车】 zhuàng‖chē 동 **1** 차량이 서로 충돌하다. ¶前边发生了~事故.=앞에 차량 충돌 사고가 발생했다. **2** (喩) (시간상·내용상) 서로 충돌하다〔중복되다〕. ¶去年有好几部影视剧在内容上~.=작년의 여러 편의 영화·텔레비전 드라마는 내용상 서로 중복되었다.

【撞大运】 zhuàng dàyùn 동(口) (확실하지 않은 상황에서) 운명에 내맡기다. 운에 맡기고 행동하다. (되든 안 되든) 부딪쳐 보다. 운이 트이다.

【撞击】 zhuàngjī 동 **1** (두 물체가 서로) 세게 부딪치다. 치다. 때리다. ¶海浪~着礁石.=파도가 암초를 때린다. **2** (喩) (사물·관념 등이) 충돌하다. ¶两种观念在他的心里激烈地~着.=두 가지 관념이 그의 가슴 속에 격렬하게 충돌하고 있다.

【撞见】 zhuàngjiàn 동 뜻밖에 만나다. 우연히 마주치다. 맞닥뜨리다. 맞부딪치다. ¶我今天在商场~老同学了.=오늘 상가에서 옛 동창을 우연히 만났다. / 生怕~别人.=다른 사람과 우연히 마주칠까봐 매우 두렵다.

【撞客】 zhuàngkè(~儿) 동 여우에 홀리다. 귀신들리다. 귀신들려 헛소리를 하다.

【撞骗】 zhuàngpiàn 동 (도처에서) 사기를 치다. 돌아다니며 사기를 치다. (기회를 틈타) 등쳐 먹다. ¶招摇~=남의 명의를 사칭하여 과시하며 공공연히 돌아다니며 사기치다.

【撞墙】 zhuàng‖qiáng 동 **1** 벽에 부딪치다. **2** (喩) 일이 순조롭게 진행되지 못하다. 곤란〔곤경〕에 빠지다. ¶他想找经理请假, 但~了.=그는 사장님을 찾아 휴가를 내려고 했지만 곤경에 부딪쳤다.

【撞锁】 zhuàng‖suǒ 동 헛걸음하다. (남의 집을 찾아갔는데) 아무도 없다. ¶昨天去找他, 可~了.=어제 그를 찾아갔는데, 헛걸음했다. / 让客人~, 多不好! =손님에게 헛걸음하게 하다니, 참으로 나쁘군!

【撞锁】 zhuàngsuǒ 명 용수철 자물쇠. =【碰锁】 pèngsuǒ 【磁簧锁】 pènghuángsuǒ

【撞针】 zhuàngzhēn 명(軍) (총·대포의) 공이. 격침〔擊針〕.

**幢** zhuàng 채 당
양(建) 동. 채. [건물을 세는 단위. 座(zuò)에 상당함] ¶一~楼房=건물 한 동. ≒栋
☞ chuáng

**戆**[戇] zhuàng 우직할 당
형(書) 우직하다. 고지식하다. ¶为人~直=사람 됨됨이 우직하다.
☞ gàng

【戆直】 zhuàngzhí 형 우직하고 강직하다. ¶生性~=천성이 우직하고 강직하다.

## zhui

**隹** zhuī 새 추
명(書) 꽁지가 짧은 새.

***追** zhuī 쫓을 추
동 **1** 뒤쫓다. 쫓아가다. 추격하다. 뒤따르다. 따라잡다. ¶紧~不舍=놓치지 않고 바싹 뒤쫓아 가다. / 你~我赶=앞서거니 뒤서거니 하다. **2** 추구하다. ¶~求真理=진리를 추구하다. **3** (이성을) 따라다니다. 구애(求愛)하다. 사랑을 호소하다. ¶他一直在~这个姑娘, 最后终于~上了.=그는 계속 이 아가씨를 따라다녔는데, 결국 성공하였다. **4** 캐(내)다. 밝혀 내다. 규명하다. 탐구하다. 추궁하다. ¶我们一定要~一~失败的根源.=우리는 반드시 실패의 근원을 밝혀 내야 한다. **5** 회상하다. 추억하다. 돌이키다. 회고하다. 상기하다. 떠올리다. ¶抚~昔=오늘을 보면서 과거를 회상하다. **6** 나중에 보충〔추가〕하다. 후에 더하다. ¶~加预算=예산을 추가하다.
→逃

○● 跟追, 尾追

【追奔逐北】 zhuībēn-zhúběi (成) 패주(敗走)하는 적을 추격하다. =【追亡逐北】 zhuīwáng-zhúběi

【追本穷源】 zhuīběn-qióngyuán ☞【追本溯源】 zhuīběn-sùyuán

【追本溯源】 zhuīběn-sùyuán (成) **1** 사물의 근본을 탐구하다. **2** 일〔사건〕의 발생 원인을 찾다. =【追本穷源】 zhuīběn-qióngyuán ↔舍本逐末

【追逼】 zhuībī 동 **1** 끝까지 몰아붙이다. 바싹 추격하다. ¶~残敌=잔적을 바싹 추격하다. **2** 세차게〔끈덕지게〕 따지다〔추궁하다〕. 줄기차게〔무리하게〕 재촉하다〔조르다·강요하다〕. 억지로 받아 내다. ¶~欠款=끈덕지게 빚 독촉을 하다.

【追兵】 zhuībīng 명 추격병. 추격 부대. [주로 추격해 오는 적군을 가리킴] ¶摆脱~=추격병을 따돌리다. 추격을 벗어나다.

【追补】 zhuībǔ 동 **1** 추가하다. ¶~投资=투자를 추가하다. **2** 메우다. 보충〔보상·보완〕하다. ¶后果严重, 难以~.=결과가 너무 심각해서 메우기가 어렵다.

【追捕】 zhuībǔ 동 뒤쫓아가서 잡다. 추적하여 붙잡다. 추포하다. ¶~凶犯=흉악범을 추적하여 붙잡다.

【追查】 zhuīchá 동 캐내다. 추적 조사하다. 규명하다. ¶~肇事者=사고를 낸 사람을 규명하다. ≒追究

【追偿】 zhuīcháng 동 **1** 심하게〔줄기차게·무리하게〕 상환을 독촉하다〔조르다·요구하다〕. 달라고 요구하다. 갚을 것을 독촉하다. 받아 내려고 독촉하다. ¶~借款=빌린 돈을 갚을 것을 재촉하다. **2** 사후에 배상〔보상·보완〕하다. ¶~损失

=손실을 사후에 배상하다. 재촉하여 받아 내다.

【追悼】 zhuīdào 동 (죽은 자를) 추모하다. 추도하다. ¶~会=추도회.

【追吊】 zhuīdiào 동 (죽은 자를) 추모하고 조의〔애도〕를 표하다. ¶~亡友=죽은 친구를 추모하고 애도를 표하다.

【追堵】 zhuīdǔ 동 추격하여 (도주로를) 차단하다〔가로막다〕. ¶~逃犯=탈주범을 추격하여 (도주로를) 막다.

【追访】 zhuīfǎng 동 (사건 발생 후에) 추적 인터뷰를 하다. ¶~目击者=사건 후에 목격자를 추적 인터뷰하다.

【追肥】 zhuī‖féi 동(農) 웃거름을 주다.

【追肥】 zhuīféi 명(農) 웃거름. 덧거름.

【追风逐电】 zhuīfēng-zhúdiàn 성 1 (말이) 아주 빠르게 달리다. 2 (비) 행동이 아주 신속하다. 3 (비) 서예의 풍격이 고상하고 힘이 솟구치다. 속되지 않고 분방하다.

【追封】 zhuīfēng 동 (죽은 후에 관직·작위 등을) 추서하다. 추봉하다. ¶~为王=왕으로 추서하다.

【追赶】 zhuīgǎn 동 1 (앞의 사람·사물을) 뒤쫓다. 쫓아가다. 따라잡다. ¶~先头部队=선봉 부대를 뒤쫓다. / ~潮流=시대의 흐름을 뒤쫓다. 2 추격하다. 추적하여 붙잡다〔공격하다〕. ¶~敌人=적을 추격하다. / ~猎物=사냥감을 추적하여 붙잡다. ≒追逐

【追根】 zhuīgēn 동 꼬치꼬치 캐묻다. 깊이 파고들다. 근원을 규명하다. 뿌리를 캐다. ¶~溯源=깊이 파고들어 사물의 근본을 찾다.

【追根究底】 zhuīgēn-jiūdǐ 성 꼬치꼬치 캐묻다 〔추궁하다〕. 근원〔진상〕을 끝까지 밝히다 〔캐다·추궁하다〕. 뿌리를 캐다. 일의 원인을 철저하게 캐어묻다. =【追根问底】 zhuīgēn-wèndǐ 【追根刨底】 zhuīgēn-páodǐ

【追根刨底】 zhuīgēn-páodǐ ☞【追根究底】 zhuīgēn-jiūdǐ

【追根问底】 zhuīgēn-wèndǐ ☞【追根究底】 zhuīgēn-jiūdǐ

【追光】 zhuīguāng 명 이동식 스포트라이트(spotlight) 조명. 각광. [무대 위의 한 인물·한 곳에 투사하는 집중 광선]

【追光灯】 zhuīguāngdēng 명 (무대) 이동식 스포트라이트(spotlight).

【追怀】 zhuīhuái 동 회상하다. 추억하다. 그리워하다. ¶~往事=지난 일을 회상하다.

【追还】 zhuīhuán 동 추징하여 돌려주다〔반환하다〕. ¶~被盗钱物=도둑맞은 돈과 재물을 추징하여 돌려주다.

【追回】 zhuīhuí 동 되찾다. 도로 찾다. 받아 내다. (청구하여) 회수하다. ¶~赃款=훔친 돈을 회수하다.

【追悔】 zhuīhuǐ 동 후회하다. ¶~不已=후회해 마지않다.

【追悔莫及】 zhuīhuǐ-mòjí 성 후회막급이다. 후회해도 소용없다.

【追击】 zhuījī 동 (도망가는 적을) 추격하다. ¶

乘胜~=승승장구로 추격하다.

【追缉】 zhuījī 동 추적하여 붙잡다.

【追记】 zhuījì 동 1 사후(事後)에 기록하다. 추기하다. ¶会后~, 难免有所疏漏.=회의 후에 기록하다 보면 빠트리는 일도 있게 마련이다. 2 (죽은 후에) 추서(追敍)하다. ¶为烈士~特等功.=열사들에게 최고의 공훈을 추서하다. 명 후기. 총평. 사후(事後)의 기재〔기록〕. [주로 글의 제목으로 쓰임]《奥运会网球决赛~》=《올림픽대회 테니스 결승 후기》.

【追加】 zhuījiā 동 추가하다. 더하다. 보태다. ¶~经费=경비를 추가하다.

【追歼】 zhuījiān 동 추격 토벌〔섬멸〕하다. ¶~逃敌=도망가는 적을 추격 토벌하다.

【追剿】 zhuījiǎo 동 추격하여 섬멸〔소탕〕하다. ¶~残匪=비적의 잔당을 추격 섬멸하다.

【追缴】 zhuījiǎo 동 (기한을 넘긴 부채나 불법 소득을) 추징하다. 추납하다. 도로 받아 내다. ¶~赃物=장물을 추징하다.

【追究】 zhuījiū 동 1 (원인·책임 등을) 규명하다. ¶依法~刑事责任.=법에 따라 형사 책임을 규명하다. 2 (원인·연유를) 추궁하다. 따지다. ¶~原由=이유를 추궁하다. ≒追查

【追名逐利】 zhuīmíng-zhúlì 성 명예와 이익을 추구하다. 명리를 추구하다. 부귀영화를 좇다.

【追念】 zhuīniàn 동 추모하다. 추념하다. 추상하다. 추억하다. 회상하다. 회고하다. ¶~故人=고인을 추모하다.

【追捧】 zhuīpěng 동 열렬하게 추종〔숭배·지지〕하다. 사랑을 받다. 우상으로 받들다. ¶这位歌坛新秀受到了不少年轻歌迷的~.=이 가요계의 신인은 많은 젊은 팬들의 사랑을 받는다.

【追求】 zhuīqiú 동 1 추구하다. 탐구하다. ¶~幸福=행복을 추구하다. 2 (이성에게) 구애하다. 사랑을 호소하다. 이성을 따라다니다. ¶他现在还在~那位姑娘.=그는 현재 그 아가씨를 따라다니며 구애하고 있는 중이다. ≒追逐

【追认】 zhuīrèn 동 1 (어떤 법령·결의 등을) 추인하다. 2 (사후에) 생전의 요구를 비준하다. 칭호를 추인하여 인정하다. 소급하여 인정하다. ¶~为烈士=열사로 추인하다.

【追杀】 zhuīshā 동 추살하다. 뒤쫓아가서 죽이다.

【追授】 zhuīshòu 동 (명예·칭호·훈장 등을) 추서(追敍)하다. 사후에 수여〔서훈〕하다. ¶~他'人民卫士'的光荣称号.=그에게 '人民卫士(인민의 수호자)'라는 영광스러운 칭호를 추서(追敍)하다.

【追述】 zhuīshù 동 (지난 일을 회상하며) 이야기하다. 진술하다. ¶老人向青年学生~自己年轻时的经历.=노인이 젊은 학생에게 자신의 젊은 날의 경력을 이야기하다.

【追思】 zhuīsī 동 추억하다. 회상하다. 추상하다. 더듬어 생각하다. 다시 생각해 보다. ¶~童年时的趣事.=어린 시절의 재미있던 일을 회상하다.

【追思曲】 zhuīsīqǔ ☞【安魂曲】 ānhúnqǔ

【追诉】 zhuīsù 동 1 회상〔추억〕하며 이야기하

다. ¶~往事=지난 일을 회상하며 이야기하다. **2** 〈法〉 추소하다.
【追溯】**zhuīsù** 〖動〗 **1** 강의 근원지를 향해 거슬러 올라가다. **2** 〈매〉 시간을 거슬러 올라가 사물의 근본을 탐구하다. 사물의 근본으로 거슬러 올라가 살피다. 추소하다. 거슬러 올라가다. ¶这个传说可以~到很久很久以前. =이 전설은 아주 멀고 먼 옛날까지 거슬러 올라갈 수 있다.
【追随】**zhuīsuí** 〖動〗 뒤쫓다. 뒤따르다. 추종하다. ¶~潮流=시대의 흐름을 뒤따르다. ≒跟随↔带领
【追索】**zhuīsuǒ** 〖動〗 **1** 재촉〔독촉〕하여 받아 내다. 달라고 끈질기게 요구〔독촉〕하다. ¶~旧账=오래 된 빚을 받아 내다. **2** (원인 등을) 규명하다. 탐구하다. 탐색하다. 추구하다. ¶~宇宙的奥秘=우주의 신비를 규명하다. **3** 추적하다. 찾아 내다. 탐지하다. ¶~盗贼的老窝=도둑의 소굴을 추적하다.
【追逃】**zhuītáo** 〖動〗 도망간 사람을 뒤쫓다.
【追讨】**zhuītǎo** 〖動〗 **1** (빚 등을) 조르다〔독촉하다·재촉하다〕. 빚을 받아 내다.
【追亡逐北】**zhuīwáng-zhúběi** ☞【追奔逐北】**zhuībēn-zhúběi**
【追尾】**zhuī**∥**wěi** 〖動〗 추돌하다. ¶保持车距, 防止~. =차량의 안전 거리를 유지하여 추돌을 방지하다.
【追问】**zhuīwèn** 〖動〗 캐묻다. 추궁하다. 꼬치꼬치 캐묻다. ¶~凶手的下落=범인의 행방을 추궁하다.
【追想】**zhuīxiǎng** 〖動〗 회상하다. 회고하다. 그리워하다. 추억하다.
【追星】**zhuīxīng** 〖動〗 스타를 우상으로 받들다. 스타를 숭배하다.
【追星族】**zhuīxīngzú** 〖名〗 오빠〔언니〕부대.
【追叙】**zhuīxù** 〖動〗 추억하며 이야기하다. ¶~往日的情景=옛날의 정경을 이야기하다. 〖名〗 회상(회고) 형식. 도서법(倒敘法). [결과나 결정적인 것을 먼저 쓴 다음에 과정을 쓰는 문장 서술 방법]
【追寻】**zhuīxún** 〖動〗 **1** 추적하다. 캐다. 따지다. ¶~下落=행방을 추적하다. **2** 〈매〉 추구하다. 탐구하다. 탐색하다. ¶~真理=진리를 추구하다.
【追询】**zhuīxún** 〖動〗 따지다. 추궁하다. 꼬치꼬치 캐묻다.
【追忆】**zhuīyì** 〖動〗 회상하다. 회고하다. 추억하다. ¶~快乐的青春岁月=즐거웠던 젊은 시절을 회상하다.
【追赃】**zhuī**∥**zāng** 〖動〗 장물을 되찾다. 도난품을 돌려주게 하다.
【追赠】**zhuīzèng** 〖動〗 (관직·칭호 등을) 추서하다. 추증하다.
【追债】**zhuīzhài** 〖動〗 빚을 독촉〔재촉〕하다.
【追逐】**zhuīzhú** 〖動〗 **1** 쫓고 쫓기다. 뒤쫓다. ¶~嬉戏=쫓고 쫓기며 장난치다. **2** 쫓다. 추구하다. 도모하다. 꾀하다. 탐하다. 취하다. ¶~名利=명예와 이익을 쫓다. ≒追赶 追求
【追踪】**zhuīzōng** 〖動〗 추적하다. 행방을 뒤쫓다. ¶~调查=추적 조사.

## 追 骓 椎 锥 坠 zhuì 2575

**骓**[騅] **zhuī** 오추마 추
〖名〗〖生〗 오추마(烏騅馬). 오총이. 오추. [옛날, 흰 털이 섞인 검은 말을 가리킴] ¶骏马名~=준마와 오총마.

*椎 **zhuī** 척추 추
〖名〗〖生〗 척추(골). 등골(뼈). ¶脊~=척추. / 腰~=요추.
☞ **chuí**

○● 荐jiàn椎, 腰椎, 脊jǐ椎骨gǔ

【椎骨】**zhuīgǔ** 〖名〗〖生〗 추골. 척추(골). 등골(뼈). ⇔【脊椎骨】**jǐzhuīgǔ**
【椎间盘】**zhuījiānpán** 〖名〗 추간 연골. 추간 원판. 디스크(disk).

*锥[錐] **zhuī** 송곳 추
〖名〗 **1** 송곳. ¶立~之地=입추의 여지. **2** 송곳처럼 끝이 뾰족한 것. ¶改~=드라이버. / 冰~=고드름. 〖動〗 (송곳 등으로 구멍을) 뚫다. ¶在鞋底上~了一个眼儿. =신창에 구멍을 하나 뚫었다.

○● 冰锥, 改锥, 赶锥, 棱léng锥, 凌líng锥, 丝锥

【锥处囊中】**zhuīchǔ-nángzhōng** 〈喩〉 **1** 추처낭중. 주머니 속에 들어 있는 송곳은 튀어나오게 마련이다. **2** 〈매〉 재능이 있는 사람은 그것을 발휘할 기회가 언젠가는 온다. 재능 있는 사람은 두각이 드러나게 마련이다.
【锥刀之利】**zhuīdāozhīlì** ☞【锥刀之末】**zhuīdāozhīmò**
【锥刀之末】**zhuīdāozhīmò** 〈喩〉〈매〉 하찮은〔사소한〕 이익. 털끝만한 이익. =【锥刀之利】**zhuīdāozhīlì**
【锥度】**zhuīdù** 〖名〗〖機〗 **1** 테이퍼(taper) 형식. [기둥형 물체의 횡단면이 한쪽 끝으로 차츰 줄어드는 형식] **2** (원뿔 등의) 횡단면 축소율.
【锥形】**zhuīxíng** 〖名〗 원추형. 원뿔형.
【锥子】**zhuī·zi** 〖名〗 송곳.

*坠[墜] **zhuì** 떨어질 추
〖動〗 **1** 떨어지다. 추락하다. 낙하하다. ¶摇摇欲~=흔들흔들 곧 떨어〔무너〕지려 하다. **2** (무거운 것이) 매달리다. 드리우다. 아래로 늘어지다. 떨구다. 처지다. 수중에 가라앉다. ¶耳朵上~着金耳环. =귀에 금귀고리가 달려 있다. 〖名〗(~儿) 매달린 물건. 드리운 것. ¶耳~儿=귀고리. / 扇~儿=부채 손잡이에 단 장식. ≒堕 陨 落

○● 耳坠儿, 累坠, 偏坠, 下坠

【坠地】**zhuìdì** 〖動〗 **1** 땅에 떨어지다. ¶~而亡=땅에 떨어져 죽다. **2** 〈婉〉 (아이가) 태어나다. 탄생하다. ¶呱呱(gūgū)~=(아이가) 응애응애 울며 태어나다.
【坠胡】**zhuìhú** ☞【坠琴】**zhuìqín**
【坠毁】**zhuìhuǐ** 〖動〗 추락하여 부서지다. ¶客机

~=여객기가 추락하여 부서지다.
【坠楼】zhuìlóu 1 빌딩에서 뛰어내리다〔떨어지다〕. / ~自杀=건물에서 뛰어내려 자살하다.
【坠落】zhuìluò 통 추락하다. 떨어지다. 낙하하다. ¶陨星~=운석이 떨어지다.
【坠马】zhuìmǎ 통 말에서 떨어지다. 낙마하다. ¶~摔伤=말에서 떨어져 다치다.
【坠琴】zhuìqín 명(音) '河南坠子'에 사용하는 중국 민족 현악기. =【坠子】zhuì·zi【坠胡】zhuìhú〔二弦〕èrxián
【坠入】zhuìrù 통 1 (…속으로) 떨어지다〔빠지다〕. ¶~水中=물 속에 빠지다. 2 (어떤 상황·지경에) 빠지다. 이르다. 봉착하다. 처하다. ¶~情网=사랑의 늪에 빠지다.
【坠茵落溷】zhuìyīn luòhùn 성 1 (나뭇잎이) 방석 위에도 떨어지고 똥통 위에도 떨어진다. 2 ⑪ 사람의 지위 고하가 각각 다르다. 운명은 일정하지 않다.
【坠子】zhuì·zi 명 1 (藝) 주로 '坠琴'으로 반주하는 허난(河南) 일대에 유행하는 민간 예술. ⓑ【河南坠子】Hénán zhuì·zi 2 ☞【坠琴】zhuìqín 3 옷에 달려 있는 장식물. [주로 정교하고 아름다운 작은 물건] ¶扇~=부채 손잡이에 단 장식. 4 귀고리. ¶耳朵上戴着银~。=귀에 은귀고리를 달고 있다.

*【缀】[綴] zhuì 꿰맬 철
통 1 꿰매다. 깁다. 얽어매다. ¶补~=수선하다. / ~扣子=단추를 달다. 2 장식하다. ¶点~=점철하다. 3 (문장을) 엮다. 잇다. ¶~字成文=글자를 엮어 문장을 짓다. 4 접속사. ¶前~=접두사. / 后~=접미사.
○⇒ 补缀, 词缀, 后缀, 连缀, 拼pīn缀, 前缀, 音缀

【缀合】zhuìhé 통 한데 꿰매다. 연결시키다. 짜맞추다. ¶~成文=한데 엮어 문장을 이루다.
【缀文】zhuìwén 통 ⑪ 문장을 짓다. 작문하다. 글자를 엮어 문장을 이루다.

【惴】zhuì 두려워할 췌
형 ⑪ 걱정하고 두려워하는 모양. ¶~恐=걱정하고 무서워하다.
【惴栗】zhuìlì 형 ⑪ 두려워 벌벌 떨다.
【惴惴不安】zhuìzhuì-bù'ān 성 벌벌 떨며 불안해하다. 불안해하고 초조해하다.

【缒】[縋] zhuì 매달 추
통 줄에 매달아 내려보내다. 줄에 매달려 내려가다. ¶~城而出=줄에 매달려 성을 내려서 나오다.

【錣】[錣] zhuì 쇠바늘 철
명⑪ 채찍 끝에 박은 쇠바늘.

【腏】zhuì 다리 부을 추
통⑪ 발이 붓다.

*【赘】[贅] zhuì 군더더기 췌
형 쓸데없다. 거추장스럽다. 군더더기이다. 번거롭다. 간결하지 않다. 불필요하게 많다. ¶累~=거추장스럽다. 통 1 데릴사위가 되다. ¶招~=데릴사위를 맞아들이다. 2 (방) 귀찮게〔성가시게〕하다. 괴롭히다. 부담이 되다. 얽매이다. ¶孩子小, 真~人。=아이가 어려서 정말 귀찮게 한다.
【赘词】[赘辞] zhuìcí 명 쓸데없는 말. 군말. ¶满口~=온통 쓸데없는 말뿐이다.
【赘辞】zhuìcí ☞【赘词】zhuìcí
【赘瘤】zhuìliú 명 1 (작은) 혹. 사마귀. 2 ⑪ 군더더기. 쓸데없는 것.
【赘述】zhuìshù 통 쓸데없는 것을 장황하게 늘어놓다. 군말을 하다. ¶无须~=쓸데없는 것을 장황하게 늘어놓을 필요 없다.
【赘婿】zhuìxù 명 데릴사위.
【赘言】zhuìyán 통⑪ 불필요한 말을 하다. 군소리하다. ¶无庸~=군소리할 필요 없다. 명⑪ 쓸데없는 말. 군소리. ¶冗词~=쓸데없이 길고 지루한 말.
【赘疣】zhuìyóu 명 1 (작은) 혹. 사마귀. 2 ⑪ 군더더기. 쓸데없는 것. ¶结尾一段话反成~。=끝 부분의 한 단락의 말은 오히려 군더더기가 되다.
【赘余】zhuìyú 형 ⑪ 나머지의. 여분의. 쓸데없는. ¶~之词=쓸데없는 말.
【赘语】zhuìyǔ 통⑪ 군소리하다. 불필요한 말을 하다. 명⑪ 군소리. 쓸데없는 말.

【醊】zhuì 추모할 철
통⑪ (제사를 지내어) 추모하다. 추도하다.

# zhun

【屯】zhūn 곤란할 둔
☞ tún
【屯邅】zhūnzhān ☞【迍邅】zhūnzhān

【迍】zhūn 머뭇거릴 둔
【迍邅】[屯邅] zhūnzhān 형⑪ 1 머뭇거리다. 주저하다. 망설이며 나아가지 못하다. ¶~途次=체류지에서 머뭇거리다. 2 (생계나 형편이) 곤란한 상황에 있다. 매우 난처〔곤란〕하다. 곤궁하다. 극도로 고달프다. ¶~坎坷=고달프고 순탄하지 못하다.

【肫】zhūn 모이주머니 순
명 조류의 위(胃). 모이주머니. 소낭(嗉囊). 멀떠구니. ¶鸡~=닭의 위. 형⑪ 정성스럽다. 진지하다. 진실하다. 절실하다. 간절하다. ¶~挚=성실하다. 진실하다.

【窀】zhūn 광중 둔

【窀穸】zhūnxī 동⟨문⟩ 매장하다. 명⟨문⟩ 묘혈. 광중(壙中). 무덤구덩이. 묘.

## 谆[諄] zhūn 간곡할 순
형⟨문⟩ 간곡하다. 간절하다. 진지하다. ¶~嘱=간곡히 부탁하다.

【谆谆】zhūnzhūn 형 간곡하게〔진지하게〕 말하는 모양. ¶~告诫=간곡하게 타이르다.

## 衠 zhūn 순수할 준
형⟨방⟩ 순수하다. 순진하다.

## 准¹[準] zhǔn 허가할 준
동 허락하다. 허가하다. 허용하다. 윤허하다. ¶批~=비준하다. / 不~缺席=결석해서는 안 된다.

## 准² zhǔn 의거할 준
형 **1** 확실하다. 확정적이다. ¶说~了,明天见。=내일 만나자고 확실히 약속했다. **2** 정확하다. 틀림없다. ¶瞄~=겨냥하다. / 猜得~。=정확하게 맞출 수 있다. **3** 준하다. ¶~军事组织=준군사 조직. 부 반드시. 틀림없이. 꼭. ¶他~行。=그는 반드시 갈 것이다. ¶~此办理。=이것에 근거해서 처리하다. 개 의거하다. 명 **1** 표준. 기준. 규격. ¶水~=수준. **2** 확정적인 생각〔방식·방도·규칙〕. 확신. 자신. [주로 '有'·'没有' 뒤에 쓰임] ¶心里没～儿。=마음에 확실한 생각이 없다. **3** 코. ¶隆~=높은 코. **4** (Zhǔn) 성(姓).

○• 标准, 定准, 核准, 获huò准, 基准, 校jiào准, 靠kào准, 一准, 音准, 照准, 作准, 水准仪yí

【准保】zhǔnbǎo 부 틀림없이. 반드시. 꼭. 확실히. ¶~没错儿=확실히 맞다.

【准备】zhǔnbèi 동 **1** 준비하다. ¶~晚饭=저녁밥을 준비하다. **2** …하려고 하다. 할 작정〔계획〕이다. ¶~外出旅游=외지로 여행 갈 작정이다. 명 준비. 예비. 대비. 계획. 작정. ¶为婚礼做~。=결혼식을 위해 준비하다. ↳预备 打算

【准得】zhǔndéi 부 틀림없이. 반드시. 꼭. ¶再不走,我们~迟到。=지금 출발하지 않으면 우리는 틀림없이 늦을 것이다.

【准地儿】zhǔndìr 명 확정된 지점. 확실한 위치〔장소〕. ¶我们要约好~,到时候好找。=그때 가서 찾기 쉽도록 확실한 위치를 약속해야 한다.

【准点】zhǔndiǎn (~儿) 부 정시에. 제때에. ¶飞机~到达。=비행기가 정시에 도착하다.

【准定】zhǔndìng 부 반드시. 틀림없이. 꼭. ¶到时~参加。=그때 가서 반드시 참가하겠다.

【准高速】zhǔngāosù 형 준고속의. ¶~公路=준고속도로.

【准稿子】zhǔngǎo·zi 명 확정적인〔생각〔방식·방도·규칙〕. 확신. 자신.

【准话】zhǔnhuà (~儿) 명 틀림없는 말. 정확한 이야기. 확정적인 말. ¶啥时候结束,你给~儿。=언제 끝날지 정확한 말을 해 주세요.

【准假】zhǔn‖jià 동 휴가를 허가〔재가·비준〕하다. ¶经理~了。=사장이 휴가를 허가했다.

【准将】zhǔnjiàng 명(军) 준장.

【准考证】zhǔnkǎozhèng 명 수험표.

【准平原】zhǔnpíngyuán 명(地) 준평원.

【准谱儿】zhǔnpǔr 명 확정적인〔확실한〕생각〔방식·방도·규칙〕. 확신. 자신. [주로 '有'·'没有' 뒤에 쓰임] ¶到现在他还是没有~。=현재까지 그는 여전히 정해진 생각이 없다.

【准期】zhǔnqī 명 확실한 기일. 정확한 날짜. ¶那事儿什么时候有结果,现在还没有~。=그 일이 언제 결과가 날지 현재로서는 아직 정확한 날짜가 없다.

【准情】zhǔn‖qíng 동 남의 사정〔부탁〕을 들어주다. ¶看在你的面子上,我准了他的情。=너의 체면을 봐서 그의 부탁을 들어주었다.

【准确】zhǔnquè 형 확실하다. 정확하다. 틀림없다. 꼭 맞다. ¶答案~。=답이 정확하다.

【准确度】zhǔnquèdù 명 정확도. 정밀도. 정확성. ¶提高测量的~。=측량의 정확도를 높이다.

【准儿】zhǔnr 명 확정적인〔확실한〕생각〔방식·방도·규칙〕. 확신. 자신. [주로 '有'·'没有' 뒤에 쓰임] ¶去不去,我心里没~。=갈지 안 갈지 내 마음에 확신이 서지 않는다.

【准绳】zhǔnshéng 명 **1** 먹줄. **2**(转) 기준. 표준. 근거. ¶以事实为依据,以法律为~。=사실에 근거하고 법률을 표준으로 삼다. ↳准则

【准时】zhǔnshí 부 정시에. 제때에. ¶~开会=제때에 회의를 열다.

【准是】zhǔnshì 동 반드시〔틀림없이·꼭〕 그러하다. ¶这本小说~她的。=이 소설은 틀림없이 그녀의 것이다.

【准数】zhǔnshù 명 확실한〔정확한〕숫자〔수량·수효〕. ¶到底多少,你说个~。=도대체 얼마인지 확실한 숫자를 말해 보세요.

【准头】zhǔn·tou (~儿) 명⟨구⟩ 확실성. 정확성. 믿음성. ¶说话要有个~。=말에는 믿음성이 있어야 한다.

【准尉】zhǔnwèi 명(军) 준위.

【准信】zhǔnxìn (~儿) 명 정확한 소식. 믿을 만한 전언. ¶他什么时候回国,现在还没有~儿。=그가 언제 귀국할지 현재로서는 아직 정확한 소식이 없다.

【准星】zhǔnxīng 명 **1** 정반성(定盤星). 저울대의 첫째 눈〔눈금·별〕. **2**(转) 정해진 생각. 확실한 주관. 일정한 견해〔생각·주견〕. ¶该怎么做,她心里没~。=어떻게 해야할지 그녀의 마음속에 확실한 주관이 없다. **3** (총의) 가늠쇠.

【准许】zhǔnxǔ 동 허가하다. 허락하다. 재가하다. ¶~登记=등기를 허락하다. ↳容许 ↔禁止

【准予】zhǔnyǔ 동⟨문⟩ 허가하다. 재가하다. 동의하다. [주로 공문에 쓰임] ¶~毕业=졸업을 허가하다.

【准则】zhǔnzé 명 준칙. 규범. ¶国际关系~=국제 관계 규범. / 起码的外交~=최소한의 외교 규범. ↳准绳

**埻** zhǔn 과녁 준
[명][문] 과녁의 중심.

# zhuo

*__拙__ zhuō 졸렬할 졸
[형] 1 우둔하다. 어리석다. 둔하다. 서투르다. 보잘것없다. 졸렬하다. ¶手~=손(놀림)이 둔하다. / 弄巧成~=재주를 피우려다 일을 망치다. 2 [겸] (저의) 보잘것없는. [자신의 작품이나 견해 앞에 붙여 겸손을 나타냄] ¶~译=저의 보잘것없는 번역서. ≒笨 ↔巧 灵

○● 笨bèn拙, 藏cáng拙, 古拙, 迂yū拙, 愚yú拙

【拙笨】 **zhuōbèn** [형] 우둔하다. 서투르다. 솜씨가 없다.
【拙笔】 **zhuōbǐ** [명][겸] 졸필. 보잘것없는 그림〔작품〕.
【拙稿】 **zhuōgǎo** [명][겸] 졸고.
【拙见】 **zhuōjiàn** [명][겸] 우견. 졸견. ↔高论 高见
【拙荆】 **zhuōjīng** [명][겸][옛] 우처. 제 아내.
【拙劣】 **zhuōliè** [형] 졸렬하다. ¶~的表演=졸렬한 공연. ↔高明 巧妙
【拙涩】 **zhuōsè** [형] 졸렬하고 난해하다. ¶译文~=번역문이 졸렬하고 난해하다.
【拙著】 **zhuōzhù** [명][겸] 졸저. 졸작.
【拙嘴笨腮】 **zhuōzuǐ-bènsāi** ☞【拙嘴笨舌】 **zhuōzuǐ-bènshé**
【拙嘴笨舌】 **zhuōzuǐ-bènshé** [성] 말주변이〔말재주가〕 없다. =【拙嘴笨腮】 **zhuōzuǐ-bènsāi**
【拙作】 **zhuōzuò** [명][겸] 졸작. 졸저.

**__捉__ zhuō 잡을 착
[동] 1 [문] (손에) 잡다. 들다. 쥐다. ¶~笔=붓을 들다. 2 사로잡다. 포획하다. 체포하다. 손에 넣다. ¶捕~=체포하다. / 捕风~影=말이나 일이 전혀 근거가 없다. ≒捕 擒 ↔纵
【捉刀】 **zhuōdāo** [동][문] (글을) 대필하다. 대작(代作)하다. [《세설신어·용지(世說新語·容止)》에 조조(曹操)가 흉노(匈奴)의 사자를 접견할 때 최염(崔琰)을 대신 시키고 자기는 칼을 잡고 옆에 서 있었다는 고사에서 유래함] ¶~代笔=대필하다.
【捉对】 **zhuōduì**(~儿) [부] 일 대 일로. 둘씩 짝을 이루어. ¶~厮杀=일 대 일로 서로 싸우고 죽이다.
【捉获】 **zhuōhuò** [동] (범인을) 붙잡다. 체포하다. ¶~凶手=흉악범을 붙잡다.
【捉奸】 *zhuō∥jiān* [동] 간통하는 것을 현장에서 잡다. ¶捉贼见赃，~见双。=간통범을 잡으려면 둘 다 잡아야 하고, 도둑을 잡으려면 훔친 물건을 잡아야 한다. 도적을 잡으려면 손목을 잡아야 하고, 간통범을 잡으려면 현장에서 잡아야 한다.
【捉襟见肘】 **zhuōjīn-jiànzhǒu** [성] 1 옷깃을 여미니 팔꿈치가 보이다. 2 [비] 옷이 낡아빠지다. 의복이 남루하다. 생활이 곤궁하다. 3 [비] 변통하기 어렵다. 재정 곤란에 빠지다. ≒左支右绌 ↔绰绰有余
【捉迷藏】 **zhuōmícáng** [명] 숨바꼭질. [동][비] 말이나 행동이 숨바꼭질하듯 하다. 에두르다. 빙빙 돌려 말하다. ¶有话直说，别跟我~。=할 말이 있으면 바로 말하세요, 빙빙 돌리지 말고.
【捉摸】 **zhuōmō** [동] 추측하다. 짐작하다. 헤아리다. ¶~不定=추측하기 어렵다.
【捉摸不透】 **zhuōmō-bùtòu** [성] 확실히 간파할 수 없다. 파악〔짐작·추측〕하기 어렵다. 확실히 알 수가 없다.
【捉拿】 **zhuōná** [동] (범인을) 붙잡다. 체포하다. ¶~逃犯=도주범을 붙잡다. ↔逮捕
【捉弄】 **zhuōnòng** [동] 희롱하다. 농락하다. 조롱하다. 놀리다. 골리다. ¶她特爱~人。=그녀는 남을 조롱하는 것을 유난히 좋아한다. ≒戏耍 戏弄 作弄
【捉贼捉赃】 **zhuōzéi-zhuózāng** [성] 1 도둑을 잡으려면 장물을 잡아야 한다. 2 [비] 문제를 처리하는 데는 확실한 증거〔근거〕가 있어야 한다.

**__桌[(槕)]__ zhuō 탁자 탁
[명] (~儿) 탁자. ¶餐~=식탁. / 办公~=사무용 책상. [양] 상. [요리상의 수를 세는 데 쓰임] ¶两~客人=두 테이블분의 손님. / 十~酒席=10상의 요리. ≒案

○● 方桌, 供桌, 炕桌儿, 围桌

【桌案】 **zhuō'àn** [명] 1 탁자와 긴 책상. 2 탁자. ¶~上放着瓜子糖果。=탁자 위에 해바라기씨와 사탕이 놓여 있다.
【桌布】 **zhuōbù** [명] 테이블보. 상보. ≒台布
【桌菜】 **zhuōcài** [명] 바로 요리를 할 수 있게 잘 다듬어 놓은 고기·채소 등의 식품.
【桌灯】 **zhuōdēng** [명] 스탠드(stand). 책상등.
【桌面】 **zhuōmiàn** [명] (~儿) 1 탁상. 탁자의 윗면. ¶圆~儿=사각 탁자 위에 얹어 원탁처럼 쓸 수 있는 원형판. 2 《컴》 바탕화면.
【桌面儿上】 **zhuōmiànr·shang** [명][비] 공개석상. 회의석상. 교제상. ¶把问题摆在~。=문제를 공개석상에 펼쳐 내놓다.
【桌面儿上的话】 **zhuōmiànr·shang·de huà** [명] 공개석상에서 하는 말.
【桌披】 **zhuōpī** [명] 관혼상제 때에 쓰는 테이블 앞에 늘어뜨리는 4각형의 장식보. [주로 천이나 비단으로 만듦] =【桌裙】 **zhuōqún** 【桌帷】 **zhuōwéi**
【桌球】 **zhuōqiú** [명] 1 [방] 당구. 2 탁구.
【桌裙】 **zhuōqún** ☞【桌披】 **zhuōpī**
【桌帷】 **zhuōwéi** ☞【桌披】 **zhuōpī**
【桌椅】 **zhuōyǐ** [명] 탁자와 의자. 책걸상.
【桌椅板凳】 **zhuōyǐ bǎndèng** [명] 일반 가구.
【桌子】 **zhuō·zi** [명] 탁자. 테이블.

**倬** zhuō 클 탁

형툇 현저하다. 뚜렷하다. 드러나다. 크다. ¶~
然＝현저하다.

**棁** zhuō 동자기둥 절
몡툇 동자기둥. 동바리. 동발.

**涿** zhuō 땅 이름 탁
지명에 쓰이는 글자. ¶~州＝줘저우. [허베이
(河北)에 있는 지명]

**焯** zhuō 밝을 작
형툇 선명하다. 뚜렷하다. 밝다. ¶~著＝뚜렷
하다.
☞ chāo

**镩[鏟]** zhuō 괭이 착
툇 (괭이로) 파내다. 파헤치다. ¶~玉米＝옥
수수의 그루터기를 파내다.
【镩钩】 zhuō·gou 몡툇 괭이.

**\*灼** zhuó 구울 작
툇 태우다. 그을리다. 그슬리다. 굽다. ¶烧~＝
태우다. 형 **1** 빛나다. ¶闪~＝반짝이다. **2** 명백
하다. 분명하다. 환하다. 밝다. ¶真知~见＝정
확한 인식과 명철한 견해. 탁견.

○─○ 焦灼, 烧shāo灼

【灼见】 zhuójiàn 몡 명철한 견해. 탁견. ¶很有
~＝남다른 탁견이다.
【灼烤】 zhuókǎo 툇 굽다. 벌겋게 달구다. ¶太
阳~着大地.＝태양이 대지를 달구고 있다.
【灼亮】 zhuóliàng 형 환하게 밝다. ¶月光~＝
달빛이 밝다.
【灼然】 zhuórán 형 빛이 밝은 모양. ¶~可
见＝환히 보이다.
【灼热】 zhuórè 형 **1** 작열하다. 몹시 뜨겁다. 이
글이글하다. 후끈후끈하다. ¶~的太阳＝작열하
는 태양. **2** 툇 불처럼 열정적이다. 열렬하다. 뜨
겁다. ¶~的感情＝뜨거운 감정.
【灼伤】 zhuóshāng 툇 화상을 입다. ¶他的手
被炭火~了.＝그의 손은 숯불에 화상을 입었다.
【灼痛】 zhuótòng 형 타는 듯이 아프다. ¶~难
耐＝타는 듯한 아픔을 참기 어렵다.
【灼灼】 zhuózhuó 형툇 반짝거리는 모양. 밝게
빛나는 모양. 형형하다. ¶目光~＝눈빛이 반짝
반짝하다.

**茁** zhuó 싹 돋은 모양 줄
툇 (식물이) 싹이 트다. 형 **1** (식물이) 싹트는 모
양. ¶新芽~~＝새싹이 트다. **2** (동식물이) 왕
성하게〔무럭무럭〕자라다. ¶~壮成长＝왕성하
게 성장하다.
【茁实】 zhuó·shi 형툇 실팍하다. 튼튼하다. 실
하고 단단하다.
【茁壮】 zhuózhuàng 툇 (젊은이·어린애·동식
물이) 건장하다. 튼튼하다. 실하다. 건강하다. ¶
禾苗~＝벼이삭이 실하다. / 年轻一代正在~地
成长.＝젊은 세대는 한창 건강하게 성장하고 있
다. ↔孱弱

**卓** zhuó 높을 탁
형 **1** 툇 높고 곧다. 높이가 솟아 있다. 우뚝 서 있
다. ¶古塔一立＝고탑이 우뚝 서 있다. **2** 뛰어나
다. 우수하다. 탁월하다. 출중하다. ¶远见~
识＝탁월한 식견. 몡 (Zhuó) 성(姓).
【卓尔不群】 zhuó'ěr-bùqún 툇 출중하다. 특
출하여 뭇 사람과 다르다. 남보다 뛰어나다. 비범
하다. ≒出类拔萃
【卓见】 zhuójiàn 몡 탁견. 고견. ¶颇有~＝견
해가 꽤 탁월하다.
【卓绝】 zhuójué 형 탁월하다. 탁출하다. 비길
바가 없다. 더할 나위 없이 뛰어나다. ¶艰苦
~＝비할 바 없이 고생스럽다.
【卓立】 zhuólì 툇 **1** 높이 우뚝 서다. 곧추서다.
꿋꿋이 서다. ¶孤峰~＝고봉이 높이 우뚝 솟다.
**2** 독립하다. 자립하다. 홀로 서다. ¶~自强＝자
립하여 스스로를 강하게 하다.
【卓荦】[卓跞] zhuóluò 형툇 출중하다. 탁월하
다. ¶英才~＝재능이 출중하다.
【卓跞】 zhuóluò ☞【卓荦】 zhuóluò
【卓然】 zhuórán 형 탁월하다. 출중하다. ¶~
不群＝출중하다. 특출하여 뭇 사람과 다르다. 남
보다 뛰어나다. 비범하다.
【卓识】 zhuóshí 몡 탁견. 고견. ¶远见~＝탁월
한 식견.
【卓异】 zhuóyì 형 남달리 우수하다. 출중하다.
탁월하다. ¶成绩~＝성적이 출중하다.
【卓有成效】 zhuóyǒu-chéngxiào 툇 탁월한
성과〔효과〕를 거두다.
【卓越】 zhuóyuè 형 탁월하다. 출중하다. ¶~
的贡献＝탁월한 공헌. ≒出色 杰出 ↔平凡 一般
普通
【卓著】 zhuózhù 형 탁월하다. 현저하게 뛰어나
다. 출중하다. ¶声名~＝명성이 탁월하다. ≒
显著

**斫[斲·斵·斮]** zhuó 벨 작
툇툇 (칼·도끼 등으로) 찍다. 패다. 쪼개다. 깎
다. 자르다. 베다. ¶~木为舟＝나무를 베어 배
를 만들다.
【斫鼻】 zhuóbí 형툇 **1** 도끼로 콧등에 발려 있는
석회를 벗겨 내다. **2** 툇 기예가 신기에 가깝다.
기술이나 기능이 최고 경지에 이르다. ¶虽怀~
巧, 有斧且无柯.＝비록 신기에 가까운 기예를
품고 있지만, 도끼는 있는데 도끼자루가 없다.
【斫轮老手】 zhuólún-lǎoshǒu 툇 **1** (어떤 일
에) 경험이 풍부한 기술자. 숙달한 사람.
【斫丧】 zhuósàng 툇툇 **1** 해치다. 상하다. **2** 주
색 등에 빠져 몸을 해치다(상하게 하다).

**\*\*浊[濁]** zhuó 흐릴 탁

浊酌浞诼著啄着

【浊】**1** 흐리다. 혼(탁)하다. 더럽다. ¶浑~=혼탁하다. / ~酒=탁주. **2** (사회가) 혼란하다. 어지럽다. ¶尘~=더럽고 혼탁하다. **3** (목소리가) 낮고 탁하다. 허스키(husky)하다. 굵고 거칠다. ¶~声~气=말투가 몹시 거칠다. 말소리가 탁하다. 늪垢 ↔清

○● 白浊, 恶è浊, 浑hún浊, 混浊, 污wū浊

【浊度】**zhuódù** 图(化) (혼)탁도. ¶~分析=혼탁도 분석.

【浊浪】**zhuólàng** 图 혼탁한 파도(물결). ¶~排空=혼탁한 물결이 하늘로 솟구치다.

【浊流】**zhuóliú** 图 **1** 탁류. ¶~滚滚=탁류가 거세게 일다. **2** 图(비) 비열한 (치사한) 인간. 악한. ¶以~杂清流, 以贱人凌贵人. =비열한 인간과 고결한 사람이 섞여 있고, 비천한 사람이 고귀한 사람을 능멸하다.

【浊世】**zhuóshì** 图 **1** 난세. 혼란한 시대. 암흑시대. **2** (佛) 속세.

【浊水】**zhuóshuǐ** 图 흐린 물. 혼탁한 물. ¶污泥~=썩어빠지고 낙후되고 더러운 것.

【浊音】**zhuóyīn** 图 (言) 유성음. 탁음. ['清音(무성음)'과 구별됨]

*【酌】**zhuó** 술 따를 작
图 **1** (술을) 따르다. ¶自~自饮=자작하다. **2** (술을) 마시다. 음주하다. ¶对~=대작하다. **3** (사정·상황 등을) 고려하다. 참작하다. 감안하다. ¶~情办理=참작해서 처리하다. / ~予照顾=사정을 참작하여 돌봐 드리다. 图 주연. 연회. 주석(酒席). ¶便~=조촐한 연회.

○● 参酌, 商酌, 斟zhēn酌

【酌办】**zhuóbàn** 图 사정을 참작하여(고려하여·감안해서) 처리하다.

【酌定】**zhuódìng** 图 사정을 참작하여(고려하여·감안해서) 결정하다.

【酌复】**zhuófù** 图 고려해서(적절하게) 회답하다. [주로 서신·공문에 쓰임] ¶~来函=보내 주신 편지를 고려해서 회답하다.

【酌加】**zhuójiā** 图 **1** 사정을 참작하여(고려하여·감안해서) 증가(추가·첨가)하다. ¶~颜料=안료를 적절하게 첨가하다. **2** 사정을 참작하여(고려하여·감안해서) …를 하다. ¶~修改=사정을 참작하여 고치다.

【酌减】**zhuójiǎn** 图 사정을 참작하여(고려하여·감안해서) 줄이다. ¶每日三次, 每次服2片, 儿童~=매일 세 차례, 한 번에 두 알씩 먹는데, 어린이는 형편에 따라 줄인다.

【酌量】**zhuó·liáng** 图 참작하다. 헤아리다. 가늠하다. ¶~增补=형편을 봐 가며 적절하게 보태다.

【酌情】**zhuóqíng** 图 사정(상황·형편)을 감안(참작)하다. ¶请求法院~判刑. =법원에 정상을 참작하여 판결해 달라고 요청하다.

【酌收】**zhuóshōu** 图 상황을 봐서 (비용을) 거두다. ¶除住宿费外, ~会务费. =숙

박비 외에 상황을 봐서 회비를 거두다.

【酌予】**zhuóyǔ** 图 사정을 참작하여 …해 드리다. ¶~答复=사정을 참작해서 회답하다.

【浞】**zhuó** 젖을 착
图 젖다. 적시다. ¶晾的衣服全被雨~湿了. =햇볕에 널어놓은 옷이 비를 맞아 젖었다.

【诼】[諑] **zhuó** 헐뜯을 착
图 비방하다. 비난하다. 헐뜯다. ¶谣~=헛소문을 퍼뜨려 헐뜯다.

【著】**zhuó** 붙을 착
'着(zhuó)'의 본자. ['执著(집착하다)'는 여전히 '著'로 씀]
☞ ·zhe, zhù

【啄】**zhuó** 쪼을 탁
图 부리로 쪼다. 쪼아 먹다. ¶小鸡~米=병아리가 쌀을 쪼아 먹다.

【啄木鸟】**zhuómùniǎo** 图(動) 딱따구리. ¶黑~=까막딱따구리. / 大斑~=오색딱따구리.

【啄食】**zhuóshí** 图 (조류가) 부리로 쪼아 먹다. ¶鸟雀在晒场上~. =새가 곡식을 널어놓은 마당에서 부리로 쪼아 먹다.

**【着】**zhuó** 붙을 착
图 **1** 접촉하다. 붙다. 닿다. 접근하다. ¶附~=부착하다. / 不~边际=곁에 가지도 못하다. 주제와 동떨어지다. **2** (다른 사물에) 접착(부착)하다. 접근시키다. 갖다 대다. 달다. 붙이다. ¶~手办理=처리하기 시작하다. / 不~痕迹=흔적을 남기지 않다. **3** (옷을) 입다. 걸치다. ¶穿~=옷차림. / 吃~不愁=먹고 입는 데 걱정이 없다. **4** 图 파견하다. 사람을 보내다. ¶~人前去联系. =사람을 보내어 연락하다. **5** 图 …하라. …하시오. [옛날, 공문에 쓰임] ¶~即施行=즉시 실행하시오. 图 행방. 간 곳. 소재. ¶遍寻无~=두루 찾았지만 행방을 찾지 못하다.
☞ **zhāo**, **zháo**, **·zhe**

○● 沉chén着, 胶jiāo着, 粘nián着, 衣着, 执zhí着

【着笔】**zhuóbǐ** 图 붓을 들다. 붓을 대다. ¶难于~=붓을 대기가 힘들다.

【着处】**zhuóchù** 图图 도처. 사방. ¶经过柳陌与桃蹊, 寻逐春光~迷. =버들과 복숭아꽃 만발한 오솔길을 지나 봄빛을 찾아 쫓아왔는데, 곳곳에서 경치가 사람을 도취시키네.

【着花】**zhuóhuā** (~儿) 图 꽃이 피다. 꽃봉오리가 나오다. ¶蔷薇已~. =장미는 이미 꽃봉오리가 나왔다.

【着劲儿】**zhuójìnr** 图 힘을 쓰다. 애쓰다. 힘을 내다. ¶他这次~帮了我一把. =그는 이번에 힘껏 나를 도왔다.

【着力】**zhuólì** 图 힘을 쓰다. 애쓰다. 진력하다. ¶~不多=힘을 많이 쓰지 않다. / ~培养=배

양에 진력하다.
【着陆】zhuó‖lù 통 (비행기 등이) 착륙하다. ¶ 紧急~=비상 착륙하다.
【着落】zhuóluò 1 행방. 간 곳. 소재. ¶走失的孩子已经有了~。=잃어버린 애는 이미 행방을 알아 냈다. 2 의지할 곳〔사람·사물〕. 귀결점. 귀착점. ¶孩子长大了, 老人从此有了~。=애가 커서 노인은 의지할 곳이 생겼다. 3 나올 곳. 생길 곳. ¶研究经费尚无~。=연구 경비는 아직 나올 곳이 없다. 통 1 (일이) …에게 돌아오다〔떨어지다〕. ¶这事儿就~在你们两人身上了。=이 일은 결국 너희 둘 앞으로 떨어졌다. 2 놓다. 두다. [주로 조기 백화문에 보임] ¶~停当=적절하게 놓아 두다. ⇨下落
【着墨】zhuómò 통 붓을 대다. (붓으로) 묘사하다〔쓰다〕. ¶文中人物~不多, 但却栩栩如生。=글 속의 인물에 대한 묘사가 많지 않지만 마치 살아 있는 것 같다.
【着棋】zhuóqí 통(방) 바둑을〔장기를〕 두다.
【着色】zhuó‖sè 통 착색하다. 색칠하다. ¶~法=착색법.
【着色剂】zhuósèjì 몡 착색제.
【着生】zhuóshēng 통 착생하다. 생물이 다른 물체에 붙어서 살다. ¶~菌=착생균.
【着实】zhuóshí 튀 1 확실히. 참으로. 정말로. ¶这件事~棘手。=이 일은 정말로 까다롭다. 2 톡톡히. 단단히. ¶他昨天又被父亲~数落了一顿。=그는 어제 또 부친에게 톡톡히 한바탕 야단맞았다.
【着手】zhuóshǒu 통 착수하다. 시작하다. 손을 대다. ¶~搜集材料=자료를 수집하기 시작하다. ⇨入手
【着手成春】zhuóshǒu chéngchūn 성 1 손을 대면 환자가 살아나다. 2 (비) 의술이 뛰어나다. ⇨手到病除
【着想】zhuóxiǎng 통 (어떤 사람·어떤 일을) 생각하다. 고려하다. 염두에 두다. ¶为他人~。=다른 사람을 위해 고려하다.
【着眼】zhuóyǎn 통 (어떤 방면으로) 고려하다. 관찰하다. 눈을 돌리다. 착안하다. 주의해서 보다. ¶大处~, 小处着手。=큰 것에 착안하고, 작은 것부터 손을 대다.
【着眼点】zhuóyǎndiǎn 몡 착안점. ¶人民群众的利益是我们考虑问题的~。=인민 대중의 이익이 우리가 문제를 해결해 나가는 착안점이다.
【着意】zhuóyì 튀 신경 써서. 심혈을 기울여. 집중하여. ¶~领会=심혈을 기울여 파악하다. 통 마음에 두다. 개의하다. 주의하다. [주로 부정형으로 쓰임] ¶要放眼未来, 不能只~于眼前。=눈을 미래를 향해 바라봐야지 눈앞의 일에만 마음을 두어서는 안 된다.
【着重】zhuózhòng 통 힘을 주다. 강조하다. 치중하다. 역점을 두다. 중시하다. ¶~强调=힘을 주어 강조하다. ≒偏重 側重 ↔小瞧 小看
【着重点】zhuózhòngdiǎn 몡 중점. 중심. 강조하는 곳. ¶这段话是本文的~。=이 단락이 본문의 중점이다.

【着重号】zhuózhònghào 몡(言) 방점. 곁점. [표점 부호의 하나로, 가로쓰기 문장의 아래 혹은 세로쓰기 문장의 오른쪽에 달아 강조하는 글자·단어·구를 표시함]
【着装】zhuózhuāng 통 (옷·모자 등을) 입다. 쓰다. 착용하다. ¶按要求~=요구에 맞게 착용하다. 통 옷차림. 복장. ¶整理~=옷차림을 가다듬다.
【着着实实】zhuó·zhuo shíshí 튀 (말·동작이) 심하다. 톡톡하다. 모질다. 단단하다. ¶真想~地揍他一顿。=정말 그를 단단히 한방 때려주고 싶다.

*琢 zhuó 쫄 탁
통 옥(돌)을 쪼다〔다듬다·갈다〕. ¶精雕细~。=정밀하고 섬세하게 조각하다.
☞ zuó
【琢磨】zhuómó 통 1 조각하다. 탁마하다. 옥(돌)을 갈다. 2 (비) (시문 등을) 다듬다. 정미(精美)하게 하다. ¶切磋~=함께 고심하고 연구하다. 절차탁마하다.
☞ zuó·mo

椓 zhuó 궁형 탁
몡 궁형(宫刑).

禚 Zhuó 성씨 작
몡 성(姓).

鸑[鷟] zhuó 악착 착작
☞【鸑鷟】yuèzhuó

缴[繳] zhuó 주살끈 작
몡 주살의 줄. ¶矰~。=주살.
☞ jiǎo

擢 zhuó 뽑을 탁
통(书) 1 뽑다. 뽑아 내다. ¶~筋剥肤=사람을 잔인하게 박해하다. 2 선발하다. 발탁하다. ¶~拔=발탁하다.
【擢发难数】zhuófà-nánshǔ 성 1 뽑은 머리카락처럼 수를 헤아릴 수가 없다. 2 (비) 죄가 이루 다 헤아릴 수 없을 정도로 많다.
【擢升】zhuóshēng 통(书) 승진시키다. 진급시키다. 승진하다. 진급하다. 뽑아올리다. ¶~三级=세 등급 승진시키다.
【擢用】zhuóyòng 통(书) 등용하다. 발탁하여 임용하다. ¶~贤能=어질고 재능이 있는 사람을 등용하다.

濯 zhuó 씻을 탁
통(书) 씻다. ¶~足=발을 씻다.
【濯濯】zhuózhuó 혱(书) (산이) 벌거벗은 모양. ¶童山~。=산이 벌거벗다.

镯[鐲] zhuó 팔찌 탁
몡 팔찌. 발찌. ¶玉~=옥환. 옥팔찌. / 手~=

팔찌.
【镯子】zhuó·zi 명 팔찌. 발찌. [주로 금은이나 옥으로 만들어져 있음] ¶银~=은팔찌.

# zi

**仔** zī 견딜 자
☞ zǎi, zǐ
【仔肩】zījiān 명(문) 책임. 부담.

*吱 zī 짹짹 소리 지
의 짹짹. 찍찍. [쥐·참새 등 작은 동물이 우는 소리] ¶小老鼠~~地叫着.=쥐새끼가 찍찍거리며 운다. 동(문) 소리를 내다. (짹짹·찍찍거리며) 울다. ¶劝了她半天, 她就是一声不~。=한참이나 그녀를 달랬지만 여전히 입도 뻥긋 않는다.
☞ zhī
【吱声】zī∥shēng 동(문) 소리를 내다. 말하다. ¶他没吱一声, 就走了.=그는 아무 말도 하지 않고 가 버렸다.

**孜** zī 힘쓸 자
아래를 참조.
【孜然】zīrán 명(위)(植) 1 쯔란. 쿠밍(枯茗). 커민. [미나리과의 식물] 2 쯔란의 씨. [양념·향료·약용으로 쓰임] 영 cumin
【孜孜】[孳孳] zīzī 형 부지런하다. 근면하다. ¶~不息=늘 부지런하다.
【孜孜不倦】zīzī-bùjuàn 성 조금도 게을리하지 않고 열심히 하다.
【孜孜矻矻】zīzī kūkū 형(문) 부지런히 애쓰는 모양.
【孜孜以求】zīzīyǐqiú 성(문) 부지런히 탐구하다.

*咨 zī 물을 자
동 자문하다. 상의하다. 의논하다. ¶~商=의논하다. 명 자문. 상의. 의논.
【咨文】zīwén 명 1 동급 관청(관리) 간의 왕래되던 공문. 2 (국가 원수가 국회에 제출하는) 국정 보고.
【咨询】zīxún 동 자문하다. 상의하다. 의논하다. 의견을 구하다. ¶技术~=기술을 자문하다. / ~意见=의견을 구하다.
【咨询产业】zīxún chǎnyè 명 컨설턴트 산업.

*姿 zī 맵시 자
명 1 자태. 자세. 맵시. 형태. ¶坐~=앉은 자세. / 雄~英发=똑똑하고 용맹하고 재주가 뛰어나다. 2 용모. 모습. 생김새. ¶容秀美=용모가 수려하다. ≒容

○● 丰姿, 风姿, 雄xióng姿, 英姿

【姿媚】zīmèi 형 아름다운[매혹적인] 자태. [주로 여자를 가리킴] ¶言笑生~。=담소하는 가운데 아름다운 자태가 드러나다.

【姿容】zīróng 명 용모. 모습. 자태. ¶~美好=용모가 곱다. ≒容貌
【姿色】zīsè 명 (부녀의) 자색. 아름다운 용모[자태]. ¶~出众=자색이 출중하다.
【姿势】zīshì 명 자세. 모양. 형(型). ¶他睡觉的~很滑稽.=그의 잠자는 자세가 아주 우스꽝스럽다. ≒姿态
【姿态】zītài 명 1 자태. 모습. 자세. ¶~万方=자태가 각양각색이다. 2 태도. ¶故作~=일부러 태도를 짓다. 3 기개. 도량. ¶高~=높은 기개. 넓은 도량. ≒姿势

**兹** zī 이 자
대(문) 이. 이것. 여기. ¶念~在~=자나깨나 생각하다. 명(문) 1 지금. 현재. ¶自~以后=지금 이후로. 2 년(年). 해. ¶今~=금년.
☞ cí

*资¹ [资, 貲] zī 자원 자
명 1 재물. 재화. 자원. ¶物~=물자. / 固定~产=고정 자산. 2 자금. 자본. 비용. 금전. ¶邮~=우편료. / 外~=외국 자본.

*资² [资] zī 자격 자
동 1 (재물로) 돕다. ¶大力~助=대대적으로 돕다. 2 제공하다. ¶可~借鉴=본보기로 삼을 만하다. 명 1 자질. 소질. ¶天~聪颖=타고난 자질이 총명하다. 2 자격. 경력. ¶论~排辈=자격이나 연배 등에 따라 서열을 정하다. 3 재료. ¶谈~=재료를 이야기하다. 4 자본가측. ¶劳~关系=노사 관계. 5 (Zī) 성(姓).

○● 笔资, 茶资, 集资, 劳资, 欠qiàn资, 润rùn资, 师资, 外资, 物资, 薪xīn资, 游资, 邮资

【资本】zīběn 명 1 (經) 자본. 2 (轉) 자금. 밑천. 본전. ¶政治~=정치 자금.
【资本货物】zīběn huòwù 명(經) 자본재(資本財). 영 capital goods
【资本家】zīběnjiā 명 자본가.
【资本主义】zīběnzhǔyì 명 1 자본주의. 2 자본주의 사상 체계.
【资不抵债】zībùdǐzhài 성 빚이 자산을 초월하다.
【资材】zīcái 명 물자와 기재(器材). ¶调剂~=물자와 기재를 조정하다.
【资财】zīcái 명 재물과 재산. ¶清理~=재물과 재산을 점검하다.
【资产】zīchǎn 명 1 재산. 산업. ¶~登记=산 등기. 2 (經) (기업이 운용할 수 있는) 자산. ¶流动~=유동 자산. 3 (經) (대차 대조표에 있어서의) 자산. ¶~负债表=대차 대조표.
【资产重组】zīchǎn chóngzǔ 동 (공장·회사 등이) 구조 조정을 하다.
【资产负债表】zīchǎn fùzhàibiǎo 명(經) 대차 대조표. 자산 부채표.
【资产阶级】zīchǎn jiējí 명 자산 계급. 자본(가) 계급. ↔无产阶级

【资产阶级革命】zīchǎn jiējí gémìng 명 부르주아 혁명.
【资产评估】zīchǎn pínggū 명 자산 평가.
【资敌】zīdí 동 이적(利敵)하다. 적을 돕다.
【资方】zīfāng 명 사용자측. 고용자측. ↔劳方
【资费】zīfèi 명 체신 비용.
【资斧】zīfǔ 명문 노비. 여비. 여행 경비. ¶~无着=여비가 마련되어 있지 않다.
【资格】zī·gé 명 1 자격. ¶入学~=입학 자격. 2 관록. 근속. ¶老~=베테랑.
【资金】zījīn 명 1 자금. ¶流动~=유동 자금. 2 자금. 기금. [국가가 국민 경제 발전을 위해 쓰는 물자나 화폐] ¶~储备=기금 비축.
【资力】zīlì 명 1 자력. 재력. ¶~雄厚=재력이 풍부하다. 2 자질과 능력. ¶~不够=자질과 능력이 부족하다.
【资历】zīlì 명 자력. 자격과 경력. ¶~很浅=경력이 매우 부족하다.
【资料】zīliào 명 1 생필품. 생활 필수품. ¶生产~=생필품을 생산하다. 2 자료. ¶图书~=도서 자료.
【资料片儿】zīliàopiānr 명구 다큐멘터리(documentary).
【资料片】zīliàopiàn 명《映》다큐멘터리(documentary).
【资深】zīshēn 형 경력이 오랜. 베테랑의. ¶~电影评论家=베테랑 영화 평론가.
【资望】zīwàng 명 자력과 명망. ¶他在文坛有很高的~。=그는 문단에서 명망이 높다.
【资信】zīxìn 명 자금력과 신용도. 신용. ¶~可靠=신용이 믿을 만하다.
【资讯】zīxùn 명 자료와 정보. 정보. ¶人才~=인재 정보.
【资源】zīyuán 명 자원.
【资质】zīzhì 명 1 자질. [타고난 성품이나 소질] ¶~很高=자질이 높다. 2 자질. [공정 설계·시공 등 분야의 일에 대한 능력이나 실력의 정도] ¶~鉴定=자질 검정.
【资助】zīzhù 동 (재물로) 돕다. ¶~大学特困生=대학의 극빈 학생을 돕다. ≒赞助

## 茲 zī 처음 일군 밭 치
명 고대의, 처음 일군 밭. 동문 풀을 제거하다. 제초하다. [고어에서 '灾(zāi)'와 같음.]

## 淄 Zī 강 이름 치
명《地》쯔허(淄河). [산둥(山东)에 있는 강 이름]

## 谘[諮] zī 물을 자
동 '咨(자문하다)'와 같음.

## 缁[緇] zī 검을 치
형문 검다. ¶~衣=검은 옷.
【缁黄】zīhuáng 명 1 승려의 검은 옷과 도사의 노란 모자. 2 승려와 도사.

## 辎[輜] zī 짐수레 치
명 1 고대의, 덮개가 있는 큰 수레. 2 앞뒤에 모두 덮개가 있는 군수 물자를 싣는 짐수레.
【辎重】zīzhòng 명《军》치중. [운송되고 있는 중형 무기와 군량·피복 등 군수 물자를 가리킴]

## 嗞 zī 소리의 형용 자
의 1 쉬익. [물이 뿜어나가는 소리 또는 뜨겁게 달구어진 것이 갑자기 기화할 때 나는 소리] ¶铁块淬火时发出~~的声音。=쇠붙이를 담금질할 때 쉭 소리가 난다. 2 '吱(zī)'와 같음. 동 '吱(zī)'와 같음.

## 嵫 zī 산 이름 자
☞【崦嵫】Yānzī

## 粢 zī 제사용 곡식 자
명 고대의, 제사에 쓰는 양식.
☞ cí

## 孳 zī 번식할 자
동 증식(번식)시키다. 생육하다. ¶~衍=번식시키다.
【孳乳】zīrǔ 동문 1 (포유동물이) 번식하다. 2 파생하다.
【孳生】zīshēng ☞【滋生】zīshēng
【孳息】zīxī 동문 번식하여 증가하다. 늘어나다.
【孳孳】zīzī ☞【孜孜】zīzī

## **滋 zī 불을 자
동 1 생장하다. 번식하다. ¶繁~=번식하다. 2 증가하다. 많아지다. ¶~益=불어나다. 3 (사고나 문제 따위를) 일으키다. ¶酗酒~事=주정을 부려 문제를 일으키다. 4문 분사하다. 뿜다. ¶水管裂了, 直往外~水。=수도관이 터져 밖으로 물이 뿜어져 나온다. 명 1 좋은 맛. ¶有~有味=맛이 있다. 2 맛. ¶这道菜的~味不错。=이 요리는 맛이 괜찮다.

○● 乐滋滋, 甜滋滋, 喜滋滋

【滋补】zībǔ 동 보양하다. 자양하다. ¶~身体=몸을 보양하다.
【滋蔓】zīmàn 동문 (풀 등이) 만연하다. 무성히 자라다. ¶水草~=수초가 만연하다.
【滋蔓难图】zīmàn-nántú 성 1 들풀이 만연한 뒤에는 제거하기가 곤란하다. 2예 세력이 커진 후에는 소멸시키기가 힘들다.
【滋扰】zīrǎo 동 귀찮게 굴다. 소동을 일으키다. 소란을 야기하다. ¶聚众~=군중을 모아 소동을 일으키다.
【滋润】zīrùn 형 1 습윤하다. 촉촉(축축)하다. ¶皮肤~=피부가 촉촉하다. 2예 편안하다. 안락하다. 윤택하다. ¶小两口的日子过得挺~。=부부 두 사람은 아주 윤택한 생활을 보내고 있다. 동 촉촉하게 적시다. 축이다. ¶雨露~着禾苗。=비와 이슬이 볏모를 촉촉하게 적신다.
【滋生】[孳生] zīshēng 동 1 번식하다. ¶夏季要防止蚊蝇~。=여름철에는 모기와 파리의 번식

을 방지하여야 한다. **2** 일으키다. 초래하다. 야기하다. ¶~祸患=재앙을 초래하다.

【滋事】zīshì 〔동〕 말썽을 일으키다. 분규를 일으키다. 일을 내다. ¶蓄意~=고의로 말썽을 일으키다.

【滋味】zīwèi(~儿)〔명〕**1** 좋은 맛. 향미. **2** 맛. ¶~鲜美=맛이 좋다. **3** 〔비〕속마음. 기분. 심정. 느낌. ¶失恋的~不好受=실연의 심정은 견디기 어렵다.

【滋养】zīyǎng 〔동〕 자양하다. 자양분을 주다. ¶~身体=몸을 보양하다. 〔명〕 자양. (영)양분. ¶吸收~=영양분을 섭취하다.

【滋养品】zīyǎngpǐn〔명〕 자양물. 자양품.

【滋阴】zīyīn〔동〕〔의〕음허를 보양하다. 정력을 보양하다. ¶~壮阳=음허를 보양하고 양기를 돋우다.

【滋育】zīyù〔동〕 번식시키다. 기르다. 자양분을 주다. ¶~万物=만물을 기르다.

【滋长】zīzhǎng〔동〕**1** 생장하다. 자라다. ¶万物~=만물이 생장하다. **2** 발생과 발전. [주로 추상적인 사물에 쓰임] ¶不可~官僚主义作风。=관료주의 풍조를 길러서는 안 된다.

## 赼 zī 머뭇거릴 자

【赼趄】zījū〔형〕〔문〕**1** 걷기가 곤란하다. **2** 주저하다. 망설이다. 머뭇거리다. [머뭇거리면서 나아가지 못하는 모양] ¶~不前=나아가지 못하고 머뭇거리다.

## 觜 zī 자성 자

〔명〕〔天〕자수(觜宿). 자성(觜星). [이십팔수의 하나]
☞ zuǐ

## 訾 zī 헤아릴 자

〔동〕〔문〕 세다. 계산하다. 헤아리다. ¶~粟而税=곡식의 소출에 따라 세금을 징수하다. 〔명〕(Zī) 성(姓).
☞ zī

## 锱[錙] zī 무게 단위 치

〔명〕 중량의 단위. 1량(兩)의 4분의 1.

【锱铢】zīzhū〔명〕**1** 중국 고대의 극히 가벼운 두 가지 중량 단위. [6주(铢)가 1치(錙)이고, 4치(錙)가 1량(兩)임] **2** 〔비〕극히 적은 돈 또는 아주 사소한 일.

【锱铢必较】zīzhū-bìjiào 〔성〕 돈 몇 푼까지도 꼼꼼하게 따지다. 사소한 일까지도 세세하게 따지다. ¶斤斤计较

## 龇[齜] zī 이 드러낼 차

〔동〕〔구〕(이빨을) 드러내다. ¶嘴里~出两颗大金牙。=입 속에 커다란 두 개의 금이빨을 드러내다.

【龇牙咧嘴】zīyá-liězuǐ **1** 심한 고통으로 얼굴을 일그러뜨리다. [고통을 참기 어려운 모양] **2** 얼굴이 험상궂다. ¶他那~的样子孩子吓得直哭。=그의 그런 험상궂은 모습에 아이가 놀라 줄곧 울어댄다.

## 镃[鎡] zī 호미 자

아래를 참조.

【镃基】zījī ☞【镃錤】zījī

【镃錤】[镃錤] zījī 〔명〕 괭이.

## 鼒 zī 옹달솥 자

〔명〕 옹달솥. [아가리가 좁은 솥]

## 髭 zī 코밑 수염 자

〔명〕 콧수염. 코밑수염. ¶~须花白=콧수염이 희끗희끗하다. 〔동〕〔구〕 털이 곤두서다. 꼿꼿이 일어서다. ¶~着山羊胡子=염소수염을 곤두세우다.

【髭毛儿】zī ☞ máor 〔동〕**1** 털이 곤두서다. **2** 화를 내다. 앙탈을 부리다. ¶你别在我面前~，我不吃这一套。=너 내 앞에서 앙탈부리지 마, 나한테는 안 먹혀. **3** 괴롭히다. 못살게 굴다. 소동을 일으키다. ¶打那以后, 流氓们再也不敢~了。=그 때 이후부터 부랑배들이 다시는 소동을 일으키지 못했다.

## 鲻[鯔] zī 숭어 치

〔명〕〔동〕 숭어.

【鲻鱼】zīyú〔명〕〔동〕 숭어.

## **子 zǐ 아들 자

〔명〕**1** (고대의) 자녀. ¶~又生孙, 孙又生~。=자녀가 손자를 낳고, 손자가 다시 자녀를 낳다. **2** 아들. ¶长~=장자. / 爱~=사랑하는 아들. **3** 사람. ¶男~=남자. / 游~=나그네. 떠돌이. **4** 고대 고대의 남자에 대한 미칭(美称). [특히 학식이 있는 남자를 가리킴] ¶孟~=맹자. / 诸~百家=제자백가. **5** 고대 귀족의 5등급 작위(爵位) 중 제4등급. ¶公侯伯~男=공후백자남. **6** 〔경〕 그대. 당신. [남에 대한 존칭으로, '你(nǐ)' 또는 '您(nín)'에 해당함] ¶以~之矛, 攻~之盾。=당신의 창으로 당신의 방패를 찌르시오. **7** 고대 도서의 분류법인 경·사·자·집(經·史·子·集) 중 세 번째. **8** 동물의 새끼 또는 알. ¶鱼~=물고기의 알. **9**(~儿) (어떤 과일의) 종자. 씨. ¶瓜~儿=과쯔. [수박씨·해바라기씨·호박씨 등에 소금이나 향료를 넣어 볶은 것] / 松~儿=잣. / 结~儿=열매를 맺다. **10**(~儿) 알. [작고 단단한 알 모양의 물건] ¶棋~儿=바둑알. / 枪~儿=총알. **11**(~儿)〔구〕동전. 돈. ¶一个~儿不值。=한 푼어치의 가치도 없다. **12** 자. [지지(地支)의 첫 번째] **13** 자. [중국 전통 시간을 계산하는 방법인 12시진 중의 하나. 즉 밤 11시~새벽 1시] **14** (Zǐ) 성(姓). 〔형〕**1** 작은. 어린. 연한. ¶买一斤~姜。=연한 생강 한 근을 사다. **2** 파생의. 종속된. ¶这家公司下辖三个~公司。=이 회사 아래에 3개의 자회사가 있다. 〔양〕 타래. 다발. 묶음. [손으로 움켜잡을 수 있는 가늘고 긴 물건을 세는 단위] ¶两~儿毛线=털실 두 타래.
☞ ·zi

○ 子 zǐ
仔 zǐ
字 zì
孜 zī

子 仔 zǐ

○● 哀āi子, 败子, 半子, 孢bāo子, 才子, 菜子, 蚕cán子, 超子, 臣chén子, 赤chì子, 处chǔ子, 弟子, 帝子, 电子, 定子, 独子, 分子, 附子, 公子, 孤gū子, 光子, 核子, 合子, 黑子, 甲子, 介子, 芥jiè子, 精子, 君子, 浪子, 粒子, 连子, 量子, 卵luǎn子, 内子, 逆nì子, 娘子, 炮pào子, 配子, 妻子, 孺rú子, 竖shù子, 苏sū子, 太子, 天子, 童子, 桐子, 外子, 王子, 虾xiā子, 仙子, 些子, 学子, 雪子, 鸭子, 因子, 游子, 原子, 长zhǎng子, 质子, 中子, 种子, 舟zhōu子, 转zhuàn子.

【子部】**zǐbù** 명 자부. [중국 고대 도서의 네 가지 분류법 중의 세 번째인 제자백가의 저작을 가리킴] =【丙部】**bǐngbù**

【子城】**zǐchéng** 명 자성. [본성(本城)에 딸린 작은 성. 예를 들면 옹성(甕城) 따위]

【子程序】**zǐchéngxù** 명 (컴) 서브루틴(subroutine).

【子丑寅卯】**zǐ chǒu yín mǎo** 國 1 자축인묘. [지지(地支)의 첫 번째에서 네 번째까지] 2 비 일련의 이치나 일의 연유. ¶他一张口总能说出个~来. =그는 입을 열기만 하면 언제나 조리 정연하게 말을 한다.

【子畜】[仔畜] **zǐchù** 명 어린 가축.

【子代】**zǐdài** 명(生) 생물이 번식으로 생겨난 후대. 제1대를 '子一代', 제2대를 '子二代'라고 부름]

【子弹】**zǐdàn** ☞【枪弹】**qiāngdàn**

【子堤】**zǐdī** ☞【子埝】**zǐniàn**

【子弟】**zǐdì** 명 1 자제. 2 아들과 조카뻘. ¶~学校=자제 학교. 3 젊은 후진. ¶梨园~=중국 전통극계의 후진.

【子弟兵】**zǐdìbīng** 명 1 옛 자제병. [고향의 자제들로 구성된 군대를 가리킴] 2 인민군을 친근하게 부르는 호칭.

【子弟书】**zǐdìshū** 명(藝) 자제서. [청(清)대에 성행한 설창 문예(說唱文藝)로서, '鼓词(고사)'에서 파생되었으며, 만주 팔기 자제병(八旗子弟兵)이 창작함]

【子房】**zǐfáng** 명(植) 자방. 씨방.

【子公司】**zǐgōngsī** 명 자회사.

【子宫】**zǐgōng** 명(生) 자궁.

【子宫癌】**zǐgōng'ái** 명(醫) 자궁암.

【子宫颈】**zǐgōngjǐng** 명(醫) 자궁경관. 자궁목관. 비【子颈】**gōngjǐng**

【子规】[子鳺] **zǐguī** ☞【杜鹃】**dùjuān**

【子鸡】[仔鸡] **zǐjī** 명 병아리.

【子金】**zǐjīn** 명 이자. ['母金(원금)'과 구별됨]

【子姜】**zǐjiāng** 명 연한 생강.

【子爵】**zǐjué** 명 자작. [다섯 등급으로 나눈 귀족의 작위(爵位) 가운데 네 번째]

【子口】**zǐ·kou** 명 주둥이. [병이나 깡통·상자 등의 뚜껑과 맞닿은 부분을 가리킴]

【子粒】[籽粒] **zǐlì** ☞【子实】**zǐshí**

【子棉】[籽棉] **zǐmián** 명 생면. 실면(實綿).

【子母弹】**zǐmǔdàn** ☞【榴霰弹】**liúxiàndàn**

【子母扣儿】**zǐmǔkòur** 똑딱단추. 스냅(snap). =【摁扣儿】**ènkòur**

【子母钟】**zǐmǔzhōng** 명 자모시계. [모시계가 정해진 시각에 펄스 전류를 보내 자시계를 조정함]

【子目】**zǐmù** 명 전체 목록 아래의 작은 목록. =【子目录】**zǐmùlù**

【子目录】**zǐmùlù** ☞【子目】**zǐmù**

【子囊】**zǐnáng** 명(植) 자낭.

【子埝】**zǐniàn** 명 홍수의 범람을 방지하기 위하여 큰 제방 위에 임시로 덧쌓아 올린 작은 제방. =【子堤】**zǐdī**

【子女】**zǐnǚ** 명 1 자녀. 아들과 딸. ¶~的教育很重要. =자녀의 교육이 아주 중요하다. 2 아들 혹은 딸을 가리킴. ¶独生~ =외동아들. 외동딸.

【子时】**zǐshí** 명 자시. [밤 11시~새벽 1시]

【子实】[籽实] **zǐshí** 명(農) 벼나 보리의 이삭에 달린 종자. 두류(豆類) 작물의 깍지 안에 들어 있는 콩알. =【子粒】**zǐlì**

【子兽】[仔兽] **zǐshòu** 명 (짐승의) 새끼.

【子书】**zǐshū** 명 자서. [중국 고대 도서 분류법 중 자부에 속하는 도서. 예를 들면《노자(老子)》·《장자(莊子)》·《묵자(墨子)》·《순자(荀子)》등이 있음]

【子嗣】**zǐsì** 명 문 사자(嗣子). [대를 이을 아들을 가리킴]

【子孙】**zǐsūn** 명 1 아들과 손자. 2 자손. ¶~后代=자손 후대.

【子午莲】**zǐwǔlián** ☞【睡莲】**shuìlián**

【子午线】**zǐwǔxiàn** ☞【经线】**jīngxiàn**

【子午仪】**zǐwǔyí** 명(天) 자오의.

【子息】**zǐxī** 명문 1 자식. 2 이자.

【子系统】**zǐxìtǒng** 명 서브시스템(subsystem). =【次级系统】**cìjíxìtǒng**【辅助系统】**fǔzhùxìtǒng**

【子细】**zǐxì** ☞【仔细】**zǐxì**

【子弦】**zǐxián** 명(音) 자현.

【子虚】**zǐxū** 명문 1 자허선생. [한(漢)대 사마상여(司馬相如)의 《자허부(子虛賦)》에 나오는 인명] 2 비 허구. 거짓된 일. ¶事属~=허구의 일이다.

【子虚乌有】**zǐxū-wūyǒu** 國 1 자허선생과 오유선생. [한(漢)대 사마상여(司馬相如)의《자허부(子虛賦)》에 나오는 인명] 2 비 허구의 [거짓된] 일.

【子婿】**zǐxù** 명문 사위.

【子叶】**zǐyè** 명(植) 자엽. 떡잎.

【子夜】**zǐyè** 명 자야. 자시. 한밤중.

【子音】**zǐyīn** 명(輔音) **fǔyīn**

【子鱼】[仔鱼] **zǐyú** 치어. [막 부화한 새끼물고기] =【稚鱼】**zhìyú**

【子曰诗云】**zǐyuē-shīyún** ☞【诗云子曰】**shīyún-zǐyuē**

【子侄】**zǐzhí** 명 자질. [아들과 조카뻘을 통틀어 일컫는 말]

【子猪】[仔猪] **zǐzhū** 명 갓 태어난 돼지. =【苗猪】**miáozhū**

\*仔 **zǐ** 새끼 자

**仔** 1 (가축이나 가금 등의) 어린. 새끼의. ¶~鸭=새끼오리. 2 가는. 세밀한. ¶~细研究=세밀한 연구.
☞ zǎi, zī

【仔畜】zǐchù ☞【子畜】zǐchù
【仔鸡】zǐjī ☞【子鸡】zǐjī
【仔密】zǐmì (직물이나 편직물 등이) 촘촘하다. 치밀하다. ¶这副手套织得很~。=이 장갑은 아주 촘촘하게 짜졌다.
【仔兽】zǐshòu ☞【子兽】zǐshòu
【仔细】[子细] zǐxì 1 세심하다. 꼼꼼하다. ¶~考虑=꼼꼼하게 고려하다. 2 조심하다. 주의하다. ¶下雨天, 开车~点儿。=비 오는 날에는 조심해서 운전해야 한다. 3 절약하다. 아껴 쓰다. ¶老两口日子过得很~。=노부부는 아주 절약하면서 살아간다. ≒细心 ↔马虎
【仔鱼】zǐyú ☞【子鱼】zǐyú
【仔猪】zǐzhū ☞【子猪】zǐzhū
【仔仔细细】zǐ·zi xìxì 아주 세심하다. 아주 꼼꼼하다. ¶老师把期末考试的情况~地介绍了一遍。=선생님은 기말 고사의 출제 경향을 아주 자세하게 한 번 설명하였다.

**姊** [(姉)] zǐ 손윗누이 자
언니 또는 누나. ¶兄弟~妹=형제 자매. ≒姐
【姊妹】zǐmèi 1 자매. 2 자매. [자매와 같이 관계가 아주 밀접한 관계에 있는 사물을 가리킴] ¶~校=자매 학교. ≒姐妹
【姊妹城】zǐmèichéng 자매 도시. =【姐妹城】jiěmèichéng 【姊妹市】zǐmèishì ¶北京和东京结为~。=베이징과 도쿄는 자매 도시를 맺었다.
【姊妹篇】zǐmèipiān 자매편. =【姐妹篇】jiěmèipiān ¶巴金的《家》《春》《秋》是~。=바진(巴金)의 《집(家)》·《봄(春)》·《가을(秋)》은 자매편이다.
【姊妹市】zǐmèishì ☞【姊妹城】zǐmèichéng

**籽** zǐ 북돋울 자
(모종에) 배토(培土)하다. 북을 주다[돋우다]. ¶耘~=김을 매고 북을 돋우다.

**茈** zǐ 지치 자
자초. 지치.
☞ cí
【茈草】zǐcǎo ☞【紫草】zǐcǎo
【茈湖口】Zǐhúkǒu 쯔후커우. [후난(湖南)성에 있는 지명]

**呰** zǐ 헐뜯을 자
'訾(zǐ)'와 같음. '呰'와 같음.

**虸** zǐ 야도충 자
【虸蚄】zǐfāng 거염벌레. 야도충.

**秭** zǐ 자 자
자. [고대 숫자로, 10억이라고도 하고, 천억이라고도 하며, 1조라고도 하며, 혹은 1억의 억 배라고도 함]
【秭归】Zǐguī (地) 쯔구이. [후베이(湖北)성에 있는 지명]

***籽** zǐ 씨앗 자
(~儿) (일부 식물의) 종자. ¶菜~儿=채소 씨앗. / 棉~儿=목화씨.
【籽粒】zǐlì ☞【子粒】zǐlì
【籽棉】zǐmián ☞【子棉】zǐmián
【籽实】zǐshí ☞【子实】zǐshí

**笫** zǐ 대자리 자
1 대자리. ¶床~=침상에 까는 대자리. 2 침상.

**梓** zǐ 개오동나무 재
1 개오동나무. 2 고향. ¶桑~=고향. 향리. 판각하다. 판각 인쇄하다. ¶付~=출판하다.
【梓里】zǐlǐ 고향. ¶荣归~=영광스럽게 고향으로 돌아가다.
【梓树】zǐshù (植) 개오동나무. 노나무.

**呰** zǐ 게으를 자
약하다. 게으르다. 나태하다.
【呰窳】zǐyǔ 게으르다. 나태하다. ¶~偷生=게을러서 구차하게 살다.

***紫** zǐ 자주빛 자
자색의. 자줏빛의. ¶玫瑰~=장밋빛. / 万紫千红=만자천홍. 온갖 꽃이 만발하여 울긋불긋한 모양. (Zǐ) 성(姓).

○● 绀gàn紫, 甲紫, 酱jiàng紫, 绛jiàng紫, 青紫

【紫斑风铃草】zǐbānfēnglíngcǎo (植) 초롱꽃.
【紫菜】zǐcài ☞【甘紫菜】gānzǐcài
【紫草】[茈草] zǐcǎo 자초. 지치.
【紫貂】zǐdiāo (動) 자초. 검은담비. =【黑貂】hēidiāo
【紫丁香】zǐdīngxiāng ☞【丁香】dīngxiāng
【紫毫】zǐháo 1 짙은 자색 토끼털. 2 자색 토끼털로 만든 모필(붓).
【紫河车】zǐhéchē (醫) 자하거. [한방에서 사람의 태반을 이르는 말]
【紫红】zǐhóng 자홍색이다. ¶~衬衫=자홍색 셔츠[블라우스].
【紫花】zǐ·huā 옅은 자주색의 면화. ¶~布=옅은 자주색의 면화로 짠 천. 옅은 갈색 혹은 담자색의. ¶~裤子=담자색의 바지.
【紫花苜蓿】zǐhuā mù·xu ☞【苜蓿】mù·xu
【紫金山】Zǐjīnshān (地) 쯔진산. [장쑤(江苏)성 난징(南京)시 동편에 있는 산 이름]
【紫禁】zǐjìn 자금.
【紫禁城】Zǐjìnchéng 자금성. [명청(明清)대의 황궁. 지금은 고궁박물관으로 쓰임]

【紫荆】zǐjīng 몡(植) 박태기나무. 자형.
【紫晶】zǐjīng ☞【紫石英】zǐshíyīng
【紫罗兰】zǐluólán 몡(植) 1 스톡(stock). 2 스톡의 꽃.
【紫茉莉】zǐmò·li ☞【草茉莉】cǎomò·li
【紫苜蓿】zǐmù·xu ☞【苜蓿】mù·xu
【紫气】zǐqì 몡 자색 안개. [옛사람들은 상서로운 기운으로 여김] ¶~东来=상서로운 기운이 동쪽에서 오다.
【紫色】zǐsè 몡 자색. 자줏빛.
【紫砂】zǐshā 몡(礦) 자사. [굳고 난 뒤의 색깔이 적갈색 혹은 자흑색을 띰] ¶~壶=자사호.
【紫石英】zǐshíyīng 몡(礦) 자석영. 자수정. =【紫水晶】zǐshuǐjīng【紫晶】zǐjīng
【紫水晶】zǐshuǐjīng ☞【紫石英】zǐshíyīng
【紫苏】zǐsū 몡(植) 소엽(蘇葉). 차조기. 차즈기.
【紫穗槐】zǐsuìhuái 몡(植) 족제비싸리.
【紫檀】zǐtán 몡(植) 1 자단. 2 자단목.
【紫糖】zǐtáng 혱 검붉은 색. [주로 얼굴색을 형용함] ¶~脸=검붉은 얼굴색.
【紫藤】zǐténg 몡(植) 자등. ⇨【藤萝】téngluó
【紫铜】zǐtóng 몡(礦) 자동. 적동. =【红铜】hóngtóng
【紫外光】zǐwàiguāng ☞【紫外线】zǐwàixiàn
【紫外线】zǐwàixiàn 몡(物) 자외선. =【紫外光】zǐwàiguāng
【紫菀】zǐwǎn 몡(植) 개미취. 자완.
【紫薇】zǐwēi 몡 ☞【凌霄花】língxiāohuā 배롱나무. =【百日红】bǎirìhóng【满堂红】mǎntánghóng
【紫药水】zǐyàoshuǐ 몡(또)(醫) 젠티안 바이올렛 (gentian violet). [소독약의 일종]
【紫玉兰】zǐyùlán 몡(植) 자목련. 자옥란.
【紫云英】zǐyúnyīng 몡(植) 자운영. =【红花草】hónghuācǎo
【紫竹】zǐzhú 몡(植) 자죽. =【黑竹】hēizhú

## 訾 zǐ 헐뜯을 자
동(문) 비방하다. 헐뜯다. ¶诋~=꾸짖는 말로 남을 헐뜯다.
☞ zī
【訾毁】zǐhuǐ 동(문) 비방하다. 헐뜯다. 중상(中傷)하다. ¶肆意~=제멋대로 남을 헐뜯다.
【訾议】zǐyì 동(문) 남의 단점을 힐담하다. ¶无可~=험담할 게 없다.

## 滓 zǐ 찌꺼기 재
몡 찌꺼기. 앙금. 잔재. ¶渣~=찌꺼기. 잔재.
혱 더럽다. 혼탁하다. ¶~浊=더럽다.

## 自 zì 스스로 자
동(문) 시작하다. ¶武兴之国~于此矣。=오흥국은 이때부터 시작되었다. 개 …에서부터. …에서부터. 시작하여. ['从(cóng)'·'由(yóu)' 에 해당함] ¶~远而近=먼 곳에서부터 가까워지다. / 来~世界各地=세계 각지로부터 오다. 대 1 자기. 자신. ¶独~=홀로. / 不~量力=자신의 역량을 정확히 헤아리지 못하다. 2 단음절 동사 앞에 쓰여 복합동사를 이룸. ① 몸소. 친히. 스스로. ¶设法~救=자구책을 강구하다. / 跳楼~杀=고층에서 뛰어내려 자살하다. ② 스스로. ¶刻苦~学=홀로 독학을 하다. / 骄傲~满=거만하고 자만하다. 뮈 자연히. 당연히. ¶桃李不言, 下~成蹊。=복숭아나무와 자두나무는 말이 없으나, 꽃과 열매가 사람을 끌어들여 저절로 길이 생긴다. ⇨ 从 由

○● 独自, 各自, 尽自, 竟自, 径jìng自, 亲自, 擅shàn自, 私自, 兀wù自, 半自动

【自爱】zì'ài 동 자애하다. 제 몸을 스스로 아끼다. ¶不知~=스스로를 아낄 줄 모르다. ⇨自好(hào)
【自傲】zì'ào 혱 거만하다. 오만하다. ¶居功~=세운 공로를 믿고 교만하다.
【自拔】zìbá 동(비) (고통이나 악의 구렁텅이에서) 스스로 벗어나다. ¶沉湎其中, 难以~。=그 속에 탐닉하면 스스로 빠져나오기 어렵다.
【自白】zìbái 동 자백하다. ¶~书=자백서. 몡 자백. ¶这是一个死囚犯的~。=이것은 어느 사형수의 자백이다.
【自办】zìbàn 동 자영하다. 독자적으로 경영하다. ¶~发行=독자적으로 발행하다.
【自保】zìbǎo 동 1 스스로 보호하다. ¶但求~=스스로 보호할 수 있기를 빌 뿐이다. 2 (經) 기업이 자산의 손실에 대비해 기금을 준비해 두다.
【自报家门】zìbào-jiāmén 1 연극 배우가 관중을 향해 자기의 이름과 본적·출신 등을 소개하다. 2 (비) 자기 소개를 하다.
【自暴自弃】zìbào-zìqì (성) 1 자기 자신을 망치게 하고, 자기 자신을 경멸하다. 2 자포자기하다. ⇨妄自菲薄 ↔妄自尊大 自命不凡 自强不息
【自爆】zìbào 동 1 자동 폭발하다. ¶~装置=자동 폭발 장치. 2 스스로 휴대한 폭발물을 터트리다. ¶~身亡=스스로 폭발물을 터트려 죽다.
【自卑】zìbēi 혱 스스로 남보다 못하다고 느끼다. 스스로 열등하다. ¶~心理=열등 심리. ↔自大 自负
【自卑感】zìbēigǎn 몡 열등감.
【自备】zìbèi 동 스스로 준비하다. ¶~生活用品=스스로 생활용품을 준비하다.
【自毙】zìbì 동 스스로가 스스로를 괴멸시키다. ¶多行不义必~。=불의(不義)의 행위를 많이 한 사람은 반드시 스스로가 스스로를 괴멸시키고 만다.
【自便】zìbiàn 동 스스로 뜻에 따라 일을 처리하다. 자기 좋도록 하다. 본인 편할 대로 하다. ¶任其~=자기 편할 대로 하도록 내버려 두다.
【自不待言】zìbùdàiyán (성) 1 두말할 나위가 없다. 2 (상황이나 이치가) 자명하다.
【自不量力】zìbùliànglì ☞【不量力】bùzìliànglì
【自裁】zìcái 동(문) 자재하다. 자살하다. ¶刎颈

~=목을 베어 자살하다.
【自残】zìcán 동 자해하다. 자기들끼리 서로 해치다. ¶骨肉~~=골육상잔하다. 골육이 서로 해치고 죽이다.
【自惭】zìcán 동 스스로 부끄러워하다. ¶深为~~=스스로 몹시 부끄러워하다.
【自惭形秽】zìcán-xínghuì 성 1 용모·행동이 남보다 못하여 스스로 부끄러워하다. 2 남보다 못한 것을 부끄럽게 여기다. ≒妄自菲薄 ↔妄自尊大 自命不凡 孤芳自赏
【自测】zìcè 동 자가 진단〔평가·테스트〕하다. ¶~练习=자가 진단 연습 (문제).
【自查】zìchá 동 자가 검사하다. 스스로 검사하다. ¶自检~~=자기 검사하다.
【自产】zìchǎn 동 자가 생산하다. 직접 생산하다. ¶~自销=자가 생산하여 자가 판매하다. 생산자가 직판하다.
【自嘲】zìcháo 동 자조하다.
【自沉】zìchén 동문 자침하다. 물에 뛰어들어 자살하다.
【自称】zìchēng 동 1 자칭하다. ¶她~歌唱艺术家。=그녀는 자칭 성악가라고 한다. 2 자칭하다. 스스로 일컫다. [과장의 의미가 내포됨] ¶该校~办学质量一流。=이 학교는 학교 경영의 질이 일류라고 자칭한다.
【自成一家】zìchéng-yījiā 성 자성일가하다. 스스로 일가(一家)를 이루다. [자기 혼자의 힘으로 어떤 재주나 기술에 통달하여 따로 일가(一家)를 이룸]
【自乘】zìchéng 동(数) 자승〔제곱〕하다. ¶3~得9。=3의 제곱은 9이다.
【自持】zìchí 동 (감정이나 욕망을) 자제(自制)하다. 스스로 억제하다. ¶他非常激动, 难以~。=그는 몹시 흥분하여 자제하기 어렵다.
【自筹】zìchóu 동 스스로 조달하다. 스스로 마련하다. ¶~资金=자금을 스스로 조달하다.
【自出机杼】zìchū-jīzhù 성句 (시문의 구상이나 구성이) 새롭고 독창적인 문장을 짓다.
【自出心裁】zìchū-xīncái ☞【独出心裁】dúchū-xīncái
【自吹自擂】zìchuī-zìléi 성 1 혼자 나발 불고 장구 치다. 2句 자화자찬하다.
【自此】zìcǐ 부 여기서부터. 이 때부터. 이제부터. [주로 시간·공간을 가리킴] ¶~之后=이 때부터. / ~以北=여기서부터 북쪽으로.
【自从】zìcóng 개 …에서. …부터. …한 후. [행위나 상황의 기점을 이끌어 냄] ¶~大学毕业, 就没有听到他的任何消息。=대학을 졸업한 후 그의 소식을 전혀 듣지 못했다.
【自忖】zìcǔn 동 스스로 가늠하다. 혼자 생각하다. ¶他~不是对手, 便主动放弃了。=그는 스스로 적수가 못 된다고 생각하고 자발적으로 포기하였다.
【自打】zìdǎ 개문 …에서. …부터. …한 후. ¶~放假以后, 他就没有去过学校。=방학을 한 뒤 그는 한 번도 학교에 가지 않았다.
【自大】zìdà 형 잘난 척하다. 거드름을 피우다. ¶骄傲~=교만하고 거드름을 피우다. ≒自负 ↔自卑
【自当】zìdāng 부 당연히. 응당. ¶~登门拜谢。=당연히 방문하여 감사를 드려야 한다.
【自得】zìdé 동문 스스로 느끼다〔체득하다〕. ¶~其趣=스스로 묘미를 즐기다. 형 스스로 만족하다. 자기 만족하다. ¶洋洋~=득의양양하다.
【自得其乐】zìdé-qílè 성 스스로 그 속의 즐거움을 느끼다.
【自动】zìdòng 형 1 자발적인. 자진하여. 주동적인. ¶~放弃=자발적으로 포기하다. 2 자동으로. ¶大门~地关上了。=대문이 자동으로 닫혔다. 3 (기계·장치 등이) 자동으로. ¶~开关=자동 스위치. ≒主动 ↔被动
【自动步枪】zìdòng bùqiāng 명 자동소총.
【自动扶梯】zìdòng fútī 명 에스컬레이터 (escalator). ≒【滚梯】gǔntī
【自动柜员机】zìdòng guìyuánjī 명 현금 자동 인출기〔출납기〕.
【自动化】zìdònghuà 동 자동화하다.
【自动化翻译】zìdònghuà fānyì ☞【机器翻译】jī·qì fānyì
【自动控制】zìdòng kòngzhì 명 자동 제어. 약【自控】zìkòng
【自动门】zìdòngmén 명 자동문.
【自动炮】zìdòngpào 명(军) 자동포.
【自动铅笔】zìdòng qiānbǐ 명 샤프 펜슬. ['샤프 펜슬' 이란 말은 일본식 영어이고, 미국에서는 'mechanical pencil'이라고 함] =【活动铅笔】huódòng qiānbǐ 【活心铅笔】huóxīn qiānbǐ
【自动取款机】zìdòng qǔkuǎnjī ☞【自动柜员机】zìdòng guìyuánjī
【自动生产线】zìdòng shēngchǎnxiàn 명 트랜스퍼 머신(transfer machine). 약【自动线】zìdòngxiàn
【自动线】zìdòngxiàn ☞【自动生产线】zìdòng shēngchǎnxiàn
【自发】zìfā 형 자발적인. 스스로 발생한. 자연적인. 무의식적인. ¶~行动=자발적 행동.
【自肥】zìféi 동 자기 잇속만 채우다. 사리사욕을 채우다. ¶中饱~=중간에서 가로채 자기 잇속을 채우다.
【自费】zìfèi 명 자비. ¶~留学=자비 유학.
【自费生】zìfèishēng 명 자비생.
【自焚】zìfén 동 자분하다. 스스로 분사(焚死)하다. ¶玩火~=불장난하다 스스로 불에 타 죽다.
【自分】zìfèn 동문 스스로를 헤아리다〔평가하다〕. ¶~难当此重任。=이 중임을 감당할 능력이 없음을 스스로 알다.
【自封】zìfēng 동 1명 자임하다. 자칭하다. ¶~专家=자칭 전문가라고 하다. 2 스스로를 국한하다. ¶故步~=진보를 바라지 않고 현상에 안주하다.
【自奉】zìfèng 동문 스스로 일상을 지내다. ¶~甚俭=매우 검소하게 지내다.
【自负】zìfù 동 스스로 책임지다. 스스로 부담하

다. ¶文责~=자기가 쓴 글은 자기가 책임지다. 휑 자부하다. ¶他这人太~, 不好交往。=그 사람은 너무 자부심이 강하여 상대하기 힘들다. ≒自大 ↔自卑

【自负盈亏】zìfù-yíngkuī ⓢ 손익을 스스로 책임지다.

【自甘】zìgān ⓢ 스스로 달게 여기다. 자신이 원하다. ¶~堕落=스스로 타락하다.

【自感应】zìgǎnyìng ⓟ物ⓠ 자체 유도(自體誘導). 자기 유도(自己誘導). 자기 감응(自己感應).

【自高自大】zìgāo-zìdà ⓢ 자고자대하다. 거만하다. 잘난 체하다. 자만하다. ≒自命不凡

【自告奋勇】zìgào-fènyǒng ⓢ 스스로 임무를 짊어지다. 자진해서 나서다. ≒毛遂自荐

【自个儿】[自各儿] zìgěr ⓓⓢ 자기. ¶~干的事, ~负责。=자기가 한 일은 자기가 책임지다.

【自各儿】zìgěr ☞ 【自个儿】zìgěr

【自耕农】zìgēngnóng ⓝ 자작농.

【自供】zìgòng ⓢ 1 자인하다. 자백하다. 2 스스로 제공하다. ¶~材料=스스로 제공한 재료. ⓝ 자백. ¶推翻~=자백을 뒤집다.

【自供状】zìgòngzhuàng ⓝ 자백서.

【自古】zìgǔ ⓐ 자고로. 예로부터. ¶~以来=예로부터.

【自顾不暇】zìgù-bùxiá ⓢ 1 자신을 돌볼 겨를도 없다. 2 남을 돌볼 겨를이 없다.

【自顾自】zìgùzì ⓢ 스스로를 돌보다. 각자가 알아서 하다.

【自豪】zìháo 휑 스스로 긍지를 느끼다. 스스로 자랑스럽게 생각하다. ¶~感=긍지. 자부심. ↔ 惭愧 羞愧

【自好】zìhào ⓢ 자애(自爱)하다. ¶洁身~=자기의 몸을 깨끗이 하고 아끼다. ≒自爱

【自画像】zìhuàxiàng ⓝ 1 (화가의) 자화상. 2ⓗ 자화상. [자기의 특징을 묘사한 글]

【自毁】zìhuǐ ⓢ 1 스스로 망치다. ¶~前程=앞길을 스스로 망치다. 2ⓜ 자폭하다.

【自己】zìjǐ ⓓ 1 자기. 자신. 자신. ¶~跌倒~爬。=스스로 넘어졌으면 스스로 일어나라. 2 자기. [명사 앞에 쓰여 본인의 편에 속함을 나타냄] ¶~弟兄=자기 형제.

【自己人】zìjǐrén ⓝ 자기 사람. 친한 사람. 한편. ¶都是~, 别客气。=모두 친한 사람인데, 어려워하지 마세요.

【自给】zìjǐ ⓢ 자급하다. ¶~有余=자급하고도 남음이 있다.

【自给自足】zìjǐ-zìzú 자급자족.

【自家】zìjiā ⓓ 자기. 자기 집. ¶~姐妹=친자매.

【自家人】zìjiārén ⓝⓗ 자기〔우리〕사람. 한 집안 사람.

【自检】zìjiǎn ⓢ 1 스스로를 단속하다. 자제하다. ¶我们要时刻~, 决不可放纵。=우리는 항상 스스로를 단속하여 절대 방종해서는 안 된다. 2 자체 검사하다. ¶~设备=자체 검사 설비.

【自荐】zìjiàn ⓢ 자천하다. ¶~书=자천서.

【自矜】zìjīn ⓢⓗ 자긍하다. 자부하다. 스스로 자랑하다. ¶功高而不~。=큰 공을 세우고도 자랑하지 않다.

【自尽】zìjìn ⓢ 자진하다. 자살하다. ¶投河~=강에 몸을 던져 자진하다. 강에 투신 자살하다. ≒自杀

【自禁】zìjìn ⓢ (자기의 감정을) 스스로를 억제하다〔억누르다〕. ¶情不~=자신의 감정을 억제할 수가 없다.

【自经】zìjīng ⓢⓗ 스스로 목매어 죽다.

【自刭】zìjǐng ⓢⓗ 자경하다. 스스로 목을 찌르다. 자결하다.

【自净】zìjìng ⓢ (물이나 공기·토양 등이 오염된 후) 자정하다. 스스로 정화하다.

【自净作用】zìjìng zuòyòng ⓝ 자정 작용.

【自纠】zìjiū ⓢ (잘못을) 스스로 바로잡다. ¶自查~=스스로 검사하여 스스로 바로잡다.

【自咎】zìjiù ⓢⓗ 자책하다. ¶勇于~=과감히 자책하다.

【自疚】zìjiù ⓢ 스스로 가책을 느끼다. ¶深深~=깊이 가책을 하다.

【自救】zìjiù ⓢ 자구하다. ¶生产~=생산에 뛰어들어 자구하다.

【自居】zìjū ⓢ 자처하다. …로 행세하다. [주로 폄의로 쓰임] ¶以功臣~。=공신이라고 자처하다.

【自决】zìjué ⓢ 자결하다. 스스로 결정하다. ¶民族~=민족 자결.

【自决权】zìjuéquán ⓝ (민족이나 단체 등의) 자결권.

【自觉】zìjué ⓢ 자각하다. 스스로 느끼다. ¶他~无愧。=그는 부끄러움이 없다고 여긴다. 휑 자발적인. 자진하여. ¶~纳税=자발적으로 납세하다.

【自觉性】zìjuéxìng ⓝ 자각성.

【自觉自愿】zìjué-zìyuàn ⓢ 자발적으로 하다.

【自掘坟墓】zìjué-fénmù ⓢ 1 스스로 자기 무덤을 파다. 2ⓗ 스스로 파멸의 길을 가다.

【自绝】zìjué ⓢ 스스로 관계를 끊다. 스스로 단절하다. [주로 자살을 가리킴] ¶~于天下。=천하와 스스로 단절하다.

【自控】zìkòng ☞ 【自动控制】zìdòng kòngzhì

【自夸】zìkuā ⓢ 스스로 과시〔자랑〕하다. 뽐내다. ¶王婆卖瓜, 自卖~。=왕 노파가 오이를 팔면서 오이가 좋다고 자화자찬하다. ≒自诩

【自郐以下】zìkuài-yǐxià ⓢ 1 회(會)나라 이하는 비평하지 않다. [오(吳)나라의 계찰(季扎)이 노(鲁)나라에서 주(周)대의 모든 악무(樂舞)를 보고는, 각 제후국의 악곡에 대해 비평을 하면서 회나라 이하는 비평을 하지 않았다는 고사에서 유래함] 2ⓗ 그 이하는 말할 가치도 없다.

【自况】zìkuàng ⓢⓗ (어떤 사람 또는 사물을) 자기와 비유하다. ¶引松竹以~。=송죽을 자기와 비유하다.

【自愧不如】zìkuì-bùrú ⓢ 남보다 못한 것을 부끄러워하다. =【自愧弗如】zìkuì-fúrú

【自愧弗如】zìkuì-fúrú ☞ 【自愧不如】zìkuì-bùrú

【自拉自唱】zìlā-zìchàng ⓐ 1 스스로 악기를 연주하면서 노래 부르다. 2 ⓗ 스스로를 변호하고는 득의양양해하다.
【自来】zìlái ⓗ 원래. 예로부터. ¶这里~风景秀丽。=이곳은 원래 풍경이 수려하다. ⓓ 스스로 오다. ¶不请~。=청하지 않았는데도 스스로 찾아오다.
【自来火】zìláihuǒ ⓜⓗ 1 성냥. 2 라이터.
【自来水】zìláishuǐ ⓜ 상수도.
【自来水笔】zìláishuǐbǐ ☞【钢笔】gāngbǐ
【自理】zìlǐ ⓓ 1 스스로 처리하다. ¶生活难以~。=생활을 스스로 꾸려가기 힘들다. 2 스스로 부담하다. ¶食宿费~。=숙식비는 스스로 부담한다.
【自力】zìlì ⓜ 자력으로. ¶~救济=자력으로 구제하다.
【自力更生】zìlì-gēngshēng ⓐ 자력갱생하다. ≒自食其力 ↔越俎代庖
【自立】zìlì ⓓ 자립하다. 스스로 서다. ¶~于世界民族之林。=세계 민족의 숲에 당당히 서다.
【自量】zìliàng ⓓ 자량하다. 스스로 헤아리다. 자기 분수를 알다. ¶蚍蜉撼大树, 可笑不~。=왕개미가 큰 나무를 흔들려고 하다니, 가소롭게도 자기 분수를 모르는구나.
【自料】zìliào ⓓ 스스로 짐작하다. 스스로 추측하다. ¶~难以成功, 他也就没有申请了。=스스로 성공하지 못한다는 것을 짐작하고, 그는 신청을 하지 않았다. ⓜ (고객이 가지고 온) 자기의 재료. ¶~加工=자기의 재료로 가공하다.
【自留】zìliú ⓓ 스스로 남기다. ¶本刊因人力有限, 概不退稿, 请作者~底稿。=본 간행물은 인력이 부족하여 원고는 일괄적으로 돌려드리지 않으므로, 작가가 스스로 원본을 보관하십시오.
【自留地】zìliúdì ⓜ 자류지. [사회주의 국가에서, 농민에게 집단 농장에서의 공동 작업 외에 개인적으로 경영할 수 있도록 인정한 경지]
【自留山】zìliúshān ⓜ 자류산. [사회주의 국가에서, 농민에게 집단 농장에서의 공동 작업 외에 개인적으로 경영할 수 있도록 인정한 작은 면적의 산지]
【自流】zìliú ⓓ 1 (물이) 저절로 흐르다. ¶~排水=자동 배수. 2 ⓗ (지도자가 없거나 구속됨 없이) 자유로이 행동하다. ¶听其~=마음대로 하도록 내버려 두다.
【自流灌溉】zìliú guàngài ⓓ(농) 천연(자연) 관개하다.
【自流井】zìliújǐng ⓜ 자분정(自噴井). 저절로 솟는 우물.
【自律】zìlǜ ⓓⓗ 스스로 단속하다. ¶严于~。=엄격히 스스로 단속하다. ↔他律
【自卖自夸】zìmài-zìkuā ⓐ 1 스스로 자기가 파는 물건을 칭찬하다. 2 ⓗ 스스로를 추켜세우다. 자화자찬하다.
【自满】zìmǎn ⓐ 자만하다. ¶骄傲~=교만하고 자만하다. ↔虚心
【自媒】zìméi ⓓⓗ (중매를 통하지 않고) 스스로 배우자를 찾다.

【自勉】zìmiǎn ⓓ 스스로 면려(勉勵)하다. 스스로 힘쓰다.
【自鸣得意】zìmíng-déyì ⓐ 1 자기 자신을 대단히 만족스럽게 생각하다. 제 딴에는 흡족하게 여기다. 의기양양해하다. 2 우쭐거리다.
【自鸣钟】zìmíngzhōng ⓜ 자명종.
【自命】zìmìng ⓓ 스스로 여기다. 자처하다. ¶~后现代作家=포스트모던 작가라고 자처하다.
【自命不凡】zìmìng-bùfán ⓐ 스스로 자기가 훌륭하다고 여기다. ≒妄自尊大 自高自大 孤芳自赏 ↔妄自菲薄 自暴自弃 自惭形秽
【自命清高】zìmìng-qīnggāo ⓐ 스스로 인품이 고결하다고 여기다.
【自谋】zìmóu ⓓ 스스로 모색하다. 스스로 찾다. ¶~职业=직업을 스스로 모색하다.
【自谋出路】zìmóu-chūlù ⓐ 활로를 스스로 찾다(모색하다).
【自馁】zìněi ⓓ 스스로 용기를〔자신감을〕 잃다. ¶勇往直前, 绝不~。=절대 용기를 잃지 않고 용감히 앞으로 나아가자. ↔自信
【自欺欺人】zìqī-qīrén ⓐ 1 자기도 속이고 남도 속이다. 2 스스로도 믿지 못할 것으로 남을 속이다. ≒掩耳盗铃
【自谦】zìqiān ⓓ 겸허하다. 겸손하다. ¶过于~就是骄傲。=너무 겸손한 것은 바로 교만이다.
【自遣】zìqiǎn ⓓⓗ 스스로 근심을 풀다. ¶无以~=스스로 근심을 풀 방법이 없다.
【自戕】zìqiāng ⓓⓗ 자살하다.
【自强】zìqiáng ⓓ 자강하다. 스스로 끊임없이 진보시키다. 스스로 강해지다. ¶男儿当~。=남자는 마땅히 자강하여야 한다.
【自强不息】zìqiáng-bùxī ⓐ 자강불식. ↔自暴自弃
【自轻自贱】zìqīng-zìjiàn ⓐ 스스로 자신을 멸시하고 천대하다.
【自取】zìqǔ ⓓ 스스로 취하다. 자초하다. ¶~其辱=모욕을 자초하다.
【自取灭亡】zìqǔ-mièwáng ⓐ 멸망을 자초하다.
【自取其咎】zìqǔ-qíjiù ⓐ 스스로 허물을 초래하다.
【自然】zìrán ⓜ 자연. ¶大~=대자연. ⓐ 1 천연의. 자연의. ¶听其~=자연에 맡기다. 2 당연하다. ¶你与父母顶嘴~不对。=네가 부모님께 대드는 것은 당연히 잘못이다. ↔人工
【自然】zì·ran ⓐ 자연스럽다. ¶她表演~, 把剧中人物塑造得真实可信。=그녀는 연기가 아주 자연스러워 극 중의 인물을 아주 사실적으로 부각해 냈다. ≒油然 ↔做作 生硬
【自然保护区】zìrán bǎohùqū ⓜ 자연 보호 구역.
【自然村】zìráncūn ⓜ 자연촌. 자연 부락.
【自然段】zìránduàn ⓜ 단락.
【自然而然】zìrán'érrán ⓐ 자연히. 저절로.
【自然法】zìránfǎ ⓜ(법) 자연법. ↔实在法
【自然法则】zìrán fǎzé ☞【自然规律】zìrán guīlǜ
【自然光】zìránguāng ⓜ(물) 자연광.

【自然规律】zìrán guīlǜ 圄 자연 법칙. =【自然法则】zìrán fǎzé
【自然环境】zìrán huánjìng 圄 자연 환경.
【自然界】zìránjiè 圄 1 자연계. [인간 세계를 둘러싸고 있는 천체·산천·식물·동물 따위의 모든 세계] 2 자연계. [인식의 대상이 되는 모든 바깥 세계]
【自然经济】zìrán jīngjì 圄 자연 경제.
【自然景观】zìrán jǐngguān 圄 자연 경관. ↔人文景观
【自然科学】zìrán kēxué 圄 자연과학. ['社会科学(사회과학)' 과 구별됨]
【自然力】zìránlì 圄 자연력. 자연계 에너지.
【自然美】zìránměi 圄 자연미.
【自然免疫】zìrán miǎnyì ☞【天然免疫】tiānrán miǎnyì
【自然人】zìránrén 圄 1 (法) 자연인. ['法人(법인)' 과 구별됨] 2 자연인. [사회학상 원시적이고 문자가 없으며 문명 생활을 영위하지 않는 종족이나 사람]
【自然数】zìránshù 圄(数) 자연수.
【自然物】zìránwù 圄 자연물.
【自然现象】zìrán xiànxiàng 圄 자연 현상.
【自然选择】zìrán xuǎnzé 图 자연 선택[도태] 하다.
【自然语言处理】zìrán yǔyán chǔlǐ ☞【人机对话】rénjī duìhuà
【自然灾害】zìrán zāihài 圄 자연 재해.
【自然主义】zìránzhǔyì 圄 1 (哲) 자연주의. 2 자연주의 문학 사조. 3 자연주의 화풍. [19세기에 프랑스에서 일어난 자연주의 창작 수법을 취했던 문예 사조로 에밀 졸라(Emile Zola)로 대표됨]
【自然资源】zìrán zīyuán 圄 자연 자원.
【自燃】zìrán 图(化) 자연 발화하다.
【自认】zìrèn 자인하다. 스스로 생각〔인정〕하다. ¶~倒霉=스스로 재수 없다고 생각하다.
【自如】zìrú 圈圄 1 태연자약하다. 침착하고 태연하다. ¶神态~=표정과 태도가 태연자약하다. 2 (활동·조작 등이) 자유자재로. 마음 내키는 대로. 능숙하다. ¶行动~=움직임이 자유롭다. ≒自若
【自若】zìruò 圈 태연하다. 태연자약하다. 얽매이지 않다. ¶谈笑~=태연자약하게 담소하다. ≒自如
【自杀】zìshā 图 자살하다. ¶~未遂=자살 미수. ≒自尽
【自伤】zìshāng 图 1 (法) 자해하다. 2 스스로 슬퍼하다. ¶~幼年丧父。=어려서 부친을 여읜 것을 스스로 슬퍼하다.
【自上而下】zìshàng'érxià 圈 위〔상부〕에서부터 아래〔하부〕로 내려오다. 상명하달. ↔自下而上
【自身】zìshēn 囲 자신. 본인. ¶~优势=자신의 우세.
【自身难保】zìshēn-nánbǎo 圈 제 몸도 보전하기 어렵다. ¶泥菩萨过河, ~。=흙으로 만든 보살이 강을 건너니 제 자신도 보존하기 어렵다. 내

코가 석 자다.
【自生自灭】zìshēng-zìmiè 圈 자생 자멸하다.
【自食其果】zìshí-qíguǒ 圈囲 자기가 저지른 죄악의 결과를 자기가 받다. 자업자득. ≒自作自受
【自食其力】zìshí-qílì 圈 자신의 힘으로 생활하다. ↔自力更生
【自食其言】zìshí-qíyán 圈囲 식언하다. 스스로한 말에 책임을 지지 않다. 말해 놓고 약속을 지키지 않다. ≒言而无信 ↔言而有信
【自始至终】zìshǐ-zhìzhōng 圈 시종일관. 처음부터 끝까지. 자초지종.
【自视】zìshì 图 스스로 …라고 여기다. ¶~甚高=스스로 지극히 고상하다고 여기다.
【自是】zìshì 图 자연히. 당연히. 저절로. ¶考上大学~高兴, 考不上也不用气馁。=대학에 합격하면 자연히 기쁘기 마련이고, 합격하지 못해도 기죽을 필요 없다. 圈 자기가 옳다고 여기다. 자신이 최고라고 생각하다. 제멋대로 하다. ¶盲目~=맹목적으로 자신을 옳다고 여기다.
【自恃】zìshì 圈囲 교만하게 굴다. ¶此人极为~, 目空一切。=이 사람은 너무 교만해서 눈에 보이는 게 없다. 图囲 자시하다. (유리한 조건에) 기대다. 의지하다. 의거하다. 믿다. ¶~才高=자신의 재주가 높은 것만 믿다.
【自首】zìshǒu 图 자수하다. ¶投案~=(경찰이나 사법 기관에) 자수하다.
【自赎】zìshú 图 자신의 죄를 씻다. 스스로 속죄하다. ¶立功~=공을 세워 자신의 죄를 씻다.
【自述】zìshù 图 자술하다. 스스로 말하다. ¶~工作经历=근무 경력을 자술하다. 圄 자술서. 자서전. ¶这是一个吸毒者的~。=이것은 어느 마약 복용자의 자서전이다.
【自私】zìsī 圈 이기적이다. ¶极为~=지나치게 이기적이다. ↔无私
【自私自利】zìsī-zìlì 圈 지나치게 이기적이다. 자신의 이익만을 생각하고 다른 사람을 생각하지 않다. ≒独善其身
【自诉】zìsù 图(法) 자소하다. 스스로 고소하다. ['公诉(공소하다)' 와 구별됨] ¶~人=자기의 죄를 스스로 고소한 사람.
【自讨苦吃】zìtǎo-kǔchī 圈 스스로 사서 고생하다. 스스로 문제를 야기하다.
【自讨没趣】zìtǎo-méiqù 圈 거북함〔난처함〕을 자초하다. 스스로 체면을 잃다〔구기다·깎이다〕. 스스로 창피를〔망신을〕 당하다. 쪽 팔리다. 스스로 분위기를 망치다. 스스로 재미없는〔기분 상하는〕 일을 사서 하다.
【自投罗网】zìtóu-luówǎng 圈 1 스스로 그물에 걸려들다. 2 囲 스스로 죽을 길을 찾아가다. 화를 자초하다.
【自外】zìwài 图 스스로 소원하게 행동〔생각〕하다. 스스로 …로부터 멀리하다. 스스로 …의 반대 입장에 서다. ¶~于集体=스스로 단체에서 소원하게 행동하다.
【自卫】zìwèi 图 스스로 지키다〔방위하다〕. ¶奋起~=분연히 일어나 스스로를 지키다.
【自慰】zìwèi 图 1 자기 마음을 스스로 위로하

다. 스스로를 달래다〔위안하다〕. ¶聊以~ = 잠시 자신을 달래다. **2** 자위하다. 수음(手淫)하다.
【自刎】**zìwěn** 图 스스로 목을 자르다. 자결하다. ¶战败~ = 전쟁에 패하여 스스로 목을 자르다.
【自问】**zìwèn** 图 **1** 자문하다. 스스로 자신에게 묻다. ¶扪心~ = 가슴에 손을 얹고 스스로 자신에게 묻다. **2** 스스로 재 보다〔생각하다·판단하다〕. ¶我~对得起大家. = 나는 스스로 생각해도 모두에게 떳떳하다.
【自我】**zìwǒ** 団 자기 자신. 〔이음절 동사 앞에 쓰여 행위의 주체가 자기이며, 동시에 그 대상도 자기임을 나타냄〕¶~介绍 = 자기 소개하다. / 安慰 = 자신을 위안하다. 图 자아. ¶战胜~ = 자아와의 싸움에 이기다. / 追求~ = 자아를 추구하다.
【自我标榜】**zìwǒ-biāobǎng** 图 자기 표방하다. 자기 선전하다.
【自我表现】**zìwǒ-biǎoxiàn** 图 자기의 장점을 드러내다. 자신을 드러내다. 자기 표현을 하다.
【自我吹嘘】**zìwǒ-chuīxū** 图 스스로를 치켜세우다.
【自我教育】**zìwǒ-jiàoyù** 图 자기 수양을 하다.
【自我解嘲】**zìwǒ-jiěcháo** 图 남의 비웃음을 면하기 위해 자신을 변명하다. 자기의 멋쩍음을 감추다.
【自我批评】**zìwǒ-pīpíng** 图 자아비판하다.
【自我陶醉】**zìwǒ-táozuì** 图 **1** 자기도취에 빠지다. **2** 맹목적으로 자아도취하다.
【自我作古】**zìwǒ-zuògǔ** 图 옛 격식에 구애받지 않고 손수 새로운 방법을 만들어 내다.
【自习】**zìxí** 图 **1** 스스로 공부하다. **2** (학생이) 자습하다. ≒自学 自修
【自下而上】**zìxià'érshàng** 图 아래〔하부〕로부터 위〔상부〕로 올라가다. 하의상달. ↔自上而下
【自相】**zìxiāng** 團 자기들 사이에 서로. 자체 내에 서로. 자기 편끼리 서로. ¶~吹捧 = 자기들끼리 서로 치켜세우다. / 惊扰 = 스스로에게 겁을 주다. 자기들끼리 서로 놀라게 하다.
【自相残杀】**zìxiāng-cánshā** 图 자기 편끼리 서로 죽이다.
【自相矛盾】**zìxiāng-máodùn** 图 (언행이) 앞뒤가 서로 맞지 아니하다. 모순되다. 자가당착이다. 자체 모순이다.
【自销】**zìxiāo** 图 (기업·개인이) 자체 판매하다. ¶自产~ = 자체 생산·판매하다.
【自小】**zìxiǎo** 副 어려서부터. ¶那是他~养成的坏习惯. = 그것은 그가 어렸을 때부터 몸에 밴 나쁜 버릇이다.
【自卸汽车】**zìxiè qìchē** 图 덤프 트럭(dump truck).
【自新】**zìxīn** 图 갱생하다. 스스로 잘못을 고치고 새롭게 행동하다. 새 출발하다. ¶悔过~ = 스스로 잘못을 뉘우치고 새 출발하다.
【自信】**zìxìn** 图 자신하다. 자부하다. ¶他~能够胜任. = 그는 감당할 수 있다고 자신한다. 图 자신만만하다. 자신감 있다. ¶他这个人一直都很~. = 그 사람은 줄곧 자신만만하다. 图 자신감. ¶对此他充满~. = 이것에 대해 그는 자신

감이 넘친다. ↔自馁
【自信心】**zìxìnxīn** 图 자신감. 자부심. ¶他的~很强. = 그는 자신감이 강하다.
【自行】**zìxíng** 副 **1** 스스로. 자체로. ¶~安排 = 스스로 안배하다. / 制造 = 자체적으로 제조하다. **2** 저절로. 자연히. 자연스럽게. ¶~消失 = 저절로 사라지다.
【自行车】**zìxíngchē** 图 자전거. 方【脚踏车】**jiǎotàchē**【单车】**dānchē**
【自行火炮】**zìxíng huǒpào** 图(军) 자주포(自走砲).
【自行其是】**zìxíng-qíshì** 图 (다른 사람의 의견을 고려하지 않고) 자기 자신이 옳다고 생각하고 그대로 하다. 제멋대로 하다. ↔随波逐流
【自省】**zìxǐng** 图 자기 반성하다. 자성하다. ¶~慎思 = 자성하고 신중하게 생각하다.
【自修】**zìxiū** 图 **1** 독학하다. ¶~韩语 = 한국어를 독학하다. **2** 자습하다. ¶下节课是~课. = 다음 수업은 자습 시간이다. ≒自学 自习
【自许】**zìxǔ** 图團 자부하다. 자찬하다. ¶孤高~ = 고고하다고 자부하다.
【自诩】**zìxǔ** 图 허풍떨다. 자랑하다. 자만하다. ¶~医术高超. = 의술이 매우 뛰어나다고 허풍떨다. ≒自夸
【自序】【自叙】**zìxù** 图 자서. ¶作者~ = 작가의 자서.
【自叙】**zìxù** 图 자신의 일생의 경험을 서술하다. 图 **1** 자서전. **2** ☞【自序】**zìxù**
【自选】**zìxuǎn** 图 자신이 선택하다. 스스로 선택하다. ¶~动作 = 동작을 스스로 선택하다.
【自选动作】**zìxuǎn dòngzuò** 图(體) 자유 동작〔종목〕.
【自选商场】**zìxuǎn shāngchǎng** ☞【超级市场】**chāojí shìchǎng**
【自学】**zìxué** 图 독학하다. ¶~成才 = 독학해서 인재가 되다. ≒自习 自修
【自学考试】**zìxué kǎoshì** 图(教) 독학 학력 인정 시험. 검정고시.
【自寻烦恼】**zìxún-fánnǎo** 图 스스로 걱정거리를 만들다.
【自言自语】**zìyán-zìyǔ** 图 중얼거리다. 혼잣말을 하다.
【自已】**zìyǐ** 图 자신의 감정을 억누르다. 스스로 억제하다〔그치다〕. 〔주로 부정형으로 쓰임〕¶不能~ = 스스로 억제할 수 없다.
【自以为得计】**zìyǐwéi déjì** 图 자신의 꾀가 먹혀들었다고 여기다. 자신의 계획이 실현되었다고 여기다. 〔주로 풍자적으로 쓰임〕
【自以为是】**zìyǐwéishì** 图 자기가 잘났다고 생각하다. 자신만이 옳다고 생각하다. 독선적이다. 자신이 최고라고 생각하다. ≒自作聪明 一意孤行
【自缢】**zìyì** 图團 목매어 자살하다. ¶~身死 = 목매어 죽다.
【自用】**zìyòng** 團 자신만이 옳다고 생각하다. 독선적이다. 자신이 최고라고 생각하다. ¶刚愎~ = 아집이 있고 자신만이 옳다고 여기다. 图 개인이 사용하다. 사용(私用)하다. ¶留作~ = 개

인 용도로 남겨 두다.

**【自由】 zìyóu** 혱 자유롭다. ¶~选购=자유롭게 골라 사다. 몡 **1**(哲) 자유. [자연 및 사회의 객관적 필연성을 인식하고 이것을 활용하는 일] [ '必然(필연)' 과 구별됨] ¶必然与~=필연과 자유. **2**(法) 자유. ¶言论~=언론 자유.

**【自由电子】 zìyóu diànzǐ** 몡(物) 자유 전자(自由電子). =〖遊离电子〗**yóulí diànzǐ**

**【自由泛滥】 zìyóu-fànlàn** 솅④ (어떤 잘못된 사상이나 언행이) 마구 퍼지다. 손을 수 없이 퍼지다. 만연하다. 억제되지 않고 퍼지다.

**【自由放任】 zìyóu-fàngrèn** 솅 자유방임. 각자의 자유에 맡기고 간섭하지 않다.

**【自由港】 zìyóugǎng** 몡 자유항. 자유 무역항.

**【自由价格】 zìyóu jiàgé** 몡(經) 자유 가격.

**【自由竞争】 zìyóu jìngzhēng** 몡(經) 자유 경쟁.

**【自由恋爱】 zìyóu liàn'ài** 몡 자유 연애.

**【自由落体运动】 zìyóu luòtǐ yùndòng** 몡 (物) 자유 낙하 운동.

**【自由贸易】 zìyóu màoyì** 몡(經) 자유 무역.

**【自由民】 zìyóumín** 몡 자유민. [고대 사회에서 노예 이외의 사람. 즉 토지를 소유한 농민과 생산 도구를 점유한 수공업자를 가리킴]

**【自由能】 zìyóunéng** 몡 자유 에너지.

**【自由诗】 zìyóushī** 몡 자유시. [일반적으로 압운을 하지 않음]

**【自由市场】 zìyóu shìchǎng** 몡 **1** 자유시장. **2** 농산물 시장.

**【自由体操】 zìyóu tǐcāo** 몡(體) (체조의) 마루 운동.

**【自由外汇】 zìyóu wàihuì** 몡(經) 외환 자유화.

**【自由王国】 zìyóu wángguó** 몡(哲) 자유의 왕국. [ '必然王国(필연의 왕국)' 와 구별됨]

**【自由泳】 zìyóuyǒng** 몡(體) **1** (수영의) 자유형 경영. **2** (수영의) 자유형. 크롤(crawl) 스트로크.

**【自由职业】 zìyóu zhíyè** 몡 자유직업. 자유업.

**【自由职业者】 zìyóu zhíyèzhě** 몡 자유직업자.

**【自由主义】 zìyóuzhǔyì** 몡 **1** 자유주의. **2** 잘못된 개인주의 사상과 기풍. 방임주의. 방종한 기풍.

**【自由撰稿人】 zìyóu zhuàngǎorén** 몡 프리랜서(freelance).

**【自由自在】 zìyóu-zìzài** 솅 자유자재하다. 조금도 제한이나 속박이 없는 상태.

**【自有】 zìyǒu** 통 자연히〔저절로〕…이 있다. 나름대로〔스스로〕…이 있다. …이 있게 마련이다. ¶此处不留人, ~留人处=이곳에서 나를 받아 주지 않더라도 자연히 나를 받아 줄 곳이 있다.

**【自幼】 zìyòu** 甲 어려서부터. 어릴 때부터. ¶她~喜欢唱歌。=그녀는 어릴 때부터 노래하는 것을 좋아했다.

**【自娱】 zìyú** 통 스스로 오락을〔즐거리를〕 찾다. 스스로 즐기다. ¶~自乐=스스로 놀거리를 찾아 즐기다.

**【自誉】 zìyù** 통 자찬하다. 스스로 치켜세우다. [주로 폄의를 내포함] ¶他~为著名作家。=그는 자신을 유명 작가라고 치켜세운다.

**【自圆其说】 zìyuán-qíshuō** 솅 앞뒤 말을 그럴

듯하게 둘러맞추다.

**【自怨自艾】 zìyuàn-zìyì** 솅 **1** 자신의 잘못을 후회하고 스스로 허물을 고치다. **2** 뉘우치고 후회하다. 스스로 책망하고 한탄하다.

**【自愿】 zìyuàn** 통 자원하다. ¶~捐助=자원해서 원조하다. ↔被迫

**【自在】 zìzài** 혱 자유롭다. ¶逍遥~=아무것에도 얽매이지 않고 살아가다.

**【自在】 zì·zai** 혱 편안하다. 안락하다. ¶一家三口活得挺~。=한 집안 세 식구가 꽤 편안하게 살고 있다.

**【自责】 zìzé** 통 자책하다. ¶引咎~=잘못을 스스로 인정하고 자책하다.

**【自招】 zìzhāo** 통 **1** 자초하다. 스스로 초래하다. ¶~灾祸=화를 자초하다. **2** 자백하다. ¶不打~=때리지 않았는데 스스로 자백하다.

**【自找】 zìzhǎo** 통 **1** 스스로 찾다. ¶~生路=활로를 스스로 찾다. **2** 자초하다. ¶~麻烦=귀찮은 일을 스스로 사서 하다.

**【自斟自饮】 zìzhēn-zìyǐn** ☞〖自斟自酌〗**zìzhēn-zìzhuó**

**【自斟自酌】 zìzhēn-zìzhuó** 솅 혼자 술을 부어 혼자 마시다. 자작하다. 독작하다. =〖自斟自饮〗**zìzhēn-zìyǐn**

**【自知之明】 zìzhīzhīmíng** 솅 자신의 결점〔분수·처지·상황〕을 정확히 아는 능력. [주로 '有(yǒu)' · '无(wú)' 와 이어 씀] ↔自作聪明

**【自制】 zìzhì** 통 **1** 손수〔스스로〕 만들다. 자제하다. ¶~冰糕=손수 아이스크림을 만들다. **2** 자제하다. 자신을 억제하다. ¶~能力=자제력.

**【自治】 zìzhì** 통 자치하다. 자치권을 행사하다. ¶高度~=높은 정도로 자치하다.

**【自治机关】 zìzhì jīguān** 몡 자치 기관.

**【自治领】 zìzhìlǐng** 몡 자치령.

**【自治区】 zìzhìqū** 몡 자치구. [소수 민족이 다수 거주하는 지방의 제1급 행정 단위로, 성(省)에 해당함]

**【自治权】 zìzhìquán** 몡 자치권. ¶中国的少数民族自治区享有充分的~。=중국 소수 민족 자치구는 완전한 자치권을 누리고 있다.

**【自治县】 zìzhìxiàn** 몡 자치현.

**【自治州】 zìzhìzhōu** 몡 자치주.

**【自重】 zìzhòng** 통 **1** 자중하다. 위엄 있게 행동하다. ¶自爱~=스스로 자신을 아끼고 자중하다. **2** 閏 자신의 신분〔지위〕를 강화하다〔높이다〕. ¶拥兵~=군대를 보유하여 자신의 지위를 강화하다. 몡 (기기·운송 도구·건축물의) 자체 중량. 자중. ¶汽车~=자동차 자체 중량.

**【自主】 zìzhǔ** 통 자주적이다. 자주적으로 하다. 자신의 뜻대로 처리하다. ¶不由~=자기 뜻대로 되지 않다.

**【自主权】 zìzhǔquán** 몡 자주권.

**【自主神经】 zìzhǔ shénjīng** ☞〖植物性神经〗**zhíwùxìng shénjīng**

**【自助】 zìzhù** 통 자조하다. 스스로 돕다. ¶~能力=자조 능력.

**【自助餐】 zìzhùcān** 몡 셀프서비스(self service)

식의 식사. 뷔페(buffet). 카페테리아(cafeteria). [각종 요리를 진열해 놓고 손님이 직접 선택해서 먹는 식사 방식 혹은 간이 식당]

【自传】**zìzhuàn** 图 자서전.

【自转】**zìzhuàn** 图(天) 자전하다. [ '公转(공전하다)' 과 구별됨]

【自自然然】**zì·zi ránrán** 图 (어색하지 않고) 자연스럽다. 꾸밈이 없다. 무리가 없다.

【自自在在】**zì·zi zàizài** 图 편안하다. 안락하다.

【自足】**zìzú** 图 **1** 自 자족하다. 스스로 만족해하다. ¶无求자~。=바라는 것이 없이 자족하다. **2** 자급자족하다. ¶衣食难以~。=입을 것과 먹을 것을 자급자족하기 어렵다.

【自尊】**zìzūn** 图 자존하다. 자기의 품위를 스스로 지키다. ¶~自爱=자신을 아끼고 자존하다.

【自尊心】**zìzūnxīn** 图 자존심. ¶他有很强的~。=그는 자존심이 강하다.

【自作聪明】**zìzuò-cōngmíng** 图 스스로 똑똑하다고 생각하면서 함부로 행동하다. ≒自以为是↔自知之明

【自作多情】**zìzuò-duōqíng** 图 혼자 사랑에 빠지다. 짝사랑하다. 혼자 좋아서 친절을 베풀다.

【自作主张】**zìzuò-zhǔzhāng** 图 자신의 생각대로 정하다. 혼자만의 생각으로 결정하다. 제멋대로 결정하다.

【自作自受】**zìzuò-zìshòu** 图 자업자득이다. 제가 놓은 덫에 걸리다. ≒自食其果

*【字】**zì** 글자 자

图 **1** 문자. 글자. ¶汉~=한자. / 繁体~=번체자. **2** 자. [이름의 뜻에 근거해서 취한 본이름 대신 부르는 이름] ¶诸葛亮~孔明。=제갈량의 자는 공명이다. **3** (한자의) 자체(字體). 글씨체. ¶篆~=전서. **4** 서예의 유파. ¶柳~=유공권(柳公權)파. **5** 서예(작품). ¶老教授赠~一幅。=노교수가 서예 작품 한 폭을 하사했다. **6** (~儿) 증서. 증명서. 증거 문건. ¶立~为凭=증서를 작성하여 근거로 삼다. **7** (~儿) 글자의 발음. ¶吐~清楚=발음이 깨끗하고 또렷하다. **8** 말. 단어. 어휘. 낱말. ¶琢句炼~=문장과 문구를 다듬다. 图 自 (부모가) 딸의 혼인을 허락하다. 허혼(許婚)하다. ¶待~闺中=규방에서 허혼을 기다리다. 图 (수도 계량기ㆍ전기 계량기 등의) 수량. ¶这个月水表走了十几个~。=이번 달의 수도 계량기 숫자가 십 몇이나 나갔다.

○● 八字, 白字, 本字, 表字, 草字, 测cè字, 衬chèn字, 赤chì字, 错字, 打字, 单字, 点字, 方字, 画字, 活字, 盲máng字, 名字, 排字, 签qiān字, 铅字, 如字, 生字, 识字, 实字, 熟字, 数字, 俗字, 题字, 文字, 习字, 虚xū字, 许字, 赃字, 正字, 铸zhù字

【字典】**zìdiǎn** 图 자전.

【字典纸】**zìdiǎnzhǐ** 图 인도지. 인디아 페이퍼 (India paper).

【字调】**zìdiào** 图(言) 성조. =【声调】**shēngdiào**

【字段】**zìduàn** 图(컴) 필드(field). [데이터 베이스(data base) 중에 인용ㆍ처리할 수 있는 최소 단위]

【字符】**zìfú** 图 문자 부호. [컴퓨터나 전자 통신에 사용되는 알파벳ㆍ숫자 등 각종 부호의 총칭]

【字符串】**zìfúchuàn** 图 문자열.

【字符集】**zìfújí** 图(컴) 编码字符集(문자 코드표).

【字幅】**zìfú** 图 세로로 혹은 가로로 쓴 서예 작품.

【字号】**zìhào** 图(印) 활자 크기를 표시하는 호수. 활자의 호수.

【字号】**zì·hao** 图 **1** 상호(商號). 옥호(屋號). ¶请问贵店~怎么称呼？=실례지만 귀 상점의 상호는 무엇입니까？ **2** 상점. 가게. ¶老~=전통이 있는 가게.

【字画】**zìhuà** 图 서화. 글씨와 그림. ¶名人~=유명인의 서화.

【字汇】**zìhuì** 图 **1** 자전ㆍ사전 등의 참고 서적. **2** 어휘.

【字迹】**zìjì** 图 **1** 필적. 글자의 자취[흔적]. ¶~模糊=글자가 흐릿흐릿하다. **2** 글자의 필획과 필체. ¶~娟秀=필획과 필체가 수려하다.

【字节】**zìjié** 图(컴) 바이트(byte). [컴퓨터 기억 용량의 단위]

【字句】**zìjù** 图 자구. 문자와 어구. 문구. 문맥. ¶~流畅=문구가 유창하다.

【字据】**zìjù** 图 증(명)서. 증거 문건. ¶立个~=증서를 작성하다.

【字库】**zìkù** 图 **1** 폰트. 글꼴. **2** (컴) 문자 코드(code).

【字里行间】**zìlǐ-hángjiān** 图 행간. 문장의 여기저기. ¶~流露出难以抑制的兴奋之情。=행간에 억제하기 어려운 흥분된 정서를 표출하고 있다.

【字码儿】**zìmǎr** 图 숫자. ¶阿拉伯~=아라비아 숫자.

【字谜】**zìmí** 图 글자 수수께끼. [예를 들면 '九十九' 의 답은 '白' 와 같은 것임] ¶猜~=글자 수수께끼를 알아맞히다.

【字面】**zìmiàn** (~儿) 图 문자의 표면상의 뜻. ¶这种~上的解释不一定准确。=이런 종류의 문자 표면상의 해석은 꼭 정확한 것은 아니다.

【字模】**zìmú** 图(印) 자형(字型). =【铜模】**tóngmú**

【字母】**zìmǔ** 图(言) **1** 자모. 알파벳. ¶英文~=영어 알파벳. / 注音~=주음부호. **2** (음운학의) 성모의 대표자. [예를 들면 '明(míng)' 의 성모 'm' 을 대표함]

【字母表】**zìmǔbiǎo** 图(言) 자모표.

【字幕】**zìmù** 图 **1** (영화ㆍ텔레비전의) 자막. **2** 공연할 때 관중이 가사를 알아듣기 쉽게 방영하는 문자.

【字喃】**zìnán** ☞【南字】**nánzì**

【字盘】**zìpán** 图(印) 활자 케이스(case). ¶大写~=대자 활자 케이스.

【字频】**zìpín** 图 사용 빈도(수).

【字书】**zìshū** 图 자서. [동한(東漢) 허신(許愼)의 《설문해자》와 같이 형(形)ㆍ음(音)ㆍ의(義)를 해석

한 책】

【字体】zìtǐ 圄 1 글자체. [해서(楷書)·행서(行書)·초서(草書) 등과 고딕체·명조체 등을 가리킴】 2 (서예의) 서파. [안진경체·유공권체 등을 가리킴】 3 글씨의 모양. 형체. ¶~工整=글씨가 반듯하고 또박또박하다.

【字条】zìtiáo (~儿) 圄 메모(memo). 글쪽지.

【字帖儿】zìtiěr 圄 메모(memo). 글쪽지.

【字帖】zìtiè 圄 서첩(書帖). 습자본(習字本). 글씨본. [주로 서예 대가의 필적을 탁본한 것임】

【字形】zìxíng 圄 자형. 글자 형태[모양〕. ¶标准~=표준 자형.

【字眼】zìyǎn (~儿) 圄 (문장 내의) 글자. 어휘. 말. ¶抠~儿=자구 하나하나 따지다.

【字样】zìyàng 圄 1 글씨의 본보기. 2 자구. 문구. ¶信封上印有'特快专递'~。=편지 봉투 위에 '특급 우편'이라는 글씨가 찍혀있다.

【字义】zìyì 圄 자의. 글자의 뜻〔의미〕. ¶注解~=자의를 알기 쉽게 풀이하다.

【字音】zìyīn 圄 자음. 독음. ¶课文中的生词都注有~。=본문의 새 단어는 모두 독음이 달려 있다.

【字斟句酌】zìzhēn-jùzhuó 㐅 1 한 글자 한 구절을 세심히 다듬다. 문구를 다듬다. 2 말·글이 신중하고 진지하다. ≒咬文嚼字.

【字正腔圆】zìzhèng-qiāngyuán 㐅 글자의 발음이 또렷하고 어조가 부드럽다. 웅골지고 똑똑하다.

【字纸】zìzhǐ 圄 파지. ¶~篓=휴지통.

【字字珠玑】zìzì-zhūjī 㐅 1 한 마디 한 마디가 주옥같다. 2 㐅 문장이 아름답고 뛰어나다.

## 刐 zì 찌를 사

圄 칼로 찌르다〔꽂다〕.

## 牸 zì 암소 자

圄 (가축의) 암컷. [일반적으로 소를 가리킴】 ¶~牛=암소.

## 恣 zì 방자할 자

圄 방자하다. 방종하다. 제멋대로 굴다. 마음대로 하다. 멋대로 하다. ¶~意妄为=자의적으로 망동하다. 제멋대로 행동하다. 圄(~儿) 편안하다. 쾌적하다. ¶他天天酒肉不断, ~得很。=그는 매일 술과 고기가 끊이지 않고 아주 편안하다.

【恣情】zìqíng 圄 1 마음대로 하다. 제멋대로 굴다. 방자하다. ¶~欢笑=마음껏 즐겁게 웃다. 2 함부로 하다. ¶钱来得不容易, 不可能~乱花。=돈 벌기가 쉽지 않으니 결코 함부로 마구 쓰면 안 돼요.

【恣肆】zìsì 圄㐅 1 (글·말이) 호방하여 구애됨이 없다. ¶汪洋~=내용이 풍부하고 기세가 드높다. 圄㐅 (언행이) 제멋대로이다. 방자하다. 방종하다. ¶骄横~=교만하고 방자하다.

【恣睢】zìsuī 圄㐅 방종하다. 제멋대로 행동하다. ¶暴戾~=포악하고 제멋대로 행동하다.

【恣行无忌】zìxíng-wújì 㐅 아무 꺼리는 바 없이 방자하게 행동하다.

【恣意】zìyì 圄㐅 자의적이다. 방자하다. 제멋대로이다. 마음대로 하다. ¶~作乐=멋대로 즐기다. ≒任意.

## 眦[眥] zì 안각 제

圄 안각(眼角). [눈초리와 눈구석의 합칭】 ¶内~=눈구석. / 外~=눈초리. / 目~尽裂=눈구석과 눈초리가 죄다 찢어지다. 몹시 화가 나다.

## 渍[漬] zì 담글 지

圄 1 (물에) 잠기다. 담그다. 적시다. 스미다. 배다. ¶浸~=담그다. / 麻~=삼을 물에 담그다. 2 (물체에 때가) 끼다. 엉겨붙다. 착 들러붙다. ¶茶杯盖子里~上一层茶锈。=찻잔 뚜껑에 한 층의 차때가 끼었다. 圄 1 때. 자국. ¶油~=기름때. / 血~=핏자국. 2 지면에 괸 물. ¶内~=안에 괸 물. / 防洪排~=홍수를 방지하고 괸 물을 배수하다.

【渍涝】zìlào 圄 논밭에 너무 많은 물이 괴다.

【渍染】zìrǎn 圄 염색하다. 물들이다.

【渍水】zìshuǐ 圄 괸 물. ¶排干~=괸 물을 깨끗이 빼다.

## 胾 zì 고깃점 자

圄㐅 크게 썬 고깃덩어리.

## 骴 zì 썩은 고기 자

圄㐅 (사람·짐승의) 썩은 살이 붙은 뼈. 시체.

## 子 ·zi 접미사 자

圄 1 일부 명사성 어소 뒤에 쓰여 명사화함. ¶桌~=탁자. / 鼻~=코. 2 일부 형용사성·동사성 어소 뒤에 쓰여 명사화함. ¶瘦~=말라깽이. / 垫~=깔개. 3㐅 일부 양사 뒤에 쓰임 ¶一揽~计划=일괄적인 계획. / 几档~事=몇 가지 일.

☞ zǐ

# zong

## 堫[椶] zōng 땅버섯 종

【鸡堫】jīzōng 圄 계종버섯. [학명은 'Collybia albuminosa'임]

## 枞[樅] zōng 땅 이름 종

☞ cōng

【枞阳】Zōngyáng 圄(地) 쭝양. [안후이(安徽) 성에 있는 지명]

**宗 zōng 조상 종

圄 숭상(崇尚)하다. 존숭(尊崇)하다. 종앙(宗仰)하다. 숭배(崇拜)하다. 높이다. 본받다. 계승하다. ¶海内~仰=나라 안의 모든 사람이 숭상하다. 圄 1 조상. 선조. ¶列祖列~=역대의 조상.

**2** 가족. 종족. 일족(一族). 일문(一門). ¶同＝同族＝동족 동족.
**3** 종파. 파별. 갈래. 유파. ¶禅~＝선종. / 正~＝정종. 정통을 이어받은 종파. **4** 근본. 주지(主旨). 종지(宗旨). 요지. ¶开＝明义＝말 또는 글의 첫머리에서 요지를 밝히다. **5** 모범이 되어 존경받는 인물. 숭상받는 사람. ¶一代诗~＝한 시대의 존경받는 시인. **6** 옛날, 시짱(西藏) 지역의 현에 상당하는 행정 구획 단위. **7** (Zōng) 성(姓). ㉠ **1** 사물에 쓰임. ¶一心事＝한 가지 걱정거리. / 几~案件＝몇 가지 안건. **2** 금전과 화물에 쓰임. ¶大~货物＝큰 화물. / 两~贷款＝두 건의 대출금.

○ 卷juàn宗,祖宗

宗 zōng
棕 zōng
综 zōng
踪 zōng
偬 cóng
崇 chóng

【宗祠】zōngcí ㉠ (일족의 조상을 함께 모시는) 사당(祠堂).
【宗弟】zōngdì ㉠ 종제. [동족 또는 동성 중에서 같은 항렬이나 자신보다 나이가 적은 사람]
【宗法】zōngfǎ ㉠ 종법. ¶~制度＝종법 제도. ㉡ 본받다. ¶~先贤＝선현을 본받다.
【宗匠】zōngjiàng ㉠ 거장. 대가. ¶诗坛~＝시단의 대가.
【宗教】zōngjiào ㉠ 종교.
【宗教徒】zōngjiàotú ㉠(宗) 신도. 신자. 교도.
【宗脉】zōngmài ㉠(医) 경맥(經脈)이 합치는 (만나는) 곳.
【宗庙】zōngmiào ㉠ 종묘.
【宗派】zōngpài ㉠ **1** 종파. **2** (정치·학술·종교의) 분파. 유파. 학파. **3** ㉠ 파벌. 파당. ¶~斗争＝파벌 투쟁.
【宗派主义】zōngpàizhǔyì ㉠ 종파주의. 분파주의. 섹셔널리즘.
【宗亲】zōngqīn ㉠ 종친. 같은 조상의 친족.
【宗社】zōngshè ㉠㉡ **1** 종묘와 사직. 왕실과 국토. **2** 국가. 나라.
【宗师】zōngshī ㉠ 종사. 모든 사람이 높이 우러러 존경하는 사람. ¶一代~＝한 시대의 종사.
【宗室】zōngshì ㉠ 종실. 왕족.
【宗祧】zōngtiāo ㉠ **1** 종묘. **2** 대(代). [조상으로부터 대대로 내려오는 계통] ¶继承~＝대를 잇다.
【宗兄】zōngxiōng ㉠ 종형. [동족 또는 동성 중에서 같은 항렬에 자신보다 나이가 많은 남자]
【宗仰】zōngyǎng ㉡ 숭상(崇尙)하다. 존숭(尊崇)하다. 숭앙(宗仰)하다. 숭배(崇拜)하다. ¶远近~＝멀고 가까운 곳에서 숭상하다.
【宗支】【宗枝】zōngzhī ㉠ 같은 종파의 자손들.
【宗枝】zōngzhī ☞【宗支】zōngzhī
【宗旨】zōngzhǐ ㉠ 종지. 주지(主旨). 취지. 목적. 의향. ¶办刊~＝발간 종지.
【宗主国】zōngzhǔguó ㉠ 종주국.
【宗主权】zōngzhǔquán ㉠ 종주권.
【宗族】zōngzú ㉠ **1** 종족. **2** 부계의 일족. 출가한 여성을 제외한 부계 가족의 구성원.

**综[綜]** zōng 모을 종

㉡ 한데 모으다. 합치다. 종합하다. ¶错~复杂＝복잡하게 뒤얽혀 있다.
☞ zèng
【综观】zōngguān ㉡ 종합하여 보다. ¶~全局＝전체 국면을 종합하여 보다.
【综合】zōnghé ㉡ **1** 종합하다. ¶~推理＝종합적으로 추리하다. **2** 통괄하다. 총괄하다. ¶~治理＝총괄해서 관리하다. ≒概括 归纳 ↔分析
【综合大学】zōnghé dàxué ㉠(教) 종합 대학.
【综合国力】zōnghé guólì ㉠ 종합적인 국력.
【综合利用】zōnghé lìyòng ㉡ 종합적으로 이용하다.
【综合语】zōnghéyǔ ㉠(言) 굴절어. ＝【屈折语】qūzhéyǔ
【综合征】zōnghézhēng ☞【症候群】zhènghòuqún
【综合治理】zōnghé zhìlǐ ㉠㉡ 社会治安综合治理(사회 치안 종합 관리).
【综计】zōngjì ㉡ 총계하다. 합계하다. ¶人数~＝사람 수를 총계하다.
【综括】zōngkuò ㉡ 종합괄하다. 통괄하다. 개괄하다. 총결산하다. ¶~一切＝모든 것을 총괄하다.
【综上所述】zōngshàngsuǒshù ㉡ 앞서 말한 내용을 종합하다. [주로 종합적인 결론을 끌어낼 때 쓰임]
【综述】zōngshù ㉡ 종합하여 서술하다. 총괄해서 서술하다. ¶新闻~＝뉴스를 총괄해서 서술하다. ¶综合 论술. 론술. ¶国际时事~＝국제 시사 총론.
【综艺】zōngyì ㉠ 종합 예술. ¶~晚会＝버라이어티 쇼(variety show).

**棕[(椶)]** zōng 종려나무 종

㉠ **1** 종려(棕榈)나무. **2** 종려모(棕榈毛). 털. ¶~绳＝종려승. / ~床＝종려 그물 침대.
【棕绷(子)】zōngbēng(·zi) ㉠ 종려승으로 만든 침대 깔판[받침대]. ¶~床＝종려승 받침대로 만든 침대.
【棕编】zōngbiān ㉠ 종려잎으로 짠 수공예품.
【棕黑】zōnghēi ㉠ 짙은 갈색의. ¶~色＝짙은 갈색.
【棕红色】zōnghóngsè ㉠ 밤색. 고동색.
【棕黄】zōnghuáng ㉠ 옅은 갈색.
【棕灰色】zōnghuīsè ㉠ 갈색 털. 다갈색.
【棕榈】zōnglǘ ㉠(植) 종려나무. ㉡【棕树】zōngshù
【棕榈油】zōnglǘyóu ㉠ 종려유.
【棕毛】zōngmáo ㉠ 종려털. 종려모.
【棕色】zōngsè ㉠ 갈색. 다갈색. ¶~大衣＝갈색 외투.
【棕绳】zōngshéng ㉠ 종려승.
【棕树】zōngshù ☞【棕榈】zōnglǘ
【棕熊】zōngxióng ㉠(动) 갈색곰. ＝【马熊】mǎxióng ㉡【人熊】rénxióng
【棕衣】zōngyī ㉠ 종려털로 만든 비옷.

# 腙 zōng 하이드라존 종
【外】(化) 하이드라존(hydrazone).

# 踪[(蹤)] zōng 자취 종
【名】 (발)자취. 발자국. 흔적. 종적. 행적. ¶行~=행적. / 无影无~=흔적도 없다.

○● 藏cáng踪, 蹑niè踪, 萍píng踪, 潜qián踪

【踪迹】 zōngjì 【名】 종적. 행적. (발)자취. ¶查无~=종적이 묘연하다. 늑行踪
【踪影】 zōngyǐng 【名】 행적. 종적. 행방. 자취. [주로 부정형으로 쓰임] ¶不见~=자취도 없다.

# 鬃[(騣·鬉·髪)] zōng 갈기 종
【名】 (말·돼지 등의) 갈기. 강모. ¶马~=말갈기.
【鬃毛】 zōngmáo 【名】 갈기.
【鬃刷】 zōngshuā 돼지의 강모로 만든 솔.

# 总[總, 縂] zōng 모을 총
【动】 총괄하다. 종합하다. 모으다. 모아서 묶다. 합치다. ¶汇~=한데 모으다. / ~其大成=집대성하다. 【形】 1 전부의. 전면적인. 전체의. 전반적인. ¶~计划=전체 계획. / ~复习=총복습. 2 총괄적인. ¶宪法~则=헌법 총칙. 3 주요한. 우두머리의. 지도적인. ¶公司~经理=회사 총지배인. 【副】 1 늘. 줄곧. 언제나. 내내. ['一直(yīzhí)'·'一贯(yīguàn)'에 상당함] ¶他~是这么乐于助人. =그는 언제나 즐겁게 남을 돕는다. 2 반드시. 예외 없이. 절대로. 전연. ['毕竟(bìjìng)'·'终归(zhōngguī)'에 상당함] ¶历史~要向前发展的. =역사는 반드시 앞을 향해 발전한다. 3 대체로. 대개. 대략. 전체적으로 보아. ['大概(dàgài)'에 상당함] ¶看样子他~有70了吧. =보아하니, 그는 대략 일흔 살은 된 것 같다. ↔分

○● 成总儿, 打总儿, 共总, 归guī总, 老总, 拢lǒng总, 一总

【总罢工】 zōngbàgōng 【名】 총파업.
【总编】 zōngbiān ☞【总编辑】 zōngbiānjí
【总编辑】 zōngbiānjí 【名】 편집장. ⓓ【总编】 zōngbiān
【总部】 zōngbù 【名】 1 ⓓ 总司令部(총사령부). 2 ⓓ 总指挥部(총지휘부). 3 본부. ¶联合国~=유엔 본부.
【总裁】 zōngcái 【名】 1 (歷) 청(清)대 중앙 편찬기관의 주관 관원과 회시(會試)를 관장하는 대신. 2 (정당의) 총재. 3 (기업의) 총수.
【总参】 zōngcān 【名】ⓓ(軍) 中国人民解放军总参谋部(중국 인민 해방군 총참모부).
【总参谋长】 zōngcānmóuzhǎng 【名】(軍) 참모총장.
【总产】 zōngchǎn 【名】 총생산량.
【总产量】 zōngchǎnliàng 【名】 총생산량.
【总产值】 zōngchǎnzhí 【名】(經) 총생산액.
【总厂】 zōngchǎng 【名】 본공장. 모공장.

【总称】 zōngchēng 【动】 총칭하다. 통칭하다. ¶各种船只~船舶. =각종의 배를 선박이라 총칭한다. 【名】 총칭. 통칭. ¶餐具是杯、盘、碗、筷等的~. =식기는 잔·쟁반·그릇·젓가락 등의 총칭이다.
【总代表】 zōngdàibiǎo 【名】 총대표. 전체 대표.
【总的来说】 zōng·deláishuō ⓐ 전반적으로 말해서. 총체적으로 말하자면. ¶~, 公司现在的经营状况是好的. =전반적으로 말해서 회사의 현재 경영 상태는 좋은 편이다. =【总的说来】 zōng·deshuōlái
【总的说来】 zōng·deshuōlái ☞【总的来说】 zōng·deláishuō
【总得】 zōngděi 【副】 어쨌든〔아무튼·반드시·아무래도〕…해야 한다. ¶这个问题~想个法子解决. =이 문제는 어쨌든 방법을 강구해서 해결해야 한다.
【总店】 zōngdiàn 【名】 본점.
【总动员】 zōngdòngyuán 【动】 1 (국가 비상시) 모든 인력·자원을) 총동원하다. 2 (어떤 일을 완성하기 위해서) 전 인원을 동원하다. ¶全厂~, 终于完成了年终生产任务. =전 공장의 인원을 다 동원하여 마침내 연말 생산 임무를 완성했다.
【总督】 zōngdū 【名】 1 총독. [명(明)대 변방의 변란을 방지하거나 반란을 평정하기 위해 임시로 지방에 파견한 군사 수장(首長)] 2 총독. [청(清)대 한 개 혹은 두서너 개의 성의 군정(軍政)을 관장하던 수장(首長)] 3 영국 국왕이 자치령에 파견한 대표. 4 (식민지의) 총독.
【总队】 zōngduì 【名】(軍) 군대에서 연대 혹은 사단 급에 해당하는 일급 조직.
【总额】 zōng'é 【名】 총액. ¶收人~=수입 총액. / 销售~=판매 총액.
【总而言之】 zōng'éryánzhī ⓐ 총괄적으로 말하면. 요컨대. 결론적으로 말하자면. ¶~, 公司的经济状况还算正常. =결론적으로 말하자면 회사의 경제 상황은 그런대로 정상이다.
【总方针】 zōngfāngzhēn 【名】 전반적인 방침. 주요 방침.
【总分】 zōngfēn 【名】 (시험·경기에서) 총(등)점. 전체 점수.
【总概念】 zōnggàiniàn 【名】 전반적 개념.
【总纲】 zōnggāng 【名】 대강. 총칙.
【总工】 zōnggōng ☞【总工程师】 zōnggōngchéngshī
【总工程师】 zōnggōngchéngshī 【名】 선임 엔지니어. 수석 엔지니어. ⓓ【总工】 zōnggōng
【总工会】 zōnggōnghuì 【名】 노총. 노동조합 총연합회.
【总公司】 zōnggōngsī 【名】 본사.
【总攻】 zōnggōng 【动】(軍) 총공격하다.
【总共】 zōnggòng 【副】 모두. 전부. 합쳐서. 도합. ¶全校各类学生~有5万人. =전교 모든 분야의 학생은 합쳐서 5만 명이다.
【总管】 zōngguǎn 【动】 총관하다. 종합 관리하다. 전체적〔전면적·전반적〕으로 관리하다. ¶副经理~销售工作. =부사장이 판매 업무를 총관하고

있다. 명 1 총책임자. 총지배인. 매니저. ¶企业 ~=기업 총책임자. 2 옛 집사. [부잣집의 하인과 집안일을 총관하던 사람]

【总归】zǒngguī 부 결국. 어쨌든. 아무튼. 하여튼. 아무래도. ¶事实~是事实.=사실은 어쨌든 사실이다.

【总行】zǒngháng 명 (은행·상점의) 본점. ¶中国人民银行~=중국 인민 은행 본점.

【总合】zǒnghé 동 총합하다. 종합하다. 전부 합하다. ¶一天的销售额~起来足有3万元.=하루 판매액을 모두 합치면 3만 위안은 족히 된다.

【总和】zǒnghé 명 총수. 총화. ¶第一季度产量的~=일사분기 생산 총계.

【总后】zǒnghòu 명약 中国人民解放军总后勤部(중국 인민 해방군 총병참부).

【总后方】zǒnghòufāng 명(军) 전쟁시 최고 사령부가 있는 후방.

【总汇】zǒnghuì 동 (강물이) 서로 만나다. 합류하다. ¶~人=합류해서 바다로 흐르다. 명 한데 모인 사물[것]. 총체. 집합지. 집결지. ¶《全唐诗》是唐代诗歌的~.=《전당시》는 당대 시가의 총체이다.

【总机】zǒngjī 명 대표 전화. 전화 교환대.

【总集】zǒngjí 명 총집. [ '别集(별집)'와 구별됨] ¶《诗经》是先秦诗歌~.=《시경》은 선진 시가의 총집이다.

【总计】zǒngjì 동 총계하다. 합계하다. ¶参加今晚演出的~120人.=오늘 밤 공연에 참가한 사람은 합계 120명이다. 늑共计

【总价】zǒngjià 명 총가격. 전체 가격.

【总监】zǒngjiān 명 총감독. ¶财务~=재무 총감독.

【总角】zǒngjiǎo 명 1 총각. [옛날, 미성년자는 머리를 양쪽으로 갈라 빗어 올려 귀 뒤에서 두 개의 뿔같이 묶어 매었음] 2 미성년. 어린아이. 소년. ¶~之交=소꿉친구.

【总结】zǒngjié 동 총괄하다. 총화하다. 총결산하다. 총정리하다. 전체를 묶어 매듭짓다. ¶~经验教训=경험과 교훈을 총결산하다. 명 총결산. 최종 평가. 최종 결론. 총괄. 총화. ¶工作~=업무 총화.

【总经理】zǒngjīnglǐ 명 (기업의) 총지배인. 최고 책임자. 최고 경영자.

【总开关】zǒngkāiguān 명 주개폐기. 메인 스위치.

【总会计师】zǒngkuàijìshī 명 수석 회계사. 회계 총책임자.

【总括】zǒngkuò 동 총괄하다. 통괄하다. 개괄하다. ¶~起来看,这个问题并不很复杂.=총괄해서 보면, 이 문제는 결코 그리 복잡하지는 않다.

【总览】zǒnglǎn 동 전면적(전반적·전체적)으로 보다. 종관하다. 종람하다. ¶~国内国际形势=국내·국제 정세를 전반적으로 살피다.

【总揽】zǒnglǎn 동 장악하다. 한 손에 장악하다. [거머쥐다]. ¶~财务和人事大权=재무와 인사 대권을 한 손에 장악하다.

【总理】zǒnglǐ 동준 전체를 관리하다. 총관하다. ¶~军务=군사 업무를 총관하다. 명 1 (정당의) 총재. 대표. 지도자. 2 (국가의) 총리. 3 중국 국무원의 수장(首長). 총리. 4 옛 일부 기관·기업의 책임자. 사장. ¶学校~=학교 교장.

【总量】zǒngliàng 명 총(수)량. 전체 수량. ¶~控制=전체 수량을 통제하다.

【总领事】zǒnglǐngshì 명 총영사.

【总领事馆】zǒnglǐngshìguǎn 명 총영사관.

【总路线】zǒnglùxiàn 명 (국가 혹은 정당이 일정한 기간에 제정한 각 방면의 활동을 지도하는) 기본 준칙과 방침.

【总论】zǒnglùn 명 총론. 총설.

【总目】zǒngmù 명 총목(록). ¶四库全书~=사고전서 총목.

【总评】zǒngpíng 명 총평. 총평가. ¶学期~=학기 총평가.

【总其成】zǒngqíchéng 동 종합하다. 총괄하다. 집성하다. ¶大家分头写作,最后请你~.=모두 각자 분담해서 쓰고, 마지막에 당신이 총괄해 주세요.

【总鳍鱼】zǒngqíyú 명(动) 총기어.

【总起来看】zǒngqǐláikàn 관 총괄적으로 보다. 결론적으로 말하자면. ¶~,我们队取胜的机会比较大.=총괄적으로 보면, 우리 팀이 이길 가능성이 비교적 많다.

【总是】zǒngshì 부 1 늘. 줄곧. 언제나. ¶他~拣重活儿干.=그는 언제나 힘든 일을 골라 한다. 2 결국. 아무튼. 어쨌든. 아무래도. ¶困难的时期~要过去的.=어려운 시기는 결국 지나가게 마련이다.

【总收入】zǒngshōurù 명 총수입.

【总书记】zǒngshū·ji 명 총서기.

【总数】zǒngshù 명 총수.

【总司令】zǒngsīlìng 명(军) 총사령관.

【总算】zǒngsuàn 부 1 겨우. 간신히. 마침내. 드디어. ¶下了几天,大雨~停了.=며칠 동안 내리더니, 호우가 마침내 멎었다. 2 대체로[전체적]으로 …한 셈[편]이다. ¶这次虽然没有达到预期目标,但~没白跑.=이번에 와서 비록 소기의 목표는 달성하지 못했지만, 헛걸음한 셈은 아니다.

【总体】zǒngtǐ 명 총체. 전체. ¶~设计=총체적 설계. 늑整体 ↔个体

【总统】zǒngtǒng 명 총통. 대통령.

【总统套房】zǒngtǒng tàofáng 명 (호텔의) 로얄 스위트 룸(royal suite room).

【总务】zǒngwù 명 1 (기관·기업의) 물자 조달·관리 업무. 서무. ¶~人员=서무 인원. 2 총무.

【总星系】zǒngxīngxì 명(天) 은하계와 이미 발견된 모든 외부 은하계의 총칭.

【总悬浮颗粒物】zǒng xuánfú kēlìwù 명 늘 공간을 떠돌고 있는 미립자.

【总则】zǒngzé 명 총칙.

【总责】zǒngzé 명 총책.

【总站】zǒngzhàn 명 중앙역(中央驛).

【总章】zǒngzhāng 명 총칙.

【总长】zǒngzhǎng 명 1 총장. [중국 북양 군벌

시기의 중앙 정부 각 부의 최고위급 관료] **2**〚
軍〛총참모장(참모총장).

【总账】zǒngzhàng 〚經〛일반 회계. ↔分账

【总政】zǒngzhèng 〚軍〛中国人民解放军总政
治部(중국 인민 해방군 총정치부).

【总之】zǒngzhī 〚接〛**1** 총괄적으로 말하면. 총괄
하면. 요컨대. 한마디로 말하면. [앞 문장을 이어
받아, 뒤의 문장은 위의 문장에 대한 총괄임을 나
타냄] ¶编辑部、发行部、设计室, ~, 各部门要
通力合作, 保证本套丛书的顺利出版、销售。
= 편집부나 발행부, 디자인실 등, 총괄적으로 말
하면, 각 부서는 본 총서가 순조롭게 출판과 판매
가 이루어질 수 있도록 모든 힘을 쏟아 협력하여
야 한다. **2** 하여간. 아무튼. 어쨌든. ¶那件事儿
发生的具体时间, 我不清楚, ~是秋季吧。= 그
일이 발생한 구체적인 시점은, 나는 잘 모르지만,
어쨌든 가을이다.

【总支】zǒngzhī 〚名〛〚略〛总支部委员会(중국 공산
당의 기층 조직 총지부 위원회).

【总值】zǒngzhí 〚名〛 총가치. ¶国民生产~=국
민 총생산(GNP).

【总指挥】zǒngzhǐhuī 〚名〛**1** 총사령관. **2** 총책
임자. 총지휘자.

【总主教】zǒngzhǔjiào ☞【大主教】dàzhǔjiào

【总装】zǒngzhuāng 〚動〛 완성품으로 조립하다.
¶~调试阶段=최종 조립하는 테스트 단계.

# 偬[(傯)] zǒng 바쁠 총
☞【倥偬】kǒngzǒng

**\*\*纵[縱]** zòng 세로 종

〚形〛**1** 세로의. 종의. ¶~贯南北=남북을 관통하
다. / ~横交错=종횡으로 엇갈리다. **2** 앞에서
부터 뒤까지. ¶~深距离=종심 거리. **3** 옛날부
터 지금까지. ¶~观整个中国近代史=전 중국
현대사를 종관하다. **4** 물체의 긴 변과 평행한 것.
¶~剖面=종단면. **5**〚動〛구겨지다. ¶纸被压~了。
=종이가 눌려서 구겨졌다. ¶~身一跃=몸을 훌
쩍 날리다. **2** 석방하다. 놓아주다. ¶欲擒故~=
사로잡기 위해 고의로 놓아주다. **3** 내버려 두다.
방임하다. 구속을 하지 않다. ¶放~=방종하다.
/ ~声歌唱=마음껏 소리 높여 노래 부르다. 〚接〛설령〔비록〕…일지라도. [분구(分句)와 분
구(分句)를 연결하며 양보 관계를 나타내며, '虽
然(suīrán)'·'即使(jíshǐ)'에 상당함] ¶~有天大
的本事, 也施展不开。=설령 엄청난 재능이 있
다 하더라도 발휘할 수 없다. 〚名〛**1**〚軍〛종대. ¶
四野三~=제4야전군 제3군단. **2**(Zòng) 성
(姓). 능放 ↔捉 擒 横

○● 操纵、骄jiāo纵、宽纵

【纵比】zòngbǐ 〚動〛 종적 비교하다. ¶总结的时候
既要~, 也要横比。=총결산을 할 때는 종적 비교
를 해야 할 뿐만 아니라 횡적 비교도 하여야 한다.

【纵波】zòngbō 〚名〛〚物〛 종파. 세로파.

【纵步】zòngbù 〚動〛〚書〛 큰 걸음을 내딛다. ¶~向
前=성큼 나아가다. 〚名〛 큰 걸음. ¶一个~, 跃
过矮墙。=훌쩍〔큰 걸음으로〕 낮은 담을 뛰어넘
었다.

【纵断面】zòngduànmiàn ☞【纵剖面】
zòngpōumiàn

【纵队】zòngduì 〚名〛**1** 종대. ¶三路~=삼열 종
대. **2**〚軍〛중국 국공 내전 시기의 인민 해방군
편제의 하나로 '军(군단)'에 해당함. ↔横队

【纵隔】zònggé 〚生〛**1** 종횡 간격. **2** 종격(막).

【纵观】zòngguān 〚動〛 전면적으로 관찰하다. ¶
~全局=전 국면을 전면적으로 관찰하다. **2**
종관하다. 종람하다. 역사적으로 보다. ¶~中外
历史=중국 국내외의 역사를 종람하다.

【纵贯】zòngguàn 〚動〛 종관하다. 남북을 꿰뚫다.
관통하다. ¶京九铁路是~华北和华南的交通干
线。=경구철도는 화북과 화남을 관통하는 교통
간선이다.

【纵横】zònghéng 〚名〛**1** 종횡. 가로 세로. ¶~
交叉=종횡이 교차하다. **2** 합종 연횡. ¶~之
学=합종 연횡의 학문. 〚形〛**1** 가로 세로로 뒤얽히
는 모양. ¶老泪~=눈물범벅이다. **2** 자유자재
하다. 자유분방하다. ¶笔意~=작가의 의도가
자유분방하다. 〚動〛 종횡무진하다. 거침없이 내닫
다. ¶地质考察队在三个月内~数省。=지질 조
사팀은 3개월 동안 여러 성을 종횡무진하였다.

【纵横捭阖】zònghéng-bǎihé 〚成〛**1** 전국(戰
國) 시대에 책사(策士)가 국왕에게 유세하는 정
치 주장과 책략. **2** (정치·외교상) 연합과 분열을
꾀하다.

【纵横驰骋】zònghéng-chíchěng 〚成〛**1** 종횡
무진하다. 거침없이 달리다. **2** 종횡무진하다. [용
맹하여 가는 곳마다 대적할 자가 없음을 형용함]
**3**〚喩〛 (글을 쓰는 것이) 자유자재로 거침없다.

【纵横家】zònghéngjiā 〚名〛 종횡가.

【纵横交错】zònghéng-jiāocuò 〚成〛 얼기설기
얽혀 있다. [사물이 서로 엇갈리거나 상황이 복잡
함을 형용함]

【纵横谈】zònghéngtán 〚動〛 종횡으로 논평하
다. 다각도로 논평하다. [주로 글의 표제로 쓰임]
¶〈年内国际大事~〉=〈연내 국제 대사에 관한
다각도 논평〉.

【纵虎归山】zònghǔ-guīshān ☞【放虎归山】
fànghǔ-guīshān

【纵火】zònghuǒ 〚動〛 종화하다. 방화하다. 불을
놓다. ¶~犯=방화범.

【纵酒】zòngjiǔ 〚動〛 종주하다. 몸을 가누지 못할
정도로 술을 마시다. ¶~解愁=종주하여 시름
을 덜다.

【纵览】zònglǎn 〚動〛 종람하다. 넓게 보다. ¶~
黄山风光=황산 풍경을 종람하다.

【纵令】zònglìng 〚接〛 설령 …하더라도〔일지라
도〕. ¶~困难重重, 大家仍坚持工作。=설령 겹
겹이 어려움이 닥치더라도 모두는 여전히 꿋꿋이
일을 한다. 〚動〛 자유에 맡기다. 마음대로 하게 하
다. ¶决不能~凶犯逍遥法外。=결코 흉악범이
법망을 벗어나 자유롭게 내버려 둘 수는 없다. 능

纵使 即使 纵然

**【纵论】zònglùn** 통 방담하다. 자유롭게 다각도로 논의하다. ¶~国际时事=국제 시사를 자유롭게 논의하다.

**【纵马】zòngmǎ** 통 말고삐를 놓다. ¶~前行=말고삐를 놓고 앞으로 달리다.

**【纵目】zòngmù** 통 (먼 곳을) 마음껏 보다. 눈 닿는 데까지 보다. ¶~远望=눈 닿는 데까지 멀리 보다.

**【纵剖面】zòngpōumiàn** 명 종단면(縱斷面). =【纵断面】zòngduànmiàn ¶长方体和圆柱体的~都是长方形。=직육면체와 원기둥체의 종단면은 모두 장방형이다.

**【纵情】zòngqíng** 튀 한껏. 실컷. 마음껏. ¶~欢呼=마음껏 환호하다. ➡尽情

**【纵然】zòngrán** 접 설령 …하더라도〔일지라도〕. ¶~是龙潭虎穴,也要去试一试。=설령 대단히 위험한 곳이라 할지라도 한번 시도해 보아야 한다. ➡纵使 即使 纵令

**【纵容】zòngróng** 통 방임하다. 용인하다. 내버려 두다. 눈감아 주다. ¶决不能~孩子。=결코 아이를 내버려 두어서는 안 된다.

**【纵身】zòngshēn** 통 몸을 날리다. 몸을 훌쩍 솟구치다. ¶~上马=몸을 날려 말에 오르다.

**【纵深】zòngshēn 1** 종심. [주로 군사 용어에 쓰임] ¶先遣部队继续向~挺进。=선견 부대는 계속 깊숙한 곳으로 매진한다. **2** 더욱 깊은 단계. ¶中国的经济体制改革正向~发展。=중국의 경제 체제 개혁은 더욱 심화된 단계로 발전하고 있다.

**【纵使】zòngshǐ** 접 설령 …하더라도〔일지라도〕. ¶~雨再大, 我们也要赶过去。=설령 비가 아무리 세게 내리더라도 우리는 서둘러 가야 한다. ➡即使 纵然 纵令

**【纵视图】zòngshìtú** 명(建) 세로 투시도.

**【纵说】zòngshuō** 통 종담하다. 방담하다. 거리낌없이 말하다. ¶~古今大事=고금의 큰 사건에 관해 종담하다.

**【纵谈】zòngtán** 통 종담하다. 방담하다. 거리낌없이 말하다. ¶~时事=시사에 관해 종담하다. ➡畅谈

**【纵向】zòngxiàng** 형 세로의. 상하의. 앞뒤의. 남북의. ¶~联系=상하로 연계하다. 형 남북 방향. ¶新修的这条高速公路是~的。=새로 건설한 이 고속 도로는 남북으로 난 것이다. ↔横向

**【纵欲】zòngyù** 통 절제 없이 성욕에 탐닉하다.

**【纵坐标】zòngzuòbiāo** 명(数) 세로 좌표. ↔横坐标

**疭〔瘲〕** zòng 경풍 종
☞**【瘛疭】chìzòng**

**粽〔（糉）〕** zòng 떡 종
명 쫑쯔(粽子).

**【粽子】zòng·zi** 명 쫑쯔. [찹쌀을 대나무 잎사귀나 갈대잎에 싸서 삼각형으로 묶은 후 찐 음식. 단오절에 굴원(屈原)을 기리기 위한 풍습]

**豵** zòng 수퇘지 종
명(書) 수퇘지.

# zou

**邹〔鄒〕** Zōu 나라 이름 추
명 **1**(歷) 추. (주(周)대의 국명. 지금의 산둥(山东)성 저우(邹)현 일대에 있었음〕 **2** 성(姓).

**驺〔騶〕** zōu 말 먹이는 사람 추
명 **1** 귀족의 말을 기르고 마차를 관리하는 하인. **2**(Zōu) 성(姓).

**诹〔諏〕** zōu 의논할 추
통(書) 상의〔상담〕하다. 의논하다. 자문하다. ¶咨~=자문하다.

**【诹访】zōufǎng** 통(書) 자문하다. 의견을 묻다.

**【诹吉】zōují** 통(書) 상의하여 길일을 정하다.

**陬** zōu 모퉁이 추
명(書) 산기슭. 구석. 모퉁이.

**缁〔緅〕** zōu 검붉을 추
명(書) 흑적색. 검붉은 색.

**鄹** Zōu 나라 이름 추
명 **1**(地) 추. [춘추(春秋) 시대 노국(魯國)의 지명. 지금의 산둥(山东)성 취푸(曲阜) 동남쪽에 있었으며, 공자(孔子)의 고향임] **2** ⇒'邹(Zōu)'와 같음. [주(周)대의 나라 이름]

**鲰〔鯫〕** zōu 작을 추
명(書) 작은 물고기. 잔챙이. 형(書) 작다. [사람이 보잘것없고 천박하고 비열함을 가리킴]

**【鲰生】zōushēng** 명(書) **1** 추생. 작고 변변치 못한 사람. **2**㉠ 추생. [자기를 낮추어 이르는 일인칭 대명사]

**\*走** zǒu 달릴 주
통 **1** 달리다. ¶奔~相告=바삐 달려가서 서로 알려 주다. **2** 걷다. ¶行~=걷다. / 边~边唱=걸어가면서 노래하다. **3** 떠나다. ¶火车已经~了。=기차가 이미 떠났다. **4** (물체가) 움직이다. 이동하다. (물체를) 옮기다. ¶手表不~了。=손목시계가 가지 않는다. **5** (은어로) 사람이 죽다. ¶老人在与癌症抗争了三年之后~了。=노인은 암과 3년을 투병한 후에 돌아가셨다. **6** 새다. 흘리다. 누설하다. 누출되다. ¶他一着急说~了嘴。=그는 마음이 조급해지자 그만 말실수를 해 버렸다. **7** (맛이나 모양이) 가다. 변하다. [원래의 모양에서 벗어남을 가리킴] ¶剩菜~味儿了。=남은 반찬이 맛이 갔다. **8** (경로를) 통하다. 지나다. 거치다. 경과하다. ¶我们打算~水路到广州。=우리는 수로로 광저우(广州)로 갈 작정이다. **9** (친지 등이) 왕래하다. 오가다. 방문하다. ¶他们两家~得很近。=그들 두 집안은 아주 가깝게 지낸다. 늑行

◐● 出走, 赶走, 竞jìng走, 逃táo走, 退走

【走板】**zǒu‖bǎn** 통 **1** (중국 전통극 연기 중) 박자를 놓치다. 박자가 어긋나다. ¶他又唱~了。=그는 또 박자를 놓쳤다. **2** (~儿) (주제에서) 빗나가다. (화제가) 옆길로 벗어나다. (언행이) 적절하지 않다. ¶他说话总爱~儿。=그는 말을 할 때 늘 옆길로 샌다.

【走背运】**zǒu bèiyùn** (~儿) 통 운수사납다. 재수 없다. =【走背字儿】**zǒubèizìr** ¶他最近老~。=그는 최근 늘 운수가 사납다.

【走背字儿】**zǒubèizìr** ☞【走背运】**zǒu bèiyùn**

【走笔】**zǒubǐ** 통문 (글씨를) 급히 쓰다. 신속히 쓰다. ¶~疾书=글씨를 신속히 쓰다.

【走避】**zǒubì** 통 피하다. 도피하다. ¶~不及=피하지 못하다.

【走边】**zǒu‖biān** 통 **1** (劇) (활극 중) 야간 잠행하거나 길가를 질주하는 동작을 연기하다. **2** 재봉틀로 옷의 선을 두르다.

【走镖】**zǒubiāo** 통 호송원이 화물을 호송하다.

【走步】**zǒubù** 통 **1** 걷다. ¶孩子还不到一岁, 刚学~。=아이가 아직 만 한 살도 안 되었는데 걸음마를 한다. **2** (體) (농구 경기의) 워킹(walking). 트래블링(travelling). 오버스텝(overstep).

【走道】**zǒudào** 명 보도. 인도.

【走道儿】**zǒu‖dàor** 통 걷다. ¶一边~一边看书对眼睛不好。=걸으면서 책을 보면 눈에 좋지 않다.

【走低】**zǒudī** 통 (가격 등이) 내리다. 하락하다. ¶美元近期持续~。=미국 달러가 최근 지속적으로 하락한다.

【走电】**zǒu‖diàn** 통문 전기가 새다. 누전하다.

【走调儿】**zǒu‖diàor** 통 곡조가 맞지 않다. 가락이 빗나가다. =【跑调儿】**pǎo‖diàor** ¶他唱着唱着就~了。=그는 노래를 하다가 곡조를 놓쳤다.

【走动】**zǒudòng** 통 **1** 걷다. 움직이다. ¶来回~=왔다 갔다 하다. **2** (친지간에) 서로 왕래하다. ¶亲戚越经常~越亲。=친척이란 자주 왕래하면 할수록 더욱 가까워진다.

【走读】**zǒudú** 통 통학하다. [ '住读(기숙사에 들어가서 공부하다)'와 구별됨] ¶~生=통학생.

【走访】**zǒufǎng** 통 방문하다. ¶~烈士家属=열사 가족을 방문하다.

【走风】**zǒu‖fēng** 통 (소문이) 새나가다. 누설하다. ¶肯定有人~, 否则他不会知道。=어떤 사람이 누설한 게 분명해, 그렇지 않다면 그가 알리가 없다.

【走钢丝】**zǒugāngsī** 명 (곡예에서) 외줄타기. 줄타기. 통문 **1** 줄타기하다. [대립된 쌍방 중간에서 평형을 유지하면서 어렵게 나아감을 뜻함] **2** 외줄타기하다. 위험한 짓을 하다.

【走高】**zǒugāo** 통 (가격 등이) 오르다. 상승하다.

다. ¶股市持续~。=증시가 줄곧 오르다.

【走狗】**zǒugǒu** 명 **1** 사냥개. ¶狡兔死, ~烹。=토끼를 잡으면 사냥개는 삶아 먹는다. **2** (비) 주구. 앞잡이. 추종자. ¶忠实~=충실한 주구.

【走光】**zǒuguāng** 통 **1** (사람이) 모두 떠나다. 흩어지다. ¶电影散场后, 观众很快就~了。=영화가 끝난 뒤 관객이 삽시간에 흩어졌다. **2** 노출되다. 빛이 들어가다. ¶肯定是装胶卷时~了, 不然不会是这种效果。=틀림없이 필름을 감을 때 노출이 되었을 것이다. 그렇지 않다면 이런 효과가 나오지 않을 것이다. **3** (남녀의) 비밀이 노출되다. [주로 성(性)과 관련된 것을 가리킴] ¶那个服装模特不慎在舞台上~了。=그 패션 모델은 무대에서 실수하여 속살이 드러났다.

【走过场】**zǒu guòchǎng** 통 **1** (劇) 배역이 한 쪽에서 나와서 무대에서 머무르지 않고 곧장 다른 쪽으로 사라지다. **2** (비) 형식적으로 하다. 겉치레만 하다. 피상적으로 하다. 형식(겉모습)만 갖추다.

【走好】**zǒuhǎo** 통 **1** 잘 가세요. 안녕히 가십시오. [주로 축원을 나타냄. 간혹 죽은 사람에 대한 고별에 쓰이기도 함] ¶一路~=잘 가십시오. **2** 좋은 추세가 나타나다. ¶期货市场近期~。=선물 시장이 요즘 추세가 좋다.

【走合】**zǒuhé** ☞【磨合】**móhé**

【走黑道】**zǒu hēidào** 통 **1** 어두운 밤길을 가다. **2** (강도나 깡패가 되어) 암흑가의 길을 걷다.

【走红】**zǒu‖hóng** 통 **1** 좋은 운을 만나다. 인기가 오르다. =【走红运】**zǒu hóngyùn** ¶这几年他都在~。=요 몇 년 동안 그는 줄곧 인기가 있다. **2** 환영을 받다. 인기가 있다. 잘나가다. ¶最近等离子超薄电视机开始在市场上~。=최근 플라스마 초슬림 TV가 시장에서 인기가 좋아지기 시작한다.

【走红运】**zǒu hóngyùn** ☞【走红】**zǒu‖hóng**

【走后门】**zǒu hòumén** (~儿) 통문 뒷거래를 하다. 연줄을 대다. 백을 찾다.

【走回头路】**zǒu huítóulù** 통문 좋지 않았던 옛 날로 되돌아가다. 낡은 방법으로 일을 처리하다.

【走火】**zǒu‖huǒ** 통 **1** 오발하다. **2** 누전으로 불이 나다. 스파크가 일어나 불이 나다. **3** 실화(失火)하다. 실수하여 불을 내다. ¶隔壁小饭馆今天差点儿~。=옆집 식당에서 오늘 하마터면 불이 날 뻔하였다. **4** (비) 말실수를 하다. 심한 말을 하다. 과장하여 말하다. ¶他很激动, 说话连连~。=그는 감정이 격하여 말을 연신 실수한다.

【走江湖】**zǒu jiāng‧hú** 통 각지를 떠돌며 곡예나 의술 행위・점치는 것으로 생계를 꾸려 나가다.

【走街串巷】**zǒujiē-chuànxiàng** 성 이 거리 저 거리를 돌아다니다. 골목골목을 누비다. =【串街串巷】**chuànjiē-zǒuxiàng**

【走廊】**zǒuláng** 명 **1** 복도. 회랑. **2** (비) 회랑 지대. ¶河西~=허시(河西) 회랑 지대.

【走老路】**zǒu lǎolù** 통문 옛 방법대로 일을 처리하다.

【走漏】**zǒulòu** 통 **1** (정보를) 누설하다. =【走

【走露】zǒulòu ¶~风声=소문을 내다. 2 밀수로 탈세하다. ¶查禁~行为. =밀수 탈세를 조사하여 금지하다. 3 (운행 중인 대형의 물건이) 일부가 도난당하다. 새다. ¶货物~了没有? =화물이 도난당하였느냐? ≒透漏 透漏
【走露】zǒulòu ☞【走漏】zǒulòu
【走路】zǒu‖lù 동 1 걷다. ¶我们昨天下午~去了公园. =우리는 어제 오후에 걸어서 공원에 갔다. 2 떠나다. ¶他一再违纪, 最后只有~. =그가 자꾸 기율을 어기면 종국에는 어쩔 수 없이 떠나야 한다.
【走马】zǒumǎ 동 말을 타고 달리다. ¶平原~。=평원에서 말을 타고 달리다.
【走马灯】zǒumǎdēng 명 1 주마등. 2 (비) 인원의 변동이 빈번한 상황. ¶公司领导近年~似的更换. =회사의 간부가 근년에 주마등처럼 빈번하게 바뀌었다.
【走马观花】zǒumǎ-guānhuā ☞【走马看花】zǒumǎ-kànhuā
【走马换将】zǒumǎ-huànjiàng 성 1 장수를 교체하다. 2 인원을 교체하다.
【走马看花】zǒumǎ-kànhuā 성 1 주마간화. 말을 달리며 꽃을 구경하다. 2 (비) 대충대충 보고 지나가다. =【走马观花】zǒumǎ-guānhuā
【走马上任】zǒumǎ-shàngrèn 성 1 관리가 부임하다. 2 어떤 업무를 맡다. [해학적 의미를 내포함]
【走麦城】zǒu màichéng 동 1 맥성으로 들어가다. [《삼국연의(三國演義)》에서 관우(關羽)가 맥성(麥城)으로 패주하다 잡혀서 해를 당하는 고사에서 유래함] 2 (비) 영웅의 말로에 이르다. 재수가 없어 실패하다.
【走门路】zǒu mén·lu 숙 (사욕을 채우기 위해 뇌물이나 부탁으로) 권력가와 결탁하다. =【走门子】zǒu mén·zi
【走门子】zǒu mén·zi ☞【走门路】zǒu mén·lu
【走南闯北】zǒunán-chuǎngběi 성 각지를 돌아다니다. ↔深居简出
【走内线】zǒu nèixiàn 숙 어떤 목적을 이루기 위해 상대방 내부의 사람과 결탁하다.
【走棋】zǒu‖qí 동 1 장기 말을 움직이다. 2 장기를[바둑을] 두다.
【走娘家】zǒu niáng·jia 친정으로 가다.
【走强】zǒuqiáng 동 1 (가격 등이) 상승하는 추세이다. ¶大盘指数近日~. =증권 지수가 최근 상승하는 추세이다. 2 왕성해지는 추세이다. ¶软件技术人才的需求量日益~. =소프트웨어 기술 인력의 수요는 날로 왕성해지는 추세이다.
【走俏】zǒuqiào 형 (상품이) 잘 팔리다. 인기가 좋다. ¶~商品=인기 상품. ≒抢手
【走亲访友】zǒuqīn-fǎngyǒu 성 친지나 친구의 집을 방문하다.
【走亲戚】zǒu qīn·qi 동 친지를 방문하다. 친지의 집에 가서 묵다.
【走禽】zǒuqín 명 주금.
【走热】zǒurè 동 유행이나 잘 팔리는 추세가 나

타나다. ¶数码摄像机逐渐~. =디지털 비디오 카메라는 점차 인기가 있는 추세이다.
【走人】zǒurén 동 (구) 1 떠나다. ¶他们等不及就~了. =그들은 기다리지 못하고 곧 떠났다. 2 면직되다. 퇴직을 당하다. 해고되다. 파면당하다. 내쫓기다. 잘리다. ¶再惹乱子就卷铺盖~. =다시 사고를 일으키면 이불보따리를 싸야 한다.
【走软】zǒuruǎn 동 1 (가격 등이) 내리는 추세이다. ¶石油价格近期~. =석유 가격이 최근 내리는 추세이다. 2 쇠퇴하는 추세이다. ¶新产品的销售势头近日~. =신상품의 판매가 요즘 쇠퇴하는 추세이다.
【走弱】zǒuruò 동 약해지는 추세이다. ¶外汇市场一度~. =외환 시장이 한때 약해지는 추세를 보였다.
【走散】zǒusàn 동 헤어지다. 잃어버리다. ¶她焦急地寻找~的孩子. =그녀는 잃어버린 아이를 급하게 찾는다.
【走色】zǒu‖shǎi 동 퇴색하다. 색이 바래다. ¶裤子没洗两次就~了. =바지가 몇 번 세탁하지도 않았는데 색이 바랬다.
【走扇】zǒushàn 동 (어떤 원인으로 변형되어) 문짝[창문]이 잘 닫히지 않다.
【走摘】zǒushāng ☞【失摘】shī‖shāng
【走神儿】zǒu‖shénr 동 정신이 나가다. 주의력이 분산되다. 정신 집중이 안 되다. ¶她上课老爱~. =그녀는 수업을 들을 때 자주 정신을 놓는다. ≒失神
【走绳】zǒu‖shéng 동 줄타기를 하다. =【走索】zǒu‖suǒ
【走失】zǒushī 동 1 (사람이나 가축이) 행방불명이 되다. 실종되다. ¶孩子在商场里~了. =아이가 상가에서 실종되었다. 2 (원래의 모양이) 바뀌다. 변형되다. ¶小说改编成电影后~了原意. =소설은 영화로 개편된 후 원래의 의미가 바뀌었다.
【走时】zǒushí 동 시계의 침이 가다. ¶这块怀表~很准. =이 회중시계는 시간이 아주 잘 맞는다.
【走势】zǒushì 동 1 나아가는 방향. ¶这座山的~是东西向的. =이 산이 뻗어가는 방향은 동서향이다. 2 발전적 추세. ¶这款汽车的市场~很好. =이 모델의 자동차 시장 발전 추세는 아주 좋다. ≒走向
【走兽】zǒushòu 명 1 주수. [빨리 달리는 짐승류] 2 주수. 길짐승. ¶飞禽~=날짐승과 길짐승. ↔飞禽
【走水】zǒu‖shuǐ 동 1 물이 흐르다. 물 흐름이 통하다. ¶灌溉渠~很通畅. =관개수로에 물 흐름이 아주 잘 빠진다. 2 물이 새다. ¶楼顶有点儿~. =지붕에 물이 좀 샌다. 3 불이 나다. 실화(失火)하다. [ '불이 나다' 라는 말을 금기시하여 하는 말] ¶库房因电线老化~了. =창고에 전기선이 노화되어 불이 났다.
【走水】zǒu·shuǐ 명(동) 휘장이나 커튼 등의 윗부분에 장식된 천.
【走私】zǒu‖sī 동 밀수하다. ¶~犯=밀수범.
【走索】zǒu‖suǒ ☞【走绳】zǒu‖shéng

【走台】zǒu‖tái 동 1 연출하기 전에 서 있는 위치나 다니는 노선 등에 대해 연습하다. 2 패션 모델이 무대를 걷다.

【走题】zǒu‖tí 동 (말이나 문장이) 주제를 벗어나다. ¶他的作文~了。=그의 작문이 주제를 벗어났다.

【走投无路】zǒutóu-wúlù 성 1 의탁할 곳이나 갈 만한 길이 없다. 2 비 출로가 없다. 궁지에 몰리다. 막다른 골목에 이르다. ≒山穷水尽 ↔左右逢源

【走弯路】zǒu wānlù 동비 (길을) 돌아서 가다. 우회하여 가다. 길을 잘못 들어 돌다. 시행착오가 있다. ¶这次实验虽然成功了, 但走了不少弯路。=이번 실험은 비록 성공하였으나 시행착오도 적지 않았다.

【走味儿】zǒu‖wèir 동 맛이 가다. 맛이 변하다. ¶豆腐~了。=두부가 맛이 변하였다.

【走下坡路】zǒu xiàpōlù 동비 내리막길을 걷다. 날로 못해지다. ¶这家公司近年一直在~。=이 회사는 최근 줄곧 내리막길을 가고 있다.

【走险】zǒuxiǎn 동 모험을 하다. ¶铤而~=몸을 던져 모험하다.

【走向】zǒuxiàng 명 1 (산천·광맥·암층·도로 등의) 주향. 연장된 방향. ¶河流的~=강의 흐름의 방향. 2 (발전적) 추세. 흐름. ¶密切关注中国电影的发展~。=중국 영화의 발전적 추세를 세심히 주시하다. 동 어떤 방향을 향하여 발전하다. ¶中东局势~缓和。=중동 정세는 완화되고 있다. ≒走势

【走相】zǒu‖xiàng 동 모습이 변하다. ¶她伤愈之后完全~了。=그녀는 상처가 다 나은 후 완전히 다른 모습이 되었다.

【走形】zǒu‖xíng (~儿) 동 변형되다. 모양이 변하다. ¶实木家具容易~。=원목 가구는 쉽게 변형된다. ≒变形

【走形式】zǒu xíngshì 부 (실제적 효과는 강구하지 않고) 형식만 따르다. 흉내만 내다.

【走穴】zǒuxué 동 배우가 연예인 브로커와 연결하여 소속 부서 이외에서 부업을 하다.

【走眼】zǒu‖yǎn 동 잘못 보다. 눈이 삐다. ¶把赝品当真品, 我确实看~了。=모조품을 진품으로 보았으니, 나는 확실히 눈이 삐었어.

【走样】zǒu‖yàng (~儿) 동 원형을 잃다. 변형되다. ¶那事儿传了几次就~了。=그 일이 몇 번 옮겨지면서 와전되었다.

【走油】zǒu‖yóu 동 1 기름기가 배어 나오다. 기름기가 빠지다. ¶月饼放~了。=위에빙(月饼)이 기름기가 배어 나오다. 2 (조리의 방법으로) 끓는 기름에 살짝 튀기다. ¶辣椒下锅前要走一下油。=고추를 솥에 넣기 전에 기름에 살짝 튀겨야 한다.

【走运】zǒu‖yùn 동 행운을 만나다. 운이 좋다. ¶他近年很~, 生意越做越红火。=그는 최근 이 좋아 장사가 갈수록 번창한다. ↔倒霉 背运

【走账】zǒu‖zhàng 동 재물의 수지(收支)를 장부에 기록하다. ¶每月的开支要及时~。=매월의 비용을 곧바로 기록하여야 한다.

【走着瞧】zǒu·zheqiáo 동 걸어가면서 보다. 두고 보다. 나중에 보다. ¶不信你~。=못 믿겠다면 두고 봐.

【走字】zǒu‖zì 동비 1 행운을 만나다. 운이 좋다. 2 (수량계·가스 계량기 등의) 계량기의 바늘이 움직이다.

【走卒】zǒuzú 명 1 옛 아역(衙役). ¶贩夫~=행상인과 심부름꾼. 천한 직업에 종사하는 사람. 2 비 (나쁜 무리에게 매수되어 악한 짓을 하는) 졸개. ¶他只不过是个~。=그는 단지 끄나풀에 불과하다.

【走嘴】zǒu‖zuǐ 동 입을 잘못 놀리다. 하지 말아야 할 말을 하다. 비밀을 누설하다. 말실수를 하다. ¶一时情急, 说走了嘴。=잠시 마음이 조급하여 하지 말아야 할 말을 해 버렸다.

\*\***奏** zòu 연주할 주

동 1 군주에게 아뢰다. ¶上~=상주하다. 2 (효능을) 얻다. 거두다. (공적을) 세우다. ¶大~奇功=기이한 공훈을 크게 세우다. 3 연주하다. ¶演~=연주하다. / 合~=합주하다.

○● 伴奏, 重chóng奏, 吹奏, 节奏, 齐qí奏, 前奏, 演奏

【奏功】zòugōng 동 효과를 얻다〔거두다〕. ¶此事需要大家通力合作才能~。=이 일은 모두가 온 힘을 모아야만 효과를 거둘 수 있다.

【奏捷】zòujié 동 승리하다. 이기다. ¶三军~=삼군이 승리하다.

【奏凯】zòukǎi 동 1 개선가를 울리다. 2 승리하다. ¶~而还=개선가를 울리며 돌아오다.

【奏鸣曲】zòumíngqǔ 명(音) 소나타(sonata).

【奏疏】zòushū 명 주소. 상소(上疏). ≒奏章

【奏效】zòu‖xiào 동 효과가 있다. 효과를 얻다. ¶~明显=효과가 뚜렷하다. ≒见效

【奏乐】zòu‖yuè 동 음악을 연주하다.

【奏章】zòuzhāng 명 주장. 주소(奏疏). ≒奏疏

【奏折】zòuzhé 명 상소(문). 상주(문). [명청(明清)대에 신하가 황제에게 올리던 글로, 첩장(帖装)에 써서 이외 데서 붙여진 명칭임] =折子 zhé·zi

\*\***揍** zòu 때릴 주

동 1 (사람을) 때리다. 치다. ¶挨~=얻어맞다. 2 비 깨다. 깨뜨리다. 떨어뜨려 깨다. ¶不小心把茶杯~了。=잘못하여 찻잔을 깨뜨렸다.

# zu

\*\***租** zū 세낼 조

명 1 옛 지조(地租). 토지세. ¶田~=전조. 2 옛 부세. 조세. ¶收取~税=조세를 거두다. 3 세(贳). 임대료. ¶房~=집세. / 地~=토지세. 동 1 세내다. 임차하다. ¶他在城里~了套房子住。=그는 시내에 집을 임대하여 산다. 2 세를

zū 주다. 임대하다. ¶这家公司开办了~车业务. = 이 회사는 자동차 대여 업무를 개설하였다.

○= 包租, 出租, 佃diàn租, 学租, 押yā租, 招租, 转zhuǎn租

【租船】zūchuán 통 선박을 임차하다. ¶~合同 = 선박 임차 계약서.
【租佃】zūdiàn 통 소작 주다.
【租户】zūhù 명 (가옥·토지 등의) 차용자. 소작인. 임차인.
【租价】zūjià 명 임대료. 차임(借賃).
【租界】zūjiè 명 조계. [제국주의 국가가 불평등 조약으로 식민지 국가를 강압하여 개항시킨 도시의 외국인 거주지])
【租借】zūjiè 통 1 조차하다. 차용하다. 세를 내다. 임차하다. ¶~房屋 = 집을 임차하다. 2 빌려 주다. 세를 놓다. 임대하다. ¶这家书店~杂志. = 이 서점은 잡지를 빌려 준다. ≒租赁 租用 出租
【租借地】zūjièdì 명 조계지. 조차지.
【租金】zūjīn 명 1 임대료. 차임(借賃). 2 임대수입.
【租赁】zūlìn 명 1 임차(賃借)하다. (세를 주고) 빌리다. 임차하다. ¶县旅游公司今天~了一辆大客车. = 현(縣)의 관광 공사는 오늘 대형 버스 한 대를 빌렸다. 2 임대(賃貸)하다. 세를 놓다. (세를 받고) 빌려 주다. ¶~小型汽车 = 소형 자동차를 임대하다. ≒租借 租用 出租
【租赁制】zūlìnzhì 명(經) 리스제(lease制).
【租期】zūqī 명 임대차 기한.
【租钱】zū·qian 명 1 임대료. 차임(借賃). 2 임대 수입.
【租让】zūràng 통 임대 양도하다.
【租税】zūshuì 명 조세.
【租限】zūxiàn 명 임대차 기한.
【租用】zūyòng 통 조차하다. 임대하다. ≒租借 租赁
【租约】zūyuē 명 임대차 계약.
【租种】zūzhòng 통 소작하다. 토지를 임대하여 경작하다.
【租子】zū·zi 명 지세(地稅). 소작료. ¶交~ = 지세를 지불하다.

**菹** zū 채소절임 저
명·문 1 (발효되어 시큼한 맛이 나는) 배추절임. 2 소택지(沼澤地). 통·문 (채소나 고기를) 잘게 썰다〔저미다〕.
【菹醢】zūhǎi 명 저해. [고대의 혹형의 하나로, 사람을 썰어 절이는 형벌]

**足** zú 발 족
명 1 다리. 발. ¶情同手~ = 친형제같이 정이 깊다. / 手舞~蹈 = 기뻐서 덩실덩실 춤을 추다. 2 기물의 하부가 다리와 같이 받침대 역할을 하는 부분. ¶鼎 = 정족. 솥발. 3 제자. ¶高~ = 고족 제자. 4 축구. ¶~坛劲旅 = 축구계의 강팀. 5 축구팀. ¶中国女~ = 중국 여자 축구팀. 형 부유하다. 충족하다. 넉넉하다. ¶富~ = 풍부하고 넉

넉하다. / 干劲十~ = 의욕이 넘치다. 児 1 충분히. 넉넉히. 족히. [주로 부정형으로 쓰임] ¶不~为奇 = 진기한 것이 못 된다. / 微不~道 = 하찮아서 언급할 가치도 없다. 2 …에 충분하다. 족히 …할 만하다. ¶这袋米~有五十斤. = 이 쌀자루는 오십 근은 족하다.

○= 补足, 插足, 缠chán足, 长足, 赤chì足, 充足, 跌diē足, 丰足, 高足, 龟guī足, 立足, 敛liǎn足, 满足, 平足, 蛇足, 涉足, 失足, 实足, 手足, 天足, 腕wàn足, 伪wěi足, 远足, 知足

【足本】zúběn 명 빠졌거나 삭제된 부분이 없는 완전한 판본. ¶~《水浒传》= 완전한 판본의 《수호전》.
【足不出户】zúbùchūhù 성 집에서 떠나지 아니하다. 두문불출이다.
【足秤】zúchèng 형 중량이 넉넉하다.
【足赤】zúchì 명 순금. ¶金无~, 人无完人. = 금에는 순금이 없고, 사람 중에는 완벽한 사람이 없다.
【足额】zú'é 통 규정이나 규격의 액수에 이르다. 정액에 다다르다. ¶~支付 = 규정된 액수를 지불하다.
【足够】zúgòu 통 수요나 있어야 할 만한 정도에 도달하다. ¶一个月一千元, ~花了. = 한 달에 천 위안이면 쓰기에 족하다. 형 1 충분하다. ¶他有~能力和时间把工作做好. = 그는 일을 잘 해 낼 충분한 능력과 시간이 있다. 2 만족하다. ¶你有这份心我就~了. = 너에게 이런 마음이 있으면 됐다.
【足迹】zújì 명 1 족적. 발자취. 2 다녀간 곳. ¶~遍天下. = 천하를 두루 돌아다니다. 3 児 지나온 과거의 역정. ¶人生的~ = 인생의 발자취.
【足尖舞】zújiānwǔ 명〔藝〕 토 댄스(toe dance).
【足见】zújiàn 통 충분히 알 수 있다. …라고 볼 수 있다. 충분히 …를 나타내다. ¶他近来的改变, ~你的劝告起了作用. = 그의 최근의 변화로 보아 네가 충고한 효과가 나타나고 있음을 충분히 알 수 있다.
【足金】zújīn 명 순금.
【足联】zúlián 명·약 足球联合会(축구 연합회).
【足球】zúqiú 명(體) 1 축구. 2 축구공.
【足色】zúsè 형 (금·은이) 순수하다. ¶~纹银 = 순은덩이.
【足岁】zúsuì 명 만 나이〔연령〕. ¶小家伙已经十~了. = 녀석은 이미 만 열 살이 되었다.
【足坛】zútán 명 축구계. ¶~老将 = 축구계 노장.
【足下】zúxià 존 족하. [친구에 대한 경칭으로, 주로 서신에 쓰임] ¶请~赐教. = 족하의 가르침을 바랍니다.
【足协】zúxié 명·약 足球协会(축구 협회).
【足兴】zúxìng 형·방 아주 즐겁다. 몹시 흥겹다. ¶他喝了很多酒, 还兴不~. = 그는 술을 많이 마셨으나 여전히 즐겁지가 않다.
【足以】zúyǐ 児 충분히 …할 수 있다. …하기에 족하다. ¶他的证词不~说明问题. = 그의 증언은 문제를 설명하기에 충분치가 않다.

【足银】zúyín 몡 순은.
【足月】zúyuè 동 (태아의) 달이 차다. 산달이 되다. ¶~分娩=달이 차서 분만하다.
【足智多谋】zúzhì-duōmóu 匢 지혜가 많고 계략이 풍부하다. 지략이 풍부하다.
【足足】zúzú 뷔 꼬박. 족히. ¶那本书他~写了两年。=그 책은 그가 꼬박 이 년을 썼다.

*卒[(卒·卆)] zú 병사 졸
몡 1 사병. 병졸. ¶士~. / 无名小~=무명 소졸. 2 옛 하인. 심부름꾼. ¶狱~=옥졸. 3 졸. [장기말의 하나] 동 1 웹 마치다. 끝내다. ¶~读=졸독하다. 책읽기를 마치다. 2 죽다. 사망하다. ¶病~=병으로 죽다. / 生~年月=생졸 연월. 뷔 웹 끝내. 마침내. 결국. ¶~底于成=마침내 이루다. ≒死亡
☞ cù

○● 暴卒, 兵卒, 狱yù卒, 马前卒

⇨ 卒 zú
　猝 cù
　悴 cuì
　翠 cuì
　醉 zuì

【卒岁】zúsuì 동웹 한 해를 보내다. ¶聊以~=겨우 한 해를 보내다. 몡 만 일 년. ¶~长相随。=일 년 동안 늘 따라다니다.
【卒业】zúyè 동 졸업하다. ¶~于北京大学=베이징대학을 졸업하다.
【卒子】zú·zi 몡 1 졸. 졸병. 2 졸. [졸(卒)자가 쓰인 장기 말의 하나] ¶~过河当车(jū)用。=졸이 강을 건너니 차(车)로 써먹는다.

崒[(崪)] zú 험준할 졸
헹웹 (산세가) 험준하다.

**族 zú 겨레 족
동 1 웹 (초목이) 뭉치다. 모여나다. ¶木~生=나무가 모여나다. 2 멸족하다. [한 가족이나 종족을 멸하여 없애는 형벌] 몡 1 가족. ¶同~=동족. / 宗~=종족. 2 족. [몇몇 명사 뒤에 쓰여 '그런 특성을 가지는 사람이나 사물의 무리' 또는 '그 무리에 속하는 사람이나 사물의 무리'의 뜻을 나타냄] ¶水~=수서 동물. / 打工~=아르바이트족. 3 부족. 민족. ¶汉~=한족. / 斯拉夫~=슬라브족.

○● 大族, 氮dàn族, 贵族, 家族, 零族, 卤lǔ族, 灭miè族, 民族, 亲族, 世族, 氏族, 外族, 王族, 遗族, 异族, 语族, 种族

【族规】zúguī 몡 가규. 집안 규칙. [가족이나 종족의 내의 규약]
【族类】zúlèi 몡 1 동족. 2 동류인. ¶非我~=나와는 다른 사람이다.
【族内婚】zúnèihūn ☞ [内婚制] nèihūnzhì
【族谱】zúpǔ 몡 족보.
【族权】zúquán 몡 가(부)장권. 족장의 권력.
【族群】zúqún 몡 1 동류 집단. 2 부류. ¶高血压患者是发生脑中风的危险~。=고혈압 환자는 뇌졸중이 일어날 위험이 높은 부류이다.

【族人】zúrén 몡 족인. 동일 종족[가족]의 사람.
【族长】zúzhǎng 몡 족장.
【族尊】zúzūn 몡 가족 중 항렬이 가장 높고 위엄과 명망이 높은 사람.

镞[鏃] zú 살촉 촉
몡웹 화살촉. ¶箭~=화살촉.

诅[詛] zǔ 저주할 저
동웹 1 저주하다. 2 맹세하다. ¶~盟=서약하다. 맹세하다.
【诅骂】zǔmà 동 저주하다.
【诅咒】zǔzhòu 동 1 저주하다. [원한을 가진 사람에게 재앙이나 불행이 일어나도록 빌고 바람] 2 저주하다. [몹시 미워하여 저주함] ¶~贪官污吏=탐관오리를 저주하다. ↔祝福

*阻 zǔ 가로막을 조
동 가로막다. 저지하다. ¶劝~=못하게 제지하다. / 通行无~=통행에 막힘이 없다.

○● 电阻, 梗gěng阻, 禁阻, 内阻

【阻碍】zǔ'ài 동 (진행하지 못하도록) 가로막다. ¶~交通=교통을 가로막다. 몡 장애물. ¶清除~=장애물을 치우다. ≒妨碍 障碍 窒碍
【阻挡】zǔdǎng 동 저지하다. 가로막다. ¶历史的车轮滚滚向前, 不可~。=역사의 수레바퀴는 힘차게 전진하므로 가로막을 수 없다. ≒阻拦 拦阻
【阻断】zǔduàn 동 막다. 차단하다. ¶~去路=진로를 차단하다.
【阻遏】zǔ'è 동웹 저지하다.
【阻隔】zǔgé 동 조격하다. 막혀서 통하지 못하다. ¶交通~=교통이 막혀 통하지 못하다.
【阻梗】zǔgěng 동웹 1 막히다. 두절되다. 끊기다. ¶交通~=교통이 두절되다. 2 저지하다. 방해하다. 훼방놓다. ¶有小人从中~。=소인배가 중간에서 방해하다.
【阻击】zǔjī 동(军) (적의 진격·보급로·퇴로 등을) 저지하다. 차단하다. ¶~战=저지전.
【阻截】zǔjié 동 가로막다. 차단하다. 저지하다. ¶沿途~=길에서 차단하다.
【阻绝】zǔjué 동 막혀서 끊어지다. 두절되다. ¶音信~=소식이 두절되다.
【阻抗】zǔkàng 몡(电) 저항. 임피던스.
【阻拦】zǔlán 동 방해하다. 막다. ¶他决心离开, 谁也不好~。=그가 떠나기로 결심을 하였으므로, 누구도 제지하기가 어렵다. ≒阻 阻挡
【阻力】zǔlì 몡 1(物) 저항. ¶空气~=공기 저항. 2 저항. [사물의 발전이나 전진을 방해하는 힘] ¶冲破前进道路上的各种~。=전진하는 길에 놓인 각종 저항을 돌파하다.
【阻力臂】zǔlìbì 몡(物) 저항팔. [옛 명칭은 '重臂(zhòngbì)'였음]
【阻力点】zǔlìdiǎn 몡(物) 저항점. [옛 명칭은 '重点(zhòngdiǎn)'이었음]

【阻留】zǔliú 동 막혀서 머물다. 억류되다. ¶由于天气原因, 他被~在上海了. =날씨 때문에 그는 상하이에 억류되었다.
【阻难】zǔnàn 동 방해하며 괴롭히다. ¶无理~=아무 이유 없이 방해하다.
【阻挠】zǔnáo 동 가로막다. 방해하다. 차단하다. ¶再三~=재삼 방해하다.
【阻尼】zǔní 명(物) (진동의) 감쇠(减衰).
【阻燃】zǔrán 동 연소를 저지하다. ¶~物质=내연(소) 물질.
【阻塞】zǔsè 1 막히다. ¶毛孔~=모공이 막히다. 2 가로막다. 두절되다. ¶~交通=교통이 막히다. ↔畅通
【阻援】zǔyuán 동 적의 지원군을 저지[차단]하다.
【阻止】zǔzhǐ 동 저지하다. ¶~传染病的蔓延. =전염병의 만연을 저지하다. 늑制止
【阻滞】zǔzhì 동 차단되다. 가로막히다. ¶心脏传导~=심장 블록.

**组[組]** zǔ 조직할 조
동 짜다. 조직하다. 구성하다. ¶改~=개편하다. / 重~=재편성하다. 명 1 조. 그룹. 팀. ¶小~=팀. 조. / 读报~=신문읽기반. 2 (문예작품이) 연작의. 일련의. 조를 이룬. ¶爱情~诗=애정 연작시. 양 조. 짝. 벌. 세트. ¶一~歌曲=노래 모음곡[조곡(组曲)]. / 两~电池=전지 두 세트.

○● 词组, 机组, 绕rào组

【组办】zǔbàn 동 조직하여 개최하다. ¶~元旦晚会=신정 이브닝 쇼를 개최하다.
【组编】zǔbiān 동 편성하다. 편집하다. ¶~大型画册=대형 화첩을 편성하다.
【组成】zǔchéng 동 짜다. 조성하다. 구성하다. 조직하다. ¶~新公司=새로운 회사를 조직하다. 명 구성. ¶人员~=인원 구성.
【组雕】zǔdiāo 명 시리즈 조소 작품.
【组队】zǔduì 동 팀을 구성하다. ¶~参赛=팀을 구성하여 시합에 참가하다.
【组分】zǔfèn 명(化) 구성 요소. 성분.
【组稿】zǔ‖gǎo 동 원고를 청탁하다. ¶~计划=원고 청탁 계획.
【组歌】zǔgē 명 조곡. 모음곡. ¶《长征~》=〈장정 조곡〉.
【组阁】zǔ‖gé 동 1 조각하다. 내각을 조직하다. 2 임원진을 조직하다.
【组合】zǔhé 동 조합하다. 짜 맞추다. 한데 묶다. ¶四川大学由三所国家重点大学~而成. =쓰촨 대학은 국가 핵심 대학 세 개를 연합하여 이루어 진 대학이다. 명 1 조합. ¶词组是词的~. =사조는 단어의 조합이다. 2 (数) 조합. 콤비네이션. 동 결합하다. 결합되다. 짜 맞추어진. ¶~机床=조합된 선반.
【组合柜】zǔhéguì 명 콤비 장식장.
【组合家具】zǔhé jiājù 명 맞춤식 가구.
【组合式】zǔhéshì 명 조합식. ¶~健身器材=조합식 헬스 기구.
【组合音响】zǔhé yīnxiǎng 명 하이파이 컴포넌트 시스템.
【组画】zǔhuà 명 시리즈 그림.
【组件】zǔjiàn 명 모듈. 부품.
【组建】zǔjiàn 동 (기구나 단체 등을) 조직하다. 편성하다. ¶~流行乐团=팝 밴드를 조직하다.
【组曲】zǔqǔ 명(音) 조곡. 모음곡.
【组诗】zǔshī 명 연작시.
【组团】zǔtuán 동 (임시로) 단체를 조직하다. ¶~出访=단체를 조직하여 출국하다.
【组委会】zǔwěihuì 명(약) 组织委员会(조직 위원회).
【组舞】zǔwǔ 명 시리즈 무용.
【组员】zǔyuán 명 구성원. 조원. 멤버.
【组长】zǔzhǎng 명 조장. 반장. 팀장.
【组织】zǔzhī 동 조직하다. 결성하다. ¶~篮球赛=농구 경기를 준비하다. 명 1 조직. ¶群众~=군중 조직. 2 조직. 계통. 시스템. ¶~松散=조직이 느슨하다. 3 (生) 조직. ¶肌肉~=근육 조직. 4 (纺) 조직. ¶斜纹~=사문직.
【组织关系】zǔzhī guānxì 명 1 (共产党(공산당)·共产主义青年团(공산주의 청년단) 등의) 정치 단체와 구성원의 예속 관계. 2 (정치 단체나 구성원의 정치적 신분을 나타내는) 증명서.
【组织上】zǔzhī·shang 명 당사자가 속한 정치 조직의 별칭. ¶~非常关心您的健康状况. =조직에서는 당신의 건강에 대해 아주 많은 관심을 두고 있다.
【组织生活】zǔzhī shēnghuó 명 조직 생활.
【组织性】zǔzhīxìng 명 (단체·조직 등에 대한) 열정. 충성심. ¶他有很强的~和纪律性. =그는 조직에 대해 강한 열정을 가지고 있고 기율을 잘 준수한다.
【组织液】zǔzhīyè 명 1 (生) 조직액. 간질액(間質液). 2 (医) 동식물의 어떤 조직으로 제조한 액체 약제.
【组装】zǔzhuāng 동 조립하다. ¶这款进口汽车是在国内~的. =이 수입 자동차는 국내에서 조립한 것이다. ↔拆卸

**俎** zǔ 도마 조
명 1 적대(炙臺). ¶越~代庖=제사를 담당하는 사람이 음식 만드는 일을 하다. 월권 행위를 하다. ¶刀~=칼과 도마. 2 (고대의) 도마. 3 (Zǔ) 성(姓).
【俎豆】zǔdòu 명(문) 적대와 두. [제사나 연회를 열 때 쓰는 고기를 담는 두 가지 용기] 동(문) 제사를 지내다. ¶~千秋=영구히 제사를 지내다.
【俎上肉】zǔshàngròu 명(문) 1 도마 위의 고기. 2 (비) 마음대로 유린을 당하는 사람 또는 국가.

**祖** zǔ 조상 조
명 1 조상. 선조. ¶曾~=증조부. / 远~=먼 조상. 2 할아버지와 같은 항렬의 사람. ¶伯~=큰할아버지. / 外~=외조부. 3 (사업이나 종파의) 창시자. ¶鼻~=비조. 원조. / 佛~=부처님.

4 (**Zǔ**) 성(姓).

0-● 始祖, 叔shū祖

【祖辈】**zǔbèi** [명] 조상. 선조. ¶他的这种绝技是~传下来的。=그의 이 절기는 조상 때부터 전해 온 것이다.
【祖本】**zǔběn** [명] 조본. [서적이나 비첩의 가장 오래 된 판각본 혹은 탁본]
【祖产】**zǔchǎn** [명] 선조의 유산. 선조로부터 물려받은 재산.
【祖传】**zǔchuán** [형] 조상 대대로 전해진. ¶~秘方=가전 비방.
【祖代】**zǔdài** [명] 조상 대대. ¶~经商=조상 대대로 상업을 하다.
【祖坟】**zǔfén** [명] 조상의 무덤. ¶祭扫~=조상의 무덤에 제사를 지내고 성묘하다.
【祖父】**zǔfù** [명] 조부. 할아버지.
【祖父母】**zǔfùmǔ** [명] 조부모.
【祖国】**zǔguó** [명] 조국. ¶伟大的~=위대한 조국.
【祖籍】**zǔjí** [명] 원적. ¶~安徽=원적이 안후이(安徽)이다. ≒原籍
【祖居】**zǔjū** [동] 조상 대대로 살다〔거주하다〕. ¶~上海=조상 대대로 상하이(上海)에 거주하다. [명] 조상이 살았던 곳〔집〕. ¶~保存完好。=조상이 살았던 집이 잘 보존되어 있다.
【祖率】**zǔlǜ** [명]《數》 원주율. [중국 남북조 시대에 조충지(祖冲之)가 산출한 원주율. 그 근사치는 3.1415926에서 3.1415927 사이임]
【祖母】**zǔmǔ** [명] 조모. 할머니.
【祖母绿】**zǔmǔlǜ** [명][외] 에메랄드. [아] zumurnd
【祖上】**zǔshàng** [명] **1** 조상. 선조. [민족이나 국가의 윗대] **2** 조상. 선조. [연대가 비교적 오래 된 선조]
【祖师】**zǔshī** [명] **1**《佛》《道》 조사. 창시자. [불교·도교에서 종파를 창립한 사람] **2** 조사. 창시자. [어떤 학파를 처음 세운 사람] **3** (회문(會門)이나 도문(道門)에서의) 창시자. **4** [옛] 조사. [수공업자가 본 업종의 창시자를 가리킴] =【祖师爷】**zǔshīyé**
【祖师爷】**zǔshīyé** ☞【祖师】**zǔshī**
【祖述】**zǔshù** [동][문] **1** 숭배하고 따르다. ¶~尧舜=요순을 조술하다. **2** 본받아 밝히고 널리 계승하다. ¶~孔孟之学=공맹지학을 널리 드날리다.
【祖孙】**zǔsūn** [명] **1** 조손. 조부부터 손자까지. ¶~三代同堂。=조손 삼 세대가 한 집에 살다. **2** 조부〔조모〕와 손자〔손녀〕. ¶~二人=할아버지와 손자 두 사람.
【祖先】**zǔxiān** [명] **1** 선조. 조상. [민족이나 국가의 윗대] **2** 조상. [현대 각종 생물로 진화한 고생대]
【祖业】**zǔyè** [명] **1** 선조의 유산. **2** 선조의 공적.
【祖茔】**zǔyíng** [명][문] 선영(先茔). 조상의 무덤.
【祖宗】**zǔ·zong** [명] **1** 조상. 선조. **2** 조상. [민족의 조상]
【祖祖辈辈】**zǔzǔ bèibèi** [명] 조상 대대.

# zuan

**钻[鑽, 鑚] **zuān** 뚫을 찬

[동] **1** (구멍을) 뚫다. ¶~木取火=나무를 문질러서 불을 일으키다. **2** 깊이 연구하다. 파고들다. ¶~书本儿=책을 깊이 파고들다. **3** 침투하다. 들어가다. ¶~山洞=동굴 속으로 들어가다. **4** 남의 비위를 맞추다. 아첨하다. ¶~门路=권세에 아부하다.
☞ **zuàn**

【钻故纸堆】**zuān gùzhǐduī** [낮][비] 고서만 죽어라고 파고들다.
【钻劲儿】**zuānjìnr** [명] 탐구욕. 깊이 파고드는 열정.
【钻井】**zuānjǐng** [동] 착정기로 우물을 파다. [명] 탐사정.
【钻井船】**zuānjǐngchuán** [명] (해저 유전의) 굴착선.
【钻井队】**zuānjǐngduì** [명] 착정대(鑿井隊).
【钻井平台】**zuānjǐng píngtái** [명] 리그(rig). 해저 보링용 플랫폼.
【钻孔】**zuānkǒng** [동] 구멍을 뚫다. 천공하다.
【钻空子】**zuān kòng·zi** [낮][비] 기회를 타다. 약점을 노리다. [주로 폄의로 쓰임]
【钻门子】**zuān mén·zi** [낮] 권세에 아부하다. 연줄을 맺다.
【钻谋】**zuānmóu** [동] 권세에 빌붙어 이익을 꾀하다. ¶~肥缺=좋은 관직을 얻기 위해 권세에 빌붙다.
【钻牛犄角】**zuān niújījiǎo** ☞【钻牛角尖】**zuān niújiǎojiān**
【钻牛角】**zuān niújiǎo** ☞【钻牛角尖】**zuān niújiǎojiān**
【钻牛角尖】**zuān niújiǎojiān** [낮][비] 해결할 수 없는 문제나 가치가 없는 문제에 고집스럽게 매달리다〔연구하다〕. 외곬으로 빠지다. =【钻牛角】**zuān niújiǎo**【钻牛犄角】**zuān niújījiǎo**
【钻探】**zuāntàn** [동]《礦》 시추하다. 보링(boring)하다.
【钻探机】**zuāntànjī** [명]《機》 시추기(試錐機). 천공기(穿孔机). 착정기(鑿井機). 보링 머신(boring machine). =【钻机】**zuànjī**
【钻天杨】**zuāntiānyáng** [명]《植》 양버들. [학명은 '*Populus nigra var. italica*' 임]
【钻天觅缝】**zuāntiān-mìfèng** ☞【钻头觅缝】**zuāntóu-mìfèng**
【钻头觅缝】**zuāntóu-mìfèng** [성][비] 온갖 수단을 다하여 환심을 사려 하다. 갖은 방법을 다 써서 기회를 만들다. [주로 권세에 빌붙는 것을 가리킴]=【钻天觅缝】**zuāntiān-mìfèng**
【钻心】**zuānxīn** [형] 가슴〔뼈〕에 사무치다. 참을 수 없을 정도로 아프다. 에이는 듯 아프다. ¶疼得~=참을 수 없을 정도로 아프다.
【钻心虫】**zuānxīnchóng** ☞【蛀心虫】**zhù**

xīnchóng
【钻穴逾墙】zuānxué-yúqiáng 〈成〉 1 구멍을 뚫어 담을 넘다. 2〈旧〉(옛날, 부모님의 명령이나 중매쟁이의 말을 어기고) 남몰래 연애를 하다. 3〈旧〉(남녀가) 남몰래 정을 통하여 사통하다. 몰래 밀회하다. =【逾墙钻穴】yúqiáng-zuānxué
【钻研】zuānyán 〈动〉 깊이 연구〔탐구〕하다. 심혈을 기울이다. 몰두하다. 파고들다. ¶~业务=일에 심혈을 기울이다. ≒研究
【钻营】zuānyíng 〈动〉(인정·연줄·아부 등) 온갖 수단을 사용하여 자신의 이익을 꾀하다. 빌붙어 이익을 취하다. ¶四处~=사방에 빌붙어 이익을 취하다.

躜[躦] zuān 치솟을 찬
〈动〉 위로 치솟다〔솟구치다〕. 앞으로 돌진하다. ¶上下~动=위아래로 솟구치다.

缵[纘] zuān 이을 찬
〈动〉〈书〉 계승하다. 이어받다. ¶~述=계승하여 전술하다.

纂¹[(篹·篹·籑)] zuǎn 편찬할 찬
〈动〉〈书〉 편찬하다. 편집하다. ¶~编=편찬하다.

纂²[鬚] zuǎn 틀어 올린 머리 찬
〈名〉〈방〉 (~儿) 부녀자들의 뒤로 틀어 올린 머리. ¶挽个~儿=머리를 틀어 올리다.
【纂辑】zuǎnjí 〈动〉〈书〉 편집하다. ¶~旧文=옛 문장을 편집하다.
【纂修】zuǎnxiū 〈动〉 편찬하다. 편집하다. ¶~史书=사서를 편찬하다.

**钻[鑽, 鑚] zuàn 송곳 찬
〈名〉 1 구멍 뚫는 공구. 드릴(drill). 송곳. ¶电~=전기 드릴. 2 다이아몬드. 금강석. ¶17~的手表=17석 시계. 〈动〉 (송곳·드릴로) 구멍을 뚫다. ¶~眼儿=구멍을 뚫다.
☞ zuān

○● 电钻, 风钻, 金刚钻

【钻床】zuànchuáng 〈名〉《机》 드릴링 머신 (drilling machine).
【钻杆】zuàngǎn 〈名〉 드릴 로드(drill rod).
【钻工】zuàngōng 〈名〉 드릴링 머신 작업공.
【钻机】zuànjī ☞【钻探机】zuāntànjī
【钻戒】zuànjiè 〈名〉 다이아몬드 반지. ¶手上戴着~。=손가락에 다이아몬드 반지를 끼다.
【钻石】zuànshí 〈名〉 1 금강석. 다이아몬드. 2 석(石). [시계·정밀 기계 등의 베어링용 보석]
【钻石婚】zuànshíhūn 〈名〉 다이아몬드혼식. 금강혼식. 회혼식. [결혼 60주년]
【钻塔】zuàntǎ 〈名〉 보링(boring) 탑.
【钻台】zuàntái 〈名〉 보링 머신(boring machine)에 설치하는 선반.
【钻头】zuàntóu 〈名〉 드릴의 비트(bit).

赚[賺] zuàn 속일 잠
〈动〉〈방〉 (남을) 속이다. ¶~人=사람을 속이다.
☞ zhuàn

攥 zuàn 잡을 찰
〈动〉〈구〉 꽉 쥐다〔잡다〕. ¶~拳头=주먹을 꽉 쥐다.

## zui

脧 zuī 자지 전
〈名〉〈문〉 남자 아이의 생식기.
☞ juān

咀 zuǐ 주둥이 취
〈名〉 '嘴'의 속자(俗字).
☞ jǔ

觜 zuǐ 부리 취
〈名〉 '嘴(zuǐ)'와 같음.
☞ zī

**嘴 zuǐ 부리 취
〈名〉 1 〈又〉 입의 속칭. ¶闭~=입을 다물다. / 驴头不对马~。=동문서답하다. 2 (~儿) 입〔부리〕처럼 생긴 것. ¶瓶~儿=병 주둥이. / 烟~儿=(담뱃대의) 물부리. 3 먹을거리. 음식. ¶零~=군것질. / 偷~=몰래 집어 먹다. 4 말. 입버릇. 말솜씨. ¶插~=말참견하다. / 多~=데없는 말을 하다.

○● 拌bàn嘴, 插嘴, 吵嘴, 吃嘴, 打嘴, 电嘴, 顶嘴, 斗嘴, 豆嘴儿, 堵dǔ嘴, 犯嘴, 改嘴, 赶嘴, 还huán嘴, 回嘴, 忌jì嘴, 强jiàng嘴, 夸kuā嘴, 快嘴, 蜡là嘴, 零嘴, 笼lóng嘴, 卖嘴, 磨嘴, 奶嘴, 努嘴, 喷pēn嘴, 撇piě嘴, 贫pín嘴, 抢qiāng嘴, 亲嘴, 缺quē嘴, 绕rào嘴, 沙嘴, 山嘴, 说嘴, 顺嘴, 贪tān嘴, 偷嘴, 围嘴儿, 锡xī嘴, 油嘴, 咂zā嘴, 掌嘴, 争嘴, 支嘴, 走嘴, 鹤hè嘴镐gǎo

【嘴巴子】zuǐbā·zi ☞【嘴巴】zuǐ·ba
【嘴巴】zuǐ·ba 〈名〉 1 볼. 뺨. =【嘴巴子】zuǐbā·zi ¶打~=뺨 때리다. 2 〈又〉 주둥이. ¶吃饭别吧嗒~。=밥 먹을 때 주둥이를 쩝쩝거리지 마라.
【嘴笨】zuǐbèn 〈형〉 말솜씨가〔말주변이〕 없다. ¶我~, 当说客可不行。=말솜씨가 없어 세객(說客)은 결코 될 수 없다.
【嘴边】zuǐbiān 〈名〉 입가. 입언저리. ¶他话到~, 又打住了。=그는 말이 목구멍까지 나왔지만 입을 다물어 버렸다.
【嘴不稳】zuǐbùwěn 〈속〉 입이 가볍다〔싸다〕.
【嘴岔(子)】zuǐchà(·zi) 〈名〉〈방〉 입아귀. 입가.
【嘴馋】zuǐchán 〈형〉 게걸스럽다. 식탐하다.
【嘴长】zuǐcháng 〈형〉 입이 싸다. 쓸데없는 말을

하여 말썽을 일으키다. 남의 말 하기 좋아하다.

【嘴臭】zuǐchòu 형(속) 입이 더럽다〔걸다〕.

【嘴唇】zuǐchún 명(속) 입술. ¶上~= 윗입술.

【嘴刁】zuǐdiāo 형 1 입이 짧다〔까다롭다〕. ¶她~得很, 总是这不吃, 那不吃。=그녀는 입이 너무 까다로워 늘 이것저것 가리는 게 많다. 2(속) 말하는 것이 교활하다. ¶小家伙~, 差点儿上了他的当。=녀석은 말솜씨가 교활해서 하마터면 그의 속임수에 걸릴 뻔했다.

【嘴乖】zuǐguāi 형 (어린애가) 입이 깜찍하다. 말이 달다. ¶小家伙~, 人见人爱。=어린 녀석이 말하는 것이 깜찍해서 보는 사람마다 다 좋아한다.

【嘴尖】zuǐjiān 형 1 말하는 것이 각박하다. 신랄하다. ¶别看她~, 可是豆腐心。=그 여자 말하는 것이 신랄하게 보여도 마음은 부드럽다. 2 미각이 뛰어나다. ¶他~, 喝上一口就能品出是不是好茶来。=그는 미각이 뛰어나서 한 모금만 마시면 좋은 차인지 아닌지 알아 낼 수 있다. 3 입이 짧다. 까다롭다. ¶她~, 不合口味的决不吃。=그녀는 입이 짧아 입에 안 맞으면 절대 먹지 않는다.

【嘴角】zuǐjiǎo 명 입아귀. 입가.

【嘴紧】zuǐjǐn 형 입이 무겁다. ¶你尽管放心, 她~得很。=그녀는 입이 아주 무거우니 마음 푹 놓아라. ≒嘴稳 ↔嘴快 嘴松

【嘴快】zuǐkuài 형 입이 싸다〔가볍다〕. 생각 없이 말하다. ¶心直~= 생각하는 바를 숨김없이 말하다. ≒嘴松 ↔嘴紧 嘴稳

【嘴懒】zuǐlǎn 형 말수가 적다. 입이 무겁다. ¶他~, 开会从不发言。=그는 말수가 적어 여태껏 회의 때 발언한 적이 없다.

【嘴脸】zuǐliǎn 명 1 용모. 생김새. 얼굴 모습. 2(속) 상판. 낯짝. 몰골. ¶丑恶~=추악한 몰골.

【嘴皮子】zuǐpí·zi 명(속) 1 입술. 2 말솜씨. 말주변. 입심. 입담. ¶要~=말재주를 부리다.

【嘴贫】zuǐpín 형 쓸데없는 얘기를 지껄이다. 너절한〔당치않은〕말을 잘하다.

【嘴巧】zuǐqiǎo 형 말솜씨가〔말주변이〕 좋다. 입담이 좋다. 말을 잘하다. ¶她~, 大家都喜欢她。=그녀는 말주변이 좋아 모두들 좋아한다.

【嘴勤】zuǐqín 형 인사성이 밝다. 사교성이 좋다. 부지런히 물어 보다. 이야기하는 것을 좋아하다. 남들과 스스럼없이 대화하다. ¶~不走冤枉路。=많이 물으면 헛고생하지 않는다.

【嘴软】zuǐruǎn 형 말씨가 부드럽다〔굽다〕. 말을 떳떳하게 하지 못하다. ¶拿人家的手短, 吃人家的~。=남의 것을 받으면 자기 마음대로 할 수가 없고, 남의 신세를 지고 있으면 심한 말을 하지 못한다. ↔嘴硬

【嘴上没毛, 办事不牢】zuǐ·shang méi máo, bànshì bù láo (숙) 1 수염이 없으면 일하는 것이 미덥지 않다. 2(비) 젊은 사람은 일하는 데 경험이 부족하다. [경시의 의미를 내포함]

【嘴松】zuǐsōng 형 입이 헤프다. 수다스럽다. 생각 없이 말하다. ≒嘴快 ↔嘴紧 嘴稳

【嘴碎】zuǐsuì 형 말이 많다. 잔소리가 많다. ¶他~得很, 说起来就没完了。=그는 말이 많아 시작하면 끝이 없다.

【嘴损】zuǐsǔn 형(속) 말이 매몰차다〔신랄하다〕. 말에 가시가 돋치다. 독살스럽다. 입이 거칠다. ¶他~, 说话不饶人。=그는 매몰차서 말할 때 남의 잘못을 용서하지 않는다.

【嘴甜】zuǐtián 형 말하는 것이 남의 마음에 들다. 말을 잘하다. 입이 달콤하다. ¶小家伙~, 很讨人喜欢。=녀석은 마음에 드는 말만 해서 사람들이 매우 좋아한다.

【嘴头(子)】zuǐtóu·zi (~儿) 명(속) (말할 때의) 입.

【嘴稳】zuǐwěn 형 입이 무겁다. 말하는 것이 신중하다. ≒嘴紧 ↔嘴快 嘴松

【嘴严】zuǐyán 형 입이 무겁다.

【嘴硬】zuǐyìng 형 억지로 우기다. (말하는 것이) 고집이 세다. 말투가 강경하다. ¶要敢于承认错误, 不能老是~。=잘못을 과감하게 인정해야지, 늘 억지로 우겨서는 안 된다. ↔嘴软

【嘴脏】zuǐzāng 형 입이 더럽다〔걸다〕.

【嘴直】zuǐzhí 형 말이 솔직하다. 입이 바르다.

【嘴子】zuǐ·zi 명(속) 모양이나 용도가 입처럼 생긴 것. (기물의) 주둥이. 아가리. 부리. ¶茶壶~=찻주전자의 주둥이.

**最[冣・㝡]** zuì 가장 최

부 가장. 제일. 아주. 매우. ¶他在班里成绩~好。=그는 반에서 성적이 제일 좋다. 명 1 최고. 으뜸. ¶世界之~=세계의 으뜸. 2(Zuì) 성(姓).

【最差】zuìchà 형 가장 형편 없는. 가장 나쁜〔못한〕. ¶这些产品的质量~。=이 상품들의 품질은 가장 형편 없다. ≒最坏 ↔最好

【最初】zuìchū 명 최초. 처음. 맨 먼저. 맨 처음. ¶~几天=처음 며칠. ↔最后 最终

【最大】zuìdà 형 제일 크다. 최대이다. ¶尽~的努力=최대한의 노력을 기울이다. ↔最小

【最大化】zuìdàhuà 동(컴) 최대화하다.

【最低】zuìdī 형 가장 낮다. 최저이다. ¶~要求=최소한의 요구. / ~水位=최저 수위. ↔最高

【最低工资】zuìdī gōngzī 명 최저 임금.

【最多】zuìduō 형 가장 많다. ¶中国是世界人口~的国家。=중국은 세계에서 인구가 가장 많은 나라이다. 부 최대한. 많더라도. 기껏해야. ¶他~能借给你十万元。=그는 기껏해야 10만 위안을 빌려 줄 수 있다. ↔最少

【最高】zuìgāo 형 가장〔제일〕 높다. 최고이다. ¶~山峰=제일 높은 산봉우리. / ~记录=최고 기록. ↔最低

【最高人民法院】zuìgāo rénmín fǎyuàn ☞【高法】gāofǎ

【最好】zuìhǎo 형 가장〔제일〕 좋다. ¶这是我们~的选择。=이것이 우리들의 최선의 선택이다. 부 가장 바람직한 것은. 제일 좋기는. …하는 게 제일 좋다〔바람직하다〕. ¶你~让他自己决定。=이 사람 스스로 결정하도록 하는 게 제일 바람직하다. ≒最佳 ↔最坏 最差(chà)

【最后】zuìhòu 명 최후의. 맨 마지막의. ¶取得~的胜利=최후의 승리를 쟁취하다. 부 최후. 제

【最后通牒】zuìhòu tōngdié 명 최후 통첩.
【最坏】zuìhuài 형 가장 나쁜. 최악의. ¶~的打算＝최악의 계획. / ~的结果＝최악의 결과. ≒最差(chà) ↔最好 最佳
【最惠国】zuìhuìguó 명 최혜국. ¶~地位＝최혜국 지위.
【最惠国待遇】zuìhuìguó dàiyù 명 최혜국 대우.
【最佳】zuìjiā 형 1 최적이다. 가장 적당하다. 가장 좋다. ¶~选择＝최상의 선택. 2 최상의. 최선의. 가장 뛰어난. ¶~人选＝최상의 인선. ≒最好 ↔最坏 最差(chà)
【最近】zuìjìn 명 최근. 요즈음. 일간. ¶他~要出国. ＝그는 최근에 출국하려 한다. 형 가장 짧은. 가장 가까운. ¶这条路到县城~. ＝이 길은 읍내로 가는 가장 짧은 길이다.
【最少】zuìshǎo 형 가장 적다. 최소이다. ¶在整个年级中, 他们班的人数~. ＝전체 학년 중에 그들 반의 학생 수가 가장 적다. 분 최소한. 적어도. ¶这辆车修一下, ~还能开两、三年. ＝이 차는 한 번 수리하면 최소한 이삼 년은 더 몰 수 있다. ↔最多
【最为】zuìwéi 분 제일. 가장. 맨 먼저. [이음절 형용사나 동사 앞에 쓰여 최상급을 나타냄] ¶他取得的成绩~突出. ＝그가 얻은 성적이 가장 돋보인다.
【最小】zuìxiǎo 형 최소이다. 가장〔제일〕작다. ¶~公倍数＝최소 공배수. ↔最大
【最小化】zuìxiǎohuà 동(컴) 최소화하다.
【最终】zuìzhōng 명 최후의. 최종의. 맨 마지막의. 궁극의. ¶~的结果＝최후의 결과. ≒最后. 최종. 맨 마지막. 끝. ¶他~还是接受了对方提出的条件. ＝그는 최후에 결국 상대방이 제출한 조건을 받아들였다. ≒最后 ↔最初 起先

晬 zuì 첫돌 수
명 1 주년(周年). 2 아이의 첫돌.

**罪[(辠)]** zuì 죄 죄
명 1 죄. 범죄. ¶犯~＝범죄. / 认~伏法＝죄를 시인하고 사형 집행을 받다. 2 벌. 형벌. ¶判~＝죄를 판결하다. / 畏~自杀＝형벌이 두려워 자살하다. 3 고난. 고통. 애. ¶遭~＝고통을 받다. / 受~＝고생하다. 4 과실. 잘못. 동 1 归~于人＝다른 사람에게 잘못을 뒤집어씌우다. 2 죄를 남에게 덮어씌우다. 벌하다. 탓하다. 책망하다. ¶~己＝자기를 책망하다. ↔功

○● 得罪, 抵dǐ罪, 犯罪, 伏罪, 功罪, 怪罪, 悔huǐ罪, 活罪, 见罪, 开罪, 论罪, 免罪, 赔péi罪, 请罪, 认罪, 赎shú罪, 死罪, 委罪, 畏wèi罪, 问罪, 谢罪, 遭zāo罪, 治罪

【罪案】zuì'àn 명 범죄사건. 범죄사건의 경위. 죄안. ¶审理~＝범죄사건을 심리하다.
【罪不容诛】zuìbùróngzhū 성 1 죄가 무거워 주살을 당해도 모자랄 지경이다. 죽여도 시원찮은 죄이다. 2 죄악이 극악무도하다. ≒罪该万死
【罪大恶极】zuìdà-èjí 성 죄악이 극도에 달하다. 극악무도하다. ≒恶贯满盈 罪恶滔天
【罪恶】zuì'è 명 죄악. ¶~累累＝죄악이 산더미 같다. ≒罪孽
【罪恶滔天】zuì'è-tāotiān 성 죄악이 하늘에 사무치다. ≒恶贯满盈 罪大恶极
【罪恶昭彰】zuì'è-zhāozhāng 성 모든 사람이 다 알 정도로 죄악이 뚜렷하다.
【罪犯】zuìfàn 명 범인. 죄인.
【罪该万死】zuìgāiwànsǐ 성 1 죄로 보아 천만 번 죽어 마땅하다. 2 죄악이 극악무도하다. ≒罪不容诛
【罪过】zuì·guò 명 1 책임. 잘못. 죄행. 죄악. 과실. ¶如果赶不上飞机, 我的~就大了. ＝만약 비행기를 타지 못하게 된다면 저의 책임이 커집니다. 2 황송하다. 송구스럽습니다. [인사말로 쓰임] ¶让您老人家给我泡茶, ~~. ＝어르신네께서 차를 우려 주시다니 정말 황송합니다. ↔功绩
【罪咎】zuìjiù 명 죄과. 죄와 과오. 과실. ¶多有~＝죄과가 많다.
【罪魁】zuìkuí 명 원흉. 수괴. 괴수.
【罪魁祸首】zuìkuí-huòshǒu 명 1 두목. 괴수. 장본인. 2 재난의 주요 원인. 근본 원인.
【罪戾】zuìlì 명(문) 죄과. 잘못. 죄악.
【罪名】zuìmíng 명 1 죄명. 범죄 명칭. 2 (범죄 혹은 잘못으로 인한) 명성. 죄명. ¶不孝敬老人的~我可担当不起. ＝노인을 공경하지 않는다는 죄명은 난 결코 책임질 수 없다.
【罪莫大焉】zuìmòdàyān 성 죄악이 이보다 더 클 수가 없다.
【罪孽】zuìniè 명(佛) 죄업. ¶~深重＝죄업이 무겁다. ≒罪恶
【罪愆】zuìqiān 명(문) 잘못. 죄악. 과실.
【罪情】zuìqíng 명 범죄의 상황. 죄상. ¶~严重＝죄상이 심각하다.
【罪人】zuìrén 명 죄인. ¶千古~＝천고의 죄인.
【罪刑】zuìxíng 명 범죄와 형벌. 죄형. ¶~法定＝죄와 벌은 법이 정한다.
【罪行】zuìxíng 명 죄행. 범행. 범죄 행위. 범법 행위. ¶滔天~＝죄행이 하늘에 사무치다.
【罪业】zuìyè 명(佛) 죄업. ¶前生~＝전생의 죄업.
【罪尤】zuìyóu 명(문) 죄과. 과실. 잘못.
【罪有应得】zuìyǒuyīngdé 성 벌을 받아 마땅하다. ≒咎由自取 ↔罚不当罪
【罪责】zuìzé 명 죄과. 죄책. ¶承担~＝죄과를 받다. 동(문) 처벌하다. 책벌하다. ¶免于~＝처벌을 면하다.
【罪责难逃】zuìzé-nántáo 성 죄과를 벗어날 수 없다.
【罪证】zuìzhèng 명 범죄의 증거. 죄증. ¶~确凿＝죄증이 확실하다.
【罪状】zuìzhuàng 명 죄상. ¶罗织~＝죄상

열거하다.

**檇[檇]** zuì 자두 추
【檇李】zuìlǐ 몡(植) 1 자두나무. 2 자두.

**蕞** zuì 작을 최
【蕞尔】zuì'ěr 휑(문) (지역이) 작다. 비좁다. 손바닥만 하다. ¶~小国=손바닥만 한 작은 나라.

**醉** zuì 취할 취
통 1 취하다. ¶酩酊大~=숙취하다. 곤드레만드레 취하다. 2 빠지다. 탐닉하다. 지나치게 좋아하다. ¶陶~=도취하다. 휑 술에 담그다〔절이다〕. ¶~虾=술에 절인 새우. ↔醒

○● 沉chén醉, 麻醉, 陶táo醉, 心醉

【醉笔】zuìbǐ 몡(문) 취묵(醉墨). 취흥에 겨워 쓴 글씨〔그림〕.
【醉步】zuìbù 몡 술에 취한 걸음. 비틀걸음.
【醉鬼】zuìguǐ 몡 술꾼. 술고래. ¶他是个~, 别惹他. =그는 술고래니까 건드리지 마라. [혐오의 뜻을 내포함]
【醉汉】zuìhàn 몡 술 취한 남자. 취한.
【醉话】zuìhuà 몡 취언. 취담. 술기운에 한 말. 취중에 하는 말.
【醉酒】zuìjiǔ 통 술에 취하다. ¶禁止~开车. =취중〔음주〕 운전 금지
【醉墨】zuìmò 몡(문) 취묵. 취흥에 겨워 쓴 글씨〔그림〕.
【醉拳】zuìquán 몡 취권. [권법의 하나]
【醉人】zuìrén 통 1 취하게 하다. ¶酒不~人自醉=술이 사람을 취하게 하는 것이 아니라, 사람이 스스로 취한다. 2 도취시키다. ¶春色~=봄 경치가 사람을 도취시키다.
【醉生梦死】zuìshēng-mèngsǐ ⟨성⟩ 취생몽사. 아무 의미 없이 이룬 일도 없이, 한평생을 흐리멍덩하게 보내다.
【醉态】zuìtài 몡 취태.
【醉翁之意不在酒】zuì wēng zhī yì bù zài jiǔ ⟨성⟩ 본심은 다른 곳에 있다. 다른 꿍꿍이가 있다. 다른 속셈이 있다.
【醉乡】zuìxiāng 몡 취향. 술에 취해 몽롱한 상태. 취한 경지〔기분〕. ¶沉入~=술에 취해 몽롱한 상태에 빠지다.
【醉心】zuìxīn 통 심취하다. 몰두하다. 푹 빠지다. ¶~于电影=영화에 심취하다.
【醉醺醺】zuìxūnxūn (~的) 휑 곤드레만드레 취한 모양. ¶离开饭店的时候, 他已经喝得~的了. =호텔을 떠날 때 그는 이미 곤드레만드레 취했다.
【醉眼】zuìyǎn 몡 취안. 술에 취해 몽롱한 눈. ¶~乜斜=술에 취해 눈이 거슴츠레하다.
【醉眼蒙眬】zuìyǎn-ménglóng ⟨성⟩ 술에 취해 눈이 몽롱하다.
【醉意】zuìyì 몡 취기. 술기운. ¶微有~=약간의 취기가 있다.
【醉枣】zuìzǎo (~儿) 몡 술에 절인 대추.

# zun

**尊** zūn 존경할 존
휑 1 (지위나 서열이) 높다. 고귀하다. ¶养~处优=높은 지위에 있으면서 부유한 생활을 누리다. 2(경) 당신. [옛날, 상대방과 관계 있는 사람이나 사물을 일컬을 때 쓰였음] ¶恭迎~驾=그대의 행차를 공손히 맞아들입니다. 통 존경하다. 존중하다. 숭상하다. ¶自~自爱=스스로 존중하고 아끼다. 앙 1 기(基). [불상을 세는 단위] ¶一~佛像=불상 한 기. 2 문(門). [대포를 세는 단위] ¶50~大炮=대포 50문. 몡 1(문) 옛날의 술잔. 주기(酒器). 2(경) 술잔. 주기(酒器). 3(Zūn) 성(姓). ≒恭 ↔卑

○ 尊 zūn
  遵 zūn
  樽 zūn

○● 令尊, 年尊, 屈qū尊, 天尊

【尊卑】zūnbēi 휑 (지위가) 높고 낮다. 존귀와 비천하다. ¶朋友之间不分~. =친구간에 지위 고하를 따지지 않는다.
【尊称】zūnchēng 통 (남을) 존칭하다. 높여부르다. ¶人们都~他王老. =사람들은 그를 '王老(왕씨 어르신)' 이라고 높여부른다. 몡 존칭. ¶张老是大家对他的~. = '张老(장씨 어르신)' 는 모두가 그에 대한 존칭이다.
【尊崇】zūnchóng 통 존숭하다. 우러러 존경하다. ¶备受~=존경받다.
【尊府】zūnfǔ 몡(경) 1(문) 춘부장. 춘당. 영존(令尊). 2 댁(宅). 귀댁(貴宅).
【尊夫人】zūnfū·rén 자당(慈堂). 훤당(萱堂). 영부인(令夫人). 사모님.
【尊贵】zūnguì 휑 존귀하다. ¶~的客人=귀한 손님. ↔卑贱
【尊号】zūnhào 몡 1 황제·황후에 대한 존칭. 2(경) 아호(雅號). 존함(尊銜). 상대방의 이름이나 상호. ¶请问~? =실례지만 존함이 어떻게 되시죠?
【尊驾】zūnjià 몡(경) 귀인(의 행차). 그대. 당신. 어르신. 상대방. [지위가 높고 귀한 사람의 탈것이라는 뜻으로, 상대방의 행차를 비유함] ¶恭候~光临. =그대의 왕림을 공손히 맞아들입니다.
【尊敬】zūnjìng 통 존경하다. ¶受人~=존경받다. 휑 존경하는. 존경받을 만한. ¶~的总统阁下=존경하는 대통령 각하. ≒尊重 ↔轻慢 轻视
【尊老爱幼】zūnlǎo-àiyòu ⟨성⟩ 연장자를 존중하고 어린이를 사랑하다.
【尊命】zūnmìng 몡(경) 당신의 말씀〔당부〕. ¶悉听~. =당신의 말씀대로 하겠습니다.
【尊亲】zūnqīn 1 (친척의) 웃어른. 손윗사람. 존속(尊屬). 2(경) 상대방의 존속에 대한 경칭.
【尊荣】zūnróng 몡 존귀와 영예. ¶安享~=편안하게 존귀함과 영예를 누리다.
【尊容】zūnróng (사람의) 상판. 상판때기. 낯짝. 몰골. [풍자의 의미를 내포함] ¶他那副~, 实在令人讨厌. =저 몰골 정말 얄밉다.

【尊师】zūnshī 动 (제자가) 스승을 존경하다. ¶~爱徒＝제자는 스승을 존경하고 스승은 제자를 사랑하다. 名(敬) 남의 스승에 대한 경칭. ¶请问~是谁？＝실례지만 스승이 누구시죠?
【尊师重道】zūnshī-zhòngdào 成 스승을 존경하고 도리를 중히 여기다.
【尊师重教】zūnshī-zhòngjiào 成 스승을 존경하고 교육을 중시하다.
【尊堂】zūntáng 名(文)(敬) 자당(慈堂). 훤당(萱堂). 영부인(令夫人). 사모님.
【尊翁】zūnwēng 名 춘부장. 춘장.
【尊姓大名】zūnxìng-dàmíng 名(敬) 귀하의 존함(대명). ¶请问~? ＝실례지만 귀하의 존함이 어떻게 되시죠?
【尊严】zūnyán 名 존엄(성). ¶要维护宪法的~。＝헌법의 존엄성을 유지해야 한다. 形 존귀하고 장엄하다. 존엄하다. ¶容貌~＝용모가 존엄하다.
【尊意】zūnyì 名(敬) 존의. 고견. [상대방 의견의 존칭] ¶不知~如何？＝고견은 어떠하신지요?
【尊长】zūnzhǎng 名 웃어른. 손윗사람. ¶目无~＝안중에 어른도 없다.
【尊重】zūnzhòng 动 1 존중하다. ¶~老人＝노인을 존중하다. 2 중시하다. ¶~知识＝지식을 중시하다. 形 (언행이) 정중하다. 점잖다. 엄숙하고 무게가 있다. ¶请你放~些！＝좀 점잖게 굴어라. ≒尊敬 ↔鄙薄 侮辱

**遵** zūn 지킬 준
动 따르다. 지키다. 좇다. 복종하다. ¶谨~师命＝삼가 스승님의 명을 따르다.
【遵办】zūnbàn 动 명령대로 처리하다.
【遵从】zūncóng 动 따르다. 복종하다. ¶~恩师教诲。＝은사의 가르침을 따르다. ≒服从 ↔违背
【遵奉】zūnfèng 动 준봉하다. 받들어 지키다. 좇다. ¶~上级指示＝상부의 지시를 좇다.
【遵纪守法】zūnjì-shǒufǎ 成 법이나 기율을 준수하다.
【遵命】zūnmìng 动(敬) 명령(의견)에 따르다(복종하다). ¶~照办＝명령대로 처리하다. ↔抗命
【遵守】zūnshǒu 动 (규정 등을) 준수하다. 지키다. ¶~纪律＝기율을 준수하다. ↔违反 违犯
【遵行】zūnxíng 动 좇아서 행하다. 그대로 실행하다(따르다). ¶~法律＝법률을 좇아서 행하다.
【遵循】zūnxún 动 따르다. ¶~客观规律＝객관적인 규율을 따르다. ≒遵循 依照 ↔违背
【遵章守纪】zūnzhāng-shǒujì 成 제도와 규율을 준수하다.
【遵照】zūnzhào 动 …에 따르다(좇다). …대로 하다. ¶~执行＝그대로 집행하다. ≒遵循 依照 ↔违背
【遵嘱】zūnzhǔ 动 분부대로 하다. ¶~办理＝분부대로 처리하다.

**樽[罇]** zūn 술통 준
名 옛날의 주기(酒器). 술잔. 술단지. 술통. ¶金~美酒＝금으로 된 술단지에 담긴 맛좋은 술.
【樽俎】zūnzǔ 名 1 옛날의 술과 음식을 담는 그릇. 술잔과 안주 그릇. 2 연회. 주연. ¶折冲~＝연회에서 술잔을 주고받으며 적을 제압하다.

**鳟[鱒]** zūn 송어 준
名(動) 송어.
【鳟鱼】zūnyú 名(動) 송어.

**撙** zǔn 줄일 준
动 절약하다. 줄이다. ¶~省经费＝경비를 절약하다.
【撙节】zǔnjié 动 절약하다. ¶~用度＝비용을 절약하다.

**捘** zùn 누를 준
动(文) (손으로) 누르다.

## zuo

**作** zuō 일터 작
名 작업장. 일터. 세공장. ¶石~＝석공의 일터. / 五行八~＝각종 직업.
☞ zuò
【作坊】zuō·fang 名 수공업 공장. ¶木工~＝목공소.

**嘬** zuō 빨 최
动(方) (입으로) 빨다. 빨아먹다(마시다). ¶~手指头＝손가락 빨다.
☞ chuài

【嘬瘪子】zuō biě·zi 动(方) 1 입을 오므리다. 2 (喩) 좌절하다. 난관에 부닥치다. 궁지에 몰리다. 곤경에 처하다. 절절매게 하다. 낭패하게 만들다. 난처한 지경이 되다. 이러지도 저러지도 못하는 처지가 되다. 어찌할 바를 모르게 하다. ¶我的字写得太难看, 让我题词非~不可。＝나는 글씨 쓰는 게 형편 없어서, 나보고 서문을 쓰라면 난처하지 않을 수 없다.

**昨** zuó 어제 작
名 1 어제. ¶~儿上午＝어제 오전. 2(文) 과거. 옛날. 이전. ¶今是而~非。＝현재는 옳고 과거는 그르다.
【昨非今是】zuófēi-jīnshì ☞【今是昨非】jīnshì-zuófēi
【昨儿】zuór 名(方) 어제. ＝【昨儿个】zuór·ge
【昨儿个】zuór·ge ☞【昨儿】zuór
【昨日】zuórì 名 어제. ≒昨天
【昨天】zuótiān 名 어제. ≒昨日
【昨晚】zuówǎn 名 어제 저녁.
【昨夜】zuóyè 名 어젯밤.

**捽** zuó 움켜쥘 졸

[동][방] 거머잡다. 거머쥐다. 움켜쥐다. ¶小家伙~着妈妈的衣襟在后面跑。=어린 녀석이 엄마의 옷자락을 움켜쥐고 뒤에서 뛴다.

**笮** zuó 대줄 작
[명] 대오리로 꼰 동아줄.
☞ Zé

【笮桥】**zuóqiáo** [명] 대오리 동아줄로 만든 다리.

**琢** zuó 쫄 탁
아래를 참조.
☞ zhuó

【琢磨】**zuó·mo** [동] 깊이 생각하다. 사색하다. 음미하다. 궁리하다. ¶那个问题, 他一直~到了深夜才弄明白。=그 문제, 그가 계속 궁리하다 심야가 되어서야 이해하게 되었다.
☞ zhuómó

**左** zuǒ 왼쪽 좌
[명] **1** 왼쪽. 좌측. ¶~脚=왼발. / 向~转=왼쪽으로 돌다. **2** 근방. 부근. 옆. 가. ¶迎于道~=길가에서 영접하다. **3** 옛날, 동쪽을 가리킴. ¶江~=양쯔장의 동쪽 지방. **4**[문] 비교적 낮은 지위. [옛날, 오른쪽은 높고 왼쪽은 낮음] ¶~降=좌천되다. **5** '右(yòu)'와 함께 쓰여 사물의 여러 면을 나타냄. ¶~也不是, 右也不是。=이렇게도 못하고 저렇게도 못하다. **6** (**Zuǒ**) 성(姓). [형] **1** 편벽되다. 사악하다. 비정상적이다. ¶旁门~道=정통이 아닌 길. 샛길. **2** 틀리다. 잘못되다. ¶说~了。=잘못 말했다. **3** 좌익이다. 급진적이다. 혁명적이다. 진보적이다. ¶~翼作家=좌익 작가. [동] 어긋나다. 다르다. 맞지 않다. 상반되다. ¶意见相~。=의견이 서로 맞지 않다. ↔右

【左膀右臂】**zuǒbǎng-yòubì** [성] **1** 좌우 양쪽의 팔. **2**[비] 유능한 조수.

【左边】**zuǒ·bian**(~儿) [명] 좌(측). 왼쪽. 왼편. ¶那家超市在邮局的~。=그 슈퍼마켓은 우체국 왼쪽에 있다. ↔右边 右面

【左边锋】**zuǒbiānfēng** [명]《體》(축구의) 레프트 윙(left wing). 아웃사이드 레프트 포워드(outside left forward). 왼쪽 공격수.

【左不过】**zuǒ·buguò** [부][방] **1** 어쨌든. 좌우지간에. 결국은. 어차피. ¶不是你去, 就是我去, ~是这样。=네가 안 가면 내가 가는 거지, 어차피 이런 거야. **2** 겨우 …에 지나지 않는다. 단지 …일 뿐이다. ¶车门~是擦掉了点儿漆, 不用着急。=차 문은 단지 페인트가 좀 벗겨졌을 뿐이니 조급하게 굴 필요 없다.

【左侧】**zuǒcè** [명] 좌측. 왼쪽. 좌.

【左道旁门】**zuǒdào-pángmén** [성] **1** (종교·학술의) 정통이 아닌 학파〔종파〕. 사도(邪道). 이단. **2** 부정당한 방법. 올바르지 않는 수법. =【旁门左道】**pángmén-zuǒdào**

【左舵】**zuǒduò** [명] 좌측 키.

【左锋】**zuǒfēng** [명]《體》(축구·농구 등의) 레프트 포워드(left forward). 왼쪽 공격수.

【左顾右盼】**zuǒgù-yòupàn** [성] **1** 왼쪽 오른쪽으로 두리번거리다. **2** 힐끔〔얼핏〕 쳐다보다. 머뭇거리며 관망하다. ↔目不转睛

【左后卫】**zuǒhòuwèi** [명]《體》 **1** (축구의) 레프트 백(left back). 최후방 왼쪽 수비수. **2** (농구의) 레프트 가드(left guard).

【左强】**zuǒjiàng** [형] 과격하고 고집스럽다. [주로 조기 백화문에 보임] ¶性子~=성질이 과격하고 고집스럽다.

【左近】**zuǒjìn** [명] 부근. 근처. ¶农场~有条小河。=농장 부근에 조그마한 강이 있다.

【左邻右舍】**zuǒlín-yòushè** [성] **1** 인근. 이웃(집). 이웃 사람. **2** 관계가 밀접한 다른 부서.

【左轮】**zuǒlún** [명] 리볼버(revolver). 회전식 권총.

【左面】**zuǒmiàn** [명] 좌측. 왼쪽. ≒左边 ↔右面 右边

【左派】**zuǒpài** [명] **1** 좌(익)파. 급진파. 과격파. **2** 좌(익)파〔급진파·과격파〕 인물. ↔右派

【左脾气】**zuǒpí·qi** [명] 괴벽한〔괴팍한〕 성미. 비뚤어진 심보. ¶他这人~, 不听劝。=그 사람은 괴벽한 성미라서 충고를 듣지 않는다.

【左撇子】**zuǒpiě·zi** [명] 왼손잡이.

【左迁】**zuǒ qiān** [동][문] 좌천되다. 직위가 강등당하다. ¶获罪~=죄를 받아 좌천되다.

【左前卫】**zuǒqiánwèi** [명]《體》(축구의) 레프트 하프백(left half back). 왼쪽 중간 수비수.

【左倾】**zuǒqīng** [형] **1** 좌경의. 진보적인. 혁명적인. **2** 현 실정을 무시하는. (혁명 투쟁에서) 급진적인. 성급하게 돌진하는. ¶~盲动=급진적이고 맹목적으로 행동하다. ↔右倾

【左券】**zuǒquàn** [명] **1** 옛날, 둘로 나눈 계약서의 왼쪽 것. **2** 증거. 증서. (성공에 대한) 가망. 자신. 믿음. 가능성. ¶操~=성공이 확실하다. 자신 있다.

【左嗓子】**zuǒsǎng·zi** [명] **1** 음치. **2** 음치인 사람.

【左手】**zuǒshǒu** [명] **1** 왼손. **2** ☞【左首】**zuǒshǒu** ↔右手

【左首】[左手] **zuǒshǒu** [명] (자리의) 왼쪽. [주로 자리를 가리킴] ¶小男孩儿坐在老太太的~。=사내아이가 할머니의 왼쪽 자리에 앉아 있다. ↔右首

【左思右想】**zuǒsī-yòuxiǎng** [성] 이리저리 생각하다. 여러 가지로 생각하다.

【左袒】**zuǒtǎn** [동] **1** 왼쪽 어깨를 드러내다. **2** [비] 한 편만 돕다〔편들다·두둔하다·감싸다〕.

【左提右挈】**zuǒtí-yòuqiè** [성] **1** 서로서로 부축하다. **2** 좌우로 보살피다〔돌보다·이끌다〕. 서로서로 협력하다.

【左图右史】**zuǒtú-yòushǐ** [성] **1** 주변이 모두 책뿐이다. **2** 장서가 풍부하다. 방에 책이 가득하다.

【左外野】**zuǒwàiyě** ☞【左外场手】**zuǒwài chǎngshǒu**

【左外场手】**zuǒwàichǎngshǒu** [명]《體》(야구·소프트볼의) 좌익수. =【左外野】**zuǒwàiyě**

【左舷】**zuǒxián** [명] (배·비행기의) 좌현.

【左性子】**zuǒxìng·zi** [명] **1** 괴벽한 성미. 비뚤어진 심보. **2** 고집쟁이. 괴팍한 사람.

【左旋糖】zuǒxuántáng ☞【果糖】guǒtáng
【左宜右有】zuǒyí-yòuyǒu (成) 재주와 덕행을 겸비하다.
【左翼】zuǒyì 图 1 왼쪽 날개. 좌익. ¶飞机的~被撞断. =비행기 왼쪽 날개가 부딪혀 끊어지다. 2 (軍) 좌측 부대. 좌익. ¶我军~已经发起进攻. =아군의 좌익은 이미 진공을 개시했다. 3 (학술·사상·정치 등의) 좌파. ¶~作家联盟=좌파 작가 연맹. ↔右翼
【左右】zuǒyòu 图 1 좌와 우. 왼쪽과 오른쪽. ¶~摇摆=왼쪽 오른쪽으로 흔들거리다. 2 주위. 옆. 곁. ¶护士一直守护在伤者~. =간호사가 줄곧 환자 곁을 지키고 있다. 3 측근. 시종. 주변 사람. ¶斥退~=곁에 있는 사람을 물리치다. 4 가량. 안팎. 만큼. 내외. 쯤. [수량사 뒤에 쓰여 대략적인 수를 나타내며 '上下(shàngxià)'에 상당함] ¶他年纪不大, 30岁~. =그 사람 나이는 많지 않고 30세쯤 되어 보인다. 5 좌지우지하다. 지배하다. ¶目前的局势已很难~. =현재의 국면은 이미 통제하기 어렵다. 圆動 어쨌든. 좌우지간에. 결국. 어차피. ¶事情~都是这个样子了, 就这么做吧. =어차피 일이 이렇게 되었는데, 그냥 그대로 하자.

| 사용 위치 | 예(例) | 左右 | 前后 | 上下 |
|---|---|---|---|---|
| 년, 월, 일, 시간 뒤에 | 8点 | 8点左右 | 8点前后 | |
| | 今年4月 | 今年4月左右 | 今年4月前后 | |
| 명사, 동사 뒤에 | 中秋节 | | 中秋节前后 | |
| | 结婚 | | 结婚前后 | |
| 시간사 뒤에 | 一个小时 | 一个小时左右 | | |
| 연령, 중량, 높이, 길이, 거리 방면 | 50岁 | 50岁左右 | | 50岁上下 |
| | 30公斤 | 30公斤左右 | | 30公斤上下 |
| | 一米六 | 一米六左右 | | 一米六上下 |

左右(zuǒyòu) / 前后(qiánhòu) / 上下(shàngxià) 대략의 수를 나타냄

【左…右…】zuǒ…yòu… 風 계속해서 빈번히 …하다. [같은 행위가 반복되는 것을 강조함] ¶~说~说=계속해서 여러 번 말하다. / ~拥~抱=계속해서 껴안다.
【左右逢源】zuǒyòu-féngyuán (成) 1 도처에 수원을 얻다. 2 (비) 일이 모두 순조롭다. 3 (비) 일 처리가 원만해서 주위 관계를 매끄럽게 처리하다. 일하는 게 융통성이 있어 누구에게나 환심을 사다. ↔左为难 左支右绌 走投无路
【左右开弓】zuǒyòu-kāigōng (成) 1 왼손으로도 오른손으로도 활을 당길 수 있다. 2 (비) 좌우 양 손으로 번갈아 동일한 동작을 반복하다. 3 (비) 여러 가지 일을 동시에 하다.
【左右手】zuǒyòushǒu (成) 유능한 조수 (심복). 오른팔. 가장 믿을 [의지할] 수 있는 부하. ¶他是厂长的~. =그는 지혜가 풍부하고 계략에 능해서 공장장의 오른팔이다.
【左右袒】zuǒyòutǎn (動) 한쪽만 두둔하다 [편들다]. ¶勿为~=한쪽만 편들지 마라.

【左右为难】zuǒyòu-wéinán (成) 이러지도 저러지도 못하다. 진퇴양난이다. 딜레마(dilemma)에 빠지다. ↔左右逢源
【左证】zuǒzhèng ☞【佐证】zuǒzhèng
【左支右绌】zuǒzhī-yòuchù (成) 1 왼쪽을 돌보면 오른쪽을 돌보지 못하다. 2 (비) 역량이 부족해서 대처하지 못하다. ≒捉襟见肘 ↔左右逢源

**佐** zuǒ 도울 좌
(動) 보좌하다. 돕다. ¶辅~=보좌하다. 图 보좌관. 조수. ¶僚~=옛날, 관청에서 일을 돕는 하급 관리.
【佐餐】zuǒcān (動)(文) 반찬을 곁들여 밥을 먹다. ¶~佳肴=밥 먹기 좋은 맛있는 요리.
【佐酒】zuǒjiǔ (動) 1(文) 술자리를 함께 하다. 술동무하다. 술을 권하다. ¶陪客~=손님을 모시고 술자리를 함께 하다. 2 안주에 술을 마시다. ¶~佳肴=술 마시기 좋은 요리.
【佐理】zuǒlǐ (動)(文) 보좌하다. 도와서 처리하다. ¶~军务=군사 업무를 보좌하다.
【佐料】zuǒliào 图 양념(감). 조미료. ≒调料
【佐药】zuǒyào 图 (약효를 돕는) 보조약.
【佐证】[左证] zuǒzhèng 图 증거. ¶~确凿=증거가 확실하다.

***撮** zuǒ 움큼 촬
(양) (~儿) 움큼. 줌. [모발 등의 양을 세는 단위] ¶一~儿头发=머리털 한 움큼.
☞ cuō
【撮子】zuǒ·zi 图 움큼. 줌. ¶一~毛=털 한 움큼.

***作** zuò 만들 작
(動) 1 만들다. 생산하다. 일하다. ¶操~=조작하다. / 深耕细~=깊이 갈고 꼼꼼하게 가꾸다. 2 나타나다. 일어나다. 분발하다. 고무하다. ¶振~=진작하다. / 雷声大~=천둥 소리가 크게 나다. 3 실행하다. 진행하다. ¶~报告=보고하다. 4 自~自受=자업자득이다. …라고 여기다. …로 삼다. ¶为虎~伥=나쁜 놈의 앞잡이가 되어 못된 짓을 일삼다. 5 글을 쓰다. 창작하다. ¶提笔~画=붓을 들어 그림을 그리다. 6 (일부러 어떤 모양을) 짓다 [나타내다]. …한 체하다. ¶忸怩~态=일부러 망설이는 태도를 취하다. 7 나다. 발작하다. ¶令人~呕=역겹게 하다. 图 작품. ¶佳~=가작. / 拙~=졸작. ≒搞 息
☞ zuō

操作, 创chuàng作, 动作, 发作, 耕gēng作, 工作, 合作, 间jiàn作, 劳作, 连作, 垄lǒng作, 轮lún作, 拟nǐ作, 习作, 细作, 下作, 协xié作, 写作, 原作, 造作, 制作, 著zhù作

【作案】zuò‖àn (動) 범죄를 저지르다. 범행을 하다.
【作罢】zuòbà (動) 취소하다. 중지하다. 그만두다. 손을 떼다. ¶既然如此, 只好~. =기왕 이

렇게 된 이상 그만둘 수밖에 없다.

【作伴】 zuò‖bàn ☞【做伴】 zuò‖bàn

【作保】 zuò‖bǎo 통 보증을 서다. 보증인이 되다.

【作弊】 zuò‖bì 통 법이나 규정을 어기다. 나쁜 짓을 하다. 속임수를 쓰다. 부정 행위를 하다. ¶通同~=결탁하여 부정 행위를 하다.

【作壁上观】 zuòbìshàngguān 성 1 남은 싸우는데 성벽 위에서 바라만 보다. [《사기·항우본기(史記·項羽本紀)》에서, 진(秦)나라 군사가 조(趙)나라 거록(巨鹿)을 포위하여 초(楚)나라 장수 항우(項羽)가 군사를 이끌고 출전했는데, 지원을 나온 다른 장수들은 진(秦)나라 군대의 위세에 눌려 모두 성벽 위에서 바라만 보았다는 고사에서 유래함] 2 비 수수방관하다. 강 건너 불 보듯 하다. 내버려 두다. =【壁上观】 bìshàngguān ≒坐观成败

【作别】 zuòbié 통문 작별하다. 고별하다. 헤어지다. 이별을 고하다. ¶~而去=작별을 고하고 떠나다.

【作成】 zuòchéng 통 (남을 도와) 성사시키다. 완성시키다. 달성케 하다. ¶~好事=일이 잘 되도록 도와 주다.

【作词】 zuòcí 통 작사하다. ¶这首歌是由他~、作曲的。=이 노래는 그가 작사·작곡한 것이다.

【作答】 zuòdá 통 대답하다. 답변하다. ¶请你考虑好了再~。=잘 생각한 다음에 대답하세요.

【作大】 zuòdà ☞【做大】 zuòdà

【作抖】 zuòdǒu 통문 (벌벌·덜덜) 떨다. ¶冻得浑身~。=추위서 온몸을 덜덜 떨다.

【作对】 zuò‖duì 통 1 맞서다. 대립하다. 적대하다. 대항하다. ¶你怎么敢和他~？=너 어찌 감히 그에게 맞서는 거니? 2 짝이 되다[이루다]. 배필이 되다. ¶成双~=결혼하다.

【作恶】 zuò‖è 통 나쁜[못된] 짓을 하다. ¶乘机~=기회를 틈타 나쁜 짓을 하다. ↔行善

【作恶多端】 zuò'è-duōduān 성 여러 가지 나쁜 짓을 많이 하다. 온갖 못된 짓만 일삼다.

【作伐】 zuòfá 통 중매하다. 중매자가 되다.

【作法】 zuò‖fǎ 통(구) (도사 등이) 술법을 행하다. 법술을 쓰다. 도술을 부리다.

【作法】 zuòfǎ 명 1 (글·그림의) 작법. ¶诗歌~=시가 작법. 2 ☞【做法】 zuòfǎ

【作法自毙】 zuòfǎ-zìbì 성 1 제가 만든 법에 자기가 걸려 죽다. 2 비 자업자득. 자승자박. 제가 놓은 덫에 걸리다. ≒玩火自焚

【作废】 zuò‖fèi 통 폐기하다. ¶过期~=기일을 넘겨 폐기하다.

【作风】 zuòfēng 명 1 (사상·일·생활 등의 일관된) 기풍. 태도. 풍격. 풍조. 수법. ¶工作~=작업 태도. 2 (예술가의) 풍격(風格). 격조. 작품. ¶他的散文有浓郁的乡土~。=그의 산문은 짙은 향토적 풍격을 지니고 있다.

【作复】 zuòfù 통 답신을 보내다. 회신하다. 답신하다. 답장하다. ¶迟未~, 请谅解。=늦도록 회신을 하지 못한 것에 대해 양해를 바랍니다.

【作梗】 zuògěng 통 방해하다. 저해하다. 훼방

놓다. ¶从中~=중간에서 방해하다.

【作古】 zuò‖gǔ 통완 작고하다. 사망하다. 고인이 되다. ¶遽然~=갑자기 사망하다.

【作古正经】 zuògǔ zhèng·jing 형(방) (태도가) 정색하다. 단정하다. 진지하다. 엄숙하다. 정색하다. ¶小家伙~地学着大人做事。=어린 녀석이 진지하게 어른이 일하는 것을 배우고 있다.

【作怪】 zuòguài 통 1 (귀신이) 말썽을 일으키다. 앙화를 입히다. ¶兴妖~=나쁜 사람들이 못된 짓을 하여 말썽을 일으키다. 2 비 못되게 굴다. 방해치다. 방해하다. 훼방을 놓다. 해를 [악영향을] 끼치다. ¶这是封建思想在你的头脑里~。=이것은 봉건적 사상이 너의 머릿속에서 장난을 치는 것이다. ≒作祟

【作耗】 zuòhào 통문 제멋대로 굴다. 소란을 피우다. 문제를 일으키다. 말썽을 일으키다. ¶生事~=소란을 피우고 말썽을 일으키다.

【作画】 zuò‖huà 통 그림을 그리다. ¶吟诗~=시를 읊고 그림을 그리다.

【作家】 zuòjiā 명 작가. ¶专业~=전문 작가.

【作假】 zuò‖jiǎ 통 1 위조하다. 가짜 물건을 만들다. 가짜를 섞다. ¶弄虚~=거짓으로 꾸미다. 허위로 날조하다. 2 속임수를 쓰다. 교활한 계략을 쓰다. 속책을 꾸미다. 시치미를 떼다. 모르는 체하다. 명청한 체하다. ¶~骗人=속임수를 써서 사람을 속이다. 3 일부러 내숭을 떨다. 지나치게 체면을 차리다. ¶别~, 就像在自家一样。=내숭떨지 말고 자기 집에 있는 것처럼 하세요.

【作价】 zuò‖jià 통 값을 정하다. 가격을 매기다. ¶~赔偿=값을 매겨 변상하다.

【作奸犯科】 zuòjiān-fànkē 성 나쁜 짓을 하여 법을 어기다.

【作茧自缚】 zuòjiǎn-zìfù 성 1 누에가 고치를 만들어 스스로를 옭아넣다. 2 비 자승자박. 자기가 한 말과 행동에 자기 자신이 옭혀 곤란하게 되다.

【作件】 zuòjiàn 명(機) 공작 대상으로서의 부속품. [주로 기계 가공 중의 부속품을 가리킴]=【工件】 gōngjiàn 【制件】 zhìjiàn

【作践】 zuò·jian 통구 망치다. 못쓰게 만들다. 낭비하다. 함부로 짓밟다. 못살게 굴다. 학대하다. ¶别~身体。=몸을 학대하지 마라.

【作客】 zuò‖kè 통 1 객지에 머물다. ¶~他乡=타향에 머물다. 2 ☞【做客】 zuò‖kè

【作乐】 zuòlè 통 즐기다. 향락을 누리다. 낙으로 삼다. ¶苦中~=고생 속에서 즐거움을 찾다. ≒取乐

☞【做乐】 zuòyuè

【作脸】 zuòliǎn 통문 체면을[명예를] 세우다. 면목을 세우다. 얼굴을 빛내다. 영예를 빛내다. 영예를 다투다. ¶孩子考上了重点大学, 真给爸妈~。=아이가 일류 대학에 합격하여 참으로 아빠 엄마의 체면을 세웠다.

【作料】 zuòliào (~儿) 명 양념(감). 조미료.

【作乱】 zuòluàn 통 난을 일으키다. 무장 반란을 일으키다. ¶犯上~=조정을 거스르고 반역을 꾀하다.

【作美】[做美] zuòměi 통 일이 잘 되도록 도와 주

다. ¶天不~=날씨가 도와 주질 않다.
【作难】 zuònán 동 난처하다. 난감하다. 곤란하다. 당혹하다. ¶不好意思, 让你~了。=난처하게 만들어서 부끄럽습니다. 늑为难
【作乱】 zuòluàn 동 난〔반란〕을 일으키다. 군사를 일으키다. 반역하다. 모반하다. ¶起兵~=거병하여 난을 일으키다.
【作鸟兽散】 zuòniǎoshòusàn 성 1 마치 놀란 새와 짐승같이 이리저리 흩어지다. 2 비 (집단·단체가) 제멋대로 뿔뿔이 흩어지다.
【作孽】 zuò∥niè ☞【造孽】 zào∥niè
【作弄】 zuònòng 동 우롱하다. 조롱하다. 놀리다. 희롱하다. 농락하다. ¶年年发洪水, 老天爷真~人!=해마다 홍수가 나니, 하느님은 정말 사람을 조롱하는구나. 늑捉弄
【作呕】 zuò'ǒu 동 1 역겹다. 메스껍다. 구역질 나다. 2 비 극도로 미워하다. 혐오하다. ¶他那副媚态让人~。=그의 아양떠는 꼴은 정말 역겹다. 늑恶心
【作派】 zuò·pài 명 위엄. 위신. 가식적인 자세〔모양·태도〕. ¶一副官僚~=관료적인 자세.
【作陪】 zuòpéi 동 배객이 되다. 배빈이 되다. ¶出席~=출석하여 배객이 되다.
【作品】 zuòpǐn 명 (문학·예술의) 창작품. 작품. ¶文艺~=문예 작품. / 美术~=미술 작품.
【作曲】 zuò∥qǔ 동 작곡하다. ¶为电影~=영화 음악을 작곡하다.
【作曲家】 zuòqǔjiā 명 작곡가.
【作色】 zuòsè 동(문) (화가 나서) 안색이 변하다〔바꾸다〕. 화내다. 노하다. ¶愤然~=분연히 안색을 바꾸다.
【作舍道边】 zuòshè-dàobiān 성 1 대로변에 집짓기. 2 비 무슨 일을 함에 있어 의견이 분분하여 결정을 짓지 못하다.
【作声】 zuòshēng ☞【做声】 zuòshēng
【作势】 zuòshì 동 (고의로) 자세〔태도〕를 취하다. 몸짓을 하다. …인 체하다. ¶装腔~=실력도 없으면서 허세를 부리다.
【作手】 zuòshǒu 명(문) 작가.
【作数】 zuò∥shù 동 한 말을 책임지다. 말한 대로 하다. (유효하다고) 인정하다. 약속을 지키다. ¶他说话一贯不~。=그는 늘 한 말에 책임을 지지 않는다. 늑算数 作准
【作死】 zuòsǐ 동(구) 스스로 죽을 길을 찾다. 화를 자초하다. 어떻게 할 수 없는 일을 저지르다. 스스로 막다른 길을 걷다. ¶酒后驾车, 你这不是~吗?=음주 운전을 하다니, 스스로 죽음을 자초하는 거 아냐?
【作速】 zuòsù 동 속히〔빨리·시급히〕 하다. ¶~办理=신속하게 처리하다.
【作祟】 zuòsuì 동 1 (귀신이) 말썽을 일으키다. 앙화를 입히다. 2 비 방해하다. 훼방을 놓다. 해를 끼치다. 나쁜 영향을 주다. 짓궂은〔못된〕 장난을 치다. ¶这都是自私自利的思想~。=이것은 모두 이기적인 생각이 장난을 치는 것이다.
【作态】 zuòtài 동 짐짓 태도를 짓다. 일부러 표정〔모습〕을 짓다. …인 체하다. ¶惺惺~=진

심인 체하다.
【作田】 zuòtián 동 농사를 짓다. ¶~人=농부.
【作痛】 zuòtòng 동 아프다. 통증을 느끼다. ¶膝关节隐隐~=무릎 관절이 은근하게 아프다.
【作威-作福】 zuòwēi-zuòfú 성 1 통치자가 상벌을 기준 없이 마음대로 하다. 2 권세를 부리다. 전횡하다. 세도를 부리다. 늑横行霸道
【作为】 zuòwéi 명 1 소행. 행위. 행동. ¶~不端=행동이 단정하지 못하다. 2 성과. 성적. ¶有所~=성과가 있다. 3 할 수 있는 일. ¶大有~=충분히 능력을 발휘할 여지가 있다. 4 (法) 작위. 적극행위. [ '不作为(부작위)' 와 구별됨] 동 1 …로 여기다〔간주하다〕. …으로 삼다. …로 하다. ¶我一直把他~朋友。=나는 줄곧 그를 친구로 여겨 왔다. 2 …의 신분〔자격〕으로서. [반드시 명사성 목적어를 취해야 함] ¶~公司职员, 一定要搞好本职工作。=회사 직원으로서 반드시 자기 일을 잘 해야 한다.
【作伪】 zuòwěi 동 가짜를 만들다. 위조하다. [주로 문물·저작 등을 가리킴] ¶~行骗=가짜를 만들어 속이다.
【作文】 zuò∥wén 동 작문하다. 글을 짓다. [주로 학생의 작문 연습을 가리킴] ¶~竞赛=글짓기 시합.
【作文】 zuòwén 명 (학생의) 작문. 글. ¶评讲~=작문을 평가하고 설명하다.
【作窝】 zuò∥wō 동 (새·짐승 등이) 둥지를 틀다.
【作物】 zuòwù ☞【农作物】 nóngzuòwù
【作息】 zuòxī 동 일하고 휴식하다. ¶~时间=작업과 휴식 시간.
【作响】 zuòxiǎng 동 소리를 내다. 소리나다. ¶嘎吱~=삐거덕 소리가 나다.
【作协】 zuòxié 명 작가 협회(작가 협회).
【作兴】 zuò·xīng 동(방) 1 (도리상·사리상·관례상) 허용되다. 해도 된다. [주로 부정형으로 쓰임] ¶动手打人, 不~!=사람을 때려서는 안 된다. 2 유행하다. 성행하다. ¶现在农村还~贴春联。=요즘 농촌에는 아직도 춘련(春联)을 붙이는 것이 유행한다. 부 혹시 아마도. ¶明天~要下雪。=내일 아마도 눈이 내릴 것 같다.
【作秀】 [做秀] zuòxiù 동 1 쇼(show)를 하다. 연기하다. 공연하다. ¶歌手们依次登台~。=가수들이 순서대로 무대에 등장해서 쇼(show)를 하다. 2 (관측·경선 등을 위해) 선전〔홍보〕하다. ¶销售部人员想尽办法~促销。=판매부 사람들은 판촉 활동에 무척 애를 쓴다. 3 쇼(show)를 하다. 속임수를 쓰다. 그럴듯하게 꾸미다. 거짓으로 꾸미다. ¶这种形象工程, 实际上就是在~。=이런 전시 효과만을 노린 공사는 사실 속임수를 쓰고 있는 것이다.
【作业】 zuòyè 명 숙제. 과제. ¶~本=숙제 노트. / 战术~=전술 과제. 동 작업을 하다. ¶高空~=높은 곳에서 작업하다.
【作揖】 zuò∥yī 읍하다. [옛날, 공수(拱手)한 손을 가슴 앞에 들고 허리를 공손히 구부렸다 펴면서 내리는 인사]

【作艺】zuòyì 통 (옛날, 예인이) 공연하다.
【作俑】zuòyǒng 통() ❶ 순장(殉葬)용의 인형을 만들다. 작용하다. ❷ 비 나쁜[좋지 못한] 예를 처음으로 만들다.
【作用】zuòyòng 통 작용하다. 영향을 미치다. ¶~范围=작용 범위. 명 ❶ (사람과 사물에 끼치는) 작용. 영향. 효과. 효용. 역할. ¶起~=역할을 하다. / 示范~=시범 효과. ❷ (사물에 영향을 주는) 작용. ¶化合~=화합 작용. ❸ 용의. 저의. 의도. ¶他说这话是有~的。=그가 이런 말을 하는 것은 저의가 있다.
【作用力】zuòyònglì 명(物) 작용력. ¶反~=반작용력.
【作乐】zuòyuè 통 ❶ 작곡하다. 노래를 만들다. 악률을[악보를] 정하다. ¶填词~=격률에 따라 사를 짓고 악률을 정하다. ❷ 연주하다. ¶乐队在准备~。=악단이 연주를 준비하고 있는 중이다.
☞ zuòle
【作战】zuò ‖ zhàn 통 싸우다. 전투하다. 작전하다. 투쟁하다. ¶~勇敢=전투에 용감하다. ≒打仗
【作者】zuòzhě 명 지은이. 저자. 작자. 필자.
【作证】zuòzhèng 통 ❶ 증거로 삼다. ¶有录音~=증거로 삼을 녹음이 있다. ❷(法) 증언을 하다. ¶出庭~=법정에 나가 증언을 하다.
【作主】zuò ‖ zhǔ ☞【做主】zuò ‖ zhǔ
【作准】zuò ‖ zhǔn 통 ❶ 정확하다. 근거가 있다. 셈에 넣다. 약속을 지키다. ¶你说话可要~啊。=너 정확하게 말해야 해. ❷ 허가하다. 승인하다. ¶~文本=승인된 문건. ≒作数 算数

**坐** zuò 앉을 좌
통 ❶ 앉다. ¶静心安~=정좌하다. / 席地而~=자리를 깔고 앉다. ❷ 죄를 받다. 죄를 언도하다. ¶连~=연좌되다. ❸ 주관하다. 주제하다. ¶稳~江山=권력 기반이 다져지다. ❹ (교통 도구를) 타다. ¶~船=배를 타다. / ~公共汽车=버스를 타다. ❺ (건축물의) 배면이 어느 방향으로 향하다. 위치하다. ¶房子~北朝南。=집이 남향을 하다. ❻ (솥·주전자 등을) (화로 위에) 올려놓다. ¶把水壶~在炉子上。=주전자를 화로 위에 올려놓아라. ❼ (질병 등이) 나다. 생기다. 걸리다. ¶那次以后, 他就~下了关节炎。=그 때 이후로 그는 관절염이 걸렸다. ❽ 물체가 아래로 내려앉거나 뒤로 밀리다. ¶无~力炮=무반동포. ❾ (열매가) 맺다. 열리다. ¶桃树~果了。=복숭아나무가 열매를 맺었다. 개() … 때문에. …로 인하여. [동작의 원인을 끌어들이며, '因(yīn)'에 상당함] ¶~此解职。=이로 인하여 해직되었다. 부 아무런 이유 없이. 까닭이 없이. 공연히. ¶孤蓬自振, 惊砂~飞。=외로운 쑥은 저절로 흔들리고, 바람도 없는데 먼지가 날린다. 명 '座(좌석)'과 같음. ↔立 朝(cháo)

◆ 坐 zuò
座 zuò
挫 cuò

○= 打坐, 跌fū坐, 后坐, 静坐, 纵zòng坐标

【坐班】zuò ‖ bān 통 정해진 시간에 사무실에서 업무를 보다. 정상 출근하다. ¶~制=정상 출근제.
【坐班房】zuò bānfáng 통 감옥살이하다.
【坐办公室】zuò bàngōngshì () 사무실에서 일하다.
【坐标】zuòbiāo 명(数) 좌표.
【坐不安,站不稳】zuò·bu'ān, zhàn·buwěn ()() 좌불안석이다. 안절부절못하다.
【坐不开】zuò·bukāi (장소가 좁아서) 모두 앉을 수 없다. ¶13个人, 一桌~。=열 세 사람이 한 탁자에 모두 앉을 수 없다.
【坐不下】zuò·buxià (장소가 좁아서) 모두 앉을 수 없다. ¶5个人打一辆出租车, ~。=다섯 사람이 택시 한 대에 다 탈 수 없다.
【坐不住】zuò·buzhù 통 앉아 있을 수가 없다. 앉아 있지 못하다. ¶他一出院, 就在家里~了。=그가 병원에 있다가 퇴원하더니 집에 앉아 있지를 못한다.
【坐禅】zuòchán 통(佛) 좌선하다.
【坐吃山空】zuòchī-shānkōng () 놀고 먹으면 산더미처럼 많은 재산도 말아먹는다. 재산이 아무리 많아도 놀고 먹으면 다 써 버린다.
【坐床】zuòchuáng 명(佛) 라마불교의 전생활불(轉生活佛)인 달라이라마 계승식.
【坐次】zuòcì ☞【座次】zuòcì
【坐大】zuòdà 통() 아무런 제약 없이 점차 세력이 커지다. ¶决不容许黑势力发展~。=악독한 세력이 점차 커져 가는 것을 절대 용납해서는 안 된다.
【坐待】zuòdài 통 앉아서 기다리다. ¶~时机=기회를 앉아서 기다리다.
【坐等】zuòděng 통 앉아서 기다리다.
【坐地】zuòdì 통 어떤 곳에 고정하다. ¶~经商=한 자리에서 장사를 하다. 부 그 자리에서. 앉은자리에서. ¶货物~转手。=물건을 앉은자리에서 넘기다.
【坐地灯】zuòdìdēng ☞【座地灯】zuòdìdēng
【坐地分脏】zuòdì-fēnzāng () (도적들이) 그 자리에서 장물을 나누다. [도적의 두목이나 장물아비가 직접 나서지 않고 훔쳐 온 장물을 나누어 먹는 것을 가리킴]
【坐地虎】zuòdìhǔ 명 토박이 깡패. 토박이 건달.
【坐地户】zuòdìhù 명 토착민. 토박이.
【坐垫】[座垫]zuòdiàn(~儿) 명 방석.
【坐定】zuòdìng 통 ❶ 좌정하다. 자리에 앉다. ¶待宾客~, 筵席就开始了。=손님이 좌정하자 연회가 시작되었다. 형 ❷ 예정되다. 확정적이다. 확실하다. ¶今年的旱灾是~了。=올해의 가뭄은 틀림없다.
【坐蔸】zuòdōu 통(农) 벼가 어릴 때 누렇게 마르고 생장 속도가 느려지다. [주로 수온이 낮거나 비료 부족 등으로 인하여 생기는 현상]
【坐而论道】zuò'érlùndào () ❶ 왕공(王公) 대신이 제왕을 모시고 정사(政事)를 논하다. ❷ 앉아서 탁상공론을 하다. ≒纸上谈兵 ↔身体力行
【坐功】zuògōng 명(道) 정좌하다. ¶面壁~。=

벽면 정좌하다. 몡 오래 앉아 있을 수 있는 인내력. ¶做学问必须有~。=학문을 하려면 반드시 오래 앉아 있는 인내력이 있어야 한다.

【坐骨】 zuògǔ 몡(生) 좌골.

【坐骨神经】 zuògǔ shénjīng 몡(生) 좌골신경.

【坐贾】 zuògǔ 몡 좌상. 앉은장사. ¶行商~=행상과 좌상. ≒坐商 ↔行商

【坐观成败】 zuòguān-chéngbài 솅 1 옆에 앉아서 타인의 성패를 초연하게 바라보다. 2 타인의 성패에 대해 수수방관하다. ≒作壁上观

【坐馆】 zuòguǎn 통옛 1 가정교사를 하다. 2 막료를 담당하다.

【坐柜】 zuòguì 몡 앉을 수도 있고 물건을 넣을 수도 있는 궤짝. 통 카운터를 보다. 판매대를 보다. ¶~经商=카운터에 앉아서 장사하다.

【坐果】 zuò∥guǒ 통 (과수나무 등이) 과실을 맺다. 열매가 열리다.

【坐化】 zuòhuà 통(佛) 좌화하다. 앉은 채로 입멸하다.

【坐怀不乱】 zuòhuái-búluàn 솅 1 춘추 시대 류하혜(柳下惠)가 여자를 품에 안고 밤을 새면서도 부정한 짓을 하지 않다. 2 비 마음씨가 순결하여 남녀 관계가 광명정대하다. 이성과 가까이 있으면서도 마음이 흔들리지 않다.

【坐机关】 zuò jīguān 통 기관에서 일을 하다. ¶他大学毕业后就一直在~。=그는 대학을 졸업한 후 줄곧 기관에서 일을 하고 있다.

【坐家女】 zuòjiānǚ (~儿) 몡방 시집 안 간 여자. 처녀.

【坐监】 zuò∥jiān ☞【坐牢】 zuò∥láo

【坐江山】 zuò jiāngshān 통 국가 정권을 장악하다. ¶打江山难，~更难。=정권을 탈취하기는 어렵지만 정권을 장악하기는 더욱 어렵다.

【坐禁闭】 zuò jìnbì 통 (징계로) 집에 유폐되다. 금족(禁足)을 당하다.

【坐井观天】 zuòjǐng-guāntiān 솅 1 우물에 앉아서 하늘을 보다. 2 비 견문이 매우 좁다. 우물 안 개구리. ≒【井中观天】 jǐngzhōng-guāntiān ≒夜郞自大

【坐具】 zuòjù 몡 앉을 수 있는 도구. [가구나 의자·소파 등을 가리킴]

【坐科】 zuò∥kē 통 배우 양성소에서 수업하다. ¶~学艺=배우 양성소에서 전통극 기예를 배우다.

【坐困】 zuòkùn 통 출로를 잃고 갇혀 꼼짝 못하다. 갇히다. ¶~孤城=고립된 성에 갇혀 꼼짝 못하다.

【坐蜡】 zuò∥là 통방 곤경에 빠지다. 난처한 지경에 빠지다. ¶这种事有点儿让我~。=이런 일은 나를 좀 난처하게 한다.

【坐牢】 zuò∥láo 통 옥살이하다. 수감되다. =【坐监】 zuò∥jiān

【坐冷板凳】 zuò lěngbǎndèng 솅비 1 한직으로 가다. 2 오랫동안 기다려 접견하다. 장기간 임명을 기다리다. 냉대를 받다.

【坐力】 zuòlì 몡(物) 반동.

【坐立不安】 zuòlì-bù'ān 솅 앉으나 서나 불안하다. 안절부절못하다.

【坐落】 zuòluò 통 (건물 등의 위치가) …곳에 위치하다〔자리잡다〕. ¶我们学校~在市东郊。=우리 학교는 시 동쪽 교외에 자리잡고 있다.

【坐骑】 zuòqí 몡 1 승마용 말. 2 사람이 올라타는 짐승.

【坐鞦】 zuòqiū 몡 살밀치.

【坐蓐】 zuòrù 통옛 산욕기에 들다. 산후 조리하다.

【坐山雕】 zuòshāndiāo ☞【秃鹫】 tūjiù

【坐山观虎斗】 zuò shān guān hǔ dòu 솅 1 산 위에 앉아서 호랑이 두 마리가 싸우는 것을 보다가, 한 마리는 죽고 한 마리는 상처를 입자, 상처를 입은 호랑이를 쳐서 한 방에 호랑이 두 마리를 잡았다는 명성을 얻다. 2 비 옆에서 싸움을 방관하다가 어부지리를 얻다.

【坐商】 zuòshāng 몡 좌상. 앉은장사. ≒坐贾 ↔行商

【坐失】 zuòshī 통 앉아서 (기회를) 잃다.

【坐失良机】 zuòshī-liángjī 솅 좋은 기회를 앉아서 잃다.

【坐视】 zuòshì 통 1 좌시하다. 앉아서 보고만 있다. 2 좌시하다. [관여해야 할 일을 관여하지 않거나 전혀 관심이 없음을 형용함] ¶~不管=앉아서 보고만 있다.

【坐视不救】 zuòshì-bùjiù 솅 수수방관하며 도와 주지 않다.

【坐收渔利】 zuòshōu-yúlì 솅비 앉아서 어부지리를 얻다.

【坐守】 zuòshǒu 통 앉아 지키다. 고수하다. 사수하다. ¶~待援=고수하면서 응원군을 기다리다.

【坐索】 zuòsuǒ 통 빚쟁이 집에 눌러앉아 빚을 재촉하다. =【坐讨】 zuòtǎo

【坐胎】 zuò∥tāi 통 임신하다.

【坐台小姐】 zuòtái xiǎojiě 몡 (유흥업소의) 접대부.

【坐探】 zuòtàn 몡 적의 내부에 침투하여 정탐하는 스파이. (잠복해 있는) 스파이.

【坐堂】 zuò∥táng 통 1 옛 관리가 공당(公堂)에 올라 안건을 심의하다. 2 (佛) 스님이 선원에서 좌선을 하다. 3 (医) 한의사가 약방에서 환자를 보다. ¶~行医=한의사가 약방에서 진찰하다. 4 점원이 가게에서 영업을 하다. ¶~营业=점원이 가게에서 영업을 하다.

【坐讨】 zuòtǎo ☞【坐索】 zuòsuǒ

【坐天下】 zuò tiānxià 통 국가를 통치하다. 나라를 다스리다.

【坐桶】 zuòtǒng 몡 앉아서 대변 보는 통.

【坐位】 zuò·wèi ☞【座位】 zuò·wèi

【坐卧不安】 zuòwò-bù'ān 솅 1 앉아도 불안하고 누워도 불안하다. 2 마음이 불안하다. 안절부절못하다. =【坐卧不宁】 zuòwò-bùníng

【坐卧不宁】 zuòwò-bùníng ☞【坐卧不安】 zuòwò-bù'ān

【坐误】 zuòwù 통 (기회를) 앉아서 놓치다. ¶因循~=(옛 것을 고집하여) 우물쭈물하다가 때〔종

은 기회)를 놓치다.

【坐席】 zuòxí 통 1 주연의 자리에 앉다. 2 연회에 참가하다. 명 ☞ 【座席】 zuòxí

【坐享其成】 zuòxiǎng-qíchéng 성 가만히 앉아서 남이 거둔 성과를 누리다.

【坐像】 zuòxiàng 명 좌상.

【坐性】 zuòxìng 명 앉아 있는 인내력. ¶做学问不仅要有记性, 还要有~。 = 학문을 하려면 기억력도 있어야 하지만 앉아 있을 수 있는 인내력도 있어야 한다.

【坐药】 zuòyào ☞ 【栓剂】 shuānjì

【坐夜】 zuòyè 통 밤을 새다. ¶~看护 = 밤을 새며 간호하다.

【坐以待毙】 zuòyǐdàibì 성 1 앉아서 죽기를 기다리다. 2 (비) 위험을 만나 적극적인 조치를 취하지 않고 앉아서 실패를 기다리다.

【坐以待旦】 zuòyǐdàidàn 성 1 앉아서 날이 밝기를 기다리다. 2 일처리가 부지런하거나 마음이 절박하다.

【坐椅】 zuòyǐ 명 의자.

【坐浴】 zuòyù 명 1 좌욕하다. 2 (醫) 좌욕하다. [부인병, 항문병 따위의 통증을 완화하기 위하여 행하는 치료 방법]

【坐月子】 zuò yuè·zi 통 산욕기에 들다. 산후 조리하다.

【坐赃】 zuòzāng 통 1 (법) 횡령죄를 저지르다. 횡령죄 판결을 받다. ¶~致罪 = 횡령하여 죄를 범하다. 2 (법) 죄를 뒤집어씌우다. ¶~陷害 = 죄를 뒤집어씌워 모해하다.

【坐诊】 zuòzhěn 통 (의사[한의사]가 고정된 장소에서) 진료를 하다. ¶本店聘请中外名医~。 = 본 한의원은 중외(中外)의 명의를 초빙하여 진료를 한다.

【坐镇】 zuòzhèn 통 1 (장교가) 직접 어떤 곳을 지키다. ¶~边关 = 장교가 국경의 관문을 직접 지키다. 2 (비) 친히 현장을 둘러보다. ¶市长已~抗洪前线。 = 시장은 이미 수해 복구 전선에 나와서 지휘한다.

【坐支】 zuòzhī 통 (經) 어떤 기업이 은행의 동의를 얻어 자기의 업무에서 들어온 현금 중에서 직접 지불하다.

【坐庄】 zuòzhuāng 통 1 (經) 생산지에 상주하며 물건을 구매하거나 판매하다. 2 (카드놀이나 도박에서) 선을 잡다. ¶轮流~ = 돌아가며 선을 잡다.

【坐姿】 zuòzī 명 앉은 자세.

【坐罪】 zuòzuì 통 형을 선고하다. 판결을 내리다.

# 阼

阼 zuò 동쪽 계단 조

명 당(堂) 앞 동쪽 계단. [손님을 맞이하거나 제사를 지낼 때 주인이 이 계단으로 오르내림] ¶阶 = 동편 섬돌.

# 岝

岝 zuò 산 이름 작

【岝山】 Zuòshān 명 (地) 쭤산. [산둥(山东)성의 있는 지명]

# 怍

怍 zuò 부끄러워할 작

통 부끄러워하다. 창피하다. ¶愧~ = 몹시 부끄러워하다.

# 柞

柞 zuò 떡갈나무 작

명(植) 1 떡갈나무. 2 상수리나무.
☞ zhà

【柞蚕】 zuòcán 명(動) 작잠. 산누에.

【柞蚕丝】 zuòcánsī 명 작잠사. 멧누에고치의 실. = 【柞丝】 zuòsī

【柞绸】 zuòchóu ☞ 【柞丝绸】 zuòsīchóu

【柞绢】 zuòjuàn 명(紡) 멧누에고치의 실로 짠 명주.

【柞木】 zuòmù 명(植) 떡갈나무.

【柞树】 zuòshù 명(植) 상수리나무의 통칭.

【柞丝】 zuòsī ☞ 【柞蚕丝】 zuòcánsī

【柞丝绸】 zuòsīchóu 명(紡) 멧누에고치의 실로 짠 비단. = 【柞绸】 zuòchóu

# 胙

胙 zuò 제사 고기 조

명 옛날, 제사에 쓰는 고기.

# 祚

祚 zuò 복 조

명통 1 복. ¶门衰~薄 = 집안은 기울고 복은 박하다. 2 제위(帝位). 황위(皇位). ¶帝~ = 제위.

# 砟

砟 zuò 돌 가지런하지 않을 작
☞ zhǎ

【砟硌】 zuòluò 형통 산의 돌이 울퉁불퉁한 모양.

# 唑

唑 zuò 음역자 좌

명 음역용 글자. ¶咔~ = 카르바졸. / 噻~ = 티아졸(thiazole).

# 座

**座 zuò 자리 좌**

명 1 (~儿) 좌석. 자리. ¶落~ = 착석하다. / 高朋满~ = 훌륭한 사람들이 좌석에 가득 차 있다. 2 (天) 좌. 별자리. ¶猎户~ = 사냥꾼자리. 3 (~儿) 기물의 기초 부분이나 받침. ¶灯~儿 = 전등 소켓. / 花盆~儿 = 화분 받침. 4 (존칭) 어떤 관가의 장에 대한 경칭. ¶军~ = 군단장. / 处~ = 처장. 양 좌. 동. 채. [부피가 크거나 고정된 물체를 세는 단위] ¶一~桥 = 다리 한 개. / 两~办公大楼 = 사무빌딩 두 동. ≒席

○● 宝座, 插座, 茶座, 池chí座, 倒座儿, 底座, 讲座, 落座, 读座, 末座, 让座, 上座, 上座儿, 星座, 雅yǎ座, 在座, 正座

【座标纸】 zuòbiāozhǐ 명 모눈종이.

【座舱】 zuòcāng 명 1 (여객기의) 객실. 2 (전투기의) 조종실.

【座车】 zuòchē 명 1 좌석이 있는 차. 2 여객 열차의 좌석이 있는 객실.

【座次】[坐次] zuòcì 명 좌차. 좌석의 차례. ¶排~ = 좌석 배치.

【座地灯】 zuòdìdēng 명 플로어 스탠드(floor

stand). 플로어 램프. =【立灯】lìdēng【坐地灯】zuòdìdēng
【座垫】zuòdiàn ☞【坐垫】zuòdiàn
【座号】zuòhào 좌석 번호. [주로 강당이나 극장·열차 등에 일련 번호대로 들어가는 장소에 쓰임]
【座机】zuòjī 1 전용 여객기. ¶总统~=대통령 전용기. 2 고정〔유선〕전화. ¶别打手机, 打~。=휴대폰으로 걸지 말고 고정 전화로 거세요.
【座驾】zuòjià 图 자가용 승용차. [자가용 승용차에 대한 애칭으로 부름]
【座儿】zuòr 图 승객. 손님. [인력거나 삼륜차를 타는 승객을 가리킴] ¶拉~=승객을 태우다. 2 고객. 손님. [극장·찻집·식당 등에서 고객을 가리킴] ¶上~=손님이 들어오다.
【座上客】zuòshàngkè 图 1 상객. 상빈. [연회에서 주인의 존경을 받는 귀빈을 가리킴] 2 (초대받은) 손님. 내빈.
【座谈】zuòtán 图 좌담하다. ¶邀请青年作家、评论家来~。=청년 작가, 평론가를 초청하여 좌담하다.
【座谈会】zuòtánhuì 图 좌담회. ¶迎新春~=봄맞이 좌담회.
【座位】【坐位】zuò·wèi 图 1 좌석. [주로 공공 장소에 쓰임] ¶第一排~留给来访的贵宾。=첫째 줄 좌석은 내방하는 귀빈의 자리로 남겨 두세요. 2 (~儿) 앉을 것. ¶搬一个~来。=앉을 것 하나 가져와라. ≒座席
【座无虚席】zuòwúxūxí 成 1 빈 자리가 없다. 자리가 꽉 들어차다. 2 甲 관중·관객·출석 인원이 많다.
【座席】【坐席】zuòxí 图 좌석. ¶剧场里没有一个~空着。=극장에 빈 좌석이 하나도 없다. ≒座位
【座右铭】zuòyòumíng 图 좌우명.
【座钟】zuòzhōng 图 탁상시계. [ '挂钟'(괘종시계)' 와 구별됨]
【座子】zuò·zi 1 기물의 기초 부분이나 받침. ¶钟~=종 받침. 2 안장. ¶车~=(자전거) 안장.

**做 zuò 만들 주**

动 1 하다. 종사하다. ¶~实验=실험을 하다. / ~针线=바느질〔뜨개질〕을 하다. 2 만들다. 제작하다. ¶~橱柜=궤짝을 만들다. / ~衣服=옷을 만들다. 3 쓰다. 짓다. ¶~诗=시를 쓰다. / ~作业=숙제를 하다. 4 거행하다. ¶~80大寿=80세 생신을 거행하다. 5 ~이 맡다. ~이 노릇을 하다. 담당하다. ¶~媒人=중매를 하다. / ~父母的=부모 노릇을 하는 사람. 6 (어떤 관계가) 되다. (어떤 관계를) 맺다. ¶~夫妻=부부가 되다. / ~朋友=친구가 되다. 7 …로 쓰다. ¶拿汽车~抵押。=자동차를 담보로 하다. 8 (어떤 모양을) 짓다. ¶~鬼脸=우스꽝스러운 표정을 짓다. ¶~样子=모양을 짓다. 제스처를 지어 보이다. 形〔劇〕동작·표정·자세. ¶唱、念、~、打=노래하고 동작 연기를 하고 낭독하고 무술 동작을 하는 것. ≒搞 为(wéi)

○● 当做, 叫做

【做爱】zuò'ài 动 성교하다.
【做伴】【作伴】zuò‖bàn (~儿) 动 동반하다. 벗이 되다. 곁에 있어 주다. ¶家里只有小孙女给奶奶~。=집에는 어린 손녀만이 할머니 곁에 있다.
【做菜】zuòcài 动 요리를 하다.
【做操】zuòcāo 动 체조를 하다. ¶孩子们天天都~。=아이들은 날마다 체조를 한다.
【做大】【作大】zuòdà 动 거들먹거리다. 재다. 뽐내다. [주로 조기 백화문에 쓰임]
【做到】zuòdào 动 이루다. 성취하다. 달성하다. ¶说到~=말한 것은 반드시 이루다.
【做东】zuò‖dōng 动 주인 노릇을 하다. 한턱 내다. ¶今天我~。=오늘은 내가 한턱 낸다. ≒请客 ↔做客
【做法】【作法】zuòfǎ 图 (일처리나 물건을 만드는) 방법. ¶习惯~=습관적인 방법.
【做饭】zuò‖fàn 动 밥을 하다〔짓다〕.
【做工】zuò‖gōng 动 노동을 하다. 일을 하다. ¶他在农场~。=그는 농장에서 일한다.
【做工】zuògōng (~儿) 图 1 가공 기술. 기량. 솜씨. ¶~精巧=솜씨가 정교하다. 2 ☞【做功】zuògōng
【做工作】zuò gōngzuò 惯 설득하거나 설명·동원하다. ¶你还要继续做老王的工作。=너는 계속해서 왕씨를 설득해라.
【做功】zuògōng 图〔劇〕동작과 표정. 연기. =【做工】zuògōng ¶~戏=노래 없이 동작과 표정으로만 하는 극. 动〔物〕힘을 작용하다.
【做官】zuò‖guān (~儿) 动 1 관직에 오르다. 관리가 되다. 2 관료가 되다. ¶~儿的要廉洁奉公。=관료가 된 사람은 청렴하고 국가와 사회를 위하여 힘을 써야 한다.
【做鬼】zuò‖guǐ (~儿) 动 1 귀신이 되다. 죽다. ¶我就是~, 也要找你算账。=내가 귀신이 되더라도 너를 찾아 결판을 내겠다. 2 속임수를 쓰다. 장난질을 하다. 방해를 하다. 훼방놓다. ¶从中~=중간에서 속임수를 쓰다.
【做鬼脸】zuò guǐliǎn (~儿) 动 1 우스꽝스러운 표정을 짓다. 2 얼굴로 남을 놀라게 하는 모양을 만들다.
【做好人】zuò hǎorén 动 1 악한 사람이 착한 사람으로 되다. 2 양쪽 모두에게 다 잘 대해 주다.
【做好做歹】zuòhǎo-zuòdǎi 成 온갖 방법으로 설득하다. 구슬리기도 하고 으르기도 하다.
【做活儿】zuò‖huór 动 1 육체 노동을 하다. 일을 하다. ¶他一大早就下地~去了。=그는 이른 아침부터 공사장에 일하러 갔다. 2 바느질을〔뜨개질〕하다. 자수를 놓다. ¶奶奶坐在大门口~。=할머니는 대문 옆에 앉아 뜨개질을 하고 있다.
【做活局子】zuò huójú·zi 惯 서로 짜고 남을 속이다. 단결하여 남을 속이다.
【做绝】zuòjué 动 깡그리 해치우다. 조금의 여유도 남기지 않고 하다. 극단적으로 하다. ¶坏事~=악랄한 수단으로 온갖 나쁜 짓을 다하다.

【做客】[作客] zuò‖kè 동 손님이 되다. 친지를 방문하다. ¶他到朋友家~去了。= 그는 친구 집을 방문했다. ↔做东 请客
【做礼拜】zuò lǐbài 동 예배를 보다.
【做买卖】zuò mǎi·mai 동 장사를 하다. 사업을 하다.
【做满月】zuò mǎnyuè 동 (아기의) 만 일 개월 잔치를 하다.
【做媒】zuò‖méi 동 중매하다.
【做美】zuòměi ☞【作美】zuòměi
【做梦】zuò‖mèng 동 1 꿈을 꾸다. 2(비) 헛된 생각을 하다. ¶白日~ = 백일몽을 꾸다.
【做派】zuò·pài 명(劇) 동작과 표정. 연기.
【做亲】zuò‖qīn 동 1 혼인을 맺다. ¶他俩~, 可谓门当户对。= 그 두 사람이 혼인을 맺으니, 문당호대(門當戶對)라고 할 만하다. 두 사람의 결혼은 가문이 맞다. 2 결혼하다. 장가 가다. ¶这个周末小张~。= 이번 주말에 샤오장이 장가 간다.
【做圈套】zuò quāntào 동 올가미를 만들다. 덫을 놓다. 함정을 파다.
【做人】zuòrén 동 1 행동하다. 처신하다. ¶~处世 = 처세하다. 2 좋은 사람이 되다. 인간이 되다. ¶洗心革面重~。= 철저히 회개하여 새사람이 되었다.
【做人家】zuò rénjiā 동(방) 살림살이를 잘하다. 가계를 잘 꾸리다. 검약하다. 아껴 쓰다. ¶他两口都很节约, 很会~。= 그 둘은 모두 절약을 하며 가계를 잘 꾸릴 줄 안다.
【做人情】zuò rénqíng 동 정을 표시하다. 선물로 호의를 보이다. ¶他这个月的工资几乎全拿来~了。= 그는 이 달의 월급을 거의 다 선물로 쓰는 데 썼다.
【做生活】zuò shēnghuó 동(방) 육체 노동하다. 일하다.
【做生日】zuò shēng·ri 동 생일을 축하하다. 생일 파티를 하다.
【做生意】zuò shēng·yi 동 장사를 하다. 사업을 하다.
【做声】[作声] zuòshēng (~儿) 동 1 소리를 내다. 2 말을 하다. 입을 열다. ¶问了半天, 他也没~。= 종일 물었지만 그는 입을 열지 않았다. ≒则声
【做事】zuò‖shì 동 1 일을 하다. 일을 저지르다. 행위를 하다. ¶一人~一人当。= 자신이 한 일은 자신이 책임져야 한다. 2 직무를 맡다. 재직하다. 근무하다. ¶他在外贸公司~。= 그는 대외 무역 회사에서 근무한다.
【做手脚】zuò shǒujiǎo 동 몰래 손을 쓰다. 부정한 수단으로 조작하다. 장난을 치다. 농간을 부리다.

【做寿】zuò‖shòu 동 생신을 축하하다. 생신 잔치를 베풀다〔해 드리다〕. ¶下周给爷爷~。= 다음 주에 할아버지 생신 잔치를 해 드린다.
【做头发】zuò tóu·fa 동 머리를 하다〔다듬다〕. ¶她到理发店~去了。= 그녀는 미용실에 머리를 하러 갔다.
【做文章】zuò wénzhāng 동 1 문장을 쓰다. 글을 짓다. 2(비) 구실로 삼다. 트집을 잡다. 언쟁을 하다. ¶你不要在这件小事上~。= 너는 이 작은 일에 트집을 잡지 마라. 3(비) 이용하다. 방책을 꾀하다. 일을 만들다. ¶抓住本地的旅游资源~。= 현지의 여행 자원을 이용하여 방도를 구하다.
【做戏】zuò‖xì 동 1 연기를 하다. 2(비) 연기를 하다. 가장하다. …인 체하다. ¶逢场~ = 기회가 생긴 김에 끼어들어 놀다. 적당히 비위를 맞추어 가며 연기를 하다.
【做小】zuòxiǎo 동(완) 첩이 되다.
【做秀】zuòxiù ☞【作秀】zuòxiù
【做学问】zuò xué·wèn 동 학문을 하다.
【做眼色】zuò yǎnsè 동(방) 눈짓하다.
【做样子】zuò yàng·zi 동 1 시범을 보이다. ¶你去给大家做个样子。= 네가 여러분들께 시범을 보여라. 2 허세를 부리다. 티를 내다. 거드름 피우다. 재다. ¶他来这里, 只是做做样子。= 그가 여기 온 것은 그저 모양새만 내는 것뿐이다.
【做一天和尚撞一天钟】zuò yī tiān hé·shang zhuàng yī tiān zhōng 숙 1 하루 중이 되면 하루 종을 친다. 2(비) 그럭저럭 날을 보내다. 그날 그날 살아가다. 하루하루 때우다.
【做贼心虚】zuòzéi-xīnxū 성(비) 도둑이 제 발 저리다.
【做针线】zuò zhēnxiàn 동 바느질〔뜨개질〕을 하다. 자수를 놓다. = 【做针线活儿】zuò zhēnxiànhuór
【做针线活儿】zuò zhēnxiànhuór ☞【做针线】zuò zhēnxiàn
【做主】[作主] zuò‖zhǔ 동 1 주인이 되다. ¶当家~ = 주인이 되다. 2 책임지고 결정하다. ¶这事由他自己~。= 이 일은 그가 스스로 책임지고 결정한다.
【做作】zuò·zuo 형 꾸미다. 가식하다. 부자연스럽다. …인 체하다. ¶表情~ = 표정이 부자연스럽다. ↔自然

酢 zuò 잔 돌릴 작
동(완) 손님이 주인이 준 술잔을 마시고 술을 따라 주인에게 되돌려주다. ¶酬~ = 주인과 손님이 서로 술잔을 권하다.
☞ cù

字音索引

## 字音索引

### 【가】

| 可 | kě | 1098 |
| 哥 | gē | 654 |
| 仠 | gǎ | 621 |
| 诃 | hē | 778 |
| [訶] | | |
| 卡 | kǎ | 1072 |
| 价 | jià | 934 |
| [價] | ·jie | 1001 |
| 伽 | gā | 620 |
| | jiā | 926 |
| | qié | 1566 |
| 佳 | jiā | 926 |
| 假 | jiǎ | 932 |
| | jià | 936 |
| 加 | jiā | 923 |
| 哿 | gě | 660 |
| 家 | jiā | 927 |
| [傢] | ·jie | 1001 |
| 坷 | kē | 1096 |
| 迦 | jiā | 927 |
| 坷 | kē | 1094 |
| | kě | 1101 |
| 嘉 | jiā | 930 |
| 苛 | kē | 1094 |
| 茄 | jiā | 926 |
| | qié | 1566 |
| 葭 | jiā | 930 |
| 抲 | qiá | 1537 |
| 尜 | gǎ | 621 |
| 尕 | gǎ | 620 |
| 呵 | hē | 778 |
| | kē | 1095 |
| 咔 | kā | 1072 |
| | kǎ | 1073 |
| 咖 | gā | 620 |
| | kā | 1072 |
| 嘎 | gǎ | 621 |
| 岢 | kě | 1101 |

| 街 | jiē | 987 |
| 猏 | jiā | 927 |
| 嫁 | jià | 936 |
| 驾 | jià | 935 |
| [駕] | | |
| 犋 | jiǎ | 934 |
| 珂 | kē | 1095 |
| 珈 | jiā | 927 |
| 柯 | kē | 1095 |
| 枷 | jiā | 927 |
| 架 | jià | 935 |
| 榎 | jiǎ | 934 |
| 檟 | jiǎ | 934 |
| [檟] | | |
| 轲 | kē | 1095 |
| [軻] | kě | 1101 |
| 暇 | xiá | 2093 |
| 贾 | Jiǎ | 932 |
| [賈] | | |
| 胛 | kǎ | 1073 |
| 歌 | gē | 656 |
| 痂 | jiā | 927 |
| 瘕 | jiǎ | 934 |
| 瘸 | qué | 1612 |
| 砢 | kē | 1096 |
| 釓 | gá | 620 |
| [釓] | | |
| 钶 | kē | 1096 |
| [鈳] | | |
| 镓 | jiā | 931 |
| [鎵] | | |
| 稼 | jià | 936 |
| 袈 | jiā | 930 |
| 笳 | jiā | 930 |
| 豭 | jiā | 931 |
| 跏 | jiā | 930 |
| 䶎 | qiā | 1537 |
| [䶎] | | |
| 骼 | qià | 1538 |

| | ·987 |
| 廮 | jiā | 931 |

### 【각】

| 刻 | kè | 1102 |
| 佫 | Hè | 789 |
| 傕 | jué | 1066 |
| 壳 | ké | 1097 |
| [殼] | qiào | 1564 |
| 却 | què | 1612 |
| 郻 | quān | 1604 |
| 恪 | kè | 1103 |
| 阁 | gé | 657 |
| [閣,閤] | | |
| 塙 | què | 1612 |
| 荅 | gé | 657 |
| 搁 | gē | 655 |
| [擱] | gé | 658 |
| 各 | gě | 660 |
| | gè | 662 |
| 咯 | gē | 654 |
| | kǎ | 1073 |
| 骼 | gē | 654 |
| [骼] | | |
| 斠 | jiào | 982 |
| 慤 | què | 1612 |
| [愨] | | |
| 珏 | jué | 1063 |
| 桷 | jué | 1065 |
| 榷 | què | 1613 |
| 胳 | gā | 620 |
| | gē | 654 |
| | gé | 658 |
| 脚 | jiǎo | 975 |
| 袼 | gē | 655 |
| 觉 | jué | 1063 |
| [覺] | | |
| 铬 | gè | 663 |
| [鉻] | | |
| 舸 | gě | 660 |

| 角 | jiǎo | 973 |
| | jué | 1062 |

### 【간】

| 干 | gān | 626 |
| 干 | gàn | 637 |
| [幹] | | |
| 柬 | jiǎn | 943 |
| 谏 | jiàn | 956 |
| [諫] | | |
| 刊 | kān | 1083 |
| 侃 | kǎn | 1085 |
| 涧 | jiàn | 955 |
| [澗] | | |
| 忓 | gān | 631 |
| 悭 | qiān | 1543 |
| 间 | jiān | 939 |
| [間] | jiàn | 952 |
| 艮 | gèn | 667 |
| 拣 | jiǎn | 943 |
| [揀] | | |
| 擀 | gǎn | 637 |
| 衎 | kàn | 1089 |
| 奸 | jiān | 937 |
| (姦) | | |
| 玕 | gān | 631 |
| 杆 | gān | 631 |
| | gǎn | 632 |
| 旰 | gàn | 638 |
| 柬 | jiǎn | 947 |
| 肝 | gān | 631 |
| 痫 | xián | 2111 |
| [癇] | | |
| 裉 | kèn | 1107 |
| 裥 | jiǎn | 947 |
| [襇] | | |
| 矸 | gān | 631 |
| 看 | kān | 1083 |
| | kàn | 1085 |

# 갈~강

| | | | | | | | | | | | |
|---|---|---|---|---|---|---|---|---|---|---|---|
| 睍 | jiàn | 956 | 【 감 】 | | | 碱 | jiǎn | 949 | 茳 | jiāng | 958 |
| [睍] | | | 甘 | gān | 630 | 磡 | kàn | 1089 | 扛 | gāng | 638 |
| 锏 | jiǎn | 946 | 减 | jiǎn | 945 | 瞰 | kàn | 1089 | (摃) | káng | 1090 |
| [鐧] | jiàn | 956 | (減) | | | 监 | jiān | 940 | 岗 | gāng | 640 |
| 秆 | gǎn | 632 | 龛 | kān | 1084 | [監] | jiàn | 955 | [崗] | gǎng | 641 |
| 竿 | gān | 632 | [龕] | | | 鹣 | qiān | 1544 | 弜 | jiàng | 964 |
| 笴 | gǎn | 634 | 勘 | kān | 1084 | [鶼] | | | 强 | jiàng | 964 |
| 简 | jiǎn | 947 | 泔 | gān | 631 | 蚶 | hān | 757 | (强·彊) | qiáng | 1555 |
| [簡] | | | 淦 | Gàn | 638 | 酣 | hān | 757 | | qiǎng | 1559 |
| 艮 | gěn | 666 | 凎 | gàn | 638 | 鉴 | jiàn | 956 | 姜 | jiāng | 959 |
| | gèn | 667 | 澉 | gǎn | 637 | [鑒,鑑·鋻] | | | [薑] | | |
| 艰 | jiān | 940 | 阚 | Kàn | 1089 | 鳡 | gǎn | 637 | 姜 | Jiāng | 959 |
| [艱] | | | [闞] | | | [鱤] | | | 纲 | gāng | 640 |
| 垦 | kěn | 1106 | 坎 | kǎn | 1084 | | | | [綱] | | |
| [墾] | | | 坩 | gān | 631 | 【 갑 】 | | | 绛 | jiàng | 964 |
| 恳 | kěn | 1107 | 堪 | kān | 1084 | 甲 | jiǎ | 931 | [絳] | | |
| [懇] | | | 勘 | kàn | 1089 | 匣 | xiá | 2092 | 缰 | jiāng | 960 |
| 赶 | gǎn | 632 | 苷 | gān | 631 | 匼 | kē | 1095 | [繮] | | |
| [趕] | | | 茬 | kǎn | 1085 | 合 | gě | 660 | 杠 | gāng | 640 |
| 骭 | gàn | 638 | 尷 | gān | 632 | 闸 | zhá | 2453 | | gàng | 642 |
| | | | [尷] | | | [閘] | | | 枊 | gāng | 640 |
| 【 갈 】 | | | 撖 | Hàn | 765 | 嗑 | kè | 1106 | [棡] | | |
| 渴 | kě | 1101 | 撼 | hàn | 765 | 岬 | jiǎ | 932 | 槺 | kāng | 1089 |
| 葛 | gé | 658 | 喊 | hǎn | 762 | 胛 | jiǎ | 932 | 犟 | jiàng | 965 |
| | Gě | 660 | [喊] | | | 瞌 | kē | 1097 | 腔 | qiāng | 1554 |
| 拮 | jié | 990 | 崁 | kàn | 1089 | 盖 | Gě | 660 | 膙 | jiǎng | 963 |
| 擖 | kā | 1072 | 嵌 | qiàn | 1553 | [蓋] | | | 襁 | qiǎng | 1559 |
| 喝 | hē | 779 | 绀 | gàn | 638 | 钾 | jiǎ | 932 | 矼 | gāng | 640 |
| | hè | 790 | [紺] | | | [鉀] | | | 疆 | jiāng | 960 |
| 噶 | gá | 621 | 感 | gǎn | 635 | | | | 肮 | gǎng | 642 |
| 猲 | hè | 790 | 憨 | hān | 757 | 【 강 】 | | | 罡 | gāng | 641 |
| | xiè | 2164 | 瑊 | jiān | 942 | 讲 | jiǎng | 960 | 钉 | gāng | 640 |
| 楬 | jié | 993 | 柑 | gān | 632 | [講] | | | [釭] | | |
| 辖 | gé | 660 | 橄 | gǎn | 637 | 刚 | gāng | 638 | 钢 | gāng | 640 |
| [轄] | | | 轗 | kǎn | 1085 | [剛] | | | [鋼] | gàng | 643 |
| 暍 | yē | 2282 | [轗] | | | 冈 | gāng | 638 | 镪 | qiāng | 1555 |
| 曷 | hé | 787 | 戡 | kān | 1084 | [岡] | | | [鏹] | qiǎng | 1559 |
| 竭 | jié | 994 | 敢 | gǎn | 634 | 僵 | jiāng | 960 | 羌 | Qiāng | 1553 |
| 褐 | hè | 790 | 赣 | Gàn | 638 | 降 | jiàng | 963 | 糠 | kāng | 1090 |
| 碣 | jié | 994 | [贛] | | | 江 | jiāng | 957 | 穅 | jiàng | 965 |
| 牁 | kē | 1094 | 疳 | gān | 632 | 慷 | kāng | 1089 | 耩 | jiǎng | 962 |
| 羯 | jié | 994 | 砍 | kǎn | 1085 | 康 | kāng | 1089 | 蜣 | qiāng | 1555 |
| 蝎 | xiē | 2157 | 碱 | jiǎn | 946 | 堽 | gāng | 641 | 筻 | gàng | 643 |
| 鞨 | hé | 789 | [碱] | | | 疆 | jiāng | 960 | 豇 | jiāng | 959 |

| | | | | | | | | |
|---|---|---|---|---|---|---|---|---|
| 舡 | gǎng | 642 | 钙 | gài | 624 | 渠 | qú | 1599 | 干 | gān | 626 |
| [舡] | | | [鈣] | | | 濾 | jù | 1057 | [乾] | | |
| 鱇 | kāng | 1090 | 铠 | kǎi | 1082 | 遽 | jù | 1057 | 件 | jiàn | 952 |
| [鱇] | | | [鎧] | | | 苣 | jù | 1053 | 建 | jiàn | 953 |
| | | | 铜 | kāi | 1082 | | qǔ | 1600 | 湕 | jiǎn | 949 |
| | | | [鐦] | | | 苣 | jǔ | 1049 | 骞 | qiān | 1544 |
| 【개】 | | | 铠 | kǎi | 1082 | 蕖 | qú | 1600 | [騫] | | |
| 开 | kāi | 1073 | [鎧] | | | 蓮 | qú | 1600 | 搴 | qiān | 1544 |
| [開] | | | 秸 | jiē | 986 | 弆 | jǔ | 1049 | 褰 | qiān | 1544 |
| 丐 | gài | 624 | 皆 | jiē | 983 | 拒 | jù | 1052 | 謇 | jiǎn | 949 |
| 剀 | kǎi | 1082 | 蚧 | jiè | 999 | 据 | jū | 1047 | 蹇 | jiǎn | 949 |
| [剴] | | | 骱 | jiè | 1001 | 据 | jù | 1054 | 堿 | qián | 1549 |
| 个 | gè | 660 | | | | [據,攄] | | | 囝 | nān | 1393 |
| [個] | gè | 660 | 【객】 | | | 居 | jū | 1046 | | jiǎn | 943 |
| 介 | jiè | 997 | 客 | kè | 1104 | 炬 | jù | 1053 | 巾 | jīn | 1001 |
| 价 | jiè | 998 | 搿 | ké | 1098 | 袪 | qū | 1598 | 虔 | qián | 1548 |
| 凯 | kǎi | 1082 | 喀 | kā | 1072 | 琚 | jū | 1047 | 愆 | qiān | 1544 |
| [凱] | | | | | | 璩 | qú | 1600 | (諐) | | |
| 陇 | gài | 624 | 【갱】 | | | 柜 | jǔ | 1049 | 楗 | jiàn | 956 |
| [隑] | | | 更 | gèng | 669 | 椐 | jū | 1047 | 犍 | jiān | 942 |
| 湝 | jiē | 988 | 赓 | gēng | 668 | 榉 | jǔ | 1051 | | qián | 1549 |
| 溉 | gài | 625 | [賡] | | | [欅] | | | 键 | jiàn | 956 |
| 忾 | kài | 1082 | 坑 | kēng | 1107 | 胠 | qū | 1598 | 腱 | jiàn | 956 |
| 恺 | kǎi | 1082 | 硁 | kēng | 1108 | 腒 | jū | 1047 | 键 | jiàn | 957 |
| [愷] | | | [硜] | | | 袪 | qū | 1598 | [鍵] | | |
| 慨 | kǎi | 1082 | 铿 | kēng | 1108 | 裾 | jū | 1047 | 趯 | jiàn | 957 |
| 闿 | kǎi | 1082 | [鏗] | | | 磲 | qú | 1600 | 軒 | qián | 1549 |
| [闓] | | | 羹 | gēng | 668 | 钜 | jù | 1053 | 鞬 | jiān | 943 |
| 垲 | kǎi | 1082 | 粳 | jīng | 1023 | [鉅] | | | | | |
| [塏] | | | | | | 锯 | jù | 1055 | 【걸】 | | |
| 芥 | gài | 624 | 【갹】 | | | [鋸] | | | 乞 | qǐ | 1525 |
| | jiè | 998 | 噱 | jué | 1066 | 櫸 | jù | 1057 | 偈 | jié | 993 |
| 喈 | kǎi | 1082 | | xué | 2223 | [櫸] | | | 朅 | qiè | 1568 |
| 尬 | gà | 621 | | | | 秬 | jù | 1053 | 杰 | jié | 990 |
| 揩 | kāi | 1081 | 【거】 | | | 柜 | jù | 1054 | (傑) | | |
| 喈 | jiē | 987 | 举 | jǔ | 1049 | 虡 | jù | 1055 | 桀 | jié | 993 |
| 玠 | jiè | 999 | [舉] | | | [簴] | | | 圪 | gē | 663 |
| 概 | gài | 625 | 讵 | jù | 1052 | 筥 | jǔ | 1051 | | | |
| 戤 | gài | 626 | [詎] | | | 蘧 | qú | 1600 | 【검】 | | |
| 皆 | jiē | 983 | 巨 | jù | 1051 | 醵 | jù | 1057 | 剑 | jiàn | 954 |
| 改 | gǎi | 622 | 佉 | qū | 1597 | 距 | jù | 1055 | [劍] | | |
| 疥 | jiè | 999 | 倨 | jù | 1054 | 踞 | jù | 1057 | 芡 | qiàn | 1552 |
| 磕 | kē | 1097 | 去 | qù | 1602 | | | | 捡 | jiǎn | 944 |
| 盖 | gài | 625 | | | | 【건】 | | | [撿] | | |
| [蓋] | | | ‖•qù | | 1602 | | | | | | |

## 겁~경

| | | | |
|---|---|---|---|
| 检 jiǎn 944 | 膈 gé 660 | 胃 juàn 1061 | 歉 qiàn 1553 |
| [檢] | gè 663 | 鵑 juān 1058 | 钳 qián 1548 |
| 脸 liǎn 1211 | 镉 gé 660 | [鵑] | [鉗] |
| [臉] | [鎘] | 笕 jiǎn 944 | 镰 lián 1210 |
| 睑 jiǎn 946 | 觖 jué 1063 | [筧] | [鐮] |
| [瞼] | [觖] | 趼 jiǎn 945 | 鹣 jiān 943 |
| 钤 qián 1544 | 鹝 jú 1049 | 鲣 jiān 943 | [鶼] |
| [鈐] | [鶪] | [鰹] | 鳒 jiān 943 |
| 黔 qián 1550 | 骼 gé 660 | | [鰜] |

### 【겁】

| | | | |
|---|---|---|---|
| 劫 jié 989 | ### 【견】 | ### 【결】 | ### 【겹】 |
| 怯 qiè 1567 | 谴 qiǎn 1551 | 决 jué 1061 | 夹 jiá 931 |
| 蚗 jié 993 | [譴] | (決) | [裌] |
| 跲 jiá 931 | 鹃 juān 1058 | 诀 jué 1062 | 郏 Jiá 931 |
| | 鄄 Juàn 1060 | [訣] | [郟] |
| ### 【게】 | 汧 qiān 1541 | 洁 jié 990 | 掐 qiā 1537 |
| 偈 jì 921 | 遣 qiǎn 1551 | [潔] | 恰 xiá 2093 |
| 揭 jiē 986 | 坚 jiān 938 | 阕 què 1613 | 袷 qiā 1537 |
| 憩 qì 1537 | [堅] | [闋] | |
| | 茧 jiǎn 943 | 抉 jué 1062 | ### 【경】 |
| ### 【격】 | [繭] | 契 jié 990 | 更 gēng 667 |
| 击 jī 890 | 牵 qiān 1542 | 结 jiē 983 | 京 jīng 1017 |
| [擊] | [牽] | [結] jié 991 | 到 jǐng 1027 |
| 鬲 gé 658 | 掮 qián 1549 | 駃 jué 1063 | [剄] |
| 隔 gé 659 | 岍 Qiān 1541 | [駃] | 冏 jiǒng 1034 |
| 湨 Jú 1049 | 狷 juàn 1060 | 炔 què 1610 | 惊 jìng 1030 |
| 滆 Gé 660 | 纤 qiàn 1552 | 玦 jué 1063 | 倾 qīng 1578 |
| 激 jī 900 | [縴] | 袺 jié 993 | [傾] |
| 阒 qù 1603 | 绢 jiǎn 943 | 砄 jué 1063 | 儆 jǐng 1027 |
| [闃] | [絹] | 鴂 jué 1063 | 卿 qīng 1580 |
| 墼 jī 900 | 绢 juàn 1060 | [鴃] | 劲 jìn 1014 |
| 嗝 gé 660 | [絹] | 缺 quē 1610 | [勁] jìng 1029 |
| 绤 xì 2090 | 缱 qiǎn 1552 | 觖 jué 1066 | 勍 qíng 1584 |
| [綌] | [繾] | | 泾 jīng 1018 |
| 缂 kè 1106 | 枧 jiǎn 943 | ### 【겸】 | [涇] |
| [緙] | [梘] | 谦 qiān 1543 | 浭 Gēng 668 |
| 格 gē 654 | 犬 quǎn 1609 | [謙] | 惊 jīng 1021 |
| gé 657 | 畎 quǎn 1609 | 兼 jiān 941 | [驚] |
| 槅 gé 660 | 甄 zhēn 2489 | 慊 qiàn 1553 | 憬 jǐng 1027 |
| 檄 xí 2083 | 见 jiàn 949 | qiè 1568 | 庆 qìng 1588 |
| 觋 xí 2082 | [見] | 蒹 jiān 942 | [慶] |
| [覡] | 肩 jiān 940 | 嗛 qiǎn 1551 | 庚 gēng 668 |
| 鬻 gé 660 | 睊 juàn 1061 | 缣 jiān 943 | 顷 qǐng 1588 |
| | 畎 quǎn 1609 | [縑] | [頃] |
| | | 肷 qiǎn 1550 | |

| | | | | | | | | | | | |
|---|---|---|---|---|---|---|---|---|---|---|---|
| 坙 | jīng | 1017 | [氫] | | | [灠] | | | 髻 | jì | 923 |
| [坙] | | | 敬 | jìng | 1031 | 悸 | jì | 921 | | | |
| 坰 | jiōng | 1034 | 胫 | jìng | 1030 | 藆 | qiǎ | 1537 | 【 고 】 | | |
| 垧 | shǎng | 1691 | [脛] | | | 蓟 | jì | 922 | 羔 | gāo | 650 |
| 埂 | gěng | 668 | 竞 | jìng | 1030 | [薊] | | | 睾 | gāo | 649 |
| 境 | jìng | 1033 | [競] | | | 契 | qì | 1536 | 靠 | kào | 1093 |
| 茕 | qióng | 1590 | 竟 | jìng | 1031 | 启 | qǐ | 1526 | 诂 | gǔ | 697 |
| [煢] | | | 痉 | jìng | 1030 | [啓] | | | [詁] | | |
| 苘 | qǐng | 1587 | [痙] | | | 届 | jiè | 999 | 高 | gāo | 643 |
| 茎 | jīng | 1017 | 硬 | yìng | 2354 | 继 | jì | 920 | 膏 | gāo | 649 |
| [莖] | | | 磬 | qìng | 1588 | [繼] | | | | gào | 653 |
| 藑 | qióng | 1591 | 镜 | jìng | 1033 | 綮 | qǐ | 1531 | 诰 | gào | 653 |
| 哽 | gěng | 668 | [鏡] | | | 炅 | Guì | 736 | [誥] | | |
| 径 | jìng | 1029 | 鹒 | gēng | 668 | 禊 | xì | 2090 | 古 | gǔ | 695 |
| [徑] | | | [鶊] | | | 桂 | guì | 737 | 考 | kǎo | 1091 |
| 痉 | jīng | 1021 | 羟 | qiǎng | 1559 | 械 | xiè | 2164 | 刳 | kū | 1120 |
| 獍 | jìng | 1033 | [羥] | | | 棨 | qǐ | 1531 | 估 | gū | 690 |
| 弪 | jìng | 1030 | 耕 | gēng | 668 | 戒 | jiè | 998 | | gù | 701 |
| [弳] | | | 顷 | qǐng | 1587 | 肾 | qǐ | 1531 | 郜 | Gào | 653 |
| 䌹 | jiǒng | 1034 | [頃] | | | 瘛 | chì | 259 | 沽 | gū | 692 |
| [絅] | | | 颈 | gěng | 669 | | zhì | 2531 | 库 | kù | 1123 |
| 经 | jīng | 1018 | [頸] | jǐng | 1027 | 瘛 | chì | 259 | [庫] | | |
| [經] | jìng | 1030 | 罄 | qìng | 1588 | 碶 | qì | 1536 | 堌 | gù | 705 |
| 绠 | gěng | 669 | 綮 | qǐng | 1588 | 磎 | xī | 2079 | 鼓 | gǔ | 699 |
| [綆] | | | 磬 | qìng | 1588 | 界 | jiè | 999 | 苦 | kǔ | 1121 |
| 䌹 | jiǒng | 1034 | 警 | jǐng | 1027 | 罽 | jì | 923 | 苽 | gū | 691 |
| [駉] | | | 鲠 | gěng | 669 | 锲 | qiè | 1568 | 菇 | gū | 694 |
| 炅 | jiǒng | 1034 | [鯁] | | | [鍥] | | | 菰 | gū | 694 |
| 耿 | gěng | 668 | 鲸 | jīng | 1026 | 季 | jì | 918 | 藁 | gǎo | 651 |
| 烃 | tīng | 1934 | [鯨] | | | 稽 | jī | 900 | 拷 | kǎo | 1093 |
| [烴] | | | 麖 | jīng | 1026 | | qǐ | 1531 | 挎 | kuà | 1125 |
| 煛 | jiǒng | 1034 | 黥 | qíng | 1587 | 鸡 | jī | 894 | 搞 | gǎo | 650 |
| 颎 | jiǒng | 1034 | | | | [鷄,雞] | | | 告 | gào | 651 |
| [熲] | | | 【 계 】 | | | 筓 | jī | 897 | 咕 | gū | 691 |
| 琼 | qióng | 1590 | 乩 | jī | 894 | 筀 | guì | 737 | 呱 | gū | 691 |
| [瓊] | | | 癸 | guǐ | 735 | 系 | jì | 918 | | guā | 706 |
| 璟 | jǐng | 1027 | 计 | jì | 914 | [繫] | | | | guǎ | 707 |
| 梗 | gěng | 669 | [計] | | | 系 | xì | 2087 | 固 | gù | 701 |
| 檠 | qíng | 1587 | 诫 | jiè | 999 | [係] | | | 崮 | gù | 705 |
| 轻 | qīng | 1576 | [誡] | | | 綮 | qǐ | 1531 | 尻 | kāo | 1091 |
| [輕] | | | 阶 | jiē | 982 | 蹊 | qī | 1518 | 姑 | gū | 693 |
| 景 | jǐng | 1027 | [階] | | | 豀 | xī | 2080 | 绔 | kù | 1124 |
| 擎 | qíng | 1587 | 溪 | xī | 2078 | 齘 | xiè | 2164 | [絝] | | |
| 氢 | qīng | 1578 | 灋 | xī | 2080 | [齘] | | | 羔 | gāo | 649 |

| | | | | | | | | | | | |
|---|---|---|---|---|---|---|---|---|---|---|---|
| 烤 | kǎo | 1093 | 鸹 | gū | 694 | 滚 | gǔn | 737 | 孔 | kǒng | 1112 |
| 燆 | kào | 1094 | [鴰] | | | 悃 | kǔn | 1140 | 公 | gōng | 673 |
| 雇 | gù | 705 | 糕 | gāo | 649 | 阃 | kǔn | 1140 | 共 | gòng | 682 |
| | Gù | 705 | 顾 | gù | 703 | [閫] | | | 供 | gōng | 679 |
| 杲 | gǎo | 650 | [顧] | | | 坤 | kūn | 1139 | | gòng | 683 |
| 枯 | kū | 1120 | 蛄 | gū | 694 | 壸 | kǔn | 1141 | 倥 | kōng | 1112 |
| 栲 | kǎo | 1093 | | gǔ | 699 | [壼] | | | | kǒng | 1113 |
| 楛 | kǔ | 1123 | 箸 | kǎo | 1093 | 捆 | kǔn | 1140 | 邛 | qióng | 1589 |
| 槁 | gǎo | 650 | 箍 | gū | 694 | 困 | kùn | 1141 | 功 | gōng | 677 |
| 槹 | gāo | 649 | 篙 | gāo | 649 | 绲 | gǔn | 737 | 恭 | gōng | 680 |
| 牯 | gū | 694 | 翱 | áo | 20 | [緄] | | | 悾 | kōng | 1112 |
| [牯] | | | 辜 | gū | 694 | 琨 | kūn | 1140 | 工 | gōng | 670 |
| 觚 | gū | 694 | 酤 | gū | 694 | 棍 | gùn | 739 | 巩 | gǒng | 681 |
| [觚] | | | 舸 | gū | 694 | 辊 | gǔn | 737 | [鞏] | | |
| 敲 | qiāo | 1560 | 鲴 | gù | 705 | [輥] | | | 贡 | gòng | 683 |
| 贾 | gǔ | 699 | [鯝] | | | 昆 | kūn | 1140 | [貢] | | |
| [賈] | | | 骷 | kū | 1121 | (崑) | | | 攻 | gōng | 678 |
| 牿 | gù | 699 | | | | 裈 | kūn | 1140 | 堔 | gōng | 681 |
| 故 | gù | 702 | 【곡】 | | | [褌] | | | 拱 | gǒng | 681 |
| 股 | gǔ | 697 | 曲 | qū | 1596 | 磙 | gǔn | 738 | 控 | kòng | 1114 |
| 胍 | guā | 707 | | qǔ | 1600 | 锟 | Kūn | 1140 | 崆 | Kōng | 1112 |
| 臌 | gǔ | 701 | 瀔 | Gǔ | 701 | [錕] | | | 红 | gōng | 678 |
| 羖 | gǔ | 699 | 哭 | kū | 1120 | 鹍 | kūn | 1140 | [紅] | | |
| 痼 | gù | 705 | 嚳 | Kù | 1124 | [鵾] | | | 恐 | kǒng | 1113 |
| 裤 | kù | 1124 | [嚳] | | | 醌 | kūn | 1140 | 珙 | gǒng | 682 |
| [褲,袴] | | | 嘷 | hú | 820 | 鲧 | gǔn | 738 | 棋 | gōng | 682 |
| 眰 | gǔ | 699 | 斛 | hú | 819 | [鯀] | | | 空 | kōng | 1108 |
| 瞽 | gǔ | 701 | 梏 | gù | 705 | 鲲 | kūn | 1140 | | kòng | 1113 |
| 罟 | gǔ | 699 | 槲 | hú | 820 | [鯤] | | | 龚 | Gōng | 681 |
| 罛 | gū | 694 | 穀 | gū | 694 | 髡 | kūn | 1140 | [龔] | | |
| 蛊 | gǔ | 699 | [穀] | gǔ | 701 | | | | 鸸 | gōng | 681 |
| [蠱] | | | 穀 | gǔ | 701 | 【골】 | | | [鵁] | | |
| 蛊 | gǔ | 701 | 縠 | gǔ | 701 | 汨 | gǔ | 697 | 蚣 | gōng | 680 |
| 盬 | gǔ | 701 | 縠 | hú | 821 | 蓇 | gū | 694 | 蛬 | gǒng/qióng | 682 |
| 钴 | gǔ | 699 | 縠 | hú | 821 | 搰 | hú | 819 | 蛩 | qióng | 1591 |
| [鈷] | | | 鹄 | gǔ | 699 | 馉 | gǔ | 699 | 筇 | qióng | 1590 |
| 铐 | kào | 1093 | [鵠] | hú | 820 | [餶] | | | 箜 | lǒng | 1259 |
| [銬] | | | 蛐 | qū | 1599 | 榾 | gǔ | 701 | [篭] | | |
| 锆 | gào | 653 | 谷 | gǔ | 696 | 鹘 | gǔ | 701 | 笻 | kōng | 1112 |
| [鋯] | | | [穀] | | | [鶻] | | | 跫 | qióng | 1591 |
| 锢 | gù | 705 | 斛 | hú | 819 | 骨 | gū | 694 | 銎 | qióng | 1591 |
| [錮] | | | | | | | gǔ | 697 | 鞚 | kòng | 1114 |
| 稿 | gǎo | 651 | 【곤】 | | | | | | | | |
| 皋 | gāo | 643 | 衮 | gǔn | 737 | 【공】 | | | 【과】 | | |

| | | | | | | | | |
|---|---|---|---|---|---|---|---|---|
| 裹 | guǒ | 743 | 跨 | kuà | 1125 | 瓘 | guàn | 723 | 诳 | kuáng | 1133 |
| 课 | kè | 1105 | 踝 | huái | 840 | 棺 | guān | 719 | [誑] | | |
| [課] | | | 髁 | kē | 1097 | 輨 | guǎn | 719 | 匡 | kuāng | 1131 |
| 剐 | guǎ | 707 | | | | [輨] | | | 邝 | Kuàng | 1133 |
| [剮] | | | 【곽】 | | | 贯 | guàn | 721 | [鄺] | | |
| 侉 | kuǎ | 1125 | 郭 | guō | 739 | [貫] | | | 勖 | kuāng | 1131 |
| 涡 | Guō | 739 | 漷 | huǒ | 885 | 款 | kuǎn | 1130 | 洭 | Kuāng | 1132 |
| [渦] | | | 廓 | kuò | 1143 | 毌 | guàn | 721 | 洸 | guāng | 727 |
| 寡 | guǎ | 707 | 藿 | huò | 889 | 窾 | kuǎn | 1131 | 恇 | kuāng | 1132 |
| 过 | Guō | 739 | 崞 | Guō | 739 | 痯 | guǎn | 719 | 广 | guǎng | 727 |
| [過] | guò | 744 | 椁 | guǒ | 743 | 盥 | guàn | 723 | [廣] | | |
| | ·guo | 744 | 钁 | jué | 1067 | 鹳 | guàn | 723 | 逛 | guàng | 729 |
| 垮 | kuǎ | 1125 | [钁] | | | [鸛] | | | 圹 | kuàng | 1133 |
| 埚 | guō | 739 | 霍 | huò | 888 | 颧 | quán | 1609 | [壙] | | |
| [堝] | | | 鞹 | kuò | 1143 | [顴] | | | 光 | guāng | 723 |
| 夸 | kuā | 1124 | | | | 罐 | guàn | 723 | 哐 | kuāng | 1131 |
| [誇] | | | 【관】 | | | 筦 | Guǎn | 719 | 晃 | guǎng | 727 |
| 挝 | wō | 2040 | 串 | chuàn | 297 | 管 | guǎn | 719 | 犷 | guǎng | 728 |
| [撾] | zhuā | 2562 | 丱 | guàn | 721 | 鳤 | guǎn | 721 | [獷] | | |
| 夥 | huǒ | 885 | 冠 | guān | 718 | 髋 | kuān | 1130 | 狂 | kuáng | 1132 |
| 馃 | guǒ | 743 | | guàn | 722 | [髖] | | | 纩 | kuàng | 1133 |
| [餜] | | | 关 | guān | 713 | | | | [纊] | | |
| 姱 | kuā | 1125 | [關] | | | 【괄】 | | | 统 | kuàng | 1135 |
| 骒 | kè | 1106 | 倌 | guān | 719 | 刮 | guā | 706 | [絖] | | |
| [騍] | | | 观 | guān | 715 | [颳] | | | 珖 | guāng | 727 |
| 果 | guǒ | 742 | [觀] | guàn | 721 | 劀 | guā | 707 | 框 | kuàng | 1135 |
| (菓) | | | 涫 | guàn | 722 | 劼 | jié | 990 | 桄 | guāng | 727 |
| 椢 | zhuā | 2562 | 灌 | guàn | 723 | 适 | kuò | 1142 | | guàng | 729 |
| [椢] | | | 惯 | guàn | 722 | 逜 | kuò | 1142 | 旷 | kuàng | 1133 |
| 棵 | kē | 1096 | [慣] | | | 苦 | guā | 707 | [曠] | | |
| 戈 | gē | 653 | 官 | guān | 717 | 括 | guā | 707 | 胱 | guāng | 727 |
| 胯 | kuà | 1125 | 宽 | kuān | 1128 | | kuò | 1142 | 矿 | kuàng | 1134 |
| 窠 | kē | 1096 | [寬] | | | 恝 | jiá | 931 | [礦,鑛] | | |
| 锅 | guō | 739 | 莞 | guǎn | 719 | 栝 | guā | 707 | 眶 | kuàng | 1135 |
| [鍋] | | | 掼 | guàn | 722 | | kuò | 1142 | 鸳 | kuáng | 1133 |
| 锞 | kè | 1106 | [摜] | | | 聒 | guō | 739 | [鵟] | | |
| [錁] | | | 馆 | guǎn | 719 | 鸹 | guā | 707 | 筐 | kuāng | 1132 |
| 科 | kē | 1095 | [館,舘] | | | [鴰] | | | | | |
| 稞 | kē | 1096 | 纶 | guān | 717 | 筶 | kuò | 1143 | 【괘】 | | |
| 瓜 | guā | 705 | [綸] | | | | | | 诖 | guà | 708 |
| 颗 | kē | 1097 | 绾 | wǎn | 2003 | 【광】 | | | [註] | | |
| [顆] | | | [綰] | | | 诓 | kuāng | 1131 | 挂 | guà | 708 |
| 蜾 | guǒ | 743 | 祼 | guàn | 723 | [誆] | | | (掛) | | |
| 蝌 | kē | 1097 | 琯 | guǎn | 719 | | | | 绔 | guà | 711 |

| [絓] | | |
|---|---|---|
| 褂 | guà | 711 |
| 罣 | guà | 711 |

## 【 괴 】

| 乖 | guāi | 711 |
|---|---|---|
| 蒯 | kuǎi | 1126 |
| 傀 | guī | 733 |
| | kuǐ | 1138 |
| 凷 | kuài | 1126 |
| 怪 | guài | 712 |
| 愧 | kuì | 1139 |
| 廆 | Guī | 733 |
| 坏 | huài | 840 |
| [壞] | | |
| 块 | kuài | 1126 |
| [塊] | | |
| 拐 | guǎi | 711 |
| 绘 | huì | 872 |
| [繢] | | |
| 瑰 | guī | 733 |
| 槐 | huái | 840 |
| 櫆 | kuí | 1138 |
| 襀 | kuì | 1139 |
| [襀] | | |
| 磈 | kuǐ | 1138 |
| 魁 | kuí | 1137 |

## 【 괵 】

| 膕 | guó | 742 |
|---|---|---|
| 涸 | guó | 742 |
| [漍] | | |
| 瀦 | guó | 742 |
| 摑 | guāi | 711 |
| [摑] | guó | 742 |
| 虢 | Guó | 742 |
| 腘 | guó | 742 |
| [膕] | | |
| 蝈 | guō | 739 |
| [蟈] | | |

## 【 굉 】

| 宏 | hóng | 805 |
|---|---|---|
| 闳 | hóng | 805 |

| [閎] | | |
|---|---|---|
| 纮 | hóng | 805 |
| [紘] | | |
| 轰 | hōng | 800 |
| [轟] | | |
| 肱 | gōng | 680 |
| 翃 | hóng | 806 |
| 訇 | hōng | 800 |
| 觥 | gōng | 681 |

## 【 교 】

| 乔 | qiáo | 1561 |
|---|---|---|
| [喬] | | |
| 交 | jiāo | 965 |
| 佼 | jiǎo | 974 |
| 侨 | qiáo | 1561 |
| [僑] | | |
| 郊 | jiāo | 968 |
| 滆 | jiào | 982 |
| 激 | jiào | 982 |
| 峤 | jiào | 980 |
| 巧 | qiǎo | 1563 |
| 茭 | jiāo | 968 |
| 荞 | qiáo | 1562 |
| [蕎, 荍] | | |
| 挢 | jiǎo | 974 |
| [撟] | | |
| 搅 | jiǎo | 977 |
| [攪] | | |
| 撬 | qiào | 1565 |
| 撒 | qiào | 1565 |
| 咬 | yǎo | 2277 |
| [齩] | | |
| 噭 | jiào | 982 |
| 峤 | jiāo | 968 |
| 峤 | jiào | 979 |
| [嶠] | qiáo | 1562 |
| 狡 | jiǎo | 974 |
| 饺 | jiǎo | 974 |
| [餃] | | |
| 屩 | juē | 1061 |
| [屫] | | |
| 娇 | jiāo | 969 |
| [嬌] | | |

| 姣 | jiāo | 970 |
|---|---|---|
| 绞 | jiǎo | 974 |
| [絞] | | |
| 缴 | jiǎo | 977 |
| [繳] | | |
| 骄 | jiāo | 970 |
| [驕] | | |
| 珓 | jiào | 979 |
| 校 | jiào | 979 |
| | xiào | 2153 |
| 桥 | qiáo | 1562 |
| [橋] | | |
| 橇 | qiāo | 1561 |
| 较 | jiào | 980 |
| [較] | | |
| 轿 | jiào | 980 |
| [轎] | | |
| 漻 | jiāo | 973 |
| [漻] | | |
| 觉 | jiào | 979 |
| [覺] | | |
| 教 | jiāo | 971 |
| | jiào | 980 |
| 敫 | Jiǎo | 977 |
| 胶 | jiāo | 970 |
| [膠] | | |
| 窖 | jiào | 982 |
| 硗 | qiāo | 1560 |
| [磽, 墝] | | |
| 礁 | qiáo | 1562 |
| [礄] | | |
| 盉 | qiáo | 1562 |
| [盉] | | |
| 铰 | jiǎo | 975 |
| [鉸] | | |
| 矫 | jiǎo | 973 |
| [矯] | | |
| 皎 | jiǎo | 975 |
| 敫 | jiǎo | 978 |
| 鸡 | jiāo | 971 |
| [鷦] | | |
| 蛟 | jiāo | 971 |
| 翘 | qiáo | 1562 |
| [翹] | qiào | 1565 |

| 姣 | jiāo | 970 |
|---|---|---|
| 跤 | jiāo | 972 |
| 跷 | qiāo | 1560 |
| [蹺, 蹻] | | |
| 蹻 | qiào | 1565 |
| 鲛 | jiāo | 972 |
| [鮫] | | |
| 鞒 | qiáo | 1562 |
| [鞽] | | |

## 【 구 】

| 求 | qiú | 1593 |
|---|---|---|
| 韭 | jiǔ | 1038 |
| (韮) | | |
| 菁 | gòu | 689 |
| 旧 | jiù | 1039 |
| [舊] | | |
| 九 | jiǔ | 1036 |
| 久 | jiǔ | 1037 |
| 丘 | qiū | 1591 |
| 讴 | ōu | 1439 |
| [謳] | | |
| 厩 | jiù | 1042 |
| 区 | Ōu | 1439 |
| 具 | jù | 1053 |
| 仇 | Qiú | 1592 |
| 伛 | yǔ | 2394 |
| [傴] | | |
| 佝 | gōu | 685 |
| 俅 | qiú | 1594 |
| 俱 | Jū | 1047 |
| | jù | 1053 |
| 勼 | jiū | 1035 |
| 勾 | gōu | 684 |
| | gòu | 687 |
| 句 | gōu | 685 |
| | jù | 1052 |
| 叩 | kòu | 1118 |
| 邱 | qiū | 1591 |
| 劬 | qú | 1599 |
| 沟 | gōu | 685 |
| [溝] | | |
| 泃 | Jū | 1046 |
| 沤 | ōu | 1439 |
| [漚] | òu | 1441 |

| | | | | | | | | |
|---|---|---|---|---|---|---|---|---|
| 惧 | jù | 1055 | [驅] | | | 疚 | jiù | 1041 | 掬 | jū | 1047 |
| [懼] | | | 驹 | jū | 1047 | 癯 | qú | 1600 | 国 | guó | 739 |
| 寇 | kòu | 1119 | [駒] | | | 殴 | kōu | 1115 | [國] | | |
| 阄 | jiū | 1036 | 觩 | jū | 1048 | [毆] | | | 局 | jú | 1048 |
| [鬮] | | | 灸 | jiǔ | 1038 | 瞿 | jù | 1057 | 焗 | jú | 1049 |
| 逑 | qiú | 1594 | 炬 | ǒu | 1440 | | Qú | 1600 | 椈 | jū | 1047 |
| 遘 | gòu | 690 | [煆] | | | 钩 | gōu | 685 | 锔 | jū | 1047 |
| 垢 | gòu | 689 | 玖 | jiǔ | 1038 | [鈎,鉤] | | | [鋦] | jú | 1049 |
| 龟 | qiū | 1591 | 球 | qiú | 1594 | 赇 | qiú | 1595 | 鞠 | jū | 1047 |
| [龜] | | | 璆 | qiú | 1595 | [賕] | | | 鞫 | jū | 1048 |
| 艽 | jiāo | 965 | 构 | gòu | 688 | 矩 | jǔ | 1049 | | | |
| 苟 | Gǒu | 686 | [構] | | | 鸠 | jiū | 1035 | 【군】 | | |
| 苟 | gǒu | 686 | 柩 | jiù | 1041 | [鳩] | | | 军 | jūn | 1067 |
| 蒟 | jǔ | 1051 | 枸 | gōu | 685 | 裘 | qiú | 1595 | [軍] | | |
| 蔻 | kòu | 1119 | | gǒu | 687 | 糗 | qiǔ | 1595 | 郡 | jùn | 1070 |
| 扣 | kòu | 1119 | | jǔ | 1049 | 鸥 | ōu | 1440 | 宭 | qún | 1614 |
| 抠 | kōu | 1115 | 柏 | jiù | 1041 | [鷗] | | | 莙 | jūn | 1070 |
| [摳] | | | 棋 | jǔ | 1051 | 鸲 | qú | 1600 | 捃 | jùn | 1070 |
| 拘 | jū | 1045 | 瞿 | qú | 1600 | [鴝] | | | 君 | jūn | 1069 |
| 口 | kǒu | 1115 | 瓯 | ōu | 1439 | 蚯 | qiū | 1592 | 珺 | jùn | 1071 |
| 呕 | ǒu | 1440 | [甌] | | | 蠼 | qú | 1600 | 窘 | jiǒng | 1034 |
| [嘔] | | | 晷 | guǐ | 735 | 笱 | gǒu | 687 | 裙 | qún | 1614 |
| 咎 | jiù | 1041 | 购 | gòu | 688 | 箍 | kòu | 1119 | 皲 | jūn | 1070 |
| 耇 | gǒu | 687 | [購] | | | 篝 | gōu | 686 | [皸] | | |
| [耉] | | | 赇 | qiú | 1595 | 臼 | jiù | 1041 | 群 | qún | 1614 |
| 噢 | ōu | 1440 | [賕] | | | 舅 | jiù | 1045 | 䴥 | jūn | 1070 |
| [嚘] | | | 觏 | gòu | 690 | 鸲 | qú | 1599 | [䴥] | | |
| 曜 | qū | 1599 | [覯] | | | [鴝] | | | 麇 | qún | 1615 |
| 岖 | qū | 1597 | 惧 | jù | 1055 | 虬 | qiú | 1594 | | | |
| [嶇] | | | 氍 | qú | 1600 | 跔 | jū | 1047 | 【굴】 | | |
| 屿 | gǒu | 686 | 救 | jiù | 1041 | 躯 | qū | 1598 | 诎 | qū | 1597 |
| 衢 | qú | 1600 | 胸 | qú | 1599 | [軀] | | | [詘] | | |
| 犰 | qiú | 1593 | 欧 | ōu | 1439 | 雊 | gòu | 690 | 倔 | jué | 1065 |
| 狗 | gǒu | 686 | [歐] | | | 鲍 | jū | 1047 | | juè | 1067 |
| 尿 | qiú | 1594 | 飓 | jù | 1055 | [鮈] | | | 堀 | kū | 1121 |
| 屦 | jù | 1057 | [颶] | | | 鞲 | gōu | 686 | 掘 | jué | 1065 |
| [屨] | | | 殴 | ōu | 1440 | 鸲 | qú | 1600 | 崛 | jué | 1066 |
| 妪 | yù | 2399 | [毆] | | | 鮈 | qiú | 1595 | 屈 | qū | 1597 |
| [嫗] | | | 毂 | gòu | 690 | | | | 窟 | kū | 1121 |
| 姤 | gòu | 689 | 毂 | kòu | 1120 | 【국】 | | | 矻 | kū | 1120 |
| 媾 | gòu | 690 | [觳] | | | 曲 | qū | 1596 | | | |
| 缑 | gōu | 686 | 究 | jiū | 1035 | [麴,麯] | | | 【궁】 | | |
| [緱] | | | 窭 | jù | 1057 | 菊 | jú | 1048 | 宫 | gōng | 680 |
| 驱 | qū | 1597 | [窶] | | | 掬 | jū | 1047 | 芎 | xiōng | 2194 |

| | | | | | | | | | | | |
|---|---|---|---|---|---|---|---|---|---|---|---|
| 劳 | qióng | 1590 | | jué | 1067 | 刿 | guì | 736 | [窥] | | |
| [藭] | | | 鳜 | guì | 737 | [劌] | | | 硅 | guī | 733 |
| 弓 | gōng | 673 | [鱖] | | | 宄 | guì | 733 | 暌 | kuí | 1138 |
| 穷 | qióng | 1589 | | | | 归 | guī | 729 | 虬 | qiú | 1594 |
| [窮] | | | 【 궤 】 | | | [歸] | | | 蜂 | kuí | 1138 |
| 穹 | qióng | 1590 | 诡 | guǐ | 734 | 贵 | guì | 736 | 赳 | jiū | 1036 |
| 躬 | gōng | 681 | [詭] | | | [貴] | | | 跬 | kuǐ | 1138 |
| | | | 甄 | guǐ | 734 | 硊 | guì | 737 | 鲑 | guī | 733 |
| 【 권 】 | | | [甌] | | | 皈 | guì | 732 | [鮭] | | |
| 卷 | juǎn | 1058 | 匮 | kuì | 1138 | 鬼 | guǐ | 734 | | | |
| [捲] | juàn | 1059 | [匱] | | | | | | 【 균 】 | | |
| 倦 | juàn | 1060 | 佹 | guǐ | 734 | 【 규 】 | | | 匀 | yún | 2425 |
| 劝 | quàn | 1610 | 几 | jī | 890 | 刲 | kuī | 1136 | 均 | jūn | 1069 |
| [勸] | | | 氿 | guǐ | 733 | 馗 | kuí | 1137 | 龟 | jūn | 1069 |
| 券 | quàn | 1610 | | Jiǔ | 1038 | 邽 | Guī | 732 | [龜] | | |
| | xuàn | 2219 | 溃 | kuì | 1138 | 闺 | guī | 732 | 菌 | jūn | 1070 |
| 惓 | quán | 1609 | [潰] | | | [閨] | | | | jùn | 1071 |
| 圈 | juān | 1058 | 愦 | kuì | 1139 | 逵 | kuí | 1137 | 困 | qūn | 1613 |
| | juàn | 1060 | [憒] | | | 圭 | guī | 731 | 畇 | yún | 2426 |
| | quān | 1604 | 阓 | huì | 872 | 茥 | kōu | 1114 | 钧 | jūn | 1070 |
| 埢 | juǎn | 1059 | [闠] | | | 葵 | kuí | 1137 | [鈞] | | |
| 绻 | quǎn | 1609 | 块 | guǐ | 734 | 奎 | kuí | 1137 | 筠 | jūn | 1070 |
| [綣] | | | 蒉 | kuì | 1138 | 揆 | kuí | 1137 | | yún | 2426 |
| 权 | quán | 1604 | [蕢] | | | 叫 | jiào | 978 | 麇 | jūn | 1070 |
| [權] | | | 馈 | kuì | 1138 | 喹 | kuí | 1137 | | | |
| 桊 | juàn | 1060 | [饋] | | | 肖 | kuī | 1136 | 【 귤 】 | | |
| 棬 | quān | 1604 | 姽 | guǐ | 735 | [巋] | | | 桔 | jú | 1048 |
| 拳 | quán | 1608 | 柜 | guì | 735 | 妫 | Guī | 731 | 橘 | jú | 1049 |
| 眷 | juàn | 1060 | [櫃] | | | [嬀] | | | | | |
| 蜷 | quán | 1609 | 殨 | huì | 872 | 纠 | jiū | 1035 | 【 극 】 | | |
| 鬈 | quán | 1609 | [殨] | | | [糾] | | | 可 | kè | 1101 |
| | | | 轨 | guǐ | 733 | 睽 | kuí | 1137 | 亟 | jí | 906 |
| 【 궐 】 | | | [軌] | | | [騤] | | | | qì | 1536 |
| 孑 | jué | 1061 | 籄 | kuì | 1139 | 珪 | guī | 733 | 棘 | jí | 909 |
| 厥 | jué | 1066 | [籄] | | | 樛 | jiū | 1036 | 克 | kè | 1101 |
| 刚 | jué | 1066 | 篑 | guǐ | 735 | 戣 | kuí | 1138 | 尅 | kēi | 1106 |
| 激 | Jué | 1066 | 跪 | guǐ | 737 | 暌 | kuí | 1137 | 剧 | jù | 1054 |
| 阙 | quē | 1612 | 鲰 | guì | 737 | 规 | guī | 731 | [劇] | | |
| [闕] | què | 1613 | [鱥] | | | [規] | | | 隙 | xì | 2090 |
| 蕨 | jué | 1066 | 麂 | jǐ | 914 | 鬶 | guī | 733 | 郄 | Qiè | 1567 |
| 撅 | juē | 1061 | | | | [鬹] | | | | xì | 2088 |
| 獗 | jué | 1066 | 【 귀 】 | | | 窍 | qiào | 1564 | 郤 | xì | 2090 |
| 橛 | jué | 1066 | 龟 | guī | 731 | [竅] | | | 极 | jí | 904 |
| 蹶 | jué | 1066 | [龜] | | | 窥 | kuī | 1136 | [極] | | |

## 【근】

| | | |
|---|---|---|
| 仅 | jǐn | 1007 |
| [僅] | jìn | 1010 |
| 卺 | jǐn | 1008 |
| 勤 | qín | 1572 |
| 廑 | jǐn | 1010 |
| | qín | 1573 |
| 近 | jìn | 1013 |
| 埐 | jìn | 1017 |
| 芹 | qín | 1571 |
| 堇 | jǐn | 1009 |
| 揿 | qìn | 1573 |
| [搇] | | |
| 哏 | gén | 666 |
| 谨 | jǐn | 1010 |
| [謹] | | |
| 瑾 | jǐn | 1010 |
| 根 | gēn | 664 |
| 槿 | jǐn | 1010 |
| 殣 | jìn | 1017 |
| 觐 | jìn | 1017 |
| [覲] | | |
| 斤 | jīn | 1001 |
| 筋 | jīn | 1006 |
| 跟 | gēn | 665 |
| 靳 | jìn | 1016 |

## 【금】

| | | |
|---|---|---|
| 衾 | qīn | 1571 |
| 禽 | qín | 1572 |
| 芩 | qín | 1571 |
| 擒 | qín | 1573 |
| 唫 | jìn | 1016 |
| 噙 | qín | 1573 |
| 噤 | jìn | 1017 |
| 钦 | qīn | 1571 |
| [欽] | | |
| 妗 | jìn | 1014 |
| 纴 | jīn | 1002 |

| | | |
|---|---|---|
| [紟] | | |
| 琴 | qín | 1571 |
| 檎 | qín | 1573 |
| 衿 | jīn | 1006 |
| 襟 | jīn | 1007 |
| 禁 | jīn | 1007 |
| | jìn | 1016 |
| 锦 | jǐn | 1009 |
| [錦] | | |
| 金 | jīn | 1002 |

## 【급】

| | | |
|---|---|---|
| 及 | jí | 902 |
| 伋 | jí | 903 |
| 汲 | jí | 904 |
| 岌 | jí | 904 |
| 圾 | jī | 892 |
| 芨 | jī | 892 |
| 岌 | jí | 904 |
| 级 | jí | 904 |
| [級] | | |
| 给 | gěi | 663 |
| [給] | jǐ | 913 |
| 急 | jí | 906 |
| 戺 | jí | 905 |
| 笈 | jí | 906 |

## 【긍】

| | | |
|---|---|---|
| 亘 | gèn | 666 |
| (亙) | | |
| 兢 | jīng | 1023 |
| 堩 | gèng | 670 |
| 掯 | kèn | 1107 |
| 縆 | gēng | 668 |
| [緪] | | |
| 肯 | kěn | 1106 |
| 暅 | gèng | 670 |
| 矜 | jīn | 1006 |
| | qín | 1571 |

## 【기】

| | | |
|---|---|---|
| 夔 | kuí | 1138 |
| 弃 | qì | 1535 |
| [棄] | | |

| | | |
|---|---|---|
| 记 | jì | 915 |
| [記] | | |
| 讥 | jī | 890 |
| [譏] | | |
| 剞 | jī | 896 |
| 冀 | jì | 923 |
| 企 | qǐ | 1525 |
| 伎 | jì | 916 |
| 俟 | qí | 1522 |
| 几 | jī | 890 |
| [幾] | jǐ | 912 |
| 祁 | Qí | 1519 |
| 汽 | qì | 1535 |
| 沂 | Yí | 2309 |
| 洎 | jì | 919 |
| 淇 | Qí | 1523 |
| 忮 | zhì | 2523 |
| 寄 | jì | 921 |
| 庋 | guǐ | 734 |
| 圻 | qí | 1519 |
| 垍 | jì | 919 |
| 基 | jī | 898 |
| 埼 | qí | 1522 |
| 墍 | jì | 922 |
| 芑 | qǐ | 1525 |
| 芰 | jì | 918 |
| 芪 | qí | 1520 |
| 萁 | qí | 1522 |
| 蕲 | qí | 1524 |
| [蘄] | | |
| 奇 | jī | 896 |
| | qí | 1520 |
| 敂 | qī | 1518 |
| 技 | jì | 917 |
| 掎 | jǐ | 913 |
| 嗜 | shì | 1773 |
| 器 | qì | 1536 |
| 屺 | qǐ | 1525 |
| 岂 | qǐ | 1525 |
| [豈] | | |
| 歧 | qí | 1522 |
| 崎 | qí | 1523 |
| 徛 | jì | 921 |
| 饥 | jī | 891 |

| | | |
|---|---|---|
| [飢] | | |
| 饥 | jī | 891 |
| [饑] | | |
| 己 | jǐ | 912 |
| 忌 | jì | 918 |
| 妓 | jì | 918 |
| 娸 | jī | 896 |
| 纪 | Jǐ | 912 |
| [紀] | jì | 916 |
| 绮 | qǐ | 1531 |
| [綺] | | |
| 骐 | qí | 1523 |
| [騏] | | |
| 骑 | qí | 1523 |
| [騎] | | |
| 骥 | jì | 923 |
| [驥] | | |
| 炁 | qì | 1536 |
| 旗 | qí | 1524 |
| 惎 | jì | 922 |
| 礼 | jì | 894 |
| [禨] | | |
| 祈 | qí | 1522 |
| 祇 | qí | 1522 |
| 祺 | qí | 1524 |
| 玑 | jī | 892 |
| [璣] | | |
| 玘 | qǐ | 1526 |
| 琪 | qí | 1523 |
| 琦 | qí | 1523 |
| 机 | jī | 892 |
| [機] | | |
| 杞 | Qǐ | 1526 |
| 桤 | qī | 1516 |
| [榿] | | |
| 棋 | qí | 1523 |
| 耆 | qí | 1522 |
| 觊 | jì | 920 |
| [覬] | | |
| 气 | qì | 1531 |
| [氣] | | |
| 颀 | qí | 1522 |
| [頎] | | |
| 肌 | jī | 894 |

# 끅~녕　2635

| 欹 | qī | 1518 |
| 矶 | jī | 894 |
| [磯] | | |
| 畸 | jī | 900 |
| 畿 | jī | 900 |
| 羁 | jī | 902 |
| [羇,羈] | | |
| 锜 | jī | 900 |
| [錡] | | |
| 锜 | qí | 1524 |
| [錡] | | |
| 穊 | jì | 923 |
| 碛 | qì | 1522 |
| [磧] | | |
| 颗 | qī | 1518 |
| [顂] | | |
| 虮 | jǐ | 912 |
| [蟣] | | |
| 蜞 | qí | 1524 |
| 箕 | jī | 900 |
| 既 | jì | 920 |
| 暨 | jì | 923 |
| 綦 | qí | 1524 |
| 起 | qǐ | 1527 |
| 　 | ·qǐ | 1527 |
| 跂 | qí | 1523 |
| 　 | qǐ | 1531 |
| 踑 | jì | 923 |
| 锜 | jī | 900 |
| 其 | jī | 895 |
| 　 | qí | 1520 |
| 基 | jī | 898 |
| 期 | jī | 899 |
| 　 | qī | 1517 |
| 欺 | qī | 1517 |
| 虮 | jǐ | 914 |
| [蟣] | | |
| 蜞 | qí | 1524 |
| [蟣] | | |
| 墍 | jì | 923 |
| [曁] | | |
| 鳍 | qí | 1524 |
| [鰭] | | |
| 觊 | jì | 899 |

| [覬] | | |
| 馨 | qí | 1525 |
| 麒 | qí | 1525 |

## 【 끽 】

| 吃 | chī | 245 |

## 【 긴 】

| 紧 | jǐn | 1008 |
| [緊] | | |

## 【 길 】

| 佶 | jí | 906 |
| 吉 | jí | 903 |
| 咭 | jī | 896 |
| 姞 | Jí | 908 |
| 桔 | jié | 993 |
| 鲒 | jié | 994 |
| [鮚] | | |

## 【 나 】

| 拿 | ná | 1385 |
| 傩 | nuó | 1438 |
| [儺] | | |
| 那 | Nā | 1385 |
| 　 | nǎ | 1387 |
| 　 | nà | 1388 |
| 　 | nè | 1404 |
| 　 | nèi | 1407 |
| 郍 | Nà | 1390 |
| 懦 | nuò | 1438 |
| 挪 | nuó | 1437 |
| 捼 | ruá | 1650 |
| 　 | ruó | 1654 |
| 哪 | nǎ | 1388 |
| 　 | ·na | 1391 |
| 　 | nǎi | 1392 |
| 　 | né | 1404 |
| 　 | něi | 1404 |
| 娜 | nà | 1391 |
| 　 | nuó | 1438 |
| 㐅 | nǎ | 1388 |
| 锘 | ná | 1387 |
| [鍩] | | |

| 糯 | nuò | 1438 |

## 【 낙 】

| 诺 | nuò | 1438 |
| [諾] | | |
| 喏 | nuò | 1438 |

## 【 난 】

| 难 | nán | 1396 |
| [難] | | |
| 　 | nàn | 1399 |
| 暖 | nuǎn | 1436 |
| 赧 | nǎn | 1399 |

## 【 날 】

| 涅 | niè | 1422 |
| 埒 | liè | 1228 |
| 茶 | nié | 1422 |
| 捏 | niē | 1421 |
| 捺 | nà | 1391 |

## 【 남 】

| 南 | nā | 1385 |
| 　 | nán | 1394 |
| 男 | nán | 1393 |
| 喃 | nán | 1398 |
| 楠 | nán | 1398 |
| 腩 | nǎn | 1399 |
| 罱 | lǎn | 1158 |
| 蝻 | nǎn | 1399 |

## 【 납 】

| 呐 | nà | 1390 |
| 纳 | nà | 1390 |
| [納] | | |
| 衲 | nà | 1391 |
| 钠 | nà | 1390 |
| [鈉] | | |

## 【 낭 】

| 囊 | nāng | 1399 |
| 　 | náng | 1399 |
| 攮 | nǎng | 1399 |
| 曩 | nǎng | 1399 |
| 馕 | náng | 1399 |

| [饢] | nǎng | 1399 |
| 娘 | niáng | 1419 |
| 曩 | nǎng | 1399 |
| 齉 | nàng | 1400 |

## 【 내 】

| 内 | nèi | 1404 |
| 乃 | nǎi | 1391 |
| (廼·迺) | | |
| 鼐 | nài | 1393 |
| 酒 | Nǎi | 1392 |
| 艿 | nǎi | 1391 |
| 萘 | nài | 1393 |
| 奈 | nài | 1392 |
| 耐 | nài | 1392 |
| 奶 | nǎi | 1391 |
| 柰 | nài | 1392 |
| 氖 | nǎi | 1392 |
| 褦 | nài | 1393 |

## 【 녀 】

| 女 | nǚ | 1434 |
| 钕 | nǚ | 1436 |
| [釹] | | |

## 【 녁 】

| 怒 | nì | 1413 |

## 【 년 】

| 年 | nián | 1415 |
| 涊 | niǎn | 1418 |
| 撵 | niǎn | 1418 |
| [攆] | | |
| 碾 | niǎn | 1418 |

## 【 념 】

| 恬 | tián | 1919 |
| 埝 | niàn | 1419 |
| 拈 | niān | 1414 |
| 捻 | niǎn | 1418 |
| 念 | niàn | 1418 |

## 【 녕 】

| 佞 | nìng | 1426 |

| | | | | | | | | |
|---|---|---|---|---|---|---|---|---|
| 泞 | nìng | 1426 | | | [嬈] | | 倷 | nǎi | 1392 |
| [濘] | | | 【녹】 | | 脲 | niào | 1421 | 泥 | ní | 1410 |
| 宁 | níng | 1423 | 傉 | nù | 1434 | 蹋 | niǎo | 1421 | | nì | 1412 |
| [寧] | nìng | 1425 | | | | 铙 | náo | 1400 | 怩 | ní | 1411 |
| | Nìng | 1425 | 【논】 | | [鐃] | | 坭 | ní | 1409 |
| 苎 | níng | 1423 | 麣 | nún | 1437 | 裊 | niǎo | 1420 | 呢 | ·ne | 1404 |
| [薴] | | | | | [裊,嫋] | | | ní | 1409 |
| 拧 | níng | 1423 | 【농】 | | | | 尼 | ní | 1409 |
| [擰] | nǐng | 1425 | 农 | nóng | 1429 | 【누】 | | 妮 | nī | 1409 |
| | nìng | 1426 | [農] | | | | 旎 | nǐ | 1412 |
| 咛 | níng | 1423 | 侬 | nóng | 1430 | 耨 | nòu | 1432 | 腻 | nì | 1413 |
| [嚀] | | | [儂] | | | | [膩] | | |
| 狞 | níng | 1423 | 浓 | nóng | 1430 | 【눈】 | | 铌 | ní | 1411 |
| [獰] | | | [濃] | | | | [鈮] | | |
| 柠 | níng | 1424 | 垄 | lǒng | 1259 | 嫩 | nèn | 1408 | | | |
| [檸] | | | [壟] | | | | 【닉】 | | |
| 聍 | níng | 1424 | 哝 | nóng | 1430 | 【눌】 | | 匿 | nì | 1413 |
| [聹] | | | [噥] | | 讷 | nè | 1404 | 溺 | nì | 1414 |
| 鬡 | níng | 1424 | 脓 | nóng | 1431 | [訥] | | 搦 | nuò | 1438 |
| [鬡] | | | [膿] | | 呐 | nè | 1404 | 锘 | nuò | 1438 |
| | | | 秾 | nóng | 1431 | | ·ne | 1404 | [鍩] | | |
| 【녜】 | | [穠] | | | 肭 | nà | 1390 | | | |
| 祢 | Mí | 1337 | 醲 | nóng | 1431 | | | | 【닐】 | | |
| [禰] | | | [醲] | | 【뉴】 | | 樲 | nì | 1414 |
| | | | | | | 扭 | niǔ | 1427 | 昵 | nì | 1412 |
| 【노】 | | 【뇌】 | | 狃 | niǔ | 1428 | | | |
| 努 | nǔ | 1433 | 恼 | nǎo | 1400 | 妞 | niū | 1426 | 【님】 | | |
| 恼 | náo | 1400 | [惱] | | | 纽 | niǔ | 1428 | 恁 | nín | 1423 |
| [憹] | | | 馁 | něi | 1404 | [紐] | | | 您 | nín | 1423 |
| 垴 | nǎo | 1400 | [餒] | | | 杻 | niǔ | 1429 | | | |
| 呶 | náo | 1400 | 脑 | nǎo | 1401 | 钮 | niǔ | 1429 | 【납】 | | |
| 猱 | Náo | 1400 | [腦] | | [鈕] | | | 囡 | nān | 1393 |
| 猱 | náo | 1400 | | | | 糅 | róu | 1642 | | | |
| 弩 | nǔ | 1433 | 【뇨】 | | | | | 【다】 | | |
| 奴 | nú | 1432 | 饶 | náo | 1400 | 【뉵】 | | 茶 | chá | 191 |
| 笯 | nǔ | 1433 | [譊] | | | 忸 | niǔ | 1428 | 嗲 | diǎ | 433 |
| 驽 | nú | 1433 | 淖 | nào | 1403 | 恧 | nù | 1436 | 多 | duō | 501 |
| [駑] | | | 闹 | nào | 1402 | 朒 | nù | 1436 | 爹 | diē | 451 |
| | | | [鬧,閙] | | | 衄 | nù | 1436 | | | |
| 怒 | nù | 1433 | 溺 | niào | 1421 | | | | 【단】 | | |
| 璑 | nǎo | 1402 | 挠 | náo | 1400 | 【능】 | | 丹 | dān | 378 |
| 孺 | nào | 1404 | [撓] | | | 能 | néng | 1408 | 单 | dān | 379 |
| 碈 | nǔ | 1433 | 尿 | niào | 1421 | | | | [單] | | |
| 硇 | náo | 1400 | | suī | 1861 | 【니】 | | | 亶 | dǎn | 384 |
| | | | 娆 | rǎo | 1619 | 你 | nǐ | 1412 | | | |
| | | | | | | 伲 | nì | 1412 | | | |

|     |       |      |     |       |      |     |       |      |     |       |      |
|-----|-------|------|-----|-------|------|-----|-------|------|-----|-------|------|
|     | dàn   | 387  | 踹   | chuài | 291  | 澹   | dàn   | 387  |     | tà    | 1874 |
| 但   | dàn   | 384  | 靼   | dá    | 343  |     | Tán   | 1884 | 膆   | dā    | 341  |
| 郸   | dān   | 382  |     |       |      | 坛   | tán   | 1882 | 褡   | dā    | 341  |
| [鄲] |       |      |     | 【 달 】|      | [罎] |       |      | 褟   | tā    | 1873 |
| 汚   | tuán  | 1971 | 侂   | tà    | 1874 | 坍   | tān   | 1880 | 鎝   | dā    | 341  |
| [漙] |       |      | 汰   | tà    | 1874 | 荨   | qián  | 1544 | [鎝] |       |      |
| 湍   | tuān  | 1970 | [澾] |       |      | [蕁] |       |      | 答   | dā    | 341  |
| 坛   | tán   | 1882 | 怛   | dá    | 342  | 菼   | tǎn   | 1885 |     | dá    | 342  |
| [壇] |       |      | 囦   | tà    | 1874 | 萏   | dàn   | 385  | 舚   | dá    | 343  |
| 塅   | duàn  | 492  | [闥] |       |      | 担   | dān   | 379  | [韃] |       |      |
| 抟   | tuán  | 1971 | 达   | dá    | 341  | [擔] | dàn   | 385  | 踏   | tā    | 1873 |
| [搏] |       |      | [達] |       |      | 掸   | dǎn   | 384  |     | tà    | 1874 |
| 团   | tuán  | 1970 | 垯   | ·da   | 371  | [撣] |       |      | 蹋   | tà    | 1875 |
| [團] |       |      | [墶] |       |      | 啖   | dàn   | 385  |     |       |      |
| 团   | tuán  | 1970 | 荙   | dá    | 342  | 啴   | dàn   | 387  |     | 【 당 】|      |
| [糰] |       |      | [薘] |       |      | [嘽] |       |      | 谠   | dǎng  | 393  |
| 彖   | tuàn  | 1971 | 挞   | tà    | 1874 | 燂   | tán   | 1884 | [讜] |       |      |
| 缎   | duàn  | 492  | [撻] |       |      | 禫   | dàn   | 388  | 倘   | cháng | 208  |
| [緞] |       |      | 哒   | dā    | 339  | 替   | tán   | 1884 |     | tǎng  | 1892 |
| 煅   | duàn  | 492  | [噠] |       |      | 甔   | dān   | 383  | 倘   | tǎng  | 1892 |
| 椴   | duàn  | 492  | 獭   | tǎ    | 1874 | 昙   | tán   | 1882 | [儻] |       |      |
| 檀   | tán   | 1884 | [獺] |       |      | [曇] |       |      | 党   | dǎng  | 392  |
| 旦   | dàn   | 384  | 妲   | dá    | 342  | 赕   | dàn   | 387  | [黨] |       |      |
| 断   | duàn  | 490  | 继   | ·da   | 371  | [賧] |       |      | 郸   | táng  | 1890 |
| [斷] |       |      | [縫] |       |      | 毯   | tǎn   | 1886 | 凼   | dàng  | 394  |
| 段   | duàn  | 490  | 担   | dá    | 342  | 氮   | dàn   | 387  | 溏   | táng  | 1891 |
| 端   | duān  | 487  | 疸   | ·da   | 371  | 胆   | dǎn   | 383  | 唐   | táng  | 1889 |
| 瘅   | dān   | 383  |     | dǎn   | 384  | [膽] |       |      | 垱   | dàng  | 394  |
| [癉] | dàn   | 387  | 笪   | dá    | 342  | 痰   | tán   | 1884 | [壋] |       |      |
| 袒   | tǎn   | 1885 | 跶   | ·da   | 371  | 醰   | Tán   | 1884 | 堂   | táng  | 1889 |
| 禅   | dān   | 383  | [躂] |       |      | 替   | tán   | 1884 | 塘   | táng  | 1891 |
| [襌] |       |      | 鞑   | dá    | 343  | 锬   | tán   | 1884 | 挡   | dǎng  | 391  |
| 碫   | duàn  | 492  | [韃] |       |      | [錟] |       |      | [擋,攩] |     |      |
| 钽   | tǎn   | 1885 |     |       |      | 聃   | dān   | 383  | 挡   | dàng  | 394  |
| [鉭] |       |      |     | 【 담 】|      | 覃   | Qín   | 1572 | [擋] |       |      |
| 锻   | duàn  | 492  | 谈   | tán   | 1882 |     | tán   | 1884 | 搪   | táng  | 1891 |
| [鍛] |       |      | [談] |       |      | 醋   | tán   | 1885 | 撞   | zhuàng| 2572 |
| 短   | duǎn  | 488  | 谭   | tán   | 1884 | 髧   | dàn   | 387  | 当   | dāng  | 388  |
| 亶   | dàn   | 385  | [譚] |       |      | 黕   | dǎn   | 384  | [當] | dàng  | 394  |
| 蛋   | dàn   | 387  | 倓   | tán   | 1882 |     |       |      | 噇   | tāng  | 1889 |
| 箪   | dān   | 383  | 儋   | Dān   | 383  |     | 【 답 】|      | 幢   | chuáng| 300  |
| [簞] |       |      | 郯   | Tán   | 1882 | 潃   | tǎ    | 1874 | 幢   | chuáng| 300  |
| 簖   | duàn  | 493  | 淡   | dàn   | 385  | 逻   | tà    | 1874 |     | zhuàng| 2573 |
| [籪] |       |      | 潭   | tán   | 1884 | 沓   | dá    | 342  | 钖   | táng  | 1889 |

| | | | | | | | | | | | |
|---|---|---|---|---|---|---|---|---|---|---|---|
| [錫] | xíng | 2187 | 抬 | tái | 1877 | [濤] | | | 裯 | dǎo | 399 |
| 戇 | gàng | 643 | 带 | dài | 374 | 涂 | tú | 1965 | [禂] | | |
| [戇] | zhuàng | 2573 | [帶] | | | [塗] | | | 韜 | tāo | 1894 |
| 珰 | dāng | 391 | 岱 | Dài | 374 | 淘 | táo | 1896 | [韜] | | |
| [璫] | | | 待 | dāi | 372 | 渡 | dù | 487 | 桃 | táo | 1895 |
| 瑭 | táng | 1891 | | dài | 376 | 滔 | tāo | 1894 | 梼 | táo | 1896 |
| 档 | dàng | 394 | 怼 | duì | 498 | 忉 | dāo | 396 | [檮] | | |
| [檔] | | | [懟] | | | 悼 | dào | 404 | 棹 | zhào | 2476 |
| 棠 | táng | 1890 | 憝 | duì | 498 | 度 | dù | 486 | 赌 | dǔ | 485 |
| 膛 | táng | 1891 | 玳 | dài | 374 | 阇 | dū | 479 | [賭] | | |
| 氹 | dàng | 394 | 歹 | dǎi | 372 | [闍] | | | 氘 | dāo | 396 |
| 裆 | dāng | 391 | 轪 | dài | 374 | 逃 | táo | 1894 | 瘏 | tú | 1966 |
| [襠] | | | [軑] | | | 途 | tú | 1965 | 睹 | dǔ | 485 |
| 瞠 | chēng | 234 | 戴 | dài | 378 | 道 | dào | 404 | 盗 | dào | 403 |
| 镋 | tǎng | 1892 | 贷 | dài | 376 | 堵 | dǔ | 484 | 镀 | dù | 487 |
| [钂] | | | [貸] | | | 荼 | tú | 1964 | [鍍] | | |
| 镗 | tāng | 1889 | 敦 | duì | 498 | 菟 | tú | 1966 | 桃 | táo | 1896 |
| [鏜] | táng | 1891 | 襈 | dài | 378 | 萄 | táo | 1896 | 稻 | dào | 406 |
| 糖 | táng | 1891 | 碓 | duì | 498 | 导 | dǎo | 396 | 稌 | tǎo | 1898 |
| 蜡 | dāng | 391 | 镦 | duì | 498 | [導] | | | 藋 | dào | 406 |
| [螳] | | | [錞] | | | 挑 | tiāo | 1922 | 酴 | tú | 1966 |
| 螗 | táng | 1891 | 镦 | duì | 498 | | tiǎo | 1926 | 醄 | táo | 1897 |
| 螳 | táng | 1892 | [鐓] | dūn | 499 | 捣 | dǎo | 398 | 跳 | tiào | 1927 |
| 筜 | dāng | 391 | 袋 | dài | 377 | [搗, 擣] | | | 蹈 | dǎo | 400 |
| [簹] | | | 黛 | dài | 378 | 捯 | dáo | 396 | 魛 | dāo | 396 |
| 趟 | tāng | 1889 | | | | 掉 | diào | 450 | [魛] | | |
| | tàng | 1893 | 【덕】 | | | 叨 | dāo | 396 | 饕 | tāo | 1894 |
| 樘 | táng | 1892 | 德 | dé | 409 | | dáo | 396 | | | |
| 躺 | tǎng | 1892 | (惪) | | | | tāo | 1893 | 【독】 | | |
| | | | | | | 咷 | táo | 1894 | 读 | dòu | 478 |
| 【대】 | | | 【도】 | | | 啕 | táo | 1896 | [讀] | dú | 483 |
| 代 | dài | 372 | 纛 | dào | 406 | 嘟 | dū | 479 | 讟 | dú | 484 |
| 儓 | tái | 1877 | 燾 | táo | 1897 | 图 | tú | 1963 | [讟] | | |
| 台 | tái | 1875 | 涂 | Tú | 1964 | [圖] | | | 秃 | tū | 1961 |
| [臺] | | | 到 | dào | 400 | 帱 | dào | 401 | 渎 | dú | 484 |
| 对 | duì | 493 | 倒 | dǎo | 398 | [幬] | | | [瀆] | | |
| [對] | | | | dào | 401 | 岛 | dǎo | 397 | 独 | dú | 481 |
| 队 | duì | 493 | 匋 | táo | 1894 | [島] | | | [獨] | | |
| [隊] | | | 陶 | táo | 1896 | 徒 | tú | 1964 | 屦 | dū | 479 |
| 汏 | dà | 371 | | yáo | 2275 | 弢 | tāo | 1893 | 椟 | dú | 484 |
| 薹 | tái | 1877 | 都 | dōu | 473 | 绦 | tāo | 1897 | [櫝] | | |
| 大 | dà | 354 | | dū | 479 | [絛] | | | 犊 | dú | 484 |
| | dài | 372 | 刀 | dāo | 395 | 焘 | dào | 403 | [犢] | | |
| 甙 | dài | 374 | 涛 | tāo | 1893 | [燾] tāo | | 1893 | 牍 | dú | 484 |

# 돈~등

| [牘] | | |
|---|---|---|
| 毒 | dú | 480 |
| 礄 | •zhou | 2547 |
| 督 | dū | 479 |
| 笃 | dǔ | 484 |
| [篤] | dǔ | 484 |
| 黩 | dú | 484 |
| [黷] | | |

## 【 돈 】

| 乭 | dǔn | 499 |
| 沌 | dùn | 500 |
| 忳 | tún | 1979 |
| 惇 | dūn | 498 |
| 墩 | dūn | 499 |
| 扽 | dèn | 411 |
| 撖 | dūn | 499 |
| 囤 | dùn | 500 |
| | tún | 1979 |
| 饨 | tún | 1979 |
| [飩] | | |
| 礅 | dūn | 499 |
| [礈] | | |
| 炖 | dùn | 500 |
| 暾 | tūn | 1978 |
| 敦 | dūn | 498 |
| 豚 | tún | 1979 |
| 砘 | dùn | 500 |
| 磙 | dūn | 499 |
| 顿 | dùn | 500 |
| [頓] | | |
| 趸 | dǔn | 499 |
| [躉] | dǔn | 499 |
| 蹾 | dūn | 499 |
| 魨 | tún | 1979 |
| [魨] | | |

## 【 돌 】

| 葖 | tū | 1963 |
| 咄 | duō | 504 |
| 柮 | duò | 506 |
| 柮 | duò | 506 |
| 腯 | tú | 1966 |
| 突 | tū | 1962 |

| 顿 | dú | 483 |
| [頓] | | |

## 【 동 】

| 东 | dōng | 465 |
| [東] | | |
| 冻 | dòng | 471 |
| [凍] | | |
| 同 | tóng | 1943 |
| 侗 | tòng | 1951 |
| 仝 | tóng | 1943 |
| 佟 | Tóng | 1947 |
| 侗 | Dòng | 472 |
| 动 | dòng | 469 |
| [動] | | |
| 洞 | dòng | 472 |
| 潼 | tóng | 1949 |
| 㳠 | tòng | 1951 |
| 恫 | dòng | 473 |
| 憧 | chōng | 262 |
| 懂 | dǒng | 468 |
| 垌 | dòng | 472 |
| | tóng | 1947 |
| 茼 | tóng | 1947 |
| 董 | dǒng | 468 |
| 咚 | dōng | 468 |
| 崬 | Dōng | 468 |
| [崠] | | |
| 峒 | tóng | 1947 |
| 峝 | dòng | 472 |
| | tóng | 1947 |
| 彤 | tóng | 1947 |
| 冬 | dōng | 467 |
| [鼕] | | |
| 栋 | dòng | 472 |
| [棟] | | |
| 桐 | tóng | 1947 |
| 橦 | tóng | 1949 |
| 曈 | tóng | 1949 |
| 氢 | dōng | 468 |
| 胨 | dòng | 472 |
| [腖] | | |
| 胴 | dòng | 473 |

| 瞳 | tóng | 1949 |
| 童 | tóng | 1948 |
| 疼 | téng | 1902 |
| 砼 | tóng | 1948 |
| 硐 | dòng | 473 |
| 瞳 | tóng | 1949 |
| 铜 | tóng | 1948 |
| [銅] | | |
| 鸫 | dōng | 468 |
| [鶇] | | |
| 蝀 | dōng | 468 |
| [蝀] | | |
| 艟 | chōng | 263 |
| 酮 | tóng | 1949 |
| 鲖 | tóng | 1949 |
| [鮦] | | |

## 【 두 】

| 头 | tóu | 1954 |
| [頭] | •tou | 1954 |
| 读 | dòu | 478 |
| [讀] | | |
| 兜 | dōu | 473 |
| 阧 | dǒu | 475 |
| 陡 | dǒu | 476 |
| 逗 | dòu | 478 |
| 兜 | dōu | 474 |
| 抖 | dǒu | 475 |
| 唗 | dōu | 473 |
| 饾 | dòu | 478 |
| [飳] | | |
| 斗 | dǒu | 474 |
| 杜 | dù | 485 |
| 枓 | dǒu | 476 |
| 肚 | dǔ | 484 |
| | dù | 486 |
| 脰 | dòu | 478 |
| 窦 | dòu | 479 |
| 窦 | dòu | 479 |
| [竇] | | |
| 痘 | dòu | 478 |
| 钭 | Tǒu | 1960 |
| [鈄] | | |
| 蚪 | dǒu | 476 |

| 蠹 | dù | 487 |
| 篼 | dōu | 474 |
| 豆 | dòu | 477 |
| 酘 | dòu | 478 |

## 【 둔 】

| 屯 | tún | 1978 |
| | zhūn | 2576 |
| 迍 | zhūn | 2576 |
| 遁 | dùn | 501 |
| 吨 | dūn | 498 |
| [噸] | | |
| 臀 | tún | 1979 |
| 窀 | zhūn | 2576 |
| 钝 | dùn | 500 |
| [鈍] | | |

## 【 득 】

| 嘚 | dē | 406 |
| | děi | 411 |
| 得 | dé | 406 |
| | •de | 410 |
| | děi | 411 |
| 锝 | dé | 409 |
| [鍀] | | |

## 【 등 】

| 凳 | dèng | 416 |
| 邓 | Dèng | 416 |
| [鄧] | | |
| 薹 | tēng | 1902 |
| 藤 | téng | 1904 |
| 噔 | dēng | 413 |
| 嶝 | dèng | 416 |
| 灯 | dēng | 411 |
| [燈] | | |
| 橙 | chéng | 244 |
| 戥 | děng | 416 |
| 腾 | téng | 1903 |
| [騰] | | |
| 滕 | Téng | 1903 |
| | | 1904 |
| 螣 | téng | 1903 |
| 䲢 | téng | 1904 |

| | | | | | | | | | | |
|---|---|---|---|---|---|---|---|---|---|---|
| [臘] | | | 晃 | lá | 1148 | 貉 | háo | 770 | 捋 | lǔ | 1272 |
| 磴 | dèng | 416 | 脶 | luó | 1283 | | hé | 789 | | luō | 1281 |
| 镫 | dēng | 413 | [膈] | | | 雒 | Luò | 1288 | 捌 | lá | 1148 |
| [鐙] | dèng | 416 | 瘰 | luǒ | 1284 | | | | 瘌 | là | 1149 |
| 等 | děng | 414 | 癞 | là | 1150 | 【란】 | | | 旮 | lā | 1144 |
| 簦 | dēng | 413 | [癩] | lài | 1154 | 卵 | luǎn | 1276 | 蝲 | là | 1150 |
| 誊 | téng | 1903 | 裸 | luǒ | 1284 | 乱 | luàn | 1276 | 辣 | là | 1149 |
| [謄] | | | 罗 | luó | 1282 | [亂] | | | 蜡 | là | 1150 |
| 登 | dēng | 412 | [羅] | | | 谰 | lán | 1157 | [蠟] | | |
| 蹬 | dēng | 413 | 锣 | luó | 1283 | [讕] | | | 鬎 | là | 1150 |
| | dèng | 416 | [鑼] | | | 兰 | lán | 1154 | | | |
| 滕 | téng | 1904 | 郎 | láng | 1161 | [蘭] | | | 【람】 | | |
| [謄] | | | [鄉] | | | 滦 | Luán | 1276 | 滥 | làn | 1159 |
| | | | 螺 | luó | 1283 | [灤] | | | [濫] | | |
| 【라】 | | | 蠃 | luǒ | 1284 | 澜 | lán | 1157 | 漤 | lǎn | 1158 |
| 蠃 | luǒ | 1284 | 箩 | luó | 1283 | [瀾] | | | 壈 | lǎn | 1158 |
| 倮 | luǒ | 1284 | [籮] | | | 阑 | lán | 1155 | 蓝 | lán | 1156 |
| 偻 | luó | 1283 | | | | [闌] | | | [藍] | | |
| [儸] | | | 【락】 | | | 拦 | lán | 1155 | 揽 | lǎn | 1157 |
| 懒 | lǎn | 1158 | 乐 | lè | 1175 | [攔] | | | [攬] | | |
| [懶] | | | [樂] | | | 栾 | luán | 1276 | 啉 | lín | 1233 |
| 逻 | luó | 1283 | 泺 | Luò | 1284 | 澜 | lán | 1157 | 岚 | lán | 1155 |
| [邏] | | | [濼] | | | [瀾] | | | [嵐] | | |
| 萝 | luó | 1283 | 洛 | Luò | 1284 | 烂 | làn | 1158 | 婪 | lán | 1155 |
| 蓏 | luǒ | 1284 | 荦 | luò | 1284 | [爛] | | | 缆 | lǎn | 1158 |
| 蔂 | léi | 1178 | [犖] | | | 栏 | lán | 1155 | [纜] | | |
| [藥] | | | 落 | là | 1148 | [欄] | | | 榄 | lǎn | 1158 |
| 摞 | luò | 1288 | | lào | 1174 | 栾 | luán | 1276 | [欖] | | |
| 啰 | luō | 1281 | | luò | 1285 | [欒] | | | 览 | lǎn | 1157 |
| [囉] | luó | 1283 | 咯 | luò | 1284 | 斓 | lán | 1157 | [覽] | | |
| | •luo | 1288 | 饹 | •le | 1177 | [斕] | | | 滥 | lán | 1157 |
| 喇 | lā | 1148 | [餎] | | | 镧 | lán | 1157 | [艦] | | |
| | lá | 1148 | 络 | lào | 1174 | [鑭] | | | 篮 | lán | 1157 |
| | lǎ | 1148 | [絡] | luò | 1285 | 鸾 | luán | 1276 | [籃] | | |
| 猡 | luó | 1283 | 骆 | luò | 1285 | [鸞] | | | | | |
| [玀] | | | [駱] | | | 乱 | luàn | 1276 | 【랍】 | | |
| 㑩 | luó | 1283 | 烙 | lào | 1174 | [亂] | | | 邋 | lā | 1148 |
| [儸] | | | | luò | 1285 | 蘭 | lán | 1157 | 垃 | lā | 1144 |
| 骡 | luó | 1283 | 珞 | luò | 1285 | [蘭] | | | 拉 | lā | 1144 |
| [騾] | | | 硌 | gè | 663 | 銮 | luán | 1276 | | lá | 1148 |
| 罗 | luó | 1283 | | luò | 1285 | [鑾] | | | | lǎ | 1148 |
| [玀] | | | 酪 | lào | 1175 | | | | | là | 1148 |
| 椤 | luó | 1283 | 跞 | luò | 1288 | 【랄】 | | | 啦 | lā | 1147 |
| [欏] | | | [躒] | | | 剌 | lá | 1148 | | •la | 1150 |

| | | | | | | | | | |
|---|---|---|---|---|---|---|---|---|---|
| 腊 | là | 1149 | 徕 | ·lai | 1154 | [綱] | | 唳 | lì | 1204 |
| [臘] | | | [徠] | | | 梁 | liáng | 1216 | 鑫 | lí | 1189 |
| 砬 | lá | 1148 | 崃 | lái | 1153 | (樑) | | | | lí | 1194 |
| 镴 | là | 1150 | [崍] | | | 椋 | liáng | 1216 | 驴 | lǘ | 1271 |
| [鑞] | | | 徕 | lái | 1153 | 辆 | liàng | 1221 | [驢] | | |
| 蜡 | là | 1149 | [徠] | lài | 1153 | [輛] | | | 骊 | lí | 1187 |
| [蠟] | | | 棶 | lái | 1153 | 谅 | liáng | 1216 | [驪] | | |
| 鞡 | ·la | 1150 | [棶] | | | [諒] | | | 旅 | lǚ | 1272 |
| | | | 睐 | lài | 1153 | 晾 | liàng | 1222 | 虑 | lǜ | 1274 |
| | | | [睞] | | | 量 | liáng | 1216 | [慮] | | |
| 【 랑 】 | | | 铼 | lái | 1153 | | liàng | 1222 | 戾 | lì | 1202 |
| 郎 | láng | 1160 | [錸] | | | 裲 | liǎng | 1220 | 栌 | lú | 1272 |
| | làng | 1162 | 鶆 | lái | 1153 | [補] | | | [櫨] | | |
| 浪 | làng | 1162 | [鶆] | | | 梁 | liáng | 1217 | 胪 | lú | 1265 |
| 廊 | láng | 1161 | | | | 粮 | liáng | 1216 | [臚] | | |
| 阆 | láng | 1161 | 【 랭 】 | | | [糧] | | | 膂 | lǚ | 1273 |
| [閬] | làng | 1162 | 冷 | lěng | 1182 | 蛃 | liǎng | 1220 | 黎 | lí | 1188 |
| 埌 | làng | 1162 | | | | [蜽] | | | 疠 | lì | 1202 |
| 塱 | lǎng | 1162 | 【 략 】 | | | 踉 | liáng | 1217 | [癘] | | |
| 茛 | làng | 1162 | 掠 | lüè | 1278 | | liàng | 1222 | 砺 | lì | 1203 |
| 蒗 | làng | 1163 | | lüè | 1278 | 魉 | liǎng | 1220 | [礪] | | |
| 啷 | lāng | 1159 | 撂 | liào | 1227 | [魎] | | | 鳌 | lí | 1204 |
| 崀 | Làng | 1162 | 略 | lüè | 1278 | | | | 铝 | lǚ | 1273 |
| 狼 | láng | 1160 | | | | 【 려 】 | | | [鋁] | | |
| 嫏 | láng | 1161 | 【 량 】 | | | 丽 | lí | 1186 | | | |
| 烺 | lǎng | 1162 | 良 | liáng | 1214 | [麗] | lì | 1200 | 锂 | lǜ | 1275 |
| 琅 | láng | 1161 | 两 | liǎng | 1217 | 厉 | lì | 1196 | [鐳] | | |
| 根 | láng | 1161 | [兩] | | | [厲] | | | 秆 | lǚ | 1273 |
| 椰 | láng | 1161 | 亮 | liàng | 1220 | 励 | lì | 1200 | 黎 | lí | 1188 |
| 榔 | Lǎng | 1162 | 凉 | liáng | 1215 | [勵] | | | 鹭 | lí | 1188 |
| 哴 | làng | 1163 | (涼) | liàng | 1221 | 侣 | lǚ | 1272 | [鶯] | | |
| 朗 | lǎng | 1161 | 谅 | liàng | 1221 | 俪 | lì | 1203 | 粝 | lì | 1204 |
| 硠 | láng | 1161 | [諒] | | | [儷] | | | [糲] | | |
| 锒 | láng | 1161 | 俍 | liáng | 1215 | 励 | lì | 1200 | 蛎 | lì | 1204 |
| [銀] | | | 俩 | liǎ | 1204 | 渗 | lì | 1202 | [蠣] | | |
| 粮 | láng | 1161 | [倆] | liǎng | 1220 | 滤 | lǜ | 1275 | 鲡 | lí | 1189 |
| 螂 | láng | 1161 | 惊 | liàng | 1221 | [濾] | | | [鱺] | | |
| | | | 悢 | liàng | 1221 | 庐 | lú | 1264 | 鱳 | lí | 1189 |
| 【 래 】 | | | 墚 | liáng | 1217 | [廬] | | | | | |
| 来 | lái | 1150 | 莨 | liáng | 1215 | 闾 | lǘ | 1272 | 【 력 】 | | |
| [來] | ‖·lái | 1151 | 啢 | liǎng / | 1220 | [閭] | | | 历 | lì | 1195 |
| 涞 | lái | 1153 | [啢] | yīngliǎng | 2347 | 荔 | lì | 1203 | [歷] | | |
| [淶] | | | 喨 | liàng | 1222 | 藜 | lí | 1189 | 历 | lì | 1195 |
| 莱 | lái | 1153 | 纳 | liǎng | 1220 | 吕 | lǚ | 1272 | [曆] | | |
| [萊] | | | | | | | | | 郦 | Lì | 1203 |

| | | | | | | | | | | |
|---|---|---|---|---|---|---|---|---|---|---|
| [酈] | | | [煉,鍊] | | | [瀲] | | | 囹 | líng | 1237 |
| 力 | lì | 1194 | 恋 | liàn | 1213 | 濂 | lián | 1210 | 岭 | líng | 1241 |
| 沥 | lì | 1202 | [戀] | | | 廉 | lián | 1210 | [嶺] | | |
| [瀝] | | | 琏 | liǎn | 1210 | 签 | xiān | 2106 | 灵 | líng | 1236 |
| 坜 | lì | 1200 | [璉] | | | [簽] | | | [靈] | | |
| [壢] | | | 楝 | lián | 1208 | 蔹 | liǎn | 1212 | 玲 | líng | 1237 |
| 苈 | lì | 1200 | [槤] | | | [蘞] | | | 柃 | líng | 1237 |
| [藶] | | | 楝 | liàn | 1214 | 奁 | lián | 1205 | 棂 | líng | 1239 |
| 呖 | lì | 1203 | 辇 | niǎn | 1418 | [奩] | | | [櫺] | | |
| [嚦] | | | [輦] | | | 搛 | jiān | 942 | 瓴 | líng | 1237 |
| 呖 | lì | 1200 | 李 | luán | 1276 | 帘 | lián | 1208 | 铃 | líng | 1237 |
| [嚦] | | | [攣] | | | [簾] | | | [鈴] | | |
| 珕 | lì | 1203 | 腾 | lìn | 1235 | 殓 | liàn | 1213 | 鸰 | líng | 1238 |
| [瓅] | | | 裢 | lián | 1210 | [殮] | | | [鴒] | | |
| 枥 | lì | 1202 | [褳] | | | 敛 | liǎn | 1210 | 羚 | líng | 1239 |
| [櫪] | | | 链 | liàn | 1213 | [斂,歛] | | | 聆 | líng | 1239 |
| 栎 | lì | 1203 | [鏈] | | | 臁 | lián | 1210 | 领 | lǐng | 1241 |
| [櫟] | | | 联 | lián | 1208 | 裣 | liǎn | 1212 | [領] | | |
| 轹 | lì | 1203 | [聯] | | | [襝] | | | 蛉 | líng | 1239 |
| [轢] | | | 鲢 | lián | 1210 | 磏 | lián | 1210 | 答 | líng | 1239 |
| 疠 | lì | 1203 | [鰱] | | | | qiān | 1544 | 舲 | líng | 1239 |
| [癘] | | | 鍊 | liàn | 1214 | 蠊 | lián | 1210 | 翎 | líng | 1239 |
| 砾 | lì | 1203 | [鰊] | | | 鬑 | lián | 1210 | 醽 | líng | 1241 |
| [礫] | | | | | | | | | 零 | líng | 1239 |
| 跞 | lì | 1204 | 【렬】 | | | 【렵】 | | | 龄 | líng | 1241 |
| [躒] | | | 冽 | liè | 1228 | 猎 | liè | 1229 | [齡] | | |
| 雳 | lì | 1204 | 列 | liè | 1227 | [獵] | | | | | |
| [靂] | | | 劣 | liè | 1228 | 躐 | liè | 1230 | 【례】 | | |
| | | | 洌 | liè | 1228 | 鬣 | liè | 1230 | 例 | lì | 1202 |
| 【련】 | | | 捩 | liè | 1229 | [蠣] | | | 澧 | Lǐ | 1194 |
| 孪 | luán | 1276 | 咧 | liē | 1227 | 蠡 | liè | 1230 | 礼 | lǐ | 1189 |
| [孿] | | | | liě | 1227 | | | | [禮] | | |
| 涟 | lián | 1208 | | •lie | 1230 | 【령】 | | | 隶 | lì | 1202 |
| [漣] | | | 烈 | liè | 1229 | 令 | líng | 1236 | [隸,隷] | | |
| 怜 | lián | 1207 | 鋝 | lüè | 1279 | | lǐng | 1241 | 醴 | lǐ | 1194 |
| [憐] | | | [鋝] | | | | lìng | 1244 | | | |
| 连 | lián | 1205 | 鴷 | liè | 1229 | 伶 | líng | 1236 | 【로】 | | |
| [連] | | | [鴷] | | | 鄂 | Líng | 1241 | 卢 | Lú | 1264 |
| 莲 | lián | 1208 | 裂 | liě | 1227 | 逞 | chěng | 245 | [盧] | | |
| [蓮] | | | | liè | 1230 | 苓 | líng | 1237 | 佬 | lǎo | 1174 |
| 娈 | luán | 1276 | 趔 | liè | 1230 | 拎 | līn | 1230 | 劳 | láo | 1163 |
| [孌] | | | | | | 另 | lìng | 1243 | [勞] | | |
| 练 | liàn | 1212 | 【렴】 | | | 吟 | lìng | 1244 | 泸 | Lú | 1265 |
| [練] | | | 潋 | liàn | 1214 | | líng | 1235 | [瀘] | | |
| 炼 | liàn | 1212 | | | | | | | | | |

| | | | | | | | | | | |
|---|---|---|---|---|---|---|---|---|---|---|
| 涝 | lào | 1174 | 铹 | láo | 1166 | 璐 | lù | 1268 | [曨] | | |
| [澇] | | | [鐒] | | | 辂 | lù | 1270 | 胧 | lóng | 1257 |
| 潞 | lù | 1270 | 橹 | lǔ | 1266 | [轆] | | | [朧] | | |
| 庐 | lú | 1264 | [櫓] | | | 碌 | lù | 1268 | 砻 | lóng | 1257 |
| [廬] | | | 鸬 | lú | 1265 | 赂 | lù | 1268 | [礱] | | |
| 芦 | lú | 1264 | [鸕] | | | 麗 | lì | 1270 | 聋 | lóng | 1257 |
| [蘆] | | | 鹭 | lù | 1270 | 篆 | lù | 1270 | [聾] | | |
| 蕗 | lù | 1270 | [鷺] | | | [籙] | | | 眬 | lóng | 1257 |
| 拷 | lǎo | 1174 | 耢 | lào | 1175 | 簏 | lù | 1270 | [矓] | | |
| 捞 | lāo | 1163 | [耮] | | | 酴 | lù | 1270 | 笼 | lóng | 1257 |
| [撈] | | | 老 | lǎo | 1166 | 鯥 | lù | 1270 | [籠] | lǒng | 1259 |
| 掳 | lǔ | 1266 | 颅 | lú | 1265 | [鯥] | | | 舻 | lóng | 1258 |
| [擄] | | | [顱] | | | 鹿 | lù | 1268 | [艫] | | |
| 撸 | lū | 1263 | 庐 | lǔ | 1266 | 麗 | lì | 1270 | | | |
| 唠 | láo | 1165 | [虜] | | | 麓 | lù | 1270 | **【 뢰 】** | | |
| [嘮] | lào | 1174 | 笔 | lǎo | 1174 | | | | 诔 | lěi | 1179 |
| 噜 | lū | 1263 | 舻 | lú | 1265 | **【 론 】** | | | [誄] | | |
| [嚕] | | | [艫] | | | 论 | Lún | 1279 | 偏 | lěi | 1180 |
| 崂 | Láo | 1166 | 卤 | lǔ | 1265 | [論] | lùn | 1280 | 赖 | lài | 1153 |
| [嶗] | | | [鹵] | | | | | | [賴] | | |
| 姥 | lǎo | 1174 | 卤 | lǔ | 1265 | **【 롱 】** | | | 濑 | lài | 1154 |
| 嫪 | lào | 1175 | [滷] | | | 佗 | lǒng | 1258 | [瀨] | | |
| 垆 | lú | 1265 | 路 | lù | 1268 | [儱] | | | 牢 | láo | 1165 |
| [壚] | | | 露 | lòu | 1263 | 垄 | lǒng | 1259 | 蕾 | lěi | 1179 |
| 炉 | lú | 1264 | | lù | 1270 | [壟] | | | 擂 | léi | 1178 |
| [爐] | | | 鲁 | lǔ | 1266 | 陇 | Lǒng | 1258 | | lèi | 1181 |
| 璐 | lù | 1270 | [魯] | | | [隴] | | | 榴 | léi | 1178 |
| 栌 | lú | 1265 | 鲈 | lú | 1265 | 泷 | lóng | 1257 | 赂 | lù | 1268 |
| [櫨] | | | [鱸] | | | [瀧] | Shuāng | 1811 | [賂] | | |
| 栳 | lǎo | 1174 | | | | 茏 | lóng | 1257 | 赉 | lài | 1153 |
| 橹 | lǔ | 1266 | **【 록 】** | | | [蘢] | | | [賚] | | |
| [櫓] | | | 甪 | lù | 1266 | 弄 | lòng | 1259 | 癗 | lěi | 1180 |
| 铲 | lú | 1265 | 渌 | Lù | 1268 | | nòng | 1431 | 瘰 | lěi | 1180 |
| [鑪] | | | 漉 | lù | 1270 | 拢 | lǒng | 1258 | 磊 | lěi | 1179 |
| 辂 | lù | 1267 | 逯 | Lù | 1268 | [攏] | | | 礌 | léi | 1178 |
| [輅] | | | 菉 | lù | 1268 | 咙 | lóng | 1257 | 罍 | léi | 1179 |
| 氇 | ·lu | 1271 | 崇 | lù | 1268 | [嚨] | | | 镭 | léi | 1178 |
| [氌] | | | 录 | lù | 1267 | 哢 | lòng | 1259 | [鐳] | | |
| 痨 | láo | 1166 | [錄] | | | 岽 | lòng | 1259 | 颣 | lèi | 1181 |
| [癆] | | | 绿 | lù | 1268 | 珑 | lóng | 1257 | [纇] | | |
| 胪 | lú | 1265 | [綠] | lù | 1274 | [瓏] | | | 耒 | lěi | 1179 |
| [臚] | | | 骡 | lù | 1268 | 栊 | lóng | 1257 | 籁 | lài | 1154 |
| 铑 | lǎo | 1174 | [騄] | | | [櫳] | | | [籟] | | |
| [銠] | | | 禄 | lù | 1268 | 胧 | lóng | 1257 | 酹 | lèi | 1181 |

## 2644 료~룰

| | | | | | | | | | | | |
|---|---|---|---|---|---|---|---|---|---|---|---|
| 雷 | léi | 1177 | 【롱】 | | | [髏] | | | 留 | liú | 1253 |
| | | | 龙 | lóng | 1255 | 镂 | lòu | 1261 | 馏 | liú | 1252 |
| 【료】 | | | [龍] | | | [鏤] | | | [餾] | liù | 1254 |
| 了 | ·le | 1177 | | | | 楼 | lóu | 1261 | 镠 | liú | 1252 |
| | liǎo | 1225 | 【루】 | | | [耧] | | | [鏐] | | |
| 僚 | liáo | 1223 | 剅 | lóu | 1260 | 蝼 | lóu | 1261 | 鹠 | liú | 1252 |
| 潦 | liáo | 1224 | 偻 | lóu | 1260 | [螻] | | | [鶹] | | |
| 潦 | lǎo | 1174 | [僂] | lǚ | 1273 | 篓 | lǒu | 1261 | 鹨 | liù | 1255 |
| | liáo | 1224 | 儽 | léi | 1179 | [簍] | | | [鷚] | | |
| 憭 | liǎo | 1226 | 陋 | lòu | 1261 | 累 | léi | 1177 | 类 | lèi | 1180 |
| 寥 | liáo | 1224 | 泪 | lèi | 1180 | [纍] | lěi | 1179 | [類] | | |
| 寮 | liáo | 1224 | [淚] | | | | lèi | 1181 | 遛 | liū | 1245 |
| 廖 | Liào | 1227 | 溇 | Lóu | 1260 | | | | | liù | 1255 |
| 辽 | liáo | 1222 | [漊] | | | 【류】 | | | 鎏 | liú | 1252 |
| [遼] | | | 漯 | Luò | 1288 | 刘 | Liú | 1246 | | | |
| 苕 | liáo | 1223 | 漏 | lòu | 1262 | [劉] | | | 【륙】 | | |
| [蕁] | | | 灅 | Lěi | 1180 | 浏 | liú | 1246 | 六 | liù | 1253 |
| 蓼 | liǎo | 1226 | 垒 | lěi | 1179 | [瀏] | | | | lù | 1266 |
| 尥 | liào | 1226 | [壘] | | | 流 | liú | 1248 | 僇 | lù | 1270 |
| 撩 | liāo | 1222 | 蒌 | lóu | 1260 | 溜 | liū | 1244 | 陆 | liù | 1254 |
| | liáo | 1224 | [蔞] | | | | liù | 1255 | [陸] | lù | 1266 |
| 嘹 | liáo | 1224 | 搂 | lōu | 1259 | 遛 | liú | 1252 | 蓼 | lù | 1270 |
| 獠 | liáo | 1224 | [摟] | lǒu | 1261 | | liù | 1254 | 戮 | lù | 1270 |
| 嫽 | liáo | 1224 | 喽 | lóu | 1260 | 蘲 | lěi | 1180 | 碌 | liù | 1254 |
| 缭 | liáo | 1224 | 嘍 | ·lou | 1263 | 馏 | liú | 1252 | | | |
| [繚] | | | 嵝 | lǒu | 1261 | [餾] | liù | 1254 | 【륜】 | | |
| 料 | liào | 1226 | [嶁] | | | 绺 | liǔ | 1253 | 仑 | lún | 1279 |
| 燎 | liáo | 1225 | 屡 | lǚ | 1273 | 缪 | miù | 1365 | [侖] | | |
| | liǎo | 1226 | [屢] | | | [繆] | | | 伦 | lún | 1279 |
| 疗 | liáo | 1223 | 娄 | lóu | 1260 | 骝 | liú | 1252 | [倫] | | |
| [療] | | | [婁] | | | [騮] | | | 沦 | lún | 1279 |
| 瞭 | liào | 1227 | 嫘 | léi | 1178 | 旒 | liú | 1252 | [淪] | | |
| 钌 | liǎo | 1226 | 缕 | lǚ | 1273 | 熘 | liū | 1245 | 埨 | lǔn | 1280 |
| [釕] | liào | 1226 | [縷] | | | 琉 | liú | 1251 | [埨] | | |
| 镣 | liào | 1227 | 缧 | léi | 1178 | 柳 | liǔ | 1252 | 抡 | lūn | 1279 |
| [鐐] | | | [縲] | | | 榴 | liú | 1252 | [掄] | lún | 1279 |
| 鹩 | liáo | 1225 | 楼 | lóu | 1260 | 檑 | léi | 1179 | 囵 | lún | 1279 |
| [鷯] | | | [樓] | | | 飗 | liú | 1252 | [圇] | | |
| 尞 | liào | 1226 | 蠝 | léi | 1178 | [飀] | | | 纶 | lún | 1279 |
| 聊 | liáo | 1223 | 瘘 | lòu | 1261 | 瘤 | liú | 1252 | [綸] | | |
| 廖 | liáo | 1225 | 瘘 | | | 硫 | liú | 1251 | 轮 | lún | 1279 |
| 醪 | láo | 1166 | 褛 | lǚ | 1273 | 碹 | liù | 1245 | [輪] | | |
| 蹽 | liāo | 1222 | [褸] | | | 留 | liú | 1246 | | | |
| 飉 | liáo | 1225 | 䁖 | lōu | 1260 | | | | 【룰】 | | |

| 率 lǜ | 1274 | 崚 léng | 1181 | 缅 lí | 1188 | 䲢 lín | 1234 |
|---|---|---|---|---|---|---|---|
| 傈 lì | 1204 | 绫 líng | 1239 | [纚] | | 粼 lín | 1233 |
| 溧 lì | 1204 | [綾] | | 缡 lí | 1188 | 躏 lìn | 1235 |
| 葎 lǜ | 1275 | 袷 líng | 1239 | [縭] | | [躪] | |
| 律 lǜ | 1274 | 棱 lēng | 1181 | 理 lǐ | 1192 | 鳞 lín | 1234 |
| 栗 lì | 1203 | léng | 1181 | 璃 lí | 1188 | [鱗] | |
| 篥 lì | 1204 | líng | 1239 | 杝 lí | 1185 | 麟 lín | 1234 |
| | | 楞 léng | 1181 | 李 lǐ | 1190 | | |
| **【 륭 】** | | 睖 lèng | 1185 | 悝 lǐ | 1188 | **【 림 】** | |
| 隆 lōng | 1255 | 鲮 líng | 1241 | 梨 lí | 1188 | 临 lín | 1231 |
| lóng | 1258 | [鯪] | | 犁 lí | 1188 | [臨] | |
| 窿 lóng | 1258 | | | 犂 lí | 1188 | 淋 lín | 1233 |
| 癃 lóng | 1258 | **【 리 】** | | 痢 lì | 1204 | lìn | 1235 |
| | | 吏 lì | 1199 | 詈 lì | 1204 | 麻 lǐn | 1235 |
| **【 륵 】** | | 离 lí | 1186 | 罹 lí | 1189 | 琳 lín | 1233 |
| 仂 lè | 1175 | [離] | | 锂 lǐ | 1194 | 林 lín | 1231 |
| 泐 lè | 1176 | 嬴 léi | 1178 | [鋰] | | 霖 lín | 1234 |
| 艻 lè | 1175 | 厘 lí | 1186 | 鹂 lí | 1188 | | |
| 叻 lè | 1175 | (釐) | | [鸝] | | **【 립 】** | |
| 嘞 lē | 1175 | 利 lì | 1200 | 蜊 lí | 1188 | 立 lì | 1197 |
| 玏 lè | 1176 | 剻 lí | 1189 | 螭 chī | 252 | 粒 lì | 1204 |
| 肋 lē | 1175 | 俚 lǐ | 1192 | 篱 lí | 1189 | 笠 lì | 1204 |
| | lèi | 1180 | 俐 lì | 1203 | [籬] | | | |
| 簕 lè | 1177 | 莅 lì | 1188 | 醨 lí | 1189 | **【 마 】** | |
| 鰳 lè | 1177 | 浬 hǎilǐ | 752 | 里 lǐ | 1191 | 么 ·me | 1317 |
| [鰳] | | lǐ | 1192 | [裏, 裡]·li | 1204 | [麼] | |
| 勒 lè | 1176 | 漓 lí | 1188 | 鲤 lǐ | 1194 | 蘑 mó | 1370 |
| lēi | 1177 | 逦 lǐ | 1192 | [鯉] | | 吗 má | 1290 |
| | | [邐] | | 魑 chī | 252 | [嗎] mǎ | 1294 |
| **【 름 】** | | 莉 lì | 1203 | 鬁 lì | 1204 | ·ma | 1295 |
| 凛 lǐn | 1235 | 蒚 lí | 1188 | | | 唛 mài | 1300 |
| 懔 lǐn | 1235 | [蔾] | | **【 린 】** | | [嘜] | |
| 廪 lǐn | 1235 | 摛 chī | 251 | 邻 lín | 1230 | 嘛 ·ma | 1295 |
| 檩 lǐn | 1235 | [攡] | | [鄰, 隣] | | 犸 mǎ | 1294 |
| | | 哩 lī | 1185 | 潾 lín | 1234 | [獁] | |
| **【 릉 】** | | lǐ | 1192 | 遴 lín | 1234 | 馍 mó | 1366 |
| 凌 líng | 1238 | ·li | 1204 | 蔺 lìn | 1235 | [饃] | |
| 陵 líng | 1238 | yīnglǐ | 2347 | [藺] | | 妈 mā | 1289 |
| 愣 lèng | 1185 | 喱 lí | 1188 | 吝 lìn | 1235 | [媽] | |
| 堎 lèng | 1185 | 狸 lí | 1186 | 鳞 lín | 1234 | 马 mǎ | 1291 |
| 塄 léng | 1181 | 猁 lì | 1204 | 璘 lín | 1234 | [馬] | |
| 菱 líng | 1239 | 履 lǚ | 1273 | 辚 lín | 1234 | 祃 mà | 1295 |
| 薐 léng | 1182 | 娌 lǐ | 1192 | [轔] | | [禡] | |
| 唥 lēng | 1181 | 嫠 lí | 1188 | 磷 lín | 1234 | 玛 mǎ | 1294 |

## 막~맹

[瑪]
杩　mǎ　　1294
[榪]
摩　mó　　1368
　　 mā　　1290
摩　mó　　1370
麻　má　　1291
码　mǎ　　1294
[碼]
磨　mó　　1368
　　 mò　　1376
礳　mò　　1376
糖　mò　　1376
蚂　mā　　1289
[螞]　mǎ　　1294
　　 mà　　1295
蟆　má　　1291
魔　mó　　1370
麻　mā　　1289
　　 má　　1290
麽　mó　　1367

### 【막】

鄚　mào　　1316
漠　mò　　1374
寞　mò　　1374
邈　miǎo　　1350
莫　mò　　1373
幕　mù　　1383
藐　miǎo　　1350
膜　mó　　1367
瘼　mò　　1375
镆　mò　　1375
[鏌]

### 【만】

万　wàn　　2003
[萬]
谩　mán　　1300
[謾]　màn　　1304
曼　màn　　1304
沕　wàn　　2005
湾　wān　　1996
[灣]

满　mǎn　　1301
[滿]
漫　màn　　1304
慢　màn　　1305
埫　wān　　1996
[墻]
嫚　màn　　1304
蔓　mán　　1300
　　 màn　　1304
　　 wàn　　2006
挽　wǎn　　2001
(輓)
幔　màn　　1304
孪　luán　　1275
[孿]
馒　mán　　1300
[饅]
弯　wān　　1996
[彎]
娩　miǎn　　1345
　　 wǎn　　2001
嫚　mān　　1300
　　 màn　　1306
熳　màn　　1307
懑　mèn　　1330
[懣]
晚　wǎn　　2001
瞒　mán　　1301
[瞞]
镘　màn　　1307
[鏝]
颟　mān　　1300
[顢]
蛮　mán　　1300
[蠻]
鳗　mán　　1301
[鰻]
鞔　mán　　1301
鬘　mán　　1301

### 【말】

末　mò　　1371
沫　mò　　1372
茉　mò　　1372

抹　mā　　1289
　　 mǒ　　1370
　　 mò　　1372
袜　wà　　1990
[襪]
秣　mò　　1374
鞨　mò　　1374

### 【망】

亡　wáng　　2006
网　wǎng　　2007
[網]
冈　wǎng　　2009
邙　máng　　1307
漭　mǎng　　1309
忙　máng　　1307
惘　wǎng　　2010
芒　máng　　1307
茫　máng　　1308
莽　mǎng　　1309
奀　ēn　　514
妄　wàng　　2010
忘　wàng　　2011
望　wàng　　2012
杧　máng　　1308
辋　wǎng　　2010
[輞]
牤　māng　　1307
硭　máng　　1309
铓　máng　　1309
[鋩]
蝄　wǎng　　2010
蟒　mǎng　　1309
魍　wǎng　　2010

### 【매】

每　měi　　1323
买　mǎi　　1296
[買]
卖　mài　　1298
[賣]
劢　mài　　1297
[勱]
浼　měi　　1325

寐　mèi　　1326
迈　mài　　1297
[邁]
埋　mái　　1295
　　 mán　　1300
荬　mǎi　　1297
[蕒]
妹　mèi　　1325
媒　méi　　1321
骂　mà　　1295
[駡,罵]
煤　méi　　1322
玫　méi　　1320
枚　méi　　1320
梅　méi　　1321
昧　mèi　　1325
脢　méi　　1321
痗　mèi　　1326
酶　méi　　1322
霉　méi　　1322
[黴]
霾　mái　　1296
魅　mèi　　1326

### 【맥】

陌　mò　　1372
蓦　mò　　1374
[驀]
脉　mài　　1299
(脈)　mò　　1373
眿　mò　　1374
麦　mài　　1297
[麥]
貊　Mò　　1374
貉　Mò　　1374
貘　mò　　1376
霢　mài　　1300

### 【맹】

氓　máng　　1308
　　 méng　　1330
勐　měng　　1332
萌　méng　　1330
甍　méng　　1332

| | | | | | | | | | | | |
|---|---|---|---|---|---|---|---|---|---|---|---|
| 猛 | měng | 1332 | 眄 | miǎn | 1344 | 牟 | móu | 1376 | 【목】 | | |
| 盲 | máng | 1308 |  | miàn | 1348 | 牡 | mù | 1382 | 万 | Mò | 1371 |
| 孟 | mèng | 1334 | 眠 | mián | 1342 | 募 | mù | 1383 | 沐 | mù | 1382 |
| 盟 | méng | 1331 | 黾 | miǎn | 1344 | 慕 | mù | 1384 | 姆 | mǔ | 1379 |
| 锰 | měng | 1333 |  |  |  | 芼 | mào | 1314 | 苜 | mù | 1383 |
| [錳] |  |  | 鮸 | miǎn | 1345 | 茅 | máo | 1313 | 木 | mù | 1379 |
| 虻 | méng | 1330 | [鮸] |  |  | 暮 | mù | 1384 | 牧 | mù | 1383 |
| [蝱] |  |  |  |  |  | 摹 | mó | 1367 | 目 | mù | 1381 |
| 蜢 | měng | 1333 | 【멸】 | | | 摸 | mō | 1365 | 睦 | mù | 1384 |
| 艋 | měng | 1334 | 蔑 | miè | 1352 | 哞 | mōu | 1376 | 钼 | mù | 1383 |
|  |  |  | [衊] |  |  | 帽 | mào | 1316 | [鉬] |  |  |
| 【먀】 | | | 灭 | miè | 1351 | 姆 | mǔ | 1379 | 穆 | mù | 1384 |
| 乜 | miē | 1351 | [滅] |  |  | 姆 | m̄ | 1289 | 鹜 | wù | 2069 |
|  | Niè | 1422 | 蠛 | miè | 1352 |  | mǔ | 1379 | [鶩] |  |  |
|  |  |  | 篾 | miè | 1352 | 姥 | mǔ | 1379 | 霂 | mù | 1384 |
| 【멱】 | | |  |  |  | 媢 | mào | 1316 |  |  |  |
| 幂 | mì | 1341 | 【명】 | | | 嫫 | mó | 1367 | 【몰】 | | |
| (冪) |  |  | 冥 | míng | 1363 | 旄 | máo | 1313 | 没 | méi | 1317 |
| 汨 | mì | 1339 | 洺 | míng | 1363 | 瑁 | mào | 1316 |  | mò | 1372 |
| 幎 | mì | 1341 | 溟 | míng | 1364 | 某 | mǒu | 1377 | 殁 | mò | 1372 |
| 觅 | mì | 1339 | 茗 | míng | 1363 | 模 | mó | 1367 |  |  |  |
| [覓,覔] |  |  | 蓂 | míng | 1364 |  | mú | 1378 | 【몽】 | | |
|  |  |  | 名 | míng | 1356 | 冒 | mào | 1314 | 懵 | měng | 1334 |
| 【면】 | | | 鸣 | míng | 1362 | 牡 | mǔ | 1379 | 蒙 | mēng | 1330 |
| 丏 | miǎn | 1343 | [鳴] |  |  | 牦 | máo | 1313 | [矇] | méng | 1331 |
| 俛 | miǎn | 1344 | 榠 | míng | 1364 | 毛 | máo | 1310 | 蒙 | méng | 1331 |
| 偭 | miǎn | 1345 | 明 | míng | 1358 | 耄 | mào | 1316 | [濛] |  |  |
| 免 | miǎn | 1343 | 暝 | míng | 1364 | 毪 | mú | 1378 | 蒙 | méng | 1331 |
| 勉 | miǎn | 1344 | 皿 | mǐn | 1355 | 氁 | mào | 1316 | [懞] | méng | 1333 |
| 勔 | miǎn | 1345 | 铭 | míng | 1364 | 貌 | mào | 1316 | 蒙 | Měng | 1333 |
| 沔 | Miǎn | 1344 | [銘] |  |  | 母 | mǔ | 1378 | 瞢 | méng | 1332 |
| 渑 | miǎn | 1345 | 螟 | míng | 1364 | 眊 | mào | 1314 | 礞 | méng | 1332 |
| [澠] |  |  | 酩 | mǐng | 1364 | 眸 | móu | 1377 | 梦 | mèng | 1334 |
| 湎 | miǎn | 1345 |  |  |  | 矛 | máo | 1312 | [夢] |  |  |
| 愐 | miǎn | 1345 | 【몌】 | | | 蟊 | máo | 1313 | 獴 | měng | 1334 |
| 绵 | mián | 1342 | 袂 | mèi | 1326 | 耗 | hào | 777 | 檬 | méng | 1332 |
| [綿] |  |  |  |  |  | 氂 | mào | 1316 | 曚 | méng | 1332 |
| 缅 | miǎn | 1345 | 【모】 | | | 蛑 | móu | 1377 | 朦 | méng | 1332 |
| [緬] |  |  | 谋 | móu | 1377 | 蝥 | máo | 1313 | 礞 | méng | 1332 |
| 棉 | mián | 1343 | [謀] |  |  | 蟊 | móu | 1377 | 鹲 | méng | 1332 |
| 冕 | miǎn | 1345 | 谟 | mó | 1366 | [蝥] |  |  | [鸏] |  |  |
| 觋 | miǎn | 1345 | [謨] |  |  | 髦 | máo | 1313 | 蠓 | měng | 1334 |
| [覎] |  |  | 侔 | móu | 1377 | 髳 | Máo | 1313 | 艨 | méng | 1332 |
| 腼 | miǎn | 1345 | 侮 | wǔ | 2063 |  |  |  |  |  |  |

## 【묘】

| | | |
|---|---|---|
| 卯 | mǎo | 1313 |
| 泖 | mǎo | 1314 |
| 淼 | miǎo | 1350 |
| 庙 | miào | 1351 |
| [廟] | | |
| 墓 | mù | 1383 |
| 苗 | miáo | 1348 |
| 茆 | máo | 1313 |
| 描 | miáo | 1349 |
| 喵 | miāo | 1348 |
| 昴 | mǎo | 1313 |
| 猫 | māo | 1309 |
| | máo | 1313 |
| 妙 | miào | 1350 |
| 缈 | miǎo | 1350 |
| [緲] | | |
| 缪 | Miào | 1351 |
| [繆] | | |
| 朒 | miǎo | 1350 |
| 杳 | yǎo | 2277 |
| 昂 | mǎo | 1314 |
| 眇 | miǎo | 1350 |
| 瞄 | miáo | 1350 |
| 亩 | mǔ | 1379 |
| [畝] | | |
| 铆 | mǎo | 1314 |
| [鉚] | | |
| 锚 | máo | 1313 |
| [錨] | | |
| 鹋 | miáo | 1350 |
| [鶓] | | |

## 【무】

| | | |
|---|---|---|
| 无 | mó | 1366 |
| [無] | wú | 2048 |
| 冇 | mǎo | 1313 |
| 巫 | wū | 2046 |
| 舞 | wǔ | 2063 |
| 袤 | mào | 1316 |
| 诬 | wū | 2047 |
| [誣] | | |
| 仫 | mù | 1382 |
| 务 | wù | 2065 |

| | | |
|---|---|---|
| [務] | | |
| 沕 | Wù | 2061 |
| [潕] | | |
| 忤 | wǔ | 2061 |
| [憮] | | |
| 庑 | wǔ | 2061 |
| [廡] | | |
| 芜 | wú | 2057 |
| [蕪] | | |
| 茂 | mào | 1314 |
| 莸 | mào | 1316 |
| 抚 | fǔ | 605 |
| [撫] | | |
| 拇 | mǔ | 1379 |
| 呒 | ḿ | 1289 |
| 姆 | ḿ | 1289 |
| | m̀ | 1289 |
| 㕷 | mǔ | 1379 |
| | yīngmǔ | 2347 |
| 虎 | hū | 815 |
| [幠] | | |
| 妩 | wǔ | 2061 |
| [嫵] | | |
| 婺 | Wù | 2068 |
| 缪 | móu | 1377 |
| [繆] | | |
| 骛 | wù | 2068 |
| [鶩] | | |
| 懋 | mào | 1317 |
| 珷 | wǔ | 2063 |
| 戊 | wù | 2064 |
| 武 | wǔ | 2061 |
| 贸 | mào | 1315 |
| [貿] | | |
| 毋 | wú | 2057 |
| 碔 | wǔ | 2063 |
| 瞀 | mào | 1316 |
| 鉧 | mǔ | 1379 |
| [鉧] | | |
| 鹀 | wú | 2058 |
| [鵐] | | |
| 鹉 | wǔ | 2063 |
| [鵡] | | |
| 袤 | mào | 1316 |

| | | |
|---|---|---|
| 雾 | wù | 2068 |
| [霧] | | |
| 鍪 | móu | 1377 |

## 【묵】

| | | |
|---|---|---|
| 墨 | mò | 1374 |
| 嘿 | mò | 1374 |
| 嘛 | ·me | 1317 |
| 缥 | mò | 1376 |
| [纆] | | |
| 冒 | mò | 1372 |
| 默 | mò | 1375 |

## 【문】

| | | |
|---|---|---|
| 亹 | mén | 1329 |
| 刎 | wěn | 2037 |
| 们 | mén | 1329 |
| [們] | | |
| 汶 | Wèn | 2040 |
| 门 | mén | 1327 |
| [門] | | |
| 问 | wèn | 2038 |
| [問] | | |
| 闻 | wén | 2036 |
| [聞] | | |
| 阌 | wén | 2037 |
| [閺] | | |
| 扪 | mén | 1329 |
| [捫] | | |
| 抆 | wěn | 2037 |
| 吻 | wěn | 2037 |
| 纹 | wén | 2036 |
| [紋] | | |
| 文 | wén | 2032 |
| 紊 | wěn | 2037 |
| 炆 | wén | 2036 |
| 璊 | mén | 1329 |
| [璊] | | |
| 璺 | wèn | 2040 |
| 钔 | mén | 1329 |
| [鍆] | | |
| 蚊 | wén | 2037 |
| 絻 | wěn | 2037 |
| 雯 | wén | 2037 |

## 【물】

| | | |
|---|---|---|
| 勿 | wù | 2064 |
| 芴 | wù | 2065 |
| 物 | wù | 2065 |

## 【미】

| | | |
|---|---|---|
| 亹 | wěi | 2025 |
| 未 | wèi | 2027 |
| 谜 | mèi | 1326 |
| [謎] | mí | 1337 |
| 芈 | mǐ | 1338 |
| 郿 | Méi | 1321 |
| 洣 | mǐ | 1338 |
| [瀰] | | |
| 渼 | Mǐ | 1339 |
| 渼 | měi | 1325 |
| 湄 | méi | 1321 |
| 溦 | wēi | 2016 |
| 迷 | mí | 1335 |
| 薇 | wēi | 2016 |
| 蘪 | mí | 1338 |
| 蘼 | mí | 1338 |
| 美 | měi | 1323 |
| 味 | wèi | 2028 |
| 咪 | miē | 1351 |
| 咪 | mī | 1335 |
| 嵋 | méi | 1321 |
| 微 | wēi | 2015 |
| 獮 | mí | 1337 |
| [獮] | | |
| 猸 | méi | 1321 |
| 尾 | wěi | 2022 |
| | yǐ | 2319 |
| 弥 | mí | 1335 |
| [彌] | | |
| 弭 | mǐ | 1339 |
| 娓 | wěi | 2024 |
| 媚 | mèi | 1326 |
| 楣 | méi | 1322 |
| 脒 | mǐ | 1339 |
| 眉 | méi | 1320 |
| 眯 | mī | 1335 |
| | mí | 1337 |
| 镁 | měi | 1325 |

| | | | | | | | | | | | |
|---|---|---|---|---|---|---|---|---|---|---|---|
| [鎇] | | | 焖 | mèn | 1330 | 缚 | fù | 618 | 饭 | fàn | 548 |
| 镅 | méi | 1322 | [燜] | | | [縛] | | | [飯] | | |
| [鎇] | | | 愍 | mǐn | 1356 | 驳 | bó | 130 | 飯 | fàn | 550 |
| 鹛 | méi | 1322 | 慜 | mǐn | 1356 | [駁] | | | 绊 | bàn | 53 |
| [鶥] | | | 珉 | mín | 1355 | 珀 | pò | 1504 | [絆] | | |
| 米 | mǐ | 1338 | 旻 | mín | 1354 | 璞 | pú | 1510 | 斑 | bān | 46 |
| 敉 | mǐ | 1339 | 睯 | mǐn | 1356 | 朴 | Piáo | 1487 | 班 | bān | 45 |
| 糜 | méi | 1323 | 敏 | mǐn | 1355 | | pō | 1501 | 柈 | bàn | 53 |
| | mí | 1337 | 螨 | mǎn | 1304 | | pò | 1503 | 槃 | pán | 1452 |
| 祢 | mí | 1337 | [蟎] | | | 朴 | pǔ | 1511 | 攀 | pān | 1449 |
| [禰] | | | 筤 | mǐn | 1355 | [樸] | | | 攽 | bān | 45 |
| 艉 | wěi | 2025 | 黾 | mǐn | 1355 | 欂 | bó | 133 | 胖 | pán | 1451 |
| 縻 | mí | 1338 | [黽] | | | 膊 | bó | 132 | | pàng | 1456 |
| 醚 | mí | 1337 | 鳘 | mǐn | 1356 | 襮 | bó | 133 | 般 | bān | 46 |
| 蘼 | mí | 1338 | [鰵] | | | 礴 | bó | 133 | | bō | 128 |
| 糜 | méi | 1323 | | | | 钋 | pō | 1501 | | pán | 1451 |
| | mí | 1337 | 【밀】 | | | [鈥] | | | 瘢 | bān | 47 |
| 麋 | mí | 1338 | 谧 | mì | 1341 | 铂 | bó | 131 | 癍 | bān | 47 |
| 靡 | mí | 1338 | [謐] | | | [鉑] | | | 袢 | pàn | 1454 |
| | mí | 1339 | 宓 | mì | 1339 | 镈 | bó | 133 | 襻 | pàn | 1454 |
| 麇 | mí | 1338 | 密 | mì | 1340 | [鎛] | | | 矾 | fán | 538 |
| | | | 蜜 | mì | 1341 | 䏲 | bó | 130 | [礬] | | |
| 【민】 | | | 嘧 | mì | 1341 | 粕 | pò | 1506 | 磐 | pán | 1452 |
| 民 | mín | 1352 | | | | 箔 | bó | 132 | 磻 | pán | 1452 |
| 俛 | mǐn | 1355 | 【박】 | | | 舶 | bó | 131 | 盼 | pàn | 1454 |
| [俛] | | | 亳 | Bó | 131 | 趵 | bō | 128 | 畔 | pàn | 1454 |
| 泯 | mǐn | 1355 | 博 | bó | 131 | 雹 | báo | 59 | 番 | pān | 1449 |
| 湣 | mǐn | 1356 | 剥 | bāo | 59 | 髆 | bó | 133 | 盘 | pán | 1451 |
| 悯 | mǐn | 1355 | | bō | 128 | | | | [盤] | | |
| [憫] | | | 泊 | bó | 130 | 【반】 | | | 颁 | bān | 46 |
| 闵 | mǐn | 1355 | | pō | 1502 | 半 | bàn | 49 | [頒] | | |
| [閔] | | | 迫 | pǎi | 1448 | 叛 | pàn | 1454 | 蟠 | pán | 1452 |
| 闷 | mēn | 1326 | | pò | 1503 | 反 | fǎn | 541 | 蹒 | pán | 1452 |
| [悶] | | | 薄 | báo | 60 | 伴 | bàn | 52 | [蹣] | | |
| 闽 | Mǐn | 1355 | | bó | 133 | 阪 | bǎn | 47 | 螌 | pàn | 1454 |
| [閩] | | | | bò | 134 | 泮 | pàn | 1454 | 靽 | bàn | 53 |
| 苠 | mín | 1354 | 扑 | pū | 1507 | 潘 | Pān | 1449 | 磐 | pán | 1453 |
| 抿 | mǐn | 1355 | [撲] | | | 返 | fǎn | 545 | | | |
| 岷 | Mín | 1355 | 拍 | pāi | 1444 | 坢 | bàn | 52 | 【발】 | | |
| 缗 | mín | 1355 | 搏 | bó | 132 | 畚 | hǎ | 751 | 发 | fā | 522 |
| [緡] | | | 啪 | pā | 1442 | 扳 | bān | 45 | [發] | | |
| 缦 | màn | 1306 | 噗 | pū | 1509 | | pān | 1449 | 发 | fà | 533 |
| [縵] | | | 缚 | bó | 132 | 拌 | bàn | 52 | [髮] | | |
| 忞 | mín | 1355 | [縛] | | | 搬 | bān | 46 | 勃 | bó | 131 |

밤~번

| | | | | | | | | | | |
|---|---|---|---|---|---|---|---|---|---|---|
| 泼 | pō | 1502 | [谤] | | | [钫] | | | 背 | bēi | 71 |
| [潑] | | | 仿 | fǎng | 555 | 镑 | bàng | 56 | | bèi | 76 |
| 浡 | bó | 131 | 傍 | bàng | 56 | [鎊] | | | 褙 | bèi | 80 |
| 渤 | Bó | 132 | 防 | fáng | 553 | 稖 | bàng | 56 | 碚 | bèi | 80 |
| 茇 | bá | 27 | 邡 | fāng | 552 | 榜 | pǎng | 1456 | 杯 | pēi | 1461 |
| 荸 | bí | 88 | 邦 | bāng | 53 | 蚌 | bàng | 55 | 裴 | Péi | 1463 |
| 菝 | bá | 28 | 滂 | pāng | 1454 | | bèng | 86 | 配 | pèi | 1463 |
| 拔 | bá | 27 | 庞 | páng | 1455 | 螃 | páng | 1456 | 醅 | pēi | 1461 |
| 拨 | bō | 126 | [龐] | | | 舫 | fǎng | 557 | 跰 | bāi | 32 |
| 哱 | bō | 128 | 坊 | fāng | 552 | 艕 | bàng | 56 | | | |
| 饽 | bō | 128 | | fáng | 554 | 雱 | pāng | 1454 | 【백】 | | |
| [餑] | | | 塄 | bàng | 56 | 鲂 | fáng | 555 | 百 | bǎi | 37 |
| 桲 | ·po | 1506 | 芳 | fāng | 552 | [魴] | | | 剖 | bāi | 32 |
| 胈 | bá | 28 | 蒡 | bàng | 56 | 鳑 | páng | 1456 | 伯 | bǎi | 40 |
| 脖 | bó | 131 | 旁 | páng | 1455 | | | | | bó | 129 |
| 袯 | bó | 131 | 搒 | bàng | 56 | 髈 | pǎng | 1456 | 佰 | bǎi | 40 |
| [襏] | | | | péng | 1468 | | | | 帛 | bó | 130 |
| 钵 | bō | 128 | 唪 | bāng | 54 | 【배】 | | | 柏 | bǎi | 40 |
| 钵 | bō | 128 | 嗙 | pǎng | 1456 | 北 | běi | 73 | (栢) | bó | 130 |
| [鉢] | | | 帮 | bāng | 53 | 拜 | bài | 43 | | bò | 134 |
| 铍 | bó | 131 | [幫] | | | 倍 | bèi | 78 | 白 | bái | 32 |
| [鈹] | | | 彷 | fǎng | 556 | 俳 | pái | 1445 | 帛 | bó | 130 |
| 钹 | pō | 1502 | | páng | 1454 | 陪 | péi | 1461 | 魄 | bó | 132 |
| [鏺] | | | 尨 | máng | 1308 | 湃 | pài | 1449 | | pò | 1506 |
| 醭 | bó | 133 | 妨 | fáng | 554 | 坯 | pī | 1472 | 鲌 | bó | 132 |
| 鹁 | bó | 132 | 纺 | fǎng | 556 | 培 | péi | 1462 | [鮊] | | |
| [鵓] | | | [紡] | | | 蓓 | bèi | 80 | 魄 | bó | 132 |
| 酦 | fā | 530 | 绑 | bǎng | 55 | 扒 | bā | 26 | | pò | 1506 |
| [醱] | pō | 1502 | [綁] | | | 排 | pái | 1445 | | | |
| 跋 | bá | 28 | 方 | fāng | 550 | | pǎi | 1448 | 【번】 | | |
| 鲅 | bà | 31 | 房 | fáng | 554 | 徘 | pái | 1447 | 墦 | fán | 539 |
| [鮁] | | | 枋 | fāng | 552 | 焙 | bèi | 80 | 蕃 | bō | 129 |
| 鲅 | bō | 129 | 梆 | bāng | 54 | 辅 | bài | 45 | | fān | 534 |
| [鱍] | | | 榜 | bǎng | 55 | [輩] | | | | fán | 539 |
| 魃 | bá | 28 | 肪 | fǎng | 556 | 杯 | bēi | 70 | 藩 | fān | 534 |
| 鼥 | bá | 28 | 牻 | máng | 1309 | (盃) | | | 繁 | fán | 541 |
| | | | 放 | fàng | 557 | 桮 | bèi | 79 | 樊 | fán | 540 |
| 【밤】 | | | 肪 | fáng | 554 | 辈 | bèi | 78 | 幡 | fān | 534 |
| 湴 | bàn | 53 | 膀 | bǎng | 55 | 赔 | péi | 1462 | 缙 | fān | 534 |
| | | | | bàng | 56 | [賠] | | | [繙] | fān | 540 |
| 【방】 | | | | pāng | 1454 | 掰 | bāi | 32 | 烦 | fán | 538 |
| 访 | fǎng | 556 | | páng | 1456 | 毰 | péi | 1463 | [煩] | | |
| [訪] | | | 磅 | bàng | 56 | 胚 | pēi | 1461 | 燔 | fán | 540 |
| 谤 | bàng | 56 | 钫 | fāng | 552 | | | | 璠 | fán | 540 |

## 벌~복  2651

| | | | | | | | | |
|---|---|---|---|---|---|---|---|---|
| 蹯 | fán | 540 | 湢 | bì | 97 | [辯] | | |
| 袢 | pàn | 1454 | 澼 | pì | 1480 | 辯 | biàn | 110 |
| 番 | fān | 534 | 壁 | bì | 98 | [辮] | | |
| 鷭 | fán | 541 | 薜 | bì | 98 | 骿 | pián | 1483 |
| [鷭] | | | 擗 | pǐ | 1478 | | | |
| 煩 | fán | 538 | 噼 | pī | 1474 | **【별】** | | |
| [煩] | | | 壁 | bì | 100 | 別 | bié | 115 |
| 翻 | fān | 534 | 檗 | bò | 134 | 別 | biè | 117 |
| 繁 | fán | 540 | 甓 | pì | 1480 | [彆] | | |
| 蹯 | fán | 541 | 擘 | bò | 134 | 撇 | piē | 1488 |
| | | | 鷿 | pì | 1480 | | piě | 1489 |
| **【벌】** | | | [鸊] | | | 嫳 | piè | 1489 |
| 罰 | fá | 531 | 襞 | bì | 100 | 憋 | biē | 114 |
| [罰] | | | 辟 | bì | 97 | 瘪 | biē | 114 |
| 伐 | fá | 530 | | pī | 1473 | [癟] | biě | 117 |
| 阀 | fá | 531 | 辟 | pì | 1479 | 瞥 | piē | 1489 |
| [閥] | | | [闢] | | | 鳖 | bié | 117 |
| 垡 | fá | 531 | 躄 | bì | 100 | 鳖 | biē | 115 |
| 哦 | ·fa | 534 | 霹 | pī | 1474 | [鰵,鼈] | | |
| 筏 | fá | 531 | 鞁 | bèi | 80 | | | |
| | | | 鰏 | bī | 88 | **【병】** | | |
| **【범】** | | | [鯿] | | | 丙 | bǐng | 121 |
| 凡 | fán | 537 | | | | 乒 | pīng | 1493 |
| 氾 | Fán | 538 | **【변】** | | | 乓 | pāng | 1454 |
| 泛 | fàn | 548 | 卞 | biàn | 105 | 秉 | bǐng | 122 |
| [汎·氾] | | | 变 | biàn | 105 | 并 | Bīng | 120 |
| 范 | fàn | 549 | [變] | | | | bìng | 123 |
| [範] | | | 弁 | biàn | 105 | 兵 | bīng | 120 |
| 帆 | fān | 534 | 汴 | Biàn | 105 | 邴 | Bǐng | 122 |
| 犯 | fàn | 546 | 忭 | biàn | 105 | 洴 | píng | 1501 |
| 梵 | fàn | 550 | 边 | biàn | 100 | 浜 | bāng | 55 |
| 钒 | fán | 538 | [邊] | | | 迸 | bèng | 86 |
| [釩] | | | 苄 | biàn | 105 | 摒 | bìng | 126 |
| | | | 蒎 | biàn | 105 | 姘 | pīng | 1501 |
| **【법】** | | | 昪 | biàn | 107 | 屏 | píng | 1501 |
| 法 | fǎ | 531 | 抃 | biàn | 105 | 饼 | bǐng | 122 |
| 珐 | fà | 534 | 骈 | pián | 1483 | [餠] | | |
| 砝 | fǎ | 533 | [駢] | | | 屏 | bīng | 1251 |
| | | | 胼 | pián | 1483 | | bǐng | 122 |
| **【벽】** | | | 稨 | biǎn | 105 | | píng | 1501 |
| 皕 | bì | 97 | 窆 | biān | 102 | 炳 | bǐng | 122 |
| 僻 | pì | 1479 | [窆] | | | 柄 | bǐng | 122 |
| 劈 | pī | 1473 | 辨 | biàn | 109 | 栟 | bēn | 81 |
| | pǐ | 1478 | 辩 | biàn | 109 | | bīng | 121 |

| | | |
|---|---|---|
| 椪 | pèng | 1470 |
| 瓶 | píng | 1501 |
| 昺 | bǐng | 122 |
| 病 | bìng | 124 |
| 鞞 | bǐng | 123 |

**【보】**

| | | |
|---|---|---|
| 甫 | fǔ | 606 |
| 谱 | pǔ | 1512 |
| [譜] | | |
| 普 | pǔ | 1511 |
| 保 | bǎo | 62 |
| 溥 | pǔ | 1512 |
| 潽 | pū | 1509 |
| 宝 | bǎo | 60 |
| [寶] | | |
| 堡 | bǎo | 65 |
| | bǔ | 137 |
| 菩 | pú | 1510 |
| 葆 | bǎo | 65 |
| 报 | bào | 65 |
| [報] | | |
| 煲 | bāo | 59 |
| 辅 | fǔ | 607 |
| [輔] | | |
| 步 | bù | 158 |
| 父 | fǔ | 605 |
| 氆 | pǔ | 1512 |
| 补 | bǔ | 135 |
| [補] | | |
| 褓 | bǎo | 65 |
| 黼 | fǔ | 609 |
| 镨 | pǔ | 1512 |
| [鐠] | | |
| 鸨 | bǎo | 65 |
| [鴇] | | |
| 簠 | fǔ | 608 |

**【복】**

| | | |
|---|---|---|
| 复 | fu | 613 |
| [復] | | |
| 复 | fù | 613 |
| [複] | | |
| 卜 | ·bo | 134 |

# 본~분

| | | | | | | | | | | |
|---|---|---|---|---|---|---|---|---|---|---|
| [蔔] | | | 葑 | fēng | 589 | 部 | bù | 159 | 砆 | fū | 595 |
| 卜 | bǔ | 134 | | fèng | 593 | 鄜 | Fū | 595 | 富 | fù | 616 |
| 仆 | pú | 1509 | 蓬 | péng | 1468 | 负 | fù | 610 | 罘 | fú | 600 |
| [僕] | | | 奉 | fèng | 592 | [負] | | | 稃 | fú | 604 |
| 伏 | fú | 596 | 捧 | pěng | 1469 | 浮 | fú | 601 | 铁 | fū | 595 |
| 匐 | fú | 603 | 啡 | fēng | 591 | 涪 | Fú | 603 | [鈇] | | |
| 洑 | fú | 601 | 峰 | fēng | 589 | 滏 | Fǔ | 608 | 钚 | bù | 159 |
| | fù | 615 | (峯) | | | 富 | fù | 616 | [鈈] | | |
| 濮 | Pú | 1511 | 尨 | méng | 1330 | 府 | fǔ | 606 | 锫 | péi | 1463 |
| 茯 | fú | 600 | 缝 | féng | 591 | 腐 | fǔ | 608 | [錇] | | |
| 蕨 | fú | 603 | [縫] | fèng | 593 | 埠 | bù | 160 | 稃 | fú | 595 |
| 卟 | bǔ | 135 | 烽 | fēng | 589 | 芙 | fú | 597 | 蚨 | fú | 601 |
| 噗 | fú | 605 | 琫 | běng | 86 | 莩 | fú | 601 | 蝜 | fù | 616 |
| 福 | fú | 604 | 棓 | bàng | 56 | 抔 | póu | 1507 | [蝮] | | |
| 袱 | fú | 601 | 棒 | bàng | 55 | 拊 | fǔ | 606 | 蜉 | fú | 604 |
| 辐 | fú | 604 | 赗 | fèng | 593 | 掊 | póu | 1507 | 缶 | fǒu | 594 |
| [輻] | | | [賵] | | | | pǒu | 1507 | 符 | fú | 603 |
| 服 | fú | 599 | 锋 | fēng | 589 | 呋 | fū | 595 | 箁 | bù | 160 |
| | fù | 612 | [鋒] | | | 吥 | bù | 159 | 簿 | bù | 160 |
| 腹 | fù | 617 | 翁 | fèng | 593 | 否 | fǒu | 594 | 麸 | fū | 595 |
| 袱 | fú | 603 | 罗 | fēng | 591 | 咐 | fù | 612 | [麩] | | |
| 襆 | fú | 605 | 蜂 | fēng | 590 | 妇 | fù | 611 | 赴 | fù | 613 |
| 镤 | pú | 1511 | 篷 | péng | 1469 | [婦] | | | 跗 | fū | 595 |
| [鏷] | | | | | | 驸 | fù | 613 | 踣 | fù | 595 |
| 馥 | fù | 619 | 【부】 | | | [駙] | | | 鲋 | fù | 618 |
| 覆 | fù | 618 | 夫 | fū | 594 | 袝 | fù | 615 | [鮒] | | |
| 蝠 | fú | 605 | | fú | 596 | 玞 | fū | 595 | | | |
| 蝮 | fù | 618 | 黼 | fǔ | 608 | 柎 | fū | 595 | 【북】 | | |
| 箙 | fú | 605 | 孵 | fū | 596 | 枹 | fú | 600 | 北 | běi | 73 |
| 醭 | bú | 134 | 裒 | póu | 1507 | 桴 | fú | 603 | 僰 | Bó | 132 |
| 蹼 | pǔ | 1512 | 讣 | fù | 609 | 榑 | fú | 605 | 踣 | bó | 132 |
| 鳆 | fù | 618 | [訃] | | | 瓿 | bù | 160 | | | |
| [鰒] | | | 阜 | fù | 612 | 赋 | fù | 616 | 【분】 | | |
| | | | 剖 | pōu | 1506 | [賦] | | | 僜 | fēn | 576 |
| 【본】 | | | 副 | fù | 615 | 赙 | fù | 618 | 分 | fēn | 570 |
| 本 | běn | 81 | 攴 | pū | 1507 | [賻] | | | | fèn | 578 |
| | | | 伕 | fū | 595 | 父 | fù | 609 | 份 | fèn | 578 |
| 【봉】 | | | 俘 | fú | 601 | 釜 | fǔ | 607 | 倴 | bèn | 84 |
| 俸 | fèng | 593 | 俯 | fǔ | 606 | 敷 | fū | 596 | 偾 | fèn | 579 |
| 凤 | fèng | 591 | 傅 | fù | 616 | 斧 | fǔ | 606 | [僨] | | |
| [鳳] | | | 凫 | fú | 597 | 肤 | fū | 595 | 畚 | běn | 84 |
| 逢 | féng | 590 | [鳧] | | | [膚] | | | 棼 | fén | 576 |
| 芃 | péng | 1467 | 附 | fù | 611 | 腑 | fǔ | 608 | 奔 | bèn | 84 |
| 奉 | běng | 86 | 郛 | fú | 601 | 脯 | fǔ | 595 | 汾 | Fén | 576 |

| | | | | | | | | | | | |
|---|---|---|---|---|---|---|---|---|---|---|---|
| 渍 | fén | 576 | [鱝] | | | 硼 | péng | 1468 | 菲 | fēi | 565 |
| [潰] | | | 魵 | fén | 576 | 镚 | bèng | 87 | | fěi | 567 |
| 湓 | pén | 1467 | | | | [鏰] | | | 苾 | bì | 97 |
| 濆 | fèn | 580 | 【불】 | | | 鹏 | péng | 1468 | 萆 | bì | 100 |
| 愤 | fèn | 580 | | | | [鵬] | | | 批 | pī | 1471 |
| [憤] | | | 不 | bù | 137 | 蹦 | bèng | 87 | 呸 | pēi | 1461 |
| 坟 | fén | 576 | 弗 | fú | 596 | 鬅 | péng | 1469 | 吡 | pǐ | 1478 |
| [墳] | | | 刜 | fú | 598 | | | | 啡 | fēi | 565 |
| 坌 | bèn | 84 | 佛 | fó | 593 | 【비】 | | | 啤 | pí | 1477 |
| 坋 | fèn | 579 | | fú | 598 | | | | 辔 | pèi | 1465 |
| 芬 | fēn | 575 | 怫 | fú | 600 | 丕 | pī | 1471 | [轡] | | |
| 苯 | běn | 84 | 苝 | fú | 597 | 非 | fēi | 563 | 备 | bèi | 75 |
| 棻 | fēn | 576 | 芣 | fú | 597 | 匕 | bǐ | 89 | [備] | | |
| 奔 | bēn | 80 | 苻 | fú | 599 | 飞 | fēi | 560 | 惫 | bèi | 80 |
| | bèn | 84 | 莆 | fú | 599 | [飛] | | | [憊] | | |
| 奋 | fèn | 579 | 扶 | fú | 597 | 诽 | fěi | 567 | 狉 | pī | 1473 |
| [奮] | | | 拂 | fú | 598 | [誹] | | | 狒 | fèi | 568 |
| 扮 | bàn | 52 | 市 | fú | 596 | 卑 | bēi | 71 | 屁 | pì | 1479 |
| 拚 | pàn | 1453 | 佛 | fú | 599 | 匪 | fěi | 567 | 庀 | bǐ | 87 |
| 吩 | fēn | 575 | 艴 | fú | 603 | 荆 | fèi | 570 | 妃 | fēi | 563 |
| 喷 | pēn | 1465 | 绂 | fú | 600 | 伓 | pī | 1472 | 妣 | bǐ | 91 |
| [噴] | pèn | 1467 | [紱] | | | 俾 | bǐ | 93 | 婢 | bì | 96 |
| 纷 | fēn | 575 | 绋 | fú | 600 | 陴 | pí | 1477 | 媲 | | 1479 |
| [紛] | | | [紼] | | | 邳 | Pī | 1472 | 纰 | pī | 1472 |
| 焚 | fén | 576 | 袚 | fú | 601 | 郫 | Pí | 1476 | [紕] | | |
| 忿 | fèn | 579 | 祓 | fú | 600 | 鄙 | bǐ | 93 | 绯 | fēi | 565 |
| 玢 | bīn | 117 | [祓] | | | 泌 | Bì | 96 | [緋] | | |
| | fēn | 576 | 氟 | fú | 600 | | mì | 1339 | 骈 | fēi | 565 |
| 贲 | bēn | 81 | 砩 | fú | 601 | 沸 | fèi | 569 | [騑] | | |
| [賁] | | | 黻 | fú | 605 | 泚 | bǐ | 91 | 黑 | pí | 1477 |
| 氛 | fēn | 576 | 鹏 | fú | 604 | 淠 | Pì | 1479 | [羆] | | |
| 畚 | běn | 84 | [鵬] | | | 淝 | Féi | 567 | 斐 | fěi | 567 |
| 盆 | pén | 1466 | 鲋 | fú | 604 | 潷 | bì | 100 | 毖 | bì | 96 |
| 锛 | bēn | 81 | [鮒] | | | 怌 | pī | 1473 | 悲 | bēi | 72 |
| [錛] | | | | | | 悱 | fěi | 567 | 琵 | pí | 1477 |
| 粉 | fěn | 576 | 【붕】 | | | 庀 | pǐ | 1478 | 枇 | pí | 1476 |
| 粪 | fèn | 579 | | | | 庇 | bì | 95 | 榧 | fěi | 567 |
| [糞] | | | 堋 | péng | 1467 | 闭 | bì | 96 | | bì | 96 |
| 蚡 | fén | 576 | 嗙 | bēng | 86 | [閟] | | | 椑 | bēi | 72 |
| 笨 | bèn | 84 | 崩 | bēng | 85 | 埤 | pí | 1477 | | pí | 1477 |
| 酚 | fēn | 576 | 硼 | péng | 1468 | | pì | 1479 | 榧 | fěi | 568 |
| 獖 | fén | 576 | 绷 | bēng | 85 | 喾 | pǐ | 1479 | 比 | bǐ | 89 |
| [獖] | | | [綳] | běng | 86 | 鼙 | | 1477 | 贲 | bì | 96 |
| 鲼 | fèn | 580 | | bèng | 87 | 芘 | pí | 1476 | [賁] | | |
| | | | 棚 | péng | 1468 | 苤 | piě | 1489 | | | |
| | | | 朋 | péng | 1467 | | | | | | |

| | | | | | | | | |
|---|---|---|---|---|---|---|---|---|
| 费 | fèi | 569 | 翡 | fěi | 568 | [臍] | | |
| [費] | | | 髲 | pì | 1480 | 镔 | bīn | 118 |
| 屭 | bì | 97 | 貔 | pí | 1477 | [鑌] | | |
| [鼠] | | | 霏 | fēi | 565 | 频 | pín | 1491 |
| 肥 | féi | 565 | 鯡 | fēi | 565 | [頻] | | |
| 胇 | fèi | 567 | [鯡] | | | 颦 | pín | 1491 |
| 腓 | féi | 567 | 糒 | bèi | 80 | [顰] | | |
| 脾 | pí | 1477 | 髀 | bì | 100 | 豳 | Bīn | 118 |
| 膍 | pí | 1477 | 鼻 | bí | 88 | 髌 | bìn | 118 |
| 臂 | ·bei | 80 | | | | [髕] | | |
| | bì | 100 | **【 빈 】** | | | 鬓 | bìn | 118 |
| 痞 | pǐ | 1478 | 傧 | bīn | 117 | [鬢] | | |
| 痱 | fèi | 570 | [儐] | | | **【 빙 】** | | |
| 痹 | bì | 97 | 邠 | Bīn | 117 | 冰 | bīng | 118 |
| (痺) | | | 豳 | Bīn | 118 | (氷) | | |
| 裨 | bì | 97 | 滨 | bīn | 118 | 俜 | pīng | 1494 |
| | pí | 1477 | [濱] | | | 凭 | píng | 1500 |
| 砒 | pī | 1473 | 濒 | bīn | 118 | [憑, 凴] | | |
| 碑 | bēi | 73 | [瀕] | | | 娉 | pīng | 1494 |
| 睥 | pì | 1479 | 宾 | bīn | 117 | 骋 | chěng | 245 |
| 畀 | bì | 95 | [賓] | | | [騁] | | |
| 毗 | pí | 1476 | 苹 | píng | 1500 | 泵 | bèng | 86 |
| 罴 | pí | 1477 | [蘋] | | | 聘 | pìn | 1493 |
| [羆] | | | 蘋 | pín | 1491 | | | |
| 奰 | bì | 100 | [蘋] | | | **【 사 】** | | |
| 铍 | pī | 1473 | 摈 | bìn | 118 | 丝 | sī | 1831 |
| [鈹] | | | [擯] | | | [絲] | | |
| 锛 | fèi | 570 | 嫔 | pín | 1491 | 事 | shì | 1764 |
| [鐨] | | | [嬪] | | | 史 | shǐ | 1757 |
| 鎞 | bī | 88 | 彬 | bīn | 117 | 师 | shī | 1741 |
| [鎞] | | | 嫔 | pín | 1491 | [師] | | |
| 秕 | bǐ | 91 | [嬪] | | | 乍 | zhà | 2454 |
| 秘 | bì | 96 | 缤 | bīn | 118 | 虒 | sī | 1835 |
| | mì | 1339 | [繽] | | | 司 | sī | 1830 |
| 鹎 | bēi | 73 | 斌 | bīn | 117 | 写 | xiě | 2162 |
| [鵯] | | | 玭 | pín | 1490 | [寫] | xiè | 2162 |
| 糒 | bèi | 80 | 槟 | bīn | 118 | 诈 | zhà | 2454 |
| 蚍 | pí | 1476 | 櫇 | bīng | 121 | [詐] | | |
| 蜚 | fēi | 565 | 殡 | bìn | 118 | 词 | cí | 312 |
| | fěi | 568 | [殯] | | | [詞] | | |
| 蜱 | pí | 1477 | 贫 | pín | 1490 | 谢 | xiè | 2164 |
| 篚 | fěi | 568 | [貧] | | | [謝] | | |
| 箅 | bì | 98 | 牝 | pìn | 1493 | 些 | xiē | 2156 |
| 舭 | bǐ | 93 | 膑 | bìn | 118 | | | |

| | | |
|---|---|---|
| 厍 | shè | 1709 |
| [厙] | | |
| 剚 | zì | 2595 |
| 佘 | Shé | 1707 |
| 舍 | shě | 1708 |
| [捨] | | |
| 舍 | shè | 1710 |
| 仕 | shì | 1762 |
| 似 | shì | 1764 |
| | sì | 1843 |
| 伺 | cì | 318 |
| | sì | 1843 |
| 使 | shǐ | 1758 |
| 俟 | sì | 1844 |
| 傻 | shǎ | 1677 |
| 厶 | sī | 1830 |
| 卸 | xiè | 2163 |
| 邪 | xié | 2158 |
| 沙 | shā | 1674 |
| | shà | 1677 |
| 泻 | xiè | 2163 |
| [瀉] | | |
| 泗 | sì | 1844 |
| 澌 | Shī | 1744 |
| [澌] | | |
| 汜 | Sì | 1843 |
| 涘 | sì | 1844 |
| 溠 | Zhà | 2455 |
| 渣 | zhā | 2453 |
| 阇 | shé | 1708 |
| [闍] | | |
| 榭 | xiè | 2165 |
| 斜 | xié | 2161 |
| 士 | shì | 1760 |
| 莎 | shā | 1676 |
| | suō | 1867 |
| 蓑 | suō | 1867 |
| (簑) | | |
| 葸 | xǐ | 2086 |
| 蕗 | xǐ | 2086 |
| 奢 | shē | 1706 |
| 射 | shè | 1711 |
| 揸 | zhā | 2453 |
| 咋 | ză | 2432 |

| | | | | | | | | | | | |
|---|---|---|---|---|---|---|---|---|---|---|---|
| 唆 | suō | 1867 | 死 | sǐ | 1836 | [鯅] | | | 散 | sǎn | 1664 |
| 啥 | shá | 1676 | 赊 | shē | 1707 | 鲨 | shā | 1676 | | sàn | 1666 |
| 喳 | chā | 189 | [賒] | | | [鯊] | | | 疝 | shàn | 1685 |
| | zhā | 2453 | 赐 | cì | 319 | 食 | sì | 1844 | 铲 | chǎn | 201 |
| 嗄 | á | 2 | [賜] | | | 麝 | shè | 1712 | [鏟,剷] | | |
| | shà | 1678 | 觇 | sì | 1844 | | | | 筭 | suàn | 1859 |
| 嗣 | sì | 1845 | [覗] | | | 【 삭 】 | | | 算 | suàn | 1859 |
| 四 | sì | 1840 | 挲 | sā | 1656 | 削 | xiāo | 2137 | 舢 | shān | 1683 |
| 峯 | Shē | 1706 | | shā | 1676 | | xuē | 2220 | 赸 | shàn | 1685 |
| [峯] | | | | suō | 1867 | 蒴 | shuò | 1829 | 酸 | suān | 1858 |
| 徙 | xǐ | 2084 | 赦 | shè | 1712 | 搠 | shuò | 1830 | 跚 | shān | 1683 |
| 狮 | shī | 1744 | 斯 | sī | 1835 | 嗍 | suō | 1867 | 霰 | xiàn | 2120 |
| [獅] | | | 肆 | sì | 1844 | 烁 | shuò | 1829 | | | |
| 猞 | shē | 1707 | 痧 | shā | 1676 | [爍] | | | 【 살 】 | | |
| 猹 | chá | 193 | 砂 | shā | 1676 | 槊 | shuò | 1830 | 萨 | Sà | 1658 |
| 饲 | sì | 1844 | 碴 | chā | 189 | 数 | shuò | 1830 | [薩] | | |
| [飼] | | | | chá | 193 | [數] | | | 挼 | sà | 1658 |
| 馇 | chā | 189 | 畲 | shē | 1707 | 朔 | shuò | 1829 | [擦] | shā | 1676 |
| [餷] | ·zha | 2456 | 畬 | shē | 1707 | 铄 | shuò | 1829 | 撒 | sā | 1656 |
| 屣 | xǐ | 2086 | 铊 | tā | 1873 | [鑠] | | | | sǎ | 1657 |
| 巳 | sì | 1840 | [鉈] | | | 稍 | shuò | 1829 | 煞 | shā | 1676 |
| 姒 | sì | 1844 | 私 | sī | 1831 | | | | 杀 | shā | 1672 |
| 耍 | shuǎ | 1805 | 鸤 | shī | 1744 | 【 산 】 | | | [殺] | | |
| 娑 | suō | 1867 | [鳲] | | | 产 | chǎn | 200 | 脎 | sà | 1658 |
| 纱 | shā | 1675 | 鸶 | sī | 1835 | [產] | | | | | |
| [紗] | | | [鷥] | | | 讪 | shàn | 1684 | 【 삼 】 | | |
| 驶 | shǐ | 1760 | 裟 | shā | 1676 | [訕] | | | 三 | sān | 1659 |
| [駛] | | | 楂 | chá | 193 | 删 | shān | 1682 | 仨 | sā | 1656 |
| 驷 | sì | 1844 | 耜 | sì | 1844 | 伞 | sǎn | 1664 | 参 | shēn | 1716 |
| [駟] | | | 虒 | sī | 1835 | [傘] | | | 渗 | shèn | 1724 |
| 斜 | xié | 2159 | 蛇 | shé | 1707 | 浐 | Chǎn | 201 | [滲] | | |
| 虵 | xiè | 2162 | [虵] | | | [滻] | | | 芟 | shān | 1682 |
| 思 | sī | 1834 | 蜡 | zhà | 2455 | 汕 | Shàn | 1685 | 弎 | sān | 1664 |
| 社 | shè | 1710 | [蠟] | | | 撒 | sǎ | 1658 | 掺 | shǎn | 1684 |
| 祀 | sì | 1844 | 辞 | cí | 314 | 潸 | shān | 1683 | [摻] | | |
| 祠 | cí | 313 | [辭] | | | 闩 | shuān | 1809 | 杉 | shā | 1674 |
| 查 | chá | 190 | 笥 | sì | 1844 | [閂] | | | | shān | 1682 |
| (查) | zhā | 2452 | 筛 | shāi | 1678 | 蒜 | suàn | 1859 | 衫 | shān | 1682 |
| 桫 | suō | 1867 | [篩] | | | 山 | shān | 1679 | 钐 | shān | 1682 |
| 梭 | suō | 1867 | 笾 | sī | 1836 | 狻 | suān | 1858 | [釤] | shàn | 1685 |
| 槎 | chá | 193 | 蹅 | chǎ | 194 | 糁 | sǎn | 1666 | 綝 | lín | 1233 |
| 楂 | chá | 193 | 蛳 | sī | 1835 | [糝] | | | [綝] | | |
| | zhā | 2453 | [螄] | | | 姗 | shān | 1682 | 森 | sēn | 1672 |
| 榭 | xiè | 2165 | 鲥 | shí | 1745 | 珊 | shān | 1682 | 毿 | sān | 1664 |

| | | | | | | | | |
|---|---|---|---|---|---|---|---|---|
| [釤] | | | 湘 | Xiāng | 2128 | 鹴 | shuāng | 1812 |
| 钐 | shān | 1682 | 狀 | zhuàng | 2572 | [鸘] | | |
| [釤] | | | [狀] | | | 翔 | xiáng | 2130 |
| 钐 | shàn | 1685 | 床 | chuáng | 299 | 鶼 | tāng | 1889 |
| 穇 | cǎn | 176 | [牀] | | | 颡 | sǎng | 1667 |
| [穇] | | | 庠 | xiáng | 2130 | [顙] | | |
| 糁 | sǎn | 1666 | 墒 | shāng | 1691 | 箱 | xiāng | 2128 |
| [糝] | shēn | 1719 | 塽 | shuǎng | 1813 | 舮 | shāng | 1691 |
| 鲹 | shēn | 1719 | 葙 | xiāng | 2128 | [觴] | | |
| [鯵] | | | 爽 | shuǎng | 1812 | 霜 | shuāng | 1811 |
| | | | 搡 | sǎng | 1667 | 鲞 | xiǎng | 2133 |
| 【 삽 】 | | | 尚 | shàng | 1700 | [鯗] | | |
| 卅 | sà | 1658 | 尝 | cháng | 208 | | | |
| 涩 | sè | 1671 | [嘗] | | | 【 쌍 】 | | |
| [澀,澁] | | | 常 | cháng | 208 | 双 | shuāng | 1809 |
| 插 | chā | 188 | 裳 | cháng | 210 | [雙] | | |
| [挿] | | | ·shang | 1701 | | | |
| 唼 | shà | 1677 | 嗓 | sǎng | 1667 | 【 새 】 | | |
| 歃 | shà | 1678 | 徜 | cháng | 210 | 塞 | sài | 1658 |
| 锸 | chā | 189 | 缃 | xiāng | 2128 | 赛 | sài | 1659 |
| [鍤] | | | [緗] | | | [賽] | | |
| 飒 | sà | 1658 | 骦 | shuāng | 1811 | 挄 | sāi | 1658 |
| [颯] | | | [驦] | | | 噻 | sāi | 1658 |
| 箑 | shà | 1678 | 骧 | shuāng | 1812 | 思 | sāi | 1658 |
| 趿 | tā | 1872 | [驤] | | | 玺 | xǐ | 2084 |
| 霎 | shà | 1678 | 熵 | shāng | 1691 | [璽] | | |
| 靸 | sǎ | 1657 | 想 | xiǎng | 2131 | 鳃 | sāi | 1658 |
| | | | 祥 | xiáng | 2130 | [鰓] | | |
| 【 상 】 | | | 璃 | xiāng | 2129 | | | |
| 上 | shàng | 1692 | 相 | xiāng | 2122 | 【 색 】 | | |
| ‖·shàng | | 1692 | | xiàng | 2135 | 赜 | zé | 2448 |
| ·shang | | 1692 | 桑 | sāng | 1667 | [賾] | | |
| 商 | shāng | 1689 | 橡 | xiàng | 2136 | 啬 | sè | 1671 |
| 详 | xiáng | 2129 | 殇 | shāng | 1689 | [嗇] | | |
| [詳] | | | [殤] | | | 色 | sè | 1670 |
| 丧 | sāng | 1667 | 晌 | shǎng | 1691 | | shǎi | 1678 |
| [喪] | sàng | 1668 | 赏 | shǎng | 1691 | 塞 | sāi | 1658 |
| 厢 | xiāng | 2128 | [賞] | | | | sè | 1672 |
| (廂) | | | 磉 | sǎng | 1667 | 咋 | zé | 2447 |
| 伤 | shāng | 1687 | 礵 | shuāng | 1812 | 嗦 | suō | 1867 |
| [傷] | | | 镶 | xiāng | 2129 | 铯 | sè | 1671 |
| 偿 | cháng | 210 | [鑲] | | | [銫] | | |
| [償] | | | 鹴 | shuāng | 1811 | 索 | suǒ | 1869 |
| 像 | xiàng | 2136 | [鸘] | | | 啧 | zé | 2448 |
| 象 | xiàng | 2135 | | | | | | |

| | | | | | |
|---|---|---|---|---|---|
| [醋] | | | | | |
| | | | | | |
| 【 생 】 | | | | | |
| 生 | shēng | 1726 | | | |
| 甥 | shēng | 1733 | | | |
| 省 | shěng | 1734 | | | |
| 牲 | shēng | 1733 | | | |
| 眚 | shěng | 1735 | | | |
| 笙 | shēng | 1733 | | | |
| 鼪 | shēng | 1733 | | | |
| | | | | | |
| 【 서 】 | | | | | |
| 书 | shū | 1790 | | | |
| [書] | | | | | |
| 谞 | xū | 2207 | | | |
| [諝] | | | | | |
| 舒 | shū | 1793 | | | |
| 叙 | xù | 2209 | | | |
| 潊 | xù | 2211 | | | |
| 湑 | Xū | 2207 | | | |
| | xǔ | 2208 | | | |
| 溇 | shì | 1773 | | | |
| 序 | xù | 2209 | | | |
| 庶 | shù | 1803 | | | |
| 逝 | shì | 1772 | | | |
| 垿 | xù | 2210 | | | |
| 墅 | shù | 1804 | | | |
| 芧 | xù | 2209 | | | |
| 抒 | shū | 1792 | | | |
| 噬 | shì | 1773 | | | |
| 屿 | yǔ | 2394 | | | |
| [嶼] | | | | | |
| 徐 | xú | 2207 | | | |
| 婿 | xù | 2211 | | | |
| (壻) | | | | | |
| 纾 | shū | 1792 | | | |
| [紓] | | | | | |
| 绪 | xù | 2210 | | | |
| [緒] | | | | | |
| 恕 | shù | 1803 | | | |
| 瑞 | ruì | 1653 | | | |
| 栖 | qī | 1515 | | | |
| (棲) | | | | | |
| 樨 | xī | 2080 | | | |

| | | | | | | | | | | | |
|---|---|---|---|---|---|---|---|---|---|---|---|
| 暑 | shǔ | 1798 | | shí | 1747 | [繕] | | | 褻 | xiè | 2164 |
| 曙 | shǔ | 1800 | 矽 | xī | 2074 | 騙 | shàn | 1687 | [褻] | | |
| 犀 | xī | 2078 | 硕 | shuò | 1829 | [騙] | | | 设 | shè | 1709 |
| 胥 | xū | 2204 | [碩] | | | 旋 | xuán | 2216 | [設] | | |
| 瘋 | shǔ | 1801 | 锡 | xī | 2078 | | xuàn | 2220 | 说 | shuō | 1823 |
| 硒 | xī | 2075 | [錫] | | | 煽 | shān | 1683 | [說] | | |
| 署 | shǔ | 1799 | 蜥 | xī | 2079 | 燹 | xiǎn | 2114 | 卨 | xiè | 2163 |
| 鉏 | chú | 285 | 螫 | shì | 1773 | 扇 | shān | 1683 | [卨] | | |
| [鉏] | jǔ | 1051 | | zhē | 2479 | | shàn | 1685 | 泄 | xiè | 2162 |
| 锄 | chú | 285 | 舄 | xì | 2090 | 禅 | chán | 198 | 渫 | xiè | 2164 |
| [鋤,鉏] | | | 释 | shì | 1772 | [禪] | shàn | 1686 | 薛 | Xuē | 2220 |
| 黍 | shǔ | 1798 | [釋] | | | 瑄 | xuān | 2214 | 揳 | xiē | 2156 |
| 栖 | xī | 2078 | 鼫 | shí | 1757 | 璇 | xuán | 2217 | 撱 | shé | 1708 |
| 稰 | xǔ | 2208 | | | | 毨 | xiǎn | 2114 | 契 | Xiè | 2163 |
| 聟 | xù | 2210 | | | | 氙 | xiān | 2106 | 啮 | niè | 1422 |
| 西 | xī | 2070 | 【선】 | | | 腺 | xiàn | 2120 | [嚙] | | |
| 筮 | shì | 1773 | 冼 | shēn | 1716 | 膳 | shàn | 1687 | 屑 | xiè | 2164 |
| 舾 | xī | 2078 | [詵] | | | 鲜 | xuǎn | 2219 | 媟 | xiè | 2165 |
| 絮 | xù | 2211 | 单 | chán | 198 | [癬] | | | 继 | xiè | 2163 |
| 誓 | shì | 1773 | [單] | Shàn | 1685 | 碹 | xuàn | 2220 | [繼,綫] | | |
| 醑 | xǔ | 2208 | 仙 | xiān | 2102 | 铣 | xǐ | 2084 | 楔 | xiē | 2156 |
| 鱮 | xù | 2210 | 先 | xiān | 2103 | [銑] | xiǎn | 2114 | 榍 | xiè | 2165 |
| [鱮] | | | 鄯 | Shàn | 1687 | 线 | xiàn | 2120 | 挈 | qiè | 1568 |
| 鼠 | shǔ | 1799 | 洗 | Xiǎn | 2113 | [線] | | | 亵 | xiè | 2164 |
| | | | 渲 | xuàn | 2220 | 羡 | xiàn | 2120 | [褻] | | |
| | | | 漩 | xuán | 2217 | 籼 | xiān | 2106 | 舌 | shé | 1707 |
| 【석】 | | | 宣 | xuān | 2212 | 蝉 | chán | 199 | 踅 | xué | 2223 |
| 奭 | shì | 1773 | 选 | xuǎn | 2217 | [蟬] | | | 雪 | xuě | 2223 |
| 汐 | xī | 2073 | [選] | | | 鳝 | shàn | 1687 | 鳕 | xuě | 2224 |
| 淅 | xī | 2075 | 挻 | shān | 1682 | 筅 | xiǎn | 2114 | [鱈] | | |
| 潟 | xì | 2090 | 埏 | shàn | 1685 | 舡 | chuán | 296 | | | |
| 惜 | xī | 2075 | [埏] | | | 船 | chuán | 296 | | | |
| 席 | xí | 2081 | 墡 | shàn | 1687 | (舩) | | | 【섬】 | | |
| (蓆) | | | 薜 | xiǎn | 2114 | 酰 | xiān | 2106 | 詹 | zhān | 2459 |
| 菥 | xī | 2075 | [薛] | | | 跣 | xiān | 2106 | [詹] | | |
| 夕 | xī | 2070 | 揎 | xuān | 2213 | [蹮] | | | 剡 | Shàn | 1685 |
| 焟 | shí | 1757 | 搧 | shān | 1683 | 跹 | xiān | 2114 | 陕 | Shǎn | 1684 |
| 析 | xī | 2073 | 善 | shàn | 1685 | 鲜 | xiān | 2107 | [陝] | | |
| 昔 | xī | 2073 | 狝 | xiǎn | 2112 | 鲜 | Xiān | 2107 | 闪 | shǎn | 1683 |
| 晰 | xī | 2076 | [獮] | | | | xiān | 2114 | [閃] | | |
| (晳) | | | 婵 | chán | 198 | 鳝 | shàn | 1687 | 暹 | xiān | 2107 |
| 腊 | xī | 2078 | [嬋] | | | | | | 掞 | shàn | 1685 |
| 裼 | xī | 2074 | 线 | xiàn | 2118 | | | | 纤 | xiān | 2105 |
| 襫 | shì | 1773 | [綫,線] | | | | | | [纖] | | |
| 石 | dàn | 384 | 缮 | shàn | 1687 | 【설】 | | | 奸 | jiān | 938 |

| | | | | | | | | |
|---|---|---|---|---|---|---|---|---|
| [殲] | | | [聲] | | | 潚 | sù | 1857 | 昭 | zhāo | 2473 |
| 贍 | shàn | 1687 | 省 | xǐng | 2189 | 潇 | xiāo | 2142 | 髞 | sào | 1670 |
| [贍] | | | 狌 | shēng | 1733 | [瀟] | | | 所 | suǒ | 1868 |
| 陕 | shǎn | 1684 | 狌 | xīng | 2182 | 潲 | shào | 1706 | 瘙 | sào | 1670 |
| 銛 | xiān | 2106 | 猩 | xīng | 2183 | 愫 | sù | 1857 | 睄 | shào | 1706 |
| [銛] | | | 姓 | xìng | 2192 | 宵 | xiāo | 2140 | 钊 | zhāo | 2471 |
| 蟾 | chán | 200 | 骍 | xīng | 2183 | 埽 | sào | 1670 | [釗] | | |
| | | | [騂] | | | 塑 | sù | 1857 | 销 | xiāo | 2141 |
| **【섭】** | | | 成 | chéng | 234 | 苏 | sū | 1851 | [銷] | | |
| 讋 | zhé | 2481 | 星 | xīng | 2182 | [蘇,甦] | | | 稣 | sū | 1852 |
| [讋] | | | 晟 | Chéng | 242 | 苏 | sū | 1851 | [穌] | | |
| 燮 | xiè | 2166 | 腥 | xīng | 2183 | [囌] | | | 疏 | shū | 1794 |
| 涉 | shè | 1711 | 箵 | xīng | 2184 | 苕 | sháo | 1703 | 蛸 | shāo | 1703 |
| 灄 | Shè | 1712 | 醒 | xǐng | 2190 | 萧 | xiāo | 2140 | | xiāo | 2142 |
| [灄] | | | | | | [蕭] | | | 蟏 | xiāo | 2142 |
| 拾 | shè | 1710 | **【세】** | | | 嫂 | sǎo | 1670 | [蠨] | | |
| 摄 | shè | 1712 | 世 | shì | 1761 | 蔬 | shū | 1796 | 笑 | xiào | 2154 |
| [攝] | | | 说 | shuì | 1819 | 扫 | sǎo | 1669 | 筶 | tiáo | 1926 |
| 喢 | niè | 1422 | [說] | | | [掃] | | | 篠 | shāo | 1703 |
| [囁] | | | 势 | shì | 1766 | 捎 | shāo | 1701 | 筱 | xiǎo | 2152 |
| 屣 | xiè | 2165 | 洗 | xǐ | 2083 | 捎 | shào | 1706 | 箫 | xiāo | 2142 |
| 歙 | Shè | 1712 | 帨 | shuì | 1819 | 捎 | xiāo | 2140 | [簫] | | |
| 镊 | niè | 1422 | 岁 | suì | 1863 | [捎] | | | 艄 | shāo | 1703 |
| [鑷] | | | [歲] | | | 搔 | sāo | 1668 | 艘 | sōu | 1851 |
| 聂 | Niè | 1422 | 细 | xì | 2088 | 小 | xiǎo | 2142 | 翛 | xiāo | 2141 |
| [聶] | | | 贳 | shì | 1769 | 少 | shǎo | 1703 | 素 | sù | 1854 |
| 颞 | niè | 1422 | [貰] | | | 少 | shào | 1705 | 酥 | sū | 1852 |
| [顳] | | | 税 | shuì | 1819 | 肖 | Xiāo | 2137 | 霄 | xiāo | 2142 |
| 籋 | niè | 1422 | 跩 | zhuǎi | 2562 | 肖 | xiào | 2153 | 韶 | sháo | 1703 |
| [籋] | | | | | | 啸 | xiào | 2155 | | | |
| 蹑 | niè | 1422 | **【소】** | | | [嘯] | | | **【속】** | | |
| [躡] | | | 诉 | sù | 1853 | 愫 | sù | 1857 | 束 | shù | 1801 |
| 躞 | xiè | 2166 | [訴] | | | 绍 | shào | 1706 | 謖 | sù | 1857 |
| | | | 谀 | xiǎo | 2152 | [紹] | | | [謖] | | |
| **【성】** | | | [謏] | | | 缫 | sāo | 1669 | 俗 | sú | 1852 |
| 诚 | chéng | 239 | 翛 | xiāo | 2141 | [繅] | | | 僳 | sù | 1857 |
| [誠] | | | 邵 | shào | 1705 | 缲 | qiāo | 1561 | 涑 | Sù | 1856 |
| 圣 | shèng | 1735 | 沼 | zhǎo | 2475 | 骚 | sāo | 1668 | 速 | sù | 1856 |
| [聖] | | | 邵 | Shào | 1705 | [騷] | | | 蔌 | sù | 1857 |
| 性 | xìng | 2192 | 召 | Shào | 1705 | 巢 | cháo | 218 | 觫 | sù | 1856 |
| 惺 | xīng | 2183 | | zhào | 2475 | 烧 | shāo | 1701 | [觫] | | |
| 宬 | chéng | 242 | 劭 | shào | 1705 | [燒] | | | 属 | shǔ | 1798 |
| 城 | chéng | 241 | 消 | xiāo | 2137 | 梳 | shū | 1793 | [屬] | | |
| 声 | shēng | 1731 | | | | | | | 续 | xù | 2210 |

# 손~수

| | | | | | | | | | | |
|---|---|---|---|---|---|---|---|---|---|---|
| [續] | | | 锶 | sī | 1835 | 隋 | Suí | 1861 | 嫂 | sǎo | 1670 |
| 赎 | shú | 1797 | [鍶] | | | 随 | suí | 1861 | 嫂 | xū | 2207 |
| [贖] | | | 颂 | sòng | 1850 | 隧 | suì | 1865 | [嫂] | | |
| 欶 | sù | 1857 | [頌] | | | 泅 | qiú | 1594 | 绥 | suí | 1861 |
| 粟 | sù | 1857 | | | | 洙 | Zhū | 2548 | [綏] | | |
| 簌 | sù | 1857 | 【 쇄 】 | | | 溲 | sōu | 1851 | 绣 | xiù | 2203 |
| 觫 | sù | 1857 | 刷 | shuā | 1804 | 潃 | xiǔ | 2202 | [绣, 繡] | | |
| 稣 | sū | 1852 | | shuà | 1806 | 漱 | shù | 1804 | 绶 | shòu | 1789 |
| [穌] | | | 洒 | sǎ | 1657 | 守 | shǒu | 1781 | [綬] | | |
| | | | [灑] | | | 宿 | xiù | 2203 | 繻 | xū | 2207 |
| 【 손 】 | | | 涮 | shuàn | 1809 | 遂 | suí | 1863 | [繻] | | |
| 巽 | xùn | 2233 | 贞 | suǒ | 1868 | | suì | 1864 | 燧 | suì | 1865 |
| 逊 | xùn | 2232 | [貞] | | | 邃 | suì | 1865 | 愁 | chóu | 270 |
| [遜] | | | 琐 | suǒ | 1870 | 茱 | zhū | 2548 | 琇 | xiù | 2203 |
| 荪 | sūn | 1865 | [瑣] | | | 荽 | suī | 1861 | 树 | shù | 1802 |
| [蓀] | | | 璅 | suǒ | 1871 | 蒐 | sōu | 1850 | [樹] | | |
| 损 | sǔn | 1866 | 靦 | cèi | 185 | 蕙 | huì | 872 | 殊 | shū | 1792 |
| [損] | | | 晒 | shài | 1678 | 蓨 | Tiáo | 1926 | 输 | shū | 1796 |
| 噀 | xùn | 2233 | [曬] | | | 薮 | sǒu | 1851 | [輸] | | |
| 飧 | sūn | 1866 | 碎 | suì | 1864 | [藪] | | | 戍 | shù | 1801 |
| 狲 | sūn | 1865 | 铩 | shā | 1676 | 寿 | shòu | 1784 | 晬 | zuì | 2610 |
| [猻] | | | [鎩] | | | [壽] | | | 手 | shǒu | 1777 |
| 飱 | sūn | 1866 | 锁 | suǒ | 1871 | 授 | shòu | 1788 | 弄 | pá | 1443 |
| 孙 | sūn | 1865 | [鎖] | | | 搜 | sōu | 1850 | 收 | shōu | 1774 |
| [孫] | | | 镁 | suǒ | 1871 | 擞 | sǒu | 1851 | 数 | shǔ | 1799 |
| | | | [鎍] | | | [擻] | sòu | 1851 | [數] | shù | 1803 |
| 【 솔 】 | | | | | | 虽 | suī | 1861 | 腧 | shù | 1803 |
| 甩 | shuǎi | 1807 | 【 쇠 】 | | | [雖] | | | 飕 | sōu | 1851 |
| 摔 | shuāi | 1807 | 衰 | cuī | 328 | 售 | shòu | 1788 | [颼] | | |
| 窣 | sū | 1852 | | shuāi | 1807 | 嗖 | sōu | 1851 | 受 | shū | 1790 |
| 蟀 | shuài | 1809 | | | | 嗽 | sòu | 1851 | 水 | shuǐ | 1813 |
| | | | 【 수 】 | | | 囚 | qiú | 1592 | 竖 | shù | 1802 |
| 【 송 】 | | | 垂 | chuí | 303 | 帅 | shuài | 1808 | [竪, 豎] | | |
| 凇 | sōng | 1847 | 谁 | shéi | 1712 | [帥] | | | 瘦 | shòu | 1789 |
| 讼 | sòng | 1848 | [誰] | | | 岫 | xiù | 2202 | 袖 | xiù | 2203 |
| [訟] | | | 首 | shǒu | 1783 | 须 | xū | 2204 | 裋 | shù | 1803 |
| 悚 | sǒng | 1848 | 兽 | shòu | 1789 | [須] | | | 崇 | suì | 1864 |
| 宋 | Sòng | 1848 | [獸] | | | 须 | xū | 2204 | 晬 | suì | 1865 |
| 送 | sòng | 1848 | 俞 | shù | 1803 | [鬚] | | | 睡 | shuì | 1819 |
| 㧐 | sǒng | 1847 | 仇 | chóu | 268 | 狩 | shòu | 1788 | 瞍 | sǒu | 1851 |
| [㩳] | | | 修 | xiū | 2198 | 馊 | sōu | 1851 | [膄] | | |
| 松 | sōng | 1845 | 俢 | xiū | 2200 | 馑 | xiū | 2201 | 盨 | xǔ | 2208 |
| [鬆] | | | 受 | shòu | 1785 | [饈] | | | [盨] | | |
| 竦 | sǒng | 1848 | 陲 | chuí | 305 | | | | 铢 | zhū | 2549 |

# 숙~시

| | | | | | | | | |
|---|---|---|---|---|---|---|---|---|
| [銖] | | | [詢] | | | 笋 | sǔn | 1866 |
| 锈 | xiù | 2203 | 旬 | xún | 2227 | 箕 | sǔn | 1867 |
| [銹, 鏽] | | | 郇 | Huán | 844 | 醇 | chún | 310 |
| 锼 | sōu | 1851 | | Xún | 2229 | | | |
| [鎪] | | | 洵 | xún | 2230 | 【술】 | | |
| 秀 | xiù | 2202 | 淳 | chún | 309 | 沭 | Shù | 1802 |
| 穟 | suì | 1865 | 湻 | chún | 310 | 述 | shù | 1801 |
| 穗 | suì | 1865 | 恂 | xún | 2230 | 术 | shù | 1801 |
| 襃 | xiù | 2204 | 巡 | xún | 2229 | [術] | | |
| (褎) | | | 荀 | Xún | 2230 | 戌 | ·qu | 1604 |
| 羞 | xiū | 2200 | 莼 | chún | 309 | | xū | 2204 |
| 粹 | cuì | 331 | [蓴] | | | 鉥 | shù | 1803 |
| 螋 | sōu | 1851 | 唇 | chún | 309 | [銊] | | |
| 鳣 | xiū | 2201 | (脣) | | | | | |
| 艏 | shǒu | 1784 | 峋 | xún | 2230 | 【숭】 | | |
| 酬 | chóu | 269 | 徇 | xùn | 2232 | 菘 | sōng | 1847 |
| 需 | xū | 2207 | 循 | xún | 2230 | 崇 | chóng | 265 |
| 髓 | suǐ | 1863 | 紃 | xún | 2229 | 嵩 | sōng | 1847 |
| | | | [紃] | | | | | |
| 【숙】 | | | 纯 | chún | 308 | 【쉬】 | | |
| 肃 | sù | 1854 | [純] | | | 淬 | cuì | 330 |
| 孰 | shú | 1797 | 驯 | xùn | 2232 | | | |
| 俶 | chù | 288 | [馴] | | | 【슬】 | | |
| [俶] | | | 珣 | xún | 2230 | 瑟 | sè | 1671 |
| 俶 | chù | 288 | 栒 | xún | 2230 | 膝 | xī | 2079 |
| | tì | 1911 | 楯 | dùn | 501 | 虱 | shī | 1743 |
| 倏 | shū | 1793 | | shǔn | 1820 | 蝨 | shī | 1745 |
| 夙 | sù | 1853 | 榫 | sǔn | 1866 | [蝨] | | |
| 叔 | shū | 1792 | 殉 | xùn | 2232 | | | |
| 淑 | shū | 1793 | 輴 | chūn | 308 | 【습】 | | |
| 宿 | sù | 1856 | [輴] | | | 习 | xí | 2081 |
| | xiǔ | 2202 | 舜 | Shùn | 1823 | [習] | | |
| 塾 | shú | 1797 | 肫 | zhūn | 2576 | 隰 | xí | 2082 |
| 菽 | shū | 1793 | 盹 | dǔn | 499 | 湿 | shī | 1745 |
| 蓿 | ·xu | 2212 | 盾 | dùn | 500 | [濕] | | |
| 骕 | sù | 1857 | 睭 | rún | 1653 | 慴 | shè | 1712 |
| [驌] | | | [睭] | | | [懾] | | |
| 熟 | shóu | 1777 | 瞬 | shùn | 1823 | 拾 | shí | 1755 |
| | shú | 1797 | 錞 | chún | 309 | 啃 | kěn | 1107 |
| 鹔 | sù | 1857 | [錞] | | | 熠 | xí | 2082 |
| [鷫] | | | 鹑 | chún | 309 | 熠 | yì | 2330 |
| | | | [鶉] | | | 褶 | zhě | 2482 |
| 【순】 | | | 顺 | shùn | 1820 | 袭 | xí | 2082 |
| 询 | xún | 2229 | [順] | | | [襲] | | |

| | | | | | |
|---|---|---|---|---|---|
| 霫 | xí | 2083 | | | |
| 鰼 | xí | 2083 | | | |
| [鰼] | | | | | |
| | | | | | |
| 【승】 | | | | | |
| 丞 | chéng | 238 | | | |
| 升 | shēng | 1725 | | | |
| [昇] | | | | | |
| 乘 | chéng | 242 | | | |
| | shèng | 1736 | | | |
| 承 | chéng | 239 | | | |
| 冼 | Xiǎn | 2112 | | | |
| 僧 | sēng | 1672 | | | |
| 渑 | Shéng | 1733 | | | |
| [澠] | | | | | |
| 塍 | chéng | 244 | | | |
| 嵊 | Shèng | 1738 | | | |
| 绳 | shéng | 1733 | | | |
| [繩] | | | | | |
| 胜 | shèng | 1736 | | | |
| [勝] | | | | | |
| 蝇 | yíng | 2351 | | | |
| [蠅] | | | | | |
| 鬙 | sēng | 1672 | | | |
| | | | | | |
| 【시】 | | | | | |
| 弑 | shì | 1772 | | | |
| 市 | shì | 1762 | | | |
| 澌 | sī | 1836 | | | |
| 试 | shì | 1767 | | | |
| [試] | | | | | |
| 诗 | shī | 1743 | | | |
| [詩] | | | | | |
| 谥 | shì | 1733 | | | |
| [謚, 諡] | | | | | |
| 斯 | sī | 1835 | | | |
| 侍 | shì | 1766 | | | |
| 偲 | cāi | 162 | | | |
| | sī | 1835 | | | |
| 兕 | sì | 1843 | | | |
| 漸 | sī | 1836 | | | |
| 恃 | shì | 1771 | | | |
| 莳 | shí | 1757 | | | |
| [蒔] | shì | 1772 | | | |

| | | | | | | | | | | |
|---|---|---|---|---|---|---|---|---|---|---|
| 蒒 | shī | 1745 | 豕 | shǐ | 1758 | [蓋] | | | 甚 | shèn | 1723 |
| 蓍 | shī | 1745 | 豺 | chái | 197 | 莘 | shēn | 1716 | 谂 | shěn | 1723 |
| 撕 | sī | 1836 | 鲥 | shí | 1757 | | Xīn | 2174 | [諗] | | |
| 啻 | chì | 259 | [鰣] | | | 薪 | xīn | 2178 | 谌 | chén | 230 |
| 嘶 | sī | 1836 | | | | 抻 | chēn | 225 | [諶] | | |
| 猜 | cāi | 162 | 【 씨 】 | | | 呻 | shēn | 1716 | 什 | shén | 1719 |
| 尸 | shī | 1738 | 氏 | shì | 1760 | 哂 | shěn | 1723 | 伈 | xǐn | 2178 |
| 屎 | shǐ | 1760 | | | | 屾 | shēn | 1714 | 郇 | xún | 2230 |
| 始 | shǐ | 1759 | 【 식 】 | | | 娠 | shēn | 1716 | [鄩] | | |
| 缌 | sī | 1744 | 识 | shí | 1752 | 绅 | shēn | 1716 | 沁 | qìn | 1573 |
| [緦] | | | [識] | | | [紳] | | | 沈 | shěn | 1722 |
| 偲 | sī | 1835 | 湜 | shí | 1757 | 骁 | shēn | 1716 | [瀋] | | |
| [偲] | | | 式 | shì | 1764 | [駪] | | | 浔 | xún | 2230 |
| 施 | shī | 1744 | 埴 | zhí | 2514 | 炘 | jìn | 1015 | [潯] | | |
| 视 | shì | 1768 | 拭 | shì | 1769 | [燼] | | | 深 | shēn | 1716 |
| [視] | | | 饰 | shì | 1766 | 神 | shén | 1719 | 审 | shěn | 1722 |
| 柿 | shì | 1769 | [飾] | | | 坤 | shēn | 1716 | [審] | | |
| (柹) | | | 蚀 | shí | 1757 | 燊 | shēn | 1719 | 芯 | xīn | 2173 |
| 枲 | xǐ | 2084 | [蝕] | | | 晨 | chén | 230 | | xìn | 2178 |
| 茝 | chái | 196 | 媳 | xí | 2082 | 赆 | jìn | 1015 | 荨 | xún | 2230 |
| 时 | shí | 1749 | 熄 | xī | 2079 | [贐] | | | [蕁] | | |
| [時] | | | 息 | xī | 2074 | 新 | xīn | 2174 | 葚 | rèn | 1634 |
| 是 | shì | 1769 | 栻 | shì | 1772 | 肾 | shèn | 1723 | | shèn | 1724 |
| (昰) | | | 植 | zhí | 2515 | [腎] | | | 蕈 | xùn | 2233 |
| 匙 | chí | 255 | 殖 | •shi | 1774 | 胂 | shèn | 1724 | 寻 | xún | 2227 |
| | •shi | 1773 | | zhí | 2516 | 砷 | shēn | 1716 | [尋] | | |
| 毸 | sāi | 1658 | 弑 | shì | 1772 | 锌 | xīn | 2174 | 挦 | xián | 2110 |
| 腮 | sāi | 1658 | [弒] | | | [鋅] | | | [撏] | | |
| 膪 | chuài | 291 | 瘜 | xī | 2079 | 矧 | shěn | 1723 | 哼 | xún | 2230 |
| 飔 | sī | 1835 | 食 | shí | 1755 | 臣 | chén | 225 | [噚] | | |
| [颸] | | | | | | 脣 | shèn | 1724 | 婶 | shěn | 1723 |
| 蔾 | chí | 255 | 【 신 】 | | | 辛 | xīn | 2173 | [嬸] | | |
| 示 | shì | 1760 | 申 | shēn | 1713 | 身 | shēn | 1714 | 心 | xīn | 2166 |
| 罳 | sī | 1835 | 囟 | xìn | 2178 | | | | 珣 | xún | 2230 |
| 铈 | shì | 1772 | 讯 | xùn | 2231 | 【 실 】 | | | [珣] | | |
| [鈰] | | | [訊] | | | 失 | shī | 1738 | 椹 | shèn | 1724 |
| 矢 | shǐ | 1757 | 伸 | shēn | 1714 | 实 | shí | 1753 | 瞫 | shěn | 1723 |
| 鸤 | shī | 1743 | 佴 | shēn | 1716 | [實] | | | 镡 | Chán | 200 |
| [鳲] | | | 信 | xìn | 2178 | 室 | shì | 1771 | [鐔] | Tán | 1885 |
| 屎 | shǐ | 1760 | 汛 | xùn | 2231 | 悉 | xī | 2075 | | xín | 2178 |
| 翅 | chì | 258 | 慎 | shèn | 1725 | 螅 | xī | 2080 | 鲟 | xún | 2230 |
| 豉 | chǐ | 256 | 宸 | chén | 229 | 蟋 | xī | 2080 | [鱘] | | |
| 酾 | shī/shāi | 1745 | 迅 | xùn | 2231 | | | | | | |
| [釃] | | 1745 | 荩 | jìn | 1015 | 【 심 】 | | | 【 십 】 | | |

| | | | |
|---|---|---|---|
| 卌 xì 2086 | 娥 é 509 | 腭 è 513 | 遏 yè 2288 |
| 十 shí 1745 | 妸 ē 508 | 碍 è 513 | [謁] |
| 什 shí 1747 | 玡 yá 2238 | 锷 è 513 | 斡 wò 2044 |
| | 氩 yà 2242 | [鍔] | 阏 è 513 |
| 【 아 】 | [氬] | 鹗 è 513 | [閼] |
| 丫 yā 2234 | 疴 kē 1096 | [鶚] | 遌 è 513 |
| 牙 yá 2237 | 痖 yǎ 2240 | 鷟 yuè 2422 | 挖 wā 1988 |
| 我 wǒ 2042 | [瘂] | [鷟] | 握 yà 2242 |
| 疋 yǎ 2239 | 疴 ē 508 | 颚 è 513 | 嘎 gā 620 |
| 讶 yà 2242 | 砑 yà 2242 | [顎] | gá 621 |
| [訝] | 砐 wò 2044 | 腥 wò 2044 | 猰 yà 2242 |
| 伢 yá 2238 | 珴 é 509 | [醒] | 轧 gá 620 |
| 俄 é 509 | [鵝] | 鳄 è 513 | [軋] yà 2241 |
| 儿 ér 515 | 锕 ā 2 | [鱷,鰐] | zhá 2453 |
| [兒] | [錒] | | 戛 jiá 931 |
| 阿 ā 1 | 鸦 yā 2237 | 【 안 】 | 胺 àn 16 |
| ē 508 | [鴉] | 雁 yàn 2261 | 窫 wā 1988 |
| 浊 é 509 | 鹅 é 509 | 赝 yàn 2262 | 颇 è 513 |
| 迓 yà 2242 | [鵝] | [贋] | [頗] |
| 垭 yā 2236 | 蚜 yá 2238 | 安 ān 9 | |
| [埡] | 蛾 é 510 | 按 àn 14 | 【 암 】 |
| 芽 yá 2238 | 雅 yā 2237 | 岸 àn 14 | 谙 ān 13 |
| 挜 yà 2242 | yǎ 2240 | 犴 àn 14 | [諳] |
| [挜] | | hān 756 | 庵 ān 13 |
| 吖 ā 1 | 【 악 】 | 豻 hān 757 | 掩 ǎn 14 |
| 呀 yā 2236 | 噩 è 513 | 桉 ān 13 | 揞 ǎn 14 |
| • ya 2242 | 乐 yuè 2420 | 案 àn 15 | 唵 ān 13 |
| 哑 yā 2237 | [樂] | 晏 yàn 2260 | ǎn 14 |
| [啞] yǎ 2239 | 谔 è 513 | 氨 ān 13 | 岩 yán 2250 |
| 哦 é 509 | [諤] | 殷 yān 2242 | (巖) |
| ó 1439 | 偓 wò 2044 | 眼 yǎn 2254 | 晻 yǎn 2257 |
| ò 1439 | 鄂 È 512 | 铵 ǎn 14 | 暗 àn 16 |
| 啊 ā 2 | 渥 wò 2044 | [銨] | 腤 ān 13 |
| á 2 | 愕 è 513 | 鷃 yàn 2261 | 癌 ái 5 |
| ǎ 2 | 垩 è 510 | [鷃] | 盦 ān 14 |
| à 2 | [堊] | 颜 yán 2252 | 鹌 ān 13 |
| • a 2 | 萼 è 513 | [顏] | [鵪] |
| 峨 é 509 | 握 wò 2044 | 鲛 ān 13 | 黯 àn 18 |
| 衙 yá 2239 | 喔 wō 2041 | [鮟] | |
| 饿 è 512 | 幄 wò 2044 | 鞍 ān 13 | 【 압 】 |
| [餓] | 岳 yuè 2420 | | 压 yā 2234 |
| 妸 ē 508 | (嶽) | 【 알 】 | [壓] yà 2242 |
| 娅 yà 2242 | 恶 è 510 | 讦 jié 989 | 押 yā 2236 |
| [婭] | [惡] | [訐] | 狎 xiá 2092 |

| | | | | | | | | | | |
|---|---|---|---|---|---|---|---|---|---|---|
| 鸭 | yā | 2237 | 崖 | yá/ái | 2238 | 轭 | è | 510 | 若 | ruò | 1654 |
| [鴨] | | | 娭 | āi | 5 | [軛] | | | 药 | yào | 2278 |
| 䁔 | ēng | 514 | 嗳 | ài | 9 | 腋 | yè | 2288 | [藥] | | |
| | | | [嬡] | | | 额 | é | 510 | 蒻 | ruò | 1655 |
| 【앙】 | | | 骇 | ái | 5 | [額] | | | 哟 | yāo/yōu | 2273 |
| 央 | yāng | 2262 | [駿] | | | | | | [喲] | | |
| 仰 | yǎng | 2268 | 瑷 | ài | 9 | 【앵】 | | | 弱 | ruò | 1654 |
| 卬 | áng | 18 | [璦] | | | 莺 | yīng | 2347 | 约 | yāo | 2272 |
| 泱 | yāng | 2262 | 暖 | ài | 9 | [鶯] | | | [約] | yuē | 2417 |
| 怏 | yàng | 2271 | [曖] | | | 罃 | yīng | 2347 | 爚 | yuè | 2423 |
| 柳 | àng | 18 | 爱 | ài | 7 | [罃] | | | 栎 | yuè | 2420 |
| 殃 | yāng | 2262 | [愛] | | | 嘤 | yīng | 2347 | [櫟] | | |
| 昂 | áng | 18 | 欸 | āi | 5 | [嚶] | | | 钥 | yào | 2281 |
| 盎 | àng | 18 | | ǎi | 6 | 樱 | yīng | 2348 | [鑰] | yuè | 2420 |
| 秧 | yāng | 2262 | | ê/ēi | 513 | [櫻] | | | 箬 | ruò | 1655 |
| 鸯 | yāng | 2262 | | ê/éi | 513 | 鹦 | yīng | 2348 | 跃 | yuè | 2421 |
| [鴦] | | | | ě/ěi | 513 | [鸚] | | | [躍] | | |
| 鞅 | yāng | 2262 | | ê/èi | 514 | 嚣 | yīng | 2348 | | | |
| | yàng | 2272 | 砹 | ài | 7 | [嚚,嚚] | | | 【양】 | | |
| | | | 硭 | ái | 5 | | | | 襄 | xiāng | 2129 |
| 【애】 | | | 碨 | wéi | 2020 | 【야】 | | | 让 | ràng | 1618 |
| 哀 | āi | 3 | 碍 | ài | 8 | 也 | yě | 2283 | [讓] | | |
| 嗳 | ài | 9 | [礙] | | | 夜 | yè | 2286 | 养 | yǎng | 2269 |
| [噯] | | | 睚 | yá | 2239 | 冶 | yě | 2284 | [養] | | |
| 僾 | ài | 8 | 锿 | āi | 5 | 邪 | yé | 2282 | 佯 | yáng | 2266 |
| [僾] | | | [鎄] | | | 俰 | yē | 2282 | 儴 | ráng | 1617 |
| 隘 | ài | 8 | 皑 | ái | 5 | 偌 | ruò | 1654 | 阳 | yáng | 2265 |
| 涯 | yá | 2239 | [皚] | | | 耶 | yē | 2282 | [陽] | | |
| 阂 | hé | 787 | 霭 | ǎi | 6 | | yé | 2283 | 勷 | ráng | 1617 |
| [閡] | | | [靄] | | | 若 | rě | 1620 | 洋 | yáng | 2266 |
| 埃 | āi | 4 | | | | 揶 | yé | 2283 | 漾 | yàng | 2272 |
| 毐 | ǎi | 6 | 【액】 | | | 喏 | rě | 1620 | 瀼 | ráng | 1617 |
| 艾 | ài | 6 | 厄 | è | 510 | 惹 | rě | 1620 | | Ràng | 1619 |
| 薆 | ài | 8 | 液 | yè | 2288 | 椰 | yē | 2282 | 垟 | yáng | 2266 |
| [薆] | | | 苊 | è | 510 | 爷 | yé | 2282 | 壤 | rǎng | 1618 |
| 蔼 | ǎi | 6 | 扼 | è | 510 | [爺] | | | 蘘 | ráng | 1617 |
| [藹] | | | 掖 | yē | 2282 | 铘 | yé | 2283 | 扬 | yáng | 2262 |
| 挨 | āi | 4 | | yè | 2288 | [鎁] | | | [揚] | | |
| | ái | 5 | 呃 | ē | 508 | 野 | yě | 2284 | 攘 | rǎng | 1618 |
| 哎 | āi | 3 | | è | 510 | | | | 嚷 | rāng | 1617 |
| 唉 | āi | 5 | | ·e | 513 | 【약】 | | | | rǎng | 1618 |
| | ài | 7 | 呝 | è | 510 | 龠 | yuè | 2422 | 徉 | yáng | 2266 |
| 嗳 | ǎi | 6 | 缢 | yì | 2330 | 鄀 | Ruò | 1654 | 饷 | xiǎng | 2131 |
| [噯] | ài | 9 | [縊] | | | 瀹 | yuè | 2423 | [餉] | | |

| | | | | | | | | |
|---|---|---|---|---|---|---|---|---|
| 骧 | xiāng | 2129 | 饫 | yù | 2399 | 陧 | niè | 1422 | 予 | yú | 2386 |
| [驤] | | | [飫] | | | 槷 | niè | 1423 | | yǔ | 2393 |
| 炀 | yáng | 2266 | 驭 | yù | 2398 | 薛 | niè | 1423 | 舆 | yú | 2392 |
| [煬] | | | [馭] | | | 蘖 | niè | 1423 | [輿] | | |
| 烊 | yáng | 2268 | 於 | Yū | 2385 | 哕 | yuě | 2418 | 余 | yú | 2386 |
| | yàng | 2272 | | yú | 2389 | [噦] | | | 伃 | yú | 2386 |
| 恙 | yàng | 2271 | 敔 | yǔ | 2397 | 嶭 | niè | 1422 | 汝 | rǔ | 1646 |
| 禳 | ráng | 1617 | 龉 | yǔ | 2397 | 臬 | niè | 1422 | 洳 | rù | 1650 |
| 杨 | yáng | 2266 | [齬] | | | 槷 | niè | 1422 | 澦 | yù | 2405 |
| [楊] | | | 鱼 | yú | 2388 | 臲 | niè | 1422 | [澦] | | |
| 样 | yàng | 2271 | [魚] | | | | | | 茹 | rú | 1645 |
| [樣] | | | | | | 【엄】 | | | 蓣 | yù | 2404 |
| 旸 | yáng | 2266 | 【억】 | | | 严 | yán | 2246 | [蕷] | | |
| [暘] | | | 亿 | yì | 2320 | [嚴] | | | 舁 | yú | 2389 |
| 氧 | yǎng | 2270 | [億] | | | 弇 | yǎn | 2253 | 徐 | yú | 2389 |
| 疡 | yáng | 2266 | 忆 | yì | 2322 | 俨 | yǎn | 2253 | 馀 | yú | 2389 |
| [瘍] | | | [憶] | | | [儼] | | | [餘] | | |
| 痒 | yǎng | 2271 | 薏 | yì | 2330 | 俺 | ǎn | 14 | 如 | rú | 1643 |
| [癢] | | | 抑 | yì | 2324 | 淹 | yān | 2244 | 妤 | yú | 2387 |
| 瓤 | ráng | 1618 | 臆 | yì | 2331 | 广 | ān | 9 | 旟 | yú | 2389 |
| 钖 | yáng | 2266 | 癔 | yì | 2331 | 阉 | yān | 2244 | [旟] | | |
| [錫] | | | | | | [閹] | | | 玙 | yú | 2386 |
| 穰 | ráng | 1617 | 【언】 | | | 奄 | yǎn | 2253 | [璵] | | |
| 瓤 | ráng | 1617 | 焉 | yān | 2244 | 掩 | yǎn | 2253 | 欤 | yú | 2386 |
| 羊 | yáng | 2264 | 彦 | yàn | 2259 | 崦 | yān | 2244 | [歟] | | |
| 养 | yǎng | 2269 | 谚 | yàn | 2260 | 腌 | ā | 2 | 畬 | yú | 2391 |
| [養] | | | [諺] | | | | yān | 2245 | 籹 | nǚ | 1436 |
| 恙 | yàng | 2271 | 澉 | yàn | 2261 | 罨 | yǎn | 2257 | 蜍 | chú | 285 |
| 蛘 | yáng | 2268 | [讞] | | | 酽 | yàn | 2261 | 艅 | yú | 2392 |
| 酿 | niàng | 1419 | 偃 | yǎn | 2257 | [釅] | | | | | |
| [釀] | | | 郾 | yǎn | 2254 | | | | 【역】 | | |
| | | | 鄢 | Yān | 2245 | 【업】 | | | 亦 | yì | 2322 |
| 【어】 | | | 堰 | yàn | 2261 | 业 | yè | 2285 | 译 | yì | 2325 |
| 于 | yú | 2385 | 鄢 | yàn | 2261 | [業] | | | [譯] | | |
| (於) | | | 蔫 | niān | 1414 | 邺 | Yè | 2286 | 怿 | yì | 2326 |
| 语 | yǔ | 2395 | 唁 | yàn | 2260 | [鄴] | | | [懌] | | |
| [語] | yù | 2400 | 喭 | yàn | 2261 | | | | 阈 | yù | 2402 |
| 淤 | yū | 2385 | 嫣 | yān | 2245 | 【에】 | | | [閾] | | |
| 渔 | yú | 2390 | 甗 | yǎn | 2258 | 恚 | huì | 870 | 逆 | nì | 1412 |
| [漁] | | | 蝘 | yǎn | 2258 | | | | 域 | yù | 2402 |
| 圄 | yǔ | 2397 | 言 | yán | 2248 | 【여】 | | | 场 | yì | 2327 |
| 圉 | yǔ | 2397 | 魘 | yǎn | 2258 | 与 | yú | 2386 | 蘱 | yì | 2331 |
| 御 | yù | 2403 | | | | [與] | yǔ | 2393 | [蘱] | | |
| [禦] | | | 【얼】 | | | | yù | 2397 | 峄 | Yì | 2326 |

# 연~영

| | | |
|---|---|---|
| [嶧] | | |
| 役 | yì | 2325 |
| 绎 | yì | 2326 |
| [繹] | | |
| 驿 | yì | 2326 |
| [驛] | | |
| 棫 | yù | 2403 |
| 易 | yì | 2325 |
| 敫 | yì | 2326 |
| [斁] | | |
| 疫 | yì | 2326 |
| 罭 | yù | 2404 |
| 鹝 | yì | 2328 |
| [鶂] | | |
| 鹢 | yì | 2330 |
| [鷁] | | |
| 蜮 | yù | 2405 |

## 【 연 】

| | | |
|---|---|---|
| 兖 | Yǎn | 2253 |
| 延 | yán | 2245 |
| 沿 | yán | 2250 |
| 涎 | xián | 2110 |
| 涓 | juān | 1058 |
| 渊 | yuān | 2406 |
| [淵] | | |
| 湮 | yān | 2245 |
| 演 | yǎn | 2257 |
| 宴 | yàn | 2260 |
| 阕 | yān | 2244 |
| [闕] | | |
| 堧 | ruán | 1650 |
| 鸢 | yuān | 2405 |
| [鳶] | | |
| 捐 | juān | 1057 |
| 掾 | yuàn | 2417 |
| 吮 | shǔn | 1820 |
| 咽 | yàn | 2259 |
| 衍 | yǎn | 2253 |
| 妍 | yán | 2250 |
| 娟 | juān | 1058 |
| 缘 | yuán | 2413 |
| [緣] | | |
| 缋 | yǎn | 2258 |

| | | |
|---|---|---|
| [繢] | | |
| 然 | rán | 1616 |
| 燕 | Yān | 2245 |
| | yàn | 2261 |
| 烟 | yān | 2243 |
| (煙) | | |
| 燃 | rán | 1616 |
| 椽 | chuán | 297 |
| 橼 | yuán | 2414 |
| [櫞] | | |
| 软 | ruǎn | 1650 |
| [軟] | | |
| 妟 | yán | 2252 |
| 胭 | yān | 2242 |
| 肙 | yuān | 2407 |
| 研 | yán | 2251 |
| | yàn | 2259 |
| 砚 | yàn | 2259 |
| [硯] | | |
| 铅 | qiān | 1542 |
| [鉛] | yán | 2252 |
| 蜒 | yán | 2252 |
| 蜎 | yuān | 2407 |
| 蠕 | rú | 1646 |
| 筵 | yán | 2252 |

## 【 열 】

| | | |
|---|---|---|
| 说 | yuè | 2420 |
| [說] | | |
| 悦 | yuè | 2421 |
| 阅 | yuè | 2420 |
| [閱] | | |
| 爇 | ruò | 1655 |
| 咽 | yè | 2287 |
| 噎 | yē | 2282 |
| 热 | rè | 1621 |
| [熱] | | |
| 镍 | niè | 1422 |
| [鎳] | | |

## 【 염 】

| | | |
|---|---|---|
| 剡 | yǎn | 2253 |
| 艳 | yàn | 2259 |
| [艷] | | |

| | | |
|---|---|---|
| 冉 | rǎn | 1617 |
| 厌 | yàn | 2258 |
| [厭] | | |
| 厣 | yǎn | 2254 |
| [厴] | | |
| 餍 | yàn | 2261 |
| [饜] | | |
| 魇 | yǎn | 2258 |
| [魘] | | |
| 黡 | yǎn | 2258 |
| [黶] | | |
| 剡 | yǎn | 2253 |
| 滟 | yàn | 2261 |
| [灧] | | |
| 恹 | yān | 2242 |
| [懨,懕] | | |
| 阎 | yán | 2252 |
| [閻] | | |
| 苒 | rǎn | 1617 |
| 炎 | yán | 2250 |
| 焱 | yàn | 2261 |
| 焰 | yàn | 2261 |
| 焖 | yàn | 2261 |
| [燗] | | |
| 扊 | yǎn | 2257 |
| 琰 | yǎn | 2257 |
| 染 | rǎn | 1617 |
| 棪 | yǎn | 2257 |
| 盐 | yán | 2251 |
| [鹽] | | |
| 蚺 | rán | 1616 |
| 髯 | rán | 1616 |

## 【 엽 】

| | | |
|---|---|---|
| 厣 | yè | 2288 |
| [靨] | | |
| 叶 | yè | 2285 |
| [葉] | | |
| 馌 | yè | 2288 |
| [饁] | | |
| 烨 | yè | 2288 |
| [燁] | | |
| 晔 | yè | 2288 |
| [曄] | | |

| | | |
|---|---|---|
| 页 | yè | 2286 |
| [頁] | | |

## 【 영 】

| | | |
|---|---|---|
| 赢 | Yíng | 2351 |
| 赢 | yíng | 2351 |
| [贏] | | |
| 郢 | Yǐng | 2351 |
| 泳 | yǒng | 2359 |
| 溁 | yíng | 2351 |
| [濚] | | |
| 滢 | yíng | 2351 |
| [瀅] | | |
| 瀛 | yíng | 2351 |
| 迎 | yíng | 2348 |
| 茔 | yíng | 2349 |
| [塋] | | |
| 英 | yīng | 2346 |
| 荣 | róng | 1637 |
| [榮] | | |
| 荥 | yíng | 2349 |
| [滎] | | |
| 莹 | yíng | 2349 |
| [瑩] | | |
| 营 | yíng | 2350 |
| [營] | | |
| 萦 | yíng | 2350 |
| [縈] | | |
| 蓥 | yíng | 2351 |
| [鎣] | | |
| 蘡 | yīng | 2347 |
| [蘡] | | |
| 樱 | yīng | 2347 |
| [櫻] | | |
| 咏 | yǒng | 2359 |
| (詠) | | |
| 嵘 | róng | 1639 |
| [嶸] | | |
| 影 | yǐng | 2351 |
| 媖 | yīng | 2347 |
| 婴 | yīng | 2347 |
| [嬰] | | |
| 缨 | yīng | 2348 |
| [纓] | | |

예~온

| | | | | | | | | | | |
|---|---|---|---|---|---|---|---|---|---|---|
| 瑛 | yīng | 2347 | 狋 | yì | 2326 | 乌 | wū | 2044 | 於 | wū | 2047 |
| 瓔 | yīng | 2348 | 猊 | ní | 1411 | [烏] | wù | 2064 | 焐 | wù | 2068 |
| [瓔] | | | 婗 | ní | 1411 | 误 | wù | 2067 | 燠 | āo | 19 |
| 楹 | yíng | 2351 | 嫛 | yī | 2308 | [誤] | | | 恶 | ě | 510 |
| 映 | yìng | 2354 | 枘 | ruì | 1652 | 伍 | wǔ | 2061 | [噁] | | |
| (暎) | | | 栧 | yì | 2326 | 仵 | wǔ | 2061 | 恶 | wū | 2048 |
| 永 | yǒng | 2358 | 殪 | yì | 2330 | 傲 | ào | 21 | [惡] | wù | 2068 |
| 颖 | Yǐng | 2351 | 輗 | ní | 1411 | 隞 | Áo | 19 | 璈 | áo | 19 |
| [穎] | | | [輗] | | | 隩 | ào | 21 | 梧 | wú | 2058 |
| 瘿 | yǐng | 2353 | 瞖 | yì | 2330 | | yù | 2405 | 葵 | áo | 19 |
| [癭] | | | 瘗 | yì | 2330 | 邬 | Wū | 2046 | 晤 | wù | 2068 |
| 盈 | yíng | 2349 | [瘞] | | | [鄔] | | | 悟 | wù | 2063 |
| 锳 | yīng | 2347 | 睨 | nì | 1413 | 鄙 | wú | 2057 | 敖 | áo | 19 |
| [鍈] | | | 睿 | ruì | 1653 | 污 | wū | 2046 | 肟 | wò | 2043 |
| 颕 | yīng | 2351 | 锐 | ruì | 1652 | 浯 | wū | 2047 | 痦 | wù | 2068 |
| [頴, 穎] | | | [銳] | | | 语 | Wú | 2058 | 袄 | ǎo | 20 |
| 蝾 | róng | 1640 | 秽 | huì | 871 | 澳 | ào | 22 | [襖] | | |
| [蠑] | | | [穢] | | | 忤 | wǔ | 2061 | 钨 | wū | 2047 |
| 籯 | yíng | 2351 | 翳 | yī | 2308 | 悟 | wù | 2068 | [鎢] | | |
| 嚶 | yīng | 2348 | [翳] | | | 懊 | ào | 21 | 语 | wú | 2058 |
| | | | 裔 | yì | 2328 | 寤 | wù | 2069 | [語] | | |
| 【예】 | | | 预 | yù | 2400 | 廒 | áo | 19 | 鹌 | ǎo | 20 |
| 曳 | yè | 2286 | [預] | | | 廛 | áo | 20 | [鵪] | | |
| 乂 | yì | 2320 | 蚋 | ruì | 1652 | 遨 | áo | 19 | 謷 | áo | 20 |
| 豫 | yù | 2405 | [蝸] | | | 圬 | wū | 2046 | 蜈 | wú | 2058 |
| 诣 | yì | 2326 | 蜺 | ní | 1411 | 坞 | wù | 2065 | 鳌 | áo | 20 |
| [詣] | | | 羿 | Yì | 2326 | [塢] | | | 警 | áo | 20 |
| 刈 | yì | 2321 | 殪 | yì | 2330 | 奥 | ào | 21 | 鏊 | ào | 22 |
| 倪 | ní | 1411 | 繄 | yī | 2308 | 晤 | wú | 2057 | 鳌 | áo | 20 |
| 兒 | Ní | 1410 | 誉 | yù | 2405 | | wǔ | 2063 | [鰲, 鼇] | | |
| 汭 | ruì | 1652 | [譽] | | | 吴 | Wú | 2057 | 鼯 | wú | 2058 |
| 瘱 | yì | 2331 | 霓 | ní | 1411 | 吾 | wú | 2057 | | | |
| 埑 | nì | 1413 | 齯 | ní | 1411 | 鸣 | wū | 2047 | 【옥】 | | |
| 艺 | yì | 2321 | [齯] | | | [鳴] | | | 沃 | wò | 2043 |
| [藝] | | | 鮨 | yì | 2330 | 唔 | wú | 2057 | 狱 | yù | 2400 |
| 艾 | yì | 2322 | [鮨] | | | 嗷 | áo | 19 | [獄] | | |
| 芮 | Ruì | 1652 | 鲵 | ní | 1411 | 呇 | ào | 20 | 屋 | wū | 2047 |
| 蓺 | yì | 2330 | [鯢] | | | 熬 | áo | 19 | 玉 | yù | 2397 |
| 蕊 | ruǐ | 1652 | 鹿 | ní | 1411 | 娱 | yú | 2389 | 钰 | yù | 2400 |
| 羿 | Yì | 2326 | | | | [娛] | | | [鈺] | | |
| 拽 | zhuāi | 2562 | 【오】 | | | 鹜 | ào | 21 | 鋈 | wù | 2069 |
| | zhuài | 2562 | 五 | wǔ | 2058 | [鶩] | | | | | |
| 咉 | yì | 2324 | 敖 | ào | 21 | 熬 | āo | 19 | 【온】 | | |
| [嚥] | | | 午 | wǔ | 2061 | | áo | 19 | 温 | wēn | 2031 |

## 올~외

| | | |
|---|---|---|
| 慍 | yùn | 2428 |
| 蘊 | wēn | 2032 |
| 蘊 | yùn | 2429 |
| [蘊] | | |
| 搵 | wèn | 2040 |
| 媼 | ǎo | 20 |
| 緼 | yūn | 2423 |
| [縕] | yùn | 2428 |
| 熅 | yūn | 2423 |
| | yùn | 2429 |
| 韞 | yùn | 2428 |
| [韞] | | |
| 辒 | wēn | 2032 |
| [輼] | | |
| 氲 | yūn | 2423 |
| 瘟 | wēn | 2032 |
| 稳 | wěn | 2037 |
| [穩] | | |
| 酝 | yùn | 2428 |
| [醞] | | |
| 鳁 | wēn | 2032 |
| [鰛] | | |

### 【올】

| | | |
|---|---|---|
| 兀 | wū | 2044 |
| | wù | 2064 |
| 阢 | wù | 2067 |
| 阢 | wù | 2065 |
| 忽 | hū | 817 |
| 扤 | wù | 2065 |
| 屼 | wù | 2065 |
| 杌 | wù | 2065 |
| 榅 | wēn | 2032 |
| 膃 | wà | 1990 |
| 靰 | wù | 2068 |

### 【옹】

| | | |
|---|---|---|
| 雍 | yōng | 2358 |
| 渝 | Wēng | 2040 |
| | wěng | 2040 |
| 滃 | Yōng | 2358 |
| 塕 | wěng | 2040 |
| 甕 | yōng | 2358 |
| 蓊 | wěng | 2040 |
| 蕹 | wèng | 2040 |
| 拥 | yōng | 2357 |
| [擁] | | |
| 喁 | yóng | 2358 |
| 嗡 | wēng | 2040 |
| 噰 | yōng | 2358 |
| 邕 | Yōng | 2357 |
| 瓮 | wèng | 2040 |
| 痈 | yōng | 2357 |
| [癰] | | |
| 鹟 | wēng | 2040 |
| [鶲] | | |
| 颙 | yóng | 2358 |
| 翁 | wēng | 2040 |
| 鳊 | wēng | 2040 |
| [鳈] | | |
| 鞧 | wēng | 2040 |
| 饔 | yōng | 2358 |

### 【와】

| | | |
|---|---|---|
| 讹 | é | 508 |
| [訛] | | |
| 卧 | wò | 2043 |
| 伪 | Wǎ | 1990 |
| 洼 | wā | 1988 |
| [窪] | | |
| 涡 | wō | 2041 |
| [渦] | | |
| 浣 | wò | 2044 |
| 莴 | wō | 2041 |
| [萵] | | |
| 哇 | wā | 1988 |
| | •wa | 1990 |
| 喎 | wāi | 1991 |
| [喎] | | |
| 囮 | é | 509 |
| 娃 | wá | 1989 |
| 娲 | wā | 1989 |
| [媧] | | |
| 騧 | guā | 707 |
| [騧] | | |
| 瓦 | wǎ | 1989 |
| | wà | 1990 |

| | | |
|---|---|---|
| 窊 | wā | 1989 |
| 窝 | wō | 2041 |
| [窩] | | |
| 呱 | wā | 1988 |
| 蛙 | wā | 1989 |
| 蜗 | wō | 2042 |
| [蝸] | | |
| 髽 | wǒ | 2043 |

### 【완】

| | | |
|---|---|---|
| 刓 | wán | 1997 |
| 剜 | wān | 1996 |
| 阮 | ruǎn | 1650 |
| 浣 | huàn | 848 |
| 沅 | Yuán | 2407 |
| 忨 | wàn | 2006 |
| 惋 | wǎn | 2002 |
| 完 | wán | 1997 |
| 宛 | wǎn | 2000 |
| 垸 | yuàn | 2417 |
| 莞 | guān | 719 |
| | wǎn | 2001 |
| 菀 | wǎn | 2001 |
| 抏 | wán | 1997 |
| 棩 | wān | 1996 |
| 婉 | wǎn | 2002 |
| 缓 | huǎn | 845 |
| [緩] | | |
| 烷 | wán | 2000 |
| 玩 | wán | 1998 |
| 琬 | wǎn | 2003 |
| 脘 | wǎn | 2002 |
| 腕 | wàn | 2006 |
| 碗 | wǎn | 2003 |
| 眢 | yuān | 2405 |
| 鸳 | yuán | 2414 |
| 顽 | wán | 2000 |
| [頑] | | |
| 蜿 | wān | 1997 |
| 箢 | yuān | 2407 |
| 豌 | wān | 1997 |

### 【왈】

| | | |
|---|---|---|
| 曰 | yuē | 2417 |

### 【왕】

| | | |
|---|---|---|
| 㾓 | kuāng | 1131 |
| 汪 | wāng | 2006 |
| 尪 | wāng | 2006 |
| 往 | wǎng | 2009 |
| 王 | wáng | 2007 |
| | wàng | 2010 |
| 枉 | wǎng | 2009 |
| 旺 | wàng | 2011 |

### 【왜】

| | | |
|---|---|---|
| 歪 | wāi | 1990 |
| 倭 | wō | 2041 |
| 搲 | wǎi | 1991 |
| 喎 | wāi | 1991 |
| 㕢 | guā | 707 |
| [緺] | | |
| 矮 | ǎi | 6 |

### 【외】

| | | |
|---|---|---|
| 外 | wài | 1991 |
| 偎 | wēi | 2014 |
| 隗 | wēi | 2014 |
| 隗 | Kuí | 1137 |
| | Wěi | 2025 |
| 廆 | wěi | 2025 |
| 喂 | wéi | 2021 |
| 崴 | wǎi | 1991 |
| | wēi | 2015 |
| 嵬 | wéi | 2021 |
| 巍 | wēi | 2016 |
| 猥 | wěi | 2025 |
| 煨 | wēi | 2016 |
| 桅 | wéi | 2019 |
| 椳 | wēi | 2015 |
| 碨 | wèi | 2030 |
| 畏 | wèi | 2029 |
| 聩 | kuì | 1139 |
| [聵] | | |
| 颓 | wěi | 2025 |
| [頠] | | |
| 鮠 | wéi | 2021 |
| [鮠] | | |
| 鳂 | wēi | 2016 |

| [鳐] | | | 姚 | Yáo | 2275 | 【용】 | | | 佑 | yòu | 2383 |
|---|---|---|---|---|---|---|---|---|---|---|---|
| | | | 绕 | rào | 1619 | 冗 | rǒng | 1640 | 俣 | yǔ | 2395 |
| 【요】 | | | [繞] | | | 佣 | yōng | 2357 | [俁] | | |
| 尧 | Yáo | 2274 | 珧 | yáo | 2275 | [傭] | yòng | 2362 | 偶 | ǒu | 1440 |
| [堯] | | | 瑶 | yáo | 2277 | 俑 | yǒng | 2360 | 偶 | yǔ | 2397 |
| 凹 | āo | 19 | 桡 | ráo | 1619 | 廊 | yōng | 2358 | 又 | yòu | 2381 |
| 幺 | yāo | 2272 | [橈] | | | 勇 | yǒng | 2360 | 友 | yǒu | 2373 |
| 夭 | yāo | 2272 | 曜 | yào | 2282 | 涌 | chōng | 262 | 隅 | yú | 2390 |
| [殀] | | | 旮 | yǎo | 2278 | | yǒng | 2360 | 邮 | yóu | 2367 |
| 谣 | yáo | 2275 | 繇 | yáo | 2277 | 溶 | róng | 1639 | [郵] | | |
| [謠] | | | 腰 | yāo | 2273 | 慵 | yōng | 2358 | 怄 | òu | 1441 |
| 侥 | jiǎo | 974 | 飖 | yáo | 2277 | 庸 | yōng | 2357 | [慪] | | |
| [僥] | yáo | 2274 | [颻] | | | 墉 | yōng | 2358 | 忧 | yōu | 2364 |
| 浇 | jiāo | 969 | 宧 | yǎo | 2278 | 茸 | róng | 1637 | [憂] | | |
| [澆] | | | 窈 | yǎo | 2278 | 容 | róng | 1638 | 宇 | yǔ | 2394 |
| 遥 | yáo | 2276 | 窑 | yáo | 2275 | 熔 | róng | 1639 | 寓 | yù | 2404 |
| 邀 | yāo | 2274 | (窰・窯) | | | 恿 | yǒng | 2360 | 迂 | yū | 2384 |
| 坳 | ào | 20 | 袎 | yào | 2281 | 憃 | chōng | 262 | 遇 | yù | 2403 |
| 垚 | yáo | 2274 | 铫 | diào | 451 | 瑢 | róng | 1639 | 圩 | wéi | 2018 |
| 嫚 | yāo | 2273 | [銚] yáo | | 2275 | 榕 | róng | 1639 | | xū | 2204 |
| 荛 | ráo | 1619 | 鹞 | yào | 2281 | 氄 | rǒng | 1641 | 芋 | yù | 2398 |
| [蕘] | | | [鷂] | | | 镛 | yōng | 2358 | 藕 | ǒu | 1441 |
| 扰 | rǎo | 1619 | 蟯 | náo | 1400 | [鏞] | | | 尤 | yóu | 2366 |
| [擾] | | | [蟯] | | | 用 | yòng | 2360 | 右 | yòu | 2382 |
| 拗 | ǎo | 20 | 鳐 | yáo | 2277 | 甬 | Yǒng | 2359 | 吁 | xū | 2204 |
| | ào | 20 | [鰩] | | | 甭 | béng | 86 | | yū | 2385 |
| | niù | 1429 | 鞽 | yào | 2281 | 耸 | sǒng | 1847 | 喁 | yú | 2391 |
| 摇 | yáo | 2275 | | | | [聳] | | | 嵎 | yú | 2391 |
| 耀 | yào | 2282 | 【욕】 | | | 蛹 | yǒng | 2360 | 纡 | yū | 2385 |
| 吆 | yāo | 2272 | 浴 | yù | 2400 | 舂 | chōng | 262 | [紆] | | |
| 喓 | yāo | 2273 | 溽 | rù | 1650 | 踊 | yǒng | 2360 | 愚 | yú | 2392 |
| 峣 | yáo | 2274 | 蓐 | rù | 1650 | [踴] | | | 瑀 | yǔ | 2397 |
| [嶢] | | | 辱 | rǔ | 1647 | 鲬 | yǒng | 2360 | 牛 | niú | 1426 |
| 徭 | yáo | 2276 | 峪 | yù | 2400 | [鯒] | | | 疣 | yóu | 2371 |
| 徼 | jiāo | 977 | 缛 | rù | 1650 | 鳙 | yōng | 2358 | 盱 | xū | 2204 |
| | jiào | 982 | [縟] | | | [鱅] | | | 禺 | yú | 2389 |
| 猺 | yáo | 2277 | 欲 | yù | 2402 | | | | 盂 | yú | 2387 |
| 饶 | ráo | 1619 | 褥 | rù | 1650 | 【우】 | | | 耦 | ǒu | 1441 |
| [饒] | | | 鹆 | yù | 2404 | 于 | Yú | 2386 | 耰 | yōu | 2366 |
| 妖 | yāo | 2272 | [鵒] | | | 禹 | yú | 2389 | 虞 | yú | 2391 |
| 要 | yāo | 2273 | 谷 | yù | 2398 | 禹 | Yǔ | 2395 | 竽 | yú | 2389 |
| | yào | 2279 | 鹄 | yù | 2404 | 讦 | xū | 2204 | 羽 | yǔ | 2394 |
| 娆 | ráo | 1619 | [鵠] | | | [訏] | | | 踽 | jǔ | 1051 |
| [嬈] | | | | | | 优 | yōu | 2362 | | | |

## 욱~위

| | | |
|---|---|---|
| 雨 | yǔ | 2394 |
| | yù | 2399 |
| 雩 | yú | 2390 |
| 龋 | qǔ | 1602 |
| [齲] | | |
| 鱿 | yóu | 2371 |
| [魷] | | |
| 髃 | yú | 2393 |
| 麀 | yōu | 2366 |

### 【 욱 】

| | | |
|---|---|---|
| 郁 | yù | 2399 |
| 勖 | xù | 2210 |
| 奥 | yù | 2405 |
| 噢 | ō | 1439 |
| 彧 | yù | 2400 |
| 煜 | yù | 2404 |
| 燠 | yù | 2405 |
| 顼 | xū | 2204 |
| [頊] | | |
| 昱 | yù | 2400 |
| 旮 | gā | 620 |
| 旭 | xù | 2209 |
| 澳 | yù | 2405 |

### 【 운 】

| | | |
|---|---|---|
| 云 | yún | 2423 |
| [雲] | | |
| 陨 | yǔn | 2426 |
| [隕] | | |
| 郓 | Yùn | 2428 |
| [鄆] | | |
| 郧 | Yún | 2426 |
| [鄖] | | |
| 沄 | yún | 2425 |
| [澐] | | |
| 溳 | Yún | 2426 |
| [溳] | | |
| 恽 | Yùn | 2428 |
| [惲] | | |
| 运 | yùn | 2426 |
| [運] | | |
| 芸 | yún | 2425 |
| [蕓] | | |

| | | |
|---|---|---|
| 贠 | Yùn | 2426 |
| [貟] | | |
| 员 | Yùn | 2428 |
| [員] | | |
| 妘 | Yún | 2425 |
| 纭 | yún | 2426 |
| [紜] | | |
| 殒 | yǔn | 2426 |
| [殞] | | |
| 耘 | yún | 2426 |
| 筼 | yún | 2426 |
| [篔] | | |
| 韵 | yùn | 2428 |

### 【 울 】

| | | |
|---|---|---|
| 郁 | yù | 2399 |
| [鬱] | | |
| 菀 | yù | 2402 |
| 蔚 | Yù | 2405 |
| 熨 | yù | 2405 |
| | yùn | 2429 |
| 黦 | yuè | 2423 |

### 【 웅 】

| | | |
|---|---|---|
| 熊 | xióng | 2197 |
| 雄 | xióng | 2195 |

### 【 원 】

| | | |
|---|---|---|
| 冤 | yuān | 2406 |
| 浑 | hùn | 875 |
| [渾] | | |
| 元 | yuán | 2407 |
| 原 | yuán | 2408 |
| 爰 | yuán | 2408 |
| 院 | yuàn | 2417 |
| 沅 | Yuán | 2408 |
| 洹 | Huán | 844 |
| 湲 | yuán | 2413 |
| 源 | yuán | 2413 |
| 远 | yuǎn | 2414 |
| [遠] | | |
| 垣 | yuán | 2408 |
| 塬 | yuán | 2413 |
| 芫 | yán | 2246 |

| | | |
|---|---|---|
| | yuán | 2408 |
| 苑 | yuàn | 2416 |
| 援 | yuán | 2413 |
| 员 | yuán | 2408 |
| [員] | yún | 2425 |
| 园 | yuán | 2408 |
| [園] | | |
| 圆 | yuán | 2411 |
| [圓] | | |
| 阛 | yuán | 2414 |
| 鼋 | yuān | 2405 |
| 衍 | yuàn | 2417 |
| 猿 | yuán | 2413 |
| 媛 | yuán | 2413 |
| | yuán | 2417 |
| 嫄 | yuán | 2414 |
| 怨 | yuàn | 2416 |
| 愿 | yuàn | 2417 |
| [願] | | |
| 瑗 | yuàn | 2417 |
| 辕 | yuán | 2414 |
| [轅] | | |
| 阮 | ruǎn | 1652 |
| 畹 | wǎn | 2003 |
| 鸳 | yuān | 2405 |
| [鴛] | | |
| 鹓 | yuān | 2407 |
| [鵷] | | |
| 螈 | yuán | 2414 |
| 鼌 | yuán | 2413 |
| [鼂] | | |

### 【 월 】

| | | |
|---|---|---|
| 粤 | Yuè | 2422 |
| 刖 | yuè | 2420 |
| 捝 | yuè | 2420 |
| 玥 | yuè | 2420 |
| 樾 | yuè | 2422 |
| 軏 | yuè | 2420 |
| [軏] | | |
| 月 | yuè | 2418 |
| 钺 | yuè | 2420 |
| [鉞] | | |
| 越 | yuè | 2421 |

### 【 위 】

| | | |
|---|---|---|
| 为 | wéi | 2016 |
| [爲] | wèi | 2026 |
| 诿 | wěi | 2024 |
| [諉] | | |
| 谓 | wèi | 2029 |
| [謂] | | |
| 伪 | wěi | 2022 |
| [偽] | | |
| 伟 | wěi | 2021 |
| [偉] | | |
| 位 | wèi | 2028 |
| 卫 | wèi | 2025 |
| [衛] | | |
| 危 | wēi | 2013 |
| 沩 | Wéi | 2019 |
| [溈] | | |
| 沣 | wéi | 2019 |
| [潙] | | |
| 洈 | Wéi | 2019 |
| 溃 | wèi | 2020 |
| [澫] | | |
| 渭 | Wèi | 2030 |
| 闱 | wéi | 2019 |
| [闈] | | |
| 违 | wéi | 2018 |
| [違] | | |
| 逶 | wēi | 2014 |
| 芛 | Wěi | 2022 |
| [蔿] | | |
| 苇 | wěi | 2022 |
| [葦] | | |
| 萎 | wěi | 2024 |
| 葳 | wēi | 2015 |
| 蔚 | wèi | 2030 |
| 尉 | wèi | 2029 |
| 喊 | wēi | 2014 |
| 喟 | kuì | 1138 |
| 喂 | wèi | 2030 |
| 围 | wéi | 2018 |
| [圍] | | |
| 帏 | wéi | 2019 |
| [幃] | | |
| 猬 | wèi | 2030 |

| 委 | wěi | 2013 | 儒 | rú | 1645 | 騟 | yú | 2391 | 繇 | yóu | 2373 |
| | wěi | 2023 | 鄃 | Shū | 1793 | [騟] | | | 酉 | yǒu | 2381 |
| 威 | wēi | 2013 | 幽 | yōu | 2364 | 斿 | yóu | 2371 | 蹂 | róu | 1642 |
| 纬 | wěi | 2023 | 油 | yóu | 2368 | 煣 | róu | 1642 | 釉 | yòu | 2384 |
| [緯] | | | 洧 | wěi | 2024 | 悠 | yōu | 2365 | 鲉 | yóu | 2373 |
| 炜 | wěi | 2024 | 游 | yóu | 2371 | 愈 | yù | 2404 | [鮋] | | |
| [煒] | | | 渝 | yú | 2391 | 瑜 | yú | 2391 | 鲔 | wěi | 2025 |
| 慰 | wèi | 2030 | 潍 | Wéi | 2021 | 柚 | yóu | 2371 | [鮪] | | |
| 玮 | wěi | 2023 | [濰] | | | | yòu | 2383 | 鳒 | róu | 1642 |
| [瑋] | | | 濡 | rú | 1646 | 柔 | róu | 1641 | [鰇] | | |
| 韦 | wéi | 2016 | 惟 | wéi | 2020 | 桜 | ruǐ | 1652 | 鞣 | róu | 1642 |
| [韋] | | | 愉 | yú | 2391 | 楢 | yóu | 2373 | 黝 | yǒu | 2381 |
| 铧 | wěi | 2024 | 宥 | yòu | 2383 | 揄 | yú | 2391 | 鼬 | yòu | 2384 |
| [韠] | | | 庾 | yǔ | 2397 | 猷 | yóu | 2373 | | | |
| 騩 | wěi | 2025 | 遗 | wèi | 2030 | 輶 | yóu | 2373 | 【육】 | | |
| [騩] | | | [遺] | yí | 2311 | [輶] | | | 肉 | ròu | 1642 |
| 晖 | wěi | 2023 | 逾 | yú | 2391 | 輮 | róu | 1642 | 毓 | yù | 2405 |
| [暐] | | | 莜 | yóu | 2371 | [輮] | | | 淯 | Yù | 2402 |
| 胃 | wèi | 2029 | 莸 | yóu | 2371 | 鮋 | yú | 2392 | 堉 | yù | 2402 |
| 痿 | wěi | 2025 | [蕕] | | | [鮋] | | | 唷 | yō | 2357 |
| 尉 | wèi | 2030 | 萸 | yú | 2390 | 鮋 | shū | 1796 | 粥 | yù | 2404 |
| 熨 | wèi | 2031 | 薷 | rú | 1646 | 牖 | yǒu | 2381 | 鬻 | yù | 2405 |
| [燙] | | | 蕤 | ruí | 1652 | 有 | yǒu | 2374 | 育 | yō | 2357 |
| 踒 | wō | 2042 | 揄 | yú | 2390 | | yòu | 2383 | | yù | 2399 |
| 霨 | wèi | 2031 | 揉 | róu | 1641 | 腴 | yú | 2391 | | | |
| 鳚 | wèi | 2031 | 孺 | rǔ | 1647 | 歙 | yú | 2392 | 【윤】 | | |
| [鰃] | | | 吁 | yù | 2398 | 窬 | yú | 2392 | 尹 | yǐn | 2339 |
| 敆 | wěi | 2025 | [籲] | | | 窳 | yǔ | 2397 | 胤 | yìn | 2345 |
| 魏 | Wèi | 2030 | 呦 | yōu | 2364 | 痏 | wěi | 2025 | 允 | yǔn | 2426 |
| | | | 唯 | wéi | 2020 | 瘐 | yǔ | 2397 | 润 | rùn | 1653 |
| 【유】 | | | 喻 | yù | 2391 | 裕 | yù | 2404 | [潤] | | |
| 由 | yóu | 2366 | 嚅 | rú | 1646 | 褕 | yú | 2393 | 闰 | rùn | 1653 |
| 乳 | rǔ | 1646 | 囿 | yòu | 2383 | 襦 | rú | 1646 | [閏] | | |
| 诱 | yòu | 2384 | 帷 | wéi | 2020 | 铀 | yóu | 2371 | 狁 | yǔn | 2426 |
| [誘] | | | 崳 | yú | 2391 | [鈾] | | | 昀 | yún | 2426 |
| 谀 | yú | 2389 | 犹 | yóu | 2368 | 銪 | yǒu | 2381 | 赟 | yūn | 2423 |
| [諛] | | | [猶] | | | [銪] | | | [贇] | | |
| 谕 | yù | 2403 | 狖 | yòu | 2383 | 羑 | yǒu | 2381 | 鋆 | yún | 2426 |
| [諭] | | | 偷 | yǔ | 2397 | 籲 | rú | 1646 | | | |
| 卣 | yǒu | 2381 | [貐] | | | [籲] | | | 【율】 | | |
| 臾 | yú | 2388 | 矮 | ruí | 1652 | 蚰 | yóu | 2371 | 燏 | yù | 2405 |
| 俞 | yú | 2389 | [矮] | | | 蚴 | yòu | 2384 | 聿 | yù | 2398 |
| 攸 | yōu | 2364 | 维 | wéi | 2021 | 蝣 | yóu | 2373 | 欥 | yù | 2400 |
| 侑 | yòu | 2383 | [維] | | | 蝓 | yú | 2393 | [欥] | | |

矞 yù 2404

## 【융】

狨 róng 1638
娀 Sōng 1847
绒 róng 1638
[絨]
戎 róng 1637
肜 róng 1637
融 róng 1640

## 【은】

讔 yǐn 2344
[讔]
隐 yǐn 2342
[隱]
鄞 Yín 2339
溵 yīn 2337
闉 yín 2337
[闉]
圻 yín 2337
垠 yín 2337
听 yìn 2345
蒽 ēn 514
摁 èn 514
嗯 éng 514
　 ěng 514
　 èng 515
嚚 yín 2339
狺 yín 2337
缙 yǐn 2344
[縉]
恩 ēn 514
慭 yìn 2345
[憖]
齗 yǐn 2344
[齦]
殷 yīn 2336
　 yín 2342
瘾 yǐn 2344
[癮]
银 yín 2337
[銀]
龂 yín 2339

齗 yín 2339
龈 yín 2339
[齦]

## 【을】

乙 yǐ 2314
圪 gē 653
钇 yǐ 2318
[釔]

## 【음】

阴 yīn 2332
[陰]
淫 yín 2338
愔 yīn 2337
荫 yīn 2334
[蔭] yìn 2345
吟 yín 2337
喑 yīn 2336
崟 yín 2337
饮 yǐn 2342
[飲] yìn 2345
窨 xūn 2227
　 yìn 2345
蟫 yín 2339
霪 yín 2339
音 yīn 2334

## 【읍】

泣 qì 1536
浥 yì 2327
悒 yì 2327
挹 yì 2326
揖 yī 2308
邑 yì 2324
唈 yì 2327

## 【응】

凝 níng 1424
应 yīng 2346
[應] yìng 2353
膺 yīng 2348
鹰 yīng 2348
[鷹]

## 【의】

义 yì 2320
[義]
疑 yí 2313
议 yì 2322
[議]
谊 yì 2327
[誼]
医 yī 2306
[醫]
劓 yì 2330
仪 yí 2308
[儀]
依 yī 2306
倚 yǐ 2319
矣 yǐ 2319
漪 yī 2308
宜 yí 2309
懿 yì 2331
薿 nǐ 1412
拟 nǐ 1411
[擬]
嶷 yí 2314
猗 yī 2308
饻 xī 2074
[餏]
饐 yì 2330
[饐]
旖 yǐ 2320
意 yì 2328
扆 yǐ 2319
禕 yī 2308
[禕]
椅 yī 2308
　 yǐ 2319
毅 yì 2330
铱 yī 2308
[銥]
镱 yì 2331
[鐿]
疑 yí 2313
衣 yī 2305
　 yì 2322

## 【이】

而 ér 515
迤 yí 2309
[迆]
诒 yí 2309
[詒]
二 èr 518
匜 yí 2308
刵 èr 521
以 yǐ 2315
伊 yī 2305
佴 èr 521
洱 ěr 518
涃 ér 516
怡 yí 2309
宧 yí 2310
廙 yì 2330
迆 yǐ 2319
迩 ěr 518
[邇]
圯 yí 2309
苡 yǐ 2319
苢 yǐ 2319
荑 yí 2310
夷 yí 2309
异 yì 2323
[異]
彝 yí 2314
式 èr 521
贰 èr 521
[貳]

| | | | | | | | | | | |
|---|---|---|---|---|---|---|---|---|---|---|
| 尔 | ěr | 516 | [鯏] | | | 食 | yì | 2326 | (煙) | |
| [爾] | | | 黟 | Yī | 2308 | 忍 | rěn | 1630 | 纴 | rèn | 1634 |
| 咦 | yí | 2310 | | | | 湮 | yīn | 2337 | [紝] | |
| 咿 | yī | 2308 | **【익】** | | | 韧 | rèn | 1634 | 恁 | nèn | 1407 |
| 咡 | èr | 521 | | | | [靭] | | | 赁 | lìn | 1235 |
| 狸 | lù | 1274 | 益 | yì | 2327 | 轫 | rèn | 1634 | [賃] | |
| 饴 | yí | 2309 | 弋 | yì | 2320 | [軔, 靭] | | | 衽 | rèn | 1634 |
| [飴] | | | 嗌 | ài | 9 | 牣 | rèn | 1634 | (袵) | |
| 饵 | ěr | 518 | | yì | 2328 | 氤 | yīn | 2336 | 稔 | rěn | 1631 |
| [餌] | | | 杙 | yì | 2324 | 歅 | yīn | 2337 | | | |
| 已 | yǐ | 2315 | 翊 | yì | 2328 | 铟 | yīn | 2336 | **【입】** | |
| 弛 | chí | 253 | 翌 | yì | 2328 | [銦] | | | 廿 | niàn | 1418 |
| 姨 | yí | 2310 | 鹢 | yì | 2330 | 蚓 | yǐn | 2342 | 入 | rù | 1647 |
| 廖 | yí | 2310 | [鷁] | | | 螾 | yǐn | 2344 | | | |
| 珥 | ěr | 518 | 翊 | yì | 2328 | 鮣 | yìn | 2345 | **【잉】** | |
| 栮 | yí | 2310 | 翼 | yì | 2331 | [鮣] | | | 剩 | shèng | 1737 |
| 杙 | yí | 2310 | | | | 靷 | yǐn | 2344 | 仍 | réng | 1635 |
| 桋 | yí | 2313 | **【인】** | | | | | | 扔 | rēng | 1634 |
| 樲 | èr | 521 | 认 | rèn | 1631 | | | | 媵 | yìng | 2357 |
| [樲] | | | [認] | | | **【일】** | | | 礽 | réng | 1635 |
| 輀 | ér | 516 | 订 | rèn | 1633 | 一 | yī | 2288 | | | |
| [輀] | | | [訒] | | | 佚 | yì | 2324 | **【자】** | |
| 眙 | yí | 2309 | 人 | rén | 1624 | 佾 | yì | 2326 | 薦 | zī | 2584 |
| [貽] | yì | 2324 | 仁 | rén | 1630 | 泆 | yì | 2326 | 刺 | cī | 312 |
| 贻 | yí | 2310 | 仞 | rèn | 1633 | 溢 | yì | 2329 | | cì | 318 |
| [貽] | | | 刃 | rèn | 1631 | 逸 | yì | 2327 | 兹 | cí | 313 |
| 胹 | ér | 516 | 寅 | yín | 2339 | 壹 | yī | 2308 | | zī | 2582 |
| 胰 | yí | 2310 | 闉 | yīn | 2337 | 馹 | rì | 1637 | 仔 | zǎi | 2433 |
| 肄 | yì | 2328 | [闉] | | | [馹] | | | | zī | 2582 |
| 痍 | yí | 2311 | 堙 | yīn | 2336 | 燚 | yì | 2330 | | zǐ | 2585 |
| 眙 | chì | 259 | 茚 | yìn | 2345 | 轶 | yì | 2326 | 借 | jiè | 1000 |
| | yí | 2310 | 茵 | yīn | 2334 | [軼] | | | [藉] | |
| 鉺 | ěr | 518 | 吲 | yǐn | 2342 | 日 | rì | 1635 | 泚 | cǐ | 316 |
| [鉺] | | | 因 | yīn | 2331 | 映 | yì | 2326 | 滋 | zī | 2583 |
| 移 | yí | 2311 | 霪 | yín | 2339 | 镒 | yì | 2330 | 字 | zì | 2594 |
| 鸸 | ér | 516 | 引 | yǐn | 2339 | [鎰] | | | 蔗 | zhè | 2484 |
| [鴯] | | | 姻 | yīn | 2336 | | | | 茨 | cí | 313 |
| 耳 | ěr | 516 | 纫 | rèn | 1634 | **【임】** | | | 茈 | cí | 313 |
| 颐 | yí | 2313 | [紉] | | | 壬 | rén | 1630 | | zǐ | 2586 |
| [頤] | | | 细 | yīn | 2336 | 任 | Rén | 1630 | 资 | cí | 314 |
| 蛇 | yí | 2310 | [絪] | | | | rèn | 1633 | [資] | |
| | | | 驲 | yīn | 2336 | 荏 | rěn | 1631 | 蔗 | zhè | 2484 |
| 篒 | yí | 2314 | [馹] | | | 饪 | rèn | 1634 | 藉 | jiè | 1001 |
| 鲕 | ér | 516 | 烟 | yīn | 2336 | [飪, 餁] | | | 咨 | zī | 2582 |
| | | | | | | 妊 | rèn | 1634 | 呲 | cī | 312 |

| | | | | | | | | | |
|---|---|---|---|---|---|---|---|---|---|
| 呰 | zǐ | 2586 | 醡 | zhà | 2456 | 笮 | zuó | 2613 | 杂 | zá | 2430 |
| 嗞 | zī | 2583 | 跐 | cī | 312 | 酌 | zhuó | 2580 | [雜] | | |
| 啙 | zǐ | 2586 | | cǐ | 317 | 酢 | zuò | 2621 | 砸 | zá | 2432 |
| 嵫 | zī | 2583 | 觜 | zī | 2584 | | | | 眨 | zhǎ | 2454 |
| 姊 | zǐ | 2586 | 雌 | cí | 315 | 【잔】 | | | 霅 | Zhà | 2455 |
| (姉) | | | 鮓 | zhǎ | 2454 | 刬 | chǎn | 201 | | | |
| 姿 | zī | 2582 | [鮺] | | | [剗] | chàn | 202 | 【장】 | | |
| 煮 | zhǔ | 2555 | 髭 | zī | 2584 | 孱 | chán | 199 | 丈 | zhàng | 2469 |
| 恣 | zì | 2595 | | | | 潺 | chán | 199 | 长 | cháng | 203 |
| 慈 | cí | 315 | 【작】 | | | 孱 | càn | 176 | [長] | zhǎng | 2467 |
| 柘 | zhè | 2484 | 作 | zuō | 2612 | | chán | 199 | 匠 | jiàng | 963 |
| 榨 | zhà | 2455 | | zuò | 2614 | 驏 | chán | 202 | 仗 | zhàng | 2469 |
| 瓷 | cí | 313 | 勺 | sháo | 1703 | [驏] | | | 僮 | zhuàng | 2572 |
| 者 | zhě | 2482 | 怍 | zuò | 2619 | 栈 | zhàn | 2462 | 障 | zhàng | 2470 |
| 资 | zī | 2582 | 芍 | sháo | 1703 | [棧] | | | 鄣 | Zhāng | 2466 |
| [資, 貲] | | | 苲 | zhǎ | 2454 | 残 | cán | 172 | 漳 | Zhāng | 2467 |
| 牸 | zì | 2595 | 雀 | qiāo | 1560 | [殘] | | | 壮 | Zhuāng | 2569 |
| 痄 | zhà | 2455 | | qiǎo | 1564 | 盏 | zhǎn | 2460 | [壯] | zhuàng | 2571 |
| 疵 | cī | 312 | | què | 1612 | [盞] | | | 妆 | zhuāng | 2569 |
| 褯 | jiè | 1001 | 嚼 | jiáo | 973 | | | | [妝, 粧] | | |
| 磁 | cí | 315 | | jiào | 982 | 【잠】 | | | 戕 | qiāng | 1554 |
| 镃 | zī | 2584 | | jué | 1066 | 涔 | cén | 186 | 斨 | qiāng | 1554 |
| [鎡] | | | 岞 | zuò | 2619 | 湛 | zhàn | 2464 | 牂 | zāng | 2439 |
| 秭 | zǐ | 2586 | 妁 | shuò | 1829 | 潜 | qián | 1549 | 将 | jiāng | 958 |
| 鹚 | cí | 316 | 婥 | chuò | 311 | 岑 | cén | 186 | [將] | jiàng | 964 |
| [鷀] | | | 绰 | chāo | 215 | 熸 | jiān | 943 | | qiāng | 1554 |
| 鹧 | zhè | 2484 | [綽] | chuò | 311 | 昝 | zǎn | 2438 | 庄 | zhuāng | 2569 |
| [鷓] | | | 缴 | zhuó | 2581 | 暂 | zàn | 2438 | [莊] | | |
| 鲝 | zhǎ | 2454 | [繳] | | | [暫] | | | 场 | cháng | 207 |
| [鮺] | | | 灼 | zhuó | 2579 | 赚 | zhuàn | 2568 | [場] | chǎng | 210 |
| 籽 | zǐ | 2586 | 炸 | zhá | 2453 | [賺] | zuàn | 2608 | 墙 | qiáng | 1557 |
| 粢 | cī | 312 | | zhà | 2455 | 鸩 | chén | 230 | [墙, 牆] | | |
| | zī | 2583 | 爝 | jué | 1067 | [鴆] | | | 苌 | cháng | 207 |
| 糍 | cí | 316 | 禚 | Zhuó | 2581 | 蚕 | cán | 174 | [萇] | | |
| 耔 | zǐ | 2586 | 柞 | Zhà | 2454 | [蠶] | | | 蒋 | Jiǎng | 962 |
| 耔 | zǐ | 2586 | | zuò | 2619 | 箴 | zhēn | 2489 | [蔣] | | |
| 芦 | zhè | 2484 | 昨 | zuó | 2612 | 簪 | zān | 2437 | 葬 | zàng | 2440 |
| 笫 | zǐ | 2586 | 斫 | zhuó | 2579 | | | | 蔷 | qiáng | 1557 |
| 自 | zì | 2587 | 爵 | jué | 1066 | 【잡】 | | | [薔] | | |
| 紫 | zǐ | 2586 | 砟 | zhǎ | 2454 | 匝 | zā | 2430 | 藏 | cáng | 178 |
| 訾 | zī | 2584 | 碏 | què | 1613 | 卡 | qiǎ | 1537 | | zàng | 2440 |
| | zǐ | 2587 | 噍 | jiào | 982 | 咂 | zā | 2430 | 奖 | jiǎng | 962 |
| 赵 | zī | 2584 | 鹊 | què | 1613 | 喋 | zhá | 2453 | [獎] | | |
| 赭 | zhě | 2482 | [鵲] | | | 噆 | zǎn | 2438 | 奘 | zàng | 2440 |

|   |   |   |   |   |   |   |   |   |   |   |   |
|---|---|---|---|---|---|---|---|---|---|---|---|
| 㞎 | zhuǎng | 2571 | [螫] |  |  | 狰 | zhēng | 2496 | 咀 | jǔ | 1049 |
| 掌 | zhǎng | 2468 | 蟑 | zhāng | 2467 | 瞠 | chēng | 232 | 狙 | jū | 1046 |
| 帐 | zhàng | 2470 | 酱 | jiàng | 964 | 铛 | chēng | 233 | 猪 | zhū | 2549 |
| [帳] |  |  | [醬] |  |  | [鐺] |  |  | (豬) |  |  |
| 幛 | zhàng | 2471 | 踏 | qiāng | 1555 | 铮 | zhēng | 2496 | 姐 | jiě | 994 |
| 嶂 | zhàng | 2471 | [蹡] |  |  | [錚] |  |  | 纻 | zhù | 2558 |
| 獐 | zhāng | 2466 | 蹡 | qiàng | 1560 | 筝 | zhēng | 2496 | [紵] |  |  |
| 怅 | zhāng | 2465 | 鳉 | jiāng | 960 | 睁 | zhēng | 2496 | 杵 | chǔ | 287 |
| [悵] |  |  | [鱂] |  |  |  |  |  | 杼 | zhù | 2558 |
| 张 | zhāng | 2465 |  |  |  |  |  |  | 柢 | dǐ | 425 |
| [張] |  |  | 【 재 】 |  |  | 【 저 】 |  |  | 楮 | chǔ | 287 |
| 嫜 | zhāng | 2467 | 才 | cái | 163 | 氐 | dī | 416 | 楮 | zhǔ | 2550 |
| 嫱 | qiáng | 1557 | 再 | zài | 2434 |  | dǐ | 422 | [櫧] |  |  |
| [嬙] |  |  | 儽 | zài | 2437 | 伫 | zhǔ | 2555 | 樗 | chū | 283 |
| 绱 | shàng | 1701 | [儎] |  |  | [佇] |  |  | 櫫 | zhū | 2550 |
| [緔] |  |  | 滓 | zǐ | 2587 | 诅 | zǔ | 2605 | 贮 | zhù | 2558 |
| 驵 | zǎng | 2440 | 灾 | zāi | 2432 | [詛] |  |  | [貯] |  |  |
| [駔] |  |  | 宰 | zǎi | 2433 | 诋 | dǐ | 422 | 毑 | jiě | 995 |
| 璋 | zhāng | 2467 | 在 | zài | 2435 | [詆] |  |  | 疽 | jū | 1047 |
| 杖 | zhàng | 2470 | 哉 | zāi | 2433 | 伫 | zhù | 2556 | 褚 | Chǔ | 288 |
| 桨 | jiǎng | 962 | 崽 | zǎi | 2434 | [佇] |  |  |  | zhǔ | 2556 |
| [槳] |  |  | 甾 | zāi | 2433 | 低 | dī | 416 | 置 | jū | 1047 |
| 桩 | zhuāng | 2570 | 斋 | zhāi | 2456 | 储 | chǔ | 287 | 羝 | dī | 419 |
| [椿] |  |  | [齋] |  |  | [儲] |  |  | 蛆 | qū | 1598 |
| 樟 | zhāng | 2467 | 材 | cái | 164 | 阻 | zǔ | 2605 | 箸 | zhù | 2561 |
| 樯 | qiáng | 1557 | 栽 | zāi | 2433 | 邸 | dǐ | 422 | 篨 | chú | 285 |
| [檣] |  |  | 梓 | zǐ | 2586 | 沮 | Jū | 1046 | 翥 | zhù | 2561 |
| 账 | zhàng | 2470 | 载 | zǎi | 2433 |  | jù | 1053 | 趄 | jū | 1047 |
| [賬] |  |  | [載] | zài | 2437 | 渚 | zhǔ | 2555 | 踽 | chú | 286 |
| 赃 | zāng | 2439 | 财 | cái | 164 | 滁 | Chú | 285 | 龃 | jǔ | 1051 |
| [贓] |  |  | [財] |  |  | 潴 | zhū | 2550 | [齟] |  |  |
| 肠 | cháng | 207 | 裁 | cái | 165 | 底 | •de | 410 | 雎 | jū | 1047 |
| [腸] |  |  | 帜 | zhǎi | 2457 |  | dǐ | 424 | 骶 | dǐ | 425 |
| 浆 | jiāng | 959 |  |  |  | 这 | zhè | 2482 |  |  |  |
| [漿] |  |  | 【 쟁 】 |  |  | [這] | zhèi | 2484 | 【 적 】 |  |  |
| 章 | zhāng | 2466 | 诤 | zhèng | 2502 | 坻 | dǐ | 423 | 谪 | zhé | 2482 |
| 瘴 | zhàng | 2471 | [諍] |  |  | 苎 | zhù | 2556 | [謫] |  |  |
| 礃 | zhǎng | 2469 | 争 | zhēng | 2493 | [苧] |  |  | 滴 | dī | 419 |
| 锖 | qiāng | 1555 | 阐 | zhēng | 2504 | 苧 | zhù | 2556 | 寂 | jì | 922 |
| [錆] |  |  | [閘] |  |  | 苴 | jū | 1046 | 迪 | dí | 420 |
| 装 | zhuāng | 2570 | 挣 | zhēng | 2495 | 菹 | zū | 2604 | 迹 | jì | 919 |
| [裝] |  |  |  | zhèng | 2504 | 著 | zhù | 2559 | 适 | shì | 1771 |
| 臧 | zāng | 2440 | 噌 | chēng | 234 | 薯 | shǔ | 1800 | [適] |  |  |
| 螀 | jiāng | 960 | 峥 | zhēng | 2495 | 抵 | dǐ | 423 | 迭 | tì | 1911 |
|   |   |   |   |   |   | 搐 | chū | 283 |   |   |   |

# 전~절

| | | | | | | | | | | |
|---|---|---|---|---|---|---|---|---|---|---|
| 荻 | dí | 421 | [專] | Zhuān | 2563 | [轉] | | | 砖 | zhuān | 2565 |
| 菂 | dì | 430 | 电 | diàn | 437 | 巅 | diān | 434 | [磚] | | |
| 藉 | jí | 911 | [電] | | | [巔] | | | 碘 | diǎn | 437 |
| 摘 | zhāi | 2456 | 戋 | jiān | 952 | 饯 | jiàn | 952 | 田 | tián | 1919 |
| 擿 | tī | 1905 | [戔] | | | [餞] | | | 甸 | diàn | 443 |
| 嘀 | dī | 419 | 诠 | quán | 1608 | 饘 | zhān | 2459 | 畋 | tián | 1919 |
| | dí | 422 | [詮] | | | [饘] | | | 钱 | qián | 1548 |
| 狄 | Dí | 420 | 谫 | jiǎn | 949 | 展 | zhǎn | 2460 | [錢] | | |
| 嫡 | dí | 422 | [譾] | | | 缠 | chán | 199 | 钿 | diàn | 444 |
| 绩 | jì | 922 | 前 | qián | 1544 | [纏] | | | [鈿] | tián | 1919 |
| [績] | | | 典 | diǎn | 434 | 煎 | jiān | 942 | 铨 | quán | 1609 |
| 炙 | zhì | 2525 | 奠 | diàn | 444 | 旃 | zhān | 2459 | [銓] | | |
| 樀 | dī | 420 | 全 | quán | 1605 | 瑑 | zhuàn | 2568 | 镌 | juān | 1058 |
| 贼 | zéi | 2448 | 传 | chuán | 293 | 瑱 | zhèn | 2491 | [鎸] | | |
| [賊] | | | [傳] | zhuàn | 2568 | 栓 | shuān | 1809 | 鹯 | zhān | 2459 |
| 觌 | dí | 422 | 佃 | diàn | 442 | 栴 | zhān | 2459 | [鸇] | | |
| [覿] | | | | tián | 1919 | 转 | zhuǎi | 2562 | 颛 | zhuān | 2565 |
| 襀 | jī | 900 | 佺 | quán | 1608 | [轉] | zhuǎn | 2565 | [顓] | | |
| [禶] | | | 倎 | diàn | 433 | | zhuàn | 2568 | 颠 | diān | 433 |
| 碛 | qì | 1536 | [儔] | | | 辁 | quán | 1608 | [顛] | | |
| [磧] | | | 甸 | diàn | 443 | [輇] | | | 颤 | chàn | 202 |
| 镝 | dī | 420 | 剪 | jiǎn | 946 | 辗 | zhǎn | 2461 | [顫] | zhàn | 2465 |
| [鏑] | dí | 422 | 沌 | Zhuàn | 2568 | [輾] | | | 笺 | jiān | 942 |
| 积 | jī | 896 | 淀 | diàn | 444 | 戋 | jiān | 936 | [箋] | | |
| [積] | | | 湔 | tiǎn | 1921 | [戔] | | | 筌 | quán | 1609 |
| 的 | ·de | 410 | 渐 | jiān | 942 | 战 | zhàn | 2462 | 箭 | jiàn | 957 |
| | dí | 420 | 滇 | Diān | 433 | [戰] | | | 篆 | zhuàn | 2569 |
| | dì | 430 | [滇] | | | 戬 | jiǎn | 949 | 翦 | Jiǎn | 949 |
| 籴 | dí | 421 | 澶 | chán | 199 | 觇 | tiǎn | 1921 | 醛 | quán | 1609 |
| [糴] | | | 瀍 | Chán | 200 | [覘] | | | 蹎 | diān | 434 |
| 頔 | dí | 422 | 悛 | quān | 1604 | 毡 | zhān | 2458 | [蹎] | | |
| [頔] | | | 惦 | tiǎn | 1921 | [氈] | | | 躔 | niǎn | 1418 |
| 笛 | dí | 422 | 廛 | chán | 199 | 畋 | tián | 1919 | 躔 | chán | 200 |
| 籍 | jí | 911 | 阗 | tián | 1921 | 脤 | zhuān | 2565 | 靛 | diàn | 445 |
| 翟 | dí | 422 | [闐] | | | [膞] | | | 鳣 | zhān | 2459 |
| | Zhái | 2457 | 遭 | zhān | 2459 | 胺 | juān | 1058 | [鱣] | | |
| 趯 | tì | 1912 | 填 | tián | 1920 | | zuī | 2608 | 鬋 | jiǎn | 949 |
| 赤 | chì | 257 | 荃 | quán | 1608 | 腆 | tiǎn | 1921 | | | |
| 踖 | jí | 911 | 拴 | shuān | 1809 | 膻 | shān | 1683 | **【 절 】** | | |
| 蹢 | dí | 422 | 揃 | jiǎn | 946 | 殿 | diàn | 445 | 切 | qiē | 1565 |
| 觺 | dí | 422 | 搌 | zhǎn | 2461 | 痊 | quán | 1609 | | qiè | 1566 |
| | | | 撷 | diān | 434 | 瘨 | diàn | 445 | 沏 | qī | 1515 |
| **【 전 】** | | | [擷] | | | 癫 | diān | 434 | 浙 | Zhè | 2484 |
| 专 | zhuān | 2562 | 啭 | zhuàn | 2568 | [癲] | | | 节 | jiē | 982 |

| | | | | | | | | | |
|---|---|---|---|---|---|---|---|---|---|
| [節] | jié | 988 | | | | 定 | dìng | 460 | 睛 jīng 1023 |
| 折 | shé | 1707 | **【접】** | | | 庭 | tíng | 1935 | 町 dīng 455 |
| | zhē | 2478 | 惵 | dié | 453 | 埕 | chéng | 242 | tǐng 1937 |
| | zhé | 2480 | 折 | zhé | 2480 | 莛 | tíng | 1935 | 钉 dīng 455 |
| 绝 | jué | 1063 | (摺) | | | 葶 | tíng | 1937 | [釘] dìng 460 |
| [絶] | | | 接 | jiē | 983 | 挺 | tǐng | 1937 | 钲 zhēng 2496 |
| 棳 | zhuō | 2579 | 摵 | dié | 453 | 叮 | dīng | 455 | [鉦] |
| 截 | jié | 993 | 碟 | dié | 453 | 呈 | chéng | 238 | 锭 dìng 463 |
| 晢 | zhé | 2481 | 蝶 | dié | 453 | 啶 | dìng | 463 | [錠] tǐng 1938 |
| 窃 | qiè | 1567 | 跕 | diē | 451 | 帧 | zhēn | 2486 | 锃 zèng 2451 |
| [竊] | | | 踮 | diǎn | 437 | [幀] | | | [鋥] |
| 疖 | jiē | 983 | 蹀 | dié | 453 | 征 | zhēng | 2494 | 锭 dìng 463 |
| [癤] | | | 鲽 | dié | 453 | 钉 | dīng | 460 | [錠] |
| 蜐 | jié | 993 | [鰈] | | | [釘] | | | 程 chéng 243 |
| [蠘] | | | | | | 婷 | tíng | 1937 | 精 jīng 1023 |
| 螲 | dié | 453 | **【정】** | | | 旌 | jīng | 1021 | 耵 dīng 455 |
| | | | 丁 | dīng | 454 | 祯 | zhēn | 2488 | 顶 dǐng 456 |
| **【점】** | | | 井 | jǐng | 1026 | [禎] | | | [頂] |
| 占 | zhān | 2458 | 正 | zhēng | 2493 | 玎 | dīng | 455 | 颋 tǐng 1938 |
| | zhàn | 2461 | | zhèng | 2498 | 珽 | tǐng | 1938 | [頲] |
| 贴 | diàn | 443 | 整 | zhěng | 2497 | 枨 | chéng | 239 | 蛏 chēng 233 |
| 沾 | zhān | 2458 | 停 | tíng | 1935 | [棖] | | | [蟶] |
| 渐 | jiān | 942 | 净 | jìng | 1029 | 柽 | chēng | 231 | 蜓 tíng 1937 |
| [漸] | jiàn | 955 | 清 | qīng | 1588 | [檉] | | | 艇 tǐng 1938 |
| 惦 | diàn | 444 | 订 | dìng | 459 | 桢 | zhēn | 2488 | 赪 chēng 233 |
| 店 | diàn | 443 | [訂] | | | [楨] | | | [赬] |
| 坫 | diàn | 443 | 贞 | zhēn | 2484 | 梃 | tǐng | 1938 | 酊 dīng 455 |
| 垫 | diàn | 443 | [貞] | | | | tìng | 1938 | dǐng 458 |
| [墊] | | | 仃 | dīng | 455 | 桯 | tíng | 1934 | 酲 chéng 244 |
| 苫 | shān | 1682 | 侦 | zhēn | 2485 | 晶 | jīng | 1023 | 静 jìng 1032 |
| | shàn | 1685 | [偵] | | | 靓 | jìng | 1031 | 霆 tíng 1937 |
| 掂 | diān | 433 | 侹 | tǐng | 1937 | [靚] | liàng | 1222 | 靪 dīng 456 |
| 点 | diǎn | 434 | 停 | tíng | 1935 | 政 | zhèng | 2502 | 鞓 tīng 1934 |
| [點] | | | 廷 | tíng | 1934 | 胼 | jīng | 1027 | 睛 jīng 1026 |
| 玷 | diàn | 443 | 阱 | jǐng | 1027 | 腚 | tǐng | 1938 | |
| 飐 | zhǎn | 2460 | 郑 | Zhèng | 2502 | 腚 | dìng | 463 | **【제】** |
| [颭] | | | [鄭] | | | 靖 | jìng | 1032 | 帝 dì 430 |
| 痁 | shān | 1683 | 汀 | tīng | 1932 | 疔 | dīng | 455 | 诸 zhū 2549 |
| 黏 | nián | 1417 | 洴 | jīng | 1027 | 程 | chéng | 244 | [諸] |
| 粘 | zhān | 2459 | 湞 | Zhēn | 2486 | | chěng | 245 | 剂 jì 919 |
| 簟 | diàn | 445 | [湞] | | | 碇 | dìng | 463 | [劑] |
| 鲇 | nián | 1417 | 渟 | tíng | 1937 | 町 | dīng | 455 | 制 zhì 2524 |
| [鮎] | | | 怔 | zhēng | 2495 | 睁 | zhēng | 2496 | [製] |
| 黵 | zhǎn | 2461 | | zhèng | 2502 | 鼎 | dǐng | 458 | 弟 dì 429 |
| 情 | qíng | 1584 | | | | | | | |

| 侪 | chái | 196 | [銻] | | | 助 | zhù | 2556 | 槽 | cáo | 180 |
| [儕] | | | 穧 | jì | 923 | 汈 | Diāo | 445 | 咀 | cú | 326 |
| 俤 | dì | 430 | 鹈 | tí | 1908 | 洮 | Táo | 1895 | 早 | zǎo | 2442 |
| 傺 | chì | 259 | [鵜] | | | 漕 | cáo | 180 | 晁 | Cháo | 218 |
| 际 | jì | 918 | 鹛 | tí | 1908 | 潮 | cháo | 219 | 曹 | cáo | 180 |
| [際] | | | [鶗] | | | 澡 | zǎo | 2443 | 爪 | zhǎo | 2474 |
| 除 | chú | 283 | 题 | tí | 1908 | 慥 | zào | 2445 | | zhuǎ | 2562 |
| 济 | Jǐ | 913 | [題] | | | 懆 | cǎo | 183 | 柞 | zuò | 2619 |
| [濟] | jì | 919 | 蛴 | qí | 1524 | 造 | zào | 2444 | 朓 | tiǎo | 1927 |
| 漈 | jì | 923 | [蠐] | | | 遭 | zāo | 2440 | 朝 | cháo | 218 |
| 悌 | tì | 1911 | 第 | dì | 430 | 垗 | zào | 2444 | | zhāo | 2473 |
| 憏 | chì | 259 | 箌 | zhé | 2482 | 荼 | diào | 448 | 臊 | sāo | 1669 |
| 堤 | dī | 419 | 醍 | tí | 1909 | [藋] | | | | sào | 1670 |
| 荠 | jì | 919 | 跻 | jī | 900 | 藻 | zǎo | 2443 | 肇 | zhào | 2478 |
| [薺] | qí | 1522 | [躋] | | | 找 | zhǎo | 2475 | 窎 | diào | 448 |
| 荑 | tí | 1905 | 蹄 | tí | 1909 | 抓 | zhuā | 2561 | [窵] | | |
| 挤 | jǐ | 912 | 踶 | dì | 433 | 措 | cuò | 336 | 瘄 | cù | 326 |
| [擠] | | | 霁 | jì | 922 | 搊 | zhōu | 2545 | 碉 | diāo | 446 |
| 提 | dī | 419 | [霽] | | | 操 | cāo | 179 | 磆 | cáo | 181 |
| | tí | 1905 | 鲚 | jì | 923 | 叼 | diāo | 445 | 眺 | tiào | 1927 |
| 狾 | zhì | 2528 | [鱭] | | | 唣 | zào | 2444 | 罩 | zhào | 2478 |
| 娣 | dì | 430 | 鮆 | cǐ | 317 | 啁 | zhāo | 2473 | 钓 | diào | 448 |
| 绨 | tí | 1905 | [鮆] | | | | zhōu | 2545 | [釣] | | |
| | tì | 1911 | 鳀 | tí | 1909 | 嘈 | cáo | 180 | 铞 | diào | 451 |
| 缇 | tí | 1908 | [鯷] | | | 嘲 | cháo | 219 | [銱] | | |
| [緹] | | | 鲦 | jì | 923 | | zhāo | 2474 | 租 | zū | 2603 |
| 骎 | tí | 1908 | [鱀] | | | 噪 | zào | 2445 | 稠 | chóu | 269 |
| [騠] | | | | | | 嶆 | qiāo | 1561 | 皂 | zào | 2444 |
| 齐 | jí | 916 | 【 조 】 | | | 徂 | cú | 326 | 鸟 | diǎo | 447 |
| [齊] | qí | 1518 | | | | 条 | tiáo | 1923 | [鳥] | niǎo | 1420 |
| 齑 | jī | 900 | 枣 | zǎo | 2443 | [條] | | | 粗 | cū | 323 |
| [齏] | | | [棗] | | | 组 | zǔ | 2606 | 窕 | tiǎo | 1927 |
| 梯 | tī | 1904 | 兆 | zhào | 2476 | [組] | | | [窱] | | |
| 赍 | jī | 899 | 刁 | diāo | 445 | 绦 | tāo | 1893 | 糙 | cāo | 180 |
| [賫] | | | 弔 | diào | 447 | [縧] | | | 糟 | zāo | 2441 |
| 脐 | qí | 1522 | (吊) | | | 照 | zhào | 2476 | 蚤 | zǎo | 2443 |
| [臍] | | | 凋 | diāo | 445 | 旐 | zhào | 2476 | 蛁 | diāo | 446 |
| 祭 | jì | 921 | 诏 | zhào | 2476 | 灶 | zào | 2444 | 蜩 | tiáo | 1926 |
| 碲 | dī | 419 | [詔] | | | [竈] | | | 螬 | cáo | 181 |
| [禘] | | | 调 | diào | 448 | 燥 | zào | 2446 | 笊 | zhào | 2476 |
| 碲 | dì | 432 | [調] | tiáo | 1924 | 祖 | zǔ | 2606 | 艚 | cáo | 181 |
| 眦 | zì | 2595 | 厝 | cuò | 336 | 柞 | zuò | 2619 | 赵 | Zhào | 2476 |
| 睇 | dì | 432 | 俎 | zǔ | 2606 | 洮 | tiāo | 1922 | [趙] | | |
| 锑 | tī | 1905 | 阼 | zuò | 2619 | 璪 | zǎo | 2443 | | | |

| | | | | | | | | |
|---|---|---|---|---|---|---|---|---|
| 躁 | zào | 2446 | [綜] zōng | 2596 | 罪 zuì | 2610 | [紂] | |
| 雕 | diāo | 446 | 悚 sǒng | 1847 | | | 绌 chōu | 268 |
| 鮡 | zhào | 2478 | [慫] | | 【주】 | | [紬] | |
| [鮴] | | | 琮 cōng | 319 | 州 zhōu | 2544 | 绸 chóu | 269 |
| 鲦 | tiáo | 1926 | [瑽] | | 奏 zòu | 2603 | [綢] | |
| [鰷] | | | 琮 cóng | 323 | 昼 zhòu | 2547 | 驻 zhù | 2558 |
| 鲷 | diāo | 447 | 枞 cōng | 319 | [晝] | | [駐] | |
| [鯛] | | | [樅] zōng | 2595 | 丢 diū | 464 | 誂 tiǎo | 1927 |
| | | | 枞 zhōng | 2538 | 周 zhōu | 2544 | [誂] | |
| 【족】 | | | 棕 zōng | 2596 | 凑 còu | 323 | 炷 zhù | 2559 |
| 蔟 | cù | 326 | 肿 zhǒng | 2539 | 诛 zhū | 2548 | 主 zhǔ | 2552 |
| 族 | zú | 2605 | [腫] | | [誅] | | 珠 zhū | 2548 |
| 簇 | cù | 327 | 腙 zōng | 2597 | 诌 zhōu | 2545 | 朱 zhū | 2547 |
| 足 | zú | 2604 | 疭 zòng | 2600 | [謅] | | [硃] | |
| | | | [瘲] | | 厨 chú | 285 | 柱 zhù | 2559 |
| 【존】 | | | 钟 zhōng | 2538 | 住 zhù | 2557 | 株 zhū | 2549 |
| 尊 | zūn | 2611 | [鐘] | | 侏 zhū | 2548 | 橱 chú | 285 |
| | | | 种 zhǒng | 2539 | 俦 zhōu | 2544 | 辀 zhōu | 2545 |
| 【졸】 | | | [種] zhòng | 2541 | 俦 chóu | 269 | [輈] | |
| 卒 | cù | 326 | 種 zhòng | 2544 | [儔] | | 辏 còu | 323 |
| | zú | 2605 | 粽 zòng | 2600 | 做 zuò | 2620 | [輳] | |
| 拙 | zhuō | 2578 | 螽 zhōng | 2539 | 邾 Zhū | 2548 | 犨 chōu | 268 |
| 捽 | zuó | 2612 | 猣 zòng | 2600 | 注 zhù | 2558 | 籀 zhòu | 2547 |
| 崪 | zú | 2605 | 踪 zōng | 2597 | 洲 zhōu | 2545 | 肘 zhǒu | 2546 |
| 猝 | cù | 326 | 踵 zhǒng | 2540 | 酒 jiǔ | 1038 | 胄 zhòu | 2546 |
| | | | 縂 zōng | 2597 | 漖 shù | 1804 | 腠 còu | 323 |
| 【종】 | | | | | 惆 chóu | 269 | 疰 zhù | 2559 |
| 从 | cóng | 320 | 【좌】 | | [惆] | | 裯 chóu | 271 |
| [從] | | | 佐 zuǒ | 2614 | 宙 zhòu | 2546 | 砫 zhù | 2559 |
| 淙 | cóng | 322 | 座 zuò | 2619 | 遒 qiú | 1595 | 畴 chóu | 269 |
| 忪 | sōng | 1845 | 囘 chuài | 291 | 荮 zhòu | 2546 | [疇] | |
| | zhōng | 2536 | [闥] | | [葤] | | 鳌 zhōu | 2546 |
| 宗 | zōng | 2595 | 左 zuǒ | 2613 | 拄 zhǔ | 2555 | 铥 diū | 465 |
| 圳 | zōng | 2595 | 坐 zuò | 2617 | 揍 zòu | 2603 | [銩] | |
| [堫] | | | 挫 cuò | 336 | 咒 zhòu | 2546 | 铸 zhù | 2560 |
| 苁 | cōng | 319 | 唑 zuò | 2619 | (呪) | | [鑄] | |
| [蓯] | | | 胜 cuǒ | 336 | 咮 zhòu | 2547 | 鸼 zhōu | 2545 |
| 夵 | sóng | 1847 | 痤 cuó | 336 | 呪 zhòu | 2545 | [鵃] | |
| [屪] | | | 锉 cuò | 336 | 嗾 sǒu | 1851 | 蛀 zhù | 2560 |
| 纵 | zòng | 2599 | [銼, 剉] | | 帱 chóu | 269 | 蛛 zhū | 2550 |
| [縱] | | | 矬 cuó | 336 | [幬] | | 筹 chóu | 270 |
| 终 | zhōng | 2537 | 甃 zhuā | 2562 | 䃺 chú | 285 | [籌] | |
| [終] | | | | | 姝 shū | 1792 | 箍 zhòu | 2547 |
| 综 | zèng | 2451 | 【죄】 | | 纣 zhòu | 2546 | 舟 zhōu | 2544 |

| | | | | | | | | | | |
|---|---|---|---|---|---|---|---|---|---|---|
| 鬻 | zhōu | 2545 | 隼 | sǔn | 1866 | 憎 | zēng | 2451 | 吱 | zhī | 2507 |
| [鵃] | | | 隽 | juàn | 1060 | 增 | zēng | 2449 | | zī | 2582 |
| 走 | zǒu | 2600 | | jùn | 1071 | 蒸 | zhēng | 2496 | 知 | zhī | 2508 |
| 酎 | zhòu | 2547 | 鳟 | zūn | 2612 | 拯 | zhěng | 2496 | 曼 | jiào | 982 |
| 踌 | chóu | 271 | [鱒] | | | 嶒 | cēng | 186 | 纸 | zhǐ | 2518 |
| [躊] | | | | | | 嶒 | céng | 187 | [紙] | | |
| 蜍 | chú | 286 | 【 줄 】 | | | 缯 | zēng | 2451 | 祉 | zhǐ | 2519 |
| 麈 | zhǔ | 2556 | 茁 | zhuó | 2579 | [繒] | zèng | 2451 | 衹 | zhǐ | 2510 |
| | | | | | | 烝 | zhēng | 2496 | 枝 | zhī | 2507 |
| 【 죽 】 | | | 【 중 】 | | | 甑 | zèng | 2452 | 枳 | zhǐ | 2521 |
| 粥 | zhōu | 2546 | 中 | zhōng | 2531 | 赠 | zèng | 2451 | 栀 | zhī | 2528 |
| 竹 | zhú | 2550 | | zhòng | 2540 | [贈] | | | 楮 | zhǐ | 2510 |
| | | | 重 | chóng | 263 | 症 | zhèng | 2504 | 织 | zhī | 2522 |
| 【 준 】 | | | | zhòng | 2542 | [癥] | | | [織] | | |
| 准 | zhǔn | 2577 | 众 | zhòng | 2540 | 罾 | zēng | 2451 | 轻 | zhì | 2527 |
| [準] | | | [衆] | | | 矰 | zēng | 2451 | [輊] | | |
| 俊 | jùn | 1070 | 仲 | zhòng | 2540 | | | | 止 | zhǐ | 2516 |
| 浚 | jùn | 1071 | 蚛 | zhòng | 2544 | 【 지 】 | | | 智 | zhì | 2528 |
| | Xùn | 2232 | | | | 之 | zhī | 2504 | 旨 | zhǐ | 2518 |
| 寯 | jùn | 1071 | 【 즉 】 | | | 氏 | zhī | 2506 | 赟 | zhì | 2527 |
| 逡 | qūn | 1613 | 即 | jí | 905 | 咫 | zhǐ | 2522 | [贇] | | |
| 遵 | zūn | 2612 | 喞 | jī | 896 | 识 | zhì | 2523 | 挚 | zhì | 2527 |
| 埻 | zhǔn | 2578 | 鰂 | zéi | 2448 | [識] | | | [摯] | | |
| 埻 | chūn | 308 | [鯽] | | | 支 | zhī | 2505 | 肢 | zhī | 2509 |
| 捘 | zùn | 2612 | 鲫 | jì | 923 | 只 | zhī | 2516 | 胝 | zhī | 2510 |
| 撙 | zǔn | 2612 | [鯽] | | | 池 | chí | 252 | 脂 | zhī | 2510 |
| 峻 | jùn | 1070 | | | | 沚 | zhǐ | 2518 | 痣 | zhì | 2529 |
| 衜 | zhūn | 2577 | 【 즐 】 | | | 渍 | zì | 2595 | 砥 | dǐ | 425 |
| 馂 | jùn | 1071 | 鸷 | zhì | 2530 | [漬] | | | 鸷 | zhì | 2528 |
| [餕] | | | [鷙] | | | 迟 | chí | 253 | [鷙] | | |
| 骏 | jùn | 1071 | 栉 | zhì | 2526 | [遲] | | | 蜘 | zhī | 2510 |
| [駿] | | | [櫛] | | | 至 | zhì | 2522 | 舐 | shì | 1772 |
| 焌 | jùn | 1071 | | | | 地 | ·de | 410 | 酯 | zhǐ | 2522 |
| | qū | 1598 | 【 즘 】 | | | | dì | 425 | 趾 | zhǐ | 2522 |
| 樽 | zūn | 2612 | 怎 | zěn | 2449 | 址 | zhǐ | 2518 | 跖 | zhí | 2510 |
| 胗 | zhēn | 2486 | | | | 坻 | chí | 254 | 踟 | chí | 255 |
| 竣 | jùn | 1071 | 【 즙 】 | | | 墜 | dì | 432 | 踬 | zhì | 2531 |
| 睃 | suō | 1867 | 汁 | zhī | 2507 | 埋 | chí | 255 | [躓] | | |
| 㕙 | jùn | 1071 | 戢 | jí | 911 | 志 | zhì | 2523 | | | |
| 皴 | cūn | 332 | | | | 芝 | zhī | 2507 | 【 직 】 | | |
| 蠢 | chǔn | 310 | 【 증 】 | | | 芷 | zhǐ | 2518 | 直 | zhí | 2511 |
| 踆 | cūn | 332 | 证 | zhèng | 2502 | 抵 | zhǐ | 2518 | [直] | | |
| 蹲 | cún | 334 | [證] | | | 持 | chí | 254 | 织 | zhī | 2509 |
| | dūn | 499 | 曾 | céng | 186 | 指 | zhǐ | 2519 | [織] | | |
| | | | | zēng | 2449 | | | | | | |

| | | | | | | | | | | |
|---|---|---|---|---|---|---|---|---|---|---|
| 稙 | zhī | 2510 | 琎 | jìn | 1016 | 昳 | dié | 452 | **【차】** | | |
| 稷 | jì | 923 | [璡] | | | 膣 | zhì | 2531 | 且 | jū | 1045 |
| 职 | zhí | 2514 | 瑨 | jìn | 1017 | 窒 | zhì | 2528 | | qiě | 1566 |
| [職] | | | 瑱 | tiàn | 1922 | 疾 | jí | 909 | 次 | cì | 317 |
| | | | 榛 | zhēn | 2489 | 侄 | zhí | 2528 | 剳 | zhā | 2453 |
| **【진】** | | | 殄 | tiǎn | 1921 | [銍] | | | 侘 | chà | 194 |
| 臻 | zhēn | 2489 | 轸 | zhěn | 2490 | 镄 | zhì | 2530 | 佽 | cì | 319 |
| 尽 | jǐn | 1007 | [軫] | | | [鑕] | | | 借 | jiè | 999 |
| [儘] | | | 晋 | jìn | 1015 | 秩 | zhì | 2528 | 叉 | chā | 187 |
| 尽 | jìn | 1010 | 赈 | zhèn | 2491 | 瓞 | dié | 452 | | chá | 190 |
| [盡] | | | [賑] | | | 絰 | dié | 453 | | chǎ | 193 |
| 诊 | zhěn | 2489 | 膜 | chēn | 225 | 蛭 | zhì | 2528 | | chà | 194 |
| [診] | | | 疢 | chèn | 230 | 跌 | diē | 451 | 汊 | chà | 194 |
| 真 | zhēn | 2486 | 疹 | zhěn | 2490 | | | | 遮 | zhē | 2479 |
| 阵 | zhèn | 2490 | 袗 | zhěn | 2490 | **【짐】** | | | 差 | chā | 187 |
| [陣] | | | 畛 | zhěn | 2490 | 斟 | zhēn | 2488 | | chà | 194 |
| 陈 | chén | 228 | 镇 | zhèn | 2492 | 朕 | zhèn | 2491 | | chāi | 196 |
| [陳] | | | [鎮] | | | 鸠 | zhèn | 2491 | | chài | 197 |
| 津 | jīn | 1006 | 秦 | Qín | 1571 | [鴆] | | | 茶 | chá | 191 |
| 浕 | Jìn | 1015 | 稹 | zhěn | 2490 | | | | 奓 | Zhā | 2453 |
| [濜] | | | 蓁 | qín | 1573 | **【집】** | | | | zhà | 2455 |
| 溱 | qín | 1573 | 趁 | chèn | 231 | 葺 | qì | 1536 | 扯 | chě | 223 |
| | Zhēn | 2489 | 辰 | chén | 226 | 执 | zhí | 2510 | 扠 | zhā | 2452 |
| 进 | jìn | 1011 | 震 | zhèn | 2491 | [執] | | | 搓 | cuō | 335 |
| [進] | | | 鬒 | zhěn | 2490 | 缉 | jī | 899 | 搽 | chá | 193 |
| 尘 | chén | 225 | | | | [緝] qī | | 1518 | 哢 | chē | 223 |
| [塵] | | | **【질】** | | | 集 | jí | 909 | [唓] | | |
| 榛 | zhēn | 2488 | 质 | zhì | 2525 | 楫 | jí | 911 | 嗟 | jiē | 987 |
| 振 | zhèn | 2491 | [質] | | | 辑 | jí | 911 | 嚧 | zhē | 2479 |
| 搢 | jìn | 1016 | 垤 | zhì | 2523 | [輯] | | | | zhě | 2484 |
| [搢] | | | 侄 | zhí | 2514 | 戢 | jí | 909 | 岔 | chà | 194 |
| 嗪 | qín | 1573 | 郅 | zhì | 2523 | 縶 | zhí | 2515 | 嵯 | cuó | 335 |
| 嗔 | chēn | 225 | 迭 | dié | 452 | | | | 嵖 | chá | 193 |
| 獉 | zhēn | 2489 | 垤 | dié | 452 | **【징】** | | | 姹 | chà | 195 |
| 纼 | zhèn | 2491 | 蒺 | jí | 911 | 澄 | chéng | 244 | 杈 | chā | 187 |
| [紖] | | | 抶 | chì | 258 | | dèng | 416 | | chà | 194 |
| 缜 | zhěn | 2490 | 叱 | chì | 256 | 征 | zhēng | 2494 | 车 | chē | 221 |
| [縝] | | | 帙 | zhì | 2523 | [徵] | | | [車] jū | | 1045 |
| 缙 | jìn | 1017 | 嫉 | jí | 911 | 惩 | chéng | 244 | 此 | cǐ | 316 |
| [縉, 搢] | | | 铁 | zhì | 2526 | [懲] | | | 瘥 | cuó | 336 |
| 填 | zhèn | 2490 | [鉄] | | | 症 | zhēng | 2496 | 衩 | chǎ | 194 |
| [縝] | | | 绖 | dié | 452 | [癥] | | | | chà | 194 |
| 禛 | zhēn | 2489 | [絰] | | | 瞪 | dèng | 416 | 砗 | chē | 223 |
| 珍 | zhēn | 2486 | 桎 | zhì | 2527 | | | | [硨] | | |

# 착~창

## 【착】

| | | |
|---|---|---|
| 磋 | cuō | 335 |
| 醝 | zhà | 2455 |
| 钗 | chāi | 196 |
| [釵] | | |
| 蚱 | zhà | 2455 |
| 劄 | zhā | 2453 |
| 艖 | chā | 189 |
| 趄 | qiè | 1568 |
| 醝 | cuó | 336 |
| [醝] | | |
| 蹉 | cuō | 335 |
| 龇 | zī | 2584 |
| [齜] | | |
| 鲊 | zhā | 2453 |

## 【착】

| | | |
|---|---|---|
| 涿 | zhuó | 2580 |
| [諑] | | |
| 剒 | cuò | 336 |
| 浞 | zhuó | 2580 |
| 辵 | chuò | 311 |
| 娖 | chuò | 311 |
| 婼 | chuò | 311 |
| 榨 | zhà | 2455 |
| (搾) | | |
| 戳 | chuō | 310 |
| 窄 | zhǎi | 2457 |
| 凿 | záo | 2442 |
| [鑿] | | |
| 错 | cuò | 337 |
| [錯] | | |
| 镯 | zhuō | 2579 |
| [鐲] | | |
| 鹫 | zhuó | 2581 |
| [鷟] | | |
| 着 | zhāo | 2473 |
| | zháo | 2474 |
| | ·zhe | 2484 |
| | zhuó | 2580 |

## 【찬】

| | | |
|---|---|---|
| 爨 | cuàn | 328 |
| 剗 | jiǎn | 949 |
| [剷] | | |

| | | |
|---|---|---|
| 鄼 | Cuó | 336 |
| [酇] | Zàn | 2439 |
| 灒 | zàn | 2439 |
| 撺 | cuān | 327 |
| [攛] | | |
| 撰 | zhuàn | 2569 |
| 攒 | cuán | 328 |
| [攢] | zǎn | 2438 |
| 饌 | zhuàn | 2569 |
| [饌] | | |
| 骣 | chàn | 202 |
| 缵 | zuǎn | 2608 |
| [纘] | | |
| 灿 | càn | 176 |
| [燦] | | |
| 璨 | càn | 176 |
| 瓉 | zàn | 2439 |
| [瓚] | | |
| 赞 | zàn | 2438 |
| [贊, 賛] | | |
| 窜 | cuàn | 328 |
| [竄] | | |
| 钻 | zuān | 2607 |
| [鑽] | zuàn | 2608 |
| 镩 | cuān | 327 |
| [鑹] | | |
| 粲 | càn | 176 |
| 糌 | zān | 2437 |
| 篡 | cuàn | 328 |
| 纂 | zuǎn | 2608 |
| [纂] | | |
| 趱 | zǎn | 2438 |
| [趲] | | |
| 蹿 | cuān | 328 |
| [躥] | | |
| 躜 | zuān | 2608 |
| [躦] | | |
| 鲨 | cān | 172 |
| [鯵] | | |
| 餐 | cān | 172 |

## 【찰】

| | | |
|---|---|---|
| 刹 | chà | 194 |
| | shā | 1675 |

| | | |
|---|---|---|
| 察 | chá | 193 |
| 扎 | zā | 2430 |
| [紮] | zhā | 2452 |
| | zhá | 2453 |
| 拃 | zhǎ | 2454 |
| 拶 | zā | 2430 |
| | zǎn | 2438 |
| 擦 | cā | 161 |
| 咂 | zá | 2432 |
| | zán | 2437 |
| | ·zan | 2439 |
| 喋 | zhā | 2453 |
| 嚓 | cā | 161 |
| | chā | 190 |
| 札 | zhá | 2453 |
| 礤 | chá | 193 |
| 礤 | cā | 162 |
| 礤 | cǎ | 162 |
| 铡 | zhá | 2453 |
| [鍘] | | |
| 镲 | chǎ | 194 |
| [鑔] | | |

## 【참】

| | | |
|---|---|---|
| 谗 | chán | 198 |
| [讒] | | |
| 譖 | zèn | 2449 |
| [譖] | | |
| 谶 | chèn | 231 |
| [讖] | | |
| 僭 | jiàn | 957 |
| 参 | cān | 170 |
| [參, 叅] | | |
| 参 | cēn | 185 |
| 忏 | chàn | 202 |
| [懺] | | |
| 惭 | cán | 174 |
| [慚, 慙] | | |
| 惨 | cǎn | 175 |
| [慘] | | |
| 憯 | cǎn | 176 |
| 墋 | chěn | 230 |
| [墋] | | |
| 壍 | qiàn | 1553 |

| | | |
|---|---|---|
| 堑 | | |
| 掺 | càn | 176 |
| [摻] | chān | 197 |
| 搀 | chān | 197 |
| [攙] | | |
| 崭 | zhǎn | 2461 |
| [嶄] | | |
| 巉 | chán | 200 |
| 馋 | chán | 198 |
| [饞] | | |
| 骖 | cān | 172 |
| [驂] | | |
| 槧 | qiàn | 1553 |
| [槧] | | |
| 斩 | zhǎn | 2459 |
| [斬] | | |
| 臢 | zā | 2430 |
| [臜] | | |
| 站 | zhàn | 2463 |
| 瘆 | shèn | 1724 |
| [瘮] | | |
| 碜 | chěn | 230 |
| [磣] | | |
| 㪁 | zhǎn | 2461 |
| [斳] | | |
| 镵 | chán | 200 |
| [鑱] | | |
| 錾 | zàn | 2438 |
| [鏨] | | |
| 黲 | cǎn | 176 |
| [黲] | | |

## 【창】

| | | |
|---|---|---|
| 畅 | chàng | 212 |
| [暢] | | |
| 囱 | cōng | 319 |
| 沧 | chuàng | 302 |
| [滄] | | |
| 创 | chuāng | 298 |
| [創] | chuàng | 301 |
| 仓 | cāng | 176 |
| [倉] | | |
| 伧 | cāng | 177 |
| [傖] | ·chen | 231 |

## 채~천

| | | | | | | | | | | | |
|---|---|---|---|---|---|---|---|---|---|---|---|
| 伥 | chāng | 202 | 昶 | chǎng | 211 | 册 | cè | 183 | 掷 | zhì | 2528 |
| [倀] | | | 氅 | chǎng | 212 | 迮 | zé | 2447 | [擲] | | |
| 倡 | chāng | 203 | 敞 | chǎng | 212 | 咋 | zhā | 2452 | 摭 | zhí | 2516 |
| | chàng | 212 | 胀 | zhàng | 2470 | 啧 | zé | 2447 | 擿 | zhì | 2531 |
| 鬯 | chàng | 213 | [脹] | | | [嘖] | | | 呎 | yīngchǐ | 2346 |
| 沧 | cāng | 178 | 窗 | chuāng | 299 | 唶 | zé | 2447 | | /chǐ | |
| [滄] | | | (窻) | | | 帻 | zé | 2447 | 墌 | jí | 911 |
| 涨 | zhǎng | 2468 | 疮 | chuāng | 299 | [幘] | | | 彳 | chì | 256 |
| [漲] | zhàng | 2470 | [瘡] | | | 栅 | shān | 1682 | 戚 | qī | 1516 |
| 淌 | tǎng | 1892 | 铲 | chǎng | 211 | | zhà | 2455 | 斥 | chì | 257 |
| 怅 | chàng | 212 | [鏟] | | | 责 | zé | 2446 | 脊 | jǐ | 913 |
| [悵] | | | 鸧 | cāng | 178 | [責] | | | 瘠 | jí | 911 |
| 怆 | chuàng | 302 | [鶬] | | | 磔 | zhé | 2482 | 鹡 | jí | 911 |
| [愴] | | | 舱 | cāng | 178 | 蚱 | zhà | 2455 | [鶺] | | |
| 惝 | chǎng | 211 | [艙] | | | 笮 | Zé | 2447 | 蜴 | yì | 2330 |
| | tǎng | 1892 | 酜 | qiāng | 1554 | 策 | cè | 185 | 蜮 | qī | 1518 |
| 阊 | chāng | 203 | [酳] | | | 赜 | zé | 2448 | 跖 | zhí | 2516 |
| [閶] | | | 跄 | qiāng | 1554 | [賾] | | | 蹠 | zhí | 2516 |
| 苍 | cāng | 177 | 蹡 | qiàng | 1560 | 箣 | cè | 185 | [蹠] | | |
| [蒼] | | | 鲳 | chāng | 203 | 舴 | zé | 2448 | 踢 | tī | 1905 |
| 菖 | chāng | 203 | [鯧] | | | 齰 | chǎi | 197 | 蹐 | jí | 911 |
| 抢 | qiāng | 1553 | | | | 凄 | qī | 1516 | 蹢 | zhí | 2516 |
| [搶] | qiǎng | 1557 | 【 채 】 | | | 郪 | Qī | 1516 | 鬄 | tì | 1912 |
| 扚 | chuāng | 299 | 寨 | zhài | 2458 | 萋 | qī | 1516 | | | |
| [摐] | | | 茝 | chǎi | 197 | 处 | chǔ | 286 | 【 천 】 | | |
| 呛 | qiāng | 1553 | 菜 | cài | 169 | [處] | | | 天 | tiān | 1912 |
| [嗆] | qiàng | 1559 | 蔡 | cài | 170 | 妻 | qī | 1515 | 千 | qiān | 1539 |
| 唱 | chàng | 213 | 搋 | chuāi | 290 | | qì | 1535 | 川 | chuān | 291 |
| 彰 | zhāng | 2466 | 攃 | zhài | 2458 | 覰 | qū | 1599 | 鞭 | chǎn | 202 |
| 猖 | chāng | 203 | 彩 | cǎi | 167 | [覷] | qù | 1604 | [韆] | | |
| 娼 | chāng | 203 | 缲 | cài | 170 | | | | 仟 | qiān | 1541 |
| 炝 | qiàng | 1560 | [繰] | | | 【 척 】 | | | 倩 | qiàn | 1552 |
| [熗] | | | 采 | cǎi | 165 | 尺 | chě | 223 | 阡 | qiān | 1541 |
| 场 | chàng | 212 | | cài | 169 | | chǐ | 255 | 浅 | jiān | 940 |
| [瑒] | yáng | 2266 | 瘥 | chài | 197 | 剔 | tī | 1904 | [淺] | qiān | 1550 |
| 玱 | qiāng | 1553 | 擦 | zhài | 2458 | 只 | zhī | 2506 | 溅 | jiān | 942 |
| [瑲] | | | 祭 | Zhài | 2458 | [隻] | | | [濺] | | |
| 怅 | chàng | 212 | 砦 | Zhài | 2458 | 倜 | tì | 1911 | 阐 | chǎn | 201 |
| [韔] | | | 睬 | cǎi | 168 | 陟 | zhì | 2527 | [闡] | | |
| 枪 | qiāng | 1553 | 蚕 | chài | 197 | 涤 | dí | 421 | 辿 | chān | 197 |
| [槍] | | | [蠆] | | | [滌] | | | 迁 | qiān | 1541 |
| 戗 | qiāng | 1554 | 踩 | cǎi | 168 | 惕 | tì | 1911 | [遷] | | |
| [戧] | qiàng | 1560 | | | | 拓 | tuò | 1986 | 遄 | chuán | 297 |
| 昌 | chāng | 203 | 【 책 】 | | | 捉 | zhuō | 2578 | 圳 | zhèn | 2490 |

| | | | | | | | | | | |
|---|---|---|---|---|---|---|---|---|---|---|
| 芉 | qiān | 1541 | 啜 | Chuài | 291 | 签 | qiān | 1543 | 锖 | qiāng | 1555 |
| 舛 | chuǎn | 297 | | chuò | 311 | [簽] | | | [錆] | | |
| 茜 | qiàn | 1552 | 缀 | zhuì | 2576 | 韂 | chàn | 202 | 鹐 | jīng | 1023 |
| | xī | 2074 | [綴] | | | | | | [䑎] | | |
| 荐 | jiàn | 954 | 辍 | chuò | 311 | 【첩】 | | | 蜻 | qīng | 1584 |
| [薦] | | | [輟] | | | 迲 | jié | 990 | 青 | qīng | 1573 |
| 崭 | chǎn | 202 | 辙 | zhé | 2482 | 谍 | dié | 452 | 鲭 | qīng | 1584 |
| [嶄] | | | [轍] | | | [諜] | | | [鯖] | zhēng | 2496 |
| 扦 | qiān | 1541 | 歠 | chuò | 311 | 偼 | jié | 993 | | | |
| 擅 | shàn | 1687 | 裰 | duō | 505 | 叠 | dié | 453 | 【체】 | | |
| 啴 | chǎn | 201 | 锇 | tiě | 1930 | [疊] | | | 谛 | dì | 432 |
| [嘽] | | | [鐵] | | | 怗 | tiē | 1929 | [諦] | | |
| 喘 | chuǎn | 297 | 锥 | zhuì | 2576 | 堞 | dié | 452 | 靆 | dài | 378 |
| 圌 | Chuí | 305 | [錐] | | | 萜 | tiē | 1930 | [靆] | | |
| 舛 | chuǎn | 297 | 蜇 | zhē | 2479 | 捷 | jié | 993 | 剃 | tì | 1911 |
| 綪 | qiàn | 1553 | | zhé | 2482 | 喋 | dié | 453 | 体 | tī | 1904 |
| [綪] | | | 醊 | zhuì | 2576 | 帖 | tiē | 1929 | [體] | tǐ | 1909 |
| 燀 | chǎn | 202 | 饕 | tiè | 1932 | | tiě | 1930 | 涕 | tì | 1911 |
| [燀] | | | | | | | tiè | 1932 | 悌 | tì | 1911 |
| 贱 | jiàn | 954 | 【첨】 | | | 妾 | qiè | 1567 | 滞 | zhì | 2529 |
| [賤] | | | 覘 | tiān | 1918 | 婕 | jié | 993 | [滯] | | |
| 荐 | jiàn | 954 | 谄 | chǎn | 201 | 辄 | zhé | 2481 | 递 | dì | 430 |
| 氚 | chuān | 291 | [諂] | | | [輒, 輙] | | | [遞] | | |
| 泉 | quán | 1608 | 佥 | qiān | 1541 | 贴 | tiē | 1929 | 逮 | dǎi | 372 |
| 穿 | chuān | 291 | [僉] | | | [貼] | | | | dài | 378 |
| 钏 | chuàn | 298 | 詹 | Zhān | 2459 | 牒 | dié | 453 | 蒂 | dì | 432 |
| [釧] | | | 添 | tiān | 1918 | 睫 | jié | 993 | 啼 | tí | 1908 |
| 菁 | qìng | 1588 | 沾 | tián | 1920 | | | | 嚏 | tì | 1912 |
| 践 | jiàn | 956 | 灊 | Qián | 1550 | 【청】 | | | 嵽 | dié | 453 |
| [踐] | | | 忝 | tiǎn | 1921 | 请 | qǐng | 1587 | [嵽] | | |
| 鳈 | quán | 1609 | 莶 | tián | 1919 | [請] | | | 鸷 | zhì | 2530 |
| [鰁] | | | 尖 | jiān | 936 | 厅 | tīng | 1932 | 屉 | tì | 1911 |
| 韀 | jiān | 943 | 拈 | tiān | 1922 | [廳] | | | 缔 | dì | 432 |
| [韉] | | | 幨 | chān | 198 | 清 | qīng | 1580 | [締] | | |
| | | | 恬 | tiǎn | 1921 | 菁 | jīng | 1021 | 杕 | dì | 429 |
| 【철】 | | | [餂] | | | 听 | tīng | 1932 | 棣 | dì | 432 |
| 凸 | tū | 1961 | 檐 | yán | 2253 | [聽] | | | 殢 | tì | 1912 |
| 剟 | duō | 504 | 櫼 | jiān | 943 | 圊 | qīng | 1580 | [殢] | | |
| 澈 | chè | 225 | 觇 | chān | 197 | 婧 | jìng | 1031 | 替 | tì | 1911 |
| 惙 | chuò | 311 | [覘] | | | 晴 | qíng | 1586 | 掣 | chè | 224 |
| 掇 | duō | 504 | 襜 | chān | 198 | 赡 | qíng | 1586 | 裼 | tì | 1912 |
| 撤 | chè | 224 | 瞻 | zhān | 2459 | [贍] | | | 禘 | dì | 432 |
| 哲 | zhé | 2481 | 甜 | tián | 1920 | 氰 | qíng | 1587 | 砌 | qì | 1536 |
| (喆) | | | 舔 | tiǎn | 1921 | 腈 | jīng | 1023 | | qiè | 1567 |

| 字 | 拼音 | 页码 | 字 | 拼音 | 页码 | 字 | 拼音 | 页码 | 字 | 拼音 | 页码 |
|---|---|---|---|---|---|---|---|---|---|---|---|
| 磜 | qì | 1536 | 绡 | xiāo | 2140 | 促 | cù | 326 | 枞 | cōng | 319 |
| 䴘 | tī | 1905 | [綃] | | | 嘱 | zhǔ | 2556 | [樅] | | |
| [鷉] | | | 焦 | jiāo | 971 | [囑] | | | 铳 | chòng | 266 |
| 螮 | dì | 432 | 炒 | chǎo | 220 | 属 | zhǔ | 2555 | [銃] | | |
| [蟪] | | | 秒 | miǎo | 1350 | [屬] | | | 聪 | cōng | 320 |
| 髢 | dí | 422 | 梢 | shāo | 1702 | 烛 | zhú | 2551 | [聰] | | |
| | | | 椒 | jiāo | 971 | [燭] | | | | | |
| 【초】 | | | 楚 | chǔ | 288 | 歜 | chù | 290 | 【촬】 | | |
| 诮 | qiào | 1564 | 樵 | qiáo | 1562 | 瘃 | zhú | 2552 | 撮 | cuō | 335 |
| [誚] | | | 轺 | yáo | 2274 | 瞩 | zhǔ | 2556 | | zuǒ | 2614 |
| 谯 | qiáo | 1562 | [軺] | | | [矚] | | | | | |
| [譙] | | | 础 | chǔ | 287 | 蜀 | Shǔ | 1799 | 【최】 | | |
| 剿 | chāo | 217 | [礎] | | | 镞 | zú | 2605 | 催 | cuī | 329 |
| | jiǎo | 977 | 硝 | xiāo | 2140 | [鏃] | | | 漼 | cuǐ | 330 |
| 劁 | qiāo | 1560 | 礁 | jiāo | 973 | 蠋 | zhú | 2552 | 最 | zuì | 2611 |
| 氽 | cào | 183 | 瞧 | qiáo | 1563 | 躅 | zhú | 2552 | 摧 | cuī | 329 |
| 俏 | qiào | 1564 | 钞 | chāo | 215 | 触 | chù | 289 | 嘬 | chuài | 291 |
| 僬 | jiāo | 972 | [鈔] | | | [觸] | | | | zuǒ | 2612 |
| 初 | chū | 281 | 锹 | qiāo | 1560 | 髑 | dú | 484 | 崔 | cuī | 329 |
| 湫 | jiǎo | 977 | [鍬] | | | | | | 獕 | cuī | 330 |
| 怊 | chāo | 215 | 秒 | miǎo | 1350 | 【촌】 | | | 缞 | cuī | 329 |
| 悄 | qiāo | 1560 | 稍 | shāo | 1702 | 刌 | cǔn | 334 | [縗] | | |
| | qiǎo | 1563 | | shào | 1706 | 忖 | cǔn | 334 | 璀 | cuǐ | 330 |
| 愀 | qiǎo | 1564 | 鹪 | jiāo | 973 | 寸 | cùn | 334 | 榱 | cuī | 329 |
| 憔 | qiáo | 1562 | [鷦] | | | 吋 | yīngcùn | 2346 | 最 | zuì | 2609 |
| 怵 | chù | 290 | 秒 | chào | 221 | 村 | cūn | 331 | 膪 | chuái | 290 |
| 迢 | tiáo | 1924 | 耖 | chào | 221 | | | | 嶉 | cuǐ | 330 |
| 苕 | tiáo | 1924 | [耖] | | | 【총】 | | | 羧 | suō | 1867 |
| 草 | cǎo | 181 | 超 | chāo | 215 | 冢 | zhǒng | 2540 | | | |
| (艸) | | | 酢 | cù | 326 | 丛 | cóng | 322 | 【추】 | | |
| 蕉 | jiāo | 972 | 醋 | cù | 327 | [叢] | | | 丑 | chǒu | 271 |
| | qiáo | 1562 | 醮 | jiào | 982 | 倊 | zǒng | 2599 | [醜] | | |
| 抄 | chāo | 214 | 貂 | diāo | 446 | 匆 | cōng | 319 | 诌 | zhōu | 2544 |
| 招 | zhāo | 2471 | 韶 | tiáo | 1926 | 宠 | chǒng | 265 | [謅] | | |
| 操 | cào | 183 | [韶] | | | [寵] | | | 诹 | zōu | 2600 |
| 吵 | chāo | 215 | 齼 | chǔ | 288 | 葱 | cōng | 319 | [諏] | | |
| | chǎo | 219 | [齼] | | | 蒸 | cóng | 323 | 酋 | qiú | 1594 |
| 哨 | shào | 1706 | 鞘 | qiào | 1565 | 骢 | cōng | 320 | 侜 | zhōu | 2546 |
| 噍 | jiào | 982 | | shāo | 1703 | [驄] | | | [倜] | | |
| 峭 | qiào | 1564 | 髫 | tiáo | 1926 | 熜 | cōng | 320 | 俅 | chóu | 272 |
| 岧 | tiáo | 1924 | | | | 总 | zǒng | 2597 | 犨 | jiù | 1045 |
| 噍 | jiāo | 973 | 【촉】 | | | [總] | | | 僽 | zhòu | 2547 |
| 屌 | diǎo | 447 | 亍 | chù | 288 | 璁 | cōng | 320 | 陬 | zōu | 2600 |
| 弨 | chāo | 215 | 矗 | chù | 290 | 罿 | chōng | 262 | 邹 | Zōu | 2600 |

## 축~취

### 【축】

| | | |
|---|---|---|
| [鄒] | | |
| 鄹 | Zōu | 2600 |
| 刍 | chú | 283 |
| [芻] | | |
| 湫 | qiū | 1592 |
| 溴 | xiù | 2203 |
| 怞 | zhòu | 2546 |
| [惆] | | |
| 惆 | chóu | 269 |
| 憱 | cù | 327 |
| 追 | zhuī | 2573 |
| 坠 | zhuì | 2575 |
| [墜] | | |
| 莝 | chú | 283 |
| [蒭] | | |
| 萩 | qiū | 1592 |
| 抽 | chōu | 266 |
| 㧕 | chōu | 268 |
| [搊] | | |
| 捶 | chuí | 305 |
| 推 | tuī | 1972 |
| 揪 | jiū | 1036 |
| 啾 | jiū | 1036 |
| 帚 | zhǒu | 2546 |
| 纣 | zhòu | 2546 |
| [紂] | | |
| 缈 | zōu | 2600 |
| [緅] | | |
| 缒 | zhuì | 2576 |
| [縋] | | |
| 驺 | zōu | 2600 |
| [騶] | | |
| 骓 | zhuī | 2575 |
| [騅] | | |
| 枢 | shū | 1792 |
| 杻 | chǒu | 272 |
| [樞] | | |
| 棰 | chuí | 305 |
| 椎 | chuí | 305 |
| | zhuī | 2575 |
| 楸 | qiū | 1592 |
| 槌 | chuí | 305 |
| 槠 | zuì | 2611 |
| [櫹] | | |
| 殠 | chòu | 273 |
| 螯 | zhòu | 2547 |
| 脏 | zhuì | 2576 |
| 瘳 | chōu | 268 |
| 瞅 | chǒu | 272 |
| 锤 | chuí | 305 |
| [錘] | | |
| 锥 | zhuī | 2575 |
| [錐] | | |
| 秋 | qiū | 1591 |
| 鸠 | chú | 285 |
| [鶵] | | |
| 鹙 | qiū | 1592 |
| [鶖] | | |
| 皱 | zhòu | 2547 |
| [皺] | | |
| 蝤 | qiú | 1595 |
| | yóu | 2373 |
| 篘 | chōu | 268 |
| [篘] | | |
| 簉 | zào | 2445 |
| 趋 | qū | 1599 |
| [趨] | | |
| 隹 | zhuī | 2573 |
| 雏 | chú | 285 |
| [雛] | | |
| 鲰 | zōu | 2600 |
| [鯫] | | |
| 鳅 | qiū | 1592 |
| [鰍] | | |
| 鞦 | qiū | 1592 |
| 鬏 | jiū | 1036 |

### 【축】

| | | |
|---|---|---|
| 丑 | chóu | 271 |
| 滀 | chù | 290 |
| | xù | 2212 |
| 逐 | zhú | 2551 |
| 蓄 | xù | 2211 |
| 搐 | chù | 289 |
| 搣 | qī | 1518 |
| 属 | zhǔ | 2555 |
| [屬] | | |
| 妯 | zhóu | 2546 |
| 缩 | sù | 1857 |
| [縮] | suō | 1867 |
| 祝 | zhù | 2559 |
| 柷 | chù | 288 |
| 械 | qì | 1536 |
| 轴 | zhóu | 2546 |
| [軸] | zhòu | 2546 |
| 畜 | chù | 288 |
| 廊 | cù | 327 |
| [廠] | | |
| 竺 | zhú | 2551 |
| 筑 | zhú | 2560 |
| [築] | | |
| 舳 | zhú | 2552 |
| 跙 | cù | 327 |
| 蹜 | sù | 1858 |
| 蹙 | cù | 327 |
| 蹴 | cù | 327 |
| • jiu | | 1045 |

### 【춘】

| | | |
|---|---|---|
| 椿 | chūn | 308 |
| 春 | chūn | 305 |
| [旾] | | |
| 蝽 | chūn | 308 |
| 鲭 | chūn | 308 |
| [鰆] | | |

### 【출】

| | | |
|---|---|---|
| 出 | chū | 273 |
| ‖ • chū | | 273 |
| 䣓 | chū | 281 |
| 怵 | chù | 288 |
| 绌 | chù | 288 |
| [絀] | | |
| 术 | zhú | 2550 |
| 秫 | shú | 1796 |
| 黜 | chù | 290 |
| 欻 | qū | 1599 |

### 【충】

| | | |
|---|---|---|
| 充 | chōng | 261 |
| 衷 | zhōng | 2539 |
| 冲 | chōng | 259 |
| | chòng | 266 |
| 忡 | chōng | 262 |
| 芜 | chōng | 262 |
| 忠 | zhōng | 2536 |
| 晫 | chòng | 266 |
| 盅 | zhōng | 2538 |
| 种 | Chóng | 263 |
| 虫 | chóng | 263 |
| [蟲] | | |
| 狆 | chōng | 262 |

### 【췌】

| | | |
|---|---|---|
| 悴 | cuì | 331 |
| 惴 | zhuì | 2576 |
| 萃 | cuì | 330 |
| 揣 | chuāi | 290 |
| | chuǎi | 290 |
| | chuài | 291 |
| 啐 | cuì | 330 |
| 綷 | cuì | 331 |
| [綷] | | |
| 贅 | zhuì | 2576 |
| [贅] | | |
| 膵 | cuì | 331 |
| 瘁 | cuì | 331 |

### 【취】

| | | |
|---|---|---|
| 就 | jiù | 1042 |
| 取 | qǔ | 1601 |
| 吹 | chuī | 302 |
| 咀 | zuǐ | 2608 |
| 嘴 | zuǐ | 2608 |
| 娶 | qǔ | 1602 |
| 骤 | zhòu | 2547 |
| [驟] | | |
| 炊 | chuī | 303 |
| 臭 | chòu | 272 |
| | xiù | 2203 |
| 毳 | cuì | 331 |
| 脆 | cuì | 330 |
| 鹫 | jiù | 1045 |
| [鷲] | | |
| 聚 | jù | 1056 |
| 翠 | cuì | 331 |

| | | | | | | | | |
|---|---|---|---|---|---|---|---|---|
| 趣 | qù | 1603 | 差 | cī | 312 | 鸱 | | |
| 醉 | zuì | 2611 | 茬 | chí | 254 | 蚩 | chī | 251 |
| 觜 | zuǐ | 2608 | 茌 | chá | 190 | 豸 | zhì | 2523 |
| | | | 菑 | zī | 2583 | 觯 | zhì | 2531 |

【측】

| 仄 | zè | 2448 | 哆 | chǐ | 256 | [觶] | | |
|---|---|---|---|---|---|---|---|---|
| 厕 | cè | 183 | | duō | 504 | 齿 | chǐ | 255 |
| [廁] | •si | 1845 | 嗤 | chī | 251 | [齒] | | |
| 侧 | cè | 183 | 帜 | zhì | 2523 | 鲻 | zī | 2584 |
| [側] | zè | 2448 | [幟] | | | [鯔] | | |
| | zhāi | 2456 | 峙 | shì | 1771 | | | |
| 测 | cè | 184 | | zhì | 2527 | 【칙】 | | |
| [測] | | | 徵 | zhǐ | 2522 | 则 | zé | 2446 |
| 恻 | cè | 185 | 媸 | chī | 252 | [則] | | |
| [惻] | | | 絺 | chī | 251 | 饬 | chì | 258 |
| 昃 | zè | 2448 | [絺] | | | [飭] | | |
| | | | 缁 | zī | 2583 | 敕 | chì | 259 |
| 【츤】 | | | [緇] | | | 勅 | chì | 259 |
| 傧 | chèn | 231 | 驰 | chí | 253 | [勑] | | |
| [儐] | | | [馳] | | | | | |
| 榇 | chèn | 231 | 炽 | chì | 258 | 【친】 | | |
| [櫬] | | | [熾] | | | 亲 | qīn | 1569 |
| 衬 | chèn | 230 | 栀 | zhī | 2510 | [親] | qìng | 1588 |
| [襯] | | | 辎 | zī | 2583 | | | |
| 龀 | chèn | 231 | [輜] | | | 【칠】 | | |
| [齔] | | | 瓻 | chī | 251 | 七 | qī | 1514 |
| | | | 耻 | chǐ | 256 | 漆 | qī | 1518 |
| 【층】 | | | (恥) | | | 柒 | qī | 1515 |
| 层 | céng | 186 | 致 | zhì | 2527 | 㭥 | qī | 1516 |
| [層] | | | 胵 | chī | 251 | | | |
| 蹭 | cèng | 187 | 痔 | zhì | 2528 | 【침】 | | |
| | | | 痴 | chī | 251 | 侵 | qīn | 1569 |
| 【치】 | | | (癡) | | | 郴 | Chēn | 225 |
| 卮 | zhī | 2507 | 褫 | chǐ | 256 | 沉 | chén | 226 |
| 寘 | zhì | 2531 | 滍 | zhì | 2522 | 沈 | chén | 226 |
| 侈 | chǐ | 256 | 眵 | chī | •251 | 浸 | jìn | 1015 |
| 值 | zhí | 2514 | 畤 | zhì | 2528 | 忱 | chén | 226 |
| 郗 | Chī | 251 | 置 | zhì | 2530 | 寝 | qǐn | 1573 |
| | Xī | 2074 | 锱 | zī | 2584 | [寢] | | |
| 治 | zhì | 2525 | [錙] | | | 揕 | zhèn | 2491 |
| 淄 | Zī | 2583 | 雉 | zhì | 2530 | 吣 | qìn | 1573 |
| 溠 | Zhì | 2531 | 稚 | zhì | 2530 | 綝 | chēn | 225 |
| 甾 | zāi | 2433 | 鸱 | chī | 251 | [綝] | | |
| 庤 | zhì | 2527 | [鴟] | | | 骎 | qīn | 1571 |
| | | | 鵄 | chī | 251 | [駸] | | |

| | | | | | | | | |
|---|---|---|---|---|---|---|---|---|
| 祲 | jìn | 1016 | | | |
| 琛 | chēn | 225 | | | |
| 枕 | zhěn | 2489 | | | |
| 梣 | chén | 230 | | | |
| 棽 | qīn | 1573 | | | |
| 琴 | shēn | 1719 | | | |
| 椹 | zhēn | 2488 | | | |
| 砧 | zhēn | 2488 | | | |
| 针 | zhēn | 2485 | | | |
| [針,鍼] | | | | | |
| 锓 | qǐn | 1573 | | | |
| [鋟] | | | | | |
| 趻 | chěn | 230 | | | |
| 踸 | chěn | 230 | | | |
| 鱵 | zhēn | 2489 | | | |
| [鱵] | | | | | |

【칩】

| 蛰 | zhé | 2481 |
|---|---|---|
| [蟄] | | |

【칭】

| 偁 | chēng | 233 |
|---|---|---|
| 秤 | chèng | 245 |
| 称 | chèn | 231 |
| [稱] | chēng | 232 |

【쾌】

| 夬 | guài | 712 |
|---|---|---|
| 侩 | kuài | 1128 |
| [儈] | | |
| 快 | kuài | 1126 |
| 哙 | kuài | 1128 |
| [噲] | | |
| 筷 | kuài | 1128 |

【타】

| 弾 | duǒ | 506 |
|---|---|---|
| [嚲] | | |
| 诧 | chà | 194 |
| [詫] | | |
| 剁 | duò | 506 |
| 他 | tā | 1872 |
| 佗 | tuó | 1984 |

# 탁~탕

| 陀 | tuó | 1984 |
| 陁 | tuó | 1984 |
| 沱 | tuó | 1984 |
| 惰 | duò | 507 |
| 它 | tā | 1872 |
| 坨 | tuó | 1984 |
| 垞 | chá | 190 |
| 垛 | duǒ | 506 |
|  | duò | 506 |
| 埵 | duǒ | 506 |
| 堕 | duò | 507 |
| [墮] | | |
| 塔 | tuó | 1985 |
| 嚲 | duǒ | 506 |
| [軃] | | |
| 打 | dá | 341 |
|  | dǎ | 343 |
| 拖 | tuō | 1981 |
| 吒 | zhā | 2452 |
| 咑 | dā | 339 |
| 咤 | zhà | 2455 |
| 哚 | duǒ | 506 |
| 唾 | tuò | 1986 |
| 鼍 | tuó | 1985 |
| [鼉] | | |
| 她 | tā | 1872 |
| 驮 | duò | 506 |
| [馱] | | |
| 驼 | tuó | 1984 |
| [駝] | | |
| 朵 | duǒ | 505 |
| 柁 | tuó | 1985 |
| 椭 | tuǒ | 1986 |
| [橢] | | |
| 妥 | tuǒ | 1985 |
| 砣 | tuó | 1985 |
| 鍺 | zhě | 2482 |
| [鍺] | | |
| 鸵 | tuó | 1985 |
| [鴕] | | |
| 舵 | duò | 507 |
| 酡 | tuó | 1985 |
| 跎 | tuó | 1985 |
| 跺 | duò | 507 |

## 【탁】

| 橐 | tuó | 1985 |
| 乇 | tuō | 1979 |
| 丮 | dū | 479 |
| 泽 | duó | 505 |
| [澤] | | |
| 卓 | zhuó | 2579 |
| 桌 | zhuō | 2578 |
| 倬 | zhuō | 2578 |
| 浊 | zhuó | 2579 |
| [濁] | | |
| 涿 | zhuō | 2579 |
| 濯 | zhuó | 2581 |
| 度 | duó | 505 |
| 庹 | tuǒ | 1986 |
| 逴 | chuō | 310 |
| 坼 | chè | 224 |
| 萚 | tuò | 1986 |
| [蘀] | | |
| 托 | tuō | 1979 |
| 拓 | tà | 1874 |
| 拆 | cā | 161 |
|  | chāi | 195 |
| 擢 | zhuó | 2581 |
| 啄 | zhuó | 2580 |
| 飥 | tuō | 1981 |
| [飥] | | |
| 琢 | zhuó | 2581 |
|  | zuó | 2613 |
| 杕 | duò | 506 |
| 柝 | tuò | 1986 |
| 椓 | zhuó | 2581 |
| 脱 | tuō | 1982 |
| 铎 | duó | 505 |
| [鐸] | | |
| 镯 | zhuó | 2581 |
| [鐲] | | |
| 魄 | tuò | 1987 |
| 箨 | tuò | 1987 |
| [籜] | | |

| 跅 | tuò | 1987 |
| 踔 | chuō | 310 |
| 踱 | duó | 505 |

## 【탄】

| 诞 | dàn | 385 |
| [誕] | | |
| 余 | tǔn | 1979 |
| 余 | cuān | 327 |
| 滩 | tān | 1881 |
| [灘] | | |
| 惮 | dàn | 386 |
| [憚] | | |
| 坦 | tǎn | 1885 |
| 掸 | Shàn | 1685 |
| [撣] | | |
| 摊 | tān | 1881 |
| [攤] | | |
| 叹 | tàn | 1886 |
| [嘆,歎] | | |
| 吞 | tūn | 1978 |
| 啴 | tān | 1881 |
| [嘽] | | |
| 炭 | tàn | 1886 |
| 弹 | dàn | 386 |
| [彈] | tán | 1883 |
| 组 | zhàn | 2462 |
| [組] | | |
| 绽 | zhàn | 2464 |
| [綻] | | |
| 悡 | tān | 1881 |
| 殚 | dān | 383 |
| [殫] | | |
| 瘫 | tān | 1882 |
| [癱] | | |
| 碳 | tàn | 1888 |
| 疃 | tuǎn | 1971 |
| 羰 | tāng | 1889 |

## 【탈】

| 侻 | tuō | 1982 |
| 夺 | duó | 505 |
| [奪] | | |
| 捝 | tuō | 1982 |

## 【탐】

| 探 | tàn | 1886 |
| 獭 | tān | 1881 |
| [獺] | | |
| 贪 | tān | 1880 |
| [貪] | | |
| 賧 | dǎn | 384 |
| [賧] | | |
| 眈 | dān | 382 |
| 耽 | dān | 382 |

## 【탑】

| 溻 | tā | 1873 |
| 阘 | dá | 343 |
| [闒] | tà | 1874 |
| 逼 | tā | 1873 |
| 塔 | •da | 371 |
|  | tǎ | 1873 |
| 塌 | tā | 1873 |
| 奄 | dá | 339 |
| 搭 | dā | 339 |
| 嗒 | dā | 341 |
|  | tà | 1874 |
| 溚 | tā | 1873 |
| 墖 | •da | 371 |
| 缩 | tā | 1873 |
| [緆] | | |
| 榻 | tà | 1874 |
| 瘩 | dá | 343 |
|  | •da | 371 |
| 鳎 | tà | 1875 |
| 鳛 | tǎ | 1874 |
| [鰨] | | |

## 【탕】

| 汤 | shāng | 1689 |
| [湯] | tāng | 1888 |
| 宕 | dàng | 394 |
| 荡 | dàng | 394 |
| [蕩] | | |
| 菪 | dàng | 395 |

| | | | | | | | | |
|---|---|---|---|---|---|---|---|---|
| 帑 | tǎng | 1892 | **【택】** | | **【투】** | | **【파】** | |
| 烫 | tàng | 1893 | 泽 | zé | 2447 | 偷 | tōu | 1953 | 巴 | bā | 24 |
| [燙] | | | [澤] | | | 透 | tòu | 1960 | 叵 | pǒ | 1503 |
| 砀 | Dàng | 394 | 宅 | zhái | 2457 | 套 | tào | 1898 | 鄱 | pó | 1503 |
| [碭] | | | 择 | zé | 2447 | 投 | tóu | 1957 | 波 | bō | 127 |
| | | | [擇] | zhái | 2457 | 妒 | dù | 486 | 派 | pā | 1442 |
| **【태】** | | | | | | (妬) | | | | pài | 1448 |
| 兑 | duì | 498 | **【탱】** | | | 斗 | dòu | 476 | 港 | pá | 1443 |
| 傀 | tuì | 1975 | 撑 | chēng | 233 | [鬥,鬭] | | | 灞 | Bà | 32 |
| 傣 | Dǎi | 372 | 撐 | chēng | 233 | 鼓 | tǒu | 1960 | 怕 | pà | 1444 |
| 台 | tāi | 1875 | | chèng | 245 | 骰 | tóu | 1960 | 坝 | bà | 30 |
| 台 | tái | 1875 | 樘 | táng | 1891 | 鬥 | dòu | 476 | [壩] | | |
| [颱] | | | | | | | | | 坡 | pō | 1501 |
| 邰 | Tái | 1876 | **【터】** | | | **【퇴】** | | | 芭 | bā | 26 |
| 汰 | tài | 1879 | 攄 | shū | 1796 | 膗 | tuí | 1974 | 菠 | bō | 129 |
| 迨 | dài | 374 | [攄] | | | [隤] | | | 蒎 | pài | 1449 |
| 埭 | dài | 377 | | | | 隤 | tuí | 1974 | 葩 | pā | 1442 |
| 苔 | tāi | 1875 | **【토】** | | | [隤] | | | 奤 | bā | 26 |
| | tái | 1876 | 讨 | tǎo | 1897 | 堆 | duī | 493 | 把 | bǎ | 28 |
| 太 | tài | 1877 | [討] | | | 推 | tuī | 1974 | | bà | 30 |
| 呆 | dāi | 371 | 兔 | tù | 1969 | 煺 | tuì | 1978 | 摆 | bǎi | 40 |
| 呔 | dāi | 372 | 土 | tǔ | 1966 | 褪 | tuì | 1978 | [擺] | | |
| (奤·嚿) | tǎi | 1877 | 堍 | tù | 1970 | | tùn | 1979 | 摆 | bǎi | 40 |
| 绐 | dài | 374 | 芏 | dù | 485 | 颓 | tuí | 1974 | [襬] | | |
| [紿] | | | 菟 | tù | 1970 | [頹,穨] | | | 播 | bō | 129 |
| 驮 | tuó | 1984 | 吐 | tǔ | 1968 | | | | 吧 | bā | 26 |
| [馱] | | | | tù | 1969 | **【특】** | | | | ·ba | 32 |
| 骀 | dài | 374 | 钍 | tǔ | 1969 | 忒 | tè | 1899 | 哌 | pài | 1448 |
| [駘] | tái | 1877 | [釷] | | | | tēi | 1902 | 啵 | ·bo | 134 |
| 炱 | tái | 1877 | | | | | tuī | 1971 | 杷 | pà | 1443 |
| 态 | tài | 1879 | **【통】** | | | 忑 | tè | 1899 | 帕 | pà | 1443 |
| [態] | | | 侗 | tóng | 1947 | 慝 | tè | 1902 | 岜 | bā | 26 |
| 怠 | dài | 377 | | tǒng | 1949 | 特 | tè | 1899 | 蕃 | Bō | 129 |
| 殆 | dài | 376 | 恫 | tōng | 1938 | 忒 | ·de/·te | 411 | 屁 | bǎ | 30 |
| 肽 | tài | 1879 | 通 | tōng | 1938 | 腾 | tè | 1902 | 弝 | bà | 30 |
| 胎 | tāi | 1875 | | tòng | 1951 | 铽 | tè | 1902 | 婆 | pó | 1502 |
| 泰 | tài | 1879 | 捅 | tǒng | 1951 | [鋱] | | | 玻 | bō | 128 |
| 钛 | tài | 1879 | 嗵 | tōng | 1943 | 蟘 | tè | 1902 | 琶 | pá | 1443 |
| [鈦] | | | 统 | tǒng | 1950 | [蟘] | | | 杷 | pá | 1442 |
| 蜕 | tuì | 1977 | [統] | | | | | | 爬 | pá | 1442 |
| 笞 | chī | 251 | 熥 | tēng | 1902 | **【틍】** | | | 疤 | bā | 27 |
| 酞 | tài | 1880 | 桶 | tǒng | 1951 | 闯 | chuǎng | 300 | 破 | pò | 1504 |
| 鲐 | tái | 1877 | 痛 | tòng | 1951 | [闖] | | | 罢 | bà | 30 |
| [鮐] | | | 筒 | tǒng | 1951 | | | | [罷] | ·ba | 32 |

| 钯 | bǎ | 30 |
| [鈀] | | |
| 钷 | pǒ | 1503 |
| [鉕] | | |
| 皤 | pó | 1503 |
| 颇 | pō | 1502 |
| [頗] | | |
| 粑 | bā | 27 |
| 耙 | bà | 30 |
| | pá | 1443 |
| 笆 | bā | 27 |
| 筢 | pǒ | 1503 |
| 筢 | pá | 1443 |
| 簸 | bǒ | 134 |
| | bò | 134 |
| 繁 | Pó | 1503 |
| 豝 | bā | 27 |
| 趴 | pā | 1442 |
| 跛 | bǒ | 133 |
| 齫 | bà | 31 |
| [齫] | | |
| 鲃 | bā | 27 |
| [鲃] | | |
| 靶 | bǎ | 30 |

【판】

| 判 | pàn | 1453 |
| 阪 | bǎn | 47 |
| 办 | bàn | 49 |
| [辦] | | |
| 坂 | bǎn | 47 |
| 板 | bǎn | 4 |
| 贩 | fàn | 549 |
| [販] | | |
| 版 | bǎn | 48 |
| 畈 | fàn | 550 |
| 钣 | bǎn | 49 |
| [鈑] | | |
| 瓣 | bàn | 53 |
| 蝂 | bǎn | 49 |
| 舨 | bǎn | 49 |

【팔】

| 八 | bā | 23 |
| 扒 | pá | 1442 |
| 捌 | bā | 27 |
| 叭 | bā | 26 |
| | ·ba | 32 |
| 朳 | bā | 26 |

【패】

| 孛 | bèi | 75 |
| 佩 | pèi | 1463 |
| 邶 | Bèi | 75 |
| 沛 | pèi | 1463 |
| 悖 | bèi | 78 |
| 捭 | bǎi | 40 |
| 呗 | bài | 42 |
| [唄] | ·bei | 80 |
| 哗 | ·bai | 45 |
| 狈 | bèi | 75 |
| [狽] | | |
| 旆 | pèi | 1465 |
| 棑 | bèi | 75 |
| [棑] | | |
| 排 | pái | 1447 |
| 贝 | bèi | 75 |
| [貝] | | |
| 败 | bài | 42 |
| [敗] | | |
| 牌 | pái | 1448 |
| 钡 | bèi | 78 |
| [鋇] | | |
| 稗 | bài | 45 |
| 簰 | pái | 1448 |
| 霈 | pèi | 1465 |
| 霸 | bà | 31 |

【팽】

| 烹 | pēng | 1467 |
| 伻 | bēng | 85 |
| 澎 | pēng | 1467 |
| 嘭 | pēng | 1467 |
| 彭 | Péng | 1468 |
| 祊 | bēng | 85 |
| 甏 | bèng | 87 |
| 膨 | péng | 1469 |
| 砰 | pēng | 1467 |
| 碰 | pèng | 1470 |
| 磅 | páng | 1456 |
| 蟛 | péng | 1469 |

【퍅】

| 愎 | bì | 97 |

【편】

| 谝 | piǎn | 1483 |
| [諞] | | |
| 匾 | biǎn | 105 |
| [匾] | | |
| 便 | biàn | 107 |
| | pián | 1483 |
| 偏 | piān | 1480 |
| 惼 | biǎn | 105 |
| 片 | piān | 1480 |
| | piàn | 1483 |
| 遍 | biàn | 108 |
| 萹 | biān | 102 |
| | biǎn | 105 |
| 编 | biān | 102 |
| [編] | | |
| 缏 | biàn | 109 |
| [緶] | pián | 1483 |
| 骗 | piàn | 1484 |
| [騙] | | |
| 煸 | biān | 103 |
| 扁 | biǎn | 104 |
| | piān | 1480 |
| 楩 | pián | 1483 |
| 犏 | piān | 1482 |
| 褊 | biǎn | 105 |
| 徧 | biàn | 105 |
| 蝙 | biān | 103 |
| 篇 | piān | 1482 |
| 箯 | biān | 103 |
| 翩 | piān | 1482 |
| 蹁 | pián | 1483 |
| 鳊 | biān | 103 |
| [鯿] | | |
| 鞭 | biān | 103 |

【폄】

| 贬 | biǎn | 104 |
| [貶] | | |
| 窆 | biǎn | 104 |
| 砭 | biān | 101 |

【평】

| 平 | píng | 1494 |
| 评 | píng | 1498 |
| [評] | | |
| 匉 | pēng | 1467 |
| 怦 | pēng | 1467 |
| 坪 | píng | 1500 |
| 萍 | píng | 1501 |
| 抨 | pēng | 1467 |
| 拼 | pīn | 1489 |
| 姘 | pīn | 1490 |
| 枰 | píng | 1501 |
| 鲆 | píng | 1501 |
| [鮃] | | |

【폐】

| 币 | bì | 93 |
| [幣] | | |
| 陛 | bì | 96 |
| 废 | fèi | 568 |
| [廢] | | |
| 闭 | bì | 94 |
| [閉] | | |
| 蔽 | bì | 98 |
| 弊 | bì | 98 |
| 狴 | bì | 96 |
| 梐 | bì | 96 |
| 毙 | bì | 96 |
| [斃] | | |
| 敝 | bì | 96 |
| 肺 | fèi | 568 |
| 癈 | fèi | 570 |
| [癈] | | |
| 算 | bì | 98 |

【포】

| 褒 | bāo | 59 |
| 刨 | bào | 67 |
| | páo | 1457 |

| | | | | | | | | | | |
|---|---|---|---|---|---|---|---|---|---|---|
| 包 | bāo | 56 | [鋪] | pù | 1513 | 熛 | biāo | 112 | 沣 | Fēng | 586 |
| 泡 | pāo | 1457 | 铺 | pù | 1512 | 杓 | biāo | 110 | [灃] | | |
| | pào | 1459 | [舖] | | | 标 | biāo | 110 | 沨 | fēng | 586 |
| 浦 | pǔ | 1511 | 鹎 | bǔ | 137 | [標] | | | [渢] | | |
| 瀑 | Bào | 70 | [鵯] | | | 猋 | biāo | 112 | 封 | fēng | 586 |
| 怖 | bù | 159 | 酺 | pú | 1510 | 殍 | piǎo | 1487 | 枫 | fēng | 586 |
| 庖 | páo | 1457 | 跑 | páo | 1458 | 膘 | biāo | 112 | [楓] | | |
| 庯 | bū | 134 | | pǎo | 1458 | 麃 | biāo | 112 | 风 | fēng | 581 |
| 逋 | bū | 134 | 鲍 | bāo | 59 | [麃] | | | [風] | | |
| 埗 | bù | 159 | [鮑] | | | 飘 | piāo | 1485 | 疯 | fēng | 588 |
| 埔 | bù | 159 | 鲍 | bào | 68 | [飄] | | | [瘋] | | |
| | pǔ | 1511 | [鮑] | | | 飙 | biāo | 112 | 砜 | fēng | 588 |
| 堡 | pù | 1513 | | | | [飆] | | | [碸] | | |
| 苞 | bāo | 59 | 【 폭 】 | | | 瘭 | biāo | 112 | | | |
| 莆 | Pú | 1510 | 瀑 | pù | 1513 | 裱 | biǎo | 114 | 【 피 】 | | |
| 葡 | pú | 1510 | 幅 | fú | 603 | 標 | biǎo | 114 | 波 | bì | 95 |
| 蒲 | pú | 1510 | 爆 | bào | 70 | 票 | piào | 1487 | [詖] | | |
| 蒱 | pú | 1510 | 曝 | bào | 70 | 瞟 | piǎo | 1487 | 伎 | bǐ | 91 |
| 奅 | pào | 1459 | | | | 镖 | biāo | 112 | 陂 | bēi | 70 |
| 匏 | páo | 1458 | 【 표 】 | | | [鏢] | | | | pí | 1476 |
| 抛 | pāo | 1456 | 表 | biǎo | 112 | 镳 | biāo | 112 | | pō | 1501 |
| 抱 | bào | 67 | 剽 | piāo | 1484 | [鑣] | | | 避 | bì | 99 |
| 捕 | bǔ | 136 | 俵 | biào | 114 | 礁 | biāo | 112 | 披 | pī | 1472 |
| 咆 | páo | 1457 | 僄 | piào | 1488 | 瓢 | piáo | 1487 | 陂 | pèi | 1463 |
| 哺 | bǔ | 137 | 漂 | piāo | 1485 | 麨 | fiào | 593 | 彼 | bǐ | 91 |
| 圃 | pǔ | 1511 | | piǎo | 1487 | 螵 | piāo | 1487 | 狓 | pí | 1476 |
| 布 | bù | 157 | | piào | 1488 | 趵 | bào | 68 | 气 | piē | 1488 |
| 峬 | bū | 134 | 滮 | biāo | 112 | 豹 | bào | 68 | 疲 | pí | 1476 |
| 狍 | páo | 1457 | 瀌 | biāo | 112 | 鳔 | biào | 114 | 被 | bèi | 78 |
| 饱 | bǎo | 60 | 慓 | piǎo | 1485 | [鰾] | | | 铍 | pī | 1473 |
| [飽] | | | 芋 | piǎo | 1487 | | | | [鈹] | pí | 1476 |
| 铺 | bū | 134 | 藨 | piáo | 1487 | 【 품 】 | | | 皮 | pí | 1474 |
| [舖] | | | 蔗 | biāo | 112 | 稟 | bǐng | 123 | 皱 | pí | 1477 |
| 炮 | bāo | 59 | 摽 | biāo | 112 | 品 | pǐn | 1492 | [皺] | | |
| | páo | 1458 | | biào | 114 | 榀 | pǐn | 1493 | 鞁 | bèi | 80 |
| | pào | 1460 | 嘌 | piào | 1488 | | | | 鞴 | bèi | 80 |
| 枹 | bāo | 59 | 幖 | biāo | 112 | 【 풍 】 | | | 髲 | bì | 98 |
| 暴 | bào | 68 | 彪 | biāo | 112 | 丰 | fēng | 580 | | | |
| 胞 | bāo | 59 | 婊 | biǎo | 114 | [豐] | | | 【 픽 】 | | |
| 脯 | fǔ | 608 | 嫖 | piáo | 1487 | 冯 | Féng | 590 | 腷 | bì | 97 |
| 脬 | pāo | 1457 | 缥 | piǎo | 1485 | [馮] | | | | | |
| 疱 | pào | 1461 | [標] | piǎo | 1487 | 讽 | fěng | 591 | 【 필 】 | | |
| 袍 | páo | 1458 | 骠 | biāo | 112 | [諷] | | | 匹 | pǐ | 1477 |
| 铺 | pū | 1508 | [驃] | piào | 1488 | 鄷 | Fēng | 590 | 邲 | Bì | 95 |
| | | | | | | | | | 滗 | bì | 97 |

| | | |
|---|---|---|
| [滭] | | |
| 苾 | bì | 95 |
| 荜 | bì | 96 |
| [華] | | |
| 吡 | bǐ | 91 |
| 哔 | bì | 96 |
| [嗶] | | |
| 饆 | bì | 96 |
| [饆] | | |
| 弼 | bì | 97 |
| 跸 | bì | 96 |
| [蹕] | | |
| 必 | bì | 93 |
| 珌 | bì | 96 |
| 毕 | bì | 94 |
| [畢] | | |
| 铋 | bì | 96 |
| [鉍] | | |
| 秘 | bì | 98 |
| 笔 | bǐ | 91 |
| [筆] | | |
| 筚 | bì | 97 |
| [篳] | | |
| 跸 | bì | 97 |
| [蹕] | | |
| 鼊 | bì | 98 |

**【 핍 】**

| | | |
|---|---|---|
| 乏 | fá | 530 |
| 幅 | bì | 97 |
| 逼 | bī | 87 |

**【 하 】**

| | | |
|---|---|---|
| 下 | xià | 2094 |
| ‖ · | xia | 2094 |
| 嘏 | gǔ | 701 |
| | jiǎ | 701 |
| 厦 | shà | 1677 |
| | Xià | 2102 |
| 何 | hé | 783 |
| 河 | hé | 786 |
| 遐 | xiá | 2093 |
| 荷 | hé | 787 |
| | hè | 790 |

| | | |
|---|---|---|
| 菏 | hé | 789 |
| 哧 | chī | 251 |
| 唬 | xià | 2102 |
| 喝 | hē | 779 |
| 煆 | jiǎ | 934 |
| 岈 | yá | 2238 |
| 夏 | xià | 2102 |
| 瑕 | xiá | 2093 |
| 贺 | hè | 789 |
| [賀] | | |
| 虾 | há | 750 |
| [蝦] | xiā | 2091 |
| 罅 | xià | 2102 |
| 霞 | xiá | 2093 |
| 鰕 | xiā | 2092 |
| [鰕] | | |

**【 학 】**

| | | |
|---|---|---|
| 谑 | xuè | 2226 |
| [謔] | | |
| 郝 | Hǎo | 775 |
| 涸 | hé | 789 |
| 壑 | hè | 791 |
| 蓋 | hē | 779 |
| 嚄 | huò | 889 |
| 峃 | Xué | 2221 |
| [嶨] | | |
| 敩 | xué | 2223 |
| [斅] | | |
| 臛 | huò | 889 |
| 疟 | nüè | 1437 |
| 瘧 | yào | 2278 |
| 鹤 | hè | 791 |
| [鶴] | | |
| 蠚 | hē | 779 |
| 嚣 | hè | 791 |

**【 한 】**

| | | |
|---|---|---|
| 寒 | hán | 760 |
| 罕 | hǎn | 762 |
| 翰 | hàn | 765 |
| 限 | xiàn | 2117 |
| 邗 | hán | 757 |
| 邯 | hán | 758 |

| | | |
|---|---|---|
| 汉 | hàn | 762 |
| [漢] | | |
| 汗 | hán | 757 |
| | hàn | 763 |
| 瀚 | hàn | 766 |
| 恨 | hèn | 795 |
| 悍 | hàn | 765 |
| 顸 | hān | 756 |
| [頇] | | |
| 闲 | xián | 2107 |
| [閑, 閒] | | |
| 垾 | hàn | 765 |
| 蓒 | hàn | 765 |
| 扞 | hàn | 763 |
| 捍 | hàn | 765 |
| 狠 | hěn | 795 |
| 娴 | xián | 2110 |
| [嫻, 嫺] | | |
| 焊 | hàn | 765 |
| 熯 | hàn | 765 |
| 韩 | Hán | 760 |
| [韓] | | |
| 旱 | hàn | 764 |
| 嘆 | hàn | 765 |
| 钎 | qiān | 1542 |
| [釺] | | |
| 銲 | hǎn | 762 |
| [銲] | | |
| 鹇 | xián | 2111 |
| [鷴] | | |
| 槵 | xiàn | 2119 |
| [槵] | | |
| 翰 | hàn | 765 |
| 鼾 | hān | 757 |

**【 할 】**

| | | |
|---|---|---|
| 割 | gē | 655 |
| 愒 | hè | 790 |
| 搳 | huá | 834 |
| 辖 | xiá | 2093 |
| [轄] | | |
| 瞎 | xiā | 2091 |
| 鹖 | hé | 789 |
| [鶡] | | |

| | | |
|---|---|---|
| 黠 | xiá | 2094 |

**【 함 】**

| | | |
|---|---|---|
| 含 | hán | 758 |
| 陷 | xiàn | 2119 |
| 函 | hán | 759 |
| 浛 | hán | 759 |
| 涵 | hán | 760 |
| 菡 | hàn | 765 |
| 咸 | xián | 2110 |
| [鹹] | | |
| 喊 | hǎn | 762 |
| 衔 | xián | 2110 |
| [銜, 啣] | | |
| 馅 | xiàn | 2119 |
| [餡] | | |
| 缄 | jiān | 942 |
| [緘] | | |
| 焓 | hán | 760 |
| 琀 | hán | 760 |
| 槛 | jiàn | 957 |
| [檻] | kǎn | 1085 |
| 晗 | hán | 760 |
| 舰 | jiàn | 955 |
| [艦] | | |
| 颔 | hàn | 765 |
| [頷] | | |
| 颇 | kǎn | 1085 |
| [顑] | | |
| 舰 | jiàn | 955 |
| [艦] | | |
| 鹹 | xián | 2111 |
| [鹹] | | |

**【 합 】**

| | | |
|---|---|---|
| 合 | hé | 779 |
| [閤] | | |
| 盒 | hé | 789 |
| 郃 | Hé | 786 |
| 溘 | kè | 1106 |
| 阁 | hé | 789 |
| [閤] | | |
| 呷 | gā | 620 |
| | xiā | 2091 |

| | | | | | | | | | | |
|---|---|---|---|---|---|---|---|---|---|---|
| 哈 | hā | 750 | 杭 | Háng | 767 | | kǎi | 1082 | [響] | |
| | hǎ | 750 | 肛 | gāng | 640 | 赅 | gāi | 622 | 香 | xiāng | 2126 |
| | hà | 751 | 肮 | āng | 18 | [賅] | | | 蛖 | xiǎng | 2131 |
| 嗑 | kē | 1096 | [航] | | | 氦 | hài | 756 | 饷 | xiǎng | 2131 |
| 柙 | xiá | 2093 | 钪 | kàng | 1091 | 欬 | kài | 1082 | [饗] | |
| 榼 | kē | 1096 | [鈧] | | | 痎 | jiē | 986 | | | |
| 盍 | hé | 787 | 颃 | háng | 768 | 颏 | kē | 1096 | **【 허 】** | |
| 铪 | hā | 750 | [頏] | | | [頦] | ké | 1098 | 许 | xǔ | 2208 |
| [鉿] | | | 缸 | gāng | 641 | 蟹 | xiè | 2166 | [許] | |
| 鸽 | gē | 655 | 鎼 | xiàng | 2136 | 醢 | hǎi | 755 | 诩 | xǔ | 2208 |
| [鴿] | | | 航 | háng | 767 | 解 | jiě | 995 | [詡] | |
| 秴 | huō | 877 | 酐 | gān | 632 | | jiè | 1001 | 墟 | xū | 2207 |
| 颌 | gé | 659 | | | | | xiè | 2165 | 嘘 | shī | 1745 |
| [頜] | hé | 789 | **【 해 】** | | | 鲑 | xié | 2161 | | xū | 2207 |
| 蛤 | gé | 658 | 该 | gāi | 621 | [鮭] | | | 栩 | xǔ | 2208 |
| | há | 750 | [該] | | | 骸 | hái | 752 | 歔 | xū | 2207 |
| | | | 谐 | xié | 2160 | | | | 虚 | xū | 2205 |
| **【 항 】** | | | [諧] | | | **【 핵 】** | | | | | |
| 巷 | hàng | 768 | 偕 | xié | 2159 | 劾 | hé | 786 | **【 헌 】** | |
| | xiàng | 2135 | 陔 | gāi | 621 | 核 | hé | 787 | 献 | xiàn | 2120 |
| 亢 | kàng | 1090 | 郃 | Xí | 2081 | | hú | 819 | [獻] | |
| 伉 | kàng | 1090 | 海 | hǎi | 752 | 翮 | hé | 789 | 宪 | xiàn | 2119 |
| 降 | xiáng | 2130 | 瀣 | xiè | 2165 | | | | [憲] | |
| 夯 | hāng | 766 | 灚 | xiè | 2166 | **【 행 】** | | | 鶱 | xiān | 2107 |
| 沆 | hàng | 768 | 咳 | hài | 755 | 悻 | xìng | 2193 | [鶱] | |
| 港 | gǎng | 642 | 懈 | xiè | 2165 | 幸 | xìng | 2191 | 幰 | xiǎn | 2115 |
| 恒 | héng | 796 | 害 | hài | 756 | 荇 | xìng | 2193 | 巘 | yǎn | 2258 |
| 闶 | kāng | 1089 | 廨 | xiè | 2165 | 哼 | hēng | 796 | [巘] | |
| [閌] | kàng | 1091 | 邂 | xiè | 2165 | | hèng | 799 | | | |
| 迒 | háng | 767 | 垓 | gāi | 621 | 行 | xíng | 2184 | **【 헐 】** | |
| 项 | xiàng | 2134 | 荄 | gāi | 622 | 鸻 | héng | 797 | 歇 | xiē | 2156 |
| [項] | | | 薤 | xiè | 2165 | [鴴] | | | | | |
| 抗 | kàng | 1090 | 奚 | xī | 2075 | 婞 | xìng | 2193 | **【 험 】** | |
| 吭 | háng | 767 | 哈 | hāi | 751 | 绗 | háng | 767 | 险 | xiǎn | 2113 |
| | kēng | 1108 | 咳 | hāi | 751 | [絎] | | | [險] | |
| 囥 | kàng | 1091 | | ké | 1097 | 杏 | xìng | 2191 | 忺 | xiān | 2106 |
| 行 | háng | 766 | 嗨 | hāi | 751 | | | | 崄 | xiǎn | 2114 |
| | hàng | 768 | 嘻 | hài | 756 | **【 향 】** | | | [嶮] | |
| | héng | 797 | 嘿 | hēi | 794 | 向 | xiàng | 2133 | 崟 | xiǎn | 2114 |
| 衡 | háng | 767 | 嶰 | xiè | 2165 | 乡 | xiāng | 2120 | [崟] | |
| 衖 | xiàng | 2136 | 獬 | xiè | 2165 | [鄉] | | | 獫 | Xiǎn | 2114 |
| 姮 | héng | 797 | 骇 | hài | 755 | 芗 | xiāng | 2121 | [玁] | |
| 嫦 | cháng | 210 | [駭] | | | [薌] | | | 狝 | Xiǎn | 2114 |
| 炕 | kàng | 1091 | 楷 | jiē | 988 | 响 | xiǎng | 2131 | [獮] | |

| | | | | | | | | |
|---|---|---|---|---|---|---|---|---|
| 验 | yàn | 2260 | [眩] | | | 叶 | xié | 2157 |
| [驗] | | | 眩 | xuàn | 2219 | 峡 | xiá | 2093 |
| | | | 显 | xiǎn | 2112 | [峽] | | |
| 【혁】 | | | [顯] | | | 狭 | xiá | 2093 |
| 洫 | xù | 2210 | 毨 | xiǎn | 2114 | [狹,陜] | | |
| 阅 | xì | 2090 | 见 | xiàn | 2115 | 饸 | hé | 787 |
| [閱] | | | [見] | | | [餄] | | |
| 塥 | gé | 660 | 痃 | xuán | 2215 | 胁 | xié | 2159 |
| 奕 | yì | 2326 | 铉 | xuàn | 2219 | [脇,脅] | | |
| 弈 | yì | 2326 | [鉉] | | | 硖 | Xiá | 2093 |
| 吓 | hè | 789 | 蚬 | xiǎn | 2114 | [硤] | | |
| [嚇] | xià | 2101 | [蜆] | | | 铗 | jiá | 931 |
| 衋 | xì | 2090 | 痃 | xián | 2110 | [鋏] | | |
| 虩 | xì | 2090 | 舷 | xián | 2111 | 颊 | jiá | 931 |
| 虩 | xì | 2090 | 翾 | xuān | 2214 | [頰] | | |
| 赫 | hè | 790 | | | | 蛱 | jiá | 931 |
| 革 | gé | 657 | 【혈】 | | | [蛺] | | |
| | | | 孑 | jié | 988 | 筴 | jiā | 930 |
| 【현】 | | | 穴 | xué | 2220 | [筴] | | |
| 玄 | xuán | 2214 | 芎 | xué | 2221 | 箧 | qiè | 1568 |
| 谖 | xuān | 2214 | 血 | xiě | 2162 | [篋] | | |
| [諼] | | | | xuè | 2224 | | | |
| 儇 | xuān | 2214 | 页 | yè | 2286 | 【형】 | | |
| 县 | xiàn | 2115 | 絜 | xié | 2161 | 亨 | hēng | 796 |
| [縣] | | | | | | 诇 | xiòng | 2197 |
| 泫 | xuàn | 2219 | 【혐】 | | | [詗] | | |
| 苋 | xiàn | 2115 | 嫌 | xián | 2111 | 刑 | xíng | 2184 |
| [莧] | | | | | | 荆 | jīng | 1021 |
| 岘 | xiàn | 2115 | 【협】 | | | 兄 | xiōng | 2194 |
| [峴] | | | 夹 | gā | 620 | 陉 | xíng | 2189 |
| 弦 | xián | 2110 | [夾] | jiā | 925 | [陘] | | |
| 绚 | xuàn | 2219 | 协 | xié | 2157 | 夐 | xiòng | 2197 |
| [絢] | | | [協] | | | 迥 | jiǒng | 1034 |
| 缳 | huán | 845 | 侠 | xiá | 2092 | 滢 | yíng | 2351 |
| [繯] | | | [俠] | | | [瀅] | | |
| 炫 | xuàn | 2219 | 勰 | xié | 2161 | 迥 | jiǒng | 1034 |
| 悬 | xuán | 2215 | 浃 | jiā | 927 | 型 | xíng | 2189 |
| [懸] | | | [浹] | | | 馨 | xīn | 2178 |
| 袨 | Xiàn | 2106 | 悏 | qiè | 1568 | 荧 | yíng | 2349 |
| 现 | xiàn | 2115 | [愜,篋] | | | [熒] | | |
| [現] | | | 荚 | jiá | 931 | 荣 | xíng | 2189 |
| 轩 | xuān | 2212 | [莢] | | | [榮] | | |
| [軒] | | | 挟 | xié | 2159 | 萤 | yíng | 2349 |
| 睍 | xiàn | 2117 | [挾] | | | | | |

| | | | | | |
|---|---|---|---|---|---|
| 萤 | yíng | | 衡 | héng | 799 |
| 擤 | xǐng | 2190 | | | |
| 哼 | hēng | 796 | | | |
| | hèng | 799 | | | |
| 衡 | héng | 799 | | | |
| 形 | xíng | 2187 | | | |
| 炯 | jiǒng | 1034 | | | |
| 珩 | héng | 797 | | | |
| 桁 | héng | 797 | | | |
| 脝 | hēng | 796 | | | |
| 硎 | xíng | 2189 | | | |
| 钘 | xíng | 2189 | | | |
| [鈃] | | | | | |
| 铏 | xíng | 2189 | | | |
| [鉶] | | | | | |

【혜】

| | | |
|---|---|---|
| 兮 | xī | 2070 | 傒 | xī | 2078 |
| 潓 | Huì | 872 |
| 蕙 | huì | 872 |
| 嘒 | huì | 872 |
| 徯 | xī | 2078 |
| 彗 | huì | 871 |
| 惠 | huì | 871 |
| 慧 | huì | 872 |
| 槥 | huì | 872 |
| 盻 | xì | 2090 |
| 稽 | Jī | 899 |
| 蟪 | huì | 872 |
| 醯 | xī | 2080 |
| 蹊 | xī | 2080 |
| 溪 | xī | 2080 |
| 鞋 | xié | 2161 |
| 蹊 | xī | 2081 |

【호】

| | | |
|---|---|---|
| 互 | hù | 822 |
| 乎 | hū | 814 |
| 毫 | háo | 769 |
| 豪 | háo | 770 |
| 冱 | hù | 824 |
| 戏 | hū | 815 |

| | | | | | | | | | | | |
|---|---|---|---|---|---|---|---|---|---|---|---|
| 鄗 | Hào | 778 | 琥 | hǔ | 822 | 溷 | hùn | 877 | | hǒng | 807 |
| 鄠 | Hù | 825 | 瑚 | hú | 820 | 惛 | hūn | 874 | | hòng | 807 |
| 沪 | Hù | 825 | 柘 | hù | 825 | 阍 | hūn | 874 | 嗊 | Gòng | 684 |
| [滬] | | | 楛 | hù | 825 | [閽] | | | [嗊] | hǒng | 807 |
| 浒 | hǔ | 822 | 轷 | Hū | 817 | 圂 | hùn | 876 | 弘 | hóng | 801 |
| [滸] | xǔ | 2208 | [軒] | | | 馄 | hún | 875 | 红 | hóng | 801 |
| 浩 | hào | 777 | 昊 | hào | 777 | [餛] | | | [紅] | | |
| 淏 | hào | 778 | 暠 | gǎo | 651 | 婚 | hūn | 874 | 烘 | hōng | 800 |
| 湖 | hú | 820 | 犒 | kào | 1093 | 焜 | kūn | 1140 | 鉷 | hóng | 806 |
| 滈 | Hào | 778 | 胡 | hú | 818 | 珲 | hún | 875 | [鉷] | | |
| 滹 | hū | 817 | [鬍] | | | [琿] | | | 虹 | hóng | 805 |
| 澔 | hào | 778 | 镐 | gǎo | 651 | 惛 | hūn | 874 | 虹 | hóng | 806 |
| 濠 | háo | 771 | [鎬] | Hào | 778 | 昏 | hūn | 872 | [虹] | | |
| 灏 | hào | 778 | 皓 | hào | 778 | 魂 | hún | 875 | | | |
| [灝] | | | 晧 | hào | 778 | | | | 【화】 | | |
| 怙 | hù | 825 | 瓠 | hù | 825 | 【흘】 | | | 诉 | hé | 784 |
| 壕 | háo | 771 | 鹕 | hú | 820 | 惚 | hū | 817 | [訴] | | |
| 壶 | hú | 819 | [鶘] | | | 嗀 | hū | 817 | 话 | huà | 838 |
| [壺] | | | 簋 | hù | 825 | 圂 | hú | 817 | [話] | | |
| 葫 | hú | 820 | [簋] | | | 惚 | hū | 817 | 华 | huá | 831 |
| 蒿 | hāo | 768 | 糊 | hū | 817 | 忽 | hū | 816 | [華] | Huà | 836 |
| 薅 | hāo | 768 | | hú | 821 | 锪 | huō | 877 | 化 | huā | 825 |
| 护 | hù | 824 | | hù | 825 | [鍋] | | | | huà | 834 |
| [護] | | | 颢 | hào | 778 | 鹄 | hú | 820 | 伙 | huǒ | 884 |
| 号 | háo | 769 | [顥] | | | [鵠] | | | 画 | huà | 836 |
| [號] | hào | 775 | 虎 | hǔ | 821 | 笏 | hù | 825 | [畫] | | |
| 呼 | hū | 815 | | hù | 825 | | | | 花 | huā | 826 |
| 唬 | hǔ | 822 | 蚝 | háo | 769 | 【홍】 | | | 咼 | Guō | 739 |
| 嗥 | háo | 769 | 蝴 | hú | 820 | 讧 | hòng | 807 | [咼] | | |
| 嚎 | háo | 771 | 簏 | chí | 255 | [訌] | | | 和 | hé | 784 |
| 岵 | hù | 825 | 醐 | hú | 821 | 泓 | hóng | 805 | | hè | 789 |
| 狐 | hú | 817 | 鲎 | hù | 825 | 洪 | hóng | 806 | | hú | 817 |
| 猢 | hú | 820 | [鱟] | | | 泽 | jiàng | 964 | | huó | 878 |
| 弧 | hú | 818 | | | | 鸿 | hóng | 806 | | huò | 886 |
| 好 | hǎo | 771 | 【혹】 | | | [鴻] | | | 哗 | huā | 831 |
| | hào | 776 | 惑 | huò | 888 | 澒 | hòng | 807 | [嘩] | huá | 832 |
| 缟 | gǎo | 650 | 或 | huò | 885 | [澒] | | | 骅 | huá | 833 |
| [縞] | | | 酷 | kù | 1124 | 汞 | gǒng | 681 | [驊] | | |
| 烀 | hū | 817 | | | | 荭 | hóng | 805 | 火 | huǒ | 881 |
| 煳 | hú | 820 | 【혼】 | | | [葒] | | | 祸 | huò | 887 |
| 户 | hù | 823 | 浑 | hún | 874 | 蕻 | hóng | 807 | [禍] | | |
| 戽 | hù | 825 | [渾] | | | 薨 | hóng | 807 | 桦 | huà | 839 |
| 扈 | hù | 825 | 混 | hún | 875 | | hòng | 807 | [樺] | | |
| 祜 | hù | 825 | | hùn | 876 | 哄 | hōng | 800 | 货 | huò | 886 |

| | | | | | | | | | | | |
|---|---|---|---|---|---|---|---|---|---|---|---|
| [貨] | | | [闤] | | | 滑 | huá | 833 | 蟥 | huáng | 855 |
| 盉 | hé | 789 | 还 | hái | 751 | 阔 | kuò | 1143 | 篁 | huáng | 855 |
| 钬 | huǒ | 885 | [還] | huán | 842 | [闊,濶] | | | 簧 | huáng | 855 |
| [鈥] | | | 逭 | huàn | 849 | 猾 | huá | 833 | 艎 | huáng | 855 |
| 铧 | huá | 833 | 芄 | wán | 1997 | 蛞 | kuò | 1142 | 鳇 | huáng | 855 |
| [鏵] | | | 萱 | huán | 844 | 豁 | huá | 834 | [鰉] | | |
| 禾 | hé | 779 | 萑 | huán | 844 | | huō | 877 | | | |
| 靴 | xuē | 2220 | 换 | huàn | 846 | | huò | 888 | 【 해 】 | | |
| | | | 掇 | huàn | 849 | 鳎 | huá | 834 | 哕 | huì | 870 |
| 【 확 】 | | | 唤 | huàn | 848 | [鯎] | | | [噦] | | |
| 膗 | huò | 888 | 圜 | huán | 844 | | | | 翙 | huì | 872 |
| 劐 | huō | 877 | 獾 | huān | 842 | 【 황 】 | | | [翽] | | |
| 矍 | jué | 1066 | 弮 | quān | 1604 | 况 | kuàng | 1134 | | | |
| 扩 | kuò | 1142 | 纨 | wán | 1997 | 谎 | huǎng | 856 | 【 회 】 | | |
| [擴] | | | [紈] | | | [謊] | | | 夒 | náo | 1400 |
| 攉 | huō | 878 | 焕 | huàn | 848 | 黄 | huáng | 851 | 藯 | huì | 872 |
| 攫 | jué | 1067 | 患 | huàn | 848 | 凰 | huáng | 854 | [薉] | | |
| 彟 | huò | 889 | 环 | huán | 843 | 隍 | huáng | 854 | 诙 | huī | 858 |
| 蒦 | yuē | 2418 | [環] | | | 湟 | Huáng | 854 | [詼] | | |
| [蒦] | | | 璜 | huán | 845 | 滉 | huàng | 857 | 海 | huì | 870 |
| 㐸 | guō | 739 | [瓛] | | | 潢 | huáng | 855 | [誨] | | |
| [彉,彍] | | | 桓 | Huán | 844 | 恍 | huǎng | 856 | 刽 | guì | 736 |
| 确 | què | 1612 | 轘 | huán | 845 | 慌 | huāng | 850 | [劊] | | |
| [確] | | | [轘] | | | | ·huang | 850 | 会 | huì | 867 |
| 镬 | huò | 888 | 瘓 | huàn | 849 | 惶 | huáng | 855 | [會] | kuài | 1126 |
| [鑊] | | | 漶 | huàn | 849 | 遑 | huáng | 854 | 郐 | Kuài | 1128 |
| 彟 | yuē | 2418 | 睆 | huàn | 849 | 塃 | huāng | 850 | [鄶] | | |
| 蠖 | huò | 889 | 睅 | hàn | 765 | 荒 | huāng | 849 | 汇 | huì | 866 |
| 筿 | yuè | 2422 | 锾 | huán | 844 | 喤 | huáng | 854 | [滙] | | |
| 籰 | yuè | 2423 | [鍰] | | | 幌 | huǎng | 856 | 浍 | Huì | 870 |
| | | | 皖 | Wǎn | 2003 | 徨 | huáng | 854 | | kuài | 1128 |
| 【 환 】 | | | 鹮 | huán | 845 | 餭 | huáng | 854 | 淮 | Huái | 840 |
| 丸 | wán | 1997 | [䴉] | | | [餭] | | | 怀 | huái | 839 |
| 欢 | huān | 841 | 矜 | guān | 719 | 煌 | huáng | 855 | [懷] | | |
| [歡] | | | 豢 | huàn | 849 | 皇 | huáng | 851 | 恢 | huī | 859 |
| 奂 | huàn | 846 | 狟 | huán | 844 | 璜 | huáng | 855 | 悝 | kuī | 1136 |
| 汍 | wán | 1997 | 鲩 | huàn | 849 | 榥 | huàng | 857 | 悔 | huǐ | 865 |
| 浣 | huàn | 848 | [鯇] | | | 贶 | kuàng | 1135 | 茴 | huí | 865 |
| 漶 | huàn | 849 | 鱹 | guān | 719 | [貺] | | | 荟 | huì | 870 |
| 澴 | Huán | 845 | 鬟 | huán | 845 | 肓 | huāng | 849 | [薈] | | |
| 懁 | xuān | 2214 | | | | 癀 | huáng | 855 | 扩 | kuǎi | 1126 |
| 宦 | huàn | 846 | 【 활 】 | | | 磺 | huáng | 855 | [擓] | | |
| 寰 | huán | 845 | | | | 貥 | huàng | 857 | 咴 | huī | 859 |
| 阛 | huán | 845 | 活 | huó | 878 | 蝗 | huáng | 855 | 回 | huí | 860 |

| | | | | | | | | |
|---|---|---|---|---|---|---|---|---|
| 徊 | huái | 840 | 悙 | hèng | 799 | | hòu | 814 | 欻 | chuā | 290 |
| | huí | 865 | 竑 | hóng | 806 | 候 | hòu | 814 | | xū | 2207 |
| 狯 | kuài | 1128 | 鉷 | hóng | 806 | 郈 | Hòu | 813 | 魆 | xū | 2207 |
| [獪] | | | [鈜] | | | 垕 | hòu | 814 | | | |
| 绘 | huì | 870 | 璜 | huáng | 855 | 堠 | hòu | 814 | 【 薨 】 | | |
| [繪] | | | [鐄] | | | 吼 | hǒu | 808 | 薨 | hōng | 801 |
| 灰 | huī | 857 | | | | 喉 | hóu | 808 | | | |
| 烩 | huì | 871 | 【 肴 】 | | | 嗅 | xiù | 2203 | 【 矎 】 | | |
| [燴] | | | 爻 | yáo | 2274 | 狊 | hǒu | 809 | 谖 | xuān | 2213 |
| 桧 | guì | 737 | 洨 | Xiáo | 2142 | 猴 | hóu | 808 | [諼] | | |
| [檜] huì | 870 | 崤 | xiáo | 2142 | 姁 | xǔ | 2208 | 萱 | xuān | 2213 |
| 晦 | huì | 871 | 嚻 | jiào | 982 | 煦 | xù | 2212 | 喧 | xuān | 2213 |
| 贿 | huì | 870 | 哓 | xiāo | 2137 | 朽 | xiǔ | 2201 | 烜 | xuǎn/xuān | 2219 |
| [賄] | | | [曉] | | | 昫 | xù | 2209 | 煊 | xuān | 2214 |
| 脍 | kuài | 1128 | 哮 | xiào | 2153 | 瘊 | hóu | 808 | 媗 | xuān | 2214 |
| [膾, 鱠] | | | 嚆 | hāo | 768 | 猴 | hóu | 808 | 楦 | Xuān | 2214 |
| 盔 | kuī | 1136 | 嚣 | áo | 20 | 篌 | hóu | 808 | 楦 | xuàn | 2220 |
| 虀 | huái | 840 | [囂] | xiāo | 2142 | 酗 | xù | 2210 | 晅 | xuǎn | 2219 |
| 虺 | huī | 859 | 崤 | Xiáo | 2142 | 鱟 | hòu | 814 | 暄 | xuān | 2214 |
| 蚘 | huí | 865 | 狲 | xiāo | 2140 | [鱟] | | | | | |
| 豗 | huī | 859 | 骁 | xiāo | 2137 | 骺 | hóu | 808 | 【 翙 】 | | |
| 鲙 | kuài | 1128 | [驍] | | | 鮜 | hòu | 807 | 卉 | huì | 866 |
| [鱠] | | | 枭 | xiāo | 2137 | | | | 喙 | huì | 872 |
| | | | [梟] | | | 【 训 】 | | | 毁 | huǐ | 866 |
| 【 划 】 | | | 梢 | xiāo | 2137 | 训 | xùn | 2230 | 虺 | huǐ | 865 |
| 划 | huá | 831 | 晓 | xiǎo | 2152 | [訓] | | | | | |
| [劃] huà | 836 | [曉] | | | 勋 | xūn | 2226 | 【 挥 】 | | |
| 获 | huò | 887 | 效 | xiào | 2155 | [勛, 勳] | | | 讳 | huì | 869 |
| [獲, 穫] | | | 敩 | xiào | 2156 | 埙 | xūn | 2226 | [諱] | | |
| 嚄 | huō | 877 | [斅] | | | [塤] | | | 汇 | huì | 866 |
| | huò | 888 | 肴 | yáo | 2274 | 荤 | hūn | 873 | [匯] | | |
| | ǒ | 1439 | 鸮 | xiāo | 2137 | [葷] Xūn | 2226 | 㧑 | huī | 858 |
| 婳 | huà | 839 | [鴞] | | | 薰 | xūn | 2227 | [撝] | | |
| [嫿] | | | 虓 | xiāo | 2137 | 獯 | Xūn | 2227 | 挥 | huī | 858 |
| 骅 | huō | 877 | 筊 | jiǎo | 977 | 纁 | xūn | 2227 | [揮] | | |
| [驊] | | | 酵 | jiào | 982 | [纁] | | | 辉 | huī | 859 |
| 舂 | huā | 831 | | | | 熏 | xūn | 2226 | [輝] | | |
| | xū | 2204 | 【 后 】 | | | | xùn | 2233 | 徽 | huī | 860 |
| | | | 后 | hòu | 809 | 晕 | yūn | 2423 | 珲 | huī | 859 |
| 【 横 】 | | | [後] | | | [暈] yùn | 2428 | [琿] | | |
| 黉 | hóng | 807 | 诟 | gòu | 688 | 曛 | xūn | 2227 | 晖 | huī | 859 |
| [黌] | | | [詬] | | | 醺 | xūn | 2227 | [暉] | | |
| 吰 | hóng | 805 | 厚 | hòu | 813 | | | | 麾 | huī | 860 |
| 横 | héng | 797 | 侯 | hóu | 808 | 【 晕 】 | | | 袆 | huī | 859 |

| | | | | | | | | | |
|---|---|---|---|---|---|---|---|---|---|
| [褘] | | | 胸 | xiōng | 2195 | **【흠】** | | 睎 | xī | 2076 |
| 翬 | huī | 859 | | | | 廞 | xī | 2078 | 稀 | xī | 2076 |
| [翬] | | | **【흑】** | | | 洽 | qià | 1538 | 羲 | xī | 2080 |
| | | | 黑 | hēi | 791 | 恰 | qià | 1538 | 嬉 | xǐ | 2086 |
| **【휴】** | | | | | | 吸 | xī | 2072 | 豨 | xī | 2079 |
| 亏 | kuī | 1135 | **【흔】** | | | 噏 | xī | 2079 | 鱚 | xǐ | 2086 |
| [虧] | | | 釁 | xìn | 2180 | 歙 | xī | 2080 | [鱚] | | |
| 休 | xiū | 2197 | 忻 | xīn | 2173 | | | | | |
| 隳 | huī | 860 | 掀 | xiān | 2106 | **【흥】** | | **【힐】** | | |
| 灘 | Suī | 1861 | 很 | hěn | 795 | 兴 | xīng | 2181 | 诘 | jí | 906 |
| 庥 | xiū | 2200 | 炘 | xīn | 2174 | [興] | xìng | 2190 | [詰] | jié | 990 |
| 携 | xié | 2161 | 焮 | xìn | 2180 | | | | 擷 | xié | 2161 |
| 咻 | xiū | 2198 | 㾇 | hùn | 877 | **【희】** | | [擷] | | |
| 眭 | Suī | 1861 | 昕 | xīn | 2173 | 僖 | xī | 2079 | 纈 | xié | 2161 |
| 睢 | suī | 1861 | 欣 | xīn | 2173 | 戏 | xì | 2086 | [纈] | | |
| 畦 | qí | 1522 | 痕 | hén | 795 | [戯,戲] | | 肸 | xī | 2074 |
| 鸺 | xiū | 2201 | 锨 | xiān | 2106 | 浠 | Xī | 2075 | 襭 | xié | 2162 |
| [鵂] | | | [鍁] | | | 恓 | xī | 2075 | [襭] | | |
| 㳠 | xī | 2081 | 舋 | xìn | 2180 | 喜 | xǐ | 2084 | 頡 | jié | 993 |
| 貅 | xiū | 2201 | [釁] | | | 唏 | xī | 2074 | [頡] | xié | 2161 |
| 鑴 | xī | 2081 | | | | 嘻 | xī | 2079 | | | |
| 髹 | xiū | 2201 | **【흘】** | | | 噫 | yī | 2308 | | | |
| | | | 讫 | qì | 1534 | 希 | xī | 2073 | | | |
| **【흌】** | | | [訖] | | | 巇 | xī | 2080 | | | |
| 畜 | xù | 2210 | 仡 | gē | 653 | 饩 | xì | 2087 | | | |
| | | | | yì | 2322 | [餼] | | | | | |
| **【휼】** | | | 汔 | qì | 1535 | 屃 | xì | 2088 | | | |
| 谲 | jué | 1066 | 迄 | qì | 1534 | [屓] | | | | | |
| [譎] | | | 吃 | chī | 245 | 姬 | jī | 898 | | | |
| 潏 | yù | 2405 | 屹 | gē | 653 | 娭 | xī | 2075 | | | |
| 恤 | xù | 2210 | | yì | 2322 | 嬉 | xī | 2079 | | | |
| 遹 | yù | 2405 | 纥 | gē | 653 | 熙 | xī | 2079 | | | |
| 鐍 | jué | 1066 | [紇] | hé | 783 | 熹 | xī | 2080 | | | |
| [鐍] | | | 疙 | gē | 653 | 烯 | xī | 2075 | | | |
| 鹬 | yù | 2405 | 齕 | hé | 789 | 熺 | xī | 2080 | | | |
| [鷸] | | | [齕] | | | 燨 | xī | 2080 | | | |
| | | | | | | 憙 | xī | 2080 | | | |
| **【흉】** | | | **【흠】** | | | 禧 | xī | 2086 | | | |
| 讻 | xiōng | 2194 | 嚽 | hm | 799 | 晞 | xī | 2075 | | | |
| [訩] | | | 欠 | qiàn | 1552 | 曦 | xī | 2080 | | | |
| 匈 | xiōng | 2194 | 歆 | xīn | 2177 | 牺 | xī | 2074 | | | |
| 凶 | xiōng | 2193 | 钦 | qīn | 1568 | [犧] | | | | | |
| 汹 | xiōng | 2194 | [欽] | | | 歖 | xī | 2075 | | | |
| 恟 | xiōng | 2194 | 鑫 | xīn | 2178 | | | | | | |

# 附錄

## 附錄目次

- 도량형 단위표 ······················································ 2701
- 간화자·번체자 자형 대조표 ································ 2703
- 화학원소표 ··························································· 2704
- 중국 역대 연표 ···················································· 2707
- 세계 각국의 국명 및 수도명 ······························· 2719
- 한자 편방(偏旁) 명칭표 ······································ 2727
- 한어 병음 방안 ···················································· 2729
- 상용 친족 호칭표 ················································ 2731
- 숫자 및 영어 사용 어휘 ······································ 2733
- 중국 소수 민족표 ················································ 2739
- 문장부호표 ··························································· 2740
- 중국 행정 구역표 ················································ 2741
- 중국 百家姓 일람표 ············································· 2743
- 간지(干支) 일람표 ················································ 2751

## 도량형 단위표

### 1. 미터법

길이

| 飞米 | 埃 | 纳米 | 毫微米 | 微米 | 忽米 | 丝米 |
|---|---|---|---|---|---|---|
| 페르미 (fm) | 옹스트롬 (Å) | 나노미터 (nm) | 밀리마이크론 (m$\mu$m) | 마이크론 ($\mu$m) | 센티밀리미터 (cmm) | 데시밀리미터 (dmm) |
| $10^{-15}$m | $10^{-10}$m | $10^{-9}$m | $10^{-8}$m | $10^{-6}$m | $10^{-5}$m | $10^{-4}$m |

| 毫米 | 厘米 | 分米 | 米 | 千米(公里) | 海里(浬) |
|---|---|---|---|---|---|
| 밀리미터 (mm) | 센티미터 (cm) | 데시미터 (dm) | 미터 (m) | 킬로미터 (km) | 해리 (n, m) |
| $10^{-3}$m | $10^{-2}$m | $10^{-1}$m | 1m | 1,000m | 1,852m |

넓이

| 平方毫米 | 平方厘米 | 平方分米 | 平方米 | 公亩 | 公顷 | 平方千米(平方公里) |
|---|---|---|---|---|---|---|
| 평방밀리미터 (mm$^2$) | 평방센티미터 (cm$^2$) | 평방데시미터 (dm$^2$) | 평방미터 (m$^2$) | 아르 (a) | 헥타르 (ha) | 평방킬로미터 (km$^2$) |
| $10^{-6}$m$^2$ | $10^{-4}$cm$^2$ | 0.01m$^2$ | 1m$^2$ | 100m$^2$ | $10^5$m$^2$ | $10^6$m$^2$ |

부피

| 立方毫米 | 立方厘米 | 立方分米 | 立方米 |
|---|---|---|---|
| 입방밀리미터(mm$^3$) | 입방센티미터(cm$^3$) | 입방데시미터(dm$^3$) | 입방미터(m$^3$) |
| $10^{-9}$m$^3$ | $10^{-6}$m$^3$ | 0.001m$^3$ | 1m$^3$ |

용량

| 毫升 | 厘升 | 分升 | 升 | 千升 |
|---|---|---|---|---|
| 밀리리터(m$l$) | 센티리터(c$l$) | 데시리터(d$l$) | 리터($l$) | 킬로리터(k$l$) |
| 0.001$l$ | 0.01$l$ | 0.1$l$ | 1$l$ | 1,000$l$ |

무게

| 毫克 | 厘克 | 分克 | 克 | 千克(公斤) | 公担 | 吨 |
|---|---|---|---|---|---|---|
| 밀리그램(mg) | 센티그램(cg) | 데시그램(dg) | 그램(g) | 킬로그램(kg) | 퀸틀(q) | 톤(t) |
| $10^{-6}$kg | $10^{-5}$kg | $10^{-4}$kg | 0.001kg | 1kg | 100kg | 1,000kg |

## 2. 중국식 도량형

길이

| 市毫 | 市厘 | 市分 | 市寸 | 市尺 | 市丈 | 市引 | 市里 |
|---|---|---|---|---|---|---|---|
|  | 10市毫 | 10市厘 | 10市分 | 10市寸 | 10市尺 | 10市丈 | 150市丈 |
| 0.003333cm | 0.03333cm | 0.33333cm | 3.3333cm | 0.3333m | 3.3333m | 33.333m | 0.5km |

넓이

| 平方市寸 | 平方市尺 | 平方市丈 | 平方市厘 | 市分 | 市亩 | 市顷 |
|---|---|---|---|---|---|---|
|  | 100平方市寸 | 100平方市尺 | 22,500平方市丈 | 6平方市丈 | 10市分 | 100市亩 |
| 11.11cm$^2$ | 0.1111m$^2$ | 11.1111m$^2$ | 0.25km$^2$ | 66.6666m$^2$ | 6.6667a | 6.6667ha |

부피

| 立方市寸 | 立方市尺 | 立方市丈 |
|---|---|---|
| 1,000立方市分 | 1,000立方市寸 | 1,000立方市尺 |
| 37cm$^3$ | 0.037m$^3$ | 37.0370m$^3$ |

용량

| 市撮 | 市勺 | 市合 | 市升 | 市斗 | 市石 |
|---|---|---|---|---|---|
|  | 10市撮 | 10市勺 | 10市合 | 10市升 | 10市斗 |
| 0.001$l$ | 0.01$l$ | 0.1$l$ | 1$l$ | 10$l$ | 100$l$ |

무게

| 市丝 | 市毫 | 市厘 | 市分 | 市钱 | 市两 | 市斤 | 市担 |
|---|---|---|---|---|---|---|---|
|  | 10市丝 | 10市毫 | 10市厘 | 10市分 | 10市钱 | 10市两 | 100市斤 |
| 0.0005g | 0.005g | 0.05g | 0.5g | 5g | 50g | 0.5kg | 0.5q |

## 간화자 · 번체자 자형 대조표

| | 简体 / 繁體 | | 简体 / 繁體 | | 简体 / 繁體 |
|---|---|---|---|---|---|
| **A** | 爱 碍 袄 / 愛 礙 襖 | **B** | 罢 办 帮 宝 饱 报 备 贝 笔 毕 币 边 变 标 宾 冰 并 并 并 补 / 罷 辦 幫 寶 飽 報 備 貝 筆 畢 幣 邊 變 標 賓 氷 並 併 竝 補 | **C** | 采 参 残 灿 仓 册 / 采 參 殘 燦 倉 冊 |
| | 层 搀 产 忏 长 尝 场 厂 车 彻 尘 陈 衬 惩 迟 齿 耻 冲 虫 丑 础 处 刍 触 传 创 聪 从 丛 窜 / 層 攙 產 懺 長 嘗 場 廠 車 徹 塵 陳 襯 懲 遲 齒 恥 衝 蟲 醜 礎 處 芻 觸 傳 創 聰 從 叢 竄 | | | | **D** | 达 带 单 / 達 帶 單 |
| | 担 当 党 导 岛 灯 邓 敌 点 电 雕 顶 东 动 斗 独 读 断 对 队 吨 夺 堕 / 擔 當 黨 導 島 燈 鄧 敵 點 電 雕 頂 東 動 鬪 獨 讀 斷 對 隊 噸 奪 墮 | **E** | 儿 尔 / 兒 爾 | **F** | 发 发 范 饭 飞 坟 / 發 髮 範 飯 飛 墳 |
| | 奋 粪 丰 风 凤 肤 抚 妇 复 复 / 奮 糞 豐 風 鳳 膚 撫 婦 復 複 | **G** | 盖 干 干 赶 冈 个 个 沟 构 够 谷 顾 刮 挂 关 观 广 归 龟 柜 锅 国 过 / 蓋 乾 軒 趕 岡 個 箇 溝 構 夠 穀 顧 颳 掛 關 觀 廣 歸 龜 櫃 鍋 國 過 | | |
| **H** | 还 韩 汉 号 吓 轰 后 胡 壶 护 划 华 画 怀 坏 环 欢 汇 汇 会 伙 获 获 祸 / 還 韓 漢 號 嚇 轟 後 鬍 壺 護 劃 華 畫 懷 壞 環 歡 匯 彙 會 夥 獲 穫 禍 | **J** | 击 积 极 几 鸡 迹 迹 / 擊 積 極 幾 鷄 跡 蹟 | | |
| | 齐 济 系 际 剂 继 夹 价 戋 拣 坚 间 艰 监 拣 茧 检 减 见 荐 将 讲 觉 阶 节 杰 洁 紧 尽 尽 仅 进 经 惊 净 / 齊 濟 繫 際 劑 繼 夾 價 戔 揀 堅 間 艱 監 揀 繭 檢 減 見 薦 將 講 覺 階 節 傑 潔 緊 盡 儘 僅 進 經 驚 淨 | | | | | |
| | 竞 旧 举 剧 决 / 競 舊 擧 劇 決 | **K** | 开 壳 恳 夸 块 亏 / 開 殼 懇 誇 塊 虧 | **L** | 来 兰 阑 劳 乐 泪 类 离 历 历 厉 丽 怜 练 凉 两 疗 邻 临 灵 / 來 蘭 闌 勞 樂 淚 類 離 曆 歷 厲 麗 憐 練 涼 兩 療 鄰 臨 靈 |
| | 刘 龙 娄 卢 卤 录 陆 虑 乱 仑 罗 / 劉 龍 婁 盧 鹵 錄 陸 慮 亂 侖 羅 | **M** | 马 买 卖 脉 麦 猫 么 门 梦 面 庙 灭 / 馬 買 賣 脈 麥 貓 麽 門 夢 麵 廟 滅 | **N** | 难 脑 拟 鸟 聂 宁 农 / 難 腦 擬 鳥 聶 寧 農 |
| **P** | 盘 炮 苹 / 盤 砲 蘋 | **Q** | 齐 岂 启 气 弃 迁 佥 钱 强 乔 壳 亲 轻 庆 穷 区 权 确 / 齊 豈 啓 氣 棄 遷 僉 錢 強 喬 殼 親 輕 慶 窮 區 權 確 | **R** | 让 热 认 荣 / 讓 熱 認 榮 | **S** | 伞 丧 扫 / 傘 喪 掃 |
| | 涩 啬 杀 伤 审 声 圣 胜 师 时 识 实 适 寿 兽 书 属 术 树 双 丝 苏 虽 岁 孙 笋 / 澀 嗇 殺 傷 審 聲 聖 勝 師 時 識 實 適 壽 獸 書 屬 術 樹 雙 絲 蘇 雖 歲 孫 筍 | **T** | 台 坛 条 厅 听 头 图 / 臺 壇 條 廳 聽 頭 圖 | | |
| | 团 / 團 | **W** | 袜 万 网 为 韦 卫 乌 无 务 误 / 襪 萬 網 爲 韋 衛 烏 無 務 誤 | **X** | 牺 习 戏 虾 咸 显 献 宪 县 乡 响 效 协 写 兴 选 寻 / 犧 習 戲 蝦 鹹 顯 獻 憲 縣 鄉 響 効 協 寫 興 選 尋 | **Y** | 压 / 壓 |
| | 亚 严 盐 厌 艳 阳 养 样 尧 药 钥 爷 业 叶 页 医 亿 义 艺 异 阴 隐 应 营 优 忧 犹 邮 游 余 鱼 与 园 远 愿 / 亞 嚴 鹽 厭 艷 陽 養 樣 堯 藥 鑰 爺 業 葉 頁 醫 億 義 藝 異 陰 隱 應 營 優 憂 猶 郵 遊 餘 魚 與 園 遠 願 | | | | | |
| | 跃 云 韵 / 躍 雲 韻 | **Z** | 杂 灾 脏 赃 泽 斋 战 赵 这 郑 织 执 职 制 质 种 众 贮 筑 专 准 浊 总 钻 / 雜 災 臟 贓 澤 齋 戰 趙 這 鄭 織 執 職 製 質 種 衆 貯 築 專 準 濁 總 鑽 | | | | |

### 화학원소표

| 원자 번호 | 원소명 | 병음 | 기호 | 영문명(한국어명) |
|---|---|---|---|---|
| 1 | 氢 | qīng | H | Hydrogen 수소 |
| 2 | 氦 | hài | He | Helium 헬륨 |
| 3 | 锂 | lǐ | Li | Lithium 리튬 |
| 4 | 铍 | pí | Be | Beryllium 베릴륨 |
| 5 | 硼 | péng | B | Boron 붕소 |
| 6 | 碳 | tàn | C | Carbon 탄소 |
| 7 | 氮 | dàn | N | Nitrogen 질소 |
| 8 | 氧 | yǎng | O | Oxygen 산소 |
| 9 | 氟 | fú | F | Fluorine 플루오린(플루오르) |
| 10 | 氖 | nǎi | Ne | Neon 네온 |
| 11 | 钠 | nà | Na | Sodium 소듐(나트륨) |
| 12 | 镁 | měi | Mg | Magnesium 마그네슘 |
| 13 | 铝 | lǚ | Al | Aluminuim 알루미늄 |
| 14 | 硅 | guī | Si | Silicon 규소 |
| 15 | 磷 | lín | P | Phosphorus 인 |
| 16 | 硫 | liú | S | Sulfur/Thion 황 |
| 17 | 氯 | lǜ | Cl | Chlorine 염소 |
| 18 | 氩 | yà | Ar | Argon 아르곤 |
| 19 | 钾 | jiǎ | K | Potassium/Kalium 포타슘/칼륨 |
| 20 | 钙 | gài | Ca | Calcium 칼슘 |
| 21 | 钪 | kàng | Sc | Scandium 스칸듐 |
| 22 | 钛 | tài | Ti | Titanium 타이타늄(티타늄/티탄) |
| 23 | 钒 | fán | V | Vanadium 바나듐 |
| 24 | 铬 | gè | Cr | Chromium 크로뮴(크롬) |
| 25 | 锰 | měng | Mn | Manganese 망가니즈(망간) |
| 26 | 铁 | tiě | Fe | Iron/Ferrum 철 |
| 27 | 钴 | gǔ | Co | Cobalt 코발트 |
| 28 | 镍 | niè | Ni | Nickel 니켈 |
| 29 | 铜 | tóng | Cu | Copper/Cuprum 구리 |
| 30 | 锌 | xīn | Zn | Zinc 아연 |
| 31 | 镓 | jiā | Ga | Gallium 갈륨 |
| 32 | 锗 | zhě | Ge | Germanium 저마늄/게르마늄 |
| 33 | 砷 | shēn | As | Arsenic 비소 |
| 34 | 硒 | xī | Se | Selenium 셀레늄(셀렌) |
| 35 | 溴 | xiù | Br | Bromine 브로민(브롬) |
| 36 | 氪 | kè | Kr | Krypton 크립톤 |
| 37 | 铷 | rú | Rb | Rubidium 루비듐 |

| | | | | |
|---|---|---|---|---|
| 38 | 锶 | sī | Sr | Strontium 스트론튬 |
| 39 | 钇 | yǐ | Y | Yttrium 이트륨 |
| 40 | 锆 | gào | Zr | Zirconium 지르코늄 |
| 41 | 铌 | ní | Nb | Niobium 나이오븀/니오븀(니오브) |
| 42 | 钼 | mù | Mo | Molybdenum 몰리브데넘(몰리브덴) |
| 43 | 锝 | dé | Tc | Technetium 테크네튬 |
| 44 | 钌 | liǎo | Ru | Ruthenium 루테늄 |
| 45 | 铑 | lǎo | Rh | Rhodium 로듐 |
| 46 | 钯 | bǎ | Pd | Palladium 팔라듐 |
| 47 | 银 | yín | Ag | Silver(Argentum) 은 |
| 48 | 镉 | gé | Cd | Cadmium 카드뮴 |
| 49 | 铟 | yīn | In | Indium 인듐 |
| 50 | 锡 | xī | Sn | Tin(Stannum) 주석 |
| 51 | 锑 | tī | Sb | Antimony(Stibium) 안티모니(안티몬) |
| 52 | 碲 | dì | Te | Tellurium 텔루륨(텔루르) |
| 53 | 碘 | diǎn | I | Iodine 아이오딘(요오드) |
| 54 | 氙 | xiān | Xe | Xenon 제논(크세논) |
| 55 | 铯 | sè | Cs | Caesium(Cesium) 세슘 |
| 56 | 钡 | bèi | Ba | Barium 바륨 |
| 57 | 镧 | lán | La | Lanthanum 란타넘(란탄) |
| 58 | 铈 | shì | Ce | Cerium 세륨 |
| 59 | 镨 | pǔ | Pr | Praseodymium 프라세오디뮴 |
| 60 | 钕 | nǚ | Nd | Neodymium 네오디뮴 |
| 61 | 钷 | pǒ | Pm | Promethium 프로메튬 |
| 62 | 钐 | shān | Sm | Samarium 사마륨 |
| 63 | 铕 | yǒu | Eu | Europium 유로퓸 |
| 64 | 钆 | gá | Gd | Gadolinium 가돌리늄 |
| 65 | 铽 | tè | Tb | Terbium 터븀/테르븀 |
| 66 | 镝 | dī | Dy | Dysprosium 디스프로슘 |
| 67 | 钬 | huǒ | Ho | Holmium 홀뮴 |
| 68 | 铒 | ěr | Er | Erbium 어븀/에르븀 |
| 69 | 铥 | diū | Tm | Thulium 툴륨 |
| 70 | 镱 | yì | Yb | Ytterbium 이터븀/이테르븀 |
| 71 | 镥 | lǔ | Lu | Lutetium 루테튬 |
| 72 | 铪 | hā | Hf | Hafnium 하프늄 |
| 73 | 钽 | tǎn | Ta | Tantalum 탄탈럼(탄탈) |
| 74 | 钨 | wū | W | Tungsten(Wolfram) 텅스텐 |
| 75 | 铼 | lái | Re | Rhenium 레늄 |
| 76 | 锇 | é | Os | Osmium 오스뮴 |
| 77 | 铱 | yī | Ir | Iridium 이리듐 |

| | | | | | |
|---|---|---|---|---|---|
| 78 | 铂 | bó | Pt | Platinum | 백금 |
| 79 | 金 | jīn | Au | Gold(Aunim) | 금 |
| 80 | 汞 | gǒng | Hg | Mercury(Hydrargyrum) | 수은 |
| 81 | 铊 | tā | Tl | Thallium | 탈륨 |
| 82 | 铅 | qiān | Pb | Lead(Plumbum) | 납 |
| 83 | 铋 | bì | Bi | Bismuth | 비스무트 |
| 84 | 钋 | pō | Po | Polonium | 폴로늄 |
| 85 | 砹 | ài | At | Astatine | 아스타틴 |
| 86 | 氡 | dōng | Rn | Radon | 라돈 |
| 87 | 钫 | fāng | Fr | Francium | 프랑슘 |
| 88 | 镭 | léi | Ra | Radium | 라듐 |
| 89 | 锕 | ā | Ac | Actinium | 악티늄 |
| 90 | 钍 | tǔ | Th | Thorium | 토륨 |
| 91 | 镤 | pú | Pa | Protactinium | 프로탁티늄 |
| 92 | 铀 | yóu | U | Uranium | 우라늄 |
| 93 | 镎 | ná | Np | Neptunium | 넵투늄 |
| 94 | 钚 | bù | Pu | Plutonium | 플루토늄 |
| 95 | 镅 | méi | Am | Americium | 아메리슘 |
| 96 | 锔 | jú | Cm | Curium | 퀴륨 |
| 97 | 锫 | péi | Bk | Berkelium | 버클륨 |
| 98 | 锎 | kāi | Cf | Californium | 캘리포늄 |
| 99 | 锿 | āi | Es | Einsteinium | 아인슈타이늄 |
| 100 | 镄 | fèi | Fm | Fermium | 페르뮴 |
| 101 | 钔 | mén | Md | Mendelevium | 멘델레븀 |
| 102 | 锘 | nuò | No | Nobelium | 노벨륨 |
| 103 | 铹 | láo | Lr | Lawrencium | 로렌슘 |
| 104 | 𬬭 | lú | Rf | Rutherfordium | 러더포듐 |
| 105 | 𬭊 | dù | Db | Dubnium | 더브늄 |
| 106 | 𨭎 | xǐ | Sg | Seaborgium | 시보금 |
| 107 | 𨨏 | bō | Bh | Bohrium | 보륨 |
| 108 | 𨭆 | hēi | Hs | Hassium | 하슘 |
| 109 | 鿏 | mài | Mt | Meitnerium | 마이트너륨 |

## 중국 역대 연표

1. 본 연표는 '오제(五帝)'로부터 시작하여 1949년 중화 인민 공화국의 성립까지를 망라하였다.
2. '오제(五帝)'로부터 서주(西周)의 공화원년(共和元年 : B.C. 841년) 이전까지는 2000년에 공포된 〈하상주연표(夏商周年表)〉를 참고하여 조정하였다.
3. '십육국(十六國)'이나 '십국(十國)'·'서하(西夏)' 등 비교적 작은 왕조는 포함하지 않았다.
4. 각 시대나 왕조는 제호(帝號)나 묘호(廟號) 가운데 습관적으로 쓰이는 것을 상세하게 나열하였다. 아울러 연호(年號), 원년의 간지(干支)와 서기연도를 병기하여 대조할 수 있도록 하였다. (연호 뒤에는 괄호를 넣어 연호의 사용 연수를 넣고, 연중에 연호가 바뀐 경우에는 간지(干支) 뒤에 숫자로 개원(改元)한 달을 나타내었다)

▶ 오제(五帝)(대략 B.C. 30세기 초에서 B.C. 21세기 초까지)

| | |
|---|---|
| 黃帝 | 堯[yáo] |
| 顓頊 [zhuānxū] | 舜[shùn] |
| 帝嚳 [kù] | |

하(夏 : B.C. 2070년~B.C. 1600년)

상(商 : B.C. 1600년~B.C. 1046년)

상전기(商前期 : B.C. 1600년~B.C. 1300년)

| | |
|---|---|
| 汤 | |
| 太丁 | |
| 外丙 | 外壬 |
| 中壬 | 河亶[dǎn] 甲 |
| 太甲 | 祖乙 |
| 沃丁 | 祖辛 |
| 太庚 | 沃甲 |
| 小甲 | 祖丁 |
| 雍己 | 南庚 |
| 太戊 | 阳甲 |
| 中丁(仲丁) | 盘庚(殷으로 천도 전) |

상후기(商后期 : B.C. 1300년~B.C. 1046년)

| 盘庚(殷으로 천도 후)* | | | |
|---|---|---|---|
| 小辛 | (50) | | B.C. 1300 |
| 小乙 | | | |
| 武丁 | (59) | | B.C. 1250 |
| 祖庚 | | | |
| 祖甲 | | | |
| 廩辛 | (44) | | B.C. 1191 |
| 康丁(庚丁) | | | |
| 武乙 | (35) | 甲寅 | B.C. 1147 |
| 文丁 | (11) | 乙丑 | B.C. 1112 |

| 帝乙 | (26) | 庚子 | B.C. 1101 |
| 帝辛(紂) | (30) | 丙寅 | B.C. 1075 |

\* 반경(盤庚)이 은(殷)으로 천도한 뒤에는 '상(商)'도 '은(殷)'이라 부름.

▶ 주(周 : B.C. 1046년~B.C. 256년)

서주(西周 : B.C. 1046년~B.C. 771년)

| 武王(姬[jī]发) | (4) | 乙未 | B.C. 1046 | 孝王(~辟方) | (6) | 庚午 | B.C. 891 |
| 成王(~诵) | (22) | 己亥 | B.C. 1042 | 夷王 | (8) | 丙子 | B.C. 885 |
| 康王(~钊[zhāo]) | (25) | 辛酉 | B.C. 1020 | (~燮[xiè]) | | | |
| 昭王(~瑕[xiá]) | (19) | 丙戌 | B.C. 995 | 厉王(~胡) | (37) 共和 | 甲申 | B.C. 877 |
| 穆王(~满) | (55) 共王 当年改元 | 乙巳 | B.C. 976 | | | | |
| | | | | 共和 | (14) | 庚申 | B.C. 841 |
| 共[gōng]王 (~繄[yī]扈) | (23) | 己亥 | B.C. 922 | 宣王(~静) | (46) | 甲戌 | B.C. 827 |
| | | | | 幽王 | (11) | 庚申 | B.C. 781 |
| 懿[yì]王 (~囏[jiān]) | (8) | 壬戌 | B.C. 899 | (~宮湦[shēng]) | | | |

동주(东周 : B.C. 770년~B.C. 256년)

| 盘平王(姬宜臼) | (51) | 辛未 | B.C. 770 | 悼王(~猛) | (1) | 辛巳 | B.C. 520 |
| 桓王(~林) | (23) | 壬戌 | B.C. 719 | 敬王(~匄[gài]) | (44) | 壬午 | B.C. 519 |
| 庄王(~佗[tuó]) | (15) | 乙酉 | B.C. 696 | 元王(~仁) | (7) | 丙寅 | B.C. 475 |
| 釐[xī]王(~胡齐) | (5) | 庚子 | B.C. 681 | 贞定王(~介) | (28) | 癸酉 | B.C. 468 |
| 惠王(~阆[làng]) | (25) | 乙巳 | B.C. 676 | 哀王(~去疾) | (1) | 庚子 | B.C. 441 |
| 襄[xiāng]王(~郑) | (33) | 庚午 | B.C. 651 | 思王(~叔) | (1) | 庚子 | B.C. 441 |
| 顷王(~壬臣) | (6) | 癸卯 | B.C. 618 | 考王(~嵬[wéi]) | (15) | 辛丑 | B.C. 440 |
| 匡王(~班) | (6) | 己酉 | B.C. 612 | 威烈王(~午) | (24) | 丙辰 | B.C. 425 |
| 定王(~瑜[yú]) | (21) | 乙卯 | B.C. 606 | 安王(~骄) | (26) | 庚辰 | B.C. 401 |
| 简王(~夷) | (14) | 丙子 | B.C. 585 | 烈王(~喜) | (7) | 丙午 | B.C. 375 |
| 灵王(~泄心) | (27) | 庚寅 | B.C. 571 | 显王(~扁) | (48) | 癸丑 | B.C. 368 |
| 景王(~贵) | (25) | 丁巳 | B.C. 544 | 慎靓[jìng]王(~定) | (6) | 辛丑 | B.C. 320 |
| | | | | 赧[nǎn]王(~延) | (59) | 丁未 | B.C. 314 |

▶ 진(秦)(秦帝國 : B.C. 221년~B.C. 260년)

주난왕(周赧王)59년(乙巳, B.C. 256년)에 진(秦)이 주(周)를 멸망시켰다. 그 다음해(즉, 진 소양왕(昭襄王)52년(丙午, B.C. 255년))부터 진왕 정(秦王政)25년(己卯, B.C. 222년)까지의 시기를 역사가들은 '진왕(秦王)'으로 기년(紀年)한다. 진왕 정은 26년(庚辰, B.C. 221년)에 통일 사업을 완수하고 '시황제(始皇帝)'라 호칭하였다.

| 昭襄王(嬴则, 又名稷) | (56) | 乙卯 | B.C. 306 | 始皇帝(~政) | (37) | 乙卯 | B.C. 246 |
| 孝文王(~柱) | (1) | 辛亥 | B.C. 250 | 二世皇帝(~胡亥) | (3) | 壬辰 | B.C. 209 |
| 庄襄王(~子楚) | (3) | 壬子 | B.C. 249 | | | | |

▶한(汉: B.C. 206년~A.D. 220년)

서한(西汉: B.C. 206~A.D. 25년)

왕망(王莽: A.D. 9년~A.D. 23년)과 경시제(更始帝: A.D. 23년~A.D. 25년)를 포함함.

| | | | | | | | |
|---|---|---|---|---|---|---|---|
| 高帝(刘邦) | (12) | 乙未 | B.C. 206 | | 神爵(4) | 庚申三 | B.C. 61 |
| 惠帝(～盈) | (7) | 丁未 | B.C. 194 | | 五凤(4) | 甲子 | B.C. 57 |
| 高后(吕雉) | (8) | 甲寅 | B.C. 187 | | 甘露(4) | 戊辰 | B.C. 53 |
| 文帝(刘恒) | (16) | 壬戌 | B.C. 179 | | 黄龙(1) | 壬申 | B.C. 49 |
| | (后元)(7) | 戊寅 | B.C. 163 | 元帝(～奭[shì]) | 初元(5) | 癸酉 | B.C. 48 |
| 景帝(～启) | (7) | 乙酉 | B.C. 156 | | 永光(5) | 戊寅 | B.C. 43 |
| | (中元)(6) | 壬辰 | B.C. 149 | | 建昭(5) | 癸未 | B.C. 38 |
| | (后元)(3) | 戊戌 | B.C. 143 | | 竟宁(1) | 戊子 | B.C. 33 |
| 武帝(～彻) | 建元(6) | 辛丑 | B.C. 140 | 成帝(～骜[ào]) | 建始(4) | 己丑 | B.C. 32 |
| | 元光(6) | 丁未 | B.C. 134 | | 河平(4) | 癸巳三 | B.C. 28 |
| | 元朔(6) | 癸丑 | B.C. 128 | | 阳朔(4) | 丁酉 | B.C. 24 |
| | 元狩(6) | 己未 | B.C. 122 | | 鸿嘉(4) | 辛丑 | B.C. 20 |
| | 元鼎(6) | 乙丑 | B.C. 116 | | 永始(4) | 乙巳 | B.C. 16 |
| | 元封(6) | 辛未 | B.C. 110 | | 元延(4) | 己酉 | B.C. 12 |
| | 太初(4) | 丁丑 | B.C. 104 | | 绥和(2) | 癸丑 | B.C. 8 |
| | 天汉(4) | 辛巳 | B.C. 100 | 哀帝(刘欣) | 建平(4) | 乙卯 | B.C. 6 |
| | 太始(4) | 乙酉 | B.C. 96 | | 元寿(2) | 己未 | B.C. 2 |
| | 征和(4) | 己丑 | B.C. 92 | 平帝(～衎[kàn]) | 元始(5) | 辛酉 | A.D. 1 |
| | 后元(2) | 癸巳 | B.C. 88 | 孺子婴(王莽摄政) | 居摄(3) | 丙寅 | 6 |
| 昭帝(～弗陵) | 始元(7) | 乙未 | B.C. 86 | | 初始(1) | 戊辰十一 | 8 |
| | 元凤(6) | 辛丑八 | B.C. 80 | [新]王莽 | 始建国(5) | 己巳 | 9 |
| | 元平(1) | 丁未 | B.C. 74 | | 天凤(6) | 甲戌 | 14 |
| 宣帝(～询) | 本始(4) | 戊申 | B.C. 73 | | 地皇(4) | 庚辰 | 20 |
| | 地节(4) | 壬子 | B.C. 69 | 更始帝(刘玄) | 更始(3) | 癸未二 | 23 |
| | 元康(5) | 丙辰 | B.C. 65 | | | | |

동한(东汉: A.D. 25년~A.D. 200년)

| | | | | | | | |
|---|---|---|---|---|---|---|---|
| 光武帝(刘秀) | 建武(32) | 乙酉六 | 25 | | 元初(7) | 甲寅 | 114 |
| | 建武中元(2) | 丙辰四 | 56 | | 永宁(2) | 庚申四 | 120 |
| 明帝(～庄) | 永平(18) | 戊午 | 58 | | 建光(2) | 辛酉七 | 121 |
| 章帝(～炟[dá]) | 建初(9) | 丙子 | 76 | | 延光(4) | 壬戌三 | 122 |
| | 元和(4) | 甲申八 | 84 | 顺帝(～保) | 永建(7) | 丙寅 | 126 |
| | 章和(2) | 丁亥七 | 87 | | 阳嘉(4) | 壬申三 | 132 |
| 和帝(～肇[zhào]) | 永元(17) | 己丑 | 89 | | 永和(6) | 丙子 | 136 |
| | 元兴(1) | 乙巳四 | 105 | | 汉安(3) | 壬午 | 142 |
| 殇[shāng]帝(～隆) | 延平(1) | 丙午 | 106 | | 建康(1) | 甲申四 | 144 |
| 安帝(～祜[hù]) | 永初(7) | 丁未 | 107 | 冲帝(～炳[bǐng]) | 永憙[xī] | 乙酉 | 145 |

| | | | | | | | | |
|---|---|---|---|---|---|---|---|---|
| 质帝(~缵[zuǎn])<br>桓帝(~志) | (嘉)(1)<br>本初(1)<br>建和(3)<br>和平(1)<br>元嘉(3)<br>永兴(2)<br>永寿(4)<br>延熹[xī](10)<br>永康(1) | 丙戌<br>丁亥<br>庚寅<br>辛卯<br>癸巳五<br>乙未<br>戊戌六<br>丁未六 | 146<br>147<br>150<br>151<br>153<br>155<br>158<br>167 | 灵帝(~宏)<br><br><br><br>献帝(~协) | 建宁(5)<br>熹[xī]平(7)<br>光和(7)<br>中平(6)<br>初平(4)<br>兴平(2)<br>建安(25)<br>延康(1) | 戊申<br>壬子五<br>戊午三<br>甲子十二<br>庚午<br>甲戌<br>丙子<br>庚子三 | 168<br>172<br>178<br>184<br>190<br>194<br>196<br>220 |

▶ 삼국(三国：A.D. 220년~A.D. 280년)

위(魏：A.D. 220년~A.D. 265년)

| | | | | | | | |
|---|---|---|---|---|---|---|---|
| 文帝(曹丕[pī])<br>明帝(~叡[ruì])<br><br><br>齐王(~芳) | 黄初(7)<br>太和(7)<br>青龙(5)<br>景初(3)<br>正始(10) | 庚子十<br>丁未<br>癸丑二<br>丁巳三<br>庚申 | 220<br>227<br>233<br>237<br>240 | 高贵乡公<br>(~髦[máo])<br>元帝(~奂[huàn])<br>(陈留王) | 嘉平(6)<br>正元(3)<br>甘露(5)<br>景元(5)<br>咸熙(2) | 己巳四<br>甲戌十<br>丙子六<br>庚辰六<br>甲申五 | 249<br>254<br>256<br>260<br>264 |

촉한(蜀汉：A.D. 221년~A.D. 263년)

| | | | | | | | |
|---|---|---|---|---|---|---|---|
| 昭烈帝(刘备)<br>后主(~禅[shàn]) | 章武(3)<br>建兴(15)<br>延熙(20) | 辛丑四<br>癸卯五<br>戊午 | 221<br>223<br>238 | | 景耀(6)<br>炎兴(1) | 戊寅<br>癸未八 | 258<br>263 |

오(吴：A.D. 222년~A.D. 280년)

| | | | | | | | |
|---|---|---|---|---|---|---|---|
| 大帝(孙权)<br><br><br><br><br><br><br>会稽王(~亮) | 黄武(8)<br>黄龙(3)<br>嘉禾(7)<br>赤乌(14)<br>太元(2)<br>神凤(1)<br>建兴(2)<br>五凤(3)<br>太平(3) | 壬寅十<br>己酉四<br>壬子<br>戊午九<br>辛未五<br>壬申二<br>壬申四<br>甲戌<br>丙子十 | 222<br>229<br>232<br>238<br>251<br>252<br>252<br>254<br>256 | 景帝(~休)<br>乌程侯(~皓[hào]) | 永安(7)<br>元兴(2)<br>甘露(2)<br>宝鼎(4)<br>建衡(3)<br>凤凰(3)<br>天册(2)<br>天玺(1)<br>天纪(4) | 戊寅十<br>甲申七<br>乙酉四<br>丙戌八<br>己丑十<br>壬辰<br>乙未<br>丙申七<br>丁酉 | 258<br>264<br>265<br>266<br>269<br>272<br>275<br>276<br>277 |

▶ 진(晋：A.D. 265년~A.D. 420년)

서진(西晋：A.D. 265년~A.D. 317년)

| | | | | | | | |
|---|---|---|---|---|---|---|---|
| 武帝(司马炎) | 泰始(10)<br>咸宁(6)<br>太康(10)<br>太熙(1) | 乙酉十二<br>乙未<br>庚子四<br>庚戌 | 265<br>275<br>280<br>290 | 惠帝(司马衷) | 永熙(1)<br>永平(1)<br>元康(9)<br>永康(2) | 庚戌四<br>辛亥<br>辛亥三<br>庚申 | 290<br>291<br>291<br>300 |

|   |   |   |   |   |   |   |   |
|---|---|---|---|---|---|---|---|
|   | 永宁(2) | 辛酉四 | 301 |   | 永兴(3) | 甲子十二 | 304 |
|   | 太安(2) | 壬戌十二 | 302 |   | 光熙(1) | 丙寅六 | 306 |
|   | 永安(1) | 甲子 | 304 | 怀帝(~炽[chì]) | 永嘉(7) | 丁卯 | 307 |
|   | 建武(1) | 甲子七 | 304 | 愍[mǐn]帝(~邺[yè]) | 建兴(5) | 癸酉四 | 313 |
|   | 永安(1) | 甲子十一 | 304 |   |   |   |   |

## 동진(东晋:A.D. 317년~A.D. 420년)

| | | | | | | | |
|---|---|---|---|---|---|---|---|
| 元帝(司马睿[ruì]) | 建武(2) | 丁丑三 | 317 | 哀帝(~丕[pī]) | 隆和(2) | 壬戌 | 362 |
|   | 大兴(4) | 戊寅三 | 318 |   | 兴宁(3) | 癸亥二 | 363 |
|   | 永昌(2) | 壬午 | 322 | 海西公(~奕[yì]) | 太和(6) | 丙寅 | 366 |
| 明帝(~绍) | 永昌 | 壬午闰十一 | 322 | 简文帝(~昱[yù]) | 咸安(2) | 辛未十一 | 371 |
|   | 太宁(4) | 癸未三 | 323 | 孝武帝(~曜[yào]) | 宁康 | 癸酉 | 373 |
| 成帝(~衍[yǎn]) | 太宁 | 乙酉闰八 | 325 |   | 太元(21) | 丙子 | 376 |
|   | 咸和(9) | 丙戌二 | 326 | 安帝(~德宗) | 隆安(5) | 丁酉 | 397 |
|   | 咸康(8) | 乙未 | 335 |   | 元兴(3) | 壬寅 | 402 |
| 康帝(~岳) | 建元(2) | 癸卯 | 343 |   | 义熙(14) | 乙巳 | 405 |
| 穆帝(~聃[dān]) | 永和(12) | 乙巳 | 345 | 恭帝(~德文) | 元熙(2) | 己未 | 419 |
|   | 升平(5) | 丁巳 | 357 |   |   |   |   |

▶ 남북조(南北朝:A.D. 420년~A.D. 589년)

남조(南朝)

송(宋:A.D. 420년~A.D. 479년)

| | | | | | | | |
|---|---|---|---|---|---|---|---|
| 武帝(刘裕) | 永初(3) | 庚申六 | 420 |   | 景和(1) | 乙巳八 | 465 |
| 少帝(~义符) | 景平(2) | 癸亥 | 423 | 明帝(~彧[yù]) | 泰始(7) | 乙巳十二 | 465 |
| 文帝(~义隆) | 元嘉(30) | 甲子八 | 424 |   | 泰豫(1) | 壬子 | 472 |
| 孝武帝(~骏[jùn]) | 孝建(3) | 甲午 | 454 | 后废帝(~昱[yù]) | 元徽(5) | 癸丑 | 473 |
|   | 大明(8) | 丁酉 | 457 | (苍梧王) |   |   |   |
| 前废帝(~子业) | 永光(1) | 乙巳 | 465 | 顺帝(~准) | 升明(3) | 丁巳七 | 477 |

제(齐:A.D. 479년~A.D. 502년)

| | | | | | | | |
|---|---|---|---|---|---|---|---|
| 高帝(萧道成) | 建元(4) | 己未四 | 479 | 明帝(~鸾) | 建武(5) | 甲戌+ | 494 |
| 武帝(~赜[zé]) | 永明(11) | 癸亥 | 483 |   | 永泰(1) | 戊寅四 | 498 |
| 郁林王(~昭业) | 隆昌(1) | 甲戌 | 494 | 东昏侯(~宝卷) | 永元(3) | 己卯 | 499 |
| 海陵王(~昭文) | 延兴(1) | 甲戌七 | 494 | 和帝(~宝融) | 中兴(2) | 辛巳三 | 501 |

양(梁:A.D. 502년~A.D. 557년)

| | | | | | | | |
|---|---|---|---|---|---|---|---|
| 武帝(萧衍[yǎn]) | 天监(18) | 壬午四 | 502 |   | 中大通(6) | 己酉十 | 529 |
|   | 普通(8) | 庚子 | 520 |   | 大同(12) | 乙卯 | 535 |
|   | 大通(3) | 丁未三 | 527 |   | 中大同(2) | 丙寅四 | 546 |

| | | | | | | | | |
|---|---|---|---|---|---|---|---|---|
| | 太清(3)* | 丁卯四 | 547 | 敬帝(~方智) | | 绍泰(2) | 乙亥+ | 555 |
| 简文帝(~纲) | 大宝(2)** | 庚午 | 550 | | | 太平(2) | 丙子九 | 556 |
| 元帝(~绎[yì]) | 承 (4) | 壬申+一 | 552 | | | | | |

\* 어떤 지역에서는 6년까지 사용했음.
\*\* 어떤 지역에서는 3년까지 사용했음.

진(陈): A.D. 557년~A.D. 589년

| | | | | | | | | |
|---|---|---|---|---|---|---|---|---|
| 武帝(陈霸先) | 永定(3) | 丁丑+ | 557 | 宣帝(~顼[xū]) | | 太建(14) | 己丑 | 569 |
| 文帝(~蒨[qiàn]) | 天嘉(7) | 庚辰 | 560 | 后主(~叔宝) | | 至德(4) | 癸卯 | 583 |
| | 天康(1) | 丙戌二 | 566 | | | 祯明(3) | 丁未 | 587 |
| 废帝(~伯宗) | 光大(2) | 丁亥 | 567 | | | | | |
| (监海王) | | | | | | | | |

▶ 북조(北朝)

　　북위(北魏, 탁발씨(拓跋氏), 뒤에 원씨(元氏)로 성을 고침: A.D. 386년~A.D. 534년)는 병술년(丙戌年: A.D. 386년) 정월에 건국하였다. 처음에는 대국(代国)이라 칭했다가 같은 해 4월에 비로소 국호를 위(魏)로 고쳤다. A.D. 439년에 북위는 북량(北凉)을 멸망시키고 북방을 통일하였다.

| | | | | | | | | |
|---|---|---|---|---|---|---|---|---|
| 道武帝 | 登国(11) | 丙戌 | 386 | 孝文帝(元宏) | | 延兴(6) | 辛亥八 | 471 |
| (拓跋珪[guī]) | 皇始(3) | 丙申七 | 396 | | | 承明(1) | 丙辰六 | 476 |
| | 天兴(7) | 戊戌+二 | 398 | | | 太和(23) | 丁巳 | 477 |
| | 天赐(6) | 甲辰+ | 404 | 宣武帝(~恪[kè]) | | 景明(4) | 庚辰 | 500 |
| 明元帝(~嗣[sì]) | 永兴(5) | 己酉+ | 409 | | | 正始(5) | 甲申 | 504 |
| | 神瑞(3) | 甲寅 | 414 | | | 永平(5) | 戊子八 | 508 |
| | 泰常(8) | 丙辰四 | 416 | | | 延昌(4) | 壬辰四 | 512 |
| 太武帝(~焘[tāo]) | 始光(5) | 甲子 | 424 | 孝明帝(~诩[xǔ]) | | 熙平(3) | 丙申 | 516 |
| | 神䴥(+加)[jiā](4) | 戊辰二 | 428 | | | 神龟(3) | 戊戌二 | 518 |
| | | | | | | 正光(6) | 庚子七 | 520 |
| | 延和(3) | 壬申 | 432 | | | 孝昌(3) | 乙巳六 | 525 |
| | 太延(6) | 乙亥 | 435 | | | 武泰(1) | 戊申 | 528 |
| | 太平真君(12) | 庚辰六 | 440 | 孝庄帝(~子攸[yōu]) | | 建义(1) | 戊申四 | 528 |
| | 正平(2) | 辛卯六 | 451 | | | 永安(3) | 戊申九 | 528 |
| 南安王(拓跋余) | 永(承)平(1) | 壬辰三 | 452 | 长广王(~晔[yè]) | | 建明(2) | 庚戌+ | 530 |
| 文成帝(~濬[jùn]) | 兴安(3) | 壬辰+ | 452 | 节闵[mǐn]帝(~恭) | | 普泰(2) | 辛亥二 | 531 |
| | 兴光(2) | 甲午七 | 454 | 安定王(~朗) | | 中兴(2) | 辛亥 | 531 |
| | 太安(5) | 乙未六 | 455 | 孝武帝(~脩) | | 太昌(1) | 壬子四 | 532 |
| | 和平(6) | 庚子 | 460 | | | 永兴(1) | 壬子+二 | 532 |
| 献文帝(~弘) | 天安(2) | 丙午 | 466 | | | 永熙(3) | 壬子+二 | 532 |
| | 皇兴(5) | 丁未八 | 467 | | | | | |

동위(东魏): A.D. 534년~A.D. 550년

| | | | | | | | | |
|---|---|---|---|---|---|---|---|---|
| 孝静帝(元善见) | 天平(4) | 甲寅+ | 534 | | | 兴和(4) | 己未+一 | 539 |
| | 元象(2) | 戊午 | 538 | | | 武定(8) | 癸亥 | 543 |

북제(北齐：A.D. 550년~A.D. 577년)

| | | | | | | | |
|---|---|---|---|---|---|---|---|
| 文宣帝(高洋) | 天保(10) | 庚午五 | 550 | 后主(~纬) | 天统(5) | 乙酉四 | 565 |
| 废帝(~殷) | 乾明(1) | 庚辰 | 560 | | 武平(7) | 庚寅 | 570 |
| 孝昭帝(~演) | 皇建(2) | 庚辰八 | 560 | | 隆化(1) | 丙申十二 | 576 |
| 武成帝(~湛) | 太宁(2) | 辛巳十一 | 561 | 幼主(~恒) | 承光(1) | 丁酉 | 577 |
| | 河清(4) | 壬午四 | 562 | | | | |

서위(西魏：A.D. 535년~A.D. 556년)

| | | | | | | | |
|---|---|---|---|---|---|---|---|
| 文帝(元宝炬) | 大统(17) | 乙卯 | 535 | 恭帝(~廓) | -(3) | 甲戌一 | 554 |
| 废帝(~钦) | -(3) | 壬申 | 552 | | | | |

북주(北周：A.D. 557년~A.D. 581년)

| | | | | | | | |
|---|---|---|---|---|---|---|---|
| 孝闵[mǐn]帝 | -(1) | 丁丑 | 557 | | 建德(7) | 壬辰三 | 572 |
| (宇文觉) | | | | | 宣政(1) | 戊戌三 | 578 |
| 明帝(~毓[yù]) | -(3) | 丁丑九 | 557 | 宣帝(~赟[yūn]) | 大成(1) | 己亥 | 579 |
| | 武成(2) | 己卯八 | 559 | 静帝(~阐[chǎn]) | 大象(3) | 己亥二 | 579 |
| 武帝(~邕[yōng]) | 保定(5) | 辛巳 | 561 | | 大定(1) | 辛丑一 | 581 |
| | 天和(7) | 丙戌 | 566 | | | | |

▶수(隋：A.D. 581년~A.D. 618년)
　수(隋)는 A.D. 581년에 건국하여 589년에 진(陈)을 멸망시키고 통일하였다.

| | | | | | | | |
|---|---|---|---|---|---|---|---|
| 文帝(杨坚) | 开皇(20) | 辛丑二 | 581 | 炀[yáng]帝(~广) | 大业(14) | 乙丑 | 605 |
| | 仁寿(4) | 辛酉 | 601 | 恭帝(~侑[yòu]) | 义宁(2) | 丁丑十一 | 617 |

▶당(唐：A.D. 618년~A.D. 907년)

| | | | | | | | |
|---|---|---|---|---|---|---|---|
| 高祖(李渊) | 武德(9) | 戊寅五 | 618 | | 弘道(1) | 癸未十二 | 683 |
| 太宗(~李世民) | 贞观(23) | 丁亥 | 627 | 中宗(~显) | 嗣圣(1) | 甲申 | 684 |
| 高宗(~治) | 永徽(6) | 庚戌 | 650 | 睿[ruì]宗(~旦) | 文明(1) | 甲申二 | 684 |
| | 显庆(6) | 丙辰 | 656 | 武后(武曌[zhào]) | 光宅(1) | 甲申九 | 684 |
| | 龙朔(3) | 辛酉三 | 661 | | 垂拱(4) | 乙酉 | 685 |
| | 麟德(2) | 甲子 | 664 | | 永昌(1) | 己丑 | 689 |
| | 乾封(3) | 丙寅 | 666 | | 载初**(1) | 庚寅正 | 690 |
| | 总章(3) | 戊辰三 | 668 | | 天授(3) | 庚寅九 | 690 |
| | 咸亨(5) | 庚午三 | 670 | | 如意(1) | 壬辰四 | 692 |
| | 上元(3) | 甲戌八 | 674 | | 长寿(3) | 壬辰九 | 692 |
| | 仪凤(4) | 丙子十一 | 676 | | 咸通(15) | 庚辰十一 | 860 |
| | 调露(2) | 己卯六 | 679 | | 延载(1) | 甲午五 | 694 |
| | 永隆(2) | 庚辰八 | 680 | | 证圣(1) | 乙未 | 695 |
| | 开耀(2) | 辛巳九 | 681 | | 天册万岁(2) | 乙未九 | 695 |
| | 永淳(2) | 壬午二 | 682 | | 万岁登封(1) | 丙申腊 | 696 |

| | | | | | | | |
|---|---|---|---|---|---|---|---|
| | 万岁通天(2) | 丙申三 | 696 | 顺宗(~诵) | 永贞(1) | 乙酉八 | 805 |
| | 神功(1) | 丁酉九 | 697 | 宪宗(~纯) | 元和(15) | 丙戌 | 806 |
| | 圣历(3) | 戊戌 | 698 | 穆宗(~恒) | 长庆(4) | 辛丑 | 821 |
| | 久视(1) | 庚子五 | 700 | 敬宗(~湛) | 宝历(3) | 乙巳 | 825 |
| | 大足(1) | 辛丑 | 701 | 文宗(~昂) | 宝历 | 丙午十二 | 826 |
| | 长安(4) | 辛丑+ | 701 | | 大(太)和(9) | 丁未二 | 827 |
| 中宗(~显) | 神龙(3) | 乙巳 | 705 | | 开成(5) | 丙辰 | 836 |
| | 景龙(4) | 丁未九 | 707 | 武宗(~炎) | 会昌(6) | 辛酉 | 841 |
| 睿[ruì]宗(~旦) | 景云(2) | 庚戌七 | 710 | 宣宗(~忱[chén]) | 大中(14) | 丁卯 | 847 |
| | 太极(1) | 壬子 | 712 | 懿[yì]宗(~漼[cuǐ]) | 大中 | 己卯八 | 859 |
| | 延和(1) | 壬子五 | 712 | 僖[xī]宗(~儇[xuān]) | 咸通 | 癸巳七 | 873 |
| 玄宗(~隆基) | 先天(2) | 壬子八 | 712 | | 乾符(6) | 甲午十一 | 874 |
| | 开元(29) | 癸丑十二 | 713 | | 广明(2) | 庚子 | 880 |
| | 天宝(15) | 壬午 | 742 | | 中和(5) | 辛丑七 | 881 |
| 肃宗(~亨) | 至德(3) | 丙申七 | 756 | | 光启(4) | 乙巳三 | 885 |
| | 乾元(3) | 戊戌二 | 758 | | 文德(1) | 戊申二 | 888 |
| | 上元(2) | 庚子闰四 | 760 | 昭宗(~晔[yè]) | 龙纪(1) | 己酉 | 889 |
| | ―(1)*** | 辛丑九 | 761 | | 大顺(2) | 庚戌 | 890 |
| 代宗(~豫) | 宝应(2) | 壬寅四 | 762 | | 景福(2) | 壬子 | 892 |
| | 广德(2) | 癸卯七 | 763 | | 乾宁(5) | 甲寅 | 894 |
| | 永泰(2) | 乙巳 | 765 | | 光化(4) | 戊午八 | 898 |
| | 大历(14) | 丙午十一 | 766 | | 天复(4) | 辛酉四 | 901 |
| 德宗(~适[kuò]) | 建中(4) | 庚申 | 780 | | 天祐(4) | 甲子闰四 | 904 |
| | 兴元(1) | 甲子 | 784 | 哀帝(~祝[chù]) | 天祐**** | 甲子八 | 904 |
| | 贞元(21) | 乙丑 | 785 | | | | |

* 신유(辛酉)년 3월 병신(丙申) 초하루에 연호를 변경하였는데, 일설에는 신유(辛酉)년 2월 을미(乙未) 그믐에 연호를 바꾸었다고도 함.
** 처음으로 주력(周曆)의 정월(正月)을 채용하여 영창원년(永昌元年) 11월을 재초원년(載初元年) 정월로 삼고 12월을 납월(臘月)로 하였는데, 하력(夏曆)의 정월은 1월이 된다. 구시원년(久視元年) 10월은 다시 하력의 정월을 사용해서 정월은 11월이 되고 납월은 12월로 하였으니 1월이 정월이 된다. 본 연표에서 이 기간 내의 간지(干支)뒤에 표시한 연호를 바꾼 달은 모두 주력이며, 각 연호의 사용 연수도 역시 주력의 계산법을 따른 것이다.
*** 이해 9월 이후에 연호를 없애고 '원년(元年)'이라고만 칭함.
**** 애제(哀帝)가 즉위한 후 연호를 변경하지 않음.

▶ 오대(五代 : A.D. 907년~A.D. 960년)

후량(後梁 : A.D. 907년~A.D. 923년)

| | | | | | | | |
|---|---|---|---|---|---|---|---|
| 太祖(朱晃, 温, 全忠) | 开平(5) | 丁卯四 | 907 | | 贞明(7) | 乙亥十一 | 915 |
| | 乾化(5) | 辛未五 | 911 | | 龙德(3) | 辛巳五 | 921 |
| 末帝(~瑱[zhèn]) | 乾化 | 癸酉二 | 913 | | | | |

## 후당(后唐 : A.D. 923년~A.D. 936년)

| 庄宗(李存勖[xù]) | 同光(4) | 癸未四 | 923 | 闵[mǐn]帝(~从厚) | 应顺(1) | 甲午 | 934 |
| 明宗(~亶[dān]) | 天成(5) | 丙戌四 | 926 | 末帝(~从珂[kē]) | 清泰(3) | 甲午四 | 934 |
| | 长兴(4) | 庚寅二 | 930 | | | | |

## 후진(后晋 : A.D. 936년~A.D. 947년)

| 高祖(石敬瑭[táng]) | 天福(9) | 丙申十一 | 936 | | 开运(4) | 甲辰七 | 944 |
| 出帝(~重贵) | 天福* | 壬寅六 | 942 | | | | |

* 출제(出帝)는 즉위한 후 연호를 바꾸지 않음.

## 후한(后汉 : A.D. 947년~A.D. 950년)

| 高祖(刘暠[gǎo], | 天福* | 丁未二 | 947 | 隐帝(~承祐) | 乾祐** | 戊申二 | 948 |
| 本名知远) | 乾祐(3) | 戊申 | 948 | | | | |

* 후한(后汉) 고조(高祖)는 즉위 후 여전히 후진(后晋) 고조의 연호를 사용하여 천복(天福)12년이라 함.
** 은제(隐帝)는 즉위한 후 연호를 바꾸지 않음.

## 후주(后周 : A.D. 951년~A.D. 960년)

| 太祖(郭威) | 广顺(3) | 辛亥 | 951 | 世宗(柴荣) | 显德* | 甲寅一 | 954 |
| | 显德(7) | 甲寅一 | 954 | 恭帝(~宗训) | 显德 | 己未六 | 959 |

* 세종(世宗)과 공제(恭帝) 모두 연호를 바꾸지 않음.

▶송(宋 : A.D. 960년~A.D. 1279년)

북송(北宋 : A.D. 960년~A.D. 1127년)

| 太祖(赵匡胤[yìn]) | 建隆(4) | 庚申 | 960 | | 康定(2) | 庚辰二 | 1040 |
| | 乾德(6) | 癸亥十一 | 963 | | 庆历(8) | 辛巳十一 | 1041 |
| | 开宝(9) | 戊辰十一 | 968 | | 皇祐(6) | 己丑 | 1049 |
| 太宗(~炅[jiǒng], | 太平兴国(9) | 丙子十二 | 976 | | 至和(3) | 甲午三 | 1054 |
| 本名匡义) | 雍熙(4) | 甲申十一 | 984 | | 嘉祐(8) | 丙申九 | 1056 |
| | 端拱(2) | 戊子 | 988 | 英宗(~曙) | 治平(4) | 甲辰 | 1064 |
| | 淳化(5) | 庚寅 | 990 | 神宗(~顼[xū]) | 熙宁(10) | 戊申 | 1068 |
| | 至道(3) | 乙未 | 995 | | 元丰(8) | 戊午 | 1078 |
| 真宗(~恒) | 咸平(6) | 戊戌 | 998 | 哲宗(~煦[xù]) | 元祐(9) | 丙寅 | 1086 |
| | 景德(4) | 甲辰 | 1004 | | 绍圣(5) | 甲戌四 | 1094 |
| | 元符(3) | 戊寅六 | 1098 | 徽宗(~佶[jí]) | 建中靖国(1) | 辛巳 | 1101 |
| | 大中祥符(9) | 戊申 | 1008 | | 崇宁(5) | 壬午 | 1102 |
| | 天禧[xī](5) | 丁巳 | 1017 | | 大观(4) | 丁亥 | 1107 |
| | 乾兴(1) | 壬戌 | 1022 | | 政和(8) | 辛卯 | 1111 |
| 仁宗(~祯) | 天圣(10) | 癸亥 | 1023 | | 重和(2) | 戊戌十一 | 1118 |
| | 明道(2) | 壬申十一 | 1032 | | 宣和(7) | 己亥二 | 1119 |
| | 景祐(5) | 甲戌 | 1034 | 钦宗(~桓[huán]) | 靖康(2) | 丙午 | 1126 |
| | 宝元(3) | 戊寅十一 | 1038 | | | | |

남송(南宋 : A.D. 1127년~A.D. 1279년)

| | | | | | | | |
|---|---|---|---|---|---|---|---|
| 高宗(赵构) | 建炎(4) | 丁未五 | 1127 | | 绍定(6) | 戊子 | 1228 |
| | 绍兴(32) | 辛亥 | 1131 | | 端平(3) | 甲午 | 1234 |
| 孝宗(~昚[shèn]) | 隆兴(2) | 癸未 | 1163 | | 嘉熙(4) | 丁酉 | 1237 |
| | 乾道(9) | 乙酉 | 1165 | | 淳祐(12) | 辛丑 | 1241 |
| | 淳熙(16) | 甲午 | 1174 | | 宝祐(6) | 癸丑 | 1253 |
| 光宗(~惇[dūn]) | 绍熙(5) | 庚戌 | 1190 | | 开庆(1) | 己未 | 1259 |
| 宁宗(~扩) | 庆元(6) | 乙卯 | 1195 | | 景定(5) | 庚申 | 1260 |
| | 嘉泰(4) | 辛酉 | 1201 | 度宗(~禥[qí]) | 咸淳(10) | 乙丑 | 1265 |
| | 开禧(3) | 乙丑 | 1205 | 恭帝(~㬎[xiǎn]) | 德祐(2) | 乙亥 | 1275 |
| | 嘉定(17) | 戊辰 | 1208 | 端宗(~昰[shì]) | 景炎(3) | 丙子 | 1276 |
| 理宗(~昀[yún]) | 宝庆(3) | 乙酉 | 1225 | 帝昺(~昺[bǐng]) | 祥兴(2) | 戊寅五 | 1278 |

▶요(辽, 야율씨(耶律氏) : A.D. 907년~A.D. 1125년)
  요(辽)는 A.D. 907년에 건국하고, 처음에 국호를 '거란(契丹)'이라 하였다. 거란은 A.D. 916년에 비로소 연호(年号)를 사용하고 A.D. 938년(일설에는 A.D. 947년)에 국명을 '요(辽)'로 변경하였다. A.D. 983년에 국호를 다시 '거란(契丹)'이라 고쳤다가 A.D. 1066년에는 그전처럼 '요(辽)'라고 호칭하였다.

| | | | | | | | |
|---|---|---|---|---|---|---|---|
| 太祖(耶律阿保机) | 一(10) | 丁卯 | 907 | | 开泰(10) | 壬子十一 | 1012 |
| | 神册(7) | 丙子十二 | 916 | | 太平(11) | 辛酉十一 | 1021 |
| | 天赞(5) | 壬午二 | 922 | 兴宗(~宗真) | 景福(2) | 辛未六 | 1031 |
| | 天显(13) | 丙戌二 | 926 | | 重熙(24) | 壬申十一 | 1032 |
| 太宗(~德光) | 天显* | 丁亥十一 | 927 | 道宗(~洪基) | 清宁(10) | 乙未八 | 1055 |
| | 会同(10) | 戊戌十一 | 938 | | 咸雍(10) | 乙巳 | 1065 |
| | 大同(1) | 丁未 | 947 | | 大(太)康(10) | 乙卯 | 1075 |
| 世宗(~阮[ruǎn]) | 天禄(5) | 丁未九 | 947 | | 大安(10) | 乙丑 | 1085 |
| 穆宗(~璟[jǐng]) | 应历(19) | 辛亥九 | 951 | | 寿昌(隆)(7) | 乙亥 | 1095 |
| 景宗(~贤) | 保宁(11) | 己巳二 | 969 | 天祚[zuò]帝 | 乾统(10) | 辛巳二 | 1101 |
| | 乾亨(5) | 己卯十一 | 979 | (~延禧[xī]) | 天庆(10) | 辛卯 | 1111 |
| 圣宗(~隆绪) | 乾亨 | 壬午九 | 982 | | 保大(5) | 辛丑 | 1121 |
| | 统和(30) | 癸未六 | 983 | | | | |

* 태종(太宗)은 즉위 후 연호를 바꾸지 않음.

▶금(金, 완안씨(完颜氏) : A.D. 1115년~A.D. 1234년)

| | | | | | | | |
|---|---|---|---|---|---|---|---|
| 太祖(完颜旻[mín], | 收国(2) | 乙未 | 1115 | | 正隆(6) | 丙子二 | 1156 |
| 本名 阿骨打) | 天辅(7) | 丁酉 | 1117 | 世宗(完颜雍) | 大定(29) | 辛巳十 | 1161 |
| 太宗(~晟[shèng]) | 天会(15) | 癸卯九 | 1123 | 章宗(~璟[jǐng]) | 明昌(7) | 庚戌 | 1190 |
| 熙宗(~亶[dǎn]) | 天会* | 乙卯一 | 1135 | | 承安(5) | 丙辰十一 | 1196 |
| | 天眷(3) | 戊午 | 1138 | | 泰和(8) | 辛酉 | 1201 |
| | 皇统(9) | 辛酉 | 1141 | 卫绍王(~永济) | 大安(3) | 己巳 | 1209 |
| 海陵王(~亮) | 天德(5) | 己巳十二 | 1149 | | 崇庆(3) | 壬申 | 1212 |
| | 贞元(4) | 癸酉三 | 1153 | | 至宁(1) | 癸酉五 | 1213 |

| | | | | | | | |
|---|---|---|---|---|---|---|---|
| 宣宗(～珣[xún]) | 贞祐(5) | 癸酉九 | 1213 | 哀宗(～守绪) | 正大(9) | 甲申 | 1224 |
| | 兴定(6) | 丁丑九 | 1217 | | 开兴(1) | 壬辰一 | 1232 |
| | 元光(2) | 壬午八 | 1222 | | 天兴(3) | 壬辰四 | 1232 |

* 희종(熙宗)은 즉위한 후 연호를 바꾸지 않음.

▶ 원(元, 패아지근씨(孛儿只斤氏) : A.D. 1206년～A.D. 1368년)
　몽고(蒙古)의 징기스칸이 1206년에 건국하였다. 1271년에 홀필열(忽必烈)이 국호를 원(元)으로 정하였으며, 1279년에 남송(南宋)을 멸망시켰다.

| | | | | | | | |
|---|---|---|---|---|---|---|---|
| 太祖(孛儿只斤铁木真)(成吉思汗) | 一(22) | 丙寅 | 1206 | 英宗(～硕[shuò]德八剌) | 至治(3) | 辛酉 | 1321 |
| 拖雷(监国) | 一(1) | 戊子 | 1228 | 泰定帝(～也孙铁木儿) | 泰定(5) | 甲子 | 1324 |
| 太宗(～窝阔台) | 一(13) | 己丑 | 1229 | | 致和(1) | 戊辰二 | 1328 |
| 乃马真后(称制) | 一(5) | 壬寅 | 1242 | 天顺帝(～阿速吉八) | 天顺(1) | 戊辰九 | 1328 |
| 定宗(～贵由) | 一(3) | 丙午七 | 1246 | | | | |
| 海迷失后(称制) | 一(3) | 己酉三 | 1249 | 文宗(～图帖睦尔) | 天历(3) | 戊辰九 | 1328 |
| 宪宗(～蒙哥) | 一(9) | 辛亥六 | 1251 | 明宗(～和世㻋[là])* | | 己巳 | 1329 |
| 世祖(～忽必烈) | 中统(5) | 庚申五 | 1260 | | 至顺(4) | 庚午五 | 1330 |
| | 至元(31) | 甲子八 | 1264 | 宁宗(～懿[yì]璘[lín]质班) | 至顺 | 壬申十 | 1332 |
| 成宗(～铁穆耳) | 元贞(3) | 乙未 | 1295 | | | | |
| | 大德(11) | 丁酉二 | 1297 | 顺帝(～妥懽帖睦尔) | 至顺 | 癸酉六 | 1333 |
| 武宗(～海山) | 至大(4) | 戊申 | 1308 | | 元统(3) | 癸酉十 | 1333 |
| 仁宗(～爱育黎拔力八达) | 皇庆(2) | 壬子 | 1312 | | (后)至元(6) | 乙亥十一 | 1335 |
| | 延祐(7) | 甲寅 | 1314 | | 至正(28) | 辛巳 | 1341 |

* 명종(明宗)은 기사년(己巳年 : A.D. 1329년) 정월에 즉위하여 문종(文宗)을 황태자로 삼음. 같은 해 8월에 명종(明宗)이 갑자기 죽자 문종(文宗)이 복위함.

▶ 명(明 : A.D. 1368년～A.D. 1644년)

| | | | | | | | |
|---|---|---|---|---|---|---|---|
| 太祖(朱元璋) | 洪武(31) | 戊申 | 1368 | 宪宗(～见深) | 成化(23) | 乙酉 | 1465 |
| 惠帝(～允炆[wén]) | 建文(4)* | 己卯 | 1399 | 孝宗(～祐樘[chēng]) | 弘治(18) | 戊申 | 1488 |
| 成祖(～棣[dì]) | 永乐(22) | 癸未 | 1403 | 武宗(～厚照) | 正德(16) | 丙寅 | 1506 |
| 仁宗(～高炽[chì]) | 洪熙(1) | 乙巳 | 1425 | 世宗(～厚熜[cōng]) | 嘉靖(45) | 壬午 | 1522 |
| 宣宗(～瞻[zhān]基) | 宣德(10) | 丙午 | 1426 | 穆宗(～载垕[hòu]) | 隆庆(6) | 丁卯 | 1567 |
| 英宗(～祁镇) | 正统(14) | 丙辰 | 1436 | 神宗(～翊[yì]钧) | 万历(48) | 癸酉 | 1573 |
| 代宗(～祁钰[yù])(景帝) | 景泰(8) | 庚午 | 1450 | 光宗(～常洛) | 泰昌(1) | 庚申八 | 1620 |
| | | | | 熹[xī]宗(～由校) | 天启(7) | 辛酉 | 1621 |
| 英宗(～祁镇) | 天顺(8) | 丁丑一 | 1457 | 思宗(～由检) | 崇祯(17) | 戊辰 | 1628 |

* 성조(成祖)는 건문(建文)4년에 '건문'이라는 연호를 없애 버리고 홍무(洪武) 35년으로 바꿈.

▶ 청(清, 애신각라씨(爱新觉罗氏) : A.D. 1616년～A.D. 1911년)
　청(清)나라는 A.D. 1616년에 건국하여 처음에는 '후금(后金)'이라 불렀다. 1636년에 국호를 '청(清)'이라 개칭하고, 1644년에 산해관(山海关)을 뚫고 들어왔다.

| | | | | | | | | |
|---|---|---|---|---|---|---|---|---|
| 太祖(爱新觉罗努尔哈赤) | 天命(11) | 丙辰 | 1616 | 高宗(~弘历) | | 乾隆(60) | 丙辰 | 1736 |
| | | | | 仁宗(~颙[yóng]琰[yǎn]) | | 嘉庆(25) | 丙辰 | 1796 |
| 太宗(~皇太极) | 天聪(10) | 丁卯 | 1627 | | | | | |
| | 崇德(8) | 丙子㈣ | 1636 | 宣宗(~旻[mín]宁) | | 道光(30) | 辛巳 | 1821 |
| 世祖(~福临) | 顺治(18) | 甲申 | 1644 | 文宗(~奕[yì]詝[zhǔ]) | | 咸丰(11) | 辛亥 | 1851 |
| 圣祖(~玄烨[yè]) | 康熙(61) | 壬寅 | 1662 | 穆宗(~载淳) | | 同治(13) | 壬戌 | 1862 |
| 世宗(~胤[yìn]禛[zhēn]) | 雍正(13) | 癸卯 | 1723 | 德宗(~载湉[tián]) | | 光绪(34) | 乙亥 | 1875 |
| | | | | ~溥[pǔ]仪 | | 宣统(3) | 己酉 | 1909 |

▶중화민국(中华民国：A.D. 1912년~A.D. 1949년)

| | | | | | | | | |
|---|---|---|---|---|---|---|---|---|
| 太中华民国(38) | 壬子 | 1912 | | | | | | |

▶중화인민공화국(中华人民共和国：1949년 10월 1일 건립)

## 세계 각국의 국명 및 수도명

### 亚洲 Yàzhōu(아시아)

| 국명 | 한국어(English) | 수도명 |
|---|---|---|
| 阿富汗 Āfùhàn | 아프가니스탄(Afghanistan) | 喀布尔 Kābù'ěr 카불(Kabul) |
| 阿拉伯联合酋长国 Ālābó Liánhé Qiúzhǎngguó | 아랍에미레이트 연방 (The United Arab Emirates) | 阿布扎比 Ābùzhābǐ 아부다비(Abu Dhabi) |
| 阿曼 Āmàn | 오만(Oman) | 马斯喀特 Mǎsīkātè 무스카트(Muscat) |
| 阿塞拜疆 Āsàibàijiāng | 아제르바이잔(Azerbaijan) | 巴库 Bākù 바쿠(Baku) |
| 巴基斯坦 Bājīsītǎn | 파키스탄(Pakistan) | 伊斯兰堡 Yīsīlánbǎo 이슬라마바드(Islamabad) |
| 巴勒斯坦 Bālèsītǎn | 팔레스타인(Palestine) | 耶路撒冷 Yélùsālěng 예루살렘(Jerusalem) |
| 巴林 Bālín | 바레인(Bahrain) | 麦纳麦 Màinàmài 마나마(Manama) |
| 不丹 Bùdān | 부탄(Bhutan) | 廷布 Tíngbù 팀부(Thimphu) |
| 朝鲜 Cháoxiān | 북한(North Korea) | 平壤 Píngrǎng 평양(Pyeongyang) |
| 大韩民国 Dàhánmínguó | 대한민국(Korea) | 汉城 Hànchéng 首尔 Shǒu'ěr 서울(Seoul) |
| 菲律宾 Fēilùbīn | 필리핀(Philippines) | 马尼拉 Mǎnílā 마닐라(Manila) |
| 格鲁吉亚 Gélǔjíyà | 그루지야(Gruziya) | 第比利斯 Dìbǐlìsī 트빌리시(Tbilisi) |
| 哈萨克斯坦 Hāsàkèsītǎn | 카자흐스탄(Kazakhstan) | 阿斯塔纳 Āsītǎnà 아스타나(Astana) |
| 吉尔吉斯斯坦 Jí'ěrjísīsītǎn | 키르기스스탄(Kyrgyzstan) | 比什凯克 Bǐshíkǎikè 비슈케크(Bishkek) |
| 柬埔寨 Jiǎnpǔzhài | 캄보디아(Cambodia) | 金边 Jīnbiān 프놈펜(Phnompenh) |
| 卡塔尔 Kǎtǎ'ěr | 카타르(Qatar) | 多哈 Duōhā 도하(Doha) |
| 科威特 Kēwēitè | 쿠웨이트(Kuwait) | 科威特 Kēwēitè 쿠웨이트(Kuwait) |
| 老挝 Lǎowō | 라오스(Laos) | 万象 Wànxiàng 비엔티안(Vientiane) |
| 黎巴嫩 Líbānèn | 레바논(Lebanon) | 贝鲁特 Bèilǔtè 베이루트(Beirut) |
| 马尔代夫 Mǎ'ěrdàifū | 몰디브(Maldives) | 马累 Mǎlèi 말레(Malé) |
| 马来西亚 Mǎláixīyà | 말레이시아(Malaysia) | 吉隆坡 Jílóngpō 콸라룸푸르(Kuala Lumpur) |
| 蒙古 Měnggǔ | 몽골(Mongolia) | 乌兰巴托 Wūlánbātuō 울란바토르(Ulan Bator) |
| 孟加拉国 Mèngjiālāguó | 방글라데시(Bangladesh) | 达卡 Dákǎ 다카(Dacca) |
| 缅甸 Miǎndiàn | 미얀마(Myanmar) | 仰光 Yǎngguāng 양곤(Yangon) |
| 尼泊尔 Níbó'ěr | 네팔(Nepal) | 加德满都 Jiādémǎndū 카트만두(Kathmandu) |
| 日本 Rìběn | 일본(Japan) | 东京 Dōngjīng 도쿄(Tokyo) |
| 塞浦路斯 Sàipǔlùsī | 키프로스(Cyprus) | 尼科西亚 Níkēxīyà 니코시아(Nicosia) |
| 沙特阿拉伯 Shātè Ālābó | 사우디아라비아(Saudi Arabia) | 利雅得 Lìyǎdé 리야드(Riyadh) |
| 斯里兰卡 Sīlīlánkǎ | 스리랑카(Sri Lanka) | 科伦坡 Kēlúnpō 콜롬보(Colombo) |
| 塔吉克斯坦 Tǎjíkèsītǎn | 타지키스탄(Tadzhikistan) | 杜尚别 Dùshàngbié 두샨베(Dushanbe) |
| 泰国 Tàiguó | 태국(Thailand) | 曼谷 Màngǔ 방콕(Bangkok) |

| | | |
|---|---|---|
| 土耳其 Tǔ'ěrqí | 터키(Turkey) | 安卡拉 Ānkǎlā 앙카라(Ankara) |
| 土库曼斯坦 Tǔkùmànsītǎn | 투르크메니스탄(Turkmenistan) | 阿什哈巴德 Āshíhābādé 아슈하바트(Ashkhabad) |
| 文莱 Wénlái | 브루나이(Brunei) | 斯里巴加湾市 Sīlǐbājiāwānshì 반다르세리베가완(Bandar Seri Begawan) |
| 乌孜别克斯坦 Wūzībiékèsītǎn | 우즈베키스탄(Uzbekistan) | 塔什干 Tǎshígān 타슈켄트(Tashkent) |
| 锡金 Xījīn | 시킴(Sikkim) | 甘托克 Gāntuōkè 강토크(Gangtok) |
| 新加坡 Xīnjiāpō | 싱가포르(Singapore) | 新加坡 Xīnjiāpō 싱가포르(Singapore) |
| 叙利亚 Xùlìyà | 시리아(Syria) | 大马士革 Dàmǎshìgé 다마스쿠스(Damascus) |
| 亚美尼亚 Yàměiníyà | 아르메니아(Armenia) | 埃里温 Āilǐwēn 예레반(Erevan) |
| 也门 Yěmén | 예멘(Yemen) | 萨那 Sànà 사나(Sanaa) |
| 伊拉克 Yīlākè | 이라크(Iraq) | 巴格达 Bāgédá 바그다드(Baghdad) |
| 伊朗 Yīlǎng | 이란(Iran) | 德黑兰 Déhēilán 테헤란(Teheran) |
| 以色列 Yǐsèliè | 이스라엘(Israel) | 耶路撒冷 Yēlùsālěng 예루살렘(Jerusalem) |
| 印度 Yìndù | 인디아(India) | 新德里 Xīndélǐ 뉴델리(New Delhi) |
| 印度尼西亚 Yìndùníxīyà | 인도네시아(Indonesia) | 雅加达 Yǎjiādá 자카르타(Jakarta) |
| 约旦 Yuēdàn | 요르단(Jordan) | 安曼 Ānmàn 암만(Amman) |
| 越南 Yuènán | 베트남(Vietnam) | 河内 Hénèi 하노이(Hanoi) |
| 中国 Zhōngguó | 중국(China) | 北京 Běijīng 베이징(Beijing) |

| 欧洲 Ōuzhōu(유럽) | | |
|---|---|---|
| 국명 | 한국어(English) | 수도명 |
| 阿尔巴尼亚 Ā'ěrbāníyà | 알바니아(Albania) | 地拉那 Dìlānà 티라나(Tirana) |
| 爱尔兰 Ài'ěrlán | 아일랜드(Ireland) | 都柏林 Dūbólín 더블린(Dublin) |
| 爱沙尼亚 Àishāníyà | 에스토니아(Estonia) | 塔林 Tǎlín 탈린(Tallinn) |
| 安道尔 Āndào'ěr | 안도라(Andorra) | 安道尔 Āndào'ěr 안도라 라벨랴(Andorra La Vella) |
| 奥地利 Àodìlì | 오스트리아(Austria) | 维也纳 Wéiyěnà 빈(Wien) |
| 白俄罗斯 Bái'éluósī | 벨로루시(Belarus) | 明斯克 Míngsīkè 민스크(Minsk) |
| 保加利亚 Bǎojiālìyà | 불가리아(Bulgaria) | 索非亚 Suǒfēiyà 소피아(Sofia) |
| 比利时 Bǐlìshí | 벨기에(Belgium) | 布鲁塞尔 Bùlǔsài'ěr 브뤼셀(Brussels) |
| 冰岛 Bīngdǎo | 아이슬란드(Iceland) | 雷克雅未克 Léikèyǎwèikè 레이캬비크(Reykjavik) |
| 波兰 Bōlán | 폴란드(Poland) | 华沙 Huáshā 바르샤바(Warsaw) |
| 波斯尼亚和黑塞哥维那 Bōsīníyà hé Hēisàigēwéinà | 보스니아-헤르체고비나(Bosnia and Herzegovina) | 萨拉热窝 Sàlārèwō 사라예보(Sarajevo) |
| 丹麦 Dānmài | 덴마크(Denmark) | 哥本哈根 Gēběnhāgēn 코펜하겐(Copenhagen) |

| 德国 Déguó | 독일(Germany) | 柏林 Bólín 베를린(Berlin) |
|---|---|---|
| 俄罗斯 Éluósī | 러시아(Russia) | 莫斯科 Mòsīkē 모스크바(Moscow) |
| 法国 Fǎguó | 프랑스(France) | 巴黎 Bālí 파리(Paris) |
| 梵蒂冈 Fàndìgāng | 바티칸시국(Vatican City State) | 梵蒂冈 Fàndìgāng 바티칸시티(Vatican City) |
| 芬兰 Fēnlán | 핀란드(Finland) | 赫尔辛基 Hè'ěrxīnjī 헬싱키(Helsinki) |
| 荷兰 Hélán | 네덜란드(Netherlands) | 阿姆斯特丹 Āmǔsītèdān 암스테르담(Amsterdam) |
| 捷克 Jiékè | 체코(Czech) | 布拉格 Bùlāgé 프라하(Praha) |
| 克罗地亚 Kèluódìyà | 크로아티아(Croatia) | 萨格勒布 Sàgélèbù 자그레브(Zagreb) |
| 拉脱维亚 Lātuōwéiyà | 라트비아(Latvia) | 里加 Lǐjiā 리가(Riga) |
| 立陶宛 Lìtáowǎn | 리투아니아(Lithuania) | 维尔纽斯 Wéi'ěrniǔsī 빌뉴스(Vil'nius) |
| 列支敦士登 Lièzhīdūnshìdēng | 리히텐슈타인(Liechtenstein) | 瓦杜兹 Wǎdùcí 파두츠(Vaduz) |
| 卢森堡 Lúsēnbǎo | 룩셈부르크(Luxembourg) | 卢森堡 Lúsēnbǎo 룩셈부르크(Luxembourg) |
| 罗马尼亚 Luómǎníyà | 루마니아(Rumania) | 布加勒斯特 Bùjiālèsītè 부쿠레슈티(Bucureşti) |
| 马耳他 Mǎ'ěrtā | 몰타(Malta) | 瓦莱塔 Wǎláitǎ 발레타(Valleta) |
| 马其顿 Mǎqídùn | 마케도니아(Macedonia) | 斯科普里 Sīkēpǔlǐ 스코페(Skopje) |
| 摩尔多瓦 Mó'ěrduōwǎ | 몰도바(Moldova) | 基希讷乌 Jīxīnèwū 키시네프(Kishinev) |
| 摩纳哥 Mónàgē | 모나코(Monaco) | 摩纳哥 Mónàgē 모나코(Monaco) |
| 挪威 Nuówēi | 노르웨이(Norway) | 奥斯陆 Àosīlù 오슬로(Oslo) |
| 葡萄牙 Pútáoyá | 포르투갈(Portugal) | 里斯本 Lǐsīběn 리스본(Lisbon) |
| 瑞典 Ruìdiǎn | 스웨덴(Sweden) | 斯德哥尔摩 Sīdégē'ěrmó 스톡홀름(Stockholm) |
| 瑞士 Ruìshì | 스위스(Witzerland) | 伯尔尼 Bó'ěrní 베른(Bern) |
| 圣马力诺 Shèngmǎlìnuò | 산마리노(San Marino) | 圣马力诺 Shèngmǎlìnuò 산마리노(San Marino) |
| 斯罗伐克 Sīluófákè | 슬로바키아(Slovakia) | 布拉迪斯拉发 Bùlādísīlāfā 브라티슬라바(Bratislava) |
| 斯洛文尼亚 Sīluòwénníyà | 슬로베니아(Slovenia) | 卢布尔雅那 Lúbù'ěryǎnà 류블랴나(Ljubljana) |
| 乌克兰 Wūkèlán | 우크라이나(Ukraina) | 基辅 Jīfǔ 키예프(Kiev) |
| 西班牙 Xībānyá | 스페인(Spain) | 马德里 Mǎdélǐ 마드리드(Madrid) |
| 希腊 Xīlà | 그리스(Greece) | 雅典 Yǎdiǎn 아테네(Athene) |
| 匈牙利 Xiōngyálì | 헝가리(Hungary) | 布达佩斯 Bùdápèisī 부다페스트(Budapest) |
| 意大利 Yìdàlì | 이탈리아(Italy) | 罗马 Luómǎ 로마(Rome) |
| 英国 Yīngguó | 영국(England；Britain) | 伦敦 Lúndūn 런던(London) |

| 非洲 Fēizhōu(아프리카) | | |
|---|---|---|
| 국명 | 한국어(English) | 수도명 |
| 阿尔及利亚 Ā'ěrjíliyà | 알제리(Algérie) | 阿尔及尔 Ā'ěrjí'ěr 알제(Alger) |
| 埃及 Āijí | 이집트(Egypt) | 开罗 Kāiluó 카이로(Cairo) |
| 埃塞俄比亚 Āisài'ébǐyà | 에티오피아(Ethiopia) | 亚的斯亚贝巴 Yàdìsīyàbèibā 아디스아바바(Addis Ababa) |
| 安哥拉 Āngēlā | 앙골라(Angola) | 罗安达 Luó'āndá 루안다(Luanda) |
| 贝宁 Bèiníng | 베냉(Benin) | 波多诺伏 Bōduōnuòfú 포르토노보(Porto Novo) |
| 博茨瓦纳 Bócíwǎnà | 보츠와나(Botswana) | 哈博罗内 Hābóluónèi 가보로네(Gaborone) |
| 布基纳法索 Bùjīnàfǎsuǒ | 부르키나파소(Burkina Faso) | 瓦加杜古 wǎjiādùgǔ 와가두구(Ouagadougou) |
| 布隆迪 Bùlóngdí | 부룬디(Burundi) | 布琼布拉 Bùqióngbùlā 부줌부라(Bujumbura) |
| 赤道几内亚 Chìdào Jīnèiyà | 적도기니(Equatorial Guinea) | 马拉博 Mǎlābó 말라보(Malabo) |
| 多哥 Duōgē | 토고(Togo) | 洛美 Luòměi 로메(Lomé) |
| 厄立特里亚 Èlìtèlǐyà | 에리트레아(Eritrea) | 阿斯马拉 Āsīmǎlā 아스마라(Asmara) |
| 佛得角 Fódéjiǎo | 카보베르데(Cabo Verde) | 普拉亚 Pǔlāyà 프라이아(Praia) |
| 冈比亚 Gāngbǐyà | 감비아(Gambia) | 班珠尔 Bānzhū'ěr 반줄(Banjul) |
| 刚果 Gāngguǒ | 콩고(The Congo) | 布拉柴维尔 Bùlācháiwéi'ěr 브라자빌(Brazzaville) |
| 刚果(民主共和国) Gāngguǒ | 콩고민주공화국(Democratic Republic of the Congo) | 金沙萨 Jīnshāsà 킨샤사(Kinshasa) |
| 吉布提 Jíbùtí | 지부티(Djibouti) | 吉布提 Jíbùtí 지부티(Djibouti) |
| 几内亚 Jīnèiyà | 기니(Guinea) | 科纳克里 Kēnàkèlǐ 코나크리(Conakry) |
| 几内亚比绍 Jīnèiyà Bǐshào | 기니비사우(Guinea-Bissau) | 比绍 Bǐshào 비사우(Bissau) |
| 加纳 Jiānà | 가나(Ghana) | 阿克拉 Ākèlā 아크라(Accra) |
| 加蓬 Jiāpéng | 가봉(Gabon) | 利伯维尔 Lìbówéi'ěr 리브르빌(Libreville) |
| 津巴布韦 Jīnbābùwéi | 짐바브웨(Zimbabwe) | 哈拉雷 Hālāléi 하라레(Harare) |
| 喀麦隆 Kāmàilóng | 카메룬(Cameroon) | 雅温得 Yǎwēndé 야운데(Yaoundé) |
| 科摩罗 Kēmóluó | 코모로(Comoros) | 莫罗尼 Mòluóní 모로니(Moroni) |
| 科特迪瓦 Kētèdíwǎ | 코트디부아르(Côte d'Ivoire) | 阿比让 Ābǐràng 아비장(Abidjan) |
| 肯尼亚 Kěnníyà | 케냐(Kenya) | 内罗毕 Nèiluóbì 나이로비(Nairobi) |
| 莱索托 Láisuǒtuō | 레소토(Lesotho) | 马塞卢 Mǎsàilú 마세루(Maseru) |
| 利比里亚 Lìbǐlǐyà | 라이베리아(Liberia) | 蒙罗维亚 Méngluówéiyà 몬로비아(Monrovia) |
| 利比亚 Lìbǐyà | 리비아(Libya) | 的黎波里 Dìlíbōlǐ 트리폴리(Tripoli) |
| 卢旺达 Lúwàngdá | 르완다(Rwanda) | 基加利 Jījiālì 키갈리(Kigali) |
| 马达加斯加 Mǎdájiāsījiā | 마다가스카르(Madagascar) | 塔那那利佛 Tǎnànàlìfó 안타나나리보(Antananarivo) |
| 马拉维 Mǎlāwéi | 말라위(Malawi) | 利隆圭 Lìlóngguī 릴롱궤(Lilongwe) |

| | | |
|---|---|---|
| 马里 Mǎlǐ | 말리(Mali) | 巴马科 Bāmǎkē 바마코(Bamako) |
| 毛里求斯 Máolǐqiúsī | 모리셔스(Mauritius) | 路易港 Lùyìgǎng 포트루이스(Port Louis) |
| 毛里塔尼亚 Máolǐtǎníyà | 모리타니(Mauritanie) | 努瓦克肖特 Nǔwǎkèxiāotè 누악쇼트(Nouakchott) |
| 摩洛哥 Móluògē | 모로코(Morocco) | 拉巴特 Lābātè 라바트(Rabat) |
| 莫桑比克 Mòsāngbǐkè | 모잠비크(Mozambique) | 马普托 Mǎpǔtuō 마푸토(Maputo) |
| 纳米比亚 Nàmǐbǐyà | 나미비아(Namibia) | 温得和克 Wēndéhékè 빈트후크(Windhoek) |
| 南非 Nánfēi | 남아프리카공화국 (South Africa) | 比勒陀利亚 Bǐlètuólìyà 프레토리아(Pretoria) |
| 尼日尔 Nírì'ěr | 니제르(Niger) | 尼亚美 Níyàměi 니아메(Niamey) |
| 尼日利亚 Nírìlìyà | 나이지리아(Nigeria) | 阿布贾 Ābùjiǎ 아부자(Abuja) |
| 塞拉利昂 Sàilālì'áng | 시에라리온(Sierra Leone) | 弗里敦 Fúlǐdūn 프리타운(Freetown) |
| 塞内加尔 Sàinèijiā'ěr | 세네갈(Senegal) | 达喀尔 Dákā'ěr 다카르(Dakar) |
| 塞舌尔 Sàishé'ěr | 세이셸(Seychelles) | 维多利亚 Wéiduōlìyà 빅토리아(Victoria) |
| 圣多美和普林西比 Shèngduōměi hé Pǔlínxībǐ | 상투메프린시페 (São Tomé and Príncipe) | 圣多美 Shèngduōměi 상투메(São Tomé) |
| 圣赫勒拿(英) Shènghèlèná | 세인트헬레나(Saint Helena) | 詹姆斯敦 Zhānmǔsīdūn 제임스타운(Jamestown) |
| 斯威士兰 Sīwēishìlán | 스와질란드(Swaziland) | 姆巴巴内 Mǔbābānèi 음바바네(Mbabane) |
| 苏丹 Sūdān | 수단(Sudan) | 喀土穆 Kātǔmù 하르툼(Khartoum) |
| 索马里 Suǒmǎlǐ | 소말리아(Somalia) | 摩加迪沙 Mójiādíshā 모가디슈(Mogadishu) |
| 坦桑尼亚 Tǎnsāngníyà | 탄자니아(Tanzania) | 达累斯萨拉姆 Dálèisīsàlāmǔ 다르에스살람(Dar es Salaam) |
| 突尼斯 Tūnísī | 튀니지(Tunisie) | 突尼斯 Tūnísī 튀니스(Tunis) |
| 乌干达 Wūgāndá | 우간다(Uganda) | 坎帕拉 Kǎnpàlā 캄팔라(Kampala) |
| 象牙海岸 Xiàngyá Hǎi'àn | 코트디부아르(Côte d'Ivoire) | 阿比让 Ābǐràng 아비장(Abidjan) |
| 赞比亚 Zànbǐyà | 잠비아(Zambia) | 卢萨卡 Lúsàkǎ 루사카(Lusaka) |
| 乍得 Zhàdé | 차드(Chad) | 恩贾梅纳 Ēnjiǎméinà 은자메나(N'Djamena) |
| 中非 Zhōngfēi | 중앙아프리카공화국 (Central Africa) | 班吉 Bānjí 방기(Bangui) |

| 大洋洲 Dàyángzhōu(오세아니아) | | |
|---|---|---|
| 국명 | 한국어(English) | 수도명 |
| 澳大利亚 Àodàlìyà | 오스트레일리아(Australia) | 堪培拉 Kānpéilā 캔버라(Canberra) |
| 巴布亚新几内亚 Bābùyà Xīnjǐnèiyà | 파푸아 뉴기니 (Papua New Guinea) | 莫尔斯比港 Mò'ěrzībǐgǎng 포트모르즈비(Port Moresby) |
| 北马里亚纳群岛(美) Běimǎlǐyànà Qúndǎo | 마리아나 제도 (Mariana Islands) | 塞班(Sàibān) 사이판(Saipan) |
| 法属波利尼西亚 Fǎshǔ Bōlìnníxīyà | 프랑스령 폴리네시아 (French Polynesia) | 帕皮提 Pàpítí 파페에테(Papeete) |

| | | |
|---|---|---|
| 斐济群岛 Fěijì Qúndǎo | 피지(Fiji) | 苏瓦 Sūwǎ 수바(Suva) |
| 关岛(美) Guāndǎo | 괌(Guam) | 阿加尼亚 Ājiāníyà 아가나(Agana) |
| 基里巴斯 Jīlǐbāsī | 키리바시(Kiribati) | 塔拉瓦 Tǎlāwǎ 타라와(Tarawa) |
| 库克群岛(新) Kùkè Qúndǎo | 쿡 제도(Cook Islands) | 阿瓦鲁阿 Āwǎlǔ'ā 아바루아(Avarua) |
| 马绍尔群岛 Mǎshào'ěr Qúndǎo | 마셜 제도(Marshall Islands) | 马朱罗 Mǎzhūluó 마주로(Majuro) |
| 美属萨摩亚 Měishǔ Sàmóyà | (미) 사모아 (American Samoa) | 帕果帕果 Pàguǒpàguǒ 파고파고(Pago Pago) |
| 密克罗尼西亚联邦 Mìkèluóníxīyà Liánbāng | 미크로네시아(Micronesia) | 帕利基尔 Pàlìjī'ěr 팔리키르(Palikir) |
| 瑙鲁 Nǎolǔ | 나우루(Nauru) | 亚伦 Yàlún 야렌(Yaren) |
| 纽埃(新) Niǔ'āi | 니우에(Niue Island) | 阿洛菲 Āluòfēi 알로피(Alofi) |
| 帕劳 Pàláo | 팔라우공화국(Beluu er a Belau) | 科罗尔 Kēluó'ěr 코로르(Koror) |
| 皮特凯恩(英) Pítèkǎi'ēn | (영) 피트케언(Pitcairn Island) | 亚当斯敦 Yàdàngsīdūn 아담스타운(Adamstown) |
| 萨摩亚 Sàmóyà | 사모아(Samoa) | 阿皮亚 Āpíyà 아피아(Apia) |
| 所罗门群岛 Suǒluómén Qúndǎo | 솔로몬 제도 (Solomon Islands) | 霍尼亚拉 Huòníyàlā 호니아라(Honiara) |
| 汤加 Tāngjiā | 통가(Tonga) | 努库阿洛法 Nǔkù'āluòfǎ 누쿠알로파(Nukualofa) |
| 图瓦卢 Túwǎlú | 투발루(Tuvalu) | 富纳富提 Fùnàfùtí 푸나푸티(Funafuti) |
| 托克劳群岛(新) Tuōkèláo Qúndǎo | 토켈라우 제도 (Tokelau Islands) | 法考福 Fǎkǎofú 파카오프(Fakaofu) |
| 瓦利斯和富图纳(法) Wǎlìsī hé Fùtú'nà | 프랑스령 리스푸투나섬 (Wallis and Futuna Island) | 马塔乌图 Mǎtǎwūtú 마타우투(Mata Utu) |
| 瓦努阿图 Wǎnǔ'ātú | 바누아투(Vanuatu) | 维拉港 Wéilāgǎng 포트빌라(Port Vila) |
| 新喀里多尼亚(法) Xīnkālǐduōníyà | 프랑스령 뉴칼레도니아 (New Caledonia Island) | 努美阿 Nǔměi'ā 누메아(Nouméa) |
| 新西兰 Xīnxīlán | 뉴질랜드(New Zealand) | 惠灵顿 Huìlíngdùn 웰링턴(Wellington) |

| 美洲Měizhōu(아메리카주) | | |
|---|---|---|
| 국명 | 한국어(English) | 수도명 |
| 阿根廷 Āgēntíng | 아르헨티나(Argentina) | 布宜诺斯艾利斯 Bùyínuòsī'àilìsī 부에노스아이레스(Buenos Aires) |
| 阿鲁巴(荷) Ālǔbā | 아루바섬(Aruba I.) | 奥拉涅斯塔德 Àolānièsītǎdé 오랑예스타트(Oranjestad) |
| 安圭拉(英) Āngūīlā | 앙길라(Anguilla) | 瓦利 Wǎlì 밸리(Valley) |
| 安提瓜和巴布达 Āntíguā hé Bābùdá | 앤티가바부다 (Antigua and Barbuda) | 圣约翰 Shèngyuēhàn 세인트존스(Saint John's) |
| 巴巴多斯 Bābāduōsī | 바베이도스(Barbados) | 布里奇敦 Bùlǐqídūn 브리지타운(Bridgetown) |

| | | |
|---|---|---|
| 巴哈马 Bāhāmǎ | 바하마(Bahamas) | 拿骚 Násāo 낫소(Nassau) |
| 巴拉圭 Bālāguī | 파라과이(Paraguay) | 亚松森 Yàsōngsēn 아순시온(Asunción) |
| 巴拿马 Bānámǎ | 파나마(Panama) | 巴拿马城 Bānámǎchéng<br>파나마시티(Panama City) |
| 巴西 Bāxī | 브라질(Brazil) | 巴西利亚 Bāxīlìyà 브라질리아(Brasilia) |
| 百慕大(英) Bǎimùdà | (영) 버뮤다 제도(Bermuda) | 哈密尔顿 Hāmì'ěrdùn 해밀턴(Hamilton) |
| 秘鲁 Bìlǔ | 페루(Peru) | 利马 Lìmǎ 리마(Lima) |
| 波多黎各(美) Bōduōlígè | 푸에르토리코(Puerto Rico) | 圣胡安 Shènghú'ān 산후앙(San Juan) |
| 玻利维亚 Bōlìwéiyà | 볼리비아(Bolivia) | 苏克雷 Sūkèléi 수크레(Sucre)—법정 수도<br>拉巴斯 Lābāsī 라파스(Ls Paz)—정부 소재지 |
| 伯利兹 Bólìzī | 벨리즈(Belize) | 贝尔莫潘 Bèi'ěrmòpān 벨모판(Belmopan) |
| 多米尼加 Duōmǐníjiā | 도미니카공화국<br>(The Dominican Republic) | 圣多明各 Shèngduōmínggè<br>산토도밍고(Santo Domingo) |
| 多米尼克 Duōmǐníkè | 도미니카연방<br>(Commonwealth of Dominica) | 罗索 Luósuǒ 로조(Roseau) |
| 厄瓜多尔 Èguāduō'ěr | 에콰도르(Ecuador) | 基多 Jīduō 키토(Quito) |
| 法属圭亚那 Fǎshǔ Guīyànà | (프) 기아나(Guiana) | 卡宴 Kǎyàn 카옌(Cayenne) |
| 哥伦比亚 Gēlúnbǐyà | 콜롬비아(Colombia) | 圣菲波哥大 Shèngfēibōgēdà<br>산타페데보고타(Santa Féde Bogotá) |
| 哥斯达黎加 Gēsīdálíjiā | 코스타리카(Costa Rica) | 圣何塞 Shènghésài 산호세(San José) |
| 格林纳达 Gélínnàdá | 그레나다(Grenada) | 圣乔治 Shèngqiáozhì<br>세인트조지스(Saint George's) |
| 古巴 Gǔbā | 쿠바(Cuba) | 哈瓦那 Hāwǎnà 아바나(Havana) |
| 瓜德罗普(法) Guādéluópǔ | (프) 과들루프섬(Guadeloupe) | 巴斯特尔 Bāsītè'ěr 바스테르(Basseterre) |
| 圭亚那 Guīyànà | 가이아나(Guyana) | 乔治敦 Qiáozhìdūn 조지타운(Georgetown) |
| 海地 Hǎidì | 아이티(Haiti) | 太子港 Tàizǐgǎng<br>포르토프랭스(Port-au-Prince) |
| 荷属安的列斯 Héshǔ Āndìlièsī | (네) 앤틸리스(Antilles) | 威廉斯塔德 Wēiliánsītǎdé<br>빌렘스타트(Willemstad) |
| 洪都拉斯 Hóngdūlāsī | 온두라스(Honduras) | 特古西加尔巴 Tègǔxījiā'ěrbā<br>테구시갈파(Tegucigalpa) |
| 加拿大 Jiānádà | 캐나다(Canada) | 渥太华 Wòtàihuá 오타와(Ottawa) |
| 开曼群岛(英) Kāimàn Qúndǎo | (영) 케이맨 제도<br>(Cayman Islands) | 乔治敦 Qiáozhìdūn<br>조지타운(Georgetown) |
| 马提尼克(法) Mǎtíníkè | (프) 마르티니크(Martinique) | 法兰西堡 Fǎlánxībǎo<br>포르드프랑스(Fort de France) |
| 美国 Měiguó | 미국(The United States of America) | 华盛顿 Huáshèngdùn<br>워싱턴(Washington) |
| 美属维尔京群岛<br>Měishǔ Wéi'ěrjīng Qúndǎo | (미) 버진 제도<br>(Virgin Islands) | 夏洛特阿马利亚 Xiàluòtè Āmǎlìyà<br>샤를로트아밀리(Charlotte Amalie) |

| | | |
|---|---|---|
| 蒙特塞拉特(英) Méngtèsàilātè | (영) 몬트세라트 (Montserrat Island) | 普利茅斯 Pǔlìmáosī 플리머스(Plymouth) |
| 墨西哥 Mòxīgē | 멕시코(Mexico) | 墨西哥城 Mòxīgēchéng 멕시코시티(Mexico City) |
| 尼加拉瓜 Níjiālāguā | 니카라과(Nicaragua) | 马那瓜 Mǎnàguā 마나구아(Managua) |
| 萨尔瓦多 Sà'ěrwǎduō | 엘살바도르(El Salvador) | 圣萨尔瓦多 Shèngsà'ěrwǎduō 산살바도르(San Salvador) |
| 圣基茨和尼维斯 Shèngjīcí hé Níwéisī | 세인트크리스토퍼 네비스 (Saint Christopher and Nevis) | 巴斯特尔 Bāsītè'ěr 바스테르(Basseterre) |
| 圣卢西亚 Shènglúxīyà | 세인트루시아(Saint Lucia) | 卡斯特里 Kǎsītèlǐ 캐스트리스(Castries) |
| 圣皮埃尔和密克隆(法) Shèngpíāi'ěr hé Mìkèlóng | (프) 피에르미클롱 제도 (St. Pierre and Miquelon Islands) | 圣皮埃尔 Shèngpí'āi'ěr 생피에르(St. pierre) |
| 圣文森特和格林纳丁斯 Shèngwénsēntè hé Gélínnàdīngsī | 세인트빈센트 그레나딘(Saint Vincent and the Grenadines) | 金斯敦 Jīnsīdūn 킹스타운(Kingstown) |
| 苏里南 Sūlǐnán | 수리남(Surinam) | 帕拉马里博 Pàlāmǎlǐbó 파라마리보(Paramaribo) |
| 特克斯和凯科斯群岛(英) Tèkèsī hé Kǎikēsī Qúndǎo | (영) 터크스케이커스 제도 (Turks and Caicos Islands) | 科伯恩城 Kēbó'ēnchéng 콕번타운(Cockburn Town) |
| 特立尼达和多巴哥 Tèlìnídá hé Duōbāgē | 트리니다드토바고 (Trinidad and Tobago) | 西班牙港 Xībānyágǎng 포트오브스페인(Port of Spain) |
| 危地马拉 Wēidìmǎlā | 과테말라(Guatemala) | 危地马拉城 Wēidìmǎlāchéng 과테말라시티(Guatemala City) |
| 委内瑞拉 Wěinèiruìlā | 베네수엘라(Venezuela) | 加拉加斯 Jiālājiāsī 카라카스(Caracas) |
| 乌拉圭 Wūlāguī | 우루과이(Uruguay) | 蒙得维的亚 Méngdéwéidìyà 몬테비데오(Montevideo) |
| 牙买加 Yámǎijiā | 자메이카(Jamaica) | 金斯敦 Jīnsīdūn 킹스턴(Kingston) |
| 英属维尔京群岛 Yīngshǔ Wéi'ěrjīng Qúndǎo | (영) 버진 제도(Virgin Islands) | 罗德城 Luódéchéng 로드타운(Road Town) |
| 智利 Zhìlì | 칠레(Chile) | 圣地亚哥 Shèngdìyàgē 산티아고(Santiago) |

## 한자 편방(偏旁) 명칭표

1. 본 표는 일부 한자 편방(偏旁)의 명칭을 열거하여 교학(教學)에 도움을 주고자 한다.
2. 본 표에 수록한 한자 편방(偏旁)은 대부분 단독으로 글자를 이루지 못하고 호칭하기 어렵거나 호칭이 확정되지 않은 것들이다. 예를 들면, 단독으로 글자를 이루고 부르기 쉬운 山, 马, 日, 月, 石, 鸟, 虫 등은 수록하지 않았다.
3. 어떤 편방(偏旁)은 여러 가지 호칭이 있지만, 본 표에서는 비교적 통용되는 명칭만 선별하였다.

| 편방(偏旁) | 명칭 | 예 |
| --- | --- | --- |
| 冫 | 两点水儿(liǎngdiǎnshuǐr) | 次、凉、准 |
| 冖 | 秃宝盖儿(tūbǎogàir) | 写、军、罕 |
| 讠 | 言字旁儿(yánzìpángr) | 讲、论、识 |
| 厂 | 偏厂儿(piānchǎngr) | 厅、历、原 |
| 匚 | 三匡栏儿(sānkuānglánr);三匡儿(sānkuāngr) | 匡、匠、匣 |
| 刂 | 立刀旁儿(lìdāopángr);立刀儿(lìdāor) | 列、创、剑 |
| 冂(冂) | 同字匡儿(tóngzìkuāngr) | 用、网、周 |
| 亻 | 单人旁儿(dānrénpángr);单立人儿(dānlìrénr) | 作、位、你 |
| 勹 | 包字头儿(bāozìtóur) | 勺、甸、旬 |
| 厶 | 私字儿(sīzìr) | 允、牟、矣 |
| 廴 | 建之旁儿(jiànzhīpángr) | 廷、延、建 |
| 卩 | 单耳旁儿(dān'ěrpángr);单耳刀儿(dān'ěrdāor) | 卫、印、却 |
| 阝 | 双耳旁儿(shuāng'ěrpángr);双耳刀儿(huāng'ěrdāor) 左耳刀儿(zuǒ'ěrdāor)(在左);右耳刀儿(yòu'ěrdāor)(在右) | 防、阻、陶 邦、那、郊 |
| 氵 | 三点水儿(sāndiǎnshuǐr) | 江、汕、活 |
| 丬(片) | 将字旁儿(jiàngzìpángr) | 妆、状、将 |
| 忄 | 心旁儿(shùxīnpángr);竖心儿(shùxīnr) | 怀、慌、性 |
| 宀 | 宝盖儿(bǎogàir) | 字、定、完 |
| 广 | 广字旁儿(guǎngzìpángr) | 庄、店、府 |
| 辶 | 走之儿(zǒuzhīr) | 过、远、送 |
| 土 | 提土旁儿(títǔpángr);剔土旁儿(tītǔpángr) | 地、塔、城 |
| 艹 | 草字头儿(cǎozìtóur);草头儿(cǎotóur) | 芳、花、英 |
| 廾 | 弄字底儿(nòngzìdǐr) | 弃、弁、异 |
| 尢 | 尤字旁儿(yóuzìpángr) | 尤、尨、尥 |
| 扌 | 提手旁儿(tíshǒupángr);剔手旁儿(tīshǒupángr) | 扛、担、搁 |
| 囗 | 方匡儿(fāngkuāngr) | 园、国、图 |
| 彳 | 双人旁儿(shuāngrénpángr);双立人儿(shuānglìrénr) | 行、征、衍 |
| 彡 | 三撇儿(sānpiěr) | 形、参、须 |
| 夂 | 折文儿(zhéwénr) | 冬、处、条 |
| 犭 | 反犬旁儿(fǎnquǎnpángr);犬犹儿(quǎnyóur) | 狂、独、狼 |
| 饣 | 食字旁儿(shízìpángr) | 饮、饲、饭 |
| 孑 | 子字旁儿(zǐzìpángr) | 孔、孙、孩 |
| 纟 | 绞丝旁儿(jiǎosīpángr);乱绞丝儿(luànjiǎosīr) | 红、纺、纯 |

| | | |
|---|---|---|
| 巛 | 三拐儿(sānguǎir) | 甾、邕、巢 |
| 灬 | 四点儿(sìdiǎnr) | 杰、点、热 |
| 火 | 火字旁儿(huǒzìpángr) | 灯、灶、烛 |
| 礻 | 示字旁儿(shìzìpángr)；示补儿(shìbǔr) | 礼、社、禅 |
| 王 | 王字旁儿(wángzìpángr)；斜玉旁儿(xiéyùpángr) | 玩、理、班 |
| 木 | 木字旁儿(mùzìpángr) | 朴、杜、札 |
| 牛 | 牛字旁儿(niúzìpángr)；剔牛儿(tīniúr) | 牡、牺、牲 |
| 攵 | 反文旁儿(fǎnwénpángr)；反文儿(fǎnwénr) | 放、政、教 |
| 疒 | 病字旁儿(bìngzìpángr)；病旁儿(bìngpángr) | 症、疼、痛 |
| 衤 | 衣字旁儿(yīzìpángr)；衣补儿(yībǔr) | 衫、袖、被 |
| 夫 | 春字头儿(chūnzìtóur) | 奉、奏、秦 |
| 罒 | 四字头儿(sìzìtóur) | 罗、罢、罪 |
| 皿 | 皿字底儿(mǐnzìdǐr)；皿墩儿(mǐndūnr) | 盆、益、盈 |
| 钅 | 金字旁儿(jīnzìpángr) | 钢、铜、铃 |
| 禾 | 禾木旁儿(hémùpángr) | 和、秋、秒 |
| 癶 | 登字头儿(dēngzìtóur) | 癸、登、凳 |
| 䒑 | 卷字头儿(juànzìtóur) | 券、拳、眷 |
| 米 | 米字旁儿(mǐzìpángr) | 粉、粒、粮 |
| 虍 | 虎字头儿(hǔzìtóur) | 虏、虑、虚 |
| 竹 | 竹字头儿(zhúzìtóur) | 笑、笔、笛 |
| 足 | 足字旁儿(zúzìpángr) | 跑、距、蹄 |

## 한어 병음 방안

### 1. 자모(字母)표

| 字母 | A a | B b | C c | D d | E e | F f | G g |
|---|---|---|---|---|---|---|---|
| 名称 | ㄚ | ㄅㄝ | ㄘㄝ | ㄉㄝ | ㄜ | ㄝㄈ | ㄍㄝ |
| 字母 | H h | I i | J j | K k | L l | M m | N n |
| 名称 | ㄏㄚ | ㄧ | ㄐㄧㄝ | ㄎㄝ | ㄝㄌ | ㄝㄇ | ㄋㄝ |
| 字母 | O o | P p | Q q | R r | S s | T t | U u |
| 名称 | ㄛ | ㄆㄝ | ㄑㄧㄡ | ㄚㄦ | ㄝㄙ | ㄊㄝ | ㄨ |
| 字母 | V v | W w | X x | Y y | Z z | | |
| 名称 | 万ㄝ | ㄨㄚ | ㄒㄧ | ㄧㄚ | ㄗㄝ | | |

1) V는 외래어나 소수 민족 언어와 방언의 표기에만 쓰임.
2) 자모(字母)의 필기체는 라틴자모의 일반적인 필기습관을 따름.

### 2. 성모(聲母)표

| 字母 | b | p | m | f | d | t | n | l |
|---|---|---|---|---|---|---|---|---|
| 名称 | ㄅ玻 | ㄆ坡 | ㄇ摸 | ㄈ佛 | ㄉ得 | ㄊ特 | ㄋ讷 | ㄌ勒 |
| 字母 | g | k | h | | j | q | x | |
| 名称 | ㄍ哥 | ㄎ科 | ㄏ喝 | | ㄐ基 | ㄑ欺 | ㄒ希 | |
| 字母 | zh | ch | sh | r | z | c | s | |
| 名称 | ㄓ知 | ㄔ蚩 | ㄕ诗 | ㄖ日 | ㄗ资 | ㄘ雌 | ㄙ思 | |

1) 한자의 음을 표기할 때 간편하게 하기 위하여 zh ch sh를 z c s로 표기할 수도 있음.

### 3. 운모(韻母)표

| | i | u | ü |
|---|---|---|---|
| | ㄧ衣 | ㄨ乌 | ㄩ迂 |
| a<br>ㄚ啊 | ia<br>ㄧㄚ呀 | ua<br>ㄨㄚ蛙 | |
| o<br>ㄛ喔 | | uo<br>ㄨㄛ窝 | |
| e<br>ㄜ鹅 | ie<br>ㄧㄝ耶 | | üe<br>ㄩㄝ约 |
| ai<br>ㄞ哀 | | uai<br>ㄨㄞ歪 | |
| ei<br>ㄟ欸 | | uei<br>ㄨㄟ威 | |
| ao<br>ㄠ熬 | iao<br>ㄧㄠ腰 | | |
| ou<br>ㄡ欧 | iou<br>ㄧㄡ忧 | | |

| an<br>ㄢ 安 | ian<br>丨ㄢ 烟 | uan<br>ㄨㄢ 弯 | üan<br>ㄩㄢ 冤 |
|---|---|---|---|
| en<br>ㄣ 恩 | in<br>丨ㄣ 因 | uen<br>ㄨㄣ 温 | ün<br>ㄩㄣ 晕 |
| ang<br>ㄤ 昂 | iang<br>丨ㄤ 央 | uang<br>ㄨㄤ 汪 | |
| eng<br>ㄥ 亨의 운모(韵母) | ing<br>丨ㄥ 英 | ueng<br>ㄨㄥ 翁 | |
| ong<br>(ㄨㄥ) 轰의 운모(韵母) | iong<br>ㄩㄥ 雍 | | |

1) '知, 蚩, 诗, 日, 资, 雌, 思' 등 7개 음절의 운모는 i를 쓴다. 즉, '知, 蚩, 诗, 日, 资, 雌, 思' 등은 'zhi, chi, shi, ri, zi, ci, si' 라고 병음을 표기한다.
2) 운모 '儿'은 'er'로 쓰며, 운미(韵尾)로 쓰일 경우에는 'r'로 쓴다. 예를 들어서, '儿童'은 'ertong'이라고 표기하지만, '花儿'은 'huar'이라고 쓴다.
3) 운모 'ㄝ'는 단독으로 쓸 때는 'ê'로 표기한다.
4) i행의 운모는 앞에 성모가 없을 때에는 'yi(衣), ya(呀), ye(耶), yao(腰), you(忧), yan(烟), yin(因), yang(央), ying(英), yong(雍)' 등으로 표기한다. u행의 운모는 앞에 다른 성모가 없을 경우 'wu(乌), wa(蛙), wo(窝), wai(歪), wei(威), wan(弯), wen(温), wang(汪), weng(翁)' 등과 같이 표기한다. ü행의 운모는 앞에 성모가 없을 경우 'yu(迂), yue(约), yuan(冤), yun(晕)'으로 쓰며, 'ü'의 위 두 점은 생략한다. ü행의 운모와 성모 'j, q, x'와 결합할 때는 'ju(居), qu(区), xu(虚)'로 표기하며, ü의 두 점도 생략한다. 그러나 성모 'n, l'과 결합할 때는 그대로 'nü(女), lü(吕)'로 표기한다.
5) 'iou, uei, uen' 앞에 성모가 있을 경우 'iu, ui, un'로 사이의 'o, e'를 생략하여 표기한다. 예를 들면, 'niu(牛), gui(归), lun(论)'으로 표기한다.
6) 한자의 음을 표기할 때는 병음을 간략하게 하기 위하여 'ng'를 'ŋ'로 표기할 수 있다.

## 4. 성조(聲調) 부호

| 阴平 | 阳平 | 上声 | 去声 |
|---|---|---|---|
| ī | í | ǐ | ì |

성조 부호는 음절의 주요 모음 위에 표시하며 경성은 표시하지 않는다. 예를 들면 아래와 같다.

| 妈 mā | 麻 má | 马 mǎ | 骂 mà | 吗 ma |
|---|---|---|---|---|
| (阴平) | (阳平) | (上声) | (去声) | (轻声) |

## 5. 격음(隔音) 부호

'a, o, e'로 시작하는 음절이 다른 음절의 뒤에 와서 음절간의 경계가 모호할 경우, 격음 부호(')를 써서 갈라 놓는다. 예를 들면 pi'ao(皮袄)와 같다.

## 상용 친족 호칭표

| 한국어 | 중국어 문어체 | 중국어 구어체 | 중국어 겸칭 | 중국어 존칭 |
|---|---|---|---|---|
| 아버지(아빠) | 父亲 | 爸爸/爹 | 家父/家严 | 令尊/尊公 |
| 어머니(엄마) | 母亲 | 妈妈/娘 | 家母/家慈 | 令堂/尊堂 |
| 남편 | 丈夫/爱人 | 老公 | | 先生 |
| 아내 | 妻子/爱人 | 老婆 | 内人/内子 | 太太/夫人 |
| 형/오빠 | 兄 | 哥哥/*哥 | 家兄 | 令兄 |
| 동생 | 弟 | 弟弟/*弟 | 舍弟 | 令弟 |
| 누나/언니 | 姐 | 姐姐/*姐 | 家姐 | 令姐 |
| 여동생 | 妹 | 妹妹/*妹 | 家妹 | 令妹 |
| 아들 | 儿子 | | 小儿/犬子 | 令郎 |
| 며느리 | 儿媳 | | 儿媳 | 令媳 |
| 딸 | 女儿 | | 小女 | 令爱 |
| 사위 | 女婿 | 姑爷 | 小婿 | 令婿 |
| 손자 | 孙子 | | 小孙 | 令孙 |
| 손녀 | 孙女 | | 小孙女 | 令孙女 |
| 외손자 | 外孙 | | 小外孙 | 令外孙 |
| 외손녀 | 外孙女 | | 小外孙女 | 令外孙女 |
| 할아버지 | 祖父 | 爷爷 | 家祖父 | 令祖父 |
| 할머니 | 祖母 | 奶奶 | 家祖母 | 令祖母 |
| 외할아버지 | 外祖父 | 姥爷 | 家外祖父 | 令外祖父 |
| 외할머니 | 外祖母 | 姥姥 | 家外祖母 | 令外祖母 |
| 형수/올케 | 嫂子 | 嫂嫂/*嫂 | 家嫂 | 令嫂 |
| 제부/제수 | 弟妇/弟妹 | 弟妹 | 舍弟妇/舍弟妹 | 令弟妇/令弟妹 |
| 자형(매형)/형부 | 姐夫 | 姐夫/哥哥 | 家姐夫 | 令姐夫 |
| 매제 | 妹夫 | 妹夫/弟弟 | 家妹夫 | 令妹夫 |
| 동서[남자] | 连襟 | 襟兄/襟弟 | 敝连襟 | 令襟兄/令襟弟 |
| 백부 | 伯父 | 伯伯/*伯/大爷 | 家伯父 | 令伯父 |
| 숙부 | 叔父 | 叔叔/*叔 | 家叔父 | 令叔父 |
| 고모부 | 姑夫/姑丈/姑父 | 姑父/*姑丈 | 家姑丈/家姑父 | 令姑丈/令姑父 |
| 외삼촌 | 舅父 | 舅舅/*舅 | 家舅父 | 令舅父 |
| 이모부 | 姨夫/姨丈/姨父 | 姨父/*姨丈 | 家姨丈/家姨父 | 令姨丈/令姨父 |
| 백모 | 伯母 | 伯母/大娘 | 家伯母 | 令伯母 |
| 숙모 | 婶母/叔母 | 婶婶/婶子/婶儿 | 家婶/家叔母 | 令叔母 |
| 고모 | 姑母(기혼)<br>姑姑(미혼) | 姑妈/*姑妈/*姑<br>姑姑/*姑 | 家姑母<br>家姑 | 令姑母<br>令姑 |
| 이모 | 姨母 | 姨妈/*姨 | 家姨母 | 令姨母 |
| 외숙모 | 舅母 | 舅妈/*舅妈 | 家舅母 | 令舅母 |
| 조카 | 侄儿 | | 舍侄 | 令侄 |
| 생질 | 外甥 | | 舍外甥 | 令外甥 |

| | | | | |
|---|---|---|---|---|
| 질녀 | 侄女 | | 舍侄女 | 令侄女 |
| 생질녀 | 外甥女 | | 舍外甥女 | 令外甥女 |
| 종형제 | 堂兄弟 | 堂哥/哥哥<br>堂弟/弟弟 | 家堂兄<br>舍堂弟 | 令堂兄<br>令堂弟 |
| 종자매 | 堂姐妹 | 堂姐/姐姐<br>堂妹/妹妹 | 家堂姐<br>家堂妹 | 令堂姐<br>令堂妹 |
| 고종자매 | 姑表姐妹 | 表姐/姐姐<br>表妹/妹妹 | 家姑表姐<br>家姑表妹 | 令姑表姐<br>令姑表妹 |
| 외종형제 | 舅表兄弟 | 表哥/哥哥<br>表弟/弟弟 | 家舅表兄<br>家舅表弟 | 令舅表兄<br>令舅表弟 |
| 외종자매 | 舅表姐妹 | 表姐/姐姐<br>表妹/妹妹 | 家舅表姐<br>家舅表妹 | 令舅表姐<br>令舅表妹 |
| 이종형제 | 姨表兄弟 | 表哥/哥哥<br>表弟/弟弟 | 家姨表兄<br>家姨表弟 | 令姨表兄<br>令姨表弟 |
| 이종자매 | 姨表姐妹 | 表姐/姐姐<br>表妹/妹妹 | 家姨表姐<br>家姨表妹 | 令姨表姐<br>令姨表妹 |
| 처남 | 内兄弟 | 内兄/哥哥<br>内弟/弟弟 | 家内兄弟 | 令内兄弟 |
| 처제/처형 | 姨姐妹 | 姨姐/姐姐<br>姨妹/妹妹 | 家姨姐妹 | 令姨姐妹 |
| 시아버지 | 公公 | 爸爸/公爹/爹 | 家公 | 令公 |
| 장인 | 岳父/岳丈/丈人 | 爸爸/爹 | 家岳父/家岳丈/<br>家妻父 | 令岳父/令岳丈/<br>令岳翁 |
| 시어머니 | 婆婆 | 妈妈/娘 | 家婆 | 令婆 |
| 장모 | 岳母/丈母 | 妈妈/娘 | 家岳母 | 令岳母 |
| 손위 시숙 | 大伯子 | 哥哥 | 家大伯子 | 令大伯子 |
| 손아래 시숙 | 小叔子 | 弟弟 | 家小叔子 | 令小叔子 |
| 손위 시누이 | 大姑子 | 姐姐/姑奶奶(기혼) | 家大姑子 | 令大姑子 |
| 손아래 시누이 | 小姑子 | 妹妹/姑奶奶(기혼) | 家小姑子 | 令小姑子 |
| 돌아가신 아버지 | 已故的父亲 | | 先父/先考 | 令先君 |
| 돌아가신 어머니 | 已故的母亲 | | 先母/先妣 | 令先堂 |
| 돌아가신 할아버지 | 已故的祖父 | | 先祖父/先祖考 | 令先祖父/令祖考 |
| 돌아가신 할머니 | 已故的祖母 | | 先祖母/先祖妣 | 令先祖母/令祖妣 |

\* 앞에 '大·二·三 …' 등을 붙여 항렬을 나타낼 수 있음. (예 : 大哥, 二哥, 三哥)

### 숫자 및 영어 사용 어휘

【110】 110 전화. [중국 경찰의 전화 신고 센터]

【2000年问题】 2000 **nián wèntí** 2000년 문제. Y2K 문제. ['千年虫(밀레니엄버그)' 라 부르기도 함]

【211工程】 211 **gōngchéng** 211프로젝트. [중국 국가 교육부가 전개하는 2010년도까지 전국에 100개의 중점 대학을 건설하려는 계획]

【α粒子】 α**lìzǐ** 알파입자. [α선을 구성하는 입자] ⑳ α-particle

【α射线】 α**shèxiàn** 알파선. [방사성 원소의 붕괴와 함께 방출되는 α입자의 흐름] ⑳ α-ray

【β粒子】 β**lìzǐ** 베타입자. [β선을 구성하는 전자 또는 양전자] ⑳ β-particle

【β射线】 β**shèxiàn** 베타선. [방사성 원자핵이 베타 붕괴함에 따라 방출되는 방사선] ⑳ β-ray

【γ刀】 γ**dāo** 감마나이프(gamma-knife). [감마 광선을 이용한 첨단 치료법]

【γ射线】 γ**shèxiàn** 감마선. [방사성 물질에서 방출되는 방사선] ⑳ gamma ray

【A股】 A **gǔ** A주식. [인민폐 보통 주식. 내국인 투자 전용 주식. 중국 내, 중국 자본의 회사에서 발행되는 주식]

【AA制】 AA **zhì** 더치페이(Dutch pay). 분담 지불. ['each each'의 발음을 간략하게 만든 것]

【AB角】 AB **jué** (2인 1역에서의) 두 배우.

【AB角办公制度】 AB **jué bàngōng zhìdù** 사무 처리에 있어서 한 종류의 업무당 적어도 두 사람을 배치함으로 일의 신속·정확을 기하는 제도.

【AB制】 AB **zhì** (주로 무대극 중에서의) 2인 1역. [극단에서 두 명의 배우가 한 역할을 연습함으로, 연출 시 한 배우가 무대에 오를 수 없을 때, 다른 한 배우가 무대에 오르도록 조치하는 방법]

【ABC】 초보. 입문. 첫걸음.

【ABC武器】 ABC **wǔqì** ABC무기. [원자(Atomic)·생물(Biological)·화학(Chemical) 무기의 준말]

【ABO血型系统】 ABO **xuèxíng xìtǒng** ABO식 혈액형. ⑳ ABO blood group

【ABS】 (자동차의) ABS(anti-lock braking system).

【ADSL】 ADSL(Asymmetric Digital Subscriber Line). [기존의 구리선 전화선을 이용하여, 고속 데이터 통신을 가능하게 하는 통신 수단]

【AIDS】 AIDS(Acquired Immune Deficiency Syndrome). 후천성 면역 결핍증.

【APC】 APC제. [아스피린을 주성분으로 한 약] ⑳ Aspirin, phenacetin and caffeine compound

【APEC】 APEC(Asia-Pacific Economic Cooperation). 아시아 태평양 경제 협력체.

【API】 공기 오염 지수. ⑳ air pollution index

【AQ】 AQ(achievement quotient). 성취 지수(成就指数).

【ATM机】 ATM **jī** 현금 인출기. 자동 예금 인출·예입 장치. ⑳ automated teller machine

【B超】 B **chāo** 초음파 검사(기).

【B股】 B **gǔ** B주식. [달러(상해) 및 홍콩달러(심천)로 거래되는 주식]

【B淋巴细胞】 B **línbā xìbāo** B임파구세포. ⑳ B细胞

【B细胞】 B **xìbāo** 'B淋巴细胞(B임파구세포)'의 약칭.

【BASIC】 베이직(BASIC, Beginner's All-purpose Symbolic Instruction Code). [컴퓨터용 고

급 프로그래밍 언어]
【BB】 갓난아기. 영아. 태아. [영어 'baby'를 음역한 것]
【BBS】 **1** 《電》 게시판 체계. 《영》 bulletin board system **2** 《電》 게시판 체계 서비스. 《영》 bulletin board service
【BP机】 BP jī 무선호출기. 삐삐. [영어 'beeper'의 약칭]
【BTV】 **1** 북경TV방송국. **2** 서적의 TV 직거래.
【C3I系統】 C3I **xìtǒng** 군대의 지휘·통제·통신·정보체계. [C3I : Command, Control, Communication and Intelligence]
【C4ISR】 C4ISR. 군대의 지휘·통제·통신·컴퓨터·정보·감시·정찰체계. [C4ISR : Command, Control, Communications, Computers, Intelligence, Surveillance and Reconnaissance]
【CAD】 캐드캠시스템(CAD CAM system). [설계에서 제품 제조에 이르는 모든 공정을 컴퓨터로 관리하는 기술]
【CALL】 삐삐를 치다. 무선호출기로 신호를 보내다.
【CALL机】 CALL **jī** 무선호출기. 삐삐.
【CBD】 CBD(central business district). 중심 업무 지구.
【CCTV】 CCTV(China Central Television). 중앙TV방송국.
【CD】 CD(compact disk). 콤팩트디스크.
【CD唱机】 CD **chàngjī** CD 플레이어.
【CD唱片】 CD **chàngpiàn** CD음반.
【CD机】 CD **jī** CD 플레이어.
【CDMA】 CDMA(code division multiple access). 코드 분할 다중 접속.
【CD-R】 CD-R(Compact Disc Recordable). 공CD. [기록 가능 광미디어]
【CD-ROM】 CD-ROM(compact disc read only memory). [음악용 CD를 이용해 싼 값에 많은 양의 정보를 기억할 수 있도록 한 컴퓨터 데이터 저장 기구]
【CD-RW】 CD-RW(compact disc-rewritable). [여러 번 쓰고 지울 수 있는 CD]
【CEO】 CEO(chief executive officer). 최고 경영자. [기업의 최고 의사 결정권자]
【CFO】 CFO(chief finance officer). 최고 재무 관리자. [회사의 자금 부분 전체를 담당하는 총괄 책임자]
【CGO】 CGO(chief government officer). 최고 기업 지배 구조 책임자.
【CI】 **1** 기업 이미지 통합 전략. [영어 'corporate identity'의 약칭] **2** 기업 이미지. [영어 'corporate image'의 약칭]
【CIH病毒】 CIH **bìngdú** (컴퓨터의) CIH바이러스. [1998년 4월 26일 타이완에서 천잉하오(陈盈豪)라는 사람이 만든 악성 바이러스]
【CIMS】 CIMS(Computer Integrated Manufacturing System). 컴퓨터 통합 생산 시스템.
【CIO】 CIO(chief information officer). 최고 정보 관리 책임자.
【CIP】 CIP(cataloguing in publication). 출판시 도서 목록. [출판사에서 신간 도서를 출판할 때, 도서관으로부터 신간 자료의 표준 목록을 제공받아, 도서의 표제지 뒷면 등 일정한 위치에 넣어 인쇄하는 것]
【CMS】 CMS(Content Management System). 콘텐츠 관리 시스템.
【COO】 COO(Chief Operating Officer). 최고 운영 책임자.
【CPA】 CPA(certified public accountant). 공인 회계사.
【CPU】 CPU(central processing unit). 중앙 처리 장치.

【CT断层扫描】 CT duàncéng sǎomiáo CT. 컴퓨터 단층 촬영.
【CT机】 CT jī CT기. 컴퓨터 단층 촬영 기계.
【CT】 1 CT(computerized tomography). 컴퓨터 단층 촬영. 2 CT기. 컴퓨터 단층 촬영기.
【CTO】 CTO(chief technology officer). 최고 기술 경영자.
【DISCO舞】 DISCO wǔ 디스코(disco).
【DIY】 (수리·조립 등을) 손수 하는. 자작(自作)의. [영어 'do it yourself' 의 약칭]
【DIY主义】 DIY zhǔyì DIY주의. 자작(自作)주의.
【DJ】 DJ. 디스크쟈키(disk jockey).
【DNA】 DNA(deoxyribonucleic acid). 디옥시리보핵산.
【DNA芯片】 DNA xīnpiàn 유전자 칩(Chip). DNA칩.
【DOS】 도스. [디스크(disk)를 중심으로 컴퓨터 시스템을 관리하는 컴퓨터 운영 체제]
【DSL】 DSL(digital subscriber line). [일반 구리 전화선을 통하여 가정이나 소규모 기업에 고속으로 정보를 전송하기 위한 기술]
【DVD】 DVD(digital videodisc). [약 135분 동안 실행 가능한 영상과 음성을 디지털화하여 저장하는 지름 12cm 크기의 광디스크]
【E化】 E huà E화. 전자화.
【ED】 발기부전. [영어 'erectile dysfunction' 의 약칭]
【EDI】 EDI(electronic data interchange). 전자 데이터 교환. [기업 간의 거래 데이터를 교환하기 위한 표준 시스템]
【E-mail】 이메일(E-mail). 전자 우편.
【EM】 이메일(E-mail). 전자 우편. [영어 'E-mail' 의 약칭]
【EMS】 EMS(express mail service). 국제 특급 우편.
【EQ】 EQ(emotional quotient). 감성 지수. 감정적 지능 지수.
【ETX】 ETX(end of text). (컴퓨터에서) 텍스트 끝.
【FA】 공장자동화. [영어 'factory automation' 의 약칭]
【FAN】 팬. 광(狂).
【FAX】 팩시밀리(facsimile). 팩스(FAX).
【FM】 FM(frequency modulation). 주파수 변조.
【GDP】 GDP(gross domestic product). 국내 총생산.
【GIS】 GIS(geographical information system). 지리 정보 체계.
【GMDSS】 GMDSS(global maritime distress and safety system). 해상 조난 안전 시스템.
【GNP】 GNP(gross national product). 국민 총생산.
【GPS】 GPS(global positioning system). 위성 항법 장치.
【GRE】 GRE(graduate record examination). [미국의 일반 대학원에 응시할 경우에 요구되는 시험]
【GSM】 GSM(global system for mobile communications). 차세대 이동 통신 방식.
【H股】 H gǔ H주식. [중국 기업으로 홍콩 주식 시장에 상장되어 있는 주식]
【HA】 홈오토메이션(home automation).
【HDTV】 HDTV(highdefinition television). 고화질 텔레비전.
【HI-FI】 하이파이(hi-fi). 고충실도(高忠實度). [영어 'high-fidelity' 의 약칭]
【HIV】 HIV(human immunodeficiency virus). 인체 면역 결핍 바이러스.
【HSK】 HSK. 한어수평고시. 중국어 능력 시험.

【IBM】 IBM(International Business Machine Corp). [미국의 컴퓨터·정보기기 제조업체]
【IC卡】 IC kǎ IC(integrated circuit)카드. 스마트카드(smart card).
【ICP】 인터넷 콘텐트 제공업체(ICP, Internet content provider).
【ICQ】 ICQ. [실시간 메신저 프로그램의 일종으로, '나는 당신을 찾는다(I seek you)' 에서 유래함]
【ICU】 ICU(intensive-care unit). 집중 치료 시설. 집중 감시 시설.
【IDC】 IDC(internet data center). 인터넷 데이터 센터.
【INTERNET】 인터넷. 인터네트워크(internetwork).
【IOC】 IOC(International Olympic Committee). 국제 올림픽 위원회.
【IP地址】 IP dìzhǐ IP주소. [TCP/IP 프로토콜을 사용하여 통신을 할 경우 송신자와 수신자를 구별하기 위한 주소로, 'IP' 는 영어 'Internet protocol' 의 약칭]
【IP电话】 IP diànhuà IP전화. [인터넷을 이용한 전화. 'IP' 는 영어 'Internet protocol' 의 약칭]
【IP卡】 IP kǎ IP전화 카드. ['IP' 는 영어 'Internet protocol' 의 약칭]
【IQ】 IQ(intelligence quotient). 지능 지수(知能指數).
【ISDN】 ISDN(integrated services digital network). 종합 정보 통신망. [디지털화된 통신망을 이용하여 음성·문자·영상 등의 통신을 일원적으로 할 수 있도록 하는 통신 서비스로]
【ISO】 ISO(International Organization for Standardization). 국제 표준화 기구.
【ISP】 ISP(Internet services provider). 인터넷 서비스 제공 사업자.
【IT】 IT(information technology). 정보기술. [컴퓨터 하드웨어·소프트웨어·통신 장비 관련 서비스와 부품을 생산하는 산업을 통칭]
【IT界】 IT jiè IT계(界). IT영역.
【IT人才】 IT réncái IT인재. IT업계의 인재.
【ITS】 ITS(intelligent transportation system). 지능형 교통 시스템.
【KTV】 가라오케 및 텔레비전 시설이 있는 룸. [K는 가라오케(karaoke), TV는 텔레비전 (television)의 약칭]
【LD】 LD(laser disc). 레이저 디스크.
【MBA】 MBA(master of business administration). 경영학 석사. 경영 대학원 석사.
【MD】 MD(mini disc). 미니디스크.
【MI】 MI(Multiple Intelligence). 다중지능.
【MODEM】 모뎀(modem). (컴퓨터의) 변복조 장치(變復調裝置).
【MP3】 MP3(MPEG Audio Layer-3).
【MPA】 MPA(master of public administration). 공공 행정학 석사.
【MTV】 MTV(music television). 음악 전문 채널.
【NBA】 NBA(National Basketball Association). 미국의 프로 농구 협회.
【NICNAME】 인터넷상에서의 별명.
【NC】 NC(network computer). 네트워크 컴퓨터. [디스크 저장 기능 없이 인터넷과 LAN 등에 연결되도록 고안된 저가형 퍼스널 컴퓨터]
【NMD】 NMD(National Missile Defense). 국가 미사일 방위 체제.
【OA】 OA(office automation). 사무 자동화.
【OA病】 OA bìng OA 증후군. [사무 자동화의 도입과 함께 각종 컴퓨터의 비디오 표시 장치를 취급하는 일을 하는 사람들에게 특유하게 발생하는 심신의 증상]

【OA化】OA **huà** OA화. 사무 자동화화.
【OCR】OCR(optical character recognition). 광학식 문자 판독기(光學式文字判讀器).
【OEM】OEM 생산. OEM 공급. [영어 'original equipment manufacturer' 의 약칭]
【OPEC】OPEC(Organization of Petroleum Exporting Countries). 석유 수출국 기구.
【PC】PC(personal computer). 퍼스널 컴퓨터. 퍼스컴.
【PC机】PC **jī** PC(personal computer). 퍼스널 컴퓨터. 퍼스컴.
【PC TV】PCTV.
【PDA】PDA(personal digital assistant). 개인 휴대 단말기.
【PH值】PH **zhí** 페하(pH, potentiel hydrogène). 수소 지수(水素指數).
【POS机】POS **jī** 1 POS 단말기. 판매 시점 관리 단말기. 2 POS 금전 등록기. [ 'POS' 는 영어 'point of sale' 의 약칭]
【PPA】PPA. 페닐프로파놀아민(phenylpropanolamine).
【PT】특정 양도. [영어 'particular transfer' 의 약칭]
【QC】품질 관리. [영어 'quality control' 의 약칭]
【RAM】램(RAM, random access memory). [플립플롭으로 구성된 메모리 소자를 임의로 지정하여 데이터를 해독·기록할 수 있는 주기억장치]
【RMB】인민폐. 위안(元)화.
【ROM】롬(ROM, read-only memory). [컴퓨터의 판독 전용 기억 장치]
【SBS】빌딩 증후군. [영어 'sick building syndrome' 의 약칭]
【SCI】SCI(science citation index). 과학 논문 색인.
【SIM卡】SIM **kǎ** SIM카드. 가입자 인증 모듈. [영어 'subscriber identification module' 의 약칭]
【SOHO】SOHO(small office home office). 재택 근무 자영 직업.
【SOS】에스오에스(SOS, save our souls). 조난 신호. 위험 신호.
【SOS儿童村】SOS **értóngcūn** SOS 어린이마을.
【ST】특별 대우. [영어 'special treatment' 의 약칭]
【STD】성전염성 질환. [영어 'sexually transmitted disease' 의 약칭]
【STX】본문 시작 문자. [영어 'start of text character' 의 약칭]
【T淋巴细胞】T **línbā xìbāo** T임파 세포. ⇨【T细胞】T **xìbāo** [ 'T' 는 라틴어 'thymus(흉선)' 의 약칭]
【T细胞】T **xìbāo** ☞【T淋巴细胞】T **línbā xìbāo**
【T型人才】】T **xíng réncái** T형 인재(General Specialist). [한 분야를 잘 알면서 관련 분야까지 폭넓은 지식을 갖춘 인재]
【T型台】T **xíngtái** 'T' 자형 무대. 패션쇼 무대.
【T恤】T **xù** ☞【T恤衫】T **xùshān**
【T恤衫】T **xùshān** 티셔츠(T-shirt). =【T恤】T **xù**
【TDK】토플(TOEFL)·춤(dance)·키스(kiss). [해외로의 출국·오락·사랑 등, 중국의 젊은이들이 추구하는 세 가지를 가리킴]
【TEL】TEL(telephone). 전화(번호).
【TMD】TMD(theater missile defense). 전역 미사일 방어 체제.
【TNT】TNT. 트리니트로톨루엔(trinitrotoluene).
【TOEFL】토플(TOEFL).
【TPO意识】TPO **yìshí** TPO. [시간(Time)·장소(Place)·분위기(Occasion)등에 맞추어 옷을

입어야 한다는 의식]
【TQC】 TQC(Total Quality Control). 전사적 품질 통제.
【TWAS】 TWAS(Third World Academy of Science). 제3세계 과학 아카데미.
【TSE】 TSE(Test of Spoken English). (외국인 대상) 영어 말하기 테스트.
【TV】 TV(television). 텔레비전.
【UFO】 UFO(unidentified flying object). 미확인 비행 물체.
【VCD】 VCD(video compact disk). 비디오 시디.
【VDR】 VDR(video disc recorder). 디지털 영상 저장 장치.
【VIP】 VIP(very important person). 귀빈.
【VOD】 VOD(video on demand). 맞춤 영상 정보 서비스. 주문형 비디오 조회 시스템.
【WAP】 WAP(wireless application protocol). 무선 응용 통신 규약. 무선 어플리케이션 프로토콜.
【WC】 WC(water closet). 수세식 화장실.
【WEB 管理员】 WEB guǎnlǐyuán 웹마스터(webmaster).
【WEB 广播】 WEB guǎngbō WEB방송.
【WPSS】 WPSS. 웹 기반 성과 지원 시스템.
【WTO】 WTO(World Trade Organization). 세계 무역 기구.
【WWW】 WWW(World Wide Web). 월드와이드웹.
【X刀】 X dāo X Knife. 방사선 수술에 쓰이는 의료 설비.
【X光】 X guāng X선(X-ray). 뢴트겐선.
【X射线】 X shèxiàn X선(X-ray). 뢴트겐선.

## 중국 소수 민족표

중국은 통일된 다민족의 사회주의 국가로, 한족(汉族) 외에 55개의 소수 민족이 있어서 전체 인구의 8% 정도를 차지하고 있다.

| 민족명 | 인구 | 주요 분포 지역 | 민족명 | 인구 | 주요 분포 지역 |
|---|---|---|---|---|---|
| 蒙古族 | 4,802,407 | 内蒙古, 辽宁, 吉林, 河北, 黑龙江, 新疆, 青海, 河南 | 土族 | 192,568 | 青海, 甘肃 |
| 回族 | 8,612,001 | 宁夏, 甘肃, 河南, 新疆, 青海, 云南, 河北, 山东, 安徽, 辽宁, 北京, 内蒙古, 天津, 黑龙江, 陕西, 贵州, 吉林, 江苏, 四川 | 达斡尔族 | 121,463 | 内蒙古, 黑龙江 |
| 藏族 | 4,593,072 | 西藏, 四川, 青海, 甘肃, 云南 | 仫佬族 | 160,648 | 广西 |
| 维吾尔族 | 7,027,024 | 新疆 | 羌族 | 198,303 | 四川 |
| 苗族 | 7,383,622 | 贵州, 湖南, 云南, 广西, 重庆, 湖北, 四川 | 布朗族 | 82,398 | 云南 |
| 彝族 | 6,578,524 | 云南, 四川, 贵州 | 撒拉族 | 87,546 | 青海 |
| 壮族 | 15,555,820 | 广西, 云南, 广东, 贵州, 湖南 | 毛南族 | 72,370 | 广西 |
| 布依族 | 2,548,294 | 贵州 | 仡佬族 | 438,192 | 贵州 |
| 朝鲜族 | 1,923,361 | 吉林, 黑龙江, 辽宁 | 锡伯族 | 172,932 | 辽宁, 新疆, 黑龙江 |
| 满族 | 9,846,776 | 辽宁, 河北, 黑龙江, 吉林, 内蒙古, 北京 | 阿昌族 | 27,718 | 云南 |
| 侗族 | 2,508,624 | 贵州, 湖南, 广西 | 普米族 | 29,721 | 云南 |
| 瑶族 | 2,137,033 | 广西, 湖南, 云南, 广东, 贵州 | 塔吉克族 | 33,223 | 新疆 |
| 白族 | 1,598,052 | 云南, 贵州, 湖南 | 怒族 | 27,190 | 云南 |
| 土家族 | 5,725,049 | 湖南, 湖北, 重庆, 贵州 | 乌兹别克族 | 14,763 | 新疆 |
| 哈尼族 | 1,254,800 | 云南 | 俄罗斯族 | 13,500 | 新疆, 黑龙江 |
| 哈萨克族 | 1,110,758 | 新疆 | 鄂温克族 | 26,379 | 内蒙古 |
| 傣族 | 1,025,402 | 云南 | 德昂族 | 15,461 | 云南 |
| 黎族 | 1,112,498 | 海南 | 保安族 | 11,683 | 甘肃 |
| 傈僳族 | 574,589 | 云南, 四川 | 裕固族 | 12,292 | 甘肃 |
| 佤族 | 351,980 | 云南 | 京族 | 18,749 | 广西 |
| 畲族 | 634,700 | 福建, 浙江, 江西, 广东 | 塔塔尔族 | 5,064 | 新疆 |
| 高山族 | 2,877 | 台湾, 福建 | 独龙族 | 5,825 | 云南 |
| 拉祜族 | 411,545 | 云南 | 鄂伦春族 | 7,004 | 黑龙江, 内蒙古 |
| 水族 | 347,116 | 贵州, 广西 | 赫哲族 | 4,254 | 黑龙江 |
| 东乡族 | 373,669 | 甘肃, 新疆 | 门巴族 | 7,498 | 西藏 |
| 纳西族 | 277,750 | 云南 | 珞巴族 | 2,322 | 西藏 |
| 景颇族 | 119,276 | 云南 | 基诺族 | 18,022 | 云南 |
| 柯尔克孜族 | 143,537 | 新疆 | | | |

1) 인구는 《中国1990年人口普查资料》(中国统计出版社, 1993年)에 근거하여 정리했음.

## 문장부호표

| 부호 | 부호 명칭 (중국어) | 부호 명칭 (한국어) | 용법 | 비고 |
|---|---|---|---|---|
| 。 | 句号 (jùhào) | 마침표 | 서술문〔평서문〕의 완결을 나타냄. | |
| ， | 逗号 (dòuhào) | 쉼표 | 문장 내에서의 일반적인 휴지(休止)를 나타냄. | |
| 、 | 顿号 (dùnhào) | 모점 | 한 문장 내에서 병렬 관계의 단어 사이의 휴지(休止)를 나타냄. | |
| ； | 分号 (fēnhào) | 쌍반점 | 복문(复文) 내에서 병렬 관계 단문 사이의 휴지(休止)를 나타냄. | |
| ： | 冒号 (màohào) | 쌍점 | 제시어 뒤의 쉼표로 아래 말이 앞 제시어에 대한 설명임을 나타냄. | |
| ？ | 问号 (wènhào) | 물음표 | 의문을 나타냄. | |
| ！ | 叹号 (tànhào) | 느낌표 | 감탄이나 놀람을 나타냄. | '感叹号' 혹은 '惊叹号'라고도 함. |
| " " ' ' | 引号 (yǐnhào) | 따옴표 | 직접 인용을 나타냄. | 따옴표 속에서 다시 따옴표를 쓸 경우 일반적으로 " "를 밖에, ' '를 안에 쓴다. |
| …… | 省略号 (shěnglüèhào) | 줄임표 | 생략을 나타냄. | 생략 부호는 중국어에서 일반적으로 여섯 개의 점을 찍으나 영어에서는 세 개의 점만 찍는다. |
| —— | 破折号 (pòzhéhào) | 줄표 | 문장 중 부가 설명임을 나타냄. | 중국어 두 글자의 자리를 차지한다. |
| — | 连接号 (liánjiēhào) | 붙임표 | 의미가 서로 밀접한 단어를 하나로 이어 줌. | |
| 《 》〈 〉 | 书名号 (shūmínghào) | 책이름표 | 책 이름이나 글의 제목, 신문, 잡지명 등을 나타냄. | 서명(書名) 표시 부호 내에 또 서명(書名)을 쓸 경우《 》를 밖에 쓰고〈 〉를 안에 쓴다. |
| · | 间隔号 (jiāngéhào) | 가운뎃점 | 인명 중의 각 부분이나 서명(書名), 편(篇), 장(章), 권(卷) 사이의 구분을 나타냄. | |
| ( ) | 括号 (kuòhào) | 소괄호 | 문장 중 부가 설명임을 나타냄. | 자주 쓰는 것으로 [ ], 〔 〕, ｜ ｜,〈 〉 등이 있다. |
| · | 着重号 (zhuózhònghào) | 힘줌표 | 독자의 특별한 주의가 요구되는 글자, 단어, 문장을 나타냄. | |
| — | 专名号 (zhuānmínghào) | 고유명사표 | 인명, 지명, 왕조명 등의 고유명사를 나타냄. | |

### 중국 행정 구역표

| 省급 행정 단위 | 약칭 (별칭) | 면적(단위 : Km²) | 인구(단위 : 만명) | 주요 도시(첫 번째 도시는 성도(省都)임) |
|---|---|---|---|---|
| 北京市 | 京 | 1.68만 | 1,492 | |
| 天津市 | 津 | 1.19만 | 1,023 | |
| 上海市 | 沪 | 0.63만 | 1,742 | |
| 重庆市 | 渝 | 8.23만 | 3,144 | |
| 河北省 | 冀 | 18.77만 | 6,808 | 石家庄, 唐山, 秦皇岛, 邯郸, 邢台, 张家口, 承德, 保定, 沧州, 廊坊, 衡水 |
| 山西省 | 晋 | 15.6만 | 3,335 | 太原, 大同, 阳泉, 长治, 晋城, 临汾, 运城, 忻州 |
| 内蒙古自治区 | 内蒙古 | 118.3만 | 2,384 | 呼和浩特, 包头, 乌海, 赤峰, 通辽 |
| 辽宁省 | 辽 | 14.59만 | 4,217 | 沈阳, 大连, 鞍山, 抚顺, 本溪, 丹东, 锦州, 营口, 阜新, 辽阳, 铁岭, 朝阳, 盘锦 |
| 吉林省 | 吉 | 18.74만 | 2,708 | 长春, 吉林, 四平, 辽源, 通化 |
| 黑龙江省 | 黑 | 45.4만 | 3,816 | 哈尔滨, 齐齐哈尔, 鸡西, 大庆, 双鸭山, 鹤岗, 伊春, 佳木斯, 牡丹江, 七台河, 黑河, 绥化 |
| 江苏省 | 苏 | 10.26만 | 7,432 | 南京, 徐州, 连云港, 淮安, 盐城, 扬州, 南通, 镇江, 常州, 无锡, 苏州 |
| 浙江省 | 浙 | 10.18만 | 4,719 | 杭州, 宁波, 温州, 嘉兴, 湖州, 绍兴, 金华, 衢州, 舟山 |
| 安徽省 | 皖 | 13.96만 | 6,461 | 合肥, 淮南, 淮北, 芜湖, 铜陵, 蚌埠, 马鞍山, 安庆, 黄山 |
| 福建省 | 闽 | 12.14만 | 3,511 | 福州, 厦门, 三明, 莆田, 泉州, 漳州, 南平 |
| 江西省 | 赣 | 16.69만 | 4,139 | 南昌, 景德镇, 萍乡, 九江, 新余, 鹰潭, 赣州, 上饶 |
| 山东省 | 鲁(齐) | 15.67만 | 9,180 | 济南, 青岛, 淄博, 枣庄, 东营, 潍坊, 烟台, 济宁, 泰安, 威海, 日照 |
| 河南省 | 豫 | 16.7만 | 9,717 | 郑州, 开封, 洛阳, 平顶山, 焦作, 鹤壁, 新乡, 安阳, 濮阳, 许昌, 漯河, 三门峡, 南阳, 信阳 |
| 湖北省 | 鄂 | 18.59만 | 6,016 | 武汉, 黄石, 十堰, 宜昌, 荆州, 襄樊, 鄂州 |
| 湖南省 | 湘 | 21.18만 | 6,697 | 长沙, 株洲, 湘潭, 衡阳, 邵阳, 岳阳, 常德, 张家界 |
| 广东省 | 粤 | 17.98만 | 8,303 | 广州, 深圳, 珠海, 汕头, 韶关, 河源, 梅州, 惠州, 汕尾, 东莞, 中山, 江门, 佛山, 阳江, 湛江, 茂名, 肇庆, 清远, 潮州, 揭阳 |
| 广西壮族自治区 | 桂 | 23.67만 | 4,889 | 南宁, 柳州, 桂林, 梧州, 北海, 百色 |
| 海南省 | 琼 | 3.54만 | 817 | 海口, 三亚 |
| 四川省 | 川(蜀) | 48.5만 | 8,724 | 成都, 自贡, 攀枝花, 德阳, 泸州, 绵阳, 内江, 广元, 遂宁, 乐山, 南充, 宜宾 |
| 贵州省 | 贵(黔) | 17.62만 | 3,837 | 贵阳, 六盘水, 遵义, 安顺 |
| 云南省 | 云(滇) | 39.4만 | 4,333 | 昆明 |
| 西藏自治区 | 藏 | 122만 | 273 | 拉萨 |
| 陕西省 | 陕(秦) | 20.58만 | 3,705 | 西安, 宝鸡, 咸阳, 铜川, 延安, 汉中 |

| 甘肃省 | 甘(陇) | 42.58万 | 2,618 | 兰州, 嘉峪关, 金昌, 白银, 天水 |
| --- | --- | --- | --- | --- |
| 青海省 | 青 | 72.12万 | 538 | 西宁 |
| 宁夏回族自治区 | 宁 | 6.64万 | 587 | 银川, 石嘴山 |
| 新疆维吾尔自治区 | 新 | 166万 | 1,963 | 乌鲁木齐, 克拉玛依 |
| 香港特别行政区 | 港 | 1,097 | 672 | |
| 澳门特别行政区 | 澳 | 24.5 | 45 | |
| 台湾省 | 台 | 3.6万 | 2,300 | 台北, 高雄, 台中, 台南, 基隆, 新竹, 嘉义 |

### 중국 百家姓 일람표

| 순위 | 한자음 | 중국 발음 | 순위 | 한자음 | 중국 발음 |
|---|---|---|---|---|---|
| 1 | 王(왕) | wáng | 33 | 吕(려) | lǚ |
| 2 | 李(리) | lǐ | 34 | 邓(등) | dèng |
| 3 | 张(장) | zhāng | 35 | 许(허) | xǔ |
| 4 | 刘(류) | liú | 36 | 曹(조) | cáo |
| 5 | 陈(진) | chén | 37 | 曾(증) | zēng |
| 6 | 杨(양) | yáng | 38 | 袁(원) | yuán |
| 7 | 周(주) | zhōu | 39 | 程(정) | chéng |
| 8 | 黄(황) | huáng | 40 | 田(전) | tián |
| 9 | 赵(조) | zhào | 41 | 彭(팽) | péng |
| 10 | 吴(오) | wú | 42 | 钟(종鐘) | zhōng |
| 11 | 孙(손) | sūn | 43 | 蔡(채) | cài |
| 12 | 徐(서) | xú | 44 | 魏(위) | wèi |
| 13 | 林(림) | lín | 45 | 沈(심) | shěn |
| 14 | 胡(호) | hú | 46 | 卢(로) | lú |
| 15 | 朱(주) | zhū | 47 | 余(여) | yú |
| 16 | 郭(곽) | guō | 48 | 杜(두) | dù |
| 17 | 梁(량) | liáng | 49 | 蒋(장) | jiǎng |
| 18 | 马(마) | mǎ | 50 | 汪(왕) | wāng |
| 19 | 高(고) | gāo | 51 | 丁(정) | dīng |
| 20 | 何(하) | hé | 52 | 方(방) | fāng |
| 21 | 郑(정) | zhèng | 53 | 苏(소) | sū |
| 22 | 罗(라) | luó | 54 | 贾(가) | jiǎ |
| 23 | 宋(송) | sòng | 55 | 姜(강) | jiāng |
| 24 | 谢(사) | xiè | 56 | 姚(요) | yáo |
| 25 | 叶(엽) | yè | 57 | 陆(륙) | lù |
| 26 | 韩(한) | hán | 58 | 戴(대) | dài |
| 27 | 任(임) | rén | 59 | 傅(부) | fù |
| 28 | 潘(반) | pān | 60 | 夏(하) | xià |
| 29 | 唐(당) | táng | 61 | 廖(료) | liào |
| 30 | 于(우) | yú | 62 | 萧(소) | xiāo |
| 31 | 冯(풍) | féng | 63 | 石(석) | shí |
| 32 | 董(동) | dǒng | 64 | 范(범) | fàn |

| 순위 | 한자음 | 중국 발음 | 순위 | 한자음 | 중국 발음 |
|---|---|---|---|---|---|
| 65 | 金(금) | jīn | 98 | 武(무) | wǔ |
| 66 | 谭(담) | tán | 99 | 邢(형) | xíng |
| 67 | 邹(추) | zōu | 100 | 颜(안) | yán |
| 68 | 崔(최) | cuī | 101 | 汤(탕) | tāng |
| 69 | 薛(설) | xuē | 102 | 章(장) | zhāng |
| 70 | 邱(구) | qiū | 103 | 梅(매) | méi |
| 71 | 史(사) | shǐ | 104 | 常(상) | cháng |
| 72 | 江(강) | jiāng | 105 | 阮(완) | ruǎn |
| 73 | 侯(후) | hóu | 106 | 黎(려) | lí |
| 74 | 邵(소) | shào | 107 | 倪(예) | ní |
| 75 | 肖(소) | xiào / xiāo | 108 | 施(시) | shī |
| | | | 109 | 乔(교) | qiáo |
| 76 | 熊(웅) | xióng | 110 | 樊(번) | fán |
| 77 | 康(강) | kāng | 111 | 严(엄) | yán |
| 78 | 秦(진) | qín | 112 | 齐(제) | qí |
| 79 | 雷(뢰) | léi | 113 | 陶(도) | táo |
| 80 | 孟(맹) | mèng | 114 | 温(온) | wēn |
| 81 | 白(백) | bái | 115 | 易(역) | yì |
| 82 | 毛(모) | máo | 116 | 兰(란) | lán |
| 83 | 阎(염) | yán | 117 | 文(문) | wén |
| 84 | 郝(학) | hǎo | 118 | 闫(염) | yán |
| 85 | 钱(전) | qián | 119 | 芦(로) | lú |
| 86 | 段(단) | duàn | 120 | 牛(우) | niú |
| 87 | 俞(유) | yú | 121 | 安(안) | ān |
| 88 | 洪(홍) | hóng | 122 | 向(향) | xiàng |
| 89 | 顾(고) | gù | 123 | 管(관) | guǎn |
| 90 | 贺(하) | hè | 124 | 殷(은) | yīn |
| 91 | 龚(공) | gōng | 125 | 霍(곽) | huò |
| 92 | 庞(방) | páng | 126 | 翟(적) | zhái |
| 93 | 尹(윤) | yǐn | 127 | 佘(사) | shé |
| 94 | 万(만) | wàn | 128 | 葛(갈) | gě |
| 95 | 龙(룡) | lóng | 129 | 伍(오) | wǔ |
| 96 | 赖(뢰) | lài | 130 | 辛(신) | xīn |
| 97 | 孔(공) | kǒng | 131 | 练(련) | liàn |

| 순위 | 한자음 | 중국 발음 | 순위 | 한자음 | 중국 발음 |
|---|---|---|---|---|---|
| 132 | 申(신) | shēn | 164 | 詹(첨) | zhān |
| 133 | 付(부) | fù | 165 | 莫(막) | mò |
| 134 | 曲(곡) | qū | 166 | 路(로) | lù |
| 135 | 焦(초) | jiāo | 167 | 宁(녕) | níng / nìng |
| 136 | 代(대) | dài | | | |
| 137 | 鲁(로) | lǔ | 168 | 关(관) | guān |
| 138 | 季(계) | jì | 169 | 丛(총) | cóng |
| 139 | 覃(담) | tán / qín | 170 | 翁(옹) | wēng |
| | | | 171 | 容(용) | róng |
| 140 | 毕(필) | bì | 172 | 柯(가) | kē |
| 141 | 麦(맥) | mài | 173 | 鲍(포) | bào |
| 142 | 耿(경) | gěng | 174 | 蒲(포) | pú |
| 143 | 舒(서) | shū | 175 | 苗(묘) | miáo |
| 144 | 尚(상) | shàng | 176 | 牟(모) | móu |
| 145 | 聂(섭) | niè | 177 | 谷(곡) | gǔ |
| 146 | 庄(장) | zhuāng | 178 | 裴(배) | péi |
| 147 | 项(항) | xiàng | 179 | 初(초) | chū |
| 148 | 盛(성) | shèng | 180 | 屈(굴) | qū |
| 149 | 童(동) | tóng | 181 | 成(성) | chéng |
| 150 | 祝(축) | zhù | 182 | 包(포) | bāo |
| 151 | 柴(시) | chái | 183 | 游(유) | yóu |
| 152 | 柳(류) | liǔ | 184 | 司(사) | sī |
| 153 | 单(단) | dān / shàn | 185 | 祁(기) | qí |
| | | | 186 | 靳(근) | jìn |
| 154 | 岳(악) | yuè | 187 | 甘(감) | gān |
| 155 | 阳(양) | yáng | 188 | 席(석) | xí |
| 156 | 骆(락) | luò | 189 | 瞿(구) | qú |
| 157 | 纪(기) | jì | 190 | 欧阳(구양) | ōuyáng |
| 158 | 欧(구) | ōu | 191 | 卜(복) | bǔ |
| 159 | 左(좌) | zuǒ | 192 | 褚(저) | chǔ |
| 160 | 尤(우) | yóu | 193 | 解(해) | xie |
| 161 | 凌(릉) | líng | 194 | 时(시) | shí |
| 162 | 韦(위) | wéi | 195 | 费(비) | fèi |
| 163 | 景(경) | jǐng | 196 | 班(반) | bān |

| 순위 | 한자음 | 중국 발음 | 순위 | 한자음 | 중국 발음 |
|---|---|---|---|---|---|
| 197 | 华(화) | huà | 231 | 桂(계) | guì |
| 198 | 全(전) | quán | 232 | 苟(구) | gǒu |
| 199 | 房(방) | fáng | 233 | 柏(백) | bó |
| 200 | 涂(도) | tú | 234 | 井(정) | jǐng |
| 201 | 卓(탁) | zhuó | 235 | 冀(기) | jì |
| 202 | 饶(요) | ráo | 236 | 邬(오) | wū |
| 203 | 应(응) | yīng | 237 | 吉(길) | jí |
| 204 | 卫(위) | wèi | 238 | 敖(오) | áo |
| 205 | 丘(구) | qiū | 239 | 池(지) | chí |
| 206 | 隋(수) | suí | 240 | 简(간) | jiǎn |
| 207 | 米(미) | mǐ | 241 | 蔺(린) | lìn |
| 208 | 闵(민) | mǐn | 242 | 连(련) | lián |
| 209 | 郎(랑) | láng | 243 | 艾(애) | ài |
| 210 | 喻(유) | yù | 244 | 蓝(람) | lán |
| 211 | 冉(염) | rǎn | 245 | 窦(두) | dòu |
| 212 | 宫(궁) | gōng | 246 | 封(봉) | fēng |
| 213 | 甄(견) | zhēn | 247 | 古(고) | gǔ |
| 214 | 宣(선) | xuān | 248 | 迟(지) | chí |
| 215 | 穆(목) | mù | 249 | 姬(희) | jī |
| 216 | 谈(담) | tán | 250 | 刁(조) | diāo |
| 217 | 帅(수) | shuài | 251 | 商(상) | shāng |
| 218 | 车(차) | chē | 252 | 栾(란) | luán |
| 219 | 母(모) | mǔ | 253 | 强(강) | qiáng |
| 220 | 查(사) | chá | 254 | 冷(랭) | lěng |
| 221 | 戚(척) | qī | 255 | 植(식) | zhí |
| 222 | 符(부) | fú | 256 | 郁(욱) | yù |
| 223 | 缪(무) | miào | 257 | 臧(장) | zāng |
| 224 | 娄(루) | lóu | 258 | 晋(진) | jìn |
| 225 | 亢(항) | kàng | 259 | 党(당) | dǎng |
| 226 | 滕(등) | téng | 260 | 虞(우) | yú |
| 227 | 位(위) | wèi | 261 | 佟(동) | tóng |
| 128 | 奚(해) | xī | 262 | 苑(원) | yuàn |
| 229 | 边(변) | biān | 263 | 畅(창) | chàng |
| 230 | 卞(변) | biàn | 264 | 屠(도) | tú |

| 순위 | 한자음 | 중국 발음 | 순위 | 한자음 | 중국 발음 |
|---|---|---|---|---|---|
| 265 | 蒙(몽) | měng | 299 | 来(래) | lái |
| 266 | 占(저) | zhān | 200 | 诸(제) | zhū |
| 267 | 辜(고) | gū | 301 | 计(계) | jì |
| 268 | 匡(광) | kuāng | 302 | 乐(락) | lè |
| 269 | 廉(렴) | lián | | | yuè |
| 270 | 巩(공) | gǒng | 303 | 花(화) | huā |
| 271 | 麻(마) | má | 304 | 冼(승) | xiǎn |
| 272 | 晏(안) | yàn | 305 | 尉(위) | wèi |
| 273 | 师(사) | shī | 306 | 木(목) | mù |
| 274 | 鄢(언) | yān | 307 | 丰(풍) | fēng |
| 275 | 泮(반) | pàn | 308 | 寇(구) | kòu |
| 276 | 燕(연) | yān | 309 | 栗(률) | lì |
| 277 | 岑(잠) | cén | 310 | 干(간) | gān |
| 278 | 官(관) | guān | 311 | 楼(루) | lóu |
| 279 | 仲(중) | zhòng | 312 | 满(만) | mǎn |
| 280 | 揭(게) | jiē | 313 | 桑(상) | sāng |
| 281 | 仇(구) | qiú | 314 | 湛(담) | zhàn |
| 282 | 邸(저) | dǐ | 315 | 谌(심) | chén |
| 283 | 宗(종) | zōng | 316 | 储(저) | chǔ |
| 284 | 荆(형) | jīng | 317 | 皮(피) | pí |
| 285 | 涂(도) | tú | 318 | 楚(초) | chǔ |
| 286 | 盖(개) | gě | 319 | 胥(서) | xū |
| 287 | 原(원) | yuán | 320 | 明(명) | míng |
| 288 | 昌(창) | chāng | 321 | 平(평) | píng |
| 289 | 茅(모) | máo | 322 | 腾(등) | téng |
| 290 | 扬(양) | yáng | 323 | 厉(려) | lì |
| 291 | 荣(영) | róng | 324 | 励(려) | lì |
| 292 | 沙(사) | shā | 325 | 竺(축) | zhú |
| 293 | 郜(고) | gào | 326 | 闻(문) | wén |
| 294 | 巫(무) | wū | 327 | 刚(강) | gāng |
| 295 | 邝(광) | kuāng | 328 | 宇(우) | yǔ |
| 296 | 鞠(국) | jū | 329 | 支(지) | zhī |
| 297 | 未(미) | wèi | 330 | 都(도) | dū |
| 298 | 劳(로) | láo | 331 | 折(절) | zhé |

| 순위 | 한자음 | 중국 발음 | 순위 | 한자음 | 중국 발음 |
|---|---|---|---|---|---|
| 332 | 杭(항) | háng | 366 | 伏(복) | fú |
| 333 | 南(남) | nán | 367 | 僧(승) | sēng |
| 334 | 战(전) | zhàn | 368 | 习(습) | xí |
| 335 | 稽(혜) | jī | 369 | 云(운) | yún |
| 336 | 展(전) | zhǎn | 370 | 狄(적) | dí |
| 337 | 糜(미) | mí | 371 | 危(위) | wēi |
| 338 | 衣(의) | yī | 372 | 先(선) | xiān |
| 339 | 国(국) | guó | 373 | 雍(옹) | yōng |
| 340 | 门(문) | mén | 374 | 蔚(울) | yù |
| 341 | 崇(숭) | chóng | 375 | 索(색) | suǒ |
| 342 | 裘(구) | qiú | 376 | 居(거) | jū |
| 343 | 薄(박) | bó | 377 | 浦(포) | pǔ |
| 344 | 束(속) | shù | 378 | 税(세) | shuì |
| 345 | 宿(숙) | sù | 379 | 阚(감) | kàn |
| 346 | 藏(장) | cáng | 380 | 谯(초) | qiáo |
| 347 | 东(동) | dōng | 381 | 於(어) | yū |
| 348 | 相(상) | xiāng | 382 | 芮(예) | ruì |
| 349 | 逯(록) | lù | 383 | 濮(복) | pú |
| 350 | 伊(이) | yī | 384 | 基(기) | jī |
| 351 | 修(수) | xiū | 385 | 寿(수) | shòu |
| 352 | 粟(속) | sù | 386 | 卿(경) | qīng |
| 353 | 漆(칠) | qī | 387 | 酆(풍) | fēng |
| 354 | 阙(궐) | què | 388 | 苻(부) | fú |
| 355 | 禹(우) | yǔ | 389 | 保(보) | bǎo |
| 356 | 银(은) | yín | 390 | 郗(치) | xī |
| 357 | 台(대) | tái | 391 | 渠(거) | qú |
| 358 | 和(화) | hé | 392 | 琚(거) | jū |
| 359 | 祖(조) | zǔ | 393 | 元(원) | yuán |
| 360 | 惠(혜) | huì | 394 | 由(유) | yóu |
| 361 | 伦(륜) | lún | 395 | 豆(두) | dòu |
| 362 | 候(후) | hòu | 396 | 扈(호) | hù |
| 363 | 慕(모) | mù | 397 | 仁(인) | rén |
| 364 | 戈(과) | gē | 398 | 呼(호) | hū |
| 365 | 富(부) | fù | 399 | 矫(교) | jiǎo |

| 순위 | 한자음 | 중국 발음 | 순위 | 한자음 | 중국 발음 |
|---|---|---|---|---|---|
| 400 | 令狐(령호) | lìnghú | 434 | 茹(여) | rú |
| 401 | 巢(소) | cháo | 435 | 种(충) | chóng |
| 302 | 敬(경) | jìng | 436 | 罡(강) | gāng |
| 403 | 巴(파) | bā | 437 | 缠(전) | chán |
| 404 | 权(권) | quán | 438 | 农(농) | nóng |
| 405 | 昴(묘) | mǎo | 439 | 菅(관) | jiān |
| 406 | 鱼(어) | yú | 440 | 潭(담) | tán |
| 407 | 凡(범) | fán | 441 | 佐(좌) | zuǒ |
| 408 | 戎(융) | róng | 442 | 赫(혁) | hè |
| 409 | 淡(담) | dàn | 443 | 字(자) | zì |
| 410 | 区(구) | ōu | 444 | 双(쌍) | shuāng |
| 411 | 幸(행) | xìng | 445 | 油(유) | yóu |
| 412 | 海(해) | hǎi | 446 | 綦(기) | qí |
| 413 | 弓(궁) | gōng | 447 | 美(미) | měi |
| 414 | 阴(음) | yīn | 448 | 利(리) | lì |
| 415 | 住(가) | zhù | 449 | 纽(뉴) | niǔ |
| 416 | 晁(조) | cháo | 450 | 信(신) | xìn |
| 417 | 印(인) | yìn | 451 | 勾(구) | gōu |
| 418 | 汝(여) | rǔ | 452 | 火(화) | huǒ |
| 419 | 历(력) | lì | 453 | 圣(성) | shèng |
| 420 | 么(요) | yāo | 454 | 頡(힐) | xié |
| 421 | 羊(양) | yáng | 455 | 从(종) | cóng |
| 422 | 乌(오) | wū | 456 | 靖(정) | jìng |
| 423 | 贡(공) | gòng | 457 | 禤(훤) | xuān |
| 424 | 妙(묘) | miào | 458 | 开(개) | kāi |
| 425 | 盘(반) | pán | 459 | 公(공) | gōng |
| 426 | 荀(순) | xún | 460 | 那(나) | nā |
| 427 | 鹿(록) | lù | 461 | 智(지) | zhì |
| 428 | 梁(량) | liáng | 462 | 况(황) | kuàng |
| 429 | 邰(대) | tái | 463 | 补(보) | bǔ |
| 430 | 随(수) | suí | 464 | 虎(호) | hū |
| 431 | 雒(락) | luò | 465 | 才(재) | cái |
| 432 | 贝(패) | bèi | 466 | 布(포) | bù |
| 433 | 录(록) | lù | 467 | 邦(방) | bāng |

| 순위 | 한자음 | 중국 발음 | 순위 | 한자음 | 중국 발음 |
|---|---|---|---|---|---|
| 468 | 元(기) | qí | 487 | 招(초) | zhāo |
| 469 | 仉(장) | zhǎng | 488 | 贵(귀) | guì |
| 470 | 旷(광) | kuàng | 489 | 山(산) | shān |
| 471 | 药(약) | yào | 490 | 巨(거) | jù |
| 472 | 逄(방) | páng | 491 | 厚(후) | hòu |
| 473 | 造(조) | zào | 492 | 恽(운) | yùn |
| 474 | 普(보) | pǔ | 493 | 上官(상관) | shàngguān |
| 475 | 鲜(선) | xiān | 494 | 过(과) | guò |
| 476 | 五(오) | wǔ | 495 | 达(달) | dá |
| 477 | 仝(동) | tóng | 496 | 邴(병) | bǐng |
| 478 | 扆(의) | yǐ | 497 | 咸(함) | xián |
| 479 | 暴(포) | bào | 498 | 洛(락) | luò |
| 480 | 但(단) | dàn | 499 | 忻(흔) | xīn |
| 481 | 庚(경) | gēng | 500 | 皇甫(황보) | huángfǔ |
| 482 | 降(항) | xiáng | 501 | 檀(단) | tán |
| 483 | 昝(잠) | zǎn | 502 | 化(화) | huà |
| 484 | 奕(혁) | yì | 503 | 户(호) | hù |
| 485 | 锺(종) | zhōng | 504 | 毋(무) | wú |
| 486 | 问(문) | wèn | 505 | 同(동) | tóng |

## 간지(干支) 순서표

| | | | | |
|---|---|---|---|---|
| 1. | 甲子 | | 31. | 甲午 |
| 2. | 乙丑 | | 32. | 乙未 |
| 3. | 丙寅 | | 33. | 丙申 |
| 4. | 丁卯 | | 34. | 丁酉 |
| 5. | 戊辰 | | 35. | 戊戌 |
| 6. | 己巳 | | 36. | 己亥 |
| 7. | 庚午 | | 37. | 庚子 |
| 8. | 辛未 | | 38. | 辛丑 |
| 9. | 壬申 | | 39. | 壬寅 |
| 10. | 癸酉 | | 40. | 癸卯 |
| 11. | 甲戌 | | 41. | 甲辰 |
| 12. | 乙亥 | | 42. | 乙巳 |
| 13. | 丙子 | | 43. | 丙午 |
| 14. | 丁丑 | | 44. | 丁未 |
| 15. | 戊寅 | | 45. | 戊申 |
| 16. | 己卯 | | 46. | 己酉 |
| 17. | 庚辰 | | 47. | 庚戌 |
| 18. | 辛巳 | | 48. | 辛亥 |
| 19. | 壬午 | | 49. | 壬子 |
| 20. | 癸未 | | 50. | 癸丑 |
| 21. | 甲申 | | 51. | 甲寅 |
| 22. | 乙酉 | | 52. | 乙卯 |
| 23. | 丙戌 | | 53. | 丙辰 |
| 24. | 丁亥 | | 54. | 丁巳 |
| 25. | 戊子 | | 55. | 戊午 |
| 26. | 己丑 | | 56. | 己未 |
| 27. | 庚寅 | | 57. | 庚申 |
| 28. | 辛卯 | | 58. | 辛酉 |
| 29. | 壬辰 | | 59. | 壬戌 |
| 30. | 癸巳 | | 60. | 癸亥 |

| | | | |
|---|---|---|---|
| 1 | 甲子 | 31 | 甲午 |
| 2 | 乙丑 | 32 | 乙未 |
| 3 | 丙寅 | 33 | 丙申 |
| 4 | 丁卯 | 34 | 丁酉 |
| 5 | 戊辰 | 35 | 戊戌 |
| 6 | 己巳 | 36 | 己亥 |
| 7 | 庚午 | 37 | 庚子 |
| 8 | 辛未 | 38 | 辛丑 |
| 9 | 壬申 | 39 | 壬寅 |
| 10 | 癸酉 | 40 | 癸卯 |
| 11 | 甲戌 | 41 | 甲辰 |
| 12 | 乙亥 | 42 | 乙巳 |
| 13 | 丙子 | 43 | 丙午 |
| 14 | 丁丑 | 44 | 丁未 |
| 15 | 戊寅 | 45 | 戊申 |
| 16 | 己卯 | 46 | 己酉 |
| 17 | 庚辰 | 47 | 庚戌 |
| 18 | 辛巳 | 48 | 辛亥 |
| 19 | 壬午 | 49 | 壬子 |
| 20 | 癸未 | 50 | 癸丑 |
| 21 | 甲申 | 51 | 甲寅 |
| 22 | 乙酉 | 52 | 乙卯 |
| 23 | 丙戌 | 53 | 丙辰 |
| 24 | 丁亥 | 54 | 丁巳 |
| 25 | 戊子 | 55 | 戊午 |
| 26 | 己丑 | 56 | 己未 |
| 27 | 庚寅 | 57 | 庚申 |
| 28 | 辛卯 | 58 | 辛酉 |
| 29 | 壬辰 | 59 | 壬戌 |
| 30 | 癸巳 | 60 | 癸亥 |

# 現代 中韓辭典

2006년 10월 25일    초판 발행
2009년  1월 10일  초판 3쇄 인쇄
2009년  1월 25일  초판 3쇄 발행

편   자 : 박  영  종
발 행 자 : 양  철  우

발 행 처 : ㈜ 교 학 사
서울특별시 금천구 가산동 319-7
서울사무소 : 마포구 공덕동 105-67
전     화 : 02) 7075-100
등     록 : 1962. 6. 26 (18-7)

정가 60,000원

ISBN 89-09-09554-7  31720

中国全图

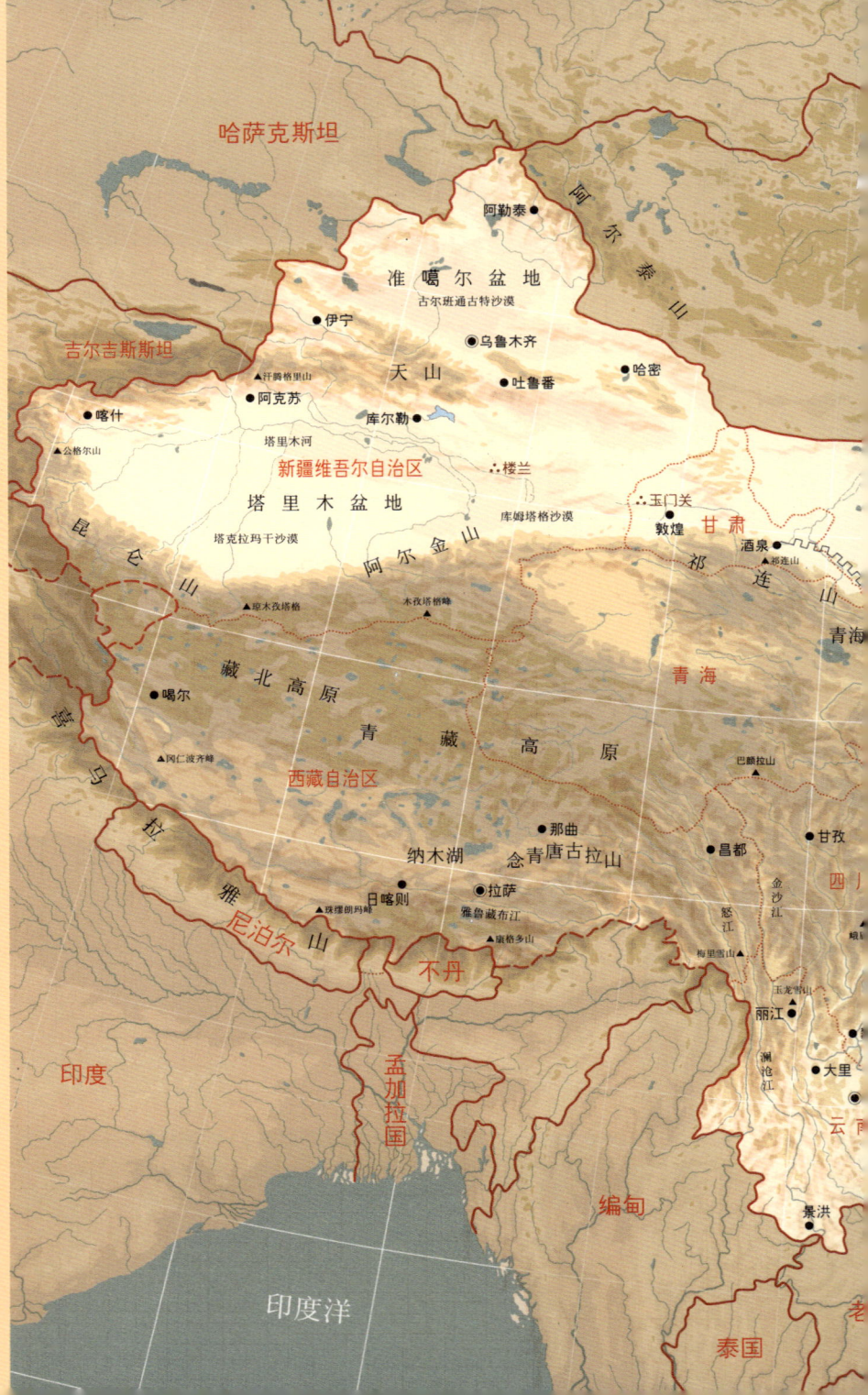